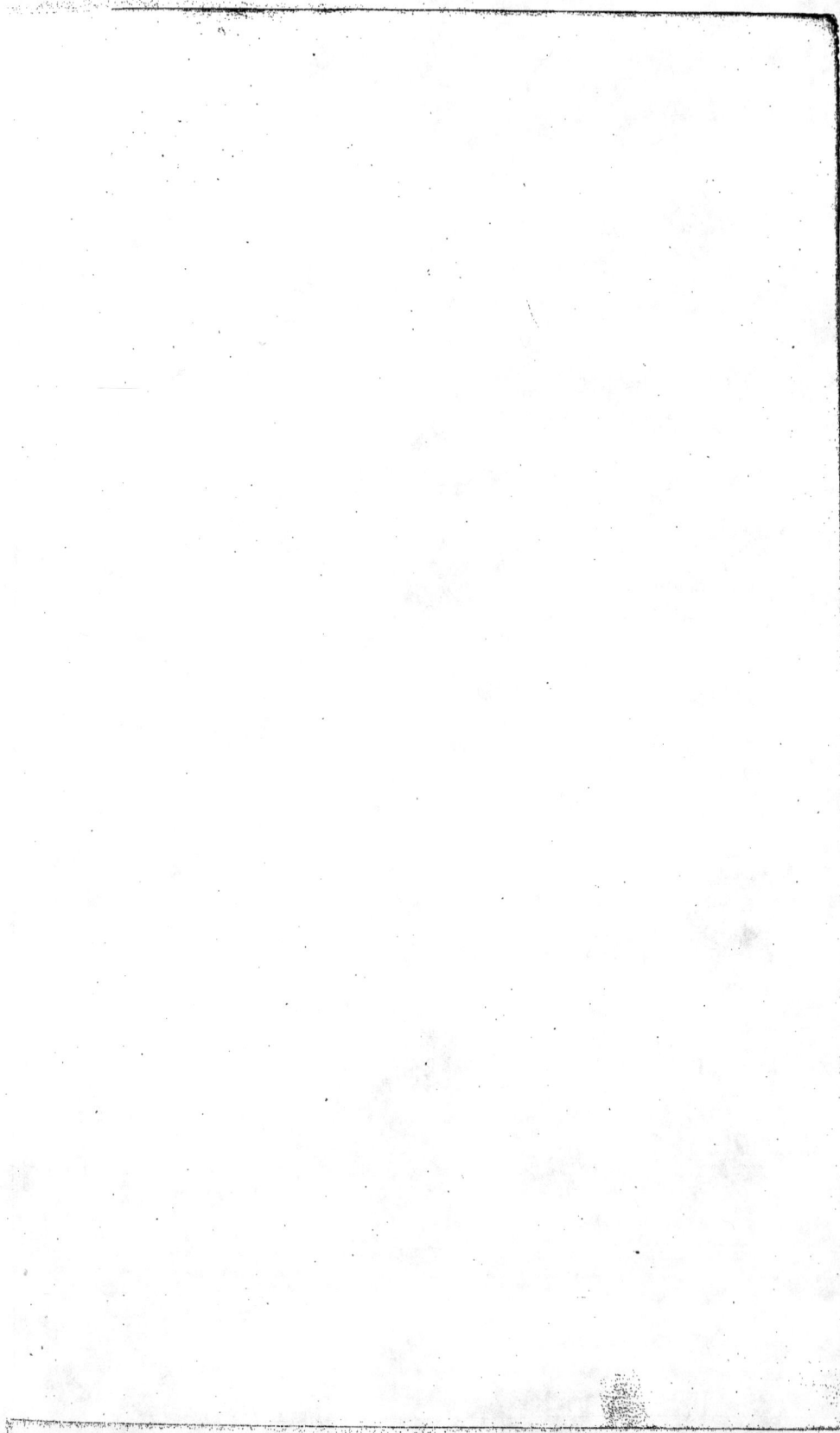

1123

LE GRAND
DICTIONNAIRE
HISTORIQUE
DU MORERI.

NOUVELLE ET DERNIERE ÉDITION.

TOME HUITIÉME.

O-Q.

Chez {

LE MERCIER, rue S. Jacques, au Livre d'or.

DESAINT & SAILLANT, rue S. Jean de Beauvais.

JEAN-THOMAS HERISSANT, rue S. Jacques, à S. Paul & à S. Hilaire.

BOUDET, rue S. Jacques, à la Bible d'or.

VINCENT, rue S. Severin.

LE PRIEUR, rue S. Jacques, à la Croix d'or.

LE GRAND
DICTIONNAIRE
HISTORIQUE,
OU
LE MÉLANGE CURIEUX
DE L'HISTOIRE
SACRÉE ET PROFANE,
QUI CONTIENT EN ABRÉGÉ
L'HISTOIRE FABULEUSE
Des Dieux & des Héros de l'Antiquité Païenne :

LES VIES ET LES ACTIONS REMARQUABLES

Des Patriarches ; des Empereurs ; des Rois ; des Princes illustres ; des Grands Capitaines ; des Papes ; des saints Martyrs & Confesseurs ; des Pères de l'Eglise ; des Evêques ; des Cardinaux & autres Prélats célébres ; des Hérésiarques & des Schismatiques :

L'Histoire des Religions & Sectes des Chrétiens, des Juifs & des Païens :

Des Conciles généraux & particuliers :

Des Auteurs anciens & modernes ; des Philosophes ; des Inventeurs des Arts, & de ceux qui se font rendus recommandables en toute sorte de Professions, par leur Science, par leurs Ouvrages, & par quelque action éclatante :

L'ÉTABLISSEMENT ET LE PROGRÈS

Des Ordres Religieux & Militaires ; & LA VIE de leurs Fondateurs :

LES GÉNÉALOGIES

Des Familles illustres de France, & des autres Pays de l'Europe :

LA DESCRIPTION

Des Empires, Royaumes, Républiques, Provinces, Villes, Isles, Montagnes, Fleuves & autres lieux considérables de l'ancienne & de la nouvelle Géographie, où l'on remarque la situation, l'étendue & la qualité du Pays ; la Religion, le Gouvernement, les Mœurs & les Coutumes des Peuples :

Par Mre LOUIS MORÉRI, Prêtre, Docteur en Théologie.

NOUVELLE ÉDITION, dans laquelle on a refondu les Supplémens de M. l'Abbé GOUJET ; Le tout revu, corrigé & augmenté par M. DROUET.

TOME HUITIÉME

A PARIS,
CHEZ LES LIBRAIRES ASSOCIÉS.

M. D. CC. LIX.
AVEC APPROBATION ET PRIVILEGE DU ROI.

LE GRAND
DICTIONNAIRE
HISTORIQUE,
OU
LE MÉLANGE CURIEUX
DE L'HISTOIRE
SACRÉE ET PROFANE.

CETTE lettre a été quelquefois mise pour *e* ; comme *vorsus*, pour *versus* ; *voster*, pour *vester* ; & pour *u* ; comme *servos*, pour *servus* ; *volgos*, pour *vulgus*. On s'en est aussi quelquefois servi pour *au* ; comme *plodo*, *clostra*, *coda*, pour *plaudo*, *claustra*, *cauda*. Chez les Latins l'O avoit beaucoup d'affinité avec l'U, & ils confondoient & prononçoient de même ces deux lettres, parcequ'ils prononçoient l'u, par *ou*, comme le prononcent presque toutes les nations, à l'exception des François. Ainsi ils mettoient *Consol*, pour *Consul*. Les Grecs ont deux sortes d'O ; l'O qui se prononce d'un son clair & bref, qu'ils appellent *Omicron*, c'est-à-dire, petit *o* ; & l'autre, appellé *Omega* ω, c'est-à-dire, grand *O*, qui se prononce d'un son plus grave & plus long, comme deux O. L'O des Latins approche plus du son de l'*o*, comme nous l'apprenons par ces deux vers d'Ausone.

Hoc tereti argutoque Sono legit Attica gens O,
Ω Quod & Ō Græcum conpensat romula vox O.

Nous avons encore dans le françois deux prononciations de l'O, une brève, comme dans *hotte*, & *cotte* ; & une longue, marquée par une *s* jointe, ou avec un accent circonflexe ; comme dans *hoste* ou *hôte*, *coste* ou *côte*. Elle sert encore pour admirer, pour appeller, pour desirer : & c'est une voix de raillerie & d'indignation. O, a été aussi pris pour le symbole de l'éternité, parcequ'on n'apperçoit point où commence cette lettre, ni où elle finit.

Grégoire de *Tours* nous apprend, que le roi Chilpéric voulut ajouter une nouvelle lettre O dans l'alphabet des François, avec trois autres lettres. C'étoit Φ, χ, Θ, qui se prononcent, ph, ch, th. Il fit pour ce sujet, des ordonnances très-sévéres ; mais comme ces lettres étoient inutiles, cette nouveauté n'eut point de suite. * Grégoire de *Tours*, *l. 5 hist. c. 44.*

O (D') C'est le nom d'une famille illustre de France. JEAN d'O, seigneur de Maillebois, &c. capitaine de la garde Ecossoise du roi, épousa l'an 1534 *Hélene* d'Illiers, dame de Manou, fille de *Jean* d'Illiers, seigneur de Manou, frere de *René* d'Illiers, seigneur de Marcoussi, & de *Miles* ou *Milon* d'Illiers, évêque de Chartres, dont il eut FRANÇOIS, qui suit ; JEAN, seigneur de Manou, *dont la postérité sera rapportée après celle de son frere-aîné* ; *René*, seigneur du Fresne, mort sans lignée ; *Louis*, seigneur de Ferrieres, mort à Anvers; *Charles*, abbé de S. Etienne de Caën, & de S. Julien de Tours; & *Françoise*, femme de *Louis* d'Angennes, seigneur de Maintenon, chevalier du saint Esprit.

FRANÇOIS D'O, seigneur de Fresnes & de Maillebois, &c. maître de la garderobe du roi Henri III, premier gentilhomme de sa chambre, chevalier de ses ordres, surintendant des finances, gouverneur de Paris, & de l'Isle de France, s'acquit les bonnes graces de son prince, & s'éleva par sa faveur à ces emplois importans. Les auteurs disent que d'O, homme entierement perdu par le luxe, obligeoit à toute heure le roi à faire de nouveaux édits, qu'on appelloit *Bursaux*, & d'aller au parlement, le forcer par sa présence à les vérifier. Après la mort de ce monarque, l'an 1589, il s'attacha au roi Henri *le Grand*, & se trouva à l'assemblée que fit la noblesse catholique, dans laquelle on avoit résolu de déclarer au roi, que la qualité de très-Chrétien étant essentielle à un monarque François, il ne pouroit recueillir la couronne, qu'avec cette condition. Le duc de Longueville se chargea de porter cette parole; mais n'ayant osé s'acquitter de ce qu'il avoit promis, d'O le fit hardiment. On dit qu'après la journée d'Ivri, Biron & lui empêcherent le roi d'aller à Paris, pour des intérêts particuliers. Après la réduction de cette ville, le roi en donna le gouvernement à d'O, qui mourut au mois d'octobre de l'an 1594. Voici les termes d'un historien, qui parle de sa mort : *Au mois d'octobre ensuivant, François d'O, surintendant des finances, acheva de vivre dans son hôtel à Paris, ayant l'ame & le corps également gâtés de toutes sortes de vilainies. Le roi se consola aisément de sa perte, parcequ'il faisoit d'effroyables dissipations, & que néanmoins il le vouloit tenir comme en tutelle.* Il n'eut point d'enfans de *Charlotte-Catherine* de Villequier, sa femme, fille de *René* de Villequier, dit *le Jeune* & *le Gros*, & de *Françoise* de la Marck. Elle prit une seconde alliance avec *Jacques* d'Aumont, seigneur de Chappes, prévôt de Paris. François d'O *laissa une fille naturelle, femme de Robert Caillebot, seigneur de la Salle.*

JEAN D'O, seigneur de Manou, second fils de JEAN D'O, seigneur de Maillebois, &c. & d'*Hélene* d'Illiers, dame de Manou, fut fait chevalier des ordres du roi l'an 1585, & capitaine de cent archers du corps. Il épousa *Charlotte* de Clermont-Tallard, veuve de *Claude* d'Amoncourt, seigneur de Montigni, & fille d'*Antoine* de Clermont III du nom, comte de Clermont, vicomte de Tallard, grand-maître des eaux & forêts de France, & de *Françoise* de Poitiers. Elle prit une troisiéme alliance avec *Gabriel* du Quesnel, seigneur de Coupigni, & eut de son second mariage *Louise* d'O, mariée par contrat du 5 juin 1599, à *Gabriel* du Quesnel, seigneur de Coupigni, marquis d'Alégre.

On tient que la maison du QUESNEL descendoit de HULTRE, HUBERT ou ROBERT, comte de Ri, qui délivra Guillaume, duc de Normandie, depuis roi d'Angleterre, surnommé *le Conquérant*, de la conspiration de Gui de Bourgogne, qui avoit des prétentions sur ce duché, & de ses alliés Néel du Plessis de Saint-Sauveur, vicomte de Coten, Regnault, comte du Bessin, Hamon le Dent, Grimaut du Plessis, & autres. Il est dit dans une ancienne chronique manuscrite, *que cet Hubert fit conduire & escorter le duc Guillaume, son seigneur & son parent, jusques à Falaise par ses trois fils, en l'année 1046*, dont l'un nommé GÉOFROI, accompagna encore le duc Guillaume à la conquête d'Angleterre.

De ce GÉOFROI est descendu RICHARD, qui épousa *Gertrude* de Molines, enterrée à Rouen dans la chapelle de S. Romain, où Richard étoit peint, armé à l'antique, avec une dame à genoux à ses côtés, & un écu de gueules à trois quinte feuilles & hermine, qui

font les armes de la maison du Quesnel, avec cette légende ou inscription latine : *Miles Richardus Quesnel, filius Godifredi; & ejus uxor Gertrud. de Molines, anno 1140.*

GÉOFROI, second fils de RICHARD, passa avec Richard *Cœur de Lion*, roi d'Angleterre, en la Terre-sainte l'an 1191. Son nom & ses armes sont dans la liste des Croisés; & il paroît par un titre daté d'après pâque l'an 1189, que Géofroi ayant un différend que Pierre de Roncerolles, au sujet des mouvances de la vallée d'Ancénis, ils s'en rapporterent, suivant l'usage du temps, au jugement de l'évêque d'Evreux. On voit par ce titre que *Clotilde* d'Harcourt étoit femme de Géofroi, & qu'elle stipule pour son mari, & pour GASPARD, son fils.

GASPARD épousa *Berthe* de Roncerolles, & mourut vers l'an 1234. Il laissa un fils, RENAUD, qui suit; & *Clotilde*, qui épousa *Robert* de Martel; *Berthe*, alliée à *Hugues* de Carbonel; & *Jeanne*, religieuse.

RENAUD épousa *Marguerite* de Marles, dont il eut, RICHARD II, seigneur d'Avoise & de Bouillancourt, qui épousa *Colette* de Foix. Ils firent, l'an 1294, une donation, d'une grande piéce d'herbage à l'abbaye de S. Etienne de Caën. Par cette donation, Richard veut : *Que l'on prie Dieu à perpétuité, pour les pere & mere de Colette de Foix sa femme; pour ses pere & mere, Regnault & Marguerite de Marle; pour lui & pour Colette de Foix, sa femme; pour Robin, son fils, & Jacqueline de Briqueville, sa brue, & leur postérité.*

ROBIN eut de *Jeanne* de Briqueville, RICHARD III, qui suit; & *Pierre I*, & mourut vers l'an 1339.

RICHARD III épousa l'an 1328, *Philiberte* de Laval, dont il eut GUILLAUME I, qui épousa l'an 1366 *Marie* le Vicomte, dont *Guillaume II*, qui épousa l'an 1391, *Louise* de Pénel, &

JEAN du Quesnel, qui eut le don du roi, de la confiscation des biens d'un autre *Jean* du Quesnel, son cousin germain, tué à la bataille de Verneuil l'an 1423 servant les Anglois. Le don du roi est attaché en original dans le manuscrit; & l'on voit dans l'abbaye de l'Estrée-sur-Eure, son tombeau de marbre, & celui de *Marie* d'Estouteville, sa femme, qu'il avoit épousée l'an 1428, & un titre de donation, que lui & *Marie* d'Estouteville ont faite à cette abbaye en l'année 1440, de trois cens soixante & six arpens de terres labourables. Il eut

GUILLAUME du Quesnel, qui épousa l'an 1465, *Françoise* le Gris, baronne de Coupigni, dont

PIERRE du Quesnel II du nom, baron de Coupigni. Sa tombe est dans la chapelle de l'église d'Iviers, diocèse d'Evreux, qui est encore à présent le lieu de la sépulture des seigneurs de la maison du Quesnel. L'on voit sur sa tombe, qu'il est mort en l'année 1548. Il avoit épousé l'an 1496 *Hélene* de Garencieres, dame de Pinson, & de ce mariage sont issus CHARLES, qui suit; & *Esther* du Quesnel, mariée à *Louis* de Morillac.

CHARLES du Quesnel I du nom, baron de Coupigni, &c. Henri II étant à Anet, lui donna au mois d'août 1555 la commission de capitaine de trois cens hommes de pied François, servans en Piémont, qu'on appelloit *les bandes noires*. Le 25 avril 1560, le roi lui donna encore des lettres de provisions de gentilhomme ordinaire de la chambre : il mourut le jour de Noël de l'an 1567. Il avoit épousé l'an 1550 *Florence* du Roui, dame d'honneur de la reine Catherine de Médicis. De ce mariage naquit *Florence*, qui épousa *Gilles* d'Aubigné; & GABRIEL, qui suit.

GABRIEL d'Alégre I du nom, marquis de Coupigni, & chevalier de l'ordre du roi. Le roi Henri III lui donna une compagnie d'ordonnance de cinquante lances par brévet du 2 juillet 1589, & le roi Henri IV lui confirma cette compagnie au camp d'Arnétal,

par autre brévet du dernier juillet 1591. Il époufa 1°.
l'an 1578 *Ifabeau* d'Alégre ; 2°. l'an 1598, *Charlotte*
de Clermont-Tallard, veuve de *Jean* d'O, vicomte
de Manou, & mere de *Louis* d'O. De fon premier
mariage vinrent GABRIEL II, qui fuit ; *Marguerite*,
alliée à *Pierre* de la Moufciere, feigneur de Baijoffe ;
& *Pierre* du Quefnel, baron de S. Juft, qui fut chevalier de Malte, quitta l'ordre, & époufa *Ifabeau* de
la Rochefoucault, dont il eut *Françoife*, époufe de
François de Belvézer, comte de Jonchetes ; & *Marguerite*, alliée à *Gabriel* du Quefnel III du nom, fon
coufin germain.

GABRIEL du Quefnel II du nom, chevalier de l'ordre du roi, marquis d'Alégre par fucceffion d'*Ifabeau*
d'Alégre, fa mere, à qui le marquifat d'Alégre étoit
échu par le décès d'*Yves*, fon frere, mort fans enfans,
& qui fut affaffiné dans la ville d'Iffoire en l'année
1592. Le roi Louis XIII lui donna une compagnie
de trente lances, au titre de cinquante hommes d'armes, par brévet du 11 décembre 1615. Il époufa en
l'année 1599 *Louife* d'O, fille de *Charlotte* de Clermont-Tallard, & de *Jean* d'O, vicomte de Manou,
dont il eut GABRIEL III, qui fuit ; & *Charles* II,
mentioné après fon frere.

GABRIEL III, marquis d'Alégre, époufa l'an 1637,
Marguerite du Quefnel, fa coufine germaine, fille de
Jean, baron de Saint-Juft, & d'*Ifabeau* de la Roche-
foucault.

CHARLES du Quefnel II du nom, marquis de Coupigni, feigneur de Pinfon, le Blanc-Foffé, Manou,
le Roi, & meftre-de-camp d'un régiment de cavalerie. Le roi le fit gentilhomme ordinaire de fa chambre, par lettres du 22 juin 1659. Il époufa le 7 mars
1639 *Marie* Dolu, tante à la mode de Bretagne, de
M. le maréchal duc de Luxembourg, à caufe d'*Ifabelle-Angélique* Dolu, mere d'*Ifabelle-Angélique* de
Vienne, comteffe de Bouteville, qui fut mere de M.
le maréchal de Luxembourg, dont ledit Charles du
Quefnel, marquis de Coupigni, étoit de fon côté
proche parent, à caufe de *Charlotte* de Clermont-Tallard, fa grand'mere. De ce mariage font iffus AL-
BERT, qui fuit ; *Jacques-Antoine*, mort chevalier de
Malte.

ALBERT du Quefnel, marquis de Coupigni, mort
en juin 1717, âgé de 78 ans, avoit époufé l'an 1670
Louife Perreau, morte le 18 avril 1702, dont font iffus,
FABIEN-ALBERT, qui fuit ; *Thérèfe-Albertine*, dame
d'honneur de madame la comteffe de Touloufe, mariée au marquis de Graffe, de la maifon de Villeneuve en Provence ; & *Jeanne-Marie* du Quefnel, mariée
1°. en feptembre 1709 avec *Gabriel* Baftonneau,
vicomte d'Azai, mort le 16 mai 1720 ; 2°. avec le
marquis de Ménilles.

FABIEN-ALBERT du Quefnel, marquis de Coupigni, feigneur de Pinfon, le Blanc-Foffé, Neuilli,
Beaulieu-les-Roulandieres, &c. a époufé le 10 novembre 1714 *Jeanne-Louife* de Béthune, fille de *Fran-
çois-Annibal*, comte de Béthune, chef d'efcadre des
armées navales du roi, & de *Renée* le Borgne de Lef-
quifiou.

O A

OANNES, *Oannes*, monftre demi-homme & de-
mi-poiffon, qui a paru, dit-on, autrefois en
Egypte. Il fortoit de la mer Rouge le matin, & venoit
aux environs de la ville de Babylone, d'où il rétour-
noit le foir dans la mer. Pendant le jour il enfeignoit
à ceux qui l'écoutoient, toutes fortes de fciences &
d'arts, l'agriculture, l'architecture, les mathématiques, la morale, la phyfique & la médecine. On a
vu quatre différens Oannes dans l'efpace de quatre
fiécles, qui furent nommés *Annedotes* ; & l'on gardoit
encore à Babylone une ftatue qui en repréfentoit un,
304 ans avant J. C. Hornius croit que c'étoit un dé-

mon qui cherchoit à s'attirer l'adoration des peuples,
& que les Egyptiens honorerent enfuite fous le nom
de *Dagon* & d'*Adargar*. Helladius de *Byfance* le nomme *Oën* ; mais le fentiment de Scaliger eft, qu'il faut
lire les *Oannes*, & que cette abréviation vient des copiftes. * Berofus, Apollodorus. Helladius *Byfant. in
Chreftomathia.* Seldenus, *de diis Syris.* Hornius, *hift.
philofoph. l. 2.*

OASIS, nom de deux villes d'Afrique dans la Libye. La premiere du côté du midi, furnommée *la grande*, eft aujourd'hui *Alguechet* ou *Gademez*. La feconde, qui eft plus feptentrionale, eft nommée *Eléchat*
ou *Elochet*. C'eft ce qu'on en dit par conjecture. On
croit qu'elles font toutes deux dans les déferts de Barca, dans la Libye propre, & à 90 milles l'une de l'autre. C'eft dans la folitude d'Oafis, que Julien l'*Apô-
ftat* relégua deux prêtres d'Antioche, Eugène & Macaire, après la translation des reliques de S. Babylas.
Pour éviter la fureur des émiffaires du même prince,
S. Hilarion fe retira peu de temps après dans la même
folitude d'Oafis. L'héréfiarque Neftorius y fut exilé,
& y mourut. *Oafis*, fignifie en général, un amas de
maifons ou de tentes dans un défert, ou dans un lieu
fec, dont l'Afrique étoit autrefois pleine. * Zofime,
l. 5. Sozomene. S. Jérôme, *in vita Hilar.* Olympiodore, *in excerpt.* Nicolas Sanfon, *géogr. &c. Voyez* Samuël Bochart, en fon Chanaan, *l. VI, c. 27.*

OATASSENS, nom d'une famille qui pofféda le
royaume de Fez en Afrique, après celle des Mérinis.
Les Ommiades établirent cette monarchie vers l'an
800 de J. C. 184 de l'hégire, & y regnerent jufqu'à
l'an 950, & 339 de l'hégire, que les Zénétes, peuples d'Afrique, exterminerent entierement cette race. Vers l'an 1052, & 443 de l'hégire, les Almoravides, autres peuples d'Afrique, chafferent les Zénétes, & furent détrônés enfuite par les Almohades,
dont le chef étoit Abdalla Elmohadi, qui de maître d'é-
cole fe fit roi l'an 1139. Les Almohades furent chaffés
l'an 1210, par les Mérinis qui demeurerent en poffeffion du royaume de Fez jufqu'en 1420, après lefquels Hafcènes, chérif, ufurpa la couronne pendant
un an, & fut chaffé par Saïd-Abra, de la famille
d'Oattas, dont les defcendans ont regné jufqu'en
1548. Durant leur régne Hamed, chérif, fe rendit
maître du royaume de Maroc l'an 1512, & fon frere
Muhammed, chérif, s'empara du royaume de Sus
l'an 1527. Enfin après la mort de Hamed, roi de Fez,
& le dernier des Oataffens, Muhammed, chérif, poffeda
auffi le royaume de Fez l'an 1548. * Hornius, *orb. imp.*

OATES (Titus) Anglois, s'eft fait un nom dans
l'hiftoire de fa patrie par fes parjures. Il naquit vers
l'an 1619, & étudia dans les univerfités d'Oxford &
de Cambridge, où ayant pris le bonnet de docteur,
l'évêque de Londres le fit miniftre, fans pourtant lui
donner d'églife particuliere à régir : ce qui dépita Oates, d'autant plus qu'il n'avoit aucun revenu : ainfi il
embraffa la religion catholique, & il entra parmi les
Jéfuites, pour avoir dequoi vivre. Avec leur habit il
demeura à Rome, & à Saint-Omer, & autres endroits
où les Jéfuites Anglois ont des féminaires. Mais l'é-
fpérance d'une plus grande fortune le fit retourner à
la religion anglicane. Il fe rendit outre cela l'an 1678,
dénonciateur auprès du roi Charles II d'une prétendue confpiration des Catholiques contre fa perfonne
royale. Les dépofitions de ce fcélérat & de deux autres
auffi méchans que lui, firent perdre la vie à milord
Staffort, au fieur Colman, écuyer & fecrétaire du duc
d'Yorck ; & à quelques Jéfuites, qui moururent conftamment & chrétiennement, proteftant toujours de
leur innocence. M. Arnauld l'a prouvé très-clairement dans fon apologie pour les Catholiques ; auffi
leur mémoire fut-elle rétablie fous le régne de Jacques II ; & Oates fut condamné comme un parjure &
un calomniateur à une prifon perpétuelle, & à être

fuſtigé par la main du bourreau depuis Oldgate juſqu'à Newgate, quatre fois l'année, & attaché ces jours-là au pilori. Ce qui fut exécuté juſqu'en 1689, que le prince d'Orange le tira de priſon, lui fit expédier des lettres de pardon, & lui donna une penſion. Il vouloit même le faire déclarer par ſon premier parlement capable de témoigner en juſtice; mais cette propoſition fut rejettée. Ce malheureux, que l'on peut appeller *vir infelicis memoriæ*, mourut au mois de ſeptembre de l'année 1705. * Arnauld, *apologie pour les Catholiques*, tom. 1, ch. 16 & ſuiv. Pluſieurs lettres du même dans le recueil de ſes lettres en 8 vol. *Hiſt. des révolut. d'Angleterre ſous Jacques II.*

OAXES, *Oaxes*, fleuve de Crete, extrêmement froid, avec une ville de ce nom. Hérodote en fait mention dans le troiſiéme livre. Vibius Séqueſter & Varron nomment la ville *Oaxis*, & *Oaxia*.

OB

OBDORA, ou OBDORIE, autrefois LUCOMORIE, grand pays de la Ruſſie ſeptentrionale, près de la mer glaciale, entre le fleuve Obi, & la province de Petzorcke ou Petzora. Il n'y a point de ville, mais ſeulement quelques forts que les Moſcovites y ont bâtis depuis peu le long de la mer. Les Hollandois ont donné le nom de nouvelle Friſe occidentale, *New Weſt-Friesland*, à la côte la plus ſeptentrionale. * Oléarius. Sanſon.

OBED, un des aïeux de Jeſus-Chriſt, ſelon la chair, étoit fils de *Booz* & de *Ruth*, & fut pere de *Jeſſé*, qui le fut de David. Obed naquit vers l'an 2760 du monde, & 1275 avant J. C. ſon pere étant âgé d'environ 95 ans. * *Ruth.* 4. S. *Matthieu*, 1. Torniel & Salian, *in annal. veter. teſtam.*

OBEDEDOM, Iſraélite, fils d'Idithun de la tribu de Lévi, eut l'avantage d'avoir chez lui l'arche pendant trois mois; en conſidération de quoi, Dieu combla ſa maiſon de toutes ſortes de proſpérités. Après la mort d'Isboſeth, toutes fins s'étant venu ſoumettre à David, ce prince fit tranſporter l'arche de chez Abinadab, chez Obededom, & trois mois après dans la citadelle de Sion, l'an du monde 2990, & 1045 avant J. C. * II. *des Rois*, 6. I. des *Paralipomenes*, 13.

Nous avons dit qu'Obededom étoit Iſraélite, de la tribu de Lévi; cependant l'écriture dit qu'il étoit de Geth, *Divertit eam in domum Obededom Gethæi. Et habitavit arca Domini in domo Obededom Gethæi tribus menſibus.* Pour concilier cette contrariété apparente, il faut ſe ſouvenir qu'Obededom eſt appellé Gethéen, non pas qu'il fût natif de Geth, qui étoit une ville des Philiſtins, mais parcequ'il y avoit demeuré avec David. En effet, dans les 13 & 16 chapitres du premier des Paralipomenes, le même Obededom eſt nommé entre les chantres & les portiers qui étoient de la tribu de Lévi. On peut auſſi voir dans le 13 chapitre du ſecond livre des Rois, que les ſix cens ſoldats Hébreux qui ſuivirent David à Geth, & qui en revinrent avec lui, y ſont nommés Gethéens, quoiqu'à la vérité ils ne fuſſent pas originaires de cette ville. * Conſultez Torniel & Salian, *in annal. veter. teſtam.*

OBEL (Matthias d') né à Lille en Flandre l'an 1538, étoit fils de *Jean* d'Obel, célèbre juriſconſulte. Matthias fut pendant quelque temps à Anvers, & à Delft en Hollande, médecin & botaniſte de Guillaume prince d'Orange, & enſuite des Etats de Hollande. Jacques I, roi d'Angleterre, l'ayant demandé pour exercer auprès de lui les mêmes fonctions, d'Obel y alla, & mourut à Londres en 1616, à l'âge de 78 ans. On a de lui 1. Une hiſtoire des plantes, avec un livre d'*Adverſaria* imprimés à Londres en 1572, *in-fol.* à Anvers en 1576, *in-fol.* & de nouveau à Lon-

dres en 1655, *in-4°*; cette derniere édition eſt due aux ſoins de Guillaume How. 2. Des remarques ſur le livre de Guillaume Rondelet, intitulé : *Methodica pharmaceutica officina*; à Londres, en 1605, *in-folio*, & à Francfort en 1651, *in-fol.* 3. *Balſami, Opobalſami, Carpobalſami, & Xylobalſami explicatio*; à Londres, en 1598, *in-4°*. 4. *Diarium pharmacorum parandorum & ſimplicium legendorum*; à Leyde, en 1627, *in-12*, avec le traité de Valerio de Corde ou Cordi, intitulé : *Diſpenſatorium pharmaceuticum*. * *Voyez* Manget, *bibliotheca ſcriptorum medicorum*, tom. II, *in-fol.* liv. XIV, pag. 421, &c.

OBELISQUES D'EGYPTE : ce ſont des colonnes quarrées d'une ſeule pierre, finiſſant en pointe comme de petites pyramides, & remplies de tous côtés de caractères hiéroglyphiques & myſtérieux. Les Arabes les appellent *Meſſales Pharaon*, c'eſt-à-dire, *les aiguilles de Pharaon*; parcequ'elles ont été conſtruites par les premiers rois d'Egypte, qui portoient tous le nom de *Pharaon*, comme les premiers empereurs Romains celui de Céſar. Les prêtres Egyptiens les appelloient *les doigs du Soleil*, parceque ces monumens étoient conſacrés à cet aſtre. Le premier obéliſque d'Egypte fut dreſſé par un roi d'Egypte vers l'an 1422 avant J. C. ſon ſucceſſeur fit dreſſer douze obéliſques dans Héliopolis. On en éleva pluſieurs autres du temps du roi David, vers l'an 1048 avant J. C. Un obéliſque ſans emblêmes, fut conſtruit vers l'an 983 avant J. C. & dans la ſuite fut tranſporté à Rome par l'empereur Claude. Le roi Pſammis en fit dreſſer un dans Héliopolis avec pluſieurs emblêmes & hiéroglyphes, 807 ans avant J. C. Le roi Néco, 620 ans avant J. C. fit ériger un grand obéliſque à Memphis, que Ptolémée Philadelphe fit tranſporter à Alexandrie. La plûpart des obéliſques ont eu le même ſort, les empereurs Romains les ayant fait tranſporter des autres lieux d'Egypte à Alexandrie, & d'Alexandrie à Rome, où l'on en voit encore quelques-uns. Auguſte en fit tranſporter deux d'Héliopolis à Rome. Jules-Conſtance y en fit mener un autre, que l'on y voit encore, & qui a été décrit par Ammien Marcellin. Il avoit été dreſſé autrefois par Rameſſés, roi d'Egypte, comme le montre cet hiſtorien, en rapportant le ſens des figures hiéroglyphiques que l'on y voit, au moins comme on croyoit les entendre de ſon temps. Ce même obéliſque ayant été abattu, fut redreſſé par Sixte V. Il y en avoit un grand nombre d'autres; mais Cambyſe, roi de Perſe, s'étant emparé de l'Egypte l'an 525 avant J. C. détruiſit tous les obéliſques qu'il trouva, & fit mourir ou bannir les prêtres Egyptiens, qui ſeuls entendoient les ſecrets des caractères hiéroglyphiques : ce qui fut cauſe que l'on ne dreſſa plus de ces obéliſques. Les emblêmes & les caractères qui y étoient gravés, cachoient de grands ſecrets, & repréſentoient les myſtères des Egyptiens, dont peu de gens avoient la connoiſſance. Comme les prêtres & les perſonnes de qualité faiſoient auſſi élever des obéliſques, ils n'étoient pas tous d'une ſtructure ſi magnifique, ni d'une même hauteur. Les petits n'étoient que d'environ quinze pieds : les autres montoient juſqu'à cinquante, à cent, ou à cent quarante pieds. Afin que ces hiéroglyphes puſſent réſiſter aux injures du temps, les Egyptiens choiſirent une matiére fort dure. C'eſt une pierre que les Latins appellent *pierre de Thèbes*, & les Italiens *Granito roſſo*, laquelle eſt une eſpéce de marbre moucheté, qui eſt de la même dureté que le porphire. La carriere d'où l'on tire ce marbre, eſt près de la ville de Thèbes, dans des montagnes qui s'étendent vers le midi, juſqu'aux cataractes du Nil. Quoique l'Egypte ne manque pas d'autre marbre, on ne voit pourtant des obéliſques que de celui-ci : peut-être parceque les Egyptiens y trouvoient quelque myſtère; car comme les obéliſques étoient dédiés au ſoleil, & que leur forme pointue figuroit les rayons de cét aftre, on avoit choifi une matiere qui eût du rapport avec les propriétés du foleil. Le marbre étant moucheté d'un rouge éclatant, de violet, de petites taches de couleur de cryftal, de bleu, de cendré & de noir, les Egyptiens s'imaginerent qu'il étoit fort propre pour repréfenter l'action du foleil fur les quatre élémens. Le rouge & le violet marquoient le feu ; le cryftal fignifioit l'air ; le bleu l'eau de la mer ; & le cendré & le noir, la terre. Ainfi quand on trouve des obélifques d'un autre marbre, on peut conclure qu'ils ne font pas de la façon des prêtres d'Egypte ; mais bâtis par les Egyptiens après le banniffement des prêtres, que Cambyfe chaffa, ou par d'autres nations. Tel étoit l'obélifque que les Phéniciens dédierent au foleil, dont le fommet fphérique, & la matiere étoient fort différens des obélifques d'Egypte. Tel étoit encore celui que l'empereur Héliogabale fit tranfporter de Syrie à Rome. * Dapper, *defcription de l'Afrique.* Ammien Marcellin, *liv.* 17. Rollin, *hift. ancien. tom. I.*

OBENGIR, fleuve que les Latins nomment *Ochus*, & qui dans les cartes modèrnes eft appellé *Dihas* à fa fource près des terres du grand Mogol, parcourt le pays appellé *Balk*, où il arrofe la ville de ce nom, & quelques autres villes ; & enfuite groffi par les eaux de quelques rivieres, fe décharge dans l'Oxus, dit *Chajou* ou *Gihon.* Quint-Curce fait mention de l'Ochus, *liv. 7 : Superatis deinde omnibus Ocho & Oxo* ; ainfi que Ptolémée, qui le place avec raifon dans la Bactriane.

OBENHEIM (Chriftophe) Calvinifte, étoit d'Otringen, & vivoit en 1562. Nous avons de lui une expofition des paffages du nouveau teftament qui femblent fe contredire ; une explication des actes des apôtres, & des exemples des vertus & des vices. * Konig, *biblioth.*

OBENTRAUT (Jean-Micheld') lieutenant général Danois, fortoit d'une famille noble du bas-Palatinat. Il naquit en 1574. Il s'acquit de fi bonne heure une haute réputation à la guerre ; que n'étant encore que capitaine de cavalerie, on lui donna cinq cens hommes à commander, avec lefquels il caufa beaucoup de dommage aux Efpagnols, qui, en 1610 avoient fait une irruption dans le Palatinat. Il fervit dans la fuite l'infortuné roi de Bohême Frédéric V, fous le fameux comte de Mansfeld, & eut beaucoup de part à toutes fes entreprifes. Lorfque le roi de Danemarck fe fut fait déclarer chef du cercle de la baffe Saxe, M. d'Obentraut fe mit en 1625 au fervice de Jean-Erneft, duc de Weimar, qui le fit lieutenant général de cavalerie. La même année, lorfqu'il tâchoit de fe rendre maître de Kalenberg dans le duché de Brunfwick, il en vint à un combat avec un détachement des troupes de l'empereur, y fut bleffé, & mourut une demi-heure après de cette bleffure, dans le carroffe du comte d'Anholt : c'étoit entre Neubourg & Hanovre, & on lui érigea un monument dans le même lieu. Son frere NICOLAS d'Obentraut, commandant de Konigftein, a continué la poftérité. * Supplément françois de Bafle.

OBER-EHENHEIM, cherchez EHENHEIM.

OBER-LIMBACH, cherchez LIMBACH.

OBERMUNSTER, abbaye de chanoineffes féculieres à Ratisbonne, dont l'abbeffe eft princeffe de l'empire, envoie fes députés à la diéte, & fournit deux cavaliers & fix fantaffins pour fon contingent en temps de guerre. Cette abbaye fut fondée par la reine Emme, femme de Louis, roi de Germanie, vers l'an 831 : elle y choifit fa fépulture, & fon fils Charles le *Gros* la prit fous fa protection l'an 886. On dit que le relâchement s'y introduifit bientôt, & que dès l'an 974, Volfang, évêque de Ratisbonne, fut obligé d'y rétablir la difcipline réguliere. L'empereur Henri II fit rebâtir le monaftere l'an 1010, & en fit dédier l'é-

glife en fa préfence. On y obfervoit la regle de faint Benoît, mais les religieufes fe font fécularifées depuis. * Mabillon, *ann. ord. S. Bened.* Yepès, *chrom. gen. de la ord. de S. Ben.*

OBERNPERG, petite ville ou bourg de la Baviere. Ce lieu eft fitué fur l'Inn, à cinq lieues au-deffus de Paffaw, & il appartient à l'évêque de Paffaw, qui y fait fa réfidence ordinaire. Prefque tous les géographes prennent Obernperg pour l'ancienne *Stanacum*, petite ville du Norique, laquelle d'autres mettent à Wachfenkirken, village fitué à cinq ou fix lieues d'Obernperg vers l'orient. * Mati, *dict.*

OBERSTEIN, petite ville avec un château, & un petit comté dépendant de celui de Rheingraveftin. Elle eft dans le Palatinat du Rhin, fur la Nahe, à trois lieues au-deffous de Birkenfeld. * Mati, *dict.*

OBERWESD, nom corrompu pour OBER-WÈZEL, qui fuit.

OBER-WEZEL, en latin, *Vefalia fuperior*, ville d'Allemagne. Elle eft dans l'archevêché de Trèves, fur le Rhin, entre S. Goar & Bacharach, environ à deux lieues de l'une & de l'autre. On voit fur une colline au pied de laquelle Ober-Wezel eft bâtie, le château qui donna le nom à l'illuftre maifon de Schomberg, dont les prédéceffeurs ont été burgraves d'Ober-Wezel. L'empereur Frédéric II mit cette ville au nombre des villes impériales l'an 1233, & l'an 1312 l'empereur Henri VII la donna par Boppart, en engagement à Baudouin fon frere, archevêque de Trèves, dont les fucceffeurs la poffédent encore aujourd'hui. Au refte, on croit, par une ancienne tradition, que cette ville eft celle qu'on nommoit anciennement *Vofavia & Ficelia*, qui eft le lieu où Mammée, mere de l'empereur Alexandre Sévere, fut tuée. * Mati, *dict.*

☞ OBI, grande riviere d'Afie, dans la Sibérie, prend fa fource au lac d'Ofero-Téleskoi, qui eft fitué au nord-eft de celui de Sayffan, & peut avoir 18 lieues de longueur, fur douze de largeur. L'Obi potte d'abord le nom de *By*, & ne prend celui d'*Obi* qu'après avoir reçu les eaux de la riviere de Chatun, qui s'y décharge environ à vingt lieues de l'Ofero-Téleskoi. Le cours de l'Obi eft à peu près nord-oueft, jufqu'au lieu où elle reçoit l'Irtis. Enfuite elle tourne tout-à-fait au nord, & va fe décharger dans la Guba-Taffaukoya, par laquelle fes eaux font portées dans la mer Glaciale, vis-à-vis la nouvelle Zemle. Cette grande riviere eft très-abondante en toute forte d'excellens poiffons, & celles font blanches & légeres. Ses bords font fort élevés, & par-tout couverts de grandes forêts ; mais ils ne font cultivés qu'en quelques endroits vers Tomskoi & Kufnetzkoi. On trouve fur fes rives de fort belles pierres fines, entr'autres des pierres tranfparentes rouges & blanches, en tout femblables aux agathes, dont les Ruffes font beaucoup de cas. Il n'y a point d'autres villes fur les bords de cette riviere, que celles que les Ruffes y ont bâties depuis qu'ils font en poffeffion de la Sibérie. * Hift. généalogique des Tatars, pag. 114, 115.

OBICI (Hippolyte) étoit de Ferrare. Il publia en 1619, un livre de la nobleffe du médecin. Cinq ans auparavant il avoit publié à Ferrare un livre contre la médecine ftatique, fous ce titre : *Staticomaftix, vel medicinæ ftaticæ demolitio.* * Konig, *biblioth.*

OBIZZI (Lucréce d'Egli Orologgi, femme de *Pio Enée*, marquis d'Egli) dans le Padouan, s'eft rendue auffi célèbre dans le XVIIe fiècle par fa pudicité, que l'ancienne Lucrèce. Vers l'an 1645, pendant que le marquis Obizzi étoit à la campagne, un gentilhomme de la ville, qui étoit devenu amoureux de Lucréce, entra dans fa chambre, où elle étoit encore au lit avec fon fils *Ferdinand*, âgé de cinq ans. Le gentilhomme prit la précaution de tranfporter cet enfant dans une chambre voifine, & follicita cette dame de con=

descendre à ses mauvais desirs; mais n'ayant pu rien gagner ni par caresses, ni par menaces, son amour dégénérant en fureur il la poignarda. Il y eut des indices contre ce meurtrier : on savoit qu'il avoit de l'attachement pour la marquise ; l'enfant dit quelque chose : des voisins déposerent l'avoir vu dans le quartier; on trouva sur le lit un bouton de manchette, tout semblable à un autre bouton qu'il avoit encore : on l'appliqua donc plusieurs fois à la question ordinaire & extraordinaire, qu'il soutint sans rien avouer. Ainsi on se contenta de le retenir en prison pendant quinze ans, au bout desquels il en sortit. Mais peu de mois après, le jeune marquis d'Obizzi vengea la mort de sa mere, en le tuant d'un coup de pistolet : & après cette expédition, il passa au service de l'empereur, qui le fit successivement marquis du saint empire, colonel & commandant de Vienne, surintendant général des arsenaux, son chambellan, conseiller d'état, & maréchal général de camp. Il mourut à Vienne le 2 décembre 1710, âgé de 71 ans, après 50 ans de services rendus à la maison d'Autriche, tant dans la guerre que dans des négociations & commissions importantes, d'où son corps fut transporté à Padoue au tombeau de ses ancêtres, sans laisser de postérité, quoiqu'il eût été marié trois fois. La maison de ville de Padoue, pour éterniser la mémoire de la marquise Obizzi, lui a fait élever par décret du 31 décembre 1661, une espéce de monument dans la grande salle de l'hôtel de ville, avec une inscription honorable, qui fait mention de son malheur & de sa vertu. * *Voyages d'Italie.*

OBLATS ou DONNÉS, gens qui prenoient un habit religieux, différent de celui des moines, qui s'offroient à Dieu avec leurs biens, & se donnoient entierement au monastere, jusque-là qu'ils y entroient en servitude, eux & leurs enfans. Le premier Oblat connu, étoit un homme noble, qui se donna l'an 948, avec sa femme nommée *Dode*, du consentement de ses enfans, à l'abbaye de Cluni, à laquelle il donna en même temps les biens dont il jouissoit à Maure & à Notond sur la Garonne. Pour marque de l'offrande que ces Oblats faisoient d'eux-mêmes & de leurs biens, ils se mettoient les cordes des cloches des églises autour du col, & quelques deniers sur la tête, d'où ils les reprenoient pour les mettre sur l'autel. Une femme de qualité nommée *Gise*, s'étant donnée elle & ses descendans au monastere de S. Michel l'an 1022, laissa pour marque un denier percé, & le bandeau de sa tête. Il y a eu un grand nombre d'Oblats de cette forte dans l'ordre de S. Benoît, & l'histoire en fait mention aussi dans les autres ordres, comme dans celui des Servites. Il y a eu en France d'autres Oblats très-différens de ceux dont on vient de parler. C'étoient des gens que le roi présentoit aux monasteres de fondation royale, où on étoit obligé de les recevoir & de les nourir : on les appelloit *moines lais* : ils devoient sonner les cloches, balayer l'église & le chœur : on accordoit d'ordinaire ces places à des soldats estropiés ou invalides ; depuis on les convertit en argent ; & depuis, ces Oblats & leurs pensions ont été transférés en l'hôtel royal des Invalides. * Mabillon, *ann. ord. S. Bened. tom. III.*

OBLATS, congrégation de prêtres séculiers établie à Milan par S. Charles Borromée, furent ainsi nommés, parceque ces prêtres s'offrirent volontairement à leur archevêque, pour le seconder selon qu'il leur ordonneroit au gouvernement de son diocèse. Ce saint prélat mit sous la protection de la sainte Vierge, & celle de S. Ambroise; c'est pour cela qu'ils furent appellés les *Oblats de S. Ambroise.* Cet établissement se fit le 16 août 1578. Le pape Grégoire XIII approuva cet institut; lui accorda beaucoup de priviléges, & donna à ces prêtres des revenus considérables, qui avoient appartenu à l'ordre des Humiliés :

on leur donna pour faire leurs fonctions, l'église du saint Sépulcre, qui est en grande vénération à Milan. Le but de cet institut est de faire tout ce que l'archevêque ordonne; par rapport à l'état ecclésiastique, comme d'aller en missions, de desservir des cures, de diriger les colléges & séminaires, de faire faire les exercices spirituels à ceux qui aspirent aux saints ordres; en un mot, d'être disposés pour toutes les fonctions ecclésiastiques, quand le prélat en ordonne quelqu'une; de-là vient, qu'en y entrant on fait un vœu simple d'obéissance entre ses mains. S. Charles avoit dessein d'en établir dans toutes les villes de son diocèse; mais sa mort en empêcha l'exécution. Il leur associa des hommes séculiers, qui vivant dans le monde, ne laissoient pas de s'employer à toutes sortes d'œuvres de piété, principalement à enseigner la doctrine chrétienne. Il établit aussi une compagnie de femmes, qu'il appella *la compagnie des dames de l'Oratoire*, leur prescrivant des régles fort saintes, surtout d'assister à tous les exercices spirituels qui se faisoient dans l'église du saint Sépulcre, conformément à ceux qui se pratiquoient à Rome dans l'église des prêtres de l'Oratoire de sainte Marie de la Vallicelle. * Hermant, *hist. des ord. religieux, tom. III.*

OBOLE, monnoie de cuivre, valant une maille ou deux pites, la moitié d'un denier. Quelques-uns veulent que ce soit seulement le quart d'un denier, la moitié d'une maille. Il y a eu chez les Grecs des oboles d'argent, qui valoient onze deniers, & selon quelques-uns un sol quatre deniers; & il y a eu aussi des oboles d'or. M. du Cange dit qu'il y a eu en France des oboles d'or & des oboles d'argent; une obole blanche valoit quatre deniers tournois, qu'on appelloit *obole tierce*, parceque c'étoit le tiers d'un sol. Il y avoit aussi des oboles d'argent du poids d'un denier 15 grains. OBOLE en médecine, est un poids de dix grains ou un demi-scrupule; & il faut trois scrupules pour faire une dragme ou un gros. OBOLE chez les Juifs, étoit une espéce de poids nommé *Gérach*, qui pesoit six grains d'orge. C'étoit la XXᵉ partie d'un sicle, *siclus viginti obolos habet*. OBOLE chez les Siciliens, étoit le poids d'une livre. C'étoit aussi une espéce de monnoie. On prétend que c'est d'eux que les Romains ont emprunté ce nom. Borel le dérive du grec Βολες, parcequ'elle étoit longue & étroite comme une aiguille, d'où il dérive aussi le nom d'*obélisque*. * *Exod.* c. 30, v. 13. Du Cange, *glossar.*

OBOLLAH, petite ville forte & bien peuplée, située sur un des bras du Tigre, qui a été tiré en forme de canal, de la longueur de sept ou huit lieues; & c'est sur les deux rives de ce fleuve, qu'on voit une longue suite de jardins & de portiques, qui se répondent les uns aux autres avec une symmétrie admirable. Les géographes orientaux placent ce lieu dans le IIIᵉ climat, à 84 degrés de longitude, & à 30 dégrés 15 minutes de latitude septentrionale, & le font passer pour un des quatre endroits les plus délicieux de toute l'Asie, qu'ils appellent les quatre Paradis. * D'Herbelot, *biblioth. orient.*

OBOTH, trente-septiéme campement des Israélites où ils arriverent de Punon, & d'où ils partirent pour aller à Jéabarim sur les marches de Moab. * *Nombr. XXXIII, 43.*

☞ OBOTRITES, peuples d'entre les Vandales, qui occupoient le pays qu'on nomme aujourd'hui *le duché de Meckelbourg* proprement dit, avec le comté de Schwérin, où sont Wismar, Schwérin, &c. * La Martiniere, *dict. géogr.*

OBRECHT (George) professeur en droit, né à Strasbourg l'an 1547, d'une famille originaire de Schéléstad, qui fut ennoblie par l'empereur Rodolphe II l'an 1604, étudia à Tubinge, & dans les principales universités de France, où il se trouva dans un temps assez fâcheux. Depuis il prit les dégrés de doéteur à Basle, & étant de retour à Strasbourg, il fut choisi pour être professeur en droit, qu'il enseigna avec beaucoup de réputation pendant quarante ans. Il mourut le 7 juin de l'année 1612, âgé de 66 ans. Il avoit fait divers ouvrages, dont on n'a publié qu'une partie, *Œconomia juris*; *Legalis topica*; *Jus feudale*, &c.

OBRECHT (Ulric) petit-fils du précédent, né à Strasbourg le 23 juillet 1647, se rendit par la suite un des favans hommes de son pays. L'étude des langues latine, grecque & hébraïque, fut presque le premier amusement de son enfance, & il apprit comme en se jouant, le françois, l'espagnol & l'italien. Il n'avoit que quinze ans lorsqu'il composa & prononça en public une harangue latine, qui fut universellement applaudie. Aussi avoit il puisé les principes de l'éloquence dans leurs sources, dans Démosthène, Cicéron, Hermogène, Quintilien, Longin, &c. Le fort de ses études fut dans la suite sur la jurisprudence & sur l'histoire. Doué d'une mémoire excellente, ses idées ne se brouillerent jamais, & on l'entendoit avec plaisir rendre compte de tous les siécles, comme s'il y eût vécu; & de toutes les loix, comme s'il les eût établies. Aussi M. Bossuet, évêque de Meaux, surpris de l'entendre discourir de tout à propos, le nomma-t-il justement *Epitome omnium scientiarum*. Après ses licences il voyagea à Vienne en Autriche, & à Venise, avec un ambassadeur Russien; & le soin qu'il prit de visiter principalement les bibliothéques & les savans, contribua beaucoup à le former. A dix-neuf ans il avoit déja fait imprimer une espéce de *commentaire sur le songe de Scipion*; & une *Dissertation sur les principes de la prudence civile & politique*. Il donna ensuite *Animadversiones in dissertationes de ratione statûs in imperio*, &c. C'étoit une critique sur un livre qui avoit fait grand bruit en Allemagne, sous le nom masqué d'*Hippolyte de la Pierre*, & par là il rendit un grand service à la maison d'Autriche, qui dans la suite n'a rien épargné pour l'engager dans ses intérêts. Lorsqu'il fut professeur en droit dans l'université de Strasbourg, il trouva encore du temps pour faire des ouvrages: tels furent celui qu'il fit sur une medaille fort rare de Domitien; ses éclaircissemens sur l'histoire d'Auguste; & son *Prodromus rerum Alsaticarum*, qui n'étoit qu'un essai d'un grand ouvrage qu'il méditoit sur l'Alsace, & que ses grandes occupations ne lui permirent pas d'achever. Il travailla aussi pour sa patrie, en prouvant le droit de la république de Strasbourg pour porter l'étendard de l'empire, conjointement avec les ducs de Wittemberg, qui en sont en possession. Il fit aussi un traité *De imperii Germanici ejusque statuum fœderibus*; & un autre, *De jure belli & sponsoribus pacis*. Au milieu de ces occupations il pensa à son salut: l'antiquité de la doctrine & des usages de l'église romaine, jointe à la succession des pasteurs dont ses lectures le convainquirent, commencerent à le faire revenir de ses préjugés. M. Pellisson, après que le roi se fut rendu maître de Strasbourg, eut quelques conférences avec monsieur Obrecht; les Jésuites, que la maison établit à Strasbourg, continuerent à l'ébranler. Il vint enfin à Paris l'an 1684, consommer l'ouvrage de sa conversion, & abjurer le lutheranisme entre les mains du savant M. Bossuet, évêque de Meaux. Retourné en sa patrie il ne songea qu'à l'édifier, & à la ramener avec lui au sein de l'église par les exemples de sa piété. L'an 1685 le roi le nomma pour présider en son nom au sénat de Strasbourg, en qualité de *préteur royal*, ce qui lui fit tourner toute son application vers les affaires publiques. Il s'étoit glissé un abus énorme dans Strasbourg, où l'on n'hésitoit pas à dissoudre les mariages pour cause d'adultere. Ce nouveau magistrat essaya de réprimer cet abus par la voie d'instruction, & pour cela il traduisit en allemand le livre de saint

Augustin, *du mariage des adulteres*, & convainquit de faux les ministres qui autorisoient un sentiment si pernicieux. Ensuite il obtint du roi l'an 1687, une défense d'en user à l'avenir comme on avoit fait jusqu'alors. Il traduisit aussi en allemand un ouvrage du P. Dez, Jésuite, qui établissoit tous les dogmes catholiques, qui sont contestés par les Lutheriens, & par-là il rendit un grand service à la religion. Enfin le roi le nomma son commissaire & le envoya à Francfort, pour la discussion des droits de madame Elizabeth-Charlotte, princesse électorale Palatine, à la succession de ses peres. Il s'y rendit, & cela interrompit quelques ouvrages d'érudition auxquels il travailloit; mais cela ne l'empêcha pas d'écrire fortement pour montrer invinciblement, & par les jurisconsultes, & par les historiens, les droits de Philippe V à la couronne d'Espagne. Tant de travaux avancerent sa mort, qui arriva le 6 août 1701, après qu'il eut reçu les sacremens avec toute la piété qu'on pouvoit desirer. Son fils, aussi zélé catholique que lui, succéda à la charge de préteur royal, quoiqu'il n'eût que 26 ans; mais il la garda peu, étant mort en 1708, après avoir donné une version latine de la vie de Pythagore, écrite en grec par Jamblique. On trouve un catalogue exact des ouvrages de son pere dans les mémoires de Trévoux de la fin de 1701.

OBREGON (Bernardin) né à las Huelgas près de Burgos en Espagne le 20 mai 1540, de parens illustres par leur naissance, mais peu accommodés des biens de la fortune. Il les perdit étant encore enfant, & fut confié par son oncle, chantre de Siguença, à l'évêque de cette ville, qui l'auroit avancé la mort ne l'en avoit empêché. Bernardin ayant perdu son protecteur, prit le parti des armes, & servit quelque temps contre la France; mais un exemple de vertu dans un homme de la lie du peuple, qui le remercia d'un soufflet qu'il venoit de recevoir de lui, le toucha tellement, qu'il résolut de renoncer au monde. Ce fut alors qu'il s'attacha au service des pauvres malades dans l'hôpital de la cour à Madrid: il y voua une parfaite obéissance à l'administrateur, par le conseil de qui il reçut quelques personnes qui vinrent s'offrir à lui pour être ses disciples; & il les forma autant par son exemple que par ses discours dans la pratique de toutes les vertus chrétiennes. Il en avoit déja un si grand nombre en 1568, qu'ils pouvoient former une congrégation, qui fut approuvée par M. Caraffa nonce en Espagne. On les demanda bientôt pour le service des hôpitaux des principales villes: Burgos, Guadalaxara, Murcie, Najara, Belmonte, les appellerent: le roi Philippe II leur confia en 1587, l'hôpital général de Madrid, qu'il venoit de former en supprimant les divers hôpitaux de cette ville; & enfin le 6 décembre de l'an 1589, le cardinal Gaspard de Quiroga, archevêque de Tolède, reçut sous la troisième régle de S. François, les vœux solemnels qu'ils firent, de pauvreté, de chasteté, d'hospitalité, & d'obéissance aux ordinaires des lieux où ils seroient établis; & leur permit de recevoir les vœux de ceux qui se présenteroient à l'avenir, après avoir éprouvé pendant deux ans. Bernardin, à qui sa prudence autant que sa charité avoit gagné l'estime & l'affection de tout le monde, fit depuis un grand nombre d'établissemens, tant en Espagne qu'en Portugal, où il fonda aussi une maison de filles orphelines. Il étoit à Lisbonne, lorsque pour donner la derniere forme à sa congrégation, il voulut lui prescrire des réglemens par écrit. Ses constitutions ayant été achevées l'an 1594, il alla à Evora, d'où il fut rappellé en Espagne pour assister le roi Philippe II dans sa derniere maladie; & après la mort de ce prince il rentra dans son hôpital général de Madrid, où il mourut le 6 août 1599. Ils sont appellés *freres infirmiers Minimes*; mais le peuple les appelle *Obregons*.* Francisco Herrera Maldonado, *vida*

de Bernardino de Obregon. Domin. de Gubernatis, *orb.*
Seraph. tom. *II.* Joseph Michieli, *teforo militari. de*
cavaleria.

☞ O BRIEN. Le prince dont cette très-ancienne & illuftre maifon à reçu fon nom, eft trop célébre
dans l'hiftoire d'Irlande, pour ne pas mériter un article étendu dans un ouvrage qui eft fingulierement
deftiné à conferver la mémoire des grands hommes.
Voici l'hiftoire abrég ée de ce grand homme.

BRIEN BOIRIVE ou *des Tributs*, que les hiftoriens
Latins nomment *Boruma*, étoit fils de Kennedy, roi
de la Momonie feptentrionale, ou Thomond. Il
defcendoit du frere aîné des deux conquérans Miléfiens, qui vinrent d'Efpagne pour s'établir en Irlande.
Après la divifion de cette ifle, faite entre Conn *des*
cent combats, & Eugène, dit *le Grand*, en deux portions prefque égales, la partie méridionale a toujours
été gouvernée par les defcendans de cet Eugène, jufqu'à l'arrivée des Anglois dans cette ifle, au XIIᵉ
fiécle. Ce prince laiffa la grande province de Momonie,
qui faifoit la plus grande partie de ce partage, à fon
fils *Oilliol Oluim*. Celui ci la partagea entre fes deux
fils, donnant à l'aîné la Momonie méridionale, ou
Defmond, & au fecond la feptentrionale ou Thomond, à condition que chaque branche gouverneroit
alternativement toute la province. Cette difpofition
dura fans conteftation pendant plufieurs fiécles, &
même jufqu'à Kennedy, pere de Brien Boirive. Celui-ci, quoique bien plus puiffant, & par conféquent
plus en état de s'affurer de la poffeffion de cette principauté après la mort de fon pere, que n'auroit été Callaghan Caffel de la lui difputer, ne voulut pas déroger au
teftament de leur pere commun. Il céda volontiers le
gouvernement à fon concurrent, après la mort duquel,
fon fils, le fameux Brien, en devint le légitime poffeffeur, l'an 978 de l'ére chrétienne. Il eft vrai que celui-ci fuccéda à fon frere aîné *Mahon*, parcequ'un
autre prince de la branche de *Callaghan* s'étoit emparé
de cette principauté, au préjudice de ce *Mahon*, dont
il ne jouit que deux ans. Ainfi Brien fe crut difpenfé
de fuivre davantage cet ordre de fucceffion. Sa premiere action d'éclat, en qualité de roi, fut la vengeance qu'il tira d'un petit roi voifin, nommé *Mac*
Broin, qui avoit fait affaffiner fon frere & prédéceffeur Mahon, par un parti qu'il avoit apofté pour cet
effet. Brien lui envoia un hérant d'armes, pour lui
demander raifon de fa perfidie, & lui indiquer un lieu
où il fe rendroit avec fon armée pour lui livrer bataille.
Celui-ci ayant accepté le défi, fe rendit au champ de
bataille avec tout ce qu'il put ramaffer de troupes,
auxquelles fe joignit un corps de Danois d'environ
1500 hommes. L'action fut fort fanglante de part &
d'autre. Mais Brien à la tête de fes Momoniens, &
fur-tout de fa vaillante tribu des Dalgais, fi renommée
dans toutes les hiftoires de ce pays, rompit premierement les Danois, & enfuite tout le refte de cette armée, dont il fit un carnage effroyable. Il n'en échapa prefque perfonne; tout ce que le glaive avoit épargné, ayant été fait prifonnier.

Cette victoire excita la jaloufie de Daniel ô Phé-
lan, petit roi des Déafies, aujourd'hui le comté de
Waterford. Il faut remarquer que les Irlandois donnoient le nom de *roi* à tous les feigneurs qui poffédoient de grands cantons dans le pays. Daniel voulant venger fur Brien la perte qu'il avoit faite de tant
de Danois, dont un grand nombre demeuroit dans
fon état, & fur-tout à Waterford, ramaffa un corps
de troupes bien aguerries, compofé de fes fujets tant
Irlandois que Danois, & vint ravager les terres de fa
domination; mais Brien, qui ne tarda pas à être
informé de cette irruption, mena fon armée victo-
rieufe contre ces pillards, qu'il atteignit à Fan Con-
rach. Il les attaqua avec fa bravoure accoutumée, jettant une telle terreur parmi les Danois auxiliaires,

qu'il les mit dans une entiere déroute : laquelle devint
enfin fi générale, que le chef fut obligé de fe fauver
avec le refte des fuyards à Waterford. Le roi de Momonie les pourfuivit de fi près, qu'il entra avec eux
dans la ville, qu'il prit l'épée à la main, ne faifant
quartier à aucun de ceux qui avoient porté les armes
contre lui. Après avoir abandonné tout le butin d'une
fi riche place à fes foldats, il y fit mettre le feu, qui
en confuma jufqu'à la derniere maifon. L'auteur de la
révolte y étoit déja péri en combattant vaillamment.

Environ huit ans après que Brien eut pris poffeffion
de la couronne de Momonie, il fit deffein d'obliger
tous les grands feigneurs de Léath Modha ou *moitié*
méridionale de l'ifle, de lui payer tribut en qualité
de leur fouverain. Ils n'y confentirent qu'après y avoir
été contraints par la force de fes armes : & Daniel
Claon, roi de Lagénie, étant mort, les fujets de cette
province, tant Irlandois que Danois, refuferent de
reconnoître l'autorité de Brien. Ce prince affembla
fon armée, devenue invincible fous un tel chef, &
la fit entrer dans les territoires de la Lagénie, dont
toutes les forces étoient venues à fa rencontre pour
lui livrer bataille. On fe battit avec furie de part &
d'autre : mais les troupes de Brien enfoncerent bientôt celles de l'ennemi, les pourfuivirent & en firent
un grand carnage. La plus grande perte fut du côté des
Danois. C'eft ainfi que la Providence fe fervit de ce
brave prince, comme d'un inftrument pour châtier
l'infolence de ces cruels étrangers, fur lefquels il
remporta vingt-cinq victoires pendant le cours de fa
vie. Ils reçurent auffi des échecs très-confidérables par
la bravoure de Malachie, roi de toute l'ifle. Ce
qui les obligea d'abandonner une grande partie de
leurs poffeffions, pour vivre en fureté dans les places
fortes qu'ils avoient bâties.

Bientôt après, ayant reçu de grands renforts de
Danemarck & de Norwège, ils fe virent en état de
recommencer leurs hoftilités avec autant de fureur
qu'auparavant, mais avec plus de fuccès : parceque les
princes de l'ifle, divifés entr'eux, ne fongeoient pas
à s'oppofer à leurs progrès. Le roi lui-même s'étoit
abandonné depuis quelques années à une vie molle &
oifive. Le feul Brien, toujours actif & zélé pour la
gloire de fa patrie, ne ceffoit de les harceler; de déconcerter leurs mefures, & de les tenir éloignés de
fes frontieres. Cette conduite vigoureufe lui attira
autant d'eftime & de confiance de la part des feigneurs voifins, que de fes propres fujets : fi que les
autres le regardoient comme un vrai héros capable
de les raffurer contre les dangers qui les menaçoient.
C'eft cette confiance qui porta la nobleffe de Momonie, de même que les principaux habitans de la Conacie, à convoquer une affemblée des deux provinces
pour fe mettre fous la protection de Brien. On y arrêta auffi qu'on enverroit des ambaffadeurs à Malachie, roi d'Irlande, pour lui déclarer que, s'é-
tant rendu indigne de la royauté par fon indolence &
fon manque de courage, par la lâche conduite qu'il
tenoit à l'égard des étrangers, à qui il n'ofoit oppofer
la moindre réfiftance; par fa criminelle infenfibilité
enfin, fur l'honneur & les biens de fes fujets, l'affemblée étoit réfolue de le détrôner, & de lui fubftituer
un prince doué de toutes les qualités qu'on pouvoit
defirer pour rendre la nation indépendante & heureufe; que fes vertus vraiment royales lui avoient déja
gagné les cœurs & l'affection de prefque tout le
royaume; qu'ainfi les chefs de l'affemblée fe flatoient
qu'il réfigneroit volontairement le fceptre à celui qui
méritoit feul de le porter; & qu'il fe contenteroit de
mener une vie retirée, & éloignée de tout tumulte,
conformément à fon caractere mol & efféminé. Cette
ambaffade fut reçue, comme on s'y étoit attendu,
avec beaucoup de hauteur & de menaces. Brien profitant de l'ardeur que lui témoignoient par-tout les
plus

plus grands seigneurs du royaume, forma le projet de dépouiller ce roi fainéant de sa couronne, en vertu de la délibération de l'assemblée susdite. Il se mit donc à la tête d'une nombreuse armée, & marcha droit à *Tara*, dans la Midie, où étoit la résidence des rois d'Irlande. Avant de commencer les hostilités, il dépêcha un héraut au roi, pour le sommer de se soumettre à son autorité, de lui envoyer des ôtages de la première qualité, pour sûreté de sa parole ; & en cas de refus, lui offrir un combat décisif. Cette nouvelle surprit extrêmement ce foible prince. Comme il n'étoit aucunement en état d'agir contre Brien, il répondit, qu'ayant licencié son armée, il lui étoit impossible de lui livrer bataille : mais pour faire voir que son refus ne venoit d'aucun défaut de courage, il le prioit de suspendre tout acte d'hostilité pendant l'espace d'un mois ; que dans ce temps il rassembleroit son armée, & particulierement les troupes de la *moitié septentrionale* : qu'alors il accepteroit son défi. Que si ses sujets ne vouloient point lui fournir les secours d'hommes & d'argent nécessaires pour soutenir cette guerre, il lui enverroit aussitôt des ôtages distingués, pour être un gage assuré de sa soumission : mais qu'en attendant il se flatoit que Brien ne permettroit pas à son armée de piller la Midie, & qu'il se tiendroit au palais de Tara jusqu'à la fin de cette suspension d'armes.

Ces conditions ayant été acceptées par Brien, le roi convoqua une assemblée générale de tous ses sujets du nord, & dépêcha en même temps des messagers à plusieurs petits rois de l'isle pour implorer leur secours dans un besoin si pressant, leur faisant entendre qu'eux-mêmes seroient bientôt obligés de donner au roi de Momonie des ôtages de leur fidélité & obéissance : qu'en tout cas le deshonneur, qu'il ne manqueroit pas d'essuyer par leur refus, ne tomberoit pas tant sur lui-même, vu les efforts qu'il faisoit pour soutenir la dignité d'une couronne, que la race d'Hérémon avoit portée depuis tant de générations, mais sur ceux qui n'oseroient se joindre à lui dans un moment si critique, dont un ennemi puissant étoit prêt à profiter. Pour donner plus de poids à cette négociation, il en chargea, auprès d'O Neill, roi d'Ultonie, & d'O Connor, roi de Conacie, son premier antiquaire, titre très-respecté des Irlandois, pour les engager plus efficacement à entrer sans dans ses vues, fondées également sur leurs propres intérêts.

La réponse d'O Neill fut, que tandis que ceux de sa branche étoient assis sûr le trône, ils l'avoient défendu avec gloire contre les entreprises de leurs ennemis : que par conséquent, ceux qui en étoient actuellement en possession, devoient le défendre ou y renoncer ; qu'en son particulier il n'étoit pas du tout d'humeur à se brouiller avec la brave tribu des Dalgais, dont l'amitié lui seroit toujours précieuse ; & qu'ainsi il étoit résolu de s'en tenir à la neutralité entre les deux contendans. Le roi, prévoyant le mauvais effet qu'une pareille disposition pourroit produire à l'égard des autres chefs, prit le parti d'aller le trouver en personne, pour tâcher de vaincre sa répugnance, & le déterminer, s'il étoit possible, à embrasser la cause commune, lui représentant que s'il se trouvoit dans la nécessité d'abandonner à Brien son palais de *Tara*, qu'il ne balanceroit plus de lui céder tout le reste de ses droits : au lieu que, devenu victorieux par le moyen d'O Neill, il lui confirmeroit, & à sa postérité après lui, la possession exclusive de la royauté, sans qu'aucune autre branche pût jamais la leur disputer.

Ces offres firent impression sur O Neill. Cependant il pria le roi de ne pas trouver mauvais qu'il ne les acceptât qu'après avoir consulté sa noblesse sur un point si important. L'assemblée qu'il convoqua pour cet effet, & à laquelle il communiqua les propositions du roi, ne lui donna qu'une décision peu favo-

rable à ses intérêts. Elle déclara tout net, que c'étoit un véritable piége qu'on lui tendoit ; que le roi une fois délivré du danger qui le menaçoit, ne songeroit plus qu'à éluder les promesses qu'il lui avoit faites ; qu'ainsi l'avis des états étoit, qu'il enverroit une réponse honnête à ce prince, mais qu'il se donneroit bien de garde d'entrer dans une querelle, dont les suites étoient infiniment à craindre. Cependant cette convocation, avant de se séparer, imagina une tournure assez fine pour profiter des embarras du roi, & en même temps se mettre à couvert de son ressentiment. Elle consistoit à adoucir la dureté de son premier avis, en lui faisant envisager qu'ayant à combattre le belliqueux roi de Momonie, & ses invincibles Dalgais, il étoit plus probable que très-peu de personnes échaperoient à leurs armes, & retourneroient à leurs maisons ; que nonobstant la vue de tant de difficultés, ils étoient disposés à suivre la fortune de leur roi, pourvu qu'il leur donnât des récompenses proportionées à leurs services & aux hazards auxquels ils s'exposeroient. Ils prétendoient qu'il leur assurât la moitié de la contrée de Midie avec les terres de Tara pour servir à la subsistance de leurs femmes & de leurs enfans, à laquelle ils étoient obligés de pourvoir, sur-tout dans le cas d'un mauvais succès par rapport à l'expédition projectée.

Le roi, indigné de cette proposition également honteuse & injuste, prit le parti de consulter ceux des chefs du pays en qui il avoit le plus de confiance, afin que leur conseil pût servir à justifier sa conduite dans une crise si violente. Les plus affectionés à son service, ayant réfléchi mûrement sur le malheur de sa situation présente, décidérent unanimement que le seul expédient qui lui restoit, étoit d'aller à Tara, où Brien avoit son camp depuis un mois, & de lui offrir une obéissance sans réserve. Ayant adopté cet avis, il se rendit au camp avec 1200 hommes à cheval. Brien informé de son arrivée, sortit au-devant de lui, & lui fit l'accueil le plus gracieux. Dans leurs entretiens particuliers, le roi se plaignit de l'abandon des siens, sur-tout de la lâcheté d'O Neill. Il assura Brien que la rigueur du sort ne seroit jamais capable de diminuer en lui les sentimens de courage qu'un roi doit conserver dans ses plus grands malheurs, & que la soumission volontaire ne pouroit pas lui être reprochée par un prince également éclairé & magnanime, lorsqu'il sauroit la résolution où il avoit été de le combattre, s'il avoit pu rassembler une armée tant soit peu considérable. Le roi de Momonie, frapé de cette déclaration, lui fit connoître combien il étoit touché du revers qu'il venoit d'essuyer. Pour le convaincre de sa sensibilité à cet égard, il lui dit qu'il renonceroit aux avantages que la situation de ses affaires lui mettoit en mains, & lui donneroit le temps nécessaire pour réparer ses pertes, s'il prévoyoit qu'un pareil délai pût lui en donner le moyen. Il lui offrit une armée entiere pour solliciter ses confédérés à joindre leurs forces aux siennes, afin de décider leur querelle l'épée à la main. Brien ajouta, que jusqu'au temps marqué, il ne garderoit aucun ôtage de sa part, s'en rapportant à sa parole sur l'exécution du traité. Brien lui dit encore, que s'étant proposé de marcher au nord pour observer les mouvemens des chefs de cette contrée, il ne seroit du tout surpris de les voir à la tête de leur armée pour s'opposer conjointement à ses conquêtes, puisqu'il se proposoit de finir la dispute dans une bataille rangée. Mais le roi vaincu, touché d'admiration pour ses procédés si généreux, l'assura qu'il auroit toujours en horreur toute action marquée au coin de l'ingratitude ou de la perfidie : qu'il étoit hors d'état, quand même il en auroit la volonté, d'assister les princes du nord contre lui. Il ajouta, qu'il lui conseilloit, comme ami, de remettre cette expédition à une occasion plus favorable, attendu que la faifon & le manque de provifions s'y oppofoient également.

Brien fuivit un confeil fi fage. Après avoir fait préfent au roi de 240 beaux chevaux, & diftribuer de l'or & de l'argent à fa fuite, ces deux princes fe féparerent avec des témoignages réciproques d'amitié. Le roi de Momonie retourna enfuite dans fa province, laiffant à l'autre le foin du gouvernement & l'adminiftration de toutes les affaires comme auparavant. Auffitôt que le terme de la convention fut expiré, Brien fit les préparatifs de guerre les plus vigoureux : & après avoir donné ordre à fon armée de s'affembler dans un lieu marqué, il la vit bientôt groffie par l'arrivée de quantité de troupes auxiliaires envoyées par les villes de Waterford, Wexford & autres. Les Danois mêmes habitans de ces villes, ne furent pas les derniers à montrer leur zèle pour la caufe d'un prince fi renommé. Brien s'étant mis à la tête de cette armée, également lefte & nombreufe, marcha à Athlone, où la principale nobleffe de Conacie étoit venue pour lui offrir des ôtages du premier rang, qui devoient lui refter comme garans de la fidélité & obéiffance que la province lui juroit, en le reconnoiffant pour roi de toute l'Irlande. Il y reçut auffi pareilles affurances de Maolfeachluin même, qui n'ayant pu rétablir fes affaires pendant la trève, fe déclara fon tributaire, & lui rendit hommage en cette qualité. A la tête des forces réunies des provinces de Momonie, Lagénie, Conacie & du territoire de Méath ou Midie, Brien dirigea fa marche vers Dundalk, où le peuple lui fufcita quelque oppofition, qu'il ne tarda pas de furmonter en faifant prifonniers les principaux de la nobleffe du lieu.

Ce fut par un cours non interrompu de fuccès, autant que par une prudence confommée, qu'il vint à bout de fe faire reconnoître & proclamer monarque de toute l'Irlande. Cette ifle n'a jamais eu ni avant ni après lui un roi fi accompli. Sa libéralité envers fes amis ; fa clémence envers fes ennemis ; fa bravoure & fa grande expérience dans l'art militaire , lui méritèrent l'affection & l'attachement de ceux mêmes qui auparavant portoient envie à fon élévation , fous prétexte que la couronne appartenoit légitimement , & par droit de fucceffion , à la branche d'Héremon ; quoiqu'il fût conftant par tous les monumens, que plufieurs des defcendans du frere-aîné Hébérus, avoient regné avant lui en différens temps. Le droit de fuccéder étoit plutôt fondé fur le mérite , la force , ou fur les fuffrages de la nation dans une élection libre , que fur aucun titre excluffif qu'auroit eu la poftérité de l'un ou de l'autre de ces deux princes Miléfiens. Au refte , s'il y avoit de l'injuftice, elle fe trouveroit toute entiere du côté du cadet, comme ufurpateur du droit de l'aîné.

Brien ne fe vit pas plutôt affis fur le trône, qu'il tourna toutes fes vues à la réformation de fon royaume , tant pour ce qui regardoit les affaires civiles que celles de l'églife. La religion avoit extrêmement fouffert des cruautés & des ravages , tant de fois répétés par la barbarie Danoife, durant les deux fiécles précédens. Brien jouiffant d'une paix profonde , & d'une fureté parfaite de la part des feigneurs du pays, qu'il s'étoit attachés inviolablement par fes bienfaits , & par les privilèges qu'il leur avoit accordés, commença à rebâtir & à réparer les églifes & les maifons religieufes. Il fit affembler le clergé des différens ordres , pour examiner les prétentions de ceux qui avoient été expulfés de leurs poffeffions, afin de les y faire rentrer felon la teneur des canons eccléfiaftiques, reftituant & augmentant même les biens enlevés par les Danois aux cathédrales & aux abbayes , qu'il rétablit fur l'ancien pied de leur fondation.

Il s'appliqua enfuite à pourvoir à l'éducation de la jeuneffe, fort négligée depuis long-temps à caufe des troubles continuels dont le pays avoit été agité auparavant. Il fit réparer les écoles publiques , & y attacha de bons revenus pour la fubfiftance des jeunes gens , qui avec du génie & des talens n'auroient pas les moyens néceffaires pour fe pouffer dans leurs études. C'eft par ce zèle également éclairé & infatigable qu'il parvint enfin à diffiper les reftes de la barbarie , & à redonner à fa nation une bonne partie de l'ancien éclat dont elle avoit joui avant l'arrivée des étrangers.

Les communes auffi, qui étoient propriétaires de quelques feigneuries, les fermiers , & ceux mêmes du plus bas étage parmi le peuple, reffentirent également les effets de fa juftice. Il diftribua aux naturels de l'ifle toutes les terres qu'il avoit conquifes fur les Danois : mais ce ne fut qu'après avoir ordonné des perquifitions exactes touchant les légitimes héritiers de ces terres; & lorfqu'ils pouvoient donner des preuves de leur droit, ils y rentroient fans formalité. Ce prince ne fe donna jamais entrée dans fa cour aux adulateurs ni aux favoris, & n'enrichit jamais fes plus proches en oppriment les moindres de fes fujets.

C'eft lui qui diftingua par des furnoms les différentes branches de la race Miléfienne, & des autres principales familles du royaume, affectant les particules O ou Mac, pour en faire connoître la vraie origine : la premiere fignifie la particule françoife De , & la feconde fils. Ainfi fa propre famille tire fon nom d'O Brien , de ce monarque même appellé BRIEN : O Neill , d'un prince de ce nom. De même MACARTY, Mac Donnel , &c. doivent leur appellation aux chefs de ces maifons, Carty , Donnel , &c. En langue irlandoife , ces marques diftinctives O & Mac , ne font jamais omifes ; au lieu que les Anglois, & à leur imitation, beaucoup d'Irlandois, les retranchent , fe contentent de dire tout court, Neill , Donnel , &c. De forte que les chefs des tribus n'avoient aucune diftinction particuliere quant à la dénomination : mais leur luftre & leur puiffance étoient fondés fur leur droit d'aîneffe , & les grandes poffeffions dont ils héritoient de pere en fils , & dont ils attribuoient des portions, comme ils le jugeoient à propos, aux différentes branches de leurs familles, qui devenoient par-là leurs vaffaux. Ces furnoms devinrent un moyen propre à éviter la confufion dans la confervation des généalogies de la nobleffe du pays. On remarque, entre les édifices que ce prince fit bâtir pour l'utilité public, la grande églife de Killaloe , & la belle églife de Innis-Cealtrach. Il fit faire des chauffées dans les endroits de fon royaume qui en avoient befoin, & réparer les grands chemins pour la commodité des voyageurs. Plufieurs fortereffes & forts deftinés à contenir les fujets Danois ou autres factieux, furent l'ouvrage de fa prudence. La conftruction des ponts , la réparation des places fortes , occuperent fes momens de loifir.

Il prit un foin particulier du rétabliffement des loix, dont les guerres inteftines avoient émouffé le gout & interrompu l'obfervation : le fuccès qu'eurent fes efforts en cette partie, fut merveilleux. Un poëme écrit vers le temps dont on parle, fait mention des faits qu'on vient de rapporter, & de quantité d'autres également glorieux à la mémoire de ce grand roi. Sous fon gouvernement, le royaume jouit d'une paix conftante & d'une abondance non interrompue pendant l'efpace de douze années, fuivant le témoignage d'un poëte contemporain, dont les vers portent que l'illuftre Brien Boirimhe rendit pendant fon adminiftration fon peuple également heureux & belliqueux : lui procurant, avec l'abondance de toutes chofes, une entiere ceffation de difcorde & de divifion.

Il tenoit une cour nombreufe à Ceann Coradh , pour l'entretien de laquelle, outre les revenus des deux provinces de Momonie, il recevoit réguliérement les fubfides des autres trois provinces qu'il faifoit lever à proportion de l'opulence de chacune des contrées qu'elles renfermoient. Il composa un réglement authentique touchant les rangs que devoient prendre les différens ordres de la noblesse dans les assemblées publiques. A sa cour, personne ne pouvoit porter les armes, que la très-valeureuse tribu des Dalgais, ses sujets particuliers.

L'établissement d'une bonne marine entra dans le plan de son gouvernement, & il parvint à se procurer une bonne flotte. Elle fut l'occasion d'une grande guerre, & même de la mort du roi : car ayant demandé au roi de Lagénie, son beau-frere, de lui fournir du bois de construction, & sur-tout des mats, dont il avoit une grande quantité dans ses forêts, celui-ci non-seulement y consentit, mais aussi il fit conduire à ses frais ces matériaux, & vint lui-même les offrir aux officiers de Brien, dont il étoit bien-aise de voir la cour, voulant en même temps profiter de cette occasion pour voir la reine sa sœur. Il eut tout lieu d'être content de l'accueil que lui fit le roi : mais pendant son séjour à la cour, il se brouilla irréconciliablement avec Murrough, fils du roi. Le roi de Lagénie se retira secretement chez lui, sans prendre congé ni de sa sœur ni de son beau-frere, bien résolu de se venger de l'affront qu'il prétendoit avoir reçu. Brien informé de cette fuite, le fit suivre par un de ses officiers, auquel il recommanda de le ramener au palais, & de lui promettre de sa part, qu'il auroit lieu d'être satisfait du traitement qu'il recevroit, & de la réparation qu'on lui feroit. Mais au lieu de profiter de cette offre, le roi de Lagénie maltraita le messager du roi. Il le blessa même si grièvement, qu'il fut obligé de prendre une litiere pour retourner vers son maître. Malgré les sollicitations de ses fils & de ses courtisans, Brien laissa au roi de Lagénie tout le temps pour rentrer dans ses états, afin d'en tirer une satisfaction plus éclatante dans son propre pays, & à la tête de son armée. Le roi de Lagénie qui s'en doutoit bien, se hâta de se mettre en état de défense contre les forces supérieures de Brien. Il eut même recours au roi de Danemarck; & pour l'engager dans ses intérêts, il lui représenta la tyrannie du roi d'Irlande à l'égard des Danois, qu'il avoit si souvent accablés, & à qui il permettoit à peine de rester dans les villes maritimes pour l'avantage du commerce; au lieu que les rois de Lagénie avoient toujours été liés d'intérêts avec sa nation. Le Danois ne balança pas à lui envoyer une flotte chargée de 12000 hommes de troupes choisies, dont il donna le commandement à Charles Canut, & à Brodar ses deux fils.

Les Danois répandus dans le pays, ne manquerent pas de venir joindre leurs compatriotes & les Lagéniens; de sorte que l'armée du roi de Lagénie devint très-nombreuse. Il envoya un hérault d'armes à Brien pour le défier à une bataille rangée dans la plaine de Clontarffe, peu éloignée de Dublin. La nouvelle de l'arrivée des Danois, si odieux à la nation, causa les plus vives alarmes; mais l'ame héroïque de Brien, toujours inaccessible à la crainte, n'en devint que plus intrépide. Il accepta le défi, & assembla promptement les forces des deux Momonies. Les plus grands seigneurs de ces provinces, aussi-bien que les chefs des différentes tribus, se firent honneur de servir sous un prince si renommé, même en qualité de volontaires. Plusieurs chefs des tribus de la Conacie vinrent le joindre avec leurs troupes; & même Maolseachluin, le roi dépose, ne voulut pas être le dernier à montrer son zèle dans une occasion si importante. Cependant, cette prétendue bonne volonté n'étoit qu'une feinte : car il se retira avant le combat à une distance convenable pour voir ce qui s'y passeroit, & pour profiter ensuite des événemens, s'ils se trouvoient favorables à ses desseins cachés.

Cette action sanglante & décisive fut soutenue fort long-temps par une bravoure égale de part & d'autre.

Les rangs demeuroient comme immobiles, parce qu'ils se remplissoient sur le champ à mesure qu'ils s'éclaircissoient par la mort des combattans. Mais enfin, après les efforts extraordinaires, & l'acharnement le plus opiniâtre, la valeur singuliere des Dalgais, secondée par l'ardeur redoublée des chefs, & animée par la haine irréconciliable de toutes les troupes contre le perfide roi de Lagénie, surmonta tous les obstacles. La déroute commença par les Danois, que les Dalgais attaquerent avec tant de furie & de carnage, qu'ils en rompirent entierement les bataillons. Les deux freres, leurs chefs, tomberent morts sur la place, avec 4000 hommes de leurs troupes. Celles de Lagénie ne purent tenir que très-peu de temps contre l'armée victorieuse : de sorte qu'elles prirent aussi la fuite, après avoir vu périr leur malheureux roi, la principale noblesse de cette province & 3700 soldats. Le vainqueur, de son côté, acheta cette victoire bien cher, puisqu'il perdit, dans cette journée mémorable, Mourrough O Brien son fils aîné, qui y commandoit sous lui, & un grand nombre de personnes de la premiere distinction, dont les noms se trouvent dans les annales de ce temps-là. Quoique la plus grande perte eût été du côté des Danois, ils eurent sujet de s'applaudir d'une grande victoire, par la mort du respectable roi d'Irlande, qui fut tué dans sa tente par un parti de ces fuyards qui le reconnurent; mais ils n'échaperent pas à la vengeance de ses gardes, qui les passerent tous au fil de l'épée. Brien étoit âgé de 88 ans, & en avoit regné 12. Cette bataille de Clontarffe se donna le vendredi saint, 22 avril de l'an 1034, selon quelques auteurs. Un célèbre poëte contemporain composa en langage irlandois, un poëme qui en rapporte les principales circonstances, & qui existe encore. Flaherty prouve par l'autorité de Marianus Scotus, que Brien fut tué le 23 avril 1014, & qu'il avoit commencé son regne l'an 1002.

Maolseachluin, le roi dépose, fut déclaré successeur de Brien, & regna dix ans, ou neuf au moins. Il fut proprement le dernier monarque de cette isle : car le fils du défunt nommé Donough ou Donat, & ses deux petits-fils, Tourlough & Mourtough, auxquels les deux illustres & saints archevêques de Cantorbéri, Lanfranc & Anselme, aussi-bien que le pape Grégoire VIII, ont écrit des lettres, rapportées dans le recueil d'Usserius, intitulé : *Sylloge epistolarum Hibernicarum*, dans lesquelles ils traitent ces princes de *Magnifico Hibernia regi Terdelvaco*, & de *Glorioso regi Hibernia Muriardacho*, n'ont pas joui de la royauté entiere de cette isle, non plus que leurs trois successeurs, jusqu'à l'arrivée des Anglois. Ils en ont possédé à la vérité la meilleure partie : mais sans le consentement des états, du moins unanime. Douze princes de la postérité de Brien, retinrent toujours successivement la qualité de rois de Limericke ou de Thomond, c'est-à-dire, de la Momonie septentrionale, depuis l'arrivée des Anglois, jusqu'au temps de Henri VIII; & les rois d'Angleterre eux-mêmes traitoient avec eux sous ce titre, comme on le peut voir par des monumens authentiques.

Des six fils que Brien avoit eus, l'aîné nommé en langue irlandoise, *Mourrough* ou *Murtagh*, c'est-à-dire *Maur*, fut tué avec lui & avec *Tourlough* ou *Théodore*, son propre fils, dans la bataille contre les Danois dont on vient de parler. Le second nommé *Teige* ou *Thaddy*, c'est-à-dire *Thadé*, fut roi de la province de Munster, &, ayant épousé une fille du roi de la province de Leinster, ou Lagénie, en eut pour fils aîné Tourlough qui fut monarque de toute l'Irlande pendant douze ans. Teige ou Thaddy, roi de Munster, avoit commencé le premier à joindre à son propre nom celui d'O'Brien, en mémoire de Brien Boruma ou Boirimhe son pere. Son fils Tourlough en fit autant après lui; & cet usage a été constam-

ment fuivi par toute fa poſtérité. En irlandois l'article O
eſt équivalent à l'article françois *De*, & s'emploie pour
exprimer l'honneur que l'on a de deſcendre d'un homme illuſtre. C'eſt ainſi que le nom d'*O Brien* eſt devenu le nom propre des deſcendans de Brien Boruma. Tourlough O Brien, petit-fils de ce monarque, &
comme lui monarque de toute l'iſle, vécut juſqu'aux
commencemens de Guillaume *le Roux*, roi d'Angleterre, fils-aîné & ſucceſſeur immédiat de Guillaume
le Conquérant, à qui il fournit des bois pour bâtir la
charpente de la grande ſalle de Weſtminſter.

Tourlough O Brien avoit eu pour fils *Dermoid* ou
Dermod O Brien, qui fut roi de Munſter pendant
quatre ans; & celui-ci en laiſſa deux, nommés *Tourlough* & *Mourrough* O Brien. Le premier, après avoir
été auſſi roi de Munſter, mourut monarque de toute
l'Irlande en 1130, & eut pour ſucceſſeur dans le même titre Moutrough ſon frere cadet. Mais dès la même année la mort ayant emporté ce dernier, il fut
remplacé par Tourlough O Connor, qui étant monarque de toute l'Irlande, & n'ayant été élu que par une
partie de la nation, força la province de Munſter
de le reconnoître, & partagea cette province en
deux partiés, dont il abandonna le ſud à *Donaugh
Mac-Carty*, c'eſt-à-dire, *fils de Carty*; & le nord à
Conner ou *Corneille O Brien*, prince certainement iſſu
de Brien Boruma, fils de Mourrough ou Maur O Brien.
Il paroît que Tourlough, fils de Roger O Connor, régnoit de ſon propre chef en Conacie. Tourlough O
Brien, mort roi ou monarque de toute l'Irlande en
1130, avoit laiſſé un fils nommé *Donaugh More O
Brien*, qui régnoit pareillement dans les comtés de
Caſhel ou de Tippératy & de Limerick.

A la mort de Tourlough, fils de Roger O Connor, il
eut pour ſucceſſeur dans le royaume de Conacie un
fils nommé *Roger* ou *Rodérick*, & dans le titre de monarque de toute l'Irlande un autre prince nommé
Murrough Mac-Laughlin, qui mourut en 1168; & après
celui-ci, le même titre paſſa à ce *Rodérick*. Mais il étoit
à peine ſur le trône, que l'Irlande ſe vit travaillée
d'une guerre inteſtine qui la rendit bientôt la proie
des rois d'Angleterre. O Rouerke, ſouverain du pays
de Brefne, avoit épouſé une fille de *Murrough Mac-
Floin*, roi de Méath, qui le quitta pour paſſer dans
les bras de *Dermod Mac-Murrough*, roi de Leinſter :
mais le mari ayant inutilement tenté de la reprendre
de force, il eut recours à Rodérick, monarque de
toute l'Irlande; & Dermod fut chaſſé de l'iſle. Dans
cette difgrace, Dermod alla implorer l'aſſiſtance de
Henri II, roi d'Angleterre, qui étoit alors occupé ſur
la frontiere de Guyenne à la guerre au roi Louis
le Jeune, & à qui il offrit de faire hommage de ſa couronne. C'étoit dans le cours de l'année 1169 que ces
événemens étoient arrivés. *Voyez* l'article d'IRLAN-
DE.

Malgré l'établiſſement formé en Irlande par le roi
Henri II, il reſta encore pluſieurs vrais ſouverains,
non-ſeulement dans l'Ultonie qui étoit poſſédée par
des ſeigneurs du nom d'*O Néal* ou *O Néil*, & qui n'a
été parfaitement réduite ſous la puiſſance des Anglois
que ſur la fin du regne d'Elizabeth & au commencement de celui de Jacques I, par la ſoumiſſion du fameux comte de Tyrone; mais dans la Conacie & la
Momonie même, dont les Anglois ne poſſédoient que
les moindres parties. Henri II conſerva lui-même le
titre de *roi* à Roger ou Rodérick, roi de Conacie, qui,
par un traité fait avec ce monarque dans les octaves de
S. Michel de l'an 1177, s'obligea ſeulement à le ſervir comme ſon homme ou vaſſal dans toutes ſes guerres; & douze princes iſſus en ligne maſculine de
Donaugh More O Brien, fils de Tourlough, dernier
monarque de ce nom, porterent pareillement de génération en génération le titre de *rois* dans les pays de
Limerick & de Thomond, où ils avoient le patronage

ou la garde des archevêchés & évêchés pendant leur
vacance, & tous les autres droits qui caractériſoient
anciennement la vraie ſouveraineté. Ils tenterent même ſouvent de chaſſer les Anglois; & ſouvent ceux-ci
furent obligés de traiter avec eux. Dans ces occaſions
les rois d'Angleterre ne leur donnoient que le titre de
ducs de Thomond, comme on le voit par l'exemple
d'un Donaugh ou Donat O Brien, qui eſt qualifié
Dux Thotmundiæ dans des lettres du roi Edouard II,
en date du 14 mars 1315, c'eſt-à-dire, 1316. Mais
comme le pays de Thomond n'a jamais été érigé en
duché, & que le titre de *duc* n'étoit pas même encore
en uſage alors à la cour d'Angleterre, il eſt aiſé de reconnoître dans le ſtyle uſité à l'égard des princes Irlandois, la politique d'un monarque qui ne vouloit
point ſouffrir d'autre roi dans l'iſle que lui-même. C'eſt
ainſi que nos premiers monarques en ont uſé avec les
anciens rois de Bourgogne, d'Aquitaine, de Toulouſe, de Gaſcogne & autres encore antérieurs; & les
empereurs d'Allemagne ont ſuivi les mêmes principes
avec les rois de Hongrie, de Bohême, de Baviere, de
Saxe, de Lorraine, de Lombardie & autres, ſur leſquels ils prétendoient avoir au moins un droit de ſu-
périorité féodale. C'eſt auſſi la raiſon pourquoi l'on
voit dans l'hiſtoire de ces différens états une alternative
de rois & de ducs. Le but de ces premiers ſouverains
étant de concentrer l'autorité ſuprême entre leurs
mains, le premier pas qu'ils avoient à faire, étoit de
détruire un titre qui annonçoit au moins un partage
de la ſouveraineté.

Celle des deſcendans de Daniel More O Brien,
ſubſiſtoit encore avec la même réalité dans les pays de
Thomond & de Limerick en 1523, lorſque le roi
François I y rendit un témoignage qui doit être d'autant moins ſuſpect, que cette ſouveraineté fut très-
avantageuſe aux affaires de France; & elle étoit alors
poſſédée par le onzième deſcendant du même Daniel
More O Brien, que les écrivains Anglois nomment
Thurlogh ou *Théodore O Brien*, & à qui ils donnent
eux-mêmes le titre de *Prince or King of Limerickand
Thomond*, c'eſt-à-dire, *Prince* ou *roi de Limerick & de
Thomond*. L'empereur Charles-*Quint* & le roi d'Angleterre Henri VIII, venoient de ſe liguer dans ce moment contre François I, & ne ſe propoſoient rien
moins que de l'attaquer toute à la fois en Normandie,
en Picardie & en Languedoc. François leur oppoſa
toutes les alliances qu'il put ſe ménager. Depuis long-
temps la nation Irlandoiſe faiſoit aſſez connoître ſa
valeur dans les guerres qu'elle avoit eues à ſoutenir contre les Anglois. Le 20 juin de la même année 1523,
le monarque François conclut un traité de confédération avec un prince Irlandois qui eſt nommé *Jacques,
comte de Momonie*, & qualifié *prince en Irlande*; & il
s'y engagea entr'autres choſes à ne faire aucune paix
ni trève avec Henri VIII, ſans y comprendre ce comte
de Deſmond ou Momonie méridionale, avec le *ſeigneur Théodore* (ou Tourlough) *O Brien & ſa famille*;
mais le même malheur qui avoit renverſé le trône général de l'Irlande en 1172, réduiſit bientôt les deſcendans de ces premiers monarques à un vain ſouvenir
de leur grandeur originaire.

Tourlough O Brien avoit eu quatre fils dont l'aîné
nommé *Conner* (ou Corneille) O Brien étant mort (à
ce qu'il paroît) dès le temps du traité conclu entre le
roi François I & Jacques, comte de Deſmond, &
ayant été marié avec une fille de la maiſon de Burck
ou Bourk, en avoit laiſſé un fils au berceau nommé
Donaugh O Brien. Les autres fils de Tourlough étoient
Teige, ou Thadé; *Donaugh*, ou Donat, &, *Mourrough*,
ou Maur O Brien. Teige & Donaugh avoient pareillement précédé leur pere dans le tombeau; & dans ce
moment il ne reſtoit que Mourrough qui s'empara de
l'état par violence au préjudice du jeune Donaugh ſon
neveu, ſous prétexte d'une coutume aſſez ſemblable à

notre ancien droit de *bail* ou de *garde*, appellé en irlandois *Thaniftry*, c'eft-à-dire, *ufage des princes*, &
en vertu de laquelle le parent le plus proche &
le plus âgé du fang d'un feigneur qui mouroit,
devoit jouir, fa vie durant, de l'état & du titre du
défunt, fans qu'on eût égard au droit de repréfentation qu'auroit un mineur, même en ligne directe.
Mais défefpérant en même temps de conferver le fruit
de fon ufurpation, il fit un tranfport de la principauté
ou fouveraineté au roi Henri VIII, qui lui en rendit les
domaines utiles, & le créa lord-comte de Thomond,
pair d'Irlande, pour le temps de fa vie, par lettres patentes du premier juillet 1543, où il eft dit que ce
monarque avoit fait la cérémonie de *lui ceindre l'épée
de chevalier*, après lui avoir accordé le pardon de *fes
révoltes & de celles de fes peres*; & que *pour foutenir
fon état*, il lui donnoit à titre *de mouvance de la couronne*, & fous la charge du *fervice militaire*, tous les
châteaux, domaines, terres, monafteres fupprimés,
fervices & advoueries d'églifes, chapelles, chantreries, fiefs de chevaliers & autres héritages qu'il poffédoit dans le pays de Thomond au-delà de la riviere
de Shannon, avec les advoueries des églifes, recto-
rats, vicairies, chantreries & chapelles qui pouvoient
être du domaine royal dans le même pays, fe réfervant feulement le patronat des archevêchés du pays
avec les droits de régale.

Les écrivains Anglois repréfentent Conner ou
Corneille O Brien, fils aîné de Tourlough, comme le
dernier des douze defcendans de Brien Boruma qui
régnerent fucceffivement dans le pays de Thomond
depuis la defcente du roi Henri II en Irlande; & ils
répétent expreffément à ce fujet que chacun d'eux
avoit porté en fon temps le titre de roi de Limerick
ou de Thomond, au lieu d'être vrais fouverains monarques de toute l'Irlande, ainfi que leurs premiers ancêtres l'avoient été à jufte caufe. Mais il paroît que
ces écrivains n'ont point connu le traité fait entre le
roi François I & Jacques, comte de Momonie ou de
Munfter, où il n'eft parlé que du feigneur *Théodore*,
ou Tourlough *O Brien & de fes petits enfans*; & qu'ils
n'ont pas même fait attention à la nature de la coutume appellée *Thaniftry*, que Mourrough O Brien n'auroit pu faire valoir en fa faveur, fi fon frere Conner
ou Corneille O Brien n'étoit pas mort avant Tourlough O Brien leur pere. Le douziéme & dernier defcendant de Brien Boruma qui poffeda le pays de Thomond en fouveraineté, fut Mourrough lui-même au
moyen de l'ufurpation qu'il en fit fur le jeune Donaugh
fon neveu.

Cependant le roi Henri VIII avoit fenti l'injuftice
qui étoit faite au même Donaugh O Brien. Pour la
réparer, fans toutefois préjudicier à l'intérêt perfonnel
qu'il avoit de détruire tout ce qui pouvoit porter ombrage à fa puiffance, il fit inférer dans les lettres accordées à Mourrough O Brien, que les domaines & le
titre de lord-comte de Thomond retourneroient après
fa mort à *Donaugh fon neveu*. En même temps il en fit
expédier d'autres par lefquelles en confirmant à Donaugh O Brien la réverfion des domaines & du titre
de lord-comte de Thomond, avec tout ce qui avoit
été cédé à Mourrough O Brien fon oncle, il y ajouta
au même titre de mouvance de la couronne & fous la
même charge de fervice militaire, la moitié de l'abbaye de Clare, une autre entiere, & vingt livres monnoie d'Angleterre à prendre annuellement fur le tré-
for-royal, & en attendant l'événement de la mort de
Mourrough O Brien fon oncle, lui accorda le titre de
lord-baron d'Ibrican, pair d'Irlande, pour lui & *fes
defcendans mâles*; & effectivement après avoir d'abord
porté ce titre, il recueillit celui de lord-comte de
Thomond après Murrough O Brien. Selon les mêmes
lettres de confirmation, la réverfion des domaines &
du titre de lord-comte de Thomond ne devoit encore

avoir lieu en fa faveur que pour *le temps de fa vie feulement*; mais fous le regne d'Edouard VI, unique fils
& fucceffeur de Henri VIII, il remit ces premieres
lettres patentes, & en obtint de nouvelles par lefquelles ce titre fut étendu comme celui de lord-baron d'I-
brican à tous *fes defcendans mâles*.

Il avoit époufé Hélene Butler, fille de Pierre lord-
comte d'Ormond, auffi pair d'Irlande, & en avoit eu
Conner ou Corneille O Brien qui fut le troifiéme lord-
comte de Thomond depuis la création de ce titre, &
pere de trois fils nommés *Donaugh*, *Teige* & *Daniel*
O Brien. Le premier comme aîné fucceda au titre de
lord-comte de Thomond après fon pere, & le tranfmit à fes propres defcendans qui ont fubfifté jufqu'en
1740, en la perfonne de *Henri O Brien*, lord-comte
de Thomond, baron d'Ibrican, pair d'Irlande, auffi
lord-vicomte de Tadcafter, pair d'Angleterre; l'un
des membres du confeil-privé d'Irlande, &c. fils de
fon arriere-petit-fils, & mort fans poftérité d'une fille
de Charles Seymour, lord-duc de Sommerfet, pair
d'Angleterre. Du fecond étoit forti un rameau qui
s'étoit éteint quelques années auparavant. Le troifiéme
fut créé lord-vicomte de Clare, baron de Mac-Ayrfy
par lettres patentes du 17 juillet 1662, étant fort âgé,
& il a été le trifaïeul du comte de Thomond, vicomte
de Clare, aujourd'hui maréchal de France, chevalier des ordres du roi, qui fe trouvant devenu le chef
de fa maifon par la mort de fes aînés, a recueilli le titre affecté au fang de Donaugh O Brien fon cinquiéme aïeul, & joindroit à ce titre la poffeffion du refte
des domaines de fes ancêtres, fi la religion qu'il profeffe & fon attachement au fervice de France, n'y
avoient mis obftacle. Sous la reine Anne le feu lord-
comte de Thomond avoit obtenu un acte du parlement qui abrogeoit la fubftitution de fon titre & de
fes domaines, & lui permettoit d'en difpofer en faveur de qui il voudroit. Il ne laiffa pas de preffer le
lord-vicomte de Clare, aujourd'hui comte titulaire
de Thomond, de fe rendre fufceptible de la fucceffion
felon les loix d'Angleterre, en embraffant la communion de l'églife anglicane, ou au moins en quittant le
fervice de France; & la cour de Londres confentoit
même de lui accorder l'acte de tolérance fans lequel
un catholique ne peut fucceder à un parent proteftant
en Angleterre; mais ayant également rejetté ces deux
conditions, le feu lord-comte de Thomond fit un teftament par lequel il léguoit fon titre & fes biens à
un autre collatéral de fa maifon, avec fubftitution en
faveur du fecond fils d'une fœur de la comteffe de
Thomond fa femme, à la charge de porter le nom &
les armes d'O Brien. C'eft pourquoi le lord-vicomte
de Clare n'eft devenu comte de Thomond que de
nom.

SUITE GÉNÉALOGIQUE DE LA MAISON O BRIEN.

I. BRIEN BORIVE, monarque d'Irlande pendant
12 ans, époufa *Gormblath*, c'eft-à-dire, *Verte-fleur*,
fille de *Mourough Mac-Flinné*, roi de Lagénie, l'an
1027.

II. TEIGE ou THADÉ O Brien, fils du précédent,
eut pour femme *Mora*, fille du roi de Lagénie.

III. TOURLOUGH, fils de Thadé, monarque d'Irlande pendant 12 ans, époufa *Mora*, fille d'*O Hayne*,
chef de cette famille, qui régnoit dans la Conacie
occidentale.

IV. DERMOD, fils du dernier roi de Momonie
pendant 4 ans, époufa *Sara*, fille de Thadé Mac-
Arty, chef de cette royale & illuftre famille.

V. TOURLOUGH, fils de DERMOD, roi de Momonie,
pendant 5 ans, époufa *Nariat*, fille d'*O Fogarty*,
chef de cette famille.

VI. DANIEL MORE, ou *le Grand*, fils de Tourlough,
roi de Cafhel & de Limerick pendant 36 ans, eut
pour femme *Orlacam*, fille de *Mac-Morrough*, prince

de Lagénie. Ce fut pendant son regne que les Anglois entrerent pour la premiere fois en Irlande.

VII. DONAUGH ou DONAT, *Cairbreach*, fils de *Daniel More*, roi de Thomond, épousa *Sara*, fille d'*O Kennedy*.

VIII. CONNOR ou CORNEILLE, fils du précédent, épousa *Mora Mac-Namara*, fille du chef de cette noble famille. C'est à ce roi de Thomond que Henri III, roi d'Angleterre, écrivit une lettre avec cette adresse: *Rex Angliæ régi Thomond*. Voyez *Varæus*, &c.

IX. THADÉ O Brien, fils de Connor, épousa *Finvola*, fille d'*O Kennedy*.

X. TOURLOUGH, fils de Thadé, épousa *Aurine*, fille de *Daniel More Mac-Carty*, chef de cette grande maison.

XI. MUIRIERTAGH, fils de Tourlough, prit alliance avec *Sara*, fille d'*O Kennedy*, dynaste ou seigneur d'Ormond.

XII. MAHON, fils du précédent, eut pour épouse la fille du prince de Lagénie, descendu en ligne directe de *Dairy Barrach*, fils de *Cathvire More*, monarque d'Irlande. Ses fils furent BRIEN, qui suit; & CONNOR O BRIEN, tige de la branche de Carrigoginiol.

XIII. BRIEN Cathaneny, fils de Mahon, épousa *Slanyen Mac-Nemara*.

XIV. TOURLOUGH, fils de Brien, se maria à *Slanie*, fille de *Loghlen Ladir Mac-Nemara*.

XV. THADÉ *An Condaig*, fils du précédent, eut pour femme *Annabella* Bourk, fille de *Mac-Williams*, chef de cette puissante maison.

XVI. TOURLOUGH, fils de Thadé, épousa *Jeanne* Fitz-Maurice, fille de *Fitz-Maurice*, dit *le Begué*, lord-baron de Kerry & de Lixnaw.

XVII. CONNOR O Brien, prince de Thomond, épousa *Marguerite*, fille de *Rickard* Bourke Mac-William de Clanrickard, pour deuxiéme femme.

XVIII. DONAT O Brien, second comte de Thomond, l'an 34 de Henri VIII, épousa *Hélene*, fille de *Pierre*, comte d'Ormond & d'Ossory.

XIX. CORNEILLE O Brien, troisiéme comte de Thomond, épousa *Unagh* ou *Elizabeth*, fille de *Terence* O Brien d'Ara, dont il eut trois fils, comme il est marqué ci-dessus.

XX. DANIEL O Brien, troisiéme fils dudit lord-comte de Thomond, épousa *Catherine* Fitz-Gérald, fille du comte de Desmond, veuve de *Maurice De Rupe* ou de la Roche, lord-vicomte de Fermoy. Il étoit chevalier de l'Eperon doré, & s'étoit beaucoup distingué au service d'Espagne pendant l'usurpation de Cromwell, s'attachant en toute occasion aux intérêts du roi Charles II, qui étant remonté sur le trône d'Angleterre, le créa le 2 juillet 1662 lord-vicomte de Clare & baron de Mac-Ayrsy.

XXI. CONNOR O Brien, fils du précédent, & second vicomte de Clare, épousa *Honorée*, fille de *Daniel* O Brien, chef de la branche de Duagh.

XXII. DANIEL O Brien, troisiéme vicomte, épousa *Philadelphie*, fille de *François* d'Acres, comte de Sussex, en Angleterre, dont il eut deux fils, *Daniel* O Brien, quatriéme vicomte de Clare, qui mourut sans postérité, &

XXIII. CHARLES O Brien, cinquiéme vicomte, maréchal des camps & armées du feu roi Louis XIV, mort quelques jours après la bataille de Ramillies des blessures qu'il y avoit reçues. Il avoit épousé, le 9 janvier 1697, *Charlotte* de Bulkély, sœur aînée de la feue maréchale duchesse de Berwick, & du comte de Bulkély, mort depuis peu lieutenant général des armées du roi, chevalier de ses ordres, gouverneur de S. Jean Pied-de-Port, d'une maison très-ancienne & très-illustre dans le pays de Galles. Leur pere *Henri* de Bulkély, grand-maître de la maison des rois Charles II & Jacques II, épousa *Sophie* Stuart, fille cadette de *Walter* ou *Gauthier*, lord-baron de Blantire en Ecosse, & sœur cadette de la troisiéme femme de

Charles Stuart, duc de Richemont & de Lénox, pair d'Angleterre & d'Ecosse, seigneur d'Aubigny en Berry, mort en 1672, lequel descendoit au quatriéme dégré d'un frere cadet de l'aïeul paternel du roi Jacques I. Cette dame mourut à S. Germain-en-Laye le 6 septembre 1730, ayant été premiere dame d'honneur de Marie d'Est, femme du roi Jacques II.

XXIV. CHARLES O Brien, sixiéme vicomte de Clare, lord-comte de Thomond, baron d'Ibrican, baron de Mac-Ayrsy, au royaume d'Irlande, deux fois pair de ce royaume, chevalier des ordres du roi, maréchal de France, commandant pour le roi en Languedoc, gouverneur de Neuf-Brissac, colonel d'un régiment Irlandois, &c. ci-devant appellé *lord Clare*, & aujourd'hui *comte de Thomond*, est né à S. Germain-en-Laye le 27 mars 1699, a été fait, dès le 24 octobre 1706, capitaine d'infanterie à la suite du régiment de son pere, qu'il commande lui-même aujourd'hui; puis colonel réformé le 14 octobre 1718, & colonel du même régiment le 3 août 1720; brigadier d'infanterie le 20 février 1734; maréchal de camp le premier mars 1738; inspecteur d'infanterie en 1741; lieutenant général le 2 mai 1744; nommé chevalier des ordres le premier janvier 1746, & reçu le premier janvier 1747, ayant eu permission d'en porter le cordon & la croix dès le 2 février précédent; maréchal de France le 24 mars 1757. Milord maréchal de Thomond se maria le 10 mars 1755, à mademoiselle *M.A.* Gautier de Chiffreville, fille unique de feu *Louis-François* Gautier, marquis de Chiffreville, seigneur de Mangé, du Ponceau, de la Ferriere, de Champmarin, mestre-de-camp de cavalerie, sous-lieutenant de la seconde compagnie des mousquetaires du roi, qui étoit fils de *François* Gautier, marquis de Chiffreville, de Sévigny, de S. Victour, de Mangé, du Ponceau, de la Ferriere, &c. & de dame *Louise-Magdeléne* de Froulai de Tessé, fille de *René*, comte de Tessé, baron d'Ambrieres, &c. lieutenant général des armées du roi. La maison de Gautier Chiffreville vient de *Philippe* Gautier, écuyer, vivant en 1452, & s'est soutenue avec une grande distinction depuis ce temps-là, par mille & mille alliances dans les maisons de Tessé, de Beaumanoir, de Sourdis, de Bellay & autres fort illustres. La mere de madame la maréchale de Thomond vit encore, & s'appelle *Marie-Géneviève* le Tonnelier Breteuil de Charmeau. M. le maréchal de Thomond a un fils nommé *Charles*, qui est septiéme vicomte de Clare, né le 18 octobre 1757.

Il a aussi une sœur unique, *Laure* O Brien, qui a été mariée le 24 avril 1720, à feu *Claude-Charles* le Tonnelier, comte de Breteuil Chantecler, alors capitaine lieutenant des chevaux-légers de Bretagne, mestre-de-camp de cavalerie, &c. mort le 9 février 1735. De ce mariage sont sortis 1. *Louis-Charles-Joseph*, mestre-de-camp de cavalerie, né le 26 octobre 1721. 2. *Jacques-Lauré*, exempt des gardes-du-corps, mestre-de-camp de cavalerie, bailli, & ambassadeur de Malte à Rome en 1758, commandeur de la commanderie de Villiers-au-Liége, né le 9 février 1723. 3. *Anne-François-Victor*, docteur de Sorbonne, & grand-vicaire de Narbonne. 4. *Anne-Charlotte*, née le 10 janvier 1728, & mariée en 1750 à M. le marquis de Chastenoye, gouverneur pour le roi dans les colonies de l'Amérique. 5. *Claude-Stanislas*, capitaine au régiment de Clare, né le 7 mai 1730. 6. *Marie-Thérèse*, religieuse à l'abbaye de S. Paul, née le 14 août 1733. 7. *Claude-Charles-Henri*, né le 31 décembre 1734, ecclésiastique.

En même-temps que Mourrough ou Maur O Brien usurpateur du pays de Thomond sur Donaugh O Brien son neveu, avoit été revêtu du titre de lord-comte de Thomond, par le temps de sa vie par les lettres patentes du premier juillet 1543, Henri VIII l'avoit aussi créé lord-baron d'Inchiquin au comté de Thomond ou de Clare, pour lui & *ses def-cendans mâles*. Il avoit dès-lors un fils nommé *Der-moid* ou *Dermod* O Brien qui porta le premier ce titre; & celui-ci a continué la branche pour laquelle le titre de lord-baron d'Inchiquin a été commué en celui de lord-comte pair d'Irlande, par lettres patentes de l'an 1660, datées de *la douziéme année du regne de Charles II.* C'eſt en faveur du fils unique du lord-comte d'Inchi-quin, aujourd'hui vivant, que le feu lord-comte de Tho-mond avoit diſposé de son titre & de ses biens; mais le fils unique du lord-comte d'Inchiquin étant mort en 1742, ils ont paſſé, conformément aux diſpoſi-tions du feu lord-comte de Thomond, à Percy Wind-ham ſecond fils de Guillaume Windham baronet du comté de Sommerſet, & de Catherine Seymour, ſœur de la comteſſe douairiere de Thomond, qui en jouit, & a pris le nom & les armes d'O Brien. On n'eſt entré dans ce long détail que pour prouver ce que l'on a avancé, que l'extraction royale du comte de Thomond, vicomte de Clare, n'eſt point une chi-mere ſemblable à celles de quelques maiſons, mais une vérité conſtante & néceſſaire.

Entre les différentes branches de la maiſon d'O Brien, dont nous venons de parler, deux ſe ſont établies en France depuis la révolution arrivée en Ir-lande en 1688. L'une eſt celle de M. le maréchal comte de Thomond, dont on vient de parler. L'au-tre eſt celle de milord comte de Liſmore, colonel & grand-croix de l'ordre royal & militaire de S. Louis, qui eſt une branche collatérale, commençant par Connor O Brien, ſeigneur de Carrigoginiol, fils de Mahon O Brien, prince de Thomond, & de la fille du prince de Lagénie.

Connor O Brien qui eſt la ſouche commune en li-gne directe des deux branches de Thomond & d'Inchi-quin, & de la branche collatérale de Carrigoginiol, eut un fils nommé Donough O Brien, ſeigneur après la mort de ſon pere de Carrigoginiol. Celui-ci eut un fils nommé Brien *Duff,* (c'eſt-à-dire le Noir) O Brien, qui hérita de la même terre & ſeigneurie. De celui-ci eſt ſorti Mahon O Brien de Carrigogi-niol, pere de Mourrough O Brien, dont la famille & les deſcendans furent appellés dans la ſuite les O Briens de Curriglass & depuis de Mogilly, Car-rigine, &c. Ce Mourrough O Brien eut pour ſon partage ou pattimoine des terres ſituées dans les ma-noirs d'Ahdare & d'Askelten, près de Carrigogi-niol. Ces deux châteaux, quoique poſſédés alors & quelque temps auparavant par les comtes de Deſmond, avoient appartenu à ſa famille. Gerard Fitz-Gerald, alors chef de cette puiſſante maiſon, propoſa à Mour-rough O Brien l'échange de ſes terres & héritages, qui ſe trouvoient fort à ſa bienſéance, à cauſe deſdi-tes ſortereſſes d'Ahdare & d'Askelten, pour un équi-valent en terres & en châteaux à lui appartenans dans le comté de Cork, & dans le voiſinage de Liſ-more & de Tallow. Outre le motif des avantages qu'il en pouroit retirer au moyen des ſuſdites ſorte-reſſes, dont en effet il ſe ſervit très-utilement dans la ſuite de la guerre qu'il ſoutint contre la reine Eli-zabeth, comme il paroît par les annales de Cambden ſous les années 1579 & 1580, ce comte avoit dans cet échange d'autres vues encore plus politiques. La réputation de bravoure que s'étoit acquiſe Mourrough O Brien lui étoit parfaitement connue. Il connoiſſoit également la coutume invariable où étoient les adhé-rans de tout ſeigneur Irlandois, de le ſuivre par-tout où il jugeroit à propos de ſe fixer. Ainſi en plaçant Mourrough O Brien ſur les frontieres des comtés de Cork & de Waterford, il oppoſoit une forte barrie-re aux incurſions du comte d'Ormond avec lequel il étoit en guerre ouverte. Suivant la tradition de cette famille, Mourrough O Brien combattit à la tête de ſes parens & vaſſaux à la bataille de Dromaline pour le

comte de Deſmond; ce qui s'accorde avec la relation que Cambden nous a laiſſée de cette action, qu'il place ſous l'année 1567, l'année d'après la tranſaction ou échange paſſé entre ce comte & Mourrough O Brien. Le même Cambden raconte que, pour vaincre la ré-pugnance que ce dernier témoignoit contre la propo-ſition de l'échange, & pour l'attacher entiérement à ſes intérêts, ce comte ménagea un mariage entre lui & ſa propre couſine *Hélène* Fitz-Gerald, fille d'*Edmond* Fitz-Gerald, ſeigneur de Cleanglaſſ, dont il eut Tour-logh ou Terence O Brien ſon fils aîné, & hérities de ſes biens. Le comte de Deſmond, piqué de la vraie ou prétendue partialité de la reine Elizabeth en faveur du comte d'Ormond pendant les diſputes de ces deux ſeigneurs, n'eut pas de peine à ſe laiſſer per-ſuader de s'oppoſer aux meſures que prenoit cette princeſſe pour renverſer la religion catholique. Mais ayant enfin été malheureuſement accablé par les for-ces ſupérieures de la reine, il finit ſes jours dans une ſuite de malheurs. Après ſa mort tous ſes biens furent confiſqués. Ceux de ſes amis & partiſans éprouverent le même ſort. On imagine bien que Mourrough O Brien, connu pour en être un des plus zêlés, ne man-qua pas d'être enveloppé dans cette proſcription. Car qu'il eût pris les armes ou non, contre la reine en fa-veur du comte de Deſmond, il étoit toujours trop odieux aux yeux du comte d'Ormond pour éviter la rigueur d'une confiſcation ſi générale; auſſi perdit-il par ce triſte événement ſes terres & ſes châteaux de Curriglaſſ, Mogilly, Carrigine, &c, leſquelles à cauſe du peu de temps qu'il en avoit joui, paroiſſoient avoir été confiſquées ſur le comte de Deſmond, au profit de ce fameux chevalier & amiral Raleigh, qui les vendit enſuite au comte de Cork, nommé *Boyle.* Son fils Terence jouit ſeulement dans les manoirs de Tallow & de Liſmore, de quelques terres appartenantes à ſa mere, qu'elle avoit apportées en dot, & dont par conſéquent ſon fils & héritier ne pouvoit être fruſtré. Heureuſement pour ſa poſtérité un ſeigneur nommé *O Aherne,* avoit fait l'acquiſition du château & terre de Mogilly, avec d'autres terres dans le voiſinage, leſquelles faiſoient partie des biens confiſqués ſur Mourrough O Brien; car le petit-fils de ce M. O Aher-ne n'ayant qu'une fille unique pour héritiere de ſa ſuc-ceſſion, ſe crut obligé en honneur & en conſcience, de la donner en mariage au petit-fils dudit Térence O Brien, qui par ce moyen rentra en poſſeſſion d'une partie conſidérable du patrimoine de ſes aïeux. Il portoit auſſi le nom de Tourlogh, fils de Thadé, & petit-fils de Tourlogh, lequel étoit fils du ſuſdit Mourrough, qui s'étoit établi dans le comté de Cork en vertu de l'accord fait avec le comte de Deſmond. Ce Tourlogh O Brien qui avoit épouſé la fille de M. O Aherne, en eut deux fils, *Eugene* & *Jean* ; mais il ne jouit pas long-temps du bonheur qu'il avoit eu en recouvrant ſes biens; car étant entré dans la confédé-ration des catholiques d'Irlande contre le parlement d'Angleterre ſous le malheureux regne de Charles I, il ſubit le même ſort que le reſte de ſes compatrio-tes. Au rétabliſſement de Charles II, les biens & poſ-ſeſſions des Catholiques ayant été confirmés aux par-tiſans de Cromwel, Tourlogh O Brien perdit ſes ter-res de Mogilly, &c, quoiqu'elles fuſſent dans la réalité du fait la dot de ſa femme, & par conſéquent ina-miſſibles, ſuivant les loix de l'état, par aucune faute que pût faire ſon mari. Mais le comte de Cork, ſei-gneur d'un puiſſant crédit, l'employa tout entier pour faire envelopper ces biens dans la confiſcation géné-rale, afin de pouvoir s'en emparer lui-même, comme il fit dans la ſuite, en chaſſant avec cruauté cette da-me devenue veuve, ainſi que ſes deux fils, du châ-teau de Mogilly où ils étoient nés pendant la guerre civile. Eugene O Brien, l'aîné des deux, épouſa dans la ſuite *Catherine* Condon, fille de *Jean* Condon de Billerogh, le plus proche héritier du lord Condon, dont il eut dix-huit fils, douze desquels finirent leurs jours dans le service de leurs rois légitimes. Quoiqu'il eût le malheur d'être dépossédé lui & son frere, de son héritage pendant sa minorité, il ne laissa pas dans la suite que de faire des acquisitions considérables, parmi lesquelles étoient le château de Ballinknock, les terres de Currach, Ballimorrogh, Killessara, Rathdrona, Garrycathra, Ballinafoinsheoig, &c. Ses enfans possédoient ces terres sous le régne de Jacques II, pour la cause duquel cette famille sacrifia ce qui lui étoit resté de fortune & de biens en Irlande. Mourrough O Brien, qui suivit la destinée du roi Jacques, & devint ensuite maréchal des camps & armées du roi Louis XIV, après avoir été colonel d'un régiment d'infanterie Irlandoise sous le nom d'O Brien, connu aujourd'hui sous celui de Clare, étoit fils de cet Eugène O Brien, & ne laissa de son mariage avec dame *Jeanne* O Calahan, fille de *Daniel* O Calahan, de Pallace dans la baronie de Duhalle, qu'un fils unique nommé Daniel O Brien, colonel au service de France, chevalier & grand-croix de l'ordre royal & militaire de Lismore. Celui-ci a épousé sa cousine, dame *Marguerite-Elizabeth* O Brien, fille d'*Eugène*, qui étoit petit-fils de *Jean* O Brien ci-dessus nommé, & capitaine au service de France, où il est mort. Il a de ce mariage *Jacques-Daniel* O Brien, lord vicomte de Tallow, né en 1736, colonel aussi au service de sa majesté très-chrétienne, depuis 1754.

La généalogie de cette branche, en commençant par Jacques-Daniel O Brien, vicomte de Tallow, dont on vient de parler, & remontant jusqu'au fameux Brien Borive, monarque d'Irlande en 1002, se trace de cette maniere. I. Jacques-Daniel O Brien, lord vicomte de Tallow, colonel au service de France. II. fils de Daniel O Brien, colonel & chevalier grand-croix de l'ordre royal & militaire de S. Louis, aujourd'hui lord comte de Lismore, & de dame *Marguerite-Elizabeth* O Brien, fille du capitaine *Eugène* O Brien, lequel étoit arriere petit-fils de *Jean* O Brien, frere d'*Eugène*, par son petit-fils *Tourlogh*, fils de Thadé. III. fils de Mourrough O Brien, maréchal des camps & armées du roi, & de dame *Jeanne* O Callahan, fille de *Daniel* O Callahan de Pallace. IV. fils d'Eugène O Brien de Mogilly, &c, & de dame *Catherine* Condon, fille de *Jean* Condon, héritier du lord de ce nom. V. fils de Tourlough ou Terence O Brien de Mogilly &c. & de *Helène* O Aherne, fille de *Maurice* O Aherne dudit lieu. VI. fils de Thadé O Brien de Curriglass, Mogilly, &c. & de *Marie* O Brien, fille de *Kennedy* O Brien de Ballyshyhan, descendu en ligne droite de Connor O Brien de Catherach, surnommé Strapar Salach, à cause de son zèle infatigable à bâtir des églises. Il étoit l'arriere pétit-fils de Brien Borive, monarque d'Irlande. VII. fils de Tourlough O Brien de Curriglass, Mogilly, &c, & d'*Helène* O Brien, fille de *Guillaume* O Brien d'A-hurlagh, chef de cette branche descendue directement de Donogh, fils de Brien Borive. VIII. fils de Mourrough O Brien de Carrigoginiol, & d'*Hélène* Fitz-Gerald, fille d'*Edmond* Fitz-Gerald, seigneur de Cleanglass. IX. fils de Mahon O Brien, communément nommé seigneur de Carrigoginiol, & de *Elizabeth* O Brien, fille de *Mortogh* O Brien d'Arra, chef de cette illustre branche des O Brien. X. fils de Brien Duff O Brien, communément appellé seigneur de Carrigoginiol, & de *Marguerite*, fille d'O Kennedy seigneur d'Ormond. XI. fils de Donogh O Brien, communément appellé seigneur de Carrigoginiol, & de *Marie* Mac-Mahon, fille de *Thadé* Mac-Mahon de Corcavaskin, chef de l'illustre & ancienne famille de ce nom. XII. fils de Connor O Brien, seigneur de Carrigoginiol, & de *Marie* O Brien, fille de *Tha-*

dé O Brien de Couanagh, chef de cette illustre branche des O Brien, descendue également de Donogh, fils du monarque tant de fois cité. XIII. fils de Mahon Maonmhuige O Brien, prince de Thomond, & de la fille du prince de Lagénie, descendant de *Dairy* Barrach, fils de Cathoir More, monarque d'Irlande. De sorte que Jacques-Daniel O Brien, colonel au service de France, & lord vicomte de Tallow, se trouve avoir pour douziéme ancêtre Mahon O Brien, prince de Thomond, tige commune des branches de Thomond & d'Inchiquin en ligne directe, & de celle de Carrigoginiol, en ligne collatérale, dont il est issu, & remonte par conséquent jusqu'à Brien Borive, monarque de toute l'Irlande.

L'abrégé historique & généalogique que nous venons de donner de la branche de milord comte de Lismore a été dressé sur des preuves les plus autentiques, que nous avons eues en communication. Pour en assurer encore plus la certitude, nous y joignons les pièces suivantes qui ont été fidélement traduites.

Nous soussignés, gentilshommes du comté de Cork, certifions par ces présentes à tous ceux qu'il appartiendra, que suivant la science générale & la tradition constante & immémoriale de ce comté, dont nous sommes instruits sur des autorités incontestables, la famille des O Briens d'où l'on sait que descend tant du côté paternel que du côté maternel, Jacques-Daniel O Brien, actuellement colonel au service de France, y a toujours été regardée & respectée, comme étant indubitablement sortie de la vraie tige des O Briens, & qu'elle a été en conséquence toujours considérée comme une famille d'où sortoient de vrais gentilshommes de ce nom dans ce comté, où ils jouissoient autrefois de terres considérables, & se sont alliés avec plusieurs autres familles connues sur le pied de gentilshommes, & distingués dans ce pays par leur rang & par leurs biens, comme il appert par la généalogie dudit Jacques-Daniel O Brien, dont nous avons vu une copie; & de la vérité de laquelle nous sommes pleinement convaincus. Donné à Cork sous nos seings, ce trentième jour du mois de juillet 1758. Richard Fitzgerald, Eugène Mac-Carthy, Michel O Brien, Jacques Hennesy, O Kéeffe, Mac-Cartie Reagh, Daniel O Donevan, O Mullane, Jean Coppinger, Gerard Gould, Henri O Brien, Edme Barry, Joseph Galwey, Guillaume Coppinger, Jacques Sarsfield, Gerard Barry, Etienne Coppinger, Patrice Sarsfield, Donogh Mac-Carty Manster na Mone, Jacques O Brien.

Je soussigné, *Roger Power*, établi & duement constitué par l'autorité royale, notaire & tabellion public & demeurant en la ville de Cork au royaume d'Irlande, à tous ceux qui ces présentes verront, salut. Je certifie que je connois particulierement les nommés de l'autre part, savoir, MM. O Keeffe, Mac-Cartie Reagh, Daniel O Donevan, O Mullane, Jean Coppinger, Gérard Gould, Henri O Brien, Edme Barry, Joseph Galwey, Guillaume Coppinger, Jacques Sarsfield, Gerard Barry, Etienne Coppinger, Patrice Sarsfield, Donogh Mac-Carthy-Manster na Mona, Jacques O Brien, Richard Fitz-Gérald, Eugène Mac-Carty, Michel O Brien, Jacques Hennesy, qui ont tous & chacun signé l'attestation de l'autre part. Je certifie de plus, que tous & chacun d'eux sont des gentilshommes de familles anciennes & respectables du comté de Cork, & connus pour gens d'honneur & de sentimens, & que toute sorte de croyance doit être ajoutée à leurs témoignages, tant à l'occasion du certificat de l'autre part, qu'en toute autre : En foi de quoi, moi, susdit notaire à ce requis, j'ai signé les présentes, & y ai apposé le sceau de mon office : à Cork le trente-uniéme jour du mois d'octobre 1758.

Roger Power, notaire public.

Jean

Jean Swete, écuyer, très-honorable maire de la ville de Cork au royaume d'Irlande : A tous ceux qui ces présentes lettres verront, salut. Certifions à tous ceux qu'il appartiendra, que nous reconnoissons le sieur Roger Power, qui a signé le certificat ci à côté, & y a apposé le sceau de son office, pour notaire publique de ladite ville, & que toute sorte de croyance est, & doit être ajoutée tant en jugement que dehors, à tous les actes qu'il signe en cette qualité. En témoignage de quoi, j'ai signé les présentes, & y ai apposé le sceau de la communauté de la susdite ville, ce trente-unième jour du mois d'octobre 1758. Jean Swete, maire.

OBRIZIUS (Robert) d'Hermauville en Artois, fut d'abord curé de la paroisse de la Magdeléne dans la ville d'Arras, & ensuite chanoine de l'église cathédrale de cette ville ; il étoit poëte latin, théologien & prédicateur. Il mourut à Arras le dernier octobre 1584. Il s'étoit fait cette épitaphe :

Bis plus sex lustris protraxi sæpius ægram
 Corpore in affecto per mala multa animam.
Vita labor fuit, & studium conscribere laudes
 Cælitibus, magno cælituumque patri.
Vixi : morte cado. Vita est mea, mors mea Christus ;
 Unus honos uni, gloria & una Deo.

Valere André en rapporte encore une dont la poësie n'est pas plus élégante. Obrizius a composé 1. Eydillia sacra in utrumque testamentum, en douze livres ; à Douai, 1587, in-8°, avec l'éloge de l'auteur, par François Mosch. 2. De Atrebatensis urbis liberatione à sectariorum factiosorum oppressione, anno 1578 ; à Anvers, 1590, in-4°. 3. Sept livres d'hymnes. 4. Deux livres d'épîtres. 5. Un recueil d'épitaphes des hommes illustres, & des comtes d'Artois, sous le titre de Cæmeterium ; à Arras, 1592, in-4°. 6. Metaphrasis Cantici Canticorum. 7. Progymnasmata ad veram pietatem, &c. ▪ Voyez Valere André, biblioth. belg. édition de 1739, in-4°, tom. II, pag. 1077, 1078.

OBROAZO, ville de Dalmatie sur la riviere de Zermagne, aux confins de la Croatie, & à huit lieues de Sébénico, du côté du nord. On la prend pour l'ancienne Ouporum, petite ville de la Liburnie. * Mati, dict.

OBSEQUENS (Jules ou Julius) écrivain Latin, vivoit, à ce qu'on peut conjecturer, un peu avant l'empire d'Honorius, vers l'an 395 de J. C. & fit un livre des prodiges ; ce qui fait croire qu'il étoit Païen. Cet ouvrage n'étoit qu'une liste des prodiges, que Tite-Live avoit insérés dans son histoire, & dont il emprunte souvent les termes. Nous n'avons qu'une partie de cet ouvrage, qu'Alde Manuce donna au public l'an 1508. Il y en a eu depuis plusieurs éditions. Conrad Lycosthènes y fit des additions qu'on a été imprimées avec le texte, à Basle, en 1552. Il marqua ses additions avec des étoiles ou astérisques ; mais l'année suivante Jean de Tournes publia le tout sans distinction : de sorte que depuis ce temps, le livre d'Obséquens & le supplément de Lycosthènes, ne font qu'un même ouvrage. Enfin Schefférus en a donné une édition à Amsterdam en 1679, où l'on a imprimé en caractere romain tout ce qui vient d'Obséquens, & les supplémens de Lycosthènes en caractere italique. * Vossius, de hist. lat. Bayle, dict. crit. 2 édition.

OBSERNÉ, religieux Anglois, cherchez OSBERNE.
OBSOPÆUS, cherchez OPSOPÆUS.

O C

OCBARA, ville de Chaldée, ou, comme l'appellent les Arabes, de l'Irac Babylonienne. Elle est située sur le Tigre, au-dessus de Bagdet, dont elle n'est éloignée que de vingt lieues ou environ. Quoique cette ville soit fort petite ; il y a eu cependant plusieurs califes d'entre les Abbassides qui y ont fait leur résidence. * D'Herbelot, bibl. orient.

OCCA, riviere de la vieille Castille en Espagne. Elle prend sa source & son nom dans les montagnes d'Occa, traverse la contrée de Bureba, où elle baigne Bibiéra, & se décharge dans l'Ebre à Puente de Ra ▪ Mati, dict.

☞OCCA, riviere de l'empire Russien, qui prend sa source dans l'Ukraine, dans une campagne où l'on voit fort près l'une de l'autre les sources de la Sem, de la Snezna, & de l'Occa. Cette derniere serpente vers le nord, traverse les marais de la principauté de Vorotin, passe à Vorotinskoi, Soloska, Czerpacof, Cochita. Elle reçoit la Moska entre Colomna, & Golutwina Sloboda, qu'elle arrose ; coule ensuite entre le duché de Moskow, au nord, & celui de Rezan, au midi, baignant diverses places, entr'autres Péreslaw le Résanski, Rézan, ruinée, & Tinerskaya Sloboda. Elle poursuit son cours entre la principauté de Cachine, & le pays des Morduates, & la principauté de la basse Novogorod, où elle se perd dans le Wolga. * La Martiniere, dict. géogr.

OCCAM ou OCCHAM (Guillaume) Cordelier, Anglois de nation, disciple de Scot, & chef des Nominaux, dans le XIVe siécle, fut surnommé doctor invincibilis, venerabilis præceptor, & doctor singularis. La complaisance qu'il eut pour Michel de Césene, général de son ordre, le porta à prendre le parti de Louis de Baviere, ennemi déclaré de l'église, & à écrire contre le pape Jean XXII, & contre ses successeurs. Trithème rapporte qu'Occam disoit pour l'ordinaire à ce prince : Seigneur, prêtez-moi votre épée pour me défendre, & ma plume sera toujours prête à vous soutenir. Il fut accusé d'avoir enseigné avec Césene, que Jesus-Christ, ni ses apôtres, n'avoient rien possédé, ni en commun ni en particulier. C'est ce qui donna lieu à cette plaisante question, qu'on appella le pain des Cordeliers, qui consistoit à savoir si le domaine des choses qui se consumoient par l'usage, comme le pain & le vin, leur appartenoit, ou s'ils n'en avoient que le simple usage sans domaine. Leur regle ne leur permettant pas d'avoir rien en propre, Nicolas III qui avoit été de leur ordre, voulut les enrichir, sans prétendre le blesser ; & ordonna qu'ils n'auroient que l'usufruit des biens qui leur seroient donnés, & que le fonds seroit à l'église romaine. Par cette voie, il les mettoit sous le nom de l'église romaine, en possession d'une infinité de biens. Ce fut pour cela que Jean XXII révoqua cette bulle de Nicolas, & condamna l'usage sans domaine, par l'extravagante Ad conditorem. Il condamna par l'extravagante Cum inter, la proposition qui regardoit la possession des biens par Jesus-Christ & par ses apôtres. Occam & Césene furent encore excommuniés, parcequ'ils étoient sortis d'Avignon contre l'ordre du pape, & qu'ils écrivoient contre lui. Le premier mourut, à ce qu'on croit, l'an 1347, absous de sa censure. Les Protestans se servent quelquefois de plusieurs de ses traités contre l'église, & Melchior Goldast a fait imprimer dans son ouvrage de la monarchie, celui des quatre-vingt-treize questions d'Occam. On pourra voir dans les auteurs suivans le dénombrement des autres ouvrages de ce fameux Cordelier.* Luc Wading. in annal. & biblioth. Minor. Pirsens. Sponde. Bzovius. Rainaldi. Trithème & Bellarmin, de script. eccl. & l. 4. de Rom. pont. c. 14. S. Antonin, IV part. summæ theolog. tit. 11. Sandere, Prateole, &c.

OCCASION, déesse que les anciens considéroient comme celle qui préside au moment le plus propre à réussir dans quelque chose. Les Grecs en faisoient un dieu qu'ils nommoient χαιρὸς, parceque ce mot, qui signifie occasion, est masculin parmi eux. On représentoit pour l'ordinaire cette déesse sous la figure d'une femme nue & chauve par derriere, n'ayant de chevelure que sur le devant de la tête. Elle avoit un pied en l'air, & l'autre sur une roue, un rasoir d'une main, & un voile de l'autre. Poſidippe, poëte Grec, avoit fait une deſcription ingénieuſe de l'Occaſion, dans une de ſes épigrammes. Auſone l'a imité dans ſon épigramme 12. * *Voyez* Elie Vinet, *in Auſon.* Baudouin, *Jeonol. &c.*

OCCATOR, dieu des Païens, préſidoit au travail de ceux qui herſent la terre à la campagne, pour en rompre les mottes, & la rendre unie. *Occare*, veut dire *herſer*, d'où vient le nom de ce dieu; cat les païens donnoient à leurs fauſſes divinités des noms pris de choſes dont ils leur attribuoient l'intendance: ainſi pour les ſarcleurs, ils avoient un dieu qu'ils appelloient *Sarritor*; pour ceux qui ſemoient, ils en avoient un autre, qui s'appelloit *Sator*; & ainſi de pluſieurs autres. * Arnobe. Servius, *in 1 geogr.*

OCCO, dit *Scarlinſis*, parcequ'il étoit natif d'un village de ce nom, dans la Friſe, vivoit dans le Xᵉ ſiécle, & écrivit des origines de Friſe, qui ſont pleines de fables. La famille des Occo de Friſe a produit d'autres hommes de lettres; comme ADOLPHE OECO, médecin à Augsbourg, mort l'an 1605, de qui l'on a un recueil de médailles grecques, latines & égyptiennes des empereurs Romains, qui a été fort augmenté depuis par le comte Mezzabarbe. Ce recueil fut imprimé pour la premiere fois en 1579, & pour la ſeconde en 1600; & celle-ci, qui eſt de beaucoup la meilleure, n'eſt pas toute entiere dans le Mezzabarbe. Adolphe a laiſſé encore une pharmacopée de ſa façon. * Albert Crantz, *l.* 10, *c.* 14. Ubbo Emmius *in hiſt. Friſ.* & Suffridus Petti, *de orig.* & *ſcript. Friſ.* Valere André, *in biblioth. belg.* Voſſius, *de hiſt. lat.* Melchior Adam, &c.

OCCULTES, *cherchez* CLANCULAIRES.

OCEAN, dieu de la mer, étoit, ſelon les poëtes, fils du Ciel & de Veſta, mari de Thétis, & pere des fleuves & des fontaines. On dit qu'il a été ainſi nommé du mot Grec ωκυς, c'eſt-à-dire, *Vite*, comme Solin & Servius l'ont remarqué. Les anciens ont appellé l'*Océan* le pere de toutes choſes, parcequ'ils ont cru qu'elles étoient engendrées de l'humidité: ce qui eſt conforme au ſentiment de Thalès, qui établit l'eau pour premier principe.

Selon les géographes, l'Océan eſt cette vaſte & large étendue de mer qui environne toute la terre, & qui en eſt auſſi environnée: de ſorte qu'on peut aller par mer d'un bout à l'autre, du levant au couchant, depuis que Magellan, le Maire & Browers, ont découvert des paſſages de la mer du Nord dans la mer du Sud ou Pacifique. Cet Océan eſt naturellement diviſé en quatre grandes parties qu'on appelle, Océan oriental, Océan *méridional*, Océan *occidental*, Océan *ſeptentrional*.

L'Océan *oriental*, comprend la mer de la Chine, l'Archipel de S. Lazare vers les iſles des Larrons, & la mer de l'Anchidol vers l'iſle de Java.

L'Océan *méridional* ou *mer des Indes*, baigne les parties méridionales de l'Aſie, & les iſles qui ſont aux environs des Indes, avec la partie orientale & méridionale de l'Afrique; cet Océan comprend le golfe de Bengala, la mer & le golfe de Perſe, la mer & le golfe d'Arabie, la mer de Zanguebar, & la partie orientale de la mer d'Ethiopie, qui va juſqu'au cap de Bonne-Eſpérance.

L'Océan *occidental*, qui baigne notre hémiſphère, comprend l'autre partie de la mer d'Ethiopie, la mer Atlantique, la mer Méditerranée, la mer d'Eſpagne, la mer de France, la mer d'Irlande, & la mer d'Ecoſſe du côté de l'occident. Cette derniere partie de l'Ethiopie, s'étend le long de la côte occidentale de l'Afrique, depuis le cap de Bonne-Eſpérance juſqu'aux environs de la ligne équinoxiale, & baigne la côte occidentale des Cafres & le Congo. La mer Atlantique s'étend depuis la mer d'Ethiopie, juſqu'aux parties les plus méridionales de l'Eſpagne. La mer Méditerranée

eſt renfermée entre l'Europe, l'Aſie & l'Afrique. La mer d'Eſpagne baigne la côte occidentale & ſeptentrionale de l'Eſpagne. La mer de France s'étend le long des côtes de Guienne & de Bretagne en partie. La mer d'Irlande, eſt entre l'Angleterre, l'Irlande, & l'Ecoſſe; & la mer d'Ecoſſe baigne les parties ſeptentrionales de l'Irlande & de l'Ecoſſe. Cette mer a été appellée *Calédonienne*.

L'Océan *ſeptentrional* eſt ſubdiviſé en mer de Tartarie, mer Glaciale, mer de Noortzée ou de Lidémanie, & mer Baltique. La mer de *Tartarie* baigne les côtes méridionales du continent ſeptentrional, & la côte ſeptentrionale de la Tartarie, juſqu'à la nouvelle Zemble. La mer *Glaciale* baigne les côtes de Groënland, &c. La mer de Noortzée ou d'*Allemagne* s'étend le long des côtes de Norwége, de Danemarck, d'Allemagne, d'Ecoſſe en partie, & d'Angleterre, juſqu'au canal ou pas de Calais, qui eſt entre la France & l'Angleterre. La mer *Baltique* eſt renfermée entre les terres de Suéde, de Pologne, d'Allemagne & de Danemarck.

A l'égard du nouveau continent, les géographes diviſent l'Océan en trois parties, qu'ils appellent *mer du Nord*, ou mer Septentrionale; *mer du Sud*, ou Pacifique; & mer d'Ethiopie ou *du Bréſil*. * Briet, *géogr.* Baudrand, *dict.*

OCELLUS, le Lucanien, ancien philoſophe Grec de l'école de Pythagore, étoit natif de la Lucanie, ce qui lui a fait donner le nom de *Lucanus*. Ses ancêtres étoient de Troye, & ſous le régne de Laomédon, ils allerent habiter à Mire, ville de la Lycie. Il vivoit avant le temps de Platon; & Archytas de Tarente, dans une lettre à Platon, dit à ce philoſophe qu'il a trouvé dans la Lucanie des perſonnes de la poſtérité d'Ocellus. Ses livres *De regibus* & *de regno*, ont preſque entierement péri, & nous n'en avons que quelques fragmens. Son ouvrage περι τε παντος, eſt le ſeul qui ſoit venu en entier juſqu'à nous. L'auteur l'avoit d'abord compoſé dans le dialecte dorique, & depuis on l'a traduit en dialecte attique. Il tâche de prouver dans cet ouvrage l'éternité du monde, par des argumens qui montrent toute la foibleſſe de la cauſe qu'il s'efforce de ſoutenir. A la fin de cet écrit il donne quelques régles pour la propagation du genre humain. Ce n'eſt pas ſans raiſon que l'on croit qu'Ariſtote a puiſé dans les écrits de ce philoſophe ſon ſentiment de l'éternité du monde, & il imite auſſi ſa diviſion des élémens. Guillaume Chriſtian, & depuis Louis Nogarola ont traduit cet ouvrage en latin; & l'on a fait pluſieurs éditions de leurs traductions. Thomas Gale a inſéré celle de Nogarola avec le texte grec dans ſes Opuſcules mythologiques, phyſiques, & moraux imprimés à Amſterdam, en 1688. * Joan. Alb. Fabricii, *bibliotheca greca*, tom. I. Stobæi, *Ecloga.* Diogenes Laërtius, *in Archyta Tarent.* Philo, *de munai incorrupt.*

OCHA, nom ancien de l'iſle d'Eubée, dérivé du mot hébreu *Ocha*, qui ſignifie *étroit*, parceque cette iſle eſt étroite. * *Voyez* Euſebe.

OCHIE-HOLE, caverne près des montagnes de Mendippe dans le comté de Sommerſet en Angleterre. Elle s'étend fort avant dans la terre, & il y a certains puits profonds & de petits ruiſſeaux, dont les habitans rapportent mille contes fabuleux. Ce fut près de ce lieu que ſous le régne de Henri VIII on trouva, en creuſant, une plaque de plomb, ſur laquelle il y avoit une inſcription, qui marquoit qu'elle avoit été faite ſous le conſulat de l'empereur Claude, pour un monument de la victoire qu'il remporta ſur les Bretons l'an 702 de la fondation de Rome. On voyoit repréſenté ſur le revers un arc de triomphe, avec l'image d'un homme à cheval, qui court au galop, & deux colonnes triomphales avec cette inſcription, *de Britan.* * Cambden, *Brit.*

AVERTISSEMENT

Sur une augmentation qui a été faite dans la dernière édition du Dictionnaire de Moréri, à l'article généalogique de la Maison de THOMOND, *fous le nom* O BRIEN, *Tome VIII, pages 15 & 16.*

L'ARTICLE généalogique des Lords Lifmore qui a été ajouté dans la dernière édition du Dictionnaire de Moréri à celui des Lords Comtes de Thomond & Vicomtes de Clare, a été attaqué devant le Roy par M. le Maréchal Comte de Thomond Vicomte de Clare, aujourd'hui chef de la maifon, qui nie toute identité & tout rapport de la famille des Lords Lifmore avec la fienne, & a argué de faux leur généalogie. Cette conteftation portée au Confeil des dépêches le Vendredi 10 Octobre 1760, le Roy y a déclaré qu'il ne vouloit rien décider fur l'état des Lords Lifmore, qu'auparavant il n'ait été prononcé fur cet objet par les Juges du Royaume d'Irlande établis pour en connoître, ainfi que M. le Maréchal de Thomond l'avoit demandé. Pour cette raifon l'article qui a été inféré dans le volume dont il s'agit, ne peut être regardé comme un ouvrage autorifé.

Comté de Clare pour lui & *ses descendans mâles*. Il avoit dès-lors un fils nommé *Dermod*, qui le premier porta ce titre; Et celui-ci a continué la branche qui a été décorée de celui de *Comte d'Inchiquin & Baron de Burren*, par lettres patentes datées de l'an 1660 & *le 12e du Roi Charles II*. C'est en faveur du fils unique du Lord-Comte d'Inchiquin aujourd'hui vivant, que le feu Comte de Thomond avoit disposé de son titre & de ses biens; Mais ce jeune Seigneur étant mort le 16 Septembre 1741, la succession a suivi ses dispositions, & a passé à Percy Windham, second fils d'un Chevalier Baronnet du Comté de Sommerset & d'une sœur de la Comtesse de Thomond, lequel en jouit & a pris le nom & les armes d'O Brien; Et depuis peu, le Roi Georges II. y a ajouté le titre de Lord, Comte de Thomond.

OBRIZIUS (Robert) d'Hermauville en Artois, fut d'abord curé de la paroisse de la Magdeléne dans la ville d'Arras, & ensuite chanoine de l'église cathédrale de cette ville. Il étoit poëte latin, théologien & prédicateur. Il mourut à Arras le dernier octobre 1584. Il s'étoit fait cette épitaphe :

Bis plus sex lustris protraxi sæpius ægram
Corpore, in affecto per mala multa animam.
Vita labor fuit, & studium conscribere laudes
Cælitibus, magno cælituumque patri.
Vixi : morte cado. Vita est mea mors mea, Christus;
Unus honos uni, gloria & una Deo.

Valere André en rapporte encore une dont la poésie n'est pas plus élégante. Obrizius a composé 1. *Eydillia sacra in utrumque testamentum*, en douze livres, à Douai, 1587, in-8°, avec l'éloge de l'auteur, par François Mosch. 2. *De Atrebatensis urbis liberatione à sectariorum factiosorum oppressione, anno 1578*, à Anvers, 1590, in-4°. 3. Sept livres d'hymnes. 4. Deux livres d'épitres. 5. Un recueil d'épitaphes des hommes illustres & des comtes d'Artois, sous le titre de *Cœmeterium*, à Arras, 1592, in-4°. 6. *Metaphrasts Cantici Canticorum*. 7. *Progymnasmata ad veram pietatem*, &c. * *Voyez* Valere André, *biblioth. belg.* édition de 1739, in-4°, tom. II, pag. 1077, 1078.

OBROAZO, ville de Dalmatie sur la riviere de Zermagne, aux confins de la Croatie, à huit lieues de Sébénico, du côté du nord. On la prend pour l'ancienne *Quorum*, petite ville de la Liburnie. * Mati, *dict.*

OBSEQUENS (Jules ou Julius) écrivain Latin, vivoit, à ce qu'on peut conjecturer, un peu avant l'empire d'Honorius, vers l'an 395 de J. C., & fit un livre des prodiges; Ce qui fait croire qu'il étoit Païen. Cet ouvrage n'étoit qu'une liste des prodiges que Tite-Live avoit insérés dans son histoire, & dont il emprunte souvent les termes. Nous n'avons qu'une partie de cet ouvrage, qu'Alde Manuce donna au public l'an 1508. Il y en a eu depuis plusieurs éditions. Conrad Lycosthènes y fit des additions qui ont été imprimées avec le texte, à Basle, en 1552. Il marqua ses additions avec des étoiles ou astérisques; Mais l'année suivante Jean de Tournes publia le tout sans distinction, de sorte que depuis ce temps, le livre d'Obséquens & le supplément de Lycosthènes, ne font qu'un même ouvrage. Enfin Schefférus en a donné une édition à Amsterdam en 1679, où l'on a imprimé en caractère romain tout ce qui vient d'Obséquens, & les supplémens de Lycosthènes en caractère italique. * Vossius, *de hist. lat.* Bayle, *dict. crit.* 1 édition.

OBSERNE, religieux Anglois, cherchez OSBERNE.

OBSOPÆUS, cherchez OPSOPÆUS.

O C

OCBARA, ville de Chaldée, ou, comme l'appellent les Arabes, de l'Irac Babylonienne. Elle est située sur le Tigre, au-dessus de Bagdet, dont elle n'est éloignée que de vingt lieues ou environ. Quoique cette ville soit fort petite, il y a eu cependant plusieurs Califes d'entre les Abbassides qui y ont fait leur résidence. * D'Herbelot, *bibl. orient.*

OCCA, rivière de la vieille Castille en Espagne. Elle prend sa source & son nom dans les montagnes d'Occa, traverse la contrée de Bureba, où elle baigne Bibiéra, & se décharge dans l'Ebre à Puente de Ra. * Mati, *dict.*

☞ OCCA, rivière de l'empire Russien, qui prend sa source dans l'Ukraine, dans une campagne où l'on voit fort près l'une de l'autre les sources de la Sem, de la Snezna, & de l'Occa. Cette dernière serpente vers le nord, traverse les marais de la principauté de Vorotin, passe à Vorotinskoi, Soloska, Czerpacof, Cochira. Elle reçoit la Moska entre Colomna, & Golutwina Sloboda qu'elle arrose, coule ensuite entre le duché de Moskow au nord & celui de Rezan au midi, baignant diverses places, entr'autres Péreslaw, le Résanski, Rézan ruinée, & Tinerskaya Sloboda. Elle poursuit son cours entre la principauté de Cachine, & le pays des Morduates, & la principauté de la basse Novogorod, où elle se perd dans le Wolga. * La Martiniere, *dict. géogr.*

OCCAM ou OCCHAM (Guillaume) Cordelier, Anglois de nation, disciple de Scot, & chef des Nominaux dans le XIVe siècle, fut surnommé *doctor invincibilis, venerabilis præceptor, & doctor singularis*. La complaisance qu'il eut pour Michel de Césene, Général de son ordre, le porta à prendre le parti de Louis de Baviere, ennemi déclaré de l'église, & à écrire contre le pape Jean XXII, & contre ses successeurs. Trithème rapporte qu'Occam disoit pour l'ordinaire à ce prince : *Seigneur, prêtez-moi votre épée pour me defendre, & ma plume sera toujours prête à vous soutenir.* Il fut accusé d'avoir enseigné avec Césene que Jesus-Christ, ni ses apôtres, n'avoient rien possédé, ni en commun ni en particulier. C'est ce qui donna lieu à cette plaisante question qu'on appella *le pain des Cordeliers*, qui consistoit à savoir si le domaine des choses qui se consument par l'usage comme le pain & le vin, leur appartenoit, ou s'ils n'en avoient que le simple usage sans domaine. Leur régle ne leur permettant pas d'avoir rien en propre, Nicolas III qui avoit été de leur ordre, voulut les enrichir, sans prétendre les blesser, & ordonna qu'ils n'auroient ni l'usufruit des biens qui leur seroient donnés, & que le fonds seroit à l'église romaine. Par cette voie, il les mettoit sous le nom de l'*église romaine*, en possession d'une infinité de biens. Ce fut pour cela que Jean XXII révoqua cette bulle de Nicolas, & condamna l'usage sans domaine, par l'extravagante *Ad conditorem*. Il condamna par l'extravagante *Cùm inter*, la proposition qui regardoit la possession des biens par Jesus-Christ & par ses apôtres. Occam & Césene furent encore excommuniés, parce qu'ils étoient sortis d'Avignon contre l'ordre du pape, & qu'ils écrivoient contre lui. Le premier mourut, à ce qu'on croit, l'an 1347, absous de sa censure. Les Protestans se servent quelquefois de plusieurs de ses traités contre l'église, & Melchior Goldast a fait imprimer dans son ouvrage de la monarchie, celui des quatre-vingt-treize questions d'Occam. On pourra voir dans les auteurs suivans le dénombrement des autres ouvrages de ce fameux Cordelier. * Luc Wading. *in annal. & biblioth. Minor.* Pitseus. Sponde. Bzovius. Rainaldi. Trithême & Bellarmin, *de script. eccl. & l. 4. de Rom. pont. c. 14.* S. Antonin, *IV. part. summæ theolog. tit. 12.* Sandere, Prateole, &c.

OCCASION, déesse que les anciens considéroient comme celle qui préside au moment le plus propre à réussir dans quelque chose. Les Grecs en faisoient un dieu qu'ils nommoient Καιρος, parceque ce mot, qui signifie *occasion*, est masculin parmi eux. On représentoit pour l'ordinaire cette déesse sous la figure d'une femme nue & chauve par derriere, n'ayant de chevelure que fur le devant de la tête. Elle avoit un pied en l'air , & l'autre fur une roue , un rafoir d'une main , & un voile de l'autre. Pofidi , poëte Grec, avoit fait une defcription ingénieufe de l'Occafion , dans une de fes épigrammes. Aufone l'a imité dans fon épigramme 12. * *Voyez* Elie Vinet, *in Aufon.* Baudouin , *Iconol. &c.*

OCCATOR , dieu des Païens , préfidoit au travail de ceux qui herfent la terre à la campagne , pour en rompre les mottes , & la rendre unie. *Occare* veut dire *herfer* , d'où vient le nom de ce dieu ; Car les païens donnoient à leurs fauffes divinités des noms pris des chofes dont ils leur attribuoient l'intendance : Ainfi pour les farcleurs , ils avoient un dieu qu'ils appelloient *Sarritor.* Pour ceux qui femoient , ils en avoient un autre , qui s'appelloit *Sator ;* & ainfi de plufieurs autres. * Arnobe. Servius , *in* 1 *geogr.*

OCCO , dit *Scarlinfis* parcequ'il étoit natif d'un village de ce nom dans la Frife , vivoit dans le Xe fiécle , & écrivit des origines de Frife , qui font pleines de fables. La famille des Occo de Frife a produit d'autres hommes de lettres , comme ADOLPHE OCCO , médecin à Augsbourg , mort l'an 1605 , de qui l'on a un recueil de médailles grecques , latines & égyptiennes des empereurs Romains , qui a été fort augmenté depuis par le comte Mezzabarbe. Ce recueil fut imprimé pour la première fois en 1579 , & pour la feconde en 1600 ; Et celle-ci qui eft de beaucoup la meilleure , n'eft pas toute entiere dans le Mezzabarbe. Adolphe a laiffé encore une pharmacopée de fa façon. * Albert Crantz , *l.* 10 , *c.* 14. Ubbo Emmius *in hift. Frif.* & Suffridus Petti *de orig. & fcript. Frif.* Valere André , *in biblioth.* belg. Voffius *de hift. lat.* Melchior Adam , &c.

OCCULTES , *cherchez* CLANCULAIRES.

OCEAN , dieu de la mer , étoit , felon les poëtes , fils du Ciel & de Vefta , mari de Thétis , & pere des fleuves & des fontaines. On dit qu'il a été ainfi nommé du mot Grec ωκεὺς c'eſt-à-dire *Vîte* , comme Sulis & Servius l'ont remarqué. Les anciens ont appellé l'*Océan* le pere de toutes chofes , parcequ'ils ont cru qu'elles étoient engendrées de l'humidité : Ce qui eft conforme au fentiment de Thalès , qui établit l'eau pour premier principe.

Selon les géographes , l'Océan eft cette vafte & large étendue de mer qui environne toute la terre , & qui en eft auffi environnée , de forte qu'on peut aller par mer d'un bout à l'autre , du levant au couchant , depuis que Magellan , le Maire & Browers ont découvert des paffages de la mer du Nord dans la mer du Sud ou pacifique. Cet Océan eft naturellement divifé en quatre grandes parties qu'on appelle Océan *oriental ,* Océan *méridional ,* Océan *occidental ,* Océan *feptentrional.*

L'Océan *oriental* comprend la mer de la Chine , l'Archipel de S. Lazare vers les ifles des Larrons , & la mer de l'Anchidol vers l'ifle de Java.

L'Océan *méridional* ou *mer des Indes* , baigne les parties méridionales de l'Afie , & les ifles qui font aux environs des Indes , avec la partie orientale & méridionale de l'Afrique. Cet Océan comprend le golfe de Bengala , la mer & le golfe de Perfe , la mer & le golfe d'Arabie , la mer de Zanguebar , & la partie orientale de la mer d'Ethiopie , qui va jufqu'au cap de Bonne-Efpérance.

L'Océan *occidental* qui baigne notre hémifphére , comprend l'autre partie de la mer d'Ethiopie , la mer Atlantique , la mer Méditerrannée , la mer d'Efpagne , la mer de France , la mer d'Irlande , & la mer d'Ecoffe du côté de l'occident. Cette derniere partie de l'Ethiopie , s'étend le long de la côte occidentale de l'Afrique , depuis le cap de Bonne-Efpérance jufqu'aux environs de la ligne équinoxiale , & baigne la côte occidentale des Cafres & le Congo. La mer Atlantique s'étend de-

puis la mer d'Ethiopie jufqu'aux parties les plus méridionales de l'Efpagne. La mer méditerrannée eft renfermée entre l'Europe , l'Afie & l'Afrique. La mer d'Efpagne baigne la côte occidentale & feptentrionale de l'Efpagne. La mer de France s'étend le long des côtes de Guienne & de Bretagne en partie. La mer d'Irlande , eft entre l'Angleterre , l'Irlande , & l'Ecoffe ; Et la mer d'Ecoffe baigne les parties feptentrionales de l'Irlande & de l'Ecoffe. Cette mer a été appellée *Calédonienne.*

L'Océan *feptentrional* eft fubdivifé en mer de Tartarie , mer glaciale , mer de Noortzée ou de Lidémanie , & mer Baltique. La mer de *Tartarie* baigne les côtes méridionales du continent feptentrional , & la côte feptentrionale de la Tartarie jufqu'à la nouvelle Zemble. La mer *glaciale* baigne les côtes de Groënland , &c. La mer de Noortzée ou d'*Allemagne* s'étend le long des côtes de Norwége , de Danemarck , d'Allemagne , d'Ecoffe en partie , & d'Angleterre jufqu'au canal ou pas de Calais qui eft entre la France & l'Angleterre. La mer *Baltique* eft renfermée entre les terres de Suéde , de Pologne , d'Allemagne & de Danemarck.

A l'égard du nouveau continent , les géographes divifent l'Océan en trois parties , qu'ils appellent *mer du Nord* ou mer feptentrionale ; *mer du Sud* ou pacifique , & *mer d'Ethiopie* ou *du Bréfil.* * Briet , *géogr.* Baudrand , *dict.*

OCELLUS le Lucanien , ancien philofophe Grec de l'école de Pythagore , étoit natif de la Lucanie ; Ce qui lui a fait donner le nom de *Lucanus.* Ses ancêtres étoient de Troye ; Et fous le regne de Laomédon , ils allerent habiter à Mire , ville de la Lycie. Il vivoit avant le temps de Platon ; Et Archytas de Tarente , dans une lettre à Platon , dit à ce philofophe qu'il a trouvé dans la Lucanie des perfonnes de la poftérité d'Ocellus. Ses livres *De regibus & de regno* , ont prefque entierement péri , & nous n'en avons que quelques fragmens. Son ouvrage περὶ τῦ παντὸς , eft le feul qui foit venu en fon entier jufqu'à nous. L'auteur l'avoit d'abord compofé dans le dialecte dorique ; Et depuis on l'a traduit en dialecte attique. Il tâche de prouver dans cet ouvrage l'éternité du monde , par des argumens qui montrent toute la foibleffe de la caufe qu'il s'efforce de foutenir. A la fin de cet écrit il donne quelques régles pour la propagation du genre humain. Ce n'eft pas fans raifon qu'on croit qu'Ariftote a puifé dans les écrits de ce philofophe fon fentiment de l'éternité du monde ; Et il imite auffi fa divifion des élémens. Guillaume Chriftian , & depuis Louis Nogarola , ont traduit cet ouvrage en latin ; Et l'on a fait plufieurs éditions de leurs traductions. Thomas Gale a inféré celle de Nogarola avec le texte grec dans fes Opufcules mythologiques , phyfiques & moraux , imprimés à Amfterdam , en 1688. * Joan. Alb. Fabricii , *bibliotheca græca* , *tom.* I. Stobæi , *Ecloga.* Diogenes Laërtius , *in Archyta Tarent.* Philo , *de mundi incorrupt.*

OCHA , nom ancien de l'ifle d'Eubée , dérive du mot hébreu *Ocha* , qui fignifie *étroit* , parceque cette ifle eft étroite. * *Voyez* Eufebe.

OCHIE-HOLE , caverne près des montagnes de Mendippe dans le comté de Sommerfet en Angleterre. Elle s'étend fort avant dans la terre ; Et il y a certains puits profonds & de petits ruiffeaux , dont les habitans rapportent mille contes fabuleux. Ce fut près de ce lieu que fous le regne de Henri VIII on trouva , en creufant , une plaque de plomb , fur laquelle il y avoit une infcription , qui marquoit qu'elle avoit été faite fous le confulat de l'empereur Claude , pour un monument de la victoire qu'il remporta fur les Bretons l'an 702 de la fondation de Rome. On voyoit repréfenté fur le revers un arc de triomphe , avec l'image d'un homme à cheval , qui court au galop , & deux colonnes triomphales avec cette infcription , *de Britan.* * Cambden , *Brit.*

OCHIN (Bernardin) en latin *Ocellus*, naquit l'an 1487, & entra jeune chez les religieux de l'observance de S. François : mais il ne demeura pas long-temps dans cet ordre ; il en quitta l'habit & retourna dans le monde, où il s'appliqua à l'étude de la médecine, & s'acquit l'estime du cardinal Jules de Médicis, qui devint dans la suite pape sous le nom de *Clément VIII*. Cependant touché quelque temps après d'un nouveau desir de faire pénitence, il rentra dans l'ordre qu'il avoit abandonné, & s'y distingua bientôt par son zèle, sa piété & ses talens ; ensorte qu'il fut élu quelque temps après définiteur général, & qu'il se vit ensuite sur les rangs pour être général. Le desir d'une plus grande perfection le porta en 1534, à entrer chez les Capucins, dont la réforme commençoit à faire du bruit, & qui étoit établie depuis l'an 1525. Ce qui fait voir l'erreur de ceux qui ont prétendu qu'il avoit été instituteur de cet ordre. Son zèle pour les observances regulieres, l'édification qu'il portoit par-tout, le firent élire en 1538 vicaire général de l'ordre, dans un chapitre qui se tint cette année à Florence. Il gouverna alors avec tant de prudence, & fit observer si exactement la régle, qu'il fut élu une seconde fois pour la même dignité en 1541, dans le chapitre qui se tint à Naples. Il étoit savant, éloquent & hardi ; & jamais homme n'a prêché avec plus de succès, & avec plus d'applaudissement. Les plus illustres prélats, les princes, les personnes de qualité se faisoient honneur de lui marquer à l'envi leur estime. Les plus célèbres villes d'Italie le demandoient, afin de l'avoir pour prédicateur ; & son nom étoit en si grande réputation, que les curieux venoient de tous côtés pour le voir & pour l'entendre. Mais les conversations qu'il eut à Naples avec le jurisconsulte espagnol Jean Valdès, partisan de Luther, lui firent naître des doutes que son ignorance dans la théologie l'empêcha de résoudre. Il commença même dès-lors à prêcher plusieurs choses contraires à la doctrine de l'église ; ce qui le rendit coupable de faire en quelques autres villes d'Italie. Devenu par-là suspect, il fut cité à Rome, & partit de Vérone pour s'y rendre. En passant par Florence, il trouva Pierre Martyr, avec qui il étoit lié, & qui le détourna d'aller à Rome, & lui conseilla de se retirer en pays de sureté. Ochin suivit son avis, & se rendit en 1542, & Pierre Martyr partit deux jours après pour la Suisse. Ochin se maria à Genève ; mais il est incertain si ce fut dès son arrivée dans cette ville, à une fille qu'il eût amenée d'Italie, comme l'a dit Sponde, qui n'est nullement exact sur tout ce qu'il rapporte d'Ochin, non plus que l'annaliste des Capucins qui est trop emporté sur le sujet de ce religieux qu'on a trop cru. Ochin ne se fixa pas à Genève : il passa en divers lieux, entr'autres à Augsbourg, d'où il alla en Angleterre avec Pierre Martyr l'an 1547, à la sollicitation de Cranmer, archevêque de Cantorbéri, qui les y avoit mandés. Mais la religion catholique ayant repris le dessus en Angleterre après la mort d'Édouard VI, ils furent obligés en 1553 de repasser la mer, & ils se retirerent à Strasbourg. Ochin courut ensuite de ville en ville jusqu'en 1555, qu'il fut chassé de Zurich, pour y être ministre d'une église italienne qui s'y forma vers ce temps-là. Il souscrivit d'abord à la confession de foi de l'église de Zurich, & il servit sa nouvelle église jusqu'en 1563, que les magistrats l'en chasserent, après l'éclat que firent ses dialogues, où entr'autres erreurs, il enseignoit la polygamie. De-là il ne voulut point le souffrir à Basle, de sorte qu'il se retira en Pologne, où il donna dans les erreurs des Sociniens. Enfin ayant été aussi chassé de ce royaume, il mourut misérablement à Slaucow, en Moravie, sur la fin de l'année 1564, âgé de soixante-dix-sept ans. Ses deux fils & sa fille étoient morts peu de temps auparavant : pour sa femme elle étoit morte à Zurich

avant qu'il en fût chassé. Bovérius dans ses annales des Capucins, assure qu'Ochin mourut à Genève, après avoir rétracté publiquement ses erreurs : & si on l'en croit, on doit le mettre au nombre des martyrs ; puisque les magistrats de cette ville, irrités de sa rétractation, le firent poignarder dans son lit. Mais Gratiani, évêque d'Amélia, qui avoit vu Ochin, & qui rapporte ce qu'on vient de dire de sa mort, est plus croyable que l'annaliste des Capucins. Les ouvrages d'Ochin, sont, des sermons italiens, imprimés en 1543, en 4 vol. *in-8°*. Ils ont été traduits en latin, & imprimés à Genève en 1543 & 1544, en françois en 1561, & en allemand par Joseph Hochsteter en 1545. Lettre italienne aux seigneurs de Sienne pour rendre compte de sa foi & de sa doctrine, & une autre lettre à Mutio de Justinopolis, pour lui rendre raison de son départ d'Italie. Ces deux lettres ont aussi paru en françois en 1544, *in-8°*. Sermons sur l'épître de S. Paul aux Galates, en italien, & traduits en allemand, à Augsbourg, en 1546, *in-8°*. Exposition de l'épître de S. Paul aux Romains, en italien, & traduite en allemand en 1546. Pendant le séjour d'Ochin en Angleterre, il fit imprimer six de ses sermons traduits en anglois à Ippswick, chez Antoine Scoloker, *in-8°*, 1548. Le premier de ces sermons roule sur la nature de Dieu ; le second sur la maniere de le connoître par ses créatures ; le troisième, si la philosophie sert à la vraie théologie, & de quelle maniere ; le quatrième, quel usage nous devons faire des écritures pour parvenir à la connoissance de Dieu ; le cinquième, des abus de l'écriture sainte ; le sixième, si pour être bon théologien, il est bon d'être versé dans les sciences humaines. Ces six sermons, aussi traduits en anglois, ont été réimprimés en un volume *in-8°*, en 1577. *Marsilii Andreasii de amplitudine misericordiæ Dei, oratio ex italico conversa per Cælium Horatium Curionem: accedunt Bernardini Ochini de officio Christiani principis sermones tres, & sacræ declamationes quinque, latinè. Rodolpho Gualthero interprete*; à Basle en 1550. Discours italiens sur le libre arbitre, la prescience, la prédestination & la liberté de Dieu, &c. à Basle, & en latin au même lieu. Apologues contre les abus, les erreurs, &c. de la synagogue papale, de ses prêtres, moines, &c. en italien ; à Genève en 1554. Cet ouvrage plein d'invectives & de calomnies, a été traduit en françois par Sébastien Castalion, & en allemand par Christophe Wirsung. Dialogue sur le purgatoire, en italien, en 1556, traduit en latin par Thadée Dunus, & en françois par un anonyme. Dispute sur la présence réelle de Jesus-Christ dans l'eucharistie, en italien ; à Basle en 1561, & traduit en latin. Le catéchisme, ou l'instruction chrétienne, en italien ; à Basle en 1561. Trente dialogues divisés en deux livres, le premier sur le messie, le second sur différentes choses, sur-tout sur la Trinité ; à Basle en 1563, *in-8°*. Cet ouvrage fut d'abord imprimé en italien, ensuite Castalion le traduisit en latin. Ce fut cet ouvrage qui fit chasser Ochin de Zurich. Cet auteur n'a point fait d'écrit particulier sur la polygamie, mais il en traite dans le vingt-unième de ses dialogues. Lorsqu'il publia ces dialogues il étoit veuf & âgé de soixante-seize ans, & ainsi il n'avoit aucun motif personel, comme on le lui a imputé, de souhaiter qu'on permit la polygamie. Les Protestans, aussi-bien que les Catholiques, ne parlent d'Ochin qu'en détestant sa mémoire. Bèze l'appelle *vir infelicis memoriæ*. * Sponde, *A. C.* 1525, n. 27, & 1547, n. 22. Sanderus, *hær*. 203. Florimond de Raymond, *l.* 3, *c.* 5, *n.* 4. Gautier & Génébrard, *chron.* Crowæus, *elench. script. in sacr. script.* &c. Gratiani, *vie du card.* Commendon. *Observationes Hallenses, tom. IV & V*. C'est tout ce que l'on trouve de plus exact sur Ochin : il faut y joindre le dix-neuvième tome des mémoires du P. Niceron, &c.

OCHIO : c'eſt une des cinq grandes régions de l'iſle de Niphon, la plus grande de celles du Japon. L'Ochio eſt la partie la plus orientale. La ville capitale de tout le Japon y eſt ſituée. * Mati, dict.

OCHOSIAS, roi d'Iſraël, fils d'*Achab*, fut aſſocié au gouvernement par ſon pere, regna ſeul après ſa mort, l'an du monde 3138, & 897 avant J. C. & imita ſes impiétés. Etant tombé d'une fenêtre à Samarie, & ſe voyant en grand danger de mourir, il envoya conſulter Béelzébub, le dieu d'Accaron, pour ſavoir ce qui lui arriveroit de ſa chute. Le Seigneur lui fit ſavoir par Elie, qu'il mourroit par avoir eu recours à l'oracle d'un dieu étranger, comme s'il n'y eût point eu de Dieu en Iſraël. Ochoſias ayant ſu que c'étoit Elie qui avoit parlé ainſi, envoya un capitaine avec cinquante hommes pour le prendre. Elie fit deſcendre le feu du ciel ſur ce capitaine & ſur tous ſes gens ; ce qu'ayant fait encore à l'égard d'un ſecond que le roi lui envoya, le troiſiéme craignit d'être brulé comme les deux autres, & lui parla avec tant de ſoumiſſion, que le prophète ſe laiſſa fléchir, & alla avec lui trouver Ochoſias, auquel il prédit ſa mort. Elle arriva auſſitôt après, en la deuxiéme année de ſon regne, l'an 3139 de monde, & 896 avant J.C. Joram, ſon frere, lui ſuccéda, parcequ'il étoit mort ſans enfans. * III. des Rois, c. ult. IV. c. 1, &c. Joſéphe. Torniel & Salian, in annal. vet. teſt.

OCHOSIAS, roi de Juda, s'appelloit auſſi *Joachaz*, & ſelon quelques-uns, *Ozias* & *Azarias*. Il étoit fils de *Joram*, roi de Juda,& d'*Athalie*, & s'adonna à toutes ſortes d'impiétés, à l'exemple de ſon pere, & ſuivant ce qu'ſe pratiquoit dans la maiſon d'Achab, où il s'étoit marié. C'étoit le dernier fils du même Joram, les autres ayant été tués par les Arabes. Il n'avoir que vingt-deux ans lorſqu'il commença à regner ; car il faut lire ce nombre dans le II livre des Paralipomènes, au lieu de quarante-deux, auſſi-bien que dans le IV livre des rois, pour lever la difficulté qui s'y trouve, comme les plus doctes interpretes le remarquent. Ochoſias ſe joignit à Joram, roi d'Iſraël, pour faire la guerre à Hazaël, roi de Syrie. Joram y fut bleſſé, & ſe fit mener à Jezraël, où Ochoſias l'alla viſiter dans le temps que Jéhu, qu'on avoit conſacré pour roi d'Iſraël, venoit à Jezraël, pour exterminer la maiſon d'Achab. Les deux rois furent au-devant de Jéhu, qui les fit mettre à mort, l'an 3151 du monde, & 884 avant J. C. C'étoit la premiere du régne d'Ochoſias. * IV des Rois, 9. II des Paralipomènes, 22. S. Jérôme, in quaeſt. hebraïc. ſup. Paralip. Richard, in chron. ſcript. ſup. II. Paralip. 22 cap. Torniel, A. M. 3128, n. 1; 3149, n. 1, & ſeq. 3150 & 3151.

OCHSENFURT, petite ville de la Franconie. Elle eſt ſur le Mein, dans l'évêché de Wurtzbourg, à trois lieues au-deſſus de la ville de ce nom. Quelques-uns prennent Ochſenfurt pour l'ancienne *Bosphorus*. * Mati, dict.

OCHSENHAUSEN, bourg avec une abbaye de Bénédictins. Elle eſt dans l'Algow en Souabe, ſur le Rotter, entre la ville de Memmingen, & celle de Biberach. Cette abbaye a dépendu de celle de S. Blaiſe, qui eſt dans la forêt Noire : mais l'an 1420 le pape Martin l'affranchit de ſa juriſdiction, en reconnoiſſance de l'honneur qu'il en avoit reçu en allant au concile de Conſtance, & n'étant encore que cardinal. * Mati, dict.

OCHUMS, riviere de la Géorgie priſe en général, prend ſa ſource au mont Caucaſe, traverſe l'Abaſſie & ſe décharge dans la mer Noire au levant de Savapoli. On l'appelloit anciennement *Tarſuras*, *Terſos* & *Theſſuris*, du nom d'une petite ville qui étoit à ſon embouchure, & qui eſt maintenant ruinée. * Mati, dict.

OCHUS, fleuve de la Bactriane, qui tiroit ſa ſource du mont Paropamiſe, voyez OBENGIR.

OCHUS, cherchez DARIUS II.

OCNUS, fils du Tibre & de *Manto*, fille de Tiréſias, que Virgile dit avoir bâti Mantoue, & être venu au ſecours d'Enée contre Turnus. * Æneïd. lib. 10, v. 198 & ſeq.

Ille etiam patriis agmen ciet Ocnus ab oris,
Fatidicæ Mantûs, & Tuſci filius amnis,
Qui muros matriſque dedit tibi, Mantua nomen.

O CONNOR DUN ROTHERIC, ſe faiſoit appeller roi d'Irlande, dans le temps que les Anglois entrerent dans ce royaume pour la premiere fois, ſous le régne de Henri II. Il eut bien de la peine à ſe ſoumettre. Il excita divers troubles, & ſe plaignit, peut-être avec raiſon, que la patente que le pape Adrien IV avoit accordée au roi d'Angleterre, lui étoit déſavantageuſe ; mais il devint plus traitable, quand il apprit qu'elle avoit été confirmée par le pape Alexandre III. * Cambden, Britan.

OCRAZAPES, roi d'Aſſyrie : c'eſt le même qu'A-CRAGANE, qu'Euſebe place parmi les rois d'Aſſyrie.

OCRIDE, cherchez ACHRIDE.

OCRISIE, femme de Publius Corniciula, mere de Servius Tullus, roi des Romains, après avoir été eſclave de la reine Tanaquile. * Plin. l. 36, c. 27. Ovide, Faſtor. l. 6.

OCTACILIUS PILITUS (L.) qui vivoit vers l'an 650 de Rome, & 104 avant J. C, fut eſclave, & ayant été affranchi, il enſeigna la rhétorique, & fut précepteur de Pompée le Grand. Conſultez le traité des grammairiens attribué à Suétone ; S. Jérôme en ſa chronique, où il faut lire Octacilius Pilitus, pour Vullacilius Plotus ; Martial, l. 12. epigr. où il dit, *Cacumam fecit Octacilius*. * Voſſius, l. 1 de hiſt. Lat.

OCTAI-KHAN, ou *Caan*, comme les Mogols prononcent, troiſiéme fils de *Ginghiz-khan*, refuſa la couronne des Mogols, quoique ſon pere l'eût déſigné ſon ſucceſſeur en mourant. Il croyoit que ſon frere aîné *Giagarai* & ſes oncles paternels lui devoient être préférés. Cependant ce frere & *Outgkin* ſon oncle le prenant par la main, l'inſtallerent eux-mêmes ſur le trône, par déférence aux dernieres volontés de Ginghiz-khan. Ce prince étoit fier, mais généreux & libéral : en ſon zil dépenſa dix millions d'or en préſens. Son régne ne fut que de treize ans, car il mourut pour s'être trop échauffé à boire, l'an 639 de l'hégire, 1241 de J. C. * D'Herbelot, biblioth.

OCTAVIE, *Octavia*, fille de *Cn. Octavius*, & d'*Atia*, ſœur de l'empereur *Auguſte*, & petite niéce de *Jules Céſar*, fut mariée deux fois, 1°. à *Claudius Marcellus* : 2°. à *Marc-Antoine*. De Marcellus, elle eut le jeune Marcellus, qui épouſa Julie, fille d'Auguſte, & qui mourut à la fleur de ſon âge, dans le temps qu'Auguſte le deſtinoit pour ſon héritier. Sa mere en fut inconſolable. Les filles d'Octavie furent Marcella, mariée à Agrippa, fils de Marc-Antoine. Au reſte Marc-Antoine, enchanté de la fameuſe Cléopatre, en uſa très-mal avec Octavie, dont la vertu, la conſtance & l'amour pour cet indigne mari furent admirés de toute la terre. Elle en eut Antonia l'aînée, qui épouſa Domitius Enobarbus, & Antonia la jeune, femme de Druſus, pere de Tibere. Son frere lui dédia un temple & des portiques, comme nous l'apprenons de Dion, après qu'elle fut morte, l'an 743 de Rome, & la 11 avant J. C. * Suetone, in Aug. Plutarque, in Anton. Dion, l. 48, 54 hiſt.

OCTAVIE, femme de *Néron*, étoit fille de l'empereur *Claudius* & de *Meſſaline* : elle naquit l'an 795 de la fondation de Rome. Elle fut fiancée à Lucius Silanus ; mais Agrippine, qui la deſtinoit à Néron, fit rompre ce mariage, & engagea ſon pere à la donner pour femme à Néron, qu'elle épouſa n'étant âgée que de 16 ans. Néron ſe dégouta bientôt des charmes qui lui avoient fait rechercher avec tant d'empreſſement l'alliance d'Octavie : il la répudia fous prétexte de ftérilité, & époufa Poppée, qui accufa Octavie d'avoir eu un commerce criminel avec un de fes efclaves. On interrogea toutes les fervantes de cette princeffe, & on leur fit fouffrir de fi rudes tourmens, que quelques-unes eurent la lâcheté de la charger des crimes dont elle étoit fauffement accufée. Octavie fut envoyée en exil dans la Campanie ; mais les fréquens murmures du peuple obligerent Néron à l'en faire revenir. Le peuple témoigna une joie extrême de ce rappel ; mais Poppée en reffentit un chagrin fi cuifant qu'elle crut fa perte affurée, fi Octavie ne périffoit point. Elle s'appliqua aux moyens de l'obtenir, & obtint de Néron par d'inftantes prieres, la mort d'Octavie, fous prétexte d'adultere. On la relégua dans une ifle, où on la contraignit de fe faire ouvrir les veines à l'âge de vingt ans. On lui fit couper enfuite la tête que l'on porta à Poppée. Néron intenta une nouvelle accufation contre Octavie ; il prétendoit qu'elle avoit fait avorter fon fruit. * Suetone, *in Claud. Nero.* Tacite, *in annal. l. 12 & 14.* Dion, *hift. l. 16.* Levinus Hulfius, *in vit. Cæfar.*

OCTAVIENS. La famille des OCTAVIENS de Rome, *Octavia Gens,* étoit originaire des Velitres, comme Suetone l'affure. Tarquinius Prifcus les mit dans le fénat, & Tullus Hoftilius les aggrégea au corps des patriciens. Depuis ils fe rangerent parmi les familles plébéiennes, & fous Jules Céfar ils furent rétablis au rang de la nobleffe par la loi Caffia. Le premier de cette famille qui ait été élevé aux charges, eft Cn. OCTAVIUS RUFUS, qui fut quefteur, comme Suetone l'a marqué dans la vie d'Augufte. Cn. Octavius laiffa deux fils, qui firent deux branches différentes. Celle de l'aîné exerça les premiers emplois de la république ; & l'autre ne fut confidérable, que pour avoir produit l'empereur Augufte. Cn. OCTAVIUS, fils aîné de Cn. Octavius Rufus, fut préteur l'an 586 de Rome, & 168 avant J. C. & gagna une bataille navale contre Perfée roi de Macédoine. Il fut élevé l'an 589 de Rome, & 165 avant J. C. au confulat avec Titus Manlius Torquatus ; & ayant été envoyé ambaffadeur à la cour d'Antiochus Eupator, roi de Syrie, il fut tué à Laodicée par Leptines, l'an 592 de Rome, & 162 avant J. C, & fut honoré d'une ftatue par le fénat. Divers auteurs ont parlé de lui. Cicéron en rapporte témoignage dans la IX Philippique. Ce conful laiffa Cn. OCTAVIUS, qui fut auffi conful l'an 626 de Rome, & 128 avant J. C. avec T. Annius Rufus. Celui-ci eut un fils de même nom, qui fut tué par les partifans de Marius. Il laiffa deux fils, C. ou L. OCTAVIUS conful l'an 679 de Rome, & 75 avant J. C, avec C. Aurelius Cotta ; & M. OCTAVIUS, pere de Cn. OCTAVIUS, conful l'an 678 avec C. Scribonius Curio. La feconde branche d'Octavius a commencé par C. OCTAVIUS, chevalier Romain, qui laiffa un fils de même nom, tribun militaire en Sicile, fous Paul Emile. Celui-ci fut pere de C. OCTAVIUS, qui mena une vie privée, content d'un patrimoine très-confidérable, & qui laiffa un autre C. OCTAVIUS, édile du peuple, & préfet en Macédoine, l'an 693 de Rome, & 61 avant J. C. C'eft ce que nous apprenons des lettres de Cicéron à Quintus, & par une infcription qu'on voit à Rome en ces termes : Q. *Octavius C. F. C. N. P. Pater Augufti, TR. Mil. bis. Q. Ædilis Pl. cum T. Toranio Judex. Quæftionum imperator appellatus ex provincia Macedonia.* Octavius époufa Atia, fille de Julie, qui étoit fœur de Jules Céfar, & en eut l'empereur Augufte, & Octavie femme de Claudius Marcellus, puis de Marc Antoine. * Tite-Live, *l. 45.* Velleïus Paterculus, *l. 1.* Pline, *l. 34, c. 3.* Appien, *in Syriac.* Cicero, *de offic. 1 tufc. in epift.* Suetone. Caffiodore, &c.

OCTAVIEN, antipape, Romain, & de la famille

des comtes de Frefcati, fut créé cardinal par le pape Innocent II, l'an 1140, & fut envoyé légat en Allemagne. Lorfqu'après la mort d'Adrien IV, Alexandre III fut mis en fa place, Octavien qui prétendoit au pontificat, fe fit élire par deux cardinaux, & prit le nom de Victor IV. L'empereur Frédéric foutint cet antipape, qui fit tenir l'an 1161 un conciliabule à Pavie, où Alexandre fut dépofé. Ce pape fut contraint de venir en France, afile ordinaire des pontifes perfécutés. Octavien jouit par cette fuite de fa domination tyrannique, & mourut, dit-on, de phrénéfie à Lucques, vers la fête de Pâque de l'an 1164. * Roderic, *l. 2.* Othon de Frifinghen, *de reb. Frid.* Baronius, *in annal. t. XII.*

OCTAVIEN, Romain de nation, qui fut fait cardinal par le pape Luce III, l'an 1182, & fut légat en Sicile & en France, au fujet de l'affaire du roi Philippe *Augufte,* qui avoit quitté fon époufe Ingeburge de Danemarck, pour prendre Agnès de Méranie. Le cardinal Octavien fut auffi évêque d'Oftie. On ne fait pas le temps de fa mort, que quelques auteurs mettent en l'an 1206. * Ciaconius. Onuphre. Baronius, *in annal.*

OCTAVIEN, de la maifon des Ubaldins, fut fait cardinal par Innocent IV, l'an 1244, étoit de Florence, & fut élevé à l'évêché de Bologne, où il avoit été chanoine & archidiacre. Depuis fa promotion au cardinalat, il fut légat dans la Romagne & en Sicile, contre Mainfroi, puis à Venife, en Lombardie & en France, & mourut vers l'an 1274. * Onuphre, *hift. des papes.* Auberi, *hift. des card.* Ciaconius, &c.

OCTAVIEN DE MARTINIS, *cherchez* MARTINIS.

OCTAVIEN DE SAINT GELAIS, *cherchez* SAINT GELAIS.

OCTAVIUS (Cn.) conful Romain, chaffa Cinna fon collégue, l'an 667 de Rome, & 87 avant J. C. On fubftitua L. Cornelius Merula à Cinna, qui s'étant joint à Marius & à Sertorius, fit mourir Octavius.

OCTAVIUS, ou OCTAVIANUS CESAR, *cherchez* AUGUSTE.

OCTAVIUS (M.) ancien hiftorien, cité par l'auteur de l'origine de la nation Romaine, pourroit être le même qu'OCTAVIUS HERSENNIUS, cité par Macrobe, *l. 3 Saturn. c. ult.*

OCTAVIUS, poëte & hiftorien du temps d'Horace, mourut, dit-on, en buvant. Nous avons une épigramme qu'on fit à ce fujet, *in append.* Virgil. * Pierre Victorius, *lib. 14, c. 7, var. lect.* Voffius, *de hift. & poet. Latin.*

OCTAVIUS (François) dont parle M. Baillet dans fon traité des déguifemens des auteurs, étoit né à Fano, ville de l'Ombrie, l'an 1447. Il eft plus connu fous le furnom de *Cleophilus,* (amateur de la gloire) que Pomponius Lætus lui fit prendre étant à Rome. Ayant paffé de Rome à Viterbe, il y enfeigna les belles lettres avec fuccès : mais fa féverité exceffive envers fes difciples lui devint funefte. Quelques-uns d'entr'eux fe firent attaquer en trahifon, & il en reçut une bleffure à la main dont il demeura eftropié. Il paffa enfuite à Corneto, & s'y maria fort bien. Son beau-pere lui promit une dot très-confidérable, qui eût accommodé fes affaires ; mais il s'en tint aux promeffes. On croit même qu'il le fit empoifonner pour éviter l'importunité des demandes réitérées, ou quelques actes de juftice. La mort prompte de Cléophilus, jointe à l'extrême avarice du beau-pere, donna lieu à ce foupçon. En effet, comme Cléophilus montoit fur une mule qui devoit le conduire à Fano fa patrie, où on lui avoit offert une chaire d'humanités, il tomba en défaillance, & mourut trois jours après, à l'âge de quarante-trois ans, le 26 de décembre 1490. Il avoit été fort aimé à la cour de Rome, & des princes de la maison de Médicis. Nous avons de lui plusieurs ouvrages en prose & en vers ; entr'autres une longue piéce en vers élegiaques latins, intitulée : *Octavii Cléophili Phanensis poëta venustissimi libellus de cœtu poëtarum, ab Ascensio mendis plusculis tersus, & diligenter explanatus, in-4°.* imprimé à Paris en 1503 par Antoine Bonnemere, en caractères gothiques. Badius, dans une lettre adressée à Gaguin, & qui se voit au commencement de cette édition, promettoit aussi de publier les épigrammes & les élégies du même poëte si elles tomboient entre ses mains. * M. Baillet, au lieu cité : *voyez* la *note* de M. de la Monnoye sur cet article. Ce savant ne dit rien de l'ouvrage, *De cœtu poëtarum.*

OCTOBRE, ainsi appellé, parcequ'il étoit le huitième mois de l'année, en la commençant comme faisoient autrefois les Romains, par le mois de mars. Domitien lui voulut donner son nom, mais il ne réussit pas. Le sénat Romain lui donna le nom de Faustine, femme d'Antonin, sous le régne de cet empereur. Commode le voulut faire nommer l'invincible ; mais cela n'eut pas plus de succès, & le nom d'Octobre lui est toujours demeuré. * Macrob. *saturnal, l.* 1. Jul. Capitol. *in Antonio Pio.* Lampridius, *in Commodo.* Rosin, *antiq. rom. l.* 4.

OCYALÉ, l'une des Phéaques du temps du roi Alcinoüs, dont il est parlé dans Homere. * *Odyss. c.* 7.

OCYPADES, peuples des Indes d'une figure monstrueuse, dont il est parlé dans Strabon.

OCYPETES, l'une des Harpies. * *Hist. poëtic.*

OCYORE, fille du centaure Chiron & de la nymphe Charicle, qui, si l'on en croit les poëtes, fut changée en cavalle. * Ovid. *metam. l.* 2.

OCZIACOU ou OCZACOW, ville de Bessarabie, près de l'embouchure du Borysthène en mer Noire. Les Latins la nomment *Aciace.* Elle appartient présentement au Turc.

OCZKO D'WLASSIM (Jean) cardinal, archevêque de Prague, né d'une des premières maisons de Bohême, fut très-avant dans les bonnes graces de Charles IV, empereur & roi de Bohême, dont il fut chapelain. Ce prince lui fit avoir l'évêché d'Olmutz, l'archevêché de Prague, & le chapeau de cardinal, qu'Urbain VI lui donna l'an 1379, pendant ce long schisme qui fut si funeste à l'église, sur la fin du XIV siécle, & au commencement du XV. Urbain, qui craignoit que l'empereur ne s'attachât à Clément VII, lui fit faire des offres obligeantes ; & pour le gagner, approuva l'élection qu'on avoit faite de son fils Wenceslas pour roi des Romains, & mit au nombre des cardinaux Jean Oczko, qu'il nomma en même temps légat en Bohême. Charles IV mourut peu après, & ce nouveau cardinal fit son oraison funèbre. Wenceslas, qui lui succéda, mena une vie très-déreglée, s'adonna à des vices honteux, & se rendit méprisable par ses débauches. Oczko fut le seul qui lui parla fortement, & qui le reprit de ses vices : mais ce prince en profita très-peu. Ce cardinal remplit tous les devoirs d'un bon prélat, s'opposa aux Hussites qui commençoient à débiter leurs erreurs, quoiqu'en secret, fit diverses fondations pieuses, & mourut en réputation de sainteté au commencement de l'an 1381. * Augustin Moraw, *de episc. Olomuc. n.* 24. Thierri de Niem, *l.* 1, *c.* 17. Ciaconius. Auberi, &c.

O D

ODACRE, élu évêque de Beauvais l'an 881. Cette église étoit troublée depuis la mort d'Odon, qui étoit abbé de Corbie lorsqu'il fut élevé sur ce siége, & qui avoit fait de grands biens pendant son épiscopat à son église de Beauvais, dont il avoit augmenté le nombre des chanoines jusqu'à cinquante. Après sa mort, arrivée l'an 881, le peuple de Beauvais

avoit choisi Rodulfe pour lui succéder. Mais cette élection fut cassée dans le concile tenu la même année dans l'église de sainte Macre à Fimes, au diocèse de Reims, où l'archevêque Hincmar présidoit. Comme cette élection étoit par-là dévolue aux évêques, le concile députa au roi Louis III du nom, pour obtenir la permission d'elire un autre sujet. Cependant les citoyens de Beauvais voyant leur première élection cassée, en firent une autre en faveur d'un nommé *Honorat.* Mais le roi sans y avoir égard, non plus qu'à la députation des évêques, Odacre, par une lettre adressée à tous les évêques. La mort de Louis arrivée le quatrième d'août de l'an 882 arrêta les suites que cette affaire pouvoit avoir pour Hincmar. * *Voyez* les lettres de Hincmar dans le deuxième volume de ses œuvres, &c.

ODARD, *cherchez* ODON.

ODARD, seigneur de Biez, *cherchez* BIEZ.

ODAZZI (Jean) peintre Italien, né à Rome en 1663, apprit d'abord à graver de Corneille Bloëmart, qu'il quitta pour entrer dans l'école de *Ciro Ferri,* après la mort duquel il se rendit le disciple de Jean-Baptiste Gauli, dit le *Bacici.* Il fut un des douze peintres habiles de Rome qui furent choisis pour peindre les prophètes qui sont dans l'église de S. Jean de Latran. Odazzi y a représenté le prophète Osée. Plusieurs ouvrages faits pour le pape lui méritèrent l'ordre de Christ, & on le reçut dans l'académie de S. Luc. Sa réputation lui procura de faire la coupole du dôme de Velletri qui est un morceau distingué. Il mourut d'hydropisie à Rome en 1731, âgé de soixante-huit ans. * *Voyez* l'*Abrégé des vies des peintres,* par M. Dezallier d'Argenville, imprimé en 1745, *in-4°,* à Paris, tome 1, pag. 390 & 391.

ODDI (Sforce) jurisconsulte du XVIe siécle, fut très-estimé en son temps. Il forma d'habiles disciples, entr'autres, Alberic Gentilis qui s'est si fort distingué entre ceux qui exerçoient alors la même profession. Oddi tenoit son école à Macérata, ville de la Marche d'Ancône. Il y fut consulté de toute l'Italie, à cause de la réputation que ses lumières lui avoient acquise. Ses conseils, & quelques autres de ses ouvrages, ont été imprimés. Les plus connus sont, *De alienationis prohibitione, & fidei commissis : De compendiosâ substitutione : De restitutionibus in integrum.*

ODDIS (Nicolas de) de Padoue, religieux & abbé de la congrégation du mont Olivet, a été célèbre dans le XVIIe siécle, & mourut l'an 1626. Jacques Thomasini a fait son éloge parmi ceux des hommes illustres de Padoue.

ODDO de ODDIS, médecin, étoit d'une famille noble originaire de Pérouse. Il vint au monde à Padoue en 1448, & y fut élevé avec soin dans les lettres. Son penchant l'entraîna dans la suite vers l'étude de la médecine, & cette science lui doit en partie sa netteté, sa solidité & sa gloire. L'étude qu'il avoit faite des anciens médecins, & les profondes réflexions qui accompagnoient son étude, firent qu'il fut un des premiers entre les modernes, qui rendit à cette science son honneur, & qui la tira de la barbarie où elle étoit tombée. Il en donna quelque temps des leçons dans sa patrie, & ensuite il l'exerça long-temps à Venise. Mais le sénat de Padoue, fâché de se voir privé de ses lumières sur lesquelles il avoit droit, le rappella & lui donna la première chaire qu'il remplit avec beaucoup de distinction jusqu'à sa mort, arrivée en 1558. Il fut enterré à Padoue, & on érigea un monument à son honneur. Oddo avoit beaucoup lu Galien, & il disoit que c'étoit dans cet auteur qu'il avoit puisé presque tout ce qu'il savoit. Il a donné des espèces de commentaires sur la première & la seconde section des aphorismes d'Hyppocrate, sur le petit art de Galien; une apologie du même par rapport aux sentimens de cet auteur sur la logique, la philosophie & la médecine; trois livres sur le dîner & le souper: un commentaire *in primam sen Avicennæ*; & neuf livres sur la peste, ses causes, ses signes, la précaution que demande cette maladie, la maniere de la traiter. * *Voyez* le *Lindenius renovatus*, & la bibliothéque des ouvrages de médecine par M. Manget, *tome II, l.* 14.

ODDO (Marc) *fils du précédent*, né à Padoue en 1526, fut fait professeur en médecine dans sa patrie en 1583. Il succéda alors dans la chaire de médecine théorétique à Bernardin Trévisan. Dans la suite il fut fait professeur de médecine pratique. Il remplissoit cette place avec honneur lorsqu'il mourut à Padoue en 1591, âgé de soixante-cinq ans. Il est auteur des ouvrages suivans: Méthode pour la composition & le discernement des remèdes, avec un *index* ou catalogue des remèdes usuels, simples, & composés, leurs propriétés, leur dose, &c. & deux discours, l'un sur la Thériaque, l'autre sur le Turbith, à Padoue en 1583, *in-4º*. Un traité de la nature & de l'essence de la maladie, &c. à Padoue en 1589, *in-4º*. Des réflexions sur la Thériaque & le Mithridat, &c. Ces réflexions sont avec celles de Bernardin Trévisan, de Juninus Paulus, & de quelques autres, à Venise en 1576, *in-4º*. Une apologie de son sentiment touchant la pourriture, contre Ange-Mercenario, & Thomas Erastus, à Venise *in-4º*, & à Padoue en 1585 *in-4º*. Des tables sur les urines, leurs différences, leurs causes, &c. à Padoue en 1591, *in-fol*. Il a achevé & corrigé les livres de son pere sur la peste, son explication de l'art médicinal de Galien, & ce que l'on a du même sur Avicenne. * Manget, *bibl. scriptor. medicor. tom.* 2, *l.* 14, *pag.* 423, &c.

ODEBERT (Pierre) reçu président aux requêtes du palais de Dijon, le 23 mars 1604, exerça cette charge pendant quarante-deux ans avec beaucoup d'intégrité. Il donna quatre-vingt mille livres pour élever de jeunes filles dans l'hôpital de Sainte-Anne de Dijon, & trente mille livres pour établir dans le collège des Jésuites de la même ville, quatre professeurs en théologie. M. Odebert est auteur du livre qui a pour titre: *L'académie des afflictions, où se trouvent les biens solides*, à Dijon 1666, *in-4º*. Le P. Thomas le Blanc, Jésuite, lui a dédié un livre intitulé: *Le Chrétien dans l'église*, imprimé en 1658. M. Odebert mourut le 19 novembre 1661, âgé de quatre-vingt-sept ans, & fut enterré dans l'église de S. Etienne de Dijon, où on lui dressa cette épitaphe:

Sta, viator, & lege:
Accessisti ad viri tumulum, qui nobiliorem,
Si passus esset, meruerat.
     PETRUS ODEBERTUS *hîc jacet,*
   In libellorum supplicum curiâ præses
    Magni nominis, majorisque virtutis;
  Qui dum non paucis præfuit, omnibus profuit,
     Jus suum cuique tribuendo;
   Nec mirum, nam de suo cuique tribuit;
  Et quam fervida in Deum pietatis, tam
   Profuse in pauperes liberalitatis fuit:
     Illis victum, illis hospitium præbuit.
Amplissima Divione & Avallone Xenodochia
Extruxit, urbium ornamenta, seu
   Potius propugnacula: patrum Capucinorum
     Cænobium Avallone instauravit;
  Gymnasiumque inibi fundavit, insignem
Informandis juvenum animis Palæstram,

Ad hæc piissima conjugis, ODETTÆ MAILLARD,
Consilio usus, quæ non optimâ dote magis
Quam præclaris animi dotibus, pietate & diligentiâ
Tantis operibus incumbentem juvit.
   Ipse deinde theologia scholam:
  In collegio Divio-Godrano aperuit,
     Seminarium episcopale ditavit,
    Refugiumque; & effusis in pauperes opibus,
     Illos tandem hæredes instituit.
Ut quorum hospes exstiterat, eorum nuncuparetur pater.
   His peractis obiit anno ætatis suæ LXXXVII,
     Die XIX *novemb.* M DC LXI.
Publico luctu sepultus, quem, dum vixit, absterserat.
   Abi, viator, & luge.

Le P. Perry, Jésuite, dans sa *Poësis Pindarica*, a fait l'éloge de M. Odebert. * *Voyez* la *Bibliothéque des auteurs de Bourgogne*, par feu M. l'abbé Papillon.

ODED, prophète, qui reprocha à Phacée, roi d'Israël, son inhumanité, en ce qu'il avoit tué dans un seul jour six-vingt mille hommes, & fait prisonniers deux cens mille, tant femmes que filles & enfans, dans la victoire qu'il remporta sur Achaz, roi de Juda, l'an du monde 3294, avant J. C. 741. * II. *Paral.* 28.

ODENAT, roi des Palmyréniens, & Auguste, sous l'empire de Gallien, s'étoit élevé par sa valeur à ce dégré de gloire & de puissance. Il étoit de Palmyre, ville de Phénicie, né bourgeois, selon quelques-uns, & selon d'autres, prince de cette ville. Cependant Palmyre étoit colonie romaine dans le temps de l'empereur Alexandre: ainsi ce qu'on peut conjecturer de plus juste, c'est qu'Odenat étoit prince des Sarasins, qui habitoient le pays des environs. Il s'étoit exercé dans son enfance à combattre les lions, les léopards & les ours: & avoit dès-lors des preuves de ce courage, qui fut depuis si funeste aux Perses, & qui devint le fondement de sa fortune. On tient pourtant qu'il en fut redevable en partie à la célèbre Zénobie sa femme, qui se vantoit d'être issue des Prolémées & des Cléopatres. Après cette fameuse défaite des Romains par les Perses, où l'empereur Valérien fut pris & traité avec tant d'ignominie par le roi Sapor, l'an 260, tout l'Orient consterné tâcha de fléchir ce barbare par des ambassadeurs. Odenat lui envoya des députés chargés de présens; mais ces respects furent reçus avec le dernier mépris. Sapor indigné qu'un si petit prince eût osé lui écrire, au lieu de venir lui-même, fit jetter ses présens dans la riviere, & le menaça de l'exterminer, lui & sa famille, s'il ne venoit se présenter à lui les mains liées derriere le dos. Ces indignités firent résoudre Odenat à se jetter entierement dans le parti des Romains, qu'il soutint avec plus de fortune qu'aucun autre de leurs généraux. Il se joignit à Baliste, poussa Sapor, lui enleva ses femmes & ses trésors, fit un grand carnage de ses troupes au passage de l'Euphrate, & changea alors le titre de prince de Palmyre en celui de roi. L'empereur Gallien, sensible aux malheurs de son pere Valérien, récompensa Odenat, qui venoit de le venger, & le fit général de l'Orient. Odenat reconnut cette faveur par une fidélité sincere. L'année suivante 261, il fondit sur la Mésopotamie, qu'il soumit entierement, entra sur les terres de Sapor, & le poursuivit jusqu'à Crésiphon, qu'il assiégea, dans l'espérance de délivrer Valérien. Quelques historiens semblent marquer un second siége de cette ville, dans lequel ce prince l'emporta; mais ce ne fut que peu de temps avant sa mort. A son retour de Perse, il investit dans Emèse Quiétus, fils de Macrien, que ce tyran avoit laissé en Orient, pour y commander en sa place. Cette ville se rendit, après que les habitans eurent jetté la tête de Quiétus par dessus les murailles: ainsi Odenat contribua de son côté à exterminer le parti de Macrien, qui venoit d'être défait & tué en Illyrie avec son fils-aîné. L'an 246 Gallien crut ne pouvoir mieux affermir son autorité qu'en associant Odenat à l'empire : ce qu'il fit, en lui donnant les titres de César, d'Auguste & d'empereur, & celui d'Auguste à la reine Zénobie sa femme & à leurs enfans. Le nouvel empereur signala son avénement par la mort de Baliste, lequel, après une première révolte, qu'on lui avoit pardonnée, avoit encore pris la pourpre deux années auparavant. Odenat garda l'empire près de quatre années, & le perdit avec la vie, par une trahison des plus noires. Il avoit pris Ctésiphon, & se préparoit à marcher contre les Goths qui ravageoient l'Asie, lorsqu'il fut assassiné avec Hérodes ou Hérodien, son fils-aîné, dans un festin. Ce fut, selon Pollion, par Méonius, son cousin, qui prit le titre d'empereur ; ou selon Sincelle, qui place cette mort à Héraclée dans le Pont, par Odenat, l'un de ses neveux. La reine Zénobie fut soupçonnée d'avoir trempé ce meurtre : elle étoit piquée de jalousie contre Hérodes, que son époux avoit eu d'une autre femme. Après la mort d'Odenat, elle gouverna avec le titre de reine de l'Orient, & sous le nom de ses enfans Hérennien & Timolaüs. * Trebell. Pollio, *in trigint. tyran.* Zosim, *l. 1.* Agathias, *l. 4.* Eusebe, *chron.*

ODENSÉE ou OTTENSÉE, *Otonia* ou *Ottonia*, ville de l'isle de Funen, au royaume de Danemarck, avec évêché suffragant de Lunden. Les évêques du royaume s'y assemblerent l'an 1257, pour défendre la dignité ecclésiastique, & y firent des réglemens que le pape Alexandre IV confirma par ses lettres écrites à Viterbe.

ODENWALDT ou OTTENWALDT : c'est-à-dire, la *forêt d'Otton*, en latin *Ottonis Sylva* : c'est une petite contrée du Palatinat du Rhin, de laquelle il est souvent parlé dans les relations des guerres d'Allemagne, c'est pourquoi il est bon de la connoître. Elle est au levant du Bergstrat, entre le Neckre & le comté d'Erpach, & elle fait la plus grande partie du gouvernement de Mosbach. * Mati, *dict.*

ODEORAN (Colius) de la province de Leinster, en Irlande, a écrit les annales d'Irlande, que l'on a en manuscrit, suivant Jacques Waræus, dans son traité des auteurs & écrivains de ce pays, *l. 1, c. 11.* Odéoran mourut l'an 1408.

ODER, grand fleuve d'Allemagne, a sa source en un bourg de ce nom, dans la Silésie, aux confins de la Moravie. Il est d'abord peu considérable ; mais après s'être accru des eaux de l'Oppaw, il passe à Ratibor, à Breslaw, au gros Glogau & à Crossen dans la Silésie. Ensuite il arrose la Marche de Brandebourg, Francfort, Lébuss & Custrin, où il reçoit le Wart. De-là coulant dans la Poméranie, & recevant diverses petites rivieres, il fait près de Stettin un lac, que ceux du pays appellent *Das Gross Hafs*, c'est-à-dire, *le grand lac*, avec deux isles, Usedom & Wollin, & il se décharge enfin dans la mer Baltique, par trois embouchures, dites *Pfin, Sévine & Divonow.* L'Oder est nommé par les auteurs latins, *Odera.* On l'a aussi nommé *Suévus, Guttalus, Viadus & Viadrus.* * Consultez Cluvier, Bertius, &c.

ODER, petite riviere de France qui coule dans la Bretagne, baigne Quimpercorentin, & va se décharger dans la mer, trois lieues au-dessous de cette ville. * Mati, *dict.*

☞ ODERIC ou ODRI, abbé de Vendôme au XIe siécle, étoit un homme célébre en son temps pour son exactitude à faire observer la discipline monastique. Il devint abbé de Vendôme sur la fin de l'année 1044, & succéda à Rainaud. Oderic remplit la dignité d'abbé avec tant de sagesse & d'édification, qu'en peu de temps il acquit des biens considérables à son monastere. Le pape Alexandre II, de son côté, lui accorda de grands priviléges. Non-seulement il rendit

l'abbaye immédiate au saint siége, conformément au dessein des fondateurs, & en confirma toutes les possessions : il y ajouta encore l'église de sainte Prisque, sur le mont Aventin, avec le titre de cardinal prêtre pour l'abbé Oderic, & tous ses légitimes successeurs à perpétuité. La bulle qui contient ce privilége est en date de l'an 1063, & se trouve dans les *Annales* du P. Mabillon, *l. 64*, plus entiere que dans le recueil des conciles & des rescrits des papes. Au bout de trois ans, le même pape joignit à ces premieres gratifications celle du monastere contigu à l'église de sainte Prisque, & dépendant de l'abbaye de S. Paul, aux conditions que les abbés de Vendôme & entretiendroient douze moines, pour y faire le service divin. Oderic mourut le quatriéme d'octobre 1082, après avoir dignement gouverné son monastere trentehuit ans, trois mois & quatre jours. Il eut l'année suivante David pour successeur. On conserve à la bibliothéque de cette abbaye, sous le nombre 203, un manuscrit qui contient un traité des vices & des vertus, qui bien qu'il ne porte pas le nom d'*Oderic*, a toujours été regardé comme une production de sa plume. A cela près on ne connoît de ses écrits qu'une courte lettre adressée à Géraud, évêque d'Ostie, légat du saint siége, pour lui apprendre que le différend entre les abbayes de Vendôme & de S. Aubin d'Angers, au sujet de la dépendance du monastere de Craon, venoit d'être terminé. D. Mabillon a donné cette lettre au *livre* 64 de ses annales, *n. 13.* * D. Rivet, *histoire littéraire de la France*, tom. VIII.

ODERIC, religieux de l'ordre de S. François, & natif de Frioul, l'an 1320, publia divers traités : entr'autres un livre de ses voyages, dans lequel il parle des coutumes & des mœurs des peuples. C'est cet ouvrage que Wadingue appelle *De mirabilibus mundi.* Ceux qui voudront mieux connoître cet auteur, pourront consulter le traité des historiens latins de Vossius, & Bollandus, qui rapportent la vie d'Oderic, sous le quatorziéme janvier.

ODERISE, cardinal, abbé du Mont-Cassin, dans le XIe siécle, étoit de la maison des comtes de Marses, dans la terre de Labour, & fut reçu jeune dans l'ordre de S. Benoît. L'abbé Richer prédit qu'il seroit un des grands hommes de son temps, & ne se trompa pas ; car après avoir fait de grands progrès dans les sciences & dans la vertu, il fut fait cardinal par le pape Nicolas II, l'an 1059. Depuis il fut élu abbé du Mont-Cassin, & mourut en réputation d'une grande piété, le 2 décembre de l'an 1105. Il avoit composé divers ouvrages en prose & en vers, qui ne sont pas venus jusqu'à nous. * Paul Diacre, *l. 4 hist. Cassin. c. 1.* Léon d'Ostie, *l. 3, c. 14.* Ciaconius. Auberi, &c.

ODEREZO, anciennement *Opitergium* C'étoit autrefois une ville épiscopale, dont le siége a été transféré à Céneda. Ce n'est maintenant qu'un bourg de l'état de Venise en Italie. Il est dans la Marche Trévisane, sur la riviere de Mottégano, à quatre lieues de Trévigno, vers le levant. * Mati, *dict.*

ODESCALCHI (Pierre-George) évêque d'Alexandrie de la Paille, puis de Vigévano, étoit de Côme dans le Milanez. Il se rendit fort habile dans la connoissance du droit canon, & se fit prêtre, ayant perdu sa femme, étant encore jeune. Le crédit de PAUL Odescalchi, évêque de Civita di Penni, & gouverneur de Rome, l'obligea d'aller à la cour du pape Sixte V, qui le fit protonotaire participant, référendaire de l'une & l'autre signature, & préfet des brefs qu'on nomme *de justice.* Depuis il fut choisi pour être protonotaire assistant à la canonisation de S. Diégo, dont il prononça l'éloge devant le sacré collége, & dont il composa la vie. Grégoire XIV le fit gouverneur de Fermo ; & Clément VIII le fit évêque d'Alexandrie, & l'envoya nonce en Suisse. Odescalchi s'acquitta très-bien

bien de cet emploi, & à son retour alla résider dans son diocèse, qu'il gouverna d'une manière très-édifiante. Il y abolit des coutumes pernicieuses, y rétablit la discipline, & se fit une loi d'imiter en tout la conduite de S. Charles. Depuis, on le transféra à l'évêché de Vigévano, où il continua ses mêmes exercices, & où il mourut le 6 mai de l'an 1620. Il a composé quelques ouvrages de piété. Sa famille a produit de grands hommes; entr'autres Benoît Odescalchi, cardinal l'an 1645, ensuite évêque de Novare, & enfin pape, sous le nom d'*Innocent XI*, élu l'an 1676. *Voyez* INNOCENT XI. * Ughel, *Ital. sacr.* Ghilini, *theat. d'huom. letter.*

ODESCALCHI (Marc-Antoine) gentilhomme de Côme, dans le Milanez, embrassa l'état ecclésiastique, & fut ordonné prêtre. Le cardinal Benoît Odescalchi, son cousin germain, qui fut pape dans la suite, sous le nom d'*Innocent XI*, l'ayant attiré à Rome, il y refusa toutes les dignités & tous les honneurs que son mérite & sa vertu lui procuroient. Il ne s'employa qu'à des œuvres de piété, principalement à soulager les pauvres dans leur misère. Il donnoit de quoi subsister honorablement à de pauvres familles honteuses: il procuroit du travail à ceux qui étoient en état de gagner leur vie, & prenoit un soin particulier de ceux qui, étant infirmes & malades, étoient hors d'état de travailler. Ce saint homme voyant que, quoiqu'il y eût un grand nombre d'hôpitaux à Rome pour toutes les nations, ils n'étoient pas néanmoins suffisans pour y recevoir tous les étrangers, qui le plus souvent étoient obligés de dormir à la porte des églises, & sous les portiques des palais, exposés aux injures de l'air, & aux insultes des passans, il changea sa maison en un hôpital, pour y recevoir indifféremment tous les étrangers, de quelque nation qu'ils fussent, & les pauvres de la campagne. Il acheta quelques maisons voisines, afin de pouvoir loger un plus grand nombre de pauvres; & en peu de temps il y eut jusqu'à mille lits, chaque pauvre ayant le sien en particulier. Il les servoit lui-même, les instruisoit, & entretenoit des tailleurs pour raccommoder leurs habits & leur en donner de neufs, lorsqu'ils en avoient besoin. Il alloit souvent le soir par la ville pour chercher les pauvres; & s'il en trouvoit, il les faisoit monter dans son carosse & les conduisoit à son hôpital. Il continua ses exercices de charité jusqu'à sa mort, qui arriva l'an 1670, & donna tous ses biens à cet hôpital, dont le cardinal Odescalchi prit un soin particulier après sa mort. Comme cet hôpital étoit contigu à l'église de sainte Marie *in Porticu*, cette église y fut annexée, & on lui a donné le nom de *sainte Gale*, à cause que l'on prétend que cette sainte avoit autrefois fondé un hôpital au même endroit. Le cardinal Odescalchi étant pape, la fit rebâtir de fond en comble avec beaucoup de magnificence, & l'hôpital est devenu considérable, & ayant ordinairement plus de trois mille lits pour y recevoir les pauvres. * *Mémoires du temps.*

ODESCALCHI (Thomas) qui étoit aussi parent du pape Innocent XI, eut dans sa jeunesse beaucoup d'inclination pour les armes; mais ayant fini ses études à Côme, il vint aussi à Rome, où, à l'exemple de Marc-Antoine Odescalchi, *dont il est parlé dans l'article précédent*, il s'employa à des œuvres de charité. Innocent XI étant parvenu au souverain pontificat, le fit son aumônier secret, & maître de sa garderobe: & comme il connoissoit l'affection & la tendresse qu'il avoit pour les pauvres, il se reposa sur lui du soin de l'hôpital de sainte Gale. Ce prélat voyant que dans cet hôpital il y venoit de jeunes enfans qui n'avoient aucune éducation, les voulut séparer des autres pauvres, & acheta, l'an 1684, une maison où ils pussent être reçus, & y être instruits dans la piété: & le pape en donna la direction aux clercs réguliers des écoles pieu-

ses. On y assembla d'abord trente-huit enfans; & leur nombre s'étant augmenté jusqu'à soixante & dix, le pape ordonna qu'on leur donnât par mois cent écus romains pour leur entretien. On les envoyoit le jour chez divers ouvriers, pour y apprendre des métiers; mais Thomas Odescalchi jugea qu'il étoit plus à propos de faire venir dans l'hôpital des ouvriers en laine, afin que les enfans n'eussent pas lieu de sortir. Comme ce lieu étoit trop étroit, ce prélat en acheta un plus spacieux en l'an 1686, à Ripégrande. Il y fit faire des bâtimens suffisans pour y contenir les ouvriers & les enfans qui y furent transférés l'an 1689, & dont le nombre fut augmenté, l'an 1692, jusqu'à cent cinquante par le pape Innocent XII, qui leur assigna un fonds pour leur nourriture & leur vêtement, outre le profit qu'ils pouvoient retirer de leur travail. Odescalchi augmenta aussi les bâtimens; & on le vit porter des pierres, délayer le mortier, & servir quelquefois de manœuvre. Ce saint homme mourut le 9 novembre 1692, ayant laissé un legs considérable à cet hôpital, que l'on appelle *S. Michel de Ripégrande*. Il donna aussi le droit qu'il y avoit, comme fondateur, à dom Livio Odelcalchi, neveu d'Innocent XI, & dom Livio l'ayant cédé l'an 1693 à Innocent XII, ce pontife augmenta encore les bâtimens avec beaucoup de magnificence, aussi-bien que le nombre des enfans, qui est de deux cens cinquante; & il y établit l'an 1695 une manufacture de draps. Dom Livio Odescalchi, qui fut duc de Bracciano, & chevalier de la toison d'or, mourut à Rome sans alliance le 7 septembre 1713, laissant de très-grands biens, & nomma pour son légataire universel *Balthasar* Erba, fils d'Alexandre Erba, sénateur de Milan, & de Lucréce Odescalchi sa sœur, à la charge de porter le nom & les armes d'Odescalchi, & de s'établir à Rome. Le nouveau duc de Bracciano épousa 1°. le 7 janvier 1717 *Flaminia-Marie-Françoise* Borghèse, fille de *Marc-Antoine*, prince de Sulmone & de Rossano, & de *Flaminia* Spinola, morte en couches le 6 novembre 1718: 2°. avec dispense, le 10 décembre 1721, *Marie-Magdeléne* Borghèse, sœur de sa première femme, dont une fille née le 23 octobre 1722. Il avoit pour frere Benoît Erba Odescalchi, qui fait le sujet de l'article suivant. * *Mémoires du temps.*

ODESCALCHI (Benoît Erba) né à Milan le 19 août 1679, cardinal de l'église romaine, étoit créature du feu pape Clément XI, qui le fit successivement son camérier d'honneur au mois de mars 1703, vice-légat de Ferrare au mois de mai 1706, & ponent de la visite en 1707. Etant vice-légat de Bologne, il fut nommé au mois d'août 1711, à la nonciature de Pologne. Il prit alors le nom d'*Odescalchi*, don Livio Odescalchi, son cousin-germain maternel, l'ayant ainsi souhaité. L'archevêché de Thessalonique, *in partibus infidelium*, fut proposé pour lui dans un consistoire le 18 de décembre de la même année 1711. Pendant sa nonciature en Pologne, Clément XI l'ayant nommé à l'archevêché de Milan, au mois d'août 1712, proposa pour lui cette église en consistoire le 5 d'octobre suivant; & le 21 du mois de novembre, il lui accorda le pallium. Le même pape le créa & déclara cardinal le 30 de janvier de l'an 1713. Odescalchi étant revenu de Pologne, le nouveau cardinal fit son entrée à Rome le 10 mars 1715, & s'étant rendu en cavalcade au consistoire le 14 du même mois, il y reçut le chapeau. Le premier avril suivant, le pape, après avoir fait la cérémonie de lui fermer & de lui ouvrir la bouche, lui assigna le titre presbytéral des saints Nérée & Achillée. Il quitta depuis ce titre, & opta celui des douze apôtres. Au mois de juin 1736, voyant que les infirmités dont il étoit attaqué, augmentoient, il fit une démission de son archevêché de Milan, & il la ratifia le 16 janvier de l'année suivante 1737. Ce cardinal est mort à Milan le 14 décembre 1740, âgé de soixante-un ans, quatre mois & quatre jours. Il étoit fils d'*Alexandre* Erba, sénateur de Milan, & de *Lucréce* Odescalchi, sœur du pape Innocent XI, nommé auparavant *Benoît Odescalchi*. La généalogie de la famille d'Odescalchi se trouve dans les généalogies des maisons souveraines, qui ont été données au public en 1736, *tom. II*, contenant celles d'Italie avec les familles papales.

ODESPUN ou ODESPUNCK DE LA MESCHINIERE (Louis) prêtre, né à Chinon en Touraine, fut souvent employé dans les affaires du clergé, dont il donna un recueil en cinq livres qu'il fit imprimer en 1638. Il augmenta & continua dans la suite ce recueil par l'ordre du clergé qui l'avoit chargé de ramasser ses mémoires à mesure qu'on les lui enverroit, & ce recueil augmenté parut en 1646, chez Vitré, à Paris, en deux volumes *in-fol.* Il est divisé en neuf parties, mais le tout est fait avec précipitation. Le tome premier contient les remontrances & les harangues des députés faites au roi, ce qui concerne les assemblées générales, les officiers & les pensionaires du clergé, les subventions faites aux rois par ledit clergé. On trouve dans le tome second les édits, ordonnances, lettres patentes, & cahiers présentés au roi par le clergé, ce qui regarde la police & l'autorité de l'église, les personnes & les bénéfices ecclésiastiques, l'administration temporelle des biens de l'église, les immunités, franchises & priviléges ecclésiastiques. En 1652 on donna un volume *in-4°*, pour servir de continuation ou de supplément à ce recueil. En 1646 Louis Odespunck publia une collection des conciles de France tenus depuis celui de Trente, *in-fol.* Il prétend dans sa préface qu'il n'y en a qu'un seul, qui lui ait échapé, qui est de la province d'Embrun, & qu'il n'a jamais pu recouvrer. Il a joint à ceux qu'il donne quelques avis & décrets des assemblées générales du clergé, dont une partie est en latin & en françois; & beaucoup de piéces que les PP. Labbe & Cossart n'ont point insérées dans leur collection des conciles, parcequ'on les trouve parmi les mémoires du clergé, où on doit les chercher. Ces piéces grossissent fort inutilement la collection, d'ailleurs assez indigeste, du sieur Odespunck. Cet auteur a donné encore un ouvrage sur les ordres de chevalerie, & des discours touchant les recueils d'estampes qu'il avoit faits, en plusieurs volumes qui sont peu recherchés. Nous ignorons le temps de sa mort. * Le Long, *bibliothéque historique de la France*, en plusieurs endroits. L'abbé de Marolles, dans le *dénombrement de ceux qui lui ont fait présent de leurs ouvrages*. M. Salmon, *traité de l'étude des conciles*, page 234 & suiv. Aubert le Mire, *pag. 336, de ses écrivains du XVII siécle*.

ODET DE COLIGNI, *cherchez* COLIGNI.

ODEUM, nom grec pris d'un certain lieu, dont parle Vitruve, & que M. Perrault son traducteur a conservé, parcequ'il n'auroit pu être rendu en françois que par une longue circonlocution; ce qui lui auroit été d'autant plus difficile, que les interprétes ni les grammairiens ne s'accordent point sur l'usage de cet édifice. Suidas, qui tient que ce lieu étoit destiné à la répétition de la musique qui devoit être chantée sur le grand théâtre, fonde son opinion sur l'étymologie, qui est prise d'*Ode*, mot grec, qui signifie une *chanson*. Le scholiaste d'Aristophane est d'un autre avis: il pense que l'*Odeum* servoit à la répétition des vers. Plutarque dans la vie de Périclès, dit qu'il étoit fait pour placer ceux qui entendoient les musiciens lorsqu'ils disputoient du prix. La description qu'il en donne fait entendre que l'*Odeum* avoit la forme d'un théâtre, puisqu'il dit qu'il y avoit des siéges & des colonnes tout au tour, & qu'il étoit couvert en pointe de mâts & d'antennes pris sur les Perses. Le poëte

comique Cratinus disoit sur cela pour plaisanter, que Périclès avoit réglé la forme de l'*Odeum* d'Athenes à sa tête; qu'il avoit extrêmement pointue: ensorte que les poëtes de son temps voulant se moquer de lui dans leurs comédies, le désignoient sous le nom de *Jupiter Scinos Céphalos*, c'est-à-dire, *qui a la tête pointue*, comme un cure-dent que les anciens faisoient du bois d'un arbrisseau appellé *Scinos*, qui est le Lentisque. * L'abbé Danet.

ODIAA, ville capitale du royaume de Siam, *cherchez* SIAM.

ODIAM, petite ville d'Angleterre, qui donne son nom à une contrée du comté de Hamp. Elle appartenoit ci-devant à l'évêque de Winchester. On trouve près de-là les ruines d'un célébre château, où treize Anglois soutinrent quinze jours toutes les forces du dauphin de France, sous le régne du roi *Jean*. * *Dict. anglois*.

ODILARD, évêque de Nantes; *cherchez* LAURIACUM.

ODILBERT, archevêque de Milan, dans le IX° siécle, fit pour réponse à Charlemagne, un traité des cérémonies du baptême, qui se trouve manuscrit dans la bibliothéque de M. Colbert. Le P. Mabillon a donné dans le quatriéme tome de ses analectes, la lettre qui sert de préface à cet ouvrage. * Du Pin, *bibliothéque des auteurs ecclésiastiques du IX siécle*.

ODILE (Sainte) nommée aussi OTHILE, étoit fille d'*Athic*, duc d'Alsace, & niéce par sa mere de S. Léger d'Autun. Elle naquit aveugle, & cette disgrace la fit haïr de son pere, qui ordonna qu'on la fît mourir; mais sa mere la sauva, & la fit élever secretement dans le monastere de la Baume, près de Besançon. Odile y vécut avec beaucoup de piété, & Dieu lui rendit la vue lorsqu'elle reçut le baptême. Elle crut alors qu'elle pouvoit paroître devant son pere; elle en fit demander la permission par son frere. Mais le cruel Athic, d'un génie dur & féroce, maltraita si fortement le frere d'Odile, qu'il en mourut. Le duc fut frapé de cette mort; il se reprocha sa barbarie & son inhumanité, reçut sa fille avec bonté, & lui donna sa maison d'Hodembourg pour en faire une monastere. C'étoit un château bâti sur la cime d'une montagne, avec une enceinte, de murailles d'environ trois lieues de circuit, dont on voit encore des restes qui font juger que cet ouvrage étoit solide. La magnificence des bâtimens répondoit aux grandes richesses du duc. On y voyoit sept oratoires, dont six subsistent encore. Il y en a un dédié à l'honneur des saints de l'Alsace, & un autre qu'on nomme l'*Oratoire des larmes*, parceque le duc s'y retiroit pour pleurer ses péchés. Odile fit bâtir un hôpital au bas de la montagne pour la commodité des pélerins, & un autre monastere dans la vallée, qui fut nommé *Nidermunster*, & qui est détruit. On croit qu'Odile embrassa avec ses religieuses la vie canonique. L'auteur de sa vie le dit positivement, & une ancienne statue la représente avec de longs cheveux tressés, ce qui semble un ornement peu convenable à une religieuse proprement dite. La vie de cette sainte qui a fleuri sur la fin du septiéme siécle, ou au commencement du huitiéme, est pleine de traits également singuliers & édifians; il ne lui manque que d'avoir été écrite par un auteur contemporain. Mais si l'on peut révoquer en doute quelques circonstances, le fonds de l'histoire n'en paroît pas moins certain. Cette sainte, premiere abbesse d'Hodembourg, est honorée le treiziéme de décembre. Hodembourg n'est plus guere connu que sous le nom de *sainte Othile* ou *Odile*. * *Vita sanctæ Othiliæ*, &c. *Histoire de l'église Gallicane*, par le P. Longueval, Jésuite, tom. *IV, l. 2, pag. 77 & suiv.* &c.

ODILON, I du nom, duc de Baviere, succéda à son pere *Théodon*, & fit long-temps la guerre en Italie. Il mourut l'an 565, dix ans après que les Goths

eurent été chaffés de l'Italie par l'eunuque Narsès. *
Andreas Brunner, *ann. virt. & fort. Boiorum.*

ODILON II, duc de Baviere, fuccéda à *Hugibert*
l'an 739, où il fit venir S. Boniface, qui, pour appaifer les troubles qui commençoient à naître dans la
religion, divifa ce duché en quatre diocèfes, & ordonna des évêques pour en avoir la conduite. Odilon
fe joignit l'an 741, à Charles *Martel*, pour combattre
les Sarafins qui menaçoient toute la chrétienté. Sa valeur parut dans la bataille qui fut donnée contre ces
infidéles, où ils furent défaits. Il époufa la même
année *Hiltrude*, fille de Charles *Martel*, & prit le
nom de *roi* : ce qui lui attira, l'an 743, une guerre
contre Carloman & Pépin, freres d'Hiltrude, qui
l'obligerent de quitter le nom de *roi*. Odilon fit bâtir
fept monafteres confidérables. * Andreas Brunner,
annal. virt. & fort. Boiorum.

ODILON, moine de S. Médard de Soiffons, floriffoit vers l'an 920. Il a écrit un livre de la tranflation des reliques de S. Sébaftien, martyr, & de faint
Grégoire pape, dans le monaftere de S. Médard,
adreffé à Ingrand, doyen de cette abbaye, qui fut
ordonné évêque de Laon l'an 932. Cet ouvrage fe
trouve dans Bollandus, & dans le IVᵉ fiécle Bénédictin du P. Mabillon. * Du Pin, *bibliothéque des
auteurs eccléfiaftiques du X fiécle.* On peut voir un plus
grand détail fur ce qui concerne le moine Odilon,
dans l'*hiftoire littér. de la France*, de D. Rivet, *tome
VI, pag.* 173 & *fuiv.*

☞ ODILON (Saint) abbé de Cluni dans le XIᵉ
fiécle, fortoit d'une noble & ancienne famille, qu'on
croit être celle des feigneurs de Mercœur. Il naquit en
Auvergne en l'année 962, & eut pour pere Bérald,
furnommé *le Grand*, & pour mere Girberge, qui fe
fit enfuite religieufe à l'abbaye de S. Jean d'Autun.
Dès fon enfance Odilon fut mis dans le clergé de S.
Julien de Brioude, où il fit un progrès égal dans la
connoiffance des lettres & la pratique de toutes les
vertus. Le defir de mener une vie plus parfaite lui
infpira la réfolution d'embraffer la profeffion monaftique. Il quitta fon pays & fes parens, & fe retira à Cluni en 991,où S. Mayeul lui donna l'habit monaftique.
Il n'avoit pas encore fini le temps de fa probation,
lorfque le faint abbé, déja chargé d'années, jetta les
yeux fur lui pour en faire fon fucceffeur. Ce choix fe
fit peu après avec cérémonie, en préfence d'un grand
nombre de perfonnes des plus qualifiées, qui toutes
l'approuverent. Odilon fut le feul qui y réfifta. Il eut
encore plus de peine à y confentir, lorfqu'à la mort
de S. Mayeul en 994, il lui fallut exercer feul les
fonctions d'abbé. Il poffédoit tous les talens néceffaires pour y réuffir avec fruit. Tout le temps que lui
laiffoient fes autres devoirs étoit partagé entre la
priere & l'étude. Il acquit par-là une grande intelligence de l'écriture, & ce fonds de doctrine qu'on
trouve dans fes écrits. Autant il fut éloigné de culti-
vèr lui-même les lettres, autant il eut d'attention à
favorifer & exciter les études dans les monafteres de
fa dépendance. La réputation que fe fit alors l'abbaye
de Cluni par fa doctrine & la fainteté de fes mœurs,
la rendit encore plus célèbre qu'elle n'étoit dans toute
la France & les pays étrangers. Ce fut auffi ce qui
mit S. Odilon en une fi haute eftime & lui acquit
tant de crédit auprès des papes & des rois, & qui
faifoit que tout le monde fouhaitoit fivoir pour pere&
pour ami. L'empereur S. Henri en particulier le faifoit
venir de temps en temps à fa cour pour jouir de fes
pieux entretiens. Le comte de Poitiers lui avoit donné
toute fa confiance, & lui fournit plufieurs monafteres
de fes états. Odilon y établit les obfervances de Cluni, principalement à Saint-Jean d'Angéli en Saintonge.
Le roi Hugues Capet voulut auffi qu'il réformât l'abbaye de S. Denys. Odilon en réforma quantité d'autres, & établit même de nouveaux monafteres tant (u

Italie & en Efpagne, qu'en France & en Bourgogne.
Sur la fin de fes jours il fonda dans une terre de fa
famille le monaftere de la Voute. Le clergé de l'églife
de Lyon, conjointement avec le peuple, avoient jetté
les yeux fur S. Odilon pour en faire leur archevêque;
mais il le refufa. Le pape Jean XIX lui envoya l'anneau & le pallium, avec ordre d'accepter cette dignité; & voyant que tout cela ne pouvoit l'ébranler, il y
joignit les motifs les plus preffans & la menace d'encourir la difgrace du faint fiége. Ce fut en vain. Odilon perfifta dans fon généreux refus. Ce faint abbé
mourut à Souvigni dans le cours des vifites qu'il faifoit de fes monafteres, la nuit du famedi au dimanche, premier jour de janvier 1049, dans la quatre-
vingt-feptième année de fon âge, & la cinquante-fixié-
me de fa prélature. Il fut enterré au même lieu; &
l'églife célèbre fa mémoire au jour de fa mort. Sa
fainteté fut atteftée par le don des miracles dont Dieu
le gratifia avant & après fon décès. Le caractere dominant de S. Odilon étoit un grand fonds de bonté,
qui lui a fait donner le furnom de *Pieux* ou *Débonnaire.* Une des actions qui l'ont rendu le plus célèbre, eft l'inftitution de la Commémoration générale
des trépaffés, qu'il établit d'abord pour tout fon ordre
en particulier, au fecond jour de novembre, & qui
paffa bientôt à l'églife univerfelle. M. Du Pin voudroit auffi lui transporter l'honneur d'avoir inftitué la
fête de tous les faints; mais fon établiffement a précédé de plus d'un fiécle le temps de S. Odilon. Ce
faint abbé a compofé une vie de l'impératrice fainte
Adelaïde, femme de l'empereur Othon I, qui fe
trouve dans les *Antiq. lect.* de Canifius, dans la bibliothéque de Cluni & dans le recueil des monumens
fur l'hiftoire du duché de Brunfwick, par M. Leibnitz. On a auffi de S. Odilon un éloge de S. Mayeul,
qui fe trouve dans la bibliothéque de Cluni, & dans
fes *Acta SS. au* 11 mai; des fermons fur divers fujets;
des lettres, & diverfes poëfies. On pourra confulter
fur ces ouvrages l'auteur que je vais citer, & que je
n'ai fait qu'abréger dans ce que j'ai rapporté de faint
Odilon. * D. Rivet, *hift. littér. de la France*, *tom. VII*,
pag. 414 & *fuiv. Voyez* auffi la vie de S. Odilon compofée par Joftaud, fon difciple, la meilleure édition
qu'on en ait; & par celle qu'a donnée D. Mabillon,
dans le tome VIII de fes actes des faints de l'ordre
de S. Benoît.

ODIN, héros, enfuite idole du Danemarck. M.
Mafcow rapporte, après Wachter, que l'on tient
qu'Odin vint de l'Afie dans la Scandinavie; & que
depuis ce temps-là, il fut honoré, tant dans les ifles,
que fur l'un & l'autre bord de la mer, d'abord comme un héros, & depuis comme un dieu. Thormond
Torfæus, hiftorien célèbre, prétend qu'Odin étoit
un fameux magicien, qui vint dans le Nord avec une
troupe d'Afiatiques, environ l'an 70 avant Jefus-
Chrift; qu'il mit dix ans à parcourir la Ruffie, le Danemarck, la Norvége, la Suéde, & quelques pays
voifins. Il ajoute que vers l'an 60 avant J. C, il établit
fon fils Skiold, roi de Danemarck. Les Danois mirent enfuite Odin au rang des dieux, & lui décerne-
rent un culte religieux. Durant fa vie, il avoit paffé
pour avoir la vertu de rendre fes ennemis fourds, &
de les étonner fi fort par l'efficace fes charmes,
qu'ils devenoient comme immobiles. Ses foldats alloient, dit-on, au combat fans cuiraffe, & entroient
dans une telle fureur, que rien ne pouvoit leur réfifter. On s'imagina dans la fuite qu'Odin apparoiffoit
dans les combats, & qu'il faifoit pencher la victoire
du côté qu'il favorifoit. Il fut mis au premier rang des
divinités du pays. On lui donna les noms de *Vera
Tyr*, le dieu des hommes, de *Valgantur*, le gardien
du carnage, & de *Valford*, le pere du carnage, parceque l'on croyoit que tous ceux qui avoient été tués
à la guerre, devenoient fes fils bien aimés. Il s'attri-

bua l'empire fur toutes les ames de ceux qui étoient morts, ou qui mourroient par les armes; & il ne laiffa à la déeffe *Freya*, que l'empire fur les ames des femmes. On dit que pour faire accroître aux peuples du Nord, qu'il n'y auroit que ceux qui mourroient de quelque bleffure qui feroient reçus dans le *Walhall* ou féjour des bienheureux, il ordonna, lorfqu'il fe vit près de la mort, qu'on lui fît une incifion fur le corps avec la pointe d'une lance. On repréfentoit Odin dans le *Valhall*, ou dans le palais des perfonnes tuées à la guerre, fur un trône élevé, d'où il examinoit tout ce qui fe paffoit dans le monde. Il ne le voyoit pourtant pas lui-même; mais deux corbeaux, l'un nommé *Hugin*, c'eft-à-dire, la penfée; l'autre *Mumin*, ou la *Mémoire*, lui rapportoient ce qu'ils avoient vu ou entendu. Odin les envoyoit tous les matins parcourir le monde, & ils revenoient vers l'heure du dîner lui faire leur rapport. Auffi étoit-il nommé le *Dieu des corbeaux*. C'eft ce lieu que les guerriers décédés buvoient de la biere & de l'hydromel dans des taffes faites des crânes de leurs ennemis. Bartholin, dans fon livre *De caufis contemta à Danis mortis*, lib. 2, cap. 12, dit, que les Danois avoient une chanfon, dans laquelle leur fameux roi Regner Lodbrok étoit introduit, fe confolant ainfi, fuivant la verfion de Bartholin :

> Bibemus cerivifiam brevi
> Ex concavis craniorum poculis,
> In præftantis ODINI domicilio.

Lorfque dans le VIe fiécle, S. Colomban paffa dans la Souabe, il trouva en arrivant, qu'on y célébroit la fête de Yodan ou Odin, & que dans cette vue ils avoient déja préparé un grand tonneau de biere. Les Suéves avoient apporté avec eux dans la Germanie le culte idolâtre, auquel ils s'étoient adonnés dans leurs anciennes demeures fur la mer Baltique. * Des Roches, *hiftoire du Danemarck*, tom. 1, dans la préface. Supplém. françois de Bafle.

ODINGTON, Anglois, religieux de l'ordre de S. Benoît, vers l'an 1280, poffédoit la philofophie & les mathématiques, ce qu'il témoigna par la compofition de deux traités; le premier intitulé : *De motibus planetarum*; & l'autre, *De mutatione aëris*. * Pitfeus, *de illuft. Angl. fcript.* p. 362.

ODMAN, OSMAN ou OTHMAN, troifiéme calife, ou fucceffeur de Mahomet, *cherchez* OTHMAN.

ODOACRE, *Odoacer*, fils d'*Edicon* ou *Edicas*, roi des Erules ou Elures, des Scirthes & Turcillingiens, peuples originaires de Scythie, fut appellé en Italie par les partifans de Népos l'an 476; & s'étant faifi du pays des Vénitiens, & de la Gaule Cifalpine, défit Orefte & fon frere Paul, & reléqua Auguftule dans un château près de Naples. C'eft ainfi qu'il acheva de détruire l'empire romain en Italie. Mais il ufa avec grande modeftie de fa fortune, fe contentant d'être fouverain, fans en prendre les ornemens extérieurs. Quoiqu'il fût Arien, il ne maltraita point les Catholiques; au contraire il leur accorda beaucoup de graces à la priére de quelques évêques. Depuis il fit la guerre aux Rugiens, peuples d'Allemagne, vers la mer Baltique. Il les défit en bataille l'an 487, prit leur roi appellé Pelethus, ou *Pheba*, avec fa femme nommée *Gifa*, & les envoya en Italie. Frédéric leur fils prit la fuite, & alla trouver dans la Mœfie, Théodoric roi des Goths, qui lui donna des forces pour fe rétablir; mais il en fut encore chaffé. Depuis Théodoric paffa en Italie l'an 489. Odoacre alla au-devant de lui, pour lui en fermer l'entrée, & perdit une bataille dans le pays des Vénitiens. Il eut le même malheur deux autres fois, & fe vit contraint de s'enfermer l'an 490 dans Ravenne, où Théodoric

mit le fiége, qui dura deux ans; & ce prince s'ennuyant de cette longueur, fit la paix avec Odoacre, & partagea l'empire d'Italie avec lui. Peu de temps après, Théodoric le fit tuer dans un feftin l'an 493. * Procope, *l.* 1, *de bell. Got.* Jornandés, *de reb. Got.* Caffiodore, *in chron.* Nicephore. Paul Diacre, &c.

ODOARD, duc de Parme, *cherchez* EDOUARD ou ODOUARD.

ODOLLA, ville de Paleftine dans la tribu de Juda. C'eft proche de cette ville qu'étoit la caverne où David fe retira. * I *Rois*, 22. *Michée*, 1, 15.

ODOMASTE, pere de *Cyriade*, l'un des trente tyrans dont Trébellius Pollion a fait l'hiftoire, qui fuyant fon pere, fe retira chez les Perfes, & devint ami de Sapor, roi de Perfe, qu'il engagea à faire la guerre aux Romains. * Pollio, *in* 30 *tyrannis*, *vita Cyriadis*.

ODON, abbé du monaftère de S. Pierre des Foffés & de celui de Glanfeuil, a écrit l'hiftoire de la tranflation de S. Maur, à laquelle il a affifté l'an 868. C'eft lui auffi qui a publié le premier la vie de S. Maur, dont l'auteur fe nomme Faufte, & fe dit compagnon du faint. Voici comment Odon recouvra cette vie. Comme il retournoit à Glanfeuil de Bourgogne où il avoit laiffé le corps du faint abbé, il s'affit fur les bords de la Saône, en attendant un batteau : il s'y trouva une troupe de pélerins qui revenoient de Rome, & parmi eux un clerc nommé Pierre, du Mont-faint-Michel au diocèse d'Avranches. Ce clerc montra à Odon quelques vieux cahiers qu'il avoit apportés de Rome, parmi lefquels étoit la vie de S. Benoît, & de fes cinq difciples Honorat, Simplice, Théodore, Valentinien & Maur. Odon les ayant achetés, paffa vingt jours à corriger la vie de S. Maur, qu'il dédia à Adelmode archidiacre du Mans. Il n'a pas fait un grand préfent : cette vie péche fouvent contre la vérité de l'hiftoire, & eft très-défigurée d'ailleurs par les anachronifmes dont elle eft remplie. * *Voyez* cette vie, *l'hiftoire de l'églife Gallicane* par le pere Longueval Jéfuite, *tome VI, &c.* & *l'hiftoire littéraire de la France*, par D. Rivet, *tome V*.

☞ ODON ou EUDES, évêque de Beauvais dans le IXe fiécle, fut d'abord engagé dans le mariage, & fuivit la profeffion des armes, dans laquelle il acquit la réputation d'homme de valeur. Dégouté du monde, il fe rendit moine à Corbie, du temps de l'abbé Pafcafe Radbert. Celui-ci ayant renoncé à fa dignité en 851, Odon, quoiqu'à peine forti de probation, fut élu pour remplir fa place. C'étoit un homme de courage & de fermeté. L'air du cloître ne lui fit rien perdre de fa bravoure, dont les Normans, qui ravageoient alors la France, éprouverent les effets en plus d'une occafion, depuis même qu'il fut abbé. Il affifta en cette qualité au fecond concile de Soiffons, qui fe tint en 853. Hermenfroi, évêque de Beauvais, ayant été tué au fiége de cette ville par les Normans, après le mois de juin 859, le clergé & le peuple élurent Odon pour le remplacer. Devenu évêque, il eut bientôt gagné les bonnes graces du roi Charles le Chauve, & d'Hincmar de Reims fon métropolitain. Ce dernier, quoique comme l'oracle de l'églife Gallicane en fon temps, fe faifoit un devoir de confulter Odon, & de recourir à fes lumieres dans les occafions critiques. Odon fut un des évêques que Charles le Chauve & le roi Lothaire choifirent pour médiateurs & témoins de la réconciliation qui fe fit entr'eux à Sablonieres en 862. La même année il affifta à l'affemblée de Piftes, & y foufcrivit aux priviléges accordés à l'abbaye de S. Denys. L'année fuivante le roi Charles l'envoya à Rome, porter au pape Nicolas I les actes du concile de Senlis. A peine fut-il de retour, qu'il fut député de nouveau pour porter au pape les actes du concile de Verberies, tenu en octobre de la même année 863. En 866 & 867 il fe trouva aux conciles de Soiſſons & de Troies, pour le rétabliſſement des clercs ordonnés par Ebbon. A la fin de cette même année Hincmar lui écrivit, comme à ſes autres ſuffragans, pour l'engager à écrire contre les reproches des Grecs ſchiſmatiques, conformément au projet du pape Nicolas I. L'ouvrage qu'Odon compoſa en cette occaſion n'eſt pas venu juſqu'à nous. Ce prélat eut part à la cérémonie du couronnement de Charles le Chauve, lorſqu'en 869 ce prince ſe fit couronner à Metz, roi des états de Lothaire ſon neveu. Il fut auſſi un des témoins de l'accord que ce monarque fit à Aix-la-Chapelle l'année ſuivante, avec Louis le Germanique ſon frere. Il aſſiſta la même année au concile d'Attigni, & y dreſſa l'écrit qu'Hincmar de Laon devoit ſouſcrire en ſatisfaction envers le roi Charles & l'archevêque de Reims ſon oncle. L'année ſuivante, il entra avec les autres prélats du concile de Douzi, dans la grande affaire de la dépoſition d'Hincmar de Laon; & en 876 il ſe trouva au célèbre concile de Pontion, où fut confirmée l'élection de Charles le Chauve en qualité d'empereur. Lorſque ce prince au mois de juin de l'année ſuivante, partit pour l'Italie, il donna à Odon de grandes marques de ſa confiance, en le nommant un de ſes exécuteurs teſtamentaires, & le choiſiſſant pour être du conſeil du prince Louis ſon fils aîné. Celui-ci uſa de la même confiance envers notre prélat, qu'il chargea en mourant de porter à ſon fils les ornemens royaux. Odon mourut en 881, le vingt-huitiéme de janvier. Il a fait beaucoup de bien à ſon égliſe, dont il a augmenté les chanoines juſqu'au nombre de cinquante. L'acte de cette inſtitution eſt du 1er mars 875. On a ſous ſon nom, au 8e de janvier, dans le recueil de Bollandus, une hiſtoire, ou plutôt un ſermon ſur S. Lucien, patron de Beauvais. * D. Rivet, hiſt. litter. de la France, tome V.

ODON, ou EUDES, cherchez EUDES.

ODON (ſaint) ſecond abbé de Cluni, que ſa piété & ſon ſavoir rendirent illuſtre dans le Xe ſiécle, étoit fils d'Abbon, & né au pays du Maine l'an 879. Il fut élevé par Foulques, comte d'Anjou, & fait chanoine de S. Martin de Tours à l'âge de 19 ans. Il vint enſuite à Paris, où il fut diſciple de S. Remi d'Auxerre. L'amour de la ſolitude lui fit prendre l'habit de moine au monaſtère de Baume, diocèſe de Beſançon. Il fut élevé à la dignité d'abbé de Cluni après Bernon l'an 927. La ſainteté d'Odon contribua beaucoup à augmenter la congrégation de Cluni, qui fut accrue d'un très-grand nombre de monaſtères. Les papes & les évêques, auſſi-bien que les princes ſéculiers, avoient une eſtime particulière pour ce ſaint abbé, qu'ils prenoient ordinairement pour arbitre de leurs différends. Il mourut l'an 942 ſelon Flodoard, ou 944 comme veulent les autres. Il s'étoit autant appliqué à l'étude, qu'à l'agrandiſſement de ſon ordre. Etant chanoine, il fit un abrégé des morales de S. Grégoire, & des hymnes en l'honneur de S. Martin. Etant encore ſimple moine, il compoſa trois livres du ſacerdoce, ſur la prophétie de Jérémie, dédiés à Turpin évêque de Limoges : ils portent le titre de Collations, ou Conférences : & d'autres leur donnent le nom d'Occupations. Etant abbé il écrivit en quatre livres la vie de S. Géraud ou Gerard comte d'Aurillac, adreſſée à Aimond, abbé de Tulle, & celle de S. Martial de Limoges; un écrit ſur ce que S. Martin eſt égalé aux autres apôtres : divers ſermons, & un panégyrique de S. Benoît. Ces ouvrages ſont imprimés dans la bibliothéque de Cluni, avec des hymnes ſur le S. Sacrement & la Magdeléne. On lui attribue encore une relation de la tranſlation de S. Martin; & nos plus illuſtres critiques l'en croient véritablement l'auteur, malgré les défauts dont cette piéce eſt remplie; mais M. l'abbé des Thuilleries paroît avoir prouvé dans une diſſertation imprimée en 1711, que c'eſt l'ouvrage d'un

impoſteur qui vivoit avant le XIIe ſiécle. L'ancien auteur de ſa vie remarque qu'étant à Rome, il avoit corrigé la vie de S. Martin. On attribue encore à Odon, la vie de S. Grégoire de Tours, rapportée par Surius. Le pere Mabillon remarque qu'il y a dans la bibliothéque des Carmes réformés de Paris, un manuſcrit qui a autrefois appartenu au monaſtère de S. Julien de Tours, où l'on trouve un grand ouvrage en vers, intitulé : Occupations de l'abbé Odon. Il ajoute que cet ouvrage eſt diviſé en quatre livres, dont le premier eſt de la création du monde; le ſecond de la formation de l'homme; le troiſiéme de ſa chute; & le quatriéme de la corruption de la nature. C'eſt par erreur que l'on a attribué à cet Odon, la vie de S. Maur, qui eſt d'Odon abbé de S. Maur des Foſſés. On lui attribue auſſi fauſſement quelques chroniques, que Thomas de Lucques a compoſées ſous le nom d'Odon, comme il a été remarqué par l'auteur de l'hiſtoire des comtes d'Angers, rapporté dans le dixiéme tome du ſpicilége. Sigebert donne à Odon la qualité du muſicien, & dit qu'il a été fort propre à compoſer & à déclamer des ſermons, & à faire des hymnes pour les ſaints. La vie d'Odon a été écrite par un de ſes diſciples, appellé Jean, qu'il avoit rencontré en Italie dans ſon voyage de l'an 938, & qu'il avoit amené avec lui à Pavie, où il lui avoit fait faire profeſſion de la vie monaſtique. Elle eſt diviſée en trois livres, & imprimée dans la bibliothéque de Cluni, & dans le Ve ſiécle Bénédictin du pere Mabillon, qui nous a auſſi donné une autre vie d'Odon, écrite par Balgadus, qui vivoit environ deux cens ans après la mort de cet abbé. * Conſultez les auteurs de la bibliothéque de Cluni; Flodoard, in chron. Aimoin, l. 2, de mirac. S. Bened. c. 4. Sigebert, in cat. c. 124, & in chron. Glabet; Trithème; Bellarmin; Baronius; Poſſevin; Sainte-Marthe; Voſſius, &c. Du Pin, biblioth. des auteurs eccléſiaſtiques du Xe ſiécle. D. Rivet, hiſt. littér. de la France, tome VI.

ODON, dit SEVERE, originaire de Danemarck, né en Angleterre, de parens idolâtres, connut par la fréquentation de quelques Chrétiens, la vérité de notre religion, & reçut le baptême. Comme il ſavoit la langue latine & la grecque, qu'il compoſoit en vers, & qu'il parloit bien, on fit connoître au roi Edouard, qui l'aima & l'éleva à l'évêché de Salisbury, puis à l'archevêché de Cantorberi. Ce prélat publia divers poëmes, des épîtres, des ordonnances ſynodales, un traité de la préſence réelle du corps de Jeſus-Chriſt dans l'Euchariſtie, & quelques traités hiſtoriques. Il mourut l'an 959. * Pitſeus, de illuſt. Angl. ſcript. &c. Conſultez Du Pin, bibliot. des aut. eccleſ. du Xe ſiécle.

ODON, moine de S. Maur des Foſſés, vivoit au milieu de l'onziéme ſiécle. Il compoſa en 1058, la vie du vénérable Bouchard, ou Burchard, comte de Melun & de Corbeil, reſtaurateur de l'abbaye des Foſſés, où il finit ſes jours en 1012, dans l'habit monaſtique. Cette hiſtoire qui eſt intéreſſante a été publiée par les Ducheſne, dans leur collection d'hiſtoriens, & par du Breul, dans ſon ſupplément des antiquités de Paris. Sébaſtien Bouillard l'a traduite en françois, & l'a donnée à la ſuite de ſon hiſtoire de Melun. * Voyez ſur cet Odon, les remarques ſur la bibliothéque de Cluni, col. 67, 68 & 117, &c. & D. Rivet, hiſt. littér. de la France, tome VII.

ODON, ou ODARD, natif d'Orléans, fut d'abord un profeſſeur célèbre dans l'onziéme ſiécle. Il enſeignoit à Toul avec réputation, lorſque les chanoines de Tournai l'inviterent à venir remplir une chaire de leur école. C'étoit vers l'an 1090. Odon enſeigna pendant cinq ans à Tournai, avec une ſi grande réputation qu'on venoit du fond de la Saxe pour écouter ſes leçons, & il avoit juſqu'à deux cens clercs pour diſciples. Il excelloit dans la dialectique, & il avoit beaucoup de goût pour les queſtions abſtraites.

Comme il étoit Réaliste, il fut vivement opposé à la nouvelle doctrine des Nominaux, à laquelle Rambert professeur à Lille donnoit alors beaucoup de réputation. De-là venoit entre les maîtres & les disciples une émulation qui dégéneroit quelquefois en haine. S. Anselme étoit aussi fort opposé aux Nominaux, & il disoit qu'ils étoient moins des dialecticiens que des hérétiques en matiere de dialectique. Odon ayant acheté par hazard le traité de S. Augustin sur le libre arbitre, le mit dans sa bibliothéque, sans penser qu'il devoit être dans peu l'instrument de sa conversion. Tout occupé alors des subtilités de la dialectique & de la lecture des auteurs profanes & du philosophe Platon, il méprisoit presque les écrits des peres de l'Eglise qu'il ne connoissoit que de nom. Quelque temps après, comme il expliquoit à ses disciples le quatriéme livre de la consolation de la philosophie par Boëce, où il est traité du libre arbitre, il se souvint qu'il avoit un traité de S. Augustin sur le même sujet, l'envoya chercher, & en eut à peine lu quatre pages, qu'il s'écria : *Hélas ! j'avois ignoré jusqu'à présent quelle est l'éloquence de S. Augustin.* Il quitta aussitôt Boëce, & se mit à expliquer le traité du saint docteur de la grace à ses disciples. Quand il fut arrivé à l'endroit du troisiéme livre où S. Augustin compare la misere d'un pécheur éloigné de la grace, & réduit à lui-même, à la condition d'un esclave condamné à nettoyer un cloaque infect, il pleura & dit : « Nous venons de » lire notre condamnation, nous qui donnons tous » nos soins à acquerir une vaine science; nous qui né- » gligeons le service de Dieu, qui nous rendons in- » dignes de la gloire immortelle, pour en acquerir une » frivole & périssable ». Après ces mots il descendit de sa chaire, alla dans l'église & pria avec affection. Ses disciples étonnés le suivirent, de même que les chanoines de Tournai qui ne furent pas moins surpris de cette action. Dès ce moment, on vit toujours Odon plus assidu à l'église qu'à sa classe, donner plus de temps à la priere qu'à l'étude, & répandre dans le sein des pauvres, sur-tout dans les jeunes clercs, l'argent qu'il recevoit de ses écoliers. Ces premieres graces lui en attirerent de nouvelles. Il s'associa bientôt quatre personnes, l'abbé Odon qui n'étoit pas son parent, Gerbert, Rodulfe & Guillaume, & tous les cinq résolurent de se consacrer à Dieu d'une maniere particuliere. En attendant qu'ils se fussent déterminés, s'ils embrasseroient la vie monastique ou canoniale, ils demeurerent dans une petite église de S. Martin proche de Tournai. C'étoit celle d'une ancienne abbaye qui avoit été détruite durant les courses des barbares. Toute la ville de Tournai édifiée de la grandeur de leurs vertus, pria Ratbode, alors évêque de Noyon & de Tournai, de les engager à ne se pas retirer ailleurs; & comme Ratbode ne pouvoit obtenir ce consentement d'Odon, il lui envoya Gislebert, moine de S. Amant, homme d'une grande vertu, & qui avoit, à ce que l'on prétend, le don de prophétie. Odon se rendit à ses prieres, & ayant reçu avec ses compagnons l'habit de chanoine régulier, l'évêque les conduisit en procession le dimanche deuxiéme jour de mai 1092 à l'église de S. Martin qu'il leur donna, pour y vivre selon la régle de S. Augustin. Odon rétablit cette abbaye, & quelques années après il y remit & y embrassa la vie monastique, ayant reçu l'habit des mains de l'abbé d'Anchin. Dans la suite, Gaucher qui étoit évêque de Cambrai, ayant été déposé pour simonie par le pape Urbain II, & Manassès archevêque de Reims ayant assemblé dans cette derniere ville un concile l'an 1105 pour élire un autre évêque, Odon fut élu, & ordonné pour remplir ce siége. Il avoit les talens & les vertus propres à consoler cette église, & à réparer les maux que son prédécesseur y avoit faits. Mais l'empereur Henri IV continuant toujours à soutenir Gaucher & à le maintenir dans la

ville, Odon se contenta de faire les fonctions épiscopales dans le reste du diocèse. Devenu ensuite paisible possesseur de tout le diocèse après la mort de l'empereur, il travailla avec soin & avec zéle à instruire & à édifier son peuple. Sur la fin de sa vie, l'amour d'un saint repos & son gout pour la retraite l'engagerent à se retirer au monastère d'Anchin où il avoit pris l'habit monastique avant son élévation à l'épiscopat, comme on l'a dit. Il y mourut saintement le 16 de juin de l'an 1113. On lui donne le titre de bienheureux. Il nous reste de lui quelques ouvrages que l'on a imprimés dans la bibliothéque des peres ; savoir, une exposition du canon de la Messe ; un dialogue sur le mystère de l'incarnation contre les Juifs ; une homélie sur le mauvais fermier dont il est parlé dans l'évangile ; & un livre de conférences. On lui attribue encore un traité du péché originel en trois livres, & un autre du blasphême contre le S. Esprit : ces traités se trouvent aussi dans la bibliothéque des peres : tous ces écrits sont en latin. Dans un fort beau manuscrit que l'on conserve dans la bibliothéque du collége des Jésuites à Paris, on trouve une paraphrase en vers latins, du commencement de la Genèse sur la création du monde, que l'on croit être d'Odon. Cette paraphrase porte le titre d'Odon évêque d'Orléans. Mais comme il n'y a pas d'Odon évêque d'Orléans, on a seulement voulu désigner par ce titre la patrie d'Odon qui étoit d'Orléans, & évêque de Cambrai. On sait d'ailleurs que cet Odon étoit bon poëte pour son temps. Il composa dans sa jeunesse un poëme sur la guerre de Troye, comme on l'apprend d'un professeur de Reims, nommé *Godefroi*, qui fit une piéce de vers à sa louange, intitulée *Somnium de Odone Aurelianense.* Le poëte y fait un bel éloge de la noblesse & des belles qualités d'Odon, aussi bien que de la beauté de ses ouvrages. Cette piéce de Godefroi se trouve aussi dans un manuscrit du collége des Jésuites de Paris, avec quelques-autres poësies de ce professeur de Reims. Il y a encore parmi les poësies d'Hildebert du Mans, une piéce de vers adressée à Odon, où cet évêque lui dit qu'il ne doit pas compter de faire fortune de ses vers, quelque beaux qu'ils soient. * Molanus, *in natal. sanctor. Belgii & in audtuar.* Le Mire, *in codice donationum piarum, cap.* 73. Trithème & Bellarmin dans leurs traités des écrivains ecclésiastiques. Gazey, *dans son histoire ecclesiastique du Pays-Bas.* Valere André, *dans sa bibliothéque belgique.* Hermanus, *de restauratione monasterii sancti Martini,* dans le spicilége de Dom Luc d'Acheri, tome 11, édition *in-4°. Vita Odonis apud Bollandum,* 19 *junii.* Histoire de l'église Gallicane, par le pere Longueval Jésuite, tome 8, *livre XXII, en plusieurs endroits.* Possevin dans son Apparat sacré parle aussi d'Odon, mais il en fait mal-à-propos deux auteurs. Voyez MM. de sainte Marthe dans leur *Gallia christiana,* tome 1. Henri de Gand, &c. *Hist. littér. de la France,* par des Bénédictins, tome IX.

ODON, dit CANTIANUS, *de Kent,* parcequ'il étoit natif de cette province en Angleterre, vivoit dans le XIIe siécle ; & prit l'habit de l'ordre de S. Benoît, où sa piété & son savoir l'éleverent bientôt aux charges de prieur & d'abbé. Il eut S. Thomas de Cantorberi pour ami, & Jean de Salisburi pour panégyriste. Il avoit écrit des commentaires sur le pentateuque, sur les IV livre des rois, des morales sur les pseaumes, sur l'ancien testament, & sur les évangiles, un traité intitulé : *De onere Philisthiim,* un autre, *De moribus ecclesiasticis, De vitiis & virtutibus animæ, &c.* mais il ne nous reste de lui qu'une lettre écrite à son frere, novice dans l'abbaye d'Igni, donnée par le pere Mabillon, dans le premier tome des analectes, & une autre lettre écrite vers l'an 1171 à Philippe, comte de Flandre, au sujet des miracles de S. Thomas de Cantorberi. Cette derniere lettre se trouve au tome I, p. 882, de l'*Amplissima collectio* des PP. DD. Martene & Durand. Odon *de Kent* survécut à S. Thomas, & mourut vers l'an 1180. * Pitseus, *de illust. Angl. script.* Arnoul Wion, *in lig. vit.* Possevin, *in appar. sacr.* &c. Mabillon, *analect. tome I.*

ODON DE MUREMONDE, Anglois, étoit très-bon mathématicien, & est loué en cette qualité, par Jacques le Févre d'Estaples, dans sa préface sur Euclide. Il composa aussi une chronique, &c. & vivoit vers l'an 1180 selon Balée.

ODON, dit SHIRTON ou *Ceritonensis*, religieux de l'ordre de Cîteaux d'Angleterre, étudia en son pays & en France, & fut docteur en théologie. On le nommoit ordinairement *Maître Odon*. Il écrivit des homélies, une somme de la pénitence, & divers autres ouvrages, & vivoit sous le régne de Henri II, roi d'Angleterre, l'an 1181. * Charles de Visch, *in biblioth. Cister.* Pitseus, &c.

ODON, abbé de S. Remi de Reims, écrivit l'an 1135, au comte Thomas, seigneur de Couci, une lettre qui contient la relation d'un miracle qu'il avoit oui dire à Rome par un archevêque, touchant le corps de S. Thomas, que cet archevêque prétendoit reposer dans son église. C'est Odon qui donna aux Chartreux le fonds de la maison du Mont-Dieu.* Du Pin, *biblioth. des auteurs ecclés. du XII siécle.*

ODON, chanoine régulier, vivoit dans le XII siécle. Il fut tiré de l'abbaye de S. Victor de Paris, ou d'une des dépendances de cette maison, pour être premier abbé de saint Pierre d'Auxerre, lorsque le doyenné fut changé en abbaye entre l'an 1167, & l'an 1178. Il avoit quitté sa dignité d'abbé dès l'an 1178, & demeura simple chanoine régulier. Il fut toujours considéré par Guillaume de Toucy, évêque d'Auxerre. Dans des chartes de ce prélat, qui sont des années 1180 & 1181, & qui concernent le monastère de S. Marien, il est nommé témoin sous le titre de *Magister Odo, canonicus sancti Petri,* ou simplement *Magister Odo.* M. Papillon, dans sa *Bibliothéque des auteurs de Bourgogne,* a mal pris ces actes pour les lettres d'Odon. On a de celui-ci sept lettres écrites à diverses personnes, imprimées dans le tome 2 du spicilege de dom Luc d'Acheri, ancienne édition, & dans le tome 3 de la nouvelle. Dans la premiere lettre, Odon traite de l'observance régulière des chanoines réguliers, ou de leurs vœux & obligations; la seconde est une lettre de consolation à un de ses confreres, & pour l'engager à demeurer dans son monastère. Il loue dans la troisiéme la vertu d'obéissance. Dans la quatriéme il donne des avis sur les précautions que les religieux doivent prendre hors du monastère. La cinquième contient divers avis, principalement sur le bon usage de la vie religieuse. Dans la sixiéme il prouve que les rebuts du siécle portent à mépriser le siécle même. Enfin la septiéme est une exhortation à la pratique des exercices de la vie religieuse: il y parle aussi des tentations & de leur utilité, de la chasteté, des moyens de la conserver, &c. M. l'abbé le Beuf croit que par *Apponi-Villa* dont il est parlé dans la seconde de ces lettres, il faut entendre, non Appoigny proche d'Auxerre, mais Ampouille, prieuré dépendant de S. Victor de Paris, situé au diocèse de Sens. Le même pense que la sixième lettre fut écrite à Gilles, ministre du royaume, qui, selon la chronique de S. Marien, fut disgracié après la mort de Louis le Jeune. Ce Gilles étoit frere de Guarmond, abbé de Pontigny. Le recueil des sentences imprimé à la fin de l'ouvrage de Hugues de S. Victor, est en-

core d'Odon, selon les meilleurs critiques. Nous ne parlons point des autres ouvrages du même Odon qui sont demeurés manuscrits. * Outre les lettres citées, on peut consulter la *bibliothéque des auteurs de Bourgogne,* & le catalogue des écrivains Auxerrois, au tom. 2, p. 489 des *Mémoires* de M. l'abbé le Beuf *pour servir à l'histoire ecclésiastique & civile du diocèse d'Auxerre.*

ODON, moine Bénédictin d'Ast, a composé dans le XII siécle un commentaire sur les pseaumes, adressé à Brunon, évêque de Signi, qui se trouve entre les œuvres de cet auteur. * Du Pin, *biblioth. des auteurs ecclés. du XII siécle.*

ODON DE DEUIL, abbé de S. Corneille de Compiegne, puis successeur du fameux Suger dans l'abbaye de S. Denys, mourut l'an 1168. Il a composé une relation du voyage de Louis VII, roi de France, en Orient, donnée par le pere Chifflet dans son traité de la noblesse de S. Bernard, imprimé à Paris l'an 1660. On trouve encore un jugement porté définitivement par lui au sujet d'une dispute mue entre le roi Louis, & Henri évêque de Chartres; touchant la nomination aux bénéfices de cette église, vacans après la mort de l'évêque Alberic, & qui vaqueroient dans la suite. Cette contestation avoit été renvoyée à Odon, du consentement des parties; & c'est la matiere du jugement de cet abbé, lequel est de l'an 1144, & se trouve imprimé dans le premier tome de la *Collectio amplissima,* des PP. DD. Martenne & Durand, Bénédictins, p. 1282. * Du Pin, *biblioth. des auteurs ecclés. du XII siécle.*

ODON ou EUDES DE CHASTEAU ROUX, qui se dit natif du diocèse de Bourges, chanoine & chancelier de l'église de Paris, fut créé cardinal à Lyon par le pape Innocent IV, l'an 1244. Il accompagna le roi S. Louis en voyage d'Outre-mer, en qualité de légat du saint siége; & à son retour il mourut à Orviete le 25 janvier 1273. On a de lui deux volumes d'homélies. * Guillaume de Nangis, Joinville, & Sponde, *in annal.* Auberi, *hist. des card.* &c.

ODON, frere de Guillaume roi d'Angleterre, surnommé le *Conquerant,* fut évêque de Bayeux, & premier comte de Kent, du sang Normand. Il prit les armes contre son neveu Guillaume *le Roux,* en faveur de son frere Robert; & ayant été fait prisonnier à la prise du château de Rochester, il fut banni par le roi Guillaume II, dit *le Roux,* dont nous venons de parler. * Cambden, *Britan.* Speed. *chron.*

☞ ODORANNE, moine de S. Pierre-le-vif, vivoit au XI siécle. Baronius le fait fleurir dès 986: mais il ne naquit que l'année précédente. Il étoit encore jeune, lorsqu'il embrassa la profession monastique à S. Pierre-le-vif, à Sens. Il y étudia avec succès sous l'abbé Rainard, & fit dans les sciences tous les progrès que son siécle pouvoit permettre. Quelques désagrémens qu'il eut à essuyer de la part de ses compagnons le porterent à se retirer à l'abbaye de S. Denys, en 1022 ou 1023; mais il ne tarda pas à retourner à son premier monastère, où il fut reçu avec honneur. On a de lui une chronique, & quelques autres écrits, dont on trouvera le détail dans l'ouvrage cité plus bas. Sa chronique, intitulée *Chronica rerum in orbe gestarum,* commence en 675, & finit à l'an 1032. Baronius & le P. le Cointe montrent assez bien qu'elle est peu exacte, & assez confuse en quelques endroits. M. Pithou en a publié un fragment dans ses annales de France. Duchesne l'a donnée plus entiere dans sa collection des auteurs de l'histoire de France. Odoranne avoit acquis beaucoup de connoissance dans les arts, surtout dans l'orfevrerie & les méchaniques. Il fit pour son monastère un Christ attaché à la croix, & un puits, qu'on regardoit comme des ouvrages dignes d'être connus de la postérité. En 1018 le roi Robert & la reine Constance le chargerent de faire une châsse pour les reliques de S. Savinien, & lui firent remettre l'or, l'argent, & les pierres précieuses qu'ils y destinoient. Odoranne s'en aquitta si bien, que ce prince le chargea du soin d'une autre châsse pour S. Potentien. On ignore le temps où mourut Odoranne. On sait seulement qu'il vivoit encore en 1045, & qu'alors il n'étoit que dans le soixantiéme année de son âge. * D. Rivet, hist. litter. de la France, tome VII.

ODRYSES, peuple de Thrace, que Solin place le long de l'Hebre, & Thucydide entre Abdere & Istre. Strabon appelle leur ville Odryse. Il en est aussi parlé dans Claudien, dans Stace, & dans Silius Italicus. Ils ont été ainsi appellés d'Odryse, que l'on prétend avoir été auteur de ce peuple, & que l'on honoroit en Thrace. * Solin, c. 16. Thucydide, hist. Claudien, Gigantomach. Stat. Achilleid. l. 1. Silius Italic. l. 7. Valer. Flacc. l. 5. Epiphan. l. 1. Voss. de Idololatr. l. 1.

O E

OEA, ville épiscopale d'Afrique, dans la province Tripolitaine. Quelques-uns l'appellent Aea. * Plin. l. 5. Ptolem. Sil. Ital.

OEAGRE, pere d'Orphée. C'est aussi le nom d'un ruisseau, qui est la source de l'Hebre, riviere de Thrace. * Apollon. in Argonautic. l. 1. Virg. Georgic. l. 4.

OEAGRE, comédien tragique, en réputation parmi les Athéniens. * Aristoph. Vesp.

OEASO, promontoire de Gascogne, vers la mer de Biscaye, est nommé communément Cap de Fontarabie, ou le Figuier, près de l'embouchure du Bidassoa. OEASO ou Oeasopolis, est pris par quelques-uns pour Oiarçou sur Leço. Mais il est sûr qu'Oeasopolis est Fontarabie, & Oiarçou est Olearso.

OEBALIE, Oebalia, contrée du Péloponnèse, fut ainsi nommée du roi Oebalus.

OEBALUS, roi de Lacédémone, succéda à son pere Cynortas, roi des Lacédémoniens. Il épousa Gorgophone, fille de Persée, & fut pere d'Hippocoon, de Tyndarée & de Léda. Hippocoon lui succéda. Gorgophone, après la mort de son mari, épousa Perierés. Oebale eut aussi un fils nommé Hyacinthe. * Pausan. l. 3. Il y a encore eu un OEBALUS, fils de Télon, roi de Caprées, & de la nymphe Sebetine, dont Virgile parle, * Æneid. l. 7.

OEBARE, Oebares, est le nom de cet écuyer par l'adresse duquel Darius devint roi de Perse. Après la mort des mages qui s'étoient emparé de la monarchie, les principaux seigneurs qui pouvoient prétendre à la couronne, se trouvant embarassés pour l'élection d'un souverain, s'aviserent d'en remettre le jugement à la fortune : ils demeurerent d'accord qu'un certain jour ils viendroient tous à cheval devant le palais, & que la couronne demeureroit à celui dont le cheval henniroit le premier, avant que le soleil fût levé ; car les Perses tenoient le soleil pour une divinité, & avoient accoutumé de lui consacrer des chevaux. Darius, fils d'Hystaspe, étoit l'un des prétendans. Oebare, son écuyer, lui promit de le servir utilement dans cette rencontre. La nuit précédente du jour qui avoit été arrêté, il mena le cheval de son maître avec une cavale, en un endroit devant le palais où Darius devoit se poster. Le lendemain, comme tous les concurrens se furent trouvés à l'heure ordonnée, le cheval de Darius sentant la place où il avoit vu la cavale le soir précédent, & rentrant en chaleur, se mit à hennir le premier de tous. A la faveur de cet augure prétendu, Darius fut reconnu roi la 2 année de la LXV olympiade, & 519 avant J. C. par tous les assistans. C'est ainsi que la chose se passa ; mais d'autres disent que l'écuyer de Darius ayant passé sa main sur les parties naturelles d'une cavale, la porta aux narines du cheval de son maître, qui fut excité par l'odeur, & hennit aussitôt. * Hérodote, l. 3, c. 8.

OEBARES, satrape de Cyrus, roi de Perse, s'enfuit dans la bataille qu'il donna contre les Medes ; & sa fuite fut cause de la déroute de l'armée. * Polyæn. l. 7. hist.

OECHALIE, Oechalia, ville de Thessalie, selon Strabon. Pausanias en met une autre de ce nom dans le pays des Messeniens, & dans la Laconie ; & Méla parle d'une autre dans l'Arcadie & dans l'Eubée.

OECOLAMPADE (Jean) Allemand, natif d'un village nommé Reinsperg, fut un des premiers qui donna dans les nouveautés sur la religion. Il étoit religieux & prêtre dans l'ordre de sainte Brigitte ; & ayant apostasié, il publia les opinions de Zuingle contre la réalité du corps de Jesus-Christ dans l'Eucharistie, & fut ministre à Basle l'an 1525. Cet hérésiatque publia un traité intitulé : De genuina expositione verborum Domini, Hoc est corpus meum ; id est figura, signum, typus, symbolum. Selon Erasme, dans le jugement qu'il fait de ce livre, Oecolampade a écrit avec tant de soin, tant de raisonnement & tant d'éloquence, qu'il y en auroit assez pour séduire même les élus, si Dieu ne l'empêchoit. Ad Bedam, an. 1525. Les docteurs Luthériens lui répondirent par un livre qui avoit pour titre : Syngramma, dont l'on crut que Brentius étoit auteur. Oecolampade en publia un second, intitulé Antisyngramma ; & d'autres contre le libre arbitre, & l'invocation des saints, soutenant encore que les Chrétiens ne pouvoient pas faire la guerre. On dit qu'on le trouva mort dans son lit, le premier décembre 1531, âgé de 49 ans. Luther, qui étoit son ennemi, comme il l'étoit de tous ceux qui n'étoient pas de son parti, dit que le démon l'étrangla. Beze assure qu'il mourut de peste. D'autres soutiennent qu'une femme qu'il entretenoit, & de laquelle il avoit eu trois enfans, s'en défit. Ceux de son parti nient tous ces faits, & disent au contraire qu'Oecolampade mourut en prononçant le nom de Jesus. Les habitans de Basle lui éleverent un tombeau dans le temple, avec cette épitaphe : D. Joan. Oecolampadius, professione theologus, trium linguarum peritissimus, auctor evangelicæ doctrinæ in hac urbe, primus & templi hujus verus episcopus, &c. On a de lui des commentaires sur divers livres de la bible, & d'autres traités qu'on a souvent publiés. * Sponde, in annal. A. C. 1525, n. 16 ; 1531, n. 7. Sandere, hæres. 210. Genebrard, in Leone X & Clem. VII. Prateole, vit. Joan. Oecol. Florimond de Raymond, l. 2, de orig. hær. c. 8, n. 9 & 10. Luther, l. de miss. priv. Lavater, hist. de Sac. Simon Grynæus, de obitu Oecolam. Sleidan. in annal. Melchior Adam, in vit. theol. Germ. Wolfgang Capito, in vita Oecolamp.

ŒCONOME : la charge d'œconome est ancienne dans l'église. Les évêques qui administroient dans les commencemens les revenus ecclésiastiques, s'en rendoient le plus souvent les maîtres : c'est pourquoi on fut obligé de créer ces œconomes pour en prendre le soin & pour les conserver. Néanmoins comme ils étoient choisis par les évêques, ils s'entendoient souvent avec eux. C'est pourquoi il fut arrêté dans le concile de Calcédoine, que les œconomes seroient choisis d'entre ceux du clergé. Cette charge n'a pas été si considérable dans les églises d'Occident, que dans celles d'Orient. Elle devint si importante dans l'église de Constantinople, que les empereurs en ôterent la nomination au clergé pour se la réserver à eux seuls : ce qui dura, comme le remarque l'auteur de l'histoire des revenus ecclésiastiques, jusqu'à Isaac Comnene, qui remit ce droit à la disposition du patriarche. Dans le catalogue des officiers de la grande église de Constantinople, rapporté par Codin, & par le pere Goar dans son euchologe, on marque au premier lieu le grand Œconome, qui fait l'office d'archidiacre, lorsque le patriarche célèbre la liturgie, étant à son côté droit.

droit. Sa principale charge néanmoins est de prendre la connoissance des biens ecclésiastiques pour en rendre les comptes, ce qui s'observe encore aujourd'hui dans plusieurs de nos églises, où nos archidiacres sont chargés de ce soin-là. Il est de plus marqué dans ce même catalogue des officiers de la grande église de Constantinople, qu'il a sous lui un scribe, que les Grecs nomment *Chartularius*, qui partage le travail avec lui, parceque le grand œconome doit tenir un registre exact de tous les revenus de l'évêché, & en rendre compte deux fois par an. C'est aussi lui qui conserve les revenus après la mort du patriarche, jusqu'à ce qu'il y en ait un autre élu. Il donne même son suffrage dans l'élection. Enfin il est de sa charge de distribuer ces revenus à ceux auxquels ils appartiennent. On trouve dans l'euchologe la formule de sa promotion. * M. Simon.

ŒCUMÉNIQUE : ce nom signifie *Général* ou *Universel*, & vient du grec οἰκουμένη qui se prend pour la terre habitable, comme qui diroit *reconnu par toute la terre*. Ce fut au concile de Calcédoine tenu l'an 451, qu'on employa pour la première fois le nom d'œcuménique. Les prêtres & les diacres de l'église d'Alexandrie, présentant leur requête à ce concile, auquel S. Léon présidoit par ses légats, donnerent ce titre au pape, lorsqu'ils s'adressèrent à lui en ces termes, comme s'il eût été présent : *Au très-saint & très-heureux patriarche Oecuménique de la grande Rome,* Léon. Les patriarches de Constantinople s'attribuerent ensuite cette qualité. Le premier concile de Constantinople, qui se tint l'an 381 sous le pape Damase & l'empereur Théodose *le Grand*, fit un canon, par lequel il ordonna : *Que l'évêque de Constantinople auroit les prérogatives d'honneur après l'évêque de Rome, parcequ'elle étoit la nouvelle Rome,* ce qui le faisoit non-seulement patriarche, mais aussi le premier des Orientaux. Cet honneur lui fut aussi déféré par le concile de Calcédoine l'an 451, mais dans des termes encore plus forts : car le 28 canon ordonne que la chaire de Constantinople ait des prérogatives égales à celles de l'ancienne Rome : de sorte que comme l'évêque de Rome, par la prérogative de la primauté, a jurisdiction sur tous les patriarches, celui de Constantinople l'avoit aussi après le pape sur tous ceux de l'église orientale. Ce canon fut autorisé par les loix impériales ; & les patriarches de Constantinople se sont toujours, depuis ce temps-là, maintenus dans la possession de ce titre d'honneur & de ces droits. Mais les nouveaux patriarches de Constantinople n'en demeurerent pas là ; car voyant qu'on avoit appellé le pape Léon patriarche œcuménique, dans le concile de Calcédoine, ils prirent aussi ce titre, qui leur fut ensuite déféré par les empereurs & par les conciles des Grecs. Ainsi dans un concile tenu à Constantinople, l'an 518, Jean III du nom, évêque de Constantinople, fut appellé *patriarche œcuménique* ; & dans un autre concile, tenu l'an 536, Epiphane est nommé évêque de Constantinople la nouvelle Rome, & patriarche œcuménique ; mais Jean IV, surnommé *le Jeûneur*, prit ce titre avec plus d'éclat que les autres, dans un concile général de tout l'Orient, qu'il avoit convoqué sans la participation du pape. Ce que le pape Pélage II trouva si mauvais, qu'il cassa tous les actes de ce concile, à la réserve de la sentence qu'on y avoit rendue en faveur du patriarche d'Antioche ; & défendit à Jean *le Jeûneur* de prendre dans la suite la qualité d'œcuménique, que celui-ci persista néanmoins de s'attribuer toujours, même dans les actes d'un synode qu'il envoya à Rome.

Au reste, le terme d'œcuménique est équivoque ; car en disant patriarche œcuménique ou universel, on peut entendre celui dont la jurisdiction s'étend universellement par tout le monde, en ce qui regarde le gouvernement général de l'église ; ou celui qui seroit seul évêque ou patriarche dans le monde, tous les autres n'étant dans l'église que ses vicaires ou substituts ; ou enfin celui qui a pouvoir sur une partie considérable de la terre, en prenant la partie pour le tout, par une figure assez commune à l'écriture-sainte, qui par ces paroles, οἰκουμένη, *toute la terre,* n'entend quelquefois que tout un pays. Pour le premier de ces trois sens, qui est le plus naturel, on peut croire que ce fut celui du concile de Calcédoine, quand il approuva qu'on donnât le titre de patriarche œcuménique au pape S. Léon. Les patriarches de Constantinople se donnerent le titre d'œcuménique dans le troisième sens ; car selon les canons des conciles de Constantinople & de Calcédoine, ils ne prétendoient que le second lieu, & de porter la qualité d'œcuménique après les papes dans l'église orientale, & non pas dans tout le monde. Cependant dans ce sens-là même, il ne pouvoit leur convenir, puisque selon ces mêmes canons ils n'avoient aucune jurisdiction hors de leur diocèse ; que l'honneur de la préséance ne leur avoit pas acquis un pouce de terre, & que la métropole de Périnthe, & toutes les autres se gouvernoient comme auparavant. Pour ce qui est du second sens, il est évident que ce n'a pas été celui des évêques qui composoient le concile de Calcédoine, comme s'ils eussent reconnu le pape pour seul évêque dans l'église, dont ils ne fussent que les simples vicaires ; & les patriarches de Constantinople ne se sont point non plus qualifiés œcuméniques, comme s'ils eussent été les seuls évêques dans tout l'orient. Saint Grégoire *le Grand* prenoit le nom d'œcuménique dans le premier sens, quoiqu'il condamnât si fort ce titre, l'appellant un *blasphême* contre l'évangile & contre les conciles : parceque, selon ce saint pape, celui qui se disoit évêque œcuménique, se disoit seul évêque, & privoit tous les autres de leur dignité, qui est d'institution divine. A présent tous les patriarches de l'église grecque prennent le titre d'œcuménique. A l'égard des conciles, on donne le nom d'œcuménique aux conciles généraux ou universels, composés de tous les évêques du monde, ou de la plus grande partie. Cependant les Africains ont donné ce nom aux conciles composés des évêques de plusieurs provinces. Ce qui étoit fondé sur cette maxime, que lorsqu'une question mue dans une certaine étendue de pays, y a été décidée unanimement par les évêques, & que les évêques des autres pays n'ont pas reclamé, elle doit être réputée décidée sans retour. * Du Cange, *glossaire.* Maimbourg, *histoire du pontificat de S. Grégoire le Grand.*

OECUMENIUS, auteur Grec, qui a abrégé les œuvres de S. Jean Chrysostôme, vivoit, selon quelques-uns, dans le IXe siècle ; selon d'autres, dans le Xe, & même dans le suivant. Nous avons ses ouvrages en grec & en latin, en deux volumes, imprimés à Paris l'an 1631, avec des traités attribués à Arétas, évêque de Césarée en Cappadoce. Jean Hentin, moine de S. Jérôme, a traduit ce recueil, qui contient *Enarrationes in Catena in acta apostolorum ; Commentarii in epistolam sancti Jacobi & alias canonicas, &c.* * Sixte de Sienne, *biblioth. sanct. l.* 4. Jacques de Billi. Bellarmin, Possevin, &c.

OEDENBURG ou **ODENBURG**, *cherchez* SOPRON.

OEDIPE, *Oedipus*, fils de *Laïus* & de *Jocaste*, roi de Thèbes. Son pere, pour éviter le malheur dont l'oracle le menaçoit, donna ordre à un berger de tuer Oedipe. Le berger touché de compassion, n'osa répandre le sang de ce prince, mais l'attacha à un arbre, où il se flatoit qu'il mourroit de faim. Phorbas, berger des troupeaux de Polybe, roi de Sicyone ou de Corinthe, ayant passé par hazard dans l'endroit où cet enfant étoit attaché, & l'ayant entendu crier, il le détacha & l'emmena à la cour de Polybe. Son épouse, qui n'avoit point d'enfans, le regarda comme un présent du ciel, & prit un très-grand soin de son éducation. Quand il fut devenu grand, ayant appris qu'il n'étoit point fils de Polybe, il consulta l'oracle, pour savoir où il pourroit trouver son pere; l'oracle fit réponse qu'il le trouveroit dans la Phocide. Il partit aussitôt pour s'y rendre; mais à peine fut-il arrivé qu'il s'éleva une sédition parmi les habitans du pays. Oedipe s'étant engagé dans le parti des séditieux, tua Laïus son pere sans le connoître. Ensuite il délivra le pays du Sphinx; & pour récompense, il épousa sa mere Jocaste, & en eut quatre enfans. Depuis, la connoissance qu'il eut de sa naissance, lui découvrant son inceste, le fit renoncer au trône, & l'obligea à se crever lui-même les yeux, comme se jugeant indigne de la lumiere du jour. Ethéocles & Polynices, si célébres dans l'histoire de la Gréce, naquirent du mariage incestueux d'Oedipe & de Jocaste. * Diodore, l. 1. Stace, Theb. Sénéque. Hygin, &c. Sophocle, in Oedipo.

OELAND, isle de Suéde, dans la mer Baltique, près de la province de Smaland, en est séparée par le détroit de Calmard, nommé par ceux du pays Calmard Sund. Ses villes sont, Borkolm & Oostenbi, ou Ottembi.

OENANTHIUS, dieu du Paganisme, adoré par les Phéniciens. C'est à ce dieu qu'Elagabale consacra son vêtement impérial. * Lampride.

OENAS, ville d'Etrurie, au milieu de laquelle il y avoit une montagne très-haute une forêt. * Aristot. l. de admirand. auscult. Il y avoit une ville de ce nom dans l'Argie. * Hecat. l. 1 hist. & un fleuve d'Assyrie, lequel alloit avec le Tygre borne l'Adiabène. * Ammien Marcellin.

OENÉE, roi de Calidon, fils de Parthaon, qui eut d'Althée, fille de Phestius, Méléagre, Tydée, & Déjanire, qui fut femme d'Hercule. Oenée ayant offert des sacrifices à toutes les divinités à l'exception de Diane, cette déesse pour s'en venger, envoya un sanglier ravager son pays: ce sanglier fut tué par Méléagre. Après la mort de Tydée, Oenée fut dépossédé par Agrius; mais son petit-fils Diomède le rétablit. * Apollon. scholia in Aristophan. Acharn. Il y a un fleuve de Liburnie qui portoit le nom d'Oenée, que l'on appelle à présent Fiume di Carnero; sa source est dans la Carniole. Il coule entre la Croatie & l'Istrie, & se décharge dans la mer Adriatique.

OENEIS, l'une des douze tribus d'Athènes, à laquelle Oeneus, héros du pays, donna son nom. Elle étoit la huitiéme, comme on l'apprend d'une ancienne inscription sur un marbre, rapportée par Spon, dans ses voyages, part. 3.

OENGUS Mac Tiprait, abbé de Clainfate-Boetan en Irlande, dans le VIII⁰ siécle, a composé une hymne à l'honneur de S. Martin. Il est mort vers l'an 745. * Annal. Ulton. Jac. Waræus, de claris Hibern. scrip.

OENIPONS, cherchez INSPRUCK.

OENO, l'une des filles d'Anius & de Dorippe, à qui Bacchus avoit donné le pouvoir de changer tout ce qu'elle toucheroit, en bled, en vin, ou en huile. * Coel. Rhodigin. l. 7, c. 15.

OENOÉ, Oenoë, ancienne ville du pays Attique, province de la Gréce, étoit située sur un fleuve dont les habitans du lieu arrêterent le cours, pour conduire ses eaux sur leurs terres, pensant par-là leur causer une grande fertilité. Bien loin de venir à bout de leur dessein, ces eaux gâterent entierement leurs campagnes, où ils firent quantité de fosses qui les rendirent ensuite incapables d'être cultivées, d'où vint le proverbe, Fosse d'Onoë, usité parmi les Grecs, qui s'appliquoient à ceux qui s'attiroient un malheur par cela même qu'ils croyoient leur devoir être avantageux. * Thucydide. Strabon, geogr. l. 8.

OENOMAUS, fils de Mars & d'Elide, & pere

d'Hippodamie, roi de Pise, ayant su de l'oracle qu'il seroit tué par celui qui épouseroit sa fille, provoquoit à la course tous ceux qui se présentoient pour l'épouser, à condition que s'ils étoient victorieux, ils l'épouseroient, & qu'il les feroit mourir s'ils étoient vaincus. Il s'étoit, de cette maniere, défait de treize prétendans, lorsque Pélops, fils de Tantale, se mit sur les rangs, & trouva le moyen en gagnant Myrtile, cocher d'Oenomaüs, de faire mettre des essieux foibles & aisés à rompre au chariot d'Oenomaüs. Ces essieux ne manquerent pas de se rompre dans la course. Oenomaüs renversé & froissé par sa chute, pria Pélops de le venger de Myrtile. Pélops prenant prétexte sur ce que Myrtile lui demandoit avec trop de hauteur la récompense de son indigne action, le jetta dans la mer, & se mit en possession du royaume d'Oenomaüs, qui fut appellé de son nom Péloponnèse. * Hygin. Strab. l. 8. Appollodor.

OENOMAUS, philosophe & orateur Grec, qui ayant été souvent trompé par l'oracle de Delphes, fit un recueil de ses mensonges. Lucien dans son dialogue des oracles d'Apollon, fait voir qu'il n'en avoit guère meilleure opinion qu'Oenomaüs. Il assure que ce dieu se mêle de prédire l'avenir, & qu'il surprend les simples par des oracles trompeurs, qui ont toujours quelque porte de derriere pour évader. Eusebe dans sa préparation évangélique, a conservé une partie très-considérable du traité d'Oenomaüs, qui est parfaitement bien écrit, & avec une liberté qu'on n'auroit pas soufferte dans un chrétien. C'est apparemment le même Oenomaus, philosophe célébre dans le IIᵉ siécle, vers l'an 119, qui avoit écrit un livre de la philosophie d'Homere, & sur la philosophie cynique, les vies de Cratès, de Diogène, & des autres philosophes Cyniques. * Eusebe, in chron. Theodoret, Therap. serm. 6 & 10. Suidas.

OENONE, fille d'un fleuve de Phrygie, nommé Sebrene, & premiere femme de Paris, étoit une nymphe du mont Ida, qui se mêloit de prédire l'avenir & de donner des remédes. La fable porte qu'Apollon lui ravit sa virginité, & qu'en récompense il lui apprit la vertu des herbes. Elle devint amoureuse de Paris, & l'épousa. Elle lui prédit les malheurs qui devoient suivre son voyage en Gréce, & fit tous ses efforts pour le détourner de cette entreprise. Elle lui dit même qu'il seroit blessé, & qu'alors il seroit obligé d'avoir recours à elle pour le guérir. Elle eut de Paris un fils, nommé Corinthus, qu'elle aima tendrement. Paris étant allé en Gréce malgré elle, & ayant enlevé Hélene, Oenone en fut désespérée; & pour se venger, envoya son fils Corinthus, selon les uns, aux princes Grecs, pour les exciter à la guerre contre Troye, & selon les autres, près d'Hélene pour lui faire la cour. On dit qu'Hélene devint sensible aux charmes de Corinthus, & que Paris en étant devenu jaloux, le tua. Quand Paris fut été blessé par Philoctete au siège de Troye, il se souvint de la prédiction d'Oenone, & ordonna qu'on le portât sur le mont Ida, afin qu'Oenone le guérît de sa blessure. Le messager lui alla dire que Paris se faisoit porter sur le mont Ida, afin qu'elle le pensât: elle le renvoya brusquement, en disant, qu'il aille se faire penser à son Hélene. Un retour de tendresse lui fit bientôt prendre la résolution d'aller au-devant de Paris avec les remédes nécessaires pour le guérir; mais elle arriva trop tard. Le messager ayant porté la réponse à Paris, il en fut tellement accablé de douleur, qu'il en expira sur le champ. Oenone arrivée, tua le messager, qui fut assez imprudent pour lui faire des reproches: ensuite elle embrassa le corps de son mari, & après bien des regrets, elle s'étrangla avec sa ceinture. D'autres disent que Paris étant mort, on envoya son corps à Oenone, & que l'ayant vu elle mourut de douleur. Il y en a qui rapportent qu'Oenone trouva Paris encore

en vie, & qu'elle eut l'inhumanité de lui reprocher
son infidélité, & de lui refuser son assistance; & que
Paris étant mort, elle en eut tant de regret, qu'elle se
fit mourir. Les auteurs ne conviennent pas du genre
de sa mort : les uns disent qu'elle s'étrangla avec sa
ceinture; les autres qu'elle se pendit; & quelques
autres qu'elle se jetta dans le bucher où bruloit le
corps de Paris. * Apollodor. l. 3. Parthen. in Erotic.
Conon, apud Phot. cod. 186. Ovid. epist. Oenon. ad
Paridem. Clem. Alexandr. Stromat. l. 1. Quint. Calaber, l. 10. Le Scholiaste de Lycophr. Bayle, diction.
crit.

OENOPIDAS : c'est le nom d'un auteur dont il
est parlé dans le dialogue de Platon, intitulé les Rivaux. M. Dacier avoue sur cet endroit, qu'il n'en sait
pas davantage. C'est peut-être OENOPIDES, mathématicien de l'isle de Chio, qui vivoit quelque temps après
Anaxagore. Il dressa une table astronomique de 59
ans, qu'il prétendoit être la grande année; c'est-à-dire,
l'espace de temps au bout duquel le soleil se trouvoit
toujours au même point du ciel. * Elien, hist. var. c.
7. Diodor. Sicul. l. 1.

OENOTRUS, roi des Sabins, selon Varron, ou des
Arcadiens, comme le veut Pausanias, peupla la côte
du golfe de Tarente, & donna le nom d'Oenotrie à ce
pays, qui ayant depuis reçu de nouvelles colonies de
Grecs, prit dans la suite des temps le nom de Grande
Gréce. * Virgile, l. 7 Æneïd.

OESEL, en latin Ostilia, anciennement Oscricta &
Latris, isle de la mer Baltique, à l'entrée du golfe de
Riga, à une lieue de l'isle de Dagho, vers le midi.
Elle a environ quinze lieues de long, & sept ou huit
de large, renferme neuf ou dix paroisses, & est défendue par les forteresses d'Arensbourg & de Sonne-
bourg. Cette isle avec celle de Doho, sont des depen-
dances de la Livonie. Elles étoient tombées entre les
mains des Danois, qui les cédérent aux Suédois par
le traité de Bronsbroë, l'an 1645. Oesel appartient
aujourd'hui à la Russie. * Mati, dict.

OETA, aujourd'hui Bunina, montagne de Thessalie, sur les frontieres de l'Achaye ou Gréce particuliere, entre le Pinde au septentrion, & le Parnasse
au midi. Les Thermopyles étoient un passage de cette
montagne vers l'orient. Elle est célebre par la mort &
par la sépulture d'Hercule, qui s'y jetta dans un bucher préparé pour un sacrifice, après avoir mis la chemise empoisonnée que sa femme Dejanire lui avoit
envoyée. Voyez DEJANIRE. Ce fut de-là, disent les
poëtes, que Jupiter enleva au ciel l'ame de ce héros.
Comme le mont Oëta s'étend jusqu'à la mer Egée,
maintenant l'Archipel, où est l'extrémité de l'Europe
vers l'orient, les poëtes ont feint que le soleil & les
étoiles se levoient à côté de cette montagne, & que
de-là naissoient le jour & la nuit. Le mont Oëta est
couvert de forêts en plusieurs endroits, & fertile en
très-bon ellébore. Le golfe de Zeiton étoit autrefois
nommé Sinus Oeteus, parceque cette montagne s'é-
tend jusque-là. * Prolémée. Pausanias. Pline. Séneq.
Herculus Furens. Tite-Live, l. 46.

OETINGEN ou ETTING, nom d'un pays de la
Souabe, ci-devant comté, érigé en principauté par
l'empereur Léopold, l'an 1674. Il s'étend entre la
Franconie au septentrion & au nord, le duché de
Neubourg au midi, & celui de Wirtemberg au couchant. La seule ville qu'il y ait, est celle qui donne
son nom au pays, située sur la petite riviere de Ver-
nitz. Elle a un petit château assez commode, où le
prince d'Oëtingen fait sa résidence. Les princes de
cette maison descendent d'Othon le Grand, dont l'on
ne rapportera ici la postérité que depuis

I. LOUIS XI du nom, comte d'Oëtingen, qui mourut en 1370. Il avoir épousé en 1340 Imagine, fille
de Henri, comte de Schauenburg, en Autriche, morte en 1377, dont il eut Frédéric, élu évêque d'Eich-

stede, l'an 1385, mort en 1415; LOUIS XII, qui
suit; FRÉDÉRIC, qui continua la postérité rapportée
après celle de son frere-aîné; Marguerite, mariée sans
alliance l'an 1434; Elizabeth, mariée à Albert, landgrave de Leuchtemberg, morte en 1406; Anne, abbesse de Kircheim; Adélaïde, religieuse avec sa sœur;
& autre Adélaïde, comtesse d'Oëtingen, mariée à N.
seigneur de Padoue, morte l'an 1389.

II. LOUIS XII du nom, comte d'Oëtingen, mort
le 28 octobre 1440, épousa 1°. Béatrix, comtesse de
Helffenstein : 2°. Anne, comtesse de Werdenberg,
morte en 1385, dont il eut Guillaume, mort à la
chasse, mort le 4 octobre 1406; Jean, mort en 1422;
Magdeléne, abbesse de Kircheim; & Anne, comtesse
d'Oëtingen, mariée le 9 novembre 1436 à Bernard,
marquis de Bade, morte l'an 1441.

II. FRÉDÉRIC, comte d'Oëtingen, fils-puîné de
LOUIS XI, mort en 1423, épousa 1°. Aleike de Carrare : 2°. Euphémie, fille de Victorin, duc de Mun-
sterberg, morte en 1411. Du premier lit, sortit UL-
RIC, qui suit; & du second, vinrent GUILLAUME,
dont la postérité sera rapportée après celle de son frere
aîné; Frédéric, mort en 1439; Albert, chanoine
d'Eischtet, mort l'an 1443; Anne, mariée à Georges,
comte de Wertheim, morte en 1461; Imagine, alliée
à Frédéric, comte de Bitsch, morte en 1450; Adélaïde, abbesse de Kircheim; Marguerite, qui épousa
Craton, comte de Hohenloë, morte l'an 1472; &
JEAN SEVERE, comte d'Oëtingen-Wallerstein, mort
l'an 1449, qui épousa l'an 1433 Marguerite, fille de
Léonard, comte de Gortz, morte en 1450, dont il
eut LOUIS XIII du nom, qui suit; Marguerite, alliée
à Berthold, comte de Eberstein, morte en 1450; &
Emilie, mariée à Louis, comte de Helfenstein. LOUIS XIII du nom,
comte d'Oëtingen-Wallerstein, mort en 1517, épou-
sa 1°. Véronique, comtesse de Sonnenberg, morte
sans enfans : 2°. Eve, fille de Jean, libre-baron de
Schwartzemberg, dont il eut Magdeléne, comtesse
d'Oëtingen, mariée à Ulric, comte de Monfort.

III. ULRIC, comte d'Oëtingen-Flochbart, mort
l'an 1477, épousa 1°. Elizabeth, fille de Jean, comte
de Schavenburg, morte sans postérité l'an 1466 : 2°.
Elizabeth de Cunstad, morte l'an 1474 : 3°. Barbe,
barone de Tengen. Du second lit vinrent JOACHIM,
qui suit; Marguerite, née en 1471, abbesse de Kircheim, morte l'an 1521; & Anne, mariée l'an 1474
à Jean de Aichberg, morte l'an 1490.

IV. JOACHIM, comte d'Oëtingen, fut tué le 30
juin 1520 par Thomas de Absberg, ayant eu de Dorothée, fille d'Albert IV du nom, prince d'Anhalt,
morte l'an 1563; Charles, comte d'Oëtingen à Flo-
berg; Frédéric, né l'an 1496, mort en 1514; MAR-
TIN, qui suit; Louis XIV, né l'an 1502, mort l'an
1548; Albert, comte de Harburg; Elizabeth, née l'an
1499, mariée l'an 1517 à Cyriaque, libre-baron de
Polheim; Anne, née l'an 1503, abbesse de Kircheim,
morte en 1572; & Marie, alliée 1°. à Georges Truchsès de Walpurg : 2°. à Christophe Pfister, patrice
d'Augsbourg.

V. MARTIN, comte d'Oëtingen-Wallerstein, né
l'an 1500, mort l'an 1549, épousa Anne, fille de
Jean, landgrave de Leuchtemberg, morte l'an 1555,
ayant eu pour fille unique Euphrosine, mariée à Frédéric, comte d'Oëtingen-Wallerstein, son cousin,
morte l'an 1560.

III. GUILLAUME, comte d'Oëtingen, fils de FRÉ-
DÉRIC, comte d'Oëtingen, & d'Euphémie de Mun-
sterberg, sa seconde femme, mourut le 23 avril
1467. Il épousa Béatrix, fille de Paul de la Scale, &
de Magdeléne de Fronsberg, morte en 1466, dont il
eut Frédéric, évêque de Passau l'an 1486, mort le 25
mars 1490; WOLFGANG, qui suit; Elizabeth, alliée
à Albert, seigneur de Limbourg, morte l'an 1509;
Anne, mariée à Jean Truchsès de Walpurg, morte

l'an 1517; *Otilie*, morte l'an 1474; *Marguerite*, qui épousa *Jean-Worner*, libre-baron de Zimbern, morte l'an 1500; *Ursule*, morte l'an 1466; & *Jean*, comte d'Oëtingen, mort l'an 1515, qui épousa *Elizabeth*, dame de Goude en Hainault, dont il eut *Jean*, mort jeune; *Marie*, religieuse à Gand en Flandre; & *Elizabeth*, comtesse d'Oëtingen, dame de Goude, mariée à *Guillaume*, libre-baron de Rogendorff.

IV. WOLFGANG, comte d'Oëtingen, mort l'an 1522, avoit épousé *Anne*, fille de *Georges* Truchsès de Walpurg, mort en 1507, dont il eut *Charles-Wolfgang*, comte d'Oëtingen, mort l'an 1549, ayant eu d'*Elizabeth*, fille de *Jean V* du nom, landgrave de Leuchtemberg, plusieurs enfans morts jeunes; & LOUIS XV, qui suit.

V. LOUIS XV du nom, comte d'Oëtingen, né le 25 avril 1486, ayant embraffé le parti protestant avec son fils-aîné, fut proscrit par l'empereur Charles-Quint, & privé de tous ses biens. Il se retira à Strasbourg avec sa famille, & fut en plusieurs autres villes, jusqu'à ce que le temps ayant changé, l'empereur lui pardonna l'an 1552; il mourut le 24 mars 1557. Il épousa *Salomé*, fille d'*Eitel-Frédéric IV* du nom, comte de Zollern, morte le 31 juillet 1548, dont il eut LOUIS XVI du nom, qui suit; FRÉDÉRIC, qui a fait *la branche des comtes de* WALLERSTEIN, *rapportée ci-après*; *Wolfgang*, né en 1511, mort sans postérité de *Marguerite*, fille d'*Ernest*, marquis de Bade, qu'il avoit épousée le 12 novembre 1538; *Loth*, mort le 8 avril 1566, sans enfans de *Claude*, fille de *Jean* de Hohenfels, seigneur de Reipolskirch & de Rixingen, qu'il avoit épousée en 1561; *Charles-Louis*, mort le 16 mai 1563; *Guillaume*, mort le 8 septembre 1561; *Marie-Jacqueline*, alliée 1°. à *Jean II* du nom, comte palatin de Simmeren: 2°. à *Frédéric*, libre-baron de Schwartzemberg; *Imagine*, religieuse à Effen, morte en 1559; *Sidonie*, mariée à *Jean* de Hohenfels-Reipolskirch; *Jeanne*, alliée à *Philippe*, libre-baron de Liechtenstein, morte le 14 mai 1577; *Marie-Salomé*, femme de *Henri* de Ruthen; *Marie-Egyptienne*, mariée 1°. à *Philippe-François* Wildgrau: 2°. à *N.* & *Séraphie*, comtesse d'Oëtingen, alliée à *Barthélemi*, dernier seigneur de Beuchlingen.

VI. LOUIS XVI du nom, comte d'Oëtingen, né l'an 1508, mourut le premier octobre 1569. Il épousa 1°. l'an 1543 *Marguerite*, comtesse de Lutzelftein, morte le 3 juillet 1560: 2°. le 26 août 1562, *Suzanne*, fille d'*Albert*, comte de Mansfeld, morte le 8 septembre 1565: 3°. *Claude* de Hohenfels, veuve de son frere *Loth*. Du premier mariage vinrent *Louis*, né le 31 décembre 1546, mort en octobre 1548; GODEFROI, qui suit; *Charles*, né le 10 juin 1555, mort le 12 août 1556; *Othon-Henri-Albert-Gédéon*, né le 24 août 1556, mort le premier septembre suivant; *Gédéon*, né le 26 janvier 1558, mort le 24 avril de la même année; *Louis*, né le 30 juin 1559, mort le 30 mars 1593; *Judith*, née le 3 octobre 1544, mariée le 21 septembre 1573 à *Henri* de Ruthen; *Anne-Salomé*, née le 24 octobre 1545, alliée le 25 avril 1585 à *Hiérosme* Schlick, morte le 12 décembre 1599; *Marguerite*, née le 17 août 1548, mariée le 13 décembre 1599 à *Jean-Christophe* de Puchheim; *Michol-Sara*, née le 11 décembre 1549, morte l'an 1551; & *Marie*, née le 25 mars 1552. Du second mariage sortirent *Louis-Albert*, né le 22 mai 1564, mort l'an 1592; & *Anne-Dorothée*, née le 28 mai 1563, mariée le 14 octobre 1582 à *Wolfgang*, libre-baron de Hoflkirch. Du troisième lit vinrent *Wiprecht*, né le 2 juillet 1567; & *Philippe*, né le 11 mars 1569, qui servit sous le duc de Wirtemberg, fut gouverneur de Neustad, & qui après la mort de *Marie*, fille de *Frédéric*, seigneur de Limpurg, sa femme, dont il n'eut point d'enfans, se retira dans le

monastere de Zimmern, où il mourut le 3 février 1627.

VII. GODEFROI, comte d'Oëtingen, né le 19 juin 1554, mort en 1622, épousa 1°. *Jeanne*, fille d'*Evrard*, comte de Hohenloë: 2°. le 7 novembre 1591 *Barbe*, fille de *Wolfgang*, comte Palatin, dont il n'eut point d'enfans. Ceux qu'il eut de son premier mariage, furent LOUIS-EVRARD, qui suit; *Godefroi*, né le 29 mai 1582, mort le 17 août 1596; *Julienne*, née le 23 février 1576, morte le 23 mai suivant; *Jeanne*, mariée le 18 septembre 1597 à *Frédéric-Magne*, comte d'Erpach; & *Jacqueline*.

VIII. LOUIS-EVRARD, comte d'Oëtingen, né le 9 juin 1577, épousa le 7 mai 1598 *Marguerite*, fille de *Georges*, comte d'Erpach, dont il eut, *Godefroi-Georges*, né & mort l'an 1599; *Wolfgang-Guillaume*, mort l'an 1602; JOACHIM-ERNEST, qui suit; *Frédéric*, mort sans alliance l'an 1628; *Marie-Magdeléne*, alliée 1°. à *Henri-Guillaume*, comte de Solms: 2°. à *Georges-Frédéric*, comte de Hohenloë; *Jeanne*, mariée à *Philippe-Wolfgang*, comte de Hanau, morte le 17 septembre 1639; *Dorothée-Barbe*, femme de *Joachim-Godefroi*, seigneur de Limpurg; *Anne-Elizabeth*, mariée le 14 juin 1639 à *Godefroi-Henri*, comte de Pappenheim: 2°. le 12 juin 1642 à *Jean-Philippe*, comte de Leiningen: 3°. le 7 mars 1649 à *Georges-Guillaume*, comte Palatin; *Julienne*; *Christine*; *Sophie*, mortes sans alliance; & *Agathe*, mariée 1°. à *Laurent*, libre-baron de Hofflkirch: 2°. le 4 octobre 1657 à *Gustave Axel*, comte de Lowenstein.

IX. JOACHIM-ERNEST, comte d'Oëtingen, né le 30 mars 1612, mort le 8 août 1659, avoit épousé 1°. le 8 décembre 1633 *Anne-Sibille*, fille de *Henri-Guillaume*, comte de Solms, morte en couches l'an 1635: 2°. le 5 décembre 1638, *Anne-Dorothée*, fille de *Craton*, comte de Hohenloë: 3°. le 9 mai 1647, *Anne-Sophie*, fille d'*Auguste*, comte Palatin de Sultzbach, morte l'an 1675. Du premier mariage sortirent *Sophie-Marguerite*, née le 9 décembre 1634, mariée le 5 octobre 1651 à *Albert*, marquis de Brandebourg-Anspach, morte en 1665; & *Anne-Christine*, née & morte le 18 septembre 1635. Du second mariage vinrent *Craton-Louis*, né le 28 mars 1641, mort le 14 mai 1660; ALBERT-ERNEST, qui suit; *Marie-Dorothée-Sophie*, née le 29 décembre 1639, mariée le 20 juillet 1656 à *Evrard*, duc de Wirtemberg, morte le 29 juin 1698; & *Suzanne-Jeanne*, née le 16 septembre 1643, alliée l'an 1678 à *Frédéric-Magne*, comte de Castel. Du troisième mariage sortirent *Joachim-Ernest*, né le 27 février 1648, qui servit en Danemarck, & mourut en Scanie le 24 juillet 1677; *Christian-Auguste*, né le 22 juillet 1650, gouverneur d'Offembourg, chambellan de l'électeur de Saxe, mort le 9 juillet 1684; *Philippe-Godefroi*, né le 14 mai 1655, mort le 26 juin suivant; *Marie-Eléonore*, née le 14 juillet 1649, mariée en 1665 à *Théophile*, comte de Windifchgraz, morte le 10 avril 1681; *Hedwige-Sophie*, née & morte en 1651; *Hédwige-Auguste*, née le 9 décembre 1652, mariée l'an 1677 à *Ferdinand*, libre-baron de Stadel, seigneur de Reckersperg; *Magdeléne-Sophie*, née le 17 février 1654, alliée 1°. l'an 1681 à *Jean-Louis*, comte de Hohenloë: 2°. à *Jean-Antoine*, comte de Leiningen-Werfterbourg, morte avant la confommation du mariage le 13 février 1691; & *Eberhardine-Sophie-Julienne*, née le 20 octobre 1656, mariée en 1678 à *Philippe*, comte d'Oëtingen-Wallerstein.

X. ALBERT-ERNEST, comte d'Oëtingen, né le 4 mai 1642, fut créé prince de l'empire par l'empereur Léopold, par lettres du 14 octobre 1642, & mourut le 29 mars 1683. Il avoit épousé 1°. l'an 1665, *Christine-Frédéric*, fille d'*Evrard* duc de Wirtemberg, morte le 30 octobre 1674: 2°. le 30 avril 1682, *Eberhardine-Catherine* de Wirtemberg, sœur de sa premiere femme, morte en couches le 19 août 1683, ayant eu un fils posthume , mort l'an 1684. Du premier mariage sont issus, ALBERT-ERNEST, qui suit; *Evrard-Frédéric*, né le 3 mars 1673 , mort le 13 février 1674; *Emanuel* , né le 19 avril 1674, mort le 7 décembre suivant; *Eberhardine-Sophie* , née le 16 mars 1666 , mariée le 3 mai 1685 , à *Christian-Evrard*, prince d'Oostfrise ; *Albertine-Charlotte* , née le 14 janvier 1668 , morte le 21 juin 1669 ; *Christine-Louise* , née le 16 mars 1671 , alliée le 22 avril 1690 , à *Louis-Rodolphe*, duc de Brunswic ; & *Henriette-Dorothée*, née le 14 février 1672 , mariée en septembre 1688 à *Georges-Auguste* , prince de Nassau-Idstein.

XI. ALBERT-ERNEST II du nom , prince d'Oëtingen, né le 8 août 1669 , a épousé le 11 octobre 1688 , *Sophie-Louise*, fille de *Louis* VI du nom, landgrave de Hesse-Darmstad, dont il a eu , *Albert-Ernest* , né & mort le 24 juillet 1689 ; & *Sophie-Magdeléne-Elizabeth* , née le 14 mars 1691.

I. BRANCHE DES COMTES D'OETINGEN-WALLERSTEIN.

VI. FRÉDÉRIC , comte d'Oëtingen-Wallerstein, second fils de LOUIS XV du nom , comte d'Oëtingen , & de *Salomé* comtesse de Zollern , demeura attaché à la religion catholique, & mourut l'an 1579. Il avoit épousé *Euphrosine* , fille unique de *Martin* , comte d'Oëtingen-Wallerstein son cousin , morte l'an 1560, dont il eut GUILLAUME , qui suit ; *Frédéric* , né l'an 1556 , qui épousa l'an 1585 , *Ursule* Heilbrunner, de Nordlingue , malgré son frere , & en eut des enfans ; *Georges* ; *Martin* ; *Charlotte* , morts jeunes ; & *Euphrosine* , née l'an 1571 , mariée le 15 octobre 1590 à *Charles* II du nom , comte de Hohenzollern , morte l'an 1606.

VII. GUILLAUME , comte d'Oëtingen-Wallerstein, mourut le 14 octobre 1602 , ayant eu de *Jeanne* , fille de *Charles* I du nom , comte de Hohenzollern, *Albert* , mort jeune ; *Martin* , chanoine d'Eischtet ; GUILLAUME , qui a fait *la branche de SPIELBERG, qui suit* ; WOLFGANG , qui a continué *celle de* WALLER-STEIN, *rapportée ci-après* ; *Ulric* , mort en Hongrie ; & ERNEST , qui a fait *la branche de* WALDEREN, *aussi mentionée ci-après.*

BRANCHE DES COMTES D'OETINGEN-SPIELBERG.

VIII. GUILLAUME , comte d'Oëtingen-Spielberg, mort le 3 janvier 1600, épousa l'an 1589 *Elizabeth* , fille de *Marc* Fugger, morte le 12 mars 1596, dont il eut , *Martin-François* , mort jeune ; JEAN-ALBERT, qui suit; & *Marc-Guillaume* , tué à Nortlingue le 5 septembre 1614.

IX. JEAN-ALBERT , comte d'Oëtingen-Spielberg, mort l'an 1632, épousa *Marie-Gertrude* , fille de *Vite* maréchal de Pappenheim , dont il eut *Jean-François* , mort jeune ; autre JEAN-FRANÇOIS , qui suit ; & *Marie-Claude* , alliée à *Ferdinand-Laurent* , comte de Wartemberg.

X. JEAN-FRANÇOIS , comte d'Oëtingen-Spielberg, mort le 5 novembre 1665 , avoit épousé *Louise-Rosalie* , comtesse de Attimes , dont il eut , *Jean-Sébastien* , né le 20 janvier 1655 , mort le 13 septembre 1675 ; *Jean-Guillaume* , né le 23 décembre 1655 , mort le 16 août 1685 , laissant de *Marie-Anne-Thé-rèse* , fille de *Wolfgang* , comte d'Oëtingen-Wallerstein, qu'il avoit épousée la même année , morte le 28 juin 1695 , une fille unique née posthume le 17 janvier 1686 , nommée *Marie-Josephe-Antoinette* ; *Jean-Christophe* , né le 3 septembre 1657 , mort le 24 février 1658 ; *Jean-Léopold-Ignace* , né & mort le 29 août 1660 ; *François-Albert*, qui suit ; *Wolfgang-Adam*, né le 6 septembre 1664 , mort le 9 juillet 1665 ; *Jean-Christophe* , né posthume le 24 janvier 1666 , mort le lendemain ; *Marie-Salomé* , née & morte le

6 octobre 1656 ; & *Anne-Christine* , née le 4 août 1659 , morte le 26 mars 1665.

XI. FRANÇOIS-ALBERT , comte d'Oëtingen-Spielberg, né le 10 novembre 1663 , a été chanoine de Saltzbourg , & après la mort de son frere , il a épousé le 26 juin 1689 *Jeanne*, fille & héritière de *François* baron de Schwendi de Hohenlandsberg , dont il a eu JOSEPH-FRANÇOIS-XAVIER-GEORGES-ALBERT-WOLF-GANG-IGNACE-ANTOINE , qui suit ; *François-Antoine* , né le 30 mai 1697 ; *Marie-Anne-Catherine* , née le 21 septembre 1693 ; & *Marie-Josephe-Thérèse* , née le 19 septembre 1694.

XII. JOSEPH-FRANÇOIS-XAVIER-GEORGES-ALBERT-WOLFGANG-IGNACE-ANTOINE , comte d'Oëtingen-Spielberg, né le 12 septembre 1695.

II. BRANCHE DES COMTES D'OETINGEN-WALLERSTEIN.

VIII. WOLFGANG , comte d'Oëtingen-Wallerstein, fils puiné de GUILLAUME , comte d'Oëtingen-Wallerstein, & de *Jeanne* , comtesse de Hohenzollern , épousa *Jeanne* de Molle , dont il eut pour fils unique , ER-NEST , qui suit.

IX. ERNEST , comte d'Oëtingen-Wallerstein , né l'an 1594 , fut en grand crédit à la cour de l'empereur , qui le fit président du conseil aulique. Il mourut l'an 1670 , ayant eu seize enfans de *Marie-Magdeléne* , fille d'*Antoine* , comte de Fugger ; savoir , 1. *Albert* ; 2. *Ferdinand* , morts jeunes. 3. *Guillaume* , né le premier août 1627 , chambellan & grand-véneur de l'empereur , & conseiller du grand secret , mort le 11 décembre 1692 , sans enfans d'*Octavie-Esther* , fille de *Jacques-François*, libre-baron de Herberstein , qu'il avoit épousée le 23 août 1670. 4. WOLFGANG , qui suit. 5. *François* ; 6. *Charles* ; 7. *Maximilian* , morts jeunes. 8. *Philippe* , né le 24 janvier 1640 , chambellan de l'empereur , mort le 27 août 1680 , laissant de *Julienne-Sophie* , comtesse d'Oëtingen sa cousine , fille de *Joachim-Ernest*, qu'il avoit épousée le premier mars 1678 , *Antoine-Charles* , né le 28 juin 1679 ; & *Marie-Anne-Eléonore-Sophie* , née posthume le 28 août 1680. 9. *Jean-Antoine* , né le 17 octobre 1641 , chanoine de Passau & d'Olmutz , & de Breslau , mort à Rome le 16 octobre 1663. 10. *Ignace* , né le 24 août 1642 , conseiller d'état , chambellan de l'empereur , & mort sans alliance en mai 1723. 11. *François* , mort jeune. 12. *Marie-Marguerite* , seconde femme de *Léonard-Ulric* , comte de Harrach. 13. *Marie-Thé-rèse* ; 14. *Marie-Polyxène* ; 15. *Marie-Suzanne* ; 16. *Marie-Christine* , mortes jeunes.

X. WOLFGANG , comte d'Oëtingen-Wallerstein, chevalier de la toison d'or , conseiller d'état , chambellan , & président du conseil aulique de l'empereur , né le premier février 1629 , mort le 6 octobre 1708 , avoit épousé *Anne-Dorothée* , fille de *Jean* , comte de Wolckenstein , dont il eut douze enfans , 1. *Ernest* , né l'an 1668 , mort jeune. 2. *François-Joseph-Ignace* , chanoine de Saltzbourg , né le 17 novembre 1672. 3. *Ignace* , né l'an 1674 , mort jeune. 4. DOMINIQUE-JOSEPH, qui suit. 5. *Guillaume-Joseph-Ignace-Antoine* , né en octobre 1677. 6. *Marie-Anne-Thérèse* , née le 24 août 1662 , mariée l'an 1685 à *Jean-Guillaume* , comte d'Oëtingen-Spielberg, morte le 28 juin 1695. 7. *Marie-Ernestine* , née le 15 septembre 1663 , mariée le 8 juillet 1682 , à *Notger-Guillaume* , comte d'Oëtingen-Katzenstein , morte le 29 avril 1714 , âgée de 51 ans , étant alors grande-maîtresse de la maison de l'impératrice. 8. *Marie-Magdeléne-Félicité*, née le 17 mai 1665. 9. *Marie-Sophie* , née le 29 mai 1666 , mariée le 22 janvier 1690 , à *Christophe-François* Truchsès-Trautbourg. 10. *Marie-Josephe* , née l'an 1667 , morte la même année ; 11. autre *Marie-Josephe* , née l'an 1669 ; & 12. *Marie-Françoise* , née l'an 1671 , mortes jeunes.

XI. DOMINIQUE-JOSEPH, comte d'Oëtingen-Walerstein, né le 3 septembre 1676, chambellan de l'empereur, mourut le 25 octobre 1717, ayant été mordu d'un chien enragé.

BRANCHE DES COMTES D'OETINGEN-WALDEREN & KATZENSTEIN.

VIII. ERNEST, comte d'Oëtingen-Walderen, dernier fils de GUILLAUME, comte d'Oëtingen-Wallerstein, & de Jeanne, comtesse de Hohenzollern, né l'an 1584, mourut le 18 mai 1626, laissant de Catherine, fille de Rodolphe, comte de Helffenstein, Ernest, mort jeune; MARTIN-FRANÇOIS, qui suit; Ulric, tué à Dutlingen l'an 1644; GUILLAUME-FRÉDÉRIC, dont la postérité sera rapportée après celle de son frere aîné; Marguerite-Anne, alliée à Jean Sigismond, comte de Thun; & Marie-Magdeléne, qui épousa l'an 1650, Guillaume, marquis de Bade, & mourut le 31 août 1688.

IX. MARTIN-FRANÇOIS, comte d'Oëtingen-Walderen, mort le 12 novembre 1653, épousa Isabelle-Léonore, fille de Rodolphe le jeune, comte de Helffenstein, dont il eut FERDINAND-MAXIMILIEN, qui suit; & Marie-Françoise, alliée à Craton-Adolphe, comte de Cronberg-Hohengeroldzeck, morte l'an 1686.

X. FERDINAND-MAXIMILIEN, comte d'Oëtingen-Walderen, mourut en mai 1687, sans laisser de postérité de Christine-Sibylle, fille de Guillaume, comte de Solms-Greiffenstein.

IX. GUILLAUME-FRÉDÉRIC, comte d'Oëtingen-Katzenstein, mort le 9 décembre 1677, avoit épousé Rosinde-Suzanne de Truebeneck, veuve de Géofroi, comte de Tattenbach, dont il eut Maximilien-Ernest, né le 26 décembre 1647, qui fut tué à Ratisbonne par un inconnu en mars 1668; NOTGER-GUILLAUME, qui suit; & Marie-Thérèse, née l'an 1651, mariée à François-Ernest Fugger.

X. NOTGER-GUILLAUME, comte d'Oëtingen-Katzenstein, lieutenant-général, & commandant de Constance, de la Forest-Noire & de la vallée de Rintzing, né l'an 1653, mourut le 7 novembre 1693. Il épousa 1°. le 10 février 1682, Marie-Sidonie, fille de Philippe, libre-baron de Sottern, morte le 23 septembre 1691; 2°. le 7 juillet 1692, Marie-Ernestine, sa cousine, fille de Wolfgang, comte d'Oëtingen-Wallerstein, morte le 29 avril 1714, dont il n'eut point d'enfans. Du premier mariage sortirent, CRATON-ANTOINE-GUILLAUME, qui suit; Philippe-Wolfgang, mort jeune; Isabelle-Sidonie, née l'an 1686; Marie-Thérèse, née en 1690; & Marie-Josephe, née en 1693.

XI. CRATON-ANTOINE-GUILLAUME, comte d'Oëtingen-Katzenstein, né l'an 1684. * Bucelinus. Rittershusius. Imhoff, &c.

OEUF, château de la ville de Naples, situé dans la mer sur un rocher, tenoit autrefois au continent, dont il fut séparé par l'ordre de Lucullus, & auquel il est maintenant rejoint par un beau pont. Il fut bâti de forme ovale par Guillaume III, prince Normand. * Guichardin, l. 2.

O F

OFELIUS, capitaine dans l'armée des Parthes. Il avertit Phasaël & Hyrcan du dessein qu'avoit formé contr'eux Barzapharnés roi des Parthes, & leur conseilla de s'enfuir, s'ils vouloient sauver leur vie, ce qu'ils ne trouverent pas à propos de faire. * Josèphe, antiquit. liv. XIV, chap. 24.

OFFA, premier roi des East-Angles ou Anglois-Orientaux dans la Grande Bretagne, érigea son royaume l'an 571, à-peu-près dans le même temps que les autres rois érigerent les leurs, qui composerent les sept royaumes d'Angleterre, c'est-à-dire, dans le VIe siécle.

OFFA, roi des East-Saxons ou Saxons-Orientaux en Angleterre, succéda au roi Senfred, & commença à regner au VIIIe siécle. Après un regne de huit ans, il quitta son royaume pour aller à Rome avec Kenred roi de Mercie, selon la coutume de ces temps-là.

OFFA, roi des Merciens en Angleterre, se mit sur le trône par la mort de Kenred. Ce prince fit faire un large fossé pour la défense d'une partie de ses états, & fit la guerre à ses voisins, rois de Kent, de Westsex & d'East-Angle. Il assassina lâchement ce dernier, nommé Ethelbert, qu'il avoit attiré chez lui, sous prétexte de lui vouloir faire épouser sa fille. Après diverses conquêtes, il voulut assurer ses vieux jours par d'illustres alliances, & se réconcilier avec Dieu par une sincére pénitence. En effet, il fit un pélerinage à Rome, & donna une partie de ses biens aux églises & aux pauvres, & remit la couronne à son fils Egfrid, sur la fin du VIIIe siécle. * Polydore Virgile, l. 4 hist. Du Chêne, hist. d'Angl.

OFFEMBACH, bourg d'Allemagne, dans la Franconie sur le Mein, proche de Francfort, appartient au comte d'Isembourg, qui y fait sa demeure ordinaire.

OFFEMBOURG, ville impériale d'Allemagne, & capitale du pays d'Ortenau en Souabe, appartient à la maison d'Autriche, & est à une lieue du Rhin & de Strasbourg. * Bertius.

OFFEN, ville de Hongrie, cherchez BUDE.

OFFIDA, bourg de l'état de l'Eglise, en Italie. Il est dans la Marche d'Ancone, vers les confins de l'Abruzze, & à cinq lieues de Fermo, vers le midi. * Mati, diction.

OFFTON, c'est-à-dire, ville d'Offa, ville bâtie par Offa, roi de Mercie en Angleterre, dans le comté de Suffolck, où l'on voit les ruines d'un ancien château bâti par le même, après qu'il eut inhumainement massacré Ethelbert, roi des East-Angles, c'est-à-dire, Anglois-Orientaux, & usurpé son royaume. * Cambden, Britan.

O G

OG, roi de Basan, s'opposa au passage des Israélites, lorsqu'ils voulurent entrer dans la Terre-Promise : il vint avec tout son peuple pour les combattre à Edraï. Moïse par l'ordre de Dieu lui donna bataille, & fit passer au fil de l'épée ce roi avec ses enfans, & tout son peuple, sans qu'il en restât un seul. Les Israélites se mirent en possession de son pays, ruinerent soixante villes fortes, exterminerent les hommes, les femmes & les enfans, & enleverent leurs troupeaux & le butin de leur ville. Il est dit que cet Og, roi de Basan, étoit le seul resté de la race des Géans ou des Raphaïm, & qu'on montroit encore son lit de fer dans Rabbath, qui est une ville du pays des Ammonites; que ce lit avoit neuf coudées de long & quatre de large, c'est-à-dire, quinze pieds quatre pouces & demi de long, & six pieds dix pouces de large, selon la mesure d'une coudée ordinaire. Les rabbins content plusieurs fables de ce roi. Il étoit, disent-ils, de ces fameux géans, qui vivoient avant le déluge : il se sauva de l'inondation universelle, ayant monté sur le toit de l'arche de Noé. Le pays de Basan étoit un pays fertile & renommé pour les troupeaux. Il est assez extraordinaire que Moïse ait allégué cette preuve de la grandeur d'Og, roi de Basan, dans une histoire écrite pour des gens qui pouvoient l'avoir vu, & il est encore plus surprenant qu'alors ce lit ne fût plus dans le pays de Basan, mais dans Rabbath, ville des Ammonites. C'est un argument qu'apportent ceux qui veulent faire douter que Moïse soit l'auteur du Pentateuque; mais, outre que ce verset peut avoir été ajouté, il n'est point hors d'apparence que Moïse voulant affurer la vérité de ce qu'il difoit, tant pour ceux de fon temps que pour la poftérité, fe ferve de cette preuve pour rendre croyable une chofe extraordinaire; & il fe peut faire qu'Og étant mort, fon lit ait été tranfporté du pays de Bafan à Rabbath, où les Ammonites habitoient dès ce temps-là. David prit cette ville fur eux : ce qui a fait conjecturer à quelques-uns que ce lit d'Og n'avoit été trouvé à Rabbath, que du temps de David, & qu'ainfi ce verfet eft ajouté, à quoi il y a beaucoup d'apparence. * *Nombres*, 21. *Deuteronom*, *c.* 3. M. Du Pin, *differtation préliminaire fur la Bible*. D. Calmet, *comment. litt. fur les Nombres*.

OGENTI, *cherchez* UGENTO.

OGER, que d'autres nomment OTGER, furnommé *le Danois* dans nos anciens romans, étoit originaire de la France Auftrafienne, & il eft connu dans l'hiftoire fous le nom d'*Autcaire*. C'étoit un grand guerrier, de l'aveu même des ennemis de la nation. Il vivoit du temps de Charlemagne, à la cour duquel il fut d'abord très-confidéré. Mais ayant pris les intérêts des fils de Carloman, qu'il vouloit élever fur le trône au préjudice de Charlemagne, & ayant encouru pour ce fujet l'indignation de ce prince, il fut obligé de fe retirer à la cour de Didier, roi des Lombards. Charlemagne que le pape Adrien I, ennemi de Didier, avoit fu mettre dans fon parti, paffa les Alpes avec une puiffante armée pour venger la querelle de l'églife romaine. A fes approches, Didier fe renferma dans Pavie avec Adalgife fon fils, & Hunald duc d'Aquitaine, que le roi Lombard avoit encore débauché à la France, & Oger alla fe jetter dans Verone avec la veuve & les enfans de Carloman. Le fiége fut mis devant Pavie; mais comme cette ville réfiftoit long-temps, Charlemagne attaqua Verone, & la preffa de fi près que la princeffe, les jeunes princes, & Oger fe rendirent à lui. Ce fut-là le terme des actions féculieres d'Oger. Dégouté du monde, & pouffé par la grace qui l'éclairoit, il vint prendre l'habit monaftique à Meaux. Ce changement d'état fut accompagné d'une circonftance affez finguliere pour n'être point omife. Oger après avoir balancé quelque temps fur le choix de la maifon où il fe retireroit, vifita plufieurs monaftères où il ne trouva pas affez de régularité pour l'engager à y entrer. Enfin, étant venu à S. Faron de Meaux, il entra déguifé en pélerin dans le chœur de l'églife, pendant que les religieux chantoient l'office. Il tenoit à la main un bâton, où il avoit attaché une certaine quantité de grelots; & par une fupercherie qui femble affez puérile, il jetta ce bâton au milieu du chœur, pour voir fi le bruit qu'il feroit en tombant, ne diftrairoit point les religieux, comme cela étoit arrivé ailleurs. Ceux de S. Faron plus recueillis, ne leverent pas feulement les yeux, excepté un feul novice qui en fut puni auffitôt par fon pere maître. Oger, charmé de ce recueillement & de cet amour pour la regle, demanda à Charlemagne la permiffion de fe retirer dans ce monaftère, & il l'obtint, quoiqu'avec beaucoup de peine. Il attira dans la même retraite un de fes amis, nommé *Benoît*, qui à fon exemple, s'y confacra à Dieu. Ce fut à leur confidération que Charlemagne donna la terre de Rez, & fit d'autres biens à cette abbaye, où ces deux bons religieux moururent dans le IX° fiécle, en réputation d'une grande piété. On y voit leur tombeau, l'un des plus illuftres monumens de nos antiquités de cet empire; & on connoît par deux vers, qui y font écrits en anciens caractères, qu'Oger avoit une fœur nommée *Auda*, mariée au célèbre *Roland*. Le pere Antoine Yepez a cru, après du Chêne, que le tombeau de cet Oger, étoit celui d'un gentilhomme de ce nom, feigneur de Charmentrai, près de Meaux, qui fe fit religieux dans la même abbaye de S. Faron, fur la fin du XI° fiécle,

à l'occafion d'une de fes fœurs, nommée *Gibeline*, qui vivoit reclufe près de la même abbaye. Il y a néanmoins beaucoup de raifons qui perfuadent que ce même tombeau eft du premier Oger; ce que dom Jean Mabillon prouve folidement dans le IV° fiécle des vies des faints de l'ordre de S. Benoît. C'eft aussi ce qu'on peut juger de l'épitaphe de cet Oger & de Benoît, compofée par Foulques ou Fulcoius de Beauvais, qui avoit étudié à Meaux, & écrivit dans le XI° fiécle, avant la mort même de Charmentrai. Cette épitaphe, quoique barbare, eft très-digne de la curiofité de ceux qui aiment les antiquités. Gabriel Siméoni de Florence la rapporte dans fes voyages, mais fans expliquer de qui elle étoit. * Le moine de S. Gal, *de reb. Caroli Magni*, *l.* 2, *c.* 26. Yepez, *annal. Bened. t.* II. Dom Mabillon, *I. P. fæc. IV*, &c. D. Touffaint du Pleffis, *hiftoire de l'églife de Meaux*, tome I. Le P. de Longueval, *hiftoire de l'églife Gallicane*, tome IV.

OGER, feigneur de Charmentrai fur la Marne, à deux lieues au-deffous de Meaux, tenoit dans le douziéme fiécle un rang confidérable dans le monde, qu'il quitta généreufement pour fe confacrer à Dieu dans le monaftère de S. Faron, où Oger, connu fous le nom d'Oger le Danois, s'étoit fait auffi religieux dans le neuviéme fiécle, *comme nous l'avons dit dans l'article précédent*. Ce qui attira le feigneur de Charmentrai à ce parti, fut l'exemple de fa fœur Gibeline qui venoit d'abandonner toutes les efpérances du fiécle pour mener la vie de réclufe dans un quartier du monaftère de S. Faron, féparé de toutes les autres habitations. Dieu fe fervit de l'exemple des vertus de cette fainte fille pour toucher le cœur d'Oger. Ce feigneur entreprit de marcher fur les traces de celle qui devenoit pour lui un fi grand modèle, & il eut la confolation de fe voir accompagné dans fa retraite de fes deux fils Jean & Walon. On ignore l'année de fa mort. La terre de Charmentrai dont Oger portoit le nom, & qu'il donna à l'abbaye de S. Faron, appartient encore aujourd'hui à ce monaftère, & fait partie de la menfe conventuelle depuis l'extinction des officiers clauftraux. * D. Dupleffis, *hiftoire de l'églife de Meaux*, tome I, pag. 109, 110, & note 35.

OGERIUS ALFERIUS, de l'illuftre famille des Alferes, eft regardé comme le premier hiftorien d'Aft fa patrie, au moins par l'antiquité. Il en a écrit l'hiftoire depuis l'origine de cette ville, ou plutôt depuis l'an 1070, jufqu'à l'an 1294. Il mourut vers cette même année. La defcription qu'il fait de fa patrie dans cette hiftoire eft exacte & très-circonftanciée. Il n'a pas fuivi dans la narration des faits l'ordre chronologique, ce qui paroît être un défaut qui diminue de l'eftime que cet ouvrage mérite d'ailleurs. Le favant Louis-Antoine Muratori l'a fait imprimer, avec fes continuateurs Guillaume Ventura & Secundinus Ventura, fur un manufcrit authentique, dans le tome onziéme de fon grand recueil des écrivains de l'hiftoire d'Italie, *in-fol.* à Milan en 1727. Il y a joint les notes de l'abbé Jofeph Malefpina de la noble famille de ce nom. * *Voyez* Muratori, *dans le volume cité*, page 135.

OGIER (Simon) de Saint-Omer, docteur en droit civil & en droit canon, s'eft diftingué par fa fcience & par fa vertu. Il vivoit dans le XVI° fiécle. Il eft auteur des poëfies fuivantes, imprimées à Douai en 1588, 1589 & 1592, *in-8°* & *in- 4°. Odarum libri* 3. *Sylvarum libri* 12. *Lutetia. Cantilena pia & pudica. Perifltera. Melon, libri* 3. *Threnodia. Cameracum. Artefia. Tibullus. Nicoleocrene. Charifteria. Albertus & Ifabella. Epitaphia. Encomiorum libri* 2. *Symmidon liber unus. Elegiarum chriftianarum libri* 3. *Galatea. Calliopefachea. Parænefes. Caletum. Bruga. Alpes, &c.* Il méditoit un grand ouvrage fur le modèle de l'Iliade, qu'il devoit intituler *Florias*, & dont le fujet devoit être les actions illustres des comtes de Flandre. * Valere André, *bibliotheca belgica*, édition de 1739, in-4°, tome II, pag. 1101.

OGIER (Charles) secrétaire de Claude de Mesmes, comte d'Avaux, naquit à Paris sur la fin de l'an 1595. Dans le journal de son voyage, pag. 7, il nous apprend qu'il fut envoyé à Bourges aussitôt qu'il fut sorti de l'enfance ; qu'il y étudia pendant cinq ans ; & que dans la suite il fut envoyé à Valence où il resta deux ans ; mais on apprend par le narré de sa vie donné par son frere, qu'il revint de Bourges à Paris pour y continuer ses études dans l'université de cette ville ; que ce fut après cela qu'il alla à Valence dans le dessein d'y étudier le droit sous le célèbre Julius Pacius de Vicence en Italie, qui mourut vers ce temps-là ; ce qui obligea Ogier de prendre les leçons de ceux des disciples de ce jurisconsulte qui se distinguoient le plus. Ogier fut fait docteur en droit au bout d'un an. Dégoûté de la profession d'avocat qu'il avoit d'abord embrassée, il entra en qualité de secrétaire auprès de Claude de Mesmes, comte d'Avaux, que Louis XIII envoya en qualité d'ambassadeur en Suède, Danemarck & Pologne. Ogier l'accompagna dans ce voyage, dont il a écrit la rélation en forme de journal, qui finit avec l'année 1635. Il y dit expressément qu'ils étoient partis le 11 de juillet 1634. Cette rélation est intitulée : *Caroli Ogerii ephemerides, sive iter Danicum, Suecicum, Polonicum, cùm esset in comitatu illustrissimi Claudii Memmii, comitis Avauxii, ad septentriones reges extraordinarii legati* ; à Paris, 1656, in-12. Quoiqu'il y ait des minuties dans ce journal, on y trouve beaucoup de choses curieuses sur les pays qu'Ogier parcourut, leurs usages & leurs mœurs, les hommes célèbres qu'il y visita, & en particulier concernant les négociations de M. le comte d'Avaux, qui y étant beaucoup loué, pria l'auteur de ne pas donner cette rélation au public qu'après un espace de vingt ans ; c'est ce qui fait qu'il a été publié par le frere de l'auteur FRANÇOIS Ogier, qui suit, Charles étant mort avant que de pouvoir le donner lui-même. Ce journal est souvent entre-mêlé de vers latins ; & Ogier y parle plusieurs fois de ses poësies françoises, qui ne nous sont point connues. On trouve à la fin 1. cinq lettres latines de Nicolas Bourbon à M. d'Avaux ; deux pièces de vers latins du même au même comte ; une lettre du même à Charles Ogier : 2. Trois lettres latines de M. d'Avaux, dont deux à Nicolas Bourbon, & la troisiéme à Charles Ogier : 3. Une lettre de celui-ci à Nicolas Bourbon, & *Caroli Ogerii poëmata ad legationes Memmianas pertinentia.* Outre ces poësies latines, nous avons vu de Charles Ogier : 1. *Dionysii Petavii doctrinarum omnium complexu celeberrimi epicedium* ; à Paris, 1653, in-4° de trois pages. 2. *Versus in obitum Petri Puteani, viri clarissimi* ; à Paris, 1652, in-4° de sept pages. Au retour de ses voyages il tomba dans une maladie fâcheuse, dont il perdit l'œil gauche : ce qui l'empêcha en partie d'exécuter le dessein qu'il avoit d'entrer parmi les Chartreux. Il se retira chez les chanoines réguliers de sainte Geneviève de Paris ; mais ses incommodités continuelles l'ayant obligé de se faire porter dans la maison de son pere, il y mourut neuf mois après, le 11 août 1654, qui étoit le 59 de son âge. Son corps fut enterré dans l'église de S. Jean en Grève. Il s'étoit lui-même fait son épitaphe, qui est comme l'abregé de sa vie.

OGIER (François) frere de Charles, *dont on vient de parler*, embrassa l'état ecclésiastique, & s'acquit beaucoup de réputation en son temps par son éloquence & son érudition. Il étoit avec le comte d'Avaux à la paix de Munster en 1648. Il s'étoit déja fait connoître par ses prédications, & par un ouvrage qu'il avoit fait imprimer dès 1623, in-8°, sous ce titre : *Jugement & censure de la doctrine curieuse de François Garasse* (Jésuite). En 1627, il avoit encore donné

l'*Apologie pour M. de Balzac*, où il réfute en particulier un jeune Feuillant, nommé *dom André de S. Denys*, qui avoit fait contre cet académicien une satyre très-vive qui courut manuscrite sous ce titre : *Conformité de l'éloquence de M. Balzac, avec celle des plus grands personnages du temps passé & du temps présent.* Balzac trouva l'*apologie* si belle, qu'il témoigna à M. Ogier qu'il lui feroit plaisir de permettre qu'il s'en dît l'auteur. M. Ogier ne put goûter ce compliment, & sur cela ils rompirent l'amitié qui étoit entr'eux. Il y a un sonnet de M. Ogier sur la mort de Balzac, qui finit par ces vers qu'il adresse à Balzac lui-même.

> *Je voudrois toutefois pour ton contentement*
> *Répandre quelques fleurs dessus ton monument,*
> *Et de quelques lauriers parer ton effigie ;*
> *Mais tes manes jaloux des ouvrages parfaits,*
> *Joignant ton épitaphe à ton apologie,*
> *Pourroient bien se vanter des vers que j'aurois faits.*

De retour à Paris, après la paix de Munster, François Ogier fit imprimer la rélation des voyages de son frere en Danemarck, en Suède & en Pologne, faits à la suite de Claude de Mesmes, comte d'Avaux. Cette rélation écrite en latin par Charles Ogier, fut imprimée à Paris en 1656, in-8°. On y trouve quelques lettres de Nicolas Bourbon au comte d'Avaux. Il est mort le 28 de juin 1670, non 1678, comme plusieurs l'ont écrit. On trouve plusieurs de ses lettres à la fin du voyage de Munster de M. Joli, imprimé en 1670. Ces lettres écrites de Munster à M. Joli lui-même qui lui a dédié son voyage, sont des années 1647 & 1648. On apprend de la cinquième, que M. Ogier a fait une élégie de cent cinquante vers pour honorer la mémoire d'Antoine de Meaux, baron de Surviliers, mort à la fin de 1647 à Munster, où il étoit avec M. d'Avaux. Il étoit aussi l'auteur de l'épitaphe gravée sur la tombe de ce baron, & rapportée dans cette cinquième lettre, avec une épigramme en vers latins sur le même sujet. M. Ogier a écrit encore une longue lettre critique sur l'églogue de M. de Segrais intitulée *Climène*. Cette lettre adressée à M. Lenquestt, & datée de Paris le 6 de septembre 1655, se trouve dans le Segraisiana, avec la réponse qu'y fit M. de Segrais, & qu'il adressa à M. Huet, ancien évêque d'Avranches : ces deux lettres sont aussi dans la nouvelle édition des églogues de M. de Segrais donnée en 1733, à Paris, in-8°. François Ogier a un recueil de ses sermons, sous le titre d'*Actions publiques*, en deux volumes in-4° : le premier a paru en 1652 ; il contient l'éloge de M. d'Avaux ; des panégyriques de plusieurs saints ; l'oraison funèbre de Louis XIII, prononcée dans l'église de S. Benoît le premier juillet 1643, & autres sermons : le second volume, imprimé en 1665, ne contient que des sermons & quatre panégyriques de saints. Avec la traduction des épîtres d'Ovide en prose par l'abbé de Marolles, imprimée en 1661, in-8°, on trouve une longue lettre de François Ogier, *pour servir de préface à cette traduction.* Dans cette lettre, Ogier, parlant de lui, dit, qu'à l'âge de 20 ans, il composa une épître à l'imitation des héroïdes d'Ovide, à l'occasion d'une aventure suivante, qui fit du bruit dans Paris, & dont il parle ainsi : *Un M. de F. après des recherches passionées, épouse mademoiselle de P. fille de beaucoup de mérite, mais peu accommodée des biens de la fortune : puis incontinent après son mariage l'abandonne lâchement. Ses parens favorisent son divorce, qu'il a été enforcelé ; & lui-même, pour pallier son infidélité, feint qu'il est tombé en démence. Peu après M. X. galant homme & bien fait, employe toutes ses belles qualités à combattre la pudeur d'une belle fille d'illustre maison ; il en triomphe, & il est cause qu'elle est menée captive dans un cloître. Ceux qui se plaisoient alors à imiter, continue Ogier, écrivirent*

écrivirent fur ces aventures, prétant leur plume aux plaintes des deux demoifelles affligées, & firent courir fous leur nom des lettres adreffées à leurs amans, comme une traduction même d'Ovide. Ogier s'avoue l'auteur de la première lettre, & dit qu'il n'avoit alors que 20 ans; que *cette lettre fit un fi grand éclat au milieu de la plaidoyrie de cette caufe, dont les plus excellens avocats du parlement étoient chargés, qu'on l'attribua aux plus éloquens d'entr'eux, comme à MM. de la Martelière & Galand; que d'autres la donnerent au prédicateur, auteur du Soldat françois, & de l'Avant victorieux; mais que la différence du ftyle détrompa.* M. de Mefmes, *dit-il encore,* alors lieutenant civil, fit une enquête fi exacte de l'auteur, qu'il le trouva. *Il careffa ce jeune homme* (Ogier lui-même, comme il le dit plus bas) *il l'anima à bien faire, & l'honora de fa familiarité qui lui valut, quoique long-temps depuis, la bienveillance du grand M. d'Avaux, & les aventures de Munfter.* Voila, ajoute Ogier, *par quelle porte ou par quelle brèche je fuis entré dans la réputation. Voyez* HABERT, abbé de Cérify. Dans la même lettre, Ogier dit qu'il avoit étudié *fous la conduite du vieux Gallandius,* l'hôte fidèle de Ronfard; qu'après l'épître dont on a parlé, il voulut tenter s'il pourroit réuffir à traduire quelques épîtres héroïdes d'Ovide en vers françois, en forme de quatrains, à l'exemple du cardinal du Perron & de Méziriac; qu'il commença la verfion de la feconde épître, celle de Phyllis à Démophon, & ne l'acheva point; qu'il envoya ce qu'il en avoit fait à l'abbé de Marolles, qui l'infèra dans fes remarques fur cette épître d'Ovide en 1661. Une des raifons qui arrêta Ogier, ce fut le démêlé qu'il eut alors avec le P. Garaffe, Jéfuite: ce démêlé, dit-il, *arrêta mes fureurs poëtiques, & me fit penfer à des études bien plus réglées & bien plus férieufes.* Cette lettre finit par une épigramme d'Ogier en fix vers latins, à l'abbé de Marolles, fur les traductions de celui-ci des faftes d'Ovide & du bréviaire romain.

OGIER (Jean) *cherchez* GOMBAUD.

OGIGÉS, *cherchez* OGYGÈS.

OGILBI (Jean) commença fort tard à étudier; mais il fit de grands progrès en peu de temps. Son principal ouvrage eft fon *Atlas,* qui lui procura la charge de cofmographe du roi d'Angleterre. Il a traduit Homere & Virgile: il a donné une paraphrafe des fables d'Efope, & une defcription de l'entrée du roi Charles II dans Londres, quand il alla dans cette ville, pour y être couronné: ce qui arriva le 23 avril 1661. On ne fait rien de fa famille: mais fon nom fait foupçonner qu'il étoit Ecoffois d'origine. * Mati. diction.

OGILVI: c'eft le nom d'une ancienne famille d'Ecoffe, qui a eu des barons pendant un fort long-temps. Ils defcendent des fherifs d'Angus. Le chef de cette famille, en 1701, étoit le comte d'Aitli; le fils-aîné s'appelloit LE LORD *Ogilvi.* Il y a un autre comte de ce nom, furnommé *Finlaterre.* * Diction. anglois.

OGINE ou OGIVE, reine de France, femme du roi *Charles III,* dit *le Simple,* étoit fille d'*Edouard I,* & fœur d'*Adelftan,* rois d'Angleterre. Elle eut de Charles, Louis IV, qu'on furnomma d'*Outre-mer;* parceque cette princeffe ayant fu la nouvelle de la prifon du roi fon époux, conduifit fon fils à la cour du roi Anglois fon frere. Lorfque Louis eut été rappellé d'Angleterre pour être mis fur le trône, il fit venir à Laon vers l'an 938, fa mere, qui en fortit l'an 951, âgée de plus de 45 ans. Ogine fe remaria alors avec *Herbert* de Vermandois, comte de Troyes, fils de Herbert II, qui avoit tenu Charles fon mari en prifon. Le roi fon fils en témoigna un déplaifir extrême. De ce fecond mariage elle eut *Etienne,* mort fans enfans l'an 1019, & *Agnès,* feconde femme de

Charles, duc de Lorraine, morte avec lui en prifon à Orléans. * Sainte-Marthe. Mézerai, *hift. de France.* Le P. Anfelme.

OGINSKI (Charles) de la même famille que cet *Oginski,* dont les gazettes ont parlé plufieurs fois, & qui étoit à la tête d'un parti oppofé à la maifon de Sapiéha, étoit un gentilhomme de Lithuanie. Il ne nous eft connu que par une traduction latine qu'il fit de l'*Honnête homme* de Faret, & qu'il publia à Franecker l'an 1643. Il dédia cette traduction à *Samuel* Oginski fon pere, qui avoit une charge confidérable dans le palatinat de Troki en Lithuanie. Konig s'eft trompé, faute d'avoir vu cette traduction; lorfqu'il a dit que Charles Oginski inventa en 1643, l'*Art de plaire à la cour.* Celui qui a fait le fort mauvais fonnet qui eft à la tête de cette traduction, remarque que ce livre de Faret avoit déja été traduit en italien, en efpagnol, en anglois & en allemand. * Bayle, *diction. critique.* Dictionaire hiftorique, édition de Hollande, 1740.

OGLE, château de Northumberland, en Angleterre, entre Newcaftle & Morpeth. Il appartenoit anciennement aux barons d'Ogle, & donna depuis le titre de comte aux ducs de Newcaftle. Les Ogles poffédoient le titre de barons depuis le commencement du regne d'Edouard IV. La ligne mafculine finit en *Cuthbert,* feptième baron. * Cambden. *Britan.*

OGLETHORP, famille diftinguée en Angleterre. Les d'OGLETHORP n'ont jamais eu d'autre nom que celui d'OGLETHORP, qui eft le nom d'une feigneurie qu'ils poffédent de temps immémorial avec celles de BRAMHAM & de CLIFFORD, & qui font fituées près de Tadeafter, dans la partie occidentale du comté d'Yorck. THÉOPHILE d'Ogletorp, après avoir été fous les règnes de Charles II & Jacques II, grand-écuyer, colonel du vieux régiment de Hollande, & major général des armées d'Angleterre, fut lieutenant de roi du comté de Surry, & député au parlement pour Morpeth dans le comté de Northumberland, & pour Haflemere, dans le comté de Surry. Il mourut le 10 avril 1702, dans la cinquante-deuxième année de fon âge, & fut inhumé dans l'églife de S. James à Londres, où l'on voit fon épitaphe, qui porte qu'il tiroit fon origine du vicomte d'Yorck fous Guillaume *le Conquérant.* Il étoit fecond fils de SUTTON d'Oglethorp, écuyer, feigneur d'Oglethorp, Bramham & Clifford, & de *Françoife* Matthew ou Matthieu, qui n'étoit que petite-fille du célèbre *Thobie* Matthew, d'une famille noble de la principauté de Galles, archevêque d'Yorck, mort le 29 mars 1628, âgé de 82 ans. THÉOPHILE Oglethorp étoit petit-fils de GUILLAUME Oglethorp d'Oglethorp, & de *Suzanne* Sutton, fille de *Guillaume* Sutton de Averham dans le comté de Nottingham, chevalier, & fœur de *Robert* Sutton, qui fut créé lord-baron de Lexinton de Averham le 11 novembre 1645, par le roi Charles I. C'eft cette alliance qui a donné lieu de confondre les SUTTON des OGLETHORP, qui font deux familles différentes. JEAN Oglethorp d'Oglethorp, cinquième aïeul de THÉOPHILE, avoit époufé *Jeanne* Manners, fille de *Robert* Manners ou Mannours, feigneur d'Ethall, & d'*Eléonore* Roos, auteurs de la maifon des comtes & ducs de Rutland, barons de Roos. *Eléonor* Wal de Rathkenny, femme de *Théophile* Oglethorp, morte à Londres le premier de juillet 1732, âgée d'environ 70 ans, & inhumée auprès de lui, étoit fille & héritière de *Richard* Wal, écuyer, feigneur de Rathkenny dans le comté de Tippératy, au royaume d'Irlande, qui remontoit fon origine jufqu'à RICHARD, feigneur de Val-Déry, venu en Angleterre avec Guillaume *le Conquérant,* au rapport de Hollingfhead, hiftorien Anglois. EDOUARD de Val ou Wal, un des defcendans de Val-Déry, accompagna le roi Henri II à la conquête de l'Irlande, & s'établit dans cette isle, où ce prince lui donna la terre de Rathkenny, qui a été possédée par ses descendans jusqu'à *Eléonor* Wal. THOMAS Wal, de cette famille, fut fait chevalier de la Jarretiere sous le régne d'Edouard III, instituteur de cet ordre. Des enfans sortis du mariage de THÉOPHILE d'Oglethorp avec *Eléonor* Wal de Rathkenny, il restoit en 1733, *Anne-Henriette* d'Oglethorp, non mariée ; *Eléonore* d'Oglethorp, restée veuve le 24 avril 1721, d'*Eugène-Marie* de Béthizy, marquis de Mézieres, lieutenant-général des armées du roi, gouverneur des villes & citadelles d'Amiens & de Corbie, grand-bailli d'Amiens, commandant pour sa majesté dans les provinces de Picardie, Champagne, Artois, Soissonois, Cambresis, &. Hainaut, avec lequel elle avoit été mariée le 5 mars 1707 ; *Marie-Eléonore* d'Oglethorp, marquise de Bassompierre ; *Françoise - Charlotte* d'Oglethorp, mariée à Paris en 1719, avec *Joseph-François* de Bellegarde, marquis des Marches, fils-aîné de *Jean-François* de Bellegarde, marquis d'Entremonts des Marches, ambassadeur du duc de Savoye, alors roi de Sicile, à la cour de France en 1716 ; & *Jacques-Edouard* Oglethorp d'Oglethorp, seul mâle restant & héritier de sa maison, âgé de 36 ans, & non marié en 1733, membre du parlement de la Grande-Bretagne pour Hassemere, & député par le parlement pour l'établissement de la nouvelle Georgie en Amérique ; autrefois lieutenant de la premiere compagnie des gardes-du-corps à pié de la reine Anne.

Les armes d'OGLETHORP sont D'argent à un chevron de sable, accompagné de trois hures de sanglier attachées aussi de sable. Devise, *Fidelis & Fortis.* * Extrait d'une preuve authentique dressée & certifiée par les membres du collége des hérauts d'armes d'Angleterre.

OGMIUS. C'est le nom d'un des Mercures des Gaulois : car ces peuples reconnoissoient trois espéces de différens Mercures ; le premier étoit Mercure *Marchand*, l'autre *Ogmius*, & le dernier *Teutates*. La peinture sous laquelle ils représentoient Ogmius étoit celle d'un vieillard décrépit & chauve. Le peu de cheveux qu'ils lui donnoient étoit tout blanc : il étoit hâlé & ridé comme un vieux nautonier. Il avoit une peau de lion. Sa main droite étoit armée d'une massue, & sa gauche d'un carquois & d'un arc. Il tenoit par les oreilles une infinité de personnes. Ses chaînes étoient d'or & d'ambre ; & quoiqu'elles fussent très-fines & fort déliées, aucun de ceux qu'elles arrêtoient ne s'avisoit de les rompre, & nul ne faisoit effort pour en point marcher. Lucien qui fait se portrait, ajoute que le peintre ne sachant où attacher l'extrémité de ces chaînes, puisque les deux mains d'Ogmius étoient occupées, avoit représenté le bout de sa langue percé, & c'est par-là qu'il faisoit passer les chaînes qui lioient tous les captifs vers lesquels le prétendu dieu se tournoit avec un sourire mêlé de douceur. Le Mercure que les Gaulois nommoient *Teutates*, étoit, selon quelques-uns, la même divinité (selon la fable) que César assure avoir été honorée dans les Gaules sous le titre de *Dis pater*, & que les Gaulois reconnoissoient pour leur pere. Le mot *Teutates* est gaulois ; signifie Pere du peuple. * Dom Martin, *de la religion des Gaulois*, tom. II.

OGNA SANCHA, comtesse de Castille, vivoit vers l'an 990, & étant veuve, devint passionnément amoureuse d'un prince Maure. Pour l'épouser, elle forma le dessein d'empoisonner son fils Sanche Garcias, comte de Castille, qui pouvoit s'y opposer. Garcias en fut averti ; & étant à table où on lui présenta du vin empoisonné par l'ordre de cette princesse, il dissimula ce qu'il savoit, & par civilité la pria de boire a premiere. Ogna voyant son crime découvert, & désespérant d'en obtenir le pardon, but tout ce qui étoit dans la coupe, & mourut peu de temps après.

On dit que de-là vient la coutume en Castille de faire boire les femmes les premieres : ce qui s'observe encore aujourd'hui en divers endroits d'Espagne, par maniere de civilité. Le comte de Castille parut touché de ce malheur, & fonda le monastere de S. Sauveur d'Ogna, d'où on a depuis ôté les religieuses pour y mettre des religieux. * Louis de Mayerne Turquet, *hist. d'Espagne.*

OGOUZ-KHAN, ancien roi des Mogols, fils de *Cara-khan*, & petit-fils de *Magul-khan*. On peut voir une partie de son histoire dans l'article de CARA-KHAN. Ce prince eut plusieurs guerres à soutenir contre ses oncles, à cause de sa nouvelle religion, qui établissoit la foi en un seul Dieu, & abolissoit l'idolâtrie. Mais Dieu le favorisa de sa protection, & lui donna une pleine victoire sur ses ennemis, qu'il eut à combattre, pendant le cours de 72 ans. Il convertit une grande partie des Mogols ; & ce qui resta de rebelles fut obligé de s'enfuir jusqu'à la Chine, où ayant imploré le secours d'un roi de la race de Ta-tar, qui y regnoit, les Chinois & les Tatares unis vinrent attaquer Ogouz. Mais ce prince les ayant défaits en bataille rangée, subjugua tout leur pays, & demeura maître de toutes les nations Turquesques de l'orient. Il marcha ensuite sur les bords du fleuve Gihon, & soumit à son empire toute cette vaste étendue de pays dont la ville de Bokhara étoit alors la capitale. Il abolit l'idolâtrie dans tous ces quartiers, & il y établit des gouverneurs, qui firent observer les loix Ogouziennes, qu'il avoit fait publier pour tous ses sujets. Les six enfans que laissa Ogouz khan ; savoir, *Gun*, *Ali*, *Ilditz*, *Chiuk*, *Tak*, & *Tenghin*, ont donné leurs noms aux peuples du Turquestan, qui se sont subdivisés en plusieurs races. Toutes ces races ou familles se partagerent les terres qui étoient ou à la droite ou à la gauche du camp d'Ogouz, & en faisoient comme les deux aîles. L'aîle droite portoit le nom de *Bérengar*, & la gauche celui de *Ciouangar*. Les peuples de ce pays-là ont gardé si religieusement la distribution qu'Ogouz fit de leurs quartiers, & la mémoire de leur généalogie, qu'encore aujourd'hui ils observent de ne se point allier hors de leur race, ou de leur tribu. Les six enfans d'Ogouz ayant trouvé un jour qu'ils étoient à la chasse, un arc & trois fléches d'or, les porterent à leur pere, qui donna l'arc aux trois aînés, & le partagerent entr'eux, & les trois fléches aux trois cadets ; il nomma les premiers *Bozok*, & les autres *Outchok*, noms qui signifient le présent qu'il leur avoit fait. Depuis ce temps-là, les trois aînés eurent entr'eux la prérogative de la royauté, dont l'arc chez les Turcs est le symbole, & les trois cadets se contenterent d'être les lieutenans ou ambassadeurs de leurs freres. La fléche chez les mêmes peuples, désigne celui qui est commandé ou envoyé. Les Turcs, que nous nommons *Othmanides*, pour les distinguer des Orientaux, prétendent descendre de la famille d'Ogouz-khan, qu'ils appellent *la famille fidéle.* * D'Herbelot, *bibliot. orient.*

☞ Les écrivains Tartares qui n'ont dressé leur histoire que vers le temps de Genhizkan, c'est-à-dire, après l'an 1200, font vivre Ogouz-Khan 4000 ans avant lui. Tout ce qu'ils en rapportent est fabuleux ; & ce que l'on peut dire de mieux à ce sujet, c'est que dans ces anciennes traditions il est question de la fondation de l'empire des Huns l'an 209 avant J. C. par Me-té, comme on l'apprend par les annales authentiques de la Chine. * M. Deguignes, *hist. des Huns*, tom. II, pag. 12, 24, 43.

OGYGES. Les anciens ne conviennent pas de son origine : quelques-uns le font fils de Neptune & d'A-listre ; les autres lui donnent un autre pere & une autre mere. Comme il n'y a rien de certain là-dessus, nous ne croyons pas qu'il soit nécessaire de nous étendre & de détailler ici les différentes conjectures de plufieurs particuliers : ce dont plufieurs auteurs conviennent, c'eft qu'il fut roi du pays d'Ogygie & d'Acté, qu'on appella depuis *Béotie* & *Attique*. On lui attribue la premiere fondation de Thébes & d'Eleufine. C'eft de fon temps qu'arriva un déluge dont quelques-uns croient qu'il fe fauva, & dans lequel d'autres affurent qu'il périt avec la plupart de fes fujets. Nous plaçons cette inondation célèbre en l'an 1748 avant J. C. qni eft fuivant notre calcul, l'an 2287 du monde, 2966 de la période Julienne. Ce qui nous y détermine, c'eft que Jules *Africain* a remarqué, qu'on comptoit 190 ans depuis Ogygès jufqu'à Cécrops ; & qu'en fixant cet évenement à cette année, on accorde deux chofes qui jufqu'à cette heure avoient paru ne fe pouvoir concilier : l'une, qu'il y a 248 ans entre le déluge d'Ogygès & celui de Deucalion : l'autre, que le déluge de Deucalion arriva lorfque Cranaüs regnoit à Athènes. Le P. Pérau eft mort fans avoir pu prendre de parti fur le temps de cette inondation : les autres chronologiftes ont embraffé diverfes opinions, qu'on auroit peine à accorder enfemble : & cette queftion au fonds n'eft pas fort importante. * Cédrene, *in comp. hift.* Jules *Africain*, dans Eufebe, *l.* 10 *prapar. evang.* S. Auguftin, *l.* 12 *de civit. c.* 8. S. Juftin, *ferm. de Gent.* Clément *Alexandrin*, *l.* 1 *ftrom.* Orofe, *l.* 1. Ufferius, *in annal.*

OGYGIE, ifle entre les mers de Phénicie & de Syrie, renommée par la demeure de Calypfo, qui y reçut Ulyffe après fon naufrage, & où il demeura fept ans avec elle. Quelques auteurs croient que cet ifle eft imaginaire : en effet on ne convient pas du lieu où elle eft fituée. Plutarque la met dans l'Océan, à cinq journées d'Angleterre, vers le couchant. Pline la place dans la Méditerranée auprès de Locres, & il la nomme *Calypfus* ; ce qu'il femble avancer en faveur d'Homere ; & pour faire voir que ce poëte avoit quelque raifon de faire paffer Ulyffe à l'ifle d'Ogygie, où ce héros reçut des faveurs fecretes de la reine Calypfo. Lucien raille agréablement Homere & Ulyffe là-deffus, quand il dit dans fa navigation célefte, qu'il trouva Ulyffe dans l'ifle des Bienheureux, & que ce héros le chargea d'une lettre pour Calypfo dans l'ifle d'Ogygie : fur quoi il faut fe reffouvenir que dès le commencement de fa narration, il protefte de ne dire pas un mot de vérité. Prolémée parle d'une ville de Béotie en Grèce, qu'il nomme *Ogyge* ou *Thisbé*, bâtie par un prince de ce pays-là, nommé *Ogygès*. Baudrand parle d'une ifle nommée *Ogygie*, qu'il place fur la mer d'Aufonie, qui eft une partie de celle d'Ionie, près du cap de *Lacinium*, dans la grande Gréce, & prétend que c'eft celle où Ulyffe féjourna près de Calypfo.

O H

OHAM, roi d'Hébron, fut un de ceux qui affiégerent Gabaon, & qui après la perte de la bataille furent pendus par l'ordre de Jofué. * *Jofué,* 10, 3.

OHIO, riviere de l'Amérique feptentrionale, cherchez HOHIO.

O I

OIE, ville de France en Picardie, capitale d'un comté qui s'étend depuis Calais jufqu'à Gravelines & Dunkerque. Ce pays a été plufieurs fois pris & repris, & a demeuré plus de deux cens ans fous la domination des Anglois. Les Efpagnols l'avoient aufli pris pendant les guerres civiles de la Ligue, & le rendirent par la paix de Vervins.

OJEDA (Alfonfe de) capitaine Efpagnol qui fit plufieurs découvertes dans le nouveau monde à la fin du XVe fiécle & au commencement du XVIe. Il étoit gentilhomme, & avoit été au fervice du duc de Mé-

dina Sidonia. Il étoit d'une très-petite taille ; mais on racontoit des chofes prefqu'incroyables de fa force & de fon adreffe. Il eût été difficile de voir un homme plus hardi, plus entreprenant, plus ambitieux, moins intéreffé, un efprit plus fécond en reffources. Il échoua néanmoins dans fes entreprifes les mieux concertées & les mieux foutenues. Ce fut lui que Chriftophe Colomb envoya en 1493, à la découverte des mines de Cibao dans l'ifle Efpagnole. Il fit plufieurs voyages dans les Indes occidentales avec Améric Vefpuce, avec qui il fe brouilla au fecond voyage. On le nomma en 1509, gouverneur de la nouvelle Andaloufie, & l'année fuivante il jetta les fondemens de la ville de S. Sébaftien. Il faillit plufieurs fois à périr dans ces différentes expéditions ; & une fois entr'autres on le trouva caché dans des mangles, tenant fon épée d'une main, ayant fur fes épaules fon bouclier percé de 300 coups de fléches, & prêt à expirer de faim & de foibleffe. Une autre fois ayant été bleffé à la cuiffe d'une fléche empoifonnée, il fe guérit en faifant rougir dans le feu deux plaques de fer qu'il fe fit appliquer par fon chirurgien aux deux ouvertures de la plaie. Ce remède, pour faire peu de gens auroient eu le courage de fe fervir, eut fon effet, en confumant l'humeur froide que le poifon avoit gliffée dans la bleffure ; mais il lui enflamma de telle forte toute la maffe du fang, qu'on employa une barique entiere de vinaigre à tremper des linges pour le rafraîchir. Sorti de ce danger, il alla échouer fur la côte de Cuba, où fon vaiffeau fe brifa. Il voulut enfuite s'approcher de la Jamaïque, & il fit cent lieues en fuivant toujours le rivage de la mer, & fi dépourvu de commodités, qu'il fut obligé de marcher trente jours de fuite ayant de l'eau jufqu'à la ceinture, ne trouvant rien à manger, & fe voyant fouvent contraint de fe contenter pour boire de l'eau où il marchoit qui étoit faumâtre & fort boueufe. Il arriva enfin à la Jamaïque, & de-là à San-Domingo, où il mourut peu après de chagrin, & fi pauvre qu'il fallut mendier un linceul pour l'enfevelir. * *Hift. de S. Domingue*, par le P. de Charlevoix, *tom. I.*

OJEDA (Didace de) né à Séville, quitta fa patrie pour n'être pas traverfé par fes parens dans le deffein où il étoit d'entrer dans l'ordre de S. Dominique, & alla à Lima dans le Pérou, où il fit profeffion le premier avril 1591. Toute fa vie fut un modèle de piété, & de vertu. Il fut fupérieur dans la maifon de Lima, & dans celle de Cufco, & mourut le 24 octobre 1615, âgé de 44 ans, en odeur de fainteté. On a de lui un poëme efpagnol en ftances de huit vers, intitulé : *Chriftiada*, ou de la vie de Jefus-Chrift, en 12 livres. Il a été imprimé l'an 1611 à Séville. * *Echard, fcript. ord. FF. Prad. tom. II.*

OIGNIES (Saint.Nicolas d') célèbre monaftere de chanoines réguliers de l'ordre de S. Auguftin, dans le duché de Brabant, & marquifat d'Aifeaux, au diocèfe de Namur, reconnoît pour fondateur un faint prêtre, nommé Gilles de *Walcour*, ainfi nommé du lieu de fa naiffance, qui en jetta les premiers fondemens vers l'an 1192, & fit confacrer l'églife en l'évêque de Liége en 1192 à l'honneur de S. Nicolas. Gilles étoit un homme riche, mais encore plus rempli des biens de la grace. Il avoit quatre fils, dont trois furent élevés au facerdoce, & le quatriéme excella dans l'art de l'orfévrerie. L'amour de la retraite & le mépris du monde engagerent Gilles à chercher un lieu qui lui convînt pour pratiquer plus librement la vertu, & il fit choix d'Oignies fur la Sambre. Il eut pour compagnon Jean de Nivel, docteur en théologie, célèbre prédicateur, & doyen de l'églife de Liége. Jacques de Vitry, docteur de l'univerfité de Paris, attiré par la réputation de fainte Marie d'Oignies, vint exprès pour la voir, & charmé de fa converfation, il fe laiffa perfuader d'embraffer la vie religieufe, & de fe faire chanoine régulier à Oignies. Son mérite le fit bientôt connoître auprès des papes, & il fut élevé au cardinalat, nommé évêque d'Ancone, & employé dans des légations considérables ; ce qui lui donna occasion de faire présent à son monastere de plusieurs saintes reliques. Comme il avoit été directeur de sainte Marie d'Oignies ; il en écrivit la vie. On voir dans le trésor la discipline dont se servoit ce grand cardinal, son missel, son pontifical, sa crosse d'ivoire, & deux de ses mitres, dont une de parchemin, & l'autre plus précieuse. On voit aussi une belle châsse qui renferme le corps de sainte Marie d'Oignies, son couteau, & sa chemise de laine. L'église est assez belle : on y voit le tombeau de Jacques de Vitry en marbre noir, & celui de Gérard, sire de Morbais, châtelain de Bruxelles, & la famille du marquis d'Aiseaux y a sa sépulture. Cette maison est bien édifiante, & la régularité y est bien observée. Le monastere d'Oignies doit beaucoup à Bernard Denys, qui en a été prieur, & que l'on peut regarder comme le restaurateur de la maison pour le spirituel & pour le temporel. C'étoit un homme d'un grand mérite, qui joignoit à un esprit pénétrant, & à une piété solide, beaucoup de lumieres, de prudence, d'industrie & de constance. Après avoir rempli les fonctions de sous-prieur, de maître des novices, d'inspecteur de la jeunesse, & de procureur, il fut chargé de la cure de Wanfercée, où il donna de grandes marques de son zèle & de sa capacité. On le tira de cet emploi pour le faire prieur du monastere d'Oignies, & il y fut élu d'une voix unanime. La maison étoit chargée de trente-six mille florins de dettes lorsqu'il fut nommé pour la gouverner : les bâtimens y tomboient presqu'en ruine, & la discipline régulière y étoit fort affoiblie ; mais son courage n'en fut point effrayé. Il commença par réduire ses religieux à la vie commune ; il leur interdit les pensions & le pécule ; il fit de grandes aumônes, & avec ce secret que la prudence humaine ne s'aviseroit pas de chercher, il trouva le moyen de payer toutes les dettes, de rebâtir le monastere, de faire une bibliotheque, & des ornemens pour l'église. Il appliqua ses religieux à l'étude, & leur donna de bons maîtres pour les former dans les sciences, ce qui a si bien réussi qu'il y a toujours eu depuis plusieurs religieux dans ce monastere capables d'enseigner. Pour affermir ses freres dans le bien qu'il avoit établi, il leur fit soutenir une thèse contre le vice de propriété ; il y prouvoit que c'est un déréglement qu'un abbé devoit retrancher, & que chaque religieux étoit obligé en conscience de lui obéir sur ce point, quoiqu'un usage contraire eût prévalu dans ce monastere, & quand même il ne se seroit engagé que dans la vue de jouir de cette douceur. Cette thèse irrita les religieux d'une autre abbaye, qui s'en plaignirent. Le pere Denys répondit qu'on ne l'avoit pas soutenue pour censurer la conduite d'autrui ; qu'on n'avoit eu en vue que d'exposer la vérité ; & que jouissant du bonheur de la vie commune, ils se faisoient un véritable plaisir de s'occuper des avantages que l'on peut en retirer pour s'animer à la conserver sans relâche. Cependant deux religieux d'Oignies, dont l'un étoit curé & l'autre vicaire dans des paroisses du monastere, & un autre ecclésiastique, porterent en secret leurs plaintes à l'évêque de Namur qui voulut inquiéter le pere Denys. Mais celui-ci trouva tant d'approbateurs, qu'il triompha sans peine de ceux qui l'avoient accusé. Le conseil d'état de l'empereur à Bruxelles, après avoir demandé l'avis du conseil souverain de Brabant, & un avis raisonné de trois conseillers du grand conseil de Malines sur les plaintes portées contre le prieur & ses réponses, déclara celui-ci innocent par un décret du mois d'août 1723, & ce décret fut confirmé par ledit conseil d'état, par un autre décret du mois de septembre suivant, & par un troisième du mois d'octobre, lequel

est de l'archiduchesse. Le vicaire ne laissa pas que d'écrire contre son prieur à l'internonce à Bruxelles, & au pape : mais ces lettres furent sans effet. Le P. Denys mourut dans son monastere, âgé de 81 ans, le 27 d'avril 1731, l'an soixantiéme de sa profession religieuse, le cinquante-sixiéme de son sacerdoce, & le trente-septiéme de son gouvernement. * *Voyage littéraire* de dom Martenne & de dom Durand, Bénédictins de la congrégation de S. Maur, *in-4°*, tom. II, pag. 117 & *suivantes.* Le papier mortuaire de Bernard Denys en latin est une feuille *in-folio. Historia fundationis venerabilis ecclesiæ beati Nicolai Oigniacensis, ac ancillæ Christi Mariæ Oigniacensis,* pag. 327 & *suiv.* du tom. VI de l'*Amplissima collectio veterum scriptorum & monumentorum,* par les PP. DD. Martenne & Durand, Bénédictins.

OIGNY, autre abbaye de chanoines réguliers, à quelques lieues de Dijon, en latin *Ungiacus,* est située dans un lieu affreux, sur le bord de la Seine, qui prend sa source à une lieue de-là. On ne peut voir un lieu plus solitaire : aussi ceux qui l'ont fondé s'étoient-ils proposé d'abord de vivre en hermites. Ils embrasserent l'institut des chanoines réguliers, parcequ'ils ne le crurent point contraire à leur esprit de retraite ; & on le voit par leurs premieres constitutions, qu'ils ont puisées aussi dans la règle de S. Benoît dont ils ont emprunté des chapitres entiers, en changeant le mot de *Monachi,* en celui de *Canonici.* Ces constitutions sont fort belles. * *Voyez* les PP. DD. Martenne & Durand, dans leur *voyage littéraire,* tome I, *premiere partie,* &c.

OIHENART (Arnauld) né à Mauléon, avocat au parlement de Navarre, s'est fait un grand nom par un ouvrage intitulé : *Notitia utriusque Vasconiæ.* Il fut imprimé à Paris en 1639, du vivant de l'auteur. On en marque une autre édition en 1659 ; mais c'est la même : il n'y a que la date de changée. L'auteur, au jugement de la Faille, étoit un des plus éclairés & des plus judicieux de son temps. On a encore de lui une déclaration historique de l'injuste usurpation & rétention de la Navarre par les Espagnols, qui a été imprimée en 1625. * *Le Long, biblioth. historique de France.*

OINGTS, hérétiques Anglois, dans le XVIe siécle, disoient que le seul péché qu'on pouvoit faire au monde, étoit de ne pas embrasser leur doctrine. * *Genebrard, in Pio V.*

OISE, riviere de France, que les auteurs Latins nomment *Oesia* ou *Æsia,* a sa source à Hiesson en Tierache, vers les limites du Hainault & de la Champagne, à huit lieues au-dessus de Guise, près de Vervins. Elle traverse la Picardie, arrose Guise, la Fere, où elle reçoit la Sarre, passe de Noyon, à Compiégne, & reçoit au-dessus de cette ville l'Aisne, *Axona,* dont la source est au Barrois sur Clermont, près de Souilli. L'Oise passe aussi au Pont Sainte-Maixence, à Creil, à Beaumont, au Pont dit de l'*Oise* ; & son Pontoise vers Poissi ; elle se décharge dans la Seine, au lieu dit *fin d'Oise,* à six lieues au-dessous de Paris. * *Papyre Masson, desc. flum. Gall.*

OISEL (Jacques) jurisconsulte & philologue, étoit originaire de France, &, à ce que l'on assure, de la famille de MM. Antoine & Guy Loisel, connus par leur érudition. Jacques naquit à Dantzick le 4 mai 1631, de *Philippe* Oisel, marchand de cette ville, & de *Marie* le Noir. Après qu'il eut fait ses premieres études, son pere, qui le destinoit au commerce, l'envoya dans cette vue en Hollande ; & il demeura quelque temps à Harlem, à Leyde & à Amsterdam. Depuis ayant obtenu de son pere la permission de ne se livrer plus qu'à l'étude, il alla à Leyde en 1650, où il écouta les leçons de Claude Saumaise, de Daniel Heinsius, & de plusieurs autres. Il étudia ensuite le droit à Utrecht & à Leyde. Il reçut le degré de docteur en droit dans cette derniere ville ; & en 1655 il voyagea en Angleterre & ensuite en France. Il retourna en Hollande en 1657, & dix ans après, en 1667, il fut appellé dans l'université de Groningue où il enseigna le droit naturel. La conformité de ses études avec celles du baron de Puffendorf, les unit d'une étroite amitié. Jacques Oisel se forma une bibliothéque nombreuse & bien choisie, dont il fit un grand usage. Le catalogue en a été imprimé lors de sa mort, arrivée le 20 juin 1686. On a de lui des corrections & des notes sur divers auteurs, comme sur le dialogue de Minucius Felix, intitulé *Octavius*, dont on a donné deux éditions avec ses corrections & ses notes, & celles de plusieurs autres, en 1652, *in-4°*, & en 1672, *in-8°*, l'une & l'autre à Leyde : sur Aulu-Gelle, *cum notis variorum, ex recensione Antonii Thysii & Jacobi Oiselii* ; à Leyde, 1666, *in-8°*, & dans la même ville, en 1706, *in-4°*, augmenté des notes de Jean Frédéric & de Jacques Gronovius. Oisel a donné aussi des observations sur les fragmens de l'ancien jurisconsulte Caïus : plus, *Disputatio inauguralis de obligatione* : & l'ouvrage intitulé : *Thesaurus selectorum numismatum antiquorum, ære expressorum, quo præter imagines & seriem imperatorum Romanorum à Julio Cæsare ad Constantinum Magnum, quidquid fere monumentorum Romanorum antiquitatis in nummis restat reconditum est ; cum Jacobi Oiselii descriptione* ; à Amsterdam, 1677, *in-4°*. On trouva parmi les papiers de ce savant beaucoup de notes sur le livre de Hugues Grotius du droit de la guerre & de la paix ; mais comme il n'y avoit pas mis la derniere main, on n'a pas jugé à-propos d'en faire part au public, au moins ne les connoissons-nous point. * Niceron, *mémoires*, tom. 42. Banduri, *bibliotheca nummaria*.

OISEL ou OYSEL, *cherchez* CLUTIN.

O K

OKEHAM, ville d'Angleterre, capitale du Rutland, est à 74 milles anglois de Londres. Elle est située dans l'agréable vallée de Catmoss. Elle est petite à proportion du pays qui en dépend, qui est le dernier d'Angleterre. Les maisons en sont peu considérables. Le château où s'administre la justice, est plus remarquable pour son antiquité, que pour sa beauté. Elle a un ancien privilège fort singulier, c'est que, si quelque étranger entre dans sa jurisdiction à cheval, il perd un fer de son cheval, à moins qu'il ne le rachete. Plusieurs personnes de distinction qui ignoroient ce droit, l'ont payé, comme il paroît par plusieurs fers à cheval qui sont cloués à la porte de la maison de ville. Dans la salle de cette maison, où les juges tiennent leurs séances, il y a un fer à cheval de fer, très-bien travaillé, qui a cinq pieds & demi de long, & est large à proportion. * *Dictionaire anglois*.

OKELEI, ville d'Angleterre du canton de Darking, dans le comté de Surrei. Elle est remarquable par la victoire que le roi Ethelwolf, second roi Saxon, y remporta sur les Danois. * *Diction. anglois*.

OKINI, *cherchez* OCHIN.

OKMEIDAN, *cherchez* ATMEIDAN.

OKOLSKI (Simon) religieux Dominicain, vivoit au XVIIe siécle. Il publia en 1641 une livre intitulé *Orbis Polonus*, qui mérite d'être lu. M. Le Laboureur l'a cité plus d'une fois dans son *voyage de la reine de Pologne*, II part. *pag.* 56, 58. Et un autre intitulé, *Preco divini verbi Albertus episcopus Ratisponensis*, imprimé à Cracovie en 1649. On le fait encore auteur d'un ouvrage dont le titre est *Russia Florida*, mais on ne sait s'il a été rendu public. Cet auteur étoit de Russie, & fut provincial de son ordre en Pologne, l'an 1649. * Echard, *script. ord. FF. Præd. tom. II*.

O L

OLAVIUS (Jean) pasteur dans la ville de Randers en Jutland, a passé pour un très-bon poëte, soit en latin, soit dans la langue de son pays. Olaüs Borrichius dans ses discours sur les poëtes, lui donne de grandes louanges. Olavius composa des vers dès sa jeunesse, & n'abandonna point ce genre d'écrire, même dans un âge avancé. Aussi a-t-il fait un grand nombre de poësies. Il aimoit aussi les fleurs avec tant de passion, qu'il a dépensé pour se satisfaire une grande partie de son bien. Il entretenoit correspondance avec divers fleuristes, & cherchoit à se procurer ce qu'il y avoit de plus rare par leur moyen. On a de lui deux recueils d'épigrammes. Le premier renferme les épigrammes adressées aux poëtes les plus connus qui vivoient alors : ce premier recueil parut en 1650 ; *in-8°* ; le second fut publié en 1656. * Albertus Thura, *idea histor. litterar. Danorum*, pag. 358. Supplément françois de Basle.

OLAUS ou OLAF, roi de Norwége, dans le XIe siécle, s'employa avec un zèle extrême, pour établir la foi orthodoxe dans ses états, & chassa de son royaume des magiciens qui s'opposoient à ce pieux dessein. Canut, roi de Danemarck & d'Angleterre, qui l'avoit détrôné une fois, fut cause que quelques-uns de ses sujets l'assassinerent. Ainsi Olaüs mourut pour la foi vers l'an 1028. * Adam de Bremen, *l.* 2, *hist. eccl. c.* 4 & *seq.* Olaüs Magnus, &c.

OLAUS, est un nom commun à d'autres rois de Suéde & de Danemarck, dont le règne ne contient point d'évenemens considérables. *Voyez* les suites chronologiques des rois des deux monarchies.

OLAUS MAGNUS, *cherchez* MAGNUS.

OLBERT, OSBERT ou ALBERT, *cherchez* ALBERT ou OLBERT, dit *de Laubes*, abbé de Gemblou.

OLBERT FOGLIETA de Gènes, *cherchez* FOGLIETA.

OLBIA, est un nom commun à plusieurs villes de l'antiquité, il y en avoit une en Sardaigne, une dans la Gaule Narbonoise, une autre à l'embouchure du Borysthène, & d'autres dont on peut voir le détail dans le *Dictionnaire géographique* de M. de la Martiniere.

OLBOR, *cherchez* OSBOR.

OLDCASTEL, hérétique, qui prêchoit les erreurs de Wiclef en Angleterre, l'an 1413, se cachoit ou dans des caves ou dans des bois, lorsque les officiers de la justice le mettoient en état de le prendre. Il fut enfin surpris, livré au bras séculier l'an 1416, & puni de ses blasphèmes. * Harpsfeld, *hist. Wiclef. c.* 13. Valsingham. *A.C.* 1417. Sponde, *in annal. A.C.* 1413, *n.* 3, 14, 15, *n.* 651.

OLDE-AMPT : c'est une contrée de la province de Groningue. Elle est entre le Fivelingo, le territoire de Groningue, le pays de Drente, le Westerwold, & le golfe du Dollert. La forteresse de Winschoten en est le lieu principal. Les autres ne sont que des villages. * Mati, *diction*.

OLDEGAIRE, évèque de Barcelone, & archevèque de Taragone, fut quelque temps, avant que d'être élevé à l'épiscopat, chanoine d'une église de S. Andrien dans la Catalogne, dont il étoit originaire. Il fut ensuite abbé de S. Ruf d'Avignon, qui étoit un monastère de chanoines dans une grande réputation de régularité. Son absence ne fit pas oublier dans son pays les vertus dont la grace l'avoit orné, & qu'il y avoit fait briller. Il fut élu évèque de Barcelone vers l'an 1116. Dès qu'il eut nouvelle de cette élection, il prit la fuite, pour se dérober aux honneurs qui le cherchoient. Mais on le découvrit, & il fut obligé de se charger du fardeau qu'on vouloit lui imposer, &

dont il connoiſſoit la péſanteur. Son zèle & les grands biens qu'il fit dans ſon évêché, engagerent Raymond, comte de Barcelone, de lui donner l'archevêché de Taragone, ville qui avoit été repriſe ſur les Sarazins. Le pape Gélaſe II confirma cette élection, & le bienheureux Oldegaire travailla avec autant de zèle que de ſuccès à rétablir cette ville, & à rebâtir la cathédrale qui étoit dédiée à Dieu ſous l'invocation de ſainte Thecle. Il mourut ſaintement dans une heureuſe vieilleſſe le 6 de mars de l'an 1137. Les miracles obtenus par ſon interceſſion ſont des preuves éclatantes de ſa ſainteté, & l'égliſe de Barcelone a ſouvent ſollicité ſa canoniſation. On lui donne la qualité de bienheureux. S. Bernard, dans ſa lettre 126, adreſſée aux évêques d'Aquitaine, le nomme *Hildegaire*. Mais il y a lieu de croire que c'eſt une faute de copiſte : car tous les autres auteurs l'appellent toujours Oldegaire. Ce prélat avoit aſſiſté l'an 1119, au fameux concile de Reims, qui fut tenu cette année, dont nous avons de ſi beaux canons, entr'autres contre les inveſtitures, les uſurpateurs des biens eccléſiaſtiques, contre ceux qui exigent de l'argent pour l'adminiſtration des ſacremens, & pour la ſépulture, &c. & dans lequel l'empereur Henri IV fut excommunié. Oldegaire, pour préparer les eſprits à cette excommunication, prononça un fort beau diſcours ſur la dignité royale & ſacerdotale, qui fut écouté avec attention, & à l'éloquence duquel la ſainteté connue du prélat donna une nouvelle force. On trouve dans la *Collectio ampliſſima*, des PP. DD. Martenne & Durand, Bénédictins, tome I, une charte par laquelle Oldegaire donne aux pauvres les lits & draps des clercs défunts : elle eſt de l'an 1132. * *Voyez* la lettre de S. Bernard, citée dans cet article ; & les notes de dom Mabillon, Bénédictin ; les hiſtoriens d'Eſpagne, & l'*hiſtoire de l'égliſe Gallicane*, par le feu pere Longueval, Jéſuite, *tome VIII, livre 14, pag.* 584 & 585. Les conciles du pere Labbe, &c. la nouvelle *hiſtoire de Languedoc*, tome ſecond.

OLDEMBOURG, ville de l'Empire en Weſtphalie, eſt ſituée ſur la petite riviere de Hont, qui ſe jette dans le Veſer, ſur laquelle les comtes d'Oldembourg ont droit de péage. Cette ville eſt capitale d'un comté à qui elle donne ſon nom, & qui eſt entre la Friſe, le dioceſe de Munſter, le duché de Bremen & la mer Germanique. On y joignit le comté de Delmenhorſt. La ſouveraineté en appartient préſentement au roi de Danemarck, qui eſt de la maiſon des comtes d'Oldembourg. Nous avons remarqué dans l'article de Holſtein, qu'on a cru que cette maiſon deſcendoit de celle de Saxe, fondée par Witikind *le Grand*.

I. CHRISTIAN comte d'Oldembourg, épouſa *Agnès*, comteſſe de Honſtein, dont il eut

II. THEODORIC *le Fortuné*, comte d'Oldembourg, qui épouſa 1°. *Adelaïde*, fille d'*Othon*, comte de Delmenhorſt : 2°. *Hedwige*, veuve de *Balthazar*, duc de Meckelbourg, & ſœur de *Gerard* & d'*Adolphe*, comtes de Sleſwick & de Holſtein, terres qu'elle apporta à ſon mari après leur mort. Il décéda l'an 1440, & fut pere de CHRISTIAN, roi de Danemarck, de Norwège & de Suéde ; de GERARD, qui ſuit ; de *Maurice*, comte de Delmenhorſt, mort l'an 1464, ne laiſſant de *Catherine*, fille d'*Othon*, comte de Hoye, qu'une fille, religieuſe ; & d'*Adelaïde*, mariée 1°. à *Erneſt* III, comte de Honſtein : 2°. à *Gebhard*, comte de Mansfeld.

III. GERARD *le Belliqueux*, comte d'Oldembourg, entreprit & ſoutint de grandes & continuelles guerres, ſurtout contre ſon frere Chriſtian roi de Danemarck, pour les duchés de Sleſwick & de Holſtein ; mais enfin ayant été vaincu & pris par Henri Schwartzenburg, archevêque de Bremen, & évêque de Munſter ; il fut exilé & vint mourir en France l'an 1500. Il avoit épouſé *Adelaïde*, fille de *Nicolas*, comte de

Tecklembourg, morte l'an 1477, dont il eut entr'autres enfans JEAN, qui ſuit ; *Adolphe*, tué l'an 1500 ; *Chriſtian*, mort l'an 1492, âgé de 25 ans ; *Othon*, chanoine de Cologne & de Bremen, tué avec ſon frere Adolphe en la guerre du roi Jean de Danemarck, contre les payſans de Dirmarſſen ; *Adelaïde*, épouſe de *Dieteric* ſeigneur de Bleſſen ; & quatre autres filles.

IV. JEAN XIV de ce nom, comte d'Oldembourg, mourut en l'année 1526. Ce comte avoit pris alliance dès l'an 1498, avec *Anne*, fille de *Georges*, prince d'Anhalt, morte l'an 1531, dont il eut *Jean* XV, né l'an 1499, & mort l'an 1548 ; *Georges* né l'an 1503, & mort l'an 1551 ; *Chriſtophe*, chanoine de Cologne & de Bremen, grand guerrier, né l'an 1504, & mort l'an 1566 ; ANTOINE, qui ſuit ; & *Anne*, femme d'*Enon* II, comte d'Oſtfriſe, née l'an 1501, & morte l'an 1575.

V. ANTOINE, qui fut comte d'Oldembourg, du conſentement de ſes freres, étoit né l'an 1505, & mourut le 22 janvier 1573. Il fit la guerre aux Munſteriens l'an 1547, & les força de lui rendre la ville de Delmenhorſt. Ce comte avoit épouſé l'an 1537, *Sophie*, fille de *Magnus*, duc de Saxe-Lawembourg, dont il eut JEAN XVI, comte d'Oldembourg, qui ſuit ; *Chriſtian*, né l'an 1544, mort l'an 1570 ; ANTOINE, comte de Delmenhorſt, *dont nous parlerons après avoir fait mention de ſon aîné* ; *Anne* mariée à *Gontier*, comte de Schwartzenburg, morte l'an 1579 ; *Catherine*, femme d'*Albert*, comte de Hoye ; & *Claire*, morte ſans alliance, l'an 1598.

VI. JEAN XVI, comte d'Oldembourg, né l'an 1540, épouſa l'an 1576, *Elizabeth*, fille de *Gontier* comte de Schwartzenburg ; & mourut l'an 1603. Il en eut *Jean-Frédéric*, mort à deux ans l'an 1580 ; ANTOINE-GONTIER, qui ſuit ; *Anne-Sophie*, morte l'an 1631, âgée de 52 ans ; *Marie-Elizabeth*, décédée l'an 1619, à 38 ans ; *Catherine*, femme d'*Auguſte*, duc de Saxe-Lawembourg, morte l'an 1644, âgée de 62 ans ; & *Magdeléne*, femme de *Rodolphe*, prince d'Anhalt-Zerbſt.

VII. ANTOINE-GONTIER, comte d'Oldembourg, né le 1 novembre 1583, prit alliance le 31 mai 1635 avec *Sophie-Catherine*, fille d'*Alexandre*, duc de Holſace-Sunderburg, & mourut ſans lignée légitime, l'an 1667. Son épouſe ne décéda qu'en 1696. Le roi de Danemarck, & ſes autres couſins paternels ont été héritiers des biens propres de ſa famille ; mais enfin de ſa ſœur *Magdelene*, princeſſe de Zerbſt, lui ont ſuccédé au comté de Jevern, qu'il avoit eu par acquiſition. *Il avoit eu avant ſon mariage un fils naturel d'Elizabeth, fille d'André, ſeigneur de Sonneck. Ce fils nommé* ANTOINE, *comte d'Altembourg, naquit l'an* 1633. *Son pere par ſon teſtament lui laiſſa le château de Varel, le domaine de Kniphauſen, & d'autres terres dans le comté d'Oldembourg. Son mérite perſonnel, & les ſervices rendus à l'Allemagne lui obtinrent de l'empereur Ferdinand* III *l'an* 1654 *le titre de comte, & ſéance en cette qualité à la diete de Ratisbonne. Le roi de Danemarck l'eſtima beaucoup, le fit chevalier de l'ordre de l'Elephant, commandant général dans les comtés d'Oldembourg & de Delmenhorſt, conſeiller d'état, & ſon plénipotentiaire à Nimegue. Il mourut le 27 octobre* 1680. *Il avoit eu cinq filles de ſa premiere femme,* Auguſte, *fille de Jean, comte de Sayn à Wittgenſtein qu'il avoit épouſée l'an* 1659, *& qui mourut le 15 mai* 1669, *ſavoir,* Antoinette-Auguſte, *née en* 1660, *mariée en* 1677, *à Ulric-Frédéric, comte de Guldenburg ;* Sophie-Elizabeth, *née en* 1661, *mariée l'an* 1680 *à François de Fredag, baron de Gœdens, conſeiller du conſeil impérial ;* Dorothée-Juſtine, *née l'an* 1663 ; *Louiſe-Charlotte, née l'an* 1664, *mariée en* 1684, *à Chriſtophe Bielke ; &* Guillelmine-Juliene *née l'an* 1665, *mariée l'an* 1689, *à George-Erneſt, comte de Wedeln. En* 1680, *le 29 mai,*

Antoine, *comte d'Altembourg*, prit une seconde alliance avec Charlotte-Emilie de la Tremoille, *fille de Charles Henri*, prince de Tarente, & de la princesse Emilie de Hesse-Cassel, dont il laissa Antoine, comte d'Altembourg, *fils posthume*, né le 17 juin 1681.

VI. ANTOINE d'Oldembourg, comte de Delmenhorst, troisiéme fils d'ANTOINE, comte d'Oldenbourg, & de Sophie de Saxe-Lawenbourg, naquit l'an 1550, & mourut l'an 1619, ayant eu de *Sibylle*, fille de *Henri*, duc de Brunswick-Daneberg, *Antoine-Henri*, né le 8 février 1604, & mort l'an 1622; *Christian*, né le 26 septembre 1612, & mort le 23 mai 1647; *Sophie-Ursule*, femme d'Albert-Frédéric, comte de Barbi; *Catherine-Elizabeth*, abbesse de Gandersheim, morte l'an 1649; *Claire*, mariée l'an 1645, à *Auguste-Philippe*, duc de Holsace-Sunderburg, morte l'an 1647; *Sidonie*, alliée avec le même duc, l'an 1649, & morte l'an 1650; *Anne*, femme de *Jean-Christierne*, duc d'Holsace-Sunderburg, frere aîné d'*Auguste-Philippe*; *Emilie*, mariée à *Louis-Gontier*, comte de Schwartzenberg; & *Julienne*, alliée l'an 1652, avec *Mainfroi*, duc de Wittemberg à Brentz-Weilingen. *Voyez* HOLSACE, & les auteurs que nous citons à la fin du même article.

OLDENBURG ou OLDENBOURG (Henri) secrétaire de la société royale de Londres, étoit natif de Bremen; Il ne vint d'abord en Angleterre que pour les affaires de son pays, dont il étoit résident auprès de Cromwel. Ayant perdu cet emploi, sa ressource fut de chercher une place qui pût lui convenir dans quelque maison distinguée. Il entra successivement dans celle d'*O-Bryen*, & de *Cavendish*, l'une Irlandoise, & l'autre *Angloise*, pour y être précepteur de deux jeunes seigneurs de ces noms. Etant à Oxford avec le premier en 1656, il s'y fit connoître de cette troupe savante qui jetta les fondemens de la société royale. Il n'y eut d'abord que cette compagnie qu'un seul secrétaire qui couchoit sur un registre ce qui se passoit; les matieres étoient ensuite mises les unes en journal, les autres laissées sur le brouillon. Le premier que l'on chargea de cet emploi fut le docteur *Croone*, ou autrement *Guillaume Crowne*, savant médecin, qui mourut en 1684. On s'apperçut bientôt que la charge étoit trop pénible pour un seul homme, puisqu'il falloit tenir les cahiers en bon ordre, préparer les mémoires que l'on publioit, entretenir les correspondances au-dedans & au dehors du royaume. Elle fut donc partagée entre deux membres de la société, M. Wilkins & M. Oldenburg, qui signoit quelquefois *Grubendole*. Celui-ci soutint toujours cette place avec beaucoup d'honneur. Il la possédoit jusque vers la fin de sa vie, depuis l'an 1664 qu'il fut nommé. Il a publié les mémoires philosophiques depuis la même année, jusqu'au milieu de l'an 1677. Il mourut au mois d'août 1678, à Charlton près de Greenwich. On a aussi des lettres d'Oldenburg à M. de Leibnits, dans le recueil de celles qu'il a fait imprimer sur les progrès de l'analyse. * Voyez la bibliothéque Angloise, par Armand de la Chapelle, tom. XI, première partie, article premier, où l'on donne l'extrait de l'histoire de la société royale de Londres, écrite en anglois par Thomas Sprat, mort évêque de Rochester.

OLDENBURGER ou OLDENBOURG (Philippe-André) écrivain du XVIIe siécle, fut un des disciples d'Hermann Conringius, & s'établit à Genève, où il enseigna le droit & l'histoire aux jeunes gens de distinction qui s'y trouvoient. Nous ignorons les particularités de sa vie. Il est auteur de différens ouvrages, plusieurs desquels il a publiés sous divers noms; ce qui lui a été reproché, comme s'il eût voulu par-là s'attirer des louanges sans que l'on pût s'en appercevoir. Il a publié sous le nom de Philippe-André Burgoldensis, qui n'est presque que son nom retourné,

Discursus juridico-politico-historici ad pacem Osnaburgo-Monasteriensem, 1669, *in*-4°. On trouve dans cet ouvrage, dit l'abbé Lenglet, qui ne paroît pas en avoir connu le véritable auteur, une liste des historiens & des auteurs du droit public d'Allemagne. Sous le même nom, il a donné la même année, *Discursus in instrumentum pacis Osnaburgo-Monasteriensis*, à Freistad, *in*-4°, du moins M. l'abbé Lenglet distingue cet ouvrage du premier, & dit du dernier, *que c'est un ouvrage hardi & savant*, attribué à Oldenbourg, qui est le même qu'Oldenburger. On a encore de lui: *Strictura in Monzambanum: Limnæus enucleatus*, &c. celui-ci est un volume *in-fol.* imprimé à Genève en 1670. C'est un abrégé de l'ouvrage intitulé: *Joannes Limnæus de jure imperii Romano-Germanici*, imprimé en 1629, & années suivantes, en cinq vol. *in*-4°. L'abrégé, dit M. Lenglet, est très-estimé, & nécessaire pour le droit de l'Empire. Il ajoute cependant, » que d'autres croient » qu'Oldenbourg n'a pas bien réussi en abrégeant Lim- » næus, & qu'il a laissé échaper une bonne partie des » choses utiles & même nécessaires, & qu'il en a gar- » dé d'autres qui ne sont d'aucun usage, ou que l'on » trouveroit mieux ailleurs «. Si ce dernier avis est juste, on ne devroit pas tant *estimer* l'ouvrage d'Oldenbourg, ni le regarder comme *nécessaire*. L'ouvrage le plus considérable de cet auteur est celui qui est intitulé: *Thesaurus rerum publicarum*, imprimé en quatre volumes *in*-8° à Genève, 1675. »Quoique ce livre » ne soit pas dans sa perfection, dit l'abbé Lenglet, » il ne laisse pas de pouvoir être utile pour l'étude des » nouvelles monarchies, dont on y fait des abrégés » historiques par des chapitres séparés, & dont on a » eu soin de marquer les intérêts vrais ou faux. Conringius, à qui, ajoute M. Lenglet, on avoit attri- » bué partie de cet ouvrage, l'a désavoué «. Dans le *Dictionnaire historique d'Amsterdam*, 1740, on dit qu'il y a deux choses à remarquer sur le même ouvrage: la première, que » l'auteur a pris des leçons de » Conringius son maître, qui en a été fort choqué: la » seconde, qu'il a dédié, sans épître dédicatoire, le » premier tome à dix-sept princes différens; le second » à vingt autres; le troisiéme aux consuls ou bourgue- » mestres, aux syndics, aux sénateurs, aux » trésoriers, & aux secrétaires des villes de Zurich, » Berne, Basle, & Schafhouse; le quatriéme aux ma- » gistrats & autres personnes en charge des villes. de » Nuremberg, de Strasbourg, d'Ulm, de Lubeck, » &c. «

☞ OLDENDORF ou OLDENDORP, petite ville du cercle de la basse Saxe, en Allemagne, dans la principauté de Grubenhagen, au sud de Hanovre, dont elle est éloignée d'environ treize lieues; cette ville a beaucoup souffert dans la guerre de trente ans. * Zeiler, *topogr. Brunswik. Dict. hist. édit. de Holl.*

☞ OLDENDORP, ville du cercle de Westphalie en Allemagne, dans le comté de Schawenbourg, au sud-sud-ouest de Hanovre, dont elle est éloignée de huit à neuf lieues. Elle appartient au landgrave de Hesse-Cassel. Ce fut près de ce lieu qu'en 1633, les Impériaux perdirent la bataille contre les troupes de Suede, de Brandebourg & de Hesse. * Winckelman, *descript. de la Hesse*, p. 335. *Dict. histor. édit. de Holl.* 1740.

OLDENDORPIUS (Jean) jurisconsulte, natif de Hambourg, & neveu d'Albert Crantz, a été en grande considération dans le XVIe siécle. Il étoit de la religion prétendue réformée. Il fut syndic de la ville de Rostock, & conseiller du landgrave de Hesse. Il enseigna à Cologne & à Marpurg, où il mourut le troisiéme juin de l'an 1567. Nous avons plusieurs traités de sa façon, comme des Commentaires sur diverses questions du droit; *Practica actionum forensium*; *Variæ lectiones*; *Classes actionum: De actionibus juris per quas ultimæ voluntates ex bono & æquo conservantur*:

Varia juridica, *in-8°*, trois tomes : *Lexicon juris* : *Confilia* : *Enchiridion exceptionum forenfium* : *De jure & æquitate* ; à Cologne, 1573, *in-16* ; & à Francfort, 1611, *in-12*. *Conftitutio funeraria Juftiniani exemplo noftri temporis declarata*, *in-8°*. *Interpretatio privilegii à Frederico I ftudiofis bonarum litterarum conceffi*, *in-8°*. Il eft parlé de ces priviléges accordés par Frédéric I, dans le chapitre fecond du livre intitulé : *In Authenticam*, *Ne filius pro patre*, *commentarius de privilegiis ftudioforum*, autore *Helfrico-Ulrico Hunnio*. *Refponfio ad parochos Colonienfes de communione fub utraque fpecie*, 1543, *in-8°*. *Refponfio adverfus fcriptum cleri Colonienfis*, *in-8°*. *De temporum præfcriptione* ; à Francfort, 1576, *in-4°*, avec les *Quintiliani Mandofii cafus annales*, & autres ouvrages. Dans l'ouvrage intitulé : *Icones, five imagines virorum litteris illuftrium, qui fæculo XV præfertim . . . . claruere*, &c. à Francfort fur le Mein, 1720, *in-8°*, on trouve, pag. 110, le portrait d'Oldendorp, avec cette infcription.

JOANNES OLDENDORPIUS J. C.
Hamburgi natus urbe Saxoniæ liberâ.
Summam in ftudiis expertus liberalitatem avunculi
Alberti Crantzii hiftorici clariffimi.
Gryphifwaldiæ in Pomeraniâ doctor juris utriufque creatus,
Syndicus primò reipublicæ Roftochianæ conftitutus,
Poft Colonæ Agrippinæ, ac dein Marpurgi multis annis
Jus civile profeffus in Academiâ
Cum laude fingulari, doctrinæ, fidei, induftriæ, fapientiæ :
Commentariis in multas juris partes quam plurimis editis,
Ac præfertim practicâ actionum Forenfium abfolutiffimâ,
Quâ verus exercendæ jurifprudentiæ ufus oftenditur,
In medio relictâ.
Obiit anno Chrifti M D LXI, *Marpurgi.*

* Chytræus, *in Saxon.* Nigidius, *in Elencho profeff.* Marpurg. Pantaleon, *l.* 3 *profop.* Melchior Adam, *in vit. jurifc. Germ.* &c.

OLDFIELD (Jean) prédicateur presbytérien, né à Chefterfield vers l'an 1627, étudia avec foin la théologie, les langues & les mathématiques, & acquit de grandes lumieres dans ces fciences, fur-tout dans les deux dernieres : car il ne put fe dégager, par rapport à la premiere, des préjugés de la fecte dans laquelle il étoit né. Il avoit auffi du gout pour les méchaniques, & avoit un génie fort inventif. Il fut pafteur à Carfington, dans le comté de Derby : mais n'ayant pas voulu *fe conformer*, il fut privé de cet emploi. Il écrivit les raifons qu'il avoit de ne fe pas rendre à ce que l'on exigeoit de lui, & cet écrit fut trouvé après fa mort. Il ne laiffoit pas de fréquenter l'églife épifcopale, & il étoit affez modéré pour ne pas au moins occafioner de nouvelles difputes, & en cela il fut défaprouvé de plufieurs de fes confreres plus ardens que lui, & peut-être plus impétueux. Il paffa les dernieres années de fa vie à Alfreton, & mourut le 5 de juin 1682. Il avoit beaucoup de probité, & de ces qualités utiles à la fociété civile. Son difcours fur la priere, & un autre écrit en anglois, font fort eftimés en Angleterre, fur-tout parmi les Presbytériens. * *Mémoires du temps.*

☞OLDHAM (Jean) célebre poëte anglois du XVII° fiécle, étoit fils d'un miniftre *non-conformifte*, qui l'éleva avec foin, & l'envoya étudier à Edmund-Hall à Oxford. Oldham y devint bon humanifte, & s'appliqua avec ardeur à la poëfie & aux belles lettres. Il alla enfuite à l'*école-libre* de Croydon, dans le Surrey, où il reçut la vifite des comtes de Rochefter & de Dorfet, de Charles Sodley, & d'autres perfonnes de diftinction, à l'occafion de quelques vers manufcrits dont il étoit l'auteur. Cette vifite furprit extrêmement le maître de cette école. Oldham fut enfuite fucceffivement précepteur de plufieurs jeunes feigneurs; & ayant amaffé quelqu'argent, il alla demeurer à Londres, où il fe livra aux plaifirs de la table & aux bonnes compagnies. Il lia une étroite amitié avec Dryden, & avec plufieurs autres écrivains célebres de fon temps. Sa converfation étoit très-agréable ; ce qui le faifoit rechercher des grands. Il mourut de la petite vérole, dans la maifon du comte de Kinfton, à Holmo-Pierpoine, en Nottinghamshire, en 1683, à 30 ans. Ses traductions font excellentes; & les Anglois font beaucoup de cas de fes poëfies. Ils eftiment furtout fes fatyres contre les Jéfuites.*M. l'abbé Ladvocat, *diction. hiftor. portatif.*

OLDON, moine Efpagnol, de la congrégation de Cluni, eft auteur d'un traité des divins offices, intitulé *Rationale divinorum officiorum*, & de quelques vies des Saints. Il vivoit dans le XIII° fiécle l'an 1227, comme on l'apprend au commencement du premier de fes ouvrages.

OLDRADE, favant jurifconfulte, naquit à Lodi en Italie, dans le XIII° fiécle. Il étudia le droit fous le célebre Dynus, & fe rendit capable de l'enfeigner, comme il fit en effet, avec beaucoup de réputation, à Boulogne & à Padoue. Le pape Jean XXII l'appella en 1316 à Avignon, & le fit profeffeur extraordinaire. Pendant fon féjour dans cette ville, Oldrade fut confulté de la part de Robert, roi de Sicile, fur les droits de primogéniture. Ce jurifconfulte décida de la préférence en faveur des defcendans de l'aîné, au préjudice de l'oncle, & l'univerfité d'Avignon approuva fa décifion. Ce ne fut pas la feule fois qu'Oldrade reçut ce témoignage avantageux de cette univerfité : fouvent confulté fur les queftions les plus épineufes, on trouva prefque toujours fes décifions fi judicieufes & fi vraies, que cette univerfité fe fit un devoir de leur donner fon approbation. Jean XXII vouluit employer un fujet fi diftingué, le fit venir à fa cour, où il le fit avocat confiftorial. Oldrade acquit beaucoup de réputation dans cet emploi par fes favantes plaidoiries, & par les excellentes réponfes qu'il donna au public. Pancirole a remarqué que l'ordre des avocats confiftoriaux confiftoit autrefois en dix jurifconfultes, les plus habiles que l'on pût trouver, qu'on leur donnoit des privilèges confidérables; & qu'eux feuls, pour l'ordinaire, défendoient les caufes des parties qui plaidoient dans le confiftoire ; mais que n'y ayant pas affez d'emploi pour les occuper, ils en prirent dans les autres tribunaux de la cour de Rome. Oldrade fe faifoit admirer par-tout où on l'entendoit; mais s'étant un jour oublié fur un fujet qui fouloit faire parler avec trop de vivacité, le pape, qui étoit préfent, blâma cet emportement, & l'on dit même qu'il accufa l'orateur de calomnie. Oldrade en eut tant de chagrin, qu'il abandonna le barreau, & fe renferma dans le cabinet. Il ne donna plus que des confultations; mais il en fit un grand nombre, parmi lefquelles il y en a de fi folides, que les plus favans docteurs Ultramontains n'ont pas fait difficulté de s'en aider, & même de s'en faire honneur. C'eft ce que Du-Moulin, fur la coutume de Paris, a remarqué en particulier. *Idem*, dit-il, après avoir rapporté fon fentiment & celui de plufieurs autres fur une queftion dont il s'agit en cet endroit : *Idem ante Albericum tenuit Joannes Andreas, & ambo fubtraxerunt ab Oldrado, cujus fuit originaliter, etiam ad litteram, determinatio.* Balde a fait le même reproche à Jean André, d'avoir pillé ce qu'il y a de meilleur dans les écrits d'Oldrade. Ce n'eft pas fans raifon que d'habiles jurifconfultes cherchoient à profiter des écrits d'Oldrade qui couroient manufcrits, & dont aucun n'a été imprimé : ils y trouvoient de grandes lumieres qui les guidoient dans les queftions les plus difficiles. Auffi Paul de Caftre l'a-t-il nommé *le pere des loix*; Parifius, en fon confeil 73, livre premier, nombre 37, fait fon éloge : Æmilius Ferretus, *Refponf.* 2, l'appelle *Summus fuæ ætatis jurifconfultus.* Nous fupprimons les autres éloges qui lui ont été donnés

donnés par Chopin, Motnac & autres. Oldtade retourna sans doute à Avignon, puisqu'on y voit son tombeau à l'entrée de l'église des Dominicains, avec une ancienne épitaphe qui nous apprend qu'il mourut au mois d'avril de l'an 1335. Cosme Bardi, qui étoit vice-légat d'Avignon au commencement du XVIIᵉ siécle, voyant ce tombeau prêt de tomber en ruine, & son inscription presque effacée, le fit rétablir, & y fit mettre une nouvelle épitaphe qui est datée de l'an 1627. * Mém. manuscrits. Taisand, vies des jurisconsultes, édition de M. de Ferrieres, in-4°, pag. 402 & 403.

OLD - SARUM, c'est-à-dire, Sarum le Vieux, bourg d'Angleterre dans la contrée du comté de Wilt qu'on nomme Under-Ditch. Il est fort déchu depuis qu'on a bâti New Sarum, ou le Nouveau Sarum. Il a pourtant conservé ses priviléges, & envoie deux députés au parlement. * Mati, dict.

OLEARIO ou DE ULARIIS (Barthélemi) cardinal, évêque de Florence dans le XIVᵉ siécle, étoit de Padoue, & étoit entré fort jeune parmi les religieux de S. François. Il fut élevé ensuite sur le siége épiscopal de Florence, & mérita le chapeau de cardinal, que le pape Boniface IX lui donna l'an 1389. Ce pontife employa Oléario en diverses affaires importantes, & l'envoya légat dans le royaume de Naples, où il mourut à Gayette, le 16 avril 1396. * Angelo Portanéri, l. 7, c. 9. Ciaconius. Wadingue.

OLEARIUS (Adam) savant Allemand, bibliothécaire du duc de Holstein. Son nom allemand étoit Oelschlager : il naquit l'an 1603 à Ascherleben, petite ville d'Allemagne, dans la principauté d'Anhalt, en la basse Saxe, de Marc Oelschlager, tailleur d'habits. Après avoir été quelque temps professeur public à Leipsick, il quitta ce poste pour passer dans le Holstein, où le prince Frédéric, duc de Holstein-Gottorp, lui donna de l'emploi. Ce prince, après avoir bâti la ville de Frédericstadt, forma le dessein d'y attirer une partie du commerce du levant, & surtout celui des soies. Dans cette vue, il envoya une ambassade au czar & au roi de Perse, dont il chargea Philippe Crusius & Otton Brugman, & il leur joignit Oléarius avec la qualité de conseiller & de secrétaire d'ambassade. Ils partirent de Gottorp le 22 octobre 1633, & allerent d'abord en Moscovie ; ils firent leur entrée à Moscou le 14 août 1634, & furent fort bien reçus du czar, qui leur accorda le passage par la Moscovie pour se rendre en Perse ; mais à condition qu'ils retourneroient auparavant dans le Holstein, & lui apporteroient la ratification du traité qu'ils venoient de conclure. Ils retournerent donc à Gottorp, où ils arriverent le 6 avril 1635, & partirent de Hambourg, pour un second voyage, le 22 octobre de la même année. Ils arriverent à Moscou le 29 mars 1636, passerent de-là en Perse, où ils se rendirent à Ispahan le 3 août 1637. Leurs affaires ayant été heureusement terminées, ils retournerent dans le Holstein par la Moscovie, & se trouverent à Gottorp le premier août 1639. Oléarius demeura depuis dans cette ville, où il fut fait en 1650, bibliothécaire, antiquaire & mathématicien du duc. Il remplit ces postes jusqu'à sa mort, arrivée en 1671, âgé de soixante-huit ans. Oléarius étoit habile mathématicien ; il savoit les langues orientales, & sur-tout le persan ; il possédoit la musique, & jouoit avec gout de plusieurs instrumens. M. de Pontchâteau en parle avec éloge, dans la relation de son voyage de Hollande & de Danemarck en 1664, qui est encore manuscrite. Oléarius a écrit en allemand une relation de son voyage qui est fort estimée. M. de Wicquefort l'a traduite en françois, & l'a fait imprimer in-4°, à Paris, en deux volumes, en 1656. C'est Oléarius lui-même qui en a dessiné toutes les figures que l'on trouve dans l'édition allemande, imprimée in-fol. à Slefwick en 1656 & 1671. La traduction françoise a été réimprimée en

1726, en 2 vol. in-fol. avec beaucoup de cartes & de figures. On a encore de lui, 1. La vallée des roses de Perse, dans laquelle sont contenues plusieurs histoires plaisantes, des paroles ingénieuses, & des maximes utiles, écrites depuis quatre cens ans en persan, par Schach-Saadi, poëte ingénieux, traduite en allemand, par Adam Oléarius, à Slefwick, 1654, in-fol. 2. Relation du voyage des Indes d'Albert de Mandeslo, publiée par Adam Oléarius avec des remarques ; en allemand, à Slefwick, 1658, in-fol. cet ouvrage a été traduit en françois. 3. Chronique abrégée (& non abrégé des chroniques) du Holstein ..... depuis l'an 1448, jusqu'en 1663, en allemand, à Slefwick, 1663, &c. avec un abrégé de l'histoire des temps qui précèdent l'année 1448, tiré de la chronologie de Chrétien Solinns. 4. Cabinet de curiosités de Gottorp ; en allemand, 1666, in-4°, & seconde édition en 1674, in-4° ; avec la Chronique abrégée du Holstein. * Niceron, mémoires, &c. tom. XL.

OLEARIUS (Jean) second fils de Jean Oléarius de Hall, & de Sibylle Nicander, naquit le 17 septembre 1611 : il fut orphelin à l'âge de onze ans. Après avoir étudié dans les colléges de Hall & de Mersebourg, il se rendit à l'université de Wittemberg, où il reçut le grade de docteur en théologie. Depuis il fut fait surintendant de Querfurt, ensuite prédicateur de la cour, & confesseur à Hall. L'administrateur, le duc Auguste de Saxe, le nomma premier prédicateur de la cour ducale de Weissenfels, confesseur, conseiller du consistoire, & surintendant général. Il épousa en 1673 Catherine-Elizabeth Mercken, fille du surintendant de Hall, dont il eut quinze enfans, neuf fils & six filles. Oléarius mourut le 14 avril 1684, & l'on frapa une médaille à son honneur. Outre nombre d'ouvrages en allemand, Oléarius a composé les suivans : 1. Index Balduinianus ; 1668, in-fol. 2. Methodus studii theologici ; 1664, in-8°. 3. Oratoria ecclesiastica ; 1665, in-8°. 4. Constans concordia concors ; 1675, in-4°. 5. Universa theologia positiva, polemica, exegetica & moralis ; à Hall, 1678, in-4°. 6. Gymnasium patientiæ ; 1668, in-8°. 7. Aretologia ; à Nuremberg, 1670, in-12. * Supplément françois de Basle, tom. III, pag. 443, col. 1.

OLEARIUS (Godefroi) docteur en théologie & surintendant de Hall, publia en 1662, Anti Calvinistica isagoge ; en 1676, une théologie positive, polémique, exégétique & morale, in-4° ; & en 1677, des remarques théorético-pratiques sur la bible. Les actes de Leipsick de l'année 1713, nous apprennent qu'il n'est mort qu'à l'âge de 81 ans en 1685.

OLEARIUS (Jean) fils du précédent, naquit à Hall en Saxe le 5 mai 1639. Après avoir fait de bonnes études dans les langues, il fut fait docteur en cette faculté en 1660. Il savoit déja alors les langues orientales. Il étudia la théologie sous Hulseman, & prêcha plusieurs fois. Il visita ensuite diverses académies d'Allemagne, & fréquenta tout ce qu'il y avoit de savans hommes. Il se rendit à Leipsick en 1661, & en même temps qu'il étudioit encore sous les savans professeurs de cette université, il commença lui-même à enseigner la philosophie & les humanités en particulier. Il fut fait professeur en langue grecque en 1664. Il a fait voir son savoir dans ce genre de littérature, par 52 exercitations sur les épîtres dominicales, c'est-à-dire, les endroits des épîtres qu'on lit dans les exercices publics, & qui, chez les Luthériens, sont le sujet d'une partie de leurs prédications. Il fut fait bachelier, puis docteur en théologie en 1668. En 1677, il fut créé professeur dans cette même faculté, comme malgré lui, & il reçut le bonnet de docteur en 1679. CVI disputes en théologie, LXI en philosophie, des programmes sur des matieres difficiles, des harangues, des conseils théologiques qui composent deux volumes assez gros ; sa théologie morale, son introduction à la théologie, qui traite des cas de conscience, son *hermeneutica sacra*, marquent & son savoir & son assiduité au travail. Il fut un des premiers qui travaillerent aux actes de Leipsick, avec Carpzovius, Alberti, & Ittigius. Il exerça les emplois les plus importans dans l'université. Il fut entr'autres dix fois recteur. Il avoit épousé en 1667 *Anne-Elizabeth*, fille unique de *Philippe* Mullérus, professeur en mathématiques, dont il eut six fils & six filles, & dont trois fils & une fille moururent jeunes. Les fils sont *Godefroi* Oléarius, qui a été professeur en théologie à Leipsick, *& dont nous allons parler* ; *Jean-Frédéric* Oléarius professeur des institutes ; & *Philippe* Oléarius, assesseur dans la faculté de philosophie, & bachelier en théologie. Le pere mourut le 6 d'août de l'année 1713. * *Actes de Leipsick*, 1713, *pag.* 428.

OLEARIUS (Jean-Godefroi) frere aîné du précédent, naquit à Hall en 1635, se maria pour la quatriéme fois en 1704, & mourut en 1710. Il publia en 1675, un petit ouvrage intitulé *Abacus patrologicus*, qui est estimé, & qui a été augmenté depuis considérablement par l'auteur.

OLEARIUS (Godefroi) fils de JEAN Oléarius, *dont on vient de parler*, a été aussi célébre que son pere par son érudition, & a composé plus d'ouvrages. Il naquit à Leipsick le 23 de juillet 1672, montra dès sa premiere jeunesse un amour extraordinaire pour l'étude ; & après avoir achevé avec succès ses études académiques, il voyagea en Hollande à l'âge de vingt-un ans, & passa de-là en Angleterre, où il demeura plus d'un an, & s'y perfectiona dans la connoissance de la philosophie, de la langue grecque & des antiquités sacrés. De retour à Leipsick, il fut aggrégé en 1699 au premier collège de cette ville, & peu de temps après il eut une chaire de professeur en langues grecque & latine, qu'il quitta en 1708 pour prendre celle de professeur en théologie. Il eut encore en 1709 un canonicat de Meissen, & la direction des étudians, & en 1714 la charge d'assesseur dans le consistoire électoral & ducal. Il est mort le 10 de novembre 1715, âgé de quarante-trois ans. On a de lui : *Dissertatio de miraculo Piscinæ Bethesdæ* ; à Leipsick, en 1706, *in-*4°. *Dissertatio de adoratione Dei Patris per J. C.* à Leipsick en 1709, *in-*4°. Cette dissertation est contre les Sociniens. *Philostratorum quæ super sunt omnia* ; avec des notes & une nouvelle version ; à Leipsick en 1709, *in-fol.* Une traduction latine de l'histoire de la philosophie & des philosophes, écrite en anglois par le célébre Stanley, avec des dissertations, *in-*4° à Leipsick en 1712. Des observations latines sur l'évangile selon S. Matthieu, à Leipsick en 1713, *in-*4°. réimprimées au même lieu en 1743, aussi *in-*4°. Jesus-Christ le véritable Messie, en allemand, à Leipsick, *in-*4°. *Le collège pastoral*, en allemand, c'est une instruction pour les ministres ; à Leipsick, en 1718. Introduction à l'histoire romaine, & à celle d'Allemagne, depuis la fondation de Rome, jusqu'en 1699, en allemand, à Leipsick en 1699. L'histoire du symbole des apôtres, en latin, traduite à l'anglois de Pierre King, *in-*8°, à Leipsick, en 1708. * *Nouvell. littér.* tom. II. Niceron, *mém.* tom. VII.

OLEASTER (Jérôme) religieux de l'ordre de S. Dominique, dans le XVIe siécle, étoit natif de Lisbonne en Portugal, ou, selon d'autres, de Azambuja, bourg près du Tage. C'est peut-être pour cette raison que les Portugais l'ont surnommé *Oléaster de Azambuja*. Il étoit bon philosophe, de la maniere qu'on l'étoit alors, solide théologien, & habile dans l'intelligence des langues hébraïque, grecque & latine, par le secours desquelles il fit un grand progrès dans l'étude de l'écriture sainte. Sa réputation le fit souhaiter en Italie, où il fit un voyage l'an 1545, & où il fut un des théologiens que Jean III de ce nom, roi de Por-

tugal, choisit pour assister de sa part au concile de Trente. A son retour en Portugal, il fut nommé par le roi à l'évêché de S. Thomé en Afrique, qu'il refusa. Il fut depuis inquisiteur de la foi, exerça les principales charges de son ordre dans sa province, & mourut l'an 1563. Oléaster avoit composé divers commentaires sur l'écriture ; mais nous n'avons que ceux qu'il a faits sur le Pentateuque & sur Isaïe. On conserve dans la bibliothèque du roi un manuscrit où est la comparaison d'Oléaster au concile de Trente. * Antoine de *Sienne*, *biblioth. Domin.* Nicolas Antonio, & Andreas Schottus, *biblioth. Hisp.* Le Mire, *de script. sæc. XVI.* Echard, *script. ord. FF. Præd.*

OLEN, poëte Grec, plus ancien qu'Orphée, étoit de Xanthe, ville de Lycie. Il composa plusieurs hymnes que l'on chantoit dans l'isle de Délos au jour des solemnités. Il y en avoit un en l'honneur d'Argis & d'Ops, deux filles Hyperboréennes, qui étoient venues à Délos, & y étoient mortes. On chantoit cet hymne pendant que l'on jettoit de la cendre sur le tombeau d'Ops & d'Argis : c'est ce que rapporte Hérodote : & il n'est pas vrai, suivant la version de Valla, que l'on jettât sur les malades de la poussiere ramassée sur le tombeau de la déesse Ops ou Cibéle, que les Grecs appelloient *Hecaërge*. Quelques-uns ont dit qu'Olen étoit lui-même Hyperboréen, & qu'il étoit un de ceux qui fonderent l'oracle de Delphes, & qu'il y exerça le premier la fonction de prêtre d'Apollon. Il rendoit les oracles en vers hexametres ; peut-être que par ce terme, il faut entendre des vers iambes, appellés *Sénarii*. * Hérodote. Callimachus, *l.* 4. Pausan, *l.* 1 & 9. Vossius, *de poët. Græc.* Bayle, *dict. crit.*

OLERON ou OLORON, sur le gave ou la riviere d'*Oléron*, ville de France en Béarn, avec évêché suffragant d'Auch, est nommée diversement par les anciens, *Illuro, Illurona, Loronensium* & *Ellorensium civitas, Elarona* & *Glore.* La ville, qui étoit grande, fut ruinée par les Normans dans le IXe siécle, & fut rebâtie vers l'an 1080, par Centulle, vicomte de Béarn & d'Oléron. Elle est située sur une éminence, avec une vieille tour, arrosée de la riviere d'Oléron, qui la sépare d'un fauxbourg nommé *Sainte-Marie*, où est le siége épiscopal. St. Grat, évêque d'Oléron, assista au concile d'Agde l'an 506. Licére se trouva au IVe de Paris l'an 573, & au IIe de Mâcon l'an 585. Abient a souscrit au VIIIe de Tolède l'an 657. Oléron souffrit beaucoup dans le XVIe siécle, où les Calvinistes s'en rendirent les maîtres. Gérard le Roux ou Roussel, l'un de leurs docteurs, fut mis sur le siége épiscopal de cette ville par la reine de Navarre. Le gave d'Oléron est formé de ceux d'Aspe & d'Osseau, qui se joignent au-dessous de la ville. * De Marca, *hist. de Béarn.* Arnould Oihénard, *lib.* 3, *notit. utriusq. Vascon. cap.* 13. Sainte-Marthe, *Gall. christ.* De Thou, *&c.*

OLERON, *Uliarius*, isle de France, sur les côtes de Saintonge, avec une forteresse de même nom, a cinq lieues de longueur, & en a dix ou douze de circuit. C'est l'*Olarion* d'Apollinatis Sidonius, féconde en lapins, comme Savaron l'a remarqué. Scaliger & Mérula se sont trompés, lorsqu'ils ont cru que Sidonius vouloit parler de la ville de ce nom ; car M. de Marca nous assure qu'on n'y trouve point de lapins ; au contraire, l'isle d'Oléron en nourrit beaucoup.

OLESNIKI (Sbignée) cardinal & évêque de Cracovie dans le XVe siécle, a été un des plus grands hommes que la Pologne ait produits. Issu d'une noble & ancienne famille, il fut élevé à la charge de secrétaire du roi Ladislas Jagellon, & suivit en cette qualité ce prince dans ses expéditions militaires, où il fut assez heureux pour lui sauver la vie, en renversant d'un tronçon de lance un cavalier qui venoit droit à ce prince. Le roi l'auroit honoré sur le champ de l'ordre de chevalier, s'il n'eût reconnu dans ce brave sujet plus de penchant pour l'état eccléſiaſtique que pour celui des armes; il l'envoya donc peu après à Rome avec deux autres ſeigneurs Polonois, pour prêter en ſon nom l'obéïſſance au pape Jean XXII. Il le dépécha depuis avec un autre ſeigneur vers l'empereur Sigiſmond, pour ſignifier à ſa majeſté imperiale que lui & le duc de Lithuanie appelloient d'une ſentence arbitrale qu'il avoit rendue contr'eux, en faveur des chevaliers de Pruſſe. L'empereur indigné de cet appel, vouloit faire noyer ces deux ambaſſadeurs; mais les remontrances de ſon conſeil l'arrêterent: il ſe contenta de les maltraiter de paroles, & les renvoya ſans réponſe. Il fut encore ambaſſadeur vers les chevaliers de Pruſſe, & une ſeconde fois auprès du même empereur, auquel il offrit les bons offices du roi ſon maître, pour ramener les Huſſites à leur devoir. Au retour de ces emplois honorables, il fut élu évêque de Cracovie, & Ladiſlas ſe ſervit de lui, pour aller régler les limites de la Pruſſe & de la Samogitie. Il l'envoya enſuite ambaſſadeur vers le duc de Lithuanie, à la cour duquel il avoit déja paru en la même qualité. Ce duc avoit en vue de faire ériger ſes états en royaume; mais les Polonois ne s'accommodoient point de cela: leur roi, qui avoit été autrefois duc de Lithuanie, donnoit pourtant dans ce deſſein. La déciſion de cette affaire fut renvoyée aux états de Pologne, où l'évêque de Cracovie parla avec tant de force contre cette propoſition, qu'il fut abſolument conclu de s'y oppoſer, & on la députa vers Vitold, duc de Lithuanie, pour eſſayer de le détourner d'une telle penſée. La réponſe de ce prince fut trop ambiguë pour ſatisfaire les Polonois: ainſi ils renvoyerent l'évêque de Cracovie pour lui offrir leur couronne, Ladiſlas leur roi & ſon couſin étant trop âgé pour la conſerver encore long-temps. Le duc craignant qu'il n'y eût quelque piège ſous une telle offre, remercia, & content de ſe faire reconnoître roi de Lithuanie, titre que l'empereur Sigiſmond lui offroit, les menaces de l'évêque de Cracovie ne l'épouvanterent point. Enfin dans un voyage ſuivant, le même évêque obtint que le duc s'aboucheroit avec Ladiſlas dans un lieu où il ſe rendroit ſous prétexte d'y prendre le divertiſſement de la chaſſe. Les Polonois défiant que le grand âge de leur roi, n'affoiblît ſon eſprit, juſqu'à condeſcendre aux ambitieux deſſeins du duc, ils le prierent de ne mener que les principaux de ſon conſeil, & ſur-tout l'évêque de Cracovie, duquel ils avoient appris que le roi ne décideroit rien. Ce duc, qui connoiſſoit l'aſcendant que ce prélat avoit ſur l'eſprit du roi Ladiſlas & ſur celui des Polonois, mit tout en uſage pour le gagner. Honneurs, ſoumiſſions, prieres, menaces, rien ne put l'ébranler: il répondit fermement qu'il préféroit toujours le bien de ſa patrie à la faveur & aux tréſors de tous les monarques du monde, & qu'il étoit réſolu de perdre non-ſeulement ſon évêché, mais auſſi ſa vie, plutôt que de manquer à ce qu'il croyoit être ſon devoir. La mort de Vitold arrivée peu après en 1430, mit ce prélat à couvert des funeſtes réſolutions que ce duc avoit priſes contre lui. Le roi envoya auſſitôt l'évêque de Cracovie en Pologne, de crainte qu'il ne s'oppoſât au deſſein qu'il avoit de mettre Struigillon frere de ſa majeſté en poſſeſſion de la Lithuanie, au lieu de la réunir à la Pologne; & la veuve du duc le pria à ſon départ, d'emporter avec lui les tréſors & les meubles du défunt, pour en uſer pendant ſa vie, & les partager après ſa mort à quelques égliſes de ſon dioceſe; mais il refuſa généreuſement cette riche dépouille. L'ingrat Struigillon, revêtu de la dignité de duc de Lithuanie, retint le roi ſon frere comme priſonnier à Vilna, capitale du duché, ſous prétexte que la Podolie qui en dépend, s'étoit déclarée ne vouloir reconnoître d'autre ſouverain que le roi de Pologne.

L'évêque de Cracovie s'étant mis à la tête de quelques-uns des principaux ſeigneurs, vola au ſecours de ſon maître; mais en chemin il apprit qu'il étoit en liberté; & ce prince pour punir l'ingratitude de ſon frere, envoya à quelque temps de-là ſept de ſes principaux conſeillers en Lithuanie, qui dépoſerent Struigillon, & lui ſubſtituerent Sigiſmond frere de Vitold, à qui l'évêque de Cracovie, qui étoit le chef de ce conſeil, remit l'épée en main, & par-là le duc de Lithuanie devint homme lige du roi de Pologne. Si ce prélat eut tant de fermeté & de zèle pour le ſervice de ſon prince, il n'en eut pas moins lorſqu'il fut queſtion de s'oppoſer à lui pour les intérêts de l'égliſe. Koribut, chef des Hérétiques de Bohême, qui après la mort de Ziska l'aveugle leur général, ſe faiſoient nommer les Orphelins; Koribut, dis-je, étant venu avec quelques autres du parti, trouver Ladiſlas à Cracovie, l'évêque y fit auſſitôt ceſſer le ſervice divin, juſqu'à aller le jeudi ſaint hors de la ville faire le crême: ainſi le roi fut obligé de donner le congé aux Bohémiens, qui ne partirent qu'en faiſant mille imprécations & menaces contre ce prélat. Ils envoyerent quelque temps après des ambaſſadeurs en Pologne, pour faire une ligue avec le roi contre les chevaliers de Pruſſe. Ils furent ſi bien faire entendre que les peres du concile de Baſle n'improuvoient pas abſolument leurs opinions particulieres, que l'archevêque de Gneſne primat du royaume & quelques autres prélats, les reçurent à leur communion: au contraire notre prélat fit ceſſer une ſeconde fois le ſervice divin dans Cracovie dès qu'ils y parurent; de quoi les ambaſſadeurs ayant envoyé leurs plaintes au roi, ce prince entra dans une ſi grande indignation contre lui, que non-ſeulement il le maltraita de paroles, mais que même, ſans avoir égard aux remontrances de ce grand homme, il forma la réſolution de le faire aſſaſſiner la nuit ſuivante. Le prélat en fut averti: mais ſans s'étonner, au lieu de ſe renfermer dans ſon palais, il partit à minuit pour aller à matines à ſa cathédrale, ſuivi d'un ſeul aumônier & d'un valet. Le roi revint de ſon emportement, & l'évêque encore à chaſſer de ſa cour un prêtre hérétique qui s'y étoit introduit: il pouſſa enfin juſqu'à menacer lui-même ce prince des cenſures eccléſiaſtiques, s'il ne reſtituoit à des égliſes particulieres, certaines terres qu'il avoit uſurpées ſur elles, pour les donner à des gentilshommes voiſins pendant la guerre. Enfin Ladiſlas ayant jetté les yeux ſur lui pour le mettre à la tête de l'ambaſſade qu'il avoit réſolu d'envoyer au concile de Baſle, il ne put s'empêcher avant ſon départ, de faire à ce prince une vive remontrance en pleine aſſemblée des états généraux, pour lui repréſenter pluſieurs abus qu'il ſouffroit au préjudice des loix du royaume: il lui reprocha ſa vie peu chrétienne, lui dit que pour être roi de Pologne avoit embraſſé la religion catholique, il lui demanda le retranchement de pluſieurs infames ſuperſtitions, qu'il avoit retenues du paganiſme; il lui dit que puiſque les vives exhortations qu'il lui avoit faites pluſieurs fois en particulier, & en préſence de quelques-uns de ſes confidens, n'avoient rien gagné ſur lui, il étoit de ſon devoir de les lui faire en public; après quoi, s'il ne ſe convertiſſoit, il ſeroit obligé de le traiter en pécheur public: qu'il lui auroit pu à la vérité diſſimuler comme quelques autres, & s'acquérir par-là ſes bonnes graces; mais que c'eût été ſe rendre prévaricateur de ſon miniſtere, & faire des actions d'un évêque mercenaire & d'un mauvais conſeiller; & conclut qu'il préféreroit toujours le bien de ſa patrie à ſes propres intérêts, & que par reconnoiſſance des bienfaits qu'il avoit reçus de ſa majeſté, il auroit toujours plus de ſoin de procurer ſon ſalut, que de ſe conſerver ſes bonnes graces. Le roi n'oſa pas interrompre ſa harangue; mais à la fin, il le taxa d'impudence pour lui avoir ainsi parlé sans l'aveu de l'archevêque de Gnesne son métropolitain, des autres prélats, & des autres seigneurs qui étoient présens ; mais lorsque que ce prince vit que toute l'assemblée applaudissoit à la généreuse fermeté d'un digne successeur de S. Stanislas, il rentra en lui-même, & résolut de changer de vie, & d'aimer plus qu'auparavant un prélat, qui se montroit le plus fidèle de ses conseillers : aussi mourant peu de temps après, il lui laissa par son testament, pour marque de sa bienveillance, l'anneau qu'il avoit reçu autrefois de la reine Hedwige sa première femme, comme étant la chose qu'il estimoit le plus au monde. Notre prélat, qui apprit en allant à Basle, la mort du roi son maître, s'arrêta à Posnanie, où dans une assemblée qu'il convoqua brusquement, il fit déclarer roi le fils aîné du défunt en 1434. La jeunesse de ce prince fit murmurer les Polonois ; mais l'évêque de Cracovie, ramena les esprits, & étouffa par sa prudence toutes les semences de division. Le pape Eugène IV informé du mérite de l'évêque de Cracovie, le nomma cardinal en 1439. L'anti-pape Félix V, qui se le vouloit attirer, le nomma aussi de son côté ; mais il ne reçut le chapeau que des mains du pape Nicolas V, en 1447. Le jeune roi Ladislas ayant été élu roi de Hongrie, ce sage prélat l'y accompagna ; mais ce prince ayant été tué à la funeste bataille de Varnes en 1444, l'évêque de Cracovie fit élire son frere Casimir pour son successeur. Il étoit duc de Lithuanie, & ses peuples ayant peine à se défaire de ce bon prince, ne vouloient point le laisser partir ; ainsi quelques Polonois élurent Boleslas duc de Masovie ; mais l'adroit cardinal rompit cette élection, & Casimir ayant quitté la Lithuanie, assembla les états généraux à Pétricovie. Là, le cardinal eut du bruit avec l'archevêque de Gnesne pour la préséance, de manière que ce prélat quitta l'assemblée, emmenant avec lui plusieurs seigneurs de la grande Pologne, qui ne pouvoient souffrir qu'un prélat de la petite, quoique cardinal, eût le premier pas. Le cardinal Olesniki, pour ne pas rompre les états, prit aussi le parti de se retirer, afin de leur laisser la liberté de décider ; ils le firent en sa faveur, mais en même temps ils ordonnerent qu'à l'avenir aucun prélat Polonois ne pourroit accepter le cardinalat, ni la légation dans le royaume, sans un ordre exprès du roi, & des états. Dans une autre assemblée de la petite Pologne, il reprit avec sa liberté ordinaire, les fautes publiques du roi Casimir, & lui reprocha particulierement le tort qu'il faisoit à Michel, fils de Sigismond, duc de Lithuanie, en lui retenant l'héritage de ses peres : il l'exhorta à le lui rendre, & lui déclara qu'il ne vouloit plus être son conseil, afin qu'on ne lui imputât point d'approuver ses vices, & qu'il ne se tiendroit plus à sa cour que pour y servir de protecteur aux communautés opprimées. Il le reprit encore une autre fois de ce qu'il avoit répondu avec menaces aux ambassadeurs du duc de Masovie, & lui fit connoître qu'un roi ne devoit jamais offenser personne de fait ni de paroles, encore moins les ambassadeurs d'un ancien allié de la Pologne, & proche parent de sa majesté. Le mariage de Casimir ayant été conclu avec Elizabeth d'Autriche, fille de l'empereur Albert V, il y eut encore dispute à Cracovie entre le cardinal & l'archevêque de Gnesne pour la cérémonie des épousailles. Pour les mettre d'accord on fut d'avis de déférer cet honneur à saint Jean Capistran qui se trouvoit sur les lieux ; mais comme ce saint religieux n'entendoit pas parfaitement l'allemand ni le polonois, on conclut que le cardinal feroit la cérémonie du mariage du roi & de la reine, & que l'archevêque les couronneroit & sacreroit. Ce fut la derniere action du cardinal Olesniki, qui mourut à Sandomir le premier avril 1455, âgé de 66 ans. Il ne voulut point avoir d'autres héritiers que les pauvres, qu'il avoit toujours aimés : ainsi il légua tous

ses biens à divers hôpitaux & monastères. * Cromer, *hist. de Pologne*, liv. XVI. Auberi, *hist. des cardinaux*, &c.

OLESNIKI (Nicolas) de la même maison que le cardinal, *dont il vient d'être parlé*, fut assez malheureux pour se laisser séduire dans le XVIe siècle par François Stancarus ; & à la persuasion de cet hérétique il chassa de ses terres des religieux que le cardinal Olesniki y avoit fondés & établis ; il fit briser & réduire en cendres les images qui étoient dans leur église, & fonda une église protestante à Pinczovie l'an 1550. *Voyez* STANCARUS.

OLEVIAN (Gaspard) ministre protestant d'Allemagne, & fils d'un boulanger de Trèves, né le 10 août de l'an 1536, étudia le droit à Paris & à Bourges, & la théologie à Genève. De-là étant revenu dans son pays, il voulut enseigner la philosophie, & prêcher la doctrine des Protestans ; mais le clergé de Trèves s'y opposa ; de sorte qu'Olevian prit le parti de se retirer à Heidelberg. Il y enseigna quelque temps, fut ensuite ministre dans quelques bourgs, & mourut le 15 mars de l'an 1587, âgé de 51 ans. On a de lui quelques ouvrages, comme deux livres de dialectique ; des remarques sur les évangiles, &c. *Voyez* la *relation de sa vie & de sa mort*, par Jean Piscator.

OLGERDE, grand duc de Lithuanie, succéda l'an 1325, à son pere *Gedimin*, qui mérita ce nom de *grand-duc*, parcequ'il poussa ses conquêtes jusqu'au Pont-Euxin. Il mourut l'an 1381, & eut pour successeur son fils JAGELLON, qui épousa une princesse chrétienne, & s'étant fait baptiser, prit le nom d'*Uladislas*. * Hornius, *orb. imp.*

OLGIAPTU ou OLGIAITU, *cherchez* ALGIAPTU.

OLIBA CABRETA, fameux dans le Xe siècle par ses dignités & par ses exploits, & encore plus illustre par sa conversion & par sa piété, étoit fils puîné de Miron, & petit-fils de Wifred le Velu, comte de Barcelone. C'étoit un prince naturellement inquiet & querelleux, & maître d'un grand domaine qui comprenoit les comtés de Bésalu, de Berga, de Cerdaigne, au-delà des Pyrenées, & ceux de Fenouilledes, de Conflant, & de Valespir en-deçà de ces montagnes. Il se rendit très-redoutable à ses voisins par ses entreprises & le succès qui les accompagnoit. Il eut entr'autres de vifs démêlés avec Roger I, comte de Carcassonne, à qui il déclara la guerre qui fut heureuse pour celui-ci. Dans la suite ils firent la paix en 981. Quelques années après Oliba Cabreta, touché de Dieu, répara d'une maniere bien édifiante le scandale qu'il avoit donné, tant par les désordres de sa vie, que par l'abus qu'il avoit fait de l'autorité que Dieu ne lui avoit confiée que pour en user selon les régles de la justice & de l'équité. Frapé de l'exemple édifiant que donnoient les moines de l'abbaye de Cuxa, située dans le comté de Conflant, portion du diocèse d'Elne, qui étoit du domaine de ce prince, & touché en particulier de la sainteté de vie du célèbre S. Romuald, qui fonda dans la suite l'ordre des Camaldules, il alla le trouver dans sa cellule, & lui fit un aveu de toute sa vie. Le saint, incapable de flater le pécheur dans ses crimes, lui dit qu'il ne voyoit point pour lui d'autre moyen de salut, que celui de tout quitter, & de se retirer dans un cloître pour y faire pénitence. Le comte surpris d'une décision qui lui parut trop sévère, répliqua que jamais aucun de ses confesseurs ne lui avoit ainsi parlé ; & ayant fait entrer dans la cellule de Romuald quelques évêques & abbés qui l'avoient accompagné, il leur proposa l'avis que le saint venoit de lui donner. Ceux-ci l'approuverent, en avouant que la crainte seule les avoit empêchés de lui tenir le même langage. Oliba après les avoir fait retirer, convint avec Romuald qu'il iroit au Mont-Cassin, sous prétexte de pélerinage, & qu'il s'y consacreroit à Dieu par la profession monastique. Ayant donc mis ordre à ses affaires, & cédé ses biens & ses dignités à ses fils, il se mit en chemin en 988, suivi de quinze mulets chargés de ce qu'il avoit de plus précieux. A son arrivée au Mont-Cassin, il congédia tous ses gens, & embrassa l'état religieux dans ce monastère, où il mourut en 990. Il laissa quatre fils d'*Ermengarde*, sa femme, qui après sa retraite eut l'administration de ses domaines. *Berenger*, qui paroît avoir été l'aîné, succéda vers l'an 990, à Suniarius dans l'évêché d'Elne, & mourut au commencement du XIe siècle. BERNARD, le second, fit *la branche des comtes de Besalu*, & eut en partage le comté de ce nom, situé dans le diocèse de Gironne, celui de Valespir dans le diocèse d'Elne, & enfin celui de Fenouilledes, avec le pays de Saut & de Pierre-Pertuse dans le diocèse de Narbonne. *Oliba*, qui étoit le troisiéme fils d'Oliba Cabreta, prit d'abord la qualité de comte. Mais dans la suite, il prit l'habit monastique dans l'abbaye de Riupoll, & en 1009 il fut élu abbé de ce monastère, qui étoit alors fort célèbre. La même année il fut élu abbé de Cuxa, & en 1019, évêque d'Ausonne ou de Vic dans la Marche d'Espagne. Il conserva cet évêché avec ces deux abbayes, dont il fut véritablement le pere, jusqu'à sa mort arrivée en 1047. D. Rivet parle de lui, & de quelques lettres & autres écrits qu'il a laissés, dans son *histoire littéraire de la France*, tome VII. *Guifred* on *Wifred*, le dernier des fils d'Oliba Cabreta, a donné *l'origine aux comtes de* CERDAIGNE : il eut en partage le comté de ce nom, dans le diocèse d'Urgel, avec le Capcir & le Donazan en deça des Pyrénées. Il eut outre cela le comté de Berga, qui dépendoit du diocèse d'Ausonne, & le comté de Conflant, dans celui d'Elne. Ermengarde mere de ces princes, avoit sans doute encore en 994, l'administration de tous leurs domaines, car elle présida alors à un plaid tenu dans le Valespir avec *Berenger*, évêque d'Elne, son fils, *Tote*, sa bru, femme de *Bernard*, comte de Besalu, le vicomte Oliba, & les autres seigneurs du pays ses vassaux. Enfin la même Ermengarde, & le comte *Bernard*, son fils, firent une donation la sixiéme année du regne du roi Hugues Capet, en faveur de l'abbaye de S. Mattin de Lez, dans le pays de Fenouilledes. * *Spicileg.* D. Lucæ d'Acherii, *tom.* 6, *édit. in-4°. Marca Hispanica*, pag. 948; pag. 86 & suiv. Besse, *histoire de Carcassonne*, pag. 83 & suiv. *Petri Damiani, vita sancti Romualdi. Histoire générale de Languedoc*, par deux Bénédictins de la congrégation de S. Maur, *in-fol.* tome second, livre XIII & autres, &c.

OLIBRIUS, gouverneur des Gaules, sous l'empereur Dece l'an 250, fit, dit-on, tous ses efforts pour faire consentir sainte Marguerite à l'épouser, & à renoncer au christianisme ; mais n'ayant pu réussir dans son dessein, il la tourmenta cruellement, & la condamna enfin à avoir la tête tranchée. On croit que c'est le même qui fut général de l'armée sous l'empereur Aurelien, & à qui cet empereur donna vers l'an 274 la garde des frontières de l'empire du côté de l'Euphrate. Revêtu d'un pouvoir absolu dans la Pisidie, province de l'Asie mineure, il y persécuta les Chrétiens avec beaucoup de cruauté, & fit aussi mourir sainte Marguerite, parcequ'elle étoit chrétienne, & qu'elle refusa de l'épouser. Mais tous ces faits ne sont établis que sur des monumens apocryphes. * Pierre de Natalibus. Métaphraste, *dans le récit du martyre de sainte Marguerite*. Martyrologe romain.

OLIBRIUS, *cherchez* OLYBRIUS.

OLIER (Jean-Jacques) instituteur & fondateur du séminaire de S. Sulpice à Paris, né en cette ville le 20 septembre 1608, étoit second fils de Jacques Olier maître des requêtes, & de Marie Dolu. Après avoir fait ses études, & pris le dégré de bachelier en théologie, il fit un voyage à Rome, & à Notre-Dame de Lorétte. Lorsqu'il fut de retour à Paris, il se lia étroitement avec Vincent de Paule instituteur de la mission ; & après avoir reçu l'ordre de prêtrise l'an 1633, il entreprit de faire une mission en Auvergne, où étoit située son abbaye de Pebrac. Au bout de six mois, il fut obligé par les poursuites de ceux qui s'opposoient à la réforme de cette abbaye à revenir à Paris. Il quitta son carosse & son train, & se prépara à une seconde mission en Auvergne, qu'il fit pendant dix-huit mois, avec un succès admirable. L'an 1638, il fit un voyage en Bretagne, pour y réformer un monastère de religieuses, où il établit l'observance réguliere. L'année suivante le cardinal de Richelieu lui écrivit que le roi l'avoit nommé à la coadjutorerie de Châlons sur Marne, & lui en envoya en même temps le brevet ; mais il refusa cette dignité ; & quelque temps après il s'engagea avec plusieurs ecclésiastiques, dans le dessein d'établir un séminaire, pour disposer aux saints ordres & aux fonctions sacerdotales, ceux qui embrassent l'état ecclésiastique : à quoi il fut excité par le pere de Gondren, général de la congrégation de l'Oratoire. Olier fut destiné supérieur de ce séminaire, que l'on essaya d'établir à Chartres ; mais on jugea à propos de faire cet établissement à Paris, ou aux environs. Au commencement de l'année 1642, il loua une maison à Vaugirard ; & quatre mois après, il fut prié par M. de Fiesque, curé de S. Sulpice d'accepter sa cure, que ce dernier vouloit quitter, à cause des désordres qu'il voyoit dans sa paroisse. Il y consentit par zèle pour la gloire de Dieu ; & après avoir refusé un évêché, il prit possession de cette cure au mois d'août 1642. En même temps il appella auprès de lui les ecclésiastiques qui étoient à Vaugirard, & appliqua les uns au service de la paroisse, & les autres à la conduite du séminaire, dont l'établissement fut approuvé & confirmé par l'autorité des supérieurs ecclésiastiques, & par des lettres patentes du roi données en 1645. L'an 1652 il tomba malade, & se démit de sa cure entre les mains de l'abbé de S. Germain des Près, qui la conféra à Alexandre le Ragois de Bretonvilliers. Étant revenu de cette maladie, il alla établir un quatriéme séminaire au Pui en Vélai ; car outre celui de Paris, il en avoit encore établi deux, l'un à Nantes & l'autre à Viviers. Il fit ensuite une mission générale dans le Vivarez, & rétablit l'exercice de la religion catholique dans la ville de Privas, d'où elle étoit bannie depuis plus de trente ans. De-là il revint à Paris pour y continuer ses saints exercices ; mais l'année suivante, étant alors âgé de 44 ans, il fut attaqué d'une apoplexie, qui le rendit paralytique de la moitié du corps. L'an 1654 il envoya de ses ecclésiastiques à Clermont en Auvergne pour y établir un séminaire. Il en donna d'autres pour accompagner une colonie de François, qui alloit habiter l'isle de Mont-Réal dans la nouvelle France, & pour travailler à la conversion des Sauvages. Enfin, après tous ces établissemens, il mourut le 2 avril 1657, âgé de 48 ans & demi. Il a laissé quelques ouvrages d'une spiritualité fort singuliere ; entr'autres des lettres imprimées à Paris chez Jacques Langlois au mont sainte Geneviéve en 1672. Elles sont pleines de visions. * Le pere Giri, *vies des grands serviteurs de Dieu*. Nicole, *nouvelles lettres*, à Liége 1718, lett. 24, où on trouve des extraits des lettres de M. Ollier.

OLIMPE, un des seigneurs de la cour d'Hérode *le Grand*, qu'il envoya en ambassade avec Volumnius à Archélaüs, roi de Cappadoce, pour se plaindre de ce qu'il avoit eu part aux mauvais desseins de ses fils. Depuis, ce même prince l'envoya porter des lettres à Auguste pour les affaires de sa famille. * Josephe, *antiquit. liv. XVI, chap.* 16.

OLIMPE, fille d'Hérode *le Grand*, roi de Judée, & de sa cinquiéme femme, qui étoit Samaritaine. Elle étoit soeur d'Archélaüs & d'Antipas, & épousa Joſept beau-frere de ſon pere. * Joſephe, antiq. liv. XVII, chap. 1.

OLIMPE, cherchez OLYMPE.

OLIMPIA FULVIA MORATA, cherchez FULVIA MORATA.

OLINDE, ville du Bréſil, dans l'Amérique méridionale, en la capitale de Fernambuco, dont elle eſt capitale, eſt ſituée ſur une colline, avec un port vers l'embouchure du fleuve Bibiride, & une fortereſſe dite de S. George. Les Hollandois la prirent en 1629; mais dans la ſuite, ils l'abandonnerent: de ſorte que depuis ce temps-là les Portugais en ſont les maîtres, auſſi-bien que de tout le territoire.

OLITE, petite ville du royaume de Navarre, en Eſpagne. Elle eſt capitale d'une châtellenie ou majorat, & ſituée ſur la riviere de Cidaço à huit lieues de Pampelune vers le midi. * Mati, diction.

OLIVA, abbaye célébre de Pologne de l'ordre de Cîteaux, à une lieue de Dantzic, au bout d'un fauxbourg de cette ville nommé Heylbron, & de la plaine qui forme la côte du golfe de Dantzic. Elle fut fondée en 1180, par Subiſlas prince de Caſſubie & de Pomérellie, à ce que nous apprend Gaſpard Schutz. Quelques ducs de Pomeranie y ont leurs tombeaux. Cette abbaye, qui eſt de l'ordre de Cîteaux, fut pillée, brulée & raſée en 1577 par ceux de Dantzic, qui faiſoient la guerre aux Polonois: mais ils furent contraints de payer cinquante mille florins pour la rétablir. Ce qui lui a acquis le plus de réputation, c'eſt la paix qu'on y traita avec les couronnes de Pologne & de Suéde, ſous les regnes de Caſimir, & de Charles Guſlave. Ce dernier mourut avant la concluſion du traité en 1661; mais ſa mort n'apporta aucun retardement à l'exécution. Le roi de Pologne nomme l'abbé d'Oliva, mais ce doit être un gentilhomme Pruſſien, la province conſervant toujours le priviiége de voir remplir ſes charges & ſes bénéfices par ſes gens du pays. L'abbaye eſt réguliere. * Mémoires du chevalier de Beaujeu. Mati, diction.

OLIVA, ville d'Eſpagne dans le royaume de Valence. Elle eſt ſituée preſque à l'embouchure de la riviere près la ſource de laquelle eſt la ville de Contayna. Les environs d'Oliva ſont renommés par la merveilleuſe fertilité de leur terroir, extrémement abondant en ſucre, vin, ris, vin, ſoye, ris, & canebes, dont on donne le fruit aux mulets au lieu d'avoine, afin d'augmenter leur force. Il y a quantité de très-bonnes figues & beaucoup d'amandiers qui fleuriſſent en janvier. * Daviti, Valence.

OLIVA (Alexandre) général de l'ordre de S. Auguſtin, puis cardinal, naquit à Saxoferrato, de parens pauvres. A l'âge de trois ans, il tomba dans l'eau, d'où l'on dit qu'il fut tiré mort. Sa mere le porta dans une égliſe de la ſainte Vierge, où il recouvra la vie: miracle qui fut admiré de tout le monde. Il fut mis fort jeune chez les Auguſtins, étudia à Rimini, à Bologne & à Pérouſe; & après avoir profeſſé la philoſophie dans la derniere de ces villes, il fut encore nommé pour y enſeigner la théologie. Dans la ſuite, il fut élu provincial; & quelque temps après, il fut forcé d'accepter la charge de procureur général de l'ordre: ce qui l'obligea d'aller à Rome, où ſon ſavoir & ſa vertu furent admirés, malgré ſon extrême humilité qui le portoit à ſe cacher. Le cardinal de Tarente, protecteur de ſon ordre, ne put lui perſuader de ſe trouver dans les diſputes publiques, où l'on ſouhaitoit de voir éclater ſa grande érudition. Cependant comme il étoit ſublime théologien, & orateur très-éloquent, il écrivoit & prêchoit avec beaucoup de force contre le vice & le déſordre. Il parut dans les chaires des premieres villes d'Italie, à Rome, à Naples, à Veniſe, à Bologne, à Florence, à Mantoue & à Ferrare, & fut élu vicaire général de ſon ordre, puis général l'an 1459, & enfin cardinal l'an 1460,

par le pape Pie II. Ce ſavant pape lui donna enſuite l'évêché de Camerino, & ſe ſervit de lui en diverſes occaſions. Oliva mourut peu de temps après à Tivoli, où étoit la cour romaine, le 21 août de l'an 1463, en la 55 année de ſon âge. Son corps fut porté dans l'égliſe des Auguſtins de Rome, où l'on voit ſon tombeau de marbre avec ſon épitaphe. On a de lui divers traités; De Chriſti ortu ſermones centum; De cœna cum apoſtolis facta; De peccato in Spiritum ſanctum: Orationes elegantes, lib. I, &c. * Joſeph Pamphylus, chron. ord. S. Auguſt. Ambroſius Coriolanus, in chron. Auguſt. Omuphre, in chron. Thomas Gratiani, in Anaſt. Anton. Poſſevin, in appar. ſacr. Bzovius, in annal. ecclef. T. XVII, ad ann. 1463, n. 34. Cornelius Cruſius, in elog. virorum illuſtrium Auguſt. Auberi, hiſt. des cardinaux. Ciaconius, &c.

OLIVA (Ferdinand Perez d') Eſpagnol, natif de Cordoue, vivoit au commencement du XVIᵉ ſiécle. Il étudia à Paris & à Rome, & il fit des leçons ſur la morale d'Ariſtote, dans la premiere de ces deux villes. De-là il alla à Salamanque, où il fit encore des leçons ſur Ariſtote, & fut le maître des ſentences. L'empereur Charles-Quint l'avoit deſtiné pour être gouverneur de ſon fils Philippe II; mais la mort qui enleva Oliva à l'âge de trente-neuf ans, l'empécha de remplir ce poſte. Il a écrit des ouvrages de philoſophie, d'hiſtoire, & des piéces de poéſie en eſpagnol, qui ont été publiés à Cordoue en 1585, in-4°, par ſon couſin, Ambroiſe Moralés. En voici une liſte: 1. Tituli quibus Salmantienſis académia gymnaſia diſtinxit atque inſignivit. 2. Dialogus in laudem arithmeticæ, en eſpagnol. 3. Dialogo de la dignidad del hombre; à Veniſe, 1563, in-8°. 4. Des puiſſances de l'ame & ſur leur bon uſage, en eſpagnol: cet ouvrage n'a pas été achevé. 5. Mueſtra de la lingua Caſtellana en el nacimiento de Hercules. 6. La vengeance d'Agamemnon, en eſpagnol. 7. Hecuba triſte. 8. Raconamiento, que hizo en el aiuntamiento de la ciudad de Cordova ſobre la navegacion del rio Guadalquivir. 9. Raconamiento que hizo en Salamanca el dia de la Licion de opoſicion de la catedra de la filoſofia moral. 10. Quelques poëmes. * La bibliothéque eſpagnole de Nicolas Antoine. Supplem. franç. de Baſle.

OLIVA (Jean-Paul) général des Jéſuites, né à Gènes l'an 1600, d'une illuſtre famille qui a donné deux doges à cette république. Après s'être conſacré à Dieu dans la ſociété des Jéſuites, il ſe diſtingua par ſes prédications, fut chargé de la conduite du collège des Allemans, puis de celle du noviciat; & enfin fut élu général de ſon ordre l'an 1661. Il ne quitta pas pour cela les exercices de la chaire: car le pape Innocent X le fit prédicateur du palais apoſtolique; emploi qu'il exerça ſous trois autres papes, Alexandre VII, Clément IX & Clément X. Il mourut l'an 1681, dans la maiſon du noviciat à Rome, après avoir paſſé plus de 65 ans dans la ſociété, & après avoir exercé plus de vingt ans le généralat. C'eſt lui qui a fait conſtruire & peindre cette belle égliſe des Jéſuites, qui eſt une des merveilles de Rome. Pluſieurs perſonnes illuſtres avoient commerce de lettres avec lui. On a fait un recueil des ſiennes imprimé à Veniſe l'an 1681, par lequel on peut juger de la réputation qu'il s'étoit acquiſe, auſſi-bien que par ſes autres ouvrages imprimés à Lyon. * Mém. du temps.

☞ OLIVA (Jean) bibliothécaire de M. le cardinal de Soubiſe, étoit né le 11 juillet 1686, à Rovigo, ville de l'état de Veniſe, aujourd'hui réſidence de l'évêque d'Adria. Dès ſa tendre jeuneſſe, il fit paroître un gout décidé pour les ſciences & les lettres. Il fut promu à l'ordre de prêtriſe en 1711, avant l'âge de 23 ans, & fut nommé ſur le champ profeſſeur de belles lettres à Azolo. L'abbé Oliva remplit cette charge avec beaucoup de diſtinction pendant huit ans. Il fut appellé à Rome en 1719, & il ſoutint dans cet-

te capitale du monde chrétien, la réputation qu'il s'é-
toit déja faite par plusieurs ouvrages estimés. Clément
XI, qui occupoit alors le saint siége, l'honora de son
estime, & même de ses bienfaits. La même année
que l'abbé Oliva vint à Rome, on y trouva dans
les ruines de quelques édifices qu'on démolissoit pour
agrandir la bibliothéque Casanate, un marbre d'Isis,
à quatre faces. Cette découverte lui fournit l'occasion
de faire connoître avantageusement les progrès qu'il
avoit faits dans l'étude des antiquités. Il publia une
dissertation latine, où il prouve que ce monument
n'est autre chose qu'un vœu fait à Isis par quelque
particulier, pour la santé. Il y a dans sa dissertation
beaucoup d'érudition sur la mythologie des Egyptiens,
sur le culte & l'origine d'Isis, Osiris, Sérapis, Anubis
& Harpocrate. L'antique dont nous parlons a trouvé
place dans l'*Antiquité expliquée* du P. Montfaucon.
On la voit à la page 52 du second volume du supplément de ce grand ouvrage, livre III, à l'article des
autels des Grecs, chap. 3, intitulé, *Autel d'Isis trouvé à
Rome l'an* 1719. Le savant Bénédictin, en expliquant
le monument, fait une mention honorable de l'abbé
Oliva. Après la mort du pape Clément XI, l'abbé
Oliva fut choisi pour faire les fonctions de secrétaire
au conclave, c'est-à-dire, pour composer les lettres
latines que le sacré collége a coutume d'adresser à tous
les souverains de la communion romaine. Il y réussit
de façon à mériter l'estime du cardinal de Rohan. Ce
prélat cherchoit alors une personne à qui il pût confier le soin de la bibliothéque de M. de Thou, qu'il
avoit achetée après la mort du président de Ménars. Il
jetta les yeux sur l'abbé Oliva, & lui donna la garde
de ce précieux dépôt. Le cardinal eut tout lieu de se
louer du choix qu'il avoit fait; sa bibliothéque devint
le centre des muses, & l'assemblée des ministres étrangers. L'abbé Oliva pour se concilier les suffrages des
littérateurs françois, donna en 1723 l'édition de plusieurs *lettres du Pogge, Florentin:* ouvrage curieux,
dont le manuscrit appartenoit au cardinal Ottoboni.
Ces premiers fruits n'auroient pas été les seuls dont
la France eût profité, si le concours des visites & la
nécessité d'un catalogue n'eussent pas consommé son
temps. Ce dernier objet devint immense, & auroit
rebuté l'homme le plus infatigable. En effet, il a
rassemblé en vingt-cinq volumes *in-folio* cette collection prodigieuse de livres, qui ont multiplié jusqu'à
la mort de M. le cardinal de Rohan, tant par les suites dont ils étoient susceptibles, que par les productions nouvelles de France, & de pays étrangers, sur-
tout d'Allemagne. Trente-six années d'étude continuelle ont enrichi le dépôt confié à la sagacité de l'abbé Oliva. Il le conserva jusqu'à sa mort, arrivée le 19
mars 1757. Il s'étoit formé un cabinet particulier de
livres bien choisis, dont on a imprimé le catalogue.
On a rassemblé trois des principaux ouvrages qu'il
avoit composés avant que de passer en France, dans
un recueil intitulé: *Œuvres diverses de M. l'abbé Oliva,
bibliothécaire de M. le prince de Soubise, in-8°,* de 326
p. à Paris, chez Martin, 1758. Ces œuvres sont un *discours* latin qu'il prononça au collége d'Azolo, *sur la
nécessité d'allier la science des anciennes médailles à l'é-
tude des faits historiques.* 2. *Dissertation* latine, dans
laquelle l'auteur examine quel a été anciennement
l'état des grammairiens à Rome, & sur quel pied
étoit alors leur profession. 3. La *dissertation* en latin
& en françois sur un marbre d'Isis à quatre faces, déterré à Rome en 1719, dont on a parlé plus haut.
On trouve à la tête de ce recueil l'éloge de l'abbé
Oliva. On le trouve aussi avec le catalogue de ses livres imprimé en 1757.

OLIVARÉS, comté d'Espagne, dans la Castille
vieille proche de Valladolid, avec titre de grandesse,
appartient à la maison de Guzman. HENRI de Guzman, comte d'Olivarés, fut ambassadeur à Rome sous

Philippe II, roi d'Espagne. La faveur de son fils GA-
PARD de Guzman, comte duc d'Olivarés, sous Philippe IV, est aussi connue que sa disgrace. Marguerite
de Savoye, autrefois duchesse de Mantoue; exerçoit
la viceroyauté de Portugal, où Michel Vasconcellos,
secrétaire du comte duc, traitoit très-rudement les
peuples, sans se soucier des ordres de la princesse.
Après que les Portugais eurent secoué le joug des Espagnols l'an 1640, Marguerite & l'ambassadeur de
l'empereur, accuserent le comte duc d'Olivarés d'être
seul la cause des malheurs de l'état. Le roi lui commanda de se retirer de la cour; & ce ministre mourut
peu après de déplaisir. Il eut pour successeur en sa faveur dom Louis de Haro Guzman, qui étoit son neveu, mais qui n'avoit pas sujet de l'aimer. Ce dernier
fut duc de Carpio, comte-duc d'Olivarés, &c. ministre d'état, & conclut l'an 1659, avec le cardinal Mazarin, la paix des deux couronnes : c'est pour cette
raison que le roi d'Espagne lui érigeant l'an 1660, le
marquisat de Carpio en duché-grandesse de la première
classe, lui donna aussi le surnom *de la Paix*, pour éterniser dans sa famille la mémoire de ce grand ouvrage
de la paix. Nous avons diverses relations de la disgrace du comte-duc d'Olivarés, qui mourut le vingt-six
novembre 1661, entr'autres une de Ferrante Pallavicini. *Voyez* GUZMAN.

OLIVARIUS, *cherchez* OLIVIER.

OLIVE (Pierre-Jean) de Serignan, frere Mineur
dans le diocèse de Beziers; ne s'étant pas contenté de
pratiquer la pauvreté, telle qu'elle est préscrite par la
régle de S. François, & ayant repris les religieux qui
transgressoient cette régle, s'en fit autant d'ennemis
qui resolurent de le pousser à bout. Les ouvrages d'O-
live leur en faciliterent les moyens : outre un traité de
la pauvreté, il avoit fait un commentaire sur l'apocalypse, & quelques autres traités, où ses expressions
peu mesurées donnerent lieu de l'accuser de diverses
erreurs. Il soutenoit, disoit-on, que l'église alloit être
plus parfaite qu'elle n'avoit été jusqu'alors; qu'éclairée du Saint Esprit, elle auroit de nouvelles lumieres;
que l'ancienne église corrompue alloit être éteinte
pour faire place à une église plus parfaite; que les enfans ne reçoivent point de grace par le baptème; que
l'ame n'est pas la forme du corps; que l'essence divine engendre & est engendrée. Olive soupçonné d'enseigner une doctrine si pernicieuse, eut ordre en 1282
de donner ses ouvrages à examiner, & il les mit entre
les mains de sept religieux de l'ordre, dont quatre
étoient docteurs, & trois bacheliers de l'université de
Paris, qui jugerent que quelques-unes des propositions avancées par ce religieux étoient dangereuses,
& que d'autres pouvoient avoir un mauvais sens. On
assure qu'Olive acquiesça à cette censure; mais il n'en
fut pas de même de tous ses sectateurs; & même on
assure qu'entre les freres Mineurs il y en eut qui par
entêtement pour lui s'obstinerent à soutenir les erreurs
qu'il avoit désavouées. Leur témérité obligea le pape
Nicolas IV d'ordonner en 1290 aux supérieurs de
l'ordre d'agir contre eux. Ils furent arrêtés, & avec
plusieurs autres religieux qui ne méritoient pas un
pareil traitement; mais Olive ne fut pas du nombre. On se contenta de le faire venir en 1292 au chapitre général qui se tint à Paris; & une sincere & pré-
cise exposition de sa doctrine le justifia pleinement.
On assure qu'il mourut dans le couvent de Narbonne
l'an 1297, & que Dieu manifesta sa sainteté & son innocence par les miracles qui se firent à son tombeau;
cependant il y a encore des gens qui le croient coupable des erreurs qu'on lui a imputées; & M. Du Pin
paroît avoir été de ce sentiment, dans sa bibliothéque
des auteurs ecclésiastiques du XIIIe siécle. Il est vrai
que ceux de ces freres qui ne s'accommodoient pas de
la désappropriation, telle qu'elle étoit préscrite par la
régle de S. François, n'oublierent rien pour noircir sa

mémoire, qui fut, dit-on, condamnée par le pape Jean XXII, en même-temps que ses livres furent brulés, après avoir été examinés par le cardinal Nicolas évêque d'Ostie; mais ces livres après avoir été long-temps défendus, furent examinés de nouveau par ordre du pape Sixte IV, qui déclara en conséquence qu'il n'y avoit rien de contraire à la foi & aux bonnes mœurs. * Luc Wadingue, annal. Min. tom. 2. Dominic. de Gubernatis, orb. Seraph. tom. 1, l. 5, c. 6.

OLIVE (Simon d') seigneur Du-Mesnil, conseiller au parlement de Toulouse, étoit d'une famille ancienne & distinguée dans cette province. Dans la harangue latine qu'il prononça le 4 de mars 1628, lors de sa réception à la charge de conseiller, il nomme parmi ses ancêtres paternels Guibert de Rouch, l'un des douze qui furent choisis par Charles VII, pour rétablir le parlement à Toulouse, vers le milieu du XVe siècle; Bernard d'Olive, gendre de Guibert de Rouch, qui fut conseiller au même parlement, & député à la cout au nom & pour les affaires de cette compagnie; Guillaume d'Olive, qui a été évêque d'Alet; Jean & François d'Olive, freres, qui ont rempli de grandes places dans le même parlement. Du côté de sa mere, Simon d'Olive nomme Jean Sarrat, Bernard Lauret & Pierre Du-Mesnil, tous distingués dans la magistrature. Simon, animé par l'exemple de ses ancêtres, & doué lui-même des talens nécessaires pour se distinguer dans la science du droit & dans l'exercice de la magistrature, voulut néanmoins demeurer long-temps dans l'ordre des avocats & suivre le barreau. Il fut ensuite avocat du roi au présidial, & enfin au commencement de 1628, pourvu d'une charge de conseiller au parlement. Taisand dit dans ses vies des plus célèbres jurisconsultes, que ses Questions de droit & ses Actions forenses, font des preuves assurées qu'il étoit éloquent, qu'il possédoit parfaitement les belles lettres, & qu'il avoit joint à ces avantages une doctrine profonde. Il ajoute, que ses questions sont d'autant plus utiles, qu'elles ont été décidées par divers arrêts, où la plus saine jurisprudence paroît avec les plus beaux traits qui la font aimer. Ces écrits d'Olive ont été imprimés plusieurs fois. L'édition faite à Lyon chez Simon Rigaud en 1650, in-4º, contient premierement les Questions notables de droit, en cinq livres : le premier, des choses publiques, tant ecclésiastiques que civiles : le second, des droits seigneuriaux : le troisiéme, des mariages & des dots : le quatriéme, des donations, ventes & autres contrats : le cinquiéme, des successions testamentaires & légitimes. Secondement, les Actions forenses, ou plaidoyers & harangues, divisées en quatre parties. La premiere renferme des discours prononcés à l'occasion de divers édits, arrêts & déclarations, depuis 1614, jusqu'en 1626 inclusivement : la seconde, des discours faits aux installations dans différentes charges, & surtout aux élections des capitouls, depuis 1612, jusqu'en 1627; la troisiéme renferme proprement des plaidoyers sur diverses questions dont beaucoup sont interessantes : la quatriéme ne contient que des discours faits aux clôtures des audiences depuis 1612, jusqu'en 1627. Troisiémement, une suite des lettres que l'auteur a écrites à MM. du Vair & d'Aligre, gardes des sceaux, &c. au président d'Expilly, au cardinal de Richelieu, & à quelques autres. C'est parmi ces lettres que l'on trouve le discours latin que M. d'Olive prononça au parlement de Toulouse le 4 de mars 1628, lors de sa réception à la charge de conseiller, & quelques poësies latines sur la prise de la Rochelle, sur la révolte de Montauban, & sur un petit nombre d'autres sujets. Avec ces lettres, dont la derniere est de 1637, on en trouve plusieurs de ceux avec qui M. d'Olive étoit en relation, & en particulier de M. d'Aligre & du président d'Expilly. Il y a aussi deux harangues de M. d'Olive prononcées à Montauban après

là soumission de cette ville; l'une en 1633 au mois de décembre, l'autre au mois de janvier 1634. Celle-ci fut prononcée dans la grande sale du collège de cette ville, pour l'exécution de l'édit d'installation de professeurs, moitié catholiques, moitié de la religion prétendue réformée. M. d'Olive avoit été chargé de l'exécution de cet édit, & il donna aux Jésuites la direction & l'intendance du collège; ce qui lui attira une lettre françoise & un éloge latin du pere Mercier, Jésuite. Ces deux pieces sont rapportées dans le recueil dont il s'agit. Enfin ce recueil est terminé par des notes savantes sur les quatre parties des Actions forenses. C'est un mélange d'observations & de citations qui montrent beaucoup de lecture; mais pas toujours assez de gout & de critique. Cette collection des ouvrages de Simon d'Olive est dédiée à Henri de Bourbon, prince de Condé. Nous ignorons le temps de la mort de l'auteur. Taisand n'en fait qu'un panégyrique, & ne rapporte aucune circonstance de sa vie.

OLIVENÇA, ville de Portugal, dans la province d'Alentéjo, est située sur la Guadiana, & est bien fortifiée. Les Espagnols la prirent l'an 1658, & la rendirent par la paix de Lisbonne de 1668. Olivença est au-dessous de Badajox.

OLIVERA, bourg d'Espagne, situé dans l'Andalousie, aux confins du royaume de Grenade, à sept ou huit lieues de Cordoue vers le sud. On croit que cette ville pourroit être la petite ville des Turdules, laquelle on nommoit Attubi, Atubi, Acubis, & Claritas Julia. * Mati, diction. géograph.

OLIVERO, riviere de la Sicile qui arrose la côte septentrionale de la vallée de Démona, & qui prend son nom d'Olivero, où elle passe aussi-bien qu'à Monte-Albano, après quoi elle va se jetter dans la mer près de Tidaro, entre Patti & Melazzo. Les Latins l'appellent Oliverius fluvius, anciennement Helicon.

OLIVES, ou montagne des Olives, voyez MONT DES OLIVIERS.

OLIVET, ou OLIVETO, principauté du royaume de Naples, vers le milieu de la Basilicate.

OLIVÉTAN (Robert) patent de Jean Calvin, est le premier qui ait publié une bible françoise sur l'hébreu & sur le grec, pour les Protestans des vallées qui l'engagerent à ce travail. Elle a été imprimée à Neufchâtel l'an 1535. Olivetan entreprit de traduire la bible sur l'hébreu, sans avoir une connoissance suffisante de cette langue, en consultant les anciens interpretes de l'écriture, aussi-bien que les nouveaux; & préférant la version des Septante, ou celle de S. Jérôme, lorsqu'il croyoit qu'elles formoient un meilleur sens. Sa traduction ne fut pas tout-à-fait approuvée de Calvin, qui la trouva écrite en un langage trop dur & barbare. C'est pourquoi il travailla dans la suite du temps à en adoucir les expressions, ou plutôt à la refaire : de sorte qu'il n'y a eu qu'une édition de la bible d'Olivetan, qui est devenue assez rare. On attribua celle qui suivit à Calvin, qui ne savoit pas plus l'hébreu que son parent Olivetan, mais qui écrivoit avec une plus grande facilité en françois * M. Simon.

OLIVETO, général de l'ordre des Hiéronymites, cherchez LOUP D'OLMEDO.

OLIVIER (Jacques) premier président au parlement de Paris, au commencement du XVIe siécle, fut nommé par le roi Louis XII avocat général en ce parlement, où il étoit déja très-considéré. Les services qu'il rendit au roi & au public dans cet emploi, le firent honorer l'an 1507, de l'office d'un des présidens de la cour. Trois ans après, il fut créé chancelier du duché de Milan; dont le brave Gaston de Foix étoit gouverneur. Olivier fut enfin élevé à la premiere dignité du parlement de Paris l'an 1517, par le roi François I, & mourut le 20 novembre 1519.

OLIVIER (Jean) Parisien, dit Janus Olivarius, de l'illustre famille des Oliviers dont on va parler, étoit

étoit frere de *Jacques* Olivier, feigneur de Leuville, premier préfident du parlement de Paris, & oncle d'*Antoine*, évêque de Lombez, & de *François*, chancelier de France. Il embraffa la régle de S. Benoît dans un monaftère de cet ordre en Poitou; & dans la fuite il demeura dans l'abbaye de S. Denys en France, où il fut grand-aumônier & vicaire général de cette abbaye. Les religieux de S. Denys l'ayant poftulé pour leur abbé, il céda, par ordre de François I, le droit qu'il avoit à cette abbaye, en faveur du cardinal de Bourbon, qui en fut le premier abbé commendataire. Il étoit abbé de S. Médard de Soiffons, lorfqu'il fut élevé fur le fiége épifcopal d'Angers par la ceffion de François de Rohan, à qui Olivier réfigna, par permutation, l'abbaye de S. Médard. Il fut reçu folemnellement à Angers au mois de novembre 1532. Dès ce moment il s'appliqua à toutes les fonctions de fon miniftère avec beaucoup de zèle, de même qu'à l'étude de l'Ecriture-fainte. Il prêchoit avec onction, & vifitoit avec foin les paroiffes de fon diocèfe, & les monaftères qui étoient foumis à fa jurifdiction. Excepté ces vifites épifcopales, il gardoit la retraite; & à peine put-il fe permettre de s'éloigner un peu de fon troupeau pendant tout le temps de fon gouvernement. Il mourut dans le château d'Eventard auprès d'Angers, le 12 avril 1540, & fut inhumé dans fon églife cathédrale en la chapelle de Jean Michel. La Croix-du-Maine dit que l'on y voyoit de fon temps *fa fépulture magnifiquement élevée & enrichie de plufieurs belles chofes, avec fon epitaphe écrite par lui-même en fort beaux vers latins, peu de temps avant fa mort.* Cette épitaphe eft rapportée à la fuite du récit de tout ce qui fe paffa à fon inhumation, dans le recueil des *Statuts du diocèfe d'Angers*, imprimés en 1580, à Angers, in-4°. On trouve dans ce recueil les ftatuts mêmes de Jean Olivier, à l'exception d'un feul qui n'a pû être recouvré. Ce prélat écrivoit bien en latin pour le temps où il vivoit, comme on peut le voir en particulier par fes poéfies latines, compofées avant qu'il eût été élevé à l'épifcopat. Outre l'épitaphe du roi Louis XII, rapportée par Papire Maffon, fa propre épitaphe, qu'il fit graver fur fon tombeau, & une ode à Salmon Macrin, on a de lui un poëme eftimé, fous ce titre: *Pandora Jani Oliverii Andium hierophante:* c'eft un volume *in-12*, publié à Paris en 1542, chez Charles l'Angelier; mais il a été imprimé par Etienne Dolet qui en a fait l'épître dédicatoire au chancelier François Olivier. Dolet dit dans cette épître qu'il avoit reçu cet ouvrage de Claude Cotereau, dont il parle comme d'un homme aimé des gens de lettres, & verfé lui-même dans la littérature. Ce Cotereau, felon la Croix-du-Maine, étoit natif de Tours, & chanoine à Paris: on lui doit une traduction de Columelle. Dolet ajoute, qu'après avoir lu lui-même, & relu le poëme d'Olivier, il le trouva fi beau, qu'il n'héfita point à le mettre au jour. Il en loue l'invention, le génie, le tour, la diction. Son épître eft datée de Lyon les calendes de mars 1541. C'eft apparemment lui auffi qui a fait l'argument qui eft au-devant de ce poëme, & qui eft bien détaillé. On trouve à la fin une épigramme de Jean Olivier à Jean Capel, avocat du roi au parlement de Paris: Olivier lui adreffe fon poëme; & le prie de l'examiner avec foin, & de lui faire part des fautes qu'il y aura remarquées. Cette épigramme eft fuivie d'une piece en vingt hendécafyllabes fur le même poëme, compofée par Antoine Olivier, neveu de Jean; & d'une autre piece moins longue du poëte Dardanus fur le même fujet. La même année 1542, Guillaume Michel, dit de Tours, poëte & traducteur, fit paroître chez les Angeliers une traduction en vers françois de la Pandore de Jean Olivier, qu'il adreffa à fon ami Guillaume Telin, fecrétaire du duc de Guife. Le poëme latin de Jean Olivier fut réimprimé en 1618, à Reims, in-8°. Mais de la maniere

dont l'éditeur s'exprime dans le titre, il paroît qu'il croyoit que c'étoit pour la premiere fois que ce poëme voyoit le jour: on ne peut, ce femble, entendre autrement les paroles fuivantes: *R. D. Joannis Oliverii Andium epifcopi* PANDORA, *opufculum manufcriptum ex tineofo pulvere vindicatum, & curâ E. D. L. S. Rem. lucidatum; Remis apud Nicolaum Conftantium typographum*, 1618: auffi n'y trouve-t-on point l'épître dédicatoire qui eft dans l'édition de 1542, mais les autres poëfies dont on a parlé y font, excepté que l'épigramme adreffée au fieur Capel eft au commencement, & que les autres pieces font à la fin; & qu'il y a de plus dans cette édition huit vers latins de l'auteur au lecteur, que nous ne nous fouvenons point d'avoir vus dans l'autre édition. * Voyez fon éloge dans le recueil des ftatuts du diocèfe d'Angers, & les différentes éditions de fa Pandore. Doublet, *hift. de l'abbaye de S. Denys.* Scæv. Sammarth. *elog. l.* 2, *in elog. Franc. Oliverii. Gall. chrift. t. II*, p. 147

OLIVIER (François) chancelier de France, & fils de Jacques, premier préfident, après avoir été confeiller de la cour, & maître des requêtes, & s'être bien aquitté de plufieurs ambaffades importantes, obtint à la recommandation de Marguerite reine de Navarre, fœur du roi François I, une charge de préfident à mortier dans le parlement de Paris, le 12 juin 1543. Il avoit déja été chancelier, & chef du confeil de la même reine. Dans la fuite, après avoir été chargé de la garde des fceaux, dont Matthieu de Longuejoue avoit été déchargé, il fut nommé chancelier de France, par lettres données à Romorentin le 18 avril 1545. Olivier étoit docte, éloquent, judicieux, fincere, bon ami, & doué d'un courage inflexible, & d'une force d'efprit qui ne fe relâchoit jamais de ce qu'il devoit à foi & à fa patrie. Après la mort de François I, Henri II fon fils, à la perfuafion de la ducheffe de Valentinois, lui ôta les fceaux, fous prétexte de le foulager dans fes infirmités & dans fa vieilleffe. En effet, ce grand homme avoit été attaqué de paralyfie; & enfuite s'étant remis un peu trop tôt à l'exercice de fa charge, il avoit été extrêmement incommodé de la vue, par une defcente d'humeurs fur les yeux. En quittant fa charge, il obtint la réferve des droits & honneurs qui y font attachés, par lettres données à Chambor le 2 janvier 1551. Après cela il fe retira chez lui: & l'an 1559, ayant été rappellé à la cour par le roi François II, il fut rétabli dans l'exercice de fa charge. Ce fut vers ce temps-là que l'empereur Ferdinand I envoya l'évêque de Trente, ambaffadeur en France, pour y demander la reftitution de Metz, Toul & Verdun. Ce prince s'étoit fervi à ce deffein de la conjoncture du règne d'un roi pupille, pour gagner quelques-uns du confeil; mais le chancelier qui y préfidoit heureufement, & qui avoit trop d'expérience pour ne pas découvrir les intentions de l'évêque de Trente, ouvrit lui-même les avis dans le confeil, & dit hardiment qu'il falloit faire trancher la tête à celui qui favoriferoit les demandes de l'empereur. Une propofition fi hardie ferma la bouche à ceux que l'évêque de Trente avoit gagnés. Le chancelier Olivier mourut à Amboife le 30 mars 1560. Son corps fut rapporté à Paris, & enterré à S. Germainl'Auxerrois près de fon pere. Divers auteurs ont parlé avec éloge de ce chancelier, comme M. de Thou, Godefroi, &c.

I. Ils defcendoient de JACQUES Olivier, feigneur de Leuville & du Coudrai près Châtres, natif de Bourgneuf près la Rochelle, qui vint s'établir à Paris, où il fut procureur au parlement, & qui étoit mort en mai 1488, que *Jeanne* de Noviant, fille d'*Etienne* de Noviant, procureur du roi en la chambre des comptes, fa veuve, fut élue tutrice de leurs enfans, qui furent, 1. JACQUES, qui fuit; 2. *Guillaume*; 3. *Etienne*, feigneur de Leuville; 4. *Jean*, religieux, puis abbé de S. Denys en France, enfuite de S. Médard de Soiffons, mort évêque d'Angers, en 1540, *dont l'éloge eft rapporté plus haut* ; 5. autre JEAN, qui a fait *la branche de* MANCI *&* DE MORANGIS, *rapportée ci-après* ; 6. *Claude*, feigneur de Balainvilliers, qui époufa *Marie* Maigné, dame en partie de la Borde-Fournier ; 7. autre *Jean*, qui s'habitua en Nivernois, où il laiffa poftérité ; 8. *Nicolle*, mariée à *Germain* Valain, avocat au parlement ; & 9. *Jeanne* Olivier, qui époufa *Jacques* Rapouel, feigneur de Varaftre, lieutenant général de Melun.

II. JACQUES Olivier, feigneur de Leuville, Villemaréchal & Puifeux en France, premier préfident du parlement, mort le 10 novembre 1519, *dont il eft parlé ci-deffus*, époufa 1°. *Geneviève* Tueleu, fille de *Nicolas*, feigneur de Céli, & de *Philippe* de Ganai, fœur de *Jean* de Ganai, chancelier de France, dont il eut *Jacques* Olivier, reçu confeiller-clerc au parlement de Paris, le 7 feptembre 1521, mort le 10 octobre fuivant, & inhumé à S. Germain l'Auxerrois : 2°. il époufa *Magdeléne* Luillier, fille de *Gilles*, feigneur d'Urfines, & de *Jeanne* de Chanteprime, dont il eut FRANÇOIS, qui fuit ; *Antoine*, évêque de Lombez, abbé de la Valaffe, feigneur de Villemaréchal, qui fe fit de la religion prétendue-réformée, fuivit la ducheffe de Ferrare & vivoit en 1571 ; *Jean*, archidiacre d'Angers, & doyen de l'églife de Paris ; *Catherine*, mariée à *Jean* Boifleve, baron de Perfan, confeiller au grand confeil ; & *Magdeléne* Olivier, qui époufa *Jean* de la Salle, feigneur de Carrieres, capitaine de S. Germain en Laye, & mourut en 1580.

III. FRANÇOIS Olivier, feigneur de Leuville, &c. chancelier de France, mort le 30 mars 1560, *dont l'éloge eft rapporté ci-devant*, époufa le 14 mai 1538, *Antoinette* de Cerifai, fille de *Nicolas*, baron de la Riviere, bailli de Coftentin, & d'*Anne* Bohier, dont il eut, JEAN, qui fuit ; *Antoine*, mort jeune, deftiné à l'évêché de Lombez ; *François*, chevalier de Malte, tué au fiége de Malte en 1565 ; *Jeanne*, mariée à *Antoine* de Monchi, feigneur de Senarpont, &c ; & *Magdeléne* Olivier, alliée 1°. à *Louis* de Sainte-Maure, marquis de Nefle : 2°. à *Jean* de Balfac, feigneur de Montagu.

IV. JEAN Olivier, feigneur de Leuville, baron du Hommet & de la Riviere, gentilhomme de la chambre du roi, mourut en 1597. Il époufa le 17 février 1567, *Sufanne* de Chabannes, fille de *Charles*, feigneur de la Palice, &c. & de *Catherine* de la Rochefoucauld, dont il eut, JEAN II qui fuit ; *Louis*, reçu chevalier de Malte à quinze ans le 19 mars 1604 ; *François*, feigneur de Fontenai en Normandie, & de Villemaréchal, abbé de S. Quentin de Beauvais ; *Catherine*, mariée le 10 février 1586, à *Nicolas* le Roux, feigneur de Bourgteroude, préfident au parlement de Rouen ; *Sufanne*, alliée à *Sébaftien* le Hardi, feigneur de la Trouffe, grand prévôt de l'hôtel du roi ; *Marie*, qui époufa *François* de Chauvigni, baron de Blot ; *Magdeléne*, femme de *René* Hurault, feigneur de Bonvilliers & du Marais ; *Marguerite*, alliée 1°. à *Louis* de Crevant, feigneur de Bauché : 2°. à *Jean* Savari, feigneur de Lancôme ; & *Françoife* Olivier, mariée le 6 février 1604, à *Pierre* du Blé, feigneur de Fontaines-Marant & du Pleffis en Touraine.

V. JEAN Olivier II du nom, feigneur de Leuville, baron du Hommet, &c. gentilhomme ordinaire de la chambre du roi, mort le 15 feptembre 1641, avoit époufé le 31 janvier 1598, *Magdeléne* de l'Aubefpine, fille de *Guillaume*, feigneur de Château-neuf, & de *Marie* de la Châtre, dont il eut, LOUIS, qui fuit ; *Claude*, chevalier de Malte ; *Charles*, abbé de Fontenai ; *Anne*, mariée à *Pierre* de Mornai, feigneur de Villarceaux ; *Marie* & *Elizabeth*, religieufes à Faremoutier ; *Magdeléne*, religieufe à la Magdeléne près d'Orléans ; *Gafparde*, religieufe au Pont-aux-

Dames ; & *Sufanne* Olivier, religieufe.

VI. LOUIS Olivier, marquis de Leuville, baron de la Riviere, &c. né en 1601, fut lieutenant général des armées du roi, & mourut le 5 août 1663. Il époufa par contrat du 23 octobre 1636, *Anne* Morand, fille de *Thomas*, feigneur du Mefnil-Garnier, tréforier de l'épargne, & grand tréforier des ordres du roi, & de *Jeanne* Cauchon, morte le 9 feptembre 1698, âgée de 79 ans, dont il eut CHARLES, qui fuit ; & *Marie-Anne* Olivier, mariée le 2 mai 1660, à *Antoine* Ruzé, marquis d'Effiat, chevalier des ordres du roi, &c. morte le 21 février 1684, âgée de 46 ans.

VII. CHARLES Olivier, marquis de Leuville, cornette des chevaux-légers de la garde du roi, &c. mourut en novembre 1671, âgé de 22 ans, fans laiffer de poftérité de *Marguerite* de Laigue, fille de *François* feigneur de Laigue, baron de Chandieu, & de *Reine* d'Orling, niéce de *Geoffroi* marquis de Laigue, capitaine des gardes du corps de Philippe de France, duc d'Orléans, qu'il avoit époufée le 10 novembre 1670 : elle mourut le 20 avril 1719, âgée de 67 ans.

SEIGNEURS DE MANCI ET DE MORANGIS.

II. JEAN Olivier, dit *le Jeune*, fils puîné de JACQUES Olivier, feigneur de Leuville, &c. & de *Jeanne* de Noviant, fut fecrétaire du roi, & époufa *Perrette* Loppin, dame de Manci & de Morangis, dont il eut, *Pierre*, abbé de S. Crefpin de Soiffons ; *Nicolas*, mort fans alliance ; *Gafton*, vivant en 1529 ; *Jeanne*, mariée à *Pierre* le Boffu, feigneur de Montion ; *Perrette*, dame de Morangis, alliée à *Antoine* Barillon, feigneur de Murat, dont des enfans ; & *Magdeléne* Olivier, dame de Manci, Olifi, & Banjacourt, mariée 1°. en 1528, à *Georges* Herouft, feigneur de Carrieres, fecrétaire du roi : 2°. en 1539, à *Socin* Vitel, feigneur de Lavau. * *Voyez* le Féron. Blanchard. Du Chefne. Le pere Anfelme, &c.

OLIVIER DE MALMESBURI, que d'autres appellent *Elmer* ou *Egelmer*, religieux Bénédictin, étoit Anglois, & vivoit dans le XI° fiécle. Il étoit très-favant dans les mathématiques, particulierement dans l'aftrologie, & fe mêloit de prédire l'avenir. Comme il fe plaifoit aux chofes extraordinaires, il voulut un jour imiter Dédale, & voler en l'air. Dans ce deffein, il monta fur le haut d'une tour d'où il s'élança en l'air ; mais les aîles qu'il avoit attachées à fes bras & à fes pieds, ne le porterent qu'environ fix-vingts pas loin de cette tour. Il fe caffa les jambes en tombant, & mourut à Malmesburi l'an 1060. * Pitfeus, *de illuftr. Angl. fcr.*

OLIVIER ou OLIVARIUS (Jean) jurifconfulte, étoit de Gand. Il n'avoit que dix-fept ans, quand il commença à enfeigner le grec dans fa patrie. Il a compofé diverfes poéfies, & deux tragédies, Michée & Nabuchodonofor. * Sweertius, *pag.* 457. Valere André, *biblioth. belg.*

OLIVIER ou OLIVARIUS (Pierre-Jean) de Valence en Efpagne, floriffoit en 1536. Il a traité de la prophétie & de l'efprit prophétique. * Konig, *biblioth.*

OLIVIER (Pierre) religieux de l'ordre de S. Dominique, étoit né en Provence, & fit imprimer à Paris en 1540, un petit traité *De inventione dialectica*, où il promettoit de traiter toute la philofophie d'une maniere nouvelle, fi le public goutoit cet effai. Cet écrivain profeffoit alors la théologie. Son ouvrage fait voir qu'il avoit de l'efprit. On ne parle point de lui, & on ne fait fi c'eft le même que le théologien de qui Du Verdier dit qu'il fit imprimer un traité *De la connoiffance de Dieu & de nous-mêmes*, & un autre *De la gloire de Dieu*, imprimé à Paris en 1556. * Echard, *fcript. ord. FF. Præd. tom. II.*

OLIVIER (Séraphin) cardinal, évêque de Rennes en Bretagne, étoit natif de Lyon, étudia à Bologne en droit civil & canon ; & étant allé à Rome , fut fait auditeur de Rote par le pape Pie IV. Il fut doyen de ce corps, & exerça cet emploi pendant quarante ans. Grégoire XIII, Sixte V & Clément VIII l'employerent en diverses nonciatures. Ce dernier l'ayant fait patriarche d'Alexandrie, lui donna l'an 1604, le chapeau de cardinal, à la recommandation du roi Henri le Grand. Il fut évêque de Rennes après le cardinal d'Offat ; mais il réfigna cet évêché fans en avoir pris poffeffion, & mourut l'an 1609, le neuviéme ou le dixiéme de mars, âgé de 71 ans. On a de lui, Decifiones Rotæ Romanæ, 2 vol. in-fol. à Rome, en 1614, réimprimées à Francfort en 1615, avec des additions & des notes. * Jufte Lipfe, epift. 53 & 56. D'Offat , l. 2 , epift. 4 ; & l. 8 , epift. 145. Frizon , Gall. purpur. Sandere , de cardin. Sponde, in annal. Sainte-Marthe , Gall. chrift. de epifc. Redon.

OLIVIER (N.....) peintre de Londres, peignoit à gomme toutes fortes de fujets ; mais il s'eft occupé davantage à faire des portraits. Il en a fait quantité dans les cours des rois d'Angleterre Jacques & Charles, & perfonne n'a mieux réuffi que lui en ce genre. Il eut un difciple nommé Couper , qui paffa au fervice de la reine Chriftine de Suéde. * De Piles , abregé de la vie des peintres.

OLIVIER (Claude-Matthieu) avocat au parlement d'Aix , écrivain du roi fur les galeres , & l'un des membres de l'académie de Marfeille, naquit dans cette derniere ville le 21 feptembre 1701 , de Jean-Baptifte Olivier, négociant de la même ville , & de Magdeléne Granot. Il fit fes études d'humanités & de philofophie au collège de l'Oratoire du lieu de fa naiffance , & de-là il alla étudier pendant trois ans en théologie fous les peres Dominicains ; après quoi il fe transporta à Aix pour faire fon cours de droit dans l'univerfité de cette ville. Il fit toutes fes études avec une fupériorité de génie qu'il eft difficile d'atteindre ; & s'il eût moins aimé le plaifir & la diffipation qui en eft inféparable, & qu'il ne fût pas mort dans un âge fi peu avancé, il feroit devenu fans contredit un des plus grands hommes & un des plus favans de fon fiécle. Ayant paru fe fixer à la profeffion d'avocat qu'il exerça à Marfeille, il attiroit toute l'attention & les connoiffeurs à l'audience , toutes les fois qu'il devoit y parler. Feu M. de Saci , de l'académie françoife , & madame la marquife de Lambert , qui avoient vu un de fes plaidoyers, ont rendu témoignage que c'étoit une piéce marquée au meilleur coin. Tous n'avoient pas les mêmes qualités, pareeque M. Olivier fe donnoit rarement la peine de les travailler. Quelques heures enlevées à fon amour pour la fociété & le divertiffement , lui fuffifoient fouvent pour fe mettre en état de parler & d'écrire même fur les caufes importantes , & fes productions fe fentoient ordinairement de cette précipitation. Il devoit la multitude de fes connoiffances, moins à l'étude affidue, qu'à la vivacité & à la pénétration de fon efprit, à une facilité furprenante pour apprendre tout ce qu'il vouloit, & à la mémoire la plus heureufe pour le retenir. Cependant quand fon zèle pour l'étude le faififfoit, il paffoit les femaines entieres, les nuits-mêmes & plufieurs nuits de fuite, attaché au travail. Exceffif en tout, après avoir donné quinze jours à l'étude de la digefte , ou à s'enivrer des beautés de Démofthènes, d'Homere , de Cicéron , ou de M. Boffuet , il en abandonnoit quinze autres , à une vie défoccupée & frivole. De-là vient que fa profeffion lui produifoit peu, parceque n'étant que rarement chez lui, on fe trouvoit obligé de recourir à d'autres : ce qui , joint à la perte de la plus grande partie de fon bien dans le temps du fameux fyftème , le réduifit à un état fort peu commode, où il trouvoit des reffources dans fa philofophie : il avoit appris à fe paffer de peu, & n'en étoit pas moins gai. Son

érudition, fon commerce aimable, les agrémens de fon efprit , lui ont toujours fait un grand nombre d'amis , parmi lefquels il en a compté de très-diftingués par leur naiffance & par leurs talens. Ce fut lui qui contribua le plus à l'établiffement de l'académie de Marfeille, foit par fon zèle à en foutenir les commencemens qui furent affez difficiles , foit par l'idée avantageufe qu'il conçut de l'académie les lettres qu'il écrivit en fon nom à M. le maréchal de Villars , & à l'académie françoife. Depuis que celle de Marfeille fut formée, comme il en fut un des premiers membres , il ne manqua aucune féance que lorfqu'il étoit abfent de la ville ou malade ; & il y venoit rarement les mains vuides. Les regiftres de cette académie, qui a toujours fait beaucoup d'honneur à la littérature, font mention d'un nombre confidérable de differtations hiftoriques ou critiques,& de morceaux de poéfie & d'éloquence de fa façon, lus dans les affemblées de cette compagnie ; mais que la négligence de l'auteur à les conferver a fait perdre ou au moins difparoître, pour la plus grande partie. Lorfque M. du Trouffer d'Héricourt vint remplir l'intendance des galeres à Marfeille,il conçut pour M. Olivier l'eftime & de l'amitié ; & plus perfuadé que lui-même qu'il avoit befoin d'un emploi moins infruétueux pour le revenu que les lettres , il lui obtint un brevet d'écrivain du roi fur les galeres. Comme cet emploi lui laiffoit du loifir , il réfolut d'entreprendre la vie de Philippe , roi de Macédoine, & s'appliqua à cet ouvrage avec tant de zèle , contre fon caractere naturel , qu'il le finit en deux années ; mais la maladie dont il fut attaqué l'empêcha d'y mettre la derniere main , & de lui donner cette perfection dont il étoit fi capable. Il languit pendant plufieurs années mêlées d'intervalles bons & affez tranquilles , & de rechutes extrêmement fâcheufes qui l'épuiferent. Il mourut le 24 octobre 1736 , n'étant encore âgé que d'environ trente-cinq ans. M. Chalamont de la Vifcléde , fecrétaire de l'académie de Marfeille, lut fon éloge dans l'affemblée publique de cette académie , le 25 août 1737 , & cet éloge qui a été imprimé , fait beaucoup d'honneur à fon auteur & à celui qui en eft l'objet. Nous n'avons ici rapporté qu'un foible extrait. On trouve à la fin de cet éloge la lifte fuivante des ouvrages de M. Olivier, tant imprimés que manufcrits , avec la date des années que M. Olivier lut ces ouvrages dans l'académie.

Traduction de quelques endroits choifis de Tibulle , 1726. Differtation fur le Critias de Platon, imprimée dans les Mémoires de littérature & d'hiftoire recueillis par le P. Defmolets de l'Oratoire , tom. I , premiere partie, 1726. Epître en vers à M. Racine , fils du célébre poëte tragique. Il y introduit Melpoméne faifant des plaintes amères de ce que M. Racine n'avoit pas voulu fuivre le genre d'ouvrages qui avoit occupé M. fon pere , 1726. Differtation fur la vie & les ouvrages d'Héfiode , 1726. Differtation hiftorique fur l'ancienne académie de Marfeille , lue à la premiere affemblée publique de l'académie en 1717, & imprimée dans fon premier Recueil de la même année , à Marfeille , 1727. Projet & plan de l'hiftoire de Marfeille , 1727. Difcours fur les défauts que peuvent être des fuites de l'imitation ; dans les Mémoires du P. Defmolets , tom. IV , premiere partie , 1727. Allegorie en vers , intitulée la Pareffe , lue à l'affemblée publique de l'académie de l'année 1728. Ode tirée du pfeaume XXVIII , envoyée pour tribut à l'académie françoife en 1729 , & lue à l'affemblée publique de Marfeille en 1730. Difcours fur le befoin que la raifon a de l'imagination , envoyé en 1730, pour tribut à l'académie françoife , & imprimé dans fon recueil : ce difcours fut lu à Marfeille en 1731. Mémoires fur les fecours donnes aux Romains par les Marfeillois pendant la feconde guerre Punique , 1731. Parallele de Tibulle & d'Ovide , 1731. Plan de l'histoire eccléfiaftique de Marseille, 1731. *Version latine* de la premiere Idylle de Moschus, 1731. *Parallele de Philippe & d'Alexandre*, lu à l'académie de Marseille en 1731. *Mémoires fur les fecours donnés aux Romains par les Marfeillois durant la guerre contre les Gaulois*, 1731. *Differtation fur l'époque de la fondation de Marseille*, 1732. *Epître en vers à M. le bailli de l'Aubepin*, 1732. *Discours pour exhorter l'académie à faire l'histoire de Marfeille*, 1735. *Histoire de Philippe, roi de Macédoine, & pere d'Alexandre* le Grand, avec un *discours préliminaire*; Paris, 1740, 2 vol. *in-12.* L'éloge de l'auteur par M. Chalamont de la Vifcléde, eft à la tête de cet ouvrage. On le trouve auffi dans un des recueils des piéces qui ont remporté le prix de l'académie de Marseille.

OLIVIER, *cherchez* BOIS (Jean du)

OLLER (Bernard) dit communément *Olerius & Ollenfis*, général de l'ordre des Carmes, étoit de Manrefa, petite ville de Catalogne, fur le Cardonner. Il étoit favant, homme de bien, bon religieux, & fut choifi l'an 1375, pour être le chef de fon ordre dans le chapitre général qui fut tenu au Pui. Dans le temps qu'il étoit occupé à la vifite de fes monafteres l'an 1378, l'églife fut déchirée par un fchifme entre Urbain VI & Clément VII. Oller fuivit le parti de ce dernier; & Urbain pour s'en venger, fit élire général Melchior de Bologne. Plufieurs monafteres furent néanmoins toujours foumis à Oller, qui mourut l'an 1388, à Bruges, dans le temps qu'on y tenoit le chapitre général. Il a laiffé quelques ouvrages; *De origine ordinis carmelitani; De immaculata Virginis conceptione*, &c. * Poffevin, *in appar. facr.* Boëlius, *in catal. general. carm.* Le Mire, *in auct.*

OLMEDO (Sébaftien) ainfi nommé du lieu de fa naiffance, qui eft du diocèse d'Avila dans la Caftille vieille, vivoit vers l'an 1560, & compofa une chronique des généraux de l'ordre de S. Dominique dont il étoit, & des hommes illuftres de leur temps, qui n'a point été imprimée, & qu'on garde dans la maifon de l'ordre à Rome. Quelques auteurs ont dit que cette chronique finiffoit au XXII général, & d'autres prétendent qu'elle va jufqu'à l'an 1560: mais Fontana, qui l'avoit vue, affure qu'elle finit à l'an 1544, au XLIV général. Le P. Echard, de qui l'on a pris ce qu'on dit ici, ajoute que dans ce qu'il en a vu de cité touchant les XIII° & XIV° fiécles, il n'eft pas fort exacte. * Echard, *fcript. ord. FF. Præd. tom. II.*

OLMO (Francifco) médecin de Breffe en Italie, fur la fin du XVI° fiécle, étoit favant en toute forte de littérature, & mourut l'an 1600, à Defenzano, près de Breffe. Nous avons divers ouvrages de fa façon en profe & en vers. * Ghilini, *theat. d'huom. letter.* Vander Linden, &c.

OLMUTZ, ville du royaume de Bohême. Elle eft épifcopale, fuffragante de Prague, & située dans la Moravie fur la Morave, à dix lieues de Brinn, vers l'orient feptentrional. Cette ville bien fortifiée, s'étant trop facilement rendue aux Suédois, & fi bien défendue contre les Impériaux, qu'ils ne la purent recouvrer que par la paix de Munfter, fut dépouillée de la qualité de capitale de Moravie, qui fut transférée à Brinn, où fes évêques ont fait depuis leur réfidence. Au refte on croit communément qu'Olmutz eft l'ancienne *Eburum*, ville des Quades. Sur la fin du XV° fiécle Jean Stiakoka, & quelques autres chanoines réguliers, bâtirent à Olmutz un monaftere, à qui Alexandre VI donna le nom de chanoines de Latran. Le prévôt de cette églife fe fert d'habits pontificaux, & a voix & féance dans les états de Moravie. D'autres prévôtés en ont dépendu autrefois. * Robbe, *géographie:* Baudrand. Penot, *hift. trip. canon. regul.*

OLNEI (Jean) Chartreux d'Angleterre, du XIV° fiécle, vers l'an 1350, compofa divers traités de piété: comme les miracles de la fainte Vierge en

cinq livres; & des méditations folitaires. * Petreius, *biblioth. Cart.* Pitfeus, *de fcript. Angl.*

OLON, ville de Palestine dans la tribu de Juda, située entre Gofen & Gifo. Elle fut accordée aux Lévites. * Jofué, *c.* 15, *v.* 51; *c.* 21, *v.* 15.

OLONE, bourg de France fitué fur la côte de Poitou, où il a un grand port, à neuf lieues de Luçon vers le couchant. Olone a un grand fauxbourg, qu'on nomme *les Sables d'Olone*, en latin *Arenæ Olonenfes.* Les habitans de ce bourg font bons matelots. * Mati, *dictionnaire.*

OLONOIS (L') fameux aventurier du XVII° fiécle, étoit natif de Poitou, près d'Olone, dont il a retenu le nom. Il quitta la France dès fa jeuneffe, & s'embarqua à la Rochelle, où il s'engagea à un habitant des ifles de l'Amérique, qui l'y emmena, & le fit fervir trois ans en qualité d'engagé. Lorfqu'il fut forti de fervitude, il fe retira fur la côte de S. Domingue, où il fe joignit aux boucaniers. Après avoir mené ce genre de vie pendant quelque temps, il voulut aller faire des courfes avec les aventuriers François, qui fe retiroient à l'ifle de la Tortue, proche la grande ifle Efpagnole. Il fit fort peu de voyages en qualité de foldat: car fes camarades le prirent bientôt pour commandant, & lui donnerent un vaiffeau, avec lequel il fit quelques prifes. Se voyant pris des Efpagnols qui lui tuerent prefque tout fon monde, & le blefferent, il fe mit parmi les morts, & fauva fa vie par ce ftratagème. Dès qu'ils fe furent retirés, il prit l'habit d'un Efpagnol qui avoit été tué dans le combat, & s'approcha de la ville de Campefche, où il trouva moyen de parler à quelques efclaves, aufquels il promit de les mettre en liberté s'ils vouloient lui obéir: ce qu'ils accepterent. Ces efclaves amenerent le canot de leur maître en un lieu où l'Olonois les attendoit, afin de s'embarquer & de fe fauver. Cela leur réuffit fi bien, qu'en peu de jours ils furent à la Tortue. Les Efpagnols qui croyoient l'avoir tué, firent vainement des feux de joie de fa mort, & apprirent bientôt qu'il étoit en état de leur faire de nouvelles peines. Le gouverneur de la Havane ayant été averti que l'Olonois croifoit fur la côte avec deux canots où il avoit onze hommes dans chacun, fit équiper une *armadilla*, c'eftà-dire, *une fregate legere*, armée de dix piéces de canon, & de quatre-vingts hommes d'élite; mais après un rude combat, l'Olonois s'en rendit maître, & coupa lui-même la tête à tous les Efpagnols, qu'il fit paffer devant lui l'un après l'autre, ne pardonnant qu'à un dernier, qu'il envoya au gouverneur de la Havane, pour lui dire, que s'il le tenoit, il lui feroit même traitement. Il prit enfuite deux grands vaiffeaux efpagnols; & ayant attiré à fon parti plufieurs autres aventuriers, il en forma une flotte avec laquelle il alla piller la ville de *Maracaybo*, ou *Marecaye*, dans la province de Venezuéla, fur le bord du lac de Marecaye, puis celle de Gibraltar, fur l'autre bord de ce lac, qu'il fit bruler. Après plufieurs autres exploits, où il fit paroître fon courage, en allant croifer devant Carthagène, il mit pied à terre pour piller quelques bourgades, où il fut pris par les Indiens fauvages, qui le hacherent par quartiers, le firent rôtir & le mangerent. * Oëxmelin, *hift. des Indes orient.*

OLOT, ville maritime de la province Taraconoife, eft apparemment l'ancienne ville appellée *Bafi* par Ptolemée. Elle étoit autrefois bâtie de l'autre côté de la riviere; mais les tremblemens de terre l'ayant ruinée l'an 1528, fes habitans la rebâtirent dans l'endroit où elle eft à préfent. Comme la caufe de ces tremblemens vient des vents fouterreins qui s'engendrent dans les cavernes, dont ces lieux font pleins; les gens du pays ont été affez ingénieux pour faire fervir à leur commodité, ce qui avoit été la caufe de leur ruine, & ont trouvé le moyen de faire venir ces vents par des conduits fecrets jufque dans leurs maifons pour les rafraîchir pendant les grandes chaleurs. * M . de Marca, *Marca Hifpanica*.

OLT, ALTH ou ALVATA, en latin *Aluta*, rivière de la Turquie en Europe. Elle prend fa fource dans le mont Krapach, près de la petite ville de Czuck, fur les confins de la Pologne & de la Tranfylvanie; baigne une partie de ce dernier pays, & ayant traverfé la Valaquie, elle fe décharge dans le Danube à neuf lieues au-deffus de Nicopoli. * Mati, *diction*.

☞ OLUTORSKI, peuples païens de Sibérie. C'eft une nation très-puiffante, & fort ennemie des Ruffes, dont ils tuent tous ceux qu'ils rencontrent. Ils demeurent dans des cavernes fouterreines, au midi des Tfchalatzi & des Tfchuktchi, & au nord-eft de la prefqu'ifle du Kamtfchatka. Au milieu, & près de la mer, font les LIUTORI, qui n'ont que trois coudées de haut, mais qui font très-courageux : auffi les Ruffes n'ont pu encore les foumettre. * Strahlenberg, *defcript. de l'empire Ruffien*, tome II, p. 187.

OLYBIUS, illuftre citoyen de Padoue, dans le tombeau duquel on trouva, dit-on, vers l'an 1500 de Jefus-Chrift, une lampe qui y étoit allumée en l'honneur de Pluton, depuis environ 1500 ans, entre deux vafes, l'un d'or & l'autre d'argent, remplis d'une liqueur très-claire, avec une affez longue infcription, qui finiffoit par ces mots.

Donum hoc maximum Maximus Olybius
Plutoni facrum facit.

Cette lampe fut trouvée en fouillant un champ du terroir d'Atefte, maintenant Efte, dans l'état de la république de Venife, proche de Padoue, vers l'an 1500. Quelques-uns ont cru que cet Olybius étoit un Païen fort favant, & qui croyoit l'immortalité de l'ame, qu'il avoit marquée par ce feu qui ne s'éteignoit point; & que de ces deux phioles, celle qui étoit d'or, fignifioit la volonté; & l'autre qui étoit d'argent, repréfentoit l'efprit. D'autres fe font imaginés que ces phioles étoient pleines d'une effence qui contenoit les élemens chymiques, & la matiere de la pierre philofophale; mais toutes ces conjectures font frivoles & fans fondement. * Lucet, *de Lucernis antiq*.

OLYBRIUS (Anicius) d'une des plus illuftres familles établies à Conftantinople, fut extrêmement confidéré de Léon, empereur d'Orient, qui lui fit époufer Placidie, fille de l'empereur Plac. Valentinien. Il fuccéda à Anthemius, empereur d'Occident, le 11 juillet 472; mais il ne jouit de cette dignité que trois mois & douze jours, & mourut de maladie le 23 octobre de la même année. Le P. Petau ne lui donne que 49 jours de régne. Olybrius laiffa une fille nommée *Julienne-Anicie*, qui fut mariée à Aréobinde Patrice, qui refufa l'empire d'Orient, que le peuple de Conftantinople mécontent de la conduite d'Anaftafe lui offroit. * Caffiodore. Marcellin, &c.

OLYMPE, Plutarque fait mention dans fon livre de la mufique, de deux OLYMPES. Le plus ancien eft le Myfien, difciple de Marfyas, que l'on croit avoir donné fon nom au mont Olympe. Il a vécu avant la guerre de Troye, & on lui attribue des chanfons, des élégies & des hymnes en l'honneur des dieux. Platon, Ariftophane, Ariftote & Ovide, citent fes vers ou fes airs de mufique. L'autre OLYMPE étoit un muficien de Phrygie, que Suidas dit avoir fleuri du temps de Midas. Il y a eu un troifiéme OLYMPE, philofophe d'Alexandrie, dont il eft auffi parlé dans Suidas, & qui vivoit fous le régne d'Augufte. Cléopatre prit fon avis pour fe faire mourir, ainfi qu'il l'a raconté lui-même. * Plutarque, *in M. Anthio*. Du Pin, *biblioth. univerf. des hift. prof. tome I*, page 211.

OLYMPE (Saint) évêque d'Oene en Thrace, dans le IVe fiécle, fut un des grands adverfaires des Ariens. Il affifta l'an 347 au concile de Sardique, & eut beaucoup de part aux canons qui s'y firent. Les Ariens ayant inventé plufieurs calomnies contre lui, & contre fon collégue, évêque de Trajanople en Thrace, les avoient fait condamner tous deux à mort par l'empereur Conftance. Après la tenue du concile de Sardique, ils pourfuivirent l'exécution de cet ordre. On ne fait pas quel en fut l'évenement; mais Olympe a été honoré comme confeffeur, tant en Orient qu'en Occident, au 12 de juin.

OLYMPE, *Olympus*, évêque Arien, blafphêmant un jour à Carthage contre la divinité du fils de Dieu, fut tué de trois coups de foudre, comme le témoigne P. Diacre. * Sigebert, *en fa chronique*. Sabellic, *l. 2, Ennead. 8*.

OLYMPE DE SEGUR, dame de bonne maifon, époufa le feigneur de Bebrier, fils du premier préfident de Bourdeaux. Son mari étant prifonnier dans le château Trompette, elle réfolut de le délivrer, l'alla voir, & lui perfuada de prendre fes habits & fa coëffure. Cette entreprife lui réuffit fi bien, que fon mari fortit le foir fous cet habit déguifé, fans être reconnu des gardes. Elle demeura comme en ôtage pour lui, & elle fortit enfuite. Hérodote dit que des femmes Lacédémoniennes fauverent la vie à leurs maris de la même maniere. L'an 934 dona Sancha, femme de Ferdinand de Caftille, fe fervit d'une femblable rufe. * *Chronologie Bourdeloife*.

OLYMPE, *Olympus*, montagne de Theffalie, près d'Offa & de Pélion, felon Caftalde & le Noir, a pour nom moderne celui de *Lacha*. Il y en avoit une autre dans la Myfie en Afie, près de la ville de Prufe, que les Tuces nomment diverfement *Anatolaigad, Emeidag, Emiodag & Keschifdag*; une autre dans la Lycie, avec une ville de ce nom, & une autre dans l'ifle de Chypre, qu'Etienne de Luzignan nomme *Troade*. Pline, Ptolémée, Strabon & Solin, parlent de quelques autres montagnes de ce nom; mais peu confidérables. Il ne les faut pas confondre avec le mont OLYMPE, en Champagne, vers la Meufe.

OLYMPIADE, efpace de quatre années, ainfi nommé des jeux olympiques, qui fe célébroient de quatre ans en quatre ans, vers le folftice d'été, fur les bords du fleuve Alphée, près de la ville de Pife, & du temple de Jupiter *Olympien*, dans l'Elide, province du Peloponnefe. Ces jeux furent rétablis par Iphitus, trois ou quatre fiécles après qu'ils eurent été inftitués par Hercule. Ce rétabliffement fe fit l'été de l'an 884 avant J. C; mais l'Olympiade que les hiftoriens Grecs comptent pour la premiere, & en laquelle Chorébus fut vainqueur, qui commence à l'an 774 ou 776 avant J. C. Il faut remarquer qu'à parler jufte, toute année olympiadique roule tous deux années Juliennes; favoir, les fix premiers mois, depuis Juillet jufqu'en Janvier à la précédente; & les fix derniers mois, depuis Janvier jufqu'en Juillet à la fuivante; mais la plupart des auteurs parlent des olympiades, comme fi elles avoient commencé au premier de janvier : de forte que, par exemple, c'eft le même de dire : *Cela s'eft fait en la premiere année de la VI olympiade*, que de dire : *cela s'eft fait en l'année Julienne, en laquelle a commencé la VIe olympiade*. Pour entendre la chronologie qui eft marquée par les olympiades, & connoître à quelles années devant Jefus-Chrift elles fe rapportent, on ne peut trouver de moyen plus prompt ni plus certain que les tables fuivantes, qui font difpofées d'une maniere où l'on voit l'analogie des nombres entre les rangs & les colonnes. Chaque quarré inférieur, diminuant vingt du fupérieur, & chaque collatéral, quatre du précédent.

TABLE POUR LA RÉDUCTION DES OLYMPIADES AUX ANNÉES AVANT LA NAISSANCE DE JESUS-CHRIST.

Olympiades	Années	Ans avant Jesus-Christ	Olympiades	Années	Ans avant Jesus-Christ	Olympiades	Années	Ans avant Jesus-Christ	Olympiades	Années	Ans avant Jesus-Christ	Olympiades	Années	Ans avant Jesus-Christ	Olympiades	Années	Ans avant Jesus-Christ
1.	1	776	2.	1	772	3.	1	768	4.	1	764	5.	1	760			
	2	775		2	771		2	767		2	763		2	759			
	3	774		3	770		3	766		3	762		3	758			
	4	773		4	769		4	765		4	761		4	757			
6.	1	756	7.	1	752	8.	1	748	9.	1	744	10.	1	740			
	2	755		2	751		2	747		2	743		2	739			
	3	754		3	750		3	746		3	742		3	738			
	4	753		4	749		4	745		4	741		4	737			
11.	1	736	12.	1	732	13.	1	728	14.	1	724	15.	1	720			
	2	735		2	731		2	727		2	723		2	719			
	3	734		3	730		3	726		3	722		3	718			
	4	733		4	729		4	725		4	721		4	717			
16.	1	716	17.	1	712	18.	1	708	19.	1	704	20.	1	700			
	2	715		2	711		2	707		2	703		2	699			
	3	714		3	710		3	706		3	702		3	698			
	4	713		4	709		4	705		4	701		4	697			
21.	1	696	22.	1	692	23.	1	688	24.	1	684	25.	1	680			
	2	695		2	691		2	687		2	683		2	679			
	3	694		3	690		3	686		3	682		3	678			
	4	693		4	689		4	685		4	681		4	677			
26.	1	676	27.	1	672	28.	1	668	29.	1	664	30.	1	660			
	2	675		2	671		2	667		2	663		2	659			
	3	674		3	670		3	666		3	662		3	658			
	4	673		4	669		4	665		4	661		4	657			
31.	1	656	32.	1	652	33.	1	648	34.	1	644	35.	1	640			
	2	655		2	651		2	647		2	643		2	639			
	3	654		3	650		3	646		3	642		3	638			
	4	653		4	649		4	645		4	641		4	637			
36.	1	636	37.	1	632	38.	1	628	39.	1	624	40.	1	620			
	2	635		2	631		2	627		2	623		2	619			
	3	634		3	630		3	626		3	622		3	618			
	4	633		4	629		4	625		4	621		4	617			
41.	1	616	42.	1	612	43.	1	608	44.	1	604	45.	1	600			
	2	615		2	611		2	607		2	603		2	599			
	3	614		3	610		3	606		3	602		3	598			
	4	613		4	609		4	605		4	601		4	597			
46.	1	596	47.	1	592	48.	1	588	49.	1	584	50.	1	580			
	2	595		2	591		2	587		2	583		2	579			
	3	594		3	590		3	586		3	582		3	578			
	4	593		4	589		4	585		4	581		4	577			
51.	1	576	52.	1	572	53.	1	568	54.	1	564	55.	1	560			
	2	575		2	571		2	567		2	563		2	559			
	3	574		3	570		3	566		3	562		3	558			
	4	573		4	569		4	565		4	561		4	557			
56.	1	556	57.	1	552	58.	1	548	59.	1	544	60.	1	540			
	2	555		2	551		2	547		2	543		2	539			
	3	554		3	550		3	546		3	542		3	538			
	4	553		4	549		4	545		4	541		4	537			
61.	1	536	62.	1	532	63.	1	528	64.	1	524	65.	1	520			
	2	535		2	531		2	527		2	523		2	519			
	3	534		3	530		3	526		3	522		3	518			
	4	533		4	529		4	525		4	521		4	517			

Olympiades	Années	Ans avant Jesus-Christ.	Olympiades	Années	Ans avant Jesus-Christ.	Olympiades	Années	Ans avant Jesus-Christ.	Olympiades	Années	Ans avant Jesus Christ.	Olympiades	Années	Ans avant Jesus-Christ.
66.	1	516	67.	1	512	68.	1	508	69.	1	504	70.	1	500
	2	515		2	511		2	507		2	503		2	499
	3	514		3	510		3	506		3	502		3	498
	4	513		4	509		4	505		4	501		4	497
71.	1	496	72.	1	492	73.	1	488	74.	1	484	75.	1	480
	2	495		2	491		2	487		2	483		2	479
	3	494		3	490		3	486		3	482		3	478
	4	493		4	489		4	485		4	481		4	477
76.	1	476	77.	1	472	78.	1	468	79.	1	464	80.	1	460
	2	475		2	471		2	467		2	463		2	459
	3	474		3	470		3	466		3	462		3	458
	4	473		4	469		4	465		4	461		4	457
81.	1	456	82.	1	452	83.	1	448	84.	1	444	85.	1	440
	2	455		2	451		2	447		2	443		2	439
	3	454		3	450		3	446		3	442		3	438
	4	453		4	449		4	445		4	441		4	437
86.	1	436	87.	1	432	88.	1	428	89.	1	424	90.	1	420
	2	435		2	431		2	427		2	423		2	419
	3	434		3	430		3	426		3	422		3	418
	4	433		4	429		4	425		4	421		4	417
91.	1	416	92.	1	412	93.	1	408	94.	1	404	95.	1	400
	2	415		2	411		2	407		2	403		2	399
	3	414		3	410		3	406		3	402		3	398
	4	413		4	409		4	405		4	401		4	397
96.	1	396	97.	1	392	98.	1	388	99.	1	384	100.	1	380
	2	395		2	391		2	387		2	383		2	379
	3	394		3	390		3	386		3	382		3	378
	4	393		4	389		4	385		4	381		4	377
101.	1	376	102.	1	372	103.	1	368	104.	1	364	105.	1	360
	2	375		2	371		2	367		2	363		2	359
	3	374		3	370		3	366		3	362		3	358
	4	373		4	369		4	365		4	361		4	357
106.	1	356	107.	1	352	108.	1	348	109.	1	344	110.	1	340
	2	355		2	351		2	347		2	343		2	339
	3	354		3	350		3	346		3	342		3	338
	4	353		4	349		4	345		4	341		4	337
111.	1	336	112.	1	332	113.	1	328	114.	1	324	115.	1	320
	2	335		2	331		2	327		2	323		2	319
	3	334		3	330		3	326		3	322		3	318
	4	333		4	329		4	325		4	321		4	317
116.	1	316	117.	1	312	118.	1	308	119.	1	304	120.	1	300
	2	315		2	311		2	307		2	303		2	299
	3	314		3	310		3	306		3	302		3	298
	4	313		4	309		4	305		4	301		4	297
121.	1	296	122.	1	292	123.	1	288	124.	1	284	125.	1	280
	2	295		2	291		2	287		2	283		2	279
	3	294		3	290		3	286		3	282		3	278
	4	293		4	289		4	285		4	281		4	277
126.	1	276	127.	1	272	128.	1	268	129.	1	264	130.	1	260
	2	275		2	271		2	267		2	263		2	259
	3	274		3	270		3	266		3	262		3	258
	4	273		4	269		4	265		4	261		4	257
131.	1	256	132.	1	252	133.	1	248	134.	1	244	135.	1	240
	2	255		2	251		2	247		2	243		2	239
	3	254		3	250		3	246		3	242		3	238
	4	253		4	249		4	245		4	241		4	237

Olympiades	Années	Ans avant Jesus-Christ	Olympiades	Années	Ans avant Jesus-Christ	Olympiades	Années	Ans avant Jesus-Christ	Olympiades	Années	Ans avant Jesus-Christ	Olympiades	Années	Ans avant Jesus-Christ
136.	1	236	137.	1	232	138.	1	228	139.	1	224	140.	1	220
	2	235		2	231		2	227		2	223		2	219
	3	234		3	230		3	226		3	222		3	218
	4	233		4	229		4	225		4	221		4	217
141.	1	216	142.	1	212	143.	1	208	144.	1	204	145.	1	200
	2	215		2	211		2	207		2	203		2	199
	3	214		3	210		3	206		3	202		3	198
	4	213		4	209		4	205		4	201		4	197
146.	1	196	147.	1	192	148.	1	188	149.	1	184	150.	1	180
	2	195		2	191		2	187		2	183		2	179
	3	194		3	190		3	186		3	182		3	178
	4	193		4	189		4	185		4	181		4	177
151.	1	176	152.	1	172	153.	1	168	154.	1	164	155.	1	160
	2	175		2	171		2	167		2	163		2	159
	3	174		3	170		3	166		3	162		3	158
	4	173		4	169		4	165		4	161		4	157
156.	1	156	157.	1	152	158.	1	148	159.	1	144	160.	1	140
	2	155		2	151		2	147		2	143		2	139
	3	154		3	150		3	146		3	142		3	138
	4	153		4	149		4	145		4	141		4	137
161.	1	136	162.	1	132	163.	1	128	164.	1	124	165.	1	120
	2	135		2	131		2	127		2	123		2	119
	3	134		3	130		3	126		3	122		3	118
	4	133		4	129		4	125		4	121		4	117
166.	1	116	167.	1	112	168.	1	108	169.	1	104	170.	1	100
	2	115		2	111		2	107		2	103		2	99
	3	114		3	110		3	106		3	102		3	98
	4	113		4	109		4	105		4	101		4	97
171.	1	96	172.	1	92	173.	1	88	174.	1	84	175.	1	80
	2	95		2	91		2	87		2	83		2	79
	3	94		3	90		3	86		3	82		3	78
	4	93		4	89		4	85		4	81		4	77
176.	1	76	177.	1	72	178.	1	68	179.	1	64	180.	1	60
	2	75		2	71		2	67		2	63		2	59
	3	74		3	70		3	66		3	62		3	58
	4	73		4	69		4	65		4	61		4	57
181.	1	56	182.	1	52	183.	1	48	184.	1	44	185.	1	40
	2	55		2	51		2	47		2	43		2	39
	3	54		3	50		3	46		3	42		3	38
	4	53		4	49		4	45		4	41		4	37
186.	1	36	187.	1	32	188.	1	28	189.	1	24	190.	1	20
	2	35		2	31		2	27		2	23		2	19
	3	34		3	30		3	26		3	22		3	18
	4	33		4	29		4	25		4	21		4	17
191.	1	16	192.	1	12	193.	1	8	194.	1	4	195.	1	An. 1. de J. Ch.
	2	15		2	11		2	7		2	3			
	3	14		3	10		3	6		3	2			
	4	13		4	9		4	5		4	1			

OLYMPIAS, *Olympias*, sœur d'Alexandre, roi des Epirotes, épousa Philippe, roi de Macédoine, & fut mere d'Alexandre *le Grand*. Son humeur altiere la mit mal avec son mari, qui la répudia pour épouser Cléopatre. On dit même qu'il la soupçonna d'adultere. Après la mort de Philippe, à laquelle elle fut soupçonnée d'avoir eu part, elle se moqua de la vanité de son fils, qui vouloit faire accroire qu'il étoit né de Jupiter. Elle le pria, en raillant, de ne la point mettre mal avec Junon, & de ne la pas exposer à la haine de cette déesse, puisqu'elle n'avoit rien fait qui méritât ce châtiment. Six années après la mort d'Alexandre, d'Alexandre, elle fit affaffiner Aridée, fon frere, Eurydice fa femme, Nicanor, & cent illuftres Macédoniens. Caffander affiégea peu après Pidne, où cette cruelle princeffe étoit. Il la prit, & la fit mourir, la premiere année de la CXVIe olympiade, 316 avant J. C. * Plutarque, *in vita Alexand.* Quint-Curce, &c. Bayle, *dict. crit.*

OLYMPIAS ou OLYMPIADE, fainte veuve & diaconeffe de l'églife de Conftantinople du temps de S. Jean Chryfoftôme, étoit fille du comte Séleucus, & petite-fille d'Ablavius, préfet du prétoire, du temps de Conftantin *le Grand.* Nébridius l'époufa vers la fin de l'an 384 : il fut préfet de Conftantinople l'an 386 ; mais il mourut peu après. Le ménologe des Grecs dit que ce fut fans avoir confommé le mariage ; de forte qu'elle demeura vierge & veuve tout enfemble. Pallade écrit qu'elle demeura avec lui vingt mois feulement. Les plus célèbres évêques de l'Orient avoient été invités à fes nôces : & S. Grégoire *de Nazianze* n'y pouvant venir, lui envoye un excellent épithalame. En perdant Nébridius, elle étoit devenue extrêmement riche ; & l'empereur Théodofe voulut la remarier à Elpidius, qui étoit fon coufin. Elle le refufa ; & quoique le prince ne fût pas fatisfait de ce refus, elle vainquit fes follicitations par fa conftance ; & par fa vie pénitente fe rendit la gloire de l'églife de Conftantinople, où elle employa fes biens pour les églifes & pour les pauvres. Elle fut envoyée en exil dans le même temps que S. Chryfoftôme. Le temps de fa mort eft inconnu ; mais ce fut avant l'an 420, puifque Pallade, qui écrivit vers ce temps-là l'*hiftoire Laufiaque*, parle d'elle comme d'une perfonne qui étoit morte & couronnée de gloire ; il dit l'avoir vue dans un voyage qu'il fit à Jérufalem, & en Egypte, âgée alors de 60 ans. M. de Tillemont dit qu'elle étoit née vers l'an 368 ; mais felon le calcul de Pallade, il faut avancer la naiffance de cette fainte veuve avant l'an 360. Le ménologe des Grecs fait mémoire d'elle le 25 juillet. * Pallade, *Lauf. hift. c.* 42, *& de vit. Chryfoft.* Sozoméne, *l.* 8. Baronius, *in annal. &c.*

OLYMPIE, ville d'Elide, dans le Péloponnèfe, étoit célèbre par un temple dédié à Jupiter, furnommé *Olympien.* La ftructure de ce temple étoit admirable, & on y avoit amaffé des richeffes immenfes, à caufe des oracles qu'on s'y rendoient, & des jeux olympiques qu'on célébroit aux environs en l'honneur de ce dieu. On y admiroit fur-tout la ftatue de Jupiter faite par Phidias, que l'on mettoit au nombre des merveilles du monde. Paufanias en fait ainfi la defcription. On voit le dieu affis dans un trône, qui eft d'or & d'ivoire, de même que la ftatue. Il a fur la tête une couronne qui femble être de branches d'olivier ; dans la main droite il porte une Victoire d'ivoire, laquelle a une couronne fur fa coëffure & eft toute d'or, & il tient à la main gauche un fceptre fait d'un alliage de tous les métaux, & furmonté d'un aigle. La chauffure de Jupiter eft toute d'or, & fur la draperie, qui en eft auffi, il y a des animaux & des fleurs, fur-tout des lys en grand nombre. Le trône eft enrichi d'ivoire, d'ébène, d'or, de pierreries, & de plufieurs figures en bas relief : & l'on voit aux quatre pieds de ce trône quatre Victoires ; & deux aux deux pieds de la ftatue. Aux deux pieds de devant du trône, on a mis encore d'un côté des Sphinx qui enlevent de jeunes Thébains ; & de l'autre, les enfans de Niobé, qu'Apollon & Diane tuent à coups de flèches. Entre les pieds de ce trône on a repréfenté Théfée & les autres héros qui accompagnerent Hercule pour aller faire la guerre aux Amazones, & plufieurs athlètes. Tout le lieu qui environne le trône eft enrichi de tableaux qui repréfentent les principaux combats d'Hercule, & plufieurs autres fujets illuftres de l'hiftoire. Au plus haut du trône, Phidias a mis

d'un côté les Graces, & de l'autre les Heures : parce que les unes & les autres font filles de Jupiter, felon les poëtes. Sur le marchepied où l'on a pofé des lions d'or, on voit le combat des Amazones & de Théfée. Sur la baze il y a plufieurs figures d'or ; favoir, le Soleil montant fur fon char, Jupiter, & Junon, les Graces, Mercure, Vefta, & Venus, qui reçoit l'Amour. Outre ces figures on y trouve celles d'Apollon, de Diane, de Minerve, d'Hercule, d'Amphitrite, de Neptune, & de la Lune, que l'on a repréfentée fur un cheval. Voila ce qu'en dit Paufanias. Quoique cet ouvrage ait été l'admiration de tous les anciens, Strabon y a remarqué un grand défaut, en ce qui regarde la proportion : cette ftatue étoit d'une grandeur fi prodigieufe, qu'elle n'auroit pu être de bout fans percer la voute. Dion, Suétone, & Jofèphe ont écrit que l'empereur Caligula voulut faire enlever ce Jupiter, & ces hiftoriens rapportent les prodiges qui le détournerent de cette entreprife. Il faut remarquer qu'on voyoit dans ce temple plufieurs autels, dont il y en avoit un dédié *au Dieu inconnu.* * Chevreau, *hift. du monde.*

OLYMPIENS, nom que les Athéniens donnoient aux douze dieux principaux, aufquels ils avoient dédié un autel fort magnifique. Ces fauffes divinités étoient, Jupiter, Mars, Mercure, Neptune, Vulcain, Apollon, Junon, Vefta, Minerve, Cérès, Diane, & Vénus. On dit qu'Alexandre, après avoir conquis la Perfe, écrivit aux Athéniens pour leur demander que fa ftatue fût mife au nombre de ces dieux & fur le même autel ; ce que la fuperftition des Grecs lui fit facilement obtenir. Les douze dieux étoient appellés à Rome *Dii confentes*, ce qui fignifioit que c'étoient ceux qui compofoient le confeil fupérieur. Il y avoit auffi, au rapport du fcholiafte d'Apollonius, douze dieux du premier rang en Egypte, & il les appelle *dieux confeillers*, θεοὶ βουλαῖοι ; mais il prétend que c'étoient les douze fignes du zodiaque, en quoi il fe trompe. Il eft certain, & Hérodote, *l.* 2, fait voir que les douze dieux des Egyptiens étoient différens de ceux des Grecs. * Dempfter, *in Rofin. Ælian, l.* 5.

OLYMPIODORE, capitaine Athénien, vivoit vers l'an du monde 3731, & 304 avant J. C. Il commanda une armée pour les Athéniens contre les Macédoniens, commandés par Démétrius, & les défit. Il reprit le Mufée dont les Macédoniens s'étoient emparé, & les ayant chaffés de ce fort, délivra fa ville de leur domination ; il défit enfin les Macédoniens dans un troifième combat, avec une troupe d'Eleufiniens. Long-temps auparavant, fecouru par les Etoliens, il avoit défait Caffander, qui étoit entré dans l'Attique. Il mérita ainfi qu'en reconnoiffance de fa vertu, & des fervices rendus à fa patrie, le fénat lui décernât après fa mort l'honneur d'une ftatue d'airain, qui lui fut élevée à Delphes. * Paufanias, *in Attic.*

OLYMPIODORE, *Olympiodorus*, dont parle Suidas, étoit d'Alexandrie, & philofophe Péripatéticien. On le fait maître de Proclus, auquel il donna fa fille en mariage, & auteur des commentaires fur quelques traités d'Ariftote & de Platon ; & l'on croit qu'il vivoit vers l'an 480 de J. C.

OLYMPIODORE, originaire de Thèbes en Egypte, hiftorien & poëte païen, vivoit dans le Ve fiècle. Il compofa une hiftoire qu'il diftingua en vingt-deux livres, & qu'il commença au feptième confulat des empereurs Honorius & Théodofe *le Jeune*, aufquels il dédia fon ouvrage. Cette hiftoire s'étend jufqu'à la première année de l'empire de Valentinien, c'eft-à-dire, depuis l'an 407, jufqu'en l'an 425. Le ftyle en étoit affez clair, mais foible, négligé, & d'ailleurs les matieres y étoient fi peu rangées, que cet ouvrage ne pouvoit paffer que pour des mémoires.

Quelques-uns veulent que cet Olympiodore ne foit pas différent de celui qui enfeignoit la philofophie péripatéticienne à Alexandrie. * Photius, *cod.* 80. Le P. Labbe, *de fcript ecclef.* Jonfius, *de fcriptor. hift. philof. l.* 3, *c.* 18. Ménage, *hift. mulier. philofoph. pag.* 70.

OLYMPIODORE, moine Grec, que quelques-uns font philofophe Péripatéticien; & d'autres, diacre de Conftantinople ou d'Alexandrie, vivoit dans le IXe ou X^e fiécle, & même dans le XIe, felon le fentiment de Bellarmin. Il fit des commentaires fur l'Eccléfiafte & fur Job, que nous avons dans la bibliothéque des peres & ailleurs. Sixte de *Sienne* met deux Olympiodores, l'un moine & l'autre diacre. * Sixte de *Sienne, l.* 4 *biblioth. fanct.* Bellarmin, *de fcript. ecclef.* Poffevin, *in appar. facr. &c.*

OLYMPIONIQUES. C'eft le nom que l'on donnoit à ceux qui étoient victorieux dans les jeux olympiques. Comme on les regardoit comme des gens qui faifoient beaucoup d'honneur à leur patrie, on les y honoroit auffi d'une maniere finguliere. Pindare les a célébrés dans fes poëfies. On marquoit auffi les olympiades par le nom des *Olympioniques.* On comptoit d'abord par les vainqueurs à la lutte. Les Athéniens avoient pouffé fi loin les dépenfes qu'ils faifoient pour récompenfer les Olympioniques, que le fage Solon fit une loi pour réprimer cet abus. Il ordonna que l'on fe contenteroit de donner à un Olympionique cinq cens dragmes du bien public. Mais cette loi ne fut pas long-temps en vigueur : on reçut les Olympioniques dans le Prytanée, qui étoit le lieu où l'on entretenoit ceux qui avoient rendu fervice au public. Les Olympioniques qui avoient remporté trois couronnes, étoient exemtés de toute charge civile, des tutelles, & ils n'étoient plus expofés à pouvoir être notés d'infamie. La vie des Olympioniques étoit fi douce, au jugement de Platon, qu'il s'en fert pour faire comprendre les avantages dont devoient jouir les citoyens de la république qu'il méditoit & dont la fpéculation eft fi belle. Celui qui avoit remporté trois fois la victoire dans les jeux olympiques étoit appellé *Trifolympionique.* * Hoffmanni *dictionar. hiftoric. Dictionaire* de Furetiere de l'édition de 1727, &c.

OLYMPIQUES, jeux célébres de Gréce. Hercule les avoit inftitués, mais on ne fait pas bien en quel temps. On va rapporter les diverfes opinions des anciens. Si l'on en croit Eufebe, ce fut quatre cens trente ans avant le renouvellement de ces jeux, c'eft-à-dire, l'an 2830 du monde, 1205 avant J. C. quatre ans après l'année où les marbres d'Arondel placent la prife de Troye : cette opinion paroît n'avoir été fuivie de perfonne. Un ancien chronographe cité par S. Clément d'*Alexandrie,* au lieu de quatre cens trente ans, en compte quatre cens quarante-quatre entre l'inftitution des jeux olympiques, & leur rétabliffement, ce qui feroit placer cette inftitution à l'an 2818 du monde, 1217 avant J.C. Enfin Velleïus Paterculus dit, qu'Hercule remporta le prix aux jeux où Attée préfidoit, 1250 ans avant le confulat de Vinicius, c'eft-à-dire, l'an 2814 du monde, 1221 avant J.C. Ce qu'il y a d'admirable en ce dernier, c'eft qu'il donne auparavant une preuve de la fauffeté qu'il alloit avancer. Hercule, dit-il un peu plus haut, mourut 120 ans avant que fes defcendans fe rendiffent maîtres du Péloponnèfe. Or ceux qui différent le plus cette conquête, affurent qu'elle fe fit l'an 1928 du monde, 1105 avant J.C. felon Velleïus *le Héros* mourut donc l'an 1812 du monde, 1223 avant l'ère chrétienne, & ainfi il place fa victoire deux ans plus tard que fa mort. Le chronographe cité par S. Clément ne nous convient pas mieux que Velleïus & qu'Eufebe : il ne place l'inftitution des jeux que trente-trois ans avant la prife de Troye, & nous avons prouvé ailleurs que les defcendans d'Hercule firent

après fa mort la premiere entreprife fur le Péloponnèfe, quarante-huit ans avant que les Grecs euffent forcé cette place, c'eft-à-dire, l'an 1806 du monde, 1229 avant J. C. On croit que c'eft l'ignorance où ont été les Grecs du temps de cette entreprife, qui a caufé toutes leurs autres erreurs dans ce qu'ils ont dit de ces temps reculés. Que fi Velleïus ne nous trompe point dans la date de la mort d'Hercule, il la faudroit placer à l'an 2786 du monde, 1249 avant l'ère chrétienne, temps auquel il femble qu'Atrée regnoit depuis neuf ans dans l'Elide, de forte qu'Hercule a pu fort bien remporter le prix des jeux où ce prince préfidoit. Ils fe célébroient de quatre en quatre ans, vers le folftice d'été, durant cinq jours, fur les bords du fleuve Alphée, proche de la ville d'Olympie, dite aujourd'hui *Longanica,* où étoit le fameux temple de Jupiter *Olympien.* Les hiftoriens ne comptent pour premiere olympiade que celle où Corœbus fut couronné, après avoir furmonté les autres à la courfe, 110 ans après le rétabliffement des jeux olympiques par Iphitus, 776 avant J. C. Varron ne trouvoit que fables & que ténébres dans l'hiftoire des Grecs, avant cette époque. * Confultez Paul Crufius, *l. de epoch.* Origan, *tom.* 1 *ephem.* Scaliger, *de emendat. temp. l.* 1 & 5. Pétau, *de doct. & in ration. temp.* Torniel; Salian & Sponde, *in annal. vet. teft.* Lange, *de ann. Chrifti.* Riccioli, *chron. reform. tom. I, l.* 3, *c.* 2, *&c.*

OLYMPIUS, évêque originaire d'Efpagne, vivoit dans le Ve fiécle, & a affifté au premier concile de Tolède, tenu l'an 405; S. Auguftin l'a cité avec éloge. Il avoit écrit un traité contre ceux qui attribuent nos péchés à la nature, & non pas au libre arbitre. * Gennade, *de fcript. ecclef.* Du Pin, *biblioth. des aut. ecclef. du Ve fiécle.*

OLYNTHE, ville qu'Etienne *de Byzance* met dans la Thrace auprès de la Sithonie de Macédoine. Scylax la met dans la Macédoine, dans le promontoire de Pallenes, & qu'elle étoit Grecque, c'eft-à-dire, habitée par des Grecs. Elle étoit maritime entre Pallenes & Mecyberna. L'hiftoire de Philippe roi de Macédoine & les harangues de Démofthène l'ont rendue célebre. C'eft préfentement un lieu détruit que l'on nomme encore *Olyntho.*

OLZOWSKI (André) archevêque de Gnefne, étoit iffu d'une ancienne famille de Pruffe. Dans le cours de fes études qu'il fit à Kalifch, ville de Pologne, il s'appliqua en particulier à la poëfie, pour laquelle il avoit tant de facilité, que dans le difcours ordinaire, il lui arrivoit fouvent de faire des vers. Après avoir fait à Varfovie un cours de théologie & de jurifprudence, il fit un voyage en Italie, où il vifita les plus fameufes bibliothéques, & reçut à Rome le degré de docteur en droit. De-là il vint en France; & étant à Paris, il eut accès dans la maifon de la princeffe Louife-Marie de Gonzague, fille de Charles de Gonzague, duc de Nevers, puis duc de Mantoue, laquelle devoit bientôt époufer Ladiflas Sigifmond IV, roi de Pologne, qu'elle époufa en effet par procureur, le 6 novembre 1645. Olzowski accompagna la princeffe, & Ladiflas voulut lui donner la charge de fecrétaire; mais il remercia le roi de fa bonne volonté, parcequ'il vouloit pourfuivre fes études. Peu de temps après, il fut chanoine de la cathédrale de Gnefne & chancelier de l'archevêché. Celui qui gouvernoit ce fiége, étant alors fort âgé, fe déchargea fur lui des affaires les plus importantes. Le prélat étant mort, Olzowski fut appellé à la cour; & comme il écrivoit bien en latin, il fut chargé de toutes les expéditions que l'on devoit écrire en cette langue. Dans la guerre de la Pologne contre la Suède, il compofa un écrit intitulé, *Vindiciæ Polonæ.* Lorfque l'empereur Léopold fut élu, il fe trouva à l'élection en qualité d'ambaffadeur du roi de Pologne, & s'y attira l'eftime des trois électeurs eccléfiaftiques. Il alla enfuite en la même qualité à Vienne, pour prier l'empereur de retirer ses troupes de dessus les terres de Pologne. Incontinent après, il fut revêtu de la charge de référendaire de la couronne, & de l'évêché de Culm dans la Prusse royale. Après la mort du roi, arrivée le 29 mai 1648, il fut vice-chancelier de la couronne. Casimir épousa la reine, & monta sur le trône de Pologne; mais la reine étant morte au mois de mai 1667, il voulut abdiquer la couronne, & l'exécuta en effet, quelques tentatives qu'Olzowski fit pour l'en empêcher. Durant l'interregne, comme plusieurs princes prétendoient au trône de Pologne, Olzowski fit à ce sujet un écrit intitulé : Censura, &c. auquel on répondit par un autre sous le titre de Censura censuræ candidatorum. Il s'en fallut peu que la liberté que l'auteur de la première censure s'étoit donnée, ne lui coûtât cher. Le czar, choqué de cet écrit qui attaquoit principalement le prince son fils, âgé de huit ans, qui étoit l'un des prétendans, fit de grandes menaces si on ne lui donnoit satisfaction. Michel Koribut ayant été élu par les états de Pologne, Olzowski fut envoyé à Vienne pour y négocier le mariage de ce prince avec une princesse d'Autriche; & à son retour, il fut fait grand chancelier de la couronne. Il n'approuvoit point la paix que l'on fit avec le Turc en 1676, & il en écrivit au grand-visir en des termes qui choquerent le grand-seigneur, lequel en fit des plaintes au roi de Pologne. Après la mort de Michel Koribut, il contribua beaucoup à l'élection de Jean Sobieski, qui, par reconnoissance, le fit archevêque de Gnesne & primat du royaume. L'évêque de Cracovie entreprit de lui disputer la primatie, le titre de légat né du saint siége, & d'autres prérogatives attachées à la dignité d'archevêque de Gnesne, & prétendit faire les obséques des rois de Pologne. Olzowski publia làdessus un écrit pour justifier & soutenir tous les droits & toutes les prérogatives de son siége. Dans la suite il publia un autre ouvrage, auquel il ne mit pas son nom, intitulé : Singularia juris patronatûs regni Poloniæ, pour faire connoître le droit que le roi de Pologne a de nommer aux abbayes. En 1678 étant allé par ordre de son souverain à Dantzick, pour y pacifier les différends survenus entre le sénat & la bourgeoisie, il tomba malade & mourut âgé d'environ soixante ans, le troisième jour de sa maladie. Son corps fut porté à Gnesne. * Voyez le Dictionaire historique d'Amsterdam 1740. On a ajouté quelques dates à ce qui est rapporté dans ce dictionaire.

O M

OMAN, faux dieu des Persans, que les mages étoient obligés d'adorer tous les jours. Ils devoient aussi lui chanter des hymnes pendant une heure, ayant leur thiare sur la tête, & portant de la verveine à la main. D'autres le nomment Aman. * Strabon, l. 15. Vossius, de idololatria.

OMAN (la principauté d') c'est une contrée de l'Arabie heureuse. Wischer dans sa carte générale de la Turquie, renferme cette principauté entre celles de Fartach & d'Alibinali, qui la bornent vers le midi & vers le levant; & celles de Mascalat, d'Elcatif & de Jamana, qui la confinent vers le nord; & celles d'Hégiaz & de Tehama vers le couchant. Les lieux qu'il y met, sont Omanzirifsdin, capitale, Carîremart, & Marair. Sanson dans sa grande carte de la Turquie, donne plus d'étendue à l'Oman; il le pousse jusqu'aux golfes de Balsora & d'Ormus, & y comprend les contrées de Mascalat & de Vodana, dont Wischer fait deux principautés séparées. En général toutes les anciennes cartes de l'empire du Turc sont très-imparfaites. * Maty, diction.

OMAR I du nom, Ben Al-Kitab succéda à Aboubekre, qui l'avoit déclaré de vive voix avant sa mort

pour son successeur, & fut ainsi le second calife des Musulmans après Mahomet. Il commença son regne l'an 13 de l'hégire, & 634 après Jesus-Christ. Sous son regne, qui ne dura que dix ans & demi, les Arabes subjuguerent la Syrie, la Chaldée, la Mésopotamie, la Perse & l'Egypte; & Condemir remarque, que dans ce petit nombre d'années, les Arabes se rendirent maîtres de trente-six mille villes, places ou châteaux, détruisirent quatre mille temples ou églises de Chrétiens, de Mages ou d'Idolâtres, & firent bâtir quatorze cens mosquées pour l'exercice de leur religion. Nous allons voir le détail de toutes ces conquêtes. L'an 14 de l'hégire, qui fut la 635 année après J. C. la ville de Damas, capitale de la Syrie, quoique secourue par une armée de l'empereur Héraclius, fut prise par Khaled, fils de Valid, & autres généraux d'Omar, en partie par force, & en partie par composition; car un des quartiers de la ville fut forcé, pendant que l'on entroit par accord dans un autre. L'an 15 le reste de cette grande province suivit la destinée de sa capitale, & fut abandonnée par l'empereur Héraclius, qui y étoit venu en personne. Et l'an 16 le calife Omar se rendit au siége de Jérusalem, que ses troupes avoient déja commencé, & la ville s'étant aussitôt rendue à lui, il accorda au patriarche & aux habitans une capitulation fort honorable, moyennant laquelle les Musulmans entrerent, sans y commettre aucun désordre. Omar demanda même avec une fort grande modestie au patriarche, une place où il pût faire bâtir une mosquée, ne voulant pas permettre aux siens de se saisir d'aucune des églises des Chrétiens. Pendant qu'Omar étoit au siége de Jérusalem, son armée de Perse, qui avoit déja livré plusieurs combats, défit enfin en bataille rangée, auprès de la ville de Cadeliah, Iezdegerd, qui fut le dernier des rois idolâtres de cette grande monarchie, en la personne duquel finit la famille ou dynastie des Sassanides. Cette victoire fut suivie de la prise de la ville de Madaïn, qui étoit pour lors la capitale de l'empire des Perses, où les Arabes trouverent de si grandes richesses, qu'ils commencerent dès-lors à mépriser leur ancienne pauvreté. Amrou Ben-al-As entra dans l'Egypte l'an 18 de l'hégire, 639 de J. C. il y défit les troupes de l'empereur Héraclius, assiégea l'ancienne capitale du pays, appellée par les anciens Memphis, & par les Arabes, Monf & Mesr, qu'il prit par composition, & bâtit une nouvelle ville où il avoit campé avec son armée, & lui donna le nom de Fusthath, qui signifie en arabe, une Tente, à cause de la sienne qu'il y laissa dès-lors qu'il marcha pour aller assiéger Alexandrie. Ce fut l'an 20 de l'hégire, & 640 de J. C. qu'Amrou se rendit maître de cette grande ville, qui pouvoit être toujours secourue par mer, les Arabes n'ayant encore aucunes forces maritimes. Rien ne résista plus dans toute l'Egypte, haute & basse : de sorte que le calife Omar envoya aussitôt ses ordres pour pousser ses conquêtes le plus avant qu'il se pouroit dans l'Afrique. Les Musulmans entrerent aussitôt dans le pays de Barca, dans la Pentapole, & dans la Cyrénaïque, & subjuguerent ensuite toute la côte d'Afrique occidentale à l'Egypte, jusqu'à Thatabolos Algarb, qui est la ville de Tripoli en Barbarie. Les provinces de Gézirah ou Diarbeker, qui est la Mésopotamie; d'Adherbigian, qui est la Médie; & celle de Khorassan ou Bactriane, qui est à l'orient septentrional de la Perse, & qui borde les rivages du grand fleuve Amou ou Gihon, que les anciens ont connu sous les noms d'Oxus & de Bactrus, furent assujéties à l'empire de ce calife, dans les années 21 & 22 de l'hégire, selon Condemir. Il y a même quelques historiens, comme Ben Schuhnah, qui veulent que les Indes aient été entamées dès ce même temps-là par les Musulmans. Ce dernier auteur rapporte, que l'an 17 de l'hégire, un seigneur Persan, nommé

Hormozan, gouverneur pour le roi de Perse du Khou-ziſtan, qui eſt la *Suſianne*, & d'une partie de la Chal-dée, que les Arabes appellent *Ahuaz*, ayant été obli-gé de ſe rendre à compoſition dans un de ſes châ-teaux, fut envoyé à Médine, où Omar faiſoit ſa réſi-dence, capitale pour lors de l'empire des Muſulmans, & le ſiége des califes. Omar fut le premier des cali-fes, qui prit le titre d'*Emir Al-Moumenin*, prince ou commandant des Fidéles, titre qui eſt demeuré à tous ſes ſucceſſeurs, comme l'on peut voir dans le titre des califes. Il fut auſſi le premier qui refuſa ſa ſuc-ceſſion à ſon fils, voulant que le ſeul mérite pût éle-ver à cette dignité, ſe contentant d'ordonner que ſon fils auroit une place dans le conſeil d'état. Il nomma pour cet effet ſix perſonnes qu'il eſtimoit capables de lui ſuccéder; à ſavoir, Ali, Othman, Saad, Abdal-rahman, Taléha, & Zobaïr, leſquels furent nom-més, *Ahel-Al-Schïra*, c'eſt-à-dire, *deſtinés ou déſignés pour le califat*. Omar fut tué l'an 23 de l'hégire, & 643 de J. C. par un eſclave Perſien, nommé *Firoux*, & ſurnommé *Abouloulou*, *l'homme à la perle*. * D'Her-belot, *biblioth. orient.*

OMAR II, Ben Abdaláziz, VIIIᵉ calife de la ra-ce des Ommiades, ſuccéda à ſon couſin Soliman *Ben Abdalmalek*, l'an 99 de l'hégire, & 717 de J. C. L'an 101 de l'hégire, Schouzib s'étant révolté contre lui, ſous divers prétextes de religion, le calife lui écrivit, que s'il ne demandoit que la réforme de la religion & celle de l'état, qui étoient inſéparables, il pouvoit le venir trouver, qu'ils concerteroient en-ſemble, & conviendroient des moyens les plus pro-pres pour ajuſter toutes choſes ſelon ſes intentions. Schouzib ayant reçu les dépêches d'Omar, lui en-voya deux députés pour lui repréſenter, qu'il n'avoit aucun ſujet de plainte contre ſa perſonne, parcequ'il le reconnoiſſoit pour un prince très-juſte & très-équi-table; mais puiſqu'il condamnoit viſiblement par ſa conduite, celle de ceux de ſa maiſon & de ſa famil-le, qui étoient les Ommiades, qu'il devoit les faire maudire dans la moſquée, comme ils avoient fait eux-mêmes maudire Ali & ſa poſtérité pendant leur re-gne. Omar répondit à ces députés en ces termes: *Comme ce que vous me demandez regarde l'autre monde, & non pas celui ci, je croirois commettre un grand péché ſi je vous l'accordois. Car nous ne voyons pas que Dieu ait commandé à ſon prophéte de maudire qui que ce ſoit, & nous ne trouvons point dans ſa parole, qu'aucun le doive être pour ſa mauvaiſe vie; puiſque Pharaon mê-me, qui s'étoit attribué avec tant d'impudence la divi-nité, ne l'a pas été: tant s'en faut que je puiſſe faire maudire les Ommiades, qui ſont mes parens, qui font la priere, & qui obſervent le jeûne, & toutes les autres pratiques des Muſulmans.* Les députés n'ayant rien à répliquer ſur ce point, lui repréſenterent un autre de leurs griefs, & lui dirent: *Mais, ſeigneur, un prince juſte & équitable comme vous, doit-il laiſſer ſa couronne à un ſucceſſeur inique & impie?* Le calife leur ayant dit ſur ce point que c'étoit un cas qui pouvoit arriver, & qui peut-être auſſi n'arriveroit pas, & qu'il falloit par conſéquent en laiſſer la diſpoſition à la providen-ce; alors les députés lui répliquerent, qu'ils connoiſ-ſoient Jézid, fils d'Abdalmalek, qui étoit déja dé-claré pour lui ſuccéder, dont ils ſavoient toutes les mauvaiſes qualités. A ces paroles Omar ſe mit à pleu-rer, & leur demanda trois jours de temps pour pen-ſer à la réponſe qu'il leur devoit faire. Les Ommiades ayant appris le détail de la conférence d'Omar avec les députés, craignirent que ce prince ne prît la réſo-lution de changer l'ordre de la ſucceſſion, en tranſ-férant le califat de leur maiſon à une autre. Cette ap-préhenſion leur fit prendre le deſſein de ſe défaire du calife, & ils ſubornerent pour cet effet un eſclave qui lui donna du poiſon, dont il mourut âgé de quarante ans, dans la même année 101 de l'hégire, & 719 de

J. C. après avoir regné ſeulement deux ans & cinq mois. Il fut enterré dans le monaſtere de S. Siméon, ſitué auprès de la petite ville de Maharar, qui eſt des dépendances de celle de Hems ou *Emeſſe* en Syrie. Ce fut auſſi ſous ſon califat, & vers l'an 100 de l'hégire, que l'on commença dans les provinces du Muſulma-niſme à répandre un bruit en faveur des Abbaſſides, que l'on diſoit avoir beaucoup plus de droit au cali-fat, comme proches parens de Mahomet, que n'en avoient les Ommiades, qui n'appartenoient en aucune maniere à la famille de ce faux prophéte. Car les Ab-baſſides deſcendoient en ligne directe d'Abdalmoth-leb, aïeul de Mahomet, auſſi bien qu'Ali, qui n'avoit aucun autre avantage ſur eux que d'avoir épouſé Fa-thime, fille de Mahomet. * D'Herbelot, *bibliothéque orientale.*

OMAR (Ebn Phared) que d'autres nomment ſim-plement *Ebn Phared*, natif d'Egypte, fut un poëte cé-lébre Mahométan & Arabe. Il a écrit pluſieurs poë-mes où il traite de l'amour de Dieu & de ſon union avec les créatures. C'eſt en particulier le but de ſon fameux poëme, *Du vin ſpirituel de l'amour divin*. Plu-ſieurs ſavans Arabes ont commenté les poëſies d'O-mar. David de Céſarée a fait des ſcholies ſur le grand poëme de l'amour divin; & Olwan, ſur le *vin ſpirituel*. Dans la bibliothéque de Leyde, on trouve tous les poëmes d'Omar & ſes ſcholiaſtes. Jean Fabricius pu-blia à Roſtock dans ſon *Specimen arabicum*, un petit poëme de l'amour divin, tiré du grand ouvrage d'O-mar Ebn Phared. Il l'accompagna d'une traduction latine, & d'une analyſe grammaticale. * *Mémoires du temps.*

OMAR, mathématicien, cherchez HOMAR.

OMBIASSES, dans l'iſle de Madagaſcar, ſont les prêtres & docteurs de la fauſſe religion des peuples de ce pays. Ils ſont tels que ceux qu'on nomme *Ma-rabous* au Cap-Verd, c'eſt-à-dire, *Médecins*, *Magi-ciens* & *Sorciers*. Il y en a de deux ſortes, les *Ompa-norats*, & les *Ompitſiquilis*: les *Ompanorats* ſont les maîtres écrivains qui enſeignent l'arabe en apprenant à écrire. Ils ſe ſont diſtingués en pluſieurs ordres, qui ſemblent avoir quelque eſpéce de rapport à nos digni-tés eccléſiaſtiques, & dont voici les noms; *Maté*, c'eſt comme qui diroit, *Clerc*, qui apprend encore à écrire; *Ombiaſſe*, écrivain ou médecin; *Tibou*, ſou-diacre; *Mouladzi*, diacre; *Faquihi*, prêtre; *Catibou*, évêque; *Lanlemaha*, archevêque; *Sabaha*, pape ou calif. Ils font des *Hitidzi* ou *Taliſmans* & autres char-mes, qu'ils vendent aux grands & aux riches, pour les préſerver de mille accidens, & pour faire périr leurs ennemis. Ils donnent auſſi des *Auli*, qui ſont de petits marmouſets de bois, que l'on enferme dans des boëtes, d'où on les tire pour les conſulter, & pour les prier d'être favorables dans les occaſions où ils ont du pouvoir; car il y en a qui rendent riches, d'autres qui détournent les malheurs, & d'autres dont la puiſſance s'étend à pluſieurs effets merveil-leux. Ces fourbes ſont fort redoutés du peuple, qui les tient pour ſorciers; & les grands les ont employés quelquefois contre les François; mais leurs artifices ont été inutiles; & ils ſe ſont voulu excuſer, en di-ſant, qu'ils n'avoient aucun pouvoir ſur les François, parcequ'ils ſont d'une autre loi qu'eux. Les Ombiaſ-ſes ont des écoles publiques dans le pays de Matata-ne, où ils enſeignent leurs ſuperſtitions, & leurs ſortiléges. Les *Ompitſiquilis* s'adonnent à la géomance, & tracent leurs figures ſur une petite planche cou-verte de menu ſable. Les malades vont à eux pour connoître les moyens & le temps de leur guériſon; les autres pour ſavoir l'événement de leurs affaires, le ſuccès du voyage, & ſemblables choſes; car ces peuples n'entreprennent preſque rien ſans conſulter l'oracle du ſquille, ou de la *Géomance*. En marquant leurs figures avec le doigt ſur la planche, il obſervent l'heure, la planète, le signe & les autres superstitions de cet art. Les Ombiasses ont plusieurs livres, dans lesquels il y a quelques chapitres de l'alcoran, & d'autres pour apprendre la langue arabe, ou les remèdes des maladies & des blessures. Au fond ce sont de grands imposteurs, qui séduisent les princes & le peuple. * Flacourt, hist. de Madagascar.

OMBRIE, province de l'Etat Ecclésiastique en Italie, *Umbria* ou *l'Umbra*. On la divisoit autrefois en Vilombrie ou Ombrie de-là l'Apennin, qui contenoit la Romandiole, le duché d'Urbin, &c. & en Olombrie ou partie de deçà l'Apennin, qui comprenoit l'Ombrie propre, dite aussi *duché de Spolete*. Spolete est sa ville capitale. Les autres sont, Foligni, Assise, Todi, Terni, Nocere, Narni, Riéti, Norcia, &c. Quelques-uns ont cru que le nom d'*Ombrie* est tiré de celui de l'ombre de l'Apennin, qui regne en divers endroits de cette province. D'autres en cherchent l'origine jusqu'au déluge, & tirent son nom du mot *Imber*; mais cela est fabuleux. Les Ombriens ou Ombriques étoient un peuple Celte, qui tenoit autrefois toute cette partie de l'Italie, qui étoit entre le Tibre & le Pô, la mer Adriatique, & la mer de Toscane. Les Hétruriens ou Toscans étant venus s'y établir, les chassèrent peu à peu des places qu'ils occupoient, & les forcèrent de se retirer près de la mer Adriatique, où les Gaulois venant ensuite, les resserrèrent extrêmement. Dans la division de l'Italie en dix-sept provinces, l'Ombrie fut unie à la Toscane, & gouvernée par un consulaire. L'Ombrie renferme plusieurs autres petites provinces, telles que *Umbria Thuscia*; *Umbria Sabina*; *Umbria Crustumina*; *Umbria Fidenata*; *Senonia*, &c. * Strabon, l. 1. Pline, l. 3, c. 5 & 14. Mérula, part. 2, cosmogr. l. 4. Jacobilli, descr. Ital. Léandre Alberti, descr. Umbr.

OMER (Saint) en latin *Audomarus*, évêque de Térouanne dans le VII.e siècle, étoit fils de *Friulfe* & de *Domitte*, tous deux de famille noble & riche, & naquit à Goldenthar près de Constance sur le haut Rhin. Il se retira jeune dans le monastere de Luxeu, où il fut reçu par l'abbé Eustase l'an 615. Le roi Dagobert le nomma l'an 636 à l'évêché de Térouanne, vacant depuis l'an 552 par la mort d'Athalbert, second évêque de ce pays. Il travailla fortement à rétablir la discipline dans ce diocèse, abandonné depuis long-temps. Il établit le monastere de Sithiu, dont Mommolin fut premier abbé, puis S. Bertin, qui lui a donné son nom, & qui fut depuis évêque de Noyon. S. Omer devint aveugle dans les dernieres années de sa vie. Il assista en cet état à la translation des reliques de S. Vaast, l'an 667, & mourut l'an 668. Il fut enterré par S. Bertin dans l'abbaye de Sithieu. Son culte étoit établi en France dès le temps de Louis le Débonnaire. On fait mémoire de lui dans les martyrologes au 9 de septembre, jour de sa mort. * Anonyme. apud Mabill. sæcul. II. Bulteau, hist. monast. d'occident. Baillet, vies des saints.

OMLANDE, contrée des Pays-Bas, dans la province de Frise, aux environs de Groningue, est un pays fort peuplé, & abondant en pâturages. Il y a divers villages; & les peuples sont membres de l'état de Groningue. * Guichardin, descr. des Pays-Bas.

OMMIAH : c'est le nom d'un personnage considérable entre les Arabes, qui étoit fils d'*Abdal-Schems*, & dont la postérité porte le nom de *Banou Ommiah*, c'est-à-dire, *enfans d'Ommie* ou *Ommiades*, qui ont possédé le califat pendant l'espace de quatre-vingt-onze ans, & que les Alides & les Abbassides ont appellés par injure; *Faraéna Béni Ommiah*, *Pharaons*, ou *tyrans de la maison d'Ommie*. Il y a cependant des auteurs qui étendent la durée de cette dynastie jusqu'à cent ans, depuis l'an 32, jusqu'à l'an 132 de l'hégire, & depuis l'an 652, jusqu'à l'an 749 de Jesus-Christ, parcequ'ils commencent le regne de Môa-

vie, depuis la mort d'Othman, à cause que Môavie se porta pour vengeur de son sang, & refusa de reconnoître Ali pour calife légitime. Il y a eu quatorze califes de cette maison, qui ont regné dans l'ordre qui suit, dont l'on peut voir les titres de chacun en particulier. Le premier est *Môaviah Ben Abou Sofian*, qui regna dix-neuf ans & trois mois. Le second, *Iezid Ben Môaviah*, regna trois ans & deux mois. Le troisième, *Môaviah Ben Iezid*, ne regna que quarante jours. Le quattième, *Marvan Ben Hakem*, qui ne descendoit pas directement de Môavie, mais qui étoit d'une autre branche de la même famille; car Hakem, pere de Marvan, étoit fils d'Ass, & petit-fils d'Ommiah : il regna un an & neuf mois. Le cinquième, *Abdalmalek Ben Marvan*, regna un an & un mois. Le sixième, *Valid Ben Abdalmalek*, regna neuf ans & huit mois. Le septième, *Soliman Ben Abdalmalek*, frere de Valid son prédécesseur, regna deux ans & huit mois. Le huitième, *Omar Ben Abdalaziz*, petit-fils de Marvan, regna deux ans & cinq mois. Le neuvième, *Iezid Ben Abdalmalek*, II du nom, frere de Valid & de Soliman ses prédécesseurs, qui regna quatre ans & un mois. Le dixième, *Hescham Ben Abdalmalek*, frere de Valid, de Soliman, & d'Iezid ses prédécesseurs, regna dix-neuf ans & huit mois. L'onzième, *Valid Ben Iezid*, Ben Abdalmalek ou *Valid*, II du nom, qui regna un an & deux mois. Le douzième, *Iezid Ben Valid*, Ben Abdalmalek ou *Iezid*, III du nom, qui ne regna que six mois. Le treizième, *Ibrahim Ben Valid*, Ben Abdalmalek, frere d'Iezid, III du nom, regna deux mois. Le quatorzième, *Marvan Ben Mohammed*, Ben Marvan, Ben Hakem ou *Marvan*, II du nom, qui regna cinq ans, & qui fut le dernier des califes Ommiades en Syrie : car après lui il n'y eut de toute cette maison qu'un Abdalrahman qui se sauva des mains des Abbassides, & qui établit depuis une dynastie de califes Ommiades en Espagne. C'est ce Marvan qui est surnommé *Hemar* ou l'*Asne de Mésopotamie*. Il est vrai cependant que Marvan, le dernier de ces califes, laissa deux enfans nommés *Abdallah*, & *Obeïdallah*, qui s'enfuirent en Ethiopie. Ben Schuhnah écrit qu'Obeïdallah fut tué sur le chemin, & qu'Abdallah qui y arriva, vécut jusqu'au temps du calife Mahadi l'Abbasside, & y mourut sans enfans. Les Abbassides exterminèrent entierement tous ceux des Ommiades qui tombèrent entre leurs mains; & la race en eût été éteinte, si Abdalrahman Ben Môaviah, qui étoit petit-fils du calife Hescham, ne l'eût conservée en Espagne, où il commença à regner l'an 139 de l'hégire, 756 de J. C. sous le regne d'Almansor, second calife de la race des Abbassides. Cette dynastie des Ommiades en Espagne dura l'espace de 285 ans, jusqu'en l'an 424 de l'hégire, & 1032 de J. C. car ce fut dans cette année que Hescham, III d'Abdalmalek, surnommé *Moëzz Billah*, fut enfin entierement dépossédé par les Alides, qui avoient commencé à se soulever contre les Ommiades dès l'an 400, & 1009 de J. C. Pour bien entendre l'origine & la chute de la dynastie des Ommiades, tant en Syrie qu'en Espagne, il faut voir les titres d'Ali, de Môaviah; des Abbassides; d'Aboul'Abbas Saffah & de Marvan; mais on ne peut s'empêcher de remarquer ici deux événemens considérables rapportés par Khondémir, & par Ben Schuhnah. Le premier est, qu'Abdallah, oncle d'Aboul'Abbas Saffah, premier calife de la maison des Abbassides; après avoir défait Marvan, assembla environ quatre-vingts des principaux de la maison d'Ommie, auxquels ils avoient donné quartier, & les fit tous assommer par des gens armés de massues de bois, qui étoient mêlés parmi eux : après quoi il fit couvrir leurs corps de tapis, sur lesquels il donna un grand banquet aux officiers de son armée; de sorte que cette réjouissance se passa au milieu des derniers sanglots de ces misérables qui respiroient encore. Abdallah ne se contenta pas de cette cruelle exécution; car il fit ouvrir les sépulcres des califes de cette maison, à la réserve de celui d'Omar Ben Abdalâziz, fit exposer leurs corps sur des gibets, & traîner ensuite à la voirie; & les historiens des Abbassides remarquent que l'on trouva dans celui de Môavie que de la poussiere, & dans celui d'Iezid, son fils, que des chardons. Nouaïri écrit que la dynastie des Ommiades en Espagne a eu quinze rois, qui ont regné successivement depuis l'an 138 de l'hégire, & 755 de J. C. jusqu'en 290 de l'hégire, & 901 de J. C. ce qui doit s'entendre sans interruption, depuis Abdalrahman, jusqu'à Nasser Lédinillah Ben Mohammed Ben Abdallah, qui commença à regner vers l'an 300 de l'hégire, & 912 de J. C. selon Ebn Amid. Mais ces mêmes Ommiades, qui avoient été dépossédés par les Alides, remonterent sur le trône; car Iahia, fils d'Ali, ayant été tué, le conseil des Musulmans arrêta que l'on ne recevroit plus aucun roi de la race des Ommiades; mais les affaires d'Espagne étant extrêmement brouillées, vers l'an 414 de l'hégire, & 1023 de J. C. Hescham, troisiéme du nom, regna encore. Celui-ci ayant été encore chassé, à cause de son Hageb, qui tenoit alors lieu de visir ou ministre principal, un autre prince de la maison d'Ommie demanda au milieu de ces troubles d'être élu roi; & sur ce qu'on lui représenta, qu'après le décret du sénat de Cordoue, il y auroit beaucoup de danger pour lui, il répondit à ceux qui lui parloient ainsi: *Faites-moi aujourd'hui roi, & tuez-moi demain.* Ce fut après toutes ces contestations des Ommiades & des Alides, que les Marabous ou Almoravides, firent la conquête de l'Espagne, l'an 477 de l'hégire, & 1084 de J. C. L'on peut compter les Almoravides pour successeurs des Ommiades en Espagne. On trouve l'histoire de ces Ommiades d'Espagne à la fin du *Tarikh al Kholafa* ou histoire des califes de Soïouthi, comme aussi dans celle de Nouaïri. Outre ces deux dynasties des Ommiades, tant en Syrie qu'en Espagne, dont les princes ont pris tous le titre d'*Emir al-Moumenin* ou de calife, il s'en trouve encore une troisiéme, qui s'établit dans l'Iemen ou Arabie heureuse, sur laquelle l'on peut voir dans la Bibliothéque orientale le titre d'*Amer Ben Abdalvahab.* Il y a deux histoires générales des Ommiades, sous le titre d'*Akhbar Beni Ommiah:* dont la premiere a été composée par Abou Méhiahed, & la seconde par Khaled Ebn Hescham Alommaoui ou Ommoui. L'on peut aussi ajouter ici, qu'entre les califes, les Ommiades passent pour avoir été fort ignorans, & les Abbassides très-savans, & que Motadhed l'Abbasside ayant voulu faire maudire les Ommiades, comme ceux-ci avoient fait Ali, & ceux de sa race, en fut dissuadé. * D'Herbelot, *bibl. orient.*

OMMIADES, *voyez* l'article précédent.

OMMIRABI, OMARABEA, riviere de Barbarie en Afrique, prend sa source au mont Atlas, traverse le Tedles, province du royaume de Maroc, & sépare ce royaume de celui de Fez, & se décharge à Azamor, dans le petit golfe d'Ommirabi, que l'on prend pour le *Portus Rusbis, Rusubis* ou *Rutubis,* des anciens. Ainsi selon la disposition des cartes de Ptolémée, la riviere d'Ommirabi devroit être l'ancienne *Cusa,* & non pas l'*Asama.* * Mati, *dict.*

OMOAL, qui est la *Nabarcha* des anciens, est une ville de la Perse, située au nord du mont Taurus. Elle est composée d'environ 3000 maisons habitées par des Arméniens, des Georgiens, des Juifs, des Persans, &c. qui parlent sept langues différentes. Elle étoit autrefois plus grande & la capitale d'un pays. C'est encore une jolie ville, qui a un bon château environné d'un fossé profond. Il y a trois cens princes ou prophétes enterrés dans sa mosquée, dont plusieurs ont des tombeaux magnifiques. * Herbert, *p.* 106.

OMPHALE, reine de Lydie, maîtresse d'Hercule. On a feint que ce héros fut si follement épris de cette princesse, qu'il quitta la massue pour prendre la quenouille, afin de filer avec les femmes. Il avoit, dit-on, tué près du fleuve Sangaris un serpent qui désoloit le pays d'Omphale; mais cette riviere est assez éloignée de la Lydie; & pour ne pas donner un démenti aux anciens, il faudroit supposer que les Lydiens du temps d'Hercule habitoient une contrée bien plus septentrionale, que celle où ses descendans regnerent. * Properce, *l.* 3, *el.* 11. Séneque, *in Hipp.* Athenée, *l.* 6. Plutarque, *in Thes.* Ovide, *de arte amandi,* *in epist. de Dejan. & in fast.* Natalis Comes, *myth. &c.*

OMPHALIUS (Jacques) jurisconsulte Allemand, natif d'Andernac, dans le XVIe siécle, fut conseiller du duc de Cléves, & enseigna à Cologne. Il avoit un grand fonds de littérature: ce qu'on peut voir par les ouvrages que nous avons de sa façon, qui sont: *De officio & potestate principis in rep. lib. X. De usurpatione legum & earum studiis lib. VIII. De civili politia. Nomologia. De Elocutione, imitatione & apparatu. Comment. in Ciceronis orat. III, &c.* Omphalius mourut l'an 1570. * Pantaléon, *l.* 3 *prosopog.* Simler, *in epist. Gesn.* Melchior Adam, *in vit. Jurisc. Germ.*

OMRAS ou OMHRAS, seigneurs de la cour du grand Mogol, empereur des Indes, sont la plupart des aventuriers & des étrangers de toutes sortes de nations, principalement de Perse: car il n'y a point en cet empire de duchés, ni de comtés, ni de marquisats; & le grand Mogol posséde toutes les terres en propre. D'ailleurs, les fils d'Omras ne sont point héritiers ni successeurs de leur pere; & l'empereur leur donne seulement quelque petite pension, à moins que leur pere ne les ait avancés par sa faveur; ce qui arrive, lorsqu'ils sont bien faits, blancs de visage, & qu'ils peuvent passer pour vrais Mogols; (car, comme nous l'avons remarqué dans l'article des Mogols, ces peuples sont blancs, au lieu que les Indiens, originaires du pays, sont noirs.) Entre les Omras, les uns commandent mille chevaux; les autres deux mille; & ainsi en augmentant jusqu'à douze mille. Leur paye est plus ou moins grande, à proportion du nombre des chevaux, qui surpasse souvent celui des cavaliers; car pour être mieux en état de servir dans les pays chauds, un cavalier doit avoir deux chevaux, afin de changer. Il y a toujours vingt-cinq ou trente de ces Omras à la cour: ce sont ceux-là qui parviennent aux gouvernemens des provinces, & aux principales charges du royaume, & qui sont comme ils s'appellent, *les colonnes de l'empire.* Outre ces grands seigneurs, il y a des petits Omras, qu'on nomme *Mansebdards,* c'est-à-dire, *des cavaliers à Manseb,* qui est une paye plus considérable que celle des autres cavaliers. Ils n'ont point d'autre chef que le roi, & de ce rang ils passent à la dignité d'Omras. * Bernier, *hist. du grand Mogol.*

OMRAS: on donne aussi ce nom aux grands seigneurs dans le royaume de Golconde, dans la presqu'île de l'Inde au-deçà du golfe de Bengala. Ils sont la plupart Persans, ou fils de Persans. Lorsqu'ils vont par la ville, ils sont précédés par un ou deux éléphans, sur lesquels il y a trois hommes qui portent des bannieres. Après ces éléphans, marchent cinquante ou soixante cavaliers bien montés sur des chevaux de Perse ou de Tartarie, avec des arcs & des fléches, l'épée au côté, & le bouclier sur le dos; & ceux-ci sont suivis d'autres gens à cheval, qui jouent de la trompette & du fifre. L'Omra vient après eux à cheval, entouré de trente ou quarante valets de pied. On voit ensuite le palanquin porté par quatre hommes; & cette pompe finit par un chameau ou deux, montés par des gens qui battent des tymbales. Lorsqu'il plaît à l'Omra, il se met dans son palanquin, & alors son cheval est mené en lesse. Il y a des Omras qui ne sont pas si riches, & qui proportionent leur train à leurs facultés. * Thévenot, *voyage des Indes*, tome III.

ON

ONA (Pierre de) Espagnol, natif de Burgos, & évêque de Gayette en Italie, dans le royaume de Naples, entra jeune parmi les religieux de la Merci, & s'y rendit très-habile dans la philosophie de l'école. La réputation qu'il acquit en enseignant dans le monastère d'Alcala, engagea les professeurs de cette célèbre université, à décider dans une assemblée publique, de n'y enseigner que la logique du P. Pierre de Ona, qu'il avoit publiée sous ce titre : *Artium cursus*. Il composa des commentaires sur la dialectique & sur la physique d'Aristote ; des sermons, &c. Le roi Philippe III le nomma l'an 1602 à l'évêché de Vénézuéla dans l'Amérique méridionale. Peu de temps après, il fut élevé à celui de Gayette en Italie, où il mourut l'an 1626, & non pas l'an 1634, comme Ughel l'a cru, & fut enterré dans la cathédrale, où l'on voit son épitaphe. * Ægidius Gundisalvus. Davila, *in theat. Ind. eccl.* Ughel, *Ital. sacr.* Nicolas Antonio, *biblioth. script. Hisp.*

ONAN, fils de *Juda* & de *Sué*, que Dieu punit de mort, parcequ'il commettoit une impureté détestable. * *Genèse*, 38.

ONANO, bourg avec titre de duché. Il est dans l'Orviétan, province de l'Etat de l'Eglise, entre Aquapendente & Pétigliano, à deux lieues de chacune de ces villes. * Mati, *dict.*

ONASIME ou ONESIME, *Onasimus*, écrivit la vie de l'empereur Probus & de quelques autres, comme nous l'apprenons de Vopiscus, *in Caro*, &c.

ONASIME de Chypre, ou selon d'autres de Sparte, sophiste & orateur, vivoit au commencement du IVe siècle, du temps de Constantin *le Grand*, & écrivit divers ouvrages, que nous n'avons plus, & dont on poura voir le dénombrement dans Suidas.

ONATE ou OGNATE, petite ville avec titre de comté, & académie, érigée en 1543 dans la Biscaye, en Espagne, sur les confins du Guipuscoa. * Mati, *dict.*

ONE (Le cap d') *Ona caput*, anciennement *Magnum Promontorium*, c'est un grand cap de la Barbarie. Il est dans le royaume de Trémecen, au nord de la ville de ce nom, vers l'embouchure de la Mulvia. Il prend son nom de la ville d'One, qui y est placée. * Mati, *dict.*

ONEGA, grand lac de Moscovie, que ceux du pays appellent *Onega Ozero*, est un des plus considérables de l'Europe ; car il a cinquante lieues de longueur, dix-huit de large, & cent vingt de circuit. Il est entre la mer Blanche & le lac de *Ladoga* ou *Ladesko*, où il se décharge par le canal d'une rivière. La partie de ce lac, qui est au septentrion, appartient aux Suédois, & celle qui est vers le midi est aux Moscovites.

ONEILLE ou ONEGLIA, ville & marquisat d'Italie sur la côte de Gènes, au duc de Savoye, est une vallée agréable, extrêmement fertile, & féconde en oliviers, en vin & en autres fruits.

ONESICRITE, *Astypaléen*, c'est-à-dire, *natif d'Astypalea*, isle de la mer Egée, philosophe & historien, florissoit vers la CXIV olympiade, l'an 324 avant J. C. & étoit sectateur de Diogène *le Cynique*. Il suivit à la guerre Alexandre *le Grand*, qui l'envoya dans les Indes, où il conversa avec les brachmanes. Il fit un voyage sur l'Océan des Indes par ordre de ce prince ; & après son retour, il l'avertit que, suivant l'avis des Chaldéens, il ne devoit point entrer dans

Babylone. Il fit un récit à Alexandre de ce qu'il avoit vu dans les Indes, & en écrivit l'histoire, qui au jugement de Strabon étoit pleine de fables. Suidas parlant de son style, dit qu'il s'étoit proposé d'imiter Xénophon ; mais qu'il n'avoit pas approché de l'élégance du style de cet auteur. Arrien prétend qu'il n'avoit pas été intendant de la flotte, mais un simple pilote d'Alexandre. * Diogène *Laërce*, *l.* 6, *vit. phil.* Strabon, *l.* 15. Plutarque, *in Alexand.* Aulu-Gelle, *l.* 9, *c.* 4. Elien. Quint Curce. Arrien. Suidas, & divers autres cités par Vossius, *lib.* 1 *de hist. Græcis, cap.* 10, &c. Du Pin, *bibliothèque des histor. prof.*

ONESILE, *Onesilus*, roi de Salamine en Chypre, s'empara de la couronne en l'absence de son frere Gorgo, qui étoit allé commander l'armée navale de Xerxès, roi de Perse, contre les Ioniens, vers l'an 480 avant J. C. Il assiégea la ville d'Amathonte ; mais les Perses vinrent au secours de cette place, gagnerent une bataille contre Onesile, & lui couperent la tête, qu'ils attacherent sur les créneaux des murailles d'Amathonte. On dit qu'un essain d'abeilles la remplit presqu'aussitôt de miel : ce que les habitans ayant regardé comme un prodige, ils consulterent l'oracle, qui leur ordonna d'inhumer cette tête, & de lui faire des sacrifices. * Hérodote.

☞ ONESIME (Saint) disciple de S. Paul, étoit de Colosses, ville de Phrygie, esclave de Philemon, habitant du même lieu, qui avoit embrassé la foi & étoit fort uni à S. Paul. Onesime qui avoit toujours fort mal servi Philemon, l'ayant enfin volé, mangea ce qu'il avoit pris, & s'enfuit à Rome, pour se cacher. Mais ayant rencontré S. Paul, qui étoit captif en cette ville, l'apôtre l'instruisit de la vérité, & enfin le convertit & le baptisa. Il souhaitoit le retenir auprès de lui, afin qu'il lui rendit des services que son maître même auroit été bien aise de lui rendre ; mais il ne voulut pas le faire sans le consentement de celui à qui il appartenoit. C'est pourquoi il le lui renvoya, & lui écrivit en même temps pour le conjurer de pardonner à cet esclave, & de le traiter même comme son frere, ce qu'il fait avec un admirable artifice de charité. Il s'obligea même à lui pour tout ce qu'Onesime pouvoit lui devoir, & le voulut écrire de sa propre main. Philemon ayant reçu la lettre de S. Paul, lui renvoya Onesime, qui depuis servit le saint apôtre comme un homme très-fidèle & un digne ministre de l'évangile. S. Paul l'envoya avec Tychique, vers les fidèles de Colosses, pour les informer de ce qui regardoit l'état de ceux de Rome, & de lui en particulier. On croit sur cela que ce furent eux qui porterent sa lettre aux *Colossiens*. On croit que S. Paul éleva Onesime à la dignité d'évêque de Bérée en Macédoine, lors peut-être qu'il passa par-là en revenant mourir à Rome ; car ce que quelques martyrologes disent, que c'est l'évêque d'Ephèse dont S. Ignace parle avec estime en l'an 107, n'est ni fondé ni aisé à accorder avec l'histoire. Il couronna enfin sa vie par la gloire du martyre, qu'il souffrit, selon les nouveaux Grecs, sous l'empire de Domitien vers l'an 95. Ils le joignent avec S. Philemon & les autres martyrs de Colosses, qu'ils honorent le 22 de novembre. Mais ils en font une fête particuliere le 15 de février, où leur grand office est de lui. Bede & les autres martyrologes des Latins en font mémoire le lendemain. Les uns & les autres lui donnent le titre d'apôtre. * Tillemont, *mémoires pour servir à l'histoire ecclésiastique*, tome I, pages 304, 305, 308, 310, 606, 607.

ONESIPHORE, disciple de S. Paul, étoit établi dans l'Asie mineure, & peut-être à Ephèse même, lorsque S. Paul y porta les lumières de l'évangile : il se convertit à la foi de Jesus-Christ, & rendit de grands services aux fidèles de ce pays. S. Paul lui rendit témoignage qu'il l'avoit assisté, & soulagé tant à Ephèse qu'à Rome, où il étoit venu le chercher, pendant qu'il y étoit prifonnier, dans le temps de fon fecond voyage. C'eſt tout ce que nous ſavons d'Onéſiphore par l'écriture ; & les anciens n'y ont rien ajouté ; mais les Grecs modernes ont écrit qu'il avoit été l'un des ſoixante & douze diſciples, & qu'il fut depuis évêque & martyr. Le martyrologe romain porte que S. Oneſiphore ayant été arrêté dans l'Helleſpont avec S. Porphyre, par l'ordre du proconſul Adrien, il fut rudement chargé de coups, & traîné par des chevaux indomtés. Tout cela eſt fort incertain. Les Grecs font ſa fête au 29 d'avril & au 8 décembre. Adon & les autres Latins la marquent au 6 de ſeptembre. * *II ad Timoth.* 4, *v*. 16 & *ſeq. Menolog.* & *menæa Græcorum. Martyrologia.* Baillet, *vies des Saints.*

ONGOSCHIO, grand ſeigneur de la cour de l'empereur du Japon, fut choiſi par Taicko, pour tuteur du prince Fideri, que cet empereur laiſſoit en mourant, ſucceſſeur de ſa couronne, à l'âge de ſix ans. Il accepta la tutelle, & promit par un acte ſigné de ſon ſang, qu'il reſtitueroit la couronne à Fideri, dès qu'il ſeroit parvenu à l'âge de quinze ans, & qu'il le feroit couronner empereur par la Dairo ; mais ſon ambition lui fit prendre le deſſein de s'élever ſur le trône. Il fit épouſer ſa fille au prince Fideri, & cependant leva une puiſſante armée pour ſe rendre maître du royaume. Fideri voulut en vain ſoutenir ſa qualité d'empereur, & ne put réſiſter aux forces d'Ongoſchio, qui l'aſſiégea dans la ville d'Ozacha, où il s'étoit retiré, & le brula dans ſon palais avec ſa femme qui étoit ſa propre fille, & pluſieurs perſonnes de qualité qui les accompagnoient. Ce tyran ne ſe borna pas à cette cruauté ; il fit auſſi mourir tous les ſeigneurs qui s'étoient déclarés pour Fideri, ou qui avoient eu la moindre intelligence avec lui, & par ce moyen demeura poſſeſſeur de l'empire du Japon. * Mandeſlo, *voyage des Indes.*

ONIAS, I de ce nom, grand pontife des Juifs, ſuccéda à Jaddus, l'an du monde 3711, & 324 avant J. C. Il gouverna environ 14 ans ſous le règne de Ptolémée fils de Lagus en Egypte, & eut Simon pour ſucceſſeur.

ONIAS II, penſa être la cauſe de la ruine des Juifs, pour avoir manqué de payer un tribut à Ptolémée *Evergetes.* Il commença à gouverner l'an du monde 3793, 241 avant J. C. tint le pontificat 9 ans, & laiſſa Simon II.

ONIAS III, fils & ſucceſſeur de Simon II, & petit-fils d'Onias II, reçut la fameuſe ambaſſade des Lacédémoniens. Son frere Jaſon ayant répandu un grand nombre de calomnies contre Onias, perſuada à Antiochus *Epiphanes,* de dépoſer ſon frere, & de lui céder la place de ſacrificateur, moyennant une groſſe ſomme d'argent qu'il donna à ce prince. Sitôt qu'Onias ſe vit dépouillé de ſa dignité, il ſortit de la Judée, & alla demeurer à Antioche près du bourg de Daphné. Enfin Ménelaüs, à qui on avoit ôté la grande ſacrificature, ne pouvant ſupporter les réprimandes d'Onias, engagea un des grands officiers de la cour d'Antiochus, nommé *Andronic,* à le faire mourir. Andronic s'acquitta bientôt de cette commiſſion, & tua de ſa propre main ce grand-prêtre, qui laiſſa en mourant un fils nommé *Oſias.* Celui-ci n'ayant plus d'eſpérance de parvenir à la ſouveraine ſacrificature, ſe retira en Egypte avec un grand nombre de Juifs, & obtint de Ptolemée *Philopator,* la permiſſion de bâtir un temple au vrai Dieu, ſemblable à celui de Jéruſalem, ſur les ruines du château de Bubaſte, près de la ville de Léontopolis, qui étoit du gouvernement d'Héliopolis. On donna à ce temple, qui fut commencé après la mort d'Onias le ſacrificateur, le nom d'*Oudon* ; on y établit des ſacrificateurs de la race d'Aaron & des Lévites, avec le même culte qu'à Jéruſalem. Ce temple ſubſiſta en Egypte pendant l'eſpace d'environ 233 ans, & fut brulé ſous l'empire de

Veſpaſien, par Paulin, général de l'armée romaine, trois ans après celui de Jéruſalem, l'an 73 de J. C. * Torniel, Salian, Sponde & Uſſerius, *in annal. vet. Teſt. II. Machab.* 12, *ẙ*. 7. Joſephe, *antiq. lib.* 12.

ONIAS, homme juſte & chéri de Dieu, qui obtint de la pluie par ſes prieres, durant une extrême ſéchereſſe. Voyant une furieuſe guerre civile allumée entre Hyrcan & Ariſtobule, qui ſe diſputoient le royauté & la ſouveraine ſacrificature des Juifs, il s'alla cacher dans une caverne. On le trouva, on l'en tira, & on l'amena dans le camp. Les Juifs le conjurerent, que comme il avoit autrefois empêché la famine par ſes prieres, il voulût alors faire des imprécations contre Ariſtobule & tous ceux de ſa faction. Il y réſiſta longtemps, mais enfin le peuple l'y contraignit. Il fit ſa priere en ces termes : *Grand Dieu, qui êtes le ſouverain monarque de l'univers, puiſque ceux qui ſont ici préſens ſont votre peuple, & que ceux que l'on aſſiége ſont vos ſacrificateurs, je vous prie de n'exaucer les prieres ni des uns ni des autres.* À peine eut-il prononcé ces paroles, que quelques ſcélérats l'accablerent à coups de pierres. Ils en furent viſiblement punis de Dieu, comme on le peut voir dans Joſephe, *antiquit. liv. XIV*, chap. 3.

ONIES, montagnes dont parle Plutarque dans la vie de Cléomène. Thucydide en parle auſſi, mais il les nomme au ſingulier. Strabon dit au livre VIII, que ces monts étoient étendus depuis les rochers Scyronides, par le chemin qui conduit dans l'Attique, juſqu'à la Bœotie & le mont Cithæron ; qu'ils étoient ainſi nommés, comme qui diroit *les monts des Anes.* Ils étoient dans l'iſthme de Corinthe, tirant vers le ſeptentrion.

ONKELOS, ſurnommé *le Proſélyte,* fameux rabbin, vivoit vers le temps de Jeſus-Chriſt, ſi nous en croyons les auteurs Hébreux. Azarias, auteur du livre intitulé *Meor Enaim,* c'eſt-à-dire, *la lumiere des yeux,* dit qu'Onkelos ſe fit proſélyte du temps d'Hillel & de Sammaï, & qu'il avoit vu Jonathan fils d'Uzziel ; (ces trois docteurs floriſſoient 12 ans avant la venue du Meſſie, ſelon la chronologie de Ganz auteur Juif.) Il ajoute qu'Onkelos étoit contemporain de Gamaliel, (qui vivoit ſelon Ganz, 28 ans après J. C.) Cependant le même Ganz met Onkelos 100 ans après Notre-Seigneur, ſuivant ſon calcul ; & pour accorder ſon opinion avec celle d'Azarias, il dit qu'Onkelos a vécu fort long-temps. Cet Onkelos eſt l'auteur de la premiere paraphraſe chaldaïque, ſur le pentateuque de Moyſe. Il n'étoit point fils d'une ſœur de l'empereur Titus, comme ont cru quelques Juifs ; ni le même qu'Aquila, célèbre auteur d'une verſion grecque, comme l'ont aſſuré quelques-uns de nos docteurs. C'eſt lui, au rapport des Talmudiſtes, qui fit les funérailles du rabbin Gamaliel, (que le ſavant Schickard prend pour le précepteur de S. Paul,) & qui pour les rendre plus magnifiques, brûla des meubles pour la valeur de ſept mille écus, monnoye de Conſtantinople. Ainſi, 70 mines faiſoient 7600 écus. La coutume des Hébreux étoit de bruler le lit & les autres meubles des rois après leur mort, pour montrer peut-être que perſonne n'étoit digne de s'en ſervir après eux. Comme ils ne portoient guères moins de reſpect aux préſidens de la ſynagogue, tel qu'étoit Gamaliel, qu'ils en portoient aux rois mêmes, il bruloient auſſi dans leurs funérailles leur lit & leurs meubles. Abraham Zacuth, auteur du *Juchaſin,* parle de cette prodigieuſe dépenſe. Vorſtius, au lieu de lire *Tſouri,* qui ſignifie *meubles,* a lu *Tſori,* qui veut dire *baume* ; mais il n'a pas fait réflexion que ce n'étoit point la coutume des Juifs de bruler des aromates dans la cérémonie

des

des funérailles, comme faisoient les Romains dans la pompe funebre, & sur le bucher du défunt. * Ferrand, *réflexions sur la religion chrétienne.*

ONNA (Pierre de) *cherchez* ONA.

ONO, ville de Palestine dans la tribu de Benjamin proche le Jourdain, que Samad fit bâtir après le retour de la captivité de Babylone. * *I Paral.* 8, 12.

ONOMACRITE, *Onomacritus* poëte Grec, est estimé auteur des poëmes qu'on attribue à Orphée, & des oracles de Musée. Il vivoit vers la LXVI olympiade, 516 ans avant J. C. & fut chassé d'Athènes par Hypparque, un des fils de Pisistrate. * Hérodote & Suidas, *in Onomac.*

ONOMANCIE, quelques-uns disent *Onomance*, & d'autres *Nomancie.* En parlant à des savans il faut dire *Onomancie* ou *Onomancie*; mais en parlant au peuple, ou à ceux qui se mêlent de ce métier, on peut dire *Nomancie.* Quoi qu'il en soit, c'est un art qui enseigne à deviner par le nom d'une personne le bonheur & le malheur qui lui doit arriver. L'*Onomancie* est ridicule & condamnée par les canons & par les peres. Ce mot vient des mots grecs ὄνομα, nom, & μαντεία *divination.* * *Antiq. gr. & rom.*

ONOSANDER, auteur Grec, & philosophe Platonicien, avoit fait des commentaires sur la politique de Platon, que nous n'avons plus. Son traité du devoir & des vertus d'un général d'armée, écrit en grec, a été traduit en latin, en italien, en françois, & en espagnol. M. Rigault est le premier qui l'ait fait imprimer en grec avec une traduction latine, qui est la meilleure de toutes celles que l'on en a eues jusqu'aujourd'hui. * *Voyez* la bibliothéque grecque de Jean - Albert Fabricius, & la préface de M. Rigault.

ONOR, royaume d'Asie dans le Bisnagar, en la presqu'isle de l'Inde au-deça du Gange, & le long de la côte de Malabar, est appellé *Ponaran* par ceux du pays. Il y a une ville qui donne son nom au royaume, où les Portugais ont une forteresse & un port. Le poivre y est fort pesant, & le noir meilleur que le blanc.

ONTARIO (le lac) appellé autrefois *le lac de S. Louis,* ou *de Frontenac.* Il est dans la Nouvelle France, dans l'Amérique septentrionale, au midi oriental du lac des Hurons. Il est formé par plusieurs rivieres, qui s'y déchargent, mais particulierement par celle de S. Laurent, qui y entre du côté du couchant & en sort de celui du levant. Sa figure est ovale, & le pere Hennepin, missionaire Recollet, qui l'a souvent traversé, lui donne 80 lieues du couchant au levant, & 25 ou 30 du nord au sud dans sa plus grande largeur. Il assure qu'il est navigable par tout, & fort abondant en poisson. * Mati, *diction.*

ONUPHRE (Saint) anachorete de la Thébaïde dans le IVe siécle de l'église, avoit commencé les épreuves de la vie spirituelle dans le monastère d'Abage, près d'Hermopolis. Après avoir passé quelque temps dans ce monastère, il résolut de s'enfoncer dans le désert de la Thebaïde; & y ayant rencontré un solitaire, il demeura quelques jours avec lui. Ce solitaire l'emmena dans un désert plus affreux & plus reculé, où Onuphre vécut près de soixante & dix ans, sans voir qui que ce soit que le solitaire qui l'avoit introduit dans ce lieu, lequel lui venoit rendre visite tous les ans une fois. L'abbé Paphnuce le rencontra dans ce désert, n'ayant plus presque de figure d'homme. Il eut de longs entretiens avec lui, dont le dernier finit par la mort d'Onuphre, qui mourut en sa présence un jour qui répondoit au 12 de juin. * Paphnuce, *apud Rosveid. in vitis patrum.* Baillet, *vies des Saints.*

ONUPHRE PANVINI, de Vérone, religieux de l'ordre de S. Augustin, dans le XVIe siécle, continua les vies des papes que Platine nous avoit données, &

les dédia à Pie V, en 1566. Jacques Strada de Mantoue, son ami, lui avoit arraché cet ouvrage, & l'avoit publié à Venise en 1557. Onuphre y reconnut diverses fautes, & travailla à les corriger. Il préparoit une histoire générale des papes & des cardinaux, lorsqu'il mourut à Palerme en Sicile en 1568, âgé de 39 ans. Outre son histoire des vies des papes, il a fait encore plusieurs autres ouvrages, comme, *De primatu Petri*; *Chronicon ecclesiasticum*; *De antiquo ritu baptizandi Catechuménos & de origine baptizandi imagines*; *Festi & triomphi Romanorum*; *De Sibyllis*; *Comment. reip. Roman. Comment. de triumpho*; *Comment. in fastos consulares. Lib. IV de imper. Rom. Græc. Latin. &c.* Le pape Benoît XIV dans sa lettre circulaire donnée à l'occasion du jubilé de l'année 1750 cite, p. 8 de l'édition de Paris in-4°. un ouvrage d'Onuphre Panvini, *De præstantia basilica vaticana,* qui est encore manuscrit. * De Thou, *hist. l. 43.* Paul Manuce, *in epist.* Cuttius, *in elog.* Petramellarius, *in præfat.* Possevin, *in appar. sacr. &c.*

ONZIGIDEN, ancien nom de Tumen, ville de Sibérie; *cherchez* TUMEN ou TIUMEN.

O O

ONSEL (Guillaume Van) né à Anvers le 9 août 1571, entra dans l'ordre de S. Dominique, où il se rendit célèbre par un grand nombre d'ouvrages de piété, & par son talent pour la prédication. Il mourut subitement le 3 septembre 1630, dans le couvent de son ordre à Gand. Ses principaux ouvrages sont: *Consolatorium animæ hinc migrantis*; Gand, 1617. *Enchiridion concionatorum*; Anvers, 1619. *Syntaxis ad expeditam verbi tractationem*; Anvers, 1622. Cet ouvrage a été réimprimé deux fois à Paris; la premiere avec les apostilles de quelques docteurs; la seconde étoit revue par Goussainville. *Officina sacra biblica*; Douai, 1614. La victoire de l'église, & la ruine de la synagogue calviniste, en flamand; Gand, 1625. *Perspectiva nobilitatis christiana,* en latin, françois, espagnol & flamand par colonnes; Anvers, 1626. *Hieroglyphica sacra*; Anvers, 1627. *Tuba Dei*; Gand, 1619. *Concionum moralium compendium*; Douai, 1630. * Echard, *script. ord. FF. Præd. tom. 2.*

OOSTBURG, bourg fortifié. Il appartient aux Provinces-Unies, & est situé dans la Flandre Hollandoise, à une lieue de l'Ecluse du côté du Levant. * Mati, *diction.*

OOSTERGO, contrée de la Frise, une des Provinces-Unies. Elle est entre le Westergo, le Sevenwold, la seigneurie de Groningue, & la mer d'Allemagne. Ses lieux principaux sont Dockum & Lewarde, capitale de la Frise. * Mati, *diction.*

OOSTERWYCK (Marie d') naquit le 20 août 1630, à Nooddorp, dans le voisinage de Delft en Hollande, où son pere étoit ministre. Dès ses plus tendres années, elle fit paroître beaucoup de penchant & de gout pour la peinture; & afin de cultiver les talens qu'elle avoit pour cet art, on la mit sous la direction de Jean de Heem qui avoit de la réputation à Utrecht, sur-tout pour peindre les fleurs. Elle profita des leçons de ce maître, & autant au moins par l'application qu'elle donna à sa profession. On assure que ses tableaux ont été fort recherchés; qu'il y en a un que l'empereur Léopold & l'impératrice ont fait le même cas de ce qui sortoit du pinceau de Marie d'Oosterwyck; que le roi Guillaume & la reine Marie lui donnerent neuf mille livres pour une de ses piéces. Elle en fit trois pour le roi de Pologne, pour lesquelles elle reçut deux mille quatre cens livres. On ajoute qu'elle étoit d'une grande modestie, quoique d'un caractère fort gai. Elle employoit beaucoup de temps à ses piéces, parce-qu'elle vouloit être correcte, & qu'elle tendoit toujours à la perfection. Elle mourut sans avoir été mariée, le 12 novembre 1693, à l'âge de soixante & trois ans. * Voyez le *Dictionnaire historique* de l'édition d'Amsterdam, 1740.

OOSTFRISE, *cherchez* OSTFRISE.

OOSTMERSUM, petite ville de l'Over-Issel. Elle est dans le pays de Twente, vers les confins du comté de Benthem. On prétend qu'elle a pris son nom des Marses, qu'on croit en avoir été les anciens habitans. * Mati, *diction*.

OP

OPALES, fêtes en l'honneur de la déesse Ops, femme de Saturne, que les Romains célébroient le 14 des calendes de janvier, c'est-à-dire le 19 de décembre, qui étoit le troisième jour des Saturnales. Saturne & Ops étoient adorés comme des Dieux qui présidoient aux biens de la terre : c'est pourquoi on leur faisoit des sacrifices après avoir recueilli tous les grains, & tous les fruits ; & l'on faisoit des festins aux esclaves qui avoient travaillé à cultiver la terre, & à faire la moisson. * Macrob. *Saturn. l.* 1, *c.* 10. Varron, *de L. Lat. l.* 5.

OPERA, représentation en musique, avec des machines, & des danses. L'abbé Perrin, qui avoit été introducteur des ambassadeurs auprès de feu Gaston de France duc d'Orléans, fut le premier qui en l'année 1669, obtint du roi le privilège d'établir dans Paris un opéra, à l'imitation de ceux de Venise, sous le titre d'*Académie des opéra en musique établie par le roi.* La dépense excessive que demandoit un pareil établissement, obligea cet abbé d'associer à son privilège le marquis de Sourdéac, homme de qualité, d'un génie très-singulier pour les machines de théatre, & le nommé Chanperon & le sieur Cambert musicien. Après cet accord, ces associés firent venir de Languedoc les plus fameux musiciens, dont les principaux furent, Clediéres, Beaumaviel & Miracle. Lambert organiste de S. Honoré, qui avoit été choisi pour la composition de la musique de l'opéra, ayant ramassé les meilleures voix qu'il pût trouver pour joindre aux musiciens de Languedoc, commença ses répétitions dans la grande salle de l'hôtel de Nevers, où étoit auparavant la bibliothéque du cardinal Mazarin. Après ces préparatifs, ayant dressé un théatre dans le jeu de paume de la rue Mazarine, vis-à-vis la rue de Guenegaud, on y représenta au mois de mars 1672, Pomone, dont les vers étoient de la composition de l'abbé Perrin, & la musique de Lambert. Ces sortes de représentations furent continuées avec un grand succès : mais un an après, la division qui arriva entre les associés à l'occasion du partage du gain, fit naître un procès dont la conclusion fut que l'abbé Perrin céderoit son privilège au sieur Lulli, surintendant de la musique de la chambre du roi. Lulli pour rompre les mesures des autres associés de l'abbé Perrin, & afin de n'avoir rien à démêler avec eux, fit construire un nouveau théatre près du palais d'Orléans (à qui l'on donne communément le nom de Luxembourg) dans la rue de Vaugirard, par les soins de Vigarini, machiniste du roi, qu'il associa pour dix ans à un tiers du profit, par un traité qu'il fit avec lui le 11 novembre 1672. Les représentations commencèrent dans cet endroit dès le 15 novembre de la même année, par plusieurs fragmens de musique que Lulli avoit composés pour le roi, ce qui dura jusqu'au mois de juillet 1673. Enfin la troupe des comédiens du roi, établie dans la salle du palais royal, ayant perdu Moliere qui en étoit le chef, le 13 février 1673, Lulli eut la jouissance de cette salle du palais royal, & les comédiens qui y jouoient auparavant, s'accommodèrent du théatre de l'opéra, dans la rue Mazarine : d'où ils sont venus s'établir en 1688 dans la rue des fossés S. Germain, où ils sont

encore à présent. C'est à ce grand musicien qu'on doit la perfection où les *opéra* se sont élevés en France. Il avoit su y joindre tout ce que la musique & la danse ont de plus délicat & de plus brillant. Les tragédies étoient pour les vers de la façon de Quinaut, & la musique étoit de la composition de Lulli, & ces *opéra* se représentent encore souvent, quoique d'autres poëtes & d'autres musiciens en aient fait depuis, & en fassent encore tous les jours. Les acteurs de l'opéra ont obtenu plusieurs privilèges considérables, dont le principal est, qu'un gentilhomme peut exercer cette fonction sans déroger des droits & des titres de noblesse dont il seroit en possession. * Brice, *descript. de la ville de Paris.* Voyez l'*histoire du théâtre de l'opéra*, imprimée depuis peu.

OPHELTES, fils de Lycurgue, *cherchez* ARCHEMORE.

OPHER, ville de Palestine dans la tribu de Zabulon, proche Jotapa. * IV *Rois*, 14. C'est la même que *Hepher* & *Gethtiphet.*

OPHERA, ville de Palestine dans la tribu de Benjamin, proche de Jéricho. * *Josué*, 16, 23.

OPHIOGENES, mot grec, qui signifie *engendré des serpens.* C'est le nom que portoit une famille qui habitoit anciennement dans l'isle de Chypre, & que l'on disoit avoir tiré son origine des serpens qui ne leur faisoient aucun mal. Au contraire, ces Ophiogenes avoient la vertu de guérir par leur seul attouchement les piquures de ces animaux, & de tirer avec la main le venin des plaies qu'on en avoit reçues. On dit qu'un homme de cette famille, nommé *Hexagon*, étant venu à Rome en ambassade, les Romains, pour éprouver la vérité de ce qu'on en publioit, l'engagèrent à se mettre dans un tonneau plein de serpens, qui ne lui firent aucun mal. Ordinairement, pour distinguer ceux qui étoient véritables Ophiogenes, on les faisoit piquer par quelque couleuvre, dont la piquûre ne nuisoit pas à ceux de cette famille, & tuoit au contraire ceux qui n'en étoient pas. Il y avoit encore d'autres marques pour les connoître, parcequ'au printemps il sortoit de leur corps une odeur particuliere, & que leur sueur, de même que leur salive, étoit un remède contre les venins. On dit aussi qu'il y avoit des peuples proche de l'Hellespont, qui avoient naturellement la vertu de guérir les morsures des serpens, comme les Psylles & les Marses. * Pline, *l.* 7, *c.* 2, & *l.* 28, *c.* 3. Aulu-Gelle, *l.* 16.

OPHIONEE, *Ophioneus*, chef des démons qui se révoltèrent contre Jupiter, au rapport de Pherécyde Syrien. C'est un des endroits qui marquent que les anciens Païens ont eu de certaines connoissances obscures de quelques vérités de l'écriture sainte. Homère en décrivant dans son Iliade le châtiment d'Até, que Jupiter chasse du ciel, représente quelque chose de semblable à la chute de Lucifer, que Dieu précipita dans les enfers. Platon avoit appris des Egyptiens que Jupiter avoit chassé du ciel les démons impurs, & que ces démons tâchoient d'attirer les hommes dans l'abysme où ils étoient. Il faut faire le même jugement de Pherecyde, lorsqu'il dit qu'Ophionée conduisoit une troupe de démons qui s'étoient soulevés contre Jupiter ; par où il faut connoître qu'il avoit appris quelque chose de la révolte de Lucifer, désigné par le nom d'Ophionée, qui signifie *serpentin* ; car le démon, comme nous l'apprend la Genèse, a premièrement paru sous la figure d'un serpent. * Justin Martyr, *orat. ad Gentil.* Marsile Ficin, *in apol. sacr.* Cœl. Rhodig. *lect. antiq. l.* 1. Pfanner, *system. theol. Gentil.*

OPHIOPHAGES, peuples d'Ethiopie en Afrique, qui se nourrissoient de serpens. Ce nom vient d'ότι, *serpent*, & φάγω, *manger.* * Pline, *l.* 6, *c.* 29.

OPHIR, région où Salomon envoyoit des navires pour en apporter de l'or, a donné lieu à plusieurs disputes sur sa situation. Pour entendre les divers sentimens des interprétes, il faut suppofer, fur ce qu'en rapporte l'écriture fainte, que les flottes qui alloient en Ophir, s'embarquoient fur la mer Rouge, qu'elles employoient trois ans à leur voyage, & qu'elles rapportoient de l'or, de l'argent, des dents d'éléphant, des finges, des paons, des perroquets, toutes fortes de pierres précieufes, des bois de fenteur, & autres chofes de prix. Il falloit donc que la terre d'Ophir produifît de toutes ces marchandifes. Joseph Acofta croit que comme on donne le nom d'Inde aux pays les plus éloignés, & que l'on appelle ainfi l'Amérique, le Mexique, le Brefil, & la Chine; de même dans l'écriture fainte, on entend par Ophir, les terres qui font fort loin de la Judée. Selon cette opinion, foit que la flotte de Solomon ait voyagé dans l'Amérique, dans l'Afrique ou dans l'Afie, on peut dire qu'elle a été dans la terre d'Ophir, puifque ces pays font fort éloignés. Mais il n'y a point d'apparence que ce nom d'Ophir ait une fignification fi vague; & les plus favans tombent d'accord que c'eft quelque lieu certain, qui a été nommé ainfi. On peut remarquer trois opinions différentes fur ce fujet. La premiere eft de ceux qui difent qu'Ophir eft dans l'Afrique; la feconde, de ceux qui le placent dans l'Amérique; la troifiéme, de ceux qui le mettent dans l'Afie, vers l'orient. Mais chacune de ces opinions fe partage encore en plufieurs autres. A l'égard de l'Afrique, Nihufius, Volaterran, & les auteurs Portugais, veulent qu'Ophir foit Melinde ou Sofala, fur la côte orientale de l'Ethiopie en Afrique; parcequ fur le bord de la mer, on y a trouvé de l'or, & que plus avant dans les terres, il y a des mines très-riches. Cornelius à Lapide prétend que c'eft Angola fur la côte occidentale de l'Afrique, & rapporte le témoignage de Josephe, qui affure que la flotte de Salomon, outre beaucoup d'or, rapportoit auffi des marchandifes d'Afrique, & des efclaves d'Ethiopie. Ces opinions ont quelque vraifemblance; mais on peut les combattre par de bonnes raifons; car Angola n'eft pas un pays maritime, & les mines d'or n'y font pas fort abondantes. Melinde & Sofala n'ont point de mines d'argent, ni de perles, ni de paons, dont il eft parlé dans l'écriture; & ces pays ne font pas affez éloignés, pour fuppofer qu'on employât trois années à en faire le voyage. Il y a même des auteurs qui ont avancé qu'Ophir étoit Carthage, ne faifant point réflexion que la ville de Carthage a été bâtie plus de cent ans après la mort de Salomon.

Ceux qui prétendent qu'Ophir étoit en Amérique, le placent dans l'ifle Efpagnole, ou de S. Domingue, à l'entrée du golfe de Mexique, dans le Pérou, ou dans le Mexique. Génébrard & Vatable font du nombre de ceux qui mettent Ophir dans l'ifle Efpagnole, & affurent que Chriftophe Colomb, qui découvrit le premier cette ifle en 1492, avoit accoutumé de dire qu'il avoit trouvé l'Ophir de Salomon, parcequ'il y avoit trouvé de l'or. Ils difent que les vaiffeaux partoient d'Aziongaber fur la mer Rouge, entroient dans la mer des Indes, côtoyoient la prefqu'ifle au-deça du golfe de Bengala, & alloient reconnoître Malaca, & l'ifle de Sumatra; qu'enfuite après avoir doublé Madagafcar & le cap de Bonne Efpérance, ils venoient reconnoître le Brefil, d'où ils arrivoient à l'ifle Efpagnole. Goropius, Poftel, & quelques autres croient qu'Ophir eft le Pérou, & que Salomon faifoit à-peu-près ce que font aujourd'hui les Efpagnols; que les vaiffeaux tranfportoient l'or du Pérou jufqu'à l'ifthme de Panama; que de-là ils venoient prendre des rafraîchiffemens aux ifles de Cuba & de S. Domingue, puis doubloient le cap de Bonne-Efpérance; & en rafant les côtes orientales d'Afrique, rentroient dans la mer Rouge. Arias Montanus imagine encore une plus belle navigation; car il les fait aller droit en Orient, paffer les Moluques, traverfer ces mers immenfes qui féparent les Moluques du Mexique, arriver au Pérou,

& charger de l'or, puis côtoyer le Chili, paffer le détroit de Magellan, doubler le cap de Bonne-Efpérance, & rentrer enfuite dans la mer Rouge.

François Ribera, Torniel, Adrichomius, Bochart, Maffée, & plufieurs autres mettent Ophir en Afie, dans les Indes. Ils fe fondent fur l'autorité de Jofephe, qui dit que la flotte de Salomon alloit aux Indes à une terre appellée terre d'or. Il eft conftant, au rapport de Diodore de Sicile, que de tout temps les Ethiopiens avoient grand commerce par mer avec les Indiens. Strabon dit que les marchands d'Alexandrie envoyoient des marchandifes aux Indes par le golfe Arabique, & Pline affure qu'il fe faifoit de fon temps, & plufieurs fiécles auparavant, un grand commerce de l'Egypte aux Indes, par la mer Rouge. Il y a donc apparence que la flotte de Salomon alloit de ce côté-là, d'autant plus, que, felon le témoignage de Pline, de Diodore, & de Philoftrate, on y trouvoit toutes les marchandifes dont les vaiffeaux de Salomon revenoient chargés; mais les auteurs ne conviennent pas du lieu des Indes où étoit Ophir. Quelques-uns veulent que ce foit Ormus, à l'entrée du golfe Perfique, ou l'ifle d'Urphen, dans la mer Rouge: en ce cas il n'auroit pas fallu employer trois ans pour en faire le voyage.

Bochart dit qu'il y a deux fortes d'Ophir; l'une dans l'Arabie, d'où David fit venir une grande quantité d'or; & l'autre dans l'Inde, où Salomon envoya fa flotte; que celle-ci étoit la Taprobane des anciens, maintenant l'ifle de Ceylan, où il y a un port nommé Hippor, que les Phéniciens appelloient Ophir. Maffée affure que c'eft le Pegu, où il y a encore aujourd'hui beaucoup de mines d'or & d'argent. Il fonde fon opinion fur les lettres du pere Bomfer, Cordelier François, qui dit que les Peguans prétendent venir des Juifs exilés & condamnés par Salomon à travailler aux mines d'or du pays. Pererius dit qu'Ophir eft Malaca, fur le détroit du même nom, à l'orient de l'ifle de Sumatra. Jean Tzetzès veut que ce foit l'ifle de Sumatra, où il y a encore des mines d'or. Enfin Lipenius, qui a fait un traité exprès fur Ophir, prétend, fuivant l'opinion de S. Jérôme, qu'un petit-fils d'Heber, fils de Noé, nommé Ophir, donna fon nom à la partie de l'Inde au-delà du Gange; & ainfi il comprend fous le nom de la terre d'Ophir, non feulement la Cherfonnéfe d'or, que Jofephe appelle terre d'or, aujourd'hui Malaca, mais encore les ifles de Java & de Sumatra, & les royaumes de Siam, de Pégu & de Bengala. En effet on y trouve encore à préfent tout ce que les navires de Salomon rapportoient à Jérufalem; & le voyage pouvoit durer trois ans; car les navires en fortant de la mer Rouge, côtoyoient l'Arabie, la Perfe & le Mogol; puis faifoient le tour de la prefqu'ifle au-deçà du golfe de Bengala, & prenoient des diamans à Golconde, & des étoffes précieufes à Bengala; enfuite ils alloient charger de l'or & des rubis au Pégu, & de-là à Sumatra, d'où ils remontoient le long de la Cherfonnéfe d'or ou Malaca, jufqu'à Siam, où ils trouvoient des dents d'éléphans, & même de l'or. Ce fentiment fur l'Ophir, qui paroît le plus raifonnable, détruit les autres, & principalement l'opinion de ceux qui mettent Ophir en Amérique, & qui pour y aller, font faire le tour du monde aux vaiffeaux de Salomon, dans un temps où la bouffole n'étant pas encore inventée, on n'ofoit prefque perdre la terre de vue. Voyez TARSIS. * M. l'abbé de Choifi, vie de Salomon.

OPHIR, fils de Jectan, dont il eft parlé dans la Génèfe. Quelques auteurs croient que c'eft lui qui donna fon nom à la région d'Ophir, dont nous avons parlé. * Genèfe, c. 6, v. 28.

OPHITES, hérétiques qui s'éleverent dans le IIe fiécle, étoient fortis des Nicolaïtes & des Gnoftiques. Origène dit qu'un certain Euphrate fut l'auteur de leur fecte. Ils honoroient un ferpent; les uns difoient que celui qui avoit tenté Eve, étoit Jesus-Christ ; les autres, qu'il se changeoit en cet animal. Lorsque leurs prêtres célébroient leurs mysteres, ils faisoient sortir d'un trou l'un de ces animaux ; & après qu'il s'étoit roulé sur les choses qui se devoient offrir en sacrifice, ils disoient que Jesus-Christ les avoit sanctifiées : ils les donnoient au peuple, qui les adoroit. * S. Irénée, l. 1, c. 34. Origène, l. 6, cont. Celsum. Tertullien, de præscr. c. 47. S. Epiphane, hær. 37. S. Augustin, de hær. Théodoret, fab. l. 1. Baronius, A. C. 145.

OPHNI & PHINÉES, fils du grand-prêtre Héli, vivoient avec tant de déréglement, que pour les punir, Dieu permit qu'ils furent tués à la bataille contre les Philistins, qui prirent aussi l'arche l'an du monde 2919, & 1116 avant J. C. Voyez ELI. * I. des Rois, c. 1.

OPHNI, ville de Palestine dans la tribu de Benjamin, entre Hémona & Gabaa. * Josué, 18, 24.

OPHOVIUS (Michel) religieux de S. Dominique, étoit né à Bois-le-Duc en Brabant. Il prit les dégrés en 1611, fut quatre fois prieur de la maison de son ordre dans sa patrie, ensuite provincial, & en cette qualité assista au chapitre de l'an 1612, pour l'élection d'un général. Lorsque son temps fut fini, il se livra tout entier à la mission dans la Hollande ; mais ayant été arrêté par les Hollandois, il eut beaucoup à souffrir. Isabelle-Claire-Eugénie obtint sa délivrance, & lui procura l'évêché de Bois-le-Duc. Il en fut sacré évêque le 2 juillet de l'an 1626, & trois ans après les Hollandois ayant pris cette ville, il fut obligé d'en sortir, & de se retirer à Anvers, d'où il passa à Lyre, où il mourut le 4 novembre de l'an 1637. Il avoit fait imprimer à Anvers dès l'an 1603, en flamand un petit traité, où il examinoit quels étoient les cas où l'on pouvoit jurer. La même année il fit graver les estampes de sainte Catherine de Sienne, sur celles qui avoient été gravées le siécle précédent à Sienne, & y joignit la vie de cette sainte. * Echard, script. ord. FF. Præd. tom. II.

OPHRACTEUS, roi d'Assyrie de la troisiéme monarchie, selon Jules Africain, succéda à Pyrtiades, & eut pour successeur Ophractetus. Voyez ASSYRIE.

OPIGENE, en latin Opigena, étoit le même que Junon, & étoit ainsi nommée, à cause du secours qu'on croyoit qu'elle donnoit aux femmes qui étoient en travail d'enfant, lesquelles pour ce sujet l'invoquoient avec une grande confiance, au rapport de Festus. Ops en latin signifie secours, & geno, ancien verbe, engendrer.

OPILIUS, cherchez AURELIUS.

OPILIUS MACRINUS, cherchez MACRIN.

OPINION, divinité des anciens Païens, présidoit selon eux à tous les sentimens des hommes. En effet, la plupart des hommes ne parlent des choses que par opinion, & sans avoir une connoissance certaine de ce qu'ils disent. Les statues de cette déesse la représentoient comme une jeune femme, d'un air & d'un regard assez hardi, mais d'une démarche & d'une constance mal assurée. * Lactance.

OPINIONISTES : on donna ce nom à certains hérétiques qui s'éleverent du temps du pape Paul II, parcequ'étant infatués de plusieurs opinions ridicules, ils les soutenoient avec opiniâtreté. Leur principale erreur consistoit à se vanter d'une pauvreté affectée ; ce qui leur faisoit dire qu'il n'y avoit point de véritable vicaire de Jesus-Christ en terre, que celui qui pratiquoit cette vertu. * Sponde, A. C. 1467, n. 12.

OPIQUES, peuples qui étoient venus de divers endroits s'établir dans la Campanie, & dont le langage étoit un mélange de celui de diverses nations, ensorte qu'ils ne parloient ni bien latin, ni bien grec, qui étoient les deux langues de leur voisinage, & les plus polies. Aristote dit qu'ils furent aussi appellés

Ausoniens. Ils habitoient près de la mer de Toscane, & s'étendirent jusque dans le nouveau Latium. Le géographe Etienne dit qu'ils ont été ainsi nommés par corruption, au lieu de dire, Ophies, d'un mot grec, qui signifie un serpent. Ils furent ensuite nommés Opsces & Osques, selon Cluvier. Le nom d'Opique devint dans la suite une espéce de nom injurieux, qui signifioit le même que grossier, sans politesse, ignorant. D'où vient que Caton se plaint dans Pline, de ce que les Grecs appelloient par mépris les Romains Opiques. * Baudrand. Pline, histoire naturelle, liv. XXIX, c. 1, & Hardouin, sur cet endroit. Martini, lexicon philologicum. Le Clerc, histoire de la médecine, part. II, l. III, c. 1.

OPITER (Chrétien de) religieux de l'ordre de S. Dominique, florissoit vers le milieu du XVe siécle. Il étoit né dans les Pays-Bas, & se fit religieux à Mastrich, où l'on conservoit encore ses ouvrages en 1671. En voici les titres : Expositio cæremoniarum missæ spiritualis & mystica. Tractatus de materia ecclesiastici interdicti, 1451. Tractatus de materia eucharistia, & l'histoire d'un miracle arrivé l'an 1326, à Alés. * Echard, script. ord. FF. Præd. tom. I.

OPITIUS (Martin) de Breslaw en Silésie, mort l'an 1639, s'est fort distingué dans son pays par ses poësies latines, & encore plus par ses poësies allemandes. Il passe même pour le prince de tous les poëtes allemans en langue vulgaire. Ses poësies latines consistent en deux livres de silves, & un d'épigrammes qui parurent ensemble à Francfort en 1631, outre un autre recueil d'épigrammes choisies, imprimé à Dantzick l'an 1640. Le recueil de ses poësies allemandes parut à Francfort en 1628 & 1644, & à Amsterdam en 1639. Son poëme du Vesuve & ses distiques de Caton, parurent en 1633. * G. M. Konig, in biblioth. vet. & nov. Morhoff, in actis erudit. Lipsien. Christophor. Coler. orat. funeb. in laud. Opitii, apud Henning. Witten. tom. 1. Memor. Phil. nost. sæculi. Baillet, jugemens des savans sur les poëtes modernes.

OPMÉER (Pierre) né à Amsterdam le 15 septembre 1525, savoit les langues, les belles lettres, la philosophie, & la théologie. Il fut encore moins illustre par son érudition, que par son zèle pour la religion orthodoxe ; dans un pays où l'on persécutoit les Catholiques. Son occupation étoit de consoler ceux qu'on menoit au supplice, & de contribuer de ses biens pour l'entretien de ceux qui étoient exilés, ou qui se cachoient pour fuir la persécution. Il fut lui-même obligé de se retirer à Leyden, puis à Delft, où il mourut le 10 novembre de l'an 1595, âgé de 69 ans. Opméer a fait divers ouvrages ; Assertio historica ; De officio missæ ; Historia martyrum Gorcomiensium, Hollandiæ ; Opus chronographicum, &c. Sa vie est à la tête de ce dernier ouvrage, qui finit en 1580, & que Beyerlink a continué jusqu'en 1610.

OPOCIN, OPOCZNO, petite ville du Palatinat de Sendomir en Pologne. Elle est près de la riviere de Pileza, à cinq lieues de Zarnaw, vers le nord. * Mati, dict.

OPORIN (Jean) imprimeur, né à Basle le 25 janvier 1507, eut pour pere Jean Hebst, peintre peu accommodé des biens de la fortune. Ce fut lui qui enseigna les élémens de la langue latine à son fils, lequel l'apprit ensuite à Strasbourg, aussi-bien que la grecque. Opotin changea le nom de sa famille, selon la manie de plusieurs hommes de lettres de son temps, & s'attribua celui d'Oporin, qui est grec, en lisant ces vers de Martial :

   Si daret autumnus mihi nomen, ὀπωρινὸϛ essem :
    Horrida si brumæ sidera, χειμερινόϛ.

Ce qu'il y eut de particulier dans ce changement de nom, c'est qu'Oporin s'associa depuis avec un autre imprimeur, nommé Robert Winter, qui prit le nom de *Chimerinus*. Comme Oporin n'avoit pas de quoi vivre, il se fit maître d'école, puis transcrivit des manuscrits, & devint correcteur d'imprimerie. Peu après il épousa une vieille femme, veuve d'un chanoine de Lucerne, nommé *Xiloteā*. Cette femme avoit beaucoup de bien; mais elle étoit d'une humeur si peu raisonnable, qu'il eut sujet de se repentir de cet engagement. Sa bonne fortune l'en délivra; mais il n'eut point de part à son héritage. Dans la suite, il prit trois autres alliances différentes. Ses amis lui conseillerent d'étudier en médecine : ce qu'il fit sous Paracelse. Peu après il enseigna le grec, & enfin se fit imprimeur. Il s'associa avec Winter; mais comme ils n'avoient pas beaucoup d'œconomie, ils firent des pertes considérables. Le dernier mourut insolvable; & Oporin ne pouvant suffire à ses dépenses qu'avec le secours de ses amis, mourut le 6 juillet 1568. Au reste, le public lui fut très-obligé du soin qu'il eut de bien imprimer les ouvrages des anciens, & de les corriger avec une très-grande exactitude. Il fit lui-même des notes sur différens auteurs, & des tables très-amples de quelques autres, comme de Platon, d'Aristote, de Pline, &c. Diverses lettres d'Oporin ont été publiées dans un recueil de lettres imprimé à Utrecht en 1697. On a de ce savant imprimeur : 1. Des scholies sur quelques-uns des premiers chapitres de C. Jule Solin Polyhistor, dans une édition de Solin & de Pomponius Méla, donnée à Basle chez Robert Winter. 2. Des scholies sur les cinq livres des tusculanes de Ciceron; à Basle, en 1544, *in-4°*. 3. Des notes sur quelques endroits de Démosthène, dans l'édition de Démosthène, faite à Basle chez Jean Hervagius l'an 1532, *in-fol*. 4. Il publia tous les auteurs Bucoliques depuis Virgile jusqu'à lui, au nombre de trente-huit; à Basle. 5. *Darii Tiberti Epitome vitarum Plutarchi ab innumeris mendis repurgata, per Joannem Oporinum*; à Basle, *in-12. 6*. Il a fait encore des scholies sur plusieurs ouvrages de Ciceron, qui se trouvent dans les éditions de cet auteur faites de son temps; à Basle. 7. On a donné le catalogue des ouvrages qu'il a imprimés, *in-8°*, en 1671. Il se trouve aussi à la suite de sa vie par André Jociscus, de Silésie, professeur de morale dans l'université d'Augsbourg; à Strasbourg, en 1569. Cette vie avec le catalogue susdit, se trouve aussi dans les *Vita selecta quorumdam eruditissimorum virorum, Uratislavia*; en 1711, *in-8°*. Cette vie de Jean Oporin est fort circonstanciée, & le P. Niceron en a donné un bon extrait dans ses *Mémoires pour servir à l'histoire des hommes illustres dans la république des lettres, tome XXVII*, &c.

OPPAS, archevêque de Séville en Espagne, célèbre dans le VIII° siécle, étoit un homme plus propre à conduire une faction, qu'à gouverner un évêché. Il étoit capable de commettre tous les crimes pour contenter son ambition. Oncle de Sisibut & d'Ebla, enfans de Vitiza, roi des Goths, il les soutint contre le roi Rodrigue, & entra dans la conjuration du comte Julien contre ce prince l'an 711, & ce complot n'ayant pas tourné à l'avantage de ceux qui l'avoient formé, les neveux du prélat en furent les victimes. Mais Oppas demeura pour lors impuni. Ce prélat se voyant échapé au danger qu'il avoit couru, n'en devint pas plus sage. Il chercha toujours à brouiller; & l'an 716, il se comporta d'une maniere indigne envers Pélage, seigneur Goth, recommandable par un grand nombre de belles qualités, qui avoit formé le dessein de secouer le joug des Sarasins. Ceux-ci ayant fait marcher contre ce seigneur une armée considérable, & sachant qu'il se préparoit dans un antre considérable aujourd'hui sous le nom de *Sainte-Marie de Pöuadonga*, à en repousser les attaques, un hérault d'armes s'avança vers lui, & demanda de la part d'Oppas une conférence paisible, où ils pussent traiter ensemble

d'affaires importantes au repos de leur nation & de leur pays. Pélage, qui connoissoit le mauvais caractère du prélat, crut cependant, qu'il falloit l'entendre, & l'attendit d'une contenance capable de déconcerter un esprit moins audacieux. Oppas lui tint un discours hypocrite, mêlé de piété & de fierté, pour l'engager à se rendre & à déposer ses armes, & Pélage lui répondit avec une fermeté, qui lui fit sentir qu'il n'avoit rien à espérer de sa feinte négociation de paix. Le prélat se retira donc; mais il revint peu après avec les Sarasins qui attaquerent le seigneur Goth : & celui-ci opposant le courage à la force, demeura victorieux. Oppas fut pris par les troupes du vainqueur : & l'on conjecture qu'il expia ses perfidies par le supplice qu'il méritoit; du moins depuis ce jour, il n'est fait aucune mention de ce traître. D'autres croient que Pélage, respectant son caractère, se contenta de lui ôter les moyens de nuire, en le privant de la liberté. * *Histoire des révolutions d'Espagne*, par le P. d'Orléans, Jésuite, *tome I, pag*. 9, 10, 22, 44 & 47.

OPPAW, ville d'Allemagne dans la Silésie, sur une riviere de ce nom, porte le titre de duché, avec une ancienne forteresse. Les Allemans la nomment *Troppau*, & les auteurs Latins *Oppavius*. * Bertius, *desc. Germ*.

OPPEDE (Jean Meynier, baron d') premier président au parlement d'Aix en Provence, magistrat fort zélé pour la religion catholique, succéda en cette charge au célèbre jurisconsulte Barthélemi Chassanée, & fit exécuter l'arrêt rendu contre les Vaudois, dont son prédécesseur avoit toujours empêché l'exécution. Cet arrêt du 18 novembre 1540, condamnoit par contumace dix-neuf de ces hérétiques à être brulés, & ordonnoit que toutes les maisons de Mérindol, remplies de ces mêmes hérétiques, seroient entierement démolies, aussi-bien que tous les châteaux & tous les forts qu'ils occupoient. Après que cette secte eut été exterminée en 1545, comme on le peut voir dans l'article de MERINDOL, la dame de Cental, dont les villages & les châteaux avoient été brulés & désolés, en demanda justice au roi François I, lequel avant que de mourir, recommanda à son fils Henri II de faire examiner cette affaire. Ce prince étant parvenu à la couronne, donna des juges aux parties, pour en connoître; mais ayant qu'il eut traîné près de quatre ans, avant qu'on pût venir à la discussion du fonds, il ordonna par ses lettres patentes du 17 mars 1551, qu'elle seroit jugée par le parlement de Paris. Il n'y eut jamais de cause plus solemnellement plaidée; car elle tint cinquante audiences consécutivement. Le parlement de Provence, le premier président d'Oppède, les quatre commissaires pour l'expédition de Mérindol, le baron de la Garde & la dame de Cental, qui étoit leur principale partie, eurent chacun leur avocat. Auberi, lieutenant civil, fut commis à la fonction de l'avocat général Pierre Séguier, qui avoit été récusé pour avoir assisté au conseil des parties. Il prononça pendant sept audiences ce grand plaidoyer, que M. Louis Auberi a fait imprimer en 1645, & il conclut plus favorablement pour les commissaires de Provence. Pierre Robert, avocat du président, tint neuf audiences : mais celui qui sans contredit parla le mieux de tous, fut le président même, qui se défendit avec une merveilleuse force par cet excellent plaidoyer qu'il fit par écrit, & qu'il commença par ces paroles du prophéte roi : *Judica me, Deus, & discerne causam meam de gente non sancta*. C'est-là qu'il tâche de prouver que le procédé de son parlement, & le sien en qualité de lieutenant de roi, avoit été très-juste, puisqu'ils n'avoient fait en cela qu'exécuter les ordres très-précis de sa majesté, contre la plus méchante nation qui fût jamais, & que le roi, au cas qu'elle n'abjurât ses hérésies, avoit commandé qu'on l'exterminât, comme Dieu avoit ordon-né à Saül (qui exécuta mal ses ordres) d'exterminer tous les Amalécites. Il se justifia si bien par ce plai-doyer, qu'il fut renvoyé pleinement absous: mais l'avocat général Guérin, qui avoit donné trop de li-cence aux soldats, & qui fut d'ailleurs convaincu du crime de faux, eut la tête coupée en Grève. Le pré-sident d'Oppéde vécut encore quelques années, exer-çant sa charge avec beaucoup d'honneur jusqu'à sa mort, qui arriva l'an 1558. Les écrivains protestans, & après eux le président de Thou & Dupleix, disent que la justice divine, pour le punir de sa cruauté, le fit mourir dans des douleurs horribles. Ce que dit Maimbourg, que la vraie cause de ces douleurs fut la trahison d'un opérateur Protestant, lequel pour ven-ger ceux de sa secte, lui causa cette mort violente, en le fondant avec une sonde empoisonnée, mérite confirmation. * De Thou, *hist.* Maimbourg, *hist. du Calvinisme.*

OPPELEN, ville d'Allemagne, dans la province de Silésie, avec titre de duché, est située sur l'Oder. Les Polonois l'ont eue autrefois en engagement avec tout le pays. Les Suédois la prirent dans les dernieres guerres d'Allemagne ; mais elle fut rendue par la paix de Munster l'an 1648.

OPPENHEIM, anciennement *Boncanica*, ville capitale d'une des préfectures du Palatinat du Rhin. Elle est sur la pente d'une colline près du Rhin, en-viron à quatre lieues au-dessus de Mayence. Oppen-heim étoit autrefois impériale, mais elle dépend des comtes Palatins depuis l'an 1402. * Mati, *dict.*

OPPIA, que d'autres appellent *Pompilia*, étoit une vestale Romaine, qui ayant été convaincue d'a-voir violé la pureté à laquelle son état l'engageoit, fut enterrée toute vive selon l'ordonnance portée contre celles qui manquoient à leur honneur, pendant qu'el-les étoient consacrées au service de cette déesse. * Ti-te-Live. J. Scaliger, *animad. in Euseb.*

OPPIDO, ville du royaume de Naples, dans la Calabre Ultérieure, avec titre d'évêché suffragant de Rheggio, est nommée par les auteurs Latins *Oppi-dum.* * Léandre Alberti.

OPPIEN, *Oppianus*, poëte Grec & grammairien, natif d'Anazarbe, ville de Cilicie, florissoit dans le IIe siécle sous l'empereur Caracalla. Nous avons de cet autent cinq livres de la *pêche*, qu'il présenta à l'em-pereur Caracalla du vivant de son pere l'empereur Sévere ; & quatre de la *chasse*, qu'il présenta au mê-me Caracalla après la mort de Sévere. Cet empe-reur fut si satisfait de l'ouvrage d'Oppien, qu'il lui fit donner un écu d'or pour chaque vers : c'est pour cela qu'on a donné le nom de *dorés* aux vers d'Oppien, quoique d'ailleurs ils eussent pu mériter ce nom par leur élégance. Ce poëme l'a fait regarder par quel-ques critiques modernes, comme un très-excellent poëte, & comme le favori particulier des Muses. C'est particulierement dans les sentences & dans les paraboles, c'est-à-dire, dans les pensées & les com-paraisons qu'il excelle ; mais ce qu'il y a de plus sin-gulier dans ce poëte, c'est cette grande érudition qui fournit ses vers. Il avoit composé quelques autres ouvrages que l'on a perdus, entr'autres un traité de la fauconnerie. Il mourut de peste en son pays, âgé seu-lement de 30 ans. Ses citoyens lui dresserent une sta-tue, & mirent sur son tombeau une épitaphe, dont le sens étoit que les dieux l'avoient fait mourir, par-cequ'il avoit surpassé tous les mortels. La meilleure édition de ce poëte est celle de Leyde de l'an 1597, avec les notes de Conrard Rittershusius, à la tête de laquelle on trouve la vie d'Oppien, que l'on poura consulter. * Eusebe, *in chronic.* Suidas. Jul. Cæf. Scalig. *in crit. seu libris de poëtica*, &c. Ant. Godeau, *hist. de l'église, fin du III siécle* ; & Baillet, *jugemens des savans sur les poëtes Latins & Grecs.*

OPPIENNE, *Lex Oppia*, loi qui défendoit aux da-mes Romaines le luxe & l'excessive dépense des ha-bits, fut ainsi appellée du nom de C. Oppius, tribun du peuple, qui la fit recevoir dans Rome, sous le consulat de Q. Fabius Maximus, & de Sempronius Gracchus, pendant la seconde guerre de Carthage, l'an de Rome 541, & 213 avant la naissance de J. C. Cette loi défendoit aux femmes de porter plus d'une demi-once d'or sur leurs habits, qui ne devoient être que d'une couleur ; & leur ôtoit la liberté d'aller en carosse dans la ville, ou à mille pas aux environs, si ce n'étoit pour quelque affaire qui regardât la religion & les sacrifices. Mais après qu'on eut subjugué l'A-frique & l'Espagne, M. Fundanius & L. Valerius, tribuns du peuple, entreprirent d'abolir cette loi, malgré Brutus & T. Junius, leurs collégues, qui la maintenoient. Il se forma alors deux puissans partis, qui causerent de grands troubles dans la ville pendant plusieurs jours. Les femmes venoient en foule aux portes du sénat, pour prier les sénateurs & les autres magistrats, de les remettre dans leur premiere liberté. Enfin, elles firent tant de brigues qu'elles obtinrent leur demande, & qu'elles firent abolir cette loi 20 ans après qu'elle eut été établie. * Joan. Gerund. *l. 6, paral. Hispaniæ.*

OPPIUS (Caïus) historien Latin, est auteur, se-lon quelques-uns, des commentaires touchant les guerres d'Alexandrie en Afrique & en Espagne, qui passent sous le nom de César. On croit aussi qu'il a fait un traité des hommes illustres. * Suetone, *in Cæf. c.* 54. Tacite, *hist. l.* 2. Aulu-Gelle, *l.* 7. *noct. attic. c.* 1. Pline, *hist. nat. l.* 11, *c.* 45. Vossius, *l.* 1, *de hist. Lat. t.* 13, &c.

OPPIUS ou OPILIUS, dont plusieurs auteurs font mention, & particulierement Macrobe, *l.* 2 *Saturn. c.* 14 & 15.

OPPIUS CHARES, grammairien, enseignoit dans les Gaules, comme nous l'apprenons de Suetone, *c.* 5, *de illustr. grammat.*

OPPORTUNE (Sainte) abbesse de Montreuil, dans le diocèse de Séez au VIIIe siécle, étoit d'une famille illustre du pays d'*Hyemes*, que l'on appelle aujourd'hui *Auge* en Normandie. Elle se consacra de bonne heure à Jesus-Christ, & embrassa la vie reli-gieuse dans l'abbaye de Montreuil, dont elle fut bien-tôt élue supérieure. Son frere Godegrand, évêque de Séez, étant allé à Rome, laissa l'administration de son diocèse à Chrodobert, qui le fit assassiner à son retour. Sainte Opportune se fit enterrer à Montreuil : elle mourut l'an 770, & fut inhumée près de son frere. Son corps fut enlevé du temps de Charles *le Chauve*, & déposé dans une terre qu'Hildebrand, évêque de Séez, avoit près de Senlis. Il y avoit dès le temps de Charles *le Chauve* une église collégiale dans Paris, dé-diée sous son nom. On y transporta une partie de ses reliques, & le reste fut dispersé en différens endroits. * Act. SS. ord. S. Bénéd. sæcul. III, part. 2. On fait sa fête au 22 d'avril. * Baillet, *vies des SS. Nouvelles vies des SS. chez Lottin, à Paris, en* 1730.

OPS, *cherchez* CYBELE, & OPALES.

OPSOPÆUS (Jean) né à Bretten dans le Palatinat en 1556, fit une partie de ses études dans sa patrie, & le reste à Neuhauff, & au collège de la Sapience à Heidelberg où il prit les leçons de Zacharie Ursinus. Après la mort de l'électeur Frédéric III, il alla à Franc-fort sur le Mein vers l'an 1576, & y servit pendant deux ans de correcteur dans l'imprimerie de Wechel, à qui il fut d'autant plus utile, qu'il étoit fort versé dans les langues grecque & latine. Wechel étant venu à Paris, Opsopæus l'y suivit, & il y fut mis deux fois en prison pour cause de religion, car il étoit attaché à la secte des nouveaux hérétiques, & il en prenoit le parti avec chaleur. Tout le temps qu'il eut de libre, il l'employa à l'étude de la médecine, dans laquelle il fit de fi grands progrès, qu'étant revenu dans fa patrie après fix ans de féjour, tant à Paris, qu'en Angleterre & en Hollande, qu'il parcourut en s'en retournant, on lui donna une chaire de profeffeur en médecine à Heidelberg. Lorfque l'électeur Frédéric IV alla à Amberg, Opfopæus l'y accompagna en qualité de fon médecin. Il mourut peu après qu'il fut revenu à Heidelberg en 1596, âgé de quarante ans. Il a publié divers traités d'Hyppocrate avec des traductions latines corrigées, & des remarques tirées de divers manufcrits & d'autres ouvrages, comme, *Aphorifmorum fectiones octo. Coaca præfagia*, &c. On lui doit auffi un recueil des oracles des Sibylles, avec la verfion latine de Caftellion, & fes propres remarques dans lefquelles on trouve beaucoup d'érudition : *Zoroaftris Magica, cum fcholiis Plethonis & Pfelli : Oracula metrica Jovis*, avec des remarques, le tout imprimé à Paris en 1607. Simon Opfopæus, fon frere, s'eft acquis auffi de la réputation dans la médecine, moins par fes ouvrages que par la pratique. Il fut profeffeur en médecine à Heidelberg où il mourut en 1619, n'ayant encore que quarante-quatre ans. * J. Vorftii *Parerga*. Melchior Adam, dans fes vies des médecins, écrites en latin, &c.

OPSTRAET (Jean) favant théologien, naquit à Beringhen, petite ville du pays de Liége, le 3 d'octobre 1651. Il commença fes humanités à Liége, & les acheva à Louvain, où peu d'années après il fut choifi pour enfeigner au collège de la fainte Trinité, d'abord la fyntaxe, & enfuite la poëfie latine pour laquelle il avoit beaucoup de talent : mais il fe donna bientôt tout entier à la théologie. Il avoit pris gout d'abord aux Cafuiftes relâchés, dont il devint un des plus ardens adverfaires après qu'il fe fut appliqué férieufement à l'étude de l'écriture & des Peres. Il fut fait prêtre en 1680, & en 1681 licencié en théologie. En 1685 il fut choifi par M. Huygens pour enfeigner la théologie au collège d'Adrien VI, d'où M. Alfonfe de Berges, archevêque de Malines, l'appella en 1686 pour le faire profeffeur de fon féminaire. Ce prélat étant mort, & ayant eu pour fucceffeur M. Humbert de Precipiano, M. Opftraët fut congédié en 1690. Ce théologien revint à Louvain, où il eut grande part aux conteftations que M. Steyaërt y avoit excitées, & fut confidéré comme le plus habile écrivain qu'euffent à Louvain ceux qui étoient oppofés aux fentimens de M. Steyaërt. Ces conteftations l'empêchèrent de prendre le bonnet de docteur, quoiqu'il en eût commencé les difputes avec beaucoup d'applaudiffement. Il fut même banni par lettre de cachet de tous les états du roi Philippe V en 1704. Il revint à Louvain en 1706, lorfque le pays après la bataille de Ramelies paffa à la domination du roi Charles, depuis empereur. En 1709, M. Opftraët fut fait principal du collège du Faucon. Il paffa onze ans dans cet emploi, & y mourut le 29 de novembre 1720. Tout le monde, fans excepter fes adverfaires mêmes, demeure d'accord qu'il avoit beaucoup d'efprit & de lecture, & qu'il écrivoit fort bien en latin lorfqu'il le vouloit : car fouvent il s'accommodoit exprès au ftyle plus précis des fcholaftiques. Sa vie fut très-exemplaire, & même auftère, & toute fa conduite exempte de foupçon d'ambition ou d'intérêt. On le regardoit comme un excellent directeur. Comme il avoit une grande juftuffe d'efprit, & beaucoup de lumières, les meilleurs curés du pays, & toute forte d'eccléfiaftiques le confultoient fur une infinité de cas difficiles. Il a refufé un des premiers & des plus riches canonicats de la cathédrale de Liége. Il fut enterré dans l'églife de S. Michel, paroiffe du collège du Faucon, où il étoit mort, & où l'on voit fon portrait tiré avec les habits facerdotaux. Nous avons de lui un grand nombre d'ouvrages que l'on a toujours recherchés avec avidité. Plufieurs font rares en France. Voici ceux que nous connoiffons.

OUVRAGES DE M. OPSTRAET.

1. Vers latins faits à la licence de M. Navéus, *dont nous avons donné un article. Ces vers parurent in-4° en 1676.*

2. *Bellum poëticum adverfus hydram, pro fcholaftico primum exercitio fufceptum utiliter, adverfus novas & veteres hydromachiæ, & Cæcilio-maftygis calumnias refumptum fortiter,* &c. *in-12*, en 1685, en profe & en vers. L'auteur y attaque principalement le pere Alexandre, Carme.

3. *Differtatio theologica de converfione peccatoris, in-4°*, en 1687, à Louvain, & depuis *in-12*. M. de Natte, eccléfiaftique, a traduit librement cet ouvrage en françois. Cette traduction a été imprimée fous le titre d'*Idée de la converfion du pécheur*, en 1731, *in-12*, & l'on en a fait plufieurs éditions dans la même année, & une derniere en 1732, en deux volumes, augmentée confidérablement : les additions de celle-ci ne viennent point du traducteur.

4. *Tempeftatis novaturientis noviffima difcuffio & refolutio in ventos fophifmatum*, in-4°, en 1687, à Malines, contre l'écrit intitulé, *Tempeftas novaturiens noviffima*, que le pere Alexandre de fainte Thérèfe avoit oppofé à l'écrit intitulé, *Bellum poëticum.*

5. *Differtatio theologica de praxi adminiftrandi facramentum pænitentiæ*; à Louvain en 1692, *in-4°*, contre M. Steyaërt.

6. *Doctrina de laboriofo baptifmo afferto ex facris litteris, conciliis, fanctis patribus & theologis*, en 1692, à Liége, feconde édition en 1696 au même lieu. Cet ouvrage eft contre M. Steyaërt.

7. *Appendix ad doctrinam de laboriofo baptifmo*; à Liége en 1696 & 1697, *in-12*, contre M. Steyaërt.

8. *Doctrine de laboriofo baptifmo expofitio apologetica, cum triplici difquifitione*; à Liége en 1696, *in-12.*

9. *Locus concilii Tridentini vindicatus adverfus Martinum* Steyaërt; à Liége en 1697.

10. *Via arcta cæli, & via lata domini* Steyaërt *everfa*, en 1696, *in-12.*

11. *Refponfio pro refponfione brevi adverfus confutationem refponfionis brevis pro* Steyaërt, en 1696.

12. *Ecclefia Leodienfis fummo pontifici Innocentio XII fupplicans pro fuo feminario, & doctrinam patrum collegii Anglicani focietatis Jefu Leodii denuntians,* in-4°, à Liége, & *in-12*, à Rouen. La première dénonciation eft datée du 24 d'août 1699, & la dernière qui eft la XVIIe eft du 24 de juillet 1701.

13. *Impoftura libelli anonymi*, contre le pere Défirant, Auguftin. Cherchez DESIRANT, en 1699.

14. *Dogma novum de fornicatione inter articulos oblatos eximiis dominis* Harney & Steyaërt *octavum denuntiatu fummo pontifici*, &c. *in-4°*, en 1692.

15. *Doctrina de adminiftrando facramento pænitentiæ, collectâ tum eminentiffimorum cardinalium, tum illuftr. epifcoporum differtationibus, inftitutionibus & decretis*, in-4°, à Louvain, en 1701, & à Rouen en 1704. La préface de ce recueil eft de M. Opftraët, de même que la traduction latine des inftructions paftorales de M. l'évêque d'Arras.

16. *Clericus Belga clericum Romanum muniens adverfus librum Francolini, Jefuitæ, cui titulus eft,* Clericus Romanus, &c. à Liége, en 1706, *in-12.*

17. *Ad tirones in academiis & epifcoporum feminariis theologia alumnos inftitutiones theologica,* en trois parties : la première en 1705, à Liége, & une feconde édition en 1705. La feconde la même année 1705. La troifiéme en 1706. Il y a eu une quatrième partie de M. Opftraët en 1706, pour expliquer la troifiéme, & en prendre la défenfe contre le docteur Daëlman, fous ce titre, *Ad tirones inftitutiones theologica tertia affertio.*

18. *Syftema novum à Daëlmanno defenfum, & per

plures theses patrum Dominicanorum & Discalceatorum
Lovanii eversum ; à Liége, en 1706. Cet ouvrage traite
de la grace, de sa nécessité & de ses divisions.

19. *Responsio ad articulos de quibus Joannes Opstraët
accusatur in libello qui inscribitur*: Propositiones per
Belgium disseminatæ, justu congregationis S. Officii
collectæ, &c. coram eodem tribunali exhibitæ, *in-4°*,
à Liége, en 1694.

20. *Pastor bonus, seu idea, officium, spiritus & praxis pastorum*, *in-12*, en 1687, en Flandre, & à
Rouen, en 1699. Cet ouvrage a été traduit en françois par M, Hermant, curé de Maltot en Normandie,
imprimé en deux volumes *in-12*.

21. *Theologus Christianus, sive ratio studii & vitæ
instituendæ à theologo*, &c. à Louvain, *in-12*, en 1692:
seconde édition en 1697. M. de S. André de Bochesne,
fils d'un président à mortier du parlement de Grenoble, mort à l'âge de vingt six ans, a traduit cet ouvrage en françois ; & cette traduction, où l'on a retranché de l'original, & ajouté quelques endroits, a
été imprimée à Paris, en 1723, sous ce titre, *Le directeur d'un jeune théologien*, &c. *in-12*, chez Babuti.

22. *Certitudo moralis in administratione sacramenti
pœnitentiæ à Martino Steyaërt oppugnata, à Joanne
Opstraët asserta* ; à Liége, *in-4°*, en 1694.

23. *Institutiones theologicæ de actibus humanis*, en
trois volumes *in-12*, en 1709.

24. *Theologiæ dogmaticæ, moralis, practicæ & scholasticæ pars prima, tomus primus, complectens tractatum primum de ipsâ theologiâ, & tractatûs secundi de
Deo uno dissertationes priores octodecim : tomus secundus, complectens tractatûs secundi de Deo uno dissertationes posteriores quinque, & tractatum tertium de Deo
trino : tomus tertius, complectens tractatum de Deo rerum omnium creatore, rebusque à Deo creatis. Ad calcem
adjectæ sunt quæstiones duæ quodlibeticæ*, *in-12*, 3 vol.
à Louvain, 1726. On assure que l'on n'a point trouvé
la suite de cette théologie parmi les manuscrits de M.
Opstraët.* Voyez l'article du Jésuite Livinus MEYER.

25. *Antiquæ facultatis theologiæ Lovaniensis discipuli
ad eos qui Lovanii sunt de declaratione sacræ facultatis
Lovaniensis recentioris circa constitutionem* Unigenitus,
in-12, en 1717. La troisiéme & derniere partie de
cet excellent ouvrage est contre l'infaillibilité du pape.

26. *Statera Antonii* Parmentier *appensa per discipu-
los*, en trois parties.

27. *Pondus novum adjectum ad tertiam partem stateræ
appensæ in statera*, &c. *contra post scripta Poelmanni*,
&c. à Delft en 1719, *in-12*. M. Opstraët examine
dans cet écrit si S. Thomas a enseigné que le pape soit
infaillible dans la décision des questions qui regardent
la foi & les mœurs.

28. M. Opstraët a fait d'autres écrits contre le sieur
Parmentier, comme : *Commonitorium : Statera secun-
da ; Fraus septuplex : Advocatus convictus : Advocatus*
Parmentier *è foro ad logicam detrusus : Advocatus* Par-
mentier *ad rhetoricam dimittendus : Advocatus* Par-
mentier *ad rhetoricam dimissus : Advocatus* Parmentier
è logico rhetor : Advocatus Parmentier *rhetorice in causa
Cypriani lassus : Animadversiones in causam disparem :
Sacræ theologiæ baccalaureus è philosopho advocatus :
Examen dialecticæ theologico-historicum*.

29. Il y a aussi quelques écrits de M. Opstraët contre le pere Meyer, Jésuite, contre M. Denys, théologal de Liége, contre M. Wit, &c.

30. *De locis theologicis dissertationes decem theologi
Lovaniensis*, en trois volumes *in-12*, 1738. Le titre
porte que cet ouvrage a été imprimé à Lille en Flandre ;
mais on sait que c'est en Hollande que l'édition a été
faite.

31. La plupart des mémoires envoyés à Rome à M.
Hennebel au nom & pour les théologiens de Louvain,
sont de M. Opstraët. Enfin cet habile théologien a
laissé beaucoup d'autres écrits qui ne sont point encore
imprimés. * *Mémoires du temps. Lettres* de M. Arnauld
en plusieurs endroits, sur-tout lettres 281, 582, 584,
&c. *Du refus de signer le formulaire*, pag. 410 & suiv.
Eloge latin ou papier mortuaire de M. Opstraët sur
une feuille *in-fol.* &c.

OPTAT, évêque de Mileve, ville de Numidie en
Afrique, dans le IVe siécle, sous l'empire de Valentinien & de Valens, écrivit vers l'an 370, ses livres
du schisme des Donatistes, contre Parménien évêque
de cette secte. On ne sait rien de particulier de la vie
de cet auteur. S. Augustin, S. Jérôme, & S. Fulgence
le citent avec éloge. Son ouvrage étoit divisé, du
temps de S. Jérôme, en six livres. Celui que l'on
nomme présentement le septiéme, est composé des
additions qu'Optat avoit faites à ses autres livres. La
premiere édition de cet ouvrage a été faite à Mayence
l'an 1549, par les soins de Jean Cochlée. Baudouin
en donna une nouvelle édition l'an 1563, qu'il fit
réimprimer à Paris l'an 1569, avec des annotations
très-savantes. C'est sur cette édition qu'est faite celle
de Commelin de l'an 1599. L'an 1631, Gabriël de
l'Aubespine, évêque d'Orléans, en donna une nouvelle édition imprimée à Paris, avec ses notes & celles de Baudouin. La même année Meric Casaubon fit
imprimer à Londres le texte d'Optat, avec des notes
critiques. Philippe le Prieur en a donné une nouvelle
édition suivant celle de l'Aubespine l'an 1676 ; & depuis, M. Du Pin a donné cet auteur au public l'an 1700,
dont il a rétabli le texte sur quatre manuscrits. Il a
mis des notes courtes au bas des pages avec les différentes leçons, & a fait imprimer à la fin les notes de
François Baudouin, de l'Aubespine, de Casaubon,
de Barthius & d'autres, avec un recueil de tous les
actes & des conférences épiscopales, des lettres des
évêques, des édits des empereurs, des gestes procon-
sulaires, & des actes des martyrs, qui ont du rapport
à l'histoire des Donatistes, disposés par ordre chronologique, depuis le commencement jusqu'au temps de
S. Gregoire *le Grand*. On trouve en tête de l'édition
une préface sur la vie, les œuvres & les éditions d'Optat ; & deux dissertations, l'une qui contient l'histoire
des Donatistes, & l'autre sur la géographie sacrée
d'Afrique. Optat défend dans ses livres l'église, contre le schisme des Donatistes qu'il combat. Son stile
est noble, véhément & serré ; & il paroît par son ouvrage qu'il avoit beaucoup d'étude & d'esprit. Il mourut vers l'an 380. L'église en fait mémoire le 4 juin.
* S. Jérôme, *de script. eccles. c.* 110. S. Augustin, *de
doct. Christ. l.* 2, *c.* 40, *cont. Parm.* &c. Honoré d'Autun, *de lumin. ecclef.* Trithème & Bellarmin, *de script.
ecclef.* Baronius, *in annal. & martyr.* Baudouin & l'Aubespine, *in notis.* Pithou. Possevin, &c. Du Pin,
biblioth. des auteurs ecclef. du IV siécle. Voyez l'édition
de M. Du Pin, à Paris in-folio l'an 1700.

OPTATIEN (Publius-Porphyrius). On trouve un
préfet de Rome de ce nom en 329 & en 333 ; & l'on
croit que c'est le même que Constantin le Grand exila ;
on ne sait pour quelle faute, & à qui il rendit
ensuite la liberté en conséquence d'un poëme latin
qu'Optatien lui adressa. En effet celui-ci se voyant
exilé, & ne se sentant point coupable, au moins du
principal crime pour lequel on l'avoit banni, essaya
de se justifier, & adressa pour cet effet à Constantin un
poëme en vers acrostiches latins qui a dû couter beaucoup à l'auteur, quoique l'ouvrage soit fort médiocre.
Les vers sont hexametres, les uns composés de mots
à deux syllabes, les autres de trois. Il y en a aussi de
quatre & de cinq. Les acrostiches y sont non-seulement de travers à la marge, mais encore à rebours en
remontant par la premiere lettre du dernier vers jusqu'au premier. Ce genre d'écrire n'étoit pas nouveau ;
mais peu de personnes l'avoient cultivé jusqu'alors,
& on l'a regardé depuis avec quelque mépris, & abandonné, avec raison, aux esprits médiocres. Cependant

dant le poëme d'Optatien, que nous avons encore, plut à Constantin, & ce prince en remercia l'auteur par une lettre où il lui donne la qualité de son très-cher frere, & lui accorda la liberté. S. Jérôme met le rappel d'Optatien en la vingt-troisiéme année de Constantin, c'est-à-dire en l'an 330 de J. C. Mais il faut mettre son poëme avant l'an 326, puisqu'il y est parlé de Crispus, fils de Constantin, comme étant encore vivant, & que ce jeune prince mourut à Pôle en Istrie, par le fer, ou par le poison, vers le milieu de cette année. Il paroît par ce poëme d'Optation que l'auteur étoit Chrétien : car il y confesse la plupart des vérités dont les Chrétiens font profession, & il n'y a pas lieu de croire d'ailleurs que Constantin eût donné à un Païen la qualité de *son très-cher frere*. M. Pithou fut le premier qui tira le poëme d'Optatien de la bibliothéque de Paul Velserus, & le fit imprimer à Augsbourg en 1595. On l'a depuis donné avec les notes de Velserus, & le spicilége de Chrétien Daumius, à la suite des ouvrages de Velserus, publiés à Nuremberg *in-fol.* en 1682, par les soins de Christophe Arnoul. Optatien avoit composé encore deux autres poëmes qu'il avoit aussi adressés à Constantin, mais nous les avons perdus. L'empereur ayant reçu le premier très-favorablement, l'auteur en remercia ce prince par une lettre que nous avons encore, & qu'il accompagna d'un second poëme que nous n'avons plus. Mais on a encore de ce poëte un écrit sur l'autel d'Apollon, que Fortunio Liceti a orné d'un commentaire, imprimé à Padoue en 1630, *in-4°*. On cite aussi sous le nom d'Optatien plusieurs épigrammes qui se trouvent dans le cinquiéme livre de l'anthologie, que l'on prétend être de cet auteur. Quelques-uns prétendent que parmi les ouvrages qui portent le nom de *Petronius Arbiter*, il y en a beaucoup qui sont du même. Ceux qui ont confondu cet auteur avec Porphyre se sont trompés. * Jean Alb. Fabricius, *Biblioth. lat. t. I, édit.* de 1721. D. Ceillier, *Histoire des auteurs sacrés & ecclésiast. tom. IV*, article de CONSTANTIN. Baillet, *Jugemens des savans, tome IV, in-4°, page 205.* Tillemont, *Histoire des empereurs, tome IV, article 61.*

OPUNTE, *Opois* ou *Opûs*, ville de la Grece dans la Béotie, près du golfe de Négrepont, a eu autrefois titre d'évêché, suffragant d'Athènes. Ses habitans prétendoient qu'elle avoit été bâtie par Opoëntes, compagnon de Patrocle, l'ami d'Achille. Cette ville qui étoit habitée par les Locriens, surnommés *Epicnémidiens*, donnoit son nom à ce golfe voisin. Strabon, Pline, Ptolémée, &c. en font mention. * *Consultez* aussi Ovide, *l.* 1, *de Ponto, elcg.* 4.

O Q

OQUENDO (Sébastien de) né à Oviédo dans le royaume de Léon, entra dans l'ordre de saint Dominique, où il fut envoyé aux Philippines, où il enseigna la théologie. Le soin de sa chaire ne l'empêcha pas de prêcher souvent en public : il le faisoit avec l'applaudissement de tous ceux qui l'entendoient, & trouvoit encore du temps pour répondre à ceux qui le consultoient sur divers cas de conscience. Il fut aussi supérieur de sa maison. Etant déja vieux, il fut nommé supérieur du couvent de S. Hyacinthe au Mexique. Son grand âge ne l'empêcha pas de s'y rendre, & il y vécut comme il avoit fait à Manille, c'est-à-dire, dans un entier renoncement à toutes sortes de délicatesses, & pratiquant l'abstinence. Il y mourut l'an 1651, & l'on assure que six ans après son corps fut trouvé entier. Il a laissé une grande idée de lui dans les lieux où il a demeuré : & l'on assure qu'il avoit composé plusieurs ouvrages, comme des commentaires sur la somme de S. Thomas, & des réponses à des questions de morale ; mais il n'y a rien d'imprimé. * Echard, *script. ord. FF. Præd. tom. II.*

OQUI ou VUOQUI, petite isle, qui a une ville de même nom. C'est une des isles du Japon, située près de la côte septentrionale de l'isle de Niphon, à l'endroit où elle tourne vers le couchant. * Mati, *dict.*

O R

OR (le mont d') c'est une montagne de l'Auvergne qui est fort haute, & située à cinq lieues de Clermont vers l'occident septentrional. C'est-là où l'on a premierement éprouvé la diverse hauteur du vif-argent dans les diverses hauteurs de l'horison. * Voyez l'*équilibre des liqueurs de M. Paschal.*

ORACH, petite ville autrefois de la Servie, maintenant de la Bosnie. Elle est près de la Drina, à vingt-quatre lieues de Belgrade, vers le sud-ouest. * Mati, *dict.*

ORACLE, réponse prophétique de quelques divinités ou idoles adorées par les Païens. L'origine des oracles des Païens est fort ancienne, puisqu'Homere même en fait mention. Il parle de celui de Dodone, qui se rendoit par le moyen d'un chêne, & dit, *dans son livre* 14 *de l'Odyssée*, qu'Ulysse l'alla consulter. Il fait aussi mention de celui de Delphes, *dans son livre* 8 *de son Odyssée*, où il cite un oracle qui fut rendu à Agamemnon. Lorsqu'on vient à examiner les histoires sur lesquelles on appuye ces oracles, on trouve qu'elles ressemblent plutôt à des fables qu'à de véritables histoires. Hérodote, *dans son second livre intitulé*, Euterpe, décrit assez au long l'origine de celui de Dodone, qui est le plus ancien de tous. Il rapporte que les prêtres de ce lieu-là disoient, que deux colombes noires s'étoient envolées de Thébes en Egypte, dont l'une étoit allée en Libye, & l'autre étoit venue chez eux ; que celle-ci s'étant perchée sur un chêne, on l'avoit entendu parler, & dire qu'il falloit dresser en ce lieu-là un oracle à Jupiter ; ce que les prêtres exécuterent aussitôt, se persuadant que cela leur étoit annoncé de la part des dieux. A l'égard de l'autre colombe qui alla en Libye, elle servit à établir l'oracle de Jupiter *Ammon*.

Comme on voit manifestement que ce discours est fabuleux, Hérodote a tâché d'y trouver un sens historique. Il prétend que ces deux colombes étoient deux femmes de Thébes en Egypte, lesquelles avoient été enlevées par les Phéniciens, & vendues, l'une en Grèce, & l'autre en Libye ; & la fable marque que c'étoient des colombes, parcequ'elles étoient barbares ou étrangeres. Comme leur langage n'étoit entendu de personne, on crut qu'il étoit semblable à celui des oiseaux. On dit aussi que ces colombes étoient noires, parceque ces femmes étoient Egyptiennes, & qu'avec le temps elles apprirent la langue du pays : ce qui a fait dire que ces colombes parlerent le langage des hommes. On les fait venir d'Egypte, parceque en effet l'Egypte est la source & l'origine de tous les oracles ; & que les Grecs ont pris de ce pays-là tout ce qui regarde les divinations. Le philosophe Hermias rapporte une autre raison de cette fable. Il dit que l'on a prétendu que c'étoit un chêne qui rendoit à Dodone les oracles, parcequ'étoient des filles des femmes appellées *Colombes*, qui avoient la tête couronnée de feuilles de chênes ; & que leur nom & leur couronne à donné occasion à la fable. Plutarque fait cet oracle plus ancien ; car il veut que Deucalion & Pyrrha ayent été le consulter pour la réparation du genre humain, après le déluge universel : ce qui a donné occasion à Goropius Bécanus d'inventer une explication subtile de cette fable. Il prétend que par Deucalion, il faut entendre Noë ; & par les deux colombes, deux navires avec lesquels il aborda au Péloponnèse. Il ajoute qu'il nomma ces deux navires *Colombes*, en mémoire de la colombe qu'il envoya par deux fois hors de l'arche. Mais il n'y a guère d'apparence de vérité dans toute cette histoire : car si l'on consulte les anciens auteurs qui en ont écrit, ils ne s'accordent pas du lieu où étoit cet oracle nommé *Dodone*. Les uns le mettent en Epire, les autres en Thessalie, & d'autres dans le Péloponnèse : sur quoi on peut lire Strabon, Pline & Pausanias. En quelque lieu qu'il ait été, si l'on examine de près cet oracle, & presque tous les autres que les Païens ont consultés, on n'y trouvera rien d'extraordinaire. Ils n'étoient fondés que sur des réponses ambiguës, & sur l'artifice des sacrificateurs. Pausanias rapporte certains vers anciens, qui disent que des hommes venus des Hyperboréens, fonderent les oracles nommés *Pagase* & *Agye*. Ces Hyperboréens sont des peuples de Sarmatie, qui habitoient au-dessus des Arimaspes, proche de la mer Glaciale. Hérodote, *dans son livre* 4, *intitulé Melpomène*, raconte que deux filles vinrent anciennement en Grèce, où elles apporterent de petites chapelles enveloppées dans de la paille de froment, qui furent en grande vénération dans l'isle de Délos. Les habitans de Délos disent que des Hyperboréens elles vinrent chez les Scythes ; & que les Scythes, après avoir passé chez quelques peuples, elles parvinrent jusques dans l'occident ; & de-là se répandant vers le midi, elles furent reçues de ceux de Dodone, d'où elles furent transportées en plusieurs autres endroits de la Grèce, & enfin dans l'isle de Délos. Si l'on fait réflexion sur les noms qu'Hérodote donne à ces deux filles, on reconnoîtra facilement qu'il n'y a rien dans ce récit que d'imaginaire. Il les appelle *Hyperoché* & *Laodicé*, qui sont des noms purement grecs, & qui ne peuvent avoir aucun rapport avec le langage barbare du pays d'où l'on dit que ces filles sont sorties.

Il est aisé de faire voir que toutes les réponses des oracles qu'on attribue aux démons, n'ont été que des impostures des prêtres Païens, qui répondoient eux-mêmes par la bouche de la Pythie, & faisoient accroire au simple peuple qu'un démon ou demi dieu avoit parlé. Ce sentiment est appuyé sur des témoignages de plusieurs grands hommes, tant Chrétiens que Païens. Clément d'*Alexandrie* parlant de ces oracles dans son discours intitulé *Protrepticos*, qui est une exhortation aux Gentils, dit que toutes ces fureurs extatiques sont de véritables tromperies d'hommes infidéles. Eusebe qui traite cette question assez au long dans ses livres de la *Préparation évangélique*, avoue que ceux qui voudront prendre la peine d'examiner cette matiere avec soin, trouveront qu'il n'y a que de l'artifice & de la tromperie ; que ces oracles ne peuvent venir ni de Dieu ni du diable : mais que ce sont des vers composés par des hommes qui avoient quelque habileté, & qui les vendoient comme les oracles des dieux. Il ajoute que la prévention où les peuples étoient depuis long-temps touchant la divinité de ces oracles, contribua beaucoup à les faire valoir, aussi-bien que les ténèbres parmi lesquelles on les prononçoit, & les cavernes & lieux secrets où l'on entroit pour les composer. Le même Eusebe s'appuie aussi sur l'opinion des anciens philosophes, pour faire voir qu'il n'y a que de la fausseté & de la tromperie dans les oracles des oracles. Il produit entr'autres, Aristote & tous les Péripatéticiens, qui ont assuré qu'il n'y avoit dans les oracles que de l'artifice de la part des prêtres, qui abusoient le peuple sous prétexte de divinité. Ciceron, *dans son livre* 2 *de la divination*, parle d'autres sectes de philosophes, qui avoient les mêmes sentimens touchant les oracles, & qui se moquoient principalement de l'oracle fameux rendu à Crœsus. Il ajoute que celui d'Ennius, *Aio te Æacida Romanos vincere posse*, est semblable ; qu'il a été fait à l'imitation de l'autre, & plus ridiculement, parcequ'Apollon n'a jamais parlé latin. Démosthènes, long-temps avant Ciceron, avoit

découvert cette fourberie des oracles, se plaignant que la Pythie philippisoit, c'est-à-dire, qu'étant corrompue par argent, elle donnoit des réponses favorables à Philippe, roi de Macédoine. Minutius Félix ne parle point aussi autrement des oracles *dans son Octavius*, où il dit que celui de Delphes, qui ne donnoit que des réponses ambiguës & pleines d'artifice, s'est évanoui, lorsque les hommes ont commencé d'être plus éclairés & moins crédules. C'est pourquoi Ciceron assure que de son temps, & même long-temps avant lui, on n'avoit que du mépris pour l'oracle de Delphes. Ce qui servit aussi beaucoup à donner de la réputation aux oracles, fut que ceux qui gouvernoient des états autorisoient leurs loix par le moyen de ces oracles, comme fit Lycurgue à l'égard des Lacédémoniens. Thémistocles eut aussi recours à l'oracle pour appuyer l'avis qu'il donna aux Athéniens d'abandonner leur ville aux Perses, & de monter sur leurs vaisseaux, afin de les combattre. Le peuple qui ne pouvoit entendre à cette proposition, & qui aimoit autant mourir que d'abandonner sa ville & ses dieux, fut enfin persuadé par la réponse d'Apollon, qui leur commanda de le faire. Ce fut au moins de cette maniere que l'oracle fut interprété, comme on le peut voir dans le septiéme livre d'Hérodote, intitulé *Polymnia*. Plutarque dit, en parlant de Thémistocles, que désespérant d'attirer le peuple à son opinion par des raisons humaines, il s'avisa d'avoir recours aux signes célestes, aux oracles, & aux réponses des dieux. Lorsque Pompée voulut rétablir Prolémée dans l'Egypte, il fit entendre aux Romains qu'il y avoit un oracle de la Sibylle, qui disoit que le royaume d'Egypte venant à manquer, il naîtroit un prince qui seroit roi de toute la terre. Ainsi l'autorité des magistrats fortifioit les tromperies des oracles.

Outre ces témoignages l'on peut aussi apporter quelques raisons pour prouver que ce n'étoit aucune divinité ni aucun démon qui rendît ces oracles, & qu'il n'y avoit que les prêtres des Païens qui les composoient. On peut voir dans Plutarque lorsqu'il parle de la cessation des oracles, qu'avant que de les consulter il falloit immoler une victime dont les prêtres observoient avec attention les entrailles. Lorsqu'ils ne les trouvoient pas telles qu'ils souhaitoient, ils n'introduisoient point la Pythie dans la grotte. Ce qu'ils faisoient, parcequ'ils conjecturoient les choses futures par les entrailles des victimes, selon la divination ordinaire qui étoit en usage chez les Païens ; les sacrificateurs s'accommodoient les réponses qu'ils vouloient donner à ceux qui venoient les consulter. De plus il y avoit toujours un grand nombre de poëtes à l'entour de l'oracle, qui réduisoient en vers les réponses de la Pythie. La tromperie qui se faisoit dans les oracles de Dodone étoit plus grossiere ; car selon Suidas, *sur le mot Dodone*, ce n'étoit qu'une statue posée sur une colonne, tenant en sa main une verge dont elle frapoit un bassin d'airain, lorsqu'un chêne étoit agité de vent. Quand on entendoit ce son qui rendoit quelque harmonie, les prophétesses crioient que Jupiter avoit répondu ; de sorte que si nous nous en rapportons à Suidas, les voix de ces démons n'étoient point articulées. Il rapporte encore que l'oracle de Dodone étoit tout environné de vaisseaux d'airain, qui se touchoient l'un l'autre : ce qui faisoit que l'un étant frapé, les autres rendoient ensuite un son harmonieux pendant quelque espace de temps. Il ajoute qu'Aristote se moquoit de cet artifice, prétendant que ce n'étoit autre chose que deux colonnes, sur l'une desquelles il y avoit un vase d'airain, & sur l'autre l'effigie d'un enfant qui tenoit un fouet en sa main, dont les courroyes étoient aussi d'airain, qui, lorsqu'elles étoient agitées du vent, & poussées contre le vase, rendoient

un fon affez agréable : d'où eft venu ce proverbe
chez les Grecs, l'*airain de Dodone*, dont ils fe fervent,
dit Suidas, contre ceux qui s'arrêtent à peu de chofe.

On peut faire quelques objections contre ce qu'on
vient de dire touchant les oracles. On objecte premierement que les oracles ont ceffé à la venue de
Notre-Seigneur; & on le prouve par un ouvrage
de Plutarque qui a fait un traité, où il tâche d'apporter des raifons de la ceffation de ces oracles. Il
récite même une hiftoire étrange de la mort d'un
grand Pan, qui arriva fous l'empereur Tibere : d'où
l'on conclut qu'il falloit que les oracles fuffent rendus par des démons : autrement les facrificateurs
Païens, s'ils avoient été en effet les auteurs des oracles, les euffent plutôt augmentés qu'abolis au temps
des Chrétiens qui s'en moquoient. On répond à cela
que les oracles, du filence defquels Plutarque fe
plaint, avoient ceffé plus de 400 ans avant la venue
de Notre-Seigneur. A quoi l'on peut ajouter que ceux
qui étoient en vigueur devant fa naiffance, fubfifte-
rent encore avec éclat après fa mort. On ne trouve
point dans les hiftoires, qu'il foit fait mention d'un
oracle après la guerre des Perfes, finon de celui de
Delphes. Les oracles d'Amphiaraüs, de Ptoüs, de
Branchides, & les autres, n'eurent plus aucun crédit.
Plutarque même dans fon traité de la ceffation des
oracles, voulant prouver qu'ils avoient été autrefois
en grande eftime, ne produit point d'exemples de
leurs réponfes plus nouveaux, que de celles qu'ils
donnerent au temps de la guerre des Perfes. Ce
fut pour ce fujet qu'il publia ce traité, où il ne donne
pas des raifons pour prouver que les oracles avoient
ceffé de fon temps; mais il cherche pourquoi ils n'é-
toient plus en vigueur depuis un fi long-temps. Pour
ce qui eft de la mort du grand Pan, c'eft une fable
que Plutarque rapporte avec plufieurs autres, qu'il
a coutume d'orner fon difcours. Quand on fuppofe-
roit même ce conte véritable, on n'en pourroit conclure autre chofe, finon que les démons, après avoir
vécu long-temps, meurent auffi-bien que les hommes. C'eft le fens qu'on doit donner aux paroles de
Plutarque; & Eufebe ne l'explique point d'une autre
maniere dans fon livre de la *préparation à l'évangile*.
On objecte en fecond lieu, que les démons mêmes
ont témoigné dans leurs oracles, que la crainte du
nom de *Jefus-Chrift* les empêchoit de répondre à leur
ordinaire, comme fit celui de Delphes à Augufte,
touchant fon fucceffeur, que Cédrenus a cité d'Eufebe. Suidas & Nicéphore ajoutent à cela qu'Augufte
étant retourné à Rome, fit dreffer un autel au Capitole avec cette infcription, *Ara primogeniti Dei*. Il y
a de plus, dit-on, des oracles qui ont attribué non-
feulement à Notre-Seigneur la vertu, mais auffi
aux martyrs, comme celui qui fut rendu à Julien
l'*Apoftat* dans le temple de Daphné, proche d'Antioche, qui difoit que les morts enterrés auprès de lui
empêchoient fes réponfes; & par ces morts il entendoit les os du faint martyr Babylas, que Julien fit
transporter ailleurs, pour ce fujet, par les Chrétiens.
C'eft ce qu'on peut voir dans l'*hiftoire eccléfiaftique de
Théodoret*, *l.* 3, *c.* 10, & ce qui eft rapporté par Socrate & par Sozomène. Il eft facile de répondre à
cette objection ; car il eft certain que les oracles
n'ont point entierement ceffé à la mort de Jefus-
Chrift, comme on le peut prouver par Plutarque,
qui fait mention de quelques-uns qui fubfiftoient
encore; & il affure même que de fon temps l'oracle
de Delphes étoit en la plus grande réputation qui eût
jamais été. A l'égard de l'oracle que Cédrenus a cité
d'Eufebe, il eft manifeftement faux; car il n'y a aucun hiftorien qui ait fait mention qu'Augufte ait jamais confulté l'oracle de Delphes. Il n'y a de plus
aucune apparence qu'Augufte, dans fa vieilleffe, ait
fait le voyage de Rome à Delphes, pour favoir qui

feroit fon fucceffeur, ayant deftiné pour cela Tibere : il eft même conftant qu'Augufte, après les guerres civiles, n'eft point forti d'Italie. Pour ce qui eft
de l'objection qu'on tire de l'oracle de Daphné, qui
refufa de répondre à l'empereur Julien, on peut dire
que toute cette affaire ne fut qu'une rufe des facrificateurs ennemis des Chrétiens, lefquels crurent
pouffer Julien par cet artifice à détruire entierement
ces reliques. On ne dit point que l'oracle ait rendu
de réponfe après que les reliques furent tranfportées
en un autre lieu. En effet, il y a de l'apparence que
Julien facrifia feulement à Apollon en ce lieu-là,
comme le rapporte Zofime. Il ne paroît pas même
qu'il y eût là un oracle, mais feulement un temple
qu'Antiochus *Epiphanes* y avoit fait bâtir, felon le
témoignage d'Ammien Marcellin.

Au refte, on peut dire que les oracles, qui étoient
fi célébres chez les Grecs, ont ceffé la plupart après
la guerre des Perfes : parcequ'avant ce temps-là la
Gréce étoit très-riche, & remplie d'un grand nombre de peuples ignorans & fuperftitieux : ce qui donna
occafion aux prêtres d'inventer & de multiplier les
oracles. Mais après les guerres, qui défoloient les
villes & les provinces entieres, les prêtres furent
obligés d'abandonner leurs poftes, & fe retirer
dans les lieux que les guerres n'avoient point ruinés :
c'eft pourquoi les oracles que les prêtres avoient abandonnés difparurent bientôt. Il fe peut auffi faire que
les temples de Gréce ayant été brulés par Xerxés, une
grande partie de ces oracles furent détruits. La caufe
de leur ceffation après Jefus-Chrift, doit être attribuée à la prédication de l'évangile, qui fit découvrir
les tromperies & les rufes des facrificateurs.

Voilà l'opinion de quelques favans, appuyée fur des
raifons qui paroiffent très-folides. D'autres néanmoins, fuivans la route la plus vulgaire, croient que
fi les oracles des Païens ont été fouvent des impoftures faites par les facrificateurs, qui abufoient de la
fimplicité du peuple, cela n'empêche pas que le démon n'y ait eu part, pour s'attirer quelque culte, &
pour augmenter la fuperftition. Les philofophes
Païens ont été de ce fentiment, fur-tout Platon, Xé-
nocrate, Cryfippe, Démocrite, avant la naiffance
de Jefus-Chrift, Porphyre, Iamblique, & autres qui
ont vécu dans les premiers fiécles de l'églife. Ces
philofophes attribuent les oracles, non-feulement
aux dieux & aux bons génies, mais auffi aux mauvais. Ils difent que les dieux & les bons démons ne
trompent jamais, & ne confeillent rien d'injufte; &
que les mauvais mentent dans leurs oracles, & donnent de pernicieux confeils. Tous les auteurs Chrétiens de la primitive églife ont cru que le démon avoit
rendu des oracles, entr'autres Athénagoras, Tertullien, Minutius Félix, Origène, Eufebe, Firmicus,
&c. Voici ce que Tertullien dit des démons : *Ils veulent imiter la divinité, & s'attribuant la divination ;
mais les Cræfus & les Pyrrhus favent avec quel artifice
ils rendent leurs oracles ambigus, pour les accommoder
aux événemens.* Minutius Félix en parle ainfi : *Les démons, & les efprits impurs, comme l'ont montré les mages,
les philofophes & Platon, fe cachent fous les ftatues &
les images qui leur font confacrées, &c.* Ils rendent des
oracles envelopés de plufieurs fauffetés ; *car ils fe trompent, ne fachant pas la vérité des chofes; & trompent
les autres, ne découvrant pas celles qu'ils peuvent favoir.*
Eufebe s'étend fort fur les artifices & les tromperies
de ceux qui féduifoient le peuple par leurs faux oracles; mais enfuite il ajoute qu'il faut avouer, fuivant
le fentiment des peres de l'églife, que les démons
ont auffi rendu des oracles dans les ftatues qui leur
étoient confacrées, ou par les perfonnes qu'ils poffédoient. Entre les auteurs récens, le favant Voffius foutient que, *fi quelques oracles ont été des impoftures de
perfonnes cachées, il ne s'enfuit pas qu'il n'y en ait point*

eu qui aient été rendus par les démons , pour séduire & tromper ceux qui les consultoient ; & que s'il y avoit des équivoques , c'est que les démons ne savent pas l'avenir , & n'en peuvent avoir que quelques conjectures subtiles , mais sujettes à l'erreur : c'est pourquoi ils étoient obligés de se servir de paroles obscures & ambiguës , afin de faire croire qu'on n'avoit pas bien entendu le sens de l'oracle , si l'événement n'étoit pas tel qu'on l'avoit espéré. Il est fait mention des oracles du démon dans l'écriture sainte. Au IV livre *des Rois* , c. 1, il est dit qu'Ochosias, roi d'Israël, envoya consulter Béelzébub, dieu d'Accaron , sur l'événement de sa maladie , & que le prophéte Elie alla de la part du vrai Dieu , au-devant des officiers de ce roi, pour leur demander pourquoi ils alloient consulter ce faux dieu d'Accaron. Il est parlé d'une Pythonisse , à laquelle Saül eut recours , dans le I^e livre *des Rois* , c. 28. Et d'une autre Pythonisse , dont S. Paul chassa le diable, qui lui faisoit deviner l'avenir. * *Aux actes des apôtres* , c. 16.

Les oracles les plus célébres étoient , ceux d'Apollon dans le temple de Delphes , ville de la Phocide en Gréce ; de Jupiter *Dodonéen* , dans l'Epire ; de Jupiter *Ammon* , dans l'Afrique ; d'Apollon *Clarius* , proche de Colophon , ville d'Ionie , dans l'Asie Mineure ; de Sérapis , à Alexandrie d'Egypte ; de Trophonius , dans la Béotie ; de la Sibylle de Cumes en Italie, &c. * Tertullien, *apologet. c.* 22. Minutius Félix , *in Octavio.* Eusèbe , *præpar. evang. l.* 4. Vossius , *de idol. l.* 1, *c.* 6. Simon. *Voyez* aussi le livre *de oraculis* de *M. Van Dale* , imprimé à Amsterdam l'an 1683. Fontenelle, *hist. des oracles* , le P. Balthus , Jésuite , *réponse à l'hist. des oracles* de Fontenelle , & *la suite de cette réponse imprimée en 1708.*

ORADINO (Julio) fut un savant jurisconsulte qui a vécu dans le XVIe siécle. Après avoir enseigné le droit à Pérouse & à Padoue , il fut appellé à Rome, où on le fit auditeur de Rote. La réputation qu'il s'est acquise dans cette ville , la fait surnommer la *bouche divine* & l'oracle *de la cour.* Il mourut évêque de Pérouse l'an 1573 , à l'âge de 70 ans. On assure que le pape Grégoire XIII versa des larmes en apprenant la nouvelle de la mort de cet habile homme. On a quelques ouvrages de Julio Oradino , comme : *Prolegomena juris civilis : Decisiones juris* , &c. M. Simon , dans sa bibliothéque des auteurs de droit , parle deux fois de ce jurisconsulte.

ORAISON (Marthe d') barone d'Allemagne, & vicomtesse de Salerne, très-illustre par sa naissance & par sa piété, étoit fille de *François* , marquis d'Oraison , & de *Magdeléne de la Louve* , & fut mariée à *Alexandre* du Mas , baron d'Allemagne , qui fit l'an 1612 un fameux & terrible duel contre Annibal de Forbin , seigneur de la Roque , où les combattans n'avoient pour toutes armes que chacun un couteau, avec lequel , après s'être lié le bras gauche l'un contre l'autre , ils se tuerent tous deux. Le P. Hilarion de Coste a fait l'éloge de cette illustre dame , connue sous le nom de *barone d'Allemagne* , fondatrice des Capucines de Marseille , & de l'hôtel-Dieu de Paris l'an 1627, s'étant donnée au service des malades de cet hôpital.

ORAN, ville d'Afrique , sur la côte de Trémecen , & dans le royaume d'Alger. Les Espagnols, qui la nomment *Orano* , en furent les maîtres depuis l'an 1509, qu'ils la prirent sous le cardinal Ximenés. Elle est située sur une colline , avec un port assez commode , & une forteresse , & est censée du diocèse de Tolède , quoiqu'elle en soit extrêmement éloignée. Les habitans du pays lui donnent le nom de *Guharad* , & elle a eu autrefois celui de *Quisa*. Les infidéles l'assiégerent inutilement l'an 1556 ; mais au commencement de l'an 1708, le gouverneur de cette place fut obligé de l'abandonner , & de sauver avec lui

la garnison & les principaux habitans , après avoir soutenu un siége de plusieurs années contre les Maures, qui recevoient beaucoup d'assistance des Chrétiens ennemis du roi d'Espagne Philippe V , pendant que leurs armées occupoient les troupes de ce prince, & empêchoient les secours que ce prince auroit voulu envoyer à Oran ; outre qu'un dernier secours parti pour ce pays-là se rendit inutile , par la défection du comte de Santa-Cruz qui en avoit la conduite , & qui alla se jetter lâchement parmi les assiégeans.

ORAN (Jean) Jésuite , étoit de Liége. Ses supérieurs l'ayant envoyé en France , il demeura quelque temps à Bourges , où il se lia avec le savant jurisconsulte Cujas une étroite amitié. Depuis il enseigna la théologie à Paris. Il mourut à Mons dans le Hainaut le dernier jour de mai de l'an 1603. Il a traduit de l'espagnol de son confrere Pierre Ribadénéïra , l'ouvrage intitulé : *De officio principis Christiani & institutione ejusdem* : cet ouvrage , fait contre Machiavel , est en trois livres. Le P. Oran a publié 1. *Defensio brevis pro societatis innocentiâ.* 2. *Epistola de rebus Japonicis , Mogorenicis & Chinensibus.* * Valere André , *bibliotheca Belgica* , édition de 1739 , *tom. II* , *pag.* 706.

ORAN (Nicolas) de l'ordre des Freres Mineurs de l'Observance , professeur en théologie & prédicateur, fut gardien des couvens de son ordre à Liége , à Namur & ailleurs , & deux fois définiteur pour la province de Flandre. Il s'est distingué par sa piété, son savoir & sa prudence. Il vivoit au commencement du XVIIe siécle. Il a donné trente sermons sous le titre d'*Apostasie du traître Judas* ; à Mons , 1611 , *in-8°* : vingt-quatre autres sous le titre de *Exilium generis humani felicissimum* ; à Mons, 1611 , *in-8°* : trente-quatre sous le titre de *Benjamin evangelicus , seu conversio sancti Pauli* ; en 1624. *Conversio Cornelii Centurionis* ; à Mons , 1632 , *in-8°. Mysteria passionis Dominica. Oratio moralis & historica de sancto Alberto , sacræ Romanæ ecclesiæ cardinale , episcopo Leodiensi & martyre.* * Valere André , *biblioth. Belg.* édition de 1739, *in-4°, tom. II , pag.* 917.

ORANGE, ville , évêché & principauté de France en Provence , à une lieue du Rhône , & environ à trois d'Avignon , & sur les petites rivieres d'Aigues & de Maines, est nommée diversement *Arausio Cavarum* ou *Secundanorum , Arausica civitas & Arausionensis urbs* , qui est le nom que lui donne Apollinaris Sidonius. Quelques-uns ont cru qu'elle fut bâtie par les Phocéens , fondateurs de Marseille ; mais cette origine est peu certaine. Il n'est pourtant pas difficile de juger qu'Orange est une ville très-ancienne , & qu'elle a été autrefois une place importante , quand on considere des restes de la magnificence des Romains , que les voyageurs ne manquent jamais d'y admirer ; car on y voit un cirque bâti avec beaucoup d'art, & les lieux d'où l'on tiroit les bêtes , avec des aqueducs. On y trouve une partie d'une grosse tour , que quelques-uns prennent pour un temple de Diane , & divers autres édifices anciens. Ce qu'il y a de plus remarquable , est le reste d'un arc de triomphe qui est hors des murailles , & qui fut élevé par Caïus Marius & Luctatius Catulus , après la victoire qu'ils remporterent sur les Cimbres & les Teutons. La ville étoit autrefois beaucoup plus grande qu'elle n'est aujourd'hui ; elle a beaucoup souffert par les courses des Goths , des Sarasins & des autres barbares. Sa forteresse , que Maurice de Nassau , prince d'Orange, rendit très-réguliere en 1622 , étoit sur une colline , & faisoit considérer Orange comme une des plus fortes villes de l'Europe ; mais elle a été rasée depuis l'an 1660. Cette principauté comprend Orange , Courtheson , Jonquieres & Gigondas , clos de murailles , avec quelques autres petits bourgs. Elle a quatre lieues de longueur, & quatre de largeur, & eſt encloſe dans le comté Venaiſſin. Son étendue étoit autrefois plus conſidérable; mais elle a été démembrée par des ventes, ceſſions, partages, dots & apanages. Le terroir y eſt extrêmement fertile, & ſurtout en vins, en bleds, en ſafran, &c. La ville d'Orange a une univerſité établie par Raimond V, l'an 1365, & avoit autrefois un parlement, fondé par Guillaume de Châlons l'an 1470. Aujourd'hui la principauté d'Orange eſt du reſſort du parlement de Grenoble. Il eſt certain que les comtes de Provence ont eu la haute ſouveraineté de cet état, & que les princes d'Orange leur en ont fait hommage. Ainſi cette principauté eſt mouvante en fief & hommage lige du comté de Provence. L'évêché eſt ſuffragant d'Arles, & a eu d'illuſtres prélats, tels que Conſtance, qui ſe trouva au concile d'Aquilée l'an 381; S. Eutrope, à qui le pape Hilaire & Apollinaris Sidonius écrivirent; S. Florent, &c. L'ordre de Malte a eu une partie de la ſeigneurie de la ville d'Orange. Le roi Louis XI avoit autrefois ſoumis la principauté d'Orange au parlement de Dauphiné; mais comme il n'étoit pas encore comte de Provence, il n'avoit pas droit d'agir contre le principal ſouverain de cet état. Cette ville ſouffrit extrêmement dans le XVIe ſiécle, par la violence des Calviniſtes, ſoutenus par l'autorité du prince, qui étoit de leur parti. Ils chaſſerent l'évêque & les chanoines, ruinerent les égliſes & les monaſteres, & ſe crurent tout permis dans un temps de licence & de fureur: mais dans le XVIIe ſiécle, les égliſes ont été réparées, l'évêque a été rétabli, la religion orthodoxe y refleurit par les ſoins du roi Louis XIV. Ce prince avoit interdit dès 1660, l'exercice de la religion prétendue réformée dans la ville & principauté d'Orange; mais par le dernier traité d'Utrecht, l'une & l'autre ayant été remiſes au prince GUILLAUME-HENRI de Naſſau, ce prince y rétablit auſſitôt l'exercice de la religion prétendue réformée. Il y fit conſtruire un temple vaſte & magnifique ſur les ruines de celui que le roi avoit fait démolir; il y envoya de Hollande des miniſtres & des profeſſeurs Proteſtans, qui y prêcherent, y exercerent & y pratiquerent tous les exercices de leur religion. Le gouverneur, fils de M. de Lubiéres, fit abattre les croix, & ſortir de la ville les religieuſes du Verbe Incarné qui s'y étoient établies ſous l'autorité de Louis XIV. Ce prince le fit arrêter & conduire à Pierre-Enciſe. Les choſes reſterent en cet état juſqu'à la mort de Guillaume-Henri. Louis XIV réunit alors à ſa couronne la principauté d'Orange, du reſſort & ſous le gouvernement de Provence; & quelquetemps après ſous celui de Dauphiné, auquel elle eſt préſentement ſoumiſe. Sa majeſté y interdit de nouveau l'exercice de la religion prétendue réformée, y fit fermer le temple, & obligea ceux qui ſuivoient cette religion, ou à rentrer dans le ſein de l'égliſe, ou à ſe retirer. Le parlement que le roi d'Angleterre y avoit rétabli, fut auſſi de nouveau ſupprimé. * Voyez pour ce qui concerne l'origine & les antiquités de la ville d'Orange, la diſſertation de M. Guil, ſur ce ſujet, dans le Mercure de France, décembre 1721: le même Mercure, janvier 1724, & ſur-tout l'hiſtoire nouvelle de la ville & principauté d'Orange, par le P. Bonaventure Siſteron, Capucin.

Venons à la ſuite des princes d'Orange. Ceux de la premiere race ne nous fourniſſent rien de certain, juſqu'à RAMBAUT II, comte d'Orange l'an 1096. On prétend que vers l'an 700, Orange étoit poſſédée par un prince appellé THEOFRET, dont le fils, qui portoit le même nom, ſouffrit le martyre, & fut aſſommé à coups de levier par les Saraſins l'an 730; que le premier comte ou prince, étoit GUILLAUME I de ce nom, ſurnommé au Cornet, c'eſt-à-dire, au cor de chaſſe, qui fait encore aujourd'hui les armes d'Oran-

ge. D'autres diſent qu'il fut ſurnommé au court nez, parcequ', dans un combat, il avoit eu le bout du nez emporté d'un coup d'épée. Il eſt difficile de prouver ces faits, & de pouvoir dire ſi ce Guillaume étoit Bourguignon, ou fils d'un vicomte de Narbonne, comme d'autres le prétendent; on croit communément qu'il fut conſidéré de Charlemagne vers l'an 806, qu'il eut deux femmes, & qu'il laiſſa trois fils morts ſans poſtérité. Quelques-uns confondent ce premier comte d'Orange avec S. GUILLAUME, comte de Touloufe, fils de Thierri, comte du temps de Pépin. Il fonda l'abbaye de S. Guilhem-le-Défert, l'an 804, & mourut ſaintement. Avant ſa retraite, il avoit épouſé 1°. Cunégonde: 2°. Guiberge; & il eut entr'autres enfans, Bernard, duc de Septimanie, comte de Toulouſe, de Barcelone, &c. Guillaume au Cornet eut auſſi une fille nommée Hérimbrue, qui fut mariée à un grand ſeigneur de Provence, dont elle eut Hugon, marquis d'Orange, dont la poſtérité eſt inconnue; & ROGON, comte d'Orange, qui partagerent entr'eux la principauté. Rogon laiſſa une fille nommée ALATAIS, qui lui ſuccéda l'an 880 ou 890, & qui eut pour fils RAMBAUD I de ce nom, lequel vivoit l'an 910. BOZON poſſédoit cette principauté vers l'an 914, & ſa ſucceſſion eſt inconnue juſqu'à GÉRAUD-ADHÉMAR, qui mourut l'an 1080. Ce dernier laiſſa RAMBAUD II, comte d'Orange, qui fit le voyage de la Terre-ſainte; & laiſſa, vers l'an 1115, une fille nommée TIBURGE, premiere de ce nom, princeſſe d'Orange, qui épouſa GUILLAUME II, lequel avoit part à la même principauté, & deſcendoit de Rogon. Ils eurent deux fils qui partagerent également les biens de leur maiſon, & deux filles; GUILLAUME III, qui ſuit; Rambaut III, mort ſans enfans, lequel par ſon teſtament de l'an 1173, inſtitua ſa ſœur Tiburge ſon héritiere, à la ſubſtitua ſes enfans mâles: elle étoit mariée à Bertrand de Baux; & Thiburgette, mariée à Adhémar de Murvieux. GUILLAUME III, prince d'Orange, l'an 1150, eut GUILLAUME IV, qui ſuit; & une fille appellée Thibour, qui eut part à la principauté d'Orange, & qui n'eut point d'enfans de Rambaud Guirand, ſon mari. GUILLAUME IV, prince d'Orange pour le quart, l'an 1174, fut pere de Rambaud IV, qui mourut ſans enfans. Ainſi cette principauté paſſa dans la maiſon de Baux.

BERTRAND DE BAUX II de ce nom, prince d'Orange, puis baron de Baux, eut de Tiburge II, princeſſe d'Orange, GUILLAUME V; Bertrand & Hugues. Nous parlons de ces ſeigneurs dans l'article de BAUX, que l'on peut conſulter. On doit remarquer ici, que RAIMOND de Baux V du nom, prince d'Orange, mourut vers l'an 1393, ayant eu de Jeanne de Genève ſa femme; MARIE, princeſſe d'Orange; & Alix, barone de Baux. MARIE, épouſa l'an 1386, JEAN de Châlons, ſeigneur d'Arlai, qui fit la troiſiéme race des princes d'Orange. Il mourut l'an 1418, laiſſant LOUIS, qui ſuit; JEAN, tige des comtes de Joigni; Huguenin, mort ſans enfans; Marie, épouſe de N. comte de Fribourg; & Alix, mariée à Guillaume de Vienne.

PRINCES D'ORANGE DE LA MAISON de CHALONS.

I. LOUIS de Châlons, prince d'Orange, épouſa 1°. Jeanne de Montbelliard: 2°. Eléonore d'Armagnac: 3°. Blanche de Gamaches, veuve de Jean de Châtillon, ſeigneur de Troiſſi & de la Ferté en Ponthieu, fille de Guillaume II du nom, ſeigneur de Gamaches, grand-maître des eaux & forêts de France, & de Marguerite de Corbie, morte le 14 mai 1474: c'étoit un prince hardi & courageux. Le duc de Savoye & lui s'étoient déclarés partiſans du duc de Bourgogne, contre le roi Charles VII, & s'étoient promis de partager entr'eux le Dauphiné l'an 1419. Louis de Gau-cour, gouverneur pour le roi en cette province, rom-pit leurs mesures. Il défit entre Colombiés & Anton le prince, qui aima mieux sauter dans le Rhône à cheval, & armé de toutes piéces, pour le passer à la nage, que de tomber entre les mains du vainqueur, & mourut le 18 décembre 1463, âgé de 75 ans. De sa première femme, il eut GUILLAUME VIII, qui suit. De la seconde, Louis, seigneur de Châteauguyon, chevalier de la toison d'or, mort sans alliance l'an 1476; Hugues, seigneur d'Orbe, mort sans lignée; & Jeanne de Châlons, mariée à Louis de Seyssel, comte de la Chambre, morte l'an 1483.

II. GUILLAUME de Châlons VIII du nom, prince d'Orange, s'étant engagé dans le parti des ducs de Bourgogne, fut fait prisonnier l'an 1473, & ne sortit de prison qu'après deux ans, & après avoir promis de payer 40000 écus de rançon. Il contribua ensuite à soumettre au roi Louis XI la Bourgogne, dont il prétendoit avoir le gouvernement; mais il mourut presque dans le même temps, qui fut le 27 septembre de l'an 1475. Il avoit épousé, par traité du 18 août 1438, Catherine de Bretagne, fille de Richard de Bretagne, comte d'Estampes, &c. & de Marguerite d'Orléans, & sœur de François II, duc de Bretagne. De cette alliance vint

III. JEAN de Châlons, II du nom, prince d'Orange, s'attacha à la ligue du duc d'Orléans contre le gouvernement, pendant la minorité du roi Charles VIII, & fut pris à la bataille de S. Aubin du Cormier, l'an 1488. Ensuite il contribua au mariage du roi avec Anne, duchesse de Bretagne; & par les services qu'il avoit rendus au duc d'Orléans depuis roi sous le nom de Louis XII, il s'acquit beaucoup de part dans les bonnes graces de ce monarque. Il en obtint, l'an 1499, des lettres patentes, qui le remettoient dans la principauté d'Orange, que son pere avoit vendue au roi Louis XI. Jean II mourut le 9 avril 1502, laissant de Philiberte de Luxembourg, comtesse de Charni, sa seconde femme, PHILIBERT, qui suit; & Claude de Châlons, mariée à Henri, comte de Nassau.

IV. PHILIBERT de Châlons, prince d'Orange & de Melphe, se déclara pour l'empereur Charles V contre le roi François I, qui confisqua ses biens pour crime de félonie, & donna l'an 1520 la principauté d'Orange à Anne de Montmorenci, veuve du maréchal de Châtillon. Philibert fut arrêté prisonnier en se retirant en Espagne l'an 1525 & mené à Lyon, d'où il ne sortit que par le traité de Madrid en 1526. Il fut tué l'an 1530 au siége de Florence, sans avoir été marié, & laissa ses biens à René de Nassau, son neveu, fils de sa sœur.

Ce dernier mourant sans enfans, osa disposer de la succession de la maison de Baux, dont il n'étoit que dépositaire, au préjudice de la substitution faite par Marie de Baux, & confirmée par Jean de Châlons son mari; & fit passer ses biens substitués dans une famille étrangere, en les transmettant à GUILLAUME de Nassau. Les descendans de Jean de Châlons, comte de Joigni, & d'Alix de Châlons, ne manquerent pas de s'opposer à cette usurpation, & obtinrent des arrêts qui ôterent aux princes de Nassau la succession de la maison de Baux; mais la figure que faisoit Guillaume de Nassau, cousin & héritier de René, à la tête de la nouvelle république de Hollande, obligea nos rois de dissimuler, & de faire céder les intérêts de quelques-uns de leurs sujets à des intérêts de politique, & au bien public du royaume. Nous ne pouvons donc nous dispenser de condamner la mauvaise foi de celui qui, dans l'édition de ce dictionnaire faite en Hollande en 1702, a cru pouvoir, en faveur de la maison de Nassau, fabriquer un nouvel article d'Orange, chargé d'impostures contre nos rois. Il est

aisé de justifier, selon lui, que grand nombre de biens, au sujet desquels il établit des droits chimériques, étoient acquis à Philibert de Châlons, qui les laissa à René de Nassau; mais il devoit prouver que le même René de Nassau avoit pu laisser ces biens à Guillaume de Nassau son neveu, qui ne touchoit aucunement, non pas même par femmes, ni à la maison de Baux, ni à celle de Châlons. C'est ce que cet auteur ne pouvoit entreprendre sans s'exposer à la risée du public. Cela posé, à quoi bon ces amas de vaines remarques dont il prétend nous éblouir, & qu'il seroit aisé de détruire, si ces sortes de discussions pouvoient entrer dans un ouvrage tel que celui-ci?

PRINCES D'ORANGE DE LA MAISON de NASSAU.

Comme les biens de la maison de Châlons n'ont pas laissé, quoiqu'usurpés, de passer aux descendans de Guillaume I, prince d'Orange, il faut remarquer que la maison de Nassau est divisée en deux principales branches. La seconde, dite de Nassau Dillembourg, qui a pour tige le comte OTHON, oncle d'Adolphe de Nassau, empereur, a formé cinq autres branches, dont la première est celle d'Orange, ainsi qu'on peut le voir au mot NASSAU. Jean, comte de Nassau, dit le Jeune, sorti de Nassau-Dillembourg, épousa Elizabeth de Hesse, & mourut l'an 1516. Il laissa deux fils, HENRI, qui suit; & GUILLAUME, dit le Vieil, pere de Guillaume de Nassau, prince d'Orange, dont nous parlerons dans la suite. HENRI, comte de Nassau, épousa Claude de Châlons, morte en 1521, & eut RENÉ de Nassau, qui commença la quatrième race des princes d'Orange. Philibert son oncle le fit son héritier, à condition de porter son nom & ses armes. René s'engagea dans le parti de l'empereur Charles-Quint, contre le roi François I. Ainsi, pour ce crime de félonie, & parcequ'il n'avoit point comparu au ban & arriereban de Provence publié par le roi, la principauté d'Orange fut réunie au domaine de Provence, par arrêt du parlement de ce pays, le 30 juin 1543. Ce René mourut sans enfans, d'une blessure reçue au siége de S. Dizier, le 15 juillet 1544, après avoir institué pour héritier par testament du 20 juin précédent, Guillaume de Nassau son cousin germain.

I. GUILLAUME de Nassau, IX de ce nom, prince d'Orange, né en 1533, de GUILLAUME, dit le Vieil, & de Julienne de Stolberg, fut reconnu par les états généraux des Provinces-Unies, comme le chef de leur république, qui lui doit sa gloire & son établissement. Il étoit grand capitaine & sage politique, prudent dans les conseils, sage dans les adversités, secret dans ses desseins, & très-habile à découvrir ceux des autres. Les Espagnols en firent une très-fâcheuse expérience; mais comme ils se croyoient tout permis, quand il s'agissoit de se défaire d'un tel ennemi, le prince d'Orange courut de grands hazards & y succomba à la fin. Il fut blessé le 18 mars 1582 dans sa maison en sortant de table, d'un coup de pistolet que lui tira Jaurégui, valet d'un certain banquier ruiné, qu'on soupçonoit avoir empoisoné dom Juan d'Autriche: les lettres espagnoles qu'on trouva dans la poche de cet assassin, firent connoître quel il étoit. Le prince guérit de cette blessure; mais un Franc-Comtois, nommé Balthazar Gérard, émissaire des Espagnols, l'assassina d'un autre coup de pistolet dans sa maison, le 10 juin 1584. Il avoit été marié quatre fois, 1°. à Anne d'Egmond, fille de Maximilien, comte de Buren, morte en 1559, dont il eut PHILIPPE-GUILLAUME, qui suit; & Marie femme de Philippe, comte de Hohenloë: 2°. à Anne, fille de Maurice, électeur de Saxe: il en eut MAURICE de Nassau, dont nous parlerons ci-après; Anne, femme de Guillaume-Louis, comte de Nassau; & Emi-

lie, morte à Genève en 1624, après avoir été mariée en 1597 à *Emanuel I*, prince de Portugal, *vice-roi des Indes*, & fils de dom *Antoine*, roi de Portugal : 3°. à *Charlotte de Bourbon*, fille de *Louis* de Bourbon II du nom, duc de Montpensier, & de *Jacqueline* de Longwic. Elle étoit abbesse de Jouare : mais ayant donné dans les opinions nouvelles, elle sortit une nuit du monastere, & se retira chez Frédéric II, comte Palatin du Rhin, l'an 1572. Deux ans aprè, elle se maria le 10 juin à la Brille, avec le prince d'Orange, & mourut à Anvers le 6 mai 1582, de la frayeur qu'elle eut de voir le même prince son mari blessé. Leurs enfans furent *Louise-Julienne* de Nassau, femme de *Frédéric* IV du nom, comte Palatin du Rhin & électeur de l'empire, morte le 15 mars 1644, dont la vie fut publiée par Frédéric Spanheim I du nom ; *Elizabeth*, seconde femme de *Henri* de la Tour, duc de Bouillon, prince de Sedan, maréchal de France, morte à Sedan, le 2 septembre 1642 ; *Catherine-Belgique*, mariée à *Philippe-Louis*, II du nom, comte de Hanaw ; *Charlotte-Brabantine*, femme de *Claude*, sire de la Trémoille, duc de Thouars ; *Charlotte-Flandrine*, abbesse de sainte Croix de Poitiers, morte le 10 avril 1640 ; & *Emilie*, femme de *Frédéric-Casimir*, comte Palatin du Rhin à Lensberg. Guillaume IX prit une quatrième alliance avec *Louise* de Coligni, fille de *Gaspard*, amiral de France, & de *Charlotte* de Laval, sa premiere femme, & veuve de *Charles*, seigneur de Téligni, dont il eut HENRI-FRÉDÉRIC de Nassau, prince d'Orange, *dont nous ferons mention après avoir parlé de ses freres* ; *Renée*, morte à la Rochelle sans alliance. Guillaume I *laissa un fils naturel appellé* JUSTIN de Nassau : *voyez* NASSAU.

II. PHILIPPE-GUILLAUME de Nassau, prince d'Orange, étoit entre les mains des Espagnols, lorsque son pere mourut, & n'en revint que long-temps après. Il épousa l'an 1606 *Eléonore* de Bourbon, fille de *Henri* de Bourbon II du nom, prince de Condé, & de sa seconde femme *Charlotte-Catherine* de la Trémoille. Cette princesse mourut au château de Muret le 20 janvier 1619. Le prince d'Orange étoit déja mort sans postérité, le 20 février 1618, & avoit toujours vécu dans la religion catholique, & dans les intérêts des Espagnols.

II. MAURICE de Nassau, fut prince d'Orange après la mort de son frere. Lorsque son pere fut tué en 1584, les états lui déférerent le gouvernement de Hollande, de Zélande, & d'Utrecht, avec l'amirauté, quoiqu'il eût à peine dix-huit ans. Il emporta toutes les villes que les Espagnols avoient dans la Hollande. L'an 1590 il surprit Bréda avec un bateau de tourbes, dans lequel il avoit fait cacher environ soixante soldats ; & fit si bien qu'il recouvra en peu de temps toute la Frise, Gröningue, l'Over-Issel, Nimegue, le pays de Gueldre : il soumit Hulst, le fort S. André, &c. en sorte qu'il y eut sept provinces qui se réunirent sous le gouvernement de ce prince. L'an 1600, il gagna, le 2 juillet, la fameuse bataille de Nieuport sur l'archiduc Albert : plus de 6000 Espagnols resterent sur la place. Aussi le prince d'Orange avoit-il renvoyé les vaisseaux qui l'avoient passé en Flandre, pour ôter à ses gens tout espoir de salut. *Il faut*, dit-il avant le combat, *passer sur le ventre des ennemis, ou boire l'eau de la mer*. Depuis il prit l'Ecluse, Grave & quelques autres places pendant le fameux siège d'Ostende en 1604. L'an 1609 les Espagnols & les états firent une tréve pour douze ans, qui fut proclamée à Anvers le 14 du mois d'avril. La guerre recommença en 1621. Le marquis Spinola, général des troupes d'Espagne, prit Bréda en 1625. Le prince Maurice, qui s'étoit flaté de surprendre en même temps le château d'Anvers, ressentit tant de chagrin de voir que l'entreprise avoit

manqué, qu'il en mourut peu après à la Haye, le 23 avril, âgé de 58 ans. Il n'avoit point été marié ; & laissa seulement quelques enfans naturels. *Voyez* NASSAU.

II. HENRI-FRÉDÉRIC de Nassau, son frere, lui succéda en la principauté d'Orange, & aux charges de la république, & soutint très-bien la grande réputation que son pere & son frere s'étoient acquise. Il prit Grol, puis Boisleduc l'an 1629, que le prince Maurice n'avoit pu soumettre. Dans la suite, il emporta Bergues, Venloo, Ruremonde, Maftricht ; puis Bréda l'an 1637. Cette année le cardinal de Richelieu lui fit donner le titre d'altesse, que tous les souverains de l'Europe lui donnerent depuis ce temps-là ; car jusques-là on n'avoit traité les princes d'Orange que d'excellence. Henri-Frédéric fit diverses autres conquêtes sans perdre beaucoup de monde ; & ménagea si bien ses troupes, qu'il fut nommé *le pere des soldats*. Ce prince mourut à la Haye, le 14 mars 1647, âgé de 63 ans. Il avoit épousé *Emilie* de Solms, fille de *Jean-Albert*, comte de Solms-Brunsfelds, morte l'an 1675. Il en eut GUILLAUME X, qui suit ; *Louise-Henriette*, mariée l'an 1646 à *Frédéric-Guillaume*, électeur de Brandebourg, & morte le 15 juin 1667 : son pere l'institua héritiere de sa maison, & ses descendans après la postérité de son fils ; *Albertine-Agnès*, alliée en 1548 à *Guillaume-Frédéric*, prince de Nassau-Dietz, son cousin, morte le 26 mai 1696 ; *Henriette-Catherine*, mariée 1°. à *Hennon-Louis*, comte d'Ostfrise : 2°. l'an 1659 à *Georges*, prince d'Anhalt-Deffaw, dont elle resta veuve en 1693, & mourut le 5 novembre 1708 ; *Marie*, épouse de *Louis-Henri* de Baviere, comte Palatin de Simmeren, morte le 20 mars 1688. Henri-Frédéric laissa aussi un fils naturel. *Voyez* NASSAU.

III. GUILLAUME de Nassau, X de ce nom, prince d'Orange, succéda aux charges de son pere, le 23 janvier 1648. Ce fut en cette même année que les états firent la paix à Munster avec les Espagnols. Le prince d'Orange voulut assiéger Amsterdam le 30 juillet 1650 pour s'en venger. Sur la fin du mois d'octobre, il revint des états de Gueldre, malade de la petite vérole, dont il mourut le 9 novembre de la même année, âgé de 24 ans. Il avoit épousé *Marie* d'Angleterre, fille de *Charles* I du nom, roi de la Grande-Bretagne, & de *Henriette-Marie* de France. Il laissa de ce mariage un fils posthume, GUILLAUME-HENRI, qui suit.

IV. GUILLAUME-HENRI de Nassau, prince d'Orange, succéda aux charges de son pere & de son aïeul, & s'est signalé par son courage dans toutes les guerres qui ont agité l'Europe de son temps, & mourut le 19 mars 1702, sans enfans de *Marie* Stuart, fille de *Jacques* II, roi d'Angleterre, morte à Londres le 7 janvier 1695. *Voyez* GUILLAUME III.

DROITS DE LA MAISON DE LONGUEVILLE sur la principauté d'Orange.

La principauté d'Orange, qui vient originairement des comtes de Provence, étant tombée dans la maison de Baux par le mariage d'une fille, se trouva appartenir à la fin du XIVᵉ siécle à *Marie* de Baux, seule héritiere de cette maison, qui avoit épousé *Jean* de Châlons. De leur mariage, il y eut, entr'autres enfans, trois mâles, *Louis*, *Jean* & *Huguenin* de Châlons ; & une fille, *Alix* de Châlons, mariée à *Guillaume* de Vienne. Le 22 mai 1416, *Marie* de Baux, princesse d'Orange, fit son testament, par lequel elle institua pour son héritier universel en tous ses biens, & nommément sa principauté d'Orange, *Louis* de Châlons son fils aîné, avec cette clause, qu'en cas de décès de Louis sans enfans mâles, ou de ses enfans mâles, sans enfans mâles, & ensuite toujours d'enfans mâles en enfans mâles ; *Jean*, son puîné lui demeureroit substitué, & à ses enfans mâles, & aux enfans mâles d'iceux, & toujours d'enfans mâles enfans mâles. Elle apposa pareilles clauses desubstitution audit *Jean*, en faveur d'*Huguenin*, son troisiéme fils, dans le même cas de défaut d'enfans mâles; & ensuite toujours d'enfans mâles en enfans mâles, comme dessus. Après ces institutions & substitutions, qui regardent les trois enfans mâles, leurs enfans, & leurs descendans mâles, suit cette autre disposition, qui concerne *Alix* de Châlons sa fille-aînée, & tous ses enfans & descendans; & qui est celle d'où dérive le droit de la maison d'Orléans de Longueville, parce qu'elle descend en droite ligne d'*Alix* de Châlons. Cette disposition est conçue en ces termes : *Et au cas que j'irois à trépasser sans laisser enfans mâles, ou mes enfans mâles, sans laisser enfans, & ensuite toujours d'enfans en enfans; je fais, nomme & ordonne mon héritiere, & ausdits enfans substitue mon héritiere en tous mesdits biens,* Alix de Châlons *ma fille seule & pour le tout, & ses enfans nés & procréés de son propre corps en loyal mariage, & ensuite toujours d'enfans en enfans.* Au mois d'octobre de l'année suivante 1417, Jean de Châlons fit aussi son testament, qui contient à peu près les mêmes institutions, substitutions, & dispositions, que celles ci-dessus faites par Marie de Baux sa femme. Dans la suite la descente de trois mâles a manqué; savoir, celle de *Louis*, aîné, pour les enfans & descendans mâles, par le décès de *Philippe* de Châlons, arrivé dès l'an 1530, mort sans enfans; & pour les enfans & descendans des filles, par le décès de *René* de Nassau, fils de *Claude* de Châlons, sœur de *Philibert*, qui avoit épousé *Henri* de Nassau; ledit René mort dès l'an 1544 sans enfans; celle de *Jean*, puîné, par le décès d'un fils & d'une fille sans enfans, arrivé dès l'an 1528, & celle d'*Huguenin* troisiéme mâle, parcequ'il est mort sans enfans. Ainsi au défaut de la ligne de ces trois mâles, qui s'est trouvée entierement éteinte, le droit a été dévolu à celle d'*Alix* de Châlons, qui étoit lors subsistante, & qui se termina à la maison d'Orléans Longueville, parceque du mariage d'*Alix* de Châlons avec *Guillaume* de Vienne, il y eut *Marguerite* de Vienne, mariée à *Rodolphe* de Hochberg, duquel mariage est né *Philippe* de Hochberg; & de ce *Philipp*, *Jeanne* de Hochberg, mariée à *Louis* d'Orléans, duquel sont issus en droite ligne tous ceux qui depuis ce temps ont porté le nom d'*Orléans Longueville*, jusqu'à Jean - Louis - Charles d'Orléans, dernier duc de Longueville. Dès le même temps, il y eut des poursuites par les ducs de Longueville, qui en vertu des dispositions contenues dans ces deux testamens de 1416 & 1417, portées & instruites au grand conseil, qui en avoit l'attribution, contre Guillaume, comte de Nassau, qui s'étoit emparé de la principauté d'Orange; & par arrêt du 20 novembre 1553, les substitutions portées par ce testament, furent déclarées avoir eu lieu au profit de feu *François* d'Orléans; & de *Léonor* d'Orléans, lors duc de Longueville, comme descendans d'*Alix* de Châlons; & en cette qualité appellés par lesdites dispositions *testamentaires*. En conséquence Guillaume, comte de Nassau, fut condamné de laisser la possession libre de la principauté d'Orange à *Léonor* d'Orléans. Or le prince de Conti étant héritier des derniers ducs de Longueville, suivant la disposition testamentaire du duc *Jean-Louis*, Louis XIV le mit en possession de la principauté d'Orange. Ce qui fut contesté par plusieurs princes & seigneurs, & particulierement par l'électeur de Brandebourg, roi de Prusse. Enfin par le X article du traité de paix signé à Utrecht entre la France & la Prusse le 11 avril 1713, le roi de Prusse renonça en faveur du roi de France à tous ses droits sur la principauté d'Orange, & sur les seigneuries & lieux de la succession de la maison

de Châlons & de Châtel-Belin situés en France & dans le comté de Bourgogne; & en faisant cette cession, il se chargea de satisfaire par un équivalent les héritiers du feu prince de Nassau-Frise, & se réserva la permission de retenir le titre & les armes de prince d'Orange; & de revêtir du nom de *principauté d'Orange* la partie de la Gueldre, qui lui fut cédée par ce traité de paix. Le roi de France donna cette principauté, par ses lettres patentes du mois de décembre 1714, à *Louis-Armand* de Bourbon, prince de Conti, pour la posséder, ainsi que Guillaume de Nassau, roi d'Angleterre, en jouissoit, sous la réserve de la souveraineté, de l'hommage & du ressort. Ce prince en jouit jusqu'à sa mort arrivée le 6 mai 1727. Après sa mort, Louis-François de Bourbon son fils mineur, lui ayant succédé dans la principauté d'Orange, sous la tutelle de madame la princesse de Conti sa mere, on envoya une commission à M. de Morangis, gouverneur pour le prince de la principauté d'Orange, en date du 4 juin 1727, pour obliger tous les magistrats, officiers & autres établis sous l'autorité du feu prince de Conti, de prêter serment au jeune prince, comme prince d'Orange, & *seigneur foncier, direct & universel* de la ville d'Orange, son terroir & district, moyennant quoi ils seroient maintenus dans leurs emplois. L'exécution de cette commission souffroit de très-grandes difficultés, dont on peut voir le détail dans l'histoire citée. L'arrêt de la fin de 1730, qui termina toutes les contestations nées à ce sujet, fut suivi d'un traité que sa majesté fit avec M. le prince de Conti, concernant la principauté d'Orange. Ce traité fut signé le 23 avril 1731, par les commissaires du roi d'une part, & de l'autre par madame la princesse de Conti, & par le sieur Boullard, tuteur onéraire de M. le prince de Conti alors mineur. En conséquence, M. l'intendant de Dauphiné eut ordre du roi d'aller à Orange, où il arriva le 21 septembre 1731, pour prendre possession au nom de sa majesté de la ville & de la principauté qui fut alors réunie à la province de Dauphiné, & qui depuis a cessé d'être un état particulier. Pour les princes d'Orange, *consultez* Paradin, Belle-forêt, de Marca, Besse, Joseph de la Pise, *tableau & histoire des princes & principauté d'Orange.* Du Chêne, *hist.* Nostradamus & Bouche, *histoire de Provence.* Catel, *histoire de Lang.* Chorier, *histoire de Dauphiné.* Du Pui, *droits du roi.* Sainte-Marthe, *hist. général. de France.* Auberi du Maurier, *mém. pour l'hist. de Holl.* Le Noble, *hist. de Holl.* Baillet, *sous le nom de La Neuville, hist. de Holl.* Le pere Bonaventure de Sistéron, *hist. nouvelle de la ville & principauté d'Orange.*

CONCILES D'ORANGE.

L'an 441 les évêques assemblés dans l'église dite *Justinienne*, célébrerent le I concile d'Orange, pour régler la discipline ecclésiastique de leurs diocèses : ce qu'ils firent en trente canons. S. Hilaire d'*Arles*, & S. Eucher de *Lyon*, s'y trouverent avec treize autres prélats. Le II concile d'Orange fut tenu en 529, sous le consulat de Décius *le Jeune*. S. Césaire d'*Arles* y présida. L'occasion de cette assemblée fut la dédicace de l'église qu'avoit fait bâtir Libérius, à qui Théodoric avoit donné la préfecture des Gaules. Le bruit que faisoient les livres de Fauste, évêque de Riés, & les accusations de ses partisans contre les disciples de S. Augustin, qui défendoient ses sentimens de la prédestination, de la grace, & du libre arbitre, donnerent sujet aux évêques de traiter cette question. Ils firent 25 canons, où toute la doctrine controversée est expliquée par les paroles mêmes de S. Augustin. Outre quatorze prélats, & le préfet Libérius, Siagre, Opilion, Pentagathe, Dieu-donné, Cariaton, Marcel, hommes qualifiés illustres, souscrivirent à ce concile. Le pape Boniface II l'approuva quelque

quelque temps après, par une épître qu'il écrivit à Céfaire d'*Arles*, qui lui en avoit demandé la confirmation. Bernard Gui, Guillaume de Pui-Laurens, & quelques autres, font mention d'un autre concile assemblé à Orange en 1228, contre les hérétiques Albigeois. On y régla les pénitences qu'on devoit ordonner à ceux qui étoient foupçonnés d'héréfie. *Confultez* les conciles de France du P. Sirmond, la derniere édition des conciles; Baronius, *in annal.* Godeau, *hist. ecclef.* Cabaffut, *notit. concil. &c.*

ORANGE. Il y a un fort de ce nom dans le nouveau Pays-Bas, dans l'Amérique feptentrionale, environ à 80 lieues au-deffus de la nouvelle Amfterdam; & un autre, dans le Bréfil, fur la côte de la capitaine de Tamaraca. * Mati, *dict.*

ORANGEBOURG, *cherchez* BOTZAW.

ORANTES (François) évêque d'Oviédo, Efpagnol, entra chez les religieux de S. François, & fut mené par l'évêque de Palenza, en qualité de théologien, au concile de Trente, où il prononça un favant difcours le jour de la fête de la Touffaints de l'an 1562. Depuis il fut confeffeur de dom Juan d'Autriche, gouverneur du Pays-Bas; & après la mort de ce prince, il fut nommé par Philippe II, l'an 1581, à l'évêché d'Oviédo, où il mourut le 12 octobre de l'an 1584. Il a fait divers ouvrages, & entr'autres : *Locorum catholicorum pro Romana fide adversùs Calvini inftitutiones*, lib. *VII.* * Eifeingrein, *in catalog. teft. verit.* Ægidius Gonçalez de Avila, *in theat. epifc. Hifp.* Nicolas Antonio, *biblioth Hifp. &c.*

ORATOIRE, congrégation de prêtres établie à Rome, & en quelques autres endroits d'Italie par S. Philippe de Neri. Ce faint homme, qui dès le temps qu'il étoit laïc, avoit tâché de porter un grand nombre de gens à la piété par l'établiffement de la confrairie de la Trinité, ayant reçu les ordres facrés en 1551, entreprit de tenir fa chambre des conférences, où il fe trouva bientôt un fi grand nombre de gens de tous états, qu'il fut obligé de demander aux adminiftrateurs de l'églife de S. Jérôme de la Charité un lieu ample & fpacieux, qu'il accommoda en forme d'oratoire. Les exercices fpirituels furent transférés l'an 1558 dans ce lieu, que S. Philippe ne quitta que l'an 1574, pour aller demeurer à faint Jean des Florentins, où il refta jufqu'à l'an 1583. L'églife de la Vallicella lui avoit néanmoins été donnée dès l'an 1575, du confentement du pape Grégoire XIII qui approuva fa congrégation. Tous fes difciples fe réunirent dans cette maifon, d'où le faint fondateur en détacha quelques-uns pour aller faire des établiffemens femblables à Naples, à San-Séverino, à Fermo, & à Palerme. On ne fait point de vœux dans cette congrégation, dont le général eft élu tous les trois ans, mais peut être continué autant de temps qu'on le juge à propos. Il n'y a de maifons de l'Oratoire unies à la maifon de Rome, que celles de Naples, de San-Séverino, & de Lanciano. Dans cette derniere on a établi un féminaire; les autres maifons, qui font en affez grand nombre en Italie, font féparées les unes des autres. Il eft forti de grands hommes de celle de Rome; les cardinaux Baronius, François - Marie Taruggi, Octave Palavicini, Nicolas Sfondrati, Léandre Colloredo, & plufieurs autres. * Jean Marciano, *memorie iftoriche della congreg. de l'Oratorio.* Galonius, *vita S. Philippi Nerii.* Bullarium Roman. tom. III.

ORATOIRE DE JESUS, autre congrégation de prêtres fondée en France par le cardinal Pierre de Bérulle, & différente de celle d'Italie. M. de Bérulle étant engagé par le cardinal de Gondi, évêque de Paris, de travailler à cet établiffement, fe retira à Paris le jour de S. Martin de l'an 1611, avec cinq compagnons, tous eccléfiaftiques. Il logea dans une maifon du fauxbourg S. Jacques, à laquelle on donnoit le

nom d'*hôtel de Valois*, en la place duquel on a bâti le monaftere du Val de Grace. En 1615 il fe fit venir à l'hôtel du Bouchage; & enfin on bâtit depuis l'églife que l'on voit à préfent dans la rue S. Honoré. Le pieux établiffement de M. de Bérulle fut applaudi par tous les gens de bien. Dieu bénit les vœes de cet illuftre fondateur, & des perfonnes puiffantes feconderent fes deffeins; enforte que le pape Paul V approuva en 1613 cette congrégation, qui s'eft depuis étendue dans la France & dans les Pays-Bas, avec une bénédiction particuliere du ciel. Les prêtres de l'Oratoire ont pour fin de leur établiffement d'honorer autant qu'il leur eft poffible, tous les myfteres de l'enfance, de la vie & de la mort de Jefus-Chrift & de fa fainte Mere. Ils s'occupent auffi à inftruire la jeuneffe dans leurs colléges, à élever les clercs pour l'églife dans les féminaires, & à enfeigner le peuple dans les prédications & dans les miffions. Le cardinal de Bérulle fut le premier fupérieur général de l'Oratoire, & a eu pour fucceffeurs le P. Charles de Gondren, le P. François Bourgoin, le P. Jean-François Sénault, le P. Louis-Abel de Sainte-Marthe, le P. François de la Tour, & le P. de la Valette qui en eft aujourd'hui général. Cette congrégation a produit, & produit encore tous les jours plufieurs grands hommes illuftres par leur piété, & par leur fcience, ou par leurs écrits. Elle occupe foixante & quinze maifons en France, dans lefquelles on comprend les colléges & les féminaires, où ils forment la jeuneffe dans la piété & dans la fcience de leur état. * *Confultez* les vies du cardinal de Bérulle & du P. de Gondren. Sponde, *A. C.* 1613, n. 2. Sainte-Marthe, *Gall. chrift. &c.*

ORBASSAN, petite ville des états du duc de Savoye. Elle eft dans le Piémont propre, entre celle de Turin & celle de Pignerol. * Mati, *dict.*

ORBAY, *Orbacum*, lieu au-deffus de Châteauthierri, où Flodoard, archevêque de Reims, bâtit un monaftere, avec la permiffion de Thierri, roi des François. * Valef. *notit Galliar.*

ORBE, *Urba* & *Urbigenus*, ville & bailliage de Suiffe, appartient aux cantons de Berne & de Fribourg.

ORBEC, *Orbecum*, petite ville de Normandie, avec titre de baronie, eft fituée fur l'Orbiquet dans le Lieuvin, à quatre lieues de Lizieux : elle appartient à un feigneur de la maifon de Chaumont. * Baudrand.

ORBELLIS (Nicolas de) de l'ordre de S. François, natif d'Angers, vivoit dans le XVᵉ fiécle. Il a compofé un abrégé de théologie felon la doctrine de Scot, imprimé à Haguenau, l'an 1503, & à Paris l'an 1511, 1517, 1520. On a encore de lui deux fermons fur les épîtres du carême, imprimés à Lyon, l'an 1491, & divers traités de philofophie. Le pere Nicolas de Orbellis eft mort en 1455, felon cette infcription qui fe voyoit dans le cloître des Cordeliers de la ville d'Angers : *Nicolaus de Orbellis, hujus conventûs alumnus, obiit anno* 1455. * Wadingue, *in biblioth. & annal. Franc.* Poffevin, *in apparat. facr.* Du Pin, *bibliothéque des auteurs eccléfiaftiques du XV fiécle.*

ORBILIUS, de Bénévent, ancien grammairien, après avoir porté les armes, enfeigna avec un merveilleux applaudiffement. Il compofa divers traités, & fe fit des ennemis par fon humeur fatirique & querelleufe. On dit que dans fa vieilleffe il oublia tout ce qu'il avoit fçu, & qu'il laiffa un fils de fon nom, auffi grammairien. * Suétone, *de clar. gramm. &c.*

ORBITELLE, *Orbitello*, place fituée dans l'état de Sienne, & dans la péninfule que forme le mont Argentaro, à l'endroit où il fe détache des dunes qui font auprès de Sienne, pour s'élever en une plaine de douze milles de tour, qu'occupe fon fommet.

Dans cette plaine il y a un lac, & au milieu de ce lac est Orbitelle, place forte par ses ouvrages & par sa situation, qui n'est jointe au continent que par une langue de terre, le seul endroit par où elle puisse être attaquée. Philippe II, roi d'Espagne céda l'état de Sienne à la maison de Médicis ; mais par le traité il se réserva Orbitelle, Porto-Hercole, Porto San-Stephano, & autres places maritimes, qui pouvoient brider la Toscane, & par le moyen desquelles il avoit toujours un pied en Italie. Ceux du pays appellent cette petite contrée *Stato delli Præsidii*, & d'autres *la Ménote de Toscane*. Les vice-rois de Naples étoient chargés de la garde & de la défense de ces places, où ils envoyoient des gouverneurs ou des commandans. Au reste Orbitelle soutint un siége contre les Turcs, sous l'empereur Charles-Quint, & contre les François l'an 1646.

ORBONNE, *Orbona*, déesse qui avoit soin des orphelins, & que les Romains adoroient aussi pour ne point devenir veufs, ou ne point perdre leurs enfans. Ce nom vient du mot latin *orbus*, qui signifie *celui qui a perdu son pere, sa mere, sa femme & ses enfans*. Son autel étoit dans la ville de Rome, proche du temple des dieux Lares. * Arnobe, *adversùs Gentes, l. 4.* Pline, *l. 1, c. 7.* Rosin, *antiq. roman. lib. 2.*

ORCADES, vulgairement *Orknei*, isles de l'Océan au septentrion de l'Ecosse, ont été érigées en duché depuis quelques années. Quelques géographes en mettent trente, les autres quarante. Il est assuré qu'il n'y en a que treize de peuplées. Les plus considérables sont, Mainlandt, qui est la capitale, dite en latin, *Pomonia* ; Hoi, *Hoya* ; South Ranals, *Ranalsa meridionalis* ; Siapins, *Siapinsa* ; Roons, *Rasa* ; Flort, *Flotta* ; Wester, *Westria* ; Heth, *Eda* ; Sand, *Sandina* ; Strehoms, *Stromza* ; & Nort Ranals, *Ranalsa Borealis*. Les autres sont peu importantes. Il n'y a que quelques petits villages, avec Kirk Wal, ville épiscopale dans Mainlandt. Au reste, ces isles ont été autrefois sous la domination du roi de Danemarck, & ont été depuis engagées au roi d'Ecosse ; ensuite dequoi on les a réunies à ce royaume. Elles ont cela de rare, que les serpens & les autres bêtes venimeuses n'y peuvent vivre : & que les hommes, quoique grands buveurs, ne s'y enivrent presque jamais, & vivent très-long-temps, sans aucun usage de la médecine. La mer qui baigne les côtes de ces isles, est remplie de quantité de poissons, & principalement de harengs, qui ne nagent que de compagnie, & par certains lits, lesquels ont quelquefois dix & douze lieues de long, & deux ou trois de large. Ces poissons se pressent si fort les uns contre les autres, que souvent on a de la peine à les retirer des seines ou filets avec lesquels on les pêche, sans rompre plusieurs mailles. La pêche s'en faisoit anciennement dans la mer Baltique, le long des côtes de *Livonie*, de *Poméranie*, & de *Gotlande*, où il s'en trouvoit une si prodigieuse quantité, qu'on les prenoit à la main ; & que leurs troupes empêchoient souvent les matelots de se servir des rames de leurs chaloupes. Après un certain temps, ils ont quitté la mer Baltique, & se sont étendus le long des côtes de *Norwége*, vers l'isle de Norstrand ; & dans ces derniers temps, ils sont venus se ranger au nord de l'Ecosse, proche des isles d'Orknei, où d'ordinaire on fait la premiere pêche dans les mois de juillet & d'août. Vers la fin de ce mois ils quittent cette terre ; & suivant le courant du nord, ils viennent aux mois de septembre vers le midi. Les pêcheurs qui ont accoutumé de les suivre, font d'ordinaire la seconde pêche à la hauteur de *Germu*, ville du comté d'Yorck en Angleterre. La troisiéme pêche, qu'on appelle des *petits harengs*, se fait entre *Calais* & *Dieppe*, depuis le mois de septembre jusque vers Noël, que le hareng double le cap *Lézard*, qui est l'extrémité occidentale de la terre de Cornouailles : & passe par la partie occidentale d'Angleterre, pour gagner le nord d'Ecosse. Les bonnes pêches se font d'ordinaire sur des fonds qui n'ont que 15 ou 20 brasses d'eau, & où la multitude des harengs rend la mer luisante & grasse. * Daviti, *du monde.* Fournier, *hydrographie.* Cambden, *descript. magnæ Britan.*

☞ ORCAMP, selon M. Baudrand, OUR-CAMP, selon M. Piganiol de la Force, *descript. de la France, tom. III, pag. 28,* abbaye de France au diocèse de Noyon. Elle fut fondée en la forêt d'Esgue le 10 décembre 1129, sur la gauche de la riviere d'Oise, à une lieue au-dessus de Noyon, à la place d'un ancien oratoire de S. Eloi. Elle est de l'ordre de Cîteaux, & de la filiation de Clairvaux. * La Martiniere, *dict. géogr.*

ORCAN, étoit autrefois une ville de l'isle de Rugen, que Valdemar, roi de Danemarck, ruina en 1168. Le lieu qui est sur la côte septentrionale de l'isle, en conserve encore le nom, quoiqu'un peu corrompu. * Mati, *dict.*

ORCHAN ou ORCHAM, roi des Assyriens, fils d'Achéménide, eut de sa femme Eurynome une fille nommée *Leucothoë*, qu'il fit enterrer toute vive, parcequ'elle avoit couché avec le soleil, si l'on en croit Ovide, qui marque qu'Orcham étoit le septiéme roi des Assyriens depuis Bélus. * Ovide, *métamorphos. liv. 4.*

ORCHAN, cadet des trois enfans d'OSMAN, fut son successeur par un coup de fortune assez extraordinaire, qui le rendit maître d'un empire que ses deux aînés disputoient. Il s'étoit caché dans le Mont-Olympe, de crainte que celui de ses deux freres qui monteroit sur le trône ne lui fît perdre la vie ; mais les voyant engagés dans une cruelle guerre, il forma secretement un troisiéme parti, assembla des troupes, fondit inopinément sur eux, les battit, & leur ravit l'empire & la vie. Ne se sentant pas assez fort pour appaiser les rebellions qui troubloient son pays, & pour se rendre absolu, il fit alliance avec le prince de Caramanie, épousa sa fille, le dépouilla ensuite de ses états, & lui ôta la vie aussi-bien qu'à son fils. Il battit près de Philocrine, bourg maritime voisin de Nicée, Paléologue, empereur Grec, & prit plusieurs villes de l'Asie mineure, contre lesquelles la puissance de son pere avoit échoué ; entr'autres, Nicée, en Bithynie ; Nicomédie, capitale de Bithynie, que les Turcs nomment *Ismid*, renommée par un grand lac, duquel il sort un fleuve qui se dégorge dans le Sangare ; & Philadelphie en Lydie, à laquelle les Ottomans donnent le nom d'*Alla-Schéer*, ville de Dieu, située au pied du Tmole, entre plusieurs collines, & fort sujette aux tremblemens de terre. Toutes ces conquêtes furent suivies de son passage en Europe ; de la conquête de la ville de Gallipoli par un tremblement de terre, lequel renversa ses murailles, & lui fit crier aux siens qu'il falloit demeurer en Europe, puisque le ciel leur en ouvroit la porte ; & de son mariage avec la fille de l'empereur Cantacuzéne, par un traité de paix. Son regne fut court & tragique ; il commença par un fratricide, s'établit sur la destruction de son beau-pere, & la mort de son beau-frere, qu'il tua de sa propre main, & finit violentment la vingt-deuxiéme année dans une bataille contre les Tartares, l'an 1349. Il laissa deux fils, Soliman & Amurat.

ORCHIES, petite ville des Pays-Bas François. Elle est dans la Flandre entre Lille, Tournai & Douai, environ à quatre lieues de chacune de ces villes. La plupart des géographes prennent Orchies pour *Origiacum*, ville de la grande Belgique. Quelques-uns pourtant mettent cette ancienne ville à Arras. * Mati, *dict.*

ORCHMONT, petite ville avec une seigneurie dans le duché de Luxembourg, près de la riviere de Sémoi, à quatre lieues de Sédan, vers le nord. * Mati, *dict.*

ORCHOMENE, *Orchomena*, ville de Béotie, avec un temple dédié aux Graces, est aujourd'hui un bourg de même nom appartenant aux Turcs. Il y avoit une autre ville de ce nom dans l'Arcadie; & un fleuve nommé aussi ORCHOMENE dans la Thessalie.* *Consultez* Strabon; Pline; Pausanias.

☞ ORCHON, riviere d'Asie, a sa source dans le pays des Moungales, vers le 44ᵉ dégré 40 minutes de latitude, & se jette dans la Sélinga, au 50ᵉ dégré de latitude. Les Tartares l'ont nommée *Kalassui.* C'est sur ses bords que le kan des Calcha-Moungales fait ordinairement son séjour. C'est aussi aux environs de cette même riviere que le Kutuchta, qui est le grand-prêtre des Moungales de l'ouest, a fixé sa demeure. La rhubarbe se trouve abondamment aux environs de cette riviere, & vers la Sélinga. Tout ce que la Russie en fournit aux étrangers, vient du territoire de Sélinginskoi, où elle croît en si grande abondance, que le trésor de la Sibérie en vend jusqu'à 25000 livres à la fois. * *Hist. généalog. des Tatars, pag.* 181, 182, 185.

ORDELAFFI (François) tyran de Forli, se rendit très-puissant dans le XIVᵉ siécle, & fut excommunié par le pape Innocent VI, vers l'an 1356. Gille Albornos, cardinal, légat apostolique, fit publier cette excommunication par Fortanier Vassel, patriarche de Grado. Ce coup étonna Ordelaffi, qui se soumit. On lui laissa vers l'an 1359 deux villes, qu'il tint en fief du saint siége. * Villani, *histoire, l.* 6. Briet, *in annal.* Sponde, &c.

ORDOGNO, I du nom, roi des Asturies & de Léon, succéda à son pere RAMIRE I, qui n'avoit regné que sept ans, & qui mourut en 850 ou 851. Ordogno fut aussi l'héritier de sa valeur: mais avec d'excellentes qualités il courut un zèle pour la justice que la prudence ne régloit pas toujours. C'est ce qui parut en particulier dans la maniere dont il traita Ataulphe, évêque de Compostelle. Ce prélat accusé de quelque crime, fut appellé à la cour pour être jugé. Il obéit tard; & quand il fut venu, il se présenta au palais la mître en tête, & revêtu de ses habits pontificaux. Sa lenteur à comparoître avoit prévenu le prince contre sa conduite, & la maniere dont il comparut l'irrita contre sa personne. Ordogno naturellement féroce, au lieu d'entendre sa justification, fit lâcher contre lui un taureau qui sembloit devoir le dévorer. Mais tous les historiens d'Espagne assurent que l'animal se tint aux pieds du prélat sans lui toucher, & que l'on regarda cet évenement comme une preuve de l'innocence de l'accusé, qui n'étoit pas en effet coupable du crime dont on l'avoit chargé. Le prince & toute sa cour en furent touchés, & Ordogno se prosternant devant Ataulphe, lui fit une réparation publique. Ce roi eut de bons & de mauvais succès dans la guerre qu'il fit ensuite aux Maures. Muza, Goth d'origine, & sujet de Mahomet, roi de Cordoue, fils d'Abdérame II, après avoir fait plusieurs ravages du côté de la Catalogne & du Languedoc, s'étoit jetté sur les terres du roi des Asturies, avoit pénétré jusqu'à Logrogno, & s'étoit emparé d'Alvéda. Ordogno marcha contre lui, lui donna bataille, & le défit. On croit qu'il mourut de ses blessures. Lopez, son fils, gouverneur de Toléde, devenu plus sage que son pere par cet exemple, recherche l'amitié d'Ordogno, & lui demanda du secours contre le roi de Cordoue, qui avoit pris les armes pour l'attaquer. Ordogno y consentit, & envoya dom Garcie son frere, avec de bonnes troupes, à Toléde pour le renforcer la garnison. Mahomet, roi de Cordoue, ne laissa

pas que de venir assiéger Toléde; mais désespérant de la forcer, il chercha à triompher de ses adversaires par artifice. Il les attira dans une embuscade où ils furent presque tous taillés en piéces. Dix mille Mahométans des leurs, & huit mille Chrétiens demeurerent sur le champ de bataille. Toléde fut contraint de se rendre: Lopez se soumit aussi, & le prince Espagnol se retira dans son pays. Ordogno, affoibli par cette perte, ne se trouva pas en état de s'opposer, comme son pere, à une seconde descente des Normans, qui ravagerent toutes ses côtes. Ce fléau étranger étant passé, l'Espagne vit renaître ses guerres domestiques. Ordogno commençoit à profiter de celles que les Maures se faisoient les uns aux autres, & avoit déja pris quelques villes, lorsqu'une maladie l'emporta dans la douzieme année de son régne, de l'ére chrétienne 862. Ce prince eut de Nuna, Alfonse III, surnommé *le Grand*, qui avoit à peine quatorze ans quand il monta sur le trône de Léon, & qui laissa GARCIE, ORDOGNO & FROILA, tous trois rois après la mort de leur pere.

ORDOGNO II, fils d'ALFONSE *le Grand*, roi de Léon & des Asturies, & petit-fils d'ORDOGNO I, fut confié par son pere dans son enfance à quelques seigneurs Sarazins, en qui Alfonse avoit reconnu de grands talens pour faire une bonne éducation, & qui s'étoient retirés à sa cour. Il est à croire que ce roi apporta les précautions nécessaires pour empêcher que ces maîtres infidéles ne donnassent atteinte à la religion du jeune prince; mais cela n'excuse ni l'imprudence d'une action si irréguliere, & si peu digne d'un roi chrétien. Le jeune Ordogno, devenu grand, entra dans le ressentiment de la reine sa mere contre Alfonse. On ne sait d'où venoit le mécontentement de la reine; mais ayant du crédit sur ses enfans, elle leur communiqua son chagrin, & ils intriguerent ensemble pour faire un parti, lorsque le roi mécontenta son peuple par de nouvelles impositions dont il le charge. La reine & les princes voulant profiter de cette conjoncture, il fut résolu entr'eux que dom Garcie, héritier présomptif de la couronne, léveroit l'étendard publiquement pendant que la reine demeureroit à la cour pour y favoriser la révolte. Alfonse ayant appris cette nouvelle à Zamora, marcha contre son fils, le surprit, s'assura de sa personne, & l'enferma. Les autres rebelles n'en furent que plus irrités; dom Ordogno se déclara; dom Nugno Fernandez, comte de Castille, & beau-pere de dom Garcie, arma pour son gendre: le peuple appuya son parti, & la guerre civile dura deux ans. Alfonse, contraint de céder à l'orage, consentit à un traité par lequel il laissa la couronne à Garcie, l'aîné de ses fils, qui passa de la prison sur le trône, & Alfonse mourut à Zamora où il s'étoit retiré, l'an 872. Garcie ne fut que peu de temps roi; il mourut après trois ans de régne, & laissa la couronne à ORDOGNO II du nom. C'est lui qui établit le prémier la demeure des rois d'Asturie à Léon, & qu'on croit avoir changé l'ancien titre d'Oviédo en celui de Léon. Ordogno eut presque toujours la guerre avec Abdérame III, surnommé *Almanzor*, roi de Cordoue, & il eut d'abord sur lui des avantages considérables. Il prit quelques villes, & gagna une bataille qui obligea le Sarasin à entrer en négociation. Mais Almanzor ne profita de la paix que pour prendre des mesures plus justes, pour attaquer de nouveau & avec plus de sûreté les Espagnols. Il entra en Galice par le Portugal, & y reprit, chemin faisant, Coïmbre & la plupart des villes qu'Alfonse *le Grand* y avoit conquises. Ordogno l'arrêta à Rondonia, où après une de ces batailles, dont chacun s'attribue le succès, on se retira de part & d'autre, & chacun demeura chez soi. Le roi de Cordoue se remit peu après en campagne avec de nouvelles forces, tourna du côté de la Navarre, &

pénétra bien avant dans la Cantabrie. Sanche I, surnommé *Abarca*, roi de Navarre, trop foible pour réfiſter ſans ſecours à Almanzor, en demanda à Ordogno, qui ayant beaucoup d'intérêt à ne pas le laiſſer opprimer, ſe joignit à lui en perſonne avec l'élite de ſes états. Ils trouverent le roi de Cordoue dans la vallée de Jonquéra, & la bataille y fut donnée l'an 914 : le ſuccès fut pour Almanzor, & il y eut un très-grand nombre de ſoldats & d'officiers des rois de Navarre & de Léon qui furent tués. Ordogno ne laiſſa pas que de faire peu après une nouvelle irruption ſur les Maures vers la Rioja qui lui réuſſit aſſez. Mais il ternit pour toujours ſa gloire, par une action de cruauté qui lui attira en même temps la haine publique. Animé du deſir de ſe venger des comtes de Caſtille qui l'avoient offenſé, on ne ſait dans quelle occaſion, il employa pour les perdre la plus horrible trahiſon. Il feignit d'avoir beſoin de leur conſeil, & leur donna un rendez-vous, où ils ſe trouverent : alors il les fit prendre, les envoya à Léon, où après quelques jours de priſon il leur fit trancher la tête. Le bruit de cette action cauſa de grands mouvemens. Ordogno arma pour les arrêter, mais il mourut à Zamora, lorſqu'il y faiſoit ſes préparatifs, l'an 924. Froïla, ſon frere, dit *le Lépreux*, *le Cruel*, & *le Lubrique*, uſurpa la couronne ſur Alfonſe IV, fils d'Ordogno : mais Alfonſe monta ſur le trône quatorze mois après, & le tint juſqu'en 931, que Ramire II, ſon frere, le confina dans un monaſtere.

ORDOGNO III, fils de RAMIRE II, roi de Léon & des Aſturies, épouſa pendant la vie de ſon pere *Urraca*, fille d'un comte de Caſtille, afin de cimenter l'union entre la Caſtille & le royaume de Léon. La mort de Ramire arrivée en 950, troubla cette paix. Ordogno III ſon fils, qui lui ſuccéda à la couronne de Léon, fut attaqué par ſon frere dom Sanche, lequel ayant ligué contre lui Garcie, roi de Navarre, leur oncle, & le comte de Caſtille, beau-pere du nouveau roi, l'obligea d'abandonner ſa capitale & de ſe retirer dans une fortereſſe. Ordogno s'y rendit inacceſſible, & laſſa ſes ennemis. Le Navarrois & le Caſtillan qui avoient beſoin de leurs forces ailleurs, étant retournés dans leur pays, Ordogno reprit aiſément une partie du ſien ; & auſſitôt voulant ſe venger de ſon beau-pere, il lui renvoya Urraque ſa fille, qu'il répudia pour épouſer Elvire dont il eut un fils nommé *Vérémond*. Le comte de Caſtille auroit bien voulu ſe venger de cet affront : mais le progrès que les armes de dom Sanche frere d'Ordogno, faiſoient dans les états de l'un & de l'autre, les obligerent à ne penſer qu'à repouſſer l'ennemi commun. Preſque toute la vie d'Ordogno ſe paſſa dans ces guerres ; il obligea cependant ſon frere dom Sanche à diſparoître ; & après avoir réduit la Galice, & déſolé les terres des Maures juſqu'aux environs de Lisbonne, il revint victorieux à Léon. La même année il ſe réconcilia avec le comte de Caſtille, & peu après il tomba malade à Zamora, & y mourut l'an 955. Il laiſſa ſon fils Vérémond en ſi bas âge, qu'il fut facile à dom Sanche de s'emparer encore une fois du royaume ; & il paroît qu'il fut reconnu roi d'abord ſans contradiction.

ORDOGNO IV, fils du roi ALFONSE IV, lequel fut ſurnommé *le Moine*, pour la raiſon rapportée dans les articles précédens, conteſta la couronne à dom Sanche, *dont on vient de parler*, & eut aſſez de partiſans pour obliger Sanche à ſe retirer en Navarre auprès du roi Garcie, ſon oncle. Afin de trouver un appui dans la Caſtille il demanda en mariage *Urraque*, fille du comte Gonzalve, que le feu roi de Léon Ordogno III avoit répudiée, & il l'obtint. Pendant ce temps-là Sanche implora le ſecours du roi de Cordoue Almanzor, & parut tout d'un coup ſur les frontieres de Léon avec une armée formidable de

Maures. Ordogno qui de ſon méchant naturel a été ſurnommé *le Mauvais*, voyant d'un côté fondre ſur lui une armée étrangere, & un roi guerrier ; & de l'autre ne pouvant ſe fier aux ſiens dont il s'étoit fait haïr, s'enfuit d'abord dans le fond de l'Aſturie, & de-là paſſa en Caſtille, perſuadé qu'il y trouveroit de l'appui dans le comte ſon beau-pere : mais celui-ci fut ſi indigné de la lâcheté de ſon gendre, qu'il lui ôta ſa femme, le chaſſa de ſes états, & le réduiſit à paſſer chez les Maures. Peu de temps après il mourut dans un village ſitué aux environs de Cordoue. Sanche plus tranquille ſur le trône de Léon, s'appliqua à remettre l'ordre dans ſes états, que la mauvaiſe adminiſtration d'Ordogno y avoit troublé, & à récompenſer les troupes du roi de Cordoue, qui l'avoient ſi bien & ſi utilement ſervi. * Vaſée. Turquet. Mariana, & les autres hiſtoriens d'Eſpagne. *Hiſtoire des révolutions d'Eſpagne*, par le P. d'Orléans, Jéſuite, revue & miſe au jour par le P. Brumoi.

ORDOLPH, fils d'Ordgare, comte de Devon : il étoit d'une taille & d'une force gigantesques. On dit qu'il mettoit en piéces avec les mains, les barres de fer des plus grandes portes, & qu'il enjamboit la petite riviere de Taveſtock en Angleterre, qui a dix pieds de large. On voyoit ſon tableau dans l'abbaye de Taveſtk. * Cambden, *Britan*.

ORDRE BLANC. On appelloit ainſi l'ordre des chanoines réguliers de S. Auguſtin, comme le rapporte Jacques de *Vitri* dans ſon hiſtoire occidentale.

ORDRE GRIS, c'eſt-à-dire, celui des religieux de Cîteaux, qui changerent leur habit noir en gris, ſelon le témoignage de Jacques de *Vitri*, que nous venons de citer.

ORDRE NOIR ou ORDRE DES MOINES NOIRS. On donnoit ce nom aux Bénédictins dans tout l'occident, comme le témoigne Matthieu Paris, & Haëfren, *in diſq.*

ORDRES MILITAIRES, ſont certaines compagnies de chevaliers, inſtituées par des rois ou des princes, tant pour la défenſe de la foi, qu'en d'autres occaſions, pour donner des marques d'honneur, & faire des diſtinctions entre leur nobleſſe. Nous parlons de ces ordres ſous le titre particulier de chacun d'eux, auquel nous renvoyons.

ORDUGNO, *cherchez* ORDOGNO.

ORDUNA, petite ville d'Eſpagne, dans la Biſcaye, environ à dix lieues de Bilbao, vers le midi occidental. * Mati, *dict.*

OREADES, nymphes des montagnes, ἀπὸ τῦ ὄρος terme qui ſignifie *montagne*. * Virg. *l.* 1 Æneïd. Ovide, *métamorphoſ. l.* 8.

OREB, prince des Madianites, que Gédéon prit & fit mourir avec Zeb. * *Juges*, chap. 7. Joſéphe, *l.* 5 *antiq. c.* 18.

OREB ou HOREB, *cherchez* SINAI.

OREBITES, hérétiques, qui s'éleverent dans la Bohême, vers l'an 1418 ou 1420, ſuivoient les erreurs des Huſſites. Parceque Jean Ziſca & ſes ſectateurs s'étoient cantonnés dans un lieu qu'ils nommerent *Thabor*, & avoient pris le nom de *Thaborites* ; ceux-ci conduits par Bédricus, appellerent le lieu de leur retraite, le mont d'*Oreb*, & ſe firent nommer *Orébites*. Ils en vouloient ſur-tout aux prêtres orthodoxes, qu'ils faiſoient mourir cruellement. * Eneas Sylvius, *hiſt. Bohem. c.* 43. Cochlæus, *l.* 5. Prateole, *de hær.* Sponde, *A. C.* 1420, *n.* 4.

OREGIUS (Auguſtin) cardinal & archevêque de Bénévent, Florentin, né de parens peu accommodés, fut envoyé à Rome pour y faire ſes études, & logé dans une petite penſion bourgeoiſe, où il trouva ce que le patriarche Joſeph avoit rencontré dans la maiſon de ſon maître Egyptien, & ne fut pas moins fidéle à ſon devoir. Le cardinal Bellarmin ayant appris que ce jeune écolier avoit eu la force de fuir de la maifon, & de paffer toute une nuit d'hiver dans la rue fans habits, fe le fit amener, fit publiquement fon éloge, le prit en affection, & le mit dans un collége de penfionaires, où étoient élevés les jeunes gens de la premiere qualité de Rome, & où fa vertu fur un titre pour le faire recevoir. Il apprit le grec à force de voir & d'entendre fon patron écrire & difputer en cette langue. Il donnoit tous les jours deux heures le matin à l'étude, même depuis qu'il fut cardinal & archevêque, & pendant fes repas il fe faifoit lire quelques endroits de l'hiftoire eccléfiaftique, des conciles, ou de S. Thomas. Il fut chargé par le cardinal Barberin, depuis pape fous le nom d'*Urbain VIII*, alors légat de Boulogne, d'examiner quel étoit le fentiment d'Ariftote fur la mortalité de l'ame, & fit fur ce fujet, *Ariftotelis vera de rationalis animæ immortalitate fententia*, qui fut imprimée à Rome en 1631, *in-*4°, & en 1632, *in-*16. La même année il fit imprimer fes traités de théologie fur les matieres de la premiere partie de S. Thomas, & fur le myftere de l'Incarnation, qu'il avoit compofés pour donner quelque teinture de théologie au cardinal Barberin, neveu, & qui furent mis au jour, pour être de même ufage aux jeunes prélats Romains. Le cardinal Bellarmin l'appelloit *fon théologien*, & le pape Urbain VIII le nommoit *fon Bellarmin*. Ce pape, auquel feul Orégius voulut s'attacher, & duquel il fut théologien, le nomma cardinal en 1634, & archevêque de Bénévent, où il mourut en 1635, âgé de 58 ans. Nicolas Orégius fon neveu, donna une édition complette de tous les ouvrages de fon oncle en 1637, en un tome *in-folio*, où l'on trouve d'abord une efpéce de métaphyfique, plus courte que celle de Suarez, enfuite les traités *de Deo*, *de Trinitate*, *de Angelis*, *de opere fex dierum*, où l'on a fondu l'examen de l'opinion d'Ariftote fur l'immortalité de l'ame, *De peccatis*, & tout le refte felon l'ordre que S. Thomas a fuivi dans fa Somme. Ces ouvrages ont été réimprimés à Rome en 1642. * *Voyez* Oldoin, *continuateur de* Ciaconius. Bayle, *dictionaire critique*, deuxiéme édition. *Journal de Trévoux*; juillet 1718.

ORELLANA (François d') eft, comme on le croit communément, le premier Européen qui a reconnu la riviere des Amazones. Il s'embarqua en 1539, affez près de Quito, fur la riviere de *Coca*, qui plus bas prend le nom de *Napo*; de celle-ci il tomba dans une autre plus grande, & fe laiffant aller fans autre guide que le courant, il arriva au cap de *Nord*, fur la côte de la Guiane, après une navigation de près de dix-huit cens lieues, fuivant fon eftime. Le même Orellana périt dix ans après, avec trois vaiffeaux qui lui avoient été confiés en Efpagne, fans avoir pu retrouver la vraie embouchure de fa riviere. La rencontre qu'il dit avoir faite, en la defcendant, de quelques femmes armées, dont un cacique Indien lui avoit dit de fe défier, la fit nommer *riviere des Amazones*. Quelques-uns lui ont donné le nom d'*Orellana*: mais avant François d'Orellana, elle s'appelloit déja *Marannon* (que l'on prononce *Maragnon*) du nom d'un autre capitaine Efpagnol. Les géographes qui ont fait de l'*Amazone* & du *Maragnon* deux rivieres différentes, trompés comme Laet, par l'autorité de Garcilaffe & d'Herréra, ignoroient fans doute, que non-feulement les plus anciens auteurs Efpagnols originaux appellent celle dont nous parlons *Maragnon* dès l'an 1513: mais qu'Orellana lui-même dit dans fa relation, qu'il rencontra les Amazones en defcendant le *Maragnon*; ce qui eft fans réplique: & en effet, ce nom lui a toujours été confervé fans interruption jufqu'aujourd'hui, depuis plus de deux fiécles chez les Efpagnols, dans tout fon cours, & dès fa fource dans le haut Pérou. Cependant les Portugais établis depuis 1616 au Para, ville épifcopa-

le, fituée vers l'embouchure la plus orientale de ce fleuve, ne le connoiffent-là que fous le nom de *riviere des Amazones*, & plus haut fous celui de *Solimoës*, & ils ont transféré le nom de *Maragnon*, ou de *Maranhaon* dans leur idiome, à une ville & à une province entiere ou capitainerie voifine de celle du *Para*. En 1560, Petro de Urfoa, envoyé par le viceroi du Pérou, pour chercher le fameux lac d'or de Patime, & la ville del Dorado, qu'on croyoit voifins des bords de l'Amazone, fe rendit dans ce fleuve par une riviere qui vient du côté du fud. La fin d'Urfoa fut encore plus tragique que celle d'Orellana: il périt par la main d'Aguirre, foldat rebelle, qui fe fit déclarer roi, & qui fut écartelé enfuite dans l'ifle de la Trinité. D'autres ont tâché depuis de nous faire connoître la riviere des Amazones. L'ouvrage le plus exact & le plus circonftancié que l'on ait fur ce fujet, eft la *Relation abrégée d'un voyage fait dans l'intérieur de l'Amérique méridionale, depuis la côte de la mer du Sud, jufqu'aux côtes du Bréfil & de la Guiane, en defcendant la riviere des Amazones, lue à l'affemblée publique de l'académie des fciences, le 28 avril 1745, par M. de la Condamine, de la même académie*. Cette relation a été imprimée la même année à Paris, *in-*8°, avec une carte du Maragnon, ou de la riviere des Amazones, levée par le même académicien.

ORENOKO ou OROONOKO, *cherchez* BEHN.

☞ ORENOQUE, grande riviere d'Amérique, dans la Terre-ferme. Elle fe forme de deux rivieres, dont la principale a fa fource au Popayan, dans des montagnes au midi de Santafé de Bogota, & après un cours affez long reçoit l'autre riviere, laquelle a fa fource entre Pamplona & Mérida dans la Caftille d'or. Ces deux branches réunies coulent dans un même lit jufqu'à S. Thomas & jufqu'à la mer, où l'Orénoque fe jette par feize embouchures au moins, dont neuf courent au nord, & fept au fud. Ses branches forment des ifles, parmi lefquelles il y en a de confidérables. De la branche la plus feptentrionale à la plus méridionale, il y a pour le moins cent lieues: ainfi l'embouchure de ce fleuve furpaffe en grandeur celle du fleuve des Amazones. Ces ifles ont des habitans nommés *Tinitivas*, qui font de deux fortes, favoir les Ciawaris & les Warawaris. De même les ifles font partagées en deux claffes, dont celles qui font à main droite en entrant, s'appellent *Horotomeka*; celles qui font à gauche font nommées *Palamos*. Les deux peuples compris fous le nom de *Tinitivas* ont chacun leur cacique, & fe font continuellement la guerre. Ils font bienfaits & vaillans: ils logent fur terre en été, mais en hiver ils vont demeurer fur les arbres, où ils pratiquent des logemens avec une adreffe admirable, afin d'être à l'abri des grandes inondations de l'Orénoque, qui depuis le mois de mai jufqu'en feptembre, monte vingt pieds au-deffus de leurs terres. Ils font leur pain avec la moelle du palmite, & du refte vivent de la pêche & de la chaffe. * *La Martiniere*, *dict. géogr*.

ORENS (Saint) évêque d'Aufch, *cherchez* ORIENS.

OREO, étoit anciennement une ville épifcopale, fuffragante d'Athènes; ce n'eft maintenant qu'un petit bourg fitué fur la côte de l'ifle de Négrepont, à feize lieues de la ville de ce nom, vers le nord. * Mati, *dict. géogr*.

ORESIESIS ou ORIESIUS, folitaire d'Egypte, *cherchez* ORSISE.

ORESME (Nicolas ou Nicole) l'un des plus célébres écrivains du XIVᵉ fiécle, étoit de Caën en Normandie. C'étoit au moins l'opinion de M. Hallei, qui eft le premier de l'on connoiffe qui ait fait cette remarque; & fa conjecture, dit M. Huet, ancien évêque d'Avranches, n'eft pas fans fondement. Plufieurs familles de ce nom fubfiftent encore à Caën, La famille d'Orefme poffédoit des biens dans la paroiffe de Clinchamps, & dans quelques paroiffes voifines. Dans l'acte de fondation du collège de Cloutier, il eſt parlé d'un *Jean* Orefme, de la paroiffe de Fresnay-le-Puceux; & dans un acte paffé devant les tabellions, ou notaires de Caën, l'an 1378, on trouve un *Thomas* Orefme de la paroiffe d'Amayé-sur-Orme. Vers le même temps on trouve un *Raoul* Orefme, bourgeois de Caën, demeurant dans la paroiffe de S. Jean, & propriétaire d'une maifon dans la rue Exmoifine. Cette famille fubfifte encore aujourd'hui dans la paroiffe de Clinchamps, & dans le fauxbourg de Vaucelle de Caën. Il eſt conſtant que Nicolas Orefme étoit Normand, & tant qu'il fut dans l'univerſité de Paris; il étoit de la nation Normande. Sa naiffance fait honneur à fon pays, par fon érudition qui fut fort au-deſſus de la portée de fon fiécle, & par les titres & les dignités que fon mérite lui acquit. Il fut docteur en théologie de la faculté de Paris, & en l'année 1355, il fut élu grand maître du collège de Navarre, où il avoit été élevé. M. de Launoi dit dans l'hiſtoire de ce collège, que ce fut lui qui y fit revivre en quelque forte les études, & qui lui rendit fa gloire presque éteinte. Il fut enſuite ſucceſſivement archidiacre de Bayeux, doyen de la métropole de Rouen, & tréforier de la Sainte-Chapelle de Paris. Le roi Jean le choiſit en 1360 pour être précepteur de fon fils Charles V, qui lui donna l'évêché de Liſieux en 1377. Dès l'an 1363 il avoit été envoyé vers le pape Urbain V & le facré collège à Avignon, & il fit en cette occaſion un difcours devant le pape & les cardinaux, dans lequel il parla avec beaucoup de lumieres & de liberté contre les déréglemens de la cour de Rome. Flaccius Illyricus a fait imprimer ce difcours dans fon catalogue des témoins de la vérité, ouvrage plein de partialité & de faux jugemens. Charles V lui fit beaucoup de bien, & lui accorda des fommes confidérables & des penſions, dont la mémoire fe conferve dans les régiſtres de la chambre des comptes. Ce prince prenoit même ſes affaires les avis d'Orefme; *Le conſeil & adminiſtration duquel*, comme nous l'atteſte du Tillet, *il oyoit & ſuivoit moult volontiers*. Il mourut en 1382, & fut enterré dans fon églife cathédrale. Il avoit gouverné l'églife de Liſieux pendant fept ans, & avoit ſuccédé dans cet évêché à Alfonſe Chevrier. Il avoit un ſavoir fort étendu: il étoit grand théologien, grand philoſophe, bon mathématicien, humaniſte habile, ce qui paroit par les ouvrages qu'il nous a laiſſés. MM. de Launoi, Du Pin, Huet & pluſieurs autres ſavans, diſent qu'il traduiſit la bible en françois par l'ordre de Charles V, & compoſa pluſieurs autres traductions d'auteurs profanes. M. Huet ajoute qu'il fit la traduction de la Bible, pour convaincre & pour prévenir les altérations qui fe trouvoient dans les traductions que les Vaudois, & les autres hérétiques de ce temps-là faiſoient des livres facrés pour favoriſer leurs erreurs. Mais il n'eſt point vrai qu'Orefme ait traduit la bible en françois. Celle que l'on trouve dans la bibliothéque du roi de France ne porte aucun nom, & on la croit plutôt de Raoul de Prefles, ſi célèbre fous le règne de Charles V. M. Simon, dans fon *Hiſtoire critique des verfions du nouveau Teſtament*, dit qu'il s'eſt pu faire que l'on ait attribué à Orefme fous Charles V, un ouvrage qui a été fait cent ans auparavant par Guyards des Moulins, chanoine d'Aire. Cet ouvrage achevé dès 1294, fut imprimé en 1487, par ordre du roi Charles VIII. A l'égard des autres traductions d'auteurs profanes que M. Du Pin ne nomme point, ce font quelques philoſophes, comme Ariſtote, dont il traduiſit les morales & les politiques par ordre du roi Charles V. Orefme étoit doyen de Rouen lorſqu'il fit ces verſions. On lui donne encore celle du livre du ciel & du monde, & du livre des

remédes de l'une & de l'autre fortune par Pétrarque, & un traité latin de la communication des idiomes. Nicole Gille parle auſſi d'un traité qu'il compofa en faveur de l'opinion de l'immaculée Conception de la ſainte Vierge. Orefme s'eſt principalement ſignalé contre les aſtrologues, par des écrits qui ont mérité l'éloge du grand Pic de la Mirandole. Son éloquence paroit dans les ſermons qui font reſtés de lui, ſurtout dans le difcours qu'il fit à Avignon, & *dont on a parlé*. On a dans les bibliothéques des Peres un autre difcours de lui contre le changement des monnoies, que Gefner attribue, ſans raifon, à Guillaume Orefme, frere ou neveu de Nicolas. Il y a pluſieurs autres ouvrages manuſcrits de Nicolas Orefme dans les bibliothéques, qui mériteroient d'être publiés. Un bénéficier du diocéſe de Liſieux avoit eu deſſein de donner celui touchant l'Ante-Chriſt, ſur un ancien manuſcrit de la bibliothéque de S. Victor de Paris, où il eſt dit que cet ouvrage eſt de S. Bonaventure, ſelon quelques-uns, & de Nicolas Orefme, ſelon d'autres.

☞ Mais il paroit difficile qu'Orefme en foit l'auteur: il y a même des preuves que celui qui l'a compoſé vivoit un fiécle avant Orefme. Nous nous contenterons de rapporter celle-ci. Dans le chapitre XIV de cet ouvrage, l'auteur parlant de la promeſſe faite par Jefus-Chriſt à ſes apôtres le jour de fon Aſcenſion, dit qu'il y avoit environ 1230 ou 1240 ans que cette promeſſe avoit été faite; or, l'Aſcenſion de Jefus-Criſt arriva vers l'an 33 de l'ére chrétienne; d'où il réfulte que cet auteur devoit écrire entre les années 1260 & 1270, temps auquel Orefme n'étoit pas né. *M. Goujet, mém. mſſ.*

Quoi qu'il en foit le bénéficier du diocéſe de Liſieux, *dont on vient de parler*, communiqua cet écrit aux PP. dom Edouard Martène & dom Urſin Durand, Bénédictins de la congrégation de S. Maur, qui l'ont publié dans le neuviéme & dernier tome de leur *Collectio ampliſſima veterum ſcriptorum & monumentorum*; &c. à Paris, en 1733, *in folio*. Cet ouvrage eſt intitulé: *Liber magiſtri Nicolai Orefme, epiſcopi, de Anti-Chriſto & ejus miniſtris, ac de ejuſdem adventu, ſignis propinquis ſimul remotis, ex diverſis facrarum ſcripturarum teſtimoniis elegantiſſimè compilatus: quatuor continens particulas.* Cet ouvrage eſt plein de réflexions ſenſées, ſolides & judicieuſes: il mérite beaucoup d'être lu, & fait beaucoup d'honneur aux lumieres & à la piété de fon auteur. *Du Tillet, dans ſa Chron.* Papire Maſſon dans ſes *Annales de France*. Du Pleix & Mézeraï, dans leur *Hiſtoire de France*. La Croix du Maine, dans ſa *Bibliothéque Françoiſe*. MM. de Sainte-Marthe, dans le *Gallia chriſtiana*, article des évêques de Liſieux. M. de Launoi, dans fon hiſtoire latine du collège de Navarre. M. Du Pin, dans ſa *Bibliothéque des auteurs eccléſiaſtiques du quatorziéme ſiécle*. Richard Simon, dans ſa *Critique de la bibliothéque de M. Du Pin*, tome premier, & dans fon *Hiſtoire des verſions du nouveau Teſtament*, chapitre XXVIII. L'avertiſſement des PP. DD. Martène & Durand, au-devant du livre de Nicolas Orefme, *de Anti-Chriſto*, &c. M. Huet, *Origines de Caën*, ſeconde édition, *pag.* 331 & 332.

ORESTE, *Oreſtes*, roi de Mycène, étoit fils d'Agamemnon & de *Clytemneſtre*, laquelle d'intelligence avec Egiſte fon adultere, avoit fait tuer fon mari. Oreſte vengea cette mort par le conſeil de ſa ſœur, Electre, & n'épargna pas ſa propre mere. Il tua Pyrrhus, fils d'Achille, & raviſſeur d'Hermione, qui lui étoit promiſe, & fut uni d'une étroite amitié avec Pylade. On dit qu'il devint furieux après avoir tué ſa mere; & que pour expier ce crime, il fut obligé d'aller au temple de Diane dans la Cherfonèſe Taurique, appellée maintenant *la petite Tartarie*. Son ami Pylade l'y conduiſit, & le roi Thoas réſolut de le ſacrifier à Diane, à qui l'on immoloit des hommes. Alors, dit Cicéron, Pylade affura qu'il étoit Orefte, voulant être facrifié pour lui; & Orefte foutint qu'il étoit véritablement Orefte, pour n'être pas caufe de la mort de fon ami. Pendant cette généreufe conteftation, Iphigénie, qui préfidoit aux facrifices de Diane, reconnut fon frere, & le délivra de ce danger. Quelques jours après, Orefte accompagné de Pylade, ayant tué le roi Thoas, emporta fes richeffes, & emmena avec lui fa fœur Iphigénie en Arcadie. On dit qu'il fut mordu d'une vipère, & qu'il mourut dans un lieu qu'on appella depuis Orefteon, vers l'an 2893 du monde, & 1144 avant J. C. laiffant trois fils, Tifamène, Penthiles & Cométes, qui lui fuccéderent. * Cicero, de Amicitia. Velleïus Paterculus, l. 1. Paufanias, in Meffen. Euripide, in Oreft. Sophocle, in Elect. Eufebe, in chron. &c.

ORESTE, patrice & maître de la milice, fous l'empereur Népos, voulut ufurper le trône, & étant venu à Ravenne, il y fit faluer empereur fon fils Augufte Romulus, que quelques-uns fe font avifé d'appeller Auguftule, & d'autres Momyle, quoiqu'il n'ait jamais porté ces noms. Le 31 octobre de l'an 475, Népos fufcita contre lui Odoacre, roi des Hérules, qui étant paffé en Italie, prit Rome le 23 août 476, & cinq ou fix jours après fit mourir Orefte à Plaifance, défit fon frere Paul, & relégua Augufte Romulus dans un château près de Naples. * Caffiodore, in chron. Jornandès. Paul Diacre. Procope, &c.

ORESTE, patriarche de Jérufalem, vers l'an 1006. * Voyez la table des patriarches de Jérufalem, fous le nom de cette ville.

ORFA, ville du Diarbek, autrefois la Méfopotamie, fituée vers l'Euphrate, dans une campagne très-fertile. Les murailles de la ville font de taille, avec leurs créneaux & leurs tours : ce qui a fait croire à quelques-uns que c'étoit un ouvrage des François. C'eft une des villes où fe font les bons maroquins; & ce font les eaux, qui font particulieres à chaque pays, qui leur donnent ce beau luftre. Le noir fe fait à Orfa, le jaune à Moful, le bleu à Tocat, & le rouge à Diarbékir. Il y a un bacha qui commande cent cinquante janiffaires & fix cens fpahis; car on y a plus befoin de cavalerie que d'infanterie, parceque les Arabes font fouvent des courfes dans la plaine, particulierement lorfque l'on coupe les bleds. Ceux du pays difent qu'Abraham a demeuré au lieu où cette ville eft bâtie; on l'appelloit autrefois Edeffe; & que le roi Abgar y faifoit fa réfidence ordinaire dans le château, dont on voit encore des reftes, où il y a des peintures à la mofaïque. Au fond de la principale mofquée, qui a été bâtie à l'honneur d'Abraham, il y a une fource, laquelle forme un grand vivier, que les Turcs ont revêtu de pierres de taille, & qui eft plein de poiffons, qui fuivent le monde qui fe promene le long du bord, & qui leur jette du pain; mais on n'oferoit y toucher, parceque les Turcs ont de la vénération pour ce poiffon, qu'ils appellent poiffon d'Abraham; & même ils couvrent de beaux tapis la place qui eft autour du vivier, jufqu'à plus de vingt pas en largeur. Sur la plus haute éminence de la ville, on voit une églife poffédée par des Arméniens, fous le portail de laquelle on dit que S. Alexis paffa dix-fept ans, pour y mener une vie cachée. La principale églife des Arméniens eft à un quart de lieue de la ville, & fut bâtie par S. Ephrem, qui eft enterré dans une grotte. * Tavernier, voyage de Perfe.

ORFANEL (Hyacinthe) né le 8 novembre de l'an 1578, dans le royaume de Valence, de parens honnêtes, entra jeune dans l'ordre de S. Dominique, & dès l'an 1605 fut envoyé aux Philippines, d'où il paffa au Japon pour y prêcher la foi. On dit qu'il s'y attacha principalement à l'inftruction des pauvres & des gens de la campagne. Son zèle fut récompenfé

par la converfion d'un grand nombre de païens; mais il eut beaucoup à fouffrir, & ayant enfin été arrêté, il fut condamné à être brulé vif à petit feu l'an 1622. L'année précédente, étant en prifon, il mit la derniere main à une hiftoire de la prédication de l'évangile dans le Japon, depuis l'an 1602. Le P. Diégo Collado l'a fait imprimer à Madrid en 1633. Elle eft écrite en efpagnol, & d'autant plus fûre qu'Orfanel eut foin de la faire lire à fes confreres dans la prifon, & corrigea fur leurs avis ce qui n'y étoit pas affez exact. * Echard, fcript. ord. FF. Præd. tom. II.

ORFORD, bon bourg ou petite ville d'Angleterre dans la partie orientale du comté de Suffolk, & dans la contrée nommée Plumfgate. Elle eft fituée entre deux rivieres, à deux milles de la mer. Elle eft appellée Orford, de la riviere d'Ore, qui l'arrofe du côté d'orient. Du temps de Henri II, on prit près de cette ville, un poiffon qui reffembloit à un homme : on l'entretint l'efpace de fix mois dans le château; il mangeoit de tous les alimens qu'on lui donnoit : mais il aimoit principalement le poiffon. Enfuite il s'échapa & fe jetta dans la mer. Orford a donné fur la fin du dernier fiécle le titre de comte à Edouard Ruffel, chevalier, & amiral de la flote du roi d'Angleterre Guillaume III. * Cambden, Britan. Mém. du temps.

ORGAGNA (André) peintre célèbre de Florence, vivoit dans le XIVe fiécle, & travailla dans la ville de Pife à de grandes compofitions d'hiftoire. Entr'autres, il peignit près de la grande églife, le jugement univerfel, d'une maniere extraordinaire & finguliere; car d'un côté il repréfenta tous les grands de la terre, comme envelopés au milieu des plaifirs & des délices du fiécle; d'un autre côté, il peignit une folitude, où S. Macaire fit voir à trois rois qui alloient à la chaffe avec leurs maîtreffes, l'état miférable de la vie humaine, en leur montrant les corps des morts de trois autres princes : ce qu'il exprima d'une maniere fi naïve, qu'on voyoit l'étonnement fur le vifage de ces trois rois. Il y en avoit même un qui fe bouchoit le nez, pour ne pas fentir la puanteur de ces corps à demi pouris. Au milieu de ce tableau, Organga peignit la mort avec fa faulx, qui venoit d'ôter la vie à un très-grand nombre de perfonnes. Dans le haut, il repréfenta Jefus-Chrift affis fur des nues au milieu des douze apôtres. Ce peintre fe plaifoit à ces fortes d'ouvrages, & gratifioit fes amis en les peignant dans le paradis, comme il fe vengeoit de ceux qu'il n'aimoit pas en les mettant dans l'enfer. Il favoit bien l'architecture, & avoit quelque teinture de la poëfie. Il mourut l'an 1398, âgé de 60 ans. * Vafari, vie de Pict. Félibien, entretiens des Peintres.

ORGAZ, anciennement Rigufa, bourg avec un château, eft dans la Caftille nouvelle en Efpagne, à cinq ou fix lieues de Toléde, vers le midi. * Mati, diction.

ORGEMONT (Lancelot d') premier préfident du parlement en Languedoc, tenu l'an 1273 (avant que le parlement eût été rendu fédentaire) fit fon teftament l'an 1285, où il eft qualifié grand & premier maître du parlement de Langue d'Oc, & dans lequel il fait mention d'Alife d'Eftouteville fa femme, & d'Anfel leur fils. Ce magiftrat fut enterré dans l'églife de l'abbaye de Soréze, fituée dans l'ancien diocèfe de Touloufe, où fon tombeau & fon épitaphe furent ruinés avec l'églife par les Calviniftes, du temps des premiers troubles de la religion. L'extrait du nécrologe, ou regiftre mortuaire de cette abbaye le qualifie, Dominus Lancelotus de Origiomonte, primus & fupremus magifter in parlamento patriæ Occitaniæ. Il eft appellé Senior religiofiffimus. La Faille dans fes annales de Touloufe, en parlant de ce Lancelot d'Orgemont, conjecture fur la conformité du nom, qu'il étoit de même famille que Pierre d'Orgemont qui

ORG

fut chancelier de France en 1373; à quoi il n'y a nulle apparence, & les ancêtres qu'il donne à ce chancelier, sur la foi de quelques auteurs peu exacts, sont absolument imaginaires. Le chancelier d'Orgemont, comme on le verra dans l'article suivant, étoit fils d'un bourgeois de Lagni sur Marne.

ORGEMONT (Pierre d') seigneur de Méri sur Oise, de Chantilli, &c. premier président au parlement de Paris, & chancelier de France, étoit fils d'un autre PIERRE d'Orgemont, bourgeois de Lagni sur Marne, dont il est fait mention dans le testament du roi Louis *Hutin*, l'an 1316. Il fut conseiller au parlement de Paris, sous le roi Philippe *de Valois*; puis maître des requêtes de l'hôtel, second président au même parlement, chancelier de Dauphiné; & fut enfin nommé premier président par Charles V, & reçu en cette charge le 11 novembre 1373, & 8 jours après, savoir, le 10 du même mois, il fut élu chancelier de France. Il remplit ces charges avec une très-grande réputation jusqu'au mois d'octobre 1380, que son grand âge l'obligea de remettre les sceaux au roi. Depuis il vécut en personne privée, tantôt en sa maison de Méri sur Oise, & quelquefois en celle de Chantilli, qu'il avoit acquise de Gui de Laval, seigneur d'Attichi. Il mourut le 3 juin 1389 à Paris, où il fut enterré dans l'église de la Coûture sainte Catherine. Les actes anciens de la chambre des comptes de Paris remarquent que Pierre d'Orgemont fut élu chancelier de France par voie de scrutin, en présence du roi Charles V, qui tenoit son conseil au Louvre, tant des princes & barons, que des seigneurs du parlement, des comtes & autres, au nombre de cent trente; & que le roi le fit chevalier le jour de Noël suivant. Il avoit épousé *Marguerite* de Voisines, & en eut *Pierre* d'Orgemont, évêque de Térouanne, puis de Paris, mort le 16 juillet 1409; AMAURI d'Orgemont, qui suit; GUILLAUME, *dont nous ferons mention après avoir parlé de la postérité de son frere aîné*; & *Nicolas* d'Orgemont, dit *le Boiteux*, chanoine de Notre-Dame de Paris, archidiacre d'Amiens, doyen de S. Martin de Tours, conseiller au parlement, puis maître des comptes, l'un des plus riches clercs de France, qui ayant été convaincu du crime de lèze-majesté, fut par arrêt du parlement du dernier avril 1415, privé de ses offices, condamné en quatre-vingt mille écus d'amende envers le roi, traîné dans un tombereau aux halles, pour assister à l'exécution de deux personnes qui eurent la tête tranchée, & rendu au chapitre de Paris, qui le priva aussi de ses bénéfices, & le condamna à une prison perpétuelle, où il mourut à Méung sur Loire le 16 juillet 1416.

III. AMAURI d'Orgemont, seigneur de Montjai & de Chantilli, maître des requêtes, l'an 1380, fut employé dans les affaires du conseil, & mourut l'an 1400. Il avoit pris alliance avec *Marie* de Paillart, fille de *Philibert*, président au parlement, & de *Jeanne* de Dormans, dont il eut PIERRE II, qui suit; *Marie*, femme de *Jean* de Châtillon, seigneur de Bonœil; & *Marguerite*, alliée à *Charles* de Pontmolin, seigneur de Thueil.

IV. PIERRE d'Orgemont, II du nom, seigneur de Chantilli, Montjai, Chaverci, échanson du roi Charles VI, & de Philippe *le Hardi*, duc de Bourgogne, puis chambellan du roi, & maître des requêtes, fut tué en 1415 à la fameuse bataille d'Azincourt, selon son épitaphe, qu'on lit à Paris dans l'église de sainte Catherine de la Coûture. Il avoit épousé en 1404 *Jacqueline* Peynel, fille de *Guillaume*, seigneur de Hambye & de Briquebec, & de *Jeanne* Peynel de Moyon, d'où vinrent *Pierre* d'Orgemont III du nom, seigneur de Chantilli, Montjai, &c. conseiller & chambellan du roi, mort fort âgé le 10 mai 1492, sans enfans de *Marie*, fille de *Matthieu*, sire de Roye, & de Mar-

guerite de Ghistelles; & *Marguerite* d'Orgemont, mariée 1°. à Guillaume de Broullard, seigneur de Badouville; 2°. à *Jean* II du nom, seigneur de Montmorenci. Elle porta la terre de Chantilli dans cette maison, d'où elle est passée dans celle de Bourbon-Condé.

III. GUILLAUME d'Orgemont, seigneur de Méri, troisième fils de PIERRE, chancelier, fut maître enquêteur des eaux & forêts des comtés de Blois & de Beaumont, pour le duc d'Orléans, pannetier du duc de Bourgogne en 1386, capitaine & garde du château de Crèvecœur l'an 1418, & mourut l'an 1421. Il épousa l'an 1386, *Marguerite* de Sainte-Manre, fille de *Pierre*, seigneur de Montgaugier, & de *Marguerite* d'Amboise, dont il eut PHILIPPE, qui suit; & *Pierre* d'Orgemont, chanoine de Notre-Dame de Paris, & maître des requêtes.

IV. PHILIPPE d'Orgemont, seigneur de Méri, Ferrieres, Condran, &c. conseiller & échanson du roi, suivit toujours le parti du roi Charles VII, pour lequel il abandonna tous les biens qu'il avoit à Paris, pendant les divisions de l'année 1418, assista au sacre de ce prince l'an 1429, & mourut peu après. Il épousa *Marie* Boucher, fille d'*Arnoul*, seigneur de Piscop, maître des comptes, & de *Jeanne* Gentien. Elle vivoit encore l'an 1453, & eut pour enfans CHARLES, qui suit; *Alleaume*, mort sans alliance; *Jean*, seigneur du Plessis, vivant l'an 1499, mort sans enfans de *Jeanne* de S. Méri, son épouse; *Jeanne*, mariée 1°. l'an 1434 à *Henri* Roussel, seigneur de Chailliau, & des Dormans en partie: 2°. à *Géraud* du Drac, seigneur de Cloye; *Isabelle*, alliée à *Simon* Charles, seigneur du Plessis-Picquet, président en la chambre des comptes, vivante en 1469; & *Marguerite* d'Orgemont, qui épousa *Jean* de Billi & d'*Yvor*, & de Mauregard.

V. CHARLES d'Orgemont, seigneur de Méri, Faillouel, Ferrieres, Condran, Champ sur Marne, &c. maître des comptes & trésorier de France, mourut le 9 septembre 1511, ayant eu de *Jeanne* Dauvet sa femme, fille de *Jean*, premier président du parlement de Paris, & de *Jeanne* Boudrac, dame de Clagni, PIERRE, qui suit; *Guillaume*, doyen d'Angers; & *Louise* d'Orgemont, mariée le 14 février 1483 à *Roland* de Montmorenci, baron de Fosseuse.

VI. PIERRE d'Orgemont, seigneur de Cerbonne & de Champ sur Marne, conseiller & chambellan du roi Charles VIII, mourut avant son pere le 3 juin 1500, au retour du voyage d'Italie, où il avoit accompagné ce roi. Il épousa par contrat du 20 décembre 1490 *Susanne* de Dampierre, fils unique de *Miles* de Dampierre, seigneur de Planci, d'Anci-le-Franc, &c. & de *Charlotte* d'Aunoi. Peu de mois après la mort de son mari, elle prit une seconde alliance avec *Louis* de Lubieres, seigneur du Breuil: & une troisième avec *Jean* de Toulongeon, seigneur de Traves, & mourut l'an 1510, ayant eu pour fils unique de son premier mariage, MÉRI, qui suit.

VII. MÉRI d'Orgemont, seigneur de Méri, Faillouel, Ferrieres, Condran, &c. fut employé aux affaires du roi, fut prisonnier des ennemis, & mourut à la défaite de la ville de Boulogne le 7 janvier 1551. Il épousa *Marie* d'O, fille de *Charles*, seigneur d'O & de Maillebois, sénéchal héréditaire du comté d'Eu, & de *Louise* Gentil, dont il eut *Charles*; *Louis*; *Nicolas*; *René*, morts jeunes; CLAUDE, qui suit; & *Louise* d'Orgemont, mariée le 14 avril 1550 à *Louis* de Broullard, seigneur de Montjai & du Lissur-Ourcq.

VIII. CLAUDE d'Orgemont, seigneur de Méri, &c. chevalier de l'ordre du roi, & son échanson ordinaire, épousa l'an 1553 *Magdelène* d'Avaugour, fille de *Jacques*, seigneur de Courtalin, & de *Marguerite*

guerite de la Baume, comtesse de Châteauvillain en partie, dont il eut _François_, seigneur de Méri, né le 2 août 1555, mort sans alliance au siége de Chorges en Provence, l'an 1587; _Marie_, alliée à _Anne_ de Vienne & de Beaufremont, marquis de Liftenois, morte sans poftérité; & _Guillemette_ d'Orgemont qui devint héritiere de fa maifon, & mourut en 1639, fans enfans de _François_ des Urfins, marquis de Traynel, chevalier des ordres du roi, ayant été la derniere du nom & des armes de la maifon d'Orgemont. * Jean Juvenal des Urfins, _hift. de Charles VI._ Le Féron & Godefroi, _hift. des officiers de la couronne._ Blanchard, _hift. des premiers préfidens de Paris, & des maîtres des requêtes._ Le P. Anfelme.

ORGETORIX, homme fort riche, & de grande confidération, dans les pays Helvétiques du temps de Jules Céfar. Il avoit confpiré avec les nobles du pays, pour fe faire roi des Gaules; mais cette confpiration ayant été découverte, il fe fit mourir lui-même. * Céfar, _comment. l. 1._

ORGEVILLE (Louis de Morainvilliers d') _cherchez_ MORAINVILLIERS.

ORGIES, _Orgia_, nom que les Grecs donnoient, felon le rapport de Servius, à toutes fortes de facrifices, ainfi appellés du verbe ὀργιάζειν, c'eft-à-dire, _confacrer_; mais depuis, ce mot a été particulierement reftreint aux facrifices de Bacchus, du mot grec ὀργὴ, qui fignifie _furie & tumulte_, à caufe des huées & des cris que faifoient les Bacchantes, lorfqu'elles les célébroient. * _Voyez_ BACCHANALES.

ORGON, bon bourg, avec un château ruiné dans la Provence, fur le bord méridional de la Durance, à une lieue au-deffus de Cavaillon. Quelques géographes le prennent pour l'ancienne _Enarginum_, que d'autres placent à Eragnac, village fitué entre Cavaillon & Arles. * Mati, _dict._

ORGOSOLO, petit bourg de l'ifle de Sardaigne, vers la côte orientale à trois lieues de Lode, du côté du couchant. C'étoit anciennement une ville nommée _Grilléne._ * Mati, _dict._

ORGUE, inftrument aujourd'hui fort connu, & dont on fe fert dans l'office divin. L'empereur Conftantin Copronyme voulant s'affurer l'amitié de Pépin, roi de France, lui envoya l'an 757, des ambaffadeurs qui lui préfenterent une orgue que nos hiftoriens difent être la premiere que l'on ait vue en France. La defcription que des auteurs contemporains font de cet inftrument, nous fait connoître qu'il étoit femblable à nos orgues, puifqu'ils marquent qu'il y avoit des tuyaux d'airain & des foufflets, par le moyen defquels l'air étant pouffé dans ces tuyaux imitoit tantôt le bruit du tonnerre, & tantôt le doux fon d'une lyre ou d'une flute. Plufieurs années après, & vers l'an 787, les chantres Romains apprirent aux François à toucher l'orgne, dont on commençoit à fe fervir dans l'office divin. Walafride Strabon dit qu'une femme fut tellement extafiée en entendant jouer l'orgue, qui étoit alors fort nouveau en France, qu'on ne put la faire revenir à elle-même, & qu'elle en mourut.

Dulcè melos tantum vanas deludere mentes
Cœpit, ut una fuis decedens fenfibus ipfam
Fæmina perdiderit vocum dulcedine vitam.

* Le Moine de faint Gal, livre deuxiéme. Le Moine d'Angoulême, dans la _vie de Charlemagne_, c. 8. Walafridus Strabo, &c.

ORIA, que les auteurs Latins nomment _Uria_, ville du royaume de Naples, en la terre d'Otrante, avec titre d'évêché fuffragant de Tarante. Elle a été confidérable; mais aujourd'hui elle eft prefque réduite à rien. * Léandre Alberti.

ORIA, riviere ou plutôt torrent large & impétueux, qui traverfe les montagnes du Guipufcoa, & fait tourner un nombre prodigieux de moulins à forges. On paffe l'Oria en quelques endroits fur des ponts de pierre, & il eft bordé de jardins, de vergers & de figuiers. Après avoir reçu l'Araxe, il paffe à Tolofetta, & de-là à Villa-Franca, & à Ségura, d'où il fe décharge dans la mer. * Colménar, _délices de l'Efpagne._

ORIBASIUS de Pergame, difciple de Zénon de Chypre, fut médecin de Julien l'_Apoftat_, lequel ayant été élevé à l'empire, lui confia des emplois importans. Il fut envoyé en exil par les empereurs fuivans; & par fa vertu, il fe fit eftimer des Barbares mêmes. Dans la fuite, ayant été rappellé, il fit divers ouvrages, comme nous l'apprenons d'Eunapius, qui a écrit la vie de ce médecin, de Suidas, &c. On ne connoît la plupart des ouvrages d'Oribafius que par les verfions latines de _Rafario_, & de quelques autres qui en ont été imprimées, & dont les originaux grecs manufcrits confervés dans diverfes bibliothéques, n'ont point encore été publiés. Ces ouvrages font 1°. Un _Abrégé de la médecine_, en neuf livres, adreffé à fon fils Euftathe, & qui n'eft qu'un fommaire de l'ouvrage fuivant, auquel il eft poftérieur; 2°. un autre abrégé de médecine, tiré de Galien & de plufieurs autres médecins, en foixante-dix livres, felon Photius, & en foixante-douze, felon Suidas, par l'ordre de l'empereur Julien, & dont il ne nous refte aujourd'hui que les quinze premiers livres, le vingt-quatriéme & le vingt-cinquiéme. 3°. _La médecine aifée_ (εὐπόριστον) en quatre livres, adreffée à fon ami Eunapius, & où font prefcrits les médicamens les plus fimples & les plus faciles à trouver & à préparer pour la cure des maladies & des plaies; médicamens d'ailleurs éprouvés par lui-même, & qu'il avoit tirés de Galien, de Diofcoride, d'Apollonius, de Rufus d'Ephèfe & d'autres. 4°. Deux livres concernant _les laqs & les machines de chirurgie_, pour les fractures & les luxations, tirés d'Héraclide d'Ephèfe, de Soranus & d'Héliodore, mis en latin par _Vidus-Vidius_, & imprimés à Zurich en 1555, dans la collection des auteurs de chirurgie, publiée _in-fol._ par Gefner. Prefque tous ces ouvrages d'Oribafe fe trouvent imprimés en latin dans la grande collection des anciens médecins tant Grecs que Latins, publiée par Henri-Etienne, en 1567, _in-fol._ fous le titre de _Medica artis principes, poft Hippocratem & Galenum._ On y trouve auffi l'_Abrégé anatomique_ d'Oribafe, publié en grec à Paris en 1556, _in_-8°, & dont on a plufieurs éditions latines. Cet ouvrage a été réimprimé en 1733, à Leyde, _in_-4°, fous ce titre: _Oribafii anatomica, ex libris Galeni, cum verfione latinâ Joannis-Baptiftæ Rafarii, curante Gulielmo Dundaff, cujus notæ accedunt._ On fait l'éloge de cette édition dans le _Journal des favans_ du mois de juin 1737; on la fait connoître en détail, & on y ajoute un abrégé de la vie d'Oribafius, & un détail de fes ouvrages. Ce n'eft prefque qu'un extrait de ce que l'on trouve fur ce fujet dans la bibliothéque grecque de Jean-Albert Fabricius, & dans les vies des philofophes & des fophiftes par Eunapius. * Voyez la _vie de l'empereur Julien_, par M. de la Bletterie. Manget, _biblioth. fcript. medic._ _l. XIV._

ORICELLARIUS, _cherchez_ RUCCELLAI.

ORICHOVIUS ou ORECHOVIUS (Staniflas) gentilhomme Polonois, né dans le diocèfe de Prémiflaw vers le commencement du XVIe fiécle, paffoit pour un homme fi éloquent & fi intrépide, qu'il fut furnommé _le Démofthène Polonois._ Il avoit étudié à Witemberg fous l'héréfiarque Luther, & fous Mélancthon, & enfuite à Venife fous Baptifte Egnace. Revenu dans fa patrie, il entra dans le clergé, & fut chanoine à Prémiflaw. Mais fon attachement pour Luther & fes erreurs, le perdit. Son évêque l'en reprit d'abord plufieurs fois chatitablement. Ces avis salutaires ne fervirent de rien. Orichovius féduit dans l'efprit & dans le cœur, éclata enfin : il réfigna fon bénéfice & fe maria. Son prélat le mit alors au ban ; mais le nouvel apoftat n'en devint que plus furieux. Il écrivit avec paffion contre le clergé ; & foutenu par quelques autres fanatiques, il fe mit à dépouiller les eccléfiaftiques de leurs biens par la violence. Cependant il revint à lui quelque temps après : il eut honte de fes égaremens, & dans le fynode tenu à Warfovie en 1561, il abjura l'héréfie, & fit de nouveau une profeffion publique de la foi catholique. Il fit imprimer cette confeffion de foi, & depuis ce temps-là il montra autant de zèle contre les Proteftans, qu'il avoit fait auparavant paroître de chaleur pour eux. Il a publié un grand nombre d'ouvrages de controverfe, dont on peut voir la lifte dans les éloges latins de cent Polonois donnés par Starovolfcius.

ORICUM, dont parle Plutarque dans les vies de Paul Æmile, de Pompée & de Céfar, ville de Chaonie, contrée de l'Epire maritime fur la côte de la mer Ionienne. Scylax toutefois dans fa navigation, la dit capitale du pays, qui d'elle étoit appellée *Oricia*, & qu'elle étoit éloignée de la mer de 80 ftades. Il faut que depuis la mer ait inondé le pays jufqu'à la ville. Elle étoit au pied du mont Acrocéraunien. On la nomme à préfent *Orcha*. * Lubin, *tabl. géogr. fur les vies de Plutarque.*

ORIENS (Saint) en latin, *Orientius*, gouvernoit l'églife d'Aufch en Gafcogne, du temps de l'empereur Valentinien III, lorfque le pays étoit fous la domination des Wifigoths, & travailla beaucoup à la converfion des Infidéles & des Ariens. Théodoric, roi des Vifigoths établis dans l'Aquitaine, & fucceffeur de Vallia, ayant tâché inutilement de furprendre Arles, alla mettre le fiége devant Narbonne l'an 436. Littorius général des troupes romaines le fit lever, & remporta plufieurs autres avantages fur les Goths. Théodoric fe vit obligé d'envoyer fes évêques Ariens demander humblement la paix. Comme ils ne furent pas écoutés, il députa S. Oriens pour le même fujet. Aëtius reçut le faint évêque avec la diftinction qui étoit due à fon mérite ; mais Littorius le méprifa. Ce général fier de fes victoires alla affiéger Touloufe, & fut fait prifonnier. S. Oriens eft honoré le premier de mai. On lit dans une ancienne légende, qu'il étoit originaire d'Efpagne, & frere du diacre S. Laurent. Mais outre que fes actes n'en difent rien, la différence du temps qui fe trouve entre ces deux faints, démontre affez la fauffeté de la feconde prétention. On a honoré d'une maniere particuliere la mémoire dans la ville d'Aufch, où fon corps repofe. C'eft lui qui eft l'auteur d'un avertiffement aux Chrétiens écrit en vers, dont Sigebert fait mention. Il avoit été imprimé en partie dès l'an 1600, par les foins de Delrio ; mais le P. Martène l'a donné entier au V tome du nouveau tréfor d'Anecdotes, & a montré qu'on l'attribuoit mal-à-propos à Orientius, évêque d'Elvire, dans la province Tarragonoife, qui affifta au concile tenu à Tarragone l'an 516. Il eft certain, par ce que dit l'auteur lui-même, qu'il étoit Gaulois. * Salvien, *de Provid. l. 7. Acta Orientii.* Baillet, *vies des faints au premier de mai.* La vie de S. Oriens donnée par le P. Labbe, Jéfuite, nous apprend affez peu de chofes de ce faint prélat, & l'on ne convient pas de fes prédéceffeurs, parceque l'on a fouvent confondu les évêques d'Aufch avec ceux d'Eaufe. * *Voyez* D. Rivet, *hiftoire littéraire de la France, tom. II.*

ORIFLAMME, étendard de l'abbaye de S. Denys en France, étoit mis ordinairement par l'abbé entre les mains du défenfeur de ce monaftere, lorfqu'il étoit néceffaire de prendre les armes pour la confervation des biens ou des privilèges de l'abbaye. Elle étoit faite en forme de banniere ancienne, ou de gonfanon à trois pointes ou queues, comme on

en voit dans les proceffions de quelques paroiffes. On lui donna ce nom, parcequ'elle étoit d'une étoffe de foye de couleur d'or & de feu ; les houpes néanmoins étoient vertes fans franges d'or, comme quelques-uns l'ont dit. D'autres croient que le nom d'oriflamme vient de *flammulum* ou *flammula*, qui fignifioit une *banniere*, ou un *étendard* ; & d'*aurea*, parcequ'elle étoit attachée à une lance dorée. Les autres églifes avoient auffi leurs défenfeurs, qui font fouvent appellés *figniferi ecclefiarum*, porte enfeignes des églifes. A l'égard de l'abbaye de S. Denys, ce titre appartenoit aux comtes de Pontoife, ou du Vexin, qui étoient les protecteurs de ce monaftere, auquel cet étendard étoit propre. Les anciens auteurs nomment ordinairement l'*oriflamme*, enfeigne de S. Denys, ou *la banniere de S. Denys*. Elle étoit deftinée pour être portée par les comtes du Vexin, dans les guerres où l'abbaye de S. Denys avoit befoin de leur protection. Louis VI, dit *le Gros*, fut le premier des rois de France, qui en qualité de comte du Vexin, fit porter l'oriflamme dans fes armées, l'an 1124, lorfqu'il apprit que l'empereur Henri V venoit en France avec fes troupes. Depuis, fon fils Louis VII, dit *le Jeune*, la fit porter dans fon voyage d'Outremer l'an 1147 ; Philippe-Augufte, dans la bataille de Bovines, l'an 1214 ; Louis VIII, fur à contre les Albigeois ; S. Louis en la guerre contre Henri, roi d'Angleterre, l'an 1242, & dans fes voyages d'Outre-mer ; Philippe *le Hardi*, en la guerre contre Alfonfe, roi de Caftille, l'an 1276 ; Philippe *le Bel*, en la bataille de Mons en Puelle, l'an 1304. Meyer, auteur partial, écrit que les François perdirent l'oriflamme dans ce combat, & qu'elle fut prife & déchirée par les Flamans ; mais Guyard, qui étoit préfent, affure que l'étendard qui y fut perdu, étoit une oriflamme contrefaite, que le roi avoit fait élever ce jour-là pour animer fes foldats. Ce qui eft d'autant plus probable, que peu de temps après la véritable oriflamme parut dans l'armée de France ; car en l'an 1315, le roi Louis *Hutin* la fit porter en la guerre qu'il eut contre les mêmes Flamans. Enfuite elle fut portée à la bataille de Mont-Caffel l'an 1328. Elle parut encore à celle de Poitiers l'an 1356. Le roi Charles V choifit Arnoul d'Audenéhan, maréchal de France, pour la porter dans fes armées. Le roi Charles VI en donna la garde à Pierre de Villiers, feigneur de l'Ifle-Adam, grand-maître d'hôtel de France, qui la porta dans les guerres de Flandre l'an 1381, puis à Pierre d'Aumont, l'an 1412, & bientôt après à Guillaume Martel fon chambellan. Depuis ce temps-là, l'hiftoire ne fait plus mention de l'oriflamme. Il eft vraifemblable que les rois de France cefferent de la faire porter dans leurs armées, depuis que les Anglois fe rendirent maîtres de Paris fous le regne de Charles VII, qui après les avoir chaffés, inftitua les compagnies d'ordonnance, & inventa la cornette-blanche, laquelle a été depuis la principale banniere de France. Quant à l'oriflamme, il en eft encore fait mention dans l'inventaire du tréfor de l'abbaye de S. Denys, fait l'an 1534, fous le regne de François I, & dans un autre inventaire après la réduction de Paris par le roi Henri IV, l'an 1594. Voici les termes de ces inventaires : *Etendard d'un Cendal fort épais, fendu par le milieu, en façon d'un Gonfanon, fort caduque, envelopé autour d'un bâton couvert de cuivre doré, & un fer longuet, aigu au bout.* * Du Cange, *differt.* 18 *fur l'hiftoire de faint Louis.*

NOMS DES PORTE-ORIFLAMMES DE FRANCE, dont il eft parlé dans l'hiftoire.

I. Galois, feigneur de Montigni, pauvre chevalier du Vexin, fut choifi par le roi Philippe-Augufte pour porter l'oriflamme à la bataille de Bovines, l'an 1214.

* Le roi Louis VIII fit porter l'oriflamme en la guerre contre les Albigeois l'an 1226.

Le roi S. Louis la fit porter en la guerre qu'il eut contre Henri III, roi d'Angleterre, l'an 1242, & dans les deux voyages d'Outre-mer qu'il entreprit.

Des lettres patentes portant érection de la baronie de Gueidan en marquisat, datées du mois de mai 1752, & enregistrées en la cour des comptes, aides & finances de Provence le 15 décembre suivant, font mention d'un Guillaume de Gueidan, qui s'étant croisé en 1248, suivit le roi S. Louis, & reçut de sa main l'oriflamme, qu'il porta au siége de Damiette, aux batailles gagnées sur le Nil, & aux autres expéditions de ce grand prince.

II. Anseau, seigneur de Chevreuse, grand queux de France, porta l'oriflamme à la bataille de Mons en Puelle, dans la Flandre, & y perdit la vie l'an 1304, ayant été étouffé de la chaleur & de la soif.

III. Raoul, dit *Herpin*, seigneur d'Erqueri, porta cet étendard au voyage que fit en Flandre le roi Louis *Hutin*, l'an 1315.

IV. Miles, VI du nom, seigneur de Noyers, maréchal & bouteiller de France, porta cette enseigne à la bataille de Mont-Cassel contre les Flamans, l'an 1328.

V. Géofroi de Charni, porte-oriflamme, fut tué à la bataille de Poitiers l'an 1356.

VI. Arnoul, seigneur d'Audenéhan, fut choisi par le roi Charles V, pour porter cette bannière; & se démit de sa charge de maréchal de France, pour être honoré de celle de porte-oriflamme. Il mourut l'an 1370.

VII. Pierre de Villiers, seigneur de l'Isle-Adam, fut commis pour porter l'oriflamme l'an 1372, & reçut cet étendard de la main du roi Charles V.

VIII. Gui, VI du nom, sire de la Trémoille & de Sulli, surnommé *le Vaillant*, reçut l'oriflamme de la main du roi, dans l'église de S. Denys, au mois d'août 1383, & la porta au voyage contre les Anglois.

IX. Guillaume, seigneur des Bordes, est nommé garde de l'oriflamme dans des titres des années 1385, 1388, 1391 & 1396.

X. Pierre d'Aumont, II du nom, dit *Hutin*, chambellan du roi Charles VI, fut fait garde de l'oriflamme de France l'an 1397 & 1412.

XI. Guillaume Martel, seigneur de Bacqueville, chambellan du même roi, fut nommé porte-oriflamme de France l'an 1414, & s'étant excusé sur sa vieillesse, reçut du roi deux pisul, Jean Martel, son fils aîné; & Jean Bétas, seigneur de S. Clerc. Il fut tué à la bataille d'Azincourt l'an 1415. * Le P. Anselme, *hist. des grands offic. de la couronne.*

ORIGAN (David) natif de Glatz dans la Bohême, & mathématicien célèbre, a publié divers ouvrages; & entr'autres des éphémérides, depuis l'an 1548, jusqu'à l'an 1554.

ORIGÈNE, *Origenes*, dit *Adamantius*, surnommé ainsi, selon Photius, à cause de la force de ses raisonnemens, ou, suivant S. Jérôme, parcequ'il résistoit aux erreurs avec autant de fermeté qu'un diamant, naquit à Alexandrie l'an 185 de J. C. Il étoit fils de *Léonides*, qui eut un grand soin de son éducation, & qui l'appliqua dès sa plus tendre jeunesse à l'étude de l'écriture sainte. Le fils répondit parfaitement aux desseins de son pere, & fit en peu de temps de grands progrès dans la science de l'écriture; ce qui a fait dire à S. Jérôme qu'Origène un grand homme dès son enfance. Quand il fut un peu plus avancé en âge, il eut pour maître dans la théologie S. Clément d'*Alexandrie*. Porphyre dans la vie de Plotin, parle d'un Origène qui étudia la philosophie sous Ammonius célèbre philosophe chrétien; mais ce ne peut être l'Origène dont nous parlons, puisqu'il dit que ce fut en même temps que Plotin, qui ne com-

mença qu'en 232, à prendre des leçons d'Ammonius, dont il ne se sépara qu'en 243. Il y a eu en effet un autre Origène qui a été disciple d'Ammonius. Nous en parlerons dans l'article suivant. Dans le temps de la persécution de l'empereur Sévere l'an 202, Origène vouloit s'exposer au martyre; mais sa mere s'y opposa fortement, & fut même obligée de cacher ses habits pour l'empêcher de sortir. Son pere Léonides fut arrêté, & souffrit le martyre. Les biens de son pere ayant été confisqués, il se trouva réduit avec sa mere & ses freres à une extrème pauvreté; mais il fut secouru par les libéralités d'une dame riche d'Alexandrie, & gagna ensuite sa vie à enseigner la grammaire. L'école d'Alexandrie ayant vaqué par la retraite de S. Clément, Origène travailla à la conversion des Païens, & fut nommé catéchiste ou professeur des lettres saintes à Alexandrie. Il n'avoit alors que dix-huit ans; & cependant on lui confia cet emploi qu'on ne donnoit pour l'ordinaire qu'à des personnes avancées en âge. Il fortifia les fideles dans la foi, convertit plusieurs idolâtres, & compta tant de martyrs parmi ses disciples, qu'on pouvoit dire qu'il tenoit plutôt une école de martyre que de théologie. Plutarque, Sérénus, Héraclide, Héron, &c. furent du nombre des martyrs sortis de son école. Origène enseignoit la théologie aux filles & aux femmes, aussibien qu'aux hommes; & pour se défendre de la calomnie dont on pouvoit le noircir, il se mutila lui-même, & se rendit eunuque, prenant trop à la lettre ce que le Fils de Dieu dit dans l'évangile des eunuques volontaires pour le royaume des cieux. Cette action étant devenue publique fut interprétée différemment; mais Démétrius, évêque d'Alexandrie, loua son zèle & l'exhorta à continuer ses leçons. Le nombre de ses disciples augmentant tous les jours, il commit au soin d'Héraclas son ami, ceux à qui il falloit apprendre les premiers principes de la religion, & se réserva les plus avancés: il fit un voyage à Rome l'an 211, sous l'empire d'Antonin Caracalla. Etant de retour à Alexandrie, il y composa les tétraples, ouvrage laborieux, qui contenoit le texte de la bible, tant hébreu, que les versions grecques des Septante, d'Aquila, de Symmaque & de Théodotion, en différentes colonnes, ausquelles il ajouta encore depuis deux versions grecques, pour en composer les hexaples. Ces ouvrages augmenterent sa réputation & lui attirerent un grand nombre de personnes savantes, qui se rendirent ses disciples, entr'autres, Ambroise, qui anathématisa les erreurs de Valentin. Origène fut ensuite obligé de sortir d'Alexandrie plusieurs fois: premierement pour instruire un gouverneur d'Arabie: & en second lieu, quand la ville d'Alexandrie fut affligée par la cruelle guerre que lui fit Antonin Caracalla: il se retira cette seconde fois en Palestine l'an 216. Les évêques de cette province le prierent d'expliquer publiquement l'écriture sainte dans l'église, & d'instruire le peuple en leur présence, quoiqu'il ne fût pas encore prêtre: ce qui déplut à S. Démétrius, qui en écrivit à ces évêques. Alexandre de *Jérusalem* & Théoctiste de *Césarée* excuserent Origène, en faisant voir par plusieurs exemples que cela s'étoit pratiqué plusieurs fois. Démétrius rappella Origène, & l'obligea de reprendre son premier emploi; mais l'impératrice Mammée le fit venir à Antioche pour conférer avec lui. Il ne demeura pas long-temps auprès d'elle, & revint à Alexandrie, où il demeura jusqu'en 228, qu'il en sortit avec des lettres de recommandation de son évêque, pour aller en Achaye. Ce fut en ce voyage, que passant en Palestine, il fut ordonné prêtre par les évêques de cette province, étant âgé de 42 ans. Cette ordination d'Origène faite par des évêques étrangers, sans la permission de Démétrius son évêque, irrita ce prélat contre lui. Origène ne laissa pas de venir à

Alexandrie; mais Démétrius l'en chaſſa l'an 231; ayant tenu un concile contre lui. Origène ſe retira à Céſarée de Paleſtine, où il fut bien reçu de l'évêque; mais Démétrius le fit dépoſer, & même excommunier dans un concile d'évêques d'Egypte, qui fut approuvé par l'évêque de Rome., & par la plupart des autres évêques, à l'exception de ceux de Paleſtine, d'Arabie, de Phénicie & d'Achaye, qui connoiſſoient particulierement Origène. Ainſi il continua d'expliquer l'écriture à Céſarée, du vivant & après la mort de Démétrius, qui ne vécut pas long-temps après l'avoir condamné. Il eut pluſieurs diſciples, & entr'autres, Grégoire ſurnommé depuis *Thaumaturge*, & évêque de Néocéſarée, avec ſon frere Athénodore. La ſentence rendue contre Origène par Démétrius ſubſiſta dans l'Egypte ſous Héraclas & Denys, ſucceſſeurs de Démétrius; néanmoins il continua ſes fonctions en Paleſtine. La perſécution de l'empereur Maximin étant ſurvenue, Origène ſe retira à Athènes pour quelque temps, d'où il revint à Céſarée de Paleſtine, de-là à Céſarée de Cappadoce, où il demeura avec Firmilien, qui l'avoit invité d'y venir, ſous l'empire de Gordien, qui commença à regner l'an 238. Bérylle, évêque de Boſtre en Arabie, étant tombé dans une erreur conſidérable, en ſoutenant que le Verbe n'étoit pas une perſonne ſubſiſtante avant ſon incarnation, Origène fut mandé pour diſputer contre lui, le convainquit, & le remit dans le chemin de la vérité. Il fut encore appellé quelques années après, ſous l'empire de Philippe, à une aſſemblée d'évêques, qui ſe tenoit contre quelques Arabes, qui ſoutenoient que les ames des hommes mouroient & reſſuſciteroient avec le corps: il y combattit leur erreur, & fit changer de ſentiment ceux qui y étoient tombés. Enfin dans la perſécution de Déce, Origène ſouffrit conſtamment pour la foi: il fut pris, mis en priſon, chargé de chaînes, & endura pluſieurs ſupplices avec une conſtance merveilleuſe. S. Epiphane dit ſans preuves, s'il eſt vrai qu'on puiſſe même attribuer ce récit à ce ſaint évêque, que pour ſe tirer de priſon, Origène ſeignit d'offrir de l'encens aux idoles; & rapporte que le juge qui avoit entrepris de vaincre ſa conſtance, voyant qu'il n'en pouvoit venir à bout, s'aviſa d'une ruſe diabolique, qui fut de le menacer de le proſtituer à un Ethiopien, s'il n'offroit de l'encens aux idoles. Il marque, que pour éviter cette abomination, Origène ſe laiſſa mettre de l'encens à la main, & conduire devant une idole, à qui on crut qu'il avoit offert. On ajoute que les Chrétiens qui étoient dans les priſons, ſe ſéparerent de ſa communion; que l'égliſe d'Alexandrie ne le voulut point recevoir; & qu'étant allé à Jéruſalem, comme il monta en chaire pour y expliquer l'écriture ſelon ſa coutume, en ouvrant la bible, il tomba ſur ces paroles du pſeaume 49: *Peccatori autem dixit Deus: Quare tu enarras juſtitias meas & aſſumis teſtamentum meum per os tuum.* Cette lecture lui fit, dit-on, verſer des larmes; & toute l'aſſemblée en répandit avec lui. Les plus habiles critiques doutent que ce récit, attribué à S. Epiphane, ſoit de lui; puiſqu'en d'autres lieux de ſes ouvrages, où il parle d'Origène, il ne dit rien de cette chute prétendue, non plus que les autres peres, & ſur-tout S. Jérôme, Théophile d'*Alexandrie*, & Vincent de *Lérins*, qui ont écrit contre Origène. Ses apologiſtes ne ſe ſont point mis en peine de le purger de ce crime, qu'on n'eût pas manqué de lui reprocher, s'il en eût été ſeulement ſoupçonné. Ce grand homme mourut à Tyr, ſelon quelques-uns l'an 256, âgé de 71 ans, ou plutôt l'an 254, âgé de 69. M. Du Pin dit l'an 252, âgé de 66. La réputation d'Origène n'a été attaquée qu'après ſa mort. De ſon vivant, pluſieurs grands hommes, comme Piérius, prêtre d'Alexandrie, Théognoſte & pluſieurs autres parlerent très-avantageuſement de

lui. Dans le IVe ſiécle, les Ariens ſe ſervirent de l'autorité d'Origène; S. Athanaſe, S. Baſile, & ſaint Grégoire de *Nazianze* le défendirent comme orthodoxe ſur la divinité du Fils. S. Hilaire, Tite de *Boſtres*, Didyme, S. Ambroiſe, Euſebe de *Verceil*, Victorin de *Pétaw*, & S. Grégoire de *Nyſſe* ont copié ſes ouvrages avec éloge; mais Théodore de *Mopſueſte*, Apollinaire & Céſaire, ne lui ont pas été favorables, & S. Baſile dit expreſſément, *de Spir. ſancto*, c. 20, qu'il n'a pas penſé ſainement ſur la divinité du Saint Eſprit. Dans le même ſiécle s'éleva la diſpute ſur l'orthodoxie d'Origène. Jean de *Jéruſalem* & Rufin la défendirent, & S. Chryſoſtôme ſoutint les défenſeurs de cet auteur; mais S. Epiphane & S. Jérôme l'attaquerent vivement; & Théophile d'*Alexandrie* perſécuta les moines de Nitrie, qu'il accuſa d'Origéniſme, & qu'il condamna dans un concile d'Alexandrie: ſon jugement fut approuvé par le pape Anaſtaſe & par la plupart des évêques d'occident; mais Origène eut quantité de défenſeurs en orient. Dans le VIe ſiécle l'empereur Juſtinien ſe déclara contre la mémoire d'Origène, écrivit une lettre à Mennas contre ſa doctrine, donna un édit contre lui l'an 540, & le fit condamner dans un concile tenu la même année à Conſtantinople, dont les actes ont été joints avec ceux du Ve concile général. Depuis ce temps-là, les auteurs ont jugé différemment de la doctrine d'Origène, les uns l'accuſant, & les autres le défendant ſur pluſieurs chefs. On ne peut nier qu'il ne ſe ſoit quelquefois écarté un peu des ſentimens qu'il eût peut-être ſoutenus, ſi les matieres qu'il traitoit euſſent été entierement diſcutées de ſon temps: mais d'ailleurs il faut avouer qu'il avoit beaucoup de ſcience, & qu'il a travaillé utilement pour l'égliſe. Il s'eſt principalement attaché dans ſes explications au ſens myſtique, a pouſſé l'allégorie juſqu'où elle pouvoit aller, & à fourni des matieres à tous les peres Grecs & Latins, qui l'ont ſuivi, & qui n'ont fait preſque que le copier. S. Jérôme & Rufin ont traduit pluſieurs de ſes ouvrages. Euſebe avoit fait le catalogue exact de ſes œuvres, dont le nombre étoit prodigieux, & montoit, ſi l'on en croit Rufin, à ſix mille volumes, c'eſt-à-dire, à ſix mille rouleaux; mais S. Epiphane, que Rufin donne pour ſon garant, ne le dit pas. Il avoit compoſé trois ſortes de livres ſur l'écriture-ſainte, ſans parler des hexaples & des tétraples, ſavoir des commentaires, des ſcholies & des homélies. Il ne nous reſte plus de ſcholies; nous n'avons preſque point d'homélies en grec, & une grande partie des commentaires eſt perdue. On n'a qu'une verſion latine de ſon livre des *principes*; mais on a en grec ſes huit livres contre Celſe, & pluſieurs autres traités. La plupart des œuvres d'Origène, traduites en latin, ont été recueillies & données par Merlin, puis par Eraſme. Génébrard en a fait un recueil encore plus ample, imprimé à Paris en deux volumes *in-fol.* en 1574, dont une partie étoit de ſa traduction. D. Ceillier, *tom. II, pag. 782*, remarque que le traité de la Priere, & l'Exhortation au martyre, deux ouvrages d'Origène, ne ſe trouvent point dans les éditions de Génébrard; & que celles de 1574, que celles de Paris & de Baſle qui ont été publiées dans le XVIIe ſiécle. Dans le XVIIe ſiécle M. Huet, mort ancien évêque d'Avranches, a publié ce qui reſte des commentaires d'Origène ſur le nouveau teſtament, en grec & en latin, avec la vie d'Origène & des notes de ſa façon, imprimées à Rouen l'an 1668. On en a fait une ſeconde édition à Paris en 1679, & une troiſiéme en Allemagne l'an 1685. M. Huet avoit promis de donner auſſi les autres traités d'Origène. Jean Tarin publia l'an 1618, à Paris, un volume *in-4°*: *Philocalia de obſcuris S. Scripturæ locis à Baſilio M. & Oregorio theologo, ex variis Origenis comment. excerpta.* Tarin avoit traduit cet ouvrage en latin, & y ajouta des re-

narques. Ce n'étoit pas la premiere traduction qui
eût été faite de cet ouvrage. On en trouve une autre
à la fin du deuxiéme volume de l'édition de 1574.
Michel Ghisléri donna l'an 1623, des commentaires
d'Origène sur Jérémie, avec VIII homélies sur le
même prophéte, traduites en latin par Matthieu Ca-
ryophile, & par Allatius; & celui-ci publia en même temps le commentaire sur le 28 chapitre du I livre des rois de Engastrimytho. Guillaume Spencer fit
imprimer l'an 1658 & 1677, en grec & en latin,
Opus contra Celsum & Philocalia, avec des notes. Enfin Jean Rodolphe Wetstein, professeur à Basle, y fit
imprimer, l'an 1674, quelques traités d'Origène,
sous ce titre : Dialogus contra Marcionitas, sive de
recta in Deum fide; Exhortatio ad martyrium; Res-
ponsum ad Aficani epistolam de historia Susannæ, græcè primùm è MS. edita, versiones partim correctæ, partim novæ adjectæ, cum notis, indicibus, variantibus
lectionibus & conjecturis. Jean Fell, évêque d'Oxford,
fit imprimer à Oxford l'an 1686, le livre d'Origène
sur la priere, en grec & en latin. D. Montfaucon a
donné les hexaples en 1713, en deux vol. in-folio.
On a présentement une édition complette des œuvres d'Origène en quatre volumes in-folio. Cette édition a été commencée par le P. D. Charles de la Rue,
Bénédictin, mort en 1739, & continuée par dom
Charles-Vincent de la Rue, son neveu. Le quatriéme & dernier volume paroît cette année 1759.
Divers grands hommes ont parlé très-avantageusement d'Origène, & ont travaillé à le défendre. Eusebe fit son apologie, sous le nom du martyr Pamphile, ou plutôt, comme il le dit, ils travailloient
tous deux pour le défendre des calomnies dont on le
noircissoit de leur temps. Rufin le fit aussi, & divers
autres y ont travaillé, même de notre temps, sur-tout
le P. Pierre Halloix, Jésuite, dans un livre où il défend Origène. * Consultez S. Epiphane, hær. 64, de
ponder. ac mensur. S. Jérôme, in catal. c. 54, &c. Eusebe, in chron. & hist. Socrates, l. 5, hist. c. 12. Hor-
bius, hist. Orig. Rufin, Vincent de Lérins, Théodoret, Cassiodore, Photius, Suidas, &c. & entre les
modernes, Jean Pic, d'Espence, Merlin, Génébrard,
Bellarmin, Baronius, Possevin, de Valois, Huet, in
Origenianis, &c. Consultez encore la vie de Tertullien & d'Origène par le sieur de la Mothe, c'est-à-
dire, M. Thomas, sieur du Fossé, imprimée à Paris
l'an 1675, & M. Du Pin, dans sa biblioth. des auteurs ecclés. D. Ceillier, hist. des aut. sacrés & ecclés. t.
II & tom. III, à l'article de Pamphile.

ORIGENE, philosophe Platonicien, différent du
célébre Origène, si connu par sa vertu & par ses ouvrages, étoit disciple & ami de Porphyre. Il étudia
aussi la philosophie sous Ammonius, & avoit été
condisciple d'Hérennius & de Plotin. Baronius dans
ses annales, & Holsténius dans son traité de la vie &
des écrits de Porphyre, le confondent avec Origène
Chrétien, & n'en font qu'une même personne, mais
ils se trompent. Le philosophe Longin dans son livre
De fine, met Ammonius & Origène entre les philosophes Platoniciens, qui n'ont point voulu instruire
la postérité par des écrits. Cela ne convient point à
Origène Chrétien qui a beaucoup écrit, mais à notre
second Origène qui n'avoit fait qu'un petit traité des
démons, qu'il n'avoit écrit qu'à la hâte, & sans aucun dessein de vouloir être auteur. Porphyre dans la
vie de Plotin s'exprime de même, & ajoute seulement qu'outre le traité des démons, notre Origène
avoit encore fait quelque écrit à la louange de l'empereur Gallien, & dans lequel il louoit en particulier
ce prince de son talent, ou du moins, de son amour
pour la poësie. C'est ce qui fournit encore une preuve qu'il s'agit ici d'un Origène différent du Chrétien
qui étoit mort dès l'an 252, sous l'empire de Gallus
& de Volusien, au lieu que Gallien ne commença

proprement de regner qu'en 260. * Eusebe, hist. l. 6,
c. 19. Notes de M. de Valois sur cet endroit d'Eusebe, pag. 107 & 108 & les annotations dans l'édition
grecque & latine, in-fol. Porphyre, vie de Plotin.

ORIGENISTES, anciens hérétiques de la secte
des Gnostiques, sectateurs d'Epiphanés, selon S. Epiphane, qui les accuse de condamner le mariage; de
s'abandonner à toutes sortes d'impudicités & d'infamies; d'autoriser des livres apocryphes de l'ancien &
du nouveau testament, entr'autres, les actes de saint
André, & de quelques autres apôtres. Il faut les distinguer de ceux qu'on a appellés Origénistes, dans les
Ve & VIe siécles, & qui soutenoient les sentimens
d'Origène, ou ceux qu'on lui atttibuoit. On accuse
ceux-ci d'avoir enseigné que Jesus-Christ n'étoit fils
de Dieu que par grace & par adoption; que comparé
aux hommes, il n'étoit que vérité; mais que comparé à Dieu, il n'étoit que mensonge; & soutenoient
d'autres rêveries très-desavantageuses au Sauveur;
que l'ame est créée avant le corps & qu'elle commet des péchés dans le ciel; que le soleil & la lune,
les étoiles & les eaux qui sont au-dessus du firmament ont des ames; que lors de la résurrection les
corps auront une forme ronde; que les tourmens des
démons & des damnés finiront; & que les anges
apostats seront rétablis en leur premier état. Les moines d'Egypte & de Nitrie étoient particulierement
accusés de ces erreurs, qui passerent à Rome, par la
lecture de la traduction du traité des principes d'Origène, faite par Rufin, & qui est celui des ouvrages
d'Origène, qui a été, dit-on, le plus altéré. S. Jérôme en entreprit une autre version à la priere de Pam-
machius. Ces hérésies troublèrent souvent l'église sur
la fin du IVe siécle, & dans le Ve & le VIe. Théo-
phyle d'Alexandrie les condamna l'an 399. Le pape
Anastase, S. Epiphane, & divers autres prélats en
firent de même. Les livres d'Origène furent aussi condamnés, & la lecture en fut défendue : ce qui fut
renouvellé dans le Ve concile général, IIe de Constantinople, tenu en 553. * S. Epiphane, de hær. c. 64.
S. Augustin, de hær. c. 43. S. Jérôme, epist. ad Pammach. & alibi. Baronius, A. C. 393, 399, 400, &c.
Du Pin, bibliothéque des auteurs ecclésiastiques des III
premiers siécles, le IV & le V, &c. Le P. Doucin,
Jésuite, traité histor. de l'Origénisme.

ORIGNI, ville avec abbaye de réligieuses Bénédictines. Elle est dans la Picardie, sur l'Oyse, à trois
lieues de Saint-Quentin, vers le levant. * Mati,
dictionaire.

ORIGO (Curse) Romain, cardinal-prêtre du titre de Saint Eustache, est mort à Rome le 18 mars de
l'an 1737, âgé de soixante-seize ans & neuf jours. Il
étoit né à Rome le 9 mars de l'an 1661. Il avoit été
créature du pape Clément XI, qui l'avança. Ce pape
le déclara d'abord secrétaire des mémoriaux le 3 de
décembre de l'an 1700 : ensuite il lui donna un canonicat de la basilique de S. Pierre du Vatican, au
mois de septembre 1705. Le 17 mai de l'année suivante 1706, il le fit secrétaire de la congrégation de
la Consulte. Il exerçoit encore cette charge, lorsqu'il
fut créé cardinal le 18 mai 1712. Il fut alors réservé
in petto, & ne fut déclaré que le 26 de septembre
suivant. Le titre de S. Eustache lui fut assigné le 21
novembre de la même année. Il fut déclaré légat de
Bologne le 12 avril 1717. Le pape Innocent XIII, à
son avénement, lui donna la charge de préfet de la
congrégation du Concile, le 9 mai 1721. Le cardinal Antoine-Xavier Gentili, Romain, de la création
du 16 mai 1731, fut nommé en la place du défunt,
préfet de ladite congrégation du Concile.

ORILLAC, cherchez AURILLAC.

ORIO, petite ville ou bourg d'Espagne. Il est sur
la côte de Guipuscoa, à l'embouchure de l'Oria, &
à trois lieues de S. Sébastien vers le couchant. Quel-

ques géographes prennent Orio pour l'ancienne *Menofca*, petite ville des Vardulles, que d'autres mettent à *Guétaria*. * Mati, *dict*.

ORIOL ou AUREOLE (Pierre) en latin *Aureolus*, de l'ordre des Freres Mineurs, a fleuri au commencement du XIVe fiécle : il étoit natif de Verbérie fur Oife, en Picardie. Il entra dans l'ordre des Freres Mineurs, & profeffa la théologie dans l'univerfité de Paris, avec tant de réputation & de capacité, qu'il fut nommé D████ *facundus*. Il fut élevé aux principales charges de fon ordre, & étoit provincial d'Aquitaine, lorfqu'il fut fait archevêque d'Aix, l'an 1321, après la promotion du cardinal Pierre des Prés. Il ne fut pas long-temps affis fur ce fiége ; car il mourut le 27 d'avril de l'année fuivante, & eut le 10 juillet Jacques de Concors de Cabrairez pour fucceffeur. Il fut un des grands défenfeurs de l'Immaculée Conception, & compofa plufieurs fermons fur ce fujet. Nous avons les commentaires de cet auteur fur les quatre livres des fentences, dont le premier livre a été imprimé à Rome l'an 1596, & les trois autres, avec des queftions quodlibétiques l'an 1605. Il a encore compofé un abrégé de toute la bible, fous le nom de *breviarium bibliorum* felon le fens littéral, imprimé à Venife l'an 1507 & 1571 ; à Paris l'an 1565 & 1585. Il a fait plufieurs fermons fur tous les dimanches & fêtes de l'année, qui n'ont point encore vu le jour, non plus qu'un écrit intitulé, *les diftinctions de la rofe* ; & un traité de la pauvreté & de l'ufage pauvre des chofes, que l'on dit être manufcrit dans le couvent des Cordeliers de Séez. Ce théologien étoit fubtil ; mais il fut accufé d'être trop fubtil. Il fut réfuté par Capréolus, de l'ordre des Dominicains, qui l'accufe d'avoir foutenu que la création étoit impoffible, & combat fes opinions fur les points qui divifent les écoles des Scotiftes & des Thomiftes. Le cardinal Sernano, du même ordre qu'Oriol, a pris foin de l'édition du commentaire de cet auteur fur le maître des fentences, & a tâché, mais en vain, de l'accorder avec Capréolus. * S. Antonin, *tit.* 24, *c.* 8. Sixte de Sienne, *l.* 4, *bibl. fanct.* Trithème & Bellarmin, *de fcript. eccl.* Luc Wading, *in annal. Min.* Willot, *in Ath. Franc.* M. François Bofquet, *in not. vita Clemen.* V. Sammatth. *Gall. chrift.* Pitton, *annal. de l'églife d'Aix.* Bernard Gui. Eder. Poffevin, &c. Du Pin, *bibl. des auteurs eccléf. du XVI fiécle.*

ORIOLLE (Pierre d') feigneur de Loiré en Aulnix, natif de la Rochelle, fils de *Jean* d'Oriolle, maire de la Rochelle en 1430, & de *Colette* de Guécharrox, après avoir été général des finances, il fut maire de la Rochelle en 1451, & l'étoit encore en 1456, qu'il fut fait maître des comptes par lettres du 11 novembre, dont il ne fit ferment que le 4 décembre 1459, & n'exerça cette charge que jufqu'au mois de feptembre 1461, étant continuellement employé dans celle de général des finances. Il obtint néanmoins le don d'une autre de ces charges, pour fervir outre & par-deffus le nombre ordinaire, & jufqu'à la premiere vacante du premier mai 1471, & en fit le ferment le 24 juillet. Il s'en démit en 1472, ayant été honoré par lettres du 26 juin, de celle de chancelier de France, dont il prêta ferment le 28 du même mois. En cette qualité il fut préfent à l'arrêt rendu au parlement, tenu à Vendôme au mois d'avril 1474, contre le duc d'Alençon ; préfida au jugement du connétable de S. Paul, & en prononça l'arrêt au parlement le 19 décembre 1475 ; & à celui du duc de Némours en 1477. Il fit la paix du duc de Bourgogne avec le roi, au mois de mai 1476, & après la mort de ce duc, plufieurs villes de Picardie s'étant remifes à l'obéiffance du roi, il alla à Arras, reçut le ferment des habitans avant que le roi y fît fon entrée le 4 mars 1476, avant pâque. Il fut auffi

l'un de ceux qui traiterent avec le duc de Bretagne, le 31 août 1477, & avec le roi de Sicile, duc de Lorraine, le 17 avril 1480, touchant la vente que ce prince fit au roi, de l'hommage de Caftel fur-Mofelle. Quoiqu'il eût de grands & recommandables amis auprès de ce prince, il ne laiffa pas d'être deftitué de fa charge, au mois de mai 1483, au lieu de laquelle il fut pourvu de celle de premier préfident des comptes, par lettres du 23 feptembre de la même année, dont il fit le ferment le 4 mai 1484; mais il ne l'exerça pas long-temps, étant mort le 14 feptembre 1485. Il avoit époufé 1°. *Colette* Lurelle : & 2°. *Charlotte* de Bar, veuve de *Guillaume* de Varie, feigneur de l'ifle Savari, & fille de *Jean* de Bar, feigneur de Baugi. De la premiere il eut *Marie* d'Oriolle, alliée 1°. à *Jean* Bétard, feigneur de Chiffé, premier préfident du parlement de Bordeaux : 2°. à *Guillaume* Savari, chevalier, feigneur de Bléré, laquelle fit fon teftament le 5 janvier 1494; & *Jeanne* d'Oriolle, mariée avant le mois de juin 1486 à *Joachim* Girard, feigneur de Bazoches. * Le P. Anfelme, *hift. des grands officiers.*

ORIOLO, petit bourg de l'Etat de l'Eglife, dans la Romagne, entre la ville de Fayence, & celle de Citta del Sole. * Mati, *dict.*

ORIOLO, bourg du patrimoine de S. Pierre, en Italie, à une lieue du lac de Bracciano vers le couchant. C'étoit anciennement une ville épifcopale, qu'on appelloit *Forum Claudii*, ou *Forum Clodii.* * Mati, *dict.*

ORION, étoit, felon la fable, fils de Jupiter, de Neptune & de Mercure, d'autres difent d'Apollon, ce que les fables rapportent en cette maniere. Un jour que ces trois dieux voyageoient fur la terre, ils arriverent en la cabane d'un pauvre villageois, nommé *Hyriée*, qui leur fit la meilleure chere qu'il put, jufqu'à les régaler d'un bœuf, qui faifoit toutes fes richeffes. Ces dieux admirant fa piété, & voulant la récompenfer, lui donnerent le choix de ce qu'il fouhaitoit le plus, avec affurance de le lui accorder. Il répondit qu'il ne defiroit rien tant que d'avoir un fils, fans toutefois être fujet à fe marier, parcequ'il ne vouloit pas violer la promeffe qu'il avoit faite à fa femme avant qu'elle mourût. Auffitôt ces trois dieux firent apporter la peau du bœuf qu'on leur avoit fervi; ils y verferent de leur urine, puis commanderent à Hyriée de la mettre en terre, avec défenfe de la remuer, ou de la découvrir de plus de neuf mois. Ce temps étant expiré, il naquit un enfant qu'Hyriée appella *Urion*, à caufe de l'urine de ces dieux; & qui par le changement d'une lettre, fut depuis nommé *Orion.* Il s'adonna à la chaffe, d'où il réfout plus croyable qu'il auroit eu ce nom, du mot grec, ὅρος c'eft-à-dire, *montagne*, parcequ'il couroit d'ordinaire fur les montagnes en chaffant. Il fut enfuite fi téméraire, que de fe vanter de pouvoir prendre toute forte de bêtes, fi fauvages qu'elles puffent être. La Terre irritée fit naître un fcorpion, par la morfure duquel il mourut; mais Diane, déeffe de la chaffe, tranfporta Orion au ciel, près du figne du taureau. Horace marque que ce fut Diane même qui le tua, parcequ'il avoit voulu la forcer. Les poëtes difent que cet aftre eft placé par les aftronomes au pole méridional, eft compofé de 16 ou 17 étoiles, qui reffemblent à une figure d'homme, tenant un couteau en fa main. Ce figne à fon lever excite de grandes tempêtes : c'eft pourquoi il eft appellé *Pluvieux*; & quelques-uns tirent fon nom d'Orion, du verbe grec ὀρίνω, qui veut dire, *je trouble & émeus*; parcequ'au lever de cette étoile, il s'éleve d'ordinaire plufieurs tourbillons, brouillards & tempêtes. Lorfqu'il veut toutefois à paroître clair & brillant, c'eft un préfage de temps ferain & calme. Pline met fon lever au 9 de mars, & fon coucher le 19 de juin. Le même auteur rapporte qu'un tremblement de terre découvrit en Crète un corps long de 46 coudées, que l'on croyoit être celui d'Orion. * Hygin, *in astrom.* Pline, *l. 7, c. 16. Biblioth. universf. tom. VII.*

ORIOU ou ORIHOW, petite ville de Pologne. Elle est dans la Podolie, sur les confins de la Moldavie, & sur un ruisseau qui se jette peu après dans le Niester, à onze lieues au-dessus de Tékin. * *Mati, diction.*

ORISTAN ou ORISTAGNI, ville de Sardaigne, avec archevêché, eut d'abord des seigneurs particuliers, & fut depuis soumise aux Aragonois avec le reste de l'isle. On fait qu'elle fut assiégée par les François l'an 1639. Cette ville donne son nom au golfe d'Oristan, que les auteurs Latins nomment *Arborea* & *Usellis.*

ORITHIE, reine des Amazones, succéda à Marpese; & si on en croit la fable, elle se rendit illustre par son courage & par ses guerres contre les Grecs. Penthésilée fut reine après elle. * *Justin, l. 2, c. 4.* Bocace, *de clar. mulier. c. 18.*

ORITHYE, fille d'Erecthée, roi d'Athènes, & de Praxitée, fut enlevée par Borée, qui en eut *Calaïs* & *Zéthés.* * Hygin.

ORIUELHA, que ceux du pays nomment *Horiguela*; dite par les Latins *Oriola* ou *Orcelis*, ville d'Espagne dans le royaume de Valence, avec titre d'évêché. * Baudrand.

ORKNEI, isles de l'Océan au septentrion de l'Ecosse, *cherchez* ORCADES.

ORLAMONDE, petite ville de la Thuringe en Allemagne, sur la Sala, vis-à-vis de l'embouchure de l'Orla, d'où elle a pris son nom, qui signifie *la bouche de l'Orla.* Elle a un port sur la Sala, à trois lieues au-dessus d'Iéna. * Mati, *dict.*

ORLANDIN (Nicolas) né à Florence en 1564, entra en 1572 dans la société des Jésuites. Il y acquit de la réputation par ses talens, & en particulier par sa connoissance de la langue latine, dans laquelle il excelloit. Lorsque ses infirmités lui permirent plus d'enseigner, il fut appellé à Rome pour travailler à l'histoire de sa compagnie. Il mourut dans la même ville le 17 mai 1606. Il n'a donné que la premiere partie de l'histoire qu'il avoit entreprise, & qui ne parut qu'après sa mort : *Nicolai Orlandini historia societatis Jesu*; à Cologne, 1615, in-4°, & réimprimée à Anvers en 1620, in-fol. avec la seconde partie de la même histoire par le P. François Sacchini. On a encore du P. Orlandin, 1. *Annuæ litteræ societatis Jesu*, ann. 1583, 1584 & 1586. 2. La vie de Pierre le Févre, l'un des premiers compagnons de S. Ignace : *Vita Petri Fabri, qui primus fuit sociorum B. Ignatii Loyolæ societatis Jesu, conscripta à Nicolao Orlandino ex eâdem societate*, à Lyon, Pierre Rigaud, 1617, in-8°. L'épître dédicatoire à S. François de Sales, évêque & prince de Genève, est au nom de Pierre Rigaud. Le portrait de le Févre est au commencement de la vie, & celle-ci est délivrée en deux livres. * *Sotwel, biblioth. script. societ. Jesu, &c.*

ORLANDO (Jérôme) fameux imprimeur & libraire, étoit de Palerme en Sicile. Il entendoit bien l'art militaire, & avoit une grande connoissance des machines de guerre. Il a publié en italien un ouvrage sur cette matiere, qui a pour titre : *Instruttione d'artigliere di santo Ajello Capo Mastro della scuola reale nella cita di Palermo, corretto e ristampato con alcune aggiunte per Girolamo Orlando artigliero straordinario.* * *Dict. histor. édit. de Hollande,* 1740.

ORLANDO (Matthieu) Italien, religieux de l'ordre des Carmes, naquit le 6 février de l'an 1610. Il se distingua par son savoir & par les emplois ausquels il fut élevé dans son ordre. Après avoir été reçu docteur en théologie, il enseigna la théologie scholastique à Naples, à Florence & à Rome. Comme il pos-

sédoit là langue arabe, on l'associa, étant à Rome, avec plusieurs autres, pour traduire l'écriture-sainte en cette langue. Il fut revêtu de plusieurs charges dans la Dace, & fut fait provincial d'Irlande. Enfin il devint évêque de Céfalu ou Cifalu en Sicile. Il mourut dans cette ville le 13 novembre 1695. On a de lui, 1. *Cursus theologicus in tertiam partem D. Thomæ ad methodum scholasticam ordinatus, tomus primus : 2. Constitutiones synodales pro cathedrale Cefaloedensi, totaque diœcesi componenda, ex selectioribus summorum pontificum decretis, conciliis generalibus, aliisque sacrorum canonum institutis excerptæ, ab Incarnato Verbo, anno 1693, die verò primâ novembris.* * *Bibliotheca Sicula. Diction. historique*, édition de Hollande, 1740.

ORLAY (Bernard d') peintre de Bruxelles, vers l'an 1535 & 1540, faisoit exécuter en Flandre toutes les tapisseries que les papes & les princes de son temps faisoient faire d'après les desseins d'Italie. D'abord il pratiqua une maniere gothique; mais à force de voir des ouvrages de Raphaël & de Jules, il la changea. Il peignit la plupart des vitres qui sont dans les églises de Bruxelles, & employa sous lui Tons, grand paysagiste, & Pierre Coëck, natif d'Aloft, qui a été fort bon peintre & architecte. * Vasari, *vies des peintres.* Félibien, *entretiens sur les vies des peintres, pag. 1.*

ORLEANS, sur la Loire, ville de France, capitale d'un petit pays, avec titre de duché, université, présidial, hôtel des monnoies, avec la lettre R. pour marque, établi par édit du roi Louis XV, du mois d'octobre 1716, & évêché, aujourd'hui suffragant de Paris, & autrefois de Sens. Les auteurs Latins la nomment diversement *Aurelis, Aurelianum,* & *Genabum.* Quelques auteurs croient que les Druides en ont été les fondateurs. Sabellic suivi par d'autres, veut que son nom soit tiré de celui de l'or, que lui rapporte son commerce, comme qui diroit Or-léans. On a cru que l'empereur Aurélien l'ayant augmentée, lui donna le nom d'*Aurelia.* Othon de *Frisingen* étoit de ce sentiment; mais Radulphe Glaber a tiré d'ailleurs cette origine en parlant d'Orléans. *Ex Ligeri sibi contiguo etiam flumine agnomen habet inditum, diciturque Aureliana, quasi ore Ligeriana, eò videlicet quòd in ore ejusdem fluminis ripâ sit constituta, ut quidam minùs cauti existimant, ab Aureliano Augusto, &c.* Cette ville est une des plus grandes & des plus anciennes de France, & a un port sur la Loire, extrêmement commode pour le négoce. Attila, roi des Huns, assiégea Orléans, qui fut miraculeusement délivrée par les prieres de son évêque S. Aignan, l'an 451. Elle fut encore assiégée par les Anglois l'an 1428, & délivrée par les soins de Jeanne d'Arc, dite *la pucelle d'Orléans*, dont la statue s'y voit sur le pont. Cette ville souffrit aussi beaucoup dans le XVIe siécle, pendant les guerres de la religion. Les Protestans la prirent l'an 1562, & y pillerent les églises. François de Lorraine, duc de Guise, l'assiégeant l'année suivante, y fut tué par Poltrot. Depuis, Orléans fut réduite sous l'obéissance du roi.

L'université d'Orléans fut fondée par le roi Philippe *le Bel.* Les rues y sont belles, les places grandes, & les églises magnifiques. Celle de sainte Croix, qui avoit été ruinée par les hérétiques, fut rebâtie par les soins qu'en prit le roi Henri *le Grand.* C'est la cathédrale, louée par le pape Grégoire VII, par saint Bernard, & par Pierre le *Vénérable*, où l'on compte quarante-huit chanoines, dont douze sont dignités. Il y a aussi à Orléans, trois autres collégiales, qui ont chacune une paroisse; & vingt-deux autres paroisses, dont il y en a deux dans les fauxbourgs. La ville située sur le penchant d'une colline en forme d'arc, est fortifiée d'une terrasse, & ceinte d'une forte muraille avec quarante tours. Il y a huit portes,

& un pont de feize arches qui joint la ville à un des fauxbourgs. On voit fur ce pont trois ftatues de bronze, qui font celles de la fainte Vierge, de Charles VII, & de la Pucelle d'Orléans. * Cæfar, in còmm. Sidoine Apollinaire, in epift. Grégoire de Tours, hift. de France. Othon de Frifingen, l. 4, c. 41. Glaber, l. 2, c. 6. De la Sauffaye, annal. eccl. Aurel. Tripaut, antiquités de la ville d'Orléans. Raoul Boutraye, Aurel. Symphorien Guyon, hiftoire des évêques d'Orléans. Robert & Sainte-Marthe, Gall. chriftiana. Dupleix. Papire Maffon, & Mézerai, hift. de France.

CONCILES D'ORLÉANS.

Le I concile d'Orléans affemblé par la permiffion de Clovis, roi de France l'an 511, fut très-célèbre par le nombre & par le mérite des prélats qui s'y trouverent; car ils étoient trente-deux. Cyprien, évêque de Bourdeaux, qui avoit déja préfidé au concile d'Agde, y préfida encore. On y fit 31 canons pour le réglement de la difcipline ecclefiaftique. Le I eft pour l'azile des églifes. Le XIX foumet les abbés aux évêques. Le XXIV regle le jeûne du carême. Le XXVII ordonne que l'on célèbre les rogations. Le II concile d'Orléans fut célébré par trente évêques, l'an 533. Honoré de Bourges y préfida. On y fit 21 canons, & on y régla l'élection des métropolitains. L'an 538, & non pas l'an 540, vingt-cinq prélats affemblés à Orléans, y tinrent le III concile. S. Loup de Lyon y préfida. On y fit 33 canons, pour le réglement de l'office divin, de la vie des clercs, des mariages, & de la pénitence des laïcs. Le IV fut affemblé l'an 541 par 38 évêques, & 12. prêtres, procureurs des prélats abfens. Léonce de Bourdeaux y préfida, & on fit 38 canons pour regler diverfes chofes de difcipline. Les évêques s'affemblerent l'an 549, & non pas l'an 552, à Orléans, & y célébrerent le V concile, où S. Sacerdos de Lyon préfida. On y fit 24 canons. Le I condamne les erreurs d'Eutichés & de Diofcore : & les autres reglent divers points de la difcipline eccléfiaftique. L'an 645, dans le temps que l'églife d'Orléans étoit gouvernée par Léger, on y célébra, à la perfuafion de S. Eloi, un concile contre un Grec de nation, qui publioit les dogmes des Monothélites : ce qu'on pourra voir dans la vie de S. Eloi, écrite par S. Ouen, L 1, c. 34, & rapportée par Surius. On met un autre concile tenu à Orléans l'an 766. L'an 1017 ou 1022, les prélats s'affemblerent en cette ville, en la préfence du roi Robert & de la reine Conftance fa femme; & condamnerent certains hérétiques qui renouvelloient les erreurs de Manés. Les principaux furent brulés. Le même prince affembla l'an 1030 divers prélats à Orléans, pour la tranflation de plufieurs reliques, & fur-tout du corps de S. Aignan, qu'on mit dans la nouvelle églife, qu'il venoit de faire bâtir. Nicole Gilles parle d'un concile d'Orléans, qu'il met à l'an 1411, où Jean, duc de Bourgogne, fut excommunié avec fes adhérans. Berthaud de S. Denys, évêque d'Orléans, fit des ordonnances fynodales l'an 1300; Jean de Conftans l'an 1333. Jean d'Orléans, cardinal de Longueville, en publia l'an 1525, que Germain Vaillant mit en meilleur ordre l'an 1587.

CHIENS D'ORLÉANS.

Chiens d'Orléans, c'eft un fobriquet que l'on donne aux Orléanois, dont on rapporte des raifons différentes. Un hiftorien prétend que cela vient de l'inftitution d'un ordre de chevalerie, nommé l'ordre du Chien, qu'on dit avoir été faite à Orléans du temps du grand Clovis, par Lifoye, que quelques-uns font la fource de la maifon de Montmorenci. Mais outre que l'exiftence de cet ordre n'eft nullement sûre, il n'eft pas à croire que cela ait été capable

de faire donner le nom de Chiens aux habitans d'Orléans. L'origine de cette appellation fe trouve dans l'hiftorien Matthieu Paris, qui mourut en 1259. Il marque dans la vie d'Henri III, roi d'Angleterre, qu'en 1251, pendant la captivité du roi S. Louis, les Paftoureaux, vagabonds qui couroient la France fous le prétexte qu'ils marchoient à la délivrance du roi, étant arrivés à Orléans, prirent querelle avec quelques écoliers, qui ne purent fouffrir leur infolence, & qu'à cette occafion il y eut plufieurs perfonnes de tuées, & fur-tout du clergé. Ce que les Orléanois non-feulement fouffrirent, mais ce qu'ils femblerent approuver; pourquoi, ajoute Matthieu Paris, ils mériterent d'être appellés Chiens : Diffimulante populo, & verius confentiente, unde caninus meruit appellari. M. de Valois conjecture que ce mot Caninus dans cet hiftorien, a été mis pour Capinus, abrégé de Cenapius, diminutif de Cenapenfis, dont fe fert Orofe pour défigner les Orléanois, & que le mot de Guefpin, titre qu'on leur donne encore, a bien pu être formé de cette conjecture. Voyez GUESPIN, & une lettre fur ce qu'on appelle les Orléanois, Chiens d'Orléans, dans le mercure de mai 1735.

CÉRÉMONIES DE L'ENTRÉE DES EVÊQUES D'ORLÉANS.

L'entrée de l'évêque d'Orléans dans fa ville épifcopale, étant la plus renommée de toutes les cérémonies de cette nature, on a cru en devoir donner une defcription abrégée, comme étant un morceau hiftorique, & du reffort de ce dictionnaire.

Quarante jours avant celui marqué pour l'entrée du nouvel évêque, on le publie par les carrefours de la ville d'Orléans, & fon procureur fifcal fomme les quatre barons qui font obligés de le porter dans la cérémonie, de s'y trouver en perfonne ou par procureur. Ces barons font celui d'Yèvre le Châtel, qui n'eft que le feigneur engagifte de cette terre, dont le roi eft le propriétaire; celui de Sulli, dont la baronie a été érigée en duché pairie; celui de Chérai, terre qui appartient au marquis de Rochechouart-Montpipeau; & celui d'Acheres. Ces quatre baronies relevent en fief de l'évêque d'Orléans, & ceci n'eft qu'une redevance à laquelle les ancêtres ou prédéceffeurs feigneurs defdites terres, fe font obligés pour eux & pour leurs fucceffeurs. Une autre redevance de ces feigneurs, eft d'apporter à la cathédrale chacun en offrande tous les ans, le 2 du mois de mai, veille de la fête de l'invention de la fainte Croix, & de la dédicace de cette églife, par eux ou par perfonne noble chargée de leur procuration, pendant les premieres vêpres, une goutiere remplie de cire jufqu'au poids de 213 livres & demie, avec un cierge de trois livres & demie, & une paire de gants. L'origine de ces deux redevances eft inconnue : elle eft pourtant très-ancienne, puifque l'on en trouve des preuves dès l'an 1312 dans le cartulaire d'Orléans. Quelques-uns l'ont attribué, mais fans preuve, à la prétendue délivrance de ces quatre barons des prifons de Maffoure, ville d'Egypte, où ils étoient détenus captifs & menacés de mort, & à leur tranflation miraculeufe en l'églife de Sainte-Croix d'Orléans, en conféquence d'un vœu qu'ils firent à la vraie croix de Notre-Seigneur honorée dans cette églife; mais nulle mémoire de ce fait fe trouve dans aucun auteur, ni dans aucunes archives, excepté pourtant trois pieces de tapifferie, qui fe voient dans cette cathédrale, où cette hiftoire eft repréfentée; mais ces tapifferies ne furent données que fur la fin du XVᵉ fiècle, par Jean II, duc de Bourbon, furnommé le Bon, qui les fit faire alors fuivant la croyance des bonnes gens du pays. On y voit les armes de ce prince, entourées du collier

collier de l'ordre de S. Michel, qui ne fut inftitué qu'en 1469. D'autres gens difent que ces deux redevances font pour la réparation du meurtre d'un évêque d'Orléans fait par les prédéceffeurs de ces barons; mais il n'y a aucune mention de cet affaffinat, ni dans les hiftoriens, ni dans les archives de cette églife. Il faut donc les attribuer uniquement à l'obligation qu'ont contractée les anciens feigneurs dè ces terres: partie par piété, partie pour reconnoître la mouvance de leurs fiefs de l'évêché d'Orléans.

Trois ou quatre jours avant l'entrée de l'évêque, après avoir envoyé les lettres de juffion du roi aux chapitres de fainte Croix & de S. Aignan, par lefquelles fa majefté leur ordonne de recevoir leur évêque avec les honneurs & cérémonies accoutumées, il fait publier un mandement de fa part à tout le clergé tant féculier que régulier, de fe trouver à la proceffion de ladite entrée. Le procureur fifcal de l'évêque requiert verbalement au nom de ce prélat, le lieutenant général du bailliage & préfidial d'Orléans, de vouloir permettre audit évêque d'envoyer fes officiers aux prifons royales; ce qui étant accordé, ces officiers s'y transportent, & s'y font repréfenter les écrous de tous les criminels, qui demandent grace audit feigneur évêque, dont ils font l'extrait.

La furveille de l'entrée, le nouvel évêque fe rend à l'abbaye de la Cour-Dieu, fituée fix lieues de la ville, dans la forêt d'Orléans. Cette abbaye, qui eft de l'ordre de Cîteaux, a été fondée par Jean II, évêque d'Orléans, & par le chapitre de fainte Croix conjointement, en l'année 1118; & c'eft peut-être la raifon pour laquelle les évêques fes fucceffeurs ont le droit d'y être logés & nouris en cette occafion, eux & toute leur fuite, même les officiers de leur juftice: on y reçoit ce prélat avec les cérémonies accoutumées, & il y eft harangué en latin par l'abbé ou par le prieur. Le lendemain il en part pour fe rendre l'après-midi à l'abbaye des Bernardines de faint Loup, à un quart de lieue d'Orléans, où il fait peu de féjour, & arrive à l'abbaye de S. Euverte, des chanoines réguliers de S. Auguftin, où il eft reçu comme à la Cour-Dieu. Ce droit de l'évêque d'Orléans, d'être reçu dans cette abbaye, eft très-ancien. Etienne, évêque de Tournai, & auparavant abbé de S. Euverte depuis 1163 jufqu'en 1177, en parle dans les lettres qu'il écrivit à Hugues, évêque d'Orléans. L'ancien ufage de ces prélats étoit de choifir leur fépulture dans cette abbaye, & c'étoient même ces religieux qui leur adminiftroient les derniers facremens. Voila comme il eft la prélude de l'entrée folemnelle des évêques d'Orléans: voici le détail des cérémonies qui l'accompagnent.

Le jour venu, l'évêque fort fur les fix heures du matin de la maifon abbatiale de S. Euverte, où il a couché, revêtu de fon rochet, camail, & de fa croix pectorale: les abbés de S. Mefmin & de S. Euverte le fuivent en rochet avec le mantelet d'étoffe de foye noire. Les religieux le reçoivent à la porte de leur cloître, & le conduifent proceffionnellement, mais fans chanter, jufqu'à leur grand autel, qu'il baife après une courte priere, & fe place dans un fauteuil du côté de l'évangile. Auffitôt fes domeftiques le déchauffent entierement, & lui mettent des fandales aux pieds; puis fes aumôniers lui donnent une aube, une étole de couleur blanche, & une mître fimple de toile d'argent: on lui donne fa croffe en main, mais elle eft couverte d'un linge blanc; attaché d'un ruban de foye. Ainfi revêtu il donne une bénédiction folemnelle au peuple; mais précédé des religieux de faint Euverte en chapes, ayant fes deux vicaires généraux à fes côtés auffi en chapes, & fuivi des deux abbés ci-deffus, il fe met en chemin. Lorfqu'il eft fous le jubé, l'univerfité fe préfente en habits de cérémonie,

& le harangue en latin; après quoi il continue fa marche jufqu'à la porte de l'églife, où les religieux de S. Euverte le quittent. Auffitôt arrive le corps de ville, & un avocat de ce corps lui fait une harangue latine: le capitaine de la compagnie colonelle lui en fait une en françois, & il répond à chacun d'eux en la même langue qu'ils lui ont parlé, ce qu'il fait à tous ceux qui le haranguent.

Cependant tout le clergé féculier & régulier qui s'eft affemblé dans l'églife de fainte Croix, arrive proceffionellement à faint Euverte, & tous précédés des pauvres de l'hôpital de l'un & de l'autre fexe, paffent devant l'évêque, qui eft debout, les mains jointes, fans gants, & le faluent. Les prêtres habitués dans la ville & dans les fauxbourgs font rangés felon le rang de leur ordination, & les curés de la ville felon celui de leur réception, tous en furplis, fuivis de la mufique, des chantres ayant à leur tête le grand chantre, puis des chanoines des deux collégiales de S. Pierre, qui font dans Orléans, & de ceux de la cathédrale, tous en chapes. L'évêque après qu'on lui a donné le livre des évangiles à baifer, fe met à la fuite de cette proceffion avec tous ceux qui l'environnent: les rues par où l'on paffe font tapiffées, & l'on arrive à S. Aignan. Le clergé régulier & féculier entre dans le cloître de cette collégiale, à l'exception du chapitre de fainte Croix, qui fe met dans la nef: & les chanoines de S. Aignan revêtus de chapes, reçoivent l'évêque à la porte de l'églife, d'où après une harangue latine de leur doyen, ils conduifent le prélat dans le chœur, ayant à fes côtés les deux premieres dignités de cette églife. Là on chante le Te Deum, après lequel l'évêque eft conduit dans la facriftie, où les marguilliers clercs de S. Aignan lavent les pieds avec de l'eau odoriférante, & il leur appartient pour cela quarante fols parifis, qui leur font donnés par le fecrétaire de ce prélat: ils lui mettent enfuite par-deffus fes bas des bottines de damas rouge, & conjointement avec fes aumôniers, ils lui donnent fes habits pontificaux les plus riches, avec une chape de brocard d'or, les gants de cérémonie, & la mître de broderie fur la tête: puis l'on découvre entierement fa croffe.

En cet état il eft conduit par les deux premieres dignités de S. Aignan près du grand autel, où on lui préfente le livre des évangiles, & la formule du ferment pour l'obfervation des privilèges & exemptions de faint S. Aignan, qu'on lui repréfente avoir été fait ab antiquo par fes prédéceffeurs à pareil jour: il y fatisfait, mais en ajoutant ces paroles à la fin, & ita juro falvo jure meo, & ecclefiæ meæ; & à l'inftant le fyndic de fainte Croix qui eft préfent, protefte & demande acte à ce que ce ferment ne lui puiffe préjudicier ni aux fucceffeurs ni à l'églife cathédrale, ce qui lui eft octroyé. Cette proteftation fut faite dès l'an 1372 à l'entrée de Jean Nicot, & a été continuée jufqu'à ces fucceffeurs; l'évêque même difcontinuoit de donner la bénédiction dans le cloître & dans l'églife de S. Aignan, ces chanoines prétendant être exempts de fa jurifdiction: prétention dont ils font déchus depuis un arrêt contradictoire du parlement rendu le 4 juin 1684, par lequel l'évêque eft maintenu dans le droit de toute jurifdiction épifcopale fur tout le chapitre & l'églife de S. Aignan.

Après les proteftations ci-deffus, l'évêque baife l'autel, & eft conduit & inftallé comme chanoine honoraire dans la premiere chaire du chœur, & la premiere dignité lui dit en latin en l'inftallant: Nous vous affignons cette place comme à un chanoine notre confrere, afin que vous vous y affeyez toutes les fois que vous defirerez affifter à l'office divin. Cela fait, l'évêque fort du chœur; & lorfqu'il eft dans la nef, les quatre premieres dignités, & en leur abfence quatre anciens chanoines de S. Aignan se présentent pour le porter dans un fauteuil couvert d'un tapis, puis la procession se met en marche. Le chapitre de S. Aignan en chapes, suit celui de sainte Croix, & chante le pseaume *Memento*, pendant que l'évêque est porté sur les épaules par les dignités jusques hors la porte du cloître. Là on s'arrête; le chapitre de S. Aignan reste sous la porte de son cloître, & l'évêque se retournant vers eux, leur donne sa benédiction. Ils rentrent dans leur église, & l'évêque quitte le premier fauteuil pour se mettre sur un autre de velours violet.

Aussitôt le bailli de sa justice fait appeller les quatre barons qui le doivent porter, ou leurs procureurs: ils comparoissent. On examine les procurations s'il y en a, & aussitôt les domestiques de ces barons & procureurs lèvent sur leurs épaules le fauteuil où l'évêque est assis, leurs maîtres ayant chacun une main posée sur les bâtons qui y sont attachés, & en cet état la procession se continue.

Arrivée à un endroit où les officiers de justice, savoir le lieutenant criminel du bailliage, le prévôt de la ville, & les deux prévôts des maréchaux, ont fait assembler les prisonniers, qu'ils ont été tirer des prisons de leur compétence, on met bas le fauteuil, & la procession s'arrête. Alors tous les officiers de justice, même l'official de l'évêque & son promoteur, le maître des eaux & forêts viennent le saluer, & les chefs lui font leur harangue. Après cela ils lui disent qu'ils ont fait amener en ce lieu tous les prisonniers criminels, qui étoient détenus dans chacune des prisons de la ville; afin que, suivant les priviléges accordés aux évêques d'Orléans pour le jour de leur entrée, il leur donne grace, rémission & abolition de leurs crimes, &c. L'évêque leur fait prêter serment les uns après les autres, qu'ils n'ont détenu ni détourné aucun prisonnier criminel de leur ressort & jurisdiction, comme aussi qu'ils n'ont avancé ni procès, ni jugemens, ni exécutions d'aucuns d'iceux, pour les empêcher d'obtenir leur grace, enfin qu'ils n'ont commis aucun dol ni fraude au préjudice de son privilége: il fait prêter aux geoliers, qui ont amené tous les criminels qu'ils avoient en leur garde, sans en avoir célé ni détourné aucun: & alors on fait sortir ces pauvres malheureux d'une tour voisine, & se jettant à genoux devant l'évêque, ils lui crient par trois fois *miséricorde*. Aussitôt ce prélat les met entre les mains de son bailli & procureur fiscal, & on les fait marcher deux à deux, la tête nue, sans épée & sans armes, au-devant de la procession, qui reprend sa marche, l'évêque suivant, porté *ainsi que nous l'avons dit*, & répandant abondamment ses bénédictions sur le peuple: les officiers de justice se mettent à la suite, & prennent le pas sur le corps de ville.

Quand on est arrivé à la cathédrale, tous les corps entrent dans l'église; mais le chapitre reste au parvis, & y attend son nouvel évêque. Les portes de l'église se ferment; & le fauteuil étant mis bas, le doyen après avoir présenté la croix à baiser & le livre des évangiles, fait faire au prélat le serment accoutumé de garder & maintenir son église avec les personnes, les droits, les priviléges, & les coutumes anciennes & approuvées qui la concernent, les biens & les droits de son évêché; de n'aliéner aucune chose des biens de son église, non plus que des droits de l'évêché, sans le consentement de son chapitre; & que s'il en trouve quelques-uns aliénés, il les retirera selon son pouvoir.

Ce serment étant prêté, on ouvre la grande porte de l'église. Le clergé de la cathédrale entre, & lorsque l'évêque est sur le seuil de cette porte, le doyen lui dit en latin: *Révérend pere, le Seigneur a dit dans son évangile, que celui qui n'entre pas par la porte dans la bergerie des brebis, mais qui y monte par un autre endroit, est un voleur & un larron; que c'est lui-même qui est la voie, la vérité & la vie: voyez si vous voulez entrer par cette voie?* L'évêque répond *Volo*; le doyen ajoute, *Pacificusne est ingressus tuus?* l'évêque assure que son entrée est pacifique; & le doyen dit: *Nous en rendons graces à Dieu, Sit nomen Domini benedictum,* &c. puis comme grand archidiacre il se met au côté droit du prélat, & lui dit: *Entrez, révérend pere, en l'église du Seigneur:* puis lui mettant un ruban de soye, qui est attaché à une corde de l'une des cloches de l'église, que l'évêque fait sonner par trois fois, il lui dit en latin: *Recevez par notre ministere, au nom du Seigneur, le gouvernement & la conduite de cette église, qui est la vôtre, & soyez la trompette & l'instrument du salut de vos peuples, par la prédication de la parole de Dieu.*

Cependant on chante *Laus, honor, virtus, gloria Deo Patri,* &c. L'évêque arrive à l'autel, le baise, le doyen lui disant: *Montez, révérend pere, à l'autel & au saint des saints, & priez pour l'église & pour le troupeau que Dieu vous a commis.* Le doyen même le conduit à sa chaire épiscopale, & l'installe en lui disant: *C'est-là la chaire de votre dignité; mais souvenez-vous que c'est le Seigneur, qui vous ayant fait naître de vos peres, vous a aussi choisi pour vous faire asseoir avec les princes, & vous donner un trône de gloire.* On le place encore dans le premier siége des chanoines, qui est proche de sa chaire épiscopale, & le doyen lui dit en l'installant: *C'est-là le siége ou la stale qui est le symbole de votre amour & diléction pour vos enfans: lorsque vous vous y placerez, vous devez porter dans votre cœur les gages de cet amour; portez-les donc toujours, & les conservez au nom du Seigneur. Amen.*

La prise de possession de l'évêché étant faite par toutes ces installations, le chantre de l'église de sainte Croix entonne le *Te Deum*, à la fin duquel le doyen dit le verset & l'oraison d'action de graces; puis l'évêque descend du stale, & va à la sacristie se revêtir de la chasuble, & vient célébrer la messe solemnelle du saint Esprit, qui est chantée avec tout l'appareil des plus augustes cérémonies.

Après la messe l'évêque se retire en son palais épiscopal, précédé du chapitre processionellement, & lorsqu'il est dans le vestibule de ce palais, le doyen lui dit en latin, comme il a toujours fait: *Révérend pere, je vous avertis que vous devez aujourd'hui, suivant la coutume, donner à dîner à votre table à tous les sieurs chanoines de votre église d'Orléans;* à quoi l'évêque répond en même langue, *Je les y ai déja invités, & je les y invite encore.* Il donne donc à dîner dans son palais épiscopal, & à sa table, aux doyen, dignités, & chanoines de sainte Croix, & à ceux de saint Aignan, aux doyen, chantres & chefveciers de S. Pierre en Pont & de S. Pierre en Peuil, deux collégiales de la ville: il donne à dîner dans différentes maisons des chanoines de sainte Croix, 1°. au corps des officiers du présidial; 2°. au corps des maire & échevins; 3°. au corps des officiers de la prévôté; 4°. au corps des eaux & forêts; 5°. au corps de l'université; 6°. aux capitaines & notables bourgeois.

Le repas fini, ces différens corps reviennent à l'évêché, où le théologal en robe de cérémonie fait du haut d'une fenêtre, une exhortation aux criminels qui sont dans la cour; ensuite de laquelle ceux-ci ayant crié à haute voix par trois fois *miséricorde*, l'évêque paroît à une fenêtre assis sur un fauteuil, & leur fait une vive remontrance; leur ordonne de récompenser par des peines volontaires, les supplices qu'ils ont mérités; & ajoute ensuite qu'il leur donne *pardon, rémission & abolition de leurs crimes*, de la maniere que ses prédécesseurs évêques ont fait par le passé, suivant le pouvoir que les rois de France leur ont accordé, & dont ils ont joui à leur entrée: il leur ordonne de se confesser, & d'en rapporter certificat, afin de leur délivrer les lettres nécessaires de leur rémission : il leur enjoint au surplus de satisfaire à leurs parties civiles pour les dommages, frais & intérêts : outre cela il déclare qu'il n'entend comprendre au présent pardon & rémission, que les crimes qui ont été ou seront jugés rémissibles, c'est-à-dire généralement tous ceux dont les rois de France donnent grace avec connoissance de cause, comme les meurtres faits sans aucune coopération de volonté, ou arrivés par accident, ou par la passion & les premiers mouvemens de la colere ; ainsi les guets à pens, les assassinats, & le duel en sont exclus, ainsi que l'incendie, la fausse monnoie, & à plus forte raison les crimes de lèze-majesté divine & humaine. L'évêque exclud de cette grace les hérétiques, comme n'étant pas enfans de l'église, & dit que si les prisonniers n'ont pas exposé en leurs faits, la vérité du crime, les lettres de pardon qui leur en seroient expédiées seroient nulles ; puis après avoir prononcé à haute voix la rémission dans les formes, il leur donne la bénédiction, & la desserte des tables leur est distribuée.

Savoir d'où est venu ce privilége dont jouissent les évêques d'Orléans, c'est ce qui est difficile à découvrir : on trouve ces prélats dans une possession immémoriale d'en jouir. La plus commune opinion est qu'il est venu de S. Aignan, l'un des plus grands & des plus saints évêques d'Orléans. Lorsqu'il voulut y faire son entrée vers l'an 390, il demanda à Agrippa, gouverneur de la province pour les empereurs Valentinien II, Théodose & Arcade, qu'il lui accordât la délivrance de tous les criminels détenus dans les prisons de la ville, en faveur de son avénement à l'épiscopat. Agrippa n'eut aucun égard à cette requête ; mais peu après il fut blessé avec d'une grosse pierre qui lui tomba sur la tête : le saint évêque courut le visiter après cet accident, & faisant sur lui le signe de la croix, il arrêta le sang qui couloit de sa tête, & le guérit : ce qui obligea ce gouverneur de lui accorder la délivrance des criminels, ainsi qu'il la lui avoit demandée.

La même grace fut apparemment continuée par les successeurs d'Agrippa, aux successeurs de S. Aignan : les rois de la premiere race en firent autant, puisque ce privilége a toujours eu son effet, & a passé sans interruption aux successeurs des évêques d'Orléans. Ce fait miraculeux de S. Aignan, se trouve dans deux anciens manuscrits conservés dans les chartes des églises de sainte Croix d'Orléans & de S. Aignan, que l'on croit écrits depuis le temps du roi Carloman : ces anciens actes ayant été consumés en 865, lorsque les Normans ravagerent & brulerent les églises d'Orléans avec tous leurs livres & leurs titres, parmi lesquels il est à présumer que se trouvoit le titre du privilége des évêques.

Quoi qu'il en soit, Yves de Chartres écrivant vers l'an 1099 à Sanction, évêque d'Orléans, touchant la délivrance d'un criminel, qu'il avoit accordée à sa priere le jour de son entrée, en parle comme d'une coutume, qui étoit établie, & étoit en usage depuis long-temps. Les actes de la vie de S. Euspice, évêque d'Orléans, mort en 510, écrits par un auteur du VIIᵉ siécle, ainsi qu'en a jugé le P. Mabillon, qui a fait insérer cette vie dans le premier tome des actes des saints de l'ordre de S. Benoît, parlent de cette délivrance.

Non seulement ce privilége est immémorial, mais encore on le trouve confirmé par des rois de la troisiéme race, & par leurs cours de parlement : témoin un arrêt de la cour du parlement de Paris sous le regne de Charles IV, en 1321 ; le procès-verbal de l'entrée de Hugues du Fai en 1365 en fait mention. Le roi Charles VI confirma le privilége par des lettres patentes de 1402 : le parlement de Bourdeaux

entérina en 1522, des lettres de rémission données à un homicide par Jean, cardinal de Longueville, évêque d'Orléans, au jour de son entrée. Henri II donna encore en 1550, des lettres confirmatives de ce privilége, au sujet de l'entrée de Jean de Morvilliers, évêque d'Orléans ; & enfin le conseil privé du roi Louis XIV rendit un arrêt le 6 avril 1670 pour faire jouir un particulier des lettres de rémission par lui obtenues de Pierre du Cambout de Coislin, évêque d'Orléans, puis cardinal, lors de son entrée en 1666, *sans qu'il fût tenu*, par cet arrêt, *d'obtenir des lettres de confirmation de sa majesté*, ainsi que ses parties le prétendoient.

Le nombre des criminels qui en jouissent, est quelquefois si grand, que l'on en compta près de 2500 à l'entrée de M. de Coislin, tous obligés d'assister à la procession, sans exemption ni distinction. * *Hist. des entrées des évêq. d'Orléans dressée en 1707*, au sujet de celle de M. de Fleuriau d'Arménonville, évêque d'Orléans.

ORLÉANS a eu titre de royaume sous nos monarques de la premiere race. CLODOMIR, fils de Clovis *le Grand*, fut roi d'Orléans, & fut tué à la bataille de Voiron, l'an 524. CLOTAIRE I, son frere, qui lui succéda, laissa son royaume à *Gontran*, mort l'an 592. Long-temps après, sous la troisiéme race, PHILIPPE de France, cinquiéme fils du roi Philippe *de Valois*, fut duc d'Orléans, & mourut sans enfans légitimes, l'an 1375. Louis de France, second fils du roi CHARLES V, fit *la branche royale d'*ORLÉANS, dont l'on rapporte ici la postérité.

SUCCESSION CHRONOLOGIQUE & généalogique des premiers ducs d'ORLÉANS.

XVIII. Louis de France, duc d'Orléans, pair de France, comte de Valois, d'Ast, de Blois, de Dunois, d'Angoulême, &c. second fils de CHARLES V, du nom, roi de France, & de *Jeanne de Bourbon*, né le 13 mars 1371, fut assassiné à Paris, le 23 novembre 1407, par des gens apostés par le duc de Bourgogne. Il avoit épousé en septembre 1389 *Valentine* de Milan, fille de *Jean-Galéas*, premier duc de Milan, & d'*Isabelle* de France, sa premiere femme, morte le 4 décembre 1408, dont il eut CHARLES, duc d'Orléans, qui suit ; *Jean*, né vers le mois de septembre 1393, mort au mois d'octobre suivant ; *Charles*, né au mois de novembre 1394, mort en septembre 1395 ; *Philippe*, comte de Vertus, né en juillet 1396, mort sans alliance l'an 1420, *laissant pour fils naturel*, Philippe-Antoine, *bâtard de Vertus, qui vivoit en 1442, & qui fut exécuté à mort en 1445* ; JEAN, comte d'Angoulême, qui fit *la branche des comtes d'*ANGOULESME, rapportée ci-après ; N. née & morte en mai 1390 ; N. née en 1401, morte jeune ; & *Marguerite* d'Orléans, née en 1406, mariée à *Richard* de Bretagne, comte d'Estampes, morte le 24 avril 1466. *Il eut aussi pour fils naturel*, JEAN, *bâtard d'Orléans*, comte de Dunois, qui fit la branche *des ducs de* LONGUEVILLE, *qui sera rapportée après celle des comtes d'Angoulême.*

XIX. CHARLES, duc d'Orléans & de Milan, pair de France, comte de Valois, &c. né le 26 mai 1391, mourut le 4 janvier 1465. Il avoit épousé 1°. le 29 juin 1406 *Isabelle* de France, veuve de *Richard*, II du nom, roi d'Angleterre, & fille de CHARLES VI, roi de France, & d'*Isabelle* de Baviere, morte en couches le 13 septembre 1409 : 2°. *Bonne* d'Armagnac, fille aînée de *Bernard* VII du nom, comte d'Armagnac, connétable de France, & de *Bonne* de Berri, morte en 1415 : 3°. en 1440, *Marie* de Cléves, fille d'*Adolphe*, duc de Cléves, & de *Marie* de Bourgogne. Elle prit une seconde alliance avec *Jean*, sire *de Rabodanges*, capitaine de Gravelines, &

mourut en 1487. Ce duc eut de son premier mariage *Jeanne* d'Orléans, premiere femme de *Jean* II du nom, duc d'Alençon, mariée l'an 1411, morte sans postérité le 19 mai 1432, en sa 23 année. Du troisiéme lit sortirent Louis, XII du nom, roi de France, *dont la postérité est rapportée à* FRANCE; *Marie* d'Orléans, alliée à *Jean* de Foix, comte d'Estampes, &c. morte en 1493; & *Anne* d'Orléans, abbesse de Font-Evrault en 1478, morte l'an 1491.

COMTES D'ANGOULESME.

XIX. JEAN d'Orléans, comte d'Angoulême, surnommé *le Bon*, fils puîné de Louis de France, duc d'Orléans, né le 26 juin 1404, mourut le 30 avril 1467. Il avoit épousé par contrat du 31 août 1449 *Marguerite* de Rohan, fille d'*Alain* IX du nom, vicomte de Rohan, & de *Marguerite* de Bretagne, dont il eut *Louis*, mort à l'âge de trois ans; CHARLES, qui suit; & *Jeanne* d'Orléans, mariée à *Charles* de Coëtivi, comte de Taillebourg. *Il eut aussi pour fils* naturel Jean, *bâtard d'Angoulême*, *légitimé en* 1458.

XX. CHARLES d'Orléans, comte d'Angoulême, &c. mourut le premier janvier 1496, suivant la nouvelle computation. *Cherchez* CHARLES. Il avoit épousé par contrat du 16 février 1487 *Louise* de Savoye, duchesse d'Angoulême & d'Anjou, &c. fille aînée de *Philippe* II du nom, duc de Savoye, & de *Marguerite* de Bourbon sa premiere femme, morte le 22 septembre 1531, âgée de 55 ans, dont il eut FRANÇOIS I du nom, roi de France, *dont la postérité est rapportée à* FRANCE; & *Marguerite* d'Orléans ou *de Valois*, née le 11 avril 1492, mariée 1°. l'an 1509, à *Charles*, duc d'Alençon: 2°. l'an 1527, à *Henri* d'Albret, roi de Navarre, morte le 21 décembre 1549. *Il eut aussi pour filles* naturelles, Jeanne, *bâtarde d'Angoulême*, *comtesse de Bar-sur-Seine*, mariée 1°. à Jean *Aubin*, seigneur de Malicorne & de Sargeres : 2°. à Jean de Longwi, seigneur de Givri; Magdeléne, *bâtarde d'Angoulême*, abbesse de S. Ausoni d'Angoulême, puis de Jouarre, morte le 26 octobre 1543, âgée de 67 ans; & Souveraine, *bâtarde d'Angoulême*, mariée par contrat du 10 février 1512 à Michel *Gaillard*, seigneur de Chilli & de Longjumeau, pannetier du roi, morte le 26 février 1551. * *Voyez* M. de Sainte-Marthe; le P. Anselme, &c.

BRANCHE DES COMTES DE DUNOIS, comtes, puis ducs de LONGUEVILLE.

XIX. JEAN d'Orléans, comte de Dunois & de Longueville, grand chambellan de France, fils *naturel* de Louis de France, duc d'Orléans, & de *Mariette* d'Enghien, dame de Cani, né en 1403, mourut le 24 novembre 1468, âgé de 65 ans, *voyez* son éloge au mot JEAN. Il avoit épousé 1°. *Marie* Louvet, fille de *Jean*, seigneur de Thais, de Salinier & de Mérindol, président en la chambre des comptes & aides de Provence, l'un des favoris du roi Charles VII, de laquelle il n'eut point d'enfans : 2°. en 1439, *Marie* d'Harcourt, dame de Parthenai, &c. fille de *Jacques* d'Harcourt II du nom, baron de Montgommeri, &c. & de *Marguerite* de Melun, comtesse de Tancarville, morte septembre 1464, dont il eut FRANÇOIS I, qui suit; *Marie*, alliée en 1566 à *Louis* de la Haye, seigneur de Passavant & de Mortagne; & *Catherine* d'Orléans, mariée le 16 mars 1468 à *Jean* de Sarrebruche, comte de Rouci, restée veuve le 19 juin 1497, & morte le 30 mai 1501.

XX. FRANÇOIS d'Orléans, I du nom, comte de Dunois, de Longueville, de Tancarville, &c. gouverneur de Normandie &c de Dauphiné, grand chambellan de France, mourut le 25 novembre 1491. Il avoit épousé l'an 1466 *Agnès* de Savoye, fille puînée de *Louis*, duc de Savoye, morte le 15

mars 1508, dont il eut FRANÇOIS II, qui suit; LOUIS I, qui continua *la postérité rapportée après celle de son frere aîné*; Jean, cardinal d'Orléans, archevêque de Toulouse, & évêque d'Orléans, appellé communément *le cardinal de Longueville*, dont il est parlé *sous le mot* JEAN; & *Anne* d'Orléans, mariée en août 1494 à *André*, seigneur de Chauvigni & de Châteauroux, vicomte de Brosse, &c.

XXI. FRANÇOIS d'Orléans, II du nom, comte de Dunois, en faveur duquel le comté de Longueville fut érigé en duché en 1505, fut gouverneur de Guienne, grand chambellan de France, & mourut en 1512, laissant de *Françoise* d'Alençon, fille aînée de *René*, duc d'Alençon, qu'il avoit épousée l'an 1505, pour fille unique *Renée* d'Orléans, comtesse de Dunois, morte le 23 mai 1515, à l'âge de sept ans.

XXI. LOUIS d'Orléans, I du nom, frere puîné du précédent, pendant la vie duquel il porta le titre de marquis de Rothelin, succéda à *Renée* d'Orléans sa niéce, en tous les biens de la maison de Longueville. Il fut duc de Longueville, &c. grand chambellan de France & gouverneur de Provence, & mourut en 1516. Il avoit épousé en 1504 *Jeanne* de Hochberg, fille unique & héritière de *Philippe*, marquis de Hochberg, comte souverain de Neufchâtel en Suisse, seigneur de Rothelin, &c. morte le 21 septembre 1543, dont il eut, 1. *Claude* d'Orléans, duc de Longueville, souverain de Neufchâtel, comte de Dunois, &c. pair & grand chambellan de France, tué au siége de Pavie l'an 1524, sans alliance, âgé de 16 & 17 ans, *laissant pour fils* naturel, Claude, *bâtard de Longueville*, lequel épousa Marie *de la Boissiere*, dont il eut Jacqueline d'Orléans, mariée en décembre 1575 à Pierre *de Brisai*, seigneur de Dénonville; 2. LOUIS II, qui suit; 3. FRANÇOIS, qui continua *la postérité qui sera rapportée après celle de son frere aîné*; & 4. *Charlotte* d'Orléans, mariée le 22 décembre 1528 à *Philippe* de Savoye, duc de Némours, morte le 8 septembre 1549.

XXII. LOUIS d'Orléans, II du nom, duc de Longueville, souverain de Neufchâtel, &c. pair & grand chambellan de France, mourut le 9 juin 1537. Il avoit épousé le 4 août 1634 *Marie* de Lorraine, fille aînée de *Claude*, duc de Guise, laquelle prit une seconde alliance l'an 1538 avec *Jacques* V, roi d'Ecosse, & mourut le 10 juin 1561, ayant eu de son premier mariage, FRANÇOIS III, qui suit; & *Louis* d'Orléans, né posthume le 4 août 1537, mort jeune.

XXII. FRANÇOIS d'Orléans, III du nom, duc de Longueville, souverain de Neufchâtel, comte de Dunois, pair & grand chambellan de France, né le 30 octobre 1535, mourut sans alliance le 22 septembre 1551.

XXII. FRANÇOIS d'Orléans, troisiéme fils de Louis d'Orléans, I du nom, duc de Longueville, &c. & de *Jeanne* de Hochberg, né le 11 mars 1513, fut marquis de Rothelin, &c. & mourut le 25 octobre 1548. Il avoit épousé en juillet 1536, *Jacqueline* de Rohan, fille de *Charles*, seigneur de Gié, & de *Jeanne* de Saint-Séverin, morte l'an 1586, dont il eut LÉONOR, qui suit; & *Françoise* d'Orléans, née posthume, mariée par contrat du 8 novembre 1565 à *Louis* de Bourbon, I du nom, prince de Condé, morte le 11 juin 1601. François d'Orléans eut de *N*. de Blosset, FRANÇOIS d'Orléans, qui a fait *la branche des marquis de* ROTHELIN, *rapportée ci-après*.

XXIII. LÉONOR d'Orléans, duc de Longueville & d'Estouteville, souverain de Neufchâtel, &c. pair & grand chambellan de France, & gouverneur de Picardie, recueillit en 1551 la succession de *François III*, duc de Longueville, son cousin, & mourut en août 1573, âgé de trente-trois ans. Il avoit épousé l'an 1563 *Marie* de Bourbon, duchesse d'Eſtouteville, comteſſe de Saint-Paul, veuve de *Jean* de Bourbon, comte d'Enghien, & de *François* de Cléves, duc de Nevers, & fille unique de *François* de Bourbon, comte de S. Paul, & d'*Adrienne*, ducheſſe d'Eſtouteville, morte le 7 avril 1601. De cette alliance vinrent deux fils nommés tous deux *Charles*, morts jeunes; 3. HENRI, I du nom, qui ſuit; 4. *François*, comte de S. Paul, duc de Fronſac & de Château-Thierri, pair de France, chevalier des ordres du roi, gouverneur d'Orléans, Blois & Tours, qui fut créé duc de Fronſac en janvier 1608, & mourut le 7 octobre 1631. Il avoit épouſé par contrat du 5 février 1595 *Anne* de Caumont, marquiſe de Fronſac, veuve de *Claude* d'Eſcars, prince de Carenci, & fils unique de *Geofroi*, baron de Caumont, & de *Marguerite* de Luſtrac, marquiſe de Fronſac, morte le 2 juin 1642, dont il eut *Léonor* d'Orléans, duc de Fronſac, né le 9 mars 1605, tué au ſiége de Montpellier le 3 ſeptembre 1622; 5. *Léonor*, mort jeune; 6. *Catherine*, morte aveugle ſans alliance l'an 1638; 7. *Antoinette*, mariée à *Charles* de Gondi, marquis de Belle-Iſle, duquel étant demeurée veuve, elle ſe rendit Feuillantine à Toulouſe l'an 1599, eut l'adminiſtration de l'abbaye de Font-Evrault, & mourut l'an 1618. (*Voyez* ANTOINETTE d'Orléans.) 8. *Marguerite*, morte ſans alliance le 13 ſeptembre 1615, âgée de 49 ans; & 9. *Eléonor* d'Orléans, mariée en 1596 à *Charles* de Matignon, comte de Thorigni, chevalier des ordres du roi, lieutenant général en baſſe Normandie.

XXIV. HENRI d'Orléans, I du nom, duc de Longueville, ſouverain de Neufchâtel, comte de Dunois, &c. chevalier des ordres du roi, pair & grand chambellan de France, & gouverneur de Picardie, mourut le 29 avril 1595, d'un coup de mouſquet qu'il reçut en la ſalve qu'on lui fit à ſon entrée en armes dans la ville de Dourlens. Il avoit épouſé par contrat du 27 février 1588 *Catherine* de Gonzague, fille de *Louis*, prince de Mantoue & duc de Nevers, & de *Henriette* de Cléves, ducheſſe de Nevers & de Rhétel, morte le 2 décembre 1629, âgée de 61 ans, dont il eut HENRI II, qui ſuit.

XXV. HENRI d'Orléans, II du nom, duc de Longueville & d'Eſtouteville, prince ſouverain de Neufchâtel, pair de France, chevalier des ordres du roi, gouverneur de Picardie, puis de Normandie, né le 27 avril 1595, mourut le 11 mai 1663. Il avoit épouſé 1°. le 11 avril 1617 *Louiſe* de Bourbon, fille de *Charles*, comte de Soiſſons, grand maître de France, morte le 9 ſeptembre 1637 : 2°. le 2 juin 1642, *Anne-Geneviéve* de Bourbon, fille de *Henri* II du nom, prince de Condé, & de *Charlotte-Marguerite* de Montmorenci, morte le 15 avril 1679. Du premier mariage vinrent *N.* d'Orléans, comte de Dunois, né le 21 juin 1626, mort le 8 juin 1628; *N.* comte de Dunois, né le 16 janvier 1634, mort incontinent après ſa naiſſance; & *Marie* d'Orléans, née le 5 mars 1625, mariée le 22 mai 1657 à *Henri* de Savoye, II du nom, duc de Némours. Elle ſuccéda en tous les biens de ſa maiſon, après la mort de ſes freres, & mourut ſans poſtérité le 16 juin 1707, en ſa 83 année. Du ſecond mariage ſortirent *Jean-Louis-Charles* d'Orléans, duc de Longueville & d'Eſtouteville, &c. né le 12 janvier 1646, qui reçut l'ordre de prêtriſe en 1669, & mourut le 4 février 1694; CHARLES-PARIS, qui ſuit; *Charlotte-Louiſe*, née le 4 février 1644, morte le 30 avril 1645; & *Marie-Gabrielle* d'Orléans, morte jeune l'an 1650. Il laiſſa de Jacqueline d'Illiers, abbeſſe de S. Avi près de Châteaudun, pour fille naturelle, Catherine-Angélique d'Orléans, qui fit profeſſion dans l'abbaye de Maubuiſſon. Elle ſe retira enſuite à Montivilliers, où elle ne demeura que ſix mois. Enfin elle fut ſucceſſivement abbeſſe de S. Pierre de Reims, du monaſtère du Lieu-

Dieu, & en dernier lieu de Maubuiſſon. Elle mourut le 16 de juillet 1664, âgée de 47 ans. Il en eſt beaucoup parlé dans la vie encore manuſcrite de madame Suyreau, dite la mere Marie des Anges, *réformatrice de l'abbaye de Maubuiſſon*, puis trois fois abbeſſe de Port-Royal, où elle eſt morte.

XXVI. CHARLES-PARIS d'Orléans, duc de Longueville & d'Eſtouteville, prince ſouverain de Neufchâtel, &c. né le 29 janvier 1649, fut tué au paſſage du Rhin près du fort de Tolhuis le 12 juin 1672, ſans avoir été marié, dans le temps qu'il alloit être élu roi de Pologne; & laiſſa pour fils naturel d'une dame mariée, Charles-Louis d'Orléans, chevalier de Longueville, tué au ſiége de Philisbourg en novembre 1688.

MARQUIS DE ROTHELIN, ISSUS DES DUCS de LONGUEVILLE.

XXIII. FRANÇOIS d'Orléans, fils de FRANÇOIS d'Orléans, marquis de Rothelin, & de *N.* de Bloſſet, laquelle étoit fille de *Jean* de Bloſſet, baron de Torcy, & d'*Anne* de Cugnac, fut baron de Varanguebec & de Néaufle, chevalier de l'ordre du roi, nommé par brévet du roi Charles IX de 1568; gentilhomme de la chambre du roi Henri III, par brévet de 1578. Le même prince traite le marquis de Rothelin de ſon *très-cher couſin*, dans une lettre du mois de décembre 1587, pour exempter de l'arriere-ban les gendarmes de ſa compagnie. Il fut auſſi capitaine de cinquante hommes d'armes, gouverneur de Verneuil, & mourut l'an 1601. Il avoit épouſé le 2 février 1582 *Catherine* du Val de Fontenay Mareuil, que le roi Henri III nomma en 1583, dame d'honneur de la reine Louiſe de Lorraine. La même année elle eut un fils qui fut tenu ſur les fonts de baptême par le roi, & l'année ſuivante une fille qui fut tenue par Catherine de Médicis. Catherine du Val étoit fille de *Triſtan* du Val de Fontenai-Mareuil, grand prévôt de France, vicomte de Corbeil, & de *Magdeléne* de Saint-André. Leurs enfans furent HENRI, I du nom, qui ſuit; *Léonor*, lieutenant général de l'artillerie, mort ſans alliance au ſiége de la Rochelle l'an 1628; *Catherine*, religieuſe à Font-Evrault; & *Henriette* d'Orléans, mariée par contrat du 10 mars 1609 à *Louis*, marquis de Coëtquen, gouverneur de S. Malo.

XXIV. HENRI d'Orléans, I du nom, marquis de Rothelin, baron de Varanguebec, &c. gouverneur de Reims, fut nommé conſeiller d'état d'épée par brévet de 1615; gentilhomme de la chambre du roi Louis XIII, par brévet de 1620. Il eut en 1628 une commiſſion pour commander l'artillerie au ſiége de la Rochelle, après la mort de ſon frere, & fut fait en 1636 maréchal des camps & armées de ſa majeſté. Le roi le nomma par brévet du 1 octobre 1641, pour être reçu chevalier de S. Eſprit à la premiere promotion. Il mourut le 4 mai 1651. Il avoit épouſé le 12 février 1620 Catherine-Henriette de Loménie, fille d'*Antoine*, ſeigneur de la Ville-aux-Clercs, ſecrétaire d'état, morte le 28 février 1667, dont il eut MARC-ANTOINE, qui ſuit; HENRI-AUGUSTE, qui continua la poſtérité rapportée après celle de ſon frere aîné; FRANÇOIS, qui a fait le rameau des comtes de NEAUFLE, comtes de ROTHELIN, mentioné ci-après; Gabriel, abbé de Joſaphat, & doyen de Gournai, mort le 31 juillet 1714; *Marie-Catherine*, religieuſe en l'abbaye de Chelles; & *Marie-Magdeléne* d'Orléans, morte ſans alliance le 18 octobre 1694.

XXV. MARC-ANTOINE d'Orléans, marquis de Rothelin, &c. mourut le 14 juin 1644. Il avoit épouſé l'année précédente *Anne* de Bauquemare, fille de *Charles*, ſeigneur de Bourdeni, préſident aux requêtes du palais, morte en mars 1693, dont il eut *N.* d'Orléans, baron de Huguéville, mort jeune en mars 1650.

XXV. Henri-Auguste d'Orléans, marquis de Rothelin, baron de Varanguebec, &c. frere puîné du précédent, mourut le 28 août 1692. Il avoit épousé 1°. le 12 novembre 1653 Marie le Bouteiller-de-Senlis, veuve de Charles de Brichanteau, marquis de Nangis, & fille de Jean le Bouteiller-de-Senlis, V du nom, comte de Mouci, & d'Isabelle de Prunelé, morte le premier juillet 1669 : 2°. en 1672, Marie-Thérèse de Conflans, veuve de Philippe de Miremont, seigneur de Bérieux, & fille aînée de Pierre de Conflans, baron de Rônai, & d'Anne de Bossut-Longueval, dont il n'eut point d'enfans. Ceux du premier mariage furent Henri II, qui suit; N. N. filles, mortes jeunes; & Jeanne-Catherine-Henriette d'Orléans, mariée 1°. à Maximilien-François, marquis de Béthune-Orval, guidon des gendarmes du roi : 2°. à Claude-François Bourdin, marquis d'Assi, capitaine au régiment de Vermandois, morte le 28 août 1688.

XXVI. Henri d'Orléans, II du nom, marquis de Rothelin, &c. premier capitaine-enseigne des gendarmes du roi, né le 13 avril 1655, mourut le 19 septembre 1691, des blessures qu'il reçut au combat de Leuze. Il avoit épousé le 25 juin 1675, Gabrielle-Eléonore de Montault, morte le 30 août 1698, âgée de 41 ans, fille de Philippe, duc de Navailles, maréchal de France, & de Susanne de Baudéan, dont il eut Philippe marquis de Rhotelin, comte de Moussi, né le 26 septembre 1678, mort sans alliance le 15 août 1715, âgé de 37 ans, qui suit; Charles d'Orléans-Rothelin, né le 5 août 1691, abbé de Cormeilles, l'un des quarante de l'académie françoise, connu sous le nom d'abbé de Rhotelin, mort le 17 juillet 1744. Son éloge est rapporté ci-après. Françoise-Gabrielle, née le 3 mai 1676, grande prieure de sainte Croix de Poitiers, puis abbesse de Notre-Dame de la Protection à Valogne en avril 1706, & de S. Ausoni d'Angoulême, en octobre 1711; Susanne, née le 11 juillet 1677, mariée en 1703, à Charles Martel, comte de Clere; & Radegonde d'Orléans, née le 11 novembre 1679, alliée le 8 juillet 1694 à Marc-Auguste, marquis de Briquemault, outre trois garçons & deux filles, mortes jeunes.

XXVII. Alexandre d'Orléans, marquis de Rothelin, comte & seigneur des Moussi, vicomte de Lavedan, marquis de Bénac, &c. né le 15 mars 1688, fut fait guidon des gendarmes Ecossois en 1706, ayant été auparavant capitaine au régiment d'Artois. Il eut en 1707, la sous-lieutenance des chevaux-légers de Berri, qu'il quitta en 1710. Il servit la même année en qualité de volontaire au siège de la ville d'Aire, assiégée par les alliés, & il y eut une cuisse fracassée d'un coup de feu le 23 septembre dans une sortie, en récompense dequoi il fut fait mestre de camp de cavalerie réformée à la suite du régiment Dauphin étranger. Il fut créé brigadier des armées du roi, le premier février 1719; gouverneur des villes & citadelles de Blavet & de Port-Louis, en 1731; maréchal de camp en 1734; & lieutenant général des armées du roi en 1748. Il avoit épousé le 29 juillet 1716 Marie-Philippe-Henriette Martel de Clere, sa niéce, fille de Charles Martel, comte de Clere, & de Susanne d'Orléans-Rothelin. Elle mourut le 3 février 1728, sans enfans, âgée de 32 ans & demi. Il a épousé en secondes noces en 1739, Marie-Catherine-Dorothée de Roncherolles, fille de Michel de Roncherolles, marquis de Pont-Saint-Pierre, & de dame Anne Erard le Gris. De ce mariage sont issues Marie-Henriette-Dorothée d'Orléans-Rothelin, née le 3 février 1744, & Françoise d'Orléans-Rothelin, née le 28 septembre 1752.

Les marquis de Rothelin portent & ont toujours porté les armes pleines de la maison de Longueville.

COMTES DE NEAUFLE ET DE ROTHELIN, issus des marquis de ROTHELIN.

XXV. François d'Orléans, troisième fils de Henri I du nom, marquis de Rothelin, & de Catherine-Henriette de Loménie, fut comte de Neaufle, & mourut en 1671. Il avoit épousé Charlotte de Biencourt, fille de Charles, seigneur de Potrincourt, dont il eut Jean-Charles-Antoine, mort sans postérité en 1695; Gabriel-Jean-Baptiste, chevalier de Rothelin, mort au combat de la Manche, en juillet 1690; François-Marc-Antoine-Alexis, qui suit; & Anne d'Orléans, morte sans alliance en 1684.

XXVI. François-Marc-Antoine-Alexis d'Orléans, comte de Rothelin, &c. mort sans postérité le 28 janvier 1728, dans la 58 année de son âge.

DERNIERS DUCS D'ORLÉANS.

Charles de France, troisième fils du roi François I, fut duc d'Orléans. On donna le même titre à Louis, second fils du roi Henri II. Ce duché a été l'apanage de Gaston-Jean-Baptiste de France, fils du roi Henri IV. Voyez FRANCE, puis de Philippe de France, frere unique du roi Louis XIV, & dont l'on rapporte ici la postérité.

XXIV. Philippe, fils de France, duc d'Orléans, de Chartres, de Valois, &c. chevalier des ordres du roi, second fils de Louis XIII, roi de France, né le 21 septembre 1640, mourut subitement à Saint-Cloud près Paris le 9 juin 1701. Voyez PHILIPPE. Il avoit épousé 1°. le 31 mars 1661, Henriette-Anne, princesse d'Angleterre, fille de Charles I du nom, roi d'Angleterre, & de Henriette-Marie de France, morte le 30 juin 1670 : 2°. le 16 décembre 1671, Charlotte-Elizabeth de Baviere, fille de Charles-Louis, comte Palatin du Rhin, électeur, & de Charlotte de Hesse, morte le 8 décembre 1722, en sa 70 année. Du premier lit vinrent Philippe-Charles d'Orléans, duc de Valois, né le 16 juillet 1664, mort le 8 décembre 1666; Marie-Louise, née le 27 mars 1662, mariée le 31 août 1679, à Charles II du nom, roi d'Espagne, dont elle fut la premiere femme, morte sans postérité le 12 février 1689; N. née avant terme le 9 juillet 1665, morte aussitôt; & Anne-Marie d'Orléans, née le 27 août 1669, mariée le 10 avril 1684, à Victor-Amédée-François, duc de Savoye, prince de Piémont, roi de Sardaigne, morte à Turin le 26 août 1728. Du second sortirent Alexandre-Louis, duc de Valois, né le 2 juin 1673, mort la nuit du 15 au 16 mars 1676; Philippe, qui suit; & Elizabeth-Charlotte d'Orléans, née le 13 septembre 1676, mariée le 13 octobre 1697, à Léopold-Joseph-Dominique-Hyacinthe, duc de Lorraine & de Bar, dont elle eut des enfans.

XXV. Philippe, petit-fils de France, duc d'Orléans, de Chartres, de Valois, &c. chevalier des ordres du roi & de la toison d'or, né le 2 août 1674, fut régent du royaume pendant la minorité du roi Louis XV, lequel étant devenu majeur, le pria après la mort du cardinal du Bois de se charger du détail des affaires, & des fonctions de principal ministre d'état, dont il fit les fonctions jusqu'à sa mort arrivée subitement à Versailles le 2 décembre 1723, étant âgé de 49 ans 4 mois. Il avoit épousé le 18 février 1692 Marie-Françoise de Bourbon, légitimée de France, fille du roi Louis XIV, dont il a eu Louis, qui suit; N. née le 17 décembre 1693, morte sans être nommée le 17 octobre 1694; Marie-Louise-Elizabeth, née le 20 août 1695, mariée le 7 juillet 1710 à Charles de France, duc de Berri, morte la nuit du 20 au 21 juillet 1719; Louise-Adélaïde, née le 13 août 1698, bénite abbesse de Chelles, au mois de septembre 1719, morte à Paris, au prieuré de la Magdeléne de Traînel, où elle s'étoit retirée le

18 février 1743. *Voyez* son article. *Charlotte-Aglaé*, née le 22 octobre 1700, mariée le 22 février 1720, à *François-Marie* d'Est, prince héréditaire de Modène; *Louise-Elizabeth*, née le 11 décembre 1709, mariée le 20 janvier 1722 à Louis I du nom, roi d'Espagne, morte à Paris, au palais du Luxembourg, le 16 juin 1742; *Philippe-Elizabeth*, née le 18 décembre 1714. Les articles de son contrat de mariage avec dom *Carlos*, infant d'Espagne, ayant été signés à Versailles le 26 novembre 1722, elle partit de Paris le premier décembre suivant, & arriva à Madrid le 16 février 1723 : elle fut renvoyée en France en 1725. Elle est morte à Bagnolet, près Paris, le 21 mai 1734 : & *Louise-Diane* d'Orléans, damoiselle de Chartres, sa derniere fille, née à Paris le 27 de juin 1716, mariée le 22 janvier 1732 avec *Louis-François* de Bourbon, prince de Conti, & gouverneur lieutenant général pour le roi du haut & bas Poitou. *Il eut aussi pour fils naturels, Jean-Philippe, appellé le chevalier d'Orléans, grand prieur de France de l'ordre de S. Jean de Jérusalem, abbé commendataire de l'abbaye d'Hautvilliers, grand d'Espagne, & général des galeres de France, né à Paris en 1702, de Marie-Louise - Magdelène - Victoire le Bel de Serri, fille d'honneur de la duchesse d'Orléans, douairiere, & depuis honorée du titre de comtesse d'Argenton en Berri, fille de Daniel le Bel, seigneur de la Boissiere & de Brénouil, & d'Anne de Masparault, sa premiere femme. Il fut légitimé par lettres données à Versailles au mois de juillet 1706, régistrées en la chambre des comptes le 18, & au parlement de Paris le 27 de septembre suivant; fut pourvu au mois de juin 1716, de la charge de général des galéres de France sur la démission du maréchal de Tessé, & en prêta le serment le 29 d'août suivant. La démission faite sa faveur par le chevalier de Vendôme du grand prieuré de France ayant été confirmée par un bref du pape Clément XI, qui l'habilitoit à recevoir ce grand prieuré, & ayant été ensuite acceptée par le grand maître de la religion le 21 de septembre 1719, il fit ses vœux à Malte dans l'église de S. Jean entre les mains du lieutenant du grand maître, le 26 du même mois. Le 28 suivant il prêta serment de grand croix entre les mains du même lieutenant, & fut installé dans le conseil de l'ordre à sa place de grand prieur de France, après quoi il s'embarqua le 7 d'octobre pour retourner en France sur un vaisseau de la religion, & il arriva le 18 suivant à Marseille. Il prêta serment de fidélité entre les mains du roi à cause de ce grand prieuré le 11 de février 1720. L'abbaye de Hautvilliers, ordre de S. Benoît, diocèse de Reims, lui fut donnée le 8 janvier 1721. Il accompagna au mois de décembre 1721, la princesse de Beaujolois jusques sur les frontieres d'Espagne, d'où il se rendit en poste à Madrid, où il arriva le 23 de janvier 1723, pour faire part à la cour de l'arrivée de la princesse. Le roi catholique l'honora de la grandesse d'Espagne : & il prit possession des honneurs attachés à cette dignité, en se couvrant devant sa majesté catholique, le 28 de février suivant, pour son parain à cette cérémonie le duc del Arco. Il eut en 1727, le commandement d'une escadre de six galéres, avec lesquelles il fit voile de Marseille le 22 de mai ; & après avoir parcouru les mers d'Italie, il y rentra le 10 de septembre suivant, ayant couché dans sa course à Palerme & à Naples, où il alla saluer les vice-rois de ces états, & ensuite à Civitta Vecchia, d'où s'étant rendu à Rome le 26 de juillet il fut conduit le 28 par le cardinal de Polignac à l'audience du pape, qui le 30 lui envoya un grand régal porté par trente hommes. Il prit congé de sa sainteté le 10 d'août suivant, & fut encore régalé de quatre bassins remplis d'Agnus Dei, & d'autres curiosités romaines. Il partit de Rome le lendemain pour aller rejoindre son escadre à Civitta Vecchia, fort satisfait des honneurs qu'il avoit reçus pendant son séjour, tant de la part du pape, que de celle des cardinaux & des seigneurs & da-* mes romaines. Il fut choisi en 1731, par le roi pour aller complimenter de sa part D. *Charles*, infant d'Espagne & nouveau duc de Parme, à son passage en France. Il partit en poste de Paris pour cet effet le 6 de décembre, & s'acquitta de sa commission le 17 suivant à Cannes en Provence, où il joignit ce prince qu'il accompagna ensuite jusqu'à Antibes. Il est mort à Paris, dans la quarante-sixième année de son âge, le seize juin 1748 ; & *Charles* de Saint-Albin, né le 5 avril 1698, mais non avoué, ni reconnu, ayant été destiné à l'état ecclésiastique, fut habilité pour être promu aux ordres par un bref & dispense du pape. L'abbaye de S. Oüen de Rouen, ordre de S. Benoît, lui fut donnée le 20 de janvier 1716, & il eut en 1717 la coadjutorerie du prieuré de S. Martin-des-Champs à Paris, dont il devint titulaire le 5 de juin 1721, par la mort de Jules-Paul de Lionne qui en étoit commendataire. Il obtint encore l'abbaye de Lisieux, ordre de S. Benoît, diocèse de Lisieux, le 8 de janvier 1721, & il fut nommé au mois de juillet suivant coadjuteur & futur successeur de Louis Annet de Clermont-Chatte en l'évêché & duché de Laon, pairie de France, dont il devint titulaire par la mort de ce prélat le 5 d'octobre suivant, avec confirmation de l'union ci-devant faite à cet évêché de l'abbaye réguliere de S. Martin de Laon. Il fut ordonné prêtre à Versailles par l'évêque de Viviers le 20 de septembre de la même année, en vertu d'une dispense d'âge obtenue du pape, & fut reçu docteur en théologie de la faculté de Paris le 23 de décembre suivant. L'église de Laon ayant été préconisée & proposée pour lui à Rome par le cardinal Ottoboni les premier de décembre 1721 & 14 de janvier 1722, il fut sacré le 26 d'avril suivant dans l'église de son prieuré de S. Martin-des-Champs par le cardinal de Rohan, assisté des évêques de Nantes & d'Avranches; & le premier de mai il prêta le serment de fidélité entre les mains du roi, en présence du duc d'Orléans, régent. Il prit possession personnelle de son église le 17 du même mois, & il assista le 25 d'octobre de la même année au sacre du roi Louis XV, à Reims, où il fit les fonctions attachées à sa dignité d'évêque, duc de Laon, & en qualité de pair de France, dont il ne prêta point serment au parlement. Il fut transféré à l'archevêché de Cambrai le 17 d'octobre 1723, & il obtint par brévet du 22 novembre suivant la continuation des honneurs, entrées au Louvre & autres prérogatives dont il jouissoit en qualité de duc & pair à cause de son évêché de Laon, nonobstant sa démission. L'église archiépiscopale de Cambrai fut proposée pour lui par le pape dans un consistoire le 20 de décembre 1723, & le pallium lui fut accordé dans un autre consistoire le 12 de janvier 1724. Après avoir reçu ses bulles il prêta serment de fidélité entre les mains du roi pour cette église, le 12 de mars suivant. M. le régent a eu pour fille naturelle Philippe-Angélique de Froissy, non avouée ni reconnue. Après avoir été élevée dans le couvent de la Visitation sainte Marie à Saint-Denys en France, elle fut mariée en la paroisse de Gaigni, diocèse de Paris, le 12 de septembre 1718, avec Henri-François, comte de Ségur, maître de la garde-robe du duc d'Orléans, régent de France, mestre de camp, lieutenant du régiment d'Orléans cavalerie, fait brigadier des armées du roi le premier de février 1719, gouverneur du pays de Foix, & lieutenant général en Brie en survivance.

XXVI. LOUIS, duc d'Orléans, de Valois, de Némours & de Montpensier, premier prince du sang, & premier pair de France, chevalier des ordres du roi, & de celui de la toison d'or, grand maître des ordres royaux, militaires, & hospitaliers de Notre-Dame du Mont-Carmel, & de S. Lazare de Jérusalem, gouverneur & lieutenant général de la province de Dauphiné, & ci-devant colonel général de l'infanterie françoise & étrangere, né à Versailles le 4 août 1703, à huit heures du soir. Etant entré dans sa quinzième année il prit séance au parlement de Paris le 12 d'août 1717, entra au conseil de régence le 30 de janvier 1718, & le lendemain prit séance au conseil de guerre. Le roi par une déclaration régistrée au parlement de Paris le 24 de janvier 1719, lui accorda, quoiqu'il n'eût pas encore seize ans, voix délibérative dans le conseil de régence, & ayant été déclaré le 27 d'août suivant gouverneur du Dauphiné au lieu & par la démission du duc de la Feuillade, il prêta serment entre les mains du roi pour cette charge le 17 de septembre de la même année. Il fut nommé le 12 de septembre 1710, grand maître des ordres de Notre-Dame du Mont-Carmel & de S. Lazare; & après en avoir obtenu les bulles du pape Clément XI, il prêta serment entre les mains du roi pour cette dignité le 23 de février 1721, reçut l'obédience des chevaliers le 31 de mars suivant, & tint pour la première fois le chapitre de l'ordre, ensuite de quoi il reçut plusieurs chevaliers. La charge de colonel général de l'infanterie françoise & étrangere ayant été rétablie en sa faveur, il en fut pourvu le 11 de mai 1721, & prêta le serment le 15. Il représenta le duc de Normandie au sacre du roi le 25 d'octobre 1722, & le 27 suivant sa majesté fit dans l'église métropolitaine de Reims la cérémonie de lui donner la croix & le collier de l'ordre du saint Esprit. Après la mort du duc d'Orléans, son pere, arrivée le 2 de décembre 1723, il quitta le titre de duc de Chartres qu'il avoit porté jusqu'alors, & prit celui de duc d'Orléans, ainsi qu'il avoit été arrêté par le roi le 23 du même mois. Sa majesté par une déclaration du 6 de janvier 1724, régistrée en la cour des aydes le 18 du même mois, lui accorda une maison en qualité de premier prince du sang, composée de différens officiers jusqu'au nombre de 266, avec attribution pour eux & leurs veuves des priviléges des commensaux de sa maison; & par lettres patentes du mois de janvier 1724, régistrées en la cour des aydes le 8 de février suivant, sa majesté créa un chancelier pour l'apanage de ce prince. Le roi d'Espagne l'ayant nommé au mois d'avril 1724 chevalier de l'ordre de la toison d'or, il en reçut le collier à Versailles le 27 de juin suivant des mains du comte de Toulouse, chargé d'une commission particuliere de sa majesté catholique à cet effet. Le 18 du même mois de juin & de la même année 1724, il épousa *Auguste-Marie-Jeanne*, princesse de Bade, fille de *Louis-Guillaume*, prince de Bade, généralissime des troupes de l'empire, & de *Françoise-Sybille*, duchesse de Saxe-Lavembourg. Elle mourut le 8 août 1726, âgée de vingt-un ans, huit mois & vingt-huit jours, ayant eu pour enfans LOUIS-PHILIPPE, qui suit; & *Louise-Magdeléne* d'Orléans, née le 5 août 1726, morte le 14 mai 1728. M. le duc d'Orléans fut chargé en 1725 par le roi de ses pleins pouvoirs pour épouser la reine en son nom. Il fit cette fonction à Strasbourg le 16 août. Il s'est démis de ce propre mouvement entre les mains du roi au mois de décembre 1730, de la charge de colonel général de l'infanterie, qui a été en même temps supprimée. Ce prince est mort à Paris le 4 février 1752. Il s'étoit retiré depuis plusieurs années chez les chanoines réguliers de sainte Geneviève, où il a mené une vie très-édifiante & très-austere, partageant son temps entre la priere & l'étude; & faisant part de ses richesses aux gens de lettres, dont il récompensoit le mérite; & aux pauvres pour qui il eut toûjours la tendresse d'un pere, & dont il soulageoit la misere, dès qu'elle lui étoit connue. *Voyez* son éloge au titre LOUIS.

XXVII. LOUIS-PHILIPPE, duc d'Orléans, de Chartres, de Némours & de Montpensier, premier prince du sang, & en cette qualité premier pair de France né; est né le 12 mai 1725, a été d'abord nommé duc de Chartres, reçu chevalier des ordres le 5 juin 1740. Il fut fait maréchal de camp le 2 juillet 1743; lieutenant général des armées du roi le 2 mai 1744, & gouverneur de Dauphiné le 8 novembre 1747. Ce prince a épousé le 17 décembre 1743, *Louise-Henriette* de Bourbon Conti, princesse du sang, morte à Paris, au Palais royal, le 9 février 1759, dont il a eu *N.* d'Orléans, née le 13 juillet 1745, morte le 14 décembre de la même année; *N.* d'Orléans, duc de Chartres, né le 13 avril 1747; *N.* d'Orléans, appellée *Mademoiselle*, née le 9 juillet 1750.

ORLÉANS (Anne-Marie-Louise d') souveraine de Dombes, princesse de la Roche-sur-Yon, dauphine d'Auvergne, duchesse de Montpensier, &c. étoit fille de GASTON-JEAN-BAPTISTE de France, duc d'Orléans, frere de Louis XIII, & de *Marie* de Bourbon, fille unique & héritiere de *Henri* de Bourbon, duc de Montpensier. Elle naquit le 29 de mai 1627, & mourut sans alliance le 5 avril 1693, en sa soixante-sixième année. Cette princesse avoit beaucoup d'esprit, & une érudition fort au-dessus des personnes de son sexe. Elle aimoit les lettres, & surtout ceux dont le génie étoit aisé & délicat. Elle avoit fait de l'histoire & des belles lettres une étude assez profonde. Elle avoit une forte passion pour la lecture des romans. Elle en a composé elle-même deux, qui sont en partie historiques, & en partie fabuleux, mais écrits avec goût, & pleins d'une fine critique. Ce sont proprement deux satyres ingénieuses contre certaines personnes dont elle connoissoit le ridicule, & qui ne le connoissant pas étoient fort contentes d'elles-mêmes. L'un a pour titre : *La relation de l'isle imaginaire*, & dans d'autres éditions, *La description de l'isle invisible* : l'autre est intitulé : *L'histoire de la princesse de Paphlagonie*. Elle les fit imprimer l'un & l'autre en 1659, mais avec ordre d'en tirer un très-petit nombre d'exemplaires dont elle se réserva la distribution. M. de Ségrais qui étoit alors auprès de cette princesse, étoit dans sa confiance, & avoit la clef des noms déguisés. On a réimprimé ces deux petits ouvrages il y a quelques années à la fin du *Segraisiana*. M. Huet, mort ancien évêque d'Avranches, qui avoit eu l'honneur de fréquenter la princesse dans sa jeunesse, parle d'elle & de ses écrits avec beaucoup d'éloge, dans son *Commentarius de rebus ad eum pertinentibus*, pag. 191 & *suivantes. Voyez* aussi la préface du *Segraisiana*. Le célèbre poëte du Perrier en a fait aussi l'éloge dans ces vers :

> *Hæc est illa atavis edita regibus*
> *Forma mille opibus dives & ingeni,*
> *Nec non & patrios haud muliebriter*
> *Audax stringere acinaces.*

Depuis quelques années l'on a imprimé les *Mémoires* de mademoiselle de Montpensier, mais si peu correctement que les éditions que l'on en fit ne purent que faire désirer d'en avoir une plus parfaite. C'est ce qui a été exécuté dans l'édition qui a paru à Amsterdam en 1735, en huit volumes *in-12*. On y a joint un recueil de lettres de la même à madame de Motteville, & de celle-ci à mademoiselle de Montpensier : *Les amours de Mademoiselle & de M. de Lausun :* les deux romans *dont on a parlé dans cet article*, & un recueil de *portraits* dont plusieurs sont de mademoiselle de Montpensier.

ORLÉANS-ROTHELIN (Charles d') l'un des quarante de l'académie françoise, & honoraire de celle des inscriptions & belles lettres, naquit à Paris le 5 août 1691, de HENRI d'Orléans, marquis de Rothelin, & de *Gabrielle-Eléonore* de Montault, fille de *Philippe* de Montault, duc de Navailles, maréchal de France, mort dès l'année 1684. Il n'avoit que six semaines lorsque le marquis de Rothelin, son pere, fut tué le 18 septembre à la bataille de Leuze, en combattant à la tête de la gendarmerie, où il fut blessé blefsé de 32 coups, dont quatre étoient mortels. Charles qui étoit le dernier des trois fils que le marquis avoit laissés, fut mis très-jeune en pension au collège d'Harcourt, & se détermina dès sa jeunesse par inclination & par gout à l'état ecclésiastique. Il fit ses études avec succès, & devint en peu de temps excellent humaniste, philosophe profond & grand théologien. Sa naissance jointe à un mérite des plus distingués, lui fit bientôt d'illustres amis. Il acquit entr'autres l'estime & l'amitié de M. le cardinal de Polignac, qui le mena avec lui à Rome après la mort du pape Innocent XIII, & il se renferma avec lui dans le conclave, d'où ils ne sortirent qu'après l'élection de Benoît XIII. M. de Rothelin avoit reçu avant ce voyage l'ordre de prêtrise, & avoit fini depuis quelques années le cours de ses études ecclésiastiques. Les négociations dont M. le cardinal de Polignac fut chargé de la part de la cour de France après l'élection de Benoît XIII, & auxquelles M. l'abbé de Rothelin eut beaucoup de part, n'empêchèrent pas celui-ci de suivre son gout pour toutes les sciences, & de visiter avec attention tout ce qui pouvoit attirer sa curiosité à Rome & dans les principales villes d'Italie; & cette vue lui inspira pour les médailles ce gout qui l'a rendu un des plus savans antiquaires, & peut-être le premier médailliste de son temps. Il commença dès-lors à amasser ces fameuses suites de médailles impériales d'argent, de médaillons de même métal & de *Quinaires*, qu'il a perfectionées pendant le reste de sa vie, par l'acquisition de plus de trente cabinets de médailles antiques, que différens particuliers avoient formés avec beaucoup de soin & de dépense. Il fit entr'autres l'acquisition du cabinet du fameux Marc-Antonio Sabbathini, qui passoit avec raison pour le plus considérable des cabinets d'Italie en ce genre, soit par le nombre, soit par la rareté des médailles qu'il renfermoit. Il s'étoit aussi formé une bibliothèque nombreuse & bien choisie, précieuse surtout soit par les manuscrits, soit par les livres rares dont elle étoit composée. Elle auroit été plus complette si son amour pour les savans & pour le bien public ne l'avoit pas engagé à déposer dans celle du roi, les manuscrits & les autres livres qu'il possédoit & qui y manquoient. M. l'abbé de Rothelin fut reçu à l'académie françoise le 28 juin 1728, & ensuite dans celle des inscriptions & belles lettres en qualité d'honoraire. Nous avons les discours qu'il prononça dans la première de ces deux académies lors de sa réception, & ceux qu'il a composés depuis à l'occasion de différentes réceptions. Tout le monde sait combien il excelloit dans notre langue, & l'académie en étoit si persuadée qu'elle l'engagea, environ six ans avant sa mort, à se charger en partie de la correction du dictionaire dont elle a donné une nouvelle édition en 1740. Les langues savantes ne lui étoient guères moins familières, sur-tout la grecque & la latine. Il parloit aussi & écrivoit la langue italienne, comme si elle avoit été sa langue maternelle; & on lui a vu apprendre l'anglois en moins d'un mois. Dans la politique il étoit regardé comme un génie supérieur, qui connoissoit à fond les intérêts des différentes nations; & à l'égard des autres sciences, il n'y en avoit aucune qu'il n'eût assez étudiée pour en parler du moins avec autant de facilité que de solidité. En 1741 il accepta une place dans la société littéraire d'Orléans, qui venoit de se former sous les auspices de l'évêque de cette ville, & dont M. le duc d'Orléans se déclara ensuite protecteur. Du reste sans autre ambition que celle de se perfectioner dans les sciences & d'être utile à ceux qui les cultivent, il a refusé toutes les places qu'on lui auroit enlevé à son cabinet, & même l'épiscopat, & il n'a jamais eu d'autre bénéfice que l'abbaye de Cormeilles qu'il avoit acceptée en 1716. C'étoit un homme d'un caractère

aimable, & de la politesse la plus parfaite, dont les qualités du cœur surpassoient encore celles de l'esprit; qui faisoit son bonheur d'encourager & de favoriser les gens de lettres; & de cultiver de véritables amis; qui se livroit à eux entièrement; qui les charmoit dans ses discours par des graces qui lui étoient naturelles, & qui auroient suffi seules pour persuader, indépendamment de la solidité de ses raisonnemens. Ce fut à lui que M. le cardinal de Polignac, près de mourir, remit son poëme de l'*Anti-Lucrèce*; & dès qu'il fut possesseur de cet ouvrage si attendu & si désiré, il travailla sérieusement à le mettre en état de le rendre public. Il entreprit même de le traduire, & le premier livre qu'il a fini de cette traduction est un chef-d'œuvre. La langueur dans laquelle il tomba quelques mois avant sa mort, l'obligea d'interrompre ce travail. Il ne pensa plus qu'à se renouveller dans les sentimens de piété qu'il avoit toujours montrés durant le cours de sa vie. Cette langueur le conduisit au tombeau le 17 juillet 1744, âgé de près de 53 ans. Au commencement de janvier 1746, on a donné le catalogue de ses livres, dressé par Gabriel Martin, volume in-8°, à la tête duquel on voit le portrait de M. de Rothelin gravé par Tardieu fils. Dans les éclaircissemens qui sont au-devant de ce catalogue, on avertit que M. l'abbé de Rothelin est auteur de l'écrit cité n. 2801, sous ce titre: *Observations & détails sur la collection des grands & petits voyages*; à Paris, 1742, in-4°. Ces observations font connoître les recherches singulieres que l'auteur avoit faites à ce sujet. L'écrit qui les contient est rare. * Extrait d'une *Lettre de M. Beauvais*, antiquaire à Orléans, à M. l'abbé de Matigney, chanoine de la métropole de Besançon, sur la mort de M. l'abbé de Rothelin, imprimée dans le *Mercure de France*; septembre 1744 : *Lettre de M.... au sujet du magnifique cabinet de médailles & de la bibliothèque qu'a laissé M. l'abbé de Rothelin*: dans le même *Mercure*, mois de février 1746. Son éloge plus circonstancié a été lu par M. Fréret, secrétaire de l'académie des inscriptions & belles lettres, dans la séance publique de cette académie, le 13 novembre 1744.

ORLÉANS (Louis d') ou plutôt Dorléans, fameux ligueur du temps de Henri IV, roi de France, étoit de la ville d'Orléans, avocat au parlement de Paris, & ne manquoit pas d'érudition pour son temps. Mais sa fureur pour la ligue lui fit faire bien des actions & des ouvrages condamnables, & lui causa bien des embaras. La ligue qui connoissoit son zèle aveugle, le choisit pour son avocat, & le députa aux états où il parla d'une manière digne de lui & de l'assemblée séditieuse qui l'écoutoit. Il fut associé au parti par Charles Hotman, dit *la Roche-Blond*, celui à qui les Guises s'adressèrent pour tramer la ligue à Paris. D'Orléans étoit déja connu par sa qualité d'avocat, & par plusieurs poésies françoises & latines, dans lesquelles il réussissoit assez bien. Il publia en le même temps les ouvrages suivans : 1. *Apologie ou défense des catholiques unis les uns aux autres*, *contre les impostures des catholiques associés à ceux de la religion prétendue réformée*, 1586, in-8°. 2. *Avertissement des catholiques Anglois aux François catholiques, du danger où ils sont de perdre leur religion, & d'expérimenter, comme en Angleterre, la cruauté des ministres, s'ils reçoivent à la couronne un roi qui soit hérétique*, 1586, 1587 & 1588, in-8°, augmenté en cette derniere édition, & approuvé par les docteurs de Louvain. 3. *Réplique pour les catholiques Anglois, contre les catholiques associés aux Huguenots*, 1586, in-8°. 4. *Avertissemens des catholiques Anglois, avec les réponses & les répliques*, 1587, in-8°. Dès l'année 1585, il avoit publié la première partie de son *Catholique Anglois*, qui fut réfuté par M. Duplessis Mornay, Protestant, maître Denys Bouthillier, avo-

cat, catholique romain, & par plufieurs autres. Depuis ayant été fait par la ligue avocat général, le 21
janvier 1589, il ajouta une feconde partie à cet ouvrage, qu'il fit imprimer, en y ajoutant la premiere,
chez Guillaume Bichon en 1590, avec privilége du
confeil de l'union. Cet ouvrage fut brulé avec plufieurs autres de même efpéce, à la croix du Trahoir
& à la place Maubert, le 2 avril 1594, & l'imprimeur Bichon fut banni de Paris. Deux ans auparavant, lorfqu'on s'y attendoit le moins, d'Orléans
ayant été faifi d'un petit retour fubit d'affection pour
fon pays, il parla vivement dans une affemblée de la
ligue du 30 d'octobre, à tous les miféres où fa ville
de Paris étoit plongée, & preffa fortement le duc de
Mayenne d'y mettre fin. Mais ces bons fentimens ne
lui durerent guère, & dès l'année fuivante 1593, il
fit un libelle encore plus féditieux que les précédens,
fous ce titre, *Ludovici* d'Orléans, *unius ex confede-*
ratis pro catholica fide Parifienfibus, ad A. S. unum ex
fociis pro hæretica perfidia Turonenfibus, expoftulatio,
chez Frédéric Morel, & réimprimé à Lyon en 1574,
dans lequel il ofe appeller Henri *le Grand, Fœtidum*
Satanæ ftercus. M. Rofe, évêque de Senlis, mit de fa
propre main des notes marginales à cet écrit en figne
d'approbation, & le parlement l'obligea de les rétracter, & de détefter de vive voix tout l'ouvrage;
cet ouvrage fut brulé avec celui *dont on a parlé plus*
haut. Ce fut bien pis encore lorfqu'il apprit la converfion de ce prince, & la tréve qui l'avoit fuivie.
Pendant les trois mois qu'elle devoit durer, il compofa *le banquet ou après-diné du comte d'Arete, ou le*
traité de la diffimulation du roi de Navarre, & des
mœurs de fes partifans, libelle parfemé de vers françois de fa façon, imprimé à Paris chez Guillaume
Bichon, en 1593 & 1594, *in-8°,* & qui eft la fatyre
la plus violente & la plus féditieufe que l'on pût imaginer. Plufieurs ligueurs mêmes en blâmerent les emportemens, & tous les bons François détefterent le
livre & l'auteur. D'Orléans craignant qu'on ne le punît, comme il le méritoit, fe retira à Anvers, fans
attendre qu'il fût profcrit, où il arriva le 30 de
mars de la même année 1594. Il fit réimprimer prefqu'auffitôt après fon Banquet au lieu de fon exil, &
il eut la hardieffe d'y mettre fon nom. Il logeoit chez
le Jéfuite Scribanius, & n'alla pas à Bruxelles, où il
avoit été relégué. Enfin après un exil d'environ neuf
années, ayant trouvé le moyen de faire fa paix par
l'entremife de MM. le préfident Jannin & de Villeroi, qu'il appelloit *fes peres,* il revint à Paris fur la
fin de mars 1603. Mais il y fut à peine arrivé qu'il
recommença à tenir tant de difcours féditieux, que
le 12 du mois d'avril fuivant il fut arrêté à cinq heures du matin, & envoyé à la conciergerie, où il fut
étroitement ferré, fans avoir la liberté de parler ni de
communiquer avec aucune perfonne. Dès le 16 du
même mois, Henri IV étant arrivé de fon voyage de
Metz à Fontainebleau, & ayant appris la détention
de Louis d'Orléans, ce prince commanda qu'on le fît
fortir, & dit qu'il vouloit que nonobftant tout ce
qu'il avoit fait & dit, il jouît du pardon qu'il lui
avoit accordé. Mais quand on eut remontré à fa majefté que cet avocat avoit déclamé d'une maniere très-
injurieufe dans fes ouvrages contre la feue reine fa
mere, & qu'on lui en eut lu quelques endroits, il
s'écria: « O le méchant! mais il eft revenu en France
» fur la foi de mon paffeport; je ne veux point qu'il
» ait de mal: d'autant plus, difoit-il encore, qu'on
» ne devoit pas plus lui vouloir de mal & à fes fem-
» blables, qu'à des furieux quand ils frapent, & à
» des infenfés quand ils fe promenent tout nuds. »
D'Orléans fortit donc de prifon, après y avoir été
environ trois mois, & dès le mois de novembre de
l'année 1604, il fit imprimer fur ce fujet un *Remer-*
ciment au roi, dans lequel il dit autant de bien de ce

prince qu'il en avoit dit de mal. C'eft un *in-8°.* Deux
ans après, c'eft-à-dire, en 1606, il fit imprimer avec
privilége 29 *Difcours fur les ouvertures du parlement,*
aufquels il joignit les *Remontrances* qu'il avoit faites
& prononcées aufdites *ouvertures du parlement,* pendant près de 5 ans qu'il avoit fait les fonctions d'avocat général pour la ligue à Paris; mais il y a tout lieu
de croire qu'il les avoit prononcés autrement qu'il les
fit imprimer. Quoi qu'il en foit, ce recueil qui fut
imprimé *in-4°,* fut défendu & faifi prefque auffitôt
qu'il parut, à la requête de l'avocat du roi Servin,
plus en haine de l'auteur & de la ligue, dit Pierre de
l'Eftoile, *que pour autre chofe qui y fût à reprendre; car*
les hommes doctes mêmes en faifoient état. Quand Henri IV eut été tué de la maniere dont tout le monde
fait, d'Orléans fit imprimer fur ce fujet en 1613, un
écrit intitulé: *Plainte humaine fur le trépas du roi Henri*
le Grand; à Paris, *in-4°.* On a encore de lui un cantique de la victoire du roi Charles IX, imprimé à
Lyon en 1569; un poëme intitulé: *Renaud, in-8°,*
à Paris en 1572; des fonets fur le tombeau du feigneur de la Châtre, dit *de Sillac,* à Paris; des *Qua-*
trains moraux pour l'inftruction de la jeuneffe, imprimés après fa mort en 1631; un *Traité de la loyauté*
des anciens François; des commentaires fur Tacite,
fort peu eftimés: un commentaire fur Sénèque. Louis
d'Orléans mourut en 1629, dans fa quatre-vingt-
feptième année. * *Voyez* la Satyre Ménippée, en plufieurs endroits; remarques fur la *Satyre Ménippée,*
pag. 180, & depuis la *pag.* 222 jufqu'à la *pag.* 239,
&c. Pierre de l'Eftoile, dans fon *Journal de Henri IV,*
tom. I, pag. 18, 228, 234: tom. II, pag. 62 & 150.
Patin, *Lettres,* de l'édition de Hollande, 1692, tom. II,
pag. 523, &c. M. Goujet, *Bibliothèque françoife,*
tom. XV.

ORLÉANS (Pierre-Jofeph d') Jéfuite, né à Bourges en Berri le 6 novembre 1641, de François d'Orléans, feigneur du Pleffis de Rere, & d'Elizabeth
Carré, eft un des auteurs de fa fociété qui a le plus
brillé par la politeffe de fon ftyle, la beauté de fon
pinceau dans les portraits dont fes ouvrages font remplis, la jufteffe dans les réflexions fi ils font fe-
més, & le difcernement même dans la critique. Il
entra le 13 juillet 1659 dans la compagnie dont il a
été membre, & y profeffa la rhétorique plufieurs années. Il s'appliqua auffi à la prédication. Comme il
avoit beaucoup de gout pour l'hiftoire, & de génie
pour écrire en ce genre, prefque toute fa vie s'eft paffée à étudier & à compofer. Il eft mort à Paris le 31
mars 1698, dans un âge où il étoit encore en état de
publier de nouveaux fruits de fa plume, toujours brillante, & ordinairement folide. Les ouvrages qu'il a
compofés font: *La vie du B. Louis de Gonzague;* Paris, 1685, *in-12,* augmentée d'un quatrième titre
depuis la canonifation du faint, & réimprimée à Paris en 1727, *in-12. La vie du P. Coton,* Jéfuite, *in-4°;*
Paris, 1688. *Voyez* ce qu'en dit l'abbé Lenglet dans
fon catalogue des hiftoriens. *Hiftoire des deux conqué-*
rans Tartares, Chunchi & Camhi, qui ont fubjugué la
Chine: c'eft un volume *in-8°,* imprimé à Paris en
1688. Cette conquête de la Chine par un prince Tartare, & deflors étranger à ce vafte empire, eft une
des plus confidérables qu'il y ait eu dans cette hiftoire.
Cette hiftoire fut fuivie en 1690, de l'*Hiftoire de M.*
Conftance, premier miniftre du roi de Siam, & de la
derniere révolution de cet état, *in-12,* imprimée à
Tours, & réimprimée à Paris en 1692, *in-12.* Cet
ouvrage eft fait en partie fur les relations & les mémoires du P. Tachard, Jéfuite, qui a cru trop bon-
nement tout ce que M. Conftance lui avoit dit de fa
naiffance, de fon origine, de fa famille & de fes
aventures. Son hiftoire eft écrite avec beaucoup d'a-
grément & de politeffe de ftyle; mais la plupart des
faits & le grand zèle pour la religion que l'auteur

suppofe fans cesse dans M. Constance, sont démentis par les mémoires du comte de Forbin, chef d'escadre, chevalier de l'ordre militaire de S. Louis, qui avoit connu particulierement M. Constance, & qui ne rapporte presque rien sur son compte dont il n'ait été témoin oculaire, & dont il n'ait été exactement informé. *La vie du P. Matthieu Ricci,* Jésuite, que le P. d'Orléans publia à Paris en 1693, *in-12*, est encore une apologie perpétuelle de ce Jésuite, qu'il repréfente par-tout comme un saint, & qu'il égale aux premiers apôtres. Cette histoire est peut-être le plus foible des ouvrages du P. d'Orléans, & l'un des moins estimables. Celui par lequel il est le plus connu, & qui lui a fait le plus d'honneur, est son *Histoire des révolutions d'Angleterre depuis le commencement de la monarchie*, qui parut d'abord successivement en trois volumes *in-4°*, en 1692, 1693 & 1694, à Paris, & qui a été réimprimée plusieurs fois depuis *in-12*, entr'autres en 1719, à la Haye en trois volumes, & en 1724, à Paris, en quatre volumes *in-12*. Les étrangers font presque la même estime de cette histoire que les François; & outre tout ce qui fait lire une histoire avec plaisir, la plupart conviennent que celle-ci est ordinairement exacte, fidèle & impartiale. En 1696, le P. d'Orléans publia *in-12*, à Paris; *La vie de Marie de Savoye, reine de Portugal, & de l'infante Isabelle, sa fille.* C'est tout ce que nous connoissons des ouvrages du P. d'Orléans publiés pendant sa vie. Mais quantité de personnes savent qu'étant encore tout rempli de ces grands traits dont il avoit peint les *révolutions d'Angleterre*, il avoit entrepris & fort avancé celles de l'Espagne. On attendoit cet ouvrage avec une sorte d'impatience, comme le fruit des veilles d'un auteur qui s'étoit acquis un grand nom. Il vouloit pousser son dessein jusqu'à la mort de Ferdinand *le Catholique* inclusivement. La mort l'interrompit lui-même. Ce qu'il laissa parut d'un prix assez considérable pour mériter un continuateur. On chargea de ce travail le P. Arthuis, de la même société, dont la plume commençoit à se faire connoître dans la république des lettres, lorsqu'il fut arrêté au commencement de sa carriere. Le P. Brumoi, dont les ouvrages font écrits avec tout le gout & de délicatesse, lui fut substitué; & l'*Histoire des révolutions d'Espagne*, depuis la destruction de l'empire des Goths, jusqu'à l'entiere & parfaite réunion des royaumes de Castille & d'Aragon en une seule monarchie, parut enfin en trois volumes *in-4°*, à Paris en 1734. Ce qu'a fait le P. d'Orléans est compris dans le premier volume, & dans le second jusqu'à la page 449. La suite du second volume jusqu'à la page 225 du troisième, est du P. Arthuis: le reste du troisième tome est du P. Brumoi. On a encore du P. d'Orléans *la vie du B. Stanislas Kostka*, imprimée depuis sa mort, à Paris, 1712 & 1727, *in-12*.* *Mém. du temps.* Préface de l'*Histoire des révolutions d'Espagne.*

ORMOND; c'est la partie septentrionale du comté de Tippérari, dans la province de Munster en Irlande. Ce pays montagneux & stérile donne le titre de duc à la famille des Butlers. * *Voyez* BUTLER.

ORMUS, ville & isle d'Asie, dans le golfe Persique, avec titre de royaume, a été très-célèbre par le négoce des perles. On la nomme diversement en latin *Armuzia, Ormuzium* & *Organa*, & en tartare, *Necrokin.* Sa situation est très-avantageuse; mais l'isle manque d'eau douce. Haïton a cru que Mercure Egyptien avoit fondé la colonie d'Ormus. On est sur qu'un prince Mahométan s'y établit au IXe ou Xe siècle, & que ses successeurs étoient tributaires des Persans. Les Portugais ayant cru Ormus absolument nécessaire pour leur commerce des Indes, la prirent sous le duc d'Albuquerque l'an 1507, & y bâtirent une très-forte citadelle. Cha ou Schah Abbas, roi de Perse, la reprit, avec le secours des Anglois,

le 25 avril de l'an 1622. Depuis, le commerce avoit été transporté à Gomron ou Cambron, que les Persans appellent *Bander-Abassi* ou *port d'Abbas.* Les Portugais perdirent six ou sept millions à cette prise. * *Les voyages d'Holert, pag. 39 & suiv.* Tavernier, *p. 1, l. 5, c. 23.*

ORNAN, Jébuséen, fut celui qui vendit son aire à David, roi d'Israël, pour y bâtir un autel, après que l'ange qui exterminoit le peuple à cause du dénombrement, se fut arrêté. * *I. Paral. XXI*, 18, &c.

ORNANO, anciennement *Pitanus, Titianus, Titianu*, riviere de l'isle de Corse. Elle prend sa source près du lieu appellé *Casa di S. Pietro*, & se décharge dans le golfe de Talabo, du côté du nord. * *Mati, dict. géogr.*

ORNANO, maison originaire de Corse, qui a donné deux maréchaux de France & autres officiers de la couronne, dont l'on ne rapporte ici la postérité que depuis

I. SAMPIETRO, dit *Bastelica*, seigneur de Bénane, colonel général des Corses en France, célèbre sous le nom de *Sampietro*, fut élevé dans la maison du cardinal Hippolyte de Médicis, neveu du pape Clément VII, & servit en 1536, en Piémont, où il se signala à la défense de Fossan. Peu après il alla en Provence avec ses troupes italiennes, & fut pris par les Impériaux au combat donné près de Brignole par messieurs de Montéjan & de Boissi; mais sa prison ne fut pas longue. Il servit encore en Piémont, & en 1542 il accompagna le dauphin au siége de Perpignan: puis il retourna en Piémont, où il fut blessé au siége de Coni. Il rendit encore de grands services au siége de Landrecies en 1543, au combat de Vitri en Partois en 1544, & en d'autres occasions. Peu après la mort du roi François I, en 1546, il fit un voyage en Corse, où il épousa *Vannina* d'Ornano, fille unique & héritière de *François* d'Ornano, dont la maison étoit des plus nobles & des plus anciennes de l'isle. Il prétendit vainement au généralat des troupes de l'église, vacant par la mort de Pierre-Louis Farnèse, qui avoit été assassiné en 1547; mais l'amitié particuliere que les peuples de Corse avoient pour lui, le rendit redoutable aux Génois, maîtres de l'isle de Corse, qui s'étoient si souvent soumis à la France, & qui en avoient si souvent secoué le joug, de maniere qu'ils résolurent de le perdre, Jean Marie Spinola, leur gouverneur dans cette isle, l'arrêta dans la citadelle de la Bastie, où il étoit venu par son ordre avec son beau-pere: on l'auroit fait mourir, si le roi Henri II, intercédant puissamment pour sa liberté, ne l'eût tiré de ce mauvais pas. Sampietro en conserva une extrême reconnoissance pour la France, & en conçut une haine mortelle contre les Génois. Lorsque la guerre eut recommencé en Italie en 1551, il y vint servir, & fut très-utile à Octave Farnèse, duc de Parme, que le roi avoit pris en sa protection. Il obtint alors qu'on entreprît la conquête de l'isle de Corse sous M. de Thermes, qui fut depuis maréchal de France, & il y fut suivi des plus braves de cette isle, qui avoient beaucoup de confiance en sa valeur, & qui n'avoient pas sujet d'aimer les Génois. Ceux-ci furent chassés de leurs petites villes; & le seigneur d'Ornano ayant été rappellé en France, retourna en Corse en septembre 1555, où il continua la guerre. La paix de Câteau-Cambresis en 1556, & la mort funeste de Henri II, lui firent prendre la résolution de passer à Constantinople pour y demander du secours. Les Génois lui retenoient tous ses biens, & avoient mis sa tête à prix. Ce fut pendant ce temps qu'il apprit que la dame d'Ornano sa femme, qu'il avoit laissé à Marseille, avoit résolu de passer à Gênes: cette nouvelle le mit au désespoir, & lui fit envoyer Antoine de S. Florent, l'un de ses domestiques, pour l'en empêcher. On lui avoit persuadé qu'elle pouroit obtenir de la république la grace de son mari; & le desir qu'elle en avoit, l'avoit portée à cette résolution. Sampietro étant de retour, trouva sa femme à Aix : il la mena à Marseille, & lui dit froidement qu'elle devoit se préparer à mourir. Vannina s'y disposa avec courage, & demanda pour toute grace à son mari, que puisque jamais autre homme que lui ne l'avoit touchée, elle pût aussi avoir l'avantage de ne mourir que de sa main. On dit que Sampietro mit un genouil en terre, & qu'il l'appella sa maîtresse; qu'il lui demanda pardon, & qu'ensuite il l'étrangla avec un linge. Une action si barbare fit grand tort à la réputation de Sampietro, qui retourna dans l'isle de Corse l'an 1564, & qui fit révolter presque toute l'isle, quoiqu'il n'eût qu'environ vingt-cinq hommes avec lui lorsqu'il y arriva. Il remporta divers avantages, & prit plusieurs places sur les Génois, qui le firent assassiner par un des siens, nommé Vitelli, au mois de janvier 1567. Il avoit eu différend avec Télane Bastelica, fils de son frere, qui l'avoit bien voulu accompagner dans son exil : cela causa un duel entre l'oncle & le neveu, où ce dernier fut tué. Il eut pour fils Alfonse, qui suit. Varillas rapporte qu'il eut encore un autre fils, qui fut tué à Rome dans une querelle. * Défosque, vie de Sampietro.

II. Alfonse d'Ornano, colonel général des Corses, chevalier des ordres du roi, lieutenant général en Dauphiné, puis en Guienne, & maréchal de France, fut nouri & élevé à la cour du roi Henri II, comme enfant d'honneur des princes de France, & demeura toujours très-affectionné au parti du roi Henri III, après la mort duquel il suivit celui du roi Henri IV, qu'il reconnut des premiers; s'unit avec le seigneur de Lesdiguieres & le connétable de Montmorenci pour le service du roi, & remit sous son obéissance les villes de Lyon, de Grenoble & de Valence. Il fut créé chevalier de l'ordre du saint Esprit le 7 janvier 1595, lieutenant général en Dauphiné, maréchal de France le 6 de septembre suivant; & au mois d'octobre 1599 il fut pourvu de la lieutenance générale du gouvernement de Guienne, & mourut de la pierre à Paris le 21 janvier 1610, âgé de 62 ans, d'où son corps fut porté à Bourdeaux en l'église des religieux de la Merci, où il est enterré sous une sépulture de marbre. Il avoit épousé Marguerite-Louise, fille unique de N. de Pontevez, seigneur de Flassans, dont il eut 1. Jean-Baptiste, qui suit; 2. Henri-François-Alfonse, qui continua la postérité dont il sera parlé après son frere aîné; 3. Pierre, dont la postérité sera rapportée ci-après; 4. Joseph-Charles, qui laissa aussi postérité rapportée après celle de ses freres; Anne, mariée à Antoine du Roure, comte de S. Remeze, baron des d'Eyguesses, mestre de camp d'un régiment de cavalerie, & maréchal de camp; 6. Louise, alliée à Thomas de Lanche, seigneur de Moissac; & 7. Magdeléne d'Ornano, qui épousa Pierre d'Esparbez, seigneur de Lussan en partie.

III. Jean-Baptiste d'Ornano, comte de Montlor, chevalier des ordres du roi, colonel général des Corses, lieutenant général en Normandie, & maréchal de France, né en juillet 1581, n'avoit que quatorze ans, lorsqu'il commanda une compagnie de chevaux-légers au siége de la Fere. Le roi lui donna la charge de colonel des Corses, en donnant le bâton de maréchal de France à son pere, & en cette qualité il se signala dans les guerres de Savoye. Après la mort du roi Henri IV, il maintint la Guienne & le Languedoc en l'obéissance & la fidélité due au roi Louis XIII, son fils, qui le gratifia de la lieutenance de roi de Normandie & des gouvernemens particuliers de Quilleboeuf & du Pont-de-l'Arche, outre celui du Pont-saint-Esprit, en échange du château

Trompette. Ce prince étant à Chartres le premier octobre 1619, lui commit le gouvernement de la personne de Gaston de France, duc d'Orléans, après la mort du comte du Lude, dont il s'aquitta dignement; mais n'étant pas agréable à quelques seigneurs, il fut mis à la Bastille, & de-là transféré à Caën : d'où quelque-temps après il fut rappellé en cour, fait premier gentilhomme de la chambre du duc d'Orléans, surintendant général de sa maison : & en reconnoissance de plusieurs services importans qu'il avoit rendus, & d'occasions signalées où il s'étoit trouvé, fait maréchal de France le 7 avril 1626. Le cardinal de Richelieu ne l'ayant pu gagner à son parti, le rendit odieux au roi, qui le fit arrêter une seconde fois à Fontainebleau le 4 mai, & transféré au château de Vincennes, où il mourut de poison le 4 octobre 1626, âgé de 45 ans, sans enfans de Marie de Raymond, comtesse de Montlor, veuve de Philippe d'Agout, baron de Grimaud, & fille de Louis, comte de Montlor, marquis de Maubec, & de Marie de Maugiron. M. Arnauld d'Andilli parle au long dans ses mémoires, du maréchal d'Ornano, qu'il a estimé & servi jusqu'à la fin. Voyez les mémoires d'un favori du duc d'Orléans, par Daniel, sieur du Bois d'Annemets; & plus encore, l'excellente lettre du P. Bougerel de l'Oratoire en faveur de M. d'Andilli, contre ce prétendu favori; & M. Desmaizeaux, dans sa Bibliothéque de l'Europe, mois d'octobre 1730, article 9; mois de janvier 1731, art. 3.

III. Henri-François-Alfonse d'Ornano, frere puîné du précédent, fut seigneur de Mazargues, gouverneur de Tarascon avec 2000 écus de pension, du Saint-Esprit & de S. André, & premier écuyer de Gaston de France, duc d'Orléans. Il épousa Marguerite de Raymond de Montlor, dame de Sarpeze, sœur puînée de la femme de son frere aîné, dont il eut Jean-Paul, mort sans alliance; Marguerite, alliée à Louis-Gaucher Adheimar de Monteil, comte de Grignan; Marie, abbesse de Villedieu; & Anne d'Ornano, comtesse de Montlor, mariée en 1645 à François de Lorraine, prince d'Harcourt, morte en septembre 1695.

III. Pierre d'Ornano, frere puîné des précédens, fut abbé de sainte Croix de Bourdeaux, puis ayant pris le parti des armes, fut mestre de camp du régiment du duc d'Orléans. Il avoit épousé Hilaire de Sansac de Lupé, dont il eut Jacques-Théodore, qui suit; Marie, alliée le 27 février 1659 à François de Lasseran-Masencomme, dit de Montluc, marquis de la Garde & de Miremont, lieutenant de roi de Guienne & gouverneur d'Orthez; & N. d'Ornano, mariée à Jacques de Marmiesse, baron de Lussan, président au parlement de Toulouse.

IV. Jacques-Théodore d'Ornano, seigneur de S. Martin, avoit épousé Catherine de Bassapat-Pardiac, veuve de Jean-Louis de Roquelaure, seigneur de Beaumont, de laquelle il n'eut point d'enfans.

III. Joseph-Charles d'Ornano, dernier des fils d'Alfonse, maréchal de France, fut abbé de Montmajour-lés-Arles, dont il se démit pour être maître de la garde-robe du duc d'Orléans; & mourut le premier juin 1670, âgé de 78 ans. Il avoit épousé Charlotte Perdriel, dame de Baubigni, dont il eut Gaston-Jean-Baptiste, marquis d'Ornano, mort sans alliance en janvier 1674, âgé de 36 ans; Anne, première fille d'honneur de la duchesse d'Orléans, mariée le 30 mars 1669 à Louis le Cordier, marquis du Tronc, seigneur de Varaville, morte le 13 janvier 1698; & Anne-Charlotte d'Ornano, morte sans alliance le 4 juin 1682. * Paul Jove. Le baron de Fourquevaux. Montluc. Paradin. Le P. Anselme, histoire des grands offic. &c.

ORNE, Olerna, riviere de France en Normandie. Elle a sa source au-dessus de Sées qu'elle arrose, d'où prenant son cours vers le septentrion par Argentan & autres lieux, elle reçoit le Noireau au pont d'Ouilli, puis elle passe à Turi-Harcourt & à Caën, & enfin se jette dans la Manche au-dessous d'Estrehan. * Baudrand.

ORNESAN (Berttand d') seigneur d'Astarac, baron de S. Blancard, marquis des isles d'Or, maître d'hôtel du roi, amiral des mers du Levant, châtelain, viguier, capitaine, juge & conservateur de la tour & port d'Aigues-Mortes, servit la France en plusieurs occasions dans l'emploi particulier de commandant de quelques galeres, puis de vice-amiral des mers de Provence. Il fut ensuite pourvu de la charge de général des galeres en 1521, & envoyé au secours de Rhodes: d'où étant de retour, il défit devant Toulon en 1523, l'armée navale de l'empereur Charles-*Quint*, & fut reçu citoyen de Marseille en 1525, comme le rapporte de Ruffi en son histoire de Marseille. Doria lui succéda au généralat des galeres la même année. * Le P. Anselme, *histoire des grands offic. de la couronne.*

OROBIO, qui se faisoit nommer *Isaac* à Amsterdam, & *don Balthasar*, avant qu'il sortît d'Espagne, s'est rendu célèbre par les conférences qu'il eut sur la religion avec Philippe de Limborch, de qui nous avons parlé en son lieu. Le pere & la mere d'Orobio l'avoient élevé dans les sentimens des Juifs, quoiqu'ils fissent profession de la religion catholique, sans observer néanmoins autre chose du Judaïsme, si ce n'est le jeûne du jour de l'expiation dans le mois de Tisri, c'est-à-dire, dans le mois de septembre. Il avoit étudié la philosophie scholastique à la mode d'Espagne, & s'y étoit rendu si habile, qu'il fut fait lecteur en métaphysique dans l'université de Salamanque. Ensuite il s'appliqua à la médecine & l'exerça à Séville. En ce temps-là il fut accusé de Judaïsme, & mis à l'inquisition, où il demeura trois ans, & dont on lui a entendu faire une description si vive & si horrible, qu'il seroit à souhaiter qu'il l'eût écrite, afin d'instruire le public de la cruauté presque inconcevable des inquisiteurs. Orobio étant enfermé dans un cachot, où il avoit de la peine à se tourner, & où il souffroit toutes les incommodités imaginables, a assuré souvent que le long séjour qu'il fit dans cette demeure, lui troubloit presque le jugement, & qu'il se demanda plusieurs fois à lui-même : Suis-je bien *ce don Balthazar Orobio, qui se promenoit dans Séville, qui étoit si à son aise, & qui avoit femme & enfans.* Il croyoit quelquefois que sa vie passée n'étoit qu'un songe, & que le cachot où il étoit alors l'avoit vu naître, comme apparemment il le verroit mourir. D'autres fois, comme il s'étoit extrêmement appliqué à la métaphysique, il se faisoit à lui-même des argumens de métaphysique & les résolvoit; de sorte qu'il étoit l'*opposant*, le *répondant*, & le *præses* tout à la fois. Il disoit qu'il se consoloit de temps en temps par cette espéce de divertissement bisare. Cependant il nioit toujours constamment qu'il fût Juif, & souffroit par un effet de la crainte de la mort, des tourmens horribles, plutôt que d'avouer la vérité. Après avoir comparu deux ou trois fois devant les inquisiteurs, il fut appliqué à la question, qu'il représentoit de cette sorte. Dans le fond d'une voute souterreine & éclairée par un petit nombre de flambeaux, on comparoît devant deux personnes, dont l'un est un juge de l'inquisition, & l'autre un secrétaire, qui après avoir demandé si l'on veut avouer la vérité, en cas que l'on nie, proteste que le saint office ne sera pas cause de la mort du criminel, s'il arrivoit qu'il expirât dans les tourmens: mais sa seule opiniâtreté. Après cela un bureau le deshabille, lui lie les pieds & les mains avec une corde, & le fait monter sur un petit siége, pour pouvoir passer la corde à des boucles de fer qui sont attachées à la muraille. Après cela on tire le siége de des-

sous les pieds du patient, de sorte qu'il demeure suspendu par la corde que le bureau serre toujours plus violemment, jusqu'à ce que le criminel ait confessé, ou qu'un chirurgien, qui est aussi présent, avertisse les juges qu'il n'en peut pas souffrir davantage sans mourir. Les cordes causent, comme on le peut aisément penser, une douleur infinie, lorsqu'elles viennent à entrer dans la chair, & à faire enfler les mains & les pieds jusqu'à tirer du sang par les ongles. Comme le patient se trouve violemment serré contre la muraille, & que les cordes qui se tirent avec tant de force, on courreroit risque de déchirer tous ses membres, on a soin auparavant de le ceindre avec quelques bandes par la poitrine. On les serre extrêmement, & il seroit en quelque danger de ne pouvoir pas ravoir son haleine, s'il ne la retenoit pendant que le boureau lui met ces bandes. Il conserve ainsi à ses poumons assez d'espace pour faire leurs fonctions. Dans le moment qu'il souffre le plus, on lui dit, pour l'épouvanter, que ce n'est que le commencement des souffrances, & qu'il fera bien d'avouer, avant qu'on en vienne à l'extrémité. Orobio assuroit encore qu'outre les tourmens dont on vient de parler, le boureau lâchoit sur les jambes du patient une petite échelle où il étoit monté, & dont les échelons aigus causoient une douleur incroyable en tombant sur les os des jambes. Enfin si l'accusé nie constamment, on le fait guérir des blessures que les cordes lui ont faites, & on le met dehors. Il conserve que notre Juif fut en liberté, il ne pensa qu'à sortir d'Espagne; & en effet, il passa en France, où il fut fait professeur en médecine à Toulouse. Il y soutint des thêses *de putrefaction*e, & par le moyen de sa métaphysique, il embarassa ceux qui prétendoient à la chaire de médecine, qui étoit vacante. Il y demeura quelque temps, faisant toujours profession de la religion catholique; mais s'étant lassé d'une si longue feinte, il se rendit à Amsterdam, où il reçut la circoncision, & fit profession du Judaïsme. Il a composé trois petits écrits qu'on trouve dans l'*Amica collatio cum Judæo* de M. de Limborch. Orobio mourut en 1687. * *Biblioth. universelle, tom. VII, pag. 269, & suiv.*

ORODÉS, roi des Parthes, succéda à son pere *Phraates II*, l'an du monde 3979, & 56 avant J. C. Il l'avoit fait empoisonner de concert avec son frere Mithridate, qui regna d'abord, & qui fut ensuite chassé du trône par Orodés qu'il avoit exilé. L'année suivante Mithridate fut assiégé & pris dans Babylone par son frere, qui le fit tuer devant lui. Orodés défit l'an 53 avant J. C. M. Crassus, & son fils Publius; prit les enseignes romaines, & fit un très-grand nombre de captifs. On ajoute qu'il fit fondre de l'or dans la bouche de Crassus le pere, pour lui reprocher son avarice insatiable, qui lui avoit fait commettre tant d'injustices & de sacriléges. En l'an 39 avant J. C. son armée fut défaite par Ventidius, dans une bataille où Pacorus son fils fut tué. Il ne pleura jusqu'à la fin de sa vie, & fut lui-même tué par un autre de ses fils nommé *Phraates*, l'an 35 avant J. C. Celui-ci périt par la trahison d'un de ses fils *naturels* nommé ORODÉS, comme son aïeul. * Velleïus Paterculus, *l.* 2. Appien, *in Parth.* Plutarque, *in Crasso.* Justin, *l.* 42, *c.* 4. Florus. Eutrope. Orose, &c.

ORODÉS, fils d'*Artaban*, roi des Médes, qui s'étoit rendu maître du royaume des Parthes, fut envoyé par son pere contre Pharasmanés, roi des Ibériens, & fut tué en combattant à la tête de son armée sur la fin du regne de Tibere, l'an 33 de J. C. * *Voyez* le 5 livre des annales de Tacite.

OROMAZE : c'est le nom que les Mages & les Chaldéens donnoient au Dieu suprême, & qui signifie en chaldéen, *lumiere ardente.* Ils décrivoient Dieu environné de feu, & avoient coutume de dire, que

fon corps eſt ſemblable à la lumiere, & ſon ame à la ve-
rité, ſelon le rapport de Porphyre, dans la vie de Pythagore. Ce dieu étoit le bon principe; mais il y avoit
un mauvais principe, qu'ils nommoient *Armanes* ou
Arimanius (c'eſt-à-dire, en chaldéen, *qui eſt mon ennemi*, ou *fin & trompeur*) qui s'oppoſoit à Oromaze,
& qui en devoit être détruit à la fin. *Voyez* ARIMA-
NES. * Plutarque, *de Iſid. & Oſir.* Diogen. *Laërt. in*
procem. Stanlei, *de philoſ. orient. Voyez* encore la *bi-*
bliotheque orient. de D'Herbelot, au mot *Ormoz.*

ORONCE FINÉ, *cherchez* FINÉ (Oronce).

ORONTE, fleuve de Syrie, qui coule du Mont-
Liban, a eu le nom de *Typhon*, comme le veut Strabon; d'*Ophites*, ſelon Pomponius Lætus, & de *La-
don*, au rapport de Philoſtrate. Ovide en parle auſſi,
l. 2 métam. Après un cours de plus de 30 lieues du
midi au nord, où il traverſe Apamée, il fait un grand
contour entre l'orient & le nord, & enſuite coule
tout-à-fait à l'occident juſqu'à ſa principale embouchure, qui eſt peu éloignée d'Antioche, qu'il vient
de traverſer. Le port de l'Oronte a aujourd'hui le
nom de *Porto Simone.*

ORONTE, mont connu ſous le nom de *montagne*
de Tauris.

ORONTE, Perſan, l'un des généraux d'Artaxerxès Mnemon, ayant eu la conduite d'une armée contre Evagotas, roi de Chypre, s'accorda avec ce prince,
& lui laiſſa ſon pays l'an 383 avant J. C. à condition
de payer tribut au roi de Perſe. La même année il
accuſa fauſſement Tiribaze auprès du roi, le prit par
trahiſon, & l'envoya lié à Artaxerxés. Depuis, Tiribaze fut abſous, & Oronte fut puni. * Diodore de
Sicile, l. 15.

OROPE, *Orope*, ville d'Attique, que quelques-
uns appellent *Zucamini*, & d'autres *Zucamino.*

OROPE, *Orope*, ville de Macédoine, lieu de la
naiſſance de Séleucus Nicator, ne doit pas être confondue avec une autre OROPE dans l'Eubée, qu'Ariſtote nomme *Grée.* Etienne de *Byzance* en met une
dans la Syrie, appellée auſſi *Telmiſſe*, &c.

OROPESA, ville d'Eſpagne dans la nouvelle Caſtille, près des frontieres de l'Eſtrémadure. Cette ville
a titre de comté & grandeſſe d'Eſpagne, qui a été
dans la maiſon de Tolede, d'où elle a paſſé à celle
de Portugal-Bragance. *Voyez* TOLEDE & PORTU-
GAL.

OROPESA (El aſſiento d') mines près de la ville
d'Oropéſa, *cherchez* GUANCABELICA.

ORORICE, roi de Méath en Irlande, du temps
que Henri II regnoit en Angleterre, fut cauſe de la
ruine des royaumes de cette iſle: il y en avoit quatre
alors; l'Ultonie, la Lagénie, ou Leinſter, la Mom-
monie & la Connacie. Le plus puiſſant des ſouverains de ce royaume ſe nommoit *roi d'Hibernie* ou
d'Irlande. Dermitius, roi de Lagénie, ayant enlevé la
femme d'Ororice, ce dernier s'adreſſa à Roderic, roi
de Connacie, pour avoir juſtice de cet enlevement.
Cela cauſa une guerre civile entre les rois d'Hibernie. Dermitius ſe trouvant le plus foible, eut recours
au roi d'Angleterre, qui lui envoya du ſecours, &
ſe rendit maître de toute l'Irlande. *Voyez* IRLAN-
DE. * *Hiſtoires d'Irlande & d'Angleterre.* Hornius, *orbis*
imperans.

OROSCO ou HOROSCO (Alfonſe de) natif
d'Oropéſa dans le diocèſe d'Avila en Eſpagne, dans
le XVIe ſiécle, fut religieux de l'ordre de S. Auguſtin, & non pas de celui de S. François, comme le P.
Wadingue & d'autres l'ont cru. Il prit l'habit à Salamanque dans le maiſon de S. Thomas de Villeneuve, &
fut chargé de la conduite de quelques maiſons de ſon
ordre, qu'il gouverna ſaintement, en qualité de ſupérieur. Sa piété & ſa doctrine le firent choiſir pour
être prédicateur de l'empereur Charles-Quint, puis
de Philippe II, ſon fils, & pour confeſſeur de la reine

d'Eſpagne. Ces emplois ne l'empêcherent pas de
trouver quelques momens favorables pour la compoſition d'un grand nombre d'ouvrages de piété. Les
plus conſidérables ſont des commentaires ſur le cantique des cantiques, & ſur le cantique *Magnificat*;
Bonum certamen, ſeu, de perfectione religioſa; *De arte*
concionandi, &c. Oroſco mourut en odeur de ſainteté
le 19 ſeptembre de l'an 1591, âgé de 91 ans. * Jean
Marquez, *en ſa vie.* André Schottus, *bibl. Hiſp.* Nicolas Antonio, *de ſcript. Hiſp.*

OROSE (Paul) prêtre de Tarragone en Catalogne, & diſciple de S. Auguſtin, floriſſoit dans le Ve
ſiécle. L'an 414, il fut envoyé en Afrique par Eutrope & Paul, évêques Eſpagnols, pour demander du
ſecours à S. Auguſtin, contre les hérétiques qui troubloient leurs égliſes. Il demeura un an auprès du ſaint
docteur, & pendant ce temps il fit un grand progrès
dans la ſcience des écritures. Le même ſaint l'envoya
l'an 415, à Jéruſalem pour conſulter S. Jérôme ſur
l'origine de l'ame. Oroſe à ſon retour, apporta en
Afrique des reliques du martyr S. Etienne, dont le
corps & ceux de Nicodème, de Gamaliel & d'Abibe
ſon fils, avoient été découverts pendant le ſéjour
d'Oroſe en la Paleſtine. Ce fut par le conſeil de S.
Auguſtin qu'Oroſe entreprit d'écrire l'hiſtoire que
nous avons en ſept livres, depuis le commencement
du monde, juſqu'à l'an 416 de J. C. Il a fait contre Pélage une Apologie du libre arbitre, dans laquelle
on a inſéré une partie du livre de S. Auguſtin *de natura & gratia*, depuis ces mots: *Hanc eſſe intentionem*
legis arguentis, juſqu'à ceux-ci, *Sicut apoſtolus ait*,
Nunquid ſcit figmentum, &c. Oroſe a fait encore
une lettre adreſſée à S. Auguſtin ſur les erreurs des
Priſcillianiſtes & des Origéniſtes. Quelques auteurs
le font mourir à Carthagene l'an 471, âgé de plus de
cent ans, & aſſurent qu'il fut religieux Auguſtin;
d'autres croient qu'Oroſe fut évêque de Léon, &
que ſon corps a été transporté à Rome; on ne doit
point compter ſur ces fables. On a diſputé dans ces
derniers temps ſur la patrie d'Oroſe; le marquis de
Mondéjar a prétendu qu'il étoit de Brague en Portugal; mais le P. dom Paul-Ignace de Dalmaſſes-y-Ros
lui a répondu & prouvé dans un ouvrage imprimé à
Barcelone en 1702, qu'Oroſe étoit de Tarragone en
Catalogne. * Gennade, *c. 39 catal.* Caſſiodore, *c. 17,*
divin. lect. Proſper, *in chron.* Honoré d'*Autun*, *de*
lumin. eccl. Trithème & Bellarmin, *de ſcript. eccl.*
Baronius, *in annal.* Scaliger, *in animad. Euſeb.* Caſaubon, *exerc. 1, in ann. Bar. ſect. 12.* Juſte Lipſe,
in comment. l. 4 annal. Tac. Voſſius, *l. 1, hiſt. Pelag.*
c. 17, & l. 2 de hiſt. lat. c. 14. Geſner, *in bibl.* Poſſevin, *in appar. ſacr. &c.* Bayle, *dict. crit.*

ORPHÉE, Libétrien, de Thrace, fils d'*Oenagre*,
diſciple de Linus, & maître de Muſée, ancien poëte
Grec, floriſſoit avant Homere, & même avant le ſiége de Troye, & fit, dit-on, trente-neuf poëmes que
le temps nous a dérobés. La fable a feint qu'Orphée
étoit fils d'Apollon; que les rivieres arrêtoient leur
cours, & que les arbres & les rochers marchoient
pour l'entendre, & que les bêtes les plus farouches s'adouciſſoient au ſon de ſa voix. Elle l'a fait
auſſi deſcendre dans les enfers, pour en retirer ſon
épouſe Eurydice. Les poëtes ajoutent, qu'il fléchit
par la douceur de ſon harmonie, les cœurs impitoya-
bles de Pluton & de Proſerpine, & qu'il obtint le retour de ſon épouſe à la vie, à condition de ne point
regarder qu'elle ne fût hors de l'enceinte des enfers;
mais que l'impatience amoureuſe d'Orphée lui ayant
fait tranſgreſſer cette loi, ſa chere Eurydice lui fut
arrachée pour jamais; que depuis il conſerva une
très-grande indifférence pour le ſexe; que les femmes de Thrace irritées de ce mépris, le tuérent; que
les Muſes eurent ſoin de ſon corps; & que ſa lyre
fut placée dans le ciel. *Conſultez* Ovide, *l. 10 & 11*

métam. Le grand nombre de fables que l'on a débitées au sujet d'Orphée, a sans doute été cause que quelques auteurs avec Ariftote, ont cru qu'il n'y avoit jamais eu perfonne de ce nom. Voffius a fuivi cette opinion, & dit que le mot *Orphée* eft un mot phénicien, qui fignifie un *favant homme*, parcequ'*Ariph* marque encore aujourd'hui la même chofe parmi les Arabes. D'autres conjecturent que ce mot vient de l'hébreu *rapha*, *guérir*; puifque l'on attribue à Orphée une grande connoiffance de la médecine, auffibien que des autres fciences. Il fe peut faire encore que l'on ait confondu les *chants* avec les *enchantemens*, & que l'on ait dit qu'Orphée étoit un *chantre*, au lieu d'un *enchanteur*. On peut fonder cela fur l'hiftoire d'Eurydice, qu'il rappella des enfers, pour un peu de temps : ce qui eft plutôt un effet de la *nécromantie*, que de la *mufique*. Cela s'accorde fort bien avec cette efpéce de médecine, dont plufieurs nations font encore entêtées, & qui fe fait, à ce qu'on dit, par des mots magiques & par des herbes cueillies en certains temps. Auffi quelques anciens ont-ils cru qu'Orphée avoit été un Egyptien favant dans la magie ; & c'eft ce qui a donné lieu à celui qui a compofé les hymnes qui portent fon nom , de les lui attribuer. Ce font plutôt des évocations magiques des dieux, que des hymnes en leur honneur. Cela étant ainfi, il eft croyable qu'il y a eu effectivement une perfonne en Gréce que l'on a nommée par excellence *Harophæ, Orphée*, le *médecin* ; & dont les enchantemens feints ou véritables, ont donné lieu à la fable que l'on en a faite. L'opinion qu'il y a eu un Orphée, & que cet Orphée avoit apporté diverfes fciences cachées dans la Gréce, a fait qu'on lui a attribué divers livres fuperftitieux, dont on verra les titres dans Voffius, & au commencement du livre des Argonautiques, qui portent le nom d'*Orphée*. On ne peut nier qu'il y ait eu un homme du nom d'*Orphée* qui a excellé dans la poëfie, & qui a vécu avant la guerre de Troye. Les anciens ont parlé de plufieurs ouvrages d'Orphée, & en ont cité des fragmens ; mais il y a lieu de douter que les argonautiques, les hymnes, & les autres poëfies qui font à préfent fous le nom d'Orphée , foient de lui , quoique Platon parle des hymnes d'Orphée dans le 8 livre des loix, & que Paufanias dife qu'elles étoient courtes:ce qui convient à celles que nous avons. Stobée & Suidas prétendent que les ouvrages que nous avons fous le nom d'Orphée, font d'Onomacrite, qui vivoit du temps de Pififtrate, d'autres les attribuent à Pythagore , ou à un philofophe Pythagoricien. Les vers rapportés fous le nom d'*Orphée*, par S. Juftin, par S. Clément d'*Alexandrie*, & par quelques autres peres , font plutôt l'ouvrage d'un chrétien que d'un poëte, ou d'un philofophe païen. * Du Pin, *bibl. univ. des hiftoriens profanes.* Ovide, *metam. liv.* 10 & 11. Virgil. *Georg.* l. 4. Paufan. *l.* 6. Voffius,*de poët. c.* 12.

ORPHONA, riche habitant de Jérufalem, à qui David, roi d'Ifraël, fauva la vie, quand il prit cette ville, tant parcequ'il avoit témoigné beaucoup d'affection pour les Ifraélites, qu'à caufe qu'il avoit fait plaifir à David en particulier. * Jofeph, *antiq. l. VII, chap.* 3.

ORPHORD (Robert) Anglois, profeffoit la théologie à Oxford ou à Cambridge , dans le couvent de l'ordre de S. Dominique dont il étoit, & fe rendit fort célèbre par fes écrits, qui n'ont pas été imprimés. Il floriffoit vers l'an 1290, ainfi qu'on l'apprend par les fujets qu'il traita, puifqu'entre autres il entreprit la défenfe de la doctrine de S. Thomas en deux ouvrages féparés , contre Henri de Gand, & Gilles Romain , hermite de l'ordre de S. Auguftin. On lui attribuoit encore un autre ouvrage contre Jacques de Viterbe, & un livre de *Déterminations*. Pitfeus l'appelle *Robert d'Oxford*, Leland, *Robert d'Ottanfort*, d'autres l'ont appelé *Rodolphe*, ce qui a trompé Poffevin, qui a diftingué Rodolphe , de Robert , & l'a fait plus ancien d'une vingtaine d'années. * Echard, *fcript. ord. FF. Præd. tom. I.*

ORSATO (Sertorio.) *cherchez* URSATUS.

ORSI, nom que les Mages de la Perfe donnoient à Dieu. Marfile Ficin a judicieufement remarqué , que le principal nom de *Dieu* eft de quatre lettres dans toutes les langues. Car les Hébreux difent יהוה, les Grecs, Θεὸς les Latins *Deus* , & les Arabes *Alla*, les Egyptiens *Theut* (leur *Th* n'étant qu'une lettre , comme en grec) les Perfes *Cyre*, les Mages *Orfi*, les François *Dieu*, &c. * Marfile Ficin , *argum. in Plat. Cratyl.* Clément *Alexand.* ftromat. l. 5. Pfanner ,*fyft. theol. Gentil.*

ORSI (Jean-Jofeph) fils du marquis MARIO Orfi, patrice Bolonnois , & de Dona *Girolama* Caftiglioni, demoifelle Mantouanne , naquit à Bologne , le 19 de juin 1652. Il étoit fils unique , & ayant perdu fon pere de bonne-heure, fa mere lui en tint lieu, & lui procura une excellente éducation. Après avoir fait fes études jufqu'à fa philofophie même dans fa propre maifon , il étudia l'ancienne philofophie fous M. Magnani , profeffeur eftimé dans l'univerfité de Bologne , & la jurifprudence fous M. Cavazzi. Il fit la phyfique & les mathématiques du docteur Géminiano Montanari, Modénois , alors profeffeur des mathématiques à Bologne. Mais pendant qu'il prenoit goût à cette étude , Montanari fut appellé à Padoue , & M. Orfi, privé de fes leçons, fe livra à la poëfie, & à compofer en particulier des comédies qu'il récitoit enfuite dans les compagnies fpirituelles de Bologne. Mais il quitta bientôt cet amufement, pour établir une efpéce d'académie dans fa propre maifon où fe trouvoient les gens de lettres les plus célèbres de cette ville, & où l'on s'entretenoit en particulier des matieres de phyfique, de la philofophie & des mathématiques. Devenu veuf en 1686 , il paffa en France, avec fon médecin, M. Malizardi, qui ne le quittoit jamais , & il fit beaucoup de connoiffances parmi les favans de Paris.Il voyagea enfuite à Turin, où il fe lia avec le P. Valli, Jéfuite ; à Milan , où il connut M. Maggi , & le P. Pantaléon Dolera-Croifier ; à Rome , où le cardinal d'Eft l'avoit invité. S'étant remarié, il revint à Bologne fur la fin de 1690, & y demeura jufqu'à ce que le cardinal d'Eft étant devenu duc de Modène, l'appella à fa cour. M. Orfi y fit quelque féjour, & lorfqu'il fut revenu chez lui , il y rétablit fon académie ; & le principal exercice de fes académiciens fut d'examiner & de confronter la morale de Platon & d'Ariftote avec celle des écrivains catholiques , & en général d'examiner la morale en tant qu'elle concerne les maximes nommées en Italie *Cavallerefché*, c'eft-à-dire , *les maximes de la nobleffe*. Ces occupations académiques durerent jufqu'en 1712 , qu'il fe détermina à fe fixer à Modène. Il y forma une nouvelle académie , dont le but étoit d'étudier les anciens auteurs Grecs & Latins, facrés & profanes, pour en rendre compte à l'affemblée, où M. Orfi brilloit plus que les autres par l'érudition qui accompagnoit toutes fes converfations. Il aimoit beaucoup la poëfie, & il y a dans fes fonnets italiens une netteté, une légereté, un tour & une liaifon de phrafes qui les font diftinguer de ceux des autres poëtes par les connoiffeurs. Il s'en trouve quelques-uns d'imprimés dans la feconde partie *della perfetta poëfia* de M. Muratori , & dans les recueils de Gobi, de Crefcembéni & ailleurs. Il a traduit en profe italienne quantité de tragédies françoifes, qui fe font trouvées peu-à-peu imprimées, & comme en fecret ; car en fait de traductions il n'avouoit que celle qu'il avoit faite de la vie du comte Louis de Sales, frere de S. François de Sales, compofée en françois par le P. Buffier, Jéfuite. Cette traduction a été imprimée à Bologne, chez Pifarri, l'an

1711, & réimprimée à Padoue en 1720, chez Conſatti. Il publia en 1703, chez Piſarri, ſes *Conſidérations ſur la maniere de bien penſer du P. Bouhours*, diviſées en ſix dialogues. Le comte François Montani écrivit à ce ſujet, & s'attira pluſieurs réponſes. En 1706 on donna en particulier trois lettres ſous le nom du docteur Pier-Francesco Bottazzoni, dont deux ſont certainement de M. Orſi : elles parurent à Padoue, & en 1707 le marquis Orſi en adreſſa quatre autres à madame Dacier pour défendre encore ſes conſidérations, & il y joignit les lettres de quelques autres ſavans qui tendoient au même but. En 1735, Barthélemi Soliani, imprimeur à Modène, a imprimé les Réflexions de M. le marquis Orſi ſur *la maniere de bien penſer dans les ouvrages d'eſprit* du pere *Bouhours*, avec les divers écrits qui ont paru au ſujet de cette querelle littéraire ; à quoi l'on a ajouté la vie & les poëſies du marquis Orſi, deux volumes *in-4°*. On trouve dans le premier le traité en entier *de la maniere de bien penſer*, traduit en italien par M. Barotti de Ferrare. En 1706, il fit imprimer à Cologne, ſi on en croit le titre, ſon traité latin *De moralibus criticæ regulis*, dans le deſſein de calmer les diſputes qui étoient renouvellées entre MM. Marcel Malpighi & Jean-Jérôme Sbaraglia, célèbres médecins Bolonois. Il compoſa en faveur de Sbaraglia, qui étoit ſon ami, un petit ouvrage qui parut à Bologne en 1711, ſous le nom de *Malizardi*, médecin de M. Orſi. Il eſt intitulé : *Ripoſta alle oppoſizioni fatte da Theofilo Alerino*. L'on croit que ce Théofile Alerino étoit M. Guglielmini. Enfin M. Orſi donna au public, mais ſans nom d'auteur, un diſcours ſur le traité de Ciceron *de ſenectute*, en 1724, à Padoue. On regardoit ce ſavant comme le plus grand maître qu'il y eût dans toute l'Italie pour décider toutes les queſtions ſur ce que les Italiens appellent *arte cavalleresca*, & qui ſe rapporte à ce que nous appellons *le point d'honneur & les maximes de la nobleſſe*. Auſſi le conſultoit-on de toute part ſur cette matiere. Le duc de Modène & pluſieurs autres l'ont ſouvent employé pour pacifier des différends entre gentilshommes, & il avoit le don de s'inſinuer ſi adroitement, qu'il a preſque toujours réuſſi. M. le marquis Scipion Maffei, ayant écrit ſur ce ſujet un ouvrage que M. Orſi jugea digne de réponſe, il y répondit lui-même ſous le nom du comte Jérôme Caſtiglioni ; cette réponſe parut à Milan, & fut réimprimée à Bologne l'an 1727. Un autre talent de M. Orſi étoit la facilité qu'il avoit à bien écrire des lettres ; rien de recherché ni d'étudié dans les ſiennes, tout y eſt clair & naturel, tout y reſſent ces graces naïves de l'éloquence qui n'eſt jamais ſi belle que quand elle ne veut point paroître. On aſſure qu'il avoit encore plus de chriſtianiſme que d'eſprit, & que ſa piété a été conſtante & ſolide. Il mourut à Bologne le 20 ſeptembre 1733, âgé de quatre-vingt-deux ans & trois mois, dans la maiſon même où étoit mort en 1584, le célèbre Charles Sigonius. Il a porté la compaſſion envers les malheureux auſſi loin qu'il pouvoit le faire, à ſa mort, en laiſſant tous ſes biens meubles à un hôpital de Bologne. On a trouvé auſſi parmi ſes papiers un recueil de plus de cent de ces maximes ou accommodemens, qu'il appelle *Pareri e aggiuſtamenti cavalleresfchi*, & une eſpéce de *répertoire* ou de *dictionaire* ſur ces matieres. Ces manuſcrits ont paſſé entre les mains du ſavant Louis-Antoine Muratori, auquel il avoit laiſſé tous ſes livres par teſtament. * *Mémoires du temps*. Eloge du marquis Orſi, dans les mémoires pour l'hiſtoire des ſciences & des beaux arts, connus ſous le nom de *Mémoires de Trévoux*, mois de juin 1734, article LX. *Bibliothéque italique*, &c.

ORSIESE, *cherchez* ORSISE.

ORSILOCHUS, fils d'*Idoménée*, ayant ſuivi ſon pere à la guerre de Troye, après avoir réuſſi dans tous ſes exploits, s'étant oppoſé à la récompenſe que l'on vouloit donner à Ulyſſe, fut tué de la main de ce prince. * *Iliad. l. 5.*

ORSIMARSO, bourg du royaume de Naples dans la Calabre citérieure, près la riviere de Laino, à trois lieues de la ville & du golfe de Scalea. On le prend pour la petite ville des Bruttiens, nommée *Abyſtrum* ou *Albyſtrum*, ou pour *Urſentini*. * *Mati, dict.*

ORSINES, ſatrape de Darius, étoit de la race d'un des ſept princes de Perſe, qui conjurerent contre Smerdis, & deſcendoit de Cyrus. Il ſe trouva l'un des généraux de l'armée des Perſes, qui fut défaite par Alexandre à la bataille d'Arbelles. Ayant été accuſé par l'eunuque Bagoas d'avoir enlevé les richeſſes du tombeau de Cyrus, il fut condamné par Alexandre à perdre la vie. * *Quint. Curt. l. 10.*

ORSINI, *cherchez* MALABRANCA.

ORSIPPE, de Mégare dans l'Achaye, ayant quitté ſa ceinture pour courir plus facilement dans les jeux publics, & ayant ainſi gagné le prix de la courſe, fut cauſe que l'on courut enſuite tout nud dans ces ſortes d'exercices, qui furent appellés *Gymniques* pour cette raiſon ; car γυμνὸς ſignifie *nud* en grec. Cela arriva la premiere année de la XVᵉ olympiade. * *Pauſanias, in Attic.* Euſebe, *chron. l. 1.*

ORSISE, étoit un ſolitaire très-célèbre dans le IVᵉ ſiécle. Il fut le maître de S. Théodore, abbé de Tabenne, qui ſe retira de ſa retraite de Moncoſe, & le fit venir à Pabau pour y viſiter les freres comme leur véritable abbé. C'eſt qu'il avoit déja gouverné lui-même le monaſtere de Tabenne pendant cinq ans, après avoir été ſupérieur de Chenoboſque. S. Pacôme diſoit de lui, qu'il étoit une lampe d'or dans la maiſon de Dieu ; & S. Antoine vouloit qu'on lui donnât par honneur le nom d'*Iſraélite*. Orſiſe étoit encore à Pabau lorſque S. Théodore mourut le 27 d'avril de l'an 367, âgé d'environ cinquante-trois ans. S. Athanaſe ayant appris cette mort, pria Orſiſe par lettres de reprendre le gouvernement de Tabenne, & le ſaint ſolitaire obéit. Il s'appliqua de toutes ſes forces à bien gouverner ſes religieux, & Dieu lui donna une nouvelle vigueur & l'intelligence des écritures. Il gouverna long-temps, & en paix. Dans les inſtructions qu'il faiſoit aux freres, il avoit coutume de ſe ſervir de comparaiſons & de paraboles, ce qui les rendoit fort utiles, pareequ'on les écoutoit avec plaiſir, & qu'elles imprimoient plus aiſément la vérité dans les eſprits. Il explique le ſoir après le travail & le repas, & les finiſſoit par la priere, ſachant que c'eſt Dieu qui y donne toute la force. Il expliquoit encore à ſes diſciples les endroits les plus difficiles de l'écriture, en les comparant les uns aux autres. Il leur recommandoit d'obſerver non-ſeulement ce que S. Pacôme avoit preſcrit pour le bon ordre des monaſteres, mais auſſi les ordres de tous les autres ſupérieurs. Il maintint en vigueur la loi de S. Pacôme, qui ordonnoit que tous les freres s'aſſembleroient deux fois l'année, à pâque & au mois d'août. On ne ſait point l'année de ſa mort : quelques-uns la mettent au quinziéme de juin. Gennade met Orſiſe au rang des auteurs eccléſiaſtiques, & lui attribue un livre, qui eſt, dit-il, aſſaiſonné d'un ſel ou d'une ſageſſe toute divine : » On y trouve, ajoute-t-il, tout ce qui eſt néceſſaire » pour la perfection de la diſcipline monaſtique, & » preſque tout l'ancien & le nouveau teſtament y » ſont expliqués d'une maniere fort abrégée, mais » propre aux beſoins que les moines en peuvent » avoir.» Il dit encore que l'abbé Orſiſe donna cet ouvrage à ſes freres un peu avant que de mourir, comme ſon teſtament. Il y a tout lieu de croire que cet écrit eſt le même que celui que nous trouvons ſous le titre de *la doctrine d'Orſiſe* (*ſancti Orſiſis abbatis Tabennenſis doctrina de inſtitutione monachorum*) dans la bibliothéque des Peres, & dans le code des régles anciennes

anciennes recueillies par S. Benoît d'Agnane, que Luc Holstenius a fait imprimer à Paris, *in-4°*, en 1663. Il est divisé en cinquante-six articles : ce n'est presque qu'un tissu de passages de l'ancien & du nouveau testament. On y trouve des instructions excellentes pour les supérieurs comme pour les inférieurs. Elles sont vives, belles & solides, & on ne peut les lire sans y appercevoir l'onction & la piété dont l'auteur étoit rempli. On lui attribue un autre traité *De cogitationibus sanctorum*, rapporté par Henri Canisius dans ses *lectiones antiquæ*, tom. I. * *Voyez* Bellarmin, *de script. ecclef.* Gennad. *in catalog. viror. illustrium.* D. Remi Ceillier, dans le tome V de son *histoire des auteurs sacrés & ecclésiastiques.* M. l'abbé Guyon a rapporté plusieurs des belles pensées d'Orsise dans son recueil intitulé : *Les apophtegmes, ou belles paroles des saints.*

ORSOI, ville forte d'Allemagne, sur le Rhin, dans le duché de Clèves, est petite, mais importante. Guillaume, prince d'Orange, la prit vers l'an 1634, pour les Hollandois. Et Philippe de France, frere unique de Louis XIV, qui commandoit une des armées de sa majesté, s'en rendit maître au mois de juin 1672. Les écrivains Latins la nomment *Orsoium & Orsovium.*

ORSOWA, ville dans la Servie sur le Danube, entre Nissa & Frétisla. Le comte Tékeli la brula ou l'abandonna, après la bataille de Nissa, au mois de novembre 1689. Les Impériaux s'en emparerent, & la rendirent ensuite aux Turcs en 1691. * *Mém. du temps.*

ORSSA, place forte de Lithuanie en Pologne, sur le Niéper, au confluent de l'Orssa, a été autrefois prise par les Moscovites. Elle est à dix-huit lieues polonoises de Smolensko vers l'occident, à douze de Mohilow, au septentrion, vers Titebsko, & est défendue d'une bonne citadelle. Sigismond I du nom, roi de Pologne, défit près de-là, l'an 1514, Basile, grand duc de Moscovie, qui lui avoit enlevé Smolensko. Les Moscovites perdirent dans cette bataille quarante mille hommes qui y furent tués, & 4000 prisonniers. * Cromer, *in orat. funebr. Sigism. II.*

ORSUCCI (François) né à Luques en Toscane, se fit religieux Dominicain, fut reçu docteur en 1611, professa long-temps la théologie dans son ordre, fut définiteur pour la province de Rome au chapitre général de l'an 1629, & mourut l'an 1646. On assure qu'il composa plusieurs traités touchant le culte de la sainte Vierge ; mais on ne sait s'ils ont été imprimés. Il prononça aussi à Viterbe l'éloge funèbre du cardinal Montalte, qu'on a manuscrit dans la maison de son ordre à Florence. * Echard, *script. ord. FF. Præd. tom. II.*

ORT (Adam van) peintre d'Anvers, fils de *Lambert* van Ort, dont il avoit aussi été disciple, peignoit en grand, & étoit en réputation de son temps. Les emplois continuels qu'on lui donna, l'empêchèrent de sortir de son pays. Il fut le premier maître de Rubens, & mourut à Anvers, âgé de 84 ans, en 1641. * De Piles, *abrégé de la vie des Peintres.*

ORTA, en latin *Hortanum*, ville d'Italie, autrefois de Toscane, & présentement dans le patrimoine de S. Pierre, avec titre d'évêché, est située sur une colline, près du confluent du Tibre & du Nar, à 40 milles de Rome. Cet évêché fut réuni à celui de Citta di Castello, par le pape Innocent VIII, en 1487. Les Pélasges venus de Thessalie, bâtirent cette place. Juste Fontanini a donné en 1708, deux livres sur les antiquités de cette ville, de laquelle Pline & Paul Diacre ont fait mention.

ORTECA (Jean de) Aragonois, entra dans l'ordre de S. Dominique, & s'appliqua beaucoup aux mathématiques. Quelques Espagnols prétendent qu'il y excella ; mais on n'a de lui qu'un traité espagnol,

où il comparoit ensemble les monnoyes des divers pays, & établissoit des régles pour les évaluer. Il fit imprimer ce livre en 1537, à Séville, & après sa mort on le corrigea & on l'imprima de nouveau en 1563 à Grenade, sous le titre de, *Tratado sutilissimo de aritmet.* * Echard, *script. ord. FF. Præd. tom. II.*

ORTELIUS (Abraham) natif d'Anvers, fut un des plus habiles géographes de son temps. Il sortoit d'une famille qui étoit originaire d'Augsbourg. Guillaume Ortelius vint s'établir l'an 1460, à Anvers, où il mourut l'an 1511, laissant *Léonard*, pere d'*Abraham* Ortelius, qui naquit au mois d'avril de l'an 1527. Il fut élevé dans l'étude des belles lettres, qu'il apprit avec beaucoup de facilité, & excella particulierement dans l'intelligence des langues & dans les mathématiques ; & à cause de la grande connoissance qu'il acquit de la géographie, il fut surnommé le *Ptolémée de son temps.* Il publia d'excellens ouvrages dans ce genre pour son temps. Ortelius voyagea beaucoup en Angleterre, en Irlande, en France, en Italie & en Allemagne, ne laissant rien échaper à sa curiosité. Après avoir fini ses voyages, il se fixa à Anvers, où il donna d'abord son *Theatrum orbis terræ.* Ce livre lui valut l'honneur d'être le géographe de Philippe II, roi d'Espagne. Il a encore donné, *Thesaurus geographicus; Deorum Dearumque capita ex veteribus numismatibus ; Aurei sæculi imago, sive Germanorum veterum mores, vita, ritus & religio ; Itinerarium per nonnullas Galliæ Belgicæ partes.* Ortelius possédoit plusieurs raretés, des statues antiques, des médailles, des coquillages. Les plus grands hommes du XVIe siécle furent de ses amis. Il mourut sans avoir été marié, le 26 juin de l'an 1598, âgé de 71 ans, deux mois & dix-huit jours. Juste-Lipse, le plus cher de ses amis, fit l'épitaphe de ce savant homme, dont le corps fut enterré dans l'église de S. Michel, de l'ordre de Prémontré. On lui fit divers éloges funèbres, que François Swert publia sous le titre de *Lacrymæ*, ajoutant la vie d'Ortelius. * De Thou, *hist.* Beyerlinck, *in continuat. chron.* Le Mire, *in elog. Belg. & de script. sæculi XVI.* Vossius, *de mathem. discipl.* Lorenzo Crasso, *elog. d'huom. letter.* P. Ghilini, *theat. d'huom. letter.* François Swert, *in vita Ortel.* Valere André, *biblioth. Belg. &c.*

ORTEMBOURG, sur le Drave, ville d'Allemagne dans la haute Carinthie, avec titre de comté de l'empire ; c'est l'*Ortemburgum* des écrivains Latins.

ORTENBORN, ville d'Angleterre dans le Northumberland, à trois milles anglois de Newcastle, célèbre par la bataille qui s'y donna entre les Anglois, commandés par Pierci, & les Ecossois sous le général Douglas. Ce dernier mourant de ses blessures sur le champ de bataille, recommanda trois choses à ses amis ; 1. de cacher sa mort ; 2. de conserver son étendard ; 3. de venger sa mort ; sur quoi criant, selon la coutume, *A Douglas, à Douglas*, ils assemblerent un grand nombre d'Ecossois, mirent les Anglois en fuite, & firent prisonnier Pierci, avec un grand carnage. * Duglas.

ORTER (George) né à Frickenhausen, dans la Franconie, & religieux de l'ordre de S. Dominique, florissoit l'an 1497. Il a laissé trois livres touchant l'Immaculée Conception de la sainte Vierge, qui n'ont point été imprimés, & qui apparemment ne le seront jamais. La bulle de Sixte IV sur cette question ayant été portée à Leipsick, & Sébastien Brant, professeur impérial dans cette université, ayant aussitôt publié des thèses, où il paroissoit triompher des disciples de S. Thomas ; Orter entreprit de le réfuter, & le fit avec beaucoup de ménagement dans le choix des termes ; mais au reste, avançant des choses extrêmement hardies. Le tour qu'il prit pour parer le coup que la bulle paroissoit porter à l'opinion qu'il défendoit, est singulier : le pape, disoit-il, en décla-

Tome VIII. Partie I.   Q

rant que ceux qui foutiennent l'Immaculée Conception ne font pas hérétiques, ne prétend pas pour cela nous faire croire que leur opinion eft la plus vraie; il paroît par les peres, que c'eft une héréfie formelle; & il n'eft pas libre à ceux qui peuvent les étudier, d'en fuivre une autre que celle qu'ils ont établie; mais le pape a voulu mettre les fimples à couvert, ce n'eft qu'une tolérance de fa part, & pour eux feulement, afin qu'ils ne foient pas hérétiques; de même que l'abbé Joachim ne fut pas hérétique, quoiqu'il ait foutenu des héréfies. George Orter écrivit encore des fermons pour le carême, pour l'avent, & des panégytiques des faints. * Echard, *fcript. ord.* FF. Præd.

ORTHAGORAS, qui étoit à la fuite d'Alexandre, avoit écrit une hiftoire des Indes, citée par Elien, qui dit que cet auteur rapportoit qu'il y avoit dans l'Océan des Indes, des baleines longues de la moitié d'une ftade, qui jettoient tant d'eau par les nafeaux, que ceux qui n'y étoient point accoutumés croyoient que c'étoit une tempête. Strabon décrit fur la foi de cet auteur, & fur celle de Néarque, la fituation de l'ifle de Tinna, le tombeau du roi Erythre, & l'origine du nom de la mer Erythréenne. * Ælien, *de animal. l.* 16, 17. Voffius, *de hift. Græc.* M. Du Pin, *bibl. univ. de hift. prof.* Il y a eu auffi un ORTHAGORAS, tyran de Sicyone, dont les defcendans furent long-temps poffeffeurs de cette ville; & un ORTHAGORAS, célèbre joueur de flute, qui apprit à en jouer à Epaminondas. * Athen. *l.* 4.

ORTHEZ, ville de Béarn, *cherchez* OURTES.

ORTHOGRUL, fils de *Soliman Schah,* que l'on peut appeller *premier du nom.* Orthogrul, après que fon pere fut noyé dans l'Euphrate, s'arrêta quelque temps fur les bords de ce fleuve avec trois de fes enfans. Il demanda enfuite des quartiers pour lui & pour fes troupes au fultan Aleddin, de la race des Selgiucides, qui regnoit alors dans la Natolie, & en ayant obtenus, il y alla camper avec 400 Turcs, & fervit fi bien le fultan contre fes ennemis, qu'il gagna entierement fes bonnes graces. Le premier établiffement des Turcs fe fit entre les montagnes de Thoumalag, dans l'Arménie mineure, où Orthogrul mourut l'an 687 de l'hégire, qui eft de J. C. 1288. Il laiffa trois fils, *Ghenduz, Sarvin* & *Othman.* C'eft de ce dernier que font defcendus les fultans Othmanides, qui regnent encore aujourd'hui à Conftantinople. * D'Herbelot, *bibl. orient.*

ORTHOPOLIS, douziéme roi de Sicyone, fuccéda à Plemnée l'an 3362 du monde, & 1668 avant J. C. Il regna 63 ans, & eut Echyrée pour fucceffeur. * Eufebe.

ORTIAGON, roi des Galates, ou Gaulois établis dans la Gréce, étoit fils de *Sinatus,* prince du même peuple. Il avoit époufé une dame auffi recommandable par fa vertu que par fa beauté, nommée *Chiomara,* qui fut prife dans une défaite des Galates vaincus par le conful Cn. Manlius, l'an 566 de Rome, & 188 avant J. C. Elle fut violée par un centurion Romain, dont elle étoit prifonniere; & lorfque fa rançon eut été payée, elle fit tuer ce Romain, qui avoit abufé d'elle; prit fa tête, & la porta à fon mati, pour le confoler de la douleur que lui devoit caufer cet outrage. * Plutarque, *de virtute mulierum.*

ORTNAW, petit pays de la Souabe en Allemagne. Il eft entre les terres de Bade, les comtés d'Eberftein & de Furftemberg, & le Rhin, qui le fépare de l'Alface. Ce pays n'a que fix ou fept lieues de long & de large. Il n'y a de villes que celles d'Offenbourg, de Gengenbach & de Zell, qui font impériales. Le plat pays appartient à la maifon d'Autriche, à la réferve des bailliages d'Oberkirck, & d'Oppenaw, qui font de l'évêché de Strasbourg. * Mati, *dict.*

ORTONE, eft appellée *de la mer, Ortona, à maré,* parcequ'elle eft fur la mer Adriatique, ville du royaume de Naples, dans l'Abruzze citérieure, avec évêché. * Leand. Alberti.

ORVAL, village avec une célèbre abbaye de l'ordre de Cîteaux. Il eft dans le duché de Luxembourg, à deux lieues & demie de Montmédi, vers le nord. L'abbaye fut fondée l'an 1070, par des moines Bénédictins venus de Calabre, & fut donnée peu après à des chanoines, qui y vécurent d'une maniere fi fcandaleufe, que l'évêque de Verdun les chaffa en 1131, pour donner le monaftere à S. Bernard, qui y envoya fept religieux tirés de l'abbaye de Trois-Fontaines. Cette abbaye étoit fort en défordre, lorfque D. Bernard de Montgaillard, appellé communément *le petit Feuillant,* en fut fait abbé, l'an 1605. C'eft lui qui y a mis la réforme, qui fubfifte encore, & qui quoique moins févere que celle de la Trappe, ne laiffe pas que d'être fort propre à conduire les religieux à la perfection. Cette réforme devint encore beaucoup plus parfaite, & telle qu'elle parut un nouveau rétabliffement, par les foins & le zèle de Charles-Henri de Bentzeradt, quatriéme abbé de ce monaftere, mort le jour de la Pentecôte douziéme de juin de l'an 1707. Il étoit né dans la petite ville d'Echternach, au pays de Luxembourg, fur la frontiere de Tréves, d'un pere qui étoit gentilhomme & qui a paffé la plus grande partie de fa vie au fervice de la France. Charles-Henri de Bentzeradt entra à Orval âgé d'environ vingt-un ans. Il en fut abbé pendant trente-neuf ans, & mourut âgé de foixante-treize ans. Il remplit la maifon de fujets qui foutinrent la premiere régularité de l'ordre de Cîteaux, dont il eft regardé comme le reftaurateur, & il n'eut pas moins de foin du temporel. Il ne voulut pas par humilité, être enterré au lieu où l'on inhume les abbés de la maifon, & fuivant fes defirs on l'enterra dans le cimetiere. Cinq ans auparavant il avoit fait fon épitaphe, qu'il avoit prefque toujours devant les yeux pour s'imprimer davantage le fouvenir de la mort. Voici cette épitaphe :

Fr. Carol. Henric. licèt indignus Aureæ-vallis olim vocatus abbas XLII, frequentioribus cleri, populique, ac devoti monachorum cætûs precibus fe commendatum cupiens, hîc, inter fratres fibi fepulturam elegit. Obiit ann. 1707, 12 jun. ætat. fuæ 73, profeff. 51, prælat. ferè 40.

* Angel. Manriq. *ann. ord. Ciflerc. tom. I.* Yépés, *chron. générale de l'ordre de S. Benoît, tom. VII. Mém. mff.*

ORVAL (Anne-Eléonote de Béthune d') abbeffe de Notre-Dame du Val de Gif, au diocèfe de Paris, fi connue par fa grande piété, par fon efprit fupérieur, & par fes écrits, étoit fille de FRANÇOIS de Béthune, duc d'Orval, chevalier des ordres du roi, premier écuyer de la reine Anne d'Autriche, & de madame *Anne* de Harville de Palaifeau. Placée dès l'âge de trois ans dans l'abbaye de Royal-Lieu, elle y fut élevée dans la piété & dans l'innocence, fous les yeux de madame de Vaucelas, fa tante, qui en étoit abbeffe. On n'eut pas moins de foin de cultiver fon efprit, & de l'orner de toutes les connoiffances qui convenoient à fon état, & à la fupériorité de fon génie. Dès qu'elle fe crut en état de prendre un parti, elle n'héfita pas fur le choix. Le monde lui offroit tout ce qu'il y a de plus flateur; mais la grace lui faifoit goûter au fond du cœur des joies pures & folides que le monde ne connoît pas; & vaincue par cet attrait fupérieur à celui de la nature, elle réfolut de s'engager dans l'état religieux de la maifon même où elle avoit été élevée. Elle entra au noviciat à l'âge de quatorze ans, prit l'habit à quinze; & laiffant partir fa tante qu'elle aimoit tendrement, & qui fut nommée à une autre abbaye, elle fit profession dans celle de Royal-Lieu à l'âge de seize ans. Dieu l'y affermit dans la vertu par la voie où il a coutume de conduire ses élus : elle fut exposée dans un lieu qu'elle aimoit à des peines & à des contradictions qui ne lui firent rien perdre de l'affection qu'elle avoit pour cette maison ; & lorsque l'on se fut cru obligé de l'en séparer, elle n'en sortit qu'avec peine, & il fallut, pour ainsi dire, l'en arracher. On la mit dans l'abbaye de S. Pierre de Reims, dont madame sa sœur étoit abbesse, & pendant cinq années qu'elle demeura dans cette maison, on ne put se lasser d'admirer sa foi, sa douceur, sa patience, son application continuelle à ses devoirs, en même temps qu'on la recherchoit pour la beauté de son esprit, & la grandeur de ses talens. Elle n'avoit encore que vingt-neuf ans, lorsque madame de Clermont Montglat, abbesse de Gif, dont nous avons parlé en son lieu, voulant se décharger du gouvernement de son abbaye qu'elle envisageoit comme un fardeau sous lequel ses infirmités, & encore plus son humilité, la faisoient gémir, jetta les yeux sur elle pour la remplacer. Jamais choix ne fut plus approuvé, & ne dut l'être plus. Madame d'Orval joignoit à tous les talens dont on a parlé le véritable esprit du gouvernement. Louis XIV ayant accepté la démission de madame de Montglat, & nommé conformément aux vœux & à la demande de celle-ci, madame d'Orval, cette derniere se rendit à Gif le 28 de février 1687, & prit possession le même jour. Elle agit toujours depuis de concert avec l'ancienne abbesse, qui accepta par obéissance la qualité de prieure ; & pendant quinze ans que madame de Montglat vécut encore, ce fut un combat continuel entre l'une & l'autre à qui montreroit plus de déférence, d'attention & de zèle. Depuis que madame d'Orval eut pris possession de l'abbaye de Gif, & pendant quarante-sept ans qu'elle a gouverné cette maison, tous ceux qui ont eu l'avantage de la connoître, ont admiré en elle une grandeur d'ame que rien ne pouvoir abattre ; une facilité de génie qui la mettoit en état de fournir à tout ; une supériorité de vues qui lui présentoit en toute occasion les expédiens les plus sages & les mesures les plus convenables ; & ce qui est encore plus estimable, un cœur tendre, bienfaisant, généreux, ennemi de la flaterie & de l'artifice ; en un mot un caractere d'autant plus propre à gouverner, qu'il étoit plus élevé au-dessus de ce qui fait aimer les premieres places aux ames nées sans élévation. Elle joignoit à tant de talens une piété tendre, mais éclairée, & sans ces petitesses qui la gâtent ou qui l'altérent, & qui la font mépriser des personnes du siécle qui ne l'envisagent que par les défauts dont elle n'est point coupable ; une humilité profonde, mais sans pusillanimité ; un amour universel de la pénitence, mais sans ostentation ; un amour constant de l'ordre & de la régle, mais sans dureté ; une régularité toujours égale, & toujours soutenue ; un don d'exhorter & d'instruire peu commun, appuyé d'un exemple encore plus éloquent & plus efficace. Pendant un si long gouvernement elle n'est sortie qu'une seule fois de sa maison, & cela par un ordre exprès de feu M. le cardinal de Noailles, & pour un dessein digne de la piété de l'un & l'autre. Elle n'avoit de commerce au-dehors que celui auquel la charité, le devoir, les besoins de la communauté, & les bienséances indispensables l'obligeoient. Son amour pour les pauvres n'étoit arrêté que par l'impuissance absolue de les assister plus abondamment. L'hospitalité s'est toujours exercée par ses ordres avec une générosité noble & chrétienne. Son désintéressement dans la réception des sujets propres à sa maison, a été poussé aussi loin qu'il peut l'être. On ne finiroit pas si on vouloit s'étendre sur ses vertus. Tant que l'esprit de régularité, de piété & de religion subsistera dans

son monastere, sa mémoire y sera toujours en vénération. C'est au milieu des justes regrets d'un pieux troupeau de vertueuses compagnes qu'elle avoit formées, & qu'elle a toujours édifiées, qu'elle mourut le 28 de novembre 1733, à neuf heures du soir, dans la soixante-seizième année de son âge, la soixantième de sa profession religieuse, & la quarante-septième de son gouvernement. Elle a été remplacée par madame de Ségur, qui depuis plusieurs années étoit sa coadjutrice, & qui étoit digne de lui succéder. Madame d'Orval, pleine d'un juste respect pour madame de Montglat, à qui l'abbaye de Gif doit presque toute la réforme que la premiere trouva dans cette maison lorsqu'elle y entra, a composé sa vie qui est encore manuscrite, & qui mériteroit de voir le jour. A l'égard de ses ouvrages imprimés, nous ne connoissons, 1. que ses Réflexions sur les évangiles, imprimées à Paris, chez Jean de Nulli, in-12. 2. L'idée de la perfection chrétienne & religieuse pour une retraite de dix jours, chez la même, in-12, en 1719. Cet ouvrage est en deux parties : la premiere contient la retraite dont on vient de parler ; la seconde, des méditations pour se disposer à recevoir le Saint Esprit, & pour l'octave du saint Sacrement, avec une paraphrase sur le Te Deum, &c. 3. Les reglemens de l'abbaye de Gif, avec des réflexions. Le portrait de madame d'Orval a été gravé depuis sa mort. Un ami de sa maison, plein de vénération pour sa mémoire, a fait ses vers à l'occasion de ce portrait :

Si d'une abbesse illustre en grace, en piété,
Dans ce portrait tu ne vois que l'image :
Contemple le troupeau que ses soins ont formé,
Ses vertus, ses regrets, t'en diront davantage.

* Mémoires du temps. Vie manuscrite de madame de Montglat. Lettre circulaire des religieuses de Gif, sur la mort de madame de Béthune d'Orval, in-12, à Paris, de l'imprimerie de Philippe-Nicolas Lottin, &c.

ORVIETTE, Orvieto, ville d'Italie, autrefois de Toscane, est aujourd'hui comprise dans l'Etat Ecclésiastique. Cette ville est le siége d'un évêque, & la capitale d'un petit pays, dit le territoire d'Orvieto. Elle est entre Pérouse & Viterbe, située sur une colline près de la riviere dite Paglia. Les auteurs Latins la nomment Oropitum, Herbanum ou Urbiventum. * Leand. Alberti.

ORUS, surnommé Pharaon, fut selon quelques historiens, le second roi d'Egypte, & fut surnommé Apollon. Il étoit, disent-ils, fils de Mesraïm, & petit-fils de Cham. Il chassa de l'Egypte le géant Typhon, qui avoit tué Osiris, & le poursuivit avec le secours d'Hercule Libyen, jusqu'en Arabie, où il le tua dans une bataille proche du bourg d'Anthée. On dit que ce fut lui dont Joseph expliqua le songe, & qui reçut avec tant de bonté le patriarche Jacob. Tous ces faits sont extrêmement suspects & difficiles à débrouiller. Voyez la table des rois d'EGYPTE. * Orosius, l. 1. Diodore, l. 1. Justin, l. 38.

ORUS, surnommé Pharaon, roi d'Egypte, est, selon quelques-uns, le même que Busiris, & bâtit la grande ville de Thèbes, à cent portes, outre plusieurs de ces prodigieuses pyramides tant vantées de l'antiquité. Consultez la table des rois d'EGYPTE. * Eusebe, in chron.

ORY (Matthieu) étoit d'un village nommé la Canne, ou la Caune, dans le diocèse de Saint-Malo en Bretagne. A l'âge de dix-huit ans, il embrassa à Dinan vers l'an 1510, la regle de S. Dominique. Après sa profession, il fut envoyé à Paris au couvent de la rue Saint-Jacques, & il s'y prépara à prendre des dégrés dans la faculté de théologie de Paris. Il fit sa licence en 1526, & l'année suivante. Il s'appliqua aussi au ministere de la parole ; & il s'y acquit une si grande réputation, que le cardinal François de Tournon le choisit pour son prédicateur ordinaire. Vers l'an 1534 il fut nommé par le général de son ordre, grand'inquisiteur en France, & il en fit les fonctions jusqu'à sa mort. M. Simon, *tom. I* de ses lettres, *pag.* 243, de l'édition d'Amsterdam, 1730, prétend que ce titre d'*inquisiteur général de la foi*, n'étoit qu'un titre sans effet que prenoit le théologien que le roi ou son parlement nommoit pour examiner les livres qui concernoient la religion, & qu'il n'y avoit point en France de tribunal d'inquisition : mais le P. Echard nous a paru avoir fort bien réfuté sur cela M. Simon, & démontré qu'Ory avoit exercé réellement les actes d'inquisiteur de la foi. Ce religieux fut élu prieur de sa maison vers la même année 1534, & ce fut vers le même temps, qu'en qualité d'inquisiteur, S. Ignace de Loyola & ses *exercices spirituels*, lui ayant été déférés, il rendit un témoignage avantageux à l'auteur & à l'ouvrage. Voyez ce fait plus au long dans la vie de S. Ignace, par le Jésuite Maffée, *l.* 1, *c.* 10. L'estime qu'Ory s'étoit acquise engagea le roi François I à prendre quelquefois ses avis ; & ce fut sur eux que ce prince fit quelques ordonnances contre les impies, les blasphémateurs & les hérétiques. Renée, fille de Louis XII, & femme d'Hercule II, duc de Ferrare, s'étant déclarée pour les nouvelles opinions, ce qui déplaisoit beaucoup au prince son mari, François I envoya Matthieu Ory à Ferrare pour tâcher de détromper la princesse ; mais ce voyage fut inutile : Renée, loin de profiter des lumieres d'Ory, n'en devint que plus opiniâtre. Le religieux profita de ce voyage pour aller à Rome, où il eut encore occasion de faire plaisir à l'instituteur de la société des Jésuites, en faisant l'éloge de sa piété & de son orthodoxie, comme Maffée le rapporte pareillement dans le même ouvrage cité plus haut, livre 2, chapitre 8. Le pape Paul III lui fit un accueil très-favorable, & le fit pénitencier apostolique. Ory, de retour en France, fut élu vicaire général de son ordre dans une assemblée tenue à Compiegne en 1542, & dans les actes il est qualifié d'inquisiteur de l'hérésie dans tout le royaume de France, & de pénitencier du pape. Il fut trois ans vicaire général, selon l'usage. On assure qu'il retourna à Rome sous le pontificat de Jule III ; que ce pape ne lui fit pas moins d'accueil que Paul III, & qu'il voulut qu'il préchât en sa présence. Il le confirma dans sa qualité d'inquisiteur de la foi en France, comme on le voit par des lettres de ce pape du 7 mai 1552. Ory mourut à Paris le 12 juin 1557, âgé d'environ soixante cinq ans ; il fut inhumé dans la chapelle de S. Thomas d'Aquin. L'examen du bréviaire du cardinal Quignon qui lui avoit été déféré, fut réimprimé par Thibaut Payen, imprimeur de Lyon ; & dans le privilége, qui est du 4 de mars 1552, on lit ces paroles : *Joint la correction & examen de Matthieu Ory, docteur en théologie, inquisiteur général de la foi, avec aussi l'approbation de la Sorbonne.* En 1544, on imprima à Paris, chez Jean André, *in-8°*, un ouvrage d'Ory sous ce titre : *F. Matthæi Ory, Dominicanæ familiæ theologi, hæreticæ pravitatis per Gallias inquisitoris, summique pontificis à pœnitentibus, ad hæresum redivivas affectiones alexipharmacum* : cet ouvrage qui est contre les hérésies, fut réimprimé à Venise en 1551, *in-16*, & en 1558, *in-8°*. On lui donne encore d'autres ouvrages, dont on peut voir la liste dans le P. Echard, *Scriptores ordinis prædicatorum, tom. II*, *pag.* 162 & 163.

ORY (François) docteur régent en droit en l'université d'Orléans, se disoit de Sablé au Maine : cependant il étoit de la ville du Mans, fils de *Jean Ory*, marchand drapier, & de *Marie Neveu*, qui épousa en secondes nôces *Jacques Joubert*, notaire de la même ville. François Ory fut appellé à Orléans avec deux de ses sœurs par le sieur Neveu, son oncle maternel, chanoine de l'église d'Orléans, & grand vi-

caire de l'évêque, qui étoit alors M. de l'Aubespine. Ory fut premierement avocat au parlement de Paris, & bailli du Bois-le-Vicomte, & de Montrouge près de Paris, & ensuite docteur régent en droit dans l'université d'Orléans. Il est auteur de plusieurs ouvrages sur le droit, entr'autres : *Apparatus jurisprudentiæ de pacto dotalibus instrumentis adjecto.* Nous en trouvons une édition *in-4°*, de l'an 1664, dont le titre entier est : *Pactum renuntiationis, dissertatio de pacto dotalibus instrumentis adjecto*, NE PUELLA QUAM PATER AUT COGNATUS *elocat, patri vel cognato succedat.* Ory y rend son nom en latin par le mot *Osius*, avec lequel on ne trouve qu'une ressemblance bien éloignée. Il le prend néanmoins encore dans son *Dispunctor ad Merillium, seu de variantibus Cujacii interpretationibus, in libris digestorum dispunctiones* 53 ; à Orléans, 1642, *in-8°*. Il rapporte dans cet ouvrage, que dans une contestation qu'il avoit eue avec un de ses confreres sur l'interprétation de la loi *vinum* au digeste, celui-ci mécontent de ce qu'il disoit, lui donna un soufflet. Ce professeur si vif étoit Aimé ou Aimond Monet, gentilhomme Savoyard, natif de Bonneville en Foussigni. Monet, loin d'être fâché de son action, ayant un jour rencontré Mérille, qui étoit docteur régent en droit dans l'université de Bourges, & contre lequel Ory avoit écrit, lui montra la main dont il avoit frapé celui-ci, en lui disant : *Voila la main qui vous a vengé.* A l'égard de l'affectation d'Ory de latiniser son nom par celui d'*Osius*, il la portoit jusqu'à dire aux étrangers avec lesquels il s'entretenoit, qu'il étoit de la famille du cardinal Osius, dont le nom cependant étoit *Hosius.* Il mourut en 1657, riche de plus de cinquante mille écus. * *Voyez le Menagiana*, & mieux encore la continuation de l'histoire de Sablé par l'abbé Ménage. Cette continuation est encore manuscrite.

OS

OSA (Barthélemi d') de Bergame, florissoit dans le XIVe siécle, vers l'an 1340, & s'est acquis beaucoup de réputation par divers ouvrages de sa façon, entr'autres par une histoire des papes & des empereurs, divisée en seize livres. * Philippe de *Bergame, in suppl. in chron. ann.* 1334. Leand. Alberti, Vossius, &c.

OSAIBEA (Ebn Abu) fameux auteur Arabe, qui vivoit dans le XIIIe siécle. On le nomme ordinairement *Abu Elaigbas.* Il a composé une histoire des médecins, divisée en quinze chapitres fort longs, dont le manuscrit se trouve dans la bibliothéque de Leyde. Il n'y traite pas seulement de l'origine de la médecine des anciens médecins Grecs ; mais des médecins Chrétiens, Mahométans, Arabes, Egyptiens, Syriens, Juifs, &c. Cette histoire va à peu près jusqu'à l'an 1270 de J. C. qui est le temps où l'auteur vivoit. * Seldeni, *commentar. in Eutych. Catalogus biblioth. Leydensis, &c.*

OSBALD, roi de Northumberland, cherchez OSWALD.

OSBERNE, OBSERNE ou OSBERT, Anglois, religieux Bénédictin de la congrégation de Cluni, & précenteur de l'église de Cantorbéri, vivoit dans le XIe siécle, l'an 1074, du temps de Guillaume le *Bâtard*, roi d'Angleterre. Il eut beaucoup de part en l'amitié de Lanfranc, archevêque de la même église. Il écrivit la vie de S. Dunstan, outre divers autres ouvrages, dont Pitseus, Balæus, & les autres auteurs Anglois font mention aussi bien que Baronius, sous les années 840 & 855, &c. *Voyez* aussi Molan, *in not. Usuardi*, Possevin, Vossius, &c.

OSBERNE, religieux de l'ordre de S. Benoît dans le XIIe siécle, l'an 1140, étoit un savant théologien, il fit des commentaires fur divers livres de l'écriture. * Pitfeus, *de fcript. angl.* &c.

OSBERT de Clarence en Angleterre, religieux Bénédictin, dans le XIIe siécle, vers l'an 1136, est auteur de la vie de S. Edouard, & de divers autres traités cités par Pitfeus, Léland, Vossius, Possevin, &c.

OSBERT, *cherchez* ALBERT.

OSBERT PICKENGHAM, *cherchez* PICKENGHAM.

OSBOR ou OLBOR, lieu d'Allemagne inconnu aux géographes, & même aux naturels du pays, est nommé par les auteurs Latins, *Osborium*. Nous en faisons mention au sujet de ce que S. Hannon archevêque de Cologne y célébra l'an 1062, en présence de l'empereur Henri IV. Cadaloüs, évêque de Parme, antipape, sous le nom d'*Honorius II*, y fut condamné; & l'élection d'Alexandre II, légitime pontife, y fut approuvée.

OSBOURN (Thomas) fils & héritier d'*Edouard Osbourn*, baronet, vice-président du conseil de Charles I, roi d'Angleterre, pour le nord de ce royaume, & lieutenant général de l'armée levée dans ce pays-là pour la défense de ce prince. Sa fidélité & ses bons services dans ce poste, & la part qu'il eut au rappel & au rétablissement de Charles II, lui obtinrent la charge de trésorier de la flotte, puis celle de conseiller privé, & le titre de vicomte de Dumblane en Ecosse, & de grand trésorier d'Angleterre. Il fut enfin créé baron du royaume, sous le titre de *baron de Vireton*, & *vicomte de Latimer*, sa mere étant fille aînée & cohéritière de *Jean Nevil*, lord *Latimer*. Par d'autres lettres patentes de la 16 année du regne du roi Charles II, il obtint le titre de *comte de Danbi*. Il épousa *Bridget*, l'une des filles de Montague, comte de Lindfei, grand chambellan d'Angleterre, dont il eut deux fils, *Edouard*, appellé communément lord *Latimer*, & *Pérégrine*, vicomte de Dumblane après son pere; & six filles; 1. *Anne*, mariée à *Robert Cokwe* de Kolkam, dans le comté de Norfolck, arriere-petit-fils & héritier d'*Edouard Coke*, qui avoit été chef de justice de la cour du banc du roi; 2. *Bridget*; 3. *Catherine*, mariée à *Jacques*, fils & prétendu héritier de *Jacques Herbert*, fils cadet de *Philippe*, comte de Pembroke & de Montgomeri; 4. *Marthe*; 5. *Sophie*, qui en 1701 étoit femme d'*Edouard Baynton*, chevalier du Bain; 6. *Elizabeth*, qui mourut jeune. Le comte de Danbi ayant contribué à la révolution procurée par Guillaume, prince d'Orange, depuis roi d'Angleterre; il fut fait marquis de Caërmarthen, président du conseil privé, & duc de Leeds. * Dugdale, &c.

OSCHERLEBEN, bourg ou petite ville de la basse Saxe, dans la principauté d'Halberstat, aux confins du duché de Magdebourg, à huit lieues de la ville de ce nom, vers le couchant. * Mati, *diction*.

OSCHOPHORES, fête que les Athéniens célébroient le 10 jour d'octobre, en l'honneur de Liber ou *Bacchus*, & d'Ariadne. Ce fut Thésée qui institua cette fête, après qu'il eut délivré sa patrie du tribut de sept jeunes hommes & de sept jeunes filles, que les Athéniens étoient obligés d'envoyer tous les ans au roi de Créte, pour combattre contre le Minotaure, Thésée ayant tué ce monstre avec le secours d'Ariadne, fille de Minos, roi de cette isle. En choisissoit pour la cérémonie de cette fête deux jeunes hommes nobles d'extraction, qui prenoient des habits de filles, portoient des branches de vigne à la main, marchant ainsi depuis le temple de Bacchus, jusqu'à celui de Minerve. Ensuite tous les jeunes garçons nobles faisoient une course de l'un de ces temples à l'autre, portant de semblables branches. Le nom d'*Oschophores* vient du grec ὀσχοφόρος, qui signifie,

portant des branches ou seps de vignes. * Castellan, *de fest. Grec.* Proclus, *in Chrestomathia.*

OSEE, fils de *Beeri*, le premier entre les douze petits prophétes, étoit de la tribu d'Issachar & prophétisa sous les regnes d'Ozias, de Joathan, d'Achaz, d'Ezéchias, rois de Juda, & de Jéroboam II, roi d'Israël, vers l'an 800 avant J. C. Dieu lui commanda de prendre une femme prostituée, pour reprocher aux Juifs leur prostitution par l'idolâtrie. Il prédit la captivité de ces peuples désobéissans, & vécut, à ce que l'on croit, environ 100 ans. Sa prophétie est divisée en 14 chapitres. Il y représente la synagogue répudiée; prédit sa ruine & la vocation des Gentils; il reproche au peuple d'Israël son idolâtrie, & prédit les malheurs qui lui doivent arriver en punition de ce crime: il le console néanmoins, en lui faisant espérer que ces malheurs finiront, & que Dieu le comblera de biens, s'il se convertit au Seigneur. Le commandement que Dieu fait à ce prophéte de prendre une femme adultere, & d'en avoir des enfans, paroît une chose fort extraordinaire; mais ou cela se doit entendre simplement d'une vision, comme S. Jérôme l'a prétendu, ou bien l'on doit supposer que Dieu ne lui commande pas de commettre un adultere; mais d'épouser une femme prostituée, comme S. Basile & S. Augustin l'ont expliqué. Il prit donc pour femme Gomer, fille de Débelaïm, dont il eut trois enfans, un fils & deux filles. Le style de ce prophéte est pathétique & plein de sentences courtes & vives, comme S. Jérôme l'a remarqué. Les Grecs font sa fête au 17 octobre, & les Latins au 4 de juillet. * S. Jérôme, *in Prol. Galeato*, & *alibi*. S. Epiphanius, *de vit. proph.* Salian. Torniel, *in annal.* Bellarmin, *de fcript. eccl.* Ribera, *in comment.* Du Pin, *differt. prélim: fur la Bible.*

OSEE, fils d'*Ela*, se mit sur le trône d'Israël, vacant l'an 3296 du monde, & 739 avant J. C. par la mort de Phaceïas. Son regne fut de 18 ans, quoiqu'interrompu, à cause de deux commencemens que l'écriture lui donne. Salmanafar lui fit la guerre, & rendit son royaume tributaire. Osée voulut secouer le joug, en s'appuyant des armes de Sua, roi d'Egypte; mais Salmanafar revint avec de nouvelles forces, mit le siége devant Samarie, & au bout de trois ans la prit, l'an 3314 du monde, & 721 avant J. C. Il transporta les Israélites dans la Médie & l'Assyrie, d'où ils se répandirent dans toutes les parties septentrionales de l'Asie. Plusieurs croient qu'ils n'en sont jamais revenus; mais S. Cyrille, Théodoret, & Théophylacte assurent qu'ils revinrent en partie dans la Judée sous le regne de Cyrus. C'est ainsi que finit le royaume d'Israël, 250 ans après qu'il se fut séparé de celui de Juda. * IV. *des Rois*, 11 & 17. *Voyez* aussi Joséphe, S. Jérôme, S. Cyrille, Théodoret, &c. cités par Salian & Torniel, *A. M.* 3314.

OSEMBRUG, *cherchez* OSNABRUK.

OSERI, *cherchez* KILKENNI.

OSERO, isle & ville sur la côte de Dalmatie, appartient aux Vénitiens, & est nommée par les auteurs Latins *Abforus* & *civitas Aufarenfis*. Pline l'appelle aussi *Abfirtum*, & Prolémée *Abforfus*. La ville est petite. Elle a un évêché suffragant de Zara.

OSIANDER (André) ministre Protestant d'Allemagne, étoit né dans la Baviere le 19 décembre 1498, d'une famille dont le nom étoit *Hofen*; mais comme ce nom, qui signifie en allemand *haut-de-chauffe*, ne lui plaisoit pas, il le changea pour prendre celui d'Osiander. Il apprit les langues & la théologie à Wittemberg, puis à Nuremberg, fut des premiers à prêcher la doctrine de Luther, l'an 1522, & se trouva l'an 1529 au colloque de Marpourg, & à la diéte d'Augsbourg. C'étoit un homme naturellement chagrin, inquiet, qui parloit avec tant de véhémence & de chaleur, que Luther même ne pouvoit souffrir ſes emportemens, qui lui firent ſouvent des affaires. Il fut obligé de ſortir de Nuremberg, & paſſa dans la Pruſſe, où il s'acquit l'eſtime du duc Albert, qui le fit profeſſeur dans l'académie de Koniſberg, & miniſtre. Ce fut en cette univerſité qu'il publia ſes erreurs ſur la juſtification, qui lui firent beaucoup d'adverſaires, & qui firent naître des diſputes, leſquelles durerent aſſez long-temps. Oſiander ne céda jamais. Il écrivoit avec aigreur, & s'évaporoit en injures; ce qu'on peut voir dans ſes épîtres à Joachim Merlin, & à Mélanchthon, qui parloient de lui non-ſeulement avec honnêteté, mais même avec éloge. Il y a apparence qu'il avoit peu de religion; car il tournoit en raillerie les paſſages les plus ſaints de l'écriture, à la maniere des impies & des athées. *Quoties vinum ſuave & generoſum laudare voluit, has in ore habuit voces: Ego ſum qui ſum.* Item: *Hic eſt filius Dei vivi, quæ manifeſta prodierunt ludibria.* Ce ſont les paroles mêmes de Calvin dans une de ſes lettres à Mélanchthon. Ce dernier ajoute qu'Oſiander aimoit le vin, & qu'étant en Pruſſe, il voulut gager avec les courtiſans à qui boiroit le mieux. *Quando venit in Pruſſiam, voluit etiam certare cum aulicis bibendo; ſicut poterat largiter bibere; erat enim robuſtus vir.* Voila l'eſtime que Calvin & Melanchthon faiſoient d'Oſiander, qui a laiſſé des diſciples. Il tomba le 2 jour d'octobre de l'an 1552, dans une maniere d'épilepſie, dont il mourut le 17 du même mois, âgé de 54 ans. On attribue la cauſe de ſa mort à ſes veilles continuelles & exceſſives; car ordinairement il étudioit depuis neuf heures du ſoir, juſqu'à deux heures du matin. Il a laiſſé un grand nombre d'ouvrages de théologie. *De Thou, hiſt. Chytræus, in Saxon. Crucius, in annal. Camerarius, in vita Melanchth. Melchior Adam, in vit. German. theol. &c. Teiſſier, éloges des hommes ſavans.*

OSIANDER (Luc) miniſtre Proteſtant d'Allemagne, auteur de divers ouvrages, mourut le 17 ſeptembre de l'an 1604. N'ayant pas oſé publier une verſion entiere de la bible ſur le texte hébreu, il ſe contenta de faire imprimer l'ancienne édition latine, à laquelle il ajouta quelques corrections aux endroits qu'il ne crut pas être conformes à l'original, ſans ſupprimer néanmoins les paroles de la vulgate. Il n'y auroit rien à redire dans la méthode des auteurs qui en ont uſé de même, s'ils avoient ſu plus d'hébreu, & s'ils euſſent mis leurs corrections plutôt à la marge que dans le corps du texte. Son fils ANDRÉ OSIANDER, auſſi miniſtre, profeſſa la théologie à Wittemberg juſqu'au temps de ſa mort, arrivée le 21 avril de l'an 1617, âgé de 54 ans. Il écrivit contre Gregorius de Valentia, & contre un docteur Calviniſte. *Voyez* ſa vie parmi celles des théologiens d'Allemagne de Melchior Adam; M. Simon, *hiſtoire crit. du vieux teſtament, l. 3, c. 21.*

☞ OSIANDER (Jean-Adam) Luthérien, docteur en théologie, profeſſeur à Tubingue, & prévôt dans la même ville, mourut en 1697. Il a publié un *Specimen* du Janſéniſme; un petit livre des aſyles; des remarques ſur le traité de Grotius, *du droit de la guerre & de la paix;* pluſieurs ouvrages ſur l'écriture ſainte, ſavoir, un commentaire ſur le pentateuque, en cinq volumes *in-fol.* imprimés à Tubingue en 1676 & 1678. Un commentaire ſur Joſué, les Juges, Ruth & Samuël, en 3 vol. *in-fol.* imprimés dans la même ville, depuis 1681 juſqu'en 1687. *Diſſertatio de ſacrificio Caïni & Abelis,* in-4°, 1678. *Ultima Jacobi oracula, de duodecim filiis,* in-4°, 1669. *Diſputationes academicæ in præcipua & maximè controverſa novi teſtamenti loca,* in-8°, 1680. *Diſputatio de raptu Pauli,* 1662, in-4°, & pluſieurs autres ouvrages qui ont auſſi quelque rapport avec l'écriture. *Konig, bibl. Le Long, biblioth. ſacra. M. l'abbé Goujet, mémoires manuſcrits.*

OSIANDRIENS, hérétiques du XVIᵉ ſiécle, diſ-

ciples d'Oſiander, diſoient que l'homme étoit juſtifié par la juſtice eſſentielle de Dieu, & non pas par la foi, comme le prétendoient Luther & Calvin. Les demi-Oſiandriens ne recevoient l'opinion d'Oſiander qu'à l'égard de l'autre vie, & diſoient que l'homme n'étoit juſte en celle-ci que par imputation. *Prateolus.*

OSIMANDUAS, roi d'Egypte, a été, ſelon quelques-uns, le premier qui de tous les monarques du monde, s'eſt aviſé de raſſembler une quantité de livres, pour en faire une bibliothéque. Ce qu'il y eut de ſingulier dans cette curieuſe recherche, ce fut le titre de ψυχῆς ἰατρῶν qu'il lui donna, qui ſignifie en latin *Animi medica officina.* *Juſte Lipſe, in ſyntagmate de biblioth.*

OSIMO, cherchez OSME.

OSIO, cherchez OSIUS.

OSIRIS, fils de *Jupiter* & de *Niobé*, regna ſur les Argiens; mais peu ſatisfait de ces peuples, il céda cet état à ſon frere Egialée, & voyagea en Egypte, où ayant établi des loix & policé le royaume des Egyptiens, il s'en rendit maître. Depuis il épouſa Io, que Jupiter avoit changée en vache & que l'on nomma *Iſis.* Elle donna aux Egyptiens l'invention de divers arts: de ſorte que ſon mari & elle reçurent de ce peuple des honneurs divins. On dit que les ennemis d'Oſiris le tuerent, & qu'ayant été transformé en bœuf, les Egyptiens l'adorerent ſous cette forme, ſous le nom d'*Apis* & *Sérapis.* Voila ce que rapportent les hiſtoires fabuleuſes d'Oſiris, qui varient extrêmement entre elles. Peut-être eſt-il vrai qu'Oſiris, ou *Adonis* fut un ancien roi d'Egypte, connu ſous divers noms. Comme *Adonis* ſignifie ſeigneur, Oſiris ou *Ahhaſforets* en phénicien, veut dire, *la terre eſt ma poſſeſſion.* Il s'appliqua beaucoup à l'agriculture & à la chaſſe, où ayant été bleſſé par un ſanglier dans l'aîne, on le crut mort, mais il en guérit. Pour célébrer la mémoire de cet événement, Iſis ſa femme ordonna que tous les ans on pleureroit Adonis ou Oſiris comme perdu, & qu'on ſe réjouiroit enſuite, comme l'ayant retrouvé. *Plutarque, de Iſd. Biblioth. univerſ. tom. III, art. 2.*

OSISMIENS, peuples de la Gaule Celtique, dans le pays de Bretagne. *Cæſar, l. 2 de bell. Gall. Pline, l. 4. Pompon. Mela, &c.*

OSIUS, évêque de Cordoue en Eſpagne, né l'an 257, fut nommé à cet évêché l'an 295. Il confeſſa glorieuſement la foi, ſous la perſécution de Dioclétien & de Maximien, & mérita le titre de *confeſſeur,* qui lui eſt attribué par le concile de Sardique, par S. Athanaſe, & par quelques autres. Oſius eſt nommé entre les évêques qui compoſoient le concile d'Elvire. En effet il en cita depuis un canon dans celui de Sardique. L'empereur Conſtantin *le Grand* faiſoit grande eſtime de ſa vertu; & il y a apparence que ce fut un des prélats qu'il conſulta pour les affaires eccléſiaſtiques. Nous avons une loi que ce prince lui adreſſa le 18 avril de l'an 321, pour déclarer libres ceux qui ſeroient affranchis en préſence des évêques, ou des égliſes & des clercs. Le zèle d'Oſius pour la religion, lui attira la haine des Donatiſtes, des Ariens & des autres hérétiques. Il fut envoyé par Conſtantin vers l'an 319, à Alexandrie, où il tint un concile, dans lequel on traita des Méleriens, des Ariens, du temps de célébrer la fête de Pâque, & des ſectateurs de Colluthe. Depuis il préſida au I concile de Nicée, & encore à celui de Sardique l'an 347. Ce grand homme étoit redouté des hérétiques, qui ne croyoient pas avoir vaincu les orthodoxes tant que ce prélat demeureroit en paix. Ils perſuaderent à l'empereur Conſtance de le faire venir près de lui pour tâcher de le ſéduire, ou par flaterie ou par menaces. En effet, ce prince lui manda de ſe trouver à Milan; mais il fut ſi ſurpris de la conſtance de ce grand évêque, qu'il le renvoya dans fon églife. Peu de temps après il lui écrivit encore, & ne gagna rien. Ofius lui réfifta courageufement, & lui écrivit cette lettre admirable rapportée par S. Athanafe. Cette réponfe offenfa fi fort les Ariens, que ne ceffant de crier auprès de Conftance, ils obligerent ce prince de le faire venir à Sirmich, où il le retint un an en exil ; ce qui arriva vers l'an 355, le 60 de l'épifcopat d'Ofius. Ce prélat laffé de fouffrir en fa perfonne, & en celle de fes parens, foufcrivit à la confeffion de foi, que les hérétiques avoient faite à Sirmich ; & dans une extrême vieilleffe, il ternit par cette foibleffe le luftre de fa vie paffée. Mais fa chute fut réparée par fa pénitence ; car deux ans après étant au lit de la mort, il protefta de la violence qui lui avoit été faite à Sirmich, & anathématifa l'arianifme. Marcellin & Fauftin, hérétiques Luciferiens, cités par Ifidore de Séville, difent que Grégoire, évêque d'Elvire, refufa de communiquer avec Ofius : lequel pour s'en venger, voulant prononcer une fentence de dépofition contre Grégoire, tomba de fa chaire, & expira fubitement. Mais cette narration eft tout-à-fait fufpecte, comme les favans en tombent d'accord. S. Athanafe & faint Auguftin parlent très-avantageufement d'Ofius ; & Sulpice Sévère ne raconte fa chute que comme un bruit commun, qui lui paroiffoit incroyable. Il mourut fur la fin de l'an 358, âgé de plus de 100 ans, en la 62 ou 63 année de fon épifcopat. Ifidore lui attribue un traité de la virginité. * S. Athanafe, epift. ad folit. Apol. 1, &c. Eufebe, in vita Conft. & hift. S. Auguftin, l. 1, cont. Parm. Theodoret, Sozomène, Zofime, &c. allégués par Baronius, in annal. ecclef. & Hermant, en la vie de S. Athanafe.

OSIUS ou OSIO (Félix) né à Milan le 12 juillet 1587, apprit les langues & les belles lettres, & fe rendit très-habile orateur. On le choifit auffi pour enfeigner l'éloquence, dans l'univerfité de Padoue, où il mourut le 24 juillet de l'an 1631. On a de lui divers ouvrages en profe & en vers. Il étoit frere de THEODAT OSIUS, qui a auffi fait plufieurs traités. Leur famille a produit de grands hommes, & prétendoit avoir été confidérable du temps même de S. Ambroife. Ceux qui en fortoient, comptoient que leurs aïeux ayant pris le parti de Turriani contre les Vifconti, furent chaffés de Milan, & s'établirent dans diverfes provinces de l'Europe, même dans Pologne, où ils avoient fuivi la reine Bonne Sforce. C'eft de cette branche qu'étoit né, felon eux, le cardinal Staniflaüs Hofius. * Thomafini, in elog. doct. vir. P. Ghilini, theatr. d'huom. letter. p. I & II.

OSLAVESLIN, ancienne place dans le royaume de Mercie en Angleterre, dont l'enceinte n'eft point connue. Nous en faifons mention au fujet d'un concile qui y fut affemblé l'an 821, fous Ulfrede, archevêque de Cantorbéri. Peut-être eft-ce Houlimorti dans la province de Devon.

OSMA, cherchez OSMO.

OSMA, cherchez PIERRE D'OSMA.

OSMAN, empereur des Turcs, étoit fils d'Achmet I. Il lui fuccéda à l'âge de 12 ans, fur la fin du mois de novembre 1617. L'an 1621. il mena une armée de près de quatre cens mille hommes contre les Polonois. Mais cette expédition ne lui fut pas avantageufe : car il perdit plus de cent mille de fes gens, ayant voulu forcer le camp de foixante mille Polonois Cofaques, commandés par le prince Ladiflas. Ofman fe vit obligé de faire la paix à des conditions défavantageufes. Il crut que les Janiffaires avoient beaucoup contribué à ce mauvais évenement ; ce qui lui donna la penfée de les caffer, pour leur fubftituer une milice d'Arabes, & transférer l'empire au Caire. Les Janiffaires fe révolterent contre ce malheureux prince, qui fut étranglé le 20 mai de l'an 1622, par l'ordre de Muftapha fon oncle, & frere

de fon pere, que les mêmes Janiffaires venoient d'élever pour la feconde fois fur le trône. Le regne d'Ofman ne fut que de 4 ans, & d'environ 4 mois. * Etat de l'empire Othoman.

OSMAN, fultan prétendu, fameux par fes aventures, fils d'Ibrahim, empereur Turc, fils de Soliman, qui monta fur le trône Othoman après la mort de fon frere Amurath. Ibrahim parut peu porté à l'amour des femmes, dont il ne manquoit pas dans le ferrail, & peu propre à avoir des enfans. Ses favoris lui perfuaderent de faire un vœu qu'il confacreroit le fils qu'il auroit à Mahomet, & qu'il l'envoiroit à la Mecque pour s'y faire circoncire. Il eut d'abord commerce avec une de fes maîtreffes nommée Emina, dont il eut enfin un fils né le 22 mars 1642, nommé Mahomet IV, qui regna à fon tour, & qui fut dépoffédé pendant les dernieres guerres de Hongrie. Une autre de fes maîtreffes nommée Zafira, d'une grande beauté, qui lui fut préfentée par l'aga des eunuques, fut plus heureufe : elle donna dans la vue du fultan & devint bientôt groffe. Elle accoucha d'un fils, le 2 janvier, qu'Ibrahim voulut qu'on nommât Ofman, & qui fait le fujet de cet article. Cependant les cruautés, la fierté & l'ingratitude d'Ibrahim lui attirerent la haine de fa mere Kiofem, & du mufti, qui eft le chef de la religion mahométane. Ils conjurerent enfemble contre lui ; mais ils ne voulurent faire leur coup, qu'après avoir mis en fureté fon fils aîné : de peur que le pere ne s'en défît lui-même, de même que de fon autre fils ; afin que ne reftant plus perfonne du fang Othoman que lui, on ne lui pût difputer la couronne. Le mufti follicita donc le fultan, à s'acquitter du vœu qu'il avoit fait, & d'envoyer fon fils Ofman à la Mecque, pour le confacrer à Mahomet, felon fa promeffe. Ibrahim eut bien de la peine à s'y réfoudre, de peur d'être privé de Zafira, fans laquelle il ne pouvoit vivre, & fans laquelle néanmoins il n'ofoit expofer fon fils à un fi long voyage. Il y confentit pourtant enfin, & fur-tout parcequ'il délivroit par-là Zafira des funeftes fuites que pouvoit avoir la jaloufie d'Emina fa rivale, qui étoit outrée de ce qu'ayant été la premiere maîtreffe du fultan, elle n'avoit pas été la premiere mere. Elle lui avoit même fait donner du poifon, qui n'eut point d'effet, parcequ'elle avoit pris du contrepoifon. Ibrahim ayant foupçonné la vérité, la fit venir devant lui. Elle y parut pleine de confiance, portant fon fils Mahomet entre fes bras ; & niant effrontément le crime dont il l'accufoit, elle embrafa tellement la colere du fultan, qu'ayant tiré fon fabre, il l'en auroit percée, fi Emina n'avoit mis fon fils devant elle pour lui fervir de bouclier, & ne fe fût enfuie. L'enfant en fut bleffé au front, & en porta toujours depuis les marques. Ibrahim craignant donc les violences de cette femme, fit équiper le vaiffeau, nommé la grande fultane, monté de 120 canons, de 600 Janiffaires, de plufieurs efclaves de l'un & de l'autre fexe, & fourni de tout ce qui étoit néceffaire. Zafira s'y embarqua avec fon fils Ofman, Geles Aga Zumbul, & Aga Mahomet, amiral de la flotte, & fit voile vers la Mecque. Il n'y avoit, ce femble, alors rien à craindre fur mer, les Turcs étant en paix avec les Vénitiens, les François, les Anglois, & les Hollandois, & neuf vaiffeaux de guerre efcortant la fultane. De plus le capitan Baffa avoit ordre d'attendre Zafira à Rhodes avec la flotte, & de l'efcorter jufqu'à Alexandrie. A la mi-feptembre l'an 1644, la fultane arriva à Rhodes ; mais Geles Aga Zumbul ne voulant pas attendre l'arrivée du capitan Baffa, confeilla à Mahomet Aga de remettre en mer, avec la flotte. Elle fut malheureufement rencontrée par fept galeres de Malte, commandées par le chevalier du Bois Boudran, & après un très-cruel combat de cinq heures entieres, elle fut contrainte de fe rendre le 28 du même mois. Zumbul, auteur d'un si malheureux conseil, fut tué d'un coup de canon. Le capitan Bassa, qui étoit arrivé trop tard, s'empoisonna pour éviter une plus rude punition. Les galeres de Malte retournerent chez elles, chargées d'immenses richesses, & d'un butin incroyable. Aga Mahomet étant sur le point de mourir de ses blessures & de chagrin, avoua en embrassant le jeune Osman, qu'il étoit fils d'Ibrahim, & mourut peu après. Zafira prisonniere prenoit grand soin de cacher sa qualité, & avoit défendu à tous ceux de sa suite de dire qui elle étoit. Mais les Maltois voyoient assez & par l'avis de Mahomet mourant, & par les richesses qu'ils avoient trouvées sur la sultane, & par la nombreuse suite de ses domestiques, qui elle pouvoit être. On la fit donc conduire des bains, où elle étoit avec les autres esclaves, dans la maison d'Ignace Ribera, marchand très-riche, où elle fut traitée en personne de sa qualité. Cependant il échapa à une de ses esclaves en colere contre Ribera, de dire que c'étoit contre toute sorte de droit de traiter comme esclave, la femme du grand-seigneur. Il est vrai qu'elle se repentit bientôt d'avoir laissé échaper cette parole, & nia dans la suite fortement de l'avoir dite. D'ailleurs Ribera regardant par une fenêtre cachée, vit plus d'une fois les honneurs excessifs que les Turcs, lorsqu'ils n'étoient pas en la présence des chrétiens, rendoient à Osman & à Zafira. En 1645 cette sultane tomba dangereusement malade. Alors les chevaliers de Malte commencerent à lui déclarer, qu'ils avoient appris de ses esclaves qui elle étoit. Sur cela elle entra en fureur, déclama contre l'infidélité de ses domestiques, & enfin, ne pouvant supporter sa douleur, elle mourut le 6 de janvier. Après sa mort on employa divers moyens pour tirer la vérité de ses domestiques, & ils confesserent qu'elle étoit femme d'Ibrahim. On en dressa un procès verbal, qui ôte tout le doute qu'on pouroit avoir sur la qualité d'Osman. Le grand-seigneur ayant appris la mort de sa femme & la captivité de son fils, ne se posséda pas. Il menaça de faire la guerre à tous les Chrétiens, & sur-tout aux chevaliers de Malte. Il fit lever du monde par tout, avec des ordres dont on dit que les Vénitiens ont quelques copies, & qui justifient encore la vérité de cette histoire. Pendant que les Maltois attendoient l'ennemi, le grand-seigneur se tourna du côté des Vénitiens, & s'empara de la Canée, sous prétexte, qu'ils avoient fourni une retraite aux Maltois, après la prise de la sultane. Ce fut-là l'origine de cette funeste guerre des Turcs contre les Vénitiens, qui ne fut terminée qu'en 1669, par une paix qui n'étoit pas avantageuse aux chrétiens. Cependant Ibrahim offrit des sommes très-considérables aux Maltois pour la rançon de son fils. Ceux-ci ne demanderent rien moins que la restitution de l'isle de Rhodes, qu'ils savoient bien qu'ils n'obtiendroient point, la loi de Mahomet défendant de rendre volontairement aux chrétiens un pays sur lequel il y auroit eu une mosquée bâtie. Peu de temps après les conjurés se saisirent d'Ibrahim, qu'ils firent mourir, & mirent à sa place Mahomet son fils, qui étoit encore en bas âge. Dans la suite ce sultan racheta la plupart des femmes qui avoient été prises avec Zafira, les autres étant mortes auparavant, ou ayant reçu le baptême, & étant entrées au service de la reine d'Espagne. Sultan Osman fut élevé dans les principes du christianisme par les peres dominicains, & après plusieurs empêchemens & plusieurs tentations du démon, à ce qu'on dit, il fut baptisé solemnellement le 23 octobre 1656, & reçut le nom de Dominique de S. Thomas. Immédiatement après il fut admis à la communion. Le 4 août 1658 il reçut le sacrement de confirmation : le 29 de la même année, il fut reçu dans l'ordre des Dominicains : il fit ses vœux au bout d'un an. En 1660 il fut envoyé à

Naples, pour y faire ses études, & y étant tombé malade, il fut appellé à Rome par le général de son ordre. Il y vit Alexandre VII, & en fut reçu très-favorablement. Par l'avis du cardinal Antoine Barberin, protecteur de France, il alla à Paris le 30 août 1664 avec Thomas Ignazzi & Henri Chamos, religieux du même ordre, dont le premier ne quitta Osman qu'à la mort, & fut témoin de toutes ses actions. Ce fut lui qui les communiqua à Octavien Bulgarin, qui en a écrit l'histoire. Ceux de Modène, de Milan, de Parme, de Savoye, dans le pays desquels il passa allant en France, lui rendirent, malgré lui, tous les honneurs qui sont dus à un fils du grand-seigneur. Cependant le roi de France les surpassa tous, par sa pompe & ses libéralités, lorsqu'Osman arriva à Paris, le 15 janvier 1665. Le roi d'Angleterre témoigna aussi les égards qu'il avoit pour lui, en faisant rendre à sa priere à quelques Arméniens les biens que les armateurs Anglois leur avoient pris près de Smyrne. Les ambassadeurs Turcs à Paris se prosternerent devant lui, & témoignerent avec larmes, combien ils avoient de douleur, de voir le fils d'un grand empereur si mal vêtu. A quoi Osman répondit qu'il avoit bien plus de douleur de leur aveuglement, & que l'habit qu'ils regardoient comme si vil, lui paroissoit plus précieux, que s'il eût été de pourpre. Pendant qu'il étoit à Paris, il reçut des lettres de tous les patriarches Grecs & du fils du prince de Valachie, qui lui envoyerent même un Arménien pour l'exhorter à prendre les armes contre son frere Mahomet, & lui promettoient le secours de plusieurs nations. Ayant donc pris conseil avec l'ambassadeur de Venise, il partit de Paris pour Venise le 27 juillet 1667. Il y fut reçu du sénat avec de grands honneurs, & on lui témoigna beaucoup de reconnoissance du dessein qu'il avoit d'aller à Candie assiégée par les Turcs. Il se rendit-là à Rome le 10 janvier 1668, pour recevoir les avis du nouveau pape Clément IX. Ayant obtenu sa permission, il s'embarqua sur les galeres de Venise & se rendit à Candie. Etant là, il tenta inutilement de corrompre le grand-visir, quoiqu'il se fût flaté d'en venir à bout. Ne réussissant pas de ce côté-là, il alla à Zante; il tâcha d'attirer dans son parti le bacha de Patras, & les Chrétiens du rit Grec, qui gémissoient sous la tyrannie du Turc; mais tout cela fut inutile. Candie étant prise & la paix faite, Osman retourna à Venise. Il médita dans la suite plusieurs entreprises contre les Turcs par le moyen des Moscovites; mais ces projets n'ayant pas réussi & s'ennuyant d'une vie si peu tranquille, il alla à Rome, où il reçut l'ordre de prêtrise; & vécut dans la retraite en disant la messe, & s'acquittant de toutes les fonctions de son ministere. Il vouloit aller exercer celles de missionaire chez les infideles; mais le cardinal Altiéri, neveu du pape, l'en dissuada. Il demeura en Italie jusqu'en 1675, qu'il reçut le titre de docteur, & la qualité de prieur & de vicaire général de tous les couvens de son ordre qui sont dans l'isle de Malte. Il arriva dans cette isle le 28 mars 1676, où il s'acquitta avec beaucoup de réputation pendant quelques mois des devoirs de la commission dont il avoit été honoré. Enfin, étant tombé malade de la fiévre tierce, il mourut le 25 octobre, & on lui fit des obséques très-magnifiques. * *Vita del P. M. T. Domenico di S. Tomaso, &c. par le P. Octavien Bulgarin, vicaire général de la congrégation de S. Marie de la Santé à Naples.* Il y a des gens qui se sont inscrits en faux contre l'histoire d'Osman. Il a paru en Angleterre un livre, qui a été traduit en allemand & imprimé en 1669, sous ce titre : *Histoire des trois fameux imposteurs de ce siécle : Le P. Ottoman; Mahomet Bei, ou Jean-Michel Cigala; & Sabatai Sevi, par Jean Evelin chevalier, & membre de la société royale de Londres.* Selon cet auteur, Zafira, ou, comme il la nomme

Sciabas,

Sciabas, étoit l'esclave & la concubine du Zumbul, eunuque de l'Aga, & non pas du sultan. Etant devenue grosse, on ne sait de qui, elle fut chassée de sa maison. Ayant mis au monde Osman, qui étoit très-beau, & dont Zumbul étoit charmé, on lui permit d'être nourice dans le serrail. Cela lui attira justement la jalousie de l'impératrice ; Zumbul la reçut de nouveau, & elle l'accompagna à la Mecque, où, par la permission de l'empereur, il alloit visiter le sépulcre de Mahomet. Ils furent pris sur mer, comme nous l'avons raconté.

OSMAN, surnommé TOPAL ou TOPAL-OSMAN, général de la sublime Porte, contre les Persans, naquit en 1673, & fut admis à l'âge de douze ans dans le serrail, au nombre des jeunes gens choisis & bien faits que l'on y éléve pour le service du grand-seigneur, & à qui l'on apprend le persan, l'arabe, le tartare, à tirer de l'arc, à lutter, à lancer la zagaie, à manier le sabre, à courir avec vitesse, à monter à cheval, à voltiger, &c. Osman se distingua dans tous ces exercices, se fit aimer, & gagna la bienveillance de ses maîtres qui lui donnerent l'emploi d'intendant des voitures. Il sortit du serrail en 1698 ou 1699, & fut nommé pour porter au caïre un ordre de sa hautesse. Il prit sa route par terre jusqu'à Sayde, autrefois Sidon en Syrie, où pour éviter la rencontre des Arabes qui infestoient le pays, il fut obligé de s'embarquer sur une saïque qui passoit à Damiéte, ville située à l'embouchure orientale du Nil. Dans ce court trajet, la saïque fut attaquée & prise par une barque espagnole de Majorque armée en course. Osman, qui avoit donné dans cette occasion les plus grandes marques de valeur, fut blessé dangereusement au bras & à la cuisse, & pris les armes à la main. La blessure de la cuisse étoit la plus considérable, il en resta estropié ; & c'est-là qu'il a eu le surnom de *Topal*, qui veut dire boiteux. Le corsaire ayant relâché à Malte, Vincent Arniaud, natif de Marseille, qui étoit alors capitaine du port de Malte, s'étant transporté à bord du bâtiment, Osman lui dit : « Fais » une belle action, rachetes-moi, tu n'y perdras » rien. » Arniaud, surpris qu'une proposition si peu attendue, demanda au capitaine corsaire ce qu'il exigeoit pour la rançon de cet esclave : le corsaire demanda mille sequins qui font environ cinq cens louis de notre monnoie. Arniaud se retournant vers Osman lui dit : « Je te vois pour la premiere fois de ma » vie, je ne te connois point, & tu me proposes de » donner sur ta parole mille sequins pour ta rançon. » Nous faisons l'un & l'autre ce qu'il nous convient » de faire, reprit Osman. Quant à moi, je suis dans » les fers, il est naturel que je mette tout en usage » pour obtenir ma liberté ; pour toi tu es en droit de » te défier de ma bonne foi ; je n'ai aucune sûreté à » te donner que ma parole, & tu n'as aucune raison » d'y compter ; cependant si tu veux en courir les ris- » ques, tu ne t'en repentiras pas. » Arniaud, touché & prévenu en faveur du jeune esclave, convint de six cens sequins véniriens avec le corsaire, fit transporter Osman sur une barque françoise qui lui appartenoit, lui envoya un médecin & un chirurgien, & lui procura tous les secours nécessaires. Osman guéri, proposa à Arniaud d'écrire à Constantinople pour se faire rembourser de ce qu'il lui devoit ; & peu après, impatient de retourner, il lui demanda de le renvoyer sur sa parole. Arniaud ne fut pas généreux à demi : non-seulement il renvoya Osman, il lui donna même la barque sur laquelle il l'avoit fait transporter, lui permettant d'en disposer à son gré. Osman partit de Malte huit jours après qu'il y étoit abordé, arriva à Damiéte, remonta le Nil jusqu'au Caire, & là il fit compter mille sequins au capitaine de la barque pour être remis à son libérateur ; il y joignit deux pélisses de la valeur de cinq cens écus

dont il fit présent au capitaine. Il exécuta la commission du grand-seigneur, repartit pour Constantinople, & fut lui-même le porteur de la nouvelle de son esclavage. Sa reconnoissance a duré toute sa vie. Dans les différens postes qu'il a occupés, il a entretenu avec son bienfaiteur un commerce continuel de lettres & de présens ; & jamais il ne laissa échaper depuis aucune occasion où il ne donnât des marques d'une bienveillance particuliere à tous les François qui avoient affaire à lui. En 1715 la guerre s'étant déclarée entre les Vénitiens & les Turcs, le grand visir Ali-Bacha qui méditoit l'invasion de la Morée, assembla son armée dans le voisinage de l'isthme de Corinthe qui joint la Morée au continent, & le seul passage qui puisse donner entrée par terre dans cette presqu'île. Osman fut chargé de forcer le passage, ce qu'il exécuta heureusement, & emporta ensuite d'emblée la ville de Corinthe ; il reçut pour récompense les deux queues de pacha. En 1716 au siége de Corfou, il servit en second, & fit les fonctions de lieutenant général. Le siége ayant été abandonné, Osman demeura trois jours devant la place après le départ du général pour favoriser la retraite de ses troupes, & ne se retira que lorsqu'elles furent en sûreté. En 1722 il fut nommé séraskier ou généralissime en Morée. Il chargea alors les consuls françois d'écrire à Malte au capitaine Arniaud pour lui faire part de sa dignité, & lui demander un de ses fils afin de l'employer. Le capitaine y consentit ; & il n'a pas eu lieu de s'en repentir. Ce fils de M. Arniaud resta deux ou trois ans en Morée. Osman le combla de présens ; & lui procura les moyens de faire des gains considérables dans le commerce. Osman croissant en dignité à mesure que son mérite étoit connu, fut fait pacha à trois queues, & nommé béglierbey de *Romelie*, un des plus grands gouvernemens de l'empire. En 1727 le capitaine Arniaud alla voir avec son fils le béglierbey à Nysse où il résidoit. Ils en reçurent l'accueil le plus tendre : il les embrassa, leur fit toute sorte d'honneurs, & les combla de présens. En prenant congé du pacha, Arniaud lui dit qu'il espéroit avant de mourir, qu'il iroit le saluer à Constantinople en qualité de grand visir ; ce qui arriva en effet. Osman fut appellé au mois de septembre 1731, pour remplir ce poste dangereux. Arniaud en fut informé par l'ordre même d'Osman, & se rendit à Constantinople avec son fils au mois de janvier 1732. Ils se présenterent au palais avec les présens qu'ils avoient apportés de Malte ; & le grand visir les reçut en présence des plus grands officiers de l'empire, avec les témoignages de la plus grande affection. Vous voyez, dit-il, en adressant la parole aux Turcs qui l'environnoient, & en lui montrant douze Turcs que M. Arniaud avoit rachetés, & qu'il avoit amenés avec lui : « Vous » voyez vos freres qui jouïssent de la liberté après » avoir langui dans l'esclavage ; ce François est leur » libérateur. J'ai été esclave comme eux, j'étois chargé de chaînes, percé de coups, couvert de blessu- » res. Voila celui qui m'a racheté, qui m'a sauvé : » voila mon patron : liberté, vie, fortune ; je lui » dois tout. Il a payé sans me connoître une grosse » rançon pour moi ; il m'a renvoyé sur ma parole ; il » m'a donné un vaisseau pour me conduire où je » voudrois : où est le Musulman capable d'une pa- » reille action de générosité ! » Pendant ce discours, écouté avec étonnement & admiration de tous les assistans, M. Arniaud tenoit les mains du grand visir étroitement serrées dans les siennes. Osman interrogea le pere & le fils sur leur fortune, fit devant eux la destination de leurs présens, & ils se quitterent. Le fils du visir les reçut ensuite dans son appartement, les embrassa, les traita avec familiarité, & leur fit promettre de le venir voir souvent. Avant leur départ, ils virent encore le visir, mais en particulier ;

& cette vifite fe paffa alors avec toute la familiarité dont deux amis ufent entr'eux. Ofman, non content de rembourfer à M. Arniaud la rançon des douze efclaves, & de lui procurer le payement d'une ancienne dette regardée comme perdue, lui fit divers préfens en argent, & lui expédia une permiffion pour faire *gratis* à Salonique un chargement de bled fur lequel il y avoit un grand profit à faire. Ofman avoit remis l'abondance & le bon ordre à Conftantinople ; & on le regréta extrêmement lorfqu'il fut ôté de place en 1732 : fa dépofition déplut à tous, excepté à lui-même. Voyant, en fortant du ferrail, les gens de fa maifon confternés : « De quoi vous affligez-» vous, leur dit-il, ne vous ai-je pas dit qu'un vifir » ne reftoit pas long-temps en place ? Toute mon in-» quiétude étoit de favoir comment j'en fortirois ; » graces à Dieu, on n'a rien à me reprocher, le ful-» tan eft fatisfait de mes fervices. » Il fit faire un fa-crifice d'actions de graces, & partit pour Trébifonde, dont il avoit été nommé pacha. Le grand-feigneur lui fit dire de laiffer fon fils à Conftantinople, & qu'il auroit foin de lui. Ofman n'étoit pas encore arrivé à Trébifonde, lorfqu'il reçut du grand-fei-gneur un ordre d'aller commander en Perfe à la place d'Ali-Bacha qui venoit d'être nommé à la fienne. Of-man fe prépara en 1733, à combattre contre le fa-meux Thamas Kouli-Kan : les deux armées fe trou-verent en préfence le 15 juillet. Ofman avoit plus de cent mille hommes : il difpofa fon armée en forme de croiffant, & fe plaça dans le centre avec les trou-pes de Romélie & les Janiffaires. Le 19 les Turcs pa-rurent hors de leurs tranchées, & engagerent le com-bat. L'action fut extrêmement vive & fanglante de part & d'autre ; mais la victoire demeura aux Turcs qui refterent maîtres du champ de bataille, après avoir cependant perdu plus de monde que les Per-fans. Ofman envoya à Conftantinople porter la nou-velle de cette victoire. Quand elle fut fue, le grand écuyer du fultan fut envoyé à l'armée pour déclarer à Ofman que fa hauteffe, en reconnoiffance des fer-vices qu'il venoit de rendre, l'avoit nommé béglier-bey de Natolie & pacha de Cutaïa ; que fon gendre étoit béglierbey de Romélie ; & fon fils qui n'avoit pas encore vingt-quatre ans, pacha à trois queues ; de plus, que fa hauteffe lui permettoit de difpofer de tous les emplois militaires, & de diftribuer des ré-compenfes & des penfions à ceux qui s'étoient fignalés dans le combat ; enfin qu'il avoit un plein pouvoir de faire la paix ou de continuer la guerre, felon qu'il le jugeroit plus convenable au bien de l'état. Kouli-Kan, irrité de fa défaite, fe remit en campagne ; & il fe donna une feconde bataille le 26 feptembre : elle fut plus fanglante que la premiere, & couta aux Turcs la perte de toutes leurs conquêtes dans la Perfe. Ofman, après avoir donné des preuves de la plus grande bravoure, fut tué de deux coups de fufil qu'il reçut en même temps. Il fut univerfellement regrété ; & le grand-feigneur voulant récompenfer dans le fils les fervices du pere, lui donna fon gouvernement de Romélie. L'hiftoire d'Ofman fe trouve dans le *Mer-cure Suiffe*, mois de feptembre 1743, pag. 75 & *fuiv.* Elle a été copiée jufqu'à l'expédition en Perfe, par M. l'abbé Clauftre, dans fon hiftoire de Thamas-Kouli-Kan, imprimée à Paris en 1743, *in-12.* L'au-teur de ce dernier ouvrage y a ajouté tout ce qui re-garde l'expédition de Perfe, & la mort d'Ofman, com-me faifant partie de fon hiftoire de Thamas-Kouli-Kan.

OSMAN ou OTHMAN, calife, *cherchez* OTH-MAN.

OSME ou OSIMO, en latin, *Auxunum* ou *Auxi-mum*, ville & évêché d'Italie, en la Marche d'Ancô-ne. Le cardinal Antoine-Marie Galli, évêque d'Of-me, y publia des ordonnances fynodales l'an 1595. * Léandre Alberti

OSMO ou OSMA, *Oxoma*, *Oxama*, & *Uxama*, ville ruinée d'Efpagne en la Caftille vieille, avec évê-ché fuffragant de Burgos. On voit près des mafures de cette ville, un bourg que les Efpagnols nomment *Borgo d'Ofmo.*

OSMOND, évêque de Salisburi en Angleterre, dans le XIe fiécle, mort le 3 décembre 1099, com-pofa divers traités eccléfiaftiques, qui font cités par Polydore Virgile, *l. 9 rerum angl.* * Confultez auffi Pitfeus, *de fcript. angl.* Voffius, *l. 2 de hift. lat.* Poffe-vin, *in appar. facr.* &c. D. Rivet, *hift. littér. de la France, tom. VIII.*

☞ OSMOND. Famille noble & ancienne de la province de Normandie, dont la filiation eft prouvée par actes, depuis

I. RICHARD, qui époufa en 1160 *Alix* de Gué-pré, de laquelle il eut

II. RODOLPHE, feigneur de Guépré, fe fignala au fervice de Philippe-*Augufte*, fe maria en 1210 avec *Marguerite* de Mongomery ; de laquelle il eut

III. JEAN, qui époufa en 1260 *Gafparde* de la Roc-que, fille unique de *Gafpard* de la Rocque, feigneur de la Rocque, du Mefnilheude, du Catelier, de Creuilly, &c. & de *Perrette* de Pierrefitte, dont il eut JEAN, qui fuit ;

IV. JEAN II du nom, feigneur de la Rocque, &c. officier des arbalétriers de Philippe *le Bel*, avoit époufé le premier mai 1298, *Jeanne* de Bouquetot, fille unique de *François* de Bouquetot, feigneur du Breuil & du Millouet, & d'*Elizabeth* de Francqueville, dont il eut 5 fils & trois filles ; 1. ROBERT, qui fuit ; 2. *Marguerite*, mariée à Jean de Méry, feigneur de Criquebeuf ; 3. *Catherine*, mariée à *Colin* de Borel ; 4. *Thomine*, mariée à *Pierre* de Beaumont, feigneur de Bautincourt ; 5. *Pierre* ; 6. *Louis* ; 7. *Jean* ; & 8. *Raulin*, tués au fervice de Philippe de Valois, fans avoir été mariés ; 9. *Jean-François*, qui époufa *Ma-rie* Dacy, dont il eut deux filles ; *Jeanne*, mariée à *Jean* d'Heudreville, feigneur de la Factiere ; & *Ca-therine*, mariée à *Jacques* de Bagnard, feigneur du Guert.

V. ROBERT, feigneur de la Rocque, &c. fut fait chevalier par le roi Jean. Il avoit époufé le 10 de juillet 1360 *Alix* de Bures, fille unique d'*Alexandre* de Bures, feigneur de Beuvillier, de Tufignol, de Couches, &c. & de *Marguerite* le Comte, dont il eut 1. *Louis*, qui fuit ; 2. *Jean*, qui avoit époufé en 1410 *Perrette* de Francqueville, dont il eut FRAN-ÇOIS, qui forma la premiere branche cadette fous le nom d'OSMOND TUSIGNOL, qui fubfifte encore en cette année 1758, en la perfonne de LOUIS, capi-taine au régiment de Penthiévre ; & de *François*, chanoine au chapitre de Rouen, & grand vicaire de l'évêché de Lifieux.

VI. LOUIS, feigneur de Beuvillier, &c. fut lieu-tenant des archers de la garde du roi Charles VI. Il avoit époufé en premieres nôces, le 2 juillet 1400, *Anne* de Tournebut, dont il n'eut point d'enfans. Il fe remaria en fecondes nôces le premier de feptem-bre 1405, avec *Marguerite* du Mefnil, fille de *Fran-çois* du Mefnil, & d'*Anne* le Veneur, de laquelle il a eu FRANÇOIS, qui fuit.

VII. FRANÇOIS, feigneur de Beuvillier, &c. fut capitaine de cinquante hommes d'armes. Il mourut en 1534, après avoir fait une fondation en 1520 de cent livres tournois de rente à l'hôtel-Dieu de Li-fieux. Il en fit une feconde en 1525 de plufieurs mai-fons, fituées dans la ville de Lifieux, qu'il donna aux Jacobins de ladite ville, à condition qu'ils fe-roient conftruire dans leur églife un caveau qui fervi-roit de fépulture à fa famille. Il avoit époufé le 24 fé-vrier 1497 *Robine* Fortin, fille unique de *Raulet* Fortin, feigneur de Cantelou, de S. Germain, de Marolle, &c. & de *Guillemette* le Prévoft, de laquelle il eut 1. Jean, qui suit; 2. Thomas, mort chevalier de l'ordre de S. Jean de Jérusalem; 3. Jean, chanoine du chapitre de Lisieux; 4. Jeanne, mariée à Jacques de Foulques, seigneur de Monnetot; 5. Françoise; & 6. Catherine, religieuses à l'abbaye aux dames de Lisieux.

VIII. Jean III du nom, seigneur de Beuvillier, &c. commanda dans la province de Normandie pour le roi François I. Il avoit épousé le 28 juin 1536, Catherine de Sabrevois, fille de Claude de Sabrevois, seigneur d'Eclusselles, gouverneur de la ville & château de Dreux, & de Catherine de Clinchamp, de laquelle il eut 1. Charles, qui suit; 2. Jeanne, mariée à Robert de Betthin, seigneur de Vaudeloge; 3. Jacques, capitaine de cinquante hommes d'armes, tué à la bataille de S. Denys; 4. Anne, morte jeune; 5. Françoise, mariée à Jacques le Roy, seigneur de la Duennerie; 6. René, qui avoit épousé le premier de juillet 1575, Catherine de la Riviere, fille de François de la Riviere, & de Marguerite de Dreux, descendante de Robert, comte de Dreux, fils de Louis le Gros, duquel mariage vint en 1578, Louis Osmond, qui forma la seconde branche cadette, qui a été éteinte en 1757, par la mort de Louis Osmond, sans postérité. Il étoit mestre de camp de cavalerie, chevalier des ordres de S. Louis & de S. Lazare, gentilhomme de la chambre de Louis-Henri, duc de Bourbon, grand-maître de France, gouverneur de Bourgogne.

IX. Charles Osmond, seigneur de Beuvillier, &c. se signala en plusieurs occasions dans les armées de Henri III. Il avoit épousé le 3 juin 1571, Catherine de Hauttemer, fille de Claude de Hauttemer, seigneur de Clerbec, &c. frere du maréchal de Fervaques, & de Guillemette de Mattainville, dont il eut 1. Antoine, qui suit; 2. Louis, mort chevalier de l'ordre de S. Jean de Jérusalem; 3. Françoise, mariée à Louis le Roy, seigneur du Home; 4. Marguerite, morte jeune.

X. Antoine, seigneur de Beuvillier, &c. se signala au service de Henri IV. Il avoit épousé le 7 janvier 1598, Françoise de Rouxel, fille unique de Frédéric de Rouxel, comte de Grancé, maréchal des camps & armées du roi, seigneur d'Aubri le Panthou, le Mesnilfroger, Pierrefitte, la Rosiere, &c. & de Marguerite Labbé, de laquelle François de Rouxel il eut 1. Guillaume, qui suit; 2. Louis, mort jeune; 3. Jean, chanoine du chapitre de Lisieux; 4. Gabriel, Bénédictin à l'abbaye de Cormeil; 5. Antoine, chevalier de Malte; 6. Robert, mort jeune; 7. Anne, mariée à Hector de Bernard, marquis d'Averne; 8. Sansonne, & 9. Marguerite, religieuses à à l'abbaye aux Dames de Lisieux; 10. Catherine, religieuse à l'abbaye d'Almenèche.

XI. Guillaume, seigneur de Beuvillier, d'Aubry le Panthou, du Mesnilfroger, de la Frainais-Fayel, d'Argentelle, du Mesniltizon, de Pierrefitte, &c. obtint par lettres patentes datées de 1650, que ses terres fussent réunies. Il se signala dans les armées de Louis XIII. Il avoit épousé le 8 juin 1632 Charlotte de Laval Montmorency, fille de Gabriel de Laval, baron de la Faigne, & gentilhomme de la chambre du roi, chevalier de ses ordres, & d'Anne Violle, de laquelle Charlotte de Laval il eut un grand nombre d'enfans, savoir, 1. Jean, qui suit; 2. Anne; 3 Françoise; 4. Barbe; 5. Marie; 6. Catherine, mortes jeunes; 7. Hélène, & 8. Louise, religieuses à l'abbaye de la Chaise-Dieu; 9. Charlotte, religieuse à l'abbaye de Briosne; 10. Michelle, religieuse à l'abbaye de Villers-Canivet; 11. Hélène, religieuse à l'abbaye de la Visitation de Caen; 12. Catherine, abbesse de l'abbaye royale d'Essé, 13. Marguerite, mariée à François de Ravetot, seigneur de Vitry; 14. Jean-Baptiste, chevalier de l'ordre de Malte, commandeur de Vaillanpont, capitaine de vaisseau, se signala au

service de Louis XIV en plusieurs batailles navales; 15. François, mort jeune; 16. Jean, chanoine & grand-vicaire de l'évêché d'Angoulême; 17. Gabriel, qui avoit épousé le 13 août 1662, Marie Doynel, fille de François Doynel, maréchal des camps & armées de Louis XIII, conseiller en tous ses conseils, & de Renée de Logé, dont il eut trois fils & douze filles; Charles-François; Eustache-Antoine, & Robert, tous trois morts jeunes; Charlotte; Renée; Elizabeth; Marie, mortes jeunes; Marie-Catherine, mariée à Léonor de Sérent, baron d'Audrieu; Anne, & Angélique, religieuses à la Chaise-Dieu; Marie, & Jeanne, religieuses à l'abbaye de Villers-Canivet; Françoise, mariée à René-Henri Osmond, son cousin-germain; Magdeléne, mariée à David de Bouvet, seigneur de Louvigny; Anne-Gabrielle, mariée à François-Dominique de Cardevac, marquis d'Haurincour, brigadier des armées du roi, gouverneur de la ville de Hesdin.

XII. Jean IV du nom, seigneur du Mesnilfroger, &c. avoit épousé en premieres nôces, le 5 mai 1664, Anne de S. Pierre, fille de François de S. Pierre, baron de S. Jullien, & de Christine de Vassy-Bressé; en secondes nôces il avoit épousé, le 8 juin 1680, Anne-Renée Malard, fille de Léon Malard, baron de Boitron, chevalier des ordres du roi, & d'Anne de Nolent. Il n'eût du premier lit que René-Henri, qui suit; les enfans du second lit furent 1. Charlotte, mariée à Jean de la Rue, seigneur de Bernieres; 2. Marie, religieuse à l'abbaye de la Chaise-Dieu; 3. Jeanne, religieuse à l'abbaye d'Hexme; 4. Eustache, comte de Boitron & de Médavy, qui forme la seconde branche cadette, sous le nom d'Osmond Médavy. Il fit plusieurs campagnes aide de camp du duc de Vendôme. Il épousa le 25 mai 1714 Marie-Louise de Pardieu, fille de Louis de Pardieu, marquis de Maucomble, & de Marie le Veneur; de laquelle il a eu Barnabé-Louis-Gabriel, capitaine de cavalerie dans le régiment de Royal cravates; Charles-Antoine-Gabriel, chanoine & comte de Lyon, grand-vicaire de l'évêché de Nevers; Louis-Eustache, lieutenant de vaisseau, marié en 1751 à l'Amérique, avec Marie Cavelier, fille de François Cavelier, & de Marguerite de Pardieu; Eustache-Louis, chevalier de Malte, lieutenant de vaisseau, major de la Marine à Dunkerque; Anne, mariée à François d'Oléançon, marquis de Courcy, en 1734; Gabrielle, encore fille.

XIII. René-Henri, marquis d'Osmond, maréchal des camps & armées du roi, chevalier de l'ordre royal & militaire de S. Louis, avoit obtenu par lettres patentes datées de l'an 1720, que ses terres fussent érigées en marquisat sous le nom d'Osmond : elles ont été enregistrées au parlement de Normandie en 1721. Il avoit épousé le 15 mai 1697, Françoise Osmond, sa cousine-germaine, fille de Gabriel Osmond, & de Marie Doynel; de laquelle il a eu Jean-René, qui suit; 2. Germain-Eustache, mort jeune; 3. Eustache-Louis, chevalier de Malte; 4. Charlotte, & 5. Françoise, mortes jeunes; 6. Renée-Gabrielle, morte religieuse à l'abbaye royale de S. Louis; 7. Louise-Aimée-Jeanne, mariée en 1733 à Henri d'Escorches, seigneur de Ste. Croix; Charlotte-Françoise, mariée en 1744 à Louis de Perrochel, seigneur de S. Aubin; 9. Marie-Cécile-Henriette, reçue chanoinesse de Rémiremont en 1751.

XIV. Jean-René, marquis d'Osmond, chevalier de l'ordre royal & militaire de S. Louis, gouverneur pour le roi de la ville d'Argentan, avoit épousé le 5 de février 1737, Marie-Thérèse Turgot, dame d'Urville, des Tourailles, Deslondes, &c. fille de Charles-Claude Turgot, seigneur des Tourailles, &c. & de Anne de Saraly, de laquelle il n'a pas d'enfans.

OSNABRUCK ou OSEMBRUG, Osnabrucum, ville Anséatique d'Allemagne dans la Westphalie, est située dans une vallée fertile. Il y a un évêché fondé par Charlemagne, l'an 776, & suffragant de l'arche-vêché de Cologne. L'évêque fait sa résidence ordinaire à Petersbourg, qu'un comte de Wartemberg, évêque de cette ville, fit bâtir pendant son administration. Les évêques résidoient auparavant à Iberg ou Ibourg, qui est un château à quatre lieues d'Osnabruck. Les autres villes dépendantes de l'évêque, sont Melle, Hontebourg, Quakembourg, Verde & Forstenaw. Le chapitre de l'église cathédrale consiste en un pré-vôt, un doyen, & vingt-quatre chanoines. Les Lu-thériens y ont trois prébendes, & une voix active au chapitre, pour donner leurs suffrages avec les autres chanoines dans l'élection de l'évêque. Anciennement un Luthérien ne pouvoit y être élu, & les Catholi-ques seuls y avoient voix active & passive, élisant & pouvant être élus. Les Jésuites y jouissent du revenu de quatre canonicats, moyennant quoi ils sont obli-gés de donner un prédicateur à la cathédrale, pour les jours ordinaires ausquels on a accoutumé d'y prê-cher. Les Catholiques font de tout temps conservé dans la vieille ville, l'église cathédrale avec l'église des Dominicains, & dans la neuve une église de S. Jean; les Protestans font leur exercice dans la grande église paroissiale de Notre-Dame, qui est en la vieille ville. Il y a présentement alternative pour l'évêché d'Osnabruck, entre les Catholiques & les Luthériens, en faveur de la maison de Brunswick. Après la paix de Munster, l'évêque fut catholique, & eut pour successeur Ernest-Auguste de Brunswick, prince pro-testant. Ce dernier étoit né l'an 1629 du duc George, & d'Anne-Eléonore de Hesse-Darmstat, & avoit épousé l'an 1658 Sophie de Baviere, sœur de l'élec-teur Palatin. Après sa mort l'an 1698, le prince Char-les-Joseph de Lorraine, catholique, lui a succédé; lequel étant mort le 4 décembre 1715, le prince Ernest-Auguste, duc de Brunswick-Hannover, prote-stant, frere du roi d'Angleterre, a été élu évêque d'Osnabruck le 2 mars 1716. L'évêché d'Osnabruck porte pour armes d'argent à une roue de gueules. C'est en cette ville que fut conclu le célèbre traité entre l'empereur & le roi de Suède, pour les affaires des Protestans, l'an 1648. Crantz, Btunschius & Craté-poli parlent des prélats qui ont gouverné l'église d'Os-nabruck, aussi-bien que Bertius dans la III partie de la description d'Allemagne.* Heiss. hist. de l'empire, l.6.

OSOPO, bourg avec un château fort, dans le Frioul, province de l'état de Venise, sur la riviere de Trajamento, environ à une lieue de la petite ville de Gémona, vers le midi. * Mati, dict.

OSORIO, ancienne maison d'Espagne, illustre par ses dignités & par ses alliances, descend de N. Osorio, seigneur de Villalobos, qui vivoit en 1149, & laissa de Thérèse, sa femme, GONSALVE, qui suit; Thérèse, premiere femme de Ferdinand Ruiz de Ca-stro; & Constance Osorio.

II. GONSALVE Osorio, seigneur de Villalobos, majordome de Ferdinand II, roi de Léon, fut pere de RODRIGUE, qui suit.

III. RODRIGUE Gonsalez Osorio, ric-homme, lais-sa de Majora Alvarez des Asturies, NUNNIO, qui suit; Gonsalve Rodriguez, évêque de Zamora; RO-DRIGUE, qui a fait la branche des comtes de TRASTA-MARE, & marquis d'ASTORGA, rapportée ci-après; & Alvare Pérez Osorio, commandeur de Mora, de l'ordre de S. Jacques.

IV. NUNNIO Ruiz Osorio, eut pour fils ALVARE, qui suit.

V. ALVARE Nunez Osorio, seigneur de Cabréra & de Ribéra, majordome du roi Alfonse XI, qui le créa comte de Trastamare, de Lémos & de Sarria en 1328 : mais ayant été condamné pour félonie la mê-me année, il fut tué par Ramire Gusman, ayant eu pour fils RODRIGUE, qui suit.

VI. RODRIGUE Alvarez Osorio, seigneur de Ca-

bréta & de Ribéra, fut pere d'ALVARE, qui suit.

VII. ALVARE Ruiz Osorio, seigneur de Cabréra & de Ribéra, fit son testament en 1388. Il avoit épousé Marie de Balcarcel, dont il eut RODRIGUE, qui suit.

VIII. RODRIGUE Alvarez Osorio, seigneur de Ca-bréra & de Ribéra, avoit épousé Aldonce Henriquez, fille d'Alfonse, amirante de Castille, dont il eut PIER-RE, qui suit.

IX. PIERRE Alvarez Osorio, seigneur de Cabréra & de Ribéra, fut créé comte de Lémos en 1457, par le roi Henri IV. Il avoit épousé 1°. Béatrix de Castro, dame de Lémos & de Villafranca, fille de Pierre, connétable de Castille, & comte de Trasta-mare, & d'Isabelle de Castro, dame de Lémos : 2°. Marie Bazan, fille de Pierre, vicomte de Valduer-na. Du premier mariage vint ALVARE, qui suit. Du second sortirent Béatrix, mariée à Louis Pimentel, marquis de Villafranca; Mencie, alliée 1°. à Louis de Tovar, seigneur de Berlanga : 2°. à Alvare Perez Osorio, III marquis d'Astorga; & Constance de Ba-zan-Osorio, qui épousa Bernardin Pimentel, marquis de Tabora.

X. ALVARE de Castro-Osorio, mourut avant son pere, sans enfans d'Eléonore Pimentel, fille de Ro-drigue-Alfonse, IV comte de Bénévente, & eut pour fils naturel RODRIGUE, qui suit.

XI. RODRIGUE de Castro-Osorio, succéda à son aïeul, & fut II comte de Lémos. Il avoit épousé Thé-rèse Osorio, fille de Pierre Alvarez, II marquis d'A-storga, dont il eut pour fille unique Béatrix de Ca-stro-Osorio, III comtesse de Lémos, mariée 1°. à Denys de Portugal, fils puiné de Ferdinand, II du nom, duc de Bragance : 2°. à Alvare Osorio.

COMTES DE TRASTAMARE ET MARQUIS d'ASTORGA.

IV. RODRIGUE Alvarez Osorio, fils puiné de RO-DRIGUE Osorio, ric-homme, épousa Elvire, fille de Nunnio, évêque d'Astorga, dont il eut JEAN, qui suit; Pierre-Alvar., commandeur de Mora, de l'or-dre de S. Jacques; & Sancie Osorio, mariée à San-che Sanchez de Vélasco.

V. JEAN Alvarez Osorio, grand mérin de Léon & des Asturies, avoit épousé Marie Fernandez de Bied-ma, dont il eut PIERRE, qui suit.

VI. PIERRE Alvarez d'Osorio, seigneur de Fuen-tes-de-Ropel, &c. grand adelante de Léon, fut tué en 1360, par le commandement de Pierre, roi de Castille. Il avoit épousé Marie Rodriguez de Villalo-bos, fille de Rodrigue Gil, seigneur de Villalobos, Antillo, &c. ric-homme, dont il eut ALVARE, qui suit; & Rodrigue-Alvarez Osorio, d'où descendent les seigneurs de las Reguéras, établis dans la ville d'A-storga.

VII. ALVARE Pérez Osorio, seigneur d'Osorio & de Villalobos, mourut en 1396. Il avoit épousé 1°. Constance de Haro : 2°. Majora de Vélasco, dont il n'eut point d'enfans. Ceux du premier mariage furent JEAN, qui suit; & GARCIAS-ALVAREZ Osorio qui a fait la branche des seigneurs & marquis de CERRALVO, rapportée ci-après.

VIII. JEAN Alvarez Osorio, seigneur de Villalo-bos, fut majordome du roi Henri III, mourut en 1417. Il avoit épousé Aldonce de Guzman, fille de Ramire Nunez, seigneur de Toral, dont il eut PIERRE, qui suit; Sancie, alliée à Diègue Davila; & Agnès Osorio, mariée à Diègue Gonsalez de Basan.

IX. PIERRE Alvarez Osorio, seigneur de Villalo-bos, fut créé comte de Trastamare par le roi Jean II, en 1445, & mourut le 11 juin 1461. Il avoit épousé 1°. Isabelle de Roxas, fille de Martin Sanchez, sei-gneur de Monzon & de Cabra : 2°. Agnès de Guz-man, fille de Gilles Davila, seigneur de Cespedesa, dont il n'eut point d'enfans. Elle prit une seconde alliance avec *Alfonse* Pérez de Vivéro, duquel étant restée aussi veuve, elle fut créée duchesse de Villalva. PIERRE eut de son premier mariage *Jean*, mort sans alliance ; ALVARE, qui suit ; PIERRE, qui a fait la *branche des comtes d'Altamira, rapportée ci-après* ; DIEGUE, qui a fait *celle des seigneurs de VILLACIS, aussi rapportée ci-après* ; *Louis*, évêque de Jaën, qui d'*Isabelle* de *Losada* son amie, eut plusieurs enfans naturels, *de l'un desquels sortirent les seigneurs de VAL-DONQUILLO, dont la postérité sera rapportée à la fin de cet article* ; *Constance*, mariée à *Gomez* Suarez de Figuéroa, II comte de Féria ; *Marie*, alliée à *Gonsalve* de Guzman, seigneur de Toral ; & *Béatrix* Osorio, qui épousa *Alvare* Escovar, seigneur de Melgar.

X. ALVARE Pérez Osorio, II comte de Trastamare, seigneur de Villalobos, fut créé marquis d'Astorga en 1465, & mourut en 1471. Il avoit épousé *Eléonore*, fille de *Frédéric* Henriquez, amirante de Castille, dont il eut PIERRE, qui suit ; *Isabelle*, mariée à *Bernardin* de Quignonez, II comte de Luna ; & *Frédéric* Osorio, seigneur de Villatin, lequel d'*Agnès* de Guzman, fille de *Gonsalve* Mésia, eut pour fille unique *Isabelle* Osorio, dame de Villarin, mariée à *Diégue* de Carvajal, seigneur de Jodar.

XI. PIERRE Alvarez Osorio, II marquis d'Astorga, III comte de Trastamare, seigneur de Villalobos, mourut en août 1565. Il avoit épousé *Béatrix* de Quignonez, fille de *Diégue* Fernandez, comte de Luna, dont il eut ALVARE, qui suit ; *Diégue*, seigneur de Losada ; *Thérèse*, mariée à *Rodrigue* Osorio de Castro, II comte de Lémos ; & *Béatrix* Osorio.

XII. ALVARE Pérez Osorio, III marquis d'Astorga, IV comte de Trastamare, &c. chevalier de la toison d'or, mourut en 1523. Il avoit épousé 1°. *Isabelle* de Sarmiento, fille & héritière de *François*, II comte de Sainte-Marthe : 2°. *Mencie* Osorio, fille de *Pierre*, comte de Lémos. Du premier mariage vinrent PIERRE, qui suit ; & *Eléonore*, mariée à *Jean* de la Véga, seigneur de Grajal. Du second étoit issu *Jean* Alvarez Osorio, qui épousa *Marie*, fille d'*Alvare* Osorio de Castro, dont il eut *Marie*, alliée à *Alfonse* Pérez Osorio, VII marquis d'Astorga, &c ; & *Constance* Osorio, mariée à *Pierre* Alvarez Osorio, commandeur de Biboras.

XIII. PIERRE Alvarez Osorio, IV marquis d'Astorga, comte de Trastamare & de Sainte-Marthe, seigneur de Villalobos, &c. mourut le premier novembre 1560. Il avoit épousé 1°. *Marie* Pimentel, fille d'*Alfonse*, V comte de Bénévente : 2°. *Catherine* de Mendoza, veuve de *Jean* Falcon : 3°. *Jeanne* de Leyva, fille de *Sanche* Martinez, seigneur de Leyva. Ses enfans du premier lit furent ALVARE, qui suit ; *Alfonse* Pérez Osorio, qui fut VII marquis d'Astorga, VIII comte de Trastamare après la mort de son neveu. Il fut aussi commandeur de l'ordre d'Alcantara, & mourut le 15 décembre 1592, sans laisser postérité de *Marie* Osorio de Castro, fille de *Jean* Alvarez Osorio son oncle ; PIERRE, qui continua *la postérité qui sera rapportée après celle de son frere aîné. Il eut aussi pour fils naturel *Diégue*, abbé de Complute.

XIV. ALVARE Pérez Osorio, V marquis d'Astorga, VI comte de Trastamare, &c. mourut le 29 septembre 1567, âgé de 30 ans. Il avoit épousé *Béatrix* de Toléde, fille de *Ferdinand* III, duc d'Albe, dont il eut pour fils unique ANTOINE-PIERRE, qui suit.

XV. ANTOINE-PIERRE Alvarez Osorio, VI marquis d'Astorga, VII comte de Trastamare, &c. mourut le 12 février 1589, à l'âge de 28 ans, sans enfans de *Marie* de Quignonez, fille de *Louis*, V comte de Luna.

XIV. PIERRE Alvarez Osorio, troisiéme fils de PIERRE Alvarez, IV marquis d'Astorga, &c. fut

commandeur de Biboras, de l'ordre de Calatrava, & épousa *Constance* de Castro-Osorio, fille de *Jean* Alvarez Osorio son oncle, dont il eut PIERRE, qui suit ; & *Antoine* Osorio, mort à l'âge de 15 ans.

XV. PIERRE Alvarez Osorio, fut VI marquis d'Astorga, IX comte de Trastamare, &c. après la mort d'*Alfonse* son oncle : il fut aussi chevalier de l'ordre de Calatrava & commandeur d'Almadobar, & mourut le 28 janvier 1613. Il avoit épousé *Blanche* Manrique d'Aragon, veuve de *Louis* Ximénes de Urroa, IV comte d'Aranda, & fille de *Louis* Fernandez Manrique, IV marquis d'Aguilar, morte le 15 mars 1619, dont il eut ALVARE, qui suit ; *Constance* Osorio, mariée en 1614 à *Antoine* Sanchez Davila, III marquis de Vélada & de S. Roman ; & *Anne* Osorio-Manrique, alliée 1°. à *Louis* de Vélasco, II marquis de Salinas : 2°. en 1621 à *Louis-Jérôme* Fernandez de Cabréra & Bobadilla, IV comte de Chinchon.

XVI. ALVARE Pérez Osorio, IX marquis d'Astorga, X comte de Trastamare, de Sainte-Marthe, seigneur de Villalobos, commandeur de Almadobar & de Herrera de l'ordre de Calatrava, né le 28 février 1600, mourut sans postérité le 21 novembre 1659. Il avoit épousé 1°. *Marie* de Toléde, fille d'*Antoine*, V duc d'Albe : 2°. en 1641 *Françoise* Pacheco, veuve de *François-Diégue* de Zuniga, VIII duc de Béjar, & fille de *Jean* Pacheco, II comte de Montalvan : 3°. en 1649 *Jeanne* Faxardo, fille aînée de *Gonsalve*, marquis de S. Léonard.

COMTES D'ALTAMIRA ET MONTEAGUDO, marquis d'ALMAZAN.

X. PIERRE Alvarez Osorio, second fils de PIERRE Alvarez Osorio, I comte de Trastamare, fut seigneur de Navia, Buron, & Val de Lorenzana, & II comte d'Altamira par sa femme URRAQUE de Moscoso, fille & héritière de *Rodrigue* de Moscoso, I comte d'Altamira, de laquelle il eut RODRIGUE, qui suit ; & *Alvare* Osorio, religieux de l'ordre de S. Dominique, puis évêque d'Astorga.

XI. RODRIGUE de Moscoso-Osorio, III comte d'Altamira, seigneur de la maison de Moscoso, fut tué à la guerre en Afrique en 1511. Il avoit épousé *Thérèse*, fille de *Diégue* d'Andrada, dont il eut LOPEZ, qui suit ; & *Urraque*, mariée à *Pierre* Alvarez, seigneur de Sotomajor.

XII. LOPEZ de Moscoso-Osorio, IV comte d'Altamira, avoit épousé *Anne* de Toléde, veuve d'*Alvare* de Mendoza, seigneur della Bella, & fille de *Pierre* de Toléde, marquis de Villafranca, dont il eut RODRIGUE, qui suit ; *Marie*, alliée à *Louis* Sarmiento de Mendoza, IV comte de Ribadavia ; & *Violante* de Moscoso-Osorio, mariée à *Louis* de Toléde.

XIII. RODRIGUE de Moscoso-Osorio, V comte d'Altamira, &c. avoit épousé *Isabelle* de Castro, fille de *Ferdinand* Ruiz, IV comte de Lémos, dont il eut LOPEZ, qui suit ; *Marie-Anne*, alliée à *Nugno* Alvarez Péreyra, III marquis de Tentugal ; & *Thérèse* de Moscoso Osorio, mariée à *Diégue* de Varjas-Carvajal, seigneur des villes de Puerto.

XIV. LOPEZ de Moscoso-Osorio, VI comte d'Altamira, &c. commandeur de l'ordre de S. Jacques, & majordome de la reine Marguerite d'Autriche, mourut le 15 septembre 1636. Il avoit épousé *Eléonore* de Sandoval & Roxas, fille de *François*, marquis de Dénia, dont il eut GASPARD, qui suit ; *Balthasar* de Moscoso & Sandoval, évêque de Jaën, puis archevêque de Toléde, primat d'Espagne, créé cardinal par le pape Paul V, en 1615, mort le 17 septembre 1665, âgé de 76 ans ; *Melchior*, archidiacre d'Alarçon ; *Rodrigue*, doyen de S. Jacques & prieur de Soriano ; *Isabelle*, mariée à *Antoine* Pimentel, marquis de Tavata; *Marie*, alliée à *François* de Portugal & Mello, marquis de Ferreyra; *Catherine*, & *Françoise*, religieuses; *Antoinette*; & *Antoine* de Moscoso-Osorio, qui après avoir été chanoine de Tolède, devint marquis de Villanuéva-del-Fresno par son mariage avec *Françoise* Porto-Carrero, de laquelle il n'eut point d'enfans; *mais il laissa pour fils naturel* de Marie *de Sandoval Pacheco*, *Ferdinand de Moscoso* & *Sandoval*, mort en 1690, sans enfans de Françoise de Lanuza & Mendoza, qu'il avoit épousée en 1687.

XV. GASPARD de Moscoso-Osorio, VII comte d'Altamira, grand d'Espagne, &c. mourut en 1672. Il avoit épousé *Antoinette* de Mendoza, III marquise d'Almazan, VII comtesse de Monteagudo, fille de *François* Hurtado de Mendoza, II marquise d'Almazan, dont il eut LOPEZ, qui suit; *François* Hurtado de Mendoza; *Anne*, & *Eléonore*, religieuses.

XVI. LOPEZ Hurtado de Mendoza & Moscoso, VIII comte de Monteagudo, & IV marquis d'Almazan, mourut avant son pere. Il avoit épousé *Jeanne* de Roxas & Cordoue, V marquise de Poza, veuve de *François* de Cordoue, & fille de *Louis* Fernandez de Cordoue, VI duc de Séssa & Baëna, & de *Marie-Anne* de Roxas, IV marquise de Poza, dont il eut GASPARD, qui suit; *Eléonore*, mariée 1°. à *Gaspard* de Haro & Avellaneda, fils du comte de Castrillo : 2°. à *François* Fernandez de Cordoue, XI comte de Cabra; & *Antoinette*, alliée 1°. en 1648, à *Ferdinand-Louis* Portocarrero, IV comte de Palma : 2°. à *Henri* Pimentel, V marquis de Tavata.

XVII. GASPARD de Moscoso & Mendoza, V marquis d'Almazan, IX comte de Monteagudo, &c. fut tué en duel par Dominique de Guzman le 23 mai 1664, étant âgé de 33 ans. Il avoit épousé *Agnès* Mésia de Guzman, fille de *Diégue* Mésia Félipez de Guzman, I marquis de Léganés, morte le 25 mars 1685, dont il eut LOUIS, qui suit; *Marie-Eléonore*, alliée en 1667 à *Louis-Antoine-Thomas* Portocarrero, V comte de Palma; & *Thérèse*, mariée à Jean Mascaregnas, V comte de Santa-Cruz & de Portalégre.

XVIII. LOUIS de Moscoso-Osorio-Mendoza & Roxas, VIII comte d'Altamira, de Monteagudo & de Lodosa, marquis d'Almazan & de Poza, seigneur de Villalobos, grand d'Espagne & ambassadeur à Rome, où il mourut le 23 août 1705. Il avoit épousé 1°. *Marie-Anne* de Bénavides-Ponce-de-Léon, fille de *Louis*, marquis de Frometa & de Catacène, morte en 1680 : 2°. en 1684 *Angélique* d'Aragon, fille de *Louis*, VI duc de Ségorbe & de Cardonne. Du premier lit vinrent *Agnès*, morte jeune; *Catherine*, mariée en 1702 à *Mercurio* Lopez Pacheco, X comte de S. Estevan de Gormaz; & *Josephe*, religieuse à Madrid. Du second lit sortirent ANTOINE, qui suit; *Joseph*; *Lopez*, mort jeune; *Marie-Antoinette*, morte à l'âge de 12 ans; *Anne*, & *Elizabeth*, religieuses de Ste. Claire à Almazan; & *Thérèse* de Moscoso-Osorio.

XIX. ANTOINE de Moscoso-Osorio, IX comte d'Altamira, &c.

SEIGNEURS DE VILLACIS, COMTES de VILLANUEVA-DE-CAGNADO.

X. DIEGUE Pérez Osorio, quatriéme fils de PIERRE Alvarez Osorio, I comte de Trastamare, fut seigneur de Villacis & de Cervantes, & épousa *Agnès* Vivero, fille d'*Alfonse* Pérez, seigneur de Géma, & d'*Agnès* de Guzman sa belle-mere, dont il eut ALVARE, qui suit; *Françoise*, mariée à *Pierre* de Castille, seigneur de Villabaquerin; & *Alfonse* Osorio, qui épousa *Léonore*, fille de *Rodrigue* Quignonez, dont il eut Pierre, chevalier de l'ordre de S. Jacques, qui d'*Anne* Fernandez de Pinedo, eut pour fils unique *Diégue* Osorio, surnommé *le Soldat*, mort sans postérité de *Jeanne* de Figuéroa.

XI. ALVARE Osorio, II seigneur de Villacis & de Cervantes, épousa *Marie* Osorio de Guzman, fille de *Diégue*, seigneur de Villace & de Cébrones, dont il eut PIERRE, qui suit; *Antoine*, & *Agnès* Osorio, mariée à *Jean* Barbo, seigneur de Castrofuente.

XII. PIERRE Osorio, III seigneur de Villacis & de Cervantes, avoit épousé *Constance* Carillo, fille d'*Antoine*, commandeur de Barientes, dont il eut pour fils unique ALVARE, qui suit.

XIII. ALVARE Pérez Osorio, IV seigneur de Villacis, Cervantes, Villace, &c. dit *le grand Justicier*, fut chevalier de l'ordre de S. Jacques. Il avoit épousé *Magdaléne*, fille de *Gabriel* Manrique, dont il eut PIERRE, qui suit; *Marie*, alliée à *Garcias* Lopez de Chaves, seigneur de Chaves & de Villavéja; *Isabelle*, mariée à *Pierre* Maldonado, seigneur d'Espino; *Catherine*, qui épousa *Louis* de la Cerda & Zuniga, seigneur d'Adalia; *Anne-Marie*, femme d'*Antoine* de Zamudio, seigneur de Zamudio & de Zugasti; & *Magdaléne* Osorio, religieuse.

XIV. PIERRE Osorio-de-Guzman-Manrique, V seigneur de Villacis, &c. mourut en 1631. Il avoit épousé *Thérèse* de Fonséca, fille d'*Alfonse* de Fonséca, seigneur de Villanuéva-del-Cagnédo, dont il eut *Alvare*, mort avant son pere sans enfans de *Marie* Portacéli de Solis; ANTOINE, qui suit; & *Pierre* Alvarez Osorio, mort sans postérité de *Marie* Osorio, fille de *Jean*, seigneur de Mestages.

XV. ANTOINE Osorio-de-Guzman-Manrique, VI seigneur de Villacis, &c. mourut en 1650. Il avoit épousé *Anne-Marie* de Fonséca, fille d'*Alfonse*, II comte de Villanuéva-de-Cagnédo, à cause de laquelle il devint V comte de Villanuéva, & en eut pour enfans ALVARE, qui suit; *Alfonse*, mort sans alliance; *Thérèse*, *Marie*, *Magdaléne*, religieuses; & *Claire* Osorio-Fonséca-Guzman, mariée à *Joseph* de Solis & Valdembano, I comte de Montellano.

XVI. ALVARE Pérez-Osorio-Fonséca & Guzman, VI comte de Villanuéva-de-Cagnédo, VII seigneur de Villacis, &c. avoit épousé *Béatrix-Françoise* de Véga, dame de Menchaca, fille de *François* de Véga, IV comte de Grajal, marquis de Montaos, dont il eut EMANUEL-JOSEPH, qui suit; *Pierre*; *Antoine*; *Diégue*; *Emanuel-Marin*; & *Anne-Marie*.

XVII. EMANUEL-JOSEPH Osorio-Guzman, comte de la Puébla, &c. à cause de sa femme *Marie-Louise* de Cardenas, fille aînée & héritiere de *Laurent* de Cardenas-Ulloa & Zuniga, VIII comte de la Puébla-del-Maëstre, de Villalonso & de Niéva, marquis de la Mothe-d'Aumon, & de Bacares.

MARQUIS DE CERRALVO.

VIII. GARCIAS Alvarez Osorio, fils puîné d'ALVARE Pérez Osorio, seigneur d'Osorio & de Villalobos, & de *Constance* de Haro sa premiere femme, épousa *Catherine* Rodriguez de Sanchon, dont il eut JEAN, qui suit.

IX. JEAN Alvarez Osorio, laissa de *Marie*, fille de *Sanche* Manuel, ALVARE, qui suit; *Louis* Osorio & Acugna, abbé de Valladolid, administrateur perpétuel de l'église de Ségovie, puis évêque de Burgos, dont sont sortis les seigneurs d'Abarca; & *Marie* Osorio, alliée à *Jean* Daza.

X. ALVARE Pérez Osorio, épousa *Marié* Pacheco, fille & héritiere d'*Etienne* Pacheco, III seigneur de Cerralvo, dont il eut JEAN, qui suit; *François* Pacheco-Osorio; *Etienne-Pierre*, chevalier de l'ordre de S. Jacques; & *Agnès* Pacheco-Osorio.

XI. JEAN Pacheco-Osorio, V seigneur de Cerralvo, avoit épousé *Catherine* de Maldonado, dont il eut JEAN, qui suit; *Antoine*; *François*; *Agnès*, mariée à *Ferdinand* Niéto de Silva; & *Béatrix* Pacheco, alliée à *Ferdinand* Lopez de Varaona.

XII. JEAN Pacheco, mourut avant son pere, ayant eu d'*Anne* de Tolède, fille de *Ferdinand*, seigneur de las Villorias, RODRIGUE, qui suit; *François* Pacheco, archevêque de Burgos, créé cardinal par le pape Pie IV le 26 février 1561, mort le 23 août 1579; *Ferdinand* de Tolède, capitaine, mort en la guerre d'Afrique; *Alvare*, & *Jérôme*, chevaliers de Malte.

XIII. RODRIGUE Pacheco, gouverneur de Galice, fut créé marquis de Cerralvo, & fut ambassadeur à Rome. Il avoit épousé *Anne* Henriquez de Tolède, fille de *Diégue* Henriquez de Guzman, comte d'Alve-d'Aliste, dont il eut *Antoine*, mort jeune; JEAN, qui suit; *Diégue*, archidiacre de Ciudad-Rodrigo; *François*, doyen de Coria; *Eléonore* de Tolède, dame de la reine Isabelle, puis religieuse; *Catherine*, & *Marie*, aussi religieuses.

XIV. JEAN Pacheco, II marquis de Cerralvo, avoit épousé *Agnés* de Tolède, fille de *Garcias*, IV marquis de Villafranca, dont il eut RODRIGUE, qui suit; *Jean*; *Françoise*; *Anne*, & *Hiéronyme*, religieuses; & *Victoire* Pacheco Colonne, mariée à *Gabriel* de Vélasco & la Cuéva, VII comte de Siruvéla.

XV. RODRIGUE Pacheco, III marquis de Cerralvo, chevalier de l'ordre de S. Jacques, & gouverneur de Galice, avoit épousé *Françoise* de la Cuéva, fille de *Beltram*, VI duc d'Albuquerque, dont il eut JEAN-ANTOINE, qui suit; & *Agnés* Pacheco.

XVI. JEAN-ANTOINE Pacheco & Osorio, IV marquis de Cerralvo, comte de Villalobos, vice-roi de Catalogne, mourut le 29 juillet 1680, sans laisser de postérité de *Jeanne* Faxardo, marquise de Saint-Léonard, veuve d'*Alvare* Pérez Osorio, IX marquis d'Astorga.

SEIGNEURS DE VALDONQUILLO.

X. L'on a remarqué ci-dessus que LOUIS Osorio, évêque de Jaën, fils de PIERRE Alvarez, I comte de Trastamare, *eut des enfans* naturels d'Isabelle *de Losada son amie.* Ce furent FRANÇOIS, qui suit; *Pierre*, religieux de l'ordre de S. Jérôme; *Isabelle*, mariée à *Pierre* Alvarez, seigneur de Luciana; & *Alvare* Osorio, chevalier de l'ordre de S. Jacques, qui épousa *Béatrix* de Castro, comtesse de Lémos, veuve de *Denys* de Portugal, fils de *Ferdinand*, II duc de Bragance, & fille de *Rodrigue* Osorio, comte de Lémos, & de *Thérèse* Osorio, dont il eut *Rodrigue* de Castro, évêque de Zamora, archevêque de Séville, créé cardinal par le pape Grégoire XIII, en 1583, mort le 26 octobre 1600; *Antoine* de Castro-Osorio; *Anne*, mariée à *Louis* Colomb de Tolède, III duc de Véraguas; & *Marie*, alliée à *Jean* Alvarez Osorio.

XI. FRANÇOIS Osorio, seigneur de Valdonquillo, avoit épousé *Françoise* de Viloa, dont il eut *Diégue*, V seigneur de Valdonquillo, mort sans alliance; *Louis*, qui suit; & *Majora*, alliée à *Ferdinand* de Valdes.

XII. LOUIS Osorio, III seigneur de Valdonquillo, épousa *Catherine* Azevédo, fille d'*Alfonse*, seigneur de Téjado, dont il eut FRANÇOIS, qui suit; & *Catherine* Osorio, qui fut V dame de Valdonquillo après la mort de son frere, & épousa *Ferdinand* de Valdes.

XIII. FRANÇOIS Osorio, IV seigneur de Valdonquillo, mourut sans laisser de postérité de *Catherine* de Ajala, fille de *Pierre* Lopez, comte de Fuensalda. * Inhoff, *en ses vingt familles d'Espagne.*

OSORIO (Jérôme) évêque de Sylves, naquit à Lisbonne l'an 1506, de *Jean* Osorio de Fonséca, & de *Françoise* Gil de Govéa, tous deux de familles très-illustres. Dès sa plus tendre jeunesse il fit voir ce gout pour les lettres qui l'a dominé toute sa vie, & s'y livra avec beaucoup d'ardeur. A l'âge de treize ans on l'envoya à Salamanque, où il apprit le latin, le grec, & un peu de droit. Il vint à Paris à l'âge de dix-neuf ans, pour y apprendre la philosophie d'Aristote, qui étoit la seule que l'on enseignât alors.

Après quelque *séjour* en cette ville, il se transporta à Boulogne en Italie, où il s'appliqua à l'étude de l'écriture-sainte, & de la langue hébraïque. Revenu en Portugal, le roi Jean l'engagea d'enseigner les saintes lettres à Coïmbre, & Osorio y expliqua le prophète Isaïe, & l'épître de S. Paul aux Romains. Ses explications furent très-goutées. Dès qu'il eut été élevé au sacerdoce, Louis infant de Portugal lui procura la cure de Tavara: mais peu après, le cardinal Henri, frere du roi Jean, archevêque d'Evora, le fit archidiacre de son église. Il étoit dans ce poste lorsque Catherine d'Autriche, veuve du roi Jean III, régente du royaume pendant la minorité de Sébastien son petit-fils, le nomma à l'évêché de Sylves. Osorio occupoit ce siège depuis quelques années lorsque le roi Sébastien voulut passer en Afrique; malgré les avis du prélat qui prévoyoit les suites funestes de ce voyage. Comme il ne put rien gagner sur l'esprit du prince, & qu'il ne vouloit pas être témoin des malheurs qu'il craignoit, il alla à Rome, où le pape Grégoire XIII le reçut très-favorablement. Mais le roi l'ayant rappellé au bout d'un an, il revint en Portugal, où peu après il apprit la mort de dom Sébastien arrivée le 4 d'août 1578, dans la bataille d'Alcazer contre les Maures. Il s'appliqua dès-lors à empêcher son peuple de prendre part aux troubles qui agiterent l'état dès ce moment. Mais il conçut lui-même un tel chagrin de ces troubles, qu'il en mourut à Tavilla dans son diocèse le 20 d'août 1580, âgé de soixante-quatorze ans. Ce prélat écrivoit avec facilité & avec éloquence: c'est avec raison qu'on l'appelle *le Cicéron* de Portugal. Son style, le choix qu'il a fait des sujets, la maniere de les traiter, approchent beaucoup de cet orateur. Il joignoit à ces qualités beaucoup de piété & de charité. Il nourrissoit dans son palais plusieurs hommes savans & vertueux. Pendant le repas, il se faisoit lire quelque chose de S. Bernard, & quand la lecture étoit finie, il écoutoit les difficultés que l'on pouvoit avoir sur ce qu'on avoit lu. Ses ouvrages ont été recueillis & réunis par Jérôme Osorio son neveu, en quatre volumes *in-fol.* à Rome en 1592. Le premier volume contient les traités, *De nobilitate civili, & de nobilitate christiana; De gloria libri 5*, avec une préface, de même qu'un traité *De nobilitate*, adressée à Jean III, roi de Portugal, & qui contient d'excellens avis pour les princes; *De regis institutione & disciplina libri 8. De rebus Emanuelis regis invitissimi virtute & auspicio gestis libri 12*, avec une préface & un commentaire de Jean Matalio Métello, *De reperta India.* Cet ouvrage a été traduit en françois sous le titre de, *Histoire de Portugal contenant les entreprises, navigations & gestes mémorables des Portugalois, tant en la conquête des Indes Orientales, qu'aux guerres d'Afrique depuis l'an 1496 jusqu'en 1578*, &c. le traducteur est Simon Goulard de Senlis. *Defenso sui nominis*: c'est une apologie d'Osorio contre ceux qui lui faisoient un crime de ce qu'il paroissoit favorable au roi d'Espagne, & soutenir son droit à la couronne de Portugal après la mort de D. Sébastien. *Epistola.* Le deuxième volume renferme, *Admonitio in epistolam ad Elizabetham reginam Angliæ; Epistola ad Elizabetham reginam Angliæ*: cette lettre a été traduite en françois par Jean de Maumont en 1565, *in-8*, à Paris: & en anglois par un autre. Gautier Haddon, maître des requêtes de la reine Elizabeth, y répondit, & Osorio répliqua par ses trois livres latins sur la vraie religion, qui se trouvent aussi dans ce second volume. *De justitia cælesti, libri 10. De vera sapientia, libri 5. In epistolam beati Pauli ad Romanos, l. 4.* On trouve dans le troisième volume les écrits suivans: Une paraphrase sur Job, une autre sur les pseaumes, & des commentaires sur les paraboles & sur la sagesse de Salomon, en latin. Le quatrième ne contient presque non plus que des ouvrages sur l'écriture:

favoir, une paraphrase sur Isaïe, un commentaire sur Osée, un autre sur Zacharie, vingt-un discours sur l'évangile de S. Jean, & un discours à la louange de fainte Catherine. Presque tous ces traités ont paru aussi féparément, & c'est à tort que André Schott, dans sa bibliothéque d'Espagne, attribue ceux du quatriéme volume, & les deux derniers du troisiéme, au neveu d'Oforio. Ce neveu se nommoit aussi *Jérôme* : il a été chanoine d'Evora, & homme habile. Peut-être avoit-il plus d'érudition que son oncle, mais il n'écrivoit pas si bien. On a de lui la vie de son oncle, à la tête des œuvres de celui-ci; des notes sur la paraphrase des pseaumes par le même, dans le troisiéme volume du recueil des ouvrages du prélat; une paraphrase, & des commentaires sur l'ecclésiaste; une paraphrase sur le cantique des cantiques, avec des notes. * *Voyez* la vie d'Osorio, par son neveu; Nicolas-Antoine, & André Schott, dans leurs bibliothéques espagnoles; M. de Thou, dans son histoire; Teissier dans les éloges tirés de l'histoire de M. de Thou; & le pere Niceron, dans ses *Mémoires, &c. tomes XI & XX.*

OSORNO, petite ville du Chili dans l'Amérique méridionale, vers l'Archipel d'Ancud, sur la riviere de Cabréro, à 45 ou 50 lieues de Villa-Ricca, vers le midi. On voit dans les Andes, au levant de cette ville, le volcan d'Oforno, qui est une de ces montagnes qui vomissent des flammes. Il ne croît rien autour de cette ville que de l'or. Il ne faut pas qu'elle soit si petite qu'on le dit, s'il est vrai, comme d'autres l'assurent, qu'il y a 200000 ouvriers employés en des manufactures de toile & de laine. Les Indiens l'assiégerent en 1600, & l'auroient prise si les Espagnols ne fussent venus du Pérou à son secours. * Mari, *dict.* Laët.

OSRHOENE, ancienne province de la Mésopotamie, aujourd'hui *Diarbeck*, entre l'Euphrate & le Chaboras, & sur les frontieres de la Syrie & de la Comagène, nommée diversement *Osroëne, Osrhoëne & Osdroëne.* Dix-huit évêques s'assemblerent en l'année 197, à Tsisite, dans l'Osrhoëne, pour la célébration de la fête de pâque. Procope, Pausanias, Dion, Ammien Marcellin, &c. parlent souvent de l'Osrhoëne. On apprend d'Eusebe, *l.* 2 de l'histoire ecclésiastique, qu'au temps de Notre-Seigneur, ce pays avoit des rois particuliers, & qu'un d'eux épousa une Juive qui fut appellée Hélène, & qui après la mort de son mari revint en Judée, où on voyoit son tombeau fort près de Jérusalem.

OSRIC, roi de Déire dans le nord d'Angleterre, fils d'Elfric, oncle d'Edwin, succéda au royaume après la mort d'Edwin, & la défaite de son armée par les forces unies de Kedwalla, roi Breton, & Penda le Mercien, & par ce moyen les royaumes de Bernicie & de Déire furent de nouveau divisés. Eanfrid recouvra le premier, & Osric le dernier. Celui-ci ayant obtenu un royaume, abandonna la religion chrétienne, dans laquelle il avoit été baptisé; mais peu de temps après il fut tué dans une sortie faite par Kedwalla, d'une place forte où Osric le tenoit assiégé, ensorte qu'il ne regna qu'un an, depuis 633, jusqu'à 634. * *Dict. angl.*

OSRIC II, roi de Northumberland, succéda immédiatement à Kenred l'an 718, & regna 11 ans. * *Dict. angl.*

OSRID, roi de Northumberland, succéda au roi Alfred son pere, en 705, n'ayant encore que 8 ans. Il en regna 11. Il s'abandonna à la débauche, n'épargnant pas les religieuses mêmes pour satisfaire ses voluptés. Il fut tué par ses propres parens. * *Diction. anglois.*

OSRID II, roi de Northumberland, étoit fils d'Alfred l'usurpateur, & succéda à Elfwal l'infortuné l'an 780. C'étoit la coutume des peuples de Northum-

berland de ces temps-là, que plusieurs de leurs rois étoient déposés ou mis à mort peu de temps après leur avénement à la couronne. Il fut forcé dans un cloître d'York, ou de roi il étoit devenu moine. On peut voir la cause & la maniere de sa mort sous le regue d'Ethelred II. * *Dict. angl.*

OSSA, montagne de Thessalie, que Sophien nomme *Monte-Cassovo*, & Pline *Oliva*, est près du Pélion & de l'Olympe, vers le fleuve Pénée. Strabon, Pline & les poëtes en font souvent mention. * Ovide, *l.* 1 métam. Strabon parle d'une montagne de ce nom le Péloponnèse, & Ptolémée d'une ville de Macédoine de même nom.

OSSAT (Arnaud d') cardinal évêque de Rennes, & ensuite de Bayeux, étoit né de pauvres parens, qu'il perdit à l'âge de neuf ans. Il fit ses études à Paris, & ensuite y enseigna la rhétorique & la philosophie. Il y apprit aussi les mathématiques & le droit, & fit à Bourges un cours de droit sous Cujas; ensuite de quoi étant revenu à Paris, il fréquenta le barreau. Paul de Foix, depuis archevêque de Toulouse, que le roi Henri III envoyoit ambassadeur à Rome, engagea d'Ossat à l'accompagner en qualité de secrétaire de l'ambassade. Après la mort de cet ambassadeur à Rome, l'an 1584, d'Ossat qui s'étoit engagé dans l'état ecclésiastique, fut reçu dans la maison du cardinal d'Est, protecteur en cette cour des affaires de France. Au commencement du regne de Henri *le Grand*, il eut ordre de ménager l'esprit du pape Clément VIII, pour la réconciliation de ce prince avec le saint siége, & y réussit de la maniere que chacun sait, avec Jacques du Perron, qui fut depuis cardinal. D'Ossat, qui étoit déja chargé depuis long-temps du soin des affaires de France, rendit encore de très-grands services au roi & à l'état. Il étoit alors maître des requêtes, abbé de Notre-Dame de Varennes au diocèse de Bourges, & fut élevé depuis à l'évêché de Rennes; enfin à la recommandation du roi il fut créé cardinal l'an 1598. L'an 1601, il fut pourvu de l'évêché de Bayeux, & mourut le 13 mars 1604, âgé de 67 ans, à Rome, où l'on voit son tombeau dans l'église de S. Louis. On peut dire du cardinal d'Ossat, qu'il a su concilier deux qualités assez rares, celle de parfait politique, & celle de véritable honnête homme. Le P. Tarquin Gallucci, Jésuite, fit son oraison funèbre qui a été imprimée. Nous avons de lui cinq volumes de lettres qui sont un chef-d'œuvre de politique. *Consultez* sa vie qui est à la tête de l'édition procurée par les soins de M. Amelot de la Houssaye l'an 1698, à Paris, chez Jean Boudot. * De Thou, *hist. ad ann.* 1604. Sponde, *in annal.* Frizon, *Gall. purpur.* Sainte-Marthe, *in elog. & Gall. christ.* Bentivoglio. Auberi. Chenu. Robert. Dupleix. Mézerai, &c.

Arnaud d'Ossat avoit été disciple de Pierre Ramus, & il a écrit en sa faveur l'ouvrage intitulé : *Expositio Arnaldi Ossati in disputationem Jacobi Carpentarii de methodo, Parisiis, apud Andream Wechelum,* 1564, *in-8°.* Dans un acte tout écrit de sa main, signé de Ossat, passé à Lectoure le 22 avril 1559 (il avoit 22 ans) il s'exprime ainsi : *Traité fait entre Jéhan de Pérez, marchand de la ville & cité de Lectoure d'une part, & M. Arnaud Ossat de la Nogue en Maignac,* d'autre part, &c. La Nogue en Maignac semble donc être le nom du lieu de la naissance d'Ossat. Par ce même traité d'Ossat, s'engage *à conduire à la ville & université de Paris,* Jéhan de Pérez, fils du susdit marchand, *& là l'entretenir de bonne nouriture & doctrine pour le temps & espace de deux années, & autre temps qui sera accordé entre parties, & pendant ledit temps l'entretenir en bon pere de famille.... moyennant la somme de cent. dix livres pour chacune année, pour la nouriture & doctrine, sans en ce comprendre accoustremens, livres, ni autre despense qu'il conviendra faire oultre la nouriture & doctrine.* Ainsi ce ne fut

point

point d'un jeune gentilhomme appelé *Castelnau de Magnoac*, de la maison de Marca, dont il fut précepteur. D'Ossat partit en effet avec Jean Pérez fils, comme nous le voyons 1°. par le *Rolle* (tout écrit de sa main) de la dépense qu'il fit pour son disciple au voyage de Paris, jusqu'au moment où ils y prirent logement : ce *rolle* extrêmement circonstancié, où la dépense la plus légere est marquée jour par jour, est signé *de Ossat* : 2°. par les quittances données par le même selon les payemens qui lui étoient faits de la somme convenue : 3°. par une lettre originale encore écrite de Paris le sixième de juin 1561, pour supplier de rechef M. Pérez de Leitour d'envoyer ordre à son fils de retourner, lui d'Ossat ayant des raisons (qu'il avoit dites en d'autres lettres) *pour me décharger*, dit-il, *de cette charge que je ne puis porter*; 4°. par une seconde lettre originale de Paris, le 29 juin même année 1561, par laquelle répondant à ce que M. Pérez de Leitoure lui avoit marqué des raisons qui l'empêchoient de venir chercher son fils ou de le faire revenir à Leitoure, d'Ossat consent à le garder encore quelque temps aux mêmes conditions : cette lettre est pleine de bon sens & de religion; 5°. par une lettre précédente écrite au même, de Paris le 13 mai 1560, où il rend compte à M. Pérez des dispositions de son fils, & de la maniere dont il l'instruisoit : on voit par cette lettre que d'Ossat avoit encore deux disciples qu'il estimoit, & qu'il qualifie *vertueux & diligens*. M. l'abbé Goujet a entre les mains les piéces originales qu'on vient de citer, & quelques autres lettres aussi originales de M. d'Ossat.

OSSERI, contrée de la province de Linster dans le Quéens Counti en Irlande. C'est en même temps un comté & un évêché. L'évêque demeure à Kilkenni, & est suffragant de l'archevêque de Dublin. Le comté appartient à la famille d'Ormond. En 1170, c'étoit un petit royaume plein de bois; mais il fut conquis par les Anglois, immédiatement après qu'ils eurent pris Wexford, la premiere fois qu'ils entrerent en Irlande. * *Dict. angl.*

OSSET, ancienne ville d'Espagne Bétique, située proche de la ville d'Hispalis, aujourd'hui nommée *Triana*, dans l'Andalousie, auprès de Séville. Il y avoit dans le VIe siécle une magnifique église de Catholiques (que les Ariens appelloient *Romains*) & l'on y voyoit des fonts baptismaux construits d'un beau marbre en forme de croix, & d'un ouvrage merveilleux. L'évêque accompagné de tout son peuple, y venoit tous les ans en procession le jeudi saint; & après avoir fait les prieres accoutumées il en faisoit fermer les portes, qu'on scelloit, pour empêcher que personne n'y pût entrer. Le samedi saint, suivi des catéchumènes qui devoient recevoir le baptême, y étant retourné, les fonts qu'on avoit laissés vuides, se remplissoient alors remplis, & lorsque le dernier étoit baptisé, l'eau manquoit tout-à-coup. Ce miracle, dit-on, dura très-long-temps, comme autrefois celui de la Piscine de Jérusalem. On ajoute qu'en 583 les Espagnols ayant mis pâque au 21 mars, & les François au 18 avril, ces fonts d'Osset ne commencerent à se remplir que le 15 avril, c'est-à-dire le jeudi avant la pâque des François : sur quoi Theudisclus, roi des Wisigoths, Arien, s'imaginant qu'il y avoit de la fourberie, fit exactement observer les causes de ce prodige; & voyant qu'il continuoit, il fit creuser autour de l'église une fosse de vingt-cinq pieds de longueur sur quinze, de largeur, pour découvrir s'il y avoit quelques canaux sous terre qui servissent à la tromperie; mais il ne trouva rien d'où l'on pût soupçonner quelque artifice. * Maimbourg, *hist. de l'Arianisme*.

OSSMIANA, petite ville avec châtellenie, sur la riviere d'Ossmiana, dans le palatinat de Wilna en Lithuanie, à dix lieues de la ville de Wilna, vers

l'orient méridional. * Mati, *dictionaire*.

OSSOLINSKI, famille de comtes & de princes en Pologne dans le palatinat de Sendomir, tire son nom de la petite ville d'Ossolin. Celui qui en est regardé comme la souche, est ZÉGOTA, qui en 1271 étoit vaivode de Cracovie, & général de la couronne. Il eut deux fils, 1. *André*, duquel sont issus les comtes de Tenczyn, dont la race s'éteignit vers le milieu du XVIIe siécle; 2. *Jasonius* ou Jean, surnommé *Owca*, duquel est sortie la branche d'Ossolinski, qui prit aussi dans la suite le titre de *Tenczyn*. Nicolas, fils de Jean, châtelain de Vislietz, étoit un des principaux sénateurs du royaume, lorsque Jagellon monta sur le trône de Pologne. Il eut trois fils qui suivent.

I. ANDRÉ II, fils de NICOLAS, se signala dans les guerres que Sigismond eut avec les Hongrois, & mourut sans laisser d'héritiers.

II. NICOLAS II, châtelain de Vislietz, sénateur du royaume, rebâtit le château d'Ossolin, & mourut aussi sans laisser d'héritiers.

III. JEAN, châtelain de Radom, fut tuteur du prince royal Uladislas III, & en même temps administrateur du royaume. NICOLAS III, l'un de ses fils, a continué la postérité; & l'on compte parmi ses descendans

NICOLAS IV, qui vivoit sur la fin du XVIe siécle, & qui fut chambellan du roi, & staroste de Radoskowice.

NICOLAS V, qui fut châtelain de Pernau, & sénateur du royaume.

JÉRÔME, châtelain de Sandecz, qui fut staroste de Sendomir.

SBIGNEUS, qui fut chancelier de Henri, roi de Pologne, & depuis roi de France sous le nom de *Henri III*, puis châtelain de Sendomir, & enfin vaivode de Podlaquie, & staroste de Dobrzyn. Il mourut en 1622, dans la soixante-huitieme année de son âge, après avoir, un peu avant sa mort, fait bâtir un monastere pour les Dominicains dans sa ville de Climuntow. Il laissa trois fils, qui suivent.

I. CHRISTOPHE, sous-chambellan de Sendomir, puis châtelain de Sandecz, enfin vaivode de Sendomir, *qui a continué la postérité*.

II. MAXIMILIEN, qui fut grand maréchal de la noblesse, lors de l'élection d'Uladislas IV, & dans la suite trésorier de la cour & capitaine de Marienbourg. Il a laissé quelques fils.

III. GEORGES, directeur de la noblesse de Pologne, se distingua dans ses ambassades aux cours de Rome, de Florence, de Venise, d'Angleterre, de Vienne, &c. Il fut envoyé en Prusse l'an 1635 en qualité de gouverneur, avec une puissante armée. Après la paix, il fut revêtu des charges de vaivode de Sendomir, de vice-chancelier de la couronne & de grand chancelier. L'empereur lui conféra la dignité de prince. Son fils *François* fut capitaine de Bidgost en 1646. En 1699, il y avoit *Sbigneus* Ossolinski de la même famille, qui fut abbé de Coprunicz; & en 1700, un autre Ossolinski, qui fut cette même année capitaine de Chelm. * *Dictionaire historique*, édition de Hollande, 1740.

☞ OSSONE ou OSSUNA, ville d'Espagne dans l'Andalousie, à six ou sept lieues au nord de Hardales, & à cinq ou six au midi d'Ecija. Cette ville est assez grande & passablement peuplée. Elle est ancienne, & étoit autrefois connue sous le nom d'*Ursao*, *Urson* & *Orsona*, suivant l'auteur des *délices de l'Espagne*; & elle passoit pour une ville forte par sa situation, y ayant seulement une fontaine qui fournissoit d'eau tous les habitans, tandis que toute la campagne d'alentour étoit sans eau à huit milles à la ronde; de maniere que quand Jules-César l'assiégea, il fallut faire tout venir au camp de fort loin. La même chose se voit encore aujourd'hui. La même fontaine subsiste toujours, & fournit de l'eau en assez grande abondance pour suffire aux besoins de tous les habitans : mais toute la campagne voisine est entierement séche, n'ayant ni ruisseau, ni fontaine : aussi n'y croît-il aucun arbre, à la réserve de quelques oliviers qui ont été plantés par les Maures. Ossone appartient à des seigneurs de la maison de Giron, qui portent le titre de *ducs d'Ossone*. * La Martiniere, *dictionaire géographique*.

OSSONE (Dom Pierre Giron, duc d') *cherchez* GIRON.

OSSUNA, *cherchez* OSSONE.

OSTABARETZ, petite contrée de la basse Navarre en France. Le bourg d'Ostabat, à deux lieues de S. Palais, vers le midi, en est le lieu principal. * Mati, *dict.*

OSTALRIC, petite ville d'Espagne, dans la Catalogne, sur la riviere de Tordera, à huit lieues de Gironne, du côté du midi. Elle étoit défendue par un château qui n'étoit accessible que du côté de la ville, où il y avoit sept retranchemens l'un sur l'autre ; mais fort mal entretenus. Les François prirent ce château l'an 1694, & ils le démolirent l'an 1695. * Mati, *diction.*

OSTENDE, ville & port de mer des Pays-Bas Autrichiens en Flandre, est située environ à quatre lieues de Bruges, & est très-forte par sa situation. Elle est environnée de deux canaux profonds, dans lesquels les plus gros vaisseaux entrent par le flux & reflux de la mer, & est défendue par huit boulevards, & un large fossé, divers bastions, &c. Les Hollandois y soutinrent au commencement du XVIIe siécle un siége des plus fameux dont il soit fait mention dans l'histoire. Il dura trois ans, trois mois, trois semaines & trois jours : après lesquels cette ville qui n'étoit plus qu'un monceau de terre bouleversée, & un véritable cimetiere, fut prise par Ambroise Spinola, pour Albert archiduc, l'an 1604. Nous avons diverses relations de ce siége célébre. * Grotius, *annal.* Strada, &c.

OSTENFELD (Christian) né à Wibourg en Jutland le 4 septembre 1619. Après avoir visité durant quelques années les académies de Danemarck, de Hollande, d'Angleterre &c de France, il se rendit dans sa patrie, où en 1640 il fut fait conrecteur de l'école de Wibourg. Il quitta cet emploi en 1647, pour voyager de nouveau avec les jeunes comtes de Hochl dont il fut fait gouverneur. Ce second voyage finit en 1650. L'année suivante il se rendit à Tubingue, où, à la priere de l'académie, il prononça un discours pour remercier Eberhard III, duc de Wirtemberg, du rétablissement de l'académie. Ce discours a été imprimé en 1652, sous le titre de *Laurus Wirtembergica*. De-là il passa à Venise, & se rendit à Padoue. Il se distingua beaucoup dans cette ville ; il y gouverna pendant une année l'académie des jurisconsultes en qualité de protecteur, & l'académie l'envoya plusieurs fois, comme son orateur, au doge & au sénat de Venise. Il s'acquitta si bien de ses commissions, que par reconnoissance, on lui érigea une statue de marbre dans le palais académique. On fit aussi graver son portrait sur le bronze avec une inscription très-honorable. En 1655, il fut fait docteur en médecine à Padoue ; & lorsqu'il fut revenu en Danemarck, il obtint, la même année 1655, une chaire de médecine dans l'université de Copenhague ; & en 1662 il fut fait bibliothécaire. Il étoit recteur de l'université, lors du siége de la ville ; & il donna en cette occasion des preuves éclatantes de sa prudence & de son courage. Le roi le fit depuis assesseur du tribunal suprême de justice. Il mourut le 31 août 1670, âgé de cinquante-un ans. Il avoit épousé *Sostrate*, fille de *Jacob* Finck, professeur en physique, de laquelle il ne laissa point d'enfans. On a de lui : 1. *Exercitationum de medicinæ*

fundamentis prodromus, 1656, *in-4°*. 2. *Oratio in obitum Thomæ Finckii*, 1656, *in-4°*. 3. *Palladium Danicum*, *panegyricus solenni servata urbis festo*, 1661, *in-fol.* C'est un discours qui fut prononcé le 11 février 1661, après que Copenhague eut été délivrée du siége formé par les Suédois. 4. *Concordia Dano-Saxonica*, 1663. 5. Panégyrique prononcé à l'occasion du mariage de Jean-Georges III, électeur de Saxe, & d'Anne-Sophie, princesse de Danemarck, en 1663. 6. *Dissertatio de fœtus humani generatione & nutritione in utero*, 1667. 7. *Pharus latinitatis varios vocum & dictionum latinarum scopulos indicans* : cet ouvrage n'a pas été publié ; Vindingius en parle *in academia Hafniensi*, de même que Mollérus dans son ouvrage intitulé : *Bibliotheca septentrionis eruditi*. * Bartholinus, *de scriptis Danorum ; cum Joannis Molleri hypomnematibus*, &c. ou selon le titre général, *Joannis Molleri bibliotheca Septentrionis eruditi*, pag. 27, 28, & 191, 192.

OSTERMANN (André, comte d') ministre d'état en Russie, se nommoit d'abord *Henri-Jean-Frédéric*, nom qu'il changea en celui d'André. Il étoit fils de *Jean-Conrad* Ostermann, ministre de Bockeim, petite ville du comté de la Marck. Dans le temps qu'il étudioit dans l'université de Iéne, ayant tué un de ses compagnons d'étude dans quelque démêlé qu'ils avoient ensemble, il fut contraint de se retirer en Russie en 1699 ou 1700, & y ayant fort bien appris la langue du pays dans l'espace de deux ans, le czar Pierre le Grand lui donna une charge dans la chancellerie. En 1721, il assista au congrès de paix de Nystadt en qualité de conseiller de la chancellerie, & signa le traité comme second plénipotentiaire. Depuis ce temps-là, il fut successivement élevé à différentes dignités, & enfin à celles de ministre intime du cabinet, de vice-chancelier du royaume, de premier directeur des postes, de sénateur du royaume, & de chevalier de S. André. En 1730 on lui donna, à lui & à sa postérité, le titre de *comte de Russie*. Au mois de février 1740, lors du traité de paix avec les Turcs, l'impératrice Anne lui donna une bague magnifique avec cinq mille roubles, pour lui témoigner l'estime qu'elle avoit pour lui. Cette impératrice étant morte le 28 octobre de la même année 1740, le comte travailla avec la princesse Anne de Brunswick & le comte de Munnich, pour faire reléguer en Sibérie le duc de Courlande qui avoit été désigné régent du royaume dans le testament de l'empereur, pour gouverner pendant la minorité du czar Ivan III. En conséquence, la princesse Anne fut proclamée régente du royaume, & on lui donna le titre de *grande duchesse*. La princesse combla de bienfaits Ostermann & toute sa famille, & il eut la dignité de grand amiral de Russie. Sa faveur dura jusque vers la fin de 1741 ; mais l'impératrice Elizabeth étant montée sur le trône, les comtes de Munnich & d'Ostermann furent arrêtés & conduits dans la forteresse de Rétusary. Dix-sept personnes de la famille du comte d'Ostermann furent exposées aux mêmes revers. Tous ses papiers furent saisis, & on fit l'inventaire de ses meubles. Il fut accusé d'avoir ruiné plusieurs familles Moscovites, de les avoir exilées, ou fait passer par les mains du bourreau ; & il fut lui-même condamné au dernier supplice. En conséquence, le 27 janvier, vieux style, on le conduisit sur un mauvais traineau à la place des exécutions ; & lorsqu'il fut sur l'échafaud, le secrétaire du sénat lui lut les crimes dont il étoit chargé, & ajouta qu'il avoit été résolu qu'il seroit roué vif, mais que l'impératrice avoit adouci son supplice en ne le condamnant qu'à avoir la tête tranchée. On lui posa la tête sur le billot, & l'exécuteur s'apprêtoit à faire son office, lorsque le secrétaire du sénat cria, Grace. Le comte fut ramené dans la forteresse ; & au mois de février 1742, il fut conduit à

Bérésowa en Sibérie, vers l'embouchure de l'Oby, & on lui fixa un rouble par jour pour son entretien. Ce fut-là qu'il mourut en 1745. Il avoit épousé *N.* de Stresnef, dont il eut 1. *Frédéric*, capitaine en Russie : 2. *Jean*, aussi capitaine en Russie : 3. une fille, qui a épousé le lieutenant colonel Tolstoi. * *Supplément françois de Basle.*

OSTERMANN (Jean-Henri) savant philologue & poëte, naquit à Zorbig dans le Mersebourg, le 26 juin 1611. En 1621, il se rendit à Cothen ; & il fit des progrès si rapides, qu'à l'âge de quinze ans il entendoit les poëtes Grecs assez pour les gouter. En 1627, il vint à Wittemberg, où il s'appliqua aux langues orientales. En 1633 il disputa *De mutatione punctorum hebraïcorum generali*, sous M. Trost. En 1637 il fut fait professeur en langue grecque après la mort d'Erasme Schmid. Il mourut le 10 août 1668. Il a écrit beaucoup de vers en grec, qui, par leur beauté, ont été comparés à ceux des anciens. Les thèses ou disputes qu'il a composées, soit qu'il les ait soutenues, soit qu'il y ait présidé, sont : 1. *De convivandi cœnandique veterum ritibus.* 2. *De consultationibus veterum disputatio publica, habita die 28 martii 1649, in auditorio majori, præside M. Joanne-Erico Ostermanno græcar. litter. professore publico; respondente Christiano Jani Jersino, Dano.* Thomas Crenius a fait réimprimer cette dissertation dans son *Thesaurus librorum philologicorum & historicorum*; à Leyde, 1700, in-8°. 3. *De astrolatriâ.* 4. *De mutatione punctorum hebraïcorum generali.* 5. *De erroribus autorum Latinorum.* 6. *De sacrificiis Gentilium.* 7. *De probatione stigmatica.* On lui donne du moins cette dissertation dans le *Supplément françois de Basle*; mais peut-être attribue-t-on à Jean-Henri Ostermann une piéce qui est de Pierre Ostermann, jurisconsulte, qui a sûrement écrit sur ce sujet. *Voyez* l'article suivant. 8. *Quæstionum græcarum pentas*; à Wittemberg, 1634. Thomas Crenius à la fin de la préface du recueil cité dans cet article, donne ainsi Ostermann : *Autor sanè, quâ erat ingenii docilitate atque præstantiâ, ita exquisitam, ita perfectam trium sibi linguarum, quæ cæteris præstare putantur, comparaverat notitiam, ut nihil in eis sciri discive possit, quod ejus intelligentiam effugerit.*

OSTERMANN (Pierre) jurisconsulte Allemand, conseiller de l'empereur, & conseiller intime de l'électeur de Mayence, vivoit vers l'an 1635. On a de lui : 1. *Commentarius juridicus de stigmatismo*; à Cologne, 1629, in-4°. 2. *Ars patendi & imperandi*; à Mayence, 1643, in-4°. 3. *Clavis & avis bifida*; à Vienne, 1644, in-4°. 4. *Legitima corona Romana Ferdinando III ab electoribus imposita, seu Anticrisis examinis comitiorum Ratisbonensium*; in-4°. Cet écrit est contre l'ouvrage intitulé : *Justi Asterii examen comitiorum Ratisbonensium, sive disquisitio politica de nuperâ electione Ferdinandi III, in regem Romanorum*; à Hanovre, 1637, in-4°. 5. *Encyclopædia juris universi*; à Cologne, 1628, in-4°. 6. *Disputationes collegii juris publici Coloniensis ad digesta juris civilis*; à Cologne, 1631, in-4°. Dans le *Supplément françois de Basle*, d'où l'on a tiré cet article presqu'entier, on cite la bibliothéque Belgique de Valere André, où il n'est point parlé de Pierre Ostermann, du moins dans la derniere édition de 1739.

OSTERWICK, ville d'Allemagne, *cherchez* AUSTERWICK.

OSTFRISE, OOST-FRISE, FRISE ORIENTALE, au comté d'Embden, province d'Allemagne, dans la Westphalie, a en comté d'Oldembourg au levant; l'Océan ou mer d'Allemagne au septentrion; l'évêché de Munster au midi, & au couchant le golfe de Dullart ou Dollert qui la sépare de la seigneurie de Groningue. Embden, qui en est la ville capitale, ne reconnoît plus le prince d'Oost-Frise, & s'est mise sous la protection des Hollandois.

Les autres sont Aurick, qui est la résidence du prince : Norden, Essens, Witemundt, &c. On y trouve encore Jemmingen, où Louis comte de Nassau, fut défait par le duc d'Albe l'an 1568, & la forteresse d'Eideler, dont les états des Pays-Bas s'emparerent l'an 1664, sous prétexte de protéger le comte d'Oost-Frise. Ce pays fut autrefois habité par les Cauches & par les Frisons. Les habitans ont un langage particulier, outre l'allemand qu'ils parlent fort grossierement. Leur pays produit une grande quantité d'orge, de féves & de pois qu'on transporte ailleurs, dans l'Allemagne, & dans les Pays-Bas. Les pâturages y sont aussi très-bons, & servent à nourir d'excellens chevaux. Les peuples y sont ou Catholiques, ou Protestans, Luthériens & Calvinistes. L'Oost-Frise s'étoit divisée dans le XIVe siécle en divers petits états; ce qui causoit souvent des guerres. L'empereur Frédéric III la donna en fief à *Ulric-Sirsenne*, l'un des principaux seigneurs du pays.

I. ULRIC-SIRSENNE, premier comte d'Oost-Frise, descendoit d'EDZARD Sirsenne, capitaine & seigneur de Grethsil, pere d'ULRIC, qui mourut l'an 1373, & d'ENNON, capitaine de Norden, &c. mort l'an 1406. Celui-ci fut pere d'un autre ENNON, qui mourut l'an 1450, ayant eu pour fils *Edzard*, gouverneur d'une partie de la Frise orientale, mort l'an 1441; & ULRIC Sirsenne, premier comte d'Oost-Frise. Après que l'empereur lui eut donné ce fief l'an 1454, il s'aquit l'amitié des Frisons, qui le reconnurent pour leur comte. Il obtint de nouvelles lettres de l'empereur, fut proclamé comte d'Embden dans cette ville le 21 décembre 1464, & fut mis en possession du fief par la tradition de l'épée & de l'enseigne. Il mourut en 1466, ayant eu de *Théde*, dame de Léve & d'Odershen, *Enno* ou *Ennon I*, qui suit; EDZARD, *qui continua sa postérité*; *Uco*, mort l'an 1507, âgé de 44 ans, sur le point de se marier; *Bebé*, morte l'an 1479, âgée de 19 ans, venant d'épouser *Eric*, comte de Schawembourg; *Gele*, morte fille l'an 1491, âgée de 32 ans; & *Alméthe*, morte fille l'an 1522.

II. ENNON, I de ce nom, comte d'Oost-Frise, n'avoit que sept ans, lorsque son pere mourut. *Théde*, sa mere, gouverna alors le comté avec beaucoup de prudence. Ce seigneur fit le voyage de la Terre-sainte, & à son retour, ayant appris qu'un seigneur de Westphalie avoit assiégé sa sœur *Alméthe*, dans l'assiégea pendant l'hiver dans le château où il étoit, & se noya en passant un fossé sur la glace, l'an 1491.

II. EDZAR ou EHZAR, I de ce nom, comte d'Oost-Frise, succéda à son frere, fit aussi le voyage de la Terre-sainte, & laissa le gouvernement de ses états à sa mere, qui mourut l'an 1498. A son retour, il épousa *Elizabeth*, fille de *Jean*, comte de Rietberg. Il embrassa le luthéranisme, & fit son possible pour l'introduire dans ses états. Sa femme mourut l'an 1512, & lui le 15 février 1528. Leurs enfans furent *Ulric*, qui passa quelque temps en Espagne, d'où étant revenu, & ayant perdu l'esprit, il se confina lui-même à Haslet, lieu écarté & désert, où il mourut; *Ennon*, qui suit; *Jean*, né l'an 1506, qui passa aux Pays-Bas du temps du gouvernement de Marie, reine de Hongrie, où il épousa en 1539 *Dorothée* d'Autriche, fille *naturelle* de *Maximilien I*, empereur. Il fut fait comte de Durbui en Ardenne, & seigneur des prévôtés de Falkembourg, & de Dalem dans le Luxembourg, puis gouverneur du duché de Limbourg, & chevalier de la toison d'or. Il mourut l'an 1572, laissant *Maximilien*, surnommé *de Falkembourg* (du nom allemand d'une des terres de son pere) qui de *Barbe* de Lalain, fille de *Philippe* de Lalain, comte de Hochstrate, laissa *Louise*, épouse d'*Ebrard* de Barbanson, vicomte d'Aurec; *Dorothée*, femme de *Jacques* de Tserclaës, comte de Tilli; &

N. mariée à *Joſſe* de Bronchorſt & Batemberg, baron de Anholt & Gronsfeldt. Les autres enfans de Edzar I, furent *Anne*, fiancée à *Antoine*, comte d'Oldembourg, morte l'an 1530; *Théde*, morte l'an 1563, âgée de 60 ans, sans avoir été mariée; *Marguerite*, épouſe de *Philippe*, comte de Waldeck; & *Armgarde*, morte l'an 1589, sans alliance : elle avoit été accordée dans ſa jeuneſſe avec *Balthaſar*, ſeigneur d'Eſſen, qui mourut avant que de l'avoir épouſée.

III. ENNON II du nom, comte d'Ooſt-Friſe, ſoutint pendant quelque temps la religion de Luther, qu'il quitta pour retourner à celle de ſes peres; mais ſur la fin de ſes jours il reprit le luthéraniſme, & l'introduiſit dans tous ſes états, pilla les meubles ſacrés, & les biens des égliſes, & entreprit diverſes guerres, qui ne lui furent pas favorables. Il mourut l'an 1540, laiſſant d'*Anne*, fille de *Jean XIV*, comte d'Oldembourg, EDZARD II, qui ſuit; *Chriſtophe*, mort en la guerre de Hongrie l'an 1566; *Jean*, mort l'an 1591; *Elizabeth*, mariée à *Jean*, comte de Schawembourg, morte trois ans après; *Hedwige*, épouſe d'*Othon*, duc de Brunſwick-Lunebourg à Harbourg, morte l'an 1616; & *Anne*, morte fille à la cour de l'électeur Palatin. Leur mere fut leur tutrice, & mourut le 5 novembre 1575.

IV. EDZARD II du nom, comte d'Oſtfriſe, vit ſes états extrêmement troublés pour la religion, parceque pluſieurs s'attachoient à la proteſtante, & que d'autres ſuivoient celle de leurs peres, c'eſt-à-dire, la catholique. On y trouvoit auſſi grand nombre d'Anabaptiſtes. Il épouſa l'an 1558 *Catherine* de Suéde, fille de *Guſtave I*, roi de Suéde, & de *Marguerite* de Loholm ſa deuxiéme femme. Peu s'en fallut que ce mariage ne coûtât la vie à *Jean*, ſon frere, qu'on trouva la nuit dans la chambre de *Cécile*, ſœur de Catherine, où il étoit entré par la fenêtre avec une échelle de ſoye. Edzar augmenta & embellit la ville d'Embden. Les habitans s'y révolterent, à la perſuaſion d'un miniſtre ſéditieux, nommé *Mentzo Aling*. Cette affaire eut des ſuites fâcheuſes pour les héritiers du comte, qui mourut l'an 1599. Ses enfans furent ENNON, qui ſuit; *Guſtave*, mort en Friſe l'an 1608, âgé de 43 ans; *Jean*, qui épouſa *Sabine-Catherine*, fille d'*Ennon*, ſon frere aîné, & de *Walpurge*, comteſſe de Rietberg, laquelle lui apporta ce comté en mariage, la ſeigneurie d'Eſſens, celles de Stédeſdorf & de Witmund. Il eut quatre fils & deux filles, ſavoir, *Erneſt-Chriſtophe*, comte de Rietberg, gouverneur de Luxembourg, mort ſans enfans d'*Albertine-Marie* de la Baume, fille de *Philibert*, marquis de S. Martin; *Ferdinand-François*; & *Ennon-Philippe*, chanoines de Cologne; & JEAN, qui épouſa *Anne-Catherine*, fille d'*Erneſt-Frédéric*, comte de Salme, dont il eut *Frédéric-Guillaume*, tué au ſervice de l'empereur, dans le combat de Kockberg, l'an 1677; *François-Adolphe-Guillaume*, écolâtre de Cologne, doyen de Strasbourg, chanoine de Paderborn & d'Oſnabruck, mort l'an 1690; & *Ferdinand-Maximilien*, qui après avoir été chanoine de Cologne, de Strasbourg & de Munſter, épouſa l'an 1685 *Jeanne-Françoiſe*, fille de *Salentin-Erneſt*, comte de Manderſcheid-Blanckenheim, & mourut l'an 1687, laiſſant une fille unique *Marie-Erneſtine-Françoiſe*, comteſſe d'Ooſt-Friſe & de Rietberg, dame d'Eſſens, &c. née le premier août 1686. Les deux filles de JEAN, comte de Rietberg, furent *Marie-Léopoldine-Catherine*, mariée l'an 1687 à *Oſwald*, comte de Berg; & *Bernardine-Sophie*, élue abbeſſe d'Eſſens l'an 1691. Les autres enfans de EDZARD II, furent *Chriſtophe*, grand capitaine, chevalier de la toiſon d'or, & gouverneur de Luxembourg, mort ſans enfans; *Charles-Othon*, né l'an 1577, mort en Hongrie l'an 1603; *Marguerite*, morte l'an 1588; *Anne*, morte l'an 1612, après avoir été mariée trois fois;

Sophie, morte l'an 1630; & *Marie*, épouſe de *Jules-Erneſt*, duc de Brunſwick-Danneberg.

V. ENNON III du nom, comte d'Ooſt-Friſe, épouſa 1°. du vivant de ſon pere, *Walburge*, comteſſe de Rietberg, qu'on empoiſonna avec un de ſes fils, l'an 1586 : 2°. l'an 1598, *Anne* de Holſtein, fille d'*Adolphe*, duc de Holſtein Gottorp, & de *Chriſtine* de Heſſe. Il laiſſa du premier lit *Sabine-Catherine*, née l'an 1582, laquelle épouſa *Jean*, ſon oncle, auquel elle porta les biens de ſa mere, ainſi que nous venons de le dire; & *Agnès*, née en 1583, alliée à *Gundaker*, prince de Liechtenſtein, morte l'an 1616. Du ſecond lit il eut *Edzard-Adolphe*, mort à treize ans, l'an 1612; *Rodolphe-Chriſtiern*, qui ſuccéda à ſon pere l'an 1625; mais qui fut tué malheureuſement l'an 1628, âgé de 26 ans; ULRIC, qui ſuit; *Chriſtine-Sophie*, épouſe de *Philippe*, landgrave de Heſſe-Busbach; & *Anne-Marie*, alliée à *Adolphe-Frédéric*, duc de Meckelbourg, morte l'an 1634.

VI. ULRIC II, comte d'Ooſt-Friſe, né l'an 1605, ſuccéda à ſon frere & mourut le premier novembre 1648, laiſſant de *Julienne*, fille de *Louis*; landgrave de Heſſe, ENNON-LOUIS, qui ſuit; GEORGE-CHRISTIAN, *rapporté après ſon frere*; & EDZARD-FERDINAND, *dont nous parlerons après ſes deux freres*.

VII. ENNON-LOUIS, comte d'Ooſt-Friſe, rendit de bons ſervices à l'empereur Ferdinand III, qui le fit prince de l'empire l'an 1654. Il avoit épouſé *Juſtine-Sophie*, fille d'*Albert-Frédéric*, comte de Barbi, morte l'an 1677, dont il n'eut que deux filles : *Julienne-Louiſe*; & *Sophie-Guillemette*, épouſe de *Chriſtian-Louis*, duc de Wirtemberg, l'an 1692. Il laiſſa la principauté à ſon frere puîné.

VII. GEORGE-CHRISTIAN, prince d'Ooſt-Friſe, fut confirmé prince de l'empire l'an 1662, & épouſa *Chriſtine-Charlotte*, fille d'*Evrard III*, duc de Wirtemberg. Il mourut l'an 1665. La princeſſe ſa femme, qui eſt morte l'an 1699, accoucha peu après la mort de ſon mari, de

VIII. CHRISTIAN-EVERARD, prince d'Ooſt-Friſe, né le 11 octobre 1665, chevalier de l'ordre de l'éléphant, mourut le 3 juin 1708. Il avoit épouſé l'an 1685 *Evérardine-Sophie*, fille d'*Albert-Erneſt*, prince d'Oëtingen, dont il eut GEORGES-ALBERT, qui ſuit; *Charles-Emanuel*, né l'an 1692; *Auguſte-Ennon*, né l'an 1697; *Chriſtine-Sophie*, née l'an 1688; *Marie-Charlotte*, née l'an 1689, mariée en 1709, à *Frédéric-Ulric*, ſon couſin; *Frédérique-Guillelmine*, née l'an 1695; & *Julienne-Louiſe*, née l'an 1698.

IX. GEORGES-ALBERT, prince d'Ooſt-Friſe, & du ſaint empire, eſt mort à Aurich, lieu de ſa réſidence, le 13 de juin 1734, âgé de 44 ans accomplis, étant né à pareil jour du mois de juin de l'année 1690. Le roi de Danemarck, ſon beau-frere, venoit de lui donner tout nouvellement ſon ordre de l'éléphant, dans une viſite qu'il lui avoit faite à Aurich. Le prince d'Ooſt-Friſe étant devenu veuf de *Chriſtine-Louiſe* de Naſſau-Idſtein, morte le 13 avril 1723, dans la trente-troiſiéme année de ſon âge, ſe remaria le 18 décembre de la même année avec *Sophie-Caroline* de Brandebourg-Culmbach, née le 31 de mars 1707, ſœur puînée de *Sophie-Magdeléne* de Brandebourg-Culmbach, reine de Danemarck & de Norwége, née le 28 de novembre 1700, & fille de feu *Chriſtian-Henri*, margrave de Brandebourg-Culmbach, & de *Sophie-Chriſtine*, née comteſſe de Worſtein. Le prince d'Ooſt-Friſe avoit eu de ſa premiere femme CHARLES-EDZARD, qui ſuit; & *Henriette-Auguſte-Wilhelmine*, née le 21 d'avril 1718, & morte le 12 d'avril 1719.

X. CHARLES-EDZARD, prince d'Ooſt-Friſe, & du ſaint empire, né le 19 de janvier 1716, ſuccéda à ſon pere au mois de juin 1734. Quelques jours auparavant il avoit conſommé le mariage qu'il avoit contracté avec *Sophie-Guillelmine* de Brandebourg-Culmbach-Bareith, née le 8 juillet 1714, niéce de fa belle-mere, & derniere fille de *Georges-Frédéric-Charles*, margrave de Brandebourg-Culmbach, régent de Bareith, & de *Dorothée*, née duchesse de Holſtein - Sunderbourg. Charles-Edzard eſt mort à Aurich le 26 mai 1744, ſans laiſſer de poſtérité.

VII. EDZARD-FERDINAND, comte d'Ooſt-Friſe, troiſiéme fils d'ULRIC II, mourut le premier janvier 1668, laiſſant d'*Anne-Dorothée*, comteſſe de Krichingen & de Puittingen ſa femme, *Edzard-Eberhard-Guillaume*, comte d'Ooſt-Friſe, né en 1666, & mort au mois de juin 1707; & *Frédéric-Ulric*, comte d'Ooſt-Friſe, né le 31 décembre 1667, lieutenant général de la cavalerie de Hollande, en 1709, mort le 13 mars 1710. Il avoit été marié le 10 avril 1709, avec *Marie-Charlotte*, ſa couſine, fille de *Chriſtian-Everhard*, prince d'Ooſt-Friſe. Il en laiſſa *Chriſtine-Louiſe*, comteſſe d'Ooſt-Friſe, née le premier février 1710. * Cornelius Kempius, *de orig. Friſ.* Matt. Hamconius, *de rebus, viriſq. illuſt. Friſ. & theat. regn. pont. & princip. Friſ.* Suffridus Petri, *de antiq. & orig. Friſ.* Reuſner. Junius. Cluvier, &c. Rittershuſius, *geneal.* Imhof, *not. imper.*

☞ OSTIAKES, peuple de Sibérie, qui habitent au ſud des Samojédes. Ils ſont à peu près faits comme les Ruſſes, mais ils ſont communément d'une taille au-deſſous de la moyenne. On prétend qu'ils ſont iſſus d'une partie des habitans de la grande Permie en Ruſſie, qui par attachement à l'idolâtrie, quitterent leur pays, & vinrent s'établir en ces quartiers, du temps qu'on introduiſit le chriſtianiſme en Permie: du moins, aſſure-t-on que la langue des Oſtiakes a encore préſentement beaucoup de conformité avec le jargon des habitans de la Permie, & nulle connexion au contraire avec les langues des autres peuples païens de Sibérie leurs voiſins, en ſorte qu'ils ſont obligés de ſe ſervir d'interprétes pour parler avec eux. * *Hiſtoire généalogique des Tatars*, pag. 486.

Voici ce que le baron de Strahlenberg nous apprend ſur ce peuple, dans ſa *deſcription de l'empire Ruſſien*, tom. II. » Les Oſtiakes ſont peut-être le » peuple le plus ſtupide qu'il y ait ſur la terre. Ils » habitent en Sibérie, le long des fleuves Obi & Ir- » tiſch. Ils donnent à leurs principaux dieux, ou à » leurs idoles le nom ruſſe de *Starryck* & *Starrucha*, » qui veut dire le *vieux* & *la vieille*: auſſi ſont-ils re- » gardés comme des fugitifs qui ſorti- » rent de ce pays, lorſque le chriſtianiſme y fut éta- » bli. Quand on les engagea en 1714 à recevoir le » baptême, on leur enleva nombre de petites idoles » de fonte, d'un pied de haut, & très-bien travail- » lées. Ils dirent qu'elles leur venoient des Tſchou- » di, ou Scythes Aſiatiques, qui occupoient le pays » avant eux; & cela eſt très-vraiſemblable, attendu » qu'il paroît impoſſible que ces ouvrages aient été » faits par les Oſtiakes; les idoles de leur façon » étant groſſiérement taillées de bois ou de pierre, » & couvertes ſans goût de toutes ſortes de chiſons. » On leur trouva auſſi de fort belles plaques qu'ils » adoroient, & où étoient repréſentés divers ani- » maux, tels que des cerfs, des chiens, &c. comme » ſur leurs tambours, qui ſont ſemblables à ceux » des Lapons, & dont ils ſe ſervent dans leur culte » ſuperſtitieux, pour avoir du bonheur à la chaſſe ou » à la pêche. »

» Lorſqu'en voyageant parmi eux je leur deman- » dai où ils croyoient que leur ame alloit après la » mort, ils répondirent que ceux qui mouroient » d'une mort violente, ou dans une guerre contre » les ours, entroient droit dans le ciel; mais que » ceux qui mouroient ſur leur lit, ou d'une mort or- » dinaire, étoient obligés de ſervir pendant long-

» temps auprès d'un dieu ſévere au-deſſous terre. Je » me ſouviens à cette occaſion de ce que dit Valere- » Maxime, que les Cimbres ſautent de joie quand » une action, comme allant mourir glorieuſement, » & qu'au contraire étant malades, ils ne ſont que » ſe lamenter, comme allant périr ignominieuſe- » ment. Auſſi je penſe que les Oſtiakes ſont du nom- » bre des premiers Sarmates & Cimbres, qui ont » d'abord habité la Ruſſie. Ces peuples, auſſi-bien » que les Tartares de Sibérie, ne comptent point le » temps par années, comme nous, mais par autant » de fois qu'il tombe de la neige. Ainſi, lorſqu'on » demande dans ce pays à quelqu'un quel âge il a, il » ne répondra pas, *j'ai tant d'années*: mais il dira, » *j'ai tant de chutes de neiges.* »

» Ces païens, malgré la grande ignorance dans la- » quelle ils vivent, & le peu de lumieres qu'ils ont » de la divinité, ſont naturellement bons; & on ne » voit parmi eux aucun libertinage, ni vol, ni par- » jure, ni ivrognerie, ni aucun vice groſſier. Ces vi- » ces ne ſe trouvent que parmi ceux qui vivent avec » des Ruſſes corrompus, dont ils prennent peu-à- » peu les mauvaiſes habitudes. Des raiſons m'oblige- » rent de m'arrêter pendant quinze jours parmi les » Oſtiackes ſur le fleuve Obi. M'étant logé avec eux, » le peu de marchandiſes que j'avois reſta pendant » tout mon ſéjour dans une tente ouverte & habitée » par une nombreuſe famille, ſans qu'on m'ait pris » la moindre choſe. »

» Un Ruſſe m'a raconté lui-même, qu'allant de » Tobolsk à Béréſow, ville ſituée à douze journées » au nord de la premiere, il paſſa la nuit dans une » des tentes des Oſtiakes, d'où étant parti le lende- » main, il perdit à une lieu environ de-là, ſa bourſe » dans laquelle il y avoit à peu près cent rouble. » Comme les routes de ces pays-là ne ſont guères » fréquentées, le fils de l'Oſtiake, allant quelques » jours après à la chaſſe, paſſa par hazard à l'endroit » où la bourſe étoit tombée. Il la vit, mais il ne la » ramaſſa point, ſe contentant à ſon retour dans ſa » tente, de dire à ſon pere qu'il avoit trouvé une » bourſe pleine d'argent dans le chemin, & qu'elle » y étoit encore. Le pere le renvoya ſur le lieu, en » lui diſant de la couvrir d'une branche d'arbre, afin » que ſi jamais le propriétaire revenoit la chercher, il » pût la reprendre à ſa place. La bourſe y reſta pen- » dant plus de trois mois. Lorſque le Ruſſe qui l'a- » voit perdue revint, au retour de ſon voyage, ſe lo- » ger chez ce même Oſtiake, il lui conta entr'au- » tres choſes, qu'en allant il avoit eu le malheur de » perdre ſa bourſe. L'Oſtiake lui dit avec une joie » extrême, *c'eſt donc toi qui as perdu une bourſe? je te* » *donnerai mon fils, qui te montrera l'endroit où elle* » *eſt; tu n'as qu'à la reprendre.* »

OSTIE, *Oſtia*, ville d'Italie dans l'Etat Eccléſiaſtique, avec évêché, fut bâtie par Ancus Martius, roi des Romains, à l'embouchure du Tibre dans la mer de Toſcane, & fut détruite par les Saraſins. Il y a eu autrefois un fameux port à l'embouchure du Tibre. C'eſt-là qu'mourut ſainte Monique, mere de S. Auguſtin. Le doyen des cardinaux eſt toujours évêque d'Oſtie. Le duc d'Albe prit l'an 1556 cette ville-que les troupes du pape reprirent peu après. * Léandre Alberi.

OSTIGLIA, petit bourg, mais ancien dans le Mantouan en Lombardie, ſur le bord ſeptentrional du Pô, vis-à-vis du bourg de Révere, & à dix lieues au-deſſus de Ferrare. * Mati, *dict.*

OSTORIUS, Romain, qui commandoit les troupes de l'empire dans la Grande-Bretagne, en qualité de lieutenant du préteur. Il traverſa un retranchement de pierres que Caractacus, roi Breton, lui avoit oppoſé dans le pays de Cornouaille, mit ſon armée en déroute, le pourſuivit dans les montagnes, l'y força; & l'ayant fait prisonnier avec sa femme & ses enfans, les fit conduire à Rome. Pour cette expédition le sénat lui décerna le triomphe; & Caractacus obtint sa liberté par la maniere hardie dont il parla, & par sa bonne conduite, quoiqu'il eût fait beaucoup de peine aux Romains par une longue & ennuyeuse guerre. L'empereur Claude conçut beaucoup d'estime pour lui. Quant à Ostorius, arrivant en Angleterre, il trouva les provinces romaines inondées d'ennemis, qui le méprisoient comme un capitaine nouveau & sans expérience. Cependant, quoiqu'il arrivât en hiver, il leur fit tête, défit ceux qui s'opposerent à lui, & soumit tout le pays depuis la Saverne jusqu'aux frontieres de l'Ecosse. La plus grande résistance qu'il trouva fut de la part de Caractacus. * Cambden, Britan.

OSTRACINE, étoit anciennement une ville épiscopale, suffragante d'Alexandrie, & située dans l'Egypte sur la côte de la mer Méditerranée, à dix-huit lieues de Damiette. Elle est présentement réduite en un village nommé Ostragioni. * Mati, dict.

OSTRACISME, loi des Athéniens, en vertu de laquelle par la pluralité des suffrages, on condamnoit pour dix ans à l'exil, mais sans confiscation de biens, ceux qui avoient ou trop de richesses, ou trop d'autorité, ou trop de crédit, de peur qu'ils ne devinssent les tyrans de la patrie. Le peuple s'assembloit au jour assigné, & donnoit ses suffrages en secret contre celui qui devoit être condamné. Cette peine n'étoit pas infamante, parceque ce n'étoit pas la punition d'un crime. On le nommoit Ostracisme, parceque le peuple donnoit son suffrage, en écrivant sur des coquilles le nom de celui qu'il vouloit ainsi bannir. Aristide fut banni d'Athènes par l'ostracisme, parcequ'il étoit trop juste, comme le dit Plutarque dans sa vie. * Suidas. Plutarch. in Aristid. Le scholiaste d'Aristophane.

OSTREVANT ou l'ISLE DE SAINT AMAND. C'est un pays qui faisoit autrefois partie du comté de Valenciennes; il en fait maintenant une du Haynault. Il est aux confins de la Flandre & de l'Artois, & renfermé entre l'Escaut, la Scarpe, & la Sanze. Bouchain & Saint-Amand en sont les lieux principaux. * Mati, dict.

OSTROG, ville forte avec une bonne citadelle & titre de duché. Elle est dans la haute Volhynie en Pologne, sur la riviere d'Horin, environ à vingt lieues de Lusuc, vers le levant. * Mati, dict.

OSTROGOTHLAND, c'est-à-dire, Gothie orientale, province de Suéde, comprend aujourd'hui la province de ce nom, Smaland, Bleking & Schonen, proprement dite, les villes de Norkoping, de Northolm, de Sunderkoping, de Kelmo & de Lindkœping, de Schening, de Stégéborg, &c. Les Ostrogoths ou Goths Orientaux, étoient ceux qui habitoient en Italie, ainsi nommés à la différence des Wisigoths ou Goths Occidentaux qui demeuroient deça les monts. Claudien parle des premiers, l. 2, in Eutrop. Voyez GOTHS.

OSTROVIZZA, fort dans le comté de Zara, en Dalmatie, est environné d'excellens pâturages, de belles forêts & de quantité de sources. L'air y est admirable, & le séjour en est charmant. Il y a presque cent ans que les Vénitiens prirent ce fort sur les Turcs, & le brulerent. Quelque temps après les Infidéles le rebâtirent; mais les Morlaques de Croatie, sujers de la république de Venise, y mirent le feu l'an 1682, du temps du général Dona. L'an 1683, les Vénitiens en prirent tout-à-fait possession, & le général Valier y mit deux compagnies d'infanterie en garnison. * P. Coronelli, description de la Morée.

OSTUND, ville de Suéde, cherchez ATTUND.

OSTUNI, en latin Ostunum, ville du royaume de Naples, en la province d'Otrante, étoit évêché suf-

fragant de Brinde, & est située entre cette ville, Tarente, & le territoire de Bati, près de la mer Adriatique. * Léandre Alberti.

OSWALD, roi de Northumberland en Angleterre dans le VIIe siécle. Après la mort de son pere Edelfrid, qui arriva l'an 617, Eduin, son oncle paternel, s'étant emparé du royaume, il fut obligé de se réfugier avec ses freres & d'autres seigneurs, chez les Pictes dans le nord du pays, que l'on a depuis appellé Ecosse, & de-là en Irlande, où ils furent instruits de la religion chrétienne, & reçurent le baptême. Eduin ayant été tué l'an 633, dans une bataille qu'il donna contre Penda, roi de Mercie, & contre Cedwal, roi des anciens Bretons, Oswald & ses freres revinrent dans leur pays. Eanfrid, frere aîné d'Oswald, fut fait roi des Berniciens; & Osrich, cousin germain d'Eduin, fut fait roi des Déirs, peuple du royaume de Northumberland. Ces deux princes s'étant abandonnés à toutes sortes de vices, & ayant apostasié la religion chrétienne, périrent malheureusement. Osrich fut tué par les soldats de Cedwal, roi des Bretons, qui, l'année suivante, fit tuer Eanfrid par trahison. Oswald ayant ramassé un petit nombre de troupes, marcha contre Cedwal, le défit, lui ôta la vie & dissipa toutes ses forces. Il réunit ensuite les deux royaumes de Northumberland, & y établit la religion chrétienne. Il fit venir des religieux du monastere de Hi, qui est une isle entre l'Irlande & l'Ecosse, & transféra le siége épiscopal d'Yorck à Lindisfarne, dont il fit évêque S. Aidan. Il bâtit quantité d'églises, & fonda plusieurs monasteres. Penda, roi de Mercie, lui déclara la guerre, & lui donna bataille dans la plaine de Marserfelth, dans laquelle Oswald perdit la vie l'an 642. On l'a mis au rang des saints, & l'on fait mémoire de lui au 5 d'août. * Béde, histor. Angl. Baillet, vies des saints.

OSWALD, Anglois, & chanoine de Winchester, passa en France, où il fut disciple d'Abbon de Fleuri; mais ayant été rappellé dans son pays par Odon, archevêque de Cantorbéri, son oncle, il fut secrétaire d'Osbétille, évêque de Rochester, & il fut élevé à l'évêché de Worchester. Il fonda un monastere, fit des ordonnances synodales, écrivit diverses épîtres que l'on a conservées, & mourut l'an 992. * Pitseus, de illustr. Angl. script. Godwin, de episc. angl.

OSWALD, Anglois de nation, & moine Bénédictin à Worchester dans le Xe siécle, secouru des libéralités d'Oswald, chanoine de Winchester, visita les plus célébres monasteres de France & d'Angleterre. Il fit divers traités, & mourut l'an 1010. Les auteurs citent quelques ouvrages de grammaire de sa façon. * Pitseus, de script. angl. Baleus. Leland. Arnoul Wion, &c.

OSWALD, religieux Chartreux, vers l'an 1430, fut vicaire de la grande Chartreuse, puis prieur en Ecosse, & se distingua par ses ouvrages & par sa piété.

On ne doit pas le confondre avec un autre Oswald, Chartreux Anglois, qui vivoit dans le même temps, & qui avoit passé en France pour y étudier à Paris, où il eut beaucoup de part à l'amitié de Jean Gerson. Ce fut à la persuasion de ce grand homme qu'il abandonna le monde; & qu'étant retourné en Angleterre, il prit l'habit de Chartreux. Les princes d'Angleterre, d'Irlande & d'Ecosse, eurent beaucoup de vénération pour la vertu d'Oswald: ce qui ne contribua pas peu à la propagation de son institut dans ces états. Outre divers traités de Jean Gerson, qu'Oswald traduisit en latin, on a de lui un recueil de lettres au même, & quelques ouvrages de dévotion; comme, Meditationes solitariæ; De remediis tentationum; Portiforium. Il mourut l'an 1450. * Pétreius, biblioth. Carth. Sutorius, l. 2 vita Carthus.

Poſſevin, *in appar. ſacr.* Pitſeus, *de ſcript. angl.*

OSWALD (Eraſme) Allemand, né dans le comté de Merckenſtein en Autriche, l'an 1511, étudia dans les principales univerſités d'Allemagne, à Ingolſtadt, à Leipſick & à Baſle, où il apprit les langues & les mathématiques, ſous Sébaſtien Munſter. Depuis il enſeigna à Memmingen, à Tubinge & à Fribourg, où il fut profeſſeur en langue hébraïque, & enſeigna les mathématiques. Il mourut l'an 1579, âgé de 68 ans, après avoir traduit le nouveau teſtament en hébreu ; ce que perſonne n'avoit entrepris avant lui. Ses autres principaux ouvrages ſont ; des commentaires ſur la ſphere de Jean Sacroboſco ; des remarques ſur l'almageſte de Ptolémée ; *In primum mobile & theorias planetarum* ; *Gentium calendaria, &c.* Il a traduit le Cantique des cantiques, & l'Eccléſiaſte, du chaldaïque en latin, & a fait imprimer cette traduction avec les paraphraſes. * Pantaléon, *lib. 3 proſop.* De Thou, *hiſt. l. 68.* Melchior Adam, *in vit. philoſ. German.* Voſſius, *de math. c. 36, § 18.*

OSWALD (Albert) religieux de S. Dominique, naquit à Mayence, où il prit l'habit de l'ordre. Il prit les dégrés, & publia en 1697, à Cologne, en deux volumes *in-12*, un traité intitulé : *Spicilegium philoſophicum collectum in agro thomiſtico.* Depuis il fut appellé à Rome, pour y être théologien conſulteur. * Echard, *ſcript. ord. FF. Præd. tom. II.*

OSWALDUS BERUS, *cherchez* BERE.

OSWESTRÉE, petite ville d'Angleterre dans le comté de Shrop, défendue par un foſſé, un rempart & un château. * Cambd. *Britan.*

OSWIN, roi de Deira dans le nord d'Angleterre, fils d'*Oſrick*, & neveu d'*Edwin*, étoit un prince généralement admiré pour ſa bonne mine & ſes autres belles qualités, & par les perſonnes dévotes pour ſon zèle pour la religion. Il ne regna qu'environ ſept ans vers le milieu du VIIe ſiècle. Il fut tué par Oſwy, roi de Bernicie, à cauſe de quelques diſputes qu'il y avoit entr'eux, qui dégénérerent en une guerre ouverte. Mais Oſwin ſe voyant inférieur, jugea plus à propos de congédier ſon armée, que de haſarder une bataille. Il ſe confia lui & un de ſa ſuite au comte Humwal, qui le remit lâchement à Oſwy, qui le fit mourir. On aſſure que cette mort avoit été prédite par l'évêque Aidan, qui mourut de déplaiſir peu de temps après lui. Pour reparer cette action inhumaine d'Oſwy, déteſtée par tous les gens de bien, on bâtit un monaſtere ſur la place où elle avoit été commiſe, dans lequel on offrit tous les jours des prieres, tant pour le meurtrier, que pour celui qui avoit été tué. * Spéed, *hiſtoire de la Grande-Bretagne.*

OSWULF, roi de Northumberland, ſuccéda à ſon pere EADBERT l'an 759. Il fut cruellement aſſaſſiné par ſes domeſtiques, après n'avoir regné qu'un an. * Speed, *hiſt. de la Grande-Bretagne.*

OSWY, roi de Bernicie dans le nord d'Angleterre, fils du roi ETHELFRID, ſuccéda au royaume de ſon frere *Oſwald*, l'an 642. Il regna 28 ans, au commencement avec beaucoup de difficultés, à cauſe de Penda, roi de Mercie, qui fit de fréquentes courſes & de grands dégâts ſur ſes terres, aidé par Ethelwald, fils d'Oſwald, qui regnoit alors à Deira : juſqu'à-là qu'Oſwy, craignant quelque choſe de pis, offrit d'acheter la paix au prix de pluſieurs riches préſens. Mais le roi païen rejetta ſes propoſitions ; & continuant ſes hoſtilités, Oſwy & Alfred aſſemblerent une petite armée, tomberent ſur les forces nombreuſes de ceux de Mercie, commandées par des généraux experts, & les mirent en déroute à Léeds, dans le comté d'Yorck, l'an 655. Ethelwald, dans le temps du combat, ſe retira avec ſes troupes dans un lieu de ſureté, où il attendit l'événement. Cela alarma les Merciens, qui regarderent cette démarche comme une trahiſon, & leur crainte

les obligea à s'enfuir. On en fit un grand carnage : la plupart de leurs chefs & Penda lui-même furent tués dans la déroute. Par ce moyen Oſwy fit la conquête du royaume de Mercie, d'où il fut chaſſé peu de temps après par la nobleſſe du pays, & Wulfet mis à ſa place. Oſwy tint auſſi en crainte Oſwin, roi de Deira, & fit ſi bien, que depuis ce temps-là cette province & celle de Bernicie compoſerent le royaume de Northumberland ; mais ce fut par un aſſaſſinat dont on a parlé à l'article d'Oſwin. Enfin, il tomba malade & mourut ; il étoit ſi attaché à l'égliſe romaine, que s'il avoit recouvré la ſanté, il ſeroit allé à Rome pour y finir ſes jours. * Speed, *hiſtoire de la Grande-Bretagne.*

OSZURGHETI, petite ville de la Georgie en Aſie. Elle eſt capitale du royaume de Guriel, & la réſidence du prince. * Mati, *dict.*

O T

OTACILIA (Marca Otacilia Sévera) femme de l'empereur *Philippe*, étoit chrétienne, à ce que prétendent les auteurs eccléſiaſtiques, & rendit ſon mari favorable aux chrétiens. Cependant dans les médailles des villes de ce temps-là, elle eſt repréſentée avec toutes les marques de la religion païenne. Ces villes ſuivoient en cela leur uſage ; & cela n'empêche pas qu'elle n'ait été chrétienne, comme le témoigne Euſebe, *hiſt. liv. 6, c. 36.* * Tillemont, *vies des empereurs, tom. III.*

☞ OTBERT, évêque de Liége à la fin de l'onziéme ſiècle & au commencement du douziéme, fut d'abord chanoine de S. Lambert, & prévôt de Sainte-Croix. Enſuite, ayant été chaſſé de Liége, à cauſe de ſes crimes, par l'évêque Henri, prélat recommandable par ſa piété & par ſon zèle paſtoral, il ſe retira auprès de l'empereur Henri IV, qui le mit au rang de ſes chapelains. Pendant le ſéjour qu'il fit à la cour, l'évêque de Liége étant mort, Otbert obtint ce ſiège à force d'argent. Ce fut en 1091. On aſſure que malgré cette entrée ſi vicieuſe, il ſe conduiſit depuis d'une maniere qui lui fit honneur, & que la fin en fut glorieuſe. Quoiqu'il fut toujours été très-attaché au parti de l'empereur Henri IV, il ne paroît pas qu'il ait été dépoſé, comme le furent alors pluſieurs autres prélats ſchiſmatiques. Les moines de S. Hubert qui s'étoient déclarés hautement contre le ſchiſme, eurent beaucoup à ſouffrir dans ces troubles de la part de cet évêque. Jarenton, abbé de S. Bénigne de Dijon, ayant appris les perſécutions qu'ils avoient à eſſuyer, leur écrivit pour les ſoutenir, & les exhorter à ſouffrir plutôt mille morts que de communiquer avec les ſchiſmatiques. Il fait dans cette lettre un horrible portrait d'Otbert, mais ſes expreſſions ſentent trop la paſſion & la déclamation. Il finit cette lettre en offrant un aſyle dans ſon monaſtere de Dijon aux moines de S. Hubert, s'ils veulent ſe dérober à la perſécution. Les clercs de Liége de leur côté écrivirent pour leur défenſe, & pour celle de leur évêque ; & outrés de ce que le pape Paſcal les avoit excommuniés, & de ce qu'il avoit écrit au comte de Flandre pour l'exhorter à leur faire la guerre, ils publierent contre ſa lettre & contre ſa lettre au comte de Flandre un manifeſte fort vif. Cette apologie ne fit qu'aigrir les eſprits. Henri IV étant mort à Liége le 7 d'août de l'an 1106, la cinquantiéme année de ſon regne, & la cinquante-cinquiéme de ſon âge, Otbert le fit inhumer dans l'égliſe de S. Lambert. Mais ce prélat ne fut reçu à la communion de l'égliſe, qu'à condition qu'il exhumeroit le corps de cet empereur, qui demeura dans un cercueil de pierre pendant cinq ans ſans ſépulture. Otbert gouverna l'égliſe de Liége pendant vingt-huit ans, & mourut le 31 janvier 1119. On a de lui deux lettres, l'une fur la vie & la mort de l'empereur Henri IV, rapportée par Goldaft : l'autre adreffée à Wirède, qui avoit ufurpé l'abbaye de S. Hubert, a été donnée par D. Martène au tome IV de l'*Ampliffima collectio*, &c. * *Epiftola Jarentonis, apud Mabillonium*, tom. *V*, *annal. ordin. fancti Bened.* Les conciles du P. Labbe, tom. *X*, pag. 630. Les hiftoriens de l'Allemagne, &c. *Hiftoire littéraire de la France*, tom. *X*, pag. 258, 262.

OTFORT, ville d'Angleterre, dans la partie occidentale du comté de Kent, & dans la contrée appellée *Godsheath*. Elle eft fituée fur la partie orientale de la riviere de Darent, & célèbre par la bataille donnée entre le roi Edouard, furnommé *Côte de fer*, & Canut, roi Danois, où périt le champ de bataille & 5000 hommes. Watham, archevêque de Cantorbéri, y avoit fait bâtir une belle maifon, que l'archevêque Crammer céda par échange au roi Henri VIII. * *Dict. angl.*

OTFRIDE, moine Bénédictin de l'abbaye de Weiffembourg, au IXe fiécle, difciple de Raban, archevêque de Mayence, compofa une hiftoire de l'évangile en langue teutonique, afin que le peuple, qui n'entendoit ni le grec ni le latin, pût lire l'évangile. Il dédia cet ouvrage à Luitbert, archevêque de Mayence, comme on le voit par une lettre latine, imprimée dans la bibliothéque des Peres. L'ouvrage a été imprimé à Bafle, l'an 1571, par les foins de Matthias Flaccius Illyricus. Trithème fait mention de quelques autres traités d'Otfride. * *Du Pin, biblioth. des auteurs ecclef. du IX fiécle. D. Rivet, hift. littér. de la France, tom. V.*

OTFRIDE ou ODFRIDE, que l'on peut regarder comme un des premiers inftituteurs de l'ordre des chanoines réguliers, vivoit dans le XIe fiécle. Il étoit du territoire de Tournai. Après s'être inftruit des belles lettres & de la fcience eccléfiaftique, en fréquentant les meilleures écoles, il fut élevé à la dignité de prêtre. Ayant formé le deffein d'allier la vie pénitente avec la profeffion cléricale, il vifita les plus célébres monafteres, & y recueillit de leurs pratiques tout ce qui lui parut le plus convenable à l'inftitut des chanoines réguliers. Enfuite il fe retira à Guaftine, vulgairement Watten, au diocèfe de Térouanne, & fe fixa dans cette folitude. Le lieu étoit de la dépendance de l'abbaye de Berg-Saint-Vinox ; mais Otfride trouva moyen de l'en affranchir. Bientôt nombre de difciples s'affemblerent auprès de lui, dans le deffein d'imiter le genre de vie qu'il avoit embraffé. Ainfi fe forma dans cette partie de la Flandre, une célèbre communauté de chanoines réguliers, dont Otfride fut le prieur, ou prévôt, ou même l'abbé ; car on lui donne indifféremment l'un de ces trois titres. La nouriture & l'habit y étoient pauvres ; & il femble, qu'on n'y mangeoit ni chair ni poiffon, mais feulement des légumes. Il ne paroît pas qu'on y eût d'autre regle particuliere, que la conduite vivante du prieur. La bonne odeur des vertus qu'on y pratiquoit, y attira plufieurs donations, qui firent pour le nouveau monaftere un fonds confidérable. Un différend furvenu entre Hubert, évêque de Térouanne & Otfride, fit prendre à celui-ci le parti d'abdiquer pour le bien de la paix. Il engagea fa communauté à fe choifir un autre prieur, qu'il préfenta lui-même à l'évêque, afin qu'il confirmât fon élection. Après quoi il fe foumit au gouvernement du nouvel élu, avec encore plus de plaifir qu'il n'avoit accepté de gouverner les autres. C'étoit en 1080 ; & il y avoit alors fept ans, huit mois & fix jours qu'il rempliffoit la place de prieur. Il employa le refte de fes jours à annoncer aux peuples en divers lieux la parole de Dieu, & mourut près de Gand dans ce faint exercice, le vingt-deuxième de novembre 1085. Les moines de Blandinberg enterrerent

fon corps dans l'églife de leur monaftere. * *D. Rivet, hift. littér. de la France, tom. VIII.*

OTGAIRE, évêque de Mayence, fuccéda dans ce fiége à Heiftulfe, mort l'an 825, & il le tint jufqu'à l'an 847. C'étoit un prélat plus propre à commander une armée qu'à gouverner une églife. Il avoit pris avec chaleur dans les derniers troubles le parti du roi Lothaire contre l'empereur. Mais le changement de fa fortune lui avoit fait changer de fentiment, & il commanda dans la fuite un corps de troupes fur le Rhin contre Louis de Baviere. Si ce prélat ne garda pas les canons, il eut quelque zèle pour les faire obferver. Il engagea un diacre de fon églife nommé *Benoît*, à faire une nouvelle collection des capitulaires de nos rois, pour fuppléer à celle que l'abbé Anfégife avoit publiée en quatre livres l'an 827. Benoît y ajouta trois autres livres compofés des capitulaires omis par Anfégife, & qu'il trouva la plupart dans les archives de l'églife de Mayence. Otgaire fut un des prélats qui affifterent au concile de Thionville en l'an 835, auquel Drogon, évêque de Metz, préfida. * *Voyez M. Fleuri dans fon Hiftoire eccléfiaftique ; la préface des capitulaires recueillis par M. Baluze ; l'Hiftoire de l'églife Gallicane, par le P. Longueval, Jéfuite, tom. V, &c.*

OTGER, cherchez OGER.

OTHELBOLD, gouverna, en qualité d'abbé, le monaftere de S. Bavon de Gand, depuis l'an 1019 jufqu'en 1034, qui fut le terme de fa vie, étant mort le 5 décembre de la même année. On a de lui un écrit qui peut paffer pour un abrégé de l'hiftoire de l'abbaye de S. Bavon. Il eft adreffé à Otgive, femme de Baudouin *le Barbu*, comte de Flandre. Aubert le Mire l'a publié dans fon recueil intitulé : *Donationum Belgicarum libri duo.* * *D. Rivet, hift. littér. de la France, tom. VII.*

OTHELIO, connu fous le nom de MARCUS-ANTONIUS OTHELIUS, profeffeur en droit dans l'univerfité de Padoue, né à Udine dans le Frioul, fe rendit fi habile dans le droit civil & canon, que le fénat de Venife lui donna une chaire à Padoue, qu'il remplit jufqu'à l'âge de 80 ans, avec un fuccès & un applaudiffement univerfel. Il étoit fi bon, que fes écoliers lui donnoient ordinairement le nom de *pere*. Son grand âge fut caufe qu'on le difpenfa d'enfeigner ; mais on lui conferva fa penfion. Il mourut l'an 1628, & laiffa des confultations, des commentaires fur le droit civil & canon, &c. * *Thomafini, in elog. doct. part. II.*

OTHILE, cherchez ODILE.

OTHMAN, OSMAN ou ODMAN BEN AFFAN ou OFFAN, troifiéme calife depuis Mahomet. Après la mort d'Omar, fecond calife des Mufulmans, les gens du confeil, ou plutôt les candidats, ou gens appellés pour lui fuccéder, entre les mains defquels ce calife avoit mis en mourant cette dignité comme en dépôt, s'affemblerent pour lui donner un fucceffeur, l'an 23 de l'hégire, & 643 de J. C. Abdalrahman, un des fix qui y pouvoient prétendre, céda fon droit à fes collégues, à condition qu'il pourroit nommer le calife. Tous furent d'accord de ce compromis, excepté Ali, qui prétendoit que le califat lui appartenoit par fucceffion, & qui fondoit fon droit fur la proximité du fang. En effet, il étoit coufin germain de Mahomet, & avoit époufé fa fille aînée : de forte qu'il étoit devenu le chef de la famille des Hafchemites, que l'on qualifioit du titre de la maifon du prophéte. Mais malgré cette prétention d'Ali, Abdalrahman, qui avoit le confentement de fes autres collégues, ne laiffa pas de nommer Othman, fils d'Affan, pour calife, & de le faire proclamer & reconnoître par tous les Mufulmans. Ali protefta contre cette élection ; mais voyant dans la fuite le confentement général des peuples en

faveur

faveur d'Othman , & que fon parti étoit le plus foi-ble, il y donna les mains , & rendit l'hommage ac-coutumé au nouveau calife. Othman fut furnommé par les fiens, *Dhoulnoureïn*, c'eft-à-dire, *le profeffeur de deux lumieres*, à caufe qu'il avoit époufé Rakiach, & Omm-Al-Calthoum , toutes deux filles de Mahomet, dont les fectateurs croient que fa prétendue prophétie a été une fource de lumiere, qui a rejailli fur toute fa poftérité. Quelques-uns veulent que l'élection d'Othman fe fit fur la fin de la vingt-troifiéme année de l'hégire, & les autres la renvoient jufqu'au commencement de la vingt-quatriéme. Ce fut fous le regne d'Othman, que la grande province de Choraffan , dans laquelle les Arabes étoient déja entrés fous le califat d'Omar , fut entierement foumife à leur empire, avec fes principales villes de Balkh , de Thous, de Hérat, & de Nifchabour, qui en ont été depuis les capitales, fous diverfes dynafties de la haute Afie. Toute la côte d'Afrique, depuis la ville de Tripoli, qui fut prife par force, fous le califat d'Omar, l'an 22 de l'hégire, & 642 de J. C. jufqu'au détroit de Sebtah, fut conquife par les généraux d'Othman en peu d'années ; & fi nous en croyons Khondemir, les Arabes pénétrerent jufque dans le pays d'Andalous, ou *Andaloufie*, nom qu'ils donnent à toute l'Efpagne en général. Le pays d'Andalous, felon eux, eft féparé de l'Afrique par le dé-troit de Sebtah ou *Ceuta*, que nous appellons aujourd'hui le *détroit de Gibraltar*. Il faut remarquer que Saïd, commandant de l'armée d'Egypte pour Othman, fit de fi fréquentes courfes dans la Nubie, qui con-fine avec la Thébaïde, & preffa fi fort le roi de ce pays-là, qui étoit Chrétien, que pour obtenir la paix, il fut obligé par un traité d'envoyer tous les ans en Egypte un grand nombre d'efclaves noirs, dont les Arabes faifoient grand état.

Les Grecs cependant poffédoient encor e l'ifle de Chypre, dont ils ne pouvoient-être chaffés que par une armée navale. Othman fit équiper l'an 649 fept cens vaiffeaux, qu'il envoya fous le commandement de Moavia, gouverneur d'Egypte, qui ruina la plus grande partie de cette ifle ; & y étant retourné l'an-née fuivante, il rafa la ville de Nicofie, & laiffa toute l'ifle déferte. L'an 653, Moavia gagna une bataille navale contre l'empereur Conftant II, qui croifoit fur la mer de Phénicie avec mille vaiffeaux ; & l'an 654 il prit l'ifle de Rhodes, où il brifa le fameux coloffe du foleil, qui étoit tout de fonte, dont il fit emporter les morceaux à Alexandrie fur neuf cens chameaux ; & ravagea une partie de l'Arménie. Pen-dant le cours de fes victoires, fes ennemis animés, à ce que difent enfuite les Ommiades, par Ali, & autorifés par Aïfchah, veuve de Mahomet, que l'on appelloit la *prophéteffe*, & qui avoit, en vertu de ce titre, beaucoup de crédit parmi les Mufulmans, for-merent plufieurs plaintes contre lui. Les principaux chefs de leur accufation étoient : que ce calife aimoit trop tendrement fes parens ; qu'il dépouilloit les plus braves capitaines de leurs emplois, pour les leur donner ; & qu'il les enrichiffoit des deniers du tréfor public, que les Mufulmans tenoient pour facré, & auquel on n'avoit touché jufqu'alors , que pour les dépenfes de l'état, le même Othman y ayant lui-mê-me reftitué plufieurs fois les fommes qu'il en avoit tirées pour les employer à d'autres ufages. On avoit auffi intercepté des lettres écrites par Marvan, fils de Hakem, fecrétaire de fes commandemens , par lefquelles il donnoit des ordres pour tuer des gens qui fe croyoient en fureté fur fa parole. Il eft vrai qu'Othman & fes amis défavouoient ces lettres ; mais fes ennemis fecrets ne laifferent pas de lui en faire un crime, & de débaucher, fous ce prétexte, les provinces de la fidélité qu'elles lui avoient jurée. Il arriva à Médine des troupes d'Arabes & d'Egyp-

tiens, qui fe difoient députés de leurs provinces. On leur mit les armes à la main ; & Othman fe vit en peu de temps affiégé dans fon palais fi étroitement , pendant trois mois ou environ, qu'enfin l'eau lui manqua. Ali, & fes enfans, Haffan & Houffain, firent mine de le défendre contre ces mutins. Oth-man fe préfenta lui-même à eux avec l'alcoran dans fon fein. Il leur protefta qu'il ne vouloit point d'au-tre juge, entre lui & eux, que ce livre, qui devoit être la régle pour juger tous les différends qui naif-fent entre les Mufulmans ; qu'il étoit près de réparer tous les torts qu'on lui imputoit d'avoir fait aux parti-culiers contre les loix, & même d'en faire une pé-nitence publique. Mais ces chofes avoient été pouffées trop avant, & les revoltés, qui en vouloient à fa vie, n'avoient garde de fe contenter de ce difcours. Aïf-chah fut néanmoins confultée fur cette affaire, & répondit qu'on devoit recevoir Othman à pénitence , comme elle le foutint depuis à Ali, lorfqu'elle eut embraffé la fuite du parti qui lui étoit contraire. Cependant, les efprits échauffés n'étoient plus en état d'être calmés , ni difpofés à écouter fes fenti-mens. On mit la main aux armes de part & d'autre , & Othman fut enfin accablé par le grand nombre des conjurés. On ne refpecta point en cette occafion l'al-coran qu'il portoit dans fon fein ; car il fut teint de fon fang qui couloir de plufieurs coups dont il fut percé, & fon corps même demeura long-temps ex-pofé fans fépulture après fa mort. Ainfi mourut Oth-man, laiffant fa place à Ali, l'an 35 de l'hégire, & 655 de J. C. après douze ans de regne. Mais fon fang fut hautement vengé par Moavie, premier ca-life des Ommiades, fon parent. Ce calife avoit tou-tes les qualités d'un grand prince ; car il étoit magni-fique, généreux, & libéral, attaché aux exercices de fa religion, fans parler de la bravoure qui étoit com-mune pour lors à tous ceux de fa nation, dont le grand nombre des victoires avoit extrêmement hauffé le cœur. Ce fut lui qui fit publier l'alcoran , tel qu'il étoit dans l'original qu'Aboubékre avoit mis en dépôt chez Haffeffah, une des veuves de Mahomet, & qui fit fupprimer toutes les copies qui fe trouve-rent différentes de ce premier original. * D'Herbe-lot, *bibl. orient.*

OTHMAN I, BEN ORTHOGRUL. C'eft celui que les hiftoriens & les Latins appellent *Ojman*, fils d'Urtucul, auquel les Turcs donnent le titre de *Ga-zi*, ou de *Conquérant*. Nous pouvons l'appeller *Oth-man* I du nom, fondateur d'une dynaftie, qui a tiré fon nom de lui, & que nous nommons *Othmanides* ou *Ottomans*. Il fut déclaré prince des Turcs après la mort de fon pere, l'an 687 de l'hégire, & 1288 de J. C. par l'ordre du fultan Alaëddin, ou *Aladin*, le *Selgiucide*, prince des Turcs, & qualifié Othman Beg ou Beï. Le même fultan Alaëddin, qui tenoit fon fiége royal dans la ville d'*Iconium*, ou de Cog-ni dans la Natolie, envoya par honneur à Othman une vefte, une paire de cymbales, un étendard, & un fabre : Othman, de fon côté, avoit accoutumé de fe lever en pied toutes les fois que l'on fonnoit les tymbales, pour témoigner le refpect qu'il portoit au fultan. Les Tartares fatiguant alors beaucoup par leurs courfes les provinces d'Alaëddin , ce prince, qui craignoit avec raifon que les Turcs ne fe joignif-fent à eux, permit à Othman de pouffer fes armes vers le couchant de l'Afie mineure, pour l'occuper dans la guerre qu'il feroit aux Grecs. Othman s'a-vança fi fort du côté que le fultan lui avoit marqué, qu'il prit plufieurs villes, & même des provinces en-tieres fur l'empereur Grec : ce qui le rendit fi puif-fant, qu'il prit enfin le titre & la qualité de fultan, du confentement du même Alaëddin, l'an 699 de l'hégire, & 1299 de J. C. qui eft proprement l'épo-que de l'empire Ottoman. L'an 716 de l'hégire, &

1325 de J. C. Othman qui avoit envoyé son fils Or-khan assiéger la ville de Pruze, métropole de Bithynie, mourut à l'âge de 69 ans, après 26 ans de regne, & ne laissa pour tout bien en mourant, que des chevaux & des moutons. L'on peut remarquer ici, que l'on fait encore aujourd'hui paître aux environs de Pruze, ou de Brousse en Natolie, des moutons qui appartiennent au sultan des Turcs, & que l'on dit venir de ceux qui ont autrefois appartenu à Othman, qui eut pour successeur son fils Orkhan, & laissa son nom aux provinces de Pont & de Bithynie, que les Turcs appellent encore aujourd'hui *Othmangik Vil-laieti.* * D'Herbelot, *bibl. orient.*

OTHMAR (Saint) abbé de S. Gal en Suisse, dans le VIII.e siécle, étoit de l'ancienne Allemagne, que l'on a depuis appellée *Souabe,* & d'où le nom d'*Alle-magne* s'est communiqué à tout ce qui est renfermé entre la France, les Alpes, la Pologne & la mer. Son frere aîné le mena dès son enfance à Coire, ville de la Rhétie méridionale, qui comprend à présent le pays des Grisons & le comté de Tirol, & l'y mit au service du comte Victor. Etant venu en âge, il embrassa l'état ecclésiastique, fut ordonné prêtre, & pourvu d'une cure. Un seigneur du voisinage, nommé *Watram,* lui fit donner l'hermitage de S. Gal par Charles *Martel.* Othmar y établit un monastere, & substitua la regle de S. Benoît à celle de S. Colomban. Deux seigneurs d'Allemagne s'étant emparés d'une partie des biens de l'abbaye de S. Gal, il s'en plaignit à Pepin. Ces seigneurs, pour se venger, le firent accuser dans un synode; & ayant gagné les évêques, ils le firent condamner à être renfermé dans un château, où ils vouloient le faire mourir de faim; mais un autre seigneur obtint de le faire transférer dans l'isle de Stein sur le Rhin, où il passa le reste de ses jours, & mourut le 16 de novembre 759, après avoir gouverné pendant 38 ans l'abbaye de S. Gal. * Valafrid. Strabon. apud. Mabillon. Baillet, *vies des saints.*

OTHOLON, *cherchez* OTLON.

OTHOMAN ou OTTOMAN, *cherchez* OSMAN.

OTHON (M. Salvius) empereur, fils de *Lucius Othon* & d'*Albia Terentia,* devint le favori de Néron, par la conformité qu'il eut avec ce prince. Ses méchantes inclinations le porterent à de grands désordres. Il débaucha vers l'an 57 Poppée, femme de Crispinus Rufus, chevalier Romain, l'épousa; mais dans la suite il fut assez indiscret pour vanter la beauté de cette dame à Néron, qui la lui enleva, & envoya Othon gouverner la Lusitanie. Il se gouverna mieux dans cet emploi qu'à la cour, & y vécut avec autant de modestie & de retenue qu'il avoit eu de passion pour le déréglement. Environ dix ans après il s'attacha à Galba, qui fut son tuteur le trône après Néron l'an 68. Othon s'étoit persuadé que Galba l'adopteroit: mais ayant vu avec chagrin que Pison lui avoit été préféré, il pratiqua les gens de guerre, fit massacrer Galba & Pison, & fut salué lui-même empereur le 15 janvier de l'an 69 de J. C. Peu après l'armée d'Allemagne, qui avoit élevé Vitellius, venant en Italie, battit Othon près de *Bedriacum,* village situé entre Crémone & Vérone. Il se tua lui-même de désespoir, en la 37 année son âge, le 15 avril de l'an 69, n'ayant regné que 3 mois & 2 jours. * Suétone & Plutarque, in *sa vie.* Tacite, *annal.* & *hist.* Tillemont, *histoire des empereurs,* tom. I.

OTHON, I du nom, dit *le Grand,* empereur d'Allemagne, succéda à son pere HENRI I, de la maison de Saxe, l'an 936, & fut couronné l'an 937 à Aix-la-Chapelle, par Hildebert, archevêque de Mayence. Il vainquit les Hongrois & les Bohêmes, réduisit quelques rebelles, rétablit le calme en Allemagne, & mena du secours à Louis d'*Outre-mer,*

roi de France, son beau-frere. Quelque temps après il passa en Italie, contre Bérenger, roi d'une partie de ce pays, qui tenoit assiégée dans la forteresse de Canossa, Adelaïde, fille de Rodolphe, roi de Bourgogne, & veuve de Lothaire, roi d'Italie. Othon, qui étoit veuf d'une princesse Angloise, délivra Adelaïde, après avoir soumis Pavie, & l'épousa. A son retour en Allemagne, il eut le déplaisir de voir que Ludolfe, son fils aîné, avoit conspiré contre lui, avec Conrad, duc de Lorraine, Frédéric, archevêque de Mayence, & divers autres seigneurs. Peu après il prit Ratisbonne, battit les rebelles; & tournant ses armes d'un autre côté l'an 955, il remporta une victoire signalée sur les Hongrois, où il tua aussi le duc de Wormes, & vainquit deux princes Sarmates. L'empereur avoit traité fort civilement Bérenger, & son fils Adalbert, ausquels il pardonna dans l'assemblée d'Augsbourg; mais les violences de Bérenger ayant obligé le pape Jean XII d'envoyer vers l'empereur, pour le prier de venir délivrer l'Italie de la tyrannie de ce prince, Othon tint une assemblée à Wormes, & le jour de la Pentecôte de l'an 961, fit couronner son fils Othon à Aix-la-Chapelle, puis passa en Italie par la vallée de Trente. Il conquit la Lombardie, & alla ensuite à Rome, où le pape le couronna empereur l'an 962. L'année suivante il prit Bérenger avec sa femme, Gilles Willa, dans le Mont Saint-Léon, en Ombrie, & les envoya prisonniers en Allemagne. Mais le pape, qui reconnut que les Allemans étoient plus à craindre que les gens de Bérenger, reçut son fils Adalbert dans Rome. L'empereur, outré de cette perfidie, fit déposer le pontife, & élire Léon VIII. Il se retira de Rome le 10 janvier 964, & ayant su que ses ennemis y étoient rentrés, il y revint, l'assiégea, la prit par famine, & envoya prisonnier en Allemagne Benoît V, élu après Jean XII, & pendant le schisme de Léon VIII, qui n'a point été regardé comme pape légitime. L'empereur fit un autre voyage en Italie, où il vainquit entierement Adalbert, & remit l'an 967 le pape Jean XIII à Rome, d'où ses ennemis l'avoient chassé. Les Grecs, qui avoient maltraité ses ambassadeurs, furent chassés d'une partie de l'Italie, & les autres furent contraints de lui payer des sommes annuelles, & plusieurs même eurent le nez coupé. Othon, de retour en Allemagne, y fonda divers évêchés, & mourut à Magdebourg le mercredi avant la Pentecôte, le 7 de mai 973, le 37 de son empire. Ses entrailles furent inhumées à Munleben en Thuringe, & son corps dans l'église de S. Maurice de Magdebourg. Othon étoit un bon prince, qui aimoit la justice. On dit qu'il avoit coutume de jurer par sa barbe, qu'il laissoit croître jusqu'à la ceinture, selon la mode de ce temps. Il épousa 1.° l'an 930, *Edgite,* ou *Egide,* fille puînée d'*Edouard* I du nom, dit *le Vieil,* roi des Anglois, morte le 26 janvier 947 : 2.° l'an 951, *Adelaïde,* veuve de *Lothaire II,* roi d'Italie, & fille de *Rodolphe* II du nom, roi de la Bourgogne-Transjurane, morte le 16 décembre de l'an 1000, âgée de 75 ans. Du premier mariage vinrent LUDOLPHE de Saxe, qui fit la branche des ducs de Franconie; (*Voyez* FRANCONIE.) & *Luitharde* de Saxe, mariée l'an 954, à *Conrad,* dit *le Sage* & *le Roux,* duc de Lorraine & de Wormes, morte l'an 973. Du second mariage sortirent, OTHON II du nom, empereur, qui suit; *Henri; Bruno,* morts jeunes; & *Mathilde,* abbesse de Quedlimbourg. *Il eut pour fils naturel Guillaume de Saxe,* élu *archevêque de Mayence l'an 954, mort le 2 mars 968.* * Flodoard. Luitprand, & Baronius, *in annal.*

OTHON II du nom, empereur, dit *le Sanguinaire* ou *la pâle mort des Sarasins,* succéda à OTHON I, son pere, qui l'avoit déja fait couronner empereur, & qui avoit eu la satisfaction de lui voir défaire les Grecs & les Sarasins en Italie. Depuis qu'il commença de regner seul, il mit à la raison son cousin, Henri de Baviere, qui s'étoit fait proclamer empereur à Ratisbonne ; & fit la guerre aux rois de Danemarck, de Pologne & de Bohême, qui avoient armé en faveur de son ennemi. Ensuite il attira dans son parti Charles, qui étoit son cousin, & frere unique de Lothaire, roi de France ; & lui donnant l'an 977 le duché de la basse Lorraine, il l'obligea de lui en faire hommage. Cette lâcheté de Charles déplut extrêmement aux seigneurs François. Le roi Lothaire arma contre Othon, qu'il surprit à Aix-la-Chapelle l'an 978, & emportant la ville, la pilla; puis il se retira après avoir soumis la Lorraine, & avoir reçu les hommages des habitans de Metz. L'empereur voulant se venger de cet affront, fit, contre la volonté des seigneurs François, la paix avec Othon, qui, à la priere du pape Benoît VII, accourut en Italie, pour y résister aux Grecs. Ceux-ci fortifiés du secours des Sarasins, désirent les impériaux à Bassantello en Calabre, le 15 juillet 982. Othon abandonné par les Italiens, eut bien de la peine à se sauver à la nage. On dit même qu'ayant été pris, il fut racheté sans qu'on le connût. Il se sauva presque seul vers le golfe de Tarente ; & ne pouvant entrer du côté de la terre à Rossano, où étoit l'impératrice, il se lança dans la mer pour y passer à la nage ; mais il fut pris par des pirates Grecs, qui le crurent de leur nation, parcequ'il en parloit très-bien la langue, & le garderent près de Rossano, où l'on paya sa rançon. Alors il se jetta dans la ville; prit ensuite & brûla Bénévent, & fit tuer les seigneurs dont la fidélité lui étoit suspecte. Il vainquit les Sarasins sur mer ; & après avoir tenu une assemblée générale à Véronne, il mourut à Rome, de la blessure d'une fléche empoisonnée : d'autres assurent que ce fut de déplaisir. On met sa mort au 8 décembre 983, après 10 ans, 7 mois & 2 jours de regne depuis la mort de son pere. Son corps fut enterré sous le portique de l'église de S. Pierre. Il avoit épousé *Théophanie*, fille de *Romain*, dit *le Jeune*, empereur de Constantinople, dont il eut OTHON III, qui suit; *Adelaïde*, abbesse de Quedlimbourg après sa tante; *Sophie*, abbesse de Gandersheim, morte l'an 1038; *Judith de Saxe*, qui fut enlevée par *Udalric*, roi de Bohême, qui l'épousa peu après. * Léon d'Ostie, l. 2. Dithmar, l. 3, chron. Sigebert. Marianus. Scotus, &c. Ce prince fut assez favorable aux monasteres, comme on le voit par l'acte qu'il donna pour confirmer les donations faites par l'impératrice Adélaïde sa mere, au monastere de Morbach. Cet acte est de l'an 977, indiction V, l'an seiziéme du regne d'Othon. On trouve cet acte où l'on voit le détail des donations d'Adelaïde faites au monastere de Morbach, dans le tome premier du *Thesaurus novus anecdotorum* des peres dom Martène & dom Durand, Bénédictins, *pag.* 93 & 94.

OTHON, III du nom, empereur, surnommé *le Roux* & *le miracle du monde*, succéda à son pere OTHON II à l'âge de 12 ans. Divers princes prétendoient à l'empire, qui lui fut conservé par le soin de ses sujets, & de sa mere *Théophanie*. Ent'autres, Crescentius Numentanus, se disant consul de Rome, & Henri de Saxe, duc de Baviere, voulurent prendre le titre d'empereur. Ce dernier se saisit d'Othon, âgé de 12 ans; mais les grands mirent ce jeune prince en liberté, l'élurent à Véronne, & le firent couronner à Aix-la-Chapelle. On lui donna pour précepteur, le fameux Gerbert, depuis pape sous le nom de *Sylvestre II.* Cependant Crescentius triomphoit dans Rome, & en avoit chassé le pape Jean

XV, qui eut recours à Othon. Ce prince passa les Alpes, l'an 996, & vint à Venise, à Ravenne, à Pavie & à Rome, où il se trouva à la création de Grégoire V son cousin, ou (comme on dit ordinairement son neveu à la mode de Bretagne) qui le couronna. On dit que ce fut alors qu'on établit la forme d'élire les empereurs. Le nouveau pontife le pria de pardonner à Crescentius ; mais cet ingrat, sitôt que l'empereur fut sorti de Rome, en chassa son bienfaiteur, & créa un anti-pape. Othon revenant à Rome, fit couper les doigts & crever les yeux au faux pontife Jean, évêque de Plaisance, & couper la tête à celui qui l'avoit intrus, l'an 998. Depuis étant allé en Pologne, il y fit tenir un concile, & y établit sept évêchés. Ensuite repassant à Rome en l'an 1000, il y fit mettre dans l'église qu'il avoit fait bâtir en l'isle du Tibre, le corps de S. Barthélemi, & la main de S. Adalbert, martyr, enchâssée dans de l'or. L'an 999, il avoit épousé *Jeanne*, veuve de *Crescentius*, étant veuf de *Marie* d'Aragon sa femme. Il chassa les Sarasins de Capoue ; & ayant été assiégé à Rome par quelques séditieux, il faillit à périr, l'an 1001, & mourut le 17 janvier de l'année suivante, âgé de 28 ans, à Paterne en Italie, sans laisser d'enfans. On dit que la veuve de Crescentius, qu'il avoit épousée, puis répudiée, l'empoisonna, par des gants parfumés qu'elle lui avoit envoyés. D'autres disent qu'il lui avoit promis seulement de l'épouser, & qu'après en avoir obtenu ce qu'il voulut, il s'en étoit moqué. Il avoit fait bruler en 998, *Marie* d'Aragon sa femme, convaincue d'adultere & d'autres crimes. *Voyez* MARIE. Le corps d'Othon fut porté à Aix-la-Chapelle. Ce prince étoit savant, & libéral jusqu'à la prodigalité. * *Consultez* Dithmar; Pierre Damien, &c. Baronius, *in annal.* Bayle, *dictionaire critique.* Othon III ne fut pas moins favorable au monastere de Morbach, que son pere l'avoit été. Il confirma les exemptions de cette abbaye, & le droit qu'avoient les moines, d'élire leur abbé, comme on le voit par un acte qui se trouve dans le *Thesaurus novus anecdotorum*, des peres dom Martène & dom Durand, *pag.* 100, & qui est de l'an 988, indiction premiere, la cinquiéme année de son regne. Cet acte fut donné à Constance. Dans le même recueil, *pag.* 104, on voit une lettre du même Othon III, par laquelle il accorde la liberté à une esclave, & la maniere dont cela se pratiquoit, *per excussionem denarii.* Dans le premier tome de la *collectio amplissima*, &c. des mêmes Bénédictins, on trouve plusieurs actes des OTHONS, en faveur des monasteres & pour plusieurs autres sujets. On en trouve de même plusieurs dans le deuxiéme tome de la même *collectio amplissima.*

OTHON IV, dit *le Superbe*, de la maison de Brunswick, & fils de *Henri*, duc de Saxe, fut proclamé roi des Romains, par quelques électeurs, après la mort de Henri VI, & couronné à Aix-la-Chapelle l'an 1198, dans le temps que les autres avoient élu Philippe, duc de Souabe, frere du défunt empereur. On craignoit des suites fâcheuses de cette concurrence; mais Othon ayant épousé *Béatrix*, fille de *Philippe*, se contenta du titre de roi des Romains ; & l'an 1208, il succéda à son beau-pere. Il se rendit insupportable par son orgueil & son mépris pour les grands, vint en Italie avec une puissante armée, prit la couronne de fer à Milan ; & étant passé à Rome, y fut couronné empereur par le pape Innocent III le 4 octobre 1209. Mais ayant depuis pillé les terres de l'Eglise, quoiqu'il eût promis le contraire, il fut excommunié, & déposé dans un synode, dans le temps que les électeurs mirent Frédéric II en sa place, l'an 1210. Il crut que le roi Philippe *Auguste* avoit contribué à son malheur; & pour s'en venger, il fit alliance avec le roi d'Angleterre & le comte de Flandre, contre Philippe, qui remporta fur eux l'an 1214, la célèbre bataille de Bouvines, où Othon prit la fuite. Abandonné de prefque tout le monde, il mourut à Brunfwick le 15 mai 1218, après avoir déja renoncé à l'empire, & s'être fait abfoudre par un légat du pape. Quelques auteurs ont dit que, défefpéré & confumé de mélancolie, il fe fit étouffer par fon cuifinier, qui lui mit le pied fur la gorge. Ce prince avoit époufé *Marie de Brabant*, qu'il répudia, fous prétexte de parenté, & prit une feconde alliance avec *Béatrix* de Souabe, qui mourut quatre jours après fon mariage. * Crantz, *l.* 7. *Saxon.* L'abbé d'Urfperg. Stéron. Rigord. Nauclere, &c. Bzovius, Sponde & Rainaldi, *in annal.*

OTHON (Saint) évêque de Bamberg en Franconie, apôtre de Poméranie, étoit né vers l'an 1069, dans la Souabe, fils d'*Othon* & d'*Adelaïde*, gens d'une condition privée. Etant entré dans l'état eccléfiaftique, l'empereur Henri IV le choifit pour être chapelain de la princeffe Judith fa fœur, lorfqu'il la maria à Boleflas, duc de Pologne. Après la mort de Judith, il quitta la cour de Pologne pour revenir en Allemagne, & y vécut quelque temps parmi les chanoines de Ratisbonne, jufqu'à ce que l'abbeffe de Nider-Munfter, niéce de l'empereur, lui donna la conduite des affaires de fon monaftere. L'empereur l'ayant connu à cette occafion, le fit fon chancelier & fon miniftre. L'évêché de Bamberg étant venu à vaquer l'an 1100, l'empereur le choifit pour le remplir. Il fut facré par Pafchal II, l'an 1103, & gouverna fon églife avec beaucoup de fageffe & de vigilance. Il fut appellé l'an 1123, par Boleflas, duc de Pologne, pour faire une miffion dans la Poméranie. Il y alla avec la permiffion du pape Callfte II, & y convertit le duc Vratiflas, & quantité de fes fujets. Il établit plufieurs églifes en Poméranie & revint à Bamberg; mais ayant appris que les villes de Stetin & de Julin, aujourd'hui Wollin, avoient abandonné la religion de J. C. il retourna en ce pays, & travailla à y détruire les reftes de l'idolâtrie. Etant rappellé à Bamberg par l'empereur Lothaire, il affifta l'an 1131 au concile de Mayence, & mourut le 30 de juin 1139. * Ebbo & Andr. *abb. Mich. apud Surium.* Baillet, *vies des faints, au 2 de juillet*, jour auquel on fait mémoire de ce faint.

OTHON, duc de Bourgogne, fils de *Hugues I*, abbé & frere de Hugues *Capet*, époufa *Leutgarde* de Bourgogne, fille de *Gisbert*, duc de Bourgogne & comte d'Autun. Il mourut le 22 février 965, fans laiffer d'enfans. * Flodoard, *in chron.*

OTHON, *cherchez* BAVIERE, BRANDEBOURG, BRUNSWICK, SAXE.

OTHON, dit *de S. Blaife*, parcequ'il étoit religieux d'un monaftere de ce nom dans le diocèfe de Conftance, vivoit vers l'an 1200. Il abrégea la chronique d'Othon de *Frifingen*, & fit quelques autres ouvrages. * Nauclere, *l.* 2. *Gener.* 37. Voffius, *l.* 2, *de hift. lat.*

OTHON, dit de *Frifingen*, parcequ'il étoit évêque de cette ville en Allemagne dans le XIIe fiécle, étoit fils de LÉOPOLD, marquis d'Autriche, & d'*Agnès*, fille de l'empereur *Henri IV*, frere utérin de *Conrad III*, oncle de *Frédéric*, furnommé *Barberouffe*, & frere de *Léopold*, duc de Baviere; de *Henri*, duc d'Autriche; de *Gertrude*, ducheffe de Bohême; de *Berthe*, ducheffe de Pologne; d'*Ite*, marquife de Montferrat; & de *Conrad*, évêque de Saltzbourg. Il fut élevé dans un collège qu'il avoit fondé à Newembourg; mais n'étant pas fatisfait des profeffeurs qu'on y avoit mis, il vint en France étudier dans la célèbre univerfité de Paris; & depuis il fe retira dans le monaftere de Morimond en Bourgogne, de l'ordre de Cîteaux, où fa vertu l'éleva à la dignité d'abbé. Après avoir été créé évêque de Frifingen

l'an 1138, il paffa en Allemagne; & l'an 1148, il fuivit l'empereur Conrad dans la Terre-fainte. A fon retour il fe retira à Morimond, où il mourut le 21 feptembre 1158. Il avoit une grande connoiffance de la philofophie d'Ariftore, de l'hiftoire, & compofa une chronique en fept livres, depuis le commencement du monde, jufqu'à l'année 1146, avec un VIII livre de la fin du monde, & de l'antechrift. Cette chronique a été continuée jufqu'en 1190,par OTHON de S. Blaife. Cufpinien & Chriftien Urftius, ont publié cet ouvrage. Othon compofa auffi deux livres de la vie de Frédéric *Barberouffe*, que Radevic, chanoine de Frifingen, continua. * *Voyez* la bibliothéque de Cîteaux de Charles de Vifch. Henriquez, *in fafcic. Cifter.* Voffius, *l.* 2 *de hiftor. latin.* Baronius. Bellarmin. Onuphre. Trithême. Poffevin, &c. Simler confond Othon de *Frifingen*, avec un autre qu'il nomme *Othocus Fruxumenfis.*

OTHON, ou *Otho Waldfaffenfis*, abbé de l'ordre de Cîteaux, dans la Baviere, fur la fin du XIIIe fiécle, mourut l'an 1308. Il écrivit des annales de fes prédéceffeurs.*Guillaume Eifengren,*in cat. teft. verit.* Jongelin, *in notit. l.* 3. Poffevin, *in appar. facr.* Charles de Vich, *bibl. Cifter. &c.*

OTHONIEL, fils de *Cenés*, de la tribu de Juda, frere ou plutôt coufin germain, & gendre de *Caleb* dont il avoit époufé une fille nommée *Axa*, fut après Jofué, le premier juge des Juifs, qu'il délivra de la fervitude de Chufa-Rafathaïm, roi de Méfopotamie, l'an du monde 2630, & 1405 avant J. C. * *Jofué, c.* 15. *Juges, c.* 3.

OTHONIEL DISCALTIO, célèbre jurifconfulte de Padoue, *cherchez* DISCALCIUS.

OTHRYADES, fut l'un des trois cens Lacédémoniens, qui combattirent contre trois cens Argiens, pour la poffeffion du territoire de Thyrea, fur les confins de la Laconie. Il avoit été accordé entre ces deux peuples, que ce territoire appartiendroit au vainqueur. Le combat fut fi âpre entre ces deux partis, qu'il ne refta qu'Othryades fur le champ de bataille, les deux derniers Argiens ayant pris la fuite. Alors ce brave homme dreffa un trophée des dépouilles des ennemis qu'il dédia à Jupiter; & ayant écrit de fon fang ces mots : *J'ai vaincu*, fur fon bouclier, il fe tua lui-même, ne voulant pas furvivre à fes compagnons, & jouir feul du triomphe, pour une victoire qu'ils avoient remportée avec lui. * Valere Maxime, *l.* 3, *c.* 2.

OTHRYS, mont de Theffalie, proche du mont Oëtas, ancienne demeure des Centaures & des Lapithes, qui s'appelle aujourd'hui *Delacha*, étoit toute l'année couverte de neiges. * Nicander, *Theriac.* Virgil. *l.* 7. Strabon, *liv.* 9. Stace, *liv.* 3, & *Achilleid.* *liv.* 1. Valer. Flacc, *l.* 9.

OTLON ou OTHOLON, moine de Fuldes, qui vivoit fur la fin du Xe fiécle, compofa la vie de S. Firmin, & quelques autres rapportées par Canifius, *in antiq. lect.* par Surius, & par Chriftophe Brouver. * *Confultez* Voffius, *l.* 2 *de hift. lat.*

OTMARS, OTMARSEN, village avec abbaye, dans la haute Alface, près du Rhin, à deux ou trois lieues de Newenbourg, vers le couchant. On croit que ce village eft un ancien lieu des Triboces, nommé *Stabula, ad Stabula.* * Mati, *dict.*

OTOMIS, peuple de l'Amérique dans le Mexique, à quinze ou feize lieues de la ville capitale de ce royaume. Leur pays eft fitué aux environs des montagnes de Tlafcala. * Baudrand.

OTRANTE, ville d'Italie dans le royaume de Naples, a donné fon nom à une province. C'eft la terre d'Otrante, qui eft une prefqu'ifle environnée des mers Adriatique & Ionienne. On dit qu'elle eft fujette aux dégâts des fauterelles, qui font mangées ou chaffées par certains oifeaux particuliers au pays.

Cette province a été souvent pillée par les courses des pirates, & particulierement par les Sarasins, à qui les Grecs & les Normans firent la guerre. Les Turcs y ont fait aussi quelquefois descente, & s'y sont même arrêtés. Otrante a été autrefois capitale du pays ; mais aujourd'hui c'est Lecce, *Aletium*. Les autres villes sont, Alessano, Brindisi, Gallipoli, Castellaneta, Turante, Nardo, Ostuni, Matéra & Oria. La ville d'Otrante, que les auteurs Latins appellent *Hydruntum* ou *Hydrus*, a un archevêché, avec un port fameux pour la Gréce. Elle fut prise par les Turcs, l'an 1480, aujourd'hui elle est défendue par un château sur un rocher. Pierre-Antoine de Capoue, archevêque de cette ville, y célébra un concile provincial, l'an 1567. Antonio de Ferrariis fit en latin l'histoire de la prise d'Otrante par les Turcs; & Michaële Martiano la mit en italien, l'an 1612. * *Consultez* aussi Scipione Mazella, qui a fait une *defer. du royaume de Naples.* Léandre Alberti, *descript. Ital.* Summonte.

OTRICOLI, petite ville de l'Etat de l'Eglise en Italie, dans le duché de Spolète, entre Narni & Citta Castellana, est sur une petite montagne à demi-lieue du Tibre, où est situé le village nommé *Civita d'Ocria*, qui est proprement l'ancienne ville épiscopale, qu'on appelloit *Ocriculum, Otriculum, Otriculi* & *Utriculum.* * Mati, *dict.*

OTT (Jean-Henri) théologien de Zurich, né en 1617, étoit fils d'un ministre de campagne, qui le mit en pension à Zurich auprès de Bréitinger qui fut très-utile à ce jeune homme par ses avis. En 1636 il fut envoyé à Lausanne pour y continuer ses études. Quelque temps après il alla à Genève & à Groningue avec Hottinger, & y fit de grands progrès sous Gomar & Alting. Il passa de-là à Leyde & à Amsterdam où il s'appliqua à l'étude des Rabins, & aux langues orientales pendant cinq ans. Il fit ensuite un tour en Angleterre & en France; & retourné dans sa patrie, on lui donna la cure de Dietlickon, dans laquelle il demeura vingt-cinq ans. En 1651 il fut nommé professeur en éloquence; en 1655 il eut la chaire d'hébreu; & en 1668 celle de l'histoire ecclésiastique. Il mourut en 1682. Ses ouvrages sont : *Franco-Gallia*; *oratio de causa Jansenistica.* Une dissertation latine, où il examine si S. Pierre a été à Rome, & quand il y a été. Une traduction du livre *de la grandeur de l'église romaine*, avec des remarques, ὀνοματολεξία *seve nomina hominum propria.* Annales de l'histoire des Anabaptistes, en latin. Un examen latin des annales de Baronius, en trois centuries; une défense latine de cet examen; un discours latin en faveur de l'étude de la langue hébraïque; un traité latin sur la résurrection; une continuation de l'examen de Baronius jusqu'au treizieme siécle, en latin; sur la magie permise & défendue, en latin; un traité latin des alphabets & de la maniere d'écrire de toutes les nations; un traité général de poësie, &c. & plusieurs autres. Il a laissé pour fils JEAN-BAPTISTE Ott, né en 1661, qui fut d'abord diacre à Stettin, puis pasteur à Zollicken, ensuite en 1702 professeur en hébreu à Zurich, & en 1715 archidiacre de la cathédrale de cette ville. Il est auteur de plusieurs ouvrages qui montrent son érudition, comme une dissertation sur les vœux; une lettre sur les médailles samaritaines, à Adrien Réland : ces deux ouvrages sont en latin; un traité en allemand, des versions manuscrites & imprimées de la bible qui ont été faites avant la prétendue réformation; un jugement sur quelques antiquités trouvées à Klothen en 1724, en allemand. C'est lui qui a fait aussi imprimer ce que son pere avoit encore laissé contre le cardinal Baronius. * *Mém. du temps.*

OTTENWALDT, contrée d'Allemagne dans le Palatinat du Rhin, *cherchez* ODENWALD.

☞ OTTER (Jean) savant Suédois, né à Christienstadt le 23 octobre 1707, d'une famille commerçante, engagée dans les erreurs du luthéranisme, fit de bonne heure son étude principale des langues. Il apprit d'abord celles du nord, dont il joignit la connoissance à l'étude des humanités ; & quand la paix de Neustadt eut rendu en 1724 la Suéde plus tranquille, il se transporta dans l'université de Lunden, où il se livra pendant trois ans à la physique & à la théologie. Celle-ci lui procura le plus grand avantage; elle lui fit naître des doutes sur la religion qu'il professoit; il examina s'ils étoient fondés; il s'en éclaircit avec quelques théologiens catholiques ; & convaincu enfin qu'il n'étoit pas dans la voie de la vérité, il ne tarda pas à en prendre une autre en abjurant l'erreur. Il passa alors en France, & il y fut accueilli favorablement à Rouen, ou le roi avoit fait donner ses ordres pour le recevoir. Il entra au séminaire de cette ville, pour se confirmer davantage dans le parti qu'il venoit d'embrasser, & pour examiner les volontés de Dieu sur lui. Ne se croyant pas appellé à l'état ecclésiastique, après trois années de retraite, feu M. le cardinal de Fleury le fit venir à Paris, & lui donna un emploi dans les postes. Aux langues du nord, M. Otter avoit joint l'espagnole & l'italienne; mais M. le comte de Maurepas, qui avoit eu plusieurs fois occasion de connoître ce dont il étoit capable, voulut qu'il apprît pareillement les langues orientales, & il lui en facilita les moyens. Ce ministre, qui a toujours été l'ami & le protecteur des gens de lettres, dans lesquelles il est lui-même très-versé, lui fit donner par sa majesté des ordres pour se transporter en Orient. M. Otter accepta cette commission avec joie. Les ordres de la cour lui furent donnés au mois de janvier 1734 : il s'embarqua peu après à Marseille, & arriva à Constantinople le 10 de mars suivant. Au mois de novembre 1736, il prit la route de Perse, arriva à Hispaham vers le mois de juillet 1737, séjourna environ vingt mois dans cette ville, passa depuis à Bagdad, se rendit le 19 juin 1739 à Basra, & après un séjour de quatre ans dans cette ville, il retourna en France par Constantinople, débarqua à Marseille le 11 janvier 1744, & arriva à Paris le 28 février de la même année. Le fruit qu'il retira de ces courses fut une connoissance profonde des langues turque, arabe, & persanne; aussi-bien que de la géographie, de l'histoire & de la politique des états qu'il avoit fréquentés. Il y avoit aussi travaillé avec soin à remplir un autre objet de sa mission, qui étoit de rétablir le commerce des François dans la Perse. La cour de France ne tarda pas à récompenser son zèle & ses travaux. Outre une pension qui lui fut d'abord accordée, on l'attacha à la bibliothéque royale, en qualité d'interprête pour les langues orientales; on le nomma au mois de février 1746 à une chaire de professeur royal pour la langue arabe; & le 19 mars 1748, il fut admis dans l'académie des inscriptions & belles lettres. M. Otter avoit tout ce qu'il falloit pour remplir ces différens postes, avec autant d'honneur pour lui que d'utilité pour le public. Mais la Providence, qui dispose des hommes selon sa volonté, ne lui en laissa pas le temps. Epuisé par ses voyages & par la continuité de ses travaux, il mourut le 26 septembre 1748, dans la quarante-unième année de son âge. Il venoit de publier son *Voyage en Turquie & en Perse*; *avec une relation des expéditions de Tahmas Koulikan.* Cet ouvrage est en deux volumes *in-12*, enrichi d'un grand nombre de notes intéressantes. Il avoit lu dans l'académie des belles lettres un premier mémoire sur la conquête de l'Afrique par les Arabes, & il a laissé le deuxième fort avancé. M. de Bougainville, alors secrétaire de la même académie, a fait son éloge historique, qui a été imprimé depuis dans le tome XXIII des *Mémoires* de cette savante compagnie. * M. Goujet, *mém. hist. sur le collége royal.*

OTTOBONI (Jean-François) grand-chancelier de Venise, né d'une famille ancienne, mais de Citadins, dans le XVIᵉ siécle, savoit le droit, les belles lettres, & les langues, particulierement la grecque & l'hébraïque. Il fut nommé l'an 1559, grand chancelier de Venise, & mourut l'an 1575. LÉONARD *Ottoboni* soutint dans le même temps la réputation de sa famille. Il eut ordre d'accompagner les ambassadeurs de la république au concile de Trente, où il fit un journal très-fidéle de tout ce qui s'y passoit. Depuis il servit encore la république en Espagne, en Allemagne, en Portugal & ailleurs, fut élu secrétaire du conseil des dix, puis grand chancelier l'an 1610, & mourut fort âgé le 13 novembre 1630. MARC *Ottoboni* servit la république pendant 60 ans, en France, en Allemagne, en Espagne, en Angleterre & en Pologne. Il travailla à accorder le duc de Ferrare avec le pape Clément VIII, & l'an 1607 & 1608 à l'accommodement de la république de Venise avec le pape Paul V. Son mérite l'éleva enfin à la charge de grand chancelier, l'an 1639, & on lui permit de l'exercer le reste de sa vie, quoiqu'il se fût fait aggréger dans le corps de la noblesse, moyennant une grosse somme. Un de ses fils, PIERRE Ottoboni, fut fait cardinal par le pape Innocent X l'an 1652, & devint pape sous le nom d'*Alexandre VIII.* *Voyez* ALEXANDRE VIII. La république de Venise aggrégea ses deux neveux au collège des Nobles : l'un fut ANTOINE, qui fut procurateur de S. Marc, & général de la sainte église, charge qu'il remit après la mort de son oncle, & mourut le 19 février 1720, ayant eu de *Marie* Moretti, morte en novembre 1713, Pierre Ottoboni, qui fut cardinal, & qui a ci-après son article particulier. L'autre neveu du pape Alexandre VIII fut MARC Ottoboni, prince de Fiano, que son oncle fit général des galeres de l'Etat Ecclésiastique, & gouverneur du château S. Ange. Il épousa 1°. le premier octobre 1690 *Isabelle* Colonna Altiéri, morte le 25 avril 1714 : 2°. le 8 septembre de la même année, *Julie* Boncompagnon, fille de *Grégoire*, prince de Piombino. * Thomasini, *in elog. doct. part. II.*

OTTOBONI (Pierre) cardinal de l'église romaine, né à Venise le 7 juillet 1667, étoit fils unique d'ANTOINE Ottoboni, noble Vénitien, & procurateur de S. Marc, ci-devant général de l'Eglise romaine, mort le 19 février 1720, & de *Marie* Moretti sa femme, morte au mois de novembre 1713. Pierre Ottoboni, grand-oncle de celui dont il s'agit, ayant été élu pape sous le nom d'*Alexandre VIII*, le 6 octobre 1689, à l'âge de soixante-dix-neuf ans & demi, s'empressa de l'élever aux premieres dignités de l'église ; & quoiqu'il n'eût alors que vingt-deux ans & trois mois, il le déclara d'abord secrétaire d'état le 15 du même mois d'octobre, & lui donna la riche abbaye de Chiaravalle dans le Milanez, & une autre dans le Parmésan ; & sur la fin du même mois, il lui donna encore celles de Saint Laurent, de Saint Jean & de Saint Paul à Rome. Le 7 de novembre suivant, il le créa cardinal, & le déclara le même mois vice-chancelier de l'église romaine. Il lui assigna ensuite le titre diaconal de S. Laurent *in Damaso*, & le 21 janvier 1690, il le nomma légat d'Avignon. Au mois de mars suivant, il lui donna la dignité de grand prieur d'Irlande, & deux abbayes, l'une dans l'Etat Ecclésiastique, l'autre dans le royaume de Naples. Il fut encore déclaré au mois d'avril de la même année, protecteur de l'ordre de la Merci, à la place du pape son grand-oncle, après la mort duquel le nouveau pape Innocent XII le confirma au mois de juillet 1691, dans la légation d'Avignon, pour le reste des trois ans du ter-

me de cet emploi. Il prit possession le 18 mars 1692, de la charge de protecteur de la compagnie des peintres, sculpteurs & architectes de Rome. La dignité d'archiprêtre de la basilique de sainte Marie-Majeure lui fut conférée par le pape Clément XI, au mois de juillet 1701. Ayant reçu de France un brévet par lequel il étoit déclaré protecteur des affaires de cette couronne à Rome, à la place du cardinal de Médicis qui venoit de renoncer au cardinalat, il en donna part au pape le 25 juillet 1709 ; mais il ne commença à faire les fonctions de cette place qu'au mois de janvier 1712. L'abbaye de Marchiennes-au-Pont, ordre de S. Benoît, diocèse d'Arras, lui fut donnée le premier avril 1713, ainsi que celle de Monstier-en-Der, du même ordre de S. Benoît, au diocèse de Châlons-sur-Marne, le 22 du même mois. Celle de S. Paul de Verdun, ordre de Prémontré, lui fut encore conférée le 20 janvier 1716. Ayant passé dans l'ordre des prêtres à la place du feu cardinal Marescotti, le 26 juin 1724, en conservant néanmoins son titre diaconal, il reçut des mains du pape Benoît XIII, les ordres sacrés, les 11, 12 & 14 juillet suivans ; & il célébra sa premiere messe le 16 du même mois. L'évêché de Sabine, vacant par la mort du cardinal François Aquaviva d'Aragon, fut proposé pour lui en consistoire le 29 janvier 1725, & il fut sacré le 4 février suivant par le pape, assisté des cardinaux Paulucci, Gualtério, Altieri, Orighi & Olivieri. Il fut déclaré secrétaire de la congrégation du saint office le 12 juin 1726, & la dignité d'archiprêtre de la basilique de S. Jean de Latran lui fut conférée le 12 juillet 1730, par le nouveau pape Clément XII, au lieu & place duquel il passa le 24 du même mois, de l'évêché de Sabine à celui de Frescati ; & peu de jours après, il fut élu aussi à la place du même pape, protecteur de l'église & collège de S. Laurent *in miranda de speziali.* Il devint sous-doyen du sacré collège par la mort de François Barberin, auquel il succéda dans les évêchés unis de Porto & de Sainte-Rufine, qui furent proposés pour lui en consistoire le 15 décembre 1734. Enfin il parvint au décanat le 17 août 1738, par la mort de François Barberin, & les évêchés unis d'Ostie & de Vélétri, attachés à cette place, furent proposés pour lui en consistoire le 3 septembre suivant. Il reçut en cette qualité le *Pallium* des mains du pape le 7, & il fit son entrée publique à Ostie le 29 du même mois. Il est mort à Rome le 28 février 1740, à l'âge de soixante-douze ans, sept mois & vingt-six jours. La fiévre maligne qui l'avoit attaqué dans le conclave, l'avoit obligé d'en sortir le 25 précédent. Il a institué par son testament sa légataire universelle dona Marie-Julie de Buoncompagno, veuve de Marc Ottoboni, duc de Fiano, son oncle, morte le 15 avril 1725, laissant au petit-fils de cette dame une pension de quinze cens écus romains. Il a légué à l'église de S. Louis de la nation Françoise, un calice d'or & une magnifique chasuble. * *Mercure de France*, mois de mars 1740. La généalogie de la famille Ottoboni se trouve au nombre des familles papales, dans le second tome des Maisons souveraines, imprimé en 1736.

OTTOCARE, I du nom, roi de Bohême, fut couronné en 1299 par l'empereur Philippe, dont il avoit vigoureusement soutenu les intérêts. Mais l'ayant ensuite offensé par son divorce, l'empereur le priva de la couronne, & l'obligea de prendre le parti d'*Othon* qui étoit le compétiteur de l'empereur. * Spangenberg, *in chron.*

OTTOCARE II, roi de Bohême, élu duc de Stirie, usurpa le duché d'Autriche, ou plutôt entra dans le droit de Marguerite d'Autriche, à qui il appartenoit, & acquit la Carinthie en 1269 ; ce qui le rendit si fier, qu'il refusa de prêter hommage à l'empereur Rodolphe de Habsbourg, pour quelques terres de Bohême qui étoient de sa dépendance. Pour ce sujet il fut cité pour rendre raison de ses acquisitions injustes; mais il méprisa ces citations, & ne comparut ni par lui-même, ni par autrui, à la diéte. Ce mépris irrita tellement les princes de l'empire, qu'on résolut d'une commune voix d'envoyer des ambassadeurs en Bohême: & parceque tout cela fut inutile, & qu'on sut qu'Ottocare partoit fort mal de l'empereur & des princes, on résolut de lui faire la guerre, & les princes promirent de secourir l'empereur de toutes ses forces. Les troupes étant prêtes, l'empereur marcha vers l'Autriche. Ottocare ne se fiant pas au succès d'une bataille, & craignant les démarches de l'empereur, demanda la paix, consentit de céder l'Autriche, & prêta hommage à genoux pour la Bohême & pour les autres terres qu'il possédoit. Mais la reine son épouse & quelques esprits brouillons lui ayant fait honte d'une si lâche démarche, il rompit la paix & s'empara de l'Autriche avec une puissante armée. L'empereur se mit en campagne pour le combattre avec toutes ses troupes allemandes & hongroises, qu'il avoit amassées, défit Ottocare & son armée, & le tua lui-même l'an 1278. * Æneas Sylvius, histor Bohem. Bonfinius, decad. 2.

OTTON, cherchez OTHON.

OTWAY (Thomas) poëte Anglois, vivoit vers la fin du XVIIᵉ siécle. Il a écrit un nombre considérable de piéces de théâtre, parmi lesquelles il y a deux tragédies, l'Orphelin, & Venise préservée, qui sont fort estimées. Dans la deuxième, le son d'une cloche se fait entendre réussit à jetter de l'effroi dans l'ame des spectateurs. Otway a quelquefois imité Moliere dans ses comédies. Il étoit en même temps auteur & acteur. Ce n'est pas un poëte du premier génie, mais peut-être auroit-il été plus loin, si ses débauches ne l'avoient pas tué à la fleur de son âge. Il mourut en 1685, à trente-quatre ans.

O V

OVATION, petit triomphe que les Romains accordoient aux généraux de leurs armées, lorsque la victoire n'étoit pas considérable, ou que la guerre n'avoit pas été déclarée suivant les loix; quand il restoit quelque chose à faire dans la guerre qu'on avoit commencée; quand on avoit entreprise contre des gens indignes qu'on employàt les armes contre eux, comme les pirates & les esclaves; quand le combat n'avoit pas été sanglant; quand on avoit bien administré les affaires, & les biens de la république dans les provinces. Celui qui triomphoit ainsi, entroit à pied dans Rome, ou à cheval, selon le sentiment de quelques historiens. Il portoit une couronne de myrte, qui étoit un arbre dédié à Vénus: c'est pourquoi Marcus Crassus ayant mérité l'ovation, pria instamment le sénat, que par grace on lui permît de porter une couronne de lautier. Le triomphant faisoit son entrée au son des flutes, & non pas des trompettes; & ne portoit point de robe brodée, comme celui qui recevoit l'honneur du grand triomphe: il étoit seulement accompagné des sénateurs, & suivi de son armée. On appelloit ce petit triomphe Ovation; parcequ'étant arrivé au Capitole, on immoloit une brebis, qui se nomme en latin ovis; au lieu que dans le grand triomphe on sacrifioit un taureau. Le premier qui triompha de cette maniere, fut P. Posthumius Tubertus, consul, l'an 250 de la fondation de Rome, & 504 avant J. C. après avoir défait les Sabins. * Denys d'Halicarnasse, hist. Rom. l. 5. Rosin, antiquit. Rom. l. 10, c. 28.

OUBLIETTE, lieu dans de certaines prisons en France, où l'on mettoit autrefois ceux qui étoient condamnés à une prison perpétuelle. On l'appelloit ainsi, à cause que ceux qu'on y enfermoit ne parois-

---

fant plus, étoient entierement oubliés. Hugues Aubriot, prévôt de Paris, y fut condamné. Bonfons parlant de cette condamnation, dans ses antiquités de Paris, dit qu'il fut prêché & mitré publiquement au parvis de Notre-Dame, & qu'après cela il fut condamné à être en l'oubliette au pain & à l'eau.

OUCHE. Le pays d'Ouche, en latin Uticensis tractus, petite contrée de Normandie, à l'occident de la riviere d'Iton & de la ville d'Evreux, comprend la ville & territoire de Conches, la forêt nommée d'Ouche, & s'étend jusqu'aux sources de la riviere de Carentone. * Baudrand.

OUCHE (André) cherchez SACCHI.

OUCIU (Gad de) Polonois, entra dans l'ordre de S. Dominique, vint en France faire ses études dans le collége de S. Jacques à Paris. Il y apprit si bien la langue françoise, qu'il se rendit capable de traduire le traité de Boëce de la consolation, à la priere d'une dame. Ce n'est que par cette traduction qu'il est connu. On y trouve son nom, sa patrie, sa profession, & qu'il la fit l'an 1356. On la garde dans la bibliothéque de M. de Seignelai. * Echard, script. ord. FF. Præd. tom. I.

OUDEAU (Françoise) religieuse du monastere de Poissi, de l'ordre de S. Dominique, célébre par son esprit & par sa piété, traduisit de latin en françois les sermons de S. Bernard sur le cantique des cantiques, & mourut l'an 1644. Le P. Hilarion de Coste, religieux Minime, en fait mention dans les Eloges des dames illustres: & le P. Echard, dans sa Bibliothéque des écrivains de son ordre, tome II, pag. 845.

OUDENARDE, Aldenarda, ville du Pays-Bas en Flandre, est située sur l'Escaut, entre Gand & Tournai. C'est une ville forte & marchande, & fameuse par les tapisseries qu'on y fait. Grammaye, & d'autres prétendent que les commencemens d'Oudenarde viennent d'une forteresse bâtie par les Huns sur l'Escaut, l'an 411. Cela ne se prouve pas facilement. Cette ville fut prise par les François l'an 1658, & fut rendue aux Espagnols par la paix des Pyrénées. Mais depuis, ayant été reprise par le roi en la campagne de 1667, elle lui resta par la paix d'Aix-la-Chapelle, & il la rendit encore par la paix de Nimégue l'an 1678.

OUDENBOSCH (Adrien den) né dans le Brabant, ainsi nommé, comme on le croit, du lieu dit Oudenbosch, où il naquit apparemment, près de Bréda, est appellé en latin Adrianus de veteri Busco. Il étoit religieux du monastere de S. Laurent à Liége, & a fleuri dans le XVᵉ siécle. Il a écrit 1. une chronique de Liége depuis l'an 1449, où avoit fini Jean de Stabulaus, religieux du même monastere, jusqu'en 1483, sous les évêques Jean Heinsberg & Louis de Bourbon. 2. Brevis historia ecclesiæ collegiatæ sancti Petri Aicuriensis. 3. Il a continué l'histoire de son monastere de S. Laurent: Historia insignis monasterii sancti Laurentii Leodicensis. Cette histoire avoit été commencée par le célébre Rupert, moine du même lieu, depuis abbé de Deutsch près de Cologne, mort en 1135, continuée par Reinier, religieux du même monastere de S. Laurent, qui florissoit à Liége vers la fin du XIIᵉ siécle, & par Lambert, qui quelque autre, qui étoit aussi religieux dudit monastere. Les écrits mentionés d'Adrien den Oudenbosch, ont imprimés par les peres dom Martène & dom Durand dans le tome IV de leur Amplissima collectio veterum scriptorum & monumentorum, &c. * Voyez l'avertissement de ces éditeurs mis au-devant de la chronique de Liége d'Adrien, & la bibliothéque Belgique de Valere André, édition de 1739, in-4°, tom. I, pag. 22.

OUDIN (César) secrétaire & interprete des langues étrangeres, fils de Nicolas Oudin, grand prévôt de Baſſigni, fut élevé à la cour du roi Henri le *Grand*, lors même qu'il n'étoit encore que roi de Navarre. Ce prince l'employa en diverſes négociations importantes, en Allemagne & ailleurs : ſe ſervit de lui pendant les guerres civiles, & lui donna la charge de ſecrétaire & interprète des langues étrangeres, par lettres du 11 février 1597. Il publia des traductions, des grammaires, des dictionaires, pour les langues italienne & eſpagnole, & mourut le premier octobre 1625.

OUDIN (Antoine) l'aîné des fils du précédent, eut, comme ſon pere, la charge d'interprète des langues étrangeres. Le roi Louis XIII l'envoya en Italie, où il demeura aſſez long-temps, tantôt à la cour de Savoye, & tantôt à Rome, où le pape Urbain VIII ſe faiſoit un grand plaiſir de s'entretenir avec lui. A ſon retour en France, il s'acquit la bienveillance de pluſieurs perſonnes de qualité, & fut choiſi par le roi Louis XIV, l'an 1651, pour lui enſeigner la langue italienne. Il mourut le 21 février 1653. Les ouvrages que nous connoiſſons de lui, ſont : 1. *Curioſités françoiſes, pour ſervir de ſupplément aux dictionaires, ou recueil de pluſieurs belles propriétés, avec une infinité de proverbes & quolibets, pour l'explication de toute ſorte de livres, par Antoine Oudin, ſecrétaire interprète de ſa majeſté* ; à Rouen, 1649, in-8°, gros caractere. Le même ouvrage ; à Rouen, 1656, deuxiéme édition, in-8° ; mais qui ne différe de la premiere que par le caractere. L'auteur a dédié ce livre à *M. George-Frédéric, comte de Waldeck, Pyrmont & Culembourg, baron de Tonna, Pallant,* &c. 2. *Grammaire françoiſe rapportée au langage du temps* ; à Paris, 1633, in-12. Du Ryer, Balthaſar Baro, & quelques autres membres de l'académie françoiſe de ce temps-là, eſtimoient beaucoup cet ouvrage, dont ils ont rendu des témoignages avantageux. Cette grammaire a été réimprimée à Rouen en 1645, in-12. 3. *Recherches italiennes & françoiſes, ou dictionaire italien-françois, & françois-italien* ; à Paris, 1640 & 1642, deux volumes, in-4°. 4. *Le tréſor des deux langues eſpagnole & françoiſe, ou dictionaire eſpagnol-françois & françois-eſpagnol* ; à Paris, 1645, in-4°, deux parties en un volume. 5. *Grammaire italienne miſe & expliquée en françois par Céſar Oudin, ſecrétaire interprète du roi ès langues germanique, italienne & eſpagnole, revue, corrigée & augmentée par Antoine Oudin* ; à Paris, 1645, in-8°. 6. *Grammaire eſpagnole expliquée en françois par Céſar Oudin,* &c. augmentée en cette derniere édition par Antoine Oudin ; à Rouen, 1675, in-12. 7. *Hiſtoire de la guerre de Flandre depuis l'an 1559, juſqu'à la tréve en 1609, traduite de l'italien du cardinal Bentivoglio par Antoine Oudin : premiere partie qui comprend depuis l'an 1559, juſqu'à la bataille gagnée par Jean d'Autriche en 1578* ; à Paris, 1634, in-4°.

OUDIN (François-Céſar) qui ſans doute étoit patent des précédens, eſt auſſi auteur de quelques ouvrages : entr'autres, d'un intitulé : *Nouveau recueil de divertiſſemens comiques* (très-peu divertiſſans) à Paris, 1670, in-12. Dans l'épître dédicatoire à M. le marquis de Sévigné, guidon des gendarmes de M. le dauphin, l'auteur ſe glorifie d'avoir été au ſervice de la maiſon de ce ſeigneur. Il y a eu, encore un CHARLES Oudin, prêtre, docteur en théologie, de qui l'on a entr'autres une traduction d'un *Diſcours de S. Jean-Chryſoſtôme, archevêque de Conſtantinople, où il prouve, que perſonne ne ſouffre de véritables maux, que ceux qu'il ſe fait à ſoi-même* : c'eſt le titre de cette traduction, dédiée à mademoiſelle de Richelieu (niéce du cardinal) & imprimée à Paris en 1664, in-12. Il y a une traduction latine à côté de la traduction françoiſe.

OUDIN (Caſimir) religieux Prémontré, puis apoſtat, étoit d'une famille originaire de Reims, &

naquit à Mézieres ſur la Meuſe le 11 de février 1638. Après avoir fait ſa rhétorique, il entra en 1656, âgé de près de dix-huit ans, dans l'ordre des Prémontrés, où il prit l'habit à S. Paul de Verdun. Il y fit profeſſion, & prit le nom de *Caſimir*, au lieu de celui de *Remi*, le onziéme de novembre 1658. Il étudia en philoſophie & en théologie ſous les peres Joachim la Plume, & Jérôme Janot, tous deux hommes d'eſprit, & qu'Oudin n'a mépriſés & traités d'ignorans que depuis ſon apoſtaſie. Oudin ſorti de ces premieres études, s'appliqua particulierement à celle de l'hiſtoire eccléſiaſtique ; & fut curé d'Epinay ſous Gamaches, doyenné de Foucaſſe, au diocèſe de Rouen, depuis le 17 de ſeptembre 1675, juſqu'au 10 de juin 1677 qu'il réſigna cette cure. Une rencontre imprévue le fit connoître encore plus depuis, & lui donna lieu de ſe produire. Le feu roi Louis XIV, paſſant par l'abbaye de Buccilli en Champagne, le premier de mars 1680, & s'y arrêtant pour dîner, Oudin ſe trouva chargé de faire un compliment à ce prince, en l'abſence de l'abbé & du prieur D. Edmond Maclot. Oudin s'en acquitta en homme de beaucoup d'eſprit ; le prince le ſentit & le fit connoître : mais ayant demandé à Oudin quelle charge il avoit dans la maiſon, celui-ci répondit avec la derniere de toutes les impoliteſſes *qu'il portoit le mouſquet, & que quand il ne pouvoit le porter, il le traînoit.* Cette réponſe fit de la peine au roi, qui fit retirer Oudin, & ne voulut plus le voir. Cependant Michel Colbert, chef & réformateur génér l de l'ordre de Prémontré, ayant envoyé Oudin dès la même année, ou la ſuivante, pour faire la viſite de toutes les abbayes & égliſes de l'ordre, & en tirer des archives tout ce qui pourroit ſervir à ſon hiſtoire, Oudin parcourut tous les monaſteres des Pays-Bas, & en 1682 la Lorraine, la Bourgogne, l'Alſace, & fut envoyé en 1685, à Paris, où il ſe lia avec pluſieurs ſavans illuſtres. Il s'y occupa auſſi à raſſembler tous les ouvrages des anciens moines de Lérins qui avoient été élevés à l'épiſcopat ; mais ce recueil eſt demeuré manuſcrit. En 1688, il publia en latin un ſupplément des auteurs eccléſiaſtiques omis par Bellarmin, in-8°, & deux ans après (en 1690) il quitta la France, & alla à Leyde, où il embraſſa la religion prétendue réformée. Il y fut fait ſous bibliothécaire de l'univerſité, & eſt mort dans cette ville au mois de ſeptembre 1717, dans ſa ſoixante-dix-neuviéme année. Depuis ſon apoſtaſie il a publié : 1. *Veterum aliquot Galliæ & Belgii ſcriptorum opuſcula ſacra nunquam edita*, in-8° ; à Leyde en 1692. 2. *Trias diſſertationum criticarum* ; à Leyde en 1717, in-8°. 3. *Commentarius de ſcriptoribus eccleſiæ antiquis, illorumque ſcriptis,* &c. trois volumes ; à Leipſick en 1722, in-fol. Il y a beaucoup de partialité & de fautes dans ce gros ouvrage, qui ne laiſſe pas de contenir de bonnes choſes. 4. *Acta beati Lucæ, abbatis Cuiſſiacenſis,* in-4°. 5. *Le Prémontré défroqué.* 6. *Epiſtola de ratione ſtudiorum ſuorum* ; à Leyde en 1692, in-4°. *Nouvell. littér. du 12 de mars 1718. Nova litterar. Lipſienſ. januar. 1718. Niceron, mém. tom. I, & ſurtout tom. X. Lettres du Bayle, édit. de M. Deſmaizeaux, tom. II, pag. 479.*

☞ OUDIN (François) Jéſuite, naquit le premier novembre 1673, à Vignotix ou Vignory, bourg, ou ſelon d'autres, ville de France, dans la Champagne, au diocèſe de Langres. Envoyé dès ſon bas-âge à Langres, pour y commencer ſes études, il y fit des progrès ſi rapides, que Jean Oudin, ſon oncle, chanoine de la cathédrale de cette ville, homme d'un vrai mérite, voulut cultiver lui-même ſes talens. Sous cette direction, François Oudin, qui avoit la mémoire la plus heureuſe, & un génie vif & pénétrant, avança en ſi peu de temps dans la connoiſſance des ſciences & des belles lettres, qu'il
mérita

mérita dès-lors l'attention & l'estime de ceux qui le connurent. Après son cours de philosophie, se croyant appellé à la profession religieuse, il choisit la société des Jésuites, & entra au noviciat de Nancy le 13 octobre 1691. Il en avoit obtenu l'agrément de son oncle, qui lui laissa par son testament une pension de 400 livres, à condition qu'il fixeroit son séjour à Paris ou à Dijon. Ce fut cette derniere ville que choisit le P. Oudin, & il y fit sa profession des quatre vœux le 2 février 1707. Après avoir enseigné les humanités dans la même ville, il régenta la rhétorique à Langres. De-là on l'envoya à Pont-à-Mousson, où il employa quatre ans à l'étude de la théologie. Au milieu de cette carriere, il fut appellé à Strasbourg, avec quelques autres de ses confréres, par le P. Jean Dez, savant controversiste, alors recteur du collège de cette ville, pour le projet d'un grand ouvrage, qui n'a point eu lieu. On y offrit au P. Oudin une chaire de rhétorique; mais étant tombé malade dans un lieu dont l'air étoit contraire à sa santé, il retourna à Pont-à-Mousson, où il soutint en 1703 son grand acte de théologie. Le cours de ces études fini, il alla recevoir les ordres sacrés à Trèves. Il revint ensuite dans le collège de Dijon, y rentra dans les exercices de la rhétorique, & pendant 15 années consécutives il fit la classe du soir, c'est-à-dire, les leçons de poësie. La théologie positive qu'il professa depuis pendant 15 autres années, fit quelque distraction à l'étude des belles lettres: mais ne lui en ôta jamais le gout & l'amour, & il y revint dès qu'il fut libre de s'y appliquer. L'amour de la retraite & de l'étude ne lui permit pas de changer souvent de lieu: Quelques mois de séjour à Autun & à Verdun, & deux voyages à Paris, l'un de huit mois en 1713, & l'autre de six en 1739, voila où se bornerent presque toutes ses courses, depuis qu'il se fut fixé à Dijon. Il est mort dans cette derniere ville le vendredi 28 avril 1752, à huit heures du matin, dans la 79 année de son âge, & le 61 de son entrée dans la compagnie. Le pere Oudin écrivoit très-purement en latin, & l'on sent dans son style qu'il s'étoit familiarisé avec les meilleurs auteurs de l'antiquité qui ont écrit en cette langue. Il avoit commencé un peu tard l'étude du grec; mais il s'y étoit livré avec tant d'ardeur & d'assiduité, qu'il se trouva bientôt capable de composer même des vers en cette langue. Il savoit aussi très-bien l'espagnol, le portugais, l'italien & l'anglois; & toutes les parties de la littérature lui étoient pareillement familieres. Aussi étoit-il lié avec presque tous les savans de l'Europe, qui admiroient sa vaste érudition, en même temps qu'ils louoient sa douceur, sa modestie & son zèle pour le progrès des bonnes études. Il avoit lu plusieurs fois la Somme de S. Thomas, & avoit entrepris des commentaires sur presque tous les livres de l'écriture sainte; mais on l'avoit distrait de ce travail long-temps avant sa mort, par l'ordre que ses supérieurs lui donnerent de composer en latin une bibliothéque universelle des écrivains de la société, qu'il avoit très-avancée, & qui doit former, dit-on, quatre volumes in-fol. Outre ce grand ouvrage, & les autres écrits non encore imprimés du P. Oudin, sur quoi l'on doit consulter les Mélanges-histor. & philolog. de M. Michault, tom. II, 1754, in-12, ce que nous connoissons d'imprimé de cet habile Jésuite, consiste en un assez grand nombre de poësies latines, en quoi il excelloit, & dans quelques autres écrits, publiés dans l'ordre suivant : 1. Somnia (les songes) poëme ; à Dijon, 1697, in-8°; & 1698, à Langres, in-12 : avec une élégie intitulée : Amor dux pacis, in pacificas nuptias Ludovici ducis Burgundiæ & Mariæ Adelaïdis Sabaudiæ. Item, dans le tom. I, des Poëmata didascalica. 2. Des vers latins sur la mort du célèbre Santeul, qui avoit été son ami; dans le Funus Santolianum; à

Dijon, 1698, in-4°; pag. 56. 3. Francisco à Lotharingiâ ode, pro felici reditu; à Pont-à-Mousson, 1701, in-4°. 4. Natalitia, elegia : cette élégie adressée au même François de Lorraine, sous le nom de Nicolas Antoine Breton, a été aussi imprimée en 1701, in-4°, à Pont-à-Mousson. 5. Strenæ, elegia, au même prince, sous le nom d'Etienne Fossey; ibid. 1702, in-4°. 6. Serenissimo Lotharingiæ principi recens nato plausus collegii Mussi-Pontani, idyllium; ibid. 1702, in-4°; & dans le tome III des Poëmata didascalica. 7. Genethliacon, &c. poëme sur la naissance du même prince; ibid. 1703, in-4°. 8. Synopsis theologicæ thesibus digesta, pro actu publico, in colleg. & universit. Mussi-Pont. societ, Jes. die 9 nov. 1703; ibid. 1703, in-4°. 9. S. Francisco Xaverio hymni novem, & officium; à Dijon, 1705, in-12. Les hymnes ont été traduites en vers françois par François Baudot, maître des comptes & maire de la ville de Dijon. 10. Bibliotheca Petri Ferreti Senatoris, &c. ejus testamento publicata in collegio Divio-Godranio Jes. carmen; à Dijon, 1707, in-4°, & au-devant du catalogue de cette bibliothéque, avec d'autres poësies, & une préface dont le P. Oudin est aussi auteur; ibid. 1708, in-4°. Item, dans le tome III des Poëm. didasc. 11. Conjectures sur quelques endroits de Salvien, & de S. Césaire, dans les Mém. de Trév. septembre 1710, art. 134. 12. Ludovici ducis Borbonii, principis Condæi, gubernatoris Burgundiæ, laudatio funebris, dicta pridie nonas julias anno 1710, in coll. Divio-Godranio soc. Jes. à Dijon, 1710 in-12. 13. Precatio ad Deum, pro regis (Ludovici XIV) incolumitate; Silva; ibid. 1712, in-4°. 14. Cantate; ibid. 1713, in-4°. 15. Extrait des lettres en forme de dissertation sur l'ancienneté de la ville d'Autun, & sur l'origine de celle de Dijon, mém. de Trév. 1711, avril, art. 53 : on y trouve l'éloge de M. Baudot, auteur de ces lettres. 16. De pace, oratio habita in colleg. Divio-Godran. soc. Jes. die 13 maii 1714, cùm pax promulgaretur; ibid. 1714, in-12, avec une épître dédicat. à M. Louis-Hector, duc de Villars. 17. Réflexions sur la sixième satyre du premier livre d'Horace, & sur trois passages, l'un d'Ovide, l'autre d'Ausone, le troisième de Corneille Sévere, qu'on rétablit ou qu'on explique, adressées à M. le président Bouhier : dans les Mém. de Trév. 1714, mars, art. 36, & dans le Journ. des sav. édit. de Holl. mai 1715. 18. Illustrissimo Burgundici senatûs principi Joanni Berbiseio, Apollo ventusianus, idyllium; à Dijon, 1715 & 1739, in-4°; & dans les Poëm. didasc. tom. III. 19. Mémoire concernant les traités théologiques du cardinal Augustin Orégius, où l'on examine si le P. Pétau a tiré ses dogmes : dans les Mém. de Trév. juillet 1718, art. IX, & dans le Journ. des sav. édit. de Holl. mars 1719. 20. Silva distichorum moralium, &c. à Dijon, 1719 & 1720, in-8°, & dans les Poëm. didascal. tom. III. 21. Hymni novi ad publicum Æduensis ecclesiæ usum comparati; ibid. 1720, in-12. 22. Mémoire instructif sur le bref de N. S. P. le pape Benoît XIII, qui commence par ces mots, Demissas preces; ibid. 1715, in-4°. 23. Ludovici magni Equus triumphalis æneus Divione dedicatus, Silva heroica; ibid. 1715, in-8°, avec une traduction en vers françois par le P. Cellier, Jésuite; dans les Poëm. didasc. tom. III. 24. Mémoire sur quelques propositions dictées par un professeur de philosophie (le P. le Moyne, Jésuite) dans le collège de la compagnie de Jesus à Auxerre, pour servir de réponse à l'ordonnance & instruction pastorale de M. l'évêque d'Auxerre (de Caylus) en date du 18 septembre 1725; à Paris, 1726, in-4°, & encore ailleurs. M. de Caylus avoit eu raison de procéder contre le P. le Moyne, & ce mémoire n'auroit jamais dû paroître. 25. Bernardi Monetæ, eximii poëtæ & critici, Epicedium; à Dijon, 1729, in-fol. & in-4°. Cet éloge a été mis en vers françois par M. de Ruffey, préfident à la chambre des comptes de Bourgogne; item. dans le tom. *III* des *Poëm. didafc.* & encore ailleurs. 26. Differtation critique fur le *Culex* de Virgile. Dans les *Mém. de littérat.* du P. Defmolets, *tom. VII.* 27. Réponfe à quelques obfervations de M. l'abbé Def-fontaines, au fujet de cette differtation. Dans la *Bibliothéque françoife* de M. l'abbé Goujet, *tom. IX*, aux additions. 28. *Hymni tres SS. martyribus Speufip-po & foeiis.* Dans le bréviaire de Langres, & féparément. 29. *Publii Syri & aliorum veterum fententiæ, adjunctis brevibus notis*; à Dijon, 1734, *in-8°*. 30. *Ludovici-Henriei ducis Borbonii filio, principi Condæo, Genethliacum*; ibid. 1736, *in-4°*, & 1737, *in-8°*, & dans les *Poëm. didafc.* 31. Mémoires fur la vie & les ouvrages des PP. Antoine *Vieyra*, Melchior *Inchofer*, Denys *Pétau*, Fronton *du Duc*, Jules-Clément *Scotti*, Jacques *de Billy*, Jean *Garnier*; dans les *Mém.* du P. Niceron, *tom.* 24, 25, 27, 28, 29, 40. 32. *De vitâ & fcriptis Petri-Danielis Huetii commentarius, è gallico Jofephi Oliveti*; au-devant du livre de M. Huet, *De imbecillitate mentis humanæ*; à Amfterdam, 1738, *in-12*. 33. Differtation fur l'*Afcia fépulcrale des anciens*, & explication des infcriptions *Minervæ Arnalyæ*, & *Mercurio Mocco*; dans le recueil de divers écrits par M. l'abbé Lebeuf, 1738, *in-12*. 34. *Præmia ftudiofæ litterarum juventuti in colleg. Divio-Godran. à Joanne Barbifeio conftituta, carmen*; à Dijon, 1759, *in-4°*, & dans les *Poëm. didafc. tom. III.* 35. *De theologiâ græcanicâ commentarius, ex gallico Jof. Oliveti*; dans l'édit. du Ciceron de l'abbé d'Olivet, *tom. III.* Il y a auffi dans la même édit. diverfes obfervations du P. Oudin, anonymes. 37. *Epiftola B. Pauli apoftoli ad Romanos, explicata*; Paris, 1743, *in-12.* Cette explication eft plus philofophique que théologique. 38. *De Virgiliano culice difceptatio recognita*; dans les *Mifcellanea obfervat. ab eruditis Britannis, tom. IV.* 39. *Varia*; ibid. *tom. V.* 40. *Otium fapientis, ode*; à Dijon, 1745, *in-4°*, & dans les *Poëm. didafc. tom. III.* 41. Etymologies celtiques; dans les œuvres pofthumes de l'abbé Gédoyn. 42. *Commentarius de vitâ & fcriptis Joan. Buherii præfidis infulati*, &c. *in-4°*, 1746. 43. *Ignis, carmen: Annotationes in Vidæ poëticam*; & ad quofdam poëmatum locos; le tout dans les *Poëm. didafc.* 44. Diverfes lettres. *Voyez* les mémoires d'Arugny, *tom. V*, & tout le *tom. II* des *Mél. hiftor. & philolog.* de M. Michault, avocat à Dijon. * M. l'abbé Goujet, *mém. mff.*

OUDINET (Marc-Antoine) d'une famille originaire de Cambrai, qui avoit très-long-temps fait profeffion des armes, étoit né à Reims fur la fin de 1643. Il étudia chez les Jéfuites de cette ville jufqu'en rhétorique, & brilla beaucoup dans le cours de fes études, fur-tout par l'étendue & la facilité de fa mémoire. Il avoit appris toute l'Eneide de Virgile en une femaine. Au fortir de fa rhétorique, il vint paffer cinq ou fix années à Paris, où il étudia en philofophie & en droit, fe fit recevoir avocat en parlement, & y plaida plufieurs fois avec fuccès. Revenu à Reims, il fe livra entierement à la plaidoirie, & fe vit bientôt chargé d'affaires. Quelque temps après il eut une chaire de profeffeur en droit dans l'univerfité de Reims, & la rempliffoit actuellement lorfque M. Rainffant le médecin, fon parent, commis à la garde des médailles du cabinet du roi, l'engagea à venir partager ce foin avec lui. M. Oudinet, qui avoit auffi une grande connoiffance des médailles, fe rendit volontiers aux defirs de fon parent; & l'ayant perdu quelques années après, il lui fuccéda feul dans l'emploi qu'il avoit partagé avec lui, & qu'il a rempli vingt-deux ans depuis la mort de M. Rainffant. C'eft à fes foins & à fa fagacité que l'on doit l'ordre & l'arrangement de ce précieux cabinet, & les dé-

couvertes importantes qui ont été faites dans ce riche tréfor. Le feu roi Louis XIV, à qui l'exactitude & l'application de cet habile homme n'échapoient pas, ajouta à fes appointemens ordinaires une penfion de cinq cens écus. En 1701 M. Oudinet fut nommé affocié à l'académie des infcriptions & belles lettres, & il mourut le 12 de janvier 1712, à l'âge de 68 ans & quelques mois. S'il s'eft fait eftimer par fa fcience & aimer par les qualités extérieures qui font le lien de la fociété, il s'eft encore plus fait refpecter par fa piété & par fa foi. Tous les ouvrages que nous avons de lui fe réduifent à une differtation fur l'*origine du nom de médaille*; une autre fur les médailles d'Athènes & de Lacédémone; une troifiéme fur deux agathes du cabinet du roi de France, dont l'une repréfente Jupiter & Minerve, &c. & l'autre S. Jean l'Evangélifte enlevé par un aigle, & couronné par un ange. On trouve dans le tome quatriéme, première partie, des *mémoires de littérature & d'hiftoire*, recueillis par le P. Defmolets de l'Oratoire, une quatriéme differtation de M. Oudinet, fur les trois médailles d'Hermonthis, de Mendès & de Jotapé, ville d'Egypte. Cette differtation qui eft très-curieufe avoit été adreffée par l'auteur à MM. de l'académie royale des infcriptions & belles lettres, & on en trouve un petit abrégé dans le premier volume des *Mémoires de cette académie*, pag. 258. * *Mémoires de l'académie des belles lettres*, *tom. III.* Lettre du P. Bugetel de l'Oratoire, au tome cité des *Mémoires* du pere Defmolets.

OUDOCEUS, troifiéme évêque de Landaff dans le pays de Galles en Angleterre, floriffoit en 560. Dans cette année il affembla un fynode compofé de fon clergé & des abbés de fon diocèfe, & y communia folemnellement Maurice, roi de Glamorgan, pour avoir tué Cynétus. Le roi demeura deux ans excommunié; mais enfin, touché de remords il vint trouver Oudoceus les larmes aux yeux, & lui demanda d'être admis à la paix de l'églife. Sur cela l'évêque le mit en pénitence, lui faifant comprendre qu'il étoit obligé, pour faire réparation à Dieu & à l'églife, à beaucoup plus de pénitence, de prieres, de jeûnes, & d'œuvres de charité, que de coutume. Le roi fe foumit volontairement à tout. * Spelman, *concil. vol.* 1, *pag.* 62.

OUDON ou **ODON**, en latin, *Uda, Odonus*, petite riviere de Normandie, qui a fa fource un peu au-deffus du village de Doudé-Fontaine. Elle arrofe l'abbaye d'Aulnai, traverfe la ville de Caën, & fe jette dans l'Orne. * Baudrand.

OUEN ou **OWEN** (Saint) en latin *Audoënus* ou *Dado*, fils d'un homme de qualité nommé *Audoaire* ou *Authaire*, référendaire du roi Dagobert I, fut fait archevêque de Rouen, l'an 640. Il a gouverné cette églife jufqu'en 683, en laquelle il mourut faintement à Clichi près de Paris, le 24 août, âgé d'environ 74 ans. Son corps fut transféré l'an 693, dans l'églife de S. Pierre de Rouen, qui porte aujourd'hui fon nom. Il avoit écrit l'an 672, la vie de S. Eloi, évêque de Noyon, qui a été donnée par Canifius, & par dom Luc Dacheri, dans leurs collections. Surius rapporte fous le 24 août, fa vie écrite par un auteur du temps de S. Ouen. Elle a été traduite en françois par M. d'Andilli. * Du Pin, *biblioth. des auteurs eccléf. des VII & VIII fiécles*, 2 édit. Paris 1709. Mabillon, *annal. ord. Bened. tôm.* I, *pag.* 570. D. Rivet, *hift. littér. de la France, tom. III.*

OVER-YSSEL ou **TRANS-ISELANE**, en latin *Trans-Iffaliana*, l'une des Provinces-Unies des Pays-Bas, eft ainfi appellée à caufe de fa fituation au-delà de l'Iffel, où le Rhin communique une partie de fes eaux, par le moyen du canal de Drufus. Elle eft entre la Frife, le pays de Gueldres, la Weftphalie, & le golfe de Zuiderzée, avec le fleuve d'Iffel, & eft divisée ordinairement en trois jurisdictions ou contrées, qui font, de Drente, Sallante & Twente. Ses principales villes font ; Deventer, Zwol, Campen, Coëvorden, Oldenzel, Hasselt, Steenwick, Blockzyl, Vollennoven, &c. Ce pays appartenoit autrefois depuis l'an 1046, aux évêques d'Utrecht ; & Henri de Baviere en céda le droit à l'empereur Charles V, l'an 1527. * Pontus Heutérus, de reb. Bel. Junius. Guichardin, &c.

OUESSANT, c'est-à-dire, les sables du couchant. C'est une petite isle de France, située à trois lieues de la côte occidentale de Bretagne, à l'endroit où elle commence à tourner vers le nord. Elle n'a que trois lieues de circuit, quelques villages & un château pour leur défense. On voit entre cette isle & la côte de Bretagne plusieurs autres petites isles, qu'on appelle en général les isles d'Ouessant. * Mati, dictionaire.

OUGHTRED (Guillaume) naquit à Eaton en Angleterre, vers l'an 1573, & fut élevé dans l'école de cette ville. Il parle lui-même dans une espèce de lettre apologétique qu'il écrivit, de la vie pauvre, laborieuse & pénible qu'il mena au commencement. De-là il fut reçu dans l'un des collèges de Cambridge, dont il fut membre onze ou douze ans. Il employoit aux mathématiques le temps qu'il pouvoit dérober aux études académiques, & par ses exhortations, son secours, & ses instructions, il porta plusieurs personnes à s'appliquer à ces sciences si utiles & si sures. Il fut fait prêtre par le docteur Bilson, évêque de Winchester, qui lui donna un bénéfice à Adelburi, près de Guilford dans le comté de Surrei. Il le posséda plusieurs années, & on suppose qu'il y mourut, & y fut enterré. Pour son divertissement, il s'occupa à diverses sortes d'études, comme il paroît par ses ouvrages & par ses manuscrits. Il étudia la médecine, la chymie, &c. vécut 87 ans, & mourut vers le commencement de mai de l'année 1660. Il avoit tellement été attaché au parti de Charles I, & de Charles II, que quand il apprit l'acte passé le premier mai de cette année, pour le rappel de ce dernier prince, il en eut tant de joie qu'il en mourut subitement. C'est ce que rapporte M. Wallis dans son traité d'algèbre, dans lequel il parle très-avantageusement d'Oughtred, témoignant qu'il avoit beaucoup profité & dans sa conversation & dans la lecture de ses livres. C'est M. Wallis, qui a fait en quelque sorte revivre les ouvrages de cet auteur. Voici les principaux. 1. Clavis mathematicæ. Cet ouvrage avoit d'abord été imprimé en 1631, sous ce titre : Arithmetica in numeris & speciebus institutio, &c. Mais ensuite l'auteur le publia lui-même sous le titre dont nous venons de parler, avec les additions suivantes, Æquationum affectarum resolutio, ubi multa de logarithmorum usu, & elementi decimi Euclidis declaratio. De solidis regularibus tractatus. De Anatocismo. Regula falsi demonstrata. Theorematum Archimedis de sphæra & cylindro, declaratio. Horologiographica geometrica. 2. Les cercles de proportion & l'instrument horisontal. Cet ouvrage fut imprimé en anglois, plutôt par sa connivence qu'avec son approbation. Ce fut un de ses disciples qui le tira de son manuscrit latin. 3. Trigonometria, in-4°, qui ne fut jamais ni achevé, ni publié par lui-même. 4. Opuscula, in-8°, publiés à Oxford en 1677, contenant neuf traités ; mais ils sont posthumes, pleins de défauts & de fautes. * Voyez l'Algèbre de M. Wallis, & les lettres qu'il a écrites à Oughtred.

OUGLIN, bourg, ou petite ville de la Morlaquie, vers la source de la rivière de Dobra, & à cinq lieues de la ville de Segna, vers le nord. On la prend communément pour la petite ville de la Liburnie, qu'on nommoit anciennement Avendo, au génitif, Ayendonis, & Vendum. * Mati, dict.

OUGNON, L'OUGNON ou LOUGNON, en latin Ligno, riviere qui a sa source dans les montagnes de Vosges, aux confins de la Lorraine, traverse une partie du comté de Bourgogne, baignant Servance, Monboson, & quelques autres lieux peu considérables, & se décharge dans la Saone, vis-à vis de Tellemai, à trois lieues au-dessous de Grai. * Mati, diction.

OVIAK, ville de la Tartarie Crimée, ou Petite Tartarie, située dans un pays fertile. C'étoit anciennement une fort belle ville, avec un château que les Moscovites appellent Sodome. Ils disent qu'il a été construit pour tenir en bride les peuples mutins de ce pays-là. On y voit plusieurs tombeaux, & les ruines de divers bâtimens magnifiques. * Hachluit.

OVIDE (Publius Ovidius Naso) poëte Latin, naquit à Sulmone, ville assez considérable dans la contrée des Péligniens, sous le consulat d'Hirtius & de Pansa, l'an 711 de Rome, & 43 avant J. C. Il étoit d'une famille équestre, c'est-à-dire que les Moscovites chevaliers. Dès son enfance il se sentit porté à faire des vers ; mais son pere, qui le destinoit au barreau, lui fit étudier la rhétorique sous Arellius Fuscus. Il s'exerça dans la déclamation, puis s'appliqua sur-tout à la poésie, dans laquelle il réussit si bien, que dans un siècle très-fécond en beaux esprits, il tint rang entre les premiers poëtes. On admira à la cour d'Auguste sa facilité à faire des vers, la douceur de ses expressions, & la subtilité de ses pensées. Il eut beaucoup de part dans l'estime de l'empereur, qui depuis l'envoya en exil à Tomes, sur le Pont-Euxin. Plusieurs savans croient que ce fut pour avoir été l'un des amans de Julie, fille d'Auguste, pour laquelle il fit, disent-ils, des vers amoureux sous le nom de Corinne ; mais Alde Manuce les a réfutés. Il paroît par les ouvrages d'Ovide, que sa disgrace vint de ce qu'il avoit été témoin de quelque action secrette & dangereuse, qui intéressoit la réputation de l'empereur ou des siens. Après un bannissement de plus de sept ans, Ovide mourut, sous le consulat de Rufus & de Flaccus, c'est-à-dire, la quatriéme année de l'empire de Tibere, & la dix-septiéme de J. C. & fut enterré à Tomes, ville située au midi des embouchures du Danube, sur le Pont-Euxin. Gaspard Bruschi, cité par Ortélius, Laurent Muller, Glandorpius, & quelques autres, assurent qu'en 1508, on trouva le tombeau d'Ovide à Sabarie ou Stain en Autriche, sur la Séve, avec une épitaphe, dont les vers, qui n'ont rien du siècle d'Auguste, font croire que cette découverte est une pure supposition. On ajoute que l'an 1540, Isabelle, reine de Hongrie, fit voir à Pierre Ange Bargée, une plume d'argent qu'on avoit trouvée à Belgrade, avec ces paroles, Ovidii Nasonis calamus. Séneque considere Ovide comme le plus ingénieux de tous les poëtes Latins. Il seroit cependant à souhaiter qu'il y eût un peu moins de négligence dans son style, plus d'exactitude dans le choix d'une partie de ses expressions, & plus de solidité dans quelques-unes de ses pensées, qui quelquefois n'ont qu'un faux brillant. Les ouvrages qui nous restent de ce poëte sont assez connus ; mais nous en avons perdu un grand nombre qui méritent d'être regrettés ; comme les six derniers livres des fastes ; une tragédie de Médée, louée par Tacite & par Quintilien ; un livre contre les méchans poëtes ; le poëme des louanges d'Auguste ; un traité de la nature des poissons, &c. Il est inutile de faire le dénombrement des autres ouvrages que le temps a épargnés, parcequ'ils se trouvent dans la plupart des éditions, dont on dit que celle de Heinsius le Jeune est la plus correcte : on se contentera de rapporter une partie des jugemens qu'on a faits en particulier sur les principaux de ces ouvrages qui nous restent.

I. Les Métamorphoses d'Ovide sont un des plus mémorables & des plus ingénieux ouvrages de toute l'antiquité : elles ont été estimées en tout temps, & traduites dans presque toutes les langues, qui ont eu cours parmi les peuples où l'on a eu soin de cultiver les lettres. Il semble qu'Ovide ait voulu nous prévenir lui-même, sur l'opinion que nous devons avoir de cet ouvrage, & qu'il ait jugé tout d'un coup du prix qu'il auroit dans la suite des siécles, lorsqu'il nous assure qu'il n'auroit point d'autre durée que celle de l'éternité.

Jamque opus exegi, quod nec Jovis ira, nec ignes,
Nec poterit ferrum, nec edax abolere vetustas.

C'est le sentiment qu'il en avoit, en finissant son quinziéme livre, si cette conclusion est de lui ; mais quelque bonne opinion qu'il semble avoir eu de ses métamorphoses, lorsqu'il étoit encore dans la chaleur de sa composition, il changea depuis. Etant dans un âge plus avancé, il ne regarda cet ouvrage que comme *un essai de jeunesse*, qui auroit besoin d'être retouché : il jugea même l'ouvrage si défectueux & si peu digne de lui, qu'il voulut le jetter au feu, & le faire perdre sans ressource à la postérité. Il exécuta en quelque façon ce dessein avant que de partir pour son exil ; mais il étoit trop tard, parceque les copies de cet ouvrage s'étoient multipliées, & qu'il y en avoit un grand nombre entre les mains de ses amis. C'est un détail qu'il nous a fait lui-même dans ses élégies. Les métamorphoses sont venues jusqu'à nous, malgré la modestie & la précaution de leur auteur ; & il semble que la postérité n'ait été ni si délicate ni si difficile que lui, dans le gout qu'elle y a pris. Le style, à la vérité, n'en est pas si relevé que celui de ses autres ouvrages ; mais il ne laisse pas d'être exact : il y a inséré des discours & des lieux communs avec une adresse & des agrémens merveilleux. Ses narrations sont autant de chansons de syrènes : la naïveté de son style, toujours accompagnée & soutenue des régles de l'art, renferme dans un cercle fort accompli tout ce qu'on peut puiser dans la fable ; pas un d'entre tous les poëtes n'a traité les plus grands & les plus petits sujets avec plus d'ornement. Il se trouve dans les métamorphoses un enchaînement merveilleux des fables de l'antiquité. On ne peut que l'on n'admire cette suite continuelle, sans interr... ..., & cette liaison de tant de choses différentes, tissues avec tant d'artifice, depuis le commencement du monde jusqu'à son temps.

II. Les Fastes sont du nombre des ouvrages qu'Ovide a faits dans un âge plus avancé : le style en est aisé, doux & naturel. On y remarque beaucoup d'érudition ; sur-tout de cette érudition que l'on puise dans la plus belle antiquité. Quoique sa matiere ne soit pas toujours susceptible de beaucoup d'ornemens, néanmoins il s'y est souvent surpassé lui-même, & il fait donner des agrémens aux sujets les plus stériles ; mais il seroit à souhaiter qu'il eût retranché ses diverses licences & cet air efféminé qu'il donne quelquefois à ce qu'il dit. Malgré cela, les fastes sont peut-être l'ouvrage du meilleur gout, & le plus judicieux d'entre tous ceux qui sont sortis de ses mains.

III. Les Elégies. On comprend sous le nom d'élégies d'Ovide, les quatre livres *des tristes*, & les quatre intitulés *De ponto*. La douceur & la facilité qu'on y admire par-tout lui a fait mériter, au jugement de plusieurs savans, le premier rang entre tous les poëtes élégiaques. Ovide lui-même assure qu'il tenoit dans le genre élégiaque le même rang que Virgile dans le genre épique. Quelques-uns le préférent à Properce & à Tibulle dans ses élégies ; parcequ'il est plus naturel, plus touchant & plus passioné, & qu'il

a mieux entendu le tour & l'esprit de l'élégie que les autres.

IV. Les Epitres d'Ovide, qu'on appelle *Héroïdes*. Toutes ces épîtres en vers, qui portent le nom de quelque *Héroïne*, ne sont pas toujours d'Ovide, quoiqu'elles se trouvent parmi les siennes. Il témoigne lui-même que celles de Pénélope, de Phyllis, de Canace, d'Hypsipyle, d'Ariadne, de Phédre, de Didon, de Sappho, étoient de lui. Joseph Scaliger y ajoute celles de Briséide, d'Oenone, d'Hermione, de Déjanire, de Médée, de Laodamie & d'Hypermnestre. Les autres sont, ou d'Aulus Sabinus, ou postérieures & supposées. Quelques critiques modernes (comme Jules Scaliger, le sieur Rosteau & le pere Rapin) prétendent que les épîtres d'Ovide sont inimitables, qu'elles sont ce qu'il y a de plus poli entre tous les ouvrages de ce poëte, & qu'elles l'emportent sur les métamorphoses & sur les fastes ; que ses héroïdes sont ce qu'il y a de plus fleuri dans les ouvrages purement d'esprit ; & que l'on peut appeler ses épîtres *la fleur de l'esprit romain*, quoiqu'elles n'aient rien de cette maturité de jugement, qui est la souveraine perfection de Virgile. Le style en est fort pur, & l'imitation des passions, aussi-bien que l'expression des mouvemens du cœur, y paroît d'une telle maniere, qu'on voit bien qu'Ovide excelloit en ce genre d'écrire.

V. Les Livres d'Ovide, qui traitent de l'*amour*, ou de l'*art d'aimer*. On lit encore aujourd'hui dans les ouvrages qui nous restent de ce poëte, les vers qui corrompirent la fille d'Auguste, & qui infecterent la partie la plus florissante de la cour de ce prince ; & il seroit à souhaiter qu'ils ne fussent point parvenus jusqu'à nous. Mais quelque dangereux que soient ces vers, on ne peut s'empêcher de louer l'ordre & la méthode des livres de l'art & du reméde de l'amour, la gravité des sentences, & la beauté de la narration. * Consultez Ovid. *in peroratione totius operis metamorphos. ad fin. l. 15 ; l. 1 de tristib. eleg. 6, & in fine libri de remedio amoris, &c.* L. Sénéque, *quaest. nat. l. 3, c. 29,* & Marc Sénéque, *controv.* 10. Velleïus Paterculus, *l. 2.* Eusebe & S. Jérôme, *in chron.* Jul. Cæsar Scaliger, *hypercrit.* Muret ; Camérarius ; Regius ; Passerat ; Vossius, Marolles, *en sa vie.* Rosteau, *sentimens sur quelques livres qu'il a lus.* Rapin, *réflexions sur la poëtique.* Baillet, *jugemens des savans sur les poëtes Latins.* Bayle, *dictionaire critique.*

OVIEDO, *Ovetum*, ville d'Espagne dans le royaume de Léon, est capitale de ce pays, qu'on appelle *les Asturies d'Oviédo.* Elle est située entre les montagnes au bord des deux rivieres Ode & Déva, avec université & évêché, qui a été autrefois suffragant de Compostelle, & qui a été érigé en métropole dans un concile, dont nous parlerons : ce qui a fait dire à quelques auteurs, qu'il dépendoit immédiatement du saint siège. L'église métropolitaine de San-Salvador est un lieu de grande dévotion, & est environné de belles maisons bâties sur des portiques. La place du marché, qui est la plus importante, est le centre de toutes les rues de la ville qui aboutissent. Les colléges de l'université n'ont rien de considérable que leur antiquité. Au reste, Oviédo a donné son nom à un royaume, qui fut établi par les Chrétiens chassés par les Maures. Pélage en fut le premier roi, vers l'an 717, & ses successeurs en porterent le nom jusqu'en 913, qu'Ordugno II prit celui de roi de Léon. * Mariana, *hist. d'Espagne.*

CONCILE D'OVIEDO.

Il avoit été commencé du temps du pape Jean VIII vers l'an 878, mais les guerres furent cause qu'on en différa la célébration jusqu'en 901. Dix-huit évêques qui y étoient assemblés, y firent des ordonnances falutaires pour le bien de l'église, & pour la police du royaume, qui en avoit alors befoin. On érigea par autorité du pape Jean VIII, l'église d'Oviédo en métropole à la priere d'Alfonse *le Grand*; & Erménégilde en fut le premier archevêque. * *Confultez* Baronius, fous l'année 901, & les actes de ce concile, rapportés par Sampirus, & par Ambroife Moralés: on les trouve aufli dans le neuviéme tome des conciles.

OVIEDO (André) Jéfuite, natif d'Illefcas, qui eft un village entre Madrid & Tolède, fut reçu fort jeune par S. Ignace dans fa compagnie, & fut envoyé à Paris pour y étudier l'an 1543. Peu après il alla pour le même fujet à Louvain, puis à Coimbre en Portugal, l'an 1545. Après qu'il eut fait un progrès confidérable dans les fciences & dans la piété, faint Ignace le nomma, l'an 1559, pour être recteur du collége de Gandie; & deux ans après il l'envoya exercer le même emploi dans celui de Naples. Ce fut prefque dans le même temps que Jean III, roi de Portugal, demanda au pape Jules III des miffionaires, pour envoyer en Éthiopie. S. Ignace en ayant donné trois de fa compagnie, le P. Oviédo, qui étoit de ce nombre, fut nommé évêque d'Héliopolis, & partit de Naples l'an 1554. Il paffa dans l'Éthiopie, dont il fut aufli patriarche, après la mort du P. Jean Nonie Barret, l'un de fes compagnons. Ce bon religieux remplit tous les devoirs d'un parfait miffionaire, & mourut au mois de feptembre 1557. Le P. Oviédo traduifit divers traités en éthiopien, & en fit un latin intitulé : *De Romanæ ecclefiæ primatu, deque erroribus Abaffinorum.* * Codinho, *de reb. Abaffin. l.* 3. Alégambe, *bibl. fcript. fociet. Jefu.* Nicolas Antonio, *bibl. fcript. Hifpan.*

OVIEDO (Gonzales Fernand) intendant ou infpecteur général du commerce dans le nouveau monde fous le régne de Charles-*Quint*, empereur & roi d'Efpagne, après avoir féjourné long-temps en ces pays-là, & fait divers voyages des Indes à la cour, compofa l'*Hiftoire générale des Indes*, en trois parties, contenant cinquante livres. La première fut imprimée en 1547, & contient dix-neuf livres, outre huit qui contiennent les infortunes & les naufrages. La feconde renferme la découverte du Mexique & de la nouvelle Efpagne. Et la troifiéme comprend la conquête du Pérou. Jean-Baptiste Ramufio traduifit en italien la première partie, & l'inféra dans fon troifiéme volume *des navigations.* * *Hift. univ. des voyages par mer & par terre.*

OUKHAM, bourg avec un château. C'eft le lieu principal du petit comté de Rutland, en Angleterre. Il eft fur la riviere de Guvash, entre Leicefter & Péterburg, environ à cinq lieues de chacune de ces villes. * Mati, *dict.*

OULNEI, ville d'Angleterre dans la contrée du comté de Buckingham, qu'on nomme *Newport*, fur le bord occidental de la riviere d'Oufe. * *Dict. anglois.*

OULTREMAN, *cherchez* DOULTREMAN.

OUNDLE, ville ou bourg d'Angleterre dans la contrée du comté de Northampton, qu'on appelle *Polbrock.* Elle eft dans une fituation agréable fur le bord occidental de la riviere de Nyne, fur laquelle il y a deux ponts. Elle a une belle église, un collége & un hôpital. Mais elle eft principalement remarquable par le bruit qui fort d'un puits, qu'on dit être un préfage affuré ou de guerre ou de la mort de quelque prince. On en a publié une relation en anglois. Ce puits fournit d'eau à plufieurs familles, & elle eft bonne en tout temps, foit qu'il faffe du bruit, foit qu'il n'en faffe point. On a voulu chercher d'où venoit ce bruit; mais celui qui l'entreprit ne trouva rien, fi ce n'eft qu'il entendit un bruit au fonds du puits. Ce bruit ne reffemble pas mal à celui d'un

tambour qui bat la marche; mais il ne dure pas toujours également. Quelquefois, il ceffe bientôt, quelquefois il dure une femaine & davantage. On ne l'entend pas aufli toujours à la même diftance. * *Voyez la relat. qu'on en a publiée.*

OUNSBURI, montagne d'Angleterre dans le comté d'Yorck, qui eft d'une hauteur extraordinaire. La vue du fommet de cette montagne eft admirable. Il fort une fource d'un grand rocher, qui eft tout au haut, dont l'eau guérit le mal des yeux. * Cambden, *Britan.*

OVO (l'ifle de l') anciennement *Epla.* C'eft une petite ifle du golfe de Colochine, à la côte méridionale de l'ifle de Cérigo, & elle a pris fon nom moderne de fa figure, qui eft ovale. * Mati, *diction.*

OURCAMP, *cherchez* ORCAMP.

OURIQUE, bourg du Portugal, dans l'Alentéjo, près du Zadaon, à onze lieues de Silves, du côté du nord. Alfonfe, duc de Portugal, défit en ce lieu cinq rois Maures, l'an 1139, prit le titre de roi de Portugal, & pour armes cinq têtes de Maures, que fes fucceffeurs portent encore dans leur écu. * Mati, *diction.*

OURS ou SAINT-GAL : c'eft le nom d'une ordre de chevaliers en Suiffe, que l'empereur Frédéric II inftitua l'an 1213, dans l'abbaye de S. Gal, & fous la protection de S. Urfe, capitaine de la légion Thébaine, martyrifé à Soleurre. Ce fut pour récompenfer l'abbé & la nobleffe du pays, qui lui avoient rendu de bons fervices dans fon élection à l'empire. Il donna aux principaux feigneurs des colliers & des chaînes d'or, au bout defquelles pendoit un ours d'or émaillé de noir; & voulut que cet ordre fût donné à l'avenir par les abbés de S. Gal; mais cette cérémonie a ceffé, depuis que les cantons des Suiffes fe font fouftraits de l'obéiffance de la maifon d'Autriche. * Favin, *théâtre d'honneur & de chevalerie.*

OURS (Saint) en latin *Urfus*, abbé en Touraine, dans le VIe fiécle, étoit de la ville de Cahors. Il quitta fon pays pour fe retirer en Berri. Il fonda trois monafteres à Toiflai, à Hugue & à Pontivi. Quittant enfuite le Berri, il paffa en Touraine & à Sennevieres, près de la forêt de Loches, où il établit un hermitage, dont il laiffa l'adminiftration à S. Libeffe, & alla bâtir un autre monaftere à Loches, où il établit une communauté, qui s'employoit continuellement à la priere & au travail des mains. Il inventa la conftruction d'un moulin fur la riviere d'Indre. Il mourut l'an 508. Son monaftere a depuis été réduit en prieuré de l'ordre de S. Benoît. * Gregor. *Tur. vitæ Patr. c.* 18. Baillet, *vies des faints*, 28 *de juillet*, jour auquel il eft fait mémoire de ce faint.

OURS (l'ifle des) appellée par les Flamans *Beeren Eyland.* C'eft une ifle, qu'on a découverte dans l'Océan Glacial, entre le Nord-cap & les côtes de Spitzberg, fous le 74 dégré de latitude. Apparemment qu'on n'y a rien vu de plus remarquable que des ours, puifqu'on lui en a donné le nom. * Mati, *diction.*

OURTE, *Urta*, riviere des Pays-Bas, a fa fource près de la frontiere de Luxembourg, paffe à Offalize, Rochefort en Ardennes, & Durbui; & ayant reçu l'Albe ou la Blanche, elle prend le nom de *Urt-Ourt*, & fe jette dans la Meufe à Liége. * Baudrand.

OURTES ou ORTHEZ, *Ortefium*, ville de Béarn, fituée fur le Gave de Pau, entre Pau & Bayone; elle a eu jufqu'en 1685, une école pour ceux de la religion Prétendue Réformée. Le château de Moncade avoit été bâti par les anciens feigneurs du pays.

OUSCHE ou OUCHE, *Ofcaris*, riviere de France en Bourgogne, paffe à Fleuri & à Dijon; & ayant reçu quelques ruiſſeaux, elle ſe jette dans la Saône, près de S. Jean de Lône. * Papyre Maſſon, deſcript. flum. Gall. Robert Cénalis, &c.

OUSE, en latin *Urus*, riviere d'Angleterre, dans la partie ſeptentrionale, où étoit l'ancien royaume de Northumbre, paſſe à Yorck, & ſe jette enſuite dans la riviere ou golfe d'Humbert. Il y a encore deux autres rivieres qui portent ce nom. La ſeconde appellée *la Grande Ouſe*, prend ſa ſource ſur le bord méridional du comté de Northampton, d'où elle coule par les comtés de Bedford, de Huntington, de Cambridge, & de Norfolk, où elle ſe décharge dans la mer. Elle baigne Brackli, Buckingham, Stoni-Strafford, Newport, Oulnei, Bedford, S. Neots, Huntington, S. Yves, Downham, & Kings-Lyn. La troiſiéme eſt appellée *la petite Ouſe*, qui coule d'orient en occident, & ſe décharge dans la premiere, ſéparant toujours le comté de Nortfolk de celui de Suffolk. Thetford dans le premier de ces deux comtés, & Brandon dans le ſecond, ſont ſitués ſur cette riviere. * Dict. anglois. Cambden, deſcr. magnæ Britan.

OUSTIOUG, province de Moſcovie, entre celles de Dwina, de Wologda, de Niſi-Novogrod, de Czermiſſi, de Wiadski, de Permski, & de Condiski. Elle a beaucoup d'étendue : mais une grande partie eſt couverte de forêts. Elle eſt arroſée par la riviere de Zuchana ou Dwina, & par celles de Jug & de Wirſogda. Elles ſont toutes ſi abondantes en poiſſons, que les habitans, après les avoir ſéchés & endurcis au ſoleil, les conſervent pour en faire leur principale nouriture. * Mati, dict.

OUSTIOUG, ville capitale de la province de ce nom en Moſcovie. Elle eſt fortifiée par un château, & ſituée ſur la Suchana, ou Dwina, vis-à-vis l'embouchure du Jug, à 80 lieues au-deſſous de Wologda, & à pareille diſtance au-deſſus d'Archangel. * Mati, dict.

OUTREMER, nom d'un ordre de chevalerie, cherchez NAVIRE.

OUVEN, cherchez OWEN (Jean).

OUVRARD (René) chanoine de l'égliſe de S. Gatien de Tours, étoit de Chinon en Touraine, & a fleuri après le milieu du XVIIe ſiécle. C'étoit un homme fort inſtruit dans preſque toutes les ſciences : il étoit poëte, mathématicien, théologien, controverſiſte, & même muſicien. Il avoit beaucoup étudié l'antiquité eccléſiaſtique, & il joignoit à ſes talens beaucoup de piété, & un grand amour pour ſon état. Il avoit été maître de muſique de la ſainte chapelle de Paris, pendant plus de dix ans, avant que d'être chanoine à Tours. Nous avons de lui un aſſez grand nombre d'ouvrages, dont il en reſte pluſieurs à imprimer : ceux qui ont été publiés, ſont : *Secret pour compoſer en muſique par un art nouveau* ; à Paris, en 1660. *Studioſis ſanctarum ſcripturarum biblia ſacra in lectiones ad ſingulos dies, per legem, prophetas, & evangelium diſtributa*, & 529 *carminibus mnemonicis comprehenſa* ; à Paris, chez Savreux, en 1668 : le même traduit en françois, en 1669. *Motifs de réunion à l'égliſe catholique, préſentés à ceux de la religion prétendue-réformée de France, avec un avertiſſement ſur la réponſe d'un miniſtre à l'office du ſaint Sacrement* ; à Paris, chez Savreux, en 1668. *Les motifs de la converſion du comte de Lorges Montgommery*, dédié au roi (Louis XIV) à Paris, en 1670. *Défenſe de l'ancienne tradition des égliſes de France, ſur la miſſion des premiers prédicateurs évangéliques dans les Gaules, du temps des apôtres ou de leurs diſciples immédiats, & de l'uſage des écrits des SS. Sévere-Sulpice, & Grégoire de Tours, & de l'abus qu'on en fait en cette matiere & en d'autres pareilles* ; par R. O. (René Ouvrard) à Paris, 1678. L'auteur adreſſe cet ouvrage au clergé & au peuple de Tours. Il y ſuit le ſen-

timent de M. de Marca, touchant S. Denys. *L'art & la ſcience des nombres, en françois & en latin, avec une préface de l'excellence de l'arithmétique* ; à Paris en 1677. *Architecture harmonique, ou application de la doctrine des proportions de la muſique à l'architecture, avec une addition à cet écrit* ; le tout in-4°, à Paris, 1679. *Calendarium novum, perpetuum & irrevocabile*, en 1682. M. Arnauld le docteur, qui avoit beaucoup d'eſtime pour M. Ouvrard, n'en avoit point pour cet ouvrage, dans lequel il trouvoit des idées trop peu fondées, & il auroit voulu que l'auteur le ſupprimât. M. Ouvrard a fait encore imprimer, *Breviarium Turonenſe, renovatum, & in melius reſtitutum, anno* 1685. Outre ſes ouvrages imprimés, M. Ouvrard a laiſſé encore les ſuivans manuſcrits : 1. *Les diſputes de la religion chrétienne réduite à ſes premiers principes, avec les preuves réciproques de la vérité de la foi catholique, par les preuves de la divinité de J. C. & la divinité de J. C. par les vérités catholiques*, en deux parties. 2. *Avis aux Catholiques, aux Calviniſtes, & aux nouveaux convertis ; ſur les prédictions des miniſtres Calviniſtes, touchant le regne de l'antechriſt, & le rétabliſſement de la religion prétendue-réformée en France*. 3. *Les définitions, diviſions, & axiomes de la géométrie* ; en vers latins. 4. *Hiſtoire de la muſique depuis ſon origine juſqu'au temps préſent*. 5. *Raiſons de la diſpoſition du bréviaire de Tours*, renouvellé en 1685, avec les avantages qu'on en peut tirer. 6. *Diſſertation ſur le traité de Voſſius, De poëmatum cantu & viribus rythmi*. L'auteur avoit communiqué cette piéce à l'abbé Nicaiſe, qui en parle dans ſa premiere lettre à M. Carrel, de même que de l'hiſtoire de la muſique. M. Ouvrard eſt mort à Tours le 19 juillet 1694, & l'on a mis ſur ſon tombeau ces deux vers latins qu'il avoit compoſés lui-même :

Dum vixi, divina mihi laus unica cura :
Poſt obitum ſit laus divina mihi unica merces.

Mon ſoin fut ici-bas de louer le Seigneur,
Que ce ſoin dans le ciel faſſe tout mon bonheur.

* *Bibliotheca ſanctæ ac metropol. eccleſiæ Turon. ſeu catalog. libror. manuſc. qui in ead. biblioth. aſſervantur, &c. pag.* 110 & ſuiv. Arnauld, lettre 161, tom. IV du recueil des lettres de ce docteur, pag. 99. Lettre de l'abbé Nicaiſe à M. Carrel, dans les *Nouvelles de la république des lettres*, octobre 1703.

OUVRIERS PIEUX, congrégation de prêtres vivans à la maniere des religieux les plus auſteres, & qui ſont employés aux miſſions. Charles Caraffa, né en 1561, d'une des plus illuſtres maiſons du royaume de Naples, fut le fondateur de cette congrégation, que le cardinal Gieſualdo, archevêque de Naples, favoriſa beaucoup. Elle a deux maiſons dans la ville même de Naples, une troiſiéme dans le territoire de cette ville, une à Caſerte, & une à Rome. Elle auroit peut-être fait de plus grands progrès ; mais ceux qui la compoſoient, s'étant offerts au cardinal Filomarini, archevêque de Naples, pour aſſiſter les malades pendant la contagion qui affligea cette ville en 1653, ils moururent tous à l'exception de deux prêtres & de trois clercs. Les Ouvriers Pieux ne font point de vœux : ils ne portent point de linge, & couchent ſur des paillaſſes : une exacte pauvreté, trois carêmes chaque année, le jeûne du vendredi & du ſamedi ; l'uſage de la diſcipline deux jours de chaque ſemaine, l'office ordinaire Romain, le petit office de la Vierge, les litanies des ſaints tous les jours, avec obligation de dire les matines à deux heures après minuit ; ce ſont-là leurs principales obſervances. Leur général, & leurs quatre conſulteurs ſont élus tous les trois ans. * Hélyot, hiſt. des ordres religieux, tom. VIII, c. 9.

O W

OWAR, en latin *Ovaria*, ville de la haute Hongrie, *cherchez* NEUHAUSEL.

OWEN (Jean) en latin *Audoënus*, naquit à Atmon dans le comté de Caernarvan, qui fait partie de la principauté de Galles en Angleterre. C'est à tort que plusieurs auteurs le disent né à Oxford : le titre de son livre d'épigrammes, où on lui donne la qualité d'*Oxoniensis*, les a trompés. Il commença ses études à Winchester dans l'école de Wykéham, & les continua à Oxford dans le collége neuf, où, après deux ans d'épreuves, on l'aggrégea en 1584. Il étudia en droit, & s'appliqua particulierement au civil, dans lequel il se fit recevoir bachelier l'an 1590. Il quitta Oxford en 1591, pour aller tenir une école à Trylegh près de la ville de Montmouth ; & vers l'an 1594, il alla exercer les mêmes fonctions à Warwick. Il est fâcheux que l'indigence l'ait réduit à ces emplois, il étoit capable de quelque chose de beaucoup mieux. Il avoit un oncle fort riche ; il devoit être son héritier, mais cet oncle catholique, fâché de voir son neveu opiniâtrément attaché à la religion anglicane, le desherita & lui enleva par-là toutes ses espérances. Jean Williams, évêque de Lincoln, & garde du grand sceau, y suppléa en quelque sorte ; & par ses libéralités, il l'aida à vivre plus commodément pendant quelques années, c'est-à-dire, jusqu'à sa mort arrivée l'an 1622, & non 1623, comme plusieurs l'ont écrit. Williams porta son attention pour lui jusqu'à le faire enterrer à ses dépens dans l'église de S. Paul à Londres, & à lui faire ériger au même lieu un monument, où l'on voit son buste en cuivre, couronné de laurier, avec ces vers au bas.

*Parva tibi atua est, quia parva statura, suppellex
Parva, volat parvus magna per ora liber.
Sed non parvus honos, non parva est gloria, quippe
Ingenio haud quicquam est majus in orbe tuo.
Parva domus texit, templum sed grande ; poëta
Tum verè vitam, cùm moriuntur, agunt.*

Ses épigrammes sont le seul ouvrage que l'on ait de sa composition. Il n'en publia d'abord que trois livres qui parurent à Londres en 1606, *in*-8°, & ausquels il en ajouta successivement plusieurs autres qui se trouvent aujourd'hui réunis, dans l'édition que Louis Elzevir en donna à Amsterdam en 1647, *in*-16. Trois auteurs en ont traduit une partie en vers anglois. 1°. Jean Vicars, dont la traduction parut en 1619, à Londres, *in*-8°. 2°. Thomas Pecke, qui publia la sienne au même lieu en 1659, *in*-8°. 3°. Thomas Harvey : nous ignorons la date de l'impression de sa traduction. M. le Brun, connu par plusieurs poësies françoises assez médiocres, en a fait un choix qu'il a traduit & publié en vers françois à Paris en 1709, *in*-12. Depuis, M. Cocquard, avocat à Dijon, a donné la traduction des meilleures épigrammes d'Owen, en vers françois, dans le recueil de ses poësies imprimé en 1754, deux volumes *in*-12. On en connoît aussi une traduction espagnole, où tout est traduit par François de la Torre : elle a été imprimée à Madrid en 1674 & en 1682, en deux volumes *in*-4°. Il y a beaucoup de génie dans la plupart des épigrammes d'Owen ; on y trouve de la force, de la cadence & de l'harmonie, de la douceur & de l'enjoument. Mais il n'est pas égal par-tout, & il s'est rendu justice, lorsqu'il a dit au commencement de son ouvrage :

*Qui legis ista, tuam reprehendo, si mea laudas
Omnia, stultitiam ; si nihil, invidiam.*

On lui a reproché des fautes de quantité ; mais ceux qui lui ont fait ce reproche n'ont pas fait attention que lorsqu'il a fait quelque faute contre la quantité & la bonne latinité, il l'a fait volontairement, dans la vue de quelques pointes d'esprit. On doit lui reprocher avec plus de justice les turpitudes dont ses épigrammes sont assez remplies, & ses déclamations peu sensées contre les moines & les ecclésiastiques. + *Voyez* Antoine Wood, *historia universitatis Oxoniensis*. Le même dans ses *Athenæ Oxonienses*. Lorenzo Crasso, *Elogii d'uomini litterati*. Le P. Niceron, dans ses *Mémoires*, &c. tom. XVI & XX, &c.

OWEN (Jean) fils de *Henri* Owen, vicaire de Stadham près de Watlington, dans le comté d'Oxford en Angleterre, fut élevé dans le collége de la reine à Oxford, & fut maître-ès-arts en 1635. Peu de temps après il reçut les ordres, félon les rits de l'église anglicane ; mais du temps que le parlement d'Angleterre étoit le maître absolu, il prêcha contre les évêques, contre les cérémonies, &c. Il fut ensuite ministre de Fordham dans le comté d'Essex, puis de Coggeshall dans le même comté. Sur la fin de 1648, il fit dans ses sermons l'apologie de ceux qui avoient fait mourir le roi Charles I, & prêcha contre Charles II, & contre tous les royalistes. On peut voir là-dessus la *lettre à un ami sur quelques principes & pratiques du docteur Owen*, imprimée à Londres en 1670. Le 17 septembre 1650, il fut envoyé par les parlementaires avec l'armée en Ecosse, & le 18 de mars suivant il fut fait doyen de l'église de Christ à Oxford. En 1652 il fut fait vice-chancelier de l'université, & un des commissaires pour la propagation de la foi. Il fut député membre de la chambre basse pour l'université d'Oxford ; mais il n'assista pas long-temps aux assemblées du parlement. En 1657, on lui ôta sa charge de vice-chancelier, & en 1659, le doyenné de l'église de Christ. Après le rétablissement du roi Charles II, il prêcha quelquefois dans sa maison à Stadham, & ensuite dans une église de Nonconformistes à Londres jusqu'à sa mort. Il fut marié deux fois. Sa seconde femme étoit veuve de *Thomas* d'Oylei, chevalier, frere cadet de *Jean* d'Oylei de Chesslampton près de Stadham, baronet. Owen étoit du parti de ceux qu'on appelle *Indépendans* ; mais sur la fin de ses jours, il déclara plusieurs fois qu'il conviendroit facilement avec les presbytériens. Il écrivoit bien, & avoit bien lû les livres des Rabbins. Il a publié un grand nombre d'ouvrages, dont voici les principaux. Une *explication de l'Arminianisme*, *in*-4°, en anglois. *Salus electorum sanguis Jesu*, contre les Universalistes, *in*-4°. *Diatriba de justitia divina*. La *doctrine de la persévérance des saints contre Jean Godwin*, *in*-fol. *Vindicia evangelica contre les Sociniens & défenses des témoignages de l'écriture sainte touchant la divinité & la satisfaction de Christ*, imprimés ensemble avec une réponse aux animadversions de M. Baxter. *Examen des remarques d'Hugo Grotius*, concernant la divinité & la satisfaction de Jesus-Christ, contre H. Hammond. *Pro sacris scripturis adversus hujus temporis fanaticos, exercitationes apologeticæ*, *in*-8°. De la divinité, de l'autorité, de l'évidence & du pouvoir de l'écriture. Défense de l'intégrité & de la pureté du texte hébreu & grec. Considérations sur les prolégomenes & l'appendix à la derniere bible polyglotte, imprimés tous ensemble, contre le docteur Brian Walton. Θεολογύμενα παντίδαπα, *seve de natura, ortu, progressu & studio veræ theologiæ, lib. VI*, *in*-4°. Ce livre a été imprimé en Hollande. *Exercitations sur l'épître aux Hébreux*, *in*-fol. La vérité & l'innocence défendues dans l'explication d'un discours concernant la police ecclésiastique, contre Samuel Parker. Briève explication & défense de la doctrine de la Trinité, *in*-12. Discours touchant le S. Esprit, son nom, sa nature, sa personalité, sa dispensation, son opération & ses effets, *in*-fol. Exercitation & explication des 3, 4 & 5 chapitres de l'épître aux Hébreux. La doctrine de la justification par la foi & la justice imputée de Jesus-Christ défendue, *in-4°*. Que l'église de Rome n'est pas un guide assuré. Continuation de l'explication de l'épître aux Hébreux, savoir des 6, 7, 8, 9, 10 chapitres, *in-fol.* Diverses défenses des Nonconformistes accusés de schisme, avec un grand nombre d'autres pièces. Il étoit occupé à finir les annotations sur la bible, commencées par M. Polus, lorsqu'il mourut le 24 d'août 1683, à l'âge de 67 ans, à Eling près d'Acton, dans le comté de Middlesex. Il a été enterré dans le cimetière des Nonconformistes, où il y a un monument de pierre de taille élevé sur son tombeau, avec une table de marbre, chargée d'une longue inscription en latin. On trouve dans les ouvrages de cet Anglois beaucoup d'élévation, de sublimité de génie, des traits admirables de morale, d'érudition, de politique, de philosophie, de jurisprudence, de médecine & de théologie. * *Dict. angl.*

OWERFLAKÉE : c'est une isle du comté de Hollande, à l'entrée du golfe appellé *Bies Bos*, aux confins de la Zélande & du Brabant ; & au midi d'un grand banc de sable, qu'on appelle *Flakée*, d'où elle a pris son nom, qui signifie *au-delà de Flakée*. Il n'y a point de ville dans cette isle, & Sommerdick en est le lieu principal. * Mati, *dict.*

OWERRE ou OWEIRO : c'est un petit royaume d'Afrique, renfermé dans les bornes qu'on a données à celui de Bénin, qui a sa capitale de même nom, environ à 20 lieues de la ville de Bénin, vers le midi. Ce qu'on dit de particulier de ce pays, est que quand on le découvrit, le roi, & sans doute plusieurs de ses sujets, étoient Chrétiens. * Mati, *dictionaire.*

OWRUCZE, ville du royaume de Pologne, dans la haute Volhinie, vers les confins de la basse & de la Lithuanie, sur la rivière de Noren, à trente lieues de Kiovie, vers l'occident septentrional. * Mati, *diction.*

O X

O XÉ de GYSLEFELT (Pierre) Danois, d'une famille ancienne, qui a produit plusieurs personnages distingués par leur noblesse & leurs richesses, fit de bonnes études dans sa jeunesse, sur-tout dans l'université de Basle sous Simon Grynæus. Parvenu à un âge plus avancé, il fut fait sénateur du royaume sous le roi Christiern III. Dès 1542 il s'étoit fait connoître dans diverses commissions importantes dont on l'avoit chargé, tant dans le royaume qu'au dehors. En 1557, il fut nommé ambassadeur du roi auprès d'Ulric, duc de Meckelbourg, beau-frere de sa majesté, pour tenir sur les fonts de baptême la princesse Sophie, qui, dans la suite, épousa Frédéric II, roi de Danemarck ; mais peu après, Oxe tomba dans la disgrace. Stéphanus croit, sur la seule foi d'un bruit public, que ce seigneur avoit écrit au roi de France des lettres qui firent soupçonner sa fidélité envers son souverain. Gramm, plus croyable, pense au contraire que c'étoit la reine qu'il avoit indisposée contre lui, parcequ'il s'étoit exprimé sur l'autorité de cette princesse avec autant de liberté que de vivacité ; & que ce fut elle qui aigrit contre lui l'esprit du roi. Oxe donnoit d'ailleurs prise sur lui. Quoique fort riche, il cherchoit encore à augmenter ses richesses ; outre les possessions de ses ancêtres, & une préfecture qu'on y avoit ajoutée, il tenoit en fief plusieurs domaines du roi ; & il fut soupçonné de ne pas toujours marcher par des voies conformes à l'équité. Que ces soupçons fussent fondés ou non, Oxe ayant appris ce qui se passoit, se démit de la charge de sénateur, pria le roi de lui permettre de se retirer sur ses terres, & donna caution le 18 février

1558, qu'il ne sortiroit point du royaume sans sa permission : mais peu après, ayant su qu'on fermoit contre lui diverses accusations, il se retira, après avoir laissé à son frere Echille & à ses cousins, un plein pouvoir de répondre à tout ce dont on pouvoit le charger. Le 15 juin de la même année, dans une assemblée qui se tint à Neubourg en Fionie, il fut condamné, & cette condamnation fut réitérée sur la fin de la même année, par sentence du chancelier du royaume. Dès le 5 juillet, il écrivit au roi du lieu de sa retraite, qui étoit sur les terres du duc de Lunebourg, pour excuser sa sortie, & protestant de son innocence ; mais ajoutant qu'il avoit cru devoir se soustraire aux périls qui paroissoient le menacer. Ses parens agirent aussi pour lui avec beaucoup d'attention ; mais les lettres d'Oxe & les sollicitations de sa famille & de ses amis, n'ayant pu adoucir le roi, & craignant d'être arrêté sur les terres du duc de Lunebourg, il se rendit à Deventer sur l'Overissel, & ensuite en Lorraine auprès de Christine, fille de Christiern II, roi de Danemarck, qui gouvernoit le duché comme régente pendant la minorité du duc son fils. Christine ayant appris le décès de Christiern III, & n'ayant pas perdu de vue ses prétentions au royaume de Danemarck, s'ouvrit de ses desseins à Oxe qui y applaudit, & procura une alliance entre le duc de Lorraine & le roi de Suède contre le Danemarck. Dès que le roi Frédéric II en fut informé, il fit confisquer tous les biens qu'Oxe avoit en Danemarck, & défendit à toutes les personnes qui pouvoient appartenir à ce seigneur, de sortir du royaume. En 1563 Oxe se chargea d'une députation de la part du duc de Lorraine, auprès d'Edzard, comte de Frise, beau-frere d'Eric, roi de Suède, pour délibérer au sujet de la guerre contre le Danemarck. On voit par les lettres d'Hubert Languet, qu'Oxe étoit fort considéré en Lorraine, & qu'il y fut d'un grand secours pour remédier aux abus qui s'y étoient glissés dans l'administration des finances ; mais on croit qu'il avoit pour but principal dans les choses les plus éclatantes qu'il entreprenoit, de faire connoître ses grands talens, afin qu'on le regrétât en Danemarck, & que l'on fût tenté de l'y rappeler. Ceux qui le connoissoient à fond, sachant d'ailleurs qu'il n'avoit aucun dessein de nuire au roi de Danemarck, & qu'il détruisoit d'une main ce qu'il paroissoit avoir commencé de l'autre, persuaderent en effet à Frédéric II de le faire revenir. On lui envoya donc un sauf-conduit daté du 24 janvier 1566, & s'étant rendu à la cour, il se justifia & fut remis en faveur. La guerre étoit déclarée entre la Suède & le Danemarck, & les finances des Danois étoient épuisées ; Frédéric souhaitoit la paix, & ne savoit quel parti prendre. Il consulta Oxe, qui donna de si bons conseils, & remédia si bien à tout, qu'on fut en état de continuer la guerre avec vigueur. Frédéric reconnoissant les bons services qu'il venoit de lui rendre, le remit dans tous ses biens & dans la place de sénateur, l'éleva à la dignité de maire du palais & de chef de tous les conseils, & ne fit plus rien lui-même sans ses avis. Il n'usa de cette confiance & de l'autorité qui lui étoit donnée, que pour le bien de l'état. Il y fit entrer aussi celui des lettres : il protégeoit ceux qui les cultivoient, faisoit voyager à ses dépens de jeunes gens pour se perfectioner dans les universités étrangeres, & engageoit le roi à contribuer à ces dépenses. Il contribua beaucoup en 1569, à l'établissement d'une chambre de charité, que le roi érigea pour l'entretien de cent jeunes gens pauvres, mais de bonne espérance, afin de les mettre en état d'être dans la suite utiles au royaume & à l'église. En 1571, il procura l'augmentation des gages annuels des professeurs de l'université de Copenhague ; & quelque temps avant sa mort, il donna des

revenus

revenus affez confidérables pour nourir huit pauvres dans l'hôpital de la même ville ; il fit encore d'autres fondations pieuses. Il mourut à Frédéricsbourg le 24 octobre 1575. Il avoit épousé au mois de septembre 1567, *Metta* Rosenkrants, dame de Valloë, veuve de *Stenon* Rosenfpar, fille d'*Olaï* Rosenkrants, feigneur de Valloë, & sénateur du royaume : il n'en eut point d'enfans. Ses trois freres *Efchille*, *Albert* & *Jean*, n'eurent aussi aucune postérité masculine ; ainsi cette famille s'éteignit avec eux. * Extrait du *Supplém. françois de Bafle.*

OXENSTIERN (Axel) grand-chancelier de Suéde, étoit né d'une des principales familles de ce royaume, & passa en Allemagne avec le roi Gustave Adolphe, dont il étoit le principal ministre. Après la mort de ce roi, arrivée à la bataille de Lutzen l'an 1632, il eut toute la conduite des affaires des Suédois & de leurs alliés en Allemagne, en qualité de directeur général. Mais la bataille de Nortlingue, qu'ils perdirent l'an 1634, ayant fort abattu leur parti, il fut obligé de passer par la France, pour se pouvoir retirer en Suéde, où il fut un des cinq tuteurs de la reine de Suéde, pendant sa minorité. Toutes les affaires s'y gouvernerent principalement par son conseil, jusqu'à sa mort, qui arriva lorsqu'il étoit dans un âge fort avancé. Il étoit comte de Sondermore ; & eut pour fils le comte JEAN Oxenstiern, ambassadeur & plénipotentiaire de Suéde à la paix de Westphalie. On a vu depuis en Suéde le comte GABRIEL Oxenstiern, grand maréchal de ce royaume ; & le comte BENOÎT Oxenstiern, grand chancelier de Suéde, & principal ministre d'état. * Sam. Puffendorf, *in histor. Suecica*, &c.

OXFORD, ville d'Angleterre, capitale du duché de même nom, à douze lieues de Glocester, & à seize de Londres, entre l'une & l'autre ville. Elle est assife sur le Cherwel, près du lieu où il se décharge dans la riviere d'Ise, laquelle jointe ensuite au Tame, forme la Tamise. Les divers parlemens qui s'y font tenus, l'ont rendue fameuse, aussi-bien que son université, qui a donné de grands personnages à l'état, & des docteurs très-célébres à l'église. Elle fut fondée l'an 805 par le roi Alfred, qui y ayant appellé les plus savans hommes de l'Europe, lui assigna un revenu fort confidérable. On y compte 18 colléges, entre lesquels celui de l'université & ceux de la Magdelène, de la maison de S. Jean & de Christdchiofdh, sont très-estimés. Ce dernier, le plus beau des quatre, ressemble plutôt à un grand palais, qu'à un collége : c'est où demeure le roi quand il vient se divertir à Oxford. Il est bâti de grosses pierres de taille, avec une grande cour bordée de grands bâtimens, dont le dessus est une terrasse, avec des balustrades tout à l'entour. Deux grandes rues principales font presque le plan de cette ville. Celle de Londonroot, qui est la plus grande, commence où est le jardin de médecine, fermé de grosses murailles de pierres de taille, & rempli de plantes & de simples. Le comte d'Ambi l'a donné aux écoliers, comme il est écrit au-dessus de la grande porte. Dans la même rue de Londonroot sont plusieurs colléges, & entr'autres celui de la Magdelène, orné de plusieurs portiques, de figures, & de colonnes, qui soutiennent les galeries dont la grande cour est environnée. Son église est l'une des mieux bâries de la ville. Le grand marché est aussi dans cette rue. Il y a près de l'église cathédrale, qui a un haut clocher de pierres, & qui fait le coin d'une rue où l'on voit le grand collége de l'université, dont la bibliothéque est une grande salle tapissée de cartes de toutes les parties du monde, & où sont les tableaux de tous les philosophes dont les œuvres font dans cette bibliothéque. Derriere cette université est le grand amphithéâtre qu'un archevêque de Cantorbéri a fait bâtir. Cette

grande rue passe à un carrefour, où est la fontaine à quatre faces, appellée *Kaifex*, & la maison de ville avec son horloge. A ce carrefour commence l'autre grande rue, qui passe devant le collége de Christdchiofdh, & finit au pont sur la Tamise. Il n'y a presque point de murailles à Oxford, & l'on y voit seulement un fort château élevé sur une petite colline à l'un des bouts de la ville, ayant d'un côté de larges fossés, & de l'autre la riviere, avec quelques forts remparts & des murailles épaisses. Il n'y a rien présentement au-dedans qu'une haute tour quarrée d'un donjon, faite de grosses pierres de taille. On voit une assez belle église dans la rue de *Stoolstrit*. Les Latins appellent Oxford, *Oxonium*, *Oxonia* & *Oxfordia*, & ceux du pays *Oxenford*. Son évêché est suffragant de Cantorbéri. Ce fut anciennement une abbaye, que fonda sainte Fridifwide, fille du roi Didan, & qui fut comblée de biens par le roi Egelred, pour expier le crime qu'il avoit commis en brûlant la ville d'Oxford, où les Danois avoient cherché un refuge.

Le pays ou comté d'Oxford est extrêmement fertile, & confifte en de belles plaines, & en de bons pâturages, arrosées de plusieurs rivieres. Les plus confidérables sont le Cherwel, l'Ise & la Tame, qui font la Tamise en se joignant au-dessous de Dorchester. Cette province a pour bornes au septentrion, les comtés de Warwick & de Northampton ; à l'orient celui de Buckingham ; au midi celui de Bercks ; & à l'occident celui de Glocester. Elle est composée de quatorze *Hundreds* ou bailliages, & n'a pour ville qu'Oxford. Parmi ses bourgs on distingue particulierement *New-Woodslocke*, où est une très-belle maison royale, & *Banburi*, renommé par ses excellens fromages. * Jouvin de Rochefort, *voyage d'Angleterre*. Audiffret, *géographie ancienne & mododerne*, tom. I.

OXIMANUS (Nicolas) *cherchez* NICOLAS AUXIMANUS.

OXIRINQUE, *Oxirinchus*, ville d'Egypte. Evagre dit que de son temps, presque tous les habitans de cette ville étoient ou moines ou vierges, & qu'il y avoit douze églises où le peuple s'assembloit, sans les oratoires des monasteres, qui étoient aussi fréquentés à certaines heures pour y faire la priere. Cette ville avoit été nommée *Oxirinque*, du nom d'un poisson que ces peuples adoroient, pendant que l'Egypte étoit païenne. * Strabon. Ptolémée.

OXITES, *cherchez* MICHEL OXITES.

OXUS, fleuve de la Sogdiane, qui se décharge dans la mer d'Hircanie, autrement appellé *Geichon Deiftan*, *Xa Cappanach Monarach* par les Arabes ; *Nicaprach* par les habitans du pays, & *Abiamu*. Il séparoit la Bactriane & la Sogdiane. * Ptolémée, *l. 9.* Dionys. Perieget. Atrien, *l. 3.* Strab. *l. 11.* Quint. Curt. *l. 9.*

OXYBIENS, peuples de Ligurie. * Etienne de Byzance & Strabon.

OXYCANUS, roi d'un peuple des Indes nommé *Preftiens.* * Quint. Curt. *l. 9.*

OXYDRACES, peuple de l'Inde citérieure, vaincu par Ptolémée, qui fut de-là appellé *Soter* ou *Sauveur.* * Quint. Curt. *l. 9.*

OXYLUS, roi d'Elide. Voici ce que Pausanias en rapporte. Sous le régne d'Eleus, les Doriens avec les fils d'Aristomaque ayant équipé une flotte, tenterent de revenir au Péloponnèse. Les commandans de la flotte furent avertis par un oracle de prendre trois yeux pour guides de leur expédition ; & comme ils cherchoient le sens de cet oracle, il vint à passer un homme monté sur un mulet qui étoit borgne, Cresphonte, un des commandans, soupçonnant que ce pouvoit être là les trois yeux désignés par l'oracle, ils associerent cet homme à leur entreprise. Cet homne étoit Oxylus, fils d'Hémon, & petit-fils de Thoas, qui avoit accompagné les fils d'Atrée au siége de Troye, & qui descendoit d'Etolus, fils d'Endymion, par six dégrés de génération. Oxylus avoit été obligé de quitter l'Etolie, parceque'en jouant au palet, il avoit malheureusement tué un homme. Les uns disent que celui qu'il tua étoit Termius, son propre frere, & les autres que c'étoit Alcidoeus, fils de Scopius. Ayant été engagé par les fils d'Aristomaque à les accompagner, il leur conseilla de passer par mer au Péloponnèse, & les détourna d'aller par l'isthme de Corinthe. Il s'embarqua avec eux, & les mena de Naupacte au cap Molycrie, petite ville de la Livadie dans la Gréce sur le golfe de Patras. Ensuite ayant demandé l'Elide pour récompense de ses services, les Doriens convinrent de la lui céder. Il y en a, ajoute Pausanias, qui ont dit qu'il appréhenda que les fils d'Aristomaque, s'ils se voyoient une ville l'Elide, ne voulussent la garder, à cause de la beauté & de la bonté de ce pays, & que ce fut par cette raison qu'il mena les Doriens au Péloponnèse, par l'Arcadie, non par l'Elide. Quoi qu'il en soit, lorsqu'il crut pouvoir s'en rendre maître sans combat, il se trompa; car Dius qui en étoit le possesseur, ne jugea pas à propos de la lui abandonner. Cependant au lieu d'exposer toutes leurs forces aux risques d'un combat, ils convinrent de choisir un Etolien & un Eléen qui, par un combat singulier, terminassent la querelle des deux princes. Degmiénus fut choisi de la part des Eléens, & Pyrechmés, frondeur, de la part des Etoliens. Pyrechmés remporta la victoire, & Oxylus fut aussitôt reconnu roi. Il épargna les anciens Eléens qui furent quittes pour recevoir les Etoliens, & pour partager leurs terres avec eux. Ensuite, dit Pausanias, il rendit à Jupiter le culte prescrit par les loix: il le rendit même à tous les héros du pays de qui la mémoire étoit en vénération, & particulierement à Augée, en l'honneur de qui il institua des cérémonies qui se pratiquoient encore au temps de Pausanias. On dit qu'ayant attiré dans sa capitale un grand nombre d'hommes qui demeuroient dans les villages circonvoisins, il agrandit Elis, & en fit une ville très-florissante, & très-peuplée. Un jour qu'il consultoit l'oracle de Delphes, le prétendu dieu lui ordonna de choisir un descendant de Pélops, & de l'associer à l'empire. Oxylus jetta les yeux sur Agorius, fils de Damosius, petit-fils de Penthile, & arriere-petit-fils d'Oreste: il le fit venir d'Elice, ville d'Achaïe, avec un petit nombre d'Achéens choisis, & il lui donna part au gouvernement. La femme d'Oxylus se nommoit, dit-on, Piéria; c'est tout ce que l'on en sait. Il en eut deux fils, Etolus & Laïas. Etolus mourut jeune, & fut inhumé sous la porte de la ville par où l'on sortoit pour aller au temple de Jupiter à Olympie. On lui éleva un tombeau dans cet endroit, à cause d'un oracle qui avoit ordonné qu'on ne l'enterrât ni au-dedans ni au-dehors de la ville. Oxylus étant mort, la couronne passa donc à son fils Laïas. * Pausanias, *in Eliacis*, ou livre V de sa *Descript. de la Gréce*, &c.

OY

OYAN (Saint) abbé de Condat, *cherchez* EUGENDE.

OYE, en latin *Anser*, oiseau domestique & sauvage, qui étoit fort estimé par les Romains, parceque le capitole étant assailli par les Gaulois, les oyes par leurs cris avoient réveillé les soldats Romains qui le défendoient, pendant que les chiens qui devoient être au guet, n'avoient point abboyé. On en nourissoit dans le temple de Junon, & les censeurs entrant en charge, pourvoyoient à leur nouriture. On célébroit même tous les ans à Rome une fête,

dans laquelle on portoit en cérémonie la statue d'une oye d'argent sur un brancard orné de riches tapis, avec un chien pendu; afin de donner au public un spectacle de la punition que méritoient les chiens du capitole, qui n'avoient point abboyé.

OYEND (Saint) en latin *Ogendus* ou *Eugendus*, abbé du monastere de Condat, *cherchez* EUGENDE.

OYSEL (Jacques) *cherchez* OISEL.

OYTA, *cherchez* EUTA.

OZ

OZA ou HUZA, lévite, fils d'*Aminadab*, conduisoit le chariot où David avoit fait poser l'arche, l'an 2990 du monde, & 1045 avant J. C. lorsque ce prince le fit transporter de la maison du même Aminadab à Silo. Oza voyant que l'arche étoit en danger de tomber, la retint avec la main, & tomba mort à l'instant, en punition de sa témérité & de son indiscrétion. On mit l'arche dans la maison d'Obed Edom. * II. *des Rois*, c. 6.

OZACA, grande ville du Japon, conquise par Nobananga sur un Bonzi, qui s'en étoit fait roi, fut agrandie & embellie par Tayco-Sama, qui y fit bâtir un palais magnifique. Fédeiori, fils & successeur de ce prince, y tint sa cour. En 1615, il y fut attaqué par Cubo-Sama IV, qui de son tuteur & de régent de l'empire pendant son bas-âge étoit devenu le tyran. Il se donna une grande bataille au pied de cette grande ville, pendant laquelle le palais impérial ayant paru en feu, le prince y courut, & ne parut plus depuis. Son armée perdit courage, ne l'ayant plus à sa tête, & la victoire demeura avec l'empire à l'usurpateur. * *Histoire du Japon*. Bartoli, *Asia*.

OZAMA, riviere principale de l'isle Hispaniola. Elle porte de grands vaisseaux, qui, entrant par son embouchure, vont se décharger à la ville de San-Domingo, le long de laquelle on la voit couler. L'eau n'en est ni douce, ni bonne à boire qu'au-dessus de cette ville, où elle abonde en poisson, qui est fort bon. * Laët, *description des Indes occidentales*, l. 1, c. 5.

OZANAM (Jacques) naquit en 1640 à Bougnieux en Bresse, d'un pere riche, & qui étoit posseffeur de plusieurs terres. Sa famille étoit d'origine, mais il y avoit long-temps qu'elle avoit embrassé le christianisme, & qu'elle faisoit profession de la religion catholique. Elle étoit même illustrée par plusieurs charges qu'elle avoit possédées en différens parlemens de province. Comme Jacques étoit cadet, & que par la loi de la province les biens devoient revenir à l'aîné, sa famille lui procura une bonne éducation, & crut qu'elle pouvoit le porter à entrer dans l'état ecclésiastique, afin qu'il pût & posséder quelque bénéfice. Mais le jeune Ozanam, entraîné par son penchant pour les mathématiques, avoit peu de gout pour un état qui l'auroit engagé à d'autres études contraires à son inclination. Sans maître & par son seul génie il fit de si grands progrès, qu'à l'âge de quinze ans il fut en état d'être auteur. L'ouvrage de mathématiques qu'il composa alors n'a jamais été imprimé: mais l'ayant relu lui-même dans la suite, il y trouva beaucoup de choses dont il fit usage, & qu'il a fait entrer dans plusieurs des écrits qu'il a publiés. Il prit cependant la tonsure par obéissance pour son pere, & étudia par le même motif pendant quatre ans en théologie; mais son pere étant mort, il renonça à tout pour se livrer plus à loisir à ses cheres mathématiques; & étant allé à Lyon, il se mit à les enseigner dans cette ville, tant pour s'y rendre lui-même plus habile, que pour trouver dans ses leçons un moyen honnête de subsister. Malheureusement pour lui, l'amour du jeu le surprit, & peu après le posséda tellement, qu'il y perdit souvent au-delà de ce qu'il gagnoit. La générosité, peu commune aux joueurs, achevoit de temps en temps d'épuiser sa bourse : mais cette vertu qui n'avoit pas en lui le christianisme pour principe, fut quelque temps après l'occasion de sa fortune. Deux étrangers, à qui il enseignoit les mathématiques à Lyon, lui ayant témoigné leur peine de ce qu'ils n'avoient point reçu des lettres de change qu'ils attendoient de leur pays pour se rendre à Paris, il leur prêta sur le champ cinquante pistoles sans vouloir de billet. Ces étrangers arrivés à Paris, racontèrent à M. Daguesseau, pere de M. le chancelier Daguesseau, l'action de M. Ozanam, & ce magistrat en fut si touché qu'il les engagea à faire venir à Paris leur bienfaiteur, en leur assurant qu'il le feroit connoître, & qu'il lui accorderoit toute sa protection. Ozanam se rendit à leur invitation ; mais à peine fut-il arrivé à Paris, que la nouvelle de la maladie de sa mere l'obligea de faire un voyage dans son pays. Il n'y arriva qu'après la mort de celle qui avoit désiré de le voir encore une fois ; & après un court séjour dans sa patrie il revint à Paris, où renonçant au jeu, il fit son unique occupation des mathématiques. Il épousa à Paris une fille qui avoit peu de bien, mais beaucoup de vertu, de douceur, & de modestie : il y vécut fort content avec elle. Il en a eu douze enfans dont la plupart sont morts en bas-âge. Ses leçons de mathématiques lui produisoient un revenu considérable, sur-tout en temps de paix, parcequ'il avoit pour disciples un grand nombre d'étrangers. En temps de guerre, où ce nombre diminuoit beaucoup, il composoit des ouvrages qui augmentoient sa réputation, & n'étoient point inutiles pour augmenter son revenu. Ces ouvrages lui coutoient peu : il composoit avec une extrême facilité, quoique sur des matieres fort difficiles. Sa premiere façon étoit la derniere, & il ne corrigeoit jamais ce qu'il avoit une fois écrit. Souvent il résolvoit en marchant dans les rues des problèmes très-difficiles, & quelquefois même en dormant. Il devint veuf & inconsolable en 1701. Pour surcroît d'affliction la guerre qui s'alluma alors pour la succession d'Espagne, lui enleva presque tous ses écoliers & le réduisit à une situation assez triste. L'académie des sciences le reçut en 1702 dans son sein en qualité d'élève, quoiqu'il méritât un titre plus honorable. Le 3 d'avril 1717, il fut subitement attaqué par une apoplexie qui l'enleva en moins de deux heures, à l'âge de 77 ans. Il étoit d'un esprit doux, d'une humeur gaye, même dans les temps où il se trouvoit plus à l'étroit, d'un cœur & d'une générosité dignes de l'éducation qu'il avoit reçue. Son extérieur étoit simple, ses manieres étoient nobles, & sa conduite fut toujours sans reproche depuis qu'il eut eu le bonheur de renoncer à la passion du jeu. Ce qu'il y a de plus admirable, il avoit une piété sincere, tendre même, & ne dédaignoit pas quantité de pratiques dont l'exercice est rarement le partage des savans, & peut-être plus rarement encore celui des mathématiciens. Tout lui paroissoit grand dans la religion, & il la portoit même jusqu'à ne pas rejetter les dévotions les plus simples. Il savoit en mathématiques tout ce qu'un homme qui n'invente point peut savoir. Toutes ses ouvrages ne roulent que sur l'ancienne géométrie ; la nouvelle n'y paroît point, étant beaucoup plus jeune que lui.

OUVRAGES DE M. OZANAM.

Géométrie pratique ; à Paris, en 1689, *in-12*. Cet ouvrage contient aussi la trigonométrie théorique & pratique, la longimétrie, la planimétrie, & la stéréométrie.

*Tables des sinus, tangentes & sécantes, & des logarithmes des sinus & des tangentes, & des nombres de-*puis l'unité jusqu'à dix mille, avec un traité de trigonométrie par de nouvelles démonstrations, & des pratiques très-faciles ; à Paris en 1685, *in-8°*, nouvelle édition augmentée en 1720.

Traité des lignes du premier genre, de la construction des équations, & des lieux géométriques, expliqué par une méthode nouvelle & facile ; à Paris en 1687, *in-4°*.

L'usage du compas de proportion expliqué & démontré d'une maniere courte & facile, augmenté d'un traité de la division des champs ; à Paris en 1688, *in-8°*, & réimprimé en 1700.

Usage de l'instrument universel pour résoudre promptement & très-exactement tous les problèmes de la géométrie pratique sans aucun calcul ; à Paris en 1688, *in-12*, nouvelle édition en 1700.

Dictionaire mathématique, ou idée générale des mathématiques ; à Paris en 1691, *in-4°*.

Méthode générale pour tracer des cadrans sur toute sorte de plans ; à Paris en 1673, *in-12*, réimprimée avec des augmentations en 1685, aussi *in-12*.

Cours de mathématiques, qui comprend toutes les parties de cette science les plus utiles & les plus nécessaires ; à Paris en 1693, cinq volumes *in-8°*. Cet ouvrage contient une introduction aux mathématiques, la *géométrie élémentaire, l'arithmétique, la trigonométrie & les tables des sinus, la géométrie pratique, la méchanique, la perspective, la géographie, la gnomonique.*

Récréations mathématiques & physiques, qui contiennent plusieurs problèmes utiles & agréables d'arithmétique, de géométrie, d'optique, de gnomonique, de cosmographie, de méchanique, de pyrotechnie, & de physique, avec un traité des horloges élémentaires ; à Paris en 1694, *in-8°*, deux volumes : nouvelle édition augmentée ; à Paris en 1724, en 4 vol. *in-8°*.

Nouvelle trigonométrie, où l'on trouve la maniere de calculer toutes sortes de triangles rectilignes, sans les tables & avec les tables des sinus, &c. à Paris en 1699, *in-12*.

Traité des lignes au premier genre, les lieux géométriques, & la construction des équations ; à Paris en 1687, *in-4°*.

Méthode facile pour arpenter ou mesurer toute sorte de superficies, & pour toiser exactement la maçonnerie, les vuidanges des terres, & tous les autres corps, avec le toisé du bois de charpente, & un traité de la séparation des terres ; à Paris en 1699, *in-12*. Nouvelle édition, au même lieu, corrigée, en 1725.

Nouveaux élémens d'Algébre, ou principes généraux pour résoudre toute sorte de problèmes de mathématiques ; à Amsterdam en 1702, *in-4°*. M. de Leibnitz faisoit beaucoup de cas de cet ouvrage, où M. Ozanam fait revivre une partie des principes de Viéte, qui méritoient de n'être point oubliés, dit M. de Leibnitz.

Traité de la fortification, contenant les méthodes anciennes & modernes, pour la construction & défense des places, & la maniere de les attaquer ; à Paris en 1694, *in-8°*.

La perspective théorique & pratique, où l'on enseigne la maniere de mettre toute sorte d'objets en perspective, & d'en représenter les ombres causées par le soleil ou par une petite lumiere ; à Paris en 1711, *in-8°*.

La géographie & cosmographie, qui traite de la sphere, des corps célestes, des différens systêmes du monde, du globe & de ses usages ; à Paris en 1711, *in-8°*.

M. Ozanam a donné de plus, dans les Journaux des savans de Paris, 1. Démonstration de ce théorème : Que la somme ou la différence de deux quarrés-quarrés ne peut être un quarré-quarré, *Journal* du 20 de mai 1680. 2. Réponse à un problême proposé par M. Comiers, *Journal du 17 de novembre* 1681. 3. Démonstration d'un problême touchant les racines fausses imaginaires, *Journal des 2 & 9 d'avril* 1685. 4. Méthode pour trouver en nombres la racine cubique, & la racine superfolide d'un binome, quand il y en a une, *Journal du 6 d'avril* 1681.

Dans les *Mémoires pour servir à l'histoire des sciences & des beaux arts*, imprimés à Trévoux, il a donné une réponse aux principaux articles qui font dans le vingt-troisiéme Journal de Paris de l'an 1703, touchant la premiere partie de son algébre, *décembre* 1703.

Il a encore donné une édition des élémens d'Euclide par le P. Déchalles, Jésuite, augmentée & corrigée ; à Paris en 1709 & 1720, *in-12*. La géométrie pratique du sieur Boulanger, augmentée de plusieurs notes, & d'un traité de l'arithmétique, &c. à Paris en 1691, *in-12*, & un traité de la sphere du monde, par le même, revu, corrigé & augmenté par l'éditeur ; à Paris, *in-12*.

* Eloge de M. Ozanam par M. de Fontenelle, dans l'*Histoire de l'académie des sciences pour l'année* 1717. Le Journal intitulé : *Europe savante*, par MM. de Pouilly, freres, M. de Thémiseuil de S. Hyacinte, & autres, *tome II. Mémoires du P. Niceron, tomes VI & X*, seconde partie. Liste chronologique & alphabétique des membres de l'académie des sciences de Paris, *in-4°*, dressée par M. Godin, &c.

OZEM, cap du royaume de Maroc, dans la province de Hea. Il est plus septentrional que Téfethne, & peu éloigné de Mogaror. * De la Croix.

OZEMAN, petite ville d'Asie en Turquie, dans la Natolie, entre Amasie & Tocia. Elle est assise au pied d'un côteau, sur lequel il y a un fort château, & au bas deux caravanseras des plus commodes. La riviere de Glusclatmac, qui est large & profonde, passe le long de la ville du côté du midi, & on la traverse sur un très-beau pont, composé de quinze grandes arches toutes de pierres de taille. C'est un ouvrage qui fait admirer la hardiesse de l'entrepre-neur. A quelque distance de ce pont, il y a six moulins à bled joints ensemble, comme s'ils ne faisoient qu'un seul moulin, & l'on s'y rend par un petit pont de bois. * Tavernier, *voyage de Perse*.

OZENSARA, ville de Palestine, dans la tribu d'Ephraïm, bâtie par Sara, fille d'Ephraïm. * Paral. 7, 24.

OZI, fils de *Bocci*, cinquiéme souverain sacrificateur des Juifs, depuis Aaron, qui eut Héli pour successeur, & lequel fut le premier de la race d'Ithamar qui entra dans la possession de cette dignité. C'est ce qu'assure Joséphe, qui dit, que cette charge avoit toujours demeuré & passé de pere en fils dans la famille d'Eléazar, qui l'avoit laissée à Phinées, & Phinées à Abiézer, Abiézer à Bocci, & Bocci à Ozi, à qui Héli succéda. * Joséphe, *antiq. l. V, c.* 11, *& l. VIII, c.* 1. Elle demeura dans cette famille jusqu'au regne de Salomon, qu'elle retourna dans celle d'Eléazar.

OZIAS, fils de *Micha*, de la tribu de Siméon, étoit un des premiers gouverneurs de Béthulie, lorsqu'Holoferne l'assiégea. Il reçut dans sa maison Achior, chef des Ammonites, & défendit la ville avec courage ; mais ne s'étant pas voulu rendre, comme le peuple le souhaitoit, il faillit à être lapidé par ces mutins. * Judith, 6, 11, &c.

OZIAS, roi de Juda, cherchez AZARIAS.

OZIAS, fils d'Onias III, bâtit en Egypte un temple pour les Juifs, voyez l'article ONIAS III.

OZUN ASEMBEC, cherchez USUM CASSAN.

OZWIEZIN, ville de la haute Pologne, située sur la Vistule, dans le palatinat de Cracovie, & à quatorze lieues au-dessus de la ville de ce nom. Ozwiézin est couverte d'un côté par un grand marais qui en rend l'approche fort difficile, & elle a de l'autre une hauteur défendue par un château dont les murailles ne sont que de bois. Elle a titre de duché, & dépendoit autrefois de la Silésie ; mais l'an 1454, Jean, duc d'Ozwiézin, la vendit à Casimir III, roi de Pologne, dont les successeurs la possédent encore. * Mati, *dict.*

Fin de la premiere Partie du Tome VIII.

P   P

Cette lettre , qui eſt une de celles qu'on appelle muettes , n'a point d'aſpiration après elle , ſi ce n'eſt dans les mots dérivés du grec , où ſe trouve la lettre φ , comme à ceux de *Phaëton* , *Philotas* , &c. On l'a auſſi quelquefois changée en B , comme *Byrrhus* pour *Pyrrhus* , & *Balatium* pour *Palatium*. Les anciens ſe ſervoient encore ſouvent de cette lettre , pour marquer ou le peuple , ou une partie de quelque choſe. P , dans les lettres numérales , ſignifie cent.

PA

PAAR (Rodolphe , baron de) chevalier de Malte , grand prieur de l'ordre en Bohême , commandeur de Furſtenveldt & de Medling , membre du conſeil privé , chambellan & grand écuyer de l'empereur Ferdinand II , & enfin général des Croates , entra en 1594 dans l'ordre de Malte. Il étoit habile dans tous les exercices qui ſont convenables à la nobleſſe. Il s'inſinua ſi bien dans les bonnes graces de l'empereur Ferdinand II , que ce prince le fit d'abord l'un de ſes chambellans , & dans la ſuite ſon grand écuyer. Il acquit une grande autorité ; mais il en abuſa , & fut obligé de ſe retirer de la cour. Ayant cependant été rappellé quelque temps après , il fut pourvu en 1620 de la charge de gouverneur de Carloſtad & des pays qui en dépendent. En 1626 il fut élu grand prieur de l'ordre de Malte dans le royaume de Bohême ; mais il mourut avant de pouvoir prendre poſſeſſion de cette dignité. * *Supplément au dictionnaire hiſtorique* , imprimé en françois à Baſle , tom. III , p. 470 , colonne première.

PAAS (Criſpin) habile graveur , naquit à Cologne. Il fut diſciple de Cornhard , & grava toutes les hiſtoires de la bible , & un grand nombre de ſujets tirés de la fable. Sa fille *Magdelène* , & ſes deux fils *Simon* & *Criſpin* , ont auſſi excellé dans le burin. Le pere ayant été appellé par le roi de Danemark , demeura dans ce royaume juſqu'à ſa mort , arrivée vers le commencement du dix-ſeptiéme ſiécle. Sandrart en parle avec éloge dans ſon Académie de peinture , *page 356*, &c.

PAATS (Adrien van) *cherchez* PAETS.

PAAW (*Petrus Pavius*) né à Amſterdam l'an 1564, s'appliqua d'abord aux belles lettres , & vint étudier en médecine en France , à Paris & à Orléans , l'an 1584. Depuis il paſſa en Danemarck , où il enſeigna quelque temps dans l'univerſité de Roſtock. Peu après il voyagea en Italie ; & étant de retour en Hollande , il y fut nommé profeſſeur en médecine dans l'univerſité de Leyden l'an 1587 , & y mourut le premier jour d'août 1617 , âgé de 53 ans. Ce profeſſeur avoit publié un traité de Galien , *De cibis boni & mali ſucci* , avec des notes. Ses autres ouvrages ſont : *De exercitiis , lacticiniis & bellariis ; De oſſibus ; De vulneribus capitis* , &c. * Meurſius, *Athen. Batav.* Valere André , &c. C'eſt aux ſoins de Paaw que l'on eſt redevable des ſquelettes qui ſe voient dans l'amphithéatre anatomique de Leyde , dont il a eu le premier la ſurintendance , qu'il a rempli pendant 22 ans , auſſi-bien que du bon ordre qui ſe trouve dans le jardin des plantes dont il a eu la direction. Il en a donné un catalogue , ſous le titre de *Hortus publicus Academiæ Lugduno-Batavæ* , à Leyde en 1603 , *in-*8° ; mais le nombre en a été bien augmenté depuis , comme on peut le voir dans les autres catalogues qu'en ont donnés Vorſtius , Herman , &c. Everard Vorſtius prononça l'oraiſon funèbre de ce ſavant en 1617 , l'année même de ſa mort. Elle eſt en latin , & a été imprimée à Leyde , *in-*4°. Il faut la conſulter pour ſavoir tout ce qui regarde Paaw , & ſes ouvrages dont le pere Niceron, Barnabite , a auſſi donné une liſte dans le tome XII de ſes *Mémoires pour ſervir à l'hiſtoire des hommes illuſtres dans la république des lettres.*

PACÆUS ou PAZ (Richard) doyen de ſaint Paul de Londres , étoit iſſu d'une famille noble en Angleterre. Il avoit beaucoup de gout pour la littérature , & ſon mérite lui acquit des amis illuſtres. Thomas Morus , chancelier d'Angleterre , le ſavant Eraſme , Reginaldus Polus , & pluſieurs autres eurent avec lui une liaiſon étroite. Il fut également eſtimé du ſavant Budée. Les quatre premieres épitres de cet homme célèbre lui ſont adreſſées , & ſont remplies d'éloges pour ſa perſonne , & pour ſes ouvrages. Elles nous apprennent auſſi diverſes circonſtances de ſa vie. Henri VIII employa Pacæus dans des affaires importantes en Suiſſe , à Veniſe , à Rome & ailleurs. On prétend que le Cardinal Wolſey , ſur le compte duquel au reſte l'on a bien mis des injuſtices dont il n'eſt pas toujours difficile de le juſtifier , envieux de ſon crédit , travailla à le mettre mal dans l'eſprit de Henri VIII , & qu'il y réuſſit. On ajoute que Pacæus touché de cette injuſtice juſqu'à l'excès , en perdit l'eſprit. Il mourut en 1532. Pacæus a compoſé pluſieurs ouvrages où l'on trouve beaucoup d'eſprit & de bon ſens , entr'autres , *De lapſu hebraicorum interpretum ; De fructu ſcientiarum epiſtolæ ; Præfamen in Eccleſiaſten recognitum & collatum cum 70 interpretum* , &c. Humfroi Hody dans ſon troiſiéme livre des textes originaux des bibles , prétend que cet ouvrage eſt le même que le premier. Pacæus poſſédoit bien l'hébreu , le grec & le latin. Eraſme en parle avec éloge dans ſes lettres.

☞ PACAMORES , GUALSONGE , ou LOS SALINAS , ſelon de L'Iſle dans ſon Atlas , gouvernement de l'Amérique méridionale au Pérou , dans l'audience de Quito. Il eſt borné au nord par le pays de los Quixos , à l'orient par la riviere de Moyobamba , au midi par l'audience de Lima , & à l'occident par la Cordillere de los Andes. Daviti dit , ſur la foi de Herrera , que les villes & peuplades eſpagnoles de ce gouvernement ont été fondées par le capitaine Jean de Salinas. L'air de ce quartier eſt fort tempéré , & ſon terroir eſt très-fertile en froment & en autres grains. Il nourit auſſi beaucoup de bétail gros & menu , & il eſt abondant en mines d'or. Ses principaux lieux ſont , Saint-François de Borgia , Salinas , Valladolid, Loyola ou Cumbibania, Sant-Jago de las Montanas.* La Martiniere , *dict. géogr.*

PACARIUS (Decimus) ſe déclara pour Vitellius qui diſputoit l'empire à Othon , l'an 69 de J. C. Il étoit alors intendant de l'iſle de Corſe où il fut tué , & ſa tête fut portée au prince contre lequel il s'étoit ſoulevé. * Tacite, *l. 2 hiſtor.*

PACART (George) miniſtre proteſtant , floriſſoit dans le ſeiziéme ſiécle. M. Bayle croit qu'il étoit miniſtre à la Rochefoucault en 1574 , lorſqu'il dédia ſa théologie naturelle au comte de ce nom. Cet ouvrage fut imprimé à la Rochelle , *in-*8° , en 1579. N'étant encore que manuſcrit , il procura la liberté à ſon auteur que l'on avoit fait priſonnier à Grenoble , à cauſe de ſes sentimens. Une copie de cet ouvrage tomba entre les mains de plusieurs membres du parlement de cette ville, & leur plut tellement, qu'ils renvoyerent le prisonnier. Cette théologie naturelle a été réimprimée, augmentée par l'auteur, en 1606 à Niort. On ne trouve point dans cette édition le chapitre de l'Antechrist qui est dans la premiere. Mais en 1604 il avoit publié à Niort un traité particulier sur ce sujet.

PACATIANUS (Titus Julius Marius ou Marinus) Auguste, n'est connu que par les médailles dont le gout fait juger qu'il vécut du temps de Philippe & de Dece. Comme ces médailles ont été trouvées en France, & qu'elles sont latines, il y auroit assez d'apparence que Pacatianus seroit le tyran que Dece a défait dans les Gaules, dont les auteurs ne disent pas le nom ; peut-être aussi est-ce le nommé Marin, qui se révolta dans la Mesie sous le règne de Philippe ; mais ce ne peut être le Jotapien, qui alors même se révolta dans la Syrie, selon Zozime. * *Voyez* ces médailles dans le livre intitulé *num. Imp. Rom.* du P. Banduri.

PACATIANUS, consul sous l'empire de Constantin, en l'an de Jesus-Christ 332, fut aussi préfet du prétoire sous le même prince deux années après.** Idat. Onuphre.

PACATUS (Claudius) de simple esclave qu'il étoit, s'éleva dans les armées sous l'empire de Domitien dans le premier siécle, jusqu'au dégré de centenier. Il fut reconnu par le maitre auquel il s'étoit dérobé, & lui fut livré comme son esclave par ordre de l'empereur, sans que sa qualité de centenier pût l'en garantir. * Dion, *liv.* 67.

PACATUS, *cherchez* DREPANIUS.

PACCIUS, poëte Latin, contemporain de Martial. * Vossius, *de poët. lat.*

PACCORI (Ambroise) diacre du diocèse du Mans, né à Céaucé dans le bas Maine, avec peu de bien & d'une famille assez médiocre, se distingua par sa modestie & par ses talens parmi quatre ou cinq cens écoliers qui étudioient avec lui dans le collège établi nouvellement à Céaucé même. Il étudia en philosophie & en théologie à Angers, où il se forma sous les yeux du pieux évêque Henri Arnauld, & le gout de la solide piété & de la science ecclésiastique, par l'étude de l'écriture & des saints peres, qui a fait toujours depuis sa plus chere occupation. Il entra par ordre de ses supérieurs dans la cléricature, mais on n'a jamais pu le résoudre à monter jusqu'au sacerdoce. Dès l'âge de 23 ans, M. de la Vergne de Tressan, son évêque, le choisit pour gouverner, en qualité de principal, le collège de Céaucé, & pour y enseigner en même temps les humanités & la rhétorique. Il n'avoit pas moins d'attention à inspirer l'amour de la religion à ses écoliers, que le gout des bonnes études : il leur faisoit souvent des instructions de piété, & il trouvoit encore du temps pour donner des leçons particulieres à plusieurs jeunes gens qu'il retiroit chez lui. Malgré les peines inséparables de ces exercices, il vivoit pauvrement, austérement même ; & jusqu'à sa mort la pénitence & la mortification ont fait ses délices. En 1684, la veille du jour de la fête de la Conception de la sainte Vierge, il lui arriva une affaire qui a eu des suites considérables : il fut empoisonné par un écolier de son collège, qui mit du verd-de-gris dans sa soupe ; heureusement qu'on s'en apperçut assez-tôt pour lui sauver la vie, mais sa santé en a toujours souffert. Sa modération lui interdit tout éclat : cependant le fait n'ayant pu être ignoré, plusieurs écoliers furent arrêtés & mis en prison malgré lui. M. le chancelier le Tellier informé de cette affaire, ordonna à M. l'official du Mans de faire publier un monitoire pour tâcher de découvrir les auteurs ou les moteurs de cette action. Le monitoire fut donné le dernier de février 1685, & M. le Tellier obligea M. Paccori de dresser un mémoire pour lui être envoyé sur ce sujet, avec tous les éclaircissemens que ce ministre demandoit. Ce mémoire fut envoyé par M.

Anjubault, principal du collége de Mayenne, qui avoit écrit à M. le Tellier sur la même affaire, & le dixiéme de janvier 1685 il y eut un arrêt du conseil qui commettoit M. le lieutenant criminel du Mans pour connoître de l'affaire. M. Paccori demanda aussi une assemblée de la ville de Mayenne pour justifier sa conduite dans l'éducation de la jeunesse, & il montra lui-même qu'elle n'avoit rien eu que d'irrépréhensible, par une lettre écrite le 11 juillet de la même année 1685. Mais tout étoit assoupi à la fin de la même année. Cependant M. Paccori ne jugea pas à propos de demeurer plus long-temps à Céaucé : il se retira en Anjou, d'où M. de Coislin évêque d'Orléans, le retira pour le faire supérieur de son petit séminaire qui étoit alors à Méun, à quatre lieues au-dessus de cette ville. Il a exercé cet emploi pendant plus de dix-huit ans, jusqu'à la mort de M. de Coislin, arrivée au commencement de février 1706 ; & pendant cet intervalle il a établi ou contribué à établir un grand nombre d'écoles qui ne subsistent plus. Dès que ce prélat fut mort, il se retira à Paris où il a toujours vécu depuis dans une grande retraite & dans une grande pénitence. Il y est mort le dimanche de la sexagésime, douziéme de février 1730, âgé d'environ 81 ans, & a été enterré à saint Jacques du Haut-Pas. Les ouvrages dont il est auteur, sont : *Avis salutaires aux peres & aux meres pour bien élever leurs enfans*, imprimés plusieurs fois à Orléans : *Entretiens sur la sanctification des dimanches & des fêtes*, imprimés aussi plusieurs fois au même lieu : *Régles chrétiennes pour faire saintement toutes ses actions*. Cet ouvrage qui a souvent été réimprimé à Orléans, avoit été fait à l'usage de ce diocèse, & en particulier pour les écoles & le séminaire de Méun, comme on le voit par l'épître dédicatoire qui se trouve au-devant de la sixiéme édition. On l'a aussi réimprimé en Flandre. *Abrégé de la loi nouvelle*, à Paris chez Muguet, *in*-18, pour la derniere fois en 1714. *Suite de l'abrégé de la loi nouvelle qui traite de la charité selon S. Paul*, à Paris 1714. *Journée chrétienne*, où l'on trouve des régles pour vivre saintement dans tous les états & dans toutes les conditions*, en 1730, *in*-12, à Paris, chez Després. *Devoirs des vierges chrétiennes*, tirés de l'écriture & des peres*, *in*-18, à Paris, chez Lottin 1727. *Régles pour travailler utilement à l'éducation chrétienne des enfans*, à Paris chez Després 1726, *in*-12. *De l'honneur qui est dû à Dieu dans ses mysteres & dans ses saints*, &c. à Paris en 1726, *in*-12. *Les regrets de l'abus du Pater*, *in*-12, brochure, à Orléans, chez Rouzeau. *Vie de Jesus-Christ*, chez le même. *La maniere de faire l'école*, à Paris, chez Muguet. *Pensées chrétiennes pour tous les jours du mois*, *in*-18, à Paris chez Després. *Instructions chrétiennes sur les représentations deshonnêtes ; les peintures indécentes*, &c. *Régles pour vivre chrétiennement dans l'engagement du mariage, & dans la conduite d'une famille*, à Paris, *in*-12, en 1726. *Instruction chrétienne sur la maniere dont on doit se conduire dans le temps qui précede le carême, & sur les désordres du carnaval*, *in*-18, à Paris, chez Lottin, en 1722. Cet ouvrage avoit paru plusieurs années auparavant à Orléans, en forme d'entretiens. *Idée de la religion*, avec des figures, à Paris, chez Jouenne, *in*-12. On a aussi une édition des *Histoires choisies* de M. Genevaux, prêtre du collège de Fortet, que M. Paccori avoit retouchées en quantité d'endroits. On lui doit de plus une nouvelle édition, avec une continuation, des Epîtres & Evangiles avec des explications par demandes & par réponses, que M. Perdoux avoit fait imprimer à Orléans chez Rouzeau en 2 vol. *in*-12. L'édition de M. Paccori forme quatre gros volumes *in*-12, à Paris chez Jean Mariette en 1727. Enfin il avoit achevé deux autres écrits. Le premier qui est considérable, est un traité des devoirs des ecclésiastiques ; le manuscrit étoit entre les mains de M. d'Arnaudin qui l'avoit approuvé, lorsque ce docteur est mort, & il ne s'est point retrouvé, Le fecond eſt une inſtruction ſur le chapelet, qui eſt entre les mains d'un libraire de Paris. * *Mémoires du temps.*

PACEM, ville du royaume de ce nom dans l'iſle de Sumatra, en latin *Pacemum.* Elle a un grand fort, & trois avenues, où l'on entre par une pointe de terre vers le ſeptentrion. La mer y monte preſque de ſix heures en ſix heures. Mandeſlo rapporte que le roi d'Achem a uni à ſa couronne les royaumes de Pacem & de Pedir, avec la plus grande partie de la côte ſeptentrionale de cette iſle de Sumatra, qui étoit autrefois diviſée en dix royaumes, & que l'on s'eſt contenté de découvrir ceux qui ſont ſur la côte, ſans avoir pénétré dans le pays, où l'on auroit trouvé des richeſſes inconnues à ceux qui habitent les villes maritimes. Il ajoute que les Portugais ne parlent que de deux royaumes méditerranés, Andrigan & Arvan, & de ceux d'Achem, de Pedir, de Pacem, de Camparam, de Zaude & de Monancabo, qui ſont tous de deçà la ligne, ſur les bords de la mer. Les Hollandois ont découvert le royaume de Palibam au-delà, pour la commodité de leur commerce dans l'iſle de Java, & ils y ont un très-puiſſant établiſſement. Le royaume de Pacem eſt à quatre-vingt milles de celui de Menancabo, à quatre dégrés de l'équateur, & à cent trente-deux du premier méridien.

PACHACAMAC, vallée fertile & agréable, à quatre lieues de Lima dans le Perou. On y avoit autrefois caché des tréſors immenſes, dans un temple magnifique que les Incas du Perou y avoient fait bâtir. C'eſt d'où Ferdinand Pizarro tira, comme on dit, plus de neuf cent mille ducats, outre de grandes richeſſes que les ſoldats y avoient pillées auparavant, ou que les prêtres Indiens avoient enlevées avant la venue des Eſpagnols. La commune opinion eſt que les ſauvages en avoient emporté autant que quatre cens hommes fort robuſtes en pouvoient porter ſur leurs épaules. Les Eſpagnols néanmoins n'ont rien pu découvrir de ce tréſor caché par les originaires du pays, quoiqu'ils aient tourmenté ces pauvres Indiens avec beaucoup de cruauté, pour leur faire dire ce qu'ils ne ſavoient pas. On voit encore les reſtes de ſe ſuperbe bâtiment, qui étoit un temple dédié au créateur de l'univers, à ce qu'écrit Garcilaſſo, ou plutôt au ſoleil, comme d'autres l'ont cru. Cette vallée eſt différente de celle de Lima, dont nous avons parlé en ſon lieu. * De Laët, *hiſt. du nouveau monde.*

PACHACAMAC, nom que les idolâtres du Perou donnoient au ſouverain être, qu'ils adoroient avec le ſoleil, & pluſieurs autres fauſſes divinités. Le principal temple de Pachacamac étoit dans une vallée à quatre lieues de Lima, & avoit été fondé par les Incas ou empereurs du Perou. Ils lui offroient ce qu'ils avoient de plus précieux, & ils avoient pour lui une ſi grande vénération, qu'ils n'oſoient le regarder : c'eſt pourquoi les rois mêmes & les prêtres entroient à reculons dans ſon temple, ayant toujours le dos tourné à l'autel, & en ſortoient ſans ſe retourner. Les ruines de ce temple témoignent encore aujourd'hui la magnificence de ſa ſtructure & de ſa grandeur prodigieuſe. Les Perouans y avoient mis pluſieurs idoles, par leſquelles le démon répondoit aux ſacrificateurs qui le conſultoient * Jovet, *hiſtoire des religions.*

PACHECO (Juan de) marquis de Villena, grand-maître de l'ordre de S. Jacques, étoit fils d'Alfonſe Telles Giron, ſeigneur de Belmonte, & naquit en 1410. Il fut envoyé dans ſa première jeuneſſe à la cour de Jean II, roi de Caſtille, qui le mit auprès de l'infant de Caſtille ſon fils, qui fut depuis roi de Caſtille ſous le nom de Henri IV, & dont Pacheco devint le favori, lorſque ce prince fut monté ſur le trône en 1454. L'autorité de Pacheco fut telle alors, qu'avec Alfonſe de Fonſeca, archevêque de Séville, il diſpoſa preſque de tout ſelon ſes deſirs, tant au dehors qu'au dedans du royaume. Jean II l'avoit déja nommé mar-

quis-de Villena, & avoit fait ſon frere dom Pedro Giron, grand-maître de Calatrava ; mais Henri IV combla le premier de faveurs encore plus grandes. Cependant Pacheco le paya d'ingratitude ; & Louis XI, roi de France, trouva moyen de le corrompre, en lui aſſignant une penſion de 12000 écus, qui lui fit conſentir en 1463 à pluſieurs articles fort préjudiciables à ſon maître au ſujet de la Catalogne, ſur laquelle il s'étoit élevé quelque difficulté entre le roi de Caſtille & Jean I, roi de Navarre. Henri IV ayant été informé que Pacheco avoit mal agi pour favoriſer Louis XI, qui avoit été nommé arbitre de ce différend, lui en fit des reproches ; mais au lieu de reconnoître ſa faute, il chercha à faire de nouvelles peines à Henri, juſqu'à vouloir le faire enlever de ſon palais, & mettre ſur le trône en ſa place le prince Alfonſe, frere de ce roi, ſous prétexte que celui-ci étoit impuiſſant. N'ayant pu réuſſir à l'enlevement qu'il projettoit, en 1465 il fit proclamer à Avila, roi de Caſtille, le prince Alfonſe, après avoir déclaré, avec des cérémonies injurieuſes, Henri IV déchu de la couronne. En 1467 il ſe fit nommer à Occana grand-maître de l'ordre de S. Jacques ; & il fut ſi bien conduire cette intrigue, que Henri & le pape même y conſentirent. Cependant le prince Alfonſe, qui n'avoit été roi que de nom, mourut, & le bruit courut que Pacheco lui-même l'avoit fait empoiſonner. Quoi qu'il en ſoit, après cette mort, ce miniſtre infidèle ſe réconcilia avec ſon légitime ſouverain, à qui il perſuada dans la même année de déclarer ſa ſœur Iſabelle ſon héritière, & d'exclure la princeſſe Jeanne qui paſſoit pour ſa fille, mais que l'on ſavoit que la reine ſa femme avoit eu de Bertrand de la Cueva. Le but de Pacheco étoit que l'infante Iſabelle épouſeroit Alfonſe V roi de Portugal, mais il fut trompé : Iſabelle épouſa ſecretement Ferdinand, prince héréditaire d'Aragon : ce qui irrita tellement l'ambitieux Pacheco, qu'il fit changer de réſolution à Henri IV, au préjudice de ſa ſœur, & qu'il détermina ce prince à déclarer la princeſſe Jeanne ſon héritière. Fier de cet aſcendant qu'il avoit ſur l'eſprit de ſon prince, il ſe ſervit de ſon crédit pour ſe faire remettre & à ſes créatures pluſieurs villes, châteaux & autres places dont il s'empara, ou par ruſe, ou par force. Ce fut au milieu, & dans l'exercice actuel de ces injuſtices, qu'il mourut d'un abſcès dans le goſier à Sancta-Crux de la Sierra, en 1473. Ce qui eſt étonnant, c'eſt que Henri IV qui avoit tant de fois reconnu ſes malverſations, & de qui il avoit reçu tant de marques d'ingratitude, le regratta beaucoup, & le fit enterrer avec pompe dans le couvent de S. Jérôme à Parral de Ségovia. Pacheco avoit épouſé en premières nôces *Marie* Portocarrero qui mourut d'un cancer à Ségovie en 1471, & en ſecondes nôces, la fille de *Pierre Fernandez* de Velaſco, comte de Haro, à qui il procura bientôt après la charge de connétable. Il eut du premier lit pluſieurs enfans, entr'autres, *Diego*, à qui il céda de ſon vivant le marquiſat de Villena.

PACHECO DE MONTALVAN (Pierre) cardinal, évêque de Siguença, étoit fils d'Alonſe Tellez-Giron, deſcendu de dom *Martin* Vaſquez d'Acunna, mari de *Thérèſe* Tellez-Giron, héritière de cette maiſon. Son fils Alonſe Tellez-Giron épouſa une héritière, qui fut *Marie* Pacheco, dont il eut JEAN Pacheco-Giron, commandeur de S. Jacques, premier marquis de Villena, & duc d'Eſcalona, qui a ci-devant ſon article particulier. Celui-ci eut divers enfans. Le troiſième fut ALONSE, pere de *Jean* Pacheco ; de *Pedro*, cardinal ; d'*Alfonſe*, commandeur de Calatrava ; & de quelques autres. *Pedro* Pacheco ſe dévoua aſſez jeune à l'égliſe, & fut pourvu de l'évêché de Ciudad Rodrigo, puis de celui de Pampelune. Il eut dans la ſuite ceux de Jaën, de Siguença & d'Albano, après que l'empereur Charles-Quint lui eut procuré le chapeau de cardinal, que le pape Paul III lui donna l'an 1545. Ce cardinal alla à Rome ſous le pontificat de Jules III, & par son zéle il contribua beaucoup au repos de l'Italie. On lui confia le gouvernement du royaume de Naples, où il rassura les esprits des peuples, & particuliérement de la noblesse, qu'on y menaçoit de l'inquisition. Il eut aussi l'adresse d'appaiser les différends qui avoient armé le pape Paul IV contre Philippe II, roi d'Espagne; & il acquit une si grande réputation de piété, qu'on parla de le mettre sur le siége pontifical, après la mort du même Paul IV. Pacheco mourut peu après à Rome, le 4 février 1560. Son corps fut porté à Montalvan en Espagne, où il avoit fait des présens considérables au monastère de sainte Claire, fondé par dom Jean Pacheco, son frere. Dom FRANÇOIS Pacheco d'Acunna, Cabera, Bobadilla, a été duc d'Escalona, marquis de Villena, deux fois grand d'Espagne, marquis de Moya, comte de Saint-Etienne de Gormas, &c. gentilhomme de la chambre du roi d'Espagne, & viceroi de Naples pour le roi Philippe V. Il est fils unique de dom *Diego Lopez* Pacheco, viceroi de la nouvelle Espagne & de Navarre, chevalier de la toison d'or, & de *Jeanne* de Zuniga, sa seconde femme. * Sandoval, *hist. de los obisp. de Pampel.* Petramellario. Auberi. *Hist. de la famille de Giron,* &c.

PACHECO DE CERALBO (François) cardinal archevêque de Burgos, natif de Castel-Rodrigo en Espagne, étoit fils de *Jean* Pacheco, gentilhomme de mérite & de réputation. Il fut employé par l'empereur Charles-Quint, & par Philippe II son fils, roi d'Espagne, en diverses négociations, dont il s'acquitta très-bien. Une des plus importantes commissions dont il fut chargé, fut celle de traiter la paix entre le pape Paul IV & Philippe II qu'il alla trouver en Angleterre, & à la recommandation duquel le pape Pie IV le mit au nombre des cardinaux l'an 1561. Il fut ensuite protecteur des affaires d'Espagne à Rome, & archevêque de Burgos, & ménagea la ligue qui se fit contre le Turc, sous le pontificat de Pie V. Il fut aussi inquisiteur de la foi, & mourut à Burgos le 23 août 1579. * Petramellario. Strada. De Thou. Auberi. Ciaconius, *in contin.* &c.

PACHECO (Alvarez) colonel Espagnol, parent du duc d'Albe, servoit sous lui dans les Pays-Bas, & avoit été envoyé à Flessingue, tant pour y être commandant, que pour y faire hâter la construction d'une citadelle en 1572; mais avant qu'il débarquât, on s'étoit déja soulevé, & l'on avoit chassé la garnison espagnole. Pacheco fut enveloppé dans cette révolte. On se saisit de lui; & quoiqu'il offrit une somme considérable pour racheter sa vie, il fut condamné à être pendu. Pacheco ayant appris cette résolution, demanda au moins qu'on le décollât, à cause de sa noblesse; mais sa demande ne fut point écoutée. Treslon indigné contre le duc d'Albe, qui avoit fait mourir son frere, ne voulut rien relâcher. Meursius raconte la chose assez amplement; mais il a confondu ce Pacheco avec un fameux ingénieur que le duc d'Albe avoit amené d'Italie, & qui s'appelloit *Paciotti.* Il suppose que celui qui fut pendu s'appelloit *Paciottus.* M. du Maurier dans ses *mémoires* observe quelques autres méprises concernant notre Espagnol, qui étoit apparemment de la famille des cardinaux Pacheco. * Bayle, *dictionnaire critique,* où l'on poura voir les auteurs qu'il cite.

PACHORUS, *cherchez* PACORUS.

PACHOME (saint) *cherchez* PACOME.

PACHOME, patriarche de Constantinople, Grec, étoit évêque de Zichne, dans la Macédoine, & fut élu patriarche malgré lui, l'an 1500. Il jouit de cette dignité jusqu'environ l'an 1513, malgré les avanies continuelles que lui firent les Turcs. * Onuphre, *in chron.* & Sponde, *A. C.* 1500, *n.* 12; & 1513, *n.* 22.

PACHYMERE (George) ancien historien Grec, dans le XIII siécle, florissoit vers l'an 1280, sous l'empire de Michel *Paléologue* & d'Andronic son successeur. Il étoit homme de naissance, & n'avoit pas

acquis moins de connoissance des affaires de l'église, dans les grands emplois qu'il avoit dans le clergé de Constantinople, que de celles de l'état, parcequ'il exerçoit une des premieres charges de la cour de l'empereur. Ainsi l'histoire de Michel *Paléologue* & d'Andronic, qu'il a écrite, est d'autant plus à estimer, que non seulement il a été témoin des affaires dont il parle, mais que même il y a eu très-grande part. Les livres de Pachymere remplissent la suite de l'histoire Byzantine, qui étoit interrompue depuis le temps où Nicetas & Acropolite finissent, jusqu'à celui où Cantacuzene commence. Son style est obscur & difficile, & chargé de trop d'érudition. Cette obscurité se fait encore sentir dans les commentaires que nous avons de lui sur le prétendu saint Denys & sur Aristote; mais la maniere dont il traite l'histoire, ne laisse pas d'être agréable: car il explique avec soin toutes les circonstances des choses qu'il rapporte, & y fait quelquefois des réflexions judicieuses. Cette histoire a été donnée au public, avec une traduction en latin, & des remarques, par le pere Poussines, Jésuite, l'an 1666. Pachymere a composé aussi des vers grecs qui ne sont point encore imprimés. * Leo Allatius, *diatr. geograph.* Le P. Poussines, *in præf. hist. Georgii Pach. Mémoires des savans.* Voici quels sont les ouvrages de Pachymere, avec la date de leur édition: 1. *Georgii Pachymeræ paraphrasis in decem epistolas beati Dionysii Areopagitæ, edita quidem ab autore ante annos mille, verò primùm latino donata per Godefridum Tilmannum Cartusiæ Parisiensis ex professo monachum,* Paris. *apud Claudium Chevallon,* 1538, petit *in-4°.* 2. *Michaël Palæologus, sive historia rerum à Michaële Palæologo gestarum, græcè & latinè, interprete Petro Possino* (le pere Poussines, jésuite) *in-fol. Romæ, typis Barberinis,* 1656. 3. *Andronicus Palæologus, sive historia rerum ab Andronico seniore gestarum, græcè & latinè, interprete Petro Possino, in-fol. Romæ, typis Barberinis,* 1669. Ces deux volumes de Pachymere qu'on joint ordinairement à l'histoire Byzantine, de l'édition du Louvre, ont été traduits en françois par M. le président Cousin. Le premier commence en 1258, & finit en 1282, où commence le second, lequel finit en 1308.

PACICHELLUS (Jean-Baptiste) apocrisiaire apostolique, a publié en 1673 une chiroliturgie, ou un traité de l'office de la main; & en 1675, un traité au pied. Le même Pacichellus a publié un livre dont le titre promet quelque chose de plus important. C'est sur l'hospitalité. * Konig, *biblioth.*

☞ PACIEN (saint) évêque de Barcelone, étoit un seigneur Espagnol, qui se convertit à la foi, & qui se rendit ensuite célèbre par sa chasteté, par son éloquence & par sa doctrine. Il florissoit sous le régne de Valens; & après avoir gouverné son troupeau saintement, il mourut sous l'empire du grand Theodose, vers l'an 390. Nous avons de ce saint homme une exhortation à la pénitence; des épîtres contre les Novatiens, & un petit traité du baptême. Le martyrologe romain en fait mention le 9 mars. S. Jérôme, qui fait son éloge, adresse à son fils Dexter, préfet du prétoire, son livre des écrivains ecclésiastiques, comme nous le disons ailleurs. Les ouvrages de S. Pacien ont été recueillis & mis au jour par Jean du Tillet, à Paris, en 1538, *in-4°.* * Saint Jérôme, *c.* 106, *cat.* Baronius, *in annal,* &c.

PACIFICATION: on entend par ce mot, les édits que les rois de France accordent aux hérétiques, pour pacifier les troubles du royaume, après avoir fait inutilement plusieurs édits très-rigoureux, pour étouffer l'hérésie dans sa naissance. François I tâcha de maintenir la religion catholique, par son édit du 29 janvier 1534; & par un autre publié l'an 1536. Henri II renouvella la rigueur de ces édits, par ceux qu'il donna le 19 de novembre 1549, & le 27 de juin 1551. Charles IX voulant remédier aux désordres de l'état l'an 1561, alla au parlement avec la reine, les prin-

; du fang, & tous ceux de fon confeil, pour pren-
= les avis de la cour ; & le réfultat de cette délibé-
ion , fut qu'on renverroit la connoiffance du crime
1éréfie aux eccléfiaftiques , avec défenfe de former
:unes affemblées , pour y faire le prêche , ou y ad-
1niftrer les facremens en autre forme , que felon
1fage obfervé dans l'églife romaine : fur quoi le roi
publier l'édit de juillet 1561 contre les hérétiques.
ais le mal augmentant tous les jours de plus en plus ,
même prince fut obligé d'accorder le premier édit
: pacification , au mois de janvier 1562. Cet édit
voqua celui du mois de juillet précédent , & permit
our la premiere fois aux prétendus-réformés de faire
ibliquement leurs prêches proche de toutes les villes
: bourgs du royaume. Les parlemens furent quelque
:mps fans vouloir le vérifier ; & il fallut deux lettres
e juffion à celui de Paris , qui le fit regiftrer avec
ette proteftation : *Que ce n'étoit que par néceffité , &
ans approuver la nouvelle religion.* Le 19 mars 1563
e roi Charles IX donna un fecond édit de pacifica-
10n , qui fut expédié dans le château d'Amboife. L'ar-
1cle premier permit aux gentilshommes & feigneurs
1auts-jufticiers l'exercice de la religion prétendue-ré-
'ormée dans leur maifon pour leur famille & leurs
1ujets feulement. Le cinquième étoit moins favorable
aux calviniftes ; car quoiqu'il leur donnât la liberté de
'aire leurs prêches dans les villes , ce n'étoit néanmoins que dans celles où ils les avoient faits publiquement jufqu'au feptiéme jour de mars , qui n'étoient pas
en grand nombre. Mais ce qu'il y eut de plus infupportable pour eux , fut la reftitution qu'ils étoient obligés de faire des églifes dont ils s'étoient emparé pendant les troubles. Un autre édit du 2 mars 1568 (nommé *l'édit de Longjumeau* , parceque les députés s'y
affemblerent pour traiter la paix) ordonna l'exécution de celui d'Amboife. Cette paix , qu'on appella
la paix fourrée , fut bientôt fuivie d'une guerre très-
fanglante ; & Charles IX voyant un foulevement
univerfel dans tout fon royaume , par la rebellion des
prétendus-réformés , fit publier un édit donné à S. Maur
au mois de feptembre 1568 , portant révocation des
précédens édits de pacification ; défenfes de faire aucun exercice public de la religion prétendue-réformée ,
avec ordre à tous les miniftres de fortir du royaume
dans quinzaine après la publication de ce nouvel édit.
Le roi fit publier en même temps une déclaration , qui
portoit que fa majefté n'entendoit point qu'il y eût à
l'avenir aucuns officiers de judicature ni de fes finances,
qui fiffent profeffion de la religion prétendue-réformée.
Le 8 août 1570 , le roi Charles IX fit la paix avec
les prétendus-réformés , en faveur defquels il publia un
édit le 11 fuivant , qui permettoit aux feigneurs hauts-
jufticiers d'avoir des prêches dans leurs maifons , non
feulement pour leur famille & leurs fujets , mais auffi
pour toutes fortes de perfonnes. L'article VIII accorda
aux prétendus-réformés deux exercices publics en chaque gouvernement. Le neuviéme leur permit de continuer l'exercice de leur religion dans tous les lieux où
ils l'avoient eu publiquement jufqu'au premier jour
d'août , c'eft-à-dire , dans les villes & bourgs qu'ils tenoient de force ; il leur fut pareillement accordé par
l'article **XXXIX** quatre places de fureté , favoir , la
Rochelle , Montauban , Coignac , & la Charité , pour
leur fervir de retraite pendant deux ans.

Après le maffacre de la S. Barthelemi en 1572 , le roi
fe rendit au parlement le 27 août , pour déclarer les raifons qu'il avoit eues de faire exterminer les huguenots ,
par cette fanglante exécution. Il fit publier en même temps
une déclaration , portant défenfes aux prétendus-réformés de faire aucunes affemblées pour le fait de leur religion ; & le 28 il écrivit à tous les gouverneurs des provinces , pour leur donner avis qu'il ne vouloit point fouffrir d'autre religion dans fon royaume , que la catholique. Mais le roi Henri III fit la paix avec les prétendus-
réformés au mois d'avril 1576 , & publia l'édit de paci-

fication adreffé au parlement le 14 mai. Cet édit leur
donna la liberté de faire publiquement leurs prêches ,
dans toutes les villes , bourgs & villages , fans reftriction de temps , de lieux ni de perfonnes , avec la permiffion de faire conftruire des temples. Ce même édit leur
accorda des chambres mi-parties , & huit places de fureté ; Aigues-mortes & Beaucaire en Languedoc ; Perigueux & le Mas de Verdun en Guienne ; Nions & Serres en Dauphiné ; Iffoire en Auvergne ; & Seyne la
Grand'-Tour en Provence. Quelques catholiques , partifans de la maifon de Guife , ne purent fouffrir qu'on
eût accordé une liberté fi générale aux calviniftes , &
commencerent à fe liguer à Pérone , pour maintenir ,
difoient-ils , la religion catholique , contre les efforts des
hérétiques. Cette ligue devint fi puiffante , qu'elle obligea le roi Henri III à convoquer les états généraux , au
mois de décembre 1576 dans la ville de Blois , où il fut
arrêté qu'il n'y auroit qu'une feule religion en France ,
& que l'on en banniroit les miniftres de la religion prétendue-réformée. Ce réfultat fut préfenté au roi , qui
protefta dans l'affemblée qu'il vouloit maintenir la religion catholique , bannir les miniftres , exclure des offices
& des charges de juftice au de fa maifon , tous ceux qui
feroient profeffion de la religion nouvelle , laiffant feulement en paix dans leurs maifons ceux de cette religion
qui n'exciteroient aucuns troubles dans l'état. A l'égard
du dernier édit de 1576 , il déclara qu'il avoit été forcé
& contraint de l'accorder , pour retirer fon frere le duc
d'Alençon des engagemens qu'il avoit contractés avec
les calviniftes & les mécontens , & pour renvoyer les
étrangers dans leur pays. En 1577 le roi voulant abfolument pacifier les troubles de fon état , envoya fes députés à Bergerac , où la paix fut conclue le 17 feptembre.
Les articles furent portés au roi qui s'étoit rendu à Poitiers pour faciliter ce traité , fur lequel l'édit de feptembre fut expédié & publié au parlement de Paris le 8 octobre. Cet édit de Poitiers accorda aux hauts-jufticiers les
mêmes privilèges que les précédens édits leur avoient
donnés ; mais l'article VII ne permit l'exercice de la religion prétendue-réformée , que dans les lieux où ils vivoient le 17 feptembre , & non pas dans toutes les villes , bourgs & villages , comme il leur étoit permis par
l'édit de 1576. L'article VIII leur donna un exercice public en chaque fénéchauffée , pour être fait aux fauxbourgs d'une ville. Ce même édit leur accorda des chambres mi-parties , & huit places de fureté , pour fix ans ;
favoir , Montpellier , Aigues-mortes , Seyne la Grand'-
Tour , Nions & Serres en Dauphiné , Perigueux , la
Reole , & le Mas de Verdun en Guienne.

En juillet 1585 la ligue obligea le roi Henri III à faire
un édit qui fut appellé de *Réunion.* Par cet édit il révoqua tous les précédens donnés en faveur des prétendus-
réformés , dont il défendit la religion dans tout fon royaume ; il ordonna à tous les miniftres d'en fortir un mois
après la publication qui en feroit faite , & à tous ceux de
la nouvelle religion , de fe rendre catholiques dans fix
mois ; & à faute de ce faire , il leur commanda pareillement de fortir du royaume ; il caffa auffi toutes les chambres mi-parties. Au mois d'octobre de la même année ,
les ligueurs obtinrent du roi un fecond édit de réunion ,
encore plus rigoureux , en ce qu'il ne donnoit que quinze
jours de temps aux prétendus-réformés , pour fe convertir , ou fortir du royaume. En juillet 1588 la ligue obligea encore le roi Henri III à donner un troifiéme édit ,
portant que tous fes fujets feroient réunis à la véritable
églife , & qu'on ne recevroit à être roi , après la mort
de fa majefté , aucun prince qui ne fit profeffion de la religion catholique. Mais Henri IV étant parvenu à la couronne , fit une déclaration à Mante le 4 juillet 1591 , par
laquelle il caffa les trois édits de réunion , & ordonna
que l'édit de feptembre donné à Poitiers l'an 1577 , feroit exécuté felon fa forme & teneur. Cette déclaration
fut vérifiée au parlement féant à Châlons le 24 du même
mois. Les troubles qui continuoient dans les provinces ,
empêcherent qu'elle ne fût vérifiée dans les autres parle-

mens ; de sorte qu'elle demeura inutile , & que les prétendus-réformés n'eurent la liberté de faire leurs prêches,
que dans les places où ils étoient les maîtres , & dont ils
avoient banni la religion catholique. Le dernier jour
d'avril 1598, le roi étant à Nantes , fit dresser un nouvel édit de pacification , qui permettoit aux prétendus-
réformés l'exercice public de leur religion , dans tous les
lieux où il avoit été fait publiquement pendant les années
1596 & 1597, jusqu'à la fin du mois d'août ; & il leur
accordoit un exercice pour chaque bailliage à deux lieues
des principales villes , dans lesquelles on ne pouvoit établir l'exercice public sans trouble. Cet édit de Nantes fut
confirmé à Nismes par le roi Louis XIII , l'an 1610 , &
par Louis XIV en 1652. Mais parceque ce prince n'a-
voit accordé cette confirmation , que pour obliger les
calvinistes à se contenir dans leur devoir pendant les divisions de son état ; les guerres civiles ayant été heureusement terminées, il le révoqua en 1656 avec tout ce
qui s'en étoit suivi. Depuis il a entiérement supprimé cet
édit de Nantes , & celui de Nismes en 1685. *Voyez*
CALVINISME , *vers la fin de l'article.* * Soulier, *hist.
des édits de pacification.*

PACIFIQUE (La Mer) ou la MER DU SUD.
C'est une vaste partie de l'Océan , qui s'étend du nord
au sud , depuis la terre de Jesso , jusqu'au tropique du capricorne qui la sépare de la mer Magellanique , ayant au
levant l'Amérique , & au couchant les isles des Larrons.
On l'a appellée *Mer du Sud* , parceque les Espagnols la
découvrirent à l'endroit , qui est au midi de la mer du
nord ; & on lui a donné depuis le nom de *Mer pacifique* , parcequ'elle est si peu sujette aux orages , que les
vaisseaux qui partent d'Acapulco, port du Méxique, pour
les Philippines, y arrivent souvent sans être obligés de
changer leurs voiles de place. Elle est divisée en quatre
parties , qu'on appelle mer de Jesso , de Californie, du
Sud & du Pérou. On a découvert plusieurs isles dans
cette mer , dont celles de Salomon & la terre de Quir
sont les principales. * Mati , *diction.*

PACIFIQUE , de Novarre , religieux de l'ordre de
S. François , dans le XV siécle , vers l'an 1470, écrivit
une somme des cas de conscience , dite *Summa pacifica,*
que François Tarvisi traduisit en italien, & qui fut imprimée en latin. * Wading. *in biblioth. Minor.* Bellarmin, *de script. eccl.* Possevin, *in appar. sacro , &c.*

PACIFIQUE (Maxime) d'Ascoli , qui mourut au
commencement du XVI siécle , âgé de près de cent ans,
écrivit contre Ange Politien , & publia divers poëmes
sur Lucrece femme de Collatinus , sur Virginie , sur les
guerres de Cyrus, de Sylla & de Marius, &c. * Vossius,
lib. 3 *de histor. lat. cap.* 8.

PACIFIQUES ou PACIFICATEURS , est le nom
qu'on donna dans le V siécle à ceux qui suivoient l'hé-
notique de l'empereur Zenon, & qui, sous prétexte d'u-
nion entre les catholiques & les hérétiques , détruisoient
la vérité de la foi exprimée dans le concile de Chalcédoine. * Evagre , *l.* 3. Sandere , *hær.* 103. Baronius ,
A. C. 482, *n.* 25.

PACIFIQUES. On donna dans le XVI siécle ce nom
à certains Anabaptistes , qui courant dans les bourgs , &
vantoient d'annoncer la paix , & par cet artifice trom-
poient les peuples. * Prateole, *V. Pacif.* Sandere , *hær.*
232.

PACIMONTAN (Balthazar Pacimontanus) de Zu-
ric , donna au commencement du XVI siécle dans les
sentimens des Anabaptistes , dont il prêcha les erreurs.
Le magistrat le voulut punir , & Pacimontan abjura en
apparence ces opinions extravagantes ; mais il sortit de
son païs , & se retira dans la Moravie , où il continua
à débiter les mêmes impiétés. Il fut enfin arrêté , conduit à Vienne en Autriche , & condamné à être brulé :
ce qui fut exécuté peu après , en 1525. * Prateole. Sponde , *A. C.* 1525 , *n.* 14, *&c.*

PACINELLI (Augustin) natif de Sienne , célèbre
entre les savans Italiens du XVII siécle , florissoit sous le
pontificat de Paul V & d'Urbain VIII. Il savoit le droit

canon & les belles lettres , & étoit recommandable par
sa prudence , par sa douceur & par sa modestie. Il s'attacha au cardinal Paul Emile Sfondrate, qui le choisit pour
être grand vicaire du diocèse de Crémone. Après la mort
de ce prélat , il passa près de Scaglia, puis près de Marc-
Antoine Bragadin, tous deux cardinaux. Il refusa quelques
bénéfices , entr'autres l'archevêché de Sienne , & fit un
saint usage de ses biens, qu'il distribuoit libéralement aux
pauvres. Il a composé quelques ouvrages qui n'ont point
été publiés. Janus Nicius Erythræus a fait son éloge ,
pinac. II , *imag. illust. c.* 29.

PACIUS (Fabius) médecin, né en 1547 à Vicenze,
au septiéme mois de la grossesse de sa mere , apprit jeune
les belles lettres , la philosophie, la médecine & les langues, & reçut les honneurs du doctorat en 1575. Il s'é-
toit déja acquis de la réputation , par une comédie intitulée , *Eugène* , qu'il avoit fait représenter ; & il vint ensuite exercer dans sa patrie la médecine , qu'il enseigna
en particulier , aussi bien que la philosophie. On lui offrit
de grands avantages à Padoue , à Messine , & dans d'autres universités célèbres ; & le roi de Pologne voulut le
faire son premier médecin. Mais l'amour qu'il avoit pour
sa patrie , & le soin de sa famille , le retinrent en Italie.
Il demeura quelque temps à Venise , & mourut le 11
octobre 1614, âgé de 67 ans. Il avoit composé divers
traités qui n'ont pas été publiés. Ses fils ont très-bien
soutenu la réputation qu'il s'étoit acquise. * Thomasini ,
in elog. doct. viror.

PACIUS (Julius) chevalier de S. Marc , philosophe
& jurisconsulte , frere de *Fabius* , dont nous venons de
parler, naquit à Vicenze l'an 1550 , & dès l'âge de treize
ans , composa un traité d'arithmétique. Il apprit en très-
peu de temps les langues , principalement la grecque &
l'hébraïque ; & réduisit en abrégé tous les secrets de l'art
de Raimond Lulle , qu'il mit depuis assez heureusement
en pratique. Lorsqu'il fut de retour à Vicenze , sa curiosité le porta à lire des livres défendus. On lui en fit un
crime auprès de son évêque, qui donna ordre de l'arrêter. Ses amis auroient pu faire sa paix ; mais Pacius en
prit l'épouvante , & se retira en Suisse. Comme il n'avoit
pas de quoi subsister , il fut obligé d'enseigner : ce qu'il fit
avec tant d'applaudissement, qu'on l'attira bientôt dans
l'université d'Heidelberg , où il fut professeur en philosophie. Pacius se fit appeller *Beriga* , qui est le nom d'une
maison de campagne que sa famille a près de Vicenze.
Depuis , le desir de voir l'Allemagne , le fit passer jusqu'en Hongrie , où il enseigna le droit. A son retour , le
duc de Bouillon l'attira dans sa nouvelle université de
Sédan ; & le grand savoir de Pacius la mit en réputation.
Mais la fureur des guerres civiles le chassa de cette ville.
Il se retira à Nismes en Languedoc ; & de-là on lui ménagea une chaire de professeur en droit , dans l'université de Montpellier, où il eut le célèbre M. de Peiresc
pour disciple & pour pensionaire. Peiresc âgé pour lors
de 21 ans & six mois , qui étoit à Montpellier par la réputation de Pacius , il arriva dans cette ville vers le commencement de juillet 1602 , & se mit en pension chez ce
professeur. Il prit ses leçons jusqu'au mois de novembre de la même année qu'il revint à Aix avec Pacius qui
l'accompagna ; & après y être demeuré peu de temps ,
ils s'en retournerent ensemble à Montpellier. Chemin
faisant , ils visiterent Nismes , Orange & plusieurs villes ; & Pacius qui n'étoit guère moins habile physicien
que jurisconsulte , se servoit de tout ce qui attiroit l'attention de son disciple , pour lui expliquer les merveilles de la nature. Lorsqu'ils furent de retour à Montpellier, M. de Peiresc continua sous Pacius l'étude du droit,
jusqu'à la fin de 1603 qu'il revint de nouveau à Aix. Il
emmena encore Pacius avec lui , mais dans le dessein de
lui faire donner dans cette ville , dont on travailloit pour
lors à rétablir l'université , la première chaire de droit.
Il espéroit par-là faire fleurir cette nouvelle académie ,
& engager d'ailleurs Pacius à renoncer aux erreurs des
protestans , pour embrasser la religion catholique. Mais
Pacius resta peu à Aix. M. de Peiresc alla de nouveau en

24 à Montpellier pour tenter encore d'en faire abandonner le séjour à Pacius, & l'engager à préférer celui d'Aix ; mais ce second voyage fut aussi inutile. Pacius resta à Montpellier, qui lui plaisoit davantage, à cause de liberté qu'il y avoit de professer la religion prétendue-réformée. De cette université, il vint à celle de Valence en Dauphiné, où il trouva de plus grands avantages. Il étoit encore en 1619, année dans laquelle il y fit publiquement profession de la religion catholique. La réputation de son nom se répandit bientôt dans toute l'Europe. On lui offrit des chaires de professeur à Leyden en Hollande, à Pise & à Padoue. Il choisit Padoue, où il alla avec Jacques Pacius, le quatrième de ses fils, & fut reçu avec estime dans toutes les villes où il passa. La république de Venise lui donna le collier de son ordre de S. Marc, à cause d'un traité *de dominio maris adriatici*, & accorda une chaire de professeur à Jacques Pacius, qui enseigna quelque temps avec succès. Mais les prières de sa famille, qu'il avoit laissée à Valence, l'obligerent de retourner en France. Il continua ses exercices ordinaires dans la même ville, où il mourut l'an 1635, âgé de 85 ans. Outre divers traités de philosophie & plusieurs livres d'Aristote, qu'il publia en grec & en latin avec des notes & des commentaires de sa façon, il composa un grand nombre d'ouvrages de droit ; comme *De contractibus tract. VI. Com. ad tit. od. de rebus creditis seu obligationibus quæ re contrauntur. Centuria aliquot. Isagoga in instit. imper. l. IV : ota in easdem. Epitome juris. In decretales lib. V. De juris methodo, lib. II. Synopsis juris civil. com. ad tib. IV, cod. de oblig. & de rebus creditis. De jure maris Adriatici. De arte Lulliana. Œconomia juris. Com. in tit. de pactis & transactionibus. Analysis V partis digesti. Pictura II de gradibus secundùm jus civile & canonicum. De gradibus affinitatis. Editio corporis juris civilis cum notis & legum argumentis.* * Gassendi, *in vita Peir.* édition de la Haye 1655, *in-4°,* page 33-40, 43. Imperialis, *in musæo histor.* Thomasini, *in elog. doct.* Lorenzo Crasso, *elog. d'huom. letter. &c.* Voyez encore les *lettere d'uomini illustri, &c.* pag. 81, 221, 223, 124, 243, 244, 306 & suivantes, 316, 471 & suiv. &c.

PACOME (saint) abbé de Tabenne en Egypte, dans le IV siécle, étoit né l'an 292 de parens idolâtres ; & à l'âge de 20 ans, il fut forcé de s'enroller. La charité qu'il vit pratiquer à quelques chrétiens, le toucha si fortement, qu'à la fin de la guerre, il quitta la profession des armes, & revint dans la Thébaïde, où étant allé à l'église du bourg de Cherobosque, il se fit catéchumene, & peu de temps après reçut le baptême. Depuis il fut disciple d'un solitaire nommé *Palemon*, & fit un si grand progrès dans la vertu sous cet excellent maître, qu'il devint lui-même maître de plusieurs moines, dans le monastere de Tabenne, situé fur les bords du Nil, qu'il bâtit, comme l'on croit, par le commandement d'un ange, qui lui apporta la régle que Dieu vouloit qu'il donnât à ses moines. Les solitaires y accoururent en si grand nombre, que la haute Thébaïde fut bientôt peuplée de monastères, qui reconnurent ce saint homme pour leur fondateur. S. Jérôme dit dans la *préface sur la régle de S. Pacôme,* que les disciples de ce patriarche vivoient 30 à 40 dans chaque maison, & de 30 à 40 de ces maisons composoient un monastere : de cette maniere chaque monastere comprenoit depuis 12 jusqu'à 1600 moines. Ils s'assembloient tous les dimanches dans l'oratoire commun de tout le monastere. Chaque monastere avoit un abbé, chaque maison un supérieur, & chaque dixaine de moines un doyen. Tous les monasteres reconnoissoient un seul chef, & s'assembloient avec lui pour célébrer la fête de Pâque, quelquefois jusqu'au nombre de 50000, & cela des seuls monasteres de Tabenne, outre lesquels il y avoit encore en d'autres parties de l'Egypte ceux de Sorté, d'Oxiringue, de Nitrie & de la Mercote : tous déféroient à S. Pacôme comme à leur général. Il leur avoit donné pour habit une unique de lin sans manches, une peau de chévre ou de bre-

bis blanche passée, une ceinture, une cuculle ou capuce ras & sans poil : il y avoit sur ce capuce une pièce rouge en forme de croix. La sœur de ce Saint fonda de l'autre côté du Nil un monastere de filles, qui vivoient en communauté, & pratiquoient la vie cénobitique ; & en peu de temps elle devint la mere d'une grande quantité de religieuses. La foi de S. Pacôme étoit si vive, qu'il marchoit sur les serpens, & que, lorsqu'il vouloit passer le Nil, il se faisoit porter, dit-on, par les crocodiles, d'un rivage à l'autre. Après avoir bâti divers monasteres, & mené une vie toute pénitente, il mourut le 9 de mai de l'an 348. Sigebert dit que ce fut en 406, & Trithème en 390 ; mais ils se trompent. Gerard Vossius a fait imprimer en 1604 *Pacomii monita,* avec les œuvres de S. Grégoire *Thaumaturge.* On trouve aussi dans le recueil de Benoît d'Aniane, onze lettres de S. Pacôme, écrites avec beaucoup de simplicité, qui sont citées par Gennade ; & une lettre de Théodore, son disciple, touchant la Pâque. Nous avons dans sa vie la régle qu'on prétend lui avoir été donnée par les anges ; & il y en a une autre qui porte son nom, dans le recueil des régles d'Orient, & dans les bibliothéques des peres. Un ancien auteur Grec écrivit la vie de S. Pacôme, que Denys *le Petit* traduisit en latin, & que M. Arnauld d'Andilli a mise en notre langue, entre celles des peres du désert. * Gennade, *c. 7, de vir. illust.* Trithème : Bellarmin. Baronius. Possevin, &c. Du Pin, *biblioth. des auteurs ecclésiast. du IV siécle,* 2e édit. Hermant, *hist. des ord. religieux, tome I.*

PACONIUS (Agrippinus) sénateur Romain, philosophe de la secte des Stoïciens, fut enveloppé sous Néron dans la disgrace de Soranus & de Thrasea, dont tout le crime, comme le sien, étoit d'être trop gens de bien. Lorsqu'on lui eut annoncé que le sénat l'avoit banni d'Italie, & qu'on lui laissoit ses biens : *Allons,* dit-il froidement, *allons dîner à Aricia.* Ce Paconius, dont Tacite vante extrêmement la modestie, étoit fils d'un *Marcus Polonius,* que Tibere avoit fait mourir, seulement pour faire plaisir à un nain dont il se servoit dans ses divertissemens. * Tacite, *annal.* 16. Suétone, *l.* 3, *c.* 61. Lipse, *in annal. tract.*

PACORUS I, prince des Parthes, étoit fils d'*Orodes,* roi des Parthes, & donna des marques de son courage dans la défaite de Crassus, dont il tailla l'armée en pièces, avec l'aide de Surena, l'an de Rome 701, & 53 avant Jesus-Christ. Deux ans après, il porta la guerre dans la Syrie, & attaqua inutilement Antioche. Après la mort de César, pour se venger de Marc-Antoine, qui avoit déclaré la guerre aux Parthes, il entra encore en Syrie, & fut tué dans un combat par Ventidius, l'an 715 de Rome, 39 ans avant l'ére chrétienne. * Joséphe, *antiq. l.* 14, *c.* 23, 24 *& seq.* Velleius Paterculus, *l.* 2. Justin, *l.* 42. Dion. Florus. Eutrope, &c.

PACORUS, grand échanson du précédent, entra par les ordres de son maître dans la Judée à la tête d'un corps de cavalerie qu'il commandoit, pour reconnoître le pays, & se joindre à Antigone. Ce fut lui qui fit tomber Phasaël & Hyrcan dans le piège, en leur conseillant d'aller trouver Barzapharnès pour parler de paix. Hérode, qui étoit plus méfiant, & qui connoissoit très-bien la perfidie des barbares, ne voulut jamais suivre ses conseils, & se sauva pendant la nuit. * Joséphe, *antiquit. liv. XII, chap.* 24.

PACORUS, roi des Parthes, fut d'intelligence avec Decebale, roi des Daces, dans la guerre que ce dernier fit aux Romains, sous l'empire de Domitien. Pacorus avoit succédé à Artabane, & régnoit encore vers l'an 101. Ses enfans furent *Parthamisiris* & *Cosroës.* * Pline le Jeune, *epist. l.* 10. Dio, *l.* 68.

PACORUS, fils de *Vononès,* roi des Parthes, eut en partage le pays des Médes, que lui assigna son frere *Vologese,* en considération de ce qu'il lui avoit cédé ses prétentions sur l'empire des Parthes. Pacorus avoit un autre frere nommé *Tiridates,* auquel échut le royaume d'Arménie. Ce dernier emmena avec lui les enfans de fes deux fréres à Rome, lorfqu'en l'année 66 il y alla recevoir la couronne des mains de l'empereur Néron. En 72 Pacorus fut défait par les Alains qui ravagerent fon royaume, firent fa femme prifonniere, & l'obligerent lui-même à s'enfuir. * Jofephe, *antiq. l.* 20. Tacite, *annal. l.* 12, *c.* 44. Dio, *l.* 63. Jofephe, *de bell. Jud.*

PACTIUS, *cherchez* PAZZI.

PACTOLE, *Pactolus*, fleuve de Lydie, avoit fa fource au mont Tmole, paffoit à Sardes & fe jettoit dans l'Hermus. Les modernes le nomment *Sarabat.* Pline, Strabon, Solin, &c. en font mention, auffi-bien que les poëtes, qui parlent fouvent de fon fable doré.

PACTYAS, *Lydien*, après la deftruction du royaume de Lydie, fut chargé de la garde des tréfors de Crœfus. Un emploi qui paroiffoit fi honorable, ne fervit qu'à perdre Pactyas : il crut pouvoir fe fervir des richeffes qu'on lui avoit confiées pour fe rendre indépendant ; & fes largeffes attirant à lui beaucoup de vagabonds, ou de gens qui haïffoient la domination des Perfes, on le vit bientôt à la tête d'un parti confidérable, auquel rien ne manquoit qu'un bon chef. Ce feul défaut rendit tout le refte inutile. Pactyas ayant affiégé en vain la citadelle de Sardes, prit honteufement la fuite, dès qu'il apprit que Mazares, l'un des généraux de Cyrus, approchoit ; & depuis il ne fit plus qu'errer de ville en ville, jufqu'à ce que les infulaires de Chio le livraffent aux Perfes.* Hérodote, *liv.* 1.

PACUVIUS (Marcus) de Brindes, poëte tragique, étoit en grande réputation, vers l'an 600 de Rome, & 154 avant Jefus-Chrift. Ce poëte aimoit la peinture, deffinoit affez bien, publia diverfes piéces de théatre, & mourut à Tarente, âgé d'environ 90 ans. Il compofa lui-même fon épitaphe, qui eft rapportée par Aulu-Gelle dans fes Nuits attiques, *liv.* 1.

> *Adolefcens, tametfi properas, hoc te faxum rogat*
> *Utei ad fe afpicias, deinde quod fcriptu' eft legas.*
> *Hîc funt Poëta* PACUVIEI *fita Marci*
> *Offa. Hoc volebam, nefcius ne effes. Vale.*

M. Baillet dans fes Jugèmens des favans, dit que felon S. Jérôme, Pacuvius étoit fils d'une fille d'Ennius ; mais Scaliger dans fon édition de la chronique d'Eufebe, traduite par S. Jérôme, a fupprimé ces mots, *Ennii Poëta ex filia nepos*, comme fufpects de faux. Les poëfies de Pacuvius fe trouvent dans le *Corpus poëtarum Latinorum.* * Pline, *l.* 35, *c.* 4. S. Jérôme, *in chron.* Eufeb. &c. *Voyez* Baillet, *jugemens des favans fur les poëtes anciens.*

PACY, *Paciacum*, petite ville de Normandie fur la rivière d'Eure, avec un château ruiné, aux confins de l'Ifle de France, à trois lieues de Vernon, & à quatre d'Evreux.

PACZ, *cherchez* PACÆUS (Richard)

PADERBORN, ville anféatique d'Allemagne, en Weftphalie, avec évêché fuffragant de Mayence, eft nommée par les auteurs Latins, *Paderborna*, *Paderburna*, & *Paterborna.* L'évêque eft feigneur temporel de cette ville & du diocéfe, qui comprend Brackel, Warbourg, &c. entre les diocèfes de Brunfwick & de Weftphalie, le diocèfe de Munfter, le pays de Heffe-Caffel, &c. Charlemagne y tint une affemblée ou parlement en 777. Quelques hiftoriens rapportent que cet empereur marchant avec fon armée dans la Weftphalie, fut obligé de camper au lieu où eft à préfent la ville de Paderborn, & où il ne fe trouvoit point d'eau. Il fortit, difent-ils, une fource d'un endroit où l'on avoit enfoncé un des piquets de fa tente ; & cette fource devint fi abondante, que dans fon cours elle forma une petite rivière, qui fut nommée *Pade*, d'où l'on dit que Paderborn a tiré fon nom. Ces hiftoriens ajoutent qu'en confidération de ce fecours fi peu attendu, l'empereur fit bâtir au même lieu une belle églife, qui eft aujourd'hui la cathédrale, dont il fit élever le grand autel fur la fource même, & qu'il fonda enfuite l'évêché, dont le premier prélat fut Hadumar ou Herimar. On tient que

quelque temps après, les Saxons ruinerent cette églife, mais que l'évêque aidé de nouveaux bienfaits de l'empereur, la fit réparer, & que le pape Léon III qui s'étoit réfugié en Allemagne, la confacra le 6 décembre 799. Cette ville fut brulée en 999, & on la répara dans la fuite. Elle eft aujourd'hui très-agréable & affez bien fortifiée. L'évêque fait fa réfidence dans le château de Neuhaus, qui eft plus fort que la ville de Paderborn. Le chapitre eft compofé de vingt-quatre chanoines, qui n'y font reçus qu'à l'âge de vingt-un ans, & qui doivent avoir fait réfidence actuelle dans quelque univerfité de France ou d'Italie, pendant un an & fix femaines. La collation des canonicats appartient au pape ou au chapitre, chacun dans fes mois. La ville de Paderborn eft peu marchande, fi ce n'eft en biéres, qui font excellentes, principalement quand elles font tranfportées bien loin. Il y a dans l'étendue de cet évêché, les villes de Borcholt, de Brackel & de Warbourg. Cette derniere eft la plus confidérable, & rapporte environ vingt mille écus de revenu. L'évêque & le chapitre de Paderborn s'uniffent ordinairement avec l'électeur de Cologne, & avec l'évêque de Munfter pour fe défendre contre les princes proteftans de Brandebourg, de Brunfwick & de Heffe, ou contre les états des Provinces-Unies. L'évêché porte *de gueules & la croix d'or.*

Voici un extrait des antiquités de Paderborn, tiré du livre donné au public par Ferdinand de Furftemberg, évêque de Munfter & de Paderborn, fous le titre de *Monumenta Paderbornenfia*, afin que les curieux puiffent les voir ici fans fe donner la peine de confulter cet ouvrage. Ces illuftres monumens qui ont pour titres : 1. *Elfent ou Neuhaus* ; 2. *Lipfpring* ; 3. *le champ de la défaite de Varus* ; 4. *la forêt de Teuteberg*, ou *Dethmold* ; 5. *la fource de la riviere d'Ems* ; 6. *Delbrugk* ; 7. *le Wefer* ; 8. *Remen* ; 9. *Stadtberg* fur le Dimel ; 10. *Brunfberg*, proche de Heuxer ; 11. *Boke* fur la Lippe ; 12. *Defenberg*, proche de Warbourg ; 13. *Paderborn* ; 14. *Dribourg* ; 15. *Lugde* fur Emmer ; 16. *le Champ de Sintfold* ; 17. *Herfteld* fur le Wefer ; 18. *Wevelsbourg*, proche de Bodek ; 19. *le défert de Sende* ou *Sinede* ; 20. *Bullerborn* ; 21. *le palais de Neuhaus* ; 22 & 23. *les eaux de Smechten* & *de Dribourg* ; 24. *Oldembourg.*

1. *Elfent*, en latin *Alifo*, eft un bourg de Weftphalie, au confluent de la rivière d'Alme & de la Lippe, à demi-lieue de Paderborn. Ce fut Drufus frere de l'empereur Tibere, & pere de Germanicus, qui fit bâtir cette fortereffe pour réduire plus aifément les Saxons, l'an 742 de la fondation de Rome, & le 12.e avant la naiffance de Jefus-Chrift. On doute fi cette fortereffe eft au lieu où eft maintenant le village d'Elfen, ou à Neuhaus. Il y a fujet de croire que fon enceinte occupoit tout l'efpace, depuis Elfen, jufqu'au confluent de l'Alme & de la Lippe ; mais que le château étoit où eft la ville de Neuhaus. La ville de Paderborn s'eft accrue des villes d'Elfen ; & les évêques de cette ville ont fait bâtir une citadelle & un palais magnifique à Neuhaus, au lieu où étoit l'ancien château.

2. *Lipfpring*, en latin *Fontes Luppiæ*, eft une petite ville fituée proche de la fource de la Lippe, à une lieue de Paderborn. Elle eft célébre dans l'hiftoire, parceque l'empereur Tibere y demeura en quartier d'hiver, lorfqu'il faifoit la guerre aux peuples des environs, & parceque Charlemagne y obligea les Saxons à embraffer la religion chrétienne, & y tint trois célébres affemblées.

3. *Le champ de la défaite de Varus*, entre Paderborn, Dethmold & Horne, & maintenant appellé *Wintfeld*, c'eft-à-dire, *le champ de la Victoire.* Il y a deux petites rivières nommées *Rodenbeck*, & *Knockenbeck*, c'eft-à-dire, *riviere rouge*, & *riviere d'os* ; parceque l'une eut fes eaux rougies du fang de ceux qui furent tués dans cette bataille ; & l'autre fut remplie de leurs offemens.

4. *La forêt de Teuteberg* ou *de Dethmold* eft dans le comté de Lippe, & prend fon nom de la montagne

de

de Teuteberg, ou de la ville de Dethmold. Ce lieu est fameux par la défaite du reste des troupes de Varus, & par la victoire qu'y remporta Charlemagne l'an 783 contre les Saxons.

5. *La source de la rivière d'Ems*, que les Allemans appellent *Emspring*, est dans le désert de Sende, d'où elle coule à Retberg, & après avoir arrosé plusieurs villes, se va décharger dans l'Océan. Cette rivière est célèbre par la victoire de Drusus contre les peuples appellés anciennement *Bructeres*.

6. *Delburgk* est une ville entre les rivières d'Ems & de la Lippe, habitée autrefois par les Bructeres, qui furent défaits par Germanicus, fils de Drusus. Après cette victoire, Germanicus rétablit le sépulcre honoraire nommé *Ara Drusi*, c'est-à-dire, l'*Autel de Drusus*, que ces ennemis du peuple romain avoient renversé. Cet autel étoit bâti proche du champ de Wintfeld, ou champ de la défaite de Varus. Germanicus amassa aussi tous les ossemens de ceux qui avoient été tués avec Varus, & les enterra dans un même sépulcre.

7. *Le Weser*, en latin *Visurgis*, prend sa source dans la Franconie. Il reçoit le Dimel sur les confins de la Westphalie, de la Hesse, & du duché de Brunswick. On remarque dans l'histoire, que Drusus fut le premier des Romains qui approcha du Weser pour combattre les Cherusques, & qu'au retour il fut en danger d'être défait par les Sicambres, proche de la ville de Horne, à l'entrée de la forêt de Dethmold, où est le château d'Exterstein, sur la fameuse montagne des Pies. Ce fut aux environs de cette rivière, que Germanicus, fils de Drusus, se signala dans la bataille contre Arminius, général des Cherusques, dans le champ *Ydistavisus*. Le Weser a encore été rendu célèbre par les batailles & les victoires des François contre les Saxons, & principalement par celles de Charlemagne l'an 783.

8. *Le bourg de Remen* est situé sur le confluent du Weser & de la Verne. C'est le lieu où Pepin vainquit les Saxons en l'an 753. Quelques auteurs disent que Charlemagne y fit bâtir une église, & lui donna le nom de l'église archiépiscopale de Reims; mais on sait que le nom de *Rema*, *Remi*, ou *Rimia*, se lit dans l'histoire avant le temps de cet empereur.

9. *Stadtberg* est une ville située proche de la rivière de Dimel, sur les confins du comté de Valdeck, qu'on nommoit autrefois *Eresburg*, ou *Eresberg*, & *Mersberg*. Les Saxons y avoient bâti un temple magnifique à l'honneur de leur faux dieu Irminsul ou *Ermensul*, qu'ils adoroient comme le protecteur de leur nation. On croit que c'étoit l'idole de Mars, à qui ce peuple belliqueux rendoit un culte particulier. D'autres appellent ce faux dieu *Hermensul*, & disent que ce nom signifie *statue de Hermes*, ou de *Mercure*. Mais la première opinion est la plus vraisemblable; car on nomma depuis cette montagne *mons Martis*, c'est-à-dire, *mont de Mars*. Charlemagne ayant vaincu les Saxons, abattit cette idole, & fit consacrer ce temple au culte du vrai Dieu l'an 799.

10. *Le château de Brunsberg* proche de Heuxer, ville située sur le Weser, est célèbre par la bataille que Charlemagne y gagna contre les Saxons, qui vouloient lui empêcher le passage de la rivière.

11. *Bocke sur la Lippe*, est une petite ville où Charlemagne fit quelque temps son séjour, & où il accorda la paix en 775 aux Angares alliés des Saxons.

12. *Desenberg*, proche de Warbourg, ville située sur le Dimel, a est un château ruiné, d'où les François repoussèrent vigoureusement les Saxons, qui venoient attaquer cette forteresse en 776.

13. *Paderborn* est une ville très-considérable, & où les anciens empereurs d'Allemagne ont souvent tenu les assemblées des états. Charlemagne y fit baptiser un grand nombre de Saxons en 777. Le pape Léon III s'y réfugia auprès de cet empereur en 799, & l'impératrice Cunegonde y fut couronnée en 1002.

14. *L'ancien château de Dribourg*, autrefois *Iburg*, fut bâti par les Saxons; & Charlemagne ayant vaincu

ces peuples, donna tout ce terroir à l'évêque de Paderborn, en présence du pape Léon III.

15. *Lugde* est une ville sur la rivière d'Emmer, où l'empereur Charlemagne célébra la fête de Noël en 784, & où il y a des fontaines d'eau très-salutaires pour la guérison de plusieurs maladies.

16. *Le champ de Stinfeld* est proche du château de Furstemberg, & du bourg de Wunnenberg. C'est-là où en 794 l'empereur Charlemagne vainquit les Saxons dans une fameuse bataille.

17. *La ville de Hersted*, sur la rivière de Weser, est renommée dans l'histoire, parceque Charlemagne y passa un quartier d'hiver, & y donna audience aux ambassadeurs d'Alfonse, roi de Galice & d'Asturie. Le siége épiscopal fut quelque temps en cette ville, à cause de la perfidie & des conspirations du peuple de Paderborn contre leur évêque, & fut rétabli à Paderborn en 799. Herstel a long-temps appartenu aux seigneurs de Falckemberg, dont l'évêque de Paderborn acquit le droit en 1608, moyennant 17666 florins d'or.

18. *Wevelsbourg*, proche de Bodeck, est un château bâti sur la rivière d'Alm, que les comtes de Waldeck donnèrent à l'évêque de Paderborn en 1301. Ce lieu avec ses dépendances ayant été engagé depuis, Théodore de Furstemberg, évêque de Paderborn, le réunit à son église en 1589, & y rebâtit le château, dont la structure est très-magnifique.

19. *Le désert de Sende* est considérable par les sources des rivières d'Ems & de la Lippe, qui sortent de ses sables, & par la défaite de Varus qui fut vaincu proche de ce lieu. L'évêque de Paderborn a fait cultiver ce désert depuis quelque temps, & l'a peuplé de nouveaux habitans.

20. *Bullerborn* est une fontaine proche du village d'Oldenbeck, dans la forêt de Tuteberg, ou de Dethmold, qui a une qualité merveilleuse; après avoir coulé environ une heure, elle cesse pendant 3 heures, & recommence ensuite à couler; puis elle retient encore ses eaux pour les répandre comme auparavant, & continue ainsi par une vicissitude tout-à-fait admirable, mais dont les temps ne sont pas toujours réglés. Les eaux de cette source sont abondantes; mais leur cours ne s'étend pas plus d'une lieue; elles se précipitent dans des abîmes sous terre. L'an 1630, au mois de décembre, les protestans de Hesse étant entrés dans le diocèse de Paderborn, cette fontaine qui jettoit ses eaux avec tant d'abondance, qu'elles faisoient tourner les moulins d'une forge, se tarit d'abord, & ne recommença à couler qu'en 1638, lorsque les ennemis eurent quitté ce pays. Quelques-uns disent qu'elle ne coule plus par intervalles comme auparavant, & que ce merveilleux effet de la nature, qui avoit paru pendant tant de siécles, cessa en 1638, depuis lequel temps elle donne des eaux continuellement, comme les autres sources.

21. *Le palais de Neuhaus* est l'ancienne demeure des évêques de Paderborn, & est bâti au lieu où étoit le château de Drusus, dont nous avons parlé ci-dessus au nombre 1: Les révoltes du peuple contre le clergé, & principalement contre leur prélat, obligerent les évêques de Paderborn de quitter leur ville pour se retirer dans un lieu de sureté, comme il est arrivé à plusieurs autres évêques.

22. & 23. *Les eaux de Smechten* & *de Dribourg* sont médicinales, & font des effets merveilleux pour la guérison de plusieurs maladies.

24. *Oldenbourg* est un château ruiné, bâti sur la montagne de Furstemberg, où étoit la demeure des premiers barons de Furstemberg. Voilà les 24 sujets du livre intitulé *Monumenta Paderbornensia*, imprimé en 1672, & réimprimé pour la troisième fois en 1713, in-4°. avec des corrections & augmentations, qui rendent cette édition de beaucoup supérieure aux précédentes. * Heiss. *hist. de l'emp.*

PADILLA (Marie de) maîtresse de Pierre *le Cruel* roi de Castille, étoit élevée chez Alfonse d'Albuquerque, lorsque ce prince commença à l'aimer, pendant l'expédition d'Afturie. L'un des freres du roi avoit pris les armes dans ce pays-là. Cette révolte foutenue par un autre frère dans l'Aragon pouvoit avoir de fâcheufes fuites ; là cour jugea qu'il falloit y remédier promptement ; & le roi marcha en perfonne en 1352 avec une armée vers l'Afturie. La femme de dom Alfonfe d'Albuquerque fut de ce voyage. Marie Padilla, l'une des filles qu'elle avoit à fon fervice, en fut auffi, & toucha par fa beauté le cœur du roi, quelque farouche qu'il fût. Elle ne le fit pas foupirer long-temps, car il en jouit pendant le voyage, & Jean de Hiniftrofa, oncle maternel de la fille, leur avoit fervi de confident. Le roi étoit déja fiancé avec Blanche de Bourbon, fille de Pierre I du nom, duc de Bourbon, & fœur de la belle-fille du roi de France. Mais quoique fa fiancée fût auffi belle que fa maîtreffe, & d'une maifon infiniment plus illuftre, il n'avoit aucune impatience de célébrer le mariage ; il ne trouvoit point bon qu'Albuquerque le preffât fur cet article, dans la crainte où il étoit que les parens de Padilla ne montaffent au premier dégré de la faveur. Enfin les nôces furent célébrées au commencement de juin 1353, fans aucune pompe. Il y avoit déja quelque temps que la favorite étoit accouchée d'une fille. Le roi conçut bientôt un très-grand dégout pour celle qu'il avoit époufée ; & dès le troifiéme jour d'après les nôces, il fe prépara pour aller voir fa maîtreffe, qu'il avoit laiffée dans une fortereffe au bord du Tage. La reine, mere du roi & la princeffe Eléonore fa tante, ayant été averties de fon deffein, le conjurerent de n'en pas ufer ainfi, & lui repréfenterent les conféquences de cette conduite. Il ne fut point touché de leurs prières, ni de leurs raifons ; il nia feulement qu'il eût formé ce deffein, & partit auffitôt fecretement. Plufieurs courtifans le fuivirent, réfolus de s'accommoder à fes paffions, plutôt qu'à lui remonter ce qu'il devoit faire. Il s'en trouva néanmoins qui l'engagerent à revenir auprès de fa femme, & qui y réuffirent. Mais dès qu'il eut paffé deux jours avec elle, il retourna vers fa maîtreffe. On crut qu'il y avoit là du fortilége ; car dans ces fiécles-là tout ce qui étoit un peu extraordinaire, étoit attribué au démon. D'autres crurent qu'il foupçonoit d'infidélité fon époufe, & que c'étoit pour cela qu'il ne la pouvoit fouffrir. De jour en jour il augmenta les indignes traitemens qu'il lui faifoit, & enfin il la fit empoifoner l'an 1361. Tout le monde regretta le fort de cette princeffe enlevée, ainfi du monde à l'âge de 25 ans. La favorite mourut peu après à Séville, & fut enterrée dans un monaftere qu'elle avoit fait bâtir. Ses funérailles furent faites dans tout le royaume, comme fi elle eût été une reine légitime, & l'on éleva fes enfans, comme héritiers préfomptifs de la couronne. Elle avoit joui d'une faveur toutepuiffante, DIEGO de Padilla fon frere fut élevé à la charge de grand chambellan en l'année 1353, & à la dignité de grand-maître de l'ordre de Calatrava l'année fuivante. JEAN de Padilla fon autre frere fut fait grand-maître de l'ordre de S. Jacques à place de dom Frédéric, frere du roi, l'an 1354. Son mariage ne l'empêcha point d'être pourvu de cette maîtrife, quoiqu'il n'y eût point d'exemple qu'elle eût été poffédée par des gens mariés. La Padilla ne jouit pas pourtant de fa faveur fans aucun mélange de chagrin. En 1357, une autre maîtreffe parut plus aimable qu'elle aux yeux de dom Pierre le Cruel. Ce prince s'abandonna de telle forte à la paffion qu'il conçut pour Alfonfa Coronela, qu'il ne fongeoit plus à Marie de Padilla. Il fut auffi tellement amoureux d'une veuve, nommée Jeanne de Caftro, que pour en jouir, il lui perfuada qu'il n'étoit point marié, & qu'il pouvoit l'époufer. Il l'époufa en effet, & s'il l'a quitta bientôt, ce ne fut point fans avoir donné de rudes alarmes au cœur de fa concubine. Ce qui eft dit de cette femme dans l'hiftoire des favorites eft gâté par bien des contes romanefques. Mariana, auteur plus croyable, affure qu'il ne manquoit que la chafteté à Padilla, pour mériter la couronne. * Mariana, hiftoire d'Efpagne.

PADILLA (Jean de) fut l'un des chefs de la fédition excitée contre l'empereur Charles-Quint en Efpagne l'an 1520. Sa femme, qui l'avoit, dit-on, engagé dans cette révolte, fur quelques vifions prétendues, pilla même les églifes, fous prétexte de dévotion, pour foutenir cette entreprife ; mais les conjurés furent défaits près de Villalar. Padilla ayant été pris, eut la tête coupée deux jours après. Sa femme fe fauva en Portugal. On ne fait pas certainement fi ce fut elle qui engagea fon mari dans fa révolte contre Charles-Quint, & les lettres de Guévara, où il eft parlé au long de cette révolte, ne le difent point. * Le comte de la Rocca, hift. de Charles-Quint, Bayle, dict. crit.

PADILLA (Laurent de) Efpagnol, archidiacre de Malaga, dans le XVI fiécle, fut hiftoriographe de l'empereur Charles-Quint. Il avoit compofé divers ouvrages hiftoriques, dont il ne publia qu'un catalogue général des Saints d'Efpagne. On a quelques manufcrits de fa façon. Un de fes neveux, FRANÇOIS de Padilla, a été profeffeur en théologie à Séville, & chanoine de Malaga, & mourut le 15 mai 1607. On a de lui une hiftoire eccléfiaftique d'Efpagne en deux tômes ; une chronologie des conciles, &c. * Ambrofio Morales, hift. Hifp. lib. 13, c. 13. Alfonfe Lopez de Haro, hiftor. nobilior. Nicolas Antonio, biblioth. Hifpan. fcript. &c.

PADILLA (Louîfe de) comteffe d'Aranda au XVII fiécle, a été extrêmement louée par les Efpagnols. Jean de Laftanofa, dans fa préface du traité de Gratian, intitulé, le difcret, l'appelle le phénix de notre fiécle, dont le nom refte écrit de fix plumes immortelles. Elle trouvoit mauvais qu'on profanât par l'impreffion, les excellentes chofes qui fe trouvent dans les traités de Gratian. * Bayle, dict. critiq.

PADILLA MENESES, cherchez MENESES.

PADISCHAH, en langue turque, veut dire empereur, ou grand roi. Le fultan donne ce titre au roi de France, & ne l'accorde à nul autre, non pas même à l'empereur d'Allemagne. La raifon eft qu'il tient le roi très-chrétien pour fon parent : c'eft pourquoi il le nomme Padifchah, qui eft le nom avec lequel il fe foufcrit lui-même. Les Turcs, pour établir cette alliance, difent qu'une princeffe Françoife fut femme d'Amurat II, & mere de Mahomet II, furnommé le Grand, qui naquit l'an 1428. Il eft vrai que cette fultane étoit chrétienne ; mais elle n'étoit pas Françoife, ni même de l'églife latine, mais de la grecque, étant fille d'un defpote de Servie, comme en parle Paul Jove, & plufieurs autres qui la nomment Hiernie ; & ce qui a donné lieu à croire qu'elle étoit Françoife, c'eft que les Turcs appellent du nom de Franc & de France, tous les chrétiens de l'Europe. A l'égard de l'alliance, il pourroit bien être vrai que ce prince defpote de Servie, ou fes ancêtres, lorfque leurs états étoient dans le fplendeur, fe fuffent alliés avec la maifon de France, & qu'ainfi la mere de Mahomet II eût fait paffer cette alliance dans la famille des Ottomans. On voit à Conftantinople le fépulcre de cette fultane, à côté de la mofquée de Mahomet fon fils. Quelques-uns parlent d'une fultane que les Turcs appellent Françoife, laquelle eft enterrée à Bruze dans la Natolie : & ils difent que c'étoit une princeffe de France extrêmement belle, qui ayant été prife fur mer, fut préfentée au grand-feigneur, qui l'aima fi paffionément, qu'il la laiffa vivre & mourir dans la religion chrétienne. * Pietro della Valle, tome I. Thevenot, voyage du Levant.

PADOUAN (Louis-Léon) célebre peintre de Padoue en Italie, au commencement du XVII fiécle, faifoit fort bien le portrait, & gravoit fur l'acier pour faire des médailles. Outre qu'il excelloit dans fon art, il étoit encore eftimé pour fa vertu & pour fa piété. Il avoit toujours dans l'efprit qu'il falloit quitter cette vie ; & pour mieux penfer à la mort, il avoit fait faire un cercueil qu'il tenoit fous fon lit, & qu'il regardoit fouvent comme fa derniere demeure. Il vécut dans ces pieux fentimens jufqu'à l'âge de 75 ans, qu'il mourut fous le pontificat de Paul V. Ce peintre laiffa un fils nommé

ICTAVIEN, qui hérita de sa vertu comme de ses biens, t que l'on appella *le Padouan*, quoiqu'il fût né à Rome. excelloit aussi à faire le portrait. * Felibien, *entretiens ir les vies des peintres*.

PADOUE, *Patavium*, ville d'Italie, sous la domiation des Vénitiens, avec évêché suffragant d'Aquiše, est, dit-on, plus ancienne que Rome & que Veife, & fut bâtie par Antenor. On y montre même son ombeau; mais l'inscription qu'on y voit en lettres gohiques, est assurément moderne. La fondation de la ille de Padoue par Antenor, est confirmée par le témoi-:nage de Tite-Live, & par celui de Virgile, *l. 1, Æneid*.

Padoue ayant été depuis soumise aux Romains, fut :uinée par Attila, réparée par Narsez, & passa sous la lomination des Lombards. Lorsque le royaume des .ombards eut été éteint par Charlemagne, Padoue devint florissante sous les rois d'Italie, & eut ensuite des :yrans particuliers, après s'être gouvernée en républi-ue, depuis Othon I, jusqu'en 1237. Ezzelin de Romano s'en empara, puis les Carrares l'an 1259. Les Vénitiens la soumirent en 1406, après avoir fait étrangler François Carrare, & deux de ses fils. L'empereur Maximilien I qui l'avoit emportée, la perdit peu de temps après, & l'assiégea inutilement l'an 1509. Il la défendit si bien, que l'empereur se retira après dix-sept jours de siège. Padoue est située dans un pays très-fertile : ce qui a donné sujet à ce proverbe du pays, *Bologna la grassa, Venetia la guasta, ma Padoa la passa*. La riviere de Brente la rend riche & forte : de sorte que Padoue est comme le boulevard de Venise, du côté de la Lombardie. On la divise ordinairement en ville vieille & ville neuve. La premiere a encore ses châteaux, ses tours, ses murailles, & ses fossés pleins d'eau, des rivieres de Bachiglione & de Brente. On y voit le palais où l'on rend la justice qui est un superbe édifice. Les dehors en sont magnifiques; & c'est en ce lieu qu'est la belle bibliothéque de Padoue. Il y a outre cela une grande salle, qu'on appelle *il palazio de Ragione*, qui a cent quatre-vingt pas de longueur sur quarante de large, & n'est soutenue d'aucuns piliers. Cette salle est ouverte des quatre côtés; & sur chacune des portes on voit la statue de quelque grand homme de Padoue. Il y a au bout de cette salle, une grosse pierre ronde, dite *la pierre d'opprobre*, où ceux qui ne peuvent pas payer leurs dettes, se vont asseoir. Outre le palais, la vieille ville a encore l'église cathédrale & l'université. On peut se promener sous les portiques des maisons, à l'abri de la pluie, & à couvert du soleil. On voit dans la ville neuve, l'église & l'abbaye de sainte Justine, chef d'une grande congrégation de l'ordre de S. Benoît, & celle de S. Antoine de Lisbonne, dit *de Padoue ou de Pade*, & divers autres édifices saints & profanes, d'une structure magnifique. L'université fut fondée l'an 1179, rétablie l'an 1222, & s'est depuis augmentée considérablement. Padoue, qui a été le lieu de la naissance de Tite-Live, a produit un très-grand nombre de grands hommes, comme Paul *de Padoue*, Pierre Apon, Albert *de Padoue*, Speron Speroni, ses Zabarella, & plusieurs autres dont les auteurs font mention. Jacques-Philippe Thomasini a fait l'éloge des plus illustres. On peut le consulter, aussi-bien que Riccoboni, Ange Portenari, Bernardin Scardeoni, & divers autres. Le territoire de Padoue, dit *le Padouan*, comprend Este, Arqua, Polverara, Castelbaldo, Montagnana, Mirano, Oriago, Montefelice, Piove di Sicco, Campo San-Pietro, & Citadelle. Padoue n'est plus si habitée qu'elle l'a été autrefois. On y voit diverses marques d'antiquité, comme les ruines d'un amphithéatre, dit *les arenes*, près de l'église des Augustins. Il y a à Padoue deux académies de beaux esprits, qui sont *gli Ricovrati*, & *gli Infiammati*, Le jardin de l'université est curieux, par le grand nombre de simples qu'on y cultive. * Pline, *liv. 6*. Tite-Live, *liv. 1*. Strabon, *liv. 5*. Pomponius Mela, *liv. 2*. Paul Diacre, *liv. 15*. Blondus, *liv. 2*. Leandre Alberti, *descript. Ital*. Guillaume Cortusio, *de*

novit. Pad. Le Moine de Padoue, qui a écrit une histoire depuis l'an 1207, jusqu'en 1270. *Monumenta Zabarellana*. Riccoboni, *de gymnas. Patav*. Ange Portenari, *della felicità de Padoua*. Bernardin Scardeoni, *de illustr. Patav. Origin. di Padoua, &c*.

CONCILE DE PADOUE.

Le pape Clément VI envoya d'Avignon en Italie des légats pour le jubilé, qu'il publia l'an 1350. Gui d'Auvergne ou de Boulogne, qui étoit un de ces légats assembla la même année un concile à Padoue, pour la réformation des mœurs, & pour le bien de l'église. Nous en avons les actes dans les recueils des conciles. * Bzovius. Sponde. Rainaldus, *A. C. 1350*. Guillaume Cortusio, &c.

PADOUAN (Jean) mathématicien de Vérone, dont Vincent Cercamonti a écrit la vie, a fait divers ouvrages. Bernardin Baldi se contente de nommer celui qui traite *Della turbazione dell' anno commune*, *e del disordine del calendario*, à Vérone 1576. Padouan en a fait encore d'autres, tels que, *Viridarium mathematicorum*, où il traite de tout ce qui appartient à l'astronomie. *De temporum computatione & divisione*, que l'auteur a traduit lui-même en italien. *De mathematicis rudimentis*. *De vero die Passionis Domini*. *De horologiis*. *De arithmetica*. *Institutiones musicæ*. *De stellis crinitis*. *De horis quibuscumque*. *Dichiarazione & uso dall' horoscopio*. Il parle dans ce dernier du planisphère inventé par le mathématicien Matthieu Bardolini, qu'il avoit eu pour maître. A la fin du même écrit on lit un catalogue des ouvrages de l'auteur, tant imprimés que manuscrits. * *Verona illustrata*, par M. le marquis Scipion Maffei, édit. *in-fol*. pag. 204 du IV*e* livre *de gli Scrittori Veronesi*.

PADRON, bourg de la Galice en Espagne, sur la riviere d'Ulla, à quatre lieues de Compostelle vers le midi. C'étoit autrefois une ville épiscopale nommée *Iria Flavia*, ou *Irea Flavia Cæporum*. Son évêché a été transféré à Compostelle. * Mati, *diction*.

PADSTOW, petite ville avec un grand port sur la côte septentrionale de Cornouaille en Angleterre, huit lieues de Falmouth, & à dix de Plimouth. Elle est sur le côté occidental de la riviere de Camel, quatre milles avant qu'elle se décharge dans la mer de Saverne.* *Dict. anglois*.

PADUANUS CRASSUS, cherchez CRASSUS.

PÆANS ou PÉANS (les) étoient originairement des cantiques en l'honneur d'Apollon & de Diane, qui renouvelloient le souvenir de la victoire remportée sur Pithon par Apollon, dont παιάν étoit aussi l'un des surnoms emprunté de la force de ses rayons ou de ses traits, exprimée par le verbe παίειν, fraper. Ces cantiques étoient caractérisés par cette exclamation ἰη παιάν qui en étoit comme le refrein, & qui signifie proprement *Décoche tes flèches, Apollon*. On les chantoit pour le rendre favorable dans les maladies contagieuses, que l'on regardoit comme des effets de sa colere. Dans la suite, on fit de ces Péans ou cantiques pour le dieu Mars; & on les chantoit au son de la flute en marchant au combat. Il y en a des exemples dans Thucydide & dans Xénophon. Au commencement d'une action l'on invoquoit Mars dans ces Péans; mais après la victoire, c'étoit Apollon qui devenoit l'objet du cantique. Dans la suite, ces cantiques ne furent plus renfermés dans l'invocation de ces divinités fabuleuses; ils s'étendirent à celle de quantité d'autres : dans Xénophon, les Lacédémoniens entonnent un Péan à l'honneur de Neptune. On en fit même pour illustrer les grands hommes. On en composa un où l'on célébroit les grandes actions du Lacédémonien Lysandre, & on le chantoit à Samos. On en fit autant qui rouloit sur les louanges de Cratere le Macédonien, & il étoit chanté à Delphes au son de la lyre. Aristote honora d'un pareil cantique l'eunuque Hermias d'Atarne son ami; il fut dit-on, mis en justice, pour avoir prodigué à un mortel un honneur qu'on ne croyoit dû qu'aux dieux. Ce *Péan* nous reste encore aujourd'hui, & Jule-César Scaliger ne le trouve point inférieur aux odes de *Pindare* ; mais Athénée qui nous a conservé ce cantique d'Aristote, ne convient point que ce soit un véritable *Péan*, parceque cette exclamation *in πωόν* qui devroit, dit-il, le caractériser, ne s'y rencontre nulle part ; au lieu qu'elle ne manque point, continue-t-il, dans les *Péans* composés en l'honneur d'Agémon Corinthien, de Ptolémée fils de Lagus roi d'Egypte, d'Antigone & de Démétrius *Poliorcète*. On doit au même Athénée la conservation d'un autre *Péan*, adressé par le poëte Ariphron Sicyonien à Hygiée ou la déesse de la santé. On distingue l'*Hyporcheme* du Péan. On nommoit *Hyporcheme* chez les Grecs, une sorte de poësie faite non-seulement pour être chantée & jouée sur la flute & sur la *cithare*, mais encore pour être dansée au son des voix & des instrumens. Cependant le rhéteur Ménandre prétend que l'*Hyporcheme*, ainsi que le *Péan*, étoit consacré au culte d'Apollon ; & en ce cas-là, sans doute, la danse devenoit plus sérieuse. Elle se faisoit, dit-on, autour de l'autel de la divinité, pendant que le feu consumoit la victime. Sur quoi on doit remarquer d'après Athénée, qu'anciennement les poëtes eux-mêmes enseignoient ces danses à ceux qui devoient les exécuter, leur prescrivoient les gestes convenables à l'expression de la poësie, & ne leur permettoient pas de s'écarter du caractère nob'e & mâle qui devoit régner dans ces sortes de danses. * Voyez *Meursius* dans son traité intitulé, *Orchestra*, & les recherches de M. Burette sur les *Péans* & sur l'*Hyporcheme*, qui font partie de ses remarques sur le dialogue de Plutarque touchant la musique, imprimées dans les *mémoires de l'académie des belles lettres*, tom. X, pag. 301 & suiv.

PÆANIÉE : c'étoit, selon Suidas, un bourg dans l'Attique de la tribu Pandionide, divisé en Pæaniée supérieure & Pæaniée inférieure, dont les habitans n'avoient qu'un même nom de Pæanien : Plutarque dans la vie de Démosthène parle de Dæmon, qu'il dit avoir été du bourg Pæanien.

PAES (François Alvar) Portugais, après avoir occupé la premiere chaire du droit civil à Boulogne en Italie, & étant prêtre, entra dans l'ordre de S. François l'an 1304, & ayant demeuré quelque temps à Lisbonne, fut envoyé à Paris pour y faire ses études. Le pape Jean XXII, qui avoit conçu une estime particuliere pour lui, le fit son pénitencier en 1328, & évêque de Coron en Morée en 1332. Paës fut ensuite évêque de Sylves en 1335, sous Benoît XII, & enfin nonce en Portugal. Les différends qu'il eut avec les chevaliers de S. Jacques pour les droits de son église, penserent lui couter la vie ; quelques scélérats de cet ordre s'avancerent un jour pour l'égorger jusque sur l'autel, dans le temps qu'il offroit le saint Sacrifice. Paës effrayé, quitta l'autel, prit la fuite & se retira à Séville où il mourut le 8 mai 1352. On a de lui un traité *de planctu ecclesiæ*, imprimé à Ulm, en 1474, où l'on a imprimé aussi la somme de théologie, & l'apologie de Jean XXII, contre Marsile *de Padoue*, & Ockam, qu'on a publiée en 1517, à Lyon, où l'on a réimprimé le premier ouvrage.

PAES VIEGAS (Antoine) commandeur de l'ordre militaire de Christ, seigneur châtelain de Barcellos, & secrétaire de D. Jean IV, roi de Portugal, étoit né à Magoës dans le diocèse de Lisbonne. Ce fut lui qui persuada à D. Jean IV d'accepter la couronne que les Portugais lui offrirent ; & il est auteur du manifeste portugais, qui parut en 1641, pour justifier le soulevement du Portugal. Il publia aussi la même année à Lisbonne, l'histoire de la fondation du royaume de Portugal, & de la vie de D. Alfonse Henriquez, son premier roi, avec l'origine des autres états chrétiens d'Espagne : cet ouvrage est écrit en espagnol : l'auteur mourut l'an 1650. * *Mémoires de Portugal.*

PAES (Balthazar) religieux de l'ordre de la Trinité, né à Lisbonne en Portugal, fut reçu docteur à Coïmbre, enseigna dans son ordre, prêcha avec assez

de réputation, & fut un des juges de l'inquisition. Il publia divers volumes de sermons & de commentaires sur quelques livres de l'écriture ; comme sur l'épître de S. Jacques, sur le cantique de Moyse qui est dans le quinziéme chapitre de l'Exode ; sur cet autre cantique de Moyse, qui commence par ces mots, *Audite, cœli, quæ loquor* ; sur celui d'Isaïe, *Confitebor*, & sur celui d'Ezechias, qui est dans le trente-huitiéme chapitre d'Isaïe. Paes mourut à Lisbonne au mois de mars 1638. * Nicolas Antonio, *biblioth. script. Hisp.*

PAES (Pierre) Jésuite Espagnol, s'est signalé en Ethiopie par ses missions & par sa charité. Il entreprit ce voyage en 1588 ; & ayant été arrêté par les Arabes, il souffrit un esclavage de 7 ans. En 1603 il retourna en Ethiopie, où il remplit les devoirs de son ministere, fut confesseur de l'empereur des Abyssins, & mourut le 20 mai de l'an 1622. Il a composé un traité des erreurs des Abyssins, & d'autres ouvrages marqués par Alegambe.

PAESMANS (Ægidius, ou Gilles PAESMANS NOBENUS) théologien Flamand, né à Hasseldt au diocèse de Liége, le 15 août 1541, passa ses premieres années sous la direction d'André Alen qui avoit de grands talens pour former la jeunesse. Il s'appliqua d'une maniere particuliere à la musique, & il donna des preuves de sa connoissance dans cet art à Vienne, en présence de l'empereur Charles-Quint, qui l'entendit avec plaisir. Paësmans visita ensuite plusieurs provinces de l'Europe ; & lorsqu'il fut revenu de ses courses, il ne pensa plus qu'à vivre d'une maniere digne d'un ecclésiastique, & à s'appliquer à l'étude des matieres théologiques. Il prit le dégré de docteur à Louvain, & depuis il exerça le ministere en qualité de pasteur, en divers endroits. Enfin étant déja dans un âge avancé, il embrassa la régle du tiers-ordre de saint François : c'étoit le 15 juin 1621 : il étoit prêtre depuis cinquante ans. Il ne vécut que quelques années depuis, mais on ne marque pas l'année de sa mort. On a de lui : *Catechisticus tractatus de septem sacramentis : Elucidatio catechistica symboli Apostolici, orationis Dominica & salutationis Angelicæ.* Ce dernier ouvrage a été réimprimé à Bruxelles 1685, *in-4°. Conciones xv, de Passione Dominicâ : Defensio brevis pro* SALVE, REGINA, & AVE, MARIA, en flamand, à Bruxelles, 1622. * Valere André, *bibliotheca belgica*, édition de 1739, *in-4°*, tom. I, pag. 32.

PAETS (Adrien van) grand républicain du dix-septiéme siécle, fondateur de l'*Ecole illustre* de Roterdam en faveur de M. Jurieu & de M. Bayle, étoit, selon ce dernier, grand théologien, grand jurisconsulte, grand politique, & grand philosophe. Il concevoit les choses fort heureusement, & il les approfondissoit d'une maniere surprenante. « Jamais homme, *continue le même*, ne raisonna plus » fortement, ni ne donna un tour plus majestueux à » ce qu'il avoit à dire. Mais il étoit né pour de plus » grandes occupations que pour celles d'être au- » teur. » L'ambassade extraordinaire d'Espagne qu'il soutint si avantageusement pour sa patrie consternée des grands progrès de la France, a fait connoître ce qu'il pouvoit dans les affaires d'état. Cependant il a été aussi auteur ; & on lui doit certainement la lettre latine qui parut *in-4°*, à Roterdam, en 1685, *sur les derniers troubles d'Angleterre, où il est parlé de la tolérance de ceux qui ne suivent pas la religion dominante.* Cette lettre a paru aussi *in-12*, en françois & en flamand. On trouve plusieurs autres lettres de M. Paëts dans le recueil des *Præstantium ac eruditorum virorum epistolæ*, imprimé d'abord *in-4°*, & réimprimé *in-folio*, à Amsterdam, en l'année 1684 : ce sont de beaux monumens de son éloquence & de son esprit. Il est mort le 8 octobre 1685, ayant à peine atteint 55 ans. * Voyez *les nouvelles de la répub. des lettres*, par Bayle, octobre 1685, 2 art. & les *lettres du même*, tit. 1, pag. 307, tom. II, pag.

3, *dans l'édition de* M. des Maifeaux.

PAGAN (Pierre) poëte diftingué dans le feizième :le , naquit à Wanfrid dans la Heffe. Il fut élevé avec 1ucoup de foin , & marqua de bonne heure beaucoup gout & de facilité pour la poëfie. Il reçut le dégré bachelier en philofophie , le 14 mars 1550 , & mpereur Ferdinand le fit couronner poëte. Il joignit l'étude de la poëfie celle de l'hiftoire qu'il pouffa :t loin. Il fut chargé de profeffer l'une & l'autre dans niverfité de Marpourg. Il étoit d'une humeur en-1ée , & fes poëfies fe reffentent de ce caractère. Il 1ourut à Wanfrid , fans avoir été marié , le 29 de mai ;76. Outre plufieurs pièces particulieres de poëfie , a laiffé *Hiftoria tergeminorum Romanorum & Alba-1rum fratrum* , en vers : c'eft l'hiftoire des trois Ho-ces & des trois Curiaces ; *Praxis metrica* , *&c.* Ses oëfies font au V.e tome des délices des poëtes Alle-1ans. M. Baillet en parle dans fes *jugemens des fa-1ns* , tome IV de l'édition de 1722 , *in-*4°.

PAGAN (Blaife-François , comte de) naquit à Avi-non le 3 mars 1604 ; & dès l'âge de douze ans il mbraffa la profeffion des armes , à laquelle il fut éle-é avec un foin extraordinaire. Il fe trouva en l'année 620 au fiége de Caën , au combat du pont de Cé , x à la réduction de Navarreins & du refte du Béarn , où il fe fignala & s'acquit une réputation au-deffus le celle d'un homme de fon âge. L'année' fuivante l fe trouva aux fiéges de S. Jean d'Angeli , de :lerac & de Montauban , où il perdit l'œil gauche l'un coup de moufquet. Il fit à ce fiége une autre)erte qui ne lui fut pas moins fenfible , ce fut celle du :onnétable de Luines , qui y mourut du pourpre. Ce connétable étoit fon parent fi proche , & fon pro-:ecteur à la cour , où il l'avoit attiré & où il avoit fait connoître fon mérite. Au lieu d'être découragé par ce malheur , il reprit des forces , & fe perfuada que la providence ne l'avoit confervé que pour le favorifer de nouvelles graces. Il n'y eut depuis ce temps-là aucun fiège , aucun combat , ni aucune occafion où il ne fe fignalât par quelque action , ou d'adreffe ou de cou-rage. Au paffage des Alpes & aux barricades de Suze , il fe mit à la tête des enfans perdus , des gardes & de la plus brave jeuneffe , & entreprit d'arriver le pre-mier à l'attaque par un chemin particulier , mais extrê-mement dangereux , ayant gagné le haut d'une mon-tagne efcarpée. Là ayant crié à ceux qui le fuivoient , *Voici le chemin de la gloire* , il fe laiffa gliffer le long de cette montagne ; & fes compagnons l'ayant fuivi , ils arriverent les premiers à l'attaque , comme il fe l'étoit propofé. A leur abord il y eut un furieux choc , & les troupes étant venues les foutenir , ils forcerent les barricades. Ce fut après cette action héroïque qu'il eut le plaifir d'entendre le roi , dont il avoit l'honneur de foutenir la main gauche , la raconter au duc de Sa-voye avec des louanges extraordinaires , en préfence d'une cour très-nombreufe. Le roi ayant affiégé Nanci en 1633 , il eut auffi l'honneur de tracer avec ce prince les lignes & les forts de circonvallation. En 1642 le roi le choifit pour aller fervir en Portugal , en qualité de maréchal de camp , & ce fut dans cette même année qu'il acheva de perdre entièrement la vue par une ma-ladie. Il avoit un génie propre à réuffir en toutes chofes ; de forte que l'ayant tourné tout entier du côté de la guerre , & particulièrement vers la partie qui re-garde les fortifications , il s'y appliqua dès fa plus tendre jeuneffe , & y fit des progrès extraordinai-res. Il favoit les mathématiques , non feulement au-delà de ce qu'un gentilhomme qui veut s'avancer par les armes en apprend ordinairement , mais même au-delà de ce que les maîtres qui les enfeignent ont ac-coutumé d'en favoir. Il avoit une fi grande ouverture d'efprit pour ces fortes de fciences , qu'il les apprenoit plus promptement par la feule méditation , que par la lecture des auteurs qui en traitent. Auffi employoit-il moins fon loifir à cette lecture , qu'à celle des livres

d'hiftoire & de géographie. Il avoit auffi fait une étude particuliere de la morale & de la politique ; de forte qu'on peut dire qu'il s'eft en quelque maniere dépeint dans fon homme héroïque , & qu'il s'étoit rendu l'un des plus parfaits gentilshommes de fon temps. Louis XIII en étoit fi perfuadé , qu'on lui a entendu dire plufieurs fois , que le comte de Pagan étoit un des plus honnêtes , des mieux faits , des plus adroits & des plus vaillans hommes de fon royaume.

Dès qu'il fe vit hors d'état de fervir par fon bras & par fon courage , il reprit plus vivement que jamais l'é-tude des mathématiques & des fortifications , pour de-venir utile par fon efprit & par fon induftrie , & pour pouvoir encore par-là combattre pour fon prince & pour fa patrie. Il donna en 1651 fes *théorêmes géométriques* , qui marquent une parfaite connoiffance de la géométrie & de toutes les parties des mathématiques. En 1655 il fit imprimer *in-*8°. la *Relation hiftorique & géographi-que de la grande riviere des Amazones dans l'Améri-que* , *extraite de divers auteurs*. M. de la Condamine en parle dans fon *Voyage au Perou* , *in-*4°, pag. 192. On affure que tout aveugle qu'il étoit , il difpofa lui-même la carte de cette riviere & des pays adjacens , qui fe voit à la tête de cet ouvrage ; auffi cette petite carte eft-elle fort défectueufe. En 1657 il donna la *théorie des planettes* débaraffée de la multiplicité des cercles excentriques & épicycles , que les aftronomes ont inven-tés pour expliquer leur mouvement , en les faifant mou-voir par des ellipfes qui font trouver avec une facilité incroyable le vrai lieu & le vrai mouvement des pla-nettes. Cet ouvrage ne l'a pas moins diftingué parmi les aftronomes , que celui des fortifications parmi les ingénieurs. Il fit imprimer en 1658 fes *tables aftrono-miques* , très-fuccintes & très-claires. Il donna auffi dans l'aftrologie judiciaire ; & quoiqu'il ait été le plus retenu de ceux qui ont écrit fur cette matiere , ce qu'il en a écrit ne fauroit être mis au nombre des chofes qui lui doivent faire de l'honneur. Il étoit aimé & vifité de toutes les perfonnes illuftres en dignité & en fcience , & fa maifon étoit le rendez-vous de ce qu'il y avoit de plus honnêtes gens à la cour & à la ville. Il mourut à Paris le 18 novembre 1665 , âgé de 61 ans & huit mois , fans avoir été marié. Le roi le fit vifiter pendant fa maladie par fon premier médecin , & donna beau-coup d'autres marques de l'eftime extraordinaire qu'il faifoit de fon mérite. Il eft enterré à Paris dans l'é-glife des religieufes de la Croix au fauxbourg S. An-toine. La branche de fa famille qui paffa de Naples en France en 1552 , finit en fa perfonne. Toutes fes œu-vres ont été recueillies & imprimées en 1669 , *in-*12. On y voit l'hiftoire de Hugues Pagan , ou Paganis , fondateur & grand maître de l'ordre des Templiers. * Perrault , *des hommes illuftres qui ont paru en France pendant ce fiécle.* Voyez *la vie de Jean-Baptifte Morin* , *pag.* 30.

PAGANALES , fêtes que les habitans de la cam-pagne célébroient dans les bourgs ou villages appellés *Pagi.* Servius Tullius , VI roi des Romains , inftitua cette fête , après avoir établi les tribus ruftiques qu'il compofa d'un certain nombre de villages , dans chacun defquels il ordonna que l'on dreffât un autel aux dieux tutelaires , pour y faire un facrifice tous les ans , auquel tous les habitans étoient obligés d'affifter , & d'y don-ner chacun un préfent d'une piéce de monnoye diffé-rente , felon la différence des facultés de chaque par-ticulier. Les hommes en préfentoient d'une façon , les femmes d'une autre , & les enfans en donnoient de plus petites, ce qui fervoit à connoître le nombre des habitans,

& à les diſtinguer par leur ſexe & par leur âge. Cette fête ſe célébroit au mois de janvier, après les ſemailles ; & les payſans y préſentoient des gâteaux à Cerès & à la déeſſe Tellus, pour obtenir une récolte abondante. * Denys d'Halicarnaſſe, *liv.* 4.

PAGANINO GAUDENZIO, *cherchez* GAUDENZIO.

PAGANIS (Hugues de) eſt un de ceux qui commencerent l'ordre des Templiers, vers l'an 1118. Ce fut en ſe conſacrant au ſervice de Dieu, en embraſſant en partie la vie des chanoines réguliers, & en faiſant profeſſion des trois vœux de religion entre les mains du patriarche de Jéruſalem. * Baronius, *in annal. ecclef.* Sponde, *in epiſt.* Guillaume de Tyr, *c.* 7, *l.* 12.

PAGANISANS, *cherchez* ETNOPHRONES.

PAGEAU (René) un des plus illuſtres avocats du parlement de Paris, mourut le 7 juillet 1683, dans un âge qui étoit encore peu avancé. Son éloge tiré du manuſcrit qui a pour titre, *Portrait des avocats*, ſe trouve dans le Mercure galant du mois de juillet 1683, & dans la *maniere de bien penſer dans les ouvrages d'eſprit*, par le P. Bouhours, Jéſuite, *pag.* 541, & *ſuiv.* * Bayle, *diction. crit.*

PAGET : c'eſt le nom d'une famille d'Angleterre. Le premier de ce nom qui devint pair du royaume, fut GUILLAUME, perſonnage de mérite, & qui avoit de grandes qualités, quoique de baſſe naiſſance, n'étant fils que d'un huiſſier ou ſergent de Londres. La 23ᵉ année du règne de Henri VIII, ſon mérite l'éleva à la charge de clerc du cachet du roi. Neuf ans après il devint clerc ou greffier du conſeil & du ſceau privé, & peu de temps après clerc du parlement. Dans tous ces divers emplois il ſe gouverna avec tant de prudence, que la 33ᵉ année du règne de Henri VIII, il fut envoyé ambaſſadeur en France ; & à ſon retour de temps après, il fut fait un des principaux ſecrétaires d'état. Il fut un des commiſſaires nommés pour traiter avec Matthieu, comte de Lenox, afin d'avancer les intérêts du roi d'Angleterre en Ecoſſe, ce comte devant épouſer la niéce du roi. Il fut auſſi nommé pour traiter de la paix avec la France, & le roi le fit un des exécuteurs de ſon teſtament. Il fut membre du conſeil privé du roi Edouard VI, & fut envoyé ambaſſadeur à l'empereur Charles-Quint, pour lui demander du ſecours contre les Ecoſſois & les François. Le 3 de décembre de la 4ᵉ année du règne d'Edouard VI, étant alors chevalier de l'ordre de la Jarretiere, contrôleur de la maiſon du roi, & chancelier du duché de Lancaſtre, il fut appellé par ordre au parlement, ſous le titre de *lord Paget de Baudiſert*, dans le comté de Stafford ; & le 19 janvier ſuivant, il fut créé lord ſolemnellement, puis nommé pour traiter de la paix avec la France. L'an cinquiéme d'Edouard VI, lors de la diſgrace du duc de Sommerſet, il fut envoyé à la Tour, accuſé d'avoir machiné la mort de certaines perſonnes diſtinguées, à ſa maiſon de Paget, qu'on appelle aujourd'hui *la maiſon d'Eſſex*, & d'avoir vendu des terres du roi ſans ordre ; on le dégrada en même temps de ſa dignité de chevalier de la Jarretiere, & parce, dit Dugdale, qu'on avoit alors beſoin d'argent, il fut condamné à 6000 livres ſterling, & obligé de ſe démettre de ſes charges. Mais après la mort du roi Edouard VI, s'étant déclaré pour la reine Marie, cette princeſſe eut tant d'eſtime pour lui, qu'elle l'envoya ambaſſadeur vers l'empereur après le rétabliſſement de la religion catholique en Angleterre. Il fut enſuite fait garde du ſceau privé, & mourut en 1564, la 6ᵉ année du règne d'Elizabeth. Il eut pour ſucceſſeur ſon fils *Henri*, qui étant mort ſans enfans mâles vers l'an 1568, ſon frere THOMAS lui ſuccéda. Celui-ci étoit catholique romain très-zélé, & favori de la reine d'Ecoſſe. C'eſt ce qui l'obligea de ſe retirer en France ; & le 22ᵉ du règne d'Elizabeth, il fut condamné par le parlement. Le 32ᵉ du même règne, il mourut à Bruxelles, laiſſant pour héritier un fils nommé *Guillaume*, qui accompagna le comte d'Eſſex dans

le célèbre voyage de Cadix, & fut rétabli dans ſes dignités & dans ſes biens la premiere année du roi Jacques I. Il mourut en 1628, laiſſant pour ſucceſſeur ſon fils GUILLAUME. Celui-ci épouſa *Françoiſe*, fille de *Henri* comte d'Holland, & en eut le lord Paget, qui a été ambaſſadeur à la Porte pour le roi Guillaume III. Il épouſa *Françoiſe*, fille de *François* Pierrepont, chevalier, fils cadet de *Robert*, comte de Kingſton. La ſeconde ſœur du lord Paget, nommée *Lettice*, a épouſé *Richard* Hamden chevalier, membre du conſeil privé de Guillaume III, & chancelier de l'échiquier. La quatriéme, *Françoiſe*, a été mariée à *Rolwand* Hunt, chevalier. La cinquiéme, *Penelope*, a eu pour époux Philippe Powlei de Preſwoold, dans le comté de Stafford, chevalier ; & la ſixiéme, *Diane*, a été mariée à *Henri* Aſhurſt de Londres, chevalier. * Dugdale.

PAGEUS (Guillaume) ſavant Anglois, fut fait aſſocié du collège de toutes les ames à Oxford, en 1619, & élu en 1624, on lui donna une chaire de théologie dans la même univerſité. Il ſavoit beaucoup les peres Grecs, paſſoit pour habile prédicateur, & pour bon controverſiſte. Il mourut le 24 février de l'an 1663. On a de lui pluſieurs ouvrages : l'un où il prend la défenſe de l'uſage de mettre le genou en terre lorſqu'on prononce le nom de Jeſus ; cet écrit a été imprimé à Oxford en 1631 : un autre où il attaque le traité de Jean Hales touchant l'héréſie & le ſchiſme, imprimé au même lieu en 1641, & une traduction du livre de l'imitation de J. C. en anglois, en 1639. Il y a mis une préface pour exhorter à ce qu'il appelle la paix eccléſiaſtique, c'eſt-à-dire proprement, à la tolérance. * Freher, *théatre des hommes illuſtres.* Wood, *Athenæ Oxonienſes.*

PAGI (Jean-Baptiſte) noble Génois, peintre célèbre, naquit à Gènes en 1556. Au milieu des exercices & des études de ſa premiere jeuneſſe, il s'occupoit à modeler & deſſiner des payſages. Son pere voulant le détourner de ce penchant, l'obligea d'étudier les mathématiques ; mais ſa mere plus raiſonnable, l'engagea à lui laiſſer ſuivre ſon inclination. Pagi ne ſavoit pas encore mélanger les couleurs, lorſqu'introduit dans un endroit où un peintre faiſoit un portrait qui ne reſſembloit point, il prit lui-même des couleurs, & fit ce que l'autre n'avoit pu exécuter. Pluſieurs tableaux ſortirent alors de ſon pinceau, ſans jamais avoir eu de maître. Enſuite il étudia ſous le Cangiage. Une affaire qu'il eut à Gènes l'obligea de ſe retirer. Il alla à Florence, où il fut accueilli des princes François & de Ferdinand de Médicis. Le duc Ferdinand lui fit préſent d'une bague de prix, que Pagi porta toujours depuis. Retourné dans la ſuite à Gènes, il s'y occupa à peindre pluſieurs tableaux, à graver des planches de cuivre, & à compoſer un livre ſur la peinture. Il mourut dans cette ville en 1629, à l'âge de ſoixante-treize ans. Son ouvrage ſur la peinture eſt intitulé : *Definizione e diviſione della pittura, di Gio Battiſta Paggi, nobile Genoveſe e pittore*, à Genève 1607, *in-fol.* * M. d'Argenville, *abrégé des vies des plus fameux peintres*, tom. I, pages 369, 370, & à la fin de la page 399.

PAGI (Antoine) de l'ordre des Cordeliers conventuels, naquit à Rognes, petite ville de Provence près la ville d'Aix, le dernier mars 1624. Il prit l'habit dans le couvent des Cordeliers conventuels d'Arles, & y fit profeſſion le 31 janvier 1641. Après avoir achevé ſon cours de philoſophie & de théologie, il prêcha quelque temps avec ſuccès. Il fut quatre fois provincial de ſon ordre. Ses occupations ne l'empêcherent pas de s'appliquer fortement à l'étude de la chronologie & de l'hiſtoire eccléſiaſtique ; & il y a ſi bien réuſſi, qu'il eſt devenu un des plus habiles critiques de ſon ſiécle en ce genre. Il a donné une ſavante diſſertation ſur les conſulats, où il prétend avoir découvert des régles ſuivant leſquelles les empereurs Romains prirent en certain temps, plutôt qu'en d'autres, la dignité de conful ; mais ces régles ne font pas toujours certaines. Son plus confidérable ouvrage eft une critique fur les annales de Baronius , où en fuivant ce favant cardinal année par année, il rectifie un nombre infini d'endroits où il s'étoit trompé , foit dans la chronologie, foit dans la maniere de narrer les faits. Il fit paroitre le premier tome de cet ouvrage fur les quatre premiers fiecles , à Paris en 1689 ; & il a depuis été imprimé tout entier après fa mort en 4 volumes *in-fol.* à Anvers , ou plutôt à Genève , en 1705 , par les foins de fon neveu François Pagi , & en 1727 au même lieu. Cette critique eft d'une utilité infinie ; elle va jufqu'à l'an 1198 , où finit Baronius. Feu M. l'abbé de Longuerue a beaucoup aidé l'auteur dans ce grand ouvrage. Il a donné une differtation fur une nouvelle période, qu'il appelle *grecque-romaine*, dont il fe fert pour accorder toutes les époques , & qui a fes incommodités. On a encore de lui une édition des fermons de S. Antoine de Pade , en latin , 1685 , & deux réponfes aux critiques de fa differtation fur les confulats , l'une dans cette édition des fermons de S. Antoine de Pade ; l'autre dans le journal des favans , du 11 novembre 1686. Il a fini fes jours à Aix en Provence le 7 juin 1699. Dans le *mercure de France* 1725 , au mois de décembre , on a imprimé une lettre françoife qu'il avoit écrite à Aix le 2 juin 1684 , à M. Rigord , fur une converfation qu'il avoit eue en 1664, chez M. l'abbé Durand , aumônier de la rine , mere de Louis XIV , homme habile , avec M. de Launoy , fur la croyance des Provençaux , au fujet de la Magdeléne. On trouve à la tête de l'édition de la critique des annales de Baronius , faite à Genève , l'éloge du P. Pagi , qui eft de M. l'abbé de Longuerue. Le P. Pagi étoit très-habile dans l'histoire & dans la chronologie , fage & bon critique , doux & modéré dans fes expreffions. Son ftyle eft fimple & ne qu'il convient à une narration chronologique. * *Du Pin , biblioth. des auteurs ecclef. du XVII fiécle.*

PAGI (François) neveu d'Antoine , étoit né à Lambefc le 7 feptembre 1654. Il étudia d'abord à Toulon chez les peres de l'Oratoire , & y fit de fi grands progrès dans les belles lettres , que fon oncle le fit venir auprès de lui à Aix où il demeuroit alors. François entra peu de temps après dans la même ordre , & il y profeffa la philofophie en différentes maifons. Revenu à Aix , comme il le defiroit , il fe remit avec une nouvelle ardeur à l'étude de l'histoire qu'il avoit déja commencée , & il fe vit en peu de temps en état de foulager fon oncle dans la critique des annales de Baronius qu'il avoit entreprife ; & il eut foin d'en faire part au public après la mort de fon oncle , qui n'avoit pu faire imprimer de fon vivant , que le premier volume , *comme on l'a dit dans l'article précédent.* Il forma enfuite le deffein d'un autre ouvrage qu'il a publié fous ce titre : *Breviarium hiftorico-chronologico-criticum, illuftriora pontificum Romanorum gesta , Conciliorum generalium acta , &c. complectens.* Il y en a quatre volumes , dont le premier & le fecond parurent en 1717 , le troifiéme en 1718 , & le quatrième après fa mort en 1727 , par les foins du pere Antoine Pagi , II du nom , fon neveu. Cet ouvrage eft *in-4°* ; l'auteur s'y montre zélé pour les opinions ultramontaines. Il eft mort le 21 janvier 1721 , âgé de 66 ans. Il avoit paffé par les principales charges de fon ordre.

PAGMAGMARISI ou SPAGMAGMARISI , rivière de l'Epire , qui a fa fource aux montagnes de la Chimere , & fe décharge dans le fond du golfe de l'Arta , près de la ville de ce nom vers le couchant. Quelques géographes la prennent pour l'ancienne *Arachtus.* * *Mati, dictionnaire.*

PAGNINUS , *cherchez* SANCTES PAGNINUS.

PAGO , en latin *Giffa , Paganorum Infula*, ifle avec une petite ville du même nom , dans le golfe de Venife , environ à une lieue de la côte de la Morlaquie. Pago appartient aux Vénitiens. Elle a titre de comté , duquel dépend le petit pays de Baſnadego , où font S. Michel & Budin , l'ifle d'Arbe , & quelques autres moins importantes. * *Mati , diction.*

PAGON , ou *l'ifle de S. Ignace* , l'une des ifles Marianes ou des Larrons , a quatorze lieues de tour. Elle eft fituée fous le dix-neuvième degré de latitude feptentrionale , à dix lieues de l'ifle d'Alamagan , & à une pareille diftance de celle d'Agrigan. * *Charles le Gobien , hiftoire des ifles Marianes.*

PAIARINI (Jean-Baptiste) natif de Vicenze en Italie , dans le XV fiécle , compofa divers ouvrages , & entr'autres , une histoire de Vicenze , divifée en fix livres.

☞ PAIGE (Jean le) docteur de Sorbonne , chanoine régulier de l'ordre de Prémontré , & fyndic dudit ordre , fit imprimer à Paris en 1633 *in-folio*, *la Bibliothéque de Prémontré* , en latin. Cet ouvrage eft divifé en cinq livres. Le premier eft un ample commentaire du texte de Jacques de Vitry , cardinal , qui dans fon histoire occidentale parle au long de S. Norbert , de fon ordre , de fes obfervances & de fes progrès. Le fecond contient les vies des faints & faintes de cet ordre ; le troifiéme , les privilèges accordés par les papes & par les fouverains ; le quatriéme , les ftatuts de l'ordre ; & le cinquiéme , ce qui concerne les élections des abbés , avec une fuite chronologique des abbés de Prémontré jufqu'au temps où l'auteur écrivoit. Les deux premiers livres font dédiés au pape Urbain VIII. Les trois autres le font au cardinal de Richelieu. Le pere le Paige n'a rien oublié de ce qu'il a cru pouvoir illuftrer fon ordre : cependant cet ouvrage n'eft pas fort eftimé , & l'on n'y trouve qu'un affez petit nombre de piéces importantes. L'auteur avoit néanmoins du gout , de l'érudition , & même affez de critique pour fon temps. Les intrigues qu'il eut avec le cardinal de Richelieu , pour faire cette éminence abbé de Prémontré , le brouillerent avec fon ordre. Quelques autres aventures achevèrent de lui faire perdre fon crédit ; & dans fes difgraces , toute fa reffource fut d'accepter la cure de Nanteuil près de Paris , où il mourut vers l'an 1650.

PAIGE (Jean le) fut d'abord avocat , & enfuite maître des comptes de Barrois , & mourut en 1712. Il eft auteur d'un commentaire fur la coutume de Bar. Il a compofé auffi une *Differtation historique* , où il prouve *que les comtes & ducs de Bar ont été reconnus fouverains , & que le reffort au parlement n'a été établi paiblement dans la mouvance , que par les concordats.* Il y réfute un Mémoire , où l'on avoit établi le contraire. L'un & l'autre font manufcrits.

PAIN-BENI , eft un pain qu'on offre à l'églife pour le bénir , pour le partager avec les fidéles , & pour le manger avec dévotion. Quelques favans en fixent l'inftitution au feptième fiécle , dans le concile de Nantes. On le donnoit autrefois aux feuls catéchumenes , afin de les préparer à la communion. Enfuite on l'a donné aux autres fidéles. Les Grecs ont appellé ces pains , *panagia & eulogia.*

PAINPONT , village avec abbaye , de l'ordre de S. Auguftin , dans la Bretagne , à fept lieues de Rennes , vers le couchant. * *Mati , diction.*

PAJON (Claude) né en 1626 , à Romorentin , dans la religion protestante où fa famille étoit engagée , & dans laquelle il eft mort. Il étoit fils de noble homme *Claude Pajon* , feigneur de la Dure , & des Places , en partie , confeiller du roi , élu à Romorentin , & de *Marguerite* le Fevre , & petit-fils de noble homme *Claude* Pajon , feigneur des Places & de Lejumeau , avocat au parlement de Paris , & de *Louife* Brachet , mariée en 1563. Il fit une partie de fes études dans fa patrie , & alla les achever à Saumur , où ceux de fa fecte étoient alors en grand crédit. Il n'avoit guères que 24 ans , lorfqu'on le jugea capable de remplir un pofte de ministre à Machenoir dans le Dunois ; & ce fut pendant qu'il y exercoit fes fonctions , que Jurieu qui étoit alors ministre à Mer , eut une difpute avec le ministre Buiffot au fujet de la réunion du christianifme. Buiffot avoit écrit fur ce fujet : fes principes déplurent beaucoup à Jurieu , qui n'étoit rien moins que tolérant ; il voulut les réfuter dans une lettre qu'il avoit deſſein d'adreſſer à M. Pajon. Mais celui-ci n'ayant pas voulu même prendre cette petite part à cette diſpute, Jurieu s'en fâcha, & commença dès-lors à être oppoſé à M. Pajon. Les principes que celui-ci avança le 3 de mai 1665, dans un ſermon qu'il prêcha à Saumur ſur ces paroles de la ſeconde épître de S. Paul aux Corinthiens : *Or le Seigneur eſt cet eſprit-là ; & là où eſt l'eſprit du Seigneur, là eſt la liberté*, acheverent d'aigrir Jurieu. Ce ſermon qui avoit été prononcé devant le ſynode d'Anjou, où M. Pajon avoit été député de ſa province pour l'élection d'un profeſſeur en théologie, a été imprimé à Saumur en 1666, *in*-12, & la même année il fut appellé lui-même à une chaire de théologie de cette ville. Mais Jurieu & ceux du parti de ce miniſtre le firent regarder comme un homme dangereux ; & le premier écrivit contre lui avec plus de vivacité que de ſolidité à ſon ordinaire. M. Pajon croyoit avec ce miniſtre le péché originel & la grace efficace ; mais il ne convenoit pas avec lui de la maniere dont le S. Eſprit opere la converſion dans le cœur de l'homme. Mais il eſt faux, comme l'a avancé Jurieu, que M. Pajon, & ceux qu'il appelle ſes diſciples, enſeignaſſent, *qu'il n'y a ni grace, ni opération de l'eſprit, ni même du S. Eſprit, au moins ſubſiſtant comme une perſonne diſtincte.* La diſpute s'échauffa néanmoins ſi fortement, que M. Pajon fut cité au ſynode d'Anjou tenu en 1667, pour y rendre compte de ſa doctrine : il comparut, diſputa contre ſes adverſaires pendant pluſieurs ſéances, & fut renvoyé abſous, avec la liberté de continuer ſon emploi. Cependant ſes ennemis étant devenus les plus forts dans la ſuite, condamnerent ſa doctrine vers l'an 1682, & l'académie de Saumur obligea les étudians qui demandoient des atteſtations de ſigner cette condamnation. M. Pajon s'eſt défendu par pluſieurs écrits, contre les calomnies ou l'oppreſſion de ſes adverſaires ; & dans d'autres, il a voulu juſtifier expreſſément ſes ſentimens, qui ont fait donner au parti de ceux qui les ſuivoient le nom de *Pajoniſme.* Cependant, quoique victorieux au ſynode d'Anjou, comme l'on vit que les proteſtans des autres provinces refuſoient, à cauſe de lui, d'envoyer leurs enfans à l'académie de Saumur pour y étudier en théologie, on le pria d'accepter la place de miniſtre de Bione, près d'Orléans, lorſqu'elle vint à vaquer, & M. Pajon s'y rendit. Il y ſuccéda à M. Pereaux, dont il épouſa dans la ſuite la fille, Eſther Pereaux. En 1673 il entreprit de ſe meſurer avec le célèbre M. Nicole, dont il attaqua l'ouvrage des *Préjugés légitimes contre les calviniſtes.* Sa critique parut en trois volumes *in*-12, ſous le titre d'*Examen du livre intitulé*, PRÉJUGÉS, &c. Il mourut à Carré, à une demi-lieue d'Orléans, le 27 ſeptembre de l'an 1685, âgé de 60 ans moins quelques mois. Il fut enterré à Orléans dans un cimetiere, qui a changé depuis de deſtination. Il avoit épouſé en premiéres noces Catherine Teſtard, fille d'un fameux miniſtre de Blois. Des enfans qu'il a eus de ſa ſeconde femme, & qui ſont entrés dans l'égliſe catholique, Claude Pajon, avocat au parlement de Paris depuis 1692, s'eſt diſtingué dans le barreau & eſt mort en 1748 ; le ſecond, Michel, prêtre de la congrégation de l'Oratoire, & ci-devant curé de Notre-Dame de la Rochelle, eſt un homme de beaucoup d'eſprit, dont on a même pluſieurs piéces de poëſie françoiſe très-ſpirituelles qui ont été imprimées ſans nom d'auteur. C'eſt lui auſſi qui eſt l'éditeur des ouvrages de M. Papin, ſon couſin, dont l'on a donnés en trois volumes *in*-12 en 1723, à Paris, & qui a traduit en françois des écrits de ce recueil que M. Papin n'avoit fait qu'en latin. *Voyez* PAPIN. (Iſaac) A l'égard des écrits de M. Pajon le pere, quoiqu'il n'ait rien fait imprimer de ſon vivant que *ce que nous avons rapporté dans cet article*, il avoit compoſé beaucoup d'autres ouvrages qui ſont entre les mains de ſa famille ; ſavoir, un Traité du péché originel : un autre intitulé, *Puiſſance & Impuiſſance* : un troiſiéme intitulé, *Pardon.* 4. *De natura Gratiæ effica-*

cis diſſertatio. 5. *Innocence de la doctrine qui nie la grace immédiate.* 6. Lettre à M. Claude. 7. Conſidérations ſur la nature de la liberté de Dieu, contre les ſentimens de M. Deſcartes. 8. Pluſieurs piéces ſur la providence, ſur le concours immédiat, &c. 9. Etat des queſtions à diſputer. 10. De l'opération de l'eſprit de Dieu en la converſion de l'homme. 11. Queſtions ſur le concours immédiat. 12. Lettres ſur la grace univerſelle. 13. Conférences avec M. Claude. 14. Remarques ſur quelques thèſes de M. de Beaulieu. 15. Lettres ſur le premier péché d'Adam. 16. *An rectè dictum fuerit : Soli Deo ſalutem noſtram atque converſionem, ſeriò & ex animo optanti, ſit laus, honor & gloria.* 17. *In reſponſionem doctiſſimi viri P. B. ad diſſertationem de natura gratiæ efficacis annotationes.* 18. Ecrit latin à M. Varnier. 19. Calvin contre Pighius & S. Auguſtin. 20. Concordat. 21. De l'ordre qui eſt entre la juſtification & la ſanctification. 22. *Locorum ſacræ Scripturæ explicatio.* 23. Défenſe du quatriéme article de la confeſſion de foi des P. R. contre le P. Maimbourg. 24. Tables des combats de la loi de Dieu contre celle du péché. 25. Mémoire pour un ſynode. 26. Lettres à MM. J. & D. 27. Objections faites au ſynode de Preuilly, avec la réponſe, & beaucoup d'autres objections de différens miniſtres, avec les réponſes. 28. Conſidérations ſur une lettre de M. à M. Autres réponſes à MM. Merlat, du Paiſy, de la Font, Guitton & de Brais, Tardif, de la Treille. 29. Conférence avec M. Gouſſet. 30. Réponſe à M. de Souſtelle ſur ſa converſion. 31. Lettres à MM. Girard, Tronchin, Jurieu, la Cene ſur la ſignature des actes du ſynode de Dordrecht ; Mazel ſur l'Eſprit ; Bancelin, Beaulieu ſur le renverſement de la morale compoſé par M. Arnauld, & ſur d'autres ſujets ; Tricot, du Bois, des Coudrais ſur les verſets 25 & 26 du 8e chapitre de l'épître aux Romains ; Daneau, ſur la grace efficace ; Chouet, ſur la grace univerſelle ; de Prés, Claude. 32. Conférence ſur les principaux points de la religion entre M. le marquis de Sourdis & M. de Stenay. 33. Les ſentimens de feu M. Teſtard ſur la converſion de l'homme. 34. Pluſieurs écrits touchant le baptême des enfans. 35. Remarques ſur un écrit de M. Boſſuet, évêque de Meaux. 36. Idée d'un traité des alliances de Dieu. 37. Penſées diverſes, & autres recueils & lieux communs. 38. Lettres à M. Claude. 39. Analyſe ſur la Genèſe. 40. La vérité de la religion chrétienne en quatre propoſitions. 41. *Voluntatis divinæ diſtinctio.* 42. Principes inconteſtables. 43. Maniere de trouver le vrai ſens de l'écriture. 44. Lettres à MM. Bigot & Rouſſeau. 45. *Tractatus de juſtificatione.* 46. Sommaire de la doctrine du ſieur Pajon ſur la grace. 47. Lettres à M. Cl. de MM. Il avoit une eſpece de journal des principales choſes qui l'avoient regardé perſonnellement. Tous ces écrits montrent combien ce miniſtre étoit appliqué, & quel a été l'objet principal de ſes études. Il poſſédoit bien les langues grecque & hébraïque. * *Mémoires du temps.*

   Le pere de Claude Pajon, qui fait le ſujet de cet article, avoit deux freres, de l'aîné deſquels, nommé Jean Pajon, gentilhomme noble homme, ſeigneur des Places, avocat au parlement & au préſidial de Blois, eſt iſſu par pluſieurs dégrés, *Pierre-Abraham* Pajon, écuyer, ſeigneur de Moncets, docteur-régent de la faculté de médecine de Paris, auteur de pluſieurs écrits concernant ſa profeſſion, qui ont été inſérés dans le *Journal œconomique*, & d'une *Diſſertation ſur la petite vérole*, imprimée en 1758 chez Boudet.

   La deſcendance du ſecond frere de Claude Pajon, a fini en la perſonne de *Michel* Pajon, écuyer, ſeigneur de Villaines, capitaine au régiment de Florenſac, mort à Romorentin, peu avant l'année 1700.

   Les armes de Pajon ſont *d'or au chevron d'azur, accompagné de trois étoiles de ſinople poſées 2 & 1.*

   PAJOT (Charles) Jéſuite, né à Paris en 1609, & mort en 1683, a publié un *Tyrocinium eloquentiæ.* On lui doit auſſi un dictionnaire latin-françois, à l'uſage des colléges

llèges de France, qui a été fouvent imprimé. * *Mé-
oires du temps.*

PAIR (faint) ou PATERNE, en latin *Paternus*,
vêque d'Avranches, naquit à Poitiers l'an 482. Il em-
raffa l'état monaftique dans le monaftere d'Anfion,
üi a depuis été appellé de *S. Jovin*, où il fut fuft cellé-
er de la maifon; mais voulant fe détacher entière-
u monde, il fortit du monaftere avec un autre religieux,
z s'en alla dans le pays de Chezai, au diocèfe de Cou-
inces, pour y prêcher la foi aux idolâtres. N'ayant pu
es convertir, il fe retira dans une cellule avec fon com-
agnon, où il mena une vie fort auftere. Son abbé
, Generoux, l'y vint vifiter, & l'exhorta de converfer
vec les hommes. S. Pair ayant été ordonné diacre, puis
rêtre, par l'évêque de Coutances, travailla utilement
à la deftruction du paganifme, dans le pays où il de-
neuroit. Le roi Childebert le fit venir à Mantes, & lui
it donner des aumônes pour le foulagement des pauvres
de fon pays, où S. Pair retourna. S. Gilles, évêque
d'Avranches, étant venu à mourir l'an 552, S. Pair
fut choifi pour remplir fa place. Il mourut l'an 565, le
16 d'avril, en fon monaftere de Chezai. * *Act. S. Benedict. faecul. II.* Bolland. Baillet, *au mois d'avril.*

PAIRS DE FRANCE, officiers de la couronne de
France, font les premiers confeillers du parlement de
Paris, pour cela s'appelle *la cour des Pairs*. Il y en
a d'ancienneté fix eccléfiaftiques, & fix laïcs. Les premiers font l'archevêque de Reims, & les évêques de
Langres & de Laon, qui font ducs & pairs; ceux de
Beauvais, de Noyon & de Châlons-fur-Marne, font
comtes & pairs. Les laïcs font les ducs de Bourgogne,
de Normandie & de Guienne, les comtes de Flandre,
de Touloufe & de Champagne. On ne convient pas bien
de l'inftitution de ces officiers, non plus que de la véritable fignification du mot de *pair*. Quelques-uns prétendent qu'il tire fon étymologie du mot latin *par*, qui fignifie *égal*, & qu'ainfi lorfque l'on remarque dans les
anciennes chartes ces mots *mes pares*, ils fignifient *mes
égaux*, non pas que tous les feigneurs qui fe fervoient
de cette expreffion fuffent égaux en nobleffe, en dignité,
ou en biens, mais parcequ'ils avoient tous une égale
autorité dans certains jugemens où le fouverain préfidoit, & parcequ'ils n'en avoient aucune les uns fur les
autres en particulier, & qu'ils étoient également jugés les uns par les autres, quand ils étoient cités au tribunal du fouverain, dont ils étoient comme les affeffeurs
dans ces fortes de jugemens. Vraifemblablement ces jugemens où il s'agiffoit de juger un pair, étoient les feuls
où ils affiftoient en cette qualité de pairs, par un privilège particulier accordé à tous les vaffaux de confidération qui relevoient de la couronne, de n'être jugés que par leurs *pairs*, c'eft-à-dire, par leurs *égaux*,
qui étoient comme eux vaffaux relevans immédiatement de la couronne. A l'égard de leur réduction au
nombre de douze, il eft difficile de rapporter quelque
ancien monument hiftorique, par lequel on puiffe en
fixer certainement le temps : il y a, felon quelques auteurs, quelque vraifemblance que l'époque de cette réduction doit être rapportée au régne de Philippe *Augufte*. Quant à l'opinion de ceux qui mettent l'inftitution des pairs dès le temps de Charlemagne, elle eft
abfolument rejettée. Il n'y a de certitude à les rapporter au temps de Hugues *Capet* ; & on fixe plus communément leur inftitution fous Louis *le Jeune*. Tous
les pairs fe trouverent au facre & couronnement du roi
Philippe *Auguste*, en 1179, qui eft un des actes le
plus folemnel que nous ayons dans nos hiftoires ; car
le roi d'Angleterre y vint exprès. Le duc de Bourgogne
portoit la couronne du roi ; le duc de Normandie, la
premiere banniere quarrée ; & le duc de Guienne, la
feconde. Le comte de Touloufe pôrtoit les éperons ;
le comte de Flandre, l'épée royale ; & celui de Champagne, la banniere ou enfeigne de guerre. Guillaume
de Champagne, archevêque de Reims, facra le roi, affifté
des archevêques de Bourges, de Tours & de Sens.

L'évêque de Laon portoit l'ampoule ; celui de Beauvais
portoit le manteau royal ; celui de Noyon, la ceinture
ou baudrier ; & celui de Châlons, l'anneau. Les pairs
furent auffi inftitués, pour affifter le roi à fon avénement à la couronne, pour juger avec lui les caufes de
fiefs, pour décider les différends des vaffaux, pour
le confeiller dans les affaires importantes, & pour
le fervir à la guerre. Le premier jugement des pairs
fut celui qu'ils rendirent en 1202, contre Jean Sans-
Terre, roi d'Angleterre, qui étoit lui-même pair,
comme duc de Normandie. Ces anciens duchés-pairies
laïques étant éteints, nos rois ont fouvent érigé des
duchés-pairies.

Il y a eu autrefois des pairies que l'on pouvoit nommer *perfonnelles*, prefque *éphémeres*, qui n'ont duré
qu'un peu de temps ; ainfi en 1429, GEORGES DE
LA TRIMOILLE, qui avoit été gouverneur du roi Charles VII, fut fait pair pour le facre & le couronnement
de ce prince feulement, & fa pairie finit avec cette cérémonie. En 1461, le COMTE DE NEVERS fut fait
pair fimplement, pour tenir lieu de comte de Flandre au
facre de Louis XI. En 1484, au facre de Charles VIII,
FRANÇOIS DE BOURBON, comte de Vendôme, fut
fait pair pour repréfenter le comte de Touloufe; &
PIERRE DE BOURBON, comte de Clermont & de
la Marche, pour repréfenter le comte de Flandre. En
1498, le feigneur de RAVESTEIN fut fait pair pour repréfenter le comte de Flandre au facre de Louis XII.
La même chofe fe pratiqua au facre de François I, en
1514 ; & en 1528, le même roi fit le comte de Saint-
Paul, pair de France, pour l'affifter en fon lit de juftice ;
& l'arrêt porte que cet acte il ne fera plus fait.
* *Factum du maréchal de Luxembourg, contre les
ducs & pairs.*

Les duchés ou comtés-pairies n'ont été créés d'abord
qu'en faveur des princes du fang. La premiere pairie
érigée pour un prince étranger, fut le comté de *Nevers*, fait pairie en 1505 par le roi Louis XII, pour
Engilbert de Cleves. Le même roi fit *Nemours* duché-
& pairie en 1507, pour Gafton de Foix ; & François I
accorda la même grace en 1527 à la terre de *Guife*,
en faveur de Claude de Lorraine. Le premier duché
pairie érigé pour un gentilhomme, a été *Montmorenci*
en 1551. Le premier duché fimple fans pairie, érigé pour
un prince étranger, eft *Bar-le-Duc* ; & le premier duché fimple donné à un gentilhomme, a été celui de *Touraine*, donné en 1429 au feigneur Douglas, Écoffois.

Une terre érigée en duché paffe aux enfans mâles,
fi les lettres ont été enregiftrées à quelque parlement du
royaume, finon le titre ne va point aux enfans ; c'eft ce
qu'on appelle communément *ducs à brevet*, à caufe
que les rois donnoient des brevets, par lefquels ils promettoient de faire expédier ces lettres. Quelquefois il
eft porté, mais très-rarement, que le titre paffera même
aux filles, & ces duchés fe nomment *femelles*. Quand
les lettres d'érection d'une terre font enregiftrées à un
parlement, les appellations du juge du feigneur vont
droit au parlement, dans le reffort duquel la terre eft
fituée ; mais pour ce qui regarde la perfonne du pair,
le feul parlement de Paris en prend connoiffance, fi
les lettres y ont été enregiftrées.

Les pairs ont féance au parlement, où leurs lettres
font enregiftrées, felon l'ancienneté de l'enregiftrement,
& ceux qui l'ont au parlement de Paris, l'ont dans tous
les autres. Quand le roi tient fon lit de juftice, les fix
anciens pairs eccléfiaftiques font à la gauche de fa majefté, & les féculiers à fa droite, après les princes du fang :
ailleurs les fix anciens pairs eccléfiaftiques, à raifon de
leur ancienneté, précédent tous les pairs qui ne font pas
de la maifon royale.

Dans les cérémonies de l'ordre du faint Efprit, les
ducs prennent leur rang du jour de l'enregiftrement de
leurs lettres, & la pairie n'y eft pas néceffaire. Si les
lettres ne font pas enregiftrées, ils n'ont rang que comme
les autres gentilshommes, felon l'ancienneté de leur no-

PAI

mination par le roi. De-là vient qu'en 1689, le maréchal duc de Duras , dont les lettres n'étoient pas encore enregistrées , passa après le maréchal de Bellefonds , qui n'a point été duc & pair , & après le maréchal d'Humieres , qui n'étoit pas encore duc ; & le duc de Béthune-Charost, dont les trois lettres de duché-pairie n'étoient pas encore enregistrées , passa après les trois *que nous venons de nommer* , & après le maréchal de Lorges , qui n'étoit pas encore duc , & le duc de la Vieuville , dont les lettres n'ont point été enregistrées , après les cinq *dont on vient de parler* , & après le maréchal d'Estrées. De plus , le duc de Nevers (Mancini) qui avoit eu dès 1660 des lettres de duché-pairie , & qui avoit été fait chevalier de l'ordre le premier janvier 1663, ne passoit pourtant dans les cérémonies de l'ordre, qu'après les ducs , dont les lettres avoient été enregistrées , quoiqu'ils n'eussent été faits chevaliers que depuis lui. Du reste , dans les mêmes cérémonies de l'ordre , on a égard à l'enregistrement du duché , & non de la pairie : de-là vient que dans la contestation mue l'an 1689 , entre les ducs d'Uzez & de la Trimoille , pour la préséance , elle fut adjugée au duc de la Trimoille , comme plus ancien duc que le duc d'Uzez , quoique le duc d'Uzez fût plus ancien pair que le duc de la Trimoille , & que même il ait le pas sur lui dans le parlement ; ce qui a été aussi observé à la cérémonie des chevaliers en 1724 , où le duc de Villars-Brancas a eu le pas sur le duc de la Rochefoucaud , par la même raison.

Autrefois les princes du sang n'entroient point au parlement , qu'ils ne fussent pairs , & alors ils n'avoient rang que selon l'ancienneté de leurs pairies ; mais le roi Henri III , par sa déclaration de 1576 , leur accorda le droit d'y entrer tous selon l'ordre de leur naissance , & avant tous les pairs.

Le roi Louis XIV , par son édit du mois de mai 1711 , ordonna, I. Que les princes du sang royal représenteront les anciens pairs de France au sacre des rois , & auront séance & voix délibérative aux parlemens à l'âge de 15 ans , encore qu'ils ne possedent aucune pairie. II. Que ses enfans légitimes , & leurs enfans & descendans mâles, qui posséderont des pairies , représenteront pareillement les anciens pairs au sacre des rois , après & au défaut des princes du sang , & auront voix & séance aux parlemens à l'âge de 20 ans, immédiatement après les princes du sang , & avant tous les ducs & pairs, quand même leurs duchés-pairies seroient moins anciennes ; & en cas qu'ils aient plusieurs pairies & plusieurs enfans mâles , il leur est permis , en se réservant une pairie pour eux , d'en donner une à chacun de leurs enfans, pour en jouir avec les mêmes prérogatives du vivant même de leurs peres. III. Que les ducs & pairs représenteront au sacre des rois les anciens pairs , lorsqu'ils y seront appellés , au défaut des princes du sang , & des princes légitimes qui auront des pairies ; qu'ils auront rang & séance du cours de la premiere reception , & seront reçus au parlement à l'âge de 25 ans. IV. Que par les termes *d'hoirs & successeurs*, & par ceux *d'ayans cause* , tant insérés qu'à insérer dans les lettres d'érection , ne pourront être entendus que des enfans mâles , descendus de celui en faveur de qui l'érection aura été faite , & que des mâles qui en seront descendus de mâles en mâles. V. Que les clauses générales insérées ou à insérer dans les lettres d'érection de duchés & pairies en faveur des femelles , n'auront aucun effet qu'à l'égard de celle qui doit prendre , & sera de la maison & du nom de celui en faveur de qui les lettres auront été accordées , & à la charge qu'elle n'épousera qu'une personne que le roi jugera digne de posséder cet honneur , lequel n'aura séance au parlement que du jour de sa réception. VI. Qu'il est permis à ceux qui ont des duchés-pairies d'en substituer à perpétuité le chef-lieu , avec une certaine partie de leur revenu , jusqu'à 15000 livres de rente , auquel le titre & dignité desdits duchés & pairies demeurera annexé , sans pouvoir être sujets à aucunes dettes ni distraction. VII. Que l'aîné des mâles descendus en ligne directe de celui en faveur de qui l'érection des duchés & pairies aura été faite , ou à son défaut & refus , celui qui le suivra immédiatement , & ensuite tout autre mâle de degré en degré , pourra les retirer des filles qui se trouveront en être propriétaires , en leur remboursant le prix dans six mois , sur le pied du denier 25 du revenu actuel. VIII. Que ceux qui voudront former quelque contestation sur le sujet desdits duchés-pairies , rang , &c. accordés aux ducs & pairs , princes & seigneurs , seront tenus de représenter au roi , chacun en particulier , l'intérêt qu'ils prétendent y avoir , afin d'obtenir de sa majesté la permission de le poursuivre. IX. Que ce qui est porté par cet édit pour les ducs & pairs , aura lieu pareillement pour les ducs non pairs, en ce qui peut les regarder.

Quand le roi conserve les honneurs du louvre à des ducs & pairs , qui se démettent de leurs duchés en faveur de leurs fils , il n'y a que ceux-ci qui aient séance au parlement. Par une ordonnance de 1566 , & autres semblables , les terres érigées en duché devroient être réunies à la couronne, quand la dignité en est éteinte par le défaut d'héritiers mâles, si les rois ne dérogeoient à cette ordonnance dans les lettres d'érection. * *Mémoires de Trévoux* , avril 1708.

DUCHÉS-PAIRIES.

A

AIGUILLON , duché-pairie , premiérement érigée pour la maison de Lorraine-Mayenne en 1599 , par lettres du roi Henri IV , vérifiées au parlement en 1600, & depuis érigée de nouveau par le roi Louis XIII en 1638 , par lettres vérifiées la même année. Ce duché est dévolu au marquis de Richelieu ; mais il n'a pas encore obtenu de le faire revivre en sa faveur.

Albret , duché-pairie , érigée en 1556 , par le roi Henri II , pour Antoine de Bourbon , roi de Navarre , & Jeanne d'Albret son épouse, mere de Henri *le Grand*. Ce duché ayant été depuis réuni à la couronne , fut donné en 1652 à Frédéric-Maurice de la Tour , duc de Bouillon , prince de Sedan , & vicomte de Turenne , lequel céda au roi la principauté de Sedan , & le duché de Bouillon , en 1642.

Alençon , ancien comté , érigé en duché-pairie , l'an 1413 , par lettres du roi Charles VI , vérifiées au parlement la même année , rétabli en pairie en faveur de *Charles* de France , duc de Berri, l'an 1710 , & éteint par sa mort.

Angoulême , duché-pairie , érigée en 1515 par lettres vérifiées la même année , en faveur de *Louise* de Savoye , mere du roi François I , rétablie aussi-bien que le duché d'Alençon , en faveur de *Charles* de France , duc de Berri , l'an 1710 , & éteint par sa mort.

Anjou , ancien comté , érigé en duché-pairie , par le roi Jean , l'an 1350. C'étoit l'apanage de Philippe V , roi d'Espagne : il est présentement réuni à la couronne.

Antin , érigé en duché-pairie , par le roi Louis XIV en 1711 , en faveur de *Louis-Antoine* de Gondrin de Pardaillan , duc d'Antin , éteint.

Archevêché de Paris , érigé en duché-pairie , par le roi Louis XIV en 1674 , en faveur de *François* de Harlai de Champvalon , archevêque de Paris , & de ses successeurs. Les lettres furent vérifiées en 1690. C'est sur la terre de saint Cloud , qu'est établi le duché.

Arpajon , duché-pairie , érigée l'an 1651 par le roi Louis XIV , en faveur de Louis d'Arpajon , marquis de Severac , lieutenant général des armées de sa majesté en Languedoc , éteinte.

Aubigni , érigé en duché-pairie , par le roi Louis XIV en 1684 , en faveur de *Louise-Renée* de Pennencouet de Querouaille de Ploüuc , duchesse de Portsmouth en Angleterre.

Aumale , duché-pairie , érigée en 1547 , par lettres du roi Henri II , vérifiées en parlement en 1548 , &

confirmées en 1631 , en 1638 ; & en 1643 par le roi Louis XIII. Le roi Louis XIV en donna de nouvelles lettres en 1695 à Louis-Auguste de Bourbon , légitimé de France, son fils , duc du Maine , par lesquelles il érigea cette terre en duché-pairie, tant pour ses enfans mâles que pour les femelles.

Aumont , duché-pairie, érigée en 1665 , par lettres du roi Louis XIV , vérifiées au parlement la même année.

Le roi érigea le marquisat d'Iles en Champagne, à deux lieues de Troyes au midi , en duché de ce nom , en faveur d'*Antoine* d'Aumont de Rochebaron, maréchal de France , capitaine des gardes du corps, chevalier des ordres du roi , & gouverneur de Paris.

Auvergne , érigé en simple duché , par le roi Jean , en 1390 , ayant été réuni à la couronne, a été donné en 1652 , avec le duché d'Albret, au duc de Bouillon, vicomte de Turenne , en échange de la principauté de Sedan, & du duché de Bouillon.

B

BAR-LE-DUC , érigé en simple duché par le roi Jean en 1357.

Beaufort , duché-pairie, érigée en 1597 , par lettres du roi Henri IV , vérifiées au parlement la même année. Le roi Louis XIV l'érigea en 1688 en duché , sous le nom de MONTMORENCI , en faveur de *Charles-François-Frédéric* de Montmorenci-Luxembourg.

Beaumont-le-Sonnois , au Maine , ou *Beaumont-le-Vicomte* , érigé en simple duché , par le roi François I en 1543 , est maintenant réuni à la couronne.

Beaupreau , érigé en simple duché , par le roi Charles IX en 1562 , appartient au duc de Villeroi. Il avoit été érigé en comté-pairie par Louis *Hutin* en 1316, puis en marquisat l'an 1554 , par le roi Henri II.

Bellegarde , duché-pairie, érigée par le roi Louis XIII en 1619 , par lettres vérifiées au parlement en 1620 , est à M. le Prince.

Berri , érigé en simple duché , en 1360, par le roi Jean. Il a été l'apanage de *Charles* de France , troisiéme fils de Louis , dauphin , fils de Louis XIV.

Béthune-d'Orval , voyez ci-après *Orval*.

Béthune-Charost , voyez ci-après *Charost*.

Biron , baronie & autres terres , furent érigées en duché-pairie, par lettres du mois de juin 1598 , vérifiées le dernier du même mois, & érigées de nouveau en février 1723 , vérifiées le 22 du même mois , en faveur de *Charles-Armand* de Gontaut , duc de Biron.

Bouflers. Le roi Louis XIV érigea en septembre 1695 la terre de Caigni en Beauvoisis , en duché sous ce nom , en faveur de *Louis-François* de Boufflers , maréchal de France ; & en pairie , par lettres registrées le 19 mars 1709.

Bourbon , érigé en simple duché par le roi Philippe de Valois , en 1329 , donné à M. le Prince.

Bournonville , duché-pairie , érigée en 1600 par le roi Henri IV.

Brancas-Villars , voyez ci-après *Villars*.

Bretagne , duché-pairie , érigée en 1297 , par le roi Philippe *le Bel* , & depuis réunie à la couronne.

Brienne , érigé en simple duché par le roi Henri III en 1587 ; mais les lettres n'ont pas été vérifiées.

Brissac , duché-pairie , érigée en 1611 , par lettres du roi Louis XIII , vérifiées au parlement en 1620.

C

CANDALE , *cherchez ci-après* HALUIN.

Cardone , en Catalogne , duché-pairie , érigée par le roi Louis XIII l'an 1642 , en faveur du maréchal de la Mothe-Houdancourt , & de Louise de Prie , duchesse de Cardone son épouse , qui a été gouvernante de Louis , dauphin , fils de Louis XIV. Elle est éteinte.

Carignan , duché-pairie, érigée l'an 1662 , par le roi Louis XIV , en faveur de M. le comte de Soissons. Les lettres ont été vérifiées au parlement de Metz la même

année. La terre qui porte ce nom , s'appelloit auparavant IVOI en Luxembourg.

Charost , ou *Bethune-Charost* , duché-pairie , érigée en 1672 , par lettres du roi Louis XIV , en faveur de *Louis* de Bethune, comte de Charost , vérifiées au parlement en 1690.

Chartres , érigé en simple duché par le roi François I , l'an 1528. Il fait partie de l'apanage des ducs d'Orléans.

Château-Roux , duché-pairie, érigée en 1616 , par lettres du roi Louis XIII , vérifiées au parlement la même année. Elle appartient au duc de Bourbon.

Château-Thierri , duché-pairie , érigée en 1566 par le roi Charles IX , dont les lettres furent vérifiées au parlement en la même année. Elle a été donnée en 1652 à la maison de Bouillon , en échange de la principauté de Sedan , & du duché de Bouillon , qu'elle a cédées au roi.

Château-Villain , cherchez *Vitri* , ci-après dans ce même article.

Châtelleraud , duché-pairie , que le roi François I érigea en 1515. Elle appartenoit à Mademoiselle , morte en 1693.

Châtillon , érigé en duché par le roi Louis XIV , en faveur de *Paul-Sigismond* de Montmorenci-Luxembourg.

Châulnes , duché-pairie , érigée en 1621 par le roi Louis XIII , dont les lettres furent vérifiées au parlement la même année. Ce duché fut rétabli en 1711 en faveur de *Louis-Auguste* d'Albert d'Ailli.

Chevreuse , ayant été érigé en simple duché par le roi François I en 1545 , puis confirmé par Henri II en 1555, eut le titre de pairie , par lettres de Louis XIII en 1612 , vérifiées au parlement en 1617. Le roi Louis XIV a donné ses lettres confirmatives de ce duché en 1667 , vérifiées au parlement en 1668.

Choiseul , voyez *Plessis-Praslin*.

Clermont , fut érigé en duché-pairie en 1561 , par un brevet du roi Charles IX , en faveur du fils du comte de Clermont ; mais Antoine , comte de Clermont son pere , faisant difficulté de se dessaisir du comté , la roi donna ensuite un autre brevet pour l'érection du comté de Tonnerre en duché-pairie. Ces deux brevets n'eurent point leur effet.

Coislin , duché-pairie , érigée par le roi Louis XIV en 1663 , dont les lettres furent vérifiées au parlement le 15 décembre 1663.

Créqui , duché-pairie , érigée par le roi Louis XIV en 1652 , dont les lettres furent vérifiées au parlement en 1663 , le 15 décembre. Cette pairie est éteinte.

Croi fut érigé en duché l'an 1598 par le roi Henri IV. Cette pairie est maintenant éteinte , & la terre appartient aux descendans de Charles de Croi , duc d'Arscot.

D

DAMVILLE , duché-pairie , érigée en 1610 par le roi Louis XIII. Le roi Louis XIV donna de nouvelles lettres de duché-pairie en 1694 à *Louis-Alexandre* de Bourbon , duc du Maine , légitimé de France , son fils , qui prit séance au parlement le 27 octobre de la même année , en qualité de duc de Damville.

Dunois , duché-pairie , érigée en 1525 par madame la régente , mere du roi François I ; mais cette érection n'a pas été vérifiée au parlement.

Duras en Guienne , duché-pairie , érigée en 1668 par le roi Louis XIV , en faveur de M. *Jacques-Henri* de Durfort , duc de Duras , maréchal de France. Les lettres ne furent point vérifiées. Duras fut érigé de nouveau en duché-non-pairie , en février 1689.

E

ELBŒUF , duché-pairie , érigée en 1581 par le roi Henri III , dont les lettres furent vérifiées au parlement en 1582.

Espernon , duché-pairie, érigée en 1581 par Henri III , dont les lettres furent vérifiées la même année. Ce duché, qui paroiſſoit éteint, a été rétabli en faveur du marquis d'Antin, reçu au parlement en juin 1711. Depuis ce temps, il a eu rang & ſéance aux termes du dernier édit.

Eſtampes fut érigé en ſimple duché par le roi François I, l'an 1536. C'étoit auparavant une comté-pairie, érigée en 1326.

Eſtouteville, érigé en ſimple duché, l'an 1534, par lettres du roi François I, vérifiées au parlement de Rouen la même année.

Eſtrées, duché-pairie, érigée en 1645 par le roi Louis XIV, dont les lettres ont été vérifiées au parlement en 1663, le 15 décembre. C'eſt le marquiſat de Cœuvres en Soiſſonois, ſous le nom d'*Eſtrées*. Cette duché-pairie, par la mort de *Louis-Armand*, duc d'*Eſtrées*, pair de France, marquis de Cœuvres, arrivée le 16 juillet 1723, a paſſé à *Victor-Marie* d'Eſtrées, maréchal & vice-amiral de France. Elle eſt éteinte par la mort de ce dernier, arrivée le 28 décembre 1737.

Evreux fut érigé en comté-pairie par le roi Louis *Hutin* en 1316, confirmé en 1326, & en 1436, puis érigé en ſimple duché, l'an 1569, par Charles IX. Ayant été réuni à la couronne, le comté a été donné à la maiſon de Bouillon, en échange de la principauté de Sedan & du duché de Bouillon en 1652.

Eu, comté, érigé en pairie en 1458, en faveur de Charles d'Artois, comte d'Eu. Cette érection fut confirmée par d'autres lettres en 1551, & rétablie en 1660, en faveur de *Marie-Louiſe* d'Orléans, ducheſſe de Montpenſier, morte en 1693, puis rétablie l'année ſuivante en faveur de *Louis-Auguſte* de Bourbon, duc du Maine.

F

LA FERTÉ-SENNETERRE, duché-pairie, érigée par lettres du roi Louis XIV, vérifiées au parlement en 1665. Elle eſt éteinte.

Fitz-James. Le roi Louis XIV érigea en 1710 la terre de Warti, ſiſe en Picardie, en duché-pairie ſous ce nom, en faveur de *Jacques* Fitz-James, duc de Berwick, maréchal de France, &c. fils naturel de Jacques II, roi d'Angleterre.

Foix-Rendan, duché-pairie, érigée par lettres du roi Louis XIV, vérifiées au parlement en 1663, le 15 décembre. Elle eſt éteinte.

La Force, duché-pairie, érigée en 1637 par le roi Louis XIII, dont les lettres furent vérifiées la même année.

Fronſac, duché-pairie, que le roi Louis XIII érigea l'an 1634 pour le cardinal de Richelieu. Les lettres furent vérifiées au parlement la même année.

G

GRAMONT, duché-pairie, érigée en 1663, par lettres du roi Louis XIV, dont le brevet eſt de 1643, & les lettres de 1644, vérifiées le 15 décembre 1663.

Guiſe, duché-pairie, que le roi François I érigea l'an 1527, par lettres vérifiées en 1528, & rétablie en duché-pairie l'an 1704, en faveur du prince de Condé.

H

HALUYN, ou MAGNELERS, fut érigé en duché-pairie en 1587, & le roi Louis XIII le fit revivre ſous le nom de *Candale*, par lettres données en 1611, regiſtrées la même année, lorſqu'Anne d'Haluyn, héritiere du duché, devoit épouſer M. de Candale, fils du duc d'Eſpernon; mais ce mariage ayant été rompu, le roi donna des lettres d'érection de la même terre en duché-pairie, en faveur du mariage d'Anne d'Haluyn, avec Charles de Schomberg, marquis d'Eſpinai, comte de Durétal. Ce duché eſt éteint.

Harcourt, érigé en duché-pairie par le roi Louis XIV, par lettres du mois de novembre 1709, regiſtrées au parlement le 28 février 1710, en faveur de Henri, duc d'Harcourt, maréchal de France.

Hoſtun, duché-pairie, érigée en 1715, par le roi Louis XIV en faveur de *François-Marie*, duc de Hoſtun.

Humieres. Le roi Louis XIV érigea en 1690 la terre de Mouchi-le-Piereux, ſous ce nom, en faveur de Louis de Crevant, maréchal de France, & la même année ces lettres furent vérifiées en parlement.

I

JOYEUSE, duché-pairie, que le roi Henri III érigea l'an 1581, par lettres vérifiées la même année. Le roi Louis XIV accorda par lettres du mois d'octobre 1714, regiſtrées au parlement le 18 décembre ſuivant, de nouvelles lettres d'érection de duché-pairie, en faveur de Louis de Melun, prince d'Eſpinoi, &c.

Ivoi en Luxembourg, cherchez *Carignan*, ci-devant.

L

LAUSUN, érigé en duché par le roi Louis XIV en 1692, en faveur d'Antonin Nompar de Caumont-Lauſun; ce qui fut vérifié au parlement en la même année.

Leſdiguieres, duché-pairie, érigée en 1611 par le roi Louis XIII, dont les lettres furent vérifiées au parlement en 1620. Elle eſt éteinte.

Levis. Les terres de Lurci-le-Sauvage, Pouligni, la Braudiere, Champroux, & neuf autres terres, toutes ſituées en Bourbonnois, ont été unies en un ſeul & même fief, & érigées en duché-pairie, par lettres du mois de février 1723, vérifiées le 22 du même mois, en faveur de *Charles-Eugène*, duc de Levis.

Liancourt, cherchez *Rocheguyon*, ci-après.

Longueville, fut érigé en ſimple duché, par le roi Louis XII, l'an 1505 : la vérification fut faite au parlement de Rouen la même année, & dans la chambre des comptes de Paris en 1515. Il eſt éteint.

Lorge, le roi Louis XIV érigea en duché l'an 1691 la terre de Quintin en Bretagne, ſous ce nom, en faveur de *Gui* de Durfort, maréchal de France : ce qui fut vérifié au parlement la même année.

Le Lude, duché-pairie, érigée par le roi Louis XIV, l'an 1675, en faveur de *Henri* de Daillon, comte du Lude, grand-maître de l'artillerie de France. Elle eſt éteinte.

Luynes ou *Maillé-Luynes*, duché-pairie, érigée en 1619 par le roi Louis XIII, dont les lettres furent vérifiées la même année.

Luxembourg ou *Pinei-Luxembourg*, érigé en ſimple duché, en 1576, puis en duché-pairie, en 1581 par le roi Henri III, dont les lettres furent vérifiées au parlement la même année. François-Henri de Montmorenci, comte de Bouteville, maréchal de France, fut reçu au parlement duc & pair du duché de Luxembourg, le 22 mai 1662, depuis lequel jour le duc de Luxembourg, ſon fils, a le rang par le dernier édit.

M

MAGNELERS, *cherchez* HALUYN, ci-devant.

Maillé, cherchez *Luynes*, ci-devant dans cet article.

La Marche fut érigée en comté-pairie, l'an 1316 par le roi Philippe *le Long*; & depuis en duché l'an 1327, par Charles *le Bel* : il eſt réuni à la couronne.

Mayenne, duché-pairie, érigée en 1573, par le roi Charles IX, dont les lettres furent vérifiées au parlement en la même année. Elle eſt éteinte.

Mazarini, ou *Retelois-Mazarini*, duché-pairie, érigée ſous ce nom en 1663, en faveur d'*Armand* de Mazarini, auparavant appellé *de la Meilleraye*. Le Retelois fut premiérement érigé en comté-pairie par le roi Louis XI en 1464, puis par Henri III en duché pairie en 1581, dont les lettres furent vérifiées la même année.

La Meilleraye, duché-pairie, érigée par le roi Louis XIII en 1642, par lettres vérifiées au parlement le 15 décembre 1663.

Mercœur, en Auvergne, fut érigé en principauté en

1563, par le roi Charles IX, puis en duché-pairie en 1566, par lettres vérifiées en 1576.

Montausier, duché-pairie, érigée en 1664, par le roi Louis XIV, dont les lettres furent vérifiées en 1665. Elle est éteinte.

Montbazon, duché-pairie, que le roi Henri III érigea en 1588, par lettres vérifiées en 1589. Ce titre fut confirmé en 1594, par autres lettres régistrées au parlement en 1595.

Montmirail, voyez *Noirmoutier*, ci-après dans cet article.

Montmorenci : c'est la terre de Beaufort, voyez *Beaufort*.

Montmorenci, à présent nommé *Enguien*, duché-pairie, érigée en 1551 par le roi Henri II, dont les lettres furent vérifiées la même année. Depuis, cette pairie ayant été éteinte, le roi Louis XIII l'érigea de nouveau en 1633.

Montpensier, duché-pairie, érigée en 1538, par lettres du roi François I, vérifiées au parlement la même année, confirmées pour la pairie en 1608 ; & au mois de mars 1695, le roi Louis XIV donna des lettres à M. Philippe de France son frere, par lesquelles il confirma à ses successeurs mâles & femelles le titre de duché & pairie, pour en jouir comme du temps de la premiere érection faite en 1538.

Mortemar, duché-pairie, que le roi Louis XIV érigea en 1653, par lettres vérifiées en 1663 le 15 décembre.

N

NAVAILLES, duché-pairie, érigée en 1650 par le roi Louis XIV, en faveur de *Philippe* de Montaut-de-Benac, duc de Navailles, maréchal de France. Elle est éteinte.

Nemours, duché-pairie, érigée en 1404 par le roi Charles VI.

Nevers fut premiérement érigée en comté-pairie par Philippe *de Valois* en 1347, & par Charles VII, en 1459, puis érigée en duché-pairie par le roi François I, en 1538, dont les lettres furent vérifiées au parlement la même année. Le cardinal Mazarin obtint de nouvelles lettres de duché-pairie en 1660, qui ne furent point vérifiées. Son neveu étant mort en 1707, le duché a passé à son fils, qui a obtenu de nouvelles lettres en 1720, régistrées en 1721.

Noailles, duché-pairie, érigée par le roi Louis XIV. La vérification en fut faite au parlement le 15 décembre 1663.

Nogent, cherchez *Orval*, ci-après dans cet article.

Noirmoutier, duché-pairie, érigée en 1650, par le roi Louis XIV, pour le marquis de Noirmoutier. Depuis, en 1657, le roi transporta le titre de duché sur la baronie de Montmirail en Brie, sous le nom de *Noirmoutier;* mais les lettres de ces deux érections ne furent point regîstrées.

O

ORLÉANS, duché-pairie, érigée en 1344 par le roi Philippe *de Valois*. C'étoit l'apanage de *Philippe* de France, frere unique du roi Louis XIV, qui a passé à Philippe duc d'Orléans, mort le 2 décembre 1723, & à son fils, puis à son petit-fils.

Orval, ou Bethune d'Orval, ou Nogent d'Orval, duché-pairie, érigée en 1652, par le roi Louis XIV, en faveur de *François* de Bethune, comte d'Orval, marquis de Nogent. Elle est éteinte.

Ouarti, voyez *Fitz-James*, ci-devant.

P

PAVAN, cherchez *la Viéville*, ci-après dans cet article.

Penthièvre, duché-pairie que le roi Charles IX érigea en 1569, par lettres vérifiées en parlement, en la même année : elle appartient au comte de Toulouse, auquel le roi Louis XIV donna de nouvelles lettres de duché-pairie en 1697 ; & elle a passé à son fils.

Pinei-Luxembourg, cherchez *Luxembourg*, ci-devant en cet article.

Plessis-Praslin, duché-pairie, que le roi Louis XIV a érigée par lettres vérifiées au parlement en 1665. Elle est éteinte.

Pondevaux fut érigé en simple duché par le roi Louis XIII en 1623, dont les lettres furent vérifiées au parlement de Dijon en 1632. Elle est éteinte.

R

RAMBOUILLET, duché-pairie, érigée par lettres du mois de mai 1711, régistrées le 29 juillet suivant, en faveur de *Louis-Alexandre* de Bourbon, comte de Toulouse, &c.

Retz, duché-pairie, érigée en 1581, par lettres du roi Henri III, vérifiées au parlement en 1582, puis renouvellées en 1634 par le roi Louis XIII, en faveur de *Pierre* de Gondi, comte de Joigni, général des galeres de France, qui avoit épousé sa cousine germaine, Françoise de Gondi, héritiere du duché. Les nouvelles lettres portoient qu'il ne prendroit séance que du jour de leur vérification, qui fut faite en mars 1634. Elle est éteinte.

Rethelois, cherchez *Mazarini*, ci-devant dans cet article.

Richelieu, duché-pairie, érigée en 1631 par le roi Louis XIII, dont les lettres furent vérifiées au parlement en la même année pour mâles & femelles.

La *Rochefoucault*, duché-pairie, que le roi Louis XIII érigea l'an 1622, par lettres vérifiées en 1637.

Roche-Guyon, duché-pairie, érigée en 1643, par le roi Louis XIV, dont les lettres ne furent vérifiées qu'en 1663, le 15 décembre. Elle porte aussi le nom de *Liancourt*.

Rohan, duché-pairie, premiérement érigée en 1603 par le roi Henri *le Grand*. Depuis étant tombée en quenouille à faute d'hoirs mâles, le roi Louis XIV l'a fait revivre en 1645.

Rohan-Rohan, duché-pairie, érigée par lettres du mois d'octobre 1714, régistrées le 18 décembre suivant, en faveur d'*Hercules* de Rohan, prince de Soubise, &c.

Roquelaure. Cette terre qui est en Guienne, fut érigée en duché-pairie en 1651 par le roi Louis XIV, en faveur de *Gaston-Jean-Baptiste* de Roquelaure, duc de Roquelaure, marquis de Biran, lieutenant général des armées du roi.

Rouanez en Forez, érigé en simple duché par le roi Charles IX en 1566, par lettres vérifiées au parlement en 1567. Il y a des lettres de duché pour la même terre, qui ont été vérifiées en 1716. Elle appartient à M. de la Feuillade.

S

SAINT-AIGNAN, duché-pairie, érigée par le roi Louis XIV, dont les lettres furent vérifiées au parlement le 15 décembre 1663.

Saint-Fargeau, duché-pairie, érigée en 1569, par lettres du roi Charles IX, vérifiées la même année.

Saint-Simon, en Vermandois, duché-pairie, érigée en 1635, par lettres du roi Louis XIII, vérifiées au parlement en la même année.

Seurre, cherchez *Bellegarde*, ci-devant en cet article.

Sulli, duché-pairie, érigée en 1606, par le roi Henri IV, dont les lettres furent vérifiées la même année.

T

THOUARS, duché-pairie, premiérement érigée en duché par Charles IX en 1563, & depuis en pairie par le roi Henri IV en 1595. La vérification en fut faite l'an 1599.

Touraine, érigée en simple duché par le roi Jean en 1360, réuni à la couronne.

Trémes, duché-pairie, érigée en 1645 par le roi Louis XIV, dont les lettres furent vérifiées le 13 décembre 1663.

V

VALENTINOIS, duché-pairie, réunie à la couronne, puis donnée au prince de Monaco par le roi Louis XIII en 1642. Les lettres furent vérifiées la même année. Valentinois avoit été érigé en duché par le roi Louis XII en 1499; & le roi Henri II le donna en 1548 à *Anne* de Poitiers; mais après fa mort, le duché fut réuni à la couronne.

La *Valette*, duché-pairie (qui est Villebois en Angoumois) érigée en 1622 par le roi Louis XIII, dont les lettres furent vérifiées au parlement en 1631. Elle est éteinte.

La *Valiere*, duché-pairie, érigée par le roi Louis XIV, dont les lettres furent vérifiées en 1667. Elle porte aussi le nom de *Vaujour*, & est érigée de nouveau en duché-pairie, par lettres du mois de février 1723, vérifiées le 22 du même mois, en faveur de *Charles-François* de la Baume-le-Blanc, duc de la Valiere.

Valois, duché-pairie, érigée en 1402 par le roi Charles VI. C'étoit une partie de l'apanage de *Philippe* de France, frere unique du roi Louis XIV, & l'est de fa postérité.

Vendôme, duché-pairie, érigée par lettres du roi François I en 1514, vérifiées en la même année.

Ventadour fut premiérement érigé en duché par le roi Henri III en 1578, & depuis en duché-pairie en 1589 par lettres vérifiées en 1594, & confirmées en 1609. Elle est éteinte.

Verneuil, duché-pairie, érigée en 1652 par le roi Louis XIV, dont les lettres furent vérifiées au parlement le 15 décembre 1663. Elle est éteinte.

La *Viéville* ou *Pavan-la-Viéville*, duché érigé en 1652 par le roi Louis XIV. Il est éteint.

Villars, érigé en duché l'an 1627 par le roi Louis XIII, & en pairie l'an 1652 par le roi Louis XIV, en faveur de *Georges* de Brancas, dont les lettres ont été vérifiées au parlement de Provence en 1657, à la chambre des comptes d'Aix en 1662, & au parlement de Paris en 1716.

Villars: le roi Louis XIV érigea en 1705 la terre de Vaux-le-Vicomte en duché, en faveur de *Louis-Hector*, duc de Villars, maréchal de France, fous le nom de *Villars*, & en pairie par lettres du mois de septembre 1709.

Villeroi, duché-pairie, érigée en 1651, par le roi Louis XIV, dont les lettres ont été vérifiées le 15 décembre 1663.

Vitri: le comté de Château-Villain avec le marquisat d'Arc, fut érigé en duché-pairie fous le nom de *Vitri*, par le roi Louis XIV en 1643, & fut érigé de nouveau par lettres du mois de mai 1703, en faveur du comte de Touloufe.

Usez, duché-pairie, érigée en duché en 1565, puis en duché-pairie en 1572, par le roi Charles IX, dont les lettres furent vérifiées la même année.

ANCIENNES COMTÉS-PAIRIES, dont la plupart font réunies à la couronne.

AUXERRE, comté érigé en pairie par le roi Charles VII en 1435, dont les lettres furent vérifiées en 1436, réuni à la couronne par le roi Louis XI.

Beaumont-le-Roger, comté érigé en pairie par le roi Philippe de *Valois* l'an 1328.

Clermont, érigé en pairie l'an 1331, par Philippe de *Valois*.

Dreux, érigé en pairie par Charles IX, en octobre 1569.

Eu, comté érigé en pairie en 1458 par le roi Charles VII. Louis-Charles de Bourbon, fils de Louis-Augufte de Bourbon, légitimé de France, est en possession de ce comté.

Evreux, comté-pairie, donnée au duc de Bouillon en 1652. Le roi Charles IX ayant retiré le comté de Gifors de François de France, duc d'Alençon, fon frere, il lui donna le comté d'Evreux, qu'il érigea en duché. Mais ce prince étant mort fans postérité en 1504, Evreux fut réuni à la couronne.

Foix, comté érigé en pairie, par Charles VII, en 1458.

Le *Forez*, comté qui étoit tenu en pairie par les ducs de Bourbonnois.

Mâcon, comté érigé en pairie par Charles, dauphin, régent en 1359, le roi Jean fon pere étant en Angleterre.

Le *Maine*, comté érigé en pairie par le roi Jean en 1368.

Mortaing, comté érigé en pairie en 1331 par le roi Philippe de *Valois*.

Le *Perche*, comté érigé en pairie par le roi Charles IX en 1566.

Le *Poitou*, érigé en comté-pairie, par Louis *Hutin*, en 1315.

La *Saintonge*, comté érigé en pairie, en 1428 par le roi Charles VII.

Soiffons, comté & pairie érigée par le roi Charles VI, en 1404.

BARONIES-PAIRIES, réunies à la couronne.

BEAUJOLOIS a été tenu en pairie par Pierre, duc de Bourbonnois, vers l'an 1480.

Châteauneuf en Timerais, fut tenu en pairie par *Charles* de Valois, en 1314.

Colomiers, est une ancienne pairie, & principal membre du duché de Nemours. Le roi Louis XIV la fit revivre en la personne de *Henri* d'Orléans, duc de Longueville, comme defcendant (par madame fa mere) des anciens ducs de Nemours.

Coucy, Peronne, Montdidier, Roy & Ham, eurent le titre de pairie en 1404, fous le regne de Charles VI.

La *Fere* en Tartenois, érigée en pairie, par lettres du roi Louis XII, en 1507.

Manie & *Meulan*, érigées en pairie en 1331, par le roi Philippe de *Valois*.

Mortagne, proche de Tournai en Flandre, érigée en pairie par le roi Charles VI, en 1407. * Favin, *des offices de France*. Du Tillet. Pafquier. Du Chêne. Pithou, *Mémoires hiftoriques*. Daniel, *hiftoire de France*, tome I.

PAIRS D'ANGLETERRE, ceux qui compofent la chambre haute. *Voyez* dans l'article ANGLETERRE.

PAISANT DE MESIERES, ancien poëte François, qui écrivit divers romans en vers, & entr'autres, celui *de la Mulle fans frein.* La Croix du Maine, *bibliotheque françoife*, p. 368, &c.

PAIS-BAS, ou Germanie inférieure, provinces de la baffe Allemagne, ainfi nommées, parcequ'elles font plus occidentales que les autres. Les Latins nomment ce pays *Belgium*; les habitans *Nederland*; & les Italiens *Pacfi-Baffi*. Elles faifoient autrefois partie de la Gaule Belgique, & font fituées entre la France, la Lorraine, l'Allemagne & l'Océan. On divife les Pays-Bas en dix-fept provinces, qui font quatre duchés, Brabant, Limbourg, Luxembourg & Gueldres; fept comtés, Flandre, Artois, Hainault, Hollande, Zelande, Namur & Zutphen; un marquifat, qui eft Anvers; & cinq feigneuries, Weft-Frife, Malines, Utrecht, Over-Iffel, & Groningue. Ces provinces qui avoient eu des feigneurs particuliers, furent réunies fous Philippe *le Bon*; duc de Bourgogne, & Charles *le Guerrier* fon fils, dit auffi *le Hardi* ou *le Téméraire*, qui fut tué devant Nanci en 1477. Sa fille unique, Marie de Bourgogne, porta les Pays-Bas dans la maifon d'Autriche, par fon mariage avec Maximilien I, empereur, quoique les rois de France, euffent droit fur plufieurs de ces provinces, comme fur l'Artois, fur la Flandre, &c. Sous le regne de Philippe II, roi d'Espagne, Guillaume de Naſſau, prince d'Orange & quelques autres ſeigneurs mécontens du gouvernement, qui étoit très-dur, ſuſciterent ces mouvemens qui ôterent aux Espagnols la Hollande, & ce qu'on appelle les Provinces-Unies ou Etats généraux. Ces guerres commencerent proprement en 1566, & ont duré juſqu'à la paix de Munſter en 1648, ſi nous en exceptons une treve de douze années, conclue en 1609. La crainte de l'inquiſition, la ſévérité inſupportable du duc d'Albe, & la conduite des Espagnols qui violoient les privilèges du pays, avoient cauſé ces ſoulevemens. Les principaux fleuves des Pays-Bas, ſont le Rhin, la Meuſe, l'Eſcaut, l'Aa, l'Iſſel, la Moſelle, la Lis, la Sambre, la Scarpe, &c. Les forêts ſont ; les Ardennes, Archie, Saint-Amand, & Mormault dans le Hainault, Sonien & Orotenhout dans le Brabant, Marlaine dans le Namurois, Bois-Guillaume en Artois, Sept-Forêts en Friſe, &c. Les villes principales ſont, Anvers, Bruxelles, Amſterdam, Utrecht, Arſchot, Aras, Saint-Omer, Bos-le-duc, Cambrai, Nimegue, Deventer, Delft, Gand, Ypres, Groningue, Zutphen, Valenciennes, Maſtricht, Thionville, Roterdam, Lille, Louvain, Namur, Middelbourg, Mons, Leyden, Harlem, &c. On les diviſe en Provinces-Unies, & Provinces Catholiques. Nous faiſons un article particulier des premieres. Les autres ſont, Flandre, Artois, Hainault, Luxembourg, Brabant, marquiſat du Saint-Empire, Malines, Namur & Limbourg. Les François poſſedent l'Artois & diverſes villes en Flandre, Hainault, &c. Le pays eſt bon & fertile.

Quant à la dénomination de ces provinces, elle vient eſt venue de leur ſituation ; car dans toutes les provinces maritimes les terres y ſont preſque par-tout plus baſſes de deux ou trois toiſes, que la mer, principalement au temps des hautes marées. Il eſt pourtant aiſé de juger que ces pays n'ont pas toujours été dans cette diſpoſition, parcequ'il auroit été impoſſible d'y conſtruire des digues que l'on y voit, & qui ſont d'une ſi grande étendue. Il eſt donc à préſumer que c'étoient d'abord des iſles habitées par les Bataves, peuples vaillans & laborieux, qui mirent tout en uſage pour mettre la Hollande & les provinces voiſines en l'état où elles ſont. L'Eſcaut, la Meuſe, le Rhin, l'Iſſel, & pluſieurs autres rivieres qui tombent dans la mer de Hollande & de Zelande, fort près les unes des autres, avoient d'abord formé ces iſles, & les bancs qui ſe trouvent en ces quartiers-là, par le moyen du ſable, du limon, & des arbres déracinés, que les grandes rivieres entraînent naturellement, & qui ſe ſont élevés inſenſiblement juſqu'à former une eſpece de continent. De-là ſont venus les différentes embouchures du Rhin, dont le courant & les eaux diſperſées en pluſieurs bras ſe ſont affoiblies, & ont donné par-là moyen aux premiers habitans du pays, puis aux Romains & aux peuples qui leur ont ſuccédé, de conſtruire diverſes digues pour arrêter les eaux de la mer. Telle eſt celle qui eſt du côté de la Meuſe ; l'autre du côté de la mer du Sud, que l'on nomme Zuiderzée ; telles ſont auſſi les deux autres qui ſe trouvent le long du Rhin, qui ſe jettoit autrefois dans la mer, au-delà de Leyden, à Catwick Opzée, & où les Romains bâtirent une forterreſſe qui fut appellée Arx Britannica, & dont on voit encore de temps en temps les ruines dans la mer. On fit enſuite de pareils ouvrages dans la Friſe, la Zelande, le Brabant & la Flandre occidentale, ſurtout à l'embouchure des canaux & des rivieres. Quant à côte qui regardoit l'Océan, elle ſe trouva aſſez fortifiée par les ſables que les vents & les marées repouſſoient à terre, & qui ont formé les Dunes & les montagnes de ſable qu'on y voit aujourd'hui.

A l'abri de ces eſpeces de remparts naturels & artificiels, les peuples jouirent paiſiblement des terres & des pâturages qui ſe trouverent enfermés entre les levées. Mais les ſables & la vaſe dont ce pays ſe trouvoit compoſé, ne recevant plus d'accroiſſement, & étant continuellement pénétrés par les eaux de la pluie, de la mer

& des rivieres, s'affaiſſerent peu à peu, comblerent les canaux où le Rhin & les marées couloient auparavant, & ſe changeant en de vaſtes plaines fort unies, s'abaiſſerent conſidérablement. Depuis ce temps, les peuples de ces régions ont preſque toujours été occupés, ou à gagner de nouvelles terres ſur l'Océan, entourant de fortes levées les bancs les plus élevés, ou à réparer les dommages que cauſent le débordement des eaux de la mer & des rivieres, ou à fortifier leurs digues pour ſe garantir des inondations dont ils ſont menacés : inondations qui ſont plus à craindre, lorſque les vents de nord-oueſt pouſſent avec impétuoſité les vagues de la mer contre les côtes, lorſque les rivieres ſont débordées, & lorſque les grandes marées de la nouvelle ou de la pleine lune arrivent en même temps : alors les eaux s'enflant par ces trois cauſes, ces pays ont à appréhender une ruine entiere.

La premiere inondation arriva en 860. La violence des vents & la force de la tempête fut ſi grande, que le Rhin ayant perdu la plus grande partie de ſes eaux par le Vahal, par le canal de l'Iſſel, & par pluſieurs autres canaux, les ſables fermerent tellement l'embouchure de cette riviere près de Catwick, que n'ayant plus de ſortie, ſes eaux ſe répandirent dans le pays, rompirent les digues du côté de la Meuſe, & formerent une riviere que l'on nomme le Leck, par laquelle la plupart des eaux du Rhin ſe déchargent. En 1170 la Hollande, la Zelande, & même la Flandre ſeptentrionale, juſqu'auprès de Bruges, furent inondées par une grande tempête. En 1421, une ſemblable inondation détacha la ville de Dott ou Dordrecht, de l'iſle de Voorn ; & les eaux ſe déborderent dans tout le pays appellé à préſent Bies-Bos, ſitué entre Gertruydemberg, Gorcum & Dordrecht ; de maniere que plus de cent mille perſonnes furent noyées, & 70 villages tellement ſubmergés, qu'il n'en reſta que quelques pointes de clocher que l'on voit encore aujourd'hui.

En 1532, une autre inondation ruina la moitié des iſles de la Zelande. Celle de Nord-Béveland fut entierement ſubmergée. Celle de Sud-Béveland, la plus grande de toutes, perdit trois villes qu'elle contenoit, dont Borſele étoit la capitale : un grand nombre de villages, & plus de la moitié de ſon territoire fut englouti, & en reſta un bon tiers ſous les eaux. En 1551 un pareil débordement inonda une partie de la Flandre ſeptentrionale. En 1570, un autre fit beaucoup de déſordre.

Enfin, en 1682, une tempête extraordinaire ayant fait enfler les eaux le 26 janvier, dans le temps des grandes marées de la pleine lune, durant un hiver fort pluvieux qui avoit fait déborder le Rhin & la plupart des rivieres qui s'y jettent ; les digues furent rompues en pluſieurs endroits de la Flandre, du Brabant, de la Zelande & de la Hollande. Les villes d'Oſtende & Nieuport en ſouffrirent beaucoup, & leur dommage fut eſtimé plus de quatre millions. L'eau monta dans ces places juſqu'aux ſeconds étages ; le canal appellé le Sclick, qui alloit d'Oſtende à Bruges, & qui avoit coûté pluſieurs millions, fut ruiné ; le fort qui le gardoit fut preſque entierement détruit, & 25 villages circonvoiſins ſubmergés. Plus de la moitié de l'iſle de Caſandt fut noyée, & tout le pays d'alentour depuis l'Ecluſe juſqu'aux portes de Bruges, avec le fort de Middelbourg & le même ſort. La forterreſſe du Sas fut inondée & le fort de Mœrſpuyer emporté avec la garniſon & même le canon. Cette inondation s'étendit dans tout le pays de Waës, & dans toute la Flandre ſeptentrionale, depuis l'Eſcaut juſqu'à la mer, avec des pertes preſque incroyables. Les villes de Dendermonde & d'Anvers, le vieux & le nouveau Doël, Melſe, & toutes les terres ſituées vis-à-vis d'Anvers, à la gauche de l'Eſcaut, furent inondées avec perte conſidérable d'hommes & de beſtiaux. Les iſles qui compoſent la province de Zelande furent en grand déſordre. Middelbourg & Fleſſingue très-endommagées ; & ſans les ſoins qu'eurent les magiſtrats de faire réparer les digues de Strangh & de Weſt-Capell, toute l'iſle de Walcheren, dont Middelbourg est capitale, étoit perdue. Ziriczée, capitale de l'isle Schowen, fut submergée, & le bourg de Bommene fortifié & situé au nord de cette isle, fut emporté par les vagues, avec tout ce qui étoit dedans : il n'en resta qu'une tour. Les isles de Nord-Beveland & de Sud-Beveland se trouverent presque entierement ensevelies ; & la ville de Tolen, l'une des plus considérables de la Zelande, fut toute submergée ; de maniere qu'on ne voyoit plus que les clochers. La désolation ne fut pas moins grande dans la Hollande. Une partie du pays se trouva sous les eaux, & elles furent plus hautes de quatre pouces dans Dordrecht qu'elles n'y avoient été dans les plus grands débordemens des siécles passés. Une grande partie des digues fut ruinée, presque tout le Bétaw inondé ; & les dunes qui couvrent la Hollande du côté de la mer, parurent si endommagées, qu'au lieu qu'elles avoient une pente douce, elles devinrent presque toutes escarpées. Une partie du village de Catwitck, près de Leyden, & de celui de Terheid fut ruinée ; & les dunes sur lesquelles ils étoient bâtis, tellement affoiblies, que la Hollande se vit en danger d'être ruinée sans ressource, parceque si cette barriere avoit été forcée, comme il s'en fallut peu, il y auroit eu vingt-cinq pieds d'eau presque par-tout.

Enfin le dommage des provinces des Pays-Bas fut si grand, qu'on l'estima plus de cent millions : on le fit même monter à cent trente. Le prince d'Orange seul y perdit cinquante mille écus de rente. Le dommage parut en plusieurs endroits sans remede, & on délibéra même s'il ne seroit pas plus avantageux de laisser le pays de Ter-Tolen sous l'eau, que d'y faire travailler, parceque les frais pouvoient surpasser la valeur des terres inondées. * Mémoires du temps.

ARCHEVÊCHÉS ET EVÊCHÉS DES PAYS-BAS, érigés par Paul IV, l'an 1569.
ARCHEVÊCHÉ DE CAMBRAI.
Evêchés suffragans.
Arras, Tournai, Saint-Omer, Namur.
ARCHEVÊCHÉ DE MALINES, dans le Brabant.
Evêchés suffragans.
Anvers, Bruges, Gand, Ruremonde, Ypres, Bolduc.
ARCHEVÊCHÉ D'UTRECHT, dans les Provinces-Unies.
Evêchés suffragans.
Deventer, Groningue, Harlem, Lewarden, Middelbourg. Ces derniers ne subsistent plus. * Guichardin, description des Pays-Bas. Ortelius. Magni. Valere. André. Pontus Heuterus &c.

PAIS RECONQUIS. C'est la contrée la plus septentrionale de la Picardie. Elle est entre le Boulonnois, l'Artois & la mer ; & étoit anciennement une partie du comté de Boulogne. Les François en ayant chassé l'an 1558 les Anglois, qui s'en étoient rendu maîtres, lui donnerent le nom qu'elle porte aujourd'hui. Elle renferme les comtés de Guines & d'Oye. Ses lieux principaux sont Calais, Guines, Ardres & Oye. * Mati, dictionaire.

PAITA, petite ville de la mer du Sud, bâtie par les Espagnols, n'est composée que de deux cens maisons bâties proprement. Elle fut prise par les Anglois, commandés par M. Cavendisk l'an 1587. Il la pilla & la brula. De Laët dit que c'est un célebre port du Pérou, situé dans un pays sabloneux, stérile & sans eaux ; mais qu'elle a une grande & sûre baye, & que toutes les marchandises destinées pour Guatimala y sont débarquées. En 1615, elle fut encore prise par George Spilberg, & abandonnée de tous ses habitans. Depuis ce temps-là elle est plus fréquentée par les Indiens, que par les Espagnols.

PAIX, divinité des anciens Romains, étoit représentée tenant un petit Plutus dans une main, parcequ'elle produit les richesses ; & des épis de bled dans l'autre, parceq'uelle fait naître l'abondance. Quelquefois on lui mettoit une branche d'olivier à la main, & une couronne d'olivier sur la tête, pour signifier qu'elle étoit enfantée par

la victoire ; & qu'elle produisoit mille douceurs. Cette déesse avoit un temple dans la ville d'Athènes ; & l'empereur Claude lui en fit bâtir un à Rome, qui ne fut achevé que par Vespasien. Tite & Domitien l'enrichirent beaucoup ; & ce dernier y transporta les plus précieux vases & les plus beaux ornemens du temple de Jérusalem. Les malades, au rapport de Galien, avoient une grande confiance en cette déesse ; de telle sorte, dit ce médecin, qu'il y avoit toujours dans son temple une foule prodigieuse de gens, ou affligés de quelque maladie, ou faisant des vœux pour leurs amis retenus dans le lit ; & cette foule, ajoute-t-il, faisoit qu'on voyoit très-souvent arriver des querelles dans le temple de la paix. Ce même temple fut brulé sous l'empire de Commode. La paix y étoit représentée comme une belle femme, d'un air doux & serein, ayant sur la tête une couronne faite de branches entremêlées d'olivier & de laurier, tenant d'une main un caducée, & portant de l'autre des épis de bled & des roses. Le caducée n'étoit que pour marquer le pouvoir & la divinité de la paix ; les roses & les épis signifioient les plaisirs & l'abondance qui la suivent ; le laurier faisoit la moitié de sa couronne, parceque la paix est le fruit de la victoire. Pour l'olivier, on sait qu'il a été de tout temps le symbole de la paix ; soit à cause de la douceur de l'huile qui vient des olives, soit même, comme veulent quelques-uns, pour une raison tirée de l'histoire sacrée, qui nous apprend que la colombe, portant une branche d'olivier en son bec après le déluge, fit connoître par ce signe à Noé & aux autres qui étoient dans l'arche, que la colere de Dieu étoit appaisée. Les Romains se servoient du ministere des Feciaux pour faire la paix. Voici les cérémonies qui s'observoient dans cette occasion : le Fecial Romain demandoit au roi des Romains dans les premiers temps, & dans la suite au consul ou au général envoyé pour faire la paix ou l'alliance, s'il lui commandoit de la faire avec le Pater Patratus d'un tel peuple. Lorsqu'il en avoit reçu l'ordre, il prenoit une poignée d'épis de bled, & demandoit au roi ou au consul s'il le faisoit député du peuple Romain, pour faire l'alliance. Sur la réponse qu'on lui donnoit qu'il étoit nommé pour cela, il lisoit les conditions de la paix ou de l'alliance, invoquoit ensuite Jupiter, & le conjuroit de punir le peuple Romain, s'il manquoit à cette alliance, & de le fraper de la même maniere qu'il alloit fraper ce porc, sur lequel il jettoit dans l'instant une grosse pierre. Ces cérémonies n'ont duré fort peu de temps parmi les Romains. Quand ce peuple commença à être maître de l'Italie, & à entreprendre des guerres souvent injustes, il négligea tout cet appareil qui l'auroit condamné. * Joséphe. Plutarque. Galien. Rosin, antiq. rom.

PAIX, le port de la Paix ou des Trois Rivieres. C'est un bourg que les François ont fondé dans l'isle de Saint Domingue. Il est sur la côte septentrionale, où il a un bon port vis-à-vis de l'isle de Tortuga. * Mati, diction.

PAIVA D'ANDRADA, cherchez ANDRADA.

PALACAS, ou PLATAMONA, anciennement Haliacmod, ou Aliacmon, riviere de la Grèce. Elle coule dans la Macédoine, où sa rapidité & ses débordemens font beaucoup de mal, & elle se décharge dans le golfe de Salonichi, à Chito. * Mati, diction.

PALACIOS : c'est un ancien bourg d'Espagne, dans l'Andalousie, à deux lieues du Guadalquivir, & à six de Seville du côté du midi. * Mati, diction.

PALACIOS RUVIAS (Jean Lupus de) jurisconsulte de Ségovie, publia à Anvers l'an 1618 plusieurs ouvrages de politique & de droit. * Konig, biblioth.

PALACIOS (Michel de) théologien de Grenade, florissoit vers l'an 1584. On a de lui un commentaire sur le prophète Isaïe, sur S. Jean, & sur l'épître aux Hébreux : & un autre commentaire sur les trois livres d'Aristote de l'ame. * Konig, biblioth.

PALACIOS (Paul de) de Grenade, frere de Michel, publia l'an 1569 un commentaire court, mais savant, sur S. Matthieu. Il mourut en 1582. * Konig, bibliotheca.

PALACIOS

ALACIOS RUBIOS, ou DE BIVERO, *cherchez*
EZ, &c.

AL ÆSCEPSE, ville de la Troade. Strabon dans son
XIII, dit qu'elle étoit bâtie au-deffus de Cebrene, aude la plus haute partie du mont Ida, & qu'elle avoit
ce nom, à caufe qu'on la pouvoit voir de loin; qu'elle
epuis transférée à 40 ftades plus bas, & que la nou-
ville fut appellée feulement *Scepfis*. Palæcepfis eft
tenant nommée *Elmachani*. * Lubin, *tables géo-
hiques fur les vies de Plutarque.*

ALAFOX (Jean de) évêque de los Angelos, ou An-
polis, dans l'Amérique, puis d'Ofma dans la Caf-
vieille, étoit fils de *Jacques* de Palafox, marquis
iza, dans le royaume d'Aragon, où il naquit l'an
o. Après avoir appris les fciences humaines & le
: dans l'univerfité de Salamanque, il fut choifi par
ippe IV, pour être du confeil de guerre, puis de ce-
es Indes. Mais l'amour de fon falut lui fit embraffer
t eccléfiaftique; enfuite de quoi le roi Philippe IV
omma à l'évêché de los Angelos dans l'Amérique,
octobre 1639. Il remplit parfaitement les devoirs
faint prélat, & ne put fe mettre à couvert des per-
tions de quelques réguliers qui lui firent des affaires,
equ'il foutenoit vivement les droits de l'épifcopat.
t auffi gouverneur de la nouvelle Efpagne pendant
ence de Diego Pacheco, duc d'Efcalona, & vint
Ire compte de fa conduite au roi, qui l'obligea d'ac-
er l'évêché d'Ofma, le 24 novembre 1653. Ce pré-
continua de vivre avec la même régularité, fans in-
ompre fes faints exercices, & mourut en odeur de
tete le 30 feptembre 1659, âgé de 59 ans. Peu avant
ort il s'étoit dreffé lui-même cette épitaphe : *Hic ja-
ulvis & cinis, Joannes Oxonienfis, Rogate pro pa-
filii. Obiit anno 1659.* Il a compofé divers ouvra-
en efpagnol, comme l'hiftoire du fiége & du fers de Fontarabie, l'an 1638, imprimée à Madrid
1639, in-4°. *Difcorfos efpirituales. Varon de de-
r. Paftor de noche buena. Cartas paftorales. Hiftoria
!. Anno efpiritual. Cartas de S. Terefa, con notas.
morial por la dignidad epifcopal. Vida interior de
peccador arrepentido*, imprimé l'an 1686, & qui eft
ropre vie. On a encore de lui : Première lettre au
e, du 25 mai 1647, lorfqu'il envoya deux eccléfiaf-
es à Rome pour fe plaindre des Jéfuites. Seconde
re au même pape du 8 janvier 1649. C'eft la grande
re fes adverfaires ont voulu faire paffer pour fup-
fée. Réponfe à un mémorial préfenté contre lui au roi
fpagne par les Jéfuites en 1652, & plufieurs autres piè-
: qui ont été recueillies dans fa défenfe pour la dignité
ifcopale, qui eft le *Memorial por la dignidad epifco-
l*, dont nous avons parlé plus haut. M. Amelot de la
ouffaye a traduit les homélies de Palafox fur la paffion
Jefus-Chrift. Son pafteur de la nuit de Noël, im-
imé en efpagnol à Léon, en 1660, a été auffi im-
imé à Paris en françois. Son hiftoire de la conquête
: la Chine par les Tartares, imprimée en efpagnol à
ris en 1670, fut publiée en françois la même année,
: au même lieu, de la traduction du fieur Collé. *Voyez*
OI (le) abbé de Haute-fontaine. M. Arnauld parle
ouvent de Jean de Palafox dans fes lettres recueillies en
uit volumes *in-12* ; mais plus encore dans la morale
atique des Jéfuites, dont l'hiftoire de dom Jean de
alafox, & des differends qu'il a eus avec les Jéfuites,
it le quatriéme volume. Cette hiftoire eft compofée
incipalement fur les écrits du prélat, entr'autres fur
vie compofée par lui même, fous le titre de : *Veda
terior de un peccador arrepentido* ; fur une feconde vie
u même, écrite en efpagnol par le pere Antoine Gona-
lez de Rofende, de l'ordre des Clercs-mineurs, im-
imée en 1666 ; fur une troifiéme vie du même, écrite
n françois par un Jéfuite, & imprimée en 1688. M.
Arnauld a inféré dans le volume, dont on vient de parer, plufieurs lettres du même prélat au pape, traduites
n françois. *Voyez* auffi Nicol. Antonio, *bibl. hifp.*

PALAIS, évêque de Saintes, *cherchez* PALLADE.

PALAMAS, *cherchez* GREGOIRE PALAMAS.

PALAMEDES, *Palamedes*, fils de *Nauplius*, roi
de l'ifle d'Eubée, étoit très-ingénieux, & découvrit la
feinte d'Ulyffes, qui contrefaifoit l'infenfé, pour ne
pas aller à la guerre. Ulyffes s'en vengea, dit-on, d'une
manière indigne; car il fuppofa des lettres que Priam
écrivoit à Palamedes de devant Troye, dans lefquelles on
marquoit que Palamedes avoit découvert & pris une
fomme confidérable d'argent, qu'Ulyffes avoit cachée
exprès dans fa tente. Palamedes fut cité dans un confeil,
& accufé de ce vol, dont les preuves parurent fuffifan-
tes aux Grecs, qui le condamnerent & le lapiderent.
On lui attribue ordinairement l'invention des poids &
mefures, l'art de ranger un bataillon, & de régler le
cours de l'année par le cours du foleil, & celui du mois
par le cours de la lune. Il inventa auffi le jeu des échecs
& des dés, & quelques autres. Pline dit qu'il inventa
encore, durant le fiége de Troye, ces quatre lettres de
l'alphabet grec, Θ, Ξ, Φ, Χ. Philoftrate ne marque que ces
trois, Τ, Φ, Χ ; & on ajoute qu'Ulyffes fe moquant de
Palamedes, lui difoit qu'il ne devoit pas fe vanter d'avoir
inventé la lettre Τ, puifque les grues la forment en volant. De-là vient, fans doute, qu'on a nommé les grues
oifeaux de Palamedes, comme Martial, *l.* 13, *ep.* 35.
Euripide cité par Laërce, le loue comme un poëte très-
favant, & Suidas affure que fes poëmes ont été fupprimés par Agamemnon, ou même par Homere. Le même
lui donne pour difciple un Corinnus, qui écrivit, dit-il,
l'hiftoire du fiége de Troye en vers. * Pline, *l.* 7, *hift. nat.
c.* 72. Philoftrate, *in Hero.* Meurfius, *Græc. ludibunda,
five de ludis Græc.* Daniel Souter, *Pal. five de Aleatorib.*

PALAMEDES, ancien grammairien, né à Elée, auteur du commentaire fur Pindare, où il donnoit l'hiftoire
de ceux qui font nommés par ce poëte, dit Suidas, qui
ajoute qu'il fit un traité de la comédie & de la tragédie.
L'auteur du grand étymologique (*in* Αρματ μιλος) lui
donne la qualité d'hiftorien ; mais on ne dit point en
quel temps il vécut.

PALAMOS, ville maritime en Catalogne, à fept lieues
de Gironne, eft petite, mais forte, fituée au fond d'une baie
qui fait un bon port, où les vaiffeaux font à l'abri de tous
les vents, à la réferve de ceux du fud-oueft. Elle eft bâtie
en partie dans la plaine, & en partie le long d'une colline
fort roide, qui avance de tous côtés dans la mer,
& dont les bords font fort élevés & fort droits. Les
Efpagnols avoient mis cette place en état de défenfe,
avec une muraille revêtue de bonnes fortifications, &
un chemin couvert bien palliffadé : on avoit même détruit un couvent de religieux Auguftins, au-deffus de la
colline, à l'endroit qui eft le plus avancé fur la mer, &
on y avoit conftruit une citadelle. Ces avantages n'empêcherent pas que le 7 juin 1694 les François ne priffent
cette ville d'affaut. Le 10 fuivant, Avellaneda, gouverneur du fort, fe rendit prifonnier de guerre, avec 1400
hommes qui lui reftoient. Le marquis de Caftanaga par
terre, & l'amiral Ruffel Anglois par mer, en leverent
le fiége aux approches du duc de Vendôme en 1695.
On a depuis démoli cette place. La baye de Palamos
eft couverte du côté de la mer, par une langue de
terre, qui fait un promontoire appellé le cap de Pala-
fugell, du nom d'une bourgade voifine. * *Délices de
l'Efpagne*, tom. III. *Mém. hiftoriques.*

PALANCO (François) Efpagnol, religieux de l'ordre des Minimes établis par S. François de Paule, fut
provincial du fon ordre en Efpagne, & enfuite évêque de Xaca. Il s'eft fait connoître par plufieurs ouvrages que l'on eftime, & il eft mort dans fon diocèfe au
mois d'octobre 1720, à l'âge de foixante & trois ans.

PALANZA : c'eft un petit bourg, mais très-ancien,
dans le duché de Milan, fur le lac Majeur, à quatre
lieues d'Arona, vers le nord. * *Mati*, *diction.*

PALAPOLI, en latin *Palæpolis*, anciennement *Ce-
lenderis*, petite ville de la Natolie, fur la côte de la
Caramanie, entre Scalemure & Tarfe : elle a eu un
évêché fuffragant de Seleucie. * *Mati*, *diction.*

PALAPRAT (Jean) seigneur de Bigot, écuyer, doyen des capitouls de Toulouse, de l'académie des jeux floraux de la même ville, secrétaire des commandemens de M. le duc de Vendôme, grand-prieur de France, étoit né à Toulouse même, au mois de mai 1650: Le talent qui l'a distingué est celui de la poësie. A peine avoit-il fait ses études dans sa patrie, qu'il remporta plusieurs prix aux jeux floraux, & qu'il se fit rechercher des gens d'esprit dont cette ville a toujours été assez bien pourvue. Il prit du parti du barreau, & sa naissance sembloit l'y appeller, car il étoit de la famille des Ferriers si connus dans cette profession. A peine eut-il vingt-cinq ans, qu'on le créa capitoul en 1675, & au mois de février 1684 il fut fait chef de consistoire; emploi dont il s'acquitta avec la droiture de cœur & la liberté d'esprit, qui de tout temps ont fait son caractere. Rien ne put l'arrêter à Toulouse: il en sortit trois fois; d'abord pour faire un voyage à Paris, ensuite pour passer à Rome où la reine Christine de Suede étoit alors: c'étoit au mois de février 1686. Il fit assidument sa cour à cette reine; mais il ne voulut point s'établir à Rome, & il vint à Paris où il a presque toujours demeuré depuis. M. de Vendôme se l'attacha en 1691, en qualité de secrétaire des commandemens du grand prieur, & il en fut toujours estimé & chéri d'une maniere particuliere. Dès les premieres années de son séjour à Paris, Palaprat travailla pour le théâtre, & le recueil de ses pieces en contient huit, & huit discours sur divers sujets, le tout imprimé à Paris en 1711, & réimprimé avec les œuvres de Brueys en 1756, en cinq petits volumes. Presque toutes ces pieces avoient déja paru séparément. L'abbé Brueys de Montpellier a eu beaucoup de part à plusieurs, *sur quoi nous renvoyons à l'article que nous avons donné de cet abbé*. On a encore de Palaprat un petit recueil de poësies diverses, la plupart adressées à M. de Vendôme, imprimé à Paris en 1710, & réimprimé en 1756, avec ses œuvres, outre huit comédies qu'il avoit faites en tout ou en partie & qui n'ont point encore été imprimées. Il étoit d'une si grande candeur, qu'elle pouvoit passer dans certaines rencontres pour une simplicité d'enfant. C'est ce qu'il a marqué lui-même par ces quatre vers, qui font partie de l'épitaphe qu'il s'étoit dressée:

J'ai vécu l'homme le moins fin
Qu'il fût dans la machine ronde,
Et je suis mort enfin
De la dupe de tout le monde.

M. Palaprat est mort à Paris le 23 d'octobre 1721, âgé de 72 ans. Il est enterré à S. Sulpice. M. Titon du Tillet lui a donné place dans son *Parnasse françois, in-fol.* Voyez aussi la *Bibliothéque des théatres*, par Maupoint, *page* 49.

PALATIN (mont) c'est une des sept montagnes de Rome, ainsi appellée, d'où des Palantes qui vinrent s'y habituer avec Evandre; ou de Palantia, femme de Latinus, ou de Pales, déesse des bergers. Il y avoit sur ce mont le palais des rois, d'où vient que l'on appelle les palais des rois *Palatia*. Ce fut sur ce mont que Romulus fut nourri.

PALATIN, dans les vieux titres & coutumes est un nom général & commun, qu'on donnoit à tous ceux qui avoient quelque office ou charge au palais d'un prince. Et comte *Palatin* étoit un titre d'honneur qu'on acquéroit par le service qu'on lui rendoit en quelque état ou charge de son palais. Matthæus dit qu'anciennement les Palatins étoient ceux qui avoient l'intendance du palais & de la cour du prince. C'est ce que les Grecs appelloient *Curopalata*, & les François maires du palais. En Allemagne il n'est resté que le Palatin du Rhin. Depuis on a donné ce nom à ceux qui étoient délégués par le prince pour tenir la justice en quelque province. On a appellé aussi *comtes palatins* des seigneurs qui avoient un palais où l'on rendoit la justice. Ainsi les histoires font mention des *Palatins de Champagne*, qui n'ont cessé que

lorsque la Champagne a été réunie à la couronne. Ils ont été dès le commencement de la monarchie, & se sont qualifiés *Palatins de France*, & non de l'Empire, les autres nations ayant emprunté le nom de cette dignité des François. Il y a aussi eu des *Palatins de Béarn*, comme on voit dans Froissart. Mais maintenant ce mot de *Palatin* signifie seulement un prince d'Allemagne, ou un seigneur de Pologne qui a un *Palatinat*. Ce mot vient de ce qu'autrefois les empereurs envoyoient des juges de leurs palais qu'on nommoit autrement *Phaltz graves*, pour corriger les abus des autres juges des provinces de Saxe, de Baviere, de Franconie & du Rhin, qui ont été tous appellés *Palatinat*. Le nom en est demeuré à l'*électeur Palatin du Rhin*. On les appelle en latin *comites Palatini*, parcequ'ils étoient de la suite & de la cour de l'empereur. On dit aussi *Palatins de Baviere*. Il y a dans l'un & dans l'autre code un titre *de Palatinis sacrarum largitionum*, qui étoient des especes de trésoriers de l'empereur. Il y a aussi des Palatins en Pologne; ce sont des gouverneurs de province.

PALATINAT, principauté d'Allemagne, est divisé en haut & bas Palatinat. Le haut Palatinat appartient au duc de Baviere, suivant le traité de Munster en Westphalie; & le bas Palatinat au comte Palatin du Rhin, qui possédoit autrefois cette principauté toute entiere. Elle tire son nom de l'office de comte Palatin, dont l'empereur pourvoyoit ceux qui administroient en son nom la justice dans l'empire. Il y avoit deux; l'un du côté du Rhin qui la faisoit rendre en Franconie & dans les provinces voisines; l'autre en Saxe & autres pays sujets au droit saxon. Sur ces deux offices de comte Palatin du Rhin & de comte Palatin de Saxe, sont fondés les deux vicariats de l'empire, que l'électeur de Baviere, ou l'électeur Palatin, & l'électeur de Saxe exercent chacun dans ses provinces, quand l'empire n'a point de chef, par la mort de l'empereur ou autrement. Dans le temps que les comtes Palatins du Rhin commencerent à jouir de cette dignité, ils ne possédoient le long de cette riviere ni terres, ni villes, ni châteaux; mais ils y firent peu-à-peu de grandes acquisitions par achats, ou par donations impériales, & en ont formé dans la suite une principauté très-considérable; de sorte qu'outre plusieurs fiefs situés entre Coblents & Andernach, & dans le pays de Juliers qui en relevent, & outre les duchés de Neubourg, de Sultzbach, de Deux-Ponts & autres qui en sont les apanages, l'électeur Palatin possede encore plusieurs duchés & comtés. A l'égard des villes, celle de Heidelberg, la principale, est célèbre par son ancienne académie & par son château, où le prince faisoit sa résidence ordinaire. Manheim est une ville nouvellement bâtie & fortifiée au confluent du Necker dans le Rhin. Caub est une petite ville avec le château de Gudenfelts sur le Rhin, vis-à-vis de laquelle on voit un château nommé *Pfaltz*, au milieu du Rhin; d'où quelques-uns prétendent sans fondement faire venir le nom de Pfaltzgrave au comte Palatin. La ville de Delsbourg a un beau château sur le Necker. Quant à celle de Franckendal, qui étoit autrefois la mieux fortifiée de tout le bas Palatinat, l'électeur Frideric III commença en 1576 à y donner retraite à plusieurs familles de la religion prétendue-réformée chassées des Pays-Bas. Ses successeurs continuerent d'en user de même dans les autres villes de leur principauté, & d'y permettre la liberté d'exercer cette religion; ce qui rendit ce pays fort peuplé, & très-riche. Les électeurs Palatins de leurs sujets s'étant enfin séparés entierement de l'église catholique, ne négligerent pas l'occasion de disposer des biens d'église à leur profit. Voulant faire valoir, entr'autres droits, celui de conduite sur les gens & marchandises qui passent & repassent dans leurs terres, en les faisant escorter par leurs gardes, ils s'étendirent même dans les évêchés & les comtés des environs, en vertu d'un privilége impérial. Ils en userent de même pour l'établissement du droit de Wilfang, ou de propriété sur les biens des étrangers & gens sans aveu qui viennent occuper quelques maisons

s l'étendue de ces terres voisines, & qu'ils réputent
r leurs sujets. Par ces moyens & par d'autres impo-
ns, l'électeur Palatin avoit fait monter son revenu
ne somme très-considérable. Comme son pays est
osé au-delà du Rhin, à la discrétion de la garnison
périale qui est dans Philisbourg ; & au-deçà du Rhin,
elle des troupes françoises, qui sont dans les places
sines, il n'a pas peu de peine à ménager ses intérêts
c de si grandes puissances. *Voyez* la généalogie de
te maison, qui est une branche de celle de Baviere,
s *l'article* BAVIERE.

PALATINS de France & de Champagne, *cherchez*
OMTES.

PALATINS DE POLOGNE, nom de ceux qui
uvernerent l'état, depuis que la race de Lech, pre-
er fondateur de la monarchie Polonoise, fut éteinte
s l'an 695. Alors on divisa le royaume en douze pro-
ices ; & on élut douze Palatins pour être gouverneurs
comme princes, chacun à sa province. Ils furent nom-
is en langue vulgaire *voievodes* ou *vayvodes*, c'est-à-
e, *capitaines* & *chefs de guerre*. Cette sorte de gou-
nement ne dura pas long-temps, à cause de la désu-
on & de la mauvaise intelligence de ces Palatins, dont
acun vouloit accroître sa puissance ; de sorte que les
olonois résolurent en 700 de se remettre sous la domi-
tion d'un seul. Ainsi finit pour la premiere fois le gou-
ernement des douze Palatins, lorsque Cracus prit le
uvernement de tout l'état. Ils furent rétablis après la
ort de la princesse Venda, & gouvernérent quelques
ois, jusqu'à l'élection de Lesc ou Lestic I, qui fut élu
1760. Le nom de vayvode subsiste encore parmi les
olonois ; & ceux qui sont dans ces charges, tiennent le
emier rang après les évêques au conseil du roi. Le
ombre en a été augmenté ou diminué, à mesure que la
ologne a eu plus ou moins d'étendue. * Jean Herburt
e Fulstin, *histoire des rois & princes de Pologne*, en
tin, & traduite en françois.

PALATIUS (Jean) Vénitien, docteur & professeur
n droit à Venise, plébain de l'église collégiale de sainte
Marie, prêtre du Seigneur, archiprêtre de la congréga-
on de Notre-Dame, & chanoine ducal, fut ensuite
ofesseur en droit canon à Padoue, conseiller & histo-
iographe de l'empereur, & mourut vers la fin du XVII
ècle. Il a composé un assez grand nombre d'ouvrages,
omme : *Monarchia occidentalis à Carolo Magno*, *us-
ue ad Leopoldum I*, *elogiis exarata*, &c. en 8 volumes
n-folio. *Gesta pontificum Romanorum*. Cet ouvrage
arut d'abord en quatre volumes *in-folio*, & va jusqu'à
innocent XI. En 1690 l'auteur ajouta un cinquième
volume, depuis ce pape jusqu'à Alexandre VIII. *Fasti
Ducales*, à Venise, *in-4°.* en 1696. Cet ouvrage passe
pour le plus exact de tout ce qui est sorti de la plume de
Palatius. Il a fait aussi des Commentaires sur les quatre
livres des *institutions* ; un Traité de l'empire ou de la
souveraineté de la mer Adriatique ; une vie de Marc-
Antoine Justiniani, doge de Venise, la vie de S. Pierre
en italien ; & plusieurs autres ouvrages en la même
langue.

PALATUA, déesse que les Romains croyoient présider au mont Palatin & au palais. On appelloit *Palatual*
le sacrifice qu'on lui offroit, & *Palatualis* le prêtre qui
le lui offroit.

PALAZZO DI ADRIANO, bourg de la vallée de
Mazara en Sicile, sur la riviere de Calatabellota vers sa
source, à sept lieues de Zacca, vers le nord oriental.
* Mati, *diction.*

PALAZZUOLO ou PALLAZÒLLO, bourg d'Ita-
lie, avec un pont de pierres sur l'Oglio. Il est dans le Bressan, dans l'état de Venise entre Bresse & Bergame.
* Mati, *diction.*

PALAZZUOLO, bourg ou petite ville de la vallée
de Noto en Sicile. Ce lieu, qui est vers les sources de
l'Anapo, à sept lieues au-dessus de Syracuse, est pris par
quelques-uns pour l'ancienne *Herbessus* ou *Erbessus*,
& par d'autres pour l'ancienne *Patiorus*, * Mati, *diction.*

PALEA, disciple de Gratien, s'appelloit en latin *Palea*, & en italien *Pagnia*, qui est le nom d'une famille
noble de Crémone. Ce fut lui, selon l'opinion la plus
vraisemblable, qui ajouta au décret de Gratien les canons
qui ont pour titre *Palea*, que d'autres attribuent à un
cardinal nommé *Protopalea*. Il est constant que ces canons ne se voient pas dans les plus anciens manuscrits
du décret, ou du moins qu'il y en a fort peu ; & que
ceux qui s'y trouvent ne sont pas insérés dans le texte,
mais seulement ajoutés à la marge. Le nom de *Palea* ne
vient point du grec παλαιᾶ, qui signifie *ancien* ou *vieux*,
ni de πάλιν, qui veut dire *une seconde fois* ; car les canons qui sont ainsi intitulés, ne sont pas plus anciens que
les autres, ni moins en usage. D'ailleurs tous ces canons
ne se trouvent pas insérés plus d'une fois dans le décret ;
& tous les canons qui sont répétés n'ont pas cette marque. Il est encore moins vrai que le nom de *Palea* leur
ait été donné pour les distinguer de ceux qui avoient
plus d'autorité, comme pour séparer la paille du bon
grain. * Doujat, *histoire du droit canon.*

PALEARIUS (Aonius) dont le vrai nom italien étoit
Antonio de gli Pagliaricci, selon la comédie *De gli in-
gannati*, composée par les *Intronati* de Sienne, étoit
né à Veroli, ville épiscopale de la Campagne de Rome,
vers le commencement du XVI siécle. Il étoit fils de
MATTHIEU Palearius & de *Claire* Janarilla, l'un &
l'autre de famille noble & ancienne. Il reçut au baptême
le nom d'*Antoine*, qu'il changea dans la suite en celui
d'*Aonius*, selon l'usage des gens de lettres de ce temps-
là. L'étude fut toujours sa principale occupation & ses
délices. Il joignit à la langue grecque & latine,
celle de la philosophie & de la théologie ; & dans le désir d'apprendre, il parcourut la meilleure partie de l'Italie, & s'y mit sous la discipline des plus fameux professeurs. Il demeura six ans à Rome ; mais la prise de
cette ville en 1527, par l'armée de Charles-Quint, &
les désordres que commettoient les troupes de ce prince,
troublant le repos dont il avoit besoin, il se retira en
Toscane où il crut jouir de plus de tranquillité & de
commodités. Il dit dans la quatrième du premier livre
de ses lettres, que si Dieu lui eût donné plus de bien,
il se seroit donné la satisfaction de parcourir la France,
l'Allemagne & même la Gréce. Comme en allant en
Toscane il n'étoit pas encore déterminé sur le lieu où il
se fixeroit, il passa d'abord à Pérouse, & ensuite à Sienne. On voulut le retenir dans la premiere ville ; mais le
mauvais état de son collége, & le peu d'ardeur qu'il y
remarqua dans la jeunesse pour l'étude, l'en détournè-
rent. Sienne lui plut davantage. Il aima l'esprit vif & pénétrant de ses habitans ; & jugeant par leur amour pour
leur langue maternelle, qu'ils pouvoient réussir dans les
langues grecque & latine, il résolut de s'y fixer, malgré
les dissentions qui y régnoient. Ayant pris cette résolution, il vendit les biens qu'il avoit à Veroli, & il trouva
dans Sienne une nouvelle patrie où il fut plus aimé &
plus considéré que dans celle où il avoit pris naissance.
On lui donna la place de professeur en langues grecque
& latine, & il eut un assez grand nombre d'écoliers.
Ces marques d'estime & de bienveillance ayant redoublé son attachement pour cette ville, il acheta dans le
voisinage une maison de campagne nommée *Ceciniano*,
dont il fit un lieu de délices, & il y alloit passer les jours
que son emploi lui laissoit libres. Ses amis l'ayant déterminé à se marier, il épousa à l'âge de trente-quatre ans
une jeune fille de bonne famille, avec qui il vécut toujours dans une grande intelligence, & dont il eut quatre
enfans, deux garçons & deux filles. Mais son mérite lui
suscita des envieux, & son repos fut troublé. Un de
ses collégues, qu'il n'a désigné que par un nom supposé,
mais qu'il dépeint comme un ignorant, lui suscita quelque querelle dont il ne nous apprend point le sujet, mais
dans laquelle il eut pour défenseur Pierre Arétin, qui composa à cette occasion une piéce italienne fort satyrique
qui fut représentée publiquement à Venise. Ce premier
trouble fut suivi de plusieurs autres qui eurent des suites

plus confidérables. Antoine Bellantes, noble Siennois, accufé de plufieurs malverfations, engagea Palearius à prendre fa défenfe ; & celui-ci prononça pour ce fujet dans le fénat de la ville un difcours qui fut applaudi, & dont le fuccès fut le gain de la caufe de celui pour qui il plaidoit. Quelque temps après, Bellantes accufa quelques moines d'avoir pillé fon aïeule, & Palearius fut encore fon avocat ; mais les moines ayant fait ferment qu'ils n'avoient rien enlevé à cette femme, on s'en tint à leur ferment, & ils furent déclarés abfous. Ce fuccès bien ou mal mérité, les enfla ; piqués contre l'orateur, ils profiterent des occafions qu'ils trouverent de le motifier. L'amour de Palearius pour les opinions des nouveaux hérétiques, leur en préfenta une, ils la faifirent. Il devint le fujet de leurs déclamations & de leurs fatyres, foit dans leurs entretiens particuliers, foit dans leurs difcours publics. Ils ne trouvoient que des blafphêmes & des héréfies dans le traité des mérites de la mort de J. C, qu'il avoit compofé, quoiqu'au fond l'auteur ne s'y éloignât pas beaucoup de la doctrine de l'églife catholique. Ils en vinrent jufqu'à l'accufer d'impiété, parcequ'il avoit parlé des chofes divines avec un ftyle plus pur & plus latin qu'on n'avoit fait jufque-là, & qu'il avoit cité plufieurs écrits des peres & autres monumens eccléfiaftiques qui leur étoient inconnus. Palearius fit pour fe défendre une apologie qu'il adreffa aux magiftrats de Sienne, & qui confondit fes accufateurs. Cependant, toujours traverfé, il réfolut de quitter Sienne, & profita de l'offre que lui firent les magiftrats de Luques d'une chaire de profeffeur en belles lettres, qu'il remplit avec éclat pendant plufieurs années. Il ne quitta Luques que pour aller à Milan, où il fut appellé par les magiftrats qui lui accorderent diverfes immunités ; mais fes ennemis ne tarderent pas de le priver de ces avantages, en lui fufcitant une nouvelle perfécution dont il fut la victime. Les moines qu'il avoit aigris plus de vingt ans auparavant dans fon fecond difcours pour Antoine Bellantes, & dans fa propre apologie qu'il fit en conféquence, irriterent contre lui la cour de Rome, & l'accuferent de plufieurs erreurs qui, quoique réelles, ne méritoient pas la vengeance qu'ils tirerent. Palearius qui ne s'y attendoit point, fut arrêté à Milan, & fon procès ayant été revu par Ange de Crémone, grand inquifiteur, il fut conduit à Rome par ordre de Pie V en 1568, & condamné le 5 d'octobre de l'année fuivante à être pendu & brulé ; ce qui fut exécuté. D'autres mettent cet événement en 1566 ; mais nous croyons la date de 1568 plus certaine. Les erreurs dont il fut accufé, felon Jacques de Laderchi, qui ne l'a nullement épargné dans fes annales eccléfiaftiques, font : qu'il nioit le purgatoire ; qu'il défapprouvoit l'ufage d'enterrer les morts dans les églifes ; qu'il paroit fort mal de l'état monaftique & de la vie des moines ; qu'il paroiffoit attribuer la juftification à la feule confiance en la miféricorde de Dieu, remettant les péchés par J. C. On ne trouve point, même dans ceux qui ont écrit avec le plus de vivacité contre lui, qu'on l'ait accufé d'autres erreurs ; & il y a apparence qu'il auroit fini fa vie tranquillement, s'il n'eût point fait les deux difcours dont on a parlé. On a toujours défapprouvé les iambes de *Latino-Latini*, rapportés dans une de fes lettres, & dans le *Menagiana*, tom. I, édit. de 1715, dans lefquels ce favant fait un crime capital à Palearius d'avoir préféré *Aonius* où il n'y a point de T, à *Antonius* où fe trouve cette lettre, figure de la croix, comme fi par-là il avoit renoncé au figne du chriftianifme. Les ouvrages qui nous reftent de Palearius font : 1. *De immortalitate animarum libri tres*, en vers latins. Cet ouvrage qui eft fort bon pour la doctrine, mais d'une verfification affez mauvaife, fut imprimé d'abord à Lyon chez Gryphe in-16, à la recommandation du favant Jacques Sadolet qui en écrivit exprès à Sébaftien Gryphe. On le réimprima plufieurs fois depuis, entr'autres, dans le recueil des ouvrages de l'auteur, & avec la Lucréce de l'édition de Daniel Pareus en 1631, à Francfort, in-8°. 2. *Epiftolarum libri IV. Orationes & de animarum immortalitate*

libri tres, à Lyon, chez Sébaftien Gryphe, en 1552, in-8° ; & à Bafle, in-8°, fans la date du temps de l'impreffion faite chez Jean Oporin. Il y a eu encore une autre édition à Bafle que je n'ai point vue ; à Brême, en 1631 ; à Amfterdam, chez les Wefteins, en 1696, in-8° ; & à Iéne, en 1728, in-8°, par les foins d'André Halbaver, qui y a ajouté la vie de l'auteur. Outre les lettres de Palearius qui font dans ces différentes éditions de ce recueil, il y en a auffi de plufieurs favans à lui adreffées ; &, dans les éditions d'Amfterdam & de Iéne, on trouve de plus deux lettres de Palearius, & cinq qui lui font écrites, qui ne font point dans les éditions de Brême & de Bafle. Les difcours font au nombre de douze ; favoir, un contre Murena, à l'imitation de l'oraifon de Cicéron pour le même. Palearius avoit fait ce difcours pour s'exercer. 2. Le difcours pour Antoine Bellantes, dont on a parlé. 3. L'apologie de Palearius, dont on a auffi parlé. 4. Un difcours des louanges de l'éloquence. 5. Un de la république au fénat & au peuple de Luques. 6. Un aux mêmes fur l'union qui doit régner entre les citoyens. 7. Un fur la prudence. 8. Un en faveur des bonnes études. 9. De la juftice. 10. De la force. 11. De la tempérance. 12. De la félicité. Tous ces difcours, à commencer au quatriéme, ont été faits & prononcés à Luques. 3. *Poëmatia :* c'eft un petit recueil de poëfie imprimé à Paris en 1576. 4. *Actio in pontifices Romanos & eorum affeclas, ad imperatorem Romanum, reges & principes chriftianæ reipublicæ, fummos œcumenici confilii præfides, confcripta, cùm de concilio Tridenti habendo deliberaretur.* L'intention de Palearius étoit de faire préfenter cet écrit qui eft affurément trop vif, au concile de Trente par les ambaffadeurs de l'empereur. C'eft une apologie pour la caufe des proteftans, où l'auteur ne laiffe pas d'enfeigner deux chofes contraires à leur doctrine ; l'une, que le mariage eft un facrement ; l'autre, qu'un chrétien ne doit jamais jurer, pas même devant les juges. Cette piéce, après avoir été cachée affez long-temps, fut trouvée à Sienne en 1596, & imprimée à Leipfick en 1606, in-8°, chez Vœgelinius. On ne la trouve point dans le recueil des ouvrages de l'auteur des éditions de Brême & de Bafle ; mais elle eft dans celles d'Amfterdam & de Iéne. 5. *Aonii Palearii ad Lutherum, Calvinum, aliofque de concilio Tridentino epift.* Cette lettre que l'on croit être de 1542, eft une efpece de lettre circulaire pour engager tous les partifans de Luther & de Calvin à s'accorder, afin de réunir leurs forces pour mieux fe foutenir contre les attaques que le concile devoit leur faire. Elle n'a paru qu'en 1737, dans le premier volume des *Amœnitates hiftoriæ eccléfiafticæ & litterariæ* de Jean-George Scelhorn, à Leipfick, in-8°. * Voyez le difcours qui fert de préface à cette lettre : les préfaces des éditions des ouvrages de Palearius à Amfterdam & à Iéne, & les *Mémoires* du pere Niceron, tom. XVI.

PALEMON, eft le nom d'un des fils de *Priam*, felon quelques éditions d'Hygin ; car les autres le nomment *Pammon* ; & Apollodore l'appelle *Philæmon*.

PALEMON, dieu marin, fils d'*Athamas* roi de Thébes, & d'*Ino*, s'appelloit au commencement MELICERTE. Son pere devint fi furieux, qu'il prit l'un de fes enfans & l'écrafa contre la muraille. Ino craignant une pareille deftinée, prit Melicerte entre fes bras, & fe jetta dans la mer. Ils furent convertis en divinités marines ; la mere fous le nom de *Leucothée*, & le fils fous celui de *Palemon*. On croyoit que Leucothée étoit la même déeffe que l'Aurore. Palemon fut nommé *Portunus* par les Latins, à caufe qu'il avoit l'intendance des ports ou havres. Il y en a qui difent que Melicerte fut reçu fur le dos d'un dauphin en tombant d'un rocher, & jetté mort fur l'ifthme de Corinthe ; & que Sifyphe, fils d'Eole, & oncle de Melicerte, qui régnoit à Corinthe, fit de grands honneurs à la mémoire de fon neveu qui ne s'appella plus que *Palemon* ; car il inftitua en fon honneur les jeux ifthmiques, qui étoient l'un des quatre jeux qui fe célébroient dans la Gréce avec une extrême

pe. Eufebe fait mention de Palemon fous la troi-
aph. *l. 4.* Paufanias, *in Attic.* Natalis Comes, *my-
log. l. 8, c. 4.*

PALEMON (Q. Rhemmius) grammairien célèbre
ome, fous Tibere & Claudius, étoit natif de Vicenze
fils d'un efclave. On dit qu'il apprit le métier de tiffe-
, mais qu'en accompagnant le fils de fon maître au
lége, il apprit les lettres, & qu'ayant été affranchi
es enfeigna à Rome. On ne peut pas nier qu'il ne fût
ant, & Juvenal lui en donne l'éloge dans fa VII
yre.

Quis gremio Enceladi, doctique Palæmonis affert
Quantum Grammaticus meruit labor ?

avoit d'ailleurs une mémoire excellente, parloit aifé-
ent, & faifoit des vers fur le champ. Ces qualités fu-
t caufe que nonobftant l'impureté de fa vie, qui étoit
le que Tibere & Claudius difoient hautement, que
rfonne n'étoit plus indigne qu'on lui confiât la jeu-
ffe, il tint le premier rang parmi ceux de fa profeffion.
n arrogance fut fi exceffive, qu'il difoit que les lettres
oient nées avec lui & mourroient avec lui, & que Vir-
le avoit inféré fon nom dans fes églogues comme par
efprit prophétique, à caufe que lui Palemon devoit
re un jour l'arbitre de tous les poëmes. Il faifoit des
penfes exceffives pour fatisfaire fon humeur volup-
ufe, de forte que ni les fommes immenfes qu'il ga-
oit, ni le grand profit qu'il faifoit, foit en cultivant
es terrés, foit par le trafic, ne lui fuffifoient pas. Il ne
ous refte que quelques fragmens de fes écrits. * Sué-
ne, *de clar. grammat.* Pline, *l.* 14, *c. 4.* Voffius, *de*
rammat. l. 1, c. 4.

PALEMON, anachorète, vivoit dans la Thébaïde
u temps de Dioclétien & de fes fucceffeurs, & y me-
oit une vie extrêmement auftere. Il fut le maître de
. Pacôme, qui vécut avec lui quelque temps dans la
olitude, avant que d'établir le monaftere de Tabennes.
'alemon mourut entre les bras de S. Pacôme, vers l'an
15. On fait fa fête le 11 de janvier. * *Vie de S. Pacôme.*
aillet, *vies des faints, au mois de janvier.*

PALENCIA, ville d'Efpagne fur le Carrion, dans
e royaume de Léon, avec évêché qui étoit autrefois
uffragant de Tolede, & qui l'eft préfentement de Bur-
os, eft nommée diverfement par les auteurs Latins
Palantia, Pallantia, & *Palentia in Vaccæis.* Alfonfe IX y fonda une univerfité vers le commencement du
XIII fiécle, & c'étoit la premiere qu'on eût vue dans
l'Efpagne; mais Ferdinand fon petit-fils la transféra l'an
1239 à Salamanque. Alfonfe Ferdandés de Madrid a
compofé l'hiftoire de la ville de Palencia, qui étoit autrefois fort confidérable, fous le titre d'*Antiguidades*
& nobleza de la ciudad de Palencia. Pomponius Mela,
Strabon, Tite-Live, &c. en parlent auffi fouvent.* *Con-*
fultez Mariana, *hift. Hifpan.* Merula, *defcr. Hifp. &c.*

CONCILES DE PALENCIA.

Guillaume, évêque de Sabine, légat du faint fiége en
Efpagne fous le pontificat de Jean XXII, célébra en
1322 un concile national à Valladolid dans le diocèfe
de Palencia. On y fit des ordonnances très-importantes
pour le temps, en 27 chapitres. Le cardinal Pierre de
Luna, depuis antipape, fous le nom de Benoît XIII, légat en Efpagne pour Clément VII, affembla en 1386
un autre concile à Palencia, dont nous avons les actes
en 7 chapitres.

PALENSERTHAL, c'eft-à-dire, *la vallée de Pa-*
lent. C'eft une petite contrée des bailliages que les Suiffes
poffedent dans le Milanez. Elle eft le long du bord oriental de la riviere de Brenna, entre la ville de Bellizone
& les fources du Rhin. * Mati, *dictionaire.*

PALEOCASTRO, ville ruinée de l'ifle de Candie,
cherchez APTERE.

PALEOLOGUE. La maifon des PALEOLOGUES
eft célèbre & ancienne dans l'empire de Conftantinople. ALEXIS Paléologue, defpote de Romanie, époufa
Irenée, fille aînée de l'empereur *Alexis* l'Ange, & en eut
une fille unique, mariée à ANDRONIC Paléologue, grand
domeftique, & gouverneur de Theffalonique. Celui-ci
eut pour fils, MICHEL qui fuit; *Jean* Paléologue, defpote, qui époufa la fille de *Conftantin* Tornices, dont
il eut des enfans; *Conftantin*; *Céfar*, & enfuite *Sebafto-*
crator; *Marie* ou *Marthe*, femme de *Nicephore* Tar-
chaniotes; & *Eulogie*, qui époufa un feigneur de la
maifon de Cantacuzene. MICHEL Paléologue eft le
premier empereur de Conftantinople de cette famille;
Andronic fon pere avoit été grand domeftique de l'empire : pour lui il fut employé avec fuccès à la tête des
armées, mais il fe deshonora par fes perfidies. Mufa,
lors tuteur de l'empereur *Jean* Lafcaris, fut le premier
qui fentit les effets de fon ambition : il le fit affaffiner
dans une églife, fit peu après crever les yeux à fon jeune
empereur, & fe fit couronner à Nicée au commencement de l'an 1260. Lorfqu'il vit que tous les Grecs lui
étoient foumis, il attaqua vivement les Latins, & ayant
eu le bonheur de faire prifonnier de guerre *Guillaume*,
prince d'Achaïe, après lui avoir enlevé prefque toutes
fes places, il l'obligea à lui céder Malvoifie pour obtenir fa liberté. Cette premiere conquête lui facilita la prife
de Conftantinople, dont il fe rendit maître le 25 juillet
1261; mais il auroit eu peine à foutenir les efforts des
Vénitiens, s'il n'avoit mis les Génois dans fes intérêts,
en leur cédant le fauxbourg de Pera. Ceux-ci ne le fervirent que trop bien : il s'affermit dans fa nouvelle domination, & par le fuccès de fes armes, & par une tréve
qu'il ménagea adroitement, & pendant laquelle il fe réunit à l'églife latine par fes députés au concile général
de Lyon. Il avoit époufé *Théodore*, fille de *Jean* Ducas,
dont il eut *Manuel*, mort jeune; ANDRONIC, *qui fuit*;
Conftantin, pour qui il eut une affection particuliere,
& que fon frere devenu empereur tint en prifon; &
Théodore, qui mena une vie privée; *Irene*, femme de
Jean Afan, roi de Bulgarie; *Eudocie*, alliée à *Jean*
Comnene, empereur de Trébifonde; & *Anne*, mariée
à *Michel*, fils de *Michel* Ange, defpote d'Epire. *Il laiffa*
auffi deux filles naturelles, Irène, *femme de Noga,* *fei-*
gneur Tartare; & Marie, *femme de Théodore de Ville-*
hardouin.

ANDRONIC Paléologue, dit *le Vieux*, fuccéda à
fon pere : & n'ayant pas trouvé du côté des Latins affez
d'empreffement à lui fournir les fecours qui lui étoient
néceffaires pour maintenir la réunion de l'églife grecque
avec la latine, contre ceux à qui cette réunion fervoit
de fujet de révolte, il y renonça. *Andronic*, fon petit-
fils, aidé des Génois, ayant pris les armes contre lui,
après avoir tenu bon quelque temps avec le fecours des
Vénitiens, il fe démit de l'empire en 1328, & vécut
tranquillement jufqu'au 3 février 1333. Il avoit époufé
1°. *Anne*, fille d'*Etienne* V, roi de Hongrie : 2°. *Irene*,
fille de *Guillaume* VI, marquis de Montferrat. Il eut de
la premiere, MICHEL, *qui fuit*; *Conftantin*, à qui il
donna d'abord les gouvernemens de Macédoine & de
Theffalonique; mais étant venu enfuite à le haïr, après
plufieurs mauvais traitemens, il le contraignit à fe retirer
dans un monaftere. Les enfans du fecond lit furent,
Jean, qui mourut jeune en 1308; *Démétrius*, qui de
crainte de mauvais traitemens fe retira à la cour de Servie; THÉODORE, qui a fait la branche des marquis de
Montferrat; & *Simone*, femme d'*Urofe*, roi de Servie.
Il eut encore une fille naturelle, Marie, *femme de To-*
chais, *roi des Tartares.*

MICHEL Paléologue fut couronné empereur dès l'an
1295, & mourut avant fon pere en 1320, le 12 d'octobre. Il avoit époufé *Marie*, ou *Xene*, appellée dans
fon pays *Rifta*, fille de *Léon* II, roi d'Arménie, dont
il eut ANDRONIC le Jeune; & *Manuel*, affaffiné
en 1320, par des gens apoftés par fon frere; *Anne*,
mariée 1°. à *Thomas* l'Ange, prince d'Epire & d'A-
carnanie : 2°. à *Thomas*, comte de Céphalonie; &
Théodore, qui après avoir été alliée à *Venceflas*, &

à *Michel* Strafcimir, fucceffivement rois de Bulgarie , fe retira après la mort du dernier à Conftantinople, où elle fe fit religieufe.

ANDRONIC Paléologue , dit *le Jeune* , fut couronné empereur par ordre de fon aïeul, dès le 2 février de l'an 1325 ; mais fous prétexte que l'on vouloit élever à la même dignité *Conftantin* , fils naturel de *Conftantin* , fon oncle , il prit les armes, engagea les Génois dans fa querelle , & enfin en 1328 obligea fon aïeul à fe démettre de l'empire. Il mourut le 25 juin 1341. Il avoit époufé 1°. *Irene* de Brunfwich , qui ne laiffa point de poftérité : 2°. *Jeanne* , fille d'*Amedée* V , comte de Savoye , dont il eut , entr'autres enfans , JEAN , qui fuit.

JEAN Paléologue, né le 18 juin de l'an 1332, fuccéda à fon pere fous la tutelle de fa mere , & de *Jean* Cantacuzène , qui après avoir gouverné l'état fort fagement, prit les armes pour obliger l'empereur à époufer fa fille , ce qu'il fit en 1347 , lorfqu'il vit qu'il ne pouvoit conferver la couronne qu'à ce prix-là. Cantacuzène déclaré en même temps empereur, prétendit avoir toute l'autorité ; ce qui caufa une autre guerre , où Jean eut le deffus en 1355 , mais avec le fecours des Turcs. Quelques années après, *Andronic* fon fils aîné, fe révolta contre lui ; deux années de prifon ne furent pas capables de modérer fon ambition ; en étant échapé , il mit dans fes intérêts les Génois , les Bulgares , même les Turcs , & effraya fi bien fon pere , qu'il l'obligea à en venir à un traité de paix , dont il ne manqua pas d'abufer peu de temps après , l'ayant fait mettre lui-même dans les fers. Jean n'y ayant pas été mieux gardé que fon fils , s'échapa , & fe mit entre les mains de Bajazeth empereur des Turcs, qui alloit mettre tout l'empire en défordre , fi Andronic revenu de fes égaremens , n'avoit pris le parti de demander pardon à fon pere , & de lui rendre l'empire. Cette foumiffion rétablit la paix , & Jean abufa de la tranquillité dont il jouiffoit pour fe livrer tout entier à fes plaifirs. Il mourut en 1391 , & laiffa d'*Hélène* Cantacuzène, *Andronic* , dont on vient de parler ; MANUEL , qui fuit ; *Théodore* , prince du Péloponnèfe ; *Demetrius* ; & *Irene* , alliée à *Bafile* II, empereur de Trébizonde. Après la mort d'*Hélène* , ayant été frapé de la vue d'*Eudocie* , fille d'*Alexis* , empereur de Trébizonde , qu'il avoit fait demander pour fon fils *Manuel* , il l'époufa , quoique déja vieux , & fort incommodé de la goutte , mais il n'en eut point d'enfans.

MANUEL Paléologue fut fait empereur dès le 25 feptembre 1373 , du confentement d'Andronic fon frere, qui pour fe punir lui-même de fes révoltes renonça à l'empire. Il fuccéda à fon pere , & auffitôt *Jean*, fils d'Andronic, n'entrant pas dans les fentimens de fon pere , lui difputa l'empire qu'il conferva , malgré les efforts des Turcs , avec le fecours du maréchal de Boucicault , qui après avoir ménagé un traité de paix entre l'oncle & le neveu , engagea celui-ci à venir en France , où il fut reçu fort honorablement en 1400. Lorfqu'il fut de retour à Conftantinople , il relégua fon neveu dans l'ifle de Lemnos , & enfuite lui donna le gouvernement de Theffalonique : les Turcs lui firent toujours beaucoup de peine : ils formèrent même en 1422 le fiége de Conftantinople ; mais lorfqu'il eut éloignés de fa capitale , il renonça au gouvernement , laiffa toute l'autorité à fon fils aîné , & prit pour fon partage l'étude de l'écriture fainte. Il mourut le 21 juillet 1425 , & laiffa d'*Irenée* fa femme , JEAN , qui fuit ; CONSTANTIN , empereur après fon frere , qui fut le dernier empereur de Conftantinople , & qui fut tué le 29 mai 1453 , ne laiffant point de poftérité ; *Théodore* , prince de Sparte ; *Andronic* , prince de Theffalonique ; *Démétrius* , prince du Péloponnèfe ; *Thomas* , prince d'Achaïe ; *Héléne* , femme de *Lazare* , defpote de Servie ; & *Zoé* , qui après la prife de Conftantinople fut mariée à *Bafilides* , grand-duc de Mofcovie.

JEAN Paléologue , couronné empereur dès le 19 janvier 1419 , ce qui a fait croire au P. Petau , que fon pere étoit mort dès cette année-là , ménagea la réconciliation de l'églife grecque avec l'églife latine ; & s'étant mis en chemin en 1438 pour l'Italie , il rentra dans la communion du pape à Florence , au mois de juillet de l'année fuivante ; mais il ne put obtenir des Latins les fecours qu'il en attendoit contre les Turcs , à caufe de leurs divifions. Il mourut de la goutte le 31 octobre 1448. Il époufa 1°. *Anne* , fille du grand duc de Mofcovie, qui mourut de pefte en 1417 : 2°. en 1420 , *Sophie* , fille de *Jean* II , marquis de Montferrat , qui fe voyant méprifée le quitta en 1426 : 3°. en 1427 , *Marie*, fille d'*Alexis* Comnene , empereur de Trébizonde , qui mourut en 1439. Il ne laiffa point de poftérité de fes trois femmes. * Du Cange , *familiæ Byzant.* Banduri, *numifm. imp. Rom.*

PALEOLOGUE , *cherchez* JACQUES PALEOLOGUE , EMANUEL PALEOLOGUE , & MISACH PALEOLOGUE.

PALEONYDORE (Jean) *Palæonydorus* , fut ainfi nommé , parcequ'il étoit natif d'un village de Hollande , proche d'Utrecht , appellé *Oulde Water* , qui veut dire, *eau vieille*. Il fut religieux de l'ordre des Carmes dans le couvent de Malines , écrivit une hiftoire intitulée *Fafciculus temporum tripartitus* ; un traité de *l'immaculée conception de la fainte Vierge, &c*. Il a compofé outre cela une hiftoire de fon ordre , qu'il a intitulée *Trimegiftus anaphoricus panegyricus de origine , ftatu & progreffu ordinis Carmelitani* , imprimée à Mayence , avec un manuel pour le même ordre , & *le Bouclier des Carmes* , imprimé à Venife l'an 1570. Il a vécu jufqu'en 1507. * Trithème. Valere André , & Du Pin , *biblioth. des aut. ecclef. du XV fiécle.*

PALEOTA (Gabriel) de Boulogne , cardinal & évêque de Sabine , fils d'*Alexandre* Paleota , petit-fils de *Vincent* & neveu d'*Annibal* & de *Camille* , célèbres jurifconfultes , naquit le 4 octobre 1524. Il fit de grands progrès dans les lettres & dans la jurifprudence , & fut chanoine de Boulogne , profeffeur en droit canon & civil , puis auditeur de Rote fous Paul IV. Pie IV l'envoya au concile de Trente , où il parut avec tant d'avantage , qu'il lui donna le chapeau de cardinal en 1565. S. Pie V le fit évêque de Boulogne , que Grégoire XIII érigea de fon temps en métropole. Ce cardinal remplit très-bien les devoirs de l'épifcopat, & laiffa grand nombre d'ouvrages qui feront un éternel témoignage de fa vertu & de fon érudition. Les plus confidérables font , *De bono feneétutis ; Archiepifcopale Bononienfe ; De imaginibus facris & profanis , &c*. S. Charles fut ami particulier de ce cardinal , & le pape Sixte V l'honora d'une eftime particuliere. Paleota eut plus de trente voix au conclave , qu'on tint pour donner un fucceffeur à ce pontife. Clément VIII , qui avoit été fon difciple en l'école de droit , fe faifoit un plaifir de témoigner fa reconnoiffance à ce grand homme , qui mourut à Rome le 23 juillet 1597 , âgé de 73 ans. ALFONSE Paleota, fon parent, lui fuccéda à l'archevêché de Boulogne. * Sigonius, *de epifc. Bonon.* Bumaldi , *biblioth. Bonon.* Petramellarius , *de card.* Victorel , *add. ad. Ciac.* Sponde , *A. C.* 1597 , *n.* 16. Riccioli , *chron. reform.* Auberi , &c.

PALEPHATE , d'Athènes , fils d'Actée , & de Bio felon quelques-uns , felon d'autres , de Dioclée & de Metanire , ou de Hermès , eft mis par Suidas au rang des poëtes qui ont vécu avant Homere. Il eft cité par Chriftodore dans l'anthologie , comme un ancien poëte. Suidas lui attribue la cofmopée en cinq mille vers ; la génération d'Apollon & de Diane , en trois mille vers ; les paroles & les difcours de Vénus & de l'Amour en cinq mille vers ; la difpute de Pallas & de Neptune en mille vers ; & un ouvrage fur Latone. Il ajoute qu'on lui attribue les ioniques , que d'autres donnent à un grammarien Egyptien ou Athénien plus récent , dont le premier livre eft cité par Harpocration & par Etienne de Byzance. Suidas le fait encore auteur de cinq livres touchant les chofes incroyables , & on a un ouvrage portant ce titre , fous le nom de Palephate , imprimé avec les fables d'Efope , qui paroît affez ancien, Ce que S. Jérôme dans chronique d'Eusebe, Théon, Eustathe, Tzetzès & quelques autres, ont cité de Palephate, se trouve dans le livre que nous avons : il est divisé en cinquante-un chapitres. Il a été imprimé plusieurs fois en grec & en latin, en Hollande & en Angleterre ; la meilleure édition est celle d'Amsterdam en 1688, in-8°. * Du Pin, bibloth. univerf. des histor. prof.

PALEPHATE de Paros ou de Priène, florissoit sous le régne d'Artaxerxès Mnemon, vers la LXXVII olympiade, & l'an 472 avant Jesus-Christ. On le fait auteur d'un ouvrage intitulé, des histoires incroyables, que d'autres attribuent à Palephate l'Athénien, dont il a été parlé ci-dessus.

PALEPHATE, grammairien & philosophe, Egyptien de naissance, ou Athénien, selon d'autres, avoit écrit de la philosophie des Egyptiens ; une interprétation des fables ; une histoire de Troye, &c. * Suidas. On ignore en quel temps a vécu Palephate le grammairien ; mais parcequ'il a été philosophe Péripatéticien, on conclut de-là qu'il faut qu'il ait vécu après Aristote. Il est vrai que Tzetzès lui donne quelquefois le titre de stoïcien ; mais Théon (in Progymn.) qui étoit plus ancien que Tzetzès, le traite constamment de péripatéticien. Il y a néanmoins sujet de douter s'il n'y a point eu cinq Palephates, & si Suidas n'a point confondu deux personnes en une. * Vossius, de historicis Græcis.

PALERME, ville de Sicile, dans la vallée de Mazara, avec archevêché & port de mer. Elle est la capitale du royaume, la demeure du vice-roi, & l'une des plus belles de Sicile, si l'on considere sa situation dans une campagne très-fertile, ses édifices magnifiques, son commerce, la noblesse & les biens de ses habitans. On y voit une si grande quantité de fontaines & de jets d'eaux, que les Napolitains, qui sont ennemis de ceux de Palerme, disent en proverbe, à Palermo, l'aqua non val niente. Les auteurs Latins l'ont nommée Panormus, Panhormum, & Littus pulchrum. Le cardinal Jannetin Doria, archevêque de Palerme, y publia en 1625 des ordonnances synodales. Les auteurs parlent de quelques autres villes de ce nom. * Consultez Manfredi, de majestate Panorm. Léandre Alberti, descript. ital. Ital. Augustin Juveges, Palermo nobili.

PALERME (Antoine de) cherchez ANTOINE de Palerme.

PALÈS, déesse des pasteurs, étoit honorée dans le mois d'avril par les fêtes dites Palilia. On lui faisoit des sacrifices de lait & de miel, afin qu'elle eût la bonté de délivrer les troupeaux des loups. Voyez PALILIA. * Ovide, fast. l. 4.

PALESOL, cherchez SOLI.

PALESTINE, cherchez JUDÉE.

PALESTRINE, ville d'Italie dans la Campagne de Rome, avec évêché & principauté, a été nommée par les anciens Præneste & Polystephanos. Elle étoit renommée par le temple de la Fortune, & par les forts qu'on y venoit consulter. On voit encore sur une montagne plusieurs restes de ce temple & de cette ville, que le pape Boniface VIII fit détruire, & qu'il fit rebâtir au pied de la même montagne, où elle est présentement sur l'Oise ou Verelis. L'évêché de Palestrine est ordinairement possédé par un des six anciens cardinaux, & la principauté appartient à la maison de Barberin. * Joseph Marie Suares, de antiq. Prænest.

PALEUR, Pallor, divinité du paganisme, adorée chez les Romains dès le temps de Tullus Hostilius, qui lui consacra un temple aussi-bien qu'à la Crainte. On la trouve représentée sur quelques médailles consulaires ou des familles, sous la figure d'un homme, qui paroît consterné, & dont les cheveux pendent négligemment sur le front & sur les oreilles. * S. Augustin, de la cité de Dieu.

PALFIN (Jean) chirurgien-juré, anatomiste, & lecteur en chirurgie à Gand sa patrie, s'est beaucoup distingué dans sa profession. Consacré pendant plus de vingt-cinq ans à former des éléves pour la chirurgie, il s'est appliqué avec soin à les instruire par ses leçons publiques & par ses ouvrages plus utiles aux maîtres encore qu'aux commençans. Il est mort à Gand en 1730, dans l'exercice de sa profession & dans un âge avancé. Ses ouvrages sont, 1. une Ostéologie, ou description des os en flamand, imprimée à Gand en 1702, & à Leyde en 1724, in-8°, avec des figures, & traduite par lui-même en françois, & publiée à Paris, in-12, en 1731, environ un an après sa mort. Cet ouvrage est un des meilleurs de M. Palfin, & il est cité avec éloge par plusieurs médecins & anatomistes habiles, entr'autres, MM. Boerhaave, Albinus, & Heister. 2. Une relation de la dissection de deux enfans monstrueux joints ensemble, avec une description particuliere de quelques vaisseaux du fœtus, en 1703, in-8°, avec figures, à Gand, en flamand. 3. Une description des parties de la femme qui servent à la génération, avec le traité des monstres de Licetus, & une dissertation sur la circulation du sang du fœtus, contre M. Mery de l'académie des sciences de Paris, en 1708, in-4°, en françois, avec des figures. Celles du premier traité qui sont estimées, sont tirées d'un livre de Swammerdam, intitulé : Miraculum naturæ, sive uteri muliebris fabrica, à Leyde, 1672 & 1717, in-4°. 4. Une anatomie du corps humain, en flamand, avec des remarques utiles aux chirurgiens dans la pratique de leurs opérations, à Leyde en 1718, in-8°, avec figures, & traduite en françois par l'auteur, avec des additions & des changemens, à Paris, chez Cavelier 1726, 2 vol. in-8°, avec figures. M. B. Boudon, docteur en médecine, en a donné en 1734, à Paris, chez Cavelier, en 2 vol. in-8°, une nouvelle édition revue, corrigée & augmentée, accompagnée de notes dans le premier volume, & refondues dans le second ; le tout par l'éditeur qui y a joint les observations anatomiques & chirurgicales de M. Ruisch, traduites du latin, & celles de M. Brisseau, avec des figures en taille-douce ; la derniere édition à Paris, en 1753, 2 vol. in-8°. Cette édition a été corrigée & changée, quant à la forme, & de plus augmentée d'une Ostéologie naturelle, par M. A. Petit, docteur de la faculté de médecine de Paris, & professeur d'anatomie & de chirurgie. Comme M. Palfin étoit uni très-étroitement avec feu M. Devaux, célebre chirurgien de S. Côme, à Paris, il a beaucoup profité de ses lumieres, tant pour le fond de ses ouvrages, que pour le style de ceux qu'il a donnés en françois. C'étoit celui qu'il voyoit le plus souvent toutes les fois qu'il venoit à Paris, & il n'entreprenoit rien sans le lui communiquer. M. Heister, cite encore dans sa chirurgie, pag. 688, un Traité de chirurgie écrit en flamand par M. Palfin. * Voyez l'avis qui est au commencement de la traduction françoise de son Ostéologie, l'éloge historique de M. Devaux dans les Mémoires de littér. & d'histoire du pere Desmolets, tome VIII, ou l'extrait qu'en a fait le pere Niceron Barnabite dans ses Mémoires, tome XII.

PALIACATE, ville de la presqu'isle de l'Inde deçà le Gange, sur la côte de Coromandel dans le royaume de Carnate, & au septentrion de la ville de Saint-Thomas ou Meliapur. * Mati, dictionnaire.

PALICE, cherchez CHABANNES.

PALICE (la) bourg de France dans le Bourbonnois, sur la Besbre, à neuf lieues de Moulins vers le midi oriental. * Mati, diction.

PALICENE, fontaine de Sicile près de la ville de Catane, cherchez PALIQUES.

PALICONIA, PALAGONIA, bourg de la vallée de Noto en Sicile, bâti près du lac de Naphita & des ruines de l'ancienne Palica, à quatre lieues de Léontini vers le couchant. Ce bourg a le titre de principauté. * Mati, dictionaire.

PALILIA, fête en l'honneur de la déesse Palès, qui se célébroit aux champs par les bergers le 21 d'avril de chaque année. Ils allumoient des feux & dansoient à l'entour, pour chasser les loups, à ce qu'ils croyoient, & écarter les maladies ordinaires de leur bétail. Quelques-uns disent que l'ancien nom étoit Parilia, & que cette déeſſe étoit nommée *Pares*, du latin *parere*, enfanter, produire, parcequ'elle exerçoit ſon pouvoir ſur la fécondité des brebis & des autres animaux. Ce fut en ce jour que Remus & Romulus jetterent les premiers fondemens de la ville de Rome. Le poëte Manlius, *au livre 4 de ſes aſtronomiques*, met néanmoins la fondation de Rome en automne, ſous le ſigne de la balance. Il ſemble que Solin, *au chap. 2 de ſes diverſités hiſtoriques*, ſoit de même ſentiment; car il a dit que la lune étoit au ſigne de la balance. Pour concilier ces deux opinions, quelques-uns diſent que l'année n'étant alors que de dix mois dans le pays Latin, le premier mois & les autres répondoient ſucceſſivement à toutes les ſaiſons, & qu'avril qui étoit le ſecond, répondoit à l'automne, quand Rome fut bâtie l'an 753 devant l'ére chrétienne; mais depuis, Numa ayant ajouté les mois de janvier & de février, le mois d'avril & la fête de Palès ſe trouverent au printemps, & demeurerent fixés. On faiſoit des feux dans les villes avec des chaumes & des fèves, ſous leſquels on mettoit du ſang de bœuf & des cendres de veaux brulés. Dans la campagne on allumoit dès le matin un grand feu fait de branches d'olivier, de pin & de laurier; on y jettoit du ſoufre; on faiſoit tourner le bétail à l'entour de ce feu; le peuple danſoit autour. Ils faiſoient enſuite une offrande avec du lait, du vin cuit & du millet, qu'ils accompagnoient de vœux & de prieres pour la fécondité & la conſervation de leurs troupeaux. * Ovide, *l. 4 des faſtes*. Petau, *de doctrin. tempor. Antiquités grecques & romaines*.

PALIMBAN, *cherchez* BALAMBUAN.

PALING ou BALING, petite ville du cercle de Souabe ſur le Teyac, à cinq lieues de Tubingen vers le midi. Paling eſt capitale d'un petit pays qui appartient aux ducs de Wurtemberg, & qui eſt enclavé entre les terres d'Autriche, de Furſtemberg & d'Hohenzollern. * Mati, *dictionaire*.

PALINGENE (Marcellus) *Palingenius*, poëte, né à la *Stellata*, ou *Stellada*, dans le territoire de Ferrare ſur la rive du Pô au midi, vivoit dans le XVI ſiécle. On dit que ſon vrai nom étoit *Pierre Angelo* Manzolli, dont *Marcello Palingenio*, eſt l'anagramme. Il eſt très-connu par ſon poëme qui a pour titre *Zodiacus vitæ*, en 12 livres, dont nous avons pluſieurs éditions. Ce poëme a été traduit en françois & en d'autres langues. Il fait un peu trop valoir les objections des libertins contre la religion. Du reſte il eſt ſemé de maximes judicieuſes & philoſophiques. Ce poëme fut dédié à Hercule d'Eſt II du nom, duc de Ferrare. Quelques auteurs ont dit que Palingéne étoit médecin de ce prince. Son poëme intitulé *Zodiacus vitæ*, dont on a donné depuis peu une belle édition en Hollande, a été traduit en françois par M. de la Monnerie, maître paveur, & cette traduction a été imprimée 1°. à la Haye, en 1731 en 2 vol. *in-12*; 2°. avec des notes, en 1733. Palingéne fut ſoupçonné d'être du nombre des Luthériens que la ducheſſe de Ferrare (Renée de France) recevoit à ſa cour. Giraldi rapporte qu'après ſa mort ſon corps fut exhumé pour être brulé, mais que la princeſſe en empêcha l'exécution. On a mis ſon ouvrage à Rome dans l'*index des hérétiques de la premiere claſſe*. Ceux qui n'examinent que ce qui regarde l'art d'écrire, y remarquent un défaut ſenſible: les titres ne conviennent pas au fonds de l'ouvrage, & n'y ont nul rapport. * Lilio Giraldi, *hiſt. poët*. Bayle, *dict. crit*. Melchior Adam, *de vitis philoſophorum*. Facciolati, *de Padoue, lettre à M. Heumann*, en 1715.

PALINURE, pilote des vaiſſeaux de la flote d'Enée, s'étant laiſſé accabler de ſommeil, tomba dans la mer avec ſon gouvernail; & après avoir nagé trois jours, il fut enfin pouſſé par les flots ſur les rivages d'Italie, où les habitans du pays l'ayant apperçu, le tuerent, & après l'avoir dépouillé, ils le jetterent dans la mer. Leur pays fut enſuite affligé d'une grande peſte; & l'oracle qu'ils conſulterent ſur ce ſujet, leur ayant répondu que, pour faire ceſſer ce mal, il falloit qu'ils appaiſaſſent les manes

de Palinure, qu'ils avoient tué, ils lui conſacrerent un bois, & lui érigerent un ſépulcre ſur le promontoire de Palinure: c'eſt ce que les Italiens nomment encore aujourd'hui *capo di Palinuro*, qui eſt dans la principauté ultérieure au royaume de Naples. * Virgile, *au 6 de l'Eneide*.

PALIQUES, *Palici*, étoient deux freres jumeaux, fils de Jupiter & de la nymphe Thalie. Les fables diſent que Jupiter jouit de cette nymphe en Sicile, ſur le rivage du fleuve Simethus, près de la ville de Catane. Thalie ſe voyant groſſe, craignant la vengeance de Junon, pria la terre de s'ouvrir pour l'engloutir. Sa priere fut exaucée; & la terre la reçut en ſes entrailles, où elle accoucha de deux garçons, que la terre mit au jour par une ſeconde ouverture. Ils furent nommés *Paliques*, à cauſe des circonſtances de leur naiſſance, parcequ'ayant été conçus hors de la terre, ils y avoient été abimés avant que de naître, & qu'étant nés, ils en étoient ſortis derechef, car le nom de *Paliques*, eſt, dit-on, fait du mot grec πάλιν, qui ſignifie *derechef*. Les Paliques étoient adorés comme dieux dans la Sicile. Quelques-uns diſent qu'à l'endroit où ils ſortirent de la terre, il ſortit en même temps deux goufres de feu, d'où ſont venus ceux du mont Ætna; mais d'autres prétendent au contraire, qu'il ſortit de la terre deux petits lacs qui y ſont encore, & que les anciens habitans nommoient *Delli* ou *Pallici*, maintenant *Naſſia* ou *Naphtia*. Les eaux de ces lacs étoient à cauſe de cela en ſi grande vénération, qu'on s'en ſervoit pour faire l'épreuve des parjures. Celui qui étoit accuſé, écrivoit ſur des tablettes ce qu'il ſoutenoit être véritable, puis jettoit ces tablettes dans l'eau; ſi elles contenoient vérité, elles demeuroient ſur l'eau; ſinon, elles alloient à fond, ou plutôt ſi elles demeuroient ſur l'eau, l'accuſé étoit cru innocent; ſi elles enfonçoient, il étoit condamné. Quelques autres ont dit que l'accuſé lui-même donnoit premierement une caution ſuffiſante, & qu'enſuite il ſe jettoit dans l'eau. S'il en ſortoit ſain & ſauf, il étoit abſous, & s'il ſe noyoit, la caution étoit condamnée. Il y a apparence que l'une & l'autre de ces deux manieres ont été pratiquées, mais que la premiere ne l'a été qu'à l'égard de la fontaine Palicène, & que la derniere s'obſervoit à l'égard de ces lacs. On ſacrifioit en Sicile des victimes humaines aux dieux Paliques, par l'ordre de l'oracle, pour appaiſer la colere de ces deux enfans & de leur mere; mais dans la ſuite du temps cette coutume barbare fut abolie, & l'on n'offroit plus à ces divinités que des choſes inanimées. * Macrobe, *ſaturnal. l. 5, c. 19*. Ovide, *metam. l. 5*.

☞ PALISSI (Bernard) natif d'Agen, & potier de terre de profeſſion, établi à Saintes, a écrit un traité ſur la nature des eaux & fontaines, des métaux, des ſels, des pierres, &c. Il ne ſavoit ni grec ni latin; & cependant a parlé de toutes ces choſes avec eſprit. Il vivoit encore en 1584, & étoit pour lors âgé de 60 ans. Son traité de la nature des eaux, &c. parut d'abord ſéparément en 1580 *in-8°*, à Paris, ſous ce titre: *Diſcours admirable de la nature des eaux & fontaines, des métaux, des ſels, des ſalines, des pierres, des terres, du feu & des émaux, avec un traité de la marine néceſſaire à l'agriculture*. Dès 1563, il avoit fait imprimer *in-4°*, à la Rochelle, ſon traité intitulé, *Recepte véritable par laquelle tous les hommes de la France pourront apprendre à augmenter leurs tréſors; avec le deſſin d'un jardin délectable & utile, & celui d'une foretereſſe imprenable*. C'eſt le plus curieux des ouvrages de Paliſſi. Il a été réimprimé après la mort de l'auteur, ſous ce titre: *Le moyen de devenir riche, ou la maniere véritable, par laquelle tous les hommes de la France pourront apprendre à multiplier & à augmenter leurs tréſors & poſſeſſions, avec un diſcours de la nature des eaux & fontaines, tant naturelles qu'artificielles* (c'eſt le diſcours dont on a parlé plus haut) Paris, 1636 *in-8°*. * La Croix du Maine, & du Verdier, dans leurs *biblioth*. Sorel, *de la perfection de l'homme*, pag. 470. M. Goujet, *mém. manuſcrit*.

PALLADE

ALLADE , *Palladius* , furnommé le *Sophifte* ou le
yfophifte , fut élevé à Alexandrie , comme il femble
nuer lui-même. C'étoit un médecin Grec fort habile.
uns le font vivre l'an 126 de Jefus-Chrift ; les au-
, après Galien , au commencement du III fiécle , &
: derniere opinion paroît la plus vraie. Cet auteur a
des commentaires fur le livre d'Hippocrate touchant
ractures ; mais nous ne les avons pas entiers. Il a fait
un traité des fiévres , & plufieurs autres que l'on a
quefois attribués à d'autres médecins , particuliére-
t à Etienne & à Théophile. * Vander-Linden , de
ris medicis. Freind , hift. de la med. 1 partie.

'ALLADE , *Palladius* , de Modon , étoit fils d'un
e de ce nom , & fophifte du temps de Conftantin le
nd , & écrivit divers ouvrages , entr'autres , un traité
fêtes des Romains , comme nous l'apprenons de
das , & des déclarations que Photius avoit lues ,
. 132.

'ALLADE , *Palladius* , poëte en 390. On l'a fur-
nmé le *Jeune*.

PALLADE , *Palladius* , évêque d'Hélénopolis en
hynie , puis d'Afpone , Galate de nation , né en Cap-
loce , fe fit folitaire de la montagne de Nitrie en 388 ,
en 401 il fut élevé à l'épifcopat. Ce prélat fut ami de
Jean Chryfoftome , qu'il n'abandonna point dans tout
temps de fa perfécution , & fut même exilé dans le
ys des Blemmyes. Il alla à Rome quelque temps avant
mort de ce faint , en 419 ou 420 une
toire des folitaires , à laquelle il donna le titre de *Lau-
que* , parcequ'il l'écrivit à la priere de Laufus , gou-
rneur de Cappadoce , à qui il la dédia. Pallade étoit
ors dans fa 53ᵉ année , & dans le 20ᵉ de fon épifcopat.
e prélat a été accufé d'avoir été partifan des erreurs
tribuées à Origéne. Il eft vrai qu'il étoit ennemi de S. Jé-
me , dont il ne parle pas trop bien , & qu'il fut fort uni
ec Rufin , prêtre d'Aquilée ; mais on ne peut , ce feme-
e , tirer de-là une bonne preuve de l'origénifme pré-
ndu de Pallade. Il avoit été difciple d'Evagre de Pont,
t même foupçonné d'avoir adhéré aux fentimens de
élage. Il mourut dans le V fiécle ; mais on ne fait pas
en en quelle année. Son hiftoire a été donnée en grec
ar Meurfius , & imprimée à Amfterdam en 1619 , &
n grec & en latin dans la bibliothéque des Peres. On
roit que c'est ce même Pallade qui eft auteur de la vie
e S. Jean Chryfoftome , donnée en grec & en latin
ar M. Bigot , & imprimée en 1680 ; mais il y a lieu
l'en douter. *Voyez* l'article fuivant.

PALLADE , *Palladius* , évêque en Orient , compofa
n dialogue contenant la vie de S. Jean Chryfoftome.
On ne peut douter que le Pallade , auteur de cette vie ,
e fût évêque , puifque l'infcription des manufcrits le
narque. Mais c'eft une queftion , s'il eft le même que Pal-
ade , évêque d'Hélénopolis , auteur de l'hiftoire nommée
Laufiaque ; car il eft certain que ce fecond fut auffi ami
particulier de S. Chryfoftome , & que fon zèle pour la
défenfe du faint , l'expofa à la perfécution. M. Bigot ,
dans l'édition qu'il nous a donnée de la vie de S. Chryfoftome par Pallade , croit qu'il faut les diftinguer par
trois raifons. La premiere , parceque Pallade , auteur du
dialogue , n'alla à Rome qu'après la mort du faint , c'eft-
à-dire , vers l'an 408 , au lieu que Pallade , auteur de la
Laufiaque , y fut trois ou quatre ans auparavant. La feconde , parcequ'il paroît par le dialogue du premier ,
qu'il étoit vieux , & qu'il avoit les cheveux gris ; au
lieu que l'auteur de la Laufiaque n'avoit alors qu'environ quarante ans. La troifiéme , en ce que l'auteur du
dialogue y parle de ce fecond Pallade , comme d'une
autre perfonne , & témoigne que celui-ci étoit alors en
exil , dans l'extrémité de la haute Thébaïde , vers l'E-
thiopie ou le pays des Blemmyes. Trithème , Baléus ,
& quelques autres , ont fait auteur du dialogue , qui
contient la vie de S. Jean Chryfoftome , ce PALLADE
diacre , que le pape Céleftin envoya l'an 430 en Ecoffe ,
pour s'y oppofer aux erreurs de Pélage , & qui mourut
évêque dans ce pays. Il y a pourtant bien de la diffé-

rence de l'un à l'autre , comme il eft facile d'en juger.
Le dialogue fut traduit dans le XV fiécle , par le favant Ambroife Camaldule , qui le dédia au pape Eugé-
ne IV. L'original grec a été long-temps perdu ; mais
M. Bigot , qui trouva dans la bibliothéque de Florence
un manufcrit contenant le grec original de ce dialogue ,
le fit imprimer à Paris en 1680 avec une nouvelle verfion latine , qui eft très-exacte. * S. Epiphane , epift. ad
Joan. Jerofol. Socrate, l. 4, hift. c. 18 & 23. Caffiodore,
hift. l. 8, c. 1. S. Jean de Damas, de his qui in fide dorm.
Nicephore , l. 11, c. 44. Baronius. Bellarmin. Poffevin,
&c. Oudin , fupplément. fcriptor. ecclef. Profper , in
chron. Trithemius , in catalog. Baléus , cent. 14. Voffius
l. 2, de hift. Græc. & l. 3, de hift. Lat. Du Pin , biblioth.
des aut. ecclef. du V fiécle.

PALLADE , *Palladius* , prélat hérétique dans le V
fiécle , fut intrus fur le fiége d'Antioche , après Pierre le
Foulon en 486 , & communiqua avec Pierre Mongus ,
qui étoit d'Alexandrie. Il mourut en 496. * Baronius, in
annal. an. Ch. 486 & 496.

PALLADE ou PALAIS , évêque de Saintes , dans le
VI fiécle , fils d'un riche feigneur d'Auvergne , qui fe
tua en 566, pour ne pas tomber entre les mains de Sigebert, roi d'Auftrafie. Il fut fait évêque de Saintes en
573 , & affifta au concile de Paris, tenu en cette année-
là , & au concile de Mâcon de l'an 585. Il entra dans
le parti de Gondebaud , qui fe difoit fils de Clotaire I ,
& qui s'empara de l'Aquitaine. Il ordonna le prêtre Fauftin évêque d'Acqs. Le roi Gontram lui reprocha depuis
cette infidélité , & ne vouloit point affifter à la meffe
qu'il célébroit. Néanmoins, fur les remontrances des évêques, il y affifta , & le pria même à fa table, où Bertrand ,
archevêque de Bourdeaux , & Palais , s'étant échauffés
l'un contre l'autre , fe reprocherent divers crimes en
préfence du roi. Fauftin fut dépofé dans le concile tenu
à Mâcon. Bertrand , archevêque de Bourdeaux , Palais
évêque de Saintes , & Orefte de Bazas , qui avoient
confenti à fon ordination , furent condamnés à le nourrir & à lui payer une fomme pour fon entretien. Bertrand
étant mort au retour de ce concile , Palais chaffa & maltraita plufieurs perfonnes de fon clergé, accufées d'a-
voir donné des mémoires contre lui à fon métropolitain.
Deux ans après , Pallade fut encore accufé d'infidélité
à l'égard de Gontram , en recevant les députés que
Fredegonde envoyoit en Efpagne contre Gontram. En-
tefte , gouverneur d'Angers , étant venu à Saintes , le fit
arrêter hors de Saintes , & il ne l'y laiffa entrer qu'en
donnant caution , & en lui faifant céder une terre qu'il
avoit en Berri. Pallade vint enfuite en cour pour fe juftifier. Le jugement de fon affaire fut remis au premier
concile. Depuis ce temps-là , Pallade jouit paifiblement
de l'évêché de Saintes. Il vivoit encore en 596, puifque
S. Grégoire lui écrivit cette année-là , pour lui recommander S. Auguftin , & les autres miffionaires d'Angleterre , & qu'il lui envoya des reliques. * Gregor. Turon.
l. 4, c. 34; l. 7, hift. c. 31; l. 8, c. 9, 21 & 22 : lib.
de gloria confeffor. c. 56, 57 & 60. Gregor. Magn. l. 5 ,
epift. 50 & 52.

PALLADE , *Palladius* , furnommé *Fufcus* ou *Niger* ,
c'est-à-dire le brun ou le noir , célébre orateur & poëte
vers l'an 1470 , étoit de Padoue. Il avoit beaucoup de
littérature , & il s'eft fait connoître par plufieurs ouvrages. On a de lui des notes fur le poëte Catulle ; & quelques écrits hiftoriques , comme : De bello Turcico : De
Infulis libri tres : De fitu & orâ Illyrici : Collectanea rerum vulgarium ; ce dernier eft à l'imitation de l'ouvrage
d'Aulu-Gelle. Palladius étoit habile dans les langues
grecque & latine , & il a encore publié un recueil d'épigrammes. Il fut appellé à Capo d'Iftria pour y profeffer
l'éloquence & la poëfie : il y mourut d'apopléxie. Sabellic parle très-avantageufement de cet auteur. * Sabellic,
Ænead. Scardeoni , de clar. Patav. l. 3 , claffe 10.

PALLADES , filles confacrées par les Thébains à Jupiter. Voici comment cette confécration fe faifoit. On
choififfoit une fille des plus nobles & des plus belles ,

qu'on lui confacroit. Il lui étoit permis de fe proftituer à qui elle vouloit, jufqu'à ce qu'elle eut fes fleurs : puis on la donnoit à un mari. Mais depuis le temps de fa proftitution jufqu'à fon mariage, on la pleuroit comme fi elle eût été morte. *. Euftathe , *fur l'Iliade d'Homere.*

PALLADIO (André) favant architecte , natif de Vicence, ville d'Italie dans la Lombardie, dans le XVI fiécle , a été un de ceux qui ont le plus travaillé à faire revivre les anciennes beautés de l'architecture. Auffitôt qu'il eut appris les principes de cet art de Jean-Georges Triffin, homme favant &.patrice de la même ville , il alla à Rome , où par une grande application à étudier les vieux monumens, il fe remplit l'efprit des belles idées des anciens architectes, & rétablit les régles qui avoient été corrompues par la barbarie des Goths. Il y deffina les principaux ouvrages de l'antiquité qu'il y trouva , & y joignit des commentaires , qui furent plufieurs fois imprimés avec les figures. Cet ouvrage , quoique très-utile , eft peu de chofe en comparaifon des quatre livres d'architecture que Palladio mit au jour en 1570, & dont le dernier qui traite des temples des Romains, fait voir fon auteur a furpaffé tous ceux qui avoient parlé avant lui de cette matiere. Il a été traduit en françois par Rolland Fréart , fieur de Chambray. * *Mém. hiftoriques.*

PALLADIUM, ftatue de la déeffe Pallas, repréfentée avec une pique à la main, qu'elle remuoit de temps en temps, en tournant les yeux. Cette ftatue qui étoit de bois, étoit tombée du ciel , à ce que l'on croyoit, lorfque l'on bâtiffoit le temple de cette déeffe, dans la citadelle de Troye , & elle s'y étoit placée avant que ce temple fût couvert. L'oracle d'Apollon, que l'on confulta alors, répondit que la ville feroit imprenable, tant que ce préfent du ciel feroit confervé, & qu'elle feroit ruinée fi on le tranfportoit hors des murailles. Pendant le fiége de la ville de Troye , Diomede & Ulyffe, capitaines Grecs, entrerent dans la citadelle par des conduits fouterrains ; & ayant tué la garnifon du château,ils enleverent le *Palladium*,& le porterent dans leur camp. On en gardoit un à Rome dans le temple de la déeffe Vefta; & quelques auteurs difent que c'étoit la véritable ftatue de Pallas. Sur quoi Vivès remarque que felon quelques anciens,il y avoit deux Palladium à Troye ; l'un qui étoit confervé comme une chofe facrée, & l'autre qui étoit une figure faite à la reffemblance du premier, laquelle étoit expofée à la vue du public ; qu'Ulyffe enleva le Palladium , fait fur le modele de celui qui étoit tombé du ciel , mais que le véritable fut tranfporté en Italie par Enée, avec les dieux Pénates , & les autres dieux tutelaires de la ville de Troye. On fit à Troye plufieurs cérémonies pour confacrer cette ftatue, & lorfqu'elle fut apportée à Rome, on en fit tailler plufieurs en bois de la même maniere, afin que la reffemblance de ces figures empê-chât ceux qui voudroient l'enlever, de reconnoître le véritable Palladium. Dion y a eu auffi autrefois un Palladium dans la citadelle d'Athènes, qui étoit dédié à Minerve ou Pallas. * Vivès, *ad Auguft. de civit. Dei, l.* 1. Lamprid. Tite-Live , *l.* 26. Rofin , *antiq. rom. l.* 3.

PALLADIUS , théologien Danois, qui conjointement avec Hemmingius, procura la prétendue réformation du Danemarck. C'eft peut-être le même que Pierre PALLADIUS de Ripen , évêque de Rofchild, qui mourut en 1560. On a de lui un livre fur la pénitence ; un commentaire fur la Genèfe, fur les lamentations de Jérémie, &c. * Vindingius , *in R. H. pag.* 65. Bartholin, *in Dan. fcript. p.* 222.

PALLANTIUM : Etienne de Byzance l'écrit par une feule L ; Paufanias dans fes *arcadiques*,par deux LL, & Plutarque tantôt d'une maniere, tantôt de l'autre. Paufanias dit que c'étoit une ville d'Arcadie. Elle avoit été ville , puis réduite en village ; & l'empereur Antonin lui rendit la qualité de ville , avec la liberté & la franchife , la regardant comme mere de Pallantium , ville d'Italie, qui fuit.

PALLANTIUM , ville d'Italie bâtie dans le *Latium*,

près du Tibre , par Evandre Grec , qui y avoit mené une colonie de la ville de Pallantium d'Arcadie , & lui donna le même nom. Elle fit depuis une partie de la ville de Rome. Paufanias dit que L. & N. ayant été ôtées de ce mot , elle fut depuis appellée *Palatium ;* c'étoit fur une des collines de Rome, dite le *Mont-Palatin. Voyez* MONT-PALATIN.

PALLAS : c'eft un des noms qu'on donnoit à Minerve, comme à la déeffe de la guerre. Il étoit tiré du mot grec παλλειν qui fignifie *darder. Cherchez* MINERVE. * Herodien, *l.* 1. Homere. Virgile , &c.

PALLAS , fils du roi *Evandre* , fuivit le parti d'Enée à fon arrivée en Italie.

PALLAS , auteur Grec, écrivit un traité des myfteres de Mithra. Il vivoit au plus tard du temps de l'empereur Adrien , & étoit celui qui avoit le mieux écrit de ces myfteres , qui préfentement font peu connus. Tout ce qu'on a de cet ouvrage , fe réduit à ceci , que l'ufage d'offrir des victimes humaines aux dieux, fubfiftoit encore dans quelques endroits de l'empire, du temps d'Adrien , & qu'Adrien abolit ce déteftable ufage prefque par-tout * Porphyre, *de abftin. l.* 2.

PALLAS , feptiéme femme d'Hérode *le Grand,* de laquelle il eut un fils nommé *Phafaël.* * Jofephe, *l. XVII, chap.* 1.

PALLAS , affranchi de l'empereur Claude , partagea la plus grande partie de l'autorité fous l'empire de ce prince, & fut miniftre & furintendant des finances. Il avoit été autrefois efclave d'Antonia , belle-fœur de Tibere , & avoit été chargé de la lettre où elle donnoit avis à l'empereur de la confpiration de Séjan. Ce fut lui qui porta Claude à époufer Agrippine fa niéce , après la mort de l'infâme Meffaline , & qui l'engagea encore dans la fuite à adopter Neron , & à défigner fon fucceffeur à l'empire , au préjudice de Britannicus fon propre fils. On foupçonnoit-des-lors Agrippine d'avoir acheté aux dépens de fon honneur, les fervices importans que lui rendoit Pallas ; & Claude lui-même tout ftupide qu'il étoit, s'appercevant de ce commerce , dit un jour hautement dans la chaleur du vin, qu'il s'en vengeroit. Agrippine & fon favori le prévinrent , & lui firent donner dans des champignons un poifon préparé par la fameufe Locufta. Quoique Neron fût redevable de l'empire à Pallas , il fe révolta bien tôt contre l'humeur infolente de cet affranchi , & lui ôta le maniment des finances. Sa difgrace fut très-fenfible à Agrippine. Pallas s'en confola néanmoins par le crédit qu'il conferva , & par les richeffes immenfes dont on lui laiffa la poffeffion ; mais ces mêmes richeffes furent la caufe de fa perte : car Neron pour en hériter, le fit mourir fept ans après l'avoir éloigné du miniftere. La haute fortune de cet affranchi l'avoit rendu fi infolent , qu'il ne daignoit pas même parler à fes efclaves, qui étoient obligés à entendre fes fignes. * Suétone , *l.* 5. Tacite, *annal. l.* 12 , 13 & 14. Dion, *l.* 60.

PALLAVICINI , maifon noble & ancienne en Italie; a produit diverfes branches à Rome, à Gênes, & en Lombardie ; car il y a apparence qu'elles ont une même origine, quoique Sanfovin ne foit pas de ce fentiment. On prétend que cette maifon a pour tige ADELBERT , qui vint d'Allemagne en Italie en 980, & qui mourut en 1034, laiffant d'*Adelaide* , qu'on croit parente d'*Othon III; Ubertin,* & *Bartolde*. Les Pallavicini de Rome, qui font princes de Civitella , ont eu de grands hommes,& plufieurs cardinaux. LAZARE Pallavicini, fait cardinal par Clément IX , en 1669 , mourut à Rome le 20 avril 1680;NICOLAS-MARIE Pallavicini,prince de Civitella,mourut en 1679,âgé de 23 ans. OBIZZO Pallavicini créé cardinal par Innocent XI en 1686, eft mort le 11 février 1700. HORATIO Pallavicini, natif de Plaifance en Lombardie,gouverneur de Rome,fut auffi fait cardinal par le pape Clément XI,le 17 mai 1706, & mourut d'apoplexie le 30 juin 1712, âgé de 81 ans. Les Pallavicini de Gênes font auffi en grande confidération. AUGUSTIN Pallavicini, doge de la république en 1637, fut le premier qui t une couronne royale. Il mourut en 1649. Un autre ce nom a compofé des commentaires fur Ariftote. Il voit en 1614 & 1618. JACQUES-MARIE Pallavicini, qui vivoit dans le XVI fiécle, fut pere d'ETIENNE, où eft venu JEAN-BAPTISTE, marquis Pallavicini, ambaffadeur en France, employé dans les affaires importantes de fa république. CYPRIEN Pallavicini s'acquit l'eftime du pape S. Pie V, qui le fit archevêque de Gènes 1567. Il célébra un concile provincial, & mourut n 1587, âgé de 76 ans. FABRICIO Pallavicini fe fit fuite en 1571. Il enfeigna la langue grecque & les maématiques à Rome & à Florence, puis la philofophie à Pologne, où il fut lecteur du collége de Cracovie. Depuis, il le fut encore de celui d'Avignon, & mourut à Gènes en 1600. Il laiffa deux traités de fa façon : *De perfectione religiofa è SS. Patribus* ; & *De cambiis mercatorum.*

Il y a dans les états de Savoye une branche de la maifon des Pallavicini, qui font marquis de Ceva, dont étoient CHARLES Pallavicini, ambaffadeur des ducs de Savoye à Efpagne, grand écuyer, puis grand-maître-d'hôtel de la ducheffe Catherine d'Autriche, infante d'Efpagne, qui fut fait chevalier de l'Annonciade en 1585, & CHARLES-EMANUEL Pallavicini, marquis de Frabouse, grand chambellan, & grand-maître-d'hôtel du duc de Savoye, qui fut fait chevalier de l'Annonciade en 1648. * Sanfovin, *origine delle cafe d'Ital.* Folieta, *in elog. illuft. Ligur.* Galeazzo Gualdo Priorato, *fcen. d'huom. illuftr. Ital.* Ughel, *Ital. facr.* Alegambe, *biblioth. fcriptor. focietat. Jefu.* Janus Nicius Erythræus, *pinac. imag. Illuft. c.* 46. Imhoff, *en fes familles d'Italie, &c.*

PALLAVICINI (Antoine) cardinal, évêque de Vintimille & de Pampelune, fils de BABILAN & de *Peregrina Salvegia*, naquit à Gènes en 1441. Il fut élevé dans le commerce, à la maniere des nobles Génois, & fuivit affez long-temps fes freres, qui négocioient en Efpagne; mais fe laiffant de cette maniere de vivre, il vint en 1470 à Rome, où le cardinal Jean-Baptifte Cibo le retint au nombre de fes domeftiques, & lui procura une charge de fecrétaire ou d'écrivain des lettres apoftoliques. Cet emploi le fit connoître au pape Sixte IV, qui gouta fon efprit, & lui donna l'évêché de Vintimille. Pallavicini fe difpofoit à partir pour aller réfider dans fon diocèse, quand ce pape mourut le 13 août 1484. Le cardinal Cibo le pria alors de différer fon voyage jufqu'après l'élection ; & pour l'y engager plus fortement, il le fit nommer entre les prélats qu'on choifit ordinairement pour la garde du conclave, qui ne fut pas long. Cibo y fut mis fur le trône pontifical, le dimanche 29 du même mois d'août, & prit le nom d'Innocent VIII. Ce fut un grand fujet de joie pour Antoine Pallavicini. Le nouveau pontife le retint à Rome, lui donna une charge de dataire, qu'il exerça avec beaucoup de prudence & de fidélité, & le nomma cardinal au mois de mars 1489. Alexandre VI, fucceffeur d'Innocent, eut beaucoup de confidération pour ce cardinal, auquel il procura plufieurs évêchés, & dont il eftimoit fur-tout la fermeté & le courage. Lorfque le roi Charles VIII entra à Rome le 28 décembre 1494, ce pontife qui s'étoit retiré dans le château Saint-Ange, ordonna au cardinal Pallavicini de le recevoir, & de traiter avec lui : ce qu'il fit avec beaucoup de fuccès. Quand ce monarque partit de Naples le 20 mai de l'année fuivante 1495, le pape qui l'avoit trop offenfé pour ofer l'attendre, fortit de Rome, & fe retira à Orviette, laiffant au cardinal Pallavicini le foin de négocier avec le roi, qui rendit généreufement toutes les places de l'églife qu'il tenoit. Ce pape mourut le 17 août 1503 ; & dans le conclave, Antoine Pallavicini fut un de ceux qu'on propofa d'abord, & qui eut plufieurs voix. Des ennemis fecrets qu'il avoit, en témoignerent du chagrin ; & Garimbert dit qu'ils tâcherent de le décrier par une épigramme fatyrique, à laquelle les amis de Pallavicini répondirent. Pie III fut pape, & Jules II lui fuccéda peu après. Celui-ci employa le cardinal Pallavicini dans les affaires les plus importan-

tes, & l'envoya légat à Savonne, où fe fit l'entrevue du roi Louis XII & de Ferdinand, roi d'Aragon. Ces princes y conclurent une ligue contre les Vénitiens, comme le pape le fouhaitoit. Le légat preffa fon retour pour lui apprendre lui-même le fuccès de fa négociation ; mais en arrivant à Rome, fur la fin du mois d'août, il tomba malade, & mourut le 10 feptembre 1507, âgé de 66 ans. Ses os qu'on avoit enfevelis dans l'églife du Vatican, furent depuis tranfportés en 1596, dans celle de Sainte Marie *del Populo*, par les foins de Jean-Baptifte & Babilan Pallavicini, fes petits neveux. Antoine Pallavicini avoit pour freres, *Cyprien*, & *Jérôme* pere d'un autre *Jérôme*, évêque d'Aleria ; de *Philippe*, évêque d'Ajazza ; & de JEAN-BAPTISTE, qui fuit. * Guichardin, *hiftor. lib.* 2. Paul Jove, *l.* 2. Foglieta, *in elog.* Ligur. Garimbert, *l.* 3 & 4. Ciaconius. Auberi. Imhoff, &c.

PALLAVICINI (Jean-Baptifte) cardinal, évêque de Cavaillon, étoit de Gènes, & fils de *Jérôme* Pallavicini. Il fut fait cardinal par le pape Léon X en 1517, & fut employé dans les affaires fous le pontificat de Léon X, d'Adrien VI, & de Clément VII. Il mourut jeune à Fabrica, où il étoit allé changer d'air, le 14 août 1524. Ce cardinal avoit fait diverfes fondations de piété. * Bembo, *ep. l.* 1, *epift.* 13. Ciaconius, *in Pallav. elog. &c.*

PALLAVICINI (Ferrante) chanoine régulier de S. Auguftin, de la congrégation de Latran, natif de Plaifance, fut reçu dans la maifon dite *de la Paffion*, des chanoines réguliers à Milan, où il fe diftingua par le brillant de fon efprit. Il en avoit beaucoup ; mais il tournoit entiérement du côté de la fatyre, inclination qui fut enfin caufe de fa perte. Le pape Urbain VIII faifoit alors la guerre à Odoard Farnéfe, duc de Parme & de Plaifance. Ferrante n'étant pas en état de défendre fon prince avec les armes, fe fervit de la plume, & publia diverfes pieces extrêmement défavantageufes au faint fiége, & à toute la maifon Barberine. Le nom de ce chanoine devint en exécration à la cour de Rome, où l'on mit fa tête à prix. Il fe retira à Venife, & il y vivoit en repos, lorfqu'un jeune homme qui affecta de prendre part à fon malheur, lui confeilla de venir en France, où il lui faifoit efpérer de grands avantages. Il lui perfuada même de s'établir à Orange, où il n'avoit rien à craindre fous la protection d'un prince proteftant. Le malheureux Ferrante donna dans ce piége, & fe laiffa conduire par ce faux ami, qui le fit paffer fur le pont de Sorgues, dans le comté Venaiffin. On dit qu'ayant découvert les armes du pape fur la porte du bourg, il s'écria tout effrayé : *Ah ! je fuis perdu.* En effet il fut arrêté prefque dans le même moment, par des hommes apoftés, qui le conduiferent à Avignon, où il eut la tête tranchée quatorze mois après, en 1644. On dit que celui qui l'avoit trahi avec tant de lâcheté, étoit le fils d'un libraire de Paris, nommé *de Brefche*, & qu'il fut tué quelques années après à Paris, par un des amis de Pallavicini, lorfqu'il jouiffoit avec impunité de la récompenfe qu'il avoit tirée de fon crime. Ferrante Pallavicini a écrit divers traités ; *La Taliclea* ; *La Sufanna* ; *Il Giufeppe* ; *Il Sanfone* ; *L'ambafciatore invidiato*, fous le nom d'*Alcimio Lupa*, qui eft l'anagramme de fon nom ; *La pudicitia fcheriata* ; *La rhetorica delle P.* & d'autres pieces que nous avons en deux volumes. Sa mort donna occafion au dialogue que nous avons fous le titre d'*Anima errante di Ferrante Pallavicini*. * Ghilini, *theat. d'huom. lettr.* P. II. Hallervord, *biblioth. curiof.* Bouche, *hift. de Provence.* Pierre de Saint-Romuald, *thref. chron. &c.* On trouve un abrégé de fa vie à la tête de la nouvelle verfion du Divorce célefte, imprimée à Amfterdam en 1696. * Bayle, *diction. critique.* Quelques auteurs lui attribuent l'écrit italien intitulé le *Divorce célefte.* M. de la Monnoie dans fes notes fur les opufcules de M. Colomiès donnés par Jean Albert Fabricius, que l'on trouve auffi à la fin de la *Bibliotheque choifie*, du même Colomiès, donnée en 1731, dit

le contraire. Voffius , dit ce favant , & tous ceux qui
» croient que Pallavicini eft auteur du *Divorce célefte* , fe
» trompent bien fort. Sa vie qu'on voit au-devant de fes
» ouvrages , fait connoître que c'eft une erreur. Rien n'eft
» plus oppofé que le génie & le ftyle de cet ouvrage au
» génie & au ftyle de Pallavicini , & il eft certain que ce
» ne fut point cette compofition qui fut la caufe de fa
» mort. » La vie de Pallavicini dont parle M. de la Monnoie fe trouve à la tête du recueil des ouvrages permis
de cet auteur , imprimé en 1655 , en quatre volumes
in-24. En 1673 on publia fes ouvrages choifis *in-12* ,
en Hollande fous le titre de *Villefranche*. Dès 1646 on
avoit imprimé un lin un autre écrit italien fous le titre du
Courier dévalifé , fous le nom fuppofé de *Ginifacio Spi-
roncini.*

PALLAVICINI (Sforza) Jéfuite , puis cardinal , né
à Rome le 20 novembre 1607 , fils du marquis *Alexandre Pallavicini* , & de *Françoife Sforze* , étoit l'aîné de
fa maifon , & fe confacra à Dieu dans l'état eccléfiaftique , quelque répugnance que fes parens euffent témoignée pour fon deffein. Sa conduite fut fi réglée , qu'il
fut choifi malgré le nombre des prélats qui affiftent
à ces affemblées qu'on appelle à Rome *des congrégations.*
Il fut de celle *del buon governo* , de celle *dell' immunità
ecclefiaftica* , & de quelques autres. On le reçut auffi
dans la célèbre académie des Humoriftes ; & il fe vit
fouvent à la tête des académiciens en qualité de préfident. Il fut auffi gouverneur de Jéfi , puis d'Orviette &
de Camerino , fous le pape Urbain VIII ; mais ces avantages ne purent l'empêcher de quitter le monde pour
entrer dans la fociété des Jéfuites , où il fut reçu le 28
juin 1638. En fortant du noviciat , il enfeigna la philofophie , puis la théologie. Dans la fuite , le pape Innocent X le nomma pour examiner diverfes affaires importantes ; & le pape Alexandre VII le fit cardinal en 1657.
Ce pontife étoit ancien ami du P. Pallavicini. Celui-ci
lui avoit rendu quelques fervices , lorfque ce pape n'é-
tant encore que Fabio Chigi , vint à Rome. Il avoit
même contribué à fa fortune-temporelle , & l'avoit reçu
dans l'académie des Humoriftes ; en reconnoiffance de
quoi Chigi lui adreffa les vers imprimés dans fon livre
intitulé *Philomathi Mufæ juveniles.* Lorfque Pallavicini
fut mis dans le facré collège , il étoit déja examinateur
des évêques ; il fut enfuite de la congrégation du faint
office & de celle du concile , &c. Sa promotion au
cardinalat ne lui fit point changer fa maniere de vie , qu'il
obferva avec une grande régularité jufqu'à fa mort , arrivée le 5 juin 1667 , qui étoit le 60° de fon âge. Ce cardinal a compofé en italien l'hiftoire du concile de Trente ,
pour l'oppofer à celle de Fra-Paolo. Elle fut imprimée
à Rome en 1656 , *in-folio* , 2 vol. & en 1664 , *in-4°* ,
3 vol. Cette hiftoire de Pallavicini eft bien écrite , il l'a
faite fur d'affez bons mémoires ; mais entre les défauts
qu'on y reprend , on trouve qu'il s'étend trop fur la controverfe ; ce qui lui paroiffoit néanmoins néceffaire , dans
le deffein qu'il s'étoit propofé de détruire les mauvaifes
impreffions qu'il croyoit avoir pu être faites par l'hiftoire
du même concile , écrite par Fra-Paolo. C'eft contre cet
ouvrage que feu M. le Noir , théologal de Séez , publia
en 1676 le petit écrit intitulé : *Les nouvelles lumieres
politiques pour le gouvernement de l'églife , ou l'évangile
nouveau du cardinal Pallavicin , révélé par lui dans fon
hiftoire du concile de Trente.* L'hiftoire du concile de
Trente , par le cardinal Pallavicini , a été traduite en latin
par le pere Jean-Baptifte Giattini , Jéfuite de Palerme ,
& imprimée à Anvers l'an 1672 , *in-4°* , trois volumes.
Vigneul Marville dans fes *Mélanges* , &c. tom. I , p. 22 ,
édition de 1725 , dit que M. l'abbé Godon , chanoine
de Rouen , & ancien précepteur de M. l'abbé de Lionne ,
a traduit de l'italien en françois cette hiftoire du concile de Trente ; mais qu'il ne vouloit pas donner
cette traduction au public , parceque cette hiftoire n'eft
pas du gout françois. On a encore du cardinal Pallavicini ,
Vindicationes focietatis Jefu , à Rome 1649 , *in-4°*.
Arte della perfezion chriftiana , à Venife , *in-12*. Il eft

parlé de cet écrit dans le *Journal des favans* du 27 février 1668 , page 328 , édition de Hollande. *Trattato
dello ftile & del dialogo.* « Ce petit livre , dit Vigneul
» Marville , dans fes *Mélanges* , page 433 , qui eft de
» Sforza Palavicino , mériteroit bien d'être traduit en
» notre langue. Il y a de fort bonnes remarques , qui pou-
» roient fervir très-utilement à ceux qui fe mêlant d'é-
» crire , doivent fe former le ftyle fuivant les fujets qu'ils
» veulent traiter , &c. » Le refte doit être lu dans Vigneul Marville. En 1713 on a imprimé à Rome *in-8°* ,
un ouvrage intitulé : *Maffime ed expreffioni di civile ,
ed ecclefiaftica prudenza , eftratte dall' iftoria del concilio di Trento , fcritta dal cardinale Sforza Palavicino ,
e dedicate all' illuftr. fignore Aleffandro abbate Albani ,
nipote della fantità di N. fign. papa Clemente XI.* L'auteur eft *Agoftino Maria Taja* : on a joint à cet ouvrage
un autre , imprimé auffi à Rome dès 1682 , fous ce titre :
*Detti fententiofi che fi leggono nell' iftoria del concilio
di Trento , fcritta dal cardinale Sforza Palavicino , rac-
colti da monfignor Rinaldo Lucarini , vefcovo di città
della Pieve.* A la page 284 , on trouve un affez long
écrit dont le titre eft : *Elogi e caratteri d'alcune perfone
diftinte fra molt' altre , defcritte dal cardin. Palavicino
nella fua iftoria.* Ces portraits font ceux de Jules II ,
Léon X , Adrien VI , Clément VII , Paul III , du cardinal Jérôme Aléandre , de Martin Luther , & de Zuingle. * Alegambe , *biblioth. foc. Jef.* Lorenzo Craffo ,
elog. d'huom. letter , &c.

PALLENE. Plutarque en parle dans la vie de Théfée. Etienne le Géographe dit que c'étoit un bourg dans
l'Attique , de la tribu Antiochide.

PALLIOT (Pierre) hiftoriographe , imprimeur &
libraire ordinaire du roi , & généalogifte des duché &
comté de Bourgogne , naquit à Paris le 19 mars 1608 ,
d'une famille alliée à plufieurs perfonnes diftinguées dans
la robe. Etant encore jeune , il fe dévoua à l'étude du
blazon & des généalogies , dans laquelle il a excellé ,
également entraîné par fon inclination naturelle & par
le commerce d'amitié qu'il entretenoit avec un de fes
parens , Louvain Gelliot , avocat au parlement de Dijon , célèbre par fon livre , *de la parfaite fcience des
armoiries.* Il étoit âgé de 25 ans ou environ , lorfqu'il
s'établit à Dijon , & s'y maria avec *Vivande Spirinx* ,
fille d'un imprimeur-libraire : alliance qui le détermina
à embraffer la profeffion de fon beau-pere , qu'il a exercée avec honneur. C'étoit un homme exact , laborieux
& infatigable , comme il eft aifé d'en juger par fes ouvrages , dont voici les titres : *Le parlement de Bourgogne ,
avec fes armoiries , &c. in-folio , en 1660. Généalogie
des comtes d'Amanzé , in-folio. La vraie & parfaite
fcience des armoiries de Gelliot , augmentée de plus de
fix mille écuffons , in-folio , en 1660. Hiftoire généalogique des comtes de Chamilli. Extraits de la chambre des
comtes de Bourgogne* , in-folio. Il a encore laiffé treize
volumes in-folio de *mémoires manufcrits touchant les
familles de Bourgogne* , qui font dans la bibliothéque de
M. Joli de Blezi , maître des requêtes , outre plufieurs
généalogies particulieres. Une chofe affez rare , que nous
ne pouvons nous empêcher de remarquer dans cet auteur , c'eft que non-feulement il a imprimé fes livres lui-
même ; mais qu'il a gravé de fa propre main le nombre
infini de planches de blazon dont ils font remplis. Il mourut à Dijon dans des fentimens d'une piété parfaite ,
aimé & eftimé de tout le monde , en 1698 , à l'âge de
89 ans. On ne peut aifément concevoir qu'au milieu des
occupations de fon imprimerie , il ait pu trouver affez
de temps pour fournir aux productions de fa plume.
C'eft à peu près dans ce fens que les vers qui fuivent
ont été compofés par M. de la Monnoye , célèbre dans
la république des lettres par fon érudition , & l'un des
quarante de l'académie françoife.

Vrai regiftre vivant , oracle plein de foi ,
Tréfor en recherches fertile ,
Fameux Palliot , explique-moi

Cette énigme si difficile ;
..mment sans cesse à lire appliquant ton esprit ;
Tu sus trouver le temps d'écrire ?
Et comment ayant tant écrit ,
Tu sus trouver le temps de lire ?
..moires du temps.

..ALLIUM , espece de manteau impérial ; dont les ..reurs chrétiens commencerent à honorer les pré- ..de l'église dans le quatriéme siécle , voulant que ce ..n ornement pour eux , & une marque de leur auto- ..pour le spirituel sur les ordres inférieurs de leurs ..es , comme les empereurs l'avoient pour le tempo- ..sur ceux de leur empire. Au commencement le *Pal-* ..couvroit tout le corps du prélat , & descendoit de- ..le col jusqu'aux talons , à peu près comme font nos ..pes , à la réserve qu'il étoit fermé pardevant , & tissu , ..de soie , ni de lin , mais de laine , pour représenter ..rebis que Jesus-Christ , le bon pasteur , porte sur ses ..ules. Depuis, ce ne fut que comme une espece d'étole ..pendoit pardevant & par derriere , & qui étoit char- ..de quatre croix d'écarlate , disposées sur les quatre ..és du *Pallium* , c'est-à-dire , sur l'estomac , sur le ..& sur les deux épaules, qui est à peu près la forme ..*Pallium* des prélats d'aujourd'hui. Les patriarches ..noient le *Pallium* sur l'autel , dans la cérémonie de ..r consécration. Ils en envoyoient aux métropoli- ..s de leur patriarchat , lorsqu'ils confirmoient leur ..ction ; & ceux-ci le donnoient aux évêques de leur ..ovince , en les consacrant , après avoir confirmé le ..oix qu'on en avoit fait canoniquement ; de sorte que ..les uns ni les autres ne pouvoient faire aucune fonc- ..n pontificale , qu'ils n'eussent reçu le *Pallium*. Ils ne ..rtoient cet ornement qu'à l'autel , en célébrant la messe ..lemnelle ; & ils l'ôtoient-même pendant qu'on lisoit ..vangile. Comme cet honneur étoit une pure grace des ..mpereurs , on ne donnoit point le *Pallium* sans leur ..rmission. Ainsi S. Grégoire supplia l'empereur Maurice ..donner au patriarche Anastase *le Sinaïte* , qu'on avoit ..posé , la liberté de venir à Rome , & de lui permettre ..porter le *Pallium* , afin qu'il y pût célébrer pontifi- ..lement. Voilà quel étoit l'usage du *Pallium* dans l'é- ..ise orientale.

Il n'en fut pas tout-à-fait de même dans l'occident , où ..n ne trouve point les prélats portassent cet orne- ..ent avant le VI siécle. Ce fut au commencement de ..e siécle , que le pape Symmaque ayant fait son vicaire ..ans les Gaules , Césaire , métropolitain d'Arles , lui ..nvoya le *Pallium* : le pape Vigile , l'un de ses succes- ..urs dans le même siécle , le donna à Auxence , aussi ..rchevêque d'Arles , & vicaire du saint siége ; car cette ..narque de la participation du pouvoir du pape , ne se ..nnoit alors qu'aux seuls primats & vicaires apostoli- ..ques. L'évêque d'Arles est le premier métropolitain de ..France qui l'ait reçu : ce ne fut que long-temps après , ..vers le milieu du VIII siécle , que le pape Zacharie ac- ..corda à tous les métropolitains ou archevêques. Les pa- ..pes donnèrent aussi quelquefois cet ornement à des évê- ..ques , comme à Siagrius évêque d'Autun , à cinq évê- ..ques de Metz à la fin du VIII siécle , & au commence- ..ment du IX , & à un sixiéme l'an 1122.

Le *Pallium* que l'on envoie présentement de Rome , ..est une bande d'étoffe de laine blanche , large de trois ..doigts , & qui entoure les épaules avec des péndans ..longs d'une palme par devant & par derriere : la laine ..dont on le fait , est prise de la toison de deux agneaux ..que l'on offre tous les ans sur l'autel de l'église de sainte ..Agnès à Rome , le 21 janvier , jour de la fête de cette ..sainte , où l'on célèbre une messe solemnelle. Deux cha- ..noines de S. Jean de Latran donnent ces agneaux aux ..soudiacres apostoliques , pour les élever jusqu'à ce qu'il ..soit temps de les tondre. Alors on mêle leur laine avec ..d'autre bien blanche & bien fine pour en faire l'étoffe ..des *Pallium* , qui se conservent dans le sépulcre des saints ..apôtres , pour être distribués aux archevêques ; après

qu'ils ont été préconisés & proposés dans le consistoire. Autrefois on vouloit obliger les évêques d'aller quérir le *Pallium* à Rome : à présent on le leur fait demander avec cette formule , *instanter , instantiùs , instantissimè.* Un archevêque ne peut consacrer des évêques , dédier des églises , & célébrer l'office pontificalement dans son église , qu'après avoir reçu le *Pallium.* S'il change d'arch- evêché , il faut qu'il demande un nouveau *Pallium.* * Garnier , *dissert. de Pallio.* Marca , *de concord.* Tho- massin , *discipl. de l'église.* Bralion , *pallium archiepis- copale* , in-8°. D. Thier. Ruinart , *dissertatio historica de Pallio archiepisc.* dans le tom. II des œuvres posthu- mes du pere Mabill. & de D. Ruin.

PALLU (Victor) seigneur de Buau en Touraine , étoit né à Tours dans une honnête famille. Il fit d'ex- cellentes humanités , & après sa philosophie il se déter- mina à l'étude de la médecine ; il s'y appliqua avec beau- coup de succès à Paris , où il prit le degré de bachelier le 15 avril 1628. La même année , étant dans les écoles de la faculté , un bachelier nommé Claude Martin tenta de le fraper d'un poignard ; on ignore pour quel sujet. Les registres de la faculté de médecine qui rapportent le fait , ajoutent que le sieur Martin fut pour cette raison & pour son ignorance chassé de la faculté le 28 décem- bre de la même année. M. Pallu finit sa licence au mois de mai 1630 , & au mois d'août suivant il prit le bonnet de docteur. Il fut depuis médecin de M. le comte de Soissons , qui fut tué à la journée de Sedan en 1641. Cette mort prématurée lui fit faire de sérieuses réflexions sur le néant de la vie & de tout ce qui peut attacher à celle-ci , & il conçut le dessein de se donner à Dieu dans quelque retraite. Mais le monde qui lui avoit été cher , & dont il n'étoit pas moins aimé à cause des qualités de son esprit & de son cœur , fut un obstacle à son nouveau projet. Il retourna à Tours , où , quoiqu'il se livrât encore aux compagnies , le desir de la retraite le poursuivoit in- térieurement , & sembloit lui reprocher ses retardemens. Il consulta sur ses dispositions M. Jean-Baptiste Gault , son propre parent , qui venoit d'être nommé évêque de Marseille , & qui fut sacré à Paris le cinquième d'octo- bre 1642. Ce prélat goûta son dessein , & l'excita forte- ment à l'accomplir ; il l'adressa à des personnes fort éclai- rées qui lui mirent entre les mains des livres solides , lui donnèrent de bons conseils , & le fortifièrent dans ses résolutions. M. Pallu rompit enfin tout engagement , & se retira. On dit dans les registres de la faculté de méde- cine de Paris , qu'il se réfugia en 1648 dans la solitude de Port-Royal ; mais on a imprimé de lui une lettre sur sa retraite , qui est datée du jour de la Toussaint 1643 ; & il y parle comme un homme qui avoit tout quitté dès- lors , & qui vivoit dans la solitude que l'on vient de nommer. Il fit aussi dans la même occasion & sur le même sujet un poëme qu'il intitula *Vale mundo.* Ce poëme a été imprimé en 1735 , dans le *Supplément du nécro- loge de P. R.* in-4° , avec deux traductions françoises , l'une en prose & l'autre en vers. M. Pallu mourut dans sa retraite le 22 mai 1650. On a imprimé de lui , *Sta- dium medicum ad Lauream scholæ Parisiensis , emensum à Victore Pallu annis 1628 , 1629 , 1630* , à Paris , Camusat , 1630 , in-8° , & trois thèses de médecine ; *Victoris Pallu quæstiones medicæ tres , 1. An Epicrateos lex à Galeno lata 9 Therapia excludat omnem omnino phlebotomiam & catharsim ? 2. An denium dolori taba- cum ? 3. An risus vitam producat* , à Tours 1642 , in-8°.

PALM (Jean-Georges) pasteur de S. Pierre & de S. Paul , & scholarque à Hambourg , naquit à Hanovre le 7 décembre de l'an 1697. Après avoir étudié dans quelques universités , le duc Auguste-Guillaume de Bruns- wick & Lunebourg le mit dans le couvent de Riggdags- hausen en 1716 , & au mois de septembre 1720 , il le nomma son prédicateur de voyage. Trois ans après , Palm fut fait chapelain de la cour de Wolfenbutel. Il ac- quit l'estime du duc & de la duchesse , qui ne l'empê- chèrent pas cependant d'accepter le pastorat de S. Pierre

& de S. Paul de Hambourg. Palm entra dans cette place le 26 octobre 1727, commença ses fonctions le 16 décembre suivant, & mourut le 17 février 1743. On a de lui, 1. *Liber historicus de codicibus veteris & novi testamenti quibus B. Lutherus in conficiendâ interpretatione germanicâ usus est ; in quo historia quoque dicti Johannei J. 7. à Luthero omissi illustratur. Accedit Kilian. Leib. & Conr. Adelmann. ab Adelmannsfelden de dissonis sacræ scripturæ translationibus epistola*, à Hambourg 1735, in-8°. 2. *Jesus der wahre Messias* ; à Hambourg 1731, in-8°, & plusieurs autres ouvrages en allemand. * *Supplément françois de Basle*, tome troisiéme, page 476.

PALMA, place très-forte, appartenante aux Vénitiens, dans le Frioul en Italie, a été bâtie en 1593, sous le gouvernement de Paschal Ciconia, doge de Venise, pour la défense du pays, contre les attaques des princes de la maison d'Autriche. Cette citadelle, qui est proche du bourg de *Palmata*, est située sur les frontieres de l'Autriche & du comté de Goritz. * Baudrand.

PALMA, ou LA PALMA, isle de la mer Atlantique en Afrique, & l'une des Canaries, très-célèbre par ses bons vins, appartient aux Espagnols, qui s'en rendirent maîtres en 1493. Cette isle a 25 lieues de circuit, & est fort bien cultivée. Elle renferme une petite ville nommée *Santa Cruz de la Palma*, plusieurs bourgs, & une montagne qui jette des flammes. On en vit sortir l'an 1677 des feux souterreins, en même temps que la terre fut agitée par des tremblemens surprenans par leur qualité & par leur durée. Le 13 novembre, un peu après le coucher du soleil, le tremblement se fit sentir dans l'étendue de 13 lieues, le long de la côte. Il fut accompagné d'un tonnerre épouvantable, pendant cinq jours, pendant lesquels la terre s'entr'ouvrit en plusieurs endroits. La plus grande ouverture fut sur la montagne aux Chévres, éloignée de la mer d'un mille & demi, d'où il sortit un grand feu qui poussoit des pierres & du rocher fondu. Le même accident arriva en plusieurs lieux aux environs ; & en moins d'un quart d'heure il fit vers le pied des montagnes, jusques à dix-huit ouvertures, qui vomirent des flammes & des pierres brulées en si grande quantité, que cela une riviere de feu. Elle prit son cours par dessus la plaine de *Los Canios*, & coula avec impétuosité du côté de la fontaine sainte ; mais étant arrivée proche du bord de la grande descente, elle se détourna à droite, & se précipita vers le vieux port, qui est celui où les Espagnols abordent, lorsqu'ils se rendirent maîtres de ces isles. Le 20 novembre, il se fit une seconde ouverture sur la montagne aux Chévres, d'où il sortit des pierres & des feux, avec de grands tremblemens & des tonnerres, ce qui continua plusieurs jours. Il y eut des cendres noires portées à sept lieues de-là ; le terroir des environs fut entièrement ravagé ; & les habitans furent contraints d'abandonner leurs demeures, pour chercher un asyle dans un lieu éloigné de ces volcans. * *Mémoires historiques*. J. Nugno de Penna.

PALMA, bourg d'Espagne, dans l'Andalousie : il est un peu au-dessous du confluent du Guadalquivir & du Xénil, à une ou deux lieues au-dessous d'Ecija. * Mati, *dictionnaire*.

PALMA, bourg situé sur la côte de la Calabre ultérieure, à huit lieues de Regio, vers le nord. Ce bourg est bâti sur les ruines d'une ancienne ville des Brutiens, nommée *Taurianum* & *Tauri Civitas*, qui fut détruite par les Sarazins. * Mati, *dictionnaire*.

PALMA (Aulus Cornelius) fut l'un des favoris de Trajan, qui lui fit dresser une statue. Il fut consul en 99 & en 109. Avant son second consulat, dans le temps qu'il étoit gouverneur en Syrie, il soumit à l'empire la partie la plus septentrionale de l'Arabie, dont la capitale étoit Petra, qui avoit eu long-temps ses rois particuliers. Sa faveur cessa avec la vie de Trajan ; & ses services n'empêcherent pas qu'Adrien, qui avoit toujours été son ennemi, ne l'immolât à sa cruauté, après être par-

venu à l'empire, l'an 119. * Dion, *l.* 68. Eusebe, *chronic.*

PALMACIA, petite isle de la mer de Gènes, à l'entrée du golfe de Spezza, un peu au levant de la ville de Porto-Venere. On la prend communément pour l'ancienne Vénaria. * Mati, *dictionnaire*.

PALMAJOLA, en latin *Palmariola*, anciennement *Artemita*, petite isle de la mer de Toscane. Elle est près de la côte septentrionale de l'isle d'Elbe, du côté de Porto Ferraïo. * Mati, *dictionnaire*.

PALMAS, cap de Palmas, de Palmeiras, ou de Segogora. C'est un grand cap de la province de l'Inde deçà le Gange. Il est sur la côte du royaume d'Orixa ; il s'avance dans le golfe de Bengale, au midi de l'embouchure du Guenga & du Gange. * Mati, *dictionnaire*.

PALME (Jacques) dit *le vieux Palme*, peintre, né dans le territoire de Bergame en 1548, a peint d'une grande force de couleurs soutenue d'un assez bon dessin. Il étoit disciple du Titien, & sa maniere étoit si conforme à celle de son maître, que celui-ci ayant commencé une descente de croix, que la mort l'empêcha d'achever, le Palme fut choisi pour y mettre la derniere main, ce qu'il fit avec respect pour la mémoire du Titien, comme il le marque dans les paroles suivantes, qu'on lit encore aujourd'hui dans ce tableau :

> *Quod Titianus inchoatum reliquit,*
> *Palma reverenter perfecit,*
> *Deoque dicavit opus.*

Entre ses ouvrages que l'on voit à Venise, *sainte Barbe*, qui est dans sainte Marie Formose, est son plus beau. Il mourut en 1496, âgé de quarante-huit ans : ce qui fait voir qu'on ne l'appelle *Vieux*, que parcequ'il a précédé celui qu'on appelle *le jeune Palme*, dont nous parlons à l'article suivant. * De Piles, *abrégé de la vie des peintres*.

PALME (Jacques) surnommé *le jeune*, peintre célébre, neveu du précédent, naquit à Venise en 1544, d'*Antoine* Palme, ou Palma. Son pere, peintre lui-même, le faisoit dessiner & peindre d'après les meilleurs tableaux. Pendant qu'il copioit dans l'église des Jésuites le *S. Laurent* du Titien, le duc d'Urbin, Guido Ubaldo, se plut à le voir travailler, & peu de temps après Palme fit le portrait du duc pendant que celui-ci entendoit la messe. Le duc en ayant été informé par ses domestiques, fit venir le jeune peintre, & lui paya gracieusement & ce portrait & la copie qu'il avoit faite du tableau du Titien. Il le mena ensuite à Urbin, & de-là il l'envoya à Rome, où il le recommanda au cardinal son frere. Palme y étudia Raphaël, Michel-Ange & Polidor, & le pape lui donna une galerie à peindre dans une salle du Vatican. Il passa ainsi huit ans à Rome, après lesquels il retourna à Urbin, n'ayant encore que vingt-quatre ans. D'Urbin il alla à Venise, & de Venise il retourna de nouveau à Rome. Il demeura peu dans cette ville à ce second voyage, parcequ'il refusa d'y travailler sous la direction d'un chef, & il revint à Venise où il se fixa. Il s'y lia avec Vittoria, célèbre sculpteur, qui conduisoit les plus grands ouvrages de Venise, & qui le fit préférer à Paul Veronèse, au Tintoret, & à plusieurs autres. Après la mort du Tintoret & du Bassan, Palme devint le plus fameux peintre de Venise, & il fit un grand nombre d'ouvrages. Le Guarini & le Cavalier Marin se plaisoient en sa compagnie. Il mourut à Venise en 1628, dans la quatre-vingt-quatriéme année de son âge. Jacques Abarelli est le seul éleve qu'on lui connoisse. * On peut voir un plus grand détail dans l'*Abrégé des vies des plus fameux peintres*, par M. Dezallier d'Argenville, tom. I, pag. 194 & suivantes.

PALMER (Thomas) auteur de quelques ouvrages, qu'on conserve en Angleterre, a été religieux de l'ordre de S. Dominique, & florissoit à la fin du XIV siécle, & au commencement du XV, si l'on en croit Leland cité par Pitseus, qui paroît n'être pas récusable, puisqu'il marque que ce Palmer fut prieur de la maison de

dres, & très-estimé de Richard Clifford, évêque de
e église, qui mourut en 1421. Cet auteur ajoute que
ner signala son zèle contre les sectateurs de Wiclef,
i confondit en plusieurs disputes publiques. Ceux de
ouvrages qu'on trouve encore sont des traités, *De
ratione imaginum : De originali peccato : De vene-
one Sanctorum : De peregrinationibus.* * Echard,
t. tom. FF. Præd. tom. I.

'ALMERAN (Thomas) Irlandois, docteur de la
son de Sorbonne, a composé deux recueils, l'un tiré
l'écriture sainte, & l'autre des peres. Ces deux ou-
ges, qui sont assez bons pour travailler sur différens
ts de morale ou de théologie, ont été imprimés à
is en 1556, & à Lyon en 1678 & 1679. Palmeran
euri vers l'an 1290, comme il est marqué dans quel-
s manuscrits de ses ouvrages. * *Du Pin, biblioth.
aut. ecclef. du XIII siécle.*

'ALMIER (Matthieu) d'une famille considérable de
rence, célèbre par son érudition, dans le XV siécle,
ut avec éclat au concile de Florence en 1439. Il conta jusqu'en 1449 la chronique de Prosper, qui étoit
: addition à celle que saint Jérôme avoit traduite sur
grec d'Eusebe, & augmentée. Il composa aussi un li-
de la guerre de Pise ; la vie de Nicolas Acciaïoli ; un
té de la vie civile, que Claude de Rosiers traduisit
françois, & divers autres ouvrages remplis de savoir.
i poëme intitulé *Città* (pour *Città*) *di Vita*, en 3 livres,
n'a jamais été imprimé, lui attira quelques affaires, par-
u'il y enseignoit que nos ames sont les anges qui dans
révolte de Lucifer ne voulurent s'attacher ni à Dieu
à lui, & que Dieu, pour les punir, les relégua dans les
ps, afin qu'ils pussent être sauvés ou damnés, selon
conduite bonne ou mauvaise qu'ils meneroient en ce
onde. Ce poëme fut condamné à être brulé. Trithè-
: & Genebrard ont dit que Palmier eut la même desti-
que son livre ; cependant, comme Vossius l'a remar-
é, ni Philippe de Bergame, ni Volaterran, ni Paul
ve, ni les autres auteurs Italiens ne parlent point de
tte condamnation. Palmier mourut en 1475, dans sa
e année. La chronique de cet auteur a été continuée
squ'en 1481, par Matthias Palmier, qui suit. Sa vie
Nicolas Acciaïoli, grand sénéchal de la Pouille, a paru
Italie à Florence en 1588, *in-8°.* Palmier l'avoit
mposée en latin. Le P. Niceron dans ses *Mémoires
me XI*, dit qu'elle n'a jamais paru en cette langue :
'est trompé ; M. Muratori l'avoit donnée en latin pour
première fois dès 1728, dans le tome XIII de ses
criptores rerum Italicarum.* * Verrin, *liv. 2. Flor.
lust.* Philippe de Bergame, *in suppl. chron. A. C. 1439.*
olaterran, *comment. Urb. l. 21.* Paul Jove, *in elog.*
132. Trithème, *in cat.* Genebrard, *in chron.* Bel-
rmin, *de script. ecclef.* Vossius. *lib. 3. de histor. Lat. &c.*
u-Pin, *bibliothéque des auteurs ecclésiastiques du
V siécle.*

PALMIER (Matthias) de Pise, vivoit dans le XV
écle, & mourut en 1483. Il fit une addition à la chro-
ique de Matthieu Palmier de Florence, depuis l'an
450, jusqu'en 1481, inclusivement. Il traduisit du
rec en latin l'histoire d'Aristée des septante interpretes,
x composa d'autres ouvrages qui ne sont pas venus jus-
u'à nous. Matthias Palmier adressa sa traduction du
ivre d'Aristée au pape Paul II. M. le cardinal Querini
fait réimprimer son épître dédicatoire à ce pape, p. 153,
le l'*Appendix* qui est à la suite de la vie de Paul II,
ar Michel Canensio, que cette éminence a publiée à
Rome en 1740, *in-4°.* * Vossius, *lib. 3. de hist. Lat.*
De la Monnoye, *notes sur les jugem. des sav. de Baillet,
om. III.*

PALMIER (Jean MELLER) Allemand, critique
grammairien, a vécu dans le XVI siécle, & est mort
jeune en 1582. On voit par ses *Spicilegia*, qu'il avoit appris les premiers élémens des lettres de Jean Bandel, de
Bamberg ; qu'il avoit visité les principales villes de l'Allemagne, & qu'il étoit en correspondance avec ceux
qui y brilloient le plus par leur érudition, & avec

plusieurs autres savans. C'est à ces savans qu'il a adressé
par parties ses *Spicilegia*, qui furent imprimés d'abord
en 1580, & que Jean Gruter a fait réimprimer dans
le tome quatrième de son *Thesaurus criticus*, à Francfort 1604, *in-8°*, depuis la page 613 jusqu'à la p. 887.
On y trouve un grand nombre d'observations sur
les comédies de Plaute & de Térence, sur Properce,
sur Salluste, & sur plusieurs autres. A la fin de ces spi-
cileges ou de ce recueil de corrections, d'explications,
d'observations, l'auteur en promet encore deux parties,
ou deux livres ; il les annonce comme étant presque finis,
& assure qu'il ne les fera pas long-temps attendre ; mais
étant mort en 1582, il n'a pu tenir sa parole, & ceux
qui ont hérité de ses papiers n'ont pas, sans doute, jugé
à propos de publier ce qu'il avoit recueilli. Les corrections de Palmier sur Salluste parurent à Francfort en
1607, dans une édition *in-8°* de Salluste, donnée par
Gruter. Nous ignorons si elles sont différentes de celles
qui sont dans ses *Spicilegia.*

PALMIRENO (Laurent) grammairien, natif d'Al-
caniz en Aragon, vivoit dans le XVI siécle, & mourut
en 1580, laissant divers petits traités de sa façon. Les
Espagnols estiment Palmireno, & en parlent avec éloge.
* *Consultez* la bibliothéque des écrivains d'Espagne de
Nicolas Antonio, & l'histoire d'Aragon de Vincent
Blasco Lanuza, *part. II, l. 5, c. 48.*

PALMYRE, *Palmyra*, ville de Syrie près de l'A-
rabie déserte, est indiquée dans la Vulgate (III. *Reg.*
9, 18. II. *Paralip.* 8, 4) comme une ville bâtie par Salomon. Le texte hebreu porte le nom de *Thadmor : Thamar* en hébreu signifie un *palmier*. Josephe assure que les
Grecs appelloient *Palmyre* la ville que les Syriens nomment *Thamor*. La situation de la ville de Thamor dans
le désert de Syrie marquée dans le livre des Rois au
pays d'Emath de Soba, est la même que celle de la
ville de Palmyre. Ainsi il est à croire que cette ville a
été bâtie par Salomon. Elle tomba bientôt après sous
la puissance des rois de Babylone. Pline en parle comme
d'une république qui de son temps avoit conservé sa liberté, & qui séparoit l'empire Romain de celui des
Parthes. Elle devint depuis capitale d'un pays appellé
le royaume des Palmyréniens, célèbre par la puissance
d'Odenat, & par le courage de Zénobie son épouse,
vers l'an 264. L'empereur Adrien avoit augmenté cette
ville, & l'avoit nommée *Adrianopolis*, Andrinople.
Elle a eu autrefois un archevêché. Le nom qu'elle porte
présentement est *Amegara*, selon Ortelius, & *Faid*,
au rapport de Sanson. *Voyez* ODENAT. On a donné
à Londres en 1753 une description des ruines de Palmyre. C'est un *in-folio* enrichi de figures & de plusieurs inscriptions palmyréniennes copiées avec exactitude, & par-là, très-propres à procurer l'intelligence
de l'alphabet dont on se servoit autrefois à Palmyre,
& de la langue qu'on y parloit. M. l'abbé Barthélemy,
garde du cabinet des médailles du roi, a donné l'année
suivante 1754 des *réflexions sur la langue qu'on parloit
autrefois à Palmyre.* C'est un vol. *in-4°*, imprimé à
Paris.

PALO, bourg légérement fortifié dans le patrimoine
de saint Pierre en Italie, sur la côte, à trois lieues
du lac & de la ville de Bracciano, vers le midi. * Mati,
diction.

PALONI (Marcel) poëte, natif de Rome, vivoit
au commencement du XVI siécle, & laissa dans un poëme en deux livres, l'histoire de la bataille de Ravenne,
que les François gagnerent le jour de pâque 1512. Cet
ouvrage fut imprimé en 1513. * Rubeus, *in historia
Raven.*

PALOS DE MOGUER, bourg ou petite ville de
l'Andalousie en Espagne. Il est près de l'embouchure du
rio Tinto dans le golfe de Cadix, & à dix lieues de San
Lucar de Barramede, vers le couchant septentrional.
Palos est le lieu d'où Christophe Colomb partit l'an
1492, pour aller découvrir l'Amérique. * Mati, dictionnaire.

PALOTTA, ville de la basse Hongrie, dans le comté d'Albe-Royale, fut prise sur les Turcs par les Impériaux, au mois d'octobre 1687. Le bacha qui y commandoit demanda d'abord à capituler, & en sortit avec la garnison chargée d'autant de bagage que chaque soldat en put emporter. Il étoit accompagné d'environ deux cens cinquante hommes, qu'il conduisit à Belgrade. On trouva dans la place huit pièces de canon, plusieurs mortiers, une grande quantité de poudre & de vivres avec trois drapeaux. * *Mémoires du temps.*

PALOTTA (Jean-Baptiste) cardinal, natif de Calderola, dans la marche de Rome, après avoir été nonce à Vienne, & archevêque de Thessalonique, fut nommé cardinal par le pape Urbain VIII, l'an 1629. Il fut depuis évêque de Tusculum ou Frescati & d'Albano, & gouverneur de Rome, où il mourut le 24 janvier 1668, en sa 74ᵉ année.

PALPHURIUS SURA, ou PALFURIUS, historien Latin du III siécle, ne nous est connu que par un seul témoignage de Trébellius Pollion, qui le cite comme ayant composé le journal de la vie de l'empereur Gallien. Gesner le nomme Calpurnius Sura; mais il y a apparence que c'est par corruption, comme le remarque Vossius, *l.* 2, *de hist. Lat.*

PALPHURIUS ou PALFURIUS, chef des brigands qui couroient l'Asie mineure, & particuliérement l'Isaurie. L'empereur Probus l'ayant défait, le fit mourir vers l'an 280. * *Vopiscus, in Probo.*

PALU (La) maison qui a tenu de toute ancienneté un des premiers rangs entre celles de Bresse, a été féconde en grands hommes. PIERRE de la Palu, maître des requêtes, étoit fils d'Aimé de la Palu, seigneur de Varambon, S. Julien, Tossia, la Balme & Bouligneux. Il épousa Marie de Luyrieux, & en eut Aimée de la Palu; & Clémence, mariée à Guillaume de la Baume, qui fut gouverneur d'Amé, dit *le Verd*, comte de Savoye. Il y a eu de cette maison FRANÇOIS de la Palu, seigneur de Varambon, Bouligneux, &c. qui fut fait chevalier de l'ordre de Savoye, après l'an 1440. HUGUES de la Palu, comte de Varax, vicomte de Salins, gouverneur & maréchal de Savoye, lieutenant-général pour le roi Charles VIII en Dauphiné, créé chevalier de l'ordre de Savoye en 1482. JEAN-PHILIBERT de la Palu, comte de Varax, seigneur de Bouligneux, &c. lieutenant-général du duc de Savoye, au gouvernement de Bresse, & son ambassadeur au concile de Trente, fait chevalier de l'Annonciade en 1518. Cette maison subsiste en la personne des comtes de Bouligneux, seigneurs de Meilli, dont étoit Louis de la Palu, comte de Bouligneux, lieutenant-général des armées de France, qui après avoir été long-temps colonel du régiment de Limousin, fut tué au siége de Verue le 14 décembre 1704. *Voyez* l'histoire de Bresse du sieur Guichenon, qui rapporte une généalogie très-exacte de cette maison, à laquelle on doit rapporter les hommes illustres qui suivent, quoique quelques auteurs aient varié sur le lieu de leur naissance.

PALU (Pierre de la) religieux de l'ordre de saint Dominique, docteur en la faculté de théologie de Paris, & patriarche de Jérusalem dans le XIV siécle, étoit fils de GERARD de la Palu, chevalier, seigneur de Varambon, Richemont, Bouligneux & Tossia. Il fut licencié le 13 juin 1314, & il enseignoit encore la théologie à Paris en 1317, où ayant été fait définiteur de la province de France au chapitre général, qui se tenoit à Pampelune, il eut l'honneur d'être choisi pour vicaire du général qui étoit absent dans ce chapitre. L'année suivante le pape Jean XXII lui donna une marque solide de son estime, en le députant vers deux religieux de l'ordre de S. François en Flandre, pour y disposer les esprits à la paix; ce qui ne lui réussit pas, & lui fit des ennemis, qui l'accusérent de prévarication. Pierre n'eut pas beaucoup de peine à se justifier de l'accusation intentée contre lui, & néanmoins elle produisit un effet auquel il ne s'étoit pas attendu: dix années se passérent sans qu'on

l'employât dans aucune affaire, & ce ne fut qu'au bout de ce temps, que Jean XXII, persuadé qu'il avoit eu tort de ne se pas servir d'un homme de ce mérite, l'appella à Avignon pour le sacrer patriarche de Jérusalem. La Palu revêtu de cette dignité en 1329, partit presque aussitôt pour l'isle de Cypre, où il conduisit Marie, fille de Louis I, duc de Bourbon, qui étoit fiancée à Gui, fils aîné du roi Hugues de Lusignan; & après avoir visité l'église de Limissa, dont il avoit l'administration, il passa en Palestine pour engager le soudan à être plus favorable aux chrétiens. Les historiens observent que la Palu étant de retour en 1331 en France, y anima tellement toute la cour contre ce soudan, qu'il n'avoit pas eu d'égard à ses remontrances, qu'on vit rarement plus de vivacité; que le pape charmé de ces dispositions, donna ordre au patriarche & aux autres prélats, de prêcher par-tout la croisade, & que tout cela ne produisit néanmoins aucun effet. Les guerres d'Angleterre rendirent inutiles les bonnes intentions du roi & de ses sujets; & ce fut le jugement rendu cette année-là même contre Robert d'Artois, qui donna occasion à ces guerres. On prétend que la Palu n'eut que trop de part à ce jugement: voici ce qu'on en trouve dans la chronique de S. Denys, & dans la continuation de la chronique de Nangis. Robert d'Artois ayant produit de fausses lettres pour se faire adjuger le comté d'Artois qu'il disputoit à sa tante Mahaud, on reconnut la fraude, & on arrêta diverses personnes pour les interroger; mais leurs dépositions ne paroissant pas suffisantes, on voulut en savoir la vérité du confesseur de Robert. Celui-ci, dit-on, s'en défendit, parceque tout ce qu'il savoit de cette affaire, il ne l'avoit appris que dans la confession: on se trouva embarrassé de cette réponse, & on consulta la Palu, qui décida que le confesseur pouvoit parler, parcequ'il n'y avoit que les péchés qui fussent sous le sceau de la confession, & que les choses sur lesquelles on l'interrogeoit n'étoient pas des péchés. On ajoute que l'on ignora dans le public ce qu'avoit dit le confesseur; qu'on sut seulement qu'il avoit été reconduit en prison, après quoi on n'avoit plus ouï parler de lui, & que le jugement suivit de près. Mais toute cette narration n'est pas fort intelligible; & ce qu'il y a de certain, c'est que la Palu dans ses écrits, est un des théologiens qui recommandent le plus aux confesseurs de ne pas révéler le secret des confessions. On le trouve ensuite en 1333, à la tête des prélats & des docteurs, qui se déclarerent contre l'opinion de Jean XXII, touchant la vision béatifique. Depuis, on ne trouve rien de lui, sinon qu'en 1337 il confirma & publia les statuts synodaux faits par Auger son prédécesseur dans l'évêché de Conserans, dont il avoit alors l'administration. Etienne de Lusignan, & plusieurs autres après lui, ont assuré que la Palu mourut à Nicosie dans l'isle de Cypre; mais il est sûr qu'il mourut le 31 janvier 1342 à Paris, & qu'il fut inhumé dans l'église de S. Jacques de son ordre, où son tombeau fut trouvé l'an 1631. Il avoit employé son loisir à la composition de plusieurs ouvrages: les Jacobins de Paris avoient encore à la fin du XVI siécle ses commentaires ou postilles sur toute la bible, puisque le Jésuite Possevin les vit chez eux; mais ils n'en ont présenté au'une très-petite partie: son commentaire sur le Lévitique est gardé au collège de Maître Gervais; & de tout ce qui reste, les préfaces ne sont pas de la Palu, mais de divers autres religieux de son ordre, plus anciens que lui. Il laissa aussi des commentaires sur les quatre livres des sentences; mais on n'a imprimé que ce qu'il a écrit sur le III & le IV; & celui-ci étoit, au gout de S. Antonin, tout ce qu'on avoit écrit de mieux pour la pratique des cas de conscience. On lui donne encore un traité *de causa immediata ecclesiastica potestatis*, que d'autres attribuent au cardinal Jean de Godin; & un recueil de sermons *de tempore & de sanctis*, qui a été imprimé diverses fois, sous le titre de *thesaurus novus*, & qui certainement n'est pas de lui, mais d'un religieux de l'ordre de S. François. Un autre ouvrage de la Palu dont la perte doit être

être sensible à tous ceux qui aiment l'histoire, est celui qu'il avoit intitulé, *Liber bellorum Domini*, où il traitoit des guerres contre les infidéles. On a imprimé quelque part en Italie sa lettre à Hugues de Vauceman, général de l'ordre de S. Dominique, sur la question : Comment les Freres Prêcheurs peuvent retenir leurs revenus ; & on garde dans la bibliothéque du comte de Seignelai, son traité de la pauvreté de Jesus-Christ & des apôtres, contre Michel de Césene.* Echard, *script. ord. FF. Præd. tome I.*

PALU (Pierre de la) seigneur de Varambon, bailli & gouverneur d'Amiens, maître des requêtes, fut en grande considération dans le XIV siécle. Le roi Philippe *de Valois*, pour l'attirer à son service, l'honora de l'office de maître des requêtes de son hôtel. En 1341, la Palu fit hommage au roi de cinq cens livres de revenu qu'il lui avoit assignées sur son trésor. Depuis, vers l'an 1347, il fut bailli & gouverneur des villes d'Amiens, Lille & Douai, & capitaine des frontieres de Flandre. * Blanchard, *histoire des maîtres des requêtes.* Guichenon, *hist. de Bresse.*

PALU ou DE VARAMBON (Louis de la) cardinal, fils d'AIMÉ de la Palu, & d'*Alix* de Courgenon, & petit-fils de PIERRE de la Palu, gouverneur d'Amiens & maître des requêtes de l'hôtel du roi Philippe *de Valois*. Après avoir pris l'habit de S. Benoît à Tournus, il fut plu abbé d'Ambournai, puis de Tournus, ensuite évêque de Lausane, de Mauriene, cardinal du titre de sainte Anastasie, & archevêque de Tarantaise. Il étoit abbé de Tournus, lorsqu'il se trouva au concile de Constance en 1417, & qu'il fut garde du conclave à la création du pape Martin V. On le députa aussi au concile de Sienne en 1423, & il assista à celui de Basle, où il fut fait évêque de Lausane en 1432, à l'exclusion de Jean Prangin. Amédée VIII, duc de Savoye, s'étoit employé pour ce dernier ; de sorte que son procureur, nommé Jean Champion, voyant qu'on n'avoit aucun égard aux sollicitations du son maître, appella au pape de la sentence du concile. Ce procédé fut extrêmement blâmé à Basle, où Champion fut arrêté prisonnier. Quelque temps après, les peres du concile envoyerent Louis de la Palu à Eugène IV, puis en Gréce, pour la réunion de l'église grecque avec la latine. Amédée VIII ayant été élu pape à Basle, le fit cardinal en 1440. Nicolas V, à qui Amédée, dit *Félix* V, céda la papauté en 1449, confirma dans cette dignité le cardinal de la Palu, le fit son légat, & lui donna diverses marques de son estime. Ce prélat, que Pie II loue dans ses écrits, mourut à Rome en 1451, le 22 septembre. * Arnoul Wion, *l. 2, c. 49. lign. vitæ.* Frizon, *Gall. purp.* Auberi, *hist. des card.* Sammarth. *Gall. christ.* Guichenon, *hist. de Bresse.*

PALU (Jean de la) chanoine, cherchez BEER.

PALUDANUS (Jean) de Hainaut, poëte, & habile dans la littérature, fut chargé de l'instruction de la jeunesse à Gand d'abord, ensuite à Tournai & à Mons. Il exerça cette fonction durant plus de trente ans. Il a laissé un petit Dictionaire pour les enfans, en latin, en françois & en flamand. Sentences choisies d'Isocrate, rangées par ordre alphabétique, à Gand 1551, *in-8°.* * Valere André, *bibliothéque belgique*, tome II, page 709.

PALUDANUS (Henri) Liégeois, religieux de l'ordre des Freres Mineurs, a traduit d'espagnol en latin un ouvrage de Diégo de la Véga, religieux du même ordre, intitulé : *Paradisus gloriæ sanctorum*, *eorumque triumphus* ; ce sont des sermons pour les fêtes des saints. * Le même, tome I, page 459.

PALUDANUS (Bernard) autrement appellé *Van den Broek*, qui rechercha & recueillit avec beaucoup de soin les merveilles de la nature, naquit à Steenwyck en Overissel le 23 octobre 1550 ; mais il passa la plus grande partie de sa vie à Enkhuisen. En 1580 il fut reçu à Padoue docteur en philosophie & en médecine, & obtint le titre de protonotaire, Il fut fait comte Palatin

par l'empereur ; & l'on trouve des lettres où on lui donne le titre de chevalier de Jérusalem. Après avoir voyagé en Europe, en Asie, & en Afrique, il séjourna quelque temps à Zwoll, où il fut fait médecin de la ville : de-là il transporta son domicile à Enkhuisen, où il eut le même emploi. En 1591 il fut appellé à Leyde, & y accepta l'emploi de professeur qu'on lui offroit ; mais on lui fit à Enkhuisen tant d'instances pour y demeurer, qu'il ne put se refuser aux vœux de la ville. Il avoit beaucoup de pénétration, de l'éloquence, une érudition variée, & surtout une exacte probité. Il a fait divers ouvrages, dont le plus connu consiste en des notes dont il a enrichi les voyages de Linschot ; l'ouvrage écrit en flamand, & traduit de cette langue en françois, est intitulé : *Histoire de la navigation de Jean-Hugues Linschot aux Indes orientales*, *avec les annotations de Paludanus*, *& des figures.* La troisiéme édition françoise a été faite à Amsterdam en 1638, *in-folio.* Paludanus étoit mort à Enkhuisen le troisiéme avril 1633. Il fut enterré dans l'église du Sud ou Zuiderkerk, où l'on mit sur sa tombe une épitaphe en lettres d'or. * *Dictionaire historique*, édition d'Amsterdam 1740.

PALUDANUS (Jean) vulgairement VAN DEN BROEK, étoit de Malines. Il fit sa philosophie à Louvain, où il prit le dégré de maître-ès-arts en 1585. Il professa plusieurs années l'éloquence au collége du Faucon dans la même ville ; ensuite il fut curé de sainte Gertrude, & de-là curé de Notre-Dame de Malines, d'où il passa en 1602 à la cure de S. Pierre & S. Paul dans la même ville. Le 21 mars de la même année il fut créé docteur en théologie. Rappellé à Louvain en 1610, il fut plében & chanoine de S. Pierre, professeur ordinaire de théologie ; après quoi il succéda au docteur Jacques Janson dans l'emploi de professeur royal des saintes lettres. Il fut aussi archiprêtre du district de Louvain. On a de lui : *Vindiciæ theologicæ adversùs Verbi Dei corruptelas ;* c'est une explication de presque tous les endroits de l'écriture dont on dispute entre les catholiques & ceux qui suivent une autre communion. Cet ouvrage imprimé à Anvers en 1620 & 1622, est *in-8°*, en deux volumes. *Apologeticus Marianus*, où il est traité des louanges & des prérogatives de la sainte Vierge, *in-4°*, à Louvain 1623. *De sancto Ignatio concio sacra*, *in-8°*, à Louvain, 1623. *Officina spiritualis sacris concionibus adaptata*, *in-4°*, à Louvain 1624. Paludanus mourut le 20 février 1630, âgé de 64 ans, huit mois & dix jours. * Valere André, *biblioth. belg.* édit. de Bruxell. 1739, tome II, pag. 708.

PALUDANUS (Arnold ou Arnoul) de Liége, religieux de l'étroite observance des Freres Mineurs, fut ministre provincial de son ordre en Flandre, & lecteur & professeur en théologie. On a de lui un traité *De foro animæ*, *id est*, *de potestate quam habent sacerdotes confessarii*, *tum regulares*, *tum sæculares*, *juxta Concilii Tridentini formam legitimè approbati*, *&c.* à Liége, 1636, *in-8°.* * Valere André, au même endroit, tome I, page 101.

PALUDANUS (Michel) religieux de l'ordre de S. Augustin, né à Gand l'an 1593, enseigna dans son ordre avec réputation, & y exerça les premieres charges. Nous avons de lui quelques commentaires sur la somme de S. Thomas : *Sacra & theologica concordantia temporum regum Juda & Israël.* * Valere André, *biblioth. Belg.* Le Mire, *de script. sæc. XVII.* Herrera.

PALUDANUS (Pierre) cherchez PALU.

PALUS MEOTIDES, LIMEN, MER DE ZABACHE & DE LA TANA, grand golfe ou mer, entre l'Europe & l'Asie. Cette mer a environ 600 milles de circuit, & n'est cependant considérée que comme un grand marais, parcequ'il y a si peu d'eau en quelques endroits, qu'on n'y peut passer qu'avec des bateaux. Elle a les petits Tartares, dits de *Crimée*, au couchant ; la Sarmatie d'Europe, ou Moscovie au septentrion, & la Sarmatie d'Asie où se trouve la Circassie, au midi &

au levant, où eft l'embouchure du Don ou *Tanaïs*. La mer de Zabache eft féparée du Pont-Euxin par le Bofphore Cimmérien, nommé *le détroit de Vofpero*, de Caffa, ou de Kerci. Elle a auffi au couchant le marais que les anciens ont nommé *Buges*, aujourd'hui *Suka Mori*. Pline affure que de fon temps les Scythes appelloient ce Palus *Temerinde*, c'eft-à-dire, *mere du Pont*, qui eft l'épithéte que lui a donnée Denys d'Alexandrie; & cela eft fondé fur ce que fon fond eft beaucoup plus haut que celui du Pont-Euxin, ou mer Noire, où il eft certain qu'elle fe dégorge. On l'appelle auffi quelquefois *la mer Blanche*. Ariftote affure que de fon temps on n'y pouvoit plus conduire d'auffi grands vaiffeaux que ceux qu'on y conduifoit foixante ans auparavant, ce qui montre que le Tanaïs ou Don, & les autres rivieres y voiturent beaucoup de limon, dont il eft affez probable qu'ont été formés les iflots qui font à fon détroit, & entre lefquels le Palus fe décharge par plufieurs petits détroits, que Conftantin Porphyrogenete appelle des rivieres. Ce limon eft peut-être auffi ce qui a beaucoup diminué la grandeur du Palus; car Hérodote qui connoiffoit parfaitement ce pays-là, affure qu'il n'étoit guère moins grand que le Pont-Euxin, ce qu'on ne trouveroit pas préfentement. * Polybe, Pline, Strabon, &c. font mention des Palus Méotides.

PALUZZI ou PAULUZZI, famille romaine, du furnom d'*Albertoni*, a eu un gouverneur de Rome en 1413, un podeftat de Péroufe en 1431, d'autres officiers Romains dans le même fiécle, & un gouverneur de Tivoli en 1556. LOUÏSE Paluzzi, fille de *Pierre-Matthieu* d'Albertoni, & époufe de *Jacques* de la Citere, mourut le dernier janvier 1532, en odeur de fainteté. Elle eft qualifiée bienheureufe. Au jour de fa mort, la juftice du Capitole vaque; & le fénat pour honorer fa mémoire, fe rend dans l'églife de S. François *de Ripa*, à la chapelle de la famille de Paluzzi, où cette bienheureufe eft enterrée. GASPARD Paluzzi, référendaire de l'une & l'autre fignature, fut gouverneur d'Orviette en 1597. BALTHASAR, marquis de Paluzzi, fils d'ANGE Paluzzi d'Albertoni, gouverneur de Tivoli, fit confidérablement orner la chapelle de fa famille en 1625. Un de fes fils, PALUZZO Paluzzi, auditeur de la chambre apoftolique, fut fait cardinal par le pape Alexandre VII en 1664, & mourut en 1698. Le pape Clément X adopta la famille de Paluzzi, & lui fit prendre le nom d'Altieri. *voyez* ALTIERI.

PAMELIUS ou DE PAMELE (Jacques) chanoine de Bruges, archidiacre de Saint-Omer, & prévôt d'Utrecht, fils d'ADOLPHE, baron de Pamele, confeiller d'état fous l'empereur Charles-Quint, naquit à Bruges au mois de mai 1536. Il fut élevé dans les fciences qu'il apprit à Louvain, puis dans l'univerfité de Paris, & fe rendit habile théologien & excellent critique. Ses parens lui procurerent un canonicat à S. Donatien de Bruges, où il dreffa une belle bibliothéque. Mais les guerres civiles l'obligerent de fe retirer à Saint-Omer, où l'évêque lui donna l'archidiaconé de fon églife. Peu après, Philippe II, roi d'Efpagne, le nomma à la prévôté de S. Sauveur d'Utrecht, puis à l'évêché de Saint-Omer. Pamelius en alloit prendre poffeffion; mais étant tombé malade à Mons en Hainault, il y mourut au mois de feptembre 1587, âgé de 52ans. Ses ouvrages font, *Liturgiæ Latinorum*; *Micrologus de ecclefiafticis obfervationibus*; *Catalogus comment. veterum felectorum in univerfa biblia*; *Conciliorum Paralipomena*, &c. Il publia auffi les œuvres de Tertullien & de faint Cyprien, avec des notes, & le traité de Caffiodore: *De divinis nominibus*. * Valere André, *biblioth. Belg.* Le Mire, *in elog. Belg.* Swert. *in Athen. Belg. &c.*

☞ Jacques Pamelius eut, entr'autres freres, Guillaume PAMELIUS, dont on voit l'épitaphe dans l'ouvrage intitulé *Bafilica Bruxellenfis*, p. 27 & 28. Cette épitaphe fait connoître la nobleffe & l'ancienneté de leur famille. * M. Goujet, *mem. mff.*

PAMIERS, *Pamiæ* & *Apamiæ*, fur l'Ariége, ville de France dans le comté de Foix, avec évêché fuffragant de Touloufe, a tiré fon nom de fon château; car la ville portoit celui de Fredelac, *Fredelacum*, qu'on prétend fauffement lui avoir été donné par un comte nommé Frédelon, qui eut, dit-on, en apanage la ville & le territoire de Pamiers. Les comtes de Carcaffonne y bâtirent dans le VIII fiécle l'abbaye de S. Antonin, tenue par les chanoines réguliers de S. Auguftin, à laquelle Roger-Bernard, comte de Foix, fit don de fa ville de Fredelac & du château de Pamiers, vers l'an 1149. Depuis, les comtes de Foix furent fouvent en guerre avec les abbés. En 1296 le pape Boniface VIII érigea cette abbaye en évêché. Bernard Saiffetti en fut le premier évêque, & s'accorda avec le comte de Foix par les foins de Gui de Levis, feigneur de Mirepoix, que l'un & l'autre avoient choifi pour arbitre de leurs différends. L'évêché de Pamiers étoit alors fuffragant de Narbonne; mais depuis, le pape Jean XXII ayant érigé Touloufe en archevêché, y attacha Pamiers. Cette églife a eu d'illuftres évêques; un pape qui a été Benoît XII, quatre cardinaux, Henri Sponde, & d'autres prélats. Dans le XVI fiécle, cette ville fouffrit étrangement par la violence des hérétiques, qui s'en rendirent maîtres, & qui ruinerent les églifes pendant les guerres civiles. Peu après elles furent réparées par les foins de l'illuftre François-Etienne de Caulet, évêque de Pamiers, dont la mémoire eft en bénédiction dans l'églife de France. *Voyez* PAVILLON. * Guillaume de la Perriere, *annal. de Foix*. Bertrand Elie, *hift. Fuxenf.* Pierre Olhagaroy, *hift. de Foix*. De Marca, *hift. de Béarn.* Sponde, *in annal*. Des Cafes, *hift. de Foix*. Sainte-Marthe, *tom. II, Gall. chrift.*

PAMMAQUE (S.) prêtre de Rome, d'une famille illuftre. Après la mort de fa femme Pauline, fille de Paule, il embraffa la vie monaftique, & employa tout fon bien à fecourir les pauvres, particuliérement les étrangers, dans un hôpital qu'il établit à Porto, près de Rome. Il étoit fort des amis de S. Jerôme, qui a fait plufieurs fois fon éloge. S. Paulin de Nole étoit auffi lié d'une amitié particuliere avec lui. Il mourut pendant le fiége de Rome par Alaric en 409. * Pammach. *ad Hieronym.* 64. S. Jerôme, *epift.* 26, 50, 52, 30, & 33, 65, 66, 69. *Apolog. ad* Pammach. *proœmio in lib. Ezechielis.* Paulin. *epift.* 37.

PAMPELUNE, ville capitale de Navarre, avec évêché fuffragant de Burgos, nommée par les auteurs Latins *Pampelona, Pampelon, Pompelo*, & *Pompeiopolis*, eft très-ancienne, & fut, dit-on, fondée par Pompée. Elle étoit capitale des Gafcons, lorfque Charlemagne paffant en Efpagne la prit, & en fit abattre les murailles en 778. Les Efpagnols la poffedent depuis l'ufurpation de la Navarre, & Philippe II y fit bâtir une forterelle. Le pape Jean XXII avoit mis l'évêché de Pampelune fous la métropole de Saragoffe; mais Gregoire XIII l'attacha à celle de Burgos. Prudence Sandovale a fait un traité des évêques de cette ville. Garibai en parle auffi, *liv.* 22 & *feq.* * De Marca, *hift. de Béarn.* Oihenart, *notit. utriufque Vafcon.* Favin, *hift. de Navarre, &c.* Marca hifpanica.

CONCILES DE PAMPELUNE.

Ponce, évêque d'Oviédo, préfida à un concile affemblé à Pampelune en 1032, pour rétablir le fur le fiége de cette ville le prélat que les courfes des barbares avoient obligé de fe retirer au monaftere de Leira dans les Pyrénées. Nous en avons les actes dans le tome IX. des conciles. Arnaud de Puyana, évêque de la même ville, y célébra un fynode diocéfain en 1315, & publia dans le même temps des ordonnances fynodales. Le cardinal Beffarion, évêque de cette églife, en tint auffi un en 1459; & le cardinal Alexandre Céfarini, élevé à la même dignité, publia de nouvelles ordonnances, dans lefquelles il renouvella tout ce qui avoit été établi par Arnaud & Beffarion.

AMPHAES de Priène, ayant fait préfent à Crœfus, le pere vivoit encore, de trente mines, monnoie avoit cours alors, en fut amplement récompenfé ; lès que Crœfus fut élevé au royaume de Lydie, ince lui envoya un chariot plein d'argent. * Ælien, r. *hiftor. l.* 4.

AMPHILA, Egyptienne, ou native d'Epidaure, Suidas, & fille de *Soteride*, femme de *Socratide*, it dans le premier fiécle, fous l'empereur Néron, & 13 ans avec fon mari qui étoit très-docte. Elle fe it habile, tant par les entretiens qu'elle eut avec lui, par la converfation de ceux qui venoient en fa mai- ; & elle écrivit une hiftoire mêlée. Suidas dit que e hiftoire étoit divifée en 33 livres, & qu'elle com- un abrégé des œuvres de Ctéfias en trois livres, e d'autres traités. En effet Aulu-Gelle cite le 3e livre hiftoire de Pamphila, que Diogène Laërce allégue -fouvent. * Photius, *cod.* 145. Suidas, *in lex.* Aulu- le, *l.* 15, *c.* 17. Diogène, *in Theophrafto.*

AMPHILE, *Pamphilus*, fut difciple de Platon & epteur d'Epicure. *Voyez* Diogène Laërce dans la d'Epicure. Athénée en cite un de ce nom, d'Alexan- . * *Confultez* Gefner, *in biblioth.* Poffevin, *in ap- fac.* Voffius, *lib.* 2 & 3 *de hift. Græc.*

AMPHILE, fils de *Néocles*, difciple de Platon, & rent de celui qui fut maître d'Epicure. Platon dit de qu'il demeura dix jours mort, après avoir été tué dans bataille, & qu'ayant été mis fur le bucher trois jours ls qu'on l'eût enlevé de l'endroit où il étoit, il revé- tout d'un coup, & rapporta des chofes merveilleu- qu'il avoit vues depuis qu'il étoit mort. * Platon.

AMPHILE, *Pamphilus*, philofophe d'Amphipolis, le Sicyone ou de Nicopolis ; furnommé φιλοσπά ρματος, ipofa plufieurs ouvrages fur la grammaire, fur la pein- , fur les peintres illuftres ; & trois livres *de re ruf-* . * *Voyez* Suidas qui en fait mention.

AMPHILE, *Pamphilus*, natif de Macédoine, fa- t parfaitement les mathématiques, & ennoblit teffe- it l'art de la peinture, que les perfonnes de condition prenant communément fous lui, il fit ordonner par édit public à Sicyone, & enfuite par toute la Gréce, l n'y auroit que les enfans des nobles qui s'exerce- nt à la peinture, & que les efclaves ne pourroient i mêler. Il eut pour difciple Apellès, qui s'eft acquis réputation immortelle par l'excellence de fes ou- ges. * Félibien, *entretiens fur la vie des peintres.*

PAMPHILE, *Pamphilus*, grammairien d'Alexan- e, & difciple du fameux critique Ariftarque, avoit un livre intitulé *le Pré*, qui étoit un recueil de di- fes chofes. Il avoit auffi continué les *glofes de Zopy- n*, ou fon dictionaire des mots obfcurs, & fait plu- rs autres ouvrages que nous n'avons pas.

PAMPHILE, dont parle Athénée, & Suidas après , s'exprimoit toujours en vers.

PAMPHILE, démagogue d'Athènes, pillant le tré- public, fut démis de fa charge, comme le rapporte fcholiafte d'Ariftophanes fur le Plutus.

PAMPHILE (faint) *Pamphilus*, prêtre de Céfarée Palestine, & martyr, avoit beaucoup d'amour pour fciences, & recueillit une très-belle bibliothèque. Il nfcrivit de fa main les œuvres d'Origène. S. Jérôme, i pofféda depuis ce manufcrit, dit qu'il le préféroit x plus riches tréfors. Pamphile fut pris pendant la per- cution de Maximin ; & après deux ans de prifon, il heva fa courfe par une mort auffi conftante que fa vie oit été fainte, vers l'an 308. Ce fut pendant cette ngue prifon qu'il travailla à l'apologie pour Origène, 'Eufebe acheva. Eufebe eut une fi grande vénération ur Pamphile, que ne fe contentant pas de lui donner s éloges extraordinaires, il voulut porter fon nom, compofa trois livres de fa vie, que nous avons perdus. S. Jérôme, *de fcript. eccl.* Eufebe, *hift. l.* 6 & 7, & q. Photius, *cod.* 118. Baronius, *in annal.*

PAMPHILE, famille romaine, dont étoit iffu le pape NNOCENT X, CAMILLE Pamphile, fon neveu, fut nommé cardinal ; mais ayant remis fon chapeau, il époufa *Olympie* Aldobrandin, princeffe de Roffano, petite-niéce du pape Clément VII, & héritiere de fa maifon, & veuve de *Paul* Borghèfe, petit-neveu du pape Paul V, morte le 18 décembre 1681, ayant eu de fon fecond mariage, JEAN-BAPTISTE, qui fuit ; & *Benoît* Pamphile, créé cardinal diacre en 1681, par le pape Innocent XI. JEAN-BAPTISTE Pamphile mourut à Rome le 7 novembre 1709, & fut inhumé en l'églife de fainte Agnès de la place Navonne, bâtie par ceux de fa maifon, & à laquelle il avoit fait de grands biens. Il laiffa par teftament 8000 écus pour être employés en œuvres pies, & particuliérement pour être diftribués aux pauvres, aufquels il donnoit réguliérement 20000 écus par an, qu'il augmentoit à proportion des miseres publiques, ayant fait diftribuer plus de 50000 écus l'an- née du grand jubilé. Il laiffa héritier de fes biens CA- MILLE Pamphile, prince de Valmontone, fon fils aîné. * *Mémoires du temps.*

PAMPHILE (Benoît) cardinal de la fainte églife romaine, premier diacre du titre de fainte Marie *in via lata*, archiprêtre de la bafilique de S. Jean de Latran, grand-prieur de Rome, de l'ordre de S. Jean de Jérufa- lem, préfet de la fignature des Graces, bibliothécaire de la fainte églife de Rome, protecteur de l'ordre de Cîteaux, du collége Clémentin, &c. petit-neveu du pape Innocent X, & fils de CAMILLE Pamphile, & d'*O- lympe* Aldobrandin, princeffe de Roffano, étoit né le 25 avril 1653. Etant grand-prieur de Rome, il fut élevé au cardinalat par le pape Innocent XI, le premier feptem- bre 1681. Depuis il fut déclaré légat de Boulogne le 23 août 1690, protecteur de l'hôpital de la Trinité des pélerins, au mois de juin 1698, & archiprêtre fucce- fivement des bafiliques de fainte Marie-majeure & de S. Jean de Latran, ayant pris poffeffion de cette der- niere le 26 avril 1699. Il fuccéda au mois de février 1704 au favant cardinal Noris dans la charge de biblio- thécaire du Vatican, & il mourut à Rome le 22 mars 1730, âgé de 76 ans, 10 mois & 27 jours, ayant 48 ans, 6 mois & 21 jours de cardinalat.

PAMPHUS ou PAMPHO, d'Athènes, vivoit du temps de Linus. Il avoit fait des hymnes que l'on chan- toit avec celles d'Olen & d'Orphée dans les fêtes de Cerès. Paufanias dit les avoir lues, & cite celles qu'il avoit compofées fur Cerès, fur Neptune, fur Diane, fur l'Amour, fur Proferpine, fur les Graces, & fur la mort de Limus. * Du Pin, *biblioth. univerfelle des hifto- riens profanes.*

PAMPHYLIE, *Pamphylia*, province de l'Afie mi- neure, a la mer Méditerranée au midi, la Cilicie à l'o- rient, la Pifidie au feptentrion, & la Lycie au couchant. Elle fait préfentement partie de la province que les Turcs nomment *Caramanie*. Ses villes célèbres furent autrefois, Perge, Afpendus, Termeffus & Attalie, qu'on nomme aujourd'hui *Satalie*, qui eft la capitale. Cette province n'a pas fait grande figure dans l'hiftoire. Soumis à tous ceux qui dans les divers temps furent maîtres de l'Afie, les Pamphyliens n'entreprirent jamais rien de confidé- rable. Lorfque Dioclétien partagea l'empire en plufieurs départemens, la Pamphylie fut une des provinces du diocèfe nommé *Afiane*, & fut gouvernée par un con- fulaire. Héraclius ayant enfuite changé la forme du gou- vernement, la Pamphylie ne fit plus une province par- ticuliere ; mais fa partie la plus feptentrionale fut jointe au thême nommé Anatolique, & la plus méridionale devint la plus confidérable portion d'un autre thême, qui d'une des villes de Pamphylie nommée *Cibyrrha*, fut appellé *Cibyrrhæotique*, & qui s'étendant fort au couchant, comprenoit toute la Lycie, ainfi qu'on peut le voir dans Conftantin Porphyrogénète. * Baudrand.

PAMPLIEGA (Martin de) feigneur Efpagnol, étoit oncle du prince *Ferdinand*, fils d'*Alfonfe* X, roi de Caf- tille. On dit qu'un ange qu'il vit en fonge lui déclara de la part de Dieu, que la mort du roi Alfonfe X & la perte de fa couronne étoient réfolues, en punition de la hardieſſe qu'il avoit de dire qu'il auroit bien réformé des choſes dans l'économie de l'univers, ſi Dieu eût pris ſon conſeil lorſqu'il le voulut tirer du néant. Le roi traita Pampliéga de viſionaire, lorſqu'il vint l'avertir à Burgos où il étoit, de ce qui lui avoit été révélé. Il fit le même accueil à un religieux qui lui vint faire une pareille remontrance ſur une ſemblable révélation; mais un coup de foudre qui brula un jour ſes habits & ceux de la reine ſa femme, produiſit l'effet que ces deux viſions n'avoient pu faire. Il reconnut publiquement ſa folie, & adora la ſageſſe & la providence de Dieu. * Rodrigue Sanchez, *dans la IV partie de ſes annales, c. 5.*

PAMPREDIUS, Egyptien, natif de Thèbes ou de Dioſpolis, floriſſoit dans le V ſiécle, ſous l'empire de Zénon, auprès de qui il eut beaucoup de crédit. Il étoit païen. Il fut diſciple de Proclus, & écrivit en vers divers ouvrages, & en proſe les guerres d'Iſaurie. * Suidas, *in Pampred.*

PAN, dieu des paſteurs, a été auſſi conſidéré comme le dieu de la nature: ce que ſon nom ſembloit marquer; car πᾶν en grec ſignifie *tout*. C'eſt pourquoi on compoſoit ſon image des principales choſes qui ſe voient dans le monde. Ses cornes marquoient, dit-on, les rayons du ſoleil, & les cornes de la lune. Son viſage enflammé déſignoit l'élément du feu. Son eſtomac couvert d'étoiles ſignifioit le ciel. Ses cuiſſes & ſes jambes velues & hériſſées marquoient les arbres, les herbes & les bêtes. Il avoit des pieds de chévre, pour montrer la ſolidité de la terre. Sa flute repréſentoit l'harmonie que les cieux font, ſelon l'opinion de quelques anciens philoſophes. Son bâton recourbé ſignifioit la révolution des années. Il y a bien de l'imagination dans tout cela; car à ne parler que des cornes, on ſait que dans l'antiquité ſacrée & profane, elles ne ſont le ſymbole ni de la lune, ni du ſoleil, mais de la force, de la puiſſance, de la majeſté; d'où vient qu'on ſe plut à repréſenter les rois ſucceſſeurs d'Alexandre, avec des cornes à la tête. Les anciens croyoient que Pan couroit la nuit par les montagnes: ce qui a fait nommer *terreur panique*, cette épouvante dont on eſt ſaiſi pendant l'obſcurité de la nuit, ou par une imagination ſans fondement. Il eſt ſouvent arrivé que des armées fort nombreuſes ont été frapées tout à coup d'une ſemblable terreur, & ſont tombées dans la conſternation. On dit que Pan accompagna Bacchus dans les Indes, & qu'il l'aida beaucoup à remporter tant de victoires. On a cru auſſi que c'étoit par ſon ſecours que les Athéniens avoient gagné la bataille contre les Perſes dans la plaine de Marathon. Car on dit que Miltiade étant prêt à ſe battre contre l'ennemi, Pan parut à la tête de l'armée ſous l'apparence d'une ſtature plus qu'humaine; & qu'ayant fait ſonner aux trompettes & aux cors, un air qui inſpiroit de l'horreur, toute l'armée des Perſes prit l'épouvante: d'où quelques-uns diſent qu'eſt venu le mot de *terreur panique.* * Pauſanias. Apollodore, Pline, *lib.* 7. Plutarque. Lucien, *dialogue des dieux.* Ange Politien, *in miſcellan.*

PAN, étoit un dieu des Egyptiens, qui l'honoroient ſous la figure d'un bouc: ils le nommoient auſſi *Mendès*, parcèque ce terme ſignifie *un bouc* en égyptien. Euſebe rapporte les ſentimens & les paroles de Porphyre, qui diſoit que Pan étoit un des bons génies attachés au ſervice de Bacchus, qui ſe montroit quelquefois aux laboureurs, & leur cauſoit des frayeurs mortelles, dont pluſieurs d'entr'eux mouroient; d'où vient qu'on appelloit ces terreurs, *Paniques*. Euſebe remarque fort ſagement les contrariétés de ce philoſophe, qui vouloit que Pan fût un bon génie, & qu'il en coutât néanmoins la vie à ceux à qui il ſe montroit. Il eſt vrai que Pan étoit honoré en Egypte ſous la forme d'un bouc, & que les démons prenoient auſſi le plus ſouvent la forme des boucs. Dans l'écriture, les démons ſont ſouvent nommés *piloſi*, des boucs. Le terme hébraïque *ſchirim*, ſignifie des boucs, *piloſi hirci*. Dès le temps de Moyſe même, cette idolatrie étoit commune, puiſqu'elle s'étoit gliſſée parmi les Iſraëlites. *Non ſacrificabunt ampliùs ſacrificia*

ſua Piloſis, poſt quos fornicati ſunt. Hérodote dit que ceux de la province de Mendès mettoient Pan entre les huit divinités qui avoient précédé les douze autres; qu'on repréſentoit Pan avec une tête de chevre & des jambes de bouc, quoiqu'on le crût effectivement ſemblable aux autres dieux; enfin, qu'à *Mendès*, qui eſt un nom commun à Pan, au bouc, & à une ville, il y avoit un bouc ſacré, après la mort duquel toute la contrée étoit en deuil, comme on faiſoit ailleurs à la mort d'*Apis* ou de *Mnevis*. Cette impertinente ſuperſtition ſubſiſtoit encore au II ſiécle de l'ére chrétienne ſous le regne d'Adrien, ainſi qu'on le voit par les médailles frapées à l'honneur de ce prince par les Mendéſiens. Plutarque conte que les Pans & les Satyres ayant appris les premiers la mort d'Oſiris, tué par ſon frere Typhon, & en ayant répandu la nouvelle, ils jetterent les peuples dans une grande conſternation, ce qu'on appella depuis *des terreurs paniques:* le mot de Pan en hébreu ſignifie *terreur.* Diodore de Sicile dit que les prêtres d'Egypte ſe conſacroient premiérement à Pan, & qu'ils déſſinoient dans leurs temples des figures de Pan ſous la forme d'un bouc, prétendant que c'étoit ſimplement pour rendre graces aux dieux de la fécondité de la nature & de leur nation.

Les Grecs apprirent tard l'hiſtoire de Pan. Hérodote dit que ce ne fut que huit cens ans avant ſon temps, & que les Grecs ſuppoſerent qu'il étoit fils de Mercure & de Pénélope. Il aſſure que les Grecs n'apprirent que ſucceſſivement qu'elles étoient les divinités des Egyptiens, & qu'ils leur firent une généalogie ſelon le temps qu'ils en avoient eu connoiſſance. Ce ne fut que depuis la guerre de Troye qu'ils connurent Pan, puiſqu'ils lui donnerent Pénélope pour mere.

Pauſanias dit que ce fut ſous le regne de Pandion II, à Athènes, que les jeux & les combats qu'on appelloit *Lupercalia lycaa*, furent inſtitués dans l'Arcadie par Lycaon qui en étoit roi, proche du temple de Pan, quoiqu'ils fuſſent conſacrés à Jupiter *Lycéen*. Quand Evandre paſſa d'Arcadie en Italie, il y tranſporta la célébration des *Lupercales*, en l'honneur de Pan; & Denys d'Halicarnaſſe en fait la deſcription comme d'une coutume qui étoit encore en vigueur de ſon temps. Pauſanias nous aſſure que Lycaon conſacra ces jeux à Jupiter *Lycéen*; & Denys d'Halicarnaſſe dit qu'ils étoient conſacrés à Pan, ce qui peut faire croire que les Arcadiens confondirent Jupiter avec Pan; de quoi ce même hiſtorien nous fournit encore une preuve fort convaincante, quand il aſſure ailleurs que le plus grand & le plus ancien des dieux de l'Arcadie eſt Pan. Comme l'Arcadie étoit un pays de montagnes & de forêts, il n'eſt pas ſurprenant qu'ils aient fait le dieu des montagnes & des forêts le plus grand des dieux, *montes & nemora Pani dicari*. Ovide même témoigne dans ſes faſtes, que le pontife de Pan ſe nommoit *Flamen Dialis*, comme celui de Jupiter. Ainſi il eſt manifeſte qu'on avoit revêtu Jupiter même du nom de Pan, ou Pan de la majeſté de Jupiter. * *Antiq. grecq. & rom.*

PANACTE, dont Plutarque fait mention dans les vies d'Alcibiade, de Nicias & de Démétrius, étoit un château & fortereſſe de l'Attique, ſur les frontieres de la Béotie. Suidas le met dans la Béotie même. Thucydide en parle en pluſieurs endroits. Les Béotiens l'ayant pris ſur les Athéniens, le démolirent avant que de le rendre.

PANAGIOTTI, Grec de nation, & premier interprete du grand ſeigneur dans le XVII ſiécle, avoit beaucoup de crédit à la Porte, où il a rendu de grands ſervices à ceux de ſa nation. Il étoit chrétien, & fort zélé pour l'ancienne créance des Grecs, contre les nouveautés que Cyrille Lucar, patriarche de Conſtantinople, avoit voulu introduire dans ſon égliſe, par la confeſſion de foi qu'il écrivit en 1629, qui eſt tirée des livres de Calvin. Panagiotti a principalement fait paroître ſon zèle dans l'édition du livre grec intitulé: *Confeſſion orthodoxe de l'égliſe catholique & apoſtolique d'Orient*, qu'il fit imprimer en

Jollande, & dont il fit venir au Levant tous les exemplaires, pour les diftribuer gratuitement au peuple. Ce livre eft écrit en grec vulgaire. M. Nicole parle en plufieurs endroits de ce Panagiotti, dans fes livres de la perpétuité de la foi, que l'on attribue communément à
M. Arnauld. M. Simon remarque que Panagiotti fit traduire fon livre en latin, pour l'envoyer avec le grec au
roi de France, afin que cela fervît d'une preuve au-
tentique de la créance de l'églife grecque. Il ajoute
que ce livre fe trouve en manufcrit grec & latin, avec
les fignatures ou foufcriptions des évêques d'Orient,
dans la bibliothèque que Maurice le Tellier, arche-
que de Reims, a donnée à l'abbaye de fainte Geneviève
du Mont à Paris ; & c'eft ce même original que Panagiotti avoit envoyé au roi. Les Grecs ont un proverbe
entr'eux, qui dit que l'on verra auffitôt un cheval verd,
qu'un homme fage natif de Chio. Panagiotti étoit de
cette ifle ; & parcequ'il avoit un génie extraordinaire,
on le nommoit par galanterie *le cheval verd*. Il mourut
le 21 feptembre 1673. Son tombeau fe voit dans le monaftere de l'ifle de Chalcis, proche de Conftantinople.
* M. Simon, *créance de l'Eglife orientale fur la tranf-
fubftantiation*. J. Spon. *voyage d'Italie, &c. en* 1675.

PANAMA, ville de l'Amérique méridionale en la
Caftille d'Or, avec un port fur la mer du Sud, eft foumife aux Efpagnols, qui y ont un fort, une garnifon. C'eft l'abord de l'or & de l'argent du Pérou, qu'on
porte enfuite à Porto-Bello, à feize ou dix-huit lieues de
la mer du Nord. On fait ce tranfport fur de gros moutons dits *vieuves*, qui font les véritables mulets du pays.
Cette ville donne fon nom à l'ifthme, qui eft entre l'A-
mérique feptentrionale & la méridionale, lequel eft auffi
appellé *Terre-Ferme*. Cet ifthme a environ quatre-ving-
dix lieues de l'orient à l'occident, & foixante de largeur
entre les deux mers, où il a le plus d'étendue ; mais à
l'endroit où il eft le plus étroit, entre la ville de Panama
& Porto-Bello, il n'a que dix-huit lieues ; & même fi
le chemin étoit droit & fans détours, on n'en compte-
roit que fept ou huit. Ce pays eft rempli de montagnes
& de marais. Le ciel y eft prefque toujours couvert, &
néanmoins fort chaud : ce qui rend l'air mal-fain, principalement depuis le mois de mai jufqu'à celui de novembre. La terre ne produit que du maïs, & en petite
quantité. Les pâturages y font affez bons, & peuvent
nourrir beaucoup de bétail. Les fauvages y font des cordes d'une herbe qu'ils nomment *Nequen* ou *Henechen*,
& qui a les feuilles femblables au chardon. Ils les font
rouir dans l'eau des ruiffeaux, comme on fait ici le chanvre & le lin ; puis ils les fechent au foleil, les froiffent &
les filent pour en faire des cordes, qui ne fervent pas
feulement à lier, mais auffi à fcier en tournant &
retirant ces cordes comme une fcie : ce qui fe fait aifément, en jettant du fable fin fur l'endroit que l'on veut
couper. Les arbres y font toujours verds, & pouffent
quantité de feuilles : mais ils ne portent point de fruits.
La ville de Panama eft fituée fur le rivage de la mer du
Sud, & eft fort peuplée, à caufe du commerce, quoique l'air y foit mal-fain. C'eft le fiége d'un évêque fuffragant de l'archevêque de Lima. Il y a auffi un parlement établi pour rendre la juftice aux marchands, & pour
dépêcher les flottes qui y arrivent. Elle a un port affez
commode durant les grandes marées ; mais dans les baf-
fes marées, les vaiffeaux y demeurent à fec ; & pendant
l'hiver, ils font obligés de fe retirer au port de Périco,
qui en eft éloigné de deux lieues. * De Laët, *hiftoire du
nouveau monde*.

PANARIA, en latin *Panaria*, anciennement *Icefia,
Hicefia, Hicefium, Thermiffa*. C'eft une des ifles de Lipari, fituées dans la mer de Tofcane. Elle eft à trois lieues
de celle Lipari, vers le nord. Elle n'eft nullement confidérable, étant déferte, & n'ayant que deux lieues de
circuit. * Mati, *diction*.

PANARO, ou SCULTENA, riviere de l'Italie.
Elle prend fa fource dans l'Apennin, traverfe la vallée
de Fignano portant le nom de *Scultena*. Elle prend ce-

lui de Panaro au deffous d'Acquaria, & coulant fur les
confins du Modenois & du Bolonois, elle baigne Finale,
& fe décharge dans le Pô à Buondeno, quatre lieues
au-deffus de Ferrare. * Mati, *diction*.

PANARUCAN, ville capitale d'un petit royaume de
même nom dans l'ifle de Java, une des ifles de la Sonde,
eft fituée vers le détroit de Palambuam, & eft renommée par fon commerce. Il y a auprès de cette ville une
montagne de foufre, qui commença à jetter des flammes en 1586, avec tant de violence, que plus de dix
mille perfonnes périrent dans ce premier embrafement.
Les habitans font païens. * Mandeflo, *voyages des
Indes*.

PANATHENÉES, certaines fêtes qui fe célébroient
à Athènes, en l'honneur de Minerve, furent inftituées
par Théfée, après qu'il eut raffemblé tous les bourgs de
la province d'Attique en un corps. En ces folemnités
l'on combattoit à la lutte, & les athlètes paroiffoient
tout nuds : c'eft pourquoi les femmes en étoient bannies, & les étrangers auffi ; mais on y voyoit d'ordinaire
un chœur de jeunes garçons & de jeunes filles qui dan-
foient aux chanfons. Il y avoit de deux fortes de ces
jeux ; favoir les grands, qui fe célébroient de cinq en
cinq ans, & les petits, que l'on faifoit tous les ans. * Plutarque, *en la vie de Théfée*, Alex. d'Alex. l. 5, c. 5,
Voyez Meurfii *Gratia feriata*.

PANCALE ou PANCALIER, petite ville des états
de Savoye. Elle eft dans le Piémont fur le Pô, à trois
lieues au-deffus de Turin. * Baudrand. On peut voir la
fuite des feigneurs de Pancalier, bâtards de la maifon
de Savoye, à l'article de cette maifon.

PANCARPE, fpectacle des Romains, où certains
hommes forts & hardis combattoient contre toute forte
de bêtes moyennant une fomme d'argent. Le nom fignifie proprement *compofé de toutes fortes de fruits*, du mot
grec πᾶν tout, & de celui de καρπός fruit ; mais enfuite on
l'a donné à ce qui contenoit toutes fortes de fleurs, comme
à ce qui étoit compofé de diverfes chofes, comme ce
combat public, où l'on faifoit paroître quantité d'animaux de différentes efpèces. Le lieu de ce fpectacle étoit
l'amphithéatre de Rome ; & ces fortes de jeux ont duré
jufqu'au temps de l'empereur Juftinien, qui régnoit dans
le VI fiécle. Quelques auteurs confondent le Pancarpe
avec la Sylve ; mais il y a cette différence entre ces deux
divertiffemens publics, que le Pancarpe étoit un combat
contre les bêtes, qui fe faifoit dans l'amphithéatre ; & la
Sylve étoit une efpece de chaffe que l'on repréfentoit dans
le cirque. Dans le Pancarpe, c'étoient des hommes ga-
gés qui combattoient ; & dans la Sylve, c'étoit le peuple
qui chaffoit au milieu d'une forêt artificielle : *cherchez*
SYLVE. * Saumaife. F. Pithou. Cafaubon. Caffien,
collation. 5.

PANCASTE, maîtreffe d'Alexandre, *cherchez* CAM-
PASPE.

PANCERINO (Antoine) cardinal, patriarche d'A-
quilée, natif de Portogruaro, petite ville du Frioul, fe
confacra fort jeune à l'état eccléfiaftique, & fut choifi par
le cardinal Cajetan pour lui fuccéder au patriarchat d'A-
quilée. Ughel a cru que ce cardinal étoit parent de Pancerino ; d'autres hiftoriens font d'un fentiment contraire. Lorfque les cardinaux, de concert avec la plupart
des princes chrétiens, réfolurent en 1408, de convoquer un concile à Pife pour faire ceffer le fchifme qui divifoit depuis long-temps l'églife latine, Pancerino fuivant leur exemple refufa de reconnoître Gregoire XII,
qui pour fe venger de fa fouftraction, fit chaffer le patriarche de fon fiége, & en mit un autre en fa place.
Jean XXIII le rétablit, & le fit cardinal en 1411. Il obtint depuis l'évêché de Frefcati, fous le pontificat d'Eugène IV, & mourut le 3 juillet 1431, l'année même de
l'élection de ce pape. *Hift. d'Aquilée*, liv. 7. Onu-
phre & Ciaconius, *in Joan. XXIII*. Ughel, *Ital.
facr. &c*.

PANCETTA (Camille) chanoine de Padoue, &
profeffeur en droit canon, né à Serravalle dans l'état de

Venife, de *François* Pancetta avocat, & d'*Emilie* Plaz-zoni, fe deſtina à la vie cléricale ; & ayant étudié en philoſophie, en théologie & en droit dans la même ville de Padoue, il fut chanoine de Céneda, où l'évêque le choiſit pour être ſon grand vicaire. Depuis il fit un voya-ge à Rome, & y fut connu du pape Paul V, qui lui don-na un autre canonicat à Padoue. Il remit alors celui de Céneda à un de ſes neveux, & vint s'établir dans cette ville, où il avoit paſſé les premieres années de ſa vie. Il compoſa un poëme intitulé *Venetia libera*, fut choiſi en-ſuite pour être profeſſeur en droit canon, & fut auſſi grand vicaire de l'évêque de Padoue, où il mourut en 1631, âgé de 63 ans. Sa famille a produit divers hom-mes de lettres. * Thomaſini, *in elog. illuſtr. viror. part. II.*

PANCIATICI (Bandino) cardinal Florentin, né le 10 juin 1629, après avoir été dataire & patriarche de Jéruſalem, fut nommé par le pape Alexandre VIII, car-dinal du titre de *ſaint Pancrace* le 13 février 1690, puis préfet de la congrégation du concile, & mourut à Rome le 21 avril 1718, en ſa 89ᵉ année. * *Mémoires du temps.*

PANCIROLE (Gui) *Panziruolo*, juriſconſulte cé-lèbre, né l'an 1523 à Reggio, où ſa famille tenoit un des premiers rangs, étudia dans les principales univer-ſités d'Italie, à Ferrare, à Pavie, à Boulogne & à Pa-doue, & fit de grands progrès dans l'étude du droit dans cette derniere univerſité, où il termina ſon cours de ju-riſprudence auquel il avoit employé ſept ans. Sa répu-tation engagea le ſénat de Veniſe à le nommer en 1547 ſecond profeſſeur des *inſtitutes* dans l'univerſité de Pa-doue, ce qui obligea Pancirole à ſe faire recevoir doc-teur. Il remplit ſucceſſivement pluſieurs chaires dans la même univerſité, & toujours avec beaucoup d'honneur. La ſcience du droit ne l'occupoit pas ſeule ; il liſoit les ſaints peres, & s'attachoit aux belles lettres. Philibert-Emanuel duc de Savoye, qui avoit une eſtime particu-liere pour le mérite de ce ſavant, l'attira dans ſon uni-verſité de Turin en 1571. Pancirole s'y fit admirer à ſon ordinaire, & y compoſa ce traité ingénieux : *De rebus inventis & de perditis*, ſur lequel Henri Salmuth a fait depuis des commentaires. Il perdit preſque entié-rement un œil à Turin, & étoit en danger de perdre l'autre. La peur qu'il en eut l'obligea de revenir l'an 1582 à Padoue, où il continua d'enſeigner le droit, & y mourut le premier jour 1599, âgé de 76 ans. Il fut enterré dans l'égliſe de ſainte Juſtine, & laiſſa d'ex-cellens ouvrages. *Comment. in notitiam dignitatum utriuſque imperii. De magiſtratibus municipalibus, & corporibus artificum. Theſaurus variarum lectionum. De claris legum interpretibus libri 4, &c.* * Voyez les élo-ges de Philippe Thomaſini ; mais ſes dates ſont très-confuſes dans l'éloge de Pancirole.

PANCIROLE (Jean-Jacques) cardinal natif de Ro-me, fut patriarche de Conſtantinople, & étoit nonce en Eſpagne, lorſque le pape Urbain VIII le créa cardinal en 1643. Il mourut à Rome le 3 ſeptembre 1651. Nau-dé dit qu'il étoit fils d'un tailleur de Rome, grand partiſan des Eſpagnols, & fort ennemi du cardinal Mazarin. * *Nau-deana.*

PANCORBO, bourg d'Eſpagne, dans la Caſtille vieille, entre S. Domingo de la Calçada, & Miranda de Ebro, environ à cinq lieues de l'une & de l'autre. * Mati, *dictionaire.*

PANCRACE (ſaint) martyr à Rome, dans la per-ſécution de Dioclétien, a été honoré dans l'égliſe la-tine, & il y a eu dès le IV ſiécle une égliſe de ſon nom à Rome. Mais l'hiſtoire de ſa vie & de ſon martyre n'eſt pas moins inconnue que celle de S. Nérée & de S. Achil-lée. * Baillet, *vies des ſaints.*

PANCRATE, poëte & muſicien Grec, dont Plu-tarque fait mention dans ſon dialogue touchant la muſi-que, imita dans ſes poëſies le caractère de Pindare & celui de Simonide ; & Plutarque ajoute qu'il n'ignoroit pas le genre chromatique, puiſqu'il s'en étoit ſervi dans

quelques-uns de ſes ouvrages. On peut le regarder com-me l'inventeur d'une eſpece de vers trochaïque, produit ſous ſon nom par le grammairien Servius. C'eſt le vers *Pancratien*, compoſé de deux trochées & d'une ſyllabe ſurnuméraire. Pancrate, ainſi que pluſieurs autres poëtes lyriques, cultiva auſſi l'épigramme, & il nous en reſte deux dans l'Anthologie grecque : la premiere eſt l'épita-phe d'un homme qui a péri dans un naufrage ; & la ſe-conde eſt l'inſcription d'une offrande faite par un forge-ron à Vulcain. M. Burette a rapporté l'une & l'autre en grec avec une traduction françoiſe, dans l'ouvrage qui ſera cité plus bas. Si l'on ne peut déterminer en quel temps floriſſoit Pancrate, on peut aſſurer du moins, qu'il étoit plus ancien que Méléagre, le premier compilateur des épigrammes grecques, puiſque celui-ci le range par-mi les épigrammatiſtes qui entrent dans ſa collection. Or Méléagre, qui étoit contemporain de Ménippe le philoſophe cynique, vivoit par conſéquent ſous les pre-miers ſucceſſeurs d'Alexandre *le Grand*. Dans un petit poëme que Méléagre mit à la tête de ſon recueil d'épi-grammes, & qu'il nomma la *couronne*, parcequ'il avoit formé ce poëme des noms de 46 poëtes de ce genre, à chacun deſquels il attribuoit une fleur, il donne à Pan-crate la fleur de noyer, jointe à celle du platane, deſti-née au poëte Pamphile... Athénée parle d'un autre

PANCRATE, natif d'Alexandrie, contemporain de l'empereur Adrien, & poëte de profeſſion. Ce prince étant à Alexandrie, Pancrate lui préſenta, comme une ſingularité digne de lui, une fleur du *lotus* de couleur de roſe ; & comme Adrien avoit tué depuis peu un ſanglier qui ravageoit le pays, le poëte feignit que cette fleur extraordinaire avoit pris naiſſance du ſang même de cet animal, & qu'elle ne pouvoit recevoir de nom plus con-venable que celui d'*Antinoüs*, favori de l'empereur. Cette flaterie, aſſaiſonée de toutes les graces de la poëſie, valut à Pancrate l'avantage d'être couché ſur l'état des gens de lettres d'Alexandrie, & d'y être entretenu aux dépens du public. Le même Athénée fait encore men-tion d'un troiſième

PANCRATE, différent peut-être des deux premiers, & certainement du ſecond, puiſqu'il étoit Arcadien. On ignore le temps auquel il vivoit. Athénée lui attribue un poëme intitulé : *Les travaux maritimes*, lequel, ſans doute, rouloit ſur la pêche & ſur la nature de divers poiſſons, comme Athénée le fait conjecturer lui-même. Cet auteur cite auſſi un endroit de Pancrate, tiré du premier livre d'un poëme intitulé, *La conchoréide*. On conjecture que c'eſt encore un poëme de Pancrate l'Ar-cadien, & qu'il y s'agiſſoit des coquillages. M. Burette a bien diſtingué ces trois Pancrates, confondus par preſ-que tous les autres écrivains, dans ſes remarques ſur le Dialogue de Plutarque touchant la muſique, imprimées dans les *Mémoires de l'académie des belles lettres*, tome XIII, pag. 279, & ſuiv.

PANCRATIASTES, ſelon quelques auteurs, étoient ceux qui remportoient le prix dans les cinq ſortes d'exer-cices que l'on faiſoit aux jeux de la Grèce ; ſavoir la lutte ; le combat à coups de poings ; le ſaut ; la courſe & le ſaut. D'autres croient qu'il y avoit dans ces mêmes jeux, une ſorte d'exercice différent de ceux-là, appellé *Pancrace*, qui veut dire toute la force, du grec πᾶν *tout*, & de κράτος *force*, à cauſe qu'il étoit permis de s'y ſer-vir de toutes ſes forces. Ils ajoutent que ce combat fut introduit dans la Grèce, vers la XXVIII olympiade, environ 666 ans avant J. C. & que ce fut un certain Lygdamis, de Syracuſe, qui y remporta le prix pour la premiere fois. * Cœlius Rhodiginus, *lib. 5 antiquarum lectionum.* Pauſanias, *lib. 5.*

PANDORES, PANDORES ou PANDERES, car on lit de ces trois manieres différentes dans les différens manuſcrits de Pline. Ce ſont, ſelon lui, certains peuples des Indes, habitans dans les vallées, qui vivoient juſ-qu'à deux cens ans, & dont les cheveux qui étoient blancs dans leur jeuneſſe, devenoient noirs en vieilliſ-ſant. * Pline, *hiſtoriæ naturalis l. 7, c. 2.*

ANDATAIRE, petite ifle, dite aujourd'hui *Santa-*
ia, vis-à-vis de l'extrémité de la terre de Labour,
ccident, eft à préfent déferte, & étoit autrefois cé-
, parcequ'elle étoit en un lieu d'exil. Julie, fille d'Au-
-, y fut renfermée par fon pere ; & Agrippine,
ne de Germanicus, y fut reléguée par Tibere, & y
rut. * Tacite. Suétone. Baudrand.

ANDECTES, mot grec fignifiant proprement, *qui*
ient toutes chofes ; de παν, tout, & de δέχομαι, je
s, je contiens. Ce nom fe donne particuliérement à
olume de droit, appellé *Digefte*, qui eft divifé en
uante livres, & qui contient les réponfes des an-
s jurifconfultes. Il y a auffi des pandectes de méde-
, c'eft-à-dire, un dictionaire des chofes qui regar-
la médecine, où font expliqués tous les mots latins,
s, arabes & étrangers. Matthæus Sylvaticus, de Man-
, qui l'a compilé, a été appellé pour cela *Pandec-*
: * Thomas Corneille, *dict. des arts.*

ANDES. Certains peuples des Indes gouvernés par
femmes, de l'une defquelles Hercule eut une fille,
à caufe de fon origine fut élevée fur le trône d'un des
cipaux royaumes de ces peuples. Pline dit que les
endans de cette reine commandoient à trois
es, avoient cent cinquante mille hommes de pied,
inq cens éléphans. Il eft aifé de voir que tout cela
t qu'une fable. * Pline, *lib.* 6, *chap.* 20. *Voyez*
Solin, *chap.* 52 ; & Saumaife fur cet endroit de
in.

ANDION, cinquiéme roi d'Athènes, commença
régner vers l'an 2596 du monde, & 1439 avant J. C.
ès Erichthonius. De fon temps l'abondance du bled
du vin fut fi grande, que l'on difoit que Cerès &
chus étoient venus de l'Attique. Le fecours que Te-
lui envoya contre un roi de Pont, fit que Pandion
donna fa fille Progné en mariage ; mais la brutalité
ce gendre envers Philomele fa belle-fœur, remplit
défordres la famille de Pandion, qui en mourut de
regret, après 40 ans de régne, l'an du monde 2636,
1399 avant J. C. Erecthée lui fuccéda, & fut fuivi
Cécrops II. PANDION II fuccéda à celui-ci, l'an du
nde 2726, & avant J. C. 1309. Il régna 50 ans.
fufebe, *in chron.* Ovide, &c.

PANDOLFI (Nicolas) évêque de Piftoye, né d'une
s principales maifons de Florence, apprit les belles
tres & le droit à Boulogne, & fut depuis chanoine
ns fa patrie. Il alla enfuite à Rome, où il fut clerc de
chambre, fous le pontificat de Pie II, puis écrivain
oftolique. Cet emploi le fit connoître au pape Sixte IV,
i le choifit pour être précepteur du cardinal de faint
erre-aux-Liens, fon neveu. Sa conduite & fa vertu lui
ent donner l'évêché de Piftoye, & le gouvernement
la ville de Bénévent. Innocent VIII le fit abbé de
. Zenon de Pife ; & le cardinal de S. Pierre-aux-Liens
yant été fait pape en 1503, fous le nom de Jules II,
oulut auprès de foi Pandolfi, qu'il choifit pour fon
crétaire & qu'il honora d'une charge d'auditeur, l'a-
optant dans la famille de la Rovere. On dit que le peu
e complaifance de ce prélat pour les entêtemens de ce
ape, le priva pour lors de la pourpre de cardinal, que
éon X accorda depuis à fon mérite, au mois de juillet
517. Pandolfi étoit âgé de plus de 75 ans, & mourut
e 17 feptembre 1518. Sa mémoire eft encore en bénédiction dans la ville de Piftoye, où il avoit fait diverfes
ondations faintes. * Ammirato, *famigl. Florent.* Ug-
elli, *Ital. facr.* Auberi, &c.

PANDORE, *Pandora*, femme admirable, fabriquée par Vulcain, avoit reçu de chacun des dieux quelque perfection ; Vénus lui avoit donné la beauté ; Minerve la fageffe ; Mercure l'éloquence, &c. On dit que
Jupiter irrité contre Prométhée, qui avoit dérobé le feu
du ciel, envoya Pandore fur la terre avec une boëte fatale, qu'Epiméthée, frere du même Prométhée, ouvrit :
enforte que toutes les maladies dont elle étoit pleine,
fe répandirent ici-bas, ne reftant que la feule efpérance
qui fe trouva au fond. Cette théologie des païens repré-

fentoit la nature, en la perfonne de Pandore. * *Conful-*
tez Paufan. *in Attic.* Héfiode, Ovide, &c.

PANDORES, *Gens Pandora*, peuples fabuleux des
Indes, *voyez* PANDARE.

PANDOSIE, *Pandofia*, ancienne ville d'Italie,
dans le royaume de Naples, & dans le pays des anciens
Brutiens. On croit que le bourg de *Caftel-Franco* eft près
de fes ruines. Cette ville fut prife par les Romains, avec
Cofence, comme le remarque Tite-Live, dans le livre X
de fon hiftoire. On met une autre PANDOSIE en Epire.
* Pline, Strabon, &c.

PANDULPHE, à qui Ciaconius donne le furnom
de *Mafca*, natif de Pife, fut créé cardinal par le pape
Luce III, en 1182. Il exerça divers emplois importans,
& travailla à une hiftoire des papes. Voffius croit que
c'eft le même qui eft cité dans l'abrégé de l'hiftoire de
Sicile de Felinus, qui dit que Pandulphe fit une addition
à la chronique de Damafe. * Voffius, *lib.* 2, *de hift. La-*
tinis, *c.* 53. Onuphre & Ciaconius, *in vit. pontif.*
Auberi, *hiftoire des cardinaux.*

PANDULPHE COLLENUCCIO, *cherchez* COL-
LENUCCIO.

☞ PANEAS, Pline, *lib.* 5, *c.* 15, dit que le
Jourdain fort de la fontaine Panéas, qui a donné fon
nom à la ville de Céfarée, & Etienne le géographe eft
du même fentiment. Mais ces deux écrivains ont pris
pour la fource du Jourdain l'endroit où ce fleuve commence à fortir de terre ; car il a fa fource dans le lac
nommé *Phiala*, à cent vingt ftades de Panéas. * La
Martiniere, *dict. géogr.*

☞ PANEAS ou PANEADE, ville de Syrie, fituée à l'endroit où le Jourdain commence à fortir de
terre, après avoir coulé quelqu'efpace par des canaux
fouterreins. Cette ville fut appellée d'abord *Laefem*,
puis *Dan*, depuis la conquête qu'en firent quelques Ifraélites de la tribu de Dan, enfuite *Paneas*, à caufe du
mont Paneas au pied duquel elle étoit fituée. Philoftorge
croit qu'elle eut ce dernier nom à caufe de la ftatue ou
du temple du dieu Pan qu'on y voyoit. Paneas fut depuis nommée *Céfarée de Philippe*, en l'honneur de
l'empereur Augufte, à qui Philippe, fils du grand Hérode, la confacra. Hérode, fon pere, y avoit fait bâtir
affez long-temps auparavant un temple magnifique en
l'honneur d'Augufte. Enfin le jeune Agrippa lui changea
fon nom de Céfarée en celui de Néroniade, en l'honneur de Néron. Du temps de Guillaume de Tyr on l'appelloit *Belinas*. Elle fut prife fur les chrétiens par Saladin, qui y perdit fon beau rubis, lequel fut retrouvé
fort heureufement. Abulféda, dans fa géographie manufcrite lui donne le nom de *Banias*, & dit qu'elle eft éloignée de Damas d'un jour & demi. * Judic. 18, 1, 2,
3, &c. Jofephe, *ant. l.* 18, *c.* 3, *l.* 15, *c.* 13. D. Calmet, *dict. de la bible.* D'Herbelot, *biblioth. orient.*
La Martiniere, *dict. géogr.*

PANÉE, *Panæus*, frere du fameux Phidias, excelloit dans l'art de la peinture, & vivoit fous la LXXXIII
olympiade, & vers l'an 448 avant J. C. Il peignit la
victoire remportée par les Athéniens fur les Perfes à
Marathon, & finit cet ouvrage avec tant de foin, qu'il
y fit au naturel les portraits les principaux chefs des
deux armées. * Pline, *l.* 35, *cap.* 8. Ce Panæus eft
appellé *Pananus* par Paufanias, *l.* 5.

PANETIER DE FRANCE (GRAND) officier de
la couronne, qui commande à tous les officiers de la
paneterie du roi, & le fert à table avec le grand échanfon, dans les jours de cérémonie : ce que font les gentilshommes fervans aux jours ordinaires. La paneterie
eft l'office où l'on diftribue le pain pour les officiers com-
menfaux de la maifon du roi. Voici ce que les anciens
titres nous apprennent touchant la fuite des panetiers.

SUITE CHRONOLOGIQUE DES GRANDS
PANETIERS DE FRANCE.

I. Eudes Arrode, panetier du roi Philippe *Augufte*,
mort en 1217.

II. Hugues d'Athies, en 1224 & en 1235, fous faint Louis.

III. Geofroi de la Chapelle, en 1240, fous le même roi.

IV. Jean Britaut, seigneur de Nangis, en 1260, fous le même roi.

V. Matthieu, vidame de Chartres, en 1287, fous Philippe le Bel.

VI. Robert de Meudon, en 1298, fous le même roi.

VII. Matthieu de Trie, en 1298 & 1302, fous le même roi.

Matthieu de la Mure, est nommé panetier du roi dans un titre de 1297.

Guillaume Rebrachien prenoit la qualité de panetier du roi, en 1300.

Guillaume de Muffi, chevalier, est nommé panetier du roi, en 1302.

Robert aux Gans, étoit panetier du roi, en 1303.

Jean Coulon de Saint-Paul possédoit la charge de panetier du roi, en 1303.

Jean Arrode prenoit la qualité de panetier du roi, en 1304.

Gerard Cauchat est nommé panetier du roi dans un titre de 1304.

VIII. Raoul, dit *Herpin*, seigneur d'Erqueri, panetier de France, vivoit en 1305, puis fut chambellan de France.

Guillaume de Hangest prenoit la qualité de panetier du roi, en 1304 & 1306.

Jean le Cordonnier portoit la qualité de panetier du roi, en 1307.

Gilles de Laon est nommé panetier du roi dans un titre de 1308.

Jean de la Chapelle, châtelain de Nemours, est dit panetier du roi dans un titre de 1309.

Adam de Meulant ou Meulenc, est nommé panetier du roi dans un titre de 1309.

Robert de Macheau prenoit la qualité de panetier du roi, en 1309.

Robert de Sarmiselles étoit panetier du roi Philippe le Bel, & fut depuis maître d'hôtel du roi Louis Hutin.

Pierre de Fai étoit panetier du roi Charles le Bel.

IX. Bouchard de Montmorenci, II du nom, seigneur de Saint-Leu, &c. panetier de France, en 1323.

X. Charles, sire de Montmorenci, en 1344, fous Philippe de *Valois*.

XI. Hugues, sire de Hangest, en 1345, fous le même roi.

XII. Jean, sire de Traînel, en 1355, fous le roi Jean.

XIII. Raoul, sire de Raineval, &c. en 1358 & en 1388, fous Charles VI.

Matthieu de Bellai, panetier du roi en 1372, fous Charles V.

Pierre de la Crique, dit *Criquet*, panetier du roi, en 1386, fous Charles VI.

XIV. Gui sire de la Rocheguyon, panetier de France, après Raoul de Raineval en 1396, fous le même roi.

Gerard d'Athies, seigneur de Moyencourt, étoit panetier du roi.

XV. Antoine de Craon, seigneur de Beauverger, en 1411, fous le même roi.

XVI. Jean Malet V du nom, sire de Graville, en 1413, fous le même roi.

XVII. Robert, dit *Robinet* de Mailli, en 1418, fous le même roi.

XVIII. Roland de Donquerre, en 1419, fous le même roi.

XIX. Jean de Prie, V du nom, seigneur de Buzançois, en 1425, fous Charles VII.

XX. Jean seigneur de Naillac, en 1428, fous le même roi.

XXI. Jacques de Châtillon, II du nom, seigneur de Dampierre, &c. en 1432, fous le même roi.

XXII. Antoine de Chabannes, comte de Dammartin, en 1449, puis grand-maître de France.

XXIII. Louis, sire de Cruffol, &c. en 1461, fous Louis XI.

XXIV. Jacques, sire de Cruffol, &c. en 1473, fous le même roi.

XXV. Jacques Odart, seigneur de Curfai, en 1485, fous Charles VIII.

René de Coffé, seigneur de Briffac, étoit premier panetier du roi en 1495, & grand fauconier de France.

XXVI. Charles de Cruffol, vicomte d'Uzez, en 1533, fous François I.

XXVII. Artus de Coffé, comte de Secondigni, en 1552, fous Henri II, mort en 1582, fous Henri III.

XXVIII. Charles de Coffé, II du nom, duc de Briffac, mourut en 1621.

XXIX. François de Coffé, duc de Briffac, mort en 1651.

XXX. Louis de Coffé, duc de Briffac, mort en 1661.

XXXI. Timoléon, comte de Coffé, mort en 1675.

XXXII. Artus Timoléon de Coffé, duc de Briffac, a succédé en cette charge au comte de Coffé son pere, mort en 1709.

XXXIII. Charles-Timoleon-Louis de Coffé, duc de Briffac, succéda à son pere en 1709. Il mourut le 18 avril 1732. * Le pere Anselme, *hist. des grands officiers de la couronne.*

XXXIV. Jean-Paul de Coffé, duc de Briffac, pair de France, fut pourvu de cette charge au lieu & place de feu son frere le 20 avril 1732.

PANETIUS, *Panætius*, célèbre philosophe stoïcien, ne fut inférieur à aucun de ceux qui par d'excellentes productions méritérent en son temps les applaudissemens des Grecs & des Romains. On croit qu'il vint au monde vers l'an 190 avant Jesus-Christ. Ses liaisons avec Polybe supposent à peu près le même âge, & il est constant que la naissance de Polybe répond à la quatriéme année de la CXLIII olympiade. Panætius étoit Rhodien, & ses ancêtres avoient commandé les armées de la république. Strabon qui le dit, ajoute que quelques particuliers de la même famille s'étoient acquis beaucoup de gloire dans les jeux publics de la Gréce. Panætius se livra tout entier à l'étude de la philosophie, & il se détermina tout entier pour la secte des stoïciens, alors très-accréditée. Il eut pour maître Antipater de Tarfe; & malgré la déférence aveugle avec laquelle les stoïciens recevoient les décisions des fondateurs du portique, il abandonna sans scrupule celles qui ne lui parurent pas suffisamment établies. Dans la vue de satisfaire la passion qu'il avoit d'apprendre, il quitta Rhodes, alla à Athènes où les stoïciens avoient une école fameuse, & devint le plus ferme appui du portique. Les Athéniens résolus de se l'attacher, lui offrirent le droit de bourgeoisie; mais il les en remercia. Son nom ayant passé les mers, on le souhaita à Rome; il y alla, & la jeune noblesse y courut à ses leçons: il y compta parmi ses disciples les Lœlius & les Scipions. Une tendre amitié les unit depuis; & Panætius, selon plusieurs écrivains, accompagna Scipion dans ses diverses expéditions. Il fut même le seul sur lequel cet illustre Romain jetta les yeux, lorsque le sénat le nomma son ambassadeur auprès des rois & des peuples alliés de la république. Les courses des pirates, l'affermissement de la paix & la réforme des abus qui pouvoient troubler la tranquillité publique, étoient les prétextes apparens de cette ambassade; mais dans le fond, le sénat vouloit connoître le gouvernement intérieur, les maximes, les forces des royaumes & des peuples qui donnoient encore quelque ombrage à la grandeur romaine; & c'est en quoi Panætius fut très-utile à Scipion. Ses liaisons ne furent pas moins avantageuses aux Rhodiens, qui employerent souvent avec succès le crédit de leur compatriote. Ciceron dit qu'il ne retourna jamais dans son pays; & à en juger par les apparences, il faisoit son séjour tantôt à Rome, tantôt à Athènes. Interrogé dans l'une de ces deux villes, par un jeune homme, Si le sage aimeroit:

oit : A l'égard du fage, repartit-il, c'eft ce que nous
nerons une autre fois : Quant à vous & à moi,
mmes encore bien éloignés de la fageffe, ne nous
is pas à une paffion extrêmement vive, jamais maî-
d'elle-même, & toujours dans la dépendance
ui. On lit dans Suidas, que Panætius mourut à Athè-
on ignore en quelle année ; & on s'eft contenté de
qu'il a vécu trente ans, après avoir publié le Traité
Offices ; mais on ne fait pas en quel temps cet ou-
a paru. Les gens de lettres regreterent extrême-
la perte de ce grand philofophe ; & pendant quel-
fiécles, on célébra le jour de fa naiffance par un re-
que fes difciples fonderent vraifemblablement. Il
is, outre fon Traité des Offices, que nous n'avons
avoit compofé beaucoup d'autres ouvrages qui ont
ort eftimés des anciens, mais dont il ne nous refte
1. Si l'on veut connoître quels ils étoient, & en
ils confiftoient, autant qu'il eft poffible de le favoir
urd'hui, il faut confulter les curieufes & exactes re-
hes que feu M. l'abbé Sevin a faites fur ce fujet, &
ont imprimées dans le tome dixième des Mémoires
cadémie des belles lettres, page 75 & fuivantes. Il
narque que le choix des matieres fait honneur à Pais, & qu'il eft vifible que l'auteur, dans prefque
fes traités, s'étoit propofé de travailler à rendre les
mes plus vertueux. Il ajoute, qu'attentif aux intérêts
ublic, & perfuadé que l'utile ne paffe d'ordinaire
la faveur de l'agréable, il répandit dans fes ouvra-
es graces & les ornemens dont ils étoient fufcepti-
C'eft le témoignage de Ciceron, qui d'accord avec
lus éclairés des anciens, infinue en plufieurs en-
s, que Panætius à la folidité des raifonnemens
t joint la beauté & l'élégance du ftyle.

ANIAS, cherchez PANEAS.

ANIGAROLE (François) Panigarola, évêque
t, né d'une famille noble à Milan, le 6 janvier
8, étudia à Pavie & à Boulogne ; & après s'être
uit dans les fciences, il entra parmi les religieux de
rançois, appellés Obfervantins. Il avoit un grand
ant d'efprit, le gefte libre, le ton de la voix agréa-
& une éloquence fi forte, qu'il devint un des plus
les prédicateurs de fon temps. L'Italie en avoit alors
du premier rang ; François Tolet, Jéfuite, Pa-
inal ; Alfonfe Lobo, Capucin ; & Panigarole. On
t du premier, qu'il enfeignoit par la folidité de fes
onnemens ; que le fecond touchoit par la force de
iorale, & que Panigarole charmoit par la douceur
on éloquence. Ce dernier vint en France avec le
linal Cajetan. Il étoit auffi agréable en converfation
dans la chaire ; mais il avoit moins de jugement
de feu & de mémoire, car la fienne étoit la
2. Pour le confoler d'avoir manqué l'évêché de Fer-
, qu'il perdit par fon imprudence, on lui donna ce-
d'Aft, où il mourut le 31 mai 1590, âgé de 42 ans.
voit écrit un très-grand nombre d'ouvrages. Nous
ns plufieurs volumes de fes fermons, en latin & en
ien, Difceptationes Callinifticæ ; Paraphrafi fopra
metrio Falerio, &c. Imperialis, in Mufæo hiftor. Ghi-
, theatr. d'huom. letter. part. I. Janus Nicius Ery-
æus, pinac. imag. illuftr. c. 46. Ughel, Italia facra.
Sevin, &c.

PANIONIUM, lieu proche du mont Micalé, dans
onie, province de l'Afie Mineure, où s'affembloient
douze principales villes de cette province, aufquel-
Smyrne fut enfuite ajoutée, qui faifoit la treizième.
voici les noms, Ephèfe, maintenant Ajafalouk ;
ilet, aujourd'hui Palatfcha ; Myus & Lebedos, dé-
ites depuis long-temps ; Teos, village nommé Segefi ;
lophon & Priene, qui ne paroiffent plus ; Phocée, à
éfent Palæa Foja ; Erythres, aujourd'hui le village de
efmé ; Clazomenes, village de Vourla ou de Kelif-
in ; Chios, Samos & Smyrne, qui retiennent leur
cien nom. L'affemblée de ces villes d'Ionie s'appel-
it auffi Panionium, qui eft un mot compofée de πᾶν
ut ; & Ἰωνία, Ionie, comme qui diroit, affemblée de tous

les Ioniens. On y célébroit une fête en l'honneur de
Neptune Heliconien, & les facrifices qu'on y faifoit à
ce dieu, étoient auffi nommés Panionies. Cette fête,
& par conféquent l'union des treize villes qu'on vient de
nommer, fubfiftoit encore au temps de l'empereur Tré-
bonianus Gallus, c'eft-à-dire, l'an 251 de J. C. On a
une médaille grecque de ce prince, où la fête eft repréfentée par un autel, auprès duquel eft le taureau, qui doit
être immolé, & qui eft environné de treize figures qui
paroiffent tenir chacune un flambeau. * J. Spon, voyage
d'Italie, &c. en 1675.

PANNIAS, prétenduroi des Affyriens, voyez la fuite
chronologique de ces rois.

PANNON (Janus Pannonius) évêque de la ville de
Cinq-Eglifes dans la baffe Hongrie, nommée par les Allemands, Funfkirchen, par les Hongrois, Otegiazac, &
par les Turcs, Petfcheu. Il vivoit fous le roi Matthias
Corvin, fils de Jean Huniade, à la fin du XV fiécle.
Quelques-uns difent que fon nom de famille étoit Hun-
garet. C'étoit le premier homme de fon fiécle pour les
belles lettres, qu'il étoit venu cultiver en Italie, avant
que de les faire fleurir en Hongrie. On dit qu'il parloit &
qu'il écrivoit en latin, comme un Romain du bon fiécle ;
& en grec, comme un véritable Athénien. Il a laiffé des
élégies & des épigrammes, qui lui ont acquis de la réputation, au moins en fon temps. Quelques-uns prétendent
qu'il s'eft furpaffé lui-même dans les annales de Hongrie,
qu'il a mifes en vers héroïques, qu'il eft vrai que cet ouvrage ait jamais exifté, comme on a tout lieu d'en douter,
n'étant point connu, & aucun auteur digne de foi n'en
ayant parlé. Pannon mourut avant Matthias Corvin,
mort l'an 1490. * Konigius, biblioth. vet. & nov. Jofeph Pierius Valerian. De infelicitate litteratorum.
Baillet, jugemens des favans fur les poëtes modernes.

PANNONIE, Pannonia, grande région de l'Europe, entre les monts dits Cethi, le Danube, & l'Illyrie,
étoit divifée en haute & baffe. La première, qu'on nommoit auffi Prima, étoit au couchant, & contenoit la
Carniôle, la Stirie, la Croatie, la Carinthie, Windichs-
Marc, & la plus grande partie de l'Autriche. La baffe
Pannonie, dite Secunda, étoit plus au levant, & comprenoit la Bofnie, l'Efclavonie, & cette partie de la
Hongrie qui eft renfermée entre le Danube, le Raab &
le Draw. Cette divifion de la Pannonie en première &
feconde eft fort ancienne, puifqu'on en a un monument
fur les médailles de l'empereur Déce, où font repréfentées ces deux provinces avec la légende PANNONIÆ.
Mais fi l'on en croit quelques auteurs, Dioclétien en détacha une partie pour compofer une province qu'il nomma
Valeria du nom de fa fille, ce qui ne s'accorde pas avec Zofime, qui en marquant, l. 2, les provinces du grand département d'Illyrie fous le même regne de Conftantin, ne
nomme point celle-ci. Dès le temps de Sextus Rufus,
fous le regne de Valentinien, au lieu de deux provinces,
il y en avoit quatre ; la première & la feconde Pannonie, la Valerie & la Savie. Celle-ci faifoit partie de la
Stirie, celle-là de l'Efclavonie & de la Bofnie d'aujour-
d'hui ; mais lorfque la notice des dignités de l'empire fut
dreffée, c'eft-à-dire, au plus tard au commencement
du V fiécle, il n'y avoit dans le gouvernement civil,
que trois Pannonies, favoir la première, la feconde &
la Savie ; & pour le gouvernement militaire il n'y en
eut que trois, mais différentes, favoir la première jointe
à une partie du Norique, la Valérie furnommée Ripen-
fis, & la feconde, furnommée Riparienfis ou Savia.
Les villes les plus célèbres de ce grand pays étoient Si-
gefta ou Sifcia, Sifeck en Croatie ; Petovio ou Peto-
vium, Petaw, en Stirie ; Hamona ou Emona, Uter-
Laubach ; Nauportum, Ober-Laubach en Carniole ; Vin-
doniana ou Vindobona, Vienne en Autriche ; Scrabau-
tia, Scrabing ; Snirmium, Belgrade ; & Taurum,
Weiffembourg. Les Pannoniens étoient une nation Celtique. Jules-Céfar fut le premier qui entra dans la Pannonie, que Tibere rendit tributaire : elle fut depuis poffédée par les Huns, Goths, & autres barbares. * Confule

tez Ortelius, Cluvier, Briet & Sanson, *geogr.*

PANNORMIE ou PANNOMIE, recueil des loix ecclésiastiques, dressé par Yves de Chartres, vers l'an 1100. Ce nom est composée de παν qui signifie *tout*, & de *norma*, ou νομος qui veut dire *regle* ou *loi* ; comme qui diroit *collections de toutes sortes de loix*, ou *de toutes les loix ecclésiastiques*. Il faut distinguer cette Pannormie d'un abrégé du décret d'Yves de Chartres, fait par Hugues *le Catalan*, & intitulé *Somme des décrets d'Yves*; car on s'est servi du titre de *somme des décrets*, pour montrer que le livre de Hugues étoit différent de la Pannormie, qui dans les anciens manuscrits, est toujours intitulée *Pannormie*, & jamais *Somme des decrets*.* Doujat, *histoire du droit canon.*

PANODORE, *Panodorus*, moine d'Egypte, qui vivoit à la fin du IV siécle, sous le regne d'Arcadius, composa une chronologie tirée d'Eusebe, qu'il corrigea quelquefois assez judicieusement. Georges Syncelle parle de lui, & Scaliger en rapporte divers passages dans ses animadversions sur Eusebe.

PANORME & GONIPPE, *Panormus & Gonippus*, étoient deux jeunes hommes de Messéne dans le Péloponése, très-bien faits & unis ensemble d'une étroite amitié. Sachant que les Lacédémoniens qui étoient en guerre avec les Messéniens, célébroient la fête de Castor & de Pollux avec des réjouissances extraordinaires, ils passérent au travers des places publiques revêtus d'une grande veste de pourpre par-dessus une tunique blanche, portant un couronne de fleurs sur la tête, & une lance à la main. Les Lacédémoniens les ayant pris pour Castor & Pollux, se prosternerent devant eux & les adorerent. Mais ces jeunes hommes prenant leur avantage, firent un sanglant carnage de leurs ennemis, & se sauverent ensuite à toute bride vers Messéne. * Pausan. *in Messeniacis.*

PANORMITAIN, *cherchez* TUDESCHI & ANTOINE DE PALERME.

PANTAGATHUS (Octavien) de Brescia, religieux Servite, s'appella premiérement *Bagatus*, puis *Pacatus*, & enfin *Pantagathus*. Après qu'il eut achevé ses premieres études, il alla à Paris pour y apprendre la philosophie & la théologie. Il fut reçu docteur en théologie & en droit dans la faculté de cette ville, & retourna ensuite dans sa patrie, d'où le cardinal Jean Salviati, nieveu du pape Léon X, l'attira auprès de lui. Ce cardinal le fit peu après nommer à une abbaye de Sicile ; (*abbas Marianensis in Sicilia.*) Pantagathus trouva dans sa maison des savans illustres, Lilio Giraldi, Jean-Baptiste Pigna, Modius & Pierre Vittorius. Après la mort de Salviati, qui arriva l'an 1553, Pantagathus loua une maison à Rome, qu'il occupa jusqu'à ce que Paul IV eut ordonné à tous les religieux de rentrer dans leurs couvens : alors il se retira dans la maison de sainte Marie *in viâ*, où il se plaisoit beaucoup. Il avoit composé plusieurs écrits qui n'ont point été imprimés. Le cardinal Baronius eut communication d'une partie de l'histoire ecclésiastique qu'il avoit faite. On prétend qu'Onuphre Panvini a eu son traité intitulé, *Notitia rerum romanarum*, & qu'il en a beaucoup profité. Tous les savans de son temps ont loué la profondeur & l'étendue de son érudition. Il étoit officieux, & plusieurs auteurs connus, comme Panvinius, Antoine Agostini, & Fulvio Ursini, ont avoué qu'ils avoient souvent profité de ses lumieres. Il mourut âgé de 73 ans, 4 mois & 20 jours. * *Voyez* les éloges de Teissier, 4 édition. On a une vie particuliere de Pantagathus, par Jean-Baptiste Rufus, dédiée au cardinal François Barberin, vice-chancelier : (*Octavii Pantagathi vita ; auctore Joanne Baptistâ Rufo ; Romæ, typis Varesii*, 1657, in-8°. p. 28.) On met dans cette vie la naissance de Pantagathus, le troisiéme des calendes d'août (le 30 de juillet) de l'an 1494, sous le pontificat du pape Alexandre VI, & sa mort le XIV des calendes de janvier (le 19 décembre) de l'an 1567, à l'âge de 73 ans 4 mois & vingt jours. M. le cardinal Quirini parle aussi de Pantagathus dans son *Specimen variæ litteraturæ Brixianæ*, &c, partie se-

condé, pag. 322 & suiv. Il dit qu'entr'autres ouvrages qu'il a laissés manuscrits, on en trouve de lui dans la bibliothéque Ambrosienne à Milan, intitulé : *Codex ratiönum Octavii Pantagathi*, où il s'agit principalement des mesures des anciens. Le cardinal Frédéric Borromée parle de cet ouvrage & de l'auteur, dans son livre De la suite de l'ostentation.

PANTALARÉE ou CAUSERA, *Pantalaria*, *Patálaria*, *Datalária*, *Cossyra*, *Cossura*, *Cosura*, isle de la mer Méditerranée en Afrique, entre le royaume de Tunis dont elle dépendoit autrefois, & la Sicile sous laquelle elle est présentement comprise. Elle a environ trente milles de tour, & une petite place avec un château sur la côte septentrionale. Elle est ornée du titre de principauté de la maison de Requesens, qui en jouit depuis l'an 1620, sous la souveraineté du roi d'Espagne à qui elle appartient ; mais il n'y a pas plus de six cens habitans, à cause que le terrein de cette isle est fort rude & plein de montagnes, & ne rapporte guères de bled, y ayant fort peu d'eau. Elle est éloignée de cinquante milles du Cap-Bon à la Tramontane, en allant au cap de Boco en Sicile, dont elle est presque à pareille distance. * Sanson. Baudrand.

PANTALEON ou PANTALÉEMON (saint) c'est-à-dire, *tout miséricordieux*, est un martyr de Nicomédie, dont le culte a été fort célèbre chez les Grecs ; mais les actes de son martyre dressés par Métaphraste, sont pleins de fables. On croit qu'il a été martyrisé sous l'empire de Galere Maximien, vers l'an 305. Il y avoit une église en son honneur à Constantinople dès le V siécle. S. Jean de *Damas* dit qu'on y avoit transporté de Nicomédie les reliques de S. Pantaleon, sous le regne de Théodose. Du temps d'Agobard on apporta des reliques de S. Pantaleon, d'Afrique à Lyon ; ce pouroit bien être un martyr différent de celui de Nicomédie ; & on en trouve un au 28 juillet dans le martyrologe attribué à S. Jérôme, qui autant qu'on en peut juger, ne souffrit pas dans cette ville. * *Acta apud Surium.* Joan. Damasc. *orat.* 3, *de imagin.*

PANTALEON (Jacques) de Troyes en Champagne, archidiacre de Liége, évêque de Verdun, patriarche de Jérusalem, puis pape. *Cherchez* URBAIN IV.

PANTALEON (Anchier) cardinal, natif de Troyes en Champagne, & neveu du pape Urbain IV, fut fait cardinal au mois de mai 1262. Il avoit été archidiacre de Laon & de Paris, & non pas de Londres, comme Balée & Godewin, auteurs Anglois, l'ont cru, contre ce qui est marqué dans son épitaphe qui est dans l'église de sainte Praxede à Rome. Il fut légat avec le cardinal de Grosparmy pour le couronnement de Charles de France roi de Naples, & augmenta les revenus de l'église de saint Urbain, que le pape son oncle, avoit fondée à Troyes, & mourut à Rome le premier novembre 1286. * Frizon, *Gall. pupr.* Camuzat, *in miscell. histor.* Auberi, *hist. des card.* Ciaconius, &c.

PANTALEON, diacre, puis prêtre de Constantinople, est auteur de quatre sermons ; le premier, de l'épiphanie ; le second, de l'exaltation de la sainte Croix, & deux de la transfiguration. On ne sait pas en quel temps cet auteur a vécu. Quelques-uns le mettent dans le VII siécle, d'autres dans le XIII. On lui attribue un traité anonyme contre les erreurs des Grecs sur la procession du Saint Esprit, donné par Stewart ; mais il est comme certain que le Pantaléon qui a composé le traité sur la procession du Saint Esprit, & sur les autres questions entre les Grecs & les Latins, est du XIII siécle. A l'égard des sermons, ils peuvent être d'un autre. * Du Pin, *biblioth. des auteurs ecclésiastiques des VII & VIII siécles.*

PANTALEON (Henri) né à Basle le 13 juin 1522, enseigna assez long-temps les belles lettres dans son pays, où il embrassa l'hérésie de Calvin, se fit médecin dans un âge avancé, & mourut le 3 mars 1595. Il avoit composé divers ouvrages, entre lesquels on peut remarquer l'histoire de l'ordre de S. Jean de Jérusalem, écrite en latin, & imprimée *in-fol.* à Basle, en 1581; il en traduisit d'autres en allemand, & travailla à l'éloge des hommes illustres d'Allemagne, qu'il publia en 1566 sous le nom de *Prosopographie.* * *Voyez* sa vie parmi celles des philosophes d'Allemagne de Melchior Adam.

PANTALEONI (Dominique) Florentin, religieux de l'ordre de S. Dominique, docteur en théologie, mourut le 28 août de l'an 1376, étant âgé de 40 ans seulement. Il a laissé quelques traités qui n'ont pas été imprimés. L'un d'eux intitulé *De conservatione corporis & sanguinis Christi*, a été attribué par Alva, Matacci, Suarez, Galatin, Canisius, à S. Dominique, & Malvenda a fort bien remarqué leur erreur; mais il est tombé dans une autre, qui lui est commune avec Fernandez, Pio, Antoine de *Sienne* & même Possevin, en plaçant cet écrivain sous l'an 1262. Wadingue, aussi peu correct que les autres, en a fait un religieux de S. François. Outre ce traité, Pantaleoni en a laissé deux autres sur le péché originel, où il soutient vivement l'opinion la plus commune dans son ordre touchant la conception de la sainte Vierge. On en nomme encore quelques autres, qui apparemment ne verront jamais le jour. * Echard, *script. ord. FF. Præd. tome I.*

PANTENUS, philosophe Stoïcien, né en Sicile, enseignoit au commencement du regne de l'empereur Commode, dès l'an 180, dans la célèbre école d'Alexandrie, où depuis le temps de S. Marc, fondateur de cette église, il y avoit toujours eu quelque théologien qui expliquoit l'écriture sainte. Les Ethiopiens ayant envoyé demander à l'évêque d'Alexandrie un théologien pour les instruire dans la religion chrétienne, Démetrius y envoya Panténus qui entreprit cette mission avec joie, & qui s'en acquitta très-dignement. On dit qu'il trouva que les Ethiopiens avoient déja quelque connoissance des vérités de la foi qui leur avoit été annoncée par l'apôtre S. Barthelemi, & qu'il vit un évangile de saint Matthieu écrit en hébreu que cet apôtre y avoit laissé. Après que Panténus fut de retour à Alexandrie, il continua d'expliquer publiquement l'écriture sainte sous le regne de Severe & d'Antonin Caracalla, & servit plus l'église par ses discours que par ses écrits. Il composa néanmoins des commentaires sur la bible, qui sont perdus. On lui est redevable d'une remarque qui a été suivie par tous les interpretes des prophéties, savoir, qu'elles sont souvent exprimées en termes indéfinis, & que le temps présent y est mis pour le passé & pour le futur. C'est ce que rapporte Théodoret. On peut juger de la maniere dont Panténus expliquoit le texte sacré, par celle qu'ont suivie Clément d'Aléxandrie, Origène & tous ceux qui ont été instruits dans cette école. Leurs commentaires sont pleins d'allégories: ils s'éloignent souvent de la lettre, & trouvent presque par-tout des mysteres dont l'explication est mêlée de beaucoup d'érudition. A l'égard de l'évangile de S. Matthieu, S. Jérôme dit que Panténus le rapporta, & qu'il étoit encore gardé de son temps dans la bibliothéque d'Alexandrie; mais la plupart ont peine à croire cette histoire: car pourquoi, disent-ils, S. Barthelemi eût-il laissé un livre hébreu à des Ethiopiens? cependant Eusebe avoit assuré la même chose avant S. Jérôme, & les chrétiens de ces temps-là avoient pour le mensonge l'horreur qu'on en doit avoir. * Saint Clément, *stromat.* l. 1. Eusebe, *liv.* 5. S. Jérôme, *in catalogo.* Du Pin, *nouvelle bibliothéque des auteurs ecclésiast. Histoire des auteurs sacrés & ecclésiastiques*, par D. Remi Ceillier, *tom. II.*

PANTEO (Jean-Antoine) jurisconsulte à Padoue, lecteur en droit canon, fut secrétaire de l'évêque Hermolaüs Barbarus, & depuis archiprêtre d'Ognisanti (ou de Tous les Saints) & enfin chanoine de Trévise. Il vivoit dans le quinzième siécle. Etant jeune, il composa des Dialogues touchant les bains de Caldiero, matiere déja traitée par Aléardo Pindemonte, médecin célèbre. Pànteo a traité ce sujet avec érudition, & l'on voit dans

ses dialogues qu'il étoit bon grec. Son épître dédicatoire est en vers, & adressée au jurisconsulte André Banda. Panteo a fait aussi une préface aux marchands, qu'il dédia à François Diédo *Podestà* de Vérone. * *De gli scrittori Veronesi*, l. 3, dans la *Verona illustrata* de M. le marquis Scipion Maffei, édition *in-fol.* pag. 109.

PANTHÉE ou STATUE PANTHÉE, figure qui par les différens attributs dont elle étoit accompagnée, représentoit tous les dieux, ou du moins les plus considérables. Ce mot est composé de παν, qui signifie *tout* en grec, & de θεός, qui veut dire *Dieu.* Ainsi les païens appelloient *Panthea* les temples où ils adoroient tous les dieux ensemble, & où l'on voyoit tous leurs portraits ou figures; tel qu'étoit ce célèbre *Panthéon* de Rome, qui fut dédié par le pape Boniface IV à la sainte Vierge & à tous les saints, & se nomme *sainte Marie de la Rotonde*, parcequ'il est bâti en forme ronde & en dôme. Dans ces statues, Jupiter étoit marqué par la foudre: Junon par une couronne; Mars par un casque; le Soleil par des rayons; la Lune par un croissant; Cerès par la corne d'abondance ou par l'épi de blé; Cupidon par une trousse de flèches; Mercure par des aîles aux talons ou par un caducée; Bacchus par le lierre; Vénus par la beauté du visage, & ainsi des autres divinités. On mettoit ces caractères des différentes divinités sur la statue ou entres les mains, selon l'industrie de l'ouvrier qui faisoit paroître en cela l'excellence de son art. On en voit qui représentoient tous les dieux; d'autres toutes les déesses; & quelques-uns qui représentoient les uns & les autres ensemble. * Spon, *recherches curieuses de l'antiquité.*

PANTHÉE (Jean-Antoine) natif de Vérone, dans le XVI siécle, composa divers traités, entr'autres, un *De Pliniorum patria.* Il ne faut pas le confondre avec JEAN-AUGUSTIN PANTHÉE, ecclésiastique de Venise, qui vivoit dans le même temps, & qui publia en 1530 un traité intitulé *Voharchdumia contra Alchymiam*, que nous avons dans le tome II du théatre chymique.

PANTHÉE, femme d'Abradate, *cherchez* ABRADATE.

PANTHEON. C'étoit un temple en l'honneur de tous les dieux, que fit bâtir M. Agrippa, gendre de César Auguste. Il étoit de figure ronde, bâti de briques par dehors, & orné en dedans de marbre de diverses couleurs. Il enfermoit dans son enceinte des niches, où l'on voyoit les statues des dieux, principalement celle de Minerve, qui étoit d'yvoire, de la main de Phidias, fameux sculpteur; & celle de Vénus, des oreilles de laquelle pendoit cette perle rare de la reine Cléopatre, qu'Auguste fit fendre en deux pour n'avoir pu trouver la pareille, parceque cette reine l'avoit fondue dans un festin avec Marc-Antoine, & l'avoit avalée. Elle pesoit une demi-once, & elle fut estimée dix millions de sesterces, ce qui revient à la somme de dix millions dix-huit mille cinq cens cinquante-quatre livres de notre monnoie. Les portes de ce temple étoient de bronze, les poutres étoient couvertes de bronze doré, & la couverture, de lames d'argent que Constantin fit emporter à Constantinople. Le panthéon fut dédié à Jupiter *le Vengeur.* Agrippa fit donner à ce temple une figure ronde, pour imiter celle des cieux, ou afin qu'entre les dieux qu'il vouloit y placer, il n'y eût point de jalousie pour la préséance. Il n'y a point de fenêtre dans ce temple, & le jour n'y entre que par une ouverture qui est au milieu de la voute. Le pape Boniface IV le consacra à l'honneur de la Vierge & de tous les saints. L'empereur Adrien fit faire à Athènes un temple semblable en l'honneur de tous les dieux; qu'il enrichit de six vingts colonnes de marbre phrygien, & y fit dresser une bibliothéque & un gymnase de son nom, qu'il orna de cent colonnes de marbre de Lybie. *Voyez* AGRIPPA (Marcus Vipsanius.)

PANTICO, ville ancienne située dans la Tartarie Crimée sur le détroit de Caffa, à six ou sept lieues de Kerci vers le nord. Quelques-uns l'appellent *Vospero*, nom qui vient de celui de *Bosphorum*, qu'elle a porté anciennement. * Mati, *diction*.

PANTIN (Pierre) natif de Thielt en Flandre, & doyen de sainte Gudule de Bruxelles, célèbre par l'intelligence qu'il eut des langues, enseigna à Louvain & à Tolede en Espagne, & mourut à Bruxelles le jour de Noël de l'an 1611, âgé de 56 ans. On a divers ouvrages de sa façon en prose & en vers, outre plusieurs traductions de grec en latin, entr'autres, les proverbes de Michel Apostolius qu'il a publiés avec des notes de sa façon. Il est aussi auteur du traité *De dignitatibus & officiis regni ac domûs regiæ Gothorum*, que nous avons dans le recueil des conciles de Garcias Loaïsa. Cet auteur étoit petit-neveu de GUILLAUME PANTIN, médecin à Bruges, qui y mourut l'an 1583. Celui-ci étoit homme de lettres, & publia des commentaires sur le traité de Celsus *De re medica*, que nous avons en huit livres. * Valere André, *bibl. Belg.* Le Mire, &c.

PANTOMIMES, bouffons qui représentoient toutes sortes de sujets par des gesticulations ingénieuses, & qui exprimoient par le mouvement du corps, des doigts & des yeux les principales actions d'une tragédie ou comedie. Ce mot vient du mot grec πᾶν, *pantos*, tout, & de μίμος, *imitateur*, comme qui diroit *imitateur de tout*. On les appelloit aussi *Mimes*; mais Pantomimes signifioit quelque chose de plus. On donnoit encore le nom de Mimes à de petites piéces de poësie que les Mimes chantoient en dansant sur le théatre, avec des gestes qui exprimoient le sens de leurs paroles, suivant cette merveilleuse méthode des anciens, peu connue de notre temps. Quelques-uns ont crû que Pylade & Bathylle qui parurent sous l'empereur Auguste, furent les premiers Pantomimes; mais cela se doit entendre de ceux qui se séparerent du théatre des comédiens pour former une troupe à part, & faire leurs représentations dans l'orchestre sans comédie; car il est certain que du temps d'Eschyle, il y avoit des Pantomimes, & Aristote loue fort Téleste, dont se servoit ce poëte, parcequ'il avoit admirablement bien dansé dans la tragédie intitulée *les sept devant Thèbes*. Mais Pylade, natif de Cilicie, & Bathylle d'Alexandrie, étant venus à Rome du temps d'Auguste, inventerent la danse qu'ils appellerent *italique*, parcequ'ils commencerent à la jouer en Italie. Ils représentoient des sujets tragiques, comiques & satyriques, d'une maniere fort agréable au peuple Romain, qui admiroient l'artifice de ces comédiens muettes, où les gestes exprimoient presque aussi-bien que les paroles. Pylade excelloit dans les sujets tragiques, & Bathylle dans les comiques ou satyriques: ce qui leur donna lieu de faire deux bandes qui jouerent à part. Plutarque fait deux grands discours, dans ses propos de table, sur l'adresse de ces danseurs, ingénieux à représenter par des mouvemens & des postures, les personnes & les actions, où il dit que la poësie est une danse parlante, & la danse une poësie muete. * Plutarque, *Sympos. liv.* 7. Athenée, *l.* 1 & 11. Zozime. Suétone, *in August.* Lucien, *de Pantomimi scena.*

PANUCO, province de l'Amérique septentrionale, dans la nouvelle Espagne ou Mexique, entre le golfe de Mexique & la nouvelle Biscaye, est située sur ce golfe dans l'audience ou préfecture de Mexique. La ville capitale, qui est Panuco, donne son nom à la province, & est aussi nommée *S. Estevan del puerto*. Les autres sont San Jago de Los Valles, San Luis de Tampico, & autres de peu d'importance.

PANVINI (Onuphre) *cherchez* ONUPHRE PANVINI.

PANYASIS, qui avoit écrit en vers les antiquités de la Gréce, vivoit vers la LXX olympiade. Suidas remarque que les anciens ne convenoient, ni de quel pays il étoit, ni du nom de son pere. Quelques-uns disoient qu'il étoit d'Halicarnasse & fils de Polycarpe: c'est le nom que lui donne aussi Pausanias, & l'anonyme de la chronologie des olympiades, où il parle ainsi sur l'olympiade LXXVIII, *Panyasis fils de Polycarpe, poëte d'Halicarnasse, fleurit, &c.* Quelques-uns le disent oncle maternel d'Hérodote, d'autres cousin. On ne convient pas non plus du temps qu'il a vécu: quelques-uns le placent à l'olympiade LXXVIII; selon d'autres, il étoit plus ancien. Il a été augure, ou comme dit Suidas, τετ·αἰοσκε·πος, *observateur des prodiges*. Il avoit composé un poëme intitulé, *Heraclide*, ou *des travaux d'Hercule*, qui contenoit neuf mille vers. On lui attribue aussi des ioniques en vers pentametres, touchant Codrus, Neleüs & les colonies des Ioniens, dans l'Asie Mineure, qui étoient composés de sept mille vers. Ce dernier ouvrage étoit plus historique que son Heraclide, dans lequel il y avoit plusieurs choses fabuleuses, comme Macrobe le remarque *dans le cinquième livre des saturnales, chap.* 21. » Voici, *dit-il*, une histoire qui n'est pas si fort connue : qu'il y a près d'Héraclée une certaine nation » établie par Hercule, que l'on appelle Cylicerones, » dont le nom est tiré ἀπὸ τὸ κύλικος, qui est une espece » de vase que nous appellons *calice*; or Panyasis, ex- » cellent historien chez les Grecs, & Pherecydes, di- » sent qu'Hercule fut porté en Espagne sur un calice. Je » ne rapporte point leurs paroles, parceque leur relation » approche plutôt de la fable que de l'histoire. » L'Heraclide avoit 14 livres suivant Suidas. Athénée cite le premier dans son livre XI. Stephanus cite le premier & le onziéme, & rapporte six vers de cet auteur. César Germanicus dans l'Aratée, & Hyginus dans le poëme astronomique, citent ce même ouvrage, & rapportent ce qu'il avoit écrit du dragon, gardien des Hespérides, qui veilloit toujours, & du combat d'Hercule contre lui. Quintilien nous apprend ce qu'on doit penser de son style, dans le livre X, où après avoir parlé d'Hésiode & d'Antimaque, il ajoute que : *Panyasis est entre l'un & l'autre; qu'il n'approche pas de leur éloquence; mais qu'il surpasse l'un par sa matiere, & l'autre par sa méthode.* Suidas a écrit qu'il fut mis à mort par Lygdamies, troisiéme tyran d'Halicarnasse. Il y a selon le même auteur, un autre PANYASIS plus récent, qui a écrit des songes. C'est apparemment celui-ci, qui est cité par Artemidore en ses *Onoirocritiques*, & peut-être aussi est-ce l'augure de Suidas; car ce grammairien confond aisément les écrivains de même nom.* *Voyez* le scholiaste d'Apollonius; Pausanias *dans ses Béotiques*; Procle, *dans sa chrestomathie*; le scholiaste d'Euripide *sur l'Acestide*; & l'auteur Grec des étymologies. Quintilien, *lib. X.* Du Pin, *bibliothéque universelle des historiens profanes.*

PAOGAN, ville de la Chine, qui a autrefois résisté fortement aux Tartares. Il ne faut pas la confondre avec quelques autres villes, qui sont dans le même pays, & qui semblent avoir le même nom; comme PAOKING, dont quatre autres villes dépendent; PAONINGO, vers le fleuve Kialin; & PAOTIN, capitale de dix-neuf autres villes. * *Consultez* Martin Martini, *Atlas Sinic.*

PAOKING, ville de la Chine: c'est la neuviéme de la province d'Huquan, & elle a quatre autres villes sous sa jurisdiction. * Mati, *diction.*

PAOLA, ville du royaume de Naples dans la Calabre citérieure, est illustre pour avoir été le lieu de la naissance de S. François de Paule, fondateur de l'ordre des Minimes.

PAOLO, *cherchez* SARPI (Paul.)

PAON, oiseau consacré à Junon, par les païens. Ils ont feint que cette déesse avoit transporté les yeux d'Argus sur la queuë du Paon. Voici la peinture que Lucien nous a laissée de cet oiseau. « Le Paon à l'entrée du prin- » temps, lorsqu'il voit naître les premieres fleurs, étale » avec plus de magnificence l'or & l'azur de ses plumes, » & dispute avec le printemps, à qui produira de plus » belles choses. Il fait la roue, il se tourne & se mire » dans sa beauté, dont l'éclat est redoublé par celui de » la lumiere, qui ne se contente pas d'embellir ses cou- » leurs, mais les multiplie. Cela arrive particuliè- » rement à ces cercles d'or, qui couronnent l'émail de » sa queue, & ressemblent chacun à un arc-en-ciel, » qui change de couleur, selon les divers aspects de la nière. » *Voyez* BAROCHE.

ŁONING, ville de la Chine, fur la rivière de Kia-dans la province de Suchuen, dont elle eſt la ŀde. Elle a neuf autres villes fous ſa jurisdiction. * in Martini.

ŁAOTING ; c'eſt une grande ville de la Chine, la province de Peking. Elle a dix-neuf autres villes ſa juriſdiction. * Martin Martini.

APA, ville de la baſſe Hongrie ſur la rivière de chalz, à ſept lieues de Javarin, vers le ſud. Papa ŀne petite ville ; mais elle eſt fortifiée & défendue ŀne citadelle. En 1683, cette ville ſe rendit au comte eli, avec pluſieurs autres ; mais elle retourna ſous ſiſſance de l'empereur, après que les Turcs eurent le ſiége de Vienne. * *Mémoires du temps.*

APA, c'eſt une des-iſles Orcades. Elle eſt à une ŀ de celle de Veſter, vers le nord. Elle eſt très-pe-ŀ, & n'a rien de remarquable que ſon port, qui eſt ŀz commode. * Mati, *diction.*

ˀAPADOROS, bourg de l'Albanie, ſitué entre ſſio & Durazzo. On le prend pour l'ancienne *Epica*-ŀ, ville de Dalmatie, mais avec peu de fondement. ŀati, *diction.*

ˀAPALOAPAM, ou ALVARADO, rivière du Me-ŀue. C'eſt la plus conſidérable de la province de Gua-ŀa : elle baigne la ville de ce nom & celle de Saint-Il ŀonſe, & va ſe décharger dans le golfe de Mexique. ŀoannes à Turrecremata.

PAPARIN DE CHAUMONT (Pierre) évêque de ŀp, en Dauphiné, dans le XVI ſiécle, étoit né d'une ŀs maiſons de Forez, & donna ſes premières années ŀ'exercice des armes, ſans néanmoins négliger les let-ŀs, dans leſquelles il fit un grand progrès. Il com-ŀnda une compagnie de chevaux-légers, & même ŀ régiment ; acquit de l'honneur en diverſes occa-ŀns, ſous le nom du ſieur de Chaumont, & ſe ſignala ŀr-tout à la bataille de Moncontour en l'année 1569. ŀe roi Charles IX envoya Paparin à l'empereur, lui ŀrter la nouvelle de la victoire que ſon armée venoit ŀy remporter. Enfin ayant quitté les armes pour ſe ŀnner tout à Dieu dans l'état eccléſiaſtique, le ŀi le nomma l'an 1570 à l'évêché de Gap, dont il ŀrit poſſeſſion l'an 1573 ; défendit autant qu'il put ſon ŀiocéſe pendant les guerres civiles ; compoſa quelques ŀuvrages, & mourut le premier jour d'août de l'an 1600. ŀl avoit fait imprimer l'an 1588, à Paris, ſes ordon-ŀances & ſtatus ſynodaux. * Sainte-Marthe. *Gall. chriſt.* ŀhorier, *hiſt. de Dauphiné,* & *état politique de Dau-ŀhiné.*

PAPARONI (Jean) Romain de nation, fut fait car-ŀnal par le pape Céleſtin II, en 1144. Il changea de-ŀuis de titre : ce qui a fait croire à quelques auteurs, ŀu'il y a eu en même temps pluſieurs cardinaux du nom ŀde Paparoni. Il fut légat en Irlande, & exerça la même ŀdignité en France & ailleurs. Michel Juſtiniani dans ſon ŀ*traité des gouverneurs de Tivoli,* prétend que le pape ŀAlexandre III ſe nommoit ROLAND Paparoni, & qu'il ŀétoit parent de celui-ci, qu'il dit n'avoir été créé cardi-ŀnal qu'en 1147. Il remarque encore que l'an 1263, PA-ŀPARONE Paparoni fut fait évêque de Soligno, & vingt ŀans après évêque de Spolette ; que PAUL Paparoni fut ŀgouverneur de Tivoli en 1472 ; GREGOIRE Paparoni, ŀen 1487 ; JEROME Paparoni l'année ſuivante ; AUGUS-ŀTIN Paparoni en 1503 ; & FRANÇOIS Paparoni, lieu-ŀtenant au même gouvernement, en l'abſence du cardi-ŀnal Louis d'Eſt, en 1582. Cette famille eſt éteinte. ŀ* Saint Bernard, *epiſt.* 290. *Bibl. Clun.* Auberi, &c.

PAPARONI (Paparon) né à Rome, d'une famille ŀilluſtre, entra dans l'ordre de ſaint Dominique, dont il ŀétoit le procureur général, lorſque le pape Clément IV ŀlui donna l'évêché de Foligni, le 27 juin de l'an 1265. ŀCe prélat qui gouverna 20 ans cette égliſe, y donna des ŀmarques de ſon zèle par la fondation du collége de ſaint ŀFélicien, dont il dreſſa les ſtatuts, & par un traité des ŀſept péchés capitaux, à l'uſage des confeſſeurs de ſon dio-

céſe. Le pape Honorius IV le transféra en 1285 ſur le ſiége épiſcopal de Spolette ; & après avoir gouverné cette égliſe pendant cinq ans, il mourut l'an 1290, en réputation d'une grande piété. * Echard, *ſcript. ord. FF. Præd. tom. I.*

PAPAS, nom que les Grecs donnent à leurs prêtres, & quelquefois à leurs patriarches ou évêques. Ce mot ſignifie *Pere.* Le P. Goar fait une diſtinction entre πάπας & παπᾶς. Il dit que le premier titre eſt propre au ſouve-rain pontife ; & que le ſecond convient aux prêtres, & même aux clercs. Les Grecs appellent *Protopapas,* le premier d'entre les prêtres. Il y a encore aujourd'hui dans l'égliſe de Meſſine en Sicile, un titre de dignité ſous le nom de Protopapas : ce qui vient de ce que la Sicile a été une dépendance de l'empire des Grecs. Le prélat de l'iſle de Corfou prend auſſi le titre de Proto-papas. Scaliger remarque ſur ce ſujet, que les Ethio-piens appellent les prêtres *Papaſath,* & les évêques *Epiſ-copaſath.* Janus à Coſta rapporte auſſi, que les Indiens du Pérou nomment leur grand-prêtre *Papas.* * Du Gan-ge, *gloſſar. latinitatis.*

PAPE : ce nom ſignifie *Pere* en grec, & ſe donnoit autrefois à tous les évêques, comme on le voit dans les épîtres de S. Auguſtin & de S. Jérôme, & dans les ou-vrages des anciens auteurs eccléſiaſtiques. Eutychius rap-porte qu'Héraclas, patriarche d'Alexandrie dans le III ſiécle, prit le titre de pape. Alcime Avitus, archevêque de Vienne, donne ce même titre aux patriarches de Conſtantinople & de Jéruſalem. Apollinaris *Sidonius* le donne à tous les évêques. Vers la fin du XI ſiécle, Gre-goire VII, à la tête d'un concile tenu à Rome, ordonna que le nom de Pape demeureroit propre au ſeul évêque de Rome, chef viſible de l'égliſe catholique. Ce n'eſt pas tant ce décret, que l'uſage qui a déterminé à ne donner en Occident le nom de pape qu'au ſeul évêque de Rome. *Voyez* PAPAS. * S. Auguſtin, *epiſt.* 13, 18, 222, 256. Avitus de Vienne, *epiſt.* 7 & 23. Baro-nius, *ad 10 januarii.* Sirmond, *ad Ennodii lib.* 4. Du Cange, *in gloſſar. latinitatis.*

ELECTION DES PAPES.

Jeſus-Chriſt élut S. Pierre & le déclara le premier entre les apôtres : il gouverna quelque temps l'égliſe de Rome, & la conſacra par ſon martyre. Dans la ſuite, les évêques de Rome ont été élus, mais en bien des ma-nieres différentes. Dans les premiers ſiécles de l'égliſe, le peuple & le clergé conjointement, & quelquefois le clergé ſeul, du conſentement du peuple, firent librement cette.élection à la pluralité des voix ; cependant il paroît par l'hiſtoire, que les empereurs en certains temps, ſe ſont attribué le droit de confirmer ces élections. Après la mort du pape Simplicius en 483, Odoacre, roi des Hérules & d'Italie, fit une loi par laquelle, ſous prétexte de vouloir remédier aux troubles & aux déſordres qui arrivoient quelquefois dans l'élection des papes, il dé-fendit d'en élire aucun, ſans avoir ſu auparavant la vo-lonté du prince, touchant la perſonne qu'on devoit éle-ver au pontificat. Cette loi, contraire à la liberté des élec-tions, fut abolie environ vingt ans après, au IV concile de Rome, tenu en 502 ſous le pape Symmachus, du conſentement du roi Théodoric. Mais ce prince Arien, devenu cruel ſur la fin de ſes jours, ayant fait mourir de miſere en priſon, le pape Jean, l'an 526, uſurpa ty-ranniquement le droit de créer lui-même le pape, en nommant au pontificat Felix IV. Les rois Goths, qui lui ſuccéderent, ſuivirent ſon exemple, excepté qu'ils ſe contenterent de confirmer celui que le clergé avoit élu, de ſorte qu'il ne pouvoit prendre poſſeſſion du pon-tificat, que le prince ne l'eut agréé. Juſtinien qui ruina l'empire des Goths en Italie, & après lui les autres em-pereurs, retinrent ce droit, en contraignant même l'élu de leur payer une ſomme d'argent, pour obtenir la con-firmation de ſon élection. Conſtantin Pogonat délivra l'égliſe de cette ſervitude & de cette indigne exaction, l'an 681. Néanmoins les empereurs ſe conſerverent toujours quelque autorité dans l'élection des papes, qu'on ne consacroit pas sans le consentement & l'approbation du prince. Ce furent les François qui remirent l'église romaine en pleine liberté, lorsque l'empereur Louis *le Débonnaire* en 824, & ses successeurs Lothaire I & Louis II, en 864, déclarerent par leurs constitutions impériales, qu'ils vouloient que l'élection des papes se fit désormais librement & canoniquement, selon les anciennes coutumes. Pendant les désordres du X siécle, l'église se vit réduite sous la tyrannie des marquis d'Hétrurie, & des comtes de Toscanelle, qui s'étant joints aux grands de Rome, créoient & déposoient les papes, comme il leur plaisoit. L'empereur Othon *le Grand* en 963, & après lui les deux autres Othons, son fils & son petit-fils, soumirent encore à leur autorité, l'élection des papes qui dépendoient absolument d'eux. Saint Henri duc de Baviere, & leur successeur à l'empire, remit l'église en son entiere liberté l'an 1014, laissant cette élection au clergé & au peuple Romain, à l'exemple des empereurs François. Conrad *le Salique* ne changea rien; mais Henri III son fils, & Henri IV son petit-fils, se remirent en possession du pouvoir de choisir eux-mêmes, ou de faire élire celui qu'ils vouloient faire pape : ce qui alluma d'horribles troubles dans l'église, fit naître le schisme, & causa la guerre entre les papes & les empereurs au sujet des investitures. Enfin l'église ayant encore été troublée presque pendant l'espace d'un siécle, par les antipapes que les empereurs schismatiques, d'une part, & de l'autre, les factieux d'entre le peuple & le clergé de Rome, opposoient souvent aux pontifes légitimement élus, la paix & la liberté des élections fut rétablie sous Innocent II. Car après que le schisme de Pierre de Léon, dit Anaclet, & de Victor IV, eut été éteint, tous les cardinaux réunis sous l'obéissance d'Innocent; & fortifiés des principaux membres du clergé de Rome, acquirent tant d'autorité, qu'après sa mort ils firent seuls l'élection du pape Célestin II en 1143. Depuis ce temps-là, ils se sont toujours maintenus dans la possession de ce droit, le sénat, le peuple, & le reste du clergé ayant enfin cessé d'y prendre aucune part. Honorius III, en 1216, ou selon d'autres, Grégoire X, en 1274, ordonna que l'élection se fit dans un conclave.

Sitôt que le pape est expiré, la nouvelle de sa mort est répandue dans toute la ville de Rome, par le son d'une cloche qui est au capitole, & qui ne sonne jamais que dans cette conjoncture. En même tems on envoie des couriers à tous les princes d'Italie, de France, d'Espagne, & autres, dont il y en a peu qui ne s'intéressent à l'élection du successeur. Le cardinal camerlingue se transporte au palais, & se saisit de l'anneau du pêcheur, qui est le sceau du cachet du pape, qu'il rompt, parceque toute expédition de bulles cesse pendant la vacance du saint siége. Après cette cérémonie, qui se fait en présence de trois cardinaux, le camerlingue donne tous les ordres nécessaires, tant pour ce qui regarde le palais pontifical, que pour la sépulture du défunt, qu'on fait embaumer, & revêtir des habits pontificaux. Le soir on porte le corps à saint Pierre dans une litiere, précédée des petites piéces de canon, accompagnée de flambeaux, des chevaux-légers, & des pénitenciers de saint Pierre, sans chant & sans deuil. Le corps est exposé dans une chapelle, sur un lit de parade élevé : en sorte que les pieds peuvent être baisés au travers d'une grille de fer, qui fait la clôture de la chapelle, où personne ne peut entrer, sinon ceux qui distribuent une grande quantité de cierges au peuple qui va baiser les pieds du défunt. Après avoir été ainsi exposé trois jours, on lui donne sépulture au lieu qu'il s'est destiné. Les funérailles durent neuf jours, & la cérémonie se fait par le sacré collège, qui se trouve tous les matins dans la chapelle Grégorienne à saint Pierre, où l'on éleve au milieu de l'église une superbe représentation ou chapelle ardente, enrichie & ornée de figures, avec les éloges & les armes du défunt. La chambre apostolique fournit à cette dépense, qui est

réglée par le camerlingue. Vers les derniers jours des funérailles, les ambassadeurs des couronnes font un discours aux cardinaux assemblés à saint Pierre, sur l'élection du pape futur, & les exhortent de la part de leurs maîtres, d'élire celui qu'ils trouveront être le plus digne & le plus capable de remplir le saint siége. La cérémonie des funérailles étant finie, le sacré collège s'assemble dans la même chapelle le dixieme jour; & un prélat ou abbé y fait une oraison latine, *De eligendo pontifice*. Après une messe du S. Esprit, les cardinaux, deux à deux, vont processionellement au conclave.

Pour ce qui regarde le gouvernement pendant la vacance du saint siége, les trois chefs d'ordre du collège, savoir le doyen, ou le premier cardinal évêque; le premier cardinal prêtre, & le premier cardinal diacre, ont en main toute la conduite de l'état. Ils donnent aux officiers tous les ordres nécessaires, & ils réglent toutes choses pour la justice, pour les finances & pour les armes. Ils confirment ou réforment, selon qu'ils le jugent à propos, les officiers mis par le pape défunt, à la réserve des charges qui sont en titre d'offices; & ils répondent à tous les mémoriaux ou remontrances. Pour la sûreté & la bonne police de la ville, ils font doubler les corps de garde; & à leur exemple, les autres cardinaux, les princes & les ambassadeurs font tendre des chaînes devant leurs portes; ils envoient aussi ordre à tous les gouverneurs des places & des villes de l'état ecclésiastique, de se tenir sur leurs gardes, & de veiller à tous les besoins. Cependant le cardinal camerlingue fait battre monnoie à son coin, avec la devise du siége vacant, qui est deux clefs en sautoir, & le gonfanon de la sainte église. Quant à la maniere dont se procede à l'élection, & à l'exaltation d'un nouveau pape, *voyez* l'article CONCLAVE.

Lorsqu'un des cardinaux est élu pape, les maîtres des cérémonies vont dans sa cellule lui annoncer la nouvelle de son exaltation; ensuite de quoi il est conduit à la chapelle, revêtu des habits pontificaux; puis il reçoit *l'adoration*, c'est-à-dire, les respects que les cardinaux ont accoutumé de rendre aux souverains pontifes. Après cela, le pape assis sur son siége pontifical, est porté à l'église de saint Pierre, sur l'autel des saints apôtres, où les cardinaux vont une seconde fois à l'adoration. De-là sa sainteté est reconduite à son appartement, & quelques jours après on fait la cérémonie de son couronnement. Sur quoi il faut remarquer que nous reconnoissons deux qualités en la personne du pape, celle de *pontife*, & celle de *prince*. Comme souverain pontife, il est le chef de l'Eglise; comme prince, il a un domaine & un état qu'il tient en souveraineté, & c'est pour cela qu'il est couronné.

Le couronnement se fait devant la porte de l'église de saint Pierre. Là, on dresse un trône, sur lequel on fait monter le nouveau pontife; on lui ôte la mitre, & on lui met la couronne sur la tête devant tout le peuple. Ensuite on fait la cavalcade, depuis saint Pierre jusqu'à saint Jean de Latran, à laquelle tous les ambassadeurs, les princes & les seigneurs assistent, montés à cheval, richement vêtus. Le pape est immédiatement précédé de deux cardinaux diacres, avec leurs chapes rouges; & les autres cardinaux les suivent, deux à deux, suivis des patriarches, des archevêques, des évêques, & des protonotaires participans. Lorsque le pape est arrivé à saint Jean de Latran, l'archiprêtre de cette église lui présente deux clefs, l'une d'or & l'autre d'argent. Puis lorsque les chanoines ont rendu l'obéissance, & baisé les pieds de sa sainteté, elle donne la bénédiction générale. Ce couronnement a toujours été considéré par les papes, comme le titre le plus glorieux de leur pouvoir dans l'Eglise : d'où vient que quand ils ont voulu communiquer cette puissance à leurs vicaires ou légats, ils leur ont envoyé leur mitre ou leur couronne. Grégoire VIII envoya sa couronne à Anselme, qu'il avoit fait son vicaire général en Angle-

; & saint Bernard dit qu'Innocent II fit la même à Malachie, son légat, & vicaire général dans l'Hibernie. * *Mémoires historiques.*

DE LA PRIMAUTÉ DU PAPE.

est certain par l'écriture, que saint Pierre étoit le ier des apôtres. S. Matthieu le marque précisément le *chap.* X, *verset* 2, de son évangile. *Voici*, dit-il, *m des douze apôtres : le premier est Voici Simon*, ap-*Pierre*. Les autres passages que l'on cite pour prou-primauté de saint Pierre, savoir ces paroles de -Christ, *Vous êtes Pierre, & sur cette pierre j'é-rai mon église :* * *Matth.* XVI, *verf.* 18; ces au-paroles au verset suivant, *Je vous donnerai les clefs ieux*, si l'on consulte l'explication qu'en donnent ieres, s'adressent à tous les apôtres, à leurs suc-urs & à toute l'église, que saint Pierre représentoit, me dit saint Augustin, à cause de sa primauté. Tous nciens peres ont reconnu saint Pierre comme pre-des apôtres. Saint Clément, Pierre d'Alexandrie, Cyprien, Optat, saint Cyrille de Jerusalem, asile, saint Gregoire de Nazianze, saint Epiphane, Grégoire de Nysse, saint Ambroise, saint Jerôme, Augustin, saint Cyrille d'Alexandrie, lui ont 1é la qualité de prince, de chef des apôtres. Tous pôtres étoient véritablement égaux dans la puissance, me saint Cyprien & saint Jerôme le disent ; mais il faut excepter la primauté, qui appartenoit à saint re.
ette primauté dans l'église a passé à l'évêque de la e de Rome, dont l'église a été fondée par saint Pierre ar saint Paul. Tous les anciens ont reconnu l'église Rome pour la première église du monde, & les Grecs ui contestent pas ce rang d'honneur ; car quoiqu'ils it voulu égaler l'évêque & l'église de Constantino-à l'évêque & à l'église de Rome, dans les privilé-& prérogatives, ils reconnoissent néanmoins la pri-ité de l'évêque de Rome.
Quoique tous les orthodoxes doivent reconnoître la nauté du pape dans l'église, & son autorité, il faut nmoins avouer qu'elle n'est pas sans bornes, & ne tomber dans l'excès des théologiens & des cano-es Ultramontains, qui en font un monarque souve-1 de toute l'église, un oracle infaillible de la vérité, qui lui donnent un pouvoir despotique & sans bor-sur le spirituel & sur le temporel. Les théologiens nçois reconnoissent la primauté du pape, & même de it divin. Ils font consister les droits de cette primauté s l'autorité qu'il a de maintenir la foi, & de faire erver les canons dans toute l'église. Ils avouent que jugemens font d'un grand poids, mais ils ne les ient pas infaillibles. Ils le croient soumis aux conciles néraux ; ils ne croient pas qu'il puisse casser & annuler 1rs décrets & leurs loix, quoiqu'il en puisse dispenser certain cas ; ils croient même qu'il peut être jugé & posé par les conciles, en cas qu'il erre dans la foi, 1'il veuille renverser la discipline de l'église, ou qu'il scandalise. Ils font persuadés qu'il n'a aucune autorité recte ni indirecte sur le temporel des rois & des prin-s souverains, & que la puissance spirituelle est bornée r les loix canoniques. Enfin le pape peut être consi-ré sous quatre sortes de titres ; 1°. comme chef de glise ; 2°. comme patriarche ; 3°. comme évêque de ome ; 4°. comme prince temporel. Sa primauté lui nne droit de veiller sur toutes les églises particulières. s droits de patriarche ne s'étendoient autrefois que sur s provinces suburbicaires, c'est-à-dire, sur une petite irtie de l'Italie, la même qui pour le civil dépendoit 1 préfet de la ville de Rome : on l'a voulu depuis éten-re sur tout l'Occident. Comme évêque de Rome, il xerce dans le diocèse de Rome les fonctions d'ordi-aire, qu'il n'a point droit d'exercer dans les autres dio-ses. Enfin, comme prince temporel, il est souverain de ome & des états qui lui sont acquis par donation ou

par prescription. * *Les libertés de l'église gallicane.* Si-mon Vigor. Richer. Launoi. Du Pin, *de antiqua eccle-fiæ disciplina.*

DU DOMAINE DU PAPE.

Le domaine du pape s'étend dans toutes les provinces qu'on appelle l'Etat Ecclésiastique, qui renferme la Cam-pagne de Rome, le patrimoine de S. Pierre, la terre de Sabine, l'Ombrie ou duché de Spolete, la Marche d'Ancone, le duché d'Urbin, la Romagne, le Bolonnois, le duché de Ferrare, le territoire d'Orviete, le territoire de Pérouse, le *Cantado di Citta di Castello.* Dans le patrimoine de S. Pierre est enclavé le duché de Brac-ciano, qui a son duc particulier, entre la Romagne & le duché d'Urbin, & la petite république de Saint-Ma-rin. Pour entrer dans un détail plus exact des états du pape, la Campagne de Rome a pour principales villes, Rome, Ostie, Palestrine, Frescati, Albano, Tivoli, Teracine, &c. Le patrimoine de S. Pierre comprend les villes de Porto, Civita-Vecchia, Viterbe, &c. La terre de Sabine a pour villes considérables, Magliano, Vescovio, &c. L'Ombrie, ou duché de Spolete, a Spo-lete, Assise, Todi, &c. La Marche d'Ancone contient les villes d'Ancone, de Fermo, de Notre-Dame de Lo-rette, d'Ascoli, de Jesi, &c. Le duché d'Urbin a pour principales villes, Urbin, Senigaglia, Saint-Léon, &c. La Romagne a Ravenne, Cervia, Faënza, &c. Le Bolonnois a pour ville principale, Bologne la grasse. Le duché de Ferrare a Ferrare. Le territoire d'Orviete a les villes d'Orviete, d'Aquapendente, &c. Celui de Pérouse a Pérouse, Città di Pieve, &c. & le *Cantado* a Città di Castello.

DES OFFICIERS DU PAPE.

Le pape a un vicaire, qui est toujours un cardinal. Ce-lui qui possede cette charge a jurisdiction sur les prêtres & sur les réguliers, sur les compagnies des laïcs, les hô-pitaux, les lieux de piété, & sur les Juifs. Son office lui vaut cent ducats par mois. Il a deux lieutenans, l'un pour le civil, & l'autre pour le criminel, un vicegérent, qui est évêque, pour exercer les fonctions épiscopales.
Le pénitencier a jurisdiction sur les cas réservés au pape, & donne aux confesseurs approuvés le pouvoir d'en absoudre. Aux fêtes solemnelles il va dans une des églises de Rome, où étant assis sur une chaise haute, avec la baguette à la main, il entend les confessions des cas réservés. Cette charge vaut huit mille écus de rente.
Le chancelier étoit proprement le secrétaire du pape *ab intimis* ; & S. Jerôme en fait mention dans une épître *ad Gerontiam.* Depuis long-temps cette charge ne se donne qu'à un cardinal, auquel elle vaut quinze ou seize mille écus de rente. Sa fonction regarde l'expédition des lettres apostoliques, dont les suppliques font signées par le pape, à la réserve de celles qui s'expédient par bref, *sub annulo piscatoris.* Il a sous lui un régent, & douze abréviateurs *di Parco maggiore*, qui font tous prélats. Le régent a pouvoir de commettre toutes les causes d'ap-pel à la Rote & aux référendaires. Les abréviateurs *di Parco maggiore* font faire les minutes des bulles, & les renvoient quand elles font écrites. Il y a encore des abréviateurs *di Parco minore*, des scripteurs & autres officiers de la chancellerie, pour recevoir & signer les bulles. Le vice-chancelier fait tenir registre des collations des titres donnés aux cardinaux, & des promotions aux évêchés, & aux abbayes consistoriales.
Le camerlingue est toujours cardinal, & a pour sub-stituts les clercs de la chambre apostolique, un trésorier, & un président. Cette charge lui rapporte quatorze mille écus par an. Il connoît de toutes les causes dont la cham-bre apostolique connoît, & de plus il juge les causes d'appel des maîtres des rues, ponts & édifices. Lorsque le siége est vacant, le camerlingue demeure au palais à l'appartement du pape, marche par la ville avec la garde des Suisses, fait battre monnoie à ses armes, & tient le consistoire. Il a une des trois clefs du trésor du

château Saint-Ange, dont le doyen a l'autre, & le pape la troisiéme.

Le préfet de la fignature de juftice eft toujours un des cardinaux, & a cent ducats d'or d'appointement par mois. Sa fonction eft de faire des refcrits de toutes les fuppliques, & les commiffions des caufes qui fe déléguent par juftice. Chaque jeudi de la femaine, la fignature de juftice fe fait au palais du cardinal préfet, où affiftent douze prélats référendaires opinans, & tous les autres référendaires, avec pouvoir de propofer chacun deux caufes, comme auffi un auditeur de Rote, & l'auditeur civil du cardinal vicaire, mais fans opiner, & feulement pour maintenir leur jurifdiction en ce qui les regarde. Le préfet de la fignature de grace, figne toutes les fuppliques & graces que le pape accorde dans les congrégations, qui fe tiennent en préfence de fa fainteté une fois la femaine. Le préfet des brefs, qui eft toujours un cardinal, revoit & figne toutes les minutes des brefs.

Le général de la fainte églife eft créé par un bref du pape, qui lui donne le bâton en particulier dans fa chambre, & reçoit fon ferment. En temps de paix il a mille écus par mois, & trois mille en temps de guerre. Il commande à toutes les troupes, & à tous les gouverneurs des places & fortereffes de l'Etat eccléfiaftique. Son lieutenant a trois mille écus par an. Le pape fait encore par bref, un général de l'artillerie, qui a douze cens écus par an. Le général des galeres a trois cens écus par mois, ou trois mille fix cens écus par an. Le châtelain du château Saint-Ange a fix mille écus par an. Il a cent foldats pour la garde du château, avec leur capitaine, lieutenant, & autres officiers. Le camerlingue du facré collége fe change tous les ans. Ce collége eft compofé du pape & des cardinaux, qui tiennent confiftoire pour les grandes affaires.

DES OFFICIERS DU PALAIS OU DE LA MAISON du pape.

Le pape a quatre maîtres des cérémonies, qui font toujours vêtus de violet, & qui ont une grande autorité dans les actions publiques. Il y a encore deux autres maîtres des cérémonies qui fe trouvent aux congrégations des rits, dont l'un fait auffi la fonction de fecrétaire, & l'autre expédie les décrets.

Le maître du facré palais eft toujours un religieux de l'ordre de S. Dominique, qui demeure au palais pour revoir tous les livres que l'on veut imprimer, & les approuver, s'il y a lieu. Il eft accompagné de deux peres du même ordre; & le palais lui entretient un caroffe, outre fa table.

Le facriftain du pape eft un Auguftin, qui a le même appointement que le maître du facré palais. Il a foin de toutes les richeffes de la facriftie du pape. Il marche en prélat aux fonctions publiques; & s'il eft évêque titulaire, il marche au rang des évêques affiftans.

Le fecrétaire du pape eft toujours cardinal, & très-fouvent neveu du pape, s'il en a. Cette charge eft jointe à celle de furintendant de l'Etat Eccléfiaftique: il fait écrire & foufcrire toutes les lettres de fa fainteté envoyées aux princes & aux nonces. Tous les ambaffadeurs & tous les miniftres de Rome, après avoir négocié avec le pape, font obligés de lui aller rendre compte de leurs négociations. Les fecrétaires d'état font foumis au fecrétaire furintendant, & à un cardinal patron, dont ils reçoivent les ordres, & à qui ils envoient leurs lettres pour les foufcrire. Ils demeurent au palais, & font prélats vêtus de violet.

Il y a vingt-quatre fecrétaires des brefs, dont le principal demeure au palais. Leur fonction eft de foufcrire & d'expédier tous les brefs qui font reçus par le cardinal préfet des brefs. Le fecrétaire des brefs fecrets a foin de les dreffer, lorfque le cardinal patron, ou quelqu'un des fecrétaires d'état, le lui commande. Ces brefs ne font vûs de perfonne; la minute feulement eft fignée du préfet des brefs; & après qu'ils font fcellés *fub annulo pifcatoris*, ils font accompagnés d'une lettre du cardinal

patron. On conferve foigneufement les minutes de ces brefs; & après que le pape eft mort, on les porte au château Saint-Ange.

Le major-domo, ou maître-d'hôtel du pape, eft toujours un prélat. Les camériers d'honneur font gens de qualité, qui ne viennent au palais que quand ils veulent. Le maître d'étable eft un gentilhomme qui fait la fonction d'écuyer fans en avoir le titre, que le pape ne donne à perfonne. Il eft porte-épée, & quelquefois un des principaux feigneurs de Rome, comme étoit Pompée Frangipani fous Léon XI.

Le général des gardes du pape a fous lui deux compagnies de chevaux-légers, & une compagnie de trois cens Suiffes, avec leurs capitaines.

A l'égard des officiers de la daterie, des protonotaires participans, & des auditeurs de Rote, *cherchez* DATAIRE. PROTONOTAIRE. ROTE.

Le pape a établi une *chambre apoftolique*, où affiftent le cardinal camerlingue, le gouverneur de Rome, comme vice-camerlingue, le tréforier général, l'auditeur & le préfident de la chambre, l'avocat fifcal de Rome, & plufieurs autres officiers, pour juger des matieres qui concernent les revenus des provinces de l'état eccléfiaftique, les monnoies, les caufes des communautés, les impofitions, les gabelles, &c.

Le gouverneur de Rome connoît en particulier des matieres civiles & criminelles, & a droit de prévention fur les autres jurifdictions de la ville, en cas de délit. Le tréforier général revoit les comptes des revenus de la chambre, & connoît des dépouilles des perfonnes eccléfiaftiques, &c. Cette charge vaut foixante-dix mille écus, & en rapporte douze mille par an. L'auditeur de la chambre a un pareil revenu, & eft juge ordinaire de la cour de Rome, des courtifans, des barons, des princes, des évêques, & autres prélats, & de toutes les appellations de l'Etat eccléfiaftique. Il a deux lieutenans civils & un criminel. Le préfident de la chambre revoit les comptes des deniers de la chambre & du fiége apoftolique. L'avocat fifcal défend les intérêts du fifc devant tous les tribunaux de juftice, & le procureur fifcal les foutient par écrit.

Le maréchal de Rome a fous lui deux juges civils, l'un appellé premier collatéral, & l'autre fecond collatéral, avec un juge criminel: il connoît avec ces juges des caufes entre les bourgeois & les habitans de Rome. Il eft toujours étranger, & demeure au capitole. Dans les actions publiques il paroît en habit de fénateur à l'antique, qui eft d'un brocatel d'or, long jufqu'à terre, avec des manches larges, doublées d'un tafetas cramoifi. Il porte une grande chaîne d'or, felon l'ancienne coutume de Rome: aux chapelles du pape, il a féance après l'ambaffadeur de l'empereur.

DU GOUVERNEMENT DES ÉTATS DU PAPE.

Le pape gouverne lui-même la province de Rome; mais toutes les autres provinces font gouvernées par des légats ou vice-légats. Les pays de légation font l'Ombrie ou duché de Spolete (compris le territoire de Péroufe,) la Marche d'Ancone, le duché d'Urbin, la Romagne, le Bolonnois, le duché de Ferrare, & Avignon. Outre cela, chacune de ces provinces a fon général, qui commande aux gens de guerre, &, chaque ville a fon gouverneur que le pape choifit à fa volonté; mais les podeftats & autres officiers font élus par les habitans, à la réferve des fortereffes, des châteaux & des ports, dont les officiers, auffi-bien que les gouverneurs, dépendent tous de l'élection du pape. Pour connoître la fuite chronologique des papes, *voyez* ROME. * Onuphre Panvin.

PAPE (Gui) *cherchez* GUI PAPE.

PAPEBROCK (Daniel) Jéfuite, affocié en 1660 par Bollandus & par Henfchenius dans le travail entrepris pour faire une collection complete des actes concernant les vies des faints, après avoir fait un voyage à Rome avec Henfchenius, donna au public le mois de

mart

en trois volumes en 1668 ; en 1675 le mois
l en trois autres volumes , & en 1680 les trois pre-
volumes du mois de mai. Henschenius étant en-
tombé en paralysie , Papebrock devint le chef de
entreprise , & continua de donner quatre autres
nes du mois de mai , & le mois de juin. Il eut un
lé avec les Carmes , qui firent plusieurs écrits conti & contre ses collègues. Ceux-ci se défendirent ,
pebrock en son particulier fit un ouvrage contre
tien de Saint Paul , Carme , imprimé à Anvers en
. Les Carmes eurent néanmoins assez de crédit
faire condamner par un décret de l'inquisition d'Es-
e du 14 novembre 1699 , les quatorze volumes
étes des saints des mois de mars , avril & mai ,
és par Henschenius & par Papebrock. Ce dernier
ut le 29 juin 1714, âgé de 78 ans. Le pere Pape-
c avoit aussi composé des annales de la ville d'An-
depuis sa fondation jusqu'en 1700 ; mais on n'a pas
re imprimé cet ouvrage. * Du Pin , biblioth. des
ecclés. du XVII siécle. Mémoires de Trévoux du
de janvier 1718.

PHLAGONIE , *Paphlagonia* , contrée de l'Asie
ure , dite présentement *Bolli* , est située entre le
-Euxin & la Galatie , le long de la mer. Ses villes
nt Sinope , Tripoli ou Tribicelli , qui est la *Teu-*
ia des anciens , &c. Les poëtes disent que le nom
e pays lui est venu de celui de Paphlagon , fils de
ée prince du pays. Il n'a jamais fait une grande fi-
dans l'histoire , & n'a eu rien de considérable que
ques villes grecques sur la côte , du nombre desquel-
toit Sinope , où l'on faisoit un assez grand com-
e. Croesus se rendit maître de la Paphlagonie sans
coup de peine. Cyrus en eut encore moins à lui
ver ce pays, où il y eut depuis des rois , mais entière-
t dépendans des Perses. Alexandre , ses successeurs,
es Romains , furent maîtres les uns après les autres
a Paphlagonie , qui dans la division des provinces
 par Dioclétien , en devint une du diocèse Ponti-
: elle devint après Héraclius un des thêmes de
ient , & Cangra en fut la capitale ; présentement
fait partie de la province d'Amasie. * *Consultez*
bon , *l. 7.* Pline , Ptolémée , Etienne de Byzance ,
ys l'Africain , *notitia dignitat. Imp.* Constantin
phyr. *de thematibus.*

PHNUCE , *Paphnutius* , confesseur de Jesus-
rist dans le III siécle , étoit un évêque de la haute Théde, qui avoit été disciple de S. Antoine. Dans le temps
la persécution de Galere & de Maximin, il eut la ja-
gauche coupé , & l'œil droit arraché ; il fut ensuite
damné aux mines. Il assista depuis au concile de Ni-
en 325 , où il fut si-tôt honoré à cause de sa qualité
confesseur. Socrate & Sozomene rapportent que quel-
es évêques ayant proposé d'obliger ceux qui étoient
s les ordres sacrés au célibat, Paphnuce s'y opposa,
dit qu'il ne falloit point imposer aux clercs un joug si
ant ; qu'il suffisoit que celui qui étoit une fois ordonné
rc , ne pût plus , mais qu'il ne falloit pas les séparer des femmes qu'ils
oient épousées encore laïcs. Baronius & quel-
autres auteurs ont voulu contester la vérité de cette
toire , mais sans aucun fondement , puisque la loi du
ibat en a jamais été établie universellement en
Orient. Depuis le concile de Nicée, Paphnuce fut
i avec S. Athanase ; car il ne faut pas le confondre
c un autre PAPHNUCE , anachorete de la haute Egyp-
, aussi confesseur , qui se joignit aux Méléciens contre
Athanase. L'évêque en étoit si éloigné, qu'il vint avec
Athanase au concile de Tyr , & engagea Maxime ,
êque de Jérusalem , à soutenir l'innocence de S. Atha-
se. * Athanas. *vita Antonii.* Euseb. *lib. 8 hist. cap.* 12.
Epiph. *hæres.* 68. Rufin , *lib.* 1 , *cap. 4 hist.* Socrat.
. 1 , *hist. cap.* 11. Sozomen. *lib.* 1 , *cap.* 10. Théodor.
t, *lib.* 1 , *cap.* 7. Hermant, *vie de S. Athanase.* M. de
illemont , *mém. pour servir à l'hist. ecclés.*

PAPHOS , ville de l'isle de Chypre , étoit consacrée

à Vénus , qui y avoit un temple célébre. Elle fut depuis
le siége d'un évêque ; mais cette ville est présentement
ruinée ; l'on n'y voit plus qu'un bourg que quelques-
uns nomment *Baffo.* * *Consultez* Ptolémée , Pline , Strabon , Mela , &c. & Ovide , *l.* 10 *metamor.*

PAPHUS , fils de *Pygmalion* , & d'une femme que
la fable suppose avoir été auparavant une statue d'ivoire.
Pygmalion célébre sculpteur , étant venu dans l'isle de
Chypre , vit avec douleur que toutes les femmes y vivoient dans un grand libertinage , & résolut de ne se
point marier. Vers ce même temps , il fit une statue d'i-
voire d'une beauté achevée , dont il devint amoureux ;
& pour contenter sa passion , il pria la déesse Vénus , qui
étoit en grande vénération dans cette isle , de lui procurer une femme aussi belle que cette statue qui sortoit de
ses mains. Vénus , disent les poëtes , exauçant sa
priere , changea cette statue d'ivoire en une très-belle
fille , que Pygmalion prit pour sa femme , dont il eut Paphus , qui bâtit en ce lieu une ville appellée *Paphos* de
son nom. * Ovide , *metam. l.* 10.

PAPIAS , évêque d'Hiéraple , ou *Hierapolis* , ville
de Phrygie dans l'Asie mineure , proche de Laodicée ,
fut disciple , ou de S. Jean l'évangéliste , ou d'un autre
qui portoit le nom de Jean. S. Irénée , *l.* 5 , *c.* 33 , parle
ainsi de lui , *Papias Joannis auditor.* S. Jérôme , *epist.*
29 *ad Theodor.* parlant de S. Irénée , dit qu'il étoit *Pa-*
piæ auditoris evangelistæ Joannis discipulus. Les martyrologes de Bede , d'Usuard & d'Adon , le martyrologe
romain , André de *Césarée,* & Anastase *le Sinaïte,* l'appellent aussi disciple de S. Jean l'évangéliste. Eusebe au
contraire , rapportant un passage de Papias , *hist. l. 3 ,*
c. dern. remarque que le maître de Papias n'étoit pas
Jean l'évangéliste , mais l'autre Jean appellé l'*Ancien.*
Sa conjecture est que Papias , au commencement de ses
livres , ne dit pas qu'il a été disciple des apôtres , mais
seulement qu'il a appris ce qu'il dit de ceux qui étoient
familiers avec les apôtres. Il semble néanmoins que l'on
doit déférer à l'autorité de S. Irénée , qui parle assurément de S. Jean l'évangéliste , que l'on sait que S. Polycarpe étoit disciple de S. Jean l'évangéliste ; & S. Irenée
dit positivement que Papias étoit compagnon de Polycarpe. Papias avoit écrit cinq livres intitulés , *les expli-*
cations des discours du Seigneur, qu'on trouvoit encore
du temps de Trithème : à présent il n'en reste que quelques fragmens , dans les auteurs anciens & modernes.
C'est lui qui a donné cours à l'opinion que plusieurs anciens ont eue touchant le régne temporel de J. C. qu'ils
supposoient devoir venir sur la terre , mille ans avant le
jugement , pour rassembler les élus , après la résurrection , dans la ville de Jérusalem , & les y faire jouir pendant des délices imaginables pendant ces mille années.
S. Irenée , qui étoit dans la même opinion , rapporte un
fragment tiré du livre quatriéme de Papias , où il prétend
prouver cette opinion par un passage d'Isaïe. Eusebe ,
après avoir cité un passage tiré de la préface de Papias ,
ajoûte *que cet auteur a rapporté plusieurs choses qu'il pré-*
tendoit avoir apprises par tradition non écrite : telles
que sont de nouvelles instructions de notre Sauveur Jesus-
Christ , qui ne sont point rapportées dans les évangiles ,
& quelques autres histoires fabuleuses , au nombre des-
quelles il faut mettre son opinion touchant le régne de
Jesus-Christ sur la terre pendant mille années , après la
résurrection des corps. Ce qui l'a fait tomber dans cette
erreur , dit encore Eusebe , *c'est qu'il entendoit trop*
grossiérement les discours & les instructions des apôtres ,
ne comprenant pas que ces sortes de pensées doivent avoir
un sens mystique , & que les apôtres ne les avoient eues
que pour servir d'exemple ; car c'étoit un homme d'un
petit génie , comme ses livres le font voir , qui a pour-
tant donné occasion à plusieurs anciens , & entr'autres
à S. Irenée , de soutenir cette erreur , qu'ils défendirent
par l'autorité de Papias. Eusebe rapporte au même endroit deux miracles que Papias avoit appris des filles
de Philippe *le Diacre ,* qui demeuroient à Hiéraple , savoir , qu'un mort avoit été ressuscité en ce temps , &

que Barſabas , ſurnommé *le Juſte* , choiſi pour être apôtre avec S. Matthias , ayant avalé un poiſon mortel ,
n'en avoit reçu aucune incommodité. Il dit encore que
Papias avoit recueilli dans ſes livres , des explications
qu'Ariſtion , diſciple des apôtres , avoit données à quelques paroles de J. C. & les traditions du vénérable vieillard S. Jean. Mais paſſant ſur ces choſes , il ſe contente
de rapporter un endroit , dans lequel Papias dit que
S. Marc avoit compoſé ſon évangile ſur ce qu'il avoit
ouï dire à S. Pierre , des actions & des diſcours de Jeſus-
Chriſt , & que c'eſt la raiſon pour laquelle il n'a pas gardé l'ordre de l'hiſtoire ; que S. Matthieu avoit écrit ſon
évangile en hébreu , & qu'il avoit été depuis traduit en
grec. Enfin Euſebe dit que Papias citoit les premieres
épîtres de S. Pierre & de S. Jean , & qu'il expliquoit
l'hiſtoire d'une femme accuſée de pluſieurs crimes devant Jeſus-Chriſt , laquelle ſe trouvoit dans l'évangile
ſelon les Hébreux. André de Céſarée, *ſer.* 12 *ſur l'Apocalypſe* , cite un paſſage de Papias , où il eſt dit que les
anges qui ſont autour de la terre , étoient chargés du
ſoin des choſes ſublunaires. Œcuménius , *ſur les actes* ,
remarque que Papias a cru que Judas n'étoit pas mort
pendu , mais qu'il avoit été écraſé par un chariot. Il n'eſt
pas certain que ces paſſages ſoient de Papias , qui d'ailleurs , comme le dit Euſebe , étoit un homme fort crédule ; & comme il faiſoit des queſtions à tout le monde ,
& qu'il étoit diſpoſé à croire tout ce qu'on débitoit , il a
fait paſſer des erreurs pour les ſentimens des apôtres ,
& a conté des hiſtoires fabuleuſes comme véritables.
* Euſebe, *hiſt.* Du Pin, *nouvelle bibliothèque des auteurs
eccléſiaſtiques.*

PAPIAS ou PAPUS , ou plutôt PAPPUS d'Alexandrie , vivoit ſur la fin du IV ſiécle , du temps de
Théodoſe *le Grand* , & avoit fait huit livres de *recueils
de mathématique* , dont les deux premiers ſont perdus.
Cet ouvrage a paru en latin à Peſaro en 1588 ; & ſe
trouve en grec , à ce qu'on dit , dans quelques bibliothèques. Il avoit encore fait un commentaire ſur *l'Almageſte de Ptolémée* ; une *chorographie univerſelle* ; une
deſcription des fleuves de Lybie ; un traité *des machines
militaires* , &c. * Suidas. Voſſius , *de ſcientiis mathematicis.*

☞ PAPIAS , grammairien qui vivoit au milieu du
onzième ſiécle , eſt auteur d'un livre intitulé , *Elementarium doctrinæ rudimentum.* C'eſt un gloſſaire par ordre alphabétique , qui parut à Venise en 1496. Trithème
place Papias ſous l'année 1200 , mais il ſe trompe aſſu-
rément. On avoit vu dès l'an 1173 un manuſcrit du gloſſaire de Papias. Quelque choſe de plus déciſif pour fixer le
temps où vivoit ce grammairien , eſt le témoignage d'Alberic de Trois-Fontaines , qui dit expreſſément que Papias publia ſon ouvrage en 1053. Voici ſes paroles :
Anno 1053,*anno decimo tertio imperatoris filii Conradi,
Papias librum ſuum , videlicet* Elementarium doctrinæ
rudimentum , *edidit.* Papias eſt un des interlocuteurs
d'une piéce allégorique d'Antoine de Beccari ſur la mort
du célèbre Pétrarque. Voyez ſur cette piéce les *Mémoires de l'académie des inſcriptions & belles lettres* ,
tome XVII , p. 460 *& ſuiv.* * M. Goujet , *mém. mſſ.*

PAPILLON (Almaque) poëte François , ami & contemporain de Marot , étoit d'une famille originaire de
Tours , établie depuis long-temps en Bourgogne. L'abbé
de Marolles , dans ſes *Mémoires* , pages 9 & 372 , parle
d'un NICOLAS Papillon , chevalier , ſeigneur de Vaube-
raut , qui étant veuf , épouſa en ſecondes noces vers l'an
1569 , *Françoiſe* d'Erian , aïeule de l'abbé de Marolles.
Ce Nicolas Papillon , fils de PIERRE Papillon & de *Marie* Prevoſt , étoit un homme fort habile pour ſon temps.
Si l'on en croit le grand abbé de Marolles , il entendoit
les auteurs Grecs & Latins comme ceux qui avoient écrit
dans la langue maternelle. On a de lui des vers françois ,
entr'autres , pluſieurs petites piéces compoſées ſur la mort
de Richard le Gras , de Rouen , docteur en médecine ,
& imprimées dans *le tombeau de le Gras* , qui fut publié
à Paris en 1586, *in-*12, chez Etienne Prevoſteau. M. De

Launoy dans ſon hiſtoire latine du collége de Navarre ,
pages 268 , 407 & 408 de l'édition *in-*4° , *partie premiere* , parle auſſi d'un JEAN Papillon qui fut reçu docteur en théologie en 1537 , & profeſſeur en 1539. AL-
MAQUE , ou Télémaque Papillon , Dijonois , naquit
en 1487. Sa famille conſerve encore à Dijon ſon portrait : il y eſt marqué qu'il étoit âgé de 72 ans , en 1559.
Il fut valet de chambre de François I , & bon poëte
pour ſon temps. Marot , ſon ami , adreſſa en ſa faveur
une épître à François I , pour le recommander à ce prince
durant une maladie qui accabloit Papillon. C'eſt la derniere des épîtres de Marot. Le poëte y dit , entr'autres ,
en parlant au roi :

> Que PAPILLON tenoit en main la plume
> Et de tes faits faiſoit un beau volume ;
> Quand maladie extrême lui a fait
> Son œuvre exprès demeurer imparfait.

On croit qu'il s'agiſſoit d'un poëme à la louange de
François I. La Croix du Maine , page 422 de ſa bibliothèque françoiſe , donne à Papillon un livre intitulé : *Le
trône d'honneur* , & il le lui donne ſur la foi de l'auteur
de la généalogie des dieux , ſurnommé *l'Innocent égaré* ,
c'eſt-à-dire , Gilles d'Aurigny , ſurnommé auſſi le *Pamphile.* Papillon étoit auſſi en relation avec le fameux Corneille Agrippa , qui dans une lettre du 31 décembre
1527 en fait mention en ces termes : *Eruditiſſimus Pa-
pilio ſalutem ad me ex tuo nomine ſcripſit.* Dans un recueil de vers imprimé en 1547 à Lyon , chez Jean de
Tournes , *in-*8° , on lit du même Papillon un poëme intitulé : *Le nouvel amour , inventé par le ſeigneur Papillon.* L'auteur de la *bibliothèque des écrivains de Bourgogne* dit que le nom de l'auteur ne paroît pas à ce poëme : il eſt cependant vrai , que le titre eſt tel qu'on vient
de le rapporter , dans l'édition de 1547. Voyez au reſte
dans la même *bibliothèque* les autres éditions du même
poëme , & ce que dit le bibliothécaire de quelques autres petites piéces qu'il conjecture être encore de Papillon. Il y a eu de la même famille THOMAS Papillon ,
juriſconſulte , & avocat au parlement de Paris , habile
dans les langues & les belles lettres , de qui on a un
traité intitulé : *Libellus de jure accreſcendi* , imprimé à
Paris , *in-*8° , chez Berjon en 1571 ; un autre : *De di-
rectis hæredum ſubſtitutionibus* , à Paris , 1616 , *in-*8° ;
& encore : *Commentarii in quatuor priores titulos libri
primi digeſtorum*,à Paris , 1624, *in-*12. Les deux premiers
ont été réimprimés dans le quatrième volume de la collection du juriſconſulte Othon , imprimée à Leyde en
1729 *in-folio* , ſous le titre de *Theſaurus juris romani.*
Thomas Papillon vivoit encore au commencement du
dix-ſeptième ſiécle. * Voyez , outre les auteurs cités dans
cet article , les pages 5 & 6 de l'éloge hiſtorique de
PHILIBERT Papillon , qui ſuit , compoſé par l'abbé
Joly , chanoine de la Chapelle-au-Riche de Dijon.

PAPILLON (Philibert) né à Dijon le premier de
mai 1666 , de *Philippe* Papillon , avocat au parlement ,
référendaire en la chancellerie de Bourgogne , & d'*Anne-
Urſule* Pareſſot , étoit d'une famille que l'on croit originaire de Tours , mais qui depuis long-temps eſt établie en Bourgogne. Elle compte parmi ſes ancêtres Almaque Papillon , Dijonois , valet de chambre de François I , bon poëte , & ami de Clément Marot , qui l'eſtimoit beaucoup. Philibert Papillon , après avoir fait ſes
premieres études chez les Jéſuites de Dijon , vint à Paris , y chercha les ſavans les plus diſtingués , s'ouvrit une
entrée chez eux pour profiter de leurs lumieres , & amaſſa
dans ce commerce & dans une application conſtante à
l'étude , beaucoup de richeſſes littéraires qu'il a toujours
augmentées depuis. Durant ce ſéjour à Paris , qui fut de
trois ans , il ſe fit recevoir bachelier en droit civil & canon. Rendu à ſa famille en 1692 , & déterminé à l'état
eccléſiaſtique , il entra au ſéminaire de Dijon , & reçut
le ſacerdoce le 27 mars 1694. L'année précédente pluſieurs ſavans de cette ville avoient établi entr'eux une
aſſemblée académique. M. Papillon n'eut pas beſoin de

d'y être admis, on l'y fouhaitoit ; & quelque qu'il fût, il y tint fon rang avec diftinction. Dès il avoit été reçu à un canonicat de la Chapelle-che de Dijon, bénéfice d'un revenu fort médiocre, qui fatisfaifoit un homme qui n'a jamais eu d'autre ion que celle de cultiver les lettres, & qui avoit un patrimoine qui le mettoit en état de les cul-agréablement. L'amour ardent qu'il avoit pour elles it manifefté dès fa premiere jeuneffe, il avoit tra-de bonne heure à acquérir une grande connoif-des livres, & à fe former une bibliothéque qui pût ocurer tous les fecours dont il pouvoit avoir befoin augmenter fes connoiffances. Ses amis s'empreffe-de feconder fon gout, & de contribuer au bon ufa-'il faifoit de fon temps ; & il a eu la confolation de ir une bibliothéque, non-feulement nombreufe, bien choifie & bien fournie de livres rares & cu-t. Ce tréfor n'étoit pas pour lui feul : ami le plus municatif, il n'étoit pas plus avare de fes livres que es lumieres, 'dès qu'il croyoit pouvoir être utile à qu'un. La critique fut fon étude favorite, mais il ne orna pas. Dans fa premiere jeuneffe, il avoit fait ez grands progrès dans la botanique, dans l'anato-& dans la médecine, pour faire croire que fon but t de fe fixer à ces fciences : il les négligea lorfqu'il engagé dans l'état eccléfiaftique, mais fans les aban-ner entiérement ; il s'arrêta davantage à la théolo-, à la philofophie ancienne & moderne, à la géogra-, à la chronologie, à l'hiftoire. Il prit auffi plus qu'une ture des beaux arts, & de l'architec-. Il fit une étude particuliere de l'hiftoire de fa proce-, & fur-tout de l'hiftoire littéraire, à laquelle il a vaillé une partie de fa vie, & dont on voit mainte-les fruits. Dès qu'on l'eut engagé, en 1718, à défri-r cette partie de notre hiftoire littéraire, il parcourut te la Bourgogne, fouilla dans les recoins les plus ca-s des bibliothéques de Cîteaux, la Ferté, Cluni, &c. confulta tous les gens de lettres avec qui il avoit des ations. Cependant il n'a pu parvenir à faire un vrage exaft. Les auteurs de l'hiftoire littéraire de la ance, tome VII, page 259, article d'AGANON, ne aignent point de dire qu'il y auroit de quoi faire un vrage entier, fi l'on vouloit entreprendre de reftifier qu'il y a de défeftueux, & de fuppléer ce qui manque ns la bibliothéque des auteurs de Bourgogne, de l'abbé apillon. On voit par les lettres qu'il écrivoit à fes amis, nelle étoit fa capacité, quel étoit fon jugement, fon difcernement : ceux qui ont eu l'avantage de pprocher de plus près, favent qu'il étoit encore plus rand par les qualités de fon cœur. C'étoit un homme oux, fimple, modefte, fans fard, ami de la vérité & e la juftice, gai par tempérament, enjoué même ; mais jujours également ennemi de la médifance, de la diffi-ation, & de tout ce qui ne pouvoit s'allier avec les ré-les les plus féveres du devoir & de la bienféance : l'ami x le bienfaiteur conftant des pauvres pendant fa vie, il eur a fait du bien jufqu'à la derniere extrémité. Sa der-niere maladie fut longue & douloureufe ; fa patience & à religion s'y montrerent avec un nouvel éclat. Il mou-ut le 23 de février 1738, âgé de foixante-onze ans, neuf mois & vingt-deux jours. Il a fourni un grand nom-bre de mémoires au feu pere le Long, bibliothécaire de l'Oratoire à Paris, que cet habile écrivain a employés dans fa Bibliothéque des hiftoriens de France, imprimée en 1719, & plus de mille additions & corrections qui devoient fervir à une feconde édition, dont il avoit en-voyé même le plan au pere le Long. Il a également fourni au même auteur beaucoup d'obfervations dont il a fait ufage dans fa Bibliothéque facrée, compofée en la-tin, & imprimée en 1723. Les Mémoires de littérature & d'hiftoire, recueillis par le pere Defmoletz, fucceffeur du pere le Long, contiennent auffi plufieurs pieces de M. Papillon qu'il avoit communiquées ; favoir : dans le tome II, premiere partie, Eloge abrégé de Jacques de Clugny : Defcription des grottes d'Arcy, par le

même Jacques de Clugny : Vie de Charles Fevret, au-teur du traité de l'abus, réimprimée dans le fecond vo-lume des Mémoires du pere Niceron, qui a retranché les citations latines ; publiée pour la troifiéme fois, avec quelques changemens qui font de M. Fevret de Saint-Mefmin, en 1736, à la tête de la nouvelle édition faite à Lyon du traité de l'abus ; & enfin imprimée encore, mais avec fes retranchemens, dans le journal intitulé, Bibliothéque françoife, tome VIII, à Amfterdam 1726. Dans le tome III des Mémoires du pere Defmoletz : Vie de Philibert Collet, avocat au parlement de Dombes ; avec quelques corrections de M. Papillon même, dans le tome III des Mémoires du pere Niceron, & dans le tome XVIII de la Bibliothéque françoife, mais avec quelques retranchemens. Dans le quatriéme volume du pere Defmoletz : Differtation dans laquelle on montre que l'auteur de la chronique de S. Bénigne de Dijon eft un religieux anonyme. Dans le feptiéme volume : Vie de Claude Mignault, & differtation fur le temps auquel les imprimeurs ont introduit l'J & l'V confonnes dans leurs livres. Le pere Niceron a redonné la vie de Mi-gnault dans le quatorziéme volume de fes Mémoires. Dans le tome IV defdits Mémoires : La vie de Pierre Abelard, & celle de Jacques Amyot, évêque d'Au-xerre, font encore de M. Papillon. Dans le tome X, feconde partie, il y a plufieurs additions & corrections aux mémoires précédens qui font encore du même. L'abbé le Clerc, dans fa Bibliothéque du Richelet, & dans l'é-dition du Diftionaire de Bayle, faite à Trévoux en 1734, a pareillement inféré un nombre de remarques de notre favant Dijonnois : on en trouve la lifte dans fon éloge que l'on citera plus bas. Dans le Supplément de Moreri de 1735, il y a environ une douzaine d'articles compris fous la lettre M, qui font dus de même à M. Pa-pillon. C'eft lui auffi qui a mis le ftyle & l'ordre des pe-tits ouvrages donnés depuis 1722, par Louis Thomaf-fin, célebre ingénieur du roi, tant fur les antiquités de Bourgogne, que fur les canaux que l'on propofoit de faire en cette province. C'eft encore lui qui a aidé de fes lumieres & de fes confeils feu M. Garreau, dans fa Def-cription du gouvernement de Bourgogne, imprimée à Dijon en 1717, & réimprimée en 1734. Enfin l'on a imprimé à Dijon le grand ouvrage de M. l'abbé Papil-lon, fa Bibliothéque des auteurs de Bourgogne. Cet ou-vrage a été imprimé en 1742, in-folio, par les foins de M. l'abbé Joly, chanoine de la Chapelle-au-Riche, ami de l'auteur. C'eft de même à qui nous devons l'éloge hiftorique de M. l'abbé Papillon, imprimé à Dijon en 1738, in-8°, & que nous n'avons fait qu'abréger. Cet éloge fe trouve auffi à la tête de la Bibliothéque des au-teurs de Bourgogne, & dans un recueil de divers Eloges de quelques auteurs François, que M. Joly a publié auffi à Dijon, en 1742, in-8°, & qui contient de bonnes re-cherches. M. l'abbé d'Artigni a inféré au tome V, pages 391 & fuivantes, de fes Nouveaux mémoires d'hiftoire, de critique & de littérature, une lettre de M. Papillon à M. le Clerc, concernant les plagiaires.

PAPILLON (Jean) habile graveur en bois, étoit fils d'un autre Jean Papillon, auffi graveur en bois, qui étoit né à Rouen, & dont les ancêtres étoient origi-naires de Touraine. Jean Papillon naquit à Saint-Quentin en 1661. Son pere le mit chez Noël Cochin, graveur à l'eau forte, où il fe perfectiona dans le deffin, au point de prendre toute la manière de fon habile maître. Celui-ci menoit fouvent fon éleve au marché aux chevaux, pour y étudier les différentes attitudes de ces animaux ; & le jeune Papillon en avoit l'efprit tellement rempli, que dès-lors il deffinoit très-proprement à la plume de petits chevaux, & de petits cavaliers, où on remar-quoit beaucoup de feu & d'aftion. Il lui étoit même fi familier de faire de ces deffins, qu'il n'a prefque jamais figné fon nom, fans l'orner, au lieu de paraphe, d'un petit cavalier, d'un chaffeur tirant du gibier, d'un che-val échapé, de quelques chevaux caracolant enfemble, ou de quelqu'autre figure deffinée très-délicatement dans le gout de son maître. Ce fut chez Cochin que Papillon fit connoissance avec M. Foy Vaillant, docteur en médecine, fils du célèbre antiquaire de ce nom, lequel conserva toujours beaucoup d'estime & d'amitié pour Papillon. Après avoir demeuré quelque temps chez Cochin, Papillon fut mis en apprentissage chez un nommé Barberot, marchand mercier, qui faisoit commerce de patrons pour les dentelles, &c. & dessinoit à la plume, sur des jupons à piquer, des dessins appellés de Marseille. Papillon étoit convenu avec Barberot, qu'il lui dessineroit un jupon par jour, & que dans le temps qu'il auroit de reste, il lui seroit libre de travailler pour son compte. Ce fut pour fournir à cet engagement qu'il s'avisa de graver en bois les dessins de ces jupons, au moyen de quoi il dessinoit deux jupons en moins de deux heures, & se trouvoit ainsi, en faisant le profit de son maître, beaucoup de temps à lui. Il l'employoit à se perfectionner dans le dessin & dans la gravure en bois délicate, pour laquelle il se sentoit beaucoup de gout & de talent. Dès 1684 ou environ il commençoit à être en réputation dans la librairie, & parmi les brodeurs, les tapissiers, les gaziers, les rubaniers, &c. pour qui il faisoit des dessins. Ce fut lui qui fit ceux des dentelles, cravates, rabats, manchettes, &c. pour le mariage de l'empereur, du roi des Romains, des princesses leurs femmes, des ducs de Lorraine, du duc de Savoye, & autres princes. Il avoit un gout particulier pour ces sortes d'ouvrages, dont il connoissoit à fond les points différens & les agrémens. On lui doit l'invention des papiers de tapisserie, qu'il commença à mettre en vogue en 1688. Il savoit les poser avec gout, beaucoup d'art & de propreté. Il a porté cette invention au plus haut point où elle ait jamais été; de sorte que de son temps, & depuis lui, tous ceux qui se sont mêlé de ce commerce, ont contrefait ses dessins, parcequ'ils étoient en grande réputation.

Les vignettes, fleurons, & autres gravures en bois exécutées par Jean Papillon, se ressentent du gout qu'on avoit de son temps pour les ornemens mats & fort chargés : du reste elles sont nettes ; les tailles en sont douces & bien coupées. Comme il entendoit assez bien la figure, les contours de celles qu'il a gravées sont corrects : c'est en quoi il a surpassé tous les graveurs en bois ses contemporains. Il a également surpassé dans la maniere de graver les armes d'évêques & autres choses qu'on peut voir à la bibliothèque du roi, dans le recueil des gravures en bois des Papillons, depuis la neuviéme page jusqu'à la trente-huitiéme. Ses gravures sont marquées par un J. & un P. figurés de maniere, que les deux lettres ont une queue commune. Jean Papillon avoit été marié deux fois. La premiere en 1686, avec la fille d'un libraire, morte en 1710, dont il a eu Jean-Michel Papillon, qui exerce encore aujourd'hui avec distinction les talens que la nature lui a donnés pour la gravure en bois, & sur les mémoires duquel j'ai rédigé cet article. La seconde femme que Papillon pere épousa en 1719, lui donna un garçon & une fille, qui sont morts aujourd'hui. Cette femme mourut d'une fausse couche, & la douleur que Papillon en ressentit, le conduisit lui-même au tombeau, quelques mois après, c'est-à-dire le 3 février 1723, âgé de 62 ans. * On trouvera un plus grand détail sur les Papillon, dans le *traité historique & pratique de la gravure en bois*, par Jean-Michel Papillon, & les articles *Gravure en bois* & *Papier de tapisserie*, qu'il a fournis pour l'Encyclopédie.

PAPIN (Nicolas) oncle du célèbre Isaac Papin, dont nous allons parler, étoit un habile médecin. Nous avons de lui plusieurs ouvrages estimés concernant sa profession; savoir, *Raisonnemens philosophiques touchant la salure, flux & reflux de la mer*, & *l'origine des sources*, tant *des fleuves que des fontaines*, avec un *traité de la lumiere de la mer*, à Blois, par F. de la Fougere, en 1647, in-12. *De pulvere sympathico*, à Paris, chez Piget en 1649. *De aurium cerumine*, à Saumur. *Diastoles cor-*

dis, à Alençon, en 1655.

PAPIN (Denys) cousin germain d'Isaac Papin, étoit docteur en médecine, & calviniste, de même que le précédent. Il a publié en anglois la description d'un Siphon qui produit les mêmes effets que celui de Wittemberg. On trouve cette description dans le *Journal d'Angleterre*, n. 167 (M. Papin étoit de la société royale de Londres) & dans les *nouvelles de la république des lettres*, mai 1685. On trouve dans les mêmes nouvelles plusieurs autres piéces de ce savant ; savoir, un écrit présenté dans une assemblée de la société royale de Londres, touchant une nouvelle machine pour élever les eaux. *Août* 1685, *art.* 8. *Mai* 1686. Description d'une nouvelle machine pour élever les eaux. *Juin*, *art.* 5, & mois de *septembre*, p. 1004. *Transactions philosophiques sur une maniere de calculer la vitesse de l'air*, *février* 1687. Maniere d'amollir les os, imprimée à Londres, en anglois. La traduction françoise de cet ouvrage a été imprimée à Paris chez Michallet, en 1682.

PAPIN (Isaac) ministre de l'église anglicane, puis réuni à l'église catholique romaine, a été l'auteur de quelques ouvrages dont on parlera dans la suite de cet article. Voici ce qu'il nous apprend lui-même de sa vie, & ce que l'on en sait d'ailleurs. Né à Blois le 27 mars 1657, d'*Isaac* Papin, receveur général du domaine à Blois, & de *Magdeléne* Pajon, sœur du fameux Claude Pajon, ministre à Orléans, tous deux de la religion prétendue-réformée, il fit ses études de philosophie & de théologie à Genève. L'académie étoit alors divisée sur la grace en particularistes & universalistes : les premiers étoient les plus forts. Les universalistes ne demandoient que d'être tolérés ; & M. Claude écrivit à M. Turretin, chef du parti dominant, pour l'exhorter à la tolérance. Outre qu'il y étoit peu porté de lui-même, Desmarets, professeur de Groningue, qui avoit fortement disputé contre Daillé sur cette matiere, pressoit au contraire, & appuyoit sur l'autorité des synodes qui avoient décidé sur ces matieres. Une autre dispute sur la même matiere lui fit faire de nouvelles réflexions. M. Pajon, qui étoit son oncle maternel, admettoit le dogme de la grace efficace ; mais il ne l'expliquoit pas de la même maniere que les prétendus-réformés en général, & Jurieu en particulier. Le synode d'Anjou tenu en 1677 après de longues disputes, renvoya Pajon à Saumur pour continuer ses leçons de théologie ; mais il ne fut pas le plus fort dans cette académie. M. Pajon étoit à Orléans en 1679, lorsque M. Papin vint étudier sous lui les langues grecque & hébraïque ; ensuite étant allé à Saumur en 1683, comme on le savoit prévenu pour les sentimens de son oncle, on le pressa de condamner ce qu'on appelloit le Pajonisme. Il déclara que sa conscience ne lui permettoit pas de souscrire à la condamnation d'aucun des deux partis ; ce qui détermina l'académie de Saumur à lui refuser un témoignage dans la forme ordinaire. Quelque temps après, M. Papin composa le traité qui a pour titre : *La foi renfermée dans ses justes bornes*, & réduite à ses véritables principes. Il y soutint que les catholiques faisant gloire de suivre l'écriture, les protestans les plus zélés devoient les tolérer. Ce fut dans la même ville qu'il fit connoissance avec M. Pople, riche négociant Anglois, qui voulut lui donner une de ses filles en mariage ; mais M. Papin ne pensoit alors à aucun engagement. Il conserva toujours néanmoins beaucoup d'amitié pour les demoiselles Pople, & il leur dédia un traité qu'il composa à Esrik en Angleterre, & qui a pour titre : *La vanité des sciences, ou Réflexions d'un philosophe chrétien sur le véritable bonheur*, imprimé en 1688. Papin écrivit plusieurs lettres aux prétendus-réformés de Bourdeaux, pour les persuader qu'ils se pouvoient sauver dans l'église catholique romaine, à laquelle ils s'étoient réunis. Cet ouvrage lui attira sur les bras le parti des prétendus-

rmés. Pour éviter leurs pourfuites, il paffa en An-
erre, où il reçut les ordres de diaconat & de prê-
de l'évêque d'Eli en 1686. Dans ce temps-là il fit
rimer contre Jurieu un ouvrage dont voici le titre
er : *Effais de théologie fur la providence & la grace,*
'on tâche de délivrer M. Jurieu de toutes les difficul-
accablantes qu'il rencontre dans fon fyftême. En
r tomes. Le premier, contre fon livre intitulé : *Juge-*
it fur les méthodes rigides & relâchées, &c. Le *fe-*
d , contre fon traité de la grace immédiate. *A quoi*
a ajouté une réfutation du fentiment de la prédé-
ination au péché & à la condamnation, pour fervir
réponfe au traité du même théologien fur le concours
médiat. A Francfort (ou plutôt en Hollande) *chez*
déric Arnaud , c'eft-à-dire , Reinier Leers , 1687.
in publia cet ouvrage, avant l'ouvrage même de Ju-
u qu'il attaquoit, & dont il avoit eu communication.
ieu en fut furpris , & fit une courte réponfe à ces
is dans la feconde partie de fon ouvrage. Mais fon
mofité alla plus loin. Dès qu'il fut que Papin alloit
ercher de l'emploi en Allemagne , il écrivit partout
on ne devoit point lui donner de chaire. Cependant
le retint quelques mois à Hambourg pour y prêcher ;
is Jurieu fit fi bien , qu'il lui fit donner fon congé. La
fertation fur *la foi réduite à fes juftes bornes* étoit
nbée entre les mains de M. Bayle. Il y ajouta quel-
es pages , & il la fit imprimer. Jurieu l'attribua à notre
teur , qui n'en défavoua pas les principales maximes,
i furent condamnées dans un fynode. Dans ces en-
faites , Papin accepta la chaire de l'églife françoife
étendue-réformée de Dantzick. Quand il l'eut rem-
ie quelque temps , on lui propofa de fe conformer aux
ifions des fynodes des églifes Vallones des Provinces-
nies , & de les figner. Il refufa de le faire , parcequ'il
avoit des fentimens qui ne l'accommodoient pas , &
a particulier celui qui enfeigne que Jefus-Chrift n'eft
ort que pour les élus. Ceux qui l'avoient appellé pa-
urent peu contens de ce refus. On convint cependant
u'il ne fe retireroit qu'après avoir achevé la demi-an-
ée qu'il avoit entrepris de prêcher. Il embraffa enfuite
t religion catholique , & fit fon abjuration à Paris , dans
églife des Peres de l'Oratoire , rue S. Honoré , entre
s mains de feu M. Boffuet , évêque de Meaux , le 15
anvier 1690. Jurieu écrivit une lettre paftorale fur ce
hangement aux prétendus-réformés de Paris , d'Orléans
x de Blois. Il prétend dans cette lettre , que Papin a
oujours regardé toutes les religions comme indifférentes,
& que c'eft dans cet efprit qu'il eft rentré dans l'églife
omaine. Ce fut pour répondre à cette lettre , que Papin
 compofa un traité *de la tolérance des proteftans , & de*
l'autorité de l'églife. Il fut approuvé de M. Boffuet , évêque de Meaux , & imprimé en 1692. Depuis , l'auteur
en changea le titre , qui étoit équivoque , & y ajouta
quelques endroits. Lorfqu'il travailloit à recueillir des
piéces pour rendre ce traité plus complet , & pour achever quelques autres livres fur la même matiere , il mourut à Paris le 19 juin 1709 , & fut enterré à S. Benoît,
où l'on voit fon épitaphe. Après fa mort M. Pajon , fon
coufin , & non fon neveu , avocat au parlement de Paris , retira plufieurs de fes manufcrits , qui étoient entre
les mains du pere Germon , Jéfuite , & les mit entre celles
de feu M. du Sauffai , alors théologal d'Orléans , qui
les envoya en Hollande , & ils ont fervi à la nouvelle
édition qu'on y a faite en 1713 , *in-12* , fous le nom de
Liége , de plufieurs de fes ouvrages. Le recueil eft intitulé : *Les deux voies oppofées en matiere de religion ,*
l'examen particulier & l'autorité , feconde édition du
livre intitulé , *La tolérance des proteftans , avec d'autres*
traités fur le même fujet , par M. Papin , &c. Il s'eft fait
une troifiéme édition de cet ouvrage , auquel on en a
uni plufieurs autres du même , le tout faifant trois volumes *in-12* , imprimés à Paris en 1723 , fous le titre de
Recueil des ouvrages compofés par feu M. Papin , en fa-
veur de la religion. On y a joint la vie de l'auteur donnée
par madame Viard Papin fa veuve , laquelle avoit em-

braffé la religion catholique avec fon mari , & qui eft
morte à Blois au mois de mars 1725. L'éditeur de ce recueil eft le pere Pajon , prêtre de l'Oratoire , frere de
l'avocat , & curé de N. D. de la Rochelle , coufin de
M. Papin. C'eft auffi qui a traduit en françois l'écrit
latin qui fe trouve dans le troifiéme volume , & qui a
pour titre : *La caufe des hérétiques difputée & condamnée*
par la méthode de droit. M. Papin avoit fait cet excellent
écrit en 1707 pour Claude Scoffier , neveu maternel
du miniftre Pajon , & qui étoit alors prêtre de l'églife
anglicane. Dans le même volume on trouve les lettres
de mademoifelle de Royere à madame Rouph , fa fœur,
aufquelles M. Papin a eu beaucoup de part. *Voyez*
ROYERE. M. Papin avoit fait auffi des Réflexions fur le
traité de la priere publique de M. Duguet , qui font demeurées entre les mains du pere Germon , Jéfuite.

PAPINIEN , célèbre jurifconfulte , que Spartien appelle *l'honneur de la jurifprudence , & le tréfor des loix,*
vivoit dans le III fiécle , & fut avocat du fifc , puis préfet du prétoire fous l'empereur Sévere. Il eut beaucoup
de part aux bonnes graces de ce prince , qui en mourant
lui recommanda fes fils Antonin Caracalla & Géta. Mais
Caracalla ayant voulu l'obliger à compofer pour lui un
difcours pour excufer devant le fénat , ou devant le peuple , la mort de fon frere Géta qu'il avoit fait affaffiner
entre les bras de leur mere commune , Papinien qui fe
fouvenoit , fans doute , que l'on avoit fort blâmé Sénéque d'avoir compofé une lettre que Néron adreffa au
fénat pour juftifier l'affaffinat de fa mere , répondit généreufement : « Il n'eft pas auffi aifé d'excufer un parri-
» cide que de le commettre ; & c'eft un fecond parri-
» cide que d'accufer un innocent , après lui avoir ôté la
» vie. » L'empereur irrité de cette réponfe , lui fit trancher la tête , l'an de J. C. 212 , & fon corps fut traîné
dans les places de Rome. On tua auffi le fils de Papinien,
qui étoit alors quefteur. Ce grand jurifconfulte n'avoit
que 36 ans , 4 mois & 10 jours , lorfqu'il fut mis à mort,
quoiqu'il fût regardé comme l'oracle de la jurifprudence
romaine. C'eft ce que l'on apprend d'une infcription
trouvée à Rome , où l'on voit auffi quelle étoit la famille de Papinien. Cette infcription eft conçue en ces
termes.

> *Æmilio Paulo* PÁPINIANO
> *præf. præt. jur. conf.*
> *Qui vix. ann.* XXXVI. m. IIII. d. X.
> *Hoftilius Papinianus.*
> *Eugenia Gracilis.*
> *Turbato ordine in fenio.*
> *heu parentes infeliciff.*
> *filio optimo P. M.*
> *fecerunt.*

Papinien a eu un grand nombre de difciples. Lampridius
dans la vie de l'empereur Sévere , en nomme plufieurs
qui ont été fort illuftres. Il avoit compofé plufieurs ouvrages , comme 27 livres de queftions ; 19 livres de
réponfes ; deux livres de définitions ; deux livres où il
traitoit des adulteres ; un livre touchant les loix des Edi-
les. L'empereur Valentinien III éleve Papinien au-deffus
de tous les jurifconfultes , en ordonnant par fa loi du 7
novembre 426 , que lorfqu'ils fe trouveront partagés fur
quelque point , on fuivra le fentiment qui fe trouvera
appuyé par ce *génie éminent ,* ainfi qu'il le qualifie. Cujas jugeoit auffi que Papinien étoit le plus habile jurifconfulte qui eût jamais été , & qui fera jamais. * Spartien , *in Sev. Get. & Carac.* Dion , *in Carac.* Hérodien,
lib. 3. Fifchard , *de vit. Jurifc.* Le préfident Bertrand,
vies des jurifconfultes , feconde édition , Leyde 1675 ,
in-12 , page 1424.

PAPINIUS (Sextus **)** aîné d'une famille confulaire,
& fans doute fils de Sextus Papinius , conful fous Tibere , l'an de J. C. 36 , fe vit contraint l'année fuivante
de fe précipiter foi-même , pour éviter les infâmes follicitations de fa propre mere. On fe contenta de bannir
cette malheureufe pour dix ans , jufqu'à ce que fon fe-

cond fils, qui étoit encore très-jeune, eût paſſé les périls de la jeuneſſe. * Tacite, *annal. l. 6, c.* 49.

PAPINIUS (Sextus) ſénateur, frere du précédent, fut traité de la maniere du monde la plus indigne par l'empereur Caligula, qui lui fit donner la queſtion, & qui le fit fouetter très-cruellement en ſa préſence, avec Belienus Baſſus, non pour aucun crime qu'ils euſſent commis, mais par une eſpece de récréation que ce prince furieux ſe vouloit donner. Il n'y a pas d'apparence que ce Papiniusſoit le même que celui qui fut depuis capitaine des gardes de Caligula, & collégue de Cherea, chef de la conjuration dans laquelle périt cet indigne prince. * Sénéque. Tacite, *hiſt. l. 4, c.* 68.

PAPINIUS STATIUS, poëte Latin, *cherchez* STACE.

PAPIRE MASSON (Jean) avocat au parlement de Paris, né le 6 mai 1544, à Saint-Germain-Laval en Forez, étudia à Billon en Auvergne, dans le collége des Jéſuites ; ce qui lui donna la penſée d'entrer dans cette célébre compagnie. En effet il alla prendre l'habit à Rome, accompagné d'Antoine Challon, qui étoit auſſi de Forez. Il fut profeſſeur près de deux ans à Naples ; & étant revenu en France, il enſeigna encore dans le collége de Tournon à Vivarais, & dans celui de Clermont à Paris. Enſuite il ſortit de la ſociété, auſſi-bien que ſon ami Antoine Challon, qui en étoit ſorti avant lui, & qui a été grand-vicaire de trois archevêques de Lyon. Dans le temps du mariage du roi Charles IX, Papire Maſſon compoſa quelques piéces qui lui acquirent beaucoup d'eſtime, & l'amitié des ſavans & des miniſtres. Il étudia en droit à Angers ſous François Baudouin, & ſe fit recevoir avocat au parlement de Paris. Ce fut alors qu'il changea ſon nom de Jean Maſſon, en celui de Papire Maſſon ; ſoit pour ſe diſtinguer de ſon frere, archidiacre & chanoine de Bayeux, qui avoit le même nom de Jean ; ſoit pour quelqu'autre raiſon. Il publia depuis *une hiſtoire des papes ; des annales de France ; des éloges latins des hommes illuſtres,* dont le public eſt redevable à M. Baleſdens de l'académie françoiſe, qui les fit imprimer à Paris en 1638, *in-8°* ; la deſcription *de la France par les rivieres* ; & divers autres ouvrages pleins d'eſprit & d'érudition. Maſſon mourut le 9 de janvier de l'an 1611, âgé de 67 ans, ſans laiſſer d'enfans de ſa femme *Denyſe* Godard. Nous avons au commencement de ſes éloges, ſa vie écrite par le préſident Jacques Auguſte de Thou, qui étoit ſon ami. * *Conſultez* auſſi la Croix du Maine, *biblioth. &c.* & le pere Nicéron, *mém.* tome V.

PAPIRIEN, nom que l'on donna au droit civil, qui contenoit les loix des rois de Rome, recueillies par Sextus Papirius, ſous le régne de Tarquin *le Superbe.* Ce droit fut bientôt aboli par la loi *Tribunitia,* ou des tribuns ; de ſorte qu'il ne ſe trouve pas une de ces loix royales dans les livres du droit romain. * Baudouin. Roſin. *Conſultez* ſur cet article Hoffman, *lexicon univerſale* : il l'applique fort au long au droit Papirien.

PAPIRIUS : nom des PAPIRIENS, famille illuſtre à Rome entre les patriciennes. L. PAPIRUS ou PAPIRIUS Mugillanus fut conſul l'an 310 de Rome, 444 ans avant J. C. avec L. Sempronius Atratinus. On l'éleva encore à cette charge l'an 324, & il fut deux fois cenſeur. Il eut deux fils, L. & M. PAPIRIUS. Le premier fut tribun militaire l'an 332 de Rome, & 422 avant J. C. & l'autre mérita deux fois la même charge, & fut conſul l'an 343 de Rome, & 411 avant J. C. avec C. Nautius Rutilius. M. PAPIRIUS Craſſus fut conſul l'an 313 de Rome, & 441 avant J. C. avec Furius. Il fut pere de Lucius conſul l'an 318 & 324 de Rome, 436 & 430 avant J. C. & cenſeur l'an 336. Les deux fils de Lucius, furent M. PAPIRIUS Craſſus, qui fut créé dictateur l'an 422 de Rome, & 332 avant J. C. ſur le bruit qui courut que les Gaulois faiſoient une deſcente en Italie ; & L. PAPIRIUS Craſſus. Celui-ci quitta le nom de PAPIRUS pour prendre celui de PAPIRIUS, comme Ciceron aſſure *dans le 9 livre de ſes épîtres.* Il fut deux fois conſul,

dictateur, colonel de la cavalerie, & cenſeur. Son fils L. PAPIRIUS Craſſus fut général de la cavalerie l'an 434 de Rome, & 320 avant J. C. ſous le dictateur Manlius. L. PAPIRIUS Curſor, qui a fait tige d'une autre branche de cette famille, fut cenſeur l'an 561 de Rome, & 193 avant J. C. & deux fois tribun militaire. Il eut pour fils Sp. PAPIRIUS Curſor, colonel de la cavalerie, & de L. PAPIRIUS Curſor, dictateur, & le plus grand capitaine de ſon temps. Il avoit été conſul pour la premiere fois, l'an 428 de Rome, & 326 avant J. C. avec C. Pœtilius Libo. Sous ce conſulat on fit une loi à Rome, par laquelle il étoit défendu de contraindre qui que ce fût par corps. Ce fut au ſujet de L. PAPIRIUS, patricien extrêmement riche, qui augmentoit tous les jours ſon bien par ſes uſures. Il avoit épuiſé, par ce commerce, un certain Publius, & ſe le fit adjuger pour eſclave, lorſque le terme fut échu, parcequ'il n'avoit pas de quoi payer. C. Publius, jeune homme, beau par excellence, s'offrit d'entrer dans l'eſclavage pour en dégager ſon pere ; & le créancier, qui accepta un échange ſi avantageux, ſe voyant en poſſeſſion d'un ſi bel eſclave, pouſſa auſſi loin ſa brutalité que ſon avarice. Le jeune homme, né libre & d'un grand cœur, réſiſta généreuſement aux ſollicitations & aux menaces de ſon indigne maître, juſqu'à ce que ſe voyant enfin trop preſſé, il ſe jetta dans la rue, & implora le ſecours du peuple, qui s'aſſembla en foule auprès de lui, le garantit de la violence de Papirius, & fit enſuite la loi dont nous avons parlé. Le dictateur Papirius laiſſa deux fils, Sp. PAPIRIUS, pere d'un autre de ce nom, à qui ſon aïeul donna des braſſelets & une couronne, pour le récompenſer de la valeur qu'il avoit témoignée en la guerre contre les Samnites, comme Tite-Live l'a remarqué ; & L. PAPIRIUS Curſor, qui fut colonel de la cavalerie, puis conſul l'an 461 de Rome, & 293 avant J. C. avec Sp. Carvilius Maximus, peu après la mort de ſon pere. Son nom étoit terrible aux Samnites. Il les défit entiérement, prit leurs villes, & reçut les honneurs du triomphe. Ce fut dans cette occaſion que Papirius ſe moqua de la ſuperſtition des poulets ſacrés, dont on amuſoit à Rome le ſimple peuple. Il ſe fondoit ſur les bonnes diſpoſitions de ſes ſoldats, & ſur les juſtes meſures qu'il avoit priſes : auſſi réuſſirent-elles ſi bien, qu'il tua plus de trente-trois mille des ennemis, en fit trois mille huit cens priſonniers, & prit quatre-vingt dix-ſept enſeignes. Papirius fut cenſeur, & une ſeconde fois conſul avec le même Sp. Carvilius, l'an 482 de Rome, & 272 avant J. C. On continua la guerre contre les Samnites & les Tarentins, qui furent un ſujet de triomphe pour les conſuls, comme Tite-Live le rapporte *dans le XXIV livre de ſon hiſtoire.* Papirius finit même la guerre contre les Samnites, qui avoit duré ſoixante-onze ans, & celle des Tarentins qui étoit commencée depuis dix ans. Papire Maſſon a fait l'éloge de la famille des Papiriens, qu'il tire du IX livre des épîtres de Ciceron. Geſner parle encore de PAPIRIUS FRONTO, & d'un autre ſurnommé JUSTUS, tous deux célébres juriſconſultes ; de PAPIRIUS PRÆTEXTATUS, grammairien ; & de PAPIRIUS SEXTUS, juriſconſulte. * Tite-Live, *hiſt. l.* 4, 8, 9, 10 & 14. Denys d'Halicarnaſſe, *l.* 11. Plin. *l.* 7. Caſſiodore, *in faſt.* Rutilius, *de ant. juriſc.* Geſner, *in biblioth. &c.*

PAPIRIUS CURSOR (Lucius) dictateur Romain, le plus grand capitaine de ſon temps, triompha des Samnites, & voulut faire mourir le général de la cavalerie Q. Fabius Maximus Rullianus, parcequ'il avoit combattu contre ſon ordre, quoiqu'il eût défait les ennemis, l'an 429 de Rome, & 325 avant J. C. Papirius avoit été conſul l'an 428, & le fut trois autres fois, en 435, 439, 441. Il défit encore les mêmes Samnites, en fit paſſer cent mille ſous le joug, & emporta la ville de Lucerie. Ce ne fut pas le ſeul avantage qu'il remporta ſur ces peuples, qu'il défit encore l'an 445 de Rome, & 309 avant J. C. étant dictateur pour la ſeconde fois.

te-Live, *l. 9. hift.* Aurelius Victor ; *de vir. illuft.*
t. Florus , &c.

APIRIUS , fut furnommé *Prætextatus* , parcequ'il
t donné des marques d'une fageſſe extraordinaire
; le temps qu'il portoit encore la robe nommée *præ-
a* , qui étoit à Rome l'ornement des jeunes gens.
t un jour mené par fon pere au fénat , où l'on trai-
d'affaires de très-grande importance. Sa mere qui
voulut favoir quelque chofe , interrogea ce jeune
me de ce qui s'y étoit paſſé ; mais il eut l'adreſſe
ecourir à un menfonge pour fe délivrer de fa perfé-
on , & lui dit qu'on avoit agité la queſtion s'il fe-
plus avantageux à la république de donner deux
mes à un mari , que de donner deux maris à une
me. Sa mere l'ayant auſſitôt déclaré à fes amies ,
mbla le lendemain matin une troupe de dames
nes , qui allerent demander au fénat qu'on ordonnât
ôt le mariage d'une femme avec deux hommes , que
li d'un homme avec deux femmes. Les fénateurs ne
prenant rien à cette demande , le jeune Papirius les
de peine , leur déclarant le véritable fujet de cette
otion. Il fut extrêmement loué de fa prudence ; mais
ordonna qu'à l'avenir aucun jeune homme n'auroit
trée dans le fénat , à la réferve de Papirius. * Aulu-
lle , *l. 1 , c. 23* , où il cite pour garant de cette hif-
e une harangue de Caton *le Cenſeur* contre Galba.
le , *diction. critiq.* 2ᵉ *édition.*

APIRON , lieu célèbre entre la Judée & l'Arabie ,
fe donna une grande bataille entre Ariſtobule roi de
ée , & Arétas roi d'Arabie , qui s'étoit joint à Hir-
, & foutenoit fes intérêts. Arétas & Hircan furent
ncus , & laiſſerent fept mille hommes fur le champ
aille , parmi lefquels fut Céphale , frere d'Antipater ,
le du parlement d'Hérode, l'an du monde 3970 , foixante-
q ans avant Jefus-Chrift. * Joſéphe , *antiquit. lib. 14,*
'. 4.

PAPIUS (André) étoit de Gand , & fils d'une fœur
Levinus Torrentius. A l'âge de 18 ans il mit au jour
ivre de Denys d'Aléxandrie *De fitu orbis,* qu'il avoit
duit en vers héroïques , & accompagné de notes fa-
ntes. Il étoit chanoine de Liége , & mourut dans fa
ntiéme année. On a encore de lui , *De confonantiis*
e de harmoniis muficis liber ; Mufæi poëma de amo-
us Leandri & Hero , latinis verfibus redditum ;
; notes latines fur Prifcien , interprète de Denys.

PAPON (Jean) jurifconfulte François , feigneur de
utelas & de Marçoul , né vers 1505 , au village de
oizet , dans le Forez , à trois lieues de Roanne. Son
re étoit notaire dans ce village. Papon fut juge royal
s 1529. Quelques auteurs ont prétendu qu'il avoit été
nfeiller au parlement de Paris , mais on peut raifonna-
ment en douter. 1. Il prend cette qualité
ns aucun de fes ouvrages , & il prend celles de *Lieu-
nant général au fiége royal de Montbrifon,* & de maî-
: *des requêtes ordinaire de la reine-mere,* Catherine
: Médicis. 2. Son nom ne fe trouve point dans la liſte
: Blanchard , qui a copié , année par année , & fur les
giſtres du parlement de Paris , les réceptions des con-
fillers , &c. Il mourut dans la charge de lieutenant gé-
iral au fiége royal de Montbrifon en 1590, & il avoit
e cette charge dès l'an 1543 , ou 1544. Ses principaux
uvrages font : 1. *Joan. Paponis Crozetii, Forenfis pro-
niæ judicis, in Burbonias confuetudines commenta-
a* , à Lyon, *in-fol.* en 1550. 2. *J. Paponis in fextum
calogi præceptum,* Non mœchaberis, *lib. IV,* en
552, *in-4º.* à Lyon. 3. *Rapport des deux princes de
loquence grecque & latine,* Demoſthène & Ciceron ,
la traduction d'aucunes de leurs Philippiques, à Lyon
1-8º. en 1554. 4. *Recueil d'arrêts notables des cours
uveraines de France,* en 1556, à Lyon, *in-folio,* &
uvent réimprimé depuis. 5. *Les notaires :* c'eſt comme
n pratique de toutes les parties du droit en trois volumes
2-fol. le 1. *Notaire* eſt de 1568, le 2. de 1574, &
. de 1578. Jean Papon eut pour fils, 'Louis Papon,
rieur de Marcilli , & chanoine de Montbrifon, qui a

traduit de latin en françois un traité *de rifu* , de Laurent
Joubert. * L'abbé le Clerc , dans fa *Bibliothéque des auteurs , mife au-devant du dictionaire de Richelet.*

PAPOUL (faint) prêtre & martyr près de Touloufe ,
au lieu que l'on nomme *Lauraguais* , en Languedoc , fut
compagnon de S. Saturnin , premier évêque de Touloufe , dans le III fiécle. Il eſt plus connu par le nom
de la ville , à préfent évêché qui porte fon nom , que
par fon martyre , dont les actes font modernes. * *Acta
apud Bolland.* Baillet , *au 3 de novembre.*

PAPOUS , nom d'un pays dans les terres Auſtrales ,
appellé par les François *la terre de Papous* ; par les Portugais, *la tiera dos Papoas,* c'eſt-à-dire, *la terre des Noirs.*
Quelques-uns en font une partie de la nouvelle Guinée ; & d'autres difent qu'elle eſt féparée par un petit
détroit. Elle eſt proche de la ligne équinoxiale , & à l'o-
rient de l'iſle de Gilolo , une des grandes Moluques.
Il y en a qui veulent que ce foit la même que celle qu'on
nomme *premiere Terre* dans la nouvelle Guinée découverte en 1527. On eſtime tellement la valeur & la fidélité des peuples de ce pays, que plufieurs princes des
ifles voifines en prennent à leur folde & pour la garde de
leurs perfonnes. * Herrera , *defcript. des Indes.*

☞ PAPPENHEIM , petite ville d'Allemagne , au
comté de même nom , dont elle eſt l'unique lieu confidérable. Elle eut d'abord le titre de baronie , & aujour-
d'hui elle a celui de comté , & donne fon nom aux comtes de Pappenheim, qui y ont un château. Ce comté
eſt fitué entre Oettingen & Neubourg , aux frontieres
de la Franconie. * *La Martiniere , dict. géogr.*

PAPPENHEIM (Geofroi-Henri de) maréchal de
l'empire, comte de Pappenheim , & général des troupes catholiques de la ligue pendant les guerres d'Allemagne , combattit l'an 1620, à la bataille de Prague ,
& y fut trouvé entre les morts. Quelques-uns de fes amis
s'étant apperçu qu'il donnoit encore quelque figne de
vie , eurent foin de le faire panfer de fes bleſſures , &
le retirerent comme des bras de la mort. Ce fecours fut
très-avantageux au parti de l'empereur, auquel Pappenheim rendit de grands fervices. Il défit les payfans en
Allemagne l'an 1626, s'oppofa avec aſſez de bonheur
aux Suédois en diverfes rencontres ; & l'an 1630, il
commença le fiége de Magdebourg , & contribua beaucoup à la prife de cette ville. Après la bataille de Leipfic
en 1631, il recueillit les débris de l'armée impériale,
défit Bannier & quelques autres chefs des confédérés ,
& fe rendit redoutable. Mais le fecours qu'il donna aux
Efpagnols, n'empêcha pas la prife de Maſtricht par le
prince d'Orange. Il vint enfuite dans la Weſtphalie , où
il donna la chaſſe aux ennemis , & alla joindre Wal-
ftein qui venoit de livrer bataille aux Suédois à Lutzen.
Le brave comte de Pappenheim n'arriva que fur le foir ,
lorfque l'armée impériale étoit déja rompue. Il s'efforça
vainement de rétablir le combat , & y fut bleſſé d'un
coup de piſtolet à la cuiſſe , dont il mourut le lendemain 17 novembre 1632, âgé feulement de 38 ans.
Le grand Guſtave roi de Suéde , qui fut auſſi tué en
cette occafion , lui donnoit le titre de *foldat.* En effet
l'Allemagne en a produit très-peu qui l'aient égalé en
prudence , en courage & en bonheur. Il ne laiſſa qu'un
fils Wolfang-Adam de Pappenheim , maréchal de l'empire, tué en duel l'an 1647, âgé de 29 ans.

Il y a deux branches de cette famille , l'une catholique , l'autre proteſtante , lefquelles avoient réglé entr'elles que le plus âgé de tous jouiroit toujours de la
dignité de maréchal héréditaire de l'empire. La branche catholique avoit pour tige WOLFANG-PHILIPPE
qui mourut l'an 1671, laiſſant quatre fils, *Charles-Philippe Guſtave,* qui exerça fa charge au couronnement du
roi des Romains, & qui mourut en 1692 âgé de 43 ans,
laiſſant que des filles; *Marquard-Jean-Guillaume,* tué près
d'Albe royale l'an 1686, âgé de 34 ans, ne laiſſant qu'une
fille; *Louis-François,* mort fans enfans l'an 1697, âgé de
44 ans; & *Jean-George,* mort à 33 ans, en 1690, auſſi fans
enfans : ainfi cette branche ne fubfifte plus. La branche

proteftante a eu pour chef FRANÇOIS-CHRISTOPHE, mort l'an 1678, laiffant WOLFANG-GUILLAUME, mort à 34 ans en 1685, laiffant CHRISTIAN-ERNEST, comte de Pappenheim, maréchal du faint empire, né en 1674; & Jean-Frédéric, né en 1680. L'aîné a été marié en 1697, & a un fils FREDERIC-ERNEST, né l'an 1698. * Brachelius, hift. noftr. temp. lib. 3 & 4. Lotichius, l. 43. Mafcardi, elog. di capit. illuft.

PAPPUS, auteur du IV fiécle, floriffoit fous le regne de Théodofe le Grand, ainfi que Théon le philofophe. Il étoit d'Alexandrie, & employa fon loifir à deux ouvrages importans : l'un étoit une defcription de toute la terre; l'autre une defcription des terres d'Afrique. Suidas eft le feul qui ait confervé fon nom.

PARA, ville de l'Amérique méridionale, dans le Bréfil, vers la rivière des Amazones. Cette ville eft le fiége d'un évêché, & donne fon nom à un petit pays, dit le Gouvernement ou Capitainerie de Para, dont les Portugais font les maîtres, & où ils ont quelques colonies. * Laët. Sanfon. M. de la Condamine, voyage, p. 195, 196, 200.

PARABITA, anciennement Bavota, ancien bourg des Salentins, réduit en village, dans la terre d'Otrante, à deux lieues de Gallipoli, vers le levant. * Mati, diction.

PARABOLAINS; c'eft le nom qu'on donna dans les premiers fiécles de l'églife à de certains clercs d'Alexandrie, qui s'expofoient courageufement dans les hôpitaux pour foulager les malades & même les peftiférés. Il en eft parlé dans le code Théodofien, où leur nombre eft fixé; car ils avoient été jufqu'au nombre de cinq ou fix cens. Comme ils n'étoient foumis qu'à l'évêque, ce grand nombre d'indépendans ne plaifoit pas aux gouverneurs d'Egypte. * Confultez le code Théodofien, lib. 22, cod. Theod. de epif. & cler. Baronius, A. C. 416.

PARACCIANI (Jean-Dominique) cardinal, né à Rome le 6 août 1646, fut fait cardinal prêtre du titre de fainte Anaftafie par le pape Clément XI, le 17 mai 1706, fut préfet de la congrégation des évêques & des réguliers, & vicaire du pape dans le diocéfe de Rome, où il mourut le 9 mai 1721.

PARACELSE (Philippe-Théophrafte Bombaft de Hohenheim) étoit d'un petit bourg près de Zurich en Suiffe, dit Einftdeln, où il naquit en 1493. Son pere, nommé Guillaume, fils naturel d'un prince, étoit habile dans les fciences, & eut grand foin de fon éducation. Paracelfe répondit parfaitement à fes foins, & fe fentant porté par fon inclination à l'étude de la médecine, il y fit de grands progrès en peu de temps. Il voyagea en France, en Efpagne, en Italie & en Allemagne, pour y connoître les plus célébres médecins. A fon retour en Suiffe, il s'arrêta dans la ville de Bafle, où il enfeigna la médecine en langue vulgaire allemande, comme nous l'apprenons de Ramus, & de quelques autres. Paracelfe exerçoit la médecine d'une maniere nouvelle, & fe fervoit de remédes chymiques : ce qui lui réuffit fi bien, qu'il s'acquit d'un très-grande réputation, après avoir guéri des maladies incurables. Un chanoine nommé Jean Lichtinfels, étant malade à l'extrémité, lui promit une fomme confidérable d'argent, s'il le remettoit en fanté. Paracelfe le fit, & le cita enfuite en juftice, parcequ'il lui avoit refufé ce falaire; mais les juges n'ayant condamné le chanoine, qu'à lui payer feulement la taxe ordinaire, il en fut fi outré, qu'il quitta la ville de Bafle, & fe retira dans l'Alface. Il faifoit gloire de détruire la méthode de Galien, qu'il croyoit peu fure, ce qui lui attira la haine des médecins. Il fe mêla auffi de théologie, & tomba dans diverfes erreurs. Nous avons fes ouvrages imprimés à Francfort en 1603, en quatre tomes in-4.° qui fe partagent en douze parties, fous ce titre, Opera medico-chymica five paradoxa. Il en avoit écrit un très-grand nombre d'autres, qui n'ont pas été publiés, qu'on trouve dans les cabinets des curieux. Il fe vantoit de pouvoir conferver par fes remedes, un homme pendant plufieurs fiécles en vie; cependant il mou-

rut lui-même âgé de 48 ans : d'autres difent fauffement de 37 ans, en 1541, & fut enterré dans l'hôpital de faint Sébaftien de Saltzbourg, où l'on voit fon épitaphe. Divers auteurs ont écrit contre lui, fans le bien entendre, fi l'on en croit fes admirateurs. En 1658, François Henri, avocat au parlement de Paris, patrice de Lyon, fit faire à Genève une édition des ouvrages de Paracelfe, en 3 volumes in-folio. C'eft la plus complette. On trouve dans la Bibliotheca fcriptorum medicorum de Manget un détail de chaque traité particulier de Paracelfe, dont plufieurs des ouvrages ont auffi été traduits en françois. * Melchior Adam, in vit. Germ. medic. Voffius, de phil. c. 9, § 9. Quenftedt, de patr. doct. Lorenzo Craffo, elog. d'huom. letter. &c. L'abbé Lenglet du Frefnoy, hift. de la philofophie hermétique, tome II, p. 279, & feq. & tome III, p. 255 & feq.

PARACLET, fameufe abbaye dans le diocéfe de Troyes en Champagne, fituée fur la petite riviere d'Arduc ou d'Arduzon, dans la paroiffe de Quincei, à dix lieues de cette ville épifcopale, & à une lieue de Nogent-fur-Seine. Abailard lors de fes perfécutions, fe retira dans ce lieu défert, où il n'y avoit qu'une chaumine, & y bâtit un oratoire qu'il confacra à la Trinité. Plufieurs écoliers l'y étant venu trouver, il y enfeigna & agrandit la chapelle, à laquelle il donne le nom de Paraclet, pour conferver la mémoire des confolations qu'il avoit reçues dans cette folitude. On voulut lui faire des affaires fur ce titre, & l'on prétendit qu'il ne devoit pas être plus permis de confacrer des églifes au S. Efprit qu'à Dieu le Pere. Abailard pour fe mettre à couvert de l'orage, fe retira en Bretagne; & quelques années après Heloïfe ayant été obligée de quitter fon monaftere d'Argenteuil, vint avec fes religieufes habiter le Paraclet. Abailard lui en fit don, & le pape Innocent II confirma cette donation l'an 1131. Heloïfe fut donc la premiere abbeffe de ce monaftere, & en peu de temps on lui fit de grands biens : elle y fit tranfporter le corps d'Abailard en 1142, & y mourut en 1163.

☞ Nicolas Camufat, chanoine de l'églife de Troyes, dans fon Promptuarium facrarum antiquitatum Tricaffinæ diæcefis, fol. 346, a avancé qu'en mémoire de ce qu'Heloïffe, premiere abbeffe de cette abbaye, favoit bien le grec, les religieufes de cette abbaye y font l'office en grec tous les ans au jour de la Pentecôte. Voici fes paroles : Erat autem (Heloïffa) trium linguarum notitiâ inftructiffima ac potiffimùm græcæ, cujus rei indicium eft, quòd etiam hodie facræ hujus collegii velatæ virgines, die pentecoftes, divinum officium græcanico idiomate celebrant. Mais cette anecdote fe trouve abfolument contraire à la vérité. En 1757, un magiftrat a fu de l'abbeffe (N. de la Roche-foucault) que cet ufage ne fe pratique point, & qu'on n'a point connoiffance en l'abbaye du Paraclet qu'il fe foit pratiqué. Le P. de faint Romain, après avoir fait par ordre de l'abbeffe, des recherches, a écrit à ce magiftrat le 27 avril 1757 : Parmi toutes les piéces que nous avons examinées, je n'y ai apperçu aucun veftige de l'ancien ufage attribué au Paraclet, de célébrer le jour de la pentec:te, en langue grecque, ni délibération de la communauté, ni ordonnances d'abbeffes qui l'aient fupprimé. Les titres les plus anciens de la maifon ne m'ont rien fourni. L'abbeffe a envoyé à Paris un des plus anciens manufcrits de fon abbaye qui paroît du XIII fiécle, & eft divifé en deux parties, intitulées, la premiere : L'eft li ordenances d'ou fervice de tout l'an : la feconde : L'eft li ordenances des faints. Ils contiennent dans un grand détail tout ce qui doit fe faire, chanter & lire chaque jour de l'année, foit au chœur foit au réfectoire. Il n'y eft pas dit un feul mot, ni au jour de la pentecôte, ni en aucun autre, du fervice en grec.

L'on a agité plufieurs fois s'il falloit dire Paraclet ou Paraclit. M. Thiers a écrit là-deffus un traité, De retinenda in libris ecclefiafticis voce Paraclitus, qui parut en 1669; & il y dit que dès le IX fiécle, cette difpute étoit fur le tapis entre les évêques de France & d'Allemagne,

l'occasion d'un Grec qui étant venu à la cour de
, & ayant entendu chanter dans la chapelle du
raclitus *Spiritus sanctus*, remontra qu'il falloit
Paracletus. Ses remontrances furent inutiles ; &
ond, évêque d'Halberstad, remarque qu'on n'osa
anger dans la prononciation de ce nom, parce-
êtoit l'usage de lire ainsi, & qu'il ne falloit rien
r. M. Thiers ajoute qu'en 1526 la faculté de
gie de Paris faisant la censure des œuvres d'Eras-
condamna entr'autres choses, sur ce qu'il avoit
u qu'on devoit écrire *Paracletus*. * Bayle, *dic-
ritiq*.

RADES (Jacques de) *cherchez* CLUSE.

RADIN (Guillaume) de Cuiseaux en Bourgogne,
toit né, & doyen de Beaujeu, étoit en grande ré-
on dans le XVI siécle, & vivoit encore l'an 1581.
us importans de ses ouvrages, sont la chronique
oye, divisée en deux parties ; la premiere par-
ntes en soixante chapitres, & la seconde, des
l'histoire de l'église Gallicane ; les mémoires des
es maisons de France, l'histoire d'Aristée, tou-
la tradition de la loi de Moyse ; l'histoire de notre
; les annales de Bourgogne, en trois livres ; les mé-
s de l'histoire de Lyon, & divers autres traités fran-
c latins, avec plusieurs traductions.

AUDE PARADIN, l'un de ses freres, chanoine de
eu, & homme de lettres, vivoit en 1565, & com-
ivers ouvrages, comme les alliances généalogiques
inces de la France & des Gaules ; les quadrains de
ie, les emblèmes héroïques, &c. * Baronius, *in*
. *ad ann*. 1177. Gesner, *biblioth*. Antoine du Ver-
Vauprivas, & François de la Croix du Maine,
th. *franç*. Possevin, *in appar. sacr.* Sainte-Mar-
hist. *généal. de la maison de France*. Louis Jacob,
ipt. *Cabilonens.* &c. *Voyez la biblioth. des aut. de*
ogne par l'abbé Papillon.

ARADIN (Jean) proche parent de *Guillaume* &
aude *Paradin, dont on vient de parler*, étoit de
ans, ville de Bourgogne dans le Châlonois. On
connoît guères que par ses poësies françoises, qui
nt pas en grand nombre. Dans l'épître dédicatoire
Micropædie, adressée à *R. P. en Dieu*, messire
er de Hochberg, protonotaire du saint siége apos-
ie, abbé de la Magdeléne de Châteaudun, prevôt
eufchâtel, &c. il dit qu'étant *clerc au greffe de la*
raine cour à Dijon, il faisoit ses délices de la lec-
des livres, tant latins que françois : *Pourquoi faire*
doibt le tems, comme il lui étoit loysible, en délaissant
iheux maniment des procès. Il étudia dans la suite en
ecine, & s'y rendit habile, s'il est vrai, comme on
t, qu'il devint médecin du roi François I. La Croix-
faine, dans sa bibliotheque, n'ose décider qu'il
arent des deux autres Paradins dont on vient de
er ; mais *Jean* le dit lui-même dans l'éloge en forme
taphe d'un autre Jean Paradin, frere de *Guillaume*
e *Claude*, qui mourut de la peste à Paris, l'an 1546,
ge de 30 ans. Il l'appelle *son cousin*, & prend la
ne qualité avec Guillaume :

Cousin maistre Guillaume
Qui par tout le royaume
Fais bruire tes escrits,
Que ta veine s'allume,
Et prend ta docte plume ;
De ce tien frere escrits.

apprend par la même piéce, que ce Jean Paradin qui
urut si jeune, étoit venu dès l'enfance à Paris pour
tudier ; qu'il y entra au service du roi sous M. du
rrat ; qu'on lui donna ensuite l'emploi de contrôleur
roi en Poitou pour le sel ; que dans une révolte il fut
risque de la vie, & que le roi punit les rebelles du
nier supplice. La Micropædie de Jean Paradin, qui a
l'éloge du dernier, est un recueil de piéces, presque
tes traduites de différens auteurs. La premiere, & la
s considérable, est la traduction en vers françois d'un

poëme latin, dont il ne nomme pas l'auteur. C'est le
poëme de frere Simon Nanquier, autrement nommé *de*
Gallo, intitulé : *De lubrico temporis curriculo, deque ho-*
minis miseriâ, adressé à Charles de Billy, abbé de saint
Faron, à Robert Gaguin, docteur en droit, & à Fauste
Andrelini, poëte du roi. Ce poëme, dont j'ai vu une
ancienne édition *in*-4°. est en vers élégiaques. Paradin
l'ayant lu dans le temps qu'il étoit au greffe de Dijon,
le trouva si utile, qu'il entreprit de le traduire en vers
françois ; mais on lui prit sa traduction ; & n'ayant pu
la recouvrer, il la recommença. Elle est en vers de
dix syllabes, & assez bons pour le temps où elle a été
faite. Etienne Pasquier, ami du traducteur, fait l'éloge
de l'auteur & de l'ouvrage dans ces vers au lecteur :

Puisque l'auteur en sa jeunesse tendre
Traduit ces vers remplis de gravité :
Certes, Lecteur, par cela peux entendre
Quel il sera en sa maturité.

Les autres piéces du même recueil, sont : 1. *Dialogue*
de la mort & du pellerin, que Paradin traduisit en vers
de huit syllabes, du latin du fameux Ravisius Textor ou
Tissier. 2. *Cent quatrains contenans les cent distiques*
latins de feu M. Fauste (Andrelini,) *en son vivant ex-*
cellent poëte du roi, qui furent par lui envoyés
à maître Jean Rust, maître des requêtes du roi notre
sire, n'agueres traduits en rithme françoise par maître
Jean Paradin de Louhans. 3. Un recueil d'épigrammes,
parmi lesquelles il y en a d'un peu galantes. 4. *Propos*
vulgaire d'un amoureux & de s'amye, traduit de *Henri-*
ricus Bebelius. 5. L'épitaphe dont on a parlé. 6. Deux
rondeaux. Ce recueil a été imprimé à Lyon par Jean
de Tournes en 1546, *in*-12. Plus, *dixain* du même,
à la tête des *Opuscules de Plutarque de Chéronée*, traduits par Etienne Pasquier, recteur de l'école de Louhans, à Lyon 1546, *in*-8°. On dit que Paradin ne
mourut que l'an 1588, âgé de plus de quatre-vingts ans.
* Extrait des écrits de Jean Paradin, & de la *Biblio-*
théque des auteurs de Bourgogne.

PARADIS : ce mot a été tiré du mot grec Παράδεισος
qui signifie *un verger*, & qui n'est pas originairement grec :
car les Juifs ont employé le mot de *Paradis* en un même
sens dans les livres de l'ancien testament ; & l'on croit
communément, qu'ils l'ont emprunté des Perses. Nous
appellons *Paradis Terrestre*, le lieu où nos premiers
peres ont été créés. Les théologiens se servent de ce
même mot *Paradis*, lorsqu'ils parlent du lieu où sont
les bienheureux. Nous ne voyons point dans toute la loi
de Moyse, qu'il soit fait mention de ce lieu appellé *Pa-*
radis, parceque Moyse ne parle point dans ses livres
de l'état des ames, après qu'elles sont séparées de leurs
corps. Il y a néanmoins bien de l'apparence que Moyse
a voulu marquer quelque lieu où les ames des Juifs alloient après leur mort, lorsqu'il se sert de cette
expression : *appositus est populo suo*, en parlant d'Isaac,
comme s'il étoit allé en un lieu particulier, où fussent
ceux de sa nation : & c'est ce qu'on nommoit chez les
Juifs *le sein d'Abraham* ; qui a été le pere des croyans
ou fidéles. C'est le sens qu'on doit donner à ces paroles
de Notre-Seigneur au bon larron : *Tu seras aujourd'hui*
avec moi en Paradis, c'est-à-dire dans le *sein d'Abra-*
ham, qui signifioit le *Paradis* en ce temps-là. Maldonat est de ce sentiment, dans son commentaire sur le
chap. 27 de S. Matthieu, parceque le sein d'Abraham,
comme il le remarque, étoit le lieu où les saints étoient
détenus avant que le ciel eut été ouvert après l'ascension de J. C. Il est dit dans l'évangile, que Lazare fut
porté après sa mort dans le sein d'Abraham par les Anges. On entend communément par le Paradis, le séjour où l'état des bienheureux ; mais à l'égard de la
béatitude dont jouissent les ames après la mort jusqu'au
jour du jugement, les sentimens ont été partagés. La plupart des anciens Peres ont cru qu'elles ne jouissoient pas
encore du souverain bonheur, mais qu'elles attendoient dans un lieu ou un état de repos, qu'ils ont ap-

pellé le *sein d'Abraham*, le *Paradis*. A préfent la créance commune des églifes d'Occident, eft que les ames des bienheureux jouiffent de la béatitude dans le ciel auffitôt après la mort, ou quand elles fortent du purgatoire. Les Grecs au contraire, croient que les ames ne jouiront dans le ciel de la félicité éternelle, qu'après le dernier jour du jugement univerfel. Ils diftinguent deux fortes de paradis. Le premier eft le lieu lumineux & de repos, dont il eft parlé dans les prieres de leur liturgie, dans lequel les ames des bienheureux repofent, en attendant le jugement dernier. Ce lieu eft appellé dans l'office public qu'on récite pour les morts, le paradis, la lumiere, la vie, la félicité, le fein d'Abraham, la région des vivans, &c. Le fecond paradis fera la félicité éternelle, dont les juftes jouiront dans le ciel, après le jugement univerfel. Ce ne fera, difent les Grecs, que dans ce jour-là, que J. C. viendra en qualité de juge, & qu'il dira aux élus : *Venez, les bénis de mon pere, jouiffez du royaume qui vous a été préparé dès le commencement du monde.*

PARADIS TERRESTRE, lieu très-agréable, où Adam & Eve firent leur premier féjour, & d'où ils furent chaffés après leur défobéiffance. Le mot de Paradis, *comme il eft remarqué ci-deffus*, fignifie en langue perfienne *jardin*, ou *verger délicieux*. Les peres de l'églife & les docteurs, ont recherché avec foin en quel endroit de la terre ce Paradis étoit fitué ; mais jufqu'ici on n'a point fait de découverte certaine fur ce fujet. La plus commune opinion eft de ceux qui le placent dans la Méfopotamie ou l'Arménie, & qui entendent par *Eden*, le pays qui s'étend entre l'Euphrate & le Tigre, jufqu'aux montagnes d'Arménie. D'autres prétendent qu'il étoit fitué vers la mer Cafpienne, & difent que c'eft un lieu enfermé entre les montagnes d'Arménie. Quelques-uns le mettent dans la Taprobane des anciens, que nous appellons maintenant l'ifle de Ceylan ; d'autres dans l'ifle de Sumatra, ou une des ifles de la Sonde ; d'autres dans les ifles Fortunées, nommées aujourd'hui *Canaries*, & d'autres dans quelque pays fous la ligne équinoxiale. Il y en a qui ont cru que le Paradis Terreftre étoit fitué fur une montagne élevée jufque dans la haute région de l'air, & qui approchoit du ciel de la lune. Enfin quelques-uns l'ont placé fur la fuperficie même de la lune. On ne parle point de ceux qui fe font imaginé qu'il étoit dans l'Amérique ou dans un autre monde, qu'ils ne nomment pas, ni de ceux qui l'ont mis dans un fens allégorique à la defcription que Moyfe en a faite. Quelques auteurs récens jugent que le Paradis Terreftre étoit dans le pays qui a depuis été appellé *Terre de Chanaan*, *Paleftine* & *Terre-Sainte*, & qui étoit la partie occidentale d'Eden. Voici les preuves ou vraifemblances qu'ils en rapportent. 1. *Genefar*, qui eft le nom d'un lac de la Paleftine, & qui étoit autrefois une vallée, fignifie en hébreu, *premier jardin*, ou *jardin du prince*, c'eft-à-dire, du premier homme. *Jordan*, que nous appellons *Jourdain*, eft formé de *Jeor* & *Eden*, qui fignifient *fleuve d'Eden*, fleuve de délices. Ainfi il y a lieu de croire que le Paradis Terreftre étoit aux environs de ce lac & de ce fleuve. 2. Dieu a toujours aimé & favorifé ce pays plus que tout autre de la terre, ce qui fe voit par ces paroles du Deutéronome : *Eft terra quam Jehovà Deus tuus curat : femper funt oculi Jehovà Dei tui in ea.* Il y a établi fon temple ; & il y a accompli les myftères de notre rédemption. 3. Moyfe & les prophétes donnent le nom de Jardin de Dieu ou de Paradis Terreftre à plufieurs lieux de la Paleftine. 4. Jofephe rapporte que les deux colonnes où Seth, fils d'Adam, avoit gravé des fciences & des arts, ont été trouvées dans la Syrie. A l'égard des fleuves du Paradis Terreftre, ils difent que le Jourdain étoit le grand fleuve, qui fe partageoit enfuite en quatre autres, nommés *Phifon*, *Gehon*, *Tigre*, & *Euphrate* ; & que ces fables ont comblé leurs anciennes fources, ou plutôt les lits où ils prenoient leur origine ; qu'auparavant, le Phifon traverfoit l'Arabie déferte & l'Arabie

heureufe, doù il alloit fe décharger dans le golfe Perfique ; que le Gehon arrofoit l'Arabie feptentrionale, où étoit Petra, & fe rendoit dans le golfe Arabique ou mer Rouge ; que l'Euphrate & le Tigre paffoient d'Eden dans l'Affyrie & la Chaldée, d'où ils fe déchargeoient dans le golfe Perfique, où ils ont encore leurs embouchures. On voit bien que tout cela n'eft qu'une pure imagination, qui non-feulement n'eft foutenue d'aucune preuve, mais qui ne fauroit l'être, les fources du Tigre & de l'Euphrate étant connues. Ceux qui placent le Paradis Terreftre dans l'Arménie, fur une plaine au haut du mont Taurus, vers le mont Ararat, difent que c'eft de-là que fortent les quatre fleuves dont il eft parlé dans l'écriture-fainte, favoir, l'Euphrate, le Tigre, le Phifon, qu'on appelle le *Phaze*, & le *Gehon*, nommé depuis *Araxes* ou *Araff* ; car Gehon en chaldéen & Arax en langue perfienne, fignifient *fleuve*. Cette opinion feroit fans contredit la meilleure, fi l'on étoit affuré que le Baffo a fa fource près de celle de l'Euphrate & du Tigre ; à quoi on fait des difficultés, qui ne paroiffent pas détruire ce qu'on en lit dans les anciens. Samuel Bochart croyoit que le Paradis Terreftre étoit fitué près Babylone, au-deffus du confluent du Tigre & de l'Euphrate, & que le Phifon & le *Gehon* font les deux bras de ce fleuve, par lefquels il fe décharge dans le golfe Perfique. *Voyez* la differtation qui eft au-devant de fon *Phaleg* de l'édition d'Utrecht. C'eft auffi le fentiment de M. Huet, évêque d'Avranches. *Voyez* fon traité du Paradis Terreftre. D'autres le placent en Syrie, & prétendent que les deux fleuves que l'on a nommés font, l'Oronte & le Chryforroas. Une autre queftion qui exerce la curiofité des favans au fujet du Paradis Terreftre, c'eft de favoir s'il fubfifte encore. Les uns croient que les eaux l'ont détruit, & que l'on n'en peut plus reconnoître aucune marque. Viéga, Génebrard, Oléafter, Eugubinus, & Janfenius, font de ce fentiment. Les autres foutiennent qu'il eft toujours demeuré dans fon premier état ; & faint Auguftin dit même que les chrétiens ne doivent point que ce Paradis ne fubfifte : *Effe Paradifum illum fidei chriftiana non dubitat*. Quelques-uns de ceux-ci le mettent en Arménie, dans un lieu environé de montagnes bordées de précipices, qui le rendent inacceffible ; mais qui fait cela, puifqu'il eft impoffible d'y aller & de le voir ? C'eft où ils difent qu'Enoch & Elie ont été tranfportés, pour y vivre hors de la vue des hommes jufqu'à la venue de l'ante-chrift. D'autres, comme nous l'avons dit, le placent fur une montagne qui approche du ciel de la lune, & où les eaux du déluge n'ont pu atteindre. * S. Auguftin, *in Genef. l.* 8, *c.* 3. Thomas Malvenda, *in libro de Paradifo*. Albert le Grand, *fumma theolog. part. II, tract.* 13. Joannes Herbinus, *differt. de admir. mundi.* J. le Clerc, *comment. in Genef.* M. Huet, *Paradis terreftre.*

Entre les arbres qui étoient dans le Paradis Terreftre, l'écriture fait mention de deux particuliers, l'un appellé l'*Arbre de vie*, parcequ'il avoit la vertu de conferver la vie ; & l'autre nommé l'*Arbre de la fcience du bien & du mal*, parceque quand Adam & Eve eurent mangé de fon fruit, ils commencerent à connoître par expérience le bien & le mal. * Bochart, *Paradis Terreftre*. Huet, *Paradis Terreftre. Differtation hiftorique, chronologique & critique fur la Bible*, par M. Du-Pin.

PARADIS (Romule) eccléfiaftique, natif de *Cita-Caftellana*, vivoit au commencement du XVII fiécle, fous le pontificat de Paul V, & fut fecrétaire des cardinaux Crefcention & Capponi. Il favoit le droit & les belles lettres, écrivoit fort purement en latin, & étoit bon poëte ; & outre cela il étoit homme de bien, pieux, & incapable de rien faire de bas & d'indigne d'un eccléfiaftique. Cet auteur mourut jeune, dans le temps qu'il devoit publier un poëme intitulé *Maxence*, & un volume de lettres. Il avoit fait imprimer un recueil de poëfies. L'inquifiteur qui les approuva, fut fcandalifé, dit-on, de voir le nom de Paradis à la tête d'un ouvrage

ie, & lui dit fort férieusement, qu'il y falloit fub-
trois points. Romule fe moqua de l'ignorance du
iage ; & de peur de fe faire une affaire, il laissa la
de la maniere que cet habile inquifiteur l'avoir or-
fe. Cependant fon ouvrage eut un très-grand fuc-
c fes amis l'en féliciterent de tous côtés. *Ah ! M. Pa-*
, lui difoit-on, *que vos vers font agréables ! Mon*
, répondoit-il , *ne m'appellez plus M. Paradis ;*
me feriez mettre à l'inquifition. On a changé mon ,
, & je m'appelle *M. des trois points.* Cette histoire
entôt publique, & on ajoute qu'elle fervit quelque
s à réjouir la cour de Rome ; mais elle fuppofe dans
nifiteur une fuperftition ridicule, qu'on a peine à
uter foi. * *Confultez* Janus Nicius Erythræus, *pinac.*
. *illuftr.* p. 2, ch. 54.

☞ PARAGOYA, ou PARAGOA, isle de la mer
ndes, entre les Philippines & l'ifle de Bornéo. On
ue fa longueur eft à-peu-près de cent lieues, & fa
ur de vingt en différens endrois. Cette ifle, peu
e & mal peuplée ; a un roi particulier tributaire de ce-
e Bornéo. A l'extrémité de cette ifle, du côté qu'elle
rde les Philippines, il y a un fort qui appartient aux
gnols avec un certain territoire aux environs. Les
tans de Paragoya diftillent du riz, dont ils font du
neilleur que celui de Palme. * La Martiniere, *dic-*
. *géogr.*

ARAGUAI, que Herréra nomme *Rio de la Plata,*
id pays de l'Amérique méridionale, entre le Bréfil &
érou, comprend les provinces de Paraguai, Vara-
i, Parana, Guaira, Chaco, la riviere de la Plata: Il
aussi un fleuve de ce nom, qui vient du lac Xajara.
pays eft extrêmement fertile en toutes chofes, ren-
ne des mines, & produit des cannes de fucre, & la
nte, dite *Coparibas*, dont le fuc eft un baume excel-
. Les villes de la province de Paraguai en partic-
er font l'Affomption, avec évêché, aussi-bien que
nos Ayres, Santa-Fé, Corrientes & Itapoa. Le Pa-
uai eft prefque tout entier aux Efpagnols. * Laët.
fon. Confultez l'*histoire du Paraguai*, par le Pere
arlevoix, imprimée en 1756.

PARAIBA, province & ville de l'Amérique méri-
nale, dans le Bréfil, avec un port qui donne fon nom
pays circonvoifin, qui eft appellé le gouvernement
Paraiba, *Capitania de Paraiba.* La ville qui eft fur
fleuve de ce nom, fut prife par les Hollandois fur les
rtugais l'an 1634, & fut nommée par eux *Frierick-*
dt ; mais les Portugais la reprirent bientôt. Ils lui don-
nt quelquefois le nom de Notre-Dame des Neiges ,
oftra Senora das Nievas, & ont dans les pays, les
ts de Sainte-Catherine & de Saint-Antoine. * Laët.
nfon.

PARALIPOMENES. Les deux livres des Paralipo-
enes, font ainfi appellés par les Grecs, du verbe
παλιπω, *omettre*, comme pour infinuer que cet ou-
age eft une efpece de fupplément aux autres livres de
riture. On trouve à la vérité quelques particularités
ns ce livre, qui ne fe font point ailleurs ; mais il eft aifé
: faire voir que le but de l'auteur de cet ouvrage, n'a
s été de donner un fupplément qui renfermât ce qui
anquoit dans les autres livres. Saint Jérôme a cru que
étoit le fiul qui eft cité dans le livre des Rois fous le
om de *Livre des paroles des jours des rois de Juda ;*
iais il eft évident que les livres des Paralipomenes ont
é écrits de ceux des Rois, comme il fe prouve par les
ernieres paroles du II livre, où il eft fait mention de la
élivrance des Juifs par Cyrus. On trouve au commen-
ement les généalogies des principales familles d'Ifraël.
es Juifs ont donné aux Paralipomenes le nom de *paroles*
es jours, ou *d'Annales*, par allufion à ces anciens.
urnaux dont il eft fi fouvent parlé dans le livre des rois.
Quelques auteurs modernes prétendent qu'on auroit
ort de croire, que ces livres fuffent les mêmes que ces
nciennes chroniques des rois de Juda & d'Ifraël. On
gnore le nom de l'auteur de cet ouvrage. Les Juifs &
lufieurs de nos commentateurs l'ont attribué à Efdras,

& prétendent qu'il les compofa, de concert avec les
prophétes Aggée & Zacharie, au retour de la captivité :
cependant l'auteur de ce livre fait mention de divers perfonnages qui ont vécu plus de 300 ans après Efdras :
ainfi il faut convenir, ou qu'Efdras n'en eft pas l'auteur, ou du moins que l'on a fait quantité d'additions
à cet ouvrage. * Saint Jérôme, *præf. ad lib. Paralip. &c.*
Bellarmin, *de fcript. eccl.* M. Huet, *demonftr. evang.*
Du-Pin, *biblioth. des aut. eccl.* Calmet, *préfaces fur les*
Paralipomenes.

☞ PARANA, grande riviere de l'Amérique méridionale, dont la fource eft au Bréfil, dans un pays qui
n'eft pas encore bien connu. Elle fe joint au Paraguai
à l'endroit où a été bâtie la ville de Corrientes. Tout
ce qui eft au nord du Parana eft du gouvernement du
Paraguai particulier ; tout ce qui eft au-deffous eft de
celui de Rio de la Plata. Ainfi il n'y a point proprement
de province de Parana. * La Martiniere, *dictionaire*
géographique.

☞ PARANÆ PIACABA, montagnes de l'Amé-
rique méridionale, au Bréfil, dans la capitainerie de
Saint-Vincent. * La Martiniere, *dict.*

☞ PARANAYBA, riviere l'une des plus gran-
des de l'Amérique méridionale, dans la partie occidentale du Bréfil. Elle a fa fource vers les 12 dégrés de latitude fud. Elle reçoit dans fa courfe du fud au nord.
trente rivieres confidérables, après quoi elle va fe jetter
dans la riviere des Amazones, un peu-au-deffus du fort
de Corupa. * La Martiniere, *dict. géogr.*

PARANYMPHES, nom de ceux qui conduifoient
l'époux & l'époufe le jour de leurs nôces. Chez les Hébreux & chez les Grecs, l'époux & l'époufe avoient
leurs Paranymphes, qui les menoient coucher dans leur
lit nuptial. Il eft parlé des paranymphes des chrétiens
dans les décrétales attribuées aux papes Evarifte & Soter ; mais ce font des monumens fuppofés. Dans le
concile IV de Carthage, tenu l'an 398, il eft ordonné
que l'époux & l'époufe doivent être conduits par leurs
parens ou par leurs Paranymphes pour recevoir la bénédiction du prêtre. Réginon , Burchard & Gratien,
ont inféré ce canon dans leurs collections. On voit le
même ufage établi dans les capitulaires de Charlemagne,
& dans les loix des Lombards. Les Grecs font mention
des Paranymphes dans leurs euchologes. On donne le
nom de PARANYMPHES dans les écoles de la faculté
de théologie de Paris, à la cérémonie qui fe fait à la fin
de chaque licence, dans laquelle un orateur, que l'on
appelle PARANYMPHE, après une harangue, fait
l'éloge de ceux qui doivent obtenir le dégré de licencié. * Du Cange, *gloffar.* Hoffman, *dictionaire uni-*
verfel.

PARAPHILE, *Paraphilus*, patriarche de Jérufalem,
dans le V fiécle, fuccéda l'an 426, à Jean II. Juvénal
fut élu après lui en 429. * *Confultez* Baronius, *in*
annal.

PARAPHRASE CHALDAIQUE. On croit communément que la premiere verfion de la Bible a été
faite en chaldéen, & que l'ignorance où étoit le peuple
Juif de la langue hébraïque depuis la captivité de Babylone, avoit donné lieu à cette verfion, qu'on appelle
le Targum ou la Paraphrafe Chaldaïque. Cette paraphrafe n'eft ni du même auteur, ni du même temps, ni
fur tous les livres de l'ancien Teftament. La premiere qui
eft du Pentateuque, a été faite par Onkelos le Profé-
lyte, contemporain de J. C. felon quelques-uns, & que
d'autres confondent avec Rabbi Akiba, ou avec l'interprete Aquila, qui vivoit au commencement du fecond
fiécle. La feconde paraphrafe du Pentateuque eft attribuée à Jonathan, fils d'Uziel, qui n'eft pas le même que
Théodotion, auteur d'une verfion grecque,comme quelques-uns fe font imaginé, fondés fur l'étymologie du
nom de *Theodotion*, qui fignifie en grec, la même chofe
que *Jonathan* en hébreu, c'eft-à-dire, *don de Dieu.*
La paraphrafe de Jonathan n'eft que fur les livres que
les Juifs appellent prophétiques, & celle qui eft fur le

Pentateuque fous le nom de Jonathan, eſt fuppofée. La troiſiéme paraphraſe ſur le Pentateuque eſt appellée le *Targum Jéroſolymitain*, ou autrement la Paraphraſe de Jéruſalem. On ne ſait pas certainement qui eſt l'au-teur de cette paraphraſe, ni dans quel temps elle a été faite ; mais elle eſt conſtamment plus récente que les deux autres. Schikard croit qu'elle eſt du même temps que le Talmud de Jéruſalem, qui a été compoſé envi-ron 300 ans après la derniere deſtruction du temple, lequel fut brulé l'an 70 de J. C. Outre ces trois para-phraſes, il y en a une autre ſur les pſeaumes, ſur Job, & ſur les proverbes, qui eſt attribuée à Rabbi Joſé, ſurnommé l'*Aveugle*. On en voit une autre ſur le Canti-que des cantiques, ſur Ruth, ſur les Lamentations, ſur l'Eccléſiaſte & ſur Eſther ; mais l'auteur de celle-ci eſt incertain. Pluſieurs ſavans croient que tout ce que les Rabbins diſent de l'ancienneté des paraphraſes chaldaï-ques eſt fabuleux, & que la plus ancienne de toutes les verſions eſt celle des Septante. Ils ajoutent qu'elles ſont même poſtérieures à ſaint Jérôme, qui ayant une grande habitude avec les plus doctes Rabbins, & ayant tant écrit ſur ce ſujet, n'auroit pas manqué de parler des paraphraſes chaldaïques, ſi elles euſſent exiſté de ſon temps. * Cependant les Juifs aſſurent qu'elles ont été faites dès le temps des prophétes ; & ils les ont en ſi grande vénération, qu'ils ſont obligés de lire chaque ſemaine dans leur ſynaguogue une ſection de la para-phraſe d'Onkelos, après en avoir lu une du texte hébreu de la Bible. Ces paraphraſes ſont d'anciennes verſions ou explications qui ont leur uſage, & qui éclairciſſent le texte en pluſieurs endroits. Mais il ne faut pas toujours s'arrê-ter au ſens qu'elles donnent. * Valton, *præf. des poly-glottes.* Simon, *hiſt. crit.* Ferrand, *réflexions ſur la re-ligion chrétienne.* Du-Pin, *diſſertation préliminaire ſur la Bible.*

PARASOLS (Barthelemi de) fils d'un médecin de la reine Jeanne, comteſſe de Provence, étoit né à Siſte-ron. Il avoit beaucoup d'eſprit & de délicateſſe, & ſes poëſies furent recherchées avec ſoin par les perſonnes de gout ; mais rien ne lui fit plus d'honneur en ce genre, que cinq tragédies qu'il compoſa contre Jeanne, reine de Naples & de Sicile, comteſſe de Provence, quoique bienfaitrice de ſon pere. Il les dédia au pape Clément VII qui réſidoit pour lors à Avignon ; & ce pape lui donna pour récompenſe un canonicat à Siſteron. Paraſols n'en jouit que peu de jours, étant mort empoiſonné en 1383. On ne dit pas par qui, ni pour quel ſujet ce malheur lui arriva. Ses tragédies ſont fort ſatyriques, & péchent en pluſieurs endroits contre la vérité de l'hiſtoire. On en trouve le plan & l'ordre dans l'hiſtoire du *Théatre fran-çois*, tom. I, *pag. 29 & ſuivantes.*

PARAY-LE-MONIAL, en latin *Pareium Moniacum*, ville de France en Bourgogne, dans le pays de Cha-rolois, eſt ſur la riviere de Bourbince, à deux lieues de la Loire. C'eſt l'abbé de Cluni, qui eſt ſeigneur de Pa-rai ; où il y a un prieuré de l'ordre de S. Benoît, des Urſulines & des religieuſes de la Viſitation, un collége tenu par les Jéſuites, un hôpital deſſervi par des religieu-ſes, un grenier à ſel, & une mairie.

PARDAILLAN, maiſon, cherchez GONDRIN.

PARDIES (Ignace-Gaſton) fils d'un conſeiller du parlement de Pau en Béarn, né l'an 1636, & non en 1638 comme pluſieurs l'ont dit, ſe fit Jéſuite en 1652, âgé de 16 ans. Il enſeigna les belles lettres pendant plu-ſieurs années, & il lui échapa ſouvent dans cet inter-valle de petites piéces en proſe & en vers, où l'on trouva beaucoup d'élégance & de génie. Mais ſon gout l'entraînoit vers les mathématiques, & il le ſuivit avec ardeur. Il lut avec application ſur les mathématiciens an-ciens & modernes, les philoſophes péripatéticiens, les plus habiles phyſiciens ; & quoiqu'il donnât dans les ſentimens du célebre Deſcartes, il affecta toujours d'être plutôt inventeur lui-même que diſciple de ce philo-ſophe. Comme il avoit quelquefois ſur la phyſique des ſentimens qui paſſoient alors pour trop hardis, il eut bien

des contradicteurs dont il ſut toujours ſe tirer avec adreſſe. Son ſtyle eſt net, & même aſſez élégant. Après avoir fait briller ſon ſavoir dans les ſciences ſpéculatives dans pluſieurs provinces, il vint à Paris où la mort l'enleva au milieu de ſa réputation, & n'ayant encore que 37 ans. C'é-toit en 1673. On croit qu'il avoit gagné la maladie dont il mourut en fréquentant Bicêtre, où ſes ſupérieurs lui avoient ordonné de prêcher & de confeſſer les pauvres pendant les fêtes de Pâque. Il étoit déja auteur de plu-ſieurs ouvrages eſtimés, ſavoir, *Horologium Thauman-ticum duplex*, à Paris en 1662, *in-4°*. *Diſſertatio de motu & natura cometarum*, à Bourdeaux en 1665, *in-8°*. *Diſcours du mouvement local*, à Paris, en 1670, *in-12*, & en 1673. *Elémens de géométrie*, à Paris, en 1671, & pluſieurs fois réimprimés depuis. On en a deux traductions latines, l'une de Joſeph Serru-rier, profeſſeur en philoſophie & en mathématiques à Utrecht, imprimée dans la même ville en 1711, *in-12*: l'autre de Jean-André Schmidt, à Iéne en 1685. *Diſ-cours de la connoiſſance des bêtes*, à Paris en 1672. On y trouve les raiſons des Cartéſiens propoſées dans toute leur force, & réfutées ſi foiblement, qu'on s'apperçoit aiſément que le pere Pardies ſe fût déclaré ouvertement pour Deſcartes, s'il eût été plus libre de le faire. *Lettre d'un philoſophe à un Cartéſien de ſes amis*. Cette lettre eſt plus du P. Rochon, Jéſuite de la province de Bourdeaux, que du pere Pardies, qui l'adopta pour faire croire qu'il n'étoit pas Cartéſien ; mais il ne perſuada perſonne. *La ſtatique, ou la ſcience des forces mouvantes*, à Paris en 1673. Deſcription & explication *de deux ma-chines propres à faire des cadrans avec une grande faci-lité*, à Paris en 1673 ; on a donné une troiſiéme édi-tion à Paris, en 1689, *in-12*. Après ſa mort on donna un autre ouvrage de ce pere, intitulé, *Globi cæleſtis in tabulas planas redacti deſcriptio latino-gallica*, à Paris 1675, *in-folio*. Cet habile Jéſuite avoit, dit-on, deux ouvrages tout prêts, quand il mourut, 1°. un *Art de la guerre* ; 2°. un *traité complet d'optique*. Pluſieurs de ſes ouvrages ont été imprimés en Allemagne, en latin, en 1701, *in-8°*. On en a auſſi réimprimé la plus grande par-tie, tels qu'ils étoient ſortis des mains de l'auteur, en 1725, à Lyon *in-12*. Le pere Pardies a donné un ou-vrage d'un tout different : c'eſt une traduction françoiſe d'un livre italien du pere Bartoli de la même ſociété, qui traite des miracles de S. François Xavier. Cette traduction parut en 1672, à Paris, avec une préface du traducteur ſur la foi due aux miracles. * *Voyez* ſon éloge dans les *Mémoires de Trévoux*, avril 1716. Niceron dans ſes *Mémoires*, tomes *I & X*, *premiere partie.*

PARDIEU, nom d'une noble famille en Norman-die, dont les ſeigneurs d'Avréménil ſont une branche. Ses armes ſont *d'or au lion de gueules*. Le premier de cette maiſon dont on ait connoiſſance eſt HENRI de Pardieu, chevalier, qui favoriſa par ſes bienfaits l'éta-bliſſement des Cordeliers d'Evreux l'an 1260. Il fut in-humé devant le grand-autel de cette égliſe, avec *Jeanne* de Aliz ſa femme, & *Jeanne* de Pardieu leur fille. On trouve dans la généalogie que M. le comte de Boulain-villiers a faite de cette maiſon, ROBERT de Pardieu & *Marie* de Bonneval ſon épouſe, en 1316. On n'a rien découvert de la ſuite de cette généalogie juſqu'à

I. NICOLAS ou COLART de Pardieu, qui épouſa l'an 1400 *Perette* d'Aſſigné. Il eut d'elle trois garçons ; 1. *Robert* de Pardieu, II du nom, chevalier, qui épouſa vers l'an 1421 *Guillemette* Rouſſel, de laquelle il eut *Jean* de Pardieu, mort ſans poſtérité ; 2. NICO-LAS de Pardieu II du nom, *qui a fait la branche des ſei-gneurs de* MAUCOMBLE, *qui ſuit* ; 3. MARTIN de Pardieu, *qui a donné l'origine à la branche des barons de* BOUTEVILLE *&* d'ESCOTIGNI, *de laquelle ſont venus les ſeigneurs* d'AVRÉMÉNIL, *rapportée ci-après.*

II. NICOLAS de Pardieu II du nom, chevalier, ſei-gneur du Til, fut marié l'an 1426, avec *Colette* d'Entremont, dame de Grattepance.

III. NICOLAS de Pardieu, III du nom, chevalier, seigneur du Til, de Grattepance, épousa l'an 1448 *Marguerite* le Moine, dame de Forestel, fille de *Nicolas* le Moine & de *Marguerite* de Flocques, sœur de Jeanne de Flocques, femme de Gilles de Saint-Simon, bailli & gouverneur de Senlis, dont le fils Guillaume de Saint-Simon, fut présent & signa au contrat de mariage. Nicolas de Pardieu eut pour fils

IV. ANTOINE de Pardieu, chevalier, seigneur du Til, de Grattepance, de Forestel, qui fut marié avec *Guillemette* du Croc. Il est le premier qui a possédé la terre de Maucomble, qu'il eut l'an 1505 du chef de sa femme; il fut pere de

V. ANTOINE de Pardieu, II du nom, seigneur de Maucomble, Grattepance, qui fut marié l'an 1522, avec *Françoise* de Pardieu sa cousine au quatriéme dégré, fille de *Nicolas* de Pardieu, seigneur de Bouteville. Il vivoit encore en 1560, & eut pour fils

VI. ADRIEN de Pardieu, seigneur de Maucomble, Grattepance, Bailly-en-Riviere, Semeule, capitaine du port de mer de Criel, qui épousa par contrat le 25 juin 1559, *Marguerite* de Bussi, fille de *René* de Bussi, seigneur de Berville, Gournai & Henonville. Il fut exempté de la comparution & contribution du ban & arriere-ban, par lettres royaux datées du 18 avril 1588. Les enfans qu'il eut, furent JACQUES de Pardieu, qui suit; *Hélène* de Pardieu, femme d'*Antoine* de Grouches, chevalier, seigneur de Mortcourt & de Bacouel; *Marguerite*, mariée avec N. des Essarts, seigneur d'Aubigny.

VII. JACQUES de Pardieu, châtelain de Bailly-en-Riviere, seigneur de Maucomble, Grattepance, Saint-Aignan, lieutenant des gendarmes du comte de Saint-Pol, épousa en premieres noces *Diane* de la Haye, fille de *Jean* de la Haye, seigneur de Chanteloux, de laquelle il n'eut point d'enfans; il se remaria par contrat passé le 7 juillet 1606, avec *Françoise* du Bec, dame de Vaudencourt, fille & héritiere en partie de messire *Georges* du Bec, baron de Boury, neveu de Pierre du Bec, qui a fait la branche des marquis de Vardes. Jacques de Pardieu étoit mort le 13 novembre 1619, que sa veuve obtint du roi des lettres de garde-noble de ses enfans. De ce mariage il eut 1. *François* de Pardieu, mestre de camp de cavalerie, mort à l'armée, sans avoir été marié l'an 1644; 2. JACQUES de Pardieu, qui suit; 3. *Marguerite* de Pardieu, mariée le 12 mai 1624, avec *Jean* de Boulainvilliers, marquis de Saint Saire; 4. *Elizabeth*, supérieure des Ursulines à Eu; 5. *Catherine*, religieuse à l'hôpital de Vernon, & depuis abbesse de ...

VIII. JACQUES de Pardieu, II du nom, marquis de Maucomble, baron de la Heuse, châtelain de Bailly-en-Riviere, seigneur de Grattepance, capitaine de cavalerie, rendit des services au roi, suivant des certificats des années 1642, 1644 & 1650. Il épousa par contrat du 3 novembre 1647, *Marie-Gabrielle* de Fautereau, fille de *Nicolas* de Fautereau, marquis de Meinieres, baron de Villiers, de laquelle il eut nombre d'enfans, dont il n'y a eu que LOUIS qui suit, qui se soit marié.

IX. LOUIS de Pardieu, marquis de Maucomble, seigneur de Bailly-en-Riviere, Grattepance, épousa par contrat du 16 avril 1687, *Marie* le Veneur, fille de *Henri* le Veneur, comte de Tillieres & de Caronges, & de *Claude* de Rouhaut. Il eut de ce mariage deux filles, 1. *Marie-Catherine* de Pardieu, mariée le 10 mai 1703, par dispense de Rome, homologuée à l'officialité de Rouen le 3 du même mois, avec *Henri-Charles* le Veneur, seigneur de Cesseville, son cousin, capitaine de cavalerie au régiment des Cravates, fils de *Charles* le Veneur, & d'*Elizabeth* des Mazin; 2. *Louise* de Pardieu, mariée en 1715, à *Jacques*, comte d'Osmont, seigneur de Médavi.

BRANCHE DES SEIGNEURS DE BOUTEVILLE, & des seigneurs d'AVRÉMÉNIL.

II. MARTIN de Pardieu, chevalier, troisiéme fils de NICOLAS ou COLART de Pardieu, & de *Perette* d'Assigné, étoit marié en 1456, avec *Marie* de Sauran, fille unique & héritiere de *Robert* de Sauran, chevalier, seigneur de Bouteville, baron d'Escotigni. Il eut pour fils unique

III. ROBERT de Pardieu, II du nom, chevalier, seigneur de Bouteville & d'Escotigni, qui a été marié avec *Jeanne* du Sel, fille & héritiere d'*Hector* du Sel, chevalier, seigneur de Mesi : on ignore dans quelle année il a contracté ce mariage; il est enterré aux Feuillans d'Ouville en Caux avec sa femme : il eut d'elle 1. NICOLAS de Pardieu, qui suit; 2. *Hector* de Pardieu, qui épousa *Jacqueline* Aname, vivant l'an 1496, qui n'a point laissé de postérité; & 3. *Gillette* de Pardieu, femme de *Jean* de Sandouville, seigneur d'Onneville.

IV. NICOLAS de Pardieu, II du nom, baron de Bouteville & d'Escotigni, seigneur de Mesi, vivoit en 1542. Il épousa 1°. *Antoinette* de Sanguin, sœur du cardinal de Meudon, de laquelle il n'eut point d'enfans : 2°. *Audeberte* de Pisseleu, fille de *Jean* de Pisseleu, chevalier, seigneur de Fontaine-Lavagan, & de *Jeanne* de Dreux de la maison de France. Ses enfans furent NICOLAS de Pardieu, qui suit; CHRISTOPHE de Pardieu, dont on verra la postérité ci-après; & *Françoise* de Pardieu, femme d'*Antoine* de Pardieu, seigneur de Maucomble, son cousin au quatriéme dégré, desquels sont venus les marquis de Maucomble.

V. NICOLAS de Pardieu, seigneur de Mesi, Socquense, Villepoix, écuyer tranchant de madame Marguerite de France, fille unique du roi François I, vivoit en 1553, comme on le voit par un acte qu'il passa avec Christophe de Pardieu, son frere, le 12 octobre 1553. Il fut marié avec *Françoise* de Chennevele, dame de Bonelle, de laquelle il eut *Charles* de Pardieu, mort sans postérité le 16 avril 1602; & GUI de Pardieu, qui suit. Ils eurent l'un & l'autre pour tuteurs Christophe de Pardieu, seigneur de Bouteville leur oncle, & Adrien de Pardieu, seigneur de Maucomble leur cousin au cinquiéme dégré, suivant des actes des 20 novembre, 7 décembre & 7 juillet 1560.

VI. Noble homme GUI de Pardieu, seigneur de Bouelle, Néelle, épousa par contrat passé le 25 août 1583, *Marie* du Moucel, fille & héritiere en partie de *Jean* du Moucel, vicomte hérédital de Blosseville, qui apporta à son mari la terre d'Avréménil. Il mourut en 1624, & fut pere de

VII. FRANÇOIS de Pardieu, chevalier, seigneur d'Avréménil, Baptiste, Bouelle, capitaine d'infanterie, qualifié de haut & puissant seigneur, qui épousa par contrat le 4 juin 1624, *Marie* de Bailleul, fille de noble *Charles* de Bailleul, seigneur dudit lieu, de laquelle il eut, 1. CHARLES de Pardieu, qui suit; 2. *Louis* de Pardieu, seigneur de la Motte, vivant l'an 1663; 3. *André* de Pardieu, seigneur de Canteville, qui étoit au service en 1668; 4. *Jacques* de Pardieu, seigneur de Franquené, lieutenant de roi dans l'isle de Saint-Domingue, qui servit en brave homme & fut tué à la descente que les Anglois & les Espagnols firent dans cette isle; 5. *Marguerite* de Pardieu, mariée avec *Jean* Diel, écuyer, sieur de la Fosse.

VIII. CHARLES de Pardieu, chevalier, marquis d'Avréménil, seigneur de Bouelle, Baptiste & autres lieux, capitaine de cavalerie, a épousé par contrat passé le 7 juin 1661, *Constance-Hippolite* de Montigni, fille de *Philippe* de Montigni, chevalier, vicomte de Dreux, baron de la Coudraye, seigneur de Longpré, Hangest, maître d'hôtel ordinaire du roi, capitaine des gardes de M. le duc de Longueville, gouverneur de Dieppe.

Leurs enfans furent, PHILIPPE de Pardieu, qui suit ; *Guillaume* de Pardieu, dit *le chevalier d'Avréménil*, officier de marine ; *Joseph* de Pardieu, capitaine de cavalerie ; & *Anne-Marie* de Pardieu, mariée l'an 1683 avec *Jean* de Clerci, chevalier, seigneur d'Anguien, Billeron & autres lieux.

IX. PHILIPPE de Pardieu, chevalier, marquis d'Avréménil, seigneur de Bouelle, de Blancmenil, la Motte-Aubreton, ci-devant colonel d'infanterie, chevalier de l'ordre royal & militaire de S. Louis, a épousé par contrat de l'an 1700, *Geneviéve* de Sommery, de laquelle il a eu *Philippe* de Pardieu, mousquetaire, mort sans être marié en 1723, âgé de 21 ans ; LOUIS-FRANÇOIS-JOSEPH de Pardieu, qui suit ; *Constance* de Pardieu, mariée en 1724, avec *Louis-Augustin* de Canonville, marquis de Raffetot, seigneur du Plessis-Chivrai, de Gœurs, Vignacourt ; & *Françoise-Charlotte* de Pardieu.

X. LOUIS-FRANÇOIS-JOSEPH de Pardieu, chevalier, comte d'Avréménil, chevalier de l'ordre royal & militaire de S. Louis, marié avec *Gabrielle-Elizabeth* de Beauvau, fille de *Gabriel-Henri* de Beauvau, marquis de Montganger, comte de Crissé, autrefois capitaine des gardes du corps de Philippe, fils de France, duc d'Orléans, frere unique du roi Louis XIV, & de *Marie-Magdeléne* de Brancas, fille de *Louis-François* Brancas, duc de Villars. Les enfans du comte d'Avréménil sont : *Louis-Elizabeth* de Pardieu, né le 23 avril 1739 ; & *Charlotte-Candide* de Pardieu, née le 21 avril 1741, morte.

BRANCHE DES BARONS DE BOUTEVILLE ET D'ESCOTIGNY.

V. CHRISTOPHE de Pardieu, second fils de NICOLAS de Pardieu, & d'*Audeberte* de Pisseleu, fut marié l'an 1540 avec *Anne* de Clere, fille de *Georges* de Clere, & d'*Isabelle* de Mailly sa seconde femme. Ses enfans furent, FRANÇOIS de Pardieu, qui suit ; *Magdeléne*, mariée l'an 1554, avec *Pierre* du Fay, seigneur de la Mésengere ; *Anne*, mariée avec *Pierre* du Tot, seigneur de Gonfreville, l'an 1559 ; & *Claude*, femme de *François* de Quieremont, seigneur d'Heudreville.

VI. FRANÇOIS de Pardieu, baron de Bouteville & d'Escotigni, mort l'an 1591, avoit épousé : 1°. *Marie* Lelieur, fille de *N.* seigneur de Brennetot : 2°. *Jourdaine* de Pellevé, sœur du cardinal de Pellevé, de laquelle il n'a point eu d'enfans. Il eut du premier lit

VII. CENTURION de Pardieu, baron de Bouteville & d'Escotigni, qui fut tué en duel par le seigneur de Wailly : il avoit été marié avec *Judith* de Clermont d'Anjou, fille de *Georges* de Clermont II du nom, marquis de Gallerande, de laquelle il eut FRANÇOIS de Pardieu, qui suit ; *Léonor* de Pardieu, baron d'Escotigni, mort jeune ; & *Jourdaine* de Pardieu, morte à Paris sans alliance l'an 1622.

VIII. FRANÇOIS de Pardieu, baron de Bouteville & d'Escotigni, ne fut point marié & périt comme son pere : il fut tué en duel par le sieur de Saint-Illiers, frere du seigneur de Fontaine-Martel, & en lui finit cette branche des barons de Bouteville de la maison de Pardieu.

PARDIEU (Valentin de) si célèbre dans les guerres de Flandre, étoit un cadet de cette maison, duquel on n'a point de généalogie suivie, cette branche cadette ayant passé en Flandre où elle s'est établie. Valentin de Pardieu, nommé aussi sieur de la Motte, étoit fils de *Jean* de Pardieu, dont on voit l'épitaphe dans l'église des Jacobins de Saint-Omer, & d'*Antoinette* Duprey sa femme. Ayant été mené fort jeune en Flandre par son pere, il s'attacha au service de l'empereur Charles-Quint. Il servit dans les guerres étrangeres, puis dans les premieres guerres contre les protestans qu'il haïssoit extrêmement. Il quitta le parti du roi d'Espagne, & se mit durant quelque temps au service

des Etats généraux. Il ne fut néanmoins jamais opposé au parti des royalistes, auxquels il se réunit presque aussitôt avec beaucoup d'autres ; & pour justifier sa conduite, & prévenir les reproches d'inconstance & de légéreté qu'on auroit pu lui faire, il publia un manifeste par lequel il disoit qu'il avoit embrassé le parti des confédérés, trompé par les états, dont l'autorité est très-grande en Flandre, & qui lui avoient fait entendre qu'ils n'avoient pris les armes que pour la défense de la liberté publique ; qu'il n'étoit pas le seul qui y eût été pris ; que les états avoient fait donner tous les seigneurs dans le même piége ; que la noblesse y avoit ensuite entraîné le clergé comme malgré lui, & que le peuple s'étoit aisément laissé persuader par le clergé dont il avoit suivi l'exemple. Ce seigneur étoit dans l'armée flamande en qualité de grand-maître de l'artillerie, à la défaite de Giblon. Le mauvais succès de cette journée lui avoit attiré une partie de la Flandre, quelques mortifications de la part des Gantois. Il en fut piqué, & pour s'en venger il se retira à Gravelines, dont il se rendit maître, aussi-bien que des troupes qui y étoient en garnison. Ensuite, par l'entremise de l'évêque d'Arras, & de l'abbé de saint Guilain, il fit secrettement sa paix avec Philippe II, roi d'Espagne, qui l'assura du pardon du passé par les lettres qu'il lui adressa, datées de Madrid le 13 octobre, & qui lui accorda le même pouvoir de traiter avec les autres seigneurs aux conditions qu'il jugeroit les plus raisonnables. Il fut bien s'en servir dans la suite : il négocia avec le baron de Montigni, le sieur de Héese & plusieurs autres, & en leur promettant des sommes considérables, il les détacha du parti des Etats, & les attira entiérement dans celui de l'Espagnol. Il fut tué le 8 juillet 1595, au siége de Dourlens, à la tête de leur artillerie & à leur grand regret : le roi d'Espagne venoit de le créer comte d'Ekelbeke : il étoit âgé de plus de 65 ans. Il avoit acquis des biens considérables, qui après sa mort tomberent dans des mains inconnues, n'ayant point laissé d'hériter : car de deux femmes de grande condition qu'il avoit épousées, il n'eut point d'enfans qui lui survécurent. Son corps fut d'abord transporté à Arras, de-là dans l'église de saint Omer, & fut ensuite enterré avec pompe dans le chœur de saint Villebrord à Gravelines, dont il avoit été gouverneur pendant 22 ans. On y voit son épitaphe.

PARDO-TAVERA (Jean) cardinal Espagnol, naquit à Toro, en 1472, d'*Ares* Pardo, & de *Gutomar* Tavera. Après avoir été recteur de l'université de Salamanque, il eut successivement les évêchés de Ciudad-Rodrigo, de Léon & d'Osma, puis l'archevêché de Compostelle ; & après avoir exercé une légation importante en Portugal, il fut honoré de la charge de président au conseil royal de Castille. Lorsque Charles-Quint passa en Italie, pour recevoir la couronne impériale, l'impératrice qui étoit demeurée en Espagne, remit à ce prélat le gouvernement de tous les états dont elle avoit la régence ; & l'empereur, en reconnoissance des bons services de Pardo, lui obtint en 1531, le chapeau de cardinal du pape Clément VII, & le gratifia encore de l'archevêché de Toléde. Il fut ensuite nommé inquisiteur général de la foi, & fut obligé d'accepter cette charge de la part de l'empereur, qui pendant son voyage en Flandre lui confia le gouvernement du royaume de Castille, & de celui de Léon, avec la tutelle du son fils, le prince Philippe. Pendant l'absence de l'empereur, il maintint les peuples en paix, & les retint dans la soumission. Charles-Quint s'en sentit si obligé, qu'il l'embrassa avec tendrement, & lui dit ces paroles : *Que Dieu vous conserve, mon pere, & vous récompense du soin que vous prenez de la conscience de votre prince, & de la fortune & des biens de vos compatriotes.* Etant tombé malade de la fatigue qu'il avoit soufferte pendant la cérémonie des funérailles de la princesse de Castille, où il eut l'honneur d'officier dans la grande église de Tolede, il mourut à Valladolid, en 1545, âgé de 73 ans. Son corps fut enterré dans le magnifique hôpital qu'il avoit fait bâtir près de Tolede. * Auberi, hift. des cardinaux.

PARDON. Les Juifs ont une fête qu'ils appellent *Jombacchippour*, c'eft-à-dire, *le jour de Pardon*, qui fe célèbre le dixième du mois *Tifri*, qui répond à notre mois de feptembre. Elle eft ordonnée au Lévitique, *chap. 23, verf. 27*, où il eft dit, *Au dixième de ce feptième mois, vous afligerez vos ames, &c.* Pendant ce jour-là toute œuvre ceffe, comme au Sabbat, & l'on jeûne fans manger quoique ce foit. Léon de Modène remarque que les Juifs pratiquoient autrefois une certaine cérémonie la veille de cette fête, qui confiftoit à fraper trois fois la tête d'un coq en vie; & de dire à chaque fois : Qu'il foit immolé au lieu de moi : laquelle cérémonie fe nommoit *Chappara*, expiation; mais elle ne s'obferve plus en Italie & au Levant, parcequ'on a reconnu que c'étoit une fuperftition. Ils mangent beaucoup dans cette même veille, à caufe qu'il eft jeûne le lendemain. Plufieurs fe baignent, & fe font donner les trente-neuf coups de fouet nommés *Malcuth*. Ceux qui retiennent le bien d'autrui, quand ils ont quelque confcience, le reftituent alors. Ils demandent pardon à ceux qu'ils ont offenfés; & pardonnent à ceux qui les ont offenfés. Ils font des aumônes, & généralement tout ce qui doit accompagner une véritable pénitence. Après fouper plufieurs fe vêtent de blanc, & en cet état fans fouliers ils vont à la fynagogue, qui eft fort éclairée ce foir-là de lampes & de bougies. Là, chaque nation, felon fa coutume, fait plufieurs prieres & confeffions pour marquer fa pénitence, ce qui dure au moins trois heures, après quoi on va fe coucher. Il y en a quelques-uns qui paffent toute la nuit dans la fynagogue, priant Dieu & récitant des pfeaumes. Le lendemain, dès le point du jour, ils retournent tous à la fynagogue habillés comme le jour précédent, & y demeurent jufqu'à la nuit, difant fans interruption des prieres, des pfeaumes, & des confeffions, & demandant à Dieu qu'il leur pardonne les péchés qu'ils ont commis. Lorfque la nuit eft venue, & que l'on découvre les étoiles, on fonne d'un cor pour marquer que le jeûne eft fini : après quoi ils fortent de la fynagogue, & fe faluant les uns les autres, ils fe fouhaitent une longue vie. Ils béniffent la nouvelle lune, & étant de retour chez eux, ils rompent le jeûne, & mangent. * *Voyez* Léon de Modène, *traité des cérémonies, part. III, chap. 6.*

PARÉ (Gui) cardinal, évêque de Paleftrine, & qui fut nommé archevêque de Reims, par le pape Innocent III, en 1204, étoit François de nation, & étoit entré jeune parmi les religieux de Cîteaux, où fon mérite il s'étoit élevé à la dignité d'abbé. Il compofa l'an 1187, *Conftitutiones & leges novæ, pro militibus Calatravæ*, que le pere Henriquès publia l'an 1630, à Anvers, dans le traité des privilèges de Cîteaux. Il fut fait cardinal par le pape Clément III, l'an 1190, & fut employé en diverfes légations à Cologne, puis en Flandre, où il mourut de pefte dans la ville de Gand, le 20 mai de l'an 1206. Son corps fut porté à Cîteaux, où l'on voit fon tombeau dans le chœur, avec fon épitaphe, qui le met avec raifon entre les archevêques de Reims. On lui attribue divers ouvrages, *Summa theologia*, &c. * Cefaire, *mirac. lib. 9, cap. 71.* Arnoul Wion, *in ligno vitæ, lib. 5.* Ughel, *tom. I, Italia fac.* Sainte-Marthe, *Gall. chrift.* Frizon, *Gall. purp.* Jogelin, *in purp. S. Bern.* Charles de Vifch, *biblioth. fcript. Cifterc.* Auberi, *hift. des cardinaux.* Le Mire, *bibl. eccl. &c.*

PARÉ (Ambroife) natif de Laval, au pays du Maine, premier chirurgien des rois Henri II, François II, Charles IX, & Henri III, dans le XVI fiécle, a rendu fon nom illuftre à la poftérité, par les ouvrages qu'il a laiffés. Voyant qu'il y avoit très-peu de

livres de chirurgie en notre langue, qui en avoit affez d'autres en toutes fortes de fciences, il réfolut de l'enrichir de ce qu'il y avoit de plus beau dans un art qu'il avoit exercé pendant plus de quarante ans avec beaucoup de réputation. Ce fut dans cette vue qu'il travailla à fon grand ouvrage, qui contient XXVI traités avec des figures. Jacques Guillemeau, chirurgien des rois Charles IX & Henri IV, le traduifit en latin, & le fit imprimer en 1582. Paré n'avoit pu le mettre au jour fans oppofition, par rapport à la maniere trop libre avec laquelle il s'étoit expliqué dans le livre de la génération : on l'obligea même d'en corriger quelques paffages. Cet habile homme compofa encore d'autres traités que nous avons, & auroit été envelopé dans le maffacre de la S. Barthelemi, s'il n'eût été fauvé par le roi même Charles IX. Il mourut au mois de décembre 1590, & fut enterré à S. André des Arcs, au bas de la nef près le clocher, ainfi que portent les regiftres de cette paroiffe. Cependant M. Devaux dans fon *Index funereus chirurgorum*, met fa mort au 23 avril 1592. * La Croix du Maine, & du Verdier Vauprivas, *biblioth. franç.* Vander Linden, *de fcript. med. &c.* Bayle, *diction. critique.*

PARENT (Antoine) né à Paris le 16 de feptembre 1666, fils d'un avocat au confeil, dont la famille étoit de Chartres, fut élevé dès l'âge de 3 ans chez Antoine Mallet, oncle de fa mere, curé du bourg de Leves près de Chartres, qui a gouverné fa paroiffe pendant 54 ans avec la réputation d'un faint prêtre, d'un bon théologien, & d'un affez habile naturalifte. Il fut le précepteur de fon petit-neveu, lui fit part de fes lumieres, l'inftruifit dans la religion, & le forma à la piété, dont M. Parent a donné toute fa vie de grandes marques. M. Parent, qui avoit beaucoup d'inclination pour l'arithmétique, profita des lumieres de fon oncle, & de celles que les livres en ce genre lui donnerent; & à 13 ans il avoit rempli toutes les marges d'un de fes livres d'une efpece de commentaire capable de furprendre même d'habiles maîtres. Lorfqu'il eut 14 ans, fon oncle le mit en penfion à Chartres pour y faire fa rhétorique; & pendant cette étude il fe fit une gnomonique & une géométrie d'autant plus eftimables, toutes imparfaites qu'elles étoient, qu'il en avoit été l'inventeur. Après fa rhétorique, fes parens le firent venir à Paris pour y étudier en droit : il s'appliqua à cette étude par obéiffance, & aux mathématiques par inclination. Celles-ci furent dans la fuite fon unique occupation. Dès l'enfance il avoit montré en plufieurs rencontres que fon génie y étoit porté, & par fes feules réflexions il avoit fait déja des progrès qui pouvoient étonner, même d'habiles gens. Son droit fini il s'enferma dans le collège de Dormans, pour fe livrer à fon étude chérie. Là avec de fes livres, & moins de 200 livres de revenu, il vivoit content, Il ne fortoit de fa retraite que pour aller au collége royal, pour entendre, ou M. de la Hire, ou M. Sauveur. Quand il fe fentit affez fort fur les mathématiques, il prit des écoliers, & peu après il fit deux campagnes avec le marquis d'Alegre, pour s'inftruire dans les fortifications. Il leva quantité de plans, quoiqu'il n'eût jamais appris le deffin, & acquit beaucoup de lumiere par la vue des places. Revenu à Paris, il ne penfa plus qu'à faire ufage de fes connoiffances, & à en acquérir de nouvelles. M. Filleau des Billettes étant entré dans l'académie des fciences en 1699, le nomma pour fon éleve, & l'on s'apperçut bientôt dans la compagnie que tout l'intéreffoit, & qu'il étoit au fait de tout ce qui s'y traitoit. Perfonne n'a tant fourni que lui aux affemblées de cette accadémie; & l'on trouve un grand nombre de fes piéces dans les mémoires de cette favante compagnie. Le roi, par un réglement du 3 janvier 1716, y ayant fupprimé la claffe des éleves, M. Parent fut fait adjoint pour la géométrie : il mourut de la petite vérole le 26 de feptembre de la même années, âgé de 50 ans, On eftime beaucoup fes *Élémens* *de méchanique & de physique*, à Paris 1700, *in*-12 ; ses *Recherches de mathématiques & de physique*, espece de Journal qu'il commença à donner en 1705, & qui reparut fort augmenté, à Paris en 1712, *in*-12, 3 volumes ; son *Arithmétique théori-pratique*, en 1714, *in*-8°. à la fin de laquelle on trouve un catalogue des piéces qu'il a fait insérer dans les différens *Journaux des savans*, de Trévoux, &c. dans les *Mercures*, dans les *Mémoires de l'académie royale des sciences*. Parmi ses papiers on a trouvé plusieurs traités complets sur quelques parties des mathématiques, la vie de son oncle chez qui il avoit été élevé, & les preuves de la divinité de Jesus-Christ en quatre parties. Il avoit une pieté solide & austere. * *Voyez* son éloge par M. de Fontenelle, dans l'*Histoire de l'académie des sciences*.

PARENTALES, certaines solemnités & festins que les anciens faisoient dans les funérailles de leurs parens & de leurs amis. Quoiqu'Ovide en attribue l'établissement à Enée, plusieurs anciens auteurs prétendent que cette fête a été instituée par Numa Pompilius. Non-seulement les parens du mort assistoient à ces solemnités ; mais encore les amis, & souvent tous les habitans des différens cantons où on les célébroit. Les Latins faisoient cette fête pendant le mois de mai, & les Romains au mois de janvier. Les uns & les autres faisoient en ces jours de grands festins, dans lesquels on ne servoit presque que des légumes. * Saint Jérôme, *sur Jeremie*. Pitiscus *lexicon antiq. rom.*

PARENTIN (Bernard) Béarnois, natif d'Ortez, & religieux de l'ordre de S. Dominique, florissoit au milieu du XIV siécle. Il fut destiné l'an 1336, pour prendre les dégrés à Paris ; & en 1340 il étoit à Albi, où il expliquoit l'écriture sainte dans l'église cathédrale, avec tant de réputation, que deux ou trois ans après le pape Clément VI le fit docteur en théologie à Toulouse. On ignore le temps de sa mort, & tout ce qu'on sait de lui, c'est qu'ayant mis par écrit les leçons qu'il avoit données à Albi sur le saint sacrifice de la messe, il les dédia à l'évêque de cette ville, Poitevin de Montesquiou. C'est cet ouvrage qui a été imprimé quatre fois, que M. Du-Pin croyoit perdu ; on le publia dès l'an 1484, à Cologne ; la quatrième édition est de Paris, de l'an 1531, revue par Louis Vassor, docteur en théologie, de même que celle de 1510, & 1517, & on l'a intitulé, *Lilium missæ*. On ne doit pas oublier que dans ce livre, qui fut écrit l'an 1340, on trouve l'histoire du crucifix, qui approuva la doctrine de S. Thomas. On a aussi dans la bibliothéque du comte de Seignelai, un recueil de sermons de Parentin. * Echard, *script. ord. FF. Præd. tom. I*.

PARENZO, *Parentium*, ville d'Italie en Istrie, avec évêché suffragant d'Aquilée, est situé sur la côte de la mer, & dans l'état de Venise. * Leandre Alberti.

PARERMENEUTES, ou faux interpretes, hérétiques qui s'éleverent dans le VII siécle, & qui interprétoient l'écriture selon leur sens, se moquant de l'explication de l'église, & des docteurs orthodoxes. * *Voyez* Prateol. S. Jean de Damas. Sandere, *hær*. 127.

PAREUS (David) théologien de la religion prétendue-réformée, naquit à Francostein dans la Silésie le 30 de décembre 1548. JEAN WANGLER son pere, fils d'un riche paysan, le fit étudier à Francostein, & le mit ensuite en apprentissage à Breslaw chez un apothicaire, puis chez un cordonnier. Il lui fit reprendre ses études l'an 1564, & l'envoya à Hirschberg dans le voisinage, où il y avoit un collège, dont un savant homme nommé Christophe Sciling étoit recteur. Ce fut-là que ce jeune écolier acquit le nom de *Paræus*, tiré du grec, par allusion à celui de sa famille ; car *Wange* en allemand, d'où vient *Wangler*, signifie *la joue*, de même que παρεια en grec. Son régent ne se contenta pas de changer son nom paternel, il lui fit aussi changer de doctrine sur la présence réelle : & de Luthérien le fit Sacramentaire, aussi-bien que ses autres

écoliers. Cela mit mal dans leurs affaires, & le maître & le disciple ; celui-là fut chassé de son école à l'instance du ministre du lieu ; celui-ci pensa être deshérité par son pere, dont il eut toutes les peines du monde à extorquer la permission d'aller au Palatinat pour y achever ses études, sans qu'il en coutât rien à sa famille. Ayant enfin obtenu cette permission, il suivit son maître qui avoit été appellé par l'électeur Frédéric III, pour être principal dans la nouvelle école d'Amberg. Quelque temps après son arrivée à Amberg en 1566, il fut envoyé avec dix de ses camarades à Heidelberg par leur commun maître, qui leur donna de si bonnes recommandations, qu'ils entrerent tous dans le collège de la Sapience, dont Zacharie Ursin, professeur en théologie, étoit directeur. L'académie d'Heidelberg étoit alors très-florissante dans toutes les facultés, & ainsi il ne manqua rien à Paréus pour faire des progrès considérables dans les études, dans la philosophie & dans la théologie. Il fut reçu ministre en 1571, & envoyé au mois de mai dans un village nommé Schlettenbach, où il se trouva fort embarassé, à cause des protestans & les catholiques romains y étoient en mauvaise intelligence. Il étoit néanmoins prêt à s'y marier avant que l'hiver approchât, lorsqu'on le rappella à Heidelberg pour être régent de troisième. Il s'acquitta si bien de son emploi, qu'au bout de deux ans, il fut fait régent de seconde ; mais y il renonça au bout de six mois, afin de reprendre les fonctions de son ministere, qu'il alla excercer à Hemsbach dans le diocèse de Wormes. S'ennuyant de loger au cabaret, il se maria quatre mois après son arrivée, avec la sœur de Jean Stibelius, ministre de Heppenheim. Les nôces furent célébrées le 5 de janvier 1574. Il perdit son emploi en 1577, parcequ'après la mort de l'électeur Frédéric II, Louis son fils établit des ministres Luthériens dans ses états à la place des Sacramentaires. Paréus se retira sur les terres du prince Jean Casimir, frere de cet électeur, & fut ministre à Ogersheim auprès de Frankendal pendant trois ans, puis à Wisingen auprès de Neustad. Ce voisinage lui fut d'autant plus utile & agréable, que le prince Casimir avoit fondé une école à Neustad, l'an 1578, où il avoit établi tous les professeurs chassés d'Heidelberg. L'électeur Louis étant mort l'an 1583, le prince Casimir eut seul la tutelle de Frédéric IV son neveu, & l'admintration du Palatinat. Alors les ministres prétendus-réformés furent rétablis, & on donna à Paréus la seconde profession au collège de la Sapience à Heidelberg, au mois de septembre 1584. Il commença deux ans après à s'ériger en auteur, par l'impression de la méthode *Ubiquitariæ controversiæ*. Il fit imprimer la bible allemande à Neustad avec des notes l'an 1589 : ce qui le commit violemment avec un Luthérien de Tubinge, nommé Jacques André. Il devint premier professeur du collège de la Sapience, au mois de janvier 1591 ; & conseiller du sénat ecclésiastique au mois de novembre 1592. L'année suivante il fut reçu solemnellement docteur en théologie. Il avoit déja eu diverses prises avec les écrivains de la confession d'Augsbourg ; mais celle de l'an 1596, fut des plus considérables. Elle produisit une apologie pour Calvin, que l'on avoit accusé de favoriser le judaïsme dans l'interprétation de plusieurs passages de l'écriture. Deux ans après il fut honoré de la profession théologique du vieux testament dans l'académie, par où il se délivra des grandes fatigues qu'il lui avoit fallu essuyer pendant quatorze ans, à conduire la jeunesse qui étoit entretenue au collège de la Sapience. Il passa en 1602 à la profession théologique du nouveau testament, vacante par la mort de Daniel Tossanus. Sa réputation s'augmenta de telle sorte de jour en jour, qu'on voyoit venir du fond de la Hongrie plusieurs étudians pour prendre ses leçons. Il publia divers commentaires sur l'écriture, & entr'autres, un sur l'épître de S. Paul aux Romains, qui fut fort désapprouvé en Angleterre, à cause qu'il contient des

maximes

máximes contraires aux droits des fouverains. Le roi Jacques I le fit bruler par la main du bourreau, & l'univerfité d'Oxford le condamna de la maniere la plus flétriffante. On célébra à Heidelberg en 1617 le jubilé évangélique avec beaucoup d'éclat pendant trois jours. Ce ne furent que harangues, que difputes, que poëmes, que fermons fur la grace que les Luthériens préten- doient que Dieu avoit faite à l'églife cent ans aupara- vant de la délivrer du joug du papifme. Paréus fit de fon côté quelques écrits là-deffus, qui les expoferent aux attaques des Jéfuites de Mayence, aufquels il fallut ré- pliquer. Mais cette querelle n'eft pas la plus fâcheufe qu'il ait eue. On voulut l'envoyer l'année fuivante au fynode de Dordrecht, felon le defir des états gé- néraux; mais il s'en excufa fur les infirmités de fa vieil- leffe, qui ne lui permettoient pas de s'engager à un long voyage, ni à une nouvelle nouriture. Depuis ce temps-là, il n'eut guère de tranquillité. La crainte qu'il eut de ce qui arriva à l'électeur, le fit fortir de fon do- micile. Il choifit pour fa retraite Anweil dans le duché de Deux-Ponts proche de Landau, & y arriva au mois d'octobre 1621. Il en fortit quelques mois après pour fe rendre à Neuftad; & de-là il voulut encore retour- ner à Heidelberg, aimant mieux mourir dans fa pro- pre maifon, qu'il appelloit *Pareanum*, & être enterré auprès des profeffeurs de l'académie, qu'en tout autre lieu. Il eut cette confolation : car ayant rendu l'efprit dans fon logis le 15 de juin 1622, à l'âge de près de 74 ans, il reçut les honneurs de la fépulture tels que les académies d'Allemagne les rendent à leurs fuppôts. Il publia plufieurs traités contre le cardinal Bellarmin. Ses œuvres ont été recueillies par fon fils, & divifées en trois tomes qui font fix volumes *in-folio*, imprimés en la- tin à Francfort en 1647. Le premier tome contient les œuvres exégétiques, ou les commentaires fur les livres de l'ancien & du nouveau Teftament; le fecond con- tient les œuvres didactiques, pour l'explication de la doctrine; & le troifiéme, les œuvres polémiques, ou de controverfe. David Paréus laiffa un fils, nommé *Jean-Philippe*, qui fait le fujet de l'article fuivant, & qui a compofé une vie de fon pere, d'où a été tiré ce qu'on vient de dire. Voyez les *Mém.* du P. Niceron, tome XLIII.

PAREUS (Jean-Philippe) fils du précédent, naquit à Hembach au diocèfe de Vormes, le 24 de mai 1576. Il a été un des plus laborieux grammairiens que l'Allema- gne ait jamais produits. Il commença fes études à Neuf- tad, les continua à Heidelberg, puis aux dépens de l'é- lecteur Palatin dans les académies étrangeres. Il alla vifi- ter celle de Bafle en 1599. Il paffa enfuite à Genève, où il demeura plus d'un an. Il en vit encore quelques autres, & y fut bien reçu à caufe de la réputation de fon pere. Il eut beaucoup d'accès à Paris près du célèbre Cafau- bon. Il fut fait recteur du collège de Neuftad en l'année 1610, & poffèda cette charge jufqu'à ce que les Efpa- gnols s'étant rendu maîtres de la ville au mois de juillet 1622, lui ordonnerent de vuider le pays inceffamment. Sa bibliothèque fut pillée. Il avoit publié plufieurs livres qui font foi de fon application prodigieufe, & de fon attachement particulier pour les comédies de Plaute. Il s'éleva entre lui & Jean Gruterus, profeffeur à Heidel- berg, une querelle furieufe à l'occafion de Plaute. Paréus prit auffi en main la caufe de feu fon pere, contre Da- vid Owen, qui avoit fait imprimer à Cambridge en 1622 un *Anti-Paraus*. Il lui répondit peu de temps après par un *Anti-Owenus*. Il fut recteur de divers col- léges, & il l'étoit encore de celui de Hanaw l'an 1645, comme il paroît par l'épître dédicatoire de fon *Lexicon criticum* imprimé cette année-là à Nuremberg. Ce n'eft qu'un gros *in-8°*, mais qui a coûté beaucoup de travail, *ærumnali labore congeftus*, comme dit l'auteur. Il a écrit auffi quelques commentaires fur l'écriture, imprimés parmi les ouvrages de fon pere, dont il a procuré le re- cueil, & quelques ouvrages de théologie. Voici quel- ques-uns de fes livres dont nous n'avons pas parlé, *Cal-*

ligraphia romana, five thefaurus phrafium linguæ lati- na, 1616. Electa Symmachiana, lexicon Symmachia- num, calligraphia Symmachiana, 1615. Plaute avec des notes, en 1609. *Lexicon Plautinum*, en 1614. C'eft un excellent vocabulaire des comédies de Plaute, qui mériteroit d'être réimprimé dans quelque nouvelle édi- tion de ce comique latin. *Analecta Plautina*, en 1617. *De imitatione Terentiana, ubi Plautum imitatus eft*, en 1617. Une feconde édition de Plaute, en 1619. *Electa Plautina*, en 1620. * Bayle, *diction. critique*, Niceron, *mém.* tome XLIII.

PAREUS (Daniel) fils du précédent, marcha fur les traces de fon pere, & s'appliqua comme lui à l'étude des humanités. Il étoit affez bon grec, & il publia quel- ques ouvrages. Il fit publier en 1627 le poëme de Mu- fée fur les amours de Héro & de Léandre, avec des notes toutes farcies de citations & de phrafes grecques, & de la plus ancienne latinité. Il publia auffi la même année un gros *in-4°*, qui a pour titre *Mellificum atti- cum*. C'eft un recueil de fentences rédigées en lieux communs, & tirées des auteurs Grecs. Il publia en 1631 un ouvrage intitulé *Medulla hiftoria ecclefiaftica*, & des notes avec un lexicon fur Lucrece. Il y a un *Spicilegium fubcifivum* de notes de Daniel Paréus fur Quintilien dans l'édition de Quintilien de Londres, 1641, *in-8°*. Il fut tué par des voleurs de grands chemins pendant la vie de fon pere, ou comme difent quelques autres, à la prife de Keiferflauteren. Voffius le confidéroit beaucoup, & s'employoit à lui faire trouver des libraires qui vouluffent fes ouvrages. * Bayle, *diction. critiq.* Niceron, *mém.* tome XLIII.

☞ PARFAICT (François) écrivain connu par fon *Hiftoire générale du théatre françois*, & d'autres ou- vrages, étoit d'une famille l'une des plus anciennes de Paris, où elle eft connue par fa nobleffe dès le quinziéme fiécle. Elle a donné en différens temps plufieurs officiers chez le roi, quatre controlleurs généraux de la maifon de fa majefté, de pere en fils, des confeillers d'état, des confeillers au parlement de Paris, des maîtres des requêtes, des préfidens & autres magiftrats, tant en la chambre des comptes que dans d'autres cours fouverai- nes, plufieurs meftres de camp, capitaines & officiers d'armée, la plupart tués ou bleffés à la guerre. Les dons divers & les fondations faites par cette famille depuis 1496, tant à l'églife de S. Paul qu'à la métropole de Pa- ris, font des preuves authentiques de fon attachement pour nos rois & pour l'état, que la grace accordée par Henri IV à *Guillaume* Parfaict, trifaieul de celui qui eft le fujet de cet article. Ce grand prince voulant récom- penfer d'une maniere glorieufe un fujet qui lui avoit donné des preuves d'une fidélité & d'un zéle inviolables, lui permit d'ajouter à fes armes une fleur de lys d'or fur un champ d'azur. La téneur de ces lettres patentes eft rapportée dans l'ouvrage que nous citons à la fin. Elles font datées de Paris, au mois d'août 1609. De ce *Guil- laume* Parfaict naquit le 30 juin 1583, *Etienne* Parfaict, qui fut pere d'*Honoré* Parfaict, qui époufa le 26 avril 1646 demoifelle *Louife-Elizabeth* de Francini, dont le dernier fils, *Timoléon-Guillaume* Parfaict, né le 10 fé- vrier 1659, & mort en 1754 dans un âge fort avancé, a eu de fon mariage avec demoifelle *Magdeléne* d'Audi- bert, *François* & *Claude* Parfaict. *François*, l'aîné, eft celui dont il eft ici queftion. Le cadet vit encore en 1757.

François Parfaict naquit à Paris le 10 mai 1698. Il témoigna dès l'enfance beaucoup d'ardeur pour l'étude, & du talent pour la poéfie. Le gout qu'il prit dans fa jeuneffe pour le théatre, & fes liaifons avec plufieurs auteurs & acteurs célèbres, le mirent à portée de raf- fembler des matériaux pour compofer l'*Hiftoire générale du théatre françois* depuis fon origine jufqu'à préfent, en 18 volumes *in-12*. Les deux premiers parurent en 1735, & les autres furent publiés les années fuivantes. Il a été aidé dans ce travail par Claude Parfaict fon frere, qui par fes recherches a beaucoup contribué à la découverte de tant de faits intéressans & de tant d'anec-dotes dont cet ouvrage est rempli. François Parfaict, en se consacrant à l'histoire du théâtre françois, ne négligea point les autres théâtres. Il donna en 1743, toujours conjointement avec son frere, des Mémoires pour servir à *l'histoire des spectacles de la foire*, deux volumes *in-12*, chez Briasson. Il a fait paroître en 1753 l'histoire de l'ancien théâtre italien. Il avoit aussi composé une *histoire de l'opéra*, que des raisons particulieres ne lui permirent pas de publier. Enfin, il a laissé un *dictionaire des théâtres de Paris*, en six volumes *in-12*. Cet auteur avoit assez de génie, pour composer lui-même des piéces de théâtre. Mais distrait par d'autres occupations, il n'eut presque jamais le loisir de se livrer à son talent. Il a seulement eu part à plusieurs piéces qui ont fait honneur à divers auteurs. Il a donné l'édition des œuvres de feu M. Boindin, en deux volumes *in-12* ; & quantité de petits opuscules, tels que des *Almanachs du Parnasse*, des *calendriers & agenda des théâtres*, qu'il a publiés en différens temps. On a trouvé dans ses papiers, outre bien des canevas, des projets, & même des ouvrages commencés, deux poëmes lyriques, savoir une tragédie d'*Atrée*, & un ballet intitulé *Panurge* : M. Parfaict joignoit à son mérite littéraire un caractere doux & sociable. Toujours simple dans ses manieres, d'une humeur enjouée, il étoit très-agréable en conversation. Ses lectures lui avoient rempli l'esprit d'une infinité d'anecdotes littéraires extrêmement amusantes, & qu'il faisoit valoir encore par sa façon de les raconter. Il est mort assez promptement d'une hydrocele, le 25 octobre 1753, âgé de 55 ans 5 mois & demi, laissant une fille unique d'environ douze ans. * *L'année littéraire*, *tome III, lettre II.*

PARFAIT, martyr de Cordoue dans le IX siécle, étoit de Cordoue. Il assista les chrétiens opprimés par les Mahométans ; & ayant disputé fortement contre ces derniers, il fut arrêté, chargé de chaînes, condamné à mort, & exécuté l'an 850, le 18 d'avril.* Euloge, *apud* Bolland. Baillet, *mois d'avril.*

PARIA, lac de l'Amérique méridionale, au Pérou, dans l'audience de los Charcas, au nord occidental de la ville de Potosi. Ce lac est plus petit que celui de Thicaca, qui le forme par un courant d'eau de près de cinquante lieues de long. * La Martiniere, *diction. géogr.*

PARINACOCHA, grand désert de l'Amérique méridionale, au Pérou, dans l'audience de Lima. Il est entre la bourgade d'Ayavire & la mer du sud, & occupe trente-deux lieues de pays, selon Herrera. * La Martiniere, *diction. géogr.*

PARINACOCHA, bourgade de l'Amérique méridionale, au Pérou, dans l'audience de Lima, vers la source de la riviere d'Abancay, à l'orient septentrional de los Lucanes. * La Martiniere, *diction. géogr.*

PARINACOCHA, bourgade de l'Amérique méridionale, au Pérou, dans l'audience de Lima, à l'orient septentrional de la ville de Lima. * La Martiniere, *diction. géogr.*

PARIO, PARIS, PARADISO. C'est une ancienne ville de la Mysie, dans l'Asie mineure. Maintenant elle est dans la Natolie propre sur la mer de Marmora, où elle a un port vis-à-vis de l'isle de Marmora, & à sept lieues de Lampsaco vers le levant. * Mati, *diction.*

PARIO, cherchez PAROS.

PARIS, sur la Seine, dans l'Isle de France, est une des plus belles & des plus grandes villes de l'univers. Elle est la capitale du royaume de France, autrefois le séjour de nos rois, & à parlement, chambre des comptes, cour des aydes, cour des monnoies, université & archevêché. Les auteurs ne sont pas d'accord sur l'origine de son nom, ni sur celui de ses fondateurs. Des auteurs fabuleux prétendent que Samothe, qui vivoit du temps de Noë, jetta les premiers fondemens de cette ville ; d'autres assurent qu'elle fut bâtie par les Troyens échapés de l'incendie de Troye, & qu'elle fut nommée Paris, en l'honneur du fils de Priam ; d'autres enfin attribuent la fondation à Paris, XVII roi des Gaulois, & successeur de Romus. Pour descendre à des témoignages plus surs, Jules Cesar parle de cette ville aussi-bien que Julien l'*Apostat*, qui s'y arrêta long-temps pendant son séjour dans les Gaules. Les Grecs & les Latins l'ont appellée diversement, *Lutetia*, *Lucetia*, *Leucotetia*, *Parisi*, & *Lutetia Parisiorum*. Quelques étymologistes tirent le nom de Paris d'un mot grec qui veut dire *près d'Isis*, à cause que cette idole y étoit adorée ; ou des Parrhasiens, peuples d'Arcadie, qu'Hercule conduisit dans les Gaules. D'autres font venir celui de *Lutetia* de λευκότης qui veut dire *blancheur*, soit que ses habitans fussent blancs, ou que leur ville le fût. Il y en a qui aiment mieux croire que le nom de Paris est tiré d'un autre mot grec παρρησία, qui veut dire *hardiesse* & liberté de parler sans flaterie, à cause que cette qualité convient aux Parisiens. Tout cela est extrêmement suspect, & moins vraisemblable que le sentiment des auteurs qui rapportent l'origine de ce nom aux marais voisins de cette ville, qui la rendoient extrêmement boueuse. Ces derniers tirent le nom de *Lutetia* de *Lutum*, qui signifie *boue*. Ce sentiment est fondé sur un témoignage tiré de Guillaume le Breton, auteur ancien. Au reste, Paris est considérable par toutes sortes d'endroits. L'étendue de son enceinte est d'environ quatre lieues, le nombre de ses églises & de ses maisons ecclésiastiques & de ses maisons religieuses est de près de deux cens. La beauté de ses palais, de ses ponts, de ses places publiques, de ses fontaines & de ses rues, plus de huit cens mille personnes qu'elle renferme, la rendent la premiere ville de l'univers. L'empereur Charles-Quint (d'autres disent Sigismond) disoit qu'il avoit vu en France un monde, une ville & un village ; le monde étoit Paris, la ville Orléans, & le village Poitiers. On divise ordinairement Paris en trois parties ; la cité, l'université & la ville. La cité est l'ancienne ville bâtie dans l'isle du palais que la Seine forme : on en voit encore les deux anciennes portes, qui sont le grand & le petit Châtelet. Ce qui s'y remarque de plus considérable, c'est l'église métropolitaine de Notre-Dame, la Sainte-Chapelle avec diverses autres églises dont nous parlerons dans la suite ; & le palais, où le parlement & les autres cours supérieures tiennent leur séance, dont nous ferons aussi mention. Ce palais étoit l'ancienne demeure de nos rois, & l'on voit encore dans la conciergerie la salle de S. Louis. La ville qui est la partie septentrionale, est plus basse que les autres, & a été bâtie la derniere. Elle se divise en 24 quartiers, dans lesquels il y a 50 commissaires, qui ont soin d'y faire observer la police. Dans son circuit elle comprend huit portes ; & c'est en ce lieu qu'on voit un nombre infini de peuples, & une quantité prodigieuse d'églises, de palais, &c. L'université, que Balsac nommoit *le pays latin*, & que d'autres ont appellé *la cité des lettres*, est la troisieme partie de Paris, plus élevée que les autres. La maison de Sorbonne tient le premier rang dans l'université. La maison de Navarre ou de Champagne a été fondée par Jeanne de Navarre, épouse du roi Philippe *le Bel*, l'an 1304. Le collége de Harcourt fut fondé par Raoul de Harcourt, chanoine de Paris, l'an 1280. Nous nous dispenserons de nommer les autres colléges tant séculiers que réguliers. On en trouvera une liste assez ample au mot COLLÉGE. Paris est le siège du premier parlement de France, que Philippe *le Bel* rendit fixe, & où il établit la chambre aux enquêtes. Charles VIII qui le partagea en deux, ordonna la tournelle. Depuis, la chambre des enquêtes a été divisée en cinq chambres. François I créa celle du domaine, & Henri III y ajouta celle des requêtes du palais. La chambre des comptes fut fixée à Paris en même temps que le parlement. Charles VI érigea la cour des aydes en 1355. Henri II y ajouta une chambre en 1551, & le roi Louis XIII y en mit depuis une troisiéme. Il y a aussi une cour des monnoies. La chambre du trésor est la jurisdiction des tréforiers généraux de France. La chambre de l'édit fut érigée par Henri IV, l'an 1597, & fut caffée en 1667. Le connétable & les maréchaux de France, l'amiral & les grands-maîtres enquêteurs & généraux réformateurs des eaux & forêts, ont leur jurifdiction à la table de marbre. Le bailli du palais a fa chambre dans la grande falle. Hors l'enclos du palais eft le grand confeil qui autrefois tenoit fes féances à l'hôtel d'Aligre; & c'étoit-là que fe tenoit auffi la jurifdiction du grand prévôt de l'hôtel. La justice du prévôt de Paris, chef de la justice & de la police de cette grande ville, fe tient au grand châtelet. Le prévôt des marchands & les échevins ont la leur à l'hôtel de ville. Charles IX établit auffi la jurifdiction confulaire, qui a fon hôtel derriere l'église S. Merri; & la justice s'y rend par un juge & quatre confuls, qui font pris tant du corps des libraires, que des fix corps des marchands, & de celui des marchands de vin. Il y a une cour de justice fupérieure à toutes celles dont nous venons de parler, qui eft le confeil du roi. Il eft divifé en confeil d'état, des finances & des parties, dans lefquels le chancelier préfide en l'abfence de fa majefté. Le confeil d'état, qu'on appelle ordinairement d'en-haut, eft compofé des perfonnes qu'il plaît au roi d'y appeler, qu'on appelle miniftres & fecrétaires d'état. Le confeil des finances eft compofé du contrôleur général, des intendans, confeillers, greffiers & autres officiers. Le confeil privé des parties eft compofé du chancelier, des confeillers d'état & des maîtres des requêtes. Voila les diverfes jurifdictions qui font à Paris. Ceux qui ont autrefois écrit les antiquités de cette ville, ont affuré qu'elle contenoit 34000 maifons, & que fes murailles avoient 1800 toifes de tour. Les modernes, quoiqu'elle fe foit toujours accrue depuis que Clovis I l'eût choifie pour fa demeure, n'y comptent pourtant que 24000 maifons, fans parler de près de 4000 autres qui font fur des derrieres, environ 300 grands hôtels, & 660 rues, 51 paroiffes, 52 couvents d'hommes, 78 de filles, plufieurs féminaires, & quantité de communautés de filles qui ne font point de vœux. Quant aux hôpitaux, ponts, places, ports & fauxbourgs de Paris, il y a dans la ville l'hôpital de S. Jacques, rue S. Denys, dont on croit fans preuves Charlemagne fondateur; ce n'eft plus un hôpital depuis 1722 : celui des Quinze-vingts aveugles & l'Hôtel-Dieu, attribués à S. Louis; ceux de faint Gervais & de fainte Catherine, les trois des enfans Rouges, du Saint-Efprit & de la Trinité, celui des Incurables; l'hôtel des Invalides; l'hôpital Général; & divers autres qui font dans les fauxbourgs, tous au nombre de plus de trente. Cette ville eft environée de plufieurs fauxbourgs, qui font ceux de S. Michel, de S. Jacques, de S. Marcel, de S. Victor, de S. Antoine, de Charonne, de Pincourt, du Temple, de S. Martin, de S. Laurent, de S. Lazare, de S. Denys, de Montmartre, de Richelieu, de S. Honoré & de S. Germain. Celui-ci, qui eft aujourd'hui joint à la ville, furpaffe & dans fa grandeur, & dans la magnificence de fes bâtimens, la plus belle ville de France; Paris fouffrit beaucoup par les courfes des Normans, qui vinrent devant cette ville en 845 & 856, & y mirent le fiége en 886 & 890. Elle fut encore ravagée fous le règne de Louis d'*Outremer*. Sous celui de Charles VII, les Anglois s'en rendirent les maîtres, & les partifans de la Ligue le furent auffi du temps de Henri III, qui fut tué en affiégeant cette ville en 1589. Elle avoit été prefque toute brulée dès l'an 585, fur quoi Grégoire de Tours rapporte une chofe affez particuliere, qu'il femble croire, & qui rouloit fur une tradition fuperftitieufe des Parifiens; c'eft que cette ville avoit été bâtie fous une conftellation qui la défendoit de l'embrafement, des ferpens, & des fouris; mais qu'un peu avant cet incendie, on avoit en fouillant une arche du pont, trouvé un ferpent & une fouris d'airain, qui étoient les deux talifmans préfervatifs de cette ville. Elle fouffrit un autre incendie en 1035, & une terrible inondation en 1206. Paris eft dans l'Ifle de France; & fon

territoire, qui eft appellé PARISIS, comprenoit autrefois ce qui eft jufqu'à Pontoife d'un côté, & à Claye vers la Brie de l'autre. Ce nom refte encore à quelques villages, dits en Parifis. Ses environs font très-peuplés : car on y trouve 10000 villages ou châteaux, à 10 lieues à la ronde.

ÉDIFICES PUBLICS.

L'ancien Louvre fut commencé par le roi François I, & continué par les rois Henri II & Charles IX. On apprend par les devis & les marchés qui ont été faits de cet édifice (qui font à la chambre des comptes) que ce fut Pierre de Lefcot, feigneur & abbé de Lagni, alors furintendant des bâtimens, qui en avoit donné les deffins. Il étoit très-habile pour fon temps, & avoit même paffé plufieurs années à Rome, où il avoit fait du progrès dans fon art. Il paroît par l'ordonnance de ce palais, que la cour ne devoit avoir que 34 toifes en quarré. Les deux côtés de cette cour qui font faits, furent achevés fous Charles IX. C'eft une chofe affez étonnante, que fortant d'un gout gothique & barbare en ce temps, on ait pu produire un bâtiment qui approche fi fort de la perfection : car ni en Italie, ni ailleurs on ne voit point d'édifice d'un gout d'architecture fi achevé & fi magnifique. On doit pourtant avouer qu'il y a des chofes dans cet ouvrage qui peuvent être cenfurées avec raifon, comme les figures de l'attique, qui font de beaucoup plus fortes qu'elles ne doivent être; les deux frontons l'un dans l'autre; & beaucoup d'ornemens de fculpture qui ne conviennent pas avec l'ordonnance de l'architecture. Ces défauts font croire que celui qui conduifoit cet ouvrage, étoit mort avant qu'on y eût mis la derniere main. Tous les ornemens de fculpture font du fameux Jean Goujon & de Paul Ponce.

Le roi Louis XIII a fait élever ce qu'on appelle le dôme du louvre, qui eft à préfent le milieu; c'eft ce qui a donné occafion de faire la cour de ce palais quatre fois plus grande qu'elle ne devoit être par le premier projet. Jacques le Mercier fut l'architecte de ce dôme, dont l'ordonnance ne répond guères à la fage difpofition de l'antien louvre. La grande & principale entrée du louvre eft fituée à l'orient du côté de S. Germain l'Auxerrois; les fondemens en furent pofés le 17 octobre 1665, fur le plan du fameux cavalier Laurent Bernin. Les connoiffeurs admirent la façade du côté de la riviere, mais fur-tout celle du côté de S. Germain l'Auxerrois, & deux pierres qui forment la cimaife du froton, qui ont chacune 54 pieds de longueur, fur 8 pieds de largeur & 18 pouces d'épaiffeur, que l'on plaça fans embaras, par le moyen d'une machine que Ponce Cliquin inventa, dont M. Perault a fait graver une eftampe, qui fe trouve dans la derniere édition de fon Vitruve. Louis le Vau conduifit cet ouvrage jufqu'à fa mort, arrivée l'an 1676. Après fa mort, François d'Orbai fon éleve, fut chargé de l'infpection & de la conduite de ce fuperbe édifice, qu'il a conduit jufqu'en l'état où il eft à préfent. Quelques particuliers prétendent que c'eft fur les deffins de M. Perault.

La galerie qui joint l'ancien louvre & dont le bout regarde la riviere, a été bâtie par Catherine de Médicis, fur le deffin de Philbert de Lorme. La grande galerie fur la riviere, qui joint celle-ci, a été faite par Henri IV. Le fieur Metezeau a été l'architecte de la partie qui eft vers le louvre; & le refte, qui joint le palais des Tuileries, a été fait par le fieur du Perac.

Le palais des Tuileries (ainfi nommé parcequ'il eft bâti fur un terrein, où on a fabriqué pendant longtemps de la tuile) a été commencé au mois de mai 1564, par Catherine de Médicis, qui a fait le milieu de ce palais : Philbert de Lorme en fut l'architecte. Les deux corps de logis qui le joignent par les deux bouts, ont été faits fur les deffins de Jean Bullan, qui étoit pour l'architecte du connétable de Montmorenci. Tout le refte de ce palais a été fait fous le regne de Louis XIV, fur les deffins du fieur le Vau. Le jardin a été commencé en 1600, par les foins de Henri IV, & perfectioné depuis par André le Nautre, qui a tracé le partere dans l'état où on le voit aujourd'hui.

Au-delà des Tuileries, fur le bord de la riviere, Marie de Médicis fit planter en 1616 un cours long d'environ 1800 pas, compofé de trois allées formées par quatre rangées d'ormes, qui font ensemble près de 20 toifes de largeur. Le maréchal de Baffompiere fit revêtir de pierres de taille toute la longueur du cours du côté de la riviere, afin de prévenir les dommages que les débordemens pouroient caufer.

Le pont Notre-Dame a été bâti fous le roi Louis XII. Jean Joconde, religieux dominicain, en fut l'architecte. Ce pont eft le premier pont de pierre qui ait été fait à Paris; la derniere pierre y fut pofée le 10 juillet 1507.

Le pont au change, ainfi nommé, à caufe d'un grand nombre de changeurs qui occupoient les maifons bâties fur ou aux environs de ce pont: on l'appelloit auffi le pont aux oifeaux ou des oifeleurs, parcequ'il y avoit plufieurs perfonnes de cette profeffion qui y demeuroient. Ce pont qui étoit de bois fut brulé en 1639. Le 19 de septembre de la même année, on commença à bâtir de pierre celui que nous y voyons à préfent, qui ne fut achevé que le 20 octobre 1647. On a bâti deffus deux rangs de maifons doubles, qui ont chacune quatre étages de hauteur.

Le pont S. Michel, bâti en 1618, fous le regne de Louis XIII, tire fon nom de la petite églife de S. Michel, qui eft dans l'enceinte du palais, ou bien parcequ'il conduit à la porte de ce nom, qui eft à l'extrémité de la rue de la Harpe: il eft chargé de maifons bâties de brique & de pierre de taille.

La fontaine proche les faints Innocens, appellée *la fontaine des nymphes*, a été bâtie fous François I. Cet ouvrage eft eftimé parmi les connoiffeurs, comme le plus beau morceau d'architecture & de fculpture, qui ait paru depuis qu'on a quitté la maniere gothique. Jean Goujon fut l'ordonnateur, tant de l'architecture que de la fculpture, à laquelle il travailla même de fa main.

Le pont-neuf a été commencé fous Henri III, qui en pofa la premiere pierre le 30 mai 1578. Cet ouvrage qui avoit été difcontinué, fut achevé au mois d'octobre 1604, par l'ordre de Henri IV. Ce pont paffe pour un des plus beaux de l'Europe. Jacques Androuet du Cerceau avoit été chargé de la conduite de cet ouvrage fous Henri III; mais ce fut Guillaume Marchand qui eut l'honneur de l'achever. La figure équestre de Henri IV qui eft au milieu, eft de Jean de Bologne, fculpteur Italien. Elle a été faite aux frais de Ferdinand & Cofme II, grands ducs de Tofcane, qui en firent préfent à Louis XIII, & à Marie de Médicis, mere de ce prince. Le 2 juin 1614, Louis XIII pofa la premiere pierre du pied d'eftal; & le 23 août fuivant, cette ftatue fut pofée fur fon pied d'eftal par le prévôt des marchands & échevins Paris, qui firent mettre dans le ventre du cheval une infcription écrite fur une peau de vélin, enfermée dans un tuyau de plomb avec de la pouffiere de charbon pour la conferver, contenant les noms de tous ceux qui avoient eu part à cette ftatue. La ville de Paris fit faire les façades qui font au pied d'eftal par Franqueville, premier fculpteur de Louis XIII.

Le palais du Luxembourg a été bâti par Marie de Médicis l'an 1615. Jacques de Broffe en a été l'architecte. Ce palais eft un des plus grands de l'Europe; mais l'architecture n'en eft pas d'un gout fort excellent.

La place royale a été bâtie en 1604, fous le regne de Henri IV. Son ordonnance, qui eft de mauvais gout, eft d'un architecte fans nom. La figure équeftre de Louis XIII, qui eft au milieu de cette place, érigée le 13 septembre 1639, par le cardinal de Richelieu, eft

de Biard fculpteur François; & le cheval eft de Daniel de Volterre, peintre & fculpteur Italien.

Le palais royal a été bâti en 1636, par le cardinal de Richelieu. Le fieur Jacques le Mercier a été l'architecte de ce palais, qui eft d'un gout d'architecture affez médiocre. Le cardinal de Richelieu donna ce palais avec plufieurs meubles à Louis XIII, qui chargea Claude Bouthillier, fur-intendant des finances, d'accepter cette donation par acte du premier juin 1639. Le cardinal de Richelieu confirma cette donation par fon teftament fait à Narbonne au mois de mai de l'année 1642. Anne d'Autriche commença à y demeurer pendant fa régence au mois d'octobre 1643. Le roi donna ce palais à Philippe de France, duc d'Orléans, pour en jouir fa vie durant, avec la propriété pour Philippe d'Orléans fon fils, en faveur du mariage que ce prince a contracté avec Marie de Bourbon légitimée de France.

Le pont Marie, & le pont de la Tournelle ont été bâtis en 1614, fous Louis XIII, par un nommé Chriftophe Marie, affocié avec Poultier & le Regratier. Il n'y a rien à ces ponts qui mérite d'être remarqué.

Le portail de l'églife de S. Gervais a été fait fous le regne de Louis XIII, & a eu Jacques de Broffe pour architecte. C'eft le plus beau frontifpice d'églife qui foit en Europe.

L'églife de Sorbonne a été bâtie fous le même regne par le cardinal de Richelieu. Le fieur Jacques le Mercier en fut l'architecte. Le tombeau du même cardinal eft du fieur François Girardon.

Sous le même regne, l'églife des peres de l'Oratoire fut bâtie par les foins du cardinal de Richelieu: elle eft encore du deffin du fieur Jacques le Mercier.

L'églife & la maifon profeffe des Jéfuites a été bâtie fous Louis XIII, qui en pofa la premiere pierre en 1627. Un religieux de cette fociété, nommé le pere Dérand, voulut faire cette églife fur le modéle de celle qu'on appelle à Rome le grand JESUS; mais il y a fort mal réuffi: le portail fur-tout eft cenfuré avec raifon, comme un très-mauvais ouvrage. Cet édifice ne fut terminé qu'en 1641.

L'églife du noviciat de la même fociété a été bâtie fous le même regne, par M. Defnoyers, & fous la conduite du frere Martel Ange, religieux de cette fociété. Quoique beaucoup de gens eftiment cette églife, elle eft néanmoins d'un gout médiocre, mais beaucoup meilleur que celui de la maifon profeffe. Madame l'Huillier, veuve de Claude le Roux, feigneur de Sainte-Beuve, & fondatrice de cette maifon, qui fut commencée l'an 1610, & François Sublet Defnoyers, fecrétaire d'état & de la guerre, ont fourni à toute la dépenfe du bâtiment de l'églife.

L'églife & le monaftere du Val de Grace ont été bâtis par la reine Anne d'Autriche. Le fieur François Manfart a commencé cette églife, & l'a élevée jufqu'au premier ordre d'architecture. Le fieur Pierre le Muet l'a continuée, & a fait le monaftere. Le fieur Gabriel le Duc a achevé l'églife, & a fini le refte qui n'étoit pas dans fa perfection.

L'églife des quatre Nations a été bâtie fous le regne de Louis XIV, par le cardinal Mazarin: le fieur le Vau en fut l'architecte; on y eftime le tombeau du cardinal Mazarin fait par le fieur Coifevaux.

L'églife des Théatins qui a été bâtie par le même cardinal fous le même regne, eft du deffin du cavalier Bernini, Italien. L'architecture eft d'un gout fauvage & bizarre: on a fini l'églife, mais on en a retranché une partie du deffin, & de l'étendue qu'elle devoit avoir.

Le portail des Minimes de la place royale eft du deffin du fieur François Manfart, & paffe pour un excellent morceau d'architecture.

Le petit portail de l'églife de fainte Catherine du Val des Ecoliers, qu'on doit eftimer, attendu qu'on ne pouvoit rien faire de mieux en cet endroit, eft du leſſin du pere de Creil , chanoine régulier du même ordre.

L'égliſe de l'Aſſomption , proche de la porte S. Honoré , a été bâtie ſous le regne de Louis XIV. Le ſieur Errard en a compoſé le deſſin ſur l'idée du Panthéon de Rome ; mais le dôme de cette égliſe n'eſt pas approuvé.

L'égliſe de S. Sulpice , a été bâtie ſous le même règne : le ſieur le Vau l'a commencée , & le ſieur Gittart l'a continuée. Gaſton , duc d'Orléans , poſa la premiere pierre du bâtiment neuf l'an 1646 , & le premier édifice n'ayant pas été jugé ſuffiſant , Anne d'Autriche poſa la premiere pierre de celui que l'on voit à préſent , l'an 1655. On la continue avec une grande magnificence.

L'hôtel royal des Invalides , a été bâti par le roi Louis XIV. Libéral Bruand a été l'architecte de la maiſon , & M. Manſart ſurintendant des bâtimens , a été l'architecte de l'égliſe: on en jetta les premiers fondemens le 30 novembre 1671.

L'égliſe des filles ſainte Marie , rue S. Antoine , a été bâtie ſous le regne de Louis XIII , par le ſieur François Manſart.

L'égliſe de ſainte Elizabeth , rue du Temple , a auſſi été bâtie ſous le même regne.

L'égliſe de la Salpêtriere a été bâtie ſous le regne de Louis XIV. Le ſieur le Vau en a donné le deſſin , qui eſt aſſez ſingulier , & le ſieur Liberal Bruand en a fait le dôme & le portail.

L'égliſe des peres de la Merci , dans la rue du grand Chantier , a été bâtie ſous le même regne , par le ſieur Cottart.

Celle des Auguſtins Deſchauſſés de Notre-Dame de la victoire , a été bâtie auſſi ſous le même regne , par le ſieur le Duc.

L'égliſe paroiſſiale de S. Louis , dans l'iſle , a été bâtie encore ſous ce regne : le ſieur le Vau l'a commencée , & le ſieur le Duc l'a continuée.

L'égliſe paroiſſiale de S. Roch n'étoit autrefois qu'une petite chapelle dédiée ſous le titre de ſainte Suſanne & de S. Roch , qui fut bâtie vers l'année 1587 , & n'étoit qu'une ſuccurſale de S. Germain l'Auxerrois , qui ne fut érigée en cure qu'en 1630. Le grand vaiſſeau , que l'on voit à préſent , fut commencé en 1655 , ſur le plan de Jacques Mercier , architecte. En 1709 , ceux qui avoient ſoin du temporel de cette égliſe , firent conſtruire une chapelle ſous l'invocation de la ſainte Vierge , qui leur couta des ſommes conſidérables , qu'ils avoient tirées d'une loterie que le roi leur avoit accordée pour cet effet : on trouve cette chapelle d'un goût exquis.

L'égliſe des peres de Nazareth , rue du Temple , a été bâtie ſous le régne de Louis XIV , par le ſieur de Leſpine.

Le portail de S. Jacques du Haut-Pas , fauxbourg S. Jacques , a été fait ſous le regne de Louis XIV , par le ſieur Gittard.

L'égliſe & le monaſtere des Dominicains , dits Jacobins , rue S. Honoré , furent fondés en 1614 , par les ſoins , & des deniers du cardinal Pierre de Gondi , évêque de Paris , & du Tillet , greffier en chef du parlement , & de pluſieurs autres perſonnes. François de Gondi , archevêque de Paris , dédia l'égliſe en 1628 , ſous l'invocation de l'Annonciation de Notre - Dame. La bibliothéque de ce monaſtere eſt une des plus conſidérables de Paris : elle contient plus de vingt mille volumes.

L'égliſe & le monaſtere des Feuillans , ainſi nommés , parceque la réforme que l'on y ſuit avoit commencé dans une abbaye qui porte le nom de Feuillans , fut fondé l'an 1601. Louis XIII fit bâtir en 1624 le portail de leur égliſe , dont François Manſart donna le deſſin. Comme c'étoit le premier ouvrage de cet habile architecte , on y trouve des fau-

tes que l'on ne rencontre point dans ceux qu'il a faits depuis ce temps-là.

La place de Louis le Grand. Cette place eſt bâtie ſur le terrein de l'hôtel que Henri IV avoit fait conſtruire pour Céſar de Vendôme légitimé de France : Louis XIV acheta cette place , & l'hôtel qui y étoit , ſix cens ſoixante mille livres. Il fit démolir les bâtimens au mois d'avril 1687 , & fit faire les façades pour former la place qui a ſubſiſté juſqu'en 1699. Il la donna depuis ce temps à l'hôtel de ville , qui en a fait démolir les anciens bâtimens , & conſtruire de nouveaux ſur les deſſins de Jules - Hardouin Manſart , ſurinten-lant des bâtimens de Louis XIV. Au milieu de cette place on érigea le 13 août 1699 une ſtatue équeſtre de ce prince , qui a vingt pieds de hauteur , que le fameux ſculpteur François Girardon a été plus de ſept ans à conduire à ſa perfection. Jean-Balthazar Keller , natif de Zurich en Suiſſe , a été le fondeur de cette ſtatue , qui eſt d'un ſeul jet.

La place des Victoires a été bâtie en 1684 , par François , vicomte d'Aubuſſon de la Feuillade , duc , pair & maréchal de France , ſur les ruines de l'hôtel de la Ferté-Seneterre , & de l'hôtel d'Emeri. Elle eſt de figure élipſe ou ovale , de 40 toiſes de diametre. Au milieu on voit une ſtatue pédeſtre de Louis XIV , faite par Marſin Deſjardins , natif de Breda ; elle fut poſée le 28 mars 1686. François Séraphin Regnier des Marais eſt auteur des inſcriptions que l'on voit autour de ce monument.

Le pont royal a été élevé par le roi Louis XIV , ſur les deſſins de Jules-Hardouin Manſart.

Le plus grand nombre des nouveaux ouvrages qui ont embelli Paris ſous ce regne , eſt dû aux ſoins de M. Pelletier , pour lors prévôt des marchands , & depuis miniſtre d'état. Ils ont été bâtis ſur les deſſins & ſous la conduite du ſieur Pierre Bullet , architecte du roi : nous en allons donner le détail.

On a commencé par la porte S. Antoine , qui avoit été faite pour l'entrée de Henri III , à ſon retour de Pologne , & qui fut depuis ornée pour l'entrée de Louis XIV. Quoique l'ancienne architecture de cette porte , qui eſt de Metezeau , ſoit d'aſſez mauvais gout , on a néanmoins voulu la conſerver à cauſe de deux choſes ſinguliéres. On y admire une arriere-vouſſure fort belle , qui eſt le premier ouvrage de ce genre , & qui a donné le nom à toutes les arriere-vouſſures qu'on a faites depuis de cette ſorte , qu'on appelle de S. Antoine. On y remarque encore deux fleuves , qui ſont d'un excellent gout , & qu'on croit être de la main du fameux maître Ponce , ſculpteur François. On a ajouté deux portes à celle du milieu pour la commodité publique , auſquelles on a fait deux arriere-vouſſures ſemblables à l'ancienne. Le pont d'entrée de cette porte a été beaucoup élargi , parce qu'il étoit trop étroit : on y a ajouté une demi-lune , du côté du fauxbourg , pour dégager cette entrée , & on a placé aux deux bouts de cette demi - lune deux figures repréſentant Hercule & Pallas : elles ſont du ſieur Renaudin. On a enſuite fait une rampe à côté de cette porte , pour monter ſur le boulevard , qui étoit un chaos de terre & d'immondices , ſervant de retraite aux fainéans & vagabonds. On a planté ſur ce boulevard un cours de quatre rangées d'ormes , qui forment trois allées fort agréables ; celle du milieu a dix toiſes ; & les contre-allées chacune trois toiſes. On a revêtu ce cours d'un mur de rempart juſqu'à l'endroit où eſt le jardin du Calvaire : tout le reſte de ce cours , qui a été fait depuis , n'eſt point revêtu. On a encore fait dans cette longueur la petite porte de S. Louis. Ce nouveau cours , qui régne ſur le boulevard , eſt de 1200 toiſes de longueur , depuis la porte S. Antoine juſqu'à la porte S. Martin. Il fut dreſſé en 1670 , en vertu d'un arrêt du conſeil du 7 ſeptembre de la même année.

La porte S. Denys a été faite en 1672 , pendant la guerre de Hollande ; elle a douze toiſes en quarré ; l'arcad...a 24 pieds de large , sur 48 pieds de haut ; les ornemens de sculpture sont du sieur Anguierre l'aîné. Le dessin de cette porte est du savant François Blondel , qui est auteur des inscriptions que l'on y remarque.

La porte S. Martin a été faite en 1674 : elle a neuf toises en quarré ; l'arcade du milieu a 16 pieds de large , sur 32 pieds de haut ; & les petites portes ont chacune neuf pieds de large sur 18 de haut. Cette porte a été faite pendant la campagne de Besançon & de Limbourg. Les sculpteurs sont les sieurs Gaspard de Merci , le Gros & le Hongre.

La porte S. Bernard a été bâtie en 1673. En conservant le corps de l'ancienne porte , on y a fait deux portes d'égale grandeur ; & on a placé sur cette porte deux bas-reliefs qui représentent la navigation & le commerce. Ils sont les sieurs Baptiste Tubi & de Massou.

On a élargi beaucoup de rues qui causoient de continuels embaras dans la ville , à cause de leur peu de largeur ; mais le principal de ces ouvrages , est le quai appellé *Pelletier* , qui fut fait en 1675 à la place des maisons de tanneurs qui donnoient sur la riviere. Il n'y avoit point alors d'autre passage que la rue , qui est restée , qu'on appelle *la Tannerie* , qui est très-étroite & de mauvaise odeur. Ce quai , qui comprend la longueur depuis le pont Notre-Dame jusques dans la grève , a quatre toises de largeur , pour le passage des voitures , & une banquette de six pieds pour les gens de pied. Cette banquette est portée en l'air par une voute de pierre extraordinaire , l'espace de 80 toises de longueur , avec un mur de parapet au-dessus. Cet ouvrage a paru si hardi , que les plus habiles doutoient qu'il pût s'exécuter & subsister de cette sorte.

L'on a fait d'autres ouvertures & élargissemens de rues dans la ville , dans la rue des Arcis , jusqu'à S. Merri ; dans la rue de la vieille Draperie , vers le palais ; dans la rue de la Ferronnerie , & dans plusieurs autres. On a fait encore le quai Malaquais , depuis les quatre Nations jusqu'au pont royal des Tuileries : c'est un ouvrage d'une grande commodité pour le public , & qui donne beaucoup d'agrément aux maisons bâties le long de ce quai ; & l'on a commencé un autre quai depuis le pont royal vis-à-vis les Tuileries , qui devoit aller jusqu'au Pré-aux-clercs.

Les fontaines de la porte S. Denys , celles des Augustins Déchaussés , de S. Ovide , de la Charité , de la porte S. Germain , de la rue de Paradis , de l'Echaudé , & celle de la rue S. Louis au Marais , ont toutes été faites sous la prévôté de M. le Pelletier.

Avant que de commencer tous ces ouvrages , le roi ordonna en 1670 à M. le Pelletier de faire lever un plan exact de Paris , pour marquer l'état où étoit alors cette ville , & toutes les choses qu'on y pouvoit faire par la suite du temps , tant pour la décoration & l'embellissement , que pour la commodité publique. Ce plan ayant été fait , fut déposé à l'hôtel de ville ; & le roi donna un arrêt du conseil d'état , pour approuver les ouvrages projettés sur ce plan , qui n'ont été faits depuis , que conformément à ce qui fut résolu pour lors , & suivant l'intention de sa majesté.

Quoique tous ces ouvrages soient incontestablement du sieur Bullet , cependant le sieur Blondel s'en est attribué quelques-uns , dont il n'avoit néanmoins fourni que les inscriptions ; ce qui a trompé quelques graveurs , & même le sieur Brice , auteur de la description de Paris. Ceux qui ont le véritable gout d'architecture , & qui se connoissent en profils , ne pourront s'y méprendre , s'ils se donnent la peine de conférer ces différens ouvrages , contestés & non contestés , qu'ils sentiront être tous d'une même main. Nous devons rendre la même justice au sieur Bullet , à l'égard du plan de Paris qu'il avoit levé , & que le sieur Blondel a néanmoins fait graver sous son nom.

ÉGLISE DE PARIS.

L'église de Paris a été fondée peu après le temps des apôtres , suivant l'ancienne tradition , & dans le III siécle , selon l'opinion des plus habiles critiques , par S. Denys , qui en fut le premier évêque , & qui la cimenta de son sang. Il a eu des successeurs très-célébres , dont plusieurs sont reconnus pour saints ; comme saint Marcel , S. Germain , S. Ceran , S. Landri , S. Hugues , &c. Nous allons donner une suite chronologique & historique de tous les évêques de Paris , depuis saint Denys jusqu'à présent. Paris n'étoit que le siége d'un évêché , suffragant de Sens ; mais à la priere du roi Louis XIII , le pape Grégoire XV érigea en 1622 l'archevêché , qui a Chartres , Meaux , Orléans & Blois pour suffragans. L'archevêché de Paris a été érigé en 1672 en duché & pairie , en faveur de François de Harlai de Chanvallon , dignité dont ont joui ses successeurs. L'église métropolitaine est Notre-Dame , dont la premiere fondation est attribuée à Childebert I. Le roi Robert la fit rebâtir ; & ses successeurs continuerent son dessein jusqu'au temps de Philippe *Auguste* , sous lequel elle fut achevée , par les soins de l'évêque Maurice de Sulli. Plusieurs auteurs ont fait la description de cette métropole , où il y a cinquante-un chanoines , & huit dignités , qui sont le doyen , le chantre , trois archidiacres , de Paris , de Josas , & de Brie ; le sous-chantre , le chancelier & le pénitencier. On ajoute six grands vicaires , dix chanoines de S. Denys du Pas , six chanoines & deux curés de S. Jean le Rond , deux chanoines & deux vicaires de saint Agnan , douze enfans de chœur ; les clercs qu'on appelle de matines , & cent quarante chapelains. Outre cette métropole , on trouve dans la cité la Sainte-Chapelle bâtie par S. Louis , & enrichie de la couronne d'épines , & d'un très-grand nombre d'autres saintes reliques. Il y a encore à Paris quatre abbayes ; celles de sainte Geneviéve & de saint Victor , toutes deux de chanoines réguliers de S. Augustin ; celle de S. Benoît , de religieux de S. Benoît , de la congrégation de S. Maur ; & celle de S. Magloire , où sont présentement les prêtres de l'Oratoire , sans compter l'abbaye de S. Antoine , & celle de Montmartre , outre les abbayes aux Bois , de Pantemont , de Port-Royal , de sainte Perrine à la Villette , & une à Issi , maison de filles. Le dénombrement de tant de choses n'est pas proprement de ce lieu. Un grand nombre d'écrivains se sont empressés à donner des descriptions de Paris , & à éclaircir son histoire. Gilles Corrozet , imprimeur , mort en 1558 , est celui qui le premier en a donné l'exemple : Nicolas Bonfons , libraire , augmenta ses antiquités en 1581 , & les redonna encore en 1588 , revues par Jean Robel , peintre ; mais Jacques du Breul , religieux bénédictin de S. Germain des Prés , est celui dont Bonfons se servit le plus utilement. Le succès de deux éditions des fastes & antiquités de Paris , en 1605 & 1608 , anima du Breul , & lui fit entreprendre le théatre des antiquités , qui parut en 1612 *in*-4º. Du Breul mourut peu après , & les deux éditions qui ont été faites en 1618 & en 1639 après sa mort , ne valent pas la premiere , à laquelle il faut joindre le supplément latin qu'il publia en 1614. Depuis , trois autres grands ouvrages ont été composés pour éclaircir l'histoire de cette grande ville ; le premier , celui de Claude Malinge de S. Lazare , parut en 1640 *in-fol.* sous le titre d'*Antiquités de la ville de Paris*. Le second est de Henri Sauval , avocat au parlement , qui y travailloit dès l'an 1654 , & qui mourut en 1669 , sans avoir fait imprimer : il avoit intitulé son ouvrage , *Paris ancien & moderne* , & y traitoit article par article de tout ce qui concerne cette ville : cet ouvrage a été publié en 3 vol. *in-fol.* en 1724 , sous le titre d'*histoire & recherches des antiquités de la ville de Paris*. Le troisiéme , commencé par dom Felibien , religieux bénédictin de la congrégation de S. Maur , est une histoire suivie de Paris.

Le premier auteur étant mort, dom Lobineau, religieux de la même congrégation, a été chargé de continuer cette histoire, à laquelle il a joint un grand recueil de preuves. Cet ouvrage a paru en 5 *vol. in-folio*, en 1725. Le sieur Grancolas en a fait depuis une histoire abrégée en deux *vol. in-12*, imprimée en 1728, & supprimée aussitôt. Les Bénédictins en ont publié un autre abrégé en cinq volumes *in-12*. M. l'abbé le Beuf a donné une *histoire de la ville & de tout le diocèse de Paris*, en plusieurs volumes *in-12*. On a aussi diverses descriptions de Paris : celle que M. de la Mare, commissaire au châtelet de Paris, a mise à la tête de son excellent traité de la police : Itinéraire de Paris, par Jean Boisseau : le guide de Paris, par Georges de Chuyes : la ville de Paris, par François Colletet, qui a aussi donné en 2 *vol. in-12* un abrégé des annales & antiquités de Paris en 1664 : les adresses de la ville de Paris, par Abraham de Pradel : Paris ancien & nouveau par C. le Maire ; & enfin la description nouvelle de Paris, par Germain Brice, dont il a été fait diverses éditions ; la dernière a paru en 1752, en 4 *vol. in-12*. On a une description de cette ville plus étendue, composée par M. Piganiol de la Force, & imprimée en 1741, en 8 *vol. in-12*. On y peut joindre les 24 planches gravées en 1714, par ordre de M. d'Argenson, lieutenant de police, où sont représentés les 24 quartiers, suivant la division faite en 1702. On a aussi une histoire de l'église de Paris composée par Gerard du Bois, d'Orléans, qui parut en 2 *vol. in-fol.* en 1690 & 1710 ; mais qui finit à l'an 1283, l'auteur étant mort en 1695, avant que de pouvoir achever son entreprise. L'an 1665 & les années suivantes, on publia en 6 vol. *in-fol.* l'histoire de l'université de Paris jusqu'en 1600, par César Egasse du Boullai, qui fut censurée l'an 1667, par la faculté de théologie ; ce qui n'a pas empêché qu'elle ne fût bien reçue du public, celle qu'Edmond Richer, docteur, avoit écrite auparavant ne paroissant pas, & une autre histoire composée depuis par un docteur nommé Guyart, & par Jean Mentel, médecin, n'ayant point trouvé d'imprimeurs qui voulussent s'en charger.

SUITE CHRONOLOGIQUE ET HISTORIQUE des évêques de Paris.

I. Saint DENYS fut le premier évêque de cette ville, au troisième siècle de l'église, & il cimenta de son sang la foi qu'il y prêcha. *Voyez* DENYS.

II. MALLO. On ne sait rien de sa vie, ni de ce qui s'est passé de son temps.

III. MASSUS. Hilduin en parle dans la vie de S. Denys, & dit qu'il convertit à la foi un célèbre capitaine nommé *Libius* ; mais ce fait n'est pas certain. Démochares lui attribue aussi une histoire du martyre de saint Denys & de ses compagnons, qui n'est pas venue jusqu'à nous.

IV. MARC.

V. AVENTUS.

Ces deux évêques ont gouverné, comme il y a lieu de croire, sous les empereurs Constance & Constantin.

VI. VICTORINUS. Il souscrivit au concile de Cologne en 346, & l'on croit qu'il y avoit assisté, & défendu la divinité du Verbe contre Euphrate, évêque de cette ville. Cependant plusieurs critiques prétendent que ce concile de Cologne est chimérique, & leurs raisons ne sont pas destituées de preuves solides. On fait paroître encore Victorinus au concile de Sardique en 347, & aux conciles que l'on tint de son temps à Paris contre l'arianisme en 360.

VII. PAUL gouverna sous Valentinien *le jeune*.

VIII. PRUDENCE. Fortunat en a parle dans la vie de S. Marcel, & dit qu'il l'avoit ordonné soudiacre. Il vivoit au temps de Gratien, & au commencement du règne de Théodose. On croit qu'il fut enterré hors les murs de la ville, en un lieu qui fut appellé depuis la crypte de sainte Geneviève, & où Clovis fit bâtir l'é-

glise de S. Pierre & de S. Paul, qui a pris depuis le nom de sainte Geneviève.

IX. Saint MARCEL, qui mourut au commencement du V siècle. *Voyez* son titre.

X. VIVIANUS.

XI. FELIX.

XII. FLAVIANUS.

XIII. URSICINUS.

XIV. APEDIMUS.

Ces évêques ont vécu dans le V siècle ; mais on ne sait que leurs noms.

XV. HERACLIUS. Il assista au premier concile d'Orléans, sous le règne de Clovis.

XVI. PROBATUS, ou PROBATIUS.

XVII. AMELIUS. Il se trouva au II concile d'Orléans en 533, & y souscrivit, & au III tenu en 538. N'ayant pu assister au IV en 541, il y envoya de sa part un abbé nommé *Amphilochius*.

XVIII. SAFFARACUS. Il assista au V concile d'Orléans en 549. On le nomme aussi *Saphoratus*, & *Saphoracus*. Sa vie fut si peu réglée, que Childebert assembla en 551 un concile à Paris pour examiner sa conduite, & le juger. Il s'y trouva 27 évêques de diverses provinces. Il y fut convaincu de plusieurs désordres, déposé & condamné à se retirer dans un monastère. Ce concile est le II tenu à Paris.

XIX. EUSEBE. Aimoin le dit successeur immédiat de Saffaracus. Ce fut lui qui éleva S. Cloud au sacerdoce. D'autres font succéder *Libanius* à *Saffaracus*.

XX. Saint GERMAIN. Fortunat évêque de Poitiers, a écrit sa vie. *Voyez* GERMAIN (Saint).

XXI. RAGNEMODE, élu en 576, mort en 591. *Voyez* son titre.

XXII. EUSEBE II du nom, fut élu en 595. *Voyez* son titre.

XXIII. FARAMODUS, frere de Ragnemode. Il répara le mal que l'élection simoniaque & la conduite peu épiscopale de son prédécesseur avoient fait.

XXIV. SIMPLICIUS. Le pape S. Gregoire en parle dans une lettre au roi Clotaire, où il recommande à ce prince les missionnaires qu'il envoyoit en Angleterre, & qui passoient par la France.

XXV. CERAUNIUS, ou CERAN. Il est honoré comme saint. Ce prélat mourut à Paris le 27 de septembre, & fut enterré dans la crypte de sainte Geneviève, en la chapelle de S. Denys. *Voyez* son titre.

XXVI. LANDEBER, ou LEUDEBER. Il assista au concile de Reims de l'an 625 ou 630.

XXVII. AUDEBERT. Germoald, abbé, souscrivit au nom de ce prélat au concile de Châlons-sur-Saône, qui se tint en 650. L'auteur de la vie de S. Babolein, premier abbé de S. Maur des Fossés, dit qu'Audebert étoit Anglois de Nation, qu'il étoit évêque en son pays, & que fuyant la persécution du roi Coinval, il se retira en France, où il fut bien reçu du roi Clovis II, & qu'ensuite ce prince le fit évêque de Paris. Mais cet auteur a confondu Audebert avec Agilbert.

XXVIII. Saint LANDRI. On dit que ce fut lui qui fit bâtir l'Hôtel-Dieu de Paris, & on l'y honore comme fondateur de cette maison, qui a été bien augmentée depuis. Le moine Marculfe dédia ses formules à ce prélat. Ce saint fut enterré dans l'église de S. Vincent, dite aujourd'hui S. Germain l'Auxerrois. Saint Landri est le dernier des évêques de Paris que l'église reconnoisse pour saint.

XXIX. CHROBERT, CHRODOBERT, ou RODOBERT, succéda à S. Landri. Il étoit lié avec sainte Batilde ; & avec S. Ouen. Après la mort de Clovis il fut du conseil de la première. Ce prélat se distingua par sa vertu.

XXX. SIGOBRANDUS, ou SIGOBAUDUS, s'étant attiré la jalousie des grands, qui ne purent souffrir son élévation, ni son crédit auprès de la reine Batilde, ils le firent tuer.

XXXI. IMPORTUNUS, ou INGERNIUS.

XXXII. AGILBERT, ou ANGILBERT. Il étoit né à Paris, ou aux environs. Bede en parle, & dit qu'il avoit été élevé dans les lettres & dans la piété dans quelque monastere de France. L'amour de la retraite le fit passer en Irlande, & ensuite en Angleterre, où il s'appliqua particuliérement à méditer l'écriture sainte. Bede ajoute qu'il y fut quelque temps évêque, & qu'y ayant reçu quelque chagrin, il se retira en France, où il fut élevé sur le siége de Paris, qu'il gouverna avec toute la charité, la vigilance & la capacité d'un pasteur plein de zéle & d'expérience. Il mourut en odeur de sainteté dans un voyage qu'il étoit allé faire à l'abbaye de Jouarre. Il y fut enterré dans la crypte de S. Paul hermite, où étoit un oratoire qu'Agilbert avoit fait bâtir, & qui est aujourd'hui dans le cimetiere de la paroisse de Jouarre.

XXXIII. SIGEFROI. Il en est parlé dans une charte de Vandemire, homme de qualité, qui fit plusieurs donations à diverses églises. Il se trouva à l'assemblée que Clovis III fit tenir à Lusarche. Il mourut l'an 694.

XXXIV. TURNOALD. Le pere Mabillon dit qu'il se démit de son évêché, & qu'il se fit moine à S. Denys, où il fut depuis abbé de ce monastere. Dans une charte de Chilperic il y a custos, & non abbas: ainsi Turnoald pouvoit être évêque conservateur, ou œconome des droits & des biens de l'abbaye.

XXXV. ADULPHE, mort dans le VIII siécle.

XXXVI. BERNECAIRE.

XXXVII. HUGUES, à qui le martyrologe romain donne le titre de Saint, fut fait évêque de Paris en 724, & mourut l'an 730. Voyez son titre.

XXXVIII. MERSEIDE.

XXXIX. FEDOLUS, ou FEDOLIUS.

XL. RAGNECAPT. On ne sait rien de ces prélats.

XLI. DEODEFRID. Il se trouva au concile tenu à Gentilly, proche Paris, en 767. On y proposa l'article de la procession du saint Esprit, & celui des images, qu'il fut conclu de conserver.

XLII. ERCHANRAD, ou ENCHARAD, qui fut bien venu auprès de Charlemagne.

XLIII. ERMANFROID, au commencement du IX siécle.

XLIV. INCHAD. Il en est parlé dans une charte d'Etienne, comte de Paris, qui donna ses terres à l'église de Paris. Sous l'épiscopat de ce prélat, les archives, les ornemens & les autres meubles de cette église furent brulés par accident. Ce fut aussi de son temps que l'on tint en 828 un concile à Paris, dont nous avons encore les décisions. Ce fut encore lui qui fit le partage des biens de l'évêque d'avec ceux de ses chanoines. Il mourut peu après le concile de Paris. Il avoit siégé 21 ans & quelques mois.

XLV. ERCHANRAD le jeune. Il souscrivit au partage qu'Hilduin fit des biens de l'abbaye de S. Germain entre l'abbé & les religieux. Il assista au concile de Carisi en 837, à celui de Beauvais en 845, à celui de Thionville en 835, où Ebbon archevêque de Reims, fut déposé, & où Louis le Débonnaire fut rétabli. Il souscrivit aussi au concile de Verneuil sur Oyse, où Charles le Chauve fut prié de laisser élire un autre évêque à la place d'Ebbon. En 845, on obtint un concile à Meaux, où Erchanrad se trouva encore, avec le roi Charles le Chauve, & les évêques de la province de Sens. Il étoit encore vivant en 853, puisqu'il souscrivit au concile de Soissons de cette année. Il ne mourut qu'en 856 ou en 857.

XLVI. ENÉE, élu en 853, mort en 870. Voyez son titre.

XLVII. INGELVINUS. Il se trouva au concile de Douzy, & il jugea qu'il falloit déposer Hincmar de Laon. Il assista au concile de Senlis en 873, à l'assemblée des évêques tenue à Autun en 875, au concile convoqué par Charles le Chauve en 876, à Pontyon. Il mourut en 883.

XLVIII. GOZLIN. Les annales de S. Bertin disent qu'il étoit de sang royal, frere de Louis abbé de S. De-

nys, & petit-fils de Charlemagne par sa fille Rotrude. Il fut d'abord abbé de S. Germain & de S. Denys, & grand chancelier du royaume sous Charles le Chauve, en 876. Il souscrivit en ces qualités au concile de Pontyon. Il mourut pendant le premier siége de Paris par les Normans. Sa place fut vacante six mois.

XLIX. ANSCHERIC. Il étoit frere de Tresbert, comte de Meaux, qui fut tué en défendant cette place contre les Normans. Les annales de Metz parlent de ce prélat. Il paroît qu'il avoit été grand chancelier du royaume sous Charles III. Ce prince lui donna l'abbaye de Rebais. Anscheric mourut l'an 910.

L. TEODULPHE. Il obtint du roi Charles, un privilége d'immunité pour le cloître de son chapitre, & pour les maisons des chanoines. Dans la vie de S. Gerard abbé en Flandre, il est dit que ce fut Théodulphe qui l'ordonna acolythe. Ce prélat mourut en 921.

LI. FULRADE. Il en est aussi parlé dans la vie de saint Gerard.

LII. ANDEHELME, selon d'autres ANDELINUS.

LIII. GAUTIER, ou VAULTIER, dont il est parlé dans une charte de Louis d'Outre-mer, qui regarde l'église de S. Merri, pour confirmer les donations faites à cette église à la priere de ce prélat. On ignore le temps de sa mort.

LIV. ASCALAIN, ADELIN, ou ASCELIN. MM. de Sainte-Marthe disent qu'il étoit bâtard de Baudouin comte de Flandre, & qu'il fut d'abord prévôt ou abbé d'un monastere en Flandre. Claude Fauchet dans le premier livre de ses antiquités de France, sous l'an 951, dit qu'il fut déposé de son évêché, & que s'étant retiré vers son frere en Flandre, il mourut 16 ans après son élection, en 977.

LV. ALBERIC.

LVI. CONSTANTIUS.

LVII. GARNIUS ou GARINUS. On ne sait rien de ces trois évêques.

LVIII. ELYSIARDUS. Il obtint plusieurs immunités & priviléges pour ses chanoines, & il alla à Rome, afin d'obtenir la confirmation du partage de leurs biens d'avec ceux de l'évêque. C'étoit sur la fin du X siécle.

LIX. GILBERT, ou ANGILBERT. Glaber, historien de France, parle de sa mort. La chronique de Flavigni, sous l'an 993, en fait mention. Gilbert mourut la même année.

LX. RAYNAULD, ou RENOLD. Il étoit fils de Burchard, comte de Corbeil. Il fut lui-même comte de Vendôme & de Melun, & chevalier du roi Hugues, après quoi il fut élevé sur le siége de Paris. Dans une donation faite à l'église de S. Denys de la Chartre, il est qualifié comte de Melun, évêque de Paris. Elle est de l'an 998. Il fit lui même plusieurs donations considérables à son église, & mourut l'an 1020.

LXI. ALBERT lui succéda, selon les archives de l'église de Paris. D'autres nomment son successeur Anzelin, ou Enzelin. On croit qu'il vécut fort peu épiscopalement, & qu'il se démit de son évêché.

LXII. FRANCO. Il étoit doyen de l'église de Paris, avant que d'en être évêque. Il en est parlé dans les lettres de Fulbert de Chartres. Il mourut en 1030.

LXIII. IMBERT, ou UMBERT de Vergy. Il étoit fils de Valon seigneur de Vergy. Alberic s'est trompé lorsqu'il a dit dans sa Chronique, sous l'an 1015, qu'il étoit fils du roi Robert. Il fut chanoine de Langres, puis archidiacre. Il fonda dans son château de Vergy une église collégiale en l'honneur de S. Denys, l'an 1023, avant que d'être évêque. Umbert mourut âgé de 80 ans, l'an 1060, le 22 novembre. Deux ans auparavant il avoit assisté au sacre du roi Philippe, fils de Henri, qui se fit dans la cathédrale de Reims.

LXIV. GEOFROI, ou GODEFROI de Boulogne. Il étoit de famille noble, fils d'EUSTACHE, comte de Boulogne, & de Mathilde de Louvain, & grand oncle de Geofroi, ou Godefroi, duc de Bouillon, qui entreprit la conquête de Jérusalem. Le pape Grégoire VII

étoit

toit en grande relation avec ce prélat, & il le chargea le plufieurs affaires importantes. Godefroi mourut en 095.

LXV. GUILLAUME de Montfort. Il étoit fils de SI-MON de Montfort, & avoit été élevé auprès d'Yves de Chartres. Il avoit beaucoup de piété, & après fon ordination il alla à Rome pour prendre les avis du pape Urbain II. Il mourut jeune l'an 1101.

LXVI. FULCON ou FOULQUES. Il étoit doyen de Notre-Dame lorfqu'on le fit évêque. Il avoit été d'abord chanoine de Senlis. Comme on crut qu'il avoit brigué l'épifcopat, fon élection déplut ; mais on l'avoit plutôt follicité que lui-même, & le pape Pafchal II l'approuva. Il vécut peu après fon ordination, & mourut l'an 1104.

LXVII. GALLON fut élu en 1104 ; mais il ne comptoit les années de fon épifcopat, que d'après le mois d'avril 1105. Il mourut le 23 février 1116. Voyez fon titre particulier.

LXVIII. GILBERT, ou GERBERT, grand archi-diacre de Paris, fut mis en fa place. Il mourut l'an 1123. Ce fut lui qui commença à faire bâtir la maifon de S. Victor de Paris, & qui lui donna les premiers biens.

LXIX. ETIENNE de Senlis. Il étoit fils de GUY de Senlis de la Tour, feigneur de Chantilly & d'Ermenon-ville. Il étoit archidiacre de Paris, quand il fut élu évê-que. Il eut de grands démêlés avec le roi Louis le Gros, dont il encourut la difgrace, & S. Bernard s'employa pour les réconcilier. Ce fut fous fon épifcopat qu'arriva le miracle des Ardens.

LXX. THIBAULT. Il étoit prieur de S. Martin des Champs, & religieux de Cluni. Il fuccéda dans l'évê-ché de Paris à Etienne de Senlis. Pierre de Celles, & Pierre le Vénérable le louent dans leurs lettres fur fa modeftie & fon amour pour la fimplicité. Il mourut l'an 1157, felon l'auteur du fupplément de Sigebert. Le nécrologe de S. Victor met fa mort en 1151. Il vou-lut être enterré devant le grand autel de l'églife de faint Martin des Champs, au côté gauche. Après fa mort, le droit de régale étant dévolu au roi, ce prince le donna pour toujours aux religieufes d'Hyeres. Son ordonnance eft de l'an 1161, & fcellée par Hugues, chancelier de France, & évêque de Soiffons. L'abbeffe d'Hyeres a joui de ce droit d'être chévecière de l'églife de Paris, le fiége vacant, jufqu'à l'an 1598, qu'elle s'accommoda de ce droit avec le chapitre. Le fiége de Paris vaqua plus d'un an après la mort de Thibault.

LXXI. PIERRE Lombard fut élevé fur le fiége de Paris en 1159, & mourut en 1164. Voyez PIERRE LOMBARD.

LXXII. MAURICE, furnommé de Sully, du nom de fa patrie, petite ville fur la Loire. Ce fut fon mérite qui l'éleva fur le fiége de Paris en 1164. Voyez SULLY (Maurice de)

LXXIII. EUDES de Sully, élu en 1196. Voyez SULLY. (Eudes de)

LXXIV. PIERRE de Nemours, dit le chambellan. Il étoit fils de GAUTIER, feigneur de la Chapelle en Brie, & de Villebon, & d'Aveline de Nemours, femme de Gautier. Pierre tint un concile en 1209, contre quel-ques hérétiques fectateurs d'Amaury de Chartres, doc-teur de Paris. Il quitta fon églife pour fe croifer avec Hugues, comte de Nevers, l'évêque de Beauvais, & quelques autres feigneurs. Il partit en 1217, & mourut pendant le voyage en 1220, à Damiette.

LXXV. GAUTIER Cornu fut élu fur le refus du car-dinal Aldobrandin ; mais le pape Honoré III n'ayant pas agréé cette élection, Guillaume de Seignelay, évêque d'Auxerre, paffa à l'évêché de Paris. Voyez GUILLAU-ME d'Auxerre.

LXXVI. GAUTIER Cornu fuccéda à Guillaume. Il étoit neveu par fa fœur de Henri Clément, maré-chal de France. Il étoit doyen de Notre-Dame, & aumônier de Philippe Augufte. A peine eut-il été élu, que Pierre de Corbeil, archevêque de Sens, étant dé-cédé ; il fut nommé en fa place.

LXXVII. BARTHELEMI, doyen de Chartres. Il fut exécuteur teftamentaire de Louis VIII. Il mourut à Pa-ris l'an 1227, & fut enterré dans la cathédrale.

LXXVIII. GUILLAUME de Paris, mort en 1248. Voyez fon titre.

LXXIX. GAUTIER de Château-Thierri. Il ne fut évêque qu'un an.

LXXX. RENAUD de Corbeil, de la noble famille des vicomtes de Corbeil. Il fit fon entrée publique à Paris l'an 1250. C'eft de fes mains que S. Louis entreprenant le voyage de la Terre-fainte, prit le bourdon & l'échar-pe de pélerin. Il affifta en 1255 au concile de Paris, au-quel Henri de Sens préfida. Il mourut l'an 1268, & fut enterré à S. Victor.

LXXXI. ETIENNE Templier, natif d'Orléans, mou-rut l'an 1279. Voyez fon titre.

LXXXII. LEON de Allodiis. Il étoit chancelier de l'univerfité de Paris, lorfqu'il fut élu évêque ; mais il demeura peu fur le fiége de Paris : il s'en démit entre les mains du pape, & embraffa la régle de S. Dominique, comme le dit Guillaume de Nangis.

LXXXIII. RENAUT de Homblonieres. Le pape Ni-colas III le nomma évêque en la place de Léon. Il infti-tua la fête de la Conception dans fon églife, à qui il fit auffi plufieurs fondations. Il mourut au mois de novem-bre 1288.

LXXXIV. ADGNULPHE de Anagnia. Il avoit été prévôt de Saint-Omer, puis chanoine de Paris. Ce fut le chapitre qui l'élut évêque. Mais avant que d'être or-donné, il fe fit chanoine régulier dans l'abbaye de S. Vic-tor, où il mourut.

LXXXV. SIMON de Bucy Matifas, ou Matifay, né dans le diocèfe de Soiffons. Il avoit été archidiacre de Reims, & chanoine de Paris. En 1396 il fonda trois chapelles dans l'églife de Paris. C'eft lui qui a fait bâtir la grande falle de l'évêché. Il mourut au mois de juin 1304.

LXXXVI. GUILLAUME d'Aurillac. Il mourut l'an 1310.

LXXXVII. ETIENNE Boret. Ce fut Jean XXII qui le nomma. Il prêta ferment entre les mains du roi, & mourut en 1316.

LXXXVIII. HUGUES de Befançon. Il eut plufieurs démêlés avec le chapitre : le pape Jean XXII les appaifa. Il mourut en 1352.

LXXXIX. GUILLAUME de Chanac, fe démit de fon évêché en faveur de fon neveu, en 1342, & mourut le 3 mai 1348. Voyez CHANAC. (Guillaume de)

XC. FULCO ou FOULQUES de Chanac, neveu du précédent. Il fe trouva préfent à la ceffion qu'Humbert prince de Dauphiné, fit de fes états à la France en 1343. Il mourut le 25 de juillet de l'an 1349, & fut enterré à S. Victor.

XCI. AUDOUIN Aubert. Il étoit Limoufin & neveu du pape Innocent VI. On le fit évêque d'Auxerre en 1350, & prêtre cardinal du titre de S. Jean & de S. Paul en 1361. Il devint évêque d'Oftie, & mourut en 1363.

XCII. PIERRE de la Forêt, devint évêque de Paris en 1350, & mourut en 1361. Voyez FOREST (Pierre de la)

XCIII. JEAN de Meulent, né à S. Quentin en Ver-mandois. Il étoit évêque de Noyon lorfqu'on l'appella fur le fiége de Paris. Il mourut l'an 1362.

XCIV. ETIENNE de Paris, né au village de Vittri-fur-Seine, mourut à Avignon en 1373. Voyez ETIENNE.

XCV. EMERIC de Magnac, d'une ancienne famille du Limofin. Etant évêque de Paris, il fut envoyé à Francfort pour le mariage de la fille de Charles V, avec Rupert, duc de Baviere. Charles V l'employa auffi au-près du pape Grégoire XI, pour faire ériger Paris en archevêché & le rendre indépendant de Sens ; mais cette tentative ne réuffit point alors. Emeric fut fait cardinal par l'antipape Clément VII, & mourut en 1384, le 20 de mai.

XCVI. PIERRE d'Orgemont. Il fut d'abord préfident à la chambre des comptes de Paris, puis évêque de Terouane & enfuite de Paris. Il affifta à la tranflation du corps de S. Louis en 1392. Il mourut en 1409, le 16 juillet.

XCVII. GERARD de Montaigu, fils du feigneur de Montaigu, chambellan de Charles V, frere de Jean de Montaigu, fondateur des Céleftins de Marcouffi, fut d'abord préfident à la chambre des comptes de Paris, puis chancelier de Jean, duc de Berri, & évêque de Poitiers en 1405. Il fut transféré à l'évêché de Paris en 1409, & mourut le 25 feptembre 1420, à Valieres-lès-Grandes, bourg près de Montrichard en Touraine où il s'étoit retiré en 1418.

XCVIII. JEAN de Courte-Cuiffe, Normand, grand théologien, docteur de la faculté de Paris, fut élu en 1419. Voyez COURTE-CUISSE (Jean de)

XCIX. JEAN de Rochetaillée, fut élu en 1422 après la démiffion de fon prédéceffeur. Il mourut en 1436 ou 1437. Voyez fon titre.

C. JEAN de Nant, ou Nanton, Bourguignon. Il étoit archevêque de Vienne lorfqu'il fut élevé fur le fiege épifcopal de Paris au mois d'octobre 1423. Il mourut en 1427.

CI. NICOLAS Frallon. Le chapitre l'avoit nommé en 1427 le 28 de décembre; mais ayant prêté ferment de fidélité au roi, les Anglois le chafferent.

CII. JACQUES du Chaftelier fut mis en la place de Frallon. Il étoit grand tréforier de Reims, & prit poffeffion de l'évêché de Paris le premier de juin 1428. Il mourut de la pefte le 2 de novembre 1438.

CIII. DENYS du Moulin, originaire de Meaux, évêque de Paris le dernier août 1439. Il mourut en 1447. Voyez MOULIN ou DU MOLIN, famille de Brie en France.

CIV. ANTOINE Crefpin, abbé commendataire de Jumiéges. Il fut transféré à l'évêché de Laon & de-là à Narbonne, où il mourut en 1472.

CV. GUILLAUME Chartier, élu le 6 de décembre 1447. Il mourut en 1472. Voyez CHARTIER (Guillaume)

CVI. LOUIS de Beaumont, Poitevin, fils de LOUIS de Beaumont, feigneur de Forefta, gouverneur du Maine. Louis XI l'avoit fait fon chambellan & confeiller d'état, & ce fut lui qui le fit nommer à l'évêché de Paris par le pape Sixte IV. Il fit fon entrée le 7 février 1473. Il mourut en odeur de fainteté, âgé de 45 ans, le 5 de juillet 1492.

CVII. GIRARD Gobaille, recommandable par fon humilité & par fa grande piété. Il mourut en 1494, avant que d'avoir été facré.

CVIII. JEAN Simon. Il a publié des conftitutions fynodales en 1495, & il eft mort le 23 de décembre 1502.

CIX. ETIENNE Poncher., élu en 1503. Voyez PONCHER (Etienne)

CX. FRANÇOIS Poncher, élu en 1519, après la nomination de fon oncle à l'archevêché de Sens. Il étoit alors abbé de S. Maur des Foffés & confeiller au parlement. Il mourut prifonnier au château de Vincennes le 12 de feptembre 1532. Voyez PONCHER.

CXI. JEAN du Bellay, élu le 20 de feptembre 1532. Il fe retira dans la fuite hors du royaume. Voyez BELLAY (Jean du)

CXII. EUSTACHE du Bellay, coufin du précédent, fut facré le 15 de novembre 1551, & mourut en 1565. Voyez BELLAY (Jean du)

CXIII. GUILLAUME Viole. Il étoit confeiller au parlement. Il prit poffeffion de l'évêché de Paris le 18 mars 1565, & mourut en 1568.

CXIV. PIERRE de Gondi, cardinal, élu en 1570. Il mourut à Paris l'an 1616, le 17 de février, âgé de 84 ans.

CXV. HENRI de Gondi, neveu du précédent, évêque de Paris par la démiffion de fon oncle. Il mourut

dans le camp du roi devant Beziers, le 23 d'août 1622, âgé de cinquante-deux ans.

ARCHEVÊQUES DE PARIS.

I. JEAN-FRANÇOIS de Gondi, fut le premier archevêque de Paris, l'érection en archevêché ayant été faite par le pape Grégoire XV, fur les follicitations de Louis XIII. Ce prélat gouverna fon diocèfe jufqu'en 1654, qu'il mourut âgé de 71 ans.

II. JEAN-FRANÇOIS-PAUL de Gondi fut coadjuteur de fon oncle & enfuite fon fucceffeur. Il mourut plufieurs années après s'être démis de l'archevêché de Paris, le 24 août 1679, âgé de 65 ans. Il faut voir fur ces évêques de Paris de la famille de GONDI, l'article concernant cette famille.

III. PIERRE de Marca, archevêque de Touloufe. Il mourut le 29 juin 1662, fans avoir pris poffeffion de l'archevêché de Paris. Voyez MARCA.

IV. HARDOUIN de Beaumont de Perefixe, &c. mort le 31 décembre 1670. Voyez PEREFIXE (Hardouin de Beaumont de)

V. FRANÇOIS de Harlai de Chanvalon, archevêque de Rouen, nommé archevêque de Paris en janvier 1671, mourut le 6 d'août 1695. Voyez HARLAI de Chanvalon (François de)

VI. LOUIS-ANTOINE, cardinal de Noailles, nommé en 1695, mort le 4 de mai 1729, prélat recommandable par une grande piété. Voyez NOAILLES (Louis-Antoine cardinal de)

VII. CHARLES-GASPARD-GUILLAUME de Vintimille, fut d'abord évêque de Marfeille, enfuite archevêque d'Aix : il a fuccédé dans l'archevêché de Paris à M. le cardinal de Noailles, & eft mort le 13 mars 1746.

VIII. JACQUES-BONNE Gigault de Bellefonds, prit poffeffion de l'archevêché de Paris le 2 juin 1746, & mourut de la petite vérole le 20 juillet de la même année 1746.

IX. CHRISTOPHE de Beaumont du Repaire, nommé archevêque de Paris le 5 d'août 1746, a pris poffeffion le 7 de novembre de la même année. Voyez fa généalogie au titre BEAUMONT.

CONCILES DE PARIS.

Entre les conciles qui furent tenus en France, par les foins de S. Hilaire de Poitiers, pour rétablir la foi orthodoxe contre les Ariens, celui de Paris eft un des plus confidérables, & fut tenu en 360. M. le Fevre, précepteur de Louis XIII, nous a donné ce concile dans les fragmens de S. Hilaire : le titre porte qu'il a été tenu *apud Parifeam civitatem*, ce que le Fevre, le cardinal Baronius & tous les autres expliquent fans contredit de Paris. Nous avons dans le même lieu l'épître que les évêques de France y écrivirent aux prélats Orientaux, où ils expliquent leur créance fur la confubftantialité du Fils avec fon Pere, & où ils dénoncent l'excommunication de Saturnin d'Arles. Les évêques de France s'affemblerent en 551 à Paris, au fujet de Saffaraque, évêque de cette ville, lequel étant convaincu de divers crimes, fut dépofé & relégué dans un mônaftere, pour y faire pénitence. Sapaudus d'Arles préfida à ce concile; & Probien de Bourges à un autre, que quinze évêques célébrerent en 557, contre ceux qui ufurpoient les biens des églifes, ce que nous apprenons du I des dix canons qui nous reftent. Le roi Gontran affembla en 573 le IV concile de Paris, pour accorder Chilperic avec Sigebert, mais ce fut inutilement; de forte que les prélats ne firent autre chofe que condamner Promotus, qui faifoit les fonctions d'évêque dans la ville de Châteaudun, dépendante du diocèfe de Chartres. En 577 Chilperic fit tenir un concile à Paris contre Prétextat de Rouen; & lui ayant perfuadé de fe confeffer coupable, il le fit envoyer en exil dans une ifle près de Coutances. De quarante-cinq prélats qui fe trouverent à cette affemblée, il n'y eut

: Grégoire de Tours qui foutint généreufement le
ti de fon confrere. Le VI concile de Paris fut convo-
é en 614 par les foins de Clotaire II, pour la réforme
s abus. On y compta 79 évêques, dont nous avons
du les foufcriptions ; nous n'avons que quinze canons
ce concile, avec l'édit du même roi pour les faire
loir. On tint une affemblée à Paris en 825 au fujet
la queftion des images. L'empereur Louis *le Débon-
ire* fongeant à ce qui pouvoit être avantageux au
uvernement de l'églife & de l'état , & aux moyens
appaifer la colere de Dieu, qui fe déclaroit fréquem-
ent par les irruptions des Normans, ordonna en 828
convocation de quatre conciles pour l'année fuivante.
n les célébra à Mayence , à Paris , à Lyon & à Tou-
ufe ; & le prince dreffa les articles qui s'y devoient
aiter. Il confirma les décrets de ces quatre conciles, dans
elui de Wormes, tenu la même année 829 ,'en préfence
es légats du pape Grégoire IV. Nous n'avons les actes
ue de celui de Paris , qui eft le VII tenu en cette ville.
Ces actes font fort beaux , & font divifés en trois livres.
e VIII concile fut tenu en 847, pour achever des ré-
lemens qui n'avoient pu être terminés au concile de
Meaux. L'année fuivante on en célébra un autre pour
l'affaire d'Ebbon de Reims. Le roi Henri I voulant faire
couronner fon fils Philippe I, affembla les prélats à Pais en 1059. Il y avoit fait tenir contre Berenger un
autre concile, qu'on met en 1050. Giraud , cardinal
d'Oftie, légat du faint fiége , en célébra un en 1073.
Manaffé de Reims , Richard de Bourges , & divers
autres prélats, affemblés à Paris en 1091 ou 1092, excommunierent ceux qui avoient ufurpé les biens de l'abbaye de Compiegne. Othon de Frifingen parle d'une
affemblée d'évêques, tenue en 1145 , à Paris , où Hugues d'Amiens, archevêque de Rouen , difputa contre
Gilbert de la Porée , évêque de Poitiers. On y en
célébra un autre contre le même , en 1147. Le roi Philippe *Augufte* fit tenir en 1185 & en 1188 des conciles à Paris pour délibérer des moyens de fecourir la
Terre-fainte. Dans le dernier on lui accorda la dîme,
nommée *la dîme Saladine* , parcequ'elle devoit être employée contre le fultan Saladin. Les légats du pape célébrerent en 1196 un concile dans la même ville, pour
contraindre Philippe à quitter Agnès de Meranie. Il y
en eut un convoqué en 1201 contre un hérétique nommé *Eberard* , & un en 1210 contre quelques hérétiques,
qui avoient puifé leurs erreurs dans les écrits d'Amauri.
Le Moine d'Auxerre ajoute qu'on y défendit la lecture
des livres d'Ariftote , qu'on croyoit contenir les erreurs
condamnées. Robert de Corçon, légat du faint fiége,
tint celui de 1212. Les ordonnances de ce concile font
exprimées en quatre chapitres, dont le I eft adreffé aux
prêtres du clergé ; le II aux réguliers ; le III aux religieufes , & le IV aux prélats. Conrad, auffi légat, affembla en 1223 un concile à Paris , contre les hérétiques
Albigeois ; & les cardinaux Romain & Pierre en
célébrerent un autre pour le même fujet , en 1226. La
chronique de S. Denys fait mention d'un concile tenu
en 1284 par Jean Cholet, légat du faint fiége , & d'un
autre affemblé dans l'églife de fainte Geneviéve , en
1290, par Gerard & Benoît, auffi légats. Nous avons
dans la derniere édition des conciles un autre affemblée
tenue à Paris en 1301, une autre en 1303 contre les
prétentions du pape Boniface VIII ; une en 1324, où
Guillaume de Melun préfida. Une autre fort confidérable, en 1344, pour les libertés & la jurifdiction de
l'églife gallicane ; & une en 1379 , touchant l'élection
d'Urbain VI & de Clément VII. Sponde & les autres
annaliftes parlent du concile tenu à Paris en 1395,
après la fauffe élection de l'antipape Pierre de Lune.
L'affemblée confiftoit en plus de cinquante , tant archevêques qu'évêques, outre les principaux abbés de France, & quantité de docteurs. Simon de Cramaud , patriarche d'Alexandrie, & évêque de Carcaffonne , y
préfida. Les mêmes prélats s'affemblerent encore à Paris

pour le même fujet , en 1398. Jean de Nanton, archevêque de Sens , préfida au concile de Paris , de l'an
1429, pour la réforme de l'office divin , des miniftres
de l'églife , des abbés, des religieux , &c. Le cardinal
Antoine du Prat , archevêque de Sens , & chancelier
de France , préfida au concile de fa province , tenu à
Paris, depuis le 3 février 1528, jufqu'au 9 octobre ,
contre les héréfies de Luther & des autres novateurs.
Nous en avons les actes en III parties , avec une belle
préface. Le cardinal du Perron , archevêque de Sens ,
affembla en 1612 fes fuffragans à Paris , & condamna
le 13 mars le livre d'Edmond Richer , intitulé : *De
ecclefiaftica & politica poteftate*. Jean-François de Gondi , premier archevêque de Paris , affembla en 1640 un
concile, où le libelle intitulé , *Optatus Gallus* , fut cenfuré. Jean Simon , évêque de la même ville , y publia
des ordonnances fynodales en 1495. Etienne Poncher
en fit en 1514. Nous avons auffi celles d'Euftache du
Bellai , en 1557 , & du cardinal Henri de Gondi de
Retz, de 1608 & 1620, &c. & plufieurs délibérations
du clergé de France , qui depuis ce temps-là , s'eft
fouvent affemblé dans cette ville.

PARIS ou ALEXANDRE , fils de *Priam* , roi de
Troye, & d'*Hécube*. Priam ayant confulté l'oracle fur
un fonge qu'Hécube avoit eu , l'oracle répondit que
l'enfant qu'elle portoit dans fes entrailles, feroit caufe
de l'embrafement de la ville de Troye. Priam craignant
que l'événement ne répondît à la prédiction de l'oracle , donna fon fils Pâris auffitôt qu'il fut né à un de
fes domeftiques nommé Archélaüs pour s'en défaire.
Hécube touchée de compaffion & de tendreffe pour
fon enfant, le déroba, & le confia à des bergers du
mont Ida , en les priant d'en avoir foin. Quoiqu'il exerçât le même métier , il fe diftingua bientôt par fa bonne
mine, par fon efprit & par fon adreffe. La nymphe
Oënone en devint amoureufe , l'époufa & en eut deux
enfans. Depuis ce temps, Jupiter lui fit l'honneur de
le nommer pour juge du différend qui s'étoit élevé entre
Junon, Pallas & Vénus , qui difputoient entr'elles la
pomme d'or jettée par la Difcorde dans un feftin des
dieux , avec cette infcription : *A la plus belle*. Les
déeffes comparurent devant Pâris , qui adjugea la pomme
conteftée à Vénus , laquelle , en récompenfe , lui promit la poffeffion d'Hélène , femme de Ménélaüs , roi
de Lacédémone , qui étoit la plus belle perfonne de fon
temps. Pâris étant allé à Troye, remporta une victoire
complete fur Hector fon frere aîné. Hector fâché d'avoir
été vaincu par un homme qu'il ne croyoit qu'un berger, s'apprêtoit à tirer raifon de fa défaite, lorfque Pâris
lui fit connoître qu'il étoit fon frere. Il alla enfuite à la
cour, où il fut bien reçu de fon pere. Comme Pâris
étoit fort & robufte , & qu'il donnoit fouvent la chaffe
aux voleurs , on l'appella *Alexandre*. Il équipa 20 vaiffeaux avec lefquels il paffa en Grèce , où il fut bien reçu
de Ménélaüs, roi de Lacédémone. Ce prince ayant été
obligé d'aller en Crete , Pâris prit l'occafion de fon
abfence pour enlever Hélène, femme de Ménélaüs ,
qu'il emmena en Afie. Cette action irrita fort Ménélaüs, & caufa la guerre de Troye, dans laquelle Hector & Troile, freres de Pâris, furent tués. Pâris fit plufieurs actions de courage pendant cette guerre : il tua
d'un coup de flèche le fameux Achille, un des plus vaillans capitaines que les Grecs euffent jamais eu. Cette
mort fut vengée par celle de Pâris, que quelques auteurs
difent avoir été tué par Pyrrhus , & d'autres par Philoctete. Après fa mort , Hélène époufa fon frere Dei-
phobus, jufqu'à ce que Troye étant prife, elle retourna
en la puiffance de Ménélaüs fon premier époux. * Homere. Ovide. Herodote. Hygin. Apollodore. Natalis Co-
mès , in mytholog.

PARIS (Julius) eft auteur de l'abrégé qui nous refte
du recueil des actions & des paroles mémorables des
anciens , compofé par Valere Maxime. On attribue à
cet abréviateur le traité des noms romains , qui eft à

la suite des neuf livres de son original. * Vossius , *de hist. Lat.*

PARIS, Egyptien, affranchi de Domitia, étoit un bâteleur , qui fut en grande considération à la cour de Neron. Suétone dit que Domitien le fit mourir, & répudia sa femme qui aimoit Paris. On prétend qu'il fut cause que Domitien exila Juvénal en Egypte. Nous avons l'épitaphe de ce Paris dans Martial , *liv. XI* , *épig.* 14. * Tacite, *l.* 13 , *ann.* Sueton. *in Ner. & Domitian.* Juvenal. Martial, &c.

PARIS (Jean) Anglois, passe pour auteur d'une histoire universelle, des fleurs des histoires , & du mémorial des histoires : d'autres attribuent cet ouvrage à JEAN DE PARIS, chanoine de S. Victor.* Vossius , *de histor. Latinis.*

PARIS ou PARISIUS (Matthieu) Anglois, religieux de l'ordre de S. Benoît, de la congrégation de Cluni au monastère de S. Alban, a fleuri depuis l'an 1245 , jusqu'en 1259 , qui est celui de sa mort. Il possédoit l'art de la peinture, entendoit l'architecture , étoit mathématicien, poëte , orateur , théologien , historien , & outre cela , homme d'une très-rare probité. On le chargea de réformer des monastères, d'en visiter d'autres , & d'établir par-tout la discipline monastique. Il reprenoit les vices sans distinction de personnes , n'épargnoit point la cour d'Angleterre; & pour soutenir les priviléges de sa patrie, il attaquoit également les officiers des papes, qui tâchoient de les détruire ; ce qui a fait dire au cardinal Baronius , sous l'année 996 , que cet auteur paroissoit être d'un esprit trop aigre contre la cour de Rome , & qu'à cela près , son ouvrage est incomparable : *Quàm fuerit animo infensissimo in apostolicam sedem , quivis poterit facilè intelligere , nisi probra illa fuerint additamenta ejus , qui edidit ; quæ si quis demat , aureum sanè dixeris commentarium, &c.* Ce cardinal parle de l'histoire intitulée, *Historia major,* & divisée en deux parties : la premiere , depuis le commencement du monde jusqu'à Guillaume *le conquérant* (quelques auteurs doutent si cette partie est de Matthieu Paris) & l'autre , depuis ce roi jusqu'en 1250. Depuis, il continua cet ouvrage jusqu'en 1259, qui fut celui de sa mort. Un moine du monastère de S. Alban, que quelques-uns croient être Guillaume Rishauger , y fit une addition jusqu'en 1272 ou 1273, qui fut l'année de la mort du roi Henri III. Ce qui a trompé Arnoul Wion , qui s'est imaginé que Matthieu Paris étoit auteur de cette continuation , & avoit vécu jusqu'en ce temps. Matthieu fit un abrégé de son grand ouvrage , & c'est ce qu'il appelle *Historia minor.* Il publia aussi d'autres traités , dont on pourra voir le détail dans les auteurs que nous citons. * Pitseus & Balæus , *de script. Angl.* Arnoul Wion , *in ligno vitæ.* Bellarmin , *de script. ecclef.* Possevin , *in appar. sacr.* Vossius , *l.* 2 , *de hist. Lat. c.* 58. Gesner, *in biblioth.* &c.

PARIS (Etienne) religieux de l'ordre de S. Dominique , étoit natif d'Orléans , & fut reçu docteur en théologie de la faculté de Paris en 1532. Depuis, en 1551 , il fut évêque *in partibus* sous le titre d'*episcopus Abelonensis,* & sous la métropole d'Athènes ; & en même temps on le fit grand vicaire de Rouen & d'Orléans. Il mourut dans la premiere de ces deux villes, en 1561 au mois d'octobre. Il étoit habile prédicateur, & publia divers recueils de sermons. * Le Mire , *de script. sæcul. XVI.* Possevin, &c.

PARIS BORDON ou BORDUNI, peintre Italien, dans le XVI siécle, étoit natif de Trévise , & éléve du Titien , dont il suivit la maniere de plus près qu'aucun autre. *Cherchez* BORDUNI.

PARIS (Anselme de) chanoine régulier de sainte Geneviéve, né à Reims le 26 novembre 1631, entra l'an 1647 , dans la congrégation des chanoines réguliers de sainte Geneviéve, où il a vécu dans une retraite continuelle, & dans une application à ses devoirs & à l'étude qu'il n'a jamais interrompue. Le premier ouvrage

qui ait paru de lui, est une dissertation anonyme sur le livre de Bertram , qui est à la fin du III tome de la perpétuité de la foi. Il travailla ensuite à fortifier l'argument de la perpétuité touchant la créance de l'église grecque , & fit deux petits tomes en françois sur ce sujet, pour montrer que cette église s'est accordée parfaitement avec la Latine dans tous les temps sur la transsubstantiation. L'un de ces deux tomes parut en 1675 , & l'autre en 1676. Il continua à travailler sur la controverse , & faisoit un ouvrage contre les dissertations du ministre Claude, quand la mort l'enleva , après trois ans d'infirmités, le 2 mars de l'an 1683. Il a laissé encore plusieurs dissertations manuscrites, que l'on garde dans la bibliothèque de sainte Geneviéve. Il écrivoit avec beaucoup de méthode & de justesse. Il étoit oncle de M. de Paris, diacre, enterré à S. Médard , *dont on parle dans un des articles suivans.* Du Pin , *biblioth. des aut. ecclésiast. du XVII siécle.*.

PARIS (François) prêtre. Il étoit né à Châtillon, village à une lieue & demie de Paris , au-dessus de Mont-rouge. Sa naissance n'eut rien que de très-obscur, mais Dieu lui donna un esprit excellent & un cœur très-bon. Dans sa premiere jeunesse, il servit MM. Varet qui avoient une maison à Châtillon , & qui voyant d'heureuses dispositions dans ce jeune homme , le firent étudier & prirent soin de lui. M. Paris formé par ces excellens maîtres , dont l'un a été grand-vicaire & archidiacre de Sens , fut trouvé digne d'entrer dans le clergé, & de servir l'église, pour laquelle il avoit un grand respect & une tendre affection. Quelque temps après avoir été élevé au sacerdoce , on lui donna la cure de S. Lambert , voisine du monastère de Port-Royal des Champs. Il desservit cette cure pendant quelques années avec autant d'édification que de zéle. Mais enfin , ne pouvant vaincre , disoit-il, l'extrême frayeur que lui causoient les loups qui venoient quelquefois jusque dans son presbytere , il quitta cette cure , & se retira dans le Maine , à la Chevalerie , terre appartenante à M. le Vayer , dont la chapelle du château servoit d'annexe à la paroisse du lieu où il est situé. M. Paris se fit de cette chapelle , comme une seconde cure : il là gouverna avec la même attention , & il y faisoit de fréquentes instructions très-solides , & qui attiroient en foule les habitans des environs. Enfin ayant encore quitté ce lieu , il vint à Paris, où il est mort sous-vicaire de l'église paroissiale de S. Etienne du Mont , le 17 d'octobre 1718 , dans un âge très-avancé. Comme c'étoit un homme très-laborieux , & qui étoit autant retiré que les fonctions du ministere le lui permettoient, il a su trouver le temps au milieu de ses occupations, de composer plusieurs ouvrages aussi solides qu'édifians. Un des plus connus est celui qui est intitulé , *les Pseaumes en forme de prieres : Paraphrase.* Il y en a eu plusieurs éditions. La premiere est de 1690, les suivantes sont de 1693, 1702, 1712, &c. Feu M. Vincent Loger, curé de Chevreuse, a eu beaucoup de part à cette paraphrase des pseaumes. Peu de temps après ce premier ouvrage , il donna ses *Prieres tirées de l'écriture-sainte , paraphrasées,* in-12. Il a su conserver dans ces deux écrits toute la dignité de l'écriture sainte , avec toute l'onction que l'on peut desirer dans les ouvrages de piété. On a encore de M. Paris , un *Martyrologe ,* ou idée générale de la vie des saints , de leurs vertus & de leurs principales actions, à Paris , en 1691, in-8°, chez Daniel Hortemels. Traité de l'usage des sacremens de pénitence & d'eucharistie , selon les sentimens des peres , des papes , & des conciles , imprimé par ordre de Louis-Henri de Gondrin , archevêque de Sens , à Sens en 1673 , & réimprimé plusieurs fois depuis à Paris , & ailleurs. On dit que MM. Arnauld & Nicole , dont l'auteur étoit ami , ont mis aussi la main à cet ouvrage. M. Paris a encore donné une *idée ou plan d'instructions familieres sur les évangiles de tous les dimanches & de toutes les fêtes de l'année* , vol. *in-12* , imprimé en

699, & réimprimé en 1706, chez Colombat ; & un
utre ouvrage fur la même matiere, mais beaucoup plus
tendu, intitulé : *L'évangile expliqué felon les peres*,
es auteurs eccléfiaftiques & la concorde des quatre évan-
éliftes, à Paris, chez Couteror, *in-8°.* 4 vol. les deux
premiers en 1693, les deux derniers en 1698. *L'expli-*
cation des commandemens de Dieu, à Paris, en 1692.
Prieres & élévations à Dieu extraites des confeffions
de S. Auguftin, à Paris, en 1698. *Régles chrétiennes*
pour la conduite de la vie, tirées de *l'Ecriture fainte &*
tes SS. Peres, à Paris, en 1673, *in-12.* Il avoit eu une
diſpute avec feu M. Bocquillot, chanoine d'Avalon,
fur ce fujet : *Si des auteurs devoient retirer quelque pro-*
fit des ouvrages qu'ils faifoient imprimer fur la théolo-
gie ou fur la morale. Ce qui donna occafion à cette diſpute, fut un avertiffement que M. Bocquillot mit à la
tête d'un volume de fes homélies, où il déclamoit contre les eccléfiaftiques auteurs ; qui par les traités qu'ils
font avec les imprimeurs & libraires , & par ce qu'ils
exigent d'eux, donnent occafion de vendre leurs livres
plus chers. M. Paris foutint que l'on pouvoit très-légi-
timement retirer un honnête falaire de ces fortes de travaux, & M. Bocquillot défendit le contraire. On a les
écrits qui furent faits de part & d'autre, mais ceux de
M. Paris ne font point imprimés. On dit encore que
M. Paris avoit compofé une vie très-étendue de feu
M. Pavillon, évêque d'Alet, & que le manufcrit de cette
vie contient plufieurs volumes *in-4°.* Cependant il eſt
fûr que M. Ragot, archidiacre d'Alet, fous le même
M. Pavillon, avoit compofé des mémoires très-amples
pour l'hiftoire de la vie de ce faint prélat ; que ces mémoires furent envoyés à Rome à M. du Vaucel, qui
commençoit à les mettre en œuvre, lorfqu'il mourut à
Maeftricht, & qu'ils font tombés depuis entre les mains
du P. Quefnel, & enfin dans celles de feu M. de Bark-
mann, dernier archevêque d'Utrecht. On a encore de
M. Paris une traduction françoife des quatre livres de
l'imitation de J. C. La premiere édition eſt de 1705,
in-12, à Paris, chez Mariette, & il s'en eſt fait plufieurs
autres depuis. Cette traduction eſt un peu paraphrafée,
mais fans s'éloigner en rien de l'efprit de l'auteur. La
troifiéme édition eſt de 1728. Ce qu'il y a de fingulier
dans cette traduction, eſt que comme il y a plufieurs
endroits dans les éditions communes dont le fens eſt
très-obfcur & indéterminé, le traducteur le fixe dans
celle-ci, tel qu'il l'a trouvé dans quelques éditions gothiques, fort anciennes, dont il s'eſt fervi, particulierement
dans celle qui fut imprimée à Paris par Roland Bon-
homme, en 1554. L'avertiffement qui eſt à la tête de
cette traduction de M. Paris, mérite d'être lu : c'eſt un
abrégé bien fait des principes fondamentaux de la morale
chrétienne. On trouve enfuite l'ordinaire de la meffe
traduit, & une préparation pour la confeffion & pour
la communion. M. Paris a fait auffi une vie de feu M. Varet, grand vicaire de Sens ; mais elle n'a point été imprimée. M. Rocques, miniftre de l'églife françoife, à
Baſle, dans une courte brochure *in-folio* fur le *Supplé-*
ment de Moréri, a confondu François Paris, prêtre,
mort en 1717, dont il s'agit ici, avec M. de Paris,
diacre, qui fait le fujet de l'article fuivant. * *Mém. du*
temps.

☞ PARIS (François de) diacre, fils de *Nicolas*
de Paris, confeiller au parlement, & de *Charlotte* Roland, naquit à Paris le 30 juin 1690. Il étoit neveu du
P. Anfelme de Paris, chanoine régulier, connu par
un ouvrage plein d'érudition, *De la croyance de l'é-*
glife grecque, touchant le myftere de l'Eucharistie. Quoique l'aîné de fa famille, il renonça de bonne heure au
monde, & laiffa à fon frere les biens & la charge de fon
pere. Après avoir mené une vie humble & cachée, dans
une profonde retraite, dans une féparation entiere du
monde, dans une très-grande pénitence, uniquement
occupé de la priere, de l'étude, & du travail des mains,
Il mourut le premier mai 1727, dans la trente-fep-

tiéme année de fon âge. Il fut enterré le troifiéme du
même mois dans le petit cimetiere de Saint Médard,
où il y eut un grand concours de monde attiré par
la réputation de la vie pénitente & auftere qu'il avoit
menée. Le petit cimetiere de Saint Médard fut
fermé par ordre de la cour le 27 janvier 1732. On
a différentes vies de M. de Paris qu'on peut confulter.
Il eſt auteur de quelques ouvrages : d'une *Explica-*
tion des neuf premiers chapitres de l'épître de S. Paul
aux Romains, & de l'épître aux *Galates* qu'on a imprimés depuis fa mort ; d'un commentaire fur S.
Matthieu, &c. * *Dictionaire hiſtorique*, édition de
Hollande, 1740.

PARISANO (Afcagne) cardinal, évêque de Rimini, natif de Tolentin, fut confidéré de Clément VII,
qui le fit évêque de Rimini. Paul III le fit cardinal en
1539, & l'employa en trois légations importantes. Il
mourut le 4 avril 1549. * *Confultez* Ugel, Onuphre
& Auberi.

PARISATIS, époufe de Darius *Ochus*, fut mere
d'Artaxerxès furnommé *Mnemon*, qui fuccéda à ce
prince, & de **C**yrus furnommé *le Jeune*. La prédilection
qu'elle eut pour ce dernier, la fit foupçonner d'avoir
voulu favorifer fes projets ambitieux. Elle lui fauva pourtant la vie dans une occafion où Attaxerxès, après l'avoir
fait lier de chaînes d'or, étoit fur le point de le faire
tuer. Les pleurs de Parifatis obtinrent la grace de Cyrus,
& ne rendirent point ce prince plus modéré. Il fe fouleva
dans la fuite ouvertement ; & ayant été tué dans la bataille
qu'il donna contre fon frere à Cunaxa, la 4e année de
la XCIV olympiade, & l'an 401 avant l'ére chrétienne,
Parifatis ne ceffa de le pleurer, jufqu'à ce qu'elle eût
vengé de ceux qui avoient eu part à fa mort : ce qu'elle
fit de la maniere du monde la plus cruelle. Le foldat
qui l'avoit bleffé au jarret, fouffrit des tourmens incroyables pendant dix jours ; on lui verfa enfuite de l'airain fondu dans les oreilles. Mithridate, qui avoit porté
le premier coup à Cyrus, fut enfermé tout vivant dans
deux auges, & y mourut tout rongé de vers, après un
fupplice de dix-fept jours. Reftoit Bagapates, ou felon
d'autres, Mefabates, qui, par l'ordre d'Attaxerxès,
avoit coupé la tête & la main à Cyrus après fa mort.
Parifatis eut l'adreffe de jouer aux dez un de fes eunuques contre un de ceux d'Attaxerxès, fon fils : elle gagna, & ne manqua pas de demander le malheureux
Bagapates. Dès qu'elle l'eut en fon pouvoir, elle le fit
écorcher vif ; & l'ayant fait mettre en croix dans cet
état, elle fit attacher fa peau à un pieu planté au-deffous. La cruauté de cette princeffe s'étendit jufque fur
fa famille, & la porta à fe défaire de tous ceux qui lui
étoient fufpects, comme le rapporte Ctéfias de Gnide,
médecin de ce prince. Elle fit dépofer Tiffapherne,
gouverneur dans l'Afie, qui fut tué par Titrauftes fon
fucceffeur. Le nom de PARISATIS a été commun à
quelques princeffes de Perfe. * Plutarque. Juftin,
&c.

PARISIO (Pierre-Paul) cardinal, évêque de Nufco
& d'Anglone, dans le royaume de Naples, étoit natif
de Cofenza, l'une des plus anciennes villes du même
royaume, & diftingué avec tant d'étendue la fcience du
droit civil & canonique, que les plus célebres univerfités d'Italie fouhaiterent à l'envie de l'avoir pour profeffeur. Il profeffa à Bologne & à Padoue avec beaucoup de fuccès ; de forte que le pape Paul III, l'attira à
Rome, & lui donna un office d'auditeur de Rote. Ce
pontife le créa cardinal en 1539, & lui donna les évêchés de Nufco & d'Anglone. Depuis il le nomma l'un
des trois légats qu'il envoya en 1542, pour préfider
au concile de Trente ; mais il mourut le 11 mai 1545,
à l'âge de 72 ans, avant la premiere ceffion du même
concile, qui ne commença que le 13 décembre du
même année. Il fut enterré dans l'églife de Sainte Marie des Anges. Flaminio Parifio fon neveu, depuis évêque de Bitonte, fit élever fon tombeau, avec un éloge

qu'on y voit encore. Ce cardinal avoit publié des décrétales, & quatre volumes de conciles. * Sanderus, *in elogium cardinalium.* Paul Jove, *livre 42,*
hist. Auberi, *histoire des cardinaux* Sponde, *in*
annal.

PARISIO (Flaminius) cherchez FLAMINIUS PA-
RISIO.

PARK (Thomas) dont le nom est célébre, parcequ'il a vecu très-long-temps, étoit Fils de JEAN Park,
natif de Winnington, de la paroisse d'Alberburi, dans
le comté de Shrop en Angleterre. On dit qu'il naquit
en 1483, & qu'il avoit 152 ans lorsqu'il fut présenté à
Charles I, roi d'Angleterre, le 9 octobre 1635. Ainsi il
avoit vécu sous le regne de dix rois; savoir d'Edouard
IV, qui regnoit en 1484, & de ses neuf successeurs,
Edouard V, Richard III, Henri VII, Henri VIII,
Edouard VI, Marie, Elizabeth, Jacques I, & Charles I.
Encore qu'il eût vû pendant sa vie trois divers changemens de religion dans sa patrie, sous Henri VIII, sous
Marie & sous Elizabeth, il n'avoit néanmoins jamais
fait profession que de la foi catholique. Il confessa ingénument, qu'à l'âge de cent ans, il avoit été appellé en
justice, & convaincu d'avoir fait un enfant à une jeune
fille, & que pour ce sujet, il avoit été condamné à faire
pénitence publique devant la porte de l'église, couvert
d'un drap blanc, avec un cierge à la main, suivant la
coutume du royaume, pour réparation de ce scandale. Il perdit la vue seize ans avant sa mort, qui
arriva à Londres le 24 novembre 1635. * *Mémoires*
histor.

PARKER (Henri) fils & héritier de GUILLAUME
Parker, & d'*Alix* son épouse, fille & héritiere de *Henri*
Lovel, eut entrée au parlement d'Angleterre la 21e année du regne de Henri VIII, sous le titre de lord Morlei, qu'il avoit hérité de sa mere, à laquelle il étoit
échu, comme étant descendu d'un second fils de cette
même famille. Il eut pour successeur son petit-fils HEN-
RI, & celui-ci le lord EDOUARD son fils, qui fut un
des pairs qui condamnerent à la mort Marie, reine d'E-
cosse. Cet Edouard épousa *Elizabeth*, fille unique &
héritiere de *Guillaume* Stanlei, lord Monteagle, ce qui
fit porter à son gendre Guillaume le même titre de lord
Monteagle. Ce fut celui à qui on donna la lettre, par
laquelle fut découverte l'horrible conspiration des poudres qui devoient faire sauter en l'air tout le parlement. Cette lettre l'avertissoit de ne point se trouver à la
séance du parlement, qui devoit commencer le 5 novembre de la troisième année du regne de Jacques I,
parceque ceux qui s'y trouveroient seroient exposés à un
terrible malheur. Il eut pour successeur son second fils,
qui mourut en 1655, laissant un seul fils appellé THO-
MAS, qui épousa *Marie*, fille de *Henri-Martin* de Lang-
worth, chevalier. * Dugdale.

PARKER (Matthieu) naquit à Norwich en Angleterre, le 6 août 1504. Il alla à Cambridge dans
le collége de Bennet, où il fut ensuite maître. Sous le
regne d'Edouard VI, il fut fait doyen de Lincoln, &
en 1559 sous le regne d'Elizabeth, cette princesse le
nomma archevêque de Cantorbéri. Il fit, à ce qu'on dit,
toutes les instances possibles pour refuser cette dignité.
Cependant quelques auteurs ont dit, que faute d'évêques, il avoit été ordonné dans un cabaret. Cette histoire
est réfutée dans Burnet, *histoire de la réformation de*
l'église d'Angleterre, tome II, *liv.* 3, sur l'année 1559.
Il avoit été aumônier de la reine Anne de Boulen, &
cette malheureuse princesse lui avoit recommandé en
mourant d'instruire sa fille de la religion. Parker mourut
le 17 mai 1575. Nous avons de lui un livre *in-folio, De*
antiquitate Britannicæ Ecclesiæ, où il fait un détail des priviléges de l'église de Cantorbéri, avec l'histoire de 70 de
ses archevêques, depuis le moine Augustin, jusqu'au cardinal Polus. Il donna avant sa mort un grand nombre de
manuscrits considérables à la bibliothéque & au collége de Bennet de Cambridge. M. Jean Strype publia à

Londres en 1711, un *in-folio* concernant notre archevêque, dont voici le titre : *Vita & res gestæ Matthæi*
Parkeri, archiepiscopi Cantuariensis primi sub regina
Elizabetha, libris IV : addita est appendix apographa
plus quàm centum monimentorum, epistolarum, relatio-
num, schedarumque continens, ex quibus hæc historia
partim compilata est, partim asseritur & illustratur ;
auctore Joanne Strype M. A. Ceux qui ne voudront pas
lire un si long ouvrage, en trouveront un bon abrégé
dans les *actes de Leipsick de 1712, pag.* 433. On pourra
consulter aussi le livre de M. Burnet, que nous avons
cité ; les œuvres de l'archevêque Brammal, & Smith,
Biblioth. Cotton. histor. & synops.

PARKER (Samuel) fils de JEAN Parker, gentilhomme, naquit à Northampton en 1640, & fut élevé
à Wadam, collége d'Oxfort, & de-là à celui de la
Trinité, où, dit-on, il se défit entièrement des préjugés
d'une éducation presbytérienne. Peu de temps après il
fut fait chapelain de l'archevêque Schelden, qui le fit
archidiacre de Cantorberi, avec une prébende dans cette
église. En 1686 il fut consacré évêque d'Oxfort, puis fait
président du collége de la Magdelene par le roi Jacques II. Il mourut au mois de Mars de 1687. Cet évêque étoit fort savant, & écrivoit parfaitement bien. On
a un grand nombre d'ouvrages de sa façon, tant en latin qu'en anglois. Voici les principaux. Ceux dont les
titres sont en françois, ont été composés en anglois.
Tentamina physico - theologica, de Deo, sive theo-
logia scholastica, &c. Censure libre & désinteressée de
la philosophie de Platon. Traité de la nature & de l'é-
tendue de la bonté de Dieu, &c. Discours sur le gouver-
nement ecclésiastique, &c. Défense & continuation du
discours sur le gouvernement ecclésiastique, &c. contre le
docteur Owen. *Discours servant de défense pour l'évê-*
que Bramhal, *& le clergé de l'église Anglicane, contre*
les accusations fanatiques du papisme. Censure du récit
changé de vers en prose ; c'est un écrit qui a pour titre,
Reche arsal transpros, d. Disputationes de Deo & pro-
videntia divina, &c. Démonstration de l'autorité di-
vine, de la loi naturelle, & de la religion chrétienne, en
deux parties. La question qui concerne l'église anglicane
posée sur les trois premiers & fondamentaux principes du
christianisme : 1. *L'obligation du christianisme, selon*
le droit divin : 2. *La jurisdiction de l'église, selon le*
droit divin : 3. *L'établissement de la supériorité épisco-*
pale par le droit divin. Etat du gouvernement de l'église
chrétienne, dans les six premiers siécles. Religion & fidé-
lité ou démonstration du pouvoir de l'église chrétienne
en lui-même, &c. Religion & fidélité, seconde partie,
ou histoire du rapport de la jurisdiction impériale & ec-
clésiastique, depuis le commencement de l'empire de Jo-
vien jusqu'à la fin de celui de Justinien. Raisons pour
l'abolition du Test, auquel sont obligés tous les mem-
bres du parlement. Discours adressé à son altesse royale
le duc d'Yorck, *pour le persuader d'embrasser la reli-*
gion protestante, &c. * Dictionaire Anglois.

PARLEMENT : c'est le nom des cours de justice de
France, que nos peres ont ainsi nommées, parcequ'on y
parle pour débattre le droit des parties, & le faire décider. Sous la premiere & la seconde race de nos rois, la
justice se rendoit ordinairement à la suite de ces princes, & en leur présence. Le roi Pepin voulant passer
en Italie, & ne pouvant présider aux assemblées ordinaires de la justice, institua vers l'an 755 ou 756 un
parlement composé des principaux seigneurs de sa cour.
Il se tenoit pour l'ordinaire deux fois l'année, mais à
jours & lieux incertains. Les rois suivans changerent
quelque chose au parlement, qui fut toujours ambula-
toire, jusqu'au regne de Philippe *le Bel.* Ce prince
voulant se défaire de l'importunité des plaideurs, &
épargner à son peuple la grande dépense qu'on faisoit
pour l'ordinaire à la suite de la cour, déclara le parlement sédentaire à Paris, par édit de l'an 1302. Il devoit
être tenu deux fois l'année, aux octaves de Pâque &

la Touffaints, à chaque féance deux mois. Le roi choifit pour y préfider, deux prélats & deux barons, qui furent depuis pour l'ordinaire des archevêques ou évêques, & des princes, ou les plus confidérables feigneurs de la cour. Il n'y avoit alors qu'une chambre qu'on nommoit *la chambre des prélats*, parceque cette compagnie étoit compofée de plufieurs eccléfiaftiques. Depuis, la néceffité & le grand nombre d'affaires obligèrent nos rois d'augmenter ces chambres. On comença par celle des enquêtes. La première s'appelloit lors *la grand'chambre* ou grand'-voute. Le chancelier ou quelqu'un des prélats préfidoit à cette chambre, & en leur abfence trois des principaux & plus anciens. On les nomma *maîtres du parlement*, jufqu'à ce que le roi Philippe *de Valois*, par fon édit de 1344, les honora du titre de *préfidens*. Le premier fut Simon de Buci. Les autres qui l'avoient précédé en cette charge, quoiqu'ils n'euffent pas porté le nom de préfidens, furent Hugues de Courci, Guillaume Bertrand, &c. Le parlement de Paris eft appellé *la cour des pairs*, où les ducs & pairs, & autres officiers de la couronne, prêtent le ferment, où ils ont leurs caufes évoquées, & où ils font jugés quand ils font accufés de quelque crime. Ce droit eft fi particuliérement attaché à cette compagnie, qu'elle confidéra comme une grande injuftice & une entreprife contraire à fes priviléges, les commiffions données pour faire le procès au maréchal de Marillac & au duc de Montmorenci. Les provinces du reffort de ce parlement, font l'Ifle de France, la Beauffe, la Sologne, le Berri, l'Auvergne, le Lyonnois, le Forez, le Beaujolois, le Poitou, l'Anjou, l'Angoumois, le Maine, le Perche, la Picardie, la Brie, la Champagne, la Touraine, le Nivernois, le Bourbonnois, & le Mâconnois. Le parlement de Paris a plufieurs prérogatives. Premièrement il connoît des droits de régale, & des pairies, privativement aux autres parlemens ; il connoît auffi en première inftance, tant au civil qu'au criminel, des caufes des pairs de France, des droits de leurs pairies, qu'ils tiennent en apanage de la couronne ; des caufes de l'univerfité de Paris, & de plufieurs autres communautés qui y ont leurs caufes commifes ; des caufes où M. le procureur général eft partie ; des procès criminels des principaux officiers de la couronne & des préfidens & confeillers de la cour ; des crimes de léfe-majefté, contre toutes fortes de perfonnes ; de la confirmation des priviléges des villes & communautés ; des interprétations & réformations des coutumes ; & de la vérification des édits, ordonnances & déclarations des rois. Le parlement de Paris reçoit auffi le ferment des ducs & pairs, des baillis & des fénéchaux, & de tous les juges & magiftrats, dont les appellations fe relevent immédiatement pardevant lui. Il eft compofé (en 1755) de fept chambres, qui font la grand'chambre, les cinq chambres des enquêtes, & la tournelle criminelle. La grand'-chambre eft compofée du premier préfident, de quatre autres préfidens à mortier & de trente-cinq confeillers, favoir, douze confeillers d'églife, & vingt-trois laïcs. Les ducs & pairs y ont féance & voix délibérative, auffi-bien que les confeillers d'honneur & confeillers honoraires ; l'abbé de S. Denys, en cette qualité ; l'archevêque de Paris en qualité de duc & pair, & l'abbé de Cluni. Les maîtres des requêtes y ont auffi féance & voix délibérative ; mais ils n'y peuvent entrer qu'au nombre de quatre. Chaque chambre des enquêtes eft compofée de trois préfidens & de trente-cinq confeillers. La tournelle criminelle eft compofée de cinq préfidens à mortier, & de dix-huit confeillers, huit de la grand'-chambre, & dix des enquêtes. Il y a outre cela deux chambres des requêtes du palais, compofées chacune de trois préfidens, & de quinze confeillers. De forte que préfentement le parlement eft compofé de dix préfidens à mortier, ainfi appellés à caufe de la forme d'un bonnet de velours noir bordé de galons d'or, qu'ils portent à l'audience de la grand-chambre, favoir, le premier, à qui

le roi donne ce rang, & neuf autres qui font dits & nommés fecond, & troifiéme, &c. fuivant l'ordre de leur réception : de quinze préfidens des enquêtes, & de fix préfidens des requêtes du palais, lefquels dans les affemblées du corps du parlement, n'ont féance que fur le banc des confeillers laïcs après les maîtres des requêtes : & de deux cens quarante confeillers, tant clercs que laïcs. Les confeillers qui font commiffaires aux requêtes du palais, doivent, au bout de dix années de réception, opter de demeurer aux requêtes, ou de prendre leur rang dans une des chambres des enquêtes, après quoi ils ne peuvent plus le faire. Outre ces officiers, il y a un procureur général, trois avocats généraux, deux greffiers en chef, l'un civil, & l'autre criminel, &c. L'habit de tous les officiers du parlement nommés ci-deffus dans les cérémonies, & même aux funérailles des rois, eft la robe rouge avec le chaperon femblable, à courte cornette, fourré d'hermine. Les préfidens à mortier portent l'hiver aux audiences de la grand'chambre le manteau d'écarlate, fourré d'hermine. Les pairs de France font du corps du parlement, où l'archevêque de Paris, avant que d'être pair, avoit déja féance en qualité de confeiller-né, ainfi que l'abbé de S. Denys & celui de Cluni. Il y avoit une chambre de l'édit, pour connoître des caufes & procès, où ceux de la religion prétendue réformée étoient parties ; mais elle a été fupprimée par un édit du mois de janvier 1669. Pendant les vacations, depuis le 7 du mois de feptembre jufqu'au lendemain de la S. Martin, il y a une chambre établie par les anciennes ordonnances, pour juger certaines affaires, qui demandent une prompte expédition, & qui ne fe peuvent différer.

Le II parlement de France eft celui de Touloufe. Il fut inftitué par le roi Philippe *le Bel*, en 1302, & rendu fédentaire par le roi Charles VII en 1443. Il a fous fa jurifdiction, le Languedoc, le Vivarais, le Velai, le Gevaudan, l'Albigeois, le Querci, le Rouergue, le Lauraguais, le pays de Foix, & partie de la Gafcogne. Les confeillers du parlement de Paris prétendent avoir droit de féance dans les autres parlemens. Le roi Charles VII permit en 1454 aux confeillers de Touloufe d'avoir le même droit au parlement de Paris, où l'on refufa de vérifier l'ordonnance. La cour de Touloufe donna un arrêt en 1466, par lequel elle protefta que les confeillers de Paris ne feroient point reçus à Touloufe, qu'ils n'euffent fatisfait à l'ordonnance.

III. Grenoble comprend le Dauphiné. Il eut premierement le nom de *Confeil delphinal ;* & le roi Charles VII l'établit en parlement, au mois de juin 1453.

IV. Bourdeaux, inftitué par le roi Louis XI en 1462, comprend le Périgord, le Limofin, le Bourdelois, les Landes, la Saintonge, le Bazadois, la haute Gafcogne, partie de la Bifcaye, & le Medoc.

V. Dijon, pour la Bourgogne, fut inftitué par le roi Louis XI, le 18 mars 1476, & fut rendu fédentaire par le roi Charles VIII en 1494.

VI. La cour fouveraine de Normandie à Rouen, réglée fous le nom d'*Echiquier*, par le roi Philippe *le Bel*, en 1302, fut rendue perpétuelle par le roi Louis XII, le premier octobre 1499, & reçut du roi François I, le nom de *Parlement* en 1515.

VII. Le parlement de Provence, féant à Aix, fut établi par le roi Louis XII en 1501.

VIII. Celui de Bretagne, qui a été femeftre jufqu'en 1724, fut établi en 1553 à Rennes par le roi Henri II. Il fut transféré à Vannes en 1675, puis remis à Rennes.

IX. Le parlement de Pau, qui comprend les évêchés de Lefcar & d'Oleron, fut établi en 1519 par Henri II, roi de Navarre, prince de Béarn, & fut rétabli en 1621 par le roi Louis XIII.

X. Ce même monarque inftitua en 1633 le parlement de Metz, pour le pays Meffin & pour Metz, Toul & Verdun. Ce parlement eft femeftre.

XI. Le roi Louis XIV rétablit en 1674 le parlement de la Franche-Comté à Dole. Il est présentement à Besançon.

XII. Il établit aussi un parlement à Tournai pour tout le pays de la Flandre & du Hainaut, qui appartient à la France, avec le Cambresis. Après la prise de Tournai par les alliés, ce parlement fut transféré à Cambrai, & depuis la paix d'Utrecht, il a été rendu sédentaire à Douai.

On peut mettre sous le nom de parlement, les conseils souverains qui jugent en dernier ressort. Celui de Perpignan, où les officiers sont en robes rouges; Arras, souverain pour les causes civiles, & le conseil d'Alsace. Ceux de la religion prétendue-réformée avoient dans quelques parlemens, des chambres dites de l'*Edit*, qui ont été depuis toutes supprimées. Celles de Paris & de Rouen, en 1669; & celles de Toulouse, de Bordeaux & de Castres, en 1679. Divers auteurs ont traité en particulier de ce qui regarde les parlemens, comme Fauchet, dans son livre intitulé, *Origines des dignités & magistrats de France; Vincentius Lupanus*, dont le nom françois est Vincent de la Loupe, *Comment. de magistratibus & præfecturis Francorum;* Charles de Figon, *discours des états & offices tant du gouvernement que de la justice;* Bernard de la Rocheflavin, *des parlemens de France;* Barthelemi de Chasseneu, *de præsidibus parlamentorum, part. VII, catal. gloriæ mundi;* Jean Chenu, *livre des offices de France;* Pierre de Miraumont, *mémoire & institution des cours souveraines.* Jean-Baptiste de l'Hermite & François Blanchard ont publié des éloges des premiers présidens du parlement de Paris, dont nous allons donner la suite chronologique ci-dessous, afin que l'on puisse les trouver d'ordre. Le même Blanchard a aussi donné une histoire des présidens à mortier du même parlement; & un catalogue des conseillers. Pierre Palliot a publié l'histoire du parlement de Bourgogne. *Voyez* les mémoires de Languedoc de Castel, pour celui de Toulouse; l'histoire & l'état politique de Dauphiné de Nicolas Chorier, pour celui de Grenoble; pour celui d'Aix, l'histoire de Provence, de Bouche; & l'histoire de la ville d'Aix, de Jean-Scholastique Pitton, &c.

SUITE CHRONOLOGIQUE DES PREMIERS PRÉSIDENS DU PARLEMENT DE PARIS, depuis qu'il fut rendu sédentaire en cette ville, par le roi Philippe le Bel.

I. Simon de Buci, chevalier, fut le premier (selon Miraumont) qui fut honoré de la dignité de premier président, par ordonnance du roi Philippe *de Valois*, du 11 mars 1344. Il mourut en 1369.

II. Guillaume de Sens, ou plutôt de Seris, chevalier, fut créé premier président par le roi Charles V, & installé dans cette charge le 17 juin 1371, & mourut en 1373.

III. Pierre d'Orgemont fut reçu dans cette charge le 11 novembre 1373. Il fut élu par les princes, barons, &c. chancelier de France, le 20 des mêmes mois & an.

IV. Arnauld de Corbie fut fait premier président le 2 janvier 1374, par le roi Charles V, après l'élection de Pierre d'Orgemont à la charge de chancelier de France. Il fut lui-même honoré de cette charge en 1383, après la mort du chancelier d'Orgemont, & mourut en 1413.

V. Guillaume de Sens, fut pourvu de la charge de premier président en 1388, par le roi Charles VI, & mourut en 1399.

VI. Jean de Popincourt fut nommé premier président en 1399, par le roi Charles VI, & fut installé dans cette charge, en 1400, par le chancelier, accompagné de l'amiral, & de plusieurs grands seigneurs & chevaliers. Il mourut en 1403.

VII. Henri de Marle fut pourvu de la charge de premier président, en 1403, par le roi Charles VI. Il fut

depuis élu chancelier de France en 1413, en la place d'Eustache de Laistre, dans une assemblée tenue en présence du roi, des princes & grands seigneurs du royaume, & fut assassiné par les partisans de la maison de Bourgogne en 1418.

VIII. Robert Mauger fut élu premier président, lorsque Henri de Marle fut créé chancelier, en 1413; ce qui fut approuvé par le roi Charles VI. Il fut déposé de cette charge par la faction Bourguignonne, au mois de juin 1418, & mourut la même année.

IX. Philippe de Morvilliers fut créé premier président par le crédit de Jean, duc de Bourgogne, en 1418, sous le regne de Charles VI. Il exerça cette charge jusqu'en 1436, que la ville de Paris se remit sous l'obéissance du roi Charles VII. Ce président fut chassé de Paris pour avoir pris le parti de la maison de Bourgogne & des Anglois, & mourut en 1438.

X. Adam de Cambrai fut pourvu de la charge de premier président en 1436, par le roi Charles VII. Il fut un des députés au traité d'Arras, conclu avec le duc de Bourgogne en 1435, & mourut le 15 mars 1456.

XI. Yves de Scepeaux, fut élu premier président en 1457, sous le regne du roi Charles VII, & mourut en 1461, sous le roi Louis XI.

XII. Hélie de Torrettes fut élu premier président en présence de Pierre de Morvilliers, chancelier de France, le 11 septembre 1461, & mourut la même année sous le roi Louis XI.

XIII. Matthieu de Nanterre fut élu premier président, fut installé en 1461, & en fit les fonctions jusqu'en 1465; mais le roi Louis XI n'approuvant pas son élection, le transféra à Toulouse, d'où ayant été rappelé peu de temps après, il exerça la charge de second président du parlement de Paris, jusqu'à sa mort arrivée en 1487.

XIV. Jean Dauvet fut pourvu de cette charge en 1466, par le roi Louis XI, & mourut le 23 novembre 1471.

XV. Jean le Boulanger, seigneur de Jacqueville & de Montigny, fut honoré de la charge de premier président par le roi Louis XI, en 1471. Il fut un des juges du comte de S. Paul, connétable de France, & de Jacques d'Armagnac, duc de Nemours, & mourut le 24 février 1481.

XVI. Jean de la Vacquerie fut pourvu de la charge de premier président en 1481, par le roi Louis XI, & mourut en 1497, sous Charles VIII.

XVII. Pierre Cothardi fut nommé premier président, en 1497, par le roi Charles VIII. On croit qu'il mourut en 1505, sous Louis XII.

XVIII. Jean de Gannai fut avocat général du parlement de Paris, puis quatrième président de cette cour. Il fut un de ceux qui poussèrent le roi Charles VIII à entreprendre le voyage de Naples, & fut envoyé au pape Alexandre VI, avec le sénéchal de Beaucaire & le maréchal de Gié, pour traiter avec sa sainteté du passage des troupes de ce prince sur les terres de l'église; ce qu'ils exécutèrent heureusement. Le roi Louis XII l'honora de la charge de premier président, en 1505, & deux ans après le pourvut de celle de chancelier de France. Il mourut en 1512.

XIX. Antoine du Prat, chevalier, seigneur de Nantouillet, fut nommé premier président du parlement de Paris, par le roi Louis XII, en 1507. Le roi François I, à son avenement à la couronne en 1514, le fit chancelier de France. Il fut depuis cardinal, archevêque de Sens, &c. & mourut le 9 juillet 1535.

XX. Mondot de la Marthonie étoit premier président du parlement de Bourdeaux en 1514, lorsque le roi François I le créa premier président de Paris. Sa majesté le nomma un des principaux conseillers de la régente sa mere, & lui donna le petit sceau en 1515, lorsqu'il alla à la conquête du duché de Milan. Il mourut en 1517.

XXI. Jacques Olivier, chevalier, seigneur de Leuville,

e, fut fait premier préfident en 1517, par le roi Fran-
is I, & mourut le 20 novembre 1519.

XXII. Jean de Selve, chevalier, feigneur de Cro-
ers, étoit premier préfident du parlement de Rouen,
fque le roi François I le nomma en 1521 à la charge
premier préfident du parlement de Paris, cette
arge ayant été deux ans vacante après la mort du pré-
lent Olivier. Il fut envoyé en Espagne, pour traiter
: la délivrance de François I, figna le traité de Ma-
id en 1526, & mourut en 1529.

XXIII. Pierre Lizet fut nommé premier préfident
1 parlement de Paris en 1529, par le roi François I.
fut dépoffédé vingt ans fous, fous le regne du roi
.enri II, & nommé abbé de S. Victor. Il mourut en
554.

XXIV. Jean Bertrand fut pourvu de la charge de
remier préfident du parlement de Paris en 1550, par le
ji Henri II. Il fut depuis garde des fceaux en 1551,
uis archevêque de Sens, & cardinal en 1557, & mou-
ut le 4 décembre 1560.

XXV. Gilles le Maître, chevalier, feigneur de Cin-
echour, fut honoré de la charge de premier préfident
lu parlement de Paris en 1551, par le roi Henri II,
près que Jean Bertrand eut été fait garde des fceaux,
& mourut le 5 décembre 1562.

XXVI. Chriftophe de Thou, chevalier, feigneur de
3onneuil & de Celi, fut nommé premier préfident du
parlement de Paris en 1562, par le roi Charles IX, &
mourut le premier novembre 1582.

XXVII. Achilles de Harlai, chevalier, comte de Beaumont, fut pourvu de la charge de premier préfident en
1582, par le roi Henri III. Il fe démit de cette charge
à caufe de fon grand âge, en faveur de Nicolas de Verdun, & mourut de temps après, le 23 octobre
1616.

XXVIII. Nicolas de Verdun, fut pourvu de la charge
de premier préfident du parlement de Touloufe, par le
roi Henri IV, & fut nommé par le roi Louis XIII, premier préfident de Paris, après la démiffion d'Achilles
de Harlai. Il mourut le 16 mars 1627.

XXIX. Jerôme de Hacqueville, chevalier, feigneur
d'Ons-en-Brai, fut nommé premier préfident du parlement de Paris en 1627, par le roi Louis XIII, & mourut le 4 novembre 1628.

XXX. Jean Bochart, chevalier, feigneur de Champigni & de Noroi, fut pourvu de la charge de premier
préfident du parlement de Paris en 1628, par le roi
Louis XIII. Il mourut le 27 avril 1630.

XXXI. Nicolas le Jai, chevalier, baron de Tilli, la
Maifon Rouge, &c. fut nommé premier préfident du
parlement de Paris en 1630, par le roi Louis XIII, qui
le fit enfuite garde des fceaux de fes ordres, & mourut
en 1640.

XXXII. Matthieu Molé, chevalier, feigneur de Laffi
& de Champlâtreux, fut pourvu de la charge de premier préfident en 1640, par le roi Louis XIII. Le roi
Louis XIV le fit garde des fceaux en 1651. Il mourut
le 3 janvier 1656.

XXXIII. Pomponne de Bellievre, chevalier, feigneur de Grignon, &c. fuccéda à M. Molé, en 1651,
& mourut le 13 mars 1657.

XXXIV. Guillaume de Lamoignon, chevalier, feigneur de Bafville, fut nommé premier préfident du
parlement de Paris en 1658, par le roi Louis XIV, &
mourut le 9 décembre 1677.

XXXV. Nicolas Potier, chevalier, feigneur de Novion, fut pourvu de la charge de premier préfident en
1678, par le roi Louis XIV. Il fe démit de cette charge
à caufe de fon grand âge, en 1689, & mourut le premier
feptembre 1693, âgé de 75 ans.

XXXVI. Achilles de Harlai, chevalier, comte de
Beaumont, fut nommé premier préfident du parlement
de Paris en 1689, par le roi Louis XIV, après la démiffion de Nicolas Potier de Novion. Il étoit ci-devant
procureur général de cet augufte fénat. Il fe démit de

cette charge en 1707, & mourut le 20 juillet 1712,
âgé de 73 ans.

XXXVII. Louis le Pelletier, chevalier, feigneur de
Villeneuve-le-Roi, &c. fut nommé premier préfident
en 1707, & fe démit volontairement de cette charge en
1712.

XXXVIII. Jean-Antoine de Mefmes, marquis de
Cramayel, &c. fut pourvu de la charge de premier préfident le 5 janvier 1712, par le roi Louis XIV, fur la
démiffion volontaire de M. le Pelletier, & mourut le 23
août 1723.

XXXIX. André Potier, chevalier, feigneur de Novion, marquis de Grignon, a été nommé premier préfident, en décembre 1723, dont il a prêté ferment le
15 du même mois. Il fe démit au mois de feptembre
1724.

XL. Antoine Portail, feigneur de Vaudreuil & de
Chatou, fut nommé premier préfident le 24 feptembre
1724, & fut inftalé le 13 novembre fuivant. Il mourut
à Paris la nuit du 2 au 3 mai 1736. * Le chevalier
l'Hermite Souliers & Blanchard, *éloges des premiers préfidens du Parlement de Paris.*

XLI. Louis le Pelletier, préfident à mortier, fut
nommé par le roi à la charge de premier préfident,
pour laquelle il prêta ferment le 29 mai 1736. Il fut reçu
au parlement avec les cérémonies accoutumées, le premier de juin fuivant.

XLII. René-Charles de Meaupeou, nommé au mois
d'octobre 1743, fur la démiffion de M. le Pelletier, qui
s'eft retiré.

XLIII. Matthieu-François Molé, nommé au mois
de novembre 1757, fur la démiffion de M. de Meaupeou.

PARLEMENT D'ANGLETERRE, eft une convo-
cation des états du royaume, que le roi affemble, diffout
ou proroge quand il lui plaît. Il a été inftitué par les Saxons : ils appelloient ces affemblées *Gemooft.* Sous Guillaume *le Conquérant,* on leur donna le nom de *parlement,* qui fut apporté de Normandie. On ignore quelle
étoit alors la forme de ces fortes d'affemblées. Avant
Guillaume *le Conquérant,* l'affemblée qui prit de fon
temps le nom de *Parlement,* n'étoit compofée que des
grands de la nation. Ce fut Henri III qui y joignit la
chambre des communes. Les premieres lettres patentes
pour la convocation du parlement dans la forme où il
eft aujourd'hui, font datées de l'an 49 du regne de ce
prince. Polydore Virgile attribue néanmoins l'inftitution
des parlemens à Henri I. Le pere d'Orléans foutient
que l'affemblée des barons ou des grands que les princes avoient accoutumé de confulter, ne commença à
s'appeller *Parlement,* que fous le regne de Henri III, en
1217 ; & il prétend que l'hiftoire fait mention de la
chambre des communes fi long-temps après lui, qu'on
ne peut pas dire que Henri III ait compofé le parlement
tel qu'il a été depuis. Avant le regne de Henri VII, tous
les actes du parlement fe paffoient en françois ; préfentement ils fe font en anglois. Il faut avoir vingt-un ans
pour avoir féance au parlement, qui eft compofé de la
chambre haute, qui eft celle des pairs ou feigneurs, &
de la chambre baffe, qui eft celle des communes. Le
nombre des feigneurs n'eft point fixé : il dépend du roi
d'en augmenter le nombre autant qu'il lui plaît. Ceux
qui y ont droit de féance & de fuffrage, font les deux
archevêques & les 24 évêques ; les autres font, ou ducs,
ou marquis, ou comtes, ou vicomtes, ou barons, & ils
prennent féance felon le titre qu'ils portent. La chambre
baffe eft compofée de deux députés pour chaque province, qui font quatre-vingt, de douze députés pour les
douze comtés du pays de Galles ; de cinquante députés
des vingt-cinq cités d'Angleterre, & de quatre pour la
ville de Londres ; de feize pour les huit Cinq-ports ; de
deux pour chacune des deux univerfités ; & de trois
cens trente-deux, pour cent quarante-huit bourgs, ou
tre douze bourgs de la principauté de Galles. Tout cela
enfemble fait cinq cens dix députés ; mais il n'arrive

presque jamais, que le nombre soit complet. Par un bill ou acte du parlement passé en l'année 1695, il est porté qu'à l'avenir le parlement sera convoqué une fois en trois ans pour le moins, & que le même parlement ne pourra continuer que pendant trois ans seulement: après lequel temps il doit être cassé pour procéder à une nouvelle élection des membres qui le composent. Cet acte est appellé l'*acte du Parlement triennal*. Il *·*y a néanmoins été dérogé en 1716. *Voyez* à l'article ANGLE-TERRE, ce que nous avons dit du parlement.

PARME, riviere de la Lombardie. Elle a sa source dans l'Apennin, traverse du midi au nord le duché de Parme, baigne la ville de ce nom, & se décharge dans le Pô, entre Brissello & Casal-Major. * Mati, *dictionaire.*

PARME, *Parma*, ville d'Italie, capitale du duché de ce nom, avec évêché, autrefois suffragant de Ravenne, & maintenant de Bologne, est le siège d'une université fondée par Rainuce Farnèse en 1599. La ville, qui est le séjour ordinaire du duc & de sa cour, & le siège de sa justice, est située sur la riviere de Parme qui en fait trois parties assemblées par trois ponts. Le palais du duc & ses jardins, la citadelle, la cathédrale & les fortifications méritent d'être considérés par les voyageurs. Elle est très-ancienne; & après la décadence de l'empire, elle a été soumise à divers seigneurs. L'empereur Frederic *Barberousse* l'assiégea pendant deux ans, mais inutilement. Après plusieurs révolutions, l'église étant en paisible possession de cet état, le pape Paul III, appellé auparavant Alexandre Farnèse, en fit duc PIERRE-LOUIS Farnèse son fils, en 1545. Il fut troublé dans sa possession par l'empereur Charles-Quint; mais elle fut assurée à cette maison par le mariage d'*Octavio* avec *Marguerite* d'Autriche, fille naturelle du même empereur. La ville de Parme a environ trois milles de tour. Dans sa cathédrale on admire le dôme peint par le Corregio qui étoit de Parme, aussi-bien que le Parmigiano. Le tombeau du célèbre Alexandre Farnèse, duc de Parme, est aux Capucins. Les environs de Parme sont très-fertiles, & fournissent des fromages qui sont en réputation par toute l'Europe. Parme a une académie de beaux esprits appellés les *Innominati*. L'état du duc, nommé *le Parmesan*, est enfermé entre le Milanez, l'état de Modène & la république de Gènes, & comprend outre le duché de Parme, celui de Plaisance, l'état de Busseto, & celui du *Val di Taro*. Le duc possédoit aussi autrefois le duché de Castro & Ronciglione. Les villes principales sont Parme, Plaisance, *Borgo di Val di Taro*, Busseto, Borgo S. Donino & Fiorenzuola. Parme est le lieu de naissance de divers grands hommes. On y célébra un synode en 1602. *Voyez* l'histoire de Parme de Bonaventura Arrighi, & *consultez* les auteurs que nous citons sous le nom de Farnèse. Plusieurs autres en ont aussi parlé, comme Strabon, *l.* 5. Agathias, *l.* 1. Tite-Live, Pline & ceux d'entre les anciens qui sont allégués par Léandre Alberti, *descr. Italia.* Sansovin, Riccioli, &c.

PARMENAS, l'un des sept diacres élus par les apôtres, souffrit le martyre sous l'empire de Trajan. Siméon Métaphraste rapporte les actes de son martyre. Le ménologe des Grecs & le martyrologe en font mention. * *Actes des Apôtres*, c. 6. Baronius, *A. C.* 109.

PARMENIDES d'Elée, *Parmenides*, philosophe, fils de *Pyres*, & disciple de Xenophanes, ou selon d'autres, d'Anaximandre, vivoit sous la LXXXVI olympiade, vers l'an 436 avant J. C. Il croyoit que la terre étoit ronde, placée au milieu du monde, & admettoit deux élémens, le feu & la terre. Il ajoutoit que la premiere génération des hommes est venue du soleil; que cet astre est froid & chaud, qui sont les deux principes de toutes choses; que l'ame & l'esprit est la même chose; & qu'il y a deux sortes de philosophie, dont l'une est fondée sur la vérité, & l'autre consiste dans l'opinion. Il avoit mis sa philosophie en

vers. Platon a écrit un dialogue, qu'il intitule *Parmenides* ou *des idées*. Ce philosophe est différent de PARMENIDES rhétoricien. Nous avons quelques fragmens de ce philosophe, recueillis par Henri Etienne, sous le titre *De poësi philosophica*. * *Consultez* Diogène Laërce, *l.* 9 *vitæ phil.* Plutarque, Sextus Empiricus, Clément Alexandrin, Proclus, Suidas, &c.

PARMENIEN, *Parmenianus*, évêque schismatique en Afrique, fut élu par les Donatistes après la mort de Donat leur chef, en 350, pour gouverner leur église dans Carthage. Il n'étoit point d'Afrique, mais du nombre de ces prosélytes que les Donatistes faisoient dans d'autres pays. Il signala son entrée par des écrits insolens contre les orthodoxes. Mais lorsque les prélats lui proposerent une dispute publique, il la refusa, sous prétexte qu'étant immondes, & que ceux de son parti étant saints, il ne pouvoit, disoit-il, y avoir aucune société entre les uns & les autres. Optat réfuta ses impostures; & S. Augustin écrivit depuis contre lui & contre ceux de son parti. Il mourut vers l'an 390. * Optat, *liv.* 1. Baronius, *A. C.* 358. Du-Pin, *préf. sur Optat.* D. Rivet, *histoire littéraire de la France*, tome I.

PARMENION, *Parmenio*, général des armées d'Alexandre *le Grand*, fut un des plus grands capitaines de son temps, & un de ceux qui eurent le plus de part aux exploits de son prince. Il fut consulté par ce prince sur les offres que Darius roi de Perse lui faisoit de lui abandonner tout ce qui étoit au-delà de l'Euphrate, & de lui donner sa fille Statira en mariage avec dix mille talens d'or, pour le prix de la paix qu'il lui demandoit. Cette proposition lui parut si avantageuse, qu'il ne put s'empêcher de s'écrier: *Si j'étois Alexandre, j'accepterois ces offres. Et moi aussi*, répondit Alexandre, *si j'étois Parmenion*. Les grands services de Parmenion ne purent le garantir de la cruauté de son prince qui, après avoir fait périr Philotas son fils dans les tourmens, envoya tuer le pere par Cleander, la troisiéme année de la CXII olympiade, & l'an 330 avant Jesus-Christ. Parmenion étoit alors gouverneur de la Médie, & étoit âgé de 70 ans. * Quint-Curce, *l.* 7. Strabon *liv.* 15.

PARMENISQUE, *Parmeniscus*, grammairien, avoit écrit divers traités, & entr'autres, des commentaires sur Aratus, & une histoire fabuleuse des astres, citée par Hygin. On ne sait pas en quel temps il vivoit. * Varron, *liv.* 9, *de ling. lat.* Vossius, *de hist. Græc. & scient. mathem.*

PARMISES, fils d'Astyages, dernier roi des Medes. Son pere ayant été détrôné, Cyrus qui lui conserva la vie, retint Parmises auprès de sa personne, & lui donna de l'emploi dans ses armées. Il accompagna ce conquérant dans l'expédition contre les Saces, & il eut le malheur d'être fait prisonnier avec ses trois fils. Cyrus sensible aux malheurs de cette famille, échangea ces princes avec Amorges, roi des Saces, qu'il avoit pris quelque temps auparavant. Ctesias, qui est le seul auteur qui parle de Parmises, ne dit plus rien de lui après sa délivrance.

PARNASE, *Parnasus*, préfet d'Egypte sous l'empereur Constance, un peu avant l'an 359, fut accusé d'avoir consulté un astrologue, & fut obligé de répondre devant Modeste, comte d'Orient, célèbre par sa sévérité, ou plutôt par la cruauté de ses jugemens. Parnase que l'on vouloit rendre suspect par sa curiosité, d'avoir voulu causer quelque soulevement dans l'état, fut condamné à perdre la tête; mais cet arrêt fut adouci, & on se contenta de l'envoyer en exil, d'où il revint trois ans après, en 361. * Libanius, *orat.*

PARNASSE, *Parnassus*, aujourd'hui *Liacura*, selon Sophien, mont de la Phocide à deux coupeaux, étoit consacré aux Muses, dont la fable y fixoit le séjour ordinaire. Les poetes en font très-souvent mention dans leurs écrits. Il y a une ville de ce nom dans l'Asie mineure, & en la province de Cappadoce, avec évêché.

PARNASSE FRANÇOIS. Monument élevé en bronze à la gloire de la France & de Louis le Grand, & à la mémoire des illustres poëtes, & des illustres muficiens François. Ce Parnasse est représenté par une montagne d'une belle forme, & un peu escarpée, où sont dispersés quelques lauriers, palmiers, myrtes, & troncs de chênes entourés de lierre ; cette montagne est isolée, & tous ses aspects en sont riches & agréables. *Louis le Grand*, protecteur des sciences & des beaux arts, qui a animé le génie des poëtes & des muficiens à célébrer & à chanter les merveilles de son regne, y paroît sous la figure d'Apollon, couronné de laurier, & tenant une lyre à la main. Il est assis sur le sommet de ce mont, auprès de quelques lauriers, par-dessus lesquels on voit le cheval Pégase s'élever en l'air dans une attitude pleine de feu. *La Nymphe de la Seine* est placée un peu plus bas & à côté d'Apollon, ayant un bras appuyé sur une urne d'où sort une nappe d'eau : elle tient lieu sur ce Parnasse des fontaines de Castalie, d'Hyppocrène, ou du fleuve Permesse, célébre sur le Parnasse de la Gréce, & sur le mont Hélicon. On voit sur une terrasse au-dessous de l'Apollon, les trois Graces du Parnasse François, mesdames *de la Suze* & *des Houlieres*, & mademoiselle *de Scuderi*, connues par la beauté de leur génie, & par l'élégance de leurs ouvrages en vers & en prose : elles se tiennent par des guirlandes de fleurs entre-mêlées de feuilles de lauriers & de myrtes. Elles sont dans les attitudes les plus belles & les plus charmantes d'une danse majestueuse, qu'elles forment au son de la lyre d'Apollon. Huit poëtes célébres & un excellent muficien du regne de Louis le Grand, occupent une grande terrasse, qui regne autour du Parnasse. Ils y tiennent la place des neuf muses, comme les vrais modéles de la belle poësie, & de la musique françoise. Ces hommes célébres sont, *Pierre Corneille*, *Moliere*, *Racan*, *Segrais*, *la Fontaine*, *Chapelle*, *Racine*, *Despreaux*, & *Lulli* le muficien. Ce dernier porte sur un bras le médaillon de *Quinault* son poëte : Lulli & Quinault ne formant, pour ainsi dire, qu'un même génie pour la composition des opera parfaits. On a pris avec exactitude la ressemblance de toutes les personnes qu'on vient de nommer sur les portraits qui en sont restés, & on leur a donné les symboles convenables à leurs caractéres. Toutes ces figures sont dans des attitudes nobles, & bien contrastées. Vingt-deux génies sous la forme d'enfans aîlés sont répandus sur ce Parnasse ; ils y font une diversité agréable, & y forment divers grouppes avec les principales figures, & avec les arbres qui y sont dispersés. Ces génies ont différentes occupations : quelques-uns soutiennent des médaillons de poëtes & de muficiens. Comme le nombre de ces médaillons est assez considérable, ils ne sont pas tous portés par des génies, la plupart sont suspendus à des branches de laurier ou de palmier. On donnera plus bas les noms de ceux qui sont représentés sur ces médaillons. M. Evrard Titon du Tillet, ancien maître d'hôtel de feue madame la dauphine, mere de Louis XV roi de France, & commissaire provincial des guerres, est auteur de cet ouvrage : il l'a fait exécuter sur ses dessins, par Louis Garnier, sculpteur, qui l'a terminé en M DCC XVIII, comme on le voit par l'inscription de ce monument, & par sa dédicace au roi. L'auteur a donné la description de ce Parnasse, avec un ordre chronologique & historique des poëtes & des muficiens qui y sont rassemblés, un catalogue de leurs ouvrages, & le jugement que plusieurs savans critiques en ont porté ; première édition *in-12*, à Paris en 1727 : deuxieme édition *in-folio*, ornée d'estampes, & augmentée de beaucoup, à Paris à la fin de 1732. On trouve dans cette nouvelle édition un long discours sur le dessein qu'on s'est proposé en faisant exécuter en bronze le PARNASSE FRANÇOIS, & sur l'ordre qu'on a suivi dans la description de ce monument. Ensuite est la description de ce Parnasse, qui est augmentée d'un grand nombre de vies de poëtes & de muficiens, avec un catalogue de la plupart de leurs ouvrages. Après cette description, on trouve 1°. un essai sur la poëfie & la musique en général. 2°. Des remarques plus étendues sur l'origine & les progrès de la poëfie & de la musique françoise, & particulierement sur nos spectacles & nos piéces de théatre. 3°. Un poëme latin du P. Vaniere Jésuite, sur le *Parnasse François*, avec la traduction en prose & en vers, & deux lettres sur le même sujet. Enfin deux listes, l'une alphabétique de ceux dont on a donné des articles dans la description du Parnasse, & l'autre chronologique d'un grand nombre d'autres poëtes ou muficiens François. M. Titon du Tillet a donné deux supplémens à sa description du Parnasse François. Le premier a paru en 1743, & conduit l'histoire des poëtes & des muficiens François jusqu'à cette année. Il contient aussi quelques autres piéces qui ont rapport au monument même du Parnasse François. Le second supplément contient l'histoire des poëtes & muficiens François, que la mort a enlevés depuis 1743 jusqu'en 1755, temps auquel ce second supplément a été imprimé. * *Mercure de France*, *septembre 1723*, *juin 1727*, premier volume. *Journal des savans*, *août & novembre 1727*. *Journal de Trévoux*, *mars & avril 1728*. *Foglietti letterari*. *Journal litteraire de Venise*, *mars & avril 1725*. *Bibliothéque raisonnée des ouvrages des savans de l'Europe*, tome II, article 8, page 354, &c.

TABLEAU DU PARNASSE FRANÇOIS,

OU

LISTE DES PERSONNES QUI SONT RASSEMBLÉES sur ce monument.

Leurs noms sont suivis de l'année de leur mort.

Cette marque * fait connoître que ces poëtes étoient de l'académie françoise.

I.

Représentés en figures.

LOUIS LE GRAND, y représente Apollon.

II.

Henriette de la Suze,	1673.
Antoinette des Houlieres,	1694.
Magdeléne de Scudéry,	1701.

Les trois Graces.

III.

Huit poëtes & un muficien qui porte le médaillon d'un neuviéme poëte, occupent sur le Parnasse la place des neuf muses.

Honorat de Beuil, marquis de Racan *,	1670.
Jean-Baptiste Moliere,	1673.
Pierre Corneille *,	1684.
Claude-Emanuel Chapelle,	1686.
Jean-Baptiste Lully,	1687.

portant le médaillon de

Philippe Quinault *,	1688.
Jean de la Fontaine *,	1695.
Jean Racine *,	1699.
Jean Renaud de Segrais *,	1701.
Nicolas Boileau Despréaux *,	1711.

IV.

Les poëtes les plus célébres qui sont morts depuis ceux qu'on vient de nommer.

Jean-Baptiste Rousseau,	1741.

V.

Vingt-cinq médaillons de poëtes & de muficiens y sont portés par des génies, ou suspendus à des lauriers,

& à des palmiers , & placés en différens endroits du Parnasse.

LES POETES FRANÇOIS sont

Clément Marot ,	1544.
Marguerite , reine de Navarre ,	1549.
François Malherbe ,	1628.
François Maynard * ,	1646.
Vincent Voiture * ,	1648.
Jean-François Sarasin ,	1654.
Paul Scaron ,	1660.
Philippe Quinault * ,	1688.
Isaac de Benserade * ,	1691.
Alexandre Lainez ,	1710.
Antoine Houdar de la Motte * ,	1731.
Jean-François Regnard ,	1709.
Philippe Néricault Destouches * ,	1754.
Bernard le Bovier de Fontenelle * ,	1757.
mort âgé de 100 ans moins un mois.	
Philippe Vadé ,	1757.
Prosper Jollyot de Crébillon * vivant en 1758 dans la 85ᵉ année de son âge.	

VI.

LES POETES LATINS sont

Scevole de Sainte-Marthe ,	1623.
René Rapin , Jésuite ,	1687.
Jean de Santeul ,	1697.
Jean Commire , Jésuite ,	1702.
Charles de la Rue , Jésuite ,	1725.
Jacques Vaniere , Jésuite ,	1739.
Le cardinal de Polignac * ,	1741.

VII.

MEDAILLONS DES MUSICIENS.

Michel de la Lande ,	1726.
Marin Marais ,	1728.
Elizabeth de la Guerre ,	1729.
André Campra ,	1744.
André-Cardinal Destouches ,	1749.

VIII.

Premier rouleau , où sont gravés les noms des poëtes François.

Avant le régne de LOUIS LE GRAND.

Mellin de Saint-Gelais ,	1558.
Joachim du Bellay ,	1560.
Remi Belleau ,	1577.
Pierre Ronsard ,	1585.
Guillaume du Bartas ,	1590.
Jean Passerat ,	1535.
Philippe Desportes ,	1606.
Nicolas Rapin ,	1609.
Jean Bertaut ,	1611.
Mathurin Regnier ,	1613.
Robert Garnier ,	1534.
Théophile Viaut ,	1626.
Honoré d'Urfé ,	1625.
Philippe Habert * ,	1637.

Du régne de LOUIS LE GRAND.

Claude Malleville * ,	1647.
Pierre Goudelin ,	1649.
Jean de Rotrou ,	1650.
François Tristan * ,	1655.
Pierre du Ryer * ,	1658.
Guillaume Colletet * .	1659.

Marc-Antoine de Saint-Amant * ,	1659.
Guillaume de Brebeuf ,	1661.
Jean Ogier de Gombaud * ,	1666.
Georges de Scudéry * ,	1667.
Pierre le Moine , Jésuite ,	1671.
Antoine Godeau ,	1672.
Marin de Gomberville * ,	1674.
Jean Chapelain * ,	1674.
Jean Desmarest de Saint-Sorlin * ,	1679.
Robert Arnauld d'Andilly ,	1674.
Antoine de la Sabliere ,	1680.
Jean Hénault .	1682.
Paul Pellisson * ,	1693.
Edme Boursault ,	1701.
Charles Perrault * ,	1703.
Etienne Pavillon * ,	1705.
Joseph-François Duché ,	1704.
Péchantré ,	1708.
Antoine de la Fosse ,	1708.
Thomas Corneille * ,	1709.
François-Séraphin Regnier des Marais * ,	1713.
Eustache le Noble ,	1711.
François de Fénelon * ,	1715.
Charles-Claude Genest * ,	1719.
Guillaume Amfrye de Chaulieu ,	1720.
Jacques Vergier ,	1720.
René Boudier ,	1723.
Jean de la Chapelle * ,	1723.
Jean Campistron * ,	1723.
Charles du Fresny ,	1724.
Florent Carton d'Ancourt ,	1725.
Bernard de la Monnoye * ,	1728.
Pierre de Villiers ,	1728.
Michel Baron ,	1729.
Jean-Antoine du Cerceau , Jésuite ,	1730.
Antoine de Senecé ,	1737.
Melchior Follard , Jésuite ,	1739.
Augustin Nadal ,	1740.
Jean Vieillard de Grécourt ,	1741.
Henri Richer ,	1748.
Antoine Danchet * ,	1748.
Louis Fuzelier ,	1752.
Pierre-Claude Nivelle de la Chauffée * ,	1754.
N. De Boissy ,	1758.

IX.

Second rouleau des poëtes François.

Guillaume de Lorris , dans le	13ᵉ siécle.
Jean de Meung ,	14ᵉ s.
Guillaume Coquillart ,	15ᵉ s.
François Villon ,	15ᵉ s.
Martial de Paris ,	15ᵉ s.
Charles Bordigné ,	16ᵉ s.
Jean Molinet ,	16ᵉ s.
Guillaume Cretin ,	16ᵉ s.
Jean Marot ,	16ᵉ s.
François Rabelais ,	1553.
Jacques Grevin ,	16ᵉ s.
Etienne Jodelle ,	1573.
Jean-Antoine Baïf ,	1592.
Théodore de Beze ,	1605.

Seconde classe des poëtes qui ont fleuri depuis la fin du régne de François I , jusqu'à la fin de celui de Louis XIII.

Jean de la Frenaye , vers	1506.
Gui du Faur de Pibrac ,	1584.
Ponthus de Thiard ,	1605.
Etienne Pasquier ,	1615.
Gilles Durand , vers	1615.
Alexandre Hardy ,	

Balthazar Bato *,	1649.
Claude de l'Etoile *,	1652.
Germain Habert *,	1655.
François de Boisrobert *,	1661.
Hypolite de la Menardiere *,	1663.
Gautier de la Calprenede.	
Cyrano Bergerac,	1655.
Jean Mairet,	1660.
François-Matthieu de Beauchasteau.	
Adam Billaut,	1662.
Charles Vion d'Alibray,	1663.
Jean Loret,	1666.
François d'Aubignac,	1673.
Pierre Perrin,	1680.
Nicolas l'Héritier,	1680.
Gabriel Gilbert, vers	1680.
Claude Sanguin.	
Le président Nicole, vers	1680.
Jacques Cassagnes *,	1679.
Antoine Furetiere *,	1688.
Raimond Poisson,	1690.
René le Pays,	1690.
Michel le Clerc,	1691.
Matthieu de Montreul,	1692.
Claude Boyer *,	1698.
Pradon,	1698.
Urbain Chevreau,	1701.
Claude-François Ménestrier,	1705.
Jacques Testu *,	1706.
Ferrier.	
Vizé, vers	1710.
Fatouville, vers	1710.
Pic,	1710.
Rieupéroux,	1710.
Louis de Sanlecque,	1714.
Gaspard Abeille *,	1718.
Jean Palaprat,	1721.
Hilaire Bernard de Longepierre,	1721.
Guillaume Massieu *,	1722.
David-Augustin Brueys,	1723.
La Font,	1725.
Blein.	
François Gacon,	1725.
Jean Boivin *,	1726.
Du Jarry, vers	1730.
Jean-Baptiste Poncy de Neuville,	1737.
Bernard Moreau de Mautour,	1737.
De Caux,	1737.
François Limojeon de Saint-Didier,	1739.
Jacques Losme de Monchenay,	1740.
Antoine Colonia, Jésuite,	1741.
Antoine Le Brun,	1743.
Philippe Poisson,	1743.
Jacques Autreau,	1745.
Pierre-François Guyot Desfontaines,	1745.
Simon-Joseph Pellegrin,	1745.
Alin-René le Sage,	1747.
François-Michel-Chrétien Deschamps,	1747.
Esprit-Jean de Rome, sieur d'Ardene,	1748.
De Launay le Fabuliste.	
François-Antoine Jolly,	1753.
Charles-Antoine Le Clerc de la Bruere,	1754.
Christophe-Barthelemi Fagan,	1755.
Michel Guyot de Merville,	1755.
Henri Cahagne de Verrieres,	1755.
Pierre de Morand,	1757.

X.

Rouleau des noms des dames illustres dans la poësie.

Magdeléne Desroches,	1587.
Catherine Desroches, sa fille.	
Catherine de Parthenai, mere des ducs de Rohan & de Soubise,	1631.

Marie Jars de Gournai,	1645.
Marie-Catherine de Villedieu,	1683.
Elizabeth-Sophie Chéron le Hay,	1711.
Catherine Bernard,	1712.
Marie de Louvencourt,	1712.
Thérèse des Houlieres,	1718.
Louise-Geneviéve Gillot de Saintonge,	1718.
Marie-Jeanne l'Héritier,	1734.
Marie-Anne Barbier, vers	1745.
Jeanne de Ségla de Montégut,	1752.

XI.

Premier rouleau des poëtes Latins.

Jean Salmon Macrin,	1557.
Adrien Turnebe,	1565.
Marc-Antoine Muret,	1585.
Jean Dorat,	1588.
Jean Bonnefons,	1614.
Jacques-Auguste de Thou,	1617.
Gilbert Jonin, Jésuite,	1638.
Nicolas Bourbon, le jeune,	1644.
Abraham Remi,	1646.
Denys Pétau, Jésuite,	1652.
Jean-Louis de Balzac *,	1654.
Louis Magnet, Jésuite,	1657.
Gabriel Madelenet,	1661.
Pierre Mambrun, Jésuite,	1661.
Claude Quillet,	1661.
Pierre-Juste Sautel, Jésuite,	1662.
Charles Alfonse du Frénoy,	1665.
Gilbert Gaumin,	1667.
Gabriel Cossart, Jésuite,	1674.
Antoine Halley,	1676.
François Vavasseur,	1680.
Pierre Petit,	1687.
Charles du Perier,	1692.
Gilles Ménage,	1692.
Esprit Fléchier *,	1710.
Pierre-Daniel Huet *,	1721.
Claude-François Fraguier *,	1728.
Noël-Etienne Sanadon, Jésuite,	1733.
Charles Porée, Jésuite,	1741.
Charles Rollin,	1741.
Pierre Brumoy, Jésuite,	1742.

XII.

Second rouleau des poëtes Latins.

Pierre de Lamoignon,	1584.
Florent Chrétien,	1596.
Joseph Scaliger,	1609.
Antoine Mornac,	1619.
Antoine Millieu, Jésuite,	1646.
Marc Duncan, sieur de Cérisantes,	1648.
Charles Ogier,	1664.
Jacques Savary,	1670.
Jacques Moissant,	1674.
Jean de Bussieres, Jésuite,	1678.
Pierre Halley,	1689.
Jacques Tourreil *,	1714.
François Boutard,	1729.

XIII.

Rouleau des musiciens.

Les deux Gaultiers, pour le luth, vers	1660.
Chambonniere.	
Cambert,	1677.
Henri Dumont,	1684.

Michel Lambert ,   1696.
Pierre Gaultier ,   1697.
Marc-Antoine Charpentier ,   1704.
Pafcal Collaffe ,   1709.
Guillaume Minoret ,   1717.
Jean-Baptifte de Bouffet ,   1725.
Théobalde ,   1727.
Jean-François Lalouette ,   1728.
Sébaftien Broffard ,   1730.
Jean-Baptifte Senallié ,   1730.
Salomon ,   1731.
Jean-Louis Marchand ,   1732.
François Couperin ,   1733.
Jean-Baptifte Moreau ,   1733.
Nicolas Bernier ,   1734.
Michel de Monteclair ,   1737.
Jean-Jofeph Mouret ,   1738.
Jean-François Dandrieu ,   1740.
Henri des Marefts ,   1741.
Michel de la Barre.
Charles Gervais ,   1744.
Jean Matho ,   1746.
Jean-Ferri Rebel
Forquerai.
Bertin.
Lacofte.
Nicolas Clairambault ,   1749.
Thomas-Louis Bourgeois ,   1750.
Grenet.
Jacques Aubert ,   1752.
Jofeph-Nicolas Royer ,   1755.
Antoine Calviere ,   1755.
Jofeph Bodin de Boifmortier ,   1755.
Jean-Baptifte Stuk , dit Batiftin ,   1756.

XIV.

Rouleau , où font gravés les noms des principaux protecteurs , & des amateurs de la poëfie , dont on a imprimé plufieurs pièces de vers , qui leur donnent une entrée honorable fur notre Parnaffe.

THIBAULT , comte de Champagne , & roi de Navarre ,   1254.
FRANÇOIS I ,   1546.
CHARLES IX ,   1574.
Le cardinal du Bellay ,   1560.
Le chancelier Michel de l'Hôpital ,   1573.
Le cardinal du Perron ,   1618.
Michel de Marillac , garde des fceaux ,   1632.
Le cardinal de Richelieu ,   1642.
Nicolas Vauquelin des Yveteaux ,   1649.
Pierre de Lingendes.
Pierre Patrix ,   1661.
Denys Sanguin de Saint-Pavin ,   1670.
Jacques Desbarreaux ,   1673.
Pierre Lalane.
Le comte de Monplaifir.
Jacques Charpentier de Marigni.
Valentin Conrart * ,   1675.
Henri-Louis Habert de Montmor * ,   1679.
Louis-Ifaac Le Maiftre de Sacy.
Nicolas l'Héritier ,   1680.
Le chevalier de Cailly.
Jean-Baptifte Colbert * , miniftre d'état ,   1683.
Jacques de la Fond ,   1686.
François de Beauvilliers , duc de Saint-Aignan * ,   1687.
Roger de Rabutin , comte de Buffy * ,   1693.
Jacques-Louis de Ris de Charleval ,   1693.
Gafpar de Fieubet ,   1694.
Pierre-Céfar Richelet ,   1698.
François Charpentier * ,   1702.
Charles de Saint-Denys de Saint-Evrémond ,   1703.
Pierre Bellocq ,   1704.
Charles l'Enfant de Saint-Gilles   1706.
Philippe-Julien duc de Nevers ,   1708.

François Maucroix ,   1708.
Charles-Augufte , marquis de la Fare ,   1712.
Le duc de la Ferté.
Le chevalier de la Ferté , frere du duc.
Fabio Brulard de Sillery * ,   1714.
Claude-Charles Guyonnet de Vertron ,   1715.
Philippe-Emanuel de Coulanges ,   1716.
François de Calliere * ,   1717.
Antoine Ferrand ,   1719.
Jacques Vallon , marquis de Mimeure * ,   1719.
Antoine , comte d'Hamilton ,   1720.
Guillaume Maffieu * ,   1722.
Philippe de Courcillon , marquis de Dangeau * ,   1720.
Nicolas de Malezieu * ,   1727.
Jean-Baptifte de Valincourt * ,   1730.
Jean-François Leriget de la Faye * ,   1731.
Jean Haguenier ,   1738.
François-Jofeph , marquis de Saint-Aulaire * ,   1742.
Antoine de la Roque ,   1744.
Jean Bouhier * ,   1746.
Louis Bertin de Valentiné , vers   1748.
Nicolas Boindin ,   1751.
Charles Coypel ,   1752.

XV.

Noms des dames amatrices de poëfie , dont plufieurs vers d'un excellent gout font imprimés dans différens recueils.

Anne de la Vigne ,   1684.
L. Anaftafie de Serment ,   1692.
Charl. Saumaife de Chazan, comteffe de Bregy ,   1693.
Le Camus.
De Clapiffon.
De Montreul.
De Plabuiffon.
De Rafilly.
Du Pré.
D'Aunoy.
Liançour.
Defcartes.
Charlotte Rofe de la Force de Caumont ,   1710.
Henriette-Julie de Caftelnau, comteffe de Murat,   1716.
Durand.
Du Noyers.
Anne le Févre Dacier ,   1720.
Françoife de Mafquiere ,   1727.
Antoinette de Salvant de Saliez ,   1730.
Elizabeth Dreuillet ,   1730.
Duché le Marchand.
Louife l'Evefque ,   1745.
Louife-Marguerite Vatry ,   1752.

PARNUS , certain homme qui ayant perdu fon bateau, s'en prenoit à tous ceux qu'il rencontroit : d'où vient le proverbe, difceptare ad Parni fcapulam. * Diogenianus , apud Erafmum.

PAROCZLO , bourg de la haute Hongrie. On le place près de la ville d'Agria vers le midi oriental, & on le prend pour le Partifcum de Ptolémée , petite ville des Jaziges Metanaftes. * Mati , diction.

PAROPAMISE ou PAROPAMISSE , Paropamifus , ancien pays du grand royaume de Perfe. Les modernes croient que ce pays eft en partie dans la province de Candahar , au roi de Perfe , & en partie dans le Cabul au Mogol. Elle eft entre l'Arie , la Bactriane, l'Inde & l'Arachofie. Ptolémée dit que les anciens peuples de ce pays, qu'il appelle de divers noms, étoient extrêmement fauvages ; & Quint-Curce ajoute qu'ils n'avoient point de communication avec les autres peuples ; que le pays eft froid & ftérile , & que les habitans logeoient dans des maifons bâties de briques. L'armée d'Alexandre fouffrit beaucoup dans ce pays. C'étoit auffi le nom d'une montagne qui eft au nord de ce

..ys,& que quelques-uns de ceux qui ont écrit la vie d'A-xandre, ont nommé mal-à-propos *Caucase*, puis-..e le Caucase eſt entre la mer Caſpienne & le Pont-..uxin, au nord de l'Iberie, pays qu'Alexandre n'a ..mais vu. Mais le nom de Caucaſe étant plus célèbre ..ue celui de Paropamiſe, les Grecs ſe firent honneur .. dire qu'ils avoient pénétré juſqu'au Caucaſe où Pro-..éthée avoit été attaché. * Strabon, *l.* 11. Quint-..urce, *l.* 7. Ptolémée, Pline, Sanſon, &c. *Conſultez* ..rien & Plutarque.

PAROS ou PARIO, iſle de la mer Egée, célèbre ..ar ſon marbre blanc, & l'une des Cyclades, a été ..ommée diverſement, Demetrias, Zacynthe, Hyrie, ..elieſſe, Cabarnis, Pactye, Minoée, comme nous ..'apprenons de Pline & d'Etienne de Byſance. Les Vé-..itiens en ont été les maîtres; mais les Turcs la prirent ..ir eux auſſi-bien que Negrepont, vers l'an 1470. Il y .. eu autrefois évêché ſuffragant de Rhodes. * Pline. ..Strabon. Etienne de Byzance. Ferrari, *in lex. geogr.* Sanſon, *géogr.*

PARPAILLOTS, nom donné autrefois en France aux prétendus-réformés, [que l'on y appelle auſſi *Hu-guenots* ou *Calviniſtes*. Avant l'édit de Nantes, on ap-pelloit les proteſtans, *Parpaillots*, à cauſe que François-Fabrice Serbelloni, parent du pape, avoit fait décapi-ter à Avignon, le 8 août 1562, M. Jean Perrin, ſei-gneur de Parpaille, préſident à Orange. C'eſt de-là qu'eſt venu le mot de *Parpaillot*, qui fut renouvelé au ſiége de Montauban, & qui dure encore en France parmi le petit peuple. C'eſt-là l'origine de ce nom, ſi l'on en croit une lettre écrite par un calviniſte, ſur la mort de M. le Marquis de S. Privas, imprimée à la fin d'un écrit intitulé, *Politique du clergé de France*, &c. 2e *édition*, à la Haye, *chez* Abraham Arondelas, 1681.

PARQUES, que l'on croit ainſi nommées par an-tiphraſe, *eò quòd nemini parcant*, c'eſt-à-dire, qu'elles n'épargnent perſonne, ou, ſelon Varron, *Parca*, au lieu de *Parta*, à *partiendo*, qui ſignifie *partager*, par-ceque le deſtin, dont elles ſont les exécutrices, par-tage toutes choſes. Les poëtes diſent que ce ſont trois ſœurs, qu'ils nomment *Cloto*, *Lacheſis* & *Atropos*; que les unes ſont filles de Jupiter & de Thémis, les autres de l'Erebe & de la Nuit, ou du Chaos & de la Néceſſité. On les fait maîtreſſes du deſtin de la vie des hommes, depuis leur naiſſance juſqu'à leur mort. On ſuppoſe qu'elles la filent, que Cloto tient la quenouille & tire le fil, que Lacheſis tourne le fuſeau, & qu'A-tropos coupe le fil. Cloto marque le temps paſſé, La-cheſis le préſent, & Atropos l'avenir. Le fil coupé par Atropos, eſt l'heure fatale de la mort. On les repréſente ſous différentes figures. Quelques-uns leur attribuent l'invention des lettres A. B. H. T. Y. * Heſiode, *in theog.* Platon. Hygin. Varron. Plutarque. Lucien. Pauſa-nias, *in elegiacis.* Natalis Comes.

PARRAIN, celui qui tient l'enfant ſur les fonts de baptême, & qui répond pour lui de ſa foi. On l'ap-pelle auſſi *pere ſpirituel*. Cet uſage de nommer des parrains eſt ancien dans l'égliſe, puiſque Tertullien, S. Chryſoſtome, & S. Auguſtin en font mention. Quel-ques-uns ont cru qu'ils avoient été inſtitués par le pape Hygin; mais c'eſt ſans fondement. Il eſt auſſi parlé des parrains dans les conſtitutions apoſtoliques, dans les ouvrages attribués à S. Denys, & dans tous les au-teurs qui ont traité des rits du baptême. Il n'y avoit autrefois qu'un ſeul parrain. C'étoit un homme pour les garçons, & une femme pour les filles. Dans les der-niers ſiécles l'uſage s'étoit introduit d'avoir pluſieurs parrains & pluſieurs marraines pour une même per-ſonne. Préſentement il n'y a qu'un parrain & une mar-raine, qui tiennent l'enfant, & qui lui donnent le nom. * Vicecomes, ou-Viſconti, *de baptiſmo.*

PARRE (Catherine) fut ſixiéme femme de Henri VIII, roi d'Angleterre. Ce prince ayant fait mourir Cathe-rine Howard, qu'il n'avoit pas trouvée vierge, ſe maria vers l'an 1542 à Catherine Parre, qui étoit alors veu.ve. du baron de Latimer, & ſœur du marquis de Northamp-ton. On aſſure que la mort de ce prince arrivée en 1546 lui ſauva la vie, parcequ'il avoit deſſein de lui faire ſon procès comme à une hérétique. Elle ne reſta. que 34 jours veuve du roi, & elle ſe remaria à *Thomas* de Seymour, amiral d'Angleterre, qui la garda peu de temps; car elle mourut le 7 ſeptembre 1547, non ſans ſoupçon que ſon mari qui aimoit la princeſſe Elizabeth, qu'il ſe flatoit d'épouſer, avoit avancé cette mort. * Sanderus, *hiſt. de ſchiſm. Angl.* Du Chêne, *hiſt. d'Angl.* &c. Gregorio Leti, *vie d'Elizabeth*, &c.

PARRENIN (Dominique) Jéſuite célèbre, miſ-ſionaire à la Chine, naquit en Franche-Comté, dans une bourgade du diocèſe de Beſançon, nommée le Ruſſey, le premier ſeptembre 1665. Il étudia dans le grand collége de Lyon, & entra au noviciat des Jéſuites à Avignon le 16 ſeptembre 1682. Depuis on le tenta pluſieurs fois pour le faire ſortir de l'état où il avoit em-braſſé; pluſieurs fois on lui fit des offres avantageuſes; on lui fit eſpérer des poſtes honorables, s'il vouloit rentrer dans le ſiécle qu'il avoit quitté; il fut inébran-lable, on ne put le vaincre. Il ſe ſentoit une forte in-clination pour s'engager dans les miſſions : il en fit part à ſes ſupérieurs, on l'écouta, & il partit d'Europe au commencement de l'année 1698. Sur la fin de la même année, après ſix mois de navigation, il arriva heureu-ſement à la Chine. L'empereur *Cang-hi*, qui regnoit alors, lui fit beaucoup d'accueil, & l'a toujours ho-noré depuis ſa bienvenue, & même de ſa con-fiance. Il lui donna des maîtres pour apprendre la lan-gue chinoiſe & la tartare *mantcheou*, & le pere Par-renin y réuſſit ſi bien, qu'en peu de temps il parla chi-nois mieux qu'aucun Européen n'a jamais parlé cette lan-gue, & il s'expliqua en langue tartare auſſi facilement & auſſi purement qu'en ſa langue naturelle. L'empereur s'en-tretenoit depuis très-fréquemment avec lui, & le pere lui expliquoit l'hiſtoire ancienne & moderne, les intérêts des princes ſouverains des diverſes cours de l'Europe, & le perfectionoit dans les connoiſſances que les peres Ger-billon & Bouvet lui avoient déja données ſur la géo-métrie, la botanique, l'anatomie, la médecine & la chirurgie. Comme l'empereur lui faiſoit ſouvent des queſtions ſur toutes les ſciences, le pere Parrenin ſe trouvoit obligé de le ſatisfaire ſur tout, ce qui ne pou-voit ſe faire ſans avoir ſoi-même des connoiſſances fort étendues. C'eſt pour répondre au gout & à la curioſité du prince, que ce Jéſuite traduiſit en langue tartare ce qu'il y a de plus curieux & de plus nouveau en fait de géométrie, d'aſtronomie, & d'anatomie dans les mé-moires de l'académie des ſciences de Paris, & dans les autres auteurs qui ont écrit ſur ces matieres. Pendant plus de vingt ans, il a ſuivi l'empereur dans les voya-ges qu'il faiſoit tous les ans en Tartarie, pour y pren-dre le plaiſir de la chaſſe. Il l'a ſuivi également, lorſ-qu'il parcouroit les provinces de l'empire. Il étoit l'in-terprete de tous les Européens qui venoient à la Chine, des miſſionaires, des légats du pape, des ambaſſa-deurs de Portugal & de Moſcovie. Il a fait près de quarante ans ce dernier emploi, à la ſatisfaction du prince devant qui il parloit, & de ceux qui lui parloit. Il s'exprimoit également bien en tartare, en chinois, en latin, en françois, en italien, & en portu-gais. Il a toujours été en quelque ſorte le médiateur dans toutes les conteſtations qu'il y a eu entre les deux cours de Peking & de Moſcou. C'eſt lui qui a dreſſé les articles de paix qui ont été arrêtés entre ces deux nations, qui les a mis en latin & en tartare, & qui pen-dant quarante ans a tranſporté les lettres & les écrits que les deux cours & leurs officiers s'envoyoient mutuelle-ment. Les livres, ſoit en tartare, ſoit en chinois, qu'il a compoſés pour l'empereur *Cang-hi*, pour l'inſtruction des chrétiens & pour la converſion des infidéles, prouvent également ſon talent pour écrire, ſon érudition, ſon zéle & ſa piété. On en a des preuves conſtantes dans ce grand nombre de lettres curieufes, favantes & utiles, que le feu pere du Halde, Jéfuite, mort à Paris le 18 août 1743, a inférées dans le recueil des lettres des miffionaires de fa fociété, dont on a actuellement 26 volumes in-12. On y trouve des lettres du pere Parrenin depuis le tome dix-feptiéme jufqu'au vingt-fixiéme inclufivement. C'eft encore au pere Parrenin particuliérement que l'on eft redevable des cartes de tout l'empire de la Chine & de la Tartarie chinoife, dont le même pere du Halde a orné fa *Defcription hiftorique, géographique*, &c. *de l'empire de la Chine*, qui eft en quatre volumes in-folio. L'empereur *Yong-tching*, quoique moins favorable aux miffionaires, que fon pere, accorda auffi fon eftime & fa protection au pere Parrenin, qui eut encore le même avantage fous *Kienlong*, fucceffeur de *Yong-tching*. Mais moins occupé auprès de ces princes, qu'il l'avoit été auprès de *Cang-hi*, le Jéfuite miffionaire profita de ce loifir pour remplir avec plus d'attention & de zéle le but principal de fa miffion. Il eft mort dans le cours de fes travaux le 27 feptembre 1741, dans la 77ᵉ année de fon âge, & dans la 57ᵉ depuis fon entrée dans la fociété des Jéfuites, dont il avoit fait la profeffion des quatre vœux à Peking, le 13 juillet 1701. *Voyez* fon éloge dans la préface que le pere du Halde a mife au devant du tome vingt-fixiéme des *Lettres édifiantes & curieufes*, &c. & dans la lettre du pere Challier, miffionaire, qui fait partie du même volume. On trouve plufieurs lettres du pere Parrenin dans ledit recueil.

I. Extrait d'une lettre écrite de Peking, en 1710, fur le zéle des néophytes Chinois pour la converfion de leurs compatriotes; dixiéme recueil.

II. Autre extrait d'une lettre écrite du même lieu le 27 mars 1715, fur la mort du frere Rhodes, Jéfuite, fon éloge, fon habileté dans la chirurgie, fa piété; quatorziéme recueil.

III. Lettre de Peking, le 20 août 1724, fur les honneurs que l'on a coutume de rendre aux princes du fang de la Chine, les occupations de ceux-ci, la converfion de toute la famille d'un de ces princes, & ce qu'elle a eu à fouffrir en conféquence, la mort de l'empereur *Cang-hi*, arrivée le 20 décembre 1722, &c. dix-feptiéme recueil.

IV. Lettre écrite du même lieu, en mai 1723, à M. de Fontenelle, fecrétaire de l'académie des fciences: elle roule principalement fur la langue tartare. Le P. Parrenin y parle de quelques ouvrages de MM. de l'académie des fciences qu'il avoit traduits en langue tartare, & qu'il envoyoit à l'académie; dix-feptiéme recueil.

V. Lettre à MM. de l'académie des fciences de Paris, fur des racines particulieres qui fe trouvent à la Chine; dix-feptiéme recueil.

VI. Lettre de Peking, le 20 juillet 1725, fur les perfécutions faites aux princes du fang convertis; dix-huitiéme recueil.

VII. Lettre du même lieu, le 24 août 1726, fur le même fujet que la précédente; même recueil.

VIII. Lettre au P. du Halde, à Peking le 26 feptembre 1727, fur les princes du fang perfécutés pour la foi; dix-neuviéme recueil.

IX. Lettre au P. Nyel, Jéfuite, précepteur des infants d'Efpagne: il y eft parlé de l'arrivée de D. Alexandre Metello Souzay Menezès, ambaffadeur de Portugal vers l'empereur de la Chine, des honneurs qu'on lui fit, des cérémonies obfervées en cette occafion; dix-neuviéme recueil.

X. Lettre au P. du Halde, à Peking le 15 feptembre 1728, fur la fermeté des princes convertis; vingtiéme recueil.

XI. Lettre à M. Dortous de Mairan, de l'académie des fciences, à Peking le 11 août 1730, fur l'aftronomie des Chinois, leur hiftoire, leur phyfique; vingt-uniéme recueil.

XII. Lettre écrite de Peking, le 18 octobre 1733,

fur la perfécution faite aux princes convertis & à un miffionaire de l'ordre de S. Dominique; vingt-deuxiéme recueil.

XIII. Lettre au pere du Halde, à Peking le 22 octobre 1736, fur le même fujet que la précédente, la mort de l'empereur *Yong-tching*, l'avénement de fon fils au trône, les affaires de la religion, &c. vingt-troifiéme recueil.

XIV. Lettre à M. de Mairan, de Peking le 28 feptembre 1735. Expériences fur la glace & fur la poudre fulminante, & explication de quelques ufages particuliers de la Chine; vingt-quatriéme recueil.

XV. Lettre au même M. de Mairan, en réponfe à plufieurs queftions de ce favant académicien, fur le temps de la découverte du fer à la Chine; s'il naît chaque année à la Chine plus d'enfans mâles ou de filles, fi la polygamie eft un obftacle à la multiplication; fi les Chinois ne tiennent pas des Egyptiens une infinité de chofes. Cette lettre eft favante & très-curieufe; vingt-fixiéme recueil.

XVI. Lettre au pere du Halde, contenant une traduction de quelques régles de conduite écrites par un auteur Chinois moderne. Cette traduction eft faite fur le texte qui eft en langue tartare; même recueil.

Outre ces lettres, le pere Parrenin a traduit en langue tartare l'*Anatomie ou defcription du corps humain*, compofée en françois par feu M. Dionis, & tout ce qu'il a trouvé de plus curieux fur la géométrie & l'aftronomie dans les *Mémoires de l'académie royale des fciences* de Paris, & dans d'autres ouvrages imprimés en Europe.

PARRHASIUS, peintre célèbre d'Ephèfe, ou felon d'autres, d'Athènes, vivoit du temps de Socrate, vers la XC olympiade, & l'an 420 avant J. C. s'il en faut croire Xénophon qui l'a introduit dans un dialogue, s'entretenant avec ce philofophe. Il fut l'un des plus excellens peintres de fon temps. « C'eft lui, *dit » Pline*, qui le premier a donné la fymmétrie & les » juftes proportions à la peinture; c'eft lui qui le pre- » mier a fu exprimer la vivacité des caractères & des » différens airs de la phyfionomie, qui a trouvé la belle » difpofition des cheveux, & qui a bien relevé les gra- » ces du vifage. De l'aveu même des maîtres, il a rem- » porté pardeffus tous les autres la gloire de réuffir par- » faitement dans les contours, & c'eft-là le plus grand » fecret de la grande adreffe du peintre. *Primus fymmetriam picturæ dedit, primus argutias vultûs, elegantiam capilli, venuftatem oris confeffione artificum, in lineis extremis palmam adeptus: hæc eft in pictura fumma fubtilitas.* Mais felon la remarque du même auteur, Parrhafius s'étoit rendu infupportable par fon orgueil: *Facundus artifex, fed quo nemo infolentiùs & arrogantiùs fit ufus gloriâ artis.* (Ce font les paroles de Pline.) On dit auffi qu'il furpaffa Zeuxis, mais qu'il fut lui-même furpaffé par Timanthe. Parrhafius avoit peint Thefée; il avoit auffi fait dans un feul tableau Meléagre, Hercule & Perfée; & dans un autre Enée, Caftor & Pollux. Entre les auteurs qui font mention de Parthafius, confultez Pline, *l.* 33, *c.* 10. Quintilien, *l.* 12, *c.* 10. Diodore de Sicile, *l.* 26. Athénée, *l.* 12. Vafari & Ridolfi, *vitte di pittori*. Felibien, *entretiens des vies des peintres*. Junius, *de pictura veterum*.

PARRHASIUS (Janus) grammairien, naquit à Cofence l'an 1470, le 28 novembre. Il fe nommoit *Joannes Paulus Parifius*, ou *de Parifiis*, & felon la coutume bizare des favans du XV fiécle, il fe fit nommer *Aulus Janus Parrhafius*. Il enfeigna avec réputation à Milan, d'où fes collégues le firent chaffer fur des calomnies; parcequ'il les railloit trop librement fur leur ignorance. Parrhafius extrêmement incommodé de la goutte, fe retira à Vicenze, & de-là fut appellé à Rome par Léon X, pour y enfeigner les belles lettres; mais les gouttes & la pauvreté l'obligerent de retourner en fon pays, où il mourut l'an 1533. Il avoit époufé

une

ie fille de *Demetrius* Chalcondyle. Ce fut lui qui ouva le Charifius Sofipater, & qui le donna au public en 1532, à Naples. * Paul Jove, *in elog. doctor.* 127. Pierius Valerianus, Simler. &c. Bayle, *dict. it.*

Les ouvrages de Parrhafius font réunis dans un recueil que Henri Etienne imprima en 1567, *in-8°.* & ui contient, 1. *Liber de rebus per epiftolam quæfitis.* 'eft un recueil des lettres écrites à divers favans & autres, dont chacune contient ou quelque queftion, ou quelque explication, conjecture, ou obfervation fur in ou plufieurs paffages de quelque ancien auteur, poëte, orateur, ou autre. On y trouve auffi beaucoup de remarques d'antiquité, d'hiftoire, de mythologie, &c. 2. *Differtatio de feptenario dierum numero.* Il y rend en particulier raifon des noms que nous donnons aux jours de la femaine, & de l'antiquité & origine de ces noms. 3. *Prolegomena in Plauti Amphitrionem.* Il y dit quelque chofe de la vie de Plaute & de l'origine de la comédie, & donne une idée de l'Amphytrion. 4. *Oratio ante prælectionem epiftolarum Ciceronis ad Atticum.* 5. *Annotationes in orationem Ciceronis pro Milone.* 6. Un recueil d'explications de plufieurs endroits de divers anciens poëtes Latins ; le tout eft terminé par un écrit de François Campanus, intitulé, *Quæftio Virgiliana*, parceque l'auteur y explique différens endroits de Virgile. Ce recueil de Parrhafius a été réimprimé dans le tome I du *Lampas, feu fax artium, hoc eft, Thefaurus criticus*, &c. publié par les foins de Jean Gruter, à Francfort, 1611, *in-8°.* Dans l'édition des *Jugemens des favans* de M. Baillet, avec les notes de M. de la Monnoye : on cite (tome 2 page 264,) parmi les ouvrages de Parrhafius, *Epiftola & oratio, & annotationes in Ciceronis orationem pro Milone*, à Paris, 1567, *in-8°.* & enfuite, *Quæfita per epiftolam*, à Francfort, 1602, *in-8°.* Il eft certain que c'eft le même recueil ; que l'édition de 1567, a pour titre, *Liber de rebus per epiftolam quæfitis*, & que l'édition de Francfort 1602, n'eft autre que celle qui fait partie du tome premier du *Thefaurus criticus* de Gruter. Si ceux qui ont parlé de Parrhafius avoient lu le difcours cité ci-deffus, n°. 4, & que ce critique prononça avant d'expliquer à fes difciples les lettres de Ciceron à Atticus, ils y auroient appris plufieurs circonftances de fa vie, que l'on ne trouve peut-être point ailleurs. Parrhafius s'y plaint que la fortune lui avoit prefque toujours été contraire. Dès fa première jeuneffe, fon pere fâché de voir qu'il refufoit d'embraffer l'étude de la jurifprudence, qu'il ne s'appliquoit point à la connoiffance des loix, refufa de fournir aux dépenfes néceffaire pour le faire avancer dans l'étude des belles lettres ; ce qui fut caufe qu'il y fit des progrès plus lents. Son génie & fa grande application fuppléerent à ce qui lui manquoit du côté des fecours : il fe forma une bibliothèque auffi nombreufe & auffi bien choifie que fes facultés & le temps où il vivoit pouvoient le lui permettre. Par autre infortune, il forma cette bibliothéque cinq fois, & autant de fois il en fut dépouillé, tantôt par les pirates qui infeftoient la mer de Sicile, tantôt par ceux qui ravageroient fa patrie, tantôt enfin par des dépofitaires infidèles. L'efpoir de s'avancer, & de parvenir à quelque pofte honorable, & qui pût le mettre à fon aife, le porta à abandonner pour un temps les arts libéraux, & à s'engager dans le parti des armes. Il paroît en effet par ce qu'il dit, qu'il obtint ce qu'il fouhaitoit, qu'il s'enrichit, & eut quelque pofte diftingué. Mais cette fituation ne diminua rien de fa probité, & n'altera prefque point fon inclination pour les Mufes ; & cet état même ne dura pas. La fortune, comme il le dit, lui voyant trop de probité & de vertu, s'envola bientôt ; mais il la vit fe retirer fans s'en affliger, & fans rien perdre de fa conftance & de fa fermeté. Les François ayant porté la guerre dans fa patrie, il fe trouva contraint de s'en exiler, & il fut errant durant quel-

que temps. Il perdit alors fa mere, enfuite fon pere & deux de fes freres, & pour augmenter fes pertes, il fit auffi celle de fes enfans. Pour fe confoler en quelque forte, & peut-être auffi par quelque néceffité, il fe chargea de l'éducation des enfans de Démétrius Calchondyle dont il avoit époufé une fille, & il affure qu'il eut pour eux la même tendreffe que s'ils euffent été fes propres enfans. Mais il eut encore la douleur de fe voir enlever par la mort Théophile qui étoit l'aîné, & qui avoit déja fait de grands progrès dans la philofophie : il faifoit un grand éloge de ce jeune homme. Cette perte fut fuivie de celle de T. Phœdre chanoine de Latran, à qui il a adreffé plufieurs de fes lettres, & dont il vante beaucoup l'érudition, le jugement & le bon gout. C'étoit fon ami intime, celui qu'il confultoit le plus volontiers, & pour qui il n'avoit rien de caché : il l'avoit connu à Rome, & dès-lors ils s'étoient liés d'une étroite amitié. C'étoit par le crédit que ce chanoine avoit auprès du pape Alexandre VI, que Parrhafius n'avoit pas été envelopé dans la même tempête qui affaillit Bernardin Cajétan, & Silius Sabellus, qui étoient auffi fes amis. C'étoit Phœdre qui lui avoit confeillé de fe retirer de Rome, de peur de courir le même danger, & il ne fut pas tranquille jufqu'à ce qu'il fut fu que fon ami étoit à Milan. Il paroît que Parrhafius fut chargé d'enfeigner dans cette ville ; qu'enfuite il fut appelé à Vicence où on lui donna des appointemens plus confidérables ; mais que les irruptions des Allemans, des François & des Efpagnols ayant fait craindre pour Venife, les frayeurs de fon ami redoublerent jufqu'à ce qu'il eût appris que notre favant s'étoit fauvé, & qu'il étoit de retour dans fa patrie. Phœdre penfa alors à le rappeller à Rome ; il en parla au pape Jule II, qui y confentit : mais ce pape étant mort, Parrhafius ne retourna à Rome que fous Léon X. Il n'eut pas la confolation d'y poffeder longtemps fon ami, qui fut enlevé par une mort affez prompte : il en prend encore occafion de le louer & de parler des ouvrages qu'il avoit entrepris, & dont la plupart étoient finis lorfqu'il mourut. Ces ouvrages étoient un recueil de Difcours, une Apologie de Ciceron, un abrégé de l'hiftoire romaine en forme d'annales, des commentaires fur l'art poëtique d'Horace, des queftions fur les comédies de Plaute. Parrhafius perdit encore un frere de fa femme nommé Bafile, dont il fait un grand éloge, & qui avoit entrepris plufieurs ouvrages utiles. Cette dernière perte l'abattit : il voulut abandonner toute étude, & fe retirer ; mais Antoine de Seripande fon compatriote, releva fon courage, & le rendit à fes premières occupations ; ce fut peu après & par fes exhortations qu'il entreprit d'expliquer les lettres de Ciceron à Atticus. *Joannes Britannicus*, dans une lettre fort curieufe qu'on lit *pag.* 81 & *fuiv.* de la première partie du *Specimen litteraturæ Brixianæ* de M. le cardinal Querini, parle ainfi de Parrhafius, (pag. 83.) *Subfecutus eft & Joannes Parrhafius, qui literis græcis & latinis egregiè doctus, Argentinis publico ftipendio ad litterarum ftudia profitenda conductus, in librum Claudiani de Raptu Proferpinæ commentaria eruditionis plena fcitiffimè confcripfit.* Parrhafius prit la défenfe de Clément Marot, contre François Sagon, dans des vers hendécafyllabes qu'on lit au commencement d'un recueil de vers faits en faveur du même Marot, intitulé : *Les difciples & amis de Marot contre Sagon, la Huéterie & leurs adhérens*, à Lyon, *in-12.* fans date ; & dans une édition *in-16* du même recueil, auffi fans date & fans annonce du lieu de l'impreffion.

PARROCEL (Jofeph) peintre célèbre, qui s'eft particulierement diftingué par le talent de peindre des batailles, naquit en 1648 dans la ville de Brignoles en Provence. Son pere *Barthelemi* Parrocel étoit d'une famille diftinguée de Monbrifon en Forez. Barthelemi fut d'abord deftiné à l'état eccléfiaftique ; mais fon inclination pour la peinture, prévalut fur la volonté de fes parens. Etant allé en Italie, il fut rencontré par un Grand d'Espagne, qui le gouta & l'emmena dans ce royaume. Après y avoir passé quelques années, il s'embarqua sur un vaisseau, qui fut pris par des corsaires, & mené à Alger. Ayant recouvré peu après sa liberté, il alla à Rome, y demeura quelques années, & vint ensuite en Provence, où il épousa la fille du capitaine du vaisseau qui avoit été pris avec lui. Il mourut à Brignoles en 1660. JOSEPH, l'un de ses fils, n'avoit encore que douze ans. Né, comme son pere, avec un vif penchant pour la peinture, il alla trouver en Languedoc LOUIS son frere aîné, qui y exerçoit cet art avec distinction, & se rendit son disciple. Trois ans après il vint à Marseille, où il peignit le dedans d'un vaisseau avec beaucoup d'art & de gout. Il vint ensuite à Paris, d'où il retourna en Provence à l'âge de vingt ans; & peu après étant allé en Italie, il entra à Rome dans l'école du célèbre Jacques Bourguignon. Au sortir de Rome, il parcourut les principales villes d'Italie, & séjourna particuliérement à Venise. Revenu à Paris en 1675, il s'y maria & fut reçu 1676 à l'académie qui le nomma conseiller. Son tableau de réception représente une bataille qui s'étoit donnée au siége de Maftricht. Il travailla depuis pour un des quatre réfectoires des Invalides, où il représenta les conquêtes de Louis XIV; pour le château de Versailles; pour le salon de Marly, &c. Ce peintre étoit fort laborieux, travailloit avec grande facilité, & consultoit en tout la nature. On assure qu'il est original dans tout ce qu'il a produit, & qu'on ne peut l'accuser d'avoir suivi aucun gout particulier. Dans ses tableaux de bataille tout est en mouvement, & il savoit donner à ses soldats une action propre à exprimer le vrai courage. Il joignoit aux talens de la peinture, de l'amour pour les belles lettres, & une grande connoissance de l'histoire sainte & profane. Il avoit même composé des cantiques qu'il chantoit en travaillant, lorsqu'il étoit seul. En 1696, il donna à l'académie une suite de la vie de Jesus-Christ, qu'il a gravée à l'eau forte. Il mourut d'apoplexie en 1704, âgé d'environ 57 ans, & fut inhumé à saint Sauveur. Il laissa en mourant deux enfans, *Charles* & *Jean-Joseph* Parrocel. Le premier a été son éléve, nommé pensionaire du roi à Rome, & reçu depuis à l'académie de peinture de Paris où il est conseiller. Jean-Joseph est mort à Saint-Malo le 6 mai 1744, chevalier de l'ordre de S. Louis, & ingénieur en chef de cette ville...... LOUIS Parrocel, frere aîné de *Joseph*, a laissé deux fils qui sont établis à Avignon. Ils furent l'un & l'autre éléves de leur oncle. *Ignace*, aîné des deux, a le plus approché de la maniere de Joseph de peindre des batailles. Il a beaucoup travaillé en Italie, à Vienne en Autriche pour l'empereur & pour le prince Eugène, & pour le prince d'Aremberg à Mons où il est mort en 1722. *Pierre*, son frere, éléve en partie de *Carlo Maratti*, a peint une galerie de l'hôtel de Noailles à S. Germain-en-Laye. Il a laissé en mourant plusieurs enfans, entr'autres, *Ignace* qui a été pensionaire du roi à Rome, & qui est mort; & *Etienne* Parrocel, qui vit. * *Abrégé des vies des plus fameux peintres*, par M. Dezallier d'Argenville, de l'académie de Montpellier, tome II. *Catalogue raisonné des différens effets curieux & rares de M. le chevalier de la Roque*, par M. Gersaint, pag. 33, & suiv. *Mercure de France*, juillet 1739, pag. 1473.

PARSBERG (Christophe, comte de) seigneur de Frydendal, conseiller intime du roi de Danemarck, vice-chancelier, vice-président dans le collége de la chancellerie, assesseur dans le collége de l'état & dans le tribunal suprême, mort à Copenhague le 24 août 1671, étoit fils d'Olaüs Parsberg, seigneur de Jernit, chevalier de l'ordre de l'Éléphant, sénateur du royaume de Danemarck, & bailli de Westerwick. Cette famille de Parsberg, originaire de la Baviere, se transporta en Danemarck l'an 1438. Lorsque Christophe, duc de Baviere, fils de Jean, duc de Baviere, & petit-fils de l'empereur Rupert, fut appellé au trône de Danemarck, de

Suéde & de Norvége, Werner Parsberg l'accompagna avec plusieurs autres nobles Bavarois, & fut fait maréchal de la cour. Il épousa une Danoise, & sa famille s'est continuée, & étendue en Danemarck jusqu'à nos jours. Mais en 1729, le dernier rejetton mâle de cette famille en Danemarck mourut, & l'on dit que la branche restée en Baviere s'est aussi éteinte vers le même temps. CHRISTOPHE de Parsberg, *qui donne lieu à ce qu'on vient de dire*, naquit en 1632, & reçut dans la maison de son pere une éducation digne de sa naissance. Lorsqu'il fut en âge de voyager, lui, & son frere Enwald de Parsberg, qui dans la suite fut chevalier de l'ordre de l'Éléphant, conseiller intime du roi, assesseur dans le collége de l'état & dans le tribunal suprême, & grand bailli d'Alborg, se mirent en route, & employerent cinq années à visiter les principales cours de l'Europe. Dès que Christophe fut de retour en 1653, il fut fait gentilhomme de la chambre du roi. Dans la suite, il fut employé dans les affaires les plus importantes. En 1659 il fut envoyé ambassadeur en Pologne, & il assista au congrès assemblé par les rois de Pologne & de Suéde pour la paix d'Oliva. En 1662, on le donna pour gouverneur au prince héréditaire Christian, fils de Frédéric III, pour l'accompagner dans ses voyages. Il parcourut avec ce prince les Provinces-Unies des Pays-Bas, la Flandre, l'Angleterre, la France & l'Allemagne. Il se conduisit si bien, que par-tout on rendit au prince les honneurs qui lui étoient dus, & que lui-même s'acquit la réputation de ministre prudent, zélé & fidéle. On dit que pendant que le comte de Parsberg étoit en France, Louis XIV gouta si bien son esprit, sa prudence & ses mœurs, qu'il fit comprendre qu'il souhaitoit que le dauphin eût un jour un pareil conducteur. De retour en Danemarck, avec le prince, il fut comblé d'honneurs & de dignités; d'abord par Frédéric III qui mourut peu après, l'an 1670, & ensuite par Christian son successeur. Ce monarque le mit le 25 mai 1671 entre ceux qu'il vouloit être élevés au-dessus du rang des nobles. Parsberg mourut le 24 août de la même année 1671, n'ayant laissé aucune postérité de *Brigitte Sheel*, qu'il avoit épousée deux ans auparavant.* *Supplément françois de Basle.*

PARSHORE, bourg d'Angleterre & lieu de passage, dans le comté de Worcester, sur la riviere d'Avon, sur laquelle il y a un pont; c'est la ville capitale d'une abbaye. Elle est à 78 milles anglois de Londres. * *Dist. anglois.*

PARSIS, forte de païens dans le royaume de Cambaye ou de Guzurate, province de l'empire du grand Mogol, en la Terre-Ferme de l'Inde, sont les descendans des Perses qui se retirerent en ce pays-là, pour éviter la persécution des Mahométans, dans le VII siécle. Le mot de *Parsi* signifie proprement un Persien en général. Lorsqu'Abubekre eut entrepris d'établir le Mahométisme dans la Perse, le roi qui se vit trop foible pour lui résister, s'embarqua avec 18000 hommes à Ormuz, & prit port dans l'Indostan, ou Terre-Ferme de l'Inde, le roi de Cambaye, qui étoit aussi païen, le reçut, & lui permit de demeurer en son pays, où cette liberté attira plusieurs autres Perses qui ont conservé leur maniere de vivre, & leur ancienne religion. Un grand nombre d'autres s'y retirerent encore, lorsque Schah Abbas, roi de Perse, fit abattre les pirées ou temples du feu, qui étoient dans la montagne d'Alvende. Il est pourtant resté quelques Parsis à Ispahan, où ils demeurent dans un fauxbourg appellé *Gehbr*. Ces Parsis croient qu'il y a un seul Dieu, qui a créé & qui conserve l'univers, mais qu'il y a sept intendans qui examinent tout ce qui se passe dans le monde, & y exécutent les ordres de Dieu, pour le bien de l'homme & pour la conservation de toutes choses. Sous ces sept intendans, ils en mettent encore vingt-six autres, qui leur sont inférieurs en dignité & en emplois; & ils les invoquent tous, & les adorent presque comme des dieux.

s n'ont point de mosquées ou temples pòur l'exercice
e leur religion ; mais ils deſtinent à cet uſage quelque
hambre de leur maiſon. Ils choiſiſſent pour rendre leur
ulte à Dieu, le premier & le vingtiéme jour de la
une. Leurs docteurs ou prêtres ne ſont diſtingués des
utres Parſis, que par une ceinture de laine ou de
oil de chameau. Ils gardent très-ſoigneuſement le feu,
:omme le ſymbole de la divinité : c'eſt pourquoi ils ne
ſoufflent jamais une chandelle ou une lampe, & ne
aiſſent jamais éteindre entiérement le feu. Quand
même la maiſon ſeroit en danger d'être brulée, ils n'y
jetteroient pas de l'eau; mais ils tâcheroient d'étouffer
le feu avec de la terre. Leur loi leur défend de manger
de ce qui a eu vie, en quoi ils ont imité les Banjans;
mais ces défenſes ne ſont pas ſi ſéveres qu'en cas de
néceſſité, ou à la guerre, ils ne tuent des moutons,
des chevres, des cerfs, de la volaille & du poiſſon,
& qu'ils n'en mangent. Mais ils s'abſtiennent reli-
gieuſement du bœuf, de la vache & des lievres, & ne
ne tuent point non plus ni éléphans, ni chameaux, ni
chevaux. * Mandeſlo, tome II d'Olearius. Voyez l'article des GAURES.

PARSITUS (Hugues) abbé de l'ordre de S. Benoît, vers l'an 1120, compoſa quelques ouvrages de piété, & entr'autres, un des miracles qui ſe faiſoient dans
l'égliſe de Notre-Dame de Soiſſons. * Sigebert, in chron.
Henri de Gand, de ſcript. eccleſ. c. 36.

PARTE, déeſſe, cherchez PARTULE.

PARTENIO Laciſio (Antonio) profeſſeur en langues grecque & latine, étoit de Vérone, & vivoit dans
le XV ſiécle. Il a fait des corrections & des commentaires ſur Catulle, qui ont paru avec le texte de ce poëte,
à Breſſe en 1485, le VII des ides d'avril, ou, ſelon
d'autres, l'an 1486, le XI des Kalendes de mai. On
trouve dans cette édition, outre ce que l'on vient de
dire, 1. Jacobi comitis Juliarii, Veronenſis, epiſtola ad
Antonium Parthenium, où il félicite Partenio de ſon
entrepriſe, en lui avouant la difficulté. Cette lettre &
l'épigramme de douze vers qui y eſt jointe, & qui eſt
auſſi de l'auteur de la lettre, font beaucoup d'honneur
à Partenio. 2. L'épître dont on vient de parler eſt ſuivie
d'une autre de Partenio même, adreſſée à Julius Pomponius, ſon compatriote : ce n'eſt guères qu'un éloge de
Pomponius. Partenio y dit qu'il lui adreſſe les prémices
de ſes études; ainſi il y a lieu de croire qu'il étoit encore
jeune alors. Dans cette épître eſt inſérée une épigramme
de Partenio à ſon livre : elle eſt de dix vers. 3. Une
préface, dans laquelle il rend compte de ſon travail,
& fait l'éloge de Catulle. 4. Enfin un avis au lecteur,
où il dit entr'autres, que ſes explications ou commentaires avoient été dictés à ſes diſciples, & qu'il ne ſe
preſſoit de les publier, que parce qu'il ſavoit que d'autres avoient deſſein de les donner ſans ſon aveu, &
peut-être ſur des copies imparfaites. Toutes les piéces
dont on vient de rendre compte, ont été réimprimées
dans l'ouvrage de M. le cardinal Querini, intitulé : Specimen Litteraturæ Brixianæ, &c. M. le marquis Scipion
Mafféi, qui parle auſſi d'Antoine Partenius, dans le troiſiéme livre de ſa Verona illuſtrata, pag. 124 & 125 de
l'édition in-folio, dit qu'il a entre les mains un Panégyrique de la ville de Vérone, manuſcrit, en vers latins ;
par le même auteur, & que ce panégyrique eſt de
300 vers.

Il y a eu dans le même ſiécle un BARTHOLOMEO
Partenio, qui étoit du Breſſan, de quelque lieu ſitué
ſur le lac de Garda, appellé par cette raiſon Partenius
Benacenſis. C'étoit un habile grammairien. Il y a lieu
de croire que c'eſt à lui & non à Antoine Partenius,
que Cornelius Vitellius adreſſe la lettre qui eſt à la fin
de la Cornucopia de Nicolas Perot, dans l'édition de
Veniſe 1513. Elie Capreoli, au livre douziéme de ſon
hiſtoire de Breſſe (Chronica de rebus Brixianorum)
dit que Barthelemi Partenio a enſeigné la rhétorique
à Rome, aux dépens de la ville. Il a revu, corrigé &
publié un ouvrage de Junianus Majus Parthenopæus,

De priſcorum verborum proprietate, que l'auteur avoit
publié à Naples dès 1475, & qu'il avoit adreſſé au roi
Ferdinand. Partenio y fit auſſi quelques additions, comme il dit dans ſon épître à François Thròni, fils de Louis,
patrice de Veniſe, réimprimée dans l'ouvrage de M. le
cardinal Querini, cité plus haut, partie ſeconde, pag. 62
& 63. Le même Partenio a revu auſſi la traduction latine
de Thucydide faite par Laurent Valle, & a pareillement
dédié cette réviſion à François Thròni.

PARTHAMASIRIS, fils de Pacorus, roi des Parthes, reçut l'Arménie en partage de ſon frere Choſroës,
qui avoit ſuccédé à Pacorus. Mais il n'y régna qu'une
année ; car l'an de J. C. 107, Trajan entra dans ſon
pays, où il ſe rendit maître de tout ce qui ſe trouvoit
ſur ſa marche. Parthamaſiris effrayé, envoya des députés; & étant venu le trouver lui même en perſonne, il
dépoſa ſon diadême à ſes pieds. Il crut vainement que
Trajan le lui rendroit, comme Neron avoit fait autrefois à Tiridates. L'empereur ſe contenta de le renvoyer
ſurement avec les Parthes qui l'avoient accompagné.
Les efforts que fit depuis Parthamaſiris pour ſe maintenir par les armes, furent inutiles : il périt dans cette
guerre, & laiſſa par ſa mort la poſſeſſion de l'Arménie
aux Romains. * Dion, l. 68.

PARTHAMASPARTE, que Spartien nomme Pſa-
matoſſiris, fut couronné roi des Parthes, l'an de Jeſus-
Chriſt 116, de la main de Trajan qui avoit chaſſé
Choſroës, & qui voulut prévenir les ſoulevemens de ces
peuples, en leur donnant un autre roi de la nation. Le
nouveau prince demeura fidéle aux Romains ; mais il
fut mépriſé de ſes ſujets, auſquels Adrien l'ôta depuis,
pour leur faire plaiſir. Il le fit roi de quelques nations
voiſines, que l'hiſtoire ne nomme pas. * Dion, lib. 68
hiſt. aug. in vit. Adrian.

PARTHENAI, petite ville de France dans le Poitou,
ſous le reſſort du préſidial de Poitiers. Elle eſt ſur la
Toue, à neuf ou dix lieues de Poitiers, vers le couchant. Elle fut ſouvent priſe & repriſe, pendant les guerres de religion au XVI ſiécle. Les Proteſtans s'y retirerent le jour de la bataille de Moncontour ; mais ne
croyant pas qu'ils y puſſent faire ferme, ils l'abandonnerent à l'approche des troupes du duc d'Anjou. Ils
s'en étoient rendu maîtres l'année précédente ; & ils
avoient même fait pendre Malo, qui commandoit dans
le château, parcequ'il avoit eu la témérité de ſe défendre contre une armée. L'hiſtoire du ſieur d'Aubigné
nous apprend qu'ils échouerent plus d'une fois, l'an
1588, dans le deſſein de ſurprendre cette place. Ils y
ont été en grand nombre pendant l'édit de Nantes. Les ſeigneurs de Parthenai ſont chanoines honoraires ſéculiers
de S. Martin de Tours. Cette ville eſt capitale du petit
pays de Gaſtine, & étoit du duché de la Meilleraye ;
mais la ſeigneurie de Parthenai fut réunie à la couronne
l'an 1422, par la mort de Jean Parthenai l'Archevêque. Du Bouchet nous apprend dans ſes annales d'A-
quitaine, IV partie, chap. 7, que ce ſeigneur avoit
vendu cette ſeigneurie au duc de Berri, s'en réſervant
la jouïſſance pendant ſa vie. Il n'avoit point d'enfans,
mais une niéce mariée à Jacques d'Harcourt, lequel irrité de la vente de Parthenai faite par l'oncle de ſa
femme, entreprit de le chaſſer de cette ville ; mais les
habitans défendirent leur ſeigneur, & tuerent Jacques
d'Harcourt. * Bayle, diction. critique.

PARTHENAI, famille illuſtre, que quelques-uns ont
cru être ſortie de celle de Luſignan, avant l'an 1000,
dont elle portoit les armes, briſées d'une bande de
gueules. La branche aînée, avec tous ſes biens, fondit
dans la maiſon de Melun-Tancarville, dont eſt iſſue
par alliance celle de Longueville. Quant à l'autre branche des Parthenai, ſeigneurs de Soubiſe, elle ſubſiſta
juſqu'à JEAN de Parthenai-l'Archevêque, dernier mâle,
dont la fille unique, Catherine de Parthenai, entra dans
la maiſon de Rohan, & fut mere du duc de Rohan, ſi
célébre ſous le roi Louis XIII. On prétend que les ſeigneurs de Parthenai prirent le ſurnom de l'Archevêque,

parcequ'ils étoient issus d'un archevêque de Bourdeaux, nommé *Josselin* de Parthenai qui mourut l'an 1086, & que Guillaume de Parthenai, qui prit le surnom de l'*Archevêque* vers l'an 1100, étoit frere de cet archevêque.

Les seigneurs de SOUBISE, du nom de Parthenai, étoient séparés de la branche aînée, dès environ l'an 1330, que *Gui* l'Archevêque, frere puîné de *Jean*, sire de Parthenai, fut seigneur de Soubise, & sa postérité subsista jusqu'à JEAN, dont nous parlons au titre de SOUBISE.

PARTHENAI (Anne de) femme d'*Antoine* de Pons comte de Marennes, fille de *Jean* de Parthenai-l'Archevêque, & de *Michelle* de Saubonne, a été une dame de beaucoup d'esprit & de beaucoup d'érudition. Elle fut un des principaux ornemens de la cour de Renée de France, fille de Louis XII, & duchesse de Ferrare. Or l'on sait qu'il y avoit peu de cours au monde aussi polies que celle-là. Anne de Parthenai, non contente d'étudier le latin, entreprit avec tant d'ardeur l'étude de la langue greeque, qu'elle pouvoit se servir facilement des livres grecs. Sa curiosité l'engagea d'étudier la théologie. Elle s'appliqua aussi à l'étude de l'écriture sainte, & prit un singulier plaisir à raisonner presque tous les jours sur ces matieres avec les théologiens. Il ne faut pas oublier qu'elle chantoit bien, & qu'elle entendoit en perfection toute sorte de musique. Elle mourut en 1631. Théodore de Beze assure dans son histoire ecclésiastique, qu'elle étoit bonne réformée, & digne sœur de Soubise, qui fut l'un des piliers du parti hérétique. Son époux fut obligé de quitter la cour de Ferrare, parcequ'il se vantoit d'être d'aussi bonne maison que ceux d'Est. * Bayle, *dictionaire critique*, seconde édition.

PARTHENAI (Catherine de) fille & héritiere de *Jean* de Parthenai-l'Archevêque, seigneur de Soubise, & niéce de la précédente, fut mariée en 1568 à *Charles* de Quelenec, baron du Pont, puis en 1575, à *René* vicomte de Rohan, II du nom, duquel étant demeurée veuve l'an 1586, elle ne songea qu'à bien élever sa famille. L'aîné de ses fils fut célèbre duc de Rohan, qui soutint le parti de ceux de la religion prétendue-réformée en France avec tant de force pendant les guerres civiles, sous le regne de Louis XIII. Son second fils étoit le duc de Soubise. Elle eut trois filles, *Henriette*, qui mourut en 1619, sans avoir été mariée ; *Catherine*, qui épousa un duc de Deux-Ponts, & qui fit cette belle réponse à Henri IV, lorsqu'il voulut lui déclarer son affection pour elle : *Je suis trop pauvre*, dit-elle, *pour être votre femme, & de trop bonne maison, pour être votre maîtresse ;* & *Anne*, qui ne fut jamais mariée, & qui survécut à ses freres & à ses sœurs. Elle soutint avec constance toutes les incommodités du siége de la Rochelle, aussi-bien que sa mere, qui malgré sa vieillesse, supporta avec fermeté la nécessité où elle se vit réduite de vivre pendant trois mois de chair de cheval, & de quatre onces de pain par jour. Ce misérable état ne l'empêcha pas d'écrire à son fils, *qu'il continuât comme il avoit commencé, & que la considération des extrémités où elle se voyoit réduite, ne le fît relâcher de rien au préjudice de son parti ; quoi qu'on lui pût faire souffrir.* Elle & sa fille refuserent d'être comprises dans la capitulation, & demeurerent prisonnieres de guerre. Elles furent menées au château de Niort le 2 de novembre 1628. Il y en a qui disent que Catherine de Parthenai étoit alors âgée de 91 ans ; mais d'autres ne lui en donnent que 70 : elle en avoit 74, étant née en 1554 : c'en étoit assez pour être opiniâtre. Son premier mari fut accusé d'impuissance par la mere de notre Catherine. La Croix du Maine, en parlant de Catherine de Parthenai, dit qu'elle composa *plusieurs tragédies & comédies françoises*, entr'autres la tragédie d'*Holoferne*, laquelle fut représentée en public à la Rochelle l'an 1574. Cette dame fit encore plusieurs élégies, traduisit les préceptes d'Isocrate, &c. L'abbé Lenglet a donné dans le tome IV de son édition du journal de Henri III, un écrit de cette

dame intitulé : *Apologie pour le roi Henri IV*, *envers ceux qui le blâment de ce qu'il gratifie plus ses ennemis que ses serviteurs.* C'est une invective contre ce prince. * Bayle, *dictionaire critique*, & les auteurs qu'il cite.

☞ PARTHENIUS de Nicée, poëte, vivoit au commencement du regne d'Auguste. Il composa un livre en prose, que nous avons encore intitulé, ἐρωτικῶν παθημάτων dédié à Cornelius Gallus, gouverneur d'Egypte, qui est d'autant plus considérable, que toutes les narrations sont prises d'auteurs anciens, qui ne sont pas venus jusqu'à nous. Ce livre a été traduit en françois, par Jean Fornier sous ce titre : *Les affections de divers amans.* Cette traduction fut d'abord imprimée à Paris en 1555, avec les *narrations d'amour* de Plutarque. Elle a été réimprimée en 1743 à Paris, *in-12.* Parthenius composa l'éloge d'Arétas sa femme, & diverses autres pieces. On dit qu'il fut fait esclave pendant la guerre de Mithridate ; qu'il fut affranchi par Cinna, & qu'il mourut du temps de Tibere. S'il faut ajouter foi à tout ce que Suidas rapporte à ce sujet, il faut croire que Parthenius fut pris étant encore fort jeune, car il y a plus de 70 ans depuis cette guerre jusqu'à Tibere. Quoi qu'il en soit, on dit que Virgile fut son disciple, & qu'il imita de lui le poëme qu'on lui attribue, intitulé *Moretum* ; & il est sûr que Tibere se plaisoit à l'imiter dans ses poësies. Ses métamorphoses pourroient bien aussi avoir été le fond de celles d'Ovide. * Aulu-Gelle, *liv.* 13, *c.* 25. Suidas, *in Parth.* Vossius, *lib.* 2, *de histor. Græc. c.* 1, *de poët. c.* 8, *in biblioth.*

PARTHENIUS de Chio, surnommé *Chaos*, auteur Grec, écrivit un traité de la vie de son pere *Thestor*, comme nous l'apprenons de Suidas.

PARTHENIUS, grammairien, disciple de Denys, vivoit encore du temps de Domitien, vers l'an 81 de J. C. selon Suidas : celui-ci étoit de Phocée, ville d'Ionie.

PARTHENIUS, chambellan de l'empereur Domitien, encourut la disgrace de ce prince inconstant, qui l'inséra même dans une liste de ses proscrits avec l'impératrice Domitia, Norbanus & Petronius Secundus, alors préfet du prétoire. Parthenius fut un des principaux chefs de la conspiration, par laquelle on résolut de prévenir la cruauté de l'empereur ; & il eut plus de part que personne à sa mort, qui arriva l'an de J. C. 86. L'élection de Nerva, qui lui succéda, fut aussi l'ouvrage de Parthenius ; mais les soldats irrités de la mort de Domitien, contraignirent Nerva de leur en livrer les auteurs, & égorgerent Parthenius, après lui avoir fait souffrir mille indignités. * Dion, *liv.* 67 & 68. Aurelius Victor, *epitom.*

PARTHENIUS de Phocée, cité par Etienne de Byzance.

PARTHENIUS. Strabon & Pline parlent de divers fleuves de ce nom. Il y en avoit un dans la Bithynie, appellé aussi *Parthemi*, comme le veut Moletius, ou *Dolap* au sentiment du Noir : un autre dans l'Arcadie : un autre dans l'isle de Samos, & un autre dans la Sarmatie d'Europe, dont Ovide fait mention, *l.* 4, *de Ponto*, *eleg.* 10.

PARTHENOPE, nom d'une des Sirènes, qui n'ayant pu venir à bout de charmer par leur chant Ulysse & ses compagnons, se jetterent dans la mer par désespoir. Les poëtes disent qu'elles se retirerent les unes d'un côté, les autres d'un autre ; & que Parthenope aborda en Italie, où les habitans trouverent son tombeau en bâtissant une ville, qu'ils appellerent de son nom *Parthenope.* Ils ruinerent ensuite cette ville, parcequ'on abandonnoit Cumes, pour s'y établir ; mais ayant été avertis par l'oracle, que pour se délivrer de la peste qui les incommodoit, il falloit qu'ils rétablissent la ville de Parthenope, ils la firent rebâtir & la nommerent *Neapolis*, à cause de ce nouveau rétablissement : c'est aujourd'hui Naples. * Ruscelli, *nell' indice de gl'huom. illust.*

PARTHIE, ou pays des Parthes, *Parthia* & *Par*-

enne, province de Perse, qui a donné autrefois son
m à un grand empire. Elle est dans l'Asie, entre la Médie,
yrcanie, l'Asie, la Carmanie, & la province de Pharsi.
 a la nomme à présent *Arak* ou *Erak*, & *Yerak* ; &
 l'appelle *Arak Agémi*, quand on la veut distinguer de
 rak Arabi, qui est le pays de Bagdet. D'autres ajou-
nt encore que la Parthie d'aujourd'hui comprend la
ovince nommée *Khœmus*, & une partie de celle qu'on
mme *Khorasan*. Les contrées de ce pays étoient la
omisene, la Parthienne, la Corœne, la Paratanticene &
Tabiene. Ptolémée comptoit de son temps, vingt-
nq villes de la Parthie, dont la capitale étoit Heca-
mpyle, que quelques-uns prennent pour l'Hispaham
oderne. Ce pays étoit désert & stérile ; & Strabon
us apprend que les Macédoniens le méprisoient, &
 s'y arrêtoient jamais, parcequ'ils n'y trouvoient pas
 quoi faire subsister leur armée. Cependant les Parthes
 rendirent si puissans, qu'ils disputerent de l'empire
'Orient avec les Romains. Arsaces en fut le fondateur
 laissa à ses successeurs le nom d'Arsacides, jusqu'à
 rtabane, qui fut tué par Artaxerxès Persan. Ainsi cet
 mpire dura environ 470 ans ; car il fut établi l'an du
 monde 3785, & 250 avant J. C. & finit vers l'an 226
 le J. C. Les Parthes étoient extrêmement cruels & adon-
 és aux femmes & au vin, mais du reste gens de guerre
 x infatigables au travail. * Justin, *l*. 41. Herodien, *l*. 6.
 Agathias, *l*. 1. Strabon, *l*. 13. Pline. Appien

SUCCESSION DES ROIS DES PARTHES.

Nous avons marqué les époques du commencement
 & de la fin de la monarchie des Parthes ; mais il est
 bien difficile d'être aussi exact pour le regne de chaque
 roi, dont les auteurs parlent assez diversement. Voici
 que nous avons pu recueillir de Justin, d'Appien & de
 quelques autres.

Ans du monde.	*Avant J. C.*	
3785	250	Arsaces I.
3825	210	Arsaces II.
		Arsaces III, dit *Pampatius*.
		Phraates I.
3894	141	Mithridates I, frere de Phraates.
3904	131	Phraates II, qui maria sa sœur
		Rodogune à Demetrius
		Nicanor, roi de Syrie.
3906	129	Artaban I.
3906	129	Mithridates II, dit *le Grand*.
		Arsaces IV.
3960	75	Sintricus ou Suntruncus.
3969	66	Phraates III, surnommé *le Dieu*
		& tué par ses fils.
3979	56	Orodes I chassa son frere Mi-
		thridates, défit Crassus, &
		fut tué par son fils.
3999	36	Phraates IV chassé par Tiri-
		dates.
4004	31	Tiridates chassé.
4012	22	Phraates rétabli.

Ans après J. C.		
4036	2	Orodes II.
4040	6	Vonones I.
4050	16	Artaban II, Mede de nation,
		ou son fils Orodes.
4069	35	Tiridates chassé par Artaban.
		Cinname.
4082	48	Gotarzes, fils & meurtrier d'Ar-
		taban, chassa son frere Bar-
		danes.
4083	49	Meherdate chassa Gotarzes.
4084	50	Vonones II, fils de Gotarzes.
4084	50	Vologéses I.
		Artaban.
		Pachorus.
4140	106	Chosroès chassé par Trajan.
4150	116	Partamasparte élu, puis déposé.

Chosroès rétabli.
Vologéses II.
Artaban IV, qui fut tué par Artaxerxès, roi de Perse. Avec
lui finit la monarchie des Parthes, l'an du monde 4260,
& après J. C. 226

PARTS (Jacques des) en latin *Jacobus de Partibus*,
étoit de Tournai, selon Vander-Linden. Il fut médecin
de Charles VII, roi de France, & de Philippe, duc de
Bourgogne. Il vivoit encore en 1480. Vander-Linden
lui donne les ouvrages suivans : 1. *Glossa interlinearis
in practicam Alexandri*, à Lyon 1504, in-4°. 2. *Explanatio in Avicennam, una cum textu ipsius Avicennæ, ab eodem castigato, & exposito*, à Lyon
1498, *in-fol.* 3. *Expositio super capitulis videlicet
de regimine ejus quod comeditur & bibitur*, VII ; &
de regimine aquæ & vini, VIII, &c. avec d'autres traités de quelques autres, à Venise 1518,
in-fol. 4. *Excerpta de balneis*, dans un recueil sur
cette matiere. 5. *Summula alphabetica morborum ac
remediorum ex libris Mesuæ excerpta*, &c. à Lyon,
1589, *in-*8°. & auparavant à Venise 1576, *in-fol.*
6. *Inventarium seu collectorium receptarum omnium
medicaminum, confectionum, pulverum, &c. &
aliorum cuivis usui reservandorum, in-4°. Jean Riolan,
page 170 de ses recherches sur les écoles de médecine
de Paris & de Montpellier, prétend que Jacques des
Parts étoit Parisien, & qu'il a eu pour éditeur *Jacques
Ponceau*, qu'il dit aussi Parisien, & médecin de la faculté
de Paris, quoique les médecins de Montpellier prétendent qu'il étoit de leur faculté.

PARTULE, *Partula*, *déesse que les Romains
croyoient présider aux accouchemens, pour avoir le
soin de la mere prête à accoucher ; car ils avoient une
autre déesse qu'ils nommoient *Nation*, pour avoir soin
des enfans naissans. Partule n'étoit pas la même que
Lucine, comme il semble que S. Augustin l'ait cru,
lorsqu'il en parle dans le livre *de la cité de Dieu*, où il
l'appelle *Partunda*. Partule, selon Tertullien, gouvernoit & régloit le terme de la grossesse. Lucine mettoit
l'enfant au jour. Mais la superstition des Romains alloit
bien plus loin, car ils avoient fait une autre déesse pour
nourir le fœtus : elle s'appelloit *Alemona* ; une autre
pour le préserver de tous les accidens pendant le neuviéme mois de la grossesse, & elle s'appelloit *Nona* ; &
une autre enfin pour le préserver jusqu'à sa naissance,
quand il alloit jusqu'au dixiéme mois, & elle s'appelloit *Decima*. Aulu-Gelle dit que *Nona* & *Decima*
étoient deux déesses qui toutes deux se nommoient
Parta d'un nom commun ; que de ces deux Partes,
les femmes grosses invoquoient l'une dans le neuviéme
mois, & l'autre quand elles alloient jusqu'au dixiéme.
PARTUNDE, déesse, *voyez* PARTULE.
PARVI, *cherchez* PETIT.
PARVILLIERS (Adrien) Jésuite, naquit dans le
diocèse d'Amiens le 22 avril 1619. Il entra chez les
Jésuites le 21 août 1634. Il fut employé dans la mission
de Syrie & d'Egypte. Il fit sa profession solemnelle des
quatre vœux à Damas, le 22 août 1654. Il a séjourné
long-temps dans cette ville, d'où il a souvent écrit des
lettres en langue arabe, adressées au savant Bochart,
avec qui il étoit en grande relation. Après dix années
de travail dans les missions de Syrie & d'Egypte, il
retourna dans la province de France. Il y fut occupé
au ministere de la prédication, qu'il exerça pendant six
ans. Il mourut dans le collége d'Hesdin le 11 septembre 1678. On a de lui une brochure intitulée : *La
dévotion des prédestinés ; ou les stations de la Passion
de Jesus-Christ crucifié qui se font à Jérusalem*, *in*-12.
Nous en avons vu une édition sous ce titre : *Les stations de Jérusalem, pour servir d'entretien sur la Passion de Notre Seigneur Jesus-Christ ; par le R. P. Parvilliers, de la Compagnie de Jesus, qui a vérifié le tout

fur les lieux, à Paris 1680, *in*-16. Cet ouvrage a été traduit en bas-breton, & imprimé à Saint-Paul de Léon en 1725, *in*-16. Dans le catalogue de la bibliothéque de M. Thévenot, on voit page 247, parmi les manuſcrits : *Remarques curieuſes, faites en Egypte par le pere de Parvilliers*. Quelques-unes de ſes letttres ſe ſont conſervées parmi les papiers de M. du Cange. Ce que l'on vient de dire, ne ſe rapporte pas à ce que M. Huet dit du pere Parvilliers, dans ſon *Commentarius de rebus ad eum pertinentibus*. Ce ſavant pouvoit ſe tromper d'autant plus aiſément, qu'il écrivoit ce qu'il avoit ouï dire plus de 60 ans auparavant. M. Moſant de Brieux, adreſſa ces vers au pere Parvilliers, lorſque ce pere fut de retour de ſes miſſions.

Poſtquam humus Afra dedit priſci tot lumina ſecli,
  Tam ſcriptis celebres quàm probitate viros :
Et PARVILLERIUM *Francis modo reddidit arvis,*
  Tam celebrem linguis quàm probitate virum.
In laudes dixiſſe tuas juvat, Africa tellus,
  Uſque boni ex te aliquid provenit, uſque novi.

* *Moſantii Brioſti poëmatum pars altera. Cadomi* 1669, *in*-16, *pag.* 88.

PARUTA (Paul) de Veniſe, né dans une famille diſtinguée par les ſervices rendus à ſa patrie, fut envoyé pour fixer les frontieres de l'état de Veniſe avec l'archiduc, commiſſion dont il s'aquitta très-bien. Depuis il fut gouverneur de Breſſe, chevalier & procurateur de S. Marc, & ambaſſadeur à Rome auprès du pape Clément VII. Il eut encore d'autres emplois, qu'il mania avec tant de prudence, qu'on le ſurnomma le *Caton de Veniſe*. Cet habile politique mourut en 1568, âgé de 58 ans. Les affaires ne l'empêcherent pas de cultiver le penchant qu'il avoit pour les ſciences, & de compoſer divers ouvrages excellens, comme une hiſtoire de Veniſe : *Diſcorſi politici; Perſeɀione della virtu politica, &c.* * Lorenzo Craſſo, *elog. d'huom. letter.* Ghilini, *theat. d'huom. letter.* Le Mire, *de ſcript. ſæc. XVI, &c.*

PARYSATIS, *cherchez* PARISATIS.

PAS-D'ARMES, combats particuliers, étoient entrepris par un ou pluſieurs chevaliers dans quelque fête publique. Les tenans choiſiſſoient un lieu qu'ils propoſoient de défendre contre tous venans, comme un pas ou paſſage qu'on ne pouvoit traverſer ſans combattre ceux qui le gardoient. L'an 1514, François duc de Valois, avec neuf chevaliers de ſa compagnie, entreprit un pareil combat appellé *le pas de l'arc triomphal*, en la rue S. Antoine à Paris, pour la ſolemnité du mariage du roi Louis XII. Le tournoi où le roi Henri II fut malheureuſement bleſſé à mort en 1559, étoit auſſi un pas-d'armes, comme il paroît par les termes des lettres de défi : *De par le roi, &c. lequel fait à ſavoir à tous princes, ſeigneurs, gentilshommes, chevaliers & écuyers, qu'en la ville capitale de Paris, le pas eſt ouvert par ſa majeſté très-Chrétienne, & par les princes de Ferrare, Alfonſe d'Eſt, François de Lorraine, duc de Guiſe, pair & grand chambellan de France, & Jacques de Savoye, duc de Nemours, tous chevaliers de l'ordre, pour être tenu contre tous venans duement qualifiés, &c.* * Du Cange, *diſſertation 7 ſur l'hiſtoire de ſaint Louis.*

PAS, terre & ſeigneurie en Artois, a donné ſon nom à une des plus anciennes & des plus illuſtres maiſons du pays, qui eſt celle des marquis de Feuquieres d'aujourd'hui. C'eſt une des principales baronies du comté de S. Pol. Elle eſt ſituée ſur la riviere d'Authie. Son bailliage fut réuni nommément à la couronne de France, par les articles XXXVII & XLI du traité des Pyrénées. Ce bailliage eſt de grande étendue ; & cette baronie a ſes pairs au nombre de douze, avec pluſieurs vaſſaux conſidérables, entre leſquels il y a des vicomtes. Il y avoit autrefois dans la ville un château qui a été ruiné par le temps ; & nous apprenons de la chronique de Baldric évêque de Noyon, qu'en 1032 il y avoit auſſi une

égliſe collégiale, dont les prébendes avoient ſervi long-temps de récompenſe aux gens de guerre : ce qui obligea Alviſius évêque d'Arras, de les unir à la menſe des religieux du prieuré de Pas en 1138, à la priere de Thibaut, prieur de S. Martin des Champs de Paris.

PAS (Manaſſès de) marquis de Feuquieres, l'un des plus grands hommes qui aient porté les armes dans le XVII ſiécle, étoit fils de FRANÇOIS de Pas, premier chambellan du roi Henri IV, de les unir à l'ancienne maiſon de Pas en Artois, dont nous venons de parler, & de *Magdeléne* de la Fayette, fille de *Claude*, baron de Saint-Romain. Il naquit à Saumur le premier de juin 1590, & en naiſſant il ſe trouva ſeul de ſa maiſon ; car ſon pere avoit été tué à la bataille d'Ivri, le 14 mars de la même année, & ſes oncles paternels *Daniel* & *Gédéon* de Pas avoient auſſi été tués au ſervice du roi, l'un devant Paris & l'autre devant Dourlens ; ce qui avoit obligé Henri IV à donner, entr'autres gratifications, à la veuve de François de Pas, une penſion de mille écus pour elle & pour l'enfant qu'elle portoit s'il étoit mâle. Il prit le mouſquet à l'âge de treize ans, & monta par les dégrés de l'infanterie à la charge de capitaine, où il parvint étant encore fort jeune. La ſuite de ſa vie n'a été qu'un ſervice continuel dans des emplois ſucceſſifs. Il fut aide de camp, lorſqu'il n'y en avoit que deux, meſtre de camp d'infanterie, maréchal de camp pendant huit campagnes, lieutenant général trois fois, général d'armée en chef deux fois, & ſignala partout ſon courage. C'étoit lui qui, pendant le ſiége de la Rochelle, conduiſoit l'intelligence pour ſurprendre cette ville ; & il fut pris en reconnoiſſant l'endroit par lequel on devoit entrer. Le roi fit faire de grandes offres pour ſa rançon ; mais les rebelles les refuſerent toutes, parcequ'ils s'aſſuroient que la conſidération de ce priſonnier ſauveroit la vie à pluſieurs de leur parti qui étoient au pouvoir de ſa majeſté. Sa priſon dura neuf mois, & ne l'empêcha pas de contribuer beaucoup à la reddition de cette importante place, par le moyen de la dame de Navailles, belle-mere de ſa femme. Après la mort de Guſtave-Adolphe roi de Suéde, il fut envoyé ambaſſadeur extraordinaire en Allemagne, pour y maintenir les alliés ; & là, malgré les artifices des ennemis de la couronne & des faux amis, il forma par divers traités cette importante union des Suédois, & de pluſieurs princes & états de l'empire avec le roi, dont les ſuites ont été avantageuſes à la France, & utiles à la liberté de l'Europe. Il y conduiſit le fameux traité avec Walſtein, duc de Fridland, généraliſſime des armées de l'empereur, qui auroit eu une ſuite plus heureuſe, ſans la mort de Walſtein, mais qui fut très-glorieuſe à Feuquieres par une circonſtance particuliere. Le roi ayant fait une promotion de chevaliers du S. Eſprit, dans le temps que la négociation étoit commencée, Feuquieres ne voulut pas l'interrompre pour un voyage de trois ſemaines ſeulement, pour venir recevoir le collier de cet ordre qu'on lui offroit, & qui ne pouvoit lui être envoyé ſans déſobliger le duc de Savoye, à qui on le refuſoit en même temps pour le maréchal de Toiras.

Feuquieres avoit été pourvu en 1631 des lieutenances générales des provinces de Metz & de Toul, & des gouvernemens particuliers des villes de Vic, de Moyenvic, & de Toul ; mais il céda le dernier ſous le bon plaiſir du roi, à Henri d'Hardoncourt, ſeigneur de Rozieres, fils de ſa ſœur, & remit le reſte l'an 1636, entre les mains de ſa majeſté, qui le fit gouverneur & lieutenant général en chef de la province, ville & citadelle de Verdun. L'année d'auparavant, la guerre ouverte ayant commencé contre la maiſon d'Autriche, le roi lui donna le commandement en chef d'une armée de douze mille Allemands qu'il avoit levés pour la plupart, & qu'il conduiſit au voyage de Mayence avec le cardinal de la Valette & le duc Bernard de Saxe-Weymar, auprès duquel il étoit auſſi lieutenant général de l'armée particuliere, que ce prince avoit amenée au ſervice du roi. L'extrême fatigue qu'il eut à cette campagne le fit tomber malade de l'unique maladie qu'il ait jamais eue, pendant laquelle il ne

sa pas de servir utilement le roi, qui envoyoit tenir
nfeil à la ruelle de son lit, où se trouverent fix fois les
néraux d'armées, le pere Joseph, & les secrétaires
'état de Chavigni & des Noyers, qui avoient les dér-
temens des affaires étrangeres & de la guerre. Après
n entiere guérison, il continua de signaler sa valeur &
capacité par divers succès heureux ; mais sa grandeur
me ne se montra nulle part avec tant d'éclat qu'à
hionville. On le pressa si fort d'assiéger cette place, qu'il
t obligé de l'investir le 28 juin 1639, n'ayant que sept
ille cinq cens hommes, au lieu de vingt mille qui de-
oient composer son armée. Ainsi les ennemis jugeant
'il étoit facile de secourir Thionville, Piccolomini,
n de leurs généraux, y accourut le 7 juillet avec qua-
rze mille hommes. On combattit deux fois en un même
ur ; & le marquis de Feuquieres abandonné deux fois
e sa cavalerie, qui étoit de deux mille chevaux, & ne
uittant point la tête de son infanterie, y eut le bras droit
assé auprès de l'épaule : ce qui ne pouvant même l'obli-
r à prendre le temps de se faire panser, il perdit tant de
ang, qu'il tomba évanoui de cheval, & fut emporté par
es ennemis dans la ville, où il témoigna pendant sa pri-
on, qui dura le reste de sa vie, une modération tout-à-
ait héroïque. Le roi donna plusieurs ordres pour traiter
e sa rançon avec les ennemis, qui étant demeurés d'accord de le rendre pour quatre-vingt-mille écus, s'en dé-
lirent. Enfin au bout de neuf mois, après plusieurs négociations, ils signerent le traité de son échange contre le
général Ekenfort, deux colonels & 18000 écus. Le général Ekenfort sortit du bois de Vincennes, en vertu de
ce traité, & étoit déja chez M. d'Andilli, allié & intime
ami du marquis de Feuquieres ; lorsqu'un courier apporta
la nouvelle de la mort de ce dernier, arrivée à Thionville le 14 de mars 1640, jour qui avoit été fatal à son
pere cinquante ans auparavant, comme nous l'avons vu.
Le même courier rapporta aussi que la veille de cette
mort, le gouverneur de Thionville avoit déchiré le traité
d'échange. En effet, Beck, gouverneur du duché de Luxembourg, voulut retenir la veuve, sans avoir égard aux
passe-ports ; mais elle prévint ses ordres par une diligence
judicieuse. C'étoit Anne Arnaud, fille d'Isaac, seigneur
de Corbeville, conseiller d'état, & intendant des finances, qui a été si recommandable sous Henri le Grand,
par son extrême mérite & sa rare probité. Le marquis de
Feuquieres l'avoit épousée à l'âge de vingt-deux ans, &
lui laissa en mourant plusieurs enfans : savoir, 1. ISAAC,
qui suit ; 2. Charles, dit le comte de Pas, mestre de camp
& maréchal des camps & armées du roi, qui commandoit la cavalerie au siége de Longwi, à celui de Roses,
à la bataille de Retel, & qui mourut à l'armée pendant
les troubles de 1653, âgé de 33 ans ; 3. HENRI, qui
prit aussi le nom de comte de Pas, après la mort de son
frere, qui fut maréchal de camp, gouverneur de Toul,
& chevalier du parlement de Metz, & qui épousa en
1663 Julienne-Petronille, comtesse de Stirum-Limbourg
& Bronkork, fille de Bernard-Albert, comte de Stirum,
libre-baron de Limbourg, &c. & d'Anne-Marie, comtesse de Bergues, dont il a eu plusieurs enfans ; 4. François, abbé de Relec, grand doyen de Verdun, mort en
1691, âgé de 72 ans ; 5. Louis, comte de Feuquieres,
maréchal de camp, mort en 1670, laissant de Diane de
Poix, dame de Mazencourt, Louis de Pas, seigneur de
Mazencourt ; & François de Pas, capitaine d'un des
vaisseaux du roi ; 6. Magdelene, femme de Louis, baron
d'Orthe, morte en 1681 ; 7. Susanne, qui épousa Antoine de Batilli, maréchal de camp, & gouverneur de
Neuchâteau en Lorraine ; & 8. Jeanne, qui épousa 1°.
Louis d'Aumale : 2°. en 1671, Jean de Montmorenci,
marquis de Villeroye, morte en 1695. ISAAC de Pas,
marquis de Feuquieres, fut lieutenant général des armées
du roi, conseiller d'état ordinaire, gouverneur des ville
& citadelle de Verdun, lieutenant général de l'évêché &
province de Toul, mourut ambassadeur extraordinaire
en Espagne le 6 mars 1688, après avoir été viceroi de
l'Amérique en 1660 envoyé en 1672, en diverses cours

des princes d'Allemagne alliés du roi, & ambassadeur la
même année en Suede, où il demeura dix ans, & où il
donna plusieurs preuves, non seulement de sa sage conduite comme ambassadeur, mais encore de son courage
comme capitaine. Il avoit épousé en 1647 Anne-Louise
de Gramont, fille d'Antoine duc de Gramont, & de
Claude de Montmorenci-Bouteville, dont il eut sept
fils, 1. ANTOINE, qui suit ; 2. François, qui prit le
nom de comte de Rebenac, par son mariage avec l'héritiere de cette maison en Béarn, qui fut lieutenant général de Navarre & de Béarn, & de l'évêché de Toul,
sénéchal de Béarn, envoyé du roi à l'armée du roi
de Suede en Poméranie, commandée par le comte de
Konismarck, puis aux cours de Danemarck, Zell, &
Brandebourg, ambassadeur extraordinaire en Espagne à
la place de son pere, & à celle de Savoye, & enfin
envoyé extraordinaire chez tous les princes d'Italie. Il
mourut dans sa 45 année le 22 juin 1694, ne laissant
que quatre filles, l'aînée desquelles épousa en 1698,
Louis-Nicolas le Tellier, marquis de Souvré, maître
de la garderobe du roi, substitué aux nom & armes de
Rebenac, & mourut veuve le 16 juillet 1739 ; la seconde a épousé N. du Bouzet de Marin, marquis de
Sainte-Colombe ; & deux autres non mariées. 3. Charles, chevalier de Malte, capitaine de vaisseau du roi,
tué à la bataille de S. Denys, proche de Mons, en
1678 ; 4. Henri, aussi chevalier de Malte, & capitaine
de vaisseau, tué d'un coup de canon en Sicile en 1676 ;
5. Jude, comte de Feuquieres, lieutenant général pour
le roi dans la province de Toul, ci-devant colonel d'un
régiment d'infanterie de son nom, qui est un des petits
vieux corps, mort à Paris le 10 octobre 1741, sans
laisser d'enfans de Catherine-Marguerite Mignard, fille
du célèbre Pierre Mignard premier peintre du roi, morte
à Paris le 2 de février 1742. 6. Philbert-Charles, docteur de Sorbonne, évêque d'Agde, abbé de Cormeilles ; 7. Simon, dit le chevalier de Feuquieres, capitaine
de vaisseau du roi, mort au Havre de Grace des blessures reçues au combat de la Manche l'an 1692, où il
eut une cuisse emportée ; & 8. Louise-Catherine, épousa
de Gabriel-Ignace de la Vie, maître des requêtes, morte
en 1692. ANTOINE de Pas, marquis de Feuquieres,
gouverneur de Verdun, chevalier de S. Louis, commença à se signaler en Allemagne en 1688, après la
prise de Philisbourg. Il fut fait maréchal de camp en
1689, & fit cette même année de grandes courses
par toute l'Allemagne, où il répandit l'épouvante, après
quoi on l'envoya commander les troupes du roi à Bourdeaux en 1590. Il servit en Italie, & se trouva à la
bataille de Stafarde, aux prises de Suse, &c. L'hiver
il commanda les troupes du roi à Pignerol, &
continua à se signaler dans les vallées de Luzerne contre
les Barbets. Il fut fait lieutenant général en 1693, servit en cette qualité en Italie jusqu'à la paix, & mourut
le 27 janvier 1711, âgé de 63 ans. Il avoit épousé en
1664 Marie-Magdelene-Thérèse-Geneviève de Monchi,
fille & héritiere de Georges de Monchi, II du nom,
marquis d'Hocquincourt, chevalier des ordres du roi,
& de Marie Molé, dont il a laissé entr'autres enfans
Pauline-Chrysante de Pas, mariée le 29 janvier 1720 à
Joachim-Adolphe de Seiglieres, marquis de Soyecourt, &c. morte veuve la nuit du 2 au 3 de juin 1742.
* Mémoires historiques.

PAS (Angélo del) religieux réformé de l'ordre de
saint François, né à Perpignan en 1540, fit beaucoup de
progrès dans les lettres & dans la piété. Ne pouvant
souffrir les querelles que l'ambition avoit excitées parmi
ses confreres dans sa province, il se retira à Rome, &
y mourut en réputation de sainteté le 23 août de l'an
1596. Ce religieux laissa un très-grand nombre d'ouvrages, dont on a publié après sa mort des commentaires sur S. Marc & sur S. Luc ; un traité sur le symbole, &c. * Wading. in annal. biblioth. Minor. Antonio Daza, hist. Francisc. IV. A. I. P. c. 31. Nicolas
Antonio, biblioth. script. Hisp. Ghilini, &c.

PASARGADES , ou PASSARGADES , comme l'écrit Etienne *le Géographe.* C'étoit une ville des Perses , bâtie par Cyrus, & où étoit son sépulcre. *Artaxerxès* , dit Plutarque , *alla à Pasargades , afin d'y être sacré , selon la mode des Perses. . Là , il faut que le roi qui doit faire la cérémonie , quitte sa robe , & qu'il prenne celle que portoit l'ancien Cyrus.* C'est sans doute la *Pasacarta* de Ptolémée. On la nomme à présent *Darabegerd* , dans une contrée de la Perse de même nom. Les Arabes la nomment *Valasegerd.* * Lubin , *tables géographiques sur les vies de Plutarque.*

PASCAL (Etienne) pere de BLAISE Pascal, n'est pas seulement connu par la naissance & l'éducation qu'il a données à ce fils , l'un des plus grands esprits du XVII siécle, il mérite aussi une estime singuliere par son mérite personnel. Il étoit de Clermont en Auvergne, d'une des bonnes familles de la province , fils de *N.* Paschal, trésorier de France à Riom , & d'une mere qui se nommoit aussi *Pascal* , & qui étoit fille du sénéchal d'Auvergne à Clermont. Il naquit en 1588 , & lorsqu'il fut en état de posseder une charge , il acheta celle de président en la cour des aides d'Auvergne. Il s'étoit appliqué beaucoup aux mathématiques , & il y avoit fait de grands progrès, ce qui l'avoit lié de bonne heure à M. de Fermat de Toulouse , au P. Mersenne, à M. de Roberval , au célébre Descartes, & à plusieurs autres. Il commença à instruire Blaise Pascal son fils à Clermont même , & il continua son éducation à Paris , où il vint avec sa famille en 1631. Il y avoit déja quelques années qu'il étoit dans cette ville, lorsqu'une affaire imprévue l'obligea de s'en éloigner, vers la fin de mars 1638, & de se dérober même pendant quelque temps au commerce public. Un de ses amis avoit été arrêté & conduit à la Bastille , à l'occasion de quelques troubles excités à l'Hôtel-de-ville. Etienne Pascal sûr de la droiture de son ami , ne s'étoit pas contenté de parler en sa faveur , il avoit pris encore la défense de plusieurs personnes injustement traitées par la vexation de quelques officiers intéressés. Il avoit appris de plus, que cette affaire avoit été rapportée à M. le chancelier Seguier, avec des circonstances très-odieuses. Il craignit donc les suites de cette calomnie , & pour les éviter, il s'étoit cru obligé de se retirer. Il demeura en un éloigné , jusqu'à ce que le cardinal de Richelieu, informé de son mérite & du sujet de sa retraite , par madame la duchesse d'Aiguillon , & par M. le chancelier même , le fit revenir en 1639, & l'établit peu après intendant de Normandie à Rouen. Avant son éloignement de Paris , il avoit travaillé de concert avec M. de Roberval à répondre pour M. de Fermat au célébre Descartes , qui avoit attaqué les principes du traité de celui-ci , *de Maximis & Minimis.* Cette réponse qui rouloit sur la géométrie , fut envoyée à M. Descartes, qui ne put s'empêcher de lui accorder quelques éloges. Cet écrit n'est point encore imprimé. Etienne Pascal devint peu de temps après ami de M. Descartes, & il a conservé son amitié jusqu'à sa mort arrivée à Paris en 1651. * *Voyez* la vie de Descartes par Baillet, *tome I & II in-4°.* en plusieurs endroits.

PASCAL (Blaise) né à Clermont en Auvergne , le 19 juin 1623 , fils d'ETIENNE Pascal, président en la cour des aydes de la même ville, & d'*Antoinette* Begon. Il donna dès sa plus tendre jeunesse des marques d'un esprit extraordinaire : son pere qui étoit habile , prit seul le soin de son éducation , n'ayant que ce fils-là , & il l'éleva avec une attention particuliere. En 1631, Etienne Pascal étant venu à Paris avec toute sa famille, & y ayant établi sa demeure , il continua ses soins pour l'éducation de son fils ; mais il ne voulut point lui apprendre le latin qu'il n'eût douze ans , & qu'après lui avoir rempli l'esprit d'un grand nombre de connoissances. Le jeune Pascal fit dès-lors paroître son génie pour les mathématiques ; & quoique son pere lui eût interdit la lecture des livres qui en traitent, il fit de grands progrès dans cette science par les seules forces de son

esprit, & poussa ses recherches jusqu'à la XXXII proposition du premier livre d'Euclide. Son pere surpris de cet effort prodigieux , lui donna les élémens d'Euclide, qu'il n'eut pas plutôt lus, qu'il se rendit si parfait géométre , qu'à l'âge de seize ans , il fit un traité des sections coniques , qui fut admiré de tous les gens du métier. Il ne laissoit pas cependant d'étudier le latin & le grec ; & son pere l'entretenoit tantôt de logique , tantôt de physique , & des autres parties de la philosophie. La grande application de Blaise Pascal donna quelques atteintes à sa santé dès l'âge de 18 ans. A l'âge de 19 ans , il inventa cette machine d'arithmétique , par laquelle on fait non-seulement toutes sortes de supputations sans plume & sans jettons, mais même sans savoir l'arithmétique , & avec une sureté infaillible. A l'âge de 23 ans, ayant vu l'expérience de Toricelli , il inventa, & exécuta les autres expériences du vuide, & fut le premier qui prouva clairement que les effets que l'on avoit attribués jusque-là à l'horreur du vuide , sont causés par la pesanteur de l'air. Il a depuis découvert plusieurs problêmes très-difficiles sur la roulette , & en a donné un traité sous le nom d'*A. d'Ettonville.* A l'âge de 24 ans, la providence ayant fait naître une occasion qui l'obligea de lire des livres de piété , il conçut un tel sentiment de la religion , qu'il résolut de s'appliquer uniquement à cette science. S'étant trouvé à Rouen , son pere étoit intendant, il fit revenir un philosophe de ses égaremens au sujet de la religion. Enfin persuadé par sa sœur , religieuse au monastere de Port-Royal des Champs , qui y est morte le 4 octobre 1661, âgée de 36 ans , il quitta absolument le monde ; lorsqu'il avoit lors 30 ans , & étoit toujours infirme. Il s'appliqua dans la retraite à la lecture & à l'étude de l'écriture sainte , & composa sous le nom de Montalte les fameuses Lettres au provincial , qui sont estimées comme un chef-d'œuvre en genre de dialogue, tant pour la politesse du langage, que pour les traits d'esprit , & les railleries fines & agréables qui s'y rencontrent. Elles ont été traduites dans presque toutes les langues de l'Europe , & imprimées une infinité de fois. La premiere & la deuxieme furent faites au mois de janvier 1656, & M. Nicole les revit avec M. Arnauld , & corrigea seul la seconde. Il donna les mêmes soins à la sixiéme , à la septiéme , & à la huitiéme. Peu de temps après, étant à Paris à l'hôtel des Ursins, il donna le plan de la neuviéme , de l'onziéme & de la douzieme. Il revit aussi la treizieme & la quatorzieme dans la maison de M. Hamelin , conseiller du roi & controlleur général des ponts & chaussées de France, où M. Arnauld demeuroit alors. M. Nicole étant allé quelque temps après à Vaumurier, près de Port-Royal des Champs, chez M. le duc de Luines , il y fournit la matiere des trois dernieres , c'est-à-dire , de la seizieme , de la dix-septieme, & de la dix-huitieme. Ces dix-huit lettres parurent toutes *in-4°.* l'une après l'autre , dans le courant de l'année 1656, jusqu'au 24 de mars 1657, qui est la date de la dix-huitieme. On n'ignore pas qu'elles ont été traduites en latin par M. Nicole sous le nom de *Wendrok,* qui y a joint un commentaire latin fort étendu , qui a été traduit en françois par mademoiselle Joncoux , aidée par feu M. Louail ; & en espagnol & en italien par deux autres personnes. On les trouve ainsi en quatre langues dans un seul volume *in-8°.* M. Pascal consacra les dernieres années de sa vie à méditer sur la religion , & à travailler pour sa défense contre les Athées , les libertins & les Juifs. Ses infirmités continuelles, qui augmentoient tous les jours , l'empêcherent d'achever cet ouvrage , dont il avoit le dessein entierement formé , & dont il n'est resté que quelques pensées qu'il avoit écrites sans aucune liaison & sans aucun ordre , pour s'en servir dans la composition de son ouvrage. Ces pensées que l'on a recueillies & données au public depuis sa mort, sont de précieux restes de ce grand homme , & renferment ce qu'il y a de plus solide pour prouver les vérités de la religion , & de plus propre pour convaincre ses ennemis , & sont exprimées d'une maniere noble ,

vive

ive & perfuafive. On en a donné une fuite affez éten-
ue en 1728, dans le tome V, partie 2, des *Mémoires*
'e littérature & d'hiftoire, recueillis par le P. Defmolets,
:ibliothécaire de l'Oratoire de Paris. Cette fuite de pen-
ées eft précédée dans le même recueil d'un entretien de
M. Pafcal & de M. le Maître de Sacy fur la lecture d'E-
:iétete & de Montagne, qui fe trouve mot à mot dans
es mémoires, encore manufcrits, de M. Nicolas Fon-
aine fur Port-Royal, où celui-ci avoit demeuré long-
emps. M. Pafcal mourut à Paris, accablé de langueurs
& de douleurs, le 19 août 1662, âgé de 39 ans deux
nois, après avoir reçu tous les facremens avec piété &
:dification, & fut enterré dans l'églife de S. Etienne du
Mont. * Préface du livre de l'*équilibre des liqueurs*. *Vie*
le M. Pafcal, compofée par madame Perrier fa fœur,
& qui eft à la tête du recueil de fes penfées fur la religion. Du-Pin, *biblioth. des auteurs eccléfiaftiques du*
XVII fiécle. Necrologe de Port-Royal. Outre les écrits
le M. Pafcal dont on vient de parler, il paffe pour cer-
rain que ce grand génie eft encore auteur, du moins en
partie, des écrits fuivans. 1. Factum pour les curés de
Paris contre l'apologie des cafuiftes (du P. Pirot, Jéfuite) en janvier 1658. M. Hermant, chanoine de Beauvais, & M. l'abbé Perrier, y ont eu part. 2. Second
écrit des curés de Paris, ou réponfe defdits curés pour
foutenir leur factum, du premier d'avril 1658. M. Pafcal fit feul cet écrit en un jour. 3. Troifiéme écrit des
curés de Paris, 7 mai 1658, avec MM. Arnauld & Nicole. 4. Cinquiéme écrit des mêmes, du premier de juin,
même année. M. Pafcal difoit que c'étoit fon plus bel
écrit, au rapport de mademoifelle Perrier fa niéce.
5. Sixiéme écrit des mêmes, 24 juillet, même année.
6. Cenfure de l'apologie des cafuiftes pour M. l'évêque
de Nevers, 1658. 7. Cenfure de la même, pour M. l'archevêque de Rouen, premier janvier 1659. 8. Septiéme
écrit des curés de Paris, ou journal de tout ce qui s'eft
paffé à ce fujet, 1659. M. Arnauld y a travaillé. 9. Ordonnance des grands-vicaires à Paris pour la fignature
du formulaire, du 8 juin 1661. 10. Déclaration des
curés de Paris fur le mandement des grands-vicaires,
20 juillet 1661. * *Voyez* fur ces faits *l'hiftoire de la vie*
& des ouvrages de M. Nicole, première partie, à Luxembourg en 1733.

PASCAL (Jacqueline) fœur du célébre BLAISE Pafcal, née à Clermont en Auvergne en 1625, fut élevée
en partie à Paris & en partie à Rouen. Son efprit naturellement très-élevé brilla dans cette derniere ville parmi
ceux même qui fe piquoient du plus bel efprit. Dès l'âge
de douze à treize ans elle faifoit des vers françois, qui
furprenoient moins par la jeunefe de celle qui les faifoit,
que par leur beauté. Elle n'avoit peut-être pas quinze ans,
quand elle remporta le prix de poéfie à Caën fur la
Conception de la fainte Vierge. Mais l'exemple & les
difcours de quelques perfonnes de piété qu'elle connoiffoit, firent une telle impreffion fur fon efprit, qu'elle renonça à toute la réputation qu'elle s'acquéroit de jour
en jour pour fe confacrer à Dieu dans la retraite. Elle
entra au monaftere de Port-Royal des Champs en 1652,
y fit profeffion en 1653, & prit le nom de *Sainte Euphe-*
mie. On la jugea bientôt capable des emplois les plus
difficiles, & elle les remplit tous avec autant de fidélité
que de capacité. Dieu fe fervit d'elle pour engager fon
frere Blaife Pafcal, à renoncer entiérement au monde,
pour ne plus s'occuper que de ce qui pouvoit le conduire
à une heureufe éternité. On trouve plufieurs lettres de
cette religieufe dans l'apologie des religieufes de Port-
Royal, compofée en partie par M. Nicole; & on lui attribue les réglemens pour les enfans, qui fe trouvent dans
les conftitutions de Port-Royal. Elle mourut le 4 d'octobre 1661, n'étant âgée que de 36 ans. * *Voyez* la *vie*
de M. Pafcal, par madame Perrier; *l'apologie des reli-*
gieufes de Port-Royal, part. II, chap. 2. Necrol. de Port
Royal, p. 391.

PASCHAL (Charles) vicomte de Quente, &c.
cherchez PASCHAL.

PASCENTIUS, l'un des principaux officiers de
l'empereur, dans les provinces d'Afrique, *cherchez*
MAXIMIN, évêque des Goths.

PASCHAHK HATOUN ou PADISCHAH KHA-
TOUN, c'eft le nom d'une princeffe, fille de *Cothbe-*
din III, fultan de la dynaftie des Karakataïens, & qui
tient le fixiéme ou feptiéme rang dans cette dynaftie.
Elle fit mourir fon frere *Soiourgatfmich*, pour prendre
fa place fur le trône, & elle eut le même fort que fon
frere. Car la veuve & le fils du défunt prince conjurerent contre elle, & la firent périr l'an 694 de l'hégire,
1294 de J. C. Cette fille de *Soiourgatfmich* portoit le
nom de *Schah Alem Khatoum*. * D'Herbelot, *biblioth.*
orient.

PASCHAL, I de ce nom, pape, Romain de naiffance, fuccéda à Etienne V, & fut un pape pieux, favant, débonnaire, & orné de toutes les vertus eccléfiaftiques. Il envoya des légats à Louis *le Débonnaire*,
roi de France & empereur, qui confirma en fa faveur
les donations que fes prédécéffeurs avoient faites au
faint fiége. Pafchal envoya d'autres légats en Orient
contre les Iconomaques ; mais malgré ces foins, il fe vit
obligé d'excommunier l'empereur Léon V avec les Iconomaques, & reçut à Rome les Grecs exilés pour le
culte des faintes images. En 821 il trouva le corps de
fainte Cecile, & l'année fuivante, il couronna Lothaire
empereur, le jour de Pâque. On l'accufa d'avoir commandé un affaffinat qui fe commit de fon temps ; mais il
s'en purgea par ferment, en préfence des ambaffadeurs
du même Louis *le Débonnaire*, & mourut le 12 mai de
l'an 824, ayant gouverné fept ans trois mois & feize
jours. EUGENE II lui fuccéda. * Anaftafe, *in vit. pontif.*
Baronius, *in annal.*

PASCHAL II, Tofcan, nommé auparavant *Rei-*
gnier, fut élu contre fa volonté, après Urbain II, le 12
août 1099. Il excommunia l'anti-pape Guibert, & rangea à leur devoir divers petits tyrans qui maltraitoient
les Romains, & qui troubloient la paix de l'Italie. En
1102 il célébra un concile à Rome, un autre à Guaftal-
la fur le Pô, en Lombardie, pour la réforme des mœurs,
& un autre à Troyes en Champagne. Ce pape s'attira
de grandes affaires, pour foutenir le droit des inveftitures aux bénéfices, contre Henri, roi d'Angleterre, &
contre l'empereur Henri IV. Il s'accorda avec le premier, & contribua par fes intrigues à faire détrôner l'autre, dont le fils Henri V qui avoit chaffé fon pere du
trône, voulut être couronné de la main du pape en
1111, à la maniere accoutumée. Pafchal refufa de lui
mettre la couronne fur la tête, s'il ne renonçoit au droit
des inveftitures. Le jeune prince, indigné de cette propofition, fit enlever le pape, le clergé & les principaux
de la ville, & les retint prifonniers pendant deux mois
dans un château du pays des Sabins, jufqu'à ce que le
pape lui eût accordé ce qu'il fouhaitoit, & l'eût couronné. On dit que Pafchal donnant à Henri une partie
de l'hoftie qu'il avoit confacrée à la meffe, prononça
ces paroles : *Seigneur empereur, en confirmation d'une*
paix folide, & d'une union mutuelle, je vous donne le
corps de Notre-Seigneur Jefus-Chrift, né de la Vierge
Marie, & mort fur la croix pour nous comme l'Eglife
catholique le croit. Cependant les cardinaux condamnerent cette conceffion forcée du pape, qui la révoqua
dans un concile. Pafchal voulut faire une abdication
volontaire du pontificat, & n'en put venir à bout. Il
mourut le 22 janvier 1118, après 18 ans 5 mois & quelques jours de fiége. Ce pape avoit tenu divers conciles,
& écrit grand nombre de lettres. Le P. Labbe en rapporte 107, qu'il a inférées dans le dixiéme volume de fa
collection des conciles. On en a encore d'autres dans
différens recueils. GELASE II fut élevé après lui fur le
faint fiége. * *Confultez* le tome VII, conc. Baronius,
tome XII, annal. & Henri Canifius, tome II, ant.
lect. *Voyez auffi* Sigebert, Pandulphe, Ciaconius, Platine, & le tome X de l'*hiftoire littéraire de la France*,
par des Bénédictins de S. Maur.

PASCHAL, archidiacre de l'église romaine, se fit anti-pape dans le temps de l'élection du pape S. Serge I, & mourut peu de temps après, en 687.

PASCHAL, autre anti-pape, élu contre Alexandre III, se nommoit auparavant GUI de Crême, & avoit été nommé cardinal en 1155, par Adrien IV, qui l'envoya en Allemagne, pour adoucir l'esprit de l'empereur Frédéric *Barberousse*. Mais Gui s'étant laissé surprendre par ce prince, se joignit à Octavien qui avoit été créé faux pontife, & avoit pris le nom de Victor. Il lui succéda sous le nom de Paschal en 1164, & mourut misérablement six ans après. * Baronius, *A. C.* 1164 & 1170. Ciaconius, *in vit. pont.*

PASCHAL (Pierre) martyr, religieux de l'ordre de la Merci, puis évêque de Jaën dans le XIII siécle, naquit à Valence, où il eut un canonicat, & entra ensuite dans l'ordre de la Merci en 1250. Il y fut nommé pour enseigner la philosophie & la théologie aux jeunes religieux ; emploi qu'il exerça pendant trente années avec beaucoup de réputation. On fit violence à son humilité, en le choisissant pour être précepteur de l'infant dom Sanche. Peu après on le nomma évêque titulaire de Grènade, puis suffragant de Tolede, & enfin évêque de Jaën en 1295. Il ne se servit de ces avantages que pour en procurer à son ordre, & aux évêques chrétiens qui étoient parmi les Maures. Il fonda les monasteres de l'ordre de la Merci à Toléde, à Jaën, à Baëza & à Xerez de la Frontera ; & ayant été pris par les Maures de Grenade en 1297, il s'occupa uniquement à instruire les esclaves chrétiens, pour lesquels il composa divers petits traités. Le clergé & le peuple de son église lui ayant envoyé une somme d'argent pour sa rançon, il la reçut avec beaucoup de reconnoissance ; mais au lieu de l'employer à se procurer la liberté, il en racheta un grand nombre d'enfans, dont la foiblesse lui faisoit craindre qu'ils n'abandonnassent la religion chrétienne. Il combattit le mahométisme par un excellent ouvrage en 1300, & par des sermons solides & persuasifs, par des exhortations touchantes, & par l'exemple de sa vie toute sainte. Toutes ces choses servirent à la conversion de plusieurs infidéles. Les autres, désespérés de ce changement, s'en vengerent contre le saint, qu'ils firent mourir cruellement après une captivité de quatre années. * Martyrologe romain, 23 octobre. Gonzal. de Avila, *theat. de las iglès. de Espag.* Martin de Ximena, *de los obisp. de Jaën.* Alfonse Raymond, *hist. de la Merced.* Bernard de Vergas, *chron. Mercenar. Hist. des ord. relig. in-4°.* 1715.

PASCHAL (Pierre) gentilhomme de Languedoc, qui vivoit dans le XVI siécle. Il a été loué jusqu'à l'excès par Olivier de Magny, Jacques Tahureau, & quelques autres poëtes de son temps : ce qu'on peut voir dans leurs poësies, & trop rabaissé par du Verdier dans sa bibliothéque françoise. Ce savant fut attaché au cardinal d'Armagnac, & il demeura quelque temps auprès de lui à Rome. Ce cardinal en quelque sorte son Mécéne. Paschal lui envoyoit les vers qu'il faisoit, car la poësie faisoit de temps en temps son amusement. Il en composa en Italie & en France, & le cardinal d'Armagnac les voyoit tous avec plaisir, comme Paschal le témoigne dans une lettre adressée à ce cardinal, & datée de Venise les ides de septembre 1548. Il étoit dans cette ville dès 1547, & il y prononça en plein sénat un discours latin contre ceux qui avoient assassiné à Padoue Jean de Mauléon, fils de François de Mauléon, gouverneur d'Aquitaine, & de Marguerite Bruyere, & neveu de Jean de Mauléon qui étoit évêque de Commingès en 1524. Peu après il composa un autre discours sur le même sujet, où il fait parler la France qui adresse la parole à la république de Venise. C'est une prosopopée fort animée, mais qui est cependant inférieure au premier discours. Ce second ne fut pas prononcé ; il fut seulement envoyé. Vers le même temps, mais, comme on le croit, avant ces deux discours, Paschal prit à Rome le dégré de docteur en droit, & il prononça en cette oc-

casion un discours éloquent & fort utile sur les loix, qu'il adressa ensuite à Soave Réomani, auditeur de Rote à Rome. Ce discours se trouve imprimé après les deux dont on a parlé. Il y montre l'origine des loix, & en fait voir la nécessité & les avantages. Ces discours sont suivis des lettres qu'il écrivit pendant son séjour en Italie. Plusieurs roulent sur l'assassinat commis en la personne de Jean de Mauléon, entr'autres, trois premieres, dont l'une est adressée à François Donato, doge de Venise, la seconde à Jean de Morvilliers, ambassadeur du roi de France à Venise, & la troisiéme à Jean de Mauléon, évêque de Commingès. Paschal dit dans cette troisiéme, qu'il avoit eu dessein d'envoyer à ce prélat un traité qu'il avoit fait sur la fausse espérance des hommes. Dans la cinquiéme lettre il décrit sa maniere de vivre à Rome, & il compare l'état ancien de cette ville avec le nouveau qu'il méprise fort. Il y apprend aussi quelques nouvelles, & entr'autres, la mort du cardinal Sadolet, &c. On voit encore par les lettres de Paschal, qu'il étoit de l'académie des jeux floraux de Toulouse (V. pag. 111 & 152,) qu'il avoit été en Italie à la suite du cardinal d'Armagnac, & que c'étoit la famille même de Mauléon qui l'avoit chargé de poursuivre l'affaire de l'assassinat de Jean de Mauléon ; qu'il a visité toutes les villes principales de l'Italie, & ses lettres sont en effet datées d'un grand nombre. Mais il avoit plus séjourné à Venise & à Rome qu'ailleurs. Les mêmes lettres nous apprennent qu'il étoit lié avec les savans les plus connus de son temps, & avec beaucoup de personnes très-qualifiées. Dans sa lettre à Antoine-Armand de Marseille, il dit qu'ils avoient eu l'un & l'autre pour précepteur dans les humanités, Jacques Bording, & dans sa derniére lettre au sieur de Mauléon Durbain, il dit que ce fut à Carpentras qu'il étudia sous Bording. Jean Durant, médecin, à qui une de ses lettres (page 158) est adressée, lui avoit appris la philosophie. La chaleur avec laquelle il avoit agi contre les meurtriers de Jean de Mauléon, & le discours qu'il avoit prononcé dans le sénat de Venise sur ce sujet, lui avoient fait des ennemis ; & craignant de tomber dans leurs piéges, il écrivit à Rome le 31 de mai 1548, au sieur de Mauléon Durbain, son ami, non-seulement ses sujets de crainte, mais une espece de testament, par lequel il légue, en cas de mort, audit Durbain, sa bibliothéque : il le prie de faire écrire chez lui à Nîmes les discours & les lettres qu'il avoit composés à Carpentras, lorsqu'il prenoit les leçons de Bording ; mais il lui marque qu'il ne lui dit pas de les publier. Il lui laisse la liberté de faire imprimer, après qu'il (ledit Durbain) l'aura reçue, une comédie, que j'ai, dit-il, laissée à Toulouse chez Charles Vitadelle, notre hôte. Il ajoute : Si vous croyez que les odes, les élégies, & les épigrammes que je vous ai laissées dans un volume, méritent l'impression, vous les enverrez à Lyon chez Jean de Tournes. Mais il le prie de supprimer toutes les poësies licencieuses qu'il avoit faites dans sa premiere jeunesse, & de ne jamais les laisser sortir de ses mains. Enfin il lui recommande Jacques Paschal son frere. La derniere lettre de Paschal, marque qu'il étoit à Venise le dernier jour d'août de la même année 1548. On apprend dans ces lettres plusieurs circonstances qui regardent les mouvemens que l'on se donnoit pour le concile de Trente. Ce recueil a pour titre : *Petri Paschalii adversus Joannis Maulii parricidas, actio in senatu Veneto recitata ; Ejusdem Gallia per prosopopeiam inducta ad Venetam rempub. Oratio de legibus Romæ habita cùm juris insignia caperet : Epistolæ in Italicâ peregrinatione exaratæ.* On a encore de Pierre Paschal une vie du roi Henri II, imprimée en 1660. Il mourut à Toulouse en 1565, & fut inhumé dans la cathédrale de cette ville, où on lit cette épitaphe :

P. PASCHALIO rerum gestarum ab Henrico II, Galliarum rege, scriptori politissimo, unaque virtutis & romanæ eloquentiæ æmulatori præstantissimo, amici mœ-

rtes B. M. P. Vixit annos XLIII : obiit XIIII. KL.
art. an. poft Chriftum natum MDLXV.

Le Duchat en parle fort mal dans le *Ducatiana*,
me I , pag. 66 ; mais il ne prouve point ce qu'il dit.

PASCHAL (Scipion) natif de Cofenze , & évêque
Cazal , vivoit fous le pontificat de Paul V , au commencement du XVII fiécle. Il compofoit affez bien des
rs italiens , parloit agréablement , & fut domeftique
cardinal Ferdinand de Gonzague , qui lui procura une
arge de référendaire , puis l'évêché de Cazal. Il com-
ofa en latin l'hiftoire des guerres du Montferrat , &
iourut avant que de l'avoir publiée.

PASCHAL (Valentin) d'Udine, vivoit vers le même
emps , fous le pontificat de Paul V , & fut fecrétaire
u cardinal de Montalte. Il publia divers traités. *De re-
us Mofchicis. De Italiæ fluminibus , &c.* * Janus Nicius
Erythræus , *pinac. I , imag. illuftr. c.* 142 & 143. Leo
Allatius , &c.

PASCHAL (Charles) chevalier , vicomte de Quente
& de Dargni , confeiller d'état & avocat général au
parlement de Rouen , né l'an 1547 , à Coni en Piémont , fils de BARTHELEMI Pafchal , gentilhomme
Piémontois , & de *Catherine* de Fiefque , s'établit à Pais , où il s'acquit beaucoup de réputation , & où il fut
fort aimé de l'illuftre Gui du Faur , feigneur de Pibrac ,
dont il a écrit la vie qui fut imprimée en 1584, & qui
eft remplie d'aventures furprenantes , mais véritables.
En 1576 il fut choifi par le roi Henri III , pour aller en
Pologne en qualité d'ambaffadeur extraordinaire , &
s'acquitta fi bien de cet emploi, qu'il obligea les feigneurs
de ce royaume à confentir que l'on rapportât en France
tous les meubles du roi , lequel , en reconnoiffance de
ce bon fervice, l'honora du titre de chevalier , & ajouta
à fes armes une fleur-de-lis. Le roi Henri IV , qui l'envoya ambaffadeur vers Elizabeth, reine d'Angleterre, l'an
1589 , fe fervit encore de lui l'an 1594 , en Provence,
en Languedoc , & en Dauphiné , pendant la fureur des
troubles. Il fut enfuite reçu confeiller , puis avocat général au parlement de Rouen ; & en 1604 il fut député
vers les Grifons , où il demeura dix ans. En 1614 il revint en France , & continua fes fervices dans le confeil d'état pendant quelques années ; mais étant devenu
paralytique de la moitié du corps , il fe retira dans fa
terre de Quente , proche d'Abbeville , où il mourut
onze ans après , en 1625 , âgé d'environ 79 ans. Il a
laiffé plufieurs ouvrages qui marquent la beauté & la
force de fon génie , entr'autres , ceux qui font intitulés
Legatus , qui fut imprimé du vivant de l'auteur , 1°. à
Rouen en 1598 ; 2°. à Paris , en 1612. *Cenfura animi
ingrati. Corona , feu res omnis coronaria ex prifcorum
monumentis illuftrata* , Paris 1610 , *in-4°. Caroli Paf-
chalii preces* , à Paris 1592 , *in-12.* Des obfervations
fur les annales de Tacite , & un traité *de optimo genere
elocutionis* , à Rouen 1592 , *in-12.* Villiers Hotman
dans fon petit livre intitulé, l'*Ambaffadeur* , a pillé continuellement celui de Pafchal fur le même fujet , intitulé *Legatus.* Wiquefort obferve que Pafchal qui a fu
fi bien parler des ambaffadeurs , dans fon livre intitulé
Legatus , montre dans fon autre ouvrage intitulé *Lega-
tio Rhatica* , qu'il publia , l'an 1620 , à Paris , qu'il étoit
un miniftre fort médiocre. * Ignace de Jefus-Maria ,
Carme Déchauffé , *hift. ecclef. d'Abbeville.*

PASCHASE , *Pafchafius* , diacre de l'églife romaine , fur la fin du V fiécle , & au commencement
du VI , foutint le parti de Laurent anti-pape , contre
Symmaque , élu canoniquement. S. Grégoire rapporte
que Pafchafe s'étoit apparu en mourant à S. Germain ,
évêque de Capoue , & que fe recommandant à fes
prieres , il lui apprit qu'il étoit condamné à fouffrir pour
la faute qu'il avoit faite. Il compofa deux livres du faint
Efprit , que nous avons dans la bibliothéque des peres ,
outre d'autres traités qu'on lui attribue. On marque fa
mort vers l'an 512. * S. Grégoire, *liv.* 4, *dial. chap.* 40
& 41. Sigebert , *cap.* 17 , *de viris illuft.* Trithème

& Bellarmin , *de fcript. eccl.* Voffius , *lib.* 2 , *de hift.
Lat. cap.* 20. Baronius , *in annal.* Le Mire , &c.

PASCHASE , diacre , qui vivoit dans le VI fiécle ,
du temps de Martin de Brague , qui traduifit à la priere
de cet évêque , des demandes & des réponfes de quelques moines Grecs, qui font le 7e livre des vies des peres
de Rofweide. * Du-Pin , *biblioth. des aut. ecclef. du
VI fiécle.*

PASCHASE RATBERT , *Pafchafius Rathertus* ,
abbé de Corbie dans le IX fiécle , du temps de Louis
le Débonnaire , & de Charles le Chauve , étoit de Soiffons , & fut élevé dans le dehors de l'abbaye de Notre-
Dame de Soiffons par la charité des religieufes. Il prit
enfuite l'habit de religieux dans l'abbaye de Corbie fous
S. Adelard , & fut depuis élu abbé de ce monaftere ;
mais il ne voulut point être ordonné prêtre , & fe contenta de l'ordre du diaconat qu'il avoit reçu étant fimple
religieux. Il obtint la confirmation des priviléges de fon
abbaye , & fe rendit illuftre par le grand nombre de
fes ouvrages , dont nous avons en un volume *in-folio* ,
par les foins du P. Sirmond , qui les publia la premiere
fois à Paris en 1618. Ils contiennent douze livres de
commentaires fur S. Matthieu ; trois d'explications fur
les pfeaumes , fur les lamentations de Jérémie ; un traité
du corps & du fang de Jefus-Chrift en l'Euchariftie ;
une épître fur le même fujet ; & la vie de S. Adelard ,
& des SS. Ruffin & Valere. Dom Luc d'Acheri a publié depuis du même auteur un traité *de partu Virginis*,
fpicil. *tome XII*,& dom Jean Mabillon un autre intitulé,
Vita fancti Walæ comitis & abbatis Corbeienfis , tom. I,
fanct. ordin. bened. fæc. IV. On trouve dans le tome IX
de l'*ampliffima collectio* , donnée par D. Martenne , un
autre livre de Pafchafe Ratbert fur la foi , l'efpérance &
la charité , qui avoit déja été donné au public par le
P. Pez , Bénédictin Allemand , mais fur une copie peu
exacte que lui avoit fournie M. Eccard. On le donne
ici fur une copie collationée exactement avec un manufcrit de l'abbaye de la nouvelle Corbie en Saxe. Pafchafe avoit compofé cet ouvrage à la priere de Warin ,
abbé de la nouvelle Corbie. D. Mabillon. , dans la feconde partie du IV fiécle des actes des Saints de l'ordre de S. Benoît , a montré dans fa préface , que l'ouvrage que Pafchafe dit avoir écrit *de facramentis* , n'eft
pas différent de celui de l'Euchariftie , contre le fentiment du P. Cellot , & de quelques autres favans qui
croient le contraire. Il prouve que ce traité a été écrit
en faveur des jeunes religieux de la nouvelle Corbie en
Saxe ; lefquels étant enfans de peres nouvellement convertis à la foi , avoient befoin d'être inftruits d'un de
nos principaux myfteres , afin d'y participer dignement ;
que la doctrine établie par Pafchafe dans ce traité fur
l'Euchariftie , ne contient autre chofe que la créance de
l'églife catholique de fon temps , quoique M. Claude
& les autres miniftres fes confreres , aient cru que cet
abbé y avoit inféré de nouvelles opinions fur le facrement , & avoit le premier introduit cette fentence ;
qu'enfin , dans la conteftation qui s'étoit élevée entre
Pafchafe & fes adverfaires , favoir fi le corps de Jefus-
Chrift , dans l'Euchariftie , eft le même que celui qui eft
né de la fainte Vierge , il ne s'agiffoit nullement de la
réalité , que les uns & les autres fuppofoient comme certaine. Pafchafe mourut le 26 avril de l'an 865 , n'étant
plus abbé de Corbie , parceque quelques brouilleries
avec fes religieux l'avoient obligé de fe démettre de fa
charge. Trithème a cru que Pafchafe vivoit en 880 ,
fous Charles le Gros : ce qui a trompé Gefner , Simler
& Poffevin , qui nommoit cet auteur Ratbert Pafchafe.
On peut confulter la vie de cet auteur , que le P. Jacques Sirmond a fait imprimer au commencement de fes
ouvrages.

La difpute de Pafchafe touchant le corps & le fang
de Jefus-Chrift a été fi célèbre dans le IX fiécle , & a
caufé dans ces derniers temps de fi grandes conteftations,
qu'il eft bon de l'expliquer ici en peu de mots. Pafchafe
compofa fon traité *du corps & du fang de Notre-Seigneur*.

Jesus-Christ, étant encore simple religieux , pendant l'exil de son abbé Vala., vers l'an 831. Il le revit étant abbé de l'ancienne Corbie , & le dédia au roi Charles *le Chauve*. Il y soutient clairement la présence réelle de Jesus-Christ dans l'Euchariftie. Long-temps après que ce traité fut publié , Frudegard , religieux de la nouvelle abbaye de Corbie , propofa vers l'an 864. à Paschafe , les difficultés que lui & quelques autres avoient fur son fentiment , & lui dit que plufieurs entendoient avec S. Auguftin les paroles de l'inftitution de l'Euchariftie : *Ceci eſt mon corps ; ceci eſt mon sang* , dans un sens de figure. Paschafe soutint ce qu'il avoit écrit , & défendit l'expreffion dont il s'étoit servi ; que le corps de Jesus-Chrift dans l'Euchariftie , étoit le même qui étoit né de la Vierge , qui avoit été crucifié , qui étoit reffufcité , sans aucune différence. Plufieurs trouverent cette expreffion trop forte ; car quoiqu'ils convinffent de la préfence réelle du corps de Jesus-Chrift dans l'Euchariftie , ils ne pouvoient pas se figurer qu'on pût dire qu'il étoit dans l'Euchariftie de la même maniere qu'il étoit né , crucifié & reffufcité , sans voile & sans figure , & que ce que l'on voyoit & que l'on touchoit étoit le corps & le fang de Jesus-Chrift. Paschafe reconnoiffoit à la vérité dans l'Euchariftie la figure jointe à la réalité ; mais ses adverfaires lui imputoient de nier la figure , & ils croyoient qu'il ne reconnoiffoit que la réalité. Ainfi toute la conteftation ne rouloit que fur des expreffions , & faute de se bien entendre. Les principaux adverfaires de Paschafe furent deux auteurs anonymes , Bertram ou plutôt Ratramne , Jean Scot Erigène , & quelques autres. On fait que le traité *du corps & du fang de Jesus-Chrift* , eft un des plus précieux monumens du IX fiécle. L'auteur y établit fi folidement la présence réelle de Jesus-Chrift dans l'Euchariftie , & il s'y explique avec tant de précifion fur ce myftere , que Poffevin l'appelle un *écrivain prophétique* , qui a combattu l'héréfie de Berenger près de deux cens ans avant la naiffance de cet héréfiarque. C'eft ce qui doit faire regretter que jufqu'à l'édition des PP. dom Martenne & dom Durand viennent de donner de cet ouvrage , on n'en eût point eu encore d'exacte. Le Luthérien Hiobe-Gaft qui en donna la premiere édition en 1528 , en avoit retranché des chapitres entiers ; & il avoit changé dans d'autres chapitres , non feulement des expreffions , mais encore des phrafes entieres , pour faire croire que Paschafe avoit favorifé le fentiment de Luther. Guillaume Rat , docteur en théologie & chanoine de Rouen , faifant imprimer en 1540 le dialogue de Lanfranc contre Berenger , y joignit le livre de Paschafe-Ratbert ; mais il ne donna fur l'édition de Gaft, n'étant point inftruit de la fraude de cet éditeur. Nicolas Mamerán eft le premier qui l'ait découverte , ou du moins qui en ait averti le public ; ce qui le porta à donner une nouvelle édition de cet ouvrage en 1550 , fur deux manufcrits qu'il trouva à Cologne. Il en parut une autre édition en 1561 , sur quelques manufcrits d'Angleterre , & le P. Sirmond , Jéfuite habile , joignit en 1618 ce traité aux autres ouvrages de Ratbert. Mais ces différentes éditions & celles que l'on trouve dans les bibliothèques des peres , font encore bien défectueufes. C'eft ce qui engagea, il y a plufieurs années, le P. Sabbatier , favant Bénédictin de la congrégation de S. Maur, à faire une recherche la plus exacte qu'il pouvoit des manuferits de ce traité ; & il a eu la confolation d'en trouver vingt, tous anciens, & dont quelques-uns même font du temps de Paschafe. Après avoir revu attentivement & corrigé avec foin cet ouvrage fur tous ces manufcrits , il a communiqué son travail au P. Martenne, son confrere, qui en a fait part au public dans le tome IX de son *ampliffima collectio*, donné en 1733 , *in-folio*, à Paris.

Paschafe Ratbert eut une autre conteftation fur la maniere dont Jesus-Chrift étoit forti des entrailles de la Vierge. Ratramne, religieux de Corbie, ayant appris qu'il y avoit en Allemagne quelques personnes qui avoient avancé que J. C. n'étoit pas forti des entrailles de la

fainte Vierge par la voie ordinaire , il crut que cette opinion étoit dangereufe , & qu'il s'enfuivroit de-là que Jefus-Chrift n'étoit pas né de la Vierge. Il la combattit dans le traité que le pere dom Luc d'Acheri nous a donné , où il reconnoît comme une vérité certaine , que Marie eft demeurée vierge *poft partum* , après l'enfantement , quoiqu'il réfute ceux qui croyoient que J. C. n'étoit pas venu au monde *per femitam vulvæ* , par les voies ordinaires. Paschafe s'étant perfuadé que Ratramne avoit avancé dans son traité des chofes préjudiciables à la virginité perpétuelle de Marie, & qu'il avoit donné lieu de croire qu'elle avoit mis Jesus-Chrift au monde de la même maniere dont les autres femmes mettent au monde leurs enfans, *aperta fcilicet vulvâ* , fit un écrit *de partu Virginis* , dans lequel il réfute Ratramne sans le nommer. Il fit encore un difcours fur le même fujet, & ces deux traités ont été long-temps fous le nom d'Ildefonfe de Tolede.

Paschafe avoit beaucoup de science & de piété. Il écrivoit purement , & même d'une maniere élégante & intelligible. Il avoit bien étudié les auteurs eccléfiaftiques & profanes. Il avoit avec cela l'efprit affez jufte ; mais il étoit peut-être un peu trop myftique. Il a travaillé son ouvrage fur l'Euchariftie avec foin & avec application. Son éloge a été fait en vers par Eugemoldus , & se trouve à la tête de ses ouvrages. * *Confultez* Bellarmin , Voffius , Le Mire , Loup de Ferrieres , *ep.* 46 , 57 & 58. Sigebert, *c.* 97 , *de vir. illuft.* Honoré d'Autun , *l.* 4. *lumin. eccl. c.* 10 ; les livres d'Antoine Arnauld docteur de Sorbonne , & de Jean Claude fur l'Euchariftie ; & Du-Pin , *bibliothéque des auteurs eccléfiaftiques du IX fiécle*. Voyez D. Rivet , *hift. litter. de la France* , tome V.

PASCHASIN , *Paſchaſinus* , qu'Ifidore de Séville appelle mal Paschafe, étoit évêque de Lilybée , maintenant Marfala en Sicile , & vivoit dans le V fiécle. Le pape S. Léon *le Grand* le nomma le premier des légats qui affifterent de fa part au concile de Chalcedoine en 451. On croit même que Paschafin en écrivit les actes. Le même pontife l'employa en d'autres légations. Nous voyons par une épître écrite par Paschafin à S. Léon , que cet évêque fut fait efclave l'an 454 , lorfque les Vandales, fous la conduite de Genferic, ravagerent la Sicile. Il lui en écrivit une autre pour répondre à ce qu'il lui avoit commandé , de fupputer la fête de Pâque. Elle eft la 63e entre celles de S. Léon , & commence ainfi : *Apoftolatûs veftri fcripta , &c.* * Ifidore , *c.* 11, *de vir. illuft.* Adon , *in chron.* Binius , *tom. II* , *concil.* Baronius , *in an.* Voffius , *de hift. Lat.* 1, 2, c, 17.

PASCUAL , *cherchez* LAMBERT.

PASÈS , *Pafes* , fameux magicien de l'antiquité , par le moyen de ses enchantemens , faifoit paroître des feftins préparés , avec des officiers qui y fervoient , & les faifoit difparoître quand il vouloit. Il avoit , dit-on , ce que nous appellons en France *une piftole volante* , c'eftà-dire , une piéce de monnoie qu'il avoit fabriquée , laquelle après avoir été donnée en payement , se retrouvoit toujours dans fa bourfe , d'où vient le proverbe , *Pafetis obolus* , lorfqu'on voyoit quelque chofe de furprenant. * Erafmus , *in Adagiis.* Suidas.

PASIPHAÉ , fille du Soleil & de la nymphe Perfeide , époufa Minos , roi de l'ifle de Crete. Les poëtes ont feint que Vénus irritée de ce que le Soleil avoit découvert son adultere avec le dieu Mars , exerça fa vengeance fur Pafiphaé , & lui infpira de l'amour pour un taureau. Ils difent que Pafiphaé renfermée dans une vache de bois ou d'airain fabriquée par Dedale , se proftitua à cet animal , & en eut le monftre appellé *Minotaure* , moitié homme & moitié taureau , qui eut le labyrinthe pour féjour , & y fut tué par Théfée. Mais fi l'on en croit Plutarque dans la vie de ce héros , Taurus étoit un des chefs de Minos , & le plus cruel de tous à l'égard des enfans de tribut qu'on envoyoit d'Athénes en Crete. Prefque tous les hiftoriens ont conjecturé que Pafiphaé s'étant abandonnée à ce Taurus , en eut un fils qui partagea dans son nom celui de Minos celui de Taurus son pere. Minos eut trois enfans de Pasiphaé, favoir Androgeos, Ariadne & Phedre. Plutarque que nous avons cité, rapporte dans la vie de Theomenes, qu'il y avoit un temple de Pasiphaé, avec i oracle très-célèbre à Thalame, ville des Mésséniens. étoit sans doute consacré à une autre PASIPHAÉ, une des nymphes Atlantides & filles de Jupiter. On e l'origine de ce nom, de ces mots grecs, πασὶ τὸ πάσι Δηνῦτα μαντεία. * Plutarque. Hygin. Natal. Comes.

PASLEI, ville du comté de Clydesdale en Ecosse, n donne le titre de baron à la famille d'Abercorn, qui t une branche de celle d'Hamilton. Il y avoit autre-is un fameux monastere fondé par Alexandre II, juge prême d'Ecosse. Les moines de ce couvent écrivirent ne chronique du royaume, intitulée Liber Pasleiensis. Camden, Britan.

PASMANS (Barthelemi) étoit de Maftricht, & octeur en théologie. Son mérite lui fit donner la place e préfident du collège d'Arras, où il fit beaucoup de en. L'étude de la théologie fut celle à laquelle il s'ap-iqua davantage ; & il s'efforça d'entrer par la pureté es mœurs autant que par son application, dans l'intel-gence des livres saints. Il aimoit la jeuneffe, & il con-cra ses soins & ses veilles à la former, soit par des onférences qu'il faisoit assidument, soit par la direc-on, soit par des exhortations fréquentes. Il est sorti u collège d'Arras un grand nombre de sujets qu'il avoit ormés, qui ont éclairé & édifié plusieurs diocèses, & ue les évêques ont employés avec joie dans les fonc-ons du ministere. M. Gottenies, évêque de Ruremon-e, se servit très-utilement de lui en qualité de secré-ire & de conseiller. On a de M. Pasmans un grand ombre de thèses sur les règles des mœurs, que l'on stime beaucoup, & qui ont servi de guide à quantité e pasteurs & de théologiens. Ce docteur est mort à Louvain, la nuit du 24 au 25 d'août de l'an 1690, n'ayant encore que 40 ans. Son grand zèle l'avoit puisé. Il étoit pour ainsi dire, toujours en haleine. Les onctions les plus pénibles, & les occupations les plus con-inuelles faisoient ses délices, & paroissoient ne le fatiguer amais. * Voyez son éloge contenu dans son papier mor-uaire écrit en latin, conformément à l'usage des Pays-Bas.

PASOR (Matthias) professeur en théologie à Gro-ningue, né à Herborn au comté de Nassau le 12 vril 1599, fils de George, aussi professeur en théolo-ie & en langue hébraïque à Herborn, puis en langue grecque à Franeker, fit une partie de ses études à Her-orn, l'autre à Marpourg ; & dans la suite, après être retourné à Herborn, il passa à Heidelberg, où il fut élu professeur de mathématiques en 1620. Les guerres du Palatinat lui firent faire un voyage en Angleterre où il vint s'établir, après avoir passé en France. On lui donna la chaire de professeur en langues orientales dans l'université d'Oxford, qu'il exerça jusqu'en 1629. Ce fut alors qu'on l'appella à Groningue, où il se fixa pour le reste de ses jours, & où il enseigna successivement la philosophie, les mathématiques & la théologie. Il mou-rut l'an 1658, sans avoir été marié. Outre les ouvrages de son pere qu'il revit avec soin & qu'il publia, il donna encore au public un recueil des thèses auxquelles il avoit présidé lui-même, & qui avoient été soutenues dans son école ; & un traité contenant des idées géné-rales de quelques sciences. Le principal ouvrage de son pere est un lexicon de tous les mots grecs du nouveau testament. * Matth. Pasor, in vita sua. Bayle, dict. critiq.

PASQUA (Simon) natif de Gènes, cardinal, évê-que de Sarzane, fut employé par sa république en des ambassades importantes. Petramellario dit qu'il fut mé-decin du pape Pie IV, qui le fit évêque de Sarzane, puis cardinal au mois de mars 1565. Ce prélat mourut le 4 septembre suivant, âgé de 72 ans. Sa famille a produit d'autres hommes de lettres, entr'autres, Oc-TAVIANO PASQUA, évêque de Gieraci dans le royau-me de Naples. Ce dernier publia un catalogue des pré-lats qui avoient gouverné son église avant lui, & un

autre des archevêques de Reggio. * Foglieta, elog. Lig. Soprani, scritt. della Ligur. Petramellario. Cabrera. Auberi, hist. des cardinaux.

PASQUALIGO (Zacharie) natif de Vérone, clerc régulier de l'ordre des Théatins, & professeur en théo-logie sous les pontificats d'Urbain VIII & d'Innocent X, en 1630 & en 1645. Nous avons divers ouvrages de sa façon. Variarum quæstionum moralium canonica-rum cent. II. Decisiones morales. Praxis jejunii ecclesiast.

PASQUE : ce mot ne vient pas du mot grec πάσχω qui signifie souffrir, comme quelques anciens peres l'ont écrit, mais du mot hébreu Pesach, qui signifie passage ; ce qui s'entend du passage de la mer rouge, comme on le chante dans l'office de l'église le jour du Samedi Saint ; & du passage de l'ange exterminateur, dont il est parlé au chap. 12 de l'Exode, lequel voyant du sang sur les portes des Israëlites, passa sans leur rien faire, & tua au contraire tous les premiers-nés des Egyptiens. Les Juifs célèbrent encore à présent pendant une semaine la fête de Pâque, qui commence chez eux le 15 du mois de nisan, lequel répond souvent à avril, & cela en mé-moire de leur sortie d'Egypte. Léon de Modène re-marque que ceux qui sont hors du territoire de Jérusa-lem, la font durer huit jours, suivant une ancienne cou-tume. Les deux premiers jours, dit ce rabbin, & les deux derniers de la Pâque, il est fête solemnelle ; & on ne peut pendant ce temps-là, ni travailler, ni traiter d'affaires. Il est néanmoins permis de toucher le feu, d'apprêter à manger, & de porter ce dont on a besoin d'un lieu à un autre. Pendant ces huit jours, il est défen-du aux Juifs d'avoir chez eux du pain levé, ni aucun le-vain ; de sorte qu'ils ne mangent pendant ces huit jours-là, que du pain sans levain, nommé Azyme. Dès le soir de devant la veille de la fête, le maître de la maison cherche par-tout, pour voir s'il n'y a plus de pain levé. Sur les onze heures du jour suivant, on brule du pain, pour marquer que la défense du pain levé est commen-cée. Incontinent après, on s'applique à faire des azy-mes, qu'on appelle Mazzod, & on en fait suffisamment pour les huit jours que la fête dure. Le 14 de nisan, veille de la Pâque, les premiers-nés des familles ont ac-coutumé de jeûner, en mémoire de ce que la nuit sui-vante, Dieu frappa tous les premiers-nés d'Egypte. * Léon de Modène, traité des cérémonies des Juifs, part. 3, c. III.

PASQUE, chez les Chrétiens, est la fête qu'ils cé-lèbrent le premier dimanche qui suit le quatorzième de la lune, après l'équinoxe du printemps, en mémoire de la résurrection du Sauveur du monde. Autrefois on ap-pelloit Pâque dans l'église, toutes les fêtes solemnelles. Celle de la résurrection étoit appellée la grande Pâque ; & on disoit la Pâque de la Nativité, pour dire le jour de Noël. On disoit aussi la Pâque de l'Epiphanie, de l'Ascension, de la Pentecôte, que les Italiens appellent Pascha Rosada, parceque les roses viennent ordinaire-ment en ce temps-là.

Suivant le décret du concile de Nicée, la fête de Pâ-que doit se célébrer le dimanche d'après le 14 jour de la lune, qui se trouve après l'équinoxe du printemps, fixé au 21 de Mars, comme il étoit pour lors. Depuis ce concile on garda cette règle jusqu'en 1582, quoique le véritable équinoxe ne fût plus le 21 de mars, & qu'à cause du jour bissextil, il fût remonté du 21 au 20, puis du 20 au 19, du 19 au 18. Ainsi en 1250 ans, ou en-viron, l'équinoxe avoit rétrogradé jusqu'au 11 de mars ; ce qui donna lieu à la réformation du calendrier, par le retranchement de dix jours, afin de faire concourir encore le 21 de mars avec l'équinoxe. Ce n'est que l'équinoxe soit toujours le 21 de mars : car il arrive plus souvent le 20, & même le 19 ; mais l'église n'a pas jugé à propos de s'attacher scrupuleusement au calcul des astro-nomes à cet égard, non plus qu'à l'égard de la nouvelle & de la pleine lune : en quoi elle s'est réglée sur les épactes, qui ne marquent pas toujours précisément les véritables lunaisons, & différent quelquefois d'un ou de deux jours, foit en avançant, foit en retardant. Il y eut fur ce fujet une conteftation entre les favans en 1666, parcequ'en cette année le foleil entroit dans le bélier, & faifoit le printemps le 20 mars fur les fix heures du matin, & que la lune étoit oppofée dans la balance & pleine le même jour après midi ; de forte que le 21 mars étant un dimanche, il fembloit que ce devoit être le vrai jour de Pâque. Néanmoins cette fête ne fe célébra que le 25 avril, par la raifon que l'équinoxe du 20 mars étoit à la vérité l'équinoxe aftronomique, mais que ce n'étoit pas celui qui eft déterminé par le concile de Nicée, & fixé au 21.

Pour entendre la chronologie de l'hiftoire ancienne, depuis la naiffance de J. C. on a fouvent befoin de favoir le jour des dimanches & des fêtes mobiles, qui ont rapport à la fête de Pâque. Par exemple, Socrate, *hift. eccl. l.* 1, affure que Conftantin *le Grand*, premier empereur chrétien, mourut le 22ᵉ jour de mai, & Eufebe dit que ce fut le jour même de la Pentecôte; mais il ne marque point l'année. Il faut donc favoir en quelle année la fête de la Pentecôte étoit le 22 de mai. Saint-Ouen dit qu'il fut confacré évêque avec S. Eloi, la troifiéme année du regne de Clovis II, le dimanche précédent les Rogations, le 14ᵉ jour de mai. Pour favoir l'année, il eft néceffaire de favoir celle où le dimanche de devant les Rogations étoit le 14 de mai. Les hiftoriens rapportent qu'Othon I, empereur des Romains, mourut le 7ᵉ jour de mai, le mercredi devant la Pentecôte; mais ils ne difent point l'année. Voici une table qui fait connoître de combien de jours les dimanches & fêtes mobiles font éloignés de la fête de Pâques.

Dimanche de la Septuagéfime, 63 jours avant Pâque.
Dimanche de la Sexagéfime, 56.
Dimanche de la Quinquagéfime, 49.
Jour des Cendres, 46.

1. Dimanche de Carême, dit *Invocavit*, 42.
2. Dimanche de Carême, dit *Reminifcere*, 35.
3. Dimanche de Carême, dit *Oculi*, 28.
4. Dimanche de Carême, dit *Lætare*, 21.
5. Dimanche de Carême, dit *Judica*, ou de la Paffion, 14.
6. Dimanche de Carême, dit *Palmarum* ou *Hofanna*, 7.

PASQUE.

Dimanche de *Quafimodo*, ou I après Pâque, 7 jours.

2. Dimanche, dit *Mifericordia*, 14.
3. Dimanche, dit *Jubilate*, 21.
4. Dimanche, dit *Cantate*, 28.
5. Dimanche, dit *Vocem jucunditatis*, ou le dimanche avant les Rogations, 35.

Afcenfion, 39 jours après Pâque, 10 avant la Pentecôte.

6. Dimanche, dit *Exaudi*, 42.
La Pentecôte, 49 jours après Pâque.
Dimanche de la Trinité, 56.
Fête du S. Sacrement, 60 jours après Pâque, & 11 après la Pentecôte.

Ce n'eft pas fans fujet que nous avons marqué les mots latins, *Invocavit*, &c. car il n'y a prefque point d'hiftoriens, foit Grecs, foit Latins, ou de ceux qui ont écrit en leur langue maternelle, les chofes qui fe font paffées depuis les premiers fiécles de l'Eglife, qui ne fe fervent fouvent de ces expreffions pour marquer le temps. Pour faire voir l'ufage de la table précédente, dans le premier exemple tiré de Socrate & d'Eufebe, touchant la mort de l'empereur Conftantin, il faut obferver que le 22ᵉ mai eft le 142 jour depuis le premier de janvier; puis ôter 49 de 142, (parceque 49 eft l'intervalle entre Pâque & la Pentecôte.) Ainfi on trouvera que Pâque fut le 3 avril, en l'année de la mort de Conftantin; & que cette année-là étoit l'an 337 de l'ere chrétienne. * Le pere Petau, *de doct. tempor.*

Le pere Labbe, *chron. hift.*

PASQUELIN (Guillaume) né à Beaune le 25 novembre 1575, étoit fils de *Guillaume Pafquelin*, avocat, & de *Jeanne* Guyard. Guillaume Pafquelin le pere, eft auteur d'un écrit intitulé: *Apologême pour le grand Homere, contre les répréhenfions du divin Platon fur aucuns paffages d'icelui:* ouvrage adreffé au parlement de Dijon, & imprimé in-4°, à Lyon. Guillaume Pafquelin le fils étudia à Dijon au collége des Jéfuites, dont il embraffa l'inftitut à Avignon. Après fon noviciat, il étudia trois ans la théologie à Tournon, après quoi il fut envoyé à Milan pour y enfeigner la langue grecque dans la claffe de rhétorique. La diftinction avec laquelle il exerça cet emploi, engagea le général de la fociété, Mutio Vittellefchi, de l'appeler à Rome pour y enfeigner la théologie. Pafquelin prêcha dans cette ville, en préfence du pape, qui l'honora de fon eftime & de fon approbation. Il fe difpofoit à continuer les leçons de théologie, lorfqu'il fut attaqué d'une furdité qui le contraignit de quitter fa chaire. Cette incommodité ne mettant point d'obftacle à fon zèle pour la fociété dans laquelle il étoit entré, il demanda à être admis au quatriéme vœu, & on lui promit d'avoir égard à fa requête. Mais le pere Michaëlis, provincial & recteur du collége de Lyon, à qui l'ordre du général étoit adreffé, en différa l'éxécution. Pafquelin en conçut du chagrin, & le témoigna. Le provincial, qui en étoit peu touché, fit un jour prêcher dans le réfectoire; & l'orateur eut ordre d'inférer dans un difcours, que *fi une étoile tomboit du firmament, le ciel ne laifferoit pas de rouler.* Le pere Pafquelin fentit que ces mots étoient dits pour lui; il continua cependant fes follicitations pour être admis au quatriéme vœu; & le pere Michaëlis lui perfuada enfin d'entreprendre le voyage de Rome, & d'obtenir lui-même ce qu'il defiroit, *afin que vous connoiffiez*, ajouta-t-il, *que je ne mets aucun obftacle à vos defirs,* Pafquelin partit en effet, avec des lettres que le pere Michaëlis lui avoit données; mais étant à Chambéri, & craignant que ces lettres ne fuffent pas bonnes pour le defiervir, il les ouvrit, & trouva en effet que le provincial mandoit au général, qu'il étoit mécontent de Pafquelin, & qu'il n'étoit point à propos de lui accorder ce qu'il defiroit. Pafquelin irrité, quitta la fociété en 1613, après en avoir obtenu difpenfe du pape, par un bref qui fut fulminé par l'archevêque de Lyon, & qui eft traité de fubreptice dans les regiftres de la compagnie. L'ex-Jéfuite fe retira alors dans fa patrie, auprès de Hugues Guyard, fon oncle & fon tuteur, qui lui procura libéralement tout ce qui eft néceffaire à la vie; & la prébende théologale de l'églife collégiale de Beaune étant venu à vaquer, il en fut pourvu fuffitôt. Cependant les peres Cotton, Arnoux, & Garnier qui l'aimoient, lui écrivirent pour l'engager à retourner dans la fociété, lui promettant d'y être reçu avec honneur, & d'y être fatisfait fur ce qu'il demandoit. Il leur fit que cette courte réponfe: *Ægrotum me noluiftis, fanum non habebitis.* Il compofa depuis quelques ouvrages contre ceux qu'il avoit quittés; mais dans la fuite, il fe réconcilia avec eux, & légua même aux Jéfuites de Dijon fa bibliothèque, qui étoit affez confidérable. Cet écrivain étoit de bonnes mœurs, fort attaché à fes fonctions, confolant fans ceffe les malades & les affligés. Il fe fit rechercher de plufieurs favans de fon temps; & le célèbre Juret, entr'autres, qui a paffé une partie de fa vie à Savigny auprès de Beaune, le vifitoit réguliérement tous les jeudis, & leurs conférences duroient cinq ou fix heures. Pafquelin mourut le 29 mars 1632, âgé de près de 57 ans. Sa vie a été écrite par M. de Lacurne, avocat de Beaune; mais elle eft demeurée manufcrite. Les ouvrages que Pafquelin a compofés font: 1. *Protocataftafis, ceu prima focietatis Jefu inftitutio reftauranda fummo Pontifici, latinogallicâ expoftulatione proponitur. Theophili Eugenii zelo: Tabefcere me fecit zelus tuus, pf.* 118. *Patrum focietatis voto: Dominus folus fuftinentibus fe in viâ* *ritatis & justitia* ; *Ecclesiast.* 34, 1614, 192 pages : en françois ; Protocatastie, ou premiere constitution l'ordre des Jésuites, demandée instamment à notre ... pere au pape Paul V, & au très-chrétien roi de ... ance & de Navarre Louis XIII.) Ce recueil contient Epître (en françois) de l'auteur à Louis XIII, sous ... titre de ; *Théophile François*, prosterné aux pieds de ... très-chrétien roi Louis XIII, &c. 2. *Prima ordinis* ... *cietatis Jesu institutio sancta & restituenda*, &c. *Sanctissimo D. N. D. Paulo V, summo ecclesiæ Dei* ... *tifici* , *Theophilus Eugenius pro redintegratione or-* ... *nis Jesuitarum.* 4. *Imperatori Augusto, Franciæ regi* ... *christianissimo, Hispaniæ regi catholico, omnibusque* ... *incipibus christianis ; pro reformatione ordinis Jesui-* ... *num.* 5. Théophile Eugene au très-chrétien roi de ... ance & de Navarre Louis XIII, &c. 6. Théophile ... ix pieds de N. S. P. le pape Paul V, &c. Ces deux ... pîtres françoises ont le même but que les deux latines, ... mais elles n'en sont nullement la traduction. Quelques-... ont prétendu que Pasquelin avoit fait cet ouvrage ... la sollicitation de M. Servin, avocat général. Ce qui ... st vrai, c'est que les états généraux du royaume étant ... our lors assemblés à Paris, l'auteur présenta son livre ... u tiers-état ; mais on assure qu'il fut rejetté des trois ... rdres, & que Paul V le condamna par une bulle du ... 6 mars 1618. Tout ce qui est en latin dans le recueil ... le Pasquelin, a été réimprimé en 1717 dans le second ... ome du *Tuba magna, &c.* depuis la page 204, jusqu'à ... a page 246. En 1615, parut une lettre attribuée au ... ere Louis Richeome, alors assistant du général des Jé-... fuite pour la France, intitulée : « *Lettre d'un pere de* ... » *la compagnie de Jesus sur le point des profès & des* ... » *coadjuteurs spirituels, proposée par Théophile-Eu-* ... » *gene ces mois passés*, en son libelle fameux à un ... » autre pere de la même compagnie ; à Orineville, par ... » François de Vérone, 1615, *in-8°.* » 2. *Societatem Jesu* ... *esse perniciosam mortalibus.* Ce livre fut supprimé avant ... que l'impression en fût achevée, & tous les exemplaires ... en furent enlevés ; le P. Jouvanci en parle dans la conti-... nuation de l'histoire de la société, liv. XII, nombre 66. ... 3. Ouranologie, ou discours céleste du ciel : Hiérothéo-... rie des ordres religieux, montrant la source des plus signa-... lés. Parallele des modernes religieux avec les an-... ciens, & le spécial parallele de l'ordre des Jésuites ; à ... Paris, Gilles Blaisot 1615, *in-12*, pages 603. Cet ou-... vrage fut encore supprimé dès sa naissance : il est dédié ... à Louis XIII. 4. Quatorze vers élégiaques, à la tête du ... second volume des *conclusions de Bouchin*, en 1620. ... 5. Une épigramme latine & une grecque, au-devant ... du *magistrat parfait*, du même Bouchin, en 1632. ... 6. Catéchisme pour les enfans, souvent imprimé. ... 7. *Officia propria insignis ecclesiæ collegiatæ D. Mariæ* ... *Virginis apud Belnam ;* à Dijon 1628, *in-octavo.* ... 8. Sermons manuscrits. * *Bibliothéque des auteurs de* ... *Bourgogne*, par feu M. Papillon, *in-fol.* tome second, ... pag. 127.

PASQUIER (Etienne) né à Paris en 1528, avo-... cat au parlement, ensuite conseiller, & enfin avocat gé-... néral dans la chambre des comptes de Paris, & l'un ... des plus savans hommes de son temps, a fleuri sur la fin ... du XVI siécle, & au commencement du XVII. Il ... plaida long-temps avec un très-grand succès dans le ... parlement, où il étoit presque toujours chargé des plus ... belles causes, & où il étoit tous les jours consulté ... comme un oracle. D'ailleurs par ses recherches curieu-... ses, il s'étoit acquis mille belles connoissances. Le roi ... Henri III le gratifia de la charge d'avocat général de la ... chambre des comptes, qu'il exerça avec sa réputation ... ordinaire, & qu'il remit quelque temps après à *Théo-*... *dore* Pasquier son fils aîné. Il étoit naturellement bien-... faisant & honnête ; sa conversation étoit agréable & ... facile ; ses mœurs étoient douces ; & son tempérament ... enjoué. Il mourut à Paris en se fermant les yeux lui-... même, le 31 août 1615, âgé de 87 ans, & fut enterré ... dans l'église de S. Severin. Il avoit une parfaite con-...

noissance de l'histoire ancienne, & particuliérement de celle de France. On en peut juger par son volume des recherches, *in-fol.* par ses épîtres, &c. Ses recher-ches ne parurent pas toutes à la fois : il en publia le premier livre en 1560, & avant sa mort il en publia six autres ; mais en 1621, on tira trois nouveaux livres de sa bibliothéque, avec plusieurs chapitres qu'on ajouta aux livres précédens : il y a eu depuis diverses édi-tions, dont la derniere est de 1665. Pour ses lettres qui sont aussi fort curieuses, la derniere édition qui est celle qu'André du Chêne procura en 1619, en cinq volumes *in-8°*, est bonne. Mais en 1723 on a recueilli toutes les œuvres de Pasquier, & on les a fait impri-mer à Trévoux en 2 vol. *in-folio*: il y manque son ca-téchisme des Jésuites. Sa grande réputation ne le mit pas à couvert des traits de quelques ennemis, & entr'autres du P. Garasse Jésuite, qui l'attaqua si violemment, même après sa mort, dans un ouvrage exprès qu'il composa contre ses Recherches, dans la Doctrine curieuse, & dans la Réponse au prieur Ogier. Aussi Pasquier avoit-il dé-chiré impitoyablement les Jésuites ; & la haine qu'il avoit conçue contr'eux, lui fit adopter jusqu'aux contes les moins vraisemblables que les gens mal-intentionnés dé-bitoient. Pasquier avoit laissé trois fils, tous dignes de porter son nom ; THEODORE Pasquier, avocat géné-ral en la chambre des comptes, NICOLAS Pasquier, maître des requêtes, dont on a des lettres imprimées en 1623, à Paris, & dans l'édition des œuvres de son pere de 1723. Ces lettres contiennent plusieurs discours sur les affaires arrivées en France, sous le regne de Hen-ri IV, & sous celui de Louis XIII ; & GUI Pasquier au-diteur des comptes. Etienne Pasquier s'est aussi fait con-noître par ses poësies latines & françoises : mais ses la-tines l'emportent de beaucoup sur les autres. Elles com-prennent un livre de portraits, six livres d'épigrammes, & un livre d'épitaphes. Tous ces ouvrages sont pleins de génie, de sel, d'agrémens, & de ce qu'on appelle *urbanité ;* & Pasquier paroît avoir été également formé pour le Parnasse & le barreau, des mains de la nature même. Parmi ses piéces en vers françois, une *Puce* & la *Main*, sont ce qu'il y a de plus remarquable. La pre-miere piéce a pour titre, *La puce des grands jours de Poitiers* : elle contient diverses poësies qu'on a faites sur cette fameuse puce, que Pasquier apperçut sur le sein de la savante Catherine des Roches, à qui il étoit allé rendre visite pendant les grands jours de Poitiers de l'an 1569. Tout le Parnasse françois & latin du royaume voulut prendre part à cette rare découverte ; de sorte que cette puce a donné lieu aux vers, non-seulement d'E-tienne Pasquier, mais encore de toutes les personnes du royaume les plus distinguées dans la robe & dans l'épée. *La main de Pasquier*, est un recueil de près de 150 piéces de vers en son honneur, sur ce qu'étant aux grands jours de Troyes en Champagne, l'an 1583, & s'étant fait tirer par un peintre, celui-ci avoit oublié de faire des mains à ce tableau. Les auteurs de toutes ces piéces ne sont pas-moins qualifiés que ceux qui ont travaillé sur la puce : elles témoignent en quelle considé-ration étoit Pasquier parmi tout ce qu'il y avoit de gens de mérite & de qualité répandus dans le royaume. * Sainte-Marthe, *in elog. doct. Gall. l.* 5. La Croix du Maine. De Thou. Lislel. Baillet, *jugemens des sa-vans sur les poëtes modernes.*

PASQUIN, statue de marbre, sans nez, sans bras & sans jambes, placée à Rome près du palais des Ur-sins, dans le quartier appellé *Rione di Barione*, & à la-quelle les railleurs viennent attacher de nuit les billets satyriques appellés *Pasquinades*. Il semble que ce tronc soit le reste de la figure d'un gladiateur, qui en frape un autre : ce qu'on juge de l'attitude du corps, & par des morceaux d'une autre statue, qui paroissent sous la premiere. Quant à l'usage, suivant lequel on charge de marbre de toutes les satyres dangereuses, on en rapporte l'origine à un savetier Romain, appellé *Pasquin*, grand diseur de bons mots, & dans la boutique duquel avoient coutume de s'assembler les rieurs de son temps. Ces messieurs, à qui ce rendez-vous fut fermé par la mort du savetier, prirent l'occasion d'une antique nouvellement déterrée, la surnommerent *Pasquin*, & se firent une coutume d'y attacher secretement les productions de leur médisance. Cette liberté s'est conservée successivement jusqu'à ce temps, où l'on voit encore tous les jours les seigneurs & les prélats de la cour de Rome, les princes étrangers, & les papes mêmes, exposés aux traits ingénieux des pasquinades ; enforte qu'il est surprenant que dans une ville où l'on sait si bien fermer la bouche aux hommes, on n'ait encore pu trouver le secret de faire taire un morceau de marbre. Ce n'est pas que quelques papes n'aient eu dessein de réprimer la licence de ces railleries, qui dégénérent quelquefois en libelles diffamatoires ; mais ç'a toujours été sans succès. Adrien VI, entr'autres, indigné de se voir si souvent attaqué par les satyres qui couroient sous le nom de Pasquin, résolut de faire enlever la statue, pour la précipiter dans le Tibre, ou pour la réduire en cendres ; mais un de ses courtisans l'en détourna, en lui remontrant que si l'on noyoit Pasquin il n'en deviendroit pas muet pour cela, mais qu'il se feroit entendre plus hautement que les grenouilles du fond de leurs marais, & que si l'on le bruloit, les poëtes, nation naturellement encline à médire, s'assembleroient tous les ans dans le lieu du supplice de leur patron, pour y célébrer ses obsèques, en déchirant la mémoire de celui qui lui auroit fait son procès. Dans les dialogues satyriques, on donne Marphorio pour collégue à Pasquin. On lit ces mots latins gravés sur le marbre.

> *Pasquinus eram, nunc Lapis ;*
>   *Forsan Apis, quia pungo.*
> *Dii tibi culeum, si spernis aculeum.*
> *Etiam mellibus ungo ; veritas dat favos ;*
>   *Et felle purgo, Si sapis,*
>   *Audi Lapidem,*
> *Magis lepidum quàm lividum.*
>   *Fruere salibus, insulse,*
>   *Ut bene sapias.*
> *Calcibus calceos olim aptavi,*
> *Nunc rectos pedibus gressus inculeo.*
> *Abi in lapidicinam, si spernis lapidicinium.*
> * Sandrart, *Sculpturæ veteris admiranda.*

PASSAGE (le bourg avec une citadelle & un bon port dans le Guipuscoa en Espagne, entre S. Sébastien & Fontarabie. On construit beaucoup de vaisseaux au Passage, & c'est-là que le roi d'Espagne tient l'escadre qu'il a sur l'Océan. * Baudrand.

PASSALORYNCHITES, ou PATTALORYNCHITIENS, hérétiques, sectateurs de Montanus, dans le II siécle, faisoient profession de ne point parler, & portoient toujours le doigt sur la bouche, se fondant sur ces paroles du pseaume 140 : *Pone, Domine, custodiam ori meo, & ostium circumstantia labiis meis ;* mais se contentant de ce silence fantastique, qui les obligeoit même de se boucher le nez, ils ne pratiquoient aucune vertu. S. Jérôme témoigne du son temps il en trouva encore dans un voyage qu'il fit à Ancyre en Galatie. * Philastrius, *de hær. c.* 77. S. Augustin, *c.* 63. Baronius, *in annal.*

PASSALUS, cherchez ALCMON.

PASSARO, en latin *Posidium*, cap sur la côte de la Thessalie en Grèce, entre le golfe de l'Armiro & celui de Zeton. * Mati, *diction.*

PASSARO, le cap Passaro, ou Pachino, en latin *Pachinum Promontorium.* C'est un des trois plus célébres caps de Sicile. Il est dans la vallée de Noto, au levant de la ville de ce nom, & il joint la côte orientale de l'isle avec la méridionale. * Mati, *diction.*

PASSAROVITZ, ville de Servie, où s'est tenue l'assemblée pour le traité de tréve entre l'empereur, la république de Venise & le grand seigneur, signé le 21 juillet 1718. L'on remarque que près de Raim sur le Da-

nube, sur un rocher qui n'est pas éloigné de ces deux villes, il s'engendre une quantité prodigieuse de moucherons, qui venant à piquer les chevaux & les bœufs, les font enfler & crever en peu d'heures, sur-tout si ces moucherons entrent dans les oreilles ou nazeaux : car alors ces animaux piqués tombent aussitôt & meurent sur le champ ; ce qui arriva en avril 1718, lorsque les plénipotentiaires de ces puissances commencerent à s'assembler pour conclure ce traité. Suivant le rapport des habitans, le passage de ces moucherons ne dure que neuf ou dix jours, & n'arrive que de deux années l'une. On ne sait point d'autre moyen pour s'en garantir, que d'enfermer les bestiaux, & de faire une fumée fort épaisse & puante pour les éloigner. * *Mémoires du temps.*

PASSAW, *Patavia*, ou *Patava Castra*, ville d'Allemagne dans la basse Baviere, avec évêché suffragant de Saltzbourg, est située sur le Danube, où les rivieres d'Inn & d'Ill qui s'y joignent, divisent la ville en trois parties, qui sont Passaw, Instat, Ilstat. On trouve des perles dans la riviere d'Ill, & cette pêche est réservée à l'empereur & à l'électeur de Baviere. Passaw est une ville impériale & libre, sous la protection néanmoins de son évêque, qui tire du pays environ quarante mille écus de revenu. Ses places fortes sont Obernberg, avec un bon château & bourg sur la riviere de Traum, dans la haute Autriche. La ville est grande, & presque toute bâtie de bois : ce qui causa un grand incendie en 1661. L'église cathédrale de S. Etienne est considérée à cause de son architecture, & de quelques tombeaux d'évêques qu'on y voit. Celle de Notre-Dame, aux Capucins, est renommée par ses miracles. Les Jésuites y ont un collége & une belle église. Les autres plus remarquables, sont celles de S. Michel, de sainte Croix, de S. Paul, &c. * Hundius, *in metrop. Salisb.* Cluvier. Berthius. Heiss. *hist. de l'empire.*

Cette ville est célébre par le traité de Passaw, fait au mois d'août 1552, entre l'empereur Charles-Quint, & Maurice électeur de Saxe, pour l'établissement du luthéranisme en Allemagne. Les luthériens profitant de la conjoncture, y établirent leurs intérêts avec beaucoup d'étendue. La preuve qu'ils n'y oublierent rien, c'est que dans toutes les contestations survenues depuis entr'eux & les catholiques, ils ont toujours insisté sur la pacification de Passaw. Les principaux articles qui regardoient la religion, engageoient l'empereur à mettre en liberté l'électeur Jean-Frédéric, & le landgrave de Hesse ; à convoquer dans six mois une diéte générale, où l'on chercheroit un moyen pour réunir les Allemans divisés sur le fait de la religion, par un concile général, par un de la nation, ou par une assemblée du corps Germanique. Dans cette assemblée on devoit choisir entre les catholiques & les luthériens, un nombre égal de personnes prudentes, qui travailleroient à trouver les expédiens propres pour rétablir la tranquillité spirituelle dans l'empire ; & cependant ni l'empereur, ni aucun autre, ne devoit, sous quelque prétexte que ce fût, forcer personne en matiere de religion : de sorte que les princes & les états de la confession d'Augsbourg ne pouvoient maltraiter les ecclésiastiques & les séculiers de l'ancienne religion, ni les troubler dans la jouissance de leurs biens, & que de même, les catholiques devoient laisser une entiere liberté à ceux de la religion luthérienne. La justice devoit être administrée dans la chambre impériale de Spire, sans aucun égard à la religion des parties. Le nombre des juges luthériens y devoit être rétabli, tel qu'il avoit été, il y avoit sept ans ; & dans les sermens qu'on y feroit, il étoit libre de jurer au nom de Dieu & des Saints, ou au nom de Dieu, & par les évangiles. En cas que les affaires des deux religions ne pussent s'accommoder dans le temps de six mois, ou après, les catholiques & les protestans devoient néanmoins observer le traité, & ne devoient point se brouiller pour l'intérêt de la religion. Ainsi la paix de Passaw fut, à proprement parler, la confirmation de l'hérésie luthérienne dans l'Empire, où elle n'avoit auparavant été.

que tolérée. * Varillas , *histoire des révolutions en tiere de religion*.

L'évêché de Passaw doit son origine à l'archevêché Lorch , dans la haute Autriche , qui étoit le principal mi les quatre premiers évêchés de Baviere. La ville Lorch , en latin *Laureacum* , ayant été désolée par ila , roi des Huns , Theudon , duc de Baviere, rétablit évêché & celui de Saltzbourg dans le commencement du VII. siécle. Il fit présent de la ville de Passaw RCHENFRIED , premier évêque de cette ville. Ses cesseurs porterent pendant quelques siécles le titre rchevêques de Lorch. Mais sur les oppositions des ar-êques de Saltzbourg , Agapet II. fit deux évêchés Lorch & de Passaw. On divisa l'ancienne Norique , la Pannonie en deux parties par rapport à la jurisdicn spirituelle : la partie orientale devoit être sujette à rchevêque de Lorch , & la méridionale à celui de ltzbourg. *Christian*, troisiéme évêque de Passaw de-is Gérard , élu en 991, abandonna le titre d'arche-que ; mais l'évêché de Passaw demeura libre , & in-édiatement sujet au pape. En 1689 le cardinal Jean ilippe , comte de Lamberg , ayant succédé dans l'évê-é de Passaw à Sébastien , comte de Pæting , voulut prendre la dignité archiépiscopale & l'ancienne jurisfiction spirituelle sur les pays héréditaires impériaux, qui avoient appartenu autrefois. Il fit sa demande à Rome 1694 ; mais on lui refusa la dignité d'archevêque , & 1 ne lui accorda que la jurisdiction qu'il demandoit. Le napitre de la ville de Passaw est composé de 24 cha-oines , qui doivent tous être seigneurs de quelque terre. Velseri Bojica. Hund. Metropol. Saltzb.

PASSAVA , forteresse de la province de Maina , ou zaconie , dans la Morée , est située sur le cap de Ma-apan , proche les bords du golfe de Colochina. Le gé-éralissime Morosini se rendit maître de ce poste au mois e septembre 1685 , & le fit aussitôt démolir comme nutile , parcequ'assez près de-là il y a un passage fort troit , où une poignée d'hommes peut faire tête à une rmée considérable. * P. Coronelli , *descript. de la Morée.*

PASSAVANTE (Jacques) né à Florence de parens nobles , entra dans l'ordre de S. Dominique , & mourut lans sa patrie le 15 juin de l'an 1357. Son nom est en-:ore célèbre en Italie , à cause d'un traité de la pénitence ntitulé *lo Specchio della vera penitenza*. Léonard Sal-viati le fit imprimer dès l'an 1585 , & la célèbre acadé-mie de la Crusca en a procuré une seconde édition l'an 1681 , regardant cet ouvrage comme un de ceux qui sont le mieux écrits , & où la délicatesse de la langue italienne brille toute entiere. En 1725 on en a donné une troisiéme édition *in-4°*, à Florence.* Echard , *script. ord. FF. Præd. tome I. Biblioth. ital. tome I , p. 294.*

PASSERA , PASSARANI , dit aussi MARC-AN-TOINE GENUA PASSARINI ou DE PASSERIBUS , de Padoue , célèbre philosophe dans le XVI. siécle , étoit fils de *Nicolas* Passera , médecin , & sortoit d'une illustre famille , qui ayant commandé à Modène & à Mantoue , s'étoit retirée à Gênes , d'où elle avoit tiré son surnom. Marc-Antoine s'acquit beaucoup d'amis & de réputation, par sa douceur & par son érudition , enseigna dans les plus célèbres universités d'Italie , & fut honoré de plu-sieurs gratifications par la république de Venise. Il com-posa divers ouvrages , & eut pour disciples , Jacques Zabarella , Bernardin Tomitani , Sperone Speroni , & plusieurs autres savans , dont le nom seul fait son éloge. De sa femme *Béatrix du Soleil* , il eut un fils nommé *Nicolas* ; & quatre filles , *Paule , Héléne , Laure , & Cassandre* , qui apprirent la philosophie sous leur pere , & qui se firent estimer de tout ce qu'il y avoit de savans en Italie. Passarini mourut âgé de 72 ans. * Jacques-Philippe Thomasini , *in elog. doct. P. I.*

PASSERA ou PASSARINI (Nicolas) jurisconsulte , naquit en 1585 , de *Barthelemi* Passera , qui l'eut d'une maîtresse. Il se rendit très-habile dans la jurisprudence , & auroit enrichi le public d'un grand nombre d'ouvra-

ges savans , s'il n'eût mort fort jeune , l'an 1615 , âgé de 30 ans. * Thomasini , *in elog. doct. P. I.*

PASSERAT (Jean) né le 18 octobre 1534, à Troyes en Champagne , professeur royal en éloquence à Paris , avoit étudié le droit à Bourges sous Cujas , succéda de-puis à Pierre Ramus , dans la chaire d'éloquence à Pa-ris , & vieillit dans cet emploi , qui ne l'empêcha pas de cultiver la poësie latine & la françoise. Ses épigram-mes latines sont fort estimées , & ses vers ne laissent pas de faire aujourd'hui les délices de quantité de gens d'es-prit. Quoiqu'il eût de l'habitude avec tous les gens de qualité de ce temps-là , il ne forma d'étroite liaison qu'avec M. de Mesmes , dans la maison duquel il passa trente années , & y mourut de paralysie , le 12 septem-bre & non le 14 , comme l'a dit M. Baillet , de l'an 1602 , âgé de 68 ans. Les poëtes Ronsard , Belleau & Bayf , l'ont beaucoup estimé ; & le célèbre des Portes a fait voir par ces vers l'estime qu'il avoit pour sa mé-moire.

> *Tu restois , Passerat , du bon siécle passé ,*
> *Siécle où les doctes sœurs avoient tant de puissance ;*
> *Et ses chers compagnons , grand' lumiere de France ,*
> *Belleau , Bayf , Ronsard , t'avoient tous devancé.*
>
> *Seul de ces demi-dieux , tu nous fus délaissé ,*
> *Comme un gage dernier de l'antique excellence ;*
> *Afin que ta splendeur éblouît l'ignorance ,*
> *Et fît voir de combien ce siécle a rabaissé.*
>
> *Mais voyant qu'ici-bas ta demeure étoit vaine ,*
> *Le destin favorable a mis fin à ta peine ,*
> *Enrichissant le ciel d'un si divin flambeau.*
>
> *Passerat , dont les vers coulent comme ambrosie ,*
> *Si tu vis de ton temps naître la poësie ,*
> *Je puis dire à ta mort l'avoir vue au tombeau.*

On dit que sur la fin de sa vie , nonobstant son incom-modité , qui le retint cinq années dans le lit , & la vue qu'il avoit perdue , son humeur gaie & enjouée lui fit composer son épitaphe qu'on voit aux Dominicains de la rue S. Jacques.

> *Hic situs in parva Janus Passerius urna ,*
> *Ausonii doctor regius eloquii ;*
> *Discipuli memores tumulo date serta magistri ,*
> *Ut vario florum munere vernet humus.*
> *Hoc culta officio mea molliter ossa quiescent ,*
> *Sint modò carminibus non onerata malis.*
>
> *Veni , abii ; sic vos venistis , abibitis omnes.*

Passerat avoit accoutumé de dire qu'il préféroit au duché de Milan , l'ode que Ronsard avoit faite pour le chancelier de l'Hôpital. Il faisoit fort bien ses vers la-tins , comme on l'a déja dit. Nous n'avons de son nom rien de plus pur , ni peut-être rien de plus naïf. Outre ces deux qualités , on peut dire que ses vers ont encore beaucoup d'érudition , & quelque politesse même qui les distingue de ceux des poëtes du commun. Mais après tout , ils n'ont rien de ce que nous appellons *fureur poëtique* ou *enthousiasme* , ni de ce tour admirable , qui saisit , qui anime , & qui enleve un lecteur intelligent. On assure que les vers de la satyre Menippée sont de sa composition. Passerat , outre ses poësies , a composé un écrit intitulé *de Cognatione litterarum* , imprimé à Paris en 1603 , *in-8°*. Jacques Gillot dit dans une de ses let-tres à Scaliger , que Passerat faisoit tant de cas de cet ouvrage , qu'il souhaitoit qu'après sa mort on ne vît ja-mais rien de lui que cela. On a encore de lui , *Joannis Passeratii , eloquentia professoris , & interpretis regii , Orationes & Præfationes*. Ce recueil a été donné d'a-bord en 1606 , par les soins de Jean de Rougevalet , neveu de Passerat ; & il a été réimprimé en 1637, *in-8°*, à Paris. Ces *Orationes & Præfationes* , au nombre de 31, sont la plupart pour diverses comédies de Plaute , plu-sieurs oraisons & autres ouvrages de Cicéron , quel-ques endroits d'Ovide , de Properce , de Salluste , &c.

La derniere harangue a pour titre , *de cæcitate.* * Papir. Maſſon , *de vita Paſſeraii , tom. II , elog.* Jacob. Auguſt. Thuan. *hiſt. ſui temp. & les additions de* Teiſſier , *tome II.* La Croix du Maine , *biblioth. franç.* Baillet , *jugemens des ſavans ſur les poëtes modernes.*

PASSERI (Marcel) natif d'Ariano dans le royaume de Naples , fut choiſi par le pape Clément XII pour ſon auditeur , le 12 juillet 1730 , jour de ſon exaltation. Il avoit déja cette même place auprès de lui pendant qu'il n'étoit encore que cardinal. L'archevêché de Nazianze en Cappadoce ayant été propoſé pour lui dans un conſiſtoire le 5 mars 1731 , il fut ſacré le 11 ſuivant dans l'égliſe des Théatins à Rome par le cardinal Cienfuegos , aſſiſté des archevêques de Patras & d'Athènes ; & le 31 du même mois il fut déclaré évêque aſſiſtant au trône. Clément XII voulant reconnoître les longs ſervices qu'il lui avoit rendus pendant 30 années avec beaucoup de fidélité , le créa & le déclara cardinal de l'égliſe romaine le 28 ſeptembre 1733. Il lui donna le chapeau dans un conſiſtoire public le premier octobre , & fit la fonction de lui fermer & ouvrir la bouche le 2 décembre ſuivant , après quoi il lui aſſigna le titre presbytéral de ſainte Marie *d'Ara-Cæli* , dont il prit ſolemnellement poſſeſſion le 18 février 1734. Il fut mis en même temps dans les congrégations du concile , des évêques , & réguliers , du conſiſtoire , & de l'indice.

PASSERINO (Sylvio) cardinal , natif de Cortone , entra jeune au ſervice de la maiſon de Médicis , & eut beaucoup de part à l'eſtime du pape Léon X , qui le fit ſon dataire , & qui lui donna le chapeau rouge en 1517. Paſſerino eut depuis les évêchés de Cortone ſa patrie , de Narni , d'Aſſiſe & de Barcelone ; fut chargé durant quelque temps de l'adminiſtration de l'état de Florence ; & exerça enſuite les légations de Pérouſe & du duché de Spolete. Il mourut à *Città di Caſtello* , ſur le Tibre , le 20 avril 1529 , âgé de 60 ans. Sylvio Paſſerino , archevêque de Conza, ſon petit-neveu , lui fit ériger en 1587 un tombeau dans l'égliſe de S. Laurent *in Lucina* , qui étoit ſon titre de cardinal. * Guichardin , *lib. 13.* Ughel , *Ital. ſacr.* Auberi , *&c.*

☞ PASSEWALCK , ou PASEWALCK , anciennement POZDEWALCK , petite ville d'Allemagne , au cercle de la haute Saxe , aux confins de la Poméranie & de l'Ukermarck , dans les états de l'électeur de Brandebourg , ſur la riviere d'Ucker. Cette riviere donne aux habitans la commodité de faire paſſer leurs denrées juſque dans le Haff , & de-là dans la mer Baltique. On braſſe à Paſſewalck une biere fort vantée , nommée *Paſenelle* , que l'on tranſporte en beaucoup de lieux. Il y a une prévôté qui a ſous elle dix paroiſſes. Ce lieu a fait naître bien des querelles , lorſque la Poméranie & la Marche avoient des ſouverains différens. Comme il eſt aux confins , il ſe trouvoit à la bienſéance de l'un & de l'autre,& chacun prétendoit que cette ville lui appartenoit. Mais la maiſon de Brandebourg poſſédant l'un & l'autre préſentement , a retranché cette ancienne pomme de diſcorde. On peut voir l'hiſtoire de ces conteſtations dans Zeyler , *Pomeraniæ topogr.* pag. 78. * La Martiniere , *dict. géogr.*

PASSIENUS (Criſpus) fut le ſecond mari d'Agrippine , fille de Germanicus , & ſœur de l'empereur Caligula. Agrippine avoit perdu dès l'an 40 ſon premier mari Domitius Ænobarbus. Elle avoit été même bannie par ſon frere Caligula , à cauſe de ſes impudicités. Ce fut au retour de ſon exil qu'elle fit mourir le malheureux Paſſienus , pour jouir de la ſucceſſion qu'il lui laiſſoit. * Tacite , *annal. l.* 12. Suétone , *lib.* 6.

PASSIENUS (Vibius) proconſul d'Afrique l'an de Jéſus-Chriſt 265 , étant d'intelligence avec Fabius Pomponianus , général de la frontiere , fit déclarer empereur T. Cornelius Celſus , qui vivoit retiré à la campagne. Ce nouveau ſouverain , qui avoit été revêtu de la pourpre , par une parente même de Gallien , ne régna guère ; car il fut tué au bout de ſept jours , & apparemment les complices de ſa révolte eurent part à ſa punition. * *In vit.* Claud.

PASSIGNIANO , petite ville ou bon bourg de l'état de l'égliſe en Italie. Il eſt dans le Perugin , ſur le lac de Perugia , qui prend ſouvent le nom de ce bourg , & auſſi celui de Caſtiglione. * Mati , *diction.*

PASSION. (Confreres de la) On a appelé ainſi une ſociété de gens qui s'étoient unis à la fin du XIV ſiécle , pour repréſenter une eſpece de poëme en dialogue , intitulé *le Myſtere de la Paſſion* , & non la *Comédie de la Paſſion* , comme pluſieurs l'ont avancé , ou malignement , ou par ignorance. Dès l'année 1313 le roi Philippe *le Bel* donna dans Paris une fête très-ſomptueuſe, où le roi d'Angleterre Edouard II , qu'il y avoit invité , ſe trouva avec avec la reine Iſabeau de France. Pendant huit jours que la fête dura , le peuple repréſenta divers ſpectacles , tantôt la gloire des bienheureux, tantôt la peine des damnés , & puis diverſes ſortes d'animaux : ce dernier ſpectacle fut appellé *la proceſſion du renard*. Mais ce fut proprement ſous le roi Charles VI , vers la fin du même ſiécle , que les pélerinages introduiſirent ces ſpectacles de dévotion. Ceux qui revenoient de Jéruſalem & de la Terre-ſainte , de S. Jacques de Compoſtelle , de la ſainte Baume en Provence , de ſainte Reine , du mont S. Michel , de Notre-Dame du Puy & de quelques autres lieux de piété compoſoient des cantiques ſur leurs voyages , & y mêloient le récit de la vie & de la mort du Fils de Dieu , ou du jugement dernier , d'une maniere groſſiere , mais que le chant & la ſimplicité de ces temps-là ſembloient rendre pathétique. Ils chantoient les miracles des ſaints,leur martyre,& certaines fables auſquelles la créance du peuple donnoit le nom de viſions & d'apparitions. Ces pélerins qui alloient par troupes , & qui s'arrêtoient dans les rues & dans les places publiques , où ils chantoient le bourdon à la main, le chapeau & le mantelet chargés de coquilles & d'images peintes de diverſes couleurs , faiſoient une eſpece de ſpectacle qui plut , & qui engagea quelques bourgeois de Paris à faire un fonds pour acheter un lieu propre à lever un théatre , où l'on repréſenteroit ces myſteres les jours de fêtes , autant pour l'inſtruction du peuple que pour ſon divertiſſement. C'eſt ce que M. Boileau a exprimé dans ces vers , *chant III de ſon Art poëtique.*

> *Chez nos dévots aïeux le théatre abhorré*
> *Fut long-temps dans la France un plaiſir ignoré.*
> *De pélerins , dit-on , une troupe groſſiere ,*
> *En public à Paris y monta la premiere ,*
> *Et ſottement zélée en ſa ſimplicité ,*
> *Joua les ſaints , la Vierge , & Dieu par piété.*

Leur premier eſſai ſe fit au bourg de S. Maur , à deux petites lieues de Paris. Ils prirent pour ſujet la paſſion de Notre-Seigneur : ce qui parut fort nouveau , & fit grand plaiſir aux ſpectateurs. Le prévôt de Paris en étant averti , fit une ordonnance le 3 de juin 1398 , portant défenſe à tous les habitans de Paris , à ceux de S. Maur , & autres lieux de ſa juriſdiction , de repréſenter aucuns jeux de perſonnages , ſoit de vies des ſaints ou autrement , ſans congé du roi , à peine d'encourir ſon indignation & de forfaire envers lui. Ce qui occaſiona cette ordonnance , fût la liberté que ces bourgeois prirent de jouer dans un lieu renfermé , où peut-être ils exigerent de l'argent des ſpectateurs. Car près de 20 ans avant cette repréſentation de S. Maur , *les myſteres* étoient en vogue dans Paris. Ces ſpectacles de piété paroiſſoient ſi beaux dans ces ſiécles d'ignorance , que l'on en faiſoit les principaux ornemens des réceptions des princes , quand ils faiſoient leurs entrées ; comme à l'entrée ſolemnelle de Charles VI à Paris , le 11 de novembre 1380 ; à celle de la reine Iſabeau de Baviere , ſa femme , en octobre 1385 , &c. Cette ordonnance du prévôt de Paris obligea les nouveaux acteurs à ſe pourvoir à la cour , en faiſant ériger leur ſociété en *Confrérie de la paſſion de Notre-Seigneur.* Charles VI ayant aſſiſté à quelques-unes de leurs repréſentations , en fut ſi ſatisfait , qu'il leur accorda

4 de décembre 1402 des lettres pour leur établiffe-
ient à Paris , que l'on trouve imprimées en plufieurs
ndroits. Peu de temps après avoir obtenu ces lettres ,
es confreres de la Paffion , qui avoient déja fondé au
rvice de leur confrérie , à l'hôpital de la Croix de la
eine , depuis dit *la Trinité* , formerent auffi le deffein
e s'y établir. Les religieux d'Hermieres en Brie , ordre
e Prémontré , qui étoient en poffeffion de cet hôpital ,
ur en ayant loué une partie , les confreres y firent
n théatre , & donnerent au peuple les jours de fêtes ,
xcepté les folemnelles , divers fpectacles de piété , tirés
u nouveau Teftament , qui plurent tellement au public
u'on avança ces jours-là les vêpres en plufieurs églifes ,
fin de donner le temps d'affifter à ces pieux amufemens.
Ce nouveau genre de plaifirs devint tellement à la mode,
que la ville de Paris ne fut pas la feule qui le gouta.
Rouen , Angers , le Mans , Metz , fe fignalerent à l'en-
ri , & l'on y repréfenta différens myfteres avec tout le
uccès poffible. Les régnes de Charles VI , de Chares VII , & une partie de celui de Louis XI , quoiqu'ex-
rêmement agités par les guerres civiles , dérangerent
eu ces fpectacles : non-feulement ils continuerent ; il
'en éleva encore d'autres, tels que ceux qui furent donnés
par les *Enfans fans fouci* , & *les clercs de la Bazoche*.
Après un affez long temps , on fe dégouta enfin de ces
myfteres , qui parurent trop férieux. Les acteurs qui s'en
apperçurent voulant fatisfaire le public & le rappeller ,
mêlerent à leurs dévots fpectacles des fcénes tirées de
fujets profanes & burlefques , & nommerent ces divertiffemens *Jeux de pois pilés* , à caufe , fans doute , du
mélange du facré & du profane qui y régnoit. Mais les
confréres , trop pieux pour repréfenter eux-mêmes ces
pièces , que l'on trouve appellées *fotifes* , & l'on y imprimés qui en reftent , confierent ce foin aux *Enfans
fans fouci* , dont le chef prenoit la qualité de *Prince des
fots* , ou de la *fotife*. En 1518 François I confirma
aux confreres des lettres patentes , par lefquelles il confirma
tous les priviléges qui leur avoient été accordés par Charles VI , & ils continuerent leurs repréfentations jufqu'en
1539 , que la maifon de la Trinité fut de nouveau deftinée à un hôpital , fuivant l'efprit de fa fondation. Les
confreres obligés de déloger , prirent à loyer une partie
de l'hôtel de Flandre , ainfi nommé de Guy , comte de
Flandre , qui l'avoit fait bâtir vers l'an 1300 , fur la place
qu'il venoit d'acheter de Pierre Coquilliere , bourgeois
de Paris , qui a donné fon nom à la rue Coquilliere. Ils
y repréfenterent jufqu'en 1543 , que François I ordonna
la vente & démolition de cet hôtel , auffi-bien que de
ceux d'Arras , d'Etampes , & de Bourgogne. Les con-
frères acheterent alors une portion confidérable de l'hôtel de Bourgogne , où eft actuellement la comédie italienne. Cet achat ayant été confommé en 1548 , le parlement de Paris faifant droit en partie fur la requête des
confreres qui avoient demandé la permiffion de recommencer leurs fpectacles , les maintint par arrêt du 17 de
novembre de la même année à repréfenter feuls des pièces fur ce nouveau théatre , avec défenfe à tous autres
d'en repréfenter dans Paris & la banlieue , autrement
que fous le nom , l'aveu , & au profit de la confrérie.
Mais par le même arrêt il fut ordonné aux confreres de
ne donner fur ce même théatre , que des fujets profanes ,
licites , & honnêtes , avec défenfes d'y repréfenter aucun myftere de la Paffion , ni autres myfteres facrés.
Ainfi furent bannies les pièces du premier théatre françois , toutes dévotes dans leur origine , mais qui avoient
dégénéré en un mélange monftrueux de moralités & de
boufonneries , auffi défagréable aux gens d'efprit , qu'injurieux à la religion. Les confreres voyant cet arrêt , &
croyant qu'il ne leur convenoit point de repréfenter des
pièces profanes , louerent leur hôtel & leur privilége à
une troupe de comédiens qui fe donna pour lors , en fe
réfervant néanmoins deux loges pour eux & pour leurs
amis , qu'on appella *Les loges des maîtres*. Les myfteres
qui nous reftent des confreres de la Paffion , font la conception , la paffion & la réfurrection de J. C. ce qui

forme fix poëmes diftingués par journées. La conception
fait la premiere ; la paffion les quatre fuivantes ; & la
réfurrection la fixiéme. Cette méthode de compofer par
journées une certaine quantité d'événemens , ne fe perdit pas tout-à-fait lorfque les confreres quitterent le théatre : car Hardy qui écrivit fous Henri IV , & quelque
temps fous Louis XIII , compofa les amours de Théa-
gène & de Chariclée en huit journées ; & du Rier qui
parut long-temps après , donna en deux journées les
amours de Leucippe & de Clitophon ; & réellement on
jouoit ces pièces dans les temps indiqués par le titre. Jean
Michel , poëte Angevin , paffe communément pour l'auteur du myftere de la paffion ; mais il eft fûr que cette
pièce étoit connue avant lui ; qu'il n'a fait au plus que
la revoir ; & il eft prefque certain que c'eft l'ouvrage
de plufieurs perfonnes. * *Voyez* le *Traité de la Police* par
M. de la Mare ; l'*hiftoire de la ville de Paris* , par dom
Felibien ; l'*hiftoire du théatre françois* , tome I , en plufieurs endroits ; les notes de M. Broffette fur le chant III
de l'*Art poëtique* de M. Defpréaux.

PASSION DE JESUS-CHRIST (l'Ordre de la)
avoit été fondé vers l'an 1380 , en Angleterre , par le roi
RICHARD II , & en France par CHARLES VI , lorfque
ces princes eurent formé le deffein de conquérir de nouveau la Terre-fainte. Leur but étoit qu'en fe rappellant
les circonftances & la fin de la Paffion de Jefus-Chrift ,
les Croifés vécuffent avec plus de piété & de régularité.
Il y eut plus de onze cens chevaliers qui furent obligés
de faire les trois vœux , & l'on accorda au grand-maître
une autorité qu'un prince auroit enviée. Dans les folemnités ils portoient un habit de pourpre qui defcendoit
jufqu'aux genoux , & ils étoient ceints d'une ceinture de
foie. Sur la tête ils portoient un capuche rouge. Leur
habit ordinaire étoit couvert d'un furtout de laine blanche , fur le devant duquel on voyoit une croix de laine
rouge , large de trois doigts. On recevoit auffi dans cet
ordre des veuves qui devoient foigner les malades. Mais
cet ordre ne dura point. Il y en a même qui prétendent
qu'on n'en forma que le projet.

PASSION (Ordre de chevalerie de la noble) a été
inftitué en 1704 , par JEAN-GEORGE , duc de Saxe-
Weiffenfels , pour infpirer des fentimens d'élévation à la
nobleffe de fes états , & l'attacher plus particuliérement
à fa maifon , pour y maintenir la principauté de Querfurt dont elle eft en poffeffion , & tranfmettre à la poftérité par cet établiffement une preuve inconteftable de
fes droits. Le jour de la grande cérémonie de cet ordre
eft le jour de la fête de la S. Jean. Ce jour , tous les chevaliers paroiffent à la cour du prince en grand habit bleu
brodé d'or. Ils tiennent le même jour une affemblée générale , pour délibérer fur la police & les intérêts de la
fociété. En fe féparant , ils mettent au tréfor , chacun
felon fes facultés , une aumône pour le foulagement des
foldats bleffés au fervice de l'état. La marque de dignité
de cet ordre , eft un grand ruban blanc fur l'épaule droite
en écharpe , brodé d'or des deux côtés. Au bout de ce
ruban pend une étoile d'or chargée en croix de ces deux
lettres J. G. pour marquer le nom du fondateur , dans
un champ d'azur fur une croix de gueules ; le tout entouré d'un cordon blanc à la bordure d'or ; on trouve
d'un côté ces mots : *J'aime l'honneur qui vient par la
vertu* ; & de l'autre font repréfentées les armes de la
principauté de Querfurt , avec ces mots. Scellé de la
noble Paffion , inftituée par J. G. D. D. S. 1704. * *Dictionaire hiftorique* , édition d'Amfterdam , 1740. On y
cite *les fouverains du monde* , tome IV , page 313 &
314.

PASTÉ (Ferri) feigneur de Chaleranges , &c. maréchal de France , fut envoyé en ambaffade en Flandre
avec Raoul de Mello en 1226 , pour recevoir de Jeanne,
comteffe de Flandre , le château de Douai , & autres
places. Il eft qualifié maréchal de France en trois chartes
du tréfor en 1244. On le croit pere de FERRI , qui fuit ;
& de *Catherine* Pafté , dame de S. Pierre à Arnes , mariée à *Jean* d'Autrefches. FERRI Pafté , II du nom , fei-

gneur du Bois-Malles-Herbes & de Montreuil fous les
bois de Vincennes , vivoit avec *Jeanne* fa femme en mai
1302 , & fut pere de FERRI , qui fuit ; & encore , felon quelques-uns , de *Jean* Pafté , feigneur du Pleffis-
Pafté , archidiacre de Tiérarche en l'églife de Laon , qui
vivoit en octobre 1317. FERRI Pafté , III du nom , feigneur du Bois-Malles-Herbes , &c. peut avoir eu pour
fils JEAN Pafté , feigneur du Bois-Malles-Herbes , Chaleranges , &c. qui fervoit en Flandre en 1352 , en Normandie en 1354 , & mourut le 3 janvier 1374 , fans
enfans d'*Alix* de Hans , fa femme. * Le P. Anfelme ,
hiftoire des grands officiers.

PASTEUR , *Paftor* , chevalier Romain , eut le
malheur de déplaire à l'empereur Caligula , qui réfolut
de le faire mourir , parcequ'il étoit trop propre en habits. Le pere vint demander la grace de fon fils , que
Caligula fit auffitôt conduire au fupplice. Il joignit
même l'infulte à la cruauté ; car il pria le jour même
ce malheureux pere de venir manger à fa table , cérémonie dont Pafteur n'ofa s'excufer , parcequ'il avoit encore un fils. Il fut obligé de compofer fon vifage , de
recevoir les couronnes & les parfums dont on le chargea , & enfin de donner de cruelles marques de joie
dans le comble de fa douleur , pour conferver fon fecond fils , parcequ'il n'avoit pu même obtenir la permiffion de ramaffer les os du premier. Suétone rapporte
quelque chofe de femblable , & ajoute que par un excès d'inhumanité , le pere fut forcé d'affifter à la mort
de fon fils. * Senec. *de ira* , *l.* 2 , *c.* 33. Suétone , *l.* 4 ,
c. 27. Il y a eu un PASTEUR conful , fous l'empereur
Marc-Aurele , l'an 163. * Idat. Profp. *in chronic.*

PASTEUR dit D'AUBENAS , ou de SARRATE ,
cardinal & archevêque d'Embrun , dans le XIV fiécle ,
étoit natif de Sarrate en Vivarais , & prit l'habit de religieux de S. François à Aubenas , d'où il fut envoyé à
Paris , où il prit le bonnet de docteur dans l'univerfité de
cette ville ; & étant revenu en fon pays , il fut élu provincial de fa province. En 1337 il fut fait évêque d'Affife
par le pape Benoît XII , & quelque temps après , il fuccéda fur le fiége de l'églife métropolitaine d'Embrun au cardinal Bertrand d'Eux. Pafteur fut fait cardinal en 1350
par le pape Clément VI , fut employé fouvent à la
cour de ce pontife , & mourut le 10 octobre 1356 , à
Avignon , où il eft enterré dans l'églife des Cordeliers.
Il avoit écrit divers ouvrages fur des fujets faints & profanes , & une hiftoire eccléfiaftique de fon temps.
* Ciaconius , *in vitis pontif.* Wadingue, *in ann. Minor.*
Ughel , *tom.* I. *Ital. facra.* Frizon , *Gall. purp.* Sainte-
Marthe , *Gallia chrift.* Baluze , *vitæ pap. Avenion. t.* I.

PASTON (Robert) de Pafton , dans le comté de
Norfolk en Angleterre , rendit tant de fervices à la famille royale durant les guerres civiles du royaume , &
marqua tant d'empreffement pour le rappel de Charles
II , que ce prince , par lettres patentes données à Weftmunfter l'an 25ᵉ de fon regne, le créa baron du royaume,
fous le titre de lord Pafton de Pafton , dans le même
comté de Norfolck , & enfuite il l'éleva à la dignité de
vicomte , fous le titre de vicomte Yarmouth , pour lui
& pour fes héritiers mâles. Il époufa *Rebecca* , feconde
fille de *Jafper* Clayton , chevalier , citoyen de Londres ,
dont il eut fix fils & quatre filles. GUILLAUME , fon
fils aîné , époufa la ladi *Charlotte* Fitz Roi , une des
filles *naturelles* du roi Charles II. * Dugdale.

PASTOPHORES , *Paftophori* , prêtres des Egyptiens , furent ainfi appellés , parcequ'ils portoient le
manteau de la déeffe Vénus , lequel étoit nommé παστὸς
par les Grecs. Ce mot fignifioit auffi le lit où l'on plaçoit la ftatue de quelque divinité. De-là vient que *Pafto-
phorium* fe trouve tantôt pour le lit où couchoit le préfet
du temple , felon S. Jérôme , *fur Ifaie* , & tantôt pour le
manteau facerdotal , & tantôt pour le lieu du réfectoire ou
de la falle , où les prêtres avoient coutume de s'affembler ,
comme il fe lit *dans Efdras* , & *aux livres des Machabées*.

PASTOR , auteur du V fiécle , de la vie duquel on
ne fait rien , fi ce n'eft qu'il étoit évêque , & qu'il avoit

compofé un petit livre en forme de fymbole , qui contient par fentences , prefque tout ce que l'on doit
croire pour être catholique. Entre les erreurs qu'il ana-
thématifoit , fans nommer les noms de ceux qui les
avoient avancées , il condamnoit les Prifcillianiftes :
nous n'avons plus cet ouvrage , dont il eft fait mention
dans Gerinade , *de fcriptor. ecclef.* * Du Pin , *biblioth.
des auteurs eccléfiaftiques du V fiécle.*

PASTORALE , poëme où l'on repréfentoit des bergers , des pafteurs , des chaffeurs , des pêcheurs , des
jardiniers , des laboureurs , des fatyres , des nymphes ,
& enfin toute forte de perfonages champêtres. On n'y
entendoit que plaintes d'amans , que cruautés de berge-
res , que difputes pour l'excellence du chant , qu'embuches de fatyres , que raviffemens de nymphes , & autres aventures femblables. Nous en avons des exemples dans les idylles de Théocrite , & dans les éclogues
de Virgile. Plufieurs modernes les ont imités en latin ;
& même fous le roi Henri II , les François firent des
paftorales de cette efpece , telles qu'il y en a dans Ronfard. Les Italiens , & les François après eux , ont mis
les paftorales fur le théatre ; & aujourd'hui la comédie
paftorale eft un poëme dramatique , comme les autres
comédies , compofé de cinq actes , & dont le fujet eft
tiré de la vie champêtre.

PASTORIUS (Joachim) de Hirtenberg , étoit natif
de Grand-Glogaw en Siléfie. Il s'appliqua particuliérement à l'hiftoire , & à la médecine dans laquelle il fe fit
recevoir docteur. Il fut d'abord revêtu du titre de profeffeur honoraire à Elbing & à Dantzick : mais comme
le Socinianifme qu'il profeffoit , lui fufcita beaucoup de
traverfes , il le quitta , & convaincu , fans doute , qu'il
avoit été dans l'erreur , il embraffa la religion catholique. Ce changement lui mérita de l'attention de la part
de ceux qui pouvoient l'élever. Il fut ennobli , & devint protonotaire apoftolique , chanoine de Warmie &
de Chelm , doyen & official général de Dantzick ; hiftoriographe , fecrétaire & commmiffaire du royaume
de Pologne. Il mourut à Fravenburg en Pruffe le 26
décembre 1681 , dans la 71ᵉ année de fon âge. On
a de lui : 1. *Joach. ab Hirtenberg Paftorii Theodofius
Magnus , feu vita illius excellentis imperatoris : ejufdem
charactæ virtutum variis coloribus adumbratus : Petri
Matthæi confiderationes politicæ fuper vita Nicolaï Nco-
villi Villa-Regii , regum chriftianorum minifteri , è gallico verfa , per eundem Paftorium :* le tout en un volume
in-8°, imprimé à Jena en 1664. 2. *Joach. Paftorii ab
Hirtenberg Florus Polonicus , feu Polonicæ hiftoriæ epitome, à Lecho primo principe Polono anno Chrifti 550,
ad annum 1660, Gedani 1679, in-12.* 3. *Joach. ab
Hirtenberg Paftorii Hiftoria Polonæ plenioris partes
duæ , ubi de Uladiflao IV , regis extremis, fecutoque in-
dè interregno, & Joannis Cafimiri electione, coronatione
& variis expeditionibus , ab anno 1647, ad annum
1651. Accedit ejufdem differtatio de originibus Sarma-
ticis , à Dantzick 1685, in-8°.* 4. du même , *Bellum
Scythico-Cofaicum , feu conjuratione Tartarorum ,
Cofacorum & plebis Rufficæ contra regnum Poloniæ, à
rege Joanne Cafimiro profligatá annis 1649, 1650 &
1651 , narràtio :* à Dantzick , 1659, in-4°. 5. *Diffe-
rentiæ inter politicam genuinam ac diabolicam ; cum
nonnullis actis publicis & articulis pacis, inter ambas
coronas initæ ; ex gallico in latinum tranflatæ à Joachimo Paftorio ;* à Amfterdam , 1659, in-12. 6. *Joannis Crellii Ethica ariftotelica , &c. cum vitâ auctoris à
Joachimo Paftorio confcripta , &c.* Cofmopoli 1681,
in-4°. 7. *Tacitus Germano-Belgicus. Orationes , pa-
negyrici , poëmata , &c.* Son fils aîné , GEORGES-
ADAM Paftorius, fut protonotaire apoftolique , & fecrétaire en Pologne. * Extrait en partie du *Dictionaire hiftorique* , imprimé en 1740, en Hollande.

PASTOUREAUX , *cherchez* PATOUREAUX.

PASTRANA , bourg avec titre de duché , dans la
Caftille nouvelle , en Efpagne , entre le Tage & le
Tajuna , & à treize lieues de Madrid vers le levant.

oyez SYLVA. * Mati, *dictionaire*.

PATAGONS, peuples de la Magellanique, dans Amérique méridionale, près de la mer du Bréfil, dont : pays fut découvert par Magellan. Les habitans paffent pour géans. Ce qu'on rapporte de leur grandeur eft fabuleux : les plus grands n'ont pas la hauteur de fix pieds ; il vivent dans une grande mifere, font logés fous les branches d'arbres, marchent tout nuds, à l'exception des épaules qu'ils couvrent de peaux de chiens de mer, & n'ont aucune religion. * *Voyage de Gènes par* *le fieur* Froger *en* 1699. Baudrand.

PATAIQUES. (Les dieux) Ces dieux, felon Hérodote, avoient beaucoup de reffemblance avec les dieux fatyres, au moins quant à leur figure ; car c'étoient comme de petites images de Pygmées, dont les Phéniciens ornoient les proues de leurs vaiffeaux. Hérodote s'eft peut-être trompé, quand il a mis ces dieux fur la proue ; les autres les mettent fur la pouppe ; & Perfe, *fat.* *v.* 30, dit que c'étoit la coutume :

Ingentes de puppe Dei.

L'origine de ce mot eft évidemment hébraïque, felon Scaliger ; car *Patach* en hébreu, eft le même qu'*insculpere*. Bochart croit qu'on peut dériver ce mot du terme hébraïque *Batach*, qui fignifie *confidere*, car ces idolâtres mettoient leur confiance en ces dieux. Selden a traité de ces dieux Pataïques, & a cru que tous les dieux des Phéniciens portoient le même nom. * *Antiq. græc. & rom.*

PATALENE, *Patalena*, déeffe des anciens Gentils, de laquelle S. Auguftin fait mention au *liv.* 4 *de la cité de Dieu*, *c.* 8. Elle préfidoit aux moiffons dans le temps que leurs tiges étoient prêtes à s'ouvrir. Ce nom vient de *patere*, *s'ouvrir*, *être ouvert*. * Varron. Arnobe.

PATALENES, en latin *Pallena*, *Patalena*, anciennement *Phlegra* & *Caffandriæ Peninfula*, petite prefqu'ifle de la Macédoine, fituée entre le golfe de Salonichi, & celui d'Ajomama. On y voit les villes de Mendin, de Caffandria, & de Canipro, qui eft l'ancienne Pallène. * Baudrand.

PATANE, royaume voifin de celui de Malaca, dans la prefqu'ifle de l'Inde au-delà du golfe de Bengala, eft tributaire du roi de Siam, & reçoit fon nom de la ville de Patane, qui eft fituée fur le bord de la mer. Le palais du roi, & le quartier où demeurent les feigneurs de la cour, eft retranché d'une paliffade. L'air y eft agréable, quoique les chaleurs y foient grandes. L'été commence au mois de février, & dure jufqu'à la fin du mois d'octobre ; & pendant les mois de novembre, de décembre & de janvier, il y pleut continuellement avec un vent de nord - eft. Les habitans ont tous les mois des fruits différens : & les poules y pondent deux fois le jour. On y voit quantité de bétail & de gibier. Il y a dans les forêts un nombre infini de tigres, de finges & d'éléphans. Le peuple y fuit la religion de Mahomet, & ne mange ni porcs, ni fangliers. Les Patanois font fiers & glorieux à l'extérieur, mais leur converfation eft affez civile. Les Chinois & les Siamois qui s'y font établis ont de l'efprit, & entendent la marine. Les Malais s'y occupent au labourage & à la pêche. * Mandeflo, *tom. II* d'Oléarius.

PATANS, peuples de l'Indoftan ou de l'empire du grand-Mogol, dans l'Inde, fe font retirés dans des montagnes, aux environs du Gange, & obéiffent à des Rajas. Etant autrefois fortis de leur pays fitué vers Bengala, ils fe rendirent très-puiffans à Dehli, & firent plufieurs Rajas des environs leurs tributaires ; mais les Mogols, peuples de la grande Tartarie, s'étant emparé des Indes, vers l'an 1401, en chafferent ces Patans, qui fe refugierent vers les montagnes, où ils fe fortifierent. Ils haïffent mortellement les Mogols, & méprifent les Indiens & tous les idolâtres, faifant profeffion du mahométifme, & fe fouvenant toujours de la puiffance qu'ils avoient à Dehli, avant l'invafion des Mo-

gols. * Bernier, *hift. du grand Mogol.*

PATARE, *Patara*, ville de Lycie, avec évêché fuffragant de Myre, eft très-renommée par fon oracle d'Apollon, qui y répondoit durant fix mois de l'année. Elle a été le lieu de la naiffance de S. Nicolas évêque de Myre. Ovide parle de cette ville, *l.* 1, *metam.*

PATARINS, PATERINS ou PATRINS, hérétiques, qui s'élèverent dans le XII fiecle, fuivoient une partie des erreurs des Vaudois & des Henriciens, & foutenoient que Lucifer avoit créé toutes les chofes vifibles ; que le mariage eft un adultere ; que ce fut une illufion que Moyfe vit un buiffon ardent ; & diverfes autres impoftures, qui furent condamnées en 1179, dans le concile général de Latran, fous Alexandre III, avec les erreurs des Cathares, & de divers autres hérétiques. On tire leur nom du mot latin *pati*, qui veut dire *fouffrir*, parcequ'ils affectoient de fouffrir tout avec patience, & fe vantoient encore d'être envoyés dans le monde pour confoler les affligés. Ce qui fut caufe qu'on les appella les *Confolés* ou *Confolateurs*, en Lombardie ; & *les Bons-Hommes* en Allemagne. * Baronius, *A. C.* 1179. Sponde, *A. C.* 1198, *n.* 28. Sander, *hær.* 147.

PATAY, en latin *Pataium*, & quelquefois *Patavium*, bourg de France fitué dans le Blaifois, aux confins du pays Chartrain, & de l'Orléanois, & à cinq lieues d'Orléans du côté du nord. Quelques-uns prennent ce bourg pour l'ancien lieu nommé *Pictiacus*. * Mati, *diction.*

PATER (Paul) profeffeur de mathématiques à Dantzick, étoit né l'an 1656 à Menerfdorf en Hongrie, d'où la perfécution le chaffa dès fa jeuneffe. Après qu'il eut fait fes études à Breflau, & dans quelques univerfités d'Allemagne, il fut appellé à la charge de bibliothécaire du duc de Wolfembuttel, de-là à celle de profeffeur de mathématiques au collège de Thorn ; & de cette derniere ville il vint à Dantzick dans le commencement du fiecle préfent. C'étoit un homme favant, non-feulement dans les fciences qu'il enfeignoit, mais auffi dans les humanités. Il étoit extrêmement laborieux & robufte, ne dormant d'ordinaire que deux heures par jour l'été, & quatre l'hiver. Son épitaphe qu'il avoit compofée lui-même avant fa mort, marque un caractere rare & eftimable. *Hic fitus eft Paulus* PATER, *Mathematum profeffor*, *qui nefcivit in vitâ quid fit cum morbis conflictari*, *irâ moveri*, *cupiditate aduri*. *Deceffit vitâ cælebs die feptimâ decembris anno* 1724. * Bibliothèque Germanique, tome IX, pag. 209, à l'article des nouvelles littéraires. C'eft fans doute le même *Pater* dont on a une longue differtation latine : *De Germaniæ miraculo optimo*, *maximo*, *typis literarum earumque differentiis*, *quâ fimul artis typographicæ univerfam rationem explicat*, imprimée à Leipfick en 1710, & réimprimée en 1740, à Hambourg, *in-8°*, dans le tome fecond des *Monumenta typographica*, recueillis & publiés par Jean-Chriftian Wolfius, profeffeur à Hambourg.

PATER (Jean-Baptifte) peintre, membre de l'académie royale de peinture & de fculpture à Paris, naquit en 1695, à Valenciennes. Son pere fculpteur, l'envoya très-jeune à Paris, afin qu'il pût y cultiver avec profit les talens qu'il avoit pour la peinture, & le plaça chez le célèbre Watteau fon compatriote. Mais le jeune Pater ne s'accommodant point de fon humeur trop difficile & de fon caractere impatient, le quitta, & tâcha d'être à lui-même fon maître. Cependant Watteau fur la fin de fes jours, fe reprocha de n'avoir pas rendu affez de juftice aux difpofitions naturelles qu'il avoit reconnues dans Pater ; il l'avoua à un de fes amis, en ajoutant même qu'il l'avoit redouté. C'eft cet ami qui rapporte ce fait, & qui ajoute : « Il fe fit alors un fcru-» pule de n'avoir point aidé à cultiver les heureux ta-» lens de celui qui lui avoit été confié : il me pria de le » faire venir à Nogent, pour réparer en quelque forte le » tort qu'il lui avoit fait en le négligeant, & pour qu'il » pût du moins profiter des inftructions qu'il étoit en-

» core en état de lui donner. » Watteau le fit travail-ler devant lui ; mais Pater ne put profiter de ses leçons que pendant un mois, c'eſt-à-dire, durant les derniers jours de la vie de Watteau, que la mort enleva trop promptement. Le jeune peintre a cependant avoué de-puis, qu'il devoit tout ce qu'il ſavoit à ce peu de temps qu'il avoit mis à profit; & il a ſu rendre juſtice au mé-rite de Watteau, toutes les fois qu'il trouvoit occaſion d'en parler. Pater, dit encore le même, étoit né avec ce coloris, qui eſt ſi naturel aux Flamans; il avoit en lui tout ce qu'il falloit pour faire un excellent maître ; mais on prétend que l'intérêt & le deſir d'amaſſer lui firent négliger la partie la plus eſſentielle, qui eſt le deſſin ; ce qui fait que la plupart de ſes tableaux ſe reſſentent de cette négligence, que les groupes de ſes compoſi-tions ſont mal ordonnés, & qu'ils manquent de ce beau naturel, que l'on reconnoît facilement dans ceux dont les figures ſont faites d'après nature. Jamais peintre ne fut plus grand travailleur. Dès la pointe du jour il entroit dans ſon attelier, qu'il ne quittoit que lorſque la néceſſité l'exigeoit. L'hyver même il paſſoit les ſoi-rées à deſſiner ce qu'il finiſſoit pendant le jour : enfin il ne connoiſſoit ni amuſement, ni diſſipa-tion, & rarement le rencontroit-on hors de chez lui. Cette occupation trop continuelle lui occaſiona la maladie dont il eſt mort vers le milieu de juillet 1736, âgé ſeulement d'environ quarante-un ans. Lancret & lui étoient, dit-on, les deux ſeuls peintres qui donnoient dans le gout des modes & des ſujets galans, dont Wat-teau étoit l'inventeur & le modele. * Ce que l'on vient de dire de Pater eſt tiré du catalogue raiſonné des di-verſes curioſités du cabinet de feu M. Quentin de Lo-rangere, par M. Gerſaint, à Paris 1744, in-12, p. 193 & ſuivantes.

PATERA ou PATERIUS (Attius) originaire de Bayeux, & de l'ancienne race des Druïdes, à ce que l'on tenoit, enſeigna la rhétorique à Rome, ſous le regne de Conſtantin, vers l'an 326. Il enſeigna auſſi ſans doute à Bourdeaux, puiſqu'Auſone le met entre les profeſſeurs de cette ville. Patera fut pere de l'ora-teur Delphidius. Hedibia, à qui S. Jerôme écrit ſa lettre 150°, eſt auſſi deſcendue. Ce pere marque aſſez net-tement qu'il étoit païen. Patera vécut aſſez pour voir la diſgrace de ſon fils. On trouvera dans Auſone le reſte de ce qu'on ſait de lui. * Voyez les notes de l'Au-ſone, ad uſum Delphini, p. 139; & D. Rivet, hiſt. littér. de la France, tom. I.

PATERCULUS, cherchez VELLEIUS PATER-CULUS.

PATERIUS, diſciple de S. Gregoire, notaire de l'é-gliſe de Rome, a fleuri à la fin du VI & au commence-ment du VII ſiécle. Il a compoſé un recueil des expli-cations des paſſages difficiles de l'ancien & du nouveau teſtament, tirées des œuvres de S. Gregoire le Grand. Il y en avoit autrefois trois livres, deux de l'ancien, & un du nouveau teſtament. On n'a plus à préſent que le premier & le dernier, qui ſont imprimés avec les œuvres de S. Gregoire. Caſimir Oudin aſſure auſſi qu'il a vu le ſecond manuſcrit dans la bibliothéque des religieux Céleſtins de Paris. On dit que Paterius a été évêque de Breſſe. * Cave, hiſt. litter. ſæcul. Monothe-lit. Du Pin, bibl. des aut. eccleſ. du VI ſiécle. Oudin, ſupplementum ad ſcriptores eccleſiaſticos à Bellarmino omiſſos.

PATERNE (ſaint) moine de S. Pierre-le-Vif, dans un fauxbourg de Sens, étoit de Coutance. Il fut offert par ſes parens pendant ſon enfance au monaſtere de S. Pair d'Avranches, où il mena une vie fort auſtere. Il quitta ce monaſtere & vint à S. Pierre d'Yonne, & enſuite à S. Pierre-le-Vif. Voulant s'en retourner à ſaint Pierre d'Yonne, il fut maſſacré par des voleurs dans la forêt de Sergine, le 12 de novembre 726 ; ce qui l'a fait regarder & honorer comme martyr. * Vita ab ano-nymo apud Mabillon. ſæcul. III.

PATERNE, évêque de Vannes, dans le VI ſiécle,

naquit dans ce dioceſe l'an 490. Il paſſa en Angleterre pour y annoncer l'évangile, & y embraſſa l'état mo-naſtique. Il alla trouver ſon pere qui s'étoit retiré en Ir-lande. Il fit enſuite le voyage de Paleſtine avec S. Da-vid de Meneve & S. Telio, & fut ſacré évêque par le patriarche de Jéruſalem, Jean III. L'an 517, étant revenu en Angleterre, il y fit les fonctions d'évêque dans le comté de Cardigan. Il fut enſuite évêque de Vannes, à la follicitation des habitans de cette ville, & mourut vers l'an 557. * Baillet, vies des ſaints.

PATERNIENS, hérétiques, qui ſuivoient les er-reurs de Symmaque Samaritain, & des Patriciens, ſou-tenoient que la chair étoit l'ouvrage du démon, & ſe plongeoient dans toute ſorte d'infamies & de brutali-tés. Ces maniaques prêchoient leurs erreurs dans le IV ſiécle. * S. Aug. de hær. cap. 85. Sander. hær. 17. Pra-teole, &c.

PATERNO, anciennement Hybla major, bourg avec titre de principauté, dans la vallée de Démona en Sicile, au pied du mont Gibel, près de la riviere de Jaretta, & à ſix lieues des ruines de Catania, vers le couchant. * Mati, diction.

PATERNUS (Tarruntius) ſecrétaire de l'empe-reur Marc-Aurele, fut envoyé par ce prince chez les Cotiens, peuples d'Allemagne, qui promirent de com-battre ſous ſa conduite les Marcomans, en faveur des Romains ; mais loin de tenir parole, ils maltraiterent extrêmement Paternus ; perfidie dont ils furent ſévére-ment punis dans la ſuite. Il fut depuis général de l'armée romaine, l'an de J. C. 179, & gagna une grande vic-toire contre les Marcomans, les Quades, & les Her-mondures. Il fut depuis préfet du prétoire ſous Com-mode, qui le fit mourir, à la follicitation de Perennis, ſecond préfet, après l'avoir fait ſénateur quelques jours auparavant, & lui avoir donné les ornemens conſulai-res. Le prétexte de ſa mort fut d'avoir conſpiré contre l'empereur, avec Salvius Julianus ; pour mettre ce der-nier en ſa place. * Dion, liv. 71 & 72. Spartian, vita Commod.

PATERNUS (Bernardin) médecin célébre, étoit de Salo, bourg d'Italie dans le Breſſan. Il fut élevé avec tant de ſoin par ſon pere, qui étoit excellent mé-decin, que dès l'âge de 19 ans, il enſeigna la philoſo-phie, & ſoutint des thêſes de médecine avec un applau-diſſement général. Au reſte, c'étoit l'homme du monde le plus mal fait ; car il avoit les yeux enfoncés, le nez camus, & une épaule plus haute que l'autre. Il en-ſeigna la médecine à Pavie, à Piſe, à Padoue, & ail-leurs. Il fut attiré à Rome en 1580, par le cardinal Grimani, qui l'y retint pendant quelque temps ; mais la ville de Vérone ayant voulu donner à Paternus une marque publique de l'eſtime qu'on y avoit pour lui, en lui accordant des lettres de citoyen, il vint en cette ville pour y remercier François Venerio, & les autres qui lui avoient procuré cet avantage. Ce fut preſque dans le même temps, que la république de Veniſe le nomma profeſſeur à Padoue, où il paſſa le reſte de ſes jours. Pluſieurs princes tâcherent de l'attirer chez eux : en-tr'autres, Etienne Bathori, roi de Pologne, lui fit les of-fres les plus avantageuſes pour l'engager à paſſer dans ſes états. Il n'oſa jamais entreprendre un ſi pénible voyage, étant déja avancé en âge & aſſez incommodé, & mourut en 1592. Il a laiſſé un traité De humorum purgatione. Explanationes in primam partem primi ca-nonis Avicennæ, &c. * Jacques-Philippe Thomaſini, in elog. illuſtr. viror. P. Caſtellan. in vit. illuſtr. medic. Vander Linden, de ſcript. med. &c.

PATHMOS, iſle de la mer Egée, ſe nomme au-jourd'hui, ſelon Sophien & d'autres, Palmoſa ; mais Philippe de Via aſſure que ſon nom moderne eſt Po-tina, & que Palmoſa eſt une iſle voiſine. Pathmos eſt célébre pour avoir été le lieu de l'exil de S. Jean l'évan-géliſte, qui y écrivit l'apocalypſe.

PATIENT, évêque de Lyon, dans le V ſiécle, or-donna en 470 Jean, évêque de Châlons-ſurSaône,

h qualité de métropolitain. S. Grégoire de Tours &
Apollinaris Sidonius le louent de sa charité dans un temps
de famine. Il assista au concile d'Arles en 475, & est
mort vers l'an 480, peut-être l'onziéme de septembre,
jour auquel on fait sa fête. * Greg. Tur. *l.* 2, *hist. c.* 24.
Apoll. Sidonius, *l.* 2, *epist.* 10; *l.* 4, *epist.* 8; *l.* 6,
epist. 12. *Concilia Gallia.* Baillet, *vies des saints*, 11
septembre. D. Rivet, *hist. littér. de la France*, tome II.

PATIN ou PATINA (Benoît) natif de Bresse, &
médecin de l'empereur Maximilien II, se fit estimer à
Padoue, & mourut le 2 juillet de l'an 1577. Il composa
un traité de la palpitation du cœur; un des venins internes, &c. * *Voyez* son éloge dans *le théatre des hommes de lettres*, de l'abbé Ghilini.

PATIN (Gui) professeur en médecine au collège
royal à Paris, naquit le 31 août 1601 à Houdan, petite
ville à douze lieues de Paris. Quelque réputation qu'il
se soit acquise par sa connoissance dans la médecine,
elle est encore moindre que celle dont il est redevable
aux lettres satyriques de sa façon que l'on a données au
public. Les lettres écrivoit à ses amis, & il n'y donnoit
pas sans doute toute l'attention qu'il eût pu prendre, s'il
eût prévu qu'elles dussent être un jour exposées au grand
jour. Il ne les faut lire qu'avec défiance, sur la plupart
des faits qui y sont rapportés, & y observer en passant
le caractère de Gui Patin, lequel outre le penchant qu'il
avoit à médire, n'avoit pas des sentimens fort exacts
sur la religion. On trouve plusieurs autres lettres de Gui
Patin, dans les *Clarorum virorum epistolæ centum ineditæ*, &c. Les querelles de l'antimoine, qui s'éleverent
de son temps dans la faculté de médecine à Paris, donnerent de l'exercice à Gui Patin, qui mourut l'an 1672.
Il a laissé un très-grand nombre de lettres latines, qui
sont encore manuscrites, entre les mains d'un homme
de lettres résidant à Paris. Ces lettres contiennent beaucoup de faits, & mériteroient peut-être de voir le jour.
On dit que Patin avoit dans le visage quelque air de
ressemblance avec les médailles antiques qui nous restent
de Ciceron. C'est M. Hagudsau, avocat de Lyon, ami
de Patin, qui a fait le premier cette découverte. Patin
eut deux fils, *Robert Patin*, docteur en médecine &
professeur royal, mort avant son pere en 1671; &
Charles Patin, dont nous allons parler. On prétend qu'il
avoit été correcteur d'imprimerie.

PATIN (Charles) fils de Gui, naquit à Paris le 23
février 1633, & fit des progrès si surprenans dans ses
études, qu'il soutint à l'âge de 14 ans sur toute la philosophie, des thèses grecques & latines, où assisterent
34 évêques, avec le nonce du pape, & plusieurs autres personnes qualifiées. On le destina d'abord à l'étude
du droit, & il fut même reçu avocat au parlement de
Paris; mais l'inclination qu'il se sentoit pour la médecine, fit qu'il s'y donna tout entier, & qu'il l'exerça
dans la suite avec beaucoup de succès. Il la professa
même après Lopez. Patin chargé par un prince du sang
de recouvrer tous les exemplaires d'un ouvrage satyrique qu'il avoit intérêt d'anéantir, fut accusé d'en avoir
débité quelques exemplaires, & craignant son ressentiment, il sortit du royaume. Il fit divers voyages en Allemagne, en Hollande, en Angleterre, en Suisse & en
Italie. Dans la suite, après s'être arrêté quelque temps
à Basle, il en sortit, & fixa son séjour à Padoue, où
on le fit professeur en médecine en 1676. Trois ans
après il fut honoré de la dignité de chevalier de S. Marc;
mais malgré tous ces honneurs, il souhaitoit fort de retourner en France, où il apprit que le roi vouloit bien
le recevoir en grace. On le retint pour toujours à Padoue, en lui donnant la premiere chaire de chirurgie. Il
mourut en cette ville le 2 octobre 1693, & laissa deux
filles, qui se sont distinguées par leurs écrits dans la république des lettres, & dont nous parlons dans l'article suivant. Leur mere qui, comme elles, fut de l'académie des Ricovrati de Padoue, dont Charles Patin fut
long-temps chef & directeur, avoit fait imprimer en
1680 un recueil de réflexions morales & chrétiennes,

Les ouvrages de Charles Patin sont, *Itinerarium conii-
tis Brienna*, *Parisiis* 1662. *Familiæ Romanæ ex ant.
numismatibus*, *Parisiis* 1663. Traité des tourbes com-
bustibles, Paris 1663. Introduction à l'histoire par la
connoissance des médailles, Paris 1665, & Amsterdam
1667. *Imperatorum Romanorum numismata*, Argenti-
næ 1671. *Thesaurus numismatum*, Amstelodami 1672.
Quatre relations historiques de divers voyages en Europe, Basle 1673, & Lyon 1674. *Pratica delle medaglie*,
Venezia, 1673. *Suetonius ex numismatibus illus-
tratus*, Basileæ 1675. *De numismate antiquo Augusti
& Platonis*, Basileæ 1675. *Encomium Moriæ Erasmi,
cum fig. Holbenianis*, Basil. 1676. *De optima medicorum secta*, Patavii 1676. *De febribus*, Patavii 1677.
De Avicenna, Patavii 1678. *De numismate antiq. Horatii Coclitis*, 1678. *De scorbuto*, Patavii 1679. Le
pompose festi di Vicenza, Padoua 1680. *Natalitia Jovis*,
Patavii 1681. *Quòd optimus medicus debeat esse chirur-
gus*, Patavii 1681. *Lyceum Patavinum*, Patavii 1682.
De numismatibus quibusdam Neronis disquisitio, Bre-
mæ 1681. *Dissertat. Therapeutica de Peste*, Aug. Vin-
del. 1683. *Thesaurus numismatum à Pet. Moroceno
collectorum*, Venet. 1684. *Commentar. in tres inscription. græcas*, Patavii 1685. *Commentar. in monum.
antiq. Marcellinæ*, Patavii 1688. *Commentar. in antiq.
cenotaph. Marci Astorii medici Cæs. Aug.* Patavii 1689.
Dans les *Mémoires* du pere Niceron, tomes II & X, on
a donné une liste détaillée des ouvrages de cet auteur :
on y en a cependant oublié un, dont voici le titre : *In
stirpem regiam Epigrammata*, & en françois : Devises
& emblèmes de la maison royale, par M. Charles Patin,
docteur-régent en la faculté de médecine de Paris,
1660, *in-4°.*

PATIN. (Charlotte-Catherine, & Gabrielle-Charlotte) Ces deux savantes étoient filles de CHARLES Patin, fils de GUI. Elles ont été, aussi-bien que leur mere,
de l'académie des *Ricovrati* de Padoue; & comme elle,
elles ont aussi composé quelques ouvrages. Charlotte-
Catherine prononça à Padoue le dernier octobre 1683
une harangue latine sur la levée du siége de Vienne,
qui a été imprimée la même année, & depuis en 1691,
dans ses *tabellæ selectæ*. On trouve dans le *journal de
Leipsick* de l'an 1691, page 237, l'extrait d'une de ses
lettres aux journalistes, où elle défend un ouvrage de
son pere sur le tombeau de Marcellin, qu'ils avoient critiqué. Elle a publié encore le livre suivant : *Tabellæ selectæ ac explicatæ à Carola-Catharina Patina, Parisina,
academica*, *Patavii in-fol. cum fig.* C'est l'explication
de 41 tableaux des plus fameux peintres que l'on y voit
gravés. Il y a une 42e estampe qui représente la famille
de Charles Patin. Gabrielle-Charlotte a publié une
dissertation latine sur le Phénix d'une médaille d'Antonin Caracalla : *De Phœnice in numismate imp. Antonini
Caracallæ expressa*, Venetiis 1683, *in-4°.* Elle a prononcé outre cela dans l'académie de Padoue en 1685,
le panégyrique de Louis XIV. * Niceron, *mém. pour
servir à l'hist. des hommes illustres dans la république
des lettres*, tome X, *pag.* 90, 91.

PATISSON (Mamert) imprimeur célèbre, étoit
d'Orléans, & homme habile en grec, en latin, & en sa
langue maternelle. Il épousa la veuve de *Robert Etienne*,
pere de *Henri*, en 1580, & imprima dans la maison de
cet Etienne, dont il avoit l'imprimerie & la marque. Il
mourut, non en 1606, comme plusieurs l'ont dit, mais
en 1600. La Croix du Maine en parle dans sa *Bibliothéque françoise*; & la Caille dans son *Histoire de l'imprimerie & de la librairie*. Il eut un fils nommé *Philippe*
Patisson qui fut aussi imprimeur, mais qui est peu connu.

PATIZITHÈS, étoit l'un des mages, auxquels Cambyses laissa dans la Perse la direction de ses affaires,
lorsqu'il partit pour son expédition d'Egypte : il se révolta contre son prince. Prenant occasion de la mort de
Smerdis, qui étoit connue à peu de personnes, il osa
supposer en sa place son frere Oropastes, qui lui ressembloit beaucoup, & de taille & de visage. Il le plaça sur

le trône, & envoya de sa part des hérauts à l'armée d'Egypte, pour lui ordonner de le reconnoître à l'avenir, & d'abandonner Cambyses. Ce dernier s'étoit mis en chemin pour venir punir l'insolence des mages; mais étant mort d'une blessure qu'il se fit à la cuisse avec sa propre épée, en montant à cheval, l'an 522 avant l'ére chrétienne, Smerdis demeura en possession du royaume, jusqu'à ce que sept d'entre les grands seigneurs de Perse ayant découvert l'imposture, se défirent du faux Smerdis, de son frere Patizithés, & d'autres mages, & élurent pour roi Darius fils d'*Hystaspes*, 521 ans avant l'ére chrétienne. * Hérodote, *l.* 3. Justin, *l.* 1.

PATKUL (Jean Reinold) ambassadeur & général du czar Pierre Alexiowits, empereur de Moscovie, étoit Livonien de nation, & est devenu malheureusement célèbre par sa mort tragique arrivée au commencement de ce siécle (le XVIII.) Charles XI, roi de Suéde, pere du fameux conquérant Charles XII, ayant dépouillé la Livonie de ses privilèges, & d'une partie de ses biens, Patkul fut député de la noblesse Livonienne pour porter au roi de Suéde les plaintes de sa province. Il fit à son maître une harangue respectueuse, mais forte & pleine de cette éloquence mâle que donne la calamité quand elle est jointe à la hardiesse. Charles XI, qui dissimuloit, quand il ne se livroit pas aux emportemens de sa colere, ne parut pas s'offenser des discours de Patkul, & lui frapant même doucement sur l'épaule : *Vous avez parlé pour votre patrie en brave homme*, lui dit-il, *je vous en estime ; continuez*. Mais peu de jours après il le fit déclarer coupable de léze-majesté, & comme tel condamner à la mort. Patkul indigné, mais ne pouvant se venger pour lors, prit la fuite, porta dans la Pologne ses ressentimens, & fut général du roi Auguste, qu'il sollicita à faire la guerre à la Suéde après la mort de Charles XI, & sur-tout à conquérir la Livonie, dont la conquête lui parut facile, tant qu'il n'eut pas éprouvé la valeur extraordinaire de Charles XII, qui s'est rendu si redoutable dès sa plus tendre jeunesse. Ses sollicitations eurent leur effet : le roi Auguste porta ses armes dans la Livonie, & assiégea en personne la ville de Riga, capitale de cette province. Patkul en pressa le siége avec l'opiniâtreté d'un homme qui ne respire que la vengeance ; mais le roi de Pologne fut obligé de le lever, & de se retirer. Patkul quitta bientôt lui-même le service de ce prince. Son esprit altier & vif s'accommodant mal aux hauteurs du général Fleming, favori d'Auguste, plus impérieux & plus vif que lui, il passa au service du czar Alexiowits qui l'employa avec plaisir, l'envoya ambassadeur en Saxe, le déclara général, & s'en servit dans plusieurs occasions importantes. Patkul de son côté montra beaucoup de zéle pour son nouveau maître, & ce-fut ce qui attira, en partie, sa perte. Pendant qu'il étoit auprès du roi Auguste de la part du czar, s'étant apperçu que Fleming & le chancelier de Saxe vouloient proposer la paix à quelque prix que ce fût à Charles XII, roi de Suéde, dont les armes toujours victorieuses étoient extrêmement redoutées du roi de Pologne, il forma le dessein de prévenir ces deux médiateurs, & de ménager lui-même un accommodement entre le czar & la Suéde. Le chancelier de Saxe éventa son projet, obtint qu'on se saisît de sa personne, & Patkul fut arrêté à Dresde & fait prisonnier. Le roi Auguste dit au czar que c'étoit un perfide qui les trahissoit tous deux : ce qui étoit faux ; & néanmoins Patkul en fut la victime. Charles XII s'étant rendu maître de la Pologne, & ayant obligé le roi Auguste d'en quitter la couronne, que ce conquérant mit sur la tête de Stanislas Lecsinski, palatin, n'accorda la paix au roi détrôné, qu'en lui imposant plusieurs conditions, dont l'une fut qu'il lui livreroit Jean Patkul, qui étoit né sujet de la Suéde. Le czar le redemandoit dans le même temps, comme étant son ambassadeur, & se plaignoit qu'on avoit violé en sa personne le droit des gens. Patkul étoit alors enfermé dans le château de Konifting en Saxe, ignorant la fin tragique qui l'attendoit dans peu. Auguste

vouloit le sauver, son honneur l'y engageoit ; d'un autre côté il craignoit de ne pas obéir à Charles ; les menaces de ce prince l'épouvantoient. Pour concilier ces divers intérêts, il crut pouvoir prendre ce parti : il envoya des gardes pour livrer le prisonnier aux troupes suédoises ; mais auparavant il envoya au gouverneur de Konifting un ordre secret de laisser échaper Patkul. Mais l'avarice du gouverneur rendit ce dernier projet inutile : celui-ci s'obstina à refuser ce qu'il demandoit, & pendant cet intervalle les gardes commandés pour s'en saisir, arriverent & le livrerent immédiatement à quatre capitaines Suédois, qui l'emmenerent d'abord au quartier général d'Alvanstad, où il demeura trois mois, attaché à un poteau avec une grosse chaîne de fer. De-là il fût conduit à Casimir. Charles XII, élevé dans les principes du despotisme, oublia que Patkul étoit ambassadeur du czar ; & se souvenant seulement qu'il étoit né son sujet, il ordonna au conseil de guerre de le juger avec la dernière rigueur. Ce malheureux fut condamné à être rompu vif, & à être mis en quartiers. Un chapelain vint lui annoncer qu'il falloit mourir, sans lui apprendre le genre du supplice. Patkul répandit beaucoup de larmes à cette nouvelle ; mais quand on l'eut conduit au lieu du supplice, & qu'il eut vu les roues & les pieux dressés, il tomba de frayeur dans des convulsions violentes, & se rejetta dans les bras du ministre, qui l'embrassa en le couvrant de son manteau & en pleurant. Alors un officier Suédois lut à haute voix un papier dans lequel étoient ces paroles : « On sait savoir que » l'ordre très-exprès de sa majesté, notre seigneur très-» clément, est que cet homme qui est traître à sa liberté, » soit roué & écartelé pour réparation de ses crimes, » & pour l'exemple des autres, &c. » A ces mots de *prince très-clément* : Quelle clémence ! dit Patkul ; & à ceux de *traître à la patrie* : Hélas, dit-il, *je l'ai trop bien servie*. Il reçut 16 coups, & souffrit le supplice le plus long & le plus affreux qu'on puisse imaginer. Ses membres coupés en quartiers resterent exposés sur les côteaux jusqu'en 1713, qu'Auguste étant monté sur son trône, les fit rassembler & mettre dans une cassette. La mort de Patkul n'a point fait d'honneur au roi de Suéde, qui, par cette mort cruelle, avoit plus cherché à se venger qu'à punir. * Arouet de Voltaire, *histoire de Charles XII, tome I*, en différens endroits.

PATNA, l'une des plus grandes & des plus commerçantes villes des Indes, située sur les bords du Gange, dans un lieu élevé où l'on monte par plusieurs dégrés de pierre. Cette ville a du côté de terre bon nombre de redoutes & de tours, mais qui servent plus à l'ornement qu'à la défense. Dans toute sa longueur régne une grande rue coupée par plusieurs autres, où se fait un grand commerce de toutes sortes de choses, & où l'on trouve de fort bons ouvriers. A l'extrémité de la ville, dans l'endroit le plus haut, est la place pour le marché, le palais du nabal, ou gouverneur, & un grand kettera, c'est-à-dire, un marché couvert, où l'on trouve toutes sortes de marchandises. * Nicol. Graaf.

PATOUILLET (Jean) protonotaire apostolique à Dijon, étoit né à Etevaux, village à trois lieues de Dijon, de *Richard* Patouillet. Il mourut au mois de juillet 1585, & fut enterré dans l'église d'Etevaux, où on lui dressa cette épitaphe.

JANO PATOUILLETO, *sanctæ sedis apostolicæ protonotario dignissimo, viro incomparabili, in quem quidquid in egregium hominem laudis dici potest, hoc fuit naturæ beneficio conlatum : facundia mira, memoria tenacissima, qui Julium Cæsarem, Titum Livium, Virgilium, Horatium, Martialem, Cornelium Tacitum, ac Suetonium, autores classicos, nominatissimos & probos, sine tabellâ recitaret, ita ut de ipsis apò & rectè loqueretur. Honores & urbes refugit. Rus coluit, & parvo lare contentus fuit : vixit ann. LX, mortuus*
ann

no 1585, *menſe Julio : Janus Prevotius J. C. ex niſſe hæres, ab eo, honoris cauſâ, ſupremis tabulis incupatus, mœrens poſuit ad honorem & virtutem.*

...atouillet étoit l'aîné de ſept enfans qu'avoit eus ſon ...ere, mort en 1546. Pour lui, on ne lui a connu qu'une ...le naturelle, que le roi Henri III légitima à cauſe de la ...elle éducation qu'elle avoit reçue. Ces lettres de lé...itimation furent vérifiées au parlement le 2 août ...587. Quoique Patouillet ait été très-ſavant dans les ...ngues & dans l'hiſtoire, on ne connoît de lui aucun ...uvrage imprimé, & nous n'avons que les témoignages ...les ſavans de ſon temps qui dépoſent en faveur de la ...ultitude de ſes connoiſſances. Joſeph Scaliger, dans ...*Confutatio fabulæ Burdonum,* aſſure qu'il s'étoit beau...coup appliqué à l'hiſtoire. Ronſard lui adreſſe le trente-cinquième ſonnet de la ſeconde partie de ſes amours, & Remi Belleau dans ſa note ſur ce ſonnet, dit que *Jean Patouillet étoit un homme de grand jugement, de grande lecture, ſavant dans les langues & dans l'hiſtoire.* Jean Richard lui a dédié ſon ouvrage latin ſur les antiquités de Dijon. Charles Cottier de Juilly, plus connu ſous le nom de Flavigny, folio 44 de ſa *Conſolation à ſon fils,* appelle Patouillet un *philoſophe, & un vraiment démocritique.* Ils ont enſemble dans le même ouvrage un entretien fort long & très-ſérieux ſur le deſtin. M. le conſeiller de la Mare avoit compoſé la vie de Patouillet: elle eſt demeurée manuſcrite. * Voyez la *Bibliothéque des auteurs de Bourgogne,* par M. Papillon.

PATOUREAUX ou **PASTOUREAUX,** troupe de vagabonds, qui furent aſſemblés par un certain Hongrois, nommé *Jacob,* apoſtat de l'ordre de Cîteaux en Allemagne, l'an 1250, ſous prétexte de faire une croiſade pour la délivrance du roi S. Louis. Ce Hongrois qui ſavoit pluſieurs langues, paſſa en France avec ſa troupe, & ſe mit à prêcher la croiſade de la part de Dieu, en débitant pluſieurs révélations, qui lui attirerent quantité de villageois & de bergers ; & il leur faiſoit accroire que Jeſus-Chriſt, qui eſt le bon paſteur, vouloit ſe ſervir de bergers pour délivrer le meilleur roi du monde. Il diviſa cette armée de ſcélérats en pluſieurs compagnies, qui avoient un agneau peint ſur leurs drapeaux : ce fut pour cela auſſi qu'on leur donna le nom de *Pâtoureaux* ou *Bergers.* Il créa même parmi eux deux chefs, qui s'appelloient *les Maîtres,* & auſquels il donna la liberté d'exercer les fonctions ſacerdotales & pontificales ; de ſorte qu'ils remettoient les péchés commis, & même ceux que l'on commettroit à l'avenir. Ils commettoient mille autres ſacriléges, maſſacrant les prêtres & les religieux, qu'ils diſoient être cauſe de la priſon du roi, parcequ'ils avoient attiré la colere de Dieu ſur ſon peuple, par leurs déſordres & par leurs diſſolutions. Le peuple, au commencement, favoriſa ces nouveaux croiſés ; & ceux d'Orléans furent aſſez ſimples pour les recevoir dans leur ville, où ils firent main baſſe ſur tous les gens d'égliſe. Les Pâtoureaux en voulurent faire autant dans le Berri, mais ils y trouverent de la réſiſtance ; & les gentilshommes en taillerent la plus grande partie en piéces, entre Mortemer & Villeneuve ſur le Cher, dans une rencontre, où le général apoſtat fut tué ſur la place. Le reſte de cette canaille, qui ſe put ſauver par la fuite, périt bientôt après, ou par le ſupplice dû à leurs crimes, ou par les mains de ceux qui ſuivirent l'exemple des Berruyers. *Voyez* JACOB. * Nangis, *in geſtis ſancti Ludovici.* Maimbourg, *hiſt. des croiſ. liv.* 12.

PATRAS, ville de l'ancienne Achaïe, aujourd'hui dans la Morée, près de l'entrée du golfe de Lépante, & du cap de Rio, eſt appellée par les Turcs *Badra* & *Balabatra,* c'eſt-à-dire, *l'ancienne Patras ;* & par les Italiens, *Neopatria.* Les anciens la nommoient AROÉ. *Voyez* cet article. Patras eſt ſituée environ à 700 pas du golfe de Patras, où eſt le port de Panorme, & eſt défendue par une citadelle ſur le ſommet d'une montagne. L'empereur Auguſte donna aux habitans de cette

ville le droit de bourgeoiſie romaine. On y adoroit Diane, déeſſe des bois, à laquelle on ſacrifioit tous les ans un jeune garçon & une jeune fille. Il y avoit auſſi des temples fort célébres, dédiés à Minerve, à Cybele, à Atis, à Jupiter *Olympien,* & à d'autres fauſſes divinités. On y alloit encore conſulter un oracle de Mercure & de Veſta, qui étoit dans la grande place. La cérémonie conſiſtoit à encenſer leurs ſtatues, & à allumer les lampes qui pendoient autour. Enſuite on dédioit à la droite de l'autel une médaille de cuivre du pays, puis on interrogeoit la ſtatue de Mercure ſur ce qu'on vouloit ſavoir. Il falloit alors en approcher l'oreille, & aller hors de la grande place, tenant les oreilles bouchées avec ſes mains. La premiere voix qu'on entendoit en ne levant point les mains de deſſus, étoit, diſoient-ils, la réponſe de l'oracle. On croit communément que l'apôtre S. André prêcha l'évangile à Patras, & qu'il y ſouffrit le martyre. Cette ville eſt aſſez peuplée, particuliérement par les Juifs, qui y font un grand trafic. C'eſt la ſeule de ces côtes, où les Grecs des iſles voiſines, les François & les Anglois ont coutume de commercer. L'air n'y eſt pas fort ſain, à cauſe des montagnes voiſines & des eaux qui l'environnent. Patras portoit titre de duché du temps des deſpotes de la Morée. Un de ces princes ne ſe ſentant pas aſſez de force pour s'y maintenir, le vendit en 1408 aux Vénitiens, à qui les Turcs l'enleverent en 1463.

Le fameux André Doria aſſiégea Patras en 1533, & s'en rendit maître, ſans trouver beaucoup de réſiſtance, parceque ſes fortifications étoient en mauvais ordre. Peu de temps après il aſſura cette conquête par la réduction de la fortereſſe, qui fut contrainte de ſe rendre, quoiqu'elle eût autrefois tenu une année entiere contre l'empereur Conſtantin *Paléologue,* vers l'an 1450. En 1534 les Turcs revinrent avec des troupes nombreuſes, & en chaſſerent les Vénitiens, qui l'ont repriſe & perdue depuis. Les troupes de la république, dans l'expédition de 1687, étoient commandées par le généraliſſime Morofini, & le comte de Koningſmarck, maréchal de camp, par le général prince Maximilien-Guillaume de Brunſwick & de Lunebourg, & le lieutenant général d'Avila. Sous la conduite de ces chefs, l'armée vénitienne partit de Climno le 20 juillet 1687, & ſe trouva le lendemain dans le voiſinage de Patras. Le 24 il ſe donna un combat entre les Vénitiens & les Turcs. Ceux-ci furent défaits ; de ſorte qu'il y en eut près de deux mille de tués, le reſte s'étant ſauvé. La garniſon de Patras ayant vu cette déroute, abandonna la ville, avec tout ce qu'il y avoit d'artillerie & de munitions. Le bacha Mehemet qui étoit avec ſix mille hommes du côté du château de Romelie, qui eſt une des Dardanelles de Lépante, prit auſſi la fuite avec la garniſon de cette place. Guiſulderem Mehemet, qui avoit ſon camp près du château de la Morée, en fit de même. Et ce qu'il y a de plus étonnant, c'eſt que la ville de Lépante, qui eſt très-forte, ſe rendit auſſitôt ſans réſiſtance. Les Vénitiens ont conſervé Patras juſqu'en 1716.

Les Grecs ont à Patras une égliſe cathédrale, qui eſt une des quatre métropolitaines de la Morée ; les trois autres ſont celles de Napoli de Romanie, de Corinthe, & de Miſitra. On dit que le métropolitain de Patras a près de mille égliſes dans l'étendue de ſon archevêché. Les Juifs, qui font environ le tiers de la ville, établiſſent des anciens entr'eux pour juger de leurs différends, & ont quatre ſynagogues. Le nombre de tous les habitans en général monte à quatre ou cinq mille. Les Turcs y ont ſix moſquées. A une demi-lieue de la ville, ſont les jardins de Patras, dans un lieu appellé *Glycada,* c'eſt-à-dire, *douceur,* parcequ'il y vient des citrons, des oranges & des grenades d'une douceur très-agréable. Quatre ou cinq de ces citrons n'y valent qu'un ſol, quoiqu'ils ſoient de la groſſeur des deux poings. La chair en eſt douce, & ſe mange comme une pomme ; mais le peu de ſuc qui eſt au milieu eſt aigre. On y trouve auſſi de groſſes oranges comme celles de Portugal, dont la chair eſt amere ; & le ſuc ſort doux. Il y a quantité de beaux cedres dans ces jardins , & on y admire un fameux cyprès , qui eſt peut-être le plus vieux & le plus gros du monde ; ſon tronc a dix-huit pieds de tour, & étend ſes branches à vingt pieds de diametre, étant de cette eſpece de cyprès qui les pouſſent en dehors. * J. Spon , *voyage d'Italie , &c.* en 1675. P. Coronelli, *deſcription de la Morée.*

PATRAT ou LE PERE PATRAT , étoit ainſi appellé chez les anciens Romains , parcequ'il devoit avoir en même temps ſon pere vivant, & des enfans. Il étoit le chef du collége des Féciaux , qui compoſoient un conſeil de guerre, pour examiner la juſtice ou l'injuſtice d'une nouvelle entrepriſe. Il ne ſe mêloit que de ce qui regardoit les guerres du peuple Romain , ſans ſe mettre en peine de celles qui pouvoient naître entre les peuples étrangers.

PATRIARCHAT : ce nom a été donné à ce qu'on appelloit anciennement *Dioceſe* ; c'eſt-à-dire, pluſieurs provinces qui ne faiſoient qu'un corps ſous une ville plus conſidérable, qui étoit gouvernée par un même vicaire. L'égliſe s'étant établie ſuivant la forme de l'empire , a de même fait un corps des égliſes de ces provinces , ſous la juriſdiction de l'évêque de la principale ville, appellé *Exarque* ou *Patriarche.* Il y avoit en Orient cinq dioceſes de cette nature ; l'Egypte ſous l'évêque d'Alexandrie ; l'Orient proprement dit , ſous celui d'Antioche ; l'Aſie , ſous celui d'Epheſe ; le Pont & la Thrace, qui dans les premiers temps n'avoient pas d'évêques qui euſſent une juriſdiction ſur tout le dioceſe. Depuis, la ville de Byzance ayant été érigée en ville royale , & nommée Conſtantinople, devint la capitale du dioceſe de Thrace, enſuite du Pont & de l'Aſie même ; & on attribua à l'évêque de Jéruſalem , par honneur pour la ville où la religion chrétienne étoit née, quelques provinces de la Paleſtine ; enſorte qu'il y eut quatre patriarchats en Orient ; celui de Conſtantinople , qui eut le ſecond rang ; celui d'Alexandrie ; celui d'Antioche ; & celui de Jéruſalem. En Occident le patriarchat de Rome, ſuivant Ruſin , ne s'étendoit anciennement que dans les provinces ſuburbicaires, c'eſt-à-dire , ſur les provinces qui étoient ſoumiſes au préfet de Rome. Depuis il s'eſt étendu ſur toute l'Italie , l'Illyrie , la Macédoine , & une partie de l'Occident. Le patriarchat d'Alexandrie avoit ſous lui les provinces de l'Egypte, de la Pentapole , de la Lybie & de la Marmarique. Celui d'Antioche avoit toutes les provinces du dioceſe d'Orient. Les trois Paleſtines ſont adjugées à celui de Jéruſalem par le concile de Chalcédoine ; & la Thrace, l'Aſie & le Pont à celui de Conſtantinople. Ce dernier, à la grandeur duquel les empereurs s'intéreſſoient , étendit ſa juriſdiction bien loin au-delà de ſes bornes, tant en Aſie & en Europe ; car il ſe ſoumit la Theſſalie , la Macédoine , la Grèce, l'Epire , l'Illyrie , & tout ce qui étoit de l'empire d'Orient. Le pape Adrien I, qui envoya ſes légats au II concile de Nicée tenu en 787, contre l'héréſie des Iconoclaſtes, ne manqua pas de demander aux Grecs les provinces que l'empereur Léon *Iſaurique* ou *l'Iſaurien,* avoit démembrées du patriarchat de Rome pendant l'héréſie, & qu'il avoit attribuées à celui de Conſtantinople ; mais on ne le ſatisfit point ſur cette reſtitution. Dans le IX ſiécle les papes eurent conteſtation avec les évêques de Conſtantinople pour la Bulgarie, que chacun d'eux prétendoit être de ſon patriarchat. Ce fut un des principaux ſujets de diviſion entre l'Egliſe grecque & l'Egliſe latine. En Afrique l'évêque de Carthage étoit comme patriarche de toutes les égliſes d'Afrique. On ſe tromperoit ſi l'on croyoit que toutes les égliſes du monde dépendoient anciennement des cinq patriarches , puiſqu'il y en avoit pluſieurs qui étoient *autocephalus* , & qui ſe gouvernoient par leurs conciles provinciaux ou nationaux , & dont les métropolitains étoient ordonnés par les évêques de la province. Il y a à Rome cinq égliſes nommées *patriarchales* ; S. Jean de Latran repréſente le pape ; S. Pierre, le patriarche de Conſtantinople ; S. Paul,

celui d'Alexandrie ; ſainte Marie-Majeure , celui d'Antioche ; & S. Laurent hors les murs, celui de Jéruſalem. Les évêques pourvus des titres de ces égliſes marchent dans les cérémonies publiques après le pape & les cardinaux , & précédent le gouverneur de Rome & les autres prélats. Il n'eſt pas permis même aux cardinaux de célébrer la meſſe au grand autel de ces égliſes , ſans une diſpenſe du pape, portée dans une bulle que l'on attache au coin de l'autel. * Du Pin , *de antiq. ecclſ. diſcipl.*

PATRIARCHE, nom qui vient du grec Πατριάρχης , c'eſt-à-dire , *chef de famille.* On a ainſi appellé premierement tous les chefs des générations qui ſont nommés dans l'ancien teſtament depuis Adam juſqu'à Jacob. Ce nom enſuite a été donné au ſouverain magiſtrat des Juifs après la deſtruction de Jéruſalem. Les Montaniſtes le prirent des Juifs pour le donner aux chefs de leur égliſe ; on l'a donné aux évêques ; enfin on l'a réſervé aux ſeuls évêques des grands ſiéges. Socrate , & le concile de Chalcédoine le donnent à tous les évêques , qui étoient évêques des villes capitales des cinq dioceſes d'Orient. Il fut auſſi donné à S. Léon dans le concile de Chalcédoine. Enfin on l'a reſtreint aux évêques des cinq principaux ſiéges de l'égliſe , Rome , Conſtantinople , Alexandrie , Antioche & Jéruſalem. Ce nom a été peu uſité en Occident ; on l'a cependant donné quelquefois à des métropolitains & à des évêques. On nomme auſſi patriarches les évêques des nations qui ſe ſont converties , ou qui ſe ſont ſéparées de l'égliſe grecque ou de l'égliſe romaine.

Les patriarches ont des droits d'honneur & de juriſdiction. Le droit d'honneur eſt la préſéance ſur les autres métropolitains. Le droit de juriſdiction eſt le droit d'ordonner les métropolitains de leur patriarchat , de convoquer des conciles de tous les évêques du patriarchat , & d'avoir une inſpection générale ſur toutes les provinces qui en dépendent. * Du Pin , *de antiq. ecclſ. diſciplin.*

PATRIARCHE (le) lieu dans le fauxbourg de ſaint Marcel à Paris , proche l'égliſe de S. Médard , où les huguenots faiſoient publiquement leur prêche en 1561. Ce fut de-là qu'ils ſortirent le jour de la fête de ſaint Etienne , pendant que l'on ſonnoit les vêpres , ſous prétexte que ce bruit les étourdiſſoit , & empêchoit leur prédicant. Enſuite ils entrerent dans l'égliſe de S. Médard , les armes à la main , frapant tous ceux qu'ils rencontroient , briſant les images , & rompant tous les ornemens. Après cette violence , ils rentrerent dans la ville comme en triomphe , emmenant avec eux près de quarante priſonniers qu'ils avoient faits dans ce tumulte. Ils eurent même l'inſolence de repaſſer le lendemain en troupe devant à leur *Patriarche :* ce qui irrita tellement les Pariſiens, qu'ils s'armerent de bâtons, de marteaux , de broches , de pêles à feu , & de tout ce que la colere leur put fournir d'armes de cette nature ; (car la reine par le conſeil de l'amiral , les avoit fait déſarmer un peu auparavant ,) & coururent après ces huguenots. Ils cuidoient à tout rompre dans le *Patriarche* , lorſqu'ils en furent empêchés par les magiſtrats accompagnés de leurs archers , & des compagnies des gardes. * Maimbourg , *hiſt. du Calviniſme.*

PATRICA , bourg de l'état de l'égliſe , ſitué dans la Campagne de Rome, vers la côte , à trois lieues d'Oſtie , vers le levant. On voit à demi-lieue de ce bourg une colline nommée *Monte di Livano,* où l'on croit qu'étoit l'ancienne *Lavinium , Lavinum , & Lauro-Lavinium ,* fondée par Enée ; & on prend l'égliſe de ſainte Petronelle , qui eſt ſur cette colline , pour l'ancien temple d'*Anna Perenna* , qui étoit dans la ville de *Lavinlum.* " Baudrand.

PATRICE (Pierre) natif de Theſſalonique en Grèce , célèbre orateur à Conſtantinople , floriſſoit ſous l'empire de Juſtinien , qui l'envoya l'an 534 en ambaſſade vers Amalaſonte , reine des Goths, laquelle , après la mort de ſon fils Athalaric , avoit deſſein de faire paſſer royaume d'Italie sous la puissance de cet empereur, d'empêcher que Théodat ne montât sur le trône. Pa. ice ayant appris la mort de cette princesse, aussitôt s'il fut arrivé en Italie, déclara la guerre à ce tyran, & à toute la nation des Goths. Après s'être aquitté di. rement de cette ambassade, & de plusieurs autres, il it revêtu par l'empereur de la charge de maître de son alais. Il fut encore envoyé en ambassade l'an 550 à :hosroès, roi de Perse, pour conclure avec lui la paix 'Orient. On a des fragmens de son histoire des ambas. ides, qu'il composa en deux parties, dont la premiere ommence à l'ambassade que les Parthes envoyerent l'empereur Tibere l'an de Jesus-Christ 35 , pour lui emander un roi ; & finit par l'ambassade qui fut en. oyée par les barbares à Julien l'*Apostat*, créé empe. eur l'an 361 après la naissance de Jesus-Christ. La se. onde partie commence à l'ambassade que l'empereur /alerien envoya à Sapor, roi de Perse, pour obtenir le lui la paix en 258 , & finit à celle de Dioclétien & Galere envoyerent à Narsès roi de Perse, pour traiter le la paix avec lui, l'an 297. Ces fragmens ont été tra. luits de grec en latin , par Chantéclair, avec les notes ausquelles Henri de Valois a ajouté les siennes en 1648. On les a imprimés au Louvre dans le corps de la Byzan. tine. * Hankius, *de rom. rerum script. part. I, cap. 40.*

PATRICE (saint) apôtre d'Irlande, & le second évêque après Pallade , dans le V siécle. Il n'y a point de saint dont on ait écrit tant de vies ou d'histoires, que de S. Patrice. Celle qu'on attribue à Bede , n'est point de lui ; & celle de Jocelin , moine Anglois de l'ordre de Cîteaux , est pleine de fables. Voici ce que l'on en peut croire de plus vraisemblable. Ce saint naquit dès l'an 377, au pays d'Albanie en Ecosse ; il fut pris & amené captif en Irlande en 392. En 397 il se sauva & revint en Ecosse. Il perdit son pere & sa mere dans un voyage qu'ils faisoient avec lui en Bretagne ; il fut pris par les barbares, & vendu aux Pictes , de son pays, qui le mirent en liberté. Il fut pris une troisiéme fois, & amené à Bourdeaux par des pirates qui le vendirent à un maître qui lui donna la liberté. Il se retira au mo. nastere de Marmoutier, que S. Martin avoit fait bâtir près de Tours ; il y reçut la tonsure cléricale & mo. nastique , de la main du successeur de S. Martin , & re. tourna en 402 dans la grande Bretagne, dans le dessein d'aller prêcher l'évangile dans l'Irlande ; mais n'ayant pu l'exécuter, il revint en France , & passa en Italie, où il reçut l'ordre de prêtrise. Il repassa en France, & demeura trois ans auprès de S. Amator , évêque d'Au. xerre. Après la mort de ce prélat , il demeura neuf ans dans le monastere de Lerins, & alla à Rome en 430 pour demander permission au pape Célestin de passer en Irlande ; mais ce pape ayant envoyé dans ce pays Pallade , ne jugea pas à propos d'y envoyer Patrice. La nouvelle de la mort de Pallade étant venue, Patrice fut ordonné évêque d'Irlande par le pape , & passa dans cette isle l'an 432. Il fit plusieurs chrétiens dans la Lagé. nie & dans l'Ultonie ; y établit des monasteres, & bâtit des églises. Il porta aussi les lumieres de l'évangile dans les autres parties de l'Irlande. En 444 , il retourna à Rome pour consulter le pape S. Léon le *Grand.* Il re. vint ensuite en Irlande, & fit un dernier voyage à Rome, pour faire ériger l'église d'Armach en métropole. Enfin, étant de retour en Irlande, il y mourut l'an 460, âgé de 83 ans. On fait sa fête au 17 de mars. Voilà les prin. cipales circonstances de la vie de S. Patrice, qu'on ne voudroit pas néanmoins garantir toutes. *Voyez* Bail. let, *vies des saints*, & les auteurs qu'il cite.

PATRICE ou PATRIZIO (François) évêque de Gayette dans la terre de Labour en Italie, vivoit dans le XV siécle. Il étoit de Sienne, & se rendit très-célé. bre par son érudition. S'étant trouvé enveloppé dans une sédition arrivée à Sienne en 1457, il prit courut qu'il avoit été arrêté & condamné à perdre la tête. Raphaël Volaterran l'a ainsi rapporté, *l. 5, & l. 21.* Mais Phi. lelphe mieux informé nous rapporte ainsi le fait dans la

seconde lettre du quatorzième livre, datée du dernier décembre 1457. « Votre lettre m'a été d'autant plus » agréable, que j'y ai appris le bon état de votre san. » té, & des nouvelles certaines de François Patrice, » que l'on nous avoit dit mort, & que vous m'ap. » prenez être vivant. Un bruit fâcheux étoit parvenu » jusqu'à nous au sujet de cet ami, dont on nous avoit » assuré qu'il avoit fini sa vie par un honteux supplice. » On a divers ouvrages de François Patrice : *De regno & regis institutione , lib. IX : De institutione reipublicæ , lib. IX, &c.* Ces deux piéces furent imprimées à Paris en 1519 & 1531, *in-folio.* On en fit depuis un abregé qui fut imprimé à Paris l'an 1546. Ce prélat mourut en 1494. On trouve deux de ses lettres dans le tome II des *Lettere memorabili*, imprimées à Naples chez Bulifon. * Le Mire, *de script. sæc. XVI.* Ughel, &c. Bayle , *dic. tionaire critique.*

PATRICE (Augustin Piccolomini) en latin *Patri. cius* , chanoine de Sienne , puis maître des cérémonies de la chapelle du pape , & évêque de Pienza dans la Toscane , a fleuri vers la fin du XV siécle. Le cardinal François Piccolomini , archevêque de Sienne, qui a été pape sous le nom de Pie III, lui donna ordre de compo. ser un abregé des actes du concile de Basle , ce qu'il fit. Il se servit , à ce qu'il assure , d'une compilation des actes de ce concile faite par le cardinal de S. Calliste (Jean de Ségovie Espagnol) & d'une histoire de Dominique car. dinal de Fermo. Cet ouvrage n'a jamais été imprimé ; mais il se trouve dans un manuscrit de la bibliothéque du roi , qui a été communiqué à Sponde qui en a fait men. tion dans ses annales. Ce n'est pas la seule production d'Augustin Patrice ; il en composa une autre touchant les rits de l'église romaine, que Christophe Marcel , ar. chevêque de Corfou, fit imprimer sous son nom. Paris de Crassis s'en plaignit au pape pour deux raisons. La premiere , parcequ'il ne falloit pas divulguer les rits par. ticuliers de l'église romaine : la seconde , parceque l'ar. chevêque de Corfou étoit un plagiaire qui avoit mis son nom à un ouvrage qui ne lui appartenoit pas. L'affaire fut portée au consistoire des cardinaux. Ils n'approuve. rent pas le sentiment de Paris sur la défense de publier les rits de l'église romaine, & ne porterent aucun juge. ment sur la contestation personnelle qui pouvoit y avoir touchant l'auteur , ou plutôt le compilateur des livres des rits ecclésiastiques ou sacrées cérémonies de l'église romaine , imprimées à Venise en 1516, avec privilege de Léon X. On a une très-bonne édition du traité des rits de l'église romaine, qui a paru à Rome en 1750. Elle est due aux soins du P. Joseph Catalani, qui y a fait beaucoup de corrections , & y a ajouté un bon com. mentaire. Patrice avoit été secrétaire de ce cardinal François Piccolomini, dans la légation d'Allemagne, sous le pontificat de Pie II. Le pere Mabillon a fait deux hom. mes de ce nom, mais il ne paroît pas avoir eu raison de le faire. * Spondanus, *annales.* Bayle , *diction. critique.* Mabillon, *museum italicum ; part. II , p. 255.*

PATRICE (André) fut un des savans incomparables qui naquirent en Pologne au XVI siécle. Il étudia à Pa. doue , & s'acquit l'estime des plus illustres professeurs de ce pays-là , & nommément celle de Sigonius & de Paul Manuce. Il publia des ouvrages qui le rendirent célébre , & il obtint de bons bénéfices en son pays. Il fut prévôt de l'église de Warsovie , archidiacre de celle de Wilna, puis évêque de Wenden. Le roi de Polo. gne Etienne Battori, ayant recouvré la Livonie, dont les Moscovites s'étoient emparé , voulut ériger en évêché la ville de Wenden, & donna cette prélature à notre Patrice, qui n'en jouit pas long-temps ; car il mourut bientôt après l'an 1583. Il fit des commentaires pour deux oraisons de Ciceron ; il ramassa aussi en un les fragmens de cet orateur. Il harangua à diverses fois le roi de Polo. gne Etienne Battori au nom du clergé, pour avoir battu trois fois l'armée des Moscovites, & composa aussi quel. ques ouvrages de controverses. *Paralleli ecclesiæ ortho. doxa cum synagoga hæreticorum. De vera & falsa eccle.*

sta libri quinque. * Simon Starovolscius, *in elogiis centum Polonorum.* Bayle, *diction. critique.*

PATRICE, vulgairement PATRIZIO (François) natif de Clisse en Istrie, florissoit sur la fin du XVI siécle, & enseigna la philosophie à Ferrare & à Rome, avec une grande réputation. Son éloignement pour les sentimens des Péripatéticiens, suscita contre lui un médecin nommé Théodore Angelucio, & Jacques Mazzoni. Il mourut en 1597, âgé de 67 ans. Nous avons de lui une poëtique imprimée en italien à Ferrare l'an 1586, *in-*4°. divisée en deux décades, dans la premiere desquelles, intitulée *la Deca istoriale*, il parle des poëtes Grecs & Latins en historien ; dans la seconde qu'on nomme *la Deca disputata*, il propose un grand nombre de questions importantes touchant les régles de l'art. Erythreus qui a compté trois décades de cet ouvrage s'est trompé. On a encore de Patrice : *Discussionum Peripateticarum, tomi IV°. Philosophia. Paralleli militari. Nova rhetorica. Nova geometria. Risposta à due oppositioni del Mazzoni. Deffesa delle cento accuse del Mazzoni, &c.* Patrizio publia aussi les œuvres de Mercure Trismegiste, qu'on imprima l'an 1591, à Ferrare sous ce titre : *Oracula Zoroastris, Hermetis Trismegesti, & aliorum ex scriptis Platonicorum collecta, grecè & latinè, præfixà dissertatione historicà.* * Le Mire, *de scriptoribus sæculi XVI.* Laurenzo Crasso, *elog. d'huom. letter.* Lambecius, *prodrom. hist. litter.* M. de la Monnoie, *notes sur les jugemens des savans de Baillet*, tome III, p. 293. *Bibliothéque italique*, tome II, page 21.

PATRICES ou PATRICIENS, nom de ceux qui descendoient des premiers sénateurs créés par Romulus ou par Tarquin l'*Ancien*, cinquiéme roi de Rome. On appelloit ceux-là *grands* ou *premiers Patriciens* ; & ceux-ci *petits* ou *seconds Patriciens*. Ils étoient ainsi appellés, parcequ'ils pouvoient nommer un sénateur parmi leurs ancêtres, *Patrem ciere* ; car les premiers sénateurs de Rome furent appellés *Patres* par Romulus. Les premiers François ayant trouvé dans les Gaules plusieurs grands qui portoient cette qualité de Patrices, la conserverent pour en honorer ceux qu'ils élevoient aux premieres charges du royaume ; & comme c'étoit du rang de ces Patrices qu'on choisissoit les gouverneurs des provinces, de-là vient que le nom de Patrice se prend assez souvent dans les auteurs de ce temps-là pour marquer un gouverneur. * Maimbourg, *histoire du pontificat de S. Grégoire le Grand.* Rosin, *antiq. rom. l. 7, c. 5.*

PATRICES, nouvelle dignité instituée par l'empereur Constantin, selon Zosime, n'étoit qu'un simple titre sans aucune jurisdiction particuliere. Les Patrices étoient ainsi appellés, parcequ'ils étoient considérés comme *les peres des empereurs* ; mais quelque grande que fût leur élévation, ils n'avoient néanmoins rang qu'après les consuls. Jules Constance, frere de Constantin, & Optat, qu'on croit avoir été son beau-frere, recurent de lui cet honneur, qui duroit ordinairement autant que la vie de ceux qui en étoient revêtus. Les empereurs de Constantinople donnoient aussi le titre de Patrices aux gouverneurs qu'ils envoyoient dans les villes d'Italie, de Sicile & d'Afrique. Ils le donnoient encore à quelques rois & princes étrangers, à cause que cette dignité par son éminence, étoit au dessus de toutes les autres. Les rois de France Pepin *le Bref*, Charles & Carloman, ont été appellés Patrices de Rome par les papes ; & le pape Adrien I fit prendre le titre de Patrice à Charlemagne avant celui d'empereur. Cette dignité de Patrice a été en usage en France du temps des rois Bourguignons, qui nommoient *Patrices* ceux qui étoient les premieres personnes de l'état après eux, les gouverneurs des provinces, &c. & ces patrices avoient rang devant les ducs. Ces officiers avoient le même pouvoir que les maires du palais à la cour de France. Ce titre est encore aujourd'hui en vigueur en quelques villes des Pays-Bas, où l'on nomme PATRICES les familles les plus considérables, qui de tout temps y ont possédé les

premieres dignités & magistratures. Ainsi à Bruxelles, il y a sept familles nobles ou patrices, qui jouissent de grands priviléges. Ericius Puteanus, Divœus & André de la Roque dans son traité de la noblesse, remarquent que les sept familles nobles patrices de Bruxelles, sont privilégiées par un réglement du souverain de l'an 1306, qui porte que les bourguemestres échevins de Bruxelles, seront tirés des sept familles patriciennes, & non d'autres. Ce réglement a toujours été observé, & s'observe encore aujourd'hui très-religieusement par tous les gouverneurs des Pays-Bas. Au reste les familles originairement PATRICES de Bruxelles, étoient celles de Gerhuigs, Serroëloffs, Suwers, Caudenberg, Sleeus, Stenweghe, Roodenbecke. La plupart sont éteintes, & ont fait passer leur privilege par les femmes dans d'autres familles nobles, comme dans celle de Blitesfwick, de Joquec, de Farvaques, &c. Il y a aussi des familles patrices à Louvain, où la tradition est qu'un comte de Louvain qui avoit sept filles, les maria à sept nobles de cette ville, ausquels il conféra le nom & les priviléges de Patrices. * *Cod. theod.* Zosime. Du Cange, *glossar. latin. Jurisprudentia heroica*, imprimée à Bruxelles en 1668, *fol.* 61, 62 & *seq.* Ericius Puteanus, *Bruxella septenaria.* La Roque, *traité de la noblesse.*

PATRICK (Simon) prélat Anglois, étudia à Cambridge, où il fut reçu membre du collège de la reine, & il en devint ensuite président. Il fut successivement curé de Battersea en Surrey, & de S. Paul à Convent-garden. Il fut aussi nommé prédicateur du roi, soudiacre de Westmunster, & en 1680, doyen de Petersbourg après la mort de Jacques Duport. Guillaume III étant monté sur le trône d'Angleterre, Patrick fut nommé en 1689, évêque Chichester, & en cette qualité il fut un des trente nommés par le roi, pour la correction de la liturgie anglicane & la réunion avec les presbytériens. Il fut chargé particulierement de revoir toutes les collectes ou oraisons de l'année. En 1691, il passa à l'évêché d'Ely, à la place de Turner qui avoit refusé de prêter serment au roi Guillaume & à la reine Marie. Il mourut en 1707. On assure qu'il avoit une grande connoissance des antiquités judaïques & chrétiennes, des philosophes, des poëtes même Grecs & Latins, & ce qui convenoit encore mieux à son état, de l'écriture-sainte, de la théologie & de la morale. Il passe pour un des meilleurs commentateurs Anglois de l'écriture-sainte. Burnet dit de lui, qu'il étoit grand prédicateur, qu'il écrivoit beaucoup & bien, sur-tout sur la bible, qu'il étoit laborieux, qu'il menoit une vie austere, mais qu'il étoit trop dur envers ceux qui n'étoient pas de son sentiment. Outre plusieurs écrits sur différens sujets de morale & de spiritualité qu'il a publiés en anglois, il a donné dans la même langue des commentaires sur le Pentateuque en cinq volumes *in-*4°, en 1695 & 1700, sur l'Exode & le Lévitique, à Londres, seconde édition en 1704, *in-*4°. Une paraphrase des Proverbes & des Cantiques, *in-*8° en 1682. Une autre de l'Ecclésiastique & du Cantique des Cantiques, *in-*8° en 1685. Ces commentaires ont tous été imprimés à Londres. * Burnet, *histoire de la réformation d'Angleterre.* Le Neve, *fasti anglici.* Le Long, *bibliotheca sacra*, édition *in-folio*, page 895.

PATRIMOINE DE SAINT PIERRE, province d'Italie appartenante au saint siége, est nommée dans le pays, *la provincia del Patrimonio.* Elle est entre le Tibre, la Marta & la mer de Toscane, & a Viterbe pour capitale. Ses autres villes sont Nepi, Sutri, Toscanella, Civita-Vecchia, Corneto, Bagnarea, Bracciano, Bolsena, & Monte-Fiascone. On appelloit anciennement *Patrimoine de S. Pierre*, les biens que possédoit l'église romaine ou son domaine, en quelque lieu qu'ils fussent situés.

PATRINGTON (Etienne) Anglois, évêque de S. David, & religieux de l'ordre des Carmes, dans le XV siécle, étoit d'Yorck, & fut élevé aux principales charges de son ordre. Il prêcha avec applaudisse-

lent à la cour, où il fut auffi confeffeur de Henri IV,
roi d'Angleterre, de la reine & du prince de Galles leur
fils aîné. Henri V le nomma commiffaire contre les fectateurs de Wiclef en 1414; & peu de temps après, il
s'éleva fur le fiége épifcopal de S. David. Depuis il fut
choifi pour remplir le fiége épifcopal de Chicheſter,
mais il ne voulut pas abandonner l'églife fon époufe,
quoique fort pauvre, pour en prendre une autre : il
mourut peu de temps après, le 20 feptembre 1417,
& laiffa divers ouvrages : *In D. Paulum ad Titum. Ser-*
nones de fanctis. Super Magiſtrum Sententiarum. De
facerdotali functione. Contra Wiclefitas. Contra Lolhar-
dos, &c. * Pitfeus & Baleus, *de fcript. Angl.* Lucius,
in biblioth. Carmel. Trithème, &c.

PATRIPASSIENS : on a donné ce nom dans l'occident, aux Sabelliens, parceque comme ils ne diftin-
guoient point la perfonne du Pere d'avec celle du Fils,
ils étoient obligés de dire que le Pere avoit fouffert fur
la croix. Ils tiroient leur origine de Praxée, qui avoit
accrédité cette erreur du temps de Tertullien, qui le réfuta dans un ouvrage exprès que nous avons encore.
Cherchez SABELLIUS.

PATRIS ou PATRIX (Pierre) poëte qui s'eſt diſtingué dans le XVII fiécle, étoit petit-fils d'Etienne
Patris, de Beaucaire, qui étant venu à Caen en 1521,
lorfque le parlement de Rouen envoya des députés de
fon corps pour réformer l'univerfité, fut choifi par eux
pour être profeffeur en droit civil ; & quelque temps
après, il fut confeiller au même parlement : Claude
fon fils fe contenta d'être confeiller au bailliage de Caen.
Ce Claude eut de *Marguerite* de Bourgueville, fille de
Charles de Bourgueville, fieur de Bras, Pierre Patris
dont nous parlons. Il l'éleva dans l'étude des loix ; mais
celui-ci en fit peu d'ufage. Il fuivit fon gout pour la
poéfie, & jufqu'à l'âge de quarante ans qu'il demeura dans
fa patrie, il fit par fon efprit & par fon enjouement les
délices d'un grand nombre de compagnies. Il entra
vers cet âge chez Gafton, duc d'Orléans, qui lui
donna le gouvernement de Limours, pour lequel
il fit fignifier à un grand feigneur qui le vouloit avoir
pour une de fes créatures, les commandemens de Dieu,
où il y a *l'avoir d'autrui tu n'embleras*. Il a été eſtimé
des gens d'efprit ; & Scarron l'ayant trouvé aux eaux
de Bourbon, ne manqua pas d'en parler dans la defcription qu'il fait de ceux qui y étoient :

> *Et Patrix,*
> *Quoique Normand, homme de prix.*

Il avoit la converfation fort agréable ; & l'on dit
que quand il rencontroit des compagnies où l'on parloit des fciences, il difoit à ceux qui l'accompagnoient, qu'il alloit gouter de leur vin. Patris fuivit
conftamment la fortune de Gafton, & après fa mort
il fe tint attaché à celle de Marguerite de Lorraine,
fa veuve. Il n'a jamais été marié. La piété ayant touché
fon cœur plufieurs années avant fa mort, il fupprima,
autant qu'il lui fut poffible, les poéfies licencieufes de
fa jeuneffe, & en compofa fur des fujets de piété où
l'on retrouve le même naturel, & en quelque forte le
même fel que l'on voit dans les premieres ; & l'on y
apperçoit de plus un grand fond de religion, & un
cœur pénétré de repentir de fes fautes. Il fit imprimer
ce recueil de poéfies à Blois, *in-4°*, l'an 1660, fous ce
titre : *La miféricorde de Dieu fur la conduite d'un pé-*
cheur pénitent, &c. & le dédia à Gafton, duc d'Orléans, fon maitre, qui étoit mort depuis trois jours
dans le château de Blois, le 2 fevrier 1660, lorfque
Patris fit fa dédicace, & il en avertit. Patris continua
de vivre à Paris en homme qui penfoit férieufement
à fa derniere heure ; & tout le monde connoît les vers
qu'il fit quelques jours avant qu'elle arrivât, & qui
commencent ainfi :

> *Je penfois cette nuit que de mal confumé,*
> *Côte-à-côte d'un pauvre on m'avoit inhumé, &c.*

Il mourut à Paris, le 6 d'octobre 1671, âgé de 88
ans, étant né à Caen en 1583. Il repofe dans l'églife
des religieufes du Calvaire. Il eft encore auteur de la
Plainte des confonnes qui n'avoient pas l'honneur d'en-
trer dans le nom de Neufgermain. Cette pièce ingénieufe
fe trouve dans les œuvres de Voiture, parceque celui-ci
y répondit. M. Titon du Tillet a donné place à Patris
dans fon Parnaffe françois *in-folio* ; mais il en dit très-
peu de chofe. * M. Huet dans fes origines de Caen,
feconde édition ; & dans fon *Commentarius de rebus ad*
eum pertinentibus, *p.* 177 & 251. M. de la Monnoye,
fur Baillet, *tom. VI*, *pag.* 266.

PATRIZI (Jean) Romain, né le 24 décembre
1658, fut fucceffivement clerc de la chambre apoftolique,
votant de la fignature de grace au mois de mars 1696,
furintendant des rues & des chemins, au mois d'octobre 1701, puis nommé nonce apoftolique à Naples,
& archevêque de Seleucie ; déclaré évêque affiftant
au trône pontifical, le 5 mars 1702 ; établi au mois
de décembre fuivant, par un bref particulier du pape,
adminiftrateur du fpirituel & du temporel de l'archevêché de Naples, le fiége étant vacant, la collation des
bénéfices feulement réfervée au S. fiége ; & fait enfin tréforier généra l de la chambre apoftolique le premier août 1707. Le pape Clément XI, qui le gratifia
d'une penfion de 500 écus au mois de décembre 1714,
le créa cardinal de la fainte églife romaine le 16 décembre 1715, & fit la cérémonie de lui donner le chapeau
le 19 du même mois. Il lui affigna le titre presbytéral
des quatre faints martyrs le 5 février 1716. Ce cardinal continua d'exercer la charge de tréforier de la
chambre apoftolique, jufqu'à ce qu'ayant été nommé légat de Ferrare, le 10 janvier 1718, il alla exercer cette
légation, qu'il remplit jufqu'à fa mort arrivée, à Ferrare le 29 juillet 1727, dans la 69e année de fon âge,
& la 12e de fon cardinalat. Il étoit commandeur de la
commanderie de S. Etienne, d'environ 28000 écus de
revenu. Il laiffa une fucceffion très-riche à PHILIPPE
marquis Patrizi, fon frere, qu'il avoit inftitué fon héritier.

PATROBAS, de la ville de Rome, fut difciple de
l'Apôtre S. Paul. Il fut martyrifé, à ce qu'on prétend,
le 4 de novembre. Il en eft parlé dans l'épître aux *Ro-*
mains, *chap.* 16, *verf.* 14.

PATROCLE, fille de Nicanor, lequel fut envoyé
contre les Juifs du temps de Judas Machabée. * *II. Ma-*
chab. 8, 9.

PATROCLE, *Patroclus*, fils de *Menœtius* & de
Philomele ou *Sthenelé*, fut un des princes Grecs qui
fe trouverent au fiége de Troye, où il fe rendit célébre par l'étroite amitié dont il fut uni avec Achille, &
par les preuves de valeur qu'il y donna, lorfqu'Achille
outré contre Agamemnon eut réfolu de ne plus combattre en faveur des Grecs. Patrocle, qui avoit tenté
vainement de le fléchir, fe couvrit des armes de
fon ami, pour infpirer au moins par ce dehors, de la
terreur aux Troyens, qui trembloient d'ordinaire à la
vue de ce héros. En effet, cet artifice ranima la valeur
des Grecs confternés, & Patrocle défit dans un combat fingulier Sarpedon, fils de Jupiter & roi de Lycie ;
mais il fut vaincu lui-même à fon tour, & tué par Hector, fils de Priam. Les honneurs qu'Achille rendit à la
mémoire de Patrocle, furent extraordinaires, & la vengeance qu'il tira de fa mort fut très-fanglante ; car après
avoir tué Hector ce fe main, il attacha fon cadavre à
un char, & le traîna impitoyablement à l'entour des
murs de Troye. * Homere, *Iliad.* Apollodore,
livre 3.

PATROCLE (Patrocles) hiftorien Grec, avoit
fait un voyage des Indes du temps de Seleucus Nicator
& d'Antiochus, comme Pline le rapporte *dans le fi-*
xieme livre de fon hiftoire naturelle, *ch.* 17. Strabon le
juge plus croyable que les autres, parcequ'il n'avoit
pas été feulement reconnoître, comme Néarque &
Onéficrite, les lieux, mais qu'il avoit gouverné ces

provinces ; que d'ailleurs il favoit les mathématiques ; qu'il s'étoit fait inftruire par ceux qui connoiffoient le pays, & qu'il s'étoit fervi des mémoires qui lui avoient été fournis par Xénoclès, garde du tréfor. * Du-Pin, *biblioth. univerfelle des hiftoriens profanes, tome IV, p. 67.*

PATROCLE (S.) vulgairement PARRÉ, martyr à Troyes, eft reconnu par faint Grégoire de Tours, qui dit que les actes de fon martyre furent apportés par un étranger au clerc de la chapelle de ce faint à Troyes ; qu'ils furent copiés par ce clerc, qui les préfenta à l'évêque, & que l'évêque accufa ce clerc d'avoir fuppofé cette piéce ; que quelque temps après on apporta d'Italie une autre hiftoire de la paffion de S. Patrocle, toute femblable à celle que le clerc avoit tranfcrite ; que l'évêque plein de confufion reconnut la vérité de ces actes, & que le peuple commença à rendre de plus grands honneurs à ce S. martyr. Baillet juge que l'évêque de Troyes & S. Gregoire de Tours, fe font laiffé perfuader avec bien de la facilité de la vérité de cette hiftoire, compofée avec fi peu de vraifemblance dans les pays étrangers. On prétend qu'il a fouffert le martyre fous Aurélien, en 259. Son corps fut transféré de Troyes à Cologne l'an 960, & de Cologne à Soëft en Weftphalie, l'an 963. On fait fa fête au 21 janvier. * Gregor. Turon. *lib. 1, de glor. martyr. chap. 64.* Bollandus. Baillet, *vies des faints.*

PATROCLE, prêtre reclus dans le VI fiécle, fe retira dans le village de Meré & y bâtit un oratoire. Il fit enfuite de fon habitation un monaftere de religieufes, & fe retira dans un hermitage, au lieu appellé *Micant*, où il paffa dix-huit ans dans une cellule. Il mourut l'an 576, âgé de 80 ans. * Greg. Turon. *vitæ Patr. cap. 9.*

PATRON, étoit chez les Romains, celui fous la protection duquel on fe mettoit. Il fe difoit auffi d'un maître à l'égard de fon efclave, à qui on avoit rendu la liberté. La loi des douze tables appelloit les patrons à la fucceffion des biens de leurs affranchis décédés fans enfans légitimes, nés depuis leur affranchiffement, & fans avoir tefté. Car encore que par la manumiffion ou l'affranchiffement, les efclaves acquiffent non-feulement la liberté, mais auffi le droit de bourgeoifie, & qu'ils fuffent faits citoyens Romains, & par conféquent capables d'acquérir & de poffeder toutes fortes de biens, & d'en pouvoir difpofer, ils étoient néanmoins bien différens de la condition des ingénus, qui étoient nés libres ; car la loi les affujétiffoit envers leurs patrons à de grands refpects, à des fervices & à des devoirs confidérables, à l'obfervation defquels ils étoient fi rigoureufement obligés, que quand ils y manquoient, ils pouvoient être non-feulement mulctés d'une peine pécuniaire & de la perte d'une partie de leurs biens, mais auffi châtiés & punis corporellement, & quelquefois même réduits & renvoyés en fervitude, à proportion que leur ingratitude étoit plus marquée, comme il eft pleinement exprimé dans le titre *De jure patronatûs.* Outre ces droits que le patron exerçoit fur la perfonne des affranchis de leur vivant, ils en avoient encore un autre fur leurs biens après leur décès, favoir, d'être appellés à leur fucceffion, lorfque l'affranchi mouroit fans enfans nés depuis fa liberté, & fans tefter. Il n'y avoit que deux fortes de perfonnes qui puffent exclure le patron, favoir, les enfans légitimes, conçus après la manumiffion, & l'héritier teftamentaire, que la loi préféroit au patron. Mais parcequ'il étoit très-facile aux affranchis de priver leur patron de l'émolument de leur fucceffion, & que le plus fouvent ceux qui n'avoient point d'enfans en prenoient en adoption, ou bien par teftament difpofoient de leurs biens en faveur des étrangers, le préteur par un édit obvia à ce mal, en donnant au patron la poffeffion de la moitié des biens de l'affranchi, contre les enfans adoptifs & les héritiers étrangers. Et d'autant que par cet édit, un feul enfant légitime de l'affranchi venant

à la fucceffion de fon pere, excluoit entierement le pâtron, la loi *Papia* ajouta à l'édit du préteur, & augmenta le droit des patrons, ordonnant que fi l'affranchi avoit des biens confidérables, au-delà de cent mille fefterces, & qu'il eût moins de trois enfans, le patron y auroit fa part égale à un des enfans, qui pouroit lui être ôtée par teftament. * Antiq. grec. & rom. Rofin.

☞ PATRON, PATRONE ou PADRON, ville de la Sourie, fur le bord de la mer, entre Gébail & Tripoli, près du promontoire nommé par les anciens géographes la *Face de Dieu*, par les pilotes modernes *Capo-Pagro*, & par les matelots de Provence le *cap Pouge*. Les voyageurs & les géographes modernes n'ont prefque point parlé de cette ville, qui doit fa fondation à Itobale, roi de Tyr, allié d'Achab, roi d'Ifraël. Son nom ancien eft *Botrys* ou *Botryum*, d'où eft venu le mot corrompu de *Patron*. Les révolutions que cette ville, plus ancienne que Rome & que Carthage, a fouffertes, feroient la matiere d'une hiftoire. Sous les empereurs chrétiens elle étoit épifcopale. On trouve des actes d'un concile de Conftantinople, tenu fous le patriarche Mennas en 536, d'autres actes d'un concile tenu à Tyr, où l'on voit des anathêmes prononcés contre Elie, évêque de Botrys, de la fecte des Acéphales, élevé à cette dignité par Sévere, faux patriarche d'Antioche. Dans un autre concile tenu à Chalcédoine, le métropolitain de Tyr fe plaint de ce que l'évêque de Beryte s'attribuoit à fon préjudice une jurifdiction fur les églifes de Biblis, de Botrys & de Tripoli. Aujourd'hui, on ne voit plus à Patron, que quelques reftes d'une vieille églife, & d'un monaftere entierement ruiné, auffi-bien que la ville. Il n'y refte plus rien qui puiffe faire connoître que c'ait été un lieu confidérable. Elle eft nommée *Botrus*, dans les tables de Peutinger. Strabon la nomme *Boftra*. * La Martiniere, *dict. géog.*

☞ PATRON, région du mont-Liban, du côté du midi, eft ainfi nommée de la ville de Patron, anciennement *Botrys*. C'eft un pays fort agréable. Les terres y font bonnes & bien cultivées. Un feigneur Maronite y commande fous l'autorité du bacha de Tripoli. * La Martiniere, *diction. géogr.*

PATRONA Kalis, Albanois de nation, âgé de 43 ans, excita la fameufe révolte de Conftantinople, en 1730. Cet homme avoit été foldat de marine ; & ayant commis plufieurs affaffinats, il fe fit janiffaire dans les troupes du grand feigneur, qui combattoient en Afie contre le roi de Perfe. Il fut enfuite incorporé dans les janiffaires de la garde du grand-feigneur. Témoin dans ces deux poftes de plufieurs cruautés commifes de part & d'autre, il conçut des deffeins de vengeance qu'il ne tarda pas à exécuter. Un jour qu'il racontoit à fes camarades, que le prince Thamas, roi de Perfe, avoit fait couper le nez à 300 janiffaires, & les avoit envoyés par mer à Conftantinople ; mais qu'Ibrahim Bacha, alors grand-vifir, ne voulant pas que Conftantinople fût témoin de cet horrible fpectacle, les avoit fait noyer, il s'apperçut que fon récit faifoit impreffion fur les janiffaires. Il faifit cette occafion, & fans perdre de temps, il fe rendit avec deux compagnons feulement à Hocmedan, ou le camp des révoltés : il y planta pour fignal un étendard déchiré ; & comme s'il y eût eu quelque grand avantage à fe ranger fous cet étendard, on y vit en très-peu de temps 800 hommes s'y affembler. Deux mille autres fe joignirent le lendemain à ce parti de rebelles ; & avec cette troupe, qui fut bientôt augmentée de tous les janiffaires, Patrona fit fermer les boutiques de Conftantinople, & eut la hardieffe d'envoyer au ferrail un détachement, & de faire demander au fultan Achmet III, de lui livrer Ibrahim Bacha, grand-vifir, le caïmachan, ou gouverneur de Conftantinople, & l'aga, ou chef des janiffaires. Le fultan étonné de la hardieffe de cette demande, & ne fachant comment fe tirer de ce mauvais pas, affembla

e divan ; & après plufieurs délibérations, il fit étran-
ler les trois perfonnes qu'on lui demandoit, & envoya leurs corps dans des chariots. Cette lâche condefcendance ne le tira pas d'affaire. Les révoltés qui
avoient demandé les trois miniftres vivans, fe plaignirent
le ce qu'on ne les leur avoit envoyés que morts ; &
fous ce faux prétexte, ils continuerent une révolte
qu'ils étoient réfolus d'ailleurs de pouffer le plus loin
qu'ils pourroient. Ils dépoferent le fultan de leur propre autorité, & déclarerent fouverain en fa place
Mahmoud, fon neveu, prince âgé de 33 ans, fils de
Muftapha, fon frere, qui avoit été détrôné 25 ans auparavant. Le fultan apprit cette nouvelle le 30 de feptembre au foir ; & cédant au temps, quoique malgré
lui, il alla chercher lui-même le nouvel élu dans la
prifon où il étoit enfermé, le conduifit par la main fur
le trône où les rebelles l'avoient élevé, lui donna quelques avis ; & après lui avoir recommandé en particulier fes fix fils & fa perfonne, il entra de lui-même
en prifon pour y laiffer paffer cet orage, qu'il efpéroit
devoir fe diffiper. Le 3 d'octobre fuivant, Mahmoud
envoya chercher Patrona, à qui il devoit fon élévation, le remercia du trône qu'il venoit de lui obtenir,
& lui promit en reconnoiffance de lui accorder telle
grace qu'il jugeroit à propos de lui demander. Patrona
affectant un grand défintéreffement, dit au nouvel empereur, qu'il étoit affez payé de l'avoir mis fur le trône
de fes ancêtres, & qu'il n'avoit plus rien à defirer après
cette action, mais qu'il s'attendoit bien que lui-même
pour toute récompenfe le feroit mourir bientôt. Le
nouveau fultan lui jura par les manes de fes ancêtres,
qu'il ne lui feroit jamais aucun mal. Alors Patrona lui
demanda feulement de fupprimer les nouveaux droits
établis fous le dernier gouvernement, ce qui lui fut accordé. Ce chef des révoltés fe tint tranquille pendant
quelque temps, & laiffa le nouveau fultan jouir paifiblement du trône où il venoit de le placer, & dont la
paix ne fut un peu altérée, que par quelques émeutes
paffageres, inféparables des grands changemens. Mais
enfin las de cette efpece d'oifiveté, il voulut dominer &
gouverner à fa fantaifie ; & dans un confeil qu'il tint
avec les principaux chefs de fa révolte il fit nommer
aga ou chef des janiffaires, un de fes amis : Moulonkd,
fimple janiffaire, mais un des principaux rebelles, fut
déclaré fecrétaire général de l'infanterie, & il fit tomber la principauté de Moldavie à un Grec qui étoit
boucher. Il réferva pour lui la charge de capitan bacha, ou amiral, & eut même la hardieffe de fe faifir de
l'arfenal. Comme il ne trouvoit rien qui l'arrêtât dans
fes deffeins, il en concevoit chaque jour de plus témé-
raires. S'étant trouvé au divan, où étoit le grand-feigneur & le kan des Tartares, qui avoit été mis à la
place de fon frere dépofé par Mahmoud, il demanda
hautement qu'on fît la paix avec les Perfans, & la
guerre contre les Mofcovites. Le kan des Tartares s'éleva contre cette propofition avec affez de chaleur, & le
grand vifir en remit la décifion à une autre fois. Dès
ce moment il fut réfolu de fe défaire de Patrona & des
autres rebelles. Pour y réuffir, on l'invita à une entrevue avec Mahmoud, le janiffaire aga, & deux
kadiflekers ou gens de la loi ; & dans la crainte du tumulte, on lui confeilla d'amener peu de fuite. Patrona
qui ne foupçonoit aucun artifice, & qui fe fioit fur la
religion du ferment que le nouveau fultan avoit fait &
fur fa candeur apparente, vint en effet, avec les quatre perfonnes dénommées, & ne fe fit accompagner que
de vingt-fix autres qu'ils laifferent dans la premiere
cour du ferrail. Il n'y eut même que Patrona, Mahmoud
& l'aga qui entrerent dans l'intérieur du palais. Le
grand-vifir les reçut dans la fale où l'on fait la circoncifion aux princes Ottomans ; il étoit affifté de plufieurs
de fes miniftres, & d'un affez grand nombre de feigneurs & de boftangis, & tout fe paffa d'abord avec
beaucoup de politeffe. Le fultan dit à Patrona, qu'il le
faifoit beglierbey de Romelie, & qu'il lui donnoit le

commandement de trente mille hommes, pour aller
faire la guerre en Perfe. Il donna auffi un gouvernement à Moulonkd, & d'autres marques de diftinction
qu'il défigna à l'aga & aux deux kadiflekers. Mais
pendant qu'il diftribuoit ainfi de bouche des diftinctions
& des honneurs dont il n'avoit pas deffein de les revêtir en effet, Muftapha Aga cria : *Qu'on extermine les
ennemis de l'empereur & de l'empire.* Auffitôt trente
perfonnes armées de fabres, fe jetterent fur Patrona &
les deux autres, & les mirent en pieces. Les deux kadiflekers furent jettés à la mer. On égorgea auffi les
vingt-fix foldats de leur fuite, & tous les corps furent
expofés à la vue du public, & deux jours après jettés
à la mer. On fit enfuite de grandes recherches de tous
ceux qui avoient eu quelque part à la révolte, ou qui y
avoient donné quelque approbation, & fous ce prétexte on fit mourir fix mille perfonnes. Cette févérité fit
ceffer toute révolte, & rendit le calme à Constantinople. * *Mémoires du temps.*

PATRONIS, place de la Phocide, entre Titora &
Elatée. Le feul Plutarque parle de ce lieu dans la vie de
Sylla.

PATROS ou *Phaturis*, pays d'Egypte, où fe retira
une partie des Juifs qui purent échaper à la fureur des
Chaldéens, quand Nabuchodonofor eut pris Jérufalem.
* *Jérémie*, XLIV, 1 & 15.

PATRU (Olivier) avocat au parlement, l'un des
quarante de l'académie françoife, naquit à Paris en l'année 1604. Dès fes premieres années, faifant un voyage
à Rome, il rencontra à Turin M. d'Urfé, qui venoit
de donner l'Aftrée au public ; & il lui parla des beautés
de cet ouvrage, d'une maniere fi intelligente, que ce
feigneur, qui avoit la réputation d'être l'auteur François
le plus fpirituel & le plus poli, l'engagea à paffer à fon
retour par fa maifon de Forez, pour s'entretenir plus
long-temps avec lui fur ce fujet. Mais ce jeune voyageur
apprit la mort de M. d'Urfé en repaffant par Lyon. Lorfqu'il fut revenu à Paris, il fréquenta le barreau, & cultiva avec foin le rare talent qu'il avoit pour bien parler,
& pour bien écrire. La réputation qu'il s'acquit, le ren-
dir digne d'avoir une place dans l'académie françoife,
où il fut reçu en 1640. Il fit à fa réception un remerciment qui plut fi fort aux académiciens, qu'ils ordonnerent qu'à l'avenir tous ceux qui feroient reçus, feroient
un difcours pour remercier la compagnie : ce qui s'eft
toujours pratiqué depuis. Comme il étoit l'homme du
royaume qui favoit le mieux notre langue, Vaugelas tira
de lui de très-grands fecours pour fon excellent livre des
remarques fur la langue françoife ; & cet illuftre auteur
avoue en plufieurs endroits, qu'il a appris beaucoup de
chofes de lui, dont il a enrichi fon ouvrage. Tous ceux
qui depuis ont le mieux écrit en françois, ont confulté
Patru comme leur oracle ; & fes plaidoyés, dont on a
fait plufieurs éditions, fervent de modéle pour écrire
correctement en notre langue. Il jugeoit fainement de
tout ; & rien n'étoit fi raifonnable, que la critique
qu'il faifoit des ouvrages en profe & en vers. D'ailleurs
il avoit une vertu à l'épreuve de la corruption du monde :
& il n'y eut jamais un ami plus fidéle & plus officieux.
La mauvaife fortune qu'il a éprouvée ne lui donna jamais aucun chagrin ; mais il faut avouer qu'il fe contenta de vivre long-temps feulement en honnête homme,
& un peu en philofophe : cependant il devint bon chrétien dans une longue maladie, où Dieu lui infpira des
fentimens d'une fincere pénitence. Il reçut durant cette
maladie, une vifite de la part d'un grand miniftre (J. B.
Colbert) qui lui envoya une gratification de cinq cens
écus, & après fa mort il fut regretté de tous les honnêtes gens du royaume. Patru mourut à Paris le 16 janvier
1681, âgé de 77 ans. Voici une épitaphe que M. Tallemant des Réaux fit en fon honneur, que l'on ne trouvera peut-être pas indigne de tenir ici fa place.

Le célèbre Patru fous ce marbre repofe.
Toujours comme un oracle il s'eft vu confulter ;

Soit fur les vers, foit fur la profe.
Il fut jeunes & vieux au travail exciter.
C'eſt à lui qu'ils devront la gloire
De voir leurs noms gravés au temple de mémoire.
Tel eſprit qui brille aujourd'hui,
N'eût eu ſans ſes avis que lumieres confuſes:
Et l'on n'auroit beſoin d'Apollon ni des Muſes,
Si l'on avoit toujours des hommes comme lui.

Les œuvres de Patru furent imprimées l'an 1681, à Paris, où l'on en a fait une nouvelle édition en 1714. On n'y trouve ni la *réponſe du curé à la lettre du marguillier ſur la conduite de M. le coadjuteur*, qu'il avoit publiée en 1651, dans le temps des troubles; ni un traité des libertés de l'égliſe Gallicane, qu'il avoit compoſé par ordre de M. Colbert, & qui eſt demeuré manuſcrit. M. Patru eſt encore auteur de l'épître dédicatoire qui eſt au-devant du *nouveau monde* de Laët. L'oraiſon de Cicéron que l'on trouve dans le recueil de ſes plaidoyés avoit déja été imprimée, mais très-différemment, en 1638, dans le recueil de huit oraiſons de Cicéron, dont quatre ſont de d'Ablancourt. * Le pere Bouhours, *éloge de M. Patru.* En 1732 on a donné à Paris en deux volumes *in-4°* les œuvres diverſes de M. Patru, contenant ſes plaidoyés, harangues, lettres & vies de quelques-unes de ſes amis. Cette quatrième édition eſt augmentée d'un plaidoyé, & de pluſieurs autres piéces qui n'avoient point encore paru.

PATTI, *Pacta* & *Pacta*, ville de Sicile avec évêché ſuffragant de Meſſine, fut bâtie par le comte Roger, près les ruines de Tindaro: le pape Boniface IX y fonda un évêché. * Pyrrhus Rochus, *Sicula ſanct.* Ferrari, *in lex. geographico.*

☞ PATU (Claude-Pierre) écuyer, avocat au parlement de Paris, naquit poſthume à Paris au mois d'octobre 1729. Il ſe produiſit ſur la ſcène en 1754, & le ſuccès brillant de ſa petite comédie des *adieux du gout*, juſtifia ſa témérité. Le ſujet, le plan, la diſtribution, ſont entiérement de lui, ainſi que les petits vers. M. Portelance, alors ſon ami, ſe chargea des vers alexandrins, genre de fabrique dont la vivacité de ſon eſprit ne s'accommodoit pas. Encouragé par les applaudiſſemens donnés aux *adieux du gout*, M. Patu en devint plus ardent à ſe procurer les connoiſſances qui pouvoient enrichir ſon eſprit. Il voulut apprendre l'anglois. Il acheta les grammaires, les dictionaires & les compoſitions les plus eſtimées en ce genre. Il fit même le voyage d'Angleterre, uniquement pour s'en rendre la langue familiere. Le fruit de cette étude fut une traduction auſſi fidéle qu'élégante de quelques comédies angloiſes, qu'il donna en 1756. Le déſir de connoître les ſavans, & peut-être auſſi l'inquiétude que cauſe à tous les hommes le dépériſſement d'une ſanté chancelante, lui donna le gout des voyages. Il ſe rendit à Genève, avec M. Paliſſot: tous deux ſe propoſoient de voir & de connoître le plus bel eſprit de l'Europe. M. de Voltaire reçut avec les bontés & les graces d'un littérateur aimable & d'un philoſophe enjoué, deux jeunes gens ſi dignes d'être encouragés par ſes éloges. M. Patu partit au mois de juillet 1756 pour l'Italie. Il alla d'abord à Naples, où M. le marquis d'Oſſun, ambaſſadeur de France, lui fit l'honneur de le préſenter au roi des Deux-Siciles. Après avoir paſſé trois mois à Naples, il partit pour Rome. M. le comte de Stainville, ambaſſadeur de France à Rome, & madame la comteſſe ſa femme, rendirent le ſéjour de cette ville très-agréable à M. Patu, par la politeſſe prévenante avec laquelle il fut admis à leurs entretiens, à leur table, & à toutes les fêtes qu'ils donnerent. L'académie des Arcades s'empreſſa de lui donner une place parmi ſes bergers. Il y fut reçu avec éloges, & y prononça un diſcours italien qui fut univerſellement applaudi. M. Patu accompagna madame la comteſſe de Stainville, qui alloit à Veniſe pour voir la cérémonie du mariage du doge avec la mer Adriatique. Ce fut-là qu'il ſe ſentit

frapé de la maladie dont il eſt mort. La réputation du docteur Cocchi le détermina à aller paſſer l'été à Florence. Il n'étoit plus temps. La pulmonie & les cauſes d'une deſtruction prochaine s'étoient déclarées. M. Cocchi lui conſeilla d'eſſayer les reſſources de ſon air natal. M. Patu partit donc de Florence, pour revenir en France. Mais il étoit à peine deſcendu dans S. Jean de Maurienne, qu'il fut ſaiſi d'une ſueur froide, qui ne ceſſa qu'avec ſa vie. Il eſt mort dans cette ville le 20 août 1757, à l'âge de vingt-ſept ans & dix mois. M. Patu ſavoit le latin, l'anglois, l'italien, & parloit ces langues avec autant d'élégance que de facilité. Il en connoiſſoit tous les bons auteurs, les avoit lus avec gout, & en auroit approché des talens perſonels, ſi ſa carriere eut été plus longue. * Son éloge ſe trouve dans l'*année littéraire*, année 1757, tome VII, p. 178.

PAU, *Palum*, ſur une hauteur au pied de laquelle paſſe la riviere, dite *le Gave de Pau*, ville de France, eſt la capitale du Béarn. Henri d'Albret, roi de Navarre, prince de Béarn, y commença en 1519 un conſeil ſouverain, duquel & de la chancellerie de Navarre, qui étoit une compagnie ſupérieure, Louis XIII, roi de France, forma un parlement en 1621, rétabliſſant dans le même temps la religion catholique qui en avoit été banie par les hérétiques pendant les guerres civiles. Le même Henri d'Albret établit en 1527 une chambre des comptes à Pau, à laquelle Louis XIII unit en 1624 la chambre des comptes de Clerac; & depuis, l'an 1691, Louis XIV a uni cette chambre des comptes au parlement. Il y a auſſi une ſénéchauſſée royale dans cette ville, qui eſt le lieu de la naiſſance de Henri *le Grand*. * De Marca, *hiſt. de Béarn.*

PAVENCE, *Pavencia*, déeſſe du paganiſme; à qui les meres & les nourrices recommandoient les enfans pour les garantir de la peur, que les Latins appellent *Pavor*, d'où eſt venu le mot de *Pavence*. D'autres diſent que cette divinité étoit au contraire celle que les meres & les nourrices invoquoient, & dont elles menaçoient les petits enfans pour les faire craindre. * S. Auguſtin, liv. 4 de la cité de Dieu, chap. 11.

PAVESAN, *Papienſe*, ou *Ticinenſe territorium*. C'eſt une contrée du duché de Milan en Italie. Elle eſt entre le Lodeſan, le Milanez propre, la Laumeline, le Tortonois, l'état de Gènes & le Plaiſantin. Le Paveſan eſt baigné par le Pô, & par le Teſin. Son territoire eſt ſi fertile, qu'on l'appelle *le jardin de Milan*. Il renferme le territoire de Bobbio; ſes villes ſont Pavie capitale, Vogera & Bobbio. * Mati, *diction.*

PAVIE, *Ticinum*, *Papia*, *Papia Flavia*, ſur le Teſin, ville d'Italie, eſt capitale du petit pays nommé *Paveſe*, avec univerſité & évêché, qui dépend immédiatement du ſaint ſiége. Elle eſt bien fortifiée, & eſt ſituée dans une campagne, ſur le bord de la riviere, qui lui fournit tout ce qu'elle peut ſouhaiter de commode & de néceſſaire à ſes habitans. La fondation de Pavie eſt ſi ancienne, que les plus doctes hiſtoriens n'en diſent rien que d'incertain. Il y a pourtant quelque apparence qu'elle fut fondée par les Gaulois, peu après Milan. Elle fut depuis ſoumiſe aux Romains, & fut enſuite ſaccagée dans le V ſiécle par Attila, & ruinée par Odoacre qui y aſſiégea Oreſte. Les Lombards s'en étant rendus les maîtres ſous Alboin leur roi, qui la prit après un long ſiége, en firent la capitale de leur état. Charlemagne s'en rendit maître en 774, & prit leur roi Didier priſonnier. Enſuite elle fut ſoumiſe aux rois d'Italie juſqu'à ce que l'empereur Othon I la prit en 951, & donna la chaſſe à Berenger & à ſon fils. En 1004 Pavie fut preſque toute brulée par un incendie; & en 1059 ſes habitans eurent une cruelle guerre avec les habitans de Milan. Depuis elle a été ſoumiſe à divers tyrans, juſqu'à ce que les Viſconti de Milan la joignirent à leur état. Le roi François I ayant pris Milan, aſſiégea Pavie, & y fut fait priſonnier en 1525. Odet de Lautrec, général des François, la reprit en 1529. Cette ville fut encore priſe & repriſe les années ſuivantes, juſqu'à ce qu'elle eſt

est enfin restée aux Espagnols. L'université fut fondée par l'empereur Charles IV, en 1361. On y voit les colléges du pape, de Borromée, des Grisons, des Marians, des Jésuites, &c. avec un grand nombre d'églises magnifiques. Celle des religieux Augustins, dépositaires du corps de S. Augustin, est très-célèbre. On montre encore le tombeau de Boëce à Pavie, qui a produit grand nombre d'hommes illustres. * Pline, Tacite, Ptolémée, Strabon, Paul Diacre, Luitprand, &c. font souvent mention de cette ville. Ils sont allégués par Antoine-Marie Spleta, & Bernard Sacco, *in hist. Ticin.* & Leandre Alberti, *descr. Ital.*

CONCILES DE PAVIE.

Divers évêques s'assemblerent en 850, à Pavie, pour décider de quelques affaires ecclésiastiques. Ils y dresserent vingt-cinq chapitres, & cinq autres pour régler d'autres affaires qui regardoient le temporel. Ce qui fut confirmé par les empereurs Louis & Lothaire. Ce concile fut célébré avec tant d'applaudissement, que les prélats furent encore convoqués pour y en célébrer un autre l'an 855. Nous avons les ordonnances qu'on y fit pour la discipline ecclésiastique. Charles *le Chauve* s'étant fait couronner empereur à Rome, tint une assemblée générale à Pavie, l'an 876, où son élection fut confirmée par les prélats & les grands du royaume. Le pape Léon IX célébra l'an 1049 un concile à Pavie contre les simoniaques. Ceux qui suivoient le parti de l'empereur Henri IV, dit *le Vieil*, s'y étant assemblés l'an 1076, excommunierent le pape Grégoire VII, qui les avoit excommuniés dans un concile tenu à Rome. On en met un autre tenu l'an 1162. Ange Perutio, visiteur en cette ville, y publia des ordonnances synodales, l'an 1576.

PAVIE (Jacques Mensbona, cardinal de Pavie) connu sous le nom d'AMMANATO & de PICCOLOMINI, étoit natif de Luques, d'une famille peu considérable. Il fit du progrès dans les lettres, & alla à Rome, où il fut secrétaire du cardinal Capranica, puis de Calliste III, & enfin de Pie II. Ce dernier, qui aimoit les lettres, eut une grande inclination pour lui, l'adopta dans la famille de Piccolomini, qui étoit la sienne, lui donna l'évêché de Pavie, & le fit cardinal l'an 1461. Le cardinal de Pavie exerça de grands emplois sous ce pontificat, & sous celui de Sixte IV, qui l'envoya légat en Ombrie, & lui donna les évêchés de Frescati & de Luques. Il a écrit divers ouvrages, dont il nous reste un volume de lettres, & l'histoire de son temps. Ce grand homme étant attaqué d'une fiévre quarte, se fia à un médecin de village, qui lui donna un remede si violent, qu'il mourut quelque temps après l'avoir pris, âgé de 57 ans, 6 mois & 2 jours. Ce fut le 10 septembre de l'an 1479, à S. Laurent, près du lac de Bolsene. Son corps fut porté à Rome par décret du pape, & enterré dans l'église des Augustins. Jacques de Volterre, secrétaire de ce cardinal, a écrit sa vie & a publié ses ouvrages. * Consultez aussi Paul Jove, *in elog. c.* 20. Leandre Alberti, *descript. Ital.* Auberi, *hist. des cardinaux*, &c.

PAVIE (Raymond) baron de Fourquevaux, (on écrivoit autrefois *Fourquevaulx*) chevalier de l'ordre du roi, ambassadeur en Espagne & gouverneur de Narbone, a été employé avec succès dans les armées & dans les négociations sous cinq rois, François I, Henri II, & ses trois fils. Il est nommé Raymond de *Rouer* dans les annales de Toulouse de la Faille, & dans le traité de la noblesse de Toulouse du même. Il dit en effet dans son testament du 9 juillet 1574, dont M. d'Hozier rapporte une partie, qu'il a indifféremment porté dans les actes le nom de Pavie, ou celui de *Rouer* ou *Royers* qu'il tenoit de sa trisaieule : à quoi il ajoute qu'il auroit plûtôt dû porter celui de Beccaria, qui est celui d'une ancienne famille de Lombardie dont il descendoit. Cette famille, dont François Zazzera parle au long dans son livre *della nobilità d'Italia*, a, dans les temps des guerres des Guelfes & des Gibelins, disputé & même, pendant quelque temps, possedé le pouvoir souverain dans la ville de Pavie ; & c'est ce qui avoit fait donner le nom de *Pavie* à Lancelot, trisaieul de Raymond, qui d'Italie étoit passé en Lyonnois sous Charles VII, où il avoit épousé *N.* de Rouer ou Royers. Du Lyonnois, Jean de Pavie, seigneur de la Salle de Quincieu, diocèse de Lyon, aïeul de Raymond, fut attiré en Languedoc par la charge de conseiller au parlement de Toulouse, que le roi Louis XI lui donna en 1466. La Faille rapporte dans ses annales de Toulouse, qu'en 1495 le parlement nomma au roi Charles VIII Jean de Pavie avec deux autres, afin que selon l'usage du temps, sa majesté choisît l'un des trois pour remplir la place de premier président, vacante par la mort de Pierre Lauret. Le roi, sans égard à cette nomination, ayant donné la place à Jean Sarrat, Jean de Pavie s'opposa à sa réception. Le pere Percin, Jacobin, dans ses *Monumenta conventûs Tolosani FF. Prædicat.* dit que pour dédommager Jean de Pavie, le parlement lui accorda le privilége de porter les ornemens de président, dont on le voit revêtu dans les peintures qui subsistent encore aux églises des Jacobins & des Récollets. M. d'Hozier, *armorial général*, second régistre, article Beccarie de Pavie de Fourquevaux, pag. 7, croit que c'est-là le fondement de la qualification de *chevalier* que prenoit Jean de Pavie dans les actes publics, & qui n'étoit donnée alors parmi les officiers de robe, qu'aux premiers présidens. Jean épousa *Jeanne d'Isalguier*, fille de *Jean* d'Isalguier & de *Catherine* de Pardailhan, & acquit de son beau-frere la baronie de Fourquevaux en 1498. Telle étoit l'origine de Raymond de Pavie. Il commença à servir en Italie sous M. de Lautrec en 1528, âgé de 19 ans. Ensuite après avoir porté les armes en Savoye & en Piémont, il profita du loisir de la tréve pour composer un ouvrage intitulé, *Instruction sur le fait de la guerre*, & dans d'autres éditions, *Traité de la discipline militaire*, qui a été faussement attribué à Guillaume du Bellay, seigneur de Langeai, parmi les papiers duquel on avoit trouvé un manuscrit, que le sieur de Fourquevaux lui avoit confié. (*Voyez là-dessus le dictionaire de Bayle à l'article de* GUILLAUME *du Bellay.*) Ce traité, dont plusieurs auteurs parlent avec éloge, a été imprimé plusieurs fois, & même traduit en italien par Mambrin Roseo. Raymond de Pavie fut envoyé en 1548 en Ecosse & ensuite en Irlande, pour le service de la reine Louise de Lorraine, mere de Marie Stuart. Il fut depuis chargé de plusieurs négociations & commandemens en Allemagne & en Italie. Il se réunit à Pierre Strozzi avec les troupes qu'il commandoit, & se trouva avec lui à la bataille de Marciano. Après avoir en vain tâché de rallier ses lances, il se mit à la tête des bandes grises qu'il avoit menées : là il fut blessé au front d'un coup de pique & pris prisonnier. L'on crut en France qu'il avoit été tué, & sa femme mourut sur le champ de douleur, en apprenant cette fausse nouvelle. (*Voyez le fort inexpugnable du sexe féminin*, *par* Fr. Billon, *imprimé en* 1558, *p.* 146.) Ayant été fait gouverneur de Narbone en 1557, il servit d'un stratagême assez singulier pour se défaire de plusieurs habitans rebelles. Il fit publier que deux chevaliers Espagnols devoient se battre publiquement en duel hors la ville. Il fit poser des barrieres pour les combattans, & dresser des échafauds pour les juges. Le peuple étant sorti de la ville pour assister à ce prétendu spectacle, il fit fermer les portes & ne laissa rentrer que les sujets fidéles au roi. Il contribua à la délivrance de Toulouse, dont les huguenots s'étoient presque rendus maîtres ; & il défit entierement au village de Lattes près Montpellier leur armée commandée par le baron des Adrets, qui revenoit de Saint-Gilles, victorieux des comtes de Suze & de Sommerive. Raymond de Fourquevaux mourut à Narbone en 1574. Quelques années auparavant, c'est-à-dire en 1565, il fut envoyé en Espagne en qualité d'ambassadeur. Il a écrit des mémoires de son ambassade, qui sont resté manuscrits. On trouve dans la bibliothéque des Minimes de Paris, & dans celle

de M. Daguesseau , quelques piéces extraites de ces mémoires. Mais Paul Gabriel de Pavie , quatriéme descendant de Raymond , étant page de la chambre du roi
Louis XIV , lui présenta les mémoires en leur entier ,
en deux gros volumes *in-folio* , & ils doivent se trouver à la bibliothéque royale. La famille a conservé une
copie de ces mémoires. Parmi les preuves de la nouvelle *Histoire de Languedoc* , tome V , nombre 117 ,
on lit un *Discours au roi, du comportement de ses sujets,
ecclésiastiques , noblesse, justice , & peuple des diocèses
de Narbone , Toulouse, Saint-Papoul, Lavaur, Montauban , Rieux & Comenge , par le seigneur de Forque-
vaux* (Raymond de Rouer , baron de). Ce discours
est de l'an 1574. Le baron de Fourquevaux est qualifié
au commencement , chevalier de l'ordre , gentilhomme
ordinaire de la chambre , conseiller du conseil privé , &
gouverneur de Narbone. Ce *discours* , fait par ordre
du roi , contient plus de sept pages *in-folio* à deux
colonnes. Page 123 des mêmes preuves , est une lettre
du même au duc de Guise , écrite en 1560. Raymond
avoit épousé 1°. *Anne* d'Anticamareta , fille d'*Antoine,*
seigneur de Villeneuve & de Loubenx , & d'*Imberte* de
Lautrec : ce fut celle qui mourut de douleur sur la fausse
nouvelle de sa mort. Il ne laissa d'elle que deux filles ,
Imberte , religieuse , puis abbesse d'Escaffes , diocèse de
Saint-Papoul , & *Espérance* , mariée à *Clément* de la
Roquebouillac , seigneur de Marignac en Rouergue :
2°. *Marguerite* de la Jugie , fille de *Jacques* , comte
de Rieux en Languedoc , & d'*Antoinette* d'Oraison ,
dont il eut *Claude* , qui fut tué à Fontainebleau , l'an
1582 , âgé de 22 ans , dans un de ces funestes combats
si fréquens dans ce temps-là parmi la noblesse : Brantôme qui fait mention de sa mort dans le traité *des duels* ,
en parle comme d'un jeune homme de grande espérance : & FRANÇOIS , *mentionné ci-après.* On peut
voir touchant Raymond de Pavie , sa vie par son fils ;
Montluc ; Andoque ; *hist. du Languedoc* ; la Faille ,
annales de Toulouse ; Mezerai ; Varillas ; le P. Daniel.

Nous ajouterons ici la postérité de RAYMOND de
Pavie. FRANÇOIS son fils , *dont l'article est ci-après* ,
eut de *Marguerite* de Chaumeil , *Charles* , & FRAN-
ÇOIS. *Charles* n'eut que deux filles , *Marguerite* , mariée à *Bernard* de Nolet , trésorier de France à Toulouse ; & *Paule* , mariée à *Jean-Baptiste* de Ciron ,
baron de Cramaux , président à mortier au parlement
de Toulouse. FRANÇOIS épousa *Foi* de Baulac , fille
d'*Arnauld-Guilhem* , seigneur de la Pomarede & de la
Chapelle , & de *Catherine* du Gout du Bozet , dont il
eut quatre enfans mâles ; *Arnauld-Guilhem* , chevalier
de Malte ; JEAN-BAPTISTE , qui suit ; *Jean* , sieur de
la Chapelle ; & *Jacques* , religieux. JEAN-BAPTISTE
de Pavie , marquis de Fourquevaux & Damiac , seigneur
de la Chapelle , épousa en 1664 *Marie-Gabrielle* de
Foix de Mauléon , fille de *Paul* , vicomte de Couserans ,
& de *Marie* de Clari , dont il eut PAUL-GABRIEL ,
qui suit. La baronie de Fourquevaux & Damiac fut érigée en marquisat sur la tête de *Jean-Baptiste* , en 1686 ;
& dans les lettres patentes on spécifie tous les services
rendus de pere en fils par les ancêtres de Jean-Baptiste ,
à commencer par Lancelot de Pavie , trisaieul de Raymond. PAUL-GABRIEL de Pavie , marquis de Fourquevaux , mestre de camp de cavalerie , après avoir
servi avec distinction , est mort en 1702 à Strasbourg ,
des blessures qu'il avoit reçues à la bataille d'Hochstet
dans l'armée de M. le maréchal de Marcin. Il avoit
épousé *Marie* de Prohenques , fille de *Guillaume* , conseiller au parlement de Toulouse , & de *Catherine* de
Rudelle , dont il a laissé quatre enfans ; *Jean-Baptiste-*
Raymond , ecclésiastique ; *Marie-Gabrielle* ; épouse de
Clément-Julien de Sede , baron de Lioux ; *Louise-*
Hélène , mariée en 1740 à *Jean-André* de Saint-Felix,
baron de Mauremont ; & FRANÇOIS-DENYS , marié
en 1722 à *Henriette* de Catellan , fille de *Jean-Baptiste*
de Catellan , conseiller au parlement de Toulouse , &
de *Marie* Bourguine de Boisset , dont il a , 1. *Jean-*

Louis-Gabriel-Basile , mousquetaire dans la seconde
compagnie depuis 1750 ; 2. *Marie-Jeanne-Thérèse* ;
3. *Marie-Angélique-Félicité-Hélène.* Les armoiries de
la famille de Raymond de Pavie sont, *d'aîré d'or & de si-*
nople , écartelé de gueules à l'aigle d'or éployée à deux
têtes couronnées de même , ayant sur l'estomac une de
sable aussi éployée à deux têtes couronnées. Cette aigle
a été jointe aux armes de la famille, en conséquence d'une
concession faite à Venise le 5 mars 1403 à Chastelain de
Beccarie de Pavie (qui y est qualifié *spectabilis & stre-*
nuus miles) par l'empereur Grec Manuel Paléologue.
* Voyez l'*Armorial général* de M. d'Hozier , second registre , article Beccarie-Pavie-Fourquevaux. On trouve
dans cet article des recherches curieuses ; il contient en
particulier un éloge historique de Raymond de Pavie
(par M. l'abbé Destrées) recueilli , tant de la vie imprimée , que des historiens contemporains , & appuyé
par les actes & titres originaux communiqués à M. d'Hozier.

PAVIE (François de) baron de Fourquevaux près
de Toulouse , gentilhomme ordinaire de la chambre du
roi , surintendant de la maison de Henri IV , lorsqu'il
n'étoit que roi de Navarre , & chevalier d'honneur de
la reine Marguerite. Il étoit fils de RAYMOND qui précede. Dans sa jeunesse il voyagea dans toute l'Europe,
en Asie & en Afrique. Il avoit fait une relation de ses
voyages qui n'est point imprimée. Il épousa en 1591
Marguerite de Chaumel , fille de *François* , seigneur de
Cailiac , chevalier de l'ordre du roi & lieutenant général de l'artillerie. Elle étoit veuve du baron de Borna-
zel , sénéchal de Rouergue. Il mourut le 6 de mars 1611.
On a imprimé en 1643, à Paris , un ouvrage de lui , intitulé , *les Vies de plusieurs grands capitaines François* ,
in-4°. Parmi ces vies est celle de RAYMOND de Pavie
son pere , qui précede. Les autres sont les vies de *Jacques*
de Chabannes , sieur de la Palisse ; de *Paul* de la Bar-
the , sieur de Thermes ; de *San Pietro* da Bastelica ,
sieur d'Ornano ; d'*Yves* d'Alegre ; de *Robert* de la Mark,
sieur de Fleurange ; du sieur de *Pomperant* ; de *Gaston*
de Foix, duc de Nemours ; de *Pierre* d'Aussun ; du
sieur de *Thais* ; de *Jean* Caraccioli , prince de Melphe ;
du sieur de *Desse* , dit l'*Epanvilliers* ; de *René* , sieur de
Montejan ; & de *Pierre* Strozzi , Florentin.

PAVIE (François Aledosi , cardinal de) *cherchez*
ALEDOSI.

PAVILLON (Nicolas) avocat au parlement de Paris , vivoit l'an 1580. Il étoit d'une famille originaire de
Tours , mais établie à Paris depuis long-temps. La Croix
du Maine en parle comme d'un homme très-docte en
grec & en latin , & excellent poëte. Il publia l'an 1573,
à Lyon , un discours sur l'élection que les Polonois firent
du duc d'Anjou pour leur roi.

PAVILLON (Nicolas) évêque d'Alet en Languedoc , fils d'*Etienne* Pavillon , correcteur de la chambre
des comptes de Paris , & de *Catherine* de la Bistrade,
& petit-fils du précédent , naquit l'an 1597. La réputation de son zèle & de sa vertu engagea le cardinal de
Richelieu à le faire nommer par le roi Louis XIII , à
l'évêché d'Alet en Languedoc, l'an 1637. Quand il entra
dans ce diocèse , l'ignorance & les désordres y régnoient
depuis long-temps. Le nouvel évêque travailla avec un
zèle infatigable à l'instruction & à la réforme de son clergé & de son peuple. Il a publié, entr'autres ouvrages, un
rituel, avec d'excellentes instructions , & des ordonnances pour son diocèse , faites dans les synodes depuis l'an
1640 jusqu'en 1647, qui furent imprimées en 1655 à
Avignon. Il renouvella aussi les statuts synodaux depuis
l'an 1640 jusqu'en 1670, & les fit imprimer la même
année à Toulouse. Son rituel ayant été déféré à Rome
à la congrégation de l'inquisition , y a été mis à l'*index* ;
ce décret n'a point été reçu publiquement en France ,
& le livre a continué de s'y débiter , comme tous les
autres qui sont mis à l'*index* sans qu'on y ait observé
les usages du royaume. M. Pavillon mourut à Alet , où
il avoit toujours résidé depuis qu'il en étoit évêque ,

décembre de l'an 1677. *Voyez* le Necrol. de P. R.
364, &c. M. Pavillon, lorsqu'il mourut, avoit 80 ans,
38 d'épiscopat. Il fut enterré dans le cimetiere de son
se, où on lit cette épitaphe.

Hic jacet NICOLAUS *episcopus Electensis, pauperum
er, piorum consiliarius, cleri lumen & præsidium,
ciplina, veritatis, & libertatis ecclesiastica propu-
tor. Vir in magna sapientia, in virtutum cumulo,
laudum præconiis humillimus, in rerum vicissitudine
i semper æqualis; spiritu fervens, sollicitudine impi-
, patientiâ consummatus. Implevit annum episcopa-
trigesimum octavum, ætatis octogesimum. Obiit anno
risti 1677, octavâ die mensis decembris.*

Cette épitaphe a été traduite en vers françois. Le P. du
as, prêtre de la congrégation de la Doctrine, a con-
cré aussi à ce prélat un éloge latin très-estimable qui a
é pareillement imprimé. Le nécrologe de Port-Royal
itre aussi dans quelque détail des vertus de M. d'Alet;
ais nous avons sur ce sujet des monumens plus étendus,
ont les suivans sont publics, savoir, la relation du
oyage d'Alet, de Claude Lancelot, depuis moine à
, Cyran, imprimée en 1732, *in-12*, & les *Mémoires
our servir à la vie de M. Nicolas Pavillon, évêque
'Alet, &c. in-12*, en 1733. Les monumens sur cette
natiere qui ne sont point encore publics, sont une vie
e M. d'Alet, écrite en partie par M. Paris, mort
ouvicaire de S. Etienne du Mont à Paris; il l'a compofée sur un journal de M. Dangiers, prêtre, que M. Vin-
ent avoit donné à M. d'Alet, & qui fut vicaire général
le ce prélat. Ce journal va jusqu'en 1660, qui est l'année de la mort de M. Dangiers. Il a été continué par
M. Ragot, chanoine & archidiacre d'Alet sous M. Pavillon; & on s'est servi aussi d'un mémoire de M. Bourdin, bénéficier de Laon, parent de M. Pavillon. Les
mémoires sur ce sujet, que l'on prétend que M. du Vaucel a dressés, n'ont jamais existé. *Voyez* PARIS & du
VAUCEL. Dom Martenne dans son premier volume,
2ᵉ partie, de son *Voyage littéraire*, rapporte l'épitaphe
latine de M. Pavillon, la traduction françoise en vers,
& une troisiéme piéce sur le même sujet aussi en
vers.

PAVILLON (Etienne) Parisien, ancien avocat général au parlement de Metz, de l'académie françoise,
& de celle des inscriptions & belles lettres, naquit à
Paris en 1632, & après ses études, fut envoyé auprès
de Nicolas Pavillon, évêque d'Alet, son oncle, connu
par plusieurs savans écrits, & par sa grande piété. Ce
fut à cette excellente école qu'Etienne Pavillon prit gout
à l'étude de l'Ecriture sainte & des Peres, dans laquelle
il fit de grands progrès. A son retour, il fut pourvu de
la charge d'avocat général à Metz; & quoique fort jeune
encore, il ne tarda guère à faire connoître les grands
talens qu'il avoit pour l'éloquence, & sa capacité dans
les affaires. Le droit romain, les ordonnances de nos
rois, les constitutions du royaume lui étoient toujours
présentes; & il n'étoit pas moins bien instruit des décisions des conciles, des décrets des papes, & des libertés de l'église gallicane. Mais la délicatesse de son
tempérament, & l'amour du repos ayant eu part dans
la résolution qu'il prit de se défaire de sa charge, il se
retira à Paris où son cabinet & ses amis lui tinrent lieu
de tout. Peu flaté par l'ambition, ayant été appellé à
l'éducation d'un jeune prince près duquel il pouvoit se
promettre une fortune considérable, on ne put jamais le
résoudre à accepter cet emploi, quelques agrémens
qu'il pût y trouver & qu'on lui promit en effet. Ce fut
même, sans aucune sollicitation de sa part, sans même
qu'il y eût pensé, qu'il fut choisi en 1691 pour occuper une place dans l'académie françoise. Ce furent ses
amis qui lui procurerent cet honneur, & l'académie
partagée entre deux sujets qui se présentoient, les laissa
l'un & l'autre, pour se réunir en faveur de M. Pavillon, dès qu'on le lui eut nommé. Cette illustre compagnie acquit en sa personne un membre non-seulement

savant, judicieux & poli, mais aussi dont les mœurs
étoient douces, & dont la conversation étoit charmante
& ornée de la plus belle érudition. Personne n'a mieux
réussi que lui dans le gout de Voiture; il a même quelque chose de plus naturel. La mort de M. Racine lui
donna place aussi dans l'académie des inscriptions &
belles lettres, à laquelle il fut fort utile par ses conseils,
malgré son absence involontaire. Il mourut après de
longues infirmités, le 10 janvier 1705, âgé de 73 ans.
On a recueilli ses poësies dans un volume *in-12*, imprimé à la Haye en 1715. Elles consistent principalement en stances, en lettres dont quelques-unes sont
mêlées de prose & de vers, & en plusieurs autres piéces, dans lesquelles on trouve beaucoup de délicatesse
& de naturel. On trouve son éloge à la tête de ce recueil, dont on a fait une nouvelle édition étoit à Amsterdam
en 1720, & à Paris la même année, avec des augmentations considérables. Car dans l'édition de 1715, près
de la moitié des piéces n'est pas de M. Pavillon, & cependant on ne parle que de cette édition dans le *Parnasse françois*, sans avertir qu'elle contient tant de
piéces supposées à M. Pavillon. La derniere & la plus
complette édition des œuvres de M. Pavillon a paru à
Paris en 1747, en 2 petits volumes *in-12*; elle est due
aux soins de M. le Fevre de S. Marc. * *Description du
Parnasse françois* par M. Titon du Tillet, p. 264 &
p. 503, édit. *in-fol.* Eloge de M. Pavillon, à la tête
de ses poësies; & celui que M. Tallemant en a fait,
qui se trouve dans les *Mémoires de l'académie des belles
lettres*, *page* 337, &c.

PAVIN (Saint) abbé au pays du Maine dans le VI
siécle, fut prieur du monastere de S. Vincent, bâti par
S. Domnole évêque du Mans, près de cette ville: il
fut encore chargé par cet évêque du soin d'un autre monastere, entre la riviere de Sarte & la terre de Baujei.
Il mourut vers l'an 580. * Anonym. *apud Mabill. sa-
cul. III.*

PAVIN (Denys-Sanguin de Saint) *cherchez* SAINT-
PAVIN.

PAVIUS, *cherchez* PAAW.

PAUL (Saint) *Paulus* ou SAUL, apôtre & docteur
des Gentils, étoit natif de Tarse, ville de Cilicie, &
en cette qualité citoyen Romain. Son pere, qui étoit
Pharisien, l'envoya à Jérusalem, où il fut élevé &
instruit par Gamaliel dans la science de la loi. A l'âge
d'environ 33 ou 34 ans, il fut si zélé pour la loi judaïque, que la croyant offensée par la prédication des apôtres, il ne se contenta pas d'avoir lapidé S. Etienne,
par les mains de ceux dont il gardoit les habillemens;
mais il persécuta encore les fidéles à Jérusalem. Comme
il ne respiroit que le sang & le carnage des chrétiens, il
obtint des lettres du prince des prêtres, l'an 35 de l'ére
vulgaire, pour aller à Damas prendre tous ceux qu'il y
trouveroit, & les faire prisonniers. Dans le chemin il
fut tout-à-coup frapé d'une lumiere éclatante, qui le
renversa; & il entendit en même temps une voix qui
lui dit: *Saul, Saul, pourquoi me persécutez-vous?
Qui êtes-vous, Seigneur?* répondit-il. *Je suis* JESUS
que vous persécutez. Saul tremblant à cette parole, s'é-
cria: *Seigneur, que voulez-vous que je fasse?* Il fut envoyé à Ananie, prêtre de Damas, pour apprendre de
lui les vérités du christianisme, & il fut baptisé la même
année. Il s'arrêta quelque temps à Damas avec les fidéles, prêchant dans les synagogues des Juifs, que JESUS
étoit véritablement le Fils de Dieu. Quelque temps après,
il fit un voyage en Arabie, & revint à Damas. Les Juifs
qu'il confondoit, ne pouvant souffrir ce changement,
firent diverses entreprises sur sa vie. Mais les chrétiens
en étant avertis, le descendirent de nuit dans une corbeille du haut des murs de la ville, dont on avoit fermé
les portes, afin qu'il ne pût échaper. Lorsqu'il fut revenu
à Jérusalem, l'an 38, il fut présenté aux apôtres par
S. Barnabé; ce fut alors qu'il commença à annoncer
l'évangile aux Gentils, qui le voulurent faire mourir.
Les chrétiens en ayant été avertis, le menerent à Cé-

farée, & de-là à Tarfe. Il prêcha l'évangile dans la Cilicie, enfuite dans la Syrie pendant trois ans ; & après cela il revint à Tarfe, d'où S. Barnabé le mena à Antioche. Ils y inftruifirent une fi grande quantité de perfonnes, que ce fut alors que le nom de *chrétiens* fut donné pour la première fois aux difciples. Il fut de-là envoyé avec Barnabé à Jérufalem, pour y porter les aumônes des chrétiens d'Antioche. Ils y arriverent l'an 43, pendant la perfécution des chrétiens par le roi Agrippa ; & n'y ayant vu aucun des apôtres, ils retournerent à Antioche, d'où ils furent envoyés par l'ordre du faint Efprit, pour le miniftere de l'évangile. Ils convertirent dans l'ifle de Chypre le proconful Sergius Paulus ; & on croit que ce fut de lui que *Saul* prit le nom de *Paul*, parceque c'eft alors la première fois que S. Luc le lui donne. Ayant quitté l'ifle de Chypre, ils pafferent dans l'Afie mineure, & s'arrêterent à Antioche de Pifidie, où S. Paul prêcha dans la fynagogue ; & ayant été rebuté par les Juifs, il déclara qu'il alloit prêcher aux Gentils. D'Antioche de Pifidie ils allerent à Icone, où ils convertirent plufieurs Juifs & Gentils. Mais craignant d'être lapidés par les Juifs, ils allerent à Lyftres où Paul guérit un homme perclus des jambes, miracle qui le fit refpecter comme un dieu. Mais quelques Juifs venus d'Icone & d'Antioche de Pifidie, émurent la populace contr'eux. S. Paul accablé de pierres, fut traîné hors de la ville, & laiffé pour mort fur la place. Il y revint néanmoins, en fortit le lendemain, & alla avec S. Barnabé à Derbe ; & après y avoir fait beaucoup de chrétiens, ils revinrent à Lyftres, retournerent à Icone & à Antioche de Pifidie, ordonnant des prêtres dans chaque églife. Après avoir traverfé la Pifidie, ils vinrent à Perge en Pamphylie, où ils prêcherent quelque temps. Ils pafferent enfuite à Attalie, & de-là ils s'embarquerent pour retourner en Syrie, & revinrent à Antioche l'an 48, d'où ils furent envoyés à Jérufalem en l'année 51, pour confulter les apôtres & les anciens, fur l'obfervation des cérémonies légales. Cette queftion ayant été décidée dans le concile de Jérufalem, S. Paul retourna à Antioche avec S. Barnabé ; mais ils fe féparerent à l'occafion de Marc. S. Paul prit Silas avec lui, & alla vifiter les églifes de Syrie & de Cilicie. Etant en Lycaonie, il prit avec lui *Timothée*. De Lycaonie il paffa en Phrygie & en Galatie, où il prêcha aux Gentils, & voulut aller dans la province d'Afie & en Bithynie ; mais l'efprit de Dieu l'en empêchant, il arriva à Troade, où il fut appellé en Macédoine. Il prêcha à Philippes, y convertit *Lydie*, marchande de pourpre, & guérit une poffedée. Paul & Silas furent déférés aux magiftrats, qui les firent fouetter & mettre en prifon ; mais ces magiftrats furent eux-mêmes obligés de les en tirer. De Philippes S. Paul alla à Theffalonique, où il prêcha trois famedis de fuite dans la fynagogue, & aux Gentils. Il logeoit chez un chrétien nommé *Jafon*, dont la maifon fut attaquée par le peuple. S. Paul fut obligé de fe retirer de Theffalonique : il s'en alla à Bérée, où il convertit des Juifs & des Gentils. Mais les Juifs ayant excité contre lui la populace, il s'embarqua pour aller à Athènes. Ce fut là où il prit l'Aréopage, & qu'il convertit Denys l'*Aréopagite*, & une femme nommée *Damaris*. D'Athènes il vint, l'an 52, à Corinthe, où il demeura dix-huit mois, après lefquels il s'embarqua à Cenchrée, pour retourner en Syrie. Ce fut à Cenchrée qu'il fit le vœu des Nazaréens. Il s'arrêta peu de temps à Ephèfe, paffa par Antioche, traverfa la Galatie, la Phrygie & les autres provinces d'Afie les plus éloignées de la mer, & fe rendit à Ephèfe, où il prêcha long-temps l'évangile, & fut enfin chaffé, par la conjuration de l'orfèvre Démétrius, qui fouleva le peuple contre lui, à caufe du peu de débit que cet orfèvre faifoit des ftatues de la Diane d'Ephèfe, dont le culte étoit interrompu par la prédication de S. Paul. Il paffa enfuite par la Macédoine, où il féjourna quelque temps ; & enfin il vint pour la quatrième fois à Jérufalem, l'an 58. Il y fut arrêté par le tribun Lyfias, & conduit à Felix, gou-

verneur de la Judée, qui le retint prifonnier pendant deux ans à Céfarée, & qui en partant le laiffa en prifon pour faire plaifir aux Juifs. Feftus, fucceffeur de Lyfias, étant allé à Jérufalem, S. Paul fut accufé devant lui. Il eut audience de Feftus, qui le voulut mener à Jérufalem pour le juger ; mais S. Paul averti que les Juifs vouloient le tuer en chemin, en appella à Céfar. Il fut encore entendu quelques jours après, devant le roi Agrippa II, & partit enfuite pour Rome. Ayant fait naufrage, il paffa trois mois de l'hiver dans l'ifle de Malte, & arriva à Rome l'an 61. Il y demeura deux ans prifonnier fur fa parole, au bout defquels il en fortit. Plufieurs ont cru qu'il étoit alors allé en Efpagne ; mais c'eft un fait fort incertain, quoiqu'attefté par quelques anciens. Il y a plus d'apparence qu'il retourna voyager en Afie & dans la Grèce. Quoi qu'il en foit, étant revenu à Rome avec S. Pierre, il y eut la tête tranchée, l'an 65 de notre ére. Nous avons quatorze épîtres de S. Paul, qui portent toutes, à l'exception de celle qui eft adreffée aux Hébreux, le nom de cet apôtre. Elles ne font pas rangées dans le nouveau Teftament felon l'ordre des temps. On a mis d'abord celles qui font écrites à une églife entiere, puis celles qui font adreffées à des particuliers. La I eft l'épître aux Romains, écrite de Corinthe, l'an 57 ou 58 ; la première épître aux Corinthiens, écrite d'Ephèfe, vers la Pentecôte de l'an 57 ; la II lettre écrite aux Corinthiens, vers le milieu de la même année ; l'épître aux Galates, écrite à la fin de l'an 56 ; l'épître aux Ephéfiens, écrite pendant qu'il étoit prifonnier à Rome ; l'épître aux Philippiens, écrite à la fin de 61, ou au commencement de 62 ; l'épître aux Coloffiens, envoyée par Tychique & par Onéfime, l'an 62 ; la I épître aux Theffaloniciens, qui eft la plus ancienne, étant écrite après qu'il fut chaffé de cette ville, l'an 52 ; la II épître aux mêmes, écrite quelque temps après ; la I épître à Timothée, qui lui eft adreffée, après que S. Paul l'eut laiffé à Ephèfe, l'an 58 ; la II, adreffée au même, écrite par S. Paul, pendant qu'il étoit prifonnier à Rome ; la lettre à Tite, après qu'étant forti de Rome, il revint en Afie, vers l'an 63 ; la lettre à Philemon, écrite de Rome l'an 61 ; & l'épître aux Hébreux. Quelques anciens ont douté que celle-ci fût de S. Paul, & quelques-uns l'ont attribuée à S. Clément, à S. Luc, ou à S. Barnabé ; cependant elle contient des circonftances qui ne fauroient convenir qu'à S. Paul, & qui ne conviennent point aux autres. Les anciens ont cru qu'il l'avoit été écrite en hébreu, comme S. Jérôme le remarque. Il fe peut faire qu'elle ait été traduite par S. Luc ou par S. Clément ; mais conftamment elle eft de S. Paul. Il l'a écrite de Rome, pendant qu'il étoit encore dans les liens, ou peu de temps après qu'il en fut délivré, c'eft-à-dire, au commencement de l'an 63. On avoit fuppofé autrefois une lettre de S. Paul aux Laodicéens, que S. Jérôme confidere comme une piéce certainement fuppofée & rejettée de tout le monde, *qua ab omnibus exploditur*. On en a encore une fous ce titre, qui eft différente de celle dont les Peres ont parlé, & qui eft vifiblement fuppofée. Il faut porter la même jugement des lettres de S. Paul à Séneque. A l'égard des actes de fainte Thecle, un prêtre d'Afie fut convaincu par S. Jean l'Evangélifte de les avoir fabriqués. *Voyez* les actes des apôtres, c. 8 & feq. S. Paul, *in epift.* Eufebe, S. Jérôme, S. Ambroife, S. Chryfoftome, S. Auguftin, Sophronius, Œcumenius, & les autres interpretes des épîtres de S. Paul. *Confultez* auffi Baronius, *in annal. ecclef.* Godeau, *vie de S. Paul*, & *hift. de l'églife*, Scaliger & Riccioli, *chron. reform.* J. Pearfon, *annal. Paulini.* Du-Pin, *differtation préliminaire fur le bible & fur le nouveau Teftament.*

PAUL (Saint) évêque de Narbone, fi l'on en croit l'ancienne tradition, étoit le même Sergius Paulus, proconful, que l'apôtre S. Paul convertit à la foi dans l'ifle de Chypre. Cette tradition, qui eft autorifée par le martyrologe romain, eft conteftée par plufieurs favans hommes de ce temps. Paul, qui étoit des plus illustres familles de Rome, & qui avoit passé par les charges les plus considérables de la république, ayant été envoyé proconsul en Chypre, pour gouverner cette isle au nom de l'empereur & du sénat, voulut entendre S. Paul, qui y prêchoit l'évangile. Un Juif magicien, nommé Elymas, ou *Bar-Jesu*, qui faisoit le prophéte, le détourna de conférer avec le saint apôtre; mais les artifices de cet imposteur eurent peu de pouvoir sur l'esprit de Sergius Paulus, qui crut d'abord en Jesus-Christ & demanda le baptême. On dit que ce fut de lui que l'apôtre emprunta le nom de *Paul*; car auparavant, il est appellé *Saul* dans les actes des apôtres; & c'est seulement après cette action, que l'on commence à le nommer *Paul*. On tient par tradition, que Paul vint trouver S. Paul à Rome, où il avoit été amené prisonnier sous l'empereur Néron; qu'il l'accompagna, lorsqu'il entreprit le voyage des Gaules & de l'Espagne, & qu'il fut ordonné évêque de Narbone par ce saint apôtre: ce qui néanmoins a besoin de preuves. D'autres disent que Paul tint premiérement son siége à Beziers, & qu'étant ensuite appellé par ceux de Narbone, il laissa S. Aphrodise évêque à Beziers, & s'appliqua entierement à la conversion des Narbonois. Les Espagnols veulent aussi qu'il ait été leur apôtre; & le peu de distance qu'il y a de Narbone en Espagne, est le fondement de cette opinion. Quoi qu'il en soit, on veut que Paul ait été le premier évêque de Narbone, & qu'il y ait fini heureusement sa vie. Le martyrologe de France dit que ce fut par le martyre, mais on n'en a point de preuves certaines; & les actes de sa vie & de son martyre n'ont aucune autorité. * Bollandus. Le pere Labbe. Sainte-Marthe.

PAUL (Saint) premier hermite, c'est-à-dire, le premier des solitaires chrétiens, dont l'histoire nous a donné connoissance, étoit né de parens fort riches, dans la basse Thebaïde, du temps de l'empereur Alexandre Sévère. Il perdit son pere & sa mere à l'âge de 15 ans, & se trouva en possession de grands biens. La persécution de l'empereur Dece contre les chrétiens étant survenue, Paul se retira dans une maison de campagne; mais son beau-frere l'ayant dénoncé, il s'enfuit dans le désert. Il y trouva une caverne, dont il déboucha l'entrée, & où il fit sa demeure, l'an 250, âgé de 22 ans; il y passa le reste de sa vie, qui fut en tout de 112 ou 113 ans, s'étant nourri jusqu'à 53 ans des fruits du palmier qui étoit au pied de la montagne, & depuis miraculeusement par un corbeau qui lui apportoit tous les jours du pain. Saint Antoine averti en songe qu'il y avoit un solitaire plus parfait que lui, entra dans le désert, & alla jusqu'à la grotte de Paul. Il eut le bonheur de l'entretenir. Paul lui déclara que l'heure de sa mort étoit proche, & le pria d'aller quérir le manteau que lui avoit donné S. Athanase, & de l'apporter pour l'ensevelir. Saint Antoine retourna promptement à son monastere, & revint à l'habitation de Paul, où il le trouva mort, & l'ensevelit. Deux lions vinrent faire la fosse, dans laquelle S. Antoine l'enterra. Ceci s'est passé l'an 341. * Vie de S. Paul par S. Jérôme. Baillet, vies des Saints, au 10 de juin.

Il y a un ordre religieux, qu'on appelle communément les hermites de S. Paul, parcequ'ils reconnoissent S. Paul, premier hermite, pour leur patron. Cet ordre fut institué en Hongrie par Eusebe de Strigonie, vers l'an 1215, & fut réformé par Paul, évêque de Vesprim, vers l'an 1363. Il s'est établi l'an 1553 une autre congrégation d'Hermites de S. Paul en Espagne & en Italie. * Polydore, l. 7. Histoire des ordres religieux, in-4°, 1715, chez J. B. Coignard.

PAPES.

PAUL, I de ce nom, pape, fut mis sur le saint siége après *Etienne* III son frere, l'an 757, malgré la brigue de quelques clercs qui vouloient élever au pontificat Théophylacte, qui étoit archiprêtre. Ce pape écrivit à Pepin, roi de France, pour lui faire savoir son élection, & travailla avec beaucoup de zéle pour la conversion de l'empereur Constantin *Copronyme*, Iconomaque; mais ce fut inutilement. Il fonda diverses églises, où il transféra les corps de plusieurs saints martyrs, & implora le secours du roi, Pepin contre les Grecs & les Lombards. Ce pape mourut le 29 juin de l'an 767, ayant tenu le siége dix ans & un mois, & eut pour successeur ETIENNE IV. Il y a 22 lettres de lui dans la collection de Gretser. * Anastase, en sa vie. Baronius, in annal, &c.

PAUL II, Vénitien, nommé PIERRE BARBO, cardinal du titre de S. Marc, & neveu du pape Eugène IV, fut élu pape après *Pie* II, sur la fin du mois d'août de l'année 1464. Il étoit fils de NICOLAS Barbo, & de *Polixène*, sœur du pape Eugène IV, qui lui donna l'archidiaconé de Bologne, l'évêché de Cervia en la Romagne, une charge de protonotaire apostolique, de ceux qu'on appelle participans, & enfin le chapeau de cardinal en 1440. Calliste III l'envoya légat dans la Campagne de Rome. Quelques auteurs disent que le cardinal Barbo pleuroit facilement, & ne manquoit jamais de donner des larmes, quand il manquoit de bonnes raisons pour persuader ce qu'il vouloit. C'est pour cela que Pie II le nommoit *Notre-Dame de Pitié*. Au reste, il étoit bien fait, magnifique, & se piquoit de faire toutes choses avec grand éclat. On croit qu'il est le premier qui a institué que les cardinaux porteroient le chapeau rouge. Platine, qui finit en lui ses vies des pontifes Romains, en parle aigrement, & dit qu'il n'aimoit point les gens de lettres; qu'il appelloit hérétiques tous ceux qui en faisoient profession, & qu'il supprima le collège des abbréviateurs, composé des plus beaux esprits de Rome. Mais les autres auteurs le représentent comme un homme doux, & le louent, parcequ'il travailla pour le soulagement de ses sujets de l'Etat ecclésiastique, pour établir la paix en Italie, & pour liguer les Chrétiens contre les Turcs. On peut voir en particulier l'écrit du cardinal Quirini intitulé, *Pauli II, Pontif. maxim: vindiciæ adversus Platinam, aliosque obtrectatores.* On le trouve à la tête de la vie de Paul II par Michel Canensio de Viterbe, publiée par le même cardinal Quirini, à Rome 1740, in-4°. Ce pape vouloit se nommer Formose, puis Marc; mais on lui fit changer de sentiment, parceque le premier nom, qui signifioit *beau* en latin, sembleroit avoir été mandié en faveur de sa bonne mine, & que l'autre étoit celui du saint protecteur de Venise, & le cri de guerre des Vénitiens. Paul II mourut subitement le 25 juillet 1471, pour avoir mangé deux melons à son dîner. Il étoit âgé de 53 ans, 10 mois & 3 jours, & avoit régné 6 ans, 10 mois & 26 jours. Les protestans ont parlé très-désavantageusement de ce pontife, & ont avancé qu'il fut étranglé par un homme qui le trouva avec sa femme, ce qui est très-contraire à la vérité. Nous avons ses ordonnances & ses épîtres de Paul II, à qui on attribue un traité des régles de la chancellerie. Son corps fut enterré dans l'église du Vatican, où l'on voit son tombeau. SIXTE IV lui succéda. * Ambrosius de Vignate, orat. ad Paul II. Platina, in Paul II. Gretser, in exam. c. 64. Bzovius, Sponde, & Raynald, in annal.

PAUL III, Romain, nommé ALEXANDRE Farnèse, doyen du sacré collège, & évêque d'Ostie, fut élu d'une commune voix par 34 cardinaux qui se trouverent au conclave, après la mort de Clément VII. Il étoit fils de PIERRE-LOUIS Farnèse, & de *Janelle* Cajetan; avoit été fait cardinal par Alexandre VI, en 1493, & avoit été élevé aux évêchés de Parme, de Frescati, de Palestrine, de Sabine, de Porto, & d'Ostie. Depuis, il avoit été légat à Viterbe dans la marche d'Ancône, & avoit servi utilement le saint siége, & le pape Clément VII pendant sa prison. On l'avoit proposé pour être pape après Léon X & après Adrien VI; mais le ciel qui lui destinoit cette dignité pour un autre temps, inspira son élection après la mort de Clément VII. Il fut choisi le 13 octobre de l'an 1534, & couronné le 3 novembre âgé de 67 ans. Dans un temps que l'église étoit combattue par les protestans, il crut qu'il devoit travailler de tout son pouvoir, pour s'opposer à leurs desseins, & députa neuf cardinaux pour faire un recueil des points nécessaires à la réformation du clergé; & cependant il indiqua un concile général à Mantoue. Deux obstacles pouvoient empêcher l'exécution de ses desseins, les courses des Turcs, & la guerre entre les princes chrétiens. Il travailla pour remédier à l'un & à l'autre de ces malheurs, & fit avec l'empereur & les Vénitiens une ligue contre les Ottomans, qui échoua par la faute de Doria, général de la flotte. En 1538 le pape assembla le roi François I & Charles-Quint, empereur, à Nice en Provence, où il se trouva lui-même, & où il leur fit jurer une trêve de dix ans. Elle ne dura pas si long-temps, par la faute & par l'ambition de Charles-Quint. Depuis, le duc de Mantoue ayant refusé de donner cette ville pour le concile que le pape avoit indiqué, on résolut de le célébrer à Vicenze dans le domaine de Venise; & enfin pour contenter les protestans, on le convoqua à Trente, où la première session commença le treiziéme décembre, troisiéme dimanche de l'Avent de l'an 1545. Le concile fut transféré à Bologne à cause de la peste, fut interrompu à cause des guerres entre les princes chrétiens, & fut terminé en 1563. Ce pape fit des tentatives inutiles pour établir l'inquisition à Naples, & approuva l'institut de la compagnie de JESUS, avec diverses autres congrégations. Il condamna hautement l'*Interim* dont l'empereur convint avec les protestans d'Allemagne. Paul III avoit un fils nommé PIERRE-LOUIS Farnèse, qu'il fit duc de Parme. Ce dernier fut pere d'OCTA-VIO, qui sachant que le pape avoit dessein de restituer Parme à l'église, écrivit au cardinal *Alexandre* Farnèse son frere, que si on ne lui rendoit ce duché, & le joindroit, pour le recouvrer à Ferdinand de Gonzague, général des troupes impériales, qui avoit pris Plaisance. Cette ingratitude affligea si fort le pape, qu'il fut attaqué de la fiévre, & mourut au mont Quirinal le 10 novembre de l'an 1549, âgé de 81 ans, 8 mois & 10 jours, & fut enterré au Vatican. On dit qu'en mourant il détesta le peu de reconnoissance de ses parens, & répéta souvent ces paroles du prophète : *Si meï non fuissent dominati, tunc immaculatus essem, & emundar à delicto maximo.* Ce pape savoit l'astronomie, avoit écrit assez poliment en vers, avoit adressé diverses lettres d'érudition à Erasme, au cardinal Sadolet, & à d'autres, & avoit même composé des remarques sur quelques épîtres de Cicéron. On doit éviter de consulter sur son chapitre, Bernardin Ochin, Verger, Balée, & Sleidan, qui ont parlé très-désavantageusement de lui. On doit plûtôt s'en rapporter au jugement qu'en font les cardinaux Bembo & Sadolet. Ce n'est pas qu'on puisse défendre toutes les actions du pape Paul III : il étoit homme, & comme tel, il a été sujet à de grandes foiblesses. C'est ce que le sieur Auberi a remarqué dans la seconde partie de son histoire générale des cardinaux, en répondant à Henning, auteur protestant, qui a écrit des choses très-désavantageuses à la gloire de ce pontife. *Il est aisé*, dit-il, *de découvrir l'intention de cet auteur, qui croit battre en ruine l'église catholique, en noircissant la réputation de celui qui en est le chef visible; & il ne veut pas considérer que, quand les crimes que lui & ses semblables supposent contre les papes, seroient aussi véritables qu'ils sont faux, l'on n'en pourroit conclure autre chose, si non que Dieu n'a pas voulu choisir des anges pour la conduite des hommes, mais qu'il l'a confiée à des hommes, qui ne pouvant ignorer la fragilité de leur nature, sont d'autant plus obligés à compatir aux imperfections & aux défauts des autres.* JULES III fut pape après Paul III. * Bembo & Sadolet, *in epist.* François de Beaucaire, *in comment. rerum. Gall. lib.* 23 & 24.

Coccius, *in thesauro.* Onuphre. Ciaconius. Victorel & Du Chêne, *in ejus vita.* La Rochepofai, *in nomencl. card.* Sponde, *in annal.* &c.

PAUL IV, de Naples, doyen des cardinaux, nommé auparavant JEAN-PIERRE *Caraffe*, étoit fils de JEAN-ANTOINE, fils du comte de Matalone, & naquit en 1476. Il fut dès l'âge de 18 ans, camerier secret du pape Alexandre VI; & après sa mort, le pape Jules II le fit archevêque de Chiéti dans le royaume de Naples à l'âge de 28 ans. Le même pontife l'envoya quelque temps après nonce vers Ferdinand d'Aragon, qui prenoit alors possession du royaume de Naples. En 1513, il assista au concile de Latran, d'où Léon X l'envoya nonce vers Henri VIII, roi d'Angleterre, puis il alla avec la même qualité en Espagne auprès du roi Ferdinand. Charles-Quint, successeur de ce prince, nomma Caraffe à l'archevêché de Brindisi; mais il le garda peu, l'ayant remis en 1524 avec celui de Chiéti entre les mains du pape, pour s'associer avec Gaëtan de Thienne pour l'établissement d'une congrégation de clercs réguliers dits depuis *Théatins*, dont il fut le premier supérieur pendant trois ans. Saint Gaëtan lui succéda; & après que celui-ci eut fait son temps, le même Caraffe fut élu une seconde fois supérieur de cette congrégation. Le pape Paul III le nomma cardinal en 1536, & voulut qu'il reprît l'archevêché de Chiéti, qui vint à vaquer cette année : il fut depuis élevé à l'évêché de Naples; mais les Espagnols l'empêcherent d'en prendre possession. Enfin il succéda à la papauté à Marcel II, 22 jours après la mort de ce pontife, le 23 mai 1555, jour de l'ascension de Notre-Seigneur, étant âgé de 80 ans. Ce pape avoit une grande connoissance des sciences & des langues; mais son extrême sévérité le fit redouter après son élection, sur-tout parcequ'il avoit résolu de travailler à remédier aux abus de la cour de Rome. Il accorda néanmoins tant de priviléges aux Romains, que le peuple, après s'en avoir fait remercier, lui éleva une statue de marbre au Capitole. D'ailleurs il travailla sérieusement à la réforme des mœurs & des habits ecclésiastiques; il retrancha les abus qui se commettoient dans les expéditions par l'avarice des officiers; il condamna les livres impies & les hérétiques, châtia les blasphémateurs, défendit les lieux infâmes, condamna les apostats, & chassa même les neveux de Rome, parcequ'ils abusoient de leur autorité contre les loix de la justice & de la religion. Comme il avoit autrefois conseillé l'établissement de l'inquisition à Paul III, il la confirma par ses soins & par de grands priviléges. Il obligea les évêques d'aller résider dans leurs diocéses, & les religieux de rentrer dans leurs monasteres, & érigea en 1559 les archevêchés de Goa dans les Indes, & ceux de Cambrai, de Malines, & d'Utrecht dans les Pays-Bas, avec divers évêchés pour leur servir de suffragans. Ce pontife fit alliance avec le roi Henri II, qu'il sollicita d'entreprendre la conquête du royaume de Naples, & travailla pour rétablir la religion en Angleterre, sous le regne de la reine Marie. Ces soins lui firent des ennemis secrets, qui attenterent à sa vie dans une conjuration, dont on accusa les Espagnols d'être les auteurs. Enfin, il mourut le 18 août de l'an 1559, âgé de 83 ans un mois & 22 jours. La fureur du peuple fut si grande après sa mort, qu'il brisa la statue qu'il lui avoit élevée, rompit ses armes, & brula la maison de l'inquisiteur; de sorte que son corps fut mis au Vatican dans un petit tombeau de brique. Depuis, le pape Pie V fit mettre le corps de Paul IV dans un sépulcre de marbre, qu'il fit élever en l'église des Dominicains de la Minerve, avec une épitaphe qui marque en abrégé les vertus de ce grand pontife. Il avoit écrit divers traités. *De symbolo. De emendenda ecclesia ad Paulum III. Regulæ Theatinorum*, &c. PIE IV fut élu en sa place. * Foglieta, *in vita Pauli IV.* Jean-Baptiste Castaldi, *in vita Pauli IV.* La Rochepofai, *nomencl. card.* Victorel, *addit. ad Ciacon.* Du Chêne, *en sa vie.* Sadolet & Hosius, *in epist.* Sponde,

, annal. Louis Jacob, bibliotheca pontificum. Histoire
es ordres religieux, in-4°. chez Jean-Baptiste Coi-
nard.

PAUL V, natif de Rome, mais originaire de Sienne,
nommé CAMILLE Borghèse, cardinal du titre de saint
Chrysogone, parvint au pontificat après Léon XI, &
fut élu le 17 mai de l'an 1605. Il interdit la répu-
lique de Venise, pour avoir fait des loix qu'il croyoit
contraires aux libertés des ecclésiastiques; mais cette
affaire qui auroit eu des suites fâcheuses, fut terminée
par l'entremise du roi Henri le Grand, & par les soins
des cardinaux de Joyeuse & du Perron. Ce pape reçut
les ambassadeurs du roi de Congo, & de quelques
autres princes des Indes & du Japon, eut soin de leur
envoyer des missionaires, & de fonder des évêchés
dans ces pays nouvellement assujétis à la foi. Il témoigna la même bonté aux Maronites, & aux autres chrétiens Orientaux, & envoya des légats à divers princes
orthodoxes, ou pour leur témoigner son estime, ou
pour le bien de leur état & de la religion. Paul V confirma la congrégation de l'oratoire de France, celle des
filles de sainte Ursule, l'ordre de la Charité, fondé
par le B. Jean de Dieu, & quelques autres nouveaux
instituts, & canonisa S. Charles Borromée. Ce pontife
mourut le 28 janvier de l'an 1621, âgé de 69 ans, &
eut pour successeur GREGOIRE XV. * Victorel, addit.
ad Ciaçon. Bzovius & Sponde, in annal. Du Chêne,
histoire des papes. Louis Jacob, biblioth. pont. &c.

PATRIARCHE D'ALEXANDRIE.

PAUL, patriarche d'Alexandrie dans le VI siécle,
avoit vécu assez long-temps dans les déserts d'Egypte,
où il fut abbé de Tabenne. Pélage apocrisiaire, ou nonce
à Constantinople pour le pape Agapet, le fit mettre sur
le siége d'Alexandrie, après qu'on eut chassé Théodose
& Gayen, l'an 536; & l'empereur Justinien lui donna
le pouvoir de déposer les hérétiques qui avoient quelques charges. Il s'en servit sans prudence & sans précaution, fut accusé depuis par ses ennemis d'avoir contribué à la mort de l'économe de l'église d'Alexandrie, &
fut envoyé en exil, après avoir été déposé à Gaze l'an
537. * Liberatus, in breviario, cap. 33, Baronius,
A. C. 536, 537.

PATRIARCHES D'ANTIOCHE.

PAUL DE SAMOSATE, hérésiarque, étoit évêque d'Antioche, & succéda à Démétrien, vers l'an 260.
Il soutint avec Artemon, que le Verbe étoit descendu
en Jesus-Christ; qu'il avoit seul opéré par lui, & s'étoit
ensuite retiré vers le Pere. Il établissoit aussi en Notre-
Seigneur deux personnes distinctes, le Fils de Dieu
Verbe, & le Christ, qu'il soutenoit n'avoir point été
avant Marie, mais avoir reçu le nom de Fils de Dieu
pour récompense de ses œuvres saintes. De ces principes impies, il concluoit que dans l'Eucharistie, le sang
de J. C. étoit corruptible. Il nioit encore, selon quelques-uns, que le Verbe fût une personne distinguée du
Pere. S. Denys pape, & S. Denys d'Alexandrie s'opposerent à ces erreurs; & divers prélats s'assemblerent
l'an 264 à Antioche, où les erreurs de Paul furent condamnées. La crainte de la déposition, plutôt que le sentiment de la vérité, lui fit abjurer son hérésie; de sorte
qu'on le laissa paisible dans son siége. Mais peu après il
recommença d'enseigner ses blasphêmes. Les évêques
en étant avertis, se rassemblerent à Antioche, où il fut
confondu par un prêtre nommé Malchion, & condamné par les peres du synode, qui le déposerent vers l'an
270. Dans leur épître synodale, ils exposerent que,
quoique Paul de Samosate n'eût recueilli aucun bien de
ses parens, ni exercé aucun art qui lui en pût faire acquérir, toutefois il avoit amassé de fort grandes richesses, vendant sa faveur à ceux qui en avoient besoin,
exigeant effrontément, pillant avec violence, & ne
trouvant rien de bas, pourvu qu'il pût contenter son
avarice : en effet, comme il étoit parvenu à l'épiscopat

par de très-mauvaises voies, il s'y gouverna d'une façon entierement profane. Il affectoit de paroître accompagné dans les places publiques, & de donner divers
ordres, & vouloit qu'on le louât extrêmement lorsqu'il
prêchoit le peuple. Il blâmoit les interpretes de la sainte
écriture qui l'avoient précédé, & parloit de lui-même
comme d'un docteur incomparable. Il se porta même
à cet excès d'impiété, qu'un jour de Pâque, au lieu des
hymnes ecclésiastiques, il fit chanter des paroles composées à sa louange. Il tenoit des femmes chez lui, &
permettoit la même chose aux ecclésiastiques de son
parti. C'est ce que rapporte l'épître des évêques de ce
concile, qui mirent en la place de Paul, Domnus, fils
de Démétrien son prédécesseur. L'hérésiarque refusa de
quitter la maison épiscopale; de sorte qu'on eut recours
à l'empereur Aurelien, qui quoique païen, le renvoya
à l'évêque de Rome. * Eusebe, liv. 7, hist. c. 22,
23 & 24. Saint Epiphane, hær. 65. Saint Augustin, de
hær. c. 44. Nicephore, liv. 6, c. 30. Prateole, V. Paul
de Samos. Saint Denys d'Alexandrie, epist. adv. Paule
Samos. Baronius, in annal. eccles. Godeau, histoire
ecclésiastique.

Paul de Samosate fut auteur d'une secte qu'on appella de son nom, les PAULIANISTES, qui tenoient ses
mêmes sentimens, & étoient dans les mêmes erreurs.
Le concile de Nicée ordonne qu'on les rebaptisera. Il
y en avoit plusieurs du temps de S. Athanase, & cette
secte subsistoit encore du temps d'Innocent I & de saint
Jean Chrysostome. Theodoret remarque qu'il n'y avoit
plus de Paulianistes de son temps. * Du Pin, bibliothèque des auteurs ecclésiastiques des trois premiers siécles.

PAUL II, prêtre de Constantinople, fut élu patriarche d'Antioche l'an 519, en la place de Severe, hérétique, auquel il avoit résisté pendant deux ans. Il fut
ordonné à Antioche selon le droit ou la coutume, quoique les Constantinopolitains demandassent que son corps
dans leur ville. Mais il trompa toutes les espérances
qu'on avoit conçues de lui; car il vécut d'une maniere
si peu ecclésiastique, que les orthodoxes même se séparerent de lui. Cette aversion générale fut cause qu'il
se déposa lui-même en 521. Peu de temps après il
mourut misérablement, laissant son siége rempli par le
prêtre Euphrasius. * Evagre, lib. 4, cap. 4. Baronius,
in annal.

PATRIARCHES DE CONSTANTINOPLE.

PAUL (Saint) I du nom, prêtre insigne par sa piété
& par sa science, s'étoit trouvé au concile de Nicée,
& fut élu patriarche de Constantinople par les orthodoxes en 336. Les Ariens avoient proposé Macédonius.
Paul l'emporta; mais il fut chassé aussitôt sous le règne
de Constantin, & rappellé en 338 avec S. Athanase,
après la mort de cet empereur. Il fut bientôt après
déposé par les Eusébiens, & Eusebe de Nicomédie mis
en sa place. Il revint après la mort d'Eusebe en 341,
pour rentrer dans son siége; mais Macédonius ayant
été élu par la faction contraire, il y eut un ordre de
l'empereur Constance adressé à Hermogène, général
de la cavalerie, de chasser Paul. Le peuple de Constantinople prit le parti de Paul; mit le feu à la maison
d'Hermogène; le traîna lié par les rues, & le fit mourir. Ceci arriva l'an 342. L'empereur Constance ayant
reçu ces nouvelles, vint lui-même à Constantinople,
en chassa Paul, & punit la ville. Socrate dit que Paul
alla à Rome; qu'il fut rétabli en 348, & qu'il fut ensuite
relégué à Cucuse, où il fut étranglé; mais il y a bien plus
d'apparence que ce fut en 342, puisqu'il ne fut point
parlé de lui dans les conciles de Rome & de Sardique.
L'église le révere comme un martyr; & l'empereur
Théodose le Grand fit depuis transporter son corps à
Constantinople. * Athanase, epist. ad Sol. Socrate.
Sozomene, l. 4. Théodoret, l. 2. Baronius, in annal.
Du Pin, bibliothèque des auteurs ecclésiast. du IV siécle.

PAUL II, hérétique Monothélite, patriarche de
Constantinople, fut élu en 641, par les soins de l'em-

pereur Conftant, petit fils d'Heraclius. Il répandit fon venin jufque dans l'Afrique ; mais les prélats Africains eurent recours au pape Théodore, qui l'excommunia & le dépofa. Cette jufte condamnation irrita fi fort Paul, qu'il fit fouetter & bannir de Conftantinople les agens du pape & les autres orthodoxes, & démolir une chapelle que les Latins avoient dans la même ville. Il confeilla à l'empereur de publier fon édit qu'on nomma *Type*, & le fit afficher aux portes de l'églife comme une formule de foi. Paul mourut dans fon héréfie à la fin de l'an 654, ou au commencement de l'année fuivante. Sa mémoire fut condamnée dans le VI concile, & fon nom ôté des diptyques eccléfiaftiques. * Baronius, *in annal.* Banduri, *imp. orient. in lib.* 8. *comment.*

PAUL III, quoique laïc & fecrétaire de l'empereur, fut mis fur le fiége de Conftantinople après Théodore, en 686, & mourut l'an 693. Callinique lui fuccéda. * Baronius, *in annal.* Banduri, *imp. orient. lib.* 8, *comment.*

PAUL IV, natif de l'île de Chypre, fut élu malgré lui après Nicetas, patriarche de Conftantinople en 780. La crainte des menaces de l'empereur fut caufe qu'il reçut en fa communion les Iconomaques, quoique dans le cœur il fût orthodoxe. Auffi ne pouvant plus faire violence à fon inclination, il abdiqua, & fe retira dans un monaftere où y faire pénitence, le 31 août de l'an 784. * Théophane, *l.* 23. Baronius, *A. C.* 780 & 784. Banduri, *imp. orient. l.* 8 comment.

GRANDS HOMMES DE CE NOM.

PAUL, martyr de la Paleftine pendant la perfécution de Maximin, fut conduit au fupplice le 25 juillet de l'an 308, & eut la tête tranchée, après avoir fait de ferventes prieres pour les chrétiens & pour la converfion des infidéles. * Eufebe, *de martyr. Paleft.*

PAUL le Simple, anachorete en Thébaïde, dans le IV fiécle, après avoir vécu foixante ans laboureur, fe retira de fa maifon, ayant trouvé fa femme en adultere, & vint trouver S. Antoine, qu'il obligea par fa conftance de le recevoir au nombre de fes difciples. Saint Antoine éprouva fon obéiffance par quantité d'épreuves que Paul foutint avec une humilité merveilleufe. On ne fait point l'année de fa mort. * Pallad. *hift. Laufiac. cap.* 28. Rufin, *vit. Patr. cap.* 31 Sozomene, *lib.* 1 *hift. cap.* 13. Henfchenius. Tillemont, *mémoires pour fervir à l'hift. ecléfiaft.* Baillet, *vies des faints.*

PAUL, évêque d'Emèfe, affifta au concile d'Ephèfe, en 431, & y tint la place d'Acace de Bérée. Après ce concile, il fit l'accommodement des évêques d'Orient avec S. Cyrille & les Egyptiens. Ce fut lui qui dreffa la formule de foi, qui devoit être approuvée par les uns & par les autres : il fit deux homélies fur la paix qu'il venoit de procurer. On a ces monumens dans les actes du concile d'Ephèfe, & une lettre de Paul à Anatole dans la collection de Lupus. * Du Pin, *biblioth. des aut. ecclef. du V fiécle.*

PAUL, évêque dont parle Gennade, avoit écrit un traité de la pénitence. Le même auteur parle d'un autre PAUL, prêtre de Pannonie, qui avoit publié des traités de la virginité, & du mépris du monde, &c. Cet auteur vivoit dans le V fiécle. * Gennade, *de viris illuft.* Du Pin, *bibliothéque des auteurs ecclefiaftiques du V fiécle.*

PAUL, premier évêque de Léon en Bretagne, dans le VI fiécle, étoit du pays de Galles, & fut difciple de l'abbé Hildult, & compagnon de S. Gildas le Sage. Il paffa en Armorique vers l'an 522. Après y avoir demeuré quelque temps dans la folitude, il alla prêcher l'évangile aux Ofifmiens ; & le feigneur du pays demanda au roi Childebert qu'il fût facré évêque de Léon. Le roi le permit, & Paul fit quelque temps les fonctions épifcopales. Il s'en déchargea bientôt ; mais deux de fes difciples qu'il avoit mis en fa place, étant morts fucceffivement, il fut obligé de reprendre le foin de fon

églife ; qu'il gouverna pendant dix ans, après lefquels il s'en démit en 566, & fe retira dans fon monaftere de l'île de Bas, où il mourut le 12 de mars 579. * *Acta apud.* Bolland. Baillet, *vies des faints, au mois de mars.*

PAUL, évêque de Verdun dans le VII fiécle, que quelques-uns ont dit fans fondement frere de S. Germain, évêque de Paris, après avoir vécu long-temps dans le monaftere de Tholei dans le diocèfe de Trèves, fut choifi en 630 par le roi Dagobert pour remplir le fiége de Verdun. Il rétablit cette églife qui étoit dans un grand défordre, & mourut vers l'an 641, le 8 février. Sa vie eft dans les actes Bénédictins. * Bulteau. Baillet, *vies des faints, au mois de février.*

PAUL, diacre de Cordoue dans le IX fiécle, fut martyrifé en Efpagne, l'an 850, par ordre d'Abderame, prince des Sarafins. Il eut pour compagnon Théodemire, moine ; ce dernier fut martyrifé le 16 de juillet, & l'autre le 25. * Eulog. *memor. l.* 2, *c.* 6. Les martyrologes. Baillet, *vies des faints.*

PAUL, *Paulus*, de Tyr, contemporain de Philon de Byblos, a laiffé quelques écrits en grec fur la rhétorique, qu'il enfeignoit vers l'an de Jefus-Chrift 120. Il obtint de l'empereur Adrien le titre de métropole pour la ville de Tyr, qui l'avoit député vers ce prince. * Suidas.

PAUL, *Paulus*, Efpagnol de nation, & fecrétaire de l'empereur Conftance, fe rendit célèbre par les cruautés qu'il exerça fous fon régne, & fut furnommé la *Chaîne*, à caufe de fon habileté à faire naître les accufations l'une de l'autre, & à en faire une efpece d'enchaînement. Il fut envoyé en Angleterre l'an 353, pour en amener des tribuns & d'autres officiers accufés d'avoir confpiré avec Magnence, quoique tout leur crime fût de lui avoir obéi, parcequ'ils n'étoient pas affez forts pour lui réfifter. Cet ordre cruel fut exécuté avec encore plus de cruauté par Paul, accoutumé à confondre les innocens avec les coupables. Martin, vicaire de l'île, qui aimoit la juftice, s'y oppofa autant qu'il le put, & par prieres, & en proteftant qu'il fe retireroit plutôt. Mais Paul le menaça de fon côté de le rendre lui-même coupable du crime des autres, & de l'emmener chargé de chaînes à Conftance. C'étoit prefque la même chofe fous ce prince, d'être foupçonné d'un crime de lèfe-majefté, & d'être condamné ; de forte que Martin réduit au défefpoir, tira l'épée pour en percer Paul ; mais ne l'ayant bleffé que légérement, il tourna fon épée contre lui-même & fe tua. Un malheur fi honteux pour le régne de Conftance, ne l'empêcha pas d'employer toute la rigueur des tourmens contre ceux que Paul accufoit ; la plupart furent profcrits & dépouillés de leurs biens ; plufieurs furent bannis, & quelques-uns même furent punis du dernier fupplice. Le nom & les cruautés de Paul fe lifent fouvent dans l'hiftoire d'Ammien. Libanius parle auffi des balles de plomb dont ce Paul avoit fait battre un certain Ariftophane, autant qu'il l'avoit jugé néceffaire, pour lui faire perdre la vie. Ce cruel miniftre fut enfin brulé vif fous Julien, fans que perfonne en fût furpris ni le plaignît. * Ammien Marcellin, *lib.* 14. Liban, *orat.* Tillemont, *hiftoire des empereurs.*

PAUL, furnommé *Eginette*, parcequ'il étoit né dans l'île d'Egine, aujourd'hui Engia, dans le golfe de ce nom, fut un des plus célèbres médecins de fon temps. Plufieurs auteurs le font vivre à la fin du III fiécle, & au commencement du IV ; mais il faut le reculer jufqu'au VII fiécle, puifqu'il a copié dans fes ouvrages beaucoup de paffages d'Alexandre de Tralles qui ne floriffoit que dans le VI fiécle. Paul voyagea beaucoup ; & dans tous les pays qu'il parcourut, il s'attacha à examiner les différentes méthodes de pratiquer la médecine & la chirurgie. Il pratiqua auffi lui-même la derniere, comme on le voit par un de fes traités, qui ne contient que des defcriptions d'opérations de chirurgie. Celles qu'il donne des maladies font courtes, & cependant ne laiffent rien à defirer. Il nous

ossi conservé quelques fragmens des anciens méde-
, & sur-tout la lettre de Diocles à Antigonus tou-
nt la maniere de se conserver en santé. * Voyez
nd , histoire de la médecine , premiere partie.

AUL ou PAULUS FLORUS , historien , qui vivoit
s le VI siécle & du temps de l'empereur Justinien ,
vit en vers l'histoire de ce même prince , dont nous
ns parlé ailleurs. Peut-être est-il le même que PAU-
 CYRUS FLORUS le Silentiaire. Il fit aussi en vers
escription du temple de sainte Sophie , &c. * Aga-
s, l. 5. Suidas & Vossius, de poët. & de histor. Græc.
, c. 20 ; & de hist. Lat. l. 2, c. 19.

PAUL DIACRE de Merida en Espagne , vers l'an
, est différent de PAUL DIACRE, Nestorien de Perse,
eur d'un traité intitulé de judicio , & cité dans le
icile de Latran , tenu par le pape Martin I , en 649.

PAUL , diacre d'Aquilée , appellé Warnefride de son
n de famille , fils de Wartsrede & de Théodelinde,
secrétaire de Didier , dernier roi des Lombards. Le
nce ayant été pris en 774 , par Charlemagne , &
 royaume entierement détruit , Paul Diacre tomba
re les mains du vainqueur , qui le traita fort honnê-
ment. Mais l'attachement qu'il avoit eu à son prince
yant fait soupçonner de quelque intrigue , il fut con-
en exil vers la mer Adriatique , d'où il se sauva chez
duc de Bénévent , gendre de Didier , & se fit peu de
mps après moine du Mont-Cassin , où il mourut au
mmencement du IX siécle. Cet auteur a écrit l'histoire
s Lombards , partagée en VI livres. On lui attribue en-
re faussement un abrégé de l'histoire romaine , tiré de
sieurs auteurs : car quoiqu'il ait fait une addition à l'a-
égé d'Eutrope , il n'est point auteur de cette collection
 est plutôt d'Anastase le Bibliothécaire. Il a fait un
régé de l'histoire des premiers évêques de Metz, qui
trouve parmi les historiens de France , & dans la der-
ere édition de la bibliothéque des peres. Les premiers
mps de cette histoire , qu'il fait remonter jusqu'aux
ôtres , sont entierement fabuleux. Il composa cet écrit,
mme il le dit lui-même au chap. 16 du 6e livre de son
stoire des Lombards , à la priere d'Angilram , évêque de
letz. Il a aussi composé en particulier la vie de saint
rnoul , évêque de Metz, qui se trouve parmi les œuvres
 Bede. On a une relation du martyre de S. Cyprien,
i porte son nom , que l'on trouve à la tête des œuvres
 ce pere , de l'édition de Pamelius. On a encore donné
us son nom des vies de saint Benoît , de saint Maur &
 sainte Scholastique. Sigebert nous assure qu'il a écrit
 vie de saint Grégoire le Grand , que l'on a imprimée
ans la derniere édition des œuvres de ce saint. Voyez
ans la bibliothéque des auteurs ecclésiastiques de
. Du-Pin, quelques autres ouvrages qu'on lui attribue.
on croit que l'hymne de saint Jean Ut queant laxis,
st de lui. Enfin Paul avoit composé , par ordre de
harlemagne , un livre d'homélies ou de leçons ti-
ées des saints peres , pour tous les jours de l'année.
Ce livre a été imprimé à Spire l'an 1472 , par Pierre
rach , avec une lettre de Charlemagne en tête , par
aquelle il déclare que cet ouvrage a été composé par
Paul Diacre , suivant l'ordre qu'il lui en avoit donné.
Le pere Mabillon a fait imprimer cette lettre , & les
extraits des premieres homélies , parceque l'édition de
Spire est devenue fort rare. DD. Martene & Durand
ont donné dans le tome IX de leur ampl. collect. deux
sermons de lui sur la fête de l'Assomption. * Du-Pin
biblioth. des aut. ecclés. des VII & VIII siécles , 2e. édit.
Paris , in 8°.

PAUL , diacre de l'église de Naples , du temps de
Charlemagne , & vers l'an 840, traduisit du grec en
latin la vie de sainte Marie Egyptienne , composée
par Sophrone , évêque de Jérusalem , que nous avons
dans Surius & Bollandus le 9 avril. Hildebert du
Mans mit depuis cette vie en vers. * Sigebert , in catal. c. 69 ; & Henri de Gand. c. 8.

PAUL , moine de saint Pére en Vallée , à un
des fauxbourgs de Chartres , y a fleuri depuis l'an

1029 jusqu'en 1088. On a de lui un recueil de toutes les chartes & priviléges de son monastere qu'il
avoit pu recouvrer. C'est le recueil que divers savans
citent sous le titre de liber Aganonis ou Apotheca,
parceque c'est un recueil de divers monumens. * D.
Rivet , hist. litter. de la France , tom. VIII.

PAUL DE GÈNES , moine du Mont-Cassin , vivoit dans le XI & le XII siécle , sous les regnes des
empereurs Henri III & Henri IV. On dit qu'il étoit
aveugle de naissance , ce qui ne l'empêcha pas de se
rendre habile , & de publier des commentaires sur les
pseaumes , sur Jérémie , sur les évangiles , sur les épîtres de saint Paul & sur l'apocalypse. Il composa aussi
un traité des disputes des Grecs & des Latins , &
quelques vies des saints. * Paul Diacre. Possevin. Vossius & Soprani, scritt. della Ligur.

PAUL , diacre, cardinal de l'église romaine , avoit
écrit une vie des papes , selon Martin Polonus. On ne
sait pas en quel temps il vivoit. * Vossius de hist. Lat.

PAUL DE PEROUSE , de Perusio , religieux de
l'ordre des Carmes , dans le XIV siécle , passe pour François chez quelques auteurs , parcequ'il passa la plus
grande partie de sa vie en France , où il enseigna dans
l'université de Paris. D'autres croient qu'il fut bibliothécaire de Robert le Bon , roi de Naples. Il fut
docteur de Paris , & entr'autres ouvrages , laissa un traité
sur le Maître des Sentences. On met sa mort en 1344.
* Trithème , de script. ecclés. Lucius , in biblioth. Carm.
Pilippe de Bergame , l. 13 suppl. Alegre , in parad.
Carm. &c.

PAUL , auteur Anglois qui vivoit au commencement du XV siécle , a composé vers l'an 1404 , un
traité intitulé le miroir du pape & de sa cour , en forme
de dialogue , dans lequel il écrit contre les abus de la
cour de Rome touchant la collation des bénéfices. Ce
traité est imprimé dans le second tome de la monarchie
de Goldast. * Du-Pin , bibliothéque des auteurs ecclésiastiques du XV siécle.

PAUL de Florence (Paulus Florentinus) religieux de l'ordre des Servites , qui a vécu dans le XV
siécle , est auteur d'un dialogue sur l'origine de son ordre : Dialogus de origine ordinis Sevitarum , seu
servorum Beatæ Mariæ. Ce dialogue , imprimé dans
le tome sixiéme de l'Amplissima collectio , &c. des PP.
DD. Martenne & Durand , pag. 567 & suivantes , est
adressé à Pierre de Médicis , fils de Cosme l'ancien.
Les interlocuteurs sont Pierre de Médicis lui-même ,
& Marianus qui fut fait évêque de Cortone , l'an 1455.

PAUL DE VENISE , nommé ordinairement Venetus,
étoit natif d'Udine dans le Frioul , & selon d'autres , de
Candie. Il fut élevé à Venise , & prit l'habit dans l'ordre
des hermites de saint Augustin. L'inclination qu'il avoit
pour les sciences , & le soin avec lequel il les cultiva
le rendirent si habile , qu'au sentiment de Philippe de
Bergame , il passa pour le premier philosophe & le plus
subtil théologien de son temps. Il prêchoit aussi avec
applaudissement , & composa divers ouvrages qui nous
restent aujourd'hui de lui , entr'autres , son livre contre
les Juifs , des sermons & des traités de philosophie. On
dit qu'étant à Sienne , il convainquit un hérétique nommé François Porcario , & ramena dans la secte de la religion orthodoxe tous ceux qui avoient été pervertis.
Il mourut en 1429. * Philippe de Bergame , liv. 14.
Pamphile , in chronic. eremit. sancti August. Trithème ,
de scriptorib. ecclés. Sponde , A. C. 1439 , n. 14. Possevin , in appar. sac. &c.

PAUL DE BURGOS , de Carthagène , ou de sainte
Marie , évêque Espagnol dans le XV siécle , étoit
natif de Burgos , & Juif de religion ; mais des plus nobles , des plus puissans & des plus doctes d'entr'eux. En
lisant la somme de théologie de saint Thomas , il se
sentit si persuadé des vérités de la foi , qu'il se fit baptí-
ser , & prit au baptême le nom de Paul de sainte Marie. Après la mort de sa femme il se consacra à Dieu
dans l'état ecclésiastique , fut archidiacre de Trévi-

gno , puis évêque de Carthagène , & enfin de Burgos. Son mérite avoit déja éclaté à la cour de Castille , où le roi Henri II , dit *le Valétudinaire* , le choisit pour être le précepteur de son fils Jean II. On dit qu'il fut depuis chancelier du royaume , & qu'il mourut patriarche d'Aquilée le 29 août de l'an 1435 , âgé de 82 ans ; élévation extraordinaire pour un Juif converti. Paul s'en étonnoit lui-même , & disoit qu'il ne falloit jamais se fier à ces sortes de gens , qui sont très-habiles à feindre , & retiennent pour l'ordinaire leurs anciennes superstitions. Au reste il ne se contenta pas d'avoir embrassé la religion chrétienne , il voulut encore la défendre par ses écrits. Il composa des additions considérables aux postilles de Nicolas de Lyra sur toute l'écriture , & un autre traité intitulé , *Scrutinium Scripturarum* , partagé en deux livres , imprimé en 1591 , par les soins de Christophe Sanctorisio , religieux Augustin , qui enrichit cette édition de la vie de ce prélat , que l'on pourra consulter. Paul étant encore Juif eut trois fils qui furent baptisés avec lui , & qui ont rendu leur nom vénérable à la postérité. Le premier , nommé ALFONSE , fut évêque de Burgos après son pere , & composa un abrégé de l'histoire d'Espagne , intitulé *Anacephalæosis regum Hispaniæ*. Le second , appellé GONSALVE , fut élevé à l'évêché de Plaisance ou Placentia en Espagne. ALVAREZ-GARCIA , qui fut le troisième , publia l'histoire de Jean II , roi de Castille , sous le nom de *Memoires* ou *Commentaires*. * Mariana , *l.* 19 , *hist. c.* 8. Sixte de Sienne , *l.* 4 , *biblioth. sanct.* Trithème. Bellarmin , *de script. ecclesf.* Aubert le Mire , *in auct.* Possevin , &c.

PAUL DE ROME , religieux de l'ordre des Augustins , & Italien de nation , florissoit sur la fin du XV siécle , en 1474. Il écrivit , *De usu clavium , &c.* * Herrera , *in Alph. August.* Joseph Pamphile , &c.

PAUL DE MIDDELBOURG , natif de cette ville en Zélande , évêque de Fossombrone dans le XVI siécle , étudia à Louvain , & acquit une si parfaite connoissance de la médecine & des mathématiques , qu'il fut regardé comme le premier mathématicien de son temps. Le desir de voyager le fit sortir de son pays pour passer en Italie , où il fut médecin du duc d'Urbin. Ce fut par la faveur de ce prince , & par celle de l'empereur Maximilien I , qu'on le pourvut de l'évêché de Fossombrone , dans l'Ombrie. Il assista au concile de Latran , sous Jules II & Léon X. On a de lui un ouvrage sur la Pâque , intitulé *Paulina , de recta Paschæ celebratione , & de die passionis D. N. Jesu Christi* , imprimé à Fossombrone en 1513. Ce prélat écrivit aussi divers autres livres , & mourut à Rome , âgé de 89 ans , le 14 décembre 1534. * Bellarmin , *de scriptor. ecclesf.* Ughel, *Ital. sac.* Jule Scaliger , *exerc.*266. *in* Cardan. Valere André , *biblioth. Belg.* Vossius , *de scient. mathem.*

PAUL (Vincent de) instituteur & premier supérieur général de la congrégation de la Mission , dans le XVII siécle , naquit dans le village de Poui , près d'Acqs , en 1576 , de parens fort pauvres , mais gens de bien. Il étudia à Acqs & à Toulouse ; puis s'étant embarqué sur Marseille , où il étoit allé pour quelques affaires , il fut pris par les corsaires , & mené en Barbarie. Après qu'il eut recouvré la liberté , il revint en France , & demeura deux ans chez les peres de l'Oratoire. Le P. Bourgoin lui donna la cure de Clichi , qu'il préféra à l'abbaye de S. Léonard de Chaumes , que le cardinal d'Ossat lui avoit fait obtenir , & à la charge d'aumônier de la reine Marguerite. Depuis il entra dans la maison de Gondi ; & sur la confession générale qu'il fit faire à un paysan du village de Gannes en Picardie , il conçut le dessein de sa premiere mission. Le succès qu'elle eut , lui en fit entreprendre d'autres qui furent accompagnées de tant de bénédictions , qu'on résolut d'établir une congrégation de la Mission. Cette institution se fit en 1626 , & a eu des suites très avantageuses pour l'église. M. Vincent fut employé dans tou-

tes les œuvres de piété considérables qu'on entreprit de son temps. Il établit des séminaires ecclésiastiques , & des lieux pour la retraite des ordinans & de toute sorte d'autres personnes. Il fonda les filles de la charité ; il procura de grands secours aux personnes indigentes ; il rendit des services assidus au roi Louis XIII , dans sa derniere maladie , & fut employé dans le conseil des affaires ecclésiastiques du royaume , sous la régence d'Anne d'Autriche , mere de Louis XIV. Au milieu de ces grandes occupations il se conduisit avec une très-grande prudence , avec une charité très - ardente , & avec une humilité profonde. Il mourut en odeur de sainteté le 27 septembre 1660 , âgé de 85 ans , & fut enterré dans l'église de saint Lazare , où ses disciples ont fait graver son épitaphe. Il a été béatifié en 1729. *Voyez* SOEURS DE LA CHARITÉ & le GRAS. * M. Louis Abelli , évêque de Rhodez , *en sa vie.*

PAUL DE TOUS LES SAINTS , Carme de la réforme de sainte Thérese , né à Cologne le 25 janvier 1611 , mourut dans la même ville le 17 décembre de l'an 1683. Il a écrit en allemand , *l'Histoire des miracles de Notre-Dame de Mont-Carmel* : cet ouvrage a été imprimé à Vienne , en 1664 , *in-*8°. Le même a composé en latin : 1. *Clavis aurea thesauri Partheno-Carmelitici , seu antiquitate , origine , beneficiis , privilegiis confraternitatis sacri scapularis* , à Vienne , 1669 , *in-*4°. Cet ouvrage est une preuve du zéle de l'auteur pour son ordre , & apparemment aussi un fruit de sa piété. 2. La vie du bienheureux Jean de la Croix , en latin , en 1675, *in-*8°, à Gretz ou Graetz. 3. L'édition du tome IV des ouvrages du vénérable pere Jean de Jesus-Marie , religieux du même ordre : ce tome IV fut imprimé en 1650 à Cologne. 4. Le pere Paul a recueilli aussi tous les ouvrages d'un autre de ses confreres , le pere Thomas de Jesus , religieux Espagnol , dont les écrits qui sont en grand nombre , avoient paru séparément. L'édition du pere Paul est en trois volumes *in-folio* , ornée de préfaces de l'éditeur que l'on dit très-savant. On peut consulter sur cela la bibliothéque des écrivains des Carmes de la réforme , donnée en latin par le pere Martial de Saint Jean-Baptiste , religieux du même ordre , & imprimée à Bourdeaux en 1730 , *in-*4°. *Voyez* les pages 245 , 313 , 409 & 417. Ce bibliothécaire ne nous apprend point quel étoit le nom de famille du pere Paul de tous les Saints , & ce défaut est assez commun dans son ouvrage.

PAUL , jurisconsulte célèbre , *cherchez* PAULUS JULIUS.

PAUL (S.) congrégation de clercs réguliers , *cherchez* BARNABITES.

PAUL ou MARC-PAUL , *cherchez* POLO.

PAUL JOVE , historien , *cherchez* JOVE , évêque de Nocere.

PAUL DE VENISE ou FRA PAOLO , *cherchez* SARPI.

PAUL VERONESE , *cherchez* CALIARI.

PAULA : c'est un petit bourg de la Campagne de Rome près du mont Circello , qu'on appelle *le port de Paula* & qui peut , dit-on , contenir plus de deux mille navires. Mais il est aujourd'hui fort inutile. * Mati , *dictionaire.*

PAULE , ville , *cherchez* PAOLA.

PAULE , femme très-illustre par sa piété & par son esprit , vivoit sur la fin du IV siécle. Sortie d'une famille très-illustre à Rome , & descendue des Scipions , & des Gracques & des Paul Emile par sa mere *Blesille* , elle s'allia à une autre qui ne l'étoit pas moins par son mariage avec *Toxoce* , de la maison des Jules : elle eut de lui quatre filles & un fils. Etant restée veuve , elle laissa toutes les pompes & les délices de Rome pour s'enfermer dans le monastere de Bethléem sous la conduite de S. Jérôme , & y mener une vie pénitente. Elle apprit l'hébreu , pour avoir plus de facilité à entendre l'écriture , dont l'étude fit toute sa consolation. D'ailleurs , elle servit de mere à tous les pauvres du monde chrétien , qui venoient visiter les lieux saints , & fut un exemple vivant de toutes les vertus évangéliques. Elle mourut le 26 janvier de l'an 404. S. Jérôme qui a écrit sa vie , dit qu'elle demeura cinq années à Rome , & vingt années à Bethléem , & qu'elle vécut en tout 56 ans , 8 mois & 21 jours. * S. Hieronym, *in ejus vita , in epist.*

PAULET , instituteur des freres Mineurs de l'Observance , fils d'un gentilhomme Suédois , nommé *Vagnotius de Trinci* , établi à Foligni , avoit reçu au baptême le nom de *Paul* , & entra dans l'ordre de S. François en 1323 , âgé de 14 ans. Comme il étoit jeune & petit , on l'appelloit communément *Paulet* entre les religieux , & le nom lui demeura. Il ne voulut être que frere laïc ou lay par humilité , & afin de s'occuper davantage aux exercices de piété. Thomas de Foligni qui demeuroit alors dans le même couvent , connut sa vertu , & se lia avec lui. Paulet profita de sa confiance pour lui témoigner ses pensées sur le relâchement où les religieux de son ordre vivoient , & il lui fit part du dessein qu'il avoit de le réformer. Avant d'entreprendre cet ouvrage difficile , il se retira sur le mont Cesi d'abord , ensuite dans une tour de Foligni , & enfin dans l'hermitage de Brulliano , malgré les contradictions que ses confreres lui faisoient souffrir fréquemment. Ce fut dans cet hermitage qu'il jetta en 1368 les fondemens de l'*Observance*. Paulet dans un lieu stérile & marécageux , où l'on ne voyoit que quelques paysans qui descendoient de la montagne , couverts de peaux de brebis , & n'ayant pour chaussure que des soques ou sandales de bois , eut néanmoins des imitateurs & des compagnons. Il se servit de la même chaussure que ces paysans , & l'usage en devint commun dans plusieurs provinces où les religieux de l'Observance ont été appellés *Soccolanti* ou *porte-soques*. Le nombre de ceux qui voulurent l'imiter devint si grand , qu'il fallut bientôt augmenter les bâtimens de Brulliano. Hugolin de Trinci , parent de Paulet , y contribua par ses libéralités , & le général leur accorda quelques autres couvens de l'ordre de S. François ; mais Brulliano fut toujours le chef de l'Observance. Léonard de Giffon , général élu en 1373 , permit à Paulet & aux gardiens des couvens qu'on lui avoit accordés , d'aller & d'envoyer de leurs religieux dans les provinces voisines , pour remettre les autres dans la régle de la premiere observance. Les *Frerots* s'étant répandus en Italie , on leur opposa Paulet & ses religieux , & le premier eut avec eux une dispute publique à Pérouse où il les confondit. Par reconnoissance on lui donna en 1374 le couvent de S. François du Mont près de Pérouse. En 1390 on lui donna encore trois couvens dans la province de la Marche , avec le même pouvoir de les gouverner que s'il eût été provincial. Enfin étant cassé & aveugle , ses parens souhaiterent qu'il vînt mourir à Foligni entre leurs bras. Paulet s'y rendit à pied , & y mourut l'an 1390. * Voyez le P. Helyot dans son *Histoire des ordres monastiques,&c.* tome VII , pag. 71 & suiv.

PAULET (Guillaume) petit-fils de Jean Paulet , d'une ancienne famille de nom , du comté de Sommerset en Angleterre , épousa *Elizabeth*, fille & héritiere de *Jean Denibemb* , du même comté. De-là descendit AMI Paulet , chevalier , capitaine de l'isle de Guernesei , & conseiller privé de la reine Elizabeth , l'an 29 du régne de cette princesse. Ce fut à lui & à Drew Drurie , chevalier , que fut confiée la garde de Marie , reine d'Ecosse , un peu auparavant & dans le temps de son supplice. Il eut pour fils ANTOINE Paulet , qui de *Catherine* , sa femme , fille de *Henri* , lord Norris , eut JEAN Paulet de Hinton-Saint-George , lequel le roi Charles I fit baron du royaume sous le titre de *lord Paulet de Hinton-Saint-George*. Dans le temps de la guerre civile , il eut commission de ce prince de lever un régiment de 1500 chevaux. Son fils aîné JEAN lui succéda. Le fils aîné de celui-ci , aussi nommé JEAN , eut deux femmes. La premiere , *Essex* , fille aînée d'*Alexandre* Copham de Littlecote , dans le comté de Wilt , chevalier , dont il eut deux filles , l'une mariée à *Guillaume* Famer , lord Leim-

ster ; & la seconde mariée à *N. Munson*, chevalier. Sa seconde femme fut *Suzanne* , fille de *Philippe* , comte de Pembroke , dont il a eu le lord *Paulet* , qui vivoit encore en 1701. Cette famille & la suivante descendent de la même tige. * Dugdale , *baronage.*

PAULET (Guillaume) fils de *Jean Paulet* , descendu d'une ancienne famille du comté de Sommerset. C'étoit un gentilhomme savant , & qui avoit d'autres belles qualités. La 29e année de Henri VIII , lorsqu'*Edouard* fut fait prince de Galles , il fut fait trésorier de la maison du roi ; l'année suivante il fut élevé à la dignité de baron du royaume , sous le titre de lord *Saint Jean*. Il fut le premier capitaine des gardes & chevalier de la Jarretiere. Il accompagna le roi Henri VIII à la prise de Boulogne. Il fut établi exécuteur du testament de ce prince & conseiller du prince Edouard son fils & successeur. La premiere année du régne de ce prince , le comte de Southampton ayant été démis de la charge de grand trésorier d'Angleterre , & étant alors grand-maître d'hôtel , il fut fait garde du grand sceau. Deux ans après il fut fait comte de Wilt , l'année suivante établi grand chancelier , & encore un an après honoré du titre de marquis de Winchester. Il fut grand juge député dans le procès du duc de Sommerset , étant alors président du conseil , charge qu'il occupa presque pendant tout ce régne. Il eut beaucoup de crédit sous la reine Marie , qui succéda à son frere Edouard VI , parceque c'étoit un des chefs de ceux qui l'avoient proclamé reine , en opposition à la malheureuse Jeanne Grei , qui fut proclamée reine malgré elle. Marie le continua dans la charge de grand trésorier , ce que fit aussi la reine Elizabeth la premiere année de son régne. Il mourut treize ans après , âgé de 97 ans , ayant assez vécu pour compter cent trois personnes , qui étoient descendues de lui. On dit , que quand on lui demandoit comment il avoit fait pour se maintenir sous quatre régnes différens , parmi tant de troubles & tant de révolutions dans l'état & dans l'église , il répondoit , *en étant comme un saule , & non pas comme un chêne* , c'est-à-dire , qu'au lieu de s'opposer au torrent , il savoit s'accommoder au temps. JEAN , son fils , lui succéda , & l'an 15e du régne d'Elizabeth , il fut un des pairs qui furent juges du procès du duc de Norfolck. De sa femme *Elizabeth*, fille de *Robert* Willoughbi , lord Brook , il eut JEAN , qui lui succéda , & épousa *Anne* , fille de *Thomas*, lord Howard d'Effingham , dont il eut GUILLAUME qui lui succéda , & épousa *Lucie* , fille de *Thomas*, comte d'Excester , dont il eut pour successeur JEAN , qui se maria trois fois , & eut de *Jeanne* , fille de *Thomas*, vicomte Savage de Rock-Savage , CHARLES , qui hérita de ses titres & de ses biens , & qui épousa *Christine* , fille aînée de *Jean* Frescheville de Staveli , dans le comté de Derbi , chevalier , créé depuis lord de Frescheville , laquelle mourut sans enfans. Il épousa en secondes nôces *Marie* , l'une des filles d'*Emanuel* , comte de Sunderland , de qui il eut deux fils , CHARLES & *Guillaume* , & trois filles , *Jeanne* , mariée à *N.* comte de Bridgewater ; *Marie* & *Elizabeth*. CHARLES , marquis de Winchester , fut créé duc de *Bolton*. Son fils , qui devint duc de Bolton par la mort de son pere , alla en Angleterre avec le prince d'Orange , & eut beaucoup de part à la révolution ; c'est pourquoi il fut fait chambellan de Marie , reine d'Angleterre , épouse de Guillaume III , & depuis un des lords justiciers d'Irlande. * Dugdale. *Mémoires du temps.*

PAULETTE , droit annuel que les gens de robe , de finances & autres officiers qui obtiennent des provisions du roi , sont obligés de payer à sa majesté pour pouvoir dans l'année disposer de leurs charges , & être dispensés de la régle des quarante jours , pendant lesquels il falloit que les résignans survéquissent à leur démission , autrement leurs charges étoient dévolues au roi. Comme le roi en profitoit peu , & que souvent il donnoit ces charges qui étoient échues à son fisc , à l'importunité des grands , on s'avisa en 1604 , sous Henri IV , pour trouver , sans rien débourser , de quoi payer les gages des officiers, de les difpenfer de cette régle, en payant tous les ans au roi le foixantiéme de la finance de leurs charges. Charles Paulet fut l'inventeur & le premier fermier de ce droit, qui fut appellé la *Paulette*. En quelques provinces on appella ce droit, à la *Palote*, d'un partifan nommé *Palot*, qui fuccéda à Paulet. Les parlemens firent de grandes difficultés pour vérifier l'édit qui l'établiffoit : on le publia feulement à la chancellerie en 1605. Depuis il fut reçu dans toutes les cours, & a eu lieu jufqu'en 1710, que le roi Louis XIV en ordonna le rachat & l'amortiffement par édit du mois de décembre 1709; mais le roi Louis XV l'a rétabli par déclaration du mois d'août 1722. * Mezerai, *hift. de France fous Henri IV.*

PAULI (Jérôme) Catalan, chanoine de Barcelone, fur la fin du XV fiécle, fut camérier du pape Alexandre VI, & eut foin de la bibliothéque du Vatican. Il publia le *Provinciale Romanum*; mais il eft fur que cet ouvrage n'étoit point de lui, comme on l'a cru, puifqu'on le trouvoit manufcrit dans plufieurs bibliothéques, & entr'autres, dans celle de S. Victor-lès-Paris. On a de lui d'autres traités : comme, *Practica cancellariæ, Commentarium de urbe Barcinonenfi*, imprimé en 1491; & *De Hifpaniæ fluminibus & montibus*, qu'on trouve dans le II volume de l'*Hifpania illuftrata*. * Le Mire, *de fcript. fæc. XVI.* Voffius, *de hift. Lat. &c.*

PAULI (Grégoire) miniftre de Cracovie, vers l'an 1560 & 1566, étoit infecté de l'erreur des Ariens, & fut des premiers qui la répandirent dans la Pologne. Il eut même l'effronterie de faire peindre un grand temple, dont Luther abattoit le toît, dont Calvin démoliffoit les murailles, & dont lui-même fappoit les fondemens, en combattant le myftere de la Trinité. Auffi difoit-il hautement que Dieu n'avoit pas tout révélé à Luther; qu'il en avoit plus dit à Zuingle, & plus encore à Calvin; que lui-même en avoit appris davantage de Dieu, & qu'il efpéroit qu'il en viendroit d'autres, qui auroient encore de plus parfaites connoiffances de toutes ces chofes. * Sponde, *A. C.* 1561, *c.* 33; 1566, *n.* 30.

PAULI (Pierre-François) de Pezaro en Ombrie, ou plutôt au duché d'Urbin, poëte Italien, & fecrétaire du prince Savelli, vivoit du temps du pape Urbain VIII. Cet auteur a donné au public deux volumes de *rimes italiennes*, & deux autres de *poéfies choifies* en la même langue, *quelques épitalames & quelques chanfons* fur divers fujets. Les Italiens difent qu'il étoit un bons poëtes de fon fiécle & de fon pays. Ses odes particuliérement font fort eftimées. Les cavaliers Marini & Guarini, c'eft-à-dire, les premiers poëtes du pays, faifoient cas de la perfonne & de la poéfie de François Pauli. * Baillet, *jugemens des favans fur les poëtes Italiens.*

PAULI (Benoît) autre poëte, étoit Florentin, religieux de l'ordre de S. Dominique & difciple du célèbre Savonarole. Il témoigna fa reconnoiffance à fon maitre dans un poëme italien, qu'il intitula *le cédre du Liban*, & où il rendoit graces à Dieu de fa converfion. Un autre poëme où il traitoit des vertus & des béatitudes, a mérité les éloges du Poccianti qui l'avoit vu, ainfi que le premier, & qui cite encore de lui un traité intitulé *Fons vitæ*, & une courte, mais exacte chronique de l'ordre de S. Dominique. Cet auteur floriffoit à la fin du XV fiécle. * Echard, *fcript. ord. FF. Præd. tom. I.*

PAULI (Ménélaüs) fut pafteur à Copenhague dans l'églife de S. Nicolas, & enfuite miniftre de la cour. Il mourut le 2 juillet 1626, âgé de 41 ans, ayant été en charge pendant feize années. Il a laiffé plufieurs ouvrages écrits en danois; tels que, Méditation férieufe fur les plaies de Jefus-Chrift, 1631. *Sufpirium pro comitiis Hafniæ ad 17 jun. anni 1622 celebrandis*, 1622. Complainte à l'égard des fermens, 1623. Le fon de la trompette qui renverfe les murailles de Jéricho, &c. 1624. Relation de la naiffance d'une fille monftrueufe, 1626. Queftions au fujet des délateurs, 1626. Que l'on ne doit point s'affliger, 1625. Peinture de la morta-

lité de tous les hommes, 1622. Pauli a donné en latin, *Decem fumma capita bonæ reipublicæ : Doctrina de Sabbatho*, 1623, *in-4°.* * *Bibliotheca Septentrionis eruditi*, pag. 101 & 335. *Supplément françois de Bafle.*

PAULI (Jean-Guillaume) médecin, naquit à Leipfick le 19 février 1659, de Guillaume Pauli, marchand de vin & bourgeois de la même ville, & d'*Anne-Catherine* Peiligk. Après fes premieres études, il fut envoyé à Eulenbourg pour s'y perfectioner dans le latin & le grec. Il continua fes études en 1675, dans l'univerfité de Leipfick, d'où il fe rendit à Wittenberg où il difputa en qualité de répondant, *De attributis divinis, de fimplici & compofito, & de toto & parte*. Revenu à Leipfick en 1677, il fréquenta encore les leçons des profeffeurs. En 1678 il fut fait maître-ès-arts; & en 1681 il prit le dégré de docteur en médecine. Il voyagea encore cette année; & dans fes courfes, il fit connoiffance avec les favans les plus diftingués qui étoient alors en Allemagne, en Hollande, en Angleterre, en France, en Italie & en Suiffe. Etant revenu à Leipfick, il fut fait en 1691 affeffeur de la faculté de médecine, en 1703 profeffeur en philofophie, en 1706 profeffeur en anatomie & en chirurgie; & enfin en 1719 profeffeur en pathologie. Il devint en 1720 *fenior* de la faculté & membre du collège du prince. En 1723 il fut fait décemvir de l'univerfité; & il mourut cette même année le 13 juin. Les thèfes qu'il a publiées traitent : 1. *De numero perfecto.* 2. *De corporum diffolutione*, à Leipfick, 1679. 3. *De præcipitantium ufu & abufu*, à Leipfick, 1681. 4. *De ictero.* 5. *De œdematis naturâ & curâ*, à Leipfick, 1685. 6. *De medicamentorum delictu*, à Leipfick, 1694. 7. *De anorexiâ*, à Leipfick, 1696. 8. *De dolore capitis*, à Leipfick, 1697. 9. *De commotionum animi vi medicâ*, à Leipfick, 1700. 10, *De nutritione naturali & præter naturali*, à Leipfick, 1709. 11. *De raucitate*, à Leipfick, 1709. 12. *De medicamentis è corpore humano defumtis meritò negligendis*, à Leipfick, 1721. On a encore des programmes compofés par le même, & il a donné au public quelques éditions de livres de médecine. Il a auffi récité plufieurs harangues, & travaillé aux *Acta eruditorum*. Il eut de fon premier mariage avec *Catherine-Gertrude* Mogk de Sangerhaufen, *Jacques-Guillaume* Pauli, qui pratiquoit la médecine à Breflau; & de fon fecond mariage avec *Chriftine-Sophie*, fille de *Pierre* Oheim, jurifconfulte & membre du confeil de Leipfick, il eut deux filles. * *Supplément françois de Bafle.*

PAULIANISTES, cherchez PAUL de Samofate.

PAULICIENS, *Pauliciani*, hérétiques Manichéens, furent ainfi appellés du nom d'un certain Paul, qui s'en fit le chef en Arménie à la fin du VII fiécle, & fe rendirent enfuite formidables dans toute l'Afie, par le grand nombre de leurs fectateurs, principalement depuis que l'empereur Nicephore les protégea, pour s'en fervir dans des opérations de magie. Ces hérétiques, outre une infinité d'erreurs dont leur fecte étoit infectée, & dont la principale étoit celle de ces deux principes coéternels & indépendans l'un de l'autre, avoient une fi grande horreur de la croix, qu'ils lui faifoient tous les outrages imaginables. Néanmoins lorfqu'ils étoient malades, ils ne manquoient pas de s'appliquer une croix faite de bois, comme un excellent remede; mais auffitôt qu'ils étoient guéris ils la mettoient en piéces, par une folie pleine d'impiété. Ils ne faifoient point de difficulté d'adorer le livre des évangiles, & de le baifer par refpect; mais ce n'étoit pas du côté qu'il portoit l'image de la fainte croix, qu'ils ne pouvoient fouffrir, tant ils avoient l'imagination bizarre. L'impératrice Théodora, tutrice de Michel III, ordonna en 845 que l'on travaillât efficacement à la converfion de ces Pauliciens, ou que l'on en délivrât l'empire, s'ils réfiftoient avec opiniâtreté. Ceux qui avoient cette commiffion agiffant avec rigueur, fe faifirent d'abord des ces hérétiques, qui étoient épars dans les villes & dans les bourgs de l'Afie. On dit qu'ils en firent mourir près de cent mille, ce qui obligea ceux

ui échaperent de s'aller rendre aux Sarafins. Ils foutin-
nt pourtant encore la guerre contre l'empereur Bafile
Macedonien , à la fin du IX fiécle. Ils envoyerent
même des prédicateurs en Bulgarie , qui y établirent
hérélie manichéenne, d'où elle fe répandit bientôt après
ans le refte de l'Europe. * Maimbourg, hiftoire des Ico-
oclaftes. M. de Meaux , hift. des Variat. l. 11. Bayle ,
liction. crit.

PAULIMIR , dix-feptiéme roi de Dalmatie , étoit
ils de Petriflas , & petit-fils du roi Rodoflas , qui fut
chaffé de fes états par Ciaflas, l'un de fes fils , & fut
obligé de fe retirer à Rome. C'eft dans cette ville que
Paulimir naquit ; & il y étoit encore, lorfque les peuples
le Dalmatie lui offrirent la couronne , vers l'an 868.
On dit que tous les bans , qui étoient indépendans depuis la mort de Ciaflas, fe foumirent à lui , & qu'il n'y
eut que Gliutomir , ban de Rafcie , qui fit difficulté de
le reconnoître. Avant que de s'aller mettre à la raifon ,
il fe fit couronner à Trebigne , le jour de l'Afcenfion ;
il défit auffitôt après fes troupes fur les bords du Lim ;
& ce rebelle ayant été tué peu après par fes propres
troupes , il reprit toute la Rafcie. On ajoute que de fon
temps , les Efclavons peu inftruits de la religion chrétienne , furent catéchifés de nouveau par les foins de
l'empereur Bafile. Paulimir eut guerre avec les Hongrois , qui ayant été battus, convinrent que la Save
feroit la féparation des deux états. Il mourut à Trebigne,
& fut inhumé dans l'églife S. Michel ; on ne dit pas
en quelle année, mais ce fut avant l'an 880. La reine fa
veuve accoucha fept jours après d'un enfant mâle , qui
fut nommé Tiefcemir , & qui ne fut reconnu que par
une très-petite partie de la Dalmatie. * Le Prêtre de Dioclée , hift. de la Dalmat. Léon , Tactiques.

PAULIN fuccéda à Lupus au gouvernement d'Alexandrie. Il obligea les facrificateurs Juifs du temple qu'O-
nias avoit fait bâtir dans cette ville , de lui remettre tous
les ornemens qui leur reftoient , & dont il fe faifit : après
quoi il fit fermer le temple , défendit que perfonne y
allât adorer , & abolit ainfi entierement le culte public
que les Juifs rendoient à Dieu dans cette ville. Il y avoit
alors trois cent quarante-trois ans que ce temple étoit
bâti. * Jofephe , guerre des Juifs contre les Romains ,
liv. VII, chap. 37.

PAULIN , Paulinus , prêtre, difciple de S. Ephrem,
étoit très-verfé dans la connoiffance de l'écriture. Après
la mort de ce faint , l'ambition le jetta dans le parti des
fchifmatiques , comme le remarque Gennade au chapitre III des écrivains eccléfiaftiques. Le même auteur
parle d'un autre PAULIN, qui avoit écrit , de initio Qua-
dragefimæ. De die Dominico Pafcha. De pœnitentia.
De obedientia. De neophytis.

PAULIN , évêque de Tyr, fut un des évêques qui
favoriferent le parti d'Arius. Il avoit d'ailleurs beaucoup
de mérite. Les Eufebiens le firent élire évêque d'Antioche l'an 330 ; mais il ne tint le fiége que fix mois , &
Eulale lui fuccéda en 331. * Eufebe. S. Athanafe. Du
Pin, bibliothèque des auteurs eccléf. du IV fiécle , 2° édition de Paris en 1709.

PAULIN , évêque de Trèves , & fucceffeur de faint
Maximin ; vers l'an 349 , foutint courageufement la foi
orthodoxe contre les Ariens. Il alla à Rome dans le
temps que S. Athanafe fut renvoyé à Alexandrie , & fut
chargé de l'acte de rétractation qu'Urface & Valence ,
évêques Ariens, donnerent au pape Jules. Il fut le feul
qui demeura ferme pour la défenfe de S. Athanafe, dans
le concile tenu à Arles en 353 , & fut pour cela envoyé
en exil dans la Phrygie , où il mourut en 358. * S. Atha-
naf. orat. 1 contra Arian. epift. ad folitar. Apologia,
Hilarius , in fragmentis. Hieronymus, in chronico. Marcelle , & Fauftin , libellus precum. Socrate, l. 2, c. 29.
Sulpice Severe , l. 2. Hermant , vie de S. Athanafe.
Baillet , vies des faints , 30 août. Du Pin, biblioth. des
aut. eccl.

PAULIN , évêque d'Antioche , dans le IV fiécle ,
avoit été fait prêtre par S. Euftathe , & ne s'étoit fouillé
par aucune communication avec les hérétiques. L'églife
d'Antioche étoit alors divifée par un fchifme , & reconnoiffoit deux prélats , S. Melece & S. Euftathe. Après
la mort du dernier , S. Eufebe de Verceil , que le concile d'Alexandrie envoyoit à Antioche pour établir la
paix , trouva que Lucifer de Cagliari avoit fait mettre
Paulin en fa place , & connut avec douleur que cette
élection avoit rompu toutes fes mefures. En effet, Paulin méritoit d'être évêque , par fa piété & par fon orthodoxie ; mais il ne pouvoit le devenir en ce lieu , fans
élever autel contre autel. Il fut accufé de fuivre les fentimens de Sabellius , & s'en juftifia auprès de S. Athanafe , qui communiqua avec lui. Depuis Paulin s'accorda avec Melece , à condition que le furvivant des
deux demeureroit feul évêque ; mais on ne lui tint pas
parole : car les évêques d'Orient ordonnerent Flavian ,
après la mort de Mélece en 380. C'eft Paulin qui fit
prêtre S. Jérôme fon ami , & fon défenfeur. Il mourut
en 389. Il eft différent de PAULIN , évêque d'Antioche ,
qui fuccéda à Philogène en 319 , & mourut en 324.
* Socrate, l. 3. Théodoret, l. 3. Sozomene , l. 6. Ruffin , l. 1. Baronius , in annal. A. C. 362 & feq.

☞ PAULIN , évêque de Beziers , au commencement du V fiécle , qui avoit écrit une lettre circulaire
contenant la relation des prodiges arrivés en 419. Idace
en fait mention dans fa chronique fous l'an 420. * D.
Rivet , hift. litter. de la France , tome II.

PAULIN (S.) à qui l'on donne auffi les noms de
PONCE & de MEROPE , évêque de Nole , étoit né à
Bourdeaux vers l'an 353 , d'une famille illuftre , par la
dignité confulaire , & par celle de fénateur. Il s'avança
dans fes études par le fameux Aufone. Il s'avança
dans les charges les plus confidérables de l'empire, &
fut conful l'an 378 , après la mort de Valens. Il époufa
Therafie , femme riche qui lui apporta de grands biens ;
mais il préféra la retraite à tout ce qu'il pouvoit pofféder dans le fiécle ; & ayant été baptifé par Delphin, évêque de Bourdeaux , il abandonna fa patrie en 389, &
chercha avec fa femme une retraite en Efpagne, où il
avoit des terres. Après y avoir demeuré quatre ans , ils
fe dépouillerent de leurs biens , partie en faveur des églifes , partie en faveur des pauvres , & vécurent en continence. Le peuple de Barcelone , où il demeuroit, conçut une fi haute eftime de lui , qu'il le fit ordonner prêtre
le jour de Noël en 393 , fans qu'il y eût penfé, & l'année fuivante il partit d'Efpagne , pour s'en aller en Italie. En paffant il vit à Florence S. Ambroife , de qui il
reçut les marques d'amitié. Etant venu à Rome , il y fut
peu reçu par les perfonnes de qualité & par le peuple.
Mais le pape Sirice & le clergé conçurent de la jaloufie
contre lui , ce qui l'obligea de fe retirer près de Nole,
où il fit de fa maifon une communauté de moines. Après
avoir paffé feize ans dans ce lieu avec fa femme , dans
les exercices de la vie monaftique , il fut élu & ordonné
évêque de Nole , l'an 409. Les commencemens de fon
épifcopat furent troublés par les incurfions des Goths,
qui prirent la ville de Nole. Après avoir effuyé cette attaque , il jouit affez paifiblement de fon évêché jufqu'à
fa mort arrivée en 431. M. de Tillemont met fa mort
en 421 , ou deux ou trois ans après ; il eft croyable que
fa femme étoit morte dès l'an 413. On lit dans les dialogues de S. Grégoire , qu'il fe mit volontairement en
captivité dans l'Afrique , pour délivrer le fils d'une veuve,
qui avoit été pris par les Vandales. Mais ce fait ne s'accorde nullement avec les circonftances du temps & de
la vie de S. Paulin, & paroît abfolument fabuleux. Nous
avons fes épîtres & fes poéfies , dont nous fommes redevables aux foins de S. Amant , évêque de Bourdeaux,
qui les conferva. La premiere édition de fes œuvres a
été faite à Paris par Badius en 1516. Le pere Heribert
Rofweide , Jéfuite , en publia à Anvers une feconde
édition , en 1622 , en un volume in-8° , qui eft enrichie de la vie de ce faint, compofée par le pere François Sachin , de fes notes , & de celles du pere Fronton
du Duc. Il y en a eu depuis une édition à Paris en 1611,

& une autre *in*-4° en 1685, de M. le Brun des Marettes, qui est la meilleure. Muratori a donné depuis cette
édition quelques ouvrages de S. Paulin, qui n'avoient pas
encore vu le jour. Urane, disciple de S. Paulin, & prêtre
de l'église de Nole, laissa une relation de la mort de ce
saint. S. Ambroise, S. Jérôme, S. Augustin, S. Grégoire, S. Eucher, Cassiodore, &c. parlent très-avantageusement de ce saint. * *Consultez* aussi Ausone, *in*
epist. Idace & Prosper, *in chron.* Sulpice Severe, *l.* 2
hist. Gennade, *c.* 48 *catal.* Sigebert, *c.* 14. Trithème
& Bellarmin, *de script. eccl.* Elie Vinet, *in Auson.* Gabriel de l'Urbe, *chron. de Bourd.* Barthius, *adver. l.* 60.
Scaliger; Baronius; Vossius; Possevin, &c. D. Rivet,
hist. litter. de la France, tome II.

Plusieurs ont douté que S. Paulin fût né à Bourdeaux,
& ont cru qu'il possédoit seulement de grands biens en
Aquitaine. Mais comme S. Ambroise nous assure qu'il
n'avoit point de second en noblesse dans cette province,
il semble qu'il n'y ait pas lieu d'en douter, si l'on ne
veut, avec le cardinal Baronius, renverser la période
de ce pere, pour ôter à la France l'honneur d'avoir
produit un si grand saint, & le donner à la ville de
Rome, qui avoit eu des sénateurs de ce nom, long-
temps avant celui dont nous parlons. Sigebert, Trithême & quelques autres, même des modernes, ont confondu l'évêque de Nole, avec PAULIN, prêtre de Milan.
Ils sont néanmoins bien différens l'un de l'autre : car ce
dernier, qui, selon les apparences, avoit connu S. Augustin en Italie, le vit en Afrique, où il fut envoyé.
Ce fut à la priere du même S. Augustin, qu'il écrivit,
& même qu'il lui dédia la vie de S. Ambroise. Mais ce
ne fut, comme il le témoigne, qu'après la mort de
S. Simplicien, successeur de S. Ambroise, & sous l'épiscopat de Venere, c'est-à-dire, vers l'an 401 ou 402.
La différence du style, qui est fleuri & éloquent en saint
Paulin de Nole, fait bien voir qu'il ne peut pas être auteur de cette piéce très-simple. * Sigebert, *de vir. illust.*
c. 14. Isidore de Séville, *c.* 17. Jacques du Breuil, *in*
not. ad Isid. Baronius, *in annal.*

PAULIN, homme de qualité très-savant & très-
estimé à la cour de Théodose *le Jeune*, étoit extrêmement confidéré de l'impératrice Eudoxe, à cause de son
esprit, & de son savoir. Un jour cette princesse ayant
reçu de Théodose quelque fruit beau par excellence, le
donna à Paulin, qui le présenta à l'empereur. Ce prince
demanda à Eudoxe ce qu'elle avoit fait de ce fruit : elle
répondit qu'elle l'avoit mangé ; Théodose le lui montrant la traita d'infidèle, & fit éclater sa jalousie contre
Paulin, qu'il fit mourir vers l'an 440.

PAULIN, de Périgueux, écrivit en vers latins la vie
de S. Martin de Tours, & vivoit 30 ou 40 ans après
S. Paulin de Nole, à qui quelques savans ont attribué
mal-à-propos ce poëme. Il est dédié à Perpetuus, évêque
de Tours, qui présida à un concile tenu en cette ville,
en 461. Grégoire de Tours, qui a été assis sur le même
siége épiscopal, cent ans après Perpetuus, a attribué
cette vie à S. Paulin de Nole, trompé par la conformité
des noms. François Juret publia le premier cet auteur,
en 1585, sur un manuscrit de Pierre Pithou ; mais sous
le nom de S. Paulin, évêque de Nole. Depuis on l'a inséré dans la bibliothéque des peres, & on l'imprima à
Leipsick en 1688, *in*-8°, avec des notes de Juret, de
Barthius & de quelques autres savans. * *Voyez le tome I*
de la biblioth. univers. & D. Rivet, *hist. litter. de la*
France, tome II.

☞ PAULIN, surnommé *le Pénitent*, étoit fils
d'Hespere, proconsul d'Afrique, & petit-fils du consul
Ausone. Il vécut d'abord dans la plus grande prospérité,
& dans une abondance proportionée à sa grande naissance. Mais les disgraces qu'il eut à essuyer, & les ravages des barbares le réduisirent à la plus grande misé-
sere. Au milieu de ces désastres, Dieu le toucha. Paulin
reçut le baptême en 411, à la fête de Pâque, étant
alors dans la 46° année de son âge. Il passa le reste de
sa vie dans les exercices de la pénitence, & mourut

saintement dans la 84° année de son âge, vers l'an 463
de J. C. On a de lui un poëme qu'il a intitulé *Eucha-*
ristique, c'est-à-dire d'actions de graces, parcequ'il y
remercie Dieu des biens temporels dont il l'avoit fait
jouir autrefois ; & des maux par lesquels il l'avoit fait
entrer dans les voies du salut. * D. Rivet, *hist. litter.*
de la France, tome II.

PAULIN (saint) évêque de Rochester en Angleterre, fut envoyé dans ce royaume par le pape S. Grégoire *le Grand* l'an 601, pour y prêcher la foi avec
S. Augustin, qui y avoit déja converti quantité d'infidéles. Il y fit un grand progrès sous le règne d'Edel-
bert, premier roi chrétien en Angleterre ; mais il souffrit
beaucoup sous le règne d'Edouard son fils, qui ne voulut point embrasser la véritable religion ; de sorte qu'un
grand nombre de nouveaux chrétiens renoncerent à la
foi, vers l'an 614. Eduin, roi de Northumbrie, ayant
envoyé demander en mariage Edelburge, fille d'Edel-
bert, à son frere Eadbald, roi de Kent (car il y avoit
alors sept petits rois en Angleterre,) Eadbald qui étoit
chrétien, aussi-bien que la princesse Edelburge, répondit aux ambassadeurs, qu'il ne la pouvoit donner à un
roi païen & idolâtre. Eduin promit de laisser vivre Edelburge & toute sa suite dans sa religion, & d'en faire
aussi profession, si on lui en faisoit connoître la vérité.
Après cette promesse, on lui envoya la princesse Edelburge, l'an 625. Paulin, que l'archevêque S. Juste, un
des missionnaires d'Angleterre, avoit consacré évêque,
lui fut donné pour l'accompagner. Ce saint évêque ne
manqua pas d'instruire Eduin, qui reçut la lumiere de
l'évangile, & se fit baptiser avec ses deux fils & les seigneurs de sa cour, dans une église que l'on bâtit en
diligence, pour cette cérémonie. S. Paulin continua six
années, jusqu'à la mort de ce prince, à prêcher la parole de Dieu, avec un si grand succès, qu'il étoit obligé
de baptiser dans la riviere de Glene, à cause de l'affluen-
ce du peuple, qui se présentoit pour recevoir le baptême.
Le pape Honorius, qui avoit succédé à Boniface V, envoya le *Pallium* à S. Paulin, & écrivit au roi pour le
féliciter de sa conversion. Quelque temps après, Car-
duelle, roi d'Ecosse, tributaire d'Eduin, se révolta contre lui, & le tua dans une bataille ; ce qui jetta le royaume dans une étrange consternation. S. Paulin fut obligé
de remener la reine Edelburge à Cantorberi, où le roi
fit accepter à ce saint l'évêché de Rochester, qu'il gouverna jusqu'à sa mort, laquelle arriva le 10 octobre 644.
* Surius, 10 oct.

PAULIN (saint) d'Aquilée, né en Autriche, après
s'être rendu recommandable dans la profession des belles lettres, fut élevé par Charlemagne au patriarchat
d'Aquilée, vers l'an 777. Il parut avec éclat au concile
de Francfort, tenu en 794 contre Elipand de Tolede,
& Felix d'Urgel, contre lesquels il écrivit un livre que
nous avons dans la bibliothéque des peres, sous ce titre :
Libellus de sanctissima Trinitate, adversùs Elipandum
Toletanum & Felicem Urgelitanum antistites, dictus
sacro-syllabus. André du Chêne a publié un autre traité
de Paulin, contre le même Felix. Ce prélat que sa sainteté prouvée par des miracles, rendit très-illustre, mourut le 11 janvier de l'an 802. Il est auteur du livre des
instructions salutaires, attribué à S. Augustin. On a de
lui un fragment de lettre adressée à Heistulfe, qui avoit
tué sa femme. On a publié en 1737 à Venise une édition complette des ouvrages de S. Paulin d'Aquilée, sous
ce titre : *Sancti patris nostri Paulini patriarchæ Aqui-*
leiensis opera, ex editis ineditisque primùm collegit,
notis & illustrationibus illustravit Joannes Franciscus
Madrisius Utinensis congregationis oratorii presbyter.
* Alcuin, *in epist.* 81, & *in poëm.* 213 & 214. Ughel,
in Ital. sacra. Bellarmin, *de script. eccl.* Bollandus, *in*
vit. SS. ad diem 2 *jan.* Du Pin, *biblioth. des auteurs*
ecclés. des VII & VIII siécles. Pagi, *crit. Baron. an.*
802. Dom Rivet, *hist. litter. de la France*, tome IV. Cet
auteur place la mort de S. Paulin en 804.

PAULINA, *cherchez* LOLLIA.

PAULINE, *Paulina*, dame Romaine, femme de
ntius Saturnin, gouverneur de Syrie, dans le I siécle,
ſtoit pas moins illuſtre par ſa vertu que par ſa naiſ-
ſce, & par ſa beauté. Un jeune homme nommé *Mun-
s* ayant conçu pour elle l'amour le plus violent que
n puiſſe s'imaginer, & ne pouvant la gagner ni par pré-
s, ni par prieres, après lui avoir offert inutilement
ux cens mille drachmes, réſolut de ſe laiſſer mourir
: faim. Une des affranchies de ſon pere nommée *Idi*,
conſola, & corrompit quelques prêtres de la déeſſe
s, qui firent ſavoir à Pauline que le dieu Anubis la
uloit voir en particulier. Cette dame s'en ſentit ſi
onorée, qu'elle s'en vanta à ſes amis & à ſon mari, &
la coucher dans la chambre du prétendu Anubis, où
ſundus étoit caché. Quelque temps après, celui-ci
ayant rencontrée, lui dit ce qui s'étoit paſſé. Pauline
déſeſpoir pria ſon mari de la venger. Il alla ſe plaindre
e cette ſurpriſe à l'empereur Tibere, qui s'étant infor-
ié de la vérité, fit pendre Ida & les prêtres d'Iſis, &
enverſer le temple de cette déeſſe, dont il fit jetter la
atue dans le Tibre, ſe contentant d'envoyer Mundus
n exil. * Joſephe, *l.* 18, *c.* 4. Bocace, *de clar. mulier.*

PAULINE, femme de Sénéque *le Philoſophe*, vou-
ut mourir avec ce grand homme, que Néron avoit con-
lamné à la mort. En effet elle ſe fit couper les veines
vec ſon mari, l'an de Jeſus-Chriſt 65 ; mais Néron,
ui n'avoit aucune haine particuliere contr'elle, empêcha ſon deſſein. Elle vécut encore quelques années, por-
ant ſur ſon corps & ſur ſon viſage les glorieuſes marques de ſon affection conjugale, & témoignant par ſa
pâleur, la quantité de ſang qu'elle avoit perdu. * Tacite,
l. 15 *annal. c.* 63 & 64.

PAULINS, peuples de la Bulgarie, préféroient l'apôtre S. Paul à Jeſus-Chriſt, & baptiſoient avec du feu, au
lieu de ſe ſervir d'eau. Ils ont embraſſé la religion catholique, après avoir été inſtruits par des miſſionaires. * Ricaut, *de l'empire Ottoman.*

PAULLI (Simon) premier médecin du roi de Danemarck, né le 6 avril 1603, vint étudier à Paris ſous le
fameux Riolan, & alla à Wittemberg, où il fut reçu
docteur en médecine. Depuis, il s'établit à Copenhague, où il remplit la chaire de profeſſeur, & fut appellé
à la cour par Frédéric III, roi de Danemarck, qui l'eſtima fort. Le roi Chriſtiern V, qui monta ſur le trône en
1670, lui conſerva la qualité de ſon premier médecin,
& lui donna l'évêché d'Arhuſen, qui eſt devenu héréditaire dans ſa famille. Il mourut le 23 avril 1680, âgé
de 77 ans. Nous avons de lui pluſieurs beaux ouvrages,
entr'autres, *Flora Danica*, où il parle des plantes ſin-
gulieres, qui naiſſent en Danemarck & en Norvège :
Quadripartitum Botanicum, où il ramaſſe tout ce que
les ſimples peuvent contribuer à la guériſon des maladies : un traité de l'abus du tabac & du thé, & pluſieurs
autres. * *Mémoires hiſt.* Niceron, *mém. tomes III & X.*

PAULLINI (Chriſtian-François) s'eſt acquis beaucoup de réputation par ſon ſavoir, en Allemagne & ailleurs. Il étoit philoſophe, médecin, poëte, hiſtorien,
théologien, & fort verſé dans la connoiſſance des langues. Il mourut le 10 de juin 1712, à l'âge de
70 ans. Il eſt connu particuliérement par ſon traité *de la
noix muſcade.* * *Aĉtes de Leipſéck de 1712, p.* 335.

PAULMIER DE GRENTEMESNIL (Julien le)
né dans le Cotentin d'une famille noble & ancienne,
fit ſes études de philoſophie & de médecine à Paris,
dont il fut créé docteur de la faculté de la même ville,
après avoir obtenu le même degré dans l'univerſité de
Caen. Il demeura onze ans avec Fernel, & profita ſi bien
ſous ce ſavant maître, qu'il fut eſtimé lui-même un des
plus habiles médecins de ſon ſiécle. Des veilles immodé-
rées ayant réduit le roi Charles IX à une extrémité dont
tous ſes médecins ne pouvoient le tirer, Paulmier entreprit de guérir ce prince & y réuſſit. Il ſuivit le duc d'Anjou, frere de Charles IX, dans les Pays-Bas, en qualité
de ſon médecin, & il lui fut d'un grand ſecours en quelques occaſions importantes. Il accompagna auſſi le ma-

réchal de Matignon à pluſieurs ſiéges, où il ne fit pas
moins paroître de prudence, de valeur même, que d'habileté dans ſon art ; & au retour de la campagne, le
maréchal en ayant fait l'éloge à Henri III, ce prince le
coucha ſur ſa maiſon, le combla de préſens, & le déclara par des lettres patentes très-digne de la nobleſſe.
Guillaume le Paulmier, conſeiller & ſecrétaire de Henri III, aïeul de Paulmier, auſſi conſeiller & aumônier
du même roi, craignant que ces lettres patentes ne don-
naſſent lieu de croire que leur famille n'avoit point avant
elles eu la nobleſſe, voulurent l'obliger à les refuſer ; mais
Julien les accepta comme une confirmation de nobleſſe
& une nouvelle illuſtration. Il épouſa le 6 juin 1574
Marguerite de Chaumont, de l'illuſtre famille de ce
nom, demoiſelle d'un mérite diſtingué, & dont Michel
de Montagne parle avec éloge dans une lettre qu'il lui
avoit écrite, & que l'on a imprimée à la fin du troiſiéme
volume de ſes eſſais de l'édition de Paris 1725, *in-*4°.
Elle étoit née en 1554, & mourut en 1599. Julien le
Paulmier étoit comme elle de la religion prétendue-réformée. Sur la fin de ſes jours il ſe retira avec elle à Caen,
où il mourut au mois de décembre 1588, âgé de 68 ans.
On a de lui un traité *De vino & pomaceo*, imprimé à
Paris en 1588, & Jacques de Cahaignes, médecin célébre, qui avoit été ſon diſciple, le traduiſit en françois,
de même qu'un autre traité du même *De lue venerea*. Il
avoit eu de *Marguerite* de Chaumont, ſa femme, JAC-
QUES le Paulmier, qui ſuit.

PAULMIER DE GRENTEMESNIL (Jacques le)
fils du précédent, & de *Marguerite* de Chaumont, naquit au pays d'Auge près de Sainte-Barbe, où ſa mere
fut ſurpriſe en allant voir ſes parens. Sa naiſſance arriva
le 5 de décembre 1587. Il n'avoit qu'un an, lorſqu'il perdit ſon pere, & ſa mere ſe chargea de ſon éducation. Il
n'avoit que douze ans, lorſqu'il perdit ſa mere dans cette
ville, d'où il étoit parti depuis quelque temps ; mais dès-
lors il avoit fait de ſi grands progrès, qu'il étoit un ſujet
d'admiration à Caen depuis quelques années. Dans un
voyage qu'il avoit fait à Rouen, une de ſes tantes l'y
avoit retenu, & lui avoit donné un maître pour apprendre la langue grecque dans laquelle il s'avança beaucoup
en peu de temps. La mort de ſa mere lui fit changer de
lieu. Son frere aîné, ſieur de Vandeuvre, l'envoya à Paris
où il le confia à Pierre du Moulin, qui le pria chez lui.
Il écouta auſſi les leçons de pluſieurs autres ſavans qui
étoient dans cette ville en grand nombre, & principalement de Caſaubon, qui expliquoit alors Hérodote. A
l'âge de 16 ans, il alla à Sedan, où il acheva de ſe perfectionner dans la langue grecque, où il étudia la philoſophie. Mais la lecture des romans pour laquelle il prit
malheureuſement gout, le retira de toute application
ſérieuſe ; & ce ne fut qu'après une année de ſéduction,
qu'il reconnut le vuide de ces ſortes de lectures. Lorſqu'il eut achevé ſon cours de philoſophie, il alla étudier
en droit à Orléans, où il logea chez Joachim du Moulin, pere de Pierre, chez qui il avoit demeuré à Paris.
Il le rappella à Caen, à l'âge de 19 ans, pour lui
remettre entre les mains le maniment de ſon bien ; &
lorſque cette affaire eut été conſommée, il ſe hâta de revenir à Paris, où il apprit les mathématiques & la muſique, & tous les exercices qui conviennent aux jeunes
gens de qualité. Il voyagea enſuite dans la France, en
en homme curieux & qui veut mettre ſes voyages à profit pour les connoiſſances de l'eſprit. Las de courir, il ſe
retira enfin chez lui où il ſe donna tout entier à la lecture
des bons auteurs Grecs & Latins, ſans négliger ceux qui
ont écrit en italien, en eſpagnol, en allemand & en anglois : car il ſavoit paſſablement toutes ces langues. Les
prétendus-réformés, inquiets ſur la conſervation de leurs
privilèges, le députerent au roi avec pluſieurs autres, &
il s'acquitta bien de cette commiſſion. Il entra dans le
ſervice à l'âge de 33 ans, & ſervit dans les troupes des
Hollandois contre les Eſpagnols, ſous le prince Maurice
d'abord, & enſuite ſous le prince Henri de Naſſau. Après
la paix il retourna chez lui, où lorſqu'il vivoit tranquille,

un gentilhomme qui en opprimoit un autre contre toute justice, & qu'il n'avoit pu réduire à la raison par la douceur, l'attaqua, étant soutenu dans cette action par un grand nombre de personnes, & obligea le Paulmier à se défendre, ce qu'il fit avec tant de succès, que le gentilhomme fut tué & les autres furent mis en fuite. Cette affaire lui causa beaucoup d'embaras, dont il sortit enfin avec honneur. Un voyage qu'il avoit été obligé de faire à cette occasion à Paris, le lia avec bien des savans, dont il entretint toujours depuis la connoissance, quoique retiré de nouveau dans sa patrie qu'il quitta encore pour marcher en Lorraine à la tête d'une compagnie de cavalerie que le duc de Longueville lui donna, & avec laquelle il fit beaucoup d'actions d'habileté & de courage, qui lui firent beaucoup d'honneur. En 1648 il perdit son frere, avec lequel il avoit presque toujours demeuré jusque-là dans sa terre de Vandeuvre, lorsque les voyages & les autres occupations dont on vient de parler ne l'avoient point appelé ailleurs. Il continua de demeurer au même lieu avec sa veuve; & lorsqu'elle fut morte, il se retira à Caen, où il épousa dans un âge avancé *Marguerite* Samborn, Angloise, fille âgée, mais riche, qu'il perdit en 1663; il lui survécut sept ans, & mourut le premier d'octobre 1670, âgé de 83 ans. C'étoit un homme d'un esprit excellent & d'un jugement exquis, dont les mœurs étoient irrépréhensibles, & qui étoit l'ennemi déclaré du mensonge & de la dissimulation. Il a écrit plusieurs ouvrages en prose & en vers, en françois, en italien, en espagnol, en latin & en grec, entr'autres, un poëme grec de la chasse de la beccasse, adressé à Samuel Bochart; une histoire en grec de quelques amourettes de sa jeunesse; un dialogue en vers grecs entre le dauphin du ciel & le dauphin de la mer, qu'il composa à la naissance de monseigneur le dauphin, & qui a été imprimé; *Exercitationes in optimos auctores græcos*, à Leyde en 1668, in-4°. Ce fut M. Huet qui lui persuada de recueillir & de mettre au jour ces observations. Depuis sa mort on a imprimé sa description latine de l'ancienne Gréce, son ouvrage favori, & auquel il avoit long-temps rapporté toutes ses études. C'est un gros volume in-4°, qui parut à Leyde en 1678, par les soins d'Etienne Morin, son parent, qui a mis à la tête une ample vie de l'auteur. On trouve encore de lui dans les *Dissertationes selecta critica de poëtis, &c.* de Jean Berkel, imprimées à Leyde en 1704, une Dissertation qu'il avoit faite en 1629, & dans laquelle il examine le mérite de Lucain & de Virgile, & fait un parallele entre ces deux poëtes. Quelques auteurs, entr'autres le pere Niceron Barnabite, dans les *Mémoires pour servir à l'histoire des hommes illustres dans la république des lettres*, lui attribuent l'édition des lettres de Claude Sarrau, faite à Orange en 1654, in-8°, & l'éloge de ce magistrat, qui est à la tête. Pour l'éloge, il est en effet de M. le Paulmier; mais il n'y a pas d'apparence qu'il soit l'éditeur du recueil des lettres, puisque l'épître dédicatoire à Christine de Suéde est signée d'Isaac Sarrau, fils de Claude, qui y parle en son propre nom, & qui s'y déclare l'éditeur des lettres de son pere. On trouve aussi des notes de Jacques le Paulmier dans un recueil d'anciens géographes, imprimé à Leyde en 1700, in-4°, avec celles d'Isaac Vossius, de Gronovius, &c. * *Voyez* M. Huet, dans ses *Origines de Caen*, & dans son *Commentarius de rebus ad eum pertinentibus*, p. 47, 48, 49, 140, 146. Etienne Morin, ministre de la prétendue-réforme à Caen, dans la vie de Jacques le Paulmier, au commencement de la *Description de l'ancienne Gréce* de celui-ci; Niceron, *mémoires*, tome VIII & tome X, seconde partie; *Essais* de Montagne, au volume *cité dans cet article*. Dans les *Divertissemens de M. D. B.* (c'est-à-dire, de M. de Mosant de Brieux) livre assez rare, imprimé à Caen en 1673, in-12, on trouve ce qui suit, concernant M. de Grentemesnil. M. de Grentemesnil, à l'âge de soixante & dix ans, se battit avec avantage contre un jeune gentilhomme. L'une de ses plus grandes incommodités

a été une difficulté d'urine. Il a fait l'apologie de Lucain contre Scaliger, qui est une piéce rare, & dont son altesse M. l'électeur palatin, ayant oui parler, il la voulut avoir pour en enrichir l'édition magnifique qu'il faisoit faire de ce poëte, pour lequel il avoit une estime particuliere. Dans le même ouvrage de M. de Brieux, p. 78, on lit cet emblême *pour M. de Grentemesnil tourmenté de la pierre, taillé deux fois, & souffrant les autres cuisantes douleurs dans lesquelles il est mort, avec une résignation extrême*: Hercule sur le mont Œta, où il est brulé; *sic itur ad astra*; & cette devise : *Le fidéle souffrant & mourant dans l'espérance de la résurrection*; un palmier : *Opprimor ut surgam*. Dans une lettre françoise du même M. de Brieux, sur l'origine & les premiers progrès de l'académie de Caen, écrite *à M. de Saint-Clair Turgot, conseiller d'état*, on lit ce qui suit : » L'un des nôtres est, M. de Grentemesnil qui, outre » ses ouvrages moins importans, comme le sont un Dia- » logue amoureux, fait en grec, un poëme en la même » langue sur la beccasse, un autre sur la naissance de M. le » dauphin, une Idylle italien, les cinquante tableaux de » cinquante héroïnes, faits en sonnets françois, nous » donnera bientôt son apologie latine pour Lucain contre » Scaliger, ses notes sur Théocrite & sur Hésychius, » & ses supplémens au traité de Selden sur les marbres » du comte d'Arondel, son volume d'observations sur » les principaux auteurs Grecs, & enfin son grand tra- » vail de la Gréce. » * La lettre de M. de Brieux est à la suite de ses poësies latines, seconde partie, à Caen 1669, in-16.

PAULMIER (Jacques le) sieur de Vandeuvre, brigadier des armées du roi, & chevalier de S. Louis, neveu du précédent, n'eut pas autant d'érudition que son oncle; mais il eut un esprit plus aisé encore & plus délicat. Il étoit poëte, & il a produit une infinité de vers, de chansonnettes, & de billets enjoués d'un tour fin & délicat, mais où la pudeur n'est pas toujours aussi respectée qu'elle doit l'être. Quand il étoit égayé par la chaleur de la conversation ou de la bonne chere, qui étoit une de ses passions, il eût disputé aux impromptu du fameux Belot, sinon l'âcreté, au moins la facilité & la douceur. Quoique les armes aient fait son occupation principale, elles ne furent pas l'unique; & dans cinquante campagnes qu'il a fournies, il s'est réservé assez de temps pour écrire des relations curieuses de plusieurs grands événemens auxquels il a eu part, & de 48 siéges ou batailles où il s'est trouvé; il a choisi les plus mémorables pour les apprendre par ses écrits à la postérité. Il étoit né à Vandeuvre en décembre 1624. Il professa la religion prétendue-réformée jusqu'en 1685, qu'il en fit abjuration entre les mains de Pierre-Daniel Huet, mort ancien évêque d'Avranches, & il signala cette action par une ode en l'honneur de la sainte Vierge, qui lui mérita le prix du Palinod. C'étoit lui qui, avant son abjuration, avoit retouché avec M. Conrart, secrétaire de l'académie françoise, la version surannée des pseaumes composée en vers françois par Marot & par Bèze. Il mourut le 13 d'avril 1702, âgé de 77 ans. M. Huet en parle avec beaucoup d'éloge dans ses *Origines de Caen*, de la seconde édition, pag. 387 & 388, & dans son *Comment. de rebus ad eum pertinent.* p. 49.

PAULO (Antoine de) LV grand-maître de l'ordre de S. Jean de Jérusalem, étoit de la langue de Provence, & naquit à Toulouse en 1570. Il fut reçu dans cet ordre en 1590; & après avoir fait ses caravanes avec honneur, & rendu plusieurs services à sa religion, il devint commandeur de Marseille & de S. Eulalie, puis grand-croix, en 1612, par la nomination qu'en fit François, cardinal de Joyeuse, son parent. Ce cardinal s'étoit réservé, dès l'an 1593, qu'il quitta un des grands prieurés de l'ordre de Malte, la faculté de nommer, quand il lui plairoit, un de ses proches pour être grand-croix; & Hugues de Loubens, grand-maître de Malte, & cardinal, y avoit acquiescé. Le cardinal de Joyeuse ne crut pas pouvoir jetter les yeux sur r un meilleur fujet de ceux qui lui appartenoient, que r le commandeur de Paulo, qui fut enfuite grand ieur de S. Gilles, d'où il mérita d'être élevé à la emiere dignité de fon ordre, vacante par la mort de ouis Mendez de Vafconcellos, par l'élection qui fe fit e fa perfonne le 10 mars 1623. Sous les aufpices de ce rand maître les galeres de Malte firent plufieurs prifes onfidérables fur les Turcs, entr'autres quatre gros galons de Tunis, qui furent échoués par M. de Cremeaux, u'il avoit nommé général des galeres en 1626. Il acorda aux chevaliers de Malte, qui defcendroient de l'aîné de la maifon de Paulo, l'exemption du droit de affage ordinaire; & pour dédommager l'ordre de cette xemption, il fonda une galere à perpétuité. En 1631 tint un chapitre général, où il réforma plufieurs orlonnances des chapitres précédens, entr'autres celle de 602, qui donnoit entrée dans l'ordre aux bâtards des lucs & pairs de France, & des grands d'Efpagne, ce qu'il reftreignit aux feuls enfans illégitimes des rois & des princes. Il fonda en 1635 un couvent de religieufes de fon ordre à Touloufe; & en reconnoiffance de fes bienfaits, le chapitre général de cette année-là lui accorda pour Antoine de Paulo, vicomte de Calmont fon néveu, & pour les aînés de fa maifon, le privilege de porter les armes de la religion. Il mourut le 4 juin 1636, avec la réputation de n'avoir en aucun de fes prédéceffeurs qu'il l'eût furpaffé en douceur, en équité, en fageffe, en magnificence, & en libéralité. La ville de Touloufe, qui fe glorifiera toujours de l'avoir vu naître, lui a érigé un bufte dans la galerie des illuftres Touloufains. JEAN-PAUL de Lafcaris de Caftelar lui fuccéda.

La maifon de PAULO dont étoit iffu ce grand-maître, tiroit fon origine de Gènes. Godefroi dans fes notes fur l'hiftoire de Charles VI, compofée par Juvenal des Urfins, rapporte un acte qui eft confervé dans le tréfor des chartes du roi, lequel porte qu'ANTOINE de Paulo, l'un des feigneurs du confeil de la république de Gènes, confentit & affifta le 4 novembre 1396 à la prife de poffeffion que firent les ambaffadeurs du roi Charles VI de la ville de Gènes.

I. AIMERIC forti de cette maifon, s'établit à Touloufe en 1475, fut feigneur de Cepet & de la Fitte, près de Touloufe; fervit le roi Charles VIII dans les guerres d'Italie, & eut pour frere Antoine de Paulo, qui fut vicaire général du diocèfe de Touloufe, abbé de Villelongue, & doyen de l'ifle en Jourdain. Il avoit époufé Ifabeau de Maurand, iffue d'une ancienne maifon de Touloufe, dont il eut ETIENNE, qui fuit.

II. ETIENNE de Paulo prit une route différente de fes ancêtres, & embraffa le parti de la robe. A l'âge de 26 ans, il fut profeffeur en droit en l'univerfité de Touloufe, capitoul en 1512, & confeiller au parlement de cette ville en 1523. Il avoit époufé en 1508 Jeanne Thandon d'Andans, dame de Grandval près Caftelnaudari, dont il eut, entr'autres enfans, ANTOINE, qui fuit; & Louis de Paulo, qui fit la branche de Sainte-Foi, dont étoit N. de Paulo, premier cornette des moufquetaires du roi, en 1712.

III. ANTOINE de Paulo, I du nom, feigneur de Capet, Rouis, la Faurie, la Fitte, &c. fut reçu confeiller au parlement de Touloufe, en 1540. Le roi Henri II créa en fa faveur, un charge de préfident à mortier au même parlement, dans laquelle il rendit de grands fervices à l'état lors de la première guerre des huguenots. Ce fut lui qui ayant été député par fa compagnie auprès du roi François II, obtint de ce prince en 1559 la continuation pour cent ans, de l'abonnement des tailles, que le roi Louis XII avoit déja accordé à la ville de Touloufe en 1465, pour pareil nombre d'années; & le roi Charles IX étant à Touloufe en 1565, le fit chevalier dans l'églife des Auguftins, en préfence de toute fa cour. Ce fage magiftrat mourut en 15.... Il avoit époufé 1°. Jacquette de Beaulac, iffue des anciens feigneurs de Saint-Geri en Albigeois, & mere de Jean de Beaulac, grand prieur de Touloufe: 2°. en

1545, Marie Binet, parente du cardinal de Joyeufe, & fille de Macé Binet, feigneur de Valinier en Touraine, & de Marie Briçonnet. Du premier lit vinrent JEAN, qui fuit; & Jeanne de Paulo, mariée à Aimable du Bourg, feigneur de la Peyroufe, neveu d'Antoine du Bourg, chancelier de France. Du fecond lit fortirent, 1. JEAN II, qui continua la poftérité rapportée après celle de fon frere aîné; 2. Michel, feigneur de Grandval, qui prit le parti des huguenots, fans pourtant changer de religion. Il fit une fi cruelle guerre à fes voifins, que le parlement de Touloufe rendit un arrêt contre lui, pour le faire prendre mort ou vif. Les habitans d'Avignon par cet arrêt, lui drefferent une embufcade dans laquelle il tomba; & l'ayant emmené, ils le tuerent de fang froid, après l'avoir gardé trois jours en prifon. Par arrêt du 17 août 1583, rendu fur la requête des confuls d'Avignon, le parlement ordonna que le fort de Grandval feroit entierement démoli. Michel n'avoit point été marié. 3. François, feigneur de la Faurie, capitaine de 50 hommes d'armes, mort fans enfans de Marie de Peyre, fille du baron de ce nom en Gevaudan, parent du cardinal de Joyeufe; 4. Simon, feigneur de Gratentour, capitoul de Touloufe en 1589 & 1590; 5. Antoine, grand-maître de Malte, qui a donné lieu à cet article; 6. Louis, qui continua la poftérité, qui fera rapportée après celle de fes freres; 7. Marie, alliée à Philippe de Berthier, feigneur de Montrave, préfident à mortier au parlement de Touloufe; & 8. Marguerite de Paulo, qui époufa Pierre de Saint-Pierre, mort doyen du parlement de Touloufe, & qui étoit fils de Nicolas de Saint-Pierre, qui en avoit été premier préfident.

IV. JEAN de Paulo, I du nom, feigneur de Rouis & de Roques, fuccéda à fon pere en la charge de préfident à mortier au parlement de Touloufe, & mourut en .... Il avoit époufé 1°. Marguerite de Bachis, fille de Jean de Bachis, préfident au parlement de Touloufe, & d'Anne de Gondi, l'une des fœurs d'Albert de Gondi, duc de Retz, pair & maréchal de France: 2°. Catherine Chaluet, fille du favant Matthieu Chaluet, préfident aux enquêtes, & de Jeanne de Bernui. Du premier lit vint PHILIPPE, qui fuit. Du fecond étoit iffue Jeanne de Paulo, qui devint héritière des terres de Rouis & de Roques, mariée à Bernard de la Font, feigneur de Caragoudes; mort fous-doyen du parlement de Touloufe.

V. PHILIPPE de Paulo, feigneur de Rouis & de Roques, mourut jeune fans enfans de Jeanne Dangereux de Beaupui, de la maifon de Maillé.

IV. JEAN de Paulo, II du nom, fils aîné d'ANTOINE, I du nom, préfident au parlement de Touloufe, & de Marie Binet fa feconde femme, fuccéda à fon frere Jean, I du nom, en la charge de préfident à mortier; fe rendit un des chefs des ligueurs dans Touloufe en 1589, & fut ennemi juré du préfident Duranti, qui avoit rendu l'arrêt contre Michel de Paulo, feigneur de Grandval, fon frere. Au furplus la Faille dit dans fes annales, que ce fut un homme populaire, hardi, d'un fens fort droit, & d'un grand courage; auffi avoit-il pris pour fa devife un mortier de préfident avec une épée nue au-deffus, avec ces mots, ad utrumque paratus. Ce qui l'engagea le plus dans le parti de la ligue, c'étoit l'attachement que fa famille avoit depuis long-temps pour la maifon de Guife; il revint pourtant à fon devoir, car il s'abfenta de Touloufe, pour n'avoir plus de part aux entreprifes des ligueurs, & il n'y rentra que lorfque les troubles y furent appaifés. Il avoit époufé Catherine Delpech, dame d'Efcalquens & de la Salvetat, dont il eut ANTOINE, qui fuit; Catherine, mariée à Jean d'Arnabo, baron d'Orholai & de Gardoux au comté de Foix; Anne, qui époufa Pierre de Monfaucon, baron de Viffec & Dierles dans les Cevennes; Françoife, dame de la Salvetat, alliée à Jean de Lombrail, confeiller au parlement de Touloufe; & Gaillarde de Paulo, mariée à *Jean* du Ferrier , juge-mage du pays de Foix.

V. ANTOINE de Paulo , II du nom , seigneur d'Escalquens , fut conseiller au parlement de Toulouse , & eut pour femme *Magdeléne* le Pelletier , dont il eut *Marie* , alliée à *François* de Nupces , conseiller au même parlement ; & *Marguerite* de Paulo , mariée à *N.* de Parade , président à mortier à Toulouse.

IV. LOUIS de Paulo , sixième fils d'ANTOINE de Paulo , I du nom , président au parlement de Toulouse , & de *Marie* Binet sa seconde femme , & frere du grand-maître de Malte , prit le nom de seigneur de Grandval après la mort de ses freres , & laissa de *N.* de Saint-Pol son épouse , ANTOINE , qui suit ; & *Honorée* de Paulo , mariée à *Louis* le Brun , seigneur de Saint-Hyppolite , conseiller au parlement de Toulouse.

V. ANTOINE de Paulo , III du nom , fut vicomte de Calmont , baron de Gibel , seigneur de Grandval , de Terrageuse , &c. Henri II du nom , prince de Condé , lui donna en 1631 la cornette blanche de la compagnie du duc d'Enguien , son fils. Le roi Louis XIII lui donna un brevet de conseiller d'état en 1634 , & l'envoya la même année à Malte pour négocier avec le grand maître son oncle des affaires importantes , où il réussit. En 1636 sa majesté le fit gentilhomme de la chambre , & lui donna une pension de 3000 livres. La même année il fut blessé dangereusement au siége de Dole , eut depuis le commandement de la noblesse au secours de Leucate , & mourut en son château de Terrageuse le 15 mai 1695 , âgé de 100 ans. Il avoit épousé en 1639 *Jacquette* de Barthelemi de Grammont , fille de *Gabriel* , seigneur de Montlaur , président aux enquêtes du parlement de Toulouse , dont il eut , 1. FRANÇOIS , qui suit ; 2. *Antoine* , prieur de Marvals & de Saint-Amans ; 3. *Jean-Antoine* , chevalier de Malte , mort en Candie pour le service de la religion ; 4. *François-Antoine* , aussi chevalier de Malte , mestre de camp de cavalerie , & l'un des officiers nommés par le roi Louis XIV , pour être auprès de Philippe V , son petit-fils , mort en Espagne en 1707 ; 5. *François* , seigneur de Grandval , capitaine de dragons , mort peu avant son frere ; 6. *Antoine* , seigneur de Saint-Marcel , qui épousa *N.* héritiere de Monasterol dans le Lauraguais ; 7. *Jacquette* , mariée à *François-Joseph* de Marrast , conseiller au parlement de Toulouse ; 8. *Gabrielle* , morte supérieure des religieuses Maltoises de Toulouse ; & 9. *Henriette* de Paulo , religieuse au même monastere.

VI. FRANÇOIS de Paulo , vicomte de Calmont , seigneur de Saint-Marcel , &c. sénéchal du pays de Lauraguais , fut blessé en 1664 , à la bataille de Raab en Hongrie , étant alors capitaine dans le régiment de Sourches ; servit depuis assez long-temps ; commanda quatre fois l'arriere-ban de Languedoc , & mourut en 1714. Il avoit épousé en 1678 , *Antoinette* le Brun , dame de Saint-Hippolyte , sa cousine , dont il a eu FRANÇOIS-ANTOINE , qui suit ; *Pierre* , capitaine de dragons ; *Jacquette* , mariée à *Guillaume* de Castelpers , vicomte de Trebien ; *Magdeléne* , religieuse ; & autres enfans.

VII. FRANÇOIS-ANTOINE comte de Paulo , &c.
* *Hist.* de Malte. La Faille , *annales de Toulouse* , &c.

PAULUCCI (Fabrice) cardinal , en dernier lieu évêque d'Ostie & de Veletri , doyen du sacré collége , premier ministre & secrétaire d'état du pape , vicaire général de Rome & de son district , secrétaire de l'inquisition romaine & universelle , préfet de la congrégation des évêques & réguliers , &c. étoit né à Forliz , ville de l'état ecclésiastique , le 3 avril 1651. Il fut fait , à l'âge de 34 ans , évêque de Macérata & de Tolentin , unis , dans la Marche d'Ancone , & sacré en 1695 , nommé nonce apostolique à Cologne , & archevêque de Fermo , en janvier 1696 ; puis nonce extraordinaire auprès du roi & de la république de Pologne , en janvier 1698 , & déclaré en même temps évêque de Ferrare , ayant été désigné dès le mois de novembre précédent pour remplir le siége de cette église ,

qui fut proposée pour lui par le pape , le 27 du même mois de janvier. Il avoit été créé cardinal le 22 juillet 1697 , mais réservé *in petto* , & il ne fut déclaré que le 19 décembre 1698. Le pape Clément XI , à son avénement au trône , le nomma premier ministre & secrétaire d'état le 3 décembre 1700 ; & pour mieux vaquer à l'exercice des fonctions de cette charge , il se démit en 1701 de son évêché de Ferrare. Il fut nommé en 1709 , pour faire les fonctions de celle de grand pénitencier de la sainte église romaine , vacante par la mort du cardinal Léandre Colloredo ; & il fut pourvu de cette charge en titre au mois de juin 1710. Il laissa en titre de S. Jean & S. Paul , pour opter l'évêché d'Albano , qui étoit devenu vacant par la mort du cardinal Ferdinand d'Adda , & qui fut proposé pour lui dans un consistoire par le cardinal Paracciani , vicaire de Rome , le 8 février 1719. Le pape Innocent XIII , à son avénement au pontificat , lui demanda sa démission des charges de secrétaire d'état & de grand pénitencier , & lui offrit le 9 mai 1721 la charge de vicaire général , vacante par la mort du cardinal Paracciani. Il l'accepta le lendemain , & donna ensuite sa démission de celle de grand pénitencier en faveur du cardinal Conti , frere du nouveau pontife , après la mort duquel il fut rétabli par Benoît XIII , son successeur , dans la charge de secrétaire d'état , & conservé dans le vicariat de Rome , le 31 mai 1724 ; & étant devenu soudoyen du sacré collége par l'exaltation de ce dernier , il opta l'évêché de Porto , que ce nouveau pape proposa pour lui dans son premier consistoire , le 12 juin de la même année 1724. Il succéda à la place de doyen par la mort du cardinal Giudice ; & les évêchés d'Ostie & de Veletri furent proposés pour lui par le pape , le 19 novembre 1725 , dans un consistoire , dans lequel il fit instance pour le *Pallium* , qu'il reçut en cérémonie le lendemain 20 , dans la chapelle de Sixte , du palais du Vatican , par les mains de sa sainteté. Il mourut à Rome après une rude & longue maladie , la nuit du 11 au 12 juin 1726 , âgé de 75 ans , 2 mois , 8 jours , & de cardinalat 28 ans 10 mois 20 jours. Le marquis PAULUCCI , neveu de ce cardinal , & le dernier de sa famille , étant mort sans postérité le 9 mars 1720 , son éminence avoit nommé de son vivant pour héritier , à la charge de porter son nom , COSME Merlini , son neveu , qui prit le titre de *marquis Paulucci* , en épousant au mois de novembre 1723 *Lucrece* Calcagnini , d'une famille originaire de Ferrare , & niéce de *Charles* Calcagnini , auditeur de Rote. Ce nouveau marquis Paulucci , est frere de *Camille* Merlini Paulucci , archevêque d'Iconie , camérier d'honneur du pape , & secrétaire des chiffres , que le cardinal , son oncle , fit en dernier lieu par son testament héritier universel de ses biens , à la charge d'une pension au profit du marquis , son frere.

PAULULUS (Robert) prêtre d'Amiens , a composé vers l'an 1178 trois livres des offices de l'église , imprimés séparément , & sous le nom d'Hugues de Saint-Victor , dans les œuvres de cet auteur. Il faut aussi restituer à Robert un traité intitulé , *le canon de la purification mystique* , qui est aussi parmi les œuvres d'Hugues de Saint-Victor. * Du Pin , *biblioth. des auteurs ecclesiast. du XII siécle.*

PAULUS JULIUS , jurisconsulte Romain dans le II siécle de l'église. Bartachinus dit que Paulus Julius étoit de Padoue. Mais le président Bertrand , dans ses vies des jurisconsultes écrites en latin , croit qu'il étoit de Tyr , & que c'étoit en particulier pour cette raison qu'il reçut tant de marques d'estime d'Ulpien , avec qui il fut toujours associé , & de Mammée , femme d'Alexandre. Il est vrai que Paulus s'exprimoit fort mal en latin , que son langage sentoit l'étranger , qu'il se servoit souvent des comparaisons & des termes des arts de la Grece dans ses explications de droit ; qu'il s'appuyoit de l'autorité d'Hippocrate , & qu'il lui arrivoit fréquemment d'éclaircir & d'expliquer les dictions latines par des termes grecs. Quoi qu'il en soit , il avoit une connoissance du droit ott au-deſſus du commun des juriſconſultes, & il fut très-bien venu, à cauſe de ſa ſcience, auprès de l'empereur Alexandre Severe, & de pluſieurs autres. Il fut du conſeil de Septimius Severe, avec Triphonien, Meſſius, & Papinien, & de celui d'Antonin Caracalla, fils de Sepimius. Héliogabale l'éloigna de la cour, & l'on croit que c'étoit parceque Paulus n'entroit pas dans toutes les vues de cet empereur, & qu'il étoit ſouvent d'un avis contraire. Mais Alexandre le rappella, parcequ'il avoit plus de diſcernement, & qu'il ne cherchoit point à être applaudi quand il n'avoit point raiſon; & il ſe ſervit utilement de ſes avis, & l'éleva aux dignités où ſon mérite avoit droit d'aſpirer. Paůlus Julius a eu un fils, à qui il a adreſſé ſes livres intitulés *Receptarum ſententiarum libri*. Ses autres écrits ſont : *Ad Edictum libri octoginta*; 33 livres de queſtions; autant de réponſes; trois ſur les fidéi-commis; *Brevis edicti lib.* 23, & beaucoup d'autres, dont le préſident Bertrand donne le catalogue dans ſes vies des juriſconſultes, pag. 149 & ſuivantes, de l'édition *in*-12 faite à Leyde en 1675. Malheureuſement pour Paulus Julius, non ſeulement il n'a pas eu le bonheur d'être chrétien, il a même été déclaré de tous ceux qui profeſſoient la religion de J. C. Aulu-Gelle parle d'un autre PAULUS JULIUS, qu'il dit avoir été poëte : mais on le croit différent de celui qui fait le ſujet de cet article.

PAULUS MONTANUS, *cherchez* MONTAN (Paul.)

PAULUTIO ANAFESTO, fut premier doge ou duc de Veniſe. Cette république avoit été d'abord gouvernée par des tribuns, que l'on éliſoit tous les ans; ce qui dura deux cens ans. Vers l'an 697, les Vénitiens choiſirent un duc, qui fut Paulutio, auquel ſuccédérent deux autres ducs. Enſuite on donna le gouvernement de la république à des généraux d'armée, dont le pouvoir ne duroit qu'un an : mais fix ans après on élut des ducs, comme on avoit déja fait; ce qui s'eſt toujours obſervé depuis. * Hornius, *orb. imperat.*

PAVONARES, en latin *Pavonaria Inſula*, anciennement, *Inſulæ Cyaneæ*, *Planeta*, *Planctæ*, *Symplegades*. Ce ſont deux petites iſles ſituées dans le canal de Conſtantinople, à l'entrée de la mer Noire, du côté de la Romanie, près du cap de Fanar. * Mati, *diction*.

PAVONI (François) Jéſuite, natif de Catanzaro, ville de la Calabre ultérieure, enſeigna aſſez long-temps la philoſophie & la poſitive à Naples, où il établit une congrégation pour les eccléſiaſtiques, qu'il élevoit dans la piété. Il vivoit lui-même très-régulierement, & mourut en réputation de ſainteté, au mois de février de l'an 1637. Nous avons divers ouvrages de ſa façon : *Summa ethica. Introductio in ſacram doctrinam, part. III. Tractatus de ethicis, politiciſque actionibus. Commentarius dogmaticus, ſive theologica interpretatio in pentateuchum, in evangelia, &c.* * Alegambe, *biblioth. ſcript. ſoc. Jeſu.* Le Mire, *de ſcript. ſæcul. XVII.*

PAUSANIAS, roi de Lacédémone, fils de *Pliſtonax*, ſuccéda à ſon pere la 2e année de la XCII olympiade, & 411 ans avant J. C. Il fut envoyé avec Lyſander, contre ceux d'Athènes, & de Corinthe & d'Argos, liguées contre les Spartiates; mais le peu de ſuccès de cette expédition, fut cauſe que Pauſanias, craignant l'indignation de ſes ſujets, ſe retira à Tegée, où il mourut après 14 ans de regne, l'an 397 avant J. C. Cléombrote lui ſuccéda.

PAUSANIAS, roi de Macédoine, ſuccéda à Amyntas II, en la 2e année de la XCVIIe olympiade, & 391 ans avant J. C. Il ne régna qu'un an. *Voyez* MACEDOINE.

PAUSANIAS, général des Lacédémoniens, fut un des plus grands hommes de l'ancienne Grece; mais il ſe rendit auſſi célèbre par ſes vices que par ſes grandes qualités. Sa valeur parut avec éclat à Platée, où étant général avec Ariſtides, il défit Mardonius général des

Perſes, la 2e. année de la LXXV olympiade, & l'a 479 avant J. C. Depuis il défit les Perſes ſur mer, délivra de leur joug pluſieurs villes grecques, & prit ſur eux la ville de Byzance. Ce fut alors qu'aveuglé par la proſpérité, il réſolut de s'agrandir aux dépens de ſa patrie : il renvoya les principaux priſonniers ſans rançon, & écrivit à Xerxès, que s'il vouloit lui donner ſa fille en mariage, il le rendroit maître de toute la Gréce. Ce prince le lui promit; mais les éphores commencerent à ſe défier de Pauſanias, & le rappellerent à Sparte ſur les accuſations des Alliés : il y fut abſous du crime de trahiſon, & ſortit ſans ordre de Sparte pour continuer ſes pratiques avec les ennemis. Ce ne fut pas pour long-temps : car une de ſes lettres ayant été interceptée par le moyen d'Argilius, jeune homme qu'il aimoit, il fut pourſuivi, ſe retira dans un temple de Minerve, où on le laiſſa mourir de faim la 3e année de la LXXVI olympiade, & l'an 474 avant J. C. * Cornelius Nepos, *en ſa vie.* Thucydide. Diodore. Plutarque, &c.

PAUSANIAS, hiſtorien de Lacédémone, dont Suidas fait mention, compoſa une hiſtoire de ſon pays, & d'autres ouvrages, comme une deſcription de l'Helleſpont, l'hiſtoire des Amphictyons, les fêtes de Lacédémone, & une chronique. Il ne dit point en quel temps vivoit cet écrivain, & il eſt le ſeul qui en parle.

PAUSANIAS, aſſaſſin de Philippe, pere d'Alexandre *le Grand. Voyez* PHILIPPE II.

PAUSANIAS, qui avoit écrit un *Lexicon*, dont Photius fait mention, *cod.* 53 *bibl.*

PAUSANIAS, grammairien célèbre, vivoit dans le II ſiécle, ſous l'empereur Adrien, & ſous les Antonins. Il fut diſciple d'Herode, ſurnommé *Atticus*, & s'arrêta long-temps dans la Grece, puis à Rome, où il mourut dans un âge extrêmement avancé. Il laiſſa une deſcription de la Grece, en dix livres, que nous avons encore. On y trouve la ſituation des lieux, les antiquités grecques, & preſque tout ce que ce pays a de remarquable; de ſorte qu'on peut dire qu'il a fait ce que Domitius Piſon demandoit qu'on écrivît, non des livres, mais des tréſors. Jules Céſar Scaliger le traite d'impoſteur; mais c'eſt avec injuſtice, comme on l'a remarqué. Pauſanias avoit encore donné une deſcription de l'Aſie, de la Syrie, de la Phénicie, &c. qui ſeroit fort utile, & qu'on trouve citée quelquefois : mais ces ouvrages ſont perdus. Le ſoin de déclamer l'occupa beaucoup; mais il s'en acquittoit aſſez mal : & la prononciation de ſon pays, qu'il avoit conſervée, rendoit ſes déclamations déſagréables. * Sylburgius, *in not. ad Pauſan.* Voſſius, *de hiſt. Græc. lib.* 2. Suidas, Scaliger, *in not.* Ariſt. *de anim.* Pauſanias, au commencement de ſes *Eliaques*, ſemble dire lui-même aſſez poſitivement le pays où il étoit né. Car parlant en cet endroit de Tantale & de Pélops : *On ne peut douter*, dit-il, *que l'un & l'autre n'aient demeuré dans nos contrées.* Ces mots, *dans nos contrées*, que preſque tous les interprétes ont entendus de la Lydie, le vrai pays de Tantale & de Pélops. D'un autre côté il eſt certain que Pauſanias étoit Grec d'origine : mais comme qu'il parle des villes grecques de l'Aſie mineure avec une complaiſance qu'inſpire d'ordinaire l'amour de la patrie; il y a donc lieu de croire qu'il étoit de quelqu'une de ces villes, & de la plus voiſine du mont Sipyle. Il a écrit ſon grand ouvrage ſur la Grece, le ſeul qui nous reſte de ſes productions, l'an de Rome 927, le 16e de l'empire d'Antonin *le Philoſophe*; & l'on croit qu'il eſt mort ſous le régne de cet empereur. Cet excellent ouvrage a été traduit en françois, & enrichi de notes utiles par M. l'abbé Gédoin, chanoine de la Sainte Chapelle de Paris, de l'académie françoiſe, & de celle des inſcriptions & belles lettres. Cette traduction très-eſtimée eſt en 2 volumes *in*-4°, & a été imprimée à Paris en 1731, ſous le titre de *Pauſanias*, ou *Voyage hiſtorique de la Grèce.* * Gédoin, préface de la traduction de Pauſanias, & notes ſur le chap. 13 du voyage de l'Elide.

PAUSE, *cherchez* PLANTAVIT DE LA PAUSE.

PAUSIAS de Sicyone, peintre, éleve de Pamphyle, vivoit vers la CVII olympiade, & l'an 352 avant l'ére chrétienne. Il fut le premier qui commença à peindre les lambris & les voûtes des palais, & fut épris d'amour pour la bouquetiere Glycere, qu'il repréfentoit affife, compofant une guirlande de fleurs. Ce tableau fut fi fort eftimé, que Luculle en acheta très-cherement une copie dans Athènes. Horace n'a pas oublié cette circonftance dans une de fes fatyres. Dans les portiques de Pompée il y avoit un fort beau tableau du même, où il avoit repréfenté un facrifice de bœufs, & il avoit peint un bœuf de front, dont on ne laiffoit pas de voir toute la longueur. * Pline, *liv.* 21, *c.* 2. Horace, *ferm. l.* 2, *fatyr.* 7. Varron, *lib.* 3 *de re ruft.* Vafari. Ridolfi. Félibien.

PAUSIMAQUE, *Paufimachus*, natif de Samos, hiftorien Grec, dont le temps eft incertain, compofa l'hiftoire ou la defcription de la terre. Rufus Aviénus en fait mention, *in defcr. oræ maritimæ.*

PAUSON, peintre habile, donna lieu par fa pauvreté, à ce proverbe, *Paufone mendicior*, plus gueux que Paufon. Il eut fi peu de bonheur, qu'il fut réduit à travailler pour des comédiens, & à faire des décorations de théatre. Ayant eu ordre d'un particulier de lui peindre un cheval qui fe roulât, Paufon lui en fit un qui couroit, & qui ne plut pas d'abord à ce curieux; mais il ne fit que renverfer le tableau, pour lui faire voir qu'il avoit ce qu'il demandoit. * Plutarque, *in lib. cur. Pythia, &c.*

PAUTRE (Antoine le) architecte, natif de Paris, excelloit dans les ornemens & les décorations des édifices. Il fut architecte de Louis XIV, & de Monfieur, frere unique du roi. Ce fut lui qui donna le deffin des cafcades du château de S. Cloud, que l'on admire avec raifon, & qui bâtit, en 1625, l'églife des religieufes de Port-Royal à Paris. Il fut reçu de l'académie royale de fculpture, le 1 décembre 1671, & mourut quelques années après.

Jean le Pautre, fon parent, naquit à Paris en 1617, & fut mis chez un menuifier, qui lui donna les premiers élémens du deffin; mais il furpaffa bientôt fon maître, & devint excellent deffinateur & habile graveur. Il entendoit très bien les ornemens d'architecture, & les décorations des maifons de plaifance, comme les fontaines, les grottes, les jets-d'eau, & tous les autres embelliffemens des jardins. Il fut reçu de l'académie royale de peinture & de fculpture, le 11 avril 1677, & mourut le 2 février 1682, à 65 ans. Son œuvre comprend plus de 1000 planches, dont le cavalier Bernin faifoit un grand cas.

Pierre le Pautre, leur parent, naquit à Paris, le 4 mars 1659. Il excella dans la fculpture, & devint fculpteur du roi. Il fit à Rome, en 1691, le groupe d'Enée & d'Anchife que l'on voit dans la grande allée des Tuileries, & acheva, en 1716, celui d'Arie & Pœtus (ou plutôt de Lucrece qui fe poignarde en préfence de Collatinus) lequel avoit été commencé à Rome par Théodon. Plufieurs autres de fes ouvrages ornent Marly. Cet habile fculpteur fut profeffeur & directeur perpétuel de l'académie de S. Luc, & mourut à Paris, le 22 janvier 1744, à 84 ans. * M. l'abbé Ladvocat, *dict. hiftorique portatif.*

PAUTZKE, petite ville avec une bonne citadelle, dans la Pomerellie, province de la Pruffe Polonoife, environ à dix lieues de la ville de Dantzick. Elle eft fur le Pautzkerwick, c'eft-à-dire, *le golfe de Pautzke*, en latin *Putifcanus Sinus*, qui eft une partie de celui de Dantzick. * Mati, *diction.*

PAUVRETÉ, divinité poétique, paffoit pour la mere de l'induftrie & des beaux arts. On ne laiffoit pas de la peindre comme une furie, pâle, farouche, affamée, & prête à fe défefpérer. C'eft ainfi qu'en parle Ariftophane. Lucain dit que, quoiqu'elle foit la mere des grands hommes, on ne laiffe pas de la fuir. Horace avoit dit avant lui, que c'étoit à la Pauvreté, que Rome avoit l'obligation des exploits & des vertus de Curius

& de Camille. Mais s'il eût voulu rapporter auffi tous ceux que la Pauvreté a rendus vicieux, il en auroit pu nommer un grand nombre. En effet il dit lui-même en un autre endroit, que les loix de la Pauvreté font dures; qu'elle nous force de faire & de fouffrir toutes chofes, & qu'elle nous empêche d'exercer les grandes vertus. C'eft par ces loix de la Pauvreté qu'un philofophe prétendoit s'excufer de ce qu'il étoit logé d'une maniere fort mefféante à fa condition, lorfqu'il mit ces trois mots fur fa porte, *Sic vifum Paupertati : il a plu ainfi à la pauvreté.* Plaute & Claudien font la Pauvreté fille du luxe & de l'oifiveté, de même que la richeffe eft d'ordinaire la fille du travail & de l'épargne; mais comme il y a une richeffe qui eft fille du bonheur feul, il y a auffi une Pauvreté qui n'eft fille que du malheur. Les habitans de l'ifle de Cadis, plus fuperftitieux que d'autres peuples, avoient divinifé la Pauvreté, auffi bien que les poëtes. Voici ce qu'en dit Euftathe, dans fon commentaire fur Denys Périégete, en copiant Elien. » Il y avoit à Cadis un autel de l'Année, & un autre du Mois, en l'honneur du Temps plus long, & plus court. On y voyoit auffi le temple de la Vieilleffe, bâti à caufe de l'honneur qu'on rend à cet âge, & un autre de la Mort, parceque c'eft le repos commun à tous les hommes : enfin on avoit élevé des autels à la Pauvreté & à l'Art; à la premiere pour l'appaifer; & au fecond, comme d'un moyen propre pour fe garantir de la Pauvreté. »

PAX ou PAXI, bourg de la baffe Hongrie. Il eft fur le Danube, entre Bude & Tolna, à onze lieues de Pagus, & à une & demie de la derniere. On prend Pax pour l'ancienne *Luffonium*, ou *Luffunium*, petite ville de la baffe Pannonie. * Mati, *diction.*

PAYENS, *Pagani*, en latin. Ce terme dans fon étymologie, fignifie les *Payfans*, qui avoient accoutumé de demeurer dans les villages auprès des fontaines, en grec παγη, ou felon les Doriens, πηγη fontaine. Conformément à cela, on appelloit *Pagani*, ceux qui n'étoient point écrits dans le catalogue des foldats, & qui pour cette raifon, étoient cenfés *effe in Paganico*, fuivant le terme de la loi, c'eft-à-dire, relégués aux champs, & éloignés du grand monde. D'où vient qu'Alciat, & d'autres avec lui, s'attachant au fens de cette loi, pïenfent qu'on donnoit le nom de *Pagani* aux Gentils, parcequ'ils n'étoient point enrollés dans la milice chrétienne. Baronius expliquant la fignification de ce mot, dit que du temps des empereurs chrétiens, l'idolatrie commençant à difparoître, & même à n'être plus permife dans les villes, les Gentils opiniâtres à ne point difcontinuer leur culte & leurs cérémonies fe retiroient dans leurs maifons à la campagne, où ils en faifoient une profeffion libre, avec les campagnards attachés à la fuperftition de leurs fêtes, qu'ils appelloient, *Fefta Paganalia*, ou *Feriæ Paganica*, defquelles Varron fait mention. Il eft pourtant vraifemblable que le mot de *Paganus* vient immédiatement de *Pagus*, un *village*; & l'on donne ce nom aux païens, non parcequ'ils fe retiroient à la campagne, mais parceque les chrétiens s'étant d'abord attachés à prêcher dans les villes, ceux qui y habitoient furent convertis, avant que ceux de la campagne le fuffent. * Alciat. Baron. *ann.* 1. *in mart.* Serre, *l.* 5, *de lingua lat.* Symmach. *l.* 1. S. Auguftin. *ferm. de verb. Dom.* Voffius, *in epift. Plin. ad Trajan. de Chrift.* * Laët.

PAYERNE, en latin *Paterniacum*, & en allemand *Peterling*, petite ville du pays de Vaux, fituée fur la Broye, entre Avenches & Moudon. Elle eft fort ancienne, & l'on ne fauroit précifément dire quel fut fon fondateur. Quelques anciennes infcriptions qui font mention de Gracus Paternus, Romain de diftinction, qui doit avoir féjourné dans ces quartiers-là en qualité de général ou de gouverneur, ont fait prendre à quelques-uns ce Romain pour le fondateur de Payerne. Selon ce fentiment, cette ville auroit déja exifté, lorfque la fameufe ville d'Avenches étoit encore dans ut son luftre ; ce qui n'eft pas fort vraifemblable , rceque ces deux villes auroient été trop voifines ne de l'autre. Il y a plus de probabilité dans le fenment de ceux qui difent que Payerne ne fut bâtie l'après la deftruction d'Avenches. D'ailleurs il eft fur ie Marius , évêque d'Avenches & de Laufane , fit litir le village. & l'églife de Payerne fur des terres ii lui appartenoient en propre, l'an 595 , qui étoit la 4e de fon épifcopat. Il dota enfuite cette nouvelle égli- ; & le village s'étant accru de jour en jour , fut int de murailles , & érigé en ville fous le règne des ris Francs. Vers le commencement du dixième fiécle, erthe , reine de Bourgogne & époufe de Rodolphe u Raoul II, fit bâtir une abbaye de Bénédictins à ayerne, dont le premier abbé fut Majole. Cette reine, u confentement du roi Conrad & de Burcard ou Hu- on , évêque de Laufane , fes deux fils , affujetit la ille à l'abbé. Elle y eft enterrée. Après l'extinction des ois de Bourgogne, en 1032 , Payerne paffa fous la do- nination de l'empire , & obtint des empereurs le privi- ége de fe gouverner elle-même , & diverfes autres pré- ogatives. Mais pendant le fameux interrègne qu'il y ut après la mort de l'empereur Frédéric II, cette ville e mit fous la protection de Pierre , comte de Savoye, qui avoit déja réduit la ville de Genève, avec tout le pays de Vaux , à lui rendre hommage , & qui tenoit auffi la ville de Berne fous fa protection. Cette démar- che de la ville de Payerne fut caufe d'une guerre en- tre Philippe , frere du comte de Savoye, & l'empereur Rodolphe de Habsbourg , qui prétendoit que la Bour- gogne lui prêtât hommage, comme appartenante à l'em- pire. Cet empereur affiégea effectivement la ville de Payerne en 1283 , & la punit rigoureufement. Enfin le pape négocia la paix , & le pays demeura à la Savoye comme fief de l'empire. La ville de Payerne conferva alors fes anciens privilèges : & il paroît , par un acte que l'on voit dans les archives de Payerne, qui con- tient un renouvellement de l'alliance que cette ville avoit faite avec celle de Berne, & qui eft daté du mois de février 1343 , que cette alliance de combourgeoifie étoit ancienne. Dans la guerre qui commença en 1536 , la ville de Payerne prêta hommage à celle de Berne, à qui la Savoye la céda, auffi-bien que tout le pays de Vaux, par le traité de Laufane, conclu en 1564. La ville de Berne y envoie un bailli , qui eft changé de fix ans en fix ans. Il fait fa demeure dans l'abbaye , & n'a rien à dire dans la ville , qui a fon préteur particu- lier, fon confeil & fa juftice. Le grand village de Corcel- les, qui eft fur le chemin d'Avenches , fait une partie de la bourgeoifie de Payerne: comme bourgeois ils ont part aux charges & aux emplois honorables de cette ville. Les réformés n'eurent la permiffion de prêcher dans le temple de la ville, qu'ils appellent la chapelle, qu'en 1534. * Dict. hift. édition de Hollande 1740. Voyez Guiliman , rer. Helvet. l. 1 , c. 4. Stumpf, l. 8,p. 261. Plantin, abrégé de l'hift. générale de la Suiffe. Gilles Tfchudy, chron. miff. ad annum. 1283. Stettler , partie 1 , p. 66, 233 , 288 , & partie 2.

PAYS (René le) fieur du Pleffis-Villeneuve, a paffé pour bel efprit. Il naquit en 1636 à Nantes , ville de Bretagne ; mais il n'a guère paru que dans la province de Dauphiné. M. Allard dans l'hiftoire de cette province le met dans le catalogue des écrivains Dauphinois, par- ceque, comme il le dit, la plus grande partie de fes ouvrages font dauphinois, conçus dans Grenoble ou dans Valence. Il s'appliqua aux affaires qui regardent les droits du roi ; & comme il les entendoit bien , on lui donna la direction générale des gabelles de Dauphiné & de Provence. Ses Amitiés , amours & amourettes, im- primées l'an 1664, & qui confiftent en lettres & en poëfies, trouverent beaucoup d'admirateurs à la cour & à la ville. Les dames fur-tout les lurent avec plaifir, & plufieurs d'entr'elles s'informerent du libraire com- ment l'auteur étoit fait. Dès qu'il eut fu que la ducheffe de Nemours avoit eu cette curiofité, il lui envoya une

defcription de fa perfonne. Cet écrit eft intitulé, Portrait de l'auteur des amitiés , amours & amourettes. Il eft mêlé de vers & de profe ; le ftyle en eft enjoué comme celui de l'ouvrage qui avoit plû à cette princeffe. Le fuccès de ce premier livre encouragea M. le Pays à donner de l'occupation aux imprimeurs ; mais fa Zélo- tide n'ayant pas été goutée , il modéra fon ardeur & ne fe montra au public que de temps en temps. La lettre qu'il écrivit à M. du Gué intendant du Dauphiné , lorfqu'on faifoit la recherche des faux nobles, paffa pour bonne. Il y prouva la nobleffe de fa mufe iffue de celle de Voiture , & il affembla divers faits curieux concer- nant la généalogie de tous les poëtes confidérés comme poëtes. Il ne fit qu'imiter l'un des plus beaux épifodes de la Clélie de mademoifelle de Scuderi. Quelque temps après il publia un nouveau recueil de pièces. Il paroît par quel- ques-unes de fes lettres, qu'il avoit été en Hollande & en Angleterre. Les relations qu'il a faites de ces pays-là font trop folâtres & peu juftes, & il y a mêlé des réflexions qui font fouvent très-fauffes. Il étoit de l'académie d'Ar- les. Il fut honoré de l'eftime du duc de Savoye , qui le fit chevalier de faint Maurice. Il perdit un fâcheux pro- cès peu d'années avant fa mort , arrivée à Paris le 30 d'avril 1690 , âgé de 54 ans , & fut enterré à faint Euf- tache fa paroiffe. Il parut une fatyre contre lui en 1670, * Bayle, diction. critique. Mr. Broffette , notes fur Boi- leau, fat. 3 , p. 58 de l'édit. in-12 , 1717. M. Boi- leau Defpreaux l'a fait entrer dans fa troifiéme fatyre, où il décrit un feftin.

Le Pays fans mentir eft un bouffon plaifant,
Mais je ne trouve rien de beau dans ce Voiture , &c.

fait - il dire à un campagnard de mauvais gout. Le Pays loin de s'en fâcher , écrivit de Grenoble , où il étoit alors , une lettre badine fur ce fujet à un de fes amis qui étoit à Paris. On la trouve dans fes nouvelles œu- vres qui font la fuite du premier volume. Il fit plus : étant à Paris , il alla voir M. Boileau, foutint en fa préfence le caractère enjoué qu'il avoit pris dans fa lettre , & ils fe féparerent bons amis. M. Titon du Tillet lui a donné place dans fon Parnaffe François, in-folio ; mais il ne dit prefque que ce que l'on trouve dans le Moreri, édi- tion de 1725.

PAZ (Auguftin du) religieux Dominicain, étoit de Rennes en Bretagne , & y fit profeffion de la régle de S. Dominique après le milieu du XVI fiécle. Il prit le dégré de docteur en théologie, dans l'univerfité de Nantes , comme le croit le pere Echard. Il fut prieur du couvent de fon ordre à Rennes en 1592. Il mourut à Quimperlai le 19 décembre 1631. C'étoit un homme fort laborieux : il avoit tourné fes études du côté de l'hiftoire ; & fi l'on ne vante pas l'exactitude de ce qu'il a compofé en ce genre , on loue au moins fes talens , fa bonne foi , & fon application infatigable au travail. Il eft auteur des ouvrages fuivans. 1. Hiftoire généalo- gique de plufieurs maifons illuftres de Bretagne , en- richie des armes & blafons d'icelle , de diverfes fonda- tions d'abbayes & de prieurés , & d'une infinité de re- cherches ignorées jufqu'à ce temps , & grandement utiles pour la connoiffance de l'hiftoire ; avec l'hiftoire chro- nologique de tous les comtes & ducs de Bretagne, à Paris, Nicolas Buon, 1619, in-folio. Le parlement de Bre- tagne a défendu de fe fervir de cet ouvrage pour prouver la nobleffe des familles de Bretagne ; mais on affure que ce n'étoit pas non plus l'intention de l'au- teur , que l'on en fit un pareil ufage , reconnoiffant lui- même qu'il n'avoit pas eu tous les mémoires qui lui auroient été néceffaires , pour ne rien écrire que d'exact. On pouroit demander pourquoi donc il avoit publié fon ouvrage. 2. Généalogie de la maifon de Rofmadec , & de la maifon de la Chapelle , à Rennes , 1629 , in-4°. 3. Généalogie de la maifon de Molac , à Rennes , 1629 in-4°. Le pere du Paz a laiffé manufcrites , une Hiftoire généalogique de la maifon de Léon, 2. vol. & un troifiéme volume de fon hiftoire généalogique de Bretagne fous ce titre : 1°. *l'Hiftoire généalogique de nos rois, ducs & princes de Bretagne, & des maifons defcendues de cette antique & illuftre fouche*, avec deux amples traités : le premier, *des grands offices de la maifon ducale, & des feigneurs qui les ont fucceffivement poffédés ; le fecond, une hiftoire de l'églife britannique, contenant la vie & les geftes des faints, & la fucceffion des évêques & prélats de cette province*. 2°. *Hiftoire généalogique des maifons illuftres de Bretagne*, dont il n'eft point parlé dans le premier volume. * *Voyez* la préface de l'hiftoire de Bretagne, par D. Lobineau ; & le P. Echard, *Scriptores ordinis Prædicatorum, infol. tom.* II, *pag.* 469.

PAZ (Diego ou Jacques Alvarez de) natif de Tolede en Efpagne, entra chez les Jéfuites à l'âge de dix-fept ans, & y prit tant de gout pour les chofes faintes, que même durant le temps de fon noviciat il compofa des méditations eftimées des perfonnes confommées dans l'exercice des chofes fpirituelles. Il étudia en théologie à Alcala, & fut envoyé dans le Pérou, où il mourut en odeur de fainteté le 17 janvier de l'an 1620, âgé de foixante ans. On a de lui divers ouvrages de piété : *De vitâ fpirituali ; De vitâ religiofâ ; De inquifitione pacis ; De exterminatione mali ; De facerdotum inftitutione ;* & d'autres, dont quelques-uns ont été traduits en notre langue. * Ribadeneira & Alegambe, *bibl. fcript. fociet. Jefu.* Nicolas Antonio, *biblioth. Hifpan. &c.*

PAZE (la) ville de l'Amérique méridionale dans le Pérou, eft fituée vers la fource de la riviere de Choqueapo, entre les montagnes du Bréfil qu'elle a au levant, & le lac de Titioca au couchant.

PAZMANI (Pierre) cardinal, archevêque de Gran ou Strigonie, né à Waradin en Tranfylvanie, entra jeune parmi les Jéfuites, s'y avança dans les fciences, & enfeigna avec applaudiffement la philofophie & la théologie dans le collége de Gratz en Stirie. Il s'occupa enfuite dans les miffions de Hongrie avec tant de fuccès, qu'on vit des changemens extraordinaires dans ce pays, où les nouvelles opinions avoient été reçues de la plus grande partie du peuple. L'empereur Matthias & les grands du royaume, réfolurent de l'élever après la mort du cardinal Forgatz, à l'archevêché de Gran, qu'il fut obligé d'accepter par ordre du pape. Ce prélat y remplit parfaitement tous les devoirs d'un bon évêque ; & à la recommandation de l'empereur Ferdinand II, fut honoré d'un chapeau de cardinal en 1629. Il fut envoyé ambaffadeur à Rome, où on admira le zèle, la doctrine & la piété de Pierre Pazmani, qui mourut le 19 mars de l'an 1637. Il publia les actes d'un fynode tenu en 1629, & divers autres ouvrages en latin & en hongrois : *Diatriba theologica ; De vifibili Chrifti in terris ecclefiâ ; Vindiciæ ecclefiafticæ, &c.* * Alegambe, *biblioth. fcript. foc. Jef.* Contin. Ciacon.

PAZZI, petite ville de la prefqu'ifle de la Romanie, fur la mer de Marmora, près de l'ifthme, à deux ou trois lieues de Gallipoli. * Mati, *diction.*

PAZZI (Angelo) de Rimini, jurifconfulte & hiftorien dans le XV fiécle, fut prépofé par les Vénitiens pour rendre la juftice dans plufieurs de leurs villes, comme à Padoue, à Vérone, à Bergame & à Breffe. Il publia un volume de confultations, & une hiftoire de la guerre que les Vénitiens foutinrent contre Philippe Vifconti & François Sforce, ducs de Milan, jufqu'à la tréve de 1441, & mourut âgé de 81 ans. * Ghilini, *theat. d'huom letter.*

La maifon de PAZZI à Florence a produit divers grands hommes. FRANÇOIS Pazzi, qui étoit un des principaux chefs de la confpiration contre les Médicis en 1478, tua Julien de Médicis, & fut lui-même pendu peu après par le peuple de Florence, avec les autres conjurés, dont étoient *Jacques* & *René* Pazzi, fès proches parens. CÔME Pazzi, archevêque de Florence en 1508, après Rainoldo Urfini, étoit très-verfé dans les belles lettres. Il traduifit Maxime de Tyr de grec en latin, &

travailla à d'autres ouvrages. On ne doute pas que le pape Léon X, qui étoit fon oncle & fon ami, ne l'eût mis au nombre des cardinaux, s'il eût affez vécu pour recevoir cet honneur ; mais il mourut l'an 1513, peu après l'élection de ce pape. ALEXANDRE Pazzi, fon frere, s'amufa à écrire des tragédies, & n'y réuffit pas ; mais une traduction de la poëtique d'Ariftote lui a fait avoir place dans les éloges de Paul Jove, *n.* 146. Ces deux freres avoient ainfi latinifé leur nom, PACTIUS. ANTOINE Pazzi, chevalier de Malte, vivoit fur la fin du XVI fiécle, & compofa quelques piéces en vers. Sainte MAGDELÈNE de Pazzi, religieufe Carmelite, qui mourut à Florence l'an 1607, étoit de cette famille. Le pape Urbain VIII la béatifia en 1626, & le pape Clément IX la canonifa en 1669. On a écrit en italien fa vie, qui a été traduite en françois, & imprimée chez Cramoify en 1670. * Machiavel, *hift. Florent. l.* 8. Janus Nicius Erythræus, *Pinacoth.* I. *Imag. illuft.* c. 91. Ammirato, *famil. Florent.* Ughel, *Ital. facr.* Paul Jove, *in elog. doct. viror.* c. 46.

P E

PEACOCK (Reginald ou Raynauld) évêque de Chichefter, en Angleterre, obtint cette dignité en 1450, après avoir été évêque de S. Afaph pendant fix années. Ce fut Humphrey, duc de Glocefter, qui l'éleva à ces deux places, à caufe de fon favoir & de fa grande probité. Péacock fit connoître ces deux qualités dans fes ouvrages, qui font des traités : 1. De la religion chrétienne en général. 2. Du mariage. 3. Du véritable fens de l'écriture fainte, en trois parties. 4. Un traité intitulé, *Donat, de la religion chrétienne,* avec une fuite de ce traité. 5. Un autre de la foi. 6. Un autre qui a pour titre, *Accompliffement des quatre tables.* 7. Un du culte divin. 8. Une exhortation aux chrétiens. 9. Des réflexions & confeils utiles. Il a toujours eu pour but dans fes écrits & dans fes difcours, l'édification & l'inftruction du public. Il s'éleva contre les annates, le droit appellé en Angleterre *le denier S. Pierre,* & contre plufieurs autres articles concernans l'autorité de la cour de Rome en Angleterre. Tant que le duc de Glocefter vécut, on laiffa Peacock s'élever contre ces prétentions de la cour de Rome ; mais après la mort de fon bienfaiteur, on alla jufqu'à l'accufer d'héréfie devant Thomas Bourchier, archevêque de Cantorberi. On dit qu'il enfeignoit 1. Qu'il n'étoit pas néceffaire de croire la defcente de J. C. aux enfers. 2. Que pour être fauvé on n'étoit pas obligé de croire à la fainte églife catholique, ni la communion des faints, ni que le corps de J. C. eft préfent d'une maniere matérielle dans le facrement de l'autel. 3. Que l'églife univerfelle peut errer dans les articles de foi. 4. Que tous les chrétiens ne font pas obligés de croire les articles décidés dans chaque concile général. 5. Que le devoir principal d'un évêque chrétien eft de prêcher la parole de Dieu. 6. Que les évêques qui achetent leur confirmation du pape, péchent. 7. Que perfonne n'eft obligé d'adopter les décifions de l'églife de Rome. 8. Que les ordres des religieux mendians étoient vains & inutiles. 9. Que les eccléfiaftiques ne devroient pas pofféder de biens temporels. 10. Que les dîmes perfonelles ne pouvoient pas être exigées, comme étant d'inftitution divine, &c. Ces accufations étoient graves, la plupart regardant des points de foi. Péacock s'efforça de montrer que les plus importantes lui étoient calomnieufement fuppofées, & de faire voir que celles qu'il avouoit ne pouvoient pas rendre un homme criminel, parcequ'il ne s'y agiffoit que d'opinions qui ne touchoient point la foi. Cependant tous fes collégues lui ayant perfuadé de fe rétracter tous ces fentimens ; il le fit par un acte public le 4 de décembre 1457, devant l'églife de S. Paul à Londres, où il reconnut auffi que c'étoit avec raifon que l'on avoit brulé fes écrits. Mais comme l'on croyoit que fa rétractation n'étoit point fincere, il fut privé de fon évêché, & eut fa maifon pour prifon. On lui permit quelque

ps après de se retirer dans une abbaye , & on lui
orda une pension honnête. Ce fut-là qu'il finit ses
s : nous ignorons en quelle année. * *Voyez* Sponde ,
l'an 1486. Gesner dans sa *Bibliothéque* ; & les
oriens de l'église d'Angleterre.

PEAK *of Derbishire*, c'est-à-dire, *la pointe* ou *le som-
du comté de Derbi*. C'est un endroit situé entre les
ntagnes dans le nord-ouest de ce comté. Il est remar-
able par trois endroits : 1°. par ses carrieres , 2°. par
plomb, 3°. par ses merveilleuses cavernes. On les
noît en Angleterre sous les noms de *Devils-Arse* , *le
du diable* , *Elden-Hole* & *Pools-Hole*. Elles sont
tes trois larges & profondes. D'un sil sort de la
miere de l'eau qui a son flux & reflux quatre fois dans
e heure. Elle est d'ailleurs remarquable par l'étrange
égularité des rochers qu'on trouve en-dedans. Celle
'on appelle *Elden-Hole* est large , mais l'entrée en est
sse & étroite ; les eaux qui en découlent se congelent
tombant , & forment des glaçons pendans à la ca-
rne. On peut encore joindre les puits du Boxton ,
où dans l'espace de huit ou neuf verges d'Angleterre,
sort neuf diverses sources d'eaux minérales, huit des-
elles sont chaudes & la neuviéme très-froide. * *Dict.
glois*.

PEAN (*Pæan*) sophiste Grec dont le siécle ne nous
t pas connu, traduisit l'histoire latine d'Europe en sa
ngue. Frédéric Sylburge a publié cet ouvrage.

PEARSON (Jean) évêque de Chester , & l'un des
lus savans hommes du parti des épiscopaux d'Angle-
erre , a publié quelques ouvrages latins, où il donne
reuves d'une très-grande connoissance dans les matieres
eclésiastiques , surtout ce qui regarde l'antiquité. C'est
e qu'on peut voir principalement dans un ouvrage où
l défend les épîtres de S. Ignace contre quelques calvi-
istes. Il est intitulé , *Vindiciæ epistolarum sancti Igna-
ii* , imprimé à Cambridge en 1672. Ses autres ouvra-
es sont une docte préface qui est à la tête de la version
grecque des Septante ; des prolégoménes sur les ouvrages d'Hiérocles , imprimés à Londres en 1673 , *in-8°* ;
des annales de la vie & des ouvrages de S. Cyprien,
qui sont dans l'édition de Jean Fell évêque d'Oxford ;
un commentaire exact sur le symbole des apôtres en anglois , qui a été publié en latin en Allemagne en 1690 ;
les annales de la vie de S. Paul & les leçons sur les actes
des apôtres , avec des dissertations chronologiques sur
l'ordre de la succession des premiers évêques de Rome,
le tout en latin. Comme cet ouvrage n'étoit pas complet, Henri Dodwel , ami de Péarson , l'a perfectioné,
& y a ajouté une dissertation de sa façon. On a imprimé
le tout à Londres en 1688 , *in-4°*. Péarson avoit aussi
travaillé sur Hesychius & sur Suidas, comme Meric Casaubon le témoigne dans son commentaire sur Hiérocles. Il est mort en 1686. *Voyez* FELL.

PEBLES , bourg ou ville d'Ecosse, qui est la capitale
de la contrée de Twede, située sur la Twede. * *Cambden, Britan.*

☞ PECAIS ou PECCAIS , bourg de France
dans le bas Languedoc , sur la bouche occidentale du
Rhône , à une lieue d'Aigues-mortes , & à pareille
distance de la mer méditerranée. Ce bourg qui a un bon
fort pour sa défense & pour celle des salines , est considérable par la grande quantité de sel qu'on y fait. Le
fort est situé sur le bord du canal de Boudigue , du côté
de l'occident. La seigneurie de Pecais fut acquise par
Philippe *le Bel* en 1290 , de Bermond , seigneur d'Uzez
& d'Aimargues , qui céda au roi sa part des salines.
Louis *Hutin*, fils & successeur de Philippe *le Bel*, acquit ce qu'un Lucquois nommé Zagni avoit à ces salines ; de sorte que le tout fut alors réuni au domaine
royal. * Longuerue , *descr. de la France* , part. I, p. 257.
La Martiniere , *dict. géogr.*

PECCAM (Jean) archevêque de Cantorberi , célébre par sa capacité & par ses écrits , par ses emplois &
par sa vertu , dans le XIII siécle , étoit Anglois de nation , & naquit de pauvres parens à Chichester. Il prit

l'habit de religieux dans l'ordre de S. François , & fit
sous S. Bonaventure un si grand progrès , qu'il fut consulté de son temps comme l'oracle de la théologie. Dans
la suite il professa à Paris , en Angleterre & à Rome ,
& fut fait archevêque de Cantorberi par Nicolas III. Il
mourut en 1292 , & laissa un grand nombre d'ouvrages
qui témoignent quelle étoit son érudition. * *Consultez*
Harpsfield, *hist. Angl. sæc. XIII , cap.* 8. Wadingue,
in annal. Min. Walsingam, *A. C.* 1279 , & *seq.* Sponde , *ibid. num.* 8. Pitseus , *de script. Angl. &c.*

PECCATOR , *cherchez* ISIDORE.

PÉCHANTRÉ (*N.* de) poëte François , étoit de
Toulouse , fils d'un chirurgien de cette ville. Il étudia
en médecine , & professa quelque temps cet art à Toulouse : mais son amour pour les belles lettres & pour la
poësie lui fit abandonner cette profession pour suivre son
gout. Ayant été couronné trois fois par l'académie des
jeux floraux , ce succès le flata , & il se crut propre à
travailler pour le théatre. Il vint donc à Paris ; & la
premiere piéce qu'il y donna fut la tragédie de *Géta* ,
qui fut représentée en 1687. L'auteur de la *Bibliothéque
des théatres* dit que Péchantré ayant montré cette piéce
au sieur Baron , ce comédien ne manqua pas de lui en
dire le plus de mal qu'il put , & qu'il lui offrit vingt
pistoles en échange de cette tragédie. Péchantré homme
simple , & d'ailleurs peu aisé , accepta l'offre : mais
Chammelée ayant su cette convention , & ayant lu Géta,
jugea autrement de cette piéce , & prêta à l'auteur les
vingt pistoles nécessaires pour la retirer. Cette tragédie
eut en effet beaucoup de succès , & reçut de grands
applaudissemens qui enhardirent l'auteur à en faire la
dédicace à Monseigneur ; & ce prince pour marquer
l'estime qu'il faisoit de la piéce , donna à Péchantré des
marques de sa libéralité. Voila ce qu'on lit dans les écrits
cités à la fin de cet article. Mais une personne qui se
croit beaucoup mieux informée , nous a raconté ce fait
autrement , & tel qu'il suit. Péchantré , dit-on , n'est
point l'auteur de la tragédie de *Géta*. Cette piéce est
d'un nommé Dumbelot , ou Dumblot , Languedocien ,
cousin de Palaprat. Etant mort jeune , il laissa cette tragédie sans y avoir pu mettre la derniere main. Péchantré ayant trouvé moyen de l'avoir de la veuve de l'auteur , vint à Paris , & la présenta aux comédiens qui la
refuserent : elle n'étoit pas en état d'être représentée.
Péchantré la retoucha , mais mal ; & elle fut encore re-
fusée. Enfin , comme le fond de la piéce étoit bon , &
que les quatre premiers actes étoient achevés par Dumbelot , le célébre comédien Baron s'en chargea , & c'est
lui qui a mis le cinquiéme acte en état de ne pas démen-
tir le reste : cet acte est presque tout entier de lui. Péchantré donna ensuite deux autres tragédies , *Jugurtha
& la Mort de Néron*. On dit qu'il fut neuf ans à composer la derniere , & il la fit représenter dans le carême de
l'année 1703. Il courut alors une histoire ou un conte
au sujet de cette piéce. Péchantré , dit-on , ayant laissé
sur la table d'une petite auberge où il prenoit quelquefois ses repas , un papier où il y avoit en haut quelques
chiffres , & où au-dessous étoit écrit : *Ici le roi sera tué* ,
l'aubergiste déja frapé de la physionomie & des distractions du poëte , courut en avertir le commissaire du quartier , qui de son côté ordonna de le faire avertir , lorsque Péchantré reviendroit à l'auberge. Péchantré y revint en effet quelques jours après , & il commençoit à
peine à prendre son modique repas , lorsqu'il se vit envelopé par une troupe d'archers. Le commissaire lui
ayant produit la preuve littérale de son prétendu crime
de léze-majesté , Péchantré , sans s'émouvoir , s'écria
qu'il avoit beaucoup de joie de retrouver ce papier qu'il
cherchoit depuis plusieurs jours : c'est la scène , ajouta-
t-il , où j'ai dessein de placer la mort de Néron , dans
une tragédie à laquelle je travaille. Le commissaire &
l'aubergiste reconnurent leur méprise , & le poëte acheva
tranquillement son dîner. Péchantré a fait aussi pour le
collège de Harcourt deux tragédies : savoir , *Joseph
vendu par ses freres* , & *le Sacrifice d'Abraham*. Il ve-

noît d'achever l'opéra d'*Amphion & de Parthœnopée*, à la réserve du prologue, lorsqu'il mourut au mois de décembre 1708. On dit que la vieilleſſe ne lui avoit rien ôté de ſon feu. Il a fait auſſi quelques vers latins. * *Nouveau Mercure* dédié à M. le prince de Dombes, & imprimé à Trévoux, mois de février & mars 1709. *La Bibliothèque des théatres*, citée dans cet article. *Parnaſſe françois* de M. Titon du Tillet, *in-folio*, page 511.

PECHPEIROU, châtellenie en Querci, ſituée entre Cahors & Lauzerte, étoit anciennement une ville dont on trouve encore des veſtiges conſidérables avec les fondemens du château reſtés en leur entier, au lieu qui a conſervé ce nom, & qui n'eſt plus qu'un village avec une petite paroiſſe, appartenante au baron de Beaucaire, aîné de la maiſon de Pechpeirou.

Le plus ancien ſeigneur de Pechpeirou dont on ait connoiſſance, eſt GAILLARD I du nom, qui vivoit au commencement du XIII ſiécle, & que d'anciens mémoires domeſtiques ſuppoſent avoir été celui qui bâtit au lieu appellé auparavant Capmaſdeleros, un château & une ville, qui prirent depuis ſon nom.

Les mêmes mémoires ajoutent que Gaillard étoit venu en Querci à la ſuite de Simon comte de Montfort, & fixent le temps de ſa mort en 1233. Ce qui eſt certain, & prouvé par un acte mentionné en l'article ſuivant, eſt que Gaillard de Pechpeirou fut pere d'ARNAULD, qui ſuit, & de trois autres enfans; ſavoir, *Guillem*, *Gasbert*, & *Gaillard* de Pechpeirou: il eut auſſi un frere puîné ou neveu nommé BERTRAND, duquel la poſtérité *ſera rapportée ci-après*.

II. ARNAULD de Pechpeirou, fut ſeigneur de Pechpeirou après ſon pere. Il en prit ſeul la qualité dans une tranſaction paſſée entre lui & ſes trois freres d'une part, & Bernard de Pechpeirou leur couſin, fils de *Bertrand*, de l'autre part. Cet acte, qui eſt du 15 janvier 1296, contient un échange de leurs partages ſur le château, la ville & repaire, & autres domaines dépendans de Pechpeirou. Arnauld & ſes freres y nomment leur pere, mort il y avoit long-temps, *monſeigneur Gaillard*; les trois cadets & Bernard leur couſin y ſont ſimplement qualifiés *Domſels*. Arnauld n'eut qu'un fils nommé

III. GAILLARD, II du nom, ſeigneur de Pechpeirou, qui mourut ſans laiſſer de poſtérité, & les freres d'Arnauld étant auſſi morts ſans poſtérité, tous les biens de cette maiſon paſſerent à la branche cadette.

I. BERTRAND de Pechpeirou, frere puîné ou neveu de *Gaillard*, fut tige de la branche cadette. Il paroît qu'il étoit mort lui-même, lors de la tranſaction mentionée ci-deſſus, où ſon nom ſe trouve rappellé par BERNARD ſon fils, qui ſuit.

II. BERNARD de Pechpeirou, I du nom, nommé dans la tranſaction de 1296, l'eſt encore dans un acte de reconnoiſſance paſſé le 5 avril 1336, entre le ſeigneur de Saint-Geniés & lui, conjointement avec ſon couſin *Gaillard* de Pechpeirou, fils d'*Arnauld*, ſeigneur de Pechpeirou. Bernard ne ſurvécut qu'un an à ce dernier, étant mort à Bourges l'année ſuivante. Le nom de ſa femme, ainſi que de toutes les précédentes, eſt ignoré; mais il eut pour fils GAILLARD III, qui ſuit.

III. GAILLARD, III du nom, après la mort de ſon couſin *Gaillard* II, fils d'*Arnauld*, hérita de tous ſes biens, & mourut ſeigneur de Pechpeirou, ayant été tué à la bataille de Creſſi en 1346, comme le portent les mémoires. On a ſon teſtament du 30 août 1344, dans lequel il fait mention de *Bernard* ſon pere, & nomme auſſi BERNARD ſon fils unique, qui ſuit. Il avoit épouſé *N.* dame de Monteuq, comme il paroîtra ci-après.

IV. BERNARD de Pechpeirou, II du nom, ſeigneur de Pechpeirou, avoit épouſé noble *Philippe* de la Mothe, fille de *Guiraud* de la Mothe, domſel de Lauzerte, & de noble *Alpais* de Manas, par contrat du 25 janvier 1350, dans lequel la dame de Monteuq ſa mere eſt nommée. Il teſta le 5 octobre 1363, en faveur de GAILLARD, ſon fils unique, qui ſuit.

V. GAILLARD de Pechpeirou, IV du nom, ſeigneur de Pechpeirou & de la Mothe, du chef de ſa mere, épouſa 1°. *Bernarde* Delalande, dont il n'eut point d'enfans: 2°. *Jeanne* de Maynard, dame de Montbarla, & en eut JEAN, qui ſuit; *Gaillard* de Pechpeirou, chanoine de S. Sernin de Touloufe; *Jeanne*, mariée au ſeigneur de la Salvetat en Agenois; & *Bernarde*, mariée au ſeigneur de Montfabel. Ce fut ſon vivant, au temps de la guerre civile, allumée en France entre les partis des ducs d'Orléans & de Bourgogne, que le château de Pechpeirou, après une longue défenſe, fut emporté, & raſé, auſſi-bien que la ville, par le comte d'Armagnac, en 1408. Il teſta le 11 juin 1411. Tous ſes enfans *ci-deſſus* nommés ſe trouvent mentionés dans ce teſtament avec leur mere.

VI. JEAN de Pechpeirou, I du nom, ſeigneur de Pechpeirou, de la Mothe & de Montbarla du chef de ſa mere, acquit d'Armarieu de Levi, chambellan du roi, le château & ſeigneurie de Beaucaire ou Belcaire, de laquelle il fit hommage au roi, ainſi que *d'un tiers de la juriſdiction de Miramont*, *de la moitié de Pechpeirou*, *& de certains droits à lui appartenans dans toute l'étendue de la châtellenie de Lauzerte, comme auſſi de l'hôtel appellé de Botar en la châtellenie de Monteabrie*. Cet acte eſt du 11 mai 1461. Il avoit épouſé le 22 mai 1429 *Sicarde* de Fénelon, dont il eut 1. JEAN de Pechpeirou, qui ſuit, inſtitué ſon héritier par teſtament du 2 ſeptembre 1476; 2. *Raymond*, qui fut marié, & eut des enfans dont on n'a pu ſuivre la deſcendance; 3. *Hugues*, & 4. *Jean*, tous deux prêtres; 5. *Marc*, mort ſans poſtérité. Celui-ci eut en partage une partie de la terre de Fumel, & autres biens attenans audit Fumel, où l'on voit encore un village portant le nom de Pechpeirou. 6. *Arnaud*, mort ſans alliance; 7. *Marguerite*, mariée à *Jean* de Caſtagniés, ſeigneur d'Acaſtel; & 8. *Miramonde* de Pechpeirou, mariée à *Amauri* de Compagnac, ſeigneur de Cartelſegrat. La grande part que Jean de Pechpeirou eut de la confiance du comte d'Armagnac, lui attira ſur la fin de ſa vie les plus grandes diſgraces. Après la priſe de Leitoure en 1469, il fut arrêté priſonnier avec confiſcation de tous ſes biens: il en fut relevé peu avant ſa mort par les ſoins de ſon fils, *comme on le verra ci-après*.

VII. JEAN de Pechpeirou, II du nom, ſeigneur de Pechpeirou, Montbarla & Miremont, baron de Beaucaire, ſe trouva engagé avec ſon pere, dans les intérêts du comte d'Armagnac. Après le maſſacre du comte à Leitoure, ayant échapé aux recherches du cardinal d'Albi, il ſe retira à la cour du duc de Bretagne, dont il fut enſuite envoyé ambaſſadeur avec le ſeigneur de la Porte, vers Jean, roi d'Aragon. Le paſſeport de ce roi en faveur du ſuſdit Jean & du ſeigneur de la Porte, eſt conçu en termes fort honorables, & daté du 22 décembre 1473. Le roi Louis XI ayant eu depuis égard aux inſtances qui lui furent faites en faveur de Jean de Pechpeirou & de ſon pere, de la part du duc de Bretagne, les reçut enfin en grace. Les lettres d'abolition qui font foi de toutes ces circonſtances, ſont du dernier juillet 1474. Même pour l'aſſurer de plus en plus de ſon affection, il l'honora d'une lettre de ſa propre main, écrite aux Forges, & datée du 28 octobre ſans marquer l'année. Jean fut depuis gouverneur du château & de la baronie de Chaumont, par commiſſion de Charles, comte d'Armagnac & de, Rhodès, du 11 octobre 1486, puis maître d'hôtel de la reine Anne de Bretagne en 1491, en conſidération des ſervices qu'il avoit rendus à cette reine, & au duc ſon pere. Il teſta en janvier 1498, & inſtitua ſon héritier l'aîné de ſes enfans. Il avoit épouſé, par contrat du 25 novembre 1480, *Jeanne*, dame héritiere de Cocuron, laquelle avoit été fille d'honneur d'Eléonore d'Aragon, reine de Navarre. Leurs enfans furent, CHARLES, qui ſuit; *Antoine*, mort dans les guerres de Piémont ſans poſtérité; *Clément*,

nt, mort jeune ; *Jeanne*, fille d'honneur d'Anne de
ix reine de Hongrie, où elle épousa le seigneur de
urcis, maréchal du même royaume, dont elle n'eut
s d'enfans, & mourut à Venise en revenant en Fran-
; & *Marguerite* de Pechpeirou, qui épousa le seineur de Moneins, dont le fils, aussi seigneur de Moins & lieutenant de roi en Guienne, fut tué à la sé-
tion de Bourdeaux, pour la gabelle du sel, en 1548.

VIII. CHARLES, seigneur de Pechpeirou, Montbar-
, Beaucaire & Cocuron, du chef de sa mere, fit
mmage au roi François I, par acte du 4 août 1533,
château de Beaucaire, de Montbarla, & de ses
oits sur la ville & châtellenie de Lauzerte ; de la moi-
de Pechpeirou, & de plusieurs villages, seigneuries,
ntes & terres assises en la châtellenie de Monteabrié
en celle de Fumel. Il avoit épousé 1°. *Catherine* de
urfort, de laquelle il eut trois enfans morts en bas âge :
. *Marguerite* de Tougés, fille de *Jacques* de Tou-
és-Nouaillan, seigneur de Contz, & d'*Agnès* de Vise,
ont il eut HENRI, qui suit, institué héritier par testa-
ent du 16 juin 1542 ; *Ponce*, seigneur de Navian en
azadois, chevalier de l'ordre de S. Michel en 1565 ;
nne, mariée au seigneur de Borejol ; *Catherine*,
pouse du seigneur de Brosna ; & *Jeanne*, alliée en la
aison de Roye en Agenois.

IX. HENRI, seigneur de Pechpeirou, Montbarla,
Cocuron, baron de Beaucaire, commença à servir l'
âge de 14 ans, & se trouva au siège de Boulogne,
tant enseigne d'une compagnie de gens de pied. Il
ussi le premier homme d'armes, qui entra dans la nou-
elle compagnie qu'on créa pour Henri de Navarre,
epuis roi de France, ce prince n'étant encore âgé que
e cinq ans ; puis capitaine de trois cens hommes de
ied, & de quatre cens de la légion de Guienne, par
ommission des 9 février 1562 & 5 août 1565. Il mou-
ut lieutenant de la compagnie de cent hommes d'armes
u vicomte de Pompadour, des blessures qu'il reçut à
a bataille de Jarnac. Son testament est daté du 26
mars 1569, à Périgueux, où il s'étoit fait transporter
en regagnant ses terres, & où il est enterré dans la cathédrale. Il laissa *Marguerite* de la Combe sa femme,
fille de *Bernard* de la Combe, seigneur de Biron, &
de *Guyrande* de Pujol, BERNARD, qui suit ; PONS,
qui a fait la branche des seigneurs de GUITAUD, mentionée ci-après ; *Louis*, prieur de S. Crapasi en Agénois ; & *Anne* de Pechpeirou, mariée au seigneur de la
Bastide d'Autejac.

X. BERNARD de Pechpeirou, III du nom, seigneur
de Pechpeirou & de Montbarla, baron de Beaucaire,
& auteur des *mémoires* dont il a été parlé ci-dessus, servit long-temps dans les guerres de la ligue sous le maréchal de Biron son parent, & se distingua au siège de
Villemur, sous le duc de Joyeuse. Après la paix, il fut
gentilhomme de la chambre du roi, & pourvu en 1609
de la charge de gentilhomme d'honneur de la reine Marguerite. Il fit son testament le 4 mars 1620, où il nomme
ses enfans, & mourut en janvier 1622. De son mariage
avec *Eleonore* de Cheverri, fille du seigneur & baron
de la Reoule, il eut FRANÇOIS, qui suit ; *Jean*, mort
sans alliance ; *Paule-Marguerite*, mariée à N. seigneur
de Saller en Comenge ; *Jeanne*, épouse de *Jean* de Des-
cairat, seigneur de Maraval ; *Marie*, femme de *Jacques* de Raymond, seigneur de Fagés en Agenois ; &
Angélique, alliée à *Charles* de la Valette-Parisot, seigneur de l'Albenque.

XI. FRANÇOIS, seigneur de Pechpeirou & Montbarla,
baron de Beaucaire, fit son testament le 27 juillet 1681.
Il avoit épousé, 1°. en 1624, *Catherine* de Viguier, héritière de la Valade, laquelle mourut sans enfans, après
avoir fait à son mari donation de tous ses biens : 2°.
Françoise de la Fond, fille de *Jean* de la Fond, baron
de Saint-Projet, dont il eut FABIEN, qui suit ; *Charles*,
connu sous le nom de la Valade, mort sans alliance ;
Jean-Hector, mort aussi sans alliance, ainsi que *Louis*
mort capitaine de cavalerie ; *François*, mort chevalier

de Malte ; & *Jean-Joseph* de Pechpeirou, lequel de son
mariage avec *Jeanne* de Martel a laissé un fils & deux
filles. François eut encore du même mariage cinq filles,
savoir, *Marguerite*, religieuse au couvent de Villemur ;
Jeanne-Susanne, mariée à *Flottard* de Cours, seigneur
Desbarthes, & de la Celle ; *Marie*, alliée à N... de
S. Paul-Balzac, seigneur de la Roque & de Lanzac ;
Marguerite, femme de *Jean* de Foix-Candale, baron
du Lau ; & autre *Marguerite* de Pechpeirou, épouse
de N. seigneur de la Mothe du Laz.

XII. FABIEN, seigneur de Pechpeirou, Montbarla &
la Valade, baron de Beaucaire, épousa en 1672, *Françoise* du Mai, fille de *Jean-Antoine* du Mai, vicomte
de Pujol, président au parlement de Toulouse, dont
vinrent, JEAN-ANTOINE, qui suit ; *Jean-Joseph*, mestre de camp de cavalerie ; & autre *Jean-Vincent*, capitaine de cavalerie dans le régiment du roi.

XIII. JEAN-ANTOINE seigneur de Pechpeirou,
Montbarla & la Valade, baron de Beaucaire, a épousé
en 1708 *Marie-Thérèse* de la Roche de Gensac, de
la maison de Fontenille, fille de *Gilles-Gervais* de la
Roche, marquis de Gensac, & de *Marguerite* de Flai-
res. De ce mariage sont issus *Fabien* de Pechpeirou ;
& *Gilles-Gervais*.

BRANCHE DES SEIGNEURS DE GUITAUD.

X. PONS de Pechpeirou, second fils de HENRI, &
frere de Bernard III du nom, fut page du duc de Lorraine, & pourvu en 1588 d'une compagnie de deux
cens fantassins dans le régiment de la Chapelle-Biron,
& en 1590 d'une de cent arquebusiers à cheval. En
1596, le 13 février, il épousa avec dispense pour cause
de parenté, *Françoise* de Comenge, fille unique & héritière de *François* de Comenge, seigneur de Guitaud,
& de *Catherine* de Tougés. Ce mariage se fit, à condition que celui des enfans qui jouiroit des biens de ladite
de Comenge, porteroit & les siens à perpétuité, le nom
& les armes de Comenge ajoutées à celles de Pechpeirou ; condition toutefois qui cesseroit d'avoir lieu, au
cas que les enfans issus de ce mariage vinssent jamais à
être les aînés du nom de Pechpeirou. *François* de Comenge, pere de ladite *Françoise*, dame de Guitaud,
étoit l'aîné de plusieurs freres, entr'autres de *Pierre*
de Comenge, seigneur de Meché en Saintonge, & lieutenant de roi de Brouage, dont un fils nommé *François*
de Comenge, capitaine des gardes du corps de la reine
Anne d'Autriche, fut connu si long-tems sous le nom de
Guitaud, qu'il porta toute sa vie. PONS de Pechpeirou
eut de ce mariage 1. LOUIS, qui suit ; 2. *Charles* de
Pechpeirou-Comenge, chevalier de Malte, connu sous
le nom de commandeur de Guitaud, qui servit long-
temps avec distinction en qualité de capitaine de vaisseau.
Il se trouva depuis en cette même qualité à l'attaque des
isles de sainte Marguerite en 1637 ; & sous les ordres du
comte d'Harcourt, eut une si grande part à l'honneur
de cette expédition, qu'avant même l'entiere reddition
de la place, il en fut fait gouverneur. Il eut aussi depuis
le commandement d'un régiment d'infanterie créé en
sa faveur sous le nom de régiment des Isles, à la tête
duquel il fit un grand nombre d'expéditions pour la
sûreté de sa place, & pour celle de toute la Provence,
& en 1649 il fut fait maréchal de camp. Outre la commanderie d'Artros, à laquelle il parvint par son rang,
il eut encore depuis celle de Montsauves, en considération des grands services qu'il avoit rendus à son ordre ;
3. *Gaspard*, mort au berceau ; 4. *Michel*, tué en Savoye, à la retraite de S. Maurice ; & 5. *Marguerite*
de Pechpeirou-Comenge, mariée 1°. à N. de Carbon,
seigneur de Baretje & de Bullan : 2°. à *Charles*, seigneur
de Montserié.

XI. LOUIS de Pechpeirou, seigneur de Guitaud,
épousa le 7 septembre 1625 *Jeanne* d'Aigua, fille de
Bertrand d'Aigua, seigneur de Castelarnaud, & de
Marie de Combette, dame de S. Martial. Bertrand

d'Aigua pere de ladite Jeanne , étoit fils d'un autre Bertrand , aussi seigneur de Castelarnaud & de Trocedes , fils & petit-fils de Jean & de Bertrand d'Aigua , consécutivement avocats généraux au parlement de Toulouse. De ce mariage , Louis eut plusieurs enfans , qu'il laissa tous en bas âge , étant mort fort jeune. Il avoit GUILLAUME, qui suit ; Charles de Pechpeirou - Comenge , chevalier de Malte , capitaine au régiment des Isles , tué à Bourdeaux dans le temps des guerres civiles; autre Charles, aussi chevalier de Malte , pourvu de la commanderie de Palliers , mort à la Martinique en 1702, après y avoir été envoyé en qualité de gouverneur de ladite isle , & y avoir été fait depuis gouverneur de celle de S. Christophe , & lieutenant général au gouvernement des isles & terre ferme de l'Amérique. Les deux derniers enfans de Louis de Pechpeirou furent un troisiéme, chevalier de Malte , mort en jeunesse de maladie ; & Bertrand de Pechpeirou -Comenge , dit l'abbé de Guitaud , qui fut abbé de S. Michel de Bessan , diocèse d'Auch , & prieur du prieuré commendataire de saint Médard de N. diocèse de Sens.

XII. GUILLAUME de Pechpeirou-Comenge , comte de Guitaud , né le 5 octobre 1626 , après avoir été deux ans page de la petite écurie , fit en 1646 la campagne de Catalogne , en qualité de volontaire , & les deux suivantes , en qualité d'enseigne de la compagnie des chevaux - légers de Louis de Bourbon , prince de Condé. En 1648, sur la démission de Guitaud son oncle , il fut pourvu du gouvernement des isles de sainte Marguerite & de saint Honorat de Lerins. La même année , il succéda au comte de Bussi-Rabutin en la charge de capitaine de ladite compagnie des chevaux - légers du prince de Condé ; & peu de mois après , le marquis de la Moussaye étant mort, il fut fait en sa place chambellan du même prince , aux intérêts & à la fortune duquel il demeura toujours depuis constamment attaché. Ce prince l'eut toujours à ses côtés dans les plus grandes occasions , & se reposa sur lui du soin des plus grandes choses ; jusque-là qu'en son absence , on vit plus d'une fois le comte de Guitaud en qualité de lieutenant général , commander en chef ses armées, quoiqu'il ne fût pas encore âgé de trente ans. En 1659, lorsqu'il s'agit de négocier la réconciliation du prince de Condé avec la cour , il fut envoyé au roi de sa part ; & dans la promotion qui suivit de près , il fut fait chevalier de l'ordre du S. Esprit. Il eut aussi le gouvernement de Châtillon sur Seine , & fut grand bailli d'Auxois. Il mourut à Paris le 27 décembre 1685 , dans sa soixantiéme année , dont il avoit passé les dernieres dans la retraite. Il avoit épousé, 1°. en 1661 , Magdeléne de la Grange , héritière du marquisat d'Epoisses , fille d'Achille de la Grange, marquis d'Epoisses , comte de Maligni , & de Louise Dancienville ; & en eut plusieurs enfans, qui moururent tous en bas âge : 2°. le 15 octobre 1669 , Elizabeth-Antoinette de Verthamon, fille de François de Verthamon, conseiller d'état ordinaire , & de Marie Boucher-d'Orçai , dont il eut entr'autres, LOUIS-ATHANASE, qui suit ; Antonin-Cyprien de Pechpeirou-Guitaud , prêtre & doyen de l'église de Tours, docteur en théologie à Valence en Dauphiné , mort à Tours à la fin de novembre 1736, âgé d'environ cinquante-trois ans. Il est auteur de quelques Plans de conciliation sur la dispute au sujet de la crainte & la confiance, imprimés à Paris chez Lottin , in-4°. Catherine - Emilie, connue sous le nom de mademoiselle de Guitaud ; Marie-Pulcherie, religieuse Ursuline à Avalon en Bourgogne ; & Françoise-Mélanie, dite mademoiselle d'Epoisses , morte à Paris le 9 mai 1742.

XIII. LOUIS-ATHANASE de Pechpeirou-Comenge , comte de Guitaud , marquis d'Epoisses , maréchal des camps & armées du roi , inspecteur général d'infanterie , a épousé le 19 septembre 1719 Magdeléne-Elizabeth de Chamillard , fille de Clément de Chamillard , seigneur de Vilatte , président à la chambre des comptes de Paris , & de Magdeléne-Benigne de Lussé , mariée en secon-

des noces au marquis de Saumeri , sous-gouverneur du roi. De ce mariage sont nés trois garçons & une fille.

Les armes de la maison de Pechpeirou , sont d'or au lion de sable , armé , lampassé & couronné de gueules: la branche de Guitaud porte écartelé au I & au IV des armes de Pechpeirou , & au II & au III de celles de Comenge.

PECK ou PECKIUS (Pierre) jurisconsulte & conseiller du conseil souverain de Malines , étoit de Ziriczée en Zélande. Il étudia le droit à Louvain , l'y enseigna pendant quarante ans , & fut fait conseiller de Malines en 1586 : il y mourut le 16 juillet de l'an 1589, âgé de 60 ans. Il a laissé divers ouvrages ; Paraphrasis in universam legatorum materiam ; De testamentis conjugum ; De amortizatione bonorum à principe impetranda ; De ecclesiis catholicis ædificandis & reparandis; Comment. ad regulas juris canonici , &c. qui ont été imprimés ensemble en 1666, à Anvers. Son fils PIERRE Peck , seigneur de Bouchaud , de Borsbeque, &c. conseiller de Malines , puis chancelier de Brabant , étoit aussi un homme de lettres , & mourut l'an 1625. * Valere André , bibl. Belg. Le Mire , in elog. Belg. Melchior Adam , in vit. jurisc. German.

PECORARIA (Jacques de) cardinal , évêque de Palestrine , né à Plaisance en Italie , fut prêtre dans l'église de S. Domnin de cette ville , puis archidiacre de Ravenne. Le désir d'une plus grande perfection le fit passer en France, où il se fit religieux de Cîteaux. Dans la suite il fut élu abbé de Trois-Fontaines près de Rome , & fut connu par le pape Grégoire IX , qui le mit au nombre des cardinaux en 1231 , & l'envoya peu après légat en Hongrie. Ce cardinal après son retour de Hongrie, passant de France en Italie , fut pris sur mer par les gens de l'empereur Frederic II , qui le retint deux ans prisonnier. Il se trouva à l'élection d'Innocent IV, & mourut la célébration du concile général , en 1245. * Ciaconius & Onuphre , in Innoc. IV. Bzovius, in annal. Ughel. Aubeni , &c.

PECQUET (Jean) de Dieppe , étoit médecin de la faculté de Montpellier. Il a rendu son nom immortel par la découverte du réservoir du chyle , qui de son nom a été appellé le réservoir de Pecquet. Louis Gayant a beaucoup contribué à cette découverte. Pecquet publia de nouvelles expériences · d'anatomie en 1651 , & mourut à Paris au mois de février 1674. Voyez GAYANT.

PECULIAR (Jean) Portugais , natif de Coimbre, fut élevé dans le collège des prêtres de cette ville , & étant venu ensuite en France pour se perfectioner dans les sciences, en rapporta un grand désir de rétablir la régularité dans les communautés de prêtres ; ce qu'il eut bientôt occasion d'exécuter dans sa patrie, ayant fait amitié avec D. Tello archidiacre de Coimbre, pendant qu'il étoit lui-même maître des enfans de chœur de la cathédrale. En 1136 il fut fait évêque de Coimbre, & en 1139 il fut transféré sur le siége archiépiscopal de Braga ; ce qui l'ayant engagé à aller à Rome pour obtenir le Pallium, il assista au second concile de Latran , où il contracta une étroite amitié avec saint Bernard , qu'il entretint depuis par ses lettres. C'est ce prélat qui eut l'honneur de couronner dom Alfonse Henriquez , premier roi de Portugal , aux états de Lamego. Il se trouva aussi au siége & à la prise de Lisbonne en 1147; & ayant gouverné l'église de Braga pendant trente-six ans , il mourut le 3 décembre 1175. * Mémoires de Portugal.

PECUNE , Pecunia , divinité des anciens Romains qui présidoit à l'argent , & que l'on invoquoit pour être riche. Ils adoroient aussi un dieu nommé ARGENTINUS, qu'ils disoient être son fils. * Spelman , glossar. S. Augustin.

PEDANIUS , chevalier Romain , homme d'une valeur & d'une force extraordinaire , se distingua au siége de Jérusalem formé par Tite Vespasien. Les Juifs ayant été mis en fuite & chassés dans la vallée , il poussa son cheval à toute bride ; & avec une force & une adresse qui paroissoient plus qu'humaines, il enleva en passant un jeune Juif fort robuste & bien armé qui s'enfuyoit, le prit par un pied, & le porta à Tite comme un présent qu'il lui offroit. * Josephe, *guerre des Juifs, livre VI, chap.* 15.

PEDENA, sur la riviere de l'Arsa, ville d'Italie en Istrie, avec évêché suffragant d'Aquilée, appartient à la maison d'Autriche. Les auteurs Latins la nomment *Petina*. * Sanson.

PEDIANUS, *cherchez* ASCONIUS PEDIANUS.

PEDIASIME (Jean) secrétaire ou garde du sceau patriarchal de Constantinople, vivoit selon les conjectures de quelques modernes dans le XI siécle, & laissa quelques traités, comme 12 livres des travaux d'Hercule. * Simler, *in append. bibl. Gesn.*

PEDIR, petite ville des Indes sur la côte occidentale de l'isle de Sumatra, environ à douze lieues d'Achem. Elle est capitale du petit royaume de Pedir, qui appartient au roi d'Achem. * Mati, *diction.*

PEDIUS (Quintus) étoit petit-fils d'une sœur de César, comme Auguste : car, selon Suétone, César avoit eu plusieurs sœurs, *Julia*, qui fut mariée à *Atius Balbus*, d'où sortit *Atia*, qui s'allia avec *Octavius* & qui fut mere d'AUGUSTE ; & une autre *Julia*, qui, si on en croit Glandorp, eut deux maris, de l'un desquels vint *Quintus* Pedius, & de l'autre *L.* Pinarius. Mais Suétone les appelle *sororum nepotes*, petits-fils de ses sœurs ; & d'ailleurs, s'ils avoient été fils d'une ou de deux Julies différentes d'aïeule d'Auguste, il seroit étonnant qu'étant plus proches d'un dégré, & tous deux d'un âge plus avancé, & par conséquent plus propres à succéder à l'empire, César leur eût préféré ce jeune homme, qui, lorsqu'il fit son testament, n'avoit que dix-neuf ans. Aussi la conjecture de Glandorp n'éclaircit rien. Cicéron cite avec éloge *Quintus* Pedius dans l'oraison pour Plancius, avec qui Pedius avoit été édile. Il fut un des lieutenans de César pendant la guerre des Gaules & la guerre civile. Ayant eu ensuite le gouvernement de l'Espagne, César, consul pour la quatriéme fois, lui fit décerner un triomphe de faveur. Après la mort d'Hirtius & de Pansa, Auguste se l'associa pour collegue, en le faisant subroger à sa place. Ce fut sous son nom que fut promulguée la loi pour la recherche & punition des meurtriers de César, qui par son testament ne l'avoit nommé lui & Pinarius, qu'héritiers du quart de ses biens, tandis qu'ils laisserent les autres trois quarts à Auguste, avec qui ils traiterent de leur portion. Pedius mourut de chaleur & de fatigues, pendant les mouvemens tumultueux que les proscriptions exciterent à Rome. * *Lisez* les remarques de M. Morabin sur l'*histoire de Cicéron*, remarque 875, pag. 302 du tome II de l'*histoire de Cicéron*, par le même, in-4°.

PEDRAGAN, ville de l'Estrémadure Portugaise, située au confluent du Zezere, & de la petite riviere de Pera. C'est un lieu délicieux : l'air y est très-pur, le terroir fertile, & on y compte près de deux cens fontaines. Les rois de Portugal venoient souvent jouir des plaisirs que ce lieu leur offroit, lorsqu'ils faisoient leur séjour à Coimbre. Le Zezere partage Pedragan comme ces autres villes, qui sont jointes l'une à l'autre par un pont.

PEDROSA, *cherchez* BERMUDEZ.

PEDROSA (Cedro Cornejo de) Carme Espagnol, *cherchez* CORNEJO.

PEDRUZZI (Paul) Jésuite Italien, savant antiquaire, né à Mantoue d'une famille distinguée par sa noblesse, florissoit à la fin du XVII siécle, & au commencement du XVIII. Les qualités de son esprit & de son cœur l'ont fait aimer & estimer de ceux qui l'ont connu. Il entra dès l'âge de 15 ans chez les Jésuites, & y fit de grands progrès dans l'étude. Feu M. le duc de Parme, Ranuce, l'ayant choisi pour arranger son riche & curieux cabinet de médailles, & pour en donner des explications utiles, le pere Pedruzzi s'est appliqué sérieusement à se rendre digne de ce choix, & à

contenter les desirs de ce prince. C'est ce qui a produit les 8 vol. *in-fol.* où l'on voit tant de recherches d'antiquité. Il n'y en a eu que sept qui aient été imprimés pendant la vie de leur auteur, qui est mort à Parme le 20 de janvier 1721, âgé de 75 ans. * *Mémoires du temps. Mémoires de Trévoux, mois de janvier* 1721.

PEEL, bourg dans la contrée occidentale de l'isle de Man, près duquel il y a un château, du côté de la mer, qu'on appelle le *château de Peel, Peel castle*. * *Diction. anglois.*

PEEL : c'est un grand marais des Pays-Bas. Il s'étend du nord au sud, sur les confins du Brabant Hollandois, de la Gueldre Espagnole, & du pays de Liége. * Mati, *diction.*

PEELAND, petit-pays de la mairie de Bois-le-Duc, dans le Brabant Hollandois, s'étend le long de la riviere d'Aa, au couchant du marais de Peel, dont il a pris son nom. Il n'y a rien de considérable que la petite ville d'Helmont, qui en est la capitale ; & le village de Geldorp, où l'évêque de Bois-le-Duc fait sa résidence. * Mati, *diction.*

PEERSON (Jœran) que d'autres noment GEORGE PETRI, étoit fils d'un prêtre Suédois de Dalberge. Son esprit insinuant & son zéle apparent pour le bien de l'état, l'introduifirent auprès du roi Eric XIV du nom, qui le fit son secrétaire, & ensuite son conseiller privé. Péerson abusa de la confiance de son maître, & du crédit qu'il avoit auprès de lui. Il entreprit plusieurs choses inexcusables : & pour s'avancer davantage dans le trouble & la dissension, il fit courir le bruit que l'on tramoit une conspiration contre le roi. La maison des Sturs en fut accusée, & elle souffrit beaucoup de cette calomnie. Stenon Stur y perdit la vie, & lorsque le roi revenu à lui-même, après cette exécution précipitée, en eut apperçu toute l'horreur, il entra dans un chagrin accablant, & condamna Péerson lui-même à la mort. Sur cela 48 nobles s'étant assemblés, le condamnerent pareillement à mort, non-seulement à cause de ce crime, mais parceque ce ministre infidéle avoit fait exécuter 120 personnes à l'insu du roi. Cependant Eric cassa la sentence ; & par une foiblesse qu'on ne peut excuser, il rendit sa faveur à un homme qui en étoit si indigne. Les états indignés, demanderent au moins qu'on l'éloignât ; & sur le refus du roi ils se révolterent, refuserent toute obéissance à leur prince légitime, & mirent en sa place son frere Jean ; qui assiégea Stockholm en 1568 & demanda hautement qu'on remît Péerson entre ses mains. Ce malheureux fut livré à ce prince, qui le condamna au supplice. Il avoua à la torture plusieurs actions abominables, & fut enfin exécuté comme coupable de trahison, de vol, & de dissension. Ses oreilles & ses lettres de noblesse furent d'abord clouées à la potence, où il fut ensuite attaché lui-même. Peu de temps après l'on coupa la corde, & on lui cassa les bras & les cuisses. Ensuite on lui coupa la tête avec une hache, & on plaça les quartiers de son corps sur quatre roues. Sa mere fut en même temps conduite au bucher, comme sorciere ; mais en chemin elle tomba de cheval, & se cassa la tête. * Voyez Puffendorf dans son *Histoire de Suede.*

PEGASE, *Pegasus*, cheval aîlé, fut produit selon quelques poëtes par Neptune, & selon d'autres naquit du sang de Méduse lorsque Persée lui coupa la tête. Il fit sortir de terre d'un coup de pied la fontaine nommée Hippocrene. Belléróphon le monta pour combattre la chimere, & ce cheval si célébre fut depuis mis entre les étoiles. Sans doute ce Pégase étoit le nom d'un vaisseau de Bellérophon ; & c'est ce qui a donné lieu à tant de fables. Bochart, 1. *P. de anim. l.* 2, *c.* 6, a conjecturé fort ingénieusement, que Pégase étoit un mot phénicien, qui signifie *un cheval bridé*, parceque *Pagsus* en cette langue veut dire *un cheval de frein*. Ce qui confirme entierement cette conjecture, c'est que dans la même langue *Parsas* signifie un *cavalier* ; & c'est de-là qu'est venu le nom & la fable de

Persée, à qui l'on a attribué des aîles aux pieds comme à Mercure, à caufe de la vîteffe de fes chevaux.

PEGASE (Manuel Alvarés) natif d'Eftremos, ville de la province d'Alentejo dans le Portugal, a été le plus célébre jurifconfulte de fon pays dans le XVI fiécle. On a de lui un recueil des ordonnances & des loix du royaume de Portugal, avec des remarques fort étenduës, en 14 volumes in-folio imprimés à Lisbonne depuis l'an 1669, jufqu'en 1714; *Refolutiones forenfes* en 3 volumes in-folio imprimés dans la même ville en 1682; un traité de la compétence entre les archevêques & évêques, & le nonce, avec ce qui regarde les exempts, à Lyon en 1675; & divers autres ouvrages moins importans, qui ne l'occuperent pas tellement qu'il ne trouvât le loifir de s'occuper dans les procès les plus importans. Ce laborieux avocat mourut à Lisbonne le 12 novembre 1696, âgé de 60 ans. * *Mémoires de Porugal.*

PEGIAN : c'eft un petit pays de l'Amafie en Natolie, fitué entre le Suvas, le Genech , l'Euphrate qui le fépare de la Turcomanie, & l'Anti-Taurus qui le fépare de l'Aladulie. Le Pegian répond à la partie de la petite Arménie, qui étoit au nord de l'Anti-Taurus. * Mati , *dictionaire.*

PEGNITZ , riviere de la Franconie, qui prend fa fource au bourg de Pegnitz dans le marquifat de Culembach, traverfe le territoire de Nuremberg, baigne la ville de ce nom, & fe décharge peu après dans le Regnitz. * Mati, *diction.*

PÉGU , royaume d'Afie dans la prefqu'ifle au-delà du Gange, comprenoit autrefois deux empires & vingtfix royaumes. Depuis quelque temps , il ne confifte qu'en un ou deux royaumes, & a été fouvent ruiné par les rois d'Aracan, de Brame, & de Tangu. On dit qu'en 1661 les Tartares poufferent leurs conquêtes jufque dans le Pégu. Ce royaume & fa capitale tirent leur nom d'une ville nommée Pégu , fur laquelle cette ville eft fituée. Le Roi avec fa cour demeure dans la ville neuve, & les bourgeois dans la vieille. Le foffé qui eft au pied des murailles eft plein d'eau, & l'on y nourit des crocodiles, afin d'empêcher que les ennemis ne le paffent pour furprendre la ville. Le palais du roi eft au milieu de Pégu , & eft fortifié comme un château. Tout y eft riche & magnifique: l'appartement du roi eft peint d'azur à feuillages d'or, & enrichi d'une infinité de pierreries qui brillent de tous côtés. Il y a dans ce palais une *varelle* ou mofquée remplie d'une quantité de pagodes, c'eft-à-dire d'idoles d'or maffif & d'argent , couronnées de pierres précieufes , & ornées de chaînes de diamans d'un prix ineftimable. Toutes ces ftatues y furent mifes par le roi de Pégu , après la célebre victoire qu'il remporta en 1568 fur le roi de Siam , fur la guerre qu'il lui fit , à l'occafion d'un éléphant blanc. Il avoit appris que le roi de Siam avoit deux éléphans blancs : il l'envoya prier par des ambaffadeurs , de lui en vendre un, offrant de lui en donner le prix qu'il voudroit. Mais il ne put obtenir ce qu'il fouhaitoit ; & pour fe venger de ce refus, il entra dans le royaume de Siam avec une puiffante armée, & prit fa capitale : ce qui épouvanta tellement le roi, que craignant de tomber entre les mains de fon ennemi , il fe fit mourir par le poifon. Depuis ce temps-là les rois de Siam ont été tributaires des rois de Pégu. Raja Hapi voulut fe délivrer de cette fujétion vers l'an 1620 : mais il mourut au fiége d'Aracan. Aujourd'hui le Pégu appartient au roi d'Ava ; & les frontieres du Pégu & de Siam ont été fi fort ruinées par les guerres continuelles , que ces deux rois ont été contraints de fe donner la paix. Ils ne le rompent que par quelques courfes qu'ils font avec un camp volant de 20 ou 30000 hommes, dans la belle faifon de l'année. Les peuples du Pégu font païens, à la réferve de quelques-uns, qui en faifant alliance avec les Portugais, ont auffi embraffé la religion chrétienne. Ces païens croient que Dieu eft l'auteur de tout le bien qui arrive aux hommes; mais qu'il laiffe la difpofition de tout le mal au diable;

c'eft pourquoi ils ont plus de vénération pour le démon que pour Dieu. Leurs prêtres qu'ils nomment *Talapoins*, ne vivent que d'aumônes. Ils crient fort contre les offrandes que les Péguans font au diable ; mais ils ne peuvent abolir cette impiété. * Barbofa. Linfchot. Mandeflo, *tom. II* d'Oléarius.

PEINA , petite ville du cercle de la baffe-Saxe dans l'évêché d'Hildesheim , fur la petite riviere de Fufe, entre Brunfwick & Hanover , à quatre lieuës de la premiere, & à fept de la derniere. Peina eft défenduë par un bon château , & a eu autrefois titre de comté. Elle eft d'ailleurs célebre dans l'hiftoire , par une bataille qui s'y donna le 9 juillet 1553, entre Albert, marquis de Brandebourg, & Maurice duc de Saxe. Maurice remporta la victoire ; mais il mourut deux jours après de fes bleffures. Albert chaffé d'Allemagne, mourut en France en 1557.

PEINTURE, art de repréfenter avec les couleurs, des figures, des payfages, des villes , & autres fujets. On ne peut pas douter que la peinture ne foit auffi ancienne que la fculpture, puifqu'elles ont toutes deux le deffin pour principe ; mais il eft difficile de favoir précifément le temps & le lieu où elles ont commencé de paroître. Les Egyptiens & les Grecs, qui fe difent les inventeurs des plus beaux arts, n'ont pas manqué de s'attribuer la gloire d'avoir été les premiers fculpteurs & les premiers peintres. On convient que le premier qui s'avifa de deffiner, fit fon coup d'effai fur une muraille, où il traça l'ombre d'un homme que la lumiere faifoit paroître. Pour donner plus de relief à cette hiftoire , on a écrit que ce fut une fille qui deffina ainfi le vifage de fon amant. Les uns veulent que celui qui a réduit cette invention en pratique, ait été un *Philoclés* d'Egypte; les autres , un certain *Cléanthe* de Corinthe ; & d'autres qu'*Ardice* Corinthien , & *Téléphane* de Clarentia dans le Péloponnèfe, aient commencé à deffiner fans couleurs , & avec du charbon feulement ; & que le premier qui fe fervit d'une couleur pour peindre , ait été un *Cléophante* de Corinthe, qui pour cela fut furnommé *Monochromatos*, c'eft-à-dire *d'une feule couleur*. Après lui , dit - on , *Higienontés* , *Dinias* & *Charmas*, furent des premiers à peindre d'une feule couleur. *Eumarus* d'Athènes peignit enfuite les hommes & les femmes d'une différente maniere. Son difciple *Cimon* Cléonicien, commença à pofer les corps en diverfes attitudes, & à repréfenter les jointures des membres, les veines du corps , & les plis des draperies. Dès la XVI olympiade, vers l'an 715 avant la naiffance de J. C. *Candaule* furnommé *Myrfile*, roi de Lydie, acheta au poids de l'or un tableau de la façon du peintre *Bularchus* , où étoit repréfentée la bataille des Magnéfiens. *Panaus*, frere de Phidias, peignit avec réputation fous la LXXXIII olympiade , 448 ans avant J. C. *Polygnotus* Thafien , s'attacha à l'expreffion des paffions, & trouva les couleurs vives & éclatantes. Il fit plufieurs ouvrages à Delphes & à Athènes. Au même temps *Mycon* fe rendit célebre auffi dans la Gréce. Vers la XC olympiade , & l'an 420 avant J. C. parurent *Alaophon* , *Cephiffodorus* , *Phrillus* & *Evenor* pere & maître de Parrhafius. Ils furent fuivis de *Zeuxis*, *Eupompe* , *Timante* , *Androcide* , *Euphranor*, *Parrhafius* & *Pamphile*. Tous ces peintres furent excellens en leur art , mais *Appelles* les furpaffa tous ; il vivoit fous la XCIII olympiade , vers l'an 408 avant la naiffance de J. C. De la Gréce, la peinture paffa en Italie, où elle fut en grande réputation , fur la fin de la république, & fous les premiers empereurs ; jufqu'à ce qu'enfin le luxe & les guerres ayant diffipé l'empire romain , elle y demeura entierement éteinte , auffi bien que les autres fciences & les autres arts. Elle ne recommença à paroître en Italie , que quand le fameux *Cimabue* fe mit à travailler, & vers l'an 1270 retira d'entre les mains de certains Grecs les déplorables reftes de cet art. Quelques Florentins l'ayant fecondé, furent ceux qui fe mirent les premiers en réputation. Néanmoins il fe paffa eaucoup de temps fans qu'il s'élevât aucun peintre fort luftre. Le *Ghirlandaio*, maître de Michel-Ange, acuit le plus de crédit, quoique fa maniere fût féche & othique; mais *Michel-Ange* fon difciple, qui parut enaire fous le pape Jules II, au commencement du XVI écle, effaça la gloire de tous ceux qui l'avoient précédé, z forma l'école de Florence. *Pierre Perugin* eut pour leve *Raphaël d'Urbin*, qui furpaffa de beaucoup fon naître, & *Michel-Ange* même. *Raphaël* établit l'école le Rome, compofée des plus excellens peintres qui jient paru. Dans le même temps, l'école de Lombarlie s'éleva, & fe rendit recommandable fous *Giorgion*, z fous le *Titien*, qui avoit eu pour premier maître *Jean Belin*. Il y eut encore en Italie quelques écoles particulieres fous différens maîtres; entr'autres à Milan, celle le *Léonard de Vinci*; mais on ne compte que les trois premieres, comme les plus célèbres, & d'où les autres ont forties. Outre ces peintres, il y en avoit en deçà les monts, qui n'avoient nul commerce avec ceux d'Italie, comme *Albert Durer*, en Allemagne; *Holbens* en Suiffe; *Lucas de Leyde* en Hollande, & plufieurs autres qui travailloient en France & en Flandre de différentes manieres. Mais l'Italie, & Rome principalement, étoit le lieu où cet art fe pratiquoit dans fa plus grande perfection, & où de temps en temps il s'élevoit d'excellens peintres. A l'école de Raphaël a fuccedé celle des Caraches, laquelle a prefque duré jufqu'à préfent dans leurs éleves; mais il en refte peu aujourd'hui en Italie, & depuis que le roi Louis *le Grand* a établi en France des académies pour ceux qui pratiquent cet art, il y eft mieux cultivé que prefque partout ailleurs. Ce n'eft pas que les François n'aient eu autrefois parmi eux des peintres habiles. Du temps de Raphaël, *Claude de Marfeille* excella à peindre fur le verre; & ce fut le premier qui peignit de cette maniere à Rome, où il mena frere Guillaume, pour qui le pape eut tant d'eftime. Les noms de la plupart des meilleurs peintres François ne font point venus jufqu'à nous; & l'on ne fait pas quels étoient ceux qui travailloient avant que le roi François I eût fait venir d'Italie maître *Roux*, qui arriva en France l'an 1530. Depuis on y a vu exceller *Corneille* de Lyon, *Jean Coufin*, *du Breuil*, *Varin*, *Vouet*, *Blanchard*, le *Pouffin*, le *Brun*, *Mignard*, & plufieurs autres dont la réputation s'eft répandue par toute l'Europe. * *Felibien*, *entretiens fur les vies des peintres*, & *principes des arts*.

ACADÉMIE ROYALE DE PEINTURE ET DE SCULPTURE. Cette fociété compofée des plus habiles peintres & fculpteurs, doit fon premier établiffement à M. des Noyers fecrétaire d'état; & furintendant des bâtimens du roi, fous le regne de Louis XIII. Il mit cette académie fous la direction de M. Chambrai, frere de M. Chantelou. Après la mort de ces protecteurs, l'académie demeura quelques années fort negligée; mais elle fut rétablie par le chancelier Seguier, & par la protection du cardinal Mazarin. Monfieur Colbert en prit enfuite la protection, & ordonna des penfions à ceux qui fe diftingueroient d'entre les autres. Cette académie obtint un arrêt du confeil le 20 janvier 1648, qui fit défenfes aux maîtres peintres & fculpteurs de Paris de troubler les académiciens dans leurs exercices. Ceux qui compofoient cette affemblée dans fon commencement, étoient au nombre de vingt-cinq perfonnes, favoir douze officiers, que l'on appelloit *Anciens*, &, chacun dans leur mois, faifoient des leçons publiques; onze académiciens, & deux fyndics. Dès le mois de février de la même année 1648, cette compagnie dreffa des ftatuts pour fervir de reglemens aux académiciens, & à ceux qui y viendroient étudier. Ces ftatuts ont été augmentés depuis, & homologués par lettres patentes du roi. L'académie choifit entre ceux de fon corps, un nombre de profeffeurs, qui font des leçons publiques de peinture & de fculpture, ce qui eft défendu à tous autres. Elle peut auffi établir des écoles académiques dans toutes les villes du royaume fous fes ordres. Le roi en a fondé une pareille à Rome, où

celle de Paris envoie un de fes recteurs pour y préfider; & Sa Majefté donne penfion aux étudians qui y ont remporté un des prix que l'on donne tous les ans. Les officiers de l'académie royale de Paris, font un directeur, un chancelier, quatre recteurs, & deux adjoints, douze profeffeurs qui fervent par mois, & huit adjoints, avec un profeffeur en géométrie & perfpective, & un autre en anatomie ce qui regarde le deffin. Il y a auffi un tréforier, & plufieurs confeillers, qui font divifés en deux claffes, dont la premiere eft compofée de ceux qui font profeffion des arts de peinture & de fculpture dans toute leur étendue; & la feconde, de ceux qui n'excellent que dans quelque partie de la peinture & de la fculpture, comme à faire des portraits, des payfages, des fleurs ou des fruits, en quoi ils ont un talent particulier. Outre quelques confeillers *amateurs*, ainfi appellés à caufe de l'amour qu'ils ont pour ces arts, il y a encore un fecrétaire de l'académie, qui tient les regiftres, & contrefigne toutes les expéditions. Les habiles graveurs font auffi reçus dans cette compagnie. Les éleves, qui n'ont pas affez de capacité pour être reçus académiciens, peuvent fe faire recevoir maîtres dans toutes les villes du royaume, fur le certificat de celui chez qui ils ont demeuré, fans qu'on leur puiffe apporter aucun empêchement. Il eft à remarquer ici, que l'académie romaine, dite de faint Luc, fouhaitant de fe joindre à l'académie royale de Paris, élut le fieur le Brun pour fon chef. Le roi agréa la jonction de ces deux corps, & en accorda des lettres patentes, lefquelles ont été vérifiées au parlement en 1676. Leurs affemblées fe font faites à Paris jufques en l'année 1692, au palais royal, dans l'appartement appellé vulgairement *le Palais Brion*, où il y avoit auffi un appartement pour l'académie royale d'architecture; mais depuis on les a tranfportées dans les galeries du louvre.

PEIPUS, *cherchez* PEYPUS.

PEIRESC (Nicolas-Claude FABRI, feigneur de) confeiller au parlement de Provence, & l'un des plus grands génies du XVII fiécle, étoit fils de RENAUD Fabri, feigneur de Beaugenfier, &c. & de *Marguerite* de Bompar, & naquit au château de Beaugenfier le premier décembre 1580. Sa mere qui avoit vécu plufieurs années dans le mariage fans avoir d'enfans, promit à Dieu, dès qu'elle fe vit enceinte, que l'enfant qu'elle mettroit au monde feroit tenu fur les fonts de baptême par le premier pauvre qui fe rencontreroit, ce qui fut exécuté. Il commença fes premieres études à Brignoles, dès l'âge de fept ans; & comme la pefte ravageoit alors la Provence, il fut rappellé fucceffivement en 1588 à Beaugenfier, & à Aix en 1590. Cette même année on l'envoya avec fon frere Palamede, qu'il avoit toujours eu pour compagnon d'études, à Avignon, où ils étudierent cinq ans chez les Jéfuites. Le jeune de Peirefc y eut principalement pour maîtres, Antoine Collombat, & le fameux André Valladier. *Voyez* VALLADIER. Il revint à Aix en 1595, & y étudia une année la philofophie. Ce fut alors qu'on préfenta à fon pere une médaille d'or d'Arcadius qui avoit été trouvée à Beaugenfier. Le jeune de Peirefc l'ayant examinée, la porta tout joyeux à fon oncle, qui lui en donna encore deux, & des livres, & depuis ce temps-là ce jeune favant eut toujours beaucoup de gout pour les antiquités, dans l'étude & la connoiffance defquelles il s'eft fort diftingué. Il alla en 1596 achever fon cours de philofophie à Tournon dans le collége des Jéfuites, où il prit du gout pour les mathématiques, fans abandonner l'étude des médailles qu'il cultivoit fous les yeux de Pierre Royer, profeffeur célèbre en ce temps-là. Rappellé par fon oncle en 1597, il retourna à Aix, où il commença fon cours de droit fous François Force, & il s'y lia particuliérement avec Pierre-Antoine Rafcas, qui étoit très-verfé dans la connoiffance des médailles. En 1599 on l'envoya voyager en Italie avec son frere & un gouverneur, & il s'arrêta à Padoue pour y continuer ses études de droit. Il alloit de-là de temps en temps à Venise pour y voir les savans les plus distingués, comme Paul Sarpi, plus connu sous le nom de *Frà Paolo*, & Frédéric Contarini, procurateur de S. Marc, qui avoit un beau cabinet de médailles & d'antiquités. Peiresc lui en fit connoître le prix: il lui découvrit le sens des inscriptions des médailles grecques, & profita lui-même pour l'augmentation de ses connoissances, de tout ce qu'il y trouva digne de son attention. En allant à Rome il vit à Florence chez Nicolas Brulart de Sillery, à qui il étoit recommandé de la part de Charles de Lorraine, duc de Guise, les fiançailles du roi de France avec Marie de Médicis. Etant arrivé à Rome, il y vit tous ceux qui étoient habiles dans la connoissance de l'antiquité; le cardinal Baronius, Jacques Sirmond, savant Jésuite, Lælius Pascalinus, Fulvio Ursini, &c. & il parcourut avec soin tous les endroits où il y avoit quelques antiquités. Après les fêtes de Pâque de l'an 1601, il alla à Naples, où il vit avec la même exactitude les savans & les cabinets où il y avoit quelques raretés. Il vint à Padoue vers le mois de juin de la même année, & s'y appliqua au droit, & à l'étude des langues, qui pouvoient lui servir pour mieux entendre les médailles, comme l'hébreu, le samaritain, le syriac, & l'arabe; & il eut en particulier pour maître dans ces langues, le Rabin Salomon, qui étoit alors à Padoue. L'étude du grec & celle des mathématiques y emporterent néanmoins la plus grande partie de son temps. En 1602 il se rendit à Montpellier, où il prit ses leçons en droit de Jules Pacius; & son oncle l'ayant rappellé à Aix en 1604, il y prit le dégré de docteur en droit. Il soutint pour cela des thèses trois jours de suite avec beaucoup d'applaudissement. Deux jours après il fut lui-même le promoteur de son frere au doctorat. Il se rendit à Paris en 1605, où il devint très-ami d'Auguste de Thou, d'Isaac Casaubon, de Scévole & Louis de Sainte-Marthe, de François Pithou, &c. Il passa en Angleterre en 1606, & fut présenté au roi Jacques, qui le reçut avec beaucoup d'honneur. Il vit les savans qui étoient à Londres & à Oxford, & se rendit ensuite en Hollande, où il vit Joseph Scaliger à Leyde, Hugues Grotius à la Haye, &c. Ayant traversé la Flandre, & de retour en sa patrie, il fut fait conseiller au parlement d'Aix, & retourna à Paris en 1612, où il demeura peu. En 1618 le roi le nomma à l'abbaye de Guistres dans la Guienne, ordre de saint Benoît, au diocèse de Bourdeaux, & lui permit de conserver ses premiers emplois, quoiqu'il se fût engagé dans l'état ecclésiastique. Il mourut à Aix le 24 juin 1637. Jean-Jacques Bouchard, Parisien, fit son éloge funebre à Rome le 21 décembre de la même année, dans une nombreuse assemblée de cardinaux & de savans. On célébra d'ailleurs ses louanges en toute sorte de langues, & ce recueil d'éloges a été imprimé dans un volume intitulé, *Panglossia sive generis humani lessus in funere delicii sui Nicolai Claudii Fabri*, &c. On a aussi sa vie composée en latin avec beaucoup de pûreté & d'élégance par Pierre Gassendi. Cette vie a été imprimée plusieurs fois *in-4°* & *in-12*, tant à Paris qu'en Hollande. On trouve à la fin de cet ouvrage le discours de Jean-Jacques Bouchard, & une lettre de Gabriel Naudé à Gassendi sur la mort de M. de Peiresc, avec quelques lettres sur le même, & un catalogue des manuscrits de sa bibliothèque. L'épitaphe de M. de Peiresc est conçue en termes.

Hic situs Nicolaus FABRY PEIRESCIUS,
Amplissimi ordinis in Aquar. Sext. curiâ
Senator,
Christianam resurrectionem expectat.
Reconditissimos antiquariæ supellectilis thesauros,
Sagacitate, consilio, liberalitate,
Cunctis orbe toto

Disciplinarum studiosis aperuit.
Doctissimis unde proficerent, sæpe monstravit,
Mirâ beatitate felix.
Sæculo satis rixoso notissimus, sine querela vixit.
VIII *calend. Jul. anno Chr.* CIƆIƆCXXXVII.
Ætatis suæ LVII.
Optimo viro bonos omnes bene adprecari decet.

La trop vaste érudition de M. de Peiresc faisant qu'il ne finissoit jamais aucun ouvrage, & qu'il n'étoit jamais content de ce qu'il avoit écrit, est cause sans doute qu'il n'a jamais rien fait imprimer. On compte entre ses ouvrages manuscrits, une histoire de la Gaule Narbonnoise; les origines des familles nobles de la même province, & de celle de Fabri en particulier; des mémoires de ce qui est arrivé de plus remarquable de son temps; un traité des œuvres bizares de la nature; des traités de mathématiques & d'astronomie, des observations mathématiques; des lettres au pape Urbain VIII, &c; les auteurs anciens Grecs & Latins, qui ont traité des poids & des mesures; des éloges & des épitaphes; des inscriptions anciennes & nouvelles; la généalogie de la maison d'Autriche; un catalogue de la bibliothéque du roi; diverses poësies; des médailles en grand nombre avec leur explication; des remarques sur les langues orientales; des *index* des livres qui traitent de ces langues; des observations sur différens auteurs.

☞ On peut ajouter aux ouvrages de M. de Peiresc quarante-huit lettres écrites en italien depuis 1605, jusqu'en l'année 1623, adressée à deux savans Italiens de son temps, Paul & Jean-Baptiste Gualdo; & imprimées dans les *lettere d'uomini illustri*, à Venise 1744, *in-8°*. Ces lettres contiennent bien des faits qui concernent l'histoire civile & littéraire de ce temps-là. Il y a aussi un assez grand nombre d'autres lettres de M. de Peiresc parmi celles de Guillaume Cambden, imprimées à Londres en 1691, *in-4°*. Ces dernieres sont partie en latin, partie en françois.

M. THOMASSIN de Mazaugues, président aux enquêtes du parlement d'Aix, & parent de M. de Peiresc, possede un très-grand nombre de ses lettres manuscrites. En 1731, on a imprimé une assez longue dissertation françoise de M. de Peiresc sur un trépied ancien, qui avoit été trouvé à Fréjus en 1629. Cette dissertation qui est curieuse & savante est imprimée dans le tome X, partie 2 des *Mémoires de littérat. & d'hist.* recueillis par le pere Desmolets de l'Oratoire. * *Voyez* la vie de Peiresc par Gassendi; Bouche, *histoire de Provence*; Pitton, *hist. de ville d'Aix*; Charles Patin, *relation de ses voyages*; *Menagiana*, tom. II, *page* 2. Freheri *Theatrum*; Colomesii *Gallia orientalis*; & du même, la *Bibliothéque choisie*; l'avertissement qui est au-devant de la dissertation sur un ancien trépied, &c. M. Baillet, *dans ses enfans devenus célebres par leurs études*, &c.

PEKIN, *cherchez* PEQUIN.

PELACANI, *cherchez* CALIGARI.

PELAGE, *Pelagius*, I de ce nom, pape, Romain, succéda à Vigile, après avoir été archidiacre de ce pontife, & nonce en Orient, où il s'étoit signalé par sa prudente conduite & par sa fermeté. Il fut élu le 16 avril de l'an 555, & dut en partie son exaltation au crédit de l'empereur Justinien qui l'aimoit, & qui l'avoit voulu élever au pontificat, du vivant même de son prédécesseur, à la mort duquel on accusa Pélage d'avoir contribué. Il s'en justifia publiquement, en jurant sur les saints évangiles, & travailla ardemment pour faire recevoir le V concile. Ce pape donna à Sapaudus d'Arles le *pallium* & le vicariat apostolique, à la priere du roi Childebert, auquel il écrivit. Il mourut le 2e jour de mars de l'an 559, & fut enterré au Vatican, où l'on voit son épitaphe. On a de lui seize épîtres, dans lesquelles on voit le soin qu'il avoit de l'église. JEAN III fut son successeur. * Anastase, *in Pelag.* Baronius, *in annal.*

PELAGE II, Romain, élu après Benoît I, le 10 no-

embre de l'an 577, étoit fils de WINIGIL, qui est
m nom de Goth. Sous son pontificat, les Lombards
l'un côté ravagerent l'Italie ; & de l'autre, un schisme
épara de l'église les évêques d'Istrie, & divers autres
prélats. Pélage s'opposa à Jean, évêque de Constantinople, qui dans un synode avoit pris le titre d'Œcuménique. Ce pape mourut de la peste, le 7 février 590,
après 12 ans, 2 mois & 27 jours de régne. Il avoit fait
de sa maison un hôpital, pour recevoir les pauvres,
& y avoit bâti une église magnifique, en l'honneur de
S. Laurent. Nous avons dix épîtres qui portent son
nom. La V, la VI & la VII sont adressées aux évêques d'Istrie, pour les faire revenir du schisme où ils
étoient, à cause de la condamnation des trois chapitres. La IX est une réponse qu'il fait aux évêques des
Gaules & de Germanie, qui lui avoient écrit pour savoir de quelles préfaces se servoit l'église romaine : il
leur répondit qu'elle n'en avoit que neuf, pour les fêtes ;
la 1re. de la Nativité ; la 2e. de la Transfiguration ; la
3e. de Pâque ; la 4e. de l'Ascension ; la 5e. de la Pentecôte ; la 6e. de la Trinité ; la 7e. de la Croix ; la 8e. des
Apôtres ; & la 9e. pour le Carême ; mais cette lettre,
aussi-bien que la I, la III & la VIII sont des piéces
supposées. Saint GREGOIRE *le Grand* lui succéda.
* Anastase. *Du Chêne, en sa vie.* Baronius, *A. C.*
577 *& seq.*

Il y a eu un PELAGE, diacre de l'église romaine
sous Agapet, Sylvere & Vigile, lequel avec Jean, soudiacre de la même église, traduisit de grec en latin les
vies des peres du désert. Photius a parlé de ce livre grec
dans sa bibliothéque, sans nommer l'auteur. Sigebert
écrit aussi que le Pélage, diacre de l'église romaine,
& Jean, soudiacre de la même église, traduisirent de
grec en latin un livre intitulé, *de la vie & de la doctrine
des peres.* Il ne marque point quels ont été ces deux
traducteurs ; mais les savans croient que ce Pélage est
le pape I de ce nom, parcequ'il savoit parfaitement la
langue grecque, & qu'ayant fait des voyages en Orient
il pouvoit avoir rencontré ce manuscrit grec, dont Photius parle, & l'avoir traduit en latin. On croit aussi
que ce Jean soudiacre, est Jean III, qui succéda à Pélage I. * Photius, *biblioth.* 198. Sigebert, *in chron.
cap.* 117 *&* 118. Vossius, *de hist. Lat.* lib. 2, *cap.* 10.
Possevin, *in appar. sacr. &c.*

PELAGE, évêque de Laodicée, dans le IV siécle, fut un des grands adversaires des Ariens. Philostorge dit qu'il fut ordonné par Acace, évêque de Césarée, dans le concile de l'an 360; mais il ne suivit pas
le parti d'Acace, & se joignit à S. Melece, & aux
autres évêques catholiques : il fut envoyé en exil dans
l'Arabie par l'empereur Valens. S. Basile loue son
zéle ; il revint en 378, & assista au concile général de
Constantinople en 381. On ne sait ni le jour ni l'heure
de sa mort. * Philostorg. *l.* 1. Theodoret, *l.* 4, *c.* 12
& 13. S. Basile, *epist.* 311. Socrat, *l.* 4, *c.* 32. Sozomene, *l.* 6, *c.* 9.

PELAGE, premier roi de Léon, que quelques-uns
surnomment *le Saint*, & que d'autres font sortir des
anciens Wisigoths, régnoit dans le VIII siécle, & avoit
été quelque temps soumis à la domination des Sarasins
en Espagne ; mais ayant résolu de secouer le joug d'une
tyrannie si barbare, il se mit à la tête des chrétiens
qui s'étoient réfugiés dans les montagnes des Asturies ;
& en ayant été déclaré roi, il résolut de prendre les
armes contre les infidéles. Ce dessein lui réussit, &
après avoir vaincu les Maures dans une bataille, il jetta
les premiers fondemens du royaume des Asturies, de
Léon & d'Oviédo, & régna depuis 617 jusqu'en 736
ou 737. * Mariana, *hist. Hisp.* Vasée, *in chron.*

PELAGE, hérésiarque, étoit Anglois, & non, comme quelques uns ont cru, Ecossois ou Irlandois. On
prétend que son nom anglois étoit Morgan, qui signifie *mer*, que l'on a rendu en grec & en latin par
celui de Pélage. Il étoit moine ; mais on ne sait pas certainement s'il avoit embrassé ce genre de vie en Angle-

terre ou en Italie. Les Anglois prétendent qu'il avoit
été abbé du monastere de Bencor, à dix milles de
Chester ; mais cela n'est appuyé que sur le témoignage d'auteurs modernes. Les anciens ne lui donnent
que la qualité de simple moine. Orose & le pape Zosime disent qu'il n'étoit que laïc : ce qui fait connoître
qu'il n'étoit ni prêtre ni clerc. Quelques-uns ont cru
qu'il avoit été quelque temps en Orient, & que saint
Chrysostome parle de lui dans une de ses lettres, où
il déplore la chute du moine Pélage ; mais il y a bien
de l'apparence que c'est un autre moine du même nom,
différent de celui-ci, qui n'étoit pas alors en Orient,
mais à Rome, où il vint à la fin du IV siécle. Le
prêtre Rufin (soit que ce soit le célèbre Rufin d'Aquilée, ou un autre) se lia d'amitié & de doctrine avec
lui. Ce fut alors (vers l'an 400) qu'il commença à
enseigner ses erreurs dans Rome. On peut rapporter
les chefs de son hérésie, à trois principaux : le I, que
l'homme peut se porter au bien sans le secours de la
grace, & que la grace est donnée à proportion qu'on
l'a méritée : le II, que l'homme peut parvenir à un
état de perfection, dans lequel il n'est plus sujet aux
passions ni aux péchés : le III, qu'il n'y a point de péché originel, & que les enfans qui meurent sans baptême, ne sont point damnés. Celestius fut disciple de
Pélage à Rome, & en sortit avec lui en 409. Ils se
retirerent en Sicile où ils demeurerent quelque temps ;
& de-là passerent en Afrique en 411. Mais Pélage n'y
demeura pas long-temps, & se retira en Palestine, où
il fut bien reçu de Jean de Jérusalem, ennemi de saint
Jerôme. Il fut déféré par Orose à cet évêque, & il y eut
une conférence en 415 entre Orose & Pélage, dont le
résultat fut que l'on enverroit des députés au pape Innocent I, pour juger la question. Deux évêques de Provence, Heros, archevêque d'Arles, & Lazare d'Aix,
qui se trouverent en Palestine, porterent cette affaire
à un concile de quatorze évêques, tenu à Diospole.
Pélage y comparut, & y ayant désavoué une partie de
ses erreurs, il fut absous. Cependant les évêques d'A-
frique qui avoient condamné Celestius, écrivirent fortement à Rome contre Pélage. Le pape Innocent étant
mort dans le temps que leurs lettres y arriverent, Zosime son successeur écouta d'abord Pélage & Celestius,
& leur permit de se défendre ; mais peu après il les
abandonna, & condamna leurs erreurs. Pélage & ses
sectateurs furent chassés de Rome & de l'Italie, en
conséquence d'un édit de l'empereur Honorius, donné
à Ravenne le 30 avril 418. Néanmoins l'hérésie de
Pélage s'établit en Occident & en Orient. Atticus, évêque de Constantinople, rejetta leurs députés : ils furent chassés d'Ephèse ; & Théodote, évêque d'Antioche, les condamna, & chassa Pélage qui étoit revenu en Palestine. On ne sait point ce qu'il devint
depuis, & il n'en est plus parlé dans l'histoire. Il a
écrit un traité de la Trinité, un commentaire sur les
épîtres de saint Paul, un livre d'églogues, ou maximes spirituelles ; plusieurs lettres, entre lesquelles étoit
celle qui est adressée à la vierge Démétriade, que nous
avons parmi les œuvres de saint Jerôme ; plusieurs écrits
pour sa défense, & quatre livres du libre arbitre.
* S. Augustin, *contr. hæres.* 88. S. Prosper. S. Fulgence, Baronius, *A. C.* 405, *n.* 7 & 8 ; 410, *n.* 61,
& seq. Godeau, *vie de S. August. & hist. ecclés.* Vossius, *de hær.* Pelag. Le P. Noris. Du Pin, *biblioth.
des aut. ecclés. du V siécle.*

☞ On a imprimé en 1751, *in-12*, un ouvrage
intitulé *La vie de Pélage, contenant l'histoire des ouvrages de S. Jerôme & de S. Augustin.* Mais c'est
moins une vie de Pélage, qu'une invective continuelle
contre les théologiens qui défendent les sentimens de
S. Augustin sur la grace.

PELAGE, patrice dans le V siécle, sous l'empereur
Zénon, écrivit divers traités, tels que sont des centons,
tirés des vers d'Homere ; une histoire, &c. Zénon irrité des remontrances qu'il lui faisoit sur sa vie infâme,

le relégua dans une isle, où il le fit étrangler, en 490. * Marcellin, *in chron.* Cedrené, *in comp.* Zonaras, t. III *annal.* Baronius, *A. C.* 490.

PELAGE, évêque d'Oviédo en Espagne, dans le XII siécle, avoit composé une histoire, depuis Weremond II, jusqu'à Alfonse VIII, que Sandoval fit imprimer en 1634. * Vasée, *c.* 4. Le Mire, &c.

PELAGE CALVANI, cardinal, *cherchez* GALVAM (Payo).

PELAGE ÁLVAREZ, ou comme le veulent Simler, le Mire, Willot, Wadingue, & quelques autres, ÁLVAREZ PELAGE, Espagnol de nation, florissoit dans le XIV siécle. Après avoir été reçu docteur en droit dans l'université de Bologne, il prit l'habit de religieux de l'ordre de S. François, fut disciple de Jean Duns, dit Scot, & exerça diverses charges de son ordre. Le pape Jean XXII, qui avoit une très-grande estime pour Pélage, le fit son pénitencier, lui donna l'évêché de Coron dans le Péloponnèse, puis celui de Sylves dans l'Algarve. Il fut employé par ce pape pour répondre à Ocham, & mourut vers l'an 1340. On voit son tombeau dans l'église de sainte Claire de Séville. Il composa divers ouvrages, & entr'autres, un *de planctu ecclesiæ*, *lib. II*, qu'il dédia à Pierre Gomez, Espagnol de nation, général de l'ordre de S. François, puis cardinal. Cet ouvrage a été imprimé à Ulme en 1474, à Lyon en 1517, & à Venise en 1560. Nous avons encore de lui, *Summa ecclesiæ*, & quelques autres. * Wadingue, *in annal.* & *biblioth. Minor.* Willot, *Athen. Franc.* Saint Antonin, *III P. Sum. tit.* 24, *c.* 8, § 2. Trithème & Bellarmin, *de script: ecclef. &c.*

PELAGIE (Sainte) pénitente, étoit avant sa conversion la principale comédienne de la ville d'Antioche dans le V siécle. Un jour comme elle passoit en habit de comédienne devant l'église du martyr S. Julien, Maximien & les autres évêques en furent scandalisés, à l'exception de Nonnus, évêque d'Héliopolis en Syrie, qui fit sur ce sujet une réflexion morale, qu'il craignoit que cette femme qui avoit pris tant de peine à se parer pour plaire aux hommes, ne fût un jour la condamnation des chrétiens qui ont si peu de soin de se rendre agréables à Dieu. Le lendemain qui étoit un dimanche, Pélagie, qui avoit été catéchumene, vint à l'église, lorsque Nonnus y prêchoit, fut touchée de sa prédication, lui écrivit qu'elle vouloit se convertir, le vint trouver & lui demanda le baptême. Nonnus la baptisa, & lui conféra en même temps le sacrement de confirmation, suivant l'usage de ce temps-là. Ensuite Pélagie distribua tout son bien aux pauvres, sortit d'Antioche, & se retira sur la montagne des Oliviers, près de Jérusalem, où déguisée en homme, & se faisant appeller Pélage elle mena une vie très-austère. Le concile qui étoit assemblé à Antioche étant fini, Nonnus retourna à son église d'Héliopolis; & ayant entendu parler du solitaire Pélage, il chargea son diacre Jacques qui alloit en pélerinage à Jérusalem, de s'informer des nouvelles de ce solitaire. Il le visita dans la cellule où il étoit reclus, & lui parla de Nonnus. Pélagie sans se découvrir se recommanda aux prieres de ce saint évêque. Elle mourut peu de temps après, & on reconnut son sexe après sa mort. On fait sa fête au 8 d'octobre. * *Hist. de sainte Pélagie dans Rosweid.* Bulteau, *essai de l'hist. monast. d'Orient.* Baillet, *vies des saints.*

PELAGIE (Sainte) vierge & martyre d'Antioche, dans le IV siécle, sous la persécution de Maximin Daïa, étoit une jeune fille, qui avoit été instruite dans l'école du célèbre martyr Lucien. Elle fut dénoncée au magistrat, qui envoya des gens pour l'enlever, dans le dessein d'en abuser: mais comme on l'amenoit hors de sa maison, ayant demandé à y rentrer pour prendre ses habits, elle monta sur le toît, & de-là se jetta sur le pavé, pour éviter par cette mort violente la perte de son honneur. Il y avoit une église du nom de sainte Pélagie à Constantinople, mais l'empereur Constantin Copronyme la fit abattre. On fait la fête de cette sainte au 9 de juin. * Eufeb. *l.* 8, *c.* 12. Ambros. *epist.* 37,

lib. 3, *de virg. c.* 7. S. Chrysost. *homil.* 40, tom. I. S. Aug. *l.* 1 *de la cité de Dieu,* c. 18. Ruinart, *acta sincera martyrum.*

PELAGIENS, disciples de Pélage & de Célestius, soutenoient les mêmes erreurs. Cette hérésie commença en Italie, & se répandit ensuite en Afrique & en Orient, où elle fut condamnée, non seulement par le concile, dont nous avons fait mention dans l'article de Pélage; mais aussi par le concile général d'Ephèse, qui confirma les jugemens rendus contre les Pélagiens. Il ne resta plus depuis qu'un petit nombre de ces hérétiques dispersés en Occident. S. Augustin, S. Prosper & S. Fulgence ont écrit contre les Pélagiens.

PELASGE, *Pelasgus,* fils de Jupiter & de Niobé, selon Acusilas. Hésiode disoit qu'il étoit *né de la terre, Autochthon,* pour marquer qu'il étoit un des plus anciens habitans de la Grèce. * Apollodore, *l.* 2.

PELASGES, *Pelasgi;* c'est ainsi que se nommoient les plus anciens habitans de la Grèce, qui étoient *Nomades,* c'est-à-dire, bergers changeans de demeure, du phénicien *Palout-goi,* nation fuyante, dont il étoit resté quelque connoissance parmi les Grecs. On a appellé *Pelasgie,* la Thessalie, le Péloponnèse, l'Epire, l'isle de Lesbos, un pays près de la Cilicie, &c. à cause des différentes colonies de ces peuples. Hérodote dit qu'ils avoient une langue barbare, qui étoit apparemment celle de la Phénicie. * *Voyez* Strabon; Etienne de Byzance.

PELÉ (François) sieur de Landebri, s'est distingué par sa valeur dans le XVI siécle. Comme il étoit de la religion prétendue-réformée, lorsque ceux de son parti se furent saisis de Sablé au Maine en 1590, Henri IV qui n'avoit point encore embrassé alors la religion catholique, lui confia cette place qu'il défendit plusieurs fois avec courage contre ceux qui voulurent la prendre. En 1591, les troupes ennemies cherchant à s'emparer de cette place, M. le maréchal d'Aumont en donna avis au sieur de Landebri, par une lettre qu'il lui écrivit du Mans le 6 de mars de la même année, & qu'il lui envoya par le capitaine Pinson. Il fit faire aussi l'examen de cette place, afin de la munir contre toutes les attaques qui pouvoient lui être données. Ces précautions n'empêcherent point qu'elle ne fût prise en 1593. La nuit du 16 au 17 de juillet de cette année, le capitaine de Plan, accompagné de plusieurs habitans de Sablé même, entrerent dans le château de cette ville, par la trahison de la sentinelle qui étoit un des domestiques du gouverneur. Le sieur de Landebri s'en étant apperçu trop tard, voulut se sauver, & se jetta dans une tour dans le fossé; mais s'étant cassé une cuisse en tombant, il ne put fuir, & il fut tué par le capitaine de Plan. Cette tour s'appelle encore aujourd'hui la *Tour de Landebri.* Son corps fut exposé deux jours durant à la vue du peuple dans les halles de Sablé, & enterré ensuite dans un lieu profane. M. de Thou, qui en parle dans son histoire, dit que cette action fut faite par les habitans de Sablé, plutôt par la haine qu'ils portoient au gouverneur, à cause de ses rapines & de ses vexations, que par l'aversion qu'ils avoient pour le parti du roi. * *Voyez* M. de Thou dans son *histoire* sous l'année 1593, & la continuation manuscrite de l'histoire de Sablé par l'abbé Ménage.

PELÉE, *Peleus,* épousa Thétys Néréide, dont il eut Achilles. *Voyez* THETYS.

PELÉE (Saint) évêque en Egypte & martyr, après avoir été condamné aux mines, en fut tiré pour être brulé avec Nil évêque, Patermuth & un autre qu'Eusebe ne nomme point, & que les Grecs appellent Elie. Les Grecs font mémoire d'eux au 18 septembre, & les Latins au 19. Ce fut pendant la persécution de Gal. Maximien qu'ils furent martyrisés, vers l'an 309 de Jésus-Christ. * Eusebe, *de martyrib. Palestinæ,* c. 13; *l.* 8 *hist. cap.* 13.

PELEGRUE (Arnaud de) cardinal, né à Bourdeaux, fut extrêmement considéré de Bertrand de Goth, pour lors archevêque de cette ville, qui l'employa ordinairement

irement dans les affaires, & qui depuis étant pape, us le nom de Clément V, le fit cardinal en 1305. uelque temps après, ce pontife l'envoya en Italie, en alité de légat, en 1309. Pelegrue défit les Vénitiens à bataille de Francolin, & reprit la ville de Ferrare, l'on avoit fournise après la mort d'Azon d'Est. Il mourt à Avignon l'an 1335. * Villani, *hist. l.* 8 & 9. Frin. Sponde. Auberi. Onuphre. Ciaconius. Baluze, *vitâ up. Aven. tom. I.*

PELESTRE (Pierre) *cherchez* PELHESTRE.

☞ PELET ou NARBONNE PELET, maison, ine des plus anciennes & des plus illustres de Langue-oc, descend des vicomtes de Narbonne de la premiere ice, qualifiés dans leurs actes *vicomtes par la grace de Dieu*, parcequ'ils jouissoient dans leurs états de la soueraineté & de tous les droits qui y sont attachés, comme ous l'avons dit au titre de la ville de Narbonne, en arlant de ses vicomtes. Le chef de cette illustre maison est RAYMOND de Narbonne, fils de *Bérenger*, vicomte le Narbonne, & de *Garsinde*, lesquels vivoient au commencement du XI siécle. Il est nommé le premier dans ous les actes où il est mention de lui & de ses freres, & par conséquent on a lieu de présumer qu'il étoit l'aîné : cependant ce fut son frere *Bernard-Bérenger* qui succéda son pere au vicomté de Narbonne, & sa postérité en a oui jusqu'à Aimeri IV, tué en 1134 à la bataille de Fra-za, où il s'éteignit, comme nous l'avons dit au titre NARBONNE. *Raymond* eut un fils nommé BER-NARD, qui prit le surnom de PELET, comme on le voit dans un acte de partage conservé aux archives de la ville de Narbonne, & rapporté par Catel, *mém. de Langue-doc*, p. 581. On ignore l'étymologie de ce surnom. La plupart des savans estiment qu'il vient d'une fourure at-tribuée pour lors comme une marque d'honneur aux seuls princes & chevaliers de la haute noblesse, qui la portoient par-dessus leur cuirasse ou cotte d'armes. Peut-être que Bernard affectoit de porter cette fourure, d'où lui vint le surnom de PELET, qu'il adopta, & qui passa à ses descendans ; lesquels ont toujours été connus sous ce nom dans le Languedoc, où ils subsistent encore au-jourd'hui avec distinction. RAYMOND PELET, fils de Ber-nard, se croisa pour la premiere croisade au concile de Clermont. Les auteurs contemporains, recueillis par Duchesne sous le titre de *Gesta Dei per Francos*, par-lent de lui comme d'un des plus grands & des plus il-lustres seigneurs de cette premiere croisade. Ils louent ses richesses, sa magnificence & son crédit. Ils le dépeignent comme un seigneur grand, plein de majesté, brave, généreux, entreprenant. Il se distingua dans toutes les actions mémorables de cette célébre expédition, parti-culierement à la bataille d'Antioche, où il commandoit l'onziéme des douze corps de troupes dont l'armée chré-tienne étoit composée. Il prit la ville de Tortose en Syrie, avec les troupes qu'il avoit levées à ses dépens. Ce sei-gneur fut toujours lié d'une amitié particuliere avec Rai-mond, vicomte de Turenne : il y a même lieu de croire qu'ils étoient ou parens ou du moins compagnons d'armes ; car ces deux seigneurs ont toujours paru ensemble dans les occasions distinguées, ayant un égal empressement d'ac-quérir de la gloire par leurs belles actions. Cette grande union & l'identité de nom a donné lieu au P. Maim-bourg, auteur d'une *histoire des croisades*, de confondre Raimond Pelet avec Raimond, vicomte de Turenne, & d'attribuer à ce dernier tout ce que les historiens con-temporains de la croisade disent avoir été fait par Rai-mond Pelet. On peut consulter en particulier l'abbé Gui-bert, Raimond d'Agiles, Robert, le moine Baldric, Guillaume de Tyr & autres historiens, témoins oculaires, insérés dans le *Gesta Dei per Francos*. Tous ont parlé de Raimond Pelet, comme d'un des principaux chefs de la croisade ; le seul P. Maimbourg, qui les cite, n'en dit rien : il ne le nomme pas même parmi les seigneurs Fran-çois qui ont été à cette fameuse guerre. La magnificence & la piété de Raimond Pelet paroissent encore dans les monumens & fondations qu'il a laissés, principalement

en faveur des pauvres, des hôpitaux, & des chevaliers du Temple & de S. Jean de Jérusalem ; auxquels il donna de grands biens à Alais & dans les environs. Il mourut fort âgé, laissant de sa femme *Agnès*, BERNARD Pelet, sire ou seigneur dominant d'Alais. Celui-ci ayant épousé en 1145 *Béatrix*, princesse de Melguel & Ma-guelonne, fille unique & héritiere de *Bernard* III, comte souverain de Melguel, & de *Guillemette* de Montpellier, veuve de *Berenger-Raymond*, comte de Provence & de Milhau, frere de *Raymond*, comte de Barcelone & roi d'Aragon, tué par des pirates au port de Melguel en 1144, devint par ce mariage comte souverain de Melguel, Maguelone & Sostantion, fief immédiat de la couronne, duquel relevoient à foi & hommage les seigneurs de Montpellier. Son fils BERTRAND Pelet lui succéda ; HERMESSINDE Pelet, sa fille, épousa *Ray-mond* VI, comté de Toulouse, qui forma par cette al-liance de vives prétentions sur le comté de Melguel ; mais les descendans mâles de *Bernard* & de la comtesse *Béatrix* soutinrent toujours constamment leurs droits, & contre les comtes de Toulouse, tant qu'ils subsiste-rent, & contre les légats du pape & les évêques de Montpellier que le saint siége en avoit investi, lors de la croisade contre les Albigeois. Enfin cette souche antique & si puissante autrefois, dont il ne reste plus aujourd'hui que quatre branches, après avoir successivement, de ré-volutions en révolutions, perdu le comté de Melguel, uni présentement en partie pour le domaine utile à l'ar-chevêché de Montpellier & à l'église de Maguelonne, & pour les droits régaliens à la couronne ; ensuite celui d'Alais, par l'extinction d'une de ses branches, qui étant tombée en quenouille, l'a dispersé dans des maisons étran-geres, d'où il est entré dans celle de Bourbon-Conti ; puis les baronies de la Vérune & des deux Vierges, Montpeiroux, Cabannès, &c. portées dans la maison de Canisi-Carbonnel en Normandie, par le mariage de *Claude* Pelet, fille unique & héritiere de *Gaspard* Pe-let, chevalier des ordres du roi, admis & non reçu, ca-pitaine de 50 hommes d'armes, lieutenant général pour sa majesté en Normandie, gouverneur & grand bailli de Caen, sous les rois Henri III & Henri IV, & de *Jourdaine-Magdeléne* de Montmorenci sa femme, avec *René* de Carbonnel, marquis de Canisi, se trouve pré-sentement réduite pour la branche aînée dont nous al-lons parler, à l'héritage du dernier & unique rejetton de la maison de Bermond, fondue dans celle-ci vers le commencement du XVI siécle, par le mariage de *Jac-ques* Pelet, de la branche de la Vérune, avec *Françoise* Bermond, dame de Sommieres & du Cayla, barone de Combas, Montmirat, Fontanès, Méjanes, Vic, Montlesant, Crespiant, Caunes, Montagnac, Maures-sargues, &c. derniere & seule héritiere de la branche aînée de Bermond-Sommieres ; ce qui a fait ce qu'on appelle aujourd'hui la branche aînée de Combas, tige de toutes les autres, dont voici la filiation.

BRANCHE DE COMBAS, FONTANÈS ET MONTMIRAT.

JACQUES Pelet, baron de Combas, &c. comme on vient de le voir, par sa femme *Françoise* Bermond, dame de Sommieres & du Cayla, eut pour fils 1. *Guil-laume*, qui embrassa l'état ecclésiastique, & céda tout à son frere ; 2. LOUIS, qui succéda à son pere ; 3. *Jean*, 4. *Antoine*, & 5. *Théodat*, tous trois tués au service du roi, sans postérité.

LOUIS I, baron de Combas, Montmirat, Fonta-nès, &c. substitué par sa mere aux nom & armes de Bermond, qu'il joignit dès-lors aux siens, fut capitaine d'une compagnie d'ordonnance de 300 lances, gouver-neur des ville, château & viguerie de Sommieres, & commandant pour le roi en Givaudan. Il eut de *Geor-gette* de Barthelemi de Grammont, née barone de Lan-ta, 1. PIERRE I, qui suit ; 2. VITAL, qui a fait la branche de MORETON, seigneurs des GRANGES-GON-TARDES en Dauphiné, *dont nous parlerons ci-après.*

PIERRE I fervit utilement dans la province contre le duc de Rohan, & fut gouverneur pour le roi de la ville d'Aigues-mortes. Il eut de *Catherine* d'Aydies, dame de Puyméjan, LOUIS II, qui fuit; 2. *Jean*, eccléfiaftique, mort dans les ordres; 3. *Henri*, qui fe maria, & mourut au fervice du roi, fans faire lignée; 4. HERCULE Pelet, *qui a fait la branche de* BEAUCAIRE; & 5. *Claude* Pelet, mort dans les ordres.

LOUIS II, baron de Combas, Fontanés & Montmirat, fervit avec la plus grande diftinction fous le maréchal de Toiras, fon coufin, en Italie; fe couvrit d'honneur à la bataille de Leucate, où il fit des actions dignes de l'ancienne chevalerie, s'étant rendu maître du camp & de la tente du comte de Serbellon, général des Efpagnols, & n'ayant voulu de tout le butin, qu'il abandonna à fes foldats, que les armes & le fceau de Henri d'Aragon, duc de Cardonne, qu'il garda précieufement pour marque de fa victoire; fecourut par deux fois Salces affiégée; enfin s'étant retiré dans fes terres, pour ne s'y occuper que de fon falut, il y mourut dans un âge avancé, laiffant de *Magdeléne* de la Tour des Bains, dame de Choifinet, fa femme, un fils unique,

CLAUDE-FRANÇOIS, baron de Combas, Montmirat, &c. nommé *le comte de Fontanés*, qui d'*Anne* de Rochemore eut, 1. CLAUDE-RAYMOND de Narbonne-Pelet, qui fuit; 2. *Henri-Victor-Augufte*, mort dans les ordres; 3. *Louis-Philippe-Jofeph*, mort Chartreux en odeur de fainteté, à la Chartreufe de Villeneuve d'Avignon; 4. *Gafpard-Ignace*, dit *le chevalier de Narbonne*, qui après avoir fervi long-temps avec diftinction, s'eft retiré près de fon frere; 5. *Jean-Charles-Marteol*, abbé de Beaumont dans le diocèfe de Vâbres, prêtre & prévôt de l'églife d'Alais; 6. *Anne-Magdeléne*, mariée en 1694 avec *Henri* de Roquefeuil, marquis de Londres, morte en 1704. Le marquis de Roquefeuil-Londres d'aujourd'hui eft fon petit-fils. 7. *Françoife-Thérèfe*, morte en bas âge.

CLAUDE-RAYMOND de Narbonne-Pelet-Alais-Melguel-Bermond, baron de Combas, Montmirat, Fontanés, Vic, Cannes, Crefpian, Montléfant, Montagnac, Maureffargues, nommé communément *le comte de Narbonne*, ayant auffi fervi dès fa jeuneffe avec honneur pendant les dernieres guerres de Louis XIV, obligé de fe retirer dans fes terres pour y veiller aux affaires de fa maifon, a eu de *Louife-Henriette* de Châtelard, fille de *François* de Châtelard, marquis de Saliere, & d'*Anne-Louife* d'Affignies de Flandre, 1. un fils mort peu de temps après fa naiffance; 2. FRANÇOIS-RAYMOND-JOSEPH-HERMENIGILDE-AMALRIC, qui fuit; 3. HENRI-LOUIS de Narbonne-Pelet, dit *le marquis de Narbonne*, maréchal de camp des armées du roi; 4. *Charles-Bernard-Martial*, dit *le baron de Narbonne*, officier de Marine; 5. *Marie-Agnès-Antoinette* de Narbonne-Pelet, religieufe à Anduze.

FRANÇOIS-RAYMOND - JOSEPH-HERMENIGILDE-AMALRIC de Narbonne-Pelet-Alais-Melguel-Bermond, dit *le vicomte de Narbonne*, par la démiffion de fon pere, baron de Fontanés, Combas & Montmirat, Cannes, Crefpian, Vic, Montléfant, Montagnac & Maureffargues, lieutenant-général des armées du roi, gouverneur des ville, château & viguerie de Sommieres en bas Languedoc, eft né le 21 d'octobre 1715. Il a été marié dans la ville de Narbonne le 12 janvier 1734, avec *Marie-Diane-Antoinette* de Roffet de Fleury-Pérignan, fille d'*André-Hercule* de Roffet, duc de Fleury-Pérignan, pair de France, chevalier des ordres du roi, gouverneur d'Aigues-mortes, petite niéce du cardinal de Fleury, miniftre d'état, &c. Elle étoit née le 6 avril 1721, a eu quatre garçons & trois filles, dont il ne refte plus que deux filles en bas âge, & eft morte au château de Fontanés, près Sommieres, le 27 juillet 1754.

BRANCHE DE BEAUCAIRE, dite DE CANNES.

HERCULE Pelet, *dont nous avons parlé*, quatriéme fils de *Pierre*, baron de Combas, Montmirat, Fonta-

nés, &c. eut de *Diane* de Guibert, dame de la Roftide, 1. JEAN-DENYS, qui fuit; 2. *Claude-François*, prêtre & doyen de l'églife de Beaucaire; 3. *Jofeph*, mort au fervice du roi, fans poftérité.

JEAN-DENYS Pelet de Narbonne, dit *de Cannes*, eut d'*Elizabeth* de Courtois, 1. JEAN, qui fuit; 2. *Claude-François*, évêque de Leictoure.

JEAN de Narbonne-Pelet, après avoir long-temps fervi, a eu de *Marie* de Vergiles, 1. JEAN-DENYS-HERCULE, ancien capitaine d'infanterie au régiment d'Aunis, marié préfentement à Alais où il fait fa réfidence: 2. *Raymond-Bernard*, prêtre, chanoine & héritiere de Jean de Moreton-Chabrillant, feigneur des Granges-Goutardes d'Alais; 3. *Bertrand-Bernard* de Narbonne-Pelet, lieutenant des vaiffeaux du roi au département de Toulon.

BRANCHE DE MORETON EN DAUPHINÉ.

VITAL Pelet, fecond fils de *Louis*, premier baron de Combas, Fontanés & Montmirat, & de *Georgette* de Barthelemy de Grammont-Lanta, eut de *Martiane* de Moreton-Chabrillant, fille unique & héritiere de Jean de Moreton-Chabrillant, feigneur des Granges-Goutardes, & autres places en Dauphiné, près S. Paul-trois-Châteaux, deux garçons morts en bas âge; 3. JEAN Pelet, qui fuit; *Jean-Baptifte*, prêtre; 4. *Raymond-François*; 5. *Louis-Vital*; 6. *Martiane*, fille, tous trois morts jeunes fans poftérité.

JEAN Pelet, feigneur de Moreton, des Granges-Goutardes & autres lieux, eut de *Marguerite* de Calviere, fille de *Guillaume* de Calviere, baron de Vezenobre & de Boucoizan, 1. JEAN-BAPTISTE, qui fuit; 2. *Louis*, mort fans poftérité; 3. *Marguerite*, mariée à Jean de Moreton, feigneur du Mein.

JEAN-BAPTISTE Pelet de Narbonne, feigneur de Moreton, des Granges-Goutardes, &c. eut de *Marguerite* de Cornet, fille de noble *Guillaume* de Cornet, FRANÇOIS, qui fuit.

FRANÇOIS eut de *Laurence* de Canel, fille de noble *Jacques* de Canel, confeiller au parlement de Grenoble, 1. CLAUDE, qui fuit; 2. *François*, capitaine d'infanterie, tué au fiége de Prague; 3. *Scipion* Pelet, prêtre & chanoine en l'églife cathédrale de S. Paul-trois-Châteaux.

CLAUDE Pelet de Narbonne ayant long-temps fervi dans l'infanterie, époufa en 1720 *Marie-Magdeléne* de Rocher, dont il a eu *Efprit* de Rocher, dont il a eu 1. *Claude-Jofeph* de Narbonne-Pelet, qui a été officier d'infanterie, & a cédé fon droit d'aîneffe à fon frere, 2. JEAN-FRANÇOIS de Narbonne-Pelet, qui eft devenu le chef de fa branche; 3. *Louis-François* de Narbonne-Pelet, chanoine de l'églife cathédrale de S. Paul-trois-Châteaux; 4. *Marie-Françoife-Agnès*, mariée à noble *N.* du Prat, feigneur de la Beaume; 5. *Jeanne-Marie-Conftance*, religieufe à l'abbaye de Bagnols.

JEAN-FRANÇOIS de Narbonne-Pelet, capitaine d'infanterie, employé en qualité d'aide-major général de l'infanterie dans l'armée du bas Rhin, commandée par le maréchal d'Eftrées, a époufé à la fin de 1756, au retour de la conquête de Minorque, *Louife-Charlotte-Philippine* de Narbonne-Pelet-Salgas, fille de *Claude* de Narbonne-Pelet-Salgas, feigneur baron de Salgas, Arbouffe, Verberon, la Carriere, & autres places dans les Cevennes, & de *Marie-Elizabeth* de Pierre-Bernis, fœur de M. le cardinal de Bernis.

BRANCHE DES SEIGNEURS DE SALGAS.

GUILLAUME Pelet, feigneur de la Carriere, fecond fils de *Guillaume* Pelet, feigneur de la Vérune, & de *Thérèfe* du Cayla, ou Caylar, époufa, par contrat du 12 avril 1441, *Antoinette* de Planque de la Carriere, dont il a PIERRE Pelet, feigneur de la Carriere, marié le 22 juin 1480 à *Catherine* de Guillon, mere de NICOLAS Pelet. Celui-ci s'allia en 1547 à *Marguerite* de Rodiér, & fut pere d'ISAAC Pelet, feigneur de la

Carriere ; qui testa le 6 août 1649 , & laissa de sa
seconde femme , *Anne* de Chapelain , qu'il avoit épousée le 2 mars 1610 , CLAUDE Pelet , seigneur d'Ar-
bousse , capitaine au régiment des Cevennes , maintenu
dans son nom & sa noblesse par jugement contradictoire
du 15 janvier 1671 , & allié le 26 février à *Anne* de
la Mare de Salgas. De ce mariage naquit FRANÇOIS
Pelet , seigneur de Salgas , marié le 2 septembre 1694
à *Lucrèce* de Brignac de Montarnand , dont le fils aîné
CLAUDE Pelet , baron de Salgas , a épousé *Marie-*
Elizabeth de Pierre de Bernis , sœur de M. le cardinal
de Bernis. Leurs enfans sont , 1. ANNE - JOACHIM
Pelet , actuellement colonel d'un régiment de Grenadiers royaux ; 2. *François - Hyppolite* Pelet ,
chevalier de Malte , officier dans les Grenadiers de
France ; 3. *François-Augustin* , aussi chevalier de Malte;
4. *Marie-Hélène-Hyacinthe* , mariée en 1755 au comte
de Bernis , morte en 1756 , sans enfans ; 5. *Louise-Char-*
lotte-Philippine , mariée à *Jean-François* de Narbonne
Pelet , ayde-major général de l'infanterie à l'armée du
bas Rhin ; 6. *Marie-Thérèse-Catherine* Pelet , mariée au
marquis du Puy-Monbrun en Dauphiné.

Les freres du baron de Salgas sont , 1. *François* Pelet de Montcamp , ancien capitaine d'infanterie retiré
auprès de son frere; 2. *François* Pelet , dit *l'abbé de Salgas*.

On ne sauroit mieux finir cet extrait généalogique de
toute la maison de Pelet-Narbonne , qu'en rapportant
ce mot si connu dans toute la province de Languedoc ,
prononcé en pleine assemblée des états par Armand de
Bourbon , prince de Conti , gouverneur de la province :
Si je n'étois Bourbon , je voudrois être Pelet.

L'ancienne devise ou cri de guerre de cette maison ,
étoit , selon Vulson de la Colombiere dans son *théâtre*
d'honneur & de chevalerie , VIS NESCIA VINCI. On y
a ajouté , depuis qu'elle a pris pour supports les ours armés des Bermonds fondus dans son sein par le mariage
de Françoise , héritiere du nom & armes , avec Jacques
Pelet , auteur des trois premieres branches qui subsistent ,
ces mots : NON ENIM SINE CAUSA GLADIUM POR-
TANT , ou pour abréger : NON SINE CAUSA , qui en
est la substance : pour faire allusion aux épées des ours
susdits. Pour connoître plus particulierement cette maison , il faut consulter *l'histoire des grands officiers de la*
couronne , tome VII.

PELETIER (Jacques le) docteur en médecine , &
mathématicien célebre , naquit d'une bonne famille du
Mans , le 25 juillet de l'an 1517. La Croix du Maine
dit *qu'il étoit fort excellent poète Latin & François ,*
bien versé en l'art oratoire , médecine & grammaire , en
toutes lesquelles sciences il a écrit des livres. En effet il
écrivoit en prose & en vers françois & en latin , & laissa
un traité de l'art poëtique. *La Savoye* , poème. *Des œu-*
vres poëtiques. Des dialogues de l'ortographe & pronon-
ciation françoise. Des traités sur l'arithmétique &
l'algebre. Des commentaires latins sur Euclide. L'art
poëtique d'Horace mis en vers françois. L'oraison fu-
nebre sur la mort de Henri VIII roi d'Angleterre. Exhortation à la paix entre Charles V & Henri II , en latin
& en françois. *Enseignemens de vertu au petit seigneur*
Timoléon de Cossé. Description du pays de Savoye.
Description de deux planettes , Jupiter & Saturne. *De*
conciliatione locorum Galeni , &c. Jacques le Peletier
fut principal du collège du Mans , à Paris , où il mourut au mois de juillet de l'an 1582. Son zèle pour la réformation de l'orthographe , qu'il croyoit corrompue ,
ne l'engagea pas seulement à composer sur ce sujet plusieurs ouvrages , où il s'efforce de prouver que l'on ne devroit jamais écrire autrement que l'on ne prononce , il
parloit encore de son systême dans presque tous les écrits
qu'il publioit. Le P. Niceron a donné de cet auteur un
article bien détaillé , sur-tout pour ses ouvrages , dans
le tome XXI de ses *Mémoires.* Jacques le Peletier eut
cinq freres qui furent tous distingués dans la république
des lettres , *Alexandre, Victor, Pierre, Jean & Julien.*
Le plus célebre fut JEAN , docteur de Paris , grand-

maître du collège de Navarre , & curé de S. Jacques
de la Boucherie. C'étoit un ecclésiastique d'un mérite
singulier. Il fut un des théologiens que le roi Charles IX
envoya au concile de Trente. Après avoir composé divers ouvrages , il mourut à Paris le 28 septembre de
l'an 1583. Son corps fut enterré , non pas dans l'église
de S. Etienne du Mont , comme l'a cru François de la
Croix du Maine , mais dans la chapelle royale de saint
Louis , au collège de Navarre , où l'on voit son tombeau & son épitaphe. Il y a encore eu un JACQUES le
Peletier , curé de S. Jacques de la Boucherie , neveu
des précédens , qui étoit du conseil des seize en 1585 ,
qui quatre ans après , fut aussi du conseil des quarante , établi par la Ligue. Quelque temps après la réduction de
Paris , il fut obligé d'en sortir , ayant été trouvé coupable de la mort du président Brisson. Le Peletier , &
treize autres furent condamnés par contumace à être
rompus vifs. Comme tous ceux qui étoient coupables de
ce meurtre étoient absens , ils furent exécutés seulement en effigie le 11 mars 1595. Plusieurs auteurs donnent à le Peletier le ligueur le nom de Julien , mais il
est constant qu'il s'appelloit Jacques. * Possevin , *in*
apparatu sacro. La Croix - du - Maine , *biblioth. franç.*
Sainte-Marthe , *in elog. doct. Gall. lib.* 3. Hilarion de
Coste , *hist. Cathol. l.* 3. *Chronique novennaire.* De
Thou , *tom. V , lib.* 109.

PELETIER (Claude le) étoit le second fils de LOUIS
le Peletier , qui s'étoit acquis par son intelligence & sa
probité toute la confiance de M. le chancelier le Tellier son parent , & de *Marie* Leschassier qui étoit petite
fille unique du fameux *Pierre* Pithou. Ils eurent quatre
fils , *Louis* , qui mourut jeune , CLAUDE , dont il s'a-
git ici , *Jérôme* , & MICHEL , *dont nous parlerons*
dans l'article suivant. Claude naquit en 1631 , & eut
pour précepteur , avec Jérôme & Michel , Philippe
Dornel , homme de beaucoup d'esprit , & d'une rare
probité , qui mourut dans un âge avancé , & qui fut enterré à Villeneuve dans le lieu de la sépulture de MM.
le Peletier. Claude étudia principalement au collège des
Grassins , qui étoit alors un des plus célebres de Paris ,
& il s'y distingua. Ses progrès dans les lettres & dans la
vertu furent tels , qu'à l'âge de douze à treize ans , il fut
admis chez le grand Jérôme Bignon , à qui il rendoit
compte de ses études , & avec qui il prenoit insensiblement , de même que ses deux autres freres , les principes des grands sentimens & le goût de la plus sublime
jurisprudence. Claude le Peletier fréquentoit aussi souvent dès sa premiere jeunesse Matthieu Molé , qui fut
depuis garde des sceaux , & qui lui donna du goût pour
les ouvrages de S. Augustin , dont il lui faisoit lire &
lui expliquoit les beaux endroits. Il ne tarda pas même
à se faire connoître d'une maniere avantageuse à
Gaston duc d'Orléans , au grand prince de Condé &
à plusieurs amis illustres qu'il réunissoient assez souvent
à la bibliothéque du roi , où il alloit lui-même , & son
mérite personnel joint à ces liaisons furent la principale
cause de son élévation. Après la mort de son pere arrivée en 1649 , & celle de sa mere , en 1651 , il fut fait
conseiller au parlement en 1652 , & dans la suite il
monta à la grand - chambre. Il épousa en 1656 , n'ayant
que 25 ans , *Marguerite* Fleuriau , veuve de M. de
Fourci le conseiller , qui l'avoit laissée fort jeune. Gaston
duc d'Orléans étant mort en 1660 , M. le Peletier fut
chargé de la tutelle des trois princesses qu'il laissoit ,
& il eut soin de leur procurer des mariages convenables.
En 1662 il fut fait président de la quatrieme des enquêtes , & peu après il entreprit , avec Guillaume de
Lamoignon , premier président , de corriger le droit
françois , ou plutôt il aida ce magistrat dans ce pénible
travail que ce dernier avoit déja commencé. Il fut fait prévôt des marchands en 1668 ; & pendant huit ans qu'il en
remplit les fonctions , il employa tous ses soins , pour
orner la ville de Paris , contribuer à tous les avantages
qu'il pouvoit lui procurer , & faire du bien à ses habitans. Ce fut lui qui fit faire le quai que l'on appelle

encore de son nom le *Quai Peletier*. Il perdit sa femme au mois d'octobre 1671, & resta veuf avec dix enfans, envers lesquels il s'est toujours comporté en pere sage, ami, & très-prudent; & quelques propositions qu'on lui ait faites depuis pour l'engager à de secondes noces, il n'a jamais voulu y consentir. Il fut fait conseiller d'état en 1673, & quitta en 1676, sa charge de prévôt des marchands; & quelques années après, c'est-à-dire, en 1683, il fut appellé à la cour, & nommé controlleur général, à la place de M. Colbert. Il se défendit long-temps de remplir un poste si difficile par lui-même, & que la réputation de son prédécesseur pouvoit seule rendre plus difficile encore; mais ce qui aida le plus à vaincre sa répugnance, ce fut la liberté qu'il eut de faire venir auprès de lui M. le Peletier de Souzy, son frere, & de l'associer intimement à ses travaux, en qualité d'intendant des finances. Claude le Peletier fut fait en même temps ministre d'état, & en 1686 il devint président à mortier au parlement de Paris. Quelques années auparavant, toujours plein du desir de faire fleurir l'étude du droit, il fit dresser de nouveaux réglemens pour les écoles où on l'enseigne, & pour les professeurs, dont il fit augmenter les appointemens; & ce fut par ses soins que l'on créa une chaire particuliere pour le droit françois. M. le Peletier se démit de lui-même en 1689, de la charge de controlleur général des finances, qui fut donnée à M. de Pontchartrain, & non, comme quelques-uns l'ont dit, à M. le Peletier de Souzy. En 1691, le roi lui donna la sur-intendance des postes. Enfin, il se retira avec l'agrément du roi, de la cour & de tout emploi en 1697, pour ne plus s'occuper que de l'éternité. Quelque temps avant cette retraite entiere, il avoit su au milieu même des affaires partager son temps entre ses occupations & des études aussi utiles que sérieuses. Comme il s'étoit formé une bibliothèque bien choisie, & qu'il avoit acquis les manuscrits de Pierre Pithou, il en fit usage, & en 1684 il publia le *Comes theologus* composé par ce savant; mais il le revit auparavant & l'augmenta, & y ajouta une préface en forme de lettre qu'il adressa à ses enfans. Deux ans après, il fit imprimer le corps du droit canon avec les notes de Pierre & de François Pithou. Peu après on vit sortir par ses soins de l'imprimerie royale, le code des canons, recueilli par MM. les *Miscellanea ecclesiastica* à la fin; & ensuite les observations de Pierre Pithou sur le code, & les novelles. M. le Peletier se servit, pour procurer ces éditions, d'Antoine Allen & de M. Domat, tous deux jurisconsultes très-célébres. Lui-même faisoit des recueils de tout ce qu'il lisoit, sur quelque matiere que ce fût, & il en a laissé un grand nombre de volumes où son gout & son discernement se montrent presque à chaque page, & où l'on voit son érudition & l'esprit de réflexion qui le conduisoit dans tout. Lorsqu'il se retira de la cour en 1697, après en avoir obtenu la permission du roi, qui eut beaucoup de peine à la lui accorder, il s'enfuit à Villeneuve, âgé de 66 ans. François d'Aligre, abbé de Provins, si connu par la sainteté de sa vie & de sa mort, vint l'y trouver; & après l'avoir félicité du courage que Dieu lui avoit donné de s'arracher aux grandeurs du siécle, il l'excita de profiter de sa retraite pour ne plus travailler que pour l'éternité; & ce fut sur les conseils de ce saint pénitent, que M. le Peletier régla dès-lors sa conduite. En 1698 il demanda au prieur des Chartreux de Paris, la cellule de S. Bruno, qui est au-dessus du réfectoire; & il y a passé douze carêmes de suite, assistant tous les jours à l'office divin. Le cardinal d'Estrées, M. le duc de Beauvilliers, & le maréchal de Catinat, y alloient souvent dîner avec lui. Il passoit le reste de l'année à sa terre de Villeneuve-le-Roi. Sa retraite a produit un ouvrage fort connu & très-estimé, qu'il a écrit en latin avec beaucoup d'élégance & intitulé, *Comes senectutis* (le manuel d'un vieillard) à l'imitation du *Comes theologus* & du *Comes juridicus*, de M. Pithou. M. le Peletier publia le *Comes juridicus*,

après l'avoir mis dans un nouvel ordre; il ajouta aussi quelque chose de sa façon au *Comes theologus*. Cinq ans avant sa retraite, il en avoit publié un autre sous le titre de *Comes rusticus* (le manuel d'un homme qui est à la campagne.) Ce dernier parut pour la quatrième fois en 1692, & l'on en a donné depuis une nouvelle édition plus correcte & plus châtiée. Ces petits ouvrages ne sont proprement que des recueils de pensées de différens auteurs, mais bien choisies & rangées sous différens sujets. Claude le Peletier fit aussi des *mémoires* de la vie de Jérôme Bignon, dont M. Bourgoin de Villefore, & ensuite M. l'abbé Perau, se sont servi pour composer la vie de ce grand magistrat. Mais ces mémoires & cette vie sont encore manuscrits. M. le Peletier écrivit aussi des mémoires de Matthieu Molé, & sur plusieurs autres personnes illustres qu'il avoit connus, & il s'amusa aussi à faire des inscriptions, genre de littérature pour lequel il avoit beaucoup de gout. Ce fut au milieu de ces occupations, & des exercices particuliers d'une vie vraiment chrétienne, qu'il mourut le 10 d'août 1711, âgé d'un peu plus de 80 ans, & il fut enterré dans l'église de S. Gervais. * *Voyez* la vie de Claude le Peletier, écrite en latin avec beaucoup d'élégance, par feu M. Boivin le cadet, de l'académie françoise & de celle des belles lettres, &c. & une Lettre sur cette vie par M. Gibert, professeur de rhétorique au collége Mazarin. Cette lettre est imprimée dans le *Journal littéraire de la Haye*, *t. IX, partie IIe, article* 20. A la fin de la vie écrite par M. Boivin, on trouve trois petits écrits latins de M. le Peletier, savoir, une description de sa maison de Villeneuve; une description de Fleuri près Fontainebleau, & un petit écrit à ses enfans, en leur offrant le *Comes theologus*.

PELETIER DE SOUZY (Michel le) frere du précédent, né à Paris le 12 de juillet 1640, & élevé avec son frere, *comme on l'a vu dans l'article précédent*, eut comme lui, & mérita d'avoir ses entrées dans les conférences savantes de Jerôme Bignon, dès sa premiere jeunesse. Il prit le parti du barreau, résolut de se consacrer aux fonctions d'avocat, & les remplit avec beaucoup de succès. Il n'acquit ensuite la charge d'avocat du roi au châtelet, que sur les instances souvent réitérées de sa famille, & pour obéir à M. le Tellier. Il l'exerça pendant cinq ans avec un applaudissement universel; & il fut reçu, malgré lui, conseiller au parlement, à la fin de 1665. En 1666 il fut nommé avec Jerôme le Peletier, son second frere, pour l'exécution des arrêts de la cour des grands jours tenus à Clermont en Auvergne; & le feu roi content de ses services, le choisit au mois de février 1668, pour aller établir l'intendance de la Franche-Comté, dont ce prince venoit de faire la premiere conquête, mais qui fut rendue à l'Espagne par le traité conclu à Aix-la-Chapelle le 2 de mai suivant. A son retour il fut nommé intendant de Lille, de toutes les conquêtes de Flandre, & des armées que le roi y entretenoit. A cette nomination succéda celle de commissaire choisi pour le réglement des limites, en exécution des traités d'Aix-la-Chapelle & de Nimégue; & en 1683 on le fit conseiller d'état. La même année Claude le Peletier ayant été nommé controlleur général, se l'associa en qualité d'intendant des finances, dont il continua les fonctions jusqu'en 1701, qu'il les remit entre les mains de M. le Peletier des Forts son fils. Après la mort de M. le marquis de Louvois, le roi forma en sa faveur la commission de directeur général des fortifications des places de terre & de mer, & voulut qu'il lui en rendît compte à lui-même une fois la semaine. En 1701 le roi le nomma à une place de conseiller au conseil royal; & M. de Souzy l'a remplie avec zèle, fidélité & désintéressement, de même que celle de directeur général des fortifications, jusqu'à la mort de Louis XIV. Les changemens qui furent faits alors dans la forme générale du gouvernement, déchargerent M. de Souzy de ce qui regardoit les fortifications; mais on voulut lui conserver ses premiers appointemens, qu'il refusa, conrent de l'honneur qu'on lui avoit fait de l'appeller au conseil de régence ; & il ne demanda à son altesse royale, que la consolation de l'instruire de l'immensité du travail, de l'étendue & des difficultés du département, & de lui en remettre à elle-même tous les plans & tous les mémoires. Homme de lettres au milieu de ces occupations, il connoissoit tous les auteurs Latins des bons siécles ; il les avoit lus avec tant de fruit & d'application, que dès qu'on lui en indiquoit quelque endroit remarquable, il le rapportoit communément dans les termes de l'original : Cicéron, Horace & Tacite étoient les compagnons inséparables de ses voyages, & il savoit presque tout le dernier par cœur. Il parloit aisément & avec grace l'italien & l'espagnol ; & M. de Tourreil avoit coutume de le définir par cette expression de Cicéron, *Homo limatissimi ingenii.* Il fut demandé par l'académie des belles lettres lors de son renouvellement en 1701, pour y être au moins académicien honoraire ; il a montré plus d'une fois à cet illustre corps, qu'il étoit digne d'un tel choix. On en a donné un échantillon dans les premiers mémoires, à l'occasion des Curiosolites, anciens peuples de l'Armorique, dont il est parlé dans les commentaires de César. Agé de 80 ans, M. le Peletier quitta la cour & tout emploi, à l'exemple de son frere ainé, mais beaucoup plus tard que lui, & alla établir sa demeure à l'abbaye de saint Victor, où il vécut près de six ans dans les exercices d'une vie très-chrétienne, & les dernieres années des souffrances très-aiguës qu'il supporta avec beaucoup de patience & de résignation. Il mourut le 10 du mois de décembre 1725, dans la 86ᵉ année de son âge. * *Voyez* son éloge dans les *mémoires de l'académie des belles lettres, tome VII.*

PELETIER (Jean - Baptiste le) prieur de Sainte Gemme près de Segré en Anjou, & de Pouencé, de l'académie françoise d'Angers, étoit fils d'*Armand* le Peletier, prévôt général des maréchaux d'Angers. L'académicien étoit un homme de beaucoup d'esprit, & qui avoit un grand gout pour les belles lettres. Il préféra néanmoins d'abord la théologie ; mais ayant un jour été traité sérieusement d'hérétique dans une dispute, il dit qu'il ne vouloit plus s'appliquer à une science où l'on pouvoit si facilement devenir hérétique, même malgré soi ; & dès-lors il se tourna entierement du côté des belles lettres. Il avoit une conversation très-agréable, & pleine de ces saillies spirituelles qui surprenoient d'autant plus, qu'elles étoient naturelles, & toujours nouvelles. Il s'est fait connoître dans la république des lettres par plusieurs ouvrages, entr'autres, par trois que l'on lit encore avec plaisir. Le premier est un panégyrique du feu roi qu'il prononça à l'académie d'Angers en 1690 ; le second est la traduction de l'histoire de la guerre de Chypre, écrite en latin par Antoine Maria Gratiani, & imprimée d'abord à Rome en 1624, *in-folio,* & ensuite à Nuremberg *in-12,* en 1661. La traduction françoise parut pour la premiere fois, à Paris, en 1685, & en second lieu en 1701, l'une & l'autre *in-4°.* Le troisiéme est la traduction de la vie de Sixte V, écrite en italien par Gregoire Léti en 2 vol. *in-12,* à Paris. Il y a en a eu plusieurs éditions. La seconde est de 1685, chez Pralard, & la troisiéme en 1713, chez David. Cette derniere édition est augmentée d'une liste des cardinaux créés par le pape Sixte V. M. le Peletier est mort en 1700. On a encore de lui un éloge de M. Henri Arnauld, qu'il prononça le 26 de novembre 1692, dans l'académie d'Angers, dont ce prélat étoit membre. Cet éloge se trouve à la fin des 14 lettres théologiques, imprimées en 1712, contre M. de Bissi, depuis évêque de Meaux, & cardinal.

PELETIER (Pierre le) avocat à Paris dans le XVIIᵉ siécle, étoit un mauvais rimeur que M. Boileau a fait connoître dans ses satyres, où il en parle plusieurs fois, de même que dans son discours au roi. Le Peletier étoit Parisien. On prétend qu'il étoit de la

même famille que les précédens : ainsi il ne se nommoit pas *du Pelletier.* Sa principale occupation étoit de composer des sonnets à la louange de toute sorte de personnes. Dès qu'il savoit qu'on imprimoit un livre, il ne manquoit pas d'aller porter un sonnet à l'auteur, pour avoir un exemplaire de l'ouvrage. Il gagnoit sa vie à aller en ville enseigner la langue françoise aux étrangers. Il fut assez simple pour prendre pour une louange ce vers de M. Boileau dans sa 2ᵉ satyre :

J'envie, en écrivant, le sort de Peletier.

Et dans cette pensée, il fit imprimer cette satyre dans un recueil de poësies où il y avoit quelques-uns de ses vers ; *parce,* dit-il au libraire, *qu'elle étoit à sa louange.* M. Boileau l'a accusé aussi d'être un vrai parasite, dans ces vers de la satyre 1 :

Tandis que Peletier crotté jusqu'à l'échine,
S'en va chercher son pain de cuisine en cuisine.

Cependant Richelet, dans son traité de la versification françoise, en parle ainsi : *Jamais personne ne fut moins parasite que le bon homme du Pelletier : hors qu'il alloit montrer en ville, c'étoit un vrai reclus.* C'est pourquoi l'ingénieux écrivain de la *guerre des auteurs.* (M. Gueret) a fait parler ainsi le Peletier dans un sonnet :

On me traite de parasite,
Moi qui, plus reclus qu'un hermite,
Ne mangeai jamais chez autrui.
O fatalité sans seconde !
Faut-il, &c.

Le Peletier est mort après l'an 1664, & non en 1660, comme l'a dit Richelet dans ses lettres choisies, tome I. On a encore de lui des lettres qu'il a intitulées *Nouvelles.* L'auteur étoit connu de M. le chancelier Seguier, qui lui a fait plusieurs gratifications. * M. Brossette, notes sur les endroits cités de Boileau. L'abbé de Marolles, dans le *dénombrement de ceux qui lui ont fait présent de leurs ouvrages,* parle de Peletier avec estime.

PÉLÉUS (Julien) né à Angers, d'une famille honnête, montra de bonne heure une grande inclination pour l'étude. Il embrassa particulierement celle de la jurisprudence ; & ayant été engagé à venir à Paris pour y faire usage de ses talens, il parut au barreau avec éclat, & fut l'ami des plus illustres jurisconsultes & des plus célèbres avocats de son temps. Il fut avocat au conseil dans un temps où il n'y en avoit que deux, qui étoient choisis entre les plus habiles avocats du parlement. En 1600 le roi lui accorda un brevet de conseiller d'état ; il a eu aussi le titre d'historiographe de sa majesté. Julien Péléus étoit marié, & avoit épousé *Magdeléne* Constantin, dont il eut, entr'autres enfans, *Magdeléne* Péléus, qui épousa au mois de janvier 1612 *Joseph* Dorat, seigneur de Nogent, secrétaire des commandemens de la reine Marguerite, depuis sécrétaire du roi, &c. *Voyez* DORAT. Après la mort de Henri III, Julien Péléus reçut ordre de faire l'oraison funèbre de ce prince à Angers, & il la prononça dans cette ville au mois d'août de l'an 1589. Si on l'en croit, ce discours fut extrêmement applaudi : cependant il ne le fit point imprimer alors ; mais dans la suite, *voulant,* dit-il, *laisser à l'avenir une image de la piété qu'il portoit à son prince,* il publia ce discours en 1601, à Paris, chez Claude Morel, & le dédia à Henri IV. L'année précédente 1600, il avoit adressé au même prince un *panégyrique au peuple de France,* où il parle de la conversion de Henri IV, & fait un portrait fort peu avantageux des vices de son temps. L'attachement qu'il eut pour son roi se montra encore par d'autres écrits. Il fit en vers françois l'*épithalame* de ce prince, lors de son mariage avec Marie de Médicis ; & cette piéce qu'on ne lit pas certainement avec plaisir, fut imprimée en 1601, avec d'autres poësies du même auteur qui ne prouvent point ses talens pour ce genre d'écrire. Les autres poësies de ce recueil sont : l'*Epithalame de M. le vidame du Mans*, & de mademoiselle de Rambouillet; l'*Epithalame de Pierre du Bellay, prince d'Yvetot*, & baron de Touarçay, & de mademoiselle de Rambouillet: *Panégyrique funèbre de Pierre du Bellay, prince d'Yvetot*, & baron de Touarçay; cette pièce est extrêmement longue : enfin l'*Adieu à M. de Verdun*, conseiller du roi en ses conseils d'état & privé, premier président au parlement de Toulouse; il paroît par cette pièce que Péléus avoit beaucoup d'accès auprès de ce magistrat, & qu'il en avoit reçu plusieurs faveurs. Ce fut encore par un effet de son affection pour Henri IV, que Julien Péléus écrivit l'histoire de ce prince sous ce titre : *Histoire de la vie & faits de Henri le Grand*, contenant ce qui s'est passé depuis l'usurpation du royaume de Navarre par Ferdinand, roi d'Aragon, jusqu'en 1593, quatre volumes *in-8°*, à Paris, 1613 & 1616. Le pere le Long, dans sa *Bibliothèque des historiens de France*, pag, 439, attribue à Péléus le *Cavalier François*, imprimé en 1605, *in-8°*; & pag. 722, *Le premier président du parlement de France*, à Paris 1611, *in-4°*. L'abbé Lenglet cite un autre ouvrage historique du même, intitulé : *Histoire de la derniere guerre entre les Suédois & les Danois en l'an 1610, jusqu'à la paix conclue en 1613*, à Paris 1622, *in-8°*. L'ouvrage qui a fait le plus d'honneur à Julien Péléus est : *Les actions forenses singulieres & remarquables, contenant la substance des plaidoyez & moyens des parties*, avec les arrêts des cours souveraines intervenus en chaque cause. La seconde édition de cet ouvrage, beaucoup plus ample que la premiere, est un gros volume *in-4°*, imprimé en 1604, à Paris, chez Nicolas Buon, & divisé en huit livres; dont chacun a une dédicace particuliere. On a encore de lui, *Commentarius verè analyticus in regulas cancellariæ romanæ*, Paris 1615, *in-8°*. Les ouvrages de Péléus sur la jurisprudence ont été recueillis en un gros volume *in-folio*, imprimé en 1631, sous ce titre, les *Œuvres de Mᵉ Jullien Péléus*, avocat en parlement, contenant plusieurs questions illustres, &c. Ce recueil contient cent soixantedeux questions illustres, disputées & plaidées de part &, d'autre, avec les arrêts du parlement de Paris, & les *actions forenses*, &c. dont nous avons parlé plus haut.

PELHESTRE (Pierre) né à Rouen vers le milieu du XVII siecle, fut savant dès sa premiere jeunesse, & passa toute sa vie dans l'étude. Etant venu à Paris dès l'âge de dix-sept ou dix-huit ans, M. de Perefixe qui en étoit archevêque, en ayant entendu parler, le manda & lui dit : *J'apprens, Monsieur, que vous lisez des livres des hérétiques : êtes-vous assez savant pour cela?* Monseigneur, répondit le jeune Pelhestre, votre question m'embarasse : si je dis que je suis assez savant, vous me direz que je suis orgueilleux : si je dis que non, vous me défendrez de les lire. Sur cette réponse le prélat lui permit de continuer. M. Pelhestre avoit alors l'habit ecclésiastique, & il est entré dans les ordres mineurs. Il fut même employé dans les missions que l'on fit en Languedoc pour les nouveaux convertis. Mais ensuite il quitta l'habit ecclésiastique, & après quelques années il entra chez les Cordeliers du grand couvent de Paris, pour y être sous-bibliothécaire, mais sans changer ni d'état ni d'habit. Son motif principal en se mettant dans cette maison, fut d'avoir des livres à sa disposition, sans dépendre de personne. Il y est mort subitement le 10 avril 1710, âgé d'environ 65 ans. C'étoit un homme d'une lecture prodigieuse, & qui savoit une infinité de faits. Il avoit fait une étude particuliere de la controverse & de la connoissance des auteurs ecclésiastiques. Il avoit beaucoup lu, en particulier la *Bibliothèque des auteurs ecclésiastiques* de M. Du Pin, & il avoit fait une critique amere, mais ordinairement assez juste, de quelques endroits

de cette bibliothéque. M. Pelhestre avoit aussi rempli de notes toutes les marges de la *Bibliothéque des auteurs ecclésiastiques* de M. Cave. Il est de plus auteur de la seconde édition du *Traité de la lecture des Peres de l'Eglise*, qu'il a augmenté de la moitié. C'est un gros volume *in-12*, imprimé à Paris, chez Louis Guerin, en 1697. La premiere édition, qui n'est qu'un petit volume, est de dom Bonaventure d'Argonne, Chartreux, connu par d'autres ouvrages. On s'est obstiné pendant quelque temps à attribuer à M. Pelhestre les *Essais de littérature* qui ont paru à Paris en 1702, & depuis, en plusieurs brochures; mais il les a toujours désavoués. Il se fâchoit quand on prétendoit l'en faire auteur, & il a fait même imprimer en 1703, *in-12*, des *Remarques critiques* contre ces Essais, qui étoient en effet de M. l'abbé Tricaut. On trouve dans les *mém. de Trévoux*, février 1703, d'autres Remarques contre les Essais. L'abbé Tricaut y répondit, & fit insérer sa réponse dans les mêmes mémoires, au mois de juillet. Voyez aussi les mois de novembre & décembre 1703. Vers le même temps il publia dans les mêmes *Mémoires* une petite *Piéce sur l'Indulgence de la portioncule*, pour faire plaisir à M. Vincent Loger, alors curé de Chevreuse, homme très-habile, à qui il avoit indiqué déja plusieurs écrits sur cette matiere. Feu M. de Rancé, abbé de la Trappe, l'avoit voulu aussi engager à répondre au traité du savant P. Mabillon sur les études monastiques; & pour cet effet il voulut le retenir plusieurs nuits auprès de lui dans un voyage que M. Pelhestre avoit fait à la Trappe, quoique cet abbé lui eût dit auparavant qu'il ne vouloit faire aucune réponse à ce traité. Mais M. Pelhestre ne voulut pas entrer dans cette dispute : il connoissoit le P. Mabillon, & étoit en relation avec plusieurs autres savans du premier ordre. Il avoit visité la plupart des solitudes de France, & avoit demeuré quelque temps dans celle de Perrecy; mais il disoit à ses amis, que s'il se retiroit, ce seroit au mont Athos, à cause des manuscrits grecs qu'il y trouveroit en grande quantité. On croit que ses siens sont tombés entre les mains des Bénédictins. Lorsqu'il avoit quelque ouvrage en tête, il prenoit un pain, quelques bouteilles de vin, & une cruche d'eau : il mettoit une couverture sur un méchant fauteuil de paille, fermoit ses fenêtres pour ne point voir le jour, s'enveloppoit de sa couverture, & travailloit ainsi nuit & jour sans interruption, ne buvant & ne mangeant que lorsque le besoin l'en avertissoit, sans sortir de sa place. On a ouï dire au P. le Long de l'Oratoire, qu'il l'avoit trouvé plusieurs fois en cet état. Un jour il le trouva mort dans sa chambre, & l'on croit que ce fut une goutte remontée qui l'étouffa. Il faut ajouter à ses travaux littéraires, qu'il avoit revû la traduction françoise des Lettres de S. Paulin que le P. Claude Frassen, Cordelier, fit imprimer *in-8°*, mais dont le véritable traducteur est Claude de Santeul, de S. Magloire, frere du poëte. * *Mém. du temps. Lettre de D. Petit-Didier, parmi les œuvres posthumes du P. Mabillon, t. I, p. 395.*

PELIAS, fils de Neptune & de Tyro, fille de Salmonée, fut, dit-on, nourri par une jument. Il usurpa à main armée le royaume de Thessalie sur Eson, à qui il appartenoit de droit, & se servit, pour se conserver le trône, des mêmes voies qu'il avoit employées pour y monter. On déroba Jason à sa fureur, en feignant qu'il étoit mort, & le faisant élever en cachete. Eson ne fut pas assez heureux pour éviter la cruauté de Pélias. Ce prince obligea Eson à boire du sang de taureau, & donna ordre qu'on fît mourir sa femme Amphynome; il fit aussi tuer leur fils Promachus. Pélias fit encore mourir sa belle-mere, & l'immola sur l'autel de Junon. Il fut presque toujours en guerre contre son frere Néleus, qui fut obligé de prendre la fuite pour se mettre à couvert de la colere de Pélias, qui, après s'être rendu maître de la ville d'Iolcos & des terres circonvoisines, leva une armée avec laquelle il pénétra dans le Péloponnèse. Si-tôt que Jason eut atteint l'âge

: 20 ans, il se fit reconnoître par ses parens, & redemanda ses états à Pélias, qui ne les lui refusa pas,
mais l'engagea d'aller à la conquête de la toison d'or.
Jason prit ce parti ; & Pélias profitant des malheurs qu'il
eut avoir accompagné cette expédition, en devint
beaucoup plus fier & beaucoup plus cruel. Médée lui punit de toutes ses cruautés, & le fit égorger par ses propres filles, à qui elle promit qu'elle feroit rajeunir Pélias. On fit des obséques magnifiques à ce tyran, aux
unérailles duquel Jason assista. * Diodore de Sicile. Pindare. Ovide. Plaute. Muret, *annot.* Bayle, *dict. crit.*

PÉLIAS, étoit le nom de la lance dont on fit présent à Pelée le jour de ses noces. Il s'en servit dans les
combats, & la donna à son fils Achilles, qui la rendit
extraordinairement célèbre. Elle étoit si pesante, qu'il
n'y avoit que lui qui la pût darder. Elle fut faite d'un
frêne, que Chiron coupa sur la montagne de Pélion.
Dans Homere, c'est seulement une épithéte tirée du
lieu où Chiron coupa le frêne.* Homere, *Iliad. liv. XVI,*
v. 143. Ovide, *metamorph. liv. XIII.* Pline, *liv. XVI,*
ch. 13.

PÉLION, montagne de Thessalie, près d'Ossa &
d'Olympe, a porté le nom de *Petras*, selon Jean Tzetzès. Dicéarque de Sicile, disciple d'Aristote, trouva
qu'elle étoit plus haute que les autres montagnes de
Thessalie, de 1250 pas, comme nous l'apprenons de
Pline, *liv. 2, chap. 65.*

PÉLISSIER ou PELLICIER (Guillaume) premier
du nom, étoit natif de Melguel, & fort versé dans les
matieres de théologie. Il étoit chanoine & célerier de
Maguelone, lorsqu'il fut élu évêque même de Maguelone, après la mort d'*Izarn* de Barriere, arrivée le 19
août 1498. Dans la premiere année de son épiscopat,
qui fut aussi celle du régne de Louis XII, il reçut des
lettres de ce prince pour l'établissement de quatre professeurs royaux en théologie. Son zèle pour la discipline
réguliere parut dans toutes les occasions où il put en
donner des marques. Les démêlés qui survinrent entre
le pape Jules II & le roi Louis XII, ayant donné lieu
à la tenue d'un concile national à Tours, Guillaume
Pélissier y fut appellé, & y souscrivit à la convocation
d'un concile général à Pise, aux premieres sessions duquel il assista. On lui attribue la réformation qui fut faite
après les premieres années du XVI siécle, des livres
d'église à l'usage de son diocèse. Se voyant avancé en
âge, il se démit de son évêché en faveur de GUIL-
LAUME Pélissier son neveu, prélat fort savant, *dont on*
va parler, Guillaume Pélissier l'ancien mourut en
1529.

PÉLISSIER ou PELLICIER (Guillaume) évêque
de Montpellier, abbé de Lerins, étoit né dans un petit
bourg de ce diocèse, & s'est rendu célèbre par son
érudition. Il n'étoit pas encore dans les ordres sacrés
lorsqu'il fut coadjuteur de son oncle. Le roi François I e
nomma parmi les seigneurs qui accompagnerent la duchesse d'Angoulême sa mere, au traité de Cambrai. En
1532, il reçut & harangua ce prince lors de son passage par Montpellier. Il accompagna ensuite le roi à Marseille, & partit ensuite pour Rome, où, après trois années de séjour, il obtint du pape Paul III une bulle
pour la sécularisation de son chapitre, & la translation
de son siége à Montpellier. Cette bulle est de 1536.
On peut voir ce point d'histoire traité avec étendue
dans *l'histoire ecclésiastique de Montpellier,* par M. de
Grefeuille, *liv. 5.* Guillaume Pélissier fut envoyé par
le roi François I à Venise, en 1540. C'est en cette
ville qu'il recouvra divers volumes hébreux, grecs &
syriacs, qui font aujourd'hui un des plus beaux ornemens
de la bibliothéque du roi. A son retour en France, il
transféra le siége de Maguelone à Montpellier, & s'opposa courageusement à l'hérésie, qui commençoit à faire
d'étranges ravages dans le Languedoc. On l'accusa pourtant d'en approuver les sentimens : & cette calomnie lui
attira une persécution qui dura jusqu'à sa mort, qu'on
met en 1568. Au reste, on lui suscita d'autres affaires à

la cour pour ses mœurs ; car on l'accusoit de vivre peu
régulierement, & de deshonorer son caractere par une
conduite libertine. Il souffrit assez long-temps des douleurs insupportables, causées par un ulcere qui lui déchiroit les entrailles, & qui le mit enfin au tombeau. Ce
malheur lui arriva par l'ignorance ou par la malice d'un
apothicaire, qui lui fit prendre des pillules de coloquinte
mal broyée, & qui convertit en poison mortel, un remede qui de lui-même auroit été salutaire. Guillaume
Pelissier dressa une belle bibliothéque. Il avoit travaillé
à divers commentaires sur Pline, & sur quelques auteurs anciens ; mais ces ouvrages sont pour la plupart
en manuscrit dans la bibliothéque des Jésuites du collége
de Paris. Il y a entr'autres de ce prélat des lettres qu'il
écrivoit étant ambassadeur à Venise, dont une partie est
conservée dans le cabinet de l'évêque de Montpellier,
& une autre partie dans celui de M. le marquis d'Aubais.
Guillaume Dorothée & André de Morgues lui dédierent
des livres. Cujas, Rondelet, Turnebe, Sylvius, & les
autres grands génies de son siécle parlent de lui avec
éloge, aussi-bien que de Thou & Scévole de Sainte-
Marthe.

PÉLISSON, *cherchez* PELLISSON.

PELLA, ville de Macédoine, est appellée aujour-
d'hui *Zuchria,* selon le Noir. Sophien la nomme *Ja-*
nizza ; mais celle-ci est différente, & a été bâtie par
les Turcs, & en leur langue signifie *ville neuve.* Pella
subsiste encore aujourd'hui : c'étoit le lieu de la naissance
de Philippe de Macédoine, & d'Alexandre *le Grand,*
que Juvenal appelle *Pelléen, sat.* 10.

PELLA, ville de Palestine, avoit été autrefois évêché suffragant de Jérusalem, & est différente d'une dans
la Thessalie, & d'une autre dans l'Achaïe. Lorsque Vespasien assiégea la ville de Jérusalem, les chrétiens qui y
demeuroient, en sortirent & allerent s'établir dans la
ville de Pella, à deux ou trois lieues du lac de Geneza-
reth, sur les frontieres de la Pérée & de la Trachonitide.
Ils revinrent s'établir à Jérusalem après le sac de la ville,
& la dispersion des Juifs qui y étoient restés. Quelques
auteurs ont cru que les Nazaréens & les Ebionites étoient
sortis des chrétiens de la ville de Pella. * Strabon, *l.* 16.
Pline, *l. 4.* Ferrari, *in lexic. &c.* Baillet, *topographie*
des saints.

PELLEGRIN DE MODÈNE, peintre célèbre d'Ita-
lie, a travaillé avec les autres disciples de Raphaël aux
ouvrages du Vatican, & a fait de son chef plusieurs tableaux dans Rome. Après la mort de son maître, il s'en
retourna à Modène, où il a beaucoup travaillé. Il mourut des blessures qu'il reçut en voulant sauver son fils,
qui venoit de commettre un meurtre dans une place publique de la ville de Modène. * De Piles, *abrégé de la*
vie des peintres.

PELLEGRIN TIBALDI, dit *Pellegrin de Bologne,*
né à Bologne, fils d'un architecte Milanois, eut tant de
génie pour les beaux arts, que s'étant mis de lui-même
à dessiner les belles choses à Bologne & à Rome, il
devint l'un des plus habiles de son temps en peinture &
en architecture civile & militaire. Ce fut dans la ville de
Rome, qu'il donna les premieres preuves de sa capacité, & que l'on rendit justice à son mérite ; mais quelque bons succès qu'eussent ses ouvrages, l'ouvrier n'en
étoit pas plus heureux ; soit qu'il n'eût pas le talent de
se faire valoir, ou qu'il n'eût pas celui de se contenter.
De sorte qu'un jour le pape Grégoire XIII, étant sorti
par la porte Angélique pour prendre l'air, & s'étant détourné du grand chemin, il entendit une voix plaintive,
qui lui paroissoit venir de derriere un buisson : il la suivit peu à peu, & vit un homme couché par terre au
pied d'une haye. Le pape s'en approcha, & ayant reconnu Pellegrin, il lui demanda ce qu'il avoit à se plaindre : » Vous voyez, *répondit Pellegrin,* un homme au
» désespoir. J'aime ma profession ; il n'y a point de peines
» que je ne me sois données pour m'y rendre habile ; je
» travaille avec assiduité, & je tâche à perfectioner mon
» ouvrage, jusqu'à ne le pouvoir quitter, ni me conf-

» tenter moi-même ; & tous ces foins font fi peu ré-
» compenfés , que je n'en faurois vivre. Ne pouvant
» donc foutenir cet état cruel , je fuis venu ici à l'écart,
» réfolu d'y mourir de faim , pour me délivrer des mi-
» feres de ce monde. » Le pape lui fit une groffe répri-
mande fur cette étrange réfolution ; & lui ayant remis
l'efprit & redonné courage , il lui promit toutes fortes
de fecours. Et comme la peinture avoit été jufque-là
fort ingrate à Pellegrin , Grégoire XIII lui confeilla de
fe mettre à l'architecture , dans laquelle il avoit fait voir
beaucoup d'habileté , & l'affura qu'il l'employeroit dans
fes bâtimens. Il profita de ce confeil , devint grand architecte & grand ingénieur , & bâtit de fuperbes édifices , qui devoient lui donner les moyens d'être content. Etant retourné en fon pays , le cardinal Borromée
lui fit faire à Pavie le palais de la Sapience , & il fut choifi
par les Milanois pour avoir l'intendance du bâtiment
qui fe faifoit alors de leur églife cathédrale. De-là il fut
appellé en Efpagne par Philippe II , pour travailler de
peinture & d'architecture au palais de l'Efcurial , où il
fit quantité d'ouvrages qui plurent tellement à ce prince,
qu'après lui avoir fait compter cent mille écus , il l'honora du titre de marquis. Pellegrin chargé d'honneurs
& de biens , s'en retourna à Milan , où il mourut au
commencement du pontificat de Clément VIII , âgé
d'environ 70 ans. * De Piles , abrégé de la vie des peintres.

PELLEGRIN (Simon-Jofeph de) poëte François ,
étoit fils d'un confeiller au fiége de Marfeille , où il naquit. Dans fa premiere jeuneffe il s'engagea dans l'ordre
des religieux Servites , & demeura long-temps parmi eux
à Moutiers au diocèfe de Riès. Dans la fuite ennuyé de
ce genre de vie , il le quitta , revint à Marfeille au commencement de ce fiécle , s'embarqua fur un vaiffeau en
qualité d'aumônier , & fit une ou deux courfes. Il étoit
de retour en 1703. Son amour pour la poëfie , qu'il a
toujours cultivée , s'étoit déja déclaré. Mais la piéce la
plus ancienne que l'on connoiffe de lui , eft fon Epître
au roi fur les glorieux fuccès des armes de fa majefté en
1703 , qui remporta le prix de l'académie françoife en
1704. Avec cette épître l'auteur envoya une ode fur le
même fujet ; & s'étant rendu à Paris , il reçut lui-même
le prix qui lui étoit adjugé. M. l'abbé de Choifi lui dit
en cette occafion , qu'il avoit eu un concurrent qui avoit
balancé quelque temps les fuffrages de l'académie. L'abbé
Pellegrin defira de le connoître ; on lui dit que c'étoit
l'auteur d'une ode reçue en même temps que l'épître. Il
fe trouva que cette ode étoit celle qu'il avoit lui-même
envoyée , & qu'ainfi il n'avoit été que le concurrent de
lui-même. Cette fingularité fit quelque bruit. Madame
de Maintenon voulut connoître l'auteur des deux piéces.
L'abbé Pellegrin en fut très-bien reçu : & comme il fe
croyoit fans ceffe pourfuivi par les religieux Servites avec
qui il ne vouloit plus demeurer , il profita de cette circonftance pour fupplier madame de Maintenon de lui
obtenir une difpenfe du pape & un bref de tranflation
dans l'ordre de Cluni , ce qui lui fut accordé. L'abbé
Pellegrin fit par reconnoiffance des cantiques pour les
demoifelles de S. Cyr , qui ont été imprimés. Il remporta auffi plufieurs prix aux jeux floraux de Touloufe,
qui lui ont fait honneur. Comme il étoit fans biens , il
avoit imaginé , pour fubfifter , d'avoir chez lui une boutique ouverte , pour ainfi dire , d'épigrammes , de ma-
drigaux , d'épithalames , de complimens pour toute forte
de fêtes & d'occafions , qu'il vendoit plus ou moins felon le nombre des vers & leur différente mefure. Il ne
ceffa auffi de travailler , depuis qu'il eut fixé fon féjour
à Paris , pour les différens théatres qui font établis
dans cette ville , & pour celui de l'opéra comique.
Ce genre d'ouvrages n'étant nullement afforti avec
l'honneur qu'il avoit reçu du facerdoce ,
feu M. le cardinal de Noailles lui interdit la célébration de nos faints myftères ; & cet interdit n'a
jamais été levé. Du refte l'abbé Pellegrin a paffé pour
homme de probité. Une grande partie de ce qu'il a reti-

roit de fes travaux , il le donnoit à fa famille qui n'étoit
pas à fon aife , & il fe refufoit fouvent à lui-même ce
qui lui eût été le plus néceffaire. Sa modération étoit
telle , que quoiqu'il ait été fouvent l'objet de beaucoup
de traits fatyriques , il n'a jamais répondu fur le même
ton , ni attaqué la réputation de perfonne. On affure
qu'il eft mort dans de grands fentimens de religion. Il
avoit 82 ans , lorfqu'il mourut à Paris le 5 feptembre
1745. Voici la lifte de ces ouvrages que nous
connoiffons , ou que nous trouvons cités comme étant
de lui. 1. Cantiques fpirituels fur les points les plus importans de la religion , fur différens airs d'opéra , pour
les dames de S. Cyr , à Paris , in-8°. 2. Autres Cantiques fur les points principaux de la religion & de la
morale , à Paris 1725 , in-12. 3. Hiftoire de l'ancien
& du nouveau Teftament , mife en cantiques , fur les
airs des opéra & vaudevilles , 2 vol. in-8° , Paris
1705. 4. Les Pfeaumes de David en vers françois , fur
les plus beaux airs de Lulli , Lambert & Campra , à
Paris , 1705 , in-8°. 5. L'Imitation de Jefus-Chrift , fur
les plus beaux vaudevilles , à Paris 1729 , in-8°. 6. Les
Œuvres d'Horace , traduites en vers françois , éclaircies
par des notes , augmentées d'autres traductions & piéces de poëfie , avec un difcours fur ce célébre poëte ,
& un abrégé de fa vie , à Paris 1715 , 2 vol. in-12.
Il n'y a que les cinq livres d'odes qui foient traduits.
Les poëfies que l'abbé Pellegrin a ajoutées à la fuite de
fa traduction , font (1. fix Odes à la louange de S. François de Sales , c'eft-à-dire , fa chafteté , fa charité ,
fa douceur , fon introduction à la vie dévote , fa canonifation , & fur l'amour des filles de la Vifitation pour
ce faint prélat. Ces piéces font traduites des vers latins
de feu M. de la Foffe , prêtre de la congrégation de
S. Lazare. 2. L'Epître qui a remporté le prix de l'académie françoife en 1704 , & l'Ode qui avoit concouru.
3. Ode fur l'élévation de M. le duc d'Anjou , fils de
France , au trône d'Efpagne. 4. Odes au roi , à M. le
duc de Bourgogne , & à la France , fur la naiffance de
M. le duc de Bretagne. 5. Ode fur l'ambition. 6. Poëme
fur le triomphe de la grace dans la converfion de S. Paul.
7. Ode fur la prife de Lérida , à M. le duc d'Orléans.
8. Ode fur le fiége de Toulon. 9. Ode à l'honneur de
M. de la Motte , pour le jour de fa réception à l'académie françoife. 10. Enfin , Ode fur la bataille de Villa-
Vitiofa.) 7. Etrennes & Odes à tous les princes chrétiens,
in-4°. 8. Polydore , tragédie , repréfentée en 1705 , dédiée à M. d'Argenfon , avec une préface , à Paris 1706,
in-12. 9. La mort d'Ulyffe , tragédie repréfentée en
1706 , à Paris 1707 , in-12. 10. Le Nouveau Monde,
comédie en trois actes , en vers , avec un prologue , des
divertiffemens & une préface , repréfentée en 1722 , à
Paris 1723 , in-12. 11. Le divorce de l'amour & de la
raifon , fuite du Nouveau Monde , comédie héroique
en trois actes , en vers , avec un prologue , des divertiffemens , & un difcours fur la maniere dont on juge des
ouvrages de théatre , repréfentée en 1723 , à Paris
1724 , in-12. 12. Le Paftor fido , paftorale héroique ,
en trois actes , en vers libres , repréfentée en 1726 , avec
un prologue & une préface , à Paris 1726 , in-8°. 13. La
fauffe inconftance , comédie en trois actes , en vers , repréfentée en 1732. Cette piéce avoit déja paru fous le
titre du Faux intéreffé , ou des vrais amis , comédie en
vers , & en cinq actes , repréfentée en 1720. Elles ne
font imprimées ni l'une ni l'autre. 14. Pélopée , tragédie
repréfentée en 1733 , dédiée à M. le maréchal de Villars , par une épître en vers , avec une préface , à Paris
1733 , in-8°. 15. Médée & Jafon , opéra ou tragédie en
mufique , repréfentée en 1713. Elle a été imprimée la
même année , à Paris , in-4° , fous le nom d'Antoine de
la Roque , chevalier de l'ordre militaire de S. Louis ,
auteur du Mercure de France ; mais on affure que les paroles de cet opéra font de l'abbé Pellegrin. 16. Télléma-
que ou Calypfo , tragédie en mufique , avec un prologue,
1714 , in-4°. 17. Renaud , ou la fuite d'Armide , tragédie en mufique , avec un prologue , 1722 , in-4°.
18. Jephté ,

8. *Jephté*, tragédie fainte, en mufique, avec un prologue, 1732, *in-4°*. 19. *Hippolyte & Aricie*, tragédie
en mufique, avec un prologue, 1733, *in-4°*. 20. *Catilina*, tragédie, à Paris 1742, fous le nom du *chevalier
de Pellegrin*, frere de l'auteur : cette tragédie n'a pas été
repréfentée. 21. *L'Inconftant*, ou les trois épreuves,
pour le théâtre de la comédie italienne, comédie en trois
actes, en vers, repréfentée en 1727. 22. *Arlequin à la
guinguette*, piéce en trois actes, à la muette, avec des
écriteaux, repréfentée fur le théâtre de l'opéra comique,
dans le jeu du fieur chevalier Pellegrin, le 25 juillet
1711. C'eft cette piéce que ce jeu s'ouvrit. 23. *Le
pied de nez*, piéce en trois actes, pour le même jeu, en
1718. 24. *Arlequin rival de Bacchus*, piéce en trois
actes, pour l'opéra comique, repréfentée en 1721. On
attribue à l'abbé Pellegrin plufieurs autres piéces, entr'autres, celles qui compofent le théâtre de mademoifelle Barbier, & celles qui ont paru fous le nom du chevalier Pellegrin, & fous celui d'Antoine de la Roque
; mais nous ne fommes pas affez inftruits de ces anecdotes pour rien affurer. Voyez au fujet de mademoifelle
Barbier, le *fecond Supplément au Parnaffe françois* par
M. Titon du Tillet. Lorfqu'Antoine de la Roque fut chargé de la compofition du Mercure, l'abbé Pellegrin eut
pour fon partage l'article concernant les fpectacles, qui
fait partie de chaque volume du Mercure ; & après la
mort de M. de la Roque, on lui donna une penfion de
deux cens livres fur la continuation du même ouvrage
périodique. Dans l'un des *Mercures* pour l'année 1731,
on trouve une critique du folide ouvrage du pere le Brun,
prêtre de l'Oratoire, fur la comédie, &c. & l'on attribue cette critique à l'abbé Pellegrin. Ce petit écrit a été
réfuté par feu M. l'abbé Granet, fous le nom d'un confeiller de Grenoble. On trouve parmi les *piéces fugitives
d'hiftoire & de littérature*, une *Lettre de l'abbé Pellegrin à mademoifelle* Barbier, fur ce qu'on attribuoit audit abbé les tragédies d'Arrie & de Cornélie. Voici le
jugement que M. Fréron porte de l'abbé Pellegrin, dans
fes *Lettres à madame la comteffe de *** fur quelques
écrits modernes* : « Le théâtre lyrique a perdu fon pa-
» triarche en la perfonne de l'abbé Pellegrin, qui avoit
» une penfion fur le *Mercure*. Il eft mort le 5 du mois
» de feptembre 1745, âgé de 82 ans. Il a pu rendu
» affez de juftice à ce fécond écrivain. Il n'étoit pas affu-
» rément fans mérite, & nous avons de lui des mor-
» ceaux, tels que l'opéra de *Jephté*, la tragédie de *Pé-
» nélope*, & la comédie du *Nouveau Monde*, qui feroient
» honneur à certains auteurs d'aujourd'hui, qui jouiffent
» d'une grande réputation d'efprit. .... L'abbé Pellegrin
» étoit né malheureufement fans fortune, ce qui le mit
» dans la néceffité de multiplier fes veilles & les fruits
» de fon travail. On jugea avec raifon, qu'un homme
» qui faifoit tant de vers, n'en pouvoit guères faire de
» bons. Une chofe encore qui a pu contribuer à le décri
» où il s'étoit tombé, fut fa négligence fur fon extérieur.
» Il étoit bien éloigné du *luxus eruditus* dont parle Pé-
» trone ; ou plutôt, on l'auroit pris, à le voir, pour
» un véritable *érudit*, quoiqu'il ne fût rien moins que
» favant. De plus, la nature lui avoit refufé l'avantage
» méchanique de s'exprimer avec facilité, & fa langue
» fervoit fort mal fes idées, défaut effentiel vis-à-vis de
» trois quarts des gens du monde.... Du refte il étoit
» plein de droiture & de mœurs, d'une candeur & d'une
» fimplicité admirables dans un homme de fon mé-
» tier, &c. » M. Fréron a raifon de condamner la miférable épitaphe fatyrique de l'abbé Pellegrin que l'abbé
Desfontaines a malignement inférée dans fes feuilles
périodiques, données fous le titre de *Jugemens fur les
ouvrages nouveaux*. Il en rapporte une autre qui ne confifte que dans ces quatre vers :

> *Prêtre, poëte & Provençal ,*
> *Avec une plume féconde ,*
> *N'avoir ni fait , ni dit de mal ,*
> *Tel fut l'auteur du Nouveau Monde.*

Dans le *Mercure de France*, juin 1746, fécond volume, on ôte, ce femble, *Le Nouveau Monde* à l'abbé
Pellegrin ; car voici ce que l'on dit : « Le théâtre fran-
» çois a remis *le Nouveau Monde*, comédie métaphy-
» fique, entrecoupée de trois intermedes. Les véritables
» auteurs de cette piéce n'ont jamais voulu fe montrer
» à vifage découvert. Quoiqu'on ait plus que des con-
» jectures qui décelent leur traveftiffement, on ne dé-
» voilera pas un myftere qu'ils s'efforcent de cacher
» depuis tant d'années : on ne les nommera point ,
» puifqu'ils ont offert à la curiofité le nom d'un auteur
» qui s'eft bien voulu charger du rolle de prête-nom.
» Cette comédie a été repréfentée pour la premiere fois
» dans le mois de feptembre de l'année 1722. L'inco-
» gnito affecté par fes auteurs, caufa bien des tracafferies
» fur le Parnaffe. On l'attribua d'abord à M. Fuzelier,
» auteur de *Momus fabulifte*, inventeur de la mode
» de *l'incognito*, &c. Quand le *Nouveau Monde* parut
» pour la premiere fois, il étoit chargé d'une fcêne du
» poëte, qu'on a très judicieufement fupprimée. » *Mém.
manufcr.* du P. Bougerel, de l'Oratoire. M. de Beauchamp, *Recherches fur les théatres de France*, tome
troifiéme, au chapitre de l'opera, & dans celui des
piéces de la comédie italienne ; & tome fecond, pag. 81
& fuivantes. *Mémoires pour fervir à l'hiftoire des théatres de la foire*, (par MM. Parfait) tome fecond.
*Lettres à madame la comteffe de *** &c. tom I, pag. 85
& fuiv. Le volume du *Mercure*, cité dans cet article.

PELLEGRINI ou **LE PELERIN**, connu fous le nom
de *Camillus Peregrinus*, né à Capoue le 29 feptembre
de l'an 1598, étoit petit neveu d'un autre CAMILLE
Pellegrini, homme de lettres, qui s'acquit une grande
réputation par fon favoir, & qui prit le parti du Taffo
contre l'académie de la Crufca de Florence. CAMILLE
Pellegrini, fon neveu, éclairé par fes exemples domeftiques, fe rendit habile dans les fciences ; & dès l'âge
de 20 ans, compofa un traité de la poétique. Depuis
il publia d'autres ouvrages : *Apparato all' antichità di
Capoua, Hiftoria principum Longobardorum, &c.* Il
mourut en 1664, âgé de 66 ans. * Lorenzo Craffo ,
elog. d'huom. letter.

PELLETIER (Laurent) religieux Bénédictin ,
& facriftain de l'abbaye de S. Nicolas d'Angers,
étoit né lui-même dans l'Anjou. Il s'eft fait connoître
par quelques ouvrages qui ont paru de fon vivant,
c'eft-à-dire, vers la fin du XVI fiécle, & au commencement du XVII. On connoît de lui un traité de la
chafteté des femmes illuftres, une *Légende de Robert
d'Arbriffelles*, avec le catalogue des abbeffes de Fonte-
vrault, in-4°, à Angers en 1586 ; & une hiftoire latine
tine de l'abbaye de S. Nicolas d'Angers, en latin,
fous ce titre : *Breviculum fundationis & feries abbatum
fancti Nicolai Andegavenfis*, in-4°, à Angers en 1616.
On en a fait une feconde édition au même lieu en 1635,
fous ce nouveau titre : *Rerum fcitu digniffimarum à
prima fundatione monafterii fancti Nicolai Andegavenfis ad hunc ufque diem epitome, necnon ejufdem monafterii abbatum feries*. Il a fait auffi une *Hiftoire des
ordres de religion & congrégations eccléfiaftiques*, en françois, in-8°, à Angers en 1626. On croit qu'il étoit
parent du fameux Claude Menard, Angevin. * Le Long,
biblioth. hift. de la France, p. 252 & 280. *Mém. du
temps.* Helyot, *hift. des ordres monaft.* t. I, p. 36 du
catal. des auteurs.

PELLETIER (Gerard) Lorrain, né dans le diocèfe de Toul, fe fit Jéfuite en 1611, à l'âge de 25
ans. Il enfeigna les humanités & la rhétorique pendant
onze ans, & s'acquit une fi grande réputation, qu'on
le jugea capable de préfider dans le collège de fa fociété
à Bourges, aux études des jeunes princes Louis & Armand de Bourbon-Condé. Il eft mort à Paris le 4 de novembre de l'an 1648, felon le pere le Long. Il eft auteur du *Palatium reginæ eloquentia*, imprimé à Paris en
1641, *in-fol.* réimprimé à Franfort & à Mayence, fous

ce titre : *Palatium reginæ eloquentiæ , revisum ac sensu & moribus Germanorum & aliarum nationum accommodatum , à reverendis patribus societatis Jesu Moguntinis.* Cet ouvrage a encore été imprimé à Lyon , en 1653 & 1657, *in-4°.* & à Paris en 1663, *in-4°.*

PELLETIER (Guillaume) Jésuite , natif de Clinchamps, à trois lieues de Caen, avoit un grand talent pour la prédication , & s'est acquis beaucoup de réputation par son éloquence , & l'amitié de ceux qui l'ont connu , par la douceur de ses mœurs, sa candeur & sa politesse. On a de lui l'oraison funèbre de Henri d'Orléans , duc de Longueville , qu'il avoit prononcée à Caen , & qui fut imprimée en 1663. Il a été recteur du collège de sa société à Caen , & il l'étoit de celui de Paris , lorsqu'il mourut le 4 de juillet 1668 , âgé de 85 ans. Il étoit né en 1610 , & s'étoit fait Jésuite à l'âge de 22 ans. * Voyez M. Huet dans ses *Origines de Caen.*

PELLETIER (Paul le) seigneur des Touches. Il méprisa le monde avant que celui-ci pût le séduire ; & pour en éviter tous les pièges , il se consacra de bonne heure à la vie retirée & pénitente. Il se trouvoit déja maître d'un bien considérable , lorsqu'il étudioit en philosophie sous M. Guillebert , docteur de Sorbonne , qui a été curé de Rouville en Normandie , où il s'est fait beaucoup estimer par son zèle & la solidité de ses instructions , & qui est mort le premier de mai 1666. M. des Touches acquit , par le moyen de son professeur , la connoissance de M. du Verger de Hauranne , abbé de saint Cyran , qui gouta si fort le caractère de son esprit , qu'il l'engagea à demeurer avec lui. M. des Touches a été en effet un de ses plus chers confidens ; & ce fut lui qui écrivit en partie les pensées sur la pauvreté & sur la mort que nous avons de M. de saint Cyran. Après la mort de cet abbé , M. des Touches s'attacha à M. de Barcos , neveu de M. du Verger , & son successeur à l'abbaye de saint Cyran , & il le suivit dans cette retraite avec M. Guillebert & quelques autres. Dans la seconde guerre de Paris, l'abbaye de saint Cyran fut pillée par des coureurs qui causèrent dans cette maison pour plus de 12 ou 15 mille livres de perte , & ils emmenèrent M. des Touches & quelques autres, de qui ils exigèrent une rançon. M. des Touches suivit à saint Cyran toutes les observances de la nouvelle réforme , que M. de Barcos y établit ; & après la mort de cet illustre réformateur , il se retira à Paris , où il continua le même genre de vie. Il est mort le 22 de juin 1703, âgé de 81 ans. Il avoit toujours été uni à Port-Royal , & à tous les solitaires qui y étoient attachés. M. de saint Cyran avoit fait pour lui un règlement de vie étendu , qui n'a point été imprimé. * *Mémoires du temps. Lettres de M. Arnauld, tome II , p.* 375.

PELLETIER (Jean le) de Rouen , vint au monde le 29 décembre de l'année 1633 , & fut baptisé en l'église de S. Denys à Rouen. Il fut élevé dans la maison paternelle , & la vivacité de son génie le fit appliquer dans sa première jeunesse à apprendre diverses choses amusantes. La peinture fut une des principales : il aima aussi la chasse ; M. Pascal qui étoit à Rouen dans ce temps-là, se trouvoit volontiers avec lui. Quand M. le Pelletier eut atteint l'âge de vingt ans , comme il aimoit beaucoup la lecture, il forma le dessein d'apprendre le latin , afin de satisfaire l'envie qu'il avoit de lire les auteurs écrits en cette langue , parcequ'on l'avoit assuré qu'il y trouveroit abondamment de quoi s'instruire dans toutes les sciences. Il prit donc un rudiment du père Codret, qui étoit le livre à la mode en ce temps-là dans les collèges ; & l'ayant appris par cœur , il voulut essayer à expliquer les auteurs Latins ; mais ayant senti le besoin qu'il avoit de secours plus efficaces , il s'adressa à un maître de latin , & le pria de l'aider à expliquer les auteurs. Il lui dit qu'il ne lui demandoit ni règles ni instructions , mais seulement qu'il lui expliquât les difficultés qu'il lui proposeroit ; & il lui apporta un Tacite, par lequel il voulut commencer. Il a dit dans la suite, que ce maître lui avoit été fort utile durant un mois ;

mais au milieu du second , il lui dit qu'il le voyoit bien qu'il le fatiguoit , & qu'il le remercioit de ses instructions qui l'avoient mis en état de pouvoir travailler seul. Depuis ce temps-là il continua en effet ses études seul. Outre le latin, il apprit encore sans maître les langues espagnole & italienne, ensuite la langue grecque , puis les mathématiques, l'astronomie , l'architecture , la médecine & tout ce qui a rapport à celle-ci. Une personne de Rouen qui s'étoit livrée depuis bien des années à l'alchymie , ayant un jour parlé avec une espece d'enthousiasme de cette science à M. le Pelletier, celui-ci voulut aussi l'étudier dans tous les auteurs qui en ont écrit ; & en six semaines il y fit de grands progrès. Cette étude l'occupa quelques années , & il fit plusieurs expériences. Etant parvenu à l'âge de quarante ans , il se livra à l'étude de la religion , qui l'occupa jusqu'à sa mort arrivée le dernier jour d'août 1711 , dans la soixante-dix-huitième année de son âge. Il n'a presque rien écrit que pour éclaircir différens endroits de l'Ecriture sainte , & il fait paroître beaucoup d'érudition dans tout ce qu'il a écrit. En 1700 , il donna une *Dissertation sur l'arche de Noé* : c'est un gros volume *in-12* , qui parut à Rouen. Il y joignit une seconde dissertation sur l'*Hémine , ou la livre de S. Benoît* ; & l'un & l'autre faisoient partie d'un plus grand ouvrage qui n'a point paru. Dans les *Mémoires de Trévoux* l'on trouve de M. le Pelletier des dissertations sur le mot Kesit en (קשיטה) qui se trouve dans la Genèse, 33 , 19 ; dans Josué 24 , 32 , & dans Job 42 , 11. *Mémoires de Trév. mai* 1704. Sur la chevelure d'Absalon , dans les mêmes *mém. août* 1714. Sur les poids & mesures des anciens. Discours contre l'opinion commune, que Socrate a souffert la mort pour la défense de l'unité d'un Dieu , dans les mêmes *mémoires.* L'explication du temple d'Ezéchiel , & de quelque chose sur le temple de Salomon , dans les *Essais de littérature, mai* 1703. Remarques sur les erreurs des peintres , dans les *mémoires de Trévoux , mai & décembre* 1704, & *septembre* 1705. Dès 1683 M. le Pelletier avoit publié à Rouen une traduction françoise de l'ouvrage anglois, où le chevalier Robert Naunton donne les caractères des favoris de la reine Elizabeth: la traduction est intitulée *Fragmenta regalia , ou Caractère véritable d'Elizabeth, reine d'Angleterre , & de ses favoris.* Cet ouvrage se trouve aussi avec le secret des cours , traduit de l'anglois de François Walsingham , à Lyon 1695, *in-12.* Il a été réimprimé en 1745.

PELLETIER (le) *cherchez* PELLETIER (le).

PELLEVÉ , maison noble de Normandie , porte le nom d'une terre qui est dans la même province. GUILLAUME de Pellevé , du temps de Guillaume le Bâtard roi d'Angleterre & duc de Normandie , reçut de ce prince la terre de Cadi en Angleterre , pour le récompenser des services qu'il lui avoit rendus en la conquête de ce royaume. Les registres de la chambre des comptes de Paris parlent de THOMAS de Pellevé, qualifié *armiger vicecomes Valoniarum* , c'est-à-dire , écuyer vicomte de Valognes , qui fut reçu en cette chambre l'an 1418. Il vivoit encore en 1453 , & eut de *Guillemette* d'Octeville sa femme , THOMAS , qui suit ; *Robert* de Pellevé, qu'on fait maître des requêtes , pere de *Jacques* de Pellevé , seigneur d'Aubygni ; & *Jean* de Pellevé , tige des comtes de Flers , seigneurs de Traci, dont la postérité subsiste. THOMAS de Pellevé , II du nom , seigneur de Pellevé , d'Amayé , &c. bisaïeul du cardinal dont il est parlé dans l'article suivant , avoit épousé *Jeanne* de Malherbe , dame de Joui , dont il eut CHARLES de Pellevé , seigneur de Joui , de Rebets, &c. Celui-ci épousa *Héline* du Fai , dont il eut cinq fils; JEAN , qui suit ; *Nicolas* , cardinal ; *Robert* de Pellevé , évêque de Pamiers , mort en 1579 ; *Gilles* , seigneur de Rebets , capitaine de cinquante hommes d'armes de l'ordonnance du roi , tué l'an 1567 à la bataille de S. Denys , laissant des enfans de *Geneviève* de Montmorency sa femme , fille de *Claude* , baron de Fosseux , &c. & d'*Anne* d'Aumont ; CHARLES de Pellevé, seineur de Sauffai , qui.épouſa *Françoiſe* d'Affi , dame le Tourni , d'où vint JACQUES de Pellevé , ſeigneur le Tourni , marié à *Elizabeth* du Bec , barone de Bouri , nieule d'EMANUEL de Pellevé , marquis de Bouri , &c. ué le 12 juin 1672 au paſſage du Rhin , à Tolhuis. Celui-ci avoit épouſé le 25 octobre 1663 *Anne* le Goux , ille de *Pierre* le Goux , ſeigneur de la Berchere , baron de Toiſſi , &c. premier préſident au parlement de Bour-gogne , puis en celui de Dauphiné , morte le 4 octobre 1715 , dont il a eu *Denys* de Pellevé , marquis de Bouri , le dernier de ſa branche , tué à l'aſſaut de Car-thagène en Amérique en 1697. JEAN de Pellevé prit alliance avec *Renée* de Bouri , & fut pere de *Pierre* de Pellevé , ſeigneur de Joui , qui mourut ſans poſtérité ; de *Françoiſe* , dame de Joui , mariée 1°. à *Jean* de Piſſeleu , ſeigneur de Heilli ; 2°. à *Michel* d'Eſtourmel , ſeigneur de Guyencour , gouverneur de Peronne , Mon-didier & Roye ; & de *Roberte* de Pellevé , femme de *Nicolas* de Moi , ſeigneur de Riberpré.

PELLEVÉ (Nicolas de) cardinal , évêque d'A-miens , puis archevêque de Sens en 1563 , & de Reims en 1592 , fils de CHARLES de Pellevé , ſeigneur de Joui , de Rebets , &c. & d'*Héléne* du Fai , naquit au château de Joui un lundi 18 octobre de l'an 1518 , étu-dia le droit à Bourges , où il l'enſeigna depuis , & fut enſuite conſeiller aux enquêtes , puis maître des requê-tes. Pendant ce temps - là on l'appelloit ſimplement M. des Cornets , du nom d'un prieuré qu'il avoit dans le dioceſe d'Avranches. Il s'étoit attaché au cardinal de Lorraine , qui contribua à ſon élévation , & lui procura l'évêché d'Amiens. Le roi Henri II le nomma à cette di-gnité , dont il prit poſſeſſion en 1553. On l'envoya en 1559 en Ecoſſe , où on lui donna quelques docteurs de Sorbonne pour eſſayer de ramener les hérétiques , ou par la douceur , ou par la force. Elizabeth , reine d'Angleterre , envoya du ſecours aux Ecoſſois , qui aſſié-gerent le port de Leyte ou de Petit-lit , renommé par les beaux faits d'armes qui s'y firent. Pellevé étoit venu en France demander du ſecours ; mais la paix fut con-clue preſque en même temps ſous le régne de Fran-çois II. Depuis , il quitta ſon évêché d'Amiens pour l'ar-chevêché de Sens. Il ſuivit le cardinal de Lorraine au concile de Trente , & ſe déclara contre les libertés de l'égliſe Gallicane. Il fut fait cardinal par le pape Pie V , en 1570. Ce prélat étoit alors en France , & n'alla que deux ans après à Rome , où Gregoire XIII lui donna le chapeau de cardinal & le titre de ſainte Praxede. Il paſſa vingt années de ſuite à Rome , & y ſervit nos rois avec zèle , comme on le peut voir dans les lettres de Paul de Foix ; mais depuis il devint un des premiers chefs de la Ligue. En 1585 il fut le huitième des 25 cardinaux qui ſouſcrivirent à la bulle de Sixte V , qui dé-claroit Henri , roi de Navarre , & Henri , prince de Condé , excommuniés & incapables de parvenir eux ni les leurs à la couronne de France. En un mot , il ſe déchaîna ſi fort contre ſon propre légitime , que les deux princes excommuniés , ſur les remontrances du parlement , firent leurs proteſtations , & appellerent comme d'abus de cette bulle , ſoutenant que Sixte , ſoi diſant pape , en avoit (ſauf ſa ſainteté) fauſſement menti ; que lui-même étoit hérétique ; qu'ils le prou-veroient dans un concile libre & légitimement aſſem-blé ; & qu'ils ſauroient bien châtier la témérité de tels galans , comme ce prétendu Sixte , lorſqu'ils s'ou-blioient de leur devoir , & paſſoient les bornes de leur vocation , en confondant le temporel avec le ſpirituel. Cette proteſtation fut affichée à Rome le 6 novembre 1585. Enfin le roi Henri III fit ſaiſir les revenus des bénéfices que le cardinal avoit en France. Pellevé eut alors beſoin du ſecours de la Ligue & des bienfaits des papes , qui le mirent au nombre des pauvres cardi-naux. Henri III lui accorda main - levée de ſes revenus vers la fin de 1587. Après la mort du cardinal de Lé-noncourt , il fut archevêque de Reims , vint en pren-dre poſſeſſion en 1592 , & tint dans cette ville une aſ-

ſemblée avec les princes de la maiſon de Lorraine. De-là il revint à Paris , & y fut chef du conſeil de la Ligue , & préſident du clergé aux états que ceux de ce parti tenoient en cette ville , où il mourut le 28 mars de l'an 1594 , âgé de 80 ans. Nous avons des livres faits du temps de la Ligue , qui parlent peu avantageuſement de lui. En effet il conſerva un attachement inexcuſa-ble pour ſa parti , ou par zèle de religion , ou par re-connoiſſance pour la maiſon de Guiſe , ou par vengeance de ce que le roi Henri III lui avoit fait ſaiſir les revenus de ſes bénéfices. * Frizon, *Gall. purp.* Sanmarth. *Gall. chriſt.* Auberi , *hiſtoire des cardinaux. Mémoires de la Ligue. Mémoires de Chiverni.* Davila. De Thou. Du-pleix. Mezerai. Le Laboureur , &c.

PELLEUS , *cherchez* LEON , dit *Pellæus*.

PELLICAN (Conrad) miniſtre proteſtant , né à Ruf-fach , ville d'Alſace , le 8 janvier de l'an 1478 , fils de *Conrard* Kurſiners , & d'*Elizabeth* Galle. Il changea le nom de ſa famille , qui étoit *Kurſiners* , en celui de *Pelican.* Après ſes premieres études , il ſe fit Cordelier en 1493 , ſe rendit habile dans les ſciences , apprit de lui-même la langue hébraïque & la grecque , & étudia depuis la philoſophie & la théologie , qu'il enſeigna même avec beaucoup de réputation. Il exerça les prin-cipales charges de ſa province , fut envoyé en France & en Italie pour aſſiſter à des chapitres généraux , tenus à Rouen , puis à Rome & à Lyon , & fut gardien du couvent de Baſle en 1522. Peu après il donna dans les ſentimens de Luther ; & quoiqu'il gardât d'abord quel-ques meſures , de peur de ſe faire des affaires dans ſon ordre , il les enſeignoit en particulier , & favoriſoit , au-tant qu'il pouvoit , tous les religieux qui avoient du pen-chant pour ces nouveautés. Enfin il quitta en 1526 , ſon habit de religieux qu'il avoit porté 33 ans , & vint enſeigner l'hébreu à Zurich , où il ſe maria peu après , de peur de donner mauvais exemple à ſes freres en Chriſt. Il ſuivit en cela le conſeil de ſes amis , comme le dit Melchior Adam dans la vie de Pellican , pour faire voir par-là , qu'il avoit entierement rompu avec l'é-gliſe romaine. Zuingle admira le deſſein de Pellican , & craignit que le mariage ne lui fût contraire ; mais c'étoit ſans raiſon , car cet apoſtat ayant perdu ſa premiere femme en 1536 , en épouſa une ſeconde , & vécut juſ-qu'au 14 ſeptembre 1556 , qui étoit le 78e de ſon âge. Il a compoſé divers ouvrages que les proteſtans ont fait imprimer en plus grand volumes. On a deux lettres de lui , où il apprend pluſieurs circonſtances de ſa vie. Ce ſont les 50e & 51e du recueil intitulé : *Illuſtrium & clarorum vi-rorum epiſtolæ ſelectiores ,* donné par Gabbema.

PELLICIER , *cherchez* PELISSIER.

PELLISSON (Raimond) fut ambaſſadeur de France en Portugal l'an 1536. L'année ſuivante il fut fait préſi-dent au ſénat de Chamberi , & commandant en Savoye. En 1546 il fut fait maître des requêtes. Vers l'an 1548 , il fut accuſé avec divers conſeillers du même ſénat , par le procureur général Julien Taboué , d'avoir fal-ſifié des arrêts. Ce procès fut renvoyé au parlement de Dijon , qui déclara l'an 1552 Pelliſſon & les autres , con-vaincus du crime dont on les accuſoit , & les condamna entr'autres peines à faire amende honorable dans le par-quet de l'audience à Dijon , ce qui fut exécuté. Pelliſſon & les autres s'adreſſerent au roi , pour demander la révi-ſion de ce procès. Elle leur fut accordée , & l'affaire fut jugée au parlement de Paris , où furent mandés les maî-tres des requêtes & les juges de Dijon qui avoient aſſiſté au premier jugement. Dans cette aſſemblée ſolemnelle & extraordinaire , Pelliſſon & les conſeillers furent pleinement abſous , & Julien Taboué condamné à faire amende honorable dans le parquet du palais , & ſur les dégrés de la table de marbre. On dit que depuis il fut contraint de vivre en demandant l'aumône. La femme de Raimond Pelliſſon eut une ſi grande joie du gain de ce procès , qu'elle en mourut ſur le champ ou fort peu de temps après , quoiqu'on lui eût dit pour tempérer cette joie , que ſon mari étoit mort. Tout le détail de ce procès

& l'arrêt du parlement de Paris, se trouvent dans les arrêts de Papon, *liv. XIX, arrêt 3*, & dans les histoires mémorables de Simon Goulart, *tome III, page 6*. Peu de temps après Raimond Pellisson fut fait premier président & garde des sceaux au sénat de Chamberi, & eut outre cela une pension de 1400 livres. Il mourut dans cette ville en 1558, & laissa plusieurs enfans établis en Auvergne; entr'autres, FRANÇOIS, seigneur de Réddon, *Claude, Gaspard, Marguerite, Françoise*, & PIERRE, qui suit.

PELLISSON (Pierre) étoit mineur, lorsque son pere mourut. Il étoit sous la tutelle de *Pierre Pellisson*, seigneur de la Grange-Blanche. Il y a apparence qu'il étudia en Allemagne, & que ce fut-là qu'il embrassa la religion prétendue-réformée. Il avoit composé un livre sur une dispute de religion qu'il eut à Strasbourg avec un gentilhomme Allemand. *Paul Pellisson*, dont nous parlerons dans la suite, l'ayant trouvé dans la bibliothèque de M. Drelincourt, ministre de Charenton, le fit transcrire. Ce Pierre Pellisson se rendit si odieux à sa famille par son changement de religion, qu'il ne put jouir de ce qui lui appartenoit dans la succession de son pere, quelques ordres que le roi eût donnés pour l'en mettre en possession. Henri IV, depuis roi de France, le récompensa de la perte qu'il avoit faite, en lui donnant le 16 février 1583 une charge de maître des requêtes de l'hôtel de Navarre. Le 28 septembre 1592 il fut fait conseiller au conseil privé du même royaume. Le 31 juillet de la même année, le roi lui donna une charge de conseiller en la chambre de l'édit de Castres, & le 3 octobre suivant une pension de quatre cens écus. Il paroît qu'il étoit employé dans des affaires dont nous n'avons point de connoissance, puisqu'il y a une lettre du roi qui lui promet de le récompenser des services qu'il lui rend. On trouve dans *les recherches des antiquités de la langue françoise* ou *dictionaire gaulois* de M. Borel, médecin de Castres, que Pierre Pellisson devoit être un des plus grands joueurs d'échets de son temps. Il épousa en 1588 *Anne du Bourg*, de la famille d'*Antoine du Bourg*, chancelier de France, & du célebre *Anne du Bourg*. Il laissa une fille appellée *Jeanne*, qui fut mariée à *Pierre de Doux*, seigneur d'Ondes, d'où sont venus, 1. PIERRE de Doux, seigneur du même lieu, qui a laissé PIERRE de Doux, seigneur d'Ondes, réfugié en Angleterre; & 2. *N.* de Doux, mariée à *N.* de Seguier, seigneur de Favas, d'où sont venues plusieurs filles, dont l'une fut reçue religieuse Maltoise à Toulouse; & *N.* de Seguier, seigneur de Favas, de Boulot, de Villandri, &c. marié à *N.* de Berthier, sœur du premier président du parlement de Toulouse & de l'évêque de Blois; & 3. *N.* de Doux, épouse de *N.* de Villette, seigneur de Paillerols, pere de MM. de Nave & de la Vaisse, lieutenans généraux, & pere de *N.* Villette, gouverneur de S. Antonin. Le fils de Pierre Pellisson fut

PELLISSON (Jean-Jacques) qui succéda à son pere l'an 1614, dans la charge de conseiller à Castres. Il avoit épousé *Jeanne de Fontanier*, fille & héritiere de *François de Fontanier*, secrétaire du roi, qui avoit été ami intime de M. de Loménie secrétaire d'état, & de *N.* Traverfier. MM. de Montgaillard de la Pujade, barons d'Athra, de la maison de Montgascon, sont de cette famille, dont MM. de Bouillon sont descendus par les femmes. Le pere & la mere de Jean-Jacques Pellisson étoient du pays de Foix, où il eut un très-grand crédit, & où il alla diverses fois par ordre de la cour pour tenir les peuples dans l'obéissance du roi, qui lui promit par diverses lettres de le récompenser de ses services. Il a fait un abrégé des arrêts de Geraud Maynard imprimé à Toulouse chez Colomiés. Jean-Jacques Pellisson étoit très-habile jurisconsulte, & entraînoit fort souvent les autres conseillers dans son opinion par la force de ses raisons. Il étoit d'ailleurs très-homme de bien. Toutes les fois qu'il devoit juger de la vie de quelqu'un, il passoit le jour d'auparavant en jeûne & en prieres, pour demander à Dieu de lui inspirer l'avis qu'il

devoit porter. Il lui étoit dû une somme dans le pays de Foix, en payement de laquelle on lui céda un certain bien; mais ayant vu que ce bien étoit plus considérable que la dette, il le rendit, & se contenta d'une nouvelle obligation de ce qui lui étoit véritablement dû. Cela fut spécifié dans le nouvel acte qu'on dressa; mais dans la suite ses héritiers eurent bien de la peine à se faire payer. Avant l'édit de 1667, qu'on appelle le *code Louis*, on envoyoit souvent, dans des affaires importantes, un conseiller pour faire exécuter les arrêts en qualité de commissaire. M. Pellisson eut une fois cette commission. Quand il fut en Guienne où il avoit été envoyé, il vit que son pouvoir n'étoit pas assez ample pour finir entièrement les affaires qui étoient entre les parties. Il donna une ordonnance pour régler quelques contestations en vertu de son pouvoir, & ordonna, sous le bon plaisir de la cour, tout ce qu'il crut nécessaire pour ôter jusqu'à la derniere racine de cette affaire. Il y eut appel de cette ordonnance en six-vingts chefs; mais ayant été murement & solemnellement examinée, elle fut entièrement confirmée. On ne sait pas précisément le temps de sa mort; mais il fit son testament en 1629, & fit ses héritiers *Georges, Paul, Marguerite*, & *Jeanne*, la seule qui ait laissé des enfans. La Paulette n'étoit pas ouverte lorsqu'il mourut, de sorte que sa charge, qui valoit cinquante mille écus, fut perdue. Sa veuve suivit quelque temps la cour pour tâcher de la conserver; mais tout ce qu'elle put obtenir, ce fut huit mille écus que le roi lui donna pour les peines & ses dépenses. Ce qui fit qu'on fut inflexible à son égard, est qu'on trouvoit par-là un moyen de gagner une place pour les Catholiques; car celle-ci devant être remplie par un prétendu-réformé, on la donna à M. de Scorbiac, jugemage de Montauban, & on donna la charge de celui-ci à un Catholique.

PELLISSON (Georges) fils aîné de *Jean-Jacques*, avoit beaucoup d'esprit; & sa réputation seroit vraisemblablement allée aussi loin que celle de son frere *Paul*, s'il avoit eu autant de politesse que lui; mais c'est à quoi s'étudioit guères, ne se souciant presque que de l'étude, où il fit de très-grands progrès, principalement dans les belles lettres, & dans la morale & la physique, sans avoir pourtant eu beaucoup de connoissance de la nouvelle philosophie. Il paroît que M. Bayle ne le connoissoit pas bien, puisqu'il dit dans son dictionaire, qu'il mourut jeune; car il étoit né au plus tard en 1623, & ne mourut qu'en 1677. Il composa étant fort jeune un livre intitulé, *Mélange de divers problêmes*, qui ne fut imprimé qu'en 1647. A la maniere d'Aristote, il y examine diverses questions de physique & de morale, & allégue plusieurs raisons, pour appuyer des sentimens différens ou contraires, sans rien décider. Il y avoit à Castres dans le temps qu'il y faisoit son séjour, une académie de beaux esprits, qui étoit formée sur le modele de la chambre mipartie, c'est-à-dire qu'il y avoit autant de Catholiques que de P. R. & des ecclésiastiques & des ministres de l'une & de l'autre religion. Chacun y pouvoit proposer les questions qu'il vouloit, à la réserve de ce qui regardoit la théologie & la politique. Georges Pellisson étoit membre de cette société aussi-bien que son frere, avec cette circonstance particuliere par rapport à l'aîné, qu'il fut ordonné par une délibération expresse, qu'il parleroit toujours le dernier, parcequ'il ne laissoit rien de bon à dire à ceux qui opinoient après lui; au lieu que lorsqu'il étoit le dernier, il trouvoit toujours quelque chose qui étoit échapé aux autres. Sa mere lui acheta une charge de conseiller dans une cour qui fut érigée à Bourg pour tenir lieu de parlement à la Bresse, &c. Il y alla & y fut reçu avec applaudissement. Cependant le parlement de Dijon, à qui cette cour portoit du préjudice, fit tant qu'elle fut bientôt supprimée. Une partie de ceux qui la composoient fut incorporée au parlement de Metz. M. Pellisson fut de ce nombre; mais comme il n'avoit pris cette charge que par complaisance pour sa mere, il n'y alla point. Il fut remboursé du prix de sa charge, & eut des lettres de

:onseiller d'état, dont il prêta le serment le 28 juin 1660 : après quoi il passa le reste de sa vie à Paris, enfoncé dans l'étude, & ne voyant qu'un fort petit nombre de savans. Sa mere fit en mourant son fils cadet héritier, & ne laissa à celui-ci qu'une pension viagere. Quoiqu'il ne fût pas content de cette disposition testamentaire, néanmoins il ne se pourvut point contre le testament. * *Mémoires manuscrits*, pour ce qui regarde les articles concernant la famille de Pellisson.

PELLISSON-FONTANIER (Paul) fils puîné de *Jean-Jacques*, dont il a été parlé dans un article précédent, naquit en 1624 à Beziers. Sa mere, qui étoit demeurée veuve fort jeune, l'éleva dans la religion prétendue réformée, où il étoit né, de même que ses sœurs & son frere. Il étudia à Castres les humanités & la rhétorique dans un collège mi-parti de régens des deux religions, qui étoit alors sous un Ecossois nommé *Morus*, dont le fils a été le célebre Morus ministre de Charenton. Il fut ensuite envoyé à Montauban à l'âge de douze ans, pour y faire son cours de philosophie. De Montauban il passa à Toulouse, où il apprit à monter à cheval & étudia en droit. Il donna des marques de sa vivacité d'esprit dès sa plus tendre jeunesse. Il cultiva les langues latine, grecque, françoise, espagnole & italienne, & s'appliqua à la lecture des meilleurs auteurs qui avoient écrit en ces différentes langues. M. Pellisson avoit à peine donné quelques mois à l'étude du droit, qu'il entreprit de paraphraser les *Institutes* de Justinien. A la vérité il n'en paraphrasa que le premier livre ; mais ce premier livre suffiroit pour nous faire douter que ce fût l'ouvrage d'un jeune homme, si la date de l'impression n'en faisoit foi. C'est un volume in-8°, qui fut imprimé à Paris, en 1645. S'étant mis à suivre le barreau à Castres, il y acquit bientôt de la gloire par des plaidoyers d'aparat, qui sont d'ordinaire le partage des jeunes avocats ; mais lorsqu'il y brilloit le plus, il fut tout à coup arrêté par une petite vérole, qui non seulement lui déchiqueta les joues, & lui attaqua presque les yeux, mais affoiblit pour toujours son tempérament. Il se retira alors à la campagne, avec un de ses amis, nommé Etienne de Ville-Bressieux, de Grenoble, pour qui il eut la complaisance de traduire la plus grande partie de l'Odyssée d'Homere, où ce bon homme croyoit trouver le secret de la pierre philosophale. Ensuite il vint à Paris, où il fit plusieurs voyages avant que de s'y établir, & il y fut connu de tout ce qu'il y avoit de gens de mérite, qui l'y attirerent enfin tout-à-fait. Il prit une charge de secrétaire du roi en 1652, & s'attacha tellement, qu'il y acquit une connoissance des affaires du conseil, qui lui servit beaucoup dans la suite. Il avoit eu une autre charge de secrétaire du roi dans la chambre de Castres, que son aïeul maternel avoit possédée, & il la garda long-temps. En 1652, l'académie françoise ayant désiré d'entendre en pleine assemblée la lecture de l'histoire de cette compagnie qu'il avoit faite, elle fut si contente de cet ouvrage, qu'elle ordonna que la premiere place qui vaqueroit dans le corps lui seroit donnée, & que cependant il auroit droit d'assister aux assemblées, & d'y opiner comme académicien : avec cette clause, que la même grace ne pourroit plus être faite à personne, pour quelque considération que ce fût. Il en remercia cette compagnie le 30 décembre, & justifia encore mieux par ce remerciment ce qu'elle avoit fait pour lui. M. Pellisson avoit composé, à la priere de *Faur Fondamente*, son ami, sa *Relation contenant l'histoire de l'académie françoise*, qui parut pour la premiere fois en 1653 à Paris, & qui a été souvent réimprimée depuis dans le royaume & dans les pays étrangers. Le 6 janvier 1656 (& non 1652, comme le dit le *journal des savans* du 4 mai 1693,) il complimenta pour elle le chancelier Seguier, à qui les sceaux venoient d'être rendus. Quoiqu'il se fût déclaré hautement contre les préfaces, il ne laissa pas d'entreprendre celle que l'on voit à la tête des œuvres de Sarazin son ami, imprimées en 1656. En 1657 il fut choisi par M. Foucquet, pour son premier commis : il conserva dans les finances tous les agrémens de son es-

prit, n'étant pas capable de s'abandonner à un amour sordide des richesses, & de renoncer à une louable inclination pour les belles choses. En 1659 il fut reçu maître des comptes à Montpellier, après avoir négocié le rétablissement de la compagnie qui avoit été interdite. En 1660, il eut des lettres de conseiller d'état, dont il prêta le serment le 25 septembre de la même année. Comme il avoit eu beaucoup de part à la confiance de M. Foucquet, il en eut aussi beaucoup à sa disgrace. Il fut arrêté & conduit à la Bastille en 1661, & n'en sortit que plus de quatre ans après. Il employa le temps qu'il fut à la Bastille, à la lecture de l'écriture sainte & des peres. Il lut aussi la plupart des livres de controverse, & prit dès-lors du gout pour l'église catholique. On dit que pour se délasser, il composa un poëme de plus de treize cens vers sous le titre d'*Alcimedon*, & que comme il n'avoit ni papier ni encre, il l'écrivit tout entier sur les marges de livres, avec de petits morceaux de plomb, qu'il prenoit aux vitres de sa chambre. D'autres doutent de ce fait, & disent que M. Pellisson avoit composé un poëme appellé *Eurymedon*, pour le fils de M. Foucquet, ou sur sa mort, avant qu'il fût à la Bastille ; que s'il a composé des vers en prison, ce ne peut être qu'une élégie adressée à M. Foucquet. Pendant sa détention Tanegui le Fevre lui dédia son *Lucrece* & ses notes latines, & son traité *de la superstition*, traduit de Plutarque ; & le jour qu'il fut permis de l'y voir, le duc de Montausier, qui avoit été reçu le matin au parlement, le duc de S. Agnan & une foule de personnes distinguées allerent lui faire visite. Etant sorti de prison, il demeura encore quelque temps sans exécuter le dessein qu'il avoit de changer de religion. Cependant le roi lui assura une pension de deux mille écus ; & en lui faisant l'honneur de le retenir pour être à lui, il y joignit encore celui de lui donner un brevet d'entrée. Enfin il fit abjuration dans l'église souterreine de Chartres le 8 octobre 1670, entre les mains de Gilbert de Choiseul du Plessis-Praslin, alors évêque de Comminge, & qui l'a été depuis de Tournai. Tous les ans il célébroit sa sortie de la Bastille en délivrant quelques prisonniers. Il faisoit aussi du jour de son entrée dans l'église romaine un jour de fête, s'approchoit des sacremens, & s'occupoit à des œuvres de dévotion. Depuis ce temps il n'écrivit que pour la religion qu'il avoit embrassée, & pour le roi de France, qui l'avoit chargé du soin d'écrire son histoire. Peu après son abjuration, il prit l'ordre de soudiacre ; & Louis XIV lui donna l'abbaye de Gimont, ordre de S. Benoît, au diocèse d'Auch. Il eut aussi le prieuré de saint Orens, au même diocèse. Le 3 février 1671, François de Harlai de Chanvalon, archevêque de Rouen, nommé à l'archevêché de Paris, ayant été reçu à l'académie françoise, & ayant remercié la compagnie par un discours très-éloquent, Paul Pellisson, qui en étoit alors directeur, répondit à ce prélat ; & ce fut en cette occasion qu'il fit ce panégyrique de Louis XIV, qui a été traduit en latin, en espagnol, en portugais, en italien, en anglois, & même en arabe par un patriarche du Mont-Liban, dont l'original est dans le cabinet du roi. La même année il fut reçu maître des requêtes. Il acheta cette charge 60000 écus de M. de Fieubet chancelier de la reine, qui lui fait aussi conseiller d'état. Le 22 mars suivant, il porta encore la parole pour l'académie françoise, lorsqu'elle alla complimenter le même prélat dont nous avons parlé, sur son installation à l'archevêché de Paris. Il fit peu de temps après une belle inscription latine, pour une demi-lune de Tournai ; car il écrivoit aussi purement en cette langue, qu'en françois. On le croit encore l'auteur de l'inscription qui est sur l'obélisque d'Arles, & d'une relation latine de l'état de la religion en 1682. Cependant M. d'Olivet n'en dit rien dans le catalogue des ouvrages de cet académicien. Il se joignit aussi à deux autres académiciens, pour donner de deux ans en deux ans, sans se faire connoître, un prix de la valeur de deux cens livres, à celui qui, au jugement de l'académie françoise, se trouveroit avoir mieux réussi à célébrer en une piéce de cent vers au plus, quelqu'une des actions du roi. Depuis la mort de ces deux académiciens, il continua feul la même dépenfe jufqu'à la fin de fa vie. La guerre ayant commencé en 1672, il commença auffi de fuivre le roi dans fes campagnes ; ce qu'il fit toujours depuis, hormis dans quelques-unes des dernieres. A celle de Maftricht en 1673, ou peut-être plus tard, on lui vola une nuit dans fa tente cinq cens piftoles ; d'autres ne font monter cette fomme qu'à cent piftoles. Le roi l'ayant fu le jour fuivant, lui donna la même fomme qu'il avoit perdue. M. Pelliffon avoit été nommé pour écrire l'hiftoire de Louis XIV. Dans la fuite fa majefté fit un don à madame de Montefpan d'un certain droit fur les boucheries de Paris, qui fe trouva litigieux. L'affaire fut portée au confeil ; M. Pelliffon en fut rapporteur, & fit perdre le procès à madame de Montefpan. Cette dame piquée engagea le roi à nommer MM. Boileau & Racine pour écrire fon hiftoire, & en exclure M. Pelliffon ; mais celui-ci n'en reçut pas moins un ordre de continuer d'écrire feul de fon côté. En 1674 il vit réuffir les foins qu'il avoit pris pour l'académie de Soiffons, & il eut le plaifir de voir le roi figner les lettres d'établiffement de cette compagnie, fa majefté étant devant Dole.

En 1676, il harangua le roi fur fes conquêtes, à la tête de l'académie françoife. En 1677 il publia, à la follicitation d'un homme de qualité de fes amis, de courtes prieres pour réciter pendant la meffe, qu'il avoit faites pour fon ufage particulier. Paul Pelliffon fut fait économe de Cluni en 1674, de S. Germain des Prés en 1675 ; & ayant été prépofé en 1676 pour l'adminiftration des économats, il fut encore nommé en 1679 économe de S. Denys. Enfin le roi voyant le grand nombre des pretendus réformés qui entroient dans l'églife romaine par l'emploi des deniers des économats, augmenta le fond de ces deniers en 1681, du fond même de fon épargne. En 1682 il fit l'épitaphe de Marie-Eleonore de Rohan, abbeffe de Malnoue, dont il étoit connu, & qui a laiffé une paraphrafe des livres de Salomon. Cette épitaphe qui fe voit gravée fur le tombeau de cette princeffe, a été traduite en latin par l'évêque de Tournai, & en italien par le célèbre auteur de la congiura di Rafuëllo della Torre, & imprimée trois ou quatre fois. La premiere partie de fes *réflexions fur les différends de la religion*, parut à Paris en un volume *in-12*, en 1686. L'année fuivante l'auteur la fit réimprimer avec l'addition d'un nouveau tome intitulé : *Réponfe aux objections d'Angleterre & de Hollande, ou de l'autorité du grand nombre dans la religion chrétienne.* En 1690 il y joignit un troifiéme tome intitulé, *Les chimeres de M. Jurieu* ; *réponfe générale à fes lettres paftorales de la feconde année contre les livres des réflexions, & examen abrégé de fes prophéties.* Le quatriéme tome fut publié à Paris l'an 1692, & a pour titre, *de la tolérance des religions. Lettres de M. de Leibnitz & réponfes de M. Pelliffon,* à Paris, *in-12,* 1692. Il travailloit actuellement à un traité fur l'Euchariftie, qui a été imprimé en 1694, quand il fut furpris de la mort le 7 février 1693. Il ne reçut point les facremens : non qu'il ait refufé de les recevoir, comme quelques-uns l'ont fauffement débité, mais parceque l'extrémité & la briéveté de fa maladie ne lui en laifferent pas le temps, il eft certain qu'il avoit communié peu de temps avant fa mort, & que depuis fa converfion il avoit toujours été attaché à la doctrine & à la difcipline de l'églife catholique. *Voyez* à ce fujet la lettre de M. de Leibnitz à M. Boffuet, évêque de Meaux, du 29 mars 1693, inférée au tome I des *œuvres pofthumes* de M. Boffuet. * *Journal des favans de 1693, pag. 282.* Perrault, *les hommes illuftres. Mémoires manufcrits.* Son *Eloge, dans la continuation de l'hiftoire de l'académie françoife, par M. l'abbé d'Olivet.* Les autres ouvrages de M. Pelliffon dont on n'a point parlé, font une hiftoire de Louis XIV, depuis la mort du cardinal Mazarin en 1661, jufqu'à la paix de Nimégue en 1678. Cette hiftoire, trouvée parmi fes papiers après fa mort, fut remife, par ordre du roi, entre les mains de M. Dagueffeau, depuis chancelier de France, & a été im-

primée en 1749, en trois volumes *in-12*. Difcours fur les œuvres de M. Sarafin, à Paris, *in-4°*, en 1655. Difcours au roi par un de fes fidéles fujets, fur le procès de M. Foucquet, avec divers autres écrits fur le même procès, à Paris *in-4°*, en 1661. Le Prologue en vers à la louange du roi, pour *les Fâcheux*, comédie de Moliere, lorfque cette piéce fut jouée à Vaux chez M. Foucquet, en préfence du roi, au mois d'août 1661. L'abbé d'Olivet n'a point parlé de cette piéce dans fa lifte des ouvrages de M. Pelliffon. Un affez grand nombre de poëfies diverfes dans différens recueils de fon temps, & fur-tout dans celui qui a pour tirre : Recueil de pieces galantes en profe & en vers, de madame la comteffe de Suze, & de M. Pelliffon, en 1695, 4 volumes *in-12*; puis à Trevoux en 1725. Hiftoire de la conquête de la Franche-Comté en 1668, imprimée dans le tome VII des *Mémoires de littérature & d'hiftoire*, recueillis par le pere Defmolets, bibliothécaire de la maifon des PP. de l'Oratoire de Paris, en 1729. Lettres hiftoriques, & œuvres diverfes, 3. vol. *in-12*, à Paris en 1729, par l'abbé d'Olivet. *Prieres au faint facrement de l'autel pour chaque femaine de l'année, avec des méditations fur divers pfeaumes de David*, in-18. *Prieres fur les Epîtres & Evangiles de l'année*, in-18. Ces deux volumes n'ont paru qu'en 1734, à Paris. On lui donne encore une relation latine de l'état de la religion en 1682. *Lettres hiftoriques* de M. Pelliffon, avec quelques autres pieces, à Paris, trois volumes *in-12*, 1729. Dans les *Mémoires de Trévoux*, novembre 1729, p. 2087, on dit de ces lettres : « C'eft comme un journal » des voyages & campagnes de Louis XIV, depuis » 1670 jufqu'à 1688. Il y a 173 lettres, & quel- » ques autres ouvrages. M. l'abbé d'Olivet a publié » ces lettres ; & l'éloge de M. Pelliffon, qui eft au com- » mencement, eft de lui. » Dans les mêmes *Mémoires*, janvier 1730, page 188, on dit au contraire, que M. l'abbé d'Olivet déclare publiquement qu'il n'a nulle part à l'édition des lettres hiftoriques de M. Pelliffon.

PELOPIDAS, capitaine Thébain, avoit été exilé de fon pays par la faction des Lacédémoniens, qui craignoient fon courage. Ce fut dans cet intervalle que Phébidas, leur général, prit Cadmée, citadelle des Thébains, fous la XCIX olympiade, l'an 384 avant J. C. Pélopidas la reprit par adreffe quatre ans après, en chaffa les ennemis ; & depuis fe trouva dans les plus célèbres expéditions avec Epaminondas, pendant la guerre Béotique, fur-tout à la bataille de Leuctres en Béotie, la 2e année de la CII olympiade, 371 ans avant J. C. & au fiége de Sparte. Deux ans après, les Thébains envoyerent Pélopidas ambaffadeur vers Artaxerxès roi de Perfe, qui fit grande eftime de fa perfonne. Depuis, ce général ayant reçu quelque injure d'Alexandre, tyran de Pherès, perfuada à ceux de Thèbes de tourner leurs armes contre lui. La conduite de cette guerre lui fut donnée, & il gagna une bataille, où il demeura entre les morts, fous la CIV olympiade, & vers l'an 364 avant J. C. * Xenophon, *l.* 6. Diodore, *l.* 15. Polybe, *l.* 1. Cornelius Nepos, & Plutarque, *en fa vie.*

PELOPONNESE, *Peloponnefus*, province & prefqu'ifle de la Grèce, ainfi nommée de Pélops, fils de Tantale, eft aujourd'hui connue fous le nom de *Moréæ.* Sa divifion ancienne fe faifoit en huit parties, favoir, en Achaie propre, en Arcadie, pays d'Argos, Corinthe, Elide, Laconie, Meffénie & Sicyonie. On la divife préfentement en duché de Clarence, qui comprend l'Achaie, la Sicyonie & Corinthe ; Belvedere, autrefois Elide & Meffénie ; la Sacanie, anciennement le pays d'Argos ; & la Tzaconie, où étoient la Laconie & l'Arcadie. Cette derniere partie eft auffi nommée le *bras de Maino.* Ses villes principales font Coron, Clarence, Argos, Belvedere, autrefois *Elis* ; Maina, *Leuctrum* ; Leontari, *Megalopolis* ; Coranto ou Corto, *Corinthus* ; Mifitra, *Sparta* ; Patras, Napoli de Romanie, &c. On donna autrefois le nom de guerre de Péloponnèfe à celle que les peuples de cette prefqu'ifle entreprirent contre les Athéniens. Elle dura depuis la 2ᵉ année de la LXXXVII olympiade, & 431 ans avant J. C. jusqu'à la XCIV olympiade, & à l'an 404 avant J. C. que la ville d'Athènes fut prise. Mahomet II, empereur des Turcs, conquit le Péloponnèse, dans le XV siécle, sur les princes Demetrius & Thomas, freres de l'empereur Constantin Dracoses & souverains de ce pays. Les Turcs sont maîtres de cette province. * Strabon, *l.* 8. Pline, *l.* 4. Pausanias, *in Attic.* Thucydide. Xenophon Diodore de Sicile. Ortelius, &c.

Voici un détail plus précis de la situation & des bornes de chaque partie du Péloponnèse.

1. *L'Achaïe* propre avoit pour bornes le golfe de Corinthe, du côté du septentrion ; la mer Ionienne à l'occident ; l'Elide & l'Arcadie au midi ; & la Sicyonie vers l'orient. Patras en étoit la capitale.

2. *La Sicyonie*, la plus resserrée de ces provinces, tiroit son nom de sa ville capitale, appellée *Sicyone*, & avoit pour limites à l'orient la Corinthie ; au couchant l'Achaïe propre ; au septentrion, le golfe de Corinthe ; & l'Arcadie du côté du midi.

3. *La Corinthie*, qui s'étendoit dans la partie septentrionale du Péloponnèse, confinoit au couchant avec la Sicyonie ; au midi & à l'orient avec l'Argie ; & étoit séparée de la grande Achaïe par le golfe & l'isthme de Corinthe, & par le golfe Saronique.

4. *L'Elide* avoit pour confins, au nord l'Achaïe propre ; au levant l'Arcadie ; au midi la Messénie ; & au couchant la mer Ionienne. La capitale se nommoit *Elide*.

5. *La Messénie* étoit située entre la Laconie à l'orient, & l'Elide à l'occident. Elle avoit l'Arcadie au septentrion, & s'étendoit vers le midi ; entre le golfe Messéniaque & le golfe Cyparissien. Messene en étoit la ville capitale.

6. *La Laconie* étoit bornée au midi par le golfe Messéniaque & le golfe Laconique ; à l'orient par le golfe Argolique ; au septentrion par l'Argie ; à l'occident par l'Arcadie & la Messénie. Sparte en étoit la citadelle.

7. *L'Arcadie* étoit en pleine terre, éloignée du bord de la mer, & avoit au levant l'Argie & la Laconie ; au couchant l'Elide ; au septentrion l'Achaïe propre ; & au midi la Messénie. Elle avoit pour capitale Mégalopolis.

8. *L'Argie* ou *Argolide* étoit bornée du côté de l'orient, par le golfe Argolique ; vers l'occident par l'Arcadie ; au midi par la Laconie ; & au septentrion par le golfe Saronique. Argos étoit la principale ville de cette province. *Cherchez* LACÉDÉMONE & MORÉE.

PELOPS, fils de *Tantale* roi de Phrygie, & de Taygeté, passa en Elide, & épousa Hippodamie, fille d'Oenomaüs, roi de ce pays. S'étant battu avec ce prince, Pélops engagea quelques-uns de ses domestiques à disposer les roues de son chariot, de maniere qu'il versât pendant la course : cet expédient ayant réussi, & Oenomaüs ayant été blessé à mort de cette chute, Pélops s'empara du royaume, & s'y rendit si puissant, que tout le pays qui est au-delà de l'isthme, & qui compose une partie considérable de la Gréce, de son nom & du mot grec νῆσος qui veut dire *isle*, fut appellé *Péloponnèse*, c'est-à-dire *isle de Pélops*. Les poëtes ont feint que son pere Tantale servit son fils Pélops à la table des dieux ; & que Cérès affamée ayant dévoré une épaule de ce jeune prince, Jupiter fit rassembler les membres pour les ranimer ; & comme on ne trouvoit point une de ses épaules, on fut obligé de lui en donner une d'ivoire. *Voyez* CHRYSIPPE, qui étoit son fils naturel. * Ovide, *l.* 6 *des métamorphoses*, Natalis Comes.

PÉLORE, *Pelorus*, promontoire de Sicile, dit *Capo di Faro* ou *Phare de Messine*. Quelques-uns croient que ce nom fut donné à ce cap, de celui d'un pilote, qu'Annibal y tua, croyant faussement qu'il en avoit été trahi, & auquel il éleva depuis une statue. *Consultez* Valere Maxime, *liv.* 9, *c.* 8, *ex.* 4.

PELOT (Jean-Bapt.) sorti d'une famille noble & ancienne de Lyon, entra dans l'état ecclésiastique, & y brilla par ses talens. Il prit des dégrés en Sorbonne, fut reçu docteur, & eut l'abbaye de Landais, ordre de Cîteaux, dans le diocèse de Bourges. Son esprit, son amour pour les sciences, & sa politesse le firent estimer & rechercher des savans, & par les meilleures compagnies. Il s'y livra d'abord, s'en dégouta dans la suite ; & renonçant même à toutes les espérances du siécle, il courut se cacher dans la grande Chartreuse, où il fit profession, & mena une vie fort austere. Ses amis souhaitoient qu'on le plaçât sur quelque siége épiscopal, & l'on assure qu'il avoit toutes les qualités que demande S. Paul pour le bien remplir ; mais depuis sa retraite il préféra l'obscurité & la pénitence à tout l'éclat des grandes places, & ce ne fut jamais que malgré lui qu'il accepta la charge de prieur de la Chartreuse de Ville-franche en Rouergue. Il y a apparence qu'il est mort au commencement de 1680, étant coadjuteur (c'est-à-dire, second procureur) de la Chartreuse de Rouen. Voici comment sa mort a été annoncée dans la carte du chapitre général, tenu le 20 de mai 1680 : *Obiit D. Joan. Bapt.* PELOT *professus Cartusiæ, Coadjutor domûs sancti Juliani, & aliàs prior domûs Villafranchæ.* Il a eu un frere nommé *Claude* Pelot, premier président du parlement de Normandie, qui mourut le 3 août 1683. L'abbé de Marolles parle de l'un & de l'autre avec beaucoup d'estime, dans le *Dénombrement de ceux qui lui ont donné de leurs livres, ou qui l'ont honoré de leur estime ou de leur amitié*, pag. 429.

PELTAN (Théodore-Antoine) Jésuite, ainsi nommé, parcequ'il étoit de Pelte, dans le diocèse de Liége, est un des premiers religieux de sa compagnie, qui ait professé dans l'université d'Ingolstad, depuis qu'Albert, duc de Baviere, l'eut établie, en 1556. Il y enseigna la langue grecque, puis l'hébraïque, & la théologie, avec un applaudissement extraordinaire. Il fut depuis envoyé dans le collége d'Augsbourg, pour s'y délasser de ses longs travaux, & y mourut en 1584. Il a laissé divers ouvrages : *De peccato originali, tract. XVIII. De satisfactione Christi & nostra, & de Purgatorio, lib. III. De christianorum sepulturis, exequiis & anniversariis. De tribus bonorum operum generibus. Theologia naturalis & mystica. De sanctorum origine, cultu, & invocatione, reliquiis & imaginibus. De matrimonio. Paraphrasis ac scholia in proverbia Salomonis. Catena Græcorum patrum in proverbia, &c.* Il traduisit aussi de grec en latin divers ouvrages des peres ; comme ceux d'André de Césarée, de Victor d'Antioche, de Tite de Bostres, de S. Grégoire Taumaturge, les actes du concile général d'Ephèse, &c. * Valentin Rotmar, *de profess. acad. Ingolst.* Ribadeneira, & Alegambe, *bibliotheca script. societ. Jes.* Valere André, *biblioth. belg.* Le Mire, *de script. sæcul. XVI.*

PELU (Jules) évêque de Naumbourg, dans la Misnie, mourut en 1554, & laissa divers traités : *Institutio hominis christiani. De republica Germaniæ seu imperio constituendo, &c.* * Possevin, *in appar. sacr.* Le Mire, &c.

PELUSE, *Pelusium*, ville d'Egypte vers l'embouchure orientale du Nil, étoit autrefois archevêché, sous le patriarchat d'Alexandrie. On la nomme présentement *Belbais*, comme nous l'apprenons de Guillaume de *Tyr*, & de la ville. Damiette est bâtie près des ruines de cette ancienne ville, & s'est augmentée de ses débris : ce qui fait que quelques-uns l'ont prise pour Peluse. * *Consultez* Strabon ; Pline ; Ptolémée, &c.

PELYSS ou PISSEN, selon quelques cartes : c'est une petite ville de la basse Hongrie, située à sept lieues de Bude, vers le couchant. Elle donne son nom au comté de Pelyss, qui est entre celui d'Albe-Royale, & le Danube, & renferme la ville de Bude. * Mati, *dictionaire.*

PEMBLE (Guillaume) philosophe & théologien Anglois, fils d'un ministre, né à Egerton en Kent vers l'an 1592, commença le cours de ses études à Oxford, où il fut reçu au collége de la Magdeléne, dans lequel il fut ensuite lecteur & tuteur. Il reçut depuis le degré de maître - ès - arts ; & après qu'il se fut voué à la théologie, il en fut nommé lecteur au même collége. Il demeura dans ce poste jusqu'à sa mort, arrivée en 1623, n'étant âgé que de 31 ou 32 ans. Malgré sa jeunesse, il s'étoit déja acquis la réputation de bon prédicateur, de philosophe, d'orateur, & de mathématicien ; & il passoit pour fort habile dans les langues orientales. Il étoit entré dans les sentimens de Calvin sur la théologie ; & il en suivoit les erreurs. Ses ouvrages philosophiques ont été imprimés en un recueil, & l'on en a plusieurs autres qu'il n'a donnés qu'en anglois. * Heerebordi, *meletemata philosoph.* Wood. *Antiq. & Athen. Oxon.* &c.

PEMBRIDGE, ville ou bourg d'Angleterre, dans la contrée occidentale du comté d'Héreford, qu'on nomme *Sterford.* Il est situé sur la riviere de Wye. C'est une place ancienne renommée par ses marchés aux chevaux. Elle est à 100 milles anglois de Londres. * *Dict. anglois.*

PENA (François) Espagnol, natif de Villaroia de Pinare, dans le diocèse de Saragoce, fut nommé par Philippe II, roi d'Espagne, pour être auditeur de Rote, & s'acquit quelque estime à Rome, où il refusa deux bénéfices que le roi d'Espagne lui offrit, dans l'espérance d'obtenir des dignités plus relevées ; mais il mourut dans cette attente, en 1612. Il fit des commentaires sur le livre de Nicolas Emeric, intitulé, *Directorium inquisitorum ,* & sur ceux de trois ou quatre autres auteurs , qui parlent de l'inquisition. On a de sa composition , *Instructio sive praxis inquisitorum. De forma procedendi contra inquisitos. De temporali regno Christi.* Cet auteur avoit un furieux entêtement pour l'inquisition , comme on en peut juger par deux de ses piéces ; la I , contre l'absolution donnée en France au roi Henri *le Grand* ; & la II , contre l'arrêt célébre du parlement de Paris, donné contre Jean Chastel, qui avoit attenté à la vie du roi Henri IV. * Janus Nicius Erythræus , *Pinacoth.* I. *imag. illustr. cap.* 80. Nicolas Antonio, *biblioth. script. Hispan.*

PENA (Jean) natif de Moustiers , ville de Provence , dans le diocèse de Riez , & professeur royal des mathématiques à Paris d'une maison illustre de la ville d'Aix. Il étoit savant en grec , en latin , & en philosophie , & avoit un esprit capable de réussir dans toutes sortes de sciences. Il fut disciple de Ramus pour les belles lettres ; mais on assure qu'il fut le maître de ce savant pour les mathématiques. On croit que ce fut Jacques Charpentier de Beauvais qu'il succéda dans la chaire de mathématiques du collége royal , vers l'an 1556. D'autres prétendent que l'on créa une chaire exprès pour lui , que l'on supprima après sa mort , arrivée l'an 1560 , selon Guillaume Duval dans son histoire des professeurs du collége royal , & en 1558 , selon M. de Thou , dans son histoire. Pena avoit enseigné au collége de Presles , en même temps que Ramus. Il a beaucoup travaillé sur Euclide, dont il a publié , expliqué & traduit en latin un assez grand nombre de traités , entr'autres, la *Catoptrique* , avec une préface où il démontre beaucoup de choses de l'usage du miroir cylindrique. On a encore de lui *Euclidis rudimenta musices ; Sectio regula harmonica* , en grec & en latin ; & une version latine avec le texte grec de trois livres des sphériques de Théodose Tripolite , à Paris en 1558 , *in-4°.* Il n'avoit que 30 ans , lorsqu'il mourut , le 23 d'août , & il fut enterré dans le cloître des Carmes. * *Voyez* , outre les auteurs cités dans cet article , l'*Histoire de Provence & des poëtes Provençaux* , par Nostradamus ; la *Bibliothéque* de la Croix du Maine , &c.

Sa famille a produit de savans hommes ; comme ANTOINE Pena , conseiller au parlement de Provence en 1564. HUGUES de Pena , poëte tragique du XIII siécle , fut très-estimé à la cour de Charles de France , I du nom, roi de Naples, comte de Provence, &c. & fut secrétaire de ce prince. Il fut couronné poëte par la reine Béatrix , & mourut l'an 1280. Il avoit épousé *Mabile* de Simiane , & laissa diverses poësies. * Nostra-

damus , *histoire de Provence , & des poëtes Provençaux,* La Croix du Maine , &c.

PENA-FIEL , *cherchez* PENNA-FIEL.

PENATES , *cherchez* LARES.

PENBROCK , *Penbrocium* , province d'Angleterre, qui a titre de comté dans le pays de Galles , avec une ville de même nom. * Cambden.

PENDA , troisiéme roi de Mercie en Angleterre , succéda en 626 à Kearl , qui avoit tenu long-temps le royaume par soi-même , étant fils de Wilba. Son régne fut fatal à quatre rois , qu'il tua en bataille , savoir Edwin & Oswald , deux rois de Northumberland ; Sigebert & Acma , deux rois des East-Angles ou Anglois orientaux. Enfin après un régne de 30 ans , il fut tué lui-même dans une bataille contre Oswi , roi des Northumbres ou de Northumberland. * *Diction. anglois.*

PENDA , quatriéme roi de Mercie , & le premier roi chrétien des Merciens , succéda à son pere Penda en 656. Son mariage avec Alflede fille d'Oswi , roi des Northumbres , procura sa conversion. Car Oswi , qui étoit chrétien , refusa de lui donner sa fille , à moins qu'il ne se fit chrétien avec tous ses sujets ; condition qu'il accepta. Alfrid , fils d'Oswi , dont la femme étoit Kiniburg sœur de Penda , le porta aussi beaucoup à se convertir. En sorte qu'écoutant avec plaisir ce qu'on prêchoit parmi les chrétiens touchant la résurrection & la vie éternelle , il fut bientôt persuadé de la vérité de la religion chrétienne , & baptisé avec tous ceux qui le suivoient , soit qu'il dût obtenir la princesse qu'il demandoit en mariage , soit qu'il ne la dût pas obtenir. Tout cela arriva pendant que son pere Penda vivoit encore, lequel pour ses vertus royales avoit été fait prince de la Mercie méridionale ; & il est à remarquer que quoiqu'il fût païen , il n'empêchoit aucun de son royaume d'écouter ou d'embrasser l'évangile : il blâmoit au contraire & condamnoit ceux dont la conduite ne répondoit pas à leur foi , ne pouvant souffrir que l'on n'obéît pas au Dieu auquel l'on croyoit. Son fils Penda ne régna que deux ans , ayant été tué le jour de Pâque par la trahison de sa femme , qu'il avoit cru bonne chrétienne , quand il l'épousa , en sorte que l'on peut dire que sa femme née chrétienne avoit agi en païenne , & que lui nouveau chrétien avoit suivi exactement les devoirs de la religion qu'il avoit embrassée. * *Diction. angl.*

PENDARACHI. C'étoit anciennement une ville épiscopale dans l'Asie mineure. Ce n'est maintenant qu'un bourg de la Natolie , situé sur la mer Noire , environ à vingt lieues de Samastro vers le couchant. * Mati, *diction.*

PENDENNIS-CASTLE , c'est-à-dire le *château de Pendennis* , est sur une hauteur de même nom dans le comté de Cornouaille en Angleterre , à l'entrée du port de Falmouth. C'est le plus grand château qu'il y ait présentement en Angleterre. * *Diction. angl.*

PENE , riviere de la basse Saxe , prend sa source dans le Mecklebourg , traverse deux petits lacs , & entrant dans la Poméranie Suédoise , y baigne Demmin , Gutzkow , Anclam , & se joint à la branche occidentale de l'Oder , qui prend le nom de Pene , & va baigner Lassan & Wolgast , & se décharger dans la mer Baltique * Mati, *diction.*

☞ PENE DE BILLI , bourg dans le duché d'Urbin , près de la riviere de Rimino , à une lieue & demie de S. Leo. Le pape Pie V y établit en 1571 la résidence de l'évêque de Monté-Feltro. * Mati & la Martiniere , *diction.*

PENÉE , *Peneus* , fleuve de Thessalie , dit présentement *Salampria* , étant grossi de l'Ion , du Pattisus , & de l'Apidanus , coule entre les monts Ossa & Olympe , & se décharge dans le golfe de Thessalonique. Ce fleuve arrose la vallée de Tempé en Thessalie , & est fort célébre dans les écrits des poëtes , qui ont feint que Daphné sa fille y avoit été métamorphosée en laurier. * Pline , Strabon , &c. en parlent , & Ovide , *l.* 1. *metam.*

PÉNÉLOPE , *Penelope* , fille d'Icare , épousa Ulysse, dont

it elle eut Télémaque. Son mari obligé d'aller à la guer-
le Troye, demeura vingt ans en ce voyage. Divers sei-
neurs charmés de la beauté de Pénélope, lui faisoient ac-
roire qu'Ulysse étoit péri, & la pressoient de se déclarer en leur faveur. Elle le promit, pourvu qu'on lui
nnât le temps d'achever une piéce de toile qu'elle avoit
mmencée : on le lui permit, & elle avoit coutume de
aire durant la nuit le travail qu'elle faisoit pendant le
r. Ainsi par cet ingénieux artifice, elle éluda l'impor-
nité de ses amans jusqu'au retour de son mari. D'an-
ns auteurs ont parlé très-désavantageusement de la
nduite de Pénélope, & ont écrit qu'Homere ne l'a-
it tant louée que parcequ'il en avoit été amoureux.
yez là-dessus le dictionaire de Bayle. Les anciens ont
tendu qu'elle avoit été nommée Pénélope, à cause
ayant été exposée dans sa jeunesse, elle avoit, disent-
, été nourie par des oiseaux qui portoient ce nom.
Homere, in Odyss. Ovide, epist. 1. Bocace, de clar.
lier.

PENG-AB ou LAHOR, ville des Indes dans les états
grand Mogol, capitale du royaume de Peng-ab : son
m veut dire Cinq-Eaux, parceque ce pays est arrosé
cinq fleuves. Lahor, qui est la ville capitale, située
r la riviere de Raucé, est grande, bien bâtie, & a un
lais magnifique ; aussi est-elle assez souvent le séjour
grand Mogol. * Sanson. Baudrand.

PENICHE, ville forte de l'Estrémadure Portugaise,
tuée au bord de la mer, à douze ou quatorze lieues de
sbonne, dans une presqu'isle environnée de rochers
e tous côtés, & qui fait un cap, auquel elle donne le
om. Cette presqu'isle est séparée du continent par un
anal de cinq cens pas de largeur, qui est guéable lors-
ue la marée est basse, mais qui se remplit entierement
ans le temps de la pleine mer ; de sorte que Peniche
evient une isle, où on ne peut aborder qu'en bateau,
a mer forme là un bon port, où les Anglois débarque-
ent en 1589, quand ils entrerent en Portugal en faveur
d'Antoine. Depuis on a fermé cette ville de bonnes
murailles, avec quatre tenailles, & fortifié le port de
six pans de murailles ; ausquels on a attaché trois bastions & deux demi-bastions. Il y a aussi une citadelle &
un fort quarré, que Philippe II a fait bâtir. A deux
lieues de la côte, on voit dans la mer les quatre petites
isles appellées Berlingues. * Délices de Portugal.

PENISCOLA, Peninsula, montagne du royaume
de Valence en Espagne sur les côtes de la mer Méditerranée, est presque entierement entourée d'eau, ce qui
lui a fait donner ce nom qui signifie la même chose que
presqu'isle. Il y a sur son sommet un terrein spacieux où
l'on a bâti une citadelle très-forte, & où s'est formée
depuis une petite ville. Des deux côtés de cette montagne, qui sont baignés de la mer, les vaisseaux font à
couvert des tempêtes & des ennemis, ausquels la citadelle ne permet pas d'approcher. Au pied du rocher sont
de grandes cavernes, où l'eau de la mer s'insinue par
dessous terre, & y porte quantité de poissons. On y voit
encore sortir une fontaine d'eau douce très-utile aux habitans. Ce fut là où Pierre de Lune, antipape, qui prit le
nom de Benoît XIII, se retira, comme en un lieu de sûreté, pour faire ses fonctions pontificales. Il y fit bâtir
un superbe palais, & une grande église, que l'on y
voit encore aujourd'hui, & mourut dans le schisme l'an
1414. * Nieremberg, hist. nat. l. 1.

PENITENCE chez les Juifs, nommée Thejouvtha,
nom qui signifie changement ou conversion. La véritable
pénitence doit être, selon eux, conçue par l'amour de
Dieu, & suivie des bonnes œuvres. Ils faisoient une
confession le jour des expiations, ou quelque temps auparavant. Ils imposoient des pénitences réglées pour les
péchés, & ils ont chez eux des pénitenciels, qui marquent les peines qu'il faut imposer aux pécheurs, lorsqu'ils viennent confesser leurs péchés. Cette confession
est d'obligation parmi eux ; on la trouve dans les cérémonies du sacrifice pour le péché. Celui qui l'offroit,
confessoit son péché, & en chargeoit la victime. Ils re-

connoissoient un lieu destiné à la purification des ames
après la mort. On offroit des sacrifices pour elles ; maintenant ils se contentent de simples prieres. Ainsi parmi
les péchés, ils en distinguent de deux sortes ; les uns qui
se pardonnent dans l'autre vie, les autres qui sont irré-
missibles. Joséphe nous apprend que les Pharisiens avoient
une opinion particuliere là-dessus. Ils enseignoient que
les ames des gens de bien, au sortir d'un corps, entroient dans un autre ; mais que celles des méchans alloient dans l'enfer. Hérode le tétrarque, prévenu de ce
sentiment, croyoit que l'ame de S. Jean, qu'il avoit fait
mourir, étoit passée dans la personne de Jesus-Christ.
* Le P. Morin, de pœnitentia. Le P. Lami de l'Oratoire, introduction à l'écriture sainte.

PENITENCE chez les chrétiens, est une peine im-
posée, après la confession des péchés. Elle étoit secrete
ou publique, selon que l'évêque ou les prêtres par lui
commis, le jugeoient à propos pour l'édification des
chrétiens. Plusieurs faisoient pénitence publique, sans
que l'on sût pour quels péchés ils la faisoient ; d'autres
faisoient pénitence en secret, même pour de grands crimes, lorsque la pénitence publique auroit causé trop de
scandale. Le temps des pénitences étoit plus ou moins
long, selon les différens usages des églises ; & nous
voyons encore une grande diversité entre les canons pénitentiaux qui nous restent ; mais les plus anciens sont
d'ordinaire les plus severes. S. Basile marque deux ans
pour le larcin, sept pour la fornication, onze pour le
parjure, quinze pour l'adultere, vingt pour l'homicide,
& toute la vie pour l'apostasie. Ceux à qui il étoit prescrit de faire pénitence publique, s'adressoient à l'archiprêtre, ou autre prêtre pénitencier, qui prenoit leur
nom par écrit, & le premier jour du carême étant
venu, ils se présentoient à la porte de l'église en habits
pauvres, sales & déchirés : car tels étoient chez les anciens les habits de deuil. Etant entrés dans l'église, ils
recevoient de la main du prélat des cendres sur la tête,
& des cilices pour s'en couvrir : puis ils étoient mis hors
de l'église, dont les portes étoient aussitôt fermées devant eux. Les pénitens demeuroient d'ordinaire enfermés, & passoient ce temps à pleurer & à gémir, sinon
les jours des fêtes, ausquels ils venoient se présenter à
la porte de l'église sans y entrer. Quelque temps après
on les y faisoit entrer pour entendre les lectures & les
sermons, à la charge d'en sortir avant les prieres. Au
bout d'un certain temps, ils étoient admis à prier avec
les fideles, mais prosternés contre terre ; & enfin on
leur permettoit de prier debout jusqu'à l'offertoire, qu'ils
sortoient. Ainsi il y avoit quatre ordres de pénitens, les
pleurans, les auditeurs, les prosternés & les consistans,
ou ceux qui prioient debout. On les distinguoit encore
d'une autre maniere du reste des fideles, en les plaçant
du côté gauche dans l'église.

Tout le temps de la pénitence étoit divisé en quatre
parties, par rapport aux quatre états dont nous venons
de parler. Par exemple, celui qui avoit tué volontairement, étoit quatre ans entre les pleurans, c'est-à-dire,
qu'il se trouvoit à la porte de l'église aux heures de la
priere, & demeuroit dehors, revêtu d'un cilice, ayant
de la cendre sur la tête, & le poil non rasé. En cet état,
il se recommandoit aux prieres des fideles, qui entroient
dans l'église. Les cinq années suivantes, il passoit au rang
des auditeurs, & entroit dans l'église pour y entendre
les instructions. Après cela, il étoit du nombre des
prosternés pendant sept ans : & enfin il passoit au rang
des consistans, priant debout, jusqu'à ce que les vingt
ans étant accomplis, il étoit admis à la participation de
l'eucharistie. Ce temps étoit souvent abrégé par les prélats, s'ils s'appercevoient que les pénitens méritassent
quelque indulgence. Que si le pénitent mouroit pendant
le cours de sa pénitence, & avant que de l'avoir accomplie, on avoit bonne opinion de son salut, & on offroit
pour lui le saint sacrifice. Lorsque les pénitens étoient
admis à se reconcilier, ils se présentoient à la porte
de l'église, où le prélat les faisoit entrer, & leur don-

noit l'absolution solemnelle. Alors ils se faisoient faire le poil, & quittoient leurs habits de pénitens, pour vivre comme les autres fidéles. Il est bon de remarquer ici la réflexion que fait S. Augustin sur ce sujet : *Si l'homme*, dit ce grand docteur, *revenoit promptement au bonheur de son premier état, il regarderoit comme un jeu la chute du péché.* (*Serm.* 34, *de Divin.*) * M. l'abbé Fleuri, *mœurs des chrétiens.*

La pénitence a toujours été dans l'église ; mais la façon de la faire, soit publique, soit particuliere, a changé selon l'état où l'église s'est trouvée, & selon le besoin des fidéles. Dans le I siécle, l'imposition des peines dépendoit absolument des évêques. S. Cyprien témoigne que ses prédécesseurs ne recevoient point à la pénitence ceux qui étoient coupables d'adultere, d'homicide ou d'idolâtrie. Le concile d'Elvire y ajouta le faux témoignage ; mais du tems du même S. Cyprien, la coutume de relâcher les pénitences imposées pour quelque crime que ce fût, à la recommandation des martyrs qui alloient au supplice, s'introduisit en Afrique. Depuis l'hérésie des Novatiens & des Montanistes, l'église commença d'être plus severe sur ce qui regardoit l'imposition de la pénitence canonique. Enfin on fit quatre dégrés de la pénitence publique, comme nous verrons de l'expliquer : le premier étoit des pleurans ; le second, des écoutans ; le troisième, des prosternés ; le quatriéme, des consistans. Le nom des pleurans & des écoutans ne se trouve point dans les auteurs Latins des premiers siécles de l'église : on n'y parle que de la prostration, & de la consistance ; & par la prostration, les Latins & les Grecs dans le IV siécle, entendent la pénitence publique, & y rapportent toutes les satisfactions rigoureuses qu'elle contenoit, & qui étoient énoncées dans les livres pénitentiaux. Vers la fin du V siécle, il s'introduisit une pénitence mitoyenne, entre la publique & la secrete ; laquelle se faisoit pour certains crimes, dans les monasteres ou dans d'autres lieux, en présence de quelques personnes pieuses. Enfin vers le VII siécle, la pénitence publique pour les péchés occultes, cessa tout-à-fait. Théodore, archevêque de Cantorberi en Angleterre, est marqué comme le premier auteur de la confession secrete, pour les péchés secrets, dans l'Occident. Vers la fin du VIII siécle, on introduisit le rachat, ou plûtôt la commutation des pénitences imposées, que l'on changeoit en quelques bonnes œuvres, comme en aumônes, en prieres, en pélerinages ; & dans le XII siécle la coutume s'introduisit de racheter le tems de la pénitence canonique, avec une aumône d'argent, qui étoit appliquée au bâtiment d'une église, & quelquefois à des ouvrages pour la commodité publique. Cette pratique fut nommée une relaxation ou un relâchement, & fut depuis appellée *indulgence.* Dans le XIII siécle les hommes étant tout-à-fait éloignés de faire la pénitence canonique, les prêtres se virent réduits à les y exhorter, sans les y contraindre, à l'égard des péchés secrets & ordinaires : car pour les péchés publics & énormes, on imposoit encore des pénitences fort rigoureuses. Dans les XIV & XV siécles, on commença à donner des pénitences très-legeres, pour des péchés très-énormes : ce qui a donné lieu à la réformation faite sur ce sujet par le concile de Trente. * Godeau, *hist. de l'église*, *l.* 4.

PÉNITENCE. La pénitence en général est une vertu par laquelle le pécheur se repent des fautes qu'il a faites, & prend une ferme résolution de ne les plus commettre ; c'est pourquoi elle est appellée en grec μετανοια ; ce nom signifie un *changement de sentiment accompagné de douleur & de repentir.* Ce sentiment est intérieur ; mais il se fait connoître par des signes extérieurs auxquels on a donné aussi le nom de pénitence. Tout pécheur peut, avec le secours de la grace, se repentir de son péché, concevoir une douleur de l'avoir commis, prendre la résolution de ne le plus commettre, & changer de vie. Voila la pénitence *intérieure* qui a toujours été la même ; mais quant à la pénitence *extérieure*, elle a varié suivant les tems. Jesus-Christ a laissé à ses apôtres le pouvoir de lier & de délier, de retenir & de remettre les péchés. C'est ce que les peres ont expliqué de la pénitence qui se pratique chez les chrétiens. Dès le commencement de l'église, les Juifs & les païens qui embrassoient la religion de Jesus-Christ, témoignoient, avant que d'être baptisés, qu'ils se repentoient d'avoir été dans l'erreur, qu'ils y renonçoient, qu'ils étoient fâchés d'avoir mal vécu, & qu'ils promettoient de vivre à l'avenir selon les loix de Jesus-Christ ; ils en donnoient même des marques par leur conduite & par leurs actions : c'est ce qu'on appelle la pénitence avant le baptême, ou la pénitence des catéchumenes ; mais cette pénitence n'étoit pas sujette à des loix pénibles. On étoit persuadé que le baptême effaçoit tous les péchés, quand on le recevoit avec la foi, sans qu'il fût besoin de subir le joug de la pénitence extérieure. Quand après le baptême les chrétiens baptisés apostasioient ou tomboient dans des crimes, ils étoient séparés de la communion de l'église ; & pour y rentrer, il falloit qu'ils se soumissent aux loix d'une rigoureuse pénitence, afin d'obtenir la rémission de leurs péchés devant Dieu & devant les hommes : c'est pourquoi la pénitence est appellée par les anciens, *baptême laborieux, baptême de larmes.* Nous avons un exemple de cette pénitence en la personne du Corinthien incestueux, que S. Paul livra à satan, & fit séparer de la communion des fidéles, afin de le faire rentrer en lui-même, & qu'il ordonna ensuite de réconcilieroit ensuite, après qu'il eut donné des marques de sa douleur. * I. *Corinth.* 5 ; & II. *Corinth.* 2. Dans les deux premiers siécles de l'église, le tems de cette pénitence, ni la maniere, n'étoient pas réglés ; mais dans le troisiéme on fixa la maniere de vivre des pénitens & le tems de leur pénitence. Ils étoient séparés de la communion des fidéles, privés de la participation, & même de la vue des saints mysteres, & obligés de pratiquer diverses austérités, jusqu'à ce qu'ils fussent réconciliés par l'évêque & par les prêtres, qui les mettoient en pénitence, & leur donnoient ensuite l'absolution. La rigueur de cette pénitence a été si grande dans quelques églises, que pour les crimes d'idolâtrie, d'homicide & d'adultere, on laissoit les pécheurs en pénitence pendant le reste de leur vie, & on ne leur accordoit pas même l'absolution à la mort. On s'est bientôt relâché à l'égard des adulteres & des homicides, que l'on réconcilioit à l'article de la mort, ou après une longue pénitence ; mais à l'égard de ceux qui étoient tombés dans le crime d'idolâtrie, on a été plus long-tems sans leur accorder l'absolution, même à la mort. Cela fut résolu néanmoins du tems de S. Cyprien dans l'église de Rome & de Carthage, & on l'accorda même avant l'article de la mort. On ne l'a néanmoins donnée qu'à ceux qui l'avoient demandée étant en santé ; & quand on l'accordoit pendant la maladie, si le pénitent revenoit en santé, il étoit obligé d'achever sa pénitence. Mais jusqu'au VI siécle, quand les pécheurs, après avoir fait pénitence, retomboient dans des crimes, ils n'étoient plus reçus au bénéfice de l'absolution : ils demeuroient toute leur vie séparés de la communion de l'église, qui laissoit leur salut entre les mains de Dieu : ce qui a été fait, dit S. Augustin, non que l'on désespérât de leur salut, mais pour maintenir la rigueur de la discipline, *non desperatione venia factum est, sed rigore disciplinæ.* L'église ne doutoit pas qu'elle n'eût le pouvoir de remettre les péchés la seconde fois comme la premiere ; mais elle ne jugeoit pas à propos de le faire. Les Montanistes & les Novatiens, non-seulement refusoient entierement l'absolution à ceux qui étoient tombés dans des crimes, mais aussi contestoient à l'église le pouvoir de leur remettre les péchés, en quoi ils étoient dans l'erreur. Les anciennes pénitences étoient publiques, & ne s'imposoient qu'à ceux qui avoient commis de grands crimes, dont ils étoient convaincus, ou qu'ils avoient confessés. Les quatre dégrés de cette pénitence, dont il a été parlé dans les articles précédens, ne furent réglés

: vers le commencement du IV siécle , & n'ont été
ictement obfervés que dans l'églife grecque. Les clercs
ns les trois premiers fiécles étoient foumis à la péni-
ice comme les autres. Dans les fiécles fuivans ils
ient feulement dépofés de leur ordre , & mis au rang
s laïcs , quand ils tomboient dans des crimes pour lef-
els les laïcs étoient mis en pénitence. La rigueur des
ions fur la pénitence fubfifta jufqu'au VII fiécle , dans
juel elle commença à fe relâcher. La pénitence publi-
e ne fut pas néanmoins abolie pour les péchés publics ;
us on diminua beaucoup de fa rigueur , & les péniten-
s fecretes devinrent en ufage. Le relâchement s'aug-
nta dans les fiécles fuivans , & la pénitence publique
 prefque entierement abolie dans le XIV. Il en eft
té néanmoins quelques exemples , & le concile de
ente a ordonné qu'elle fût rétablie à l'égard des pé-
eurs publics.

Les théologiens confidérant la pénitence comme fa-
ement , difent qu'elle a trois parties ; la contrition , la
nffeffion & la fatisfaction. Ils diftinguent deux fortes
 contrition , une parfaite , & une autre imparfaite : ils
pellent celle-ci attrition ; elle doit , pour être fuffi-
nte, renfermer, fuivant le concile de Trente , une
aie douleur d'avoir commis le péché , un ferme pro-
s de n'y plus retomber , & un amour de Dieu au
oins commencé. La confeffion eft une déclaration que
n fait au prêtre de fes péchés. Jamais il n'y a eu d'obli-
ution de faire cette confeffion publiquement. Elle fe
ifoit autrefois à l'évêque , ou à un prêtre prépofé pour
la. Elle fe fait à préfent fecrétement à l'évêque , ou au
être approuvé par l'évêque , qui font obligés de garder
 fecret inviolable. On eft obligé de fe confeffer des
échés mortels , & l'on peut s'accufer des véniels. La
tisfaction qui étoit autrefois impofée par les canons ,
ft préfentement impofée par le prêtre , qui la doit pro-
ortioner à la qualité des péchés. Le prêtre donne l'ab-
olution au pénitent ; cette abfolution a été long-temps
onçue en forme de prieres que l'on faifoit à Dieu , afin
u'il abfolve le pénitent de fes péchés. A préfent dans
églife latiné , le prêtre prononce cette abfolution en
on nom , mais comme miniftre de Jefus-Chrift. Elle ne
 donnoit autrefois qu'après la fatisfaction ou pénitence
chevée ; préfentement le prêtre la peut donner après la
onfeffion & avant la fatisfaction accomplie ; & c'eft
infi qu'il la donne , à moins qu'il ne juge à propos de la
ifférer , jufqu'à ce qu'il foit affuré de la converfion de
on pénitent : ce qu'il eft obligé de faire fuivant les loix
le l'églife & la prudence chrétienne en bien des cas.
' Tertull. de pænit. & de pudicit. S. Cyprien dans fes
ettres , & dans le livre de Lapfis. Canons des conciles.
ettres canoniques de S. Bafile , de S. Gregoire de
Nyffe , & des autres peres. Livres pénitenciels & facra-
mentaires. Théologiens. L'Aubefpine , obfervations facrées. Morin , de pænitentia. Arnauld , de la fréquente
communion & de la pénitence. Varet , de la pénitence publique qui s'obferve dans le diocèfe de Sens.

PENITENCIEL, recueil des canons , qui ordonnent
le temps & la maniere de la pénitence qu'il falloit impofer réguliérement pour chaque péché , & des formulaires
de prieres , dont on devoit fe fervir pour recevoir ceux
qui entroient en pénitence , & pour réconcilier les pénitens par une abfolution folemnelle. Les principaux ouvrages de ce genre font , le pénitenciel de Théodore, archevêque de Cantorberi en Angleterre ; celui du vénérable Bede, prêtre Anglois , que quelques-uns attribuent
à Egbert archevêque d'Yorck, qui vivoit en même temps,
& en pareille réputation de doctrine & de fainteté ; celui de Rabanus Maurus, archevêque de Mayence ; & le
pénitenciel romain. Ces pénitenciels dreffés pour maintenir la rigueur de la difcipline de la pénitence , devinrent très-communs ; & comme chacun fe donnoit la liberté d'en faire , & d'y inférer des pénitences arbitraires,
au lieu d'avoir l'effet que l'on s'étoit propofé , ils ne fervirent qu'à autorifer le relâchement. Ceux-ci furent condamnés dans le concile de Paris , tenu fous Louis le Dé-

bonnaire , & dans plufieurs autres conciles. * Morin , de
pænitentia. Doujat , hift. du droit canon.

PENITENCIER , prêtre prépofé pour entendre les
confeffions des pénitens & leur impofer la pénitence. Socrate & Sozomène difent que ce pénitencier fut établi
dans les églifes d'Orient , du temps de la perfécution de
l'empereur Dece , & qu'il y fubfifta jufqu'à ce que Nectaire, patriarche de Conftantinople, l'abolit vers l'an 385.
Cependant il n'eft point parlé de ce pénitencier dans les
canons ni dans les écrits des anciens peres , & il paroît au
contraire , que les évêques étoient ceux qui impofoient
les pénitences, & qui donnoient l'abfolution , tant en
Orient qu'en Occident. Les pénitenciers qui font à préfent établis dans la plupart des églifes d'Occident , n'ont
commencé que vers le XII fiécle. Le concile de Latran
de l'an 1215 ordonna à tous les évêques d'avoir un pénitencier. Il y en avoit déja d'établis dans l'églife romaine & dans d'autres églifes. Le concile de Trente les
a depuis érigés en titre. Ces pénitenciers font principalement établis pour abfoudre des cas réfervés à l'évêque.
Voyez ABSOLUTION & PAPE. * Le P. Morin , de
pænitentia , & Thomaffin , de ecclefia difciplina. Godeau , hiftoire de l'églife , livre 4.

PENITENS , nom de quelques dévots qui ont formé
quelques confréries , principalement en Italie , & qui font
profeffion de faire une pénitence publique , en certain
temps de l'année. On dit que cette coutume fut établie en
1260 , par un hermite qui fe mit à prêcher dans la ville
de Péroufe en Italie, que les habitans feroient enfevelis
fous les ruines de leurs maifons , qui fe renverferoient fur
eux , s'ils n'appaifoient la colere de Dieu par une prompte
pénitence. Ses auditeurs , à l'exemple des Ninivites , fe
revêtirent de facs ; & armés de fouets & de difciplines ,
allerent en proceffion par les rues , fe frapant rudement
fur les épaules pour expier leurs péchés. Cette efpèce de
pénitence fut depuis pratiquée en quelques autres pays ,
& particuliérement en Hongrie, pendant une furieufe
pefte qui ravageoit tout ce royaume ; mais peu de temps
après elle donna lieu à la dangereufe fecte des Flagel-
lans , qui courant en troupes , nuds jufqu'à la ceinture,
fe mettoient en fang à force de coups de fouet , & pu-
blioient que ce nouveau baptême de fang (car ils l'appelloient ainfi) effaçoit tous les péchés , même ceux
qu'ils pouroient commettre après cela. On abolit cette
fuperftition ; mais en même temps on approuva la piété
de ceux qui avoient des fentimens catholiques , & l'on
établit des confréries de Pénitens de différentes couleurs,
qu'on voit encore en Italie , fur les terres du pape , au
comtat d'Avignon , en Languedoc & ailleurs , qui font
leurs proceffions , où ils vont principalement le jeudi
faint , revêtus de leur fac , avec le fouet à la ceinture ;
duquel néanmoins ils ne fe fervent guère que par une
montre pieufe , pour marquer la profeffion publique de
leur état de pénitens. Le roi Henri III ayant vu en 1586
la proceffion des pénitens blancs d'Avignon, voulut être
de cette confrérie ; & fept ou huit ans après , il en établit une femblable à Paris , dans l'églife des Auguftins,
fous le titre de l'Annonciation de Notre-Dame. La plupart des princes , des grands de la cour & des principaux
officiers , en étoient ; de même que les favoris du roi,
qui ne manquoient pas d'affifter avec lui aux proceffions
de la confrérie , où il alloit fans gardes , vêtu d'un long
habit blanc de toile de Hollande en forme de fac , ayant
deux trous à l'endroit des deux yeux , avec deux longues
manches ; & un capuchon fort pointu. A cet habit étoit
attaché une difcipline de lin , pour marquer l'état pénitent ; & il y avoit fur l'épaule gauche une croix de fatin
blanc , fur un fond de velours tanné. Le même roi Henri
III fit une proceffion extraordinaire en 1586 , fous cet
habit de pénitent, allant à pié avec plufieurs confréries
depuis les Chartreux de Paris, jufqu'à Notre-Dame de
Chartres , d'où il revint au même état en deux jours à
Paris. On remarque dans l'hiftoire de la Ligue , que le
roi pratiqua ces dévotions publiques , pour détruire la
fauffe opinion que l'on faifoit concevoir au peuple à fon

désavantage, en publiant qu'il favorisoit le roi de Navarre, & les hérétiques. * Maimbourg, *histoire de la Ligue.*

PENITENS, ou religieux du Tiers-Ordre de S. François, *cherchez* TIERS-ORDRE.

PÉNITENTES D'ORVIÉTE, ordre de religieuses en Italie, qui suivent la régle des Carmes. Antoine Simoncelli, gentilhomme d'Orviéte, fit bâtir dans cette ville une maison qui fut d'abord destinée à recevoir de pauvres filles abandonnées de leurs parens, & en danger de perdre leur honneur. En 1662, cette maison fut érigée, sous le pape Alexandre VII, en monastere, pour y renfermer les filles & les femmes qui ayant vécu dans la débauche, voudroient faire pénitence. Plusieurs demanderent à entrer dans ce couvent, & on leur donna la régle des Carmes approuvée par Innocent IV, & mitigée par Eugène IV, avec des constitutions particulieres que l'évêque d'Orviéte approuva. Ces religieuses ne font point de noviciat. Elles restent seulement quelques mois dans le monastere en habit séculier; & quand on leur donne celui de religion, elles renoncent publiquement à l'année d'épreuve, & prononcent leurs vœux. Elles ont les mêmes observances & le même habillement que les Carmélites déchaussées; mais au lieu de sandales, elles ont des pantoufles assez élevées, & leur voile noir est doublé d'une toile blanche. * Héliot, *histoire des ordres monastiques, tome I, page 374, & suivantes.*

PENN (Guillaume) fils unique du chevalier Penn, vice-amiral d'Angleterre, & favori du duc d'Yorck, depuis Jacques II, fut élevé beaucoup de soin dans l'université d'Oxford, où il fut dressé à tous les exercices qui forment l'esprit & le corps. Sa curiosité l'attira depuis en France. Il parut d'abord à la cour, & se façonna dans Paris à la politesse françoise. L'amour de la patrie l'ayant rappellé en Angleterre, & le vaisseau qu'il montoit ayant été obligé de relâcher dans un port d'Irlande, il entra par hazard dans une assemblée de Quakers ou Trembleurs, dont la piété, le recueillement, & les persécutions qu'ils souffroient alors, le toucherent si vivement, qu'il se livra tout entier à leur parti. Il se fit instruire des principes de cette secte, & revint Trembleur en Angleterre. Un auteur très-moderne prétend qu'il l'étoit avant que de sortir d'Angleterre; qu'il le devint par la connoissance qu'il fit à Oxford même avec un Quaker, & que dès l'âge de seize ans il se trouva un des chefs de cette secte. Mais cet auteur n'a point examiné en historien ce qu'il dit des Quakers dans quatre *lettres philosophiques*, où il en parle très-superficiellement. Un sérieux extrême, une modestie gênée, un grand amour de la retraite, le refus public de rendre les salutations ordinaires, firent bientôt connoître Penn pour un nouveau prosélyte de la secte de Fox. Sa famille s'efforça, mais en vain, de dissiper ses illusions; on fut obligé de l'abandonner à ses caprices. Il ne tarda pas à séduire beaucoup de jeunesse; & George Fox étant venu le voir à Londres sur sa réputation, tous deux résolurent de faire des missions dans les pays étrangers. Ils s'embarquerent pour la Hollande, où la princesse Palatine Elizabeth, tante de Georges I, roi d'Angleterre, à qui le célèbre Descartes avoit dédié sa philosophie, leur fit un accueil très-favorable. Comme Penn avoit de grands talens, & qu'il étoit d'ailleurs l'homme le plus pacifique que l'on connût, le duc d'Yorck & le roi Charles son frere prirent soin de lui après la mort du vice-amiral son pere. Guillaume Penn joignoit en effet à la connoissance des langues savantes, & à l'étude des écritures, une érudition profonde, un style pur, & beaucoup d'éloquence. Il avoit de plus de grandes richesses, un grand crédit, & une réputation si bien établie, qu'il n'est pas étonnant qu'il ait toujours été pendant sa vie le soutien de sa secte en Angleterre, & son fondement le plus solide. Il fut par ses discours persuasifs lui concilier la bienveillance, & la protection même de Charles II; & lorsque le roi Jacques fut monté sur le trône, ce prince, quoique catholique, ne put refuser son amitié à un homme doué d'aussi grandes qualités qu'en

avoit Penn, & une espece même de protection à la secte des Trembleurs. Celle-ci étoit d'ailleurs trop pacifique & trop considérable pour avoir de justes sujets de la persécuter, ou pour l'attaquer sans risque, sur-tout n'étant assis que sur un trône mal assuré. Sous le régne de ce prince, Penn fit encore quelques voyages, sur-tout en Hollande, où il s'efforça d'attirer beaucoup de partisans à sa secte; mais ce fut avec peu de succès. Il tenta aussi en vain d'amener la princesse d'Orange au même parti, & il ne se consola de ces mauvais succès qu'en s'associant les restes de diverses sectes. Le roi Jacques II ayant été obligé de fuir d'Angleterre, & de chercher un asyle en France, Penn fut accusé d'entretenir des liaisons secretes avec ce prince. Il s'en justifia, & parla en cette occasion à ses juges avec toute l'éloquence & toute la raison les plus capables de confondre & ses accusateurs & ses juges, aussi le renvoya-t-on absous; mais Penn en conclut que sous le regne du roi Guillaume, il devoit garder une étroite solitude, pour ne pas donner lieu à de nouveaux soupçons. Il avoit en propre dans le continent de l'Amérique une province, qui de son nom & des bois qui l'environnent, a pris le nom de *Pensylvanie*: son pere l'avoit reçue en présent du roi Charles II, & dès 1655 les Quakers s'y étoient établis. Penn y alla lui-même, & lorsqu'il eut son nouveau gouvernement & sa nouvelle secte solidement fondés, il revint en Angleterre après la mort de Charles II. Le roi Jacques qui avoit aimé son pere, eut la même affection pour lui, & ne le considéra plus comme un sectaire obscur, mais comme un homme doué de très-grandes qualités. Après la fuite de ce prince, & le couronnement de Guillaume III, Penn envoya dans la Pensylvanie une nouvelle recrue de Quakers, & à l'ombre de la liberté sans réserve qu'il y avoit établie, la colonie se peupla en très-peu de temps, de maniere qu'elle devint une des plus considérables & des plus peuplées. Les habitans du Palatinat du Rhin sur-tout y vinrent en foule: on y bâtit des villes considérables; ensorte que Penn est considéré comme le fondateur & le législateur de sa secte en Amérique. Il retourna en Pensylvanie sous le regne de Guillaume, resta quelques années à Philadelphie, ville capitale de cette contrée; & étant encore revenu à Londres, il y vécut jusqu'à une extrême vieillesse. Il n'est mort qu'en 1718. *Voyez* PENSYLVANIE. * Le P. Catrou, *histoire des Trembleurs.* Arouet de Voltaire, *quatriéme lettre philosophique,* &c.

Si Guillaume Penn n'est pas auteur du *Journal de la vie de George Fox,* publié environ trois mois après la mort de celui-ci, il l'est du moins de la préface de ce journal. Dans la suite il augmenta cette préface, & la fit imprimer séparément sous ce titre: « Courte relation de » l'origine & des progrès de ceux qu'on appelle Qua-» kers, dans laquelle on donne une exposition claire & » simple de leurs principes fondamentaux, de leurs sen-» timens, leur culte, leur ministere & leur discipline, » afin de prévenir les erreurs & les déguisemens que l'i-» gnorance & les préjugés peuvent produire pour abuser » de la crédulité du peuple. » On trouve un extrait de cet écrit dans une *Lettre d'un Quaker à François de Voltaire,* écrite à l'occasion de ses remarques sur les Anglois, particulierement sur les Quakers, traduite de l'anglois: signée, *Josias Martin,* à Londres 1745, *in-8°* de 48 pages. Dans la même lettre, on cite de Guillaume Penn des *Avis à ses enfans,* demeurés manuscrits. On montre dans le même écrit, que M. de Voltaire n'a connu ni l'histoire ni la doctrine des Quakers, & qu'il a débité bien des fables sur le compte de George Fox.

PENNA ou CITTA DI PENNA, en latin *Penna S. Joannis* ou *Pinna in Vestinis,* ville d'Italie, dans le royaume de Naples, avec évêché suffragant de Chieti ou Théate. L'évêché a été uni à celui d'Atri. Nous avons des ordonnances synodales de Penna, publiées en 1585. Pline parle de cette ville, & Silius Italicus, *lib. 8.*

PENNA DE FRANCIA, anciennement *Lance, Lancia Oppidana.* C'étoit une ville des Vettons en Es-

gne. Ce n'eſt maintenant qu'un bourg du royaume de
on ,à neuf lieues de Ciudad Rodrigo vers le levant.
nna de Francia eſt fort connue à cauſe des péleri-
ges qu'on y fait à une égliſe dédiée à la ſainte Vierge.
Mati , *dictionnaire.*

PENNA (Jean) *cherchez* PENA.

PENNA-FIEL ou PENA-FIEL , *Penna fidelis* , ville
Eſpagne dans la Caſtille vieille , eſt ſituée proche du
uero , à ſix lieues de Valladolid. On y célébra en 1302
i concile dont nous faiſons mention en parlant de ceux de
olede. Ferdinand dit *le Juſte*, roi d'Aragon , porta le
re de duc de Penna-Fiel depuis l'an 1395 , juſqu'en
412 , qu'il parvint à la couronne. Jean ſon fils puîné eut
même titre , & fut roi en 1458. Comme il avoit été
ès-mal avec Jean II , roi de Caſtille , ſon couſin ger-
ain , celui-ci le priva du duché de Penna-Fiel , qu'il
onna comme une ſimple ſeigneurie à dom Pierre Giron ,
igneur d'Oſſonne , maître de l'ordre de Calatrava , &
ge des comtes d'Urenna , ducs d'Oſſonne. Depuis ,
ette ſeigneurie fut érigée en marquiſat par Philippe II ,
i d'Eſpagne , en faveur de dom Jean Tellés Giron , ſe-
ond duc d'Oſſonne.

PENNAFLOR , petit bourg d'Andalouſie en Eſpagne.
l eſt à quatre lieues d'Ecija vers le nord. On y voit des
uines que l'on prend pour celles de l'ancienne *Celſita.*
Mati , *diction.*

PENNAFLOR , bourg des Aſturies en Eſpagne , ſur
Ove , à quatre lieues au-deſſus d'Oviédo. Quelques-
ns prennent Pennaflor pour l'ancienne *Laberris*, petite
ille des Aſturies. * Mati , *diction.*

PENNI (Pierre) religieux de l'ordre de ſaint Dominique, peu connu dans le monde , mérite de l'être à cauſe
e ſes ouvrages. L'un , intitulé *Thalamoth* , ou *le
marquis contre les Juifs*, eſt un livre ſavant , où l'auteur
montre en quinze chapitres , que les Juifs doivent recon-
oître le myſtere de la Trinité , & celui de l'Incarnation ;
& le ſecond eſt un traité contre le Mahométiſme , où
Penni après avoir mis dans leur jour les impertinences de
l'Alcoran , prouve que ceux qui ajoutent foi à ce livre ,
doivent s'attacher à Jeſus-Chriſt plus qu'à Mahomet. Ces
deux livres étoient ſi eſtimés de Pierre Subert , fait évêque de S. Papoul en 1428 , qu'ayant compoſé un traité
de viſitatione epiſcopali, diviſé en ſept parties , il y joignit ces deux traités pour faire une huitiéme partie ,
comme les meilleurs de ceux qu'il connoiſſoit ſur ces matieres. Celui qui fit imprimer en 1503 le traité de Pierre
Subert , ne trouva apparemment pas ces deux ouvrages ,
puiſqu'il ne les y joignit pas ; on trouve le premier dans
la bibliothéque du comte de Seignelai , & le ſecond chez
les Jacobins de Lille. Léandre Alberti en vit encore vu un
traité du même auteur , de la maniere dont on pouvoit
recouvrer la Terre-ſainte , & en garde un autre à
Florence *de notitia Verbi incarnati.* Quoiqu'on ne ſache
pas préciſément en quel temps Penni vécut , on eſt ſur
qu'il eſt plus ancien que le XV ſiécle ; & comme ç'auroit été perdre ſon temps que d'écrire du recouvrement de
la Terre-ſainte pendant le ſchiſme d'Avignon , on a lieu
de croire qu'il floriſſoit au plus tard en 1333 ; & l'empreſſement que le pape & le roi firent voir pour une croiſade , donna occaſion à divers écrivains de traiter de
cette matiere. * Echard , *ſcript ord. FF. Præd. tom. I.*

PENNI (Jean-François) dit IL FATTORE , peintre renommé , vivoit dans le XVI ſiécle , & fut en même
temps que Jule Romain , éleve de Raphaël , ſous lequel
il ſe fit une très-excellente maniere de deſſiner. Il peignit
aux loges du Vatican avec Jean de Udine , & Perin del
Vague. Le Penni ſavoit fort bien les ornemens , faiſoit
le payſage avec beaucoup d'entente , peignoit à freſque ,
à l'huile & en détrempe ; & dans toutes ces manieres il
réuſſiſſoit également bien. Il avoit une connoiſſance ſi
parfaite de ſon art , & une ſi grande facilité , que ce fut
pour cette raiſon qu'on le nomma *Il Fattore.* Après la
mort de Raphaël il travailla avec Jule Romain à l'hiſtoire
de Conſtantin , dans la grande ſalle du Vatican. Pendant
ce temps-là , Perin del Vague épouſa une ſœur de Penni ,

ce qui leur donna occaſion de travailler enſemble. Mais
ce ne fut pas pour long-temps : ils ſe ſéparerent , &
Il Fattore mourut à Naples vers l'an 1528 , âgé de 40
ans. Il avoit un frere nommé LUCA PENNI , qui travailla long-temps en Italie , & qui alla en Angleterre ,
où il fit pour Henri VIII quantité de deſſins , qui furent
gravés en Flandre. * Vaſari , *vit. de Pitt.* Felibien , *entretiens ſur les vies des Peintres.*

PENNON DE VELÉS , ou LE PIGNON ; c'eſt
une bonne fortereſſe de la Barbarie en Afrique. Elle eſt
ſituée ſur une petite iſle ou rocher , qui eſt fort près de
la côte de l'Erriſis , à trente lieues de Ceuta vers le
levant. Le Pignon a un bon port , paſſe pour une ville
imprenable par ſa force , & appartient aux Eſpagnols.
* Mati , *diction.*

PENNOT (Gabriel) chanoine régulier de ſaint Auguſtin , de la congrégation de Latran , a vécu ſous le
pontificat d'Urbain VIII , en 1625. C'étoit un homme
ſavant & vertueux , qui par ſon mérite s'éleva aux premieres charges de ſa congrégation. Nous avons quelques ouvrages de ſa façon , entr'autres , *Generalis totius
ordinis clericorum canonicorum hiſtoria tripartita* , qui a
été imprimée à Rome en 1624 , & à Cologne en 1645.
Propugnaculum humanæ libertatis , &c. * Janus Nicius
Erythræus , Pinachot. II , *imag. illuſt. cap. 55.*

PENRITH ou PENRETH , ville d'Angleterre dans
le comté de Cumberland , près du confluent des rivieres Ulles & Loder. Elle eſt grande & bien bâtie , habitée par un grand nombre de tanneurs : elle envoie
deux députés au parlement , & eſt éloignée de 214
milles anglois de Londres. * Mati , *diction.*

PENRYN , bourg d'Angleterre , dans la partie du
comté de Cornouailles , qu'on nomme *Kierrier* , ſur le
golfe de Falmouth , à une lieue & demie du bourg de
Falmouth. Il a droit d'envoyer deux députés au parlement d'Angleterre. * *Diction. anglois.* Mati , *diction.*

PENS (George) peintre de Nuremberg , étudia beaucoup les ouvrages de Raphaël , & joignit à la peinture
l'art de graver en taille-douce. Marc-Antoine s'eſt ſervi
de lui dans les planches qu'il a miſes au jour. Etant de
retour en ſon pays , il peignit & grava pluſieurs choſes
de ſon invention , qui ſont autant de preuves de la beauté
de ſon génie & de ſon habileté. Il marquoit ſon nom par
ces deux lettres ainſi diſpoſées ; * De Piles , *abrégé de
la vie des peintres.*

PENSIONAIRE de HOLLANDE , *Adſeſſor juris-
peritus* : c'eſt le nom que porte le premier miniſtre d'état
de la province de Hollande. Les Etats de Hollande le
nomment Penſionaire du Conſeil. C'eſt un député perpétuel à l'aſſemblée des Etats généraux. Il eſt auſſi du conſeil des Etats de Hollande , où il a ſon rang parmi les députés de la nobleſſe ; mais il n'a point de ſuffrage déciſif.
Il propoſe ſeulement les matieres qui doivent faire le ſujet des délibérations , recueille les ſuffrages , digere &
prononce les réſolutions priſes , & en fait une eſpece de ré-
capitulation. Il ouvre toutes les lettres adreſſées aux Etats ;
il confere avec les miniſtres étrangers & ceux des provinces , ſur les affaires de la république , & il eſt obligé de
veiller ſur les finances , de maintenir les droits de la province & des Etats , & de veiller à l'exécution des réglemens qui concernent le repos & le bien public. Il ſe trouve
auſſi aux aſſemblées de la nobleſſe de Hollande , & fait
de ſa part les propoſitions aux Etats. Sa commiſſion n'eſt
proprement que pour cinq ans , au bout deſquels les Etats
la lui renouvellent , à moins qu'il n'en demande la démiſſion. Chaque ville a auſſi ſon penſionaire particulier ,
outre celui de toute la province. Ce mot *Penſionaire*
vient de la *penſion* qu'on fixa dans le commencement
pour cette charge. * *Voyez* l'Apologie d'Olden Barne-
velt ; Guillaume Temple , &c.

PENSYLVANIE (la) eſt une agréable & fertile région de l'Amérique ſeptentrionale , nommée d'abord
la nouvelle Suéde , parceque les Suédois la découvrirent
les premiers ; enſuite *la nouvelle Yorck* , lorſque les Anglois s'en furent rendus maîtres , & enfin *la Penſylvanie*,

à cause des forêts qui y étoient, & de Guillaume Penn, vice-amiral d'Angleterre, à qui le roi Charles II la donna en préfent, pour lui & toute fa famille après lui. Cette région eft fituée entre la Virginie & les nouveaux Pays-Bas. Elle eft aujourd'hui le fiége où le Quakérifme, c'eft-à-dire, la fecte des Trembleurs, a établi fon domaine, & où il regne en liberté. Dès 1655, Jean Burniat, un des apôtres de cette fecte, y établit avec beaucoup de peine la première églife. Le Presbytérifme qui y dominoit s'y oppofa de toutes fes forces, & l'on en vint fouvent aux invectives, & même aux mains; mais Guillaume Penn, fils du vice-amiral, devenu maître de cette contrée, s'y fervit de fon autorité pour s'étendre fa fecte fous le règne de Guillaume III, & par la liberté & les priviléges qu'il accorda à tous ceux qui voulurent s'y retirer, il en fit en peu de temps une colonie des plus floriffantes. Comme elle ne pouvoit fubfifter que par l'union, la ville capitale qui s'y fut bâtie fut appellée *Philadelphie.* La juftice y fut adminiftrée par un tribunal dont on n'appella qu'à la cour d'Angleterre. Pour l'y conferver, on obligea les juges à promettre avec ferment de ne jamais s'en écarter. On y établit une école pour l'éducation de la jeuneffe; il y eut un miniftre public; la difcipline fut réglée; mais la divifion arrivée entre les miniftres, & l'ambition de plufieurs freres, l'ont un peu altérée. Après la mort de Guillaume Penn, arrivée en 1718, on conferva la Penfylvanie à fes defcendans, qui en vendirent le gouvernement au roi pour douze mille pièces. Mais les affaires du roi ne lui ayant permis d'en payer que mille, & n'ayant pu fatisfaire au refte dans le temps marqué, le contrat fut déclaré nul, & la famille de Penn rentra dans fes droits. *Voyez* PENN & KEITH.

Quant au terroir de ce pays, quoiqu'il foit inégal, il eft bon en général. L'air en eft doux & pur. Pendant une grande partie de l'hiver, il y fait moins froid qu'en Angleterre. Mais depuis le mois de décembre jufqu'au mois de mars, il y a quelquefois de rudes gelées, accompagnées d'ordinaire d'un temps ferein. Il y croît des noyers, des cedres, des cyprès, des châtaigniers, des peupliers, des arbres qui portent de la gomme, des faffafras, des frênes, des hêtres, & diverfes fortes de chênes. Les fruits qui croiffent dans les bois font des meures noires & blanches, des châtaignes, des noix, des prunes, des fraifes, des framboifes, du vacier, & des raifins de diverfes fortes. Les chofes qui y viennent par l'induftrie des hommes, font le froment, l'orge, l'avoine, le feigle, les pois, & les feves, & toutes les fortes d'herbes & de racines, qu'on recueille en Angleterre. Le gibier eft auffi le même & auffi bon. Il y a des élans auffi gros que de petits bœufs, des daims plus petits qu'en Angleterre, des lievres, des lapins, des écureuils. Les oifeaux domeftiques font des coqs d'inde, qui font très-gros, des faifans, des coqs de bruyeres, des pigeons & des perdrix en abondance. Il y a auffi quantité de poiffons dans la mer & dans les rivieres. Il y a encore beaucoup de plantes médicinales, pour l'ornement, ou pour la bonne odeur. Les naturels du pays généralement font grands, & bien proportionés; mais ils ont le teint bazané. Ils font naturellement civils & hofpitaliers, & croient un Dieu & l'immortalité de l'ame. Ils affurent que c'eft un grand roi, qui les a faits; qu'il habite du côté du midi, dans un très-beau pays, où les ames des bons iront après la mort, & vivront heureufement. Leur gouvernement eft monarchique & héréditaire; mais on tire la généalogie du côté de la mere; par exemple, les enfans du roi ne fuccéderont pas, mais leurs freres du côté de la mere, ou les enfans mâles de leurs fœurs; car les filles ne fuccedent point à la couronne. Quand les Anglois y aborderent fous M. Penn, ils acquirent le pays dont ils fe mirent en poffeffion, des princes Indiens, qui firent une ligue avec eux. Ceux qui voudront être plus amplement informés des productions de ce pays, des coutumes de fes habitans, & des progrès qu'y a faits la colonie, peuvent confulter une relation publiée par M. Penn en 1683,

& inférée dans un livre, qui a pour titre, *l'état préfent des ifles & terres de fa majefté en Amérique,* imprimé en 1687. Tout ce qu'on peut ajouter, c'eft que la partie de ce pays habitée par les Anglois, eft divifée en fix comtés, favoir, Philadelphie, Buckingham, Chefter, Neuwcaftle, Kent, & Suffex, contenant, en 1683, environ 4000 perfonnes. Philadelphie eft la capitale du pays. * *Dictionaire anglois.*

PENTADIE, *Pentadia,* fainte veuve, diaconeffe de l'églife de Conftantinople, au commencement du V fiécle, fut perfécutée par les ennemis de S. Jean Chryfoftome, parcequ'elle foutenoit le parti de ce faint prélat, & fut accufée d'avoir contribué à un incendie qui avoit ravagé cette ville. Elle voulut en fortir comme avoit fait une autre fainte diaconeffe nommée Olympiade; mais S. Chryfoftome l'en détourna par une lettre, pour ne pas ôter, difoit-il, à fes citoyens, aufquels elle fervoit d'afyle, les affiftances qu'ils recevoient de fes charités. * S. Chryfoftome, *ep.* 94. Baronius, *A. C.* 404.

PENTAPOLE, *Pentapolis,* c'eft-à-dire, *région des cinq villes.* On a donné ce nom à la Pentapole de Syrie, où étoient les cinq villes infâmes de Sodome, de Gomorrhe, d'Adama, de Seboïm & de Ségor, brulées par le feu du ciel, en punition du crime de leurs habitans. Il y avoit une PENTAPOLE dans l'Afie mineure & dans la Doride, où étoient Camire, Cos, Cnide, Lindo & Jalyffe; une autre en Lybie, qui comprenoit Berenice, Arfinoë, Ptolémaïde, Cyrène & Apollonie: une autre en Italie, où étoient Arimini, Pefaro, Ancône, Ofimo, Senigaglia, & quelques autres petites places.

PENTATEUQUE, c'eft-à-dire, *cinq volumes,* eft le nom que les Grecs ont donné aux cinq livres écrits par Moyfe; qui font la Genèfe, l'Exode, le Lévitique, les Nombres, & le Deutéronome. Chez les Juifs le nom de loi fe donnoit par excellence au Pentateuque, parceque la partie la plus effentielle de ce livre divifé en cinq parties, contenoit la loi que Moyfe reçut de Dieu, fur le mont Sinaï. On ne peut pas douter que ce grand homme ne foit l'auteur du Pentateuque, fi l'on confulte le 24e. chapitre de l'Exode, & le 31 du Deutéronome. Il feroit difficile de concilier cette opinion avec les huit derniers verfets de ce dernier livre, où la mort de Moyfe eft marquée pofitivement, à moins qu'on ne veuille croire que Jofué ou Efdras ont ajouté les verfets en queftion. Jofephe a la-deffus un fentiment particulier. Il prétend que Moyfe fe fentant près d'expirer, voulut lui-même certifier fa mort à la fin des livres qu'il avoit écrits; de peur que les Juifs prévenus d'une trop grande vénération pour fa mémoire, n'ofaffent publier que Dieu l'avoit enlevé, & ne l'honoraffent par un culte défendu.

Les Juifs font obligés de lire le Pentateuque tout entier, chaque année, & le divifent en paragraphes ou fections. On diftingue ces fections, en grandes & petites. Les grandes comprennent ce qu'on a accoutumé de lire dans une femaine; il y en a cinquante-quatre, parceque dans les années intercalaires des Juifs, il y a autant de femaines: dans les années communes où il y en a moins, on joint deux de ces fections, & on n'en fait plus que cinquante-deux. Les petites fections, font certains endroits qui regardent diverfes matieres. Les Juifs appellent quelques-unes de ces fections, foit grandes, foit petites, *fections ouvertes.* Celles-là commencent par un commencement de ligne: fi c'eft une grande fection, on y marque trois fois la lettre *Phé*, au lieu que les petites n'ont qu'une lettre, & ils nomment les autres, *fections fermées*: elles commencent par le milieu d'une ligne. Si elles font grandes, on y met trois *Samech*; ou un feul, fi elles font petites. Ces fections font appellées du premier mot, par lequel elles commencent. Ainfi la première de toutes s'appelle *Berechit*, qui eft le commencement de la Genèfe. Chaque grande fection fe fous-divife en fept parties, parcequ'elles font lues par autant de différentes perfonnes. C'eft un prêtre qui commence, enfuite un lévite: dans le choix des au-

ecteurs, on a égard à la dignité, ou à la condition ens. On fait une semblable division des livres proques, dont on unit la lecture à ceux de Moyse. rapportons ces usages des Juifs, pour faire voir que de l'église, pour la maniere de lire les livres saints ses offices, est venu de-là. Les Juifs marquent exacnt ces sections, tant du Pentateuque, que des livres hétiques, dans leurs bibles & dans leurs calendriers. P. Lami, *introduction à l'écriture sainte.*

ENTATHLE, *Pentathlum* ou *Quinquertio*, exerdes Grecs, qui comprenoit cinq sortes de jeux ou bats, à savoir la course, le saut, le jet du palet, rcice du javelot, ou le combat à coup de poings, lute. Ce mot est grec; πένθε signifie *cinq*, & ἄθλος *bat*. Les Latins l'appelloient *Quinquertio.* Il y avoit prix pour ceux qui étoient vainqueurs dans chaque mais celui qui remportoit la victoire dans la Pentaou dans les cinq jeux *ci-dessus* mentionés, recevoit palme qu'on lui mettoit à la main; le héraut publioit nom à haute voix, avec son éloge, puis on lui don: une couronne de grand prix. * Pausanias, *lib.* 5, lux, *lib.* 3, *cap.* 30.

ENTECOSTE, *Pentecoste*, fête que les Juifs céléient le cinquantiéme jour après Pâque, suivant le nmandement de Dieu, marqué au XXIII chapitre lévitique. Ce mot vient du grec Πεντηκοστὴ qui signifie *quantiéme.* Les Juifs donnoient à cette fête un autre m, qui signifioit *clôture* en leur langue. Ce jour parmi Chrétiens est celui de la descente du S. Esprit. Alors apôtres & les disciples étant assemblés en un même u, en la compagnie de la Vierge, & de quelques ntes femmes, il s'éleva tout d'un coup un vent impéeux, vers les neuf heures du matin, & il parut en l'air s langues de feu, qui vinrent se poser sur chacun d'eux. même temps ils furent remplis du saint Esprit, & mmencerent à parler diverses langues. Le bruit de ce iracle fit accourir une grande quantité de Juifs, qui oient venus de divers pays à Jérusalem, pour célér la solemnité de la Pentecôte, savoir (comme dit Luc, des Perses, des Medes, des Elamites, pluurs de la Mésopotamie & la Cappadoce, du Pont, e l'Asie, de la Phrygie, de la Pamphylie, de l'Egypte, es Romains, des Crétes, des Arabes, des Juifs natuls, & des Prosélytes. Tous les Juifs de divers pays rent saisis d'étonnement, lorsqu'ils virent que ceux de haque nation entendoient le langage des apôtres, omme s'ils eussent parlé en leur langue. On croit que la maison où le S. Esprit descendit sur les apôtres, étoit elle d'une sainte femme appellée Marie, mere de saint Marc, disciple & compagnon de S. Paul & de saint Barnabé. C'étoit où Jesus-Christ avoit fait sa derniere Pâque, & institué le saint Sacrement; où il avoit apparu à les apôtres le jour de la résurrection, & encore huit jours après, & où S. Pierre vint trouver ensuite les fideles assemblés, au sortir de la prison, dont un ange le délivra. L'impératrice sainte Hélène y fit bâtir l'église de la sainte Sion, qui étoit la plus belle de Jérusalem: & saint Jerôme dit que l'on y mit la colonne à laquelle Notre Seigneur étoit lié pendant sa flagellation. Elle fut ruinée par les Arabes, l'an 1460, & fut réparée par les libéralités de Philippe *le Bon* duc de Bourgogne. Elle fut détruite une seconde fois par les infideles peu d'années après, de sorte que l'on n'y voit plus que quelques restes de ce superbe édifice. * Le pere Giri, *des mystères de l'église.*

Les Juifs nomment aussi la Pentecôte, *la fête des semaines*, à cause qu'elle se fait à la fin des sept semaines, qu'on compte depuis la Pâque. Elle est encore appellée dans l'écriture, *le jour des prémices*, parcequ'on offroit ce jour-là au temple les prémices des fruits. Elle est de plus nommée *le jour de la moisson*; parcequ'on commençoit alors à couper le grain. Il étoit ordonné d'offrir deux gâteaux faits de froment nouveau: c'étoient les prémices du pain, qui étoient faits avec du levain. Le grand-prêtre en prenoit un pour lui, l'autre étoit partagé entre les prêtres: on ne les portoit point sur l'autel, d'où le levain

étoit absolument banni. Les Juifs célébrent cette fête pendant deux jours, qui sont gardés comme les fêtes de Pâque; c'est-à-dire, qu'on ne travaille point dans ce temps-là, & qu'on ne traite d'aucune affaire. Léon de Modène rapporte que c'est une tradition chez les Juifs, que la loi leur fut donnée ce jour-là sur le mont Sinaï. C'est pourquoi ils ont accoutumé d'orner les synagogues & les lieux. où l'on lit, & même leurs maisons, avec des roses & des fleurs accommodées en couronnes & en festons. M. Simon *dans son supplément aux cérémonies des Juifs*, compare la Pentecôte des Chrétiens avec celle des Juifs. Il dit que comme ce fut ce jour-là que Dieu donna aux Israélites la loi sur cette montagne de Sinaï, qui devint toute en feu; de même les apôtres reçurent ce même jour la nouvelle loi, étant remplis du S. Esprit, qui descendit sur eux avec un grand bruit, comme il est marqué dans les actes des apôtres. Il ajoute que la Pentecôte des Chrétiens a été principalement instituée pour honorer le jour que la nouvelle loi fut imprimée par le saint Esprit dans le cœur des apôtres, à l'imitation de la loi qui avoit été donnée à Moyse à pareil jour, sur des tables de pierre. * Léon de Modène, *cerem. des Juifs*, *part. III, chap. 4.*

PENTHÉE, *Pentheus*, fils d'Echion & d'Agavé fille de Cadmus, fut roi de Thèbes, & se moqua des cérémonies qui se pratiquoient dans les fêtes consacrées à Bacchus. Le Dieu voulant s'en venger, jetta une fureur si violente dans le sein d'Agavé fille du roi Cadmus, & mere de Penthée, qu'étant accompagnée des Ménades, elle fondit sur son fils, croyant que c'étoit un sanglier, & le déchira. Quelques auteurs prétendent que Penthée étant monté sur le trône, se déclara contre le vice, & sur-tout contre l'ivrognerie; que les ivrognes irrités de sa sévérité chercherent à s'en venger, ce qu'ils firent en lui donnant la mort. * Ovide, *liv.* 3 *metam.* Natal. Com. *lib.* 5. c. 13. Nicol. Lloyd.

PENTHESILÉE, *Penthesilea*, reine des Amazones, succéda à Orithye, & mena du secours aux Troyens. Après avoir donné des preuves considérables de valeur, pendant ce siége, elle fut tuée par Achille. Pline dit qu'elle inventa la hache d'armes. * Pline, *l.* 7, *c.* 56.

☞ PENTHIEVRE, ancien comté dans la Bretagne, érigé en duché-pairie par Charles IX, l'an 1569, en faveur de Sébastien de Luxembourg, comte de Penthiévre, & de ses hoirs, tant mâles que femelles. Les lettres-patentes d'érection furent enregistrées au parlement de Paris le 15 de septembre de la même année 1569. Le comte de Toulouse acheta ce duché de Marie-Anne de Bourbon, légitimée de France, princesse de Conti. Cette duché-pairie est composée des terres de Guingamp, Moncontour, la Roche-Esnard, Lambale, Lanizu & Jugon. * La Martiniere, *dict. géographique.*

PENTLAND-FIRT, en latin *mare Picticum.* C'est cette partie de la mer septentrionale qui est entre le comté de Cathness dans le nord d'Ecosse, & les Orcades, & qui a 24 milles de large. La marée y est si forte, que dans deux heures de temps les petits bâtimens la traversent. On dit que ce détroit tire son nom du naufrage qu'y fit la flotte des Pictes, après avoir été repoussée par les habitans du comté de Carthness d'un côté, & par ceux des Orcades de l'autre. Leurs vaisseaux furent engloutis par les tournans d'eau produits par les concours des marées opposées qui viennent de l'océan Calédonien, & de la mer d'Allemagne, & des grands rochers de ces isles, qui se trouvent en cet endroit. Chaque pointe de rocher fait une nouvelle marée, & ces marées concourent ensemble avec tant de violence, même quand le temps est calme, qu'on diroit que les vagues vont se joindre aux nuées, & toute la mer en est couverte d'écume. Mais il n'y a rien de si épouvantable, que quand dans le temps d'une tempête; les poissons mêmes & les veaux marins sont mis en pieces contre les rochers. Il y a deux temps où l'on peut traverser ce détroit sans danger, savoir dans le temps du reflux & dans celui de la haute marée, quoiqu'alors il y ait de petits tournoyemens d'eau dangereux pour les petits vaiffeaux ; mais les mariniers les connoiffent fi bien & font fi expérimentés, qu'ils les évitent, ou paffent par-deffus avec beaucoup d'adreffe. * Buchanan. Gordon, *theatr. Scot.*

PENZANCE, ville & port d'Angleterre, dans la partie du comté de Cornouailles, qu'on nomme *Pen-with*, & qui eft au nord-eft. Elle eft fur le rivage-occidental de Mounts-Bay, vis-à-vis du lieu appellé *Marker Jew*, qui eft de l'autre côté, & où l'on trouve de l'ambre. Elle eft à 201 milles anglois de Londres. * *Dic- tion. anglois.*

PEON, *Pæon*, médecin célèbre, paffoit dans la fable pour le médecin des dieux, comme nous l'apprenons de Lucien *in Tragopod.* Homere dit dans le livre 5 de l'Iliade, que Pluton bleffé par Hercule, fut guéri par Péon. Mais Euftathius & les autres qui nous ont laiffé des commentaires fur Homere, affurent que ce nom a été donné à Apollon, & que dans la fignification du grec, il fignifie *guérir.*

PÉON, *Pæon*, fils d'Endymion, donna fon nom aux PÉONIENS, peuple de la Macédoine, que Philippe foumit. Hérodote, Strabon, Ptolémée, Pline, Dion, &c. qui en font mention, parlent diverfement de la fituation de ce pays. * Ovide, *lib. 2 de ponto, eleg. 2.*

PEON, *Pæon*, d'Amathufe, écrivain cité par Plutarque. Quelques auteurs difent que ce Péon avoit écrit l'hiftoire ; mais cela eft peu affuré. * *Confultez* Voffius. Plutarque, *in Thef.*

PEOR ou PHOGOR. C'étoit une montagne du pays des Moabites, *voyez* PHOGOR.

PEPARETHE, ifle de la mer Ægée proche des côtes de la Magnéfie, contrée de la Theffalie. Elle avoit une ville de même nom, qu'on appelle à préfent *Piperi-* * Lubin, *table géograph. fur les vies de Plutarque.*

PEPIN, dit *le Bref* ou *le Petit*, roi de France, le premier de la feconde race de nos rois, étoit fils de CHARLES Martel, & frere de Carloman, avec lequel il partagea le gouvernement de l'état, après la mort de leur pere, enforte que Childéric III, fils de Chilpéric II, n'eut que le nom de roi. Carloman s'étant depuis retiré en Italie, Pepin demeura feul ; & Chilpéric ayant abdiqué volontairement la couronne en 752, fans laiffer poftérité, Pepin affembla les états du royaume à Soif- fons. Ses amis après avoir exalté fes grandes qualités, & les fervices fignalés qu'il avoit rendus à la monarchie, propoferent de l'élever fur le trône. La propofition fut bien reçue, & alors les François éleverent Pepin fur un bouclier, & le proclamerent roi, la même année 752. Tous les anciens hiftoriens difent que l'affemblée des François envoya des ambaffadeurs au pape Zacha- rie, lui demander s'il n'y avoit pas plus à propos que ce- lui qui faifoit toutes les fonctions de la royauté fût roi, que celui qui n'en avoit que le nom ; que ce pape ré- pondit qu'oui, & que fur cette réponfe les François dé- clarerent Pepin roi : mais ce fait eft regardé comme faux par plufieurs critiques, & a été réfuté par le P. le Cointe de l'Oratoire, dans fes *annales de l'hiftoire ecclé- fiaftique de France.*

Les cardinaux Baronius & Bellarmin prétendent en démontrer la vérité. Sponde, abréviateur de Baronius, fuppofe auffi, que Childéric fut dépofé par Zacha- rie. Le cardinal Bellarmin tâche de le prouver avec appareil au fecond livre de fon traité *de Romano Pon- tifice*, auffi-bien que dans fa réponfe à Barchlai. Serra- rius, auffi Jéfuite, foutient le même fentiment dans fes notes fur la vie de S. Boniface de Mayence, & c'eft à préfent le fentiment de prefque tous les Ultramontains. Le pere le Cointe au contraire a prétendu que Rome n'avoit eu aucune part à cette dépofition ; qu'on n'avoit jamais confulté le pape fur cela, & que la députation des François à Zacharie eft une fable qui a été crue mal-à-propos durant neuf fiécles. Le pere du Bois prêtre de l'Oratoire, a embraffé ce fentiment dans fon *Hiftoire de l'églife de Paris*, où il s'eft trompé néanmoins, en citant Fauchet comme le premier auteur de l'opinion du

pere le Cointe, quoique Fauchet ait pofitivement éta- bli le contraire. Enfin le pere Alexandre foutient vive- ment l'opinion des PP. le Cointe & du Bois, dans fa deuxiéme differtation du VIII fiécle. Il y a deux chofes à examiner dans cette queftion. La premiere, fi l'on a confulté le pape Zacharie pour favoir fi Pepin, qui étoit aimé, refpecté, ou du moins craint par tous les prin- cipaux feigneurs, & qui faifoit toutes les fonctions d'un roi dont Childéric n'avoit que le nom, & qu'il étoit incapable de remplir, quoiqu'âgé de 34 ou de 35 ans, pouvoit être élu roi au lieu de Childéric ; & fi ce pape a décidé en faveur de Pepin. La feconde, fi le pape Zacharie a prétendu exercer un acte de jurifdiction pour dépofer Childéric, & élire Pepin, comme le difent Bellarmin, Serrarius, & quelques autres. Il eft certain que tous les hiftoriens rapportés dans la collection de Duchefne répondent affirmativement à la premiere quef- tion ; & pour prouver que l'on a cru pendant neuf fié- cles une fable qui eût, ce femble, été fi facile à décou- vrir, il faudroit des raifons & des autorités beaucoup plus fortes que les fémi-preuves & les conjectures des PP. le Cointe, du Bois, & Alexandre. Le fait d'ail- leurs n'a rien d'extraordinaire. Pepin avoit toute l'auto- rité ; il étoit aimé & refpecté, ou du moins craint ; Childéric III paffoit pour un roi infenfé & ftupide, s'il ne l'étoit effectivement. Pepin fit entendre aux princi- paux feigneurs, qu'il étoit important d'élire un roi ca- pable de gouverner l'état. On en convint, & toute la difficulté fe réduifant à vaincre la peine qu'auroient quel- ques-uns de violer la foi promife au roi légitime ; on réfolut de confulter le pape Zacharie, qui paffoit pref- que pour l'oracle de fon temps, & de s'en tenir à fa décifion. Tout ce que ce pape décida, fut qu'il conve- noit que celui qui étoit en état de régner, gouvernât fouverainement ; & que puifqu'il avoit toutes les qua- lités d'un roi avec toute l'autorité, il en eût auffi le titre. Encore une fois il n'y a guère de fait fi bien at- tefté dans l'hiftoire de France. Mais Zacharie ne préten- dit point exercer un acte de jurifdiction ; fa réponfe étoit une fimple décifion d'un cas de confcience qu'on lui pro- pofoit, & les hiftoriens ont eu foin de remarquer que cette décifion détermina feulement les états généraux à agir en faveur de Pepin : ainfi ce fut par la délibéra- tion de ces états, & non par la fentence du Pape, que Childéric fut dépofé, & Pepin élu. La décifion du pape eft-elle jufte ? C'eft une autre queftion, & ce n'eft pas ici le lieu de l'examiner. *Voyez* au refte fur cette matiere une *Differtation* fort curieufe *touchant la part qu'eut le pape Zacharie à la dépofition de Childeric*, & qui fe trouve dans un *Recueil d'hiftoire & de littérature*, impri- mé à Paris chez Chaubert en 1731.

Après fa proclamation le nouveau roi arrêta la révolte de fon frere *Griphon*, prit Vannes en Bretagne, & foumit tout ce pays. Le pape Etienne II, qui avoit fuc- cédé à Zacharie, fe voyant extrêmement preffé par les Lombards, eut recours à Pepin qu'il vint voir en France. Le roi le reçut au château de Pontion, palais royal près de Vitri en Parthois, & l'envoya à l'abbaye de S. Denys. Quelque-temps après, ce pontife le facra, & le couronna lui & fes deux fils *Charles* & *Carloman*, à Ferrieres, le 28 juillet de l'an 754. Quelques-uns difent que cette cérémonie fe fit dans l'églife de S. Denys, devant l'autel de S. Pierre & de S. Paul, que le pape dédioit ce jour-là en mémoire du recouvrement de fa fanté. L'année fuivante Pepin paffa en Italie, & après avoir forcé Aiftulfe roi des Lombards, de rendre ce qu'il avoit enlevé à l'églife, il revint en France, & renvoya le pape Etienne à Rome. Mais les Lombards ayant man- qué de parole, le roi repaffa les Alpes en 756, & les força encore de donner fatisfaction au pontife romain. Pepin étant de retour en France, paffa le refte de fa vie à faire la guerre aux Saxons, & à Caifre ou Waifre duc d'Aquitaine, qu'il défit fix ou fept fois, jufqu'en 768, que ce feigneur ayant été tué par les fiens, le roi refta maître de tout fon état. Peu de temps après, Pepin ayant été

été attaqué de la fiévre à Saintes, se fit porter à Poitiers, à Tours, & enfin à S. Denys, où il mourut d'une espece d'hydropisie, le 24e jour de septembre de la même année, dans la 54e année de son âge, après avoir régné depuis son sacre 16 ans 4 mois 24 jours. On dit qu'au commencement de son régne, s'étant apperçu que les seigneurs François n'avoient pas pour lui tout le respect possible, à cause qu'il étoit petit de taille, il s'adressa à eux, un jour qu'il vit un furieux lion qui s'étoit jetté sur un taureau, & leur dit qu'il falloit lui faire lâcher prise. Ils s'en effrayerent ; mais étant sauté lui-même à bas de l'échaffaut où il étoit, il alla droit au lion, le couteau à la main, & lui donna un si grand coup, qu'il lui sépara la tête du corps, son épée même étant entrée bien avant dans le cou du taureau. Après un si merveilleux coup, retournant vers les seigneurs : Hé bien, leur dit-il avec une fierté héroïque, vous semble-t-il que je sois digne de vous commander ? Voyez sa postérité à l'article de FRANCE. Consultez les auteurs de l'histoire des rois de la seconde race, publiés par les sieurs Pithou, Freher & du Chêne. * Du Bouchet, origine de la maison de France. Sainte-Marthe, l. 7, histoire généalogique de la maison de France. Le P. Anselme, &c.

PEPIN, I de ce nom, roi d'Aquitaine, & second fils de LOUIS le Débonnaire & d'Ermengarde, fut établi roi d'Aquitaine en 817, & fut depuis chef des conjurations faites contre son pere, en 830 & 833. Il fonda les abbayes de S. Jean d'Angeli, de S. Cyprien de Poitiers, & de Brantôme en Périgord ; & mourut le 13 janvier, selon l'auteur de la vie de Louis le Débonnaire, ou le 13 décembre, selon les annales de saint Bertin, de l'an 838. Ce prince fut enterré dans l'église collégiale de sainte Radegonde de Poitiers. Voyez sa postérité à l'article de FRANCE. * Les annales de saint Bertin de Metz. Eginard. Réginon. L'auteur de la vie de Louis le Débonnaire, &c.

PEPIN II, roi d'Aquitaine, succéda aux états du roi son frere, mena des troupes à Lothaire I, son oncle, & le secourut à la bataille de Fontenai en Auxerrois, le 25 juin de l'an 841. Depuis il fut pris par Sanche, comte de Gascogne, qui le remit entre les mains de Charles le Chauve, son oncle. Celui-ci l'enferma en 852, à S. Médard de Soissons, où il prit l'habit de religieux. Mais deux ans après il trouva moyen de s'échaper, & se joignit aux Normans, à la tête desquels il pilla Poitiers, & diverses autres places en 857. Alors les Aquitains le poursuivirent, & l'ayant fait prisonnier, le livrerent aux François. Ceux-ci le condamnerent comme traître à sa patrie & à la chrétienté, à perdre la vie. En 864 il fut enfermé dans une obscure prison à Senlis. * Voyez les annales de S. Bertin & de Fuldes. Nithard. Réginon. Le pere Anselme, &c.

PEPIN, roi d'Italie, fils de CHARLEMAGNE, & de Hildegarde sa seconde femme, naquit l'an 777, & fut mené par le roi son pere à Rome, où il fut baptisé, & où il reçut le nom de Carloman, que le pape Adrien I changea en celui de Pepin, lorsqu'il couronna ce prince roi des Lombards, le 15 avril, jour de Pâque de la même année 781. Depuis, Pepin donna en diverses occasions des preuves de sa bravoure, battit en 799 les Huns ou Avarois, & soumit Grimoald duc de Bénévent. Il mourut à Milan le 8 juillet de l'an 810, & fut enterré dans l'église de S. Zénon. Onuphre dit qu'il mourut à Vérone. Voyez sa postérité à l'article de FRANCE. * Les annales de S. Bertin de Metz & de Fuldes. Nithard, l. 2. Réginon. Eginard. Le pere Anselme, &c.

PEPIN, surnommé de Landen, qui étoit le lieu de sa naissance, étoit fils du duc Carloman, & petit-fils de Charles, comte de Hesbaye, dans le pays de Liége. Il partagea l'autorité souveraine avec S. Arnoul, duc d'Austrasie, sous le régne de Dagobert, & fut ensuite maire du palais du roi Sigebert. Il épousa Itte, nommée par les annales de Metz Iduberge, sœur de Modoal, évêque de Trèves, de laquelle il eut Grimoald, qui lui

succéda en la dignité de maire du palais, & qui voulut faire couronner son fils Childebert, après la mort de Sigebert roi d'Austrasie. Clovis II punit de mort Grimoald de Metz. Il eut encore deux filles, savoir Begge femme d'Anchise, pere de PEPIN, surnommé le Gros ou de Heristel ; & sainte Gertrude, abbesse & fondatrice, conjointement avec sa mere Itte, du célébre monastere de Nivelle. Pepin quitta entierement la France, après la mort de Dagobert, & revint à Metz auprès de Sigebert. Il mourut le 21 de février l'an 640, âgé de 40 ans. Il est honoré comme saint dans les Pays-Bas. * Frédégaire. Aimoin. Annales de Metz. Du Chêne, histoire de France. Baillet, vies des saints.

PEPIN, dit le Gros, ou Heristel, maire du palais de nos rois, étoit fils d'Anchise, & petit-fils de saint Arnoul, depuis évêque de Metz. Il gouverna en Austrasie, & fut vaincu en 681, par Ebroüin. En 687 il défit le roi Thierri, & posséda toute l'autorité dans les deux royaumes, sous Clovis III, Childebert & Dagobert III. Il gagna diverses batailles, contre Berthaire en 691, sur Radbod duc de Frise en 707, sur Wiler duc des Suaubes, qu'il défit en 709 & en 712. Pepin mourut le 16 décembre 714, dans le château de Jupil sur la Meuse, près de Liége. Il épousa 1°. Plectrude, de laquelle il eut Drogon ou Dreux comte de Champagne ; & Grimoald, maire du palais : 2°. Alpaïde, mere de CHARLES Martel, tige de la seconde race de nos rois, & Childebrand, duquel nos généalogistes modernes font descendre les comtes de Matrie. S. Lambert, évêque de Liége, l'ayant voulu reprendre sur cette intempérance, fut tué par Dodon, frere d'Alpaïde. * Aimoin, c. 48. Du Bouchet. Sainte-Marthe. Adrien Valois. Le pere Anselme, &c.

PEPIN (Guillaume) né de pauvres parens dans le diocèse d'Evreux, entra jeune dans l'ordre de S. Dominique, fut reçu l'an 1500 docteur en théologie en la faculté de Paris, & l'an 1504 fait prieur de la maison de son ordre à Evreux, après avoir engagé les religieux de cette maison à entrer dans la congrégation de Hollande, qui sa régularité rendoit célebre. On a de lui un commentaire sur la Genèse, & un autre sur l'Exode, imprimé à Paris en 1534, in-8° ; un traité de la confession, & un très-grand nombre de sermons qui ont été imprimés à Paris in-8°, en 1528 & 1541. Il avoit acquis une grande réputation par son talent pour la chaire, & mourut à Evreux le 18 janvier 1533.* Echard, script. ord. FF. Præd. t. II.

PEPOLI (Gui) cardinal, né en 1560, étoit fils du comte Corneille Pépoli, Bolonois. Le pape Grégoire XIII le fit référendaire de l'une & de l'autre signature, puis protonotaire apostolique & clerc de chambre. Sixte V, après l'avoir fait trésorier du saint siége, lui donna le chapeau de cardinal en 1589, & Clément VIII le fit gouverneur de Tivoli en 1595. Il mourut en 1599, en sa 39e année. * Justiniani, hist. des gouverneurs de Tivoli.

PEPUSIENS ou PEPUSENIENS : c'est le nom que l'on donnoit aux Montanistes, parceque leur secte avoit commencé à Pepuse, bourg de Phrygie, qu'ils appelloient Jérusalem, où ils vouloient qu'on vînt se rendre de tous côtés. Les femmes y faisoient les fonctions d'évêques & de prêtres. Ces hérétiques débitoient leurs impiétés dans le II siécle. Voyez MONTANISTES. * S. Epiphane, hær. 49. S. Augustin, de hær. c. 27. Eusebe, l. 5, hist. Baronius, A. C. 173.

☞ PEQUIGNI, ville de France, avec titre de baronie, dans la Picardie, élection d'Amiens, sur la Somme, trois lieues au-dessous d'Amiens. Elle est remarquable par la mort de Guillaume surnommé Longue épée, duc de Normandie, qui y fut tué, & que les cabales de Thibaut, comte de Chartres, surnommé le Tricheur, firent périr. Cette ville étoit assez considérable du temps des guerres des Anglois, dont l'armée y fut défaite entierement. Il y a à Péquigni une église collégiale, dédiée à S. Martin, dont les canonicats sont à la nomination du seigneur. Près de cette ville, qui aujourd'hui n'est proprement qu'un bourg, on tient marché & foire. Il s'y trouve de la terre dont on fait des tourbes, * La Martiniere, *dict. géogr.*

☞ La baronie de PEQUIGNY a donné le nom à la grande maison de PEQUIGNI, ou PIQUIGNI, qui a formé plusieurs branches, & entr'autres, la branche des VIDAMES D'AMIENS, celles D'AILLY-SUR-SOMME, de BERGICOURT, du FAY, de FLUY, & d'ACHY, toutes éteintes.

Marguerite de Pequigny, fille de *Robert* de Pequigny, seigneur de Fluy, épousa en 1342, *Robert* d'Ailly, chevalier, seigneur d'Ailly-haut-clocher, de Boubers, & de Fontaines-sur-Canches, & porta dans cette maison le vidamé d'Amiens, & la baronie de Pequigny; dont elle hérita après la mort de *Marguerite* d'Ailly, sa cousine germaine, seule & unique héritiere de la branche aînée. La maison de Pequigny continua à se perpétuer dans la branche d'ACHY, formée par JEAN de Pequigny, oncle de Marguerite dont on vient de parler, trisaïeul de *Marguerite* de Pequigny, dame d'Achy, en laquelle finit cette branche, & qui porta la terre d'Achy dans la maison de Carvoisin, par son mariage du 28 février 1531, avec *Vespasien* de Carvoisin, originaire de Milan, premier écuyer du roi François I, chevalier de son ordre.

On n'entrera point ici dans un plus grand détail sur cette maison, aussi illustre par son ancienneté, que par ses alliances. On se bornera seulement à donner la liste chronologique des vidames d'Amiens, depuis le premier que l'on connoisse jusqu'à présent.

I. EUSTACHE de Pequigny, vidame d'Amiens, fonda en 1066 l'église aumôniale de Pequigny, avec son fils,

II. PIERRE de Pequigny, vidame d'Amiens, vivant en 1066.

III. GUERMONT de Pequigny, son fils, vidame d'Amiens, vivant en 1112.

IV. GÉRARD de Pequigny, son fils, vivant en 1170, gît à l'abbaye du Gard.

V. VERMOND de Pequigny, son fils, vidame d'Amiens, étoit marié en 1175.

VI. GIRARD de Pequigny, son fils, vidame d'Amiens, mort sans enfans au voyage du roi Philippe Auguste en Judée.

VII. ENGUERRAND de Pequigny, vidame d'Amiens après la mort de son frere, étoit marié en 1209 avec *Marguerite*, fille de *Jean*, comte de Ponthieu.

VIII. GIRARD de Pequigny, son fils, vidame d'Amiens, épousa en troisiémes noces *Mahaut* de Creseques, fille du comte de Montfort. Mahaut de Creseques étoit remariée en 1252, avec

IX. JEAN d'Audenarde, chevalier, qualifié vidame d'Amiens en 1253.

X. JEAN de Pequigny, vidame d'Amiens, fils de *Girard*, & de *Mahaut* de Creseques, étoit en 1253 sous la tutelle de *Jean* d'Audenarde son beau-pere, & de *Mahaut* de Creseques, sa mere. Il étoit marié en 1278, avec *Marguerite* de Beaumès. Il fit son testament en septembre 1302.

XI. RENAUD de Pequigny, son fils, vidame d'Amiens, fit son testament en mars 1315. Il avoit épousé *Jeanne* de Brienne, veuve de *Jean* VII du nom, vicomte de Turenne, fille de *Jean* II de Brienne, & de *Béatrix* de Châtillon.

XII. MARGUERITE de Pequigny, sa fille, se maria trois fois, & ses trois maris furent successivement vidames d'Amiens. 1°. Elle étoit mariée en 1324 avec JEAN de Roncy, vidame d'Amiens :

XIII. 2°. en 1333 avec GAUTHIER de Noyers, vidame d'Amiens :

XIV. 3°. à RAOUL de Rainneval.

Marguerite de Pequigny étant morte sans enfans, sa succession fut disputée entre ses deux cousines germaines. Elle fut adjugée par arrêt du parlement de l'an 1381, à

XV. MARGUERITE de Pequigny, fille de *Robert*,

seigneur de Fluy, mariée à *Robert* d'Ailly, seigneur d'Ailly-haut-clocher, de Boubers, & de Fontaines-sur-Canches.

XVI. BAUDOUIN d'Ailly, dit *Beaujois*, son fils, vidame d'Amiens, baron de Pequigny, épousa en 1387 *Jeanne* de Rainneval, fille unique de *Valeran* de Rainneval, & de *Jeanne* de Varennes.

XVII. RAOUL d'Ailly, leur fils, vidame d'Amiens; épousa le 13 novembre 1413 *Jacqueline* de Béthune, fille de *Robert* de Béthune, vicomte de Meaux, & d'*Isabelle* de Ghistelles.

XVIII. JEAN d'Ailly, leur fils, vidame d'Amiens, épousa *Yolande* de Bourgogne, fille naturelle de *Philippe*, duc de Bourgogne.

XIX. CHARLES d'Ailly, leur fils, vidame d'Amiens, épousa le 9 janvier 1485 *Philippe* de Crevecœur, fille d'*Antoine* de Crevecœur, & de *Marguerite* de la Tremoille.

XX. ANTOINE d'Ailly, leur fils, vidame d'Amiens, épousa le 29 octobre 1518 *Marguerite* de Melun, fille aînée de *Hugues* de Melun, vicomte de Gand, & de *Jeanne* de Hornes.

XXI. FRANÇOIS d'Ailly, vidame d'Amiens, mort en Angleterre au mois de janvier 1560, sans laisser d'enfans de *Françoise* de Batarnay, fille de *René* de Batarnay, comte du Bouchage, & d'*Isabelle* de Savoye.

XXII. LOUIS d'Ailly fut vidame d'Amiens après la mort de son frere, dont on vient de parler. Il ne laissa pas d'enfans de *Catherine* de Laval, sa femme, & fut tué à la bataille de Saint-Denys au mois de novembre 1567, avec *Charles* d'Ailly, baron de Pequigny, son frere. La mort de ces deux freres occasiona un procès pour la succession de *Louis* d'Ailly, vidame d'Amiens, entre sa sœur, & son neveu. La décision de ce procès dépendoit de savoir lequel des deux étoit décédé le premier; & l'arrêt du 12 décembre 1572, fondé sur l'ordre de la nature, jugea que le frere aîné mort avant le cadet; & le vidamé d'Amiens, & la baronie de Pequigny furent adjugés à

XXIII. PHILIBERT-EMANUEL d'Ailly, vidame d'Amiens, son neveu, fils de *Charles* d'Ailly, tué à la bataille de S. Denys, & de *Françoise* de Warty, mort le premier février 1619. Il épousa le 26 décembre 1593 *Louise* d'Oignies, fille de *Charles* d'Oignies, comte de Chaulnes, chevalier des ordres du roi, & d'*Anne* des Ursins, dont il eut trois garçons morts en bas âge, &

XXIV. CHARLOTTE-EUGÉNIE d'Ailly, née le 26 avril 1606, morte le 17 septembre 1681, épousa en 1619 *Honoré* d'Albert, duc de Chaulnes, pair & maréchal de France, chevalier des ordres du roi, à qui elle porta le vidamé d'Amiens, la baronie de Pequigny, & les autres terres qui se trouvoient dans la branche aînée de la maison d'Ailly, à condition que leurs enfans seroient obligés de porter le nom & les armes d'Ailly.

XXV. HENRI-LOUIS d'Albert, leur fils aîné, duc de Chaulnes, pair de France, vidame d'Amiens, mort sans postérité de *Françoise* de Neuville-Villeroy sa femme.

XXVI. CHARLES d'Albert, duc de Chaulnes, vidame d'Amiens après son frere, mourut en 1698 sans enfans d'*Elizabeth* le Féron.

XXVII. LOUIS-AUGUSTE d'Albert, duc de Chaulnes, pair de France, chevalier des ordres du roi, maréchal de France, vidame d'Amiens, cinquiéme fils d'*Honoré* d'Albert, duc de Luines & de Chevreuse, & de *Jeanne-Marie* Colbert, fut substitué aux biens de *Charles* d'Albert, duc de Chaulnes, son grand oncle à la mode de Bretagne, à la charge de porter le nom & les armes d'Ailly. Voyez dans l'article de la maison d'ALBERT de Luines, la branche des ducs de CHAULNES.

PEQUIGNI (Bernardin de) en latin *Bernardinus à Piconio*, Capucin, né à Pequigni en Picardie, en 1633, entra en 1649 dans l'ordre des Capucins, où il professa long-temps, & fut un bon théologien, comme il paroît par ses ouvrages, qui sont une Triple exposition en latin

es épîtres de S. Paul, in-folio, en 1703, laquelle a
é très-eſtimée non-ſeulement des prélats & des théo-
giens de France, mais auſſi de toute l'égliſe & du pape
lément XI, qui dit pluſieurs fois à la louange de l'au-
ur, que peu de perſonnes avoient pris auſſi-bien que lui
eſprit de S. Paul. Le P. de Péquigni en fit un abrégé,
'il donna en 1706 à Paris, en trois volumes in-12. Il
ourut à Paris le 9 décembre 1709, âgé de 76 ans,
près en avoir paſſé plus de 60 dans ſon ordre, en ache-
ant de compoſer par ordre du même pape un commen-
ire ſur le IV évangéliſtes, qui a été imprimé en 1726.
on expoſition ſur S. Paul a été donnée une ſeconde fois
n françois par le pere d'Abbeville, Capucin, en quatre
olumes, en 1714. * Mémoires de Trévoux, avril 1710.
Du Pin, bibl. des auteurs eccl. du XVIII ſiécle, &c. Le
ong, bibl. ſacrée, page 653.

PÉQUIN, PÉKIN ou PÉCHÉLI, province de la
Chine, eſt l'une des principales de cet état, & a une
ille de même nom, capitale du royaume. La province
e Péquin a celle de Leaotum, & le golfe de Nanquin,
u levant; Xenſi au couchant; Homan & Xantung, au
idi; & au ſeptentrion, les montagnes & la muraille qui
éparent le pays de la Tartarie. Les autres villes de cette
rovince ſont Paoting, Hokein, Chinting, Xunta,
Quamping, Taming, Junping, &c. * Conſultez Marin Martini, Atl. Sinic.

PÉQUIN ou PÉKIN, ville de la province de ce
om, qui ſignifie cour du ſeptentrion, au lieu que la ville
e Nankin, qui ſignifie la cour du midi, eſt devenue la
apitale de la Chine, depuis l'an 1404. Elle eſt ſituée à
o dégrés d'élévation au nord de la Chine, dans une
laine abondante, & peu éloignée de la grande muraille.
Cette ville, de figure parfaitement quarrée, avoit autre-
ois quatre grandes lieues de tour; mais depuis l'irrup-
ion des Tartares, les Chinois ayant eu ordre de ſe loger
ors des murailles, ils y ont bâti une nouvelle cité nom-
née la ville des Chinois, & les deux enſemble ſont ſix
grandes lieues de tour, de 3600 pas chacune. Ainſi Paris,
qui n'a au plus que dix milles de circuit, n'eſt que la qua-
riéme partie de Pequin. A la vérité les rues de celle-ci
ſont incomparablement plus larges, & le palais du prince
y eſt extraordinairement vaſte & peu habité. Il y a encore de grands magaſins, de grandes places vuides, &
les maiſons n'ont qu'un étage : ce qui fait que Péquin
ne contient pas plus de perſonnes que Paris, quoiqu'il ſoit
plus peuplé, parcequ'ils ſe logent fort à l'étroit, & que
vingt perſonnes n'occupent pas plus de place que dix parmi nous. Les Chinois font monter les habitans de cette
ville juſqu'à ſix millions; mais c'eſt une exagération, &
l'on ne peut guère, ſans s'éloigner de la vérité, lui en
donner plus de deux millions. Les rues ſont preſque
toutes tirées au cordeau : les plus grandes ſont larges d'environ 120 pieds, & longues d'une bonne lieue; bordées
preſque toutes par des maiſons marchandes, dont les
boutiques ornées de ſoie, de porcelaine & de vernis,
font une agréable perſpective. Les maiſons ne ſont pourtant ni bien bâties, ni aſſez élevées, & avec cela on y
trouve beaucoup de boue ou de pouſſiere. Le palais de
l'empereur à neuf grandes cours de plein pied, toutes ſur
une même ligne, ſans celles qui ſont des aîles pour
les offices & écuries. Les portes de communication d'une
cour à l'autre, ſont de marbre, & portent de gros pavillons d'une architecture gothique : les aîles des cours ſont
fermées, ou par de petits corps de logis, ou par des galeries. L'appartement de l'empereur eſt orné de portiques
ſoutenus par de groſſes colonnes. Les dégrés ſont de
marbre blanc, les toits couverts de tuiles dorées, & les
dedans ornés de ſculptures, de vernis, de dorures, de
peintures, avec des pavés de marbre & de porcelaine.
Tout cela joint au grand nombre de différentes piéces
qui compoſent cet appartement, fait bien voir que c'eſt
la demeure d'un grand prince; mais dans tout cet ouvrage les connoiſſeurs trouvent de grands défauts. Il y a
dans la ville pluſieurs tribunaux, dont les bâtimens extérieurs ſont beaux & vaſtes; mais les dedans ſans magni-

ficence, & même ſans propreté. Les temples conſacrés
aux idoles y ſont en très-grand nombre, & très-ornés.
Il y a un obſervatoire pour les mathématiques, aſſez
beau, mais non pas de la magnificence dont pluſieurs l'a-
voient dépeint. Il y a de très-beaux inſtrumens de mathématiques, que le pere de Verbieſt Jéſuite, directeur
de cet obſervatoire, y a fait dreſſer. Ce qu'il y a dans
Péquin de plus magnifique, ce ſont ſes portes & ſes murailles. Celles-ci ſont ſi élevées, qu'elles dérobent la
vue de tous les bâtimens; & ſi larges, que l'on fait deſſus la garde à cheval, défendes de bonnes tours quarrées, d'eſpace en eſpace, avec un foſſé ſec, large &
profond. Quant aux portes, elles ne ſont ornées ni
de figures ni de bas-reliefs, comme les autres ouvrages publics de la Chine. Ce ſont deux gros pavillons
d'une prodigieuſe élévation, adoſſés, quoique ſéparés
l'un de l'autre, & dont les flancs ſont liés par de hautes
& larges murailles, enſorte qu'elles laiſſent au milieu
une place d'armes, capable de contenir en bataille plus
de cinq cens hommes. Le premier pavillon, qui reſſem-
ble à une forterſſe, donne ſur la campagne, & fait face
au grand chemin. Il n'eſt point percé; mais on entre dans
la place d'armes par la muraille du flanc, dont la porte
eſt large, haute & bien proportionée. Enſuite on détourne à droite où le ſecond pavillon, qui commande à
toute la ville, préſente dans ſa face une ſeconde porte
de même grandeur que la premiere, mais ſi épaiſſe & ſi
profonde, que le paſſage en devient obſcur. C'eſt-là qu'on
tient un corps de garde, & une eſpéce de petit arſenal,
pour ſervir aux troupes dans le beſoin. Il y a toujours dans
la ville une nombreuſe garniſon, comme ſi on étoit à la
veille de quelque ſiége. On voit avec admiration dans Péquin ſept cloches fondues vers la fin du XIV ſiécle, ſous
le regne de Youlo, dont chacune peſe ſix vingt mille livres : leur ouverture eſt de 11 pieds de diametre : elles en
ont 40 de circuit, & 12 de hauteur, ſans compter l'anſe,
qui eſt de trois pieds de hauteur, le tout meſuré exactement par le P. de Verbieſt; mais le ſon n'en eſt pas beau,
il eſt même extrêmement obſcur; auſſi ne ſont elles battues qu'avec un marteau de bois. Voyez CAMBALU.
* Le P. le Comte Jéſuite, mem. de la Chine, lettr. 3.

PÉRA, c'eſt une petite ville de l'Inde de-là le Gange.
Elle eſt ſur la côte occidentale de la preſqu'iſle de Malaca, à quarante lieues de la ville de Malaca vers le nord,
& dépend du royaume de Siam. * Mati, diction.

PÉRA, bourg ſitué ſur une colline proche de la ville
de Galata, eſt regardé comme un fauxbourg de Conſtantinople, dont il n'eſt ſéparé que par le port, d'un demi
mille. Il eſt habité par beaucoup de chrétiens catholiques,
& par pluſieurs familles grecques. C'eſt où logent les
ambaſſadeurs chrétiens, excepté ceux de l'empereur, du
roi de Pologne, & de la république de Raguſe, qui demeurent dans Conſtantinople. L'ambaſſadeur de France
y a un grand palais, que l'on appelle la maiſon du roi,
qui a vue ſur tout le port, & ſur le ſerrail du grand-ſei-
gneur, qui eſt vis-à-vis, de l'autre côté du canal. Au
bas de Péra eſt le petit bourg appellé Tophana, qui eſt
le lieu où l'on jette en fonte les canons, & autres piéces
d'artillerie. Galata, Pera, & Tophana, forment comme
un amphithéatre, d'où l'on voit tous les vaiſſeaux du
port, & les plus ſuperbes bâtimens de Conſtantinople.
* Thevenot, voyage du Levant.

PÉRARD (Étienne) maître des comptes, naquit à
Dijon en 1590, & épouſa en 1615 Claudine Bretagne,
dont il eut pluſieurs enfans, entr'autres, JULES Pérard,
conſeiller au parlement de Bourgogne, qui ſuit. Etienne
Pérard étoit doyen de ſa compagnie, lorſqu'il mourut
le 5 mai 1663, âgé de 73 ans. L'année ſuivante 1664,
on vit paroître de lui un ouvrage qui fait honneur à ſa
mémoire : le titre eſt, Recueil de pluſieurs piéces curieuſes ſervant à l'hiſtoire de Bourgogne, choiſtes parmi les
titres les plus anciens de la chambre des comptes de Dijon, des abbayes & autres égliſes conſidérables, & des
archives des villes & communautés de la province, pour
juſtifier l'origine des familles les plus illuſtres, & pour

inſtruire des anciennes loix , coutumes & priviléges des villes de la Bourgogne , à Paris , chez Claude Cramoiſy , 1664 , *in-folio*. Cet ouvrage fut imprimé par les ſoins du fils de l'auteur , qui le dédia à M. le prince , & qui promettoit de donner une ſuite de ces ouvrages ſur les mémoires recueillis par ſon pere en ſi grand nombre, qu'ils contenoient plus de vingt gros portefeuilles. La chambre des comptes de Dijon conſerve auſſi deux manuſcrits d'Etienne Pérard : 1. Notes ſur le ſecond volume de l'hiſtoire de Bourgogne , par André Ducheſne , qui eſt l'hiſtoire généalogique des ducs de Bourgogne , imprimée en 1628 , *in-4°*. 2. Prérogatives de la chambre des comptes de Dijon. * *Voyez* les titres des autres manuſcrits de M. Pérard , dans la *Bibliothéque des auteurs de Bourgogne* , par feu M. l'abbé Papillon.

JULES Pérard , fils d'ETIENNE , reçu conſeiller au parlement de Bourgogne , le 20 novembre 1641 , & mort le 5 mars 1690 , âgé de 76 ans , eſt auteur des écrits ſuivans : 1. *Panegyricus Ludovico Borbonio Condæo , ſupremam Burgundiæ præfecturam ſuſcipienti , ſcriptus* , à Dijon 1648 , *in-folio*. 2. Ode latine (de dix ſtrophes) au-devant du traité de l'abus , par Fevret , éditions de 1654 & de 1667. 3. Ode françoiſe (de dix ſtrophes) au-devant de l'*Académie des Afflictions* du préſident Odebert , à Dijon 1656 , *in-4°*. 4. *Bernardo Fuxeo duci Spernonio , ſupremam Burgundiæ præfecturam ſuſcipienti , Julii Perardi munus adventitium* , à Dijon 1657 *in-folio*. * Voyez la *Bibliothéque des auteurs de Bourgogne* citée plus haut.

PERAULT (Raymond) évêque de Saintes & de Gurc , cardinal , né d'une famille peu conſidérable , à Surgeres , dans la Saintonge , étudia à Paris , où il fut reçu docteur de Navarre ; & étant allé à Rome , il fut envoyé par le pape Innocent VIII , nonce extraordinaire en Allemagne enſuite d'un jubilé , pour y recueillir les aumônes des fidéles , qu'on devoit employer contre le Turc. Il fit punir à Nuremberg un chanoine de Bamberg , nommé *Thierri de Monrung* , ennemi de l'égliſe , qui s'étoit ſignalé par ſes impiétés & par ſa haine contre les eccléſiaſtiques , contre leſquels il avoit compoſé un libelle diffamatoire , intitulé *la paſſion des prêtres*, La nonciature de Raymond Pérault ne lui acquit pas beaucoup de réputation ; il fut néanmoins élevé à l'évêché de Gurc , qu'il joignit à celui de Saintes ; & il fut fait cardinal en 1493 , par le pape Alexandre VI , qui le renvoya légat en Allemagne. Il fut depuis légat de la province dite *du Patrimoine* , où il mourut à Viterbe , le 5 ſeptembre 1505 , âgé de 70 ans , & fut enterré dans l'égliſe des Auguſtins. Ce cardinal compoſa quelques ouvrages : *De dignitate ſacerdotali ſuper omnes reges. De actis ſuis Lubeci & in Dania epiſtolæ.* * Frizon , *Gallia purp.* Sainte-Marthe , *Gall. chriſt.* Auberi, *hiſtoire des cardinaux.* Garimbert. Ciaconius. Sponde , &c.

PERAUT (Guillaume) célébre religieux Dominicain , fut ainſi nommé du lieu de ſa naiſſance , qui eſt dans le diocèſe de Vienne ſur le bord du Rhône. On le trouve appellé *Peraldus de Paraldo* , de Peyrauta , &c ; & il lui eſt arrivé une choſe aſſez ſinguliere , c'eſt que tous ceux qui ont parlé de lui , lui ont donné des qualités qui ne lui conviennent pas , & lui ont attribué des ouvrages qu'il n'avoit pas compoſés , pendant qu'ils lui ôtoient ceux dont il eſt véritablement auteur. Il eſt ſur que quoiqu'il eût été reçu dans l'ordre de S. Dominique à Paris , il paſſa, ſuivant l'uſage de ſon temps , pour profès de Lyon , où il demeura long-temps , & où il fut prieur ; mais il fut auſſi qu'il ne fut jamais archevêque de cette ville , ni même ſuffragant de cet archevêché , quoique des auteurs aſſez anciens l'aient avancé ; & même on peut aſſurer qu'il étoit mort pluſieurs années avant le temps où on dit qu'il fut revêtu de cette dignité, ſavoir , au plutard en 1260. Son plus important ouvrage eſt ſa Somme des vertus & des vices , que Gerſon jugeoit fort au-deſſus de tout ce qu'on a écrit depuis en ce genre ; il s'en eſt fait à Paris quatre éditions , dont

la derniere eſt de l'an 1663. Pour ne la pas confondre avec les autres Sommes , on remarque qu'après la table générale , la premiere partie commence par ces mots, *Dicturi de ſingulis vitiis* ; & la ſeconde par ces autres , *Præſens opus habet quinque partes principales.* On trouve un nombre prodigieux de manuſcrits de cette Somme dans les bibliothéques. Guillaume de Broſſe , archevêque de Sens depuis 1258 , juſqu'en 1269 , en ayant fait tirer deux copies , l'une pour ſon uſage , & l'autre pour donner à Jean de Paris , Auguſtin , qu'il vouloit ainſi récompenſer de ſes ſervices , on s'eſt aviſé dans ces deux exemplaires de le faire auteur d'un ouvrage dont il n'avoit été que l'amateur. Les ſermons *de diverſis & de feſtis* , ſont le ſecond ouvrage de Péraut , à qui on a voulu l'ôter pour en faire préſent à Guillaume d'Auvergne , évêque de Paris , dont le ſtyle étoit entiérement différent , & dont les vrais ſermons ſont conſervés en Sorbonne : il en a été fait plus de douze éditions : la derniere eſt d'Orléans en 1674. Pétaut a encore donné un traité ſur la régle de S. Benoît , qui dans un manuſcrit eſt attribué à Guillaume de Poitiers , & qui a été imprimé *in-8°* , vers l'an 1500 ; & un autre traité *De eruditione religioſorum* , qui a vu le jour , mais ſous le nom d'Humbert général de l'ordre de S. Dominique. Enfin on a de lui entre les opuſcules attribués à S. Thomas d'Aquin , ſcript. ord. FF. Præd. tome I. Le P. Touron , *hiſt. des hommes illuſtres de l'ordre de S. Dominique* , tome I.

PERAXYLUS. C'eſt le nom que ſe donna *Arnoldus Arlenius* , pour déſigner en grec ſa patrie , qui étoit un village de la Campine , ſitué au-delà d'une petite riviere qui paſſe par Bois-le-Duc , & qui ſe nomme *la Déeſſe*. Ce fut un homme fort ſtudieux , grand Grec, & qui recherchoit avec une peine incroyable les vieux manuſcrits. M. de Thou parle de lui ſous l'an 1561 , & déclare que quoiqu'il lui ait été impoſſible de déterrer le lieu & le jour de la mort d'Arlenius , il croit le devoir placer en ce temps-là. Il remarque que ce ſavant homme avoit conſacré toutes ſes veilles au bien public , & que la poſtérité lui ſeroit toujours redevable de l'édition de Joſèphe , qu'il avoit donnée en grec ſur l'excellent manuſcrit de dom Diego de Mendoza , ambaſſadeur de Charles-Quint à Veniſe. Il ajoute que l'on ne voyoit que là les livres contre *Apion* , & qu'Arlenius étant ſorti de chez dom Diego , lorſque ce ſeigneur partit de Veniſe, ſe retira à Baſle , y exerça ſes talens quelques années , & ſe ſervit heureuſement du travail de Henri Etienne. Il compoſa auſſi de belles épigrammes grecques & latines , & eût excellé dans la poëſie , s'il ne ſe fût attaché à des études plus ſérieuſes. Mais on a pris pour des ouvrages imprimés , des eſpérances que Geſner avoit données de cet auteur. Arlenius a été plus connu en Italie qu'aux Pays-Bas. * De Thou , *liv. XXVIII ſur la fin.* Teiſſier, *additions aux éloges tirés de M. de Thou* , tom. I. Bayle , *dict. critiq.*

PERCHE , province de France avec titre de comté , eſt renfermée entre le pays Chartrain qu'elle a au levant , le Vendômois & le Dunois au midi , le Maine au couchant , & au ſeptentrion la Normandie. Son nom latin *Perticus* , eſt nouveau ; car les peuples du Perche ſont nommés par Céſar *Aulerci Diablintes*. Ce ne ſont pas les mêmes que l'on nommoit *Unelli* ou *Venelli* , qui étoient dans le diocèſe de Coutance : ce que le pere Briet & divers autres géographes ont remarqué. On diviſe le pays en haut & bas Perche. Le haut eſt proprement le comté. Le bas eſt appellé *le Perche-Gouet* ,

nom de ses anciens seigneurs: D'autres divisent en-
e le pays en Terre Françoise, en grand Perche, en
che-Gouet & en terres démembrées. Le grand Per-
contient Nogent-le-Rotrou, Mortagne, Bellesme,
Pierriere, les baronies de la Loupe, Illiers, Cour-
le & Pontgoin. Celle-ci est à l'évêque de Chartres.
prélat & celui de Séez ont presque tout ce pays dans
rs diocèses. Le Perche-Gouet a cinq anciennes baro-
es, Auton, Montmirail, Alluye, Bazoche, & Brou.
Terre Françoise consiste dans le ressort de la Tour-
ise, sur la riviere d'Aure, & vis-à-vis de Verneuil
Normandie. Entre les terres démembrées, il y a le
imerais, avec la ville de Châteauneuf & la principauté
Senonché. Le Perche a environ dix-huit ou vingt lieues
longueur, & presque autant de largeur. L'Eure, le
oir, l'Aîne & l'Aure ont leurs sources dans cette
rovince, qui est assez fertile en bled, en prairies & en
âturages. On y entretient diverses manufactures, de
rges, de draps & de cuirs, & sur-tout à Nogent. Le
erche dépend du parlement de Paris pour la justice;
x pour les finances, des généralités d'Orléans & d'A-
ençon.

Le Perche a eu ses comtes particuliers, dont le plus
ncien que nous connoissons est ANGOMBERT ou Al-
ert, qui vivoit dans le IX siécle sous Louis le Débon-
aire. Depuis, les seigneurs de la maison de Bellesme,
comtes d'Alençon, possèderent une partie du Perche.
YVES DE BELLESME, premier comte d'Alençon, qui
vivoit en 940, du temps de nos Louis d'Outremer, étoit
frere de Segenfroi évêque du Mans, & eut de God-
hilde sa femme, GUILLAUME I, qui suit; Avisgaudus,
évêque du Mans après son oncle; Yves; & deux filles.
GUILLAUME I, comte de Bellesme & d'Alençon, rendit de grands services aux rois Hugues Capet, & Robert.
Fulbert de Chartres en l'épître 74 au roi Robert, parle
de ce comte qui fonda l'église de S. Léonard de Bellesme. Le nom de sa femme étoit Matilde, dont il eut
Guerin, que quelques auteurs font tige de la maison du
Perche, & qui mourut avant son pere; Foulques, tué
dans un combat donné contre les Normans; Robert I,
qui fut assommé à coups de coignée dans le château de
Balou au Maine, où il étoit prisonnier, & d'où ses sujets vouloient le tirer; GUILLAUME II, qui suit; &
Yves, évêque de Séez. GUILLAUME II, dit Talvas,
comte d'Alençon & de Bellesme, prince barbare &
scélérat, fit étrangler en pleine rue Hildeburge, sa femme,
lorsqu'elle alloit à la messe, & se rendit redoutable par
ses cruautés. Arnulphe ou Arnoul son fils, aussi méchant
que lui, le chassa de ses terres, & fut trouvé mort dans
son lit. Yves, évêque de Séez, fut ensuite comte de
Bellesme & d'Alençon, & laissa ces comtés à RO-
GER de Montgommeri, qui avoit épousé Mabille,
fille de Guillaume II, & niéce de ce prélat. ROGER fut
extrêmement considéré à la cour des ducs de Normandie,
rois d'Angleterre, où il avoit de grands biens, & mourut en 1094. Mabille, sa femme, étoit une mégere, dont
toutes les inclinations penchoient à la cruauté. Un chevalier nommé Hugues, désespéré de ce qu'elle lui avoit
enlevé son château, la surprit la nuit dans le bain, &
lui coupa la tête. Roger qui vivoit encore, prit une seconde alliance avec Adelais, fille d'Evrard, seigneur de
Puisai, dont il laissa un fils, qui embrassa l'état ecclésiastique. Il avoit eu de sa premiere femme divers enfans,
ent'autres, ROBERT II, comte de Bellesme, Séez,
Alençon, &c. qui fit la guerre à Henri I d'Angleterre.
Ce prince le fit surprendre l'an 1111, & le retint prisonnier le reste de ses jours. Robert avoit épousé Agnès,
fille unique & héritiere de Gui, I de ce nom, comte
de Ponthieu, dont il eut GUILLAUME dit Talvas, III de
de ce nom. Celui-ci ne put rentrer dans tous les domaines de son pere, & fut privé du comté de Bellesme. Il
fonda les abbayes de Perseigne & de S. Josse, & mourut vers l'an 1171, laissant, entr'autres d'Adele
de Bourgogne sa femme, GUI, qui a fait la branche
des derniers comtes de Ponthieu; & Jean, comte d'A-

lençon & de Séez. GUERIN ou WARIN de Bellesme,
seigneur de Domfront, de Mortagne & de Nogent,
l'un des fils de Guillaume I, comte d'Alençon & de Bellesme, fut la tige des comtes du Perche. Il épousa Me-
lisende, vicomtesse de Châteaudun, dont il eut GEO-
FROI, I du nom, vicomte de Châteaudun & seigneur
de Rotrou, qui fonda l'église du Sépulcre de Châteaudun, & le monastere de S. Denys de Nogent en 1031.
Il eut guerre avec Fulbert, évêque de Chartres, qui l'excommunia, & fut assassiné dans la même ville de Chartres en sortant de l'église. Ce comte laissa deux fils, Hugues, vicomte de Châteaudun, mort jeune; & RO-
TROU, I de ce nom, qui fut seigneur de Mortagne &
vicomte de Châteaudun, & eut encore guerre avec les
évêques de Chartres. Le nom de sa femme n'est pas
connu. On sait seulement celui de ses enfans, qui furent
GEOFROI II, qui suit; HUGUES, qui a fait la branche
des seigneurs de Châteaudun; Rotrou, seigneur de
Montfort dans le Maine; Fulcois & Elis, dont les alliances sont inconnues. GEOFROI, II du nom, seigneur
de Mortagne, donna du secours à Guillaume le Conquérant dans son passage en Angleterre, fit la guerre à Robert de Bellesme en 1087, & mourut vers l'an 1100,
laissant de Béatrix de Rouci sa femme, fille d'Hilduin,
comte de Rouci, ROTROU II, qui suit; Julienne,
femme de Gislebert de l'Aigle; & Marguerite, mariée
à Henri de Beaumont. ROTROU, II du nom, seigneur
de Mortagne & premier comte du Perche, se croisa
pour le voyage d'Outremer & pour celui d'Espagne
contre les Sarasins, & mourut l'an 1143, après avoir
épousé 1°. Mahaud, fille naturelle de Henri I, roi
d'Angleterre, laquelle périt malheureusement l'an 1120,
passant en Angleterre avec deux de ses freres: 2°. Her-
vise d'Evreux, fille de Gautier, baron de Sarisburi en
Angleterre. Cette dame se remaria depuis à Robert de
France, comte de Dreux, qui à cause d'elle se qualifia
aussi comte du Perche. Rotrou II eut du premier lit Philippe, mariée à Elie d'Anjou, fils puîné de Foulques,
comte d'Anjou. Du second, il eut ROTROU III, qui
suit; & Etienne, archevêque de Palerme & chancelier
de Sicile, où il avoit été appellé par la reine Marguerite
sa cousine, veuve de Guillaume dit le Mauvais, mort
en 1166, & régente du royaume pour son fils Guillaume II, dit le Bon. Cette princesse étoit fille de Garcias V,
dit Ramir, qui avoit épousé en premieres nôces Margeline, ou plutôt Marguerite de l'Aigle, fille de Gislebert & de Julienne du Perche. Nous faisons cette remarque, parceque Roderic Ximenès, & divers autres ont
écrit que cette Margeline étoit fille de Rotrou II, au lieu
de la dire sa niéce. ROTROU, III du nom, comte du
Perche, fonda la chartreuse de Val-Dieu en 1170, se
croisa pour le voyage d'Outremer en 1180, & mourut
au siége d'Acre l'an 1191. Henri II, roi d'Angleterre,
avoit donné en fief le château de Bellesme à Rotrou,
qui épousa Mahaud, fille de Thibaud IV, comte de
Champagne. Leurs enfans furent Henri, mort jeune;
GEOFROI III, qui suit; Rotrou, évêque de Châlons;
Etienne, mort sans alliance; & Guillaume,
évêque de Châlons. GEOFROI, III du nom, comte du
Perche & de Mortagne, se croisa diverses fois pour le
voyage d'Outremer, & particulierement en 1200; mais
il ne put faire ce voyage, étant mort dans le carême de
l'an 1202, avant le départ des autres croisés. Il laissa de
son épouse Marie ou Matilde, Thomas, comte du Perche, &c. qui fonda l'abbaye des religieuses de Clérets,
de l'ordre de Cîteaux; & suivit Louis de France, depuis
roi VIII du nom, en Angleterre, où il fut tué l'an 1217,
à la bataille de Lincoln, sans laisser de postérité. Guillaume, évêque de Châlons, son oncle, lui succéda aux
comtés de Perche & de Mortagne, & mourut depuis
le 8 septembre 1225, & avant le mois de juin de l'année suivante. Les terres du comté du Perche furent réunies à la couronne sous les rois Louis VIII & S. Louis.

Elles furent le partage de CHARLES de France, fils
du roi Philippe le Hardi, & pere du roi Philippe de

Valois ; & de CHARLES de Valois, II du nom, comte d'Alençon, du Perche, &c. Il laissa PIERRE, d'où vint JEAN I, qui eut JEAN II, pere de RENÉ, dont le fils *Charles* duc d'Alençon, fut comte du Perche, &c. Celui-ci mourut à Lyon le 11 avril de l'an 1525, revenant de la bataille de Pavie. Le Perche fut de nouveau réuni à la couronne. * *Consultez* Orderic Vitalis, la chronique de Normandie, & les autres historiens de cette province publiés par M. Du Chêne. Guillaume le Breton, *l.* 12 *Philipp.* Sanson, *remarques sur l'ancienne Gaule*, & *aux vérités géographiques.* Briet, *géograph.* Du Chêne, *antiq. des villes*, &c. mais sur-tout l'histoire du pays de Perche & duché d'Alençon, écrite par Gilles Bri sieur de la Clergerie, avocat au parlement, & imprimée l'an 1621, *in-*4°. à Paris.

PERCUNUS, étoit une divinité des anciens habitans de la Prusse, en l'honneur de laquelle ils entretenoient un feu perpétuel avec du bois de chêne. Si le prêtre appellé en leur langue *Waidelotte*, qui avoit soin de ce feu, le laissoit éteindre par sa négligence, il étoit puni de mort. Ces peuples idolâtres croyoient que quand il tonnoit, c'étoit que leur grand prêtre qu'ils appelloient : *Krive*, s'entretenoit avec leur dieu Percunus : dans cette pensée, ils se prosternoient par terre pour adorer cette divinité, lui demandant un temps propre pour rendre leurs terres fertiles. * Hartknoch, *dissert.* 10 *de cultu deorum Pruss.*

PERCY, noble & ancienne famille, qui tire son origine de MAINFRED de Percy, qui vint de Danemarck en Normandie avant l'expédition du fameux Rollon dans ce pays-là. GUILLAUME & *Serlon* de Percy accompagnerent Guillaume *le Conquérant* en Angleterre. Guillaume étant un des barons & favoris de ce prince, en obtint de grandes possessions dans ce royaume, & sur-tout dans les comtés de Lincoln & d'Yorck, dans le premier desquels il y avoit trente-deux seigneuries, & dans l'autre quatre-vingt-six. *Guillaume*, son petit-fils mourant sans enfans mâles, *Agnès* sa fille se maria à *Josselin* de Louvain, issu des ducs de Brabant, à condition que lui & sa postérité prendroient le nom & les armes de Percy. Cette famille se rendit fort célebre par les grands services qu'elle rendit en diverses occasions contre les Ecossois & contre les François. En récompense de quoi, au couronnement du roi Richard II, l'an 1377, HENRI Percy fut fait comte de Northumberland, avec cette faveur particuliere, que toutes les terres dont il étoit en possession, ou qu'il acquerroit dans la suite, il les tiendroit *sub honore comitali*, comme des dépendances de ce comté. La seconde année du régne de Richard II, il entra en Ecosse avec le comte de Nottingham, & prit la ville de Berwick. La septiéme année du même régne, pour se venger des courses que faisoient les Ecossois dans le comté de Northumberland, il entra dans leur pays, & ravagea leurs frontieres. Mais il eut le malheur que les Ecossois ayant corrompu le gouverneur de Berwick, se rendirent maîtres de la place. Le duc de Lancastre, qui étoit son ennemi, profitant de cette occasion, porta le parlement à prononcer sentence de mort contre lui, avec la confiscation de tous ses biens. Mais ce roi renvoya l'exécution de cette sévere sentence ; sur quoi le comte assiégea Berwick, & le prit. Il fut député avec l'évêque de Durham & autres pour traiter de la paix, & demander raison des dommages que les Ecossois avoient causés aux Anglois, & peu après il fut nommé pour recevoir d'eux 240 marcs pour reste du payement de mille marcs dont on étoit convenu pour la rançon de leur roi David. Mais la vingt-uniéme année du régne de Richard II, sur les informations que lui & son fils Henri avoient tenu des paroles séditieuses, il fut cité pour comparoître ; & l'ayant refusé, il fut banni. Il s'enfuit en Ecosse, où il demeura jusqu'à ce que le duc de Lancastre eût débarqué à Ravenspurg dans le comté d'Yorck, où il l'alla trouver. Le duc ayant été proclamé roi, sous le nom de Henri IV, il le fit comte en considération de

son mérite ; connétable d'Angleterre pour sa vie, lui donna l'isle de Man, le fit gardien général des Marches occidentales du côté d'Ecosse ; & l'année suivante il le nomma pour traiter du mariage de Blanche sa fille aînée avec Louis duc de Baviere, fils aîné de Rupert roi des Romains. La troisiéme année du régne de Henri IV, les Ecossois ayant fait une invasion en Angleterre, le comte & son vaillant fils ayant avec eux le comte de Dumban qui avoit abandonné le parti de ses compatriotes, remporterent sur eux une signalée victoire à Halidown Hill, & firent prisonnier le comte de Douglas général de l'armée d'Ecosse. L'année suivante ayant demandé de l'argent qui lui étoit dû pour la garde des Marches d'Ecosse ; & n'ayant pas reçu une réponse favorable, son fils Henri se souleva, & prit les armes & fut tué à la bataille de Shrewsburi le 21 juillet 1403. Le comte ayant appris sa mort, désavoua sa rebellion, & se soumit au roi, qui lui fit grace de la vie ; mais le fit mettre en lieu de sûreté jusqu'à la sixiéme année de son régne, qu'il fut élargi & remis en possession de tous ses biens. Malgré cette grace, la mort de son fils lui tenoit toujours au cœur ; & profitant des mécontentemens de Thomas Mowbrai, comte maréchal, & de Richard Scrope archevêque d'Yorck, il se joignit à eux dans leur soulevement. Mais n'ayant pas réussi dans leurs entreprises, le roi marcha contre le comte, & l'obligea de s'enfuir en Ecosse. Le comte passa de-là dans le pays de Galles, d'où il retourna dans le comté d'Yorck. Il y fit publier une proclamation, dans laquelle il exhortoit à prendre les armes & à le suivre, tous ceux qui aimoient la liberté. Mais Thomas Rokesbi, shérif du comté d'Yorck, le défit avec tous ceux de son parti. Le comte fut tué dans la bataille le 2 mars 1406. On lui coupa la tête, & on l'envoya à Londres pour être exposée sur le pont ; son corps divisé en quatre quartiers fut aussi exposé en quatre endroits différens. Mais quelque temps après le roi ordonna qu'on les ôtât, & permit à ses parens de les enterrer. Ce comte eut de *Marguerite* sa femme, fille du lord Nevil, & sœur de *Raoul* I, comte de Westmorland, trois fils, HENRI ; *Thomas* ; & *Raoul.* Henri, dont nous avons parlé, reçut l'ordre de la Jarretiere lorsque son pere fut fait comte, l'an 9 du régne de Richard II, & fut établi l'un des commis pour garder les Marches d'Ecosse, en quoi il fut si vigilant, qu'il en acquit par sobriquet le nom de *Hot-Spur*, c'est-à-dire l'*Ardent à se battre.* La onziéme année du même régne, il fut envoyé sur mer contre les François, d'où il emporta beaucoup de gloire. La même année il se trouva dans la bataille contre les Ecossois, tua de sa propre main le comte de Douglas, & blessa mortellement le comte du Murrai. Mais poussant les ennemis trop chaudement, il fut fait enfin prisonnier par le comte de Dunbar avec son frere *Raoul*, & mené en Ecosse. Peu après il fut mis en liberté, & employé dans des places de grande conséquence par Richard II, jusqu'à ce que le duc de Lancastre s'empara de Londres. La troisiéme année du régne de ce prince, il se trouva avec son pere à la célebre bataille d'Halidown-Hil, contre les Ecossois, dans laquelle les Anglois remporterent une victoire signalée. Mais le roi Henri IV étant son ennemi irréconciliable, par les raisons déja alléguées, & à la sollicitation de son oncle Thomas Percy comte de Rochester, il se servit de divers prétextes plausibles pour faire soulever le peuple, & leva du monde sur les frontieres d'Ecosse, sous prétexte de faire des progrès dans ce royaume. Le roi ayant fait répondre par des lettres circulaires à tous ses griefs, marcha contre lui. Hot-Spur apprenant près de Shrewsburi que le roi approchoit, exhorta ses soldats à combattre vaillamment, puisque ce jour les rendroit tous heureux s'ils remportoient la victoire, ou les délivreroit pour toujours de la puissance du roi s'ils étoient vaincus, étant plus honorable de mourir dans une bataille pour le bien public, que de mourir par la sentence d'un ennemi après

combat. Ainfi ayant animé fes foldats qui faifoient le
ombre de 1400 hommes de gens choifis, & ayant pris
ivantage du terrein, le roi lui envoya offrir fon par-
on par l'abbé de Shrewsburi, à condition qu'il mît
is les armes. Il envoya au roi fon oncle Percy, pour
i expliquer les raifons de fon armement, & lui de-
ander fatisfaction. On dit que le roi accorda tout ce
ii étoit raifonnable, & fit des foumiffions plus granes qu'il ne convenoit à fa dignité royale ; mais que
in oncle revenant à fon neveu, ne lui rapporta pas
s chofes comme elles étoient, & aigrit beaucoup fon
prit. La bataille fe donna la veille de la fête de fainte
larie-Magdeléne de l'an 1403. On combattit vaillam-
ient de part & d'autre, jufque-là que plufieurs du
arti du roi abandonnerent le champ de bataille, fup-
ofant qu'il avoit été tué. Car Hot-Spur & le comte
e Douglas, dont la valeur étoit inexprimable, firent
ous leurs efforts, principalement contre la perfonne
u roi ; & étant enragés de ce qu'ils ne pouvoient pas
enir à bout de leur deffein, ils chargeoient en défef-
érés les ennemis au milieu de la mêlée, où Hot-Spur
ut tué, & Douglas & le comte de Worcefter furent
aits prifonniers, ce qui mit entierement en déroute
eux de leur parti. HENRI fon fils fut rétabli dans fes
onneurs & dans fes biens par le roi Henri V, & lui
k les comtes fes fucceffeurs jouirent de la faveur de
eur fouverain jufqu'à l'an 12 du règne d'Elizabeth.
Alors le comte Thomas fut accufé d'avoir négocié le
nariage de Marie, reine d'Ecoffe, avec le duc de Norfolck ; irrité d'ailleurs de ce que des mines de cuivre
qui avoient été trouvées dans fes terres, avoient été adjugées à la couronne, il fe joignit au comte de Weftmorland, & publia une proclamation au nom de la reine,
qui commandoit au peuple de prendre les armes pour la
défenfe de la perfonne de fa majefté, prétendant quelquefois que tout ce qu'ils faifoient étoit de l'avis & du
confentement de la nobleffe du royaume, & quelquefois qu'ils le faifoient par un motif de confcience, pour
réformer la religion ; faute de quoi des princes étrangers entreprendroient de le faire au grand préjudice du
royaume. Ayant amaffé un grand nombre de peuple,
ils marcherent à Durham enfeignes déployées. On voyoit
dans ces enfeignes des croix repréfentées avec les cinq
plaies du Sauveur. Après diverfes marches d'un lieu à
un autre, ils vinrent à un lieu nommé Clifford-Moor
près de Weterbi dans le comté d'Yorck, & affiegerent
peu après le château Bernard, Bernard-Caftle, avec
deux mille chevaux & cinq mille hommes de pied, &
le prirent en onze jours. Mais le comte de Suffex, qui
commandoit dans le Nord avec divers autres feigneurs,
ayant mis fur pied de grandes forces, & s'approchant
d'eux, ils s'enfuirent en Ecoffe. Après cela on procéda
contre eux juridiquement. Ils furent convaincus de trahifon, & cette conviction fut confirmée dans le parlement fuivant, l'an 13 du règne d'Elizabeth. Le gouverneur d'Ecoffe ayant trouvé le malheureux comte de
Northumberland qui fe cachoit parmi les voleurs de
grand chemin, l'envoya prifonnier à Lochlevin, &
l'année fuivante le comte de Morton régent d'Ecoffe,
le livra au roi Hufdon, gouverneur de Berwick, &
le 22 août il fut décapité à Yorck, fans laiffer d'enfant mâle. HENRI Percy fon cadet, par une efpece de
fubftitution faite par la reine Marie, fut déclaré comte
de Northumberland, l'an 18 du règne d'Elizabeth.
Mais ayant été mis à la tour de Londres fur un foupçon de confpiration avec les lords Paget, Trogmor-
ton & le parti des Guifes, pour envahir l'Angleterre,
& tirer de prifon Marie reine d'Ecoffe, il fut trouvé
mort dans fon lit, avec une balle au côté gauche faite
d'un coup de piftolet. Les officiers qui ont infpection
fur les meurtres, jugerent qu'il s'étoit tué lui-même,
comme défefpérant de fa vie, après s'être tenté inutilement de corrompre le geolier. L'an 31 du règne
d'Elizabeth, HENRI, fils de celui dont nous venons de
parler, & fon fucceffeur, monta fur la flotte de la reine,

deftinée à combattre celle d'Efpagne qui vouloit envahir l'Angleterre. Cette princeffe le fit chevalier de la
Jarretiere : enfuite il devint membre du confeil privé
du roi Jacques I, & capitaine de la compagnie des
penfionaires. En 1606 il fut conduit devant la cour
de juftice, qu'on nommoit la chambre étoilée, & convaincu du crime d'avoir fu qu'on tramoit quelque deffein contre le roi, fans avoir fait information ; pour
avoir reçu dans la compagnie des penfionaires Thomas
Percy fon parent, qui trempa enfuite dans la trahifon
des poudres, quoiqu'il connût qu'il étoit papifte, &
qu'il n'eût point exigé de lui le ferment de fuprémâ-
cie, il fut condamné à 30000 livres d'amende, dépoffédé de fa charge de membre du confeil privé, & envoyé à la tour pour y être prifonnier le refte de fes
jours. Il fut pourtant élargi en 1621, après quoi la quatriéme année du règne de Charles I, il obtint une confirmation pour lui & pour fes héritiers mâles du titre
& de la dignité de baron de Percy, &c. Son fils AL-
GERNON lui fuccéda. Il fut fait chevalier de la Jarretiere par le roi Charles I, grand amiral d'Angleterre ;
& l'an 15 du même règne il fut nommé capitaine
général de l'armée levée par le roi pour l'expédition
d'Ecoffe. Mais il refufa cet emploi, fous prétexte que
fa fanté ne lui permettoit pas de l'exercer, & mourut
le 13 octobre 1668. Son fils JOSSELIN lui fuccéda dans
fes biens & dignités, & mourut le 21 mai 1670. Il
époufa Elizabeth, troifiéme fille & cohéritiere de Thomas comte de Southampton, tréforier d'Ecoffe, dont
il eut Henri, mort jeune ; & Elizabeth Percy, mariée
1º. en 1679, à Henri Cavendifh, comte d'Ogle : 2º. en
1682 à Charles Seymour, duc de Sommerfet. Ainfi
cette branche d'Angleterre eft éteinte. Il y a en Normandie une famille du nom de Percy, qui fubfifte en
la perfonne d'ANTOINE-GUILLAUME de Percy, feigneur de Montchamp, baron de Montchauvet, &c.
chevalier de l'ordre de S. Etienne en Tofcane, qui a
époufé le 3 mars 1710 Françoife du Pui-d'Igni, fille
de François, feigneur de Bofmarfas, & de Charlotte
de Selve, dont des enfans. * Dugdale, baronage.

PERDICCAS, I de ce nom, roi de Macédoine,
fuccéda la quatriéme année de la XVI olympiade, &
l'an 713 avant J. C. à Thurimas, & régna 48 ans.
On dit qu'en mourant il ordonna à fon fils Argeus de
le faire enterrer dans le tombeau qu'il s'étoit choifi,
ajoutant que tant que les os de fes fucceffeurs feroient
mis, la couronne refteroit dans leur famille. Ce fut
l'an 665 avant J. C. Juftin dit qu'on fe perfuadoit que
la lignée de prince finit à Alexandre le Grand, parcequ'il ne voulut pas être enterré dans le même lieu.
* Juftin, l. 7.

PERDICCAS II, fils d'Alexandre I, lui fuccéda la
première année de la LXXXVI olympiade, & l'an 436
avant J. C. Il eut beaucoup de part aux affaires de la
Grèce, pendant la guerre du Péloponnèfe, où il prit
fouvent & quitta le parti des Athéniens. Son règne fut de
23 ans. Archélaüs lui fuccéda en la première année de la
XCI olympiade, & l'an 416 avant J. C. * Thucydide,
l. 3, 4, 6, &c. Diodore, l. 12.

PERDICCAS III, troifiéme fils d'Amynthas, régna fix ans après fes freres Alexandre & Ptolémée, &
monta fur le trône la première année de la CIV olympiade, & l'an 364 avant J. C. Il fut tué dans la bataille
qu'il donna contre les Illyriens, & eut Philippe fon
frere pour fucceffeur.

PERDICCAS, un des généraux de l'armée d'A-
lexandre le Grand, eut beaucoup de part aux conquêtes de ce prince ; & après fa mort ayant époufé Cléopatre fa fœur, fit deffein d'ufurper la monarchie. On
remarque qu'Alexandre en mourant lui avoit donné fon
anneau, ce qui fit qu'on lui laiffa quelque temps le foin
de toutes les affaires. Ce fut même élu tuteur d'Aridée,
que Philippe, pere d'Alexandre, avoit eu d'une de fes
maîtreffes, nommée Philine, native de Theffalie, ou
du fils pofthume d'Alexandre, en cas que Roxane, qui

étoit enceinte, eût un fils. Mais les projets qu'il avoit formés pour satisfaire son ambition, ne lui réussirent pas. Car étant entré dans l'Egypte, pour y attaquer Ptolémée *Lagus*, il fut tué dans une sédition, par quelques-uns de ses cavaliers, au passage du Nil, la 3ᵉ année de la CXI olympiade, & l'an 334 avant J. C. deux ans après la mort d'Alexandre. * Diodore, *l.* 18. Quint-Curce, &c.

PERDIGON (N.) gentilhomme du Gevaudan, fut tout ensemble poëte, musicien, joueur d'instrumens, & comique. Le dauphin d'Auvergne le fit chevalier, & lui donna des terres d'un bon revenu. Mais ce prince étant venu à mourir, son fils qui n'avoit point de gout pour la poësie congédia Perdigon. Celui-ci se retira chez le comte Raymond Berenger, dernier du nom, qui répara les pertes que Perdigon avoit faites. Le poëte plein de reconnoissance, célébra dans ses vers provençaux les victoires du comte, & son poëme fut intitulé pour cet effet, *Las victorias de Monsiour lou Comte.* Perdigon épousa une dame de Provence de la maison de Sabran, dont il n'eut point d'enfans. Quand ils furent l'un & l'autre dans un âge avancé, se voyant sans postérité, ils firent une donation de tous leurs biens au comte de Provence. Ils moururent tous les deux vers l'an 1269. * *Voyez* Nostradamus dans ses *vies des poëtes Provençaux*, & l'*histoire du théatre françois*, *tome I.*

PERDOITE, faux dieu des anciens habitans de la Prusse, étoit honoré sur-tout par les nautoniers & les pêcheurs, qui croyoient qu'il présidoit à la mer. Ils se le représentoient comme un ange d'une grandeur démesurée, qui demeuroit dans les eaux, & qui faisoit tourner les vents comme il vouloit. Avant que d'aller à la pêche, ils lui faisoient des sacrifices de poissons, dont ils couvroient les tables, & en mangeant les restes de ce qu'ils avoient offert, ils buvoient en abondance. Ensuite les prêtres, qu'ils appelloient *Sigonotta*, remarquant les vents, leur prédisoient le jour & le lieu où ils pourroient faire une heureuse pêche. * Waissel, *in chron.* Hartknoch, 10 *dissert. de cultu deorum Pruss.*

PEREASLAW, petite ville de la basse Wolhynie en Pologne, sur la riviere de Trubiecz, environ à quatorze lieues de Kiovie, vers le midi oriental. Elle est assez bien peuplée & fortifiée, & elle appartient aux Moscovites. * Mati, *diction.*

PERECZAZ ou BEREALAX & BERIGIA, province qui a titre de comté dans la haute Hongrie sur la Teisse, avec une ville de ce nom, capitale du pays. Les auteurs Latins la nomment *Peregia.*

PEREFIXE (Hardouin de Beaumont de) archevêque de Paris, commandeur & chancelier des ordres du roi, & proviseur de Sorbonne. Après ses études de théologie, il reçut le bonnet de docteur en théologie de la faculté de Paris, maison & société de Sorbonne, & exerça avec applaudissement les talens qu'il avoit pour la chaire. Il fut choisi pour être précepteur du roi Louis XIV, & fut pourvu quelque temps après de l'évêché de Rhodez. Mais comme il ne pouvoit remplir en même temps les obligations de la résidence & celles de l'éducation de sa majesté, il donna volontairement la démission de son évêché. Quelques années après, le roi le nomma archevêque de Paris, & lui donna la chancellerie & le collier de commandeur de ses ordres. Il tâcha de s'acquitter dignement des devoirs d'un bon prélat, soit par ses soins, soit par ses exemples, & mourut le dernier décembre 1670. Il avoit été reçu à l'académie françoise en 1654. Il avoit composé par ordre du roi un abrégé de l'histoire de France, dont il détacha l'histoire du roi Henri IV, qui parut en 1661 à Amsterdam, & à Paris avec des augmentations l'année suivante. Il y en a eu depuis d'autres éditions. La derniere est de 1749. Cette histoire est écrite purement & gravement. On n'y trouve pas le détail de toutes les choses, mais seulement les plus belles circonstances, l'auteur s'étant proposé de recueillir ce qui

pouvoit servir à former un grand prince. On a traduit cette histoire en anglois, en allemand & en hollandois. Plusieurs auteurs ont écrit que M. de Perefixe avoit emprunté la plume de Mezerai pour cette histoire ; mais outre qu'ils l'ont dit sans preuves, il est certain que le style de ces deux écrivains est très-différent. On a encore de M. de Perefixe, *Institutio principis*, à Paris 1647 *in*-16 ; c'est un plan d'éducation pour un roi, depuis l'enfance jusqu'à l'âge de 14 ans. * Martignac, *éloges des archevêques de Paris.*

PEREGRINI (Marc-Antoine) jurisconsulte & secrétaire de la république de Venise, né à Vicenze en 1530, fut élevé par son pere MELCHIOR Peregrini avec beaucoup de soin. Il se rendit très-habile dans la jurisprudence civile & canonique ; & après avoir été docteur en ces facultés, il mérita d'être mis au nombre des professeurs, & d'être consulté de tous côtés comme l'oracle du droit. La république de Venise se servit de lui pour traiter de diverses affaires chez les princes étrangers ; & le sénat fut si satisfait de sa conduite, qu'outre la charge de secrétaire & le collier de l'ordre de S. Marc qu'il lui donna, il le fit professeur doyen en droit canon dans l'université de Padoue, après la mort de Barthelemi Silvatica. Ce fut une récompense du zèle avec lequel Peregrini avoit soutenu les intérêts de sa patrie, dans le démêlé qu'elle eut avec le pape Paul V au commencement du XVII siécle. Ce savant homme mourut le 5 décembre 1616, âgé de 86 ans, 3 mois & 4 jours. Nous avons divers ouvrages sortis de sa plume. *De jure fisci*, *l.* 8. *De fideicommissis*, &c. * Thomasini, *in elog. illustr. vir. Patav.* Lorenzo Crasso, *elog. d'huom. letter. tom. II, pag.* 105, &c.

PEREGRINUS, surnommé *Protée*, philosophe cynique, se brula vif à Olympie, comme les Brachmans avoient accoutumé de faire, sous l'empire de Marc-Antonin, dans le II siécle. Il avoit été chrétien, ou au moins avoit feint de l'être, quoiqu'au reste, il eût auparavant mené une vie scandaleuse, si ce que *Lucien* rapporte de lui est véritable. Aulu-Gelle, Athénagore, Tertullien & Ammien Marcellin en font mention. Les uns le louent, & les autres le blâment. Lucien le fait passer pour un imposteur, qui promit par vanité qu'il se bruleroit vif, & qui auroit bien voulu ensuite s'en dédire. *Voyez* son traité de la mort de Peregrin, dans le second tome de ses œuvres.

PEREGROSSE (Pierre) de Milan, cardinal, fut un des plus célébres jurisconsultes de son temps, & vice-chancelier de l'église sous trois papes. Le pape Nicolas IV donna la pourpre sacrée en 1288 à Pérégrosse, qui mourut le pontificat de Boniface VIII, le 24 juillet 1295. * Onuphre & Ciaconius, *in vit. pont.* Wadingue ; *in annal. Minor. ad an.* 1279, *n.* 11.

PEREIRA (Benoît) Jésuite, étoit de Valence en Espagne, où il naquit en 1535. Dès l'âge de 17 ans, il entra parmi les Jésuites, qui l'envoyerent en Sicile, puis à Rome, où il se rendit habile dans les sciences, qu'il enseigna avec honneur. Son penchant le porta à l'étude de l'écriture sainte ; & l'intelligence des langues qu'il avoit depuis long-temps, lui servit beaucoup pour ce dessein. Il composa des commentaires sur Daniel & sur la Genèse. *Selectarum disputationum in sacram scripturam*, *part. V. Adversùs fallaces & superstitiosas artes, hoc est, de magia & observatione somniorum & de divinatione astrologica, lib. III*, &c. & mourut à Rome le 6 mai de l'an 1610, âgé de 75 ans. * Possevin, *in appar. sacr.* Ribadeneira. Alegambe. Nicolas Antonio, &c.

PEREIRA (Gomez) médecin Espagnol, a vécu au XVI siécle. Il se piqua de l'esprit de contradiction ; car il affectoit de combattre les doctrines les mieux établies, & la liberté de philosopher étoit pour lui un grand charme. Il s'en servit amplement & jusqu'à l'abus. La matiere premiere, dont les sectateurs d'Ariftote faisoient tant de bruit, fut un des monstres qu'il se proposa d'exterminer. Mais il attribuoit aux élémens la même simplicité que l'on attribue à la matiere

tiere première dans l'école d'Ariſtote. Il traita fort mal
Galien ſur la doctrine des fiévres. Mais ce qu'il y eut
de plus ſurprenant dans ſes paradoxes, fut qu'il enſeigna
long-temps avant Deſcartes, que les bêtes ſont des machines, & qu'il rejetta l'ame ſenſitive qu'on leur attribue.
On peut voir toutes ces choſes dans le livre qu'il intitula *Antoniana Margarita*, pour faire honneur au nom
de ſon pere & de ſa mere. On trouve un bon extrait de
ce livre dans les *Eſſais de littérature* du mois d'août
1703. On prétend que Deſcartes a tiré ſon opinion de
Pereira, & que celui-ci n'en a pas été l'inventeur, puiſque c'étoit le ſentiment des Stoiciens. D'autres diſent
que Deſcartes qui liſoit peu, n'avoit jamais apparemment
lu cet auteur Eſpagnol. D'autres qui ne l'aiment pas,
ſoutiennent qu'il avoit plus lu qu'il ne diſoit. On peut
voir une longue diſcuſſion ſur l'époque de cette opinion,
dans le dictionaire critique de M. Bayle, à l'article de
PEREIRA.

PEREIRA DE LA CERDA (Joſeph) Portugais,
cardinal de la ſainte égliſe romaine. Il fut d'abord docteur en droit canon, député & inquiſiteur du ſaint office
dans l'inquiſition d'Evora, prieur de l'égliſe paroiſſiale
de S. Laurent de Lisbonne, & enſuite grand prieur du
couvent de Palmella, de l'ordre militaire de S. Jacques.
Peu de temps après, il fut fait évêque de Faro, le 8 juin
1716. Il fut élevé au cardinalat le 29 novembre 1719,
par le pape Clément XI, après la mort duquel il paſſa à
Rome, où il n'arriva que depuis l'élection d'Innocent XIII. Ce nouveau pape lui donna le chapeau dans
un conſiſtoire public, le 10 juin 1721. Le 16 il lui aſſigna le titre presbytéral de ſainte Suſanne. Le cardinal
Pereira aſſiſta au conclave dans lequel le pape Benoît XIII
fut élu en 1724. Il continua de ſéjourner à Rome juſqu'au 27 avril 1728, qu'il en partit, en conſéquence des
ordres du roi ſon maître, pour retourner en Portugal. Il
mourut dans ſa ville épiſcopale de Faro au royaume des
Algarves en Portugal, le 28 ſeptembre 1738, âgé de
77 ans, 4 mois, & 2 jours, étant né à Moura, diocèſe
d'Evora, le 26 mai 1661. Au mois de juillet de la même
année 1738, il parut à Lisbonne un volume imprimé des
ſermons compoſés & prêchés par ce cardinal.

PEREIRA, cherchez CALDAS DE PEREIRA.

PERELLOS (François de) amiral de France, que
nos écrivains ont mal franciſé, en le nommant de *Perilleux*,
étoit natif du comté de Rouſſillon, où ſe trouvent les
reſtes du château dont il avoit pris le nom, qui eſt ſitué
aux confins du Languedoc, & appartient à la maiſon
d'Urban. Il fut employé dans la guerre que Pierre, roi
d'Aragon, eut contre les Génois, & fit en Sardaigne
en 1352, & peu après fut envoyé pour pacifier ces différends, puis ambaſſadeur en France en 1355, pour y
faire un traité d'alliance & de confédération contre les
Anglois. Il partit de Barcelone le 11 juin 1356, avec
huit galeres & une galiote montées de 1785 hommes;
& en paſſant à San-Lucar de Barameda, il ſurprit deux
vaiſſeaux marchands plaiſantins alliés des Génois, qu'il
ne voulut jamais relâcher, quoiqu'il en eût été fortement ſollicité par le roi de Caſtille; ce qui donna commencement aux guerres qui ſurvinrent depuis entre les
rois de Caſtille & d'Aragon. Il arriva à Rouen le 11 novembre de la même année, ſe rendit à Paris, où le roi
lui fit payer 200 florins d'or par mois, pour l'état de
ſa perſonne, outre ſes gages & ceux de ſon équipage. Il
revint une ſeconde fois en ambaſſade en France en 1361,
pour la confirmation des traités d'alliance, & y fut défrayé
aux dépens du roi, qui lui fit un préſent conſidérable en
vaiſſelle. Le roi d'Aragon, en conſidération de ſes ſervices, le mit au rang des *Ricos-hombres*, qui étoit le premier rang de la nobleſſe dans ſes états, & qui répond à
celui de chevalier, & lui donna en 1363, pour lui &
pour les ſiens à perpétuité les villes de Rodde & d'Epila,
avec titre de vicomté, & le fit ſon chambellan. Depuis
étant paſſé au ſervice de la France, le roi Charles V le
pourvut de la charge d'amiral de la mer, par lettres du
3 juillet 1368, l'envoya le 10 du même mois avec Jean

de Rye, chevalier, & ſon ſecrétaire, vers le roi d'Aragon & de Caſtille, pour traiter de grandes affaires ſe-
cretes; & ce prince ayant ordonné le 27 mars 1368
(vieux ſtyle) que pour la ſureté de ſon royaume il y auroit toujours dix galeres armées ſur mer à ſes dépens,
dont cinq ſur les côtes de Narbonne & de Provence,
& les autres ſur celles de Normandie, il lui fit payer le
6 mai 1369 pour ſes gages & ſon équipage une ſomme
de 20000 francs: il fit la même année quelques priſes
ſur les Anglois. Il étoit encore vivant le 11 avril 1369,
avant Pâque 1370 (nouveau ſtyle) & mourut peu après.
La maiſon qu'il avoit à Paris fut vendue à Jean Dan-
ville. * Eſcolano, *hiſt. du royaume de Valence, tome II*.

Il pouvoit être fils de RAIMOND de Perellos, l'un des
chevaliers d'Aragon, qui ſe trouverent à la conquête de
Sardaigne en 1323. Cet amiral eut de ſa femme, dont
on ignore le nom, entr'autres enfans, RAIMOND de
Perellos, vicomte de Rodde; & Perellos, chambellan
du roi d'Aragon, lequel étoit écuyer d'honneur du roi
de France en 1368. Depuis s'étant retiré en Aragon, il
fut envoyé ambaſſadeur en France en 1382, & y revint une ſeconde fois en la même qualité l'an 1387,
pour faire retirer du comté de Rouſſillon les troupes que
le comte d'Armagnac y avoit fait entrer. Le roi d'Aragon le créa en 1390 vicomte de Perellos, & alla avec
lui au ſecours que ce prince mena en 1392 au roi de
Sicile ſon fils, & en 1394 il fut envoyé en ambaſſade
au royaume de Chypre, pour traiter du mariage du fils
aîné de ce roi avec l'infante *Iſabelle*, ſœur de Jean, roi
d'Aragon. Il eſt fait mention de lui dans un arrêt du
parlement de Paris du 17 mars 1403. Un autre RAIMOND
de Perellos, natif de Valence, étoit général de l'armée
navale d'Alfonſe V, roi d'Aragon, en 1420. JEANNE
de Perellos étoit veuve de *Louis* de Châlons, comte de
Tonnerre, duquel elle avoit eu des enfans qui étoient
morts, & plaidoit contre *Marie* de la Tremoille, fille
de *Gui* VI, ſire de la Tremoille, prétendant être auſſi
veuve du même ſeigneur. RAIMOND de Perellos de
Rocaful, natif du royaume de Valence, fut élu le LXIII
grand maître de Malte en 1697, après la mort d'Adrien
de Vignacourt, & mourut en 1720. * Le pere Anſelme,
hiſt. des grands officiers.

PERENOT, cherchez PERRENOT.

PERENNIS, préfet du prétoire, & miniſtre d'état
ſous l'empereur Commode, abuſa étrangement de ſon
autorité. Il conſpira contre l'empereur, qui en étant
averti, le fit mourir avec toute ſa famille l'an 186.
* Lampridius, *in Commod*. Hérodien. Dion, &c.

PERERE, cherchez PEYRERE (la)

PERESLAW, ville de Moſcovie, dans le duché de
Roſtow, à la ſource de la petite riviere de Nerla, entre
la ville de Moſcow & celle de Jeroſlaw. * Mati, *diction*.

PERESTRELLO, cherchez BEJA.

PERETTI (André & François) cherchez MON-
TALTE, ville.

PEREZ (Jacques) connu ſous le nom de JACQUES
DE VALENCE, parcequ'il étoit natif de ce royaume en
Eſpagne, vivoit ſur la fin du XV ſiécle, & prit l'habit
de religieux parmi les hermites de S. Auguſtin. Il fut fait
évêque de Chryſopolis, & ſuffragant de Frédéric Borgia, cardinal de Valence, qui fut depuis le pape Alexandre VI. On a de lui divers commentaires ſur les pſeaumes, ſur le cantique des cantiques, &c. Un livre contre
les Juifs, *De Chriſto reparatore generis humani*. *Quaſtio-
nis finalis diſcuſſio*. Il eſt mort l'an 1491. * Bellarmin,
de ſcript. eccleſ. Thomas de Herrera. Elſſius. Simler, &c.

PEREZ (Jérôme) Eſpagnol, religieux de l'ordre de
la Merci, qui vivoit dans le XVI ſiécle, vers l'an 1555,
enſeigna long-temps la philoſophie & la théologie, &
laiſſa des commentaires ſur S. Thomas, & d'autres ouvrages. On dit que quelques jours avant ſa mort, il perdit la mémoire de tout ce qu'il avoit ſu. Ce qu'on rapporte auſſi d'Albert *le Grand*. * Alfonſe Raimond, *hiſt.
general de la orden. de la Merced*. Nicolas Antonio,
biblioth. ſcript. Hiſpan.

PEREZ DE SAAVEDRA (Jean) natif de Cordoue, ou de Jaën en Espagne, ayant amassé plus de trente mille ducats à falsifier des lettres apostoliques, il les employa pour introduire l'inquisition en Portugal. Il feignit pour cet effet être cardinal légat du saint siège; & ayant fait sa maison, & pris cent cinquante domestiques à sa suite, il fut reçu en cette qualité à Séville, & logé avec beaucoup d'honneur à l'archevêché : puis s'étant avancé jusqu'à Badajoz, sur les frontieres de Portugal, il dépêcha un secrétaire au roi, pour lui donner avis de son arrivée, & lui porter de fausses lettres du pape, de l'empereur, du roi d'Espagne, & de quelques autres princes séculiers & ecclésiastiques, qui prioient instamment sa majesté de vouloir favoriser les pieux desseins de ce prétendu cardinal légat. Le roi, qui eut de la joie de cette légation, lui fit réponse comme à un légat, & lui envoya un seigneur de sa cour, pour le complimenter & l'accompagner dans son palais, où il demeura environ trois mois, pendant lesquels il établit l'inquisition dans le royaume. Après avoir pris congé de sa majesté, il sortit de Portugal fort joyeux d'avoir réussi dans son dessein ; mais il fut découvert sur les frontieres de Castille, & reconnu par un ancien serviteur du marquis de Villa-Nuéva. Ayant été arrêté prisonnier, il fut condamné pour dix ans aux galeres ; & défenses lui furent faites d'écrire sur peine de la vie. L'arrêt fut exécuté, & Perez demeura plusieurs années à la chaîne, jusqu'à ce qu'il en fut enfin retiré en 1556, par un bref du pape Paul IV, qui desira de le voir pour le remercier, sans doute, du bon service qu'il avoit rendu au saint siège, d'avoir établi l'inquisition en Portugal, où elle s'est depuis conservée. * Chron. des card. Taver. Auberi, hist. des cardinaux.

PEREZ (Gonzalo) Espagnol, premier secrétaire d'état sous Philippe II, fut chargé depuis l'an 1563 des dépêches secretes de ce prince, particulierement de celles qui étoient adressées au cardinal Granvelle. Jusqu'à cette année 1563, Philippe II s'en étoit chargé seul. Perez avoit beaucoup d'habileté & de savoir, l'esprit grand, le cœur ferme, le style net & concis ; & ce qui est rare aux Espagnols, il n'écrivoit guère moins bien en latin qu'en sa propre langue, dans laquelle il n'y avoit personne dans toute l'Espagne qui écrivît mieux que lui. Philippe II lui témoignoit beaucoup de confiance & d'estime, & néanmoins il l'avança peu : ensorte qu'après un esclavage de 36 ans, tant sous Philippe II, que sous l'empereur son pere, Perez commença à s'ennuyer d'un service qui n'étoit adouci par aucun bienfait. Comme il étoit bénéficier, il eût bien voulu devenir cardinal : ses amis en écrivirent au pape & au roi. Le premier ne s'en seroit pas éloigné ; mais le roi qui ne vouloit pas perdre un ministre qui lui étoit nécessaire, y mit obstacle. Perez en fut très-piqué, & il le fit connoître au cardinal Granvelle, à qui il en écrivit d'une maniere très-forte. C'est ce qu'on peut voir dans ses lettres. Néanmoins quoiqu'il menaçât sans cesse de se retirer, le desir de faire la fortune d'un de ses neveux le retint beaucoup plus long-temps qu'il ne l'auroit souhaité. Ce neveu est le fameux ANTONIO Perez, qui fait le sujet de l'article suivant. Gonzalo Perez l'aimoit comme son enfant ; & ayant su que le duc d'Albe vouloit faire avancer à la cour un nommé Cayas, d'abord en qualité de sous-secrétaire, il s'appliqua férieusement à empêcher l'exécution de ce dessein. « J'ai sus ce sujet trop durs, écrivoit-il sur ce sujet au cardinal Granvelle, ils n'ont » pas d'assez bonnes dents pour les casser. Je leur garde » un neveu qui saura bien me venger de leurs intrigues ; » il m'est peut-être quelque chose de plus. Je l'éleve avec » grand soin ; je le mets peu à peu dans les affaires ; il » a infiniment d'esprit, & il y réussira admirablement » bien. » Gonzalo Perez mourut dans un âge avancé. Il a traduit en vers espagnols l'odyssée d'Homere. Cette traduction a été imprimée à Anvers en 1553, in-12; & en 1561, in-8°. *Projet de la vie du cardinal de Granvelle, par l'abbé Boisot, dans la Bibliothéque fran-

çoise, & dans les Mémoires de litter. & d'hist. tom. IV, premiere partie. Voyez les Mémoires pour servir à l'histoire du cardinal de Granvelle, tome I, chap. 8, p. 73.

PEREZ (Antoine) Espagnol, neveu de GONZALO Perez, secrétaire de l'empereur Charles V, & de Philippe II, roi d'Espagne, après divers emplois, eut enfin celui de secrétaire d'état, avec le département des affaires d'Italie. Il étoit très-bien en cour, & recevoit du roi mille témoignages de bienveillance ; mais tout à coup il s'attira la disgrace de ce prince, & se vit contraint de sortir d'Espagne, où sa vie n'étoit pas en sûreté. Henri IV le reçut en France, & lui fit donner de quoi subsister commodément durant son exil. Il mourut en l'an 1611, à Paris, & fut enterré aux Célestins. Antoine Perez a écrit divers ouvrages de politique ; des mémoires en espagnol ; des lettres où il affecte trop d'esprit ; & d'autres piéces qui ont eu l'approbation du public pendant quelque temps. Il avoit étudié à Alcala, à Padoue & à Salamanque. On trouve au tome II, p. 50-68, des Lettere memorabili recueillies par Bulifon, deux lettres d'Antoine Perez sur sa disgrace ; elles sont adressées au duc de Lerma, favori du roi d'Espagne Philippe II.

PEREZ ou PEREZIUS (Antoine) Espagnol, professeur en droit dans l'université de Louvain, étoit d'Alforo, sur l'Ebre ; & à l'âge de 11 ans, il suivit son pere, qui étoit un des domestiques de l'infante Isabelle, femme de l'archiduc Albert, lorsqu'elle vint, en 1599, dans les Pays-Bas. Il étudia à Bruxelles & à Louvain, voyagea en France & en Italie, & à son retour en 1614, fut nommé professeur dans l'université de Louvain. Depuis, il fut fait intendant de l'armée qu'on envoya dans le Palatinat du Rhin, l'an 1620. Mais après que cette armée eut été licenciée, il vint reprendre son emploi de professeur royal dans la jurisprudence civile & canonique, qu'il a enseignée plus de trente ans avec réputation. Nous avons de lui, Institutiones imperiales. Prælectiones seu commentarii in libros novem codicis Justinianei. Prælectiones in tres posteriores libros codicis. Jus publicum. In quinque & viginti digestorum libros, &c. * Valere André, biblioth. Belg. Nicolas Antonio, biblioth. Hispan.

PEREZ (Joseph) en latin Perezius, religieux Espagnol, & professeur en théologie dans l'université de Salamanque, s'est fort appliqué à illustrer l'histoire d'Espagne, & principalement pour ce qui concerne l'ordre des Bénédictins. Il publia des dissertations ecclésiastiques en latin, à Salamanque, l'an 1688, où il réfuta certaines choses, que le pere Papebroch avoit avancées dans les prolégomenes de son mois d'avril. Il le trouva trop rigide à l'égard des actes de S. Eleuthere ; mais il avoua qu'on faisoit bien de retrancher plusieurs écrits apocryphes, qui ont cours touchant les saints. Il étoit mort en 1697. * Bayle, dictionnaire.

PEREZ (Antoine) archevêque de Taragone, puis évêque d'Avila, étoit de S. Dominique de Silos, où il prit l'habit parmi les religieux de l'ordre de S. Benoît. Il parvint jusqu'aux premieres charges de sa congrégation, dont il fut général en Espagne, & fut ensuite nommé à l'évêché d'Urgel, puis à celui de Lérida, d'où il fut transféré sur le siége métropolitain de Taragone. La peine qu'il eut à s'accoutumer dans ce pays, fit qu'il préféra à cet archevêché l'évêché d'Avila en Castille. On songeoit à lui donner une autre église à gouverner, lorsqu'il mourut à Madrid le premier jour du mois de mai de l'an 1637, âgé de 68 ans. Il a écrit divers ouvrages ; des commentaires sur la régle de S. Benoît ; des sermons ; Pentateuchum fidei, de ecclesia, de conciliis, de scriptura sacra, de traditionibus sacris, de Romano pontifice ; Authentica fides Pauli, Matthæi, actuum apostolorum, &c. Nicolas Antonio, biblioth. Hispan.

PEREZ (Jean) cherchez PETREIUS.

PERGAMAR ou BERGAMO, petite ville épiscopale suffragante d'Andrinople. Elle est dans la Romanie, sur la petite riviere de Bracz, à dix-neuf lieues d'Andrinople, vers le couchant méridional. * Mati, diction.

PERGAME, *Pergamus* ou *Pergamum*, ville de la oade en Afie, & felon d'autres, de Myfie où de Phry-:, fur le fleuve Caïque, a été capitale d'un petit état, ımmé *le royaume de Pergame*, qui commença vers n du monde 3752, & 283 avant J.C. fous Philetere, qui Lyfimachus, roi de Thrace, avoit confié fes tré-rs enfermés à Pergame. Nous donnerons à la fin de :t article la fuite des rois de Pergame. Auguste traita favorablement cette ville, qu'il lui permit de lui dé-er un temple, à lui & à la ville de Rome. Pergame onna fon nom à ces membranes de peau, que nous ppellons *Parchemin*, & qui y avoient été inventées. :ette ville étoit renommée par la bibliothéque que fes ois y avoient dreffée, & par la naiffance de Galien c d'Oribayius. Pergame fous les empereurs chrétiens, ıt érigée en évêché fuffragant d'Ephèfe, & devint dans ı fuite métropole. Elle eft nommée par les Turcs & par es Grecs, *Pergamo*, & conferve les ruines du palais l'Attale, d'un théâtre & d'un aqueduc. Elle eft peuplée l'environ trois mille Turcs, & ne contient que douze ›u quinze familles de chrétiens Grecs, dont l'église ca-hédrale, qui eft à l'orient, eft entierement ruinée. Il eur refte une église dediée à S. Théodore, évêque de Smyrne, qui eft la métropolitaine, qui a le titre d'évê-ché de Pergame. * Strabon, *l.* 13. Pline, *L.* 5, *c.* 30, & *l.* 13, *c.* 11. Juftin, *l.* 27. Polybe, *l.* 5. Panci-role, *de mirabil. P. II*, *tit.* 13. Henri Salmuth, *in comment.* Pancir. Tacite, *annal.* J. Spon, *voyage d'I-talie*, &c. en 1675.

SUITE CHRONOLOGIQUE DES ROIS de PERGAME.

Ans du monde.	Avant J. C.		Durée
3752.	283.	Philetere, *eunuque*,	20
3772.	263.	Eumenes I, *neveu de Philetere*,	22
3794.	241.	Attale I, *frere d'Eumenes*, prit le premier le nom de roi,	44
3338	197	Eumenes II *fils d'Attale*,	38
3876.	159.	Attale II PHILADELPHE *administra le royaume pour son neveu*,	21
3897.	138.	Attale III PHILOMETOR, *fils d'Eumenes II*, laissa son royaume aux Romains, après cinq ans de régne, l'an du monde 3902. avant J. C. 133.	5
3902.	133.		
		Total.	150.

PERGE, anciennement *Torone*, bourg avec une bonne citadelle fur la côte de l'Epire, vis-à-vis de l'ifle de Corfou, à quatorze lieues de Preveza, du côté du nord. Perge appartient aux Vénitiens. * Mati, *diction*.

PERGE, ville de l'Afie mineure dans la Pamphy-lie, fur le fleuve nommé *Ceftrus* ou *Ceftrius*. Elle étoit métropole de la feconde Pamphilie dans l'exarchat d'A-fie. Ce n'eft plus aujourd'hui qu'un village nommé *Perga*, felon quelques-uns, & *Pirgi*, felon quelques autres, à douze milles de Sattalie, où le fiége archié-pifcopal fut transféré vers l'onzième ou douzième fié-cle. Il y avoit près de-là un temple de Diane, qui pour cet effet eft quelquefois appellé *Pergéenne*, *Per-gaa*. Il eft parlé de cette ville dans les *Actes*, XIII, 14. * *Voyez* Baudrand & de Commanville, *tables géogra-phiques & chronologiques de tous les archevêchés*, &c.

PERGOLA, bourg de l'état de l'église en Italie. Il eft fur une petite riviere dans le duché d'Urbin, à fix lieues de la ville de ce nom, vers l'orient méri-dional. Quelques géographes prennent Pergola pour l'ancienne *Peritia* ou *Perufia*, que Ptolémée a pla-cée dans l'Ombrie. * Mati, *diction*.

☞ PERGOLESE, l'un des célèbres muficiens qui aient paru en Italie, étoit de Naples. Ses principaux ouvrages font des *Ariettes*; la *Serva Padrona*; il *Maes-tro di Mufica*, intermedes; un *Salve Regina*, & le *Stabat Mater*, que l'on regarde comme un chef-d'œu-vre. Il mourut vers 1733, à 22 ans, comme il finif-foit la mufique du dernier verfet de ce *Stabat Mater*. Quelques-uns croient qu'il fut empoifonné par fes en-vieux. D'autres difent qu'il mourut d'une attaque de pleuréfie. * M. l'abbé Ladvocat, *dict. hiftor. portatif*.

PERGUBRIOS, faux dieu des anciens habitans de la Pruffe & de la Lithuanie, préfidoit aux fruits de la terre. Ces idolâtres célébroient en fon honneur une fête le vingt-deuxième jour de mars, & s'affembloient dans une maison où ils avoient préparé un ou deux tonneaux pleins de biere. Là le facrificateur ayant chanté des hymnes à la louange de ce dieu, & ayant empli une taffe de cette boiffon, la prenoit avec les dents, la vuidoit & la jettoit enfuite par-deffus fa tête, fans la toucher des mains : ce qu'il réitéroit plufieurs fois en l'honneur des autres divinités, qu'il invoquoit par leurs noms, en leur demandant une heureufe moiffon, & des fruits en abondance. Tous les affiftans buvoient de même, en chantant les louanges de leur dieu Pergu-brios, & paffoient le refte de la journée en réjouiffance & en feftins. * Hartknoch, *differt. II*, *de feftis vet. Pruff*.

PERGUS ou PERGUSA, ancien nom d'un lac de Sicile, que quelques-uns appellent aujourd'hui *il lago di Caftro Joanni*, & d'autres *Lago di Coridan*, eft au milieu de cette ifle, dans la province appellée, *il val di Noto*. On voit des vignes tout autour. Ses eaux font très-noires, & ne nouriffent point de poiffon ; mais il eft rempli de couleuvres. Peut-être eft-ce pour ce fujet, que les anciens ont dit que c'étoit là que Plu-ton avoit ravi Proferpine. * Cluvier, *antiq. Sic. l.* 2.

PERIANDRE, *Periander*, tyran de Corinthe & de Corcyre, aujourd'hui *Corfou*, étoit fils de *Cypféle*, qui, felon Hérodote, s'étoit emparé de la fouveraineté de fon pays, & la tranfmit à fon fils en mourant la premiere année de la XXXVIII olympiade, & l'an 628 avant J. C. Diogène Laërce ne laiffe pas d'affurer positivement, que ce fut Périandre lui-même qui chan-gea le gouvernement de fon pays. Il fut affez doux au commencement de fon régne ; mais il devint très-cruel, après avoir demandé au tyran de Syracufe quelle ma-niere de gouverner étoit la plus fure. Celui-ci n'ayant voulu rien répondre fur cette queftion aux envoyés de Périandre, les mena feulement dans un champ, où il arracha devant eux les épics qui paffoient les autres en hauteur. Les envoyés rapporterent cette action à leur maître, qui fuivit exactement cette leçon, en s'affurant d'abord d'une bonne garde, & en faifant mourir dans la fuite les plus puiffans d'entre les Corinthiens. Un jour de fête folemnelle il fit arracher aux femmes tous les ornemens qu'elles portoient pour leur parure. En-tr'autres bonnes actions, il réconcilia les Athéniens avec ceux de Mytilène. Ce tyran aimoit la paix ; & pour en jouir plus furement, il fe rendit formidable à fes voifins, en faifant conftruire & équiper grand nom-bre de vaiffeaux qui lui acquirent l'empire de la mer. Il fit mourir des matelots Corinthiens, qui avoient jetté Arion dans la mer, à fon retour de Sicile, pour avoir fes richeffes. Mais s'il fe diftingua par ce trait de juftice, il s'abandonna à plufieurs crimes énormes ; car il com-mit un incefte avec fa propre mere ; tua fa femme Mé-liffe, fille de Proclès, roi d'Epidaure & de Samos, porté à cette violence par les faux rapports de fes concubi-nes. Leur calomnie ayant enfuite été découverte, il les fit bruler : & ne pouvant fouffrir les regrets de Ly-cophron, fon fecond fils, fur la mort de fa mere, il l'en-voya en exil dans l'ifle de Corcyre. Sur la fin de fes jours, il envoya offrir le gouvernement à Lycophron, qui le refufa. Enfin il lui fit propofer de venir régner à Corinthe en sa place, ce qu'il accepta. Cet article de leur réconciliation fut funeste à Lycophron ; car les habitans de l'isle, pour se défendre de la domination de Périandre, qui devoit régner chez eux en la place de son fils, tuerent ce jeune prince. Son pere conçut une si grande douleur de sa mort, qu'après avoir puni par de cruels supplices ceux qu'il en croyoit les auteurs, il envoya trois cens de leurs petits enfans à Sardis pour les faire eunuques. Les Samiens ayant appris cet ordre sanglant, enleverent ces innocens & les sauverent de la colere de Périandre, qui en mourut de chagrin & de dépit à l'âge de 80 ans. Sa cruauté n'empêcha pas qu'il ne passât pour un des plus sages hommes de la Grèce. Ses maximes étoient de ne jamais laisser échaper son secret, de garder sa parole, & cependant de ne point faire scrupule de la rompre, lorsque ce qu'on a promis est contraire à ses intérêts ; d'avoir soin non-seulement de punir les crimes, mais encore de prévenir les méchantes intentions de ceux qui les veulent commettre, &c. Il mourut après un règne de 44 ans, la 4ᵉ année de la XLVIII olympiade ; & la 584 environ avant J. C. Diogène Laërce ne lui donne que 40 ans de règne. * Hérodote, l. 5. Diogène Laërce, in Periandro.

PÉRIBÉE, en latin, Periboea, fille d'Alcathoüs, roi de Mégare, femme de Télamon roi de Salamine, & mere d'Ajax. Il paroît par Plutarque, que Télamon ayant eu des commerces trop libres avec Péribée, il s'enfuit. Alcathoüs, pere de cette princesse, s'appercevant de l'aventure, & croyant que le coup étoit parti de quelqu'un de ses sujets, donna ordre à un de ses gardes de jetter Peribée dans la mer. Le garde mu de compassion aima mieux la vendre. Le vaisseau qui la portoit, aborda à Salamine. Télamon y acheta Peribée, qui accoucha d'Ajax. Au reste soit par la faute des copistes, ce qui est fort probable, ou autrement, les uns nomment cette princesse Péribée, d'autres Eribée, d'autres encore Mélibée, comme on lit dans Athénée, & d'autres enfin Phérebée. L'auteur que l'on vient de citer dit qu'elle fut mariée à Thésée. Il est difficile de savoir quand : si ce fut avant que d'avoir épousé Télamon ou après. Ici comme dans beaucoup d'autres occasions, la fable & l'histoire sont tellement mêlées, qu'on ne sauroit bien les débrouiller. * Voyez Bayle, diction. critiq.

PÉRICLÈS, Pericles, Athénien, grand capitaine, grand politique, & excellent orateur, étoit fils de Xantippe & d'Agariste. On le mit sous la discipline de Zénon & d'Anaxagoras ; ensuite dès qu'il étant entré dans le gouvernement, il s'appliqua sur-tout à s'acquérir les bonnes graces des Athéniens. Son pouvoir devint si absolu, qu'il fit bannir l'ostracisme Cimon, son concurrent, & le fit rappeler quelque temps après. Depuis ayant eu la conduite de l'armée dans le Péloponnèse, il fit un grand dégât dans les provinces voisines, & remporta une célèbre victoire contre les Sicyoniens, près de Nemée. De-là il passa dans l'Acarnanie, qu'il ravagea, à la priere d'Aspasie fameuse courtisane, à laquelle on avoit enlevé quelques-unes des courtisanes qu'elle entretenoit dans l'isle. Il entreprit la guerre contre les Samiens, en faveur des Miléfiens, la 4ᵉ année de la LXXXIV olympiade, & l'an 441 avant J. C. il assiégea Samos, qu'il emporta après neuf mois de siège. Ce fut-là qu'Artemon natif de Clazomene, inventa le bélier, la tortue, & quelques autres machines de guerre. Periclès persuada aussi à ceux d'Athènes de continuer la guerre contre les Lacédémoniens, craignant que durant la paix on ne l'obligeât de rendre compte des deniers qu'il avoit maniés dans le temps qu'il avoit été général de l'armée. On le blâma depuis d'avoir donné ce conseil, & les Athéniens lui ôterent ses emplois, qu'on fut bientôt contraint de lui rendre. Il mourut de la peste sous la LXXXVII olympiade, l'an 429 avant J. C. Périclès joignit le Pyrée à la ville, par une longue muraille, & laissa après lui neuf trophées, pour

monumens de ses victoires. Il disoit que toutes les fois qu'il prenoit le commandement, il faisoit cette réflexion : Qu'il falloit commander à des gens libres, qui étoient de plus Grecs & Athéniens. Le poëte Sophocle, qui étoit son collegue, s'étant récrié à la vue d'une belle personne, Ah qu'elle est belle ! il faut, dit-il, qu'un magistrat n'ait pas seulement les mains pures, mais les yeux mêmes & la langue. Cependant il étoit lui-même d'un tempérament assez peu chaste. * Plutarque, en sa vie. Diodore de Sicile, l. 12. Thucydide, l. 2, 3, &c. Bayle, dictionaire critique.

PÉRICLÈS, fils naturel du grand Periclès, resta seul après la mort de ses deux freres, qui étoient légitimes. Les Athéniens le choisirent parmi les dix généraux qu'ils créérent, pour prendre la place d'Alcibiade, & combattre contre Callicratidas, général des Lacédémoniens, la 3ᵉ année de la XCIII olympiade, & l'an 406 avant J. C. Il fit des merveilles dans cette expédition, & la flotte des ennemis fut batue : néanmoins pour n'avoir pas eu soin de faire inhumer ceux qui avoient été tués dans la bataille, il fut condamné avec sept autres capitaines de l'armée à perdre la tête, parceque cette négligence passoit pour un grand crime. * Plutarch. in Pericle. Xenoph. l. 1, de gest. Græcorum. Diodore de Sicile, l. 13.

PÉRICLYMÈNE, Periclymenus, fils de Nélée, frere de Nestor roi de Thessalie, puis fondateur de la ville de Pylos dans le Péloponnèse, reçut de Neptune son aïeul le pouvoir de se transformer en telle figure qu'il voudroit. Mais il se servit inutilement de tous ces changemens avec Hercule ; car ce héros ayant tué Nélée, tua aussi Periclymene & ses freres, à la réserve de Nestor. Ovide dit que Periclymene s'étoit changé en aigle, & qu'Hercule le perça d'une fléche. * Apollodore, l. 1.

PÉRICOFKI (Albert) gentilhomme qui habitoit sur les frontieres de Moscovie, & qui étoit trésorier du pays. Il exigeoit les impôts avec la derniere sévérité ; & lorsque les paysans ne payoient pas assez promptement à son gré, il les dépouilloit inhumainement de leurs troupeaux & de leurs bestiaux, qu'il s'approprioit. Mais dans son absence en une seule nuit tous ses troupeaux acquis injustement périrent, & tout ce que cet homme cruel avoit ravi, tout ce qu'il avoit acheté, périt en un moment. A son retour un de ses valets & sa femme lui apprirent son malheur. Alors devenant furieux, il vomit mille blasphêmes contre Dieu, & tira un fusil contre le ciel, en prononçant ces paroles horribles, Que celui qui les a tués, les mange : puisque tu n'as pas voulu que je les mangeasse, mange-les toi-même. En même temps il plut des gouttes de sang. Ce blasphémateur fut changé, à ce qu'on dit, en un chien noir, se mit à hurler, & se jetta sur ces bêtes mortes pour s'en nourir. Cluvier, qui nous rapporte cette histoire dans son appendice à son abrégé d'hist. liv. X, dit qu'il l'a apprise de gens qui avoient vu ce prodige. Elle est aussi rapportée par d'autres auteurs.

PÉRIER (Aymar du) seigneur de Chamaloc, &c. conseiller au parlement de Grenoble, vers l'an 1600, étoit bon jurisconsulte, & n'ignoroit pas l'antiquité. On publia en 1610, à Lyon, un de ses ouvrages, qui a pour titre : Discours historique touchant l'état général des Gaules & principalement des provinces de Dauphiné & de Provence, tant sous la république & l'empire des Romains, que sous les François & Bourguignons. Ensemble quelques recherches particulieres de certaines villes. Du Perier, dit M. Chorier, dans son histoire de Dauphiné abrégée pour monseigneur le dauphin, avoit pénétré bien avant dans l'histoire. Celle de ce pays lui est obligée. Il a tâché de la tirer des ténebres avec plus de bonheur que n'avoit fait avant lui Aimard du Rivail ; & il ne l'a pas médiocrement éclaircie, par le discours historique qu'il a composé touchant l'état général des Gaules. Ce magistrat étoit originaire de Provence, où sa famille a été féconde en hommes savans. Le roi uis XII nomma GASPARD DU PERIER, en 1510; ur être un des conseillers du parlement de Provence, bli en cette année, comme il est nommé dans les lets d'érection données à Lyon au mois de juillet. Cette ar souveraine n'avoit alors qu'onze conseillers, quaecclésiastiques & sept séculiers. Gaspard vivoit encore en 1514, & prit part aux affaires que sa compagnie eut au concile de Latran. Cette même famille a roduit d'autres magistrats, & entr'autres dans le XVII icle, le célèbre SCIPION DU PERIER, l'un des plus abiles jurisconsultes de son temps, qu'on appelloit avec ison, *le Papinien moderne*. Il étoit savant en toute rte de littérature, & avoit une éloquence si vive, si turelle & si persuasive, que rien ne lui pouvoit réster. Un de ses domestiques a publié, après sa mort, rivée en 1666, un ouvrage de sa façon, qu'il avoit omposé durant sa jeunesse.

PERIER (Charles du) gentilhomme Provençal, naf d'Aix, étoit neveu de *François* du Perier, l'un des lus beaux esprits de son temps, à qui Malherbe a adressé es belles stances, qui commencent par ce vers :

Ta douleur, du PERIER *, sera donc éternelle.*

FRANÇOIS étoit fils de LAURENT du Perier, avocat au parlement d'Aix, & petit-fils de *Gaspard* du Perier, conseiller au même parlement, lequel étoit frere de *Jacques* du Perier, chevalier de Rhodes, qui fut tué au siège de Rhodes. Ce François a eu pour fils SCIPION du Perier, avocat célèbre à Aix, qui mourut en 1666. CHARLES du Perier étoit fils de *Charles* du Perier, gentilhomme de Charles de Lorraine, duc de Guise, gouverneur de Provence. Il fit ses délices de la poësie latine, & il y réussit tellement, qu'il eut rang parmi les sept poëtes qui composent la Pleïade parisienne, formée dans le XVII siécle à la gloire des François qui ont excellé en ce genre. Ses odes sont estimées, & il donna souvent de bons avis à M. de Santeul, dont il étoit ami. Mais dans la suite il devint un peu jaloux de la gloire de son disciple. La dispute s'échauffa d'abord dans la conversation : ils en vinrent ensuite aux écrits. Étant un jour à dîner tous les deux chez M. Ménage, M. de Santeul s'emporta contre du Perier qui critiquoit ses vers, & lui dit qu'il y avoit autant de différence entre ses vers & les siens, qu'il s'en trouve entre un astre & un météore. Cette comparaison offensa M. du Perier, qui dit à M. de Santeul qu'il ne savoit que ce qu'il lui avoit appris. La dispute s'échauffa, & M. du Perier paria dix pistoles qu'il mit entre les mains de M. Ménage, qu'il feroit une ode plus belle que celle que M. de Santeul venoit de faire sur la destruction de l'hérésie par Louis XIV, en 1682. M. Ménage, qu'ils prirent tous deux pour juge, leur donna un sujet, & pendant que M. du Perier travailloit à le remplir, M. Santeul donna son ode intitulée, *Rivales poëtæ de Ludovici magni laudibus decertantes*, où il célèbre sa querelle avec du Perier. Cependant il exhorta celui-ci avec beaucoup d'amitié, dans une piéce qu'il fit exprès, à retrancher de leur dispute les expressions trop piquantes. M. Ménage donnoit gain de cause à du Perier, qu'il ne fait pas difficulté d'appeller le prince des poëtes lyriques. Il composa sur la dispute de ces deux amis une fort belle piéce, qu'on trouve dans ses œuvres & dans celles de Santeul, de l'édition de Paris 1729. M. du Perier cultivoit aussi la poësie françoise avec beaucoup de succès, comme on le voit par ses traductions de plusieurs pièces de Santeul qui se trouvent dans les œuvres de celui-ci, & par celles qui lui ont mérité plusieurs fois le prix de l'académie françoise. A l'égard de ses poësies latines, elles n'ont jamais été recueillies. On en trouve un certain nombre dans les *Deliciæ poëtarum Latinorum*; dans le recueil des piéces faites sur la mort du P. Lallemant, chanoine régulier de sainte Geneviève; dans celui qui avoit été donné en l'année 1663, sur la mort du P. Fronteau de la même congrégation, & ailleurs. M. du Perier est mort à Paris, le 28 mars 1692. C'est de lui dont

M. Boileau parle dans le quatriéme chant de son Art poëtique :

Gardez-vous d'imiter ce rimeur furieux
Qui, de ses vains écrits lecteur harmonieux,
Aborde en récitant quiconque le salue,
Et poursuit de ses vers les passans dans la rue, &c.

* *Voyez* les notes de l'édition des œuvres de Santeul en trois volumes en 1729; les trois premiers volumes du *Menagiana*; M. Baillet dans ses *Jugemens des savans*, tom. *V* de l'édition *in-4°*; Titon du Tillet, *Parnasse françois*, in-fol. page 435, &c. Voyez aussi *le dénombrement que l'abbé de Marolles a fait de ceux qui lui ont donné de leurs livres* : il y dit entr'autres, que du Perier avoit fait un éloge en vers latins, pour servir à la seconde édition de la version d'Horace de l'abbé de Marolles lui-même.

PERIERS (Bonaventure des) natif d'Arnai-le-Duc, en Bourgogne, au diocèse d'Autun, vivoit dans le XVI siécle, en 1536, fut valet de chambre de Marguerite de Valois reine de Navarre, sœur du roi François I, & publia l'*Andrienne* de Térence, traduite en vers françois : le *cantique de Moyse* traduit en françois : un *recueil de ses œuvres*, imprimé à Lyon, in-8°, 1544; *Nouvelles récréations & joyeux devis*, aussi imprimés à Lyon en 1561 *in-4°*, & à Amsterdam, *in-12*, en 1711 : & *Cymbalum mundi*, *en françois*, *contenant quatre dialogues fort antiques, joyeux & facétieux*, imprimé à Lyon sous ce titre; & Jean Morin qui l'imprima à Paris en 1537, fut emprisonné pour cela. Le second dialogue, qui est contre ceux qui cherchent la pierre philosophale, est le meilleur des quatre. Les trois autres ne méritent presqu'aucune attention. Henri Etienne dans son *apologie pour Hérodote*, La Croix du Maine dans sa *bibliothéque françoise*, Spizelius dans son *Scrutinium atheismi*, Etienne Pasquier dans ses *lettres*, & Castalion dans ses *histoires mémorables des punitions étranges*, se sont tous fort élevés contre le *Cymbalum mundi*. Selon ce dernier auteur, & quelques autres après lui, des Periers tomba en désespoir, & se tua malgré ses gardes. Le seul du Verdier Vauprivas parmi les anciens, en a parlé d'une autre maniere; & dans sa *bibliothéque françoise*, page 1177, il en parle ainsi : *Je n'ai trouvé autre chose dans le* Cymbalum mundi, *qui mérite d'avoir été plus censuré que la métamorphose d'Ovide, les dialogues de Lucian, & les livres de folâtre argument & des fictions fabuleuses.* En effet ceux qui ont voulu faire passer ce livre pour l'ouvrage le plus impie & le plus dangereux qu'on ait jamais fait, ne l'avoient pas lu sans doute. Car à quelques obscénités près, cet ouvrage péche bien plus contre le bon sens que contre la religion, & il est moins recommandable par lui-même, que par la réputation qu'on lui a donnée en le censurant. La faculté de théologie de Paris, entr'autres, l'a censuré le 19 mai 1538. Ce livre étoit devenu si rare, que les plus curieux, M. Bayle lui-même, ont avoué ne l'avoir jamais lu : il y en avoit pourtant un exemplaire dans la bibliothéque du roi, & un dans celle de M. Bigot de Rouen, laquelle fut vendue à Paris en 1706. Comme on a réimprimé le *Cymbalum mundi* en 1711, à Amsterdam, *in-12*, & encore depuis peu à Paris, *in-18*, ce livre n'est plus rare. Voici le titre de cette nouvelle édition : *Cymbalum Mundi*, *ou Dialogues satyriques sur différens sujets*, par Bonaventure des Periers, *avec une lettre critique, par Prosper Marchand.* * Bayle, *dictionnaire critique*. D'Argentré, *collect. judicior. de noviss. error.* Continuation de *l'histoire ecclésiastique* de M. Fleuri, *tome XXVIII, p.* 221, *in-4°*, &c. Lettre critique sur le *Cymbalum mundi*, par Marchand.

PERIGENES, *Perigenes*, évêque de Corinthe dans le V siécle, fut nommé évêque de Patras par l'évêque de Corinthe; & après que le peuple eût refusé de le recevoir, il revint à Corinthe. L'évêque de cette ville étant mort quelque temps après, les Corinthiens le demanderent pour évêque au pape Boniface I, par une réquête qu'ils lui adresserent; mais le pape envoya leur requête à Rufus, évêque de Theſſalonique, qui étoit ſon vicaire en Achaïe, en Illyrie & en Macédoine, avec ordre de ne le point établir ſur ce ſiége, qu'il ne lui en eût auparavant écrit. Rufus fit voir la lettre du pape aux évêques de ces provinces, dont la plupart conſentirent à l'élection de Perigènes pour évêque de Corinthe : ce que Rufus ayant écrit au pape, il le confirma métropolitain de cette ville en 419. Perigènes jouit de cette dignité juſqu'à ſa mort. * M. l'abbé Fleury, hiſtoire eccléſiaſtique.

PÉRIGORD, province de France avec titre de comté, entre le Limoſin, l'Angoumois, la Saintonge, le Querci & l'Agénois, eſt le pays des anciens peuples nommés Petrocorii. Périgueux eſt la capitale du pays. Les autres villes ſont, Sarlat, Bergerac, Mucidan, Tivier, Domme, Montpaſier, Villefranche, Limeil, Montignac-le-Comte ; la Force, duché ; Hautefort, la Douze, & Exidueil, qui ſont marquiſats ; Montfort, Carluz & Riberac, comtés ; Biron, Mareuil, Beinac & Bourdeilles, les quatre anciennes baronies ; Salagnac, qui eſt la premiere châtellenie. Il y a auſſi une célebre abbaye de l'ordre de Cîteaux, nommée Cadouin, où l'on conſerve le ſaint ſuaire reconnu par quatorze papes, dont on a les bulles. Le Périgord eſt arroſé de diverſes rivieres, & eſt montueux, âpre & pierreux, mais fertile. Il y a un grand nombre de fontaines médicinales, & des mines de fer & d'acier. Quelques auteurs diviſent le Périgord en haut & bas. Celui-ci vers les rivieres de Dordogne & de Vezere, dont Sarlat eſt la capitale ; celui-là le long de la riviere de l'Iſle. On donne auſſi quelquefois le nom de Blanc au haut Périgord, parcequ'il eſt plus couvert de montagnes, & le nom de Noir au bas, parcequ'il y a plus de bois. Les habitans recueillent une grande quantité de noix & de châtaignes, pluſieurs ſortes de ſimples & quelques vins. Ils ont ſoin d'avoir partout des forges pour mettre en uſage leur fer & leur acier. Cette province a produit dans les deux derniers ſiécles beaucoup de gens d'eſprit, entr'autres, Etienne de la Boëtie, Michel de Montagne, Pierre d'Archiac de Bourdeilles, abbé de Brantôme, Gautier de Coſtes, connu ſous le nom de la Calprenéde, François de Salignac de la Mothe-Fénélon, archevêque de Cambrai, &c.

Le Périgord, qui fait partie de l'Aquitaine, avoit été ſoumis à nos rois, juſqu'à la décadence de la monarchie. Il eut alors des comtes particuliers. ELIE I, comte de Périgord dans le X ſiécle, tua Benoît, qui étoit coadjuteur d'Ebles, évêque de Limoges. Celui-ci en mourut de déplaiſir en 975. Guillaume, dit Bras de fer, ſon neveu, duc de Guienne, vengea cette mort ſur Elie ; car il le fit arrêter par le vicomte de Limoges, ſon vaſſal, lui fit faire ſon procès, & le fit condamner à perdre ſon comté, & à mourir en priſon. Elie trouva le moyen de ſe ſauver, & mourut en faiſant le voyage de Rome où il alloit demander l'abſolution de ſon crime. Quelques auteurs prétendent qu'il étoit fils de Bozon le Vieux, comte de la Marche, & d'Emme de Périgord. Il eut pour ſucceſſeur ELIE TALLERAND, I du nom, comte de Périgord ; & à celui-ci ſuccéda ARCHAMBAUD I, qui vivoit en 1120. On ne connoît pas les ſucceſſeurs de celui-ci avant ARCHAMBAUD II, mort en 1289. Il avoit épouſé une dame nommée Marie, proche parente de Jeanne comteſſe de Touloſe, dont il eut ELIE TALLERAND, qui ſuit ; Aniſſant, ſeigneur de Caumont, & Aremburge de Périgord. ELIE TALLERAND II épouſa 1° Philippe de Lomagne ; 2° Bruniſſend de Foix, & mourut en 1315. Il eut deux filles du premier lit, & trois filles de ſon ſecond mariage ; Archambaud III, comte de Périgord, qui mourut en 1355, ſans avoir eu d'enfans de Jeanne de Pons & de Bergerac ſa femme ; ROGER-BERNARD, qui ſuit ; & Tallerand de Périgord, cardinal évêque d'Auxerre. Le pape Jean XXII le fit cardinal en 1331, & Innocent VI l'envoya légat en France, pour porter le roi Jean à la paix. Il accompagna ce prince qui pourſuivoit

le prince de Galles, & qui ayant voulu donner bataille, contre l'avis du cardinal de Périgord, la perdit & fut fait priſonnier en la journée de Poitiers l'an 1356. Tallerand fit encore un voyage en Angleterre pour la paix, & mourut en 1364, à Avignon, où il eſt enterré. Il a fondé un collége à Touloſe, & une chapelle dans la cathédrale de Périgueux. ROGER-BERNARD, comte de Périgord, épouſa Eléonore de Vendôme, & eut ARCHAMBAUD IV, qui ſuit ; Jeanne femme de Jean, comte d'Armagnac ; Eléonore, mariée à N. marquis de Beaufort, ſeigneur de Canillac ; & Hélene de Périgord, alliée à Gaillard de Durfort, ſeigneur de Duras. Il mourut l'an 1364. ARCHAMBAUD IV, comte de Périgord, s'allia avec les Anglois & fit des courſes dans le pays. Pour l'en punir, on le bannit du royaume, & ſes biens furent confiſqués par arrêt du parlement, donné le 18 avril 1396. Il avoit épouſé Louiſe de Maſthas, dont il eut, entr'autres enfans, ARCHAMBAUD V, qui ſuit ; Eléonore, mariée à Jean de Clermont, vicomte d'Aunoi en Poitou, d'où vint Louiſe de Clermont, femme de François, ſeigneur de Montberon, de Maulevrier & de Maſthas, qui prétendit que le comté de Périgord lui appartenoit, comme étant l'héritage de ſa femme. ARCHAMBAUD V, dit le Jeune, épouſa Perette Elie, & en fut ſéparé à cauſe de ſon impuiſſance. Avec le ſecours des Anglois, il déſoloit tout le pays, & particulierement la ville de Périgueux, qui appartenoit au roi. Mais il fut forcé dans ſon château de Montignac par Boucicaut, amené à Paris, où il fut condamné à perdre la tête, avec confiſcation de ſes biens, par arrêt du parlement le 19 juillet 1399. Le roi lui fit grace de la vie, & donna la confiſcation à LOUIS de France, duc d'Orléans, ſon oncle.

Celui-ci laiſſa CHARLES duc d'Orléans, lequel étant priſonnier en Angleterre, vendit en 1437 le Périgord pour 16000 réaux d'or, à JEAN DE BRETAGNE, II du nom, comte de Penthiévre.

JEAN mourut ſans enfans, l'an 1454. Il avoit eu deux freres, GUILLAUME, vicomte de Limoges, mort en 1455 ; & Charles de Bretagne, baron d'Avaugour, qui étoit mort en 1434, ayant laiſſé d'Iſabeau de Vivonne ſa femme, Nicole, mariée avec Jean de Broſſe, II du nom, ſeigneur de Bouſſac. GUILLAUME avoit eu d'Iſabeau de la Tour ſa femme, trois filles, dont l'aînée, FRANÇOISE DE BRETAGNE, vicomteſſe de Limoges & comteſſe de Périgord, épouſa Alain ſire d'Albret, & mourut en 1488. Alain donna le Périgord à ſon fils JEAN D'ALBRET, en le mariant avec Catherine de Foix, reine de Navarre, d'où vint HENRI D'ALBRET, roi de Navarre, comte de Périgord, pere de la reine Jeanne de Navarre, qui eut d'Antoine de Bourbon, le roi HENRI le Grand. Ce prince unit à la couronne le Périgord, que les deſcendans de Charles de Bretagne prétendoient. Ce fut le ſujet d'un long procès, terminé en faveur de Jean d'Albret roi de Navarre. Les princes d'Orléans y prétendirent auſſi, & en obtinrent un tiers, par arrêt du 14 août 1498. Mais le roi Louis XII leur donna d'autres terres en échange, pour favoriſer la maiſon d'Albret. * Conſultez Du Pui, droits du roi. Chopin, l. 1 & 3 du domaine. Beſſi, hiſt. des comtes de Poitou. Juſtel, hiſtoire de Turenne. François Arnaud de la Rorie, antiquités de Périgord, &c.

PERIGUEUX, ſur l'Iſle, ville de France, capitale de Périgord, avec évêché ſuffragant de Bordeaux, eſt nommée diverſement par les anciens, Petrocorium, Petrigorium, Veſuna Petrocoriorum & Veſuna. Il y a apparence que ſon nom de Veſuna, étoit tiré de celui de Vénus qui y étoit adorée ; l'on y voit encore les trois quarts d'une tour appellée Veſune, qu'on croit avoir été un temple de Vénus. Elle eſt bâtie de petites pierres quarrées, avec un ciment rouge, auſſi dur que la pierre même. Elle a plus de 100 pieds de haut, & paroît n'avoir jamais été couverte : tout au tour en dehors elle eſt garnie de forts crochets dont on ne ſait pas l'uſage.

es habitans se persuadent qu'on entroit dans cette tout ar des souterreins, qu'on trouve à quelque distance de-l; mais on n'en connoît pas la communication. Les iscriptions, les ruines d'un amphithéatre, & divers au-es restes magnifiques, sont un témoignage illustre de ancienneté de cette ville, qui a été souvent désolée ar les barbares. Ce fut près de Périgueux que Pepin *le Bref* gagna une célèbre victoire sur Gaifre, duc d'Aquiaine, en 768. S. Front est le plus ancien évêque dont ous ayons connoissance. La cathédrale de S. Etienne ut ruinée dans le XVI siécle, par les hérétiques qui y démolirent divers autres lieux saints. L'église de saint-Front est présentement cathédrale : son chapitre consiste en quatre archidiacres, un chantre, un sous-chantre, un maître-école, un théologal, & trente-quatre chanoines. Il y a à Périgueux présidial, sénéchaussée, élection, & mairie avec quatre consuls. La mairie ennoblit. La ville avec sa banlieue est franche de toutes tailles. Elle fit imprimer en 1662, *in-8°*, le recueil de ses privi-léges, franchises & libertés. * Cæsar, *l. 7 comment.* Pline, *l. 4, c. 19.* Ptolémée, *l. 2, c. 7.* Apollinaire Sidoine, *ep. 11, l. 8.* Scaliger, *l. 8, de emend. temp.* Sincerus, *itiner. Gall.* Jean du Pui, *des évêques de Périgueux.* Sainte-Marthe, *Gall. christ.*

PÉRILLE, *Perillus*, d'Athènes, artisan célèbre, voulant flater la cruauté de Phalaris tyran d'Agrigente, fit un taureau d'airain, pour y bruler vifs les criminels ; mais il éprouva le premier ce supplice, par ordre de ce tyran. *Voyez* PHALARIS. * Pline, *liv. 34, cap. 8.*

PERIMEZZ I, *cherchez* PERRIMEZZI.

PERIN (Léonard) né en 1567, à Stenai, ville de Lorraine, dans le territoire de Verdun, fit ses études à Paris, & entra dans la société des Jésuites à Verdun le 25 de septembre de l'an 1589 : il y fut dans la suite profès des quatre vœux. Il professa d'abord les huma-nités à Paris, ensuite la rhétorique à Nevers, & depuis il régenta quelques cours de philosophie à Paris. En 1595 il fut envoyé à Pont-à-Mousson, où on le chargea d'abord de la théologie scholastique, & ensuite de l'in-terprétation des livres saints. Après quatre années, pa-roissant avoir besoin de repos, il ne se délassa qu'en exer-çant le ministere de la parole : il entreprit sur-tout de combattre dans ses discours les Calvinistes, dont les er-reurs se répandoient dans le Barrois. Il étoit occupé de cette fonction, lorsqu'ayant su qu'il manquoit à Pont-à-Mousson un professeur de rhétorique, il s'offrit pour en remplir la place ; ce qu'il fit pendant trois ans. On le rappella après ces trois années à un emploi plus di-gne de son zèle ; il fut chargé d'une chaire de théo-logie, & il la remplit pendant six ans. Son mérite l'ayant fait élire chancelier de l'université de Pont-à-Mousson, il en exerça les fonctions pendant sept ans avec une grande distinction : il paroissoit propre à tous les emplois. Il fut recteur de la même université dans des temps fort difficiles ; & cependant il s'acquit l'estime, l'amitié & même la vénération de presque tous ceux qui le connu-rent. Sa piété, sa science, son zèle à secourir ses com-patriotes dans les malheurs que la guerre entraînoit après soi, & que les armes des François lui faisoient éprou-ver, lui attiroient cette considération. Presque tous les Jésuites qui étoient alors à Pont-à-Mousson, étant Lor-rains, & ayant eu ordre de se retirer, le pere Perin eut seul la liberté de demeurer. Ce pere fut affligé les dernieres années de sa vie de maladies compliquées qui le conduisirent enfin au tombeau : il mourut à Besan-çon le 10 de février de l'an 1638. Voici la liste de ses ouvrages : 1. *Epistola tomo secundo commentario-rum Joannis Maldonati præfixa*, à Pont-à-Mousson, 1597, *in-fol.* 2. Oraisons funèbres sur le trépas de Char-les III, duc de Lorraine... & de son fils Charles, cardinal de Lorraine, évêque de Metz, prononcées à Nancy les 18, 19 & 20 de juillet : à Pont-à-Mousson, 1608, *in-12.* 3. *Pompa funebris & justa Carolo III*

Lotharingiæ persoluta, æneis figuris expressa, in - folio expanso, & latinè explicata, à Pont-à-Mousson. 4. *Com-munis vitæ inter homines scita urbanitas*, à Pont-à-Mousson 1617, *in-16* ; à Paris, 1638, *in-4°* ; à Rouen 1651, *in-16*, &c. C'est une traduction d'un écrit françois, composé par les pensionaires du collège de la Fléche, sous le titre de *Bienséance de la conver-sation entre les hommes* : le pere Perin y ajouta les ré-gles qu'on doit observer étant à table. 5. *Trasonica Pauli Ferrii Metensis Calviniani ministri in specimine ab eo edito scholastici orthodoxi dispecta, castigataque amicè*, à Pont-à-Mousson, 1619, *in-8°.* 6. *Sacra atque hilaria Mussipontana, ob relatos à Gregorio XV, autoritate apostolicâ, in ecclesiasticum sanctorum album & canonem Ignatium Loyolam & Franciscum Xave-rium, sanctitate & miraculis claros, societatis Jesu soles geminos : primùm gallicè edita, post è gallico in lati-num sermonem conversa, utrobique formis æneis illus-trata*, à Pont-à-Mousson 1623, *in-4°.* C'étoit le pere Louis Wapy, Jésuite, qui avoit donné d'abord cet ouvrage en françois. 7. *Vita sancti Nicolai, My-rensis episcopi, Lotharingiæ patroni, collecta ex proba-tis autoribus distributéque scripta*, à Pont-à-Mousson 1627, *in-12.* * *Mémoires communiqués* par le pere Oudin, Jésuite.

PERINGEN, *Peringa*, bourg de Baviere, auprès de l'Isere & du bourg de Dingeling. On a trouvé à Péringen d'anciennes inscriptions qui font juger que c'est le lieu de la Vindelicie qu'on nommoit *Tiberina castra*. * Baudrand, *diction. géograph.*

PERINGSKIOLD (Jean) né le 6 d'octobre 1654, à Strengnes, ville épiscopale de Suéde, dans la Suder-manie, où son pere *Laurent-Frédéric* étoit professeur en éloquence & en poësie. Il commença ses études sous son pere, & les acheva à Upsal. Les progrès qu'il fit dans la connoissance des antiquités, lui mériterent une place d'étudiant dans le collège destiné à cette sorte d'étude, & ensuite une de professeur en 1689. Cinq ans après il fut fait secrétaire antiquaire du roi de Suede, & en 1719 conseiller de la chancellerie pour les an-tiquités, en conservant les deux premieres qualités. Son vrai nom étoit *Peringer*, & ce fut en 1693 qu'il prit celui de *Peringskiold*. En 1687 il avoit épousé la fille d'Elie Jacob sénateur de la ville de Nicoping, qui lors-que son gendre mourut en 1720, le 24 de mars, jouis-soit encore d'une assez bonne santé, quoiqu'âgé de 102 ans, étant né le 12 d'avril 1618. Les ouvrages de Pe-ringskiold sont : une histoire des rois du Septentrion ; celle des rois de Norwege ; celle des Wilkinens ; celle du roi Hialmar ; une édition de l'ouvrage de Jean Mes-senius touchant les rois de Suede, de Danemarck & de Norwege, en quatorze volumes *in-folio* en 1700. La vie de Théodoric roi des Ostrogoths par Cochlée, avec des additions & des remarques. *Genealogia Ca-roli XII, regis. Genealogia biblica ab Adamo usque ad J. C. Monumenta Sueco-Gothica*, en deux livres. *Chronicon genealogicum*, &c. en suédois. Les autres ouvrages sont en latin. * *Voyez* les actes littéraires de Suéde pour l'année 1720.

PERINTHE, *Perinthus*, ville de Thrace. Strabon rapporte qu'on y voyoit un amphithéatre d'une seule pierre de marbre que l'on mettoit entre les merveilles du monde. * Strabon. Baudrand, *diction. géograph.* *Voyez* HERACLÉE.

PERIODE JULIENNE, est une révolution de 7980 années juliennes, composées de trois cycles : de celui du soleil, de 28 ans ; de celui de la lune, de 19, & de celui de l'indiction, de 15. Ce qui se fait ainsi. On prend pour première année de cette période, celle qui a 1 du cycle du soleil, 1 du cycle de la lune, & 1 du cy-cle de l'indiction ; & il faut 7980 années, pour reve-nir à une année marquée de ce même nombre de cha-que cycle. La table qui suit est fort nécessaire pour avoir facilement une idée de cette période.

PERIODE.	CYCLES.		
Julienne.	Du Soleil.	De la Lune.	De l'Indiction.
1	1	1	1
2	2	2	2
3	3	3	3
4	4	4	4
5	5	5	5
6	6	6	6
7	7	7	7
8	8	8	8
9	9	9	9
10	10	10	10
11	11	11	11
12	12	12	12
13	13	13	13
14	14	14	14
15	15	15	15
16	16	16	1
17	17	17	2
18	18	18	3
19	19	19	4
20	20	1	5
21	21	2	6
22	22	3	7
23	23	4	8
24	24	5	9
25	25	6	10
26	26	7	11
27	27	8	12
28	28	9	13
29	1	10	14
30	2	11	15
31	3	12	1 &c.

Ce fut Joseph Scaliger, qui vers l'an 1580, inventa cette période, joignant les trois cycles ensemble, à l'imitation de Victorius, natif d'Aquitaine, très-habile chronologiste, qui vivoit du temps de S. Léon pape, & de son successeur Hilaire, vers l'an 460; lequel ayant joint les cycles du soleil & de la lune, composa la période appellée *Victorienne*, qui renferme 532 années. D'autres ont attribué l'invention de la période Victorienne à Denys *le Petit*, savant abbé, Scythe de nation, qui florissoit à Rome du règne de Théodoric, roi des Ostrogoths, & de son petit-fils Athalaric, depuis l'an 520 de J. C. jusqu'en 533. C'est pourquoi ils l'ont appellée Période *Dionysienne*; mais ils se sont trompés; car il lui a donné seulement un autre commencement, l'appliquant à l'année de la naissance du Messie, pour recommencer en l'année 533, & continuer jusqu'à la fin du monde. Le principal usage de la période julienne est d'avoir une régle stable & assurée pour la supputation des années, parmi les différentes opinions des chronologistes, qui ne s'accordent pas sur les époques, & sur le calcul des années depuis la création du monde: car cette période renferme toutes les années depuis la création du monde, qu'elle précède même suivant toutes les opinions; ainsi pour marquer cette période pour marquer la chronologie, on ne laisse aucun lieu de douter du temps que l'on marque: ce qui n'arrive pas en désignant le temps par les époques. Car lorsqu'un chronologiste marque, par exemple, l'an du monde 3032, on ne peut comprendre ce qu'il entend, si l'on ne sait qu'il compte 4035 ans avant la naissance de J. C. & que selon lui, la première année du monde est la première de ces 4035. Mais s'il marque l'an 3710 de la période julienne, on conçoit clairement quelle est son opinion, parceque cette période ne varie point, & est toujours la même.

première année de l'ère vulgaire avoit, suivant [l']on commune, 10 de soleil, 2 de lune, & 4 d'in[dictio]n. Ces caractères sont ceux de l'an 4714 de la pé[riod]e julienne. C'est pourquoi, lorsqu'on lira dans

une histoire chronologique, qu'une chose est arrivée l'an de la période julienne 3700, par exemple, il faudra soustraire ce nombre de 4714. Ainsi,

  4714.
  ôtez 3700.
  reste 1014.

& l'on connoîtra que l'an 3700 de la période julienne est l'an 1014 avant la naissance de J. C. * P. Petau, *de doct. temp.*

PERION (Joachim) *cherchez* PERRION.

PERIPATETICIENS : c'est le nom qu'on donna aux sectateurs d'Aristote, qui disputoient dans le lycée, en se promenant. Ammonius assure que Platon fut le premier qui s'avisa d'enseigner en se promenant, & que ses disciples furent nommés Péripatéticiens; mais ils prirent depuis le nom d'Académiciens, parcequ'ils étudioient dans l'académie. * Diogen. *Laërt. in Arist.* Ammonius, *in Categ.* Cicéron, *l. 1 quæst. acad.*

PERIPHAS, roi fabuleux d'Athènes, régna, dit-on, avant Cécrops, c'est-à-dire avant l'an du monde 2477, & l'an 1558 avant J. C. & mérita par ses belles actions, que les Athéniens se soumissent à son obéissance. Ils lui rendirent même des honneurs comme à un dieu, & l'adorerent sous le nom de Jupiter *Conservateur*. Ce dieu irrité d'un tel attentat, voulut punir Périphas d'un coup de foudre; mais se laissant fléchir par Apollon, il se contenta de le métamorphoser en aigle, & le fit roi des oiseaux, pour récompenser les services qu'il avoit rendus aux hommes. Il voulut encore qu'il fût le gardien de son foudre, & qu'il pût approcher de son trône, quand il voudroit. Sa femme, qui demanda la même destinée que son mari, fut changée en foulque, qui est un oiseau de mer. * Ant. Liberal. *ex Boc. Ornithogan.*

PERITAS, ville qu'Alexandre *le Grand* bâtit dans les Indes, & à laquelle il donna le nom d'un chien qu'il aimoit fort. Plutarque en parle dans la vie de ce prince.

PERITIEN (le mois) c'est un mois des Macédoniens, qui répond à celui de février, & que les Syriens adopterent en mémoire d'Alexandre *le Grand*; ou plutôt, que les Macédoniens introduisirent chez ce peuple, après l'avoir subjugué; de même qu'ils imposerent à la plupart des villes & des rivieres de Syrie les noms des villes & des fleuves de Macédoine.

PERIZONIUS (Jacques) d'une famille originaire de Scuttorp, petite ville du comté de Benthem, dans la Westphalie, qui s'appelloit anciennement *Vorbrek*, & que l'un d'eux changea en *Perizonius*, mot grec qui répond à celui de *Vorbrek*, étoit l'aîné des enfans de Perizonius recteur de l'école de Dam, & ensuite professeur en théologie & en langue hébraïque à Stam, & enfin à Deventer. Il naquit à Dam le 26 d'octobre 1651, étudia à Deventer sous Théophile Hogersius, alors professeur en histoire & en éloquence, & sous Gisbert Cuper qui lui succéda; & en 1671 il alla à Utrecht où il se trouva aux leçons de Georges Gravius. La guerre l'obligea de retourner chez lui en 1672; & lorsque la tranquilité eut été rendue en 1674, il alla à Leyde où il continua ses études sous Théodore Rickius qui y professoit l'éloquence & l'histoire. Revenu à Deventer il se livra à l'étude d'une maniere particuliere, fut fait recteur de l'école latine à Delft, & eut ensuite la chaire en histoire & en éloquence à Franeker en 1681, & celle d'histoire, d'éloquence & de la langue grecque à Leyde en 1693. Il mourut le 6 d'avril 1715, âgé de 63 ans & 5 mois. L'amour qu'il avoit pour l'étude lui fit préférer le célibat au mariage, & cet amour a produit un grand nombre d'ouvrages, dont la multitude surprend d'autant plus, qu'il revoyoit chaque écrit qu'il faisoit avec beaucoup de soin & d'application. Ces ouvrages sont : *Dissertationum trias. Eruditio M. T. Ciceronis. Dissertatio de Augustea orbis terrarum descriptione & loco Lucæ eam memorantis. Dissertatio historica*

a de duobus L. Flori locis. Animadversiones histo-
læ. Ce sont des explications de plusieurs endroits de
férens auteurs anciens, Grecs & Latins. *Francisci San-*
i Minerva, sive de causis latinæ linguæ commentarius,
ec des additions & des notes. *Dissertatio de signifi-*
catione & usu vocum prætoris & prætorii, &c. Disser-
tio de prætorio Cæsarum ejusque præfecto. Abstersio
insuræ Hubernianæ, &c. C'est un écrit sur le même
jet. *De origine & natura imperii, &c. Specimen er-*
rorum ex uno & primo tomo historiæ civilis Ulrici Hu-
rti, &c. De usu atque utilitate græcæ romanæque lin-
uæ, historiæ & antiquitatis in gravioribus disciplinis.
Laudatio funebris Mariæ II, Angliæ reginæ. Plusieurs
piéces contre M. Francius professeur d'éloquence à Amer-
dam, publiées en 1695, sous le nom de *Valerius*
Eccinctus. Orationes duæ de pace. Æliani sophista va-
ia historia, avec un commentaire. *Dissertatio de morte*
udæ, &c. Responsio ad nuperam notitiam de variis
Æliani & Pliniorum locis. Curtius Rufus in integrum
restitutus, & vindicatus, &c. Oratio de fide historia-
um, &c. Æther Britannis & Batavis militans, &c.
De doctrinæ studiis nuper cultis & desideratis, nunc
rursus neglectis, &c. Rerum per Europam sæculo XVII
maximè gestarum commentarii historici. Origines Baby-
onicæ & Ægyptiacæ. Dissertatio de ære gravi. Disser-
atio de censoribus populi Romani. Panegyricus regi Wil-
helmo Arausiaco dictus, à Leipsick en 1694. M. Peri-
tonius avoit amassé une bibliothéque très-nombreuse &
bien choisie, qui a été vendue après sa mort, & dont
on a le catalogue imprimé à Leyde en 1715. On trouve
à la fin une liste de toutes les anciennes médailles que
ce savant avoit recueillies & dont le nombre étoit considérable. Par son testament il a laissé à la magnifique
bibliothéque de l'université de Leyde environ cinquante
manuscrits, la plupart anciens, & plusieurs éditions
anciennes de différens auteurs qui n'étoient point dans
cette bibliothéque. * *Voyez* l'avertissement qui est au-
devant du catalogue de sa bibliothéque, donné en 1715
sous le nom de *Bibliotheca Periziana; Mémoires du*
P. Niceron, *t. I. & t. X, partie I, page 6, & par-*
tie II, page 3. Journal littéraire de la Haye, t. VII. Acta
eruditor. Lipsiens. an. 1716, &c.

PERKIN ou PIERRE WARBECK, imposteur cé-
lébre dans l'histoire d'Angleterre, eut la hardiesse de
se dire Richard duc d'Yorck, fils du roi Edouard IV,
sous le régne de Henri VII, vers l'an 1486. Marguerite, duchesse de Bourgogne, sœur d'Edouard IV, avoit
fait courir le bruit que Richard III, duc de Glocester,
ayant donné ordre en 1583 d'assassiner Edouard V,
prince de Galles, & Richard, duc d'Yorck, tous deux
fils d'Edouard IV, roi d'Angleterre, les parricides après
avoir tué le prince de Galles légitime héritier de la couronne, eurent regret de cèt attentat, & mirent en
liberté le duc d'Yorck qui s'étoit caché depuis dans quelque lieu inconnu. Elle tâchoit de persuader au peuple, afin de pouvoir supposer quelqu'un qui parût sous
ce duc d'Yorck, ce qu'elle fit un peu après par l'imposture de Simnel (dont nous parlerons en son article.)
Elle trouva le fils d'un Juif converti, natif de Londres,
nommé Perkin, qui étoit bien fait & avoit beaucoup
d'esprit; & jugeant que ce sujet étoit capable de son
dessein, elle le fit instruire à bien jouer son personnage.
Pour ôter tout soupçon, elle l'envoya secrétement en
Portugal, où ayant demeuré un an, il fit voile en Irlande. La guerre étant survenue entre Henri VII, roi
d'Angleterre, & Charles VIII, roi de France, celui-ci
envoya convier Perkin de venir à sa cour. Il y vint avec
joie, & y fut reçu en qualité de duc d'Yorck. Mais
il n'y demeura guére, parceque la paix se fit peu de
temps après. Il se rendit alors en Flandre auprès de la
duchesse de Bourgogne, laquelle feignant de ne le pas
connoître, l'interrogea de toutes ses aventures en présence de quelques personnes de qualité; & faisant semblant d'être persuadée de la vérité, elle traita Perkin
comme son neveu. Plusieurs de la noblesse angloise sui-

virent son parti, & tenterent avec lui une descente dans
la province de Kent, où n'ayant pas été bien reçus,
ils allerent en Ecosse. Le roi Jacques IV reçut Perkin
avec honneur, & le mena deux fois en Angleterre à la
tête d'une armée; mais il ne trouva pas des gens qui voulussent le recevoir. Ce faux prince se retira en Irlande,
où il apprit la révolte de ceux de Cornouaille : ce qui
le fit résoudre à y conduire une armée de sept mille
hommes, & à mettre le siége devant Excester. Il n'osa
attendre le roi qui marchoit vers lui, & s'alla refu-
gier dans une église, d'où il sortit après que le roi l'eut
assuré de la vie, & le suivit à Londres. Il y fut quelque
temps le jouet de la cour; & comme il n'étoit pas gardé
de près, il trouva moyen de s'enfuir pour repasser la
mer : mais il fut arrêté en chemin & conduit à la tour
de Londres, où il persuada à Edouard *Plantagenet* de
corrompre ses gardes, & de se procurer la liberté pour
obtenir la couronne qui lui étoit due. Ce dessein fut
découvert, & leur procès ayant été fait, Perkin fut
pendu à Tyburn; & le prince *Plantagenet* eut la tête
tranchée devant la tour. * Salmonet, *hist. des troubles*
de la grande Bretagne.

PERKINS (Guillaume) théologien Anglois, naquit
à Marston dans le comté de Warvich, & fit la plus
grande partie de ses études dans l'université de Cambridge, où il prit le bonnet de docteur. Il s'attacha dans
la suite à expliquer l'Ecriture sainte, dont il fit presque
son unique étude. Il mourut en 1602, extrêmement
regreté à cause de sa science, de sa modération & de
la sagesse de ses mœurs. Lætus, dans son *Compendium*
historicum, & Crouvæus dans son livre des écrivains
ecclésiastiques, en ont parlé avantageusement. Les œuvres de Perkins, presque toutes écrites en anglois, ont
été traduites & recueillies en trois volumes *in-folio.*
Abraham Vandermill en fit une édition à Genève l'an
1618. On en fit une autre dans la même ville en 1624,
sur les mémoires de Thomas Drax, docteur Anglois,
qui étoit de la même province que Perkins. Les titres
latins des ouvrages de celui-ci, sont : *Theologiæ descri-*
ptio, 1596, in-8°. Specimen digesti, sive harmonia
bibliorum veteris & novi Testamenti, à Cambridge
1598, in-fol. Expositio in Matthæi capita 5, 6 & 7.
Commentarius in epistola ad Galatas caput 5. In episto-
lam ad Hebræos : In epistolam Judæ : In Apocalypsis
tria priora capita, &c. * *Voyez* le pere le Long, *Bi-*
bliotheca sacra, édition *in-fol.* pag. 899.

PERLEBERG, petite ville de la Marche de Brandebourg dans la seigneurie de Pregnitz, sur la riviere de
Strepenitz, à trois lieues d'Havelsberg vers le nord occidental. * Mati... diction.

PERMESSE, *Permessus,* fleuve de Béotie qui coule
du mont Hélicon. Les poëtes ont feint que son eau ins-
piroit le génie de la poësie, & que pour cette raison il
étoit consacré à Apollon & aux Muses. * Strabon,
l. 8. Pausanias, in Bæot. Propert. l. 2, eleg. 10 ad
Musam.

☞ PERMIE (la grande) ou comme l'on dit en Russie, PERMA VELIKAYA, province connue par les anciens
Suédois ou Goths sous le nom de *Biarma,* & ils la regardoient comme un pays riche, à cause du commerce
qu'elle faisoit des marchandises de l'Orient. Il est effectivement qu'il y avoit anciennement deux grands entrepôts de commerce en Russie : l'un étoit près de l'ancienne ville de Ladoga, *dont il faut consulter le titre;*
l'autre étoit en Permie. Celui-ci étoit situé proche la
ville de Tzerdyn, sur la Kama. Cette ville est maintenant en très-mauvais état, & de très-peu d'importance;
cependant elle porte dans le tarif de Russie, le nom de
Veliki-Perma, ou *Grande Permie,* qui est aussi celui
de la province. Les marchandises venoient à cet entrepôt de la mer Caspienne & des Indes, par la voie du
Wolga & de la Kama, & passoient de-là par les rivieres, dans la mer septentrionale ou de Petzora, &
de-là encore plus loin, en côtoyant le bord de la mer,
jusqu'en Norwege, & peut-être dans la mer du nord,

On peut voir les preuves de la possibilité & de la réalité de ces voyages des anciens, dans une *dissertation* de Strahlenberg *sur les limites de l'Europe & de l'Asie*, insérée au tome I de sa *description de l'empire russien*.

La Permie avoit autrefois une étendue très-considérable. Suivant les anciennes annales de la Russie, cette grande province comprenoit les districts suivans : Iuga, Suchna, Vologda, Viatka, Cholmogorod, Lop-Corela, ou la Carélie Lapone, Pertassi (ou le pays voisin des rivieres de Pur & de Tas, qui se déchargent dans l'Obi) Permecki, Gami & Tchusavaia. Les fleuves & les rivieres qui ont environné & entrecoupé cette grande contrée, sont le Dwina, le Petchora, la Suchna, la Iuga, le Wim & le Nim, la Vitsogda, la Viatka & la Kama. Tous ces pays n'ont été tout-à-fait soumis à la domination des Russes que par Basile Iwanovitz, qui fut pere du tyran Iwan-Vasilievitz, & qui régna depuis 1505, jusqu'en 1533.

Les habitans de ce vaste pays adoroient autrefois le feu, l'eau & une idole nommée *Solotta-babba*, ou la *Femme d'or*, qui avoit son temple proche le fleuve Dwina, & dont vraisemblablement Tacite prétend parler, en disant des Esthes, qu'ils adoroient la mere des dieux, &c. Ce fut en l'an 1343, la Gréce étant gouvernée par Emanuel, & la Russie par Basile Demetrovitz, que la Permie fut convertie à la religion chrétienne, par les ecclésiastiques Etienne Permski, Hierasim, Peterim & Gona. Etienne Permski fut son premier évêque, & mourut en 1396. *Voyez son titre*.

Les Permiens étoient autrefois un peuple industrieux, grand commerçant & riche : aujourd'hui la Permie est habitée par un peuple grossier, qui tient beaucoup du terrein ingrat qu'il habite. * Strahlenberg, *description historique de l'empire russien*.

PERNAMBUC, province du Brésil dans l'Amérique méridionale, s'étend le long de la mer plus de 60 milles germaniques. C'est un gouvernement ou capitanie dite *capitania di Fernambuco*, que ceux des Pays-Bas appellent de *Fernambouc*. Les Hollandois s'en étoient rendus maîtres, mais les Portugais les en chafserent, & ils y sont présentement. Il y a onze villes, dont la capitale est Olinde. * Laët, *hist. du nouv. monde*.

PERNAU, ville de Livonie dans la province d'Esten sur la côte du golfe de Riga, est mise au nombre des villes Anséatiques, quoiqu'elle n'ait presque point d'autre commerce que celui du bled. Eric, roi de Suéde, la prit en 1562 sur les Polonois qui la reprirent par stratagême en 1565; mais elle fut réunie à la couronne de Pologne avec le reste de la Livonie, par le traité de paix entre le roi de Pologne & le grand duc de Russie. Les Suédois la prirent en 1617; & enfin ils l'ont cédée aux Russiens. * Oléarius, *voyage de Moscovie*.

PERNES, bon bourg des Pays-Bas dans l'Artois, sur la petite riviere de Clarence, à trois lieues d'Aire vers le sud. * Mati, *diction*.

PERNOT (D. Pierre-François) religieux Bénédictin de la congrégation réformée de Cluni, & bibliothécaire de S. Martin des Champs à Paris, étoit né à Charolles, diocèse d'Autun, en 1695. C'étoit un homme de bien, un religieux d'une vertu solide & éclairée, un littérateur versé dans plusieurs genres, savant dans les antiquités de son ordre & très-habile dans la connoissance des anciennes chartes. Il pensoit que l'essentiel de la vie d'un religieux doit être l'amour de la retraite, & il pratiquoit exactement cette maxime, quoique personne ne possédât mieux que lui l'esprit de société, & qu'il fût aimable dans la conversation. Il trouvoit dans ce genre de vie beaucoup de satisfaction, & les lettres y ont gagné.

D. Pernot composoit des vers avec facilité. On a de lui plusieurs hymnes, dont quelques-unes ont été imprimées; les autres n'ont pas encore été publiées. On remarque dans toutes une versification aisée, des tours heureux, & tout le feu que demande ce genre de com-

position. Il doit avoir laissé un bon nombre de petits poëmes latins détachés, sur différens sujets de piété.

D. Pernot sortoit à peine du noviciat, qu'on le chargea de composer les annales de l'ordre de Cluni. Ce choix de toute sa congrégation, montre combien on comptoit deja sur son mérite & sur ses lumieres. Il a recueilli sur cette matiere beaucoup de bonnes choses qui n'ont pas encore été dites, parcequ'il a visité plusieurs dépôts qui avoient été inconnus à D. Mabillon. L'espérance des découvertes, l'envie de donner à son ouvrage le dernier dégré de perfection, & plus que tout cela, sa modestie naturelle, l'ont empêché de mettre au jour cet important ouvrage; mais il a laissé des mémoires dont on peut faire un très-bon usage.

La place de bibliothécaire est la seule charge de sa maison qu'il ait consenti d'occuper. Jamais ses confreres n'ont pu le déterminer à accepter les premieres places de son ordre. Pourvu de celle de bibliothécaire de très-bonne heure, il en a rempli les fonctions avec autant de zèle que de capacité. Cette bibliothéque n'est pas immense; mais l'ordre qu'il y a mis, les acquisitions qu'il a faites pour completter les genres principaux, les manuscrits dont il l'a enrichie, rendront sa mémoire précieuse à ceux qui seront à portée d'en profiter. D. Pernot a laissé une des plus belles collections de titres authentiques qui soient dans la capitale. Cette collection comprend près de deux cens porte-feuilles, la plupart *in-fol*. Chaque porte-feuille regarde une ou deux provinces du royaume. Les piéces qu'il renferme sont autant d'actes en bonne forme, concernant les principaux événemens de ces provinces, depuis le XIII, jusqu'au XVI siécle; voyages & séjours de nos rois; assemblées solemnelles, guerres & troubles, &c. Il avoit recueilli sur le seul régne de Charles VI assez de dates pour montrer jour par jour en quel lieu ce prince avoit séjourné. Il en avoit fait de même par rapport à celui de Louis XI.

Dans ses recherches, il ne passoit rien de ce qui pouvoit intéresser les familles; & son caractere obligeant le portoit à les communiquer aux personnes à qui il prévoyoit qu'elles pouroient être de quelque utilité. Sa collection renferme un grand nombre de piéces importantes, qui contiennent des notions exactes sur les familles & sur les charges. Il s'étoit proposé de donner une suite de tous les gouverneurs, baillifs, lieutenans-généraux, châtelains de chaque province. Il avoit deja poussé plusieurs de ces suites, dont la réunion auroit été un morceau précieux, s'il avoit eu assez de vie pour conduire son projet à sa fin. Mais D. Pernot a eu le sort de presque tous les savans qui se sont livrés à de grandes entreprises, c'est-à-dire qu'il a été enlevé à ses vastes projets par une mort prématurée. Il est mort d'hydropisie, à S. Martin des Champs, le 14 avril 1758, âgé de soixante-trois ans. M. l'abbé Carlier, prieur d'Andresy, lui a dressé un éloge, qui a été inséré dans le *journal de Verdun*, mois de *juillet* 1758, *p*. 54, *& suiv*.

PEROK, ou plutôt PEKOK ou PEACOCK (Renaud) Anglois, évêque de Saint-Asaph, puis de Chichester, dans le XV siécle : *cherchez* PEACOCK.

PERONNE, sur la riviere de Somme, ville de Picardie dans le Santerre, & autrefois l'une des clefs de France, a souvent été attaquée inutilement par les Espagnols. Les marais qui l'environnent & les ouvrages qui la défendent, contribuent à la rendre très-forte. Les privilèges, franchises, & libertés des bourgeois de cette ville, ont été imprimés en 1636 à Paris, *in-8°*.

PEROSES ou *Perozas*, roi des Perses dans le V siécle, succéda à son pere *Isdegerde II*, vers l'an 478. Il fit la guerre aux Huns Euthalites ou Huns blancs; & étant entré inconsidérément dans leur pays, engagea son armée entre les rochers à la merci des ennemis. Le roi des Euthalites lui envoya des députés pour lui reprocher sa témérité, & pour lui offrir la vie & la liberté avec celle de toutes ses troupes, pourvu qu'il adorât , & qu'il s'obligeât de ne lui plus faire la guerre. Eroſes accepta ces conditions ; & par le conſeil des ſages , il le fit tourner du côté du ſoleil levant , & fit ſemblant de l'adorer , adorant effectivement l'aſtre du jour. Enſuite ayant donné les ſuretés pour la paix , il ſe retira dans ſon royaume. Peu de temps après violant ſon ſerment , il marcha contre les Huns avec une redoutable armée ; mais il périt en 492 , dans une embuſcade qu'on lui avoit dreſſée , & où ſes troupes furent auſſi défaites. Son règne fut d'environ 24 ans , ou de 16 ſelon Caſiſius. Ce roi fit alliance avec l'empereur Zénon. * Procope , l. 1 , de bello Perſ. Agathias , &c.

PÉROT (Nicolas) archevêque de Manfredonia où a été transféré le ſiége de Siponte dans le royaume de Naples , étoit natif de Saſſoferrato , bourg d'Italie , dans la Marche d'Ancone , & vivoit dans le XV ſiècle. Il parut entre les plus ſavans perſonnages de ſon temps. Sa famille avoit été autrefois illuſtre dans ſa patrie , & on la croyoit deſcendue de la maiſon de Levi en France. ANDRÉ Pérot , l'un de ſes ancêtres , s'étoit diſtingué dans le XIV ſiécle en aidant le cardinal Albernoti , gouverneur de l'Ombrie pour le pape Innocent VI , à délivrer cette province des petits tyrans qui opprimoient le pays ; & il avoit beaucoup contribué à la conſtruction des forterefles de Saſſoferrato. Il eut pour fille Juſtine Pérot , qui fut ſi illuſtre par ſon eſprit & par ſon attachement pour les belles lettres , qu'elle mérita l'eſtime de Pétrarque. François Pérot , pere de celui qui fait le ſujet de cet article , fut honoré par le pape Nicolas V , en 1449 , du titre de chevalier apoſtolique , & de comte du ſacré palais de Latran , & en 1454 , par Calliſte III , de celui de ſon domeſtique & de noble : il obtint de plus par un acte du 26 de janvier 1458 , le droit de bourgeoiſie à Veniſe. Nicolas Pérot , qui n'avoit pas de grands biens , s'appliqua d'abord à enſeigner la langue latine , & il mit dans un meilleur ordre & dans une méthode plus courte les rudimens du latin. Il alla enſuite à Rome , où il apprit ſi bien la langue grecque , qu'il donna une traduction latine des cinq premiers livres de l'hiſtoire de Polybe , qui eſt tout ce qu'on en avoit alors. Il traduiſit auſſi le traité du ſerment d'Hippocrate ; & fit enſuite un commentaire ſur Martial , qui ne fut imprimé qu'après ſa mort par les ſoins de Pyrrhus Pérot ſon neveu. Il parut ſous le titre de Cornucopia , ſeu latinæ linguæ commentarii : en effet dans cet ouvrage Pérot prend occaſion de ce qu'il dit pour expliquer Martial , de traiter de toute la grammaire. Le cardinal Beſſarion l'aima & lui fit du bien : il le choiſit même pour ſon conclaviſte après la mort du pape Paul II ; mais Pérot lui fit innocemment manquer la papauté , ayant refuſé l'entrée de ſa chambre à trois cardinaux qui venoient le ſaluer pape , parcequ'il crut qu'ils pouroient le détourner de ſes applications à l'étude. Lorſque Beſſarion le ſut après l'élection de Sixte IV , il ne s'en émut pas davantage , & dit ſeulement avec tranquillité à Pérot : Par votre ſoin à contre-temps vous m'avez ôté la thiare , & à vous le chapeau. L'empereur Frédéric III lui donna dans la ville de Bologne la couronne poëtique , & la qualité de ſon conſeiller. Il eut enſuite le gouvernement de Pérouſe , celui de l'Ombrie , puis l'archevêché de Siponte en 1458 , & mourut en 1480 à Fugicura , maiſon de plaiſance qu'il avoit fait bâtir près de Saſſoferrato , & ſe retiroit quelquefois pour ſe délaſſer des affaires. Ses ouvrages conſiſtent , outre ceux dont nous avons fait mention , en harangues , en commentaires ſur Stace , &c. des traités de generibus metrorum ; de Horatii Flacci ac Severini Boetii metris ; une verſion latine de l'Enchiridion d'Epictete , & une autre du commentaire de Simplicius ſur la phyſique d'Ariſtote. Jean-Albert Fabricius , & les autres qui ont écrit des traducteurs , n'ont pas connu ces traductions. TORQUATO Pérot qui étoit de la même famille , & qui fut camerier du pape Urbain VIII , & évêque d'Ameria , lui fit ériger un monument dans la grande égliſe de Saſſoferrato , avec une belle inſcription

où il eſt dit entr'autres choſes que les papes Eugène IV , Nicolas V , Calliſte III & Pie II , l'avoient beaucoup aimé , à cauſe principalement qu'il s'étoit très-bien employé à la réunion de l'Egliſe Grecque pendant le concile de Ferrare. * Conſultez Jacques de Bergame , l. 15 , ad an. 1454. Volaterran , l. 21 , Urbani commentar. Paul Jove , in elog. doct. o. 18. Ughel , Ital. ſacra. Bayle , diction. critique.

PÉROU ou PERU , comme le nomment les Eſpagnols , pays de l'Amérique méridionale ſoumis préſentement aux Eſpagnols , a de longueur environ ſix cens lieues , le long de la mer Pacifique , & donne ordinairement ſon nom à toute l'Amérique méridionale dite Péruvine , qui comprend la Caſtille d'or , le Popajan , le Pérû , le Chica, le Chili & le Bréſil. Il eſt enfermé preſque tout entier entre l'équateur & le tropique du capricorne , & a le royaume de Chili , le Paraguai & Tucuman au midi ; la mer Pacifique au couchant ; le Popajan au ſeptentrion ; & au levant des montagnes dites las Cordilleras , & des terres qui nous ſont inconnues. Quelques-uns diviſent le Pérou en haut & bas , ou en montagnard & maritime ; mais les autres s'attachent au partage qu'en font les Eſpagnols en trois préfectures ou gouvernemens , qui ſont audiença de los Reyes , audiença de Quito , & audiença de los Charchas ou de la Plata. Les villes ſont Cuſco , autrefois capitale , los Reyes ou Lima , qui l'eſt préſentement , la Plata , Arequipa , Arica , Baëça , Quito , Potofi , Puerta , Viezo , la Paz , S. François de Quito , S. Michel , Guamanga , S. Cruz de la Sierra , Guancabilica , S. Jacques de Guayquil , &c. Cet état fameux appartenoit à des rois nommés Yncas , qui en étoient légitimes poſſeſſeurs depuis plus de ſix cens ans. François Pizaro Eſpagnol , en fit la découverte l'an 1525 , & par la diſcorde de deux freres , s'en rendit maître , & fit étrangler le roi Atabalipa , contre la foi qu'il lui avoit donnée. Les Eſpagnols ſont préſentement maîtres de ce riche pays , où ils ont un viceroi , & pluſieurs des villes ſont épiſcopales. Le Pérou eſt tout-à-fait fertile en fruits & en mines d'or ; auſſi on remarque que lorſque Pizaro y arriva , les uſtenſiles de la cuiſine étoient d'or , & les maiſons couvertes du même métal. Ce qu'on peut croire ſans être taxé de crédulité , ſi on fait réflexion que de la ſeule mine de Potofi , le roi d'Eſpagne a tiré en moins de cinquante ans pour ſa cinquième partie plus de cent onze millions de peſans , de treize réales & un quart le peſant.

ORIGINE ET SUCCESSION DES ROIS du PEROU.

Les Péruviens racontent pluſieurs fables de la premiere origine de leurs rois , qu'ils font deſcendre du ſoleil : ce que l'on peut voir dans Garcilaſſo de la Vega. Tous les auteurs s'accordent en ce qui ſuit.

I. Le premier roi du Pérou fut Ynca Manco-Capac , qui fit bâtir la ville de Cuſco , environ quatre cens ans avant que les Eſpagnols entraſſent dans le Pérou , c'eſt-à-dire , vers l'an 1125 , car ce pays fut découvert en 1525. Ces peuples appelloient leurs rois Yncas , c'eſt-à-dire rois ou empereurs ; & par excellence ils les nommoient Capac Yncas , c'eſt-à-dire , ſeuls rois ou magnifiques rois. On leur donnoit auſſi le nom de Yotip-Chutim , qui ſignifie fils du ſoleil. Car ils affectoient de tirer leur origine du ſoleil , qu'ils adoroient comme un dieu. Les enfans mâles des rois étoient auſſi appellés Yncas , & les grands du royaume étoient nommés Curacas.

II. Le ſecond roi fut Sinchi Rocha , fils de Manco-Capac ; le nombre des années de ſon règne eſt incertain. Il étendit les limites de ſon royaume dans le Collao juſqu'à Chuncara.

III. Lloque Yupanqui ſuccéda à ſon pere , fit de nouvelles conquêtes , & bâtit la ville de Pucara.

IV. Mayta Capac , fils de Lloque Yupanqui , conquit de nouvelles provinces.

V. Capac Yupanqui ſuccéda à ſon pere dont il étoit

le fils aîné, étendit encore les bornes de fon empire, & laiſſa pour ſucceſſeur ſon fils aîné.

VI. Ynca Rocha remporta pluſieurs victoires contre les peuples voiſins qu'il ſubjugua.

VII. Jahuac Huacac régna après ſon pere, mais il fit peu de choſes ; & ayant été épouvanté par quelque mauvais augure, il fit chef de ſon armée ſon frere Mayta qui ſoumit pluſieurs peuples.

VIII. Vira Cocha contraignit ſon pere de quitter ſon couronne, & monta ſur le trône. Il réduiſit les re-belles, & fit bâtir pluſieurs édifices très-magnifiques.

IX. Pachacutec Ynça ſuccéda à ſon pere, & aug-menta les conquêtes de ſes prédéceſſeurs.

X. Ynca Yupanqui, qui régna après ſon pere, unit à ſon empire de nouvelles provinces, & eut pour ſuc-ceſſeur ſon fils.

XI. Yupac Ynca Yupanqui, qui fit de belles actions, & laiſſa la couronne à ſon fils.

XII. Hunai Capac ſubjugua les peuples de Quito, & après avoir conquis d'autres provinces, partagea ſon empire, donnant le royaume de Quito à ſon fils Atahualpa, autrement Atabalipa, & le reſte à Huaſcar qui étoit l'aîné.

XIII. Atahualpa & Huaſcar régnerent chacun dans leur royaume pendant quatre ou cinq ans aſſez paiſi-blement ; mais l'envie fit naître la diſcorde entre ces deux freres. Huaſcar ayant du déplaire d'avoir cédé ſi facilement à ſon frere une bonne partie du royaume, lui envoya un ambaſſadeur pour lui demander qu'il eût à ſe reconnoître ſon vaſſal. Atahualpa feignit d'y con-ſentir, & témoigna qu'en allant faire hommage à ſon frere, il ſouhaitoit auſſi de faire les funérailles de ſon pere à Cuſco, & d'y aller avec une grande pompe, ce que Huaſcar lui accorda très-volontiers. Ce prince diſſimulé aſſembla tous les meilleurs ſoldats de ſes pro-vinces, & avança vers Cuſco, où ayant ſurpris Huaſcar, il n'eut pas de peine à gagner une bataille qui fut don-née proche de cette ville. Il uſa de cette victoire fort cruellement ; car il fit mourir par divers ſupplices tous les princes de la famille royale, & même ſon frere Huaſcar. C'étoit dans le temps que les Eſpagnols comman-dés par François Pizarre vers l'an 1525, étoient déja entrés dans ſon royaume & étoient prêts à fon-dre ſur lui. Ce prince inhumain fut bientôt puni de cette cruauté par les Eſpagnols, qui lui ôterent le royaume & la vie dans Caxamalca. Les autres Yncas après lui régnerent quelques années, mais ils peu d'autorité. Voici le détail de ce qui arriva à la fin de l'empire des Yncas. Huaſcar ayant été pris par les capitaines d'Ata-hualpa dans la ville de Cuſco, fut noyé dans la riviere d'Andamarca. Peu de temps après, au mois de mai 1533, les Eſpagnols firent mourir Atahualpa. Pizaro, gouver-neur de ce pays de conquête, fit par modeſtie ou par quelque autre raiſon couronner roi du Pérou Toparpa, fils d'Atahualpa, qui fut proclamé roi par les grands du royaume, avec les cérémonies accoutumées ; mais l'an-née ſuivante il mit en ſa place Mango, fils de Guayna-capa, ou Huanai Capac, comme héritier légitime du royaume. Pizaro & Almagro ayant enſuite formé deux partis, Mango favoriſa celui d'Almagro ; mais il le quitta dans la ſuite, & ſe retira dans une province à vingt lieues de Cuſco. Les Eſpagnols firent la guerre en-tr'eux quelques années. Almagro fut exécuté à mort publiquement ; & François Pizaro fut tué par ceux du parti d'Almagro dans la ville de Lima. Vaca de Caſtro y fut envoyé par le roi d'Eſpagne l'an 1542. Ayant pris le gouvernement, il donna bataille au jeune Almagro qu'il fit mourir par le ſupplice, l'an 1543. Enſuite le roi y envoya pour viceroi Velaſco Nunez Vela, qui fut défait par l'armée de Gonzalo Pizaro, & tué par un Negre, l'an 1546. Pedro de la Gaſca vint pour ſuccéder à Velaſco Nunez, & eut le bonheur de vaincre Piza-ro, qu'il fit mourir comme un criminel dans Guay-nanima. Ainſi les Pizaros perdirent avec la vie le gou-vernement de tous les pays qu'ils avoient acquis au

roi d'Eſpagne, & Pedro de la Gaſca, qui n'étoit venu en ces pays-là qu'en qualité de préſident, s'en retourna en Eſpagne, après avoir employé fort peu de temps à mettre quelque ordre aux affaires du Pérou.

CHRONOLOGIE DES VICEROIS DU PEROU, *depuis la conquête.*

I. FRANÇOIS PIZARRE, marquis de LOS CHARCAS, & Atavillos, qui avoit fait la conquête du Pérou, fonda Lima en 1535, & y établit le ſiege du gouverne-ment général, qu'il occupa pendant plus de ſept ans, juſqu'à ce que, ſurpris par la trahiſon de Diégo Alma-gro, il fut tué le 26 juin 1541. Il fut enterré dans la cathédrale.

II. Le licencié VACA DE CASTRO, qui étoit du conſeil royal, ayant été envoyé pour informer ſur ce qui s'étoit paſſé, & trouvant le gouvernement vacant, s'en empara, en vertu des ordres qui lui en donnoient le pouvoir. Il diſſipa la faction d'Almagro, remit l'auto-rité à ſon ſucceſſeur, qui vint d'Eſpagne avec la qua-lité de viceroi, & retourna prendre ſa place dans le conſeil royal.

III. BLASCO NUNNÉS Vela, chevalier d'Avila, amena l'audience royale, & fit ſon entrée à Lima le 15 mai 1544. En qualité de viceroi, il ſe mit ſous le dais, comme on a continué de faire juſqu'à préſent ; mais ſon excès de rigueur lui fit arrêter quatre mois après par l'audience royale, qui le renvoya en Eſpagne. Mais le oidor qui le conduiſoit lui ayant déclaré dans le che-min qu'il étoit prêt de le favoriſer dans ce qu'il deſire-roit, Blaſco débarqua à Tumbes, ramaſſa quelques trou-pes, & alla ſe faire tuer dans un combat auprès de Quito où on l'enterra le 15 janvier 1546. Il avoit été tué par Gonzale Pizarre, qui s'étoit emparé du gouverne-ment pendant que Blaſco Nunnés étoit priſonnier.

IV. Huit mois après la mort de Blaſco, PIERRE de la Gaſca, prêtre du conſeil ſouverain de l'inquiſition, arriva à Panama en ſeptembre 1546, publia une am-niſtie générale ; & s'étant avancé près de Cuſco avec des troupes, il prit Gonzale Pizarre, à qui il fit trancher la tête, & fit pendre pluſieurs de ſes adhérens. Il fonda la ville de la Paz, & enſuite fit ſon entrée à Lima, où il fit porter les ſceaux du roi ſous un dais. Après avoir rétabli l'audience royale, il revint en 1550, en Eſpagne, où il fut fait évêque de Palencia & de Si-guenza.

L'audience royale gouverna pendant la vacance.

V. ANTOINE de Mendoça, quatriéme fils du mar-quis de Mondexar, qui avoit été ſeize ans viceroi de la nouvelle Eſpagne, fit ſon entrée à Lima le 23 ſep-tembre 1551. Il y mourut en 1552.

L'audience royale gouverna pendant la vacance.

VI. Dom ANDRÉ HURTADO de Mendoza, marquis de Canette, fit ſon entrée à Lima le 5 juillet 1555, & y mourut en 1561.

VII. Dom DIEGO LOPEZ de Zunniga & Velaſco, comte de Nieba, fit ſon entrée à Lima le 13 avril 1561. Il y mourut ſubitement en 1562.

L'audience royale gouverna pendant la vacance.

VIII. Le préſident & gouverneur licencié LOPE GAR-CIA de Caſtro, du conſeil royal des Indes, fit ſon en-trée à Lima le 25 ſeptembre 1564. Il retourna en Eſ-pagne en 1569.

IX. Dom FRANÇOIS de Toledo, ſecond fils du marquis d'Oropéſa, fit ſon entrée à Lima le 26 novembre 1569. Il viſita tout le royaume en perſonne, & fit de bons réglemens. Il retourna en Eſpagne en 1581.

X. Dom MARTIN HENRIQUÉS, ſecond fils du mar-quis d'Alcannizes, qui avoit été viceroi de la nou-velle Eſpagne, fit ſon entrée à Lima le 23 ſeptem-bre 1581. Il y mourut en mars 1583.

L'audience royale gouverna pendant la vacance.

XI. Dom FERDINAND de Torres & Portugal, omte de Villardon-Pardo, fit fon entrée à Lima le 30 ovembre 1588, & retourna en Efpagne en 1589.

XII. Dom GARCIA HURTADO de Mendoza, marquis de Canette, qui avoit le gouvernement du Chili, lu temps que fon pere étoit viceroi, fit fon entrée à Lima le 8 janvier 1590, & retourna en Efpagne en 596.

XIII. Dom LOUIS Velafco, qui avoit été viceroi le la nouvelle Efpagne, fit fon entrée à Lima le 24 uillet 1596, & retourna au Mexique, dont il fut une feconde fois viceroi, avec la qualité de marquis de Salinas.

XIV. Dom GASPARD de Zunniga & Azevedo, comte le Monterrey, qui avoit été viceroi de la nouvelle Efpagne, fit fon entrée à Lima le 18 janvier 1604, & y mourut au mois de mars 1606, en grande réputation de vertu.

L'audience royale gouverna pendant la vacance.

XV. Dom JEAN de Mendoza & Luna, marquis de Montefclaros, qui avoit été viceroi de la nouvelle Efpagne, fit fon entrée à Lima le 21 décembre 1607.

XVI. Dom FRANÇOIS de Borja & Aragon, prince d'Efquilache, fit fon entrée à Lima le 12 janvier 1614, & retourna en Efpagne à la fin de 1621.

L'audience royale gouverna pendant la vacance.

XVII. Dom DIEGUE FERNANDÉS de Cordova, marquis de Guadalcazar, qui avoit été viceroi de la nouvelle Efpagne, fit fon entrée à Lima le 2 juillet 1622.

XVIII. Dom JERÔME FERNANDÉS de Cabrera Bobadilla & Mendoza, comte de Chinchon, des confeils d'état & de guerre, fit fon entrée à Lima le 14 janvier 1629.

XIX. Dom PIERRE de Toledo & de Leyba, marquis de Manzera, qui étoit du confeil de guerre, fit fon entrée à Lima le 18 décembre 1639.

XX. Dom GARCIA SARMIENTO de Sotomayor, comte de Salvatierra, qui avoit été viceroi de la nouvelle Efpagne, fit fon entrée à Lima le 20 feptembre 1648. Il y mourut le 26 juin 1659, après avoir remis le gouvernement à fon fuccefteur.

XXI. Dom LOUIS HENRIQUÉS de Guzman, comte de Alva de Alifte, grand d'Efpagne, qui avoit été viceroi de la nouvelle Efpagne, fit fon entrée à Lima le 24 février 1655.

XXII. Dom DIEGO de Benavides & de Cueva, comte de Sant-Ifteban, du confeil de guerre, fit fon entrée à Lima le 31 juillet 1661. Il y mourut le 16 mars 1666.

L'audience royale gouverna pendant la vacance.

XXIII. Dom PIERRE FERNANDÉS de Caftro & Andrade, comte de Lemos, grand d'Efpagne, fit fon entrée à Lima le 21 novembre 1667, & y mourut le 6 décembre 1672.

L'audience royale gouverna pendant la vacance.

XXIV. Dom BALTHASAR de la Cueva Henriqués & Savedra, comte de Caftellar, qui étoit du confeil & de la chambre des Indes, fit fon entrée à Lima le 15 août 1674. Il quitta le gouvernement le 7 juillet 1678, & retourna en Efpagne.

XXV. Dom MELCHIOR de Navarre & Cifneros, archevêque de Lima, y fut reçu en qualité de viceroi le 7 de juillet 1678. Le temps de fon gouvernement fini, il reprit les fonctions de fon miniftere.

XXVI. Dom MELCHIOR de Navarre & de Rocafull, duc de la Palata, qui étoit des confeils d'état & de guerre, fit fon entrée à Lima le 20 novembre 1681. Il mourut en retournant en Efpagne, à Portobelo, le 13 avril 1691.

XXVII. Dom MELCHIOR Portocarrero Lafo de la Vega, comte de la Monclova, qui étoit du confeil de guerre, & viceroi de la nouvelle Efpagne, fit fon entrée à Lima le 16 août 1689. Il y mourut en 1706, fous le règne de Philippe V.

L'audience royale gouverna pendant deux ans après la mort du comte de la Monclova.

XXVIII. Le marquis de CASTEL DOS RIOS, fit fon entrée à Lima en 1708, & y mourut à la fin de 1711.

XXIX. Dom DIEGO Ladron de Guebara, évêque de Quito, lui fuccéda. Au mois de mars 1716, on reçut de la cour de Lima des ordres de la cour d'Efpagne pour le dépofleder, & mettre en fa place l'évêque de Chuquifaca, jufqu'à l'arrivée du prince de Santo-Hueno, qui étoit en chemin, & à qui la viceroyauté étoit donnée.

DES EDIFICES ROYAUX DU PÉROU.

Les anciens rois du Pérou avoient fait bâtir de fompteux édifices en plufieurs endroits de leur empire. Le principal temple du foleil, qui étoit le dieu des Péruviens, & le palais des Yncas à Cufco, étoient d'une ftructure furprenante. Les murailles du palais étoient revêtues de plaques d'or, embellies de plufieurs figures d'hommes & d'animaux. Le trône royal, qu'ils appelloient *Tiana*, étoit d'or maffif fur une eftrade. Tous les vafes dont on fe fervoit dans le palais étoient d'or ou d'argent, & même les rois faifoient faire de ces métaux toutes fortes d'animaux, de plantes & d'arbres, avec leurs branches, leurs fleurs & leurs fruits. Les hiftoriens affurent que tous ces tréfors, ou la plus grande partie, furent cachés par les Indiens, après que leur roi Atahualpa ou Atabalipa eut été pris par François Pizaro, & qu'on ne les a pu trouver jufqu'à préfent ; quelques recherches qu'on ait faites, au moins en a-t-on découvert fort peu. Les murailles du temple du foleil à Cufco, étoient auffi couvertes de plaques d'or depuis le pavé jufqu'au comble ; & la figure du foleil, comme on le peint ordinairement, étoit toute d'or avec fes rayons. On dit qu'un Efpagnol l'ayant trouvée, la joua aux dez & la perdit en une feule nuit. Ils nommoient le foleil *Ynti*. Ce temple refte encore aujourd'hui, & eft une partie du monaftere de S. Dominique. Auprès de ce principal temple, il y en avoit quatre autres, dont le premier étoit dédié à la lune, comme fœur & femme du foleil : ils l'appelloient *Quilla*. Les murs & les portes de celui-ci étoient revêtus de lames d'argent. Le fecond étoit confacré à l'étoile de Vénus, qu'ils nommoient *Chafca* ; & fes murailles étoient auffi couvertes d'argent. Le troifiéme étoit dédié au foudre, au tonnerre & aux éclairs, qu'ils appelloient d'un nom commun *Yllapa*. Le quatriéme temple étoit bâti en l'honneur d'Iris, ou de l'arc-en-ciel, qu'ils nommoient *Cuychu* : tout le dedans étoit couvert d'or. Proche de ces temples étoit la maifon des prêtres, qui dévoient tous être de la famille royale. Il y avoit dans diverfes provinces plufieurs autres temples bâtis à-peu-près de la même façon, & dédiés au foleil : mais qui n'étoient pas fi magnifiques que celui de Cufco, à la réferve d'un temple bâti dans une ifle du lac de Titicaca, qui étoit encore plus fuperbe, & où les Yncas avoient caché des tréfors infinis. C'étoit le plus ancien du Pérou, & pour lequel les Indiens avoient une vénération particuliere, parcequ'ils croyoient que leurs premiers rois étoient nés dans cette ifle.

DE LA RELIGION DES PÉRUVIENS.

Les peuples du Pérou n'adoroient que le foleil, comme dieu : les autres divinités dont nous parlons lui étoient inférieures. Il lui immoloient toutes fortes d'animaux, & principalement des brebis ; & lui préfentoient toutes fortes de grains & de liqueurs. Car il ne faut pas croire les Efpagnols, qui rapportent que l'on facrifioit des hommes dans le Pérou, & que l'on y mangeoit même de la chair humaine ; les Yncas & leurs peuples avoient toujours eu cette inhumanité en horreur. Ils confacroient des vierges au foleil, dès l'âge de huit ans : & les renfermoient dans des lieux deftinés pour leur demeure, d'où elles ne fortoient jamais en public, non pas même pour aller au temple. C'eft pourquoi les hiftoriens Efpagnols fe font trompés, lorfqu'ils ont dit que ces vierges fervoient aux chofes facrées, avec les prêtres, dans le temple du foleil. Elles confervoient une perpétuelle virginité, s'occupant dans leur retraite à faire des étoffes pour les habits du roi & de la reine, & à faire le pain & la boiffon dont on fe fervoit dans les facrifices folemnels. Elles étoient prefque toutes du fang royal. Il y avoit aussi des monafteres dans d'autres villes du royaume, où étoient renfermées les plus belles filles des curacas ou grands feigneurs, & d'autres perfonnes confidérables ; mais ces filles n'étoient pas confacrées au foleil, & ne gardoient pas leur virginité. Au contraire elles fervoient ordinairement de concubines au roi, qui les faifoit fortir du cloître quand il lui plaifoit, & alors elles n'y rentroient point, mais fervoient la reine, ou étoient renvoyées à leurs peres. Si quelqu'une de ces vierges ou filles deftinées pour le roi fe laiffoit corrompre, la loi commandoit de les enterrer vives, & d'étrangler celui qui les avoit corrompues. Pour ce qui eft de la fête du foleil, *voyez* l'article RAYMI en fon ordre.

DES PHILOSOPHES DU PÉROU.

Les principales fciences que l'on cultivoit dans le Pérou, étoient l'aftronomie, la géographie, la géométrie, & la médecine. Les aftrologues ou aftronomes n'obfervoient que trois planettes ; favoir, le foleil, la lune & Vénus, qu'ils appelloient *Ynti, Quilla* & *Chafca.* Au lieu de cadrans ils fe fervoient de petites tours ou de colonnes, fur lefquelles ils traçoient des lignes pour montrer les folftices & les équinoxes. Ils marquoient aussi les éclipfes du foleil & de la lune : mais ils ignoroient les véritables caufes, & en racontoient des chofes ridicules ; favoir, que le foleil cachoit fa face parcequ'il étoit irrité contre eux ; que la lune étoit malade ; & quand fon éclipfe étoit entiere, ils craignoient qu'elle ne tombât, & qu'elle n'écrasât tous les hommes. Leurs mois étoient lunaires, & divifés en quatre parties. Ils commençoient premierement leur année au mois de janvier, mais leur neuvième roi Pacachutet la fit commencer en décembre. Leur médecine étoit fort aifée, n'ufant que de la faignée, & de la purgation faite avec des fimples, dont ils connoiffoient affez les vertus. Avant la venue des Efpagnols, ils ne fe fervoient d'aucune écriture, mais de quelques peintures groffieres, comme les Mexicains, ou des quipes. Ces quipes étoient des efpeces de regiftres, faites de petites cordes, dont les couleurs & les nœuds faifoient à-peu-près le même effet que les vingt-quatre lettres de l'alphabet, difpofées en différentes manieres. Le jaune marquoit l'or ; le blanc l'argent ; le rouge la foldatefque, & ainfi des autres chofes ; les nœuds où entrelafcemens des petites cordes, repréfentoient comme des mots & des expreffions du langage. Il y avoit des officiers créés pour conferver ces mémoires, & en donner l'intelligence quand il étoit befoin. A l'égard de l'arithmétique, ils en faifoient, & en font encore avec des grains de mayz, qu'ils ajuftent & transportent à-peu-près comme nous faifons nos jettons : & c'eft une chofe furprenante, dit Acofta, de les voir faire une divifion en très-peu de temps, & d'une maniere fi exacte, qu'ils ne fe trompent jamais. * Linfchot, *defcript. Amer.* Herrera, *in Amer.* Acofta. Garcilaffo, *hift. de los Incas.* Barthelemi de las Cafas, &c. Mariana, *l.* 26, *hift. cap.* 3. Prudence Sandoval, *vida de Carlos V.* Sponde, *A. C.* 1525, *n.* 29. De Laët, *hift. du nouveau monde.*

PÉROUSE, *Perufia*, ville d'Italie dans l'Etat eccléfiaftique, avec titre d'évêché, eft nommée par les Italiens *Perugia.* Elle communique fon nom à fa province, & au fameux lac de Thrafimène, proche duquel Annibal défit, l'an 217 avant J. C. les Romains conduits par le conful Flaminius. Elle eft très-ancienne, bâtie fur une colline, pavée de carreaux de brique, défendue de plufieurs baftions, & d'une citadelle qui fut faite par ordre du pape Paul III. Péroufe fut brulée pendant les guerres d'Augufte & de Marc-Antoine. Long-temps après elle foutint un fiége d'environ fept ans, contre Totila roi des Goths, qui l'ayant enfin prife, la ruina. Elle fut reprife & réparée par Narfés, & fut encore foumife aux Lombards, jufqu'à ce que les rois de France la donnerent au faint fiége dans le IX fiécle. Depuis ce temps elle n'a point changé de maître, quoiqu'elle ait été fouvent prife ; mais elle a beaucoup fouffert, & fur-tout durant les guerres des Guelphes & des Gibelins. Strabon, Pline, Tite-Live, Tacite, Clément *Alexandrin,* &c. parlent de cette ville, que fon univerfité & fes colléges rendent célèbre en Italie, & qui eft le féjour d'un des légats des papes. François Boiffi évêque de Péroufe, y célébra un fynode en 1575. Néapoléon Comitoli publia des ordonnances fynodales en 1600, & le cardinal Côme de Torrez en 1632. * Felice Ciatti, *Parad. & Mem. hiftor. di Perug.* Céfar Crifpoli, *Perufia Auguft.* Leand. Alberti, *defcript. Ital.*

PÉROUSE (la) c'eft un bon bourg du Piémont. Il eft à la tête de la vallée de Péroufe, à laquelle il a donné fon nom, & fitué fur la riviere de Clufon, à deux lieues au-deffus de Pignerol. Il y avoit fur un côteau, environ à mille às de ce bourg, une forterefle affez bonne, qui a été démolie à la fin du XVII fiécle. * Mati, *diction.*

PEROZAS, *cherchez* PEROSÉS.

PERPENNA (Marc) conful Romain, avec Appius Claudius Lentulus, mourut l'an 624 de Rome, & 130 avant J. C. à Pergame, après avoir défait Ariftonicus, bâtard d'Eumenès, qui ufurpoit le royaume qu'Attale avoit laiffé aux Romains. * Tite-Live, *l.* 59. Velleius Paterculus, *l.* 3. Strabon, *l.* 13, &c.

PERPENNA, Romain, du nombre des profcrits fous Sylla, fe réfugia en Efpagne, où il fervit fous Sertorius. Depuis pouffé par l'avidité de commander, il tua en trahifon ce général à Huefca, l'an de Rome 681, & 73 avant J. C. mais il fut pris & puni de mort par Pompée. * Plutarch. *in Sertorio.* Velleïus Paterculus, *l.* 2.

PERPENNA (Hoftilius Licinianus) fut falué empereur du temps de Déce ; mais il mourut de pefte peu de temps après fon élection, vers l'an 250. Il s'étoit élevé par fon courage dans les charges militaires.

PERPÉTUE (fainte) & fainte FÉLICITÉ, martyres d'Afrique, du temps de la perfécution de Sévere, en 203 ou 205. Perpétue étoit de qualité : elle étoit mariée, & n'avoit que 22 ans, quand elle fut arrêtée à Carthage par ordre du proconful Minatius, avec Revocat & Félicité, Saturnin & Secundule, aufquels un nommé Satur fe joignit. Le pere de Perpétue fit inutilement tous fes efforts pour l'obliger de renoncer à la religion de Jefus-Chrift. Elle reçut le haptême dans la prifon : elle y eut une vifion qui lui fit connoître le fort qu'elle devoit avoir : elle fut interrogée avec fes compagnes & fes compagnons, & eut encore d'autres vifions dans la prifon. Secundule mourut en prifon. Enfin ces prifonniers furent condamnés à être expofés aux bêtes féroces, qui les maltraiterent fans les tuer. Satur mourut le premier de la bleffure qu'il avoit reçue ; les autres furent égorgés par les gladiateurs. On fait la fête de ces martyrs le 7 de mars. Leur mémoire étoit célèbre dès le temps de Tertullien & de S. Auguftin. Sainte Perpétue eft auteur de la premiere partie des actes de fon martyre, & de celui de fes compagnons. * *Actes de fainte Perpétue & de fainte Félicité,* dans Ruinart. S. Auguftin, *ferm.* 281 & 282. Tillemont, *mémoires pour l'hift. ecclef.* Baillet, *vies des faints au mois de mars. Hiftoire de Tertullien & d'Origène,* par M. Thomas du Foffé.

PERPÉTUE (S.) vulgairement S. PERPET, qui eft compté pour le huitième évêque de Tours depuis

. Gatien, fut élevé sur le fiége épiscopal de cette ville l'an 460. Il se rendit recommandable parmi les prélats de France, par son zèle pour la discipline, & préfida au concile qui se tint à Tours le 18 novembre 461, où l'on fit XIII canons. Il fit encore divers réglemens sur les jeûnes & les vigiles des fêtes. Il jetta les fondemens d'une nouvelle église à Tours, & mourut le 8 avril 491, laiffant fes biens à fes succeffeurs, à fon église & aux pauvres, &c. * Gregor. Turon. hift. l. 10, c. 31. Apollinar. Sidonius, l. 4, epift. 18. Son teftament. Spicilege, tom. V. Baillet, vies des faints, au 30 novembre, jour auquel on fait la fête de ce faint. Dom. Rivet, hift. litter. de la France, tome II.

PERPIGNAN, ville de France, capitale du comté de Rouffillon, avec une forte citadelle, nommée en latin *Perpinianum & Paperianum*, eft fituée fur la riviere de Ter, à trois lieues de la mer, & eft le fiége de l'évêque d'Elne, depuis l'an 1684. On prétend que cette ville n'a commencé à fe peupler que dans le X fiécle, autour des ruines du château de Rouffillon. Il y avoit pourtant, avant l'an 719, un monaftere de l'ordre de S. Benoît, à l'endroit où fe voit aujourd'hui l'église nommée le vieux S. Jean : cette église bâtie en 813, & qui avoit été ruinée par les Maures, fut réédifiée affez grande, & confacrée l'an 1026. Elle s'est joignant la grande église qui eft aujourd'hui de cathédrale, qui eft dédiée à S. Jean. Sanche, roi de Majorque, y mit la premiere pierre l'an 1324, & elle ne fut achevée que pendant que les François furent maîtres de la ville, c'eft-à-dire, depuis l'an 1475, qu'ils la prirent après un siège de huit mois, jufqu'en 1493 ; on ne commença pourtant à y faire l'office pour toujours qu'en 1504. L'empereur Charles-Quint fit bâtir à la moderne les murs de cette ville, & commencer la citadelle, qui fut achevée en 1577, fous le régne de Philippe II. Cette citadelle eft une des plus régulieres places de l'Europe, ayant fix grands baftions & trois envelope, outre un grand donjon, qui eft l'ouvrage des anciens comtes de Rouffillon. On y a ajouté plufieurs ouvrages extérieurs depuis l'an 1642, que Perpignan fut pris par le roi Louis XIII. On a commencé auffi une nouvelle envelope à la ville ; ce qui l'accroîtra beaucoup du côté de la France. Cette ville étant devenue le fiége de l'évêque d'Elne ; le roi Louis XIV y établit en 1660 un conseil souverain pour toute la province de Rouffillon, Conflans & Cerdagne, qui eft compofé d'un premier préfident, de deux autres préfidens à mortier, fept confeillers, dont un clerc ; un avocat général, auquel on a donné depuis un fecond, un procureur général & un greffier en chef. Il y a auffi une univerfité. Le corps de ville eft gouverné par cinq confuls, tirés tous les ans de différens corps. Le premier & le fecond font pris alternativement dans le corps des gentilshommes, & dans celui des bourgeois nobles ; en forte qu'une année, le premier conful eft gentilhomme, & le fecond bourgeois noble, & l'année fuivante c'eft le contraire : les avocats ont auffi le même droit que les bourgeois nobles pour le confulat : le troifiéme & le quatriéme conful font pris du corps des *Mercaders*, & notaires ; & le cinquième eft choifi à l'alternative du corps des hommes de place, lequel font compris les procureurs, orfévres, peintres, chirurgiens, & autres exerçans les arts libéraux, & du corps des artifans. Ces cinq confuls donnent leur audience fous un dais, en qualité de ducs de Vernet, qui eft une terre ayant eu autrefois titre de duché, & qui appartient à la ville, dont elle eft proche. Outre ces confuls, il y a encore un conseil de ville qui s'unit à eux, & qui eft compofé de douze perfonnes, tirées tous les quatre mois des cinq états d'où font tirés les confuls. Les habitans de Perpignan ont un privilége qui leur eft commun avec ceux de Barcelone : c'eft de pouvoir tous les ans anoblir eux-mêmes quelques-uns d'entr'eux : on les nomme alors *honorables bourgeois, ou bourgeois nobles*. Ce privilége eft très-ancien : on le trouve établi avant le régne de Jacques II, roi d'Aragon, qui monta fur le trône en

1291 ; & il a été confirmé depuis par plufieurs fouverains, en dernier lieu par Ferdinand V, en 1510, par Philippe II, en 1585 ; par Philippe III, en 1599 ; & par Louis XIV, roi de France, en 1660 ; & par un arrêt du conseil d'état en 1702, qui exempte les bourgeois de Perpignan de toute recherche pour les francs-fiefs. Il n'y a qu'un jour dans l'année, qui eft le 16 juin, où ils peuvent fe fervir de ce privilége : ce jour les cinq confuls s'affemblent avec ceux d'entre les bourgeois nobles qui ont été premiers ou feconds confuls, & cette affemblée doit être au moins de quatorze perfonnes ; & alors ils peuvent admettre dans le corps des bourgeois nobles, au moins deux de leurs concitoyens, qui doivent être du corps des *Mercaders*, ou bien avocats, médecins, ou autres qui exercent les arts libéraux, ou des emplois confidérables : il n'eft pas néceffaire qu'ils foient nés dans le pays, mais qu'ils y aient demeuré un certain temps, & qu'ils montrent pofféder mille livres de rente. Le privilége de ces bourgeois nobles eft, qu'eux & leurs defcendans à perpétuité, jouiffent de toutes les libertés, franchifes, immunités, faveurs & prérogatives des nobles, comme s'ils avoient été armés chevaliers par le roi lui-même ; qu'ils peuvent porter le titre de cavaliers, fans qu'ils foient obligés de fervir dans les armées ; auffi font-ils de la jurifdiction du viguier de Rouffillon, de même que les gentilshommes ; ils peuvent timbrer l'écuffon de leurs armoiries, & portent l'épée, de quelque profeffion qu'ils foient ; enfin ils peuvent être admis dans les ordres de chevalerie, & leurs preuves font reçues à Malte, du moins quand il s'en trouve un quartier dans les preuves d'un chevalier de cet ordre ; mais ils n'ont point d'entrée dans les états de Catalogne, où tout gentilhomme peut entrer, à moins que le roi ne les y appelle, & ils reftent toujours eux & leurs defcendans dans le corps des bourgeois nobles, quelque ancienneté qu'ils aient de bourgeoifie noble, à moins que le roi ne leur donne des lettres particulieres. Le roi Louis XIV établit, en 1709, dans la ville de Perpignan un hôtel des monnoyes, dont la marque eft la lettre Q, qui étoit celle des piéces que l'on fabriquoit autrefois à Narbonne. L'anti-pape Pierre de Lune, dit Benoît XIII, célébra en 1408 un concile à Perpignan. * Thierri de Niem, l. 3 de fchifm. cap. 38. Surita, Ind. l. 3. Sponde, A. C. 1408, n. 18. *Voyez* de Marca, in Marca Hifpan.

PERPINIEN (Pierre-Jean) favant Jéfuite, étoit Efpagnol, né à Elche, dans le royaume de Valence, & fut inftruit à Valence dans les lettres grecques & latines, où il fit de grands progrès. Lorfqu'il fut dans fa vingt-unième année, déterminé à prendre un parti, il entra dans la fociété des Jéfuites au mois de feptembre de l'an 1551. Quatre ans après, inftruit dans la piété & dans la théologie, on l'envoya en Portugal pour y profeffer l'éloquence ; & il fut le premier de fa fociété qui en ait donné des leçons à Coimbre. A cette occafion il prononça le premier d'octobre 1555 un excellent difcours dans le collége royal des arts, *De gymnafiis focietatis* : tout le monde applaudit à ce difcours ; & on l'a toujours depuis avec une grande fatisfaction. Après plus de cinq ans d'exercice, où il altéra fa fanté par une application trop forte & trop continue, on l'obligea d'aller à Rome en 1561, pour y faire le même ufage de fes talens. Il y brilla comme il avoit fait en Portugal ; mais fes infirmités l'obligerent de fufpendre fes fonctions, qu'il ne reprit que le 6 novembre 1564. L'année fuivante la France l'enleva à l'Italie. Il fut appellé à Lyon, & il y commença à expliquer l'écriture fainte dans le collége de la Trinité, le 3 d'octobre 1565 : il donnoit fes leçons trois fois la femaine ; mais le pere de Colonia, fon confrere, s'eft trompé, lorfqu'il dit dans fon *Hiftoire littéraire de Lyon*, tome II, page 693, que le pere Perpinien faifoit outre cela une claffe de rhétorique : on voit le contraire par fes lettres. Il étoit arrivé à Lyon le 18 feptembre 1565 ; & le 20 juin 1566, il écrivit de Paris : *Lugdunum perveni : orationem habui : litteras divinas inter* *pretatus fum : ab externis non rarò interpellatus : cum hæreticis aliquando fum congressus : inde Lutetiam venire jussus, urbem vidi omnium quas unquàm viderim maximam : defensionem sodalitatis nostræ cardinali Lotharingo scriptam obtuli : de veteri religione retinendâ duas orationes habui, inter hæreticorum non modò sibila, verùm etiam arma: nunc tertiam meditor. (* Perpin. epist. 28, pag. 187. *) Il fit à Paris ce qu'il avoit fait à Lyon : il y expliqua l'écriture sainte, & travailla par ses discours à maintenir la vraie religion, & à défendre les peuples de l'illusion des hérétiques. Ces travaux acheverent d'épuiser une santé foible & délicate, & il mourut le 28 octobre 1566, âgé d'environ trente-six ans. Sa mort fut regardée comme une très-grande perte pour les lettres. Tous les savans qui avoient eu occasion de le connoître, ou qui étoient informés de ses talens, le regreterent. Muret le pleura ; & il ne craignit point de dire de lui, que son siécle n'avoit produit aucun orateur auquel on pût justement appliquer ce qu'on a dit de Nestor, que les paroles qui sortoient de sa bouche étoient plus douces que le miel : *Numquam enim quemquam audistis, ac ne audies quidem, ut opinor, in quem illud de Nestore elogium melius conveniret, cujus ex ore melle dulcior fluebat oratio.* (* Mureti variæ lectiones, 4. 15, initio capit. 1. *) Paul Manuce ne le loue pas moins dans sa lettre à Zerbinus Ritius, en faisant connoître à celui-ci la vive douleur qu'il ressentoit de la mort de Perpinien à qui il avoit écrit à la fin de l'année précédente. Voyez le recueil des lettres de Paul Manuce (* epistol. 9 & 19, l. 7, p. 410 & 426, edit. Colon. Agrippina, 1572, in-8° *). Les écrits imprimés de cet habile homme sont : 1. *Orationes quinque*, à Rome 1565. 2. *De retinendâ veteri religione, & falsâ recentium hæreticorum doctrinâ rejiciendâ, ad Lugdunenses oratio.* Le pere de Colonia (* Hist. litter. de Lyon, tome II, p. 693 *) dit que le pere Perpinien composa cette harangue en douze jours, & la prononça à Lyon le 3 octobre 1565, à l'ouverture solemnelle du collége. Il ajoute : » Le gou- » verneur & le consulat en corps y assisterent, avec tout » ce qu'il y avoit dans la ville de catholiques distingués » ou de gens de lettres... l'archevêque le fit aussitôt » imprimer. » 3. *De humanâ divinâque philosophiâ discendâ, ad Parisienses oratio*, à Paris 1566, in-8°. 4. *Orationes sex*, dans le recueil intitulé : *Trium hujus sæculi oratorum præstantissimorum, Marci-Antonii Mureti, Caroli Sigonii, P. J. Perpiniani orationes*, à Dilingen 1572, in-8°; à Cologne 1581, in-12; à Ingolstad 1584, in-8°. Les harangues du pere Perpinien sont les cinq imprimées à Rome en 1565, & celle qui avoit été imprimée à Paris en 1566. 5. *Orationes duodeviginti*, à Rome 1587, in-8°, par les soins du pere Horace Turfellin. Il y a dans beaucoup d'autres éditions de ce recueil, entr'autres, une à Lyon en 1603 in-18, avec une épître dédicatoire du pere François Bence à Edouard Farnèse, & une préface du pere Horace Turfellin, qui contient un éloge du pere Perpinien. 6. *Historia de vitâ & moribus beatæ Elizabeth, Lusitaniæ reginæ*, à Cologne 1609, in-8°. 7. *Petri Joannis Perpiniani societ. Jesu aliquot epistola : ubi præter cætera, de artis rhetorica locis communibus, ac de juventute græcis latinisque litteris erudiendâ agitur*, à Paris 1683, in-8°. Le pere François Vavasseur avoit commencé l'édition de ce petit recueil de lettres ; mais la mort l'ayant empêché de la faire continuer, le pere Jean Lucas, son confrere, acheva ce qu'il avoit commencé, & composa l'avis au lecteur, qui est en latin, & qui contient l'éloge du pere Perpinien ; mais le pere Lucas s'est trompé en disant que l'auteur de ces lettres avoit régenté la rhétorique dans le collége de Paris. Celui qui étoit chargé de cet emploi durant le séjour du pere Perpinien en cette ville, étoit le pere Michel Vanegas, dont on lit des vers latins au-devant de la rhétorique du pere Cyprien Soar, édition de Paris, 1580, in-4°. Parmi les lettres du pere Perpinien on trouve deux écrits qui ne sont pas là à leur place : 1. *Disputatio quadripartita de*

locis rhetoricis, ad octo quæstiones Quinti Marii Corradi. 2. *De ratione liberorum instituendorum litteris græcis & latinis.* * Extrait des ouvrages cités dans cet article, surtout des lettres du pere Perpinien, & d'un mémoire manuscrit du pere Oudin.

☞ Tous les ouvrages du pere Perpinien ont été recueillis en quatre volumes, grand in-12, & imprimés à Rome en 1749. Cette édition qui est due aux soins du P. Pierre Lazeri, Jésuite de Rome, est dédiée à la reine d'Espagne par le P. Emanuel de Azevedo, Jésuite Portugais. Elle contient 1. Dix-neuf harangues, en y comprenant le panégyrique de sainte Elizabeth de Portugal, distribué en trois livres. Ci-devant on ne comptoit que 18 harangues de Perpinien, parcequ'on n'avoit point celle qui est intitulée *Pro societate Jesu ad Carolum cardinalem Lotharingum.* Elle n'a jamais été prononcée : l'auteur la présenta manuscrite au cardinal. C'étoit dans le mois de mai 1566, très-peu de jours après l'arrivée de Perpinien à Paris. L'éditeur a trouvé cette piéce dans un manuscrit, avec quelques autres discours du même orateur. 2. La vie de sainte Elizabeth de Portugal, en trois livres. 3. Trente-trois lettres, dont vingt-deux de Perpinien, & onze de ses amis. On n'en a que trente dans l'édition de 1683, dont on a parlé plus haut ; d'ailleurs quelques-unes ne sont pas aussi entieres qu'elles le sont dans cette nouvelle édition. 4. Seize petits discours intitulés: *Proæmia & gratiarum actiones ad publicas philosophia, theologia, jurisprudentia disputationes.* Chacune de ces piéces est une sorte de prélude ou d'épilogue pour des actes scholastiques. C'est une addition assez considérable aux œuvres qu'on avoit de Perpinien. L'éditeur ne dit point comment ces petites piéces sont parvenues à sa connoissance. * Mém. de Trévoux, mai 1754, p. 1072, & suiv.

PERRAULT (Claude) de l'académie royale des sciences, médecin de la faculté de Paris, & architecte, a fleuri dans le XVII siécle. Il naquit à Paris de Pierre Perrault, avocat au parlement, originaire de Tours, & se distingua par différens ouvrages, concernant non-seulement sa profession, tels que sont les quatre volumes d'*essais de physique*, & ses *mémoires* pour servir à l'histoire naturelle des animaux, dressés sur les dissections faites dans l'académie des sciences, mais encore concernant l'architecture, en laquelle il excella. Sa *traduction de Vitruve*, entreprise par ordre du roi, enrichie par lui de notes savantes, & imprimée pour la premiere fois en 1673, à Paris, & pour la seconde en 1684, fit tout l'honneur qu'il pouvoit espérer, & il y fit connoître qu'il entendoit parfaitement toutes les différentes choses dont parle Vitruve ; telles que sont la peinture, la sculpture, la musique, les hydrauliques, les machines, & tout ce qui appartient aux méchaniques. M. Perrault avoit de plus une adresse merveilleuse pour dessiner l'architecture, & tout ce qui en dépend. Tous les desseins sur lesquels les planches de son Vitruve furent gravées, sortirent de sa main, & ils se trouverent plus exacts & furent plus estimés que les planches mêmes, quoiqu'elles soient d'une beauté singuliere. Il fit ensuite un *abrégé de Vitruve*, pour la commodité de ceux qui commencent à étudier l'architecture, & donna en 1683 le livre intitulé, *Ordonnances des cinq especes de colonnes, selon la méthode des anciens*, où il montre les véritables proportions que doivent avoir les cinq ordres d'architecture. Ce fut sur les desseins de M. Perrault que furent élevés l'admirable façade du Louvre, du côté de S. Germain l'Auxerrois, le grand modele de l'arc de triomphe au bout du fauxbourg S. Antoine, l'Observatoire, & la chapelle de Sceaux. Quoiqu'il n'eût guere exercé la médecine que pour sa famille, ses amis & les pauvres, la faculté eut tant d'estime pour lui, qu'elle députa après sa mort à ses héritiers pour avoir son portrait, qui fut placé dans ses écoles publiques, parmi ceux de Fernel, d'Acakia, de Riolan, & autres qui avoient fait le plus d'honneur à ce corps. Il mourut à Paris le 9 octobre 1688, âgé de 75 ans. L'on imprima en 1700 un ouvrage posthume

de

de lui, qui est un *recueil de plusieurs machines* de son invention. Tous ses ouvrages ont été imprimés à Paris chez Jean-Baptiste Coignard. M. Perrault avoit trois freres, PIERRE Perrault aîné de tous, qui fut receveur général des finances de la généralité de Paris, & qui composa en 1674 un traité de *l'origine des fontaines*, & la traduction du poëme italien du Tassoni, intitulé *La secchia rapita*, imprimée en 1678. NICOLAS Perrault le second, qui fut reçu docteur de Sorbonne en 1652, & qui mourut en 1661, auteur d'un traité intitulé, *la morale des Jésuites, extraite fidèlement de leurs livres imprimés avec l'approbation & permission de leurs supérieurs*, imprimé depuis sa mort, à Mons 1667, *in-4°*, 1669, *in-12*, 3 vol. 1702, 1739, 3 vol. *in-12*. On a encore de lui trois lettres à M. Hallé, docteur de Sorbonne, contre la signature du formulaire, imprimées avec les réponses de M. Hallé, dans un *Recueil de pièces qui n'ont point encore paru sur le formulaire, les bulles, & les constitutions des papes*; & CHARLES le dernier de tous, qui suit.

PERRAULT (Charles) frere cadet du précédent, ne se distingua pas moins que lui. Né dans le sein des lettres, il les cultiva avec soin dès sa jeunesse, & par un *dialogue de l'amour & de l'amitié*, qui fut suivi de deux odes, l'une sur la paix des Pyrénées, l'autre sur le mariage du roi, il commença à donner des idées avantageuses de ce qu'il feroit par la suite. Son habileté pour les arts, & sa probité soutenue d'un grand fond d'équité, lui méritèrent l'estime & la confiance de M. Colbert. Ce grand ministre le choisit pour premier commis de la surintendance des bâtimens de France, dont M. Colbert étoit surintendant. M. Perrault en fut ensuite contrôleur général: ce qui lui donna inspection sur tout ce qui avoit rapport aux bâtimens du roi, & à leurs ornemens. Mais il ne se servit du crédit que lui donnoit cet emploi, que pour faire fleurir les sciences & les arts. La peinture, la sculpture, l'architecture, la physique, & les sciences les plus cachées, l'éloquence & la poésie, tout fut soutenu, animé, récompensé par les soins de M. Perrault. Sa capacité naturelle avec toutes sortes d'arts lui faisoit remarquer aisément ceux qui excelloient, ou ceux qui avoient du génie pour y réussir; & en étoit assez pour procurer aux uns & aux autres la faveur du ministère, & leur ménager ou des récompenses, ou des pensions. N'ayant plus à cœur que l'accroissement & le progrès des beaux arts, suivant les intentions du roi, & conformément à la passion extrême qu'il connoissoit en M. Colbert, pour la grandeur de son maître & pour la gloire de la nation, il s'appliqua à dresser des mémoires sur lesquels furent formées les académies de peinture, de sculpture & d'architecture; il eut l'honneur d'entrer des premiers dans celle des sciences & dans celle des inscriptions. L'académie françoise, où il avoit été reçu le 22 novembre 1671, se ressent de son crédit, puisqu'après la mort de M. le chancelier Séguier, il lui procura l'honneur d'être reçue dans le Louvre pour y tenir ses assemblées; & qu'il engagea le ministre à inspirer au roi le dessein de fournir à tous les académiciens une distribution honorable, chaque jour qu'ils s'assemblent, moins pour les inviter & les déterminer à l'assiduité, qui jusqu'alors avoit été gratuite, que pour régler le temps & la durée de leur travail. M. Colbert étant mort, M. Perrault fut déchargé de son emploi, & renvoyé à la vie paisible; & ce fut alors que parvenu à l'indépendance, & maître de son loisir, il se dévoua tout entier aux muses. On le vit au gré d'une imagination féconde, tantôt enjoué, tantôt sérieux, s'exercer à divers genres de poésie. Dès 1668 il avoit donné le poëme de la *Peinture*; il donna depuis celui de *saint Paulin*, en 1686, & celui à M. de *la Quintinie*, directeur des jardins potagers du roi. Ils furent suivis du poëme de *la création du monde*; de *Griselidis*, & de même de quelques contes; & dans tous ces ouvrages on fut étonné des exactes descriptions qu'on y voyoit. Jamais poëte ne fouilla si avant dans la nature, & ne fit des pein-

tures plus vives & plus naturelles, même des choses qui paroissoient les plus ingrates. Il pouvoit être regardé comme original dans ce genre. Il ne se passoit guère de jours extraordinaires de l'académie, où il ne fût quelque chose de sa façon; ce qui faisoit toujours plaisir à l'assemblée. Le *siècle de Louis XIV*, poëme de M. Perrault, qui parut au commencement de 1687, l'engagea dans une dispute littéraire, qui le mena loin. Il y faisoit voir que sous le règne de ce monarque, les arts & les sciences avoient été portés à un si haut point, qu'il s'y étoit fait beaucoup de choses, qui surpassoient quantité de celles qui avoient été faites par les anciens. Les amateurs de l'antiquité pleins de reconnoissance pour ceux chez qui ils avoient puisé ces beautés immortelles que l'on apperçoit dans leurs ouvrages, regardèrent cette opinion comme un paradoxe, contre lequel ils se soulevèrent. M. Perrault, pour soutenir ce qu'il avoit avancé, donna son ouvrage intitulé *Parallele des anciens & des modernes, &c.* en 4 volumes *in-12*. Le premier tome, avec le poëme du siècle de Louis *le Grand* & une Epître en vers sur le Génie, parut en 1688, *in-12*, & fut réimprimé en 1692. Le second est de 1690, & une seconde édition en 1693. Le troisième a été donné en 1692, & le quatrième en 1696. Dans cet ouvrage M. Perrault, sans prétendre rien perdre de la vénération qui est due aux anciens, pour avoir excellé dans les arts & dans les sciences, marquoit quantité de fautes, de négligences, de petitesses, qui étoient échapées à ces grands hommes; mais il les imputoit uniquement au peu de politesse des siècles où ils avoient vécu, qui ne leur avoit pas permis de mieux faire; d'un autre côté, il mettoit dans tout leur jour les plus beaux endroits de nos modernes, & marquoit par-là, que s'ils étoient inférieurs par quelques endroits à ces grands modèles du beau & du vrai, dont il est bon d'étudier le goût dès ses jeunes ans, pour former le sien, ils les égaloient même étoient même supérieurs en beaucoup d'autres. Ceux de nos modernes que M. Perrault élevoit le plus, écrivirent pourtant contre lui, & vivement. Il répondit avec toute la politesse possible, & enfin il sacrifia une partie de son parallele à l'amour de la paix; & il s'arrêta tout court, *pour éteindre*, dit-il, *une guerre civile dont la république des lettres commençoit d'être agitée, & pour ne pas se brouiller plus long-temps avec des hommes d'un aussi grand mérite que ceux qu'il avoit pour adversaires, & dont l'amitié ne pouvoit s'acheter trop cher*. Il y réussit; mais pour dire la vérité, chaque parti outra un peu trop les choses; & il parut que les uns & les autres ne voulurent pas s'entendre: car dès qu'ils le voulurent, ils se rapprochèrent, & le calme se rétablit. M. Perrault s'appliqua depuis à l'*éloge historique* d'une partie *des grands hommes*, qui avoient paru dans le XVII siècle; & il en donna deux volumes, l'un en 1697, l'autre en 1700, avec leurs portraits au naturel qui lui furent fournis par M. Begon, intendant de justice & de marine à la Rochelle & pays d'Aunis. Enfin, après avoir été jusqu'à la fin toujours laborieux & appliqué, toujours simple & modeste, fidèle ami, & essentiellement honnête homme, il mourut à Paris le 17 mai 1703, âgé de soixante-dix ans. * *Recüeils de l'académie, & Mémoires historiques.* On a encore de Charles Perrault les ouvrages suivans: 1. *Courses de têtes & de bagues faites par le roi & par les princes & seigneurs de sa cour en 1662*: décrites par Charles Perrault, & ornées de planches gravées par Chauveau, &c. à Paris, 1669, *in-folio*. 2. *Le cabinet des beaux arts*, ou *Recüeil d'estampes gravées d'après les tableaux du plafond où les beaux arts sont représentés*, avec l'explication de ces mêmes tableaux, à Paris, chez G. Edelinck, 1691, *in-fol.* 3. Un recueil de pièces *in-4°* & *in-12* dont les plus considérables sont un Examen de la tragédie intitulée *Alceste*, ou le *triomphe d'Alcide*; le Dialogue de l'amour & de l'amitié; le Miroir d'Orante; un discours sur l'acquisition de Dunkerque par le roi (Loüis XIV) en 1663; la traduction en vers françois d'une Epître du chancelier de l'Hôpital au cardinal de Lorraine ; la Peinture , poëme ; & l'Apologie des femmes. Cette Apologie est une espece de réponse à la satyre de M. Boileau Despreaux contre les femmes & sur le mariage. Cela forma une querelle sérieuse entre ces deux écrivains. M. Perrault sembla vouloir mettre M. Arnauld de son côté, en lui envoyant son Apologie des femmes , avec une lettre de politesse. Mais ce docteur , qui étoit lié particulierement avec M. Despreaux , qu'il voyoit traité dans cette Apologie d'une maniere , dit-il, *très-injuste & pleine de calomnies* ; & qui ne pouvoit d'ailleurs approuver ce que M. Perrault disoit dans la même piece en faveur de l'Opera, & de la lecture des romans, prit le parti d'abord de ne point répondre à M. Perrault. Mais il en écrivit à M. Germain Willart, laïc, mort peu après qu'il eut été délivré de la Bastille, d'où il sortit à la mort de Louis XIV, & qui avoit envoyé à M. Arnauld l'écrit de M. Perrault. La lettre est du 17 d'avril 1694. Ensuite M. Arnauld écrivit une grande lettre où il justifioit M. Despreaux contre M. Perrault , par rapport à la satyre des femmes. Mais ayant changé encore de sentiment, il refondit cette lettre, & en composa la lettre à M. Perrault, qui se trouve dans les dernieres éditions des œuvres de M. Despreaux ; mais qui n'est entiere & bien exacte que dans les lettres mêmes de M. Arnauld. Cette lettre est du 5 mai 1694. Comme elle ne fut pas également reçue par-tout, M. Arnauld se vit obligé de la justifier par plusieurs autres lettres ; & enfin il travailla à réunir les esprits , & à réconcilier ensemble MM. Despreaux & Perrault. M. Dodard y travailla aussi avec plusieurs autres amis , & cette réconciliation ayant été faite, il l'écrivit à M. Arnauld. La lettre est du 6 d'août 1694. Mais M. Arnauld mourut le 8 suivant, sans l'avoir reçue.

* *Voyez* la plupart des pieces concernant ce différend dans le septiéme volume des lettres de M. Arnauld.

PERREAUD (François) né à Bussy, proche de Châlons , d'une des plus anciennes & des plus considérables familles de ce bourg, fils d'*Abel* Perreaud , ministre de la religion prétendue-réformée dans le pays de Vaux , exerça lui-même le ministère à Mâcon & à Thoiri, bailliage de Gex. Il dit lui-même dans l'épître dédicatoire de l'ouvrage dont on va parler : *J'approche le second terme & le plus long de l'ordinaire de cette vie humaine, c'est-à-dire , 80 ans. J'ai servi pendant 52 ans dans le ministere.* C'est en 1652 qu'il parloit ainsi : il mourut à Gex quelques années après. L'ouvrage où il dit ce qu'on vient de rapporter est intitulé : *Démonologie, ou Traité des démons ou sorciers , de leur puissance & impuissance ; ensemble l'anti-démon de Mâcon , ou histoire véritable de ce qu'un démon a fait & dit, il y a quelques années , dans la maison du sieur Perreaud à Mâcon* : Genève , chez Pierre Aubert , 1653 , *in-*12. Le synode de Bourgogne avoit nommé M. Connain, ministre de Beaune, & Regnaud de Mépillat, ministre de Mâcon, pour examiner ce livre. Mais ayant refusé l'approbation, Perreaud l'envoya au sieur Dupon, son ami, ministre à Genève, qui le fit imprimer en cette ville. Perreaud avoit épousé *Anne* Farcy , dont il eut un fils qui devint habile médecin , mais qui mourut jeune & sans avoir été marié, vers l'an 1663. * *Bibliothéque des auteurs de Bourgogne,* tome II, *in-fol.* pag. 136.

PERRECI, prieuré célebre dans le Charolois. Il y a environ quarante ans que la réforme y a été établie, sur un plan encore plus austere que celle de Notre-Dame de la Trappe, & de Septfonds. Le réformateur , frere de M. Berrier de la Ferriere , doyen des maîtres des requêtes, & conseiller d'état ordinaire, est M. l'abbé Berrier encore vivant en 1734. Il a été conseiller au parlement, & archidiacre de Brie dans l'église de Paris. Il avoit, lorsqu'il fut touché de Dieu, cinq ou six bénéfices , dont il se défit, ne démordant de sa charge; & il ne se réserva que son prieuré de Perreci, pour y faire pénitence le reste de ses jours. Il y prit l'habit de

religieux, & la réforme qu'il y a établie subsiste encore dans sa vigueur. Le prieur de Perreci est comte & seigneur temporel & spirituel du lieu. Cependant ce prieuré dépend de celui de la Charité.

PERREL (Jean) de la ville de Châtillon en Bourgogne, au diocèse de Langres, fut quelque temps attaché à la famille de Pierre Paulmier archevêque de Vienne & eut quelque emploi dans cette maison. Il fut ensuite chargé des études & de l'éducation de Guillaume Philander, son Philandrier, son compatriote, qui lui fut beaucoup d'honneur par sa science & par tous les talens qui l'ont rendu si célebre dans la suite. Perrel ne se fit pas une moindre réputation par son habileté dans la médecine; & pendant que son disciple suivoit la fortune de George d'Armagnac, son Mecène, qui devint ensuite cardinal, il brilloit à Paris par sa science & la réputation qu'elle lui avoit acquise. Les ouvrages qu'on a de Perrel, sont : 1. *Theodori Gazæ,Thessalonicensis, liber de mensibus Atticis, Joanne Perrelto interprete,* à Paris 1535, *in-*8° , & plusieurs autres fois depuis. Cette traduction est dédiée à Pierre Paulmier, archevêque de Vienne. Ce fut à la sollicitation de Jacques Tusan (ou Toussains) professeur royal en langue grecque à Paris, que Perrelle entreprit cette traduction. Elle est insérée dans le neuvième volume des antiquités grecques de Gronovius, & dans l'*Uranologium* du pere Petau , c'est-à-dire , dans le tome III du troisième grand ouvrage de *Doctrina temporum.* 2. *De ratione Lunæ & Epactarum , secundùm Gazam , cum tabulâ perfecti ambitûs annorum intercalarium,* à la suite du premier ouvrage, & dans le tome IX du *Thesaurus antiquitatum græcarum* de Gronovius. * Voyez la *Bibliothéque des auteurs de Bourgogne,* & la *vie de Guillaume Philander,* par Philibert de la Mare, pag. 9 & 10

PERRENOT (Nicolas) Francomtois, seigneur de Granvelle, sortoit d'une famille d'entre le peuple, & selon quelques-uns, étoit fils d'un serrurier. Il s'éleva par son esprit, & fut chancelier de l'empereur Charles-Quint. Il présida à Worms au nom de prince, qui l'envoya depuis à Trente ; & par un succès assez rare aux favoris des grands, il conserva 20 ans entiers, & jusqu'au dernier jour de sa vie, l'amitié de cet empereur. Pontus Heuterus dit , qu'il étoit né à Besançon d'une famille honnête, mais plébéienne, & qu'il mourut à Augsbourg pendant une diéte que l'empereur son maître y tenoit, au mois d'août 1550, laissant trois fils, *Thomas* Perrenot, seigneur de Chaptonnet, qui fut ambassadeur en France, & en diverses cours, & mourut l'an 1598, laissant plusieurs enfans de *N.* de Brederode; *Antoine* Perrenot, cardinal , *dont il sera parlé dans l'article qui suit* ; & *Frederic* Perrenot, baron de Renaix, seigneur de Champagni en Franche-Comté, qui servoit encore près du roi d'Espagne en 1598. * Pontus Heuterus , *rerum austriacarum , lib.* 13, *cap.* 3.

PERRENOT (Antoine) cardinal de Granvelle, évêque d'Arras, & depuis archevêque de Malines & de Besançon, naquit dans la derniere de ces villes, & eut pour pere NICOLAS, *dont nous venons de parler.* Il avoit l'esprit excellent & fortifié les sciences qu'il avoit apprises dans les plus célébres académies de l'Europe : il acquit facilement sous la conduite de son pere, cette prudence qui est requise dans les affaires; de sorte qu'ayant été appellé au ministère, il fit connoître à l'empereur qu'il méritoit par lui-même un rang qui étoit dû aux services de son pere. Il l'égala en plusieurs choses, & le surpassa en beaucoup d'autres, principalement en éloquence & en vivacité d'esprit ; car il laissoit souvent cinq secrétaires, leur dictant en même temps des lettres en diverses langues, dont il en savoit sept parfaitement. Granvelle fut chanoine & archidiacre de Besançon, puis évêque d'Arras. A l'âge de vingt-quatre ans, il parla avec beaucoup de force dans le concile de Trente, & servit depuis Charles-Quint en diverses ambassades en France , en Angleterre & ailleurs. Ce monarque l'estimoit infiniment ; & en se dépouillant de l'empire , il recommanda à son fils Philippe II. Granvelle s'infinua adroitement dans l'esprit de Philippe, que ce prince ne ¿uvoit conclure presque rien, ni pour les affaires privées, pour les affaires publiques, que par son conseil & par ¿ ministere. Il fut depuis nommé premier archevêque ¿ Malines, & fut fait cardinal par Pie IV, en 1561, & ¿èque de Sabine, en 1578. Philippe II, qui l'avoit ¿mmé premier conseiller de Marguerite de Parme, ¿uvernante des Pays-Bas, le rappella auprès de lui en ¿pagne; & quelque temps après il l'envoya dans la ¿anche-Comté, puis à Rome à l'élection de Pie V, ¿ à Naples en qualité de viceroi. Ce roi le rappella une ¿onde fois auprès de lui, où il lui laissa le soin de toutes ¿ affaires de la couronne d'Espagne, dans le temps qu'il ¿loit prendre possession de celle de Portugal. Ce mi¿¿re ayant été nommé à l'archevêché de Besançon, ¿ourut à Madrid chargé de gloire, aimé & regretté de ¿n roi, le 21 septembre de l'an 1586, à l'âge de 70 ¿s. Son corps fut porté à Besançon, où il est enterré dans ¿glise des Carmelites. Divers auteurs ont accusé sans ¿ison le cardinal de Granvelle d'avoir une partie des désor¿res des Pays-Bas. C'étoit, selon eux, un homme dur, ¿mbitieux, & opiniâtre; mais ceux qui en ont parlé ainsi ¿nt mal connu, entr'autres le Jésuite Strada, un de ¿eux qui maltraitent davantage ce grand homme. * Paul ¿ove, l. 45, hist. De Thou, hist. l. 84. Le cardinal Bembo, ¿ 6, epist. Strada, de bello Belg. dec. 1, l. 2. Chifflet, ¿n hist. Bysunt. Ughel, in Ital. sacr. de episc. Sabin. ¿etramellarius, nomencl. card. Sander, in elog. Belg. ¿iammarth, Gall. christ. t. I. Gasei, hist. ecclesf. des Pays-Bas. Havensius, de erect. novor. episc. in Belg. Swert. ¿eltio, &c. Boisot, projet de la vie du cardinal de ¿Granvelle, dans les mém. de litter. & d'hist. recueillis par ¿e P. Desmolets, de l'Orat. t. IV, part. I. Consultez les ¿némoires pour servir à l'histoire du cardinal de Granvelle, ¿remier ministre de Philippe II roi d'Espagne, par un ¿eligieux Bénédictin (D. Prosper Leveseque) de la congré¿gation de S. Vanne, Paris 1753, 2. vol. in-12.

PERRI (Claude) cherchez PERRY.

PERRIER (François) peintre François, fils d'un ¿orfévre de Saint-Jean de Lône, en Bourgogne. Il se dé¿baucha & quitta ses parens pour aller à Rome, étant en¿core fort jeune; mais comme l'argent lui manqua bien¿tôt, il se laissa aller aux persuasions d'un aveugle, qui ayant envie de faire le même voyage, lui proposa de le conduire pendant le chemin. Perrier étant arrivé à Rome en cet équipage, fut assez embarrassé pour trouver quel¿qu'autre ressource qui lui donnât moyen de subsister. Il ¿souffrit beaucoup dans les commencemens; mais la né¿cessité où il se trouvoit, & la facilité de son génie le mi¿rent bientôt en état de gagner sa vie. Il s'acquit dans le ¿dessin une pratique aisée & agréable, & de bon goût : ce qui fit que plusieurs jeunes gens s'adressoient à lui pour leur retoucher leurs desseins, & que quelques étrangers en achetoient des siens pour les envoyer à leurs parens, & s'attirer par-là de l'estime & du secours dans leurs dé¿penses. Il se fit connoître de Jean Lanfranc, dont il tâ¿cha de suivre la maniere, & il s'acquit au pinceau la même facilité qu'il avoit au crayon. Se sentant animé par la promptitude avec laquelle il manioit les couleurs, ¿il résolut de retourner en France; & étant arrivé à Lyon, il s'y arrêta pour peindre le cloître des Chartreux. Enfin étant arrivé à Paris, & ayant travaillé quelque temps pour le peintre Vouet, qui étoit alors le maître de tous les grands ouvrages, il fit un second voyage en Italie, où après avoir demeuré dix ans, il retourna à Paris en 1645. Ce fut en ce temps-là qu'il peignit la galerie de l'hôtel de la Vrilliere, & qu'il fit pour divers particuliers plusieurs tableaux de chevalet. Il mourut au mois de mai 1650, étant professeur de l'académie. Il a gravé plusieurs choses à l'eau forte, qui sont pleines d'esprit, & entr'autres, les plus beaux bas reliefs de Rome, cent des plus célebres antiques, & plusieurs choses d'après Raphaël. Il grava aussi de clair-obscûr quelques antiques d'une ma¿niere dont on lui attribue l'invention, mais qui avoit été

mise en usage par le Parmesan. Cette maniere consiste en deux planches de cuivre, qui s'impriment sur un même papier de demi-teinte, dont l'une, qui est gravée à l'or¿dinaire, imprime le noir, & l'autre dans laquelle con¿siste tout le secret, imprime le blanc. * De Piles, abrégé de la vie des peintres. Papillon, biblioth. des auteurs de Bourgogne.

PERRIER (François) avocat au parlement de Di¿jon, substitut de M. le procureur général, né à Beaune le 14 janvier 1645, se rendit à Paris à l'âge de 18 ans, y étudia en droit, s'y fit recevoir avocat, & plaida quelques causes au châtelet. Revenu en Bourgogne en 1664, il plaida assidument au barreau de Dijon. M. Bru¿lart, premier président de ce parlement, fut si content de ses talens, qu'il lui offrit sa table, un logement chez lui & un domestique. Ce fut à cet illustre magistrat que le jeune avocat dut une partie de son mérite, qui fut tel que pendant 21 ans qu'il a exercé les fonctions de sub¿stitut de M. le procureur général, les arrêts étoient tou¿jours conformes à ses conclusions. M. Perrier est mort subitement à Dijon le 3 octobre 1700. Il a laissé un re¿cueil de 350 arrêts de ce parlement, dans lesquels il a donné un précis judicieux des arrêts des parties. Il com¿mença cet ouvrage le 27 janvier 1665, & le continua jusqu'au 22 août 1699. Il a été imprimé à Dijon en 1735, in fol. deux vol. sous ce titre : Arrêts notables du parlement de Dijon, recueillis par M. François Perrier, substitut de M. le procureur général, avec des observa¿tions sur chaque question, par Guillaume Raviot, écuyer, avocat au parlement, & conseiller des Etats de Bour¿gogne. M. Perrier a laissé d'autres ouvrages manuscrits, dont on peut voir les titres dans la Bibliothéque des au¿teurs de Bourgogne, tome II, pag. 141, in-fol. François Perrier a eu pour frere JEAN Perrier, né à Beaune le 22 novembre 1654, mort le 9 avril 1731, auteur d'un ouvrage intitulé : Réflexions sur la machine du corps humain, & sur le sang, avec des remarques utiles pour faire vivre plus long-temps, 1726, sans nom d'auteur, de ville, ni d'imprimeur. M. Perrier tâche de prouver trois choses; 1°. que le chyle ne se change point en sang; 2°. qu'il ne se fait point dans notre corps une surabondante réplétion de sang, qui demande une éva¿cuation par la saignée; 3°. que notre sang ne se peut corrompre dans nos veines.

PERRIER (Nicolas) avocat au parlement de Dijon, & secrétaire au parlement de Metz, étoit d'une honnête famille de Saint-Jean de Lône, où il naquit en 1628. Dans la suite il se fit recevoir avocat à Dijon, où il se fixa. Comme il avoit de la difficulté pour prononcer, il s'en tint aux consultations, & il fut extrêmement em¿ployé. Il étoit cependant assidu aux audiences, & il ob¿servoit les arrêts les plus importans, dont il a laissé un ample recueil. Il mourut au mois de septembre 1694. Il a laissé deux enfans de son mariage avec Bénigne Tri¿bolet; Antoine, mort trésorier de France en la généra¿lité de Bourgogne; & Jacques, sieur de Montrichard, capitaine de grenadiers au régiment de la Chesnelaye. Perrier a publié un petit volume d'Observations de droit & de coutume, selon l'usage du parlement de Dijon; à Dijon, 1688, in-4°. Ces observations sont au nombre de douze; lesquelles il fit réimprimer au même lieu en 1691, avec le commencement d'une treizieme observation, qui devoit être suivie de plusieurs autres. Ces observations ont été réimprimées en 1736, à Dijon, in-4°. Elles sont jointes aux observations sur la coutume de Bour¿gogne, par feu M. François Bretagne, conseiller au par¿lement de cette province. * Voyez l'histoire des commen¿tateurs de la Coutume de Bourgogne, par M. le président Bouhier; & la Bibliothéque des auteurs de Bourgogne, par M. Papillon.

PERRIER (Charles du) cherchez PERIER.

PERRIMEZZI (Joseph-Marie) Italien, religieux de l'ordre de saint François de Paule ou des Minimes, fut successivement provincial de son ordre en Italie, con¿

fulteur du faint Office & de la congrégation de l'Indice, & enfin évêque de Ravallo & de Scala. En 1701, on imprima fes Lettres morales, en italien ; & en 1707, l'ouvrage fuivant : *Vita fanéti Francifci de Paula, Minimorum ordinis inftitutoris, fcripta ab anonymo coævo, notis & differtationibus illuftrata à patre Jofepho-Maria Perrimezzi de Paula : adjeéta eft relatio Jacobi cardinalis Simonetæ, de vitâ & miraculis ipfius fanéti*, à Rome, 2 vol. *in-4°*. Le premier volume contient la vie de faint François de Paule, avec un difcours fur l'auteur de cette vie, que le P. Perrimezzi croit être Laurent de Clario, difciple de faint François de Paule. On a dans le fecond tome quinze differtations fur la patrie, la naiffance, la famille, les études, l'âge, & les miracles du même faint, & fur quelques faits concernant fon ordre. Perrimezzi avoit compofé lui-même une vie de fon faint fondateur ; mais en retournant de Sicile, elle fut jettée dans la mer avec le coffre ou ballot où étoient les effets de l'auteur, une rude tempête faifant craindre un prompt naufrage, & ayant obligé de foulager le vaiffeau. On cite encore du même : *In facram de Deo fcientiam Differtationes feleétæ, hiftoricæ, dogmaticæ, fcholafticæ, in quatuor partes divifa*, in-folio. *Della vita del padre Antonio Torres, præpofito generale de PP. Pii operarii*, lib. iv, 1733, in-4°.

PERRIN (Ami) capitaine général de la ville de Genève, perféca les catholiques, après le changement de religion arrivé en 1535, & fit lui-même transporter la pierre du grand autel de l'églife cathédrale, dans la place où l'on puniffoit les criminels, afin de fervir à l'avenir comme d'échafaud dans les exécutions de la juftice. Mais il arriva en 1542, que Perrin fut le premier qui enfanglanta cette pierre ; car il y eut le premier de tous la tête tranchée. * Maimbourg, *hiftoire du calvinifme*.

PERRIN (Pierre) natif de Lyon, vint à Paris dans le fiécle dernier, portant le petit collet, & fe donnant le titre d'abbé. Comme il avoit de l'efprit, & qu'il étoit d'un génie affez intriguant, il fut fe procurer un accès affez favorable auprès de plufieurs grands feigneurs, & fut pourvu, après le célebre Voiture, de la place d'introducteur des ambaffadeurs près Gafton de France, duc d'Orléans. Il eft le premier qui ait imaginé de donner des opera françois. Il compofa les paroles des deux premiers qui ont paru, favoir, *la Paftorale*, en cinq actes, repréfentée d'abord à Iffy en 1659, & enfuite à Vincennes devant le roi ; & *la Paftorale de Pomone* en cinq actes, repréfentée à Paris en 1671. Ce fut Lambert, furintendant de la mufique de la reine, mere du roi Louis XIV, qui mit les paroles de ces deux piéces en mufique. En 1669, Perrin obtint du roi le privilége pour l'établiffement des opéra en France ; mais en 1672, il céda ce privilége à Lully. Avant ce temps-là il avoit fait une autre piéce en cinq actes, intitulée *Ariane*, que la mort du cardinal Mazarin, arrivée en 1661, empêcha d'être jouée ; & lorfqu'il eut cédé fon privilége de l'opera, il ceffa de compofer des piéces en ce genre : mais fon amour pour la poëfie, quoiqu'il y réuffît affez mal, ne l'abandonna point ; & ce fut de lui des piéces affez eftimées. M. Defpreaux a dit de lui dans fa huitiéme épître :

Perrin a de fes vers obtenu le pardon.

Mais ce vers dans le fens de l'auteur n'eft point une louange. Les poëfies de Perrin ont été imprimées en 1661, à Paris, en trois volumes *in-12*. La première partie porte le titre de, *Jeux de poëfis fur divers infectes*, & contient plufieurs petits poëmes fur le papillon, l'abeille, le grillon, le ver à foie, la fourmi, le moucheron. Ce recueil peut être regardé comme l'ouvrage qui fait le plus d'honneur à fon auteur, par la defcription ingénieufe qu'il fait de la figure, des petits travaux, & des amufemens de ces fortes d'animaux. Les autres volumes contiennent des odes, ftances, fonnets, élégies, virelais, divertiffemens, dialogues, noëls, chanfons. On trouve de belles chofes dans fon poëme

intitulé, *la Chartreufe*, ou *la fainte folitude*, diftribuée en dix odes. Il a fait auffi plufieurs traductions en vers, dont les plus confidérables font : celle de l'éneide de Virgile, en vers héroïques ; & celle de la pompe royale de l'entrée de la reine dans Paris en 1660, d'après le poëme latin de Buray, avocat au parlement. Sa traduction de Virgile en vers héroïques, fut imprimée en deux volumes *in-4°*. Le premier parut en 1648, & le fecond en 1658, à Paris. Perrin en donna une nouvelle édition en 1664, 2 vol. *in-12*. Il a fait auffi des motets que l'on a mis en mufique, & qui pouvoient réuffir dans les concerts, dont il connoiffoit la méthode. Il eft mort vers l'an 1680. M. Titon du Tillet lui a donné place dans fon *Parnaffe François*, *in-folio*, *page* 385, & il en parle encore à l'article de LULLY, & plus amplement dans les remarques fur la poëfie & la mufique françoife, à la fin de fon ouvrage. *Voyez* encore l'abbé de Marolles dans fon *Dénombrement de ceux qui lui ont fait préfent de leurs ouvrages*, *page* 430, & dans fes *jugemens fur les vieux traduéteurs de Virgile*, au-devant de fon Virgile en vers françois ; & Maupoint dans fa *Bibliothéque des théatres*.

PERRIN DEL VAGUE, peintre célebre, cherchez BUONACORSI.

PERRION ou PERION (Joachim) docteur de Paris, & religieux de l'ordre de S. Benoît, dans le XVI fiécle, étoit né à Cormeri en Touraine, où il fe confacra à Dieu dans l'abbaye de ce nom le 22 août 1517. Il fe diftingua entre les théologiens de fon temps ; & ce qui étoit fort rare entr'eux, il parla & écrivit en latin avec pureté. Il traduifit d'abord en latin quelques livres de Platon & d'Ariftote ; mais comme dans cet ouvrage il eut plus de foin de fe montrer éloquent, que fidèle interprete, il s'attira auffi des cenfures piquantes de Gruchi, & de quelques autres favans. Depuis il compofa des vies des anciens peres, & traduifit de grec en latin divers traités des faints docteurs. L'univerfité de Paris lui ordonna par un décret exprès, d'écrire contre Pierre de la Ramée en faveur d'Ariftote & de Cicéron : il s'attacha à cet ouvrage, & réuffit affez bien. On a encore de lui, *Topicorum theologicorum libri duo*, à Cologne en 1559, *in-12*, & des dialogues latins de l'origine de la langue françoife, & de la conformité qu'on y trouve avec la grecque. Il mourut âgé d'environ foixante ans, dans fon monaftere, un peu avant la mort du roi François II, vers l'an 1559. Perion étoit affez mauvais critique, & il a fouvent cité le Cicéronien à contre-temps. M. Baillet dit qu'il ignorit l'art de traduire qu'il vouloit enfeigner aux autres, ou qu'il en a très-mal obfervé les régles. Jofeph Scaliger en parle encore plus mal. Cependant Perion expliqua l'Écriture fainte à Paris pendant plufieurs années, & vit parmi fes difciples les perfonnes les plus illuftres de cette ville. Henri II, devant qui il avoit prononcé plufieurs difcours, l'envoyoit chercher fouvent pour converfer avec lui ; & l'on dit qu'on ne pouvoit parler alors avec plus de délicateffe qu'il le faifoit. Sur la fin de fes jours il compofa la vie des apôtres, à la priere du cardinal de Guife ; mais comme il voulut y ajouter à l'écriture, il donna dans des fables que le refpect dû à la vérité devoit lui faire fupprimer. Il prononça l'oraifon funèbre de Denys Briçonnet, évêque de Saint Malo, qui a été imprimée en latin. On a encore de lui deux difcours latins, imprimés en 1551, *in-8°*. l'un intitulé, *Ad Henricum, Gallia regem, cæterofque chriftianæ religionis principes, oratio* ; l'autre, *De beati Joannis qui dicitur Baptiftes, laudibus, oratio*. Un de fes neveux, nommé FRANÇOIS Perion, publia après la mort de ce religieux un traité qu'il avoit trouvé parmi fes papiers, des magiftrats Grecs & Romains. * Paul Jove, *in elog. doét.* Sainte-Marthe, *in elog. doét. Gall.* De Thou. La Croix du Maine, *bibliothéque françoife*. Le Mire, *de fcript. fæc. XVI.*

PERRON (Jacques Davi du) cardinal prêtre du titre de fainte Agnès, grand aumônier de France, & commandeur des ordres du roi, évêque d'Evreux, puis archevêque de Sens, né le 25 novembre 1556, étoit forti

es maisons du Perron, de Cretteville, & de Langue-
ille, dans la basse Normandie. Il suça avec le lait les er-
-eurs de Calvin, dont faisoient profession ses parens,
ui pour n'être pas inquiétés dans cette créance, se
-etirerent à Genève, & s'établirent depuis dans les
-tats de Berne, sur les confins de la Savoye; &
-e fut dans le canton de Berne que Jacques du Perron
-int au monde. Cependant M. le Clerc, dans sa *biblio-*
thèque du Richelet, dit qu'il naquit à Saint-Lo, en basse
Normandie. Une histoire manuscrite de la ville de
Saint-Lo, composée par M. Toustin-Boisville, curé du
Mesnilloparet, dit aussi que le cardinal du Perron naquit
à la belle-Croix, fauxbourg de Saint-Lo, & que ce ne
fut qu'après sa naissance, que son pere & sa mere abandonnerent le pays, à cause des rigueurs qu'on y exerçoit
contre les calvinistes. JULIEN DAVI, seigneur du Perron,
gentilhomme de grand esprit & fort savant, son pere,
lui apprit la langue latine & les mathématiques, jusqu'à
l'âge de dix ans. Depuis ce temps, il apprit lui-même apprit lui-même la langue grecque & la philosophie, commençant cette étude par la logique d'Aristote, d'où il
passa à la lecture des poëtes, dont il apprenoit cent vers
en une heure. Ensuite il s'adonna à la langue hébraïque,
qu'il apprit seul : de sorte qu'il la lisoit aisément
sans points, & en faisoit des leçons aux ministres de la
prétendue-réforme. Il composa dans sa jeunesse un *Traité*
de la rhétorique françoise. C'est un court écrit qu'on a
réimprimé en 1657, à la suite du *Tableau de l'éloquence*
françoise, par le P. Charles de S. Paul. Lorsque la paix
fut faite en France avec les religionnaires, du Perron y revint avec ses parens. Ce fut alors que Philippe Desportes,
abbé de Tiron, le connoissant, le jugea digne de son
amitié, & le fit connoître à la cour du roi Henri III, qui
eut beaucoup d'estime pour lui. Elle s'augmenta lorsque
du Perron ayant lu avec assiduité la somme de S. Thomas, les saints Peres, & sur-tout S. Augustin, y trouva
la condamnation des erreurs qu'il avoit suivies jusqu'alors,
& les abjura. Ensuite il embrassa l'état ecclésiastique, &
donna de grandes preuves de son esprit, soit dans les
conférences particulieres, soit dans ses ouvrages, soit
dans les disputes contre les protestants. Le roi le choisit
pour faire l'oraison funèbre de la reine d'Ecosse : il fit de
même celle du poëte Ronsard, ce qui fit croire à bien des
gens qu'il avoit plus de religion dans l'esprit que
dans le cœur ; & après la mort du duc de Joyeuse son
protecteur, en 1587, il composa le poëme que nous
avons encore parmi ses œuvres. Depuis le parricide commis en la personne de Henri III, l'an 1589, il se retira
vers le cardinal de Bourbon, dont il fut le domestique.
Il convainquit si bien par ses solides raisonnemens plusieurs illustres protestants, qu'ils quitterent leurs erreurs.
Henri Sponde, depuis évêque de Pamiers, fut une de
ses conquêtes, comme ce dernier l'avoue dans la lettre
mise au commencement de la premiere édition de son
abrégé des annales de Baronius, qu'il dédia au cardinal
du Perron. Cette conversion opérée par ses soins, ne fut
pas la seule : celle du roi Henri *le Grand* lui est presque
toute due. Ce monarque l'envoya depuis à Rome, pour
le réconcilier avec le saint siége ; à quoi plusieurs personnes de la premiere qualité avoient travaillé inutilement. Du Perron & d'Ossat, depuis cardinal, acheverent cette réconciliation ; mais ce fut d'Ossat qui y eut le
plus de part. Du Perron fut sacré évêque d'Evreux à Rome, par le cardinal de Joyeuse, archevêque de Toulouse, le 27 décembre 1595, & il prit possession de son
évêché le 8 juillet 1596. A son retour en France, ayant
vu le livre du sieur du Plessis-Mornai contre l'Eucharistie, il y remarqua plus de cinq cens fautes; & dans
la conférence de Fontainebleau, il remporta une illustre
victoire sur ce célèbre protestant. En 1604, il fut fait
cardinal par Clément VIII, après avoir été transféré à
l'archevêché de Sens la même année. Il assista depuis à
Rome à la création du pape Paul V, & fut dans cette
ville l'ornement du sacré collège des cardinaux, & la
lumiere des congrégations de *Auxiliis,* que le nouveau

pontife avoit continuées. Lorsqu'il fut revenu en France,
il entreprit à la sollicitation du roi Henri *le Grand,* la
réponse au roi de la grande-Bretagne. Le roi l'envoya encore à Rome avec le cardinal de Joyeuse, pour terminer
les différends qui étoient entre le pape Paul V & les Vénitiens ; ce qu'ils eurent le bonheur d'exécuter. Ce pape
témoignoit tant de déférence pour les sentimens du cardinal du Perron, qu'il disoit pour l'ordinaire à ceux qui
l'approchoient plus particulierement : *Prions Dieu qu'il*
inspire le cardinal du Perron ; car il nous persuadera tout
ce qu'il voudra. Après la mort de Henri IV, ce cardinal
assembla ses évêques suffragans à Paris, & y condamna
le livre d'Edmond Richer, touchant la puissance ecclésiastique & politique. Depuis il se retira à la campagne,
& y acheva les ouvrages qu'on a donnés au public, savoir, la Réplique au roi de la grande-Bretagne ; un traité
de l'Eucharistie, contre du Plessis-Mornai ; une *réfuta-*
tion de l'écrit de Daniel Tilenus, contre *un discours*
touchant les traditions apostoliques, à Evreux 1602,
in-12, seconde édition. César de Ligni, son secrétaire,
a recueilli *les ambassades & négociations du cardinal du*
Perron. Elles sont imprimées, *in-folio,* à Paris 1623.
On a encore du cardinal du Perron des lettres, & des
poësies françoises, entr'autres, des traductions d'une partie du premier & du quatrième livre de l'Enéide de Virgile, & de deux épîtres d'Ovide : plus il a eu part au recueil intitulé : *Les épîtres d'Ovide traduites en prose*
françoise, par les sieurs du Perron, des Portes, de la
Brosse, de Lingendes, Hedelin & Colletet, à Paris 1616,
1618 & 1621, *in-8º,* &c. Il mourut à Paris un mercredi 5 septembre de l'an 1618, âgé de 63 ans. Sa vie
se trouve en abrégé au commencement de ses œuvres.
JEAN DAVI du Perron, frere de ce cardinal, fut archevêque de Sens après lui, & mourut le 4 octobre 1621.
Il est auteur d'une apologie pour les Jésuites, au sujet du
livre de Suarez, imprimée à Paris en 1614 *in-12,* & traduite en latin en 1615. Christophe du Pui, prieur de la
chartreuse de Rome, & procureur général de son ordre, frere des célèbres messieurs du Pui, ayant recueilli
les pensées diverses, traits d'érudition & d'histoire, &c.
du cardinal du Perron, sur ce qu'il avoit appris de Pierre
du Puy, l'un de ses freres, qui étoit attaché au cardinal du
Perron, donna à ce recueil le titre de *Perroniana,* &
Isaac Vossius le fit imprimer à la Haye. Daillé le fils en
donna une nouvelle édition à Rouen en 1669 *in-12,*
(mais qui porte le nom de Cologne) & qui est-très-
correcte, au lieu que celle de Vossius est pleine de fautes.
* D'Ossat, *l.* 1, *ep.* 26 & 28 ; *l.* 2, *ep.* 41 & 43. Fuli-
gati, *en la vie du cardinal Bellarmin, ch.* 11. De Thou,
hist. Sponde, *aux ann.* Gaucher de Sainte-Marthe,
l. 11, *lyric.* & *en Fr. chr. t.* I, *pag.* 653, *& suiv. t. II,*
pag. 577. Ménage, *Anti-Baillet,* n. 1. Baillet, *vie*
de Richer, l. 2, *art.* XI. Le Brasseur, *histoire ecclé-*
siastique & civile d'Evreux, chap. 40 & 41. Voyez le recueil des œuvres de M. du Perron, & la *Bibliothèque*
françoise, tomes V & VI.

PERRON (N. du) procureur du roi au bailliage
d'Alençon, un des premiers membres de l'académie de
Caen, qui tenoit alors ses assemblées chez M. Mosant
de Brieux, est auteur d'un grand poëme à la louange
de Louis XIII, intitulé *les Palmes du Juste.* M. de
Brieux qui en parle, ajoûte : « M. du Perron a com-
» mencé un autre poëme de près de quatre mille vers
» pour M. le duc de Montausier : il traduit en prose
» l'histoire espagnole de Charles-Quint ; & il promet
» encore la version des plus beaux ouvrages de Pala-
» fox, Espagnol, & françois d'Angelopolis, (ces tra-
» ductions ont été imprimées.) L'on a aussi deja vu
» de lui un volume de poësies françoises sur divers su-
» jets de piété, de morale & d'amour. » Lettre de M.
Mosant de Brieux à *M. de Saint-Clair Turgot,* à la
suite du livre intitulé : *Mosantii Briosii poëmatum part*
altera, à Caen 1669, *in-16.*
PERRONET (Denys) chanoine d'Auxerre & pénitencier, a écrit plusieurs volumes de sermons qui sont

imprimés. Il a fait auffi imprimer en 1609, à Auxerre, l'ouvrage d'Arnold de Bonneval, *de opere fex dierum.* Il mourut en 1610. C'eſt tout ce qu'en dit M. Lebeuf dans ſon catalogue des écrivains Auxerrois, page 508 du tome ſecond de ſes *Mémoires concernant l'hiſtoire eccléſiaſtique & civile d'Auxerre.* Perronet dit qu'il étoit de Melun, au dioceſe de Sens : que plus de trente-cinq ans avant l'année 1609, il avoit été envoyé à Langres par M. de Gondi, qui en étoit alors évêque ; que ce fut Jacques Amyot, évêque d'Auxerre, qui le fit venir dans cette ville ; & apparemment ce fut lui auſſi qui le nomma chanoine. Il paroît que Perronet réſidoit à Paris avant cette vocation. Il avoit trouvé l'ouvrage d'Arnold de Bonneval à Langres même ; mais le manuſcrit de ſon ouvrage qu'il avoit déja cherché dans beaucoup de bibliothéques, ne lui ayant point été envoyé à Paris, comme on le lui avoit promis, il s'eſt ſervi d'un autre qu'il avoit trouvé dans la ſuite dans l'abbaye de ſainte Marie de Regny à Vermanton, au dioceſe d'Auxerre, lorſqu'il accompagnoit Jacques Amyot dans la viſite de ſon dioceſe. C'eſt ce qu'il nous apprend dans l'épitre dédicatoire au cardinal de Perron, archevêque de Sens, miſe au-devant de l'ouvrage d'Arnold, dont le titre eſt : *Incipit tractatus Arnoldi abbatis Bonavallis Carnotenſis, de operibus ſex dierum.* Un des motifs de cette dédicace au cardinal archevêque de Sens, c'eſt que Perronet étoit né & avoit été élevé dans ce dioceſe : *intra cujus fines & natus & educatus ſum.*

PERROQUET (Fête du) *cherchez* FESTE DU PERROQUET.

PERROQUETS, nom d'une faction, *voyez* PORT' ETOILES.

☞ PERROT (Emile) triſaïeul du célébre Nicolas Perrot d'Ablancourt, naquit à Paris, & profeſſa le droit à Padoue, dans le temps où la juriſprudence étoit en Italie la ſcience à la mode. Il revint à Paris en 1532, & l'année ſuivante, il fit imprimer à Lyon chez Gryphe, un commentaire ſur la loi *Gallus*, qu'il dédia à Philippe de Coſſé, évêque de Coutance. Le titre eſt : *Æmilii Perroti Pariſienſis juriſconſulti, ad Galli formulam & ei annexam Scævolæ interpretationem Gloſſæ, in-4°.* Ce traité méthodique, profond & bien écrit, n'étoit que l'eſſai d'un grand ouvrage dans lequel Emile Perrot s'étoit propoſé de traiter toute l'importante matiere des teſtamens, ſuivant les principes du droit romain. François I récompenſa ſon mérite d'une charge de conſeiller au parlement de Paris. Chriſtophe de Thou, qui en fut depuis premier préſident, avoit épouſé ſa ſœur. Le recueil des lettres latines de Pierre Bunel, de Toulouſe, données par Henri Etienne, & depuis avec des notes, par François Graverol, en renferme pluſieurs adreſſées à Emile Perrot, où on lit des détails intereſſans ſur ſa perſonne, ſes voyages, ſes études, &c. Emile Perrot mourut avant le maſſacre de la Saint Barthélemi. Voyez les *remarques ſur la famille des Perrots*, page 287, &c. du tome II, de la *vie de Pierre Pithou*, par M. Groſley, avocat à Troyes. * *Mém. Mſſ.* de M. l'abbé Goujet.

PERROT (François) de la même famille que M. d'Ablancourt, *dont il ſera parlé dans l'article ſuivant*, eſt auteur d'un livre italien qui a pour titre, *Aviſo piacevole dato alla bella Italia.* Il y réfute la bulle du pape Sixte V contre le roi de Navarre ; & on dit que le ſtile en eſt ſi beau, que les Italiens mêmes l'ont admiré. Bellarmin à entrepris de le réfuter. L'auteur, qui étoit François, accompagna ſa jeuneſſe Gabriel d'Aramont, ambaſſadeur de France vers Soliman. Depuis étant allé en Italie, il y fit des habitudes conſidérables. Il y connut entre autres le pere Paul, dit Fra Paolo, théologien de la république de Veniſe, pour qui il eut une grande affection juſqu'à la mort. Les Italiens de leur côté en faiſoient une eſtime particuliere, le traitant ordinairement de vrai Iſraélite, à cauſe de ſa candeur & de ſa débonnaireté. Nous avons encore de François Perrot une traduction italienne de la Vérité de la religion

chrétienne de du Pleſſis - Mornai, imprimée à Saumur, l'an 1612. Ce qui fait croire qu'il étoit de la religion prétendue réformée. Parmi les François, Louis de Maſures, dans ſes poëmes latins, Hubert Languet dans ſes lettres à Philippe Sidnei, & M. de Liques dans la vie de M. du Pleſſis, parlent de lui avec éloge. * Colomiés, *bibliothéque choiſie.*

De la même famille il y a eu JEAN Perrot, ſeigneur de Fercourt, maître des requêtes, qui de *Magdelene* de Combault eut *Elizabeth* Perrot, mariée à *Benigne* le Ragois, ſeigneur de Bretonvilliers & de S. Dié, préſident en la chambre des comptes, morte le 23 décembre 1710, âgée de 79 ans.

PERROT (Nicolas) ſeigneur d'Ablancourt, s'eſt acquis beaucoup de réputation dans le XVII ſiécle, par ſon eſprit & par le talent qu'il avoit de traduire heureuſement en françois les anciens auteurs latins & grecs. Sa famille étoit conſidérable dans la robe. Emile Perrot conſeiller au parlement, qui a ci-devant ſon article particulier, fut pere de CYPRIEN, de NICOLAS, & de *Denys* Perrot qui périt dans le maſſacre de la Saint Barthelemi, à l'âge de 32 ans. CYPRIEN Perrot, conſeiller de la grand' chambre du parlement, fut pere de *Jean*, préſident aux enquêtes, qui eut pour fils *Cyprien* Perrot, mort préſident de la chambre des comptes, NICOLAS Perrot, conſeiller de la grand' chambre, fut pere de Paul Perrot, ſeigneur de la Salle, qui ayant fait ſes études à Oxford en Angleterre, y prit tellement les premieres impreſſions de la doctrine de Luther & de Calvin, qu'il abandonna la religion catholique, qui étoit celle de ſes peres. On diſoit de lui, que quoiqu'il eût fait cent mille vers en ſa vie, cependant ſon fils d'Ablancourt n'avoit jamais pu en faire deux de ſuite : on dit auſſi qu'il eut quelque part à la compoſition du Catholicon. Etant d'Angleterre en France il fit un voyage en Champagne, pour y voir ſon frere *Cyprien* Perrot, qui avoit ſuivi le parlement transféré alors à Châlons, & il y épouſa une demoiſelle nommée *Anne* de Forges. De ce mariage naquit à Châlons ſur Marne le 5 avril 1606 *Nicolas* Perrot d'Ablancourt, que ſon pere envoya étudier au collège de Sedan, qui étoit le plus célébre que ceux de la religion prétendue réformée euſſent alors en France. Il y eut pour maître le fameux Rouſſel, qui par diverſes aventures fut ambaſſadeur de pluſieurs princes, & qui mourut en cette fonction à la Porte. Après avoir fait ſes humanités à treize ans, il fût rappellé par ſon pere, qui lui fit enſeigner la philoſophie par un habile homme. Trois ans après, d'Ablancourt vint à Paris, où il étudia quelque temps en droit ; & à 18 ans il fut reçu avocat au parlement. Pendant qu'il fréquentoit le barreau, ſon oncle Cyprien Perrot conſeiller en la grand' chambre, le porta à entrer dans le ſein de l'égliſe : ce qu'il fit par une abjuration ſolemnelle, à l'âge de 20 ans. Mais lorſqu'il eut quitté le palais, il lui prit envie de quitter la religion catholique, étant âgé de 25 à 26 ans. Il étudia pour cela pendant près de trois ans dans Paris ſous *N*. Stuart théologien Lutherien, & cacha ſi bien ſon deſſein, que le préſident Perrot ſon couſin, travailloit lui-même à lui faire obtenir d'un ſix mille livres de bénéfices, lorſque d'Ablancourt s'en alla tout d'un coup en Champagne, où il abjura la religion catholique, & paſſa auſſitôt en Hollande, pour laiſſer effacer la honte de ſon changement. Il fut près d'un an à Leyde, où il apprit la langue hébraïque, & où il ſe fit amitié avec Claude de Saumaiſe. De Hollande il paſſa en Angleterre, & vit milord Perrot, de la famille des Perrot de Genève ſortis tous auſſi-bien que les Perrot de la Malmaiſon, conſidérables dans le parlement, d'une même ſouche. Ce milord avoit été en faveur pendant quelque temps auprès de la reine Elizabeth, & fit amitié à Ablancourt comme à un parent. Etant revenu à Paris il fréquenta le beau monde, & les hommes illuſtres dans les lettres. En 1637, il fut reçu dans l'académie françoiſe, avec un applaudiſſement général. Il mourut de la gra-

lle le 17 novembre de l'année 1664, en sa terre d'A-
ancourt près de Vitry en Champagne, où il s'étoit
tiré. Quand M. Colbert se fit donner des mémoires sur
s gens de lettres vivans en 1662, comme son dessein
incipal étoit de voir en quel genre chacun pourroit
availler à la gloire du roi, on examina la capacité de
jacun, & M. d'Ablancourt fut jugé le plus propre
e tous à bien écrire l'histoire de ce grand prince. Il
ccepta la proposition qui lui en fut faite par M. Colbert,
& qui fut accompagnée d'une pension de mille écus.
A. d'Ablancourt alloit venir à Paris, & s'y établir, pour
tre à portée de recevoir les instructions dont il au-
oit besoin. Mais M. Colbert, lorsqu'il en rendit compte
u roi, ayant dit que M. d'Ablancourt étoit protestant,
e roi lui dit : « Je ne veux point d'un historien qui soit
d'une autre religion que moi. » Cependant comme
e mérite est de toute religion, sa majesté lui conserva
à pension de mille écus. Voici ses traductions, l'Octavius de Minutius Felix : les oraisons de Cicéron, pour
Quintus, pour la loi Manilia, pour Marcellus, & pour
Ligarius, que nous avons dans le recueil intitulé, *huit
oraisons de Cicéron*, imprimé à Paris in-4° en 1638 ;
Tacite ; Lucien ; la retraite des dix mille de Xénophon ;
Arrian des guerres d'Alexandre ; les commentaires de
César ; l'histoire de Thucydide, continuée par Xénophon ; les apophtegmes des anciens ; les stratagèmes de
Frontin ; la description de l'Afrique &c. traduite de l'espagnol de Marmol. Cette derniere traduction étoit achevée lorsqu'il mourut ; mais il n'y avoit pas mis la derniere main, & M. Patru la revit exactement avant que de
la mettre au jour. Toutes ces traductions furent fort estimées dès qu'elles parurent : & M. de Vaugelas les
trouva si belles, qu'il en rendit ce témoignage écrit de
sa main, sur son manuscrit de la traduction de Quint-
Curce, *Qu'il avoit réformé & corrigé son ouvrage sur
l'Arrian de M. d'Ablancourt*, qui pour le style historique
n'a personne (à son avis) qui le surpasse ; tant il est
clair & débarassé, élégant & court ; & le reste qui se
peut lire dans la préface de Quint-Curce. Il est vrai
qu'il prend de temps en temps quelques libertés, &
s'écarte trop de son auteur ; mais le plus souvent il rend
le sens de l'original, sans lui rien ôter de sa force ni de
ses graces. C'est pour ce sujet qu'on lui a donné le nom
de *Hardi d'Ablancourt*, dans la requête des dictionaires. Outre ces traductions, on a encore de lui la préface de *l'honnête femme*, qui est un ouvrage du pere du
Bosc, Cordelier ; un traité de la bataille des Romains,
à la fin de son Frontin ; un discours sur l'immortalité de
l'ame, & six lettres à M. Patru, qui se trouvent à la
fin des œuvres de celui-ci. A l'égard de la *traduction des
sermons italiens* du pere Narni, imprimée sous le nom
du pere *du Bosc*, & que M. Colomies dit être de M. d'A-
blancourt, il faut remarquer que ce dernier à l'âge
de vingt ans, se destinant à prêcher, traduisit quelques
beaux endroits de ces sermons, & que cinq ou six ans
après ayant de nouveau embrassé le calvinisme, il donna
le peu qu'il avoit traduit de ces sermons au pere du Bosc,
qui par-là fut déterminé à faire le reste. Voila toute la
part que M. d'Ablancourt a eue à cette traduction. Dans
les commencemens, il n'avoit que l'ami & le conseil que
M. Patru ; mais depuis qu'il connut M. Conrart &
M. Chapelain, il prenoit aussi leurs avis sur ses ouvrages.
Il savoit la philosophie, la théologie, l'histoire, & toutes les belles lettres ; il entendoit l'hébreu, le grec, le
latin, l'italien, & l'espagnol ; & il avoit l'esprit vif &
pénétrant. Il étoit naturellement prompt & ardent ; &
quand il disputoit sur quelque point de doctrine, c'étoit
toujours avec chaleur, mais sans emportement. D'ailleurs il étoit doux & facile à tout le monde. Olivier
Patru, célèbre avocat au parlement de Paris, & l'un
des plus éclairés dans les finesses de la langue françoise,
a écrit la vie de d'Ablancourt, que l'on trouve parmi
ses œuvres diverses. * Bayle, *dictionaire critique*. D'O-
livet, *hist. de l'acad. franç. t. I.*

Il avoit pris soin de l'éducation de deux de ses neveux,

fils de sa sœur aînée. L'aîné N. Fremont d'Ablancourt,
fut homme de lettres, & fit le *dialogue des lettres de
l'alphabet*, & le *supplément de l'histoire véritable*, qui
se voient à la fin du *Lucien*, de son oncle. Un des grands
princes de l'Europe le recherca pour en faire le gouverneur de son fils, & M. de Turenne l'estima, & lui
procura la qualité d'envoyé de France à la cour de Portugal en 1663, & celle de résident de Strasbourg en
1675. La mort de son patron l'obligea de revenir à Paris,
& la révocation de l'édit de Nantes, en 1685, le fit
passer en Hollande, où il fut fort considéré du prince
d'Orange, qui lui donna le titre d'historiographe avec
une pension : il y mourut à la fin de l'an 1693. Il avoit
publié en 1684, des *dialogues sur la santé* : la même année il fit imprimer à Amsterdam un autre ouvrage sous
ce titre : *M. Perrot d'Ablancourt vengé ou Amelot de la
Houssaie convaincu de ne parler françois, & d'expliquer mal le latin*, & l'on imprima en 1701 ses *mémoires contenant l'histoire de Portugal, depuis le traité des
Pyrénées en 1659, jusqu'en 1668*.

PERROT (Nicolas) cherchez PEROT.

PERRY (Claude) né à Châlons en 1602, de *Pierre
Perry*, & de *Philiberte Pennessot*, fut appliqué de bonne
heure à l'étude de la jurisprudence, & se fit recevoir
avocat. Mais se lassant bientot du tumulte du barreau,
il embrassa l'état ecclésiastique, & fut pourvu d'un canonicat de l'église cathédrale de Châlons, qu'il
renonça ensuite pour entrer chez les Jésuites. Il fit son
noviciat en 1628, à Nancy : il professa depuis les humanités & la rhétorique au collège de Dijon, & mourut en cette ville le 2 février 1684. Voici la liste de
ses écrits : *Poesis Pindarica*, à Châlons, 1641, 1650,
1653, 1659, & encore ailleurs. *Icon regis, tribus
libris comprehensa, quibus res praeclarè gesta à Ludovico Justo describuntur*, à Paris 1642, in-12. *Porticus eminentiss. cardinalis Mazarini. De bibliothecae comi
mendatione clar. vir Joan. Christ. Virey*, imprimé sépa-
rement, & ensuite dans sa *Poesis pindarica*. *Magnus
Mammes, puer insignis, ecclesia Lingonensis patronus*,
poème lyrique, à Langres, 1641, in-4°. *Panegyris
illustrissimi viri Petri Odebert, libellorum supplicum prae-
sidis*, ode, à Dijon, 1651, in-folio. *Vie de saint
Eustache*, abbé de Luxeu, à Metz, 1645, in-12. *Panegyris illustrissimi Dom. Jacobi de Neucheses, episc.
Cabilonensis*, à Châlons, 1652, in-4°. *Théandre*, ou
Semaine sainte par dialogues, à Lyon, 1653, in-4°,
& la même année à Châlons in-8°. Vers latins, à la
tête du dialogue de Charles Fevret, *de claris fori Burgundici oratoribus*. Seize strophes alcaiques, au-devant
du traité de Jean Morel, *de febre purpuratâ. Luctus Cabi-
lonis in obitu illustriss. Ludovici Châlon du Blé mar-
chionis d'Uxelles, urbis Cabilon. gubernatoris designati*,
à Châlons, 1658, in-4°. Histoire de Châlons, à Cha-
lons, 1659, in-fol. Poème héroïque latin, au-devant
du quatrième volume des *Fleurs latines des cardinaux*,
par Louis Dony d'Attichy, évêque d'Autun, en 1660.
Ode alcaïque de seize strophes, à la tête du *Negotium sae-
culorum Mariae*, du pere Courcier Jésuite, à Dijon,
1660, in-fol. *Epicedium Naudaei*, dans le *Tumulus
Naudai*, 1659, in-4°. Ode latine, au-devant du traité
de claris scriptoribus Cabilonensibus, du pere Jacob.
Extrait d'une lettre du pere Perry sur la période julienne,
dans le *Journal des Savans* de 1666. *Obeliscus Plom-
berianus* ; à Dijon, 1681, in-4°. *Delphini & Mariae
Annae Bavara filii, Genethliacum* ; à Dijon, 1682,
in-4°. *Campinium, villa Philiberti de la Mare, carmine celebrata.* In Plomberianam villam à *Philiberto de
la Mare celebratam. Ad clariss. Petronillam Gaulthier,
clariss. viri Joann. de Clugny praetoris Divionensis, vi-
duam, ob concessum ex argento solido ornamentum majori altari templi collegii Divionensis societ.* Tua, *carmen eucharisticum* ; à Dijon, 1683, in-4°. *Carmen
votivum in 70 aetatis annum, & decembris 16 natali-
tium diem viri clarissimi Caroli Fevreti, jurisconsulti celeberrimi, mss.* * *Voyez* les autres pieces demeurées

manuscrites, dans la *Bibliothéque des auteurs de Bour-gogne*, par feu M. l'abbé Papillon.

PERSE, *Perfis*, royaume célébre de l'Afie, qu'on nomme autrement *l'empire du Sophi*, eft appellé par fes habitans *Farfi* & *Farfiftan*. Les anciens ont cru que ce nom de Perfe, qui eft celui d'une province de cet empire, étoit tiré de celui de Perfée, fils de Jupiter.

Ce grand état s'étend d'orient en occident, depuis le fleuve Indus jufqu'au Tigre, ou Tigil. L'on marque autrement fes limites, en lui mettant à l'orient, avec le même fleuve Indus, le royaume de Cambaye & du Mogol; au couchant, le Diarbek & l'Arménie, provinces du Turc, avec le Tigre; au midi, le golfe Perfique, la mer des Indes & le royaume d'Ormus; & au nord, la mer Cafpienne, avec les Tartares d'Ufbec ou Zagatai. La Perfe comprenoit autrefois la Médie, l'Hyrcanie, la Margiane, l'Affyrie en partie, la Sufiane, la Parthie, l'Arie, la Paropamife, la Chaldée, la Perfe en particulier, la Caramanie, la Drangiane, l'Arachofie, & la Gedrofie, qui avoient été prefque toutes de puiffans royaumes. Les provinces de cet empire font au nombre d'environ quinze ou feize. D'autres en comptent dix-huit; favoir, *Servan*, *Kilan*, *Dilemont*; *Yérach-Agemi*, où étoit la Médie; *Khoëme*, qui comprend l'ancienne Margiane & une partie du pays des Parthes; le *Curdiftan*, partie de l'ancienne Affyrie; *Chorafan*, *Yerak*, *Chufiftan*, autrefois la Sufiane; Perfe, dite *Farfi*, *Kerman* & *Sififtan*, l'ancienne Caramanie; *Macheran*, *Candahar*, & *Sableftan*, qui comprenoient à-peu-près la Gedrofie, l'Arachofie, & la Drangiane; avec *Tabareftan* & *Gordian*, où étoit l'ancienne Hircanie. Hifpaham eft la ville capitale de Perfe; Casbin l'avoit été autrefois. Les autres font, Cherman, Com, Caffian, Soufter, Tauris, Schamachie, Ormus, Ardebil, Derben, Schiras, Siciftan, Guadel, Lar, Herat, Daraberad, Mexat, &c.

QUALITÉS DU ROYAUME DE PERSE.

La Perfe eft fituée fous la zone tempérée, & eft coupée par une chaîne de montagnes, comme l'Apennin en Italie. Les provinces que ces monts couvrent du côté du nord, font fort chaudes; mais les autres qui les ont vers le midi, ont un air plus tempéré. Les rois de Perfe fe fervoient autrefois de cette commodité pour changer de demeure felon les faifons: paffant l'été à Ecbatane, l'hiver à Sufe, & le printems à l'automne, ou à Perfepolis, ou à Babylone. Les rois modernes fe fervent encore du même avantage, changeant de demeure prefque en toutes faifons. Cette fituation différente eft caufe que les provinces de Perfe ne font pas également faines. La terre y eft feche & fabloneufe dans la plaine, femée de petites pierres rouges, avec de gros chardons, qu'on brule dans les lieux où il n'y a point de bois. Les pays de montagnes & la province de Kilan font très-féconds, & renferment un grand nombre de villages. Les habitans y font fort adroits à conduire l'eau qui coule des montagnes, par des canaux, dont ils fe fervent à arrofer leurs jardins & leurs terres, aux lieux où il pleut rarement. Ils ne fement que l'ordinaire que du riz, du froment, de l'orge, du millet, des lentilles, des pois & des féves, l'avoine leur étant inconnue, & le feigle en averfion. Il n'y a point de province de Perfe qui ne produife du coton, qui vient en buiffon, de la hauteur de deux ou trois pieds. Les animaux domeftiques font des moutons, des chevres, des bufles, des bœufs, des chameaux, des chevaux, des mulets & des ânes. Les Perfans eftiment beaucoup leurs chevaux, qu'ils nourriffent avec de l'orge ou du riz, mêlé avec de la paille coupée. Ils ont plufieurs efpeces de chameaux. Les fruits de Perfe font bons & excellens, & fur-tout les melons, dont ils ont de plufieurs fortes, entre lefquels quelques-uns pefent jufqu'à 20 ou 30 livres. Le climat du pays eft admirable pour la vigne & pour toute forte d'arbres fruitiers. Les Perfans pour obéir au commandement de Mahomet, ne boivent point de vin; mais comme ils l'aiment paffionément, ils permettent non feulement que les chrétiens en faffent; mais même ils en achetent d'eux. Il eft permis de faire du firop de vin doux, qu'ils font bouillir jufqu'à ce qu'il foit réduit à la fixiéme partie, & qu'il s'épaiffiffe comme de l'huile. Ils appellent cette drogue *Dufchab*; & quand ils en veulent prendre ils la détrempent avec de l'eau, & y ajoutent un filet de vinaigre: cela compofe un breuvage affez agréable. Quelquefois ils réduifent le *Dufchab* en pâte, pour la commodité des voyageurs. Les Perfans ont grand nombre de meuriers pour la foie, qui fait le premier commerce, non feulement de ce pays, mais de tout l'Orient. Ils ont plufieurs fources de nafte, & des mines de fel & de fer, où l'on travaille; mais non pas à celles d'or & d'argent, parceque le profit qu'on prétendroit faire ne payeroit pas la dépenfe du bois, qui eft extrêmement rare dans ce pays-là.

MŒURS ET COUTUMES DES PERSANS.

Les Perfans ont pour l'ordinaire la taille médiocre, le corps bien pris & gras, le vifage olivâtre & bafané. Ils fe font rafer les cheveux & la barbe, excepté la mouftache, qu'ils ont fort grande; ils haïffent les cheveux roux, & ont coutume de fe peindre les mains, & fur-tout les ongles. Leurs cafaques & veftes font larges, & femblables aux habits de femmes. Leur démarche eft peu grave. La cœffure des hommes, qu'ils appellent *mendil*, eft de toile de coton, ou de quelque étoffe de foie, rayée de diverfes couleurs, en plufieurs tours; elle a jufques à huit ou neuf aunes de long, ayant fes plis légérement coufus, ou faufilés d'un fil d'or. Quelques Perfans, & même les plus grands du royaume, portent des bonnets fourrés. Les *mendils* de leurs religieux font blancs, & ceux des parens de Mahomet, verds. Plufieurs ont des bonnets rouges; ce qui eft caufe que les Turcs les appellent par mépris, *têtes rouges*. Les habits des femmes font faits d'étoffes plus fines que ceux des hommes. Elles ont pour l'ordinaire des de velours rouge ou verd; les cheveux mis en treffe leur tombent négligemment fur les épaules, & tout leur ornement de tête eft de deux ou trois rangs de perles. Elles font voilées en allant par la ville. Les Perfans font ordinairement propres, de l'efprit vif, & le jugement bon: ils font civils aux étrangers, tendres, honnêtes, agréables, complaifans, & grands faifeurs de complimens. Auffi un Perfan, qui prie un ami d'entrer chez lui ou qui lui fait offre de fervices fe fert ordinairement de ces termes: *Je vous prie d'ennoblir ma maifon par votre préfence; Je me facrifie à vos fouhaits; que la prunelle de mes yeux foit le fentier de vos pieds*, &c. Ils ont eu de tout temps la réputation de n'être pas trop amateurs de la vérité: & encore aujourd'hui, ceux qui ne mentent point ne font pas eftimés prudens. Mais au refte, ils font bons amis, & fi fidéles dans les amitiés particulieres qu'ils contractent enfemble, qu'ils les préferent au fang & à la naiffance. Ils font fouvent de ces alliances de cœur, fur-tout dans les feftins. On dit auffi d'eux en général, qu'ils ne manquent jamais de gratitude pour les biens qu'ils ont reçus; mais qu'ils font irréconciliables en leurs inimitiés. Ils font courageux & bons foldats, allant gaîement aux coups, & même aux plus dangereufes occafions. Les Perfans ont de la pudeur à l'extérieur; mais au fond ils font extrêmement débauchés: car quoiqu'ils aient un grand nombre de femmes, ils font fujets à d'autres vices très-honteux. Leurs maifons font propres, & fur-tout leur ménage de cuifine. Ils mangent ordinairement du riz, du mouton & quelque volaille, & ils ont diverfes fortes de pain. La boiffon du peuple eft de l'eau, où ils mêlent quelquefois du *Dufchab*; les moins fcrupuleux boivent du vin. L'ufage de l'opium y eft fort commun, & celui du tabac encore davantage. Pour le prendre avec délices, ils fe fervent d'un vafe rempli d'eau, & cette eau eft fouvent de fenteur. Ils y font entrer une cane creufe, ayant au bout la tête de la pipe: & avec une autre longue d'une

aune,

aune, qu'ils tiennent à la bouche, ils tirent la fumée du tabac, qui laisse dans l'eau ce qu'elle a de noir & de gras. Ils boivent du caffé en fumant, & usent aussi de thé. Le commerce est très-bien établi en Perse, où il y a plusieurs fabriques d'étoffes de soie, & de tapis : & comme la guerre ne détruit point le négoce, les marchands y deviennent riches. On remarque que la Perse produit tous les ans environ 20000 balles de soie, chacune de 216 livres. Les Persans prennent plusieurs femmes, ou plutôt les achetent, parceque les hommes donnent la dot aux peres des filles, & ceux-ci ne sont obligés que de les donner vierges. Leurs mariages se font avec des cérémonies assez particulieres ; mais comme ils sont très-jaloux, le divorce leur est permis. Ils lavent leurs morts, & ne mettent jamais leurs corps dans des fosses où l'on en ait enterré d'autres.

LA LANGUE, LES SCIENCES, ET L'ANNÉE des PERSANS.

Les Persans ont leur langue particuliere, qui tient beaucoup de l'arabe, mais nullement du turc. Il faut croire qu'elle est bien différente de l'ancienne, s'il est vrai ce que dit Hérodote, que tous leurs noms propres se terminent en S. La plupart d'entr'eux apprennent la langue turque, particulierement dans les provinces qui ont été long-temps soumises au grand-seigneur. L'arabe est en Perse la langue des savans, & leurs caractères sont arabiques. Ils ont des collèges & des universités : & de toutes les sciences, ils cultivent avec le plus de soin l'arithmétique, la géométrie, l'astronomie, l'astrologie, la morale, la médecine, la jurisprudence, la physique, l'éloquence & la poësie. Chardin assure qu'ils ont toute la philosophie d'Aristote en arabe, & l'appellent *Dunja piala*, c'est-à-dire, *le gobelet du monde*. La plupart de leurs pièces d'éloquence, qu'ils embellissent de beaucoup d'histoires & de sentences de moralité, sont en vers, aussi aiment-ils la poësie avec une passion extrême. On y trouve par-tout des poëtes, dont il y a d'excellens & de médiocres, comme par-tout ailleurs. Leur poësie rime toujours, quoiqu'ils ne soient pas fort exacts à observer le nombre des syllabes, & qu'ils ne fassent point de difficulté d'employer les mêmes mots pour faire la rime, comme en ces vers persans rapportés par Oléarius,

Tziri, tziri tiiahh Ianitzæ ?
Adamira demagh Ianitzæ ?
Tziri, tziri tziragh es teri bud
Admira demag cheri bud.

Le poëte fait allusion entre les mots *teri* & *cheri*, dont l'un signifie *humide*, & l'autre *ce qu'on a de l'âne*. Ce qui veut dire *pourquoi est-ce que la chandelle va finir ? Pourquoi est-ce que l'homme se vante ; & pourquoi est-il glorieux ? parceque'à l'une il manque du suif humide, & parceque l'autre est chargé de graisse d'âne*. Les anciens Perses avoient autrefois des mages, qui étoient leurs savans. Leur année est de trois cens soixante-cinq jours. En 1079 le sultan de Khorasan, nommé Gelaleddin, fit observer l'equinoxe du printemps, le jeudi 14 mars, à deux heures & neuf minutes après midi. C'est de ce point que commence l'ére Gélalée, composée d'années solaires, dont les Perses se servent. Le même sultan ordonna une intercalation du jour, de quatre en quatre années, & quelquefois en la cinquième, qu'ils nomment *Neurus el Sultan*, c'est-à-dire, *l'année de la majesté*, ou *l'année royale*. Ils suivent une période de 1460 ans, nommée *Sal Chodai*, c'est-à-dire *année de dieu ou du soleil* ; & ils ont encore l'ére, nommée de Jezdegirdes, qui commence le mardi 16 juin de l'an 632, 11 de l'hégire ou ére de Mahomet.

GOUVERNEMENT ET POLICE DES PERSES.

Le premier roi des Perses, dont nous ayons connois-

sance, est Achéménes, pere de Cambyses, & aïeul de Cyrus, qui commença de régner l'an du monde 3391, & 344 avant J. C. Le dernier de ses descendans fut Darius Codomanus, détrôné par Alexandre. Des successeurs de ce dernier, le royaume de Perse passa aux Parthes, auxquels il fut enlevé vers l'an 228 de J. C. par Artaxerxès Persan. Il établit la seconde monarchie des Perses, qui a duré jusqu'en 632, que le roi Jezdegirdes ou Hormisdas IV fut tué par Omar, calife des Sarasins. Ceux-ci ont été maîtres de cet état jusqu'à ce qu'ils furent détrônés par une dynastie de Turcomans, à laquelle en succéderent d'autres, qui se supplanterent les uns les autres. Les Turcomans furent chassés par les Mogols, & ceux-ci le furent par les descendans de Tamerlan. Ussun-Cassan ou Ozun-Asembec, fils d'Alibec, de la famille des Asembejes, & de la dynastie du Belierblanc, étant gouverneur d'Arménie, s'empara de la Perse, qui depuis lui, fut étrangement divisée. *Voyez* la table chronologique. Ismaël descendu d'une fille d'Ussun-Cassan, s'étant mis sur le trône, augmenta son royaume par sa prudence & par sa bravoure, de tout ce que ses prédécesseurs avoient possédé. Il régnoit au commencement du XVI siècle, & c'est depuis lui qu'on marque l'empire des sophis. Schah-Abbas l'a beaucoup agrandi dans le XVII siècle. Le royaume de Perse est héréditaire, & passe non seulement aux fils légitimes, mais même aux naturels, qu'on préfére aux autres parens. Cet état est monarchique, & tellement despotique, que le prince y gouverne avec un pouvoir absolu, faisant servir sa volonté de loi, & disposant absolument de la vie & des biens de ses sujets. Ceux-ci sont extrêmement soumis, & ne parlent jamais de leurs souverains, qu'avec des sentimens très-respectueux. Ils ont coutume de nettoyer avec soin les lieux où le roi s'est assis, en rendant justice, & même de sortir de la ville, quand le prince va se promener dans les rues avec ses femmes. Le revenu du roi de Perse est dans la possession d'une bonne partie des terres de son pays, dans ses douanes, dans le commerce qu'il fait des soies, dans le tribut qu'il fait payer aux Arméniens, & dans ce qu'il tire de diverses fermes qu'il donne, de la pêche, des passages, &c. Mais ce revenu n'est pas aussi considérable qu'on le croit. Il a divers officiers, dont les charges ne sont pas héréditaires. Les gouverneurs des provinces sont obligés d'entretenir un certain nombre de soldats, pour servir dans les occasions ; ils emploient à cela une partie du revenu de leurs provinces. Leur milice n'est presque composée que de cavalerie. Ils ne se servent d'armes à feu, que depuis 1603, qu'Abbas I les employa utilement à la prise de Tauris sur les Turcs.

RELIGION DES PERSANS.

Les anciens Perses adoroient le soleil, la lune, le feu, & les autres fausses divinités du paganisme. Ceux d'aujourd'hui suivent la doctrine de Mahomet, comme les Turcs ; mais ils sont néanmoins différens en sentimens : c'est sur cette différence qu'est principalement fondée l'inimitié qui est entr'eux. Ils n'expliquent point l'alcoran de la même façon : ils n'ont les mêmes saints ni les mêmes cérémonies. Ils disent que Mahomet ayant ordonné qu'Ali lui succédât, Abubeker, Omar & Osman usurperent la souveraine puissance ; mais que le premier y étant parvenu, ne changea rien dans l'alcoran, qui est la livre de la loi, quoique les uns & les autres lui donnent des explications différentes. Sur la fin du XIV siècle, un certain religieux Mahométan, qui se disoit de la famille d'Ali, prêcha une nouvelle doctrine, enseignant de bouche & par écrit, que Dieu l'envoyoit pour relever la gloire du même Ali, ensevelie depuis plusieurs siécles. Ce nouveau saint se nommoit *Sofi*. L'austérité de sa vie, l'innocence extérieure de ses mœurs & son esprit lui donnerent beaucoup de réputation, & la qualité de *Scheich*, c'est-à-dire, *fils du prophete*. Il supposa grand nombre de miracles faits par Ali ; & ainsi les Persans s'attacherent à cette doctrine ; quittant celle des Turcs , & ajoutant à leur symbole , qu'Ali est coadjuteur ou lieutenant de Dieu. Les Persans, non contens d'avoir établi la sainteté du même Ali , ont donné à douze de ses successeurs le nom de saints , & la qualité d'*Iman* , c'est-à-dire , *prélat*. Ils visitent les tombeaux de ces prétendus saints , & célèbrent leurs fêtes. Leurs purifications , leurs prieres & leurs cérémonies sont différentes de celles des Turcs. Le vendredi est un jour de fête pour eux. Ils ont un carême, qui les oblige à jeûner durant le jour ; mais ils se remplissent de viandes pendant la nuit. La circoncision se fait chez eux aux hommes & aux femmes. Ils ont divers religieux, & un grand nombre de cérémonies superstitieuses.

SUCCESSION CHRONOLOGIQUE DES ANCIENS ROIS DE PERSE.

Ans du M. Avant J.C.		Durée.
3391.	644.	Achémenes , *descendu de Perse*.	
3436.	599.	Cambyses , fils d'Achémenes.	
3499.	536.	Cyrus , fils de Cambyses.	7.
3506.	529.	Cambyses , fils de Cyrus.	7.
3513.	522.	Les Mages.	1.
3514.	521.	Darius , fils d'Histaspes.	36.
3550.	485.	Xerxès , fils de Darius.	12.
3562.	473.	Artaxerxès *Longuemain*.	48.
3610.	425.	Xerxès II , fils d'Artaxerxès.	1.
3611.	424.	Sogdien , frere de Xerxès.	4 mois.
3612.	423.	Darius *Ochus* , frere de Sogdien.	19.
3631.	404.	Artaxerxès *Mnemon* , fils de Darius.	43.
3675.	360.	Artaxerxès *Ochus* , fils de Mnemon.	23.
3697.	338.	Arsès , dernier fils d'Artaxerxès *Ochus*.	2 & quelques mois.
3699.	336.	Darius *Codomanus* , fils d'Arsanes.	6.
3705.	330.	Alexandre *le Grand*.	6.

Les successeurs d'Alexandre se disputerent la succession de cet empire, qui a été possédé par différens maîtres, jusqu'à l'établissement d'une monarchie fixe par Artaxerxès, l'an 229 après Jesus-Christ.

ROIS DE PERSE DU MOYEN AGE.

Ans après J. C.		Durée.
229.	Artaxerxès.	13.
242.	Sapor I.	31.
273.	Hormisdas I.	1.
274.	Varanes I.	3.
277.	Varanes II.	17.
294.	Varanes III, dit *Seganfaa*.	4 mois.
295.	Narsès.	7.
301.	Hormisdas II.	7.
309.	Sapor II.	70.
380.	Artaxerxès II.	4.
384.	Sapor III.	5.
389.	Varanes IV , dit *Kerman Saa*.	11.
400.	Isdegerdes I.	20.
420.	Varanes V.	21.
441.	Isdegerdes II.	17.
458.	Perozès.	24.
482.	Obalas.	4.
486.	Cabades , déposé.	11.
497.	Zamaspes.	4.
501.	Cabades , rétabli.	30.

Ans après J. C.		Durée.
531.	Chosroës *le Grand*.	48.
580.	Hormisdas III.	12.
591.	Chosroës II.	37.
628.	Siroës.	1.
629.	Adeser ou Adhesir.	7 mois.
629.	Sarbaras ou Barazas.	2 ou 6 mois.
630.	Borane , fille de Chosroës.	7 mois.
630.	Hormisdas IV , ou Jezdegirdes.	2.

Isdegerdes III, dernier roi de la race des anciens Perses , perdit la vie dans une bataille gagnée par les Arabes , qui s'emparerent de la Perse l'an 31 de l'hégire, & 651 de J. C. Son ére tombe non sur l'année de sa mort, mais sur le commencement de son régne , c'est-à-dire, sur la 11ᵉ année de l'hégire , & sur la 632ᵉ de J. C. Les califes posséderent cet état jusqu'à Thaher , qui sous le régne du calife Al-Mamon, l'an 205 de l'hégire , & 820 de J. C. fonda la dynastie des THAHERIDES , laquelle dura 56 ans , sous cinq rois ou princes. A celle-ci succéda celle des SOFFARIDES l'an de l'hégire 259 , & 872 de J. C. Elle n'eut que trois princes ; & après 34 ans elle fit place à la dynastie des SAMANIDES , qui dura 110 ans sous neuf princes. Celle des GAZNEVIDES commença l'an de l'hégire 384 , & 994 de J. C. & dura 155 ans , sous quatorze princes jusqu'à l'an de l'hégire 539 , & de J. C. 1144. Ensuite vint celle des GAURIDES , qui régna 64 ans , sous cinq rois , depuis l'an de l'hégire 546 , & de J. C. 1150 , & finit l'an 609 de l'hégire , & 1212 de J. C. La dynastie des KHOVARESMIENS occupa le trône en la personne de Cothbeddin-Mohammed, & eut quatre princes , jusqu'en l'an de l'hégire 628 , & 1230 de J. C. qu'elle fut détruite par Giarmagun , qui se rendit maître de la Perse pour Octai-Khan fils de Genghiskhan. Ainsi la dynastie des MOGOLS régna sur la Perse pendant 108 ans , sous treize princes , jusqu'en l'an 736 de l'hégire , & 1335 de J. C. Arbakham fut alors dépouillé du sceptre par Tamerlan ou Timur , dont les descendans formerent la dynastie des TIMURIDES. Aboused, arriere-petit-fils de Tamerlan , fut défait par Hassan-Beg ou Ussun-Caffan, de la dynastie du MOUTON-BLANC, l'an 873 de l'hégire , & 1468 de J. C. Hassan fut souverain de la Perse aussi bien que ses enfans , Khalif-Mirsa-Macsoud-Beg, Jacoub-Beg , Massin-Beg ; & ses petits-fils Alig-Beg-Bai-Sangar , Bostan-Beg & Morad-Beg , qui fut tué dans une bataille par Ismaël sophi, l'an 920 de l'hégire, & 1514 après J. C. Ismaël & ses descendans ont depuis régné sur la Perse.

DYNASTIE DES SOPHIS DE LA RACE D'ALI.

Années de l'hégire.	Années de J. C.		Durée de régne.
920.	1514.	Ismaël I , schah ou sophi.	8.
930.	1523.	Schah Thamasb ou Tamas.	53.
983.	1575.	Schach-Ismaël II.	2.
985.	1577.	Mohammed *Kodabendeh*.	7.
993.	1585.	Schah-Abbas I.	45.
1039.	1629.	Schah-Sophi.	13.
1052.	1642.	Schah-Abbas II.	26.
1079.	1668.	Schah-Ismaël III.	

AUTEURS QUI PARLENT DE LA PERSE.

Voici les noms des principaux auteurs qui ont parlé de l'empire des Perses. Nous les marquons ici sans ordre , & tels qu'ils se présentent d'abord , commençant par les géographes. Strabon , *l.* 15. Pline , *l.* 6. Ptolémée. Solin. Pomponius Méla. Ortélius. Mercator. Magin. Cluvier. Du Val. Sanson. Hérodote. Xénophon. Diodore de Sicile. Justin. Quint-Curce. Arrien. Eusebe. Josephe. Procope. Agathias. Cédréne. Guillaume de Tyr. Haiton. Sanut. Bizarre ou Bizard qui a écrit l'histoire de Perse.

unclavius. Chalcondyle. Paul Jove. Les voyages de
ietro della Valle, d'Oléarius, de Thomas Herbert,
e Paul Vénitien, de Thévenot, de Tavernier; les
elations du Levant de Poulet ; celles du pére Gabriel
e Chinon, publiées par Moreri. Les ambassades de
usbeque, de Thomas Minodous. L'Afrique de Mar-
nol. Les auteurs de l'histoire des Sarasins, &c. * Con-
ultez aussi le moine Isaac, in exp. can. Persic. Christ-
nan, dans ses commentaires sur Alfragan, tit. de ca-
ind. Persic. Scaliger, l. 3 & 8, de emend. temp. Petau,
le doctr. tempor. l. 3 & 11. Salian & Torniel, in annal.
iccioli, chron. reform. l. 1, c. 18 ; l. 5, c. 11, &c.

PERSE (Caïus, ou comme le nomme Pline, Manius)
été un des plus savans hommes de son temps. Cicéron
en parle deux ou trois fois. Il fut questeur l'an de Rome
508, & préteur deux ans après. Le poëte Lucilius le re-
doutoit, & il avouoit de bonne foi qu'il n'écrivoit pas
pour de telles gens, & qu'il cherchoit des lecteurs qui
ne fussent pas aussi doctes que celui-là. Quelques-uns
crurent que Perse fit la harangue qui fut prononcée par
le consul Caïus Fannius contre Caïus Gracchus, l'an 631
de Rome. La raison de ce sentiment fut que Fannius
n'étoit qu'un médiocre orateur, & que sa harangue étoit
si belle, & que d'autres crurent que plusieurs grands personnages y avoient contribué chacun selon sa portée.
Cicéron néanmoins réfuta ceux qui lui donnoient soit
cette harangue à Fannius. Fungerus a confondu mal-à-
pròpos le Perse dont nous parlons, avec le poëte satyrique de même nom. * Vossius, instit. orat. lib. 4. Bayle,
dictionaire critique.

PERSE (Aulus Persius Flaccus) poëte célèbre du
temps de Néron, naquit selon quelques-uns à Volterre
en Toscane, & selon d'autres, dans la Ligurie en état
de Gènes, en l'endroit appellé autrefois Portus Luna,
& aujourd'hui Golfo della Spezzia. Ce fut l'an 34 de
Jesus-Christ, sous l'empire de Tibere, & sous le consulat de Fabius Persicus & de Lucius Vitellius. Le rang que
tenoit la famille de Perse, qui étoit né chevalier Romain,
fit qu'on n'épargna rien pour son éducation. Après avoir
commencé ses études à Volterre, il les continua à Rome
sous le grammairien Palémon, sous le rhéteur Virginius
Flaccus, & sous Annæus Cornutus, philosophe Stoïcien,
avec lequel il se lia d'une amitié, qu'il s'est fait un devoir de consacrer dans ses ouvrages. Pætus Trasea, Lucain & quelques autres de même naissance & de même
réputation, étoient aussi de ses amis. Il mourut à l'âge de
28 ans, sous le consulat de Publius Marius & d'Asinius
Gallus, l'an de Jesus-Christ 62. Par un billet en forme
de testament qu'il mit entre les mains de sa mere, il légua une grosse somme à Cornutus, avec sa bibliothéque
composée de 700 volumes. Ce philosophe accepta les
livres, & laissa l'argent aux sœurs de son ami. Le portrait qu'on a laissé de Perse, nous le représente comme
un homme extrêmement doux, chaste & très-sensible
aux impressions de la pudeur : caractères d'autant plus
surprenans dans ce poëte, que ses satyres semblent sortir d'une plume trempée dans le fiel, & que sa mauvaise
humeur se déchaîne en termes quelquefois trop libres
contre les objets qui la blessent. Quoique ses ouvrages
aient eu l'avantage de passer jusqu'à nous, leur destinée
a été assez bizare, par rapport aux différens jugemens
qu'on en a portés. Quelques critiques des derniers siécles, & les deux Scaliger, entr'autres, aigris principalement par la dureté de Perse, & par l'obscurité qu'il semble avoir affectée, se sont inscrits en faux contre les témoignages rendus en sa faveur par Lucain, Martial, &
par Quintilien même. Mais n'y a-t-il pas lieu de croire
que les mêmes endroits qui ont fait mériter à Perse l'admiration des anciens, sont ceux qui ont irrité contre lui
la censure des modernes ? Tous les traits dont Perse s'ar-
moit contre le vice, étoient empruntés ou de la chronique scandaleuse de la cour de Néron, ou de certains poëmes ridicules, composés par ce prince & par ses courtisans,
ou de la morale des Stoïciens, qui étoit alors en vogue.
Voila les applications que les beaux esprits contempo-

rains de Perse ne pouvoient se lasser de louer, parcequ'ils
en sentoient la finesse. Voila ce qu'ont ignoré ceux qui
sont venus depuis ; & de leur ignorance est né l'injuste
mépris dont ils se sont fait honneur d'accabler un auteur
qu'ils n'entendoient pas. Cependant il faut avouer, à
moins que de s'aveugler volontairement, qu'aujourd'hui
même, au travers des nuages qui enveloppent ses satyres,
on voit briller des beautés presque inimitables. Au reste
Perse, invectiva d'une maniere très-aigre contre les désordres de son temps, & n'épargna pas même la personne de l'empereur Néron, qu'il tourna plus d'une fois
en ridicule ; tantôt d'une maniere obscure, & tantôt
plus à découvert. Les Romains fatigués du fréquent récit des poësies de leur prince, qui vouloit être auteur à
quelque prix que ce fût, n'avoient pas de peine à le reconnoître dans les vers de sa façon, que Perse avoit pris
soin d'insérer, dans une de ses satyres, tels qu'étoient
ceux-ci :

Torva Mimalloneïs implerunt cornua bombis,
Et raptum vitulo caput ablatura superbo
Bassaris ; & Lyncem Mænas flexura corymbis
Evion ingeminat : reparabilis adsonat Echo.

Car on ne peut douter que ce fragment ne soit de Néron.
C'est l'opinion de tous les critiques, fondés sur le témoignage du vieux scholiaste de Perse, & celle que le célébre M. Despréaux, dans son discours sur la satyre, a cru
devoir embrasser après Casaubon. Cependant Bayle
s'imagine que le Torva Mimalloneïs ne pouvoit être,
ni un fragment des poësies de Néron, ni une parodie ou
imitation de ses vers. Cette conjecture est moins solide
que brillante ; & pour peu qu'on l'examine de près, il
est aisé d'en découvrir le foible. Cornutus, dit Bayle,
avoit détourné Perse de risquer ce vers :

Auriculas asini Mida rex habet,

dont l'application tomboit naturellement sur Néron, &
pour l'adoucir il avoit substitué ces mots : *Auriculas asini*
quis non habet ? Est-il donc croyable que dans la même
satyre il eût permis à son ami d'exposer à la risée publique quatre vers de la composition d'un prince très-déli-
cat sur tout ce qui pouvoit nuire à sa réputation de bel
esprit ? Voila l'objection de Bayle dans toute sa force ;
mais que conclut-elle ? On convient avec lui, s'il le
veut, que Cornutus avoit encore retranché de la satyre
de Perse les vers de Néron, & généralement tout ce
qui pouvoit le piquer trop sensiblement ; on est même
persuadé, quoique l'auteur de la vie de Perse n'en parle
point ; il ne s'étoit point engagé de tout dire. D'ailleurs
l'endroit où est cité les *Auriculas*
tombe trop brusquement, pour ne pas faire croire que
cette vie de Perse est imparfaite. Après cet aveu, Bayle à
son tour pourroit peut-être bien tomber d'accord, que si
Cornutus prit soin de rectifier les satyres de son ami,
ce fût sans doute lorsque ce dernier ne put plus se
défendre d'en être l'auteur. Cela supposé, n'est-il pas
vraisemblable que les premieres copies qui en avoient
couru sans nom, furent conservées toutes entieres, &
servirent après la mort de Néron, à rétablir les retranchemens de celles que Perse avoit publiées sous le règne
de ce prince ? La même raison doit diminuer l'idée du
danger qu'auroit couru le poëte, en attaquant directement
un empereur aussi terrible que le sien. On n'est respon-
sable d'un ouvrage que, après l'avoir avoué, & non pas
lorsqu'il court encore en lambeaux, où chaque lecteur
est maître d'y ajouter du sien. Peut-être aussi que cette
satyre de Perse, avant que d'avoir été retouchée, n'é-
toit pas arrivée jusqu'à Néron : & quand même elle y
seroit parvenue, ce prince entendoit quelquefois raillerie & tout cruel qu'il étoit, il laissoit échaper quelques
traits de clémence. Le parricide qu'il avoit commis en la
personne de sa mere Agrippine, avoit attiré sur lui une
grêle de vers satyriques, & entr'autres, ceux-ci :

Quis negat Æneæ magna de stirpe Neronem ?
Sustulit hic matrem , sustulit ille patrem.

Cependant , loin de rechercher l'origine de ces libelles , il empêcha même , au rapport de Suétone , qu'on ne punît ceux qui furent accusés d'en être les auteurs. A plus forte raison eût-il pu faire grace à un poëte dont tout le crime étoit de l'avoir cité malicieusement. Mais ce qui doit convaincre plus efficacement que les vers allégués sont de Néron , c'est l'idée que Suétone nous donne de son style poëtique , en rapportant la raillerie qu'en fit un jour Lucain. On y reconnoît, aussi-bien que dans le *Torva Mimalloneis* , les cascades ridicules des vers de Néron , dont l'enflure rendoit la prononciation également bizarre & pénible. Si l'on fait encore difficulté d'en convenir , il ne faut que confronter les quatre vers contestés , avec un autre vers que Sénéque cite d'après Néron , dans le premier livre de ses questions naturelles :

Colla Cytheriacæ splendent agitata columba.

Bien plus , Casaubon & Scaliger ne se sont pas contentés d'attribuer à Néron le *Torva Mimalloneis* , ils ont cru même qu'il étoit tiré d'une tragédie composée par ce prince , fondés sur ce passage de Dion , *liv.* 61 : Ἐπεσφέ-δησέ τι Ἀττιν τινὰ ἢ Βάκχας ὁ Ἀύγειον. *L'empereur chanta sur la lyre Attys ou les Bacchantes.* Bayle a raison de leur opposer que Dion ne marque point positivement que Néron fût l'auteur de cette tragédie ; mais cette omission ne gâte rien ; & les préjugés sont d'autant plus favorables à Casaubon , qu'il y a lieu de présumer que l'empereur ne se piquant pas moins de poësie que de chant , représentoit plus volontiers les piéces de sa composition ; & d'ailleurs les termes des quatre vers en question conviennent parfaitement au sujet des bacchantes. Quant à l'objection de Bayle , qui insiste sur ce que ces vers étant hexamétres , ne peuvent être tirés d'une tragédie , il est très-aisé de la détruire , en observant que non-seulement les vers hexamétres entroient autrefois dans les chœurs , ce qui est commun dans ceux de Sénéque , mais même qu'ils étoient quelquefois admis dans le corps des poëmes dramatiques , comme on le peut voir chez les Grecs. En sortant de cette longue digression , où l'on s'est jetté insensiblement dans le dessein de faire l'apologie de Perse , il est bon de remarquer que ce poëte ne doit pas être confondu avec C. PERSIUS FLACCUS , personnage d'une rare érudition , mais qui vivoit deux cens ans auparavant. * *Vita Persii.* Vetus scholiast. in Pers. Dion , *l.* 16. Sueton , *in Neron.* Quintil. *l.* 10, *cap.* 1. Martial. Senec. *Quæst. natural. l.* 1. Vossius , *de poët. Latin.* Bayle , *diction. crit.*

PERSECUTION DE L'EGLISE : nom que l'on donne aux temps fâcheux , pendant lesquels les chrétiens ont été tourmentés par les puissances infidéles , ou par les hérétiques appuyés de la faveur des souverains. On en compte ordinairement vingt-quatre ; mais Riccioli en ajoute deux qui font vingt-six. Celles qu'il ajoute sont la premiere & la sixiéme dans l'ordre qui suit.

I. La premiere persécution arriva à Jérusalem contre saint Etienne & contre les autres nouveaux chrétiens , à l'instigation de Saul , nommé depuis *saint Paul* , & fut continuée par Hérodes *Agrippa* contre saint Jacques , saint Pierre & les autres , dont il est parlé dans les actes des apôtres , *chap.* X.

La II sous Néron , commença l'an 10 de son regne , & le 64ᵉ depuis la naissance de Jésus-Christ , à l'occasion de l'incendie de la ville de Rome , qui dura six jours , depuis le 19 juillet jusqu'au 24 , & qui fut imputée faussement aux chrétiens. Cette persécution , que Néron ordonna par un édit , dura jusqu'à la mort de cet empereur arrivée l'an 68.

La III sous Domitien , commença l'an 9 de son regne , & le 90ᵉ depuis Jesus-Christ , & fut ordonnée par un édit fort rigoureux , en 95. Elle dura jusqu'à la mort de cet empereur qui fut tué au mois de septembre de l'année 96.

La IV sous Trajan , commença la premiere année de son regne , & la 97ᵉ depuis la naissance de Notre-Seigneur. Cet empereur ne fit point d'édit contre les chrétiens , mais une ordonnance générale , par laquelle il défendoit toutes sortes d'assemblées & de sociétés : d'où les gouverneurs des provinces prirent occasion de persécuter les chrétiens qui s'assembloient dans leurs oratoires. Enfin Tibérien , gouverneur de la Palestine , ayant écrit à l'empereur qu'il n'y avoit pas assez de bourreaux pour faire mourir tous les chrétiens qui se présentoient , Trajan , selon le témoignage de Suidas , fit cesser cette persécution l'an 116.

La V persécution se fit sous Adrien , & commença l'an 118. Cet empereur ne publia point d'édit contre les chrétiens , mais il donna ordre à tous les gouverneurs des provinces de faire observer les loix qui défendoient les nouvelles religions. Huit ans après , c'est-à-dire , en l'année 126 , après que Quadrat , évêque d'Athènes , & Aristides , philosophe chrétien , eurent présenté une apologie à l'empereur Adrien , ce prince commanda qu'on cessât de tourmenter les chrétiens ; mais on ne laissa pas de les persécuter jusqu'en 129. Lorsque cet empereur fût de retour à Rome l'an 136 , on y fit encore mourir quelques martyrs.

La VI sous Antonin *le Débonnaire* , commença l'an 138. Quoique cet empereur n'eût fait aucun édit contre les chrétiens , ses officiers néanmoins en firent mourir plusieurs , principalement après qu'Antonin eut défendu de lire les vers des sibylles & les livres de prophétes , parceque la lecture de ces livres détournoit un grand nombre de païens du culte des faux dieux. L'an 153 l'empereur voyant tout l'empire romain affligé par la famine , par des incendies , des inondations & des tremblemens de terre , voulut appaiser tous les dieux , & entr'autres le Dieu des chrétiens ; ce qui l'obligea de faire cesser la persécution. Néanmoins l'an 156 le pape Hygin fut martyrisé.

La VII sous Marc-Aurele , commença l'an 161 , & finit en 174 , après la victoire que cet empereur remporta contre les Quades & les Marcomans , par la valeur & par les prieres de la légion chrétienne , nommée *la légion foudroyante.* Alors il défendit par un édit de punir aucun chrétien sur ce qui regardoit la religion ; & ordonna que les accusateurs fussent condamnés au feu. Néanmoins le pape Soter fut martyrisé l'an 177 , trois ans avant la mort de Marc-Aurele.

* L'église chrétienne jouit de la paix sous les empereurs Commode, Pertinax & Didius Julianus , c'est-à-dire , depuis 180 jusqu'à 193 ; car Commode eut de la déférence pour Martia , qui favorisoit les chrétiens ; & les deux autres empereurs ne voulurent point révoquer l'édit de Marc-Aurele.

La VIII persécution commença sous l'empereur Severe , l'an 199. Il avoit laissé les chrétiens en paix pendant les six premieres années de son régne ; mais les crimes des Juifs & des Gnostiques , que l'on imputa à tous les chrétiens , firent renaître une nouvelle persécution , qui dura jusqu'en 211 , que cet empereur mourut.

* L'église fut en paix sous les empereurs Caracalla & Géta. Macrin leur succéda en 217 , & sous son régne on fit mourir Asclépiades , évêque d'Antioche. Eliogabale posséda ensuite l'empire l'an 218 , & de son temps quelques infidéles firent mourir le pape Zéphirin. Alexandre *Severe* , qui monta sur le trône l'an 222 , favorisa les chrétiens ; mais à son insu on en tourmenta quelques-uns , qui souffrirent constamment le martyre.

La IX sous Maximin , commença l'an 235. Cet empereur ordonna seulement par un édit , que l'on punît du dernier supplice les prélats de l'église , comme auteurs de la nouvelle doctrine ; mais les gouverneurs des provinces exercerent la même cruauté contre les clercs.

* L'église jouit de la paix sous les empereurs Gordien & Philippe , c'est-à-dire , depuis l'an 238 jusqu'en 249.

La X persécution fut ordonnée en 249 par l'empereur Décius , & cessa à sa mort en 251.

* Les empereurs Gallus & Volusien ne persécuterent

t les chrétiens, au commencement de leur régne ; en 253 ils les firent condamner à de cruels suppli- suivant l'édit de Décius leur prédéceffeur.

a XI, fous Valérien & Gallien, ne commença n 257 ; car ces empereurs ayant fuccédé à Gallus & oluſien l'an 254, laifferent les chrétiens en repos ; ût à leur inſu que le pape Lucius fut martyrifé pour i l'an 255. Mais en 257 ils publierent un édit pour rminer tous ceux qui faifoient profeſſion du chriſtia- ie, ou plutôt ils renouvellerent celui de Décius. e perſécution dura trois ans & demi, c'eſt-à-dire, u'en 260.

Pendant les huit dernieres années du régne de Gal- , fous les empereurs Claudius & Quintilius, & pen- t les trois premieres années d'Aurelien, l'égliſe fut npte de perſécution. Cette paix dura treize ans.

a XII perſécution ſe fit fous Aurélien, & commença la troiſiéme année du régne de cet empereur, qui t l'an 273 de J. C. & fut continuée juſqu'en 275.

L'égliſe fut en repos fous les empereurs Tacite, Pro- & Carus, c'eſt-à-dire, depuis l'an 275 juſqu'en 282, Numérien, aſſocié à l'empire, fit quelques ordon- ces contre les chrétiens.

a XIII perſécution fut ordonnée par Dioclétien & ximien, en l'année 303, qui étoit la 19e de leur ré- . S'étant démis de l'empire, l'an 304, en faveur de ere & de Conſtance Chlore, cette perſécution con- a fous le nom de Dioclétien, juſqu'en 310, que Ga- la fit ceſſer. Après fa mort, Maximien la renouvella 312, & Licinius la continua avec beaucoup de uté depuis l'an 316 juſqu'en 325, que l'empereur nſtantin donna la paix à l'égliſe. Touchant ces perſé- ions, on peut lire la diſſertation de Henri Dodwel ; pauciatate martyrum, où il en diminue mal-à-propos iombre, & la violence des perſécutions. Elle eſt en- fes Diſſertations Cyprianiques. Mais il faut s'arrêter à qu'en a dit D. Ruinard, dans la diſſertation qu'il a poſée à celle de Dodwel, & qui ſert de préface à fon ueil des actes des martyrs.

* L'empereur Conſtance, fils de Conſtantin le Grand, oriſa fort les Ariens dès l'an 337, qu'il ſuccéda à ſon re ; ce qui fut une eſpece de perſécution, qui dura juf- 'en 361.

La XIV fut ordonnée par Sapor II, roi de Perſe, en nnée 343, qui étoit le 34e de ſon régne. Ce prince s'é- nt laiſſé perſuader par les Mages & par les Juifs, qui uſerent les chrétiens d'être affectionnés aux Romains, mmanda à ſes officiers de punir de mort tous ceux qui oient dans ſon royaume ; & Sozomene rapporte que s infideles y firent mourir environ ſeize mille martyrs.

La XV perſécution dura un an, fous l'empire de Julien Apoſtat. Il ne publia point d'édit contre les chrétiens ; ais il les faiſoit ſolliciter pour embraſſer le culte des ux dieux, & il condamnoit à la mort ceux qui n'y vou- ient pas conſentir, leur imputant d'autres crimes qu'il ppoſoit.

La XVI fut autoriſée par l'empereur Valens, Arien, epuis l'an 366, juſqu'en 378.

La XVII fut ordonnée par Iſdegerdes, roi de Perſe, n 420. Ce prince avoit permis l'exercice du chriſtianiſ- ne dans ſon royaume ; mais l'évêque de Marutha ayant battu un temple dédié au feu, que les Perſes adoroient omme un dieu, & ne voulant pas le rétablir, fut con- lamné à la mort par ordre du roi, qui tâcha enſuite l'exterminer tous les chrétiens. Cette perſécution dura depuis l'an 420, juſqu'en 450, qui étoit la 9e année du régne de Varannes V.

La XVIII perſécution ſe fit contre les catholiques, pendant le régne de Genſéric, roi des Vandales, Arien, depuis 437, juſqu'en 476.

La XIX, fous le régne de Huneric, roi des Vandales, fucceſſeur de Genſéric, commença en 483, & dura juf- qu'à la mort de ce roi en 484.

La XX fut fous Gondebaud qui ſuccéda à Huneric l'an 484, & laiſſa les catholiques en paix pendant dix

ans ; mais en 494 il exerça de grandes cruautés con- tr'eux.

La XXI fous Traſimond, frere & fucceſſeur de Gon- debaud, la commença qu'en l'année 504 ; car aupara- vant ce roi tâchoit de ſéduire les catholiques à force de préſens, & s'étoit contenté de défendre qu'on élût de nouveaux évêques en la place des défunts.

* Hilderic, fils de Huneric, & petit-fils de l'empereur Valentinien, dont ſa mere étoit fille, rappella les évê- ques, & fit ouvrir les égliſes l'an 622. Ainſi finirent les quatre perſécutions Vandaliques.

La XXII perſécution, excitée par les Ariens en Eſpa- gne, commença fous Léowigilde, roi des Goths, l'an 584, & finit fous Récarede en 586.

La XXIII fous Choſroës II roi de Perſe, commença en 607, & dura 20 ans, c'eſt-à-dire, juſqu'en 627, qu'ayant été défait par Héraclius, il fut tué par ſon pro- pre fils Siroës.

La XXIV fuſcitée par les Iconoclaſtes, ou Briſe- Images, commença l'an 726, fous Léon Iſaurique, empereur d'Orient, & dura juſqu'en 741. Elle fut con- tinuée fous Conſtantin Copronyme, juſqu'en 775.

La XXV fut ordonnée par Henri VIII, roi d'Angle- terre, l'an 1534, contre tous les catholiques, après que ce prince ſe fut ſéparé de l'égliſe romaine. Elle fut renou- vellée par la reine Elizabeth.

La XXVI perſécution commença dans le Japon l'an 1587, fous le régne de Taicoſama, à l'inſtigation des Bonzes. Elle fut renouvellée en 1616 par le roi Xon- guſama, & exercée avec encore plus de cruauté par Toxonguno, qui lui ſuccéda en 1631. * Riccioli, chro- nologiæ reformatæ, tom. III.

PERSÉE, Perſeus, fils de Jupiter & de Danaé, épouſa Andromède, dont il eut Alcée, Sthénélus, Hélas, Meſtor & Electryon ; & rendit ſon nom fa- meux par ſes exploits. Voici de quelle maniere les poëtes anciens rapportent l'hiſtoire de ſa naiſſance. Acriſius ayant appris de l'oracle que ſon petit-fils lui donneroit la mort, fit enfermer Danaé dans une forterefſe, dont il fit garder les avenues par des gardes fideles. Jupiter ayant conçu une extrême paſſion pour Danaé, ſe chan- gea en pluie d'or, & trouva moyen de s'introduire dans l'endroit où Danaé étoit enfermée, la fit conſentir à ſa paſſion, & en naquit le nommé Perſée. Acriſius ayant appris que ſa fille étoit enceinte, la fit jetter dans la mer, eſpérant qu'elle ſeroit ſubmergée par les flots avec ſon fils Perſée. Mais l'événement ne répondit point à l'attente d'Acriſius, car les flots porterent heureuſe- ment Danaé & Perſée ſur les bords du rivage. Un marinier les ayant menés au roi de ce pays, ce prince ayant appris de quelle famille étoit Danaé l'épouſa, & confia l'éducation de Perſée à Dictys, frere de Polyde- cte, princeſſe de ce pays. Comme il étoit prudent & courageux, les poëtes ont feint que Minerve lui avoit prêté ſon bouclier. Il ſurmonta Méduſe, vainquit les peuples du mont Atlas, & délivra Andromède d'un monſtre marin, & des pourſuites de Phinée. A ſon re- tour il tua innocemment ſon aïeul Acriſe. Touché de ce funeſte accident, il quitta Argos, & ſe contenta de Tyrinthe, dans le territoire de laquelle il bâtit Mycé- nes, où ſa race régna près de cent ans. Perſée aima les gens de lettres, & fonda une école. Les poëtes l'ont placé au rang des conſtellations, comme un des plus illuſtres héros dès temps fabuleux. Cherchez ACRISE, DANAÉ, ANDROMEDE, & PEGASE. * Ovide, l. 4 & 5 met. Plutarque. Euſebe, &c.

PERSÉE, Perſeus, dernier roi de Macédoine, fuc- céda l'an du monde 3857, & 178 avant J. C. à ſon pere Philippe, qui n'étant pas ſatisfait de ſa conduite, avoit eu deſſein de le déſhériter, & de donner le royau- me à Antigonus, fils du frere de ſon tuteur. Perſée fit mourir ſon compétiteur, & fit la guerre aux Romains ſans aucun ſuccès. Il fut ſouvent battu, & fut entiere- ment défait à la bataille de Pydne, par Paul Emile, l'an du monde 3867, & 168 avant J. C. Dans la déroute générale de son armée, il prit la fuite, & s'étant retiré dans l'isle de Samothrace, il fut découvert par les Romains, & mené en triomphe à Rome, devant le char de Paul son vainqueur. Son régne fut de 10 années. Quelques critiques modernes prétendent qu'il fut réduit à une si-dure nécessité, qu'il fut obligé d'exercer le métier de serrurier pour gagner sa vie. * Casaubon, *in notis ad Julium Capitol. cap.* 5. Tite-live, *l.* 49. Justin, *l.* 33. Plutarque, *en la vie de Paul Emile.* Velleius Paterculus. Eutrope. Florus, &c.

PERSÉE, *Perseus*, peintre, disciple d'Apellès, vivoit sous la CXII olympiade, & vers l'an 332 avant J. C. Il avoit écrit un traité de la peinture, qu'il dédia à Appellès.

PERSÉE, *cherchez* PERSÉS.

PERSEIGNE, *cherchez* ADAM DE PERSEIGNE.

PERSEIGNE, village & abbaye de France dans le Maine, à cinq lieues d'Alençon, vers le levant. * Mati, *dictionaire.*

PERSEPOLIS, ancienne ville de Perse, & capitale de ce royaume, étoit située sur une riviere, que Strabon & Quint-Curce nomment l'*Araxes*, & Ptolémée *Rhogomanes*: c'est ce qui la rendoit de difficile accès. Alexandre *le Grand* la prit; & dans une débauche, étant noyé dans le vin, il la fit bruler par complaisance pour Thaïs. Cette courtisane le sollicita de venger les Grecs, par l'incendie de cette ville, qu'il avoit épargnée ayant les armes à la main, & ce prince fut le premier qui jetta un flambeau allumé dans le palais presque tout bâti de cedre. C'est ainsi que fut ruinée. On croit ordinairement que les ruines de Persepolis sont à *Chehil Minara*, entre Ispahan & Shiras; mais il y a une grande distance de l'une à l'autre. En effet, les géographes, après Ptolémée, mettent Persépolis au 91 degré de longitude; & *Chehil Minara* est au 96. Ce nom veut dire, *quarante colonnes*, à cause des ruines d'un bâtiment où l'on voit des colonnes de marbre, & des restes magnifiques d'un palais. * Strabon, *l.* 15. Pline *l.* 6, *c.* 26. Quint-Curce, *l.* 5. Diodore de *Sicile*, *l.* 7. Elien, *l.* 1, *c.* 59. Thomas Hubert, *voyage de Perse*, &c.

PERSÉS, *Perseus*, fils du soleil, & de la nymphe Perseis, & frere d'Eëtés, d'Aloëus & de Circé, régna dans le pays qui s'étend le long du mont Taurus, vers la Colchide. Il épousa la fameuse Hécate; & après la fuite de Médée, il détrôna son frere Eëtés, & se fit roi de Colchide. Mais Médée étant revenue à Colchos, vengea la mort de son pere, par celle de son oncle, qu'elle fit mourir par ses poisons. * Apollodore, *biblioth. lib.* 1, à la fin, &c.

PERSHORE, bourg d'Angleterre, qui donne son nom à une contrée de la partie méridionale du comté de Worcester, à l'occident de l'Avon. C'étoit autrefois un grand lieu de passage, entre Londres & Worcester; mais il est bien déchu, depuis que son abbaye a été abolie. * *Diction. anglois.*

PERSIDE, nom d'une femme de la ville d'Iconie. On prétend qu'elle se défit de tous ses biens, pour être plus en liberté d'aller soulager & servir les pauvres chrétiens de Rome, qui étoient prisonniers durant la persécution de Néron. S. Paul la salue & lui rend un beau témoignage dans son *épître aux Romains, chap. XVI, vers.* 12.

PERSONA (Gobelinus) historien Allemand qui a fleuri dans les XIV & XVe siécles, naquit en Westphalie l'an 1358. Comme les lettres étoient alors fort négligées en Allemagne, il passa en Italie, où elles commençoient à renaître. Il s'arrêta long-temps à Rome, où son mérite lui ouvrit une entrée chez les grands. Il fut ordonné prêtre en 1386. Trois ans après il fut fait recteur de la chapelle de la Trinité à Paderborn. A l'âge de 31 ans, il quitta ce bénéfice pour être curé du palais dans la même ville. En 1405 les magistrats ayant fait une ordonnance qu'il crut contraire aux constitutions des papes, & aux édits des empe-

reurs, il prêcha contre avec force, & se fit des ennemis. Pour leur céder il permuta son bénéfice, & l'on croit que ce fut vers ce temps-là qu'on le fit official à Paderborn. Guillaume évêque de cette ville lui ayant donné ordre de réformer les Bénédictins, il y travailla, & faillit, dit-on, à être empoisonné par l'un deux, ce qui l'obligea de transférer l'officialité à Bilfelde ville du diocèse de Paderborn. Il fut ensuite doyen de sainte Marie de la même ville, & enfin il se fit moine à Bodekem. On ne sait point quand il mourut. Il vivoit encore en 1418, & il avoit alors 60 ans. C'étoit un homme fort laborieux, qui s'étoit beaucoup appliqué à l'étude. Il avoit bien lu S. Augustin & S. Isidore, & il en emploie souvent les manieres de parler, & les phrases entieres. Il a composé une histoire intitulée *Cosmodromium*, qu'il commença vers l'an 1389, & qu'il finit par ce qui arriva en 1418. Henri Meibomius la publia l'an 1599, à Francfort. Cette histoire a été réimprimée à Helmstad en 1688, par Henri Meibomius, petit-fils du précédent, dans son nouveau recueil des historiens d'Allemagne, en trois volumes *in-folio.* Persona composa aussi la vie de S. Mainulfe, archidiacre de Paderborn, que le pere Brower fit imprimer en 1616, &c. Cet écrivain eut beaucoup de part à l'estime de l'empereur Sigismond, & mourut vers l'an 1420. * Vossius, *de hist. Lat.* Le Mire, *in auct.* &c.

PERSONNA (Christophe) Romain de naissance, religieux Guillelmite de profession, & prieur du couvent de sainte Balbine, sur le mont Aventin, dans le XV siécle, fit un voyage en Orient, pour y apprendre la langue grecque; & à son retour, traduisit en latin Agathias, Procope, l'histoire des Goths composée par Procope, les livres d'Origène contre Celse, vingt-cinq homélies de S. Chrysostome, quelques traités de S. Athanase, & quelques-uns de Théophylacte. Le pape Innocent VIII le nomma, en 1484, préfet de la bibliothéque du Vatican, après Barthélemi Manfredi de Batinoro. Les traductions qu'il a faites de grec en latin sont peu estimées, soit que sa capacité en ce genre n'ait pas été aussi étendue que le prétendent ceux qui ont parlé de lui, soit qu'il manquât des secours nécessaires pour rendre ses traductions plus parfaites, tels que sont les manuscrits, comme le prétendent les journalistes de Venise. On dit qu'il mourut de peste à Rome en 1486. * Paul Jove, *in elog. doct. c.* 126. Gesner, *biblioth.* Bayle, *dictionaire critique.*

PERSONNE (Gilles) seigneur de Roberval, géometre & professeur royal en mathématiques, étoit fils de Pierre Personne, & naquit le 8 août 1602, à Roberval, paroisse du diocèse de Beauvais. Il fut élevé dans les lettres, & fit un grand progrès dans les mathématiques, & en obtint la chaire au collége de Maître Gervais en 1632. Dans la suite il gagna celle de Ramus à la dispute, & eut beaucoup de part à l'amitié de plusieurs hommes de lettres, particulierement celle de Gassendi, & de Jean Morin. Ce dernier, qui occupoit la chaire de professeur royal, la demanda en mourant pour le sieur de Roberval, qui l'a aussi très-bien remplie jusqu'à sa mort, sans quitter néanmoins celle de Ramus. Il étoit de l'académie royale des sciences. Il publia en 1636 un traité de méchanique, & fit en 1647 & 1648, ses expériences du vuide. En 1670 il donna une nouvelle maniere de balance, ce qui est marqué dans le journal des savans du 10 février de la même année. On avoit vu l'*Aristarchus Samius* de sa façon, & une autre sorte de balance propre à peser l'air. Elle est dans la bibliothéque du roi, avec les instrumens & les mémoires du sieur de Roberval, qui mourut le dimanche 27 octobre 1675, dans le collége de Maître Gervais, & qui fut enterré à S. Severin sa paroisse. * Baillet *vie de Descartes.*

PERSONS, connu sous le nom de ROBERTUS PERSONIUS, Jésuite, natif de Sommerset en Angleterre, s'est fait admirer par son zèle pour la propagation & pour la défense de la foi catholique. Il écrivit divers ou-

ges de controverse, & mourut l'an 1610 à Rome.
voit son tombeau & son éloge funebre dans l'église
collége que les Anglois ont à Rome. Le pere Persons
oit enseigné dans ceux de Séville, de Valladolid,
Cadix &de Lisbonne ; puis à Douay, à Saint-Omer
à Rome. Divers princes touchés de la piété & du
érite de ce bon religieux, auroient voulu l'élever à
s dignités ecclésiastiques, qu'il refusa toujours par hu-
ilité. * Ribadeneira & Alegambe, biblioth. script. soc.
su.

PERSUASION ; les poëtes païens en ont fait une
esse, que les Latins ont appellée Suada ou Suadela,
les Grecs Pitho.

PERTAU, général de la flote othomane, avec Hali,
1571, ayant pris par capitulation la ville de Dulcigno
ns la Dalmatie, viola le traité de reddition, par une
erfidie ordinaire aux Turcs ; il mit les soldats à la chaîne,
ndit les bourgeois comme esclaves, fit cruellement
gorger Jean Buni, archevêque de cette ville, & pilla
île de Corfou. Voyant la déroute des Turcs dans la
ataille de Lépante, il s'échapa dans un esquif au tra-
ers des galeres chrétiennes sans être connu. Lorsqu'il
ut arrivé à Constantinople, il fut privé de tous ses biens
t de ses emplois par le grand seigneur, qui le chassa
e la ville, croyant sauver ainsi l'honneur de son armée
n rejettant la honte de sa défaite sur la mauvaise con-
uite d'un de ses généraux. * Gratiani, histoire de
hypre.

PERTH, province du royaume d'Ecosse, avec une
ville de ce nom, dite Saint-Jean ou Saint-Johnstown.
es auteurs Latins donnent le nom de Perthia à la pro-
ince ; & celui de Perthum à la ville, où les prélats du
oyaume célébrerent un concile.

PERTH, famille, cherchez DRUMMON.

PERTINAX (Ælius ou Publius Helvius) empereur,
étoit d'Alba Pompeia, ville du Montferrat, & naquit
en un lieu appellé Villa Martis dans l'Apennin, proche
de la ville d'Albe, le 1 août de l'an 126. Son pere nommé
Helvius Successus, qui avoit été esclave, étoit un simple marchand qui vendoit du bois séché d'une certaine
maniere pour ne point fumer. Pertinax apprit de bonne
heure le grec & le latin, & enseigna la grammaire à Rome,
afin de se procurer de quoi subsister. Quelque obscure
que fût sa naissance, & quelque grande que fût son indigence, il préféra la profession des armes à celle de
l'étude, & s'y comporta avec tant de valeur & de prudence, qu'il parvint des plus petites charges de la milice à celles du consulat, de la préfecture de Rome, au
gouvernement des plus considérables provinces, & fut
enfin élevé à la dignité d'empereur le dernier jour de
l'an 192, après la mort de Commode, par la faveur de
la garde prétorienne. Le sénat y consentit, espérant que
Pertinax par sa prudence rétabliroit le calme. Il fit des
loix très-utiles, se montrant fort éloigné de la violence
de ses prédécesseurs. Mais Lætus, qui l'avoit élevé à
l'empire, se joignit aux soldats prétoriens, qui ne pouvant souffrir le rétablissement de la discipline militaire,
& l'innocence des mœurs de Pertinax, le massacrerent
le 28 mars de l'an 193, 2 mois & 25 jours après son
élection. Il étoit âgé de 66 ans 7 mois & 26 jours, ou
plutôt 28. * Xiphilin, in Pertin. Aurelius Victor, in
epit. Cæs. Jules Capitolin, in Pertin. Eusebe, in chron.
Tillemont, hist. des empereurs, tome II.

PERTOIS : c'est un petit pays de la Champagne en
France. Il est autour de la Marne, vers les confins du
Barrois. Ses principaux lieux sont, Vitri-le-François ca-
pitale, Saint-Disier, Vassi, Joinville & Montmirel.
* Mati, dictionaire.

PERTUIS : c'est une ville du diocèse d'Aix, située
sur la Durance, à quatre lieues d'Aix vers le nord. Il y
a dans Pertuis des marchés toutes les semaines, où il
se fait un fort grand commerce de blés, qu'on transporte de-là à Aix & à Marseille. Il y a des peres de
l'Oratoire, des Carmes, des Capucins, &c. * Mati,
dictionaire.

PERTUIS (Pierre de ou du) seigneur d'Eragni de
la Riviere, gentilhomme de Normandie, servit long-
temps dans les troupes françoises, & montra beaucoup
de valeur en toute rencontre. On dit même qu'il portoit
quelquefois la bravoure jusqu'à la témérité. Il vécut
long-temps engagé dans l'hérésie de Calvin, à laquelle
sa famille étoit livrée, & après qu'il en eut fait abjuration, il n'en ignora pas moins le fond de notre religion
& les véritables devoirs des chrétiens. Il aimoit les plaisirs, étoit homme de cour, & ne cherchoit que sa propre gloire dans les armes. Dieu se servit enfin de la conversation & de l'exemple du pieux prélat Litolphi Ma-
roni évêque de Basas, pour lui inspirer d'autres sentimens, & le faire changer de conduite: Sa naissance,
son courage, son savoir & ses autres qualités naturelles
l'avoient rendu vain & plein de lui-même ; mais depuis
sa conversion, il poussa l'humilité, la douceur, la modestie & la pénitence même presqu'aussi loin qu'un chrétien solide peut les porter sur la terre. Quelque temps
après se défiant de lui même, & craignant toujours le
monde qu'il avoit aimé, il quitta le métier des armes
& la cour, & se retira dans le monastere de Port-Royal
des Champs, où il prit pour emploi le soin de garder les
bois des religieuses toute l'année, & les fruits au temps
de la moisson. Son application fut si continuelle dans
cette retraite, que malgré l'occupation dont on vient
de parler, il trouva encore le temps de bien apprendre
le latin, le grec, l'hébreu, l'italien & l'espagnol. Il
se servit de la connoissance de cette derniere langue
pour traduire en françois plusieurs ouvrages de sainte
Thérèse. Il mourut dans la ferme des Granges, dépendante de la maison de Port-Royal, le 29 mars 1668,
après avoir vécu 22 ans dans la solitude & la pénitence, & fut enterré dans l'église de Magni. Il a eu
plusieurs freres qui ont tenu un rang considérable dans
la Normandie : l'un d'eux a été lieutenant de roi à Caen.
On trouve un PIERRE de Pertuis, seigneur d'Eragni de
la Riviere, qui épousa au commencement du XVII
siécle, Eve de Poix, fille de Jean de Poix, IV du nom,
seigneur de Fretin, puis de Sechelles, Blancfossé, &c.
& de Catherine de Dampierre, fille de François, seigneur de Liramont, & de Magdeléne de Lannoy. Il
y a lieu de croire que c'est le PIERRE de Pertuis, dont
nous parlons, ou l'un de ses freres.* Mémoires du temps.
Mém. manuscrits de M. Thomas du Fossé. Nécrologe
de l'abbaye de Port-Royal, &c.

PERTUS (le col de) en latin Pertusæ Fauces. C'est
un passage des Pyrénées. Il est entre le Roussillon & la
Catalogne, à la source du petit Lobregat, une lieue au-
dessus de Jonquera, & demie-lieue de Bellegarde vers
le levant. Ce passage qui prend son nom du village de
Pertus, étoit appellé par les anciens, ad Pyrenæum ;
Trophæa Pompeii : & faisoit la séparation de la Gaule
Narbonnoise, d'avec l'Espagne Tarragonoise. * Mati,
dictionaire.

☞ PERUGIN (Pietro ou Pierre) célèbre peintre, né en 1446 à Pérouse en Italie, se voyant dans
un état fort pauvre, alla à Florence, où il travailla
avec tant d'assiduité, qu'il acquit de grandes richesses.
Il étoit très-célèbre de son temps ; mais sa maniere étoit
seche ; & l'endroit qui a le plus honoré sa mémoire,
c'est d'avoir eu pour disciple Raphaël d'Urbin. Le Pérugin étoit si attaché à son argent, qu'il ne s'écartoit
jamais de sa maison, que sa cassette ne le suivît ; mais
cette précaution lui fut préjudiciable. Un filou s'en étant
apperçu, l'attaqua en chemin, & le dépouilla de ses
trésors. Le Pérugin fut si affligé de cette perte, qu'il en
mourut de chagrin, peu de temps après, à Perouse, l'an
1524, âgé de 78 ans. * Felibien, entretiens sur les
vies des peintres. M. Ladvocat, diction. hist. portatif.

PERUSSE, cherchez ESCARS.

PERUZZI (Balthasar) peintre & architecte, natif
de Sienne, se signala à Rome, sous le pontificat de
Léon X & de Clément VII. Il savoit très-bien les mathématiques, & entendoit parfaitement l'architecture

civile & militaire. Il fut employé par Léon X, pour faire un modèle de l'église de S. Pierre, & fut celui qui rétablit les anciennes décorations de théatre, dont l'usage étoit comme perdu depuis long-temps. Quand le cardinal Bernard de Bibienne fit représenter devant le pape Léon X sa comédie intitulée *la Calandra*, qui est une des premieres comédies italiennes qu'on ait représentées sur les théatres, Balthasar en composa les scènes, & les orna de tant de places, de rues & de diverses sortes de bâtimens, que la chose fut admirée de tout le monde. Il ordonna le magnifique appareil que l'on fit pour solemniser le couronnement du pape Clément VII, puis travailla à divers ouvrages dans l'église de S. Pierre & ailleurs. Mais lorsque Rome fut prise par l'empereur Charles-Quint, les soldats lui enleverent tout ce qu'il avoit, le maltraiterent extrémement, & ne le laisserent échaper qu'après lui avoir fait faire le portrait de Charles de Bourbon. Peruzzi s'alla embarquer à Porto-Hercole, pour passer à Sienne, où il arriva en chemise, après avoir été volé. Ses amis le reçurent, & ceux de Sienne lui confierent le soin des fortifications de leur ville. Il travailla encore à Rome, où il fit le dessin de la maison de Massimi, & des deux palais que les Ursins firent bâtir près de Viterbe. Il commença aussi son livre des antiquités de Rome, & un commentaire sur Vitruve, dont il faisoit les figures, à mesure qu'il travailloit sur cet auteur. Mais il mourut avant que d'avoir achevé cet ouvrage en 1536, n'étant âgé que de 36 ou 37 ans. On croit qu'il fut empoisonné par ses envieux. Sébastien Serlio hérita de ses écrits & de ses dessins, dont il s'est beaucoup servi dans les livres d'architecture, qu'il a donnés au public. * Vasari, *vit. de pitt.* Félibien, *entretiens sur les vies des peintres, &c.*

PESANT DE BOISGUILLEBERT, *cherchez* BOISGUILLEBERT.

PESARO, *Pisaurum*, ville d'Italie dans le duché d'Urbin, autrefois dans l'Ombrie, avec évêché suffragant d'Urbin, est très-ancienne, & fut autrefois colonie romaine. Elle fut ruinée par Totila, puis réparée par Belisaire, & depuis a appartenu aux maisons de Matesta, de Sforce & de la Rovere, ensuite de quoi elle a été réunie au saint siége. Cette ville est située proche de la mer, dans une plaine qui est arrosée de la riviere de Foglia, qui passe ensuite dans la ville, où elle fait un port. Elle est forte, & a un château qui servoit de demeure aux ducs, & qui est présentement une forteresse. Au couchant de cette ville on voit un superbe palais, nommé *Poggio Imperiale*, bâti par Constance, seigneur de Pesaro, & orné par d'autres. * Tite-Live, *l. 33 & 41.* Procope, *l. 3.* Pline. Agathias. Sabellic, &c. cités par Léandre Alberti, *descript. Ital.* Catulle, *carm. 81 ad Juven.*

PESCARA, *cherchez* PESQUAIRE.

PESCE-COLA, est le nom que l'on donna vers la fin du XV siécle à un fameux plongeur de Sicile, qui s'appelloit Nicolas, comme qui diroit *Nicolas le Poisson*. Il s'étoit accoutumé dès sa jeunesse à pêcher des huîtres & du corail au fond de la mer, & demeuroit, dit-on, quelquefois quatre ou cinq jours sous l'eau, où il vivoit de poisson cru. Il nageoit admirablement bien, passoit souvent à l'isle de Lipari, portant des lettres enfermées dans une bourse de cuir. Frédéric roi de Sicile, ayant été averti de la force & de l'adresse de Pesce-Cola, lui commanda de se jetter dans le gouffre de Charibde, proche du promontoire nommé *il Capo di Faro*, pour connoître la disposition de ce lieu. Comme il remarquoit que Nicolas avoit peine à faire un essai si dangereux, il y jetta une coupe d'or, & la lui donna s'il la pouvoit retirer. Cet habile plongeur, excité par cette récompense, se jetta au fond du gouffre, où il demeura près de trois quarts d'heure, & il revint sur l'eau tenant à la main la coupe d'or. Il fit au roi le récit des rochers, des cavernes & des monstres marins qu'il avoit vus sous l'eau, & protesta qu'il lui seroit impossible d'y retourner une seconde fois; mais Frédéric

lui présenta une bourse pleine d'or, & jetta encore une coupe d'or dans la mer, ce qui fit prendre courage à Pesce-Cola. Il y descendit, mais il ne parut plus. * Le pere Kircher, *Mundi subterranei, tom. I.*

PESCENNIUS NIGER (C.) fut proclamé en 193, empereur à Antioche, sur la nouvelle de la mort de Pertinax, & prit la pourpre. Il perdit plusieurs batailles contre les généraux de Severe, & enfin l'empire & la vie sur la fin de l'an 194, ou au commencement de l'an 195. * Aurel. Victor, *in epit. Cæsar.* Tillemont, *hist. des empereurs*, tome III, sous le titre de *l'empereur Severe.*

PESCENTIUS FESTUS, historien Latin, est cité par Lactance. On ne sait pas en quel temps il a vécu. * Lactance, *de falsa rel. l. I, c. 21.*

PESCHERIE, côte de la presqu'isle deçà le Gange, vis-à-vis de l'isle de Ceylan, entre le cap de Comorin & le canal de la Croux, vers Négapatan, s'étend dans un pays sec & brulé. On y voit environ trente petites villes qui dépendent presque toutes du Naïque de Maduré. Elle est renommée par la pêche des perles qui lui a donné son nom. Cette pêche est d'une très-grande dépense, soit à cause qu'elle dure trois mois entiers sans aucune discontinuation, soit à cause qu'on y emploie quelquefois en même temps plus de 150000 hommes. C'est toujours vers le 15 de mars que les *Paravas* (ce sont les peuples de cette côte) commencent cette précieuse pêche. On y voit quelquefois jusqu'à 3000 barques: l'équipage de chacune est de 50 à 60 hommes, parmi lesquels sont 20 plongeurs, ayant chacun deux aides, qu'on nomme pour cela les *pêcheurs assistans.* Toute cette flotte convoyée par deux pataches hollandoises (qui s'en font bien payer) s'avance en mer, jusqu'à la hauteur de sept, huit & dix brassées d'eau. Dès que l'ancre est jetté, chaque plongeur s'attache fortement au-dessous du ventre, une pierre épaisse de six pouces, longue d'un pied, & taillée en arc du côté qu'on l'applique sur la peau. Ils s'en servent comme de lest, pour n'être pas emportés par le mouvement de l'eau, & pour marcher avec plus de fermeté au travers des flots. Outre cela ils en attachent à l'un des pieds une seconde fort pesante, qui les emporte en un moment au fond de la mer, d'où on la retire sur le champ dans la barque. Mais parceque les huîtres sont très-souvent attachées aux rochers, ils entourent leurs doigts de plusieurs bandes de cuir, de crainte de se blesser en les arrachant avec violence. Quelques autres même se servent de fourchettes de fer pour le même usage. Enfin chaque plongeur porte un grand rets en forme de sac, suspendu à son cou par un long cordage, dont l'extrémité est amarrée au bord de la barque. Le sac est destiné à recevoir les huîtres qu'on ramasse durant la pêche; & le cordage, à retirer les pêcheurs, quand ils ont rempli leur sac.

C'est en cet équipage qu'ils se précipitent, & qu'ils se descendent quelquefois plus de 60 pieds dans la mer. Comme il n'y a point de temps à perdre pour eux, dès qu'ils touchent le fonds, ils courent de tous côtés sur le sable, sur une terre glaiseuse, & parmi les pointes de rochers, arrachant avec précipitation les huîtres qui se rencontrent sur leur chemin. A quelque profondeur qu'ils soient, le jour est par-tout si grand, qu'ils découvrent ce qui se passe dans la mer avec la même facilité que s'ils étoient sur la terre. Le plus grand danger qu'ils y courent, ce sont des poissons monstrueux, qui en dévorent plusieurs; quelque effort qu'ils fassent en troublant l'eau, ou en fuyant pour les éviter. Les bons plongeurs durent ordinairement sous l'eau une demi-heure; les autres n'y sont pas moins d'un bon quart d'heure; ils retiennent simplement leur haleine, sans se servir pour cela ni d'huile, ni d'aucune autre liqueur; la coutume & la nature leur ayant donné cette force, que tout l'art des philosophes n'a pu jusqu'ici nous communiquer.

Dès qu'ils se sentent pressés, ils tirent la corde, où leur sac est attaché, & ils s'y attachent eux-mêmes fortement

rent avec les mains. Alors les deux *aides* qui font dans barque les guindent en l'air, & les déchargent de leur che, qui est quelquefois de 500 huîtres, quelquefois si de 100 ou de 50 seulement, selon leur bonne ou uvaise fortune. Parmi ces plongeurs, il y en a qui se posent un moment pour se rafraîchir à l'air; mais il y a d'autres, qui sans prendre le moindre rafraîchissement, se plongent incontinent, continuant ainsi sans lâche ce violent exercice, ne mangeant même que le atin avant que de se mettre en mer, & le soir quand nuit les oblige de gagner le rivage.

C'est sur ce rivage qu'on décharge toutes les barques, ont les huîtres sont portées dans une infinité de petites sses de quatre à cinq pieds en quarré, creusées dans le ble. Les monceaux qu'on y jette, s'élevent en l'air de hauteur d'un homme. On laisse les huîtres en cet état squ'à ce que la pluie, le vent & le soleil les obligent e s'entr'ouvrir d'elles-mêmes; ce qui les fait bientôt ourir. Alors la chair se pourrit & se dessèche; & on en etire plus facilement les perles, qui tombent toutes ans la fosse, à mesure qu'on en retire les *nacres*; c'est nsi qu'on nomme les écailles, semblables en dehors à elles des huîtres communes, mais en dedans plus argentées & plus brillantes. Les plus grandes sont larges -peu-près comme la main, & la chair en est très-bonne. Quand on a purgé les fosses des immondices les plus grossières, on crible à diverses fois le sable pour en séparer les perles. Mais quelque soin qu'on se donne, il s'en perd toujours beaucoup.

Quant à la nature des perles, voici ce que les *Paravas* en connoissent. Elles se trouvent répandues dans toute la substance de l'huître, & généralement dans toutes les parties musculeuses & charnues. Le nombre en est indéterminé. Souvent toute en est semée; mais il est rare d'y en voir plus de deux qui soient d'une raisonnable grosseur. Ordinairement on y découvre une perle plus grosse, mieux formée & qui se perfectionne beaucoup plutôt que les autres; mais cette perle n'a point de lieu fixe. Elle se trouve tantôt dans un endroit, tantôt dans un autre; il arrive même quelquefois que cette perle devient si grosse, qu'elle empêche les nacres de se former. Alors l'huître meurt & se pourrit. Elles sont toutes naturellement blanches plus ou moins, selon la qualité de la nacre. Voici maintenant ce que l'on a remarqué sur la formation des huîtres.

Au temps des pluies, les torrens des terres voisines, qui se déchargent tout le long de la côte, coulent près de deux lieues sur la surface de la mer, sans se mêler avec elle. Cette eau surnage ainsi quelque temps, conservant sa douceur & sa couleur naturelle; mais elle s'épaissit dans la suite par la chaleur du soleil, qui en fait une espece de crême légere & transparente. Bientôt après elle se divise d'elle-même en une infinité de parties, dont chacune paroît & se meut de toutes parts, comme autant de petits insectes. Les poissons en prennent quelquefois en passant, mais dès qu'ils en ont goûté ils les abandonnent aussitôt. De quelque nature que soient ces petits animaux, il est certain qu'ils croissent sur la surface de l'eau; leur peau s'épaissit & se durcit, & devient enfin si pesante, qu'ils descendent par leur propre poids au fond de la mer. Et c'est-là, comme les Paravas l'assurent, qu'ils prennent, dans la suite, la figure de l'huître. Voila un système sur l'expérience a découvert à ces barbares, & qui détruit l'opinion des anciens, qui ont cru que les huîtres s'élevoient les matins sur la surface de l'eau, & qu'elles ouvroient leurs nacres pour y recevoir la rosée du ciel qui produisoit les perles. Ces pêcheurs, au contraire, assurent n'avoir jamais vu aucune huître floter ou paroître sur la surface de la mer, & protestent qu'ils les trouvent au fond des eaux, fortement attachées aux rochers. Ils remarquent enfin, que les endroits où se dégorgent les torrens, sont seulement ceux où ils trouvent les perles, & que les années pluvieuses sont les meilleures pour cette pêche. Cette narration ne s'accorde pas avec celle de Daviti,

* Le pere le Comte, *mémoires de la Chine*, t. II. *Hist. de l'Asie*. Tavernier, *voyage des Indes*.

PESCHIERA, anciennement *Artelica*, petite ville de l'état des Vénitiens en Italie. Elle est dans le Véronois, sur une petite isle formée par le lac de Garda & la riviere de Mincio, qui en sort divisée en deux branches, qui se réunissent au-dessous de Peschiera. Cette ville est à cinq lieues de Vérone, vers le couchant, & elle est bien fortifiée. * Mati, *dictionaire*.

PESCIA, anciennement *Fanum Martis*, petite ville ou gros bourg de Toscane. Il est dans le Florentin, sur la riviere de Pescia, à quatre lieues de Luques, tirant vers Pistoye. Il y a dans Pescia un prévôt qui fait les fonctions épiscopales dans un petit ressort de seize villages, par une concession de Léon X, de l'an 1519. * Mati, *dict.*

PESEGUEIRO ou PESEGUERO, anciennement *Petanium*, *Petanius*, petite ville du Portugal, sur la côte de l'Alentejo, près du bourg nommé Villa Nova de Milfontes. Il y a quatre ou cinq petites isles près de celle-ci, lesquelles on nomme en commun les *isles de Pesegueiro*. * Mati, *dictionaire*.

PESONCA (Pierre) Polonois de nation, trahissant sa patrie, s'offrit de servir de guide à l'armée de Lithuanie, qui vint ravager la Pologne en 1352. Pour faciliter le dessein des ennemis, il avoit marqué avec des pieux un gué dans la Vistule. Mais quelques pêcheurs qui s'en douterent, les ayant arrachés, rompirent toutes les mesures : car quelques jours après, y ayant amené de nuit l'armée pour surprendre les Polonois, & ne trouvant point les marques qu'il y avoit mises, il leur montra un autre lieu que celui qu'il avoit marqué; les premiers qui y entrerent, ayant été noyés, les ennemis qui crurent que ce traître leur avoit dressé des embuches, lui couperent la tête sur le bord de cette riviere, & se retirerent doucement. * Cromer, *lib.* 2.

PESQUAIRE ou PESCARA, anciennement *Aternum*, petite ville fortifiée, & défendue par une bonne citadelle. Elle est dans l'Abrusse citérieure, à l'embouchure de la riviere de Pesquaire, & à deux lieues au-dessus de Civita de Chieti. Pesquaire a eu un évêché, qui a été transféré à Atri. C'est maintenant un marquisat possédé par la maison d'Avalos. *Voyez* AVALOS. * Mati, *dictionaire*.

PESSELIERE ou PASSELIERE (Pierre) moine de l'abbaye de S. Germain d'Auxerre, né, comme on croit, au village de Gurgy, à une lieue & demie de la même ville, vivoit au milieu du seizième siècle, & fut prieur de cette maison depuis l'an 1544, jusqu'en 1597. Il est auteur des traités suivans. 1. Traduction du traité de S. Jean Chrysostome, *Quòd nemo læditur nisi à seipso*; à Paris, chez Adam Saulnier, 1543, in-8°. 2. Ode latine de sept strophes, à la tête de l'Institution de la femme chrétienne de Louis Vivés, traduite par Pierre de Changy, à Lyon, 1543, in-16; & dans le même volume un dizain sur la mort de Pierre de Changy. 3. Il publia le premier la vie de S. Germain, écrite en vers par Héric au neuvième siècle. (*Vita sancti Germani*, *auctore Herico monaco Benedictino*, *edita studio Petri Pesselerii*, *Autissiodorensis cænobita*) à Paris, chez Simon Colines, 1543, in-8°. 4. Il donna aussi au public le commentaire de Claude de Turin sur l'épître de S. Paul aux Galates, dans l'opinion que c'étoit l'ouvrage d'un Claude d'Auxerre; ce commentaire est dans la bibliothèque des Peres. M. l'abbé Papillon dans sa bibliothéque des auteurs de Bourgogne, lui attribue le livre des miracles de S. Germain, publié par le pere Labbe dans sa nouvelle bibliothèque des manuscrits, tome I, page 531. (*Liber II*, *de miraculis sancti Germani*, *quæ in ejus vitâ omiserat Hericus Altissiodorensis*.) Mais ce livre, dit M. l'abbé Lebeuf, est sûrement du moine Héric. Voyez la bibliothèque des auteurs de Bourgogne, par feu M. l'abbé Papillon, in-folio, tome II, & les mémoires de M. l'abbé Lebeuf pour servir à l'histoire ecclésiastique & civile d'Auxerre, in-4°, tome II, page 505, & tome I, page 608.

M. Lebeuf a fait imprimer de Peſſeliere une note parmi les preuves de ſon hiſtoire de la priſe d'Auxerre, page XI.

☞ PESSIER (Jean le) de Tournai, né en 1596, & mort à Tournai le 17 octobre 1646 , a publié trois harangues ſur la lune : 1. Dans la premiere, il examine ſi la lune eſt habitable : 2. dans la ſeconde, s'il y a des montagnes & des vallées : 3. quel pays c'eſt que la lune, quelles y ſont les variations des jours & des nuits ; quels habitans & quels animaux il y a. On a encore de lui *Incitatio ad amplexum crucis* , ouvrage compoſé des paroles du livre de l'Imitation. * Alegambe , *page* 263. M. Goujet , *mém. manuſcrits.*

PESSINUNTE ou PESSINE , *Peſſinuntum* , ancienne ville de Galatie, ou ſelon d'autres, de Phrygie , près du mont Ida , étoit célébre par la ſtatue & le temple de Cibéle. C'eſt une ſtatue qu'Attale , roi de Pergame , donna aux Romains , qui la firent recevoir l'an 649 de Rome , & 105 avant J. C. par Publius Scipion Naſica , & qui inſtituerent en ſon honneur les jeux Mégaléſiens. Ptolémée , Tite-Live , Pline , &c. parlent de Peſſine , qui n'eſt préſentement qu'un bourg dans la région dite *Chiangare* , ſelon Caſtalde.

PESTH , petite ville de Hongrie , vis-à-vis de Bude, de l'autre côté du Danube , fut priſe par les Impériaux en 1686. *Voyez* BUDE.

PET , *crepitus ventris* , divinité adorée chez les Egyptiens. Quelque ridicule que fut ce culte & ce qui en étoit l'objet , il eſt ſûr qu'il étoit obſervé chez les Egyptiens. L'auteur des Récognitions attribuées fauſſement au pape S. Clément , parlant , livre 5 , des Dieux des Egyptiens , dit : *Crepitus ventris pro numinibus habendos eſſe docuere : Ils enſeignerent qu'il falloit tenir les vents qui ſortent du ventre pour des divinités.* Minutius Felix dit auſſi , que les Egyptiens ne craignent pas moins Sérapis que les vents qui ſortent du bas ventre : *Ægyptii non Serapidem magis quàm crepitus per pudenda corporis emiſſos extremiſcunt.* S. Jerôme ſur Iſaïe , c. 46 ; « Je ne parlerai point , dit-il , du vent qui ſort du ventre , lequel » eſt un objet de religion en Egypte. » *Taceam de crepitu ventris inflati, quæ Peluſiaca religio eſt.* On trouve un pareil témoignage dans le I des dialogues de S. Céſaire : *Niſi forte* , dit-il , *de Ethnicis Ægyptiis loquamur, qui flatus ventris , non ſine furore quodam , inter deos retulerunt.* On repréſentoit cette ridicule divinité ſous la figure d'un petit enfant accroupi , qui ſemble ſe preſſer pour donner la liberté au vent qui l'incommode. On lui mettoit un eſcarbot ſur la tête , inſecte fort convenable , puiſqu'il vit dans l'ordure. Telle eſt la figure que M. Terrin d'Arles avoit , & qui a été gravée avec ſa diſſertation ſur le dieu Pet , dans le premier volume , premiere partie , des *Mémoires de littérature & d'hiſtoire* , chez Simart. On en voit une autre figure dans la deſcription du cabinet du marquis de Coſpi , imprimée ſous le nom de *Muſæum Coſpinianum.* Voſſius croit au reſte qu'il n'y avoit que le bas peuple qui reconnût cette ridicule divinité , & qu'il l'imploroit dans les coliques & autres maladies du ventre , ou pour demander d'en être préſervé ; mais les ſavans & les autres perſonnes inſtituées ne regardoient ces prétendus effets de religion , que pour des divinités allégoriques , & des ſignes de la puiſſance divine ou des agens ſubalternes dont l'être ſuprème employoit la violence ou la douceur, pour exercer ſa juſtice ou pour répandre ſes bienfaits ſur le genre humain. *Voyez* les auteurs cités dans cet article ; *Diſſertation ſur le dieu Pet par* M. Terrin , *t.* I *des Mémoires de littérature & d'hiſtoire,* I *partie.*

PETANTIUS , *cherchez* FELIX PETANCIUS.

PETAU (Paul) homme de lettres , grand antiquaire & docte juriſconſulte , fut reçu conſeiller au parlement de Paris en 1588. Il dreſſa une belle bibliothéque , riche en livres rares , & en excellens manuſcrits. C'eſt-là qu'il recevoit un nombre d'amis illuſtres & ſavans, auſquels il prêtoit librement ſes manuſcrits & ſes livres , & qu'il compoſoit les beaux ouvrages que nous avons

de ſa façon. Les plus conſidérables ſont : *Veterum numiſmatum* γνωρισμα : *Antiquariæ ſupellectilis portioncula: Syntagma de Nithardo comite, Caroli M. ex filia nepote. Diſſertatio de epocha annorum incarnationis Chriſti.* Divers auteurs parlent avec éloge de Paul Pétau, qui mourut à Paris le 17 ſeptembre de l'an 1614.

PETAU (Denys) Jéſuite , né à Orléans l'an 1583 , s'appliqua avec tant de ſuccès à l'étude , qu'il devint un prodige de ſcience. Outre qu'il étoit très-verſé dans les langues , qu'il écrivoit & qu'il parloit avec beaucoup de facilité , il y avoit peu de théologiens plus profonds que lui , d'hiſtoriens plus éclairés , d'orateurs plus éloquens , de critiques plus judicieux , de poëtes plus ingénieux & plus fleuris. Il entra parmi les Jéſuites l'an 1605, qui étoit le 22e de ſon âge. Il y fut profeſſeur en éloquence & en théologie ; & pendant 48 ans qu'il y vécut d'une maniere très-exemplaire , il s'y rendit l'ornement de ſa compagnie , & l'admiration des étrangers. Ce ſavant homme mourut au collége de Clermont à Paris le 11 décembre de l'an 1652, âgé de 69 ans. *Voyez* ſa vie écrite par Henri de Valois , ſon ami particulier , avec les éloges funébres que les ſavans lui dreſſerent. Il traduiſit de grec en latin les œuvres de Syneſius , qu'il publia avec des notes en 1612 & 1632. Il fit imprimer l'an 1613, en grec & en latin , XVI oraiſons de Thémiſtius , qu'il publia avec des notes & des conjectures de ſa façon. Il publia encore l'an 1618 , en ces deux langues , le *Breviarium hiſtoricum* de Nicéphore patriarche de Conſtantinople , avec des notes chronologiques. En 1622 il donna en grec & en latin les œuvres de S. Epiphane , avec des notes. Enſuite l'an 1630, il y ajouta *Appendix ad Epiphanianas animadverſiones* , & en 1634 il donna les œuvres de l'empereur Julien. Les autres principaux ouvrages du pere Pétau , ſont *Miſcellanea exercitationes adverſus Claudium Salmaſium. Opus de doctrina temporum. Uranologium , ſeve ſyſtema variorum auctorum qui de ſphæra ac ſyderibus græcè commentati ſunt , cum notis. Rationarium temporum. Paraphraſis pſalmorum omnium & canticorum , qua in bibliis ſparſim occurrint, græcis verſibus expreſſa , cum latina interpretatione. Paraphraſis in tcceleſaſten. De theologicis dogmatibus. Diatriba de poteſtate conſecrandi. Orationes & opera poëtica , latina , græca , hebraïca. Tria poëmata latina , de tribus feſtis B. Virginis , &c.* Ceux qui voudront connoître en détail la vie littéraire du pere Petau , doivent lire ſon éloge imprimé dans le tome trente-ſeptiéme des *Mémoires* du feu pere Niceron. Cet éloge hiſtorique eſt du pere Oudin , Jéſuite très-habile ; il eſt rempli de recherches curieuſes & d'une érudition utile. Il contient plus de cent quarante pages ; & l'on y apprend bien des faits ou ignorés ou mal rapportés par ceux qui avoient écrit auparavant ſur ce ſavant.

PETE , en latin *Peta* , eſt le nom que les anciens païens donnoient à la déeſſe , qu'ils croyoient préſider aux demandes & aux requêtes. Ce nom , comme l'on voit , étoit pris du mot *petere* , demander. * Arnobe , *lib.* 4.

PETERBOROUGH ou PETERBURG , ville d'Angleterre , épiſcopale , du comté de Northampton , & ſuffragante de Cantorberi,ſituée ſur la riviere de Nine,dans la partie nord-eſt , bornant le comté de Cambridge & celui de Huntington. Sa cathédrale avoit été une abbaye fondée par Wolphere , roi de Mercie, & dédiée à ſaint Pierre , que les Danois ruinerent. Elle fut rétablie & agrandie par Ethelwold , évêque de Wincheſter , avec le ſecours du roi Edgar , & d'Adolphe ſon chancelier , qui en devint abbé. Elle continua d'être égliſe abbatiale , juſqu'à Henri VIII , qui fit la ville ſiege d'un évêque , & l'égliſe cathédrale , dont le chapitre conſiſte en un doyen & ſix chanoines. Et au lieu qu'elle étoit auparavant du dioceſe de Lincoln , elle devint dioceſe elle-même , comprenant les comtés de Northampton & de Rutland ; y ayant dans les deux 293 paroiſſes , dont 91 ſont des fiefs. Il n'y a qu'un archidiacre , ſurnommé de

Northampton. Depuis que ce bourg fut changé en ville, elle fut honorée du titre de comté en la personne de Jean lord Mordan, créé comte de Peterborough par le roi Charles I, en 1627 : de qui le titre a passé à son fils *Henri* Mordan, comte de Peterborough, à qui succéda le fils de son frere *Charles*, comte de Monmouth. Cette ville est à 62 milles anglois de Londres. * *Dictionaire anglois.*

PETERSBOURG, capitale de la Russie & la résidence de Pierre I, surnommé *le Grand*, czar de Moscovie & empereur de Russie, qui en a été le fondateur, & qui en a fait en peu de temps une des plus grandes & des plus considérables villes de l'Europe, est située peu loin de la Narva, entre la Finlande & l'Ingrie, dans une isle marécageuse autour de la Narva, grande riviere qui se divise en plusieurs bras avant de se jetter dans le golfe de Finlande. Cette isle inculte & déserte n'étoit auparavant qu'un amas de boue pendant le peu d'été de ces climats, & dans l'hiver qu'un étang glacé où l'on ne pouvoit aborder par terre qu'à travers des forêts sans route & des marais profonds. Elle n'avoit été jusqu'alors que le repaire des loups & des ours. Le czar Pierre I choisit ce lieu pour y faire un nouvel établissement, traça lui-même le plan de la ville, de la forteresse, du port, des quais qui l'embellissent & des forts qui en défendent l'entrée, malgré les obstacles des Suédois & plusieurs autres qu'il vint à bout de rompre par sa prudence, son intelligence & sa valeur. Ce lieu étoit déja rempli en 1703 de plus de 300000 hommes que ce prince avoit rassemblés dans les extrémités de ses états. Les paysans du royaume d'Astracan & ceux des frontieres de la Chine furent transportés à Petersbourg. Il fallut percer des forêts, faire des chemins, sécher des marais, élever des digues, avant de jetter les fondemens de la ville. La nature fut forcée par-tout. Le czar s'obstina à peupler un pays, qui paroissoit n'être point destiné pour des hommes. Il ne fut point rebuté par les grandes difficultés qu'il rencontra. Ni les inondations qui ruinerent ses ouvrages ; ni la stérilité du terrein, ni l'ignorance des ouvriers, ni la mortalité même qui fit périr environ 200000 hommes dans les commencemens de cet établissement, ne furent point capables de lui faire changer de résolution. Les fortifications de cette ville qui fut achevée en 1705 (son port étoit dès-lors rempli de vaisseaux) furent finies en quatre mois. Il y périt plus de 100000 ouvriers. Il fit travailler en même temps à la ville, & y attira les étrangers par des bienfaits, distribuant des terres aux uns, donnant des maisons aux autres, & encourageant les artisans qui venoient s'y habituer. Le fort est au centre de la ville & environné de tous côtés de la Narva. Les fortifications ne furent d'abord que de terre ; mais depuis 1710, on commença à les revêtir de bons murs, dont la hauteur est de trente pieds jusqu'aux remparts. Dans les flancs il y a des casemates voutées, de deux rangs les unes sur les autres. Dans la courtine, à la droite, est l'apothicairerie, l'une des plus belles de l'Europe, & l'une des mieux fournies. La grande église est dans le fort que la ville environne. Celle-ci est large & longue d'environ deux lieues de France. La plupart des maisons ne sont que des portes couchées les unes sur les autres, & les toits ne sont faits que de planches de sapin. Cette ville est fort sujette aux inondations & aux incendies. En 1715 le czar y établit une académie de marine, & y fonda plusieurs collèges pour les sciences & pour les arts. Quatre ans après (1719) il y établit des assemblées dont il régla la forme. L'heure de s'assembler fut fixée à quatre ou cinq heures, & celle de se retirer à dix. Cet intervalle est rempli par la danse, la conversation, le jeu, & sur-tout aux échecs où la plupart des Russiens excellent. Le czar PIERRE I ayant formé le dessein d'établir à Petersbourg une académie des sciences, en signa les patentes le 28 janvier 1724. Le but de cette académie s'étend plus loin que celui de la plupart des autres académies de l'Europe : celle-ci doit servir en même temps d'université. Pour la

rendre illustre, on jetta les yeux sur divers étrangers de réputation, que la cour de Petersbourg appella pour remplir les chaires dans cette université naissante, & on leur offrit des pensions capables de les tenter. Le czar Pierre *le Grand* mourut avant que les professeurs appellés fussent en état de commencer leurs fonctions. L'académie tint sa premiere séance le 8 janvier 1726, en présence de l'impératrice. Dès-lors les professeurs commencerent leurs fonctions, qui les appellent chacun à assister deux fois par semaine aux conférences de l'académie, à donner quatre heures de leçons publiques dans la science que chacun professe, à faire des recherches dans les sciences, & à publier des traités qui les concernent. Les pièces latines qu'ils lisent dans les conférences sont recueillies, & publiées sous le titre de *Commentarii Academiæ Scientiarum Petropolitana.* Il y avoit déja en 1745 huit tomes de ce savant recueil, sans compter les ouvrages écrits en russien, en françois & en allemand. L'académie doit avoir un président, deux conseillers & un secrétaire. Les professeurs sont distribués en trois classes. Il y a cinq professeurs dans la premiere, dont quatre pour l'astronomie, & un pour les mathématiques ; & il y a de plus deux adjoints. La seconde classe est celle de la physique, où il y a deux professeurs en anatomie, deux en physique, un en chymie & en histoire naturelle, un en physiologie, un en botanique, & deux adjoints. La troisiéme classe est celle d'histoire, & a deux professeurs en histoire, un en éloquence, un en jurisprudence, & cinq adjoints. Outre cela il y a un sous-protecteur, huit étudians en astronomie & un en géographie, trois qui s'appliquent à la métallurgie, & cinq qui sont envoyés au Kamtschatka. Ceux qui jouissent des pensions de l'académie, sont obligés d'entretenir correspondance avec elle, de lui communiquer leurs découvertes, & de donner leurs sentimens sur les questions qu'on leur propose. Les membres honoraires n'ont aucun engagement. Les adjoints & les autres étudians employés reçoivent des appointemens pour s'exercer dans les études, & travailler dans les différens départemens de l'académie. Il y a une imprimerie, une librairie, des graveurs & des fondeurs de caractères, des graveurs & imprimeurs d'estampes. Il y a un département pour les arts & les métiers, où il y a des maitres qui les enseignent. Les dessinateurs sont divisés en trois classes. Dans la premiere, on travaille sur des estampes ou autres dessins. Dans la seconde on copie des figures de plâtre. Dans la troisiéme, on dessine d'après nature. La bibliothéque & la chambre des raretés furent commencées en 1714, sous la direction du docteur *Areskin*, médecin de l'empereur & président de la chancellerie de la médecine. Après sa mort, l'inspection de la bibliothéque fut donnée en 1719 au docteur Bloumentrost. En 1724 elles furent jointes à l'académie des sciences. Dans les commencemens, il n'y avoit dans la bibliothéque qu'environ deux mille volumes, qu'on avoit fait venir de Riga & de Moscou. En 1715, on y joignit la bibliothéque d'André Winius, qui ne renferme presque que des livres hollandois. En 1718, elle fut augmentée considérablement par celle de Pitkaern, & en 1719 par celle d'Areskin. En 1727, on y ajouta la bibliothéque du czar Pierre *le Grand*, où il y avoit des atlas, des topographies, des ouvrages importans de méchanique, de peinture, de sculpture, &c. En 1735, elle fut acerue par la bibliothéque du général velt-maréchal comte de Bruce, contenant toutes sortes de livres anglois & allemans. On y a ajouté depuis ce temps-là, quantité de livres anciens & nouveaux. On s'applique sur-tout à augmenter les livres de médecine & de philosophie ; la théologie y est fort négligée, de même que la partie du droit romain, qui n'est d'aucun usage en Russie. On a aussi augmenté la chambre des raretés. En 1732 on y mit la statue de Pierre *le Grand*, en cire, de grandeur naturelle, & en 1735 les tours & les outils dont ce monarque s'étoit servi. * Perry, *état présent de la grande Russie. Bibliothéque germanique, tome VIII, page 188 ; tome VII, page 217 ; & tome XI, page 208.*

Arouet de Voltaire, *hiftoire de* Charles XII, *tome I*, *liv.* 3, *p.* 124. Œuvres mêlées de M. Hey, *tome I*, *p.* 55. *Supplément françois de Bafle*.

PETERSHAGEN, petite ville du cercle de Weft-phalie. Elle eft fur le Wefer, dans la principauté de Min-den, à deux lieues de la ville de ce nom, & défendue par un bon château, où les anciens évêques de Minden faifoient leur réfidence, & où eft encore la chancellerie de toute la principauté. * Mati, *dictionaire*.

PETERSEN (Jean-Guillaume) naquit à Ofnabrug en 1649. Il étudia à Lubeck, à Gieffen, & à Roftock. En 1677 il fut profeffeur en poéfie dans cette der-niere univerfité ; & peu après il fut appellé à Hanovre pour y exercer le paftorat. Il paffa de-là dans l'évêché de Lubeck, dont il fut furintendant. Il s'y maria à ma-demoifelle Morlau, de famille noble. Depuis il exerça la charge de pafteur à Lunebourg ; mais en 1692, il eut fon congé, par ordre du confiftoire de Zell, & fur l'avis de l'univerfité de Helmftadt. La raifon de ce congé, c'eft qu'il publioit avec zèle des révélations dont il prétendoit que mademoifelle d'Affebourg, qui logeoit chez lui, étoit favorifée, & fon opiniâtreté à foutenir & à enfeigner le millénarifme. Peterfen, en quittant la furintendance des églifes de Lunebourg ; acheta une terre, nommée *Nid-der-Todleden*, près de Magdebourg, & il y paffa le refte de fa vie. Il y mourut le 31 janvier 1727. Monfieur & madame Peterfen ont publié l'un & l'autre des ouvra-ges remplis de diverfes opinions particulieres. Ils ont auffi publié l'hiftoire de leur vie, & on les accufe de l'avoir fait d'une maniere très-flateufe pour leur amour-propre. M. Peterfen croyoit que dans peu de temps Jefus-Chrift exerceroit fon pouvoir & fon empire fur la terre d'une maniere tout-à-fait fenfible ; que tous ceux qui ont cru en lui, depuis le commencement de l'évangiie, reffufci-teroient avec des corps glorifiés ; que les fidéles vivans alors fubiroient une tranfmutation ; qu'il y auroit deux jugemens, l'un avant le régne de mille ans, & l'autre à la fin de ce régne ; que le premier s'exerceroit fur les hommes les plus méchans ; qu'il refteroit, durant le ré-gne de mille ans, des femences de corruption, qui cau-feroient bien des maux après ce régne ; & qu'enfin l'é-glife recueillie fur la terre, confiftant entr'autres en Juifs convertis, habiteroit la Paleftine ; & puis feroit recueil-lie dans le ciel. On écrivit & l'on prêcha beaucoup con-tre ces vifions, qui n'avoient peut-être befoin que d'être expofées pour nous être réfutées. M. Peterfen & fon époufe mettoient encore au nombre des dogmes qu'ils difoient leur avoir été révélés, ce qu'ils appelloient *le rétablijf-ment de toutes chofes*. Par-là ils entendoient que les dam-nés & les démons fe repentiroient un jour, & obtien-droient grace par la vertu de la mort de Jefus-Chrift. Ils enfeignoient un état mitoyen, où les ames des bons & des méchans fe trouvent, felon eux, après la mort : ce qui étoit ajouter réveries fur réveries. Madame Peterfen ayant entendu un théologien luthérien difputant avec force contre un réformé fur l'ubiquité de Jefus-Chrift, reçut, dit-elle, une révélation propre à accorder les deux partis. Elle apprit le myftere de la double humanité de Jefus-Chrift, l'une qui eft la nature humaine qu'il adopta à fon incarnation, l'autre, qui eft une nature *humaine divinifée*, qu'il avoit revêtue avant qu'il y eût rien de créé. Le fanatifme eft une fource d'égaremens : on le voit par toutes ces extravagances. On a accufé auffi monfieur & madame Peterfen, ce qui eft une con-féquence de leur fanatifme, de regarder comme indiffé-rent, ou à-peu-près, à quelle fecte du chriftianifme l'on fût attaché quant aux dogmes & au culte. * *Bibliothé-que germanique*, tome XXXV. C'eft d'après ce jour-nal qu'on a auffi donné le même article dans le *Supplé-ment françois de Bafle*.

PETERSON (Laurent) Suédois, fecrétaire & con-fident de Guftave avant qu'il fût roi de Suéde, puis pre-mier fecrétaire & miniftre d'état, étoit né gentil-homme, mais d'une nobleffe du plus bas ordre. Le peu de bien qu'il avoit dans fa maifon, l'avoit contraint de s'adonner à l'étude, pour trouver de quoi fubfifter honorablement. Après avoir fréquenté les univerfités de la Saxe, qui étoient toutes luthériennes, il retourna en Suéde, dans le deffein de quitter la religion catholique, dès qu'il en trouveroit une occafion favorable. Il s'acquit tant de réputation par fon efprit, qu'il avoit cultivé par l'étude, que Guftave le choifit pour fon fecrétaire, & lui confia tous fes deffeins. Le pouvoir qu'il s'acquit fur l'efprit de fon maître, lui fut entreprendre d'introduire le luthéranifme dans la Suéde, & de perfuader à Guftave, que c'étoit un puiffant moyen pour s'affurer la couronne. Ainfi la ruine de l'ancienne religion fut, dit-on, conclue en Suéde par deux perfonnes, & fut le réfultat d'un feul entretien. Guftave étant monté fur le trône, donna à Péterfon la qualité de premier fecrétaire & miniftre d'état, & fe fervit de lui & de fon frere OLAUS Péterfon, pour l'établiffement du luthéranifme. * Varillas, *hift. des ré-volutions en matiere de religion*.

PETERWARADIN, PETRIVARADIN, ou PE-TERWARDEN, petite ville bien fortifiée. Elle eft dans la baffe Hongrie, fur le Danube, entre la Save & la Drave, & à onze lieues au-deffus de Belgrade. Cette place a été fort célébre dans les dernieres guerres de Hongrie. Les Turcs s'en fervoient pour paffer dans la haute Hongrie, après que les impériaux fe furent rendus maîtres de Bude, & pour cet effet ils tenoient là un pont de bateaux fur le Danube. Ce fut-là qu'arriva la révolte de l'armée contre le premier vifir, après la bataille de Mohatz en 1687. Il fut obligé de s'enfuir à Belgrade, & de-là à Conftantinople. Cette place fut fouvent prife & reprife par les Impériaux & par les Turcs. Les pre-miers en firent fauter les fortifications en 1688, & peu de temps après les feconds brulerent la ville. Mais depuis l'empereur l'a fait fortifier, & a prétendu en faire une place importante. * *Mémoires du temps*.

PETIGLIANO, petite ville du Siennois en Tofcane. Elle eft fortifiée & fituée aux confins du duché de Caf-tro, à une lieue & demie de Savonna vers le levant. * Mati, *dictionaire*.

PETILIEN, *Petilianus*, évêque de Cyrthe en Afri-que, du parti des Donatiftes, foutint fortement leur fchifme au commencement du V fiécle. Il étoit très-verfé dans l'exercice du barreau, & acquit beaucoup de répu-tation, quoique fon efprit & fa fcience fuffent fort mé-diocres. Pétilien parut à la tête des Donatiftes, dans la célébre conférence qu'ils eurent avec les Orthodoxes, & où S. Auguftin fe trouva l'an 411. * Baronius, *A. C.* 411.

PETILIUS (Atteius) Romain, tribun du peuple, fut incité par M. Porcius Caton, ennemi de P. Scipion, à accufer ce général de péculat, & à demander avec inftance au fénat qu'il eût à rendre compte de l'argent qu'il avoit tiré d'Antiochus, & du butin qu'il avoit fait dans cette guerre. P. Scipion, qui étoit préfent à cette accufation, montra un livre où fes comptes étoient écrits ; & voyant que fon ennemi infiftoit à ce qu'on en fit la lecture, il le déchira, en difant d'un ton ferme, que celui à qui la république étoit redevable de fon falut, n'étoit pas obligé de rendre compte du butin qu'il avoit fait fur fes ennemis. * Aulu-Gelle, *l.* 4, *c.* 18.

PETILIUS CEREALIS, *cherchez* CEREALIS.

PETIS DE LA CROIX (François) étoit fils de Petis de la Croix, qui fut revêtu de la charge de fecré-taire interprete du roi, dès l'année 1650, & qui en a rempli les devoirs avec honneur pendant 45 ans. Fran-çois fut élevé pour le même emploi ; on lui apprit dès l'enfance les langues orientales, les mathématiques, la géographie, l'aftronomie, la mufique & le deffin ; il n'avoit pas encore 16 ans accomplis, lorfque M. Col-bert, miniftre & fecrétaire d'état, le fit partir par ordre du roi pour la Syrie, la Perfe & la Turquie. Il s'embarqua à Toulon en 1670, aborda à Alexandrette, d'où il alla à Alep où il a demeuré plufieurs années : il fut enfuite à Ifpahan, capitale de la Perfe, & enfin à Conftantino-ple. Pendant ce premier voyage, qui dura dix ans,

Petis de la Croix traduisit en françois beaucoup d'ou-
ages faits par les Orientaux, & il mit en langue orien-
e plusieurs livres françois. La vie du feu roi Louis XIV,
qu'en 1673, & la relation de la campagne de 1672,
'il publia en arabe, furent très-bien reçues. De retour à
ris sur la fin de 1680, il rendit compte au ministre de
n séjour au Levant; & en 1681, le roi étant venu à
bibliothéque, il expliqua devant sa majesté plusieurs
ndroits des livres orientaux. En 1682, le roi l'envoya
Maroc avec un brevet de secrétaire-interprète en la
arine du roi, & avec la qualité de secrétaire de l'am-
ssade auprès de M. de Saint-Amand, ambassadeur de
majesté vers le roi de Maroc, Moula Ismaël. Il pro-
onça en arabe, en présence de ce prince, la harangue
e l'ambassadeur; mais d'un style si élégant & si poli,
ue Moula Ismaël & toute sa cour avouerent qu'il savoit
k parloit leur langue avec plus de pureté qu'eux-mêmes.
e prince eut plusieurs entretiens avec lui pendant la suit
ur la grandeur du roi & de la France, sur l'histoire &
ur la religion. Les deux années suivantes MM. du
Quesne, de Tourville & d'Amfreville, lieutenans géné-
aux des armées navales de sa majesté, le demanderent
uccessivement pour les accompagner à la guerre contre
a république d'Alger, & il a fait sept voyages avec ces
généraux. Il a servi à la négociation de la paix de 1684,
en traduisit en turc le traité, le lut & le publia dans le
divan. Il accompagna en France l'ambassadeur Safar qui
vint demander pardon au roi au nom de cette république, comme on le voit encore par une médaille qui fut
frapée à ce sujet avec ces mots Africa supplex. M. Petis
de la Croix servit d'interprète à cet ambassadeur en présence du roi, & en 1685 il exerça la même fonction
auprès d'un autre envoyé d'Alger qu'il avoit aussi accompagné en France. La même année il monta l'escadre que
Louis XIV envoya par deux fois à Tunis, sous le commandement de M. le maréchal d'Estrées. Ces infidéles
demanderent la paix qu'on leur accorda. M. Petis en
traduisit les conditions, & les publia en plein divan,
comme à Alger; & lorsque ceux de Tripoli eurent demandé & obtenu la paix, il fut encore chargé d'en traduire les conditions, & de les lire pareillement dans le
divan. Les Tripolins obligés par ce traité à rembourser
au profit du roi de France une somme de 600000 francs,
offrirent à M. Petis de la Croix une somme considérable,
s'il vouloit mettre dans le traité le mot d'écus de Tripoli, au lieu d'écus de France, ce qui auroit produit
une différence de plus de 100000 livres; mais sa fidélité fut victorieuse de cette tentation, d'autant plus dangereuse, qu'il eût été presque impossible de savoir qu'il y
eût succombé. Il fut chargé seul aussi d'une négociation
secrete avec les princes Arabes dans la campagne de Tripoli, & il s'en acquitta avec beaucoup de prudence. En
1687 il traita à Maroc sous M. le duc de Mortemar, avec
l'alcaïde Ali, ministre de la marine. Enfin c'est lui qui a
conduit & disposé sous les ordres immédiats des ministres
& secrétaires d'état, les affaires des ambassadeurs & envoyés de Maroc, de Constantinople, d'Alger, de Tunis, de Tripoli, qui sont venus en France, & qui a expliqué au roi leurs harangues, complimens & lettres, depuis 1680 jusqu'à sa mort, excepté quelques audiences
où M. Petis de la Croix son pere a fait les fonctions ordinaires de sa charge auprès de sa majesté. En 1692 il obtint du roi une chaire de professeur pour la langue arabe
au collége royal, & la survivance de l'ancienne charge
d'interprète du roi en arabe, turc & persan, dont jouissoit son pere, & depuis ce temps-là il n'est plus sorti
du royaume; mais il s'appliqua tout entier à traduire les
auteurs Orientaux. Outre les langues arabe, turque, per-
sane & tartare, il savoit bien aussi l'éthiopienne & l'arménienne. Les principaux ouvrages orientaux qu'il a
traduits sont: la Bibliothéque orientale de Hadgi-Calfa,
cadi de Constantinople, 2 volumes in-folio. L'Histoire
de toutes les monarchies mahométismes, par Hussein
Efendi Hezarfen, Turc moderne. L'Histoire de la conquête de la Syrie par les Arabes dans le VII siécle; celle

des Arabes d'Espagne depuis le VII siécle, jusqu'au XIV.
L'Histoire de Maroc, depuis le VII siécle, jusqu'au XVI;
celle de Tunis depuis l'XI, jusqu'au XV. Description
de la ville d'Alep, traduite de l'arabe. Traité de la religion des Druses, en arabe, traduit en françois. La Géographie de Bakouzi, Arabe; celle de Bin Rabya, Arabe.
Voyage de Mirsidy Aly, amiral de la flotte Ottomane,
dans les mers des Indes orientales, & son retour par terre
à Constantinople. Histoire des animaux, de Demiri.
Description de Constantinople. Histoire de Tripoli de
Barbarie. Grammaire arabe. Dictionaires françois &
arabe, françois & turc, françois & persan, françois &
arménien, arménien & françois. Histoire d'Arménie,
traduite de l'arménien en françois. Etat général de l'empire Ottoman, depuis sa fondation jusqu'à présent,
avec l'abrégé des vies des empereurs, traduit d'un manuscrit turc, à Paris en 1683, 3 vol. in-12. L'Histoire
du grand Genghiscan, premier empereur des anciens
Mogols & Tartares, tirée des anciens auteurs Orientaux, 1710. Histoire de Timur-Bec, connu sous le nom
du grand Tamerlan, empereur des Mogols & Tartares, &c. traduite du persan, in-12, 4 vol. à Paris 1722.
Il a traduit aussi de françois en persan l'Histoire du roi
par les médailles, qui fut présentée en 1708, au roi de
Perse. M. Petis de la Croix est mort à Paris sur la fin
de 1713. * Mémoires du temps, Préface de l'histoire de
Timur-Bec, donnée au public par les soins de M. Petis
de la Croix, fils de celui dont on a parlé dans cet article, & qui est aussi interprète du roi pour les langues
turque & arabe.

PETISACAS, eunuque, & l'un des premiers officiers du palais de Perse, fut choisi par Cyrus pour conduire Astyages à la cour; & au lieu d'exécuter cet ordre, il écouta le malheureux conseil qu'on lui donna
de laisser ce prince dans quelque lieu désert où il pût
périr par la faim. Son crime fut découvert peu après;
& Amytis, fille d'Astyages, que Cyrus avoit épousée, en
ayant pressé le châtiment, on lui livra l'eunuque, à qui
elle fit arracher les yeux; & après l'avoir fait écorcher
vif, elle voulut encore qu'on l'attachât à une croix. Ce
trait d'histoire est pris de Ctésias.

PETIT (Jean) célébre docteur de l'université de
Paris, au commencement du XV siécle, s'acquit dans
les commencemens une grande réputation par ses harangues. Il parla pour l'université devant le conseil du roi
l'an 1406, pour prouver que sa fondation jusqu'à présent,
gat de Pierre de Lune, dit Benoît XIII, s'étoit plaint à
tort contre ceux qui s'étoient soustraits de l'obéissance
de ce pape. L'affaire fut renvoyée au parlement, où
Jean Petit harangua encore très-fortement le 7 juin de la
même année: cette cour rendit quelque temps après un
arrêt favorable aux demandes de l'université. Jean Petit
fut encore de la célébre ambassade que la France envoya
en Italie pour la justification du schisme, & il harangua
dans Rome le 20 juillet 1407; mais après il ternit toute
sa gloire par sa lâche complaisance pour Jean, duc de
Bourgogne, qui avoit fait assassiner en 1407 Louis de
France, duc d'Orléans, frere unique du roi Charles VI.
Petit vendit sa langue & sa plume au duc de Bourgogne;
car après avoir soutenu dans la grande salle de l'hôtel
royal de S. Paul, le 8 mars 1408, que la conduite de ce
duc étoit légitime, il enrichit son plaidoyer public sous le
titre de Justification du duc de Bourgogne. Gérard de
Montaigu, évêque de Paris, condamna d'hérésie, le 12
février 1414, les propositions contenues dans ce livre,
la formidable autorité du Bourguignon ne lui ayant pas
permis de le faire plutôt, & le 24 du même mois l'ouvrage fut brulé dans le parvis de Notre-Dame. Jean
Petit étoit mort l'an 1411, à Hesdin, ville qui appartenoit au duc de Bourgogne. Les propositions de son
livre furent encore condamnées comme hérétiques &
scandaleuses dans le concile de Constance en 1415;
mais le nom de l'auteur & du livre furent épargnés par
le crédit des procureurs du duc de Bourgogne, qui avoit
appellé à ce concile de la sentence de l'évêque de Paris

De plus, le roi fit prononcer le 16 septembre 1416, par le parlement de Paris, un arrêt sanglant contre cet énorme libelle ; mais en 1418 le duc de Bourgogne eut le crédit d'obliger les vicaires généraux de l'évêque de Paris, pour lors malade à Saint-Omer, de rétracter la condamnation faite par ce prélat en 1414. Le pere Mercier, Cordelier, s'est efforcé de prouver que Jean Petit n'avoit jamais été de l'ordre de S. François ; & il en a apporté des preuves nombreuses & qui paroissent convaincantes. Cependant plusieurs critiques assurent que le pere Mercier s'est trompé. Voici ce qu'on lit dans le *Ducatiana*, première partie, page 201. « Jean Petit fut suc- » cessivement avocat, conseiller & maître des requêtes » du duc de Bourgogne, à différens gages de ce prince, » en ces trois qualités ; & c'est peut-être sur quoi *Sponde* » aura osé assurer que Jean Petit n'étoit point Cordelier. » Il l'étoit pourtant ; & pour s'en convaincre, il n'y a » qu'à jetter les yeux sur les pages 102, 113 & 156 du » tome II du journal du règne de Charles VI. » Ce que M. le Duchat appelle le tome II du journal du règne de Charles VI, est l'état des officiers & domestiques de Philippe *le Hardy*, de Jean & de Philippe *le Bon*, ducs de Bourgogne. On y lit en page 102 : *Maître Jean Petit, Cordelier, docteur en théologie, conseiller de M. le duc, par ses lettres données à Paris le 20 février.* Et aux notes : *Il avoit 100 francs par an de pension,* &c : page 113, on dit la même chose : & page 156, il est mis au nombre des conseillers-avocats du duc, & cependant, il est dit : *Maître Jean Petit, Cordelier, 20 francs de gages.* * Consultez Jean Juvenal des Ursins, & le Moine de saint Denys, auteurs de la vie du roi Charles VI. Monstrelet ; l'histoire de l'université de Paris ; le *Gersoniana* de M. Du Pin ; Bayle, *dictionaire critique*. On a donné le livre de Jean Petit, & tous les actes qui concernent ses différens jugemens, dans le tome V de la derniere édition des œuvres de Gerson.

PETIT (Samuel) ministre célèbre entre les prétendus-réformés, sortoit d'une bonne famille de Paris. François Petit, son grand-pere, qui étoit docteur en droit, s'étant retiré de Paris sous un fils qu'il avoit, après la journée de S. Barthélemi, alla en Allemagne, & de-là en Suisse, où il mourut. Son fils se rendit à Genève, où on le fit ministre ; & ensuite on l'appella en Languedoc, où il se maria avec Noëmie Olivier, dont il eut Samuel Petit, qui naquit le 25 décembre 1594. Après ses études d'humanités & de philosophie où il réussit, il étudia en théologie à Genève sous le fameux Diodati, & s'appliqua aussi à l'étude de l'hébreu, du syriac, du chaldéen, du samaritain, & de l'arabe. L'ardeur avec laquelle il se livra à l'étude fut telle, que pendant un an il y passa toutes ses nuits. Mais son pere l'ayant appris, le rappella en Languedoc, où peu après on le fit ministre, quoiqu'il n'eût que 17 ans. On le donna ensuite à l'académie de Nîmes, où il fut professeur en théologie, en hébreu & en grec. De plus il prêchoit souvent & visitoit fréquemment les malades. On dit qu'étant un jour dans une synagogue à Avignon avec quelques amis, un rabin les injuria en hébreu, s'imaginant n'en être point entendu. Mais Samuel Petit lui ayant répondu en la même langue, le rabin étonné lui demanda excuse. Ce savant est mort à Nîmes le 12 décembre 1643. Il travailloit alors à des notes sur Joséphe, dont le manuscrit, quoiqu'imparfait, fut, dit-on, acheté 150 louis d'or par milord Clarendon, chevalier d'Angleterre, qui en fit présent à l'université d'Oxford. Les ouvrages imprimés de Samuel Petit, sont : neuf livres de Mélanges, où il explique & corrige quantité de passages de différens auteurs, en 1630. Eclogues chronologiques, où il traite des années des Juifs, des Samaritains, & de plusieurs autres peuples, &c. en 1634. Quatre livres de diverses leçons, où il explique les usages de l'ancien & du nouveau Testament, les cérémonies, & plusieurs choses qui appartiennent à l'antiquité ecclésiastique, en 1633. Les loix d'Athènes, ouvrage où il explique & corrige quantité d'endroits de divers auteurs Grecs & Latins, en 1635. Trois autres

livres d'observations diverses, en 1642. Dissertation sur le droit & les édits des princes, &c. en 1649. Tous ces ouvrages sont en latin. On a de plus de lui des vers latins sur la mort de Guillaume Schikard, qui se trouvent à la suite du discours prononcé à l'occasion de la mort de ce savant. * Voyez les lettres de Saumaise ; celle de Sorbiere, datée des ides de juin 1644, où il parle de la mort de Samuel Petit son oncle, insérée dans les *Epistolæ centum ineditæ, ex museo Joannis Brandt* ; Freheri *Theatrum* ; Colomiés, dans sa *France orientale*, où l'on trouve beaucoup de témoignages de savans à l'honneur de Samuel Petit.

PETIT (Pierre) célèbre mathématicien. Dans le *Journal historique*, que l'on appelle communément le *Journal de Verdun*, mois de juillet 1738, on donne une lettre comme écrite de Moulins, où l'on dit que Petit étoit fils de *Jean* Petit, maître corroyeur à Montluçon, & d'*Yvoire* de la Roche. Ce récit est faux ; comme il est prouvé par une lettre de MM. les officiers de l'élection de Montluçon du 15 juillet 1738, & par plusieurs autres actes autentiques, envoyés par eux, dont M. l'abbé Goujet a les originaux. Il est constant par ces pièces, que Pierre Petit est né à Montluçon le dernier décembre 1598, & qu'il fut baptisé le même jour en l'église paroissiale de Notre-Dame de Montluçon. Il eut pour pere *Pierre* Petit, controlleur en l'élection de la ville de Montluçon, province de Bourbonois, & pour mere *Marie* Bannellat. Il a eu un frere & deux sœurs, *Antoine*, *Antoinette* & *Gabrielle*. Antoine né le 20 février 1603, en la paroisse de Notre-Dame de Montluçon, prit l'habit de la congrégation de l'Oratoire le 12 mai 1629, & mourut à Rome le 4 août 1653. *Gabrielle* fut religieuse aux dames de S. Bernard de la ville de Montluçon, & *Antoinette* épousa *Pierre* Caille, bourgeois de la même ville. Pierre Petit, le pere, voulant entretenir la paix entre ses enfans, fit conjointement avec la dame Bannellat, sa femme, un partage de leurs biens, par lequel Pierre Petit, leur fils aîné, eut la charge de controlleur en l'élection de Montluçon. Ce partage est du 8 mai 1626. Après le décès de Pierre Petit & de Marie Bannellat, Pierre Petit, leur fils, vendit cette charge, par contrat passé chez Robinet, notaire à Montluçon, le 5 avril 1633, & se retira à Paris où il fut après *ingénieur & géographe du roi* ; ce qui est prouvé par un compte reçu chez Marignon, notaire, le 8 mai 1642, dans lequel le sieur Pierre Petit prend les titres de conseiller du roi, son ingénieur & géographe. On voit par d'autres actes déposés à Tours, & par les registres de la paroisse de S. Germain l'Auxerrois à Paris, que Pierre Petit épousa à Tours vers 1640, demoiselle *Marie* Dupuis du Tillout, fille de M. *Gilles* Dupuis du Tillout, sieur de Portail, ancien échevin perpétuel de la ville de Tours. Petit demeura, sans doute, quelques années dans cette ville, puisque deux de ses filles y furent baptisées, l'une le 23 mai 1641, l'autre le 23 mars 1643. Sa femme mourut à Paris, rue S. Nicaise, & fut inhumée dans l'église de S. Germain l'Auxerrois le 8 octobre 1665. Dans l'extrait mortuaire, Pierre Petit est qualifié sieur du Portail, conseiller du roi & intendant des fortifications de France. Il mourut le 20 août 1677, & fut inhumé dans l'église des religieuses Bernardines de Lagny-sur-Marne ; & le 10 novembre 1688, ce couvent ayant été détruit, son corps fut transporté dans l'église paroissiale de S. Fursy audit Lagny, avec celui de *Marie-Elizabeth* Petit, sa fille, religieuse audit couvent des Bernardines, morte le 20 septembre 1671. Pierre Petit a donné des ouvrages de mathématiques & de physique que l'on estime encore. On a entr'autres : *l'Usage ou le moyen de pratiquer par une règle toutes les opérations du compas de proportion, avec une ample construction de l'un & de l'autre, augmentée des tables de la pesanteur & de la grandeur des métaux, & la réduction de toutes les mesures de l'Europe, de l'Asie & de l'Afrique, à celle de France ; la construction & l'usage du calibre d'artillerie,* in-8°, en 1625, selon le privilège ; mais l'ouvrage ne parut que

fieurs années après. 2. *Carte du gouvernement de la*
ppelle. Discours chronologiques contenant l'intention,
rdre, *les maximes des parfaites chronologies*, in-4?,
1636, à Paris. *Observations touchant le vuide*, *faites*
ur la premiere fois en France, *contenues en une lettre*
M. Chanut, *résident pour sa majesté en Suède*, en 1647,
.4°. *Calculus duarum ecclipsium anni* 1652, &c. broch.
-fol. Raisonnemens contre les pronostics *de l'éclipse du*
feil, *du* 12 *août* 1654, avec une piece en vers latins,
une autre en vers françois sur le même sujet, à Paris,
554. *Discours touchant les remedes qu'on peut appor-*
r aux inondations de la riviere de Seine dans Paris,
ec la carte nécessaire, in-4°, à Paris, en 1668. A la
1 de l'Astronomia physica de J. B. Duhamel, il y a
ne lettre & trois petits traités de M. Petit ; le premier
ur l'éclipse du soleil du 14 novembre 1659 ; le second,
ur la latitude de Paris, & la déclinaison de l'aimant dans
ette ville, en latin. C'est l'extrait d'une plus longue
iffertation ou lettre qu'il avoit adressée à M. Sauval,
our être mise dans l'*Histoire de la ville de Paris*. Le
roisiéme est , *De novo systemate mundi*, contre l'*Abré-*
gé de l'astronomie inférieure, publié par un anonyme, en
1645. La lettre qui précede ces trois traités, est une réponse à une autre de M. Duhamel, dans laquelle celui-ci
donne à M. Petit les titres de *chevalier*, *seigneur de Por-*
tail. Avis & sentimens de Pierre Petit sur la jonction pro-
posée des mers Océane & Méditerranée, *par les rivieres*
d'Aude & de la Garonne, &c. in-4°. *Dissertation sur la*
nature des cometes, *avec un Discours sur les pronostics*
des éclipses & autres matieres curieuses, &c. in-4°, à
Paris, en 1665. Petit fit cette dissertation par ordre de
Louis XIV. On trouve plusieurs autres petits ouvrages du même dans les journaux des savans de 1666 &
de 1667, touchant la profondeur de la mer, la nature
de l'eau qui est au fond, sur l'éclipse de lune du 16 juin
1666, & sur le passage de Pline restitué à cette occasion, &c. La même année 1666, il donna une longue
lettre touchant le jour auquel on doit célébrer la fête de
Pâque. On la trouve dans le *Journal des savans du* 15
mars 1666, & dans les *Mémoires de littérature & d'his-*
toire recueillis par le pere Desmolets, *tome I*, *part. I*.
La lettre de M. Petit, au sujet d'un passage de Pline, inférée dans le même journal du 21 juin 1666, se retrouve
aussi dans le même volume desdits Mémoires, dans la
lettre d'un professeur d'Angers au sujet de la correction
que le pere Hardouin a faite dans son édition de Pline,
du même passage de cet ancien auteur dont il s'agit dans
la lettre de M. Petit. Au reste ce prétendu professeur
d'Angers est le pere Desmolets de l'Oratoire, bibliothécaire de la maison de la rue S. Honoré. Enfin on a encore de M. Petit des *Dissertations académiques sur la*
nature du chaud & du froid, *avec un discours du cylin-*
dre arithmétique inventé par l'auteur, in-12, à Paris,
en 1671. Une dissertation sur la figure & l'extension de
l'ame, à M. de la Chambre, médecin, &c. M. Petit
étoit en relation avec M. Cassini, avec M. Descartes,
& la plupart des célébres philosophes de son temps.
Il avoit visité tous les ports de mer par ordre de Louis XIII
& du cardinal de Richelieu, & il avoit fait quantité
d'expériences sur les pierres d'aimant, & sur beaucoup
d'autres objets qui sont considérés par la physique.
* *Mémoires du temps*. Le Clerc, *biblioth. du Riche-*
let, &c.

PETIT (Pierre) Parisien, docteur en médecine de
la faculté de Montpellier, académicien de Padoue,
dans le XVII siécle, étoit médecin de profession, &
cependant s'appliqua moins à l'exercice de la médecine,
qu'à l'étude des belles lettres. Il excella principalement
dans la poësie latine, & dans la connoissance de l'histoire. Nous avons trois traités physiques de lui : l'un *du*
mouvement des animaux ; le second , *des larmes* ; &
le troisième, *de la lumiere* ; deux ouvrages de médecine,
dont l'un est le traité *de la nouriture qui se peut tirer de*
l'eau ; & l'autre qui a été imprimé à Londres en 1726,
in-4°, est un commentaire sur les trois premiers livres

d'Arétée. Mais les ouvrages qui lui ont donné plus de
réputation, font ses poësies & ses dissertations sur différens points de l'histoire. Ses vers se firent recevoir dans
l'académie de Padoue, & lui firent tenir sa place dans la
pleïade de Paris. C'est ainsi que les savans appelloient
l'assemblage des sept plus habiles poëtes Latins qui fussent
dans cette capitale du royaume, par allusion à cette constellation composée de sept étoiles. Nous avons un beau
recueil de ses poësies, qu'il fit imprimer en 1683, &
qu'il dédia à M. Nicolaï, premier président en la chambre des comptes, avec un traité de la fureur poétique
qui est très-curieux. Il fit depuis imprimer quelques petits poëmes, savoir, un sur les regrets de la ville de
Paris, privée de la présence du roi ; un sur le thé ; un sur
la chicane, qu'il composa contre un de ses alliés, qui lui
avoit suscité un procès ; outre qu'il laissa quantité d'autres poësies, dont on pourra faire un second recueil. Il
a donné aussi au public un traité des Amazones ; un autre de la Sibylle ; un volume d'observations mêlées,
divisé en quatre livres, où il restitue quantité de passages
qui sembloient désespérés, & où il en explique plusieurs
qu'on n'avoit point entendus jusqu'ici. Ce volume fut
imprimé à Utrecht en 1682, & on a trouvé un second dans son cabinet après sa mort arrivée le 13 décembre 1687, lorsqu'il étoit âgé d'environ 71 ans. On
a trouvé encore plusieurs belles dissertations de lui, que
ses héritiers ont entre les mains ; une de l'esprit de l'homme ; une des antropophages ; une du nepenthés, célébré par Homere, imprimée à Utrecht en 1689, in-8° ;
une de Bacides & des nymphes ; une de la croix ; & une
de la religion chrétienne. * *Mémoires du temps*. Voyez
son éloge, par l'abbé Nicaise, son ami, *Journal des sa-*
vans, 12 janvier 1688, & sa vie à la tête de ses commentaires sur Arétée. Le pere Niceron qui en a donné
un long article dans le tome XI de ses *Mémoires*, avec
des additions dans le tome XXII, n'a pas cité la piéce
suivante : *Petri Petiti ad Guillelmum Lamonium*, *Se-*
natûs principem, *rusticantem*, *elegia* ; à Paris, Martin,
1660, *in-4°*, huit pages.

PETIT (Antoine) sieur de la Garenne, prêtre recommandable par sa piété, sa douceur, son humilité, sa
charité, étoit né à Caen le 4 mai 1616, & fut pourvu
à l'âge de 18 ans d'une prébende dans l'église collégiale
du Saint Sépulcre de la même ville. Mais le désir d'être
utile aux autres par la prédication, le porta à résigner ce
bénéfice à un ecclésiastique qui avoit été son précepteur,
& avec lequel il vécut dans une étroite union jusqu'à la mort de celui-ci. Ses liaisons avec plusieurs personnes dont les sentimens ne plaisoient pas, le mirent
mal dans l'esprit de son évêque, qui lui ôta toute direction, & tout exercice de la prédication. Cependant il a
mérité les éloges de M. Huet, ancien évêque d'Avranches, qui le comble de louanges dans ses Origines de
Caen, où il ne fait pas difficulté de dire que M. le
Petit profita de son interdit pour achever de se consommer, auprès des peres de l'Oratoire, dans toutes les
vertus convenables à son état. Il mourut âgé de 60 ans,
le 10 novembre 1676. Il est auteur du *Catéchisme de*
la dévotion, qui fut imprimé à Lyon après sa mort en
1680, sous le nom d'un autre. Il avoit fait aussi un
traité sur le jubilé & sur les indulgences, imprimé à
Caen en 1662, & il a laissé plusieurs autres ouvrages
qui sont restés manuscrits. Il a eu deux freres qui se
sont distingués par leurs talens, mais on ne connoît
d'eux aucun ouvrage imprimé. FRANÇOIS, qui étoit le
plus jeune, eut un fils nommé *Adrien* qui eut du génie
pour la poësie françoise, comme il l'a fait voir par plusieurs piéces qui ont mérité l'approbation qu'on leur a
donnée. Il mourut à la bataille de Nervinde, aux pieds
du duc de Chartres auquel il étoit attaché, l'an 1693,
âgé de 44 ans.

PETIT (Paul) licencié de Sorbonne, né à Dijon le
21 janvier 1671, mort dans la même ville le 3 septembre 1734, étoit un bel esprit, de qui l'on a les pièces suivantes. 1. *Virgile virai en bourguignon*, *livre*

premier : à Dijon, 1718, *in-12*, & *deuxième livre*, 1719, *in-12*. L'ouvrage de M. Petit dans ce second livre, ne commence qu'au septième vers de la seizième page ; ceux qui précédent sont, dit-on, de M. Pierre Dumay, conseiller au parlement de Bourgogne, à Dijon. 2. *Sonnet en bouts rimés*, dans le *Journal de Verdun*, juillet 1723. 3. Deux sonnets en bouts rimés à l'honneur de M. Bouhier, nommé premier évêque de Dijon ; à Dijon 1726. 4. Divertissement au sujet de la naissance de M. le Dauphin, chanté par M. de la Briffe, intendant de Bourgogne, le 2 octobre 1729 ; à Dijon, 1729. 5. Relation des réjouissances qui se sont faites à Dijon à la naissance de M. le Dauphin ; à Dijon, 1729, *in-4°*, & dans le *Mercure* de janvier 1730. 6. Divertissement exécuté en présence de son alt. sérénif. M. le duc, gouverneur de Bourgogne, le 10 mai 1730, à Dijon, 1730, *in-4°*. 7. Divertissement pour le jour de la fête de M. le comte de Tavannes, brigadier des armées du roi, & son premier lieutenant général en Bourgogne ; à Dijon 1730, *in-4°*. 8. Ode à M. Bouhier, premier évêque de Dijon ; à Dijon, 1732, *in-4°*. 9. *Catéchisme*, imprimé par ordre de M. l'évêque de Dijon. M. Petit en est auteur, de même que du manuel qui est à la tête : Dijon, 1733, *in-12*. * Voyez la *bibliothéque des auteurs de Bourgogne*.

PETIT (François Pourfour du) médecin, de l'académie royale des sciences de Paris, naquit dans cette ville le 24 juin 1664, de parens qui étoient dans le commerce, & qu'il perdit étant encore enfant. Ses études lui coûterent beaucoup d'application & de peine, & il y réussit peu, par un défaut de mémoire qui se montroit également à la difficulté d'apprendre & par celle de retenir. Il ne trouva de la facilité que lorsqu'il fut dans sa seconde année de philosophie ; la physique de Descartes que son professeur enseignoit, lui plut, & l'attacha. Il étoit né pour cette étude, & il en a fait toute sa vie le principal objet de son application. S'étant mis à voyager presque au sortir de son cours, il parcourut la plus grande partie des provinces du royaume & de la Flandre, observant par-tout la nature & recherchant avec soin le commerce de ceux qui l'avoient observée. Un de ceux avec qui la liaison devint plus intime, & dont il retira aussi le plus d'instruction, fut M. Blondin établi à la Rochelle, bon cartésien ; qui avoit une bibliothéque choisie, un jardin de plantes médicinales, & un cabinet de curiosités naturelles. M. Blondin lui apprit l'ostéologie sur un squelette humain, lui montra la position des viscères, l'anatomie du cerveau, celle des yeux & de l'oreille, tant sur l'homme que sur divers animaux, & finit par lui conseiller de se faire médecin. M. Petit (car il n'a été connu que sous ce nom) suivit ce conseil, alla à Montpellier vers la fin de 1687, & étudia la médecine sous M. Chirac, fit un cours de chymie, & ayant reçu le bonnet de docteur, revint à Paris en 1690, âgé de 26 ans. Il y suivit avec soin les cours d'anatomie de M. Duverney, de botanique de M. de Tournefort, & de chymie de M. Lemery, & s'acquit bientôt l'estime & l'amitié de ces trois grands hommes ; il disséquoit, il opéroit & il herborisoit tour à tour avec eux. Il se mit aussi au fait de la chirurgie pratique, & pendant six mois il alla avec M. de Tournefort faire les pansemens des blessés à l'hôpital de la Charité. Les années 1691 & 1692 se passerent dans ces exercices. C'étoit le fort de la guerre commencée en 1688. La Flandre en étoit le principal théatre. M. Petit se présenta pour aller servir dans les hôpitaux du roi destinés à l'armée : il fut agréé, & partit le premier avril 1693. Il travailla successivement dans les hôpitaux de Mons, de Namur & de Dinant, & par-tout il donna des preuves de son zèle, de son désintéressement & de sa capacité. Il fit établir dans les hôpitaux mêmes des laboratoires de chymie & des chambres d'anatomie ; il exerçoit en même temps ses élèves à connoître les plantes, à les

cueillir & à les préparer dans la saison & dans les circonstances les plus convenables, soit pour en tirer les remédes, soit pour les garder & en faire un sujet d'étude. C'est ainsi qu'il assembla dès-lors, & qu'il desséécha un grand nombre de plantes qui firent le commencement d'un herbier de 30 gros volumes *in-folio* qu'il a laissés. Il revint à Paris après la paix de Ryswick en 1697, & l'année suivante il se rendit au camp de Compiégne où il fut chargé des malades avec M. Prouvenza médecin inspecteur des hôpitaux. La succession à la couronne d'Espagne ayant rallumé la guerre en Europe, M. Petit servit successivement dans les hôpitaux à Ruremonde, à Bruxelles & dans quelques autres villes des Pays-Bas pendant tout le cours de cette guerre. Enfin après la paix d'Utrecht en 1713, il se fixa à Paris, s'y maria en 1717, entra à l'académie des sciences en 1722; & trois ans après il y obtint la place de pensionaire anatomiste, vacante par la vétérance de M. Duverney. Depuis qu'il se fut fixé à Paris, il se livra beaucoup plus au cabinet qu'aux fonctions extérieures. Comme il avoit étudié particulierement tout ce qui regarde les maladies des yeux, il étoit sans cesse consulté sur cette partie de la médecine, principalement pour l'opération de la cataracte, qui lui a presque toujours réussi. Il avoit imaginé & fait construire un *ophthalmomètre*, instrument destiné à mesurer les parties de l'œil, & plusieurs autres machines pour constater ce qu'il avançoit sur toute cette matiere, ou pour diriger la main de ceux qui ont à opérer sur cet organe délicat. Le peu d'ouvrages qu'il nous a donnés roule aussi principalement sur cette matiere. Ces ouvrages sont : *Trois lettres d'un médecin des hôpitaux du roi à un autre médecin de ses amis* ; à Namur, 1710, *in-4°*. M. Petit n'en fit tirer que 200 exemplaires. Ces trois lettres sont sur un nouveau système du cerveau ; & contiennent plus une dissertation sur le sentiment, & plusieurs expériences de chymie, contraires au système des acides & des alcalis ; enfin une critique des trois especes de *Chrysosplenium* des instituts de M. de Tournefort ; & trois nouveaux genres de plantes (*Prouvenzalia Palustris*,) du nom de M. Prouvenza que M. Petit donna à cette plante, *Calamus Aromaticus*, & *Dantia palustris*, du nom de M. Danty d'Isnard, de l'académie des sciences. 2. *Dissertation sur une nouvelle méthode de faire l'opération de la cataracte* ; à Paris, 1727, *in-12*. Dans le tome troisiéme, seconde partie des *Mémoires de littérature & d'histoire*, recueillis par le pere Desmolets de l'Oratoire, imprimé en 1727, on trouve une dissertation de M. Petit sous le même titre ; c'est apparemment le même ouvrage. 3. *Lettre dans laquelle il est démontré que le crystallin est fort près de l'uvée*, & où l'on rapporte de nouvelles preuves de l'opération de la cataracte ; à Paris, 1729, *in-4°*. 4. *Lettre contenant des réflexions sur ce que* M. Hecquet, docteur en médecine, a fait imprimer *touchant la maladie des yeux* ; à Paris 1729, *in-4°*. 5. *Lettre contenant des réflexions sur les découvertes faites sur les yeux* ; à Paris, 1732, *in-4°*. Nous ne parlons point de ce qui se trouve du même dans les *Mémoires de l'académie des sciences*. M. Petit est mort le 18 juin 1741. * Voyez son éloge par M. de Mairan, dans le volume des *Mémoires de l'académie des sciences* pour l'année 1741.

☞ PETIT (Jean-Louis) célèbre chirurgien, naquit à Paris, le 13 mars 1674, d'une famille honnête. Il fit paroître, dès sa plus tendre naissance, une vivacité d'esprit & une pénétration peu communes à cet âge : ce qui excita pour lui dans M. Littre, célèbre anatomiste, qui demeuroit dans la maison de son pere, une véritable tendresse, à laquelle le jeune Petit parut toujours fort sensible. L'attachement & le respect & sa curiosité naturelle le conduisoient quelquefois à la chambre où M. Littre faisoit ses dissections. Dès lors on crut appercevoir en lui le germe de ses talens pour la chirurgie. Les dissections faisoient son amusement, loin

loin de l'effrayer ; & on le trouva un jour dans un grenier, où croyant être à couvert de toute surprise, il cou-
poit un lapin, qu'il avoit enlevé, dans le dessein d'imiter
ce qu'il avoit vu faire à M. Littre. Cet habile anatomiste
augura très-avantageusement de cette inclination, & se
fit un plaisir de la cultiver. Le jeune Petit, dès l'âge de
sept ans, assistoit régulierement aux leçons de M. Littre.
Il fit des progrès si rapides, qu'il avoit à peine 12 ans,
quand celui-ci lui confia le soin de son amphithéatre. Il
apprit ensuite la chirurgie sous M. Castel & sous M. Maréchal, & fut reçu maître en chirurgie en 1705. Il s'acquit une si grande réputation dans la pratique de cet art,
qu'il fut appellé, en 1726, par le roi de Pologne, aïeul de
madame la Dauphine, & en 1734, pour dom Ferdinand,
aujourd'hui roi d'Espagne. Il rétablit la santé de ces princes,
qui lui offrirent de grands avantages pour le retenir ; mais
il aima mieux revenir en France. Il fut reçu de l'académie des sciences en 1715, devint directeur de l'académie royale de chirurgie, fit des découvertes importantes,
inventa de nouveaux instrumens pour la perfection de la
chirurgie, & mourut à Paris le 20 avril 1750, à 77 ans.
On a de lui 1°. un excellent traité sur les maladies des
os, dont la meilleure édition est celle de 1728 ; 2°. plusieurs savantes dissertations, dans les mémoires de l'académie des sciences, & dans le premier volume des mémoires
de celle de chirurgie. * M. l'abbé Ladvocat, dict. hist.
portatif.

PETIT-DIDIER (Dom Matthieu) religieux Bénédictin de la congrégation de S. Vanne & de S. Hydul-
phe, abbé de S. Pierre de Senones, & promu
à l'évêché de Macra par le pape Benoît XIII. Ce religieux né au bourg de S. Nicolas en Lorraine, le 18
décembre 1659, fit ses premieres études au collège des
Jésuites de Nanci, & entra au noviciat dans l'abbaye
de S. Michel le 18 mai 1675. Il y fit profession le 5 juin
de l'année suivante, & y fit des études de philosophie
& de théologie. N'étant encore que soudiacre, le chapitre général de sa congrégation tenu en 1682, le destina pour enseigner la philosophie & la théologie aux
jeunes religieux du même monastere. Quelque temps
après on le mit à la tête d'une espece d'académie composée de plusieurs religieux, avec lesquels il entreprit
la lecture des premiers peres de l'église. Le célèbre
M. Du Pin éprouva le premier que ce religieux joignoit,
comme doctreur à ce qu'il a dit lui-même, à une grande étude
beaucoup de talens pour la composition. C'est que que
Dom Petit-Didier fit paroître dans trois volumes in-8°
de Remarques sur les premiers tomes de la bibliothéque
ecclésiastique de M. Du Pin. Le premier volume parut
en 1691 ; le second en 1692, & le troisiéme en 1696.
Ces remarques étoient en partie le fruit des réflexions &
des notes de l'académie dont on vient de parler, dans
laquelle plusieurs Bénédictins étoient occupés sous la
direction du pere Petit-Didier à la lecture des Peres, &
lisoient en même temps la bibliothéque de M. Du Pin.
Dom Petit-Didier les ayant cru assez importantes pour
être données au public, les revit, les fortifia, les augmenta, & les fit paroître. Dans le même temps il travailloit sérieusement aux Entretiens de Cléandre
& d'Eudoxe, du pere Daniel, contre les fameuses lettres au Provincial que tout le monde sait être de
M. Pascal. La réponse du pere Petit-Didier en dix-
sept lettres, sous le titre d'Apologie des lettres provinciales de Louis Montalte, contre la derniere réponse
des PP. Jésuites, intitulée : Entretiens de Cléandre &
d'Eudoxe. La premiere de ces dix-sept lettres est datée
du 6 juillet 1696 ; c'est par erreur qu'on a mis 1697,
dans l'imprimé : la seconde du 31 du même mois, & de
la même année, quoiqu'on y lise encore 1697 ; la
troisiéme, du 20 août 1696, & la quatriéme du 20
octobre suivant. Ces quatres lettres furent imprimées ensemble en 1697, in-12. Les suivantes ne tarderent pas
à paroître ; la cinquieme, du 20 juin 1697 ; la sixieme
du 12 juillet ; la septieme, du 2 août ; & la huitieme
du même mois 1697, parurent aussi la même année de

leur date. Les quatre lettres suivantes, savoir, la neuvieme, du 14 septembre 1697 ; la dixiéme, du 9 octobre de la même année ; la onziéme, du 2 novembre suivant ; & la douzieme, du 26 du même mois, furent
imprimées en 1698, & l'on y joignit l'Épître de M. Despreaux sur l'amour de Dieu, & un Cantique de M. Racine sur le même sujet, tiré de la tragédie d'Athalie. Enfin la même année 1698, on imprima la treiziéme lettre
datée du 10 décembre 1697 ; la quatorziéme, du 20
du même mois ; la quinziéme, du 4 janvier 1698 ; la
seiziéme, du 16 suivant ; & la dix-septiéme, du premier février. Cette dix-septiéme lettre est suivie d'une
dix-huitiéme écrite au pere de Lingendes en 1652,
touchant le livre du pere le Moine Jésuite, intitulé :
la Dévotion aisée. Mais cette dix-huitiéme lettre n'est
point du pere Petit-Didier, qui n'étoit pas né lorsqu'elle
fut écrite ; il l'a seulement fait réimprimer, comme
ayant un vrai rapport aux matieres traitées dans les autres lettres. Cependant quoique dom Petit-Didier ait
toujours passé pour l'auteur de cette apologie des Lettres
Provinciales, qu'il l'ait souvent avoué à ses amis, &
que le fait soit très-certain ; il jugea à propos de désa-
vouer cet ouvrage, & de déclarer que c'étoit témérairement & faussement qu'on le lui imputoit. Ce désaveu se trouve dans une lettre écrite au cardinal Corra-
dini du 30 septembre 1726, & imprimée la même
année à Rome, dans un recueil de pieces intitulé : Documenta sana & orthodoxæ doctrinæ P. Matthæi Petit-
Didier, in-folio, pag. 4. Les autres pieces de ce petit
recueil sont, une protestation de ses sentimens, du 28
février 1721, sur les matieres contestées depuis Innocent X, Alexandre VII, & Clément XI ; des lettres
testimoniales du suffragant de Basle, sur sa vie, ses
mœurs & sa doctrine ; enfin un acte passé à Rome pardevant notaire, le 13 septembre 1726. Dans cet acte
dom Petit-Didier nous apprend, ou plutôt nous confirme, 1°. Que vers l'an 1700, il a donné au public des
Dissertations critiques, historiques & chronologiques (latines) sur l'Ecriture sainte de l'ancien Testament, dédiées
au duc de Lorraine. C'est un in-4° imprimé à Toul en
1699. 2°. Qu'en 1724, il a fait imprimer à Luxembourg
un traité théologique pour l'autorité & infaillibilité du
pape, dédié à Innocent XIII. C'est contre ce traité que
l'on a vu paroître le Faux Prosélyte, ou premiere lettre (de l'abbé de Bonnaire) au R. P. Petit-Didier, in-4°
de 40 pages, datée du 18 mars 1724 ; une dissertation
sur la faillibilité des papes par le pere de Gennes de l'Oratoire, &c. C'est aussi contre cet ouvrage que M. Lenfant emploie la fin de sa Dissertation historique & apologétique pour Gerson & pour le concile de Constance,
dans le second volume de l'histoire de ce concile, de la
deuxieme édition d'Amsterdam. Outre ces ouvrages dont
le pere Petit-Didier s'avoue l'auteur, on a encore de
lui, 1. une Dissertation historique & théologique, dans
laquelle il examine quel a été le sentiment du concile de
Constance, & des principaux théologiens qui y ont assisté,
sur l'autorité des papes & leur infaillibilité, suivie d'une
autre Dissertation, où l'on examine, Si en soutenant
l'infaillibilité des papes en matiere de foi, on détruit
les libertés de l'église Gallicane, à Luxembourg 1725,
in-12. Cet ouvrage est dédié à Benoît XIII. C'est une
suite de son traité de l'infaillibilité, &c. 2. La Justification de la morale & de la discipline de l'église de
Rome & de toute l'Italie, contre le Parallele de la morale des paiens & de celle des Jésuites, in-12, en 1727.
3. La défense de la préséance des Bénédictins en Lorraine, sur les chanoines réguliers, en trois mémoires
imprimés en 1698 ou 1699. 4. Lettre à Dom Guille-
min. Cette lettre est en faveur de la bulle Unigenitus,
& des instructions pastorales du cardinal de Bissi sur le
même sujet. Elle a été imprimée in-4°, avec des réflexions en forme de réfutation. 5. Plusieurs brochures pour maintenir l'autorité du prince de Lorraine contre les entreprises de l'official de Toul. On trouve une
de ses lettres dans le premier volume des œuvres posthu-

mes du pere Mabillon : elle eſt adreſſée à ce ſavant Bénédictin, au ſujet de ſon Traité des études monaſtiques. On le croit encore auteur d'un ouvrage anonyme, & ſans nom d'imprimeur, mais qui a été imprimé à Metz chez Brice Antoine, & qui a pour titre : *Traité hiſtorique & dogmatique des priviléges & exemptions eccléſiaſtiques*, in-4°, en 1699. Il défendit les curés de Veroncourt & de Lorrey, contre les cenſures de l'official de Toul, par trois lettres imprimées in-12. Il a laiſſé quelques ouvrages manuſcrits, entr'autres un Traité de controverſe ; des Diſſertations hiſtoriques, critiques & chronologiques ſur le nouveau Teſtament en latin ; un petit ouvrage qui contient des remarques ſur l'ouvrage du feu pere le Brun de l'Oratoire, touchant les Liturgies ; un aſſez gros recueil manuſcrit tiré des ouvrages de S. Auguſtin ; & pluſieurs autres recueils tirés de quelques autres peres. En 1699, le premier d'août, dom Petit-Didier fut élu abbé de Bonzonville ; mais cette élection fut ſans effet, ſon alteſſe royale de Lorraine ayant en même temps nommé à cette abbaye le prince François ſon frere. En 1715, le 28 ſeptembre, il fut élu abbé de Senones ; & après pluſieurs années de conteſtations avec M. le prélat de Bonzey, dévolutaire de la même abbaye, il fut maintenu en poſſeſſion du bénéfice. Il fit le voyage de Rome en 1725, & le pape Benoît XIII le nomma en 1726, évêque de Macra *in partibus infidelium*, & lui accorda un indult pour l'élection de ſon abbaye à perpétuité. Benoît XIII voulut faire lui-même la cérémonie de ſa conſécration ; & en lui mettant la mitre ſur la tête, il le félicita ſur ce qu'il avoit écrit en faveur du S. Siége ; c'eſt-à-dire en faveur de la prétendue infaillibilité des papes & des autres prétentions ultramontaines, & contre les libertés de l'égliſe Gallicane. Ce religieux évêque mourut ſubitement dans ſon abbaye de Senones, le quatorziéme de juin 1728, dans la 69° année de ſon âge. * *Mémoires du temps. Documenta ſana & orthodoxa doctrinæ P. M. Petit-Didier. Mémoires de Trévoux*, mars 1726. Du Pin, *XVIII ſiécle*, tome VII. D. Ceillier, préface du premier volume de l'*hiſtoire des aut. ſacr. & eccl.* &c.

PETIT-PIED (Nicolas) Pariſien, & d'une famille très-honorable, fut reçu docteur de la maiſon & ſociété de Sorbonne le 10 d'août 1658, & conſeiller-clerc au châtelet en 1662. Il avoit rempli pendant quelque temps la cure de S. Martial à Paris, qui a été réunie depuis à celle de S. Pierre des Arcis, & il eſt mort en 1705, ſouchantre & chanoine de l'égliſe de Paris. Il étoit âgé d'environ 75 ans. Il y avoit déja pluſieurs années qu'il exerçoit la charge de conſeiller-clerc au châtelet de Paris, en même temps qu'il poſſédoit la cure de S. Martial, lorſqu'en 1678, ayant prétendu préſider en l'abſence de MM. les lieutenans, parcequ'il ſe trouvoit alors le plus ancien, les conſeillers-laïcs reçus depuis lui s'y oppoſerent, & prétendirent que les clercs n'avoient pas le droit de *préſider* & de *décaniſer*. M. Petit-Pied en forma plainte, & fit ſes proteſtations ; mais la conteſtation s'étant échauffée, il intervint arrêt définitif donné le 17 mars 1682, qui décida en faveur des conſeillers-clercs. Toutes les recherches que M. Petit-Pied fut obligé de faire dans la pourſuite de ce procès, qui dura pluſieurs années, ont donné occaſion à un excellent ouvrage, dans lequel il traite au long *du droit & des prérogatives des eccléſiaſtiques dans l'adminiſtration de la juſtice ſéculiere*. C'eſt un gros in-4°, qui fut approuvé par M. Pirot, dès 1683, & pour l'impreſſion duquel le privilége du roi fut obtenu la même année, & qui cependant n'a été imprimé qu'en 1705 à Paris, aux dépens de l'auteur, chez Muguet. On trouve à la tête les arrêts rendus ſur l'affaire qui avoit donné lieu à l'ouvrage. * *Mémoires du temps.*

PETIT-PIED (Nicolas) neveu de Nicolas PETIT-PIED, *dont on vient de parler*, naquit à Paris le 4 août 1665. Il embraſſa de bonne heure l'état eccléſiaſtique, fit ſa licence avec diſtinction, & prit en 1692 le bonnet de docteur de la maiſon & ſociété de Sorbonne. Dès 1701 il fut fait profeſſeur de l'écriture ſainte dans les éco-

les de Sorbonne. La même année 1701, ayant ſigné avec 39 autres docteurs, le fameux cas de conſcience, dont on a publié l'hiſtoire en huit volumes *in-12*, il reçut le 6 avril 1703 un ordre de ſa majeſté qui l'exiloit à Beaune. Voyez ſur cela le tome I & le tome VI de l'hiſtoire du cas de conſcience. Quelque temps après il quitta Beaune, & rendit compte à M. de Vaubreuil, ſon frere, des motifs qui lui avoient fait prendre ce parti. Sa lettre a été imprimée. Le lieu de ſa retraite fut d'abord fort ſecret. Il ſe retira enſuite en Hollande, où il joüit dès 1705, & où il eſt demeuré juſqu'en 1718, qu'il eut la permiſſion de venir à Troyes & enſuite à Paris. En 1719, un *prima menſis* de Sorbonne, d'un conſentement unanime, rétablit M. Petit-Pied dans la place de docteur, & dans tous les droits & fonctions qui y ſont attachés ; & il alla ſur le champ prendre ſéance ſelon ſon rang d'ancienneté. Le 6 ſuivant, il fut rétabli dans la maiſon de Sorbonne ; mais dès le mois de juillet, la concluſion de ſon rétabliſſement fut bâtonnée. M. de Lorraine, évêque de Bayeux, dont M. Petit-Pied étoit le théologien, étant mort le 9 juin 1728, on vint le 11 ſuivant chez M. Petit-Pied, dans le deſſein de l'arrêter ; mais il ſe ſauva, ſe retira de nouveau en Hollande, obtint ſon rappel en 1734, & vécut toujours depuis à Paris, où il eſt mort le 7 janvier 1747, à cinq heures du matin, ſur la paroiſſe de S. Roch. M. Petit-Pied eſt auteur d'un grand nombre d'écrits : en voici la liſte, telle qu'il l'avoit dreſſée lui-même, à la ſollicitation de quelques perſonnes qu'il honoroit de ſon amitié.

1. *Diſſertation ſur l'inſpiration des livres ſaints.* M. Petit-Pied dicta cette diſſertation en latin dans les écoles de Sorbonne, lorſqu'il fut nommé profeſſeur de théologie ; & M. d'Argentré, mort évêque de Tulles, l'adopta & la publia dans ſes *Elementa theologica*, en 1702.

2. *Réſolution du* fameux *cas de conſcience*, dreſſée & ſignée par 40 docteurs de la faculté de théologie de Paris, le 20 juillet 1701 ; dans l'*Hiſtoire du cas de conſcience*, tome I, page 36.

3. *Lettre à M. de Roquette*, évêque d'Autun, du 3 août 1703 : dans l'*Hiſtoire du cas de conſcience*, tome I, au recueil des piéces, page 28.

4. *Réponſe & déclaration de M. Petit-Pied à M. l'évêque d'Autun*, du 16 août 1704 : ibid. tome VI, p. 16 & ſuiv. La déclaration eſt touchant les livres que l'égliſe approuve ou condamne.

5. *Additions à l'hiſtoire du cas de conſcience.* Ces additions, qui concernent principalement M. Petit-Pied, ſont reſtées manuſcrites.

6. *Réponſe à la lettre de M. Vivant*, ſyndic de la faculté de théologie de Paris, du 14 ſeptembre 1704 : la réponſe eſt du 17 octobre ſuivant ; dans l'*hiſtoire du cas de conſcience*, tome VI, page 116.

7. *Notes ſur le diſcours de M. Portail*, avocat général, fait en préſentant au parlement les lettres patentes du roi pour l'enregiſtrement de la bulle *Vineam Domini*, &c. du 16 juillet 1705 ; ibid. tome VII, page 92.

8. *Lettre de M. Petit-Pied à M. de Vaubreuil, ſon frere*, du 7 novembre 1704, à l'occaſion des ſuites de l'affaire du cas de conſcience ; ibid. tome VI, p. 176.

9. *Lettre apologétique à monſeigneur le chancelier :* cette belle lettre, de 78 pages, petit caractère, doit être de janvier ou de février 1705 ; elle a été imprimée à la tête du tome I de l'*Examen pacifique* de M. Petit-Pied, en 1749, *in-12*. C'eſt une apologie de ſa conduite dans l'affaire du cas de conſcience & de ſes ſuites.

10. *Præloquium ad opus Antonini Reginaldi, ordinis Prædicatorum, de mente concilii Tridentini circa gratiam ſe ipſá efficacem :* à la tête même de l'ouvrage de Reginaldus, à Anvers (Hollande) 1706, *in-folio*. M. Petit-Pied eſt auſſi l'éditeur des piéces qui ſont à la ſuite du même ouvrage, ſavoir : *Epiſtolæ antehac inedita Petri de Soto, ordinis Prædicator. ad Ruardum Tapperum, doctorem Lovanienſem, & ejuſdem Tapperi ad Petrum de Soto : item Epiſtola Judoci Raveſteyn Tiletani, & ejuſdem Tapperi ad Tiletanum, doctorem Lovanienſem,*

11. Trois chapitres de l'ouvrage de M. Fouillou ; intitulé : *Justification du silence respectueux* , savoir , le chap. 5 du tom. I, & les chap. 40 & 41 du tome III.

12. Deux *Lettres à une dame sur les excommunications injustes* ; la premiere , du 16 novembre 1707, où l'on examine 1°. si l'on doit les craindre , 2°. si on doit les garder ; la seconde, du premier avril 1708, sur le même sujet , pour servir de réponse à un libelle intitulé , *Préservatif* , &c.

13. *Obedientiæ credulæ vana religio ; seu silentium religiosum in causâ Jansenii explicatum , & salvâ fide ac auctoritate ecclesiæ vindicatum adversus theologum Leodiensem , aliosque obedientiæ credulæ defensores. Opus in duas partes divisum.* En Hollande 1708, 2 vol. *in-12*, le premier de près de 600 pages, le second de 608 pages.

14. Troisiéme *Lettre à une dame sur les excommunications injustes* , du 13 octobre 1708 , avec des réflexions sur un libelle intitulé , *second Préservatif*, &c.

15. *Du refus de signer le formulaire* , pour servir de réponse à un écrit, qui a pour titre , *second Préservatif*, 1709, 5 septembre , *in-12* de près de 500 pages , imprimé en Hollande.

16. *Lettre à M. l'évêque de Tournai* , par laquelle on lui dénonce la doctrine pernicieuse que les Jésuites enseignent dans son seminaire , du 2 décembre 1709 : cet évêque étoit M. de Beauvau , depuis archevêque de Narbonne. *Seconde lettre au même prélat* , pour servir de réponse à la plainte du pere Philippe , Jésuite , supérieur du séminaire, du 7 octobre 1710.

17. Le pere *Desirant, ou Histoire de la fourberie de Louvain* , 1710, *in-12.*

18. *Elogium funebre illustriss. ac reverendiss. D. Petri Codde , archiepiscopi Sebasteni , per fœderatum Belgium vicarii apostolici* , 1711, imprimé plusieurs fois.

19. *Defensio memoriæ ejusdem D. Petri Codde* , 2 maii 1711.

20. *Justification de la mémoire de M. Pierre Codde*, archevêque de Sébaste , vicaire apostolique dans les Provinces-Unies , contre un décret de l'inquisition du 18 janvier 1711 , en deux parties ; 29 juin 1711.

21. Edition du livre de M. Arnauld , docteur de Sorbonne , intitulé , *Eclaircissemens sur l'autorité des conciles généraux & des papes*, contre M. de Schelstrate, avec un avertissement de l'éditeur , du 29 juin 1711, *in-8°.*

22. *De l'injuste accusation de jansénisme : Plainte à M. Habert*, docteur en théologie de la maison & société de Sorbonne , à l'occasion des défenses de l'auteur de la théologie du séminaire de Châlons , contre un libelle intitulé , *Dénonciation de la théologie de M. Habert, adressée à son éminence M. le cardinal de Noailles, archevêque de Paris , & à M. l'évêque de Châlons-sur-Marne* , 16 avril 1712 , *in-12* de plus de 200 pages.

23. *Réflexions sur un écrit intitulé*, Mémoire de M. le dauphin , pour notre saint pere le pape , imprimé par l'ordre exprès de sa majesté , premier mai 1712.

24. *Lettres théologiques* contre le mandement & instruction pastorale de M. Henri de Thiard de Bissy , évêque de Meaux , sur le jansénisme , portant condamnation des instructions théologiques du pere Juénin (prêtre de l'Oratoire) 6 juillet 1712. Les trois ou quatre premieres lettres , & le mémoire joint à la treiziéme sont , pour le fonds , de M. l'abbé le Séné d'Ettemar , si connu par d'autres ouvrages. M. Petit-Pied a revu lesdites lettres , & y a joint les autres.

25. *Lettre à M. le Peletier* , docteur de Sorbonne, abbé de S. Aubin d'Angers , au sujet de ce qu'à la fin de la quatorziéme lettre théologique contre M. de Bissy , on lui attribue mal-à-propos un éloge de M. Henri Arnauld , évêque d'Angers , prononcé dans l'académie de la même ville , par un autre M. le Pelletier , du 8 novembre 1712.

26. *Lettre à messire Henri de Thiard de Bissy*, à l'occasion des lettres théologiques , écrites depuis peu contre son mandement , au sujet de la plainte que ce prélat avoit faite de ce qu'on attribuoit la composition de son mande-

ment au pere Doucin, Jésuite ; du 7 décembre 1712.

27. *Epistola (nomine patris* Quesnel *scripta) ad Clementem XI , occasione congregationis à suâ sanctitate institutâ pro examine Considerationum moralium in novum Testamentum* ; juillet , 1712.

28. Edition & avertissement du recueil de piéces touchant l'histoire de la compagnie de Jesus , écrite par le pere Jouvancy, de la même compagnie , *in-12* , 1713.

29. *Idée générale de la nouvelle constitution* (du pape Clément XI) *contre le livre des réflexions morales* (du pere Quesnel *) sur le nouveau Testament* ; du 13 octobre 1713 , *in-12.* Il y a eu trois éditions de cet ouvrage : M. Petit-Pied préféroit la troisiéme , dont l'avertissement est du premier mars 1714.

30. *Examen des faussetés sur les cultes Chinois* , avancées par le pere Joseph Jouvanci , Jésuite , *dans l'histoire de la compagnie de Jésus* ; traduit d'un écrit latin , composé par le R. P. Minorelli , de l'ordre de S. Dominique, missionaire à la Chine , 1714 , *in-12* de 184 pages , sans l'avertissement du traducteur. L'écrit latin n'est pas , au reste , du pere Minorelli , qui n'a jamais été à la Chine, quoiqu'on dise le titre ; il est de M. Maigrot , évêque de Conon , vicaire apostolique à la Chine.

31. *Régles de l'équité naturelle & du bon sens*, pour *l'examen de la constitution du 8 septembre 1713 , & des propositions qui y sont condamnées , comme extraites du livre des Réflexions morales sur le nouveau Testament* , 1714 , *in-12.*

32. *Lettre à M. Thémiseuil* (Belair de Saint-Hyacinthe, de Troyes,) *sur une Bibliothéque satyrique, faussement attribuée à MM. de Port-Royal* ; du 8 janvier 1714, *in-12.* Thémiseuil est l'auteur du *Chef-d'œuvre d'un inconnu* , donné sous le nom de *Mathanasius.*

33. *Résolutions de quelques doutes sur le décret des docteurs de Sorbonne , par rapport à l'enregistrement de la Constitution de N. S. P. le pape Clément XI , du 8 septembre 1713* ; ces résolutions sont datées du 22 février 1714.

34. *Avertissement servant de préface au mandement ou instruction pastorale de M. de Coislin* , évêque de Metz , pour la publication de la bulle *Unigenitus* ; & sur l'arrêt du conseil d'état du roi, qui supprime ce mandement ; cet avertissement , où l'on montre ce qu'il y a de répréhensible dans le mandement , &c. est du 26 juillet 1714 , *in-12.*

35. *Avertissement pour servir de préface générale à un recueil de trois piéces anciennes* , qu'on a réunies : savoir : *Phantôme du jansénisme : Procès de calomnie : Mémoire touchant l'accusation de jansénisme , de rigorisme , de nouveauté :* les deux premiers écrits sont de M. Antoine Arnauld ; le troisiéme est du pere Quesnel : l'avertissement est du premier août 1714.

36. *Mémoire en forme de lettre , sur le projet d'une acceptation de la Bulle* Unigenitus , *relative à des explications qui seroient contenues dans un mandement* ; premiere édition , sous le titre de *Lettre de M. ** à M. ** sur le projet* , &c. au mois de mai 1714 ; seconde édition sous le titre de *Mémoire* , &c. 25 octobre 1714.

37. *Avis sur un mémoire d'un avocat* , présenté à M. Amelot , conseiller d'état , *au sujet de son voyage à Rome , avec des remarques sur ce mémoire :* premier de mars 1715. On croit que ce mémoire , imprimé d'abord à Paris, sans remarques , & daté du 28 novembre 1714 , est de feu M. l'abbé Menguy , alors conseiller-clerc au parlement de Paris.

38. *Examen théologique de l'instruction pastorale*, approuvée dans l'assemblée du clergé de France , & proposée à tous les prélats du royaume , pour l'acceptation & publication de la bulle de N. S. P. le pape Clément XI , *du 8 septembre 1713 , 3 vol. in-12* ; premier en 1715, les deux autres en 1716. Ces trois volumes ont été réimprimés en Hollande ; le premier en 1717 , le second & le troisiéme en 1718. Il y en a aussi une édition faite à Rouen , pareillement en 3 vol. *in-12.* M. Petit-Pied a laissé manuscrite une suite de cet ouvrage.

39. *Réponses aux avertiſſemens de M. l'évêque de Soiſſons* (Languet de Gergy, mort archevêque de Sens) cinq tomes in-12, en dix parties ; première & ſeconde parties, en 1719 ; 3ᵉ & 4ᵉ, en 1720 ; 5ᵉ & 6ᵉ, en 1721 ; 7ᵉ & 8ᵉ, en 1723 ; 9ᵉ & 10ᵉ, en 1724. L'avertiſſement qui eſt à la tête de la première partie eſt de M. FOUILLOU.

40. *Réponſe à un écrit où l'on croit avoir trouvé le ſecret d'accepter la Conſtitution Unigenitus en ſureté de conſcience, & de ſe mettre par-là à l'abri des vexations dont on eſt menacé* ; du 10 janvier 1721. Cette pièce a été imprimée à la fin de la 6ᵉ partie des Réponſes à M. l'évêque de Soiſſons.

41. *Brevis idea ſtatûs naturæ innocentis* ; à la fin de la 8ᵉ partie des Réponſes à M. l'évêque de Soiſſons.

42. *Abrégé de la vie du R. P. Paſquier Queſnel*, prêtre de l'Oratoire : cet abrégé eſt inſéré dans le dictionaire hiſtorique, dit de Moréri, édition de Hollande, 1716, in-folio.

43. *Obſervations ou remarques ſur l'écrit intitulé :* EXPLICATION DE LA BULLE *UNIGENITUS, qui a été ſignée par plus de cent évêques, & publiée en 1720.* Ces obſervations ſont de pluſieurs plumes. M. Petit-Pied eſt auteur de celles qui ſont ſur le ſecond article, traitant de l'égliſe ; ſur la ſuite du 3ᵉ article, concernant le libre arbitre ; ſur le 4ᵉ article, dont l'objet eſt les vertus théologales ; ſur le 5ᵉ article, qui eſt de la crainte des peines ; ſur le 7ᵉ, qui eſt de l'excommunication ; ſur le 9ᵉ, qui traite des ſouffrances & des perſécutions ; ſur le 10ᵉ & dernier, où il eſt queſtion des ſermens.

44. *Mandement de ſon alteſſe monſeigneur François-Armand de Lorraine, évêque de Bayeux, contenant le jugement qu'il a porté ſur diverſes propoſitions qui lui ont été dénoncées le 25 janvier 1721.*

45. Autre *Mandement du même prélat, & de même date, portant approbation & confirmation de la cenſure de la faculté de théologie de Caen du 31 décembre 1720, contre pluſieurs propoſitions de morale.* Ces deux mandemens ſont in-4ᵒ, & dans le même volume.

46. *Lettre ſur le prétendu appel interjetté par le père de Gennes, Jéſuite, du mandement de ſon alteſſe M. de Lorraine, évêque de Bayeux, aux vicaires généraux du chapitre de la métropole de Rouen, le ſiège vacant ; pour ſervir de réponſe à la lettre anonyme d'un eccléſiaſtique de Bayeux, à un docteur de l'univerſité d'Angers ; 24 mars 1724, in-4ᵒ.* Le fonds de cette lettre eſt de feu M. Louis, chanoine de Rouen.

47. *Ordonnance & inſtruction paſtorale de ſon A. M. de Lorraine, évêque de Bayeux, portant condamnation de deux libelles* intitulés : l'un, *Inſtruction en forme de catéchiſme, au ſujet de la conſtitution Unigenitus* ; l'autre, *Inſtruction théologique pour ſervir de réponſe à un libelle* intitulé, *Entretiens familiers au ſujet de la C. Unigenitus*, que les Jéſuites ont répandu depuis peu dans la ville de Douai ; 17 juillet 1724, in-4ᵒ.

48. *Très-humbles remontrances faites au roi par ſon alteſſe feu M. de Lorraine, évêque de Bayeux, au ſujet de l'arrêt du conſeil du 24 ſeptembre 1724, qui condamne à être ſupprimée & lacérée une ordonnance du même prélat contre deux catéchiſmes ſéditieux, répandus dans ſon diocèſe.* Ces remontrances ſont de 1724 ; mais elles n'ont été imprimées qu'en 1730, après la mort de M. de Bayeux.

49. *Inſtruction paſtorale du même au clergé & aux fidèles de ſon diocèſe*, 15 janvier 1727.

50. *Mémoire ſur le ſilence que gardent les égliſes d'Allemagne & des autres états catholiques, dans l'affaire de la conſtitution Unigenitus, qui fait depuis long-temps un ſi grand éclat en France* ; du 2 août 1728. Ce mémoire a été ſuivi de celui qui a pour titre : *Juſte idée qu'on doit ſe former des Jéſuites* ; mais M. Petit-Pied n'en eſt pas l'auteur.

51. *Mémoire préſenté par 30 curés de Paris à ſon éminence M. le cardinal de Noailles, au ſujet du bruit qui s'eſt répandu d'une prochaine acceptation de la B. Unigenitus ; du 16 mars 1727.*

52. *Très-humbles remontrances des curés de Paris au même, ſur le mémoire précédent, ſupprimé par un arrêt du conſeil d'état du roi, en date du 14 juin 1727.*

53. *Lettre de M. Petit-Pied*, docteur de la maiſon & ſociété de Sorbonne, *à M. l'évêque de Montpellier* (Colbert) *au ſujet des remontrances de ce prélat au roi, ſur la nouvelle exaction de la ſignature du formulaire, & ſur les vexations qui s'en ſont enſuivies ; du 8 ſeptembre 1724.*

54. *De la ſincérité chrétienne*, à l'occaſion de la ſignature du formulaire, in-4ᵒ, 30 juin 1726.

55. *Réponſe à un mémoire que le R. P. dom Thibault, ſupérieur général de la congrégation de S. Maur, a adreſſé à un de ſes religieux pour l'engager à accepter la bulle* Unigenitus, 1727, in-4ᵒ.

56. *Lettre de M. Petit-Pied*, docteur de la maiſon & ſociété de Sorbonne, *à un de ſes amis, qui lui avoit demandé quelque éclairciſſement ſur deux écrits* (de feu M. l'abbé de Targny) imprimés à Paris, l'un ſous le titre de *Mémoire de l'état préſent des refugiés en Hollande au ſujet de la religion* ; & l'autre, *Mémoire ſur les projets des Janſéniſtes* ; 19 janvier 1729.

57. *Réflexions ſur divers endroits de quelques libelles publiés ſous le titre de* MÉMOIRES SUR LES PROJETS DES JANSÉNISTES ; 17 mars 1729.

58. *Lettre de M. Petit-Pied à l'auteur des Mémoires ſur les projets des Janſéniſtes, dans laquelle on établit des régles ſur les ſoupçons, les jugemens, la calomnie, & les régles qu'on doit ſuivre dans les diſputes, pour éclaircir la vérité* ; 15 mai 1729, in-4ᵒ.

59. *Repréſentations juſtes & reſpectueuſes à noſſeigneurs les cardinaux, archevêques & évêques aſſemblés extraordinairement à Paris, par les ordres du roi, pour donner à ſa majeſté leur avis & jugement ſur un écrit imprimé, qui a pour titre* : CONSULTATION *de MM. les avocats du parlement de Paris, au ſujet du jugement rendu à Embrun contre M. l'évêque de Senez* (Soanen;) première partie, 1729, in-4ᵒ. La ſeconde n'a pas paru.

60. *Lettre au roi ſur le jugement d'Embrun, du 14 mai 1728* : cette lettre eſt ſignée de M. le cardinal de Noailles, & de neuf autres évêques.

61. *Lettres touchant la matiere de l'uſure, par rapport aux contrats de rentes rachetables des deux côtés* ; à Lille (Hollande) 1731. Il y a quatre lettres in-4ᵒ. Elles ſont de 1730 & de 1731.

62. *Dogma Eccleſiæ circa uſuram expoſitum & vindicatum, &c. in-4ᵒ*, à Utrecht 1730. Ce ſolide ouvrage eſt en partie de feu M. le Gros, chanoine de Reims. M. Petit-Pied a compoſé la ſeconde ſection, où l'on examine les témoignages des peres & des conciles ; &, dans la troiſième ſection, ce qui regarde le droit civil.

63. *Lettre à une religieuſe ſur les convulſions*, du 17 janvier 1732.

64. *Deux Lettres* ſur le même ſujet, écrites à M. Fouillou, octobre & novembre 1732. On les trouve à la fin de l'écrit intitulé : *Obſervations ſur l'origine & le progrès des convulſions*, in-4ᵒ.

65. *Eloge funèbre de M. Barchman Wytiers, archevêque d'Utrecht*, 1733, in-4ᵒ.

66. *Lettres ſur la crainte & ſur la confiance, in-4ᵒ.* Il y a neuf lettres : la première, à M. Pichard, doyen d'Orléans, du 3 octobre 1733 ; la 2ᵉ, à M. Duguet, du 24 janvier 1734 ; la 3ᵉ, à madame la marquiſe de Vieuxbourg, du 27 janvier 1734 ; la 4ᵉ, à la même, du 22 mars 1734 ; la 5ᵉ, à la même, du 8 avril 1734 ; la 6ᵉ, à M. l'abbé d'Ettemar, du 24 juin 1734 ; la 7ᵉ, à M. Duguet, ou à M. Fouillou, du 2 mai 1734 ; la 8ᵉ, à M. d'Ettemar, du 24 juin 1734 ; la 9ᵉ, au même, du 11 juillet de la même année.

67. *Extrait de Lettre, du même, avec une lettre adreſſée à lui ſur cet extrait, au ſujet des convulſions* ; du 22 mars 1735, in-4ᵒ.

68. *Nouveaux éclairciſſemens ſur la crainte & ſur la*

tante, pour servir de réponse à l'écrit intitulé, ETAT
a disputé, &c. in-4°, du premier mai 1735.

9. Lettre à M. l'abbé d'Ettemar, du 8 septembre
6.

10. Première instruction pastorale de M. l'évêque de
yes (Bossuet) pour servir de réponse au mandement
M. l'archevêque de Sens (Languet,) du 20 avril 1737,
sujet du nouveau missel de Troyes , in-4° ; 8 septem-
1737.

71. Seconde instruction pastorale du même, sur le
me sujet, in-4° ; 28 septembre 1737.

72. Troisiéme instruction pastorale du même, sur le
me sujet, in-4° ; premier mai 1738. La quatriéme
ruction pastorale sur le même sujet, qui a paru de-
s, n'est pas de M. Petit-Pied.

73. Suite des nouveaux éclaircissemens sur la crainte
sur la confiance ; lettre à M. Delan, docteur de Sor-
one, du premier avril 1740.

74. Réflexions sur l'instruction pastorale de M. l'évê-
: de Rhodez (de Saléon,) au sujet des erreurs préten-
es de Jansénius, in-4° ; décembre 1740.

75. Dernier éclaircissement sur la distinction des ver-
: théologales, & sur l'objet de l'espérance chrétienne,
4° ; 24 avril 1741.

76. Réponse aux difficultés proposées au sujet de l'é-
t précédent, in-4° ; 5 février 1742.

77. Réponse à l'écrit intitulé, DOCTRINE de saint
homas, sur l'objet & la distinction des vertus théolo-
les, & sur les habitudes, in-4° ; mars 1743.

78. Observation sur l'écrit intitulé, DISSERTATION
r les vertus théologales, &c. in-4° ; 2 décembre 1745.

79. M. Petit-Pied a présidé à l'édition du livre de
. Boursier, de la promotion physique, ou de l'action
: Dieu sur les créatures, qui fut imprimé sous ses yeux
1 Hollande.

80. Examen pacifique de l'acceptation & du fonds de
: Bulle UNIGENITUS. Ouvrage posthume de M. Petit-
ied, docteur de la maison & société de Sorbonne. Il
a eu trois éditions de cet ouvrage, faites en 1749 ;
1 derniere est de Paris, sous le titre de Cologne, en
vol. in-12. Après un avis particulier sur cette édition,
c l'avertissement qui étoit dans l'édition de Hollande ,
m a mis la Lettre apologétique de M. Petit-Pied à M. le
hancelier, citée plus haut ; & une longue préface histo-
ique, contenant l'histoire de la vie & des ouvrages de
M. Petit-Pied. Cette préface historique étoit déja dans
'édition de Hollande ; mais les éditeurs de celle de Pais ont cru devoir y faire diverses additions & plusieurs
changemens.

81. Traité de la liberté, dans lequel, après avoir examiné la nature de la liberté & les caractères qui lui sont
propres, selon les différens états des êtres libres, on justifie Jansénius sur cette matiere, & l'on concilie, selon
les principes de cet auteur, la liberté de l'homme dans
l'état présent avec la grace de Jesus-Christ, nécessaire pour
toutes les actions de la piété chrétienne, par M. Petit-
Pied, docteur de la maison & société de Sorbonne ; à
Utrecht 1753, in-4°. C'est encore un ouvrage posthume.
Un théologien fort connu l'a attaqué ; & se défend de le
fendu. M. Petit-Pied n'est plus pour se défendre lui-
même. On a réimprimé à la suite de l'ouvrage dont on
vient de rapporter le titre, les Réflexions de M. Petit-
Pied citées plus haut, sur l'instruction pastorale de M. l'é-
vêque de Rhodez au sujet des erreurs de Jansénius. Le
tout est précédé d'un avertissement raisonné de l'éditeur.
* Voyez la préface historique, qui est dans l'édition de
Paris de l'Examen pacifique, &c. cité plus haut, n. 80.

☞ PETITE (Jean) chanoine & official de Bayeux,
naquit le 15 mai 1619, à Melun, ville sur la Seine, au-
dessus de Paris. Après son cours de philosophie, qu'il
fit en cette derniere ville au collège de Harcourt ès années 1635 & 1636, il étudia en droit, & prit le parti
du barreau. Mais s'en étant détaché en 1658, pour se
retirer au séminaire de S. Nicolas du Chardonnet, il fut
ordonné prêtre à Sens en 1661. L'année suivante, M. de

Nesmond, évêque de Bayeux, l'appella en son diocèse ,
pour y exercer la charge d'official : il commença ses
fonctions le 29 mai. Le désordre & l'ignorance qui
régnoient alors parmi le clergé, fournirent une ample
matiere à son zèle ; & la vigueur avec laquelle il s'a-
quitta de sa charge, lui causa bien des travaux & des peines. Mais enfin, nonobstant toutes les difficultés qu'il
eut à vaincre, soutenu du zèle & de l'autorité de son évêque, il vint à bout de rétablir la discipline ecclésiastique
parmi le clergé, & le bon ordre dans le diocèse. Déja
protonotaire du saint siège, & grand vicaire de M. de
Nesmond, il eut encore la prébende d'Amaïe, en l'église
de Bayeux, l'an 1674. Il étoit fort attaché à l'étude, &
s'y appliquoit jour & nuit. La carte du diocèse de Bayeux,
qui parut en 1675, à Paris chez Jaillot, est de M. Petite. Il
avoit ramassé une grande quantité de mémoires pour travailler à l'histoire ecclésiastique de Bayeux ; mais son dessein n'a point été exécuté. On garde dans la bibliothéque
du chapitre plusieurs manuscrits de lui, entr'autres, quatre gros volumes intitulés : Veilles de M. Petite, dont
M. du Four, grand archidiacre de Bayeux, lui fit présent
en 1719. Ces veilles sont un recueil de remarques & de
réflexions qu'il faisoit sur tous les ouvrages qu'il lisoit. A
la tête du premier volume on lit ce distique qui nous
donne une idée de sa vie, & par lequel il paroît qu'il
s'étoit marié avant que d'entrer dans l'état ecclésiastique.

Urbs Melodunum vitam, Lutetia sponsam,
Chrisma Senon, Claris Bajoca jura dedit.

La bibliothéque du chapitre étoit demeurée dans un
pitoyable état depuis les ravages des Calvinistes ; M. Petite la rétablit, y fit faire de nouvelles tablettes, & l'enrichit de plus de quinze cens volumes. Il fonda aussi 100 l.
de rente, dont il y en a 50 liv. pour le bibliothécaire,
& 50 liv. pour acheter des livres. Le contrat en fut
passé devant les notaires de Bayeux le 23 d'avril 1688.
Il mourut en cette ville le 9 d'avril 1694, âgé de 75 ans,
& fut inhumé dans l'église cathédrale, où l'on voit son
épitaphe. * Mém. mss. de M. Beziers, chapelain de
Bayeux.

PETITOT (François) huissier au parlement de
Bourgogne, naquit à Dijon le premier septembre de
l'an 1655 ; & mourut dans la même ville l'onzième
novembre de l'année 1735. Il étoit âgé de 80 ans. Il
est auteur de la continuation de l'histoire du parlement
de Bourgogne, imprimée sous ce titre : Continuation
de l'histoire du parlement de Bourgogne, depuis l'année
1649, jusqu'en 1733, contenant les noms, les surnoms, qualités, armes & blasons des présidens, chevaliers, conseillers, avocats & procureurs généraux, &
des greffiers qui y ont été reçus dans cet intervalle. A
Dijon, chez de Fay 1733, in-folio. Cet ouvrage est
dans le même gout que celui de Palliot, dont il est la
continuation.

François Petitot étoit pere de Simon Petitot, qui
en 1721 a fait imprimer in-8°, à Lyon, chez André
Laurens, l'ouvrage intitulé : L'idée générale d'une machine hydraulique de nouvelle invention, exécutée à Lyon
sur le fleuve du Rhône, pendant l'année 1730. Cet
écrit a été approuvé par MM. les échevins de Lyon,
& par MM. de l'académie des sciences & belles-
lettres de cette ville. * Papillon, bibliothéque des auteurs
de Bourgogne. Le Journal des savans, imprimé à Paris,
mois d'août 1734, pages 1394 & suivantes, de l'édition in-12.

PETOLIO (M. Antoine) jurisconsulte Italien, homme de grand esprit, fut néanmoins obligé de se faire
correcteur d'imprimerie, pour gagner sa vie. Le pape Urbain VIII, qui l'avoit connu dès le temps qu'il étoit cardinal, lui fit donner quelque soulagement, & l'auroit gratifié
de quelque emploi, si Petolio n'eût pas voulu se borner
à composer des livres. Cet auteur laissa plusieurs ouvrages, dont les principaux sont de exarchia principis,
c'est-à-dire, des devoirs d'un prince envers ses sujets ;
Isarchion principis, c'est-à-dire des devoirs d'un prince

envers foi-même ; des *commentaires politiques* , contenus en dix livres , & un *abrégé des conftitutions des papes* , en treize livres. On a encore de lui deux autres traités , dont l'un comprend une méthode pour le droit , & l'autre quelques obfervations fur le paradis terreftre. * Janus Nicius Erytr. *Pinacoth , II.*

PETOW (Guillaume) Anglois de nation , cardinal , évêque de Salisburi , entra jeune parmi les religieux réformés de S. François , & devint habile prédicateur. Contraint par Henri VIII, roi d'Angleterre , de fortir de fes états , il alla à Rome & y mérita la bienveillance du cardinal Caraffe. Lorfque ce dernier fut devenu pape , fous le nom de Paul IV, il envoya Petow en Angleterre, fous le règne de Marie , & le fit évêque de Salisburi , & enfuite cardinal en 1557. Il voulut même le faire légat, à la place du cardinal Polus ; mais Petow mourut peu après en 1558. * Sbardellat , *vita card. Poli.* Godwin , *de epifcopis Angl.* Auberi , *hift. des card.* T. IV. &c.

PETRA , ville d'Arabie , *Hagiar* en arabe , avec un archevêché , fous le patriarchat de Jérufalem , & autrefois fous celui d'Alexandrie , eft appellée aujourd'hui *Krat* ou *Crack de Montreal.* L'évêque de Petra avoit eu fon fiége à Rabba dans la Moabitide. Cette ville a auffi été nommée *Petra deferti, Syriacopolis, Mons regalis.* Il y a eu d'autres villes du nom de PETRA, en Macédoine , en Sicile & ailleurs. * Pline, *l.* 6 , *c.* 28. Strabon, *l.* 16. Ptolémée , &c. D'Herbelot, aux mots de *Crack* & de *Carmath*, dans fa *bibliothéque orientale.*

PETRA ou PETRI (Herman) écrivain Chartreux natif de Bruges , compofa un traité *de regimine monialium ; de immaculatâ conceptione , &c.* Boftius , Trithême , Eifengrein , Poffevin , Sutor , Sixte de *Sienne*, Petreïus , &c. parlent de lui , & mettent fa mort en 1428.

PETRA (Vincent) Napolitain, des ducs del VASTO GERARDI , d'une maifon patricienne du royaume de Naples , naquit le 23 novembre 1662 ; & étant votant & ponant de la fignature de grace , dont il devint doyen, fut fait lieutenant de l'auditeur de la chambre apoftolique le 2 janvier 1700, fecrétaire de la congrégation du concile au mois de mai 1706 , & de celle des évêques & réguliers , le 16 décembre 1715 ; archevêque de Damas, confulteur du faint Office & dataire de la Pénitencerie. Le pape Benoît XIII le créa cardinal le 20 novembre 1724, fit la cérémonie de lui donner le chapeau dans un confiftoire public le 23 du même mois, & celle de lui fermer & ouvrir la bouche le 20 décembre fuivant , & lui affigna enfuite le titre presbytéral de S. Onufre. Ce cardinal fut fait préfet de la congrégation *de Propaganda fide* au mois de janvier 1727 , & prit poffeffion dans l'églife de la Minerve de la place de député de la congrégation du faint Office le 21 feptembre 1729. Il fut élu le 26 avril 1730 , par le facré collège affemblé au conclave, grand pénitencier de la fainte églife romaine pour exercer par *interim* cette charge, vacante par la mort du cardinal Conti. Le pape Clément XII, après fon élection, lui conféra cette charge dont il prit poffeffion dans la Bafilique Liberienne, le 24 feptembre de l'année 1730. Le cardinal Petra eft mort en 1747.

PETRÆUS (Théodore) étoit de Flensbourg dans le duché de Slefwick. Il avoit déja fait de grands progrès à Leyde & ailleurs dans les langues orientales , lorfque pour l'y perfectionner davantage , le roi de Danemarck Frédéric III le fit voyager à fes dépens pendant quelques années dans la Grèce , la Syrie , la Paleftine & l'Egypte. De retour en Europe , & chargé de quantité de bons manufcrits, il fe livra tout entier à l'étude. Il mourut à Copenhague en 1673. On lui offrit plufieurs fois en différentes univerfités une chaire de profeffeur des langues orientales , comme à Copenhague même, à Francfort fur l'Oder & à Leyde après la mort de Jacques Golius ; mais il refufa toutes ces vocations. Il paffoit conftamment pour très-habile dans les langues éthiopienne , copte , arménienne & perfane. Pour fes mœurs, on dit qu'il marchoit affez bien fur les traces de Diogène le Cynique. Voici les titres de quelques-uns de fes ouvrages : *Homilia æthiopica de nativitate Jefu-Chrifti , latino fermone ad verbum donata ,* 1660. *Prophetia Jonæ ex æthiopico in latinum ad verbum verfa , & notis aliifque adagiis illuftrata ,* 1660. *Prophetia Joël æthiopicè , cum interpretatione latinâ , & brevi harmoniâ vocum hebraïcarum & arabicarum ,* 1661. *Vaticinium Malachiæ , æthiopicè , cum verfione latinâ ,* 1661. On dit que plufieurs des manufcrits de Petræus fe trouvent dans la bibliothéque royale de Berlin. Il y en a auffi à Copenhague dans la bibliothéque du roi. * *Supplément françois de Bafle.*

PETRAGLIA, ancien bourg, fitué dans la vallée de Demona en Sicile , fur la rivière de Petraglia , au pied de la montagne de Madonia, & à huit lieues de la ville de Termini , vers le midi oriental. Petraglia eft compofée de deux bourgs féparés , qu'on diftingue par les noms de haute & de baffe Petraglia. * Mati , *dictionaire.*

PETRAMALA ou PIETRAMALA , bourg du royaume de Naples. Il eft dans la Calabre citérieure , près de la mer de Tofcane , entre Amante & Martorano , environ à deux lieues de chacune. On prend ce bourg pour l'ancienne *Cleta* , petite ville des Brutiens. * Mati , *dictionaire.*

PETRARQUE , *Petrarcha* (François) le plus beau génie de fon fiécle , étoit Italien , & avoit pour pere Pétrarque de Parenzo , & pour mere Brigitte ou Lieta Canigiani , tous deux de Florence , & d'où ils furent chaffés pendant les diffentions des Guelphes & des Gibelins. Ils fe retirerent à Arezzo , où Pétrarque naquit le 20 juillet 1304 , comme il le dit lui-même dans fes Œuvres , fur-tout dans fon épître à la poftérité : *Mon extraction* , dit-il , *n'a été ni baffe ni fort illuftre : mais je puis me vanter auffi bien qu'Augufte , d'être d'une ancienne famille , fi je ne fuis pas venu au monde dans une grande maifon.* Enfuite il ajoute : *Je naquis à Arezzo en Tofcane , un lundi 20 jour de juillet de l'an 1304, Ses parens fe retirerent à Avignon , & l'envoyerent à Carpentras , où il apprit la grammaire , la rhétorique, & la dialectique.* Enfuite il alla à Montpellier , où il employa quatre ans à l'étude des loix , puis trois ans à Bologne. A l'âge de vingt-deux ans , ayant appris que fon pere & fa mere étoient morts de la pefte , il revint à Avignon , & à caufe de la contagion , il fut obligé de fe retirer à Vauclufe , qui en eft proche. C'eft-là qu'il connut la belle Laure , qu'il aima , & qu'il a tant célébrée dans fes écrits. Il affure que cette folitude eut tant de charmes pour lui , qu'il réfolut de s'y attacher , qu'il y fit porter fes livres , & qu'il y compofa la plupart de fes ouvrages. *La perfpective du lieu* , continue-t-il , *me fit écrire mes bucoliques , qui eft un ouvrage champêtre ; & les deux livres de la vie folitaire , que j'ai dédiés à l'évêque de Cavaillon , maintenant cardinal , (c'eft Philippe de Cabaffole) qui m'a toujours aimé , non-feulement en pafteur , mais en frere. Me promenant un jour parmi les montagnes , je réfolus de faire un poëme héroïque , en l'honneur du grand Scipion , dont le nom ne me fembloit pas moins illuftre que les emplois. Je compofai donc mon* Africa , *qui a paffé pour un ouvrage achevé , quelque imparfait qu'il femble être , &c.* Pétrarque ajoute enfuite qu'en un même jour ayant reçu du fénat de Rome , & du chancelier de l'univerfité de Paris , des lettres par lefquelles on le prioit d'aller recevoir la couronne de poëfie fur ces deux théatres du monde , il préféra Rome à Paris , par le confeil du cardinal Colonna , & de Thomas de Meffine. Dans ce voyage il alla à Naples , où le roi Robert *le Bon* le reçut en prince , & le pria de lui dédier fon poëme de l'Afrique. Enfuite Pétrarque vint à Rome l'an 1341 , étant pour lors âgé de 37 ans. Il y reçut la couronne de poëte le 8 avril. Tous les princes & les grands hommes de

temps eurent beaucoup d'estime pour lui. Les pa-
& les rois de France, l'empereur, la république
Venise, &c. la lui témoignerent en diverses occa-
s. Il avoue qu'il étoit obligé aux seigneurs Colonna
à ceux de Corregio, qui lui firent avoir l'archidia-
é de Parme. Il refusa divers autres bénéfices ; &
ès que la mort de Laure lui eut rendu insupor-
table le séjour de la France, il se retira en Italie.
rès s'être promené à Vérone, à Parme, à Padoue,
Venise & à Milan, où Galeas Visconti le fit couler d'état, il s'arrêta à Padoue, & y eut un canoni-
. Il acheta une maison dans un lieu nommé *Arqua*, &
écut cinq ans avec Asseriguo son bon ami. Ce fut-
qu'il reçut une faveur qu'il avoit autrefois briguée
s avoir pu l'obtenir ; car les Florentins lui envoyerent
cace, avec des lettres autentiques, qui contenoient
restitution de tous ses biens paternels & le rappel de
personne. Mais il n'étoit plus temps de posseder un
grand homme. Pétrarque qui achevoit ses traités de
ilosophie & ses poésies, mourut peu d'années après,
18 juillet 1374, âgé de 70 ans. Son corps fut en-
ré avec beaucoup de pompe, dans l'eglise d'Arqua,
le pere Bonaventure de Peragni, qui fut depuis car-
nal, fit son oraison funébre. Petrarque a composé
sieurs ouvrages, entr'autres un *de præsenti mundo*.
ita Scipionis Africani. De vita solitaria. De reme-
is utriusque fortunæ. Invectivæ contra medicum. *On
ura consulter la lettre de Pétrarque à la postérité,
gge Florentin, *hist. de avar.* Bocace, *præf. geneal.*
or. & alibi. Volaterran, *lib.* 21, *antrop.* Jacques
Bergame, *l.* 13 *chron. suppl.* Paul Jove, &c. Pare Masson, *in elog.* Trithême & Bellarmin, *de script.*
cl. Lilio Giraldi, Scaliger, Crinitus, Possiantio, Lean-
e Alberti, Erasme, Vossius, Possevin, Scardeo-
, &c. mais sur-tout Jacques-Philippe Thomassin, *in*
etrarcha redivivo & M. de Grenaille dans un livre
utitulé, *le sage résolu contre la fortune*, 2 *vol. in-*12,
ui est une traduction du traité de Pétrarque, *de reme-*
iis utriusque fortunæ. Sponde, *in annal.* Bouche, *hist.*
e Prov. Placide Cantanusi, *vie de Pétrarque.* M. le
aron de la Bastie, *vie de Pétrarque*, dans les *mémoi-*
ts de l'académie des inscriptions.

PETRA SANTA (Silvestre) Jésuite, né à Rome,
ù il s'acquit beaucoup de réputation par son savoir &
ar son éloquence, y mourut le 3 mai 1637. Nous avons
livers ouvrages de sa façon, *Tesseræ gentilitiæ ex le-*
gibus fecialium descripta. De symbolis heroicis lib. IX.
lter Moguntinum. Roma pia. Thaumasia veræ religio-*
nis, &c. Il écrivit encore contre les ministres Du Mou-
in & Rivet, publia des opuscules du pere Edmon Cam-
pian, & mit en latin la vie du cardinal Bellarmin,
écrite en italien par le Fuligatti. * Alegambe, *biblioth.*
script. societ. Jesu. Janus Nicius Erythræus, *Pin. III*,
imag. illust. c. 73. Le Mire, *de script. sæc. XVII*, &c.

PETRE (Guillaume) fils de JEAN Petre de Torbi-
gan dans le comté de Devon, fut élevé dans le collége
d'Excester à Oxford. Il y prit ses dégrés de docteur en
droit : & devint si habile dans cette profession, que le
roi Henri VIII l'employa dans diverses affaires importantes, & sur-tout dans l'abolition des maisons religieuses, ayant été mis par Cromwel avec plusieurs autres
dans la commission pour aller dans tous les monasteres,
& rechercher le gouvernement & la conduite de tous
les religieux & de toutes les religieuses. En récompense
de ses services, il obtint des portions considérables des
biens ecclésiastiques ; & la 37ᵉ année du régne de ce
prince, il fut un des principaux secrétaires d'état. Il fut
ensuite nommé pour être membre du conseil du jeune
Edouard, fils du roi & son successeur. Il ne fut pas moins
estimé de ce jeune prince, ayant été établi la troisiéme
année de son régne trésorier pour sa vie de la cour des
premiers fruits. La reine Marie le continua dans la
charge de son premier secrétaire d'état & le fit chancelier de l'ordre de la Jarretiere, & il eut sous le régne
de cette princesse une dispense particuliere du pape pour

retenir les biens de son abbaye. La reine Elizabeth le
fit membre de son conseil privé. Ayant amassé beaucoup
de richesses, il en fit part au collége d'Excester dans l'u-
niversité d'Oxford, & fit bâtir une maison dans la paroisse d'Ingerstone, pour y entretenir vingt pauvres personnes. Il mourut en 1552. Son fils unique JEAN fut
fait chevalier par la reine Elizabeth, & baron du royaume par Jacques I, sous le titre de lord *Petre de Writtle*
dans le comté d'Essex. Il laissa trois fils de sa femme
Marie, fille d'*Edouard* chevalier. GUILLAUME l'aîné
qui lui succéda dans ses titres, eut de *Catherine*, seconde fille d'*Edouard* comte de Worcester, sept fils,
dont ROBERT l'aîné, lui succéda. Celui-ci épousa
Marie fille d'*Edouard* vicomte de Montagu, de laquelle
il eut trois fils, GUILLAUME ; *Jean* & *Thomas* ; &
deux filles, *Marie* & *Dorothée.* GUILLAUME lord Petre, qui vivoit encore en 1701, épousa 1°. *Elizabeth*
fille de *Jean* comte de Rivers : 2°. *Brigide* fille de *Jean*
Pincheon de Rittle dans le comté d'Essex. * Dugdale,
baronage.

PETREIUS (Théodore) PETREI ou PÉTRÉE,
religieux de l'ordre des Chartreux, natif de Campen,
ville de l'Over-Issel dans le Pays-Bas, étudia à Deventer, à Zwol & à Cologne, où il prit l'habit de Chartreux à l'âge de dix-huit ans, vers l'an 1585. Il publia
diverses confessions de foi tirées des écrits de S. Grégoire, de S. Cyprien, de Tertullien, de S. Léon, &c.
Il est mort au commencement de 1641. Cette mort
est annoncée dans la carte du chapitre général de son
ordre, tenu le 29 avril 1641, en ces termes : *Obiit*
D. Theodorus Petræus, professus domûs Coloniæ, aliàs
prior domûs Dulmaniæ (diocése de Munster.) Il donna
en 1608 la chronique des Chartreux de Pierre Dorland,
& y ajouta à la fin des notes ou éclaircissemens de 170
pages *in*-8°. En 1609, il publia la *Bibliothéque* des
écrivains de son ordre, *in*-12 : c'est son meilleur ouvrage. En 1611, il donna une nouvelle édition des œuvres de S. Bruno, à Cologne *in-folio.* Le petit ouvrage d'Arnoul Bostius, carme de Gand, *De præcipuis*
aliquot Cartusianæ familiæ patribus, fut aussi imprimé
par ses soins à Cologne en 1609, *in*-8°. Dès 1607 il
avoit donné au même lieu ; *Confessio Bernardina, in-*8°.
& en 1628 il fit imprimer *Catalogus hæreticorum*, à
Cologne, *in*-4°.

PETREIUS ou PEREZ (Jean) Espagnol, poëte
latin de Toléde, & professeur d'Alcala de Henarez,
vivoit vers l'an 1530, & mourut à l'âge de 35 ans.
Il a composé un poëme héroïque sur la Magdeléne, des
épigrammes, & quatre comédies en prose. * Perigin,
biblioth. Hisp. tom. III, class. 3. Alphonf. Garf. Ma-
more, *de claris acad. & vir. illustr. Hispan.* Nicolas Anton. *biblioth. script. Hispan. tom. I.* Baillet, *jugem.*
des sav. sur les poëtes modernes.

PETRI ou CUNERUS PETRUS, évêque de Leu-
warden, né à Duivindick village de Zélande, étudia
à Louvain, & fut choisi pour être le premier évêque
de Leuwardin dans la Frise occidentale. Il prit possession de ce siége épiscopal le 7 février de l'an 1570,
& tint le premier synode le 25 avril suivant. Depuis
les Protestans le chasserent de son église, pendant les
guerres civiles du Pays-Bas. Il se retira à Munster, où
il exerça quelque temps l'office de co-évêque ; puis à
Cologne, où il enseigna, & où il mourut le 15 février
de l'an 1580, âgé de 48 ans. Ce prélat a composé
divers ouvrages. *De sacrificio Missæ. De meritorum*
CHRISTI & *sanctorum consensu. Quæstiones pastorales,*
& *cælibatu sacerdotum. Vera ac germanæ ecclesiæ*
CHRISTI *designatio. De principis christiani officio. De*
gratia, libero arbitrio, prædestinatione, justificatione,
indulgentiis, & D. *Petri cathedræ firmitate*, &c.
* Gazei, *histoire ecclesiastique du Pays-Bas.* Havensius,
de erect. novor. episcop. in Belg. Le Mire, *de script.*
sæcul. XVII, &c.

PETRI (Christiern) Danois, né sous le régne du
roi Jean, demeura plusieurs années à Paris pour y va-

quer à ſes études, & il y prit le degré de maître-ès-arts. De retour dans ſa patrie, il ſut fait chanoine de Lunden & chancelier de l'archevêque. Il fit depuis un ſecond voyage à Paris, où pendant ſon ſéjour il prit ſoin de l'édition de l'hiſtoire de Danemarck, par Saxon *le Grammairien*. Cette édition parut en 1514, *in-folio*. Il étoit apparemment revenu dans ſa patrie, lorſque le roi Chriſtien II ſut contraint de ſe retirer, puiſqu'il ſut un de ceux qui ſuivirent ce prince dans ſon exil. Pendant preſque tout ce temps-là, Petri demeura en Flandre, & ſon abſence du Danemarck ſubſiſta juſqu'à ce qu'il vit Chriſtiern empriſonné, & ſes affaires déſeſpérées. Petri, on ne ſait par quel motif, avoit renoncé à la religion catholique, pour embraſſer la ſecte de Luther ; & durant ſon ſéjour en Flandre, plein des nouvelles opinions auxquelles il s'étoit laiſſé aller, il fit ce qu'il pût pour le faire valoir : c'eſt le but de pluſieurs ouvrages qu'il compoſa en danois, à l'uſage du peuple, & qu'il fit imprimer à Anvers depuis 1528, juſqu'en 1531. Il y publia, entr'autres, l'an 1529, le nouveau teſtament, traduit en danois. Revenu dans ſa patrie en 1532, ſon zèle pour ſa nouvelle religion ne diminua point. Il mourut ſous le règne de Chriſtiern III, qui lui fit toucher juſqu'à la fin les émolumens de ſon canonicat de Lunden. Petri s'étoit marié dans un âge fort avancé, & eut des enfans dont la poſtérité eſt, dit-on, encore en Danemarck dans une fortune aſſez riante. Outre les ouvrages mentionés plus haut, l'on a encore de Petri : 1. *Hiſtoria Olai ſive Holgeri*, en danois. 2. *Corpus hiſtoriæ Danicæ, ex gallico in latinum tranſlatum, ex mandato Chriſtierni II.* 3. *Bréviarium Lundenſe emendatum*, 1517. 4. *Quomodo audienda Miſſa*, 1514. 5. *Pſalterium Davidis danicum*, 1531. 6. *Carmina Petri juſtiſſimi legiferi Seelandici, notis illuſtrata, danicè & latinè*, 1515. 7. *Vocabularium in uſum Juventutis Danicæ*, 1514, & depuis réimprimé plus correctement à Leipſick. 8. *De liberali puerorum inſtitutione*, 1531. 9. *Quæſtiones de fide & charitate*, 1531. 10. *Opus medicum de curandis morbis, & extrahendis herbarum eſſentiis & earum virtutibus*, 1533. 11. *De divinâ gratiâ & confeſſione*, 1532. 12. *Tractatus de vera via ſalutis danicè verſus*, 1531. 13. *De familia & poſteritate Dani, primi regis Daniæ.* 14. *Poſtilla cum notis, & ſignis & miraculis*, 1515, *in-fol.* à Paris, & à Leipſick 1518, en danois : c'eſt un recueil de ſermons, que l'on dit remplis de récits miraculeux. * *Bibliotheca Septentrionis eruditi*, pag. 28, 29, 192, 193 ; & *Supplément françois de Baſle*.

PETRI (Frédéric) coadjuteur de l'égliſe de Brunſwick, naquit le 10 mars 1549, à Hallerſpringen, dans la principauté de Calenberg. En 1574 il prit le degré de maître-ès-arts à Wittemberg : Peu de temps après il fut fait correcteur de l'école de S. Martin à Brunſwick, & il traduiſit en hébreu les évangiles des dimanches & fêtes. On les imprima dans la ſeconde fois à Anvers en 1581, *in-8°.* Vers la fin de l'année 1578, il fut fait prédicateur ou coadjuteur de l'égliſe de S. André de Brunſwick ; & en 1594 il devint ſenior des paſteurs. Il mourut en 1617. On a de lui : 1. *De fide ſupra cælos evolante*, à Wittemberg, 1583. 2. *Apologia pro Martino Chemnitio de unione hypoſtatica naturarum Chriſti, communicatione idiomatum, contra Lambertum Danæum*, à Leipſick, 1585, *in-8°.* 3. *Reſponſio ad ſcriptum quòd theologi Bremenſes adverſus collectores apologiæ formulæ concordiæ publicarunt*, à Leipſick, 1585, *in-4°.* 4. *Calvinorum Neſtorianiſmus in dogmate de perſonâ Chriſti, cum admonitione, num ſides poſſit ſuprà cælos evolare, & illic carnem Chriſti comprehendere*, à Francfort, 1613, *in-4°.* 5. *De oculo & modo viſionis*. 6. *De uſura illicita*. 7. Divers écrits en allemand. * *Supplément françois de Baſle*.

PETRI (Suffridus) *cherchez* SUFFRIDE PETRI.

PETRI (Barthélemi) chanoine de Douai, né dans le Brabant, enſeigna dix ans à Louvain, & en ſortit pendant les guerres civiles, en 1580. Il ſe retira à Douai, où il fut profeſſeur ; & après avoir été pourvu d'un canonicat, il mourut le 26 février de l'an 1630, âgé de

85 ans. Cet auteur avoit publié les œuvres de Vincent de Lérins, & avoit compoſé des commentaires ſur les actes des apôtres, &c. * Valere André, *biblioth. Belg.*

PETRIKOW, PETROKOW, PATERKAU, ou PETRILOW, ville de la baſſe Pologne dans le palatinat de Siradie, eſt le ſiége d'un parlement où l'on juge durant ſix mois de l'hiver les affaires des nobles. Les auteurs Latins la nomment *Petricovia*. Cette ville qui eſt à ſept lieues de Sirad, fut preſque toute brulée en 1640. Les rois de Pologne avoient près de Petrikow un palais nommé *Burgai*, qui eſt aujourd'hui ruiné.

CONCILES DE PETRIKOW.

Les prélats de Pologne y célébrerent en 1412 un concile, où l'on ordonna qu'on réduiroit dans un volume les ordonnances des anciens ſynodes de Gneſne ; ce qui ſut exécuté & confirmé par le pape Martin V, en 1417. L'an 1485 on tint en cette ville un autre concile, où Sbigné Oleniſzi, archevêque de Gneſne, préſida. Frédéric, cardinal & archevêque de Gneſne, tint une autre aſſemblée à Petrikow en 1491. Jean Laski & Matthias Drzevic, prélats de la même ville, y célébrerent d'autres conciles en 1530 & 1532. Nous avons les actes de ceux de l'an 1539, 1540 & 1542, qui furent aſſemblés pour la liberté de l'égliſe de Pologne, pour la réformation du clergé, & pour s'oppoſer aux héréſies de Luther & des autres novateurs de ce temps. Nicolas Dziergzgowski, archevêque de Gneſne, tint d'autres pour le même ſujet en 1551, 1552 & 1553. Les prélats du royaume s'aſſemblerent encore en 1578 à Petrikow, comme nous l'apprenons de Starovolſcius. L'an 1621 on y tint un célèbre ſynode pour l'avantage de l'égliſe de Pologne. Laurent Gembiki archevêque de Gneſne y préſida. On y dreſſa des ordonnances que le pape Grégoire XV approuva. Jean Venzik ou Wezik, prélat de la même ville de Gneſne, préſida à un autre concile provincial, tenu au même lieu le 22 mai de l'année 1628.

PETRINA ou PHONEA LERNO, ancien bourg du Péloponnéſe. Il eſt dans la Sacanie en Morée, à quatre lieues d'Argos, du côté du midi, & ſur un lac qui porte ſon nom. Les anciens l'ont repréſenté comme une ſource de maux, & diſent qu'il y avoit un hydre à ſept têtes qui fut tué par Hercule, parceque cet ancien héros fit deſſécher ce lac, dont les exhalaiſons malignes cauſoient pluſieurs maladies aux habitans du voiſinage.

PETRINA. C'eſt une bonne fortereſſe de la Croatie. Elle eſt dans le confluent de la Petrina avec le Kulp, à trois ou quatre lieues au-deſſus de Siſſeg. Il avoit appartenu aux Turcs ; mais il eſt maintenant à la maiſon d'Autriche.

PETRINEAU DES NOULIS, fils de *Nicolas* Pétrineau, avocat & échevin d'Angers, & de *Guionne* du Meſnil, fille d'*Etienne* du Meſnil, maire de la ville, naquit le 15 juillet 1648. Il s'appliqua particulierement à l'étude des belles lettres, & à celle du droit, & il devint préſident de la prévôté d'Angers dans le temps que René Trochon entroit juge de la même prévôté. Pétrineau eut beaucoup à ſouffrir avec ce dernier, qui étoit un homme dur & entier dans ſes ſentimens ; & afin de l'arrêter dans ſes prétentions, il ſe vit obligé de renoncer pendant trois années à l'étude des belles lettres, & de paſſer ce temps à examiner les droits des deux offices, & à faire venir de toutes les villes du royaume les réglemens établis pour fixer à chaque officier l'étendue & les limites de ſon pouvoir. Enfin ennuyé de toutes ces conteſtations, il propoſa à Trochon de prendre les deux charges, ou de les lui céder. Trochon les accepta, & Pétrineau quittant le palais ſans regret, reprit avec joie l'étude des belles lettres qui faiſoient ſes délices. Il fut fait échevin en 1685 : ce qui lui facilita les moyens d'examiner tous les titres & tous les regiſtres de l'hôtel de ville, & augmenter les matériaux qu'il amaſſoit dans la vue de compoſer une hiſtoire de l'Anjou. Il en dreſſa un projet & un plan qu'il lut à l'académie d'Angers, dont on l'avoit fait membre lors de ſon établiſſement ; & l'un & l'autre

furent si fort goûtés , que l'hôtel de ville les fit puer , dans le dessein d'engager les savans à communier leurs mémoires à l'auteur. Mais on lui en a peu
tni ; & l'histoire qu'il projettoit & qu'il a fort avan-
e , n'a point été imprimée. Ses maladies assez fré-
entes , & ses affaires domestiques le distrairent aussi
aucoup de la composition de cet ouvrage. Le duc
Anjou , petit-fils de Louis XIV , ayant été appellé à
couronne d'Espagne par Philippe IV , Pétrineau en
it occasion de rechercher combien les maisons d'An-
u avoient fourni de rois à l'Europe & à Jérusalem.
'est à ces recherches que l'on est redevable de l'His-
ire des rois de Sicile & de Naples de la maison d'An-
u , qui parut in-4°, à Paris en 1707. Ce premier vo-
me , qui devoit être suivi de plusieurs autres , ne con-
nt que l'histoire de Charles I, comte d'Anjou, mort
n 1284 , & de Charles II , dit le Boiteux , mort en
309. Pétrineau mourut en 1709. Il légua ses manus-
its à Claude Pocquet de Livoniere , conseiller hono-
ire , & professeur du droit françois , qui a été direc-
ur , chancelier , & ensuite secrétaire perpétuel de l'aca-
émie d'Angers ; & en 1710 Gabriel Pocquet , fils de
laude , plaida pour ces manuscrits , prêts à devenir la
roie des créanciers ; & ils furent adjugés au légataire
ar sentence de la prévôté du 2 avril de la même
nnée , ensorte qu'ils ont passé entre les mains de
Gabriel Pocquet , fils aîné de Claude , depuis pro-
esseur de droit françois. Pétrineau avoit proposé de
nettre une bibliothèque dans l'académie d'Angers, dont
l avoit été secrétaire perpétuel , & il offrit d'y contri-
uer le premier pour une somme considérable , à con-
ition qu'il en seroit bibliothécaire sa vie durant ; mais
ette proposition n'a point été acceptée. * Mémoires du
emps.

PETRO-BUSIENS , cherchez BRUYS.

PETRO JOANITES , cherchez PIERRE JOAN-
NIS.

PETRONE (saint) Petronius , évêque de Bologne
dans le V siécle , homme de sainte vie & très-exercé dans
la profession monastique , écrivit la vie des moines d'E-
gypte , pour servir d'exemple à ceux qui portoient ce
nom. Il mourut sous le règne de Théodose & de Valentinien III. Le cardinal Paleoti , évêque de Bologne, a
dressé l'office qui s'y récite le jour de sa fête année.
Gennade assure qu'il avoit lu un traité de l'élection des
évêques , qu'on attribuoit à Pétrone , mais qu'il estimoit
que cette piéce étoit du pere de ce prélat. Il ajoute que
celui-ci se nommoit aussi Pétrone ; qu'il avoit été préfet
du prétoire , & qu'il étoit aussi illustre par sa vertu & par
son éloquence , que par sa qualité. * S. Eucher , epist.
ad Valer. Gennade , de vir. illust. Honoré d'Autun , de
lumin. eccl. &c.

PETRONE (Caius ou Titus Petronius Arbiter) vivoit du temps de Néron , & eut beaucoup de part aux
bonnes graces de ce prince. Plusieurs croient qu'il est le
même dont Tacite fait mention au liv. 16
de ses annales. Pour Pétrone , il sera bon de reprendre
sa vie de plus haut. C'étoit un voluptueux qui donnoit
tout le jour au sommeil , & la nuit aux plaisirs & aux
affaires. Comme les autres se rendent célèbres par leur industrie , celui-ci s'étoit mis en réputation par son oisiveté. Il ne passoit pas pourtant pour un prodigue comme
les autres , mais pour un homme qui savoit dépenser son
bien , & qui avoit le goût délicat. Toutes ses paroles
& ses actions étoient d'autant plus agréables , qu'elles
témoignoient je ne sais quelle franchise & naïveté , &
paroissoient dites avec une certaine négligence. Néanmoins
lorsqu'il fut proconsul de la Bithynie , puis consul , il
se montra capable des plus grands emplois ; & redevenu
voluptueux ou par inclination ou par artifice , à cause
que le prince aimoit la débauche , il fut l'un de ses principaux confidens , & comme l'intendant de ses plaisirs :
car Néron ne trouvoit rien d'agréable ni de délicieux que
ce que Pétrone avoit approuvé. Cet historien ajoute que
c'est de-là que naquit l'envie de Tigellin , autre favori

de Néron , contre un rival qui le surpassoit dans la science
des voluptés. Pétrone ayant été accusé d'avoir eu part à
une conspiration contre l'empereur , fut arrêté ; & s'é-
tant résolu à la mort , il se fit ouvrir de temps en temps ,
puis resserrer les veines ; s'entretenant avec ses amis de
vers & de poësies. Il décrivit les débauches du prince
sous des noms empruntés ; & après avoir cacheté le livre
de sa main , il l'envoya à Néron. Nous avons de lui une
satyre & quelques piéces en vers : l'un & l'autre de ces
ouvrages est rempli de saletés ; mais la latinité en est si
pure , que Pétrone en a été nommé auctor purissimæ im-
puritatis. Pline ajoute que Pétrone rompit en mourant
un vase qui avoit coûté trois cens sesterces , de peur que
Néron ne s'en servît pour orner son buffet. Il mourut
vers l'an 66 de J. C.

On a trouvé un fragment de ses ouvrages à Trau , ville
de Dalmatie dans l'archevêché de Spalatro. Il est dans
un manuscrit in-folio épais de deux doigts , qui contient
plusieurs traités écrits sur du papier qui a beaucoup de
corps. Les œuvres de Catulle , Tibulle & Properce sont
écrites au commencement , & non pas Horace , comme
a dit l'auteur de la préface imprimée à Padoue. Pétrone
suit , écrit de la même main , & de la manière que nous
l'avons dans nos éditions. Ensuite on voit une piéce intitulée : Fragmentum Petronii Arbitri ex libro decimo
quinto & sexto decimo , où est contenu le souper de Tri-
malcion , comme il a été imprimé depuis sur cet original.
De Salas , Espagnol, qui a commenté cet auteur, fait mention d'un quinziéme & d'un seiziéme livre ; mais il ne dit
pas où il les a vus. Le texte original est par-tout bien lisible,&
les commencemens des chapitres & des poëmes sont en
caractères bleus & rouges. L'année qu'il a été écrit est
marquée de cette manière (1423 , 20 novembre.) On
doit cette découverte à M. Petit , qui se cacha sous le
nom de Marinus Statilius. Il déterra ce fragment à Trau
en Dalmatie dans la bibliothéque de Nicolas Cippius ; &
dès qu'il l'eut publié , plusieurs savans prirent parti pour
& contre. MM. Henri de Valois , Wagenseil, & Thomas Reinesius , prétendirent que ce fragment étoit supposé. Adrien de Valois soutint la même chose dans une
dissertation publiée en 1666. M. Petit fit l'apologie du
fragment , & envoya le manuscrit nouvellement découvert à M. Grimani , ambassadeur de Venise à Rome. Il y
eut à ce sujet une assemblée à Rome le 28 août 1668 ,
où le manuscrit fut reconnu pour être du XV siécle. Le
manuscrit est maintenant dans la bibliothéque du roi de
France. Il y eut aussi quelques conférences sur le même
sujet en France , en présence du prince de Condé ; &
comme on y décida pour M. Petit , quelques critiques
attaquerent encore l'autenticité de ce fragment , & d'autres la défendirent ; & il passe aujourd'hui pour certain
que c'est l'ouvrage de Pétrone. On n'a pas jugé si favorablement de autres fragmens tirés d'un manuscrit trouvé
à Belgrade en 1688 , que M. Nodot publia en 1694 , à
Paris , après l'avoir fait copier sur un manuscrit qui étoit
entre les mains de M. Dupin, gentilhomme François, qui
étoit alors au service de l'empereur. Quoique M. Nodot
& M. Charpentier de l'académie françoise , & plusieurs
autres les aient crus de Pétrone ; les gallicismes & les
autres expressions barbares , & fort éloignées de la pureté
du style de Pétrone & de son élégance , ont fait juger
ces piéces indignes de cet auteur. Voyez sur ces faits la
Traduction de plusieurs piéces tirées de Pétrone , &c.
publiée par M. Nodot en 1694 , à Paris , in-8°, avec la
lettre de M. Nodot à M. Charpentier , & la réponse de
celui-ci à la tête de ce volume ; la réponse de M. Nodot
aux critiques , imprimée séparément ; & sur-tout le premier volume de l'Histoire littéraire de la France , par
dom Rivet , & quelques autres savans Bénédictins de la
congrégation de S. Maur. Il ne sera pas hors de propos
de remarquer que ces habiles écrivains disent que M. Nodot envoya sa copie à M. Charpentier , mais que M. Nodot dit au contraire qu'il n'en envoya qu'une partie à cet
académiste. Il faut consulter cette histoire littéraire de
France pour les éditions de Pétrone.

Plufieurs auteurs ont eftimé que Pétrone étoit natif de Marfeille. Leur fentiment eft fondé fur ces vers d'Apollinaris Sidonius:

Et te Maffilienfium per hortos,
Sacri ftipitis Arbiter colonum,
Hellefpontiaco parem Priapo.

Bouche, hiftorien de Provence, croit que Pétrone étoit Provençal, & avoit donné fon nom à la ville de Pertuis dans le diocèfe d'Aix, en latin *Vicus Petronii*, comme on le prouve par une infcription trouvée en 1560, où il eft parlé d'un préfet du prétoire, affaffiné à Pertuis. *A Sicariis & Judais pervicacif. nefandum facinus in vico C. Petronii ad ripam Druentiæ.* Cette infcription a été trouvée à Pertuis, village en Provence, comme on le croit. Au refte, la famille des Pétrones étoit très-illuftre à Rome, & avoit produit les Turpiliens, les Mamertins, les Septimiens, les Volufiens, &c. confuls Romains. Nous avons entre les œuvres de Pétrone, quelques piéces de P. Pétrone, rhétoricien; d'un autre grammairien, qui peut être le faint évêque de Bologne dont nous avons parlé; d'un, furnommé Afranius; d'un autre, nommé l'Indien; de Pétrone Antigenide, de Pefaro; de C. Pétrone Hilaire, de la même ville; de Pétrone Apollodore, prêtre païen à Rome, &c. Mais ces auteurs ne nous font pas bien connus. Ils font différens de ce PE-TRONE, gouverneur de Syrie, que Caligula employa pour mettre fa ftatue dans le temple de Jérufalem. * Joféphe, *l.* 18 *antiq. Judaic. c.* 11. Tacite, *l.* 16 *annal.* Pline, *hift. nat. l.* 37, *c.* 2. Fulgence, *l.* 1 *Myth.* Apollinarius Sidonius, *car.* 9 *ad Mag. Felic. & ad Narbon.* Lilio Giraldi, *in vit. poët.* Pierre Pithou. Binet de Beauvais. Jean Douza. Guirand. Scaliger. Jufte Lipfe. Bourdelot. Turnebe, &c. *in not. ad Petron.*

PETRONE, un des plus illuftres & des plus braves fénateurs de Rome. Etant gouverneur d'Egypte, il permit à Hérode, roi des Juifs, d'acheter dans Alexandrie tout le bled dont il avoit befoin pour fecourir fes peuples qui étoient affligés d'une cruelle famine, & fauva par ce moyen la vie à une infinité de perfonnes. Tibere étant mort, & Caïus Caligula lui ayant fuccédé à l'empire, ce prince ôta le gouvernement de Syrie à Vitellius, pour le donner à Pétrone, qui s'acquitta dignement de cet emploi, & qui fut fi favorable aux Juifs, qu'il courut rifque de perdre l'amitié de l'empereur & fa propre vie, pour avoir voulu favorifer ce peuple. Ce prince lui ordonna de mettre fa ftatue dans le temple de Jérufalem. Pétrone voyant que les Juifs aimoient mieux mourir que de voir profaner un fi faint lieu, & violer les loix de Dieu qui le leur défendoient, ne les y voulut point contraindre par la force des armes. Cette bonté faillit à le perdre auprès de l'empereur. * Joféphe, *antiquités, liv. XV, chap.* 11, & *liv. XVIII,* 11.

PETRONI (Richard) cardinal, natif de Sienne, fe rendit très-habile dans la jurifprudence civile & canonique, & fut choifi par le pape Boniface VIII pour être vice-chancelier de l'églife. Ce pontife l'employa enfuite pour travailler à la compilation du fixiéme livre des décrétales, & le fit cardinal en 1298. Petroni affifta au concile général de Vienne en Dauphiné, & alla en qualité de légat à Gênes, où il mourut le 26 février de l'an 1313. Son corps fut porté à Sienne fa patrie, où il a fait bâtir la Chartreufe, l'hôpital de fainte Catherine, & les monaftères de fainte Claire & de faint Nicolas. Il laiffa de grands biens pour être employés à des œuvres de piété. * Ciaconius, *in Bonif. VIII.* Auberi, *hiftoire des cardinaux.*

PETRONILLE. Fondé fur de faux actes, on fait ordinairement fainte Pétronille ou Périne fille de faint Pierre; & elle eft ainfi qualifiée dans la plupart des martyrologes, mais on n'en trouve rien dans les monumens certains. On ne peut pas nier que S. Pierre n'ait été marié, puifque l'écriture parle de fa femme & de fa belle-mere. Du temps de S. Auguftin, on difoit que S. Pierre avoit eu une fille qu'il avoit guérie de la para-

lyfie; mais ce pere remarque que cela n'étoit fondé que fur des livres apocryphes. Tout ce que l'on dit de fainte Petronille n'a aucun fondement. On célébroit autrefois à Rome la fête d'une vierge Romaine, nommée *Petronille*, avant même que l'on eût fuppofé qu'elle fût fille de S. Pierre. * *Actes fuppofés de Marcel. Actes de S. Nerée & de S. Achillée.* Clem. d'Alexandrie, *Strom. l.* 5 & 7. S. Auguftin, *contra Adimant. c.* 17. Tillemont, *mém. pour fervir à l'hift. ecclef. tome I.* Baillet, *vies des faints.*

PETRUCCI (Antonello) natif de Tiano dans la terre de Labour, fe fit connoître à Alfonfe I, roi de Naples, par l'entremife de fon fecrétaire Jean Olzina. Après la mort de ce prince, il fut lui-même fecrétaire de Ferdinand I, fon fucceffeur, gouverna long-temps fous lui, en qualité de premier miniftre, & s'allia aux plus grandes familles de l'état. Mais fon infolence devint infupportable à tout le monde, & le mit mal dans l'efprit du roi. Ce fut alors que Petrucci s'étant joint à François Coppola, comte de Sarno, confpira contre fon fouverain, & excita des troubles dans le royaume, que le roi appaifa, en faifant arrêter ce traître. Son procès lui fut fait par les barons; on le convainquit du crime de leze-majefté, & on le condamna à avoir la tête tranchée, ce qui fut exécuté le 15e jour de mai de l'année 1487. * Du Pui, *hift. des favoris.*

PETRUCCI (Alfonfe) cardinal, évêque de Suana en Tofcane, fils de *Pandolphe* Petrucci, feigneur de Sienne, fut honoré du chapeau de cardinal par le pape Jules II, en 1511. Ce cardinal étoit frere de *Borghèfe* Petrucci, qui pofféda après fon pere la feigneurie de Sienne, & qui époufa *Vittoria* Picolomini, laquelle refta veuve pendant 56 ans, dans la pratique des vertus les plus effentielles de fon fexe, dont il eut *Agnès* Petrucci, mariée à *Alexandre* Socin, & mere du malheureux *Faufte* Socin. *Voyez* SOCIN. Borghèfe Petrucci eut auffi pour fils *François*, qui fuccéda au gouvernement de Sienne fur le cardinal fon oncle; mais fa mauvaife conduite l'en fit dépoffeder, & fon coufin germain *Fabio* Petrucci fut mis à fa place avec le fecours du pape Léon X. Le cardinal Petrucci conçut tant de déplaifir de cette conduite du pape, qu'il confpira contre lui; mais il fut arrêté & étranglé la nuit en prifon l'an 1517. Celui qui fe rendit maître de Sienne avec le fecours du pape Léon X, étoit RAPHAEL Petrucci, ami particulier de ce pontife, qui le fit gouverneur du château Saint-Ange, évêque de Groffete, puis cardinal en 1517. Il mourut à Bibiano près de Sienne le 17 feptembre 1522. * Guichardin, *l.* 13 & 14. Paul Jove, *in vit. Leon. X.* Bembo, *in epift.* Cabrera, *in elog. card.* Omuphrie. Auberi. Varillas, *hift. de François I, liv.* 5, &c.

PETRUCCI (Pierre-Matthieu) cardinal, né en 1638, d'une affez bonne famille, à Jefi, ville de la Marche, entra dans la congrégation des prêtres de l'Oratoire de S. Philippe de Neri, d'où on le retira pour l'élever fur le fiége épifcopal de fa patrie, que quittoit le cardinal Cibo. A la recommandation de ce même cardinal, le pape Innocent XI donna le chapeau à Petrucci en 1686, quoiqu'il y eût déja quelques bruits qu'il étoit difciple de Molinos. Les foupçons qu'on en eut par la fuite, cauferent de grands chagrins à ce nouveau cardinal. L'inquifition l'obligea même d'abjurer en particulier fes fentimens fufpects; & tous les livres qu'il avoit fait imprimer touchant le *Quiétifme* ou la *théologie myftique*, furent défendus. Depuis il fut obligé de demeurer toujours à Rome, & ne reçut la permiffion de réfider dans fon évêché qu'en 1694. Il s'en démit quelque temps après, & mourut à Montefalco le 5 juillet 1701. On peut dire qu'il avoit donné du fcandale par les fentimens erronés qu'il avoit publiés, plutôt par foibleffe d'efprit, que dans le deffein de féduire, il le répara bien par la vie auftère, fainte & régulière, qu'il foutint jufqu'à la fin de fes jours. * *Mémoires du temps.*

PETTAW, anciennement *Petovio*, *Poëtovio*. C'eft une ancienne ville de la haute Pannonie. Elle eft maintenant dans la baffe Stirie, aux confins de l'Efclavonie, ur la Drave, à douze lieues de Cillei, vers le nord orien-tal. Pettaw appartient à l'archevêque de Saltzbourg. * Mati, diction.

PETTERSHAUSEN , petite ville du cercle de Soua-be. Elle passe pour un fauxbourg de la ville de Constan-ce , dont elle n'est séparée que par un canal qui joint le lac de Constance avec celui de Zell. Pettershausen est un lieu bien fortifié. Il y a une abbaye de l'ordre de saint Benoît , & l'évêque de Constance y fait souvent sa ré-sidence , de même qu'à Mersbourg. * Mati, dictionaire.

PETUS (Cæsennius Pætus) capitaine Romain , que Néron envoya en Arménie en la place de Corbulon , prit si mal ses mesures , que se voyant engagé dans le pays ennemi , il conclut une paix très-honteuse. Néron le reçut en se moquant de lui , & lui dit qu'il l'assuroit d'abord du pardon de sa faute ; & que comme il étoit si sujet à la peur , il y auroit à craindre que l'appréhen-sion ne le rendît malade. Quelques auteurs croient que Cæsennius Pætus est le même que Vespasien envoya gouverneur en Syrie. * Tacite , l. 15 annal. Joséphe , de bell. Judaic. l. 7 , c. 21.

PETUS THRASEA , Pætus , sénateur Romain & philosophe Stoïcien , natif de Padoue , écrivit la vie de Caton d'Utique. Cet homme d'une probité austere & intrépide , osa s'opposer à Junius Marcellus , consul dési-gné , qui opinoit à la mort contre Sosianus , préteur , accusé de leze-majesté. La liberté de Thrasea fit rompre le silence , & anima ceux qui n'osoient contredire le con-sul : ce qui sauva le préteur dont Néron demandoit la mort. Mais ce prince , pour s'en venger , le fit mourir ; & sa femme Arria voulut mourir avec lui , pour imiter Arria sa mere , femme de Cæcinna Pætus , dont nous avons parlé en son lieu ; mais aux instantes prieres de son mari , elle lui survécut pour être le soutien de Fan-nia , leur fille commune. * Tacite , annal. l. 60. Bion , l. 60. Plutarch. in Catone.

PETWORTH , bourg d'Angleterre dans la partie occidentale du comté de Sussex , qu'on nomme Arun-del. Il y a un beau château , qui a appartenu au comte de Northumberland , mais qui depuis par mariage est échu au duc de Sommerset. * Diction. anglois.

PETZER , bourg de la haute Hongrie , situé sur la Teysse , à huit lieues au-dessus de Segedin. Quelques géographes prennent Petzer pour l'ancienne Pessium , petite ville du Jaziges Métanastes. * Mati , diction.

PETZOLD (Charles-Frédéric) assesseur de la fa-culté philosophique de Leipsick , & correcteur de l'é-cole de S. Thomas , naquit à Ottendorf le 27 mai 1675 , de Georges-Frédéric Petzold , pasteur d'Ottendorf , & ensuite archidiacre de Torgau , & d'Anne-Catherine Conrad. Il n'avoit qu'onze ans , lorsqu'en 1686 il perdit l'un & l'autre. David Schwerdner , qui obtint la place d'archidiacre au lieu du pere du jeune orphelin , prit celui-ci chez lui , & l'instruisit lui-même dans les belles lettres , depuis l'an 1686 , jusqu'en 1692. Cette année , Schwerdner ayant été tenté de suivre à l'armée le prince Georges IV , Petzold l'accompagna aussi en qualité de chantre de camp. Après la campagne , Petzold alla à Mersbourg pour continuer ses études ; & en 1695 il fut mis au nombre des étudians de l'université de Leip-sick , & fréquenta assidument les professeurs de cette université. Le 25 mai 1696 , il fut fait bachelier , & disputa plusieurs fois. En 1698 il prit le dégré de maître-ès-arts , & commença à donner des leçons en philoso-phie. Depuis , il fut fait membre du collège Philo-Bibli-cum , & sénior du collège anthologique. En 1701 le con-seil de Leipsick lui donna la charge de troisième collégue de l'école de S. Nicolas. Il remplit cette charge durant trois années , après quoi on lui conféra celle de tertiat de l'école de S. Thomas. Il donnoit outre cela des le-çons particulieres. En 1710 il obtint la charge d'assesseur de la faculté philosophique ; & en 1731 le sénat lui offrit le correctorat de S. Thomas : il mourut la même année , le 30 mai , âgé de 56 ans & 2 jours. Il avoit épousé le 9 septembre 1704 Christiane-Sophie , fille de

Joachim-André Corvin , candidat en droit , dont il a eu quatre enfans , & qui mourut avant lui le 12 octobre 1730. Petzold ou Pezold , comme nous avons vu son nom écrit dans quelques-uns de ses ouvrages , entreprit en 1716 une collection de piéces dont il a donné à Leip-sick , depuis 1716 jusqu'en 1723 , inclusivement , douze volumes in-8°, sous ce titre : Miscellanea Lipsiensia , ad incrementum rei litterariæ edita, &c. Chaque volume, à l'exception d'un seul , est orné d'une préface de l'édi-teur ; & dans le tome V , page 56 , on trouve de lui une dissertation pleine d'érudition , de laboribus Ostfri-dianis : il s'y agit de cet Ostfroi qui vivoit dans le IX sié-cle , & qui a composé l'histoire évangélique en vers alle-mans. Nous ne connoissons du moins que douze tomes de cette collection , donnés par Petzold ; & nous savons seulement que le savant M. Mencken a entrepris de con-tinuer ce recueil. On a plus de Petzold un nombre de dissertations sur divers sujets : 1. De permissione juris , à Iéne , 1698. 2. De litterarum commendatitiarum uti-litate , à Leipsick , 1698. 3. De constitutionibus aposto-licis dissertationes duæ , à Leipsick , 1698. 4. De memo-rabili , à Leipsick , 1699. 5. De sancti , ut vocant , Christi , larvis & munusculis , à Leipsick , 1699. 6. De promiscua vestium utriusque sexus usurpatione , ad Deu-teron. XXII , 5 , à Leipsick , 1702. 7. De oblivione me-morabili , à Leipsick , 1703. 8. De hominibus à bestiis enutritis, I. Reg. XVII, 6, à Leipsick , 1703. 9. De modò calumniandi per laudes , à Leipsick , 1704. 10. In quan-tum homini non liceat esse misericordi, à Leipsick , 1708. 11. Membra humana diis Gentilium consecrata , à Leip-sick , 1710. 12. De Theocriti stylo , à Leipsick , 1710. * Extrait en partie du Supplément françois de Basle. On a aussi consulté les préfaces des Miscellanea Lip-siensia.

PETZORA , PUSTE OZIERO , ville de Mosco-vie , capitale de la province de Petzora. Elle est défen-due par une citadelle , & située sur la riviere de Petzora , à trente-quatre lieues de son embouchure dans la mer Glaciale. Petzora est apparemment la même , que Wit-sen appelle Pustoserskoi , & qu'il place sur une isle , qui est au milieu du lac de Pustoie , formé par la riviere de Petzora. * Mati , diction.

PETZORA , province de Moscovie. Dans les cartes de Sanson elle est entre le Juhorski , le Condinki , la Siberie , l'Obdorski , & la mer de Moscovie. Cette pro-vince est fort étendue , mais elle est pleine de monta-gnes & de forêts , très-froide & mal peuplée. La riviere de Petzora la baigne dans tout son cours ; & ses lieux principaux sont Petzora capitale , Papinowgorod , & Veliki-Poyasla. Witsen appelle ce pays Pustozerie ; il en fait une partie de la Samoiede. Il y met , outre les lieux marqués , Pustozero - Kloster , Petzora - Kloster , Ni-colai , Oust-Silemka ; & sur la côte il met la nouvelle Walcheren , entre l'embouchure du Petzora & le dé-troit de Weigats ; & la nouvelle Frise au levant de ce détroit. Ce sont deux pays ausquels les Hollandois ont donné ces noms , en y abordant , lorsqu'ils cherchoient un chemin pour aller à la Chine par la mer Glaciale. * Mati , diction.

PETZORA , grande riviere de Moscovie. Elle tra-verse toute la province de Petzora , baigne Papinowgo-rod & Petzora , où elle commence à se diviser , & se va jetter dans la mer Glaciale par six embouchures. Witsen croit que cette riviere est le Lytarmus des an-ciens , & il ne lui donne qu'une embouchure , qui forme quelques petites isles , en entrant dans la mer. * Mati , dictionaire.

PEUCER (Gaspard) médecin & mathématicien , naquit à Bautzen dans la Lusace le 6 janvier 1525. Il fit ses premieres études à Gotberg , & les continua à Wittemberg. Il fut reçu dans la maison de Melanch-thon en 1540 , fait maître-ès-arts en 1545 , & com-mença la même année à s'appliquer aux mathématiques. Peucer enseigna dès 1559 , & fut fait docteur & pro-fesseur en médecine à Wittemberg , où il acquit l'estime du public, & d'Auguste, électeur de Saxe. Peucer fut ami particulier de Melanchthon, qui lui fit épouser une de ses filles nommée *Magdeléne*, en 1550. Il fit imprimer l'an 1565, à Wittemberg, un cinquiéme livre de la chronique de Carion, qui est une piéce pleine d'emportemens contre l'église & les pontifes Romains. Cet auteur composa d'autres ouvrages ; comme un, entr'autres, de diverses sortes de divinations. *Elementa doctrinæ de circulis cœlestibus, De dimensione terra*, &c. Un traité des fiévres ; la maniere de guérir les maladies internes ; un traité des noms des quadrupedes, des insectes, &c. les noms des monnoies, des poids & des mesures, & les vies des médecins illustres. Ces ouvrages sont écrits en latin. Il a aussi donné en 1570 une édition des deux premiers livres des lettres de Philippe Melanchton. Il fut long-temps retenu en prison à Dessau par l'électeur de Saxe, parcequ'il s'efforçoit de publier la doctrine des Sacramentaires dans les états de ce prince. Il recouvra la liberté vers l'an 1586, & mourut le 25 septembre de l'an 1602, âgé de 78 ans. * Melchior Adam, *in vit. Germ. medic.* Camerarius, *in vit. Melanchth.* Surius, *in comment. hist. pag.* 804 & *seq.* edit. Colon. 1567. Sponde, *A. C.* 1565, *n.* 23.

PEVENSEI, ville d'Angleterre, qui donne son nom à une des six divisions du comté de Sussex ; & il y a près de-là un port, qui est nommé *le port de Pevensei*. La ville est située sur une petite riviere, qui à un mille de-là se décharge dans la mer. Ce lieu est remarquable, parceque c'est l'endroit où débarqua Guillaume *le Conquérant* avec une flotte de neuf cens vaisseaux. * *Dictionaire anglois.*

PEUR (la) en latin *Pavor*, les Romains en avoient fait une divinité. Pausanias dans ses Corinthiaques, dit que Mermerus & Pherès, enfans de Médée, ayant été lapidés par les Corinthiens, ces deux esprits épouvantoient tellement les petits enfans, qu'ils en mouroient. L'oracle commanda qu'on leur fit un sacrifice tous les ans, & qu'on leur dressât deux statues, l'une de la Peur, & l'autre de la Pâleur.

PEURBACH, mathématicien célèbre, *cherchez* PURBACH.

PEUTINGER (Conrad) né à Augsbourg, ville d'Allemagne, le 15 octobre 1465, d'une famille originaire de Baviere, connue dès le XIII siécle sous le nom de *Peutingau*, après avoir étudié dans les principales villes de l'Italie, revint dans sa patrie, où il montra bientôt les fruits des connoissances qu'il avoit acquises. Il étoit docteur de l'un & l'autre droit ; & en 1493 le sénat d'Augsbourg, qui connoissoit son mérite, le fit secrétaire de la ville. Il fut presque toujours depuis député pour assister au nom du sénat & du peuple aux diétes fréquentes que l'empereur Maximilien I. assembla pendant son régne. On l'envoya aussi en différentes occasions en plusieurs cours pour des affaires importantes. Maximilien l'honora du titre de son conseiller ; & ce prince étant mort en 1519, Peutinger fut envoyé l'année suivante à Bruges pour & complimenter le nouvel empereur Charles-Quint, qui lui accorda, de même que son prédécesseur, la qualité de son conseiller. Il ne s'est servi de son crédit, que pour faire du bien à sa patrie. C'est à ses soins qu'elle doit en particulier le privilége qui lui fut accordé de battre monnoie, qu'elle n'avoit point eu jusque-là. Il s'étoit marié le 20 novembre 1498, & avoit épousé *Marguerite* Velser, fille d'*Antoine* Velser, commandant de Memmingen, dont il eut dix enfans, six filles, & quatre garçons. Il est mort le 28 décembre 1547, âgé de 82 ans. Il avoit amassé une bibliothéque nombreuse, qui s'est conservée dans sa famille jusqu'à Didier-Ignace Peutinger, doyen de l'église d'Elwangen, le dernier de cette famille, mort vers l'an 1715, & qui laissa en mourant cette bibliothéque aux Jésuites d'Augsbourg. Les ouvrages de Conrad Peutinger sont : 1. *Romanæ vetustatis fragmenta in Augusta Vindelicorum & ejus diœcesi*, &c. en 1508, à Augsbourg. On a réimprimé cet ouvrage en 1520, sous ce titre : *Inscriptiones vetusta Romæ*

& *eorum fragmenta in Augusta Vindelicorum*, &c. à Mayence, *in-folio.* Marc Velser en a donné une troisiéme édition augmentée, à Venise, 1590. 2. *Sermones convivales*, imprimés plusieurs fois. La meilleure édition est celle de 1683, à Iéne, *in-8°.* 3. Discours latin à la louange de Charles-Quint, empereur, & de ses ancêtres. Il fut prononcé le 26 juillet 1519. 4. Une lettre latine, fort longue, au cardinal Carvajal, en 1507, imprimée en 1521. Peutinger rapporte des exemples de plusieurs empereurs d'Allemagne qui ont donné au saint siége des marques de leur respect & de leur attachement. 5. *De inclinatione Romani imperii, & exterarum gentium præcipuè Germanorum commigrationibus, epitome.* Beatus Rhenanus, à la priere de qui Peutinger avoit fait cet ouvrage, la fit imprimer dans son édition de Procope, *De rebus Gothorum*, &c. à Basle, en 1531. Il est aussi dans les *Sermones convivales* de 1683. 6. Les actes de la diéte d'Eslingen, en 1499, à laquelle Peutinger avoit assisté, en latin, à Augsbourg ; en 1500. 7. En 1531 ce savant publia pour la premiere fois les Emblêmes d'Alciat. Outre ces ouvrages, Peutinger a publié les éditions de plusieurs autres qui n'étoient pas à lui, & a fait des Préfaces pour quelques-uns. On en peut voir le catalogue dans les *Mémoires* du pere Niceron, Barnabite, *tome* XIII. A l'égard de la carte que l'on nomme *la Table de Peutinger*, c'est une carte dressée vers la fin du IV siécle, sous l'empire de Théodose *le Grand*, où sont marquées les routes que tenoient alors les armées romaines dans la plus grande partie de l'empire d'Occident. On en ignore l'auteur. Peutinger l'ayant reçue de Conrad Celtes, qui l'avoit trouvée dans un monastere d'Allemagne, eut dessein de la donner au public, & ne l'exécuta pas. Elle disparut même après sa mort ; mais ayant été retrouvée environ quarante ans après, au moins par fragmens, Marc Velser donna ces précieux restes, sous le titre de *Fragmenta tabulæ antiquæ ex Peutingeriana bibliotheca*, &c. à Venise, 1591, *in-4°.* On a réimprimé ces fragmens plusieurs fois depuis. Enfin en 1714, on a retrouvé cette table en entier parmi les manuscrits de Peutinger, & elle est maintenant dans la bibliothéque du prince Eugène. On en a donné une magnifique édition, en un volume *in-folio*, imprimé à Vienne en Autriche, en 1753, avec des dissertations, &c. * Niceron, *mémoires, tome* XIII.

PEYPUS, PEIBUS, grand lac, qui est sur les confins de la Livonie & de la Moscovie, auquel on donne quarante lieues de circuit, reçoit plusieurs rivieres, dont la Welica-Reca est la principale, & il se décharge dans le golfe de Finlande par le moyen de la Narva. * Mati, *dictionaire.*

PEYRAREDE (Jean de) gentilhomme Gascon & protestant, vivoit dans le XVII siécle. Ses vers latins lui donnerent de la réputation ; & Balzac en parle avec éloge dans quelques-unes de ses lettres. Il entendoit aussi assez bien la critique. Ses remarques sur Térence, ses corrections ou conjectures sur Florus, lui firent beaucoup d'honneur. M. de la Mothe-le-Vayer le cite & le suit dans ses notes sur cet historien. Il étoit en commerce de lettres avec Vossius & plusieurs autres savans. Il mourut vers l'an 1660. * Balzac, *lettres choisies.* Le Vayer, *remarques sur Florus.* Costar parle ainsi de cet auteur, dans son *Mémoire des gens de lettres vivans* en 1655, imprimé dans les Mémoires de littérature du pere Desmolets, *tome* II, *partie* 2. « Peyrarede, gentilhomme Gascon. » Il fait fort bien des vers latins. Il entend aussi fort bien » les poëtes latins, sur lesquels il fait plusieurs correc- » tions de son bel esprit. Il a eu pour précepteur domes- » tique, Caméron qui étoit un des premiers hommes de » son siécle. Il est réduit présentement à expliquer les » poëtes aux gens de condition. Il a achevé les vers non » achevés de Virgile, qu'il a fait imprimer avec plu- » sieurs de ses épigrammes. M. Grotius fait mention ho- » norable de lui dans ses lettres. » Ces hémistiches latins où Peyrarede acheve les vers imparfaits de Virgile, dont parle M. Costar, sont dédiés à la reine Christine

Suéde. Feu M. Huet eſtimoit beaucoup l'érudition de yrarede , & ſon talent pour la poëſie , dans lequel il qu'il étoit peu inférieur à Madelenet , que l'on ſait oir excellé en ce genre. * *Voyez* cet éloge dans les :moires mêmes de la vie de M. Huet , compoſés par -même en latin , & imprimés en Hollande, en 1718 , ge 168. Voyez auſſi la page 429 du *dénombrement* a fait l'abbé de Marolles *de ceux qui lui ont donné de* irs livres , & la note de M. de la Monnoye ſur l'arti- ? 1490 des *Jugemens des ſavans* de M. Baillet.

PEYRAT (Jean du) lieutenant de roi dans la pro- nce de Lyon , ſous le maréchal de Saint-André , étoit mi & le Mécène de pluſieurs ſavans étrangers,qui de- euroient à Lyon de ſon temps , entr'autres , du poëte ulteius ou Vouté. Du Peyrat fut d'abord lieutenant :néral à Lyon , & général du Piémont. Il a paſſé pour 1 juriſconſulte profond , pour un homme ſage , poli , : inſtruit dans les ſciences , & qui aimoit à les faire fleu- r dans ſa famille & dans ſa patrie. En même temps u'il exerçoit les charges dont nous avons parlé , il étoit eutenant criminel & civil dans la ſénéchauſſée de Lyon. . eut un fils qui fut fiancé à la célèbre *Clémence* de Bour- es , mais qui fut tué avant que de l'épouſer , étant allé ombattre contre les proteſtans de Beaurepaire en Dau- hiné. Clémence en mourut de douleur.

PEYRAT (Guillaume du) petit-fils de JEAN , fut umônier de Henri IV & de Louis XIII , & eſt auteur le pluſieurs ouvrages qui lui ont fait honneur. Savoir : *Traité des dixmes , où il eſt vérifié qu'elles ſont dues de droit divin aux eccléſiaſtiques , & où trois erreurs popu- laires touchant les dixmes ſont réfutées* , Paris 1640 , *in-8°. Hiſtoire eccléſiaſtique de la cour , ou Antiquité & recherches de la chapelle ou oratoire du roi de France de- puis Clovis I , juſqu'à notre temps* , à Paris , *in-folio* , en 1645. *Origine des cardinaux du ſaint ſiège , & particu- lierement des François , avec deux traités curieux des lé- gats* à latere *; & une relation exacte de leur réception , & des vérifications de leurs facultés au parlement de Pa- ris* , à Cologne, *in-12* , en 1670. *Traité ſur les titres de très-chrétien , de fils aîné de l'égliſe , de catholique , & de défenſeur de la foi , donnés au roi de France* , en 1629, *in-8°,* dédié à Louis XIII. Ce traité fut mis au jour à l'occaſion de la priſe de la Rochelle par ce prince. Du Peyrat a donné à la fin une piéce en vers françois ſur cette priſe , traduction des vers latins de Gilbert Gau- min. *Guillelmi Peyratii Lugdunenſis Spicilegia poë- tica , & amorum libri tres* , à Paris , en 1601 , *in-12. Diſcours ſur la vie & la mort de Henri IV , avec un recueil de 37 oraiſons funébres de ce prince ; & une ré- ponſe de du Peyrat à ſes amis ſur les raiſons qui l'obli- gerent à quitter la cour pour ſe retirer dans la ſolitude ,* où il mourut en 1645. On a encore de lui des *Eſſais poétiques* , dédiés au baron de Givry , & imprimés à Tours, en 1593 , *in-16.* Ces poëſies ſont preſque toutes amoureuſes , & ſouvent obſcènes : l'auteur les compoſa dans ſa jeuneſſe. Cet auteur avoit promis un traité *des Propos de table* , qu'il avoit recueillis de la bouche de Henri IV , de celle du cardinal du Perron , & de plu- ſieurs ſavans hommes. Louis Archon , chapelain du roi, & ſacriſtain de la chapelle de Verſailles , a donné une nouvelle hiſtoire de la chapelle de nos rois juſqu'à la naiſſance de Louis XIV , en deux volumes *in-4°.* * Le Long , biblioth. hiſt. de la France. Les poëſes latines de Vulteius. Le pere Colonia , hiſt. litt. de Lyon , tome II.

PEYRE (Jacques d'Auzolles, ſieur de la) ſécrétaire du prince de Montpenſier , & ſon homme de confiance, étoit un gentilhomme Auvergnat , fils de *Pierre* d'Au- zolles , & de *Marie* de Fabry , d'Auvergne. Il aima les ſciences , & s'y appliqua avec aſſez de ſuccès pour ſon temps. Il fut conſidéré de M. de Montpenſier , qu'il ſer- vit utilement , bien reçu chez pluſieurs grands , mais peu eſtimé des ſavans & en particulier des Jéſuites Petau, Salian , & quelques autres qui l'ont maltraité dans leurs ouvrages , & contre qui il n'a pas écrit avec moins de vivacité. Il s'étoit appliqué particulierement à la chro-

nologie ; & comme elle n'étoit pas encore fort débrouil- lée , ce qu'il publia ſur ce ſujet parut aux ignorans preſ- que un chef-d'œuvre , & on alla juſqu'à lui donner le titre de *prince des chronologiſtes* , & à faire fraper une médaille avec ſon portrait & ce titre honorable. Le pere Evrard Buillon , Auguſtin, lui dédia ſes thèſes, qui ont été imprimées , & où il ne manqua pas de louer beaucoup ſon Mécène. Cependant on lit peu ſes ouvra- ges aujourd'hui , & la plupart même ſont preſque en- tierement oubliés. En voici la liſte. *Sancta Evangelia ,* dédiés au roi, *in-folio*, en 1610. *Les évangiles en fran- çois* , dédiés à la reine mere du roi , *in-4°*, 1610. *La généalogie de Melchiſedech* , en 1622, *in-8°*, dédiée à M. le Prince. *La véritable généalogie de Job* , *in-8°*, en 1623. *Apologie contre le pere Salian , Jéſuite , du temps auquel a vécu Melchiſedech* , dédiée au clergé de France, en 1629 , *in-8°. La ſainte Géographie , ou la Deſcrip- tion de la terre , & la véritable démonſtration du para- dis terreſtre* , en 1629 , dédiée à Monſieur. *Le diſciple des temps* , ou *Réponſe au pere Petau , ſur l'origine de Job* , *in-8°,* en 1631 , dédiée à M. le maréchal d'Effiat. *L'Antibabau contre le pere Jacques Bolduc , Pr. Capu- cin* , *in-8°* , en 1632 , dédiée à M. de Châteauneuf , garde des ſceaux. *La ſainte chronologie* , dédiée au ma- réchal de Thoyras , *in-folio* , en 1632. *Le Berger chro- nologique contre le pere Petau* , Jéſuite d'Orléans , dé- dié à M. de la Villiere , ſecrétaire d'état , en 1634. *Ariadne contre le pere Petau* , dédiée au duc d'Anguien, en 1634 , *in-8°. Eclairciſſemens chronologiques* , en 1635 , *in-8°.* L'Epiphanie , en 1638 , dédiée à M. de Harlay , archevêque de Rouen. *Le Mercure charitable,* ou *contre-touche , & ſouverain reméde pour déſempierrer le pere Petau , Jéſuite d'Orléans , depuis métamorphoſé en fauſſe pierre de touche, in-folio,* en 1638. L'auteur avoit fini cet ouvrage dès 1636. Mais ayant été obligé de faire un voyage en Languedoc , d'où il ne revint que ſur la fin de 1637 , il ne put le faire imprimer plutôt. Il y combat vivement le pere Petau , qui l'avoit fort mal- traité dans ſa *Pierre de touche ;* & il y réveille avec ſoin la plupart des éloges , tant en vers qu'en proſe , qu'on a faits de ſa perſonne & de ſes ouvrages,pour ſe venger des mépris des peres Petau, Salian, & Bolduc , & de ceux de M. Petit , commiſſaire provincial de l'artillerie, & ingénieur du roi , qui avoit auſſi écrit contre lui. Il ſe réconcilia néanmoins avec les peres Salian & Bolduc , & ils ſe jurerent mutuellement une amitié réciproque. Ils n'eurent guère le temps de la violer, M. de la Peyre étant mort d'apoplexie à Paris le 19 mai 1642. Il étoit né le 14 mai 1571. Il a laiſſé pluſieurs ouvrages manuſ- crits , entr'autres , une généalogie de la maiſon de Har- court. Le pere le Long la cite dans ſa *Bibliothéque de France, p.* 851 ; & dans ſa *Bibliothéque ſacrée , in-fol.* il cite quatre ou cinq autres des ouvrages du même , que nous venons de rapporter. Il avoit fait encore un grand ouvrage, ſous le titre *Panthéon,* qui n'a point été oublié. Il avoit quelquefois des ſentimens aſſez extraordinaires. On lui reproche, entr'autres , d'avoir ſoutenu que les im- poſtures d'Annius de Viterbe pouvoient être juſtifiées ; qu'on pouvoit ne donner que 364 jours , ain qu'elle commençoit toujours par un dimanche , & finît par un ſamedi , & autres rêveries ſemblables. * *Mémoi- res du temps.* Voyez dans les *Mémoires de* Niceron, tome XXXVII, l'article du pere Petau, dreſſé par le pere Oudin.

PEYRERE (Iſaac la) né à Bourdeaux , étoit de la religion proteſtante , & avoit une charge chez M. le prince de Condé vers l'an 1655. Il publia en latin cette même année 1655 , & non en 1653 , comme Bayle l'a avancé , le fameux traité des Pré-Adamites , *in-4°* & *in-12*, dans lequel il prétend prouver qu'il y a eu des hommes avant Adam : cet ouvrage fut imprimé en Hollande. Dès qu'il fut publié à Paris , on l'y fit bruler par la main du bourreau. Il fut réfuté par pluſieurs auſſi- tôt qu'il parut : entr'autres par Jean-Conrad Dannhawe- rus , profeſſeur en théologie à Strasbourg , où il publia un traité intitulé, *Præadamitæ Utis, five fabula primo-rum hominum ante Adamum conditorum explofa*. Jean Micrælius, profeffeur en philofophie, & recteur du collége à Stetin, fit auffi imprimer dans cette ville en 1656 un écrit contre la Peyrere. Jean-Henri Urfin réfuta fes idées dans un livre imprimé à Francfort, fous le titre de *Novus Prometheus Præadamitarum plaftes ad Caucafum relegatus & religatus*. Samuel des Marefts, profeffeur à Groningue, y fit imprimer *Refutatio fabulæ Præadamiticæ, &c*. Jean Hilpert profeffeur d'Helmftat fe mit auffi de la partie en publiant à Amfterdam, *Difquifitio de Præadamitis*. Le traité *Non ens Præadamiticum* d'Antoine Huls fut imprimé chez Elzevire à Leyde. Philippe le Prieur engagea les libraires de Paris de publier fes *Animadverfiones in librum Præadamitarum*, dans lefquelles il prit le nom d'Eufebe Romain. Enfin l'an 1656, il parut à Leyde un ouvrage contre le fyftême de la Peyrere, fous le titre de *Refponfio exetaflica ad traflatum incerto auflore nuper editum, cui titulus Præadamitæ, auflore Pythio miniftro, &c*. L'évêque de Namur cenfura le livre de la Peyrere dès l'an 1655. On dit que ce fut par hafard que la Peyrere lifant un jour le cinquiéme chapitre de S. Paul aux Romains, il lui vint dans l'efprit qu'on pourroit démontrer par les verfets 12, 13 & 14, qu'il y a des hommes au monde avant Adam. Cette opinion bizarre, qu'il ne regardoit d'abord que comme un jeu d'efprit, lui entra tellement dans la fuite dans la tête, qu'on n'a jamais pu la lui ôter, & que toute fon autorité a été de donner des fens forcés à l'Ecriture, pour tâcher d'appuyer fur fon autorité fon fyftême infenfé. Etant à Bruxelles en 1656, il y fut arrêté au mois de février par l'autorité ou le crédit du vicaire général de l'archevêque de Malines. Il fortit de ce danger par l'autorité du prince de Condé, dont il avoit la protection. Enfuite étant allé à Rome, il y fit abjuration du Calvinifme, embraffa la religion catholique, & reconnut que fon traité des Pré-Adamites étoit contraire aux peres & à toute la tradition de l'églife; ce qu'il fit encore par un écrit imprimé en 1657 en latin, & en 1658 en françois, fous le titre de *Lettre de la Peyrere à Philotime, dans laquelle il expofe les raifons qui l'ont obligé à abjurer la fefle de Calvin qu'il profeffoit, & le livre des Pré-Adamites qu'il avoit mis au jour, traduit en françois du latin; imprimé à Rome par l'auteur même*, à Paris 1658, *in-8°*. Lorfque le prince de Condé fut revenu en France en 1639, la Peyrere, qui étoit retourné avec lui, eut la qualité de fon bibliothécaire, & une penfion modique, que le prince lui permit de garder lorfque la Peyrere entra au féminaire des Vertus, où il mourut le 30 janvier 1676, âgé de 82 ans, muni de tous les facremens, après avoir fait les actes d'un bon chrétien. On lui fit cette épitaphe, mal rapportée dans le dictionaire de Richelet.

LA PEYRERE *ici gît, ce bon Ifraëlite*,
Huguenot, Catholique, enfin Præadamite.
Quatre religions lui plurent à la fois,
Et fon indifférence étoit fi peu commune,
Qu'après 80 ans qu'il eut à faire un choix,
Le bon homme partit, & n'en choifit pas une.

On a encore de lui: 1. Un traité fort fingulier du rappel des Juifs, imprimé *in-8°*, en 1643, & divifé en cinq livres. Cet ouvrage eft fort rare. Ce n'étoit que l'effai & l'extrait d'un plus grand intitulé, *Synopfis doflrinæ chriftianæ ad ufum Judæorum & Gentium*: celui-ci n'a point été imprimé, s'il a été compofé. 2. *La bataille de Lens donnée le 20 août 1648*, à Paris en 1649, *in-folio*. 3. *Recueil de lettres à M. le comte de la Suze, pour l'obliger par raifon à fe faire catholique*, à Paris en 1661, *in-12*. 4. *Suite de ces lettres*, en 1662. 5. *Apologie de la Peyrere*, en 1663, à Paris. Il n'y a rien de nouveau dans cette apologie; & on n'y voit pas trop pourquoi l'auteur l'a publiée. 6. *Relation du Groenland*, *in-8°*, Paris, 1647. *Relation de l'Iflande*, avec la carte, *in-8°* Paris 1663. La Peyrere

avoit compofé ces deux relations en Danemarck, étant à la fuite de M. de la Thuillerie, ambaffadeur de France. Ils font eftimés, & ont été inférés dans un recueil des voyages du Nord imprimé en Hollande. * La continuation de l'Hiftoire eccléfiaftique de Micrælius par Hartnaccius. Niceron, *Mémoires, t. XII & XX.* Simon, *Lettres, t. II, lettres 2 & 4*, de l'édition de 1730, de M. Bruzen de la Martiniere.

PEYRERE (Abraham de la) parent du précédent, calvinifte, a exercé long-temps la profeffion d'avocat au parlement de Bordeaux. Il eft auteur d'un recueil *in-4°*, intitulé *Décifions fommaires du parlement de Bordeaux*, dont il y a eu cinq éditions. La troifiéme, augmentée de la moitié, parut à Bordeaux en 1706, *petit in-fol.* par M. du Tillet, ancien avocat de la même ville. La quatriéme encore à Bordeaux en 1716, avec de nouvelles augmentations, eft due à M. de Saint-Martin, alors jeune avocat, depuis profeffeur de droit en l'univerfité de Pau. Il avoit été aidé par M. Varillon, docteur aggrégé, mort profeffeur de droit en la même univerfité. Cette édition a reparu à Bordeaux en 1725, ou 1726, augmentée encore des arrêts rendus jufque-là.

☞ PEYRONIE (François de la) premier chirurgien du roi, & entre tous les célébres chirurgiens François qui ont paru jufqu'aujourd'hui, celui qui a montré le plus de zèle & qui a fait le plus de dépenfe pour la perfection & les progrès de la chirurgie, eft mort à Verfailles, le 24 avril 1747. C'eft lui qui a procuré l'établiffement de l'*académie royale de chirurgie de Paris* en 1731. Il a légué à la communauté des chirurgiens de cette ville fa bibliothéque, avec la terre de Marigni, que lefdits chirurgiens ont vendue au roi 200000 livres, & a inftitué cette même communauté légataire univerfelle pour les deux tiers de fes biens. M. de la Peyronie a auffi légué à la communauté des chirurgiens de Montpelier, deux maifons fituées à Montpellier, avec 100000 livres pour y faire conftruire un amphithéatre de chirurgie, & a inftitué la même communauté légataire univerfelle pour le tiers de fes biens. Tous ces legs de M. de la Peyronie renferment des claufes qui ne tendent qu'au bien public, à la perfection & au progrès de la chirurgie. C'eft par-là auffi bien que par l'éloge, que ce célébre chirurgien a immortalifé fon nom. * M. Ladvocat, *diflion. hiftor. portatif.*

PEZELIUS (Chriftophe) théologien proteftant, né le 5 mars 1539, à Plaven dans le Voitgland, où il profeffa cinq ans, fut enfuite appellé à Wittemberg, pour y profeffer la théologie, & y exercer les fonctions d'une cure. Son zèle pour le parti des prétendus réformés, le fit priver de fes emplois, & mettre en prifon. Pour lui rendre fa liberté, on l'obligea de promettre de fortir de Saxe, & de ne jamais écrire contre l'électeur: il le promit; & tint peu fa parole. Il fe retira à Eger, d'où le comte de Naffau le fit venir à Siégen, où il le fit régent. On l'appella enfuite au paftorat à Herborn, & en 1588 à une chaire de théologie, & à la furintendance des églifes de Bremen, où il mourut en 1604. On a de lui un grand nombre d'ouvrages de controverfes contre les Luthériens; un commentaire latin fur la Genèfe; une explication des premiers chapitres de l'Evangile de S. Jean, auffi latin; un ouvrage intitulé *Mellificium hiftoricum, &c*. Il a donné l'édition du troifiéme & du quatriéme livre des lettres de Melanchthon, imprimés en 1590, pour fervir de fuite aux deux premiers livres que Gafpard Peucer avoit déja donnés.

PEZARESE (le) peintre, *cherchez* CANTARINI (Simon).

PEZENAS, en latin *Pifcenæ* ou *Penedatium*; ville de la Gaule Narbonnoife, felon Pline, eft préfentement dans le bas Languedot. Elle eft jolie & bien peuplée; les états de la province s'y affemblent fouvent. C'eft un des plus agréables féjours du royaume, tant à caufe de la bonté & de la politeffe du peuple, qui l'habite, que pour la beauté de fon affiéte, & des bâ-

ens qui la composent. Elle n'a point d'issues dont les
objets ne soient agréables, par la beauté des eaux, des
bois, & des jardins, qui environnent de tous côtés ses
murailles. Mais ce qu'il y a de plus charmant est une
prairie, qui aboutit à deux de ses portes, appellée *le*
pré de S. Jean. Elle est bornée d'un côté par les fossés
de la ville, & de l'autre par la riviere de Peyne, sur les
bords de laquelle une muraille à hauteur d'appui, &
une allée de métiers de mille ou douze cens pas, augmentent beaucoup les plaisirs de la promenade, qui sont
d'autant plus grands, qu'on en peut jouir à toutes les
heures du jour & dans toutes les saisons de l'année, à
cause de la douceur du climat. A l'un des bouts de cette
prairie est un beau pont, d'où l'on peut facilement dis-
cerner tous les objets dont on vient de parler, & qui
pare la ville d'un très-beau couvent des peres de l'Observance, bâti du temps de S. François d'Assise. Quand
Louis XIII alla assiéger Montpellier en 1622, il dit
que depuis Paris il n'avoit point vu de ville si agréable que Pézénas. Elle est située sur une colline, éloignée de trois lieues d'Agde, qu'elle a au midi, de
quatre des bords de la mer & du golfe de Lyon, de
neuf de Montpellier, qu'elle a à l'orient, & de cinq
de Beziers, qui est vers le sud-ouest. La campagne des
environs est également environnée de tous côtés de petites collines. La riviere d'Heraut, qui a fait son lit au
pied de ces petits côtaux, du côté du levant, augmente
beaucoup la beauté de cette plaine, pour laquelle l'art
& la nature ont travaillé à l'envi; la nature par la
quantité de bois qu'il y a fait naître; & par les belles
fontaines & les petits ruisseaux qui serpentent dans les
prairies, & dans les chemins, sans les gâter, parceque
le fonds en est de sable; & l'art par le nombre de maisons qu'on a bâties sur ces collines, ou dans leur enceinte, accompagnées de beaux jardins, où les parter-
res, les allées, les palissades, & les vergers charment
les sens, par la variété des objets. Pézénas étoit autrefois une châtellenie, que le roi Jean érigea l'an 1361,
en comté en faveur de Charles d'Artois. Il entra ensuite
dans la maison de Montmorenci, & après la mort du
dernier duc, dans celle du prince de Condé son beau-
frere: dans le partage de la succession de ce prince, le
comté est échu au prince de Conti, dont les descendans
le possedent encore. * Baudrand, & *Histoire de Hen-*
ri II, dernier duc de Montmorenci, l. I.

PEZRON (Paul) religieux de l'ordre de Cîteaux,
docteur en théologie de la faculté de Paris, & abbé de la
Charmoie, né à Hennebon, petite ville de Bretagne, l'an
1639, entra dans l'ordre de Cîteaux en 1660, & fit profession à l'abbaye de Priéres l'an 1661. Il vint étudier au
collége des Bernardins de Paris, & fut reçu bachelier en
théologie de la faculté de Paris. L'abbé de Priéres,
(dom Jovod) le choisit pour son secrétaire. Après la
mort de cet abbé, arrivée en 1672, il retourna dans
son monastere de Priéres, où il fut maître des novices
& sous-prieur. En 1677 il fut nommé sous-prieur du collége des Bernardins de Paris, & entra en licence en
1678: il prit le bonnet de docteur le 10 avril 1682, &
régenta ensuite dans le collége des Bernardins. En 1690
il fut choisi vicaire général, & visiteur des maisons réformées de l'Isle de France. Le roi Louis XIV, en 1697,
le nomma à l'abbaye de la Charmoie, dont il donna sa
démission en 1703, & mourut le 10 octobre 1706,
âgé de 67 ans. Il avoit beaucoup d'érudition, & avoit
fort étudié les anciens monumens de l'histoire profane,
sur laquelle il avoit des vues très-étendues. Il entreprit
de rétablir la chronologie du texte des Septante, & de
la soutenir contre celle du texte hebreu de la bible, donnant les limites plus étendues à la durée du monde,
qu'aucun autre chronologiste avant lui. Il fit pour cela
un traité intitulé; *L'antiquité des temps rétablie*, imprimé
à Paris en 1687, *in-4°*. Ce livre ayant été attaqué par
le pere Martianai Bénédictin, & par le pere le Quien,
Dominicain, il le soutint par un gros volume *in-4°*,
intitulé, *Défense de l'antiquité des temps*, & imprimé en

1691. Il a depuis donné en 1693 un essai d'un *commen-*
taire littéral & historique sur les Prophetes, dans lequel il a des vues particulieres; il a composé une *His-*
toire évangelique, confirmée par l'histoire judaique &
romaine, en 1696, 2 *vol. in-12*. Il avoit entrepris de
faire un grand traité sur l'origine des nations, & en a
donné au public la partie qui regarde l'antiquité de la nation & de la langue des Celtes, autrement appellés
Gaulois. Cet ouvrage a été imprimé en 1703. Il a laissé
plusieurs autre savans ouvrages, en état d'être imprimés.
On a de lui deux dissertations dans les *mémoires de Tré-*
voux, l'une touchant l'ancienne demeure des Chananéens, l'autre sur les anciennes & véritables bornes de
la Terre promise; la premiere dans le mois de *juillet*
1703, la seconde dans celui de *juin* 1705. * *Mémoires*
de Trévoux, juillet 1707. Le Long, *bibliotheque sacrée.*

P F

PFAFF (Jean-Christophe) théologien Luthérien, né
à Pfullinge dans le duché de Wirtemberg, le 28 mai
1651, fils de *Guillaume* Pfaff, alors ministre du lieu,
& d'*Anne-Catherine* Esslinger, fut promu au ministere
après sa théologie, & donné pour diacre à une église
en 1683. Il eut le gouvernement de l'église de Stutgard
en 1685; la chaire de morale à Tubingue en 1697;
celle de théologie en 1699; la charge de professeur ordinaire en théologie, & celle de pasteur de l'église de
Tubingue en 1705, & le second poste dans l'ordre de
théologie en 1707, avec la dignité de doyen de l'église.
Il mourut le 6 février 1720. On compte entre ses bons
ouvrages, un recueil de controverses où il paroît zélé
Luthérien; les dogmes des protestans prouvés par le
droit canon; une dissertation sur les passages de l'ancien
Testament allégués dans le nouveau. Il a donné les remarques de Théodore Thummius théologien de Tubingue, sur la Synopse. Tous ces ouvrages sont en latin.
Il en a laissé d'autres encore manuscrits, comme un commentaire sur les livres prophétiques de l'ancien & du
nouveau Testament. * Voyez *Bibliotheca Bremensis*
anni 1720, page 772. Le Long, *Bibliotheca sacra édit.*
in-folio. Le plus célèbre des enfans de JEAN-CHRIS-
TOPHE Pfaff est *Christophe-Matthieu* Pfaff, qui suit.

PFAFF (Christophe-Matthieu) comte palatin, abbé
de Lauréac, docteur & premier professeur en théologie
à Tubingue, chancelier de l'université, préposée de
l'église, & membre de l'académie des sciences de Berlin, naquit le 25 décembre 1686, de *Jean-Christophe*
Pfaff, *dont on vient de parler*, & d'*Anne-Marie* Aulber,
fille de *Matthieu* Aulber, abbé du couvent d'Hirschaw.
Il fut reçu étudiant le 4 juillet 1694. Ses progrès furent
si grands, qu'en 1702 il récita un discours en samaritain
en présence des inspecteurs du *Stipendium* de théologie,
& soutint des theses *de jure pœnarum*. La même année
le 7 septembre, il fut reçu maître-ès-arts, & eut le
premier rang, quoique le plus jeune de ceux qui furent
reçus en même temps. Il s'appliqua ensuite avec ardeur
à la théologie, tant sous son pere que sous d'autres théologiens de réputation. Il soutint des theses publiques sous
le professeur Jæger, & sous son pere, avec beaucoup
d'applaudissement. Ses talens l'ayant fait connoître avantageusement, le prince le fit voyager à ses frais, afin
de lui donner le moyen de s'avancer dans la connoissance des langues orientales & de l'histoire ecclésiastique. Il s'arrêta quelque temps à Hambourg pour y prendre des leçons d'hébreu & sur le talmud, sous M. Edzard, & profiter des lumieres du savant Jean-Albert
Fabricius dans l'histoire. Après avoir ainsi parcouru utilement les principales universités d'Allemagne, il passa
en Hollande, & de-là en Angleterre. Il séjourna particulierement à Oxford à cause des savans & des bibliothéques qu'il y trouva. Revenu en Allemagne, il s'arrêta
à Giessen pour y apprendre l'éthiopien du célèbre But-
cklin. Il étoit livré à cette étude, lorsqu'il fut appellé
pour accompagner dans ses voyages le prince héredi-

taire, en qualité de chapelain. Il fut reçu au ministere avant son départ. Il demeura à Turin avec le prince durant trois ans. Il visita avec soin les bibliothéques, déterra plusieurs manuscrits importans, & en copia quelques-uns, dont il se servit depuis avec avantage. Il éclaircit aussi plusieurs diplomes qui regardoient les droits de la cour de Turin, & que personne, dit-on, n'avoit pu déchiffrer. Il trouva quelques fragmens de S. Irénée qui n'avoient point encore paru, & dont il soutint l'autorité contre M. Scipion Maffei. En 1712 il revint, dans sa patrie avec le prince; & l'année suivante, il l'accompagna en Hollande, où ils resterent deux ans. De-là, en traversant la Flandre, ils se rendirent à Paris. M. Pfaff sut mettre à profit le séjour de cette ville, en visitant les savans & les bibliothéques. Enfin l'an 1716, le prince avec toute sa suite, revint dans le Wirtemberg. Dès 1714, le duc Eberhard-Louis avoit destiné à M. Pfaff une chaire vacante de théologie, & notre savant en prit possession en 1717, après avoir été créé docteur en théologie par son pere, dont il devint le collégue. Après la mort de celui-ci, en 1720, il fut fait éphore de l'église de Tubingue. Après le décès de M. Jæger, il devint chancelier de l'université, prépôsité de l'église & premier professeur en théologie. L'empereur le fit comte Palatin, & lui donna le pouvoir, ce qui est rare, de créer des docteurs en théologie. En 1727, il reçut la dignité d'abbé de Laureac; & en 1731, il fut nommé membre de l'académie royale de Berlin. Ses voyages & ses grandes occupations ne l'ont pas empêché de donner un grand nombre d'ouvrages: voici les titres des principaux: *Dissertatio critica de genuinis librorum Novi Testamenti lectionibus, ope canonum quorumdam criticorum feliciter indagandis*, 1709. 2. *Firmiani Lactantii epitome institutionum divinarum, ad Pentadium fratrem* (non *ad Pontadium*, comme on le lit dans quelques écrivains:) *Anonymi historia de hæresi Manichaorum: Fragmentum de origine generis humani, & Q. Jul. Hilariani expositum de ratione paschæ & mensis, ex codicib. Taurinens.* 1712, *in-8°.* L'epitome *Lactantii* a été imprimé sur l'édition de M. Pfaff à la suite de l'édition des œuvres de Lactance, due aux soins du savant Jean-Georges Walchius, à Leipsick, 1715, *in-8°.* 3. *Démonstrations solides de la vérité de la religion protestante contre la religion prétendue catholique*, 1713, *in-8°.* 4. *Sancti Irenæi episcopi Lugdunensis, fragmenta anecdota, ex biblioth. Taurin. eruta, latinâ versione & notis. illustrata, & duabus dissertationibus de oblatione & consecratione eucharisticâ, atque liturgiâ græcâ Joan. Ernesti Grabii, & dissertatione de præjudiciis theologicis aucta*, 1715, *in-8°.* Les quatre fragmens de S. Irénée ont été réimprimés dans le second volume des œuvres de S. Hypolite, données par Jean-Albert Fabricius en 1716 & 1718, à Hambourg, *in-fol.* La dissertation a été publiée aussi de nouveau dans un recueil de plusieurs autres dissertations. 5. *Primitiæ Tubingenses, quarum pars prior orationem auspicalem de officio professoris theologi, dissertationesque inaugurales de evangeliis super Anastasio imperatore non corruptis, & de litibus in articulo de gratiâ & de prædestinatione ab initio ecclesiæ usque ad nostra tempora obortis, cum corollariis de integritate scripturæ sacræ sub incudem orthodoxiæ revocantis, funereque Masoræ ejusque cenotaphio; pars verò posterior nobilissimum de theologicis præjudiciis argumentum prolixius nunc evolutum, nováque dissertatione illustratum; duasque apologias Scipioni Maffeio & Joanni Alphonso Turettino oppositas exhibet*, 1718, *in-4°.* 6. *De originibus juris ecclesiastici, ejusdemque verâ indole liber singularis; accedit dissertatio de successione episcopali*, 1720, *in-8°*: ce traité est aussi en allemand. 7. *Acta & scripta publica ecclesiæ Wittembergicæ, tum quæ cusa dudum fuere, tum quæ è situ & tenebris nunc demùm in dias luminis auras produeunt*, 1719, *in-4°.* 8. *Institutiones theologiæ dogmaticæ & moralis; accedit dissert. de gustu spirituali, & vitiis eo-*

rum qui sacris cooperantur, medélâque his rebus adhibendâ, 1719. & 1721, *in-8°.* 9. *Brevis delineatio veri christianismi*, 1720 *in-12*, en allemand. 10. *Catechismus animæ, sive prima christianæ doctrinæ principia ex fundamentis christianismi interioris deducta*, 1720, *in-12*; 1721, en allemand. 11. *Alloquium Irenicum ad protestantes*, 1720, *in-4°*, &, dans la *Bibliotheca Bremensis, classi.* 3, *fascicul.* 5, *n.* 7, aussi en allemand. 12. *Introductio in historiam theologiæ litterariam, cum appendicibus*, 1718, 1720, *in-8°.* 13. *Syntagma dissertationum theologicarum*, 1720, *in-8°.* 14. *Meditationes 12 de variis christianismi practici verique capitibus*, 1720 *in-12*, en allemand. 15. *Acta & scripta constitutionis Unigenitus*, 1721, *in-4°*, 1723, *in-4°*, augmentés. 16. *Institutiones historiæ ecclesiasticæ cum dissert. de liturgiis*, 1721, *in-8°.* 17. *Necessaria enarratio controversiarum inter pontifices & protestantes vigentium*, 1721, *in-8°*, en allemand. 18. *Notæ exegeticæ in Evangelium Matthæi*, 1721, *in-4°*, 19. *Historia formula consensûs Helveticæ*, 1722, *in-4°.* 20. *Brevis expositio, quâ ratione cultu sacro externo, maximè ritu confirmationis ad ædificationem ecclesiæ minister uti possit*, 1723, *in-12*, en allemand. 21. *Collectio scriptorum Irenicorum de unione inter protestantes facientium*, 1723, *in-12*, en allemand. 22. *Commercium epistolicum D. Cypriani & D. Pfaffii de unione inter protestantes ineundâ*, 1720. 23. *Introductio in historiam theologiæ litterariam planior, partes tres*, 1723 & suiv. *in-4°.* 24. *Institutionum histor. eccles. nova & aucta editio*, 1727, *in-8°.* 25. *Institutiones juris ecclesiastici in usum auditorii Pfaffiani: accedit de successionis episcoporum apud protestantes pretio, & de successione episcopali in ecclesiâ anglicanâ, & unione fratrum Bohemorum vigente*, 1727, *in-8°.* 26. *Confessionis Augustanæ ad archetypum cancellariæ Mogunt. expressâ editio; accessere 17 articuli Torgavienses Lutheri*, 1730, *in-8°* en allemand. 27. *Ecclesia evangelica libri symboli, cum variantibus lectionibus & notis*, 1730, *in-8°.* 28. *Juris ecclesiastici libri 5*, 1732, *in-8°.* C'est une nouvelle édition augmentée. 29. Réponse aux deux lettres du pere Schefmacher, Jésuite de Strasbourg, contre les protestans, 1733, *in-4°.* 30. Réponse à la défense du même, sur l'invocation des Saints, 1733. 31. Beaucoup de remarques dans la bible allemande, imprimée à Tubingue en 1729. * Extrait du *Supplém. françois de Basle.*

PFALTZBOURG, cherchez **PHALTZBOURG**.

PFANNER (Tobie) fils d'un conseiller du comte d'Oetingen, né à Augsbourg en 1641, étudia d'abord dans cette ville au collége de sainte Anne, ensuite à Altorf d'où on l'appella à Gotha, où il s'avança dans la théologie, la jurisprudence & la philosophie, & ayant acquis l'estime du duc de Gotha, ce duc lui donna une pension & l'envoya à Iéne. Il fut successivement gouverneur de plusieurs gentilshommes, & eut ensuite la place de secrétaire des archives du duc de Gotha, & fut chargé d'instruire les princes Ernest, & Jean Ernest, dans la politique & dans l'histoire. En 1686 il fut nommé conseiller de toute la branche Ernestine, & il passa l'année 1687, à Weymar. On le rappella à Gotha en 1699, & il mourut en 1717, dans sa 75° année. C'étoit un homme très-mélancolique. Ses ouvrages sont: *Le chemin de la repentance & de la vie; Histoire de la paix de Westphalie; Histoire des assemblées de 1652, 1653, 1664.* Un *Traité des princes d'Allemagne*: la *Théologie des païens*: *De principio fidei historicæ*, Tous ces ouvrages sont en latin.

PFEFFERCORN (Jean) né Juif, portoit d'abord le nom de *Joseph.* Il embrassa la religion chrétienne vers le commencement du XVI siécle, & pendant qu'il étoit à Cologne, animé d'un zèle plus qu'indiscret contre tous les livres hébreux & ceux qui les étudioient, il tâcha de persuader à l'empereur Maximilien de faire bruler tous ces livres, excepté la Bible, Parceque, disoit-il, ils contiennent des blasphêmes, des principes de magie &

& autres auſſi dangereux. L'empereur ſurpris par ſes déclamations, publia un édit en 1510, par lequel il ordonnoit qu'on apporteroit tous les livres hébreux à l'hôtel de ville, à l'exception de la bible, afin que tous ceux qui contiendroient quelques blaſphêmes, fuſſent brulés. Jean Capnion qui ſavoit que Pfeffercorn n'agiſſoit que pour tirer de l'argent des Juifs, refuſa d'obéir, & montra le dangereux de cet édit; & de-là vint une conteſtation entre ceux qui approuvoient les livres des Juifs, & ceux qui les déſapprouvoient, & cette diſpute produiſit des écrits aſſez vifs. Ce fut alors qu'Ulric Huttin publia ſes Epiſtolæ obſcurorum virorum, pour tourner les moines en ridicule. Ceux de Cologne firent bruler les écrits de Capnion dit Reuchlin. Le procès fut vif & plaidé en préſence des évêques, devant les académies & le pape même. Hoogſtraten prit la défenſe de Capnion, & celui-ci triompha. On croit communément que Pfeffercorn embraſſa de nouveau la ſecte des Juifs, & qu'en 1515 il fut tenaillé & brulé vif pour ſes crimes; mais c'étoit une autre perſonne de même nom: celui qui fait le ſujet de cet article vivoit encore en 1517. On a de lui Speculum adhortationis Judaicæ ad Chriſtum; Narratio de ratione celebrandi Paſcha apud Judæos; Hoſtis Judæorum; Panegyricus, &c. * Sleidani comment. t. II. Maii, vita Reuchl. La Croſe, Entretiens, &c.

PFEFFINGER (Jean) miniſtre proteſtant, né dans la Baviere en 1493, donna dans les ſentimens de Luther, qui l'employa pour prêcher ſa doctrine, & l'enſeigner à Leipſick, où il mourut le 3 janvier 1573, âgé de 80 ans. Pfeffinger a compoſé divers ouvrages. Voyez ſa vie parmi celles des théologiens Allemans de Melchior Adam.

PFEIFFER, ou, ſelon d'autres, SCHWERDTFEGER (Henri) fameux fanatique, fut celui qui donna occaſion à la guerre des payſans, allumée l'an 1523 en Allemagne. Il étoit eccléſiaſtique dans le cloître de Reiffenſtein, à un mille de Muhlhauſen, lorſqu'il quitta ſa place pour venir en 1523 à Muhlhauſen même, où il ſe fit un parti conſidérable. Il haranguoit, monté ſur une grande pierre où l'on crioit de la biere, & il ſe fit écouter par une nombreuſe multitude. On le ſuivoit attentivement dans ſes diſcours, ſur-tout lorſqu'il déclamoit indécemment contre les eccléſiaſtiques, les moines & les religieuſes de l'égliſe romaine. Il répétoit ſouvent ſes déclamations en différens endroits, & en particulier dans l'égliſe de S. Nicolas, hors la ville de Muhlhauſen. Le conſeil de la ville ſe mit en devoir d'arrêter ce fanatique. Pfeiffer fut cité à la maiſon de ville; il s'y rendit accompagné d'un grand nombre d'habitans, ſoit de la ville, ſoit d'Eichsfelde, parla avec audace au ſénat, & fut renvoyé impuni, parcequ'on craignoit une ſédition ouverte. Le fanatique continua donc ſes prédications, & augmenta le nombre de ceux qui le ſuivoient. Il fut cité de nouveau; mais pour cette fois il refuſa de comparoître, à moins qu'on ne lui accordât un ſauf-conduit. Cette demande lui ayant été refuſée, il monta en chaire, exhorta ſes auditeurs à défendre ce qu'il avoit l'impudence de nommer la doctrine de l'évangile, & à demeurer fermes dans leurs réſolutions. Chacun le lui promit en levant la main & en faiſant ſerment. Après s'être armés dans leurs maiſons, ils revinrent en troupe dans le cimetiere, & la choiſirent huit d'entr'eux pour aller ſolliciter auprès du ſénat un ſauf-conduit qui leur fut encore refuſé. Sur ce refus, ces mutins ſonnerent la cloche du feu, attaquerent la maiſon de ville, & menacerent de faire main-baſſe ſur tous les ſénateurs qui y étoient, ſi l'on perſévéroit à ne point accorder ce qu'ils exigeoient; & pendant qu'une partie de ces ſéditieux demeuroit-là, en attendant l'effet de leurs demandes, une autre partie alla piller les prêtres, les moines & les religieuſes. Peu de temps après, Pfeiffer fut chaſſé de la ville par un reſcript de Ferdinand, roi des Romains, & du conſentement du peuple; mais il revint l'année ſuivante 1524, avec un autre fanatique nommé Thomas

Muntzer, & les déſordres recommencerent. Pluſieurs des ſénateurs & des bourgeois abandonnerent la ville, & d'autres députerent vers Ferdinand, frere de Charles-Quint, qui gouvernoit alors l'empire, en l'abſence de l'empereur, pour lui apprendre ce qui ſe paſſoit, & demander du ſecours; mais le député, qui étoit un bourguemeſtre nommé Berthold Probſt, n'ayant pu joindre Ferdinand, fit un voyage inutile. Pfeiffer & Muntzer devenus alors plus hardis par la terreur qu'ils inſpiroient, demanderent à entrer dans le ſénat; & ſur le refus qu'on leur en fut fait, ils dépoſerent les conſeillers, & créerent une nouvelle magiſtrature qu'ils prétendirent rendre perpétuelle. Muntzer ayant été vaincu & fait priſonnier près de Franckenhauſen en 1530, & ſept mille payſans ayant été tués par quelques princes qui s'armerent par ordre de l'empereur, l'armée victorieuſe s'approcha de Muhlhauſen. Pfeiffer tâcha alors de s'évader de nuit avec ſes gens, par une porte qui leur fut ouverte; mais la plupart furent pris, & les autres furent arrêtés avec Pfeiffer à Eiſenach. Ils étoient environ trois mille. Pfeiffer fut conduit à Muhlhauſen, où il eut la tête tranchée & le corps percé d'une lance. Pluſieurs de ſes compagnons furent auſſi punis par divers ſupplices. * Extrait du Supplément françois de Baſle.

PFEIFFER (Auguſte) né à Lavenbourg le 27 octobre 1640, étudia d'abord dans ſa patrie & à Hambourg, paſſa enſuite à Wittemberg, y fut fait maître-ès-arts, & en 1668 profeſſeur en langues orientales. En 1671 on le fit doyen de Medzibor en Sileſie, & aſſeſſeur du conſiſtoire de Wurtemberg-Oels. En 1673, il eut le paſtorat de Stroppen, & celui de Meſſein en 1675. Il prit le dégré de docteur en théologie en 1681, & fut fait archidiacre de l'égliſe de S. Thomas à Leipſick, profeſſeur ordinaire en langues orientales, & profeſſeur extraordinaire en théologie. Enfin on l'appella en 1690 à Lubeck, où il fut ſurintendant des égliſes. Il y mourut le 11 janvier 1698. Il a laiſſé une très-belle bibliothèque où il y avoit quantité de manuſcrits rabbiniques, arabes, turcs, perſans & chinois, &c. Ses ouvrages ſont: Critico-ſacra de ſacri codicis partitione, editionibus, interpretatione, &c. in-8°, en 1660 & en 1688, augmentés. Exercitatio de Targumin, &c. en 1685. Exercitatio de Maſora, en 1665. De Trihæreſi Judæorum, en 1670. Antiquitates hebraicæ ſelectæ, en 1687. Sciagraphia ſyſtematis antiquitatum hebraicarum, &c. Theſaurus hermeneuticus, en 1684. Decades duæ de antiquis Judæorum ritibus, &c. en 1664. Specimen antiquitatum ſacrarum, en 1668, & un grand nombre d'autres dont on peut voir la liſte dans la bibliothèque ſacrée du pere le Long, in-folio, où l'on trouvera auſſi la plupart des différentes éditions de ces ouvrages.

PFEULLENDORFT, ville impériale d'Allemagne, dans le petit pays d'Hegaw en Souabe, eſt ſituée ſur la riviere de Celle, entre Conſtance & Tubinge.

PFINTZING (Melchior) conſeiller de l'empereur Maximilien I, prévôt de S. Alban à Mayence, & de S. Sébalde à Nuremberg, doyen de S. Victor à Mayence, & chapelain de Charles, roi d'Eſpagne depuis empereur, a écrit en vers allemans la vie de l'empereur Maximilien I, où il s'eſt ſervi de celle que cet empereur avoit dictée lui-même à ſon ſecretaire Traut-Saurwein. Pfintzing intitula ſon ouvrage Theurdanck; & comme il fut imprimé en 1517, in-folio, avec des caracteres fort gros, ces caracteres ont retenu le nom de Theurdanck. Cet ouvrage eſt orné de figures, & dédié au roi Charles. Richard Sbrolius en a fait une traduction en vers latins. * Voſſius, de hiſtor. latin. l. 3, c. 10. Morhof, &c.

PFLUGK (Jule) trente-neuvieme évêque de Naumbourg ou Nahebruc, ville de la haute Allemagne, dans le Palatinat, ſur le Nahe, chanoine de Mayence, & prévôt de Zeits, étoit d'une famille noble & diſtinguée. Son mérite encore plus que ſa naiſſance le fit connoître à la cour, & il fut du conſeil des empereurs Charles-

Quint & Ferdinand I. Ayant été élevé sur le siége de Naumbourg, ses ennemis eurent assez de crédit pour l'expulser le jour même de son élection : cette expulsion dura six ans, après lesquels l'empereur Charles-Quint le rétablit avec beaucoup de distinction. Ferdinand I eut en lui une si grande confiance, qu'il s'en rapportoit ordinairement à ses avis dans les affaires les plus difficiles. Il s'est trouvé à presque toutes les assemblées qui se sont tenues de son temps concernant les affaires de la religion, & il a présidé aux diétes de Ratisbonne au nom de Charles-Quint. Depuis qu'il fut rendu à son siége, il le gouverna paisiblement environ dix-huit ans. Etant âgé de soixante-quatorze ans, il tomba dangereusement malade le 29 du mois d'août de l'an 1564, & mourut le 3 septembre suivant. Dans son épitaphe écrite en latin, qui contient les faits que l'on vient de rapporter, on ajoute l'éloge suivant, *Subditos suos, ut parens liberos, Christi pauperes, ut pius dispensator, ecclesiæ suæ gregem ut fidelis pastor gubernavit. Vir magni fuit & animi & ingenii, dignus certè, qui in perpetuum viveret, nisi communis lex naturæ, ut nasci ipsum, sic & mori coëgisset.* Ce prélat est auteur des écrits suivans : *Explanatio singulorum missæ rituum. Institutio christiana ecclesiæ Numburgensis. De reipublicæ restitutione ad principes & populum Germaniæ. De institutione hominis christiani. De vero dei cultu. Consilium Cæsari datum in causâ religionis. De sacrificio missæ. De Deo & sanctâ Trinitate. De reformatione christianâ. Admonitio ad diæcesales verbi ministros. De justitiâ & salute christiani hominis. De pænitentia, fide & charitate. De creatione mundi. De schismate ad Germanos liber :* tous ces écrits sont en latin : les trois suivans sont en allemand. *De lapsu hominis in peccatum originale. Novum Interim. Summarium præcipuorum religionis christianæ articulorum.* * Voyez *Memorabilia quædam Julii Pflugii, ex manuscripto aliquo collecta :* dans le tom. XII des *Miscellanea Lipsiensia,* à Leipsick, 1723, *in-8°.*

PFOCHENIUS (Sébastien) luthérien, de Fridberg, publia en 1629 un livre sur le style du nouveau testament, dans lequel il entreprend de soutenir que dans le nouveau testament il n'y a point d'hébraïsmes. Thomas Gataker, Anglois, le réfuta en 1648 dans un *in-4°,* où il le bat en ruine. * Konig, *biblioth.*

PFORTZHEIM, ville du bas marquisat de Bade, laquelle appartient aux princes de Bade-Dourlac. Elle est située dans une contrée fort agréable sur les frontieres du Greichgau. L'Enze y passe, & y reçoit la Nogolt & la Wurme. C'étoit la patrie du fameux Reuchlin. Elle étoit autrefois la résidence ordinaire des princes de Bade-Dourlac. Mais la mauvaise conduite de la bourgeoisie détermina le margrave Charles II à faire bâtir le château de Carlsbourg près de Dourlac, & d'y transférer sa résidence en 1565. Les margraves y ont cependant encore leur sépulture. Les François prirent cette ville en 1689, en démolirent les murs, & y mirent le feu en divers endroits, & par plusieurs reprises, en sorte qu'elle fut presque entierement consumée. On l'a rebâtie depuis, au moins la plus grande partie, & l'on y a établi diverses fabriques d'étoffes.

PFREIMBT, ville du cercle de Baviere. Elle est capitale du landgraviat de Leuchtemberg, & située au confluent du Pfreimbt & de la Nab, environ à quatre lieues d'Amberg, vers l'orient septentrional. Pfreimbt a un château dans lequel le landgrave, qui est de la maison de Baviere, fait sa résidence ordinaire. * Mati, *dictionaire.*

P H

PHACÉE ou PEKAH, roi d'Israël, étoit fils de Romelie. Pour se mettre sur le trône, il tua le roi Phaceia dans son palais, & fut proclamé roi l'an 3276 du monde, & 759 avant J. C. Il fit la guerre à Achaz, roi de Juda, & tua six-vingt mille hommes des sujets de ce prince en un jour ; parcequ'Achaz & son peuple avoient abandonné Dieu. L'armée de Phacée commit

tant de cruautés contre Juda, que lorsqu'elle revenoit triomphante à Samarie, un prophete nommé *Obed,* reprit les Israélites d'un si grand excès commis contre leurs freres, & les persuada de renvoyer en Juda deux cens mille captifs qu'ils emmenoient. Ce qu'ils firent avec tous les témoignages possibles de compassion, donnant des habits à ceux qui n'en avoient point, & mettant sur des chariots ceux qui étoient trop las pour s'en retourner à pied. Quelque temps après Phacée perdit la couronne, & fut assassiné par un de ses sujets, nommé *Osée,* fils d'Ela, qui régna en sa place, l'an du monde 3296, & 739 avant J. C. * *IV des Rois,* 15. *II. de Paralipomenes,* 28. Josephe, *l. 9 antiq. Jud. c.* 11, 12 & 13. Torniel & Salian, *A. M.* 3276 & *seq.*

PHACEIA ou PEKAIA, roi d'Israël, succéda à son pere *Manahem* l'an 3274 du monde, & 761 avant J. C. & n'hérita pas moins de son impiété que de sa couronne ; mais il ne régna que deux ans. Car Phacée, fils de Romélie, général de ses troupes, le tua en trahison dans un festin qu'il faisoit avec ses plus familiers amis. * *IV des Rois,* 15. Josephe, *l. 9 antiq. Judaiq. c.* 11.

PHACRODDIN, est le nom de plusieurs princes, gouverneurs & savans Arabes. Un juge supérieur de Bagdad le porta. Les histoires orientales parlent d'un Phacroddin, gouverneur du château d'Alep. Phacroddin Ajas étoit gouverneur de Malatias ; un autre de ce nom fut tué par les Francs. Parmi les savans de même nom, on connoît Phacroddin Alachlati, médecin célebre, & Phacroddin Rasie, originaire de l'ancienne Hircanie ou Tabarestan, & peut-être de la ville d'Amol, capitale de ce pays. Il étoit né à Rey ou Raïa, ville célebre des Parthes, l'an de l'hégire 543 ou 544, qui répond à l'an de J. C. 1149. Il mourut l'an de J. C. 1209, de l'hégire 606, & laissa divers ouvrages, entr'autres, un Commentaire sur l'Alcoran. * Geogr. Nubien. Gregor. Abulphar. histor. dynast. Golius, *in Alfergan, &c.*

PHAENIAS ou PHOENIAS, philosophe Péripateticien, & disciple d'Aristote, vivoit sous la CXVI olympiade, vers l'an 316 avant J. C. Il avoit écrit une histoire des tyrans, & fait divers autres ouvrages, cités par Diogène Laërce, Athénée, Plutarque, Suidas, &c. *Consultez* sur cet article Vossius, qui parle aussi de PHANOCLE & PHANODIQUE, historiens de la même nation, souvent cités par les anciens qu'il allegue. * Vossius, *l. I de hist. Græc.*

PHAENNO, d'Epire, est mise par quelques-uns au rang des poëtes qui ont précédé Homere ; mais si elle est la même que Phaënnis, fille du roi des Charmiens, dont Pausanias fait mention, elle est postérieure de plusieurs siécles à ce poëte. Zosime, Pausanias, & Tzetzès font mention d'un oracle de Phaënnis. * Du Pin, *biblioth. univers. des hist. proph.*

PHAETON, fils du soleil & de Climéne, se laissant entraîner à son ambition, osa entreprendre de conduire le char de cet astre, au moins pour un jour ; mais ne sachant point la route qu'il falloit tenir, & n'ayant pas assez de force pour gouverner les chevaux, il s'approcha trop près de la terre qui fut presque entierement brûlée. Ce qui irrita si fort Jupiter, qu'il le tua d'un coup de foudre, & le précipita dans le Pô. Son ami Cycnus fut transformé en Cygne, & ses sœurs les Héliades furent changées en peupliers, & leurs larmes en ambre. Selon ceux qui veulent rapprocher cette fable de l'histoire, Phaëton, prince des Liguriens, & grand astrologue, s'appliqua uniquement à étudier le cours du soleil, & négligea le gouvernement de son royaume. De son temps l'Italie se vit embrasée du côté du Pô, de chaleurs si extraordinaires, que la terre en devint seche & stérile durant plusieurs années. * Eusebe, *in chron.* Ovide, *l. II metam. fab.* 1.

PHAETUSE, l'une des Héliades, & sœur de Phaëton, pleurant la destinée de son frere, fut changée, aussibien que ses sœurs, en peupliers. * Ovide, *l. II metam. fab.* 2.

PHAINUS, ancien astronome fort célebre, natif

Elide en Grèce, fut le premier qui reconnut le temps ¹ folſtice, étant au haut du mont Lycabet, proche ¹Athènes, où il faiſoit ſes obſervations ſur le cours des ſtres. Méton, autre fameux aſtronome, étoit ſon diſci-le. * Theophraſt. *lib. de ſignificat. tempeſt.*

PHALANTE, *Phalantus*, ou *Palante*, de Lacé-démone, fils d'Aracus, ou d'*Aratus*, étant au ſiége de Meſſène, ville du Péloponnèſe, & voyant que l'armée Lacédémonienne, qui avoit juré de prendre Meſſène ou de périr devant cette ville, diminuoit extrêmement & que cependant les femmes de Lacédémone n'engen-droient plus d'enfans, à cauſe de l'abſence de leurs ma-is, fut d'avis que la jeuneſſe, qui étoit venue dans le camp après ce ſerment, retournât à Sparte, & qu'il lui fût permis de coucher avec les femmes de ceux qui étoient demeurés dans le camp. Ce conſeil fut ſuivi, & les en-fans qui en naquirent, furent nommés *Parthéniens*. Depuis, ſous la XIX olympiade, & vers l'an 704 avant J. C. le même Phalante les mena en Italie, où ils ſe rendirent maîtres de Tarente. * Pauſanias, *in Meſſen.* Juſtin, *l. 13.* Euſebe, *in chron.*

PHALARIS, tyran d'Agrigente en Sicile, naquit à Aſtyapalée, ainſi nommée, parce qu'Apollon y étoit ho-noré. Leſdamate, ſon pere, fort eſtimé parmi les Grecs, autant par ſa vertu que par ſon rang, donna à ſon fils une éducation convenable, dont celui-ci ſut profiter. Pha-laris aima dès ſa premiere jeuneſſe les ſciences, & ceux qui les cultivoient, ſur-tout les philoſophes & les poë-tes. Son pere qu'il perdit étant encore jeune, ne lui laiſſa preſque pour tout bien que les avantages de l'eſprit ; mais conduit par un amour ardent pour la gloire & l'é-lévation, le jeune Phalaris, dès ſa vingtiéme année, ſe crut capable d'entreprendre les plus grandes choſes. Il commença néanmoins par les plus petits emplois de la guerre, pour ſe conformer à l'uſage des Grecs qui n'ad-mettoient ordinairement, ſoit pour le gouvernement du peuple, ſoit pour les emplois diſtingués dans l'armée, que des hommes d'une prudence conſommée ; mais dès qu'il trouva l'occaſion de ſe ſignaler, il le fit avec tant de valeur & de prudence, que ſes commandans ne pu-rent lui refuſer la gloire du triomphe. S'étant trouvé peu après dans un château où il commandoit avec cent hommes, & y étant attaqué par deux cens, après s'être défendu avec vigueur, il fit une ſortie ſi vive ſur les aſſié-geans, qu'il remporta une victoire complette. Son pre-mier ſoin fut d'en rendre graces aux dieux ; il partagea enſuite le butin à ſes ſoldats, envoya ſes chirurgiens aux priſonniers ennemis qui étoient bleſſés, & lorſqu'ils fu-rent guéris, il les renvoya avec de grands préſens. Ces actions lui acquirent une telle eſtime, que dans un au-tre combat qui ſe donna peu de temps après, le général ayant été tué, toute l'armée le nomma pour comman-dant, ce qu'il parut avoir beaucoup de peine à accepter. Il fut encore victorieux ; mais il refuſa par une modeſtie vraie ou affectée les honneurs du triomphe qu'on voulut lui décerner. On le nomma de nouveau général dans la guerre que la république eut avec les Levintins ; mais ceux-ci qui craignoient la force de ſes armes & la valeur de ſes ſoldats, ſe ſervirent d'un ſtratagême pour les ren-dre inutiles : ſous prétexte de faire à Phalaris quelques propoſitions de paix, ils lui envoyerent des ambaſſadeurs accompagnés de leurs femmes & de leurs enfans, ce qui étoit, dit-on, un uſage parmi eux. Entre les femmes, il s'en trouvoit une que l'hiſtorien moderne de la vie de Phalaris nomme Cornélie, femme adroite, inſinuante, & douée d'une rare beauté : l'intention des Levintins étoit de ſéduire le cœur du jeune héros, & Phalaris n'éprouva que trop l'effet de cette ſéduction. La vue de Cornélie proſternée à ſes genoux, & les yeux baignés de larmes, l'attendrit ; non ſeulement il écouta les propoſitions des Levintins, mais il fut captif lui même des at-traits de Cornélie. Les Levintins profiterent de cette oc-caſion pour fondre ſur ſon camp où ils firent un grand carnage, & Phalaris lui-même fut fait priſonnier. Dans ſon malheur il trouva l'art de ſe faire aimer de ceux qui

lui avoient ôté la liberté ; & dans une occaſion impor-tante, les Levintins ſe trouvant privés de leur général que la mort leur avoit enlevé, ces peuples réſolurent de ſe confier à la ſageſſe & à la valeur de leur captif ; & ils l'obligerent, malgré ſa réſiſtance, à devenir leur chef. Les Siciliens venoient de leur déclarer la guerre : Phalaris ſe préſenta à eux avec ce courage qui l'avoit déjà rendu pluſieurs fois triomphant. Le combat fut très-opi-niâtre de part & d'autre juſqu'à la fin du jour ; mais pen-dant la nuit les ennemis ſe retirerent, & laiſſerent les troupes de Phalaris maîtreſſes du champ de bataille. Le repos qui ſuivit cette victoire lui devint funeſte : Cor-nélie trouva le ſecret de le voir, & la premiere paſſion de Phalaris pour elle ſe ralluma. On ne chercha de part & d'autre qu'à l'entretenir, & elle ne devint que trop ardente. Phalaris ne négligeoit pas cependant les inté-rêts de la république. Il fit avec les Magariens une paix plus avantageuſe aux Levintins que la plus brillante vic-toire ; & lorſque Cornélie lui eut conſeillé de continuer la guerre pour ſe rendre lui-même néceſſaire, il ne ſut ſe ſignaler que par de nouvelles victoires. Sa ſévérité dans la diſcipline militaire, & quelques punitions trop rigoureuſes & qui ſembloient tenir de la barbarie, ſoule-verent néanmoins contre lui une partie de ſes troupes, ou indiſpoſa contre lui la république ; il ſe forma une conjuration pour le tuer. Phalaris ne l'ignora pas ; & de retour ayant aſſemblé le conſeil, il le harangua, en demandant la permiſſion de ſe retirer. Son diſcours plein d'artifice, & en apparence rempli de modeſtie, lui gagna de nouveau les cœurs, & on l'obligea à conſerver ſon rang & ſon crédit. Sa paſſion pour Cornélie lui fit perdre enfin l'un & l'autre : le mari de cette femme les ayant ſurpris enſemble, poignarda Cornélie, & Phalaris tua le mari. Cette affaire ſouleva les Levintins contre leur chef, qui fut obligé de fuir chez les Gamariens, peuples barbares, où il trouva une retraite aſſurée ; ce fut ce qui le conduiſit ſur le trône d'Agrigente. Ayant trouvé chez les Gamariens Erithie, femme de Timocrate, qui commandoit alors à Agrigente, & qu'il avoit répudiée, cette femme l'engagea à la venger, & excita ſi vive-ment ſon amour & ſon ambition, qu'il réſolut de tout entreprendre pour ſatisfaire l'un & l'autre. Il ſaiſit une occaſion favorable qu'il trouva de conſeiller la guerre aux Gamariens contre les Agrigentins dont ils avoient à ſe plaindre, il en fut écouté. Il leur montra ſa valeur en défaiſant les Himériens leurs ennemis, & profita de la gloire & de l'eſtime que cette victoire lui obtint, pour engager les Gamariens à l'envoyer contre ceux d'Agri-gente qui venoient de perdre Timocrate par la mort. Avant que de partir pour cette nouvelle expédition, il épouſa Erithie, & courut enſuite avec plus d'ardeur pour la venger & s'élever lui-même. Le ſuccès de ſes armes fut heureux ; & les Agrigentins entierement dé-faits, ſe virent obligés de ſe ſoumettre à lui. Phalaris de-venu ſouverain d'Agrigente, ne ſe maintint que par la ſévérité du gouvernement : on conſpira pluſieurs fois contre lui, & il punit les criminels par les plus cruels ſupplices, afin d'intimider les autres. Il ſe plaint ſouvent dans les lettres qu'on nous avons ſous ſon nom, de la né-ceſſité où il étoit d'en agir avec tant de dureté. Il par-donna cependant à beaucoup, afin de faire rentrer les au-tres dans le devoir. Sa clémence ne fit ſouvent qu'irriter ces malheureux ; & ce fut ainſi que pour ſe conſerver la vie, il ſe crut obligé de la faire perdre à bien d'autres. Au reſte, dit l'hiſtorien de ſa vie, jamais prince ne s'eſt acquis tant de gloire : c'étoit un héros pendant la guerre & un philoſophe pendant la paix : l'élévation de ſon génie lui avoit fait reconnoître un Être ſupérieur ; & l'on peut dire qu'il a pouſſé l'amour de la vertu & des ſcien-ces, & la délicateſſe de la politique au plus haut dégré. Il avouoit qu'il étoit né le plus malheureux des hommes, & que ſon ſeul courage l'avoit empêché d'être accablé ſous le poids des infortunes. Sa conſtance l'avoit conduit au trône, qui devoit mettre le comble à ſa gloire ; & c'eſt ſi haut dégré d'honneur qui l'a flétri & qui l'obſ-

urcit. Les épîtres qu'il a laissées, supposé qu'elles soient
de lui, lui font beaucoup d'honneur. Une ame abandonnée à toutes les passions les plus outrées, ainsi qu'il
en a été accusé, seroit-elle capable de sentimens si nobles, si sages & si élevés ? Les Siciliens ne peuvent lui
pardonner le taureau d'airain inventé par Pérille, sculpteur d'Athènes, & qui en fit le premier la funeste
épreuve. Ce genre de supplice étoit terrible en effet,
puisque l'on y bruloit vif le criminel que l'on y enfermoit;
mais ce supplice n'étoit destiné qu'aux parricides, aux
assassinats & aux plus énormes crimes. On croit que
Phalaris gouverna environ seize ans; & l'on ignore le
genre de sa mort. A l'égard de ses lettres, nous en avons
cent douze qui portent son nom. Il y en a beaucoup qui
sont extrêmement courtes; mais toutes sont écrites avec
énergie, jusque dans les menaces qu'il fait de se venger
de ceux dont il avoit à se plaindre. Dans la plupart de
ces lettres on trouve aussi de grands sentimens d'honneur,
de probité, de douceur, & de grandes marques d'estime
pour les sciences & pour les savans, & même beaucoup
de maximes utiles, soit pour les ministres, soit pour le
réglement des mœurs des particuliers. Il y en a quelques-
unes qui sont adressées à Erithie qui étant sur le point
de l'aller trouver à Agrigente, avoit été empoisonnée par
un homme qui n'avoit pu la séduire; d'autres à Pauro-
las, son fils, que Phalaris avoit eu d'Erithie. Il donne à
ce fils d'excellens avis touchant le respect & l'amour
qu'il devoit à sa mere & à lui, & il lui fait voir combien il y a d'avantages à cultiver son esprit, & à s'appliquer aux sciences qui servent à l'éclairer & à l'orner.
Voyez sur-tout la lettre vingt-deuxième. Dans plusieurs
autres lettres, Phalaris parle de lui-même, & rapporte
diverses circonstances de sa vie. Dans la lettre cinquan-
tième, à Epistrate, il dit : « De la maniere dont tu m'é-
» cris, il semble que je sois le plus heureux & le plus
» content des hommes ; il m'est facile de te désabuser
» en te faisant un abrégé de ma vie. Dès ma plus tendre
» enfance je demeurai sans pere ni mere ; parvenu à
» l'adolescence, je fus, par un malheur attaché à moi,
» banni de ma patrie, & je perdis la plus grande partie
» de mon bien ; je fus élevé par gens barbares, & me
» vis contraint pour éviter la persécution que l'on me
» faisoit en tous lieux, de fuir, & d'être errant & va-
» gabond ; & ce qui m'étoit le plus sensible, c'est que
» non-seulement j'étois accablé & tourmenté par mes
» ennemis, mais encore par ceux à qui j'avois fait le
» plus de plaisir. Enfin las d'une vie si misérable, je
» vins à Agrigente, où pour me maintenir je fus con-
» traint de devenir à mon tour tyran, conduite que je
» déteste & que je me reproche à moi-même : si tout
» cela peut se nommer félicité, certainement je suis
» heureux. » Il y a quelques lettres adressées au philosophe Pythagore, que Phalaris invita à venir à Agrigente; & l'on voit par la lettre cinquante-cinquième, que
ce philosophe se rendit à ses vœux, & qu'il séjourna
cinq mois à la cour de ce prince. Sur quoi Phalaris dit
à celui à qui il écrit : « Le séjour de ce philosophe
» m'est un très-grand avantage ; car s'il ne s'étoit pas
» trouvé entre nous une heureuse conformité de mœurs
» & de sagesse, ce grand législateur n'auroit pas de-
» meuré une seule minute en ma compagnie. » Dans
la lettre quatre-vingt-deuxième, aux Athéniens, au sujet
du sculpteur Pérille, Phalaris dit : « Votre sculpteur
» Pérille est venu me trouver, & m'a présenté de ses
» ouvrages, que j'ai trouvés excellens & finis ; & après
» les avoir vus avec le plaisir que peuvent causer des pein-
» tures délicates & parlantes, je l'ai reçu avec dis-
» tinction, & l'ai comblé de biens, tant à cause de l'ex-
» cellence de son art, qu'à cause de sa patrie. Après
» quelque séjour, il forgea un taureau d'airain, plus
» grand que la nature, & m'en fit présent. Cette nou-
» velle invention me donna beaucoup de plaisir. Cet
» ouvrage me parut d'abord digne d'être présenté à un
» roi, parceque j'ignorois encore à quel usage il étoit
» destiné ; mais après avoir ouvert un de ses flancs, il

» me découvrit un supplice le plus cruel & le plus affreux
» qui eût jusqu'alors été inventé. Ce genre de mort me
» surprit ; & je ne pus m'empêcher de croire que ce-
» lui qui en étoit l'auteur, étoit d'un cœur bien corrompu
» & bien cruel, & qu'il méritoit d'en faire la premiere
» épreuve ; ce qui fut cause que je le fis renfermer
» en ce taureau, & ordonnai d'allumer un bucher tout
» autour, comme il me l'avoit lui-même enseigné. » Phalaris fait ensuite de vifs reproches aux Athéniens, e ce
qu'ils regrettoient *l'auteur d'une si détestable invention.*
Les lettres adressées à Stésichore, poëte lyrique, qui étoit
de la ville d'Himere, ou celles dans lesquelles il est fait
mention de ce poëte, sont curieuses. On y voit que
comme Phalaris étoit en guerre avec les Himériens,
Stésichore prenant le parti de sa patrie, avoit fait des
vers & excité ses compatriotes contre lui. Phalaris voulut contraindre les Himériens à le lui livrer, & sur leur
refus il les menaça de les perdre. Il écrivit aussi à Stésichore une lettre pleine de railleries ameres & de termes de mépris. Le poëte qui avoit part au gouvernement
de sa patrie, n'en fut que plus irrité contre Phalaris,
qui lui écrivit de nouveau pour lui reprocher qu'il
devenoit infidele aux muses en voulant se mêler de
guerre ou en dérobant la dignité de magistrat ; & il lui
fait les plus terribles menaces. Stésichore ne laissa pas
que d'assembler des troupes, & de se mettre en marche
contre Phalaris. Mais il fut pris & conduit à ce prince,
qui voulut d'abord le faire mourir, mais qui lui rendit
peu après la liberté, « non pas en votre considération,
» écrit-il aux Himériens, car c'est ce qui a pensé le
» faire périr, mais en faveur des muses qui le protegent,
» & des demi-dieux qui habitent la terre d'Himere,
» dont il a chanté les louanges. » Depuis ce moment
Phalaris écrivit plusieurs fois à Stésichore, & lui prodi-
gua ses éloges. A l'occasion de quelques vers que le
poëte avoit envoyés au prince, Phalaris lui écrit : « Je
» te suis très-sensiblement obligé de tes vers ; ils sont
» si beaux, que l'on juge bien que tu ne travailles que
» pour la postérité . . . ces ouvrages ne sont remplis que
» de faits vraiment glorieux & illustres. » Il paroît que
Stésichore mourut peu de temps après. Phalaris écrivant
aux filles de ce poëte pour les consoler, leur dit qu'il ne
sait point de plus digne sujet de consolation pour elles,
que de se rappeler les vertus de leur pere : « Vous n'a-
» vez, leur dit-il, perdu que sa personne : la vieillesse &
» la loi commune vous l'ont enlevé ; mais sa mémoire &
» ses sages écrits ne mourront jamais. Quelle gloire pour
» vous, ajoute-t-il, d'entendre louer par-tout cet excel-
» lent homme ! Vous perdez un pere, je perds un ami. »
Dans la même lettre, Phalaris louant la constance du
défunt, dit : « Je l'ai connu plus vertueux dans mes
» prisons qu'en liberté ; sa sagesse a triomphé de ma
» cruauté, & je devins moi-même esclave de sa vertu. »
Stésichore en mourant chargea ses filles de supplier Phalaris de faire grace aux Tauroménitains qui avoient déclaré la guerre à ce prince ; elles obéirent à ses ordres,
& Phalaris les écouta favorablement: « J'ai, leur écrit-il,
» tant de vénération pour votre pere, que ses derniers
» vœux sont des loix pour moi. » En écrivant aux Himériens, Phalaris dit encore : « Il n'est rien que je ne
» fisse pour conserver le souvenir de Stésichore ; s'il fal-
» loit lutter contre les destinées, j'en aurois la témérité
» pour faire revivre cet homme divin, qui, par ses sa-
» ges & doctes écrits, s'est acquis l'estime de toute la
» terre, & qui a été si favorisé des muses, qu'elles ont
» inventé en sa faveur des odes & des chants de mu-
» sique. » Comme ce poëte mort à Catane, & que
les Himériens vouloient déclarer la guerre à ceux de Catane pour les obliger à leur rendre son corps, Phalaris les
détourna de cette guerre par une lettre qu'il leur écrivit
exprès, & les exhorta à se contenter d'avoir eu l'avantage
de le posséder depuis sa naissance & pendant presque toute
sa vie. Dans la même lettre, après les avoir engagés à
lui élever même un temple à Himere, il ajoute : « Puis-
» que vous faites tant de cas de Stésichore, servez-vous

de ses belles maximes ; faites retentir vos temples de ses chants ; que ses sentences ornent vos maisons ; ayez le soin de les envoyer à vos voisins. » Dans ce que l'on a rapporté des lettres de Phalaris, on s'est servi de la traduction françoise qui en a été donnée avec la vie de ce roi, en 1726, *in-12*, sous ce titre : *L'utilité du pouvoir monarchique , contenant l'histoire de Phalaris , avec ses lettres sur le gouvernement , & les conseils d'Isocrate , ou le modèle des ministres* , par M. C. de S. M. La préface & la vie tendent à justifier Phalaris contre les idées désavantageuses que les historiens ont données de ce prince. L'histoire de la vie de Phalaris paroît un peu romanesque, telle qu'elle est rapportée, & l'auteur auroit dû citer ses garants ; mais on ne trouve aucune citation dans son livre, qu'il n'a pas sans doute voulu donner comme une histoire véritable. Les lettres attribuées à Phalaris avoient déja été traduites en françois par Claude Gruget, Parisien , & imprimées à Paris chez Jean Longis , 1550, *in-8°* , avec quelques autres piéces , savoir la traduction des épîtres d'Isocrate , par Louis de Matha , & celle du manuel d'Epictete , par Antoine du Moulin.

PHALEG , fils d'*Heber*, naquit l'an 1788 du monde , le 2247ᵉ avant J. C. & le 35ᵉ de l'âge de son pere. Ce nom signifie *division* , & lui fut donné, parceque les hommes se séparerent les premieres années de sa vie, & avant qu'il pût avoir de la postérité. Phaleg eut Reü à 31 ans, & mourut l'an 2026 du monde, 2009 avant J. C. âgé de 239 ans, selon la Vulgate , & non pas de 339 , comme il y a dans le texte des Septante. * *Genèse* , 11 ; *les Paralipomènes* , 1. Torniel & Salian , A. M. 1788 & 2026.

PHALERE , ancien port d'Athènes, aujourd'hui Portoleone , où il y avoit un autel *aux dieux inconnus*. Quelques-uns ont cru que c'est cet autel dont S. Paul parle dans son discours adressé aux juges de l'Aréopage , où il dit qu'il avoit trouvé à Athènes un autel sur lequel il étoit écrit : *Au dieu inconnu*. Ils prétendent que l'apôtre a parlé en singulier d'un autel dédié à plusieurs dieux, savoir, aux dieux étrangers d'Asie, d'Europe & d'Afrique. Il est certain que Pausanias , Philostrate & Suidas parlent d'un temple d'Athènes, où il y avoit un autel avec cette inscription au plurier , *Aux dieux inconnus* ; mais il est incertain que ce soit de cet autel dont parle S. Paul , & il se peut faire qu'il y en eût un autre dédié *au dieu inconnu* , au singulier , comme l'histoire des actes en fait foi.

PHALEREUS , *cherchez* DEMETRIUS PHALEREUS.

PHALETTI , *cherchez* FALETTI.

PHALISQUES , *cherchez* FALISQUES.

PHALTI ou PHALTIEL , fils de *Laïs* , de Gallim , épousa, par ordre de Saül , roi d'Israël, *Michol*, fille de ce prince , & femme de *David*. Lorsque David fut monté sur le trône , il fit revenir son épouse légitime de chez Phalti , qui ne put la quitter sans verser beaucoup de larmes. * *I Rois* , 25 , 44. *II Rois* , 3 , 15.

PHALTI , ville de Palestine dans la tribu d'Ephraïm. * *II Rois* , 23 , 26.

PHALTZBOURG ou PFALTZBOURG , ville de Lorraine avec titre de principauté, a été autrefois considérable : elle est au pied des montagnes , sur les frontieres de l'Alsace, à sept ou huit lieues de Strasbourg. * Baudrand.

PHANIAS , d'Erèse, fut un des disciples d'Aristote, & montra les progrès qu'il avoit faits sous ce grand maître par divers ouvrages , dont aucun n'est venu jusqu'à nous. Plutarque, en parlant de sa patrie, aime mieux le dire de Lesbos , isle très-connue , que d'Erèse , une des villes de cette isle , que beaucoup de gens pouvoient ignorer. On le dit quelquefois d'Ephèse , mais c'est une faute de copiste. Il entretint amitié & correspondance avec Théophraste son compatriote , & fut aussi ami de Possidonius , sur les dissertations de qui il fit des remarques, qui furent publiées. Ses autres ouvrages étoient un

traité des plantes , un autre touchant les disciples de Socrate , un troisiéme touchant les Prytanées de sa patrie, & un quatriéme touchant les poëtes : à quoi on ajoute un discours aux sophistes , & un traité historique intitulé , *les meurtres des tyrans commis par vengeance*. Il ne reste rien de tous ces ouvrages ; & le nom de leur auteur, qui fut long-temps célèbre , est dans l'oubli. * Vossius , *historiens Grecs*.

PHANNASE ou PHANNIAS , fils de *Samuel* , fut le dernier souverain sacrificateur des Juifs. Il étoit du bourg d'Aphtasi , & succéda à Matthias , fils de Théophile. Il ne pensoit à rien moins qu'à cette dignité , lorsque les Zélateurs le tirerent des ses occupations champêtres , pour lui faire exercer cette grande charge. Il étoit si rustique & si ignorant , qu'il ne savoit pas même ce que c'étoit que le sacerdoce. Il vit la destruction de la ville & du temple, la quatriéme année de son sacerdoce. Il descendoit de la famille de *Joiarib*. * Joséphe , *guerre des Juifs*. Tirin , *chronologie sacrée* , *chapitre* 42.

PHANODEME , ancien écrivain Grec , qui composa en plusieurs livres les antiquités d'Athènes. Cet auteur est cité par Denys d'Halicarnasse & par plusieurs autres, entr'autres, par Proclus, qui dit que si l'on en croit Callisthene & Phanodème , les Saïtes en Egypte sont une colonie des Athéniens ; au lieu que, selon Théopompe & Diodore de Sicile , ce furent les Saïtes qui fonderent Athènes ; ce qui est bien plus vraisemblable. Harpocration cite les Déliaques du même auteur ; mais il est sûr qu'il y a faute dans son texte , où on doit lire PHANODIQUE , au lieu de *Phanodème* ; car Diogènes Laërce , & le scholiaste d'Apollonius , appellent ainsi l'auteur des Déliaques. * Vossius , *hist. Grecs , liv.* 3.

PHANTASIASTES ou PHANTASTIQUES , hérétiques , *cherchez* GAJANITES.

PHANTASIE , Memphitide : il est fait mention d'une femme de ce nom, par Ptolémée *Hephestion* : elle étoit fille de Nicarchas , qui avoit écrit avant Homere de la guerre de Troye , & des voyages d'Ulysse , & laissé ses livres à Memphis , où Homere les avoit trouvés , fait copier & mettre en ordre , si l'on s'en tient au témoignage de Ptolémée Hephestion , rapporté par Photius , *cod.* 190 , & à celui d'Eustathe dans sa préface sur Homere ; mais c'est une supposition qui n'a aucune vraisemblance. L'on a pris le nom appellatif de Phantasie ou d'imagination, pour un nom propre. * Du Pin , *biblioth. des hist. profanes*.

PHANUEL , ancienne ville de Palestine, dans la tribu de Ruben , au-delà du torrent de Jaboc , sur les frontieres des Amorrhéens, est célèbre dans l'écriture sainte, à cause que ce fut auprès de-là que le patriarche Jacob lutta pendant toute une nuit contre un ange qui lui donna ensuite son nom. Gédéon fit raser la citadelle de cette ville, qui étoit proche de Tripoli , au pied du Mont-Liban , & fit tuer tous ses habitans, à cause qu'ils avoient refusé de donner du pain à son armée ; Jéroboam la fit rebâtir. * *Juges* , c. 8. *Genèse* , chap. 32. *III des Rois* , chap. 12.

PHANUEL , de la tribu d'Aser , fut pere d'*Anne* la prophétesse , qui se trouva au temple lorsque Joseph & la sainte Vierge y présenterent Jesus-Christ. * *Luc* II , 36.

PHAON , de Mitylène dans l'isle de Lesbos , étoit un bel homme, à qui , si l'on en croit la fable , Vénus avoit donné cette beauté , en récompense de ce qu'il l'avoit passée , étant maître d'un navire , de l'isle de Chio en terre ferme, avec beaucoup de vitesse , & sans lui rien demander : elle lui donna un vase d'albâtre , rempli d'un onguent, dont il ne se fut pas plutôt frotté, qu'il devint le plus beau de tous les hommes. Les femmes & les filles de Mitylène en furent éperdument amoureuses , entr'autres, Sappho , qui se précipita, parcequ'il ne voulut pas correspondre à son amour. On dit qu'il fut tué, ayant été surpris en adultere. * Elien, *histoires diverses, l.* 12. Lucien , *dialog. des morts, tom.* I. Palæphatus , *fabular.* Servius , *in Æneïd, l.* 3. Plin. *l.* 22 , c. 8. Bayle , *dictionaire critique*.

PHARAMOND, que la plupart des historiens font premier roi des Francs ou François, étoit fils de MARCOMIR. Il fut, dit-on, élevé sur un pavois, & reconnu pour souverain par cette cérémonie, vers l'an de J. C. 420, par les François qui étoient alors au-delà du Rhin, & qui s'étoient emparé de la ville de Trèves. Il ne paroît point que Pharamond ait poussé plus avant dans les Gaules. Si les François ont eu un roi de ce nom, il est sûr qu'il étoit déja mort, lorsqu'en 428 Aëtius vint faire la guerre aux Francs. On donne vulgairement deux fils à Pharamond, CLENUS & CLODION, surnommé le Chevelu. Ce fut ce dernier qui régna après Pharamond. * Prosper, in chron. Aimoin. Sigebert. Du Chêne, t. I. Le pere Anselme, &c.

PHARAN, ou PARAN, c'est une partie de l'Arabie déserte, qui s'étend jusqu'aux montagnes d'Idumée, dans laquelle Ptolémée place les peuples qu'il nomme Pharanites. Il y avoit même du temps de S. Jérôme une ville nommée Pharan, qu'il place au-delà de l'Arabie tout contre les Sarasins. Ce fut de-là d'où les Israëlites envoyèrent reconnoitre le pays de Chanaan. Ce fut aussi en ce pays qu'h'bita Ismaël. * Genèse, XXI, 21, Nomb. X, 12. S. Jérôme, in locis hebraicis. Saumaise, sur Solin. J. Le Clerc, sur la Genèse.

PHARAON, nom commun à tous les rois d'Egypte: Pharaoh, signifie roi, dans l'ancienne langue des Egyptiens; selon Joséphe, en arabe, Pharaha, signifie être au-dessus des autres. Quelques-uns disent que ce mot signifie Crocodile, qui a été un des dieux de ces peuples. Dans la langue coptique d'aujourd'hui, qui est fort changée, Phi Ouro, veut dire le roi; & ce nom pourroit être corrompu de Pharaoh. Il est parlé de dix Pharaons dans l'écriture sainte. Le premier Pharaon vivoit du temps d'Abraham.* Genes. 12. Le second, du temps de Joseph, qui fut l'interprete des songes de Pharaon. * Genes. 41. Le troisième, qui reconnut mal les services de Joseph, & maltraita les Israëlites. * Exod. 1. Le quatrième, à qui Moyse & Aaron furent envoyés, & qui fut noyé dans la mer rouge. * Exod. 14. Le cinquième Pharaon, dont il est parlé dans l'écriture, régnoit du temps de David. Le sixième, qui fut le beau-pere de Salomon, est, selon quelques-uns, le même que le précédent.*III Reg. 3. Le septième étoit Pharaon Sesac. * III Reg. 11 & 14. Le huitième, Pharaon Sua ou Sô.* IV Reg. 17. Le neuviéme, Néchao ou Néco.* IV Reg. 23. Le dixième, Hophrah ou Vaphrés. * Jerem. 37. Al-Bedavi, célèbre commentateur de l'alcoran, s'est trompé, quand il a cru que Pharaon étoit l'épithète des rois des Amalécites, comme César étoit celui des empereurs Romains, & Chosroès celui des rois de Perse; car Adad étoit le nom appellatif de ces premiers rois, comme Abimelech étoit celui des rois des Philistins, & Hiram de ceux de Tyr. A l'égard des Pharaons, dont il est fait mention dans l'écriture sainte, il est bien difficile de savoir au vrai leur nom propre, parceque l'histoire des Juifs est fort embrouillée. Pour ne parler que du Pharaon qui fut noyé dans la mer Rouge, Calvisius dit que c'étoit Orus; d'autres l'Amosis de Clément Alexandrin, ou le Bechoris de Manethon. Ce Pharaon est nommé Cenchrés par Eusebe; Tetmosis, par Philon; Amenophis par Usserius; Ramessés par quelques autres; Acherrés par Scaliger. * Chevreau, histoire du monde. J. Clerici, comment. in Gen. c. XII, 15.

PHARAON, cherchez CHEBRON, &c.

PHARASDAC, ou ALFARASDAC, étoit un fameux poëte Arabe, dont plusieurs prétendent que le vrai nom étoit Hamman ou Homaim, Ebn Caleb. Ebn Chalican en a écrit la vie dans son histoire des savans. Jacques Golius, si habile dans les langues orientales, possédoit un très-beau manuscrit de ses poësies, qui sortoit de la bibliothéque du roi d'Egypte. Pharasdac a vécu environ 100 ans, & mourut l'an de l'hégire 110, de J. C. 728. Comme il étoit plus propre à faire une description poëtique d'un sabre, qu'à s'en servir, les Arabes disent proverbialement L'épée de Pharasdac, pour signifier

qu'une épée dans la main d'un poltron n'est d'aucun usage. Ce poëte étoit vain, & souffroit impatiemment qu'on louât d'autres poëtes que lui en sa présence. Il étoit particulierement jaloux des femmes qui se mêloient de poësie. Il répondit une fois à une dame distinguée par sa naissance, qui avoit fait un beau poëme: « Qu'il faut tuer » les poules qui se mêlent d'imiter le chant des coqs. »

PHARASMANE, roi des Ibériens, vivoit sous l'empire de Tibere, qui le réconcilia avec son frere Mithridate, qu'il secourut, pour lui faire recouvrer l'Arménie contre Orodes. * Tacite, l. 6 annal. cap. 33.

PHARASMANE, roi des Alains sous l'empire d'Adrien. Il y eut dans le même temps deux autres rois de ce nom, l'un des Ibériens, l'autre des Zidrites proche de la Colchide. * Herodian. l. 1, c. 9. Spartian. c. 6. Arrian. in Euxini periplo.

PHARE, petite isle d'Egypte, plus longue que large, près d'Alexandrie, vis-à-vis des embouchures du Nil, fut nommée anciennement Canopus. Homere s'est trompé au sujet de cette isle, lorsqu'il l'éloigne du continent d'une journée de voiles; & Aristides, en la description qu'il nous donne de l'Egypte, avoue que la chose n'est pas croyable. Il est certain, selon le même Aristides & Ammien-Marcellin, liv. 22, que le Phare n'est qu'à sept stades d'Alexandrie, c'est-à-dire, environ à un mille d'Italie. * Palmerius, p. 487. Alexandre le Grand avoit entrepris de bâtir une ville dans cette isle; mais il n'y put réussir, parceque le lieu étoit trop étroit, selon Strabon, liv. 17. Il laissa des marques de sa magnificence dans la ville d'Alexandrie, qu'il bâtit vis-à-vis en terre ferme. Depuis, on éleva dans l'isle une haute & superbe tour, qui a passé dans l'antiquité pour une des merveilles du monde. Ce fut Ptolémée Philadelphie, roi d'Egypte, qui en fit la dépense à son avénement à la couronne, sous la CXXIV olympiade, & l'an 284 avant J. C. Il y employa 800 talens, & en donna la conduite à Sostrate, Gnidien, fameux architecte. Cette tour qui fut nommée Pharos, de même que l'isle où elle étoit située, servoit de fanal à ceux qui navigeoient sur ces côtes pleines d'écueils. De-là vient que l'on a donné le nom de Phare à toutes les tours semblables, où l'on tient la nuit un fanal sur les côtes dangereuses; comme sont aujourd'hui le Pharion, à l'embouchure du Bosphore de Thrace dans le Pont-Euxin, le Fare de Messine, le Mole de Gènes, la tour de Cordouan, à l'embouchure de la Garone, &c. Voyez Martinius de Fungerus, au mot Pharos. Depuis, le Phare fut joint à Alexandrie par un pont, ou plutôt par une digue, que les Latins appelloient Mole, & qui retient encore le nom de mole, par-tout où il s'en trouve, dans la Méditerranée. Il est vrai que cette digue se trouvoit interrompue en deux endroits, qui se joignoient par deux ponts, l'un desquels étoit près de la tour, qui subsistoit encore du temps d'Hirtius; & l'autre près de la ville, comme nous l'apprenons de cet auteur, en l'histoire de la guerre d'Alexandrie. C'étoit par ce dernier pont qu'on alloit au port, nommé Eunoste, qui est le même dont les Turcs se servent à présent, & dont l'entrée est défendue aux chrétiens. Ce pont servoit aussi d'aqueduc; & depuis, César fit remplir de pierres la voute qui le soutenoit, pour empêcher ceux d'Alexandrie de passer d'un port à l'autre, comme Cléopatre, & non pas Sostrate de Gnide, acheva ce grand ouvrage, si nous croyons non-seulement Tzetzès & Cédrénus, mais aussi Ammien-Marcellin; & l'auteur des annales de Sicile. Il est vrai qu'ils confondent les choses, & qu'ils attribuent à la seule Cléopatre ce qui est dû en partie à Sostrate de Gnide, à Philadelphe & aux autres Ptolémées. Cléopatre est donc celle qui acheva l'isthme, ou le mole, en abattant le pont: Ptolémée Philadelphe fut celui qui fit bâtir la tour: & Sostrate de Gnide fut chargé de l'intendance de ce magnifique ouvrage, comme le témoigne l'inscription dont il fut accompagné. Ainsi on doit critiquer ceux qui l'ont attribué à Alexandre, ou à Cléopatre, comme ont fait les Arabes, & l'ancien scholiaste de Lucien. Ce dernier nous fait la description de cette tour, à laquelle il donne la même bafe & autant de circuit qu'aux pyramides ; & pour ce qui est de la hauteur, il la fait monter à trois cens coudées, & dit qu'on la pouvoit découvrir en mer de cent milles. Au reste, on lit dans quelques itinéraires, ou relations de voyages, que cette masse prodigieuse est appuyée sur quatre cancres de verre, disposés aux quatre coins, ce qui semble ridicule ; & il seroit difficile d'en savoir la vérité, parceque les Turcs ont enterré la base du Phare, de peur que les chrétiens ne la pussent voler, Cependant, si cela est un conte fait à plaisir, comme il y a bien de l'apparence, il s'est fait depuis long-temps, & on le trouve dans un fragment d'un ancien auteur, lequel en parlant des sept anciennes merveilles du monde, dit qu'il y a de quoi s'étonner, comme on a pu faire des pièces de verre assez grandes & assez fortes, pour soutenir une telle masse. Il se peut faire que Sostrate, qui conduisoit cet ouvrage, & en étoit l'architecte, ait donné ces quatre cancres pour ornement aux quatre coins, comme si la tour y eût été appuyée. Et au lieu d'être de verre, comme on le raconte, ils étoient peut-être de quelque pierre très-dure & transparente comme le verre, tel qu'un certain marbre de Memphis, & qu'une autre pierre qu'on tire d'Ethiopie. Le célèbre Tavernier, au retour de ses voyages en Perse & aux Indes, a eu la curiosité d'apporter de ces sortes de pierres du Levant. Mais avant que cette tour eût été bâtie, il y a lieu de croire que l'isle de Phare servoit de signal aux matelots, ce que le nom même semble témoigner, selon le sentiment de quelques-uns, qui le tirent d'un mot grec, qui signifie éclairer. Au reste les feux qu'on allume sur ces phares ressemblent quelquefois de loin à une étoile, & ont quelquefois trompé des matelots ignorans, qui séduits par cette erreur, ont mal dressé leur route, & sont venus malheureusement échouer sur les sables de la Marmarique. Stace a comparé ces feux à la lune, quand on les voit de plus près. Car alors il est vrai que la vue se trompe facilement, & qu'il y a peu de différence entre la lueur de ces phares & celle de la lune, qui quelquefois paroît rouge, lorsqu'elle commence à monter sur l'horison.

Peut-être ne sera-t-il pas hors de propos d'ajouter ici l'observation qu'a faite Vossius, au sujet de la méprise d'Homere, sur la situation de Pharos. Il y a, dit-il, de quoi s'étonner du respect aveugle que les anciens ont eu pour Homere, plutôt que de se résoudre à le redresser, lorsqu'il est dans l'erreur ; ils ont mieux aimé changer l'assiete & la nature des lieux. Ils juroient par Homere comme les Toscans par leur poëte Dante, & avoient une telle créance en lui, qu'il n'y avoit point de science, sans en excepter la médecine ni la chirurgie, qu'ils n'estimassent devoir être puisée dans ses livres. Parcequ'Homere a écrit que le Phare est éloigné de l'Egypte d'une journée de voiles, on a changé la situation naturelle de ce pays, & on s'est imaginé qu'il s'est accru, & s'est avancé en mer à la faveur des sables, que le Nil y jette par ses larges bouches. Bochart réfute solidement cette fausse opinion. Celle d'Eratosthène se peut soutenir, lorsqu'il dit que les bouches du Nil ont été inconnues à Homere. A quoi néanmoins Strabon répond qu'il peut en avoir eu connoissance, quoiqu'il n'en ait point fait de mention, & ne nous a pas même parlé du lieu de sa naissance, sur lequel tous les anciens sont fort partagés. Mais Strabon semble n'être pas entré dans la pensée d'Eratosthène, qui ne dit pas qu'Homere ait ignoré les bouches du Nil, parcequ'il n'en fait point de mention, mais parcequ'il met le Phare à une journée de voiles de l'Egypte. Pour éclaircir cette difficulté, & pour sauver Homere de tout reproche, il faut remarquer, comme nous l'avons déja observé, en parlant du Nil, qu'il donne à cette rivière le nom d'Egypte. Ainsi, quand il dit que le Phare est éloigné de l'Egypte ou du Nil d'une journée de voiles, il est certain qu'il veut parler de celle des sept bouches du Nil, qu'on nommoit Pelusium, qui en effet est éloignée du

Phare, d'autant de chemin, qu'un navire en peut faire en un jour avec un vent favorable. A présent le Phare est tout-à-fait joint à la terre ferme ; & l'on y voit encore un reste de tous, & une petite ville, où demeurent quelques marchands Turcs, & quelques pêcheurs, depuis qu'Alexandrie a été entierement abandonnée. Voyez Ferrari, & les nouvelles relations.

PHARE, ou PHAROS, isle de la mer Adriatique sur la côte de l'Illyrie, où ceux de Pharos envoyerent une colonie l'an 4 de la XCVIII olympiade, & l'an 385 avant J. C. Les Italiens avec Procope, l'appellent Lesina, & les Sclavons Huar. Elle s'étend l'espace de soixante milles du levant au couchant ; & il y a une ville avec évêché, qui n'est éloignée de Spalatro, que de dix-sept milles. C'est dans les états de la république de Venise. * Strabon. Pline, &c.

PHARE, certain lieu d'Angleterre, que les Latins nomment Pharum, & qui a été depuis nommé Streuaëshalch, est appellé aujourd'hui Withie. Il y avoit une abbaye de filles, où sainte Hilde étoit abbesse ; & à sa prière, on y célébra un synode en 664. * Bede, l. 3, c. 15.

PHARÈS, fils de Juda & de Thamar, & frere de Zara, fut pere de Hesron. Il est fait mention de lui dans la généalogie du fils de Dieu selon la chair. * Genèse, 38. Matth. 1. Torniel, A. M. 2314, n. 2 ; 2327, n. 2.

PHARÈS, Pharæ, ville de la petite Achaïe, province du Péloponnèse en Grèce, a été célèbre par les oracles qu'y rendoit une statue de Mercure, posée dans la place publique, devant celle de la déesse Vesta. Ceux qui vouloient consulter l'oracle, faisoient bruler de l'encens en l'honneur de Vesta, puis alloient mettre de l'huile dans de petites lampes de cuivre, qui étoient au pied de la statue de Mercure. Lorsqu'elles étoient allumées, ils faisoient leur offrande d'une piéce de monnoie du pays qu'ils jettoient sur l'autel. Ensuite, après avoir déclaré leur demande, & avoir approché leurs oreilles de la statue, ils se retiroient, les bouchant de leurs mains, jusqu'à ce qu'ils fussent hors de la place. Alors ils ôtoient leurs mains, & prenoient pour réponse de l'oracle les premieres paroles qu'ils entendoient. On dit que les Egyptiens en usoient de même envers le dieu Sérapis. * Pausanias, in Achaicis.

PHARISIENS, dont le nom signifie séparé, formoient une secte qui s'éleva en Judée, long-temps avant la naissance de Jesus-Christ. S. Jérôme, qui en parle sur le rapport des Nazaréens, dit qu'elle eut pour auteur Sammaï & Hillel. Ceux de cette secte jeûnoient le second & le cinquiéme jour de la semaine. Ils pratiquoient à l'extérieur de grandes austérités ; ils ajoutoient de nouvelles charges à la loi, & soutenoient fortement l'autorité des prétendues traditions de la loi orale ou de bouche. Ils payoient les décimes comme il les ordonnoit, & encore la trentiéme & la cinquantiéme partie de leurs fruits, ajoutant des sacrifices volontaires à ceux qui étoient ordonnés, & se montrant très-exacts à rendre leurs vœux. Mais l'orgueil corrompoit toutes les actions des Pharisiens, qui ne songeoient qu'à se rendre maîtres de l'esprit des peuples, & à gagner la réputation de saints. Aussi s'étoient-ils rendus si puissans, que les derniers rois des Juifs craignoient de les choquer, & souvent étoient contraints de se servir de leur ministere, pour le maintenir. Ils vouloient occuper les premieres places dans les festins & dans les assemblées, & affectoient de passer pour des maîtres infaillibles, & pour les plus sinceres docteurs de la loi, qu'ils avoient toute corrompue par leurs traditions. Quant à la doctrine, ils attribuoient l'événement des choses à la destinée, quoiqu'ils tâchassent d'accorder avec elle la liberté des actions de la volonté de l'homme. Ils croyoient la transmigration des ames, comme Pythagore, du moins celle des gens de bien, estimant que celles des autres étoient tourmentées pour toujours. Dans l'astrologie judiciaire, ils suivoient les opinions des Gentils, & avoient interprété les noms grecs de cet art. * Joséphe, l. 18 ant. c. 1, l. 1, de bello, c. 12. S. Jérôme, in c. 8 Ifai. S. Epiphane, *in Pinac*, *l.* 1, 16. *Voyez* M. Du Pin, *nouvelle hiftoire des Juifs imprimée à Paris*, 7 vol. *in-12*, *en* 1709.

PHARMACUSE, *Pharmacufa*, petite ifle de la mer Egée vers l'Ionie, appellée aujourd'hui *Fermaco*. * Pline.

PHARNABAZE, *Pharnabazus*, gouverneur en Afie, & général des troupes des rois de Perfe, Darius & Artaxerxès, fit la guerre aux Athéniens, & donna du fecours à ceux de Lacédémone, vers la XCII olympiade, & l'an 412 avant J. C. Il fe brouilla avec eux vers l'an 400 avant J. C. En 374 il entra en Egypte par les embouchures du Nil ; mais ce deffein ne lui réuffit pas. * Thucydide. Xénophon, &c.

PHARNABAZE, autre général des Perfes, fous le regne du dernier Darius, mis à la place de Mnémon, livré enfuite à Amphoterus & à Epiloguè après la trahifon de l'ifle de Chio. * Quint-Curce, *l.* 3, *c.* 8 ; *l.* 4, *c.* 5.

PHARNACES, *Pharnaces*, fils de Mithridate le *Grand*, roi de Pont, fit révolter l'armée contre fon pere, qui fe tua de défefpoir, & auquel il fuccéda l'an du monde 3972, & 63 avant J. C. Il cultiva depuis affez foigneufement l'amitié des Romains ; mais ayant pris les armes pendant les guerres civiles, il fut vaincu par Céfar, l'an 47 avant J. C. avec tant de promptitude, que le Romain écrivit à un de fes amis, *Veni, vidi, vici*. Il ne faut pas confondre ce prince avec PHARNACES, roi de Cappadoce, que Diodore de Sicile, *in eclogis*, *lib.* 31, dit avoir époufé Ateffa, fœur de Cambyfes, pere de Cyrus, & dont il eut Gallus, qui lui fuccéda dans la Cappadoce. * Appien, *de bello Mithr*. Velleius Paterculus, *l.* 2. Florus, *l.* 3. Dion.

PHAROS, ifle d'Egypte, cherchez PHARE.

PHARSALE, *Pharfalus*, aujourd'hui *Farfa*, ville de Theffalie, célèbre par la victoire que Céfar y remporta fur Pompée dans les campagnes voifines, l'an 48 avant J. C. Elle a été évêché fuffragant de Lariffe, puis archevêché fous le patriarchat de Conftantinople.

PHARSAM, roi de Jérimoth, l'un des cinq princes qui prirent le parti d'Adonifedech. *Voyez* ADONISEDECH.

PHARURIM, lieu proche le temple de Jérufalem, où les rois impies de Juda faifoient entretenir les chevaux confacrés au foleil, dont ils avoient placé la ftatue dans le même temple. * *IV Rois*, 23, 11.

PHASE, *Phafis*, fleuve de la Mingrélie ou Colchide, qui prend fa fource vers la partie du mont Caucafe, laquelle eft à l'orient de ce pays, eft appellé par les Turcs *Facht*, & par ceux du pays, *Rione*. Il paffe par la ville de Cotatis, capitale du royaume d'Imirete. De-là il fe va décharger dans la mer Noire, où fon embouchure a plus d'une demi-lieue de largeur, & plus de foixante braffes de fond. Cette riviere a plufieurs petites ifles vers fon embouchure, qui font fort agréables & qui font couvertes de bois. Sur la plus grande on voit du côté d'occident les ruines d'une forterefse que les Turcs y avoient bâtie en 1578. Amurat III ayant entrepris de conquérir les côtes feptentrionales & orientales de la mer Noire, dans ce deffein il réfolut de remonter le Phafe à fes galeres ; mais le roi d'Imirete dreffa des embufcades aux lieux où le fleuve eft le plus étroit, & y défit la flotte du fultan. Cette forterefse du Phafe fut prife en 1640, par le roi d'Imirete, auquel s'étoient joints les princes de Mingrélie & de Guriel. Il la fit rafer, & enleva 25 pieces de canon qui y étoient, pour les transporter à Cotatis. Procope a cru que le Phafe entroit dans la mer avec tant d'impétuofité, que vis-à-vis de fon embouchure, l'eau n'étoit point falée. Agricola affure au contraire, que fon cours n'eft point rapide. Il eft vrai, fuivant le rapport des voyageurs, qu'au commencement de fa courfe il eft fort impétueux ; mais ayant gagné la plaine, il coule fi doucement, qu'on a de la peine à remarquer le fil de fon eau. Ses eaux ne fe mêlent point avec celles de la mer ; ce qui arrive à caufe qu'étant

plus légeres, elles nagent au-deffus. Elles font fort bonnes à boire, quoiqu'elles foient troubles, & de couleur de plomb. Arrien dit qu'autrefois les vaiffeaux faifoient eau au Phafe, dans l'opinion que ce fleuve étoit facré, ou parcequ'ils croyoient que c'étoit la meilleure eau du monde. Le même Arrien & d'autres hiftoriens difent qu'il y avoit un temple dédié à la déeffe Rhéa, dans l'ifle du Phafe ; mais on n'en voit plus aucuns reftes. Quelques-uns affurent qu'il fubfiftoit encore du temps de l'empereur Zénon, & qu'alors il fut confacré au culte du vrai Dieu. Les géographes ont auffi placé une ville nommée *Sébafte* à l'embouchure du Phafe ; mais les ruines de cette ville ne paroiffent plus. Ce que l'on y voit de conforme au récit des anciens, eft un grand nombre de phaifans, qui ont pris leur nom de ce fleuve, fur le bord duquel ils fe plaifent. Les rivages du Phafe font bordés de beaux arbres, & fréquentés de pêcheurs, qui y font la pêche des efturgeons. * P. Lamberti, *relation de la Mingrélie*, dans le recueil de Thevenot, vol. 1. Le chevalier Chardin, *voyage de Perfe en* 1673.

PHASE, ville de Colchide, aujourd'hui de Mingrélie, fur une riviere de ce nom, avec évêché fuffragant de Trébizonde. * Strabon. Pline. Ptolémée, &c. Ferrari, *in lex. geogr.*

PHASELIS, que Molétius nomme *Fionda*, ville de Pamphylie ou de Lycie, avec évêché fuffragant de Myre, reconnoiffoit, dit-on, pour fondateur Mopfus, roi des Argiens. Elle fut la retraite des pirates, & les habitans étoient fi pauvres, qu'ils ne pouvoient facrifier què des poiffons falés ; d'où eft venu le proverbe *facrificium Phafelitarum*, & *facrum fine fumo*. Cette place eft renommée par le fameux paffage d'Alexandre. *Voyez* là-deffus Bayle, *diction. crit.* Pline ; Ptolémée, &c.

PHASELUS, gouverneur de Jérufalem fous Antipatre, fils d'Hérode. * Joféphe, *hift. des Juifs.*

PHASELUS, fils d'Antipatre & de Cypris, fille d'Hérode. * Joféphe, *hift. des Juifs.*

PHASELUS, nom d'une tour élevée de quatre-vingts coudées, bâtie à l'imitation de celle du phare d'Alexandrie.

PHASERON, homme dont Jonathas *Machabée* tua les fils dans leurs tentes. * *I Machab. IX.*

PHASGA, montagne de Paleftine dans la tribu de Ruben & dans le pays de Moab, qui étoit comme la pointe du mont Nébo. * *Nomb.* 12, 20.

PHASSUR, prêtre des Juifs, fils d'*Emmer*, maltraita & fit mettre en prifon Jérémie, parcequ'il prédifoit les malheurs qui devoient arriver à Jérufalem. Mais cela n'empêcha pas ce prophete de continuer à prêcher les infortunes que Dieu lui avoit révélées. Ce fut vers l'an 3445 du monde, & 590 avant J. C. * *Jérémie*, *c.* 20, *v.* 1.

PHAVORIN, cherchez FAVORIN.

PHAU, ou PAHU, nom de la ville où réfidoit Adar, un des rois d'Idumée. * *Genèfe*, XXXVI, 39.

PHAZAEL, fils de PHAZAEL gouverneur de Judée. Il époufa *Salampfo*, fille d'Hérode *le Grand* & de Mariamne, fille d'Hyrcan. * Joféphe, *antiq. l. XVIII*, *c.* 7.

PHAZAEL, fils d'HÉRODE le *Grand* & de *Pallas*, fa feptième femme. Il mourut fort jeune. * Joféphe, *antiq. l. XVII*, *c.* 1.

PHAZAEL, étoit fils aîné d'*Antipater*, qui s'étant rendu très-puiffant par la foibleffe d'Hyrcan, établit gouverneur de Jérufalem Phazaël, vers l'an du monde 3988, & 47 avant J. C. Phazaël étant affiégé dans le palais de cette ville, par Antigone & les Parthes, alla trouver leur chef, qui le retint prifonnier l'an 39 avant J. C. Comme il n'appréhendoit pas tant la mort, à laquelle on le deftinoit, que la honte de la recevoir par la main de fon ennemi, & qu'il ne pouvoit fe tuer lui-même, à caufe qu'il étoit enchaîné, il fe caffa la tête contre une pierre. On dit qu'Antigonus lui envoya des médecins, qui au lieu d'employer les remedes pour le guérir, empoifonnerent fes playes. Hérode le *Grand*, fon frere, depuis roi de Judée, éleva plufieurs grands édifices pour honorer fa

mémoire,

moire, comme une tour dans Jérusalem, nommée
azaël, & une ville de même nom, dans la vallée de
richo. * Joséphe, *ant. l.* 16, *c.* 9, & *l.* 1 *de bello*.

PHAZAELE, ville de la tribu de Benjamin, au sep-
entrion de Jérico. Hérode *le Grand* la fit bâtir à l'hon-
eur de son frere *Phazaël*, dans un terroir qui paroissoit
plus stérile & le plus ingrat du monde. Mais sitôt que
ette ville eut été achevée, & qu'elle eut été remplie
habitans, ils le cultiverent avec tant de soin & de pei-
e, qu'ils le rendirent le meilleur & le plus agréable de
Judée. * Joséphe, *antiq. l.* 16, *c.* 9.

Il y avoit une très-belle tour du même nom dans Jé-
salem. Hérode l'avoit fait bâtir à l'honneur du même
hazaël. Elle ne cédoit point en hauteur, en beauté, &
a magnificence au Pharos d'Alexandrie. Tite après
être rendu maître de Jérusalem, fit défendre de ruiner
ette tour, non plus que celle d'*Hippicos* & de *Mariam-
e*; parceque comme elles surpassoient tout ce qu'on
voit jamais vu de grand, de magnifique, & de fort, il
oulut les conserver, pour faire connoître à la postérité
ombien il falloit que la valeur & la science des Romains
assent extraordinaires, pour avoir forcé & pris une ville
i bien fortifiée. * Joséphe, *guerre des Juifs, l.* 7, *ch.* 1.

PHEA, ancienne petite ville. Elle est dans le Belve-
lere, en Morée, sur le golfe de l'Arcadia, à trois lieues
le l'embouchure de l'Alphée, du côté du couchant.
* Mati, *dictionaire*.

PHÉBADE (S.) FEBADE, nommé diversement
Phibade, Sœbade, Fitade, & par ceux du pays S. *Fiari*,
évêque d'Agen, vivoit dans le IV siécle. Il écrivit pour
réfuter la confession de foi que les Ariens avoient publiée à Sirmich en 357, un traité que nous avons encore dans la bibliothéque des peres, & se trouva en 359
au concile de Rimini, où il soutint avec S. Servais de
Tongres le parti catholique. Mais il fut surpris par les
Ariens; & étant entraîné par son amour pour la paix &
l'union, il signa une confession de foi, qui étoit orthodoxe en apparence, mais qui cachoit le poison de l'hérésie. Il connut depuis sa faute, improuva ce qu'il avoit
fait, & témoigna par sa rétractation, qu'il avouoit un
dessein de détruire l'hérésie, bien loin de souscrire à
ses erreurs. S. Phébade assista à un concile de Valence,
tenu en 374, & à celui de Saragosse, tenu l'an 380. Il
vivoit encore en 392, dans le temps que S. Jérôme
comptoit son ouvrage parmi les autres traités des hommes illustres de l'église. Ainsi il faut au moins, qu'il ait
été près de 40 ans évêque. Il fit encore d'autres livres,
que le même S. Jérôme n'avoit pas vus, & qui ne sont
pas venus jusqu'à nous. C'est à lui à qui S. Ambroise
écrit la lettre 70, qui lui est commune avec S. Delphin
de Bourdeaux. L'église d'Agen honore aujour-
d'hui sa mémoire le 25 avril. Gavide qui lui succéda,
étoit évêque en l'an 400. * S. Jérôme, *de script. eccl.
c.* 108. Sulpice Severe, *l.* 1, *hist. sacr.* Sainte-Marthe,
tom. II *Gall. christ.* Bollandus, *in vit. SS.* 13 *janu.
p.* 790. Hermant, *vie de S. Athanase.*

PHÉBE, *Phœbe*, diaconesse de Cenchre, bourg de
l'Achaie, qui servoit de port à la ville de Corinthe pour
l'Asie, logea S. Paul, pendant sa mission en Achaie.
Cet apôtre la recommande aux chrétiens de la ville de
Rome dans son épître aux Romains, & les prie de la recevoir comme on doit recevoir les saints, de l'assister
dans toutes les occasions où elle pourroit avoir besoin
d'eux, de la même manière qu'elle avoit assisté beaucoup
de personnes, au nombre desquelles il se comptoit lui-
même. Il est fait mention de Phébé dans les martyrologes d'Usuard & d'Adon au 3 de septembre; ce qui a
été suivi par le martyrologe romain. * *Rom.* XVI, *v.* 1.
Théodoret, *in epist. ad Rom.* Tillemont, *mémoires pour
servir à l'histoire ecclésiastique.*

PHÉDIME, *Phadima*, fille d'*Otanes*, seigneur Persan, fut femme de *Smerdis*, & du faux *Smerdis Spen-
dabates*, qui se dit son mari, après le meurtre qu'il fit
faire de ce prince, auquel il ressembloit parfaitement.
Mais Phédime instruite par son pere, l'observa la nuit pen-

dant son sommeil, & l'ayant trouvé sans oreilles, le déclara aux princes Persans, qui reconnoissent le fourbe à
cette marque, le tuerent dans son palais, l'an du monde
3514, & avant Jesus-Christ 521. * Hérodote, *l.* 3.

PHEDON, *Phadon*, philosophe, étoit d'Elée, &
ayant été fait esclave, fut racheté: il s'adonna à la philosophie, & devint chef de la secte dite *Eléaque*. Il écrivit des dialogues, & eut Plistane d'Elée pour successeur.
* Diogène *Laërce, l.* 2, *vita Phil.* Aulu-Gelle, *l.* 2, *c.* 18.
Macrobe, *l.* 1. *Saturn. c.* 11. Hesychius. Suidas, &c.

PHEDON, citoyen d'Athènes, que les trente tyrans
de cette ville firent mourir dans un festin. Ses filles qu'on
avoit obligées d'y danser toutes nues, se précipiterent
dans un puits, pour conserver leur virginité.

PHEDRE, *Phedra*, fille de *Minos*, roi de Crete, &
de *Pasiphaé*, épousa *Thésée*, & devint éperdument
amoureuse de son fils *Hyppolite*. Outrée de ce que ce
jeune prince avoit résisté à ses infâmes sollicitations,
elle l'accusa d'inceste auprès de Thésée, qui attira sur
lui le courroux de Neptune. Un monstre marin, suscité
par ce Dieu, effraya les chevaux d'Hyppolite, qui fut
renversé de son chariot, & mis en pièces. Après sa
mort, la coupable Phedre s'étrangla de désespoir. * Euripide, *in Phed.* Diodore *de Sicile, l.* 5. Propert. *l.* 2.

PHEDRE, *Phedrus*, poëte Latin, affranchi d'Auguste, & natif de Thrace, mit en vers des fables à
l'imitation & dans le gout de celles d'Esope, comme il
le dit lui-même dans la préface de cet ouvrage, qui
contient cinq livres. Il fut opprimé par Séjan, mais il
survécut à ce favori de Tibere. Il s'est représenté lui-
même dans la préface de son III livre, & dans la V fable
du livre V, comme un homme qui ne s'étoit pas soucié
d'amasser du bien. François Pithou déterra le premier
les fables de Phedre, & il envoya à Pierre son frere;
ensuite de quoi ils les mirent au jour pour la premiere
fois en 1596. Nicolas Rigault les publia en 1600 avec
des notes, & les dédia à Jacques-Auguste de Thou, président au parlement. Depuis l'édition de Rigault, il s'en
est fait plusieurs autres avec des notes des plus savans
critiques. On en peut voir la liste dans la préface de
Jean de Scheffer sur cet auteur, & y joindre l'édition
faite à Amsterdam en 1698, que M. Burman a procurée, réimprimée à Utrecht en 1718, & qui contient
avec les notes de M. Gudius, qui n'avoient jamais paru,
les commentaires tout entiers de Conrard Rittershusius,
de Nicolas Rigault, de Nicolas Heinsius, de Jean Scheffer, & de Jean-Louis Prasch, avec des extraits de quelques
autres commentaires. Aviénus fait mention des fables de
Phedre, dans la préface de celles qu'il a composées, & qu'il
a dédiées à l'empereur Théodose. Nous avons plusieurs
traductions en françois des fables de Phedre, entr'autres
celle que l'on appelle traduction de messieurs de Port-
Royal, faite par M. de Saci; une autre par le P. Fabre
de l'Oratoire; une troisième par M. Prevôt; une en
vers françois par M. Denyse, &c. * Aviénus, *in præf.
fab.* Martial, *ep.* 20, *l.* 3. Nicolas Rigault, *ep. ad
Jacq. Aug. Thuan.* &c. Préface de Lancelot *sur Phedre.*
Bayle, *dictionaire critique. Voyez* un catalogue de presque toutes les éditions de Phedre, jusqu'en 1718, dans
les nouvelles littér. de Holl. t. VIII, *p.* 266.

PHEDRE, huitiéme femme d'Hérode *le Grand*, roi
de Judée, & mere de *Roxane*. * Josephe, *antiquit.
l.* 17, *c.* 1.

PHEDRE (Thomas) professeur en éloquence à
Rome, vers la fin du XV siécle, & au commencement du XVI, passa pour le Cicéron de son temps. Il
fut chanoine de Latran, & garde de la bibliothéque
vaticane. Il fut redevable du commencement de sa fortune, à la représentation de l'Hyppolite de Séneque, où il joua le personnage de Phedre, dont on continua à lui donner le nom dans la suite. La cause de sa
mort est assez particulière. Allant un jour par la ville
monté sur sa mule, il rencontra des bœufs sauvages qui traînoient un grand chariot; sa mule s'effaroucha, & le
renversa par terre; le chariot passa sur lui sans le bles-

ser , parcequ'il se trouva entre les roues ; mais la frayeur & la chute lui gâterent tellement la masse du sang, qu'il contracta une maladie dont il ne guérit jamais. S'il avoit vécu davantage, il auroit apparemment publié quelques ouvrages de sa façon. Parrhasius qui lui avoit obligation, parceque Phedre avoit voulu inspirer au pape Jules II de l'attirer à Rome, en parle avec éloge, & nomme quelques-uns de ses ouvrages. On a dit de Phedre, que sa langue valoit mieux que sa plume, c'est-à-dire, qu'il parloit beaucoup mieux qu'il n'écrivoit. Vossius a cru ce professeur Romain est l'auteur des antiquités de l'Hétrurie, qui ont paru sous le faux nom de Prosper. * Parrhasius , de quæsitis per epistolam , pag. 34. Erasm, epist. 5, l. 23. Pierius Valerian, de litterat. infelicit. l. 1. Bayle, diction. critiq.

PHÉGÉE , Phegeus , fils d'Inachus , premier roi d'Argos , bâtit la ville de Phégée , & divisa , dit-on, le temps en mois & en années , vers l'an du monde 2195, & 1840 avant J. C. * Suidas.

PHELIPEAUX (Jean) né à Angers, étudia à Paris , & y prit des degrés en théologie , jusqu'au doctorat inclusivement. Feu M. Bossuet, évêque de Meaux, qui étoit si bon juge du vrai mérite, l'ayant entendu en Sorbonne disputer à une thèse, conçut une idée si avantageuse de son esprit, de sa capacité & de ses talens, qu'il le demanda à M. Pirot, docteur de la maison & société de Sorbonne, pour le mettre en qualité de précepteur auprès de M. Bossuet, son neveu, depuis évêque de Troyes. M. l'évêque de Meaux le fit dans la suite trésorier & chanoine de son église cathédrale. Il a été official, seul grand-vicaire, supérieur de plusieurs communautés religieuses ; & l'on peut juger par ces marques d'une confiance si distinguée, de l'estime qu'en faisoit cet illustre prélat, une des plus grandes lumieres qui ait éclairé la France de nos jours. M. Phélipeaux méritoit cette estime ; c'étoit un homme d'un esprit élevé , pénétrant, profond ; il avoit passé la plus grande partie de sa vie dans une étude assidue des Peres de l'église & des livres de piété. M. l'abbé Bossuet, celui qui remplit depuis le siége de Troyes, étant allé à Rome, M. Phélipeaux l'y accompagna ; & ils y étoient, lorsque l'affaire de feu M. de Fénelon, archevêque de Cambrai, au sujet de son livre des Maximes des saints , y fut portée par ce prélat même. Ainsi M. l'abbé Bossuet & M. Phélipeaux se trouverent naturellement engagés à la poursuite de cette affaire, & à instruire les consulteurs & les cardinaux que le pape avoit nommés pour l'examiner. M. Phélipeaux n'épargna rien pour être informé des moindres particularités. Il écrivoit chaque jour ce qu'il pouvoit apprendre de ce qui se passoit dans les congrégations. C'est ce Journal qu'il mit avant sa mort en état de voir le jour, mais à condition qu'on ne le publieroit que vingt ans après ; il a paru en 1732 & 1733 , in-12, sans nom de ville ni d'imprimeur, sous le titre de Relation de l'origine , du progrès & de la condamnation du Quiétisme répandu en France , avec plusieurs anecdotes curieuses. M. Bossuet ne parle pas avantageusement de ce journal, dans la relation qu'il a donnée de l'affaire de M. de Cambrai, & qui se trouve dans les mémoires du clergé. Cette histoire est curieuse ; mais tout ce que l'on y dit contre les mœurs de madame Guyon, est fait sans preuves, & a été réfuté en 1733 , par trois lettres à un ami, &c.de M. de la Bletterie. En 1730, on a donné de M. Phélipeaux, des Discours en forme de méditations sur le sermon de J. C. sur la montagne ; vol. in-12, à Paris. Cet auteur étoit mort dès le troisième de juillet 1708 , dans un âge assez avancé. Il a laissé en manuscrit une chronique ou espece d'histoire des évêques de Meaux, écrite en latin , depuis l'origine de cette église , jusqu'à la mort de M. de Ligni évêque de Meaux , arrivée le 27 d'avril 1681. Cet ouvrage est travaillé avec beaucoup d'exactitude. * Préf. sur les Discours en forme de méditations, & celle que M. Phelipeaux avoit faite pour servir à son histoire du Quiétisme , réimprimée au-devant

de cet ouvrage. Avertissement qui est à la tête du même ouvrage. D. Toussaint du Plessis , préface de son Histoire de l'église de Meaux.

PHELIPPEAU (Jean) Jésuite , d'une famille distinguée à Blois, étoit fils d'Ambroise Phélippeau, dont parle Ménage , dans la vie de Matthieu Ménage. Il naquit le 27 février 1577, & à l'âge de 18 ans, il alla à Paris, où il entra chez les Jésuites. Après y avoir fait son noviciat & ses études de philosophie & de théologie, il fut envoyé à Pontamousson, où il eut occasion de voir le sieur Fouquet de la Varenne , conseiller de la cour, qui étoit en grand crédit auprès de Henri IV. La Varenne passoit par cette ville avec la maison du duc de Lorraine : & dans la visite qu'il reçut du P. Phélippeau, il reconnut qu'il étoit son parent, de même que le P. Brossard, compagnon du premier, ce qui les lia étroitement. Dans les conversations qu'ils eurent ensemble, ces deux peres ne manquerent pas de parler de ce qui intéressoit la société, qui avoit eu ordre de sortir du royaume, & sur-tout des moyens de la rétablir en France. La Varenne offrit ses services : ils furent acceptés ; le P. Phélippeau le seconda autant qu'il fut en lui, & ces sollicitations, jointes à quelques autres considérations, produisirent l'édit du mois de septembre 1603, qui ordonna le rétablissement de la société. Mézerai qui parle assez au long du rétablissement des Jésuites en France, ne dit rien des PP. Phélippeau & Brossart. Le premier, après avoir professé la rhétorique & la théologie , s'adonna à la prédication , par le conseil du cardinal de Joyeuse , & il précha à Paris, à Rouen , à Senlis , à Bourges , à Reims , à Lyon , à Nanci , à Angers , & encore ailleurs. Il fut recteur à Rouen , & du conseil secret du cardinal de la Rochefoucaut. Enfin devenu vieux, il se renferma dans l'étude de l'écriture sainte & des peres, & l'on a de lui quelques ouvrages qui sont les fruits de cette étude ; savoir, deux volumes de commentaires sur les petits prophètes , à Paris en 1633. Ils devoient être suivis de quelques autres, qui auroient achevé d'expliquer les petits prophètes, mais ils n'ont point été publiés. Un commentaire particulier sur le prophète Osée , avec une préface sur les versions grecques de la bible, & leurs différentes corrections , in-fol. à Paris , en 1636, en latin. L'auteur traite dans ce gros ouvrage , toutes les matieres de la prédestination & de la grace , suivant les principes de S. Augustin & de S. Thomas. On lui donne encore un traité ascétique de la vraie béatitude. Le pere Phélippeau savoit bien le grec & le latin. Il est mort en 1643. * Mem. mss. Du Pin , biblioth. des aut. eccl. du XVII siécle. Lelong, biblioth. sacra , in-fol. pag. 904. Mézerai , abrégé chronologique de l'hist. de France , tom. III , edit. in-4°. Recueil de littérature , de philosophie & d'histoire , à Amsterdam en 1730 , page 96 , jusqu'à 103. Maichel , introd. ad histor. literariam de præcipuis bibliothecis parisiensibus, &c. p. 94. Cet auteur a attribué mal-à-propos à M. Fouquet, surintendant des finances, ce qu'il falloit donner à M. Fouquet de la Varenne.

PHELYPEAUX , maison dont le nom connu depuis plus de 400 ans, a été illustrée par ses grandes dignités, par ses alliances , & par les grands hommes qu'elle a produits. Elle a donné à la France un chancelier , dix secrétaires d'état, & plusieurs grands officiers commandeurs des ordres du roi. On n'en commencera la généalogie, qu'à :

I. JEAN le Picard , dit PHÉLYPEAUX , seigneur de la Brosse-gastée en 1399 & 1400, lequel possédoit plusieurs autres fiefs. Il épousa Marguerite Thierry , fille de Jean Thierry , capitaine de la ville de Blois ; il en eut,

II. JEAN Phélypeaux, seigneur de Ville-Sablon, marié dès l'an 1450 avec Catherine Artault. Il mourut l'an 1461, & fut enterré dans le chœur de l'église des Jacobins à Blois, suivant son épitaphe, laissant entr'autres enfans,

III. GUILLAUME Phélypeaux , seigneur de Ville-Sablon en 1469, & marié avant l'an 1500, avec Per-

te Cottereau. De cette alliance fortit

IV. RAIMOND Phélypeaux, seigneur en partie de la *rilliere*, l'an 1535, ayant épousé l'an 1521, *Robine* : Lutz, dont il eut,

V. LOUIS Phélypeaux, seigneur de la Cave & de la *rilliere*, l'an 1553, conseiller au préfidial de Blois, époufa *ir* contrat du 22 août 1537, *Radegonde* Garrau, fille de *tan* Garraut de Quantes, & d'*Ifabelle* Paris. Leurs enfans *rent*, 1. RAIMOND, seigneur d'Herbaut, qui fuit; 2. *Sa-mon*, feigneur des Landes, auditeur des comptes en 592, puis maître des comptes à Paris, depuis le 12 juill-*t* 1594, jufqu'en 1633, mort le 2 octobre 1655, fans *voir* été marié, dans la 82e année de fon âge; 3. PAUL, *ii* a fait la *branche des feigneurs de* PONTCHAR-RAIN, *rapportée ci-après*; 4. *Jacob*, abbé de Bourg-*ioyen* & de l'Efterp, reçu conseiller au parlement, *:* 16 mars 1691, mort le 23 octobre 1643; 5. *Jean*, *feigneur* de Ville-Savin, comte de Buzançois, *fecré-uire des commandemens de la reine Marie* de Médicis, *maître des comptes* & conseiller d'état, mort le 23 no-*nembre* 1660, ayant eu d'*Ifabelle* Blondeau fon épouse, *Anne* Phélypeaux, mariée en 1627, à *Léon* Bouthil-*er*, comte de Chavigni, secrétaire & miniftre d'état, *ommandeur* & grand tréforier des ordres du roi, morte *e* 3 janvier 1694, âgée de 82 ans; 6. *Jacqueline*, mariée le 13 août 1586, à *Ifaac* Robert, seigneur de *Beauregard*, conseiller à Blois; 7. *Sufanne*, épouse de *Paul* Ardier, tréforier des parties cafuelles, puis tréfo-*fier* de l'épargne, morte le premier février 1651; 8. *Mar-guerite*, femme de *Daniel* de Launai, feigneur de la *Raviniere*, tréforier de France à Tours.

VI. RAIMOND Phélypeaux, feigneur d'Herbaut, de la Vrilliere, & du Verger, né à Blois en 1560, après avoir été fait secrétaire de la chambre du roi le 27 août 1590, tréforier des parties cafuelles en 1591, tréforier de l'épargne en 1599, fuccéda à *Paul* Phélypeaux, fei-gneur de Pontchartrain, fon frere cadet, dans la dignité de fecrétaire d'état, le 5 novembre 1621, & mourut à Suze en Piémont, le 2 mai 1629. Il avoit époufé, par con-trat du 3 juillet 1594, *Claude* Gobelin, fille de *Bal-thafar* Gobelin, tréforier de l'épargne, & d'*Anne* de Raconis, dont il eut 1. BAL-THASAR, seigneur d'Herbaut, *tige de la branche d'*HER-BAUT, *rapportée ci-après*; 2. LOUIS, feigneur de la Vrilliere, *tige de celle de la* VRILLIERE, *aussi mentio-née ci-après*; 3. ANTOINE, seigneur du Verger, *tige de celle de celle du* VERGER, *dont on parlera ci-après*; 4. *Anne*, époufe de *Henri* de Buade, comte de Palluau & de Frontenac, meftre de camp du régiment de Navarre, morte en 1633; 5. *Marie*, qui époufa *Henri* de Neuf-ville-de-Villeroi, comte de Burri, après la mort duquel elle fe fit religieufe Carmélite à Paris; 6. *Claude*, ma-riée l'an 1627 à *Jacques* du Blé, marquis d'Uxelles, gouverneur de Châlons, morte le 18 juillet 1642; 7. *Ifa-belle*, mariée le 18 juillet 1627, à *Louis* de Crevant, marquis d'Humieres, premier gentilhomme de la chambre du roi, & gouverneur de Compiegne, morte en 1642.

BRANCHE DES SEIGNEURS D'HERBAUT.

VII. BALTHASAR Phélypeaux, chevalier, feigneur d'Herbaut, fils aîné de RAIMOND Phélypeaux, reçu conseiller au parlement, le 18 février 1618, puis tréfo-rier de l'épargne, & conseiller d'état, le 15 fé-vrier 1663. Il avoit époufé l'an 1620, *Marie* le Feron, fille de *Raoul* le Feron, maître des requêtes, & de *Renée* Hennequin, morte le 16 décembre 1646, dont il eut 1. FRANÇOIS, seigneur d'Herbaut, qui fuit; 2. *Baltha-far*, abbé de Bourgmoyen, & de S. Laurent d'une Cofne, mort le 27 février 1688; 3. *Elizabeth*, mariée par contrat du 6 octobre 1665, à *Antoine* de France, feigneur de la Tour, écuyer du roi; gouverneur de S. Dizier & de Ribemont, mort au mois d'avril 1700, âgé de 89 ans.

VIII. FRANÇOIS Phélypeaux, feigneur d'Herbaut, conseiller au parlement, époufa *Anne* Loifel, fille d'*An-*

---

toine Loifel, conseiller au parlement, & d'*Anne* Bou-lenger, morte le 26 mars 1705, dont il eut 1. AN-TOINE-FRANÇOIS, qui fuit; 2. *Louis-Balthafar*, doc-teur de Sorbonne, chanoine de Notre-Dame de Paris, en 1694, abbé du Thoronet, diocèse de Fréjus, en 1697, agent général du clergé en 1701, & évêque de Riez en 1713; 3. *Henri*, capitaine de vaiffeau, tué au combat naval près de Malaga, le 24 août 1704; & 4. *Marie-Anne* Phélypeaux, morte fille en 1688.

IX. ANTOINE-FRANÇOIS Phélypeaux, feigneur d'Herbaut, intendant général de la marine; mourut à Malaga le 10 octobre 1704, de la bleffure qu'il avoit reçue fur le vaiffeau amiral, au combat où fon frere fut tué. Il avoit époufé le 5 mai 1695, *Jeanne* Galon, fille de *Georges* Galon, écuyer, & de *Sufanne* Rigioli, dont entr'autres enfans, GEORGES, qui fuit; & *Marie-Anne*, mariée par contrat du 17 juillet 1725, avec *Gabriel-Bertrand* du Guefclin, seigneur de Beaucé.

X. GEORGES Phélypeaux, feigneur d'Herbaut, reçu conseiller au parlement de Paris le 30 mars 1719; s'étant démis de cette charge, fut pourvu de celle de lieutenant de roi du gouvernement d'Orléanois, au dé-partement du Blaifois, pour laquelle il prêta serment le 2 mars 1727. Il époufa *Anne-Louife* de Kerouart, dont il a laiffé quatre enfans; favoir, 1. *Georges-Louis* Phélypeaux d'Herbaut, prêtre, abbé commendataire de l'abbaye royale du Thoronet, archevêque de Bourges depuis 1757; 2. *Louis-Balthazar*, chevalier de Malte, mort garde-marine à Breft, le 4 octobre 1749; 3. *Jean-Frédéric*, officier du régiment du roi; & 4. *Rofalie-Félicité*, morte femme de M. de Vigier, procureur gé-néral en furvivance du parlement de Bourdeaux.

BRANCHE DES MARQUIS DE LA VRILLIERE.

VII. LOUIS Phélypeaux, seigneur de la Vrilliere & de Châteauneuf fur Loire, baron d'Hervi, &c; second fils de RAIMOND, seigneur d'Herbaut, & fecrétaire d'état, fut fait conseiller d'état le 20 decembre 1620; fecrétaire d'état après la mort de fon pere, le 26 juin 1629; commandeur, prevôt & maître des cérémonies des ordres du roi, le premier avril 1643; & mourut le 5 mai 1681, âgé de 83 ans. Il avoit époufé par con-trat du premier août 1635, *Marie* Particelle, morte le 23 août 1670, fille de *Michel* Particelle, feigneur d'Hemeri & de Thoré, furintendant des finances, & d'*Anne* le Camus, dont il eut 1. *Louis*, reçu en fur-vivance de la charge de fecrétaire d'état en 1648, dont il fe démit en 1669; 2. BALTHASAR, marquis de Châ-teauneuf, qui fuit; 3. *Michel*, conseiller au parlement, abbé de Niceil, de S. Lo & de l'Abfie, nommé évêque d'Uzez le 22 novembre 1664, & archevêque de Bour-ges en 1676, mort fubitement à Paris, le 28 avril 1694, âgé de 52 ans; 4. *Augustin*, chevalier de Malte en 1647, & capitaine de galere, mort dans fon bord, proche de Vigo en Espagne, l'an 1673; 5. *Raimond*, comte de S. Florentin, lieutenant colonel du régiment colonel général de dragons, mort à Mons le 9 août 1692, des bleffures qu'il avoit reçues au combat de Steinker-que; 6. *Pierre*, baron d'Hervi, brigadier des armées du roi, meftre de camp du régiment royal Dauphin étran-ger, mort en 1691; 7. *Marie*, époufe de *Jean-Claude* de Rochechouart, seigneur de Tonnai-Charente & de l'Ifle-Dieu, colonel du régiment de la Marine, morte le 15 février 1681; & 8. *Agnès*, morte en bas âge.

VIII. BALTHASAR Phélypeaux, marquis de Château-neuf, de Tanlai, de Thoré, &c. fut d'abord aumônier du roi, abbé de l'Abfie & de Quinci, conseiller au par-lement, puis reçu fecrétaire d'état en furvivance de fon pere, l'an 1669, fur la démiffion de fon frere aîné. Il commença d'exercer cette charge en 1676. Il avoit ob-tenu par commiffion en 1671, celle de commandeur & fecrétaire des ordres du roi, dont il fut pourvu en titre l'an 1683. Il mourut en fa terre de Châteauneuf, allant aux eaux de Bourbon, le 27 avril 1700. Par contrat du 29 décembre 1670, il avoit époufé *Marie-Margue-*

rite de Fourci, fille de *Jean* de Fourci, feigneur de
Cheffi, conseiller au grand conseil, & de *Marguerite*
Fleuriau, morte le 9 avril de l'an 1711. De cette alliance font nés, 1. LOUIS, marquis de la Vrilliere, qui fuit;
2. *Balthafar*, chanoine régulier de S. Augustin de la congrégation de fainte Geneviéve, nommé abbé de Nicœil,
en 1693; 3. *Balthafar*, chevalier de Malte, brigadier
des armées du roi, & colonel de dragons; 4. *Catherine-
Thérèfe*, mariée le 8 mai 1692, à *François* d'Aubuffon,
duc de la Feuillade, gouverneur du Dauphiné; morte
fans enfans, le 5 septembre 1697, âgée de 21 ans.

IX. LOUIS Phélypeaux, marquis de la Vrilliere, de
Châteauneuf, de Tanlai, comte de S. Florentin, baron d'Hervi, &c. né le 14 avril 1672, fut fait fecrétaire
d'état après la mort de fon pere, le 10 mai 1700, puis
commandeur & fecrétaire des ordres du roi, le 18 mai
de la même année, & mourut le 17 septembre 1725.
Il avoit époufé le premier septembre 1700, *Françoife*
de Mailli, fille de *Louis*, comte de Mailli, maréchal de
camp des armées du roi, & de *Marie-Anne* de Sainte-
Hermine, dame d'atours de madame la Dauphine, dont
il a eu LOUIS, qui fuit; *Anne-Marie*, née le 25 novembre 1702, morte en mars 1722; *Marie-Jeanne*,
née en mars 1704, mariée le 19 mars 1718, à *Jean-
Frédéric* Phélypeaux, &c. miniftre & fecrétaire
d'état, commandeur, fecrétaire &
grand tréforier des ordres du roi; & *Louife-Françoife*
Phélypeaux, alliée le 21 mai 1722, à *Louis-Robert-
Hyppolite* de Brehant, comte de Plélo, ambaffadeur en
Danemarck, mort en 1729, & elle en 17....

X. LOUIS Phélypeaux, comte de S. Florentin, marquis de la Vrilliere & de Châteauneuf fur Loire, baron
d'Evry-le-Châtel, &c. conseiller du roi en tous fes
conseils, miniftre & fecrétaire d'état, & des commandemens & finances de fa majefté, commandeur &
chancelier des ordres du roi, & chancelier de la reine, &c. eft né le 18 aout 1705; fut pourvu de la charge
de fecrétaire d'état & des commandemens & finances de fa majefté, en furvivance & fur la démiffion
du marquis de la Vrilliere, fon pere, par lettres du 17
février 1723, & il en prêta ferment le lendemain entre
les mains du roi. Il fut autorifé, par lettres patentes
des 5 janvier 1728 & 9 décembre 1733, à figner toutes lettres patentes & expéditions dépendantes de la
fonction de fa charge de fecrétaire d'état, quoiqu'il ne
fût point revêtu de l'office de conseiller fecrétaire du
roi, maifon, couronne de France & de fes finances. Il
fut pourvu, par lettres 3 août 1736, de la charge de
commandeur-fecrétaire des ordres du roi, fur la démiffion de M. Chauvelin, garde des fceaux de France, &
il en prêta ferment le lendemain entre les mains de fa
majefté. Il fut fait chancelier de la reine, après la mort
du marquis de Breteuil, par lettres du 17 février 1743,
& en prêta ferment le même jour entre les mains de fa
majefté. En 1740 il fut élu honoraire de l'académie des
fciences. En 1744, le roi ayant réfolu d'aller commander en personne fes armées en Flandre, donna pouvoir
à M. le comte de S. Florentin, le premier mai de
cette année, d'expédier, fignant au nom de fa majefté,
& contre-figner, jufqu'à fon retour, toutes les lettres
patentes & claufes, les édits, déclarations, arrêts, dépêches & expéditions qui avoient accoutumé d'être faites par fon commandement, pour fes affaires, celles de
l'état, des finances & du public, même dans les occurren-
ces qui pouroient furvenir, celles qui feroient paffées,
& fur lefquelles on ne pouroit attendre la réfolution de
fa majefté. Il obtint de pareils pouvoirs pendant les
campagnes du roi en Flandre, les années 1745,
1746 & 1747. Il fut nommé miniftre d'état au mois
d'août 1751. Il fut pourvu, au mois de juin 1756, de
la charge de commandeur-chancelier, garde des fceaux
des ordres du roi, & de furintendant des deniers des
mêmes ordres, vacante par le décès de M. l'abbé de
Pomponne; fit fes preuves de noblesse le 7 juillet fuivant, devant M. le duc de Villeroi, pair de France, &

M. le marquis de Beringhem, premier écuyer du roi;
chevaliers & commandeurs des mêmes ordres, commiffaires à ce députés, qui en firent rapport au chapitre
tenu dans le cabinet du roi à Verfailles, le premier janvier 1757. Au mois de février fuivant, il fut élu par
l'académie des belles lettres, pour remplir la place d'académicien honoraire, qui vaquoit par la mort du marquis d'Argenfon. Il a été nommé adminiftrateur général
des ordres de N. D. du mont Carmel & de S. Lazare,
pendant la minorité de monfeigneur le duc de Bourgogne, grand maître de ces ordres, par commiffion du 18
mai 1758. Il a époufé par contrat du 10 mai 1724,
Amelie-Ernestine, née comteffe de Platen, fille d'*Er-
nest-Augufte*, comte du faint Empire, de Platen & de
Hallermunde, grand chambellan & miniftre d'état de Sa
Majefté Britannique, grand maître héréditaire des poftes
des états de Brunfwick-Lunebourg, & de *Sophie-Caro-
line-Eve-Antoinette* d'Offelen.

BRANCHE DES SEIGNEURS DU VERGER.

VII. ANTOINE Phélypeaux, feigneur du Verger,
troifiéme fils de RAIMOND Phélypeaux, feigneur d'Herbaut, fecrétaire d'état, fut reçu conseiller au parlement
le 19 juillet 1624; fut fait enfuite intendant de juftice
en Bourbonnois, puis conseiller d'état, & mourut le 19
mars 1665. De fon mariage avec *Marie* de Villebois,
fille de *Jacques* de Villebois, maître d'hôtel du roi,
morte au mois de mai 1701, âgée de 79 ans, il a laiffé,
1. RAIMOND-BALTHASAR, qui fuit; 2. *Jacques-Antoine*
Phélypeaux, nommé évêque de Lodève en 1690,
mort dans fon diocèfe au mois d'avril 1732.

VIII. RAIMOND-BALTHASAR Phélypeaux, feigneur
du Verger, lieutenant général des armées du roi, confeiller d'état d'épée, après avoir été envoyé extraordinaire à Cologne, fut ambaffadeur extraordinaire à Turin, puis nommé gouverneur général des ifles de l'Amérique, par provifions du premier janvier 1709. Il eft
mort fans alliance à la Martinique, le 21 octobre 1713.
Il avoit été nommé le 13 avril précédent commandeur
de l'ordre de S. Louis.

BRANCHE DES COMTES DE PONTCHARTRAIN.

VI. PAUL Phélypeaux, feigneur de Pontchartrain,
troifiéme fils de LOUIS Phélypeaux, feigneur de la Vrilliere, né à Blois l'an 1569, joignit à la facilité d'un heureux génie toutes les lumieres que peut fournir une excellente éducation, & entra dans les affaires, quoique
très-jeune, dès l'an 1588. Après en avoir pris les premieres teintures fous M. de Révol, fecrétaire d'état, il
acheva de fe perfectioner fous M. de Villeroi, & fut
pourvu par Henri IV de la charge de fecrétaire des
commandemens de la reine Marie de Médicis. Il la remplit avec tant de zèle & de capacité, que cette princeffe
lui procura celle de fecrétaire d'état, à la place de
M. Forget du Frefne; & le 21 avril 1610, il entra en
exercice, peu de temps avant la mort du roi. Lorfque le
gouvernement fut tombé entre les mains de la reine, fa
bienfaitrice, il aida, par fes fages conseils, à maintenir
l'autorité de la régente & la tranquillité des peuples.
Les affaires plus importantes qui furvinrent dans la
fuite, & fur-tout celles de la religion, pafferent par fes
mains. On lui donna ordre en 1615 de fe joindre à
M. de Villeroi, pour faire ceffer les mécontentemens de
M. le prince de Condé, qui s'étoit retiré de la cour,
& qui avoit affemblé à Couci les ducs de Longueville,
de Mayenne, le comte de Saint-Paul, & le maréchal
de Bouillon. M. de Pontchartrain travailla aux réglemens
qui furent faits dans l'affemblée des notables à Rouen
l'an 1617, & eut la meilleure part au traité de paix, qui
fut conclu l'an 1619 avec la reine mere, peu après fon
évafion de Blois. Les mouvemens féditieux des huguenots qui refuferent en 1620 de fe féparer à Loudun,
& qui convoquerent la même année une affemblée illi-
cite à la Rochelle, furent réprimés par les foins de
M. de Pontchartrain. Enfin ce grand homme, dont les

rces s'étoie nt épuifées par fon extrême application, tomba malade au fiége de Montauban, où il avoit accompagné le roi en 1621. Il fe fit porter à Caftel-Sararin, où il mourut le 21 octobre, âgé de 52 ans. Il avoit époufé *Anne* de Beauharnois, fille de *François* de Beauharnois, feigneur de Miramion, & d'*Anne* Bourdineau, morte le 20 janvier 1653, dont il eut, 1. LOUIS, qui fuit; 2. *Marie*, femme d'*Anne* Mangot, feigneur de Villarceaux, maître des requêtes, morte le 15 avril 1670; 3. *Claude*, mariée à *Pierre* de Hodicq, feigneur de Marli, préfident aux enquêtes du parlement de Paris, puis confeiller en la grand'-chambre, morte le 11 mai 1682; 4. *Charlotte*, époufe de *Claude* Frere, maître des requêtes,& premier préfident au parlement de Grenoble.

VII. LOUIS Phélypeaux, I du nom, feigneur de Pontchartrain, n'étoit âgé que de huit ans lors de la mort de fon pere; il fut néanmoins gratifié de la charge de fecrétaire d'état, à condition que pendant fa jeuneffe elle feroit exercée par *Raimond* fon oncle, auquel il en donna depuis fa démiffion. Après avoir été confeiller au parlement en 1637, il fut préfident à la chambre des comptes en 1650, & mourut le 30 avril 1685, âgé de 72 ans. Il avoit époufé *Marie-Sufanne* fille de *Jacques* Talon, avocat général au parlement de Paris, puis confeiller d'état, morte le premier octobre 1653, dont il eut 1. LOUIS, chancelier de France, qui fuit; 2. JEAN, confeiller d'état, *dont nous parlerons plus bas*; 3. *Sufanne*, époufe de *Jerôme* Bignon, avocat général au parlement, puis confeiller d'état, morte le 24 mars 1690; 4. *Marie-Claude*, mariée l'an 1660, à *Louis-Henri* Habert, feigneur de Montmort, confeiller au parlement, morte fans enfans, le 23 janvier 1661.

VIII. LOUISP hélypeaux, chevalier, comte de Pontchartrain, né le 29 mars 1643, fut reçu confeiller au parlement de Paris, le 11 février 1661, à l'âge de 17 ans. Il exerça cette charge avec diftinction jufqu'en 1667, qu'il fut choifi au mois d'août par le feu roi Louis XIV, pour remplir la place de premier préfident au parlement de Bretagne. Il contribua à affermir la paix dans cette province qui avoit été fort agitée. En 1687 il fut nommé intendant des finances. En 1689 il fuccéda à M. le Peletier dans la charge de controlleur général des finances. A la fin de 1690, il fut fait fecrétaire d'état après M. de Seignelai, mort au mois de novembre de cette année, & réunit à cette charge le foin & la direction des académies qui en avoient été détachées, & particulièrement de celle qui eft à préfent connue fous le nom d'*Académie des belles lettres*, à laquelle il donna une nouvelle forme. Il fut fait chancelier & garde des fceaux de France en 1699. Peu après, le roi le nomma commandeur de fes ordres. Après avoir encore fervi pendant quinze années comme chancelier, ne voulant plus penfer qu'à fervir Dieu, il demanda au roi la permiffion de fe retirer. Sa majefté qui la lui accorda avec peine, lui conferva tous les honneurs attachés à la première dignité du royaume, & le gratifia d'une penfion confidérable. Il fe retira dans la maifon de l'Inftitution des PP. de l'Oratoire, où il faifoit d'abondantes aumônes,& n'étoit occupé qu'à des œuvres de fanctification. Louis XV, aujourd'hui régnant, l'honora une fois de fa vifite par refpect pour fa vertu, & l'on peut dire qu'il étoit encore plus grand dans fa retraite, que dans les places les plus diftinguées dans le fiécle où fa capacité & fon mérite fingulier l'avoient élevé. Il mourut dans fon château de Pontchartrain, au milieu de fa famille, le 22 décembre 1727, dans la 85° année de fon âge. Il fut inhumé fans aucune pompe ni monument, comme il l'avoit ordonné, dans fa chapelle de l'églife de S. Germain l'Auxerrois à Paris. Il avoit époufé en 1668, *Marie* de Maupeou, fille de *Pierre* de Maupeou, préfident aux enquêtes, & de *Marie* Quentin de Richebourg, morte le 12 avril 1714, ayant eu pour fils unique JEROME Phélypeaux, qui fuit.

IX. JEROME Phélypeaux, comte de Pontchartrain, & de Maurepas, né au mois de mars 1674, fut reçu confeiller au parlement, le 29 mars 1692; fecrétaire d'état

en furvivance de M. fon pere, le 19 décembre 1693; commandeur-prévôt des ordres du roi en octobre 1709. Il s'eft démis en novembre 1715, de la charge de fecrétaire d'état, & eft mort le..... Il avoit époufé 1°. le 28 février 1697, *Chriftine-Eléonore* de la Rochefoucaud de Roye, fille de *Frédéric-Charles* de la Rochefoucaud, comte de Roye, & d'*Ifabelle* de Durfort-Duras, morte le 23 juin 1708, âgée de 27 ans: 2°. le 31 juillet 1713, *Hélène-Rofalie-Angélique* de l'Aubefpine, fille d'*Etienne*, marquis de Verderonne, guidon des gendarmes de la reine, & de *Marie-Anne* Feftard. Il a eu de fon premier mariage, *Louis-François* Phélypeaux, comte de Maurepas, né le 9 mai 1700, mort le 23 janvier 1708, & inhumé à S. Germain l'Auxerrois; JEAN-FREDERIC Phélypeaux, comte de Melleran, puis de Maurepas, qui fuit; *Paul-Jerôme* Phélypeaux, marquis de Chefboutonne, appellé d'abord *le chevalier*, puis le *marquis de Pontchartrain*, né le 15 avril 1703, & reçu de minorité chevalier de l'ordre de S. Jean de Jérufalem au grand prieuré de Jérufalem, le 4 août de la même année; nommé fous-lieutenant de la compagnie des gendarmes de la reine, le premier février 1719, puis capitaine-lieutenant de celle des gendarmes Anglois, le 12 feptembre 1726, fait brigadier des armées du roi en 1734, lieutenant-général des armées du roi; *Charles-Henri* Phélypeaux de Pontchartrain, qui fut auffi reçu de minorité chevalier de l'ordre de S. Jean de Jérufalem au grand prieuré de France, le 12 août 1706, mais qui depuis embraffa l'état eccléfiaftique. Il obtint l'abbaye de Royaumont, ordre de Citeaux, au diocèfe de Beauvais, le 26 novembre 1728, fut reçu docteur en théologie de la faculté de Paris, le 2 avril 1732, & le roi le nomma à l'évêché de Blois, le 23 mai 1734, après la mort de M. de Caumartin; mais il mourut le 24 juin fuivant à l'âge de 28 ans; & *Marie-Françoife-Chriftine* Phélypeaux de Pontchartrain, née le 17 janvier 1698, & morte le 21 feptembre 1701. Du fecond mariage du comte de Pontchartrain font venus deux filles, *Marie-Louife-Rofalie* Phélypeaux de Pontchartrain, née au mois de juin 1714, & mariée le 12 mai 1729, avec *Maximilien-Emanuel* de Watteville, des comtes d'Altorff, marquis de Conflant & d'Illiers, comte de Buffelin, baron de Châteauvillain, de Foncine, de Cirod, & du Chêne-Doré, feigneur de Chargey, de Dampierre, de Devezeure, &c; & *Hélène-Angélique-Françoife* Phélypeaux de Palluau, née au mois de mai 1715, & mariée le 18 décembre 1730, avec *Louis-Jules* Barbon Mazarini Mancini, duc de Nivernois, pair de France, né en 1716, nommé colonel du régiment de Limofin le 20 février 1734, chevalier des ordres du roi, &c.

X. JEAN-FREDERIC Phélypeaux, comte de Maurepas & de Pontchartrain, baron de Beyne, miniftre d'état & commandeur des ordres du roi, eft né le 9 juillet 1701. Il fut reçu chevalier de Malte, de minorité, au grand prieuré de France le 4 août 1703; fut pourvu de la charge de fecrétaire d'état & des commandemens de fa majefté, fur la démiffion du comte de Pontchartrain, fon pere, par lettres du 8 novembre 1715; en prêta ferment le 13 du même mois, & commença de l'exercer au mois de mars 1718, en vertu de lettres de difpenfe d'âge. Il fut autorifé par lettres patentes du..... à figner toutes lettres patentes & expéditions dépendantes de la fonction de cette charge, quoiqu'il ne fût point revêtu de l'office de confeiller fecrétaire du roi, maifon couronne de France & de fes finances. En 1723, le département de la marine, qui avoit été féparé de fa charge lors de l'établiffement des confeils, lui fut rendu. Il fut pourvu de la charge de commmandeur-fecrétaire des ordres du roi, fur la démiffion du premier miniftre de Novion, par lettres du 5 mars 1724, & en prêta ferment le lendemain. Le 11 août 1725, il fut élu honoraire de l'académie des fciences, & il y prit féance le 4 juillet fuivant. En 1727 il alla vifiter les ports de Bretagne, & ceux de la Rochelle & de Rochefort, & on lui rendit dans tous les lieux de son passage, suivant les ordres du roi, les mêmes honneurs qu'au maréchaux de France. Au mois de juillet 1736, il se démit de sa charge de secrétaire des ordres du roi, en faveur de M. Chauvelin, garde des sceaux de France, & passa à celle de commandeur-grand trésorier des mêmes ordres, sur la démission de M. Daguesseau, chancelier de France. Ses provisions pour cette derniere sont du premier août suivant. Au mois de janvier 1738, il fut nommé ministre d'état. Au mois de février 1743, il se démit de sa charge de grand trésorier en faveur de M. Orry, ministre d'état & controlleur général des finances. M. le comte de Maurepas donna la démission de sa charge de secrétaire d'état de la marine le 24 avril 1749. Il a épousé le 29 mars 1718, *Marie-Jeanne* Phélypeaux de la Vrilliere, sœur de M. le comte de S. Florentin.

CINQUIÈME BRANCHE DES PHELYPEAUX.

VIII. JEAN Phélypeaux, conseiller d'état, second fils de LOUIS Phélypeaux, seigneur de Pontchartrain, président en la chambre des comptes, & de *Susanne* Talon, né le 12 mars 1646, fut reçu conseiller au grand conseil en 1682, maître des requêtes en 1686, intendant de la généralité de Paris en 1690, dont il se démit en 1709, conseiller d'état le 23 novembre 1693, & mourut le 19 août 1711, âgé de 65 ans. Il avoit épousé le 16 septembre 1683, *Marie* de Beauharnois, fille de *François* de Beauharnois, seigneur de la Grilliere, lieutenant général au bailliage d'Orléans, & de *Charlotte* de Bugi sa seconde femme, morte le 8 août 1723, de laquelle il a *Jean-Louis* Phélypeaux, seigneur de Montleri, né le 9 janvier 1688, avocat du roi au châtelet, puis conseiller au parlement, lequel ayant quitté la robe, a été reçu guidon des gendarmes de la garde du roi ; & *François* Phélypeaux, seigneur d'Outreville, né le 28 avril 1689, qui fut reçu conseiller au parlement le 11 décembre 1709, puis maître de requêtes, mort de la petite vérole le 19 décembre 1715, en sa 26e année, laissant de *Marie-Catherine* Voisin de Saint Paul, qu'il avoit épousée le 13 août 1710, *N.* mort jeune ; *N.* mort de la petite vérole en juillet 1723, âgé de 12 ans ; & *Marie-Catherine* Phélypeaux, mariée le 13 janvier 1734, à *Louis-Charles* de Gouffier, seigneur marquis d'Heilly.

Cette maison porte d'*azur semé de quinte feuilles d'or, au franc quartier d'hermines, écartelé d'argent, à trois lezards de sinople.*

PHELYPEAUX (Jean) Jésuite, cherchez PHELIPPEAU.

PHEMIUS, grammairien, tenoit école en la ville de Smyrne dans l'Ionie, province de l'Asie mineur, & épousa *Chritheïs*, qui étoit déja grosse. Elle accoucha sur le bord du fleuve Melès d'un fils, qui par cette raison fut appellé Melesigènes. Quoique Phemius n'en fût pas le pere, il le fit néanmoins héritier de ses biens & successeur de son école. C'est le poëte qui est si connu aujourd'hui sous le nom d'*Homere. Voyez* HOMERE * Hérodote & Plutarque.

PHEMONOÉ, premiere prêtresse du temple de Delphes, inventa, dit-on, les vers héroïques, & rendoit des oracles en cette sorte de vers. * Strabon, *l.* 9. Pausanias, *in Phoc.* Pline, *l.* 10.

PHENÉE, *Pheneum*, ville d'Arcadie au pied du mont Cylène, est fameuse pour avoir autrefois disputé le premier rang à la ville de Thegée capitale de ce pays. *Voyez* CRITOLAUS. Il y a proche de la ville de Phénée un lac dont les eaux sont salutaires pendant le jour, & très pernicieuses sur le soir & durant la nuit. * Ovide, *metam l.* 15.

PHENENNA, l'une des deux femmes d'*Elcana* pere du prophéte *Samuel.* Elle eut des enfans de son mari, avant que Dieu en eût donné à Anne l'autre femme d'Elcana, qui fut mere de Samuel. Sa fécondité la rendit orgueilleuse, & lui fit mépriser Anne qui n'avoit point d'enfans. * *I. Rois*, 1, 2.

PHENICE ou *Phœnix*, port de mer de l'isle de

Crete, aujourd'hui Candie, qui regarde le sud-ouest & le nord-ouest, c'est-à-dire, le couchant d'hiver & celui d'été. Le vaisseau où étoit saint Paul quand il alloit à Rome, tâcha d'y aborder pour y passer l'hiver ; mais les vents contraires l'en empêcherent. * *Actes XXVII*, 12.

PHENICIE, *Phœnice*, province de Syrie, étoit autrefois divisée en deux parties. La Phénicie propre comprenoit les villes de Beryte, de Tyr, de Sidon, &c. L'autre, qu'on appelloit la Phénice de Damas ou du Liban, avoit les villes d'Héliopolis, de Damas, &c. On appelloit aussi de ce nom tout l'espace de terre qui s'étendoit le long de la mer Méditerranée, depuis le fleuve Eleuthere, jusqu'à Péluse en Egypte ; mais depuis ces bornes furent retrecies. Les Phéniciens étoient extrêmement adroits en toutes sortes d'ouvrages. On les fait inventeurs des lettres, de l'écriture & des livres, comme le remarque Lucain, *l.* 3 *Pharsal.* Ces peuples ont trouvé les premiers l'art de la navigation, ont enseigné à donner des batailles sur mer, à user du droit de la royauté, & à soumettre les peuples voisins, &c. * Strabon, *l.* 16 Pline, *l.* 5, *c.* 12. Josephe, *in antiq.* Cluvier, *l.* 5. *inter Geograph.* Ferrari, *in lexicon.*

PHENIX, *Phœnix*, fils d'*Agenor*, fut le second roi de Sidon, & donna son nom à la Phénicie. Il inventa, dit-on, les lettres ou caractéres de l'écriture, & trouva le moyen de se servir d'un petit vermisseau, pour teindre en couleur de pourpre. Bochart, dans son *Chanaan, l.* 1, *c.* 2, conjecture que les Phéniciens ont été ainsi nommés des mots *Bene Anak*, fils d'Anak. * Diodore.

PHENIX, fils d'*Amyntor*, roi des Dolopes, peuple d'Epire, fut faussement accusé par Clytie, concubine de son pere, d'avoir voulu la forcer ; & quoiqu'il fût innocent, il eut les yeux crevés par ordre d'Amyntor. Mais on dit que Chiron, centaure & savant médecin, le guérit, & lui donna la conduite du jeune Achille, qu'il mena au siége de Troye. Après la prise de cette ville, Pélée, pere d'Achille, rétablit Phénix sur le trône, & le fit proclamer roi des Dolopes. * Apollodore. Hygin.

PHEODOROI. C'est une des isles Schetlandiques appartenant à l'Ecosse. Elle a sept milles de long, & est à huit milles d'Yell, & à sept de Vuist. * *Dictionaire anglois.*

PHERECYDE, *Pherecydes*, philosophe, natif de l'isle de Scyros, disciple de Pittacus, & maître de Pythagore, vivoit vers la LV olympiade, & l'an 560 avant J. C. Théopompe allégué par Diogène Laërce, assure que c'est le premier qui a écrit de la nature des dieux. On remarque aussi qu'il étoit très-savant dans l'art de deviner ; que voyant un vaisseau sur mer, il prédit qu'il feroit naufrage ; qu'il prévit même un tremblement de terre, &c. * Du Pin, *biblioth. universelle des hist. profanes.* Voyez une *Dissertation sur Phérécide, ses ouvrages & ses sentimens*, traduite du latin de M. Heinius, dans les *Mém. de l'académie de Berlin*, pour l'année 1747.

PHERECIDE, historien, natif de Léros, & surnommé l'Athénien, vivoit sous la LXXXI° olympiade, vers l'an 456 avant J. C. Il a écrit une histoire de l'Attique, &c. Les anciens l'allèguent souvent. Quelques-uns distinguent deux Phérécides historiens, l'un de Léros & l'autre d'Athènes, quoique ce soit le même.

PHERECRATE, ancien poëte comique, étoit d'Athènes, contemporain de Platon, qui en parle dans son *Protagore*, & d'Aristophane qui le cite dans sa *Lysistrate.* Il fit quelques campagnes sous Alexandre, s'il en faut croire Suidas. Ce qui est plus certain, c'est qu'il s'acquit une grande réputation dans la poësie comique. Hertelius dans sa *Bibliothéque des anciens comiques*, dont il nous reste quelques fragmens, lui fait remporter le prix en ce genre, & ajoute que ce poëte n'étant encore que simple acteur ou comédien, se rendit imitateur & rival de Cratès. Phérécrate, comme Aristophane & les autres comiques du même temps, travailla dans le gout de la vieille comédie, qui mettoit sur le théâtre, non des personnages feints & imaginaires, mais des personnages

quellement vivans, qui leurs noms & leurs mafques
oient connoître aux fpectateurs, & que l'on tournoit
ridicule. Malgré la licence qui régnoit alors fur la
ne, on dit que Phérécrate s'étoit fait une loi de n'in-
ier & de ne diffamer perfonne. Mais il excelloit dans
te raillerie fine & délicate, qu'on appelloit *Urbanité
tique*; il paroît d'ailleurs très-purement fa langue.
n le loue auffi fur fa fécondité à imaginer de nouveaux
ets de comédies. Il fut auteur d'une forte de vers ap-
llé de fon nom *Phérécratien* : il étoit compofé des
is derniers pieds du vers héxametre, avec cette con-
ion, que le premier de ces trois pieds doit toujours
e un fpondée. Dans Horace, *Quamvis Pontica pinus*
un vers Phérécratien. On attribue à Phérécrate vingt
une comédies, favoir : *les Braves ; les Sauvages ; les
ranfuges ; les Vieilles ; les Peintres ; le Maître-valet ;
Dublieux, ou la Mer ; le Four, ou la Veillée ; la Voile ;
rianno ; les Crépatalles*, forte de monnoie de petite
leur ; *la Sorciere ; les Niaiferies ; les Mineurs , ou
hercheurs de métaux ; les Fourmis hommes ; les Perfes ;
Rhétorique ; Triptolême ; la Tyrannie ; Chiron ; le
ux Hercule*. Les fragmens qui nous reftent de ces pié-
s, & qui font épars çà & là, ont été ramaffés par
fertelius cité plus haut, & par Grotius, qui en a mis
t une partie avec tout l'agrément qu'il y a fu joindre
ar l'élégance de fa traduction en vers latins. Athénée
ous a confervé des fragmens de prefque toutes ces
iéces ; & Plutarque, un touchant la mufique, tiré du
Chiron de l'auteur. M. Burette a examiné ce fragment
n détail dans la fuite de fes remarques fur le dialogue
le Plutarque touchant la mufique. Quant aux autres
ragmens de Phérécrate, ceux qui paroiffent plus dignes
le remarques font : 1. celui où il dit, parlant d'Alcibiade, que cet Athénien, qui fembloit à peine être un
homme, étoit pourtant le mari de toutes les femmes ;
2. celui où il déplore la condition des vieillards, qui ne
commencent à poffeder la fageffe, que lorfqu'ils ne font
plus bons à rien ; 3. celui où il rappelle le fouvenir de
cette vie laborieufe que menoient les hommes, avant
qu'ils euffent des efclaves ou des valets ; 4. celui où il
introduit les dieux fe plaignant des maigres facrifices que
leur font les mortels, qui ne leur offrent prefque autre
chofe que les offemens des victimes, après les avoir bien
couverts de farine falée, pour mieux cacher leur turpi-
tude ; 5. celui où il reproche aux femmes Athéniennes,
qu'au lieu que les hommes ne fe fervent que de coupes
très-peu profondes,& prefque fans rebords, elles, au contraire, n'emploient que des gobelets très-larges & très-
creux, & que lorfqu'on les accufe d'intempérance dans
l'ufage du vin, elles croient s'excufer en difant, qu'elles
ne boivent jamais qu'un feul coup, quoique ce coup en
vaille mille de ceux que boivent les hommes ; 6. le
fragment où le poëte affure que chez les Athéniens on
n'a jamais vu ni cuifiniere, ni poiffonniere, ajoutant que
les arts doivent être diftribués à chaque fexe d'une maniere convenable ; 7. celui où il décrit la vie délicieufe
des hommes du bon vieux temps. * *Voyez* l'écrit de
M. Burette cité plus haut, dans le tome XV des *Mémoires de l'académie royale des infcriptions & belles lettres*, page 330 & fuivantes.

PHÉRÉSEENS ou *Phéréfens*, peuples de la Paleftine dont on ne fait pas bien l'origine, mais qu'on croit
pourtant être de la race de Chanaan, quoiqu'on ne
trouve point qu'ils foient rapportés à l'une des onze familles de Chanaan. Ils habitoient en plufieurs endroits
du pays de ce nom. Il y en avoit entre Bethel & Hai
du temps d'Abraham & de Loth, avec lefquels ils vécurent en paix tout le temps que ceux-ci demeurerent
dans leur pays. * *Genèfe, XI , 7*. Jacob appréhenda
leur vengeance après le maffacre que fes enfans firent
des Sichimites. Ils furent de très-cruels ennemis des Ifraélites, & fe joignirent aux Chananéens & aux Amorrhéens. Mais Jofué les défit, & donna leurs terres aux
tribus de Manaffé & d'Ephraïm, comme Dieu l'avoit
promis à Abraham. Moyfe les contraignit de fe fauver

dans les montagnes, où ils fe fortifierent fi bien, qu'ils
ne purent être forcés qu'au temps de Salomon, qui fe
les rendit tributaires. Ils étoient fort adonnés à l'idolâtrie;
car quoique ce roi les eût domtés & mis fous fa puiffance,il ne put jamais les obliger à recevoir la circoncifion.
Après le retour de la captivité de Babylone, les Juifs
prirent des femmes des Phéréfeens, qu'Efdras les obligea de quitter. Le nom de *Phéréfeens* vient d'un mot
hébreu qui fignifie *un village*. C'eft ce qui a porté des
favans à croire que les Phéréfeens étoient des peuples
qui vivoient à la campagne, fans habiter dans des villes
ou dans des lieux clos. Il en eft parlé dans plufieurs endroits de l'écriture. * J. le Clerc , *fur la Genèfe*.

PHÉRICLES ou **PHERCILES**, archonte perpétuel
d'Athènes, commença à exercer cette charge l'an 890
avant J. C. & vécut enfuite 19 ans. De fon temps Phidon d'Argos fit le premier de la monnoie d'argent , &
les jeux olympiques furent rétablis par Iphitus. * Mar-
mor. Oxonienf. Marfham. *can. chron.*

PHÉROLES, pauvre Perfan, enrichi par Cyrus,
quitta fes richeffes qui lui étoient à charge. * Xenophon,
Cyropoed.

PHERON, *cherchez* AMENOPHIS IV.

PHERORAS, quatriéme fils d'ANTIPATER , &
frere d'Hérode *le Grand*, roi de Judée, fut l'homme du
monde le plus artificieux. Il mit le défordre dans la famille de fon frere par fes rapports malicieux & empoi-
fonnés. Il fut caufe de la mort d'Alexandre , de Mariamne, & de fes deux fils Alexandre & Ariftobule. Il
reçut des faveurs & des graces extraordinaires d'Hérode, qu'il ne paya que d'une extrême ingratitude. L'a-
mour aveugle & déréglé qu'il avoit pour une fervante,
qu'il tenoit chez lui, fit qu'il refufa d'époufer Salampfo
ou Cypros fes niéces, ce qui lui attira l'inimitié de fon
frere. Non content de lui avoir donné ce déplaifir, il
n'oublia rien pour avancer la fin de fes jours. Il entra
dans la confpiration d'Antipater, & garda jufqu'au moment qu'il devoit rendre l'ame, une boëte de poifon que
ce parricide lui avoit fait remettre entre les mains,pour s'en
fervir contre fon pere, quand il en trouveroit l'occafion.
Un homme fi méchant n'étoit pas fans avoir fouvent des
alarmes. Voyant qu'il ne faifoit pas bon pour lui dans
Jérufalem, & appréhendant que fi fes crimes venoient
une fois à être découverts, il n'en fût châtié rigoureufement, il fe retira au-delà du Jourdain dans la tétrar-
chie que fon pere lui avoit donnée ; ou, felon Joféphe,
il eut ordre de s'y retirer, & protefta de ne revenir plus
à la cour, tant qu'Hérode vivroit, & de ne le plus voir.
Il fut fi ferme dans ce deffein, qu'Hérode étant une fois
tombé malade, & même fur le point de mourir, il eut
beau lui mander de venir jufqu'à Jérufalem, & lui témoigner qu'il avoit à lui confier des ordres fecrets & importans, ou pour leur famille, ou pour le royaume, il
ne voulut jamais lui donner ce contentement, s'excufant
fur l'obligation où il étoit de ne point violer fon ferment.
Hérode n'en ufa pas de même, car ayant fu que Phéro-
ras étoit fort malade, & en état de n'en pas relever, il
le fut voir dans fa maifon. Après fa mort il fit porter fon
corps à Jérufalem, lui faifant faire les funérailles très-
magnifiques, & lui rendant tous les honneurs dignes
d'un homme de fa qualité.* Joféphe, *antiq. l. XVII,c.5.*

PHETHRUSIN, cinquiéme fils de *Mefraïm*, fecond
fils de *Cham*. Quelquefois l'écriture parle du pays de Phe-
tros, comme d'un pays différent de l'Egypte, & quelquefois comme d'une partie de l'Egypte. Boëhard foup-
çonne que c'eft la Thébaïde qui eft quelquefois mife
comme partie de la haute Egypte, & qui en eft quelquefois diftinguée : ainfi les Phétrufins feroient les habitans de la Thébaïde. * J. Le Clerc , *fur la Genèfe,
X, 14.*

PHEUS Belcharius, *cherchez* FEUS.

PHIALA, fontaine d'Egypte entre Syéne & Elephan-
tine, dans laquelle on jettoit une coupe tous les ans à la
fête d'Apis. * Pline, *l. 8, c. 46.* Senec, *natural. quaft.
l. IV, c. 2.* Solin, *c. 35.* Saumaife *fur Solin*. Il y a,

felon Jofephe & Hégéfippe , une autre fontaine de ce même nom dans la tribu de Manaffés , que l'on croit la fource du Jourdain.

PHIALIE , ou PHIGALIE , ou PHIGALÉE , ville d'Arcadie dans le Péloponnéfe proche de Mantinée , fut détruite par les Lacédémoniens. * Paufanias , *l. 8.* Etienne de *Byzance.* Athénée.

PHIBIONITES , fecte d'hérétiques fortis des Gnofti-ques , dont ils fuivent les erreurs. S. Epiphane en écrit les ordures qu'on ne peut lire fans horreur. * S. Epi-phane , *hær.* 26. Theodoret , *l. I , hær. fab.*

PHICOL , nom de deux généraux d'armée des rois de Gérare , dont il eft parlé dans la *Genèfe* , 21.

PHICOLA , village près de Jérufalem , qui étoit le lieu de la naiffance de Jofeph fils de Tobie , & d'une fœur d'Onias fouverain facrificateur des Juifs.* Jofephe , *antiq. l. XII. c. 4.*

PHIDIAS , excellent fculpteur Grec fous la LXXXIII olympiade , & vers l'an 448 avant J. C. acheva la fta-tue de Minerve haute de 36 coudées , faite d'ivoire , tant vantée par les anciens , & la plaça dans la citadelle d'Athènes. Depuis étant chaffé de cette ville , il fe re-tira dans la province d'Elide , où il fut tué après avoir achevé la ftatue de Jupiter qu'on mit dans le temple d'Olympie , qui a paffé pour une des merveilles du mon-de. Phidias avoit un frere nommé *Panée* , peintre fort eftimé. * Paufanias , *in Eliac.* Plutarch. *in Pericl.* Le fcholiafte d'Ariftophane , *fab. de pace.* Pline. Sui-das , &c.

PHIDOLAS , *Phidolas* , de Corinthe , en courant dans les jeux olympiques , tomba de deffus la jument qu'il montoit. La jument ne laiffa pas de pourfuivre fa courfe , tourna autour de la borne ; & comme fi elle eût connu qu'elle avoit remporté la victoire , elle arrêta devant les maîtres des jeux , femblant leur en deman-der le prix. Alors les Eléens adjugerent le prix à Phi-dolas malgré fa chute , & lui permirent de faire ériger une ftatue à fa jument nommée *Aura.* * Paufanias , *l. 6, p. 368.*

PHIDON , roi d'Argos , frere de *Caranus* , premier roi des Macédoniens , régna à Argos l'an 895 avant J. C. Un auteur cité par Eufebe , attribue à ce Phidon l'invention des poids & des mefures. Il fe joignit avec ceux de Pife pour faire célébrer les jeux de la VIII olym-piade , à l'exclufion de ceux d'Elide. * Paufan. *in Eliac.* Elien , *variar. hift. l.* 12. Ariftote , *l.* 5, *Polit. c.* 10. Hé-rodot. *l.* 6. Strab. *l.* 7. Eufebe , *in chron.* Marm. Oxon. Marfham. Du Pin , *bibl. univerfelle des hift. profan.*

PHIHAHIROTH , lieu de l'Egypte au bord de la mer rouge. Ce fut le troifiéme campement des Ifraélites , où Pharaon les joignit , & où il prétendoit les faire tous paffer au fil de l'épée , s'ils ne vouloient rentrer en fervi-tude. Il y en a qui prétendent avec quelque fondement que ce nom eft un nom appellatif , qui fignifie le trou ou la gorge des montagnes , & il eft vrai qu'il y en a à l'occident de la mer rouge près de l'ifthme de Suez. * *Exode, XIV,* 2 , 9 & 11. J. Le Clerc , *comment. fur l'Exode.*

PHILA , une des filles d'Antipater , mariée à *Craterus.* * Quint-Curce ; Juftin , *hift.*

PHILA , ville de Macédoine , bâtie par Démétrius fils d'Antigone , à préfent Nardo.

PHILADELPHIE , *Philadelphia* , ou PHILADEL-PHIE , ancienne ville de Lydie dans l'Afie mineure , aujourd'hui de la province de Carafie dans la Natolie. Les Turcs l'appellent *Allah Scheyr* , c'eft-à-dire , *la ville de Dieu.* Lorfqu'ils vinrent s'emparer de ce pays , les habitans fe défendirent vigoureufement ; & les Turcs pour leur donner de la terreur , s'aviferent de former un retranchement d'une muraille toute compofée d'os de morts liés enfemble avec de la chaux. Ce fpectacle épouvanta tellement les affiégés , qu'ils fe rendirent ; mais ils obtinrent une capitulation beaucoup plus douce que leurs voifins. On leur laiffa quatre églifes , qu'ils ont encore , favoir , *Panagia* ou *Notre-Dame , S. George* ,

S. *Théodore* & S. *Taxiarque* , qui eft le même que S. *Mi-chel.* Il y a dans Philadelphie fept ou huit mille habi-tans , entre lefquels on peut compter deux mille chrétiens. * J. Spon , *voyage d'Italie , &c. en* 1675.

PHILADELPHIE , ville capitale de la Penfylvanie en Amérique. Elle eft fituée fur une langue de terre en-tre les deux rivieres navigables de Delaware & de Skul-kili. Elle a deux milles de long , & environ un mille de large. Il y a diverfes belles rues , & les rivieres y font fi profondes , que les vaiffeaux y peuvent mouiller à fix ou huit braffes d'eau , & être à couvert de la ville. La ville a un quai d'environ trois cens pieds en quarré où un vaiffeau de cinq cens tonneaux peut aborder. La grande rue qui va d'une riviere à l'autre , & qui eft environ large de cent pieds , a huit autres rues qui ten-dent au même endroit , & dont l'une a plus de cin-quante pieds de large ; & outre la grande rue qui traverfe la ville par le milieu , il y a vingt rues qui lui font paralléles , & qui ont cinquante pieds de large. * *L'état préfent des ifles & terres de fa majefté en Amé-rique , à Londres en* 1687.

PHILADELPHIE , ville dans la Céléfyrie , autre-fois dite *Rabath* par les Hébreux , comme S. Jérôme l'a remarqué , avec évêche fuffragant de Botfra ou Buf-fereth.

PHILADELPHIE , autrefois ville épifcopale de Ci-licie , fous la métropole de Séleucie. * *Confultez* Pline , Strabon & Ptolémée qui font mention de ces vil-les , &c.

PHILAMON de Delphes , fils d'Apollon & de la nymphe Chione , eft le premier qui ait établi des chœurs dans la mufique. Paufanias rapporte que dans les pre-miers jeux on chantoit des hymnes en l'honneur d'Apol-lon fur la lyre , & que ceux qui faifoient le mieux , re-cevoient les récompenfes ; que le premier qui remporta la victoire , fut Chryfothemis , fils de Cramanor , enfuite Philamon , & après lui fon fils Tamphas ; mais que ni Orphée , ni Mufée , ne voulurent point entrer dans cette lice. * Eufebe , *dans fa chron.* Du Pin , *biblioth. des hift. prof. tome I.*

PHILAMON (Raphaël-Marie) évêque de Racca-Mondragone , dans le royaume de Naples , qui floriffoit dans la fin du XVII fiécle , & au commencement du XVIII , étoit de l'ordre de S. Dominique , & un célèbre prédicateur , que Palerme , Naples & Rome écouterent avec plaifir. Auffi habile théologien qu'éloquent prédi-cateur , il avoit régenté avec le même fuccès qu'il pré-choit. Par le choix du pape Clément XI , il parvint à la chaire épifcopale ; mais il n'en jouit que quelque mois, étant mort en 1706. Ses ouvrages font , *Il genio bellicofo di Napoli* , 2 tomes *in-folio* , qui contiennent des mé-moires des grandes actions de quelques capitaines Na-politains , qui dans le fiécle courant ont combattu pour la foi , pour la foi & leur patrie ; & *Theo-rhetorices idea ex divinis fcripturis* , c'eft-à-dire , *Idée de la rhétorique divine* , tirée de l'écriture , en deux tomes *in-4°* , im-primés à Naples en 1700. * *Mémoires de Trévoux* , juillet 1707.

PHILANDER (Guillaume) qui s'appelloit propre-ment *Philandrier* , favant du XVI fiécle , étoit de la ville de Châtillon en Bourgogne , vers la Champagne , dans le diocèfe de Langres. Il naquit en 1505 , d'une famille honnête , plus recommandable encore par la vertu que par les titres & les honneurs humains. L'une de fes deux fœurs fut mariée à Giffei de Potiers , maire de Châtillon , & la deuxiéme à Jean Mechelinot qui avoit auffi une charge dans la même ville. Il a eu un frere dont on ne connoît point les emplois. Guillau-me fut élevé avec foin : il eut pour précepteur Jean Per-rel , fon compatriote , qui devint dans la fuite méde-cin célèbre , & fe fit un grand nom à Paris où il vint exercer fon art. Philander s'appliqua fous lui à la grammaire , à la rhétorique , à la dialectique , & fur-tout à cette partie de la philofophie qui apprend à pé-nétrer dans les fecrets de la nature , & il devint habile

dans

dans toutes ces sciences. En 1533, George d'Armagnac, de l'illustre famille de ce nom, qui avoit succédé en 1529 dans l'évêché de Rhodès à François d'Estain, & qui fut cardinal en 1544, ayant entendu parler des belles connoissances que Philander avoit acquises, comme il aimoit les gens de lettres, il résolut de se l'attacher, & le fit son lecteur, ou plutôt son ami & son confident. Depuis ce moment Philander s'attacha à la fortune de ce prélat; & pour consoler ses amis de Châtillon qui regrettoient son éloignement, il leur envoya son portrait, qu'il grava lui-même, & qu'il accompagna de ces vers:

Affinité à mè lier s'efforce
Pour demourer & vous réconforter;
Mais Apollo lui vient rompre sa force;
A le suivre me voulant transporter;
Les Muses lors pour tous deux contenter;
Ont conseillé une chose opportune,
Laisser mémoire à tous pour m'absenter,
Et poursuivir ma meilleure fortune.

A peine fut-il à Rhodès, qu'il eut occasion de faire plusieurs inscriptions qui furent gravées dans cette ville, l'une à l'occasion du passage de François I avec les trois princes, François, dauphin, Henri & Charles, freres; un autre lorsque Henri II, roi de Navarre, & sa femme Marguerite de Valois, sœur de François I, allerent à Rhodès en 1535, pour être couronnés comtes de Rhodès. Dans le même temps, Philander qui avoit du gout pour l'art oratoire, travailloit à commenter les 12 livres des institutions de Quintilien; & Marguerite de Valois ayant vu une partie de ce travail, conçut beaucoup d'estime pour Philander, l'excita à continuer son ouvrage, & à publier ce qu'il en avoit déja fini. Elle engagea même Louis Columbel, médecin de Rouen, qui étoit alors à Rhodès, de faire paroître cet échantillon; ce qui fut fait la même année 1535, par les soins de l'imprimeur Gryphe. C'est tout ce qui a paru du long commentaire que notre auteur préparoit sur Quintilien: on ne sait ce que le reste est devenu. Philander s'appliqua ensuite à l'architecture, & prit Vitruve pour son modèle. Non seulement il connut la théorie de cet art, il passa même jusqu'à la pratique; & l'on voit encore à Rhodès plusieurs monumens de son habileté. Pendant qu'il étoit occupé à orner la ville de divers édifices, George d'Armagnac fut envoyé à Venise, en qualité d'ambassadeur du roi François I. Philander suivit son Mécène, & profita du voisinage de Rome pour y étudier l'architecture sous le célèbre Serlio; ensuite de retour à Venise, il s'y appliqua à corriger & à éclaircir Vitruve. Ce travail lui couta beaucoup de peines & de recherches. Serlio & Bramante lui furent d'un grand secours. Il profita des lumieres de tous ceux qui purent lui être utiles; & lorsque son ouvrage fut prêt, il le dédia au roi François I. Peu de temps auparavant on lui avoit fait l'honneur à Rome de le déclarer citoyen Romain. En 1544 Philander revint à Rhodès avec le prélat qu'il avoit accompagné, & il lui vint alors le dessein d'entrer dans l'état ecclésiastique, & de s'y engager par les ordres sacrés; mais ce ne fut que dix ans après qu'il exécuta ce projet. Dans cet intervalle il continua d'exercer l'architecture à Rhodès, & eut le soin de dresser lui-même les inscriptions latines pour les édifices publics dont il eut la direction. M. de la Mare, de Dijon, les a toutes rapportées dans la vie de ce savant. Philander publia aussi en 1552 à Lyon une deuxiéme édition de son Vitruve, corrigée & augmentée de nouvelles notes, qu'il dédia à George d'Armagnac, parceque François I étoit mort. C'est à tort que Frizon dans sa *Gallia purpurata*, met cette édition en 1541. Enfin, en 1554, Philander entra dans l'état ecclésiastique, & fut fait chanoine de Rhodès, & ensuite archidiacre dans l'église de S. Antonin de cette ville. George d'Armagnac étoit alors archevêque de Toulouse; mais Philander attaché à l'église de Rhodès, ne suivit pas ce prélat dans sa nouvelle demeure. Il y faisoit seulement un voyage tous les six mois, & ce fut

dans un de ces voyages qu'il mourut à Toulouse même, le 2 février 1565, âgé de 60 ans. Il fut enterré dans l'église de S. Etienne; & l'archevêque, son Mécène, ne put lui refuser d'abondantes larmes. Il lui fit ériger un mausolée, avec une inscription honorable. Outre les ouvrages de Philander que nous avons rapportés, il a encore écrit: *De sectionibus marmorum & polituris: De lapidum coloribus: De pictura & colorum compositione: De hyalurgia, plastice, & baphice: De umbris.* Mais ces écrits n'ont pas vu le jour. C'est à tort que MM. de Thou & de Sainte-Marthe lui reprochent d'avoir passé ses dernieres années dans la paresse. Ces ouvrages prouvent le contraire. * Voyez *Philiberti de la Mare*, sénator. Division. de vita, moribus, & scriptis Guillelmi Philandri, epist. 1667.

PHILANTROPOS, célèbre monastère de religieuses de l'ordre de S. Basile à Palerme, porte le titre de monastère royal, & est le plus fameux de cet ordre. Il y a ordinairement jusqu'à 120 religieuses nobles & des meilleures familles du royaume. Elles faisoient d'abord l'office en grec; mais dans la suite, à cause de la difficulté que les Siciliens ont d'apprendre cette langue; le pape Alexandre VI les en dispensa, & leur permit d'officier selon le rit de l'église latine, & de réciter le bréviaire des Dominicains. Innocent, par un bref de l'an 1680, leur ordonna de suivre le Romain, & leur permit néanmoins de célébrer toutes les fêtes de l'ordre de S. Basile, & d'en faire l'office. * Helyot, *hist. des ord. monast.* tom. I, pag. 237, &c.

PHILARCHES, homme tout-à-fait débordé; & grand ennemi des Juifs. Il fut tué par Judas Machabée; après la défaite de Nicanor. * II. Machab. VIII, 23.

☞ PHILARETE, connu sous le nom de GILBERTUS LIMBURGIUS, parcequ'il étoit de Limbourg, chanoine de Liége & médecin, mourut l'an 1567. Il a composé divers ouvrages, qui lui ont acquis de la réputation, entr'autres, une conciliation d'Avicenne avec Hippocrate & Galien. *Gerocomicen*, qui est un traité de la maniere de traiter & d'instruire les vieillards. Ce Philarete a eu deux freres, dont l'un s'est distingué dans la médecine, & l'autre dans la jurisprudence. * Valeré André, biblioth. Belg. Le Mire. Opmer, &c. M. Goujet, mém. mss.

PHILARQUE, nom d'un héros auquel on avoit consacré un monument dans le temple de Minerve à Delphes, en l'honneur de ce qu'il avoit secouru les Phocéens contre les Perses. On voyoit son portrait à Eleusine peint par Athénion. * Pausanias, l. 19. Pline, l. 35, c. 11.

PHILASTRE, *Philastrius*, évêque de Bresse en Italie, étoit apparemment Italien. Il quitta ses biens & sa famille dès sa jeunesse pour servir Jésus-Christ. Ayant été ordonné prêtre, il parcourut diverses provinces pour y annoncer la parole de Dieu. Il s'arrêta dans la ville de Milan vers l'an 360, où il paroît qu'il fut chargé du soin d'une église. Il y combattit les Ariens; & en étant chassé par Auxence, évêque de Milan, qui protégeoit les Ariens, il alla à Rome. Quelque temps après, Auxence étant mort, il fut fait évêque de Bresse vers l'an 374. Il se trouva en 381 au concile d'Aquilée avec S. Ambroise, S. Just de Lyon, & divers autres grands prélats. S. Augustin assure qu'il l'avoit connu à Milan. Il écrivit un livre des hérésies, que nous avons encore dans la bibliothéque des peres & ailleurs; mais il se trompe quelquefois, prenant pour erreur ce qui ne l'est pas. S. Gaudence, son successeur, fit l'un éloge dans un discours qu'il prononça au sujet de son ordination, devant S. Ambroise. Ceux qui ont donné la derniere édition de l'ouvrage de Philastre sur les hérésies, prétendent qu'on ne peut déterminer l'année de sa mort, & que tout ce que l'on peut dire, est qu'elle arriva avant l'an 397, qui est celui de la mort de S. Ambroise, puisqu'on a des preuves que ce grand archevêque de Milan survécut à S. Philastre. Son traité a été imprimé, 1. à Basle, chez Henri Petri, 1528, in-8°; 2. à Basle, 1539, in-8°, avec plusieurs autres écrits ; 3. dans les bibliothèques des pères , de Paris , de Cologne , & la derniere de Lyon , tome IV ; 4. à Helmstad en 1611 , *in-4°* , par les soins de Jean de Fucht ; 5. à Helmstad , en 1621 , *in-4°* ; 6. à Hambourg 1721 , *in-8°* , avec les corrections & les notes du savant Jean-Albert Fabricius ; 7. à Bresse 1738 , *in-fol.* chez Jean-Marie Rizzardi , dans la collection intitulée : *Veterum Brixiæ episcoporum , S. Philastrii & S. Gaudentii opera; necnon B. Ramperti & venerabilis Aldemanni opuscula, nunc primùm in unum collecta , ad veteres manuscriptos collata , notis aliisque additionibus illustrata & aucta: Prodeunt jussu emin. ac reverend. DD. Angeli-Mariæ tituli S. Marci cardinalis Quirini Brixiæ episcopi , & apostolicæ sedis bibliothecarii.* * Gaudent. *homil. de Philastrio.* S. Augustin. *de hær.* 6 *initio.* Sixte de Sienne, *l.* 5, *bibl. sanct. an.* 27. Trithème , *de script. ecclef.* Baronius , *in annal.* Estius , *præf. comment. in epist. ad Hebr.* Possevin , *in appar. sac.* Le Mire , *in auct.* Ughel , *Ital. sac.* Bellarmin , *de script. eccl.* Vossius , *l.* 2 , *de hist. Lat. c.* 9. Du Pin , *biblioth. des auteurs ecclés. du V siecle.* Baillet , *vies des saints,* 18 juillet.

PHILASTRE , cherchez **FILLASTRE.**

PHILBERT , cherchez **PHILIBERT.**

PHILEAS , géographe Grec , avoit fait la description de l'Asie , & la description de la Grèce. On ne sait pas en quel temps il a vécu ; mais il est sûr qu'il est plus ancien que Dicéarque , disciple d'Aristote , qui le cite dans un ouvrage adressé au célèbre Théophraste. * Étienne de Bysance. Macrobe , *l.* 5 *Saturn. c.* 20 , *&c.*

PHILEAS , sorti d'une famille riche & puissante dans la ville de Thmuis en Egypte. Après avoir passé par les charges , & s'être acquis la réputation d'habile philosophe , il fut élu évêque de cette ville , & eut la tête tranchée du temps de la persécution de l'empereur Maximin , vers l'an 309. Avant que de souffrir le martyre , il écrivit une excellente lettre à ceux de Thmuis , rapportée par Eusèbe , dans laquelle il raconloit les divers genres de tourmens qu'on faisoit souffrir aux fidèles , & dont la cruauté fait horreur en les lisant. S. Jérôme en parle comme d'un écrivain ecclésiastique , qui vouloit lui persuader de sacrifier aux idoles ; mais elle n'est pas originale , & l'on y a inféré des choses tirées d'Eusèbe & de Rufin. * Eusèbe , *l.* 8 *hist. c.* 9. S. Jérôme , *de script. ecclef.* Nicephore , *l.* 7 *hist. c.* 9. Baronius , *A. C.* 302 , & *in Martyrol. prid. nonas febr.* Du Pin , *biblioth. des aut. ecclef. des III premiers siecles.*

PHILE ou **PHILES** (Manuel) poëte Grec , étoit d'Ephèse , & florissoit vers l'an 1321 , sous l'empire de Michel Paléologue le jeune , auquel il dédia un poëme grec où il traite des propriétés des animaux. Il est écrit en vers iambes. Arsenius , archevêque de Malvasie , le fit imprimer en grec pour la première fois , à Venise , en 1530 , *in-8°* , & le dédia à l'empereur Charles-Quint. Ensuite Grégoire Bersman d'Amberg , l'ayant traduit en vers iambes latins de même mesure , il fit imprimer sa version à côté du texte grec , revu & corrigé par Joachim Camerarius, & enrichi de quelques additions. Cette édition parut à Leipsick , en 1574 , *in-4°* , puis à Heidelberg , en 1596 , *in-4°* ; mais les prétendues corrections de Camerarius ont entièrement défiguré le texte de l'ouvrage , parceque prenant pour des fautes tout ce qui dérogeoit à la régularité des vers iambes , il a changé & dérangé , selon ses idées propres , les termes de son auteur , & l'a rendu méconnoissable. En 1730 , Jean Corneille de Paw , Anglois , a donné à Oxford , *in-4°* , une nouvelle édition de cet auteur , faite , non sur celle de Camerarius , mais sur la première de Venise , & sur quelques manuscrits , ensorte qu'il a rétabli son auteur dans l'état où il devoit être. On trouve cependant dans le septième tome de la bibliothéque grecque de Jean-Albert Fabricius , *p.* 697 , un morceau considérable du poëme de Philé qui n'est point dans l'édition de M. de Paw. Ce morceau est une histoire naturelle de l'éléphant , compo-

sée de 378 vers semblables à ceux du reste de l'ouvrage. Ce poëme sur les animaux n'est pas le seul ouvrage de Philé. On a de lui un autre poëme de 976 vers iambes , qui contient l'éloge de Jean Cantacuzène , grand domestique de l'empereur de Constantinople , puis empereur lui-même. On a de lui , outre cela , des iambes funèbres , des prieres en vers , des épigrammes , des épitaphes , &c. La plupart de ces poësies ne sont point imprimées. On en trouve cependant quelques morceaux dans la bibliothéque grecque de M. Fabricius, Le poëme des propriétés des animaux n'est presque qu'une copie de ce qu'Elien a écrit sur le même sujet. * Cotelier , *monum. eccl. Græca, tom. III , p.* 675. Fabricius , *loco citato.* Journal des savans de juillet , 1731.

PHILELPHE (François) l'un des plus savans hommes du XV siecle , naquit à Tolentino , dans la Marche d'Ancone, le 25 juillet 1398. Il étudia à Padoue avec tant de succès , qu'à l'âge de 17 à 18 ans il y enseigna l'éloquence , & le fit avec une si grande distinction , qu'il fut appellé à Venise pour y donner des leçons à la jeune noblesse sur l'art oratoire & sur la philosophie morale. C'est sans fondement que ses ennemis ont écrit qu'il avoit été chassé de Padoue , à raison de ses débauches : il étoit si peu livré au libertinage , qu'à Venise il auroit pris l'habit de l'ordre de S. Benoît dans le monastère de S. George le Grand , si Jérôme Fracanzanus ne l'en eût détourné. La république satisfaite de la manière dont il s'acquittoit de son emploi , lui accorda des lettres de citoyen de Venise ; & par un décret public , il fut nommé secrétaire du bayle ou ambassadeur à Constantinople. Il n'avoit alors que 21 à 22 ans. Il dut partir de Venise vers le 3 mai 1419 , puisqu'il est certain qu'il demeura à Constantinople 7 ans & 5 mois , & qu'il ne s'y embarqua pour son retour en Italie, qu'au mois de septembre 1427. Il fut cinq mois à faire le trajet , & employa ce temps à parcourir les villes de la mer Adriatique & de l'Archipel. Arrivé à Constantinople , il y exerça deux ans son emploi de secrétaire , après quoi l'empereur Jean Paléologue l'attacha à son service. Il le députa à différens princes , entr'autres à Amurath II , pere de Mahomet II , & à l'empereur Sigismond , mais non au pape Eugène IV , comme quelques-uns l'ont dit. Après s'être acquitté de sa commission auprès de Sigismond à Bude , il fut invité en qualité d'orateur impérial par Ladislas IV , roi de Pologne, de venir assister à la cérémonie du mariage & du couronnement de la reine son épouse. Il se rendit pour cet effet à Cracovie , & prononça le jour de la cérémonie un discours en présence de Sigismond , d'Eric roi de Danemarck , de tous les électeurs , & de plusieurs autres princes & seigneurs. Revenu à Constantinople , il s'y appliqua , comme il avoit déja fait avant son voyage de Hongrie , à s'instruire dans la langue & dans les sciences des Grecs. Il y épousa la fille du savant Jean Chrysoloras , & profita beaucoup des leçons de son beaupere , & de celles de Chrysococe chez qui il acquit la connoissance de Bessarion , depuis cardinal. Il sortit de Constantinople le 26 septembre 1427 , & débarqua à Venise le 10 octobre suivant , avec sa femme Théodora, âgée de 16 ans , son fils Jean-Marius-Jacques , qui avoit 4 mois & 17 jours , quatre filles esclaves , un esclave & un valet. Il trouva cette ville désolée par la peste , ses protecteurs à la campagne , ou enfermés dans leurs maisons. Quatre mois se passerent sans voir aucun des effets des promesses qui lui avoient été faites : il quitta Venise le 13 février 1428 , se rendit à Boulogne , où on l'engagea d'enseigner l'éloquence & la philosophie morale , avec 450. écus d'or d'appointemens. Les factions ayant divisé cette ville , & l'ayant rempli de troubles , Philelphe s'engagea avec les Florentins ; mais il eut beaucoup de peine à obtenir la permission de sortir de Boulogne. Il en sortit enfin au commencement d'avril 1429. Il fut reçu à Florence avec de grands honneurs : toute la ville s'empressa à lui aller rendre visite : il eut un nombre étonnant d'auditeurs de tout âge & de tout pays ; mais il s'attira des envieux qui prévinrent contre lui Cosme de Mé-

s. Celui-ci voulut faire réduire par les magistrats les
ointemens des professeurs. Philelphe plaida en plein
seil la cause commune de ses confreres, & le fit avec
t de succès, que malgré les efforts des partisans de
sine, de 37 voix, il y en eut 34 de favorables à l'ora-
r. Ce succès irrita encore plus ses envieux : il écrivit
eux d'entr'eux, Nicolo & Carlo, des lettres pleines
hauteur & de mépris : il écrivit aussi à Cosme, mais
termes plus mesurés. C'étoit aux mois d'avril & de
i 1433. Peu après, la faction des nobles ayant pré-
lu sur celle de Cosme qui fut banni de l'état ten-
is, Philelphe fut plus tranquille ; mais cette paix dura
u. La faction chassée reprit le dessus ; Cosme fut rap-
llé à la fin de septembre 1434, & Philelphe, obligé
: céder à l'orage qui le menaçoit, se retira à Sienne
1 on lui donna 350 écus d'or d'appointemens. Il y étoit
1 mois de janvier 1435. Cosme lui fit faire des propo-
ions de réconciliation, auxquelles il ne répondit que
ir des vivacités & des injures, & enfin par des saty-
s si violentes, que Cosme le mit au nombre des pros-
its vers le mois d'octobre 1435. Malgré cette pros-
ription le pape Eugène IV, qui résidoit à Florence,
ssaya deux ans après de l'y faire revenir, & lui offrit
ne place auprès de lui en qualité de secrétaire, dont
1 seule fonction seroit de travailler à des traductions.
.e pape ne put le déterminer, & les ennemis de Philel-
he qui avoient déja conjuré plus d'une fois la perte de
à vie, envoyerent à Sienne un misérable qui l'avoit déja
lessé à Florence, pour le poignarder. L'assassin ne le
rouva point, & fut pris lui-même : il eut la main cou-
ée, fut condamné à 500 livres d'amende, & mis en
prison : on l'eût condamné à la mort, si Philelphe n'eût
intercédé pour lui. L'empereur Jean Paléologue, qui lui
écrivoit souvent, lui manda de quitter Sienne, & de
venir le rejoindre ; mais il s'en excusa sur les engagemens
qu'il avoit contractés avec les Siennois, & lui envoya
quelque temps après son fils Marius. Cependant il quitta
Sienne, qui étoit trop près de Florence pour qu'il n'y
eût rien à craindre ; & il se retira successivement à Boulogne & à Milan. Il alla se fixer dans cette derniere ville
avec toute sa famille le 11 février 1440. Il y perdit sa
femme Théodora Chrysolorina, le 3 mai 1441 : ce qui
l'affligea tellement, que, quoique pere de huit enfans,
il voulut entrer dans l'état ecclésiastique, & en écrivit
au pape Eugène IV ; mais ce pape ne lui fit point de réponse, & le duc Philippe lui défendit d'ailleurs de suivre
ce projet. Il passa même peu après à un second mariage.
Il paroît qu'à Milan il étoit sécrétaire du duc Philippe ;
& ce fut-là qu'il fit ses commentaires sur les sonnets de
Pétrarque. Le duc le fit aggréger au nombre des citoyens
de Milan, & lui accordoit souvent des gratifications :
entr'autres, il lui donna une très-belle maison. Il avoit
d'ailleurs beaucoup de temps à lui, qu'il employa à composer la plus grande partie de ses satyres, & à commencer ses livres de Exilio, ses convivia Mediolanensia, &c.
Sur la fin du règne de Philippe-Marie, on entreprit de
le réconcilier avec Cosme de Médicis. Angele Acciaioli
lui porta des paroles avantageuses de la part de Cosme,
& Philelphe consentit à se dédire des injures & des traits
satyriques que la colere lui avoit dictés. C'est à quoi est
employée la septieme satyre de la septiéme décade. On
croit que ce fut vers le même temps qu'il fit un voyage
à Gènes, on ne sait par quel motif. Le duc Philippe
Marie étant mort la nuit du 13 au 14 août 1447, Philelphe tourna ses vues du côté de la cour de Rome :
mais les troubles de Milan, qui s'érigea alors en république, ne lui permirent point d'en sortir jusqu'à ce que
François Sforce s'en fût rendu maître en 1450. Cet événement fut avantageux à Philelphe : le nouveau duc se
l'attacha, & la mort seule les sépara. Il avoit perdu sa
seconde femme en 1447, & avoit renouvelé ses sollicitations à Rome pour qu'on lui permît de se faire ecclésiastique. Nicolas V lui accorda dispense ; mais Philelphe
vouloit de plus une dignité dans le clergé, & cette dignité ne vint point. Il resta donc encore dans l'état sécu-

lier. Il étoit à Rome au mois de juillet 1453 ; & le pape
Nicolas V lui fit expédier des lettres de secrétaire apostolique, lui donna 500 ducats, & lui fit de belles promesses pour l'avenir, qui s'évanouirent par la mort du pape.
De Rome il alla à Naples, où le roi Alfonse le créa chevalier, & lui accorda le privilége de porter ses propres
armes. Lorsqu'il prit congé du prince, Alfonse lui donna
la couronne poëtique, & lui en mit sur la tête une de
laurier très-magnifiquement ornée, en présence d'une
cour nombreuse, & au milieu du camp qu'il avoit formé
dans la campagne de Capoue. Il étoit de retour à Milan
au mois d'octobre de la même année 1453. Au mois
d'avril 1455, le duc son maître l'envoya à Ferrare,
pour y réciter l'épithalame qu'il avoit composé sur le
mariage de Béatrix d'Est avec Tristan Sforce. Le pape
Calliste III étant mort le 8 d'août 1458, Pie II, son
successeur, disciple & ami de Philelphe, lui assigna une
pension de 200 ducats par an, & lui envoya un manuscrit de Plutarque de la bibliothéque du Vatican. Philelphe en alla remercier le pape à Rome, où il arriva le
12 janvier 1459, & il revint à Milan au mois de février
suivant. Vers le mois d'octobre de la même année, il suivit le duc de Milan à Mantoue, où le pape s'étoit rendu
avec plusieurs princes & ambassadeurs, pour aviser aux
moyens de faire la guerre aux Turcs. Il y prononça sur
cette matiere un discours qui fut fort applaudi. Ce fut
dans ce voyage qu'il reçut le premier payement de sa
pension de 200 ducats ; & comme c'est le seul qu'il ait
eu, cette inexactitude l'a entraîné dans des plaintes perpétuelles où il y avoit souvent plus que de la vivacité.
Comme il fit à cette occasion quelques menaces de prendre un parti extrême, on s'imagina qu'il vouloit passer
chez les Turcs, si on ne le satisfaisoit ; mais cette imagination étoit sans fondement. Après la mort de Pie II, ses
cris contre la mémoire de ce pape redoublerent ; mais il
s'appaisa dans la suite, & fut en relation avec Paul II. Il
perdit le duc François Sforce, son protecteur, le 8 mars
1466, & cette perte l'accabla de douleur. Galéas Marie,
fils & successeur de François, lui fit à la vérité de belles
promesses, mais qui n'eurent point d'effet. Cherchant
alors à se réconcilier avec le cardinal de Pavie & les
autres Picolomini, le cardinal promit d'oublier tout, s'il
vouloit se rétracter de ce qu'il avoit dit contre Pie II.
Philelphe y consentit, & chanta la palinodie. Son but
étoit de former ailleurs quelque nouvel établissement ;
mais tous ses projets furent inutiles, parceque le duc
Galéas Marie refusa toujours de le laisser sortir de Milan.
Ne pouvant donc mieux faire, il traduisit la Cyropédie
de Xénophon, qu'il dédia à Paul II, dont il eut 400 ducats de gratification. Sur la fin de 1469 il commença à
traduire Appien. Sixte IV ayant succédé à Paul II, après
le milieu de l'an 1471, il recommença ses sollicitations
auprès de la cour de Rome ; & enfin le nouveau pape
l'appella pour cette ville sur la fin de l'année 1474, pour
professer la philosophie morale. Il étoit alors dans la 77e.
année de son âge. Il fit l'ouverture de ses leçons sur les
questions Tusculanes de Cicéron dès le 12 janvier 1475.
Dans la même année il composa ses livres de Morali
disciplinâ, qu'il ne se donna pas le temps d'achever. Son
inquiétude naturelle lui ayant fait quitter Rome, il repassa à Milan. Il y étoit le 4 juin 1477, jour auquel il
prononça une harangue à l'occasion du traité d'alliance
entre la duchesse Bonne & son fils Jean Galéas d'une part,
& Hercule d'Est, duc de Ferrare, de l'autre. Le véritable objet de son voyage étoit de voir si la mort violente
de Galéas Marie, arrivée en 1476, & la régence de la
duchesse, sa veuve, n'apporteroient aucun changement
avantageux à sa fortune. Mais il l'espéra inutilement,
retourna à Rome, & revint encore à Milan, où il étoit
au mois de mai 1481, puisque c'est de cette ville qu'il
date l'épître qu'il écrivit à Louis Sforce, en lui dédiant
l'édition de ses harangues & de ses opuscules. Il avoit
alors 83 ans presque accomplis. Malgré ce grand âge,
le mauvais état de sa fortune que ses dissipations avoient
perpétuellement dérangée, ne lui permit pas de refuser

l'offre qui lui fut faite par Laurent de Médicis , de l'emploi de professeur en grec à Florence. Mais les fatigues du voyage fait dans les plus grandes chaleurs de l'été , le conduisirent au tombeau le 31 juillet de la même année 1481. On ne peut disconvenir que ce savant n'eût de grands défauts. Il étoit haut , vain , & affectoit trop de se louer lui-même. Il répéte en plusieurs endroits de ses ouvrages , qu'il est le seul des Latins qui ait composé des volumes en tout genre , & qu'il est le premier d'entr'eux qui ait osé entreprendre de faire des vers grecs. Ce qu'on peut encore lui pardonner , c'est son inconstance & son inquiétude continuelle : presque toujours mécontent de sa situation , il passa toute sa vie à chercher la tranquillité qu'il n'étoit pas en état de se procurer. Sa dissipation mal entendue , ce mépris de l'argent dont il se pare à chaque instant , l'obligeret à faire des bassesses qui répondoient mal à la prétendue noblesse de ses sentimens. Il est vrai qu'il étoit né noble & généreux ; qu'il avoit une famille nombreuse , & qu'il n'épargnoit rien pour acheter & faire copier des livres ; mais il eût moins aimé le faste , les ressources qu'il avoit si fréquemment dans les gratifications qui lui étoient faites , auroient pu lui suffire pour ses besoins & même ses commodités. Au reste il étoit très-sobre , buvoit peu de vin , & préféroit les légumes aux mets les plus recherchés. On trouve dans ses écrits , & en particulier dans ses lettres, où il se montre au naturel, une morale saine , des sentimens , & une érudition aussi variée & aussi étendue que son siécle le comportoit. Il eut trois femmes successivement , & des enfans de chacune. Voyez l'histoire de ceux de ces enfans de Philelphe qui se sont distingués , dans le Mémoire sur la vie & les ouvrages du pere , composé par feu M. Lancelot, de l'académie des inscriptions & belles lettres , & imprimé dans le tome X des Mémoires de cette académie. Ce mémoire, que nous avons beaucoup abrégé , est plein de recherches très-curieuses ; & c'est le seul ouvrage qui nous fasse bien connoître & exactitude le détail de la vie de Philelphe. Le pere Niceron avoit déja donné la vie de ce savant dans le tome VI de ses *Mémoires* , avec quelques additions dans le tome X , mais avec beaucoup moins de détail & d'exactitude. Aussi avoit-il eu le dessein de faire réimprimer , au moins dans sa plus grande partie , le mémoire de M. Lancelot : ce qui a été exécuté depuis sa mort dans le tome XLII de son ouvrage. On n'y a pas répété ce qu'il dit des ouvrages de Philelphe dans les tomes VI & X , parceque le dénombrement qu'il en avoit fait dans ces deux volumes est exact : on peut le consulter. Il faut seulement ajouter qu'en 1742, on a réimprimé à Florence , in-8°, les lettres de Philelphe , qui étoient devenues fort rares. Le titre de cette nouvelle édition est : *Francisci Philelphi Tolentinatis , equitis aurati , & eloquentiæ professoris sæculo XV celeberrimi, Epistolæ, cæteris quæ hactenus prodierunt auctiores & emendatiores ; animadversionibus , præfationibus , indicibus , vitáque Auctoris locupletata , operâ & studio Nicolai Stanislai Meuccii.* Dans la préface de la vie de Nicolas V , par Dominique Géorgi (page 18 & suivantes) imprimée à Rome en 1742, in-4°, on parle de la vie du pape Nicolas V que Philelphe avoit composée , & dont il fait lui-même mention dans quelques-unes de ses lettres ; & l'on dit que cette vie , que Léon Allatius avoit promis de publier , est encore manuscrite : *Adhuc in tenebris jacet.*

PHILELPHE (Marius) fils du célèbre FRANÇOIS Philelphe , & de *Théodore* Chrysolorine , fille de *Jean* Chrysoloras , & petite fille du savant *Emanuel* Chrysoloras , naquit à Constantinople l'an 1426. L'année suivante , son pere l'emmena avec lui en Italie , où il retourna sept ans & plus après en être sorti. Marius Philelphe se nommoit alors Jean-Marie-Jacques ; mais dans la suite il ne fut nommé que Marius Philelphus. Il avoit de l'esprit ; mais aimant le plaisir autant que les lettres , il acquit moins d'érudition que son pere , quoiqu'il écrivît en prose & en vers avec plus de facilité. Sabellic au

dialogue *De latinæ linguæ reparatione* , & après lui Lilius Gyraldus , au *dialogue* 1 *des poëtes* de son temps , disent que cent personnes lui proposant , chacune par ordre , une matiere , il la leur rendoit en vers sur le champ dans le même ordre qu'il l'avoit reçue. Il mourut en 1480, un an devant son pere , dans la 55e année de son âge. On a imprimé de lui à Volfembutel un recueil de diverses piéces en vers élégiaques , qui ne donnent pas de leur auteur l'idée d'un poëte estimable. On n'y voit ni expression , ni pensée. * M. de la Monnoie , notes sur les *Jugemens des savans* de M. Baillet , *t. IV, p.* 298. Niceron , *mém. tom. X* , &c.

PHILEMON & BAUCIS. La fable dit que Jupiter , accompagné de Mercure , ayant pris une forme humaine , & parcourant la Phrygie , fut rejetté de tous les habitans du pays , excepté de Philémon , & de Baucis, sa femme , qui le reçurent avec joie. Ce Dieu voulant punir ces peuples de leur dureté , fit sortir Philémon & Baucis de leur maison , & leur commanda de le suivre sur le sommet d'une montagne , d'où regardant derriere eux , ils virent que les eaux avoient submergé tout ce pays , à la réserve de leur petite cabane , qui fut soudain changée en un temple. Jupiter voulant récompenser la piété de ses hôtes , & le bon accueil qu'il en avoit reçu , leur donna le choix de demander ce qu'il leur plairoit. Ils ne souhaiterent que d'être les ministres de ce temple , d'y vivre long-temps dans une étroite union , & de mourir aussi tous deux ensemble , sans que l'un vît les funérailles de l'autre ; ce qui leur fut accordé. Ils eurent la garde & l'administration du temple pendant le reste de leur vie. Lorsqu'ils furent parvenus à une extrême vieillesse , un jour qu'ils s'entretenoient à la porte de ce temple , ils furent tous deux métamorphosés en arbres. * Ovide , *l.* 8 *des métam. fab.* 7. Le nom de *Baucis* se prend souvent pour une bonne vieille qui vend dans le marché des herbes de senteur. * Perse , *sat.* 4 , *v.* 21.

*Dum ne deteriùs sapiat Pannucea Baucis ,
Cùm bene distincto cantaverit otyma vernâ.*

PHILEMON , poëte comique Grec , fils de Damon', vivoit sous la CXXVI olympiade , & vers l'an 274 avant J. C. du temps d'Antigonus Gonatas , roi de Macédoine. Il fut contemporain de Ménandre , qu'il vainquit souvent, mais par faveur : aussi Ménandre lui disoit-il : *N'avez-vous pas de honte de me vaincre?* Philémon composa diverses piéces de théatre, entr'autres , une du marchand, que Plaute a imitée. On dit qu'il mourut de rire d'avoir vu son âne manger des figues ; il étoit âgé de 97 ou 99 ans. Ce poëte laissa un fils de son nom , dit PHILEMON *le jeune* , auteur de cinquante-quatre comédies , comme nous l'apprenons de Suidas. Nous en avons des fragmens considérables parmi ceux des poëtes tragiques & comiques que Grotius a traduits en latin. Pline fait mention d'un autre PHILEMON , historien , dont il cite quelques traits qui supposent en lui une assez grande connoissance de la Germanie septentrionale ; ce qui fait croire qu'il a vécu au plutôt sous Auguste. * Valere Maxime , *l.* 9, *c.* 12, *ex.* 14. Plin. *l.* 4, *c.* 13 ; *l.* 37 , *c.* 2.

PHILEMON , habitant de la ville de Colosse en Phrygie , disciple de S. Paul , qui lui adressa une lettre de Rome , pour lui recommander Onésime son esclave, lequel ayant volé son maître , étoit venu à Rome trouver S. Paul , & s'étoit converti. S. Paul qui étoit alors prisonnier , écrivit à Philémon par Onésime même , en le lui renvoyant. Il le prioit par cette lettre de pardonner à Onésime , & lui marquoit qu'il espéroit aller à Colosse , après qu'il seroit élargi. Philémon reçut Onésime , lui pardonna & le renvoya à S. Paul , pour le servir dans le ministere de l'évangile. La maison de Philémon étoit une église , c'est-à-dire , une retraite des fidéles. Sa femme Appie & toute sa famille servoient d'exemple de piété. Philémon assistoit libéralement les fidéles de la ville. On ne sait point d'autres circonstans de la vie de Philémon. Les Grecs dans leur ménoge , que l'on a suivi dans le martyrologe romain , pportent qu'il fut martyrisé avec sa femme Appie à oloſſe , le 22 de novembre, ſous l'empire de Néron , ıns une émotion populaire. Il y avoit à Constantinople ıe égliſe de S. Philémon martyr, que l'on prétendoit ʒoir été bâtie du temps de l'empereur Constantin. Mais ıut cela eſt fort incertain. * S. Paul, epiſt. ad Philem. ıiſt. ad Coloſſ. c. 4 , v.9. Tillemont, mém. pour ſervir l'hiſt. eccl. tom.I. Baillet, vies des ſaints, au 22 novembre.

PHILENES , Philani, deux freres, citoyens de Carıage en Afrique , ſacrifierent leur vie pour le bien de ur patrie. Une grande conteſtation étant ſurvenue en ı-les Carthaginois & les habitans de Cyrène , touchant ıs limites de leurs pays, ils convinrent de choiſir deux ıommes de chacune de ces deux villes, qui en parti ʒient dans le même temps pour ſe rencontrer en che ıin , & qu'au lieu où ils ſe rencontreroient , on place ʒroit des bornes , pour marquer la ſéparation des deux ʒays. Il arriva que les Philènes avoient avancé aſſez ʒin ſur les terres des Cyréniens, lorſque la rencontre ı fit. Ceux-ci qui étoient les plus forts, en eurent un ſi ʒrand déplaiſir, qu'ils réſolurent d'enterrer vifs ces ıeux freres en ce même lieu, s'ils ne reculoient en ar ıere. Les Philènes ne pouvant réſiſter à la violence des ʒyréniens, aimerent mieux ſouffrir cette cruelle mort , ıe de trahir les intérêts de leur patrie. Les Carthagi ıois, pour immortaliſer la gloire de ces deux freres, ıirent élever deux autels ſur leur ſépulcre, avec une inf ıription qui contenoit leur éloge. * Sall. bell. Jug. Strabon.

PHILES , ancienne ville d'Egypte dans la Thébaïde, ıu , ſelon d'autres , dans la baſſe Egypte , que quel ʒues-uns confondent avec Eléphantine. * Plin. l. 6, ı. 21 ; l. 24 , c. 17. Strabon , l. 7. Lucain. l. ultimo. Bochart, geogr. ſacr. l. 4, c. 26. Marſham, can. chron.

PHILES (Manuel). Cherchez PHILÉ.

PHILETAS , Philetas, de l'iſle de Coos , poëte & grammairien , qu'Ovide & Properce ont célébré dans leurs poëſies, vivoit du tems de Philippe de Macédoine & d'Alexandre le Grand , c'eſt-à-dire , vers l'an 340 avant J. C. & fut choiſi par Ptolémée Lagus , pour être précepteur de ſon fils Ptolémée Philadelphe. Philétas laiſſa des élégies , des épigrammes ; & Voſſius ne doute point qu'il ne ſoit le même qui avoit écrit de rebus atti cis , & d'autres ouvrages , cités par Athénée & Parthenius. Il y a un hiſtorien de même nom , dont il eſt fait mention dans Athénée. * Conſultez Suidas & Voſſius, l. 3, de hiſt. Græc. c. 7 de poët. Athénée , l. 3 , 11 & 14. Parthenius , in Erat.

PHILETE , Philetus, magicien , fut converti par S. Jacques le Majeur , comme pluſieurs l'ont écrit. Mais depuis il corrompit ſa foi , en niant la réſurrection future des morts , ſoutenant qu'elle étoit faite , & pervertiſſant pluſieurs perſonnes par ſa fauſſe doctrine. C'eſt ce que S. Paul témoigne en écrivant à Timothée , en lui parlant des diſcours des impies, qui , comme la gangrene , gâtent peu à peu ce qui eſt ſain. Il ajoute , De ce nombre ſont Hyménée & Philete , qui ſe ſont écartés du chemin de la vérité, en diſant que la réſurrection eſt déja arrivée , & qui ont ainſi renverſé la foi de quelques-uns. * S. Paul, II ad Timoth. c. 2 , v. 17 & 18. Baronius , in annal.

PHILETE , Philetus , évêque d'Antioche dans le III ſiécle , ſuccéda à Aſclépiades , vers l'an 217 , & gouverna cette égliſe juſqu'en 228 , que Zébin fut mis en ſa place. * Voyez Euſebe, in chron. & Baronius , in annal.

PHILETERE , Philæterus , d'Athènes , poëte comique. On dit qu'il étoit fils d'Ariſtophane, & qu'il compoſa vingt comédies. Ainſi il vivoit vers la XC olympiade , & l'an 420 avant J. C. * Suidas , in Philat.

PHILETERE , Phileterus , eunuque, natif de Paphlagonie , ou de Pont , ſelon d'autres , fut très-cher à Lyſimachus, roi de Thrace , qui lui confia le ſoin des tréſors qu'il avoit renfermés à Pergame. Irrité de la mort du

prince Agathocles , fils de Lyſimachus , & expoſé à la haine de la reine Arſinoë , il s'empara de Pergame & des tréſors de ſon maître ; & ſous la protection de Séleucus, il jetta dans cette ville les fondemens du royaume de même nom, l'an du monde 3752 , & 283 avant J. C. Quoiqu'il fût pour lors âgé de 60 ans, il y régna vingt ans, & laiſſa ſa couronne à Eumènes , ſon neveu , l'an du monde 3772 , & 263 avant J. C. * Pauſanias , in Atticis. Strabon , l. 12 & 13. Appianus , in Syriacis ; Lucianus , in Macrobiis.

PHILETUS , hérétique ; voyez HERMOGENES.

PHILIBERT , premier de nom , dit le Chaſſeur , duc de Savoie , ſuccéda , à l'âge de ſix ans , aux états d'AMÉ le Bienheureux , ſon pere. Yolande de France , ſa mere , ſe déclara régente , conformément à ce que le feu duc en avoit ordonné. Mais la régence lui fut diſputée par le roi Louis XI , qui étoit ſon frere , par le duc de Bourgogne , & par divers autres ſeigneurs ; ce qui ſuſcita de fâcheux mouvemens en Savoie. Le duc ayant fait quelques excès à la chaſſe , & en des courſes de bagues, mourut à Lyon le 22 avril de l'an 1482, âgé de 17 ans, ſans laiſſer d'enfans de Blanche-Marie Sforce , fille de Galéas-Marie , duc de Milan. Son frere CHARLES lui ſuccéda. * Guichenon , hiſtoire de Savoie.

PHILIBERT II , dit le Beau , né un lundi 10 avril de l'an 1480 , étoit fils de PHILIPPE , comte de Breſſe , puis duc de Savoie , auquel il ſuccéda l'an 1497 , à l'âge de 17 ans. Philibert ſuivit le comte ſon pere au voyage que le roi Charles VIII fit en Italie , pour la conquête du royaume de Naples. Depuis qu'il fut lui-même duc, il traita avec le roi Louis XII, du paſſage de ſes troupes ſur ſes terres, pour la conquête du duché de Milan , & accompagna ce monarque. Ce prince, par ſa prudence , maintint ſes états en paix pendant les plus grands troubles d'Italie. Les hiſtoriens le louent autant pour ſa conduite, pour ſa libéralité & pour ſa douceur , que pour ſa prudence. Il étoit allé au pont d'Ains , pour prendre le plaiſir de la chaſſe ; mais il y tomba malade , pour avoir bu trop frais, & mourut dans le même chambre où il avoit pris naiſſance , le mardi 10 ſeptembre de l'an 1504 , âgé ſeulement de 24 ans , ſans laiſſer d'enfans , quoiqu'il eût été marié deux fois , la premiere avec Yolande-Louiſe de Savoie , ſa couſine ; & la ſeconde avec Marguerite d'Autriche. * Guichenon , hiſtoire de Savoie.

PHILICUS , poëte tragique Grec , qui eut rang dans la pléiade , ou parmi les ſept poëtes les plus diſtingués du temps de Ptolémée Philadelphe. On dit que les vers Phaleuciens tirent leur nom de lui , ſoit qu'il en fût l'inventeur , comme il le diſoit , ſoit qu'il eût fait un poëme dans ſe genre de vers. Mais il eſt ſûr , & Héphæſtion le prouve, que d'autres avant Philicus avoient écrit en vers phaleuciens. Suidas fait mention de quelques autres qui ont porté le nom de Philicus. * Voyez Voſſius dans ſes poëtes Grecs, &c.

PHILINE , Philinus , d'Agrigente en Sicile, écrivit l'hiſtoire des guerres d'entre les Romains & les Carthaginois. Il eſt accuſé d'avoir été trop partial en faveur de ces derniers. Mais il ne faut pas être ſurpris de cela, s'il eſt vrai , comme l'aſſure Cornelius Nepos, qu'il ait ſuivi Annibal à la guerre. * Polybe , l. 1. Diodore de Sicile , in eclog. l. 23 & 24. Cornelius Nepos , in vit. Annib. &c.

PHILIPPE , Philippopolis , ville de Macédoine , fut bâtie ou augmentée par Philippe, qui lui donna ſon nom. S. Paul convertit les peuples de cette ville , qui demeurerent très-étroitement unis à lui ; & lui envoyerent à Theſſalonique , puis à Rome , par Epaphrodite , un ſecours conſidérable pour ſa ſubſiſtance. L'apôtre leur écrivit de ſa priſon , la lettre que nous avons, où il les exhorte d'être fidéles à Dieu, au milieu des païens qui les environnoient. C'eſt auſſi près de cette ville , que Pompée fut défait par Céſar, l'an 706 de Rome , & 48 ans avant J. C. & que Caſſius & Brutus furent vaincus par Augufte & Marc-Antoine, comme Tite-Live, Plutarque, Velleius, Dion, Appien, Florus, &c. l'ont remarqué.

PHILIPPE, *Philippopolis*, ville de Thrace. Les Ariens s'y affemblerent en 347, dans le temps que les Orthodoxes établiffoient des réglemens falutaires à Sardique. Ils publierent une nouvelle confeffion de foi ou fymbole, où ils paroiffoient demi-Ariens; car donnant la dignité de fils de Dieu au Verbe, ils nioient qu'il fût *confubftantiel* avec fon pere. Pour faire paffer cette confeffion comme catholique, ils la daterent de Sardique; de forte que plufieurs Orthodoxes en furent trompés. * S. Hilaire, *in frag.* Socrat. *l. 2 & 3.* Baronius, *in annal.*

PHILIPPE, ville de Phénicie. Il y avoit une ftatue de J. C. au pied duquel fe voyoit celle de la femme qu'il avoit guérie du flux de fang, par l'attouchement de fa robe. Eufebe & Sozomene racontent qu'il y croiffoit tout auprès une herbe inconnue aux médecins, qui guériffoit toutes fortes de maladies. Julien l'*Apoftat* commanda en 362 qu'on abattît cette ftatue, & qu'on mît la fienne en fa place; mais à peine fut-elle pofée, que le feu du ciel tomba deffus & la renverfa. * Sozomene, *l. 5.* Nicephore, *l. 10.* Baronius. *A. C.* 362.

PHILIPPE, ou *Ciudad del Ré Philippe*, ville que les Efpagnols avoient bâtie en 1585, dans l'Amérique méridionale, pour empêcher l'entrée du détroit de Magellan aux Anglois & aux Hollandois. Cette ville ayant été ruinée par les Barbares, a porté depuis le nom de *Porto Famine*, port de la Famine.

ROIS DE MACEDOINE ET DE SYRIE.

PHILIPPE, *Philippus*, premier de ce nom, fixiéme roi de Macédoine, étoit fils d'*Argée*, auquel il fuccéda la quatriéme année de la XXXII olympiade, & l'an 649 avant J. C. Il régna environ 38 ans. Ærops fut fon fucceffeur. * Ubbo Emmius, *l. 5 rer. chron, p.* 153. Titinus, *in chron.* c. 41. Petau, *II rat. temp. l.* 2, c. 14; & *l. 9, de doct. temp. c.* 49, *ac Paralip. pag.* 848 & 867. Riccioli, *chron. reformat.* t. I, *l.* 5, c. 1 & 8.

PHILIPPE II, dit ordinairement *Philippe de Macédoine*, quatriéme fils d'*Amyntas*, régna après fes trois freres, & fuccéda à Perdiccas III, la troifiéme année de la CV olympiade, & l'an 358 avant J. C. Il avoit été donné en ôtage aux Illyriens & aux Thébains; ce qui avoit beaucoup fervi à le former dans fa jeuneffe, fur-tout parcequ'il fut élevé auprès d'Epaminondas. Perdiccas fon frere avoit laiffé un fils qui devoit lui fuccéder légitimement fous la régence de Philippe; mais comme l'état avoit befoin d'un homme qui le conduisît fagement, les peuples obligerent Philippe de prendre la qualité de roi. Il poliça d'abord fon royaume, & fit la guerre aux Athéniens, qu'il vainquit près de Méthone, la premiere année de fon regne. Mais comme il avoit d'autres deffeins, il fit la paix avec eux, & tournant fes armes d'un autre côté, il fubjugua les Péoniens, & défit les Illyriens, fur lefquels il prit la ville de Lariffe. Le defir d'avoir de la cavalerie Theffalienne, l'obligea de porter la guerre chez ces peuples, qu'il foumit. Au fiége de Méthone, il perdit l'œil droit d'un coup de fléche qu'on lui tira du haut des remparts. Il époufa Olympias, fille de Néoptolème, roi des Moloffes, de laquelle il eut Alexandre *le Grand*, qu'il fit élever avec beaucoup de foin. Il affiégea Byzance en l'année 341 avant J. C. & fut contraint de fe retirer pour marcher contre les Scythes, qu'il vainquit par rufe, & fur lefquels il fit un grand butin. A fon retour, dans le temps qu'il paffoit chez les Triballiens, ces peuples fe révolterent contre lui. Quelques foldats Grecs fe mutinerent en même temps, & cela fut caufe qu'on en vint aux mains. Le combat fut cruel. Philippe y eut un cheval tué fous lui, & fut même bleffé à la cuiffe; & il y feroit refté, fi fon fils Alexandre, qui portoit déja les armes, le couvrant de fon bouclier, n'eût tué ou mis en fuite ceux qui venoient fondre fur lui. Ce roi prétendoit à l'empire de la Grece, qu'il avoit prefque toute foumife, ou par lui-même, ou par fes capitaines; la puiffance des Athéniens retardoit feule fes entreprifes. Il étoit en paix avec eux; mais il cabala tellement, que s'étant fait créer général des Grecs par un arrêt des Amphyctions, pour réprimer l'infolence des Locriens, il leur déclara la guerre. Enfuite paffant le détroit des Thermopyles, il furprit deux de leurs villes; & ayant fait avancer fes troupes, il les défit eux & les Thébains leurs alliés, près de la ville de Cheronée en Béotie, l'an 338 avant J. C. Il donna enfuite la paix aux Athéniens; mais il fe montra plus févere contre les autres, pour les punir d'avoir trop fouvent rompu fes mefures par leurs révoltes. Quelque tems après il répudia Olympias fa femme, ce qui caufa la divifion entre ce prince & fon fils Alexandre qui fe retira de la cour, irrité de l'affront qu'on faifoit à fa mere. Philippe n'étant pas fatisfait des conquêtes qu'il avoit faites en Europe, fe fit déclarer général des Grecs contre les Perfes. Il faifoit de grands préparatifs pour cette expédition, lorfqu'il fut tué par Paufanias, l'un de fes gardes, dans la ville d'Ægés en Macédoine, la premiere année de la CXI olympiade, l'an 336 avant J. C. le 22e de fon régne, & le 47e de fon âge. * Diodore de Sicile, *l. 16 & 17, hift. biblioth.* Juftin, *l. 7, 8 & 9.* Plutarch. *in Alex.* Paufanias. Quint-Curce. Arien. Eufebe, &c.

PHILIPPE III, dit *Aridée*, roi de Macédoine, étoit frere *bâtard* d'Alexandre *le Grand*; car le roi Philippe fon pere l'avoit eu d'une comédienne de Lariffe, nommée *Philine*. Après la mort du même Alexandre, la premiere année de la CXIV olympiade, & l'an 324 avant J. C. on donna à Aridée le titre de roi. Il régna fous le miniftere de Perdiccas, de Pithon, d'Antipater & de Polifperchon, lequel rappella Olympias, mere d'Alexandre, qui s'étoit retirée dans l'Epire, par la crainte qu'elle avoit de la puiffance d'Antipater. Eurydice, femme d'Aridée, demanda du fecours à Caffander, fils du même Antipater; mais avant que ce fecours fût en état, Olympias ayant pris le malheureux Aridée, le fit mourir, lui; fa femme & cent Macédoniens qui étoient de fon parti, la quatriéme année de la CXV olympiade, & la 317e avant J. C. * Juftin, *l. 14, &c.* Diodore de Sicile. *l. 18.* Appien. Eufebe, &c.

PHILIPPE IV étoit fils de *Caffander*, & monta fur le trône la troifiéme année de la CXX olympiade, & la 298e avant J. C. Il ne régna qu'un an. * Juftin, *l. 15 & 16.* Diodore de Sicile, Eufebe, &c.

PHILIPPE V étoit fi jeune quand fon pere Démétrius III mourut, qu'il fut laiffé fous la tutelle de fon coufin Antigone II, dit Δώσων, *qui donnera*. Celui-ci prit le titre de roi, qu'il porta 12 ans; & Philippe, âgé de 15 ans, lui fuccéda la 1e année de la CXL olympiade, & l'an 220 avant J. C. Il fit d'abord une ligue avec les Achéens contre les Etoliens, & cette guerre fut nommée *Sociale*. Depuis il fe ligua l'an 215 avant J. C. avec Annibal contre les Romains, lefquels ayant découvert fes pratiques, commencerent à fe défier de lui. Philippe conquit l'ifle de Créte, & réuffit dans toutes fes entreprifes, tant qu'il fe conduifit par les confeils d'Aratus. Mais ayant débauché la belle-fille de ce grand capitaine, & l'ayant fait empoifonner lui-même avec fon fils, les mauvais confeils d'Héraclite de Tarente, & de fes courtifans flateurs, firent évanouir les belles efpérances que l'on avoit conçues d'un prince qui étoit né avec les plus belles inclinations du monde. En effet, les Etoliens fortifiés de l'alliance des Eléens & des Romains, le battirent, & conquirent Zacynthe & Naupacte. Il ne laiffa pas de continuer la guerre contre Attale roi de Pergame; & pendant qu'il faifoit le fiége d'Athènes, il preffa lui-même fi fort Abyde fur l'Hellefpont, que les habitans qu'il ne voulut pas recevoir à compofition, après avoir fait mourir leurs femmes & leurs enfans, fe jetterent par défefpoir dans le camp des ennemis, pour y périr les armes à la main. Les Romains, pour fecourir leurs alfiés, déclarerent la guerre à Philippe, & T. Quintius Flaminius le battit à Octolophe, près de la riviere d'Aoüs en Epire, en l'année 198 avant J. C. L'année suivante Flaminius étant proconsul, défit encore Philippe en Thessalie, dans un lieu nommé *Cynoecephals*. Ce prince se vit réduit à demander la paix aux Romains, qui lui laisserent la Macédoine ; mais il fut obligé de céder toutes les villes qu'il tenoit dans la Grèce, & d'envoyer son second fils Démétrius à Rome, pour gage de sa fidélité. Il eut depuis le déplaisir de perdre ce même fils, & fut sur le point de desheriter Persée son autre fils, à cause de sa mauvaise conduite. Philippe mourut la 3ᵉ année de la CL olympiade, & la 178 avant J. C. après un régne de 42 ans. * Tite-Live, *l.* 31, 40 *& seq.* Polybe, Justin, *l.* 29, 30, *& seq.* Florus, Plutarque, &c.

PHILIPPE, roi d'une partie de la Syrie, étoit fils d'*Antiochus Gryphus*, & frere d'un autre Antiochus. Cet état étoit alors partagé entre divers princes, qui se faisoient la guerre. * *Consultez* Joséphe, *l.* 13, *c.* 21.

PHILIPPE, fils d'*Hérode le Grand*, & de *Cléopatre*, après la mort de son pere, vint à Rome où il avoit été élevé, & obtint d'Auguste, sous le nom de Tétrarque, la Bathanée, la Trachonite & l'Auritane, avec une partie de ce qui avoit appartenu à Zénodore, dont le revenu montoit à cent talens. Ce prince étoit sage, modéré, & mourut sans enfans l'an 34 de J. C. après un régne de 33 ans. Tibere unit ses états à la Syrie. * Joséphe, *antiq. Jud. l.* 17, *c.* 1 & 13 ; *l.* 18 , *c.* 16.

APOTRE, DIACRE ET SAINTS.

PHILIPPE (Saint) apôtre de Jesus-Christ, natif de Bethsaïde, ville de Galilée, sur le bord du lac de Génésareth, le premier que Jesus-Christ appella à sa suite : car quoique S. André & S. Pierre fussent déja disciples du seigneur, ils s'en étoient retournés chez eux, lorsque Jesus-Christ dit à Philippe de le suivre. S. Clément d'*Alexandrie* croit que ce fut S. Philippe qui demanda à Jesus-Christ d'aller ensevelir son pere, & à qui Jesus-Christ répondit, *Laissez aux morts le soin d'enterrer leurs morts.* Philippe ayant connu Jesus-Christ alla dire à Nathanaël qu'il avoit trouvé le Messie, & l'amena à Jesus-Christ. Il demeura attaché à Notre Seigneur, & se trouva chez lui aux nôces de Cana. Il fut mis au nombre des douze apôtres ; & ce fut lui à qui Jesus-Christ adressa la parole, avant que de multiplier les pains, en lui demandant, où l'on pouroit acheter du pain pour nourir la troupe qui le suivoit ; Philippe lui répondit qu'il en faudroit pour plus de deux cens deniers. Enfin, dans le long discours que Jesus-Christ tint à ses apôtres avant la derniere cêne, la veille de sa passion, Philippe demanda à Jesus-Christ qu'il lui fît voir son pere. Notre-Seigneur lui répondit, *Philippe, celui qui me voit, voit aussi mon pere.* Voila tout ce qu'il y a sur la vie de S. Philippe dans l'évangile. S. Clément d'*Alexandrie* assure qu'il maria quelques-unes de ses filles, & que les autres demeurérent vierges. Eusebe ajoute qu'il alla prêcher l'évangile en Phrygie, & qu'il mourut à Hiéraple, ville de cette province ; qu'il y fut enterré avec deux de ses filles, qui étoient mortes fort âgées & vierges ; & qu'une autre de ses filles qui avoit été mariée, mourut à Ephèse, & y fut enterrée. Il faut que Philippe ne soit mort qu'après l'an 84, puisque S. Polycarpe, qui ne fut converti qu'en cette année, a été son disciple. On n'a aucune preuve qu'il ait souffert le martyre, quoique dans les martyrologes on le considere comme un martyr, peut-être à cause de ses travaux évangéliques. Les Orientaux font sa fête au 14 novembre. Les anciens martyrologes d'Occident la placent au 22 avril ; & ceux d'à présent au 1 de mai. * *S. Matth. c.* 8. *S. Jean, c.* 1, 6, 12 & 14. S. Clément *Alexand. strom. l.* 3. Eusеb. *l.* 3, *c.* 31 *& 39* ; *& l.* 4, *c.* 15. Tillemont, *mém. pour servir à l'hist. ecclésiast.* Baillet, *vies des Saints au* 1 de mai.

PHILIPPE, l'un des sept premiers diacres élus par les apôtres, annonça l'évangile dans Samarie, avec tant d'éclat & de fruit, que Simon *le Magicien* n'osant & ne pouvant le contredire, se fit lui même baptiser. Quelque temps après, l'ange du Seigneur lui commanda d'aller sur le chemin qui descendoit de Jérusalem à Gaza. Il y trouva l'eunuque de Candace, reine en Ethiopie, c'est-à-dire, selon quelques uns, de la vraie Ethiopie, &, selon quelques autres, de l'Ethiopie en Arabie, ou du royaume de Saba, qui venoit de Jérusalem, où, comme prosélyte, il étoit allé rendre ses vœux au temple. L'ange commanda à Philippe de s'approcher de lui. Philippe ayant obéi, trouva que cet homme lisoit le prophéte Isaïe, & qu'il étoit tombé sur ce passage du 53ᵉ chapitre : *Il a été mené à la boucherie comme une brebis, &c.* Le diacre lui expliqua ces paroles ; & ayant trouvé un ruisseau sur sa route, il baptisa l'eunuque, l'an 35 de J. C. Après cela du Seigneur ravit Philippe en un instant, &-le transporta dans la ville d'Asot. S. Luc, parlant de S. Paul dans les actes des apôtres, dit, *Le lendemain nous vîmes à Césarée, & étant entrés dans la maison de Philippe l'Evangéliste, qui étoit l'un des sept diacres ; nous demeurâmes chez lui. Il avoit quatre filles vierges, qui prophétisoient.* Le ménologe des Grecs fait mention de l'une d'elles, nommée *Hermione*, qui mourut pour la foi sous l'empire de Trajan. Les anciens se sont souvent trompés au sujet de ces quatre vierges, qu'ils croyoient être filles de saint Philippe l'apôtre. Il y a de l'apparence qu'il mourut à Césarée, quoique quelques-uns disent qu'il alla à Tralles, ville de l'Asie mineure, pour y fonder une église, & qu'il y mourut. Ceux qui ont dit qu'il étoit enterré à Hiéraple, ville de Phrygie, l'ont confondu avec S. Philippe l'apôtre. Les Grecs font sa fête le 11 octobre ; les Latins le 6 juin. * *Actes des apôtres*, 6, 8 & 21. S. Jérôme, *cont. Jovin.* Eusebe, *liv.* 3, *hist.* &c. Baronius, *A. C.* 53. Baillet, *vies des Saints.*

PHILIPPE (Saint) évêque d'Héraclée, martyr dans le IV siècle, & apparemment dans le temps de la persécution de Dioclétien, quoique quelques-uns croient que c'est sous Julien qu'il a été martyrisé. Il avoit été diacre, puis prêtre de l'église d'Héraclée ; & ayant été ordonné évêque de cette ville, il s'étoit particuliérement attaché deux disciples, le prêtre Sévere, & le diacre Hermès. Quand on eut arrêté les chrétiens d'Héraclée, par l'ordre du gouverneur Bassus, Philippe qui étoit du nombre de ceux qu'on avoit pris, déclara qu'il étoit l'évêque que le gouverneur demandoit. Bassus lui ayant dit de livrer les écritures & les vases d'or & d'argent qu'il avoit, il ne fit point de difficulté de dire, qu'il lui donneroit volontiers les vases qu'il demandoit, parceque les chrétiens n'y étoient point attachés, & qu'ils ne croyoient pas rendre honneur au Seigneur par un métal de prix ; mais que pour les livres de l'écriture sainte, il ne lui convenoit pas de les livrer, ni au gouverneur de les recevoir. Le gouverneur le mit aussitôt entre les mains du bourreau, & fit une perquisition du prêtre Sévere. Bassus après avoir fait souffrir Philippe entra dans le lieu où étoient les vases sacrés & les livres de l'écriture, les enleva, & fit conduire Philippe, Hermès & les autres à la place publique, & fit ensuite découvrir l'église, & bruler les livres de l'écriture-sainte, & sollicita Philippe & Hermès de sacrifier aux dieux, ou du moins aux empereurs. Comme ils refuserent de le faire, on les conduisit en prison. Le temps du gouvernement de Bassus étant expiré, Justin, qui lui succéda, fit amener Philippe à son tribunal, lui proposa de sacrifier ; & sur son refus, le fit traîner par les pieds dans la ville. Le saint déchiré & couvert de plaies, fut remené dans la prison. En même temps le prêtre Sévere arrêté, & mené au tribunal, répondit courageusement, aussi-bien qu'Hermès, qu'il ne sacrifieroit point aux idoles. Ils furent conduits avec Philippe à Andrinople, où ils ne témoignerent pas moins de fermeté à soutenir la foi de Jesus-Christ. Philippe & Hermès y furent condamnés à être brulés, &

Sévere fut auſſi exécuté à mort. Ce fut le 22 octobre que Philippe & Hermès ſouffrirent le martyre, apparemment l'an 304. C'eſt en ce jour que l'on fait mémoire d'eux dans les martyrologes. * Actes de leur martyre donnés par le pere Mabillon, analect. tom. IV. Ruinart, acta ſanct. ſincera.

PHILIPPE BENITI ou BENIZZI (Saint) cinquiéme général des Servites, ou ſerviteurs de la vierge, vivoit dans le XIII ſiécle. Il naquit l'an 1232 à Florence d'une famille noble & conſidérée dans le pays. Après y avoir fait ſes humanités, il vint achever ſes études à Paris, & alla recevoir le bonnet de docteur à Padoue. Peu après, touché de Dieu, il entra chez les Servites, & y prit l'habit en qualité de frere-lai l'an 1253. Mais ayant été envoyé par la ſuite à Sienne, pour avoir l'inſpection du temporel d'une nouvelle maiſon de l'ordre, qui s'y établiſſoit, une conférence qu'il eut avec deux religieux Dominicains, trahit ſon humilité. Ses ſupérieurs ayant par-là reconnu ſes grands talens & la ſcience que lui avoit fait tenir cachée, le forcerent à conſentir qu'on obtînt du pape la permiſſion de le faire promouvoir aux ordres ſacrés. Après avoir paſſé par les charges de définiteur & d'aſſiſtant général, il fut élu général en 1267. Comme il n'y avoit que quinze ans que les fondemens de cet ordre avoient été jettés quand il y entra, & que les progrès en avoient depuis été très-foibles, les grands ſervices que ce nouveau général lui rendit pour ſon augmentation, l'ont fait regarder par quelques-uns comme le fondateur de cet ordre, quoiqu'il n'en ſoit que le propagateur; & c'eſt la ſeule qualité que lui donne le martyrologe romain. La réputation de la ſainteté de Philippe Béniti étoit ſi grande, qu'après la mort de Clément IV, les cardinaux aſſemblés à Viterbe, jetterent les yeux ſur lui pour l'élever ſur le ſaint ſiége; mais en ayant été averti, il ſe retira ſecretement dans les montagnes du territoire de Sienne, où il demeura caché dans des trous, ne vivant que d'herbes ſauvages, & ne buvant que de l'eau d'une mare, qu'on a depuis appellée les bains de S. Philippe, à cauſe de la vertu médicinale qu'on leur attribue, dont on rapporte la cauſe aux mérites de ſes prieres. L'élection de Grégoire X le fit reparoître. Plein de zèle pour la propagation des ſerviteurs de MARIE, il paſſa à Avignon, à Toulouſe, à Paris, d'où il ſe tranſporta aux Pays-Bas, en Friſe, en Saxe, & dans la haute Allemagne, publiant par-tout les grandeurs de la mere de Dieu. Il revint à Lyon, où ſe tenoit un concile général en 1274, & il obtint des peres de cette aſſemblée l'approbation de ſon ordre. Enfin, après avoir pacifié quelques troubles dans les villes de Piſtoye & de Florence, eſſayé de ramener ſous l'obéiſſance du pape Martin IV les habitans de Forli, qui le traiterent très-ignominieuſement, il alla mourir plein de vertus à Todi en Ombrie, le 22 août 1285. On commença à l'honorer ſolemnellement dès le commencement du XVI ſiécle; mais il ne fut canoniſé que par le pape Clément X en 1671. * Archange Ciani, annales des Servites. Phil. Ferrari, catal. des ſaints d'Italie. Bzovius, Rainaldi & Sponde, annales. Baillet, vies des ſaints. Le pere Hélyot, hiſtoire des ordres religieux.

EMPEREUR ROMAIN.

PHILIPPE (Marc-Jule) empereur Romain, étoit d'Arabie, né dans la Traconite, d'un pere qui étoit chef de voleurs, ſelon la plupart des hiſtoriens. Il prit parti dès ſa premiere jeuneſſe dans les troupes romaines, où il joignit la valeur & l'expérience qu'il y acquit, à la trahiſon & à la cruauté, vices aſſez ordinaires à ſa nation. Après la défaite de Sapor, roi de Perſe, par l'empereur Gordien, l'an 242, Philippe jaloux de la gloire & de l'autorité de Miſithée, qui étoit préfet des cohortes prétoriennes, & qui commandoit, pour ainſi dire, en chef, quoique l'empereur fût préſent, l'empoiſonna pour avoir ſa place: au moins fut-il ſoupçonné de ce crime. Miſithée fut ſubitement attaqué, l'an 243, d'un mal ſi

violent qu'on le jugea d'abord ſans remede, & qu'il en mourut. Gordien trop jeune encore pour pénétrer les deſſeins ambitieux de Philippe, fut ſi éloigné de le croire coupable de cette mort, qu'il lui confia tous les emplois du défunt, & le fit général de ſes armées. Ce prince s'ouvrit par-là, ſans le ſavoir, le précipice où il tomba bientôt après. L'ambition du nouveau favori s'accrut en effet avec ſa fortune. Il ſuivit, pour parvenir à la fin qu'il ſe propoſoit, les routes marquées par la plupart des uſurpateurs. Il ſe rendit agréable aux ſoldats par ſon affabilité, prévint leurs deſirs dès qu'il put les connoître, & ne perdit aucune occaſion de les animer contre Gordien. Afin même de le rendre odieux aux armées, il fit enſorte que le camp ſe trouvât dépourvu de vivres; & rejettant ce défaut ſur la jeuneſſe & l'incapacité de l'empereur, il engagea les troupes à lui donner un collégue ſous le nom de tuteur & de gouverneur du prince, & ce collégue fut lui-même. Alors Philippe ne mit plus de bornes à ſon ambition: il oublia qu'il avoit, ſinon un maître, au moins un égal. Le jeune empereur bleſſé de ſa conduite, s'en plaignit avec force en préſence de l'armée, qu'il aſſembla exprès. Son diſcours fut touchant; mais il ne produiſit rien, parceque Philippe avoit prévenu les eſprits, & s'étoit formé un puiſſant parti. Gordien déclaré incapable, & abandonné de tout le monde, envoya ſupplier l'uſurpateur de lui conſerver au moins le titre de céſar; & ſur ſon refus, il lui fit demander d'être ſeulement préfet du prétoire; & enfin il ſe réduiſit à ne ſolliciter que le rang d'un de ſes capitaines. Mais Philippe fit ceſſer ſes ſollicitations, en ordonnant qu'on le tuât. Ce détail ſe trouve dans Jule Capitolin: cependant cette baſſeſſe de Gordien paroît peu vraiſemblable. Auſſi les autres auteurs diſent ſimplement que Philippe ſe fit déclarer empereur, & qu'il fit mourir celui-dont il uſurpa le rang & l'autorité. La mort de Gordien arriva l'an de Rome 997, de l'empire 267, & de J. C. 244. Ce prince n'avoit que 22 ans. Philippe ayant été auſſitôt reconnu empereur par toute l'armée, écrivit au ſénat qu'il avoit été élu d'un conſentement unanime, à la place de Gordien mort de maladie. Le ſénat confirma ſon élection après quelques délais, & lui donna le titre d'Auguſte; & Philippe aſſocia à l'empire ſon fils, qui portoit le même nom, qui n'avoit encore que ſix ou ſept ans, & qui étoit d'un tempérament ſi mélancolique, qu'il étoit impoſſible de le faire même ſourire. Dans l'impatience de retourner à Rome pour ſe rendre maître de cette ville, Philippe fit une paix honteuſe avec les Perſes, & leur céda toute la Méſopotamie, & une partie de la province de Syrie; & avant que de revenir à Rome, il alla en Arabie, où il fonda la ville de Philippopolis, proche du lieu où il étoit né. Philippe reçut auſſitôt à Rome de la maniere dont on y recevoit tous les empereurs; mais les applaudiſſemens furent moins ſenſibles, parceque l'on étoit irrité de ce qu'il avoit cédé aux Perſes. Cet uſurpateur politique s'apperçut de cette raiſon, & pour réparer ſa faute il ſe montra extrêmement libéral; & ayant cherché une nouvelle occaſion de faire la guerre aux Perſes, qui étoient très-affoiblis, il en obtint pour les laiſſer en repos, tout ce qu'il leur avoit cédé. La quatriéme année de ſon régne, l'an 1000 de la fondation de Rome, il ordonna la célébration des grands jeux ſéculaires, deſtinés à ſolemniſer la naiſſance de cette ville, & il rendit cette fête plus magnifique que tous les princes qui l'avoient précédé. On prétend que ce fut à cette occaſion que lui & ſon fils embraſſerent le chriſtianiſme, & que le premier ayant été baptiſé par le pape S. Fabien, participa aux ſaints myſteres après la confeſſion de ſes péchés. Euſebe même raconte que cet empereur ſe trouvant à Antioche la veille de Pâque de l'an 248, il alla à l'égliſe des chrétiens pour aſſiſter aux prieres, & que S. Babylas, évêque du lieu, lui en défendit l'entrée, à moins qu'il n'eût fait une confeſſion publique de ſes péchés, & qu'il ſe fût mis au rang des pénitens, pour expier tous les crimes qu'il avoit commis, & il ajoute que Philippe y conſentit. Quelques-uns attribuent ſa converſion au célèbre Origène; mais

d'autres

d'autres croient qu'elle n'étoit que fimulée, afin de mettre les chrétiens dans son parti, & d'être plus en état de réfister à Dece, qu'il avoit déja pour concurrent. L'opinion du chriftianifme de Philippe eft fondée fur de grandes autorités, & appuyée de circonftances qui ne permettent pas d'en douter, enforte qu'il eft proprement le premier empereur qui ait porté le nom de chrétien ; mais il a deshonoré ce nom fi vénérable par des actions indignes même d'un païen : car on croit qu'il étoit chrétien, auffi-bien que fa femme l'impératrice Severa, avant même que d'être empereur ; & il eft vraifemblable qu'ils avoient élevé leur fils dans la même religion ; au moins S. Jérôme & Orofe affurent que ce fils mourut chrétien comme fon pere. Eufebe dit qu'Origène écrivit à l'empereur Philippe une lettre hardie, où il ne lui déguifoit point la vérité, & où il lui parloit en maître & en docteur. Philippe avoit joui jufque-là tranquillement de l'empire ufurpé ; mais les Goths repouffés du temps de Gordien, ayant encore une fois traverfé la Méfie, & ravagé la Thrace, il fallut penfer à les en chaffer. Durant cette guerre, P. Carvilius-Marinus & Dece furent fucceffivement proclamés empereurs par les troupes. Le premier fut tué peu après par ceux-mêmes qui l'avoient élevé. Mais le fecond eut l'adreffe de fe maintenir. Philippe néanmoins ayant fu fon élection, marcha contre lui ; mais fans confidérer que dans une occafion fi importante, il étoit plus que jamais intéreffé à gagner l'amitié de fes foldats, il eut l'imprudence de s'en faire haïr par une fierté à contre-temps. Les légions bleffées du peu d'égard que ce prince avoit pour elles, avant même que de quitter l'Italie, fe déclarerent pour Dece, & le proclamerent à Vérone. Enfuite fe croyant en droit de tout ofer contre Philippe, elles fe jetterent fur lui & lui donnerent un coup de fabre qui fépara fon vifage par la moitié, c'est-à-dire, la partie d'enhaut avec celle d'en-bas. Il étoit alors au 45e année de fon âge, & la 6e de fon régne. Il perdit l'empire & la vie par des moyens femblables à ceux dont il s'étoit fervi pour ôter l'un & l'autre à fon prédéceffeur, & par les mêmes foldats qu'il avoit armés contre lui. Son fils périt comme lui, & fut tué peu de temps après à Rome par les cohortes prétoriennes, pour avoir pris feulement la qualité d'empereur, fans en avoir pourtant fait aucune fonction, à caufe de fa trop grande jeuneffe. Philippe finit fon régne l'an de Rome 1002, de la naiffance de J. C. 249. * Jules Capitolin, en la vie des Gordiens. Aurelius Victor, in Philip. Eufebe, l. 6, c. 31. Caffiod. in chron. Tillemont, hift. des empereurs, tome III. Echard, hiftoire romaine, tome VI, de la traduct. françoife. Jofephe Scaliger fur Eufebe. David le Clerc, in quaftionibus facris.

EMPEREUR D'ALLEMAGNE.

PHILIPPE, duc de Souabe, empereur, fils de FREDERIC Barberouffe, & frere de Henri VI, fut élu après la mort de celui-ci, dans le temps que quelques électeurs donnerent leur voix à Othon, duc de Saxe, en 1190. Cette divifion caufa la guerre dans l'empire, & Philippe fe vit accablé des cenfures de l'églife par le pape Innocent III. Il fe réconcilia avec ce pontife, & s'accorda avec Othon, auquel il donna fa fille en mariage. Malgré cette union, un jour que Philippe s'étoit fait ouvrir la veine à chaque bras à Bamberg, Othon de Witelfpach, voyant qu'on laiffoit entrer peu de monde dans fa chambre, s'y gliffa, & le tua le 23 juin de l'an 1208. Philippe étoit un prince libéral, vaillant, prudent, & qui avoit beaucoup de piété. Son régne fut de 9 ans, 3 mois & 15 jours. On enterra fon corps à Bamberg, d'où il fut transféré à Spire. Cet empereur avoit époufé Irène, fœur d'Alexis, empereur de Conftantinople, & en eut quatre filles ; Cunegonde, femme de Venceflas, I du nom, dit le Borgne, roi de Bohême ; Béatrix, premiere femme de S. Ferdinand, III du nom, roi de Caftille & de Léon, morte l'an 1234 ; Marie, alliée l'an 1207, à Henri II, dit le Magnanime, duc de Brabant ; & autre Béatrix,

mariée l'an 1211, à Othon de Saxe, IV du nom, empereur, morte quatre jours après fes nôces. L'impératrice Irène ayant appris la trifte nouvelle de la mort de Philippe, accoucha avant terme, & mourut quelques jours après. Othon IV, dit le Superbe, lui fuccéda. Cherchez OTHON IV. * L'abbé d'Urfperg, in chron. Sterom. Nauclere, &c.

ROIS DE FRANCE.

PHILIPPE, I de ce nom, roi de France, né en 1053, étoit fils de Henri, I du nom, qui l'avoit fait couronner à Reims, par l'archevêque Gervais de Belleme, le 23 mai, fête de la Pentecôte, de l'an 1059. Après la mort de Henri, en 1060, Philippe, qui avoit été facré à Reims depuis quelques mois, du vivant de fon pere, régna fous la régence & la tutelle de Baudouin V, nommé de l'Ifle, comte de Flandre, qui avoit époufé Adele ou Alix, fœur du roi Henri, & veuve de Richard II, duc de Normandie. Baudouin gouverna fagement l'état durant fa régence, qui fut de fix ans, & eut grand foin de bien faire élever le jeune roi. Ce prince fit fes premieres armes contre les Gafcons, qu'il vainquit en 1062. Mais dans la guerre qu'il fit à Robert le Frifon, comte de Flandre, il fut défait près de Saint-Omer, au mois de février 1070 où 1071. Depuis, il abandonna fes coufins pour faire la paix avec Robert. Sa jaloufie contre Guillaume le Conquérant, qui s'étoit rendu maître de l'Angleterre, fut le commencement des guerres entre la France & l'Angleterre. Le roi, qui avoit répudié fa femme Berthe, fille de Florent I du nom, comte de Hollande, & qui l'avoit reléguée à Montreuil-fur-mer, où elle vécut longtemps & affez pauvrement, demanda enfuite Emme, fille de Roger, comte de Sicile. Elle fut amenée jufqu'aux côtes de Provence; & cependant il ne l'époufa pas : on n'en dit point la raifon. Peut-être avoit-il fait quelque nouvelle inclination. En 1092, le 4 juin, il fit enlever de l'églife de S. Martin de Tours, Bertrade, fille de Simon de Montfort, & mariée depuis trois ans à Foulques, furnommé le Rechin, comte d'Anjou, & l'époufa en face d'églife. Ce fut l'évêque de Senlis qui en fit la cérémonie. Ce mariage illégitime brouilla ce prince avec les prélats de fon royaume, & avec Urbain II, qui l'excommunia. Philippe fut abfous à Paris en 1096, lorfqu'il quitta Bertrade; mais fa pénitence, toute fincere qu'elle parût, ne bannit pas de fon cœur le malheureux penchant qui l'entraînoit. Il rappella Bertrade auprès de lui, du confentement de Foulques fon mari, & fut excommunié une feconde fois le 18 novembre 1100, dans le concile de Poitiers. Mais ayant renoncé encore une feconde fois à cet adultere, il fut abfous en 1104. Il y a de fortes préfomptions, & l'on peut dire que le pape accorda une difpenfe à Philippe pour époufer Bertrade, Leurs enfans n'ont point été réputés bâtards; & le bon accueil que Foulques fit au roi, qui mena Bertrade avec lui à Angers, n'en eft pas une légere preuve. Depuis, Philippe prit peu de part aux entreprifes que firent de fon temps les princes chrétiens, qui fe croiferent prefque tous, & marcherent à la conquête de la Terre-Sainte, avec Godefroi de Bouillon. Il mourut à Melun le 29 juillet 1108, âgé de 56 ans, après avoir régné depuis fon facre 49 ans, 2 mois & 6 jours. Son corps fut porté dans l'abbaye de Fleuri, ou de S. Benoît-fur-Loire, où il avoit choifi fa fépulture. Voyez fa poftérité à l'article de FRANCE. * Confultez les lettres d'Yves de Chartres, les conciles de France, le continuateur d'Aimoin, Suger, Orderic Vitalis, le pere Anfelme, &c. Fleuri, hiftoire eccléfiaft. liv. 64 & 65. Daniel, hiftoire de France.

PHILIPPE II, roi de France, à qui fes belles actions ont fait donner le nom de Conquérant & d'Augufte, fut auffi furnommé Dieu-donné, à caufe de fa naiffance longtemps attendue. Il naquit le 22 août 1165, fut baptifé par Maurice, évêque de Paris, dans l'églife S. Michel, & fut facré à Reims par le cardinal de Champagne, le jour de la Touffaints 1179, du vivant du roi Louis VII, dit le Jeune, fon pere, qui ordonna dans cette occafion, selon du Tillet, le rang que les ducs & pairs de France devoient tenir. Philippe commença son régne en 1180, sous la tutelle de Philippe d'Alsace, comte de Flandre, qui étoit son parrein ; fit la guerre aux seigneurs de Beaujeu & de Charenton, & au comte de Châlons, qui opprimoient les ecclésiastiques ; & dissipa une puissante ligue, que les grands du royaume avoient faite contre lui. Ce prince consacra les prémices de son régne par le châtiment des impies, des libertins & des blasphémateurs, & par l'exil des comédiens & des farceurs ; & chassa de son royaume les Juifs qui étoient, comme on disoit, la source de tous les crimes. Il eut ensuite avec le comte de Flandre un différend, qui fut heureusement terminé en 1184, par les soins de Guillaume de Champagne, cardinal & archevêque de Reims. Ce prélat étoit oncle maternel du roi. Philippe eut encore guerre avec Henri, roi d'Angleterre, auquel il enleva dans les années 1187, 1188 & 1189, les villes d'Issoudun, de Tours, du Mans, & d'autres places dans le Berri & ailleurs. Quelque-temps après, ayant su la perte de la ville de Jérusalem, il se croisa en 1190, & partit après la fête de S. Jean-Baptiste. Cette guerre fut mêlée de divers événemens. Philippe prit Acre, défit dix-sept mille Sarasins ; & se trouvant extrêmement incommodé & peu satisfait de Richard roi d'Angleterre, il revint dans ses états, & arriva à Fontainebleau aux fêtes de Noël 1191. L'année suivante il obligea Baudouin VIII, comte de Flandre, de lui laisser le comté d'Artois ; avec les hommages des comtés de Boulogne, de Guisnes & de Saint-Paul. Ensuite il tourna ses armes contre Richard, roi d'Angleterre, sur lequel il prit en 1192 le Vexin & Evreux ; mais en 1193, il assiégea inutilement Rouen. Cette guerre, qui causa de grands maux à la France, fut enfin terminée par une trève de cinq ans. En 1199, Philippe prit les villes d'Aire & de Saint-Omer, & fit la paix avec Jean Sans-Terre, roi d'Angleterre, le 12 mai 1200. Mais en 1204, il prit la Normandie, & remit sous son obéissance les comtés d'Anjou, du Maine, de Touraine, de Poitou & de Berri. Avant cela lui ayant répudié Gelberge, sœur de Canut, roi de Danemarck, pour épouser Agnès ou Marie, fille du duc de Moravie, avoit attiré sur lui les censures de l'église. Cinq ou cinq ans après, c'est-à-dire, en 1201, il reprit Gelberge, & fut absous des censures. En 1207 il fit une trève avec le même roi Jean, & dépouilla de ses terres Gui II, comte d'Auvergne, en 1212. L'année suivante il porta ses armes en Flandre, & y prit Ypres, Tournai, Cassel, Douai & Lille. Mais la plus remarquable de ses actions, est la célèbre journée de Bouvines. L'empereur Othon IV, le comte de Flandre, & plusieurs confédérés avoient mis sur pied une armée de 150000 hommes. Le roi leur donna bataille, & la gagna un dimanche 27 juillet 1214. Ferrand, ou Ferdinand comte de Flandre, Renaud, comte de Boulogne, & trois autres comtes y furent faits prisonniers, avec vingt-deux seigneurs portant bannieres, le même jour que Louis gagna une autre bataille en Anjou, contre les Anglois. Le roi combattit très-courageusement à cette bataille, entre Tournai & Lille, eut un cheval tué sous lui ; & en mémoire d'un avantage si considérable, fonda l'abbaye de Notre-Dame de la Victoire près de Senlis, & y mit des chanoines qu'il tira de la maison de saint Victor de Paris. Ensuite il fit passer son fils Louis en Angleterre, & employa le loisir que lui donnoit la paix, à embellir sa ville capitale. Il mourut à Mante sur Seine, le 25 juillet 1223, âgé de 59 ans, après avoir régné 42 ans, 9 mois & 29 jours. Voyez sa postérité à l'article de FRANCE. Philippe étoit bien fait de sa personne, il avoit seulement un œil à demi-offusqué d'un dragon ; ce qui a donné lieu à Villani & à Bocace de l'appeler borgne. * Rigord, en sa vie. Guillaume le Breton, Philipp. Sainte-Marte, généalogie de la maison de France. Le P. Anselme, &c.

PHILIPPE III, roi de France, à qui son courage acquit le surnom de Hardi, étoit fils du roi S. LOUIS,

qu'il avoit suivi en son voyage d'outre-mer, & après sa mort fut salué roi en Afrique en 1270. Peu après ayant battu les Sarasins, il vint en France, où il se fit sacrer à Reims le 30 août, par l'évêque de Soissons, le siège de Reims étant vacant. En même temps il recueillit la succession de son oncle Alfonse, comte de Poitiers & de Toulouse, & remit dans le devoir Raimond-Bernard III, comte de Foix. Il maintint les droits de Jeanne, héritière de Navarre, que son fils épousa, & tâcha d'en faire de même en Castille, pour Alfonse de la Cerda fils de sa sœur Blanche ; mais cette entreprise n'eut point de succès. Philippe épousa 1°. le 28 mai 1262, Elizabeth d'Aragon, fille puînée de Jacques, I du nom, roi d'Aragon, & d'Yolande de Hongrie, morte le 23 janvier 1271, âgée de 24 ans : 2°. en 1274, Marie, fille de Henri III, duc de Brabant, qu'il épousa au mois d'août, & qu'il fit sacrer l'année suivante, dans la Sainte-Chapelle de Paris, le jour de S. Jean-Baptiste. Il voulut que l'archevêque de Reims fît la cérémonie, sans avoir égard au droit de celui de Sens, qui étoit le métropolitain, pareceque, dit le roi, ma chapelle est exempte de toute jurisdiction Le mérite de cette princesse charma le roi, qui l'aimoit tendrement. Un favori insolent, nommé Pierre de la Brosse, chirurgien de profession, qui s'étoit élevé de la lie du peuple jusqu'à la familiarité du roi, voulut détruire un amour si légitime ; par la supposition d'un crime énorme. Il accusa la reine d'avoir fait empoisonner Louis, fils aîné de Philippe ; mais en ayant été soupçonné lui-même très-violemment, quoique la chose n'eût pas été absolument avérée, il fut pendu en 1276. Pierre d'Aragon avoit tellement animé les habitans de Sicile contre les François, qu'ils les massacrerent tous le jour de Pâque l'an 1282, à l'heure de vêpres, & c'est ce qu'on appelle les vêpres Siciliennes. Philippe pour s'en venger, marcha en personne contre l'Aragonois, & prit Gironne. A son retour il mourut d'une fièvre maligne à Perpignan le 5 octobre 1285, la 16 année de son règne, & la 41e de son âge. Voyez sa postérité à l'article de FRANCE. * Consultez l'histoire de ce roi, intitulée Gesta Philippi, quem Audacem cognominant: Mezerai, hist. de France ; le pere Anselme, &c.

PHILIPPE IV, roi de France & de Navarre, surnommé le Bel, à cause de sa bonne mine, & le Grand par rapport à ses vertus, naquit à Fontainebleau en 1268, & succéda à son pere PHILIPPE III, en 1285. Ce prince étoit déja roi de Navarre par son mariage avec Jeanne, fille & héritière de Henri I, qu'il avoit épousée le 16 août 1284. Il fut sacré à Reims par Pierre Barbet archevêque de cette ville, le 16 janvier de l'année suivante, puis songea à faire rendre exactement la justice à ses sujets, & ordonna que le parlement seroit sédentaire à Paris, Edouard I, roi d'Angleterre, ayant été cité pour rendre compte de quelques violences faites sur les côtes de Normandie ; & sur le refus qu'il fit d'y comparoître, il fut privé de la Guienne, qui lui fut enlevée en 1293, par Raoul de Nesle connétable de France. Dans le même temps, Jean de Harcourt, & Matthieu de Montmorenci, qui commandoient l'armée navale de Philippe, pillerent Douvres ; & eussent poussé plus loin, si l'intelligence qu'ils avoient en Angleterre n'eût manqué. L'Anglois pour se venger, se ligua avec l'empereur Adolfe, le duc de Bar, & le comte de Flandre. Le premier ne fit que de vaines menaces ; l'autre attira les armes du roi sur son pays, qui en fut désolé ; & le troisième vit rompre toutes ses mesures. Philippe ayant augmenté son armée des troupes de ses alliés, & en donna la conduite à son frere Charles comte de Valois, à Robert comte d'Artois, & au connétable, qui remporterent de nouveaux avantages en Guienne, tuerent seize mille des ennemis, à la bataille de Furnes en 1297, & prirent Lille, Cassel, Courtrai, Douai & Gand, Gui II, comte de Flandre, qui avoit été prisonnier à Paris avec sa femme, fut pris une seconde fois en 1299; mais la mauvaise conduite de Jacques de Châtillon, comte de Saint-

al, causa à Bruges une sédition, qui souleva tout le
ys. Pour la réprimer, le roi envoya une armée sous
conduite de Robert comte d'Artois, & du conné-
ble. La jaloufie des chefs causa la perte de cette armée
a bataille de Courtrai en 1302. L'élite de la nobleffe
royaume y périt ; mais après diverses tentatives, le
i défit entierement les mutins en diverses occasions ;
r il remporta de grands avantages au combat du Pont-
Vendin, à la rencontre de Ravemberg, & contre
hilippe comte de Chieti, gouverneur des états du
mte Gui son pere, qui assiégeoit Ziriczée sur Jean
Avène, comte de Hainaut & de Hollande. Le 18
ût 1304, Philippe gagna la célebre bataille de Mons
Puelle, ou plus de vingt-cinq mille Flamans resterent
r la place. Ensuite il fit le traité d'Athies en 1305, avec
comte Robert, fils & successeur de Gui, mort en pri-
n à Compiegne le 7 mars de la même année. Dans
suite, la nécessité des affaires obligea le roi de char-
er les ecclésiastiques, aussi-bien que ses autres sujets.
e pape Boniface VIII, gagné par les ennemis de la
rance, se servit de ce prétexte, & de quelques autres
our troubler l'état. Cé pontife se servant de Bernard de
aisset, évêque de Pamiers, & de l'archidiacre de Nar-
onne, porta une injuste excommunication contre le
roi, & s'avisa de donner la couronne de France à l'empereur Albert. Mais Benoît XI, son successeur, plus prudent & mieux intentioné, cassa tout ce que Boniface
avoit fait contre Philippe : ce qui fut encore confirmé
par Clément V, lequel de concert avec le roi abolit l'ordre des Templiers, au concile général de Vienne, en
1311. Le roi bâtit le palais près de la Sainte-Chapelle,
& se servit pour ministre, d'Enguerrand de Marigni,
qui fut très-puissant sous son régne. En 1310, il fit un
traité de paix avec l'empereur Henri VII, & fit son testament à Maubuisson le 19 mai 1311. Il étoit tombé malade, soit de chagrin, ou de quelque indisposition naturelle, soit d'une chute de cheval, soit de quelqu'autre
cause plus cachée & plus méchante, comme quelques
historiens l'ont avancé. Il mourut à Fontainebleau, où
il étoit né, le 30 octobre 1314, âgé de 48 ans, &
dans la 29ᵉ année de son régne. Son corps fut enterré
à Saint Denys, & son cœur au monastere de S. Louis
de Poissi, qu'il avoit fondé, & qu'il avoit commencé
de faire bâtir pour les religieuses de l'ordre de S. Dominique. *Voyez* sa postérité à l'article de FRANCE. On
trouva en 1687, dans l'église de Poissi le cœur de ce
prince, avec une épitaphe, qui marque qu'il en est le
fondateur. On y a trouvé aussi le tombeau du prince
Robert son fils, & ceux de quelques autres princes &
princesses. Philippe *le Bel* aimoit les savans & les lettres,
& avoit eu pour précepteur le célebre Gilles de Rome
de la famille des Colonna, depuis archevêque de Bourges. C'est ce prélat que le roi engagea d'écrire le traité
De regimine principum. Philippe commanda encore à
Jean de Meun de travailler à la traduction de quelques ouvrages des anciens, & lui fit mettre en notre langue
l'ouvrage de Boëce, de la consolation de la philosophie ;
Végece, de l'art militaire ; & les épitres de Pierre Abail-
lard & d'Heloïse. * *Voyez* le continuateur de Guillaume de Nangis ; Du Pui, l'histoire des différends du roi
Philippe *le Bel,* & du pape Boniface VIII, & celle de
la condamnation des Templiers, du même auteur ; Paul
Emile ; Robert Gaguin ; Mézerai, *histoire de France* ;
le pere Anselme, &c.

PHILIPPE V, roi de France, surnommé *le Long,* à
cause de sa grande taille, étoit fils puiné de PHILIP-
PE IV du nom, dit *le Bel,* & ne portoit que la qualité
de comte de Poitou, lorsque par la mort de son frere
Louis *Hutin,* il fut déclaré régent des deux royaumes
de France & de Navarre, pendant la grossesse de la reine
Clémence sa belle sœur. Mais après la mort d'un fils
nommé Jean, dont elle accoucha, & qui ne vécut que
huit jours, Philippe succéda à la couronne, en vertu
de la loi Salique, quoique Charles de Valois & Eudes IV, duc de Bourgogne, fissent tous leurs efforts pour

la lui enlever, & la donner à Jeanne, fille du roi Louis
Hutin. Celle-ci se contenta du royaume de Navarre,
qui tomboit en quenouille, & le porta depuis à Philippe
comte d'Evreux. Robert de Courtenai, archevêque de
Reims, sacra Philippe *le Long,* le 6 janvier 1316. Ce
prince s'appliqua à gagner ceux qui s'étoient opposés à
son avénement à la couronne. Il commença à trois diverses fois la guerre contre les Flamans, & traita toujours avec eux. Il renouvella l'alliance faite avec les
Ecossois en 1318, chassa du royaume les Juifs convaincus de divers crimes, fit punir les ladres accusés d'actions infames, & auroit rendu son état florissant, si la
mort n'eût prévenu ses bons desseins. Il mourut à Long-
Champ d'une dysenterie jointe à une fiévre quarte, dont
il avoit langui près de cinq mois, le 2 janvier 1321.
Quelques-uns disent qu'il mourut à Fontainebleau, &
d'autres à Paris. Il étoit âgé de 28 ans, & avoit régné
5 ans 1 mois & 14 jours. Son corps fut porté à Saint
Denys, son cœur aux Cordeliers, & ses entrailles aux
Dominicains. *Voyez* sa postérité à l'article de FRANCE.
La Croix du Maine remarque, après Nostradamus, que
ce roi se plaisoit à composer des vers en provençal, &
entretenoit divers poëtes de ce pays. * *Voyez* le continuateur de Guillaume de Nangis ; Sainte-Marthe, *histoire généalogique de la maison de France* ; Mezerai, *histoire de France* ; le pere Anselme, &c.

PHILIPPE VI, roi de France, dit *de Valois,* à
cause de l'apanage de son pere, est aussi surnommé le
Bien Fortuné, & le *Catholique.* Ce prince étoit fils de
CHARLES de France, comte de Valois, d'Alen-
çon, &c. & de *Marguerite* de Sicile sa premiere femme,
petit-fils de PHILIPPE surnommé *le Hardi,* neveu de
Philippe dit *le Bel,* & cousin germain des trois freres,
Louis Hutin, Philippe le Long, & *Charles le Bel.* Il
succéda à ce dernier, après avoir été régent du royaume pendant la grossesse de la reine Jeanne d'Evreux,
qui ne mit au monde qu'une fille posthume. Ainsi, conformément aux loix fondamentales de l'état, on couronna
Philippe de Valois, comme le plus proche de la cu-
ronne. Edouard III, roi d'Angleterre le lui voulut disputer, comme fils d'Isabeau de France, fille de Philippe
le Bel, & sœur des trois derniers rois, dont Philippe
de Valois n'étoit que le cousin germain. Mais les états
généraux du royaume en exclurent l'Anglois en vertu
de la loi Salique, & maintinrent dans son droit Philippe,
que Guillaume de Trie sacra à Reims le 29 mai, dimanche de la Trinité, l'an 1328. Il prit la protection de
Louis comte de Flandre, contre ses sujets rebelles, qu'il
défit à la célebre bataille de Mont-Cassel le 22 août de
la même année, où il courut danger de sa personne.
L'année suivante il maintint les priviléges de l'église gallicane contre l'autorité séculiere, & fut surnommé par
le clergé *le vrai Catholique.* Il s'agissoit de la jurisdiction
ecclésiastique ; l'affaire fut plaidée pour le roi par Pierre
Cugnieres son avocat général. Pierre Bertrand évêque
d'Autun, puis cardinal, lui répondit avec beaucoup de
force, & gagna sa cause. Avant cette célebre dispute
qui se fit en la présence du roi, Edouard roi d'Angleterre lui avoit rendu hommage le 5 de juin. La cérémonie s'en fit à Amiens, où l'Anglois parut tête nue,
ayant mis bas la couronne, l'épée & les éperons, en
présence des rois de Navarre, de Majorque & de Bohême. Cette mortification lui parut si sensible qu'il résolut de s'en venger. En effet Philippe, qui avoit entrepris le voyage d'Outre-mer, se vit contraint de retourner de Marseille où il devoit s'embarquer, pour éluder
les desseins d'Edouard qui s'étoit ligué avec Robert d'Artois, comte de Beaumont-le-Roger, avec l'empereur &
avec les Flamans soulevés contre la France par Jacques
d'Artevelle brasseur de biere. (Ce Robert étoit arriere-
petit-fils de Robert de France dit *le Bon* & *le Vaillant,*
frere du roi S. Louis, petit-fils de Robert II, dit *le Bon*
& *le Noble,* & fils de Philippe d'Artois seigneur de Conches, qui mourut avant son pere des blessures qu'il avoit
reçues à la bataille de Furnes en 1298. Mahaut sa sœur

mariée à Othon IV, comte de Bourgogne, obtint après la mort de Robert II, son pere, le comté d'Artois qui lui fut adjugé par divers arrêts, à l'exclusion de son neveu Robert II, parceque selon la coutume d'Artois la représentation n'a pas lieu en ligne directe.) Ce seigneur mécontent engagea l'Anglois à porter ses armes contre la France : ce qu'il fit en 1338. L'année suivante l'Anglois assiégea inutilement Cambrai ; mais il fut vainqueur en la bataille navale de l'Ecluse donnée le 23 juin 1340. Après que les François eurent brulé Hampton dans son pays, les choses furent calmes jusqu'en 1346. Le roi avoit pris le parti de Charles de Blois son neveu, & l'avoit reçu à l'hommage de la Bretagne que Jean de Montfort prétendoit. Celui-ci se retira vers Edouard, qui fit une descente en Normandie, par Caen, & remporta la victoire de Creci en Ponthieu, où parmi trente-deux mille morts de notre parti, on compta le roi de Bohême, le duc d'Alençon frere du roi, plusieurs autres princes, & plus de douze cens chevaliers : le roi même payant admirablement de sa personne, manqua d'y périr, & y reçut deux grandes blessures. L'Anglois enflé de ces victoires prit Calais, que sa nation a gardée 210 ans, jusqu'en 1558. Philippe répara prudemment ces disgraces. Il acquit le Roussillon & la ville de Montpellier de Jacques roi de Majorque. Il réunit à la couronne les comtés de Champagne & de Brie, & se fit donner le Dauphiné par Humbert dernier dauphin de Viennois, qui lui transporta cette province, à condition que les fils aînés de nos rois s'appelleroient dauphins, & qu'ils porteroient les armes de France écartelées avec celles de Dauphiné. Ce prince mourut à Nogent-le-Roi près de Chartres en Beauce, le 23 août 1350, âgé de cinquante-sept ans, le 23 de son règne. On l'a blâmé d'avoir introduit la gabelle & les impositions sur le sel, à quoi l'Anglois faisant allusion l'appelloit le roi de la loi salique. Voyez sa postérité à l'article de FRANCE. * Consultez Jean Villani ; Froissard, chron. Mezerai, histoire de France ; Sainte-Marthe, hist. généal. de France ; le continuateur de Guillaume de Nangis ; le pere Anselme, &c. Le pere Matthieu Texte, Dominicain, a fort bien prouvé, ce semble, que la mort de Philippe VI est arrivée le vingt-troisiéme d'août. Entr'autres preuves il cite ces paroles du nécrologe du monastere royal de Poissy. X calendas septemb. obiit illustrissimus rex Francorum Philippus, nepos primi fundatoris nostri qui ecclesiam nostram fecit dedicari, & indulgentiam ecclesiæ per papam Joannem XXII dupplicari. A l'égard du temps du règne, le même pere montre aussi qu'il a été de vingt-deux ans quatre mois & vingt-un jours. On peut voir les preuves de l'un & de l'autre fait dans la dissertation du pere Texte, imprimée dans le Mercure de France, mois de mars 1746, pag. 97, & suivantes. On y trouve des réflexions qui paroissent fort justes sur l'autorité que doit avoir le témoignage de l'historien Froissard.

ROIS D'ESPAGNE ET DE NAVARRE.

PHILIPPE I, dit le Bel, roi d'Espagne, archiduc d'Autriche, duc de Brabant & de Lothier, &c. fils de MAXIMILIEN I, empereur, & de Marie de Bourgogne, naquit à Bruges le 23 juin 1478, & épousa le 21 octobre 1496, Jeanne reine d'Espagne, seconde fille & principale héritière de Ferdinand V, roi d'Aragon, & d'Isabelle reine de Castille. Philippe étoit un prince doux & paisible. Il mourut à l'âge de vingt-huit ans, à Burgos le 25 septembre 1506. On dit que ce fut d'un mal subit contracté pour avoir bu de l'eau trop fraîche en jouant à la paume. Voyez sa postérité à l'article AUTRICHE. * Mariana, hist. d'Espagne.

PHILIPPE II, roi d'Espagne, né le 21 mai 1527, étoit fils de l'empereur CHARLES-QUINT, & d'Isabelle de Portugal, &, n'étant encore que prince d'Espagne épousa en mars 1545, Marie, fille de Jean III, roi de Portugal, de laquelle il eut dom Carlos, dont la fin fut tragique. Après la mort de cette princesse arrivée le 12 juillet 1545, il se remaria le 25 juillet 1554, à

Marie fille de Henri VIII, qui étoit héritiere d'Angleterre. Quelque temps après, l'empereur Charles-Quint fit en faveur de Philippe une abdication volontaire de ses états à Bruxelles en 1555 ; & après l'avoir créé grand-maître de l'ordre de la toison d'or, il lui mit la couronne sur la tête. On avoit fait alors une trève pour cinq ans avec le roi Henri II. Elle fut rompue par Philippe, animé contre Henri II, parcequ'il prenoit les intérêts du pape Paul IV, contre les siens. Ce fut le véritable sujet, ou du moins le prétexte de cette guerre. Philippe fit une ligue avec l'Anglois, & envoya en Picardie quarante mille hommes qui défirent dix-huit mille François à la bataille de Saint-Quentin ou de S. Laurent, en 1557. Ce malheur fut réparé par la prise de Calais, de Thionville & de Dunkerque, & fut enfin suivi de la paix faite à Cateau-Cambresis en 1559. Elizabeth de France, fille de Henri II, avoit été promise au prince dom Carlos. Philippe qui avoit perdu sa femme le 17 novembre 1558, épousa lui-même cette princesse qui étoit jeune & belle, le 22 juin 1559. Son fils témoigna du ressentiment de cette supercherie ; & par l'amour qu'il conserva toujours pour cette reine, il contribua lui-même à sa propre mort. Car Philippe l'ayant fait arrêter, le fit mourir en prison le 18 janvier 1568. Quelque temps après, il fit, dit-on, empoisonner la reine, qui mourut le 3 octobre 1568. Voyez sa postérité à l'article d'AUTRICHE. Philippe fut obligé de soutenir une puissante guerre dans les Pays-Bas contre les provinces qui s'unirent, & qui formerent la république dite les états des Provinces-Unies. Ce prince se rendit maître, en 1580, du royaume de Portugal, & par le secours de ses galeres contribua beaucoup à la défaite des Turcs à Lépante. Les Maures, qui s'étoient révoltés en 1561, furent mis à la raison. On lui fournit le Pignon ou Pennon de Velés en Afrique, & en Asie les isles qui de son nom furent nommées Philippines. Depuis Philippe fit mettre en mer une armée de plus de quatre-vingts voiles. Cette armée, qu'on nommoit l'invincible, & qu'on envoyoit contre l'Angleterre, partit du port de Lisbonne le 29 mai 1588, & fut dissipée autant par la tempête que par l'adresse & le courage des Anglois. Cette perte que les historiens augmentent & diminuent à leur fantaisie, fut très-grande. Il est assuré qu'elle fut du moins de dix mille hommes & de soixante vaisseaux. Aussi toute l'Espagne en témoigna si ouvertement sa tristesse ; qu'il fallut un édit du roi pour lui en faire cesser les démonstrations. Philippe apprit cette perte sans rien perdre, à ce qu'on dit, de sa gravité, & sans changer de visage. Il écrivoit quelques lettres, quand le courier entra dans sa chambre pour lui apprendre ces tristes nouvelles ; il répondit froidement qu'il n'avoit point cru son armée capable de vaincre la violence des vents & la fureur de la mer, mais qu'il remercioit Dieu de lui avoir donné assez de force & de pouvoir pour remettre en mer une aussi puissante armée ; & ensuite il reprit la plume, & se remit à écrire avec la même tranquillité qu'auparavant. Il favorisa puissamment en France le parti de la ligue. Aussi le roi Henri IV étant parvenu à la couronne, lui déclara, en 1595, la guerre qui finit en 1598, par la paix de Vervins. Philippe mourut à l'Escurial le 13 septembre de la même année, âgé de 71 ans & 4 mois. * De Thou & d'Avila, hist. Cabrera. Mariana. Turquet, hist. d'Espagne. Strada, de bello Belg. Brantôme, vie d'Elizabeth, &c. Greg. Leti, vita di Philippo II.

PHILIPPE III, roi d'Espagne, né à Madrid le 14 avril 1578, succéda à son pere PHILIPPE II. Il avoit été promis à Marguerite d'Autriche, fille de Charles, archiduc de Grats, & de Marie de Baviere ; ce mariage fut accompli en 1599, & le pape Clément VIII en fit lui-même les cérémonies à Ferrare, où cette princesse passa en venant en Espagne. Philippe se rendit maître de quelques places en Afrique, comme de Larache. Il réforma les officiers de la justice, chassa les Maures d'Espagne, & fit la paix dans les Pays-Bas, que sa sœur Elizabeth-Claire-Eugénie avoit eue en dot. Depuis il vécut en repos dans ses états. La guerre du Montferrat commencée en 1615, & les deſſeins ſur la Valteline furent le ſujet d'une guerre, laquelle continua aſſez long-temps en Italie, quoiqu'elle eût été terminée en apparence. Le roi Philippe III mourut le dernier mars 1621, en la 43ᵉ année de ſon âge, & en la 23ᵉ de ſon régne. *Voyez* ſa poſtérité à l'article AUTRICHE.

PHILIPPE IV, roi d'Eſpagne, né le 8 avril 1605, fut roi après ſon pere ; & après la mort de ſa tante Eliza-beth-Claire-Eugénie, arrivée en 1633, il rentra en la poſſeſſion des états des Pays-Bas. La tréve avec les Pro-vinces-Unies qui duroit toujours, fut rompue par des actes d'hoſtilité. En 1624, les Hollandois qui avoient envoyé deux armées dans les Indes, remporterent deux avantages conſidérables. Car l'une défit la flotte eſpa-gnole près de Lima, & l'autre prit la ville de S. Sau-veur au Pérou, d'où Frédéric de Tolede chaſſa enſuite les Hollandois. Quoique Philippe eût affermi la paix du côté de la France, par une double alliance avec le roi Louis XIII, il ne laiſſa pas de fournir en ſecret de l'ar-gent au duc de Rohan, & de favoriſer les autres rebel-les. Ainſi la bonne intelligence des deux couronnes com-mença de s'altérer, à quoi les affaires d'Italie ne con-tribuerent pas peu ; de ſorte que l'on vit peu après écla-ter une guerre ouverte en 1635. L'électeur de Trèves, que les Eſpagnols maltraitoient, parcequ'il s'étoit mis ſous la protection de la France, en fut le ſujet. La pre-miere action fut la bataille d'Avein dans le duché de Luxembourg, où les maréchaux de Châtillon & de Brezé défirent le prince Thomas de Savoye, général de l'ar-mée d'Eſpagne, qui laiſſa ſix mille hommes ſur la place. Cette guerre ſi longue & ſi fatale au repos de la chré-tienté, fut depuis terminée par la paix des Pyrénées en 1659. Philippe IV, d'ailleurs aſſez eſtimé par ſa pru-dence & par ſa ſageſſe, fut peu heureux en tous ſes pro-jets. L'an 1640, les peuples de Catalogne tuerent à Barcelone leur gouverneur le jour même de la Fête-Dieu ; & après la mort du duc de Cardone, ils ſecoue-rent le joug de la domination eſpagnole, & ſe donne-rent aux François. La même année les Portugais ennuyés du même joug, ſe défirent de leur viceroi. Toutes les vil-les de leur état dans toutes les parties du monde, chaſ-ſerent les Eſpagnols en même jour ; & l'on mit ſur le trône le duc de Bragance, légitime héritier de cet état, appellé *Jean* IV. La ville de Naples ſe révolta quelque temps après. Le roi d'Eſpagne eut bien de la peine à calmer tous ces déſordres, & à ſoutenir la guerre en tant de lieux différens. Il mourut le 17 ſeptembre 1665, âgé de 60 ans. *Voyez* ſa poſtérité à l'article AUTRI-CHE. Le roi Philippe IV eſt auteur de la piéce drama-tique intitulée *El conde de Eſſex*, le comte d'Eſſex, qui eſt citée dans la diſſertation ſur les tragédies eſpagnoles de D. Auguſtin de Montiano y Luyando. On a encore de lui d'autres piéces imprimées ſéparément, & ſans nom d'auteur, leſquelles ont leur mérite.

PHILIPPE V, roi d'Eſpagne, duc d'Anjou, ſecond fils de LOUIS, Dauphin de Viennois, & de *Marie-Anne*, &c. princeſſe de Baviere, naquit à Verſailles le 19 novem-bre 1683, avec toutes les belles qualités qu'on peut ſou-haiter dans un grand prince. On remarqua en lui dès ſa plus tendre jeuneſſe un heureux naturel, & un ſi grand penchant pour l'étude & pour la piété, que le feu duc de Beauvilliers qui eut l'honneur d'être ſon gouverneur, dit pluſieurs fois qu'il n'avoit jamais trouvé occaſion de le reprendre. Il fut appelé à la couronne d'Eſpagne par les droits de *Marie-Thérèſe* d'Autriche, ſon aïeule, & par le teſtament de *Charles* II, dernier roi d'Eſpagne de la maiſon d'Autriche, déclaré roi à Verſailles le 16 no-vembre 1700, par le roi de France LOUIS XIV, ſon aïeul, & proclamé à Madrid le 24 du même mois. En février 1701, il reçut dans ſes états avec les accla-mations univerſelles de tous ſes ſujets, après avoir été conduit juſqu'aux frontieres par les ducs de Bourgogne & de Berri, ſes freres. Le 14 avril il fit ſon entrée publique dans Madrid, avec une magnificence extraordinaire de la part des Eſpagnols. Le 5 mai il reçut le grand collier

de la toiſon d'or de la main du duc de Monteleon, comme le plus ancien chevalier de cet ordre. Le 8 il fit dans l'é-gliſe de ſaint Jérôme de *Buen Retiro* entre les mains du cardinal Porto-Carrero, le ſerment que les rois d'Eſpagne ont accoutumé de faire, par lequel ils promettent de maintenir la foi catholique, les loix & les privilèges de la nation, & reçut en même temps celui des grands & des députés des villes au nom de tous les peuples. A peine fut-il aſſis ſur ſon trône, qu'il mérita l'admiration & les applaudiſſemens de tous ſes ſujets par ſa piété, par ſa douceur, & par ſon application infatigable aux affaires du gouvernement. Quoique ſon droit ſur la couronne d'Eſpagne fût inconteſtable, & qu'il eût été reconnu pour tel par le pape, par l'Angleterre, par le roi de Por-tugal, par les princes du Nord, par les républiques de Hollande & de Veniſe, & par tous les princes d'Italie, la maiſon d'Autriche, jalouſe de la proſpérité de la France, mit toute ſa politique en uſage pour former une ligue avec l'Angleterre, la Hollande & tous les princes de l'empire, à la réſerve des électeurs de Cologne & de Baviere, afin de le détrôner : ce qui le mit dans l'obligation de ſe li-guer avec la France, le Portugal, & avec les ducs de Savoye & de Mantoue. Le 5 ſeptembre il partit de Ma-drid pour aller prendre poſſeſſion du royaume d'Aragon, & tenir les états de Catalogne à Barcelone. En avril 1702, il s'embarqua à Barcelone, pour aller rétablir les affaires du royaume de Naples, qu'une ſédition ſuſ-citée par les brigues ſecretes de l'empereur avoit altérées, d'où il alla à Milan pour prendre poſſeſſion de ce duché, & pour ſe mettre à la tête de ſon armée & de celle de France, commandée par le duc de Vendôme. Le 26 juil-let il gagna la bataille de *Santa-Vittoria* ſur l'armée im-périale, commandée par le prince Eugène de Savoye, & le 15 août celle de *Luzzara*, qui fut ſuivie de la priſe des places de Luzzara & de Guaſtalla. Comme il n'arriva dans la mêlée que ſur la fin de celle de *Santa-Vittoria*, il n'eut pas toute l'occaſion qu'il ſouhaitoit de faire briller ſon courage ; mais dans celle de *Luzzara*, il ſe trouva dans tous les endroits les plus périlleux, & donna par-tout des marques éclatantes d'une valeur intrépide, s'ex-poſant au feu de la mouſqueterie & du canon ; & on re-marqua qu'il paſſa 48 heures ſans ſe deshabiller, ſans dormir & preſque ſans manger. Le gain de ces deux ba-tailles juſtifierent pleinement l'idée avantageuſe qu'on avoit conçue de lui, & firent comprendre à l'empereur, qu'il avoit beſoin de fortifier ſa ligue pour réſiſter à un prince ſi vigoureux : c'eſt pourquoi il fit tous ſes efforts pour attirer dans ſon parti le roi de Portugal & le duc de Savoye. Dès que ce monarque eut appris que ces deux princes s'étoient détachés de l'alliance que le roi ſon aïeul & lui avoient faite avec eux, & que le roi de Portugal avoit donné retraite dans ſes états à l'archiduc, il lui dé-clara la guerre en 1704 ; & s'étant mis à la tête de ſes troupes, entra dans le Portugal, où il prit diverſes pla-ces, les unes l'épée à la main, & les autres à diſcrétion. Mais dans les temps de ſes conquêtes, les ennemis ſur-prirent Gibraltar, qu'on attaqua l'année ſuivante, mais qu'on ne put reprendre à cauſe de divers accidens qui ſurvinrent pendant le ſiége. Le prince de Heſſe-Darm-ſtad, qui avoit été viceroi de Catalogne ſous le régne de Charles II, y ayant entretenu des intelligences ſe-cretes, ſe préſenta devant Barcelone au mois de ſep-tembre 1705, & en forma le ſiége à la faveur des re-belles. Dom-Franciſco de Velaſco, viceroi & capitaine général de la province, défendit la place avec beau-coup de valeur & de réſiſtance ; mais ſe voyant trahi par les habitans, & manquant de ſecours, il capitula pour ſauver la garniſon qui fut conduite à Alicante. La priſe de cette place fut bientôt ſuivie de celles de Lérida & de Girone, & preſque toute la Catalogne. Le roi crut que ſa préſence rameneroit ces peuples à leur devoir ; ainſi il partit de Madrid au mois de mars 1706, & fut ſe mettre à la tête de ſon armée & de celle de France, commandée par le maréchal de Teſſé ; & ſecondé d'une flotte françoiſe ſous les ordres du comte de Touloule,

grand amiral , il entreprit le fiége de Barcelone , où l'archiduc Charles s'étoit renfermé. La tranchée fut ouverte
le 5 avril ; mais différens contre-temps ayant retardé les
travaux , l'armée navale des alliés beaucoup plus forte
que celle de France , s'avança ; ainfi celle-ci reprit la
route de Toulon , & la ville ayant été rafraîchie , le
roi fut contraint de lever le fiége le 12 mai , quoiqu'il fût
maître de Montjoui. Ce fâcheux fuccès caufa la défection
prefque entiere des royaumes de Valence & d'Aragon ;
& d'un autre côté la perte de la bataille de Ramillies
en Flandre , entraîna celle de la plus confidérable partie
des Pays-Bas Efpagnols. Le roi fupérieur pourtant à ces
triftes événemens , n'héfita pas à prendre fon parti , &
traverfant diligemment le Rouffillon & le Languedoc ,
il vola en Efpagne , & parut à Madrid le 16 juin. Il eft
vrai qu'il fut obligé d'en fortir peu après auffi-bien que
la reine fon époufe , il fe retira à Burgos avec fes confeils :
& les Portugais qui s'étoient avancés à grandes journées
entrerent dans Madrid , & l'on y proclama l'archiduc le
25 juin : mais leur féjour y fut très-court. La fidélité des
Caftillans éclata dans cette rencontre ; tous prirent les
armes , ou fournirent des fommes confidérables pour feconder leur fouverain ; & les fecours de France étant
arrivés , ce monarque fe mit à la tête de fes généreux
fujets & des troupes auxiliaires , & marcha au-devant
de l'archiduc , qui s'étoit avancé jufqu'à Guadalaxara ,
à huit lieues de Madrid. L'archiduc ne voulant pas s'expofer au rifque d'une bataille , retourna fe renfermer
dans Barcelone : ainfi le roi n'ayant plus d'ennemis en
campagne , mit fes troupes en quartiers de rafraîchiffe-
ment ; & ayant fait revenir la reine dans Madrid , il
fongea aux moyens d'ouvrir de bonne heure la campagne de 1707.

Cette année fut très-glorieufe. Dès l'ouverture de la
campagne le duc de Berwick , maréchal de France , qui
commandoit les troupes efpagnoles & françoifes , défit
entiérement le 25 avril à Almanza fur les frontieres de
Valence , l'armée de l'archiduc , compofée de 29000
hommes de troupes angloifes , hollandoifes & portu-
gaifes , les premieres & fecondes commandées par milord Gallowai , qui y fut bleffé de deux coups ; & les
troifiémes par le comte de las Minas. Les ennemis laifferent fur le champ de bataille cinq à fix mille morts ,
toute leur artillerie , qui étoit de 23 piéces de campagne , & prefque tous leurs bagages : les prifonniers faits
en cette occafion & les jours fuivans , fe monterent à
12000 hommes , outre 7 à 800 officiers. Philippe , petit
fils de France , duc d'Orléans , neveu de Louis XIV ,
que ce monarque envoya au fecours du roi d'Efpagne ,
fon petit fils , arriva à la tête de l'armée deux jours après
la bataille , dont le fruit fut la réduction de l'Aragon &
de la Valence , à l'exception de la fortereffe de Dénia ,
des villes d'Alicante & de Xativa & de quelques autres
endroits de difficile accès. Les capitales de ces deux
royaumes fe rachetterent de la peine que méritoit leur
rebellion , par des fommes confidérables. Enfin après
plufieurs prifes de divers poftes , le duc d'Orléans fecondé du maréchal duc de Berwick , fit mettre le fiége
devant Lérida , où commandoit le prince Henri de Heffe-
Darmftad : la ville fut prife d'affaut le 13 octobre , & la
capitulation du château fut fignée le 12 novembre. D'un
autre côté la ville de Carthagène , capitale de Murcie ,
fut forcée de rentrer fous l'obéiffance de fon roi , & le
duc d'Offone enleva aux Portugais Serpa , Moura , Alcantara ; & au mois d'octobre le marquis de Bai reprit
fur eux par affaut Ciudad-Rodrigo , dont ils s'étoient
rendus maîtres par capitulation au mois de mai de l'année précédente , & 2500 hommes de leurs troupes y
furent faits prifonniers de guerre. Le chevalier d'Asfeld
emporta auffi l'épée à la main Xativa dans le royaume
de Valence , dont le château fe rendit peu après par
compofition : la place fut brulée & démolie , à l'exception des églifes & de 150 maifons , dont les propriétaires avoient été maltraités par les rebelles. On y éleva
une pyramide , fur laquelle on grava en latin & en efpa-

gnol les mots fuivans : *Il y avoit autrefois ici une fameufe ville nommée* Xativa , *qui en* 1707 *fut rafée ,
en punition de ce qu'elle fut rebelle & traître à fon roi
& à fa patrie.* Alcira , au même royaume , fut auffi pris
par capitulation.

La joie de tant de glorieux événemens fut tempérée
par la perte du royaume de Naples , qui fans coup férir ,
reçut les troupes allemandes dans fon fein ; affaire qui
avoit été ménagée adroitement par le cardinal Grimani.
Le duc d'Efcalonne , qui en étoit viceroi , fe jetta dans
Gayette pour s'y défendre ; mais la place ayant été emportée d'affaut fans effufion de fang , par la trahifon d'un
régiment Catalan , il refta prifonnier de guerre avec quelques feigneurs Napolitains , fidéles à leur fouverain. Cette
perte de Naples avoit été précédée par celle du Milanez ,
qui fut la fuite de la levée du fiége de Turin en 1706.

Ces mauvais fuccès furent compenfés par la naiffance
du prince des Afturies , arrivée le 25 août 1707 , jour
que l'on célébre la fête de S. Louis , dont le nom lui fut
donné : événement qui remplit de joie tous les fidéles
Efpagnols , qui le 8 avril 1709 , reconnurent ce prince
héritier préfomptif de la monarchie d'Efpagne ; les états
du royaume ayant été affemblés , lui jurerent fidélité ,
& lui rendirent hommage. Ce fut en conféquence de
cette naiffance , que le roi voulut bien permettre aux
Valenciens de rebâtir à leurs dépens Xativa , en confidération de ceux d'entre les habitans de cette ville , qui
avoient tout perdu en fignalant leur fidélité à leur prince ,
& l'on en changea le nom en celui de Ciudad de Jean
Philippe.

Le duc d'Orléans commandant toujours l'armée d'Efpagne en Catalogne , força la ville de Tortofe à fe rendre
le 11 juillet 1708. Le château d'Alicante fe rendit le 18
avril 1709 ; & le 7 mai fuivant le marquis de Bai , général de l'armée d'Efpagne en Eftremadure , fe fignala
par la victoire qu'il remporta près de la Gudina , petite
riviere aux environs de Campo-Major & près d'Atalaya-
del-Rei , fur l'armée portugaife , fortifiée des troupes
angloifes & hollandoifes , & fupérieure à la fienne de
treize bataillons. Les vaincus perdirent 2000 hommes
reftés fur le champ de bataille , & eurent prefque autant
de bleffés : on leur prit toute leur artillerie , 27 pontons ,
plufieurs drapeaux ou étendards & tous leurs équipages :
les vainqueurs en furent quittes pour environ 300 hommes tués ou bleffés. En Catalogne l'armée du roi commandée par M. de Bezons , maréchal de France , ne put
rien faire ; elle eut même le chagrin de perdre Balaguier ,
dont le général Staremberg s'empara. Sur cette nouvelle ,
le roi partit auffitôt pour s'aller mettre en ce pays-là à la
tête de fes troupes ; mais le général ennemi étoit trop
bien campé pour le pouvoir débufquer , & l'on entra en
quartiers d'hiver. Le roi de France de fon côté rappella
toutes les troupes qu'il avoit en Efpagne , en ayant befoin dans fon royaume ; & l'on s'appliqua utilement à
réparer cette perte par de nouvelles levées efpagnoles.

L'année 1710 fut des plus extraordinaires pour ce
prince par les divers événemens qu'il effuya. Le marquis de Bai qui commandoit dans l'Eftremadure , après
avoir vécu quelque temps aux dépens des Portugais ,
leur enleva par efcalade au commencement de juillet ,
& fans perte d'un feul grenadier , la ville de Miran-
da-de-Duero , où il trouva quantité de munitions & de
vivres , & vingt piéces de canons dont il y en avoit
feize de bronze : les Portugais la reprirent l'année fuivante par l'infidélité d'un officier.

Le roi de fon côté alla fe mettre à la tête de fon armée
de Catalogne. Là , après avoir effayé de harceler fes ennemis campés fous Balaguier , & de leur couper les vivres par la prife de divers poftes importans pour eux ,
il apprit que le comte de Staremberg , leur général , avoit
été renforcé par des troupes angloifes & hollandoifes
venues par mer , & d'autres qu'il avoit retirées du Lampourdan. Sa majefté catholique réfolut de repaffer la Segre du côté de Lérida , pour occuper le pays de Riba-
gorce , d'où fes ennemis tiroient des vivres. Eux de leur

passerent cette même rivière à Balaguier, & s'emparerent d'un passage sur la Noguera, & des hauteurs d'Almenara. Cela produisit le 27 juillet un choc de caverie entre les détachemens des deux armées, qui ne commença qu'à sept heures du soir. Le roi courut au bruit, & rallia sa cavalerie qui avoit été un peu mise en ordre, pendant que son infanterie tenoit son contre escadrons ennemis : le choc finit à dix heures, que chacun se retira de son côté, & les Espagnols à Lérida : leur perte fut d'environ cinq cens hommes, tant tués que blessés ou prisonniers ; le duc de Satino fut du nombre des premiers. On publia celle des ennemis plus considérable ; ils perdirent milord Rochefort, l'un de leurs lieutenans généraux, & François, comte de Naffau : le général Stanhope, Anglois, & le lieutenant général Carpenter, y furent aussi blessés légérement. Ils s'attirerent l'honneur de cette affaire ; mais ils exagérerent la perte des Espagnols, & diminuerent la leur. Cette action fut suivie d'une autre à Penalva ; on la dit très avantageuse au roi Philippe : ce ne fut pourtant rien, & sa majesté catholique n'ayant que la contrée si dépériffoit, fut obligée de se retirer. L'archiduc & le comte de Staremberg le suivirent jusqu'auprès de Saragoffe, où le 20 août ce monarque perdit une bataille : d'abord on crut que la victoire se déclaroit en sa faveur (il n'étoit pourtant pas à la tête de ses troupes, une incommodité l'ayant empêché de s'y mettre) mais la gauche ayant été rompue, elle tomba sur le corps de bataille, qui fut mis en désordre ; les troupes Espagnoles se croyant perdues, se dispersèrent ; ainsi le champ de bataille resta aux Autrichiens, avec seize pièces de canon. La perte ne fut pourtant que de trois à quatre mille hommes, tant tués que blessés, & 23 de quatorze cens prisonniers ; le duc d'Havré avoit été tué dès le commencement de l'action ; l'épouvante fut terrible. Le roi se retira à Madrid, & les vainqueurs l'y suivirent ; ainsi ce prince obligé de quitter cette place, s'en alla à Burgos avec la reine son épouse & son fils, d'où il les envoya à Vittoria. Tous les grands le suivirent, & marquerent en cette occasion une fidélité inviolable ; ils écrivirent même en corps au roi de France, pour lui demander du secours.

L'archiduc arriva à Madrid ; mais il fut étonné de trouver dans les peuples autant de fidélité pour leur souverain légitime, que dans les grands. Ce prince victorieux avoit déja perdu presque tous ses prisonniers, Louvignies, gouverneur de Lérida, lui en ayant enlevé plus de sept cens, & les autres par la nécessité où ils furent obligés de prendre parti dans ses troupes, ayant déserté pour rejoindre l'armée espagnole, que l'on avoit recueillie, & à la tête de laquelle le roi alla se mettre, secondé du duc de Vendôme, que son aïeul lui avoit envoyé. Enfin après deux mois, l'archiduc, quoique maître de Madrid & de Tolede, voyant qu'il ne pouvoit gagner les cœurs de ces fidèles Castillans, abandonna Madrid & Tolede, où en partant on brula le château des rois d'Espagne, que Charles-Quint avoit autrefois fait bâtir, avec des dépenses immenses, & s'en retourna vite en Catalogne.

Philippe V rentra dans Madrid le 3 décembre, & il y fut reçu avec des acclamations extraordinaires. Il en partit le 6 du même mois, afin de poursuivre l'ennemis que le comte de Staremberg remenoit en Catalogne. Le 9 suivant il emporta d'assaut la ville de Brihuega, où s'étoient jettés les Anglois, & à leur tête le général Stanhope. La défense fut vigoureuse & opiniâtrée de leur part ; on combattit de rue en rue ; mais enfin on les força de se rendre prisonniers de guerre au nombre de quatre mille fantassins, & mille cavaliers, leur général, deux lieutenans généraux, & trois maréchaux de camp, avec vingt-cinq drapeaux ou étendards.

Le comte de Staremberg, sur l'avis qu'il eut que son arrière-garde étoit attaquée dans Brihuega, rebroussa chemin pour la venir secourir, & le roi s'avança au devant de lui. Les deux armées se rencontrerent le 10 décembre ; & après un combat fort opiniâtre, dans lequel la victoire balança beaucoup, elle se déclara enfin pour Philippe V, qui étoit secondé par le duc de Vendôme. Le champ de bataille lui resta avec vingt pièces de canon, deux mortiers, toutes les munitions, bagages, &c. Les ennemis laisserent près de quatre mille hommes tués sur la place. Dom Joseph Vallejo poursuivit les fuyards, & leur prit le 11 & le 12 environ 3000 hommes ; ensorte que depuis le 9 décembre jusqu'au 12, on leur fit prisonniers 10500 hommes de pied, & plus de 800 cavaliers : de ce nombre environ 3000 prirent parti dans les troupes du roi. Ainsi de cette armée triomphante, composée de plus de 20000 hommes qui avoient pillé la moitié de l'Espagne, à peine s'en sauva-t-il 4000. Le comte de Staremberg encore dix pièces de canon dans Saragoffe en l'abandonnant, & arriva à Barcelone le 14 janvier 1711, où l'archiduc étoit entré le 15 décembre précédent. L'armée des Espagnols fut enrichie des dépouilles des ennemis, ausquels on prit la caisse militaire, garnie de 30000 pistoles, un nombre extraordinaire de chevaux, 1000 bêtes de charge, près de cent galeres, ou chariots chargés de butin, & plus de 15000, tant fusils que pistolets qu'on ramassa. Cette victoire couta environ 3500 hommes tant tués que blessés, & 400 officiers, parmi lesquels on regretta dom Pedro Ronquillo, le comte de Rupelmonde, maréchaux de camp, le marquis de Marimont, & N. Marnix de Sainte-Aldegonde. La valeur que dom Joseph Vallejo avoit marquée dans la poursuite des fuyards, fut récompensée par le titre de comte de Brihuega.

L'année 1711 commença encore très-heureusement par la prise de Girone, emportée d'affaut le 10 janvier par le duc de Noailles, général des deux couronnes, à la tête des troupes françoises. Celles de l'archiduc étonnées de cette bravoure, voyant une partie de la ville prise, capitulerent & promirent de se retirer à l'autre partie de la ville qui leur restoit, & de rendre les forts le 31 du même mois, s'ils n'étoient secourus, & ils tinrent parole. Le roi étoit alors à Saragoffe, où il avoit fait venir la reine & le prince des Asturies, & où il faisoit rafraîchir ses troupes. Ce monarque donnoit tous ses soins pour avoir les provisions nécessaires, & commencer la campagne ; mais son pays avoit été trop ruiné pour les trouver de bonne heure, ainsi l'on ne put partir qu'après les grosses chaleurs. Le roi de France, son aïeul, lui avoit envoyé de Roussillon un détachement considérable d'infanterie, qui passa par Urgel dans des chemins de montagnes presque impraticables : la cavalerie prit par la grande route de France & d'Espagne.

Le duc de Vendôme ayant pris le commandement de toutes les troupes espagnoles & françoises, s'avança en Catalogne, où il entra dans le mois de septembre : il trouva Balaguier abandonné des ennemis ; & de-là il fit un détachement sous les ordres du marquis d'Arpajon, maréchal de camp François, qui força les châteaux d'Arens, de Venasque, & de Castél-Léon à se rendre : c'étoient des postes de grande importance, & dont les garnisons furent faites prisonnieres de guerre. Le duc de Vendôme poussa jusqu'à Calaf, où il établit son quartier général. Le comte de Staremberg, qui avoit reçu des secours considérables par mer, se posta à Prato-del-Rey : un ravin des plus profonds & inaccessible, le long duquel couloit une petite rivière, séparoit seul les deux armées. On canona long-temps les ennemis avec une perte considérable pour eux, avant qu'ils pussent répondre faute de canon ; & quand ils en eurent reçu, il fit moins d'effet sur l'armée d'Espagne, par l'avantage de la situation où elle étoit. Les deux armées resterent ainsi vis-à-vis l'une de l'autre pendant plus de trois mois, souffrant toutes deux faute de provisions ; mais celle de l'archiduc bien plus considérablement, ce qui y produisit une grande désertion. Au mois de novembre le duc de Vendôme fit un détachement sous les ordres du comte de Muret, lieutenant général des armées de France, pour faire le siége de Cardonne. Il fut six semaines devant cette place ; mais le défaut de provisions & de munitions , qu'on ne put lui fournir dans une saison si avancée , & par des chemins des plus difficiles , l'obligea enfin de se retirer la nuit du 22 au 23 décembre, outre que les ennemis y avoient jetté du secours le 22. Il ne put emmener son canon faute de mulets & de chevaux , & il le laissa après l'avoir encloué. Cet événement obligea le duc de Vendôme à prendre la résolution de séparer son armée , qui souffroit beaucoup. Le comte de Stharemberg en fit autant de la sienne, qui en avoit encore plus de besoin. La retraite se fit sans coup férir ; & l'un mit des troupes espagnoles en quartiers dans tous les endroits de la Catalogne, que l'on avoit pris. Ainsi finit cette campagne , qui sans aucune action , fut une des plus rudes pour les deux partis. Le roi d'Espagne avoit quitté Saragosse en octobre, & étoit arrivé en novembre à Madrid avec des acclamations inexprimables.

L'année 1712 ne fournit aucun événement considérable en Catalogne ; chacun des deux partis opposés se tint sur la défensive : il n'y eut que la ville de Girone qui fut bloquée pendant huit mois, & dégagée au commencement de 1713 par l'armée de France , sous les ordres du maréchal de Berwick, ainsi qu'il est dit à l'article de LOUIS XIV. En Portugal le marquis de Bai assiégea Campo-Major ; mais il fut obligé de se retirer le 27 octobre ; & le 15 novembre la suspension d'armes avec le roi de Portugal ayant été signée à Utrecht , les troupes que ce prince avoit en Catalogne , quitterent l'armée du comte de Stharemberg , & se retirerent chez elles , en passant au travers de l'Espagne. Celles des Anglois s'étoient retirées par mer de la même province, en conséquence de la même suspension d'armes, signée avec la reine Anne au mois de juillet précédent. Le 5 novembre 1712 , le roi d'Espagne renonça solemnellement en présence de las Cortes assemblées à Madrid , à tous les droits que lui & sa postérité pouroient jamais avoir sur la couronne de France.

L'année 1713 fit espérer la paix par les conférences qui se tenoient à Utrecht entre la France & toutes les puissances ennemies : le premier fruit de cette assemblée fut une neutralité pour toute l'Italie, & sur toute la Méditerranée ; un traité par lequel fut conclue l'évacuation de toute la Catalogne, par les troupes autrichiennes , & celles des alliés de cette maison : ensuite les traités de paix du roi de France avec l'Angleterre , la Hollande , & autres puissances , & avec le duc de Savoye. Dans celui-ci le roi Louis XIV stipula par ses plénipotentiaires au nom du roi d'Espagne, son petit-fils , que ce duc seroit admis à la succession de la monarchie espagnole , au défaut de la postérité masculine de sa majesté catholique , & la cession faite par le roi Philippe V , du royaume de Sicile au duc de Savoye, son beau-pere, & de ses enfans mâles : ce qui fut ratifié à Madrid. Après quoi le duc d'Ossone & le marquis de Monteleon , ambassadeurs plénipotentiaires du roi d'Espagne , se rendirent à Utrecht , pour y traiter de la paix avec les autres puissances.

Cependant les troupes allemandes évacuerent la Catalogne dans le mois de juillet , & livrerent aux troupes espagnoles la ville de Taragone , & quelques autres places dans cette province. Il étoit stipulé qu'ils leur livreroient aussi Barcelone & Cardonne ; mais le gouverneur de cette derniere place ne voulut point obéir, & les habitans de Barcelone refuserent d'ouvrir leurs portes , à moins qu'au préalable, le roi ne leur eût confirmé tous leurs privilèges dont ils s'étoient rendus indignes par leur trahison , leur attachement outré pour l'archiduc, & la maniere dont ils avoient parlé de leur monarque légitime, au mépris du serment qu'ils lui avoient fait en 1701 , lorsqu'à son avénement à la couronne, il avoit été tenir les états de la province dans leur ville, où il leur avoit accordé de nouvelles graces. Ils en vinrent jusqu'à déclarer la guerre à leur souverain, qu'ils ne qua-

lifierent que duc d'Anjou, & à la France, par une proclamation solemnelle qu'ils firent faire dans toutes les places de Barcelone, menaçant tous ceux de la province de punition exemplaire, s'ils ne s'unissoient à eux pour la défense de la liberté de leur patrie , & érigerent différens conseils & tribunaux pour l'administration de toutes les affaires , comme s'ils eussent été des républicains reconnus de toute la terre , libres & souverains : les Majorquins s'unirent à eux. Le roi indigné de cette audace, & du mépris qu'ils faisoient de l'amnistie qu'il leur avoit offerte, & qui avoit été publiée dans toute la Catalogne, envoya une armée sous les ordres du duc de Popoli, qu'il avoit nommé capitaine général de cette province. Ce général bloqua la place à la fin du mois d'août ; mais ils firent sortir de leurs troupes sous la conduite du nommé Nebot , déserteur du service de sa majesté catholique ; & il ravagea pendant deux mois plusieurs endroits de la province , quoique poursuivi vivement par les troupes espagnoles d'un côté , & de l'autre par les troupes françoises, qui étoient dans le Lampourdan , sous les ordres du comte de Fienne , lieutenant général. Enfin le traître Nebot, après avoir reçu divers échecs , fut obligé de rentrer dans Barcelone , où les chefs du parti, mécontens de son expédition , le mirent en prison.

Les négociations qui se continuerent à Utrecht , produifirent enfin un traité de paix, qui y fut signé le 13 juillet 1713 , avec l'Angleterre , le Portugal & la Savoye, & avec la république de Hollande , le 26 juin 1714 , & assurerent au roi la possession de ses états. La prise de la ville de Barcelone à discrétion par le maréchal de Berwick, le 12 septembre de la même année , & la réduction de l'isle de Majorque , par le chevalier d'Asfeld , le 3 juillet 1715 , acheverent de le rendre maître de tout le royaume.

Ce monarque ayant pris la résolution d'abandonner le gouvernement de ses royaumes, & de les remettre à Louis, prince des Asturies, son fils, fit informer le 15 janvier 1724 , des motifs de cette résolution , le conseil & les tribunaux, par un décret qu'il y envoya , conçu en ces termes : *Ayant depuis quatre ans fait de sérieuses & mures réflexions sur les miseres de cette vie, en me rappellant les infirmités, les guerres , & les troubles qu'il a plu à Dieu de me faire éprouver dans les vingt-trois années de mon régne : considérant aussi que mon fils aîné, prince juré d'Espagne, se trouve dans un âge suffisant , déja marié, & avec la capacité , le jugement & les qualités propres pour régir & gouverner avec succès & justice cette monarchie , j'ai résolu d'en abandonner absolument la jouissance & la conduite, & renonçant à tous les états, royaumes & seigneuries qui la composent , en faveur dudit prince dom Louis, mon fils aîné , & de me mettre à la reine, en qui j'ai trouvé une prompte disposition & volonté à m'accompagner avec plaisir dans ce palais, & lieu de S. Ildefonse, pour servir Dieu , débarassé d'autres soins, penser à la mort , & travailler à mon salut. J'en fais part au conseil, afin qu'il s'en tienne pour instruit , qu'il en donne avis aux personnes qu'il conviendra , & que cette résolution parvienne à la connoissance de tous. Au palais de S. Ildefonse , le 15 janvier 1724.* Aussitôt que le prince eut signé ce décret , il chargea le marquis Grimaldo, secrétaire d'état , d'aller à l'Escurial faire part de sa résolution au prince des Asturies, qui fit appeller les infans & les grands du royaume , qui se trouvoient à sa cour , pour signer en leur présence l'acte d'acceptation de la couronne & du gouvernement , & se rendit le 16 à S. Ildefonse.

Le roi parut fort sensible à l'empressement avec lequel les grands officiers & plusieurs personnes lui avoient demandé la grace de rester auprès de lui ; mais malgré leurs instances, sa majesté ne retint auprès de sa personne, que le marquis Grimaldo, en qualité de surintendant; le marquis de Valouse en qualité de chef de ses écuries ; le pere Bermudes son confesseur , & un petit nombre de personnes pour son service. La reine ne garda
auprès

près d'elle, que la princesse douairiere de Robecq, la
arquise de las Nieves, & quelques femmes pour la ser-
ir. Sa majesté en remettant la couronne au prince des
sturies, se réserva une pension de cent mille pistoles,
en assigna à chacun des infans & infantes; & en
ême temps voulant procurer quelque soulagement à ses
euples, sa majesté ordonna une diminution de quelques
positions qu'on levoit sur eux. Mais la mort inopinée
u roi Louis I, son fils, arrivée la nuit du 30 au 31 août
724, l'obligea, pour satisfaire aux instantes prieres de
s sujets, de reprendre le gouvernement de ses états. Il
t mort à Madrid le 12 juillet 1746. *Pour ses alliances
sa postérité, voyez* FRANCE.

PHILIPPE III du nom, roi de Navarre, dit *le Bon*
le Sage, fils de LOUIS de France, comte d'Evreux,
de *Marguerite* d'Artois, & petit-fils du roi PHI-
IPPE III du nom, dit *le Hardi*, fut comte d'Evreux,
'Angoulême & de Longueville, puis roi de Navarre par
on mariage avec *Jeanne* de France, fille unique du roi
Louis X, dit *Hutin*, & héritiere du royaume de Navarre.
l fut couronné à Pampelune avec son épouse le 5 mars
329, s'étant déja trouvé à la bataille de Mont-Cassel en
328, & à l'hommage qu'Edouard III, roi d'Angleterre,
endit au roi Philippe de *Valois* pour la Guienne. Alfonse
e la Cerda n'ayant point d'enfans, fit don de quelques
provinces usurpées sur la Navarre, à Philippe, qui fit
plus d'état de l'alliance de ses voisins, que de tous les
avantages. En effet il se maintint en paix avec eux, & leur
onna souvent du secours contre les Maures. Il voulut
lui-même se trouver au siége d'Algesire en Grenade, où
l reçut diverses blessures, dont il mourut à Xérès le 16
septembre 1343, âgé de 42 ans. *Voyez* sa postérité à
article EVREUX. * Favin, *hist. de Navarre*, Sainte
Marthe, *hist. généal. de la maison de France*, Le P. Anselme, &c.

PRINCES ENFANS DE FRANCE.

PHILIPPE de France, fils du roi LOUIS VI, dit *le*
Gros, & d'*Adelaïde* de Savoye, né le 29 août de l'an
1116, fut couronné du vivant de son pere, à Reims
par l'archevêque Rainaud, le 14 avril, fête de Pâque de
l'an 1129. Il régna deux ans & demi avec son pere, &
mourut par un accident assez étrange. Car dans le temps
qu'il passoit dans un des fauxbourgs de Paris, un pour-
ceau s'étant fourré entre les jambes de son cheval, le fit
renverser sur le prince qui mourut de cette chute le 13
octobre de l'an 1131, il est enterré à S. Denys. * Voyez
la chronique de S. Denys, celle de Morigni, l'abbé Suger, le P. Anselme, &c.

PHILIPPE de France, dit *Hurepel* ou *le Rude*, comte
de Clermont en Beauvoisis, de Mortain, d'Aumale, de
Boulogne & de Dammartin, fils du roi PHILIPPE II,
surnommé *Auguste*, & d'*Agnès* de Méranie, sa troisième
femme, naquit l'an 1200, & l'année suivante fut fiancé
par traité passé à Compiegne, avec *Mahaud*, fille unique
& héritiere de *Renaud*, comte de Dammartin, & d'*Ide*
comtesse de Boulogne, qu'il épousa en 1216, se trouva
en 1226 au sacre de S. Louis à Reims, & y porta l'é-
pée royale. Deux ans après il suivit les princes mécontens contre la reine Blanche, régente du royaume; mais
en 1229, il rentra dans son devoir & dans les bonnes
graces du roi. Ce prince mourut au tournoi qui se fit à
Corbie en 1233, & fut enterré à S. Denys. Il laissa une
fille nommée *Jeanne*, mariée en 1245, à *Gaucher* de
Châtillon, seigneur de Montjai, & morte sans postérité
en 1251.* *Consultez* Rigord, Philippe Mouskes & H.
Leudis, *l. 22, c. 16.* Le P. Anselme, &c.

PHILIPPE de France, fils aîné du roi LOUIS VIII,
surnommé *le Lion*, & de *Blanche* de Castille, né en
1209, fut accordé en juillet 1215, avec *Agnès*, fille
unique & héritiere d'*Hervé IV*, seigneur de Donzi, &
de *Mahaud* de Courtenai, qu'il épousa en 1217, mourut l'année suivante, & fut enterré dans l'église de Notre-
Dame de Paris.

PHILIPPE de France, duc d'Orléans & de Touraine,

comte de Valois, &c. fils puîné du roi PHILIPPE VI,
dit *de Valois*, & de *Jeanne* de Bourgogne, sa première
femme, né au château de Vincennes le premier juillet de
l'an 1336, épousa le 18 janvier 1344, *Blanche* de France, fille posthume du roi *Charles*, dit *le Bel*, dont il n'eut
point d'enfans. Ce prince se trouva à la bataille de Poitiers
en 1356, & mourut le premier septembre de l'an 1375.
Il laissa deux fils naturels, *N....* bâtard d'Orléans, mort
à Château-Thierri en 1380; & *Louis d'Orléans*, qui fut
conseiller au parlement de Paris, maître des requêtes, &
évêque de Poitiers, puis évêque & comte de Beauvais en
1394, & mourut en la Terre-Sainte le 27 mars 1396.
* Le P. Anselme.

PHILIPPE de France, dit *le Hardi*, *voyez* plus bas
entre les ducs de Bourgogne.

PHILIPPE de France, duc d'Orléans, de Chartres,
de Nemours, de Valois, &c. pair de France, chevalier
des ordres du roi, fils du roi LOUIS XIII, & d'*Anne*
d'Autriche, & frere unique de LOUIS le Grand, né au
vieux château de Saint-Germain en Laye, le 21 septembre de l'an 1640, porta le titre de duc d'Anjou jusqu'en
1661, qu'il prit celui de duc d'Orléans. Ce prince fut toujours présent aux actions du roi son frere; à sa majorité,
en 1651; à son sacre, en 1654, où il représenta la personne du duc de Bourgogne; à son mariage; à son entrée
à Paris; à ses conquêtes de Flandre, l'an 1667, & à
celles de la Hollande & des Pays-Bas, en l'année 1672,
& aux suivantes. Après avoir emporté Zutphen en 1672,
Bouchain en 1676, il assiégeoit en 1677 Saint-Omer,
pendant que le roi, qui venoit d'emporter Valenciennes,
étoit occupé au siége de Cambrai. Le prince d'Orange,
qui commandoit les armées d'Espagne & de Hollande,
s'avança avec de très-bonnes troupes, pour faire lever
le siége de Saint-Omer. Monsieur voulant le prévenir,
sortit des lignes, & lui livra la bataille qu'il gagna le 11
d'avril à Mont-Cassel, où le roi Philippe de *Valois* avoit
autrefois défait les Flamans en 1328. Monsieur rentra
dans les lignes à Saint-Omer, continua le siége, & soumit la place peu de temps après. Ce prince mourut d'a-
poplexie à Saint-Cloud, le 9 juin 1701, âgé de 60 ans
& 8 mois, *Voyez* sa postérité à l'article ORLÉANS.

PHILIPPE, petit-fils de France, duc d'Orléans, de
Valois, de Chartres & de Nemours, de Montpensier,
& régent du royaume, &c. pair de France, chevalier
des ordres du roi & de la toison d'or, fils de PHILIPPE
de France, duc d'Orléans, & d'*Elizabeth-Charlotte* de
Baviere, né le 2 août 1674, fit sa première campagne en
1691; & après s'être trouvé au siége de Mons, sous le
roi Louis XIV, son oncle, il accompagna tout l'été le
maréchal de Luxembourg, général de l'armée du roi en
Flandre; & en 1692, il fit encore la campagne de Flandre, se trouva au combat de Steinkerque, où il commandoit le corps de réserve, & y fut blessé à l'épaule. En
1693, il commanda la cavalerie en Flandre, & se signala
à la bataille de Nerwinde, où il pensa être pris, ayant
demeuré cinq fois au milieu des ennemis. Ce prince qui
étoit savant, & qui avoit beaucoup de gout pour les
sciences & pour les arts, en fit depuis la paix son occupation,
jusqu'à ne pas dédaigner de s'appliquer lui-même
à quelques-uns de ces beaux arts; ce qui dura jusqu'en
1706, que le roi lui donna le commandement de son armée en Lombardie; mais à peine y fut-il arrivé, que le
prince Eugène de Savoye, qui voloit au secours de Turin, assiégé par le duc de la Feuillade, passa inopinément le Pô pour s'y rendre. Le duc d'Orléans le suivit,
& arriva dans les lignes avant que le prince Eugène de
Savoye fût à portée de les attaquer. Son avis étoit d'en
sortir pour aller au devant des ennemis, ainsi que le duc
d'Orléans, son pere, avoit fait à Saint-Omer en 1677;
mais par malheur cet avis ne fut pas suivi: ainsi les lignes
étant trop vastes pour être bien gardées, il y eut un
quartier forcé: le duc d'Orléans y accourut, & fut blessé
de deux coups de feu. Sa blessure & la mort du maréchal de Marcin qui commandoit sous lui, déconcerterent
les François, qui se trouverent en déroute; & ce prince

repaſſa les monts avec peu de troupes. En 1707, il demanda à aller au ſecours du roi d'Eſpagne, ce que le roi lui accorda ; mais il eut le chagrin de ne pouvoir joindre l'armée que deux jours après la victoire d'Almanza, à laquelle il auroit été ravi de contribuer. Il en recueillit les fruits, en réduiſant au joug de l'obéiſſance les royaumes de Valence & d'Aragon ; & après avoir fait occuper pluſieurs poſtes par ſes troupes, il commença le ſiége de Lérida, place d'autant plus importante, que les armées de France y avoient échoué. Elle étoit défendue par le prince Henri de Heſſe-Darmſtad, à la tête d'une nombreuſe garniſon : il la força pourtant à capituler après ſix ſemaines de tranchée ouverte, le 10 novembre 1707. Le 11 juillet de l'année ſuivante il prit Tortoſe, & après avoir fait tête au général Staremberg le reſte de la campagne, il repaſſa en France. Ce prince fut déclaré par le parlement tout d'une voix, ſuivant le droit que lui donnoit ſa naiſſance, régent du royaume le 2 ſeptembre 1715, pendant la minorité du roi Louis XV, au ſacre duquel il repréſenta le duc de Bourgogne, & aſſiſta au parlement à ſa majorité. Ce jeune monarque étoit ſi content de ſon adminiſtration, qu'il le pria, après la mort du cardinal du Bois, de ſe charger du détail des affaires, & des fonctions de principal miniſtre d'état, dont il prêta ſerment le 11 août 1723 ; mais il n'en fit pas long-temps l'exercice, étant mort ſubitement à Verſailles le 2 décembre de la même année, âgé de 49 ans, 4 mois. Son corps fut porté à S. Denys en France, & ſon cœur à l'abbaye du Val-de-Grace. *Voyez* ſa poſtérité à l'article ORLÉANS. * Le pere Anſelme, &c.

AUTRES PRINCES DE CE NOM.

PHILIPPE de Bourgogne, comte d'Artois & de Boulogne, &c. de la première branche des ducs de Bourgogne, ſorſſ de ROBERT de France, fils du roi ROBERT, avoit pour pere EUDES IV, & pour mere *Jeanne* de France, dite *Philippe* dit *le Long*. Il fut comte d'Artois du chef de ſa mere, & mourut avant ſon pere le 21 ſeptembre 1346, d'une chute de cheval, au ſiége d'Aiguillon en Guienne, laiſſant de ſa femme *Jeanne*, fille unique de *Guillaume*, XII du nom, comte de Boulogne & d'Auvergne, & de *Marguerite* d'Evreux, trois enfans, PHILIPPE, qui ſuit ; *Jeanne*, & *Marie*, mortes jeunes. Sa veuve ſe remaria à *Jean*, roi de France, & mourut en 1360.

PHILIPPE I, dit *de Rouvre*, dernier duc de Bourgogne de cette branche, comte d'Artois, de Boulogne, d'Auvergne, &c. né en 1345, ſuccéda à ſon aieul en 1349, & mourut jeune, le dimanche 21 novembre de l'an 1361, ſans laiſſer d'enfans de *Marguerite*, comteſſe de Flandre, ſa femme, fille unique de *Louis*, III du nom, comte de Flandre. Quelques auteurs diſent même que leur mariage ne fut point conſommé. La Bourgogne fut réunie à la couronne, non pas par proximité de lignage, comme pluſieurs les juriſconſultes, mais par le droit de retour particulier à ce premier fief de la couronne. * *Voyez* le P. Anſelme, &c.

PHILIPPE de France, II du nom, duc de Bourgogne, pair de France, comte de Flandre, d'Artois, &c. gouverneur de Normandie & de Picardie, quatriéme fils du roi JEAN, & de *Bonne* de Luxembourg, ſa premiere femme, naquit à Pontoiſe le 15 janvier 1341. Il acquit le ſurnom de *Hardi* à la bataille de Poitiers, où étant ſeulement âgé de 16 ans, il fit des efforts incroyables, & n'abandonna jamais le roi ſon pere, qui lui donna le duché de Bourgogne ; de ſorte qu'il fut le premier de ce nom de la derniere branche de ces ducs. Depuis il aſſiſta au ſacre du roi Charles V, dit *le Sage*, qui le laiſſa l'un des tuteurs de Charles VI, ſon fils, & ſe ſervit des forces du royaume pour ſoutenir Louis, comte de Flandre ſon beaupere, contre ceux de Gand, qui ſous la conduite de Phi-

lippe d'Artevelle, entreprirent de lui faire la guerre. Les rebelles furent battus à la bataille de Roſebec en 1382. Deux ans après, le comte mourut, & Philippe, ſon héritier, appaiſa les tumultes dans le pays, & y rétablit la paix. Depuis étant devenu régent du royaume, par l'abſence du duc d'Anjou, ſon frere, & pendant les maladies du roi, par cet emploi & par ſon union avec la reine Iſabeau de Baviere, il donna une furieuſe jalouſie à Louis, duc d'Orléans, ſon neveu, & frere du roi Charles VI. C'eſt ce qui fit naître entre les maiſons de Bourgogne & d'Orléans cette haine ſi fatale au royaume. Marguerite de Flandre contribua beaucoup à ces déſordres, par le pouvoir qu'elle avoit ſur l'eſprit de ſon mari. Philippe mourut à Hall en Hainault, le 27 avril 1404, en ſa 63e année. Son corps fut enterré à la Chartreuſe de Dijon, qu'il avoit fondée en 1384, & ſon cœur à S. Denys. *Voyez* ſa poſtérité à l'article de BOURGOGNE * *Conſultez* Froiſſard, Monſtrelet, *hiſtoire de Charles* VI. Le pere Anſelme, &c.

PHILIPPE III, dit *le Bon*, duc de Bourgogne, de Brabant, de Lothier, de Luxembourg & de Limbourg, comte de Flandre, d'Artois, de Hainault, de Hollande, de Zélande, de Namur, de Charolois, palatin de Bourgogne, marquis du ſaint Empire, ſeigneur de Friſe, de Salins & de Malines, ſurnommé *Sans-peur*, qui fut tué à Montereau-faut-Yonne le 10 ſeptembre 1419, & de *Marguerite* de Baviere, naquit à Dijon le 30 juin 1396. Depuis, en 1420, pour venger la mort de ſon pere, il entra dans le parti des Anglois, qui ne trouvant point de réſiſtance, porta la déſolation partout, ſur la fin du regne de Charles VI, & au commencement de celui de Charles VII. Philippe gagna ſur le dauphin le combat de Mons en Vimeu l'an 1421, & fit auſſi en 1425 la guerre à Jacqueline des ducs & comteſſe de Hainault, de Hollande & de Zélande, qu'il obligea, par traité fait en 1428, de la déclarer ſon héritier. En 1435, il conclut le traité d'Arras avec le roi, quitta le parti de l'Anglois, & ſe réconcilia avec Charles, duc d'Orléans, fils de Louis. Il conſerva néanmoins une averſion ſecrete contre le roi Charles VII : ce qu'il témoigna en donnant retraite dans ſes états au dauphin ſon fils, qui fut depuis le roi Louis XI. Ce prince inſtitua l'ordre de la toiſon d'or le 19 janvier 1430, fit diverſes fondations pieuſes, & réunit preſque les dix-ſept provinces des Pays-Bas. Il mourut à Bruges le 15 juin 1467, âgé de 70 ans, 11 mois & 16 jours. *Voyez* ſa poſtérité à l'article de BOURGOGNE. * Paradin, *ann. de Bourgogne*. André du Chêne, *hiſtoire de Bourgogne*. Sainte-Marthe, *hiſt. généal. de la maiſon de France*. Aubert le Mire, *in ann. Belg. & in cod. piarum donat*. Marchantius, *in comm. Fland*. Heuterus, *rer. Burgund*. Golut. Pierre S. Julien. Le P. Anſelme, &c.

PHILIPPE d'Artois, ſeigneur de Conches, de Damfront & de Melun-ſur-Yeure, fils aîné de ROBERT II du nom, comte d'Artois, & de ſa premiere femme *Amicie* de Courtenai, ſuivit ſon pere à la bataille de Furnes, où il fut pris par les Flamands, & ſecouru par les ſiens ; mais il mourut peu après de ſes bleſſures le 11 ſeptembre 1297, & fut enterré dans le chœur de l'égliſe des Jacobins de Paris. *Voyez* ſa poſtérité à l'article d'ARTOIS.

PHILIPPE d'Artois, comte d'Eu, connétable de France, troiſiéme fils de JEAN d'Artois, comte d'Eu, & d'*Iſabelle* de Melun, ſe ſignala l'an 1383 à la priſe de Bourbourg, & accompagna Louis II du nom, duc de Bourbon, en Afrique, où il aſſiſta au ſiége de Tunis en 1390. Il fut fait connétable de France l'an 1392, par le roi Charles VI, & ſuivit le comte de Nevers en Hongrie contre les Turcs, où il ſe trouva l'an 1396, au ſiége de Nicopolis. Son imprudence & ſa préſomption devinrent funeſtes à la chrétienté, par la perte de la bataille où le connétable reſta lui-même priſonnier entre les mains des infidéles.

mourut à Micalizo en Natolie, dans le temps qu'il voit être mis en liberté, le 15 juin 1397. *Voyez* sa ... stérité à l'article ARTOIS.

PHILIPPE, comte de Flandre, fils de THIERRI Alsace, fils de THIERRI I, duc de Lorraine, succéda à son pere en 1168, & se brouilla avec le roi Philippe *Auguste*; mais depuis il s'allia avec lui, & suivit au voyage de la Terre-Sainte, où il fut tué à siége d'Acre en 1191, sans laisser d'enfans d'*Elizabeth*, fille de *Raoul* dit *le Vieil*, sœur & héritiere : *Raoul*, surnommé *le Lépreux*, comte de Vermandois, & de *Thérèse* ou *Mahaud* de Portugal. Sa ... sœur *Marguerite* lui succéda, & fut femme de *Bauouin VII*. * Marchantius, *in commentariis Flandriæ*, &c.

PHILIPPE I, comte de Savoye, huitième fils de THOMAS I, comte de Savoye, qui le destina à l'église. En effet il fut évêque de Valence après *Boniface*, son frere, qu'on avoit élevé à l'archevêché de Cantorbéri. Philippe suivit le pape Innocent IV à Lyon, où il célébroit un concile général, & fut fait par ce pontife, archevêque de cette ville, en 1245. Mais *Amé IV*, *Boniface* surnommé *Roland*, & *Pierre*, surnommé *le petit Charlemagne*, étant morts, il se fit déclarer comte de Savoye, au préjudice de ses neveux, fils de *Thomas*. Ainsi il quitta l'état ecclésiastique, n'étant point engagé dans les ordres sacrés, & se maria en 1267 à *Alix*, fille d'*Othon II*, comte de Bourgogne. Le ciel ne bénit ni cette usurpation ni ce mariage; car Philippe mourut hydropique, & sans enfans, le 17 novembre 1282 ou 1283. * Matthieu Paris, *histoire d'Angl. sur Henri III*. Paradin & Guichenon, *histoire de Savoye*. Sponde, *l. IV annal*. Sainte-Marthe, *Gall. chrift*.

Nous venons de remarquer que Philippe se fit déclarer comte de Savoye au préjudice de ses neveux. Pour entendre ce point d'histoire, il faut remarquer que THOMAS I, comte de Savoye, eut de *Marguerite* de Foucigny, sa seconde femme, neuf fils & six filles. Le premier fut AMÉ IV, qui étant mort le 24 juin 1253, laissa *Boniface*, mort sans lignée en 1263. Le second fils étoit HUMBERT, qui fut tué en Hongrie, en 1233. Le troisième, THOMAS II de Savoye, mourut en 1259. De ce dernier sont *Thomas III* & *Amé V*, devoient succéder à *Boniface*; mais *Pierre*, qui n'étoit que le septième fils de *Thomas I*, usurpa cet état sur ses neveux, & après lui *Philippe*, dont nous avons parlé. Ce dernier fit en mourant quelque sorte de restitution à ses neveux; mais ce fut en préférant le cadet à l'aîné, & faisant son héritier *Amé V*, second fils de *Thomas II*, au préjudice de *Thomas III*, l'aîné. Celui-ci fut pere de PHILIPPE II, prince d'Achaie & de Piémont, &c. Après que son oncle *Amé V* lui eut cédé le Piémont, il épousa *Isabelle* de Ville-Hardouin, princesse d'Achaie & de la Morée, de laquelle il eut quatre fils & deux filles. Il fut obligé de soutenir diverses guerres, & mourut le 27 septembre 1334, ayant laissé cinq fils & un fils, de *Catherine*, sa seconde femme, fille de *Humbert*, dauphin de Viennois. * Paradin, *chron. de sa vie*; & Guichenon, *hist. de Savoye*.

PHILIPPE II du nom, duc de Savoye, cinquième fils de LOUIS, I du nom, duc de Savoye, étoit aimé de toute sa cour, à cause de ses bonnes qualités, & craignant que cela ne fît mépriser ses aînés, l'envoya en France, auprès du roi Charles VII. Pendant sa jeunesse, on ne l'appelloit que *Philippe monsieur*; pour lui il se faisoit nommer *Philippe sans terre*, parcequ'il n'avoit point encore d'apanage. Mais le duc son pere étant à Quiers, par patentes du 26 février 1460, lui donna les seigneuries de Baugé, sous le titre de comté, & dès-lors Philippe prit le titre de comte de Bresse. Depuis, il se déclara contre les favoris avancés par sa mere *Anne* de Chypre, & fut mis en prison à Loches par ordre du roi Louis XI, qui lui donna depuis le gouvernement de

Guienne, & le fit chevalier de l'ordre de S. Michel. Philippe, *le Bon*, duc de Bourgogne, qui s'étoit intéressé à la délivrance du comte, lui donna aussi le collier de son ordre de la toison d'or, & le gouvernement des deux Bourgognes. Il suivit Charles VIII à la conquête du royaume de Naples, & à son retour fut gouverneur du Dauphiné, où ayant appris la mort de *Charles-Jean-Amé*, son petit neveu, duc de Savoye, il alla prendre possession de cet état, l'an 1496, à l'âge de 58 ans. Il pardonna à ceux qui l'avoient offensé, rendit sa cour une des plus belles de son temps, & eut un soin particulier de son peuple, qui le perdit le 7 novembre 1497, n'ayant régné qu'un an & demi. Son tombeau fut ouvert en 1639, & son corps fut trouvé tout entier. *Voyez* sa postérité à l'article SAVOYE. * Guichenon, *histoire de Savoye*.

PHILIPPE de Savoye, duc de Nemours, marquis de Saint-Sorlin, comte de Genevois, & baron de Foucigni, &c. fils de PHILIPPE II du nom, duc de Savoye, & de *Claudine* de Brosse, dite *de Bretagne*, sa seconde femme, naquit en 1490. Il fut destiné jeune à l'état ecclésiastique, & fut même évêque de Genève; mais se sentant porté aux armes, il suivit le roi Louis XII en Italie, & se trouva l'an 1509 à la bataille d'Agnadel. L'empereur Charles-Quint l'attira l'an 1519 en sa cour à Spire; mais le roi François I, son neveu, le voulant dégager de ce parti, le fit venir en France, lui donna le duché de Nemours, & le maria le 17 septembre de l'an 1528, à *Charlotte* d'Orléans, fille de *Louis* d'Orléans, I du nom, duc de Longueville. Philippe de Savoye mourut à Marseille le 25 novembre 1533. *Voyez* sa postérité à l'article SAVOYE.

PHILIPPE-GUILLAUME, fils de GUILLAUME, prince d'Orange, qui jetta les fondemens de la république des Provinces-Unies des Pays-Bas, & d'*Anne*, fille de *Maximilien*, comte d'Egmond, né le 19 décembre 1554, fit ses études dans l'université de Louvain; & son pere ayant été mis au ban des Espagnols, le duc d'Albe fit conduire le fils en Espagne en 1567, quoique l'université se fût opposée à ce violement de ses priviléges. Philippe demeura vingt-neuf ans enfermé dans un château, où l'on se contenta pour toute éducation, de l'instruire de la religion catholique, où il a demeuré toute sa vie. On dit que le capitaine du château ayant un jour mal parlé de son pere en sa présence, Philippe se jetta sur lui & le jetta par la fenêtre. En 1596 l'archiduc Albert l'emmena avec lui dans les Pays-Bas, dont il étoit gouverneur. Philippe se maria en 1606 avec *Eléonore*, fille de *Henri* de Bourbon, prince de Condé; & en considération de ce mariage, Henri IV, roi de France, lui accorda la possession tranquille de la principauté d'Orange. Il mourut sans postérité en 1619; & MAURICE, son frere, lui succéda dans tous ses biens. * *Voyez* l'hist. de M. de Thou, *l. 115, 136*. Grotii *annales*: Hist. d'Angl. par de Larrey, *tom. II*, &c.

PHILIPPE DE GUELDRE, duchesse de Lorraine, fille d'*Adolfe* d'Egmond, duc de Gueldre, & de *Catherine* de Bourbon, épousa en 1485 *René* II, duc de Lorraine, & fut mere de douze enfans. Après la mort du duc, elle se fit religieuse de sainte Claire à Pont-à-Mousson en 1519, & y vécut saintement jusqu'à sa mort, qu'on marque le 26 février 1547, âgée de 85 ans. Les papes & les princes de ce temps faisoient grande estime de sa vertu. Nous avons sa vie composée par le pere Christophe Mérigot, Jésuite; & son éloge dressé par le pere Hilarion de Coste, entre ceux des dames illustres.

PHILIPPE-EMANUEL de Lorraine, duc de Mercœur, pair de France, chevalier des ordres du roi, gouverneur de Bretagne, &c. fils de NICOLAS de Lorraine, duc de Mercœur, & de *Jeanne* de Savoye-Nemours, sa seconde femme, né le 9 septembre de l'an 1558, s'endurcit dès sa première jeunesse aux fatigues de la guerre, & se distingua en plusieurs occasions d'honneur. Il eut le gouvernement de Bretagne; & après la mort du duc de Guife aux états de Blois l'an 1588, il fut fur le point d'être arrêté par ordre du roi Henri III. La reine *Louife* de Lorraine, fa fœur, l'en avertit à propos ; ce qui lui fit éviter cet accident. Depuis le roi le flata de le faire duc de Bourgogne ; ce qui l'empêcha quelque temps de fe déclarer ouvertement pour la Ligue ; mais dans la fuite il n'héfita plus à fuivre ce parti. Il fe cantonna dans fon gouvernement ; il y fit venir les Espagnols, aufquels il donna le port de Blavet en 1591, & fe rendit très-redoutable. On le porta l'an 1596 à une trève, qui devoit durer jufqu'au mois de mars de l'année fuivante. Il y avoit à craindre que lorfqu'elle feroit expirée, il ne fît quelque grand effort pour foumettre entierement ce qu'il n'avoit pas dans la Bretagne ; mais les agens du roi, qui étoit alors Henri IV, le perfuaderent fi bien, qu'il prolongea la trève jufqu'au mois de juillet. Ses amis lui reprocherent alors ce qu'il avoit reproché plufieurs fois au duc de Mayenne : *Que les occafions ne lui avoient pas manqué ; mais qu'il avoit fouvent manqué aux occafions.* Cependant, comme tous les autres chefs de la Ligue avoient fait leur paix avec le roi, il fut obligé d'y fonger lui-même, quelque répugnance qu'il pût y avoir. Le voyage que le roi fit en Bretagne, au commencement de l'an 1598, l'y détermina abfolument. Le duc de Mercœur avoit eu de fon mariage un fils nommé *Philippe*, & une fille nommée *Françoife.* Le fils étoit mort jeune, & la fille, riche héritiere, fut le prix de la réconciliation ; car depuis elle époufa le 12 juillet 1609 *Céfar*, fils *nœurel* du roi, depuis duc de Vendôme. Madame Gabrielle d'Eftrées, depuis ducheffe de Beaufort, mere de ce jeune prince, s'entremit pour cet accommodement, qui fut auffi honorable pour le duc, qu'il pût le fouhaiter. On lui fit des avantages confidérables ; car le roi lui donna deux cens trente-fix mille écus de dédommagement, dix-fept mille écus de pension, avec la garde du château de Guingamp, Montemurt & Lambale. Après cela ce duc vint faluer le roi à Angers, où l'on fit avec une magnificence extraordinaire les fiançailles du duc de Vendôme avec la princeffe de Mercœur. En 1601, l'empereur Rodolphe II fit offrir au duc de Mercœur le commandement de fon armée en Hongrie contre le Turc : il efpéroit beaucoup de fa valeur & de fa conduite, & fe flatoit auffi que ce duc pouroit mener avec lui un grand nombre de feigneurs François, qui s'ennuyoient de fe voir fans occupation. Le duc de Mercœur accepta, avec la permiffion du roi, un emploi fi honorable, & fut fuivi de *Henri* de Lorraine, comte de Chaligni fon frere, & de quelques compagnies de gens de guerre. Ce fut-là qu'à la tête de quinze cens hommes feulement, il entreprit de faire lever le fiége qu'Ibrahim Baffa avoit mis devant Canifcha, avec foixante mille combattans, & de l'obliger à donner bataille. Lorfqu'il n'eut plus de vivres, il fit une retraite, qui paffa pour la plus belle que l'Europe eût vue depuis long-temps. Il prit auffi Albe-Royale, & défit les Turcs qui venoient la fecourir. Après tant de belles actions, en revenant en France pour fes affaires domeftiques, il fut attaqué d'une fiévre pourpreufe dans la ville de Nuremberg, où il mourut le 19 de février de l'an 1602. S. François de Sales fit fon oraifon funébre dans l'église de Notre-Dame de Paris. *Voyez* LORRAINE.

PHILIPPE, landgrave de Heffe, *cherchez* HESSE.

PHILIPPE, duc de Vendôme, grand prieur de France, abbé de la Trinité de Vendôme, de S. Victor de Marfeille, de S. Vigor de Cerifi, de S. Honorat de Lerins, de S. Manfui de Toul & d'Ivri, fecond fils de *Louis*, duc de Vendôme, depuis cardinal, & de *Laure* Mancini, naquit à Paris le 23 août 1655. Il accompagna le duc de Beaufort, fon oncle, à fon expédition de Candie, & fe trouva à la fortie du 25 juin 1669, où ce duc périt. Il fuivit le roi Louis XIV en 1672 à la conquête de Hollande ; fe diftingua au paffage du Rhin, puis au fiége de Maftricht en 1673, à la journée de Sintzeim en 1674, & aux fiéges de Valenciennes & de Cambrai. Il donna des marques de fa valeur à la bataille de Fleurus en

1690, & aux fiéges de Mons & de Namur les années fuivantes, en qualité de maréchal de camp. Le roi le fit lieutenant général de fes armées en 1693, & il fut bleffé dangereufement à la cuiffe le 4 octobre, à la bataille de la Marfaille. Etant à Nice en 1695, il reçut les ordres du roi pour commander en Provence, à la place du duc de Vendôme, fon frere, qui paffoit en Catalogne. Il fervit enfuite en Piémont jufqu'à la paix conclue avec le duc de Savoye à Turin, en 1696, puis au fiége de Valence la même année. De-là il paffa en Catalogne auprès du duc fon frere ; fervit au fiége de Barcelone en 1697, & fe trouva à la défaite de don François de Velafco, viceroi de Catalogne. Le roi le nomma en 1702, pour fervir en Allemagne, en qualité de lieutenant général ; puis il paffa en Italie, où il eut en 1703 le commandement des troupes que le duc de Vendôme laiffa à Saint-Benedetto, lorfqu'il entra dans le Piémont. Il commanda peu après dans la ville d'Aft, prit Revere le 10 avril 1704, fe rendit maître de quelques autres places, & obligea les Impériaux d'abandonner en 1705 celles qu'ils occupoient entre le lac de Garde & l'Adige. Ayant quitté l'armée après la bataille de Caffano, qui fe donna le 16 août de cette année, & où il ne put fe trouver, il alla à Rome en avril 1706, & fe retira du fervice, après avoir remis la plupart de fes bénéfices. Il paffa enfuite à Venife, d'où revenant & paffant fur les terres des Grifons, pays neutre, le nommé Thomas Mafner, confeiller de Coire, l'arrêta à main armée le 28 octobre 1710, en repréfailles, difoit-il, de ce que fon fils étoit retenu prifonnier en France, & fit paffer fon prifonnier fur les terres de l'empereur. Cette infulte faite par un particulier à un prince de ce rang, fit grand bruit : l'ambaffadeur de France en Suiffe s'en plaignit hautement. Les Grifons firent le procès à Mafner, qui s'étoit fauvé fur les terres de l'empire, & ils le condamnerent à mort par contumace en 1712. Le grand prieur avoit été élargi en juin 1711, & revint en France. L'ifle de Malte étant menacée d'être affiégée par les Turcs, le grand prieur y arriva le 7 avril 1715, avec plufieurs chevaliers, gentilshommes & officiers ; y fut reçu au bruit du canon, avec de grands honneurs, par deux grands croix nommés par le grand maître, & par les trois procureurs de la langue de France, & quelques jours après il fut nommé par le même grand-maître, généraliffime des troupes de la religion ; mais cette expédition n'ayant pas eu lieu, il revint en France au mois d'octobre de la même année ; fe démit en feptembre 1719 du grand prieuré de France, & prit le titre de prince de Vendôme. Il eft mort à Paris le 24 janvier 1727, âgé de 71 ans & 5 mois.

PHILIPPE (Dom) qui fe nommoit auparavant Mahamet, étoit fils aîné d'Ahmet, dai de Tunis. Etant fort jeune, il fut général des galeres de Biferte, & à l'âge de dix-huit ans, Ahmet le maria avec la fille du bacha de Tripoli. Ce prince confentit à ce mariage pour éviter la colere de fon pere ; car il n'aimoit pas cette dame, quoiqu'elle fût fort belle. Quelque temps après il fit femblant de vouloir aller fe promener au-delà de la Goulette avec cinq efclaves Chrétiens & quelques Maures dans une petite barque. Auffitôt qu'il eut paffé la Goulette, il tua une partie des Maures, & fit fauter les autres dans la mer, puis dreffa fa route vers la Sicile ; & après deux jours de navigation, il arriva à Mazzara, où le viceroi de Sicile le fit recevoir & amener à Palerme. Là il fut logé dans la maifon profeffe des Jéfuites ; & après avoir été inftruit en la religion chrétienne, il fut baptifé dans l'église cathédrale par l'archevêque de Palerme, & eut pour parrein & marreine le viceroi & la vicereine, qui le nommerent dom Philippe. Enfuite il paffa à Rome, où il fut bien reçu du pape, puis il alla en Efpagne, & y eut une penfion du roi. S'étant retiré à Valence, il devint amoureux d'une demoifelle Efpagnole qui avoit beaucoup d'efprit, jouoit bien du luth, & chantoit fort agréablement, & il l'époufa fecretement. Cependant le dai ou roi de Tunis, ayant appris la retraite de fon fils, entra dans une fi furieufe colere, qu'après avoir fait mourir de vingt perfonnes, il fit même étrangler la maleufe époufe de ce prince, croyant qu'elle avoit favorifé fa fuite ; & ne pouvant fe venger fur la perfonne on fils, il le deshérita. La mere de Mahmet ou dom. ippe n'étoit pas moins affligée de la perte de fon qu'elle aimoit paffionément ; & cherchant partout oyen de le recouvrer, elle fit tant auprès d'un capie Anglois, qu'il lui promit de le lui ramener. Ce traï pour exécuter fon deffein, vint à Valence, ou ayant ıtôt fait connoiffance avec ce prince, il trouva qu'il t fans argent, & lui en prêta. Quelque temps après, i redemanda fon argent, & lui confeilla de retourner ome, où le pape lui donneroit plus qu'il ne falloit ır s'aquitter, offrant de l'y mener fur fon vaiffeau. m Philippe accepta l'offre, & s'embarqua avec fa ıme & des valets chrétiens ; mais ce capitaine Anglois, lieu de prendre le chemin de Rome, prit celui de nis, où étant arrivé, il voulut faire accroire à dom ilippe, que c'étoit le mauvais temps qui les avoit jettés. & pour cacher fa trahifon, il écrivit à la mere de ce nce (car fon pere étoit mort) afin qu'on vînt l'enlee-, comme par force, ce qui fut fait. On le conduifit vant le daï puis on le mena à fa mere, qui l'attendoit ec grande impatience. Le daï donna ordre que, pour nition de ce qu'il s'étoit retiré parmi les Chrétiens, on fit paffer avec fon habit efpagnol, par le milieu de la le, pour fervir de rifée au peuple, & fans le pouvoir fa mere on lui auroit coupé la tête. On l'habilla ente à la turque, & on lui rafa les cheveux. Il obtint ınmoins la liberté de vivre dans la religion chrétienne ec fa femme & fes valets. Deux ans après, il jugea à opos de renvoyer fa femme en Efpagne, ou en Italie. en obtint la permiffion avec beaucoup de difficulté, & tenant un fils qu'il avoit eu d'elle, il la fit mener à Gèes, où elle entra dans un monaftere de religieufes. Juelques années après il voulut tenter une autre évaon, & il fit femblant de faire un voyage à la Mecque, à il alla avec fon frere, qui fournit aux frais : mais après e pélerinage, il fut contraint de retourner à Tunis en 1659. * Thevenot, voyage du Levant.

AUTRES GRANDS HOMMES DE CE NOM.

PHILIPPE, natif d'Acarnanie, province de la Gréce, fut médecin d'Alexandre le Grand, qui étoit tombé dans un accident très-fâcheux, pour s'être baigné ayant chaud, dans les eaux froides du fleuve Cydnus, il étoit foigné par Philippe, qui fe faifoit fort de le guérir, lorfqu'il reçut des lettres, qui portoient que ce médecin avoit deffein de l'empoifonner dans le breuvage qu'il lui devoit donner. Alexandre fut fort en peine de ce qu'il devoit faire dans une conjoncture fi fâcheufe ; mais foupçonnant que ces lettres pouvoient être un artifice de fes ennemis, & fe fiant d'ailleurs à la fidélité de Philippe, il lui donna ces lettres à lire. La tranquillité d'efprit avec laquelle il vit que Philippe les lut, le perfuada de l'innocence de fon médecin. Il ne fit point de difficulté de prendre ce remede, qui le guérit l'an 333 avant J. C. * Quint-Curce, l. 3. Diodore, liv. 17.

PHILIPPE, gouverneur de Jérufalem, frere de lait d'Antiochus-Epiphanes, fit des maux étranges aux Juifs. Il eut l'adminiftration du royaume de Syrie, & la tutelle d'Antiochus-Eupator. Mais s'étant révolté contre fon prince, jufqu'à fe faire couronner roi d'Antioche., il fut enfin contraint de perdre le royaume & la vie dans une grande bataille, que Lyfias & Eupator lui donnerent. Il fut pris dans la déroute, & puni comme fon crime le méritoit. Philippe étoit celui à qui Antiochus-Epiphanes fe fioit le plus : car fe voyant fur le point de mourir, il lui mit entre les mains fa couronne, fon manteau royal & fon anneau, pour les porter à fon fils, & lui recommanda de prendre grand foin de fon éducation & de fon état, jufqu'à ce qu'il fût en âge de le gouverner lui-même. Epiphanes n'eut pas plutôt fermé les yeux, que ce fcélérat abufant de la confiance de ce prince, prit toutes ces marques royales pour lui, & fe révolta ; mais il fou-

tint fi mal fa perfidie & fon ufurpation, qu'il finit fa vie par la main d'un bourreau, comme on vient de le dire. * II. Machab. XIII, 23. Joféphe, antiq. liv. XII, ch. 14.

PHILIPPE, fils de Jacim de la Trachonite, fut un homme d'une éminente vertu & d'un grand mérite. Agrippa le fit général de fes armées, & l'envoya à Jérufalem au commencement de la révolte du peuple, pour tâcher de le remettre dans fon pouvoir. Il ne réuffit pas dans fon deffein ; car les féditieux l'affiégerent dans le palais royal, où il faillit à être tué. Voyant donc que le mal étoit fans remede, & qu'il couroit rifque de fa vie, il fe retira avec trois mille hommes, fe joignit à Ceftius par l'ordre d'Agrippa, & lui rendit de très-bons fervices. * Joféphe, antiq. liv. XVII, chap. 2, & guerre des Juifs, liv. II, chap. 14.

PHILIPPE, hiftorien Grec, natif d'Amphipolis, compofa divers traités. * Suidas en fait mention.

PHILIPPE, qui écrivit l'hiftoire de Carie, eft cité par Strabon & par Athénée.

PHILIPPE, dont Diogène Laërce fait mention en la vie de Scipion, étoit natif de Mégare. * Strabon, l. 14. Athénée, l. 6. Voffius, l. 3, de hift. Græc.

PHILIPPE, évêque de Jérufalem, au commencement du II fiécle, fuccéda à Benjamin, & eut Seneque pour fucceffeur. * Voyez la chronique d'Eufebe, fous l'an 114.

PHILIPPE, évêque de Gortyne en l'ifle de Crete, dans le II fiécle, compofa un ouvrage contre Marcion. Son nom fe trouve dans les anciens martyrologes, & dans ceux de Bede & d'Adon. * Eufebe, hift. l. 4, c. 27. S. Jerôme, de fcript. eccl.

PHILIPPE, prêtre, difciple de S. Jerôme dans le V fiécle, écrivit des commentaires fur le livre de Job. Gennade qui marque avoir lu de belles lettres de fa façon, place fa mort fous l'empire de Marcien & d'Avitus, c'eft-à-dire vers l'an 455 ou 456. * Gennade, de fcript. eccl. c. 63. Honoré d'Autun, &c.

PHILIPPE, dit Sidetes, parcequ'il étoit de Side, ville de Pamphylie, vivoit fous l'empire de Théodofe, & eut beaucoup de part à l'amitié de S. Jean Chryfoftome. Il publia un ouvrage fous le nom d'hiftoire chrétienne, en trente livres ; & une réfutation des livres de Julien. Son ftyle étoit diffus & chargé de digreffions. Nous n'avons plus cet ouvrage, dont Photius & Socrate font mention. * Confultez Socrate, l. 7, hift. c. 17. Nicephore Callifte, l. 14, c. 29. Photius, cod. 35. André Scot, in not. ad Phot. pag. 22. Voff. l. 1, hift. Pel. c. 38. & de hift. Græc. l. 2, c. 20.

PHILIPPE, antipape, fut intrus fur le fiége pontifical après la mort de Paul I, en 767, dans le même temps que Conftantin, homme laïc, frere de Toton, duc de Nepi, fe fit auffi confacrer. Ces deux ufurpateurs furent chaffés en 768, & Etienne III ou IV fut élu canoniquement. * Anaftafe, in vit. pontif.

PHILIPPE, dit le Solitaire, auteur Grec, au commencement du XII fiécle, & vers l'an 1105, compofa un ouvrage intitulé, Dioptra, id eft, regula feu amuffis rei chriftiana, diftingué par dialogues, en 4 livres, & dédié à un religieux de fes amis, nommé Callinicus. Un autre Grec a écrit des éclairciffemens en forme de notes, fur ces ouvrages. Ce fut à la perfuafion de Denys, métropolitain de Mitylène, qui avoit une grande eftime pour cette piéce, que Jacques Pontanus a traduite en latin. Nous l'avons dans la bibliothéque des peres, avec des notes du P. Gretfer.

PHILIPPE, évêque de Tarente, fauteur de Léon antipape, fut dépofé pour ce fujet dans le concile de Latran de l'an 1139. Il fe retira dans le monaftere de Clairvaux, où il prit l'habit de la main de S. Bernard. Il fut fait prieur de ce monaftere l'an 1150, & fix ans après, abbé du monaftere de l'Aumone, de l'ordre de Cîteaux, dans le diocèfe de Chartres. Il revint fur la fin de fa vie à Clairvaux, où il mourut. Charles de Wifch a donné à la fin de fon ouvrage des auteurs de l'ordre de Cîteaux,

25 lettres, qu'il prétend être de ce Philippe. * Du Pin,
biblioth. des aut. eccl. du XII siécle.

PHILIPPE DE BONNE ESPÉRANCE, vulgaire-
ment nommé de Harvinge, du nom du village où il étoit
né, & l'Aumônier, à cause des grandes aumônes qu'il
répandoit sur les pauvres, fit profession dans l'ordre de
Prémontré dans l'abbaye de Bonne Espérance en Hainault près de Binche. Etant prieur de cette abbaye sous
l'abbé Odon, il écrivit assez vivement à S. Bernard,
pour revendiquer le frere Robert, son religieux, que ce
saint avoit reçu à Clairvaux. Sa vivacité déplut; S. Bernard crut devoir s'en plaindre, & Philippe fut déposé
par l'abbé Odon, & envoyé dans une autre abbaye,
avec l'agrément de l'abbé de Prémontré. Pendant son
exil, il écrivit son apologie, qu'il envoya à Eugène III,
en 1151. Il écrivit aussi à S. Bernard pour se réconcilier
avec lui, & lui demander son amitié. Il fut rappellé dans
son abbaye en 1155, & il en fut fait abbé la même année. Dans cette place il se conduisit avec douceur; fit
fleurir les sciences dans sa maison; consacra son loisir à
l'étude, & composa plusieurs ouvrages que le pere Chamart, abbé de Bonne Espérance, a fait imprimer en
1623, sous le titre: D. Philippi Bonæ Spei, sacri ordinis Præmonstratensis auctoris disertissimi, & D. Bernardo
abbati Claravallensi contemporanei, opera omnia. Ces
ouvrages sont: des Questions théologiques traitées par
lettres; un Commentaire mystique & moral sur le Cantique des Cantiques, où il y a des lacunes; l'instruction
des Clercs, & quelques vies & éloges de plusieurs saints
connus. Philippe de Bonne Espérance mourut le 13 avril
1182. * Voyez la préface du pere Chamart; Casimir
Oudin dans son ouvrage latin sur les Auteurs ecclésiastiques; Du Pin dans sa bibliothéque, &c. Voyez aussi la
Chronique de l'abbaye de Bonne Espérance, imprimée
en 1704.

PHILIPPE LEVI, Juif converti. Il a fait une Grammaire hébraïque qui est fort estimée. Elle a été imprimée en 1705, à Oxford, en anglois. Il en est parlé avantageusement dans les nouvelles de la république des lettres du mois de janvier 1706. Voyez aussi Jean-Christophe Wolfius dans sa bibliothéque hébraïque.

PHILIPPE DE DREUX, évêque & comte de Beauvais, pair de France, dans le XII siécle, fils de ROBERT
de France, comte de Dreux, & d'Agnès de Baudement,
sa troisiéme femme, se trouva au sacre du roi Philippe
Auguste l'an 1179, & se croisa pour le voyage d'outre-
mer, où il étoit au siége d'Acre l'an 1192. Depuis, il
suivit le roi Philippe Auguste, en la guerre contre les
Anglois, & fut pris vers l'an 1197 par Marquadé, capitaine Anglois, en voulant surprendre une place. Richard, roi d'Angleterre, le retint en prison jusqu'en 1202.
Le pape Innocent III écrivit à Richard en faveur de ce
prélat, qu'il appelloit son fils. Mais ce roi lui ayant fait
savoir en quelle occasion Philippe avoit été pris, lui envoya sa cotte d'armes toute ensanglantée. Celui qui la
présenta, dit au pape: Voyez, saint pere, si vous recon-
noissez la tunique de votre fils. Le pape répliqua que le
traitement qu'on faisoit à cet évêque étoit juste, puisqu'il avoit quitté la milice de J. C. pour suivre celle des
hommes. En 1204 Philippe fut élu archevêque de Reims;
mais cette élection ne fut pas confirmée. Il se trouva
encore à la fameuse bataille de Bouvines, où il abattit le
comte de Salisburi d'un coup de masse: (car il ne se
servoit, par scrupule, ni d'épée, ni de sabre, ni de lance;) & combattit contre les Albigeois en Languedoc.
Il étoit généreux, libéral, & mourut à Beauvais le 2
novembre de l'an 1217. * Du Chêne, hist. de Dreux.
Loisel, hist. de Beauvais. Sainte-Marthe, Gall. christ.
& hist. généal. de la maison de France. Le pere Anselme.

PHILIPPE DE GREVE ou GREVIUS, professeur
& chancelier de l'université de Paris, étoit né dans cette
ville, & mourut l'an 1237. Il a composé trois cens trente
sermons sur les pseaumes de David, qui ont été imprimés à Paris en 1523, & à Bresse en 1600. Ils ont été

fort estimés en leur temps, & les prédicateurs s'en servoient communément: en sorte que l'on en avoit même
fait une somme, qui se trouve manuscrite dans la bibliothéque de M. Colbert. L'on trouve encore dans les
bibliothéques d'Angleterre, deux commentaires de cet
auteur, l'un sur Job, & l'autre sur les évangiles. Dans
la dispute qui arriva en 1235 dans la faculté de théologie
de Paris, assemblée à la sollicitation de l'évêque Guillaume, pour examiner la question de la pluralité des bénéfices, de Gréve, & Arnoul, depuis évêque d'A-
miens, furent les seuls sur la pluralité, qui fut condamnée par tous les autres docteurs. La conduite de
Grevius s'accorda avec ses principes; car il mourut chargé de plusieurs bénéfices. * Du Pin, bibliothéque des auteurs ecclésiastiques du XIII siécle.

PHILIPPE GAUTIER DE CHASTILLON, na-
tif de Lille en Flandre, théologien & poëte vers l'an
1250, fut évêque de Maguelone, selon les auteurs des
Pays-Bas. Cependant ni Verdal, ni Gariel, ni les autres qui ont écrit le catalogue des prélats de cette église,
n'en parlent point, si nous en exceptons Robert, qui le
confond avec Gautier, successeur de Godefroi en 1108.
Gautier de Châtillon composa un poëme de la vie d'A-
lexandre le Grand, en dix livres, intitulé Alexandreida,
& d'autres traités qui sont, Flores super psalterium: Morale dogma philosophorum: De Mahumete, &c. On croit
qu'il mourut à Châtillon, dont il tira le nom, comme
l'exprime son épitaphe, rapportée par Henri de Gand.
* Henri de Gand, in catal. Sixte de Sienne, in biblioth.
sancta. Trithème, de script. eccl. Valere André, biblioth.
Belg. Barthius, adversl. l. 22, c. 16 & 30. Vossius, de
hist. & poët. Lat.

PHILIPPE DE PARIS, ancien poëte François dans
le XIII siécle, vers l'an 1260, composa quelques piéces en vers. Fauchet & la Croix du Maine parlent de
lui.

PHILIPPE, dit d'AICHSTET, parcequ'il étoit évêque de cette ville, mort l'an 1322, avoit été abbé de
l'ordre de Citeaux, & fut élevé par le pape Clément V
à l'évêché d'Aichstet en 1305. On lui attribue quelques
ouvrages.

PHILIPPE DE MONTCALIER en Piémont, fit
profession dans le couvent des Freres Mineurs de Toulouse, & fut lecteur en théologie à Padoue. Il a composé l'an 1330 une postille sur tous les évangiles de l'année, & des sermons pour toute l'année. L'abrégé de
ses sermons, dressé par Janselme de Canove, gardien
du couvent des Cordeliers de Cumes, a été imprimé à
Lyon, en 1501 & 1515. Cet auteur a vécu jusque vers
l'an 1350. * Du Pin, bibliothéque des auteurs ecclésiastiques du XIV siécle.

PHILIPPE DE VITRI ou DE VICTRAI, ancien
poëte François dans le XIV siécle, fut élevé à l'évêché
de Meaux, où il succéda à Jean de Meulant en 1340.
Il traduisit les métamorphoses d'Ovide en vers françois,
pour faire plaisir à Jeanne de Bourbon, femme du roi
Charles V, qui avoit témoigné souhaiter cet ouvrage,
qu'on conserve encore dans la bibliothéque de S. Victor-lès-Paris. Caces ou Gaston de Vignes, qui écrivit
de son temps le roman des Oiseaux, parle de ce poëte.
Nous avons encore une lettre que lui écrivit Jean de
Munis, célèbre astrologue du même siécle. Ce prélat
mourut en 1351. * La Croix du Maine, biblioth. franç.
Sammarth. Gallia christiana.

PHILIPPE DE LEIDEN, cherchez LEIDEN.

PHILIPPE DE PERA, ainsi nommé du lieu de sa
naissance, qui est le fauxbourg de Constantinople, y
naquit de parens Génois, & entra vers l'an 1325
dans l'ordre de S. Dominique, où il se distingua particuliérement par son zéle pour la réunion des Grecs à l'église
romaine. On ne le connoît que par deux ouvrages,
qui ne sont pas imprimés, & qui méritent de l'ê-
tre. Le premier est un traité, De obedientia ecclesia romana debita, qu'on garde à Florence, & où il dit
qu'il y avoit vingt-cinq ans qu'il disputoit sans cesse avec

s Grecs : le second , où il traite de la proceffion du . Efprit, eft de l'an 1359. Il y cite fouvent le premier , ¿ fait remarquer diverfes fraudes des Grecs , qui pour ieux foutenir leur opinion, avoient retranché quelques ¿ots dans le texte de l'écriture. On a une copie de ce raité dans le collège de Navarre ; mais l'exemplaire de ¿lorence eft plus ample , & l'un & l'autre ont ce dé-aut , qu'on n'y a conferve les paffages des peres Grecs ¿u'en latin, quoique Philippe eût joint le texte origi-ial à la traduction qu'il en avoit faite. * Echard , fcript. ord. FF. Præd. t. I.

PHILIPPE DE MAIZIERES , cherchez MAIZIE-RES.

PHILIPPE DE LUXEMBOURG , cardinal , évê-que d'Arras, par la réfignation de Philippe de Melun , fon oncle & fon parrein , puis de Terouane , fuccéda en 1477 à THIBAUT fon pere , qui étant veuf , avoit em-braffé l'état eccléfiaftique , & avoit été fiu évêque du Mans. Il eut toujours beaucoup de part aux affaires de l'état , fut fait cardinal en 1496 , par le pape Alex-andre VI , & fut légat en France fous fon pontificat , fous celui de Jules II. Le premier l'employa pour la diffolution du mariage du roi Louis XII avec Jeanne de France. Quelque temps après , le defir de la folitude infpira à Philippe de remettre fon évêché à fon ne-veu François de Luxembourg, ce qu'il exécuta ; mais après la mort de fon neveu , il fut encore remis fur le fiége de la même églife , qu'il embellit avec beau-coup de foin. Ce cardinal , qui paffa pour l'un des grands prélats de fon temps, mourut en 1519 , âgé de 74 ans. Son corps fut mis dans fa cathédrale , où pendant les guerres civiles , fon tombeau a éprouvé la fureur des hérétiques. * Nicolas Vignier , hift. de Luxembourg, Le Courvaifier, hift. des évêques du Mans. Frizon , Gall. purp. Du Chêne & Auberi, hiftoire des card. Sainte-Marthe , Gall. chrift.

PHILIPPE d'AQUIN , Juif converti , cherchez AQUIN (Philippe d').

PHILIPPE DE BERGAME , cherchez , FO-RESTI.

PHILIPPE CATENOISE ou de Catane , lavan-diere , devint nourice d'un des enfans de Robert le Sage , roi de Naples , & s'érigea en gouvernante des princeffes. Jeanne I , petite-fille de Robert, étant parve-nue à la couronne , fe laiffa entierement conduire par les confeils de cette Catenoife , qui prit foin d'entrete-nir l'averfion que la reine avoit pour le roi André de Hongrie fon époux. Enfin cette méchante femme en-treprit de faire mourir le roi André , qui n'avoit en-core que 19 ans. Accompagnée de fes partifans , elle l'étrangla dans la ville d'Averfa en 1345 , de la maniere du monde la plus étrange & la plus indigne. Mais elle fouffrit bientôt après la peine due à un crime fi horrible , par des tourmens extraordinaires , & par une mort très-cruelle. * Hornius , orb. polit. Voyez les articles de Raimond & de Robert CABANE.

☞ PHILIPPE (Etienne) originaire de Beauvais, licencié en droit , & le plus ancien maître-ès-arts de l'univerfité de Paris , naquit le 6 juillet 1676. Il fut quelque temps Jéfuite. C'étoit un homme auffi refpectable par fes vertus morales & chrétiennes , que par l'étendue de fes connoiffances. Il étoit fur-tout recherché pour la délicateffe & la fureté de fon gout en fait de littérature grecque & latine. Après qu'il eut quitté les Jéfuites , ces peres le jugerent digne de préfider à l'éducation de quelques-uns de leurs penfionaires. M. Phi-lippe juftifia cette bonne opinion ; & ce qui prouve & fon attachement pour eux , & combien ils étoient fatis-faits de le poffeder , c'eft qu'il n'a jamais voulu changer d'emploi , & qu'il ne les a quittés qu'à fa mort. Il feroit difficile de donner une notice exacte de fes travaux litté-raires. Il joignoit une modeftie extrème à une paffion ardente pour l'étude , & fe foucioit peu de fe produire. Ses amis lui faifoient fouvent la guerre de ce qu'il ne donnoit rien au public. Un jour qu'on lui reprochoit de

garder le filence , même fur ce qu'on favoit qu'il avoit fait , il avoua qu'il avoit traduit un affez grand nombre des harangues de Cicéron , & que quelqu'un à qui il les avoit abandonnées , les avoit fait imprimer vers l'année 1720 , en trois ou quatre volumes in-12 ; mais que n'en étant pas content , il étoit bien aife qu'on les oubliât. On doit avoir trouvé parmi fes papiers plufieurs chants de l'iliade & de l'odyffée qu'il avoit traduits , auffi bien qu'une grande quantité de morceaux de l'hiftorien Plu-tarque. Il a eu beaucoup de part à l'édition de Térence , qu'il a donnée conjointement avec fon fils en 1753 , & qui a paru dans la forme des Elzevirs , avec de très-belles gravures en 2 vol. in-12. Le feul écrit que M. Phi-lippe avouoit , eft une petite brochure d'environ cent pages , imprimée en 1716. Elle a pour titre : Apologie de l'oraifon funébre de Louis XIV. C'eft une Réponfe à M. * * * , au fujet de la critique de ce difcours prononcé au collège des Jéfuites par le feu P. Porée. M. Philippe étoit uni à ce religieux par les liens de l'amitié la plus tendre. Il eft mort à Paris le 9 mai 1754 , âgé de 77 ans , 10 mois & 3 jours. Son fils , M. Philippe de Pretot , a publié plufieurs ouvrages de fa façon , & des éditions très-correctes de quelques auteurs latins élégamment imprimées. * L'année littéraire , 1754 , tome III , let-tre 5.

PHILIPPEVILLE , ville des Pays-Bas dans le Hai-nault, fut bâtie en 1555 , par la reine Marie de Hongrie , qui lui donna le nom du roi Philippe II. Outre fa fitua-tion naturellement forte , on la fortifia encore extraordi-nairement , pour s'oppofer aux François , qui en font de-meurés les maîtres par la paix des Pyrénées , en 1660.

PHILIPPI (Jacques) eft auteur d'un ancien livre in-titulé : Reformatorium vitæ morumque clericorum , impri-mé à Bafle par les foins de Michel Furter , avec la date de 1444 , in cathedrâ Petri , c'eft-à-dire , le 22 février. Mais cette date de 1444 , eft fauffe ; la vie de Philippi le prouve. Cet auteur étoit de Kilchhoffen , bourg du Brifgaw à deux lieues de Fribourg. Son nom paroit pour la premiere fois en 1463. Il s'infcrivit alors comme citoyen de l'univerfité de Bafle , fous le recteur Werner Wœfflin. Il étoit prêtre alors , mais jeune. En 1464 il fe mit au rang des poftulans pour les dégrés de la faculté de théologie ; & l'on croit que vers le même temps qu'il fut fait curé de faint Pierre de Bafle , qui eft la feconde paroiffe de cette ville. Pour faire fes épreuves , on lui donna à expliquer l'Eccléfiaftique dans l'ancien teftament , & les deux épitres de S. Paul aux Corinthiens dans le nouveau. Les regiftres le qualifient ainfi à cette occafion : Honorabilis vir Magifter Domi-nus Jacobus Philippi de Kilchhoffen , plebanus eccle-fiæ fancti Petri. Le titre de Magifter fait voir qu'il avoit déja pris le dégré de maître-ès-arts. En 1470 , il fut ad-mis à l'explication du livre des Sentences , en quoi con-fiftoit la feconde épreuve que devoit faire le prétendant aux dégrés de la faculté de théologie. Il eft encore fait mention de lui dans les regiftres en 1472 , & en 1491. Il eft probable que ce fut le même temps que le Reformatorium fut mis au jour , & que la date de 1444 vient de la faute de quelque ouvrier : exprimant les nombres en caracteres latins , rien n'étoit plus aifé que de mettre une L , au lieu d'un C , & MCCCXLIIII , au lieu de MCCCCXCIIII. (1444 , au lieu de 1494.) On trouve dans ce livre une lettre du favant Sébaftien Brant , ou Brand , comme on écrivoit dans le XV fié-cle , adreffée à Philippi , & c'eft encore une preuve que le Reformatorium ne peut avoir été imprimé en 1444. Brant y prend la qualité de docteur en droit civil & en droit canon ; & il n'a eu cette qualité que vers 1491. Il n'étoit d'ailleurs né qu'en 1458. Dans cette lettre , Brant fe déclare difciple de Philippi , l'appellant Pater amantiffime , præceptor integerrime ; ainfi il étoit plus jeune que Philippi. Trithême qui a publié en 1494 , fon livre de viris illuftribus , finit l'éloge de Brant par ces termes : Quia tua eruditione atque lucubrationibus Ba-fileam , inclutam Germaniæ urbem , mirum in modum *xornat.* * Voyez fur cela la *Lettre de M. Jacques Chrif-tophe* ISELIN, *docteur & profeffeur en théologie à Bafle, fervant de réponfe aux éclairciffemens demandés de Genève fur un livre rare* (le *Reformatorium*, &c.) *que l'on a prétendu être la plus ancienne piéce imprimée, découverte avant nos jours, & par laquelle on a voulu établir un autre inventeur de l'art de l'imprimerie, & en attribuer l'origine à la ville de Bafle.* Cette lettre eft dans le Mercure fuiffe, août 1734, pag. 45 & fuiv. Seconde lettre du même fur le même fujet, *dans le Mercure fuiffe*, novembre 1734, p. 62 & fuivantes.

PHILIPPI (Jean) jurifconfulte, d'une ancienne famille de Montpellier, a fleuri dans le XVI fiécle. Il étoit fils d'*Euftache* Philippi qui eft qualifié *Docteur ès Loix*, & qui fut conful de Montpellier en 1551 & auparavant, c'eft-à-dire, dès 1524, fous le régne de François I, *confeiller en la cour des généraux*, ou cour des aides de la même ville. JEAN Philippi fon fils, né à Montpellier, l'an 1518, lui fuccéda dans la charge de confeiller en 1548 ; il fut depuis préfident de la même cour, en 1572. On a de ce magiftrat un livre intitulé : *Refponfa juris*, dans la préface duquel l'auteur donne un court abrégé de l'hiftoire de Montpellier. L'ouvrage même contient les décifions que l'auteur avoit données fur prefque toutes les matieres du droit dans les différentes charges qu'il eut à exercer : c'eft un volume *in fol.* de 300 pages à deux colonnes, imprimé pour la feconde fois en 1603, à Montpellier, l'auteur étant âgé de 85 ans. Il a dédié cet ouvrage à la cour des aides, & à la ville de Montpellier. Un fecond ouvrage de ce magiftrat, qui eft auffi *in-folio*, a pour titre : *Edits & ordonnances de nos rois, concernant l'autorité & jurifdiction des cours des aides de France, fous le nom de celle de Montpellier*, où l'on peut voir l'hiftoire des cours des aides du royaume, par les édits & les ordonnances que Philippi rapporte felon l'ordre des temps, & qu'il a éclairci par de favantes notes. Dans une préface latine intitulée *prifcorum, noftrorumque munerum fumma*, l'auteur parle de toutes les impofitions établies autrefois par les anciens, & d'où les nôtres ont pu prendre leur origine. La premiere édition de cet ouvrage fut faite en vertu d'un privilége de François II qui mourut en 1560 ; & elle fut fi recherchée, qu'en 1596 on n'en trouvoit plus d'exemplaires, comme il eft dit dans le privilége accordé pour la réimpreffion par le roi Henri IV. Cette feconde édition fut faite à Montpellier en 1597, & l'auteur y ajouta un recueil intitulé, *Arrêts de conféquence de la cour des aides de Montpellier*, où l'on voit la jurifprudence de cette cour fur le fait des tailles, des gabelles, de l'équivalent, des décimes, & autres impofitions dont le jugement eft attribué à cette cour. Le recueil d'édits & ordonnances, &c. eft dédié à Guillaume Péliffier, II du nom, évêque de Montpellier ; celui des arrêts, &c. eft dédié au connétable de Montmorency, auprès duquel Philippi avoit exercé la charge d'intendant de juftice dans tout le Languedoc, en 1577, par ordre du roi Henri III, & durant quelques années depuis 1577. On ignore la date de la mort de Jean Philippi ; mais on voit par la conclufion qu'il a mife à la feconde édition de fes *Refponfa juris*, qu'il a vécu au moins jufqu'à l'âge de 85 ans, qu'il a fervi cinq de nos rois durant 54 ans, & vécu avec fa femme 53 ans. *Opufculum hoc refponforum abfolvi mihi dedit Deus optimus, maximus, anno falutis 1602, ætatis mea, ejufdem Dei beneficio, anno 85, & obfequii quinque noftrorum regum Chriftianiffimorum anno* 54. Ces cinq rois font Henri II, François II, Charles IX, Henri III & Henri IV. La durée de fon mariage eft marquée autour de fon portrait, à la tête du même livre, *connubii conjugalis anno* 53. Il a laiffé en manufcrit une hiftoire détaillée des troubles arrivés à Montpellier & dans la province depuis 1559, jufqu'en 1598, où il ne dit rien *dont il n'ait été témoin, ou qu'il n'ait appris par fidèle récit*, comme il l'affure lui-même. Il a eu pour frere Guil-

laume Philippi, chanoine de l'églife cathédrale de Montpellier, & procureur général de la cour des aides en 1560, & pour fils unique *Louis* Philippi de Bucelli, qui lui fuccéda en la charge de préfident. Ce dernier ne s'étant point marié, avec lui finit en 1635 la famille des Philippi, qui avoit donné quatre officiers à la cour des aides de Montpellier. * *Hiftoire civile de Montpellier*, par M. de Grefeuille, dans l'avertiffement & en plufieurs endroits des *Obfervations fur les jurifdictions modernes de Montpellier*, à la fuite de ce volume : & *Hiftoire eccléfiaftique de Montpellier*, par le même, livre XII, page 370 & fuivantes.

PHILIPPI (Henri) Jéfuite, né à Saint-Hubert dans les Ardennes, enfeigna la philofophie, la théologie & la pofitive à Gratz en Stirie, à Vienne, à Prague, & ailleurs, & fut précepteur & confeffeur de Ferdinand III, roi de Hongrie. Il mourut le 30 novembre de l'an 1636, à Ratisbonne, durant la diéte, en laquelle le même Ferdinand fut élu roi des Romains. Nous avons divers ouvrages de chronologie de fa façon, comme, *Introductio ad chronologica, feu de computo ecclefiaftico ad chronologiam accommodato. Generalis fynopfis facrorum canonum. Quæftiones chronologicæ, de annis Domini, Julianis, Nabonaffaris, & æra Juliana componendis, De annis nati & paffi Salvatoris. Tabulæ annorum expanforum pro chronologia ecclefiaftica. Tractatus de olympiadibus. Chronologia veteris teftamenti. Nota & quæftiones chronologicæ in pentatheucum ; in prophetas,* &c. * Alegambe, *bibl. fcript. foc. Jef.* Valere André, *bibl. Belg.* &c.

PHILIPPI (Jean) célèbre jurifconfulte, né en 1607 à Lignitz en Siléfie, étudia pendant plufieurs années la jurifprudence à Leipfick, & fut reçu docteur en droit à Iéne en 1637. En 1644 il exerça l'emploi d'avocat dans la cour fouveraine de juftice, & en 1649 il fut affeffeur dans la faculté de droit. Peu de temps après, il devint membre du confeil, & en 1654 affeffeur de la cour provinciale de la baffe Luface. En 1657 l'électeur le fit échevin de Leipfick. Il mourut en 1674, laiffant plufieurs ouvrages de fa façon, entr'autres : *Ufus practicus inftitutionum Juftinianearum : Tractatus de fubhaftationibus : Obfervationes ex decifionibus electoralibus,* &c. * *Supplément françois de Bafle.*

PHILIPPI (Victor, comte de) général veld-maréchal de l'empereur, & colonel d'un régiment de dragons, étoit Piémontois d'origine. Il fut redevable de fa fortune au prince Eugène de Savoye, dont il acquit les bonnes graces, qui le fit fon général ajudant, & lui donna le commandement de fon régiment en qualité de colonel. En 1723 il fut fait général-major de la cavalerie, & peu après il eut un régiment de dragons. En 1731 il fut député par l'empereur à la cour de Sardaigne, où il arriva le 19 novembre, & il féjourna pendant deux années. Il obtint au mois d'octobre 1733 la permiffion de retourner chez lui, après avoir été quelque temps arrêté à Turin, à caufe de la guerre qui s'alluma avec l'empereur avant la fin de l'année. Le comte de Philippi fut d'abord affez mal reçu à Vienne : on le blâmoit de n'avoir pas découvert à temps les négociations de la cour de Sardaigne avec celles de France & d'Efpagne ; mais il fe juftifia. Le 27 octobre de la même année, il devint général veld-maréchal. En cette qualité il accompagna le prince Eugène fur le Rhin en 1734, dans la campagne contre les François. Il y retourna encore en 1735, après avoir été nommé général de la cavalerie. En 1736 il obtint le commandement de la cavalerie fous le vieux comte Palfi. En 1737, le 22 avril, il devint général veld-maréchal, & en cette qualité il fit la campagne de Hongrie contre les Turcs fous le comte de Seckendorf. Comme on marchoit vers Niffe, Philippi s'avança avec un corps de troupes, & il eut le bonheur que le commandant Turc capitula le 25 juillet, & rendit la place. Le 26 feptembre il inveftit Uffitza en Bofnie, qui fut prife après un fiége fort court. Il obtint à la fin de cette année le commandement génénéral de toute l'armée en Hongrie, après quoi le comte de Seckendorf & M. de Kevenhuller furent rappellés à Vienne. En 1738 on lui offrit le commandement de la cavalerie en Hongrie ; mais il céda le rang au comte de Wallis qui avoit le commandement de l'infanterie. Il commandoit l'aile droite dans la bataille de Cornéa, donnée le 4 juillet ; & il commandoit seul dans la bataille de Méadia, qui se donna le 15 du même mois. La maladie l'obligea peu après de quitter l'armée. En 1739, il reprit le commandement de la cavalerie sous le comte de Wallis ; mais continuant toujours d'être malade, il céda son poste à l'ouverture de la campagne au baron de Seher, & retourna à Vienne, où il mourut le 24 octobre 1739, âgé de 65 ans. * Extrait du *Supplément françois de Basle.*

PHILIPPIDE, *Philippides*, fut l'un de ceux qui se mêloient de gouverner la république d'Athènes, du temps d'Hipperides, qui avoit fait une harangue contre lui. Il étoit si maigre, qu'Alexis, poëte comique, employa cette expression, *devenir Philippide*, pour signifier devenir maigre. Quelques autres poëtes comiques ont fait allusion à la même chose, comme on le peut voir dans le XII livre d'Athénée sur la fin. C'est-de-là qu'est tiré ce que l'on en trouve dans Suidas.

PHILIPPIDE, célèbre coureur Athénien, fit en un jour & une nuit mille cinq cens stades à pied, c'est-à-dire, plus de quatre-vingt-dix milles, pour avertir les Lacédémoniens de l'arrivée des Perses. * Suidas.

PHILIPPIDE d'Athènes, poëte comique, vivoit du temps d'Alexandre *le Grand*, sous la CXI olympiade, vers l'an 336 avant J. C. & étoit fils de *Philocles*, & frere de *Morsime*, aussi poëte. Suidas fait mention de quarante-cinq de ses comédies, dont quelques-unes sont citées par Athénée & par Julius Pollux. Philippide eut beaucoup de part à l'estime de Lysimachus, qui lui ayant demandé ce qu'il souhaitoit de lui, *Tout ce qu'il vous plaira*, répondit Philippide, *pourvu que ce ne soit pas votre secret.* Il mourut de joie, après avoir remporté le prix de la poësie, contre son attente. * Aulu-Gelle, *l. 3, c. 15.* Athénée, *l. 15.* Julius Pollux, *l. 9.* Plutarque, *in Demet.* Suidas.

PHILIPPINES, isles d'Asie dans la mer des Indes, entre la Chine & les Moluques, ont été ainsi appellées par les Espagnols, sous le règne de Philippe II. Mais les Portugais les nomment *Manilhes*, du nom de la principale isle, & les Indiens *Luçones*. Les auteurs assurent qu'il y a plus de 1200 de ces isles, lesquelles furent découvertes en 1520, par Ferdinand Magellan, Portugais, qui y fut tué à l'isle de Cebu. Elles ne furent habitées par les Espagnols, qu'en 1564. La plus importante est Manilha ou Luçon, avec une ville de ce nom. Les autres sont Mindanao, Paragoia ou Calamianes, Mendora, Tandaia ou la Philippine, Cebu ou *los Pintados*, Parraiat, Masbat, Sabunta, Matan, Luban, Capul, Abuyo, Banton, Bohol, Verde, dos Negoas, Sanluan, &c. Les autres sont moins importantes. Quelques auteurs croient que ces isles sont les *Barussæ* de Ptolémée. Les villes principales sont Mindanao ou *Tabouc*, Caures de Camarinha, Nieva, Segovia ou *Cagaion*, Villa Jésu, Cebu, &c. Dans la mer qui environne ces isles, on remarque un poisson semblable aux sirenes, que ceux de l'isle de Luçon appellent *Poisson-Femme*, parce-qu'il a la tête, le visage, le col & le sein à peu près comme une femme, & qu'il s'accouple de même avec le mâle. Ce poisson est grand comme un veau ; sa chair a le gout de celle de vache. On le pêche avec des filets de cordes grosses comme le doigt ; & lorsqu'il est pris, on le tue à coups de dards ; ses os & ses dents ont beaucoup de vertu contre les dysenteries & le flux de sang. L'air des isles Philippines est fort chaud, & n'y laisse guère sentir de différence de saisons. Les pluies y commencent à la fin du mois de mai, & durent sans interruption trois ou quatre mois ; hors de ce temps il y pleut rarement. Le pays est fort sujet à des ouragans, qui font des vents impétueux qui arrachent par leur violence les plus grands arbres. On y trouve des sources d'eaux chaudes, & quantité de couleuvres, dont quelques-unes ont deux brasses de long ; il y en a même qui ont plus de trente pieds d'étendue. Les habitans y sont bien faits, beaux de visage, & sont assez blancs. Quelques-uns se couvrent d'un habillement qui leur descend jusque sur la cheville du pied : d'autres portent de petites casaques blanches, jaunes ou rouges, qui leur viennent jusqu'aux genoux, & qu'ils lient avec une ceinture. Les femmes, aussi-bien que les hommes, sont continuellement dans l'eau, où elles nagent comme des poissons. Tous ces insulaires se baignent à toutes les heures du jour, autant par plaisir que par propreté. Quand ils sont malades, ils n'employent point la saignée, ni d'autres remedes, mais seulement quelques herbes dont ils sont des especes de tisanes. Ils vivent de riz qui leur tient lieu de pain, & font aussi leur boisson de riz ; qu'ils savent accommoder d'une telle maniere, qu'elle enivre autant que le vin d'Europe. Dans ces isles il n'y a ni bleds, ni vins, ni huiles d'olive, ni même aucuns fruits d'Europe, si ce n'est des oranges. Il n'y a point de mines d'argent ; & le peu que l'on y voit de ce métal, a été apporté du Mexique. On a trouvé quelques mines d'or dans l'isle de Manille, & dans la riviere de Butuan de Mindanao. Il y a beaucoup de cire & de miel dans les montagnes, & quantité de palmiers, qui sont la principale richesse du pays. Depuis que les Espagnols s'y sont habitués, ils y ont bâti beaucoup de moulins à sucre ; ce qui l'a rendu à si bon marché, que l'on en a vingt-cinq livres de seize onces chacune, pour vingt sols. Leurs armes sont la lance, les flèches, le *campilan*, ou grand coutelas, le *cris* ou poignard, les *zompites* ou sarbacanes, avec lesquelles ils soufflent de petites flèches empoisonées. Les Espagnols leur ont appris à manier les armes à feu, dont ils se servent très-bien, principalement ceux qui sont enrollés dans les troupes d'Espagne ; mais naturellement ces insulaires sont poltrons, & plus propres pour dresser une embuscade, que pour faire tête aux ennemis. Les Espagnols qui habitent ces isles, obéissent pour le spirituel à un archevêque qui fait sa résidence à Manille, & qui a trois mille ducats de rente. Ces isles dépendent de la couronne de Castille. Le gouverneur qui y commande réside à Manille : il est président de l'audience ; & comme général, il dispose de toutes les charges de paix & de guerre. Plusieurs de ces insulaires ont embrassé le christianisme, & les autres sont encore idolâtres. * Thévenot, *relation des Philippines.*

PHILIPPIQUE BARDANES, empereur d'Orient, dans le VIII siècle, étoit d'une famille illustre ; mais il l'étoit fort peu par lui-même. Tibere *Absimare* l'avoit fait exiler, parcequ'on l'avoit assuré qu'il devoit être son successeur, & qu'on le lui avoit dépeint comme un séditieux. Mais Philippique ayant trouvé le moyen de se faire rappeller par Justinien *le Jeune*, il fut chargé par ce prince de la conduite d'une armée qu'il envoyoit contre la ville de Chersone. Quelque temps après, Bardanes se défit par trahison de Justinien & de son fils Tibere, & se fit proclamer empereur par les soldats, l'an 711. Les historiens disent qu'il ne s'étoit jamais vu tant d'impiété, & si peu d'esprit en aucun prince, qu'en celui-ci. Pour complaire à un moine qui soutenoit les erreurs des Monothélites, il voulut faire abolir dans un conciliabule les décrets du VI concile général, dans le temps que l'empire étoit exposé aux courses des Bulgares. Quelques patrices indignés de ce procédé, lui creverent les yeux, & l'envoyerent en exil le 3 juin, veille de la Pentecôte de l'an 713. * Zonaras & Théophane, *in annal.* Paul Diacre, *l. 6, c. 34.*

PHILIPPOPOLI, ville de la Turquie en Europe. Elle est dans la Romanie sur la Mariza, à vingt-quatre lieues au-dessus d'Andrinople. Cette ville est assez grande, & archiépiscopale ; mais elle n'est pas fermée de murailles, & n'a point de suffragans. * Mati, *dictionaire.*

PHILIPS (Jean) poëte Anglois, fils d'*Etienne* Philips, docteur & archidiacre de Salop, naquit à Bampton dans le comté d'Oxford, le 30 décembre 1676. Après avoir été instruit dans la grammaire, il fut envoyé au collége de Winchester, où il ne tarda pas à enseigner lui-même les langues grecque & latine. Ce fut pendant qu'il étoit dans cette université, qu'il s'attacha en particulier à la lecture de Milton, & qu'il observa sa maniere d'imiter & de traduire les anciens. Il n'étudia pas avec moins d'attention l'élégance & la force de sa langue maternelle ; mais, à l'exemple de Milton, son auteur favori, il cherchoit à s'enrichir des termes propres, expressifs, harmonieux, du vieux langage dont il connoissoit toutes les richesses & les propriétés. Dans cette vue il lut Chaucer & Spencer, & il ne fit pas difficulté de faire revivre dans ses écrits quelques mots, quelques phrases même qui pouvoient embellir son style. Il étoit aussi bon physicien, & très-versé de plus dans la connoissance des antiquités, sur-tout de celles de sa patrie. Ses grands talens & ses belles qualités le firent estimer & aimer de ceux qui tenoient le premier rang dans l'état & dans la république des lettres. Invité de venir à Londres par plusieurs seigneurs de cette ville, son mérite lui procura l'estime & la faveur de Robert Harley, comte d'Oxford, & de Henri Saint-Jean, comte de Boolinbroke, l'un & l'autre très-distingués par leurs talens & leurs lumieres. L'empressement avec lequel Philips étoit recherché, & la réputation qu'il s'acquit, ne diminuérent rien en lui de sa modestie, de sa bonté, & de son désintéressement. Il étoit d'un caractère doux & prévenant, généreux & noble dans tout ce qu'il faisoit. Personne n'a rempli les devoirs de la nature & de la société, & ceux de fils, de citoyen & d'ami avec une plus grande exactitude. Mais sa santé s'affoiblit de bonne heure ; &, après une longue maladie, il mourut à Hereford le 15 février 1708, n'étant âgé que de 32 ans. Il fut inhumé dans la cathédrale, où on lit sur son tombeau une épitaphe latine qui n'a rien de remarquable. Simon Harcourt, lord chancelier d'Angleterre, lui a fait élever à Westminster un mausolée auprès de celui de Chaucer, avec une épitaphe composée par feu M. Atterbury, évêque de Rochester.

Nous ne connoissons de Jean Philips, que trois poëmes, l'un géorgique, l'autre héroïque, & le troisième burlesque. Le premier est intitulé, *Pomone* ou *le Cidre* ; le second, la *bataille de Bleinheim* ou *d'Hochstet* ; le troisième, *le précieux Chellin*. Ces trois poëmes que les Anglois estiment beaucoup, & dont chacun est regardé chez eux comme excellent & digne de tous les éloges qu'ils ont reçus tous trois, ont été traduits en françois par M. l'abbé Yart, de l'académie des sciences, belles lettres & arts de Rouen.

PHILIPSTADT, PHILIPPOPOLIS, ville nouvelle de Suède dans la province de Vermeland. Elle est située entre des étangs.

PHILIQUE, *Philicus*, poëte tragique Grec, est mis dans la Pléiade, c'est-à-dire, au nombre des sept poëtes tragiques les plus célèbres qui parurent du temps de Ptolémée *Philadelphe*, vers l'an 270 avant J. C. On dit qu'il donna son nom aux vers Philiques qu'il avoit inventés. * Vossius, *de poët. Græc. c.* 8. Suidas parle de quelques autres de ce nom.

PHILISBOURG, forteresse importante d'Allemagne, sur le Rhin, n'étoit autrefois qu'un village nommé *Udenhein*, situé au pays de Craickgou dans l'évêché de Spire. En 1343 Gherar, évêque de Spire, le fit fortifier. En 1515 George, comte Palatin, aussi évêque de Spire, en fit augmenter les fortifications, & bâtit le château. En 1570 Marquard de Wastein, un de ses successeurs, fit rétablir les murailles qui avoient été détruites pendant les guerres d'Allemagne. Enfin en 1615 Philippe-Christophe de Zottern, électeur de Trèves & évêque de Spire, y fit faire de nouvelles fortifications, & lui donna le nom de Philisbourg. Cette place considérable par sa situation, donna de la jalousie à Frédéric V, électeur Palatin, qui

en fit démolir les fortifications en 1618. Mais en 1623, après les guerres de Bohême, le même évêque les fit rebâtir. En 1633 les Suédois s'en rendirent les maîtres, & la remirent entre les mains du roi Louis XIII, suivant un traité fait la même année à Francfort avec l'électeur de Trèves. Mais en janvier 1635, les Impériaux s'en emparerent par surprise, à la faveur des glaces. Louis de Bourbon, alors duc d'Anguien, la reprit en 1644 ; & par le traité de Munster, la garde & protection perpétuelle de cette place fut cédée au roi, qui l'ayant fait fortifier régulierement, la conserva jusqu'au 17 septembre 1676, qu'elle fut rendue au prince Charles de Lorraine, commandant l'armée impériale, après un siège commencé le 10 mai. Louis, dauphin de Viennois, la reprit le premier novembre 1688, après un siège de trois semaines : elle fut rendue en 1697 par le traité de Riswick. Cette place est située à 300 toises du Rhin, du côté d'Allemagne, dans une plaine entourée de marais. Elle a sept bastions sans oreillons ; un ouvrage couronné, précédé d'un ouvrage à corne, qui acheve de remplir le terrein jusqu'à la riviere, sur laquelle il y a un pont de bateaux, dont la tête qui est du côté de Spire, est défendue par une fortification. * *Mémoires historiques.*

PHILISQUE, *Philiscus*, poëte comique Grec, fut auteur de diverses pieces, dont Suidas a fait le dénombrement. Il est différent d'un autre surnommé *Agrius*, parcequ'il avoit fait un traité des mouches à miel, & qu'il se tenoit ordinairement dans les déserts. * Pline, *l.* 11, *cap.* 9.

PHILISTE, historiographe célèbre, n'étoit point de Naucratis, mais de Syracuse, selon Cicéron & Denys d'Halicarnasse, qui devoient en être bien informés. Il naquit vers la 2e année de la LXXXVII olympiade, 431 ans avant J. C. *Archomenidès* son pere, selon que le nomme Pausanias, eut un soin tout particulier de son éducation, & lui laissa de grands biens. Philiste étant venu à Athènes pour s'y former sous les excellens maîtres qui y brilloient, tourna ses études du côté de la rhétorique, & fut en particulier disciple d'Isocrate, le plus célèbre des rhéteurs qui vécussent alors, quoiqu'il fût encore fort jeune. Il paroît qu'il eut encore pour maître Evenus de Paros, qui à ses talens poëtiques joignoit la connoissance de la rhétorique, & se vantoit de plus d'enseigner le chemin de la vertu, & le grand art de gouverner les états. Des qualités éminentes, une pénétration peu commune, beaucoup de valeur & de fermeté, devoient naturellement conduire Philiste aux emplois les plus brillans de la république, lorsqu'il fut de retour à Syracuse. Mais la crainte de n'y parvenir que lentement, il ne se fit point un scrupule d'entrer dans les complots que Denys tramoit contre sa patrie ; & ses conseils autant que sa bravoure contribuerent beaucoup à faire réussir les desseins du tyran. Le commencement du regne de Denys fut très-agité. On en peut voir le détail à son article particulier. Philiste fut un de ceux qui le servirent plus utilement dans les guerres qu'il eut à soutenir contre les Carthaginois, & les villes de Sicile qui supportoient impatiemment sa domination. Sur la fidélité de ce courtisan, Denys lui confia le gouvernement de la citadelle de Syracuse, & porta son affection pour lui si loin, qu'il eut la complaisance de fermer les yeux sur le commerce scandaleux que sa mere entretenoit publiquement avec cet historien. Il ne leur permit pas néanmoins de s'unir par le mariage. Mais Leptine, frere du tyran, ayant bien voulu accorder une de ses deux filles à Philiste, celui-ci l'épousa : le mariage se fit secretement. Mais Denys l'ayant appris, entra en fureur, fit mettre en prison la femme de Leptine & ses deux filles, & envoya en exil Leptine lui-même & Philiste. Celui-ci se retira à Adria où il avoit des amis. Le loisir dont il y jouit, le détermina à exercer sa plume sur quelques sujets historiques : il composa l'histoire de Sicile, & celle de Denys *l'ancien*. Les louanges qu'il y prodiguoit au tyran, ne le fléchirent pourtant point, & il demeura éloigné de sa patrie jusqu'à l'avénement de Denys *le jeune* à la couronne. Ce prince dans les mmencemens de fon regne, écoutant avec complaifance ut ce que lui difoit Dion, homme fage, nouri dans fein de la philofophie, & admirateur de Platon, con- t le deffein de voir & d'entretenir Platon lui-même. e philofophe mandé par fon ami, vint, & fut reçu ec pompe. Denys le gouta, fe livra tout entier à l'é- de de la fageffe, devint humain, doux, bienfaifant. ais cette conduite déplut aux courtifans, qui ne pou- pient gouter un genre de vie fi contraire à leurs incli- ntions & à leurs mœurs. Philifte de retour de fon exil, joignit à eux, & fit tant d'abord par les foupçons qu'il tta dans l'efprit de Denys, enfuite en tâchant de dé- ier auprès du prince Platon & fon admirateur Dion, toutes leurs maximes philofophiques; enfin, en fup- pfant que Dion avoit des intelligences fecretes avec les arthaginois, que celui-ci fe retira dans le Peloponnèfe, que le philofophe perdit tout fon crédit. Quelque temps près, Dion ennuyé de fon exil, & touché des malheurs e fa patrie, repaffa en Sicile la 4e année de la CV olym- iade, l'an 357 avant J. C. Il n'avoit que mille foldats vec lui, mais il efpéroit beaucoup du mécontentement énéral des peuples; & il ne fe trompoit pas. Les habi- ns d'Agrigente, de Géla & de quelques autres villes, 'étant joints à lui, il fe préfenta devant Syracufe, qui ii ouvrit fes portes, & le reçut avec joie : il affiégea en- uite la citadelle & les autres forts que Denys l'ancien voit fait conftruire. Philifte, par l'ordre du prince, s'ap- rocha de Syracufe avec une flotte compofée de foixante oiles : les Syracufains allerent à fa rencontre avec un gal nombre de vaiffeaux, eurent d'abord du deffous, & demeurerent vainqueurs à la fin. Philifte fut pris; on ui arracha fa cuiraffe, on le dépouilla de fes habits, on 'expofa nud à la vue du public; & après plufieurs trai- emens ignominieux, on lui coupa la tête, & fon corps fut ivré aux enfans, avec ordre de le traîner dans les rues de l'Achradine, & de le précipiter dans les latomies. Ce malheureux devoit avoir foixante-neuf ou foixante-dix ans. Suidas le fait auteur de plufieurs écrits, qui conftam- ment ne lui appartiennent point. De ce nombre font, un traité de l'art oratoire; un autre de la théologie des Egyptiens; l'hiftoire d'Egypte, de Lybie, & de Syrie. Aucun des anciens ne lui attribue ces memoires; les feuls dont ils lui font honneur, font, les Antiquités de Sicile; l'hiftoire de Denys l'ancien & celle de Denys le jeune, que l'on a regardé l'une & l'autre comme une fuite des antiquités. Celles-ci, je veux dire les Anti- quités de Sicile, étoient renfermées en fept livres, con- tenant, felon Diodore, les événemens arrivés pendant l'efpace de huit cens ans & plus, & ces huit cens ans finiffant la troifiéme année de la quatre-vingt-troifiéme olympiade : cet ouvrage ne fubfifte plus. L'hiftoire de Denys l'ancien compofoit quatre livres, felon le même Diodore. Philifte n'y avoit mis aucune des particularités qui regardoient ce prince, pas même les fonges & les autres efpeces de prodiges qui annonçoient fa grandeur future. Cicéron en rapporte plufieurs dans fes livres de la divination. Mais l'hiftorien avoit fupprimé bien des faits dont l'horreur ne pouvoit plaire; & c'eft avec raifon que Plutarque & Paufanias lui reprochent d'avoir facrifié la vérité au defir de rentrer dans fes em- plois, & de recouvrer les bonnes graces du tyran. Il n'eft pas douteux que l'hiftoire de Denys le jeune, partagée en deux livres, n'eût les mêmes défauts : cette hiftoire finiffoit à la cinquiéme année du régne de ce prince. Il y a lieu de croire que la mort feule de l'auteur l'em- pêcha d'aller plus loin. On ne connoît point d'autres ouvrages de lui. Ceux dont on vient de parler, étoient déja en grande réputation dès le temps d'Alexandre : ce prince fouhaita les avoir, & ils lui furent envoyés par Harpalus. Plufieurs fiécles après, on les confervoit en- core dans les bibliothéques; Porphyre du moins les y avoit vus, & il fe plaint de la négligence des copiftes, qui les avoient extrêmement défigurés. Voici le carac- tere que Denys d'Halicarnaffe donne de ces ouvrages. » Philifte, dit-il, imite Thucydide, au caractere près.

» Dans les écrits de l'Athénien regnent une généreufe » liberté, beaucoup d'élévation & de grandeur. Le Sy- » racufain flate en efclave les excès des tyrans..... » Il n'a point employé certaines façons de parler étran- » geres & recherchées de Thucydide; il en a très-bien » attrapé la rondeur; fon ftyle, ainfi que celui de cet » hiftorien, eft ferré, plein de nerf & de véhémence. » Philifte cependant n'a pu atteindre à la beauté de » l'expreffion, à la majefté &, à l'abondance des penfées » de l'original; il n'en a ni le poids, ni le pathetique, » ni les figures; rien de fi petit, ni de fi rempant, lorf- » qu'il s'agit de décrire un canton, des combats de » terre & de mer, & la fondation des villes. Son difcours » ne s'égale jamais à la grandeur de la chofe; il eft néan- » moins délié; & en matiere d'élocution, bien plus utile » que Thucydide, pour ceux qui fe deftinent au mani- » ment des affaires publiques. » Voyez les jugemens des autres critiques dans les recherches de M. l'abbé Sevin, fur la vie & fur les ouvrages de Philifte, que nous n'avons fait qu'abréger : ces recherches font la premiere piece du tome treizieme des Mémoires de l'académie des infcrip- tions & belles lettres.

PHILISTINS, peuples de la Paleftine du côté d'E- gypte, le long de la mer, étoient ennemis des Ifraéli- tes, qu'ils réduifirent fouvent en fervitude. Ceux-ci fe vengerent en différens temps de leurs hoftilités, comme nous le marquerons ailleurs, en parlant de Samfon, de David, de Saül, d'Héli, &c.

PHILISTION de Pruze, de Sardes ou de Nicée, poëte comique Grec, vers la XC olympiade, & l'an 420 avant J. C. eft différent d'un célebre medecin de Locres, de qui Aulu-Gelle fait mention, l. 17, c. 11. * Suidas. Nicolas Rigaut a fait imprimer fur un manufcrit de la bibliothéque, du Louvre un recueil de quelques vers de Ménandre & de Philiftion fur les mêmes fujets, in- titulé : La comparaifon de Ménandre & de Philiftion. Mais Janus Rutgerfius qui les a publiés depuis, vit aug- mentés & plus corrects, croit qu'au lieu de Philiftion, il faut lire Philémon, parceque Stobée cite quelques-uns de ces vers fous le nom de Philémon, & que ces deux poëtes étoient rivaux. Voyez PHILÉMON.

PHILISTION, de Magnefie, poëte mimique, ou compofeur de farces, vivoit à Rome peu après Horace. Caffiodore le fait inventeur des mimes; & Sidoine Apol- linaire en fait mention, en écrivant à fon ami Dominius : Abfunt ridiculi veftitu & vultibus hiftriones, pigmentis multicoloribus Philiftionis fuppellectilem mentientes, &c. On dit qu'il mourut de trop rire, en faifant le bouf- fon fur un théatre. * Voyez la chronique d'Eufebe, fous la troifiéme année de la CXCVI olympiade. Saint Epi- phane, de Manich. Marcellin, in chron. Apollinaire Sidoine, l. 2, ep. 2.

PHILLA, fille d'Antipater gouverneur de Macédoi- ne, pendant l'abfence d'Alexandre, eut de l'efprit & de l'habileté pour les affaires au-deffus de fon fexe. Elle époufa 1°. Craterus : 2°. Demetrius, & s'empoifona, ayant appris que Démétrius avoit perdu fes états. Elle eut de lui un fils, & la fameufe Stratonice femme de Seleucus, que Seleucus ceda à fon fils. * Diodore de Sicile, l. 19. Plutarque, in Demetrio. Bayle, diction- naire critique.

PHILOCHORE, Athénien, poëte & hiftorien, avoit compofé dix-fept livres de l'hiftoire d'Athènes, jufqu'au regne d'Antiochus furnommé Theos, & plufieurs autres ouvrages. Antigone, roi de Macédoine, le fit mou- rir, l'ayant foupçonné d'être d'intelligence avec le roi Ptolemée. * Suidas, fcholia in Ariftophan.

PHILOCLE, Philocles, poëte comique Grec, fils d'une fœur d'Efchyle, du temps d'Euripide, vers la XC olympiade, & l'an 420 avant J. C. compofa diverfes comédies citées par les auteurs anciens, & laiffa deux fils, Morfime & Philippe, qui furent auffi poëtes. * Suidas, in Philoc.

PHILOCTETES, Philoctetes, fils de Péan, fut le fidéle compagnon d'Hercule, qui en mourant l'obligea de lui promettre par serment de ne découvrir jamais à personne le lieu de sa sépulture, & lui fit présent de ses armes teintes du sang de l'hydre. Depuis, lorsque les Grecs voulurent assiéger Troye, ils sûrent de l'oracle qu'on ne prendroit pas cette ville sans ces fléches fatales. Ils s'informèrent de l'endroit où étoit le tombeau d'Hercule ; & Philoctétes, pour ne pas se parjurer, le leur fit connoître, en frapant du pied dessus. Mais pour punition de son serment violé, il reçut au pied une blessure, dont Machaon le guérit. Il fut depuis ramené au siége de Troye par Ulysse, où il tua Pâris d'un coup de fléche. Après que la ville de Troye eut été prise, il vint en Calabre, où il bâtit la ville de Pétile. * Sophocle, in Philoctéte. Ovide, metam. Virgile, Æneid. &c.

PHILODEME, Philodemus, de Gadaris, ville de la Palestine, poëte, sectateur d'Epicure, vivoit vers l'an 70 avant J. C. du temps de Cicéron, qui en a fait mention en l'oraison contre Pison. Asconius Pedianus en parle aussi. On ne doute point que ce ne soit le même dont parle Horace, l. 1, sat. 2. * Strabon, l. 16. Lilio Giraldi, dial. de poët. Gassendi, in vita Epicuri, l. 2, c. 6.

PHILOGONE (saint) Philogonus, évêque d'Antioche, passa du barreau & du tribunal séculier, sur le tribunal ecclésiastique, & succéda à Vital vers l'an 318. S. Chrysostome nous a laissé son éloge. Il employa son zèle à éteindre les restes de l'embrasement que la persécution de Dioclétien avoit excité dans l'Eglise, & à soutenir le poids de celle de Licinius. Ce fut en cette occasion qu'il acquit le glorieux titre de confesseur. Ayant eu la douleur de voir naître pendant son épiscopat la secte des Ariens, il eut la satisfaction d'en arrêter en partie le progrès, & de s'attirer des injures de la part d'Arius, qui le traita d'ignorant & d'hérétique, pour se venger de la fermeté avec laquelle il s'opposa à ses erreurs. Ce prélat gouverna l'église d'Antioche jusqu'en l'année 323, en laquelle il mourut ; il fit bâtir l'église de la Palée ou vieille ville d'Antioche. Les Grecs faisoient sa fête dès le temps de S. Chrysostome au 20 décembre. Il eut Eustathe pour successeur. * S. Chrysost. orat. 31. Theodoret, l. 1, c. 2 & 6. Baronius, in annal. Hermant, vie de S. Athan. Tillemont, mémoires pour servir à l'histoire ecclésiastique. Du Pin, IV siécle.

PHILOLAUS de Crotone, philosophe Pythagoricien, vers la XCVII olympiade, & l'an 392 avant J. C. croyoit que tout se fait par harmonie & par nécessité, & que la terre a un mouvement circulaire. Selon Démétrius de Magnésie, il fut le premier des Pythagoriciens qui écrivit de la physique. On assure que Philolaüs voulant faire sortir un de ses écoliers de prison, fit présent d'un de ses livres à Denys le Tyran de Syracuse, qui le donna à Platon, & que celui-ci s'en servit pour son Timée. D'autres ajoutent que Platon l'acheta des parens de Philolaüs qui mourut, de déplaisir, parcequ'on l'accusa de se vouloir rendre le tyran de sa patrie. Il ne faut pas le confondre avec PHILOLAUS, qui donna des loix aux Thébains. * Aristot. l. 2, polit. c. ult. Diogène Laërce, l. 8 vit. philos.

PHILOLOGUE, disciple de S. Paul, qu'il salue dans son épître aux Romains, c. XII, v. 15. Le martyrologe romain met sa fête le 4 novembre.

PHILOMEDE, Philomedus, ou PHILOMELE, foulon, puis poëte comique, est souvent raillé par Aristophane. Athénée fait mention de lui en divers endroits de son ouvrage.

PHILOMELE, Philomele, fille de Pandion, roi d'Athènes, étoit sœur de Progné femme de Térée, fils de Mars & roi de Thrace. Ce prince étant épris d'une violente passion pour sa belle-sœur Philomele, la viola, lui fit ensuite couper la langue, & la fit enfermer pour dérober la connoissance de son inceste. Mais Philomele qui savoit l'art de la peinture, peignit tout ce que son frere lui avoit fait, & envoya ce tableau par sa servante à sa sœur Progné, qui dissimula son ressentiment, & différa de venger cet outrage jusqu'au temps de la solemnité des fêtes nommées Orgies, que l'on célébroit à l'hon-

neur de Bacchus. Alors Progné ayant assemblé un grand nombre de femmes, elle marcha à leur tête, & délivra sa sœur de prison & l'emmena dans le palais, où après quelques conférences, elles convinrent de tuer Itys, fils de Térée & de Progné, & de le servir dans un repas à son pere. Lorsque Térée eut fini d'en manger, Progné lui en fit apporter la tête. Ce prince irrité de cette action, se jetta sur son épée, & en voulut tuer sa femme Progné. Pendant qu'il la poursuivoit, il fut changé en épervier ; Progné fut changée en hirondelle, Philomele, en rossignol, & Itys en faisan. Apollodore & le scholiaste d'Aristophane, suivis de quelques autres, veulent que c'ait été Progné qui prit la forme d'un rossignol. * Ovide, metam. l. 6. Hygin. Apollodore. Nicolas Lloydius.

PHILOMELE, Philomelus, natif de Lydon dans la Phocide, fut général des Phocéens dans la guerre qui fut appellée sacrée, & eut recours à un sacrilége pour fortifier sa patrie contre les armes des Thébains. Aidé de quelques troupes que lui avoit fournies secretement Archidamus, roi de Lacédémone, il s'empara du temple de Delphes la quatriéme année de la CV olympiade, & l'an 357 avant J. C. & fit servir aux besoins de son parti les trésors qui y étoient consacrés, ce qui ne fut cependant que dans une pressante nécessité : car quoiqu'il eût battu deux fois les Locriens & qu'il eût fait entrer dans son alliance Athènes & Sparte, néanmoins le nombre de ses ennemis grossit tellement, qu'il fut obligé de prodiguer l'argent du temple, pour attirer, par l'espérance d'une grosse solde, un grand nombre de soldats étrangers. Les Phocéens, sous sa conduite, entrerent dans le pays de leurs ennemis ; mais peu après ayant été poussés dans les défilés, Philomele qui étoit regardé comme un sacrilége, craignant d'être pris, se précipita lui-même du haut d'un rocher. Onomarque & Phayllus, ses freres, lui succéderent l'un après l'autre, & acheverent de piller les richesses du temple de Delphes. * Diodore, l. 16. Pausanias, in Phoc. &c.

☞ * PHILON, célebre architecte, vivoit environ 300 ans avant J. C. Il travailla à plusieurs temples & à l'arcenal du port de Pirée, pendant que Démétrius le Phaléréen gouvernoit à Athènes. Cet architecte donna des déscriptions de ces différens ouvrages, & tint un rang considerable parmi les auteurs Grecs qui avoient écrit sur les arts ; mais ses descriptions ne sont point venues jusqu'à nous. Quelques-uns prétendent qu'il est le même que PHILON de Bysance, auteur d'un traité des machines de guerre, qu'on a imprimé en 1687, au Louvre, sur un manuscrit de la bibliothéque du roi. Ce dernier est encore auteur d'un traité des sept merveilles du monde qui a été traduit du grec en latin, par Leo Allatius, & imprimé à Rome en 1640. Ce traité a été donné depuis en grec & en latin, de la traduction de Denys Salvain de Boissieu, en 1661, in-8°. à la suite de son commentaire sur l'Ibis d'Ovide. * Vitruve. l. 3 & 7. Félibien, vies des architectes. M. Goujet, mem. miss.

PHILON, grammairien célebre, surnommé Biblius ou Bibliensis, parcequ'il étoit de Byblos, dans le I siécle, a vécu depuis l'empire de Néron, puisqu'il avoit 78 ans vers l'an 101 de J.C. Il a écrit, au rapport de Suidas, douze livres, περὶ κτήσεως ἐπισκο̃πῆς βιβλίων, & trente livres περὶ πόλεων, & de claris viris, & un traité de l'empire d'Adrien, sous lequel il a vécu. Il a traduit l'histoire phénicienne de Sanchoniaton. D'autres croient ou que phénicienne de Sanchoniaton, ou que Porphyre l'a attribuée à Philon, quoique la version fut supposée aussi-bien que l'original. * Voyez H. Dodwel, dans sa dissertation angloise de Sanchoniaton. Du Pin, dissert. prélim. sur la bible, édit. de Paris, in-8°.

PHILON l'Ancien. S. Jerôme & quelques anciens ont attribué à un Philon le livre de la Sagesse. Quelques-uns ont cru que c'étoit le Philon dont nous avons les ouvrages ; mais il ne peut être auteur de ce livre ; & ce n'est point de ce dernier dont ils ont voulu parler, mais d'un PHILON plus ancien, dont Joséphe fait mention.

l avoit écrit une histoire des Juifs qui est citée par saint Clément d'Alexandrie, & par Eusebe. * Clémens Alexand. *l. 1 strom.* Eusebe *l. IX præp. evangl.* S. Jerôme, *préf. sur le livre de la Sagesse.* Du Pin, *dissert. prélim. sur la Bible.*

PHILON, philosophe, auteur d'une histoire ecclésiastique.

PHILON D'ALEXANDRIE, que l'on nomme *Philon le Juif,* dont les écrits sont estimés, vivoit dans le premier siécle. Il étoit de la race sacerdotale, frere de Lysimaque, *alabarque* ou prince de la synagogue dans Alexandrie. Il étoit né sous l'empire de Tibere, & fleurit principalement sous celui de Caïus : il fut le chef de la députation que les Juifs d'Alexandrie envoyerent à ce prince, contre les Grecs habitans de cette ville, vers l'an 40 de J. C. Son voyage fut sans effet : l'empereur lui donna audience, mais il ne lui accorda rien. Philon a lui-même écrit une relation de cette ambassade, sous le titre de *discours contre Flaccus.* S. Jerôme dit que Philon alla une seconde fois à Rome sous l'empire de Claude, & qu'il y eut des conférences avec S. Pierre ; mais ce fait est fort incertain. Philon avoit composé un grand nombre d'ouvrages, dont S. Jerôme nous a rapporté les titres. Il nous en est resté une partie, dont on a donné diverses éditions ; on en a une, faite à Paris en 1640, & une autre à Wittemberg en 1690, l'une & l'autre de la version de Sigismond Gelenius, & de quelques-autres. Elle est divisée en trois parties. La premiere contient ses *Cosmopoëtica,* ou *de la creation du monde* ; la seconde, ses *historica,* c'est-à-dire, *qui regardent l'histoire sainte* ; & la troisiéme, ses *juridica seu legalia,* c'est-à-dire, *qui regardent la loi.* Ses ouvrages sont pleins de pensées morales, & d'allégories continuelles sur les histoires de la bible. Il est riche dans ses pensées morales, éloquent & diffus dans son style. Il étoit Platonicien ; & il a si bien imité le style de Platon, qu'il a été appellé par quelques-uns *Platon le Juif.* La derniere édition de ses ouvrages a paru en Angleterre, en 1742. On trouve dans cette édition deux traités de Philon qui n'avoient point encore paru, savoir : un traité sur la postérité de Caïn, tiré de la bibliothéque du Vatican, & un autre sur les trois derniers commandemens du Décalogue, tiré d'un manuscrit de la bibliothéque Bodléjenne. * *Consultez,* Josephe, *l. 18 ant. c. 10.* Clément Alexandrin , *l. 1 strom.* Eusebe, *l. 2 hist. c. 18 , l. 7 præp. evang. & in chron. A. C. 34 , 37 & 39.* S. Jerôme *in catal. prol. in Marc. & alibi.* Photius, *cod. 103 , 104 , 105.* S. Epiphane. S. Augustin. Orose. Rufin. Isidore de *Damiéte* Theodoret. Suidas. Nicephore. Thritéme. Sixte de Sienne. Baronius. Bellarmin. Possevin. Serrarius. Pétau, Du Pin. *prélimin. sur la Bible.* D. Ceillier, *hist. des aut. sac. & ecclés. tom. I.*

☞ PHILON, évêque de Carpasie, qui est une ville septentrionale de l'isle de Chypre, & assez voisine de Salamine, vivoit à la fin du IV siécle. La vie de S. Epiphane le qualifie un homme saint, qui d'avocat, ayant été fait diacre, fut ensuite ordonné évêque par S. Epiphane, sur l'ordre qu'il en avoit reçu de Dieu par une révélation. Le saint, ajoute cette vie, étant obligé d'aller à Rome, & depuis encore à Constantinople, remit à Philon le soin de son église pendant son absence, & lui donna le pouvoir d'ordonner les ecclésiastiques dont on pouroit avoir besoin. S. Epiphane l'appelle de *bienheureuse mémoire* dans sa lettre à Jean de Jérusalem, en l'an 394. Ainsi Philon étoit mort dès ce temps-là, quoi qu'en puisse dire la vie du saint. Le P. Labbe, après Possevin, croit que ce Philon est celui que Suidas dit avoir écrit sur les cantiques. Suivant l'expression de Suidas, cet ouvrage devoit être assez court ; & ce pouroit être un commentaire que Pere Banduri, Bénédictin, conservoit le texte grec. Que si cela est, c'est une faute à Suidas ou à ses copistes de l'avoir appellé Philon de Carpathe ; ce qui ne peut marquer qu'un homme natif ou évêque de l'isle de Scarpanto

près de celle de Candie, trop loin de Chypre pour lui attribuer ce que S. Epiphane & sa vie disent de Philon de Carpasie. Les chaînes des anciens Peres sur les cantiques, citent plusieurs fois cet ouvrage de Philon. Nous en avons un sous son nom dans la bibliothéque des Peres. Mais la longueur de ce traité fait douter que ce soit celui dont Suidas a parlé. Il a été traduit par Etienne Salvari, dont on peut consulter l'épitre à Nicolas Bargilesi, qui se trouve à la tête de sa traduction. * Bellarmin, *de script. ecclés.* Possevin, *in apparatu sacro.* M. de Tillemont, *mém. pour servir à l'hist. ecclés.* tome X, pages 520 & 808, 809.

PHILON D'HÉRACLÉE, avoit écrit un livre intitulé *de Mirabilibus.*

PHILON DE MÉTAPONTE, poëte allégué par Etienne de Bysance. Vitruve rapporte le témoignage d'un autre PHILON, en la préface du livre 7. * Glycas, *p. 4, annal.* & Constantin Porphyrogenete, *de them. Occid. c. 9.* Consultez aussi Vossius, *de hist. Græc. l. 2, 3 & 4* ; & Leo Allatius, *diatr. de Philonib.*

PHILON DE THEBES, que Plutarque cite en la vie d'Alexandre.

PHILONARDI (Ennio) cardinal, évêque d'Albe, natif de Bucca, ville de l'Abruzze dans le royaume de Naples, avoit fait quelques progrès dans le droit, & s'étoit attaché à la cour de Rome, où dès le pontificat d'Innocent VIII, il commença à se faire connoître. Alexandre VI lui donna l'évêché de Véruli en la Campagne de Rome. Jules II l'envoya vice-légat à Bologne, & lui donna le gouvernement d'Imola ; & Léon X l'envoya nonce en Suisse. Philonardi y servit si bien le saint siége, qu'on le continua dans le même emploi sous les pontificats d'Adrien VI & de Clément VII. Enfin Paul III récompensa ses services par le chapeau de cardinal, qu'il lui donna au mois de décembre de l'an 1536. Il eut ensuite les évêchés d'Albe & de Sorrento. Il fut encore employé dans quelques légations, & mourut à Rome le 19 novembre de l'an 1549, âgé de 83 ans, pendant le conclave qu'on tint pour donner un successeur au même pape Paul III. Antoine Philonardi, évêque de Véruli, & Saturnin, neveux de ce cardinal, firent porter son corps à Bucca sa patrie, où l'on voit son tombeau & son épitaphe. * Guichardin, *l. 12 & 17.* Paul Jove, *in Pomp. Colon.* Onuphre. Ughel. Auberi, *hist. des cardin.*

PHILONIDES, *Philonides,* coureur d'Alexandre le Grand, vivant l'an 330 avant J. C. qui alla de Sicyone à Elide dans le Péloponnèse en neuf heures, quoique ces deux villes fussent éloignées de douze cens stades, ou cent cinquante milles. Au retour il employa quinze heures à cette course, quoique le chemin aille en pente, parcequ'en courant de Sicyone à Elide, il suivoit le cours du soleil, mais en revenant d'Elide à Sicyone, il étoit obligé de marcher contre le cours de cet astre, qu'il avoit en face. * Pline, *l. 2, c. 72.*

PHILONOME & CALLIAS, freres habitans de Catane, sont célèbres par leur piété envers leur pere, qu'ils emporterent sur leurs épaules, pour le sauver de l'incendie causé par les feux du mont Etna. On dit que ce feu les respecta, & qu'ils passerent à travers, sans en être endommagés. * Stob. *ex Æl.*

PHILONOMIE, fille de Nyctinus & d'Arcadie, suivant Diane à la chasse, fut rencontrée par Mars, dont elle conçut deux enfans, qu'elle jetta dans le fleuve Erimanthe ; mais les dieux permirent qu'ils furent jettés par les eaux dans le creux d'un chêne, où ils furent nouris par une louve ; ensuite le berger Télephe les ayant apperçus, les éleva. L'un fut appellé *Leucaste,* & l'autre *Parrhasius* : ils furent tous deux rois d'Arcadie.

PHILONONE, autrement POLYBÉE, seconde des femmes de Cygnus, après la mort de Proclée sa premiere femme, devint amoureuse de Ténus son beau-fils. Comme il ne voulut pas consentir à sa passion, elle l'accusa près de son pere d'avoir attenté à son honneur. Ce pere trop crédule enferma son fils dans un coffre de bois, & le précipita dans la mer; mais Neptune ayant pitié du fort de ce jeune homme, fit arriver le coffre dans l'ifle de Leucophris, où Ténus fut bien reçu, & reconnu pour roi. Le nom de cette ifle fut changé en celui de *Tenedos.* * Scholiafte d'Homere fur l'Iliade. Meurfius, *in notis ad Lycophron.*

PHILOPEMEN, *Philopæmen*, de Mégalopolis, préteur ou général des Achéens, étoit brave & favant, & eut pour maîtres Ecdemes & Démophanes, philofophes. Il donna les premieres marques de fon courage, lorfque Mégalopolis fut furprife par Cléomenes roi de Sparte. Depuis il fuivit la guerre Antigonus *le Tuteur*, allié des Achéens, & le fervit à la prife de Sparte. Mais lorfqu'il eut pris lui-même la conduite des troupes, fa valeur & fa conduite parurent dans toute leur étendue à la bataille que les fiens gagnerent près de Meffene au Péloponnèfe, fur les Etoliens, alliés des Romains, la premiere année de la CXLIII olympiade, & l'an 208 avant J. C. Deux ans après il tua en bataille, près de la ville de Mantinée en Arcadie, Méchanidas tyran de Lacédémone. Nabis qui lui fuccéda défit Philopemen fur mer; mais celui-ci s'en vengea fur terre. Car l'ayant défait dans la fuite, il prit Sparte, fit rafer les murailles, abrogea les loix de Lycurgue, & foumit les Lacédémoniens aux Achéens, fous la CXLVIII olympiade, l'an 188 avant J. C. Dinocrates, tyran des Meffeniens, fit la guerre aux Achéens. Philopemen y fut pris dans un combat fous la CXLIX olympiade, l'an 184 avant J. C. & fut contraint de prendre du poifon, dont il mourut âgé de 70 ans. Sa mort fut vengée par Lycortas, préteur des Achéens. * Plutarque, *en fa vie.* Polybe. Tite-Live, &c.

PHILOPONUS (Jean) grammairien d'Alexandrie, de la fecte des Tritbéites, fleurit dans le VII fiécle de l'église, car il étoit le chef des Trithéites, fous le pontificat de Jean furnommé le Scholaftique, qui a été patriarche de Constantinople, depuis l'an 569, jufqu'en 577, puifque dans une conférence tenue fous ce patriarche entre Conon & Eugène, Trithéites d'une part, Paul & Etienne, Séveriens, d'une autre, les Séveriens demanderent aux Trithéites, qu'ils anathematiffent Philoponus. Il a vécu jufqu'en 608, puifqu'il compofa un traité fur l'hexaëmeron, à la priere de Serge patriarche de Constantinople, qui ne fut élevé qu'en cette année-là fur ce fiége. Philoponus a compofé plufieurs ouvrages; favoir un traité contre les idoles du philofophe Jamblicus; le commentaire fur l'hexaëmeron ou la création du monde, dont nous venons de parler, donné au public par Cordier, & imprimé en 1630, avec un autre traité du même auteur fur la Pâque; un traité de la réfurrection, dans lequel il rejettoit la réfurrection des corps; un écrit contre le concile de Chalcedoine; une réfutation du difcours de Jean le Scholaftique, évêque de Constantinople, fur la Trinité; un traité contre le fentiment de Proclus fur l'éternité du monde. Photius fait mention de ces traités, *cod.* 43, 216, 240. Suidas donne encore à Philoponus un traité contre Sévere; & Nicéphore parle d'un ouvrage de Philoponus, intitulé l'*Arbitre*. Cet auteur, dit Photius, étoit auffi pur, agréable & élégant dans fon ftyle, qu'il étoit impie dans fa doctrine & foible dans fes raifonnemens. Léonce le Moine; Ephrem, patriarche d'Antioche; & Georges Pifides, écrivirent contre Philoponus. * Photius, *cod.* 21, 42, 55, 75, 215 & 240. Suidas, *in lex.* Nicéphore, *l.* 18, *c.* 47 & 48. Baronius, *A. C.* 535, *n.* 75 & feq. Godeau, *hift. eccl.* Du Pin, *biblioth. des auteurs ecclef. des VII & VIII fiécles.*

PHILOSOPHES, nom que l'on donne à ceux qui s'attachent à la recherche de la fageffe, de la nature & des mœurs. Pythagore a été le premier qui ait pris le nom de philofophe, au lieu de celui de fage, que prenoient avant lui ceux qui excelloient dans les fciences. Dans tous les temps & dans tous les pays du monde, il y a eu des philofophes ou fages, qui ont porté différens noms, parmi différens peuples. Les patriarches ont été les plus anciens philofophes. Les Chaldéens, les Baby-

loniens & les Affyriens eurent parmi eux des fages. Berofe affure qu'étant allé en Egypte, il communiqua à leurs prêtres la fcience des aftres & des nombres, qu'ils ignoroient avant fa venue. Ceux-ci paffent communément pour les auteurs de la géométrie, comme les Phéniciens font les inventeurs de l'arithmétique. Les Perfans ont eu leurs mages, dont la fageffe étoit fi eftimée, que leurs princes ne pouvoient pas parvenir à l'empire fans l'avoir étudiée. Le premier & le plus célebre de ces philofophes a été le fameux Zoroaftre. Les Indiens fe font glorifiés de leurs brachmanes, ou gymnofophiftes, entre lefquels on fait mention de ce fameux Mandanes, qui méprifa Alexandre & fes prêtres. Les gymnofophiftes s'étendirent jufqu'en Ethyopie, ainfi que nous l'apprenons de l'hiftoire d'Apollonius de Tyane qui les y alla chercher. Les Africains avoient leurs philofophes Atlantiques, dont S. Auguftin fait mention, & dont Atlas roi de Mauritanie fut le chef. Les Scythes ont eu leurs Anacharfis: & les autres peuples du Septentrion, leurs philofophes Hyperboréens. Les Druïdes étoient célèbres parmi les Gaulois, & avoient fuccédé aux Sarronides & aux Bardes. Confucius a été & eft encore en vénération parmi les Chinois comme un grand philofophe. L'hiftoire des Incas du Pérou nous enfeigne que les Péruviens ont eu des philofophes qu'ils nommoient *les Amantas.* Les Grecs ont excellé dans la philofophie, & ont formé plufieurs fectes; dont les deux plus anciennes font l'Ionique & l'Italique. La fecte *Ionique* a été fondée par Thalès, natif de Milet en Ionie, qui eft compté le premier entre les fept fages de la Grece. Anaximandre Miléfien lui fuccéda, & eut pour fucceffeur Anaximene, puis Anaxagore Clazoménien, lequel transféra l'école de Milet à Athènes. Il fut maître de Socrate, qui eut pour difciples, Xénophon, Criton, Glycon, Cebès, Simias, Phedon, Euclide, & par-deffus tous Ariftippe auteur de la fecte *Cyrénaïque*, Antifthène & Platon de l'*Académique.* Ariftippe a eu pour fucceffeur, d'un côté Antipater, & fa fille Areté de l'autre, de laquelle eft forti un petit-fils nommé Ariftippe II, qui a été maître de Theodore furnommé l'*Athée*, parcequ'il combattoit la créance des dieux. Ses difciples prirent le nom de *Théodoriens.* Le premier fut Bion *le Borysthenifte*; après lui Hegefias, & Anniceris, qui racheta Platon vendu comme efclave à Egine. La fecte des *Cyniques* fut fondée par Antifthène Athénien, & vint après la *Cyrénaïque.* Ce nom leur fut donné, parcequ'ils s'occupoient à aboyer contre le luxe, & à mordre, pour ainfi dire, les mœurs des hommes. Le fameux Diogène remplit la place d'Antifthène, & eut pour fucceffeur Cratès *le Thébain*, dont les principaux difciples furent Metroclés *le Maronite*, qui demeura dans la même fecte, & Xenon *le Cythien*, qui en inftitua une nouvelle. Metroclés avoit pour fœur cette merveilleufe fille Hipparchie, qui aima fi éperdument Cratès, qu'elle l'époufa. Theombrotus, Cleomene & quelques autres philofophes de moindre confidération, furent de cette fecte des Cyniques. Zenon étudia fous Xenocrate, & fe rendit capable de fonder la fecte des *Stoïques*, retenant quelques principes de Cratès, & ajoutant à la philofophie morale des Cyniques la phyfique & la logique. Il laiffa fon école à Cleanthe, qui alla à Athènes, où il eut pour difciple Chryfippe *le Dialecticien.* Entre plufieurs autres Stoïques, on remarque le fameux Panætius, ami de Scipion l'*Africain*; Seneque, l'honneur des philofophes Romains, Epictete, & l'empereur Marc-Aurele Antonin. Platon qui fut fondateur de la fecte des *Académiciens*, avoit été difciple de Socrate. Il eut plufieurs auditeurs illuftres, comme Ariftote, Xenocrate & Speufippus. Xenocrate *Calcedonien* fut fuivi de Polemon, maître de Cratès l'*Athénien.* Ces deux derniers avec Cranto finirent l'ancienne académie. Arcefilas auditeur de ces trois philofophes, établit la moyenne académie, & eut pour fucceffeurs Lacydes *Cyrénien*, auteur de la troifieme académie. Teleclès, & Evangres, Phocius & Egefilas de *Pergame*, ître de Carneades *Cyrénien*, qui passe plûtôt pour eur de la nouvelle académie de Lacydes. Les autres .démiciens, dont la succession ne se peut pas facile-nt démêler, sont Philon, Carmidas, Antiochus, i confondirent la doctrine des Stoïciens, avec celle l'académie. Cicéron (aussi grand philosophe qu'o-eur) Plutarque, Philon *le Juif*, Ammonius & Pro-s ont tous fait gloire d'être philosophes académiciens. ais Aristote quitta les sentimens de son maître Platon, ur fonder la secte des *Péripatéticiens*. On remarque tre ses plus illustres disciples, Heraclide natif de Pont, on le *Byzantin*, Aristoxene le *Musicien*, & Théo-raste, qu'il choisit pour son successeur, le préférant à .enedeme *Rhodien*, à cause de son éloquence. Celui-eut pour disciples Démétrius *Phalæreus*, & le méde-n Erasistrate, né de la fille d'Aristote. A cet Erasistrate cédèrent Straton de *Lampsaque*, surnommé *le Physi-en*, Glycon Aristo de l'isle de Co, & Critolaüs com-mporian de Carneades. Les autres successeurs d'Aris-ste sont inconnus jusques à Andronicus *Rhodien*, qui dis-osa les livres d'Aristote dans l'ordre que nous les avons ujourd'hui. Il y a encore deux sectes issues de l'école de ocrate, savoir l'*Eliaque* & la *Megarienne*. L'*Eliaque* at fondée par Phedon d'*Elide*, & la *Megarienne* par uclide *de Megare*; mais elles n'ont rien de particulier, non que cette derniere s'attacha seulement à des subti-ités de dialectique.

La secte *Italique* eut pour chef Pythagore, qui l'insti-ua dans cette région de l'Italie, que l'on appelloit la Grande Grece, & que l'on nomme à présent *la Calabre*. Il eut pour disciples Charondas, Zaleucus, Zamolxis, trois célèbres législateurs; Epiménide, Epicharmus, & plusieurs autres grands philosophes. Son successeur fut Aristeus, fils de Damophon *Crotoniate*, selon Jamblique. Mais la plûpart conviennent que ce fut Thelange, à qui succéderent Xénophane, Parménide, Zenon *Eleate*, Leucippe, Démocrite *le Rieur*, Metrodore, Diogène de *Smyrne*, Anaxarque, Pyrrhon, Nausiphanès & Ti-mon. Héraclite *le Pleureur* fut aussi disciple de Parmé-nide, & chef des *Héraclitiens*. Pyrrhon fut auteur des Pyrrhoniens, appellés autrement *Sceptiques*. On ne sait qui succéda à Timon jusqu'à un certain Ptolémée *Cy-rénien*, qui renouvella le Pyrrhonisme, & eut pour successeurs Euphranor, Eubulide, &c. La secte d'Epi-cure se rapporte à l'Italique, car il fut disciple de Dé-mocrite.

Ces sectes de philosophes ont duré encore long-temps depuis l'établissement du Christianisme. Pour les Chré-tiens, quoiqu'ils fissent profession de s'attacher à une science plus sublime, on ne peut nier qu'il n'y eût des philosophes parmi eux. Ils ne s'attacoient à aucune secte en particulier, mais ils penchoient plus vers le Pla-tonisme. Les anciens peres se servoient des principes de Platon pour l'explication de nos mysteres. Les *Scholas-tiques* venus depuis le XI siécle, ont embrassé la philo-sophie d'Aristote, suivant la méthode des Arabes. Quoique les Scholastiques fissent profession de sui-vre Aristote, ils se partagèrent en différens sentimens qui firent autant de sectes; les *Thomistes* qui suivoient la doctrine de S. Thomas; les *Scotistes* qui embrassoient les subtilités de Scot Cordelier, & les *Nominaux* dont Ocham étoit le chef. Cette philosophie après avoir regné long-temps dans les écoles de philosophie & de théo-logie, est devenue moins à la mode depuis que Gassen-di & Descartes ont suivi d'autres routes. On peut dis-tinguer à présent trois sectes principales de philosophes. Les *Aristoteliciens* qui suivent cette ancienne philosophie que l'on enseigne encore, quoique épurée, dans les éco-les. Les *Cartésiens* qui suivent les principes de Descartes, dont le nombre est fort grand, tant parmi les Catholi-ques que parmi les Protestans; & les *Gassendistes* qui ad-mettent après Gassendi le vuide, & les atomes: ceux-ci sont en plus petit nombre. * Vossius, *de philosophis*. De Launai, *dissertation sur les sectes des philosophes, Mé-moires du temps*.

PHILOSOPHIE, c'est-à-dire, *amour de la sagesse* ou *de la science*. On a appellé de ce nom la science même ou la connoissance des choses naturelles, depuis Pytha-gore. Ce savant de la Grece faisant attention au peu de connoissance que les hommes peuvent acquérir par leur étude, jugea qu'il y avoit beaucoup de présomption pour eux à se nommer *sages*; que ce nom devoit être réservé à Dieu seul; & que ce que les hommes pouvoient mé-riter par leurs recherches & par leur application, étoit de se dire *amateurs de la sagesse* ou *philosophes*; & il se donna à lui-même ce nom au lieu de celui de *sage*, que portoient avant lui les savans de la Grece.

C'est Dieu même qui est la source & l'auteur de la philosophie: il l'avoit donnée au premier des hommes, en le créant à son image, & à sa ressemblance; mais il la lui a retirée dans le temps de son péché, dont une des suites est l'ignorance; & il ne lui a laissé, comme à sa postérité, qu'un petit nombre de connoissances qui lui sont essentielles pour se servir de la raison.

La plûpart même des hommes n'ont pas cultivé ces connoissances que Dieu leur a laissées: les païens & les idolâtres ont été long-temps sans y faire d'attention.

Mais Dieu s'étant choisi une famille, ou plûtôt une nation qu'il avoit séparée des autres, comme pour la remplir de ses bénédictions, il a entretenu parmi elle, & sur-tout parmi ceux qui conduisoient cette nation sainte, l'amour & l'étude des vérités naturelles, & de celles au moins qui sont nécessaires pour rendre l'homme rai-sonnable & vertueux.

Les patriarches sont les premiers philosophes. Il y en a des preuves à l'égard de Seth, d'Enoch, de Lamech, de Noë, de Sem, d'Heber, d'Abraham, d'Isaac, de Jacob, de Joseph, de Moyse, &c. On peut lire là-des-sus l'écriture sainte; l'historien Joséphe, *liv. 1 des anti-quités*; Eusebe, *liv. 4 & 9 de sa préparation évangé-lique*; S. Clément d'Alexandrie; Lactance, *liv. 2 de ses institutions*.

Les peuples séparés de la nation sainte, ont été long-temps dans une ignorance générale; ils n'en sont sortis que par le commerce qu'ils ont eu avec quelques Hé-breux, qui en voyageant chez eux leur ont fait part de plusieurs de leurs connoissances & de leurs traditions. Les Orientaux ont profité les premiers de ces instructions; savoir, les Chaldéens, les Egyptiens, qui se sont fort attachés à la science des astres, & qui passent commu-nément pour les auteurs de la géométrie; les Phéniciens qui sont les inventeurs de l'arithmétique; les Persans qui avoient leurs mages, dont le premier a été le fa-meux Zoroastre; les Indiens qui avoient leurs brachma-nes ou gymnosophistes.

Les Occidentaux ont aussi eu leurs sages. Les plus célèbres ont été les Bardes & les Druides parmi les Gaulois.

Mais on peut dire que la philosophie de tous ces peu-ples étoit si informe, qu'à peine mérite-t-elle ce nom. Les Grecs qui avoient reçu des Egyptiens & des Chal-déens les premieres notions de la philosophie, allèrent beaucoup plus loin qu'aucune des nations idolâtres. Aussi voulurent-ils se faire passer pour les inventeurs des sciences & des arts. Thalès & Pythagore furent les premiers qui firent une profession ouverte de la science: ils furent le chef des deux sectes les plus célèbres & les plus anciennes de la Grece.

THALÈS, natif de Milet en Ionie, le premier des sept sages de la Grece, fut le fondateur de la secte Ionique; ses plus illustres sectateurs furent *Anaximandre, Anaxi-menès, Anaxagore, & Archelaüs*. Ils s'attachèrent prin-cipalement à la connoissance des choses de la nature. Anaximenès enseigna que le principe de toutes choses étoit l'air & l'infini. Anaxagore établissoit pour princi-pe de toutes choses la matiere & l'esprit (ὅλων κρατεῖ.) Il croyoit qu'au commencement tout étoit en confusion, & que l'esprit avoit démêlé ce cahos, & mis toutes cho-ses dans ce bel ordre où nous les voyons présentement. Il prétendoit que les élémens de l'univers n'étoient autre chose que les petites parties de chaque tout; que les os, par exemple, sont formés de petits os; que la terre est composée de petites parties terrestres; que le feu, l'eau, & tout ce qui est dans la nature, n'a point d'autres principes que ses petites parties. Il s'appliqua entierement à la contemplation des astres; & quelqu'un lui ayant demandé, s'il ne se soucioit point de sa patrie: *Pour moi je n'ai garde*, répondit-il en montrant le ciel avec le doigt, *de négliger le soin de ma patrie*. Il croyoit que la lune étoit habitée, & qu'il y avoit des montagnes & des vallées. Il disoit que le soleil étoit un globe de feu, un peu plus grand que le Péloponnèse, qui fait partie de la Grece; & qu'une comete n'étoit autre chose qu'un amas d'un très-grand nombre de petites étoiles, que l'iné-galité de leurs mouvemens faisoit quelquefois rencon-trer dans quelque endroit du ciel, où leur concours les rendoit visibles; & que la comete cessoit de paroître, lorsque chacune de ces étoiles continuant à se mouvoir selon sa détermination particuliere, elles se séparoient toutes les unes des autres. Archélaüs disoit que le chaud & le froid étoient les deux principes de la génération: Que tous les animaux, sans en excepter l'homme, avoient été produits du limon. Il croyoit que le soleil étoit le plus grand de tous les astres. Cet Archélaüs passa d'Ionie à Athènes, où il enseigna la philosophie à Socrate.

PYTHAGORE fonda la secte qu'on nomma *Italique*, parcequ'il séjourna dans cette partie de l'Italie qui fut appellée la grande Grece, & qui fait aujourd'hui partie du royaume de Naples. Il prit des Egyptiens une ma-niere d'enseigner mystérieuse, dont on ne sait pas fort bien le secret. Il se servoit de nombres comme de sym-boles, pour enseigner ses opinions; & il les faisoit si fort entrer dans tout ce qu'il pensoit & dans tout ce qu'il disoit, qu'il établissoit pour maxime fondamentale de sa philosophie, que *l'unité* est le principe de toutes cho-ses. A ces nombres il ajoutoit une certaine *harmonie*, par laquelle il expliquoit la perfection de chaque chose. La vertu, selon lui, l'ame, la santé, Dieu lui-même, n'étoient qu'une harmonie; & il n'y a rien de plus connu que l'harmonie que ce philosophe avoit imagi-née, pour régler le mouvement des globes célestes. Ci-céron en a fait une belle description dans un petit ou-vrage, qui est intitulé *le songe de Scipion*. Pythagore sou-tenoit que le feu, l'eau, la terre, & l'air par leurs di-vers changemens composoient le monde, qu'il croyoit animé, intelligent & rond. Il s'imaginoit que le soleil, la lune, & les autres astres étoient des divinités. Il croyoit que la providence divine gouvernoit les hom-mes; mais qu'une certaine destinée (εἱμαρμένη) étoit aussi la cause de la disposition de toutes les choses du monde. Il croyoit l'ame immortelle; quoiqu'il soutînt que ce n'étoit qu'une vapeur chaude, qui n'étoit in-visible que comme l'air. Il s'imaginoit que l'air étoit rempli d'ames, auxquelles il attribuoit la cause des son-ges des hommes & des bêtes, & plusieurs autres effets or-dinaires. Dans l'incertitude où Pythagore étoit, de ce que l'ame devenoit après qu'elle étoit séparée du corps, il imagina la *Métempsycose*, c'est-à-dire, que l'ame après la mort passe d'un corps dans un autre; & en conséquence de cette opinion, il défendoit qu'on égor-geât des animaux pour les manger, ou pour en faire des sacrifices aux Dieux. La morale de Pythagore n'a rien de réglé, non plus que celle de Thalès. Ce ne sont que quelques maximes sans principes. Mais ce qu'il y a d'admirable dans la maniere dont ce philosophe insi-nuoit ses maximes, c'est qu'il ne disoit rien qu'il ne pra-tiquât lui-même fort exactement. Il proposoit la plupart de ses maximes de morale sous des enveloppes mystérieu-ses. Par exemple, pour faire entendre qu'il ne falloit point irriter les grands, il disoit *qu'il ne falloit point découvrir le feu avec une épée. Ne point recevoir chez soi d'hirondelle*, pour dire qu'il ne faut point recevoir en sa compagnie un grand parleur, ou le faux ami qui nous visite bien dans la saison la plus agréable, mais

qui nous quitte quand l'hiver approche. *N'être point assis sur le chenix* ou *boisseau*, pour n'être point pa-resseux, ni attaché si fort au présent, qu'on n'ait aussi égard à l'avenir. *Ne point manger le cœur*, pour n'être point ingénieux à se tourmenter soi-même. *Ne point retourner quand on est parti*, pour ne plus songer à la vie, quand on est sur le point de mourir, ni regre-ter les plaisirs de la terre, quand on est obligé d'y re-noncer. On peut voir un plus grand nombre de maximes de Pythagore, toutes obscures & énigmatiques, dans Plutarque, dans Diogène Laërce, & dans Porphyre.

La secte Italique, dont Pythagore fut auteur, fut ex-trêmement florissante, & fit beaucoup plus de progrès que celle de Thalès & d'Anaximandre. Les plus célè-bres disciples de Pythagore, furent *Ocellus*, de Luca-nie; *Archytas*, de Tarente; *Philolaüs*, de Crotone; *Parmenide* & *Zenon*, tous deux d'Eléate; & *Melissus* de Samos. Ocellus, Archytas & Zenon travaillerent sur la dialectique, dont Zenon fut l'inventeur. Parmenide, Philolaüs & Melissus s'appliquerent à la physique, qu'ils réduisirent en principes, sans s'éloigner beaucoup des idées de leur maître. Parmenide croyoit que les pre-miers hommes avoient été produits par la chaleur du so-leil, & que cet astre étoit froid & chaud, parcequ'il s'imaginoit que le chaud & le froid étoient les princi-pes de toutes choses. Il disoit aussi que la raison doit être la regle de nos jugemens & non pas les sens, sur lesquels on ne sauroit fonder aucun jugement assuré. Melissus croyoit que le monde étoit infini, immobile, immuable, & entièrement plein; qu'il n'y a point de mouvement, mais seulement qu'il semble qu'il y en a. Il disoit qu'il ne falloit rien définir touchant les dieux, parcequ'on n'a aucune connoissance certaine de leur na-ture. Philolaüs croyoit que tout se faisoit par une certaine harmonie, & par une nécessité inévitable. C'est le pre-mier qui ait enseigné que la terre se mouvoit autour de son axe. Quelques-uns croient que *Nicetas* de Syracuse a été l'inventeur de cette opinion.

Nous venons de voir que Thalès, Pythagore & leurs sectateurs, se sont principalement appliqués à connoître les choses de la nature, & à trouver les regles de la dia-lectique & de la géométrie. Socrate qui les suivit, tourna presque toutes ses études du côté de la morale. Il eut pour maître Archélaüs, philosophe Pythagoricien, qui conçut beaucoup d'estime pour lui. Il commença le pre-mier à réduire en méthode les idées confuses de ceux qui l'avoient précédé, d'où vient que Cicéron l'a appellé *le pere de la philosophie*. Il joignit à une grande facilité de génie, & à un naturel extrêmement heureux, toute la pénétration, & toute la solidité imaginable. Il avoit une méthode admirable pour enseigner ses sentimens, & pour réfuter ceux des autres. D'abord il proposoit ses opinions comme des doutes, & par forme d'entretien; il les éclair-cissoit ensuite, en posant bien l'état de la question, en formant lui-même toutes les objections qu'on pouvoit lui faire, & en expliquant ses pensées par des comparaisons si familieres, qu'il les rendoit, pour ainsi dire, la vérité sen-sible. Lorsqu'il vouloit réfuter quelqu'un, il lui avouoit d'abord qu'il n'entendoit pas bien la chose dont il étoit question; & le prioit de la lui apprendre. Par ce moyen il s'insinuoit dans son esprit, & éloignoit l'aigreur de la dispute, qui fait que chaque parti ne pense qu'à soutenir avec opiniâtreté son opinion, sans examiner les raisons qu'on lui oppose. Après avoir appris le sentiment de son adversaire, il le prioit de s'expliquer le plus clairement qu'il pourroit, disant qu'il n'avoit pas l'esprit assez vif pour comprendre ce que d'autres entendroient facile-ment, sans une plus ample explication. Il ôtoit par-là toute l'ambiguité des termes, d'où naissent presque tou-tes les disputes, & qui étoit le grand fort des philosophes du temps de Socrate, qui par cet art sophistique raison-noient de tout sans rien savoir. Ensuite il faisoit voir les fâcheuses conséquences qui suivoient de ce sentiment, & conduisoit son adversaire pas à pas, d'absurdité en ab-surdité, jusqu'à ce qu'il s'apperçût lui-même de son éga-rement.

ement. C'étoit-là toute la logique de Socrate. Jamais philosophe n'a été plus retenu à décider que lui. Il disoit d'ordinaire qu'il ne savoit qu'une chose, c'est qu'il ne savoit rien. Ainsi dégoûté de la physique, par l'incertitude qu'il vit dans tous les raisonnemens des philosophes sur cette partie de la philosophie; & convaincu d'ailleurs du peu d'utilité qui peut revenir de toutes les découvertes qu'on peut faire dans les sciences spéculatives, il s'appliqua à enseigner aux hommes la science de bien vivre, qui est effectivement la seule à laquelle ils doivent s'attacher avec soin, pour peu qu'ils connoissent leurs véritables intérêts. Socrate est le premier qui ait traité la morale avec quelque ordre, & qui en ait connu les véritables fondemens. Il reconnoissoit que l'homme ne pouvoit être parfaitement heureux en cette vie, pendant que le corps & l'esprit, dont les intérêts sont si opposés, sont unis ensemble, & il croyoit qu'après la mort les hommes seront punis ou récompensés selon qu'ils auront bien ou mal vécu. Après avoir établi de si beaux principes, il ne pouvoit que bien raisonner sur les devoirs que les hommes sont obligés de pratiquer, & sur les vices dont ils doivent s'abstenir: aussi ne paroît-il que de sincérité, de modération, d'amour pour la justice, de tempérance & de détachement du monde. Il étoit d'ailleurs si fortement persuadé de l'utilité & de l'importance de ses préceptes, qu'il étoit le premier à les mettre en pratique, instruisant autant par son exemple, que par sa doctrine. Il eut une probité à toute épreuve, une fermeté d'ame qui lui faisoit soutenir ses avis, quand il les croyoit utiles au public, malgré les dangers qu'il y avoit à les soutenir, & un désintéressement qui lui fit refuser les présens des plus grands seigneurs. Sa vie étoit un modele de frugalité, de modération & de patience. Socrate fut toujours égal, & soutint le caractere d'homme de bien jusqu'à la mort. Tout le monde sait qu'il fut accusé d'avoir des sentimens impies de la divinité, parcequ'il enseignoit qu'il n'y avoit proprement qu'un Dieu, qu'il appelloit l'*Etre suprême*, & qu'ayant été condamné à la mort, il but avec une constance admirable la ciguë qu'on lui présenta, parlant jusqu'à son dernier moment de l'immortalité de l'ame, & du bonheur dont il espéroit jouir après cette vie. *Jai fait*, dit-il un moment que que d'expirer, *j'ai fait pendant le cours de ma vie le mieux que j'ai pu & que j'ai su: pour cela je ne suis pas certain d'être agréable aux dieux; mais si par suivre ce qu'on juge le meilleur, on plaît à la divinité, j'espere de ne lui être pas désagréable.*

Socrate ayant remarqué plus de génie dans Platon que dans tous ses autres disciples, eut pour lui un attachement tout particulier, & ses soins ne furent pas inutiles, puisque de tous les grands hommes qui sortirent de l'école de Socrate, Platon fut son contredit le plus digne successeur d'un si grand maître. Il enseigna à Athènes, & eut en peu de temps bien des disciples. Il établit son école dans l'Académie, qui étoit un lieu hors de la ville, d'où ses sectateurs furent appellés *Académiciens*. Sa maniere d'enseigner étoit-à-peu près la même que celle de Socrate. Il expliquoit les matieres en forme de dialogue, & il se servoit de cette méthode, afin de mieux examiner les choses par l'exposition qu'il en faisoit, & par des interrogations & des réponses: ce qui lui a fait dire dans un de ses dialogues intitulé le *Cratyle*, qu'*un parfait dialecticien est celui qui sait bien interroger & bien répondre.* Il se servoit ordinairement de la définition & de la division, pour établir clairement ce qu'il avançoit. Comme son maître, il s'attachoit beaucoup plus à réfuter les opinions des autres, qu'à en établir aucune. Il ne décidoit que fort rarement, & c'est à quoi le conduisoit naturellement sa méthode, de ne considérer les choses que par leurs idées. Comme cette méthode est en quelque sorte le principe universel de la philosophie de Platon, il est nécessaire d'en parler plus particuliérement, pour faire comprendre la maniere de raisonner de ce philosophe.

Il faut d'abord remarquer que, selon Platon, l'ame de l'homme n'étoit qu'un rayon de la divinité. Il croyoit que cette particule unie à son principe, connoissoit toutes choses; mais que s'unissant à un corps, elle contractoit par cette union l'ignorance & l'impureté. Sur ce principe il disoit que les sens étoient les premiers qui discernoient le vrai & le faux; mais il soutenoit que c'étoit à l'ame d'en juger, & que ce n'étoit qu'à son jugement qu'il falloit s'en rapporter, parceque sans s'arrêter à la superficie des choses, elle en pénétroit le fond de soi-même éternel & immuable, auquel il donnoit le nom d'*idée*. Ainsi le philosophe, selon Platon, ne devoit s'appliquer qu'à connoître les choses dans leurs principes & dans leur premier original par la voie des idées, qu'à consulter, pour ainsi dire, la Sagesse éternelle, qui est la source & le principe de toutes les idées; d'où vient que Platon appelloit la philosophie, un désir ardent de fonder la sagesse de Dieu, ὄρεξιν τῆς θείας σοφίας. C'est ainsi que Cicéron lui-même explique la doctrine des Stoïciens touchant les idées. *Ils vouloient*, dit-il, (quæst. acad. l. I,) *que l'ame jugeât des choses. Ils croyoient qu'on s'en pouvoit tenir sûrement à ses décisions, parcequ'elle connoît les choses dans leur premiere simplicité, & c'est cette simplicité qu'ils nommoient idée.* On voit par-là comment, à parler proprement, les disciples de Platon faisoient profession de ne rien savoir. Car en expliquant les choses par ces idées simples, éternelles & immuables, ils les réduisoient à l'état où ils s'imaginoient qu'elles doivent être, & non à celui où elles sont, revêtues d'une infinité de qualités qui les dépouillent de cette grande simplicité sous laquelle ces philosophes les envisageoient.

Platon ne négligea pas entierement la physique comme Socrate. Il prit parti sur bien des questions qui regardent cette science. Il croyoit qu'il y avoit deux principes dans toutes choses, Dieu & la matiere. Il dit que la matiere est informe, & qu'elle est le principe de la composition de tous les corps. Il suppose que cette matiere se mouvoit au commencement sans ordre & à l'aventure; que Dieu l'assembla en un seul lieu; qu'il lui imprima un mouvement réglé, & en fit le feu, l'eau, l'air & la terre, dont il composa le monde & tout ce qu'il contient. Dieu donna à chaque chose sa forme, qui n'est, selon notre philosophe, qu'une participation toute pure de l'idée. Il croit que le monde est animé, par la raison que ce qui est animé est plus excellent que ce qui ne l'est pas. Il dit qu'il n'y a qu'un monde, parceque l'exemplaire sur lequel il a été fait est unique. Il croit qu'il est fini & de figure sphérique. Il lui donne une durée qui ne doit jamais finir, parceque ce qui est une fois ne sauroit, dit-il, tomber dans le non-être. Enfin il croit que le monde est gouverné par la providence divine. Le temps, selon Platon, n'est autre chose que le mouvement du ciel; il n'a commencé qu'avec la création du monde; & Dieu a rendu le soleil lumineux, afin qu'il pût servir à régler le nombre des heures. Ce philosophe plaçoit la lune au-dessus de la terre; le soleil plus haut, & au-dessus de toutes les autres planetes. Il croyoit que tout l'univers étoit semé d'ames, & particuliérement les étoiles. Il soutenoit que la terre avoit été créée pour régler les vicissitudes du jour & de la nuit; c'est pourquoi il lui attribuoit du mouvement.

Platon ne croyoit qu'un Dieu suprême, spirituel & invisible, qu'il appelle l'*être* ou l'*être même*, le bien même, le *pere* & la *cause* de tous les êtres. Il mettoit sous ce Dieu suprême un être inférieur, qu'il appelle *la raison*, λόγος, le conducteur des choses présentes & futures, le créateur de l'univers. Enfin il reconnoissoit un troisieme être, qu'il appelle l'*esprit*, ou *l'ame du monde*. Il disoit que le premier étoit le pere du second, & que le second avoit produit le troisieme. Platon n'osoit point dire tout ce qu'il pensoit sur cette matiere, de peur de s'exposer à la colere du peuple superstitieux; mais ses disciples ont fait plusieurs recherches touchant la nature de ces trois principes. Cette doctrine, fort approchante

de celle du myſtere de la Trinité , a fait croire à beaucoup d'anciens & de modernes , que ce myſtere n'étoit
pas inconnu à ces philoſophes , & que Platon l'avoit
tiré des livres de l'ancien teſtament, lorſqu'il étoit en
Egypte , où il y avoit alors pluſieurs Juifs. A ces trois
principes Platon ajoûtoit des divinités inférieures , les
démons & les héros.

Il avoit encore un autre dogme qui a fait beaucoup de
bruit parmi les chrétiens. Il croyoit que les ames préexi-
ſtoient dans des lieux qui ſont au-deſſus de la lune ; &
qu'y ayant commis de certaines fautes , elles avoient été
bannies de ce ſéjour bienheureux, pour venir habiter dans
des corps différemment diſpoſés , ſelon la grandeur de
leurs fautes , mais qu'enfin elles retournoient dans ces
lieux d'où elles étoient venues. C'eſt ce que pluſieurs
prétendent qu'Origène a ſoûtenu à-peu-près de la même
maniere dans ſes écrits , & c'eſt en conſéquence de ce
ſentiment , ſelon les mêmes auteurs , que ce pere a cru
que les damnés & ſes démons ne ſeroient point éternel-
lement malheureux , mais qu'après quelque temps de
ſouffrance , ils ſeroient réconciliés avec Dieu ; mais il y
a bien des critiques qui prétendent que ces erreurs ont
été ajoûtées aux écrits d'Origène.

La morale de Platon eſt en ſubſtance la même que
celle de Socrate ; mais dans celle-ci il n'y a rien d'établi , au lieu que dans celle-là on trouve de l'art & des
principes. Platon poſe d'abord pour premier principe de
ſa morale la fin des actions humaines. La fin de l'homme
dans chaque action, dit-il , eſt ſon bien ; & la derniere de toutes ſes actions eſt ſon ſouverain bien , qui
ſeul peut remplir les deſirs infinis de l'homme. Ce ſouverain bien c'eſt Dieu , l'être ſuprême, qui renferme tous
les biens ; & la vertu eſt le ſeul chemin qui puiſſe conduire à la poſſeſſion de ce bien , en réprimant le mouvement des paſſions & des convoitiſes qui nous portent
à l'amour des biens particuliers. C'eſt par-là qu'il entre
dans le détail des devoirs que nous ſommes obligés de
rendre à Dieu & aux hommes , & de l'uſage que nous
devons faire de toutes les choſes du monde. Il dit que les
biens du corps, la ſanté , la force , la perfection des
ſens , les richeſſes , le crédit , la qualité & la gloire ſervent comme de ſoûtien à la vertu , pourvû qu'on en
faſſe un bon uſage , mais que pourtant le ſage peut être
heureux ſans toutes ces choſes. Il ne fait eſpérer au ſage
un bonheur parfait qu'après la mort , en poſant l'immortalité de l'ame. Il croit que Dieu le ſouverain juge ,
comme il parle lui-même dans ſon dialogue du Gorgias,
diſpenſera des peines ou des récompenſes après cette vie
à chacun ſelon ſon mérite.

De toutes les nouvelles ſectes que formerent les diſciples de Platon, celle dont Ariſtote eſt le fondateur , eſt
ſans doûte la plus illuſtre. Il fut le premier qui raſſembla
les diverſes parties de la philoſophie pour en faire un
ſyſtême complet. Perſonne avant lui n'avoit traité à part
& par principes chaque partie de cette ſcience. Il ne regardoit pas la logique comme une partie de la philoſophie , mais comme un moyen pour diſpoſer l'eſprit à
découvrir les vérités qui ſont renfermées dans la philoſophie.

La morale d'Ariſtote eſt ſans contredit le plus parfait
de ſes ouvrages. Il y a de la netteté, de la juſteſſe & de
l'abondance. Elle n'eſt pas fort différente de celle de Platon pour les principes. La différence qu'il y a , & qui eſt
eſſentielle , c'eſt que la morale d'Ariſtote eſt renfermée
dans les bornes de cette vie , & ne propoſe à l'homme
d'autre bonheur , que celui de la vie civile ; au lieu que
Platon porte ſes vûes au-delà de cette vie , comme nous
venons de le voir. Ariſtote poſe la vraie félicité de
l'homme dans ſa derniere fin , & il définit cette félicité
*un bien univerſellement deſiré de tout le monde , qu'on
deſire par lui-même , & pour lequel on deſire tous les
autres biens.* Selon lui , on ne peut acquérir ce bien , que
par la vertu.

La phyſique d'Ariſtote ne conſiſte que dans des notions & dans des termes vagues , qui ſont tout-à-fait

inutiles pour expliquer les phénoménes de la nature.

Ariſtote ne fut pas le ſeul diſciple de Platon, qui abandonna les ſentimens de ce grand homme ; il y en eut encore d'autres qui s'érigerent en chefs de ſectes. Arcéſilaüs , qui enſeignoit dans l'école même de Platon, fut
auteur d'une ſecte que l'on appella l'*Académie moyenne.*
Il diſoit qu'il n'y avoit rien de certain , ni même de véritable , & qu'on pouvoit ſoûtenir le pour & le contre
ſur toutes ſortes de ſujets ; auſſi ne vouloit-il point qu'on
décidât , mais qu'on ſuſpendît ſon jugement. Il rétablit
la méthode de Socrate de traiter les matieres par interrogations & par réponſes , laquelle n'étoit déja preſque
plus en uſage.

Lacydès , qui enſeigna dans la même école 56 ans
après cet Arcéſilaüs , fut chef d'une autre ſecte qui fut
appellée la *nouvelle académie.* Il reconnoiſſoit qu'il y
avoit quelque choſe de vraiſemblable , mais qu'on ne
pouvoit point être aſſuré qu'une choſe fût abſolument
véritable.

Vers le temps d'Arcéſilaüs , Pyrrhon ſe rendit auſſi
chef de ſecte. Il enchériſſoit ſur le dogme des Académiciens ; car au lieu que ceux-ci comprenoient qu'on ne
pouvoit rien comprendre , Pyrrhon ne le comprenoit
pas même. Il croyoit qu'il n'y avoit rien de vrai , rien
qui fût plûtôt ceci que cela. Il prétendoit qu'il n'y avoit
proprement rien d'honnête ni de deshonnête , de juſte
ou d'injuſte , mais que la coûtume ou les loix étoient le
motif de tout ce que font les hommes. La fin que Pyrrhon ſe propoſoit comme ſon ſouverain bien , étoit de
vivre dans un certain état de ſécurité & d'indifférence,
où il fût exemt de toute paſſion , également tranquille
du côté de l'entendement & de la volonté. Ses ſectateurs furent appellés de ſon nom *Pyrrhoniens* , & plus
communément *Sceptiques* , parcequ'ils cherchoient ſans
jamais rien trouver.

Il s'éleva dans ce même temps deux ſectes , qui avec
des principes diamétralement oppoſés , ſe rendirent fort
célébres à Athènes , & partagerent les eſprits de la
Gréce , puis de tout le monde ; c'étoient les ſectes de
Zénon & d'Epicure.

Zénon étoit de la ville de Citie en Chypre. Il enſeigna dans les portiques d'Athènes , d'où ſes diſciples furent appellés *Stoïciens.* Il eut beaucoup de ſectateurs,
parcequ'il recevoit toutes ſortes de perſonnes dans ſon
école , ſoutenant que tout le monde étoit capable d'apprendre la philoſophie. Il fut auditeur de Cratès , qui
tenoit l'école de Platon avant Arcéſilaüs , dont nous
venons de parler. Il ſe déclara contre tous les philoſophes qui l'avoient précédé ; cependant il adoptoit preſque tous leurs ſentimens , & ne différoit d'eux le plus
ſouvent, que dans la maniere de s'exprimer. Il diviſoit la
philoſophie en trois parties , qui étoient la logique , la
morale & la phyſique. Il n'y a point de ſecte qui ſe ſoit
ſi fort exercée à la logique , que celle des Stoïciens.
Outre tout ce qu'Ariſtote avoit dit ſur cette ſcience , ils
mirent en œuvre les artifices de tous les ſophiſtes qui
avoient déja paru. Ils ſe ſervoient de certaines interrogations vives , courtes & ſi captieuſes , qu'il étoit très-
difficile de ne pas s'y laiſſer embaraſſer. Leurs raiſonnemens n'étoient ſoutenus que par des diſtinctions ſubtiles.
Ils employoient preſque toujours les mots dans un ſens
équivoque , & éloigné de celui qu'on leur donnoit ordinairement. Leur langage étoit tout hériſſé de pointes &
d'expreſſions extraordinaires. En un mot , on peut dire
qu'ils furent les plus redoutables chicaneurs de tous les
philoſophes de leur temps , quoiqu'il y eût alors des ſophiſtes extrêmement ſubtils.

Les Stoïciens ne ſe ſervoient de tous ces rafinemens
extraordinaires ſur la logique , que pour pouvoir ſoutenir leur morale extravagante , & ſuppléer par leur ſubtilité au peu de ſolidité de leur doctrine. Rien auſſi ne mit
plus en crédit leurs opinions, que l'art qu'ils employoient
pour les défendre.

Le grand principe de la morale de Zénon étoit de
vivre conformément à la nature , & ſelon ce philoſophe,

vivre conformément à la nature, c'est vivre selon la raison, parceque la raison est un présent de la nature fait aux hommes, afin qu'ils s'en servent pour la conduite de leur vie ; enfin vivre selon la raison , c'est , selon lui , s'attacher à la vertu , qui est la seule chose qui mérite d'être l'objet de nos empressemens. Zénon ajoutoit que la vertu par elle-même étoit seule capable de rendre l'homme véritablement heureux. Ils disoient que la raison & la vertu étoient renfermées dans des bornes aussi étroites que la vérité ; & que comme tout ce qui est opposé à la vérité est également faux, ainsi tout ce qui est contre la raison & contre la vertu , est également déraisonnable & vicieux, & par conséquent que les vices étoient tous égaux. Ils soutenoient aussi que les vertus étoient si étroitement unies ensemble ; que celui qui en possédoit une , les possédoit toutes , & que le sage ne pouvoit jamais perdre sa vertu ; que de malignes exhalaisons pouvoient à la vérité lui brouiller le cerveau & le jetter dans le délire, mais qu'il n'en falloit attribuer la cause qu'à l'imbécillité de la nature , & non pas à la raison , qui étoit toujours la même.

Sur ces principes , ils formèrent l'idée d'un sage tout-à-fait extravagant. Ils le représentoient avec une parfaite indifférence pour les choses externes , c'est-à-dire , selon eux , pour tout ce qui ne se rapporte pas à la vertu. Il étoit par conséquent au-dessus des douleurs les plus piquantes , & incapable d'être ému par aucune passion. Dans l'esclavage leur sage portoit le sceptre ; lui seul sans emploi administroit la république. Il n'y avoit que lui qui fût poëte , orateur, citoyen & véritable ami. Quoiqu'il eût les traits du visage mal faits & le corps mal tourné , lui seul avoit l'avantage de la beauté : dans la pauvreté lui seul étoit riche ; & né de la plus basse extraction , lui seul étoit noble : il n'y avoit que lui qui fût véritablement savant. Environné de vertu, il étoit à couvert de toutes sortes de misères , plus homme & plus puissant que Jupiter même. Mais un tel sage n'a jamais subsisté que dans l'imagination de ces philosophes ; & tous ces beaux raisonnemens qu'ils faisoient sur la vertu, n'étoient propres qu'à éblouir le peuple , & à remplir d'orgueil ceux qui les faisoient. Aussi étoit-ce un caractère essentiel à leur sage , de vivre dans le grand monde & d'éviter la solitude. *Il ne faut point* , disoit Zénon , *que le sage vive dans la solitude.*

Sa physique n'avoit rien de nouveau que les expressions. Il y avoit , selon lui , deux principes de toutes choses , Dieu & la matière. La matière étoit informe & incapable d'agir , & Dieu , la raison éternelle , s'en servit pour créer toutes choses. Les Stoïciens croyoient qu'il n'y avoit qu'un Dieu , auquel on a donné divers noms par rapport à diverses qualités qu'on a considérées en lui ; & ils s'imaginoient que ce Dieu avoit les mêmes traits de visage que l'homme. Ils disoient , qu'au commencement Dieu étant en lui-même , avoit changé toute la substance en eau, & que par ce moyen il avoit rendu la matière propre à engendrer les autres choses du monde : Que Dieu avoit d'abord produit les quatre élémens , le feu , l'air , la terre & l'eau : Qu'il avoit placé au plus haut lieu le feu , auquel ils donnoient le nom d'*Æther* , où ils imaginoient un ciel auquel toutes les étoiles étoient attachées sans se mouvoir , & au-dessous desquelles étoient les étoiles errantes ou planetes. Qu'après le feu , venoit l'air , ensuite l'eau , & la terre au plus bas lieu dans le centre du monde. Ils croyoient que Dieu gouvernoit le monde ; & ils vouloient en même temps que Dieu dépendît du destin , & qu'il fût dans l'impuissance d'interrompre une certaine enchaînure , selon laquelle toutes choses arrivoient nécessairement.

Les Stoïciens imaginoient le monde comme un grand animal , dont l'ame , qui étoit Dieu même , étoit répandue dans toutes les parties de ce grand tout. Ils ne croyoient aucun vuide dans le monde ; mais ils croyoient au-delà du monde un vuide immense , qui ne contient aucun corps , mais qui peut en contenir. Ils croyoient que le monde est corruptible , par la raison que toutes

ses parties le sont. Ils soutenoient que la terre est immobile , & beaucoup plus petite que le soleil : Que toute la lune tiroit sa lumière du soleil ; que toutes les éclipses de lune se faisoient lorsque la lune rencontre l'ombre de la terre , & celles du soleil par l'interposition de la lune entre le soleil & la terre. Ils disoient que le soleil étoit nourri par les eaux de la mer , la lune par les rivières , & les autres astres par la terre. Ils parloient des cinq cercles parallèles de la sphère & des zones selon la vérité , si ce n'est qu'ils croyoient les deux zones froides & la zone torride inhabitables. Ces philosophes croyoient que l'ame étoit sensible & corporelle , mais que pourtant elle subsistoit après la mort , quoique sujette à la corruption. Quelques-uns d'entr'eux ont soutenu qu'il n'y avoit que l'ame de leur sage qui fût exempte de la corruption.

L'autre secte qui fut florissante dans le même temps que celle de Zénon , & qui lui étoit directement contraire , étoit celle des Epicuriens , ainsi nommée parcequ'Epicure en fut le chef.

Il enseigna publiquement la philosophie à Athènes sa patrie , à l'âge de 32 ans. Le grand but de sa doctrine étoit d'éclairer l'esprit , de le délivrer des préjugés & de mille opinions chimériques qui le jettent dans des frayeurs & dans des incertitudes continuelles , & de rendre l'homme autant heureux qu'il peut l'être dans cette vie.

Ce fondement une fois posé , il rejettoit toutes les subtilités & les chicanes de la logique , qui ne peuvent servir de rien à la recherche de la vérité. Il cherchoit la vérité par le moyen des sens , qu'il appelloit la première lumière naturelle de l'homme ; & par la réflexion que l'on fait sur le jugement des sens , il soutenoit que les sens ne sauroient se tromper , parceque l'impression qu'ils reçoivent ne sauroit être fausse.

Comme la morale est la science qui enseigne à l'homme le moyen de vivre heureux dans ce monde , c'est à cette partie de la philosophie qu'Epicure s'attachoit avec le plus de soin ; on peut même dire qu'il y rapportoit toutes ses études.

La morale d'Epicure étoit autant proportionée à la nature de l'homme , que celle de Zénon y étoit contraire. Les Stoïciens prirent de-là occasion de la rendre odieuse , comme si elle favorisoit le déréglement & la licence ; & sur leur témoignage , la multitude la condamna , sans l'examiner. Cependant ceux qui n'ont pas voulu la condamner sans la connoître , mais l'ont examinée avec application , en ont jugé plus favorablement. Il y a eu même plusieurs Stoïciens équitables qui en ont parlé avec éloge. Epicure posoit pour principe de sa morale , que le plaisir est la fin de l'homme ; & ce plaisir ne consiste , selon lui , qu'à avoir l'esprit satisfait , & le corps exempt de douleur. Mais quoiqu'il établît le plaisir pour la dernière fin de l'homme , il ne prétendoit pas que l'homme dût embrasser le plaisir en tout & par-tout , sans choix ni discernement , comme si toutes sortes de plaisirs étoient capables de rendre heureux ceux qui en jouissent.

Voici comment il s'explique dans une lettre qu'il écrit à un de ses disciples , nommé *Menecée*, rapporté par *Diogène Laërce* , *au livre X*. « Le plaisir est la source & la » fin d'une vie bienheureuse ; mais ce premier bien , qui » vient directement de la nature , ne nous porte pas in- » différemment à toutes sortes de plaisirs. Aussi y en a-t-il » plusieurs que nous évitons , lorsque nous savons que la » douleur qui les suit , doit être trop violente. Il y a de » même beaucoup de maux , que nous préférons à de » certains plaisirs , quand nous sommes convaincus qu'a- » près les avoir supportés pendant un temps fort considé- » rable , nous serons par la suite beaucoup plus sensible- » ment charmés. Toute sorte de volupté , pour être con- » forme aux sentimens que la nature fait naître en nous , » est quelque chose de très-excellent , & néanmoins tou- » tes sortes de plaisirs ne doivent pas toujours être de » notre choix ; & quoique toutes les douleurs différentes » soient naturellement un mal , on ne les doit pourtant

» pas éviter toutes, parcequ'il faut faire un certain pa-
» rallèle des choses qui nous charment, ou de celles qui
» nous déplaisent, & se déterminer ensuite selon l'occa-
» sion, & selon l'utilité qui en peut revenir ; car la plu-
» part du temps, nous nous servons du bien comme du
» mal, & du mal comme du bien. Lorsque nous assurons,
» *dit-il dans un autre endroit de cette lettre*, que la vo-
» lupté est la fin de la vie bienheureuse, nous n'entendons
» point parler de ces sortes de plaisirs qui se trouvent
» dans la jouissance de l'amour, ou dans le luxe & l'excès
» des bonnes tables. » En un mot, selon Epicure, puisque la volupté ne peut jamais être véritable, que lorsque
l'esprit est satisfait, & que le corps est sans douleur, il
faut rechercher les plaisirs qui nous mettent dans cet
état, rejetter ceux qui nous en éloignent, & souffrir même
les maux, lorsqu'ils peuvent nous conduire à cet état
heureux, auquel nous devons toujours tâcher de parvenir. C'est sur ce fondement qu'Epicure soutient que
la prudence est le principe de toute la conduite de
l'homme.

Si nous examinons en détail les conclusions d'Epicure,
nous verrons qu'elles répondent très-bien à ses principes.
La frugalité, par exemple, est, selon lui, un bien que
l'on ne peut trop estimer. « La nature, *dit-il*, n'exige
» pour sa subsistance, que des choses très-faciles à trou-
» ver ; celles qui sont rares & extraordinaires, lui sont
» inutiles, & ne peuvent servir qu'à la vanité ou à l'excès.
» L'appétit est seul capable de nous faire manger avec
» plaisir les mets les plus communs ; d'ailleurs la santé
» trouve dans cette frugalité sa conservation, & l'homme
» par ce moyen devient plus robuste, & beaucoup plus
» propre à toutes les actions de la vie. Et le princi-
» pal, c'est que, par ce moyen, nous ne craignons point
» les vicissitudes de la fortune, parcequ'étant accoutu-
» més à nous passer de peu, quelque abondance qu'elle
» nous ôte, elle ne fait que nous remettre dans un état
» qu'elle ne nous peut ravir, par la louable habitude que
» nous avons prise. » C'est ainsi qu'Epicure fait voir la
vanité de tous les autres desirs immodérés de l'homme,
par l'effet dont ils sont suivis. C'est ainsi qu'il se moque
de l'attachement qu'ont les hommes pour les richesses,
pour les honneurs & pour les dignités de la terre, parce que ce sont des choses qu'il n'est pas en notre pouvoir
d'acquérir après les avoir acquises, & qu'on ne possede jamais sans
inquiétude, par la crainte où l'on est de les perdre, &
souvent par l'impuissance où l'on est d'en jouir, lors
même qu'on les possede.

Enfin c'est par la même voie, que notre philosophe
prouve qu'on doit garder exactement les loix qui sont
établies pour maintenir la société. *La justice*, selon lui,
n'est rien en soi, *la société des hommes a fait naître
l'utilité dans les pays*, *où les peuples sont convenus de
certaines conditions pour vivre sans offenser & sans être
offensés* ; mais il la faut observer religieusement, parcequ'on ne sauroit la violer sans se rendre malheureux.

Ainsi le sage de ce philosophe ne pense qu'à mener
une vie douce & tranquille ; il suit la nature, & fait se
borner à ce qu'elle exige, persuadé que lorsqu'on veut
une fois chercher une volupté sans bornes, on court
d'objet en objet, sans jamais se satisfaire, dégoûté de
ce qu'on possede, & tourmenté du desir d'obtenir ce
dont on ne jouit point encore. S'il a des passions, il les
condamne, & fait tous ses efforts pour s'en délivrer. Il
en est le maître, & non point l'esclave.

Enfin Epicure veut qu'on passe avec tranquillité cette
vie mortelle, sans se fatiguer de l'incertitude qui la doit
suivre, & qu'on regarde la mort comme une chose in-
différente, qui n'est rien à notre égard. La mort, qui
paroît le plus redoutable de tous les maux, n'est, selon
lui, qu'une chimere. Car, dit-il, elle n'est rien tant que
la vie subsiste, & lorsqu'elle arrive, la vie n'est plus.
Elle n'a point d'empire ni sur les vivans, ni sur les
morts : les uns ne sentent pas encore sa fureur, & les
autres qui n'existent plus sont à l'abri de ses atteintes. La

présence de la mort étant donc incapable d'exciter aucun trouble en nous, il est ridicule de s'affliger par la
seule pensée de son approche.

Ce raisonnement d'Epicure est fondé sur l'opinion
qu'il avoit que l'ame est mortelle ; & c'est cette opinion qui doit faire désapprouver la morale de ce philosophe, dont les conclusions, quoique très-naturellement
déduites de ce principe, doivent être rejettées, parceque ce principe est très-faux. De-là vient que si l'on considere de près la morale de ce philosophe, on y trouvera deux défauts très-considérables.

Le premier est que cette morale n'ayant pour but que
de nous mener à une vie douce & tranquille dans ce
monde, ne peut engager à suivre ses maximes, que
par la vue de l'utilité présente qu'on trouve à les observer. Or ce principe une fois posé, si l'on se rencontroit
dans un état où le vice fût récompensé & la vertu punie,
il faudroit nécessairement, selon Epicure, préférer le vice
à la vertu. Et c'est ce que ce philosophe lui-même a pratiqué pendant sa vie : car quoiqu'il regardât la religion de
son pays comme une superstition ridicule, & même pernicieuse à la société, il ne laissoit pas de l'approuver en
apparence, & d'en observer les pratiques, parceque la
fermeté d'ame qui l'auroit porté à mépriser ces superstitions, ne lui auroit été d'aucune utilité, mais l'auroit au
contraire exposé au danger de perdre la vie.

Le second défaut de la morale d'Epicure, c'est qu'elle
ne défend point les vices qui n'apportent pas plus de
mal que de bien : or qui doute qu'il n'y en ait beaucoup
de cette espece ? Tous les vices médiocres sont de cet
ordre, & plusieurs même causeroient de grands désordres dans la société humaine, si tout le monde suivoit
les principes de cette morale.

C'est une maxime de cette morale d'Epicure, qu'il
faut étudier la physique, afin de nous délivrer l'esprit
de la crainte & du trouble que l'ignorance des effets de
la nature cause ordinairement. Il est impossible, dit-il,
que celui qui tremble à la vue des prodiges de la nature,
& qui s'alarme de tous les événemens de la vie, puisse
être jamais exempt de peur. Il faut qu'il pénetre la vaste
étendue des choses, & qu'il guérisse son esprit des impressions ridicules des fables : on ne peut, sans les découvertes de la physique, goûter de véritables plaisirs. Ailleurs il déclare qu'il n'estime la physique, que par rapport à la conduite des mœurs, & on ne peut sans doute
en faire un plus légitime usage. Nous allons voir maintenant qu'il ne traite en effet cette science, que par rapport
à ce qu'il enseigne sur la morale.

Epicure ne croyoit point que Dieu eût concouru en
aucune maniere à la formation de l'univers ; & si l'on
examine de près ce qu'il dit des dieux, on voit sans
peine, qu'il les regardoit comme des êtres chimériques,
que l'ignorance & la superstition avoient imaginés, &
qu'il n'en parloit que par politique. Il attribue aux dieux
une forme semblable à celle des hommes, qui pourroit
être détruite par la dissolution des atomes qui la composent. Il soutient que ces dieux n'ont aucune part à la
conduite du monde ; qu'ils ne s'occupent pas du soin de
récompenser les bons & de punir les méchans, mais
qu'ils sont dans une parfaite oisiveté, jouissant tranquillement de leur propre bonheur. Il est tout visible qu'E-
picure ne donne des dieux une idée si bizare, que pour
les détruire, en faisant semblant de prouver qu'il y en a.

Mais Epicure ôtant à Dieu le soin de produire & de
conserver le monde, rend son système de physique si
absurde, qu'il est impossible de l'examiner avec quelque
attention, sans le regarder comme l'ouvrage d'une imagination déréglée. Il établit pour fondement de sa physique, que *rien ne se peut faire de rien*, & *que rien ne
peut être anéanti* ; & il infere de-là qu'il y a de certains
principes de toutes choses, éternels & incorruptibles,
savoir, le vuide & les atomes. Le vuide est infini,
éternel & impalpable ; & les atomes sont de petits corps
éternels, solides dans leur simplicité & indivisibles. On
ne peut, selon notre philosophe, concevoir autre chose

fans la nature : car , dit-il , quoi que vous puiſſiez vous imaginer , pourvu qu'il exiſte , il a ſa quantité petite ou grande ; & s'il eſt capable d'être touché , quelque délié qu'il ſoit , il eſt au rang des corps. S'il eſt tellement impalpable , qu'on puiſſe paſſer au travers ſans aucune réſiſtance , c'eſt le vuide. Il admet le vuide comme un principe occaſionel de toutes choſes , parcequ'ſans le vuide , il ne ſauroit concevoir aucun mouvement , & que ſans le mouvement , les atomes n'auroient jamais pu concourir à la formation du monde.

Epicure ayant poſé ces principes , donne trois ſortes de mouvemens à ſes atomes , en droite ligne , par impulſion , & en déclinant. Démocrite , qui eſt le premier auteur de la doctrine des atomes , tenoit les deux premiers mouvemens ; mais Epicure qui en a été en quelque ſorte le reſtaurateur , voyant qu'on lui pouvoit objecter que dans ce mouvement perpendiculaire jamais l'atome n'en rencontreroit d'autres , a imaginé qu'il déclinoit tant ſoit peu , & qu'il s'accrochoit par le moyen de cette déclinaiſon. D'ailleurs comme on reprochoit à Démocrite , que ſi les corps ſe mouvoient par les coups qui leur étoient donnés , ou tomboient perpendiculairement , il s'enſuivroit qu'il n'y auroit plus de liberté , mais une néceſſité d'action dans toutes les choſes du monde , Epicure crut pouvoir expliquer la liberté par cette faculté qu'il donnoit aux atomes de décliner d'une maniere imperceptible.

Enfin les atomes s'étant mus de toute éternité dans un vuide infini , après avoir pris pluſieurs ſituations , ſans faire aucun aſſemblage , à cauſe de leurs figures contraires , & après avoir reçu différentes impreſſions , ſelon que leur propre poids les portoit par la vaſte étendue du vuide , ils ſe ſont rencontrés dans une diſpoſition telle qu'il la falloit pour la production , & il en eſt réſulté tout d'un coup les commencemens de ces grands aſſemblages , comme de la terre , de la mer , du ciel & du genre des animaux. D'abord ce n'étoit qu'un cahos & qu'une maſſe informe ; mais enfin il ſe fit une ſéparation , ſes parties ſe diviſerent pour travailler ſans compoſés , & ſe joignirent ſelon la convenance de leur nature ; de ſorte que , ſelon Epicure , le monde n'eſt autre choſe qu'un concours fortuit d'atomes.

Epicure explique enſuite la maniere dont le monde a été diſpoſé. Il dit que les atomes , dont l'aſſemblage ont produit la terre , s'unirent dans le milieu , parcequ'ils étoient peſans & embarraſſés les uns avec les autres , & s'abaiſſerent aux parties inférieures. Le ciel eſt compoſé de principes plus polis , plus ronds & plus déliés , s'échapa du ſein de la terre pour s'élever en haut , où il attira quantité de feux ſubtils ; & les principes du ſoleil , des étoiles & de la lune ſe détacherent après la formation du ciel , & leurs globes tournerent entre le grand eſpace que le ciel occupoit , & entre la terre , parcequ'ils n'étoient pas aſſez légers pour s'élever plus haut , ni aſſez peſans pour reſter vers les parties inférieures du ciel. Il rapporte diverſes raiſons du mouvement du ſoleil , de la lune , & des autres aſtres , ſans ſe déterminer à aucune. Il raiſonne de la même maniere des météores , ſans rien décider , quoiqu'il en rende le plus ſouvent des raiſons aſſez probables. Il ſoutient que la terre a d'abord produit par ſa fécondité tout ce que nous y voyons. L'homme même , ſelon ce philoſophe , eſt redevable de ſa naiſſance à la chaleur & à l'humidité de la terre.

Il rend raiſon de la nature des corps & de leurs différentes qualités , par le moyen des diverſes figures , impulſions & liaiſons des atomes. Ainſi pour expliquer comment l'eau de la mer eſt amere , quoique fluide , il dit qu'elle eſt compoſée de corps ronds & polis qui en font la fluidité , mais qu'elle contient auſſi des atomes raboteux , qui cauſent ce ſentiment déſagréable que nous nommons amertume. C'eſt ſur ces principes qu'il explique les différentes ſaveurs. La douceur , par exemple , eſt cauſée par les principes ronds & polis , qui compoſent le corps que nous nommons doux. Il enſeigne auſſi que la couleur ne conſiſte que dans le mouvement de certains

petits corps qui partent de l'objet que nous voyons , & qui nous frapent diverſement , ſelon leur différente figure & agilité. En un mot , Epicure tâche de rendre raiſon de tous les effets de la nature , par le moyen de ſes principes. Il ne croit pas à la vérité pouvoir démontrer que tout ſe fait d'une telle ſorte , qu'il ſoit impoſſible de concevoir qu'il ſe puiſſe faire autrement. Il dit au contraire , que c'eſt une témérité de s'imaginer qu'une choſe ne ſe peut faire que de la maniere qu'on l'a conçue. Mais il veut qu'on ſoit perſuadé qu'il n'y a rien que de très-naturel dans tous les évènemens du monde , quels qu'ils ſoient , afin qu'on ait l'eſprit dégagé de mille craintes chimériques , que l'on a ordinairement , faute de bien ſavoir que tout arrive par des voies naturelles.

Voila en abrégé les opinions des plus célèbres philoſophes de l'antiquité. Elles ſont trop oppoſées pour être toutes véritables , mais toutes leurs différentes vues auroient beaucoup ſervi à perfectioner de jour en jour la philoſophie , ſi ceux qui vinrent après eux euſſent rejetté ce qu'ils y auroient vu de défectueux , & profité de ce qu'ils y auroient trouvé de raiſonnable , pour s'en ſervir à faire de nouvelles découvertes dans la connoiſſance de la vérité. Mais par un entêtement ridicule , on s'imagina qu'on ne pouvoit rien ajouter aux lumieres de ces grands hommes ; & chacun s'appliqua au philoſophe , dont les dogmes lui parurent plus raiſonnables , & ſuivit aveuglément ſes déciſions. Celui-ci ſe diſoit Pythagoricien , celui-là Platonicien , l'un s'attachoit aux dogmes de Zénon , l'autre à ceux d'Epicure ; & enfin Ariſtote , après avoir été négligé pendant long-temps , fut le plus ſuivi de tous.

Il eſt vrai que lorſque la philoſophie des Grecs commença à être connue à Rome , les Romains ſe contenterent d'apprendre les opinions de tous les philoſophes , ſans s'attacher à aucune. Et même ſous l'empereur Auguſte , Potamon d'Alexandrie choiſit tout ce qu'il trouva de plus raiſonnable dans la doctrine de tous les autres philoſophes , pour s'en faire un ſyſtème , & fonder une ſecte , à laquelle il donna pour cette raiſon le nom de philoſophie éclectique , d'un mot grec , qui ſignifie choiſir. Mais cette ſecte n'eut que très-peu de ſectateurs ; & la plupart des Grecs qui faiſoient gloire d'en être , n'en étoient pas moins attachés aux dogmes d'un certain philoſophe.

La doctrine de Platon fut d'abord plus en vogue qu'aucune autre ; & il y eut pluſieurs célèbres Platoniciens ſous les empereurs Romains , juſques à Julien l'Apoſtat , qui étoit lui-même Platonicien , & qui , avant que d'être empereur , alla exprès à Athènes , pour y prendre le manteau de philoſophe. Les premiers docteurs chrétiens ſe déclarerent eux-mêmes pour la philoſophie de Platon , comme Juſtin martyr , Tatien , Athénagore , & Origène , le plus ardent Platonicien & le plus ſavant de tous les peres de l'égliſe. Mais les héréſies qui ſurvinrent , rendirent la doctrine de Platon odieuſe aux chrétiens , parcequ'ils crurent avec aſſez de raiſon , qu'elle en étoit la cauſe , au moins en partie.

Enfin la philoſophie d'Ariſtote prit le deſſus , après avoir couru diverſes fortunes ; & on ſe dévoua tellement à l'autorité de ce philoſophe , qu'on ne chercha la vérité que dans ſes écrits , perſuadé qu'ils contenoient tout ce que l'eſprit de l'homme eſt capable de connoître. Le prodigieux entêtement pour ce philoſophe commença vers le XII ſiécle , auquel temps ſe forma cette philoſophie qu'on nomme ordinairement ſcholaſtique. Cette philoſophie vint de la lecture des Arabes , qui ayant conquis une partie du monde , communiquerent leur génie & leur maniere de raiſonner , non-ſeulement aux peuples qui étoient de leur dépendance , mais encore à tous ceux avec qui ils eurent quelque commerce avec eux , c'eſt-à-dire , à toute l'Europe. Car comme les Arabes étudioient la philoſophie depuis environ le IX ſiécle , ils la firent connoître aux peuples ſoumis à leur empire , lequel s'étendoit depuis les Indes juſqu'à l'Eſpagne ; & les Eſpagnols apporterent en France & en Italie les commentaires qu'Averroës , le plus ſubtil de tous les philofophes Arabes, avoit composés sur les écrits d'Aristote. Et c'est des Arabes que les scholastiques, qui s'attacherent tous à Aristote, prirent cette maniere de raisonner, subtile, abstraite & pointilleuse, qu'ils répandirent sur toutes les parties de la philosophie, & qu'ils a rendu la doctrine d'Aristote plus obscure dans les commentaires qu'on a faits pour l'éclaircir, que dans les livres même de ce philosophe. Mais ces prétendus philosophes ne se contenterent pas de gâter la philosophie par des conceptions abstraites, & par les termes barbares dont ils se servoient pour les exprimer; ils employerent aussi toutes ces idées pour expliquer la théologie. C'est par ce moyen qu'ils l'ont remplie de mille questions épineuses, mais absolument inutiles, qui rendent cette science barbare à ceux qui se sont contentés de lire l'écriture sainte & les peres, sans penser à étudier la philosophie de l'école.

On divise ordinairement la philosophie scholastique en trois différens périodes: le premier commença sous Abailard, ou ses maîtres, à qui succéda *Pierre Lombard*, évêque de Paris, connu sous le nom de *Maître des Sentences*, parcequ'il fit un livre des *sentences*, où il mit dans un certain ordre toutes les opinions des peres sur la théologie.

Le second période de la philosophie scholastique fut sous *Albert le Grand*, évêque de Ratisbonne, bénéfice qu'il ne garda que trois ans, & qui fut le maître de *S. Thomas d'Aquin*, & sous *Jean Duns*, surnommé Scot. Ces deux derniers eurent des sentimens entierement opposés, quoiqu'ils prétendissent être l'un & l'autre dans les véritables sentimens d'Aristote, & formerent deux sectes, qui ont été très-célebres dans l'école. Ceux qui s'attacherent aux opinions de S. Thomas, furent appellés *Thomistes*; & ceux qui embrasserent celle de Scot, furent nommés *Scotistes*.

Enfin le dernier période de la philosophie scholastique fut depuis *Durand de S. Porcian*, qui fut dans des sentimens opposés à ceux de S. Thomas, jusqu'à *Gabriel Biel*, Allemand, qui vivoit dans le XV siécle.

Sur la fin du quatorziéme les esprits s'échaufferent sur des distinctions de logique, jusqu'à l'extravagance, par la furieuse émulation qui se forma sur la doctrine d'Aristote entre les *Nominaux* & les *Réalistes*. Les Nominaux avoient pour chef *Ocham*, Cordelier Anglois, & disciple de Scot. Ils disoient que les natures universelles n'étoient que des paroles, & les Réalistes, qui s'appuyoient sur l'autorité de Scot, soutenoient que ces mêmes natures universelles étoient des choses très-réelles. Ces disputes partagerent toutes les universités de l'Europe. Chacun prit parti dans ces questions, & tâcha de se signaler par des écrits remplis d'aigreur & d'emportement. La philosophie, en un mot, ne s'occupa plus que d'*opérations de l'entendement*, de *concepts*, d'*abstractions*, de vaines subtilités, & devint un pur galimathias & un amas confus d'idées inintelligibles.

La passion déréglée qu'on avoit alors pour Aristote, fut la véritable cause de tous ces égaremens. On avoit une si profonde vénération pour ce philosophe, que pourvu qu'on s'imaginât qu'un sentiment fût dans ses ouvrages, on le recevoit aveuglément; & comme chacun croyoit que son sentiment étoit celui de ce philosophe, il ne doutoit nullement qu'il ne fût très-conforme à la raison, quand il auroit été le plus extravagant & le plus absurde du monde.

Enfin dans le XVI siécle la philosophie commença de sortir de ce rude esclavage, dans lequel elle gémissoit depuis long-temps, & on s'avisa de philosopher par raison, & non point par autorité. On ne méprisa point Aristote, mais on ne le voulut plus croire sur la parole. On ne suivit ses sentimens, qu'à mesure qu'on vit qu'ils étoient conformes à la vérité. On ne s'imagina point qu'il savoit tout ce qu'on peut savoir; mais on tâcha de découvrir ce qui lui avoit été inconnu, ou qu'on ne voyoit pas clairement expliqué dans ses ouvrages. C'est par cette méthode qu'on porta la philosophie à un

point de perfection, où elle n'avoit point encore été, comme cela paroîtra par l'histoire abrégée des principales opinions des philosophes modernes que nous allons donner.

Galilée fut le premier qui osa s'éloigner des sentimens d'Aristote. Il naquit à Florence l'an de J. C. 1564. Il eut un génie merveilleux pour les mathématiques, auxquelles il s'appliqua avec beaucoup de soin; & cette étude l'ayant accoutumé à ne raisonner que sur des principes évidens, & à n'admettre que des conclusions, qui découlassent naturellement de ces principes, il ne put point s'accommoder des idées vagues & confuses, sur lesquelles étoient fondés tous les raisonnemens de la philosophie qu'on enseignoit alors dans les écoles. Il s'attacha sur-tout à cette partie de la philosophie qui a le plus de rapport aux mathématiques, savoir, la physique, qu'il enrichit de plusieurs belles découvertes. Il prouva contre les disciples d'Aristote, que les corps pesans augmentent leur vitesse à mesure qu'ils descendent, & trouva la proportion avec laquelle cette vitesse augmente. Il rejetta le système du monde imaginé par *Ptolémée*, comme trop embarassé, & il se détermina pour l'hypothèse de *Copernic*, qui est extrèmement simple & facile à comprendre. On peut voir un abrégé de son système à l'article COPERNIC.

Galilée ayant inventé des lunettes assez longues pour regarder les astres, il fit par le moyen de ces lunettes, une découverte qui confirme le système de Copernic, & renverse entierement celui de Ptolémée. Il remarqua que *Vénus* paroissoit sous toutes les différentes phases, sous lesquelles nous voyons la lune. Car comme Vénus n'a jamais la terre entr'elle & le soleil, comme l'expérience le prouve incontestablement, cette planette ne pourroit jamais nous paroître pleine, suivant l'hypothèse de Ptolémée, qui met le soleil au-dessus du ciel de Vénus; il s'ensuit donc que cette hypothèse est fausse, & que Vénus fait un cercle, dont le soleil est le centre, ensorte que lorsque cette planette est plus loin de la terre que n'est le soleil, alors sa partie éclairée est tournée de notre côté, & elle nous paroît dans son plein; & lorsqu'elle est plus près de nous que le soleil, elle nous paroît en forme de croissant, puisque nous ne pouvons voir qu'une portion de sa moitié illuminée: ce qui s'accorde très-bien avec le système de Copernic, qui met le soleil au centre du monde, ensuite *Mercure*, qui tourne autour du soleil, puis Vénus, qui se meut aussi autour de cet astre, ensuite la terre, &c.

Galilée fut encore le premier qui découvrit, par le moyen de ses lunettes, les quatre petites étoiles qui accompagnent toujours Jupiter, comme autant de petites lunes, lesquelles sont emportées avec Jupiter, autour du soleil, dans l'espace de douze ans, pendant qu'elles tournent autour de Jupiter dans des temps différens, selon qu'elles sont plus ou moins éloignées de cette planette. Galilée nomma ces étoiles les *astres de Médicis*, pour honorer le grand duc de Toscane, son protecteur, de la famille des *Médicis*. Mais on les appelle plus communément les *satellites de Jupiter*. Il fit plusieurs autres belles observations sur la physique; mais enfin, pour prix de toutes ses découvertes, il fut mis à l'inquisition, pour avoir enseigné de bouche & par écrit l'opinion du mouvement de la terre, & fut détenu en prison durant cinq ou six ans, où après avoir été très-maltraité, il abjura solemnellement cette opinion.

Au commencement du XVII siécle, *Pierre Gassendi*, professeur royal des mathématiques à Paris, prit aussi une nouvelle maniere de philosopher. Il étudia la philosophie d'Aristote, comme on l'enseignoit alors dans les écoles; mais il ne put s'en tenir là. Enfin après avoir consulté les divers systêmes des anciens philosophes, il se déclara en faveur de la philosophie d'Epicure, qu'il perfectionna beaucoup. Nous avons parlé des défauts de la physique d'Epicure, Gassendi les a reconnus & rejettés, il admet les atomes; mais il soutient contre Epicure, ne Dieu les a créés, & qu'il leur a donné le mouvement, l'extenfion, & la figure que ce philofophe foutenoit qu'ils avoient d'eux-mêmes & de toute éternité, fans le trouver. Gaffendi avoue la providence qu'Epicure connoiffoit point, & rectifie la morale de ce philofophe par les lumieres du Chriftianifme. C'eft lui qui, dans les derniers temps, a commencé de faire voir qu'Epicure n'étoit pas fi relâché dans fa morale, qu'on fe l'étoit imaginé, & malgré la prévention qui s'étoit formée depuis plufieurs fiécles contre la morale d'Epicure, prefque tout le monde s'eft rangé au fentiment de Gaffendi.

Il ne faifoit pas grand cas de la logique, non plus qu'Epicure ; mais il enrichit la philofophie d'une infinité de raifonnemens inconnus à cet ancien, & de plufieurs découvertes, principalement fur ce qui regarde l'aftronomie. Il a compofé plufieurs ouvrages de philofophie, qui font pleins d'une belle & agréable littérature. Il y étale prefque tous les fentimens des anciens philofophes avec une clarté admirable, foit pour les réfuter ou pour les adopter, enforte qu'on peut douter fi jamais philofophe a autant étudié que lui.

Gaffendi eut plufieurs difciples ; mais il n'y en a aucun qui ait rien ajouté aux lumieres qu'il avoit reçues de ce grand homme, fi nous en exceptons *François Bernier*, qui a donné au public un *abrégé de la philofophie de Gaffendi* en françois, où il a fait paroître beaucoup de difcernement & de netteté d'efprit. Cet abrégé contient plufieurs découvertes curieufes, qui fe font faites depuis Gaffendi, tant dans la phyfique que dans l'aftronomie.

Enfin dans ce même temps, *René Defcartes*, par une méthode qui n'avoit été connue que très-imparfaitement avant lui, a découvert plus de vérités dans la philofophie, qu'on n'avoit fait dans tous les fiécles précédens. On peut voir dans un petit traité qu'il a compofé lui-même, intitulé *de la méthode*, la maniere dont il s'y eft pris pour découvrir la vérité. Il regardoit la logique qu'on enfeigne ordinairement dans les écoles, comme une fcience qui peut fervir à enfeigner aux autres ce qu'on fait déja, mais qui eft abfolument inutile pour conduire l'efprit dans la connoiffance de la vérité. Au lieu donc de cette multitude de préceptes, dont la logique accable l'efprit, Defcartes propofa quatre regles, qui font très-fimples & très-intelligibles, & qui fuffifent pour conferver toujours l'évidence dans nos perceptions, & pour découvrir les vérités les plus cachées, ce qui eft le but de la véritable logique.

La premiere de ces regles eft, *Qu'il ne faut rien recevoir pour vrai, qu'on ne conçoive clairement & diftinctement être vrai*. C'eft-à-dire, qu'il faut éviter avec foin de juger d'aucune chofe avec précipitation ; & de rien affirmer, que ce qui nous paroît fi évident, que nous ne puiffions en douter en aucune maniere.

La feconde regle eft, *Qu'il faut divifer la queftion que l'on veut examiner en autant de parties qu'il faut, pour la pouvoir réfoudre plus commodément.*

La troifiéme, *Qu'il faut ranger fes penfées dans un certain ordre, de forte qu'on commence par les chofes les plus fimples & les plus faciles à comprendre, afin de monter infenfiblement, & comme par dégrés, à la connoiffance des plus difficiles & des plus compofées : qu'il faut même donner un ordre déterminé aux chofes, qui naturellement ne fe précedent point les unes les autres.*

La quatriéme, *Qu'il faut faire par-tout des dénombremens fi entiers, & des revues fi générales, qu'on fe puiffe affurer de ne rien omettre de ce qui eft néceffaire pour réfoudre une queftion.*

Defcartes commence fes recherches par la métaphyfique, c'eft-à-dire, par les chofes les plus générales & les plus fimples, & par conféquent les plus faciles à connoître. Il remarque d'abord que tous les hommes font fujets à l'erreur, & qu'ils fe trompent tous effectivement en bien des chofes, de leur propre aveu. Afin donc que les préjugés de notre enfance, & plufieurs faux jugemens, que nous pourions regarder comme très-certains, ne nous empêchent point de trouver la vérité, Defcartes veut que nous commencions par douter de tout, jufqu'à ce qu'une entiere évidence nous force, s'il faut ainfi dire, à donner notre confentement à quelque vérité. Après nous avoir engagés à regarder toutes nos opinions comme fauffes ou incertaines, à douter s'il y a aucun efprit, aucun ciel, aucune terre, &c. & fi nous avons nous-mêmes un corps, il fait voir que pendant que nous doutons ainfi de tout, & que nous affirmons qu'il n'y a rien de certain, nous fommes obligés d'avouer que nous qui doutons, qui affirmons, qui nions, exiftons néceffairement ; & par conféquent, qu'au milieu de toutes nos incertitudes, nous fommes obligés d'admettre ce principe, *Je doute, je penfe, donc je fuis.*

De cette premiere connoiffance, Defcartes conclut que l'exiftence de notre ame, ou de cette fubftance qui penfe en nous, nous eft plutôt connue que l'exiftence du corps, ou de la fubftance étendue, & que nous fommes même plus certains de l'exiftence de notre ame, que de celle de quelque corps que ce foit. Nous pouvons douter de l'exiftence de notre propre corps ; mais nous fommes furs que nous exiftons, par cela même que nous doutons de l'exiftence de toutes les chofes du monde : au lieu que fi nous ceffions de penfer, nous ne pourions point être perfuadés de la vérité de notre exiftence, quand même notre corps, le monde, & tout ce que nous pouvons imaginer, auroient une exiftence très-réelle. De-là encore Defcartes infere que cette fubftance qui eft en nous, qui doute, affirme, nie, imagine, & penfe, eft entierement différente du corps ou de la fubftance étendue : ce que perfonne n'avoit encore bien connu, quoique le dénouement de plufieurs grandes & importantes queftions de phyfique & de morale dépendent de cette connoiffance, comme Defcartes l'a fait voir évidemment. Après cela cherchant la raifon qui l'a affuré de la vérité & de la certitude de cette propofition, *Je penfe, donc je fuis*, afin de voir s'il pourroit s'en fervir pour découvrir quelqu'autre vérité, il trouve qu'il n'a été porté à regarder cette propofition comme indubitable, que parcequ'il voit très-clairement qu'il eft impoffible que ce qui penfe n'exifte pas ; d'où il conclut qu'il peut admettre pour regle générale de fes connoiffances, *que tout ce qu'il conçoit clairement & diftinctement, eft vrai & indubitable.*

Cela étant pofé, notre philofophe pourfuit fa méditation, pour tâcher de découvrir s'il n'y a point quelque être diftingué de lui. Il trouve d'abord en lui-même plufieurs idées, qui lui repréfentent des êtres hors de lui, comme une terre, un ciel, des aftres, &c. Il jugeoit autrefois que ces êtres exiftoient actuellement hors de lui, parcequ'il a diverfes idées qui lui repréfentent ces êtres, & qui lui femblent très-différens de lui-même. Mais maintenant qu'il ne veut rien affirmer, qu'il ne conçoive clairement & diftinctement, il fe contente de dire qu'il a des idées de tous ces êtres, fans affirmer pour cela qu'il y ait hors de lui des êtres actuellement exiftans, qui répondent aux idées qu'il en a.

Mais d'où peuvent venir toutes ces idées ? Defcartes ne fachant à qui attribuer la caufe, fuppofe d'abord qu'il en eft lui-même l'auteur, & que quoiqu'il ait quelquefois ces fortes d'idées malgré lui, comme lorfqu'il fent de la douleur, du froid, du chaud, &c. il y a peut-être en lui quelque faculté, qui produit cette idée de douleur, ayant éprouvé qu'il y a en lui de certains mouvemens, qui le pouffent à faire des chofes qui lui font fouvent très-pernicieufes. Il ne peut donc point encore favoir s'il y a quelque être diftingué de lui, qui exifte réellement.

Mais Descartes nous fournit encore une voïe pour reconnoître si de toutes les idées que nous trouvons en nous, il n'y en a point quelqu'une dont nous puissions conclure l'existence de quelque être distingué de nous.

Premierement, si je regarde toutes ces idées comme des manieres de penser, je ne trouve aucune différence entr'elles; mais si j'ai égard aux choses qu'elles me représentent, je vois clairement & distinctement qu'elles sont fort différentes. L'idée, par exemple, qui me représente un être infiniment parfait, est sans doute très-différente de celle qui me représente un être fini & borné. Or il est manifeste par la lumiere naturelle, qu'il doit y avoir, pour le moins autant de réalité dans la cause efficiente & totale, que dans l'effet, le plus parfait ne pouvant point être une suite du moins parfait. Je dois donc conclure de ce principe, qu'ayant en moi l'idée d'un être infiniment parfait, laquelle ne peut point avoir été formée par moi, qui suis borné & fini, il faut nécessairement que cet être infiniment parfait existe, de qui je reçois l'idée d'une infinité de perfections, & qu'il faut qu'il y ait autant de réalité dans la cause que dans l'effet. Et comme par cet être infiniment parfait, j'entends *Dieu* même; de ce que j'ai en moi l'idée de l'infini, je dois conclure que Dieu existe. D'ailleurs, supposé que l'être infiniment parfait n'existe point, comment pourois-je exister, moi qui ai l'idée de cet être infiniment parfait? Serois-je l'auteur de mon existence, ou bien quelque autre moins parfait que Dieu? Mais si j'existois par moi-même, je ne douterois point, je ne m'épuiserois point en desirs, je posséderois toutes les perfections dont j'ai quelque idée; car m'étant donné l'existence, rien n'eût empêché que je ne fusse orné de toutes ces perfections, & ainsi je serois cet être infiniment parfait que nous cherchons. Je ne tire point aussi mon existence d'un autre qui soit moins parfait que Dieu: car ou cet autre existe par lui-même, ou par un autre: s'il existe par lui-même, c'est Dieu lui-même, comme nous venons de le prouver; & s'il existe par un autre, il faudra demander si cet autre existe encore par lui-même ou par un autre, jusqu'à ce qu'on vienne à un premier auteur, qui existant par lui-même, possede toutes les perfections que ceux-là n'ont pas; & par conséquent il faut avouer que Dieu existe.

Descartes s'étant ainsi assuré de l'existence d'un être infiniment parfait, & ayant connu par l'idée de ses perfections infinies, qu'il lui manque plusieurs de ces perfections, il examine quelle peut être la cause de ses erreurs. Dieu ne peut point en être la cause, car étant infiniment parfait, il est impossible qu'il veuille nous séduire. Il en faut donc chercher la cause en nous-mêmes. Nous ne sentons en nous que deux manieres d'être, ausquelles toutes peuvent se rapporter, savoir l'*entendement* & la *volonté*. Après avoir prouvé que l'entendement ne peut point être la cause de nos erreurs, puisqu'il ne fait simplement que recevoir certaines idées, qui se présentent à l'esprit, sans les comparer ensemble, en quoi il ne peut point y avoir d'erreur, l'entendement ne pouvant point appercevoir que ces idées aient des rapports qu'elles n'ont pas, il conclut que ce n'est que lorsque nous jugeons que ces idées ont des rapports qu'elles n'ont pas, que nous tombons dans l'erreur; & par conséquent, que la volonté, dont la fonction est de juger, est la véritable cause de nos erreurs. Cela étant posé, si nous ne jugeons jamais d'une chose est véritable, qu'autant que nous verrons clairement & distinctement qu'elle est véritable, il est certain que nous ne tomberons jamais dans l'erreur. Nous voila donc persuadés non seulement de l'existence de notre ame & de celle de Dieu, mais d'une infinité de principes, comme, qu'il est impossible qu'une chose soit & ne soit pas en même temps, que le tout est plus grand que sa partie, & de toutes les vérités mathématiques, que nous avons une fois vues d'une maniere claire & distincte.

Enfin, de ce principe, que *Dieu n'est point trompeur*, Descartes conclut que nous avons un corps, au-

quel notre ame est unie, & que nous sommes environnés de plusieurs autres corps; & il finit en faisant voir que l'ame & le corps sont deux substances entierement différentes. Voila une idée très-succinte de la métaphysique de Descartes: passons à sa physique.

Il se propose de ne raisonner que sur des idées claires & distinctes, aussi bien dans la physique, que dans la métaphysique. Sur ce fondement il examine en quoi consiste l'essence de la matiere ou du corps en général. On entend par l'essence d'une chose, le premier attribut que nous concevons dans une chose, & sans lequel nous ne saurions concevoir cette chose. Suivant cela, Descartes assure que l'essence du corps ne consiste point dans la dureté, la liquidité, la pesanteur, la légereté, la chaleur, la froideur, la sécheresse, l'humidité, ou dans quelque autre qualité semblable, parcequ'il n'y a pas une de ces choses qui soit inséparable de la matiere; mais qu'elle consiste dans l'étendue, parceque l'étendue est le premier attribut que nous concevions dans la matiere, & qui lui convient si nécessairement, qu'aussitôt que nous avons l'idée de la matiere, nous avons l'idée d'une substance étendue en longueur, largeur & profondeur, sans pouvoir séparer en aucune maniere ces idées. Ainsi, selon Descartes, il est impossible qu'il y ait du vuide, c'est-à-dire, un espace, où il y ait aucune matiere, parceque tout espace a de l'étendue, & que l'étendue & la matiere sont une même chose.

De ce premier attribut qui fait l'essence de la matiere, Descartes déduit toutes les autres propriétés que l'étendue enferme nécessairement, savoir, la divisibilité & la figure; mais comme les divisions que l'on fait seulement par la pensée, ne changent rien dans la matiere, & que toute division réelle dépend du mouvement, Descartes examine ensuite fort au long la nature du mouvement.

C'est sur ces principes simples, d'étendue, de figure & de mouvement, lesquels tout le monde peut voir sans peine dans l'idée de la matiere; c'est, dis-je, sur ces principes que ce philosophe fonde tous les raisonnemens qu'il fait sur la physique. On n'a qu'à lire les *principes de sa philosophie*, pour être convaincu qu'on ne peut rien savoir de certain dans la physique, si l'on ne suit sa méthode, c'est-à-dire, si l'on ne raisonne comme lui, sur les plus claires & les plus simples idées de la matiere; & on verra en même temps par cette lecture, que ce philosophe a effectivement découvert par cette méthode plusieurs vérités qui étoient absolument inconnues avant lui, & plusieurs autres, dont on n'avoit que des idées fort obscures. Aucun philosophe, par exemple, n'avoit donné avant Descartes une idée claire & distincte des qualités sensibles, des couleurs, des odeurs, &c. C'est lui qui le premier s'est avisé de distinguer le sentiment qu'a notre ame, à l'occasion d'un objet qu'on nomme coloré, odoriférant, &c. d'avec ce qui produit ce sentiment. Si l'on n'eût raisonné, comme lui, que l'on n'eût distincte de la matiere, on n'auroit jamais mis les couleurs dans les objets, qui excitent en nous les différens sentimens de couleur, &c. puisqu'on n'a jamais vu clairement que ce sentiment puisse convenir au corps, quel qu'il soit, dans lequel nous ne voyons que de l'étendue, des figures & du mouvement; mais on auroit attribué ce sentiment à l'ame, qui est capable de sentir, comme chacun peut s'en convaincre, en se consultant soi-même; & on se seroit apperçu facilement, qu'il y a quelque petit corps, qui tombant sur le corps qu'on nomme coloré, & réfléchissant sur nos yeux, produit par ses différens mouvemens des sentimens différens, ausquels nous avons donné des noms particuliers, pour les distinguer les uns des autres, comme Descartes l'a fait voir d'une maniere évidente, par les seuls principes d'étendue, de figure & de mouvement.

Il seroit difficile de nommer tous les illustres disciples de Descartes. Un de ceux qui a fait plus d'honneur à sa philosophie, est le R. P. Malebranche, prêtre de l'Oratoire, qui a su corriger beaucoup de choses dans la métaphysique

taphyſique de Deſcartes, touchant l'explication des fonctions de l'ame, & qui a perfectioné en beaucoup de choſes cette partie de la philoſophie, quoiqu'il ſe ſoit éloigné de ce grand philoſophe ſur d'autres points. * Voyez le diſcours qui eſt à la tête de la philoſophie de Regis.

PHILOSTEPHANES, Philoſtephanus, Cyrénien, ami de Callimaque, qui étoit du même pays, vivoit ſous Ptolémée Philadelphe, vers la CXIX olympiade, & l'an 304 avant J. C. Il écrivit divers traités des fleuves, les hiſtoires des Epirotes, de Chypre, &c. cités par les anciens. * Athénée, l. 7 & 8. Plutarque, in Lycurg. Clément Alexandrin, l. 1 ſtrom. Poſſevin, in appar. ſacr. Geſner, in biblioth. & Voſſius, de hiſt. Græc. l. 1, c. 15.

PHILOSTORGE, Philoſtorgius, de Cappadoce, étoit fils de Carterius & d'Eulampia, & naquit vers l'an 388, ſous l'empire de Valentinien & de Valens. Il écrivit une hiſtoire eccléſiaſtique, qu'il publia du temps de Théodoſe le Jeune. Cet ouvrage étoit diviſé en XII livres, qui commençoient par les lettres de ſon nom, en forme d'acroſtiche. Philoſtorge étoit Arien, & du parti des Aëtiens ou Eunomiens; ainſi on ne doit pas s'étonner s'il loue extrêmement les hérétiques, & s'il déchire les orthodoxes, ſur-tout S. Athanaſe. A cela près, il témoigne aſſez de zèle pour la religion chrétienne, & nous apprend beaucoup de choſes utiles pour l'antiquité eccléſiaſtique. Photius qui accuſe ſon impiété & ſon peu de fidélité au ſujet des catholiques, le blâme encore d'une affectation de ſtyle, plus propre à un poëte qu'à un hiſtorien. Il fit néanmoins un abrégé de cette hiſtoire, que Jacques Godefroi a publiée en grec & en latin. Nicéphore Calliſte a pris de Philoſtorge, qu'il nomme Deo inviſus, diverſes choſes qu'il a inſérées dans ſon hiſtoire, ſans le citer. Henri de Valois a donné depuis l'extrait de l'hiſtoire de Philoſtorge, fait par Photius, avec une nouvelle verſion beaucoup plus fidèle que celle de Godefroi. Cette hiſtoire commence à la conteſtation d'Arius & d'Alexandre, c'eſt-à-dire en 320, & finit au temps que Théodoſe le Jeune aſſocia à l'empire Valentinien III, fils de Placidie & de Conſtance, vers l'an 425. On attribue encore à Philoſtorge un livre contre Porphyre. * Photius, cod. 40. Godefroi, in not. & prolog, &c. Du Pin, biblioth. ecclef.

PHILOSTRATE, Philoſtratus, de Lemnos, ou ſelon d'autres, de Tyr ou d'Athènes, ſophiſte, vivoit à Rome du temps de l'empereur Sévère, vers l'an 200 de J. C. & à la priere de l'impératrice Julie, il compoſa la vie d'Apollonius de Tyane. Cet ouvrage eſt en huit livres. Il a auſſi compoſé un autre ouvrage, connu ſous le nom d'images ou tableaux de Philoſtrate. Cet auteur étoit fils, ou ſelon d'autres, petit-fils de PHILOSTRATE, auſſi ſophiſte, qui vivoit du temps de Veſpaſien & de Tite, & qui écrivit des harangues, des tragédies, &c. Il ne faut pas les confondre avec deux autres auteurs du nom de PHILOSTRATE. Le premier, qui vivoit du temps de Macrin & d'Antonin Héliogabale, étoit petit-fils, ou plutôt neveu de celui qui a compoſé la vie d'Apollonius de Tyane, & épouſa ſa fille. Suidas lui attribue divers ouvrages, & c'eſt de lui que ſont les vies des ſophiſtes, où il eſt fait mention d'un autre PHILOSTRATE Egyptien, philoſophe & ſophiſte. * On peut conſulter Suidas, Photius, cod. 44, 150 & 241. Voſſius, de hiſt. Græc. lib. 2, c. 14, &c.

PHILOTAS, fils de Parmenion, accuſé d'avoir conjuré contre Aléxandre, fut obligé par la rigueur des tourmens d'avouer ſon crime, & fut enſuite lapidé par les ſoldats. Il y a deux autres PHILOTAS généraux d'armée d'Alexandre, & un jeune homme du même nom, ſon page, qui fut de la conſpiration d'Hermolaüs contre ſon prince. * Quint-Curce, l. 5, 6, 8, 10.

PHILOTHÉE, moine & abbé du mont Athos, fait archevêque d'Héraclée avant l'an 1354, fut élu patriarche de Conſtantinople à la place de Calliſte, qui en fut chaſſé ſur la fin de l'an 1354. Jean Paléologue étant de-

venu ſeul maître de Conſtantinople, rétablit Calliſte, & Philothée fut obligé de ſe cacher, juſqu'à la mort de Calliſte, qui arriva en 1362; après quoi Philothée rentra en poſſeſſion du patriarchat, dont il jouit juſqu'à l'an 1376, qui fut celui de ſa mort. Ce patriarche, qui, ſelon Cantacuzene, a été recommandable à cauſe de ſa ſainteté & de ſon éloquence, a compoſé divers ouvrages; mais il y en a peu d'imprimés. Un des principaux eſt ſon traité de la ſubſtance, de l'opération & de la puiſſance de la lumiere du mont Thabor, diviſé en quinze livres, contre les dix livres de Nicéphore Grégoras, qui ſont manuſcrits dans la bibliothéque du duc de Baviere & du Vatican; des homélies ſur les évangiles & ſur les fêtes de l'année, dans la bibliothéque du duc de Baviere, & dans celle du roi d'Eſpagne; un abrégé de l'économie de Jeſus-Chriſt homme, & un panégyrique du ſaint martyr Démétrius, dans la bibliothéque du Vatican. Ce ſont-là les ouvrages manuſcrits de Philothée. Ceux qui ſont imprimés ſous ſon nom, ſont un traité des fonctions du diacre, en latin, dans la derniere bibliothéque des peres; des panégyriques de S. Grégoire de Nazianze, & de S. Jean Chryſoſtome, imprimés en grec & en latin, dans l'addition à la bibliothéque des peres de l'an 1624. Deux ſermons, l'un ſur la croix, & l'autre ſur le troiſiéme dimanche du carême, donnés en grec & en latin, par Gretſer, dans ſon ſecond tome de la Croix. * Du Pin, biblioth. des aut. ecclef. du XIV ſiécle. Banduri, imp. Orient. l. 8 comm.

PHILOTHEUS, cherchez NIPHUS PHILOTHEUS.

PHILOTIS, eſclave Romaine, eſt devenue célèbre dans l'hiſtoire, par le ſervice qu'elle rendit à la république. Ce fut elle qui donna le conſeil aux Romains de l'envoyer avec les autres eſclaves dans le camp des Fidénates, revêtues d'habits de citoyennes. Sitôt qu'elles y furent arrivées, elle engagea les Fidénates à boire, & donna lieu par ſon exemple à toutes les autres eſclaves d'enivrer les ſoldats, & tous les officiers de l'armée, qui s'endormirent preſque tous d'un ſommeil très-profond. Alors Philotis donna le ſignal au haut du figuier ſauvage, à l'armée romaine qui vint fondre ſur celle des Fidénates, & qui la défit entierement. Le ſénat, par reconnoiſſance pour Philotis, accorda la liberté à toutes celles qui l'avoient accompagnée chez les Fidénates, leur donna une récompenſe conſidérable, & leur permit de porter l'habit des citoyennes, & fit ſolemniſer en ce jour une fête ſolemnelle. Voyez FÊTES CAPROTINES, qui ſe faiſoient le jour des nones de juillet. * Plutarque. Varron.

PHILOXENE, de Leucade, fut un des plus grands mangeurs de ſon ſiécle; & pour pouvoir dévorer tout ce qu'on ſervoit ſur la table, ſans que les autres convives euſſent le temps de manger, il engageoit les cuiſiniers à ne ſervir rien qui ne fût extrêmement chaud. Il ne put ſatisfaire ſa voracité, que par une ſuite d'exercices qui lui donnerent d'abord beaucoup de peine: il fallut ſe rendre inſenſible aux plus grandes chaleurs, & les braver juſque dans le bain; mais de quoi ne vient-on pas à bout? Philoxene eut des imitateurs, qui enchérirent encore ſur leur modèle. Il ne ſe contenta pas d'être connu des hommes de ſon temps, & il voulut que la poſtérité fût informée de ſon habileté dans l'art de choiſir les mets & de les apprêter. Platon le comique a eu ſans doute raiſon de le railler là-deſſus; mais les traits ſatyriques de ce poëte ne purent empêcher, comme on l'apprend d'Ariſtote, que Philoxène n'eût parmi les Grecs des admirateurs, qui liſoient ſon feſtin aux étrangers comme quelque choſe de fort curieux. * Athénée, liv. 14.

PHILOXENE. Le ſavant Périzonius dans ſes notes ſur Elien, diſtingue quatre perſonnages de ce nom, ſavoir: 1°. Philoxène de Cythère, poëte dithyrambique & grand mangeur; 2°. Philoxène lyrique, &, qui pour ne point s'endetter, quitta un établiſſement honnête qu'il avoit en Sicile, au rapport de Plutarque; 3°. Philoxène de Leucade, poëte & paraſite de profeſſion, dont nous parlons dans l'article précédent;

4°. Philoxène, fils d'Eryxis, autre gourmand, & difciple d'Anaxagore. De ces quatre Philoxènes, le plus connu eft le poëte-muficien, qui, felon la plus commune opinion, étoit né à Cythère, capitale de l'ifle du même nom, la feconde année de la LXXXV olympiade, qui répond à l'an 439 avant l'ère vulgaire. Ainfi il floriffoit du temps de Platon & des deux Denys, tyrans de Sicile; & il fut non-feulement contemporain, mais rival de Timothée, de Téléfte, & de Polyide, trois poëtes dithyrambiques très-diftingués felon Diodore. Les Lacédémoniens ayant réduit en fervitude les habitans de Cythère, Philoxène, jeune alors, devint efclave du Spartiate Agéfyle, après la mort duquel il paffa entre les mains de Mélanippide, poëte-muficien renommé, dont il devint le difciple. Ses difpofitions naturelles, fous un tel maître, fe reffentirent au point qu'il ne tarda pas à devenir un excellent poëte dithyrambique, & capable même de réuffir dans le poëme tragique. Avec de pareils talens, foutenus de tous ceux qui rendent aimable, & qui font fouhaiter dans les parties de plaifir un homme de cette profeffion, il s'introduifit aifément à la cour de Syracufe, où l'on n'avoit pas moins de gout pour la mufique & la poëfie, que pour la bonne chere & les autres volupté. Celles de la table avoient de grands attraits pour Philoxène, & l'on fait fur cela divers contes, dont on peut voir plufieurs dans l'écrit qui fera cité plus bas. Malgré les complaifances de Denys le tyran pour Philoxène, celui-ci n'en étoit pas plus porté à trouver bons les vers de ce prince, qui avoit le ridicule entêtement de s'ériger en poëte tragique. Sa trop grande fincérité le fit condamner aux carrieres (c'étoit la prifon publique.) Rappellé quelques jours après, Denys lui lut une nouvelle piéce qu'il venoit de compofer, & lui en demanda encore fon avis. Philoxène ayant rêvé quelques momens, voulut fe retirer fans rien dire. Le prince lui demanda où il alloit, & le poëte répondit: *Seigneur, je retourne aux carrieres; qu'on m'y remene.* Cette répartie appaifa Denys. Quelques auteurs prétendent qu'il fut envoyé une feconde fois aux carrieres, pour avoir lié un commerce trop particulier & trop tendre avec Galathée, célèbre joueufe de flute; & que ce fut dans ce trifte féjour qu'il compofa fa tragédie du Cyclope, où Denys faifoit le perfonnage de Polyphème, la muficienne jouoit le rolle de Galathée, l'une des Néréides, & le poëte celui d'Ulyffe. On dit que dans cette piéce il introduifoit fur la fcène le Cyclope une *cithare* à la main, pour mieux charmer Galathée, le faifant accompagner d'un valet, qui lui donnoit le ton de cet inftrument. On ajoute que Philoxène s'étant fauvé des carrieres, fe retira dans la ville de Tarente; que Denys lui écrivit pour l'inviter à retourner en Sicile, mais que le poëte pour toute réponfe lui récrivit un billet, dont toutes les lignes ne contenoient que des *omicron*, ce caractère s'employant très-fouvent au lieu de la diphthongue *ou* qui tient lieu de notre négative *non*. Polixène mourut à Ephèfe, âgé de 60 ans, la premiere année de la C olympiade, qui répond à l'an 380 avant l'ére chrétienne. Outre fon Cyclope, on lui attribue vingt-quatre poëmes dithyrambiques; la généalogie des Æacides en vers lyriques, & peut-être quelques autres. Mais de ces divers ouvrages, il ne nous refte que quelques fragmens : on le fait encore auteur d'un poëme intitulé, *le Souper*, & dont on trouve quelques fragmens dans Athénée. Mais cet écrivain paroît lui-même incertain fi ce poéme eft de Philoxène de Cythère, ou du parafite de même nom, natif de Leucade. On trouve dans un fragment du poëte comique Antiphane, le caractère de la poëfie & de la mufique de Philoxène, en ces termes : « Philoxène l'em-» porte de beaucoup fur tous les poëtes, premierement » par l'ufage continuel qu'il fait faire de termes nou-» veaux, & qui lui font particuliers. Mais de plus, quel » agrément ne répand-il point dans fes chants, par un » jufte mélange des nuances & du chromatique ! Il faut » le regarder comme un dieu parmi les hommes, tant

» il poffede véritablement l'art de la mufique. » * Extrait des remarques de M. Burette fur le dialogue de Plutarque touchant la mufique, dans le tome XIII des *Mémoires de l'académie des infcriptions & belles lettres*, pag. 200 & fuiv.

PHILOXÈNE, *Philoxenus*, capitaine Macédonien, arrêta dans l'ifle de Crète, l'intendant d'Harpalus, tréforier d'Alexandre *le Grand*, qui avoit enlevé les richeffes de ce prince, pendant fon abfence. Le prifonnier découvrit ceux à qui Harpalus avoit confié le tréfor dans Athènes, & on en envoya la lifte aux magiftrats, pour retirer cet argent, & les faire punir. Mais Philoxène ne voulut point nommer Demofthène, quoiqu'il eût eu quelque différend avec ce fameux orateur, préférant en cette occafion l'eftime qu'il faifoit de fon éloquence à fon propre reffentiment. * Paufanias.

PHILOZOÉ, femme de *Tlepolemus*, ayant appris la mort de fon mari au fiége de Troye, fut d'abord frapée d'une grande trifteffe, & inftitua enfuite des jeux en l'honneur de la mémoire de fon mari, dans lefquels des enfans fe battoient, & les vainqueurs étoient couronnés de branches de peuplier blanc. * Polixæn. lib. 1.

PHILUMENE, femme poffédée, favorite d'Apelles, Marcionite, qui fe vantoit d'avoir des vifions, & fe faire de miracles. * Eufebe. S. Epiphane. Du Pin, *biblioth. des aut. ecclef. des trois premiers fiécles*.

PHILUMENE, fille de *Callithyche*, nourice d'Ariftide, eft célèbre pour avoir donné fa vie pour celle d'Ariftide, fon frere de lait. * Cafaub. *in 4 Suetonii*.

PHILYLLIUS, auteur d'iambes fur les villes. * Athénée, *l.* 3. Il y a eu auffi un ancien poëte comique de même nom, dont parle le même auteur, *l.* 14 & Pollux, *lib.* 7.

PHILYRA, fille de l'Océan, fut maîtreffe de Saturne Rhée, femme de Saturne, les ayant furpris, Saturne fe transforma en cheval pour fe fauver; & Philyra fut fi confufe, qu'elle quitta ce pays, & s'en alla errer par les montagnes des Pélafges, où elle accoucha du centaure Chiron. Elle eut tant de regret d'avoir mis ce monftre au monde, qu'elle demanda aux dieux d'être métamorphofée; elle le fut en tilleul. * Apollon, *Argonautic. lib.* 2. Hygin. Virgil. *Georgic. lib.* 3. Bayle, *diction. critique*.

PHILYRES, peuple voifin du Pont-Euxin. * Dionyf. Perieg. Valer. Flaccus, *lib.* 5.

PHINÉE, *Phineus*, fils d'*Agenor*, regna dans la Paphlagonie, & époufa *Cléopatre*, fille de *Borée*, dont il eut deux fils, *Parthenius* & *Crambis*. Après avoir répudié cette premiere femme, il prit une fille du roi des Scythes, nommée *Idée*. Quelque temps après, ces deux princes furent accufés d'avoir commis un incefte avec leur belle-mere, & condamnés par leur propre pere à perdre la vue; mais Borée vengea l'innocence de fes petits-fils; car ayant livré une bataille à Phinée, il le fit prifonnier, & lui donna le choix ou de mourir, où d'être fait aveugle. Phinée choifit le dernier. On dit qu'alors les dieux lui infpirerent l'art de prédire les chofes futures. Mais Neptune fut jaloux, & lui envoya des harpyes, qui gâtoient fes viandes, lorfqu'il étoit à table. Il fut tourmenté de ces monftres jufqu'à ce que Zethès & Calaïs fils de Borée, les chafferent dans les ifles Strophades. *Voyez* HARPIES. * Apollodore, *biblioth. lib.* 1.

PHINÉE, *Phineus*, frere de Cephée roi d'Ethiopie, étoit oncle d'*Andromede*, qui lui avoit été promife en mariage, & n'ofa combattre le monftre marin auquel elle étoit expofée, felon la fiction des poëtes. Ce fut Perfée qui le tua. Phinée voulut néanmoins enlever Andromede le jour de fes nôces, & affaffiner fon libérateur; mais Perfée le changea en pierre, en lui montrant la tête de Médufe. * Ovide, *en fes métamorphofes*.

PHINÉES, fils d'*Eléazar*, & petit-fils d'*Aaron*, voyant que Zambri, chef de la tribu de Siméon, entretenoit un commerce criminel avec Cozbi, fœur du roi des Madianites, entra dans la tente où ils étoient enfemble, & les tua tous deux, vers l'an du monde 2580,

& 2455 avant J. C. Cette punition faite dans le tranfport d'un zèle ardent de venger l'injure des loix divines,
fut fi agréable à Dieu, qu'elle attira la confirmation de
l'honneur du pontificat dans la famille d'Eléazar. Phinées & fes defcendans poffédèrent fans interruption
la charge de grand prêtre des Juifs jufqu'au temps d'Hélie, où elle paffa dans la famille d'Ithamar ; mais David la fit rentrer dans celle d'Eléazar & de Phinées en
la perfonne de Sadoc qui la partagea avec Abiathar
defcendant d'Ithamar, & qui la réunit toute entière
pour lui & pour toute fa poftérité fous Salomon. Phinées
faifoit fa réfidence à Silo dans la tribu d'Ephraïm. L'écriture ne nous apprend rien de tout ce que Phinées a fait
durant le temps de fon pontificat : elle nous marque
feulement qu'il eut un fils nommé Abifué qui lui fuccéda.
* Nomb. 25. Judic. 20, v. 28.

PHINÉES, fils d'Heli, cherchez OPHNI.

PHINÉES, facrificateur & garde du tréfor du temple
de Jérufalem, qui après l'incendie de la ville & de
ce faint lieu, étant fur le point d'être attaché à la croix,
découvrit à Tite pour fauver fa vie, le lieu où l'on avoit
caché quantité d'habits facerdotaux & de teintures d'é-
toffe de pourpre & d'écarlate deftinées pour les voiles
du temple ; de la canelle, de la caffe, & d'autres aro-
mates d'une odeur très-exquife, qu'on bruloit fur l'autel des encenfemens. Il
remit auffi à Tite plufieurs autres chofes de grand prix,
tant des préfens offerts à Dieu, que des ornemens du
temple. Cela fut caufe qu'on lui pardonna, & qu'on le
traita favorablement. * Joféphe, guerre des Juifs, liv. VI.
chap. 41.

PHINICA ; anciennement Aperræ, Apheræ, Apyræ,
Apiræ, petite ville de la Natolie en Afie. Elle eft fur la
côte du Mentefeli, entre Patéra & Satalia, à vingt ou
vingt-deux lieues de l'une & de l'autre. * Mati, dictionaire.

PHIOPS, vingtième roi des Memphites, après Mete-
fuphis, regna cent ans. C'eft le même qui eft appellé
dans Eratofthène, Apaphus le Grand, qui réunit le royaume des Thébains à celui des Memphites. Il commença
à régner l'an 1642 avant J. C. Il bâtit une piramide,
felon Hérodote. * Manethon. Eratofthène. Marfham,
can. chron. Du Pin, bibliothèque univerfelle des hift.
prof. Voyez APAPHUS.

PHISON, fleuve du Paradis Terreftre, cherchez
PARADIS TERRESTRE.

PHITOM, ville de l'Egypte, que les Ifraélites bâtirent dans le temps de leur captivité. Elle n'étoit pas
éloignée de la mer Rouge. Ce fut près de-là qu'on mena
un canal du Nil dans cette mer. Hérodote la nomme
Patumos, liv. 2, chap. 158. * Voyez J. le Clerc, fur
l'Exode, ch. 1 verf. 11.

PHLEGETON, c'eft le nom d'un des fleuves des
enfers, felon les poëtes. Il vient du mot grec φλέγειν, qui
fignifie bruler.

PHLEGON, difciple de S. Paul. On le fait évêque
de Marathon, ville de Grece, où l'on prétend qu'il fut
martyrifé le huitième avril. S. Paul le falue dans fon
épître aux Romains, chap. XVI, verf. 14. * Martyrologe romain.

PHLEGON, de Tralles en Afie, étoit un de ces affranchis d'Adrien, qui avoient été élevés dans les lettres
& les fciences, & qui a vécu jufqu'à l'an 18 d'Antonin
le Pieux. Il a laiffé à la poftérité beaucoup de marques
de fon érudition ; & entr'autres ouvrages, il en a fait un
fur ceux qui ont vécu long-temps, & un autre fur les
chofes extraordinaires. On en a encore quelques fragmens. Suidas attribue auffi à Phlegon, une defcription
de la Sicile ; trois livres des fêtes des Romains ; un écrit
des lieux célèbres de Rome, & de leurs noms ; feize
livres des olympiades, jufqu'à la 229 commencée l'an
137 de J. C. où il rapportoit fur chaque olympiade, & fur chacune de leurs années, ce qui s'étoit fait
de plus remarquable dans toute la terre. On voit par la
CLXXVII olympiade, que Photius nous a confervée,

de quelle manière cet ouvrage étoit compofé, &
qu'il éclairciroit extrêmement l'hiftoire, s'il étoit venu
jufqu'à nous. Photius blâme juftement l'auteur, de s'être
amufé à marquer tous ceux qui avoient remporté quelque prix aux jeux olympiques, & à ramaffer toutes fortes d'oracles. Il remarque encore que le ftyle n'en étoit
pas tout-à-fait pur ; & que néanmoins il ne manquoit
pas d'élévation. Il n'en avoit vu que les cinq premiers
livres, qui finiffoient avec la CLXXVII olympiade ; mais il
témoigne que l'ouvrage devoit aller jufqu'à Adrien.
C'eft dans le XIII livre de cet ouvrage, qu'on croit qu'il
a marqué les ténèbres arrivées à la mort de Jefus-Chrift.
On a encore un affez long fragment tiré du XIV livre.
Etienne de Byfance, en cite divers endroits. Suidas dit
que Phlegon avoit mis en huit livres, les mêmes chofes
qui étoient dans fes feize livres des olympiades ; & il ne
s'explique pas davantage. Il avoit fait en deux autres
livres, un abrégé de l'hiftoire de ceux qui avoient vaincu
aux jeux olympiques. Dans fon livre des événemens
extraordinaires, il fait la defcription d'un hippocen-
taure, pris fur une montagne de l'Arabie. Le roi de ce
pays l'envoya en Egypte, pour être mené à l'empereur ;
& il femble que ce fut à Adrien, lorfqu'il étoit en Egypte.
Cet animal mourut bientôt ; néanmoins le gouverneur
d'Egypte l'ayant fait embaumer, le fit porter à Rome,
où il fut mis dans le palais de l'empereur. Phlegon invi-
toit ceux qui douteroient de fon récit, à s'en affurer par
eux-mêmes. Il rapporte une autre hiftoire bien plus furprenante, d'une fille, laquelle environ fix mois après fa
mort, avoit paru marcher, manger, & faire toutes les
fonctions d'une perfonne vivante. Son pere & fa mere
en ayant eu la nouvelle, accoururent pour la voir, &
la virent effectivement ; mais elle leur dit que leur curiofité lui étoit funefte, pour ce qu'elle terminoit le temps qui
lui avoit été donné pour vivre ; & elle tomba morte à
leurs pieds. Le bruit qui s'éleva fur ce prodige, attira
un grand nombre de perfonnes, qui virent le corps étendu
fur un lit, & Phlegon même fut de ce nombre. Ne fe
contentant pas de cela, il fit ouvrir la cave où ceux de
la famille étoient enterrés. On les trouva, dit-il, chacun
fur leur lit ; mais celui où la fille avoit été mife fix mois
auparavant étoit vuide. Il circonftancie toutes ces chofes
très-exactement, & marque même tous les noms des
perfonnes. Nous en faurions affurément le lieu & l'année, fi le commencement de la narration n'étoit perdu.
* Suid. Phot. biblioth. Voffius, de hift. Græc.

PHLEGRA, ville de Macédoine, où l'on croit que
les géans fe battirent avec les dieux, & furent tués par
Hercule. Cette ville fut depuis appellée Palléne. * Silius
Ital. l. 9 & 11. Properce, l. 3. Ovid. metam. lib. 10.
Lucain, l. 7. Stace, Theb. lib. 2. Valer. Flacc. l. 6.
Theagène, & Eudoxus.

PHLEGYAS, fils de Mars, étoit roi des Lapithes en
Theffalie, & pere d'Ixion, & de la nymphe Coronis,
qu'Apollon viola. Phlégyas en ayant eu connoiffance,
fut tranfporté de colere ; & pour fe venger de ce dieu,
il alla mettre le feu au temple de Delphes ; mais Apollon,
dit la fable, pour punir Phlégyas de ce facrilége, le tua
à coups de flèches, & le précipita dans les enfers, où il
fut condamné à demeurer continuellement fous un grand
rocher, lequel paroiffant près de tomber, lui caufoit une
frayeur perpétuelle. * Stace, Theb.

PHLEGIENS, peuples infulaires de Theffalie, ainfi
nommés de Phlégyas, pere d'Ixion. Ces peuples étant
impies, furent fubmergés par un déluge que Neptune
caufa dans leur pays. Virgil. Æneid. l. 6. Il y avoit une
ville nommée PHLEGYAS en Béotie, dont Etienne de
Byzance fait mention.

PHLUGIUS (Jules) évêque de Naumbourg, cherchez PFLUGK.

PHOBETOR : c'étoit le fils du dieu Sommeil, qui
felon les poëtes, repréfentoit à l'imagination toutes fortes d'animaux.

PHOBUS, fils d'Eryxias, dernier archonte décennal
de la république d'Athènes, fe foumit au décret du fénat,

par lequel on choisit des magistrats annuels, la premiere année de la XXIV olympiade, & l'an 684 avant J. C. Après avoir levé quelques troupes de Phocéens & d'autres Grecs, il s'embarqua pour aller dans l'Asie mineure. Il y fut bien reçu par Mandron, roi de Bebrycie, qui l'associa au gouvernement de son état; de sorte que les Phocéens s'établirent avec les Bebryciens dans la ville de Pythia. Mais dans la suite du temps, ceux-ci conçurent de la jalousie contre les Grecs, & formerent le dessein de les massacrer tous en un même jour. Lampsacé, fille de Mandron, en donna avis à Phobus, lequel, pour prévenir ses ennemis, fit semblant de solemniser une fête, où il invita les Pythiens, & tailla en piéces tous ceux qui s'y trouverent. Le roi Mandron se vit ainsi à la discrétion de Phobus, qui lui conserva la vie & la couronne, & qui épousa la princesse Lampsacé. Depuis la ville de Pythia fut appellée *Lampsacé*. * Plutarque, *de virtut. mulier.*

PHOCAS, martyr de Sinope, dans la province de Pont, ne nous est connu que par S. Astere d'Amasée, qui rapporte que Phocas étoit de la ville de Sinope; qu'il cultivoit un jardin; qu'ayant été dénoncé à l'empereur, comme Chrétien, on envoya des boureaux pour lui couper la tête; que ces boureaux étant venus chez lui, il les reçut, & les traita sans les connoître; que lui ayant déclaré les ordres qu'ils venoient pour faire mourir Phocas, il se découvrit lui-même à eux, & qu'il souffrit généreusement la mort. Il ajoute qu'il se fit à son tombeau divers miracles; qu'après la paix de l'église, on y bâtit une chapelle en son honneur, & que l'on y célébroit tous les ans solemnellement sa fête; qu'une grande partie de ses reliques furent ensuite distribuées, & sa tête portée à Rome; & qu'enfin il étoit particulierement honoré par les mariniers & les habitans des côtes maritimes. Quelques-uns ont fait de ce Phocas un évêque de Sinope. Il y a un autre PHOCAS martyr à Antioche, dont parle S. Gregoire de Tours, & qui est apparemment celui en l'honneur de qui S. Chrysostome a fait une homélie. L'empereur Phocas fit construire à Constantinople une église en l'honneur de S. Phocas, à cause de la conformité de nom. Quelques-uns mettent le martyre de Phocas sous Trajan, d'autres sous Licinius. Les Grecs font sa fête au 23 de juillet, & les Latins au 14. * Asterius, *sermone de sancto Phoca.* Greg. Turon. de *gloria martyr.* lib. 1, c. 99. Tillemont, *mem. pour servir à l'hist. ecclés. tom. V.*

PHOCAS, empereur, ou plutôt tyran d'Orient, dans le VII siécle, après avoir passé par tous les dégrés de la milice, se fit saluer Auguste par l'armée l'an 602, & fut couronné le 23 novembre, par le patriarche Cyriaque, dans l'église de S. Jean, voisine de Constantinople. Ensuite il fit son entrée dans la ville, & fit mourir l'empereur Maurice qu'il avoit détrôné, avec ses fils. L'impératrice & ses filles furent délivrées par le peuple; mais depuis, Phocas, en 607, les fit mourir plusieurs personne de qualité, sur le bruit qu'on faisoit courir, que Maurice avoit laissé un fils, nommé Théodose, qui paroîtroit bientôt en état de chasser le tyran. Au reste, il affecta une grande douceur au commencement de son régne; écrivit au pape S. Grégoire *le Grand* avec respect; proposa sa confession de foi très-orthodoxe, fit des libéralités aux églises, favorisa les gens de lettres, & voulut enfin passer pour un bon prince: c'est le portrait qu'en fait Nicéphore. Celui de Cédrene est plus difforme. Il représente Phocas comme un hérétique, qui n'avoit rien d'humain, qui étoit cruel, sanguinaire, & dont les regards farouches inspiroient la crainte & la frayeur. En effet, peu de temps après son couronnement, il s'emporta à toutes sortes d'abominations & de débauches, enlevant les femmes qui lui plaisoient, & faisant mourir les maris qui osoient improuver ses violences. Peu après en 603, Chosroës, roi des Perses, voulant venger la mort de Maurice qui étoit son ami, entra dans les terres de l'empire, conquit en 608 la Syrie, la Pales-

tine, la Phénicie, l'Arménie, la Cappadoce, & ses troupes firent des courses jusqu'à Chalcédoine. Dans le même temps, les Avares, les Esclavons & divers autres peuples ravageoient l'Europe; de sorte que tout étoit dans la désolation. Phocas pour l'augmenter, laissa agir son inclination sanguinaire, exerça des cruautés incroyables, & sembloit trouver un singulier plaisir à enlever les plus illustres têtes de l'empire. Il en envoya plusieurs en exil, qui se joignirent à Héraclius, & qui défirent les troupes du tyran. En ce même temps, un certain Photin, dont il avoit enlevé la femme, le surprit dans le palais, & lui ayant arraché la robe impériale, lui en mit une de deuil, & le mena à Héraclius. Celui-ci ayant reproché à Phocas ses crimes, lui fit couper les pieds, les mains, & les parties qui distinguent le sexe; enfin il lui fit aussi couper la tête le lundi 5 octobre de l'an 610, après 7 ans, 10 mois & 18 jours de régne. * Nicéphore, *l.* 18, *c.* 38 & *seq.* Cédrene, *in annal.* Histoire mêlée, *l.* 17. S. Grégoire, *in epist.* Théophane, Zonare, &c.

PHOCAS (Jean) après avoir servi dans l'armée de l'empereur Emanuel Comnene, quitta les armes, se fit moine, & visita les saints lieux. Il étoit natif de Calabre; & étant venu au Mont-Carmel après une révélation qu'il croyoit avoir eu du prophéte Elie, il y fit bâtir une petite église, où il demeura avec dix religieux qui s'étoient joints à lui. Il a fait une relation de son voyage. * *Voyez* ce qu'en dit le pere Helyot, dans son *Histoire des ordres monastiques, religieux, & militaires,* tome 1.

PHOCAS, grammairien de Rome, composa plusieurs traités de grammaire, & la vie de Virgile en vers: on en fait peu de cas. * Vossius, *des hist. Lat. pag.* 817.

PHOCAS, *cherchez* NICEPHORE II.

PHOCÉE, *Phocæa,* ville de l'Ionie dans l'Asie mineure, étoit une colonie d'Athéniens qui bâtirent depuis Marseille; il y a encore aujourd'hui une ville avec un port. Elle est nommée *Fochia Vecchia,* & est près d'une autre moins considérable, dite *Fochia Nova.* * Strabon, *l.* 4. Ammien Marcellin, *l.* 4. Justin, *l.* 43, &c.

PHOCIDE, *Phocis,* province de la Grece, que les Grecs & les Latins nomment *Phocis,* entre la Béotie & l'Etolie, renfermoit les villes d'Anticyre, de Cirrha, de Delphes, & le mont Parnasse, avec l'Hélicon à l'extrémité. Les habitans de la Phocide, à la persuasion de Philomele, pillerent le temple d'Apollon à Delphes, la 4e année de la CV olympiade, & l'an 357 avant J. C. Les Grecs pour venger ce sacrilége, commencerent la guerre sacrée. Les Phocéens firent alliance avec les Athéniens & ceux de Lacédémone; mais cela ne les empêcha pas d'être vaincus par ceux de Thebes & de Locres. Philomele se précipita d'un rocher, & finit sa vie par une des trois sortes de mort dont on punissoit les sacriléges. Onomarque, qui prit après lui la conduite des troupes, résista courageusement aux Thébains; mais enfin les soldats ennuyés de lui, le jetterent dans la mer, où il périt d'une sorte de mort ordonnée contre les mêmes sacriléges. Phayllus son frere lui succéda, & périt malheureusement. Enfin Phalace, fils d'Onomarque, défit depuis les ennemis; mais ayant été tué, la guerre sacrée fut terminée en la CVIII olympiade, l'an 346 avant J. C. On rasa les villes de la Phocide, & les peuples furent condamnés à vivre dans les villages. * Strabon, *lib.* 9. Pline, *lib.* 4, *cap.* 3. Diodore de Sicile, *lib.* 16. Pausanias, *in Phoc.* Justin. Orose, &c.

PHOCION, capitaine Athénien, étoit illustre par sa probité, & après avoir été disciple de Platon & de Xenocrate, s'étoit retiré dans une solitude, où il vivoit content, sans se mêler des affaires publiques. Il se vit obligé de prendre les armes pour la défense de sa patrie, contre Philippe de Macédoine. Il remporta quelques avantages dans cette guerre, & refusa de granes sommes d'argent, que Philippe & son fils Alexandre *le Grand* lui envoyerent, quoique d'ailleurs il ne manquât pas de respect pour ces princes. Il étoit également grand orateur, vaillant capitaine, & bon citoyen. Demosthène craignoit son éloquence ; & lorsqu'il le voyoit lever pour lui répondre, il avoit accoutumé de dire, *Voici la hache de mes harangues*, c'est-à-dire, *Voici le seul orateur capable de couper* les nœuds de mon discours, d'en résoudre les difficulté, & d'en affoiblir les raisons. En effet la grande modéra tion de Phocion l'emportoit sur la véhémence de Demosthène. Un jour que celui-ci se laissoit aller devant le peuple à des discours injurieux contre Alexandre, Phocion l'arrêta en l'avertissant de ne point irriter un ennemi farouche, & d'exhorter plutôt le peuple à se bien tenir sur ses gardes & à se défendre quand il en seroit besoin. Philippe de Macédoine faisoit beaucoup d'estime de son courage & de sa conduite, & l'appréhendoit dans la guerre. A la mort de ce roi, les peuples d'Athènes voulurent faire des réjouissances publiques, Phocion s'y opposa, & vint à bout de l'empêcher, en faisant ressouvenir ses citoyens, qu'ils n'avoient perdu qu'un seul homme contre Philippe dans la bataille de Chéronée. Ce fut encore lui qui, par ses conseils modérés & prudens, détourna Alexandre de la guerre qu'il vouloit entreprendre, non seulement contre les Athéniens, mais encore contre toute la Grece, en lui représentant que c'étoit sa patrie ; & que s'il estimoit indigne de lui de languir dans le repos, il lui seroit bien plus glorieux d'aller soumettre à ses armes tant de peuples barbares, qui ne connoissoient pas son empire, que de troubler son propre pays. Alexandre s'étant trouvé de ce conseil, par les grands succès qui suivirent ses entreprises en Asie, lui envoya un présent de cent talens, après la derniere victoire qu'il remporta sur Darius, & la conquête entiere de la Perse. Phocion demanda à ceux qui lui apportoient ce présent, quelle raison Alexandre pouvoit avoir eue de le distinguer de la sorte, par une si grande libéralité qu'il vouloit faire à lui seul. A quoi ils répondirent, qu'il étoit le seul dans Athènes qu'Alexandre eût reconnu homme de bien. *S'il m'a reconnu* , dit Phocion , *dans la médiocrité de ma fortune , qu'il me laisse cette médiocrité*. Pendant ce discours, il s'occupoit à tirer lui même de l'eau d'un puits, & sa femme faisoit du pain. Ceux à qui il parloit, surpris de la pauvreté de son ménage, & charmés de sa vertu, le presserent fortement d'accepter le présent de leur maître ; mais ils ne purent rien gagner sur lui, & il s'en défendit avec cette réponse : *Si je recevois les richesses que vous m'offrez, pour ne m'en pas servir, elles me seroient inutiles ; & si je m'en servois, je donnerois occasion à mes citoyens de parler avec indignation contre Alexandre, & avec envie contre moi.* Alexandre voyant qu'il lui renvoyoit son argent, ne fut pas content de sa résistance, & lui écrivit que ceux qui ne vouloient rien prendre de lui, n'étoient pas de ses amis. Alors Phocion lui demanda pour toute grace la liberté de quelques Rhodiens retenus dans les prisons de Sardes, ce qu'Alexandre lui accorda aussitôt. Depuis, croyant le trouver plus facile à recevoir, après l'avoir obligé à demander quelque chose, il lui envoya Craterus, avec les prisonniers qu'il avoit délivrés, pour le presser de nouveau d'accepter les cent talens de sa part ; mais Phocion eut toujours la même fermeté à les refuser, & Alexandre mourut bientôt après. Antipater, un des successeurs d'Alexandre, fit encore offrir de grandes sommes à Phocion par Ményllus ; mais il ne voulut jamais rien prendre : & sur ce que Ményllus lui représenta que s'il n'en vouloit point pour lui, il devoit au moins l'accepter pour ses enfans. *Si mes enfans*, répondit-il , *doivent me ressembler , ils en auront assez , aussi-bien que moi ; & s'ils veulent être débauchés , je ne veux point leur laisser de quoi entretenir leurs débauches.* Lorsque le port de Pirée eut été surpris par les ennemis, la 3e année de

la CXV olympiade, & la 318 avant J. C. Phocion, qui étoit alors archonte & gouverneur d'Athènes, fut accusé faussement d'intelligence avec eux, & fut condamné à la mort, âgé de plus de 80 ans. Après qu'un homme d'un si rare mérite eut été injustement condamné, les Athéniens reconnoissant, mais trop tard, la faute qu'ils avoient commise, lui éleverent une statue, & firent mourir son accusateur Agnonides. * Cornélius Népos. Plutarque.

PHOCUS, Athénien, fils de *Phocion*, étoit un jeune homme fort débauché, sur-tout pour le vin, mais d'ailleurs brave & respectueux pour son pere. Phocion voulant le retirer de la débauche, l'envoya à Sparte pour apprendre à imiter la grande frugalité des Lacédémoniens, disant qu'il étoit permis, & même louable de profiter des vertus de ses ennemis. Il n'étoit pas encore revenu de ce voyage, lorsque son pere fut condamné injustement à Athènes, comme traître à sa patrie. Ce grand homme étant interrogé avant que de mourir, s'il n'avoit rien à mander à son fils, répondit qu'il n'avoit autre chose à lui recommander, que d'oublier les injures du peuple Athénien. Phocus ne laissa pas de donner des marques d'un vif ressentiment contre ses ennemis, & contre ceux qui avoient accusé son pere. Il obtint qu'on fît mourir Agnonides, son accusateur, poursuivit Epicure & Démophile, & vengea par leur mort celle de son pere, à qui il fit élever une statue. * Plutarch. *in apophtegm*.

PHOCYLIDES, *Phocylides*, de Milet, ville d'Ionie, poëte Grec, florissoit sous la LX olympiade, vers l'an 540 avant J. C. Son style étoit pur, & l'on apprenoit par la lecture de ses ouvrages, à bien vivre & à bien parler. Nous avons encore à présent des vers d'un poëte qui se nomme PHOCYLIDES ; mais cet auteur est supposé. Quelques-uns ont cru que c'étoit un Chrétien, qui vivoit dans les premiers siécles de l'église ; à quoi il y a bien de l'apparence, si on fait réflexion qu'on trouve dans ce livre la vérité de la résurrection des corps, qui n'a jamais été bien connue des anciens. * Suidas, *in lexic*. Vossius, *de poët. Græc.* Le Févre, *abrégé de la vie des poëtes Grecs.*

PHŒBAS, c'est le nom de la prêtresse d'Apollon, qui rendoit des oracles à Delphes assise sur le trepié. Elle est ainsi appellée de *Phœbus*, qui est le même qu'Apollon.

PHŒBÉ, étoit diaconesse de l'église de Corinthe, qui est au port de Cenchrée. L'apôtre S. Paul l'appelle sa sœur dans l'épitre qu'il écrit aux Romains, & la leur recommande, à cause de sa charité chrétienne. Le martyrologe romain met sa fête au troisième de septembre, * *Rom.* XVI, 1 & 2.

PHŒBÉ, c'est le nom qu'on donne à la lune, parcequ'elle emprunte toute sa lumiere du soleil, c'est aussi appellé *Phœbus* ; ou parceque les poëtes disent que la lune est sœur du soleil.

PHŒBUS, c'est un des noms qui sont donnés au soleil, qu'on appelle aussi *Apollon*. On prétend que le mot de *Phœbus* vient de φῶς δ' βίω, qui signifie *la lumiere de la vie*. Cherchez APOLLON.

PHŒBUS & BORCÉE, *cherchez* BORCÉE.

PHOGOR, montagne du royaume des Moabites, qui échut en partage à la tribu de Ruben. Il y avoit sur cette montagne un temple consacré à un faux dieu que S. Jérôme croit être Priape. Ce fut aussi sur cette montagne que Balaam fit dresser sept autels, quand Balac le pria de maudire le peuple d'Israël. Près de-là étoit la ville de Bethphogor, que les Israélites prirent au roi Séhon, & qui appartint ensuite à la tribu de Ruben. * *Nombres*, 23, 28. *Deuteron.* 3, 29. *Josué*, 13, 15, 20.

PHORBAS, sixième roi d'Argos, succéda à Criasus, l'an 2446 du monde, 1589 avant J. C. & regna 35 ans. Il délivra l'isle de Rodes d'une grande multitude de serpens. * *Euseb. in chron.*

PHORBAS, fils de *Priam* & d'*Epithésie*, fille de *Stasippus* roi de Mygdonie, l'aîné & le plus vigoureux de tous les fils de Priam, fut tué par Ménélaüs. Virgile feint que le dieu du sommeil prit sa figure, pour tromper Palinure. * *Æneid. l.* 5.

PHORBAS ou PORBAS, archonte perpétuel d'Athènes, l'an 979 avant J. C. 231 après la guerre de Troye, gouverna les Athéniens pendant 31 ans. * Euseb. *in chron.* Du Pin, *bibliothéque universelle des historiens profanes.*

PHORBAS, chef des Phlégyens, homme cruel & violent, qui s'étant saisi de l'avenue par où l'on pouvoit aller par terre au temple d'Apollon de Delphes, contraignoit tous les passans de se battre contre lui à coups de poing, pour les exercer, disoit-il, à mieux combattre aux jeux Pythiens: & après les avoir vaincus, il les faisoit mourir cruellement, attachant leurs têtes à des arbres. Mais Apollon pour punir cet impie, se présenta contre lui & l'assomma à coups de poing.

PHORCYS ou PHORCUS, roi de Sardaigne, fut vaincu dans un combat naval par Atlas, sans qu'on pût retrouver son corps. De-là les poëtes ont feint que c'étoit un dieu marin, & qu'il fut pere des Gorgones. * *Consultez* Ovide, Varron, Hesiode, &c.

PHORMION, général des Athéniens, succéda à Callias, sous la LXXXVII olympiade, l'an 432 avant J. C. Il donna souvent des preuves de son courage dans les guerres du Péloponnèse, & sur-tout par la défaite des deux armées navales des Lacédémoniens, l'an 429 avant J. C. * Diodore, *lib.* 12. Thucydide, *ib.* 2.

PHORMION, philosophe, s'étant voulu mêler de parler des devoirs d'un général d'armée en présence d'Annibal, se fit railler par ce héros. * Cicero, *de orat.*

PHORMIS ou PHORMUS, de Syracuse, poëte Grec, qui conduisit les études de Gélon, tyran de Sicile, composa diverses comédies, & introduisit une sorte d'habit nouveau sur le théatre. Il vivoit sous la LXXII olympiade, vers l'an 492 avant J. C. * Aristot. *de art. poët.* Lilio Giraldi; & Vossius, *de poët.*

PHORONÉE, *Phoroneus*, second roi d'Argos, succéda à son pere *Inachus*, l'an 1228 du monde, 1807 avant J. C. & régna 60 ans: Apis lui succéda. Spartus, fils de Phoronée, bâtit la ville de Sparte. Ce fut Phoronée qui rassembla les Argiens dispersés dans la ville d'Argos, qui leur donna des loix, qui fit la guerre aux Telchines & aux Cariathes. Le déluge d'Ogygès arriva de son temps. C'est le plus ancien roi des Grecs, dont il y ait quelque chose de certain dans l'histoire. * Euseb. *in chron.* Du Pin, *biblioth. universelle des historiens profanes.*

PHOTIN, *Photinus*, hérésiarque, chef des Photiniens ou Scotiniens, avoit beaucoup d'esprit, de savoir & d'éloquence. Il avoit été diacre & disciple de Marcel d'Ancyre, & fut élevé sur le siége de Sirmich avec applaudissement. Les premieres années de son administration furent très-édifiantes; mais tout à coup il changea; & après avoir appris à con-noître le vrai Dieu, dit Vincent de Lérins, à connoître le vrai Dieu, & lui proposa des dieux étrangers. Non content de renouveller les erreurs de Sabellius, de Paul de Samosate, de Cérinthe & d'Ebion; il ajouta à leurs impiétés, que non seulement Jesus-Christ étoit un pur homme, mais qu'il n'avoit commencé à être le CHRIST, que quand le S. Esprit descendit sur lui dans le Jourdain. Ces erreurs furent condamnées par les évêques d'Orient, dans un concile tenu à Antioche en 345, & par les évêques d'Occident, dans le concile de Milan de l'an 347. Deux ans après, ces derniers s'assemblerent à Sirmich pour déposer Photin; mais ils ne purent en venir à bout, à cause de l'opposition du peuple de cette ville, & se contenterent de porter une sentence contre lui & d'en écrire aux Orientaux. Mais enfin ceux-ci s'étant assemblés à Sirmich l'an 351, quand l'empereur Constance fut maître de cette ville, après la défaite de Vétranion, ils déposerent Photin. Il alla se plaindre à Constance de sa condamnation, & lui demanda

une conférence. Cet empereur lui donna des juges: Basile d'Ancyre fut choisi pour disputer contre lui. Les actes de cette conférence furent mis par écrit. Photin ayant été vaincu, fut exilé. Il revint sous Julien, qui lui écrivit une lettre pleine d'éloges; mais il fut encore relégué sous l'empire de Valentinien, & mourut en Galatie, l'an 376 selon la chronique de S. Jérôme. Cet hérétique avoit de l'esprit & de l'éloquence; il étoit vif & subtil dans ses raisonnemens, & il menoit une vie irréprochable. Il avoit écrit plusieurs ouvrages; mais les principaux étoient son traité contre les Gentils, & les livres adressés à l'empereur Valentinien. Socrate dit que depuis son exil il avoit composé un livre en grec & en latin, où il combattoit toutes les autres hérésies, pour établir la sienne. Rufin témoigne qu'il avoit écrit sur le symbole des apôtres; non pour expliquer la vérité, mais pour tâcher de trouver dans la simplicité des paroles où il composent, de quoi établir sa doctrine impie. S. Epiphane rapporte dans l'hérésie 71 quelques extraits de la conférence qu'il eut avec Marcel d'Ancyre, dans le concile de Sirmich. Nous n'avons rien autre chose de lui. Vincent de Lérins nous assure qu'il avoit beaucoup d'esprit, de science & d'éloquence, & qu'il parloit également bien grec & latin, comme on le voit, dit-il, par ses ouvrages, dont il a écrit une partie en grec, & une autre en latin. * S. Jérôme, *de script. eccl.* S. Epiphane, *hær.* 33. Théodoret, *hær. fab. l.* 2. Sulpice Severe, *l.* 2. Baronius, *A. C.* 347 & 357. Du Pin, *biblioth. des aut. eccl. du IV siécle, seconde édition.*

PHOTIN DE LYON, *cherchez* POTHIN.

PHOTIUS, patriarche schismatique de Constantinople, sortoit d'une famille illustre en cette grande ville, & étoit petit neveu du patriarche Taraise, qui avoit eu si grande part au gouvernement de l'empire sous l'impératrice Irène, & frere du patrice Sergius, qui venoit une des premiers rangs à la cour, & avoit épousé une des sœurs de l'empereur. La naissance de Photius étoit soutenue par de grandes richesses, & il s'étoit distingué personnellement par de grands emplois, dont il s'étoit parfaitement bien acquitté; car il avoit été capitaine des gardes de l'empereur, ambassadeur en Perse, puis secrétaire d'état. Mais ce qu'il y a de plus étonnant dans cet homme extraordinaire, c'est qu'outre qu'il étoit consommé dans les affaires & dans la science du ministère, il avoit l'esprit si beau, si vif & si pénétrant, & une si forte application à l'étude, qu'il passa pour le plus habile & le plus savant homme de son temps, en toutes sortes de sciences. En effet, il étoit excellent grammairien, poëte, orateur, mathématicien, philosophe, médecin, & astronome, n'ayant acquis la plupart de ces belles connoissances, même celle de la théologie, que depuis qu'il fut fait patriarche, par la seule lecture des livres, par la seule force de son esprit, & sans le secours des maîtres. Ces grandes qualités furent deshonorées & corrompues par une furieuse ambition. Après que Bardas eut chassé S. Ignace du siége de Constantinople, Photius fit si bien, quoiqu'il ne fût que laïc, qu'il se fit élire patriarche de Constantinople. Il fut sacré par Grégoire Asbeste, évêque de Syracuse, & par quelques autres prélats déposés, le 25 décembre de l'an 857. Les métropolitains du patriarchat de Constantinople reconnurent Photius, à condition qu'il respecteroit le patriarche Ignace chassé par l'empereur & relégué dans l'isle de Térébinthe, d'où il fut transféré en différens lieux, & enfin chargé de chaînes, & mis en prison, parcequ'il ne vouloit pas donner sa démission. Photius ne laissa pas d'assembler un concile, dans lequel il fit prononcer sa déposition. Voulant faire autoriser ce jugement par l'évêque de Rome, il députa deux évêques au pape Nicolas I, le priant d'envoyer des légats à Constantinople, pour extirper les restes des Iconomaques, mais dans le dessein de leur faire approuver la déposition d'Ignace. Nicolas I envoya deux évêques à Constantinople, nomnés Zacharie & Radoalde ; mais en même temps il désapprouva la déposition d'Ignace & l'ordination de Photius. Quand les légats du pape furent arrivés à Constantinople, Photius assembla en 861 un concile de 318 évêques, dans lequel il fit condamner Ignace, & approuver son ordination. On dépouilla Ignace des habits sacerdotaux, & on le contraignit de signer enfin sa démission. Ignace en appella au pape, & se sauva déguisé en paysan. Les légats du pape approuverent ce jugement ; mais le pape Nicolas l'improuva, & tint un concile à Rome, dans lequel il déclara nulle l'ordination de Photius, & ordonna le rétablissement d'Ignace. Photius de son côté fit assembler un synode à Constantinople, dans lequel il condamna le pape Nicolas I ; mais l'empereur Michel, qui soutenoit Photius, étant mort en 867, l'empereur Basile qui lui succéda, rétablit Ignace, & chassa Photius. Le VIII concile œcuménique, célébré en 869, le déposa encore, le frappa d'anathèmes, & tous les évêques souscrivirent à ce décret, avec le sang de Jesus-Christ, qu'on venoit de consacrer. Depuis, Photius voyant que le pape & l'empereur étoient brouillés, prit le dessein de se faire rétablir ; & s'étant mis par ses adresses dans les bonnes graces de l'empereur Basile & de Théodore Santabarene, du vivant du patriarche Ignace, il revint à Constantinople, & se fit rétablir sur le siege patriarchal après la mort d'Ignace. Le pape Jean VIII consentit même à ce rétablissement, qui fut confirmé dans un concile tenu à Constantinople l'an 879, auquel assistèrent les légats de ce pape. Mais Jean VIII se repentit bientôt de ce qu'il avoit fait ; il excommunia Photius, déposa les légats qui avoient approuvé son rétablissement, & envoya Marin à Constantinople, pour agir contre Photius. L'empereur fit arrêter ce légat, qui succéda à Jean VIII, & continua à poursuivre la destitution de Photius. L'empereur Léon, fils de Basile, chassa Photius de l'église de Constantinople en 886. On ne sait pas en quelle année il mourut. Nicétas rapporte que Photius, pour gagner les bonnes graces de l'empereur Basile, s'avisa de composer une fausse généalogie de ce prince, qu'il faisoit descendre de Tiridate, roi d'Arménie, & la conduisit depuis ce roi jusqu'à Basile, qu'il peignoit à peu près de la maniere qu'il étoit, lui donnant le nom de Beclas, composé de la premiere lettre de son nom, de celui de sa femme Eudoxe, & de ses quatre fils, Constantin, Léon, Alexandre & Etienne, que les Grecs nomment Stephanos ; qu'il écrivit cette généalogie en caractères alexandrins, sur un vieux papier, & qu'il la fit mettre au rang des livres les plus rares par Théophane, qui étoit bibliothécaire & son ami ; que celui-ci fit voir cette piéce à Basile comme la chose la plus rare de sa bibliothéque, & lui dit que Photius étoit le seul qui la pût expliquer ; qu'on le fit venir ; & qu'il entêta tellement l'empereur de cette généalogie, que ce prince n'eut pas grande peine à le remettre sur la chaire patriarchale de Constantinople. Mais ce fait ne paroît pas fort certain. Photius a composé quantité d'ouvrages pleins d'érudition, & d'une grande utilité pour les savans ; plusieurs homélies manuscrites ; des traités de scholastique, donnés en latin par Canisius ; savoir, un écrit sur les volontés de Jesus-Christ, qu'il appelle Gnomiques ; sept dissertations sur différentes questions de théologie ; les Amphiloques, qui se trouvent dans la bibliothéque d'Augsbourg & dans celle du Vatican ; deux livres de la procession du S. Esprit ; & quatre livres contre les nouveaux Manichéens, qui se trouvent aussi dans les mêmes bibliothéques ; un commentaire sur les épîtres de S. Paul, qui est manuscrit, dans la bibliothéque de Cambridge ; les notes sur les prophétes, dans la bibliothéque du Vatican ; un traité contre un hérétique, appellé Léonce, cité par Suidas ; un traité contre les Latins ; une collection sur les droits des métropolitains, avec le lexicon ; un commentaire sur les catégories d'Aristote, & quelques autres ouvrages qui

n'ont jamais vu le jour. On ne peut nier que Photius n'ait eu beaucoup d'esprit, de belles lettres & d'érudition. Il eût été heureux, s'il eût su s'en servir pour le bien de l'église, & s'il ne fût pas servi pour des entreprises tout-à-fait injustes & violentes. Le plus célebre est son excellente bibliothéque, que le P. André Schot, Jésuite, a traduite assez mal en latin. Elle contient l'examen d'environ 280 auteurs dont Photius rapporte des fragmens considérables. Il l'entreprit à la priere du son frere Taraise, pendant un voyage qu'il fit pour l'empereur en Assyrie, où il fut contraint de s'arrêter quelque temps. Nous avons encore de lui 248 épîtres, que Montagu a données en grec & en latin, in-fol. à Londres, 1641 ; le Nomocanon, en 14 titres ; les actes des sept conciles généraux mis en abrégé, &c. Feu M. l'abbé Gedoyn avoit eu le dessein de traduire la bibliothéque de Photius en françois avec des notes. Il en a donné une partie dans le tome XIV des Mémoires de l'académie des belles lettres ; & deux autres morceaux ont paru dans le recueil de ses Œuvres diverses, publiées depuis sa mort, à Paris 1745, in-12. Voyez GEDOYN. * Nicétas, in vit. sancti Ignat. Anastase, in vit. pont. Zonaras, tom. III annal. André Schot, in proleg. biblioth. Baronius in annal. Bellarmin. Possevin. Vossius. Maimbourg. P. Colomiez, dissert. sur les écrits de Photius. Du Pin, biblioth. des aut. eccl. du IX siécle.

PHRAA, ou Phrœa (Jean) natif de Londres, dans le XV siécle, qui enseigna les belles lettres en Italie, est auteur d'une cosmographie, & traduisit en partie Xénophon & Diodore de Sicile en latin. Le pape Paul II, auquel il avoit dédié ces versions, l'eût fait évêque de Bath en Angleterre, s'il ne fût mort en 1465. Son coup d'essai en fait de traductions, fut un discours de Synesius, qui est un éloge de la chasteté. * Pitseus, de script. Angl. Vossius de hist. Lat. Bayle, diction. crit.

PHRAATA ; c'est ainsi que nomment cette ville Arrien & Justin ; Plutarque la nomme Phraortes. C'étoit une ville de la Médie, qu'Etienne de Byfance appelle Phraaspa, & c'est la même que Praaspa qu'il met dans l'Atropatène, cette région étant une partie de la Médie. C'étoit la ville royale ; c'est pourquoi Plutarque l'appelle la grande ville du roi Phraortes. Pausanias l'appelle Phraortes, comme Plutarque.

PHRAATE, Phraates, I du nom, roi des Parthes, n'est distingué dans l'histoire par aucune action célebre. Tout ce que l'on sait de lui, c'est qu'il succéda à Arsaces III, dit Priapatius, & qu'il eut pour successeur, l'an 3894 du monde, & 141 avant J. C. son frere Arsaces, ou plutôt Mithridate ; que quelques-uns ont fait fondateur de la monarchie des Parthes, parcequ'il l'avoit étendue considérablement. * Diodor. Sicul. in excerptis Valesii. Orose, lib. 5. Justin, lib. 41.

PHRAATE II, fils de Mithridate I, lui succéda l'an du monde 3904, & 131 avant J. C. Ce fut lui, selon Appien, qui maria sa sœur Rhodogune à Démétrius Nicanor, roi de Syrie, que son pere avoit fait prisonnier. Il est sûr qu'il soutint la guerre contre Antiochus Sidétes, qui s'étant emparé du royaume de Syrie, redemanda à main armée son frere Démétrius, dont il avoit épousé la femme Cléopâtre. Pour éloigner cet ennemi du pays des Parthes, où il étoit entré, Phraate envoya Démétrius en Syrie avec une armée, & peu après défit Antiochus dans une bataille, où ce dernier perdit la vie, l'an 131 avant J. C. Ensuite il tenta vainement de soumettre la Syrie ; & fut enfin tué dans un combat contre les Scythes, l'an du monde 3906, & 129 avant J. C. après un régne de deux ans. Artaban I, son oncle, regna après lui. * Justin, l. 38 & 42. Orose, l. 5. Josèphe, l. 13. Appianus, in Syriac.

PHRAATE III, surnommé le Dieu, monta sur le trône après son pere Sintricus, l'an du monde 3969,

& 66 avant J. C. Alarmé des victoires de Pompée contre Mithridate, roi de Pont, & Tigrane, roi d'Arménie, il tenta vainement de traiter avec les Romains & entra dans les états de Tigrane, pour lors leur allié, Il eut d'abord du désavantage, & fut vainqueur dans la suite, de sorte que Pompée même craignit d'en venir à une guerre ouverte contre lui. Enfin Phraate fut tué par ses fils Orodes & Mithridate, l'an du monde 3979, & 56 ans avant J. C. après avoir régné 10 ans. * Plutarch. *in Pompeio*, *in Crasso*. Appianus, *in Parthicis*. Dion. *l.* 35 & *seq.*

PHRAATE IV fut nommé roi par son pere Orodes, qui mourut de regret de la mort de son fils Pacorus, vainqueur de Crassus, l'an du monde 3999, & 36 avant J. C. Il fit soulever par ses cruautés les plus nobles de ses sujets, & soutint la guerre même avec avantage, contre Marc-Antoine, qui fut obligé de se retirer de ses états, non sans perdre beaucoup des siens dans sa retraite. Phraate fut depuis chassé du trône par Tiridate, & s'y rétablit l'an 23 avant J. C. avec le secours des Scythes. Ce fut lui qui rendit à Auguste les drapeaux & les soldats pris dans la défaite de Crassus. Il vécut en paix avec les Romains, & mourut l'an 4033 du monde, & le 2 avant l'ére chrétienne. * Dion, *l.* 54. Strabon, *l.* 2. Justin, *l.* 42. Orose, *l.* 6.

PHRANZA (George) historien Grec, étoit maître de la garderobe des empereurs de Constantinople, & vivoit dans le temps que les Turcs prirent cette ville en 1453. A la priere de quelques gentilshommes de Corfou, il composa une chronique de ce qui se passa de plus remarquable de son temps. Aussi ne rapporte-t-il presque rien, dont il n'ait été témoin. Cette histoire finit en l'année 1461, comme il le remarque à la fin. * Vossius, *de hist. Græc. l.* 2, *c.* 30. Leo Allatius, &c.

PHRAORTES, *Phraortes*, roi des Médes, succéda à Déjoces l'an 3347 du monde, 657 ans avant J. C. & régna 22 ans. Il fut tué en assiégeant Ninive, & laissa la couronne à son fils Cyaxares I. * Hérodote, *l.* 1. Diodore de Sicile, &c.

PHRATAPHERNES, satrape de Darius, s'enfuit après la mort de ce prince, & se rendit à Alexandre. * Quint-Curce, *l.* 6, *c.* 4. Il y avoit dans le même temps un autre PHRATAPHERNES, gouverneur des Massagetes, qui se rendit aussi à Alexandre. * Quint-Curce, *l.* 8, *c.* 1.

PHRINONDAS, étoit un célèbre scélérat, dont parlent Platon dans son *Protagoras*, & Lucien dans son *faux prophéte*. Etant à Athènes, il se mêla dans les affaires du Péloponnèse. C'étoit un homme adroit, malin, trompeur, toujours prêt à entrer dans quelque mauvaise intrigue. En sorte que son nom a passé en proverbe, & qu'on disoit d'un homme qui lui ressembloit, *c'est un autre Phrinondas.* * Consultez Erasme dans ses *adages*, au mot *Phrinondas*.

PHRYGIE, *Phrygia*, province de l'Asie mineure, est divisée en grande & petite. La grande, nommée aujourd'hui *Germian*, & autrefois *Pacatiana*, est entre la Bithynie, la Galatie, la Pamphylie, la Lydie & la Mysie. Ses villes étoient *Symnada*, Laodicée, *Hierapolis*. La petite Phrygie, nommée aujourd'hui *Sarcum*, & autrefois *Troade*, avoit les fleuves Scamandre, Xanthus & Simoïs, & la ville de Troye, célèbre dans les écrits des anciens. D'autres séparent la Troade de la petite Phrygie, qu'on nomma *Hellespontiaca*, parcequ'elle étoit vers l'Hellespont & sur la mer Egée. * Pline, *l.* 5, *c.* 32. Strabon. Ptolémée. Cluvier, &c.

PHRYGION (Paul-Constantin) ministre Protestant, natif de Scheleftad, donna dans les opinions de Zuingle & d'Œcolampade, & fut ministre à Basle, puis à Tubinge, où il mourut le premier jour d'août de l'an 1543. Il a écrit une chronologie & des commentaires sur l'Exode, sur le Lévitique & sur Michée. * Pantaléon, *l.* 3 *prosopogr.* Sleidan, *in comment.* Gesner. Melchior Adam, &c.

PHRYNÉ, *Phryne*, courtisane célèbre de l'ancienne Grèce, vivoit sous la CXIII olympiade, vers l'an 328 avant J. C. & offrit de faire rebâtir à ses dépens les murailles de Thèbes, pourvu qu'on y mît cette inscription: *Alexander diruit, sed meretrix Phryne refecit*. Une autre de ce nom fut surnommée *la Cribleuse*, parcequ'elle dépouilloit ses amans. Quintilien parle d'une autre PHRYNÉ d'Athènes, qui fut accusée d'impiété. Son avocat gagna sa cause, en lui découvrant le visage, d'autres disent le sein, devant ses juges. * Athénée, *l.* 3. Quintilien, *l.* 2.

PHRYNIQUE, général des Athéniens, ayant perdu une bataille, fut accusé d'avoir trahi les intérêts de sa patrie. Les poètes comiques & tragiques se déchaînerent contre lui. * Schol. sur Arist.

PHRYNIQUE. Suivant l'opinion la plus commune, il y a eu trois PHRYNIQUES qui se sont distingués dans le genre dramatique, deux pour la tragédie, & le troisiéme pour la comédie. Le premier PHRYNIQUE, celui dont parle Plutarque dans son dialogue touchant la musique, étoit Athénien, fils de Polyphradmon, selon quelques-uns; de Minyras ou de Chorocles, selon quelques autres. Il fut disciple de Thespis, l'inventeur de la tragédie; & par conséquent il doit passer pour très-ancien, & même pour antérieur à Eschyle, comme il semble qu'on puisse le recueillir d'Aristophane, chez qui Euripide accuse Eschyle d'avoir produit sur la scène d'impertinens acteurs, élevés & instruits chez Phrynique, duquel il les auroit empruntés. On lui attribue l'introduction de l'usage des masques, pour transformer les acteurs en actrices, car les femmes ne se montroient point sur le théatre des Grecs, & originairement les poëtes dramatiques ne composoient pour elles aucun rolle. Ce fut Phrynique qui composa la tragédie dont Thémistocle fit les frais, sous l'archontat d'Adimante, dans la LXXV olympiade, & dont il donna le spectacle aux Athéniens avec tant de succès, qu'il remporta le prix sur ses concurrens, & consacra une plaque d'airain, dont l'inscription devoit immortaliser cette victoire. On ignore le sujet de cette tragédie. Suidas attribue à Phrynique neuf piéces de ce genre, savoir, les *Egyptiens*; *Alceste*; les *Danaïdes*; *Actéon*; *Antée*, ou les *Lybiens*; les *Justes*; les *Persés*; les *Assesseurs*, & *Pleuron*; (c'est le nom d'un Grec, fils d'Etolus, & celui d'une ville.) Il est parlé de cette derniere piéce dans les scholies de Tzetzès sur Lycophron, & dans les *Phociques* de Pausanias. Suidas parle d'un second PHRYNIQUE, Athénien, fils de Mélanthe, & poëte tragique. Il le fait auteur de deux piéces, *Andromède* & *Erigone*, ainsi que de plusieurs airs appellés *Pyrrhiques*, dont la cadence & les paroles animoient au combat, & que de jeunes gens armés chantoient & dansoient avec grande vivacité. Il lui attribue encore une troisiéme piéce intitulée: *La prise de Milet par Darius roi de Perse*, laquelle fit pleurer les spectateurs; ce qui fut cause que les Athéniens, intéressés dans la perte de cette ville, condamnerent le poëte à une amende de mille drachmes, après l'avoir chassé du théatre, pour le punir d'avoir, par cette piéce, rouvert une plaie si sensible à toute la nation; & ils défendirent de représenter à l'avenir cette tragédie. Périzonius dans ses notes sur Elien, est porté à croire que les deux Phrynique dont on vient de parler, ne sont qu'un seul & même écrivain; & il en rapporte plusieurs raisons que l'on peut voir dans ses notes. M. Bentley dans sa dissertation sur Phalaris écrite en anglois, & publiée deux ans avant l'Elien de Périzonius, est du même avis, & il en donne aussi plusieurs raisons dont on peut lire l'abrégé dans les remarques de M. Burette sur le dialogue de Plutarque touchant la musique, imprimées dans le tome XIII des *Mémoires de l'académie des belles lettres*, pag. 277 & suiv. Aux tragédies mentionnées plus haut sous le nom de Phrynique, il faut encore ajouter ces deux-ci: *Tantale*, selon Hesychius, & les *Phéniciennes*, selon Athénée. A l'égard de PHRYNIQUE, poëte comique, il étoit aussi d'Athènes, & florissoit vers la LXXXVI olympiade, parmi les derniers poëtes de la vieille comédie, au rapport de Suidas, qui le fait

auteur

eut de dix piéces de ce genre. Il étoit contemporain
.lcibiade ; & Plutarque, dans la vie de celui-ci , en
: mention ,.& en allégue un paſſage. On accuſoit ce
éte d'être froid dans ſes comédies. * *Voyez* encore
rizonius dans ſes notes ſur Elien , & les *remarques* de
. Burette , citées plus haut , depuis la pag. 273 , juſ-
:'à la page 279.

PHRYNIQUE ou *Phrynicus*, ſurnommé *Arrhabius*,
ohiſte de Bythinie , & orateur , vivoit du temps des
npereurs Antonin & Commode. Il eſt auteur d'un *aparat ſophiſtique* , qui contenoit 36 ou 37 livres , ſelon
iotius , & 47 ou 74 ſuivant Suidas , & qu'il dédia à
mpereur Marc-Aurele. Cet apparat n'étoit autre choſe
'une collection de phraſes & de mots. Phrynique avoit
icore un traité des dictions attiques , qui avoit été
dié à Cornélianus , que Nugnés croit être Attidius
ornélianus préfet de Syrie. L'abrégé de ce traité fut im-
imé pour la premiere fois à Rome en 1517 , par Za-
arie Caldergi de Candie ; enſuite *in-folio*,à Veniſe,par
.ſulanus ,'à la fin de ſon dictionaire grec & latin , en
524; puis *in-8°*, à Paris, par Michel Vaſcoſan ,avec le
:homas Magiſter & pluſieurs autres traités ; & enfin
I-4°, à Augsbourg,l'an 1610, en grec & en latin , avec
les notes de Nugnés & de Heſchelius. Depuis ce temps
n habile auteur , que l'on croit être Caſaubon , com-
.oſa de petites remarques ſur les notes de Nugnés.

PHRYNIS , poëte-muſicien , étoit de Mitylène , ca-
itale de l'iſle de Lesbos : il y en a qui prétendent qu'il
ut d'abord eſclave & cuiſinier chez Hiéron le tyran , &
jue celui-ci le voyant s'exercer à jouer de la flute , le mit
ivec quelques autres chez Ariſtoclide , ou Ariſtoclite ,
pour s'y perfectionner dans la muſique. Ce qui eſt vrai ,
:'eſt qu'il fut en effet l'écolier d'Ariſtoclite pour la *cithare* ; & il ne pouvoit tomber en de meilleures mains :
:e maître étoit un des deſcendans du fameux Terpandre, & floriſſoit vers le temps de Xerxès. Phrynis devint donc grand joueur de cithare , &, dit-on , le
premier qui remporta le prix de cet inſtrument aux jeux
des *Panathénées* célébrés à Athènes ſous l'archontat de
Callias, c'eſt-à-dire , vers le 193ᵉ année de la chronique
de Paros , la 4ᵉ année de la LXXX olympiade , 457
ans avant J. C. Il n'eut pas le même ſuccès , lorſqu'il diſputa ce prix contre le muſicien Timothée : celui-ci fut
proclamé vainqueur. On doit regarder Phrynis comme
l'auteur des premiers changemens arrivés dans l'ancienne
muſique , par rapport au jeu de la cithare : ces changemens conſiſtoient premierement dans l'addition de deux
nouvelles cordes aux ſept qui compoſoient cet inſtrument avant lui ; ſecondement , dans le tour de la modu-
lation , qui n'avoit plus cette ancienne ſimplicité noble
& mâle , mais qui étoit devenue efféminée , rompue
dans ſes cadences , ornée de *fleuritis* , de diminutions
& d'inflexions de chants difficiles à exécuter. Les poëtes
comiques ſe ſouleverent contre ſes nouveautés , & s'en
moquerent ſur les théâtres ; de ce nombre étoient Ariſtophane & Phérécrate. Phrynis s'étant préſenté pour
quelques jeux publics à Lacédémone avec ſa cithare à
neuf cordes , l'éphore Ecprepès ſe mit en devoir d'en
couper deux , & lui laiſſa ſeulement le choix entre celles
d'en-haut & celles d'en-bas. Proclus, outre la multiplication des cordes de la cithare , attribue encore à Phrynis d'avoir introduit dans la poëſie l'union alternative d'un vers dithyrambique avec un vers héxamètre.
* *Voyez* les *remarques* de M. Burette , ſur *le dialogue où
Plutarque traite de la muſique* , dans le tome X des *Mémoires de l'académie des belles lettres* , pag. 268 & ſuiv.

PHRYXUS, fils d'*Athamas*,roi de Thèbes , demeura
quelque temps à la cour de ſon oncle Crethée , roi d'Iolcos dans la Theſſalie,où Démodice, femme de Crethée,
le ſollicita fortement de commettre un inceſte avec elle.
Déſeſpérée de n'avoir pu l'y faire conſentir, elle l'accuſa
d'avoir voulu attenter à ſon honneur. Crethée déférant
à cette fauſſe accuſation , réſolut de faire mourir ſon
neveu. Sur ces entrefaites on conſulta l'oracle pour ſavoir par quel moyen on feroit ceſſer la famine qui affli-

geoit tout le royaume d'Iolcos ; & l'oracle répondit que
les dieux n'appaiſeroient point leur couroux que par le
ſang de deux princes. Il n'y avoit point d'autres à la
cour , que Phryxus & ſa ſœur Hellé ; c'eſt pourquoi ils
furent deſtinés pour ſervir de victimes ; mais comme on
étoit près de les immoler , on vit , dit-on , une nuë qui
s'éleva au milieu du royaume , d'où il ſortit un bélier qui
les enleva tous deux en l'air , & les porta par mer en
Colchide. La princeſſe effrayée du bruit des flots , ſe
laiſſa tomber dans la mer ; mais Phryxus fut tranſporté
à Colchos , où il ſacrifia ce bélier à Jupiter , & en attacha la toiſon qui étoit d'or , dans une forêt conſacrée au
dieu Mars. * Hygin.

PHTHIOTIDE : c'eſt le nom d'une des quatre parties dans leſquelles Strabon diviſe la Theſſalie. C'étoit la
plus méridionale. Elle avoit à l'orient les golfes de Ma-
lée & Pélaſgique ; au ſeptentrion la Magnéſie & la Pa-
laſgiotide ; à l'occident la Theſſaliotide ; les Ænianes
& les Locres Epicnemidiens au midi. * Lubin , *tables
géograph. ſur les vies de Plutarque.*

PHUA, ou *Pua*,& *Sephora*, ou *Sciphra.* C'eſt le nom
des deux ſages-femmes des Hébreux , à qui le roi Pharaon ordonna que lorſque les femmes des Iſraélites ac-
coucheroient , elles étouffaſſent les enfans mâles en ſor-
tant du ſein de la mere , & qu'elles ne conſervaſſent que
les filles. Mais les ſages-femmes eurent horreur d'un ordre ſi barbare ; & la crainte d'offenſer Dieu, fit qu'elles
épargnerent ces innocentes créatures qu'on leur commandoit de tuer. Le roi irrité de cette déſobéiſſance , les
fit appeller ; & elles s'excuſerent ſur ce que les femmes
des Hébreux étoient vigoureuſes , & qu'elles accou-
choient avant que la ſage-femme arrivât. Dieu approuva
tellement la conduite de ces deux ſages-femmes , qu'il
les en récompenſa en béniſſant leurs maiſons. * *Exod. I*,
15, &c.

PHUNON ou *Punon* , fut un des campemens des
Iſraélites , après le paſſage de Tſalmona , & en partirent pour aller en Oboth. S. Jérôme dit qu'il y a eu autrefois une ville des princes d'Edom en ce lieu-là , qu'il
nomme *Fenon* ; que ce n'étoit de ſon temps qu'un petit
village dans le déſert , où il y avoit des mines de cuivre,
entre Petra & Zoara. * S. Jérôme, *de locis hebraicis*. Samuel Bochart, *Hieroz*. part. 2 , *l. III* , *c.* 13. Jean Le
Clerc , *ſur les Nombres*:

PHUR ou *Phurim, Pur* ou *Purim*. Ce mot eſt hé-
breu , & ſignifie *ſort, fortune*. Il vient de la racine *Phur,*
qui ſignifie *rendre inutile , briſer & mettre en piéces*.
C'étoit autrefois une fête très-ſolemnelle parmi les Juifs,
qui fut inſtituée à Suſe par Mardochée & Eſther, femme
du roi Aſſuérus , en mémoire & en action de graces de
ce que Dieu avoit fait avorter les deſſeins d'Aman , &
tomber ſur lui & ſur toute ſa famille le ſupplice qu'il leur
préparoit. Les Juifs célébroient cette fête le quatorziéme
ou le quinziéme du mois d'Adar , qui eſt notre lune de
février ; parceque c'eſt dans ce jour qu'ils ceſſerent de
tuer leurs ennemis , dont le nombre des morts ſe montoit à ſoixante-quinze mille , tant de ceux qui furent
égorgés dans Suſe , que dans les autres provinces de
l'empire. Ils commencerent ce grand carnage le premier
jour d'Adar , & dans celui-ci & les ſuivans ils firent
mourir dans la ſeule capitale huit cens hommes , ſans
compter Aman , ſes dix fils , & toute la famille de ce
barbare. Cela fut cauſe que les Juifs qui habitoient à
Suſe , ne faiſoient cette fête que le quinziéme du mois
d'Adar , parcequ'ils ne ceſſerent de tuer que ce jour-là ,
au lieu que les autres la célébroient le quatorziéme ,
parcequ'ils finirent le maſſacre un jour plutôt. Ils conſacroient ces jours-là uniquement aux plaiſirs & à la ré-
jouiſſance ; on ne voyoit que danſes , que banquets &
que feſtins , & on n'entendoit par tout que cris de joie
& que chanſons. Dans la ſuite du temps on ſe prépara
à cette grande fête par un jeûne qui la précédoit , & on
l'appelloit *le jeûne des clameurs , des cris & des gémiſ-
ſemens* , parcequ'à tels jours les Juifs furent dans les
pleurs & les cris , pour la crainte qu'ils eurent de l'arrêt

qu'Aman avoit obtenu contre eux. Les Juifs d'aujourd'hui, quand ils lisent dans leurs synagogues l'histoire de ce cruel persécuteur de leur nation, font un bruit épouvantable avec des maillets, battant des mains, & frapant de toutes leurs forces leurs bancs & leurs chaises. Ils écrivent en gros caractères le nom d'Aman, sur lequel ils crachent & le déchirent en mille piéces, détestant avec mille malédictions & imprécations ce nom infâme, comme le remarquent Antoine Margarit dans le livre qu'il a fait des coutumes des Juifs, & Grégoire de Toulouse dans le livre de ses documens. On dit que les Juifs avoient aussi autrefois la coutume de faire une croix de bois sur laquelle ils faisoient peindre Aman, & la traînoient ensuite par la ville & dans la campagne, afin que tout le monde la pût voir. Après lui avoir fait toutes les ignominies qu'ils pouvoient s'imaginer, ils la bruloient & en jettoient les cendres dans la riviere, ainsi que l'écrit S. Athanase. Mais parceque plusieurs Juifs, après la mort de Jesus-Christ, sous ombre de se moquer d'Aman, insultoient à la croix du Fils de Dieu, les empereurs Honorius & Théodose leur firent défense de jouer dans la suite cette espece de comédie. * Esther, chap. IX, &c, Cod. de Judæis & Cœlicolis. L. Jud.

PHUT, un des fils de Cham, peupla la Lybie, & nomma ces peuples de son nom Phutéens. Joséphe dit que de son temps il y avoit dans la Mauritanie un fleuve de ce nom. C'est celui que les modernes nomment Tensift. * Genèse, 10. Joséphe, l. 1, c. 6. Torniel, in annal. Ferrari, in lexic.

PHYA, femme Athénienne, d'une grandeur extraordinaire, mais assez belle de visage. Les Alcméonides étant convenus avec Pisistrate de le rétablir à Athènes, se servirent de Phya, à qui ils firent prendre les mêmes habillemens avec lesquels on avoit coutume de représenter Minerve; & la faisant tirer dans un char, ils persuaderent au peuple que c'étoit la déesse qui ramenoit Pisistrate. * Hérodote, l. 1.

PHYGELLE & HERMOGENE suivirent quelque temps la doctrine de S. Paul, & furent si lâches que de l'abandonner. Tertullien les fait auteurs de l'héresie qui nie la résurrection des morts. S. Ambroise dit qu'ils ne furent jamais de véritables disciples de S. Paul, & que s'ils le suivirent quelque temps, ce ne fut que pour épier ses actions. Comme ils se virent découverts, ils se retirerent de Rome, par la crainte qu'ils eurent de Néron. * II Timoth. 1, 15.

PHYLACTERES, nom qui signifie en grec ce qui conserve ou ce qui préserve, a été donné à ce que les Juifs appelloient Thephilim, c'est-à-dire, instrument de la priere, parcequ'on les portoit particulierement dans le temps de la priere. Ces phylacteres des Juifs étoient des morceaux de parchemin bien choisis, sur lesquels on écrivoit en lettres quarrées avec soin & avec de l'encre préparée, des paroles de la loi. On les rouloit ensuite, & on les enveloppoit dans une peau de veau noire; on les attachoit ensuite à deux morceaux quarrés de la même peau, dont l'un étoit attaché au front, & l'autre au bras. Il est parlé de ces phylacteres dans l'évangile de S. Matthieu, où il est dit que les Pharisiens étendoient leurs phylacteres, c'est-à-dire, qu'ils les portoient plus grands que les autres. Quelques-uns croient que Moyse est auteur de ces phylacteres, & se fondent sur ce commandement du Deutéronome, chap. 6, vers. 8 : Vous lierez ces paroles pour signes sur vos mains, & elles vous seront comme des fronteaux entre vos yeux. Mais S. Jérôme soutient avec raison que ce sont les Pharisiens qui ont introduit cet usage, & que l'expression de Moyse dans le Deutéronome est figurée; qu'il veut seulement dire que les Juifs doivent toujours avoir la loi de Dieu devant les yeux & la pratiquer, comme il se sert de la même expression (Exod. 13,) sur la cérémonie de la Pâque, afin d'en recommander le souvenir & la pratique. La superstition d'écrire ces phylacteres s'est beaucoup augmentée parmi les Juifs, & quelques-uns ont été assez extravagans pour se persuader

que Dieu portoit des thephilim sur la tête. * Léon de Modène, coutumes des Juifs, mises en françois par M. Simon. Continuation de l'histoire des Juifs, par Basnage, ou l'édition de cet ouvrage avec les changemens de M. Du Pin.

Quelques auteurs ecclésiastiques donnent aussi le nom de PHYLACTERES aux reliquaires dans lesquels on conserve les ossemens des saints. Mais on entend plus ordinairement par phylacteres, des préservatifs ou remedes superstitieux que l'on attache au cou, au bras ou aux mains, ou à quelque autre partie du corps pour chasser certaines maladies, ou pour détourner certains accidens. Un philosophe Chaldéen, nommé Julien, qui étoit un des plus fameux magiciens de son temps, ainsi que le témoigne Suidas, a écrit quatre livres des démons, où il parle de ces phylacteres. L'empereur Caracalla, comme le rapporte Spartien dans sa vie, vouloit qu'on punît ceux qui se servoient de ces sortes de remedes. Les conciles & les peres de l'église en ont condamné l'usage sous le nom de phylacteres & de ligatures, à cause qu'on les lioit au cou, au bras, ou à quelqu'autre partie du corps. On met au nombre des phylacteres les talismans, les caracteres, les anneaux enchantés, & plusieurs autres pratiques superstitieuses qui ont été mises en usage par ceux qui se sont appliqués à l'art détestable de la magie. Nous parlerons des talismans dans leur article. Les caracteres sont ainsi appellés, parcequ'ils contiennent certaines lettres gravées ou écrites. Il y en a d'hébraïques, de samaritains, d'arabes, de grecs, de latins, & d'autres qui sont remplis de figures inconnues. Les superstitieux s'en servent pour plusieurs effets extraordinaires, comme pour faire en peu de temps de grandes traites de chemin, pour charmer les armes à feu, & arrêter leur coup, &c. Il y a des anneaux qui sont faits pour se préserver de maladies ou de dangers, pour réussir dans ses affaires, pour s'attirer l'amitié de certaines personnes, pour savoir des choses secretes, &c. On met en rang l'anneau fabuleux de Gygès, qui le déroboit aux yeux des hommes, quand il en tournoit le chaton en-dedans de la main, & qui le rendoit visible lorsqu'il le tournoit en-dehors : les anneaux que donnoient les rois d'Angleterre descendans des anciens comtes d'Anjou, pour guérir le mal caduc; celui dont se servoit le Juif Eléazar pour chasser le démon : celui du magicien Thébith, & celui que l'on fait de la premiere piéce de monnoie présentée le vendredi-saint en adorant la croix, pour guérir le tremblement ou l'engourdissement des nerfs, ainsi que le rapporte le cardinal Cajetan. Tatien, disciple de S. Justin martyr, parle des os, des herbes & des racines qu'on renfermoit dans du cuir, pour servir de phylacteres ou préservatifs; mais il déclare que toute leur vertu venoit de l'opération du démon. La figure d'Alexandre le Grand passoit autrefois pour un grand préservatif. Dans la famille des Macriens, qui usurperent l'empire du temps de Gallien & de Valerien, les hommes l'avoient toujours sur eux en or ou en argent, & les femmes la portoient sur leurs coëffures, sur leurs bracelets ou sur leurs anneaux. Le peuple d'Antioche étoit dans la même superstition du temps de S. Chrysostome, qui en parle en ces termes : Que doit-on dire de ceux qui se servent de charmes & de ligatures, & qui lient autour de leurs têtes & de leurs pieds, des figures d'Alexandre de Macédoine? ** Ne nous reste-t-il plus d'autre confiance que dans l'image d'un roi païen? Il y a encore des brevets ou billets ou bulletins, qui sont une espece de préservatifs qui contiennent certaines paroles. Le pere Crespet dans son livre de la haine du diable, assure que les Reistres qui vinrent en France pendant la ligue, en avoient, & que les Japonois en vendent à ceux qui sont à l'agonie, leur faisant accroire que s'ils meurent avec un de ces billets, ils ne seront point tourmentés des malins esprits. On peut joindre l'explication des charmes à celle des phylacteres. Le charme ou l'enchantement est un usage superstitieux de certaines paroles en vers ou en prose, pour produire ffets merveilleux & furnaturels, comme pour éteindre les incendies, pour arrêter le fang, pour empêcher t des armes à feu, pour guérir des maladies, &c. tes ces chofes font condamnées par les conciles & es peres de l'églife, comme des inventions du démon, qui attire ainfi les hommes à lui rendre quelque : par un pacte exprès ou tacite. *Cherchez* TALISNS. * Thiers, *traité des fuperftitions.*

HYLARQUE, ancien hiftorien. On ignore le s précis de fa naiffance & de fa mort; & les fenms fur fa patrie font fi partagés, qu'il paroît impofde s'arrêter à l'un plutôt à l'autre. On le fait de one, ou d'Athènes, ou de Naucratis qui eft comparmi les villes de l'Egypte. Il floriffoit un peu avant ;rbe. Le plus confidérable de fes ouvrages étoit, felon las, une hiftoire de l'expédition de Pyrrhus, roi pire, dans le Péloponnèfe. Mais cette hiftoire avoit ainement beaucoup plus d'étendue : elle étoit comle de vingt-fept livres, & rouloit auffi fur des faits érieurs à Pyrrhus. Polybe en parle beaucoup ; mais n'eft pas venue jufqu'à nous. Il ne nous en refte que lques fragmens, qui font juger que Phylarque comçoit à la mort d'Alexandre, & finiffoit à celle de omene, roi de Lacédémone, arrivée fous le règne Ptolémée Philopator. Cet intervalle comprend plus cent ans. Polybe accufe cet hiftorien d'avoir fouvent uifé la vérité. Phylarque avoit écrit encore un *abrégé la mythologie ;* un traité de l'apparition de Jupiter ; un autre qui traitoit, felon Suidas, περὶ παρενθεσεων, me inconnu, & qui eft peut-être mis au lieu de παρεκκασεων, *des digreffions.* Mais ce ne font que : conjectures. Tous ces traités font perdus. * *Voyez Recherches fur la vie & les ouvrages de Phylarque,* r M. l'abbé Sevin, dans le tome VIII des *Mémoires l'académie des infcriptions & belles lettres, pag.* 118.

PHYLÉ, foreterffe & bourg de l'Attique fur les consde la Bœotie, étoit de la tribu Œneide, à quelques nt ftades d'Athènes vers le feptentrion, entre Athènes Tanagra. Plutarque en fait mention dans la vie de émétrius, & Xénophon en parle fort au livre II de iftoire des Grecs.

PHYLIS, fille de Lycurgue, roi de Thrace, ayant çu Démophoon, fils de Théfée, revenant de la guerre : Troye, lui accorda les dernieres faveurs ; à condin qu'il reviendroit pour l'époufer auffitôt qu'il auit donné ordre à quelques affaires qu'il avoit en fon iys. Mais voyant que cet amant ne revenoit pas au mps arrêté entr'eux, au lieu d'attribuer fon retardeient aux affaires qui pouvoient lui être furvenues, elle ut que c'étoit un effet de fon mépris ; & pour mettre n aux peines que lui caufoit fon amour, elle s'alla penre de défefpoir. La fable ou dieux ayant comaffion de cette princeffe, la changerent en un amandier ui n'avoit point de feuilles, mais que Démophoon tant de retour, & ayant appris tout ce qui étoit arrivé fa maîtreffe, ne put s'empêcher d'aller embraffer l'arre même auquel elle avoit été métamorphofée. Cet rbre reffentant les careffes de fon amant, pouffa des euilles, que les Grecs ont appellées depuis φύλλα, du nom de cette fille, au lieu de πίταλα, qui étoit auparavant leur nom. * Ovid. *Héroïd. epift. &c.*

PHYNTAS, fils de *Subotas,* étoit roi de Meffene, lorfqu'il s'y éleva un différend qui fut la fource d'une cruelle guerre entre les Meffeniens & les Lacédémoniens. Ceux-ci voulant fe rendre maîtres du pays des Meffeniens, réfolurent d'envoyer quantité de jeunes hommes revêtus d'habits de filles, avec des poignards cachés fous leurs jupes, pour tuer les plus confidérables de ce peuple, lorfqu'ils feroient au temple. Les Meffeniens avertis de ce mauvais deffein, prévinrent leurs enemis ; & étant affemblés avec eux dans le temple de Diane *Limnatide,* pour y faire des facrifices, ils en firent un grand maffacre ; ils tuerent même le roi de Sparte nommé *Téleplus,* & violerent toutes les filles Lacédémoniennes. C'eft ainfi que les Meffeniens contoient les

chofes. Les Lacédémoniens au contraire difoient que les Meffeniens avoient effectivement violé leurs filles ; qu'ils n'alloient à ce temple que pour facrifier ; que ces filles s'étoient donné la mort de défefpoir, & que Téleplus avoit été tué en voulant repouffer la violence qu'on leur fit. La guerre commença entre ces peuples après la mort de Phyntas, fous la XXIII olympiade ; & vers l'an 685 avant J. C. * Paufanias, *in Meffen.*

P I

PIADENA, village de Cremonois. Il eft fur l'Oglio, entre Cremone & Mantoue. Il n'eft connu que pour avoir donné la naiffance & le nom à Baptifte Platina, qui a écrit la vie des papes. * Mati, *diction.*

PIALI, bacha, eut une fortune affez extraordinaire. Soliman II revenant glorieux du fiége de Belgrade en 1521, le trouva en maillot, expofé fur le foc d'une charrue, où fa mere effrayée par la marche de l'armée, l'avoit abandonné. Ce prince, qui en chemin prenoit le plaifir de la chaffe, fit enlever cet enfant que fes chiens alloient dévorer, & donna ordre qu'on le portât à Conftantinople. Il fut nourri dans le ferrail avec beaucoup de foin, & fe fit tellement confidérer du grand feigneur, qu'il lui fit époufer une fille de fon fils Sélim. Piali après avoir commandé fur terre les armées de Soliman, fut fait bacha de la mer, & commanda les flottes ottomanes, fous l'empire de Sélim II. Il alla devant Famagoufte après la prife de Nicofie, dans l'ifle de Chypre, en 1570, croyant hâter la reddition de la ville effrayée de fe voir attaquée par terre & par mer. Mais on vint lui donner avis pendant cette navigation, que les Chrétiens venoient à pleines voiles fecourir Famagoufte. Cette furprenante nouvelle l'obliga de mettre promptement à terre fes efclaves & fon butin ; ce qui ne fe put faire fans quelque défordre. Sitôt qu'il eut raffuré fes foldats, il fe mit en bataille, pendant que Muftapha de fon côté tenoit les troupes de terre toutes prêtes à combattre, en cas que les flottes en vinffent aux mains. Mais peu de temps après, il fut que les Chrétiens s'étoient retirés en Candie. Piali s'étant mis en devoir de pourfuivre l'armée chrétienne avec fes galeres choifies, fut arrêté par un vent contraire, qui le rejetta dans le port. Il prit enfuite la route de Conftantinople, où le grand feigneur blâma fort fa conduite, comme s'il eût manqué par fa faute à défaire entièrement les Chrétiens ; on fubftitua le bacha Pertau en fa place. Cependant Piali commanda depuis l'armée des Turcs fur mer, à la fameufe bataille de Lépante, qu'il perdit, & où il fut tué l'an 1571. * Gratiani, *hift. de Chypre.*

PIANERO (Jean) célèbre médecin dans le XVI fiécle, étoit de Quinzano près de Breffe, & fut appellé à la cour de l'empereur Maximilien II, où il paffa quelque temps. Depuis étant revenu dans fon pays, il y mourut vers l'an 1570, âgé de plus de 91 ans. Il a compofé divers ouvrages. * *Voyez* le théâtre des hommes de lettres de l'abbé Ghilini.

PIANESSE (N. marquis de) *voyez* SIMIANE.

PIASECKI (Paul) en latin *Piafecius,* évêque de Premiflaw, dans la Pologne, a vécu au XVII fiécle. Il publia en 1646 une belle hiftoire de tout ce qui s'eft paffé dans le royaume de Pologne, depuis Etienne Battori jufqu'à cette année-là. Il y inféra auffi les principales affaires de la chrétienté. M. Le Laboureur, dans la relation du voyage de la reine de Pologne, en parle avec eftime ; & M. Amelot de la Houffaye la cite fouvent dans fes notes fur les lettres du cardinal d'Offat. * Bayle, *diction. critique, édit de* 1702.

PIAST, prince de Pologne, fut élevé à la principauté en l'année 842, après que Popiel II eut été mangé des rats avec fa femme & fes enfans. Il étoit de Crufcivie, peu accommodé des biens de la fortune, vivant d'une petite terre qu'il cultivoit, & où il nourriffoit beaucoup de mouches à miel ; au refte homme de bien, & fort libéral envers les pauvres & envers les étrangers.

Un jour voulant selon la coutume du pays , faire couper les premiers cheveux à son fils Zémovit , qu'il avoit eu de sa femme Repichè , il convia ses amis à la cérémonie, & au festin qu'il fit à cette occasion. Piast avoit tué pour cette fête un porc , & avoit fait provision d'un grand pot d'hydromel , lorsque deux hommes inconnus & étrangers , qui avoient été chassés du palais de Popiel II , qui vivoit pour lors , se présenterent à lui , & demanderent à manger. Piast les mena dans sa maison , & leur donna tout ce qu'il avoit préparé pour le festin. Quelques auteurs ont écrit que la chair de porc & l'hydromel crurent , de sorte qu'il eut de quoi traiter , non-seulement ceux qu'il avoit invités , mais aussi le prince qui survint au festin avec toute sa suite. Ces deux mêmes hommes revinrent chez Piast après la mort de Popiel II , dans le temps que les états étoient assemblés la seconde fois pour l'élection du prince. On proposa dans l'assemblée que Piast pourroit bien nourir tous ceux qui la composoient avec leur suite , des provisions qu'il tiroit de son petit cellier , où elles croissoient à mesure qu'on les en tiroit. Cette proposition , quoique ridicule en apparence, fut acceptée à cause de la disette des vivres qui étoit alors. Piast reçut tous ceux qui se présenterent , & les nourit avec abondance : ce qui ne fut pas plutôt connu , que tous se mirent à crier d'une voix unanime , que Piast leur étoit donné pour prince par une élection divine. Il refusa la principauté ; mais il l'accepta ensuite par le conseil de ses deux hôtes , & fut conduit au palais par les seigneurs , vêtu de sa robe grossiere , & ayant encore ses sabots. Les deux hôtes disparurent , dit-on , au même temps ; ce qui a fait croire aux historiens Polonois , que c'étoient deux anges qui furent envoyés de Dieu pour reconnoître la charité de Piast , quoiqu'il ne fût point dans la vraie religion. Ce prince devint encore plus libéral lorsqu'il eut plus de bien : il gouverna tous ses sujets avec une extrême douceur. Il eut en horreur la Cruscivie , à cause du crime & de la mort terrible de Popiel II , & transféra sa cour à Gnesne , où Lech I avoit demeuré. Il mourut en 861 , âgé de 120 ans. Ses descendans furent célèbres en Pologne , & il en reste encore en Masovie & en Silésie. MICISLAS I , duc de Pologne , l'un de ses petits-fils , mourut en 999 , ayant eu de Dambronwche , fille de Boleslas , duc de Bohême, BOLESLAS I , roi de Pologne , mort en 1025 , laissant de Judith , fille de Geisa , duc d'Hongrie , MICISLAS II , mort en 1034 , ayant eu de Rixe , fille d'Hemfroi , Palatin du Rhin , CASIMIR I , qui mourut en 1058 , ayant eu de Dobronegue , sa femme , Boleslas II , qui lui succéda ; LADISLAS I , qui suit ; Micislas , & Othon , morts jeunes ; & Suentochna , mariée à Primislas , prince de Bohême.

LADISLAS I fut roi après son frere aîné , & mourut en 1102 , ayant eu de Judith , fille de Wratislas , roi de Bohême , BOLESLAS III , mort en 1139 , ayant eu d'Alix , sœur de l'empereur Henri V , sa seconde femme , Ladislas II , qui laissa postérité ; (Voyez LADIS-LAS) Boleslas IV , qui n'en laissa point ; Micislas III , qui laissa des enfans ; (Voyez MICISLAS) CASIMIR II , qui suit , tous quatre successivement rois , & autres enfans. Voyez BOLESLAS.

CASIMIR II mourut en 1194 , & eut d'Hélène , fille d'Usewolode , prince de Belz , LESKOU , qui suit ; CONRAD , qui continua la postérité rapportée ci-après ; & Alix , morte en 1211 , en réputation d'une grande vertu. LESKOU fut pere de BOLESLAS V , lequel vécut chastement avec sainte Cunegonde , son épouse , fille de Béla IV , roi de Hongrie , & mourut l'an 1279. Voyez BOLESLAS V.

CONRAD , fils puîné de CASIMIR II , fut duc de Masovie & de Cujavie , & mourut en 1247 , ayant eu d'Agathe ou Agapie , fille de Sventeslas , prince de Russie , CASIMIR , duc de Cujavie , mort en 1268 , ayant eu de Constance , fille de Henri , duc de Wratislau , & d'Anne , fille de Primislas , roi de Bohême , LADIS-LAS III , dit Lostic , roi de Pologne , qui mourut en 1333,

ayant d'Hedwige , fille de Boleslas , duc de Cassulie , & d'Yolande ou Hélène , fille de Béla , roi de Hongrie , CASIMIR III , dit le Grand , roi de Pologne , qui mourut en 1370 , ayant eu d'Hedwige , sa troisiéme femme , fille de Henri , duc de Silésie & de Glogovie , & de Catherine d'Autriche , petite-fille d'Albert I , empereur , Elizabeth ou Hedwige , mariée à Bogeslas , duc de Poméranie ; & Anne , qui épousa Guillaume ou Herman , comte de Cilley. Ainsi finit la branche royale des Piast. * Jean Herburt de Fulstein , histoire des rois de Pologne. Spenerus , theatrum nobilitatis Europæ, &c.

PIAT (saint) apôtre de Tournai , & martyr sur la fin du III siécle , s'il on en croit ses actes ; mais comme ils sont manifestement supposés , on ne peut rien savoir de certain de ce Saint , qui est néanmoins honoré depuis long-temps en France. L'on croit que son corps est à Chartres. Ce qui est certain , c'est que S. Fulbert de Chartres a fait un hymne en l'honneur de S. Piat. Quelques-uns le font prêtre , d'autres disent qu'il étoit évêque. * Acta mss. Bucherius , Belgium Romanum. Launoi , traité des deux Denys. Tillemont , mem. pour servir à l'hist, ecclef. tome. IV

PIAVE , en latin Plavis , anciennement Anassus , riviere de l'état de Venise en Italie. Elle a sa source dans les montagnes du Tirol , près de la source de la Drave. Elle baigne Cadore , Bellune , Feltri , & se décharge dans le golfe de Venise par deux embouchures , dont la plus méridionale prend le nom de Piavesfelle , & va passer à Trevigno. * Mati , diction.

PIAZZA (Jules) né à Forli dans l'Etat ecclésiastique , le 13 mars 1663. Après avoir été internonce apostolique à Bruxelles , pendant quatre ans & demi , il fut rappelé à Rome par le pape Innocent XII , qui le fit à son retour , clerc de la chambre apostolique au mois de juillet 1696. Il n'exerça cette charge que quelques mois , ayant été nommé nonce apostolique auprès des cantons Suisses Catholiques , avec le titre d'archevêque de Rhodes , qui fut proposé pour lui dans un consistoire à Rome au mois de décembre 1697. Il passa de-là à la nonciature de Cologne , & fut nommé en juin 1706 à celle de Pologne , d'où il fut appelé à Rome par le pape Clément XI , qui le fit secrétaire des mémoriaux avec entrée dans toutes les congrégations , le premier août 1707. Il fut nommé au mois de décembre 1709 , nonce extraordinaire à Vienne , où il resta ensuite avec le caractère de nonce ordinaire , auprès des empereurs Joseph , & Charles VI. Pendant son séjour en cette cour , il fut nommé , au mois de mai 1710 , à l'évêché de Faënza , qui fut proposé pour lui à Rome le 13 juillet suivant. Il avoit alors le titre d'archevêque de Nazaret. Clément XI le créa cardinal le 18 mai 1712 , & lui envoya la barrette à Vienne , qu'il reçut des mains de l'empereur. Il fut aussi désigné légat de Ferrare au mois de juillet 1713. A son retour de Vienne à Rome , s'étant rendu en cavalcade un consistoire public , il y reçut le chapeau le 15 mars 1714 , & le pape fit la cérémonie de lui fermer la bouche le 21 du même mois , & celle de la lui ouvrir , le 16 avril suivant , & lui assigna le titre presbytéral de S. Laurent in pane & perna ; ensuite de quoi il fut déclaré membre des congrégations des évêques , & réguliers , de l'immunité , & de la propagation de la foi. Après avoir exercé quelques années la légation de Ferrare , il la quitta , & vint résider en son évêché de Faënza , où il mourut après une maladie de deux mois , entre 7 & 8 heures du soir , le 24 avril 1726 , âgé de 63 ans , 1 mois , & 10 jours , & de cardinalat 13 ans , 11 mois , 5 jours , universellement regreté pour sa candeur , son désintéressement , & les autres louables qualités , qui le rendoient agréable à tous ceux qui le connoissoient.

PIBRAC , cherchez DU FAUR.

PIC , ou PICUS , premier roi des Aborigènes en Italie , succéda à son pere Saturne , & régna , dit-on , 37 ans. Son fils Faune fut son successeur. D'autres mettent un autre PICUS , roi des Latins , long-temps avant i-ci, & prétendent que c'est le même qui épousa, n Ovide, Canente, fille de Janus & de Vénilia. dit que Picus II régna 57 ans. * Denys d'Halicar-le, l. 1 histor. Rom. Aurelius Victor, de orig. gent. n.

PIC. La maison des PICS, ducs de la Mirandole, comtes de Concorde en Italie, princes de l'empire, très-ancienne, & étoit célèbre dès l'an 1110. Envi-1 200 ans après,

I. FRANÇOIS PIC fut honoré du titre de vicaire de npire, dans la ville de Modène, par l'empereur uis IV; mais Passarino Bonacorsi, qui avoit acquis le oit de bourgeoisie dans Modène, le tua avec deux de fils, & fit raser la Mirandole l'an 1321. Ce Bona-ssi ayant été réduit par les Gonzagues, seigneurs de antoue, la famille des Pics se rétablit, & rebâtit la irandole. FRANÇOIS Pic eut pour enfans, Prendi-rte, tué en la guerre contre les Guelphes l'an 1312; homasino, & François, tués avec leur pere l'an 1321; NICOLAS, qui suit.

II. NICOLAS Pic, dit Zapin, seigneur de la Miran-le, eut pour enfans, Jean-François; & PRENDI-ARTE, qui suit.

III. PRENDIPARTE Pic, seigneur de la Mirandole, pitaine des Florentins, des Siennois & des Milanois 1390, fut pere de PAUL, qui suit.

IV. PAUL Pic, seigneur de la Mirandole, posseda le hâteau de Saint-Martin en 1402, & eut pour enfans, RANÇOIS, qui suit; Prendiparte; Thomasino; & Spi-tte.

V. FRANÇOIS, Pic, seigneur de la Mirandole, fut ere de Jean Pic, qui fut créé comte de Concorde par empereur Sigismond, l'an 1414, & mourut sans posté-ité; de FRANÇOIS, qui suit; & de Jacques Pic, l'un les plus fameux capitaines de son temps.

VI. FRANÇOIS Pic, II du nom, seigneur de la Mi-andole, fut créé comte de Concorde, avec son frere aîné, & eut pour enfans, JEAN-FRANÇOIS, qui suit; Thomasino, & Thadée Pic, mariée à Jacques Malef-pine, marquis de Masse.

VII. JEAN-FRANÇOIS Pic, seigneur de la Miran-dole, comte de Concorde, fut pere de NICOLAS, qui suit.

VIII. NICOLAS Pic, seigneur de la Mirandole, & comte de Concorde, eut pour fils JEAN, qui suit.

IX. JEAN Pic, seigneur de la Mirandole, & comte de Concorde, fut pere de JEAN-FRANÇOIS, qui suit.

X. JEAN-FRANÇOIS Pic, seigneur de la Mirandole, & comte de Concorde, fit fermer le château de la Mi-randole d'une forte muraille, avec une dépense prodi-gieuse, ce que pas un de ses prédécesseurs n'avoit osé entreprendre. Il épousa Julie Bojardi, dont il eut GALEOTTI, qui suit; Jean, à qui la grande connois-sance qu'il avoit des langues & des sciences, fit méri-ter le nom de Phœnix de son siècle, dont il sera parlé ci-après dans un article séparé; Antoine-Marie, que son frere aîné chassa de la Mirandole, mort l'an 1502; Catherine, mariée, 1°. à Leonel Pic, prince de Carpi; 2°. à Rodolphe de Gonzague; & Constance Pic, alliée, 1°. à Pin-Ordélaphe, prince de Forli; 2°. à N. comte de Montisagano.

XI. GALEOTTI Pic, seigneur de la Mirandole, & comte de Concorde, épousa Blanche Marie, fille de Scipion d'Est, dont il eut JEAN-FRANÇOIS, II du nom, qui suit; Frédéric, seigneur de la Mirandole & comte de Concorde, mort sans postérité; LOUIS, qui continua la postérité rapportée après celle de son frere aîné, & Magdelène Pic, religieuse à sainte Claire de Flo-rence.

XII. JEAN-FRANÇOIS Pic, II du nom, seigneur de la Mirandole, comte de Concorde, célèbre par son savoir, fut souvent chassé & rétabli à la Mirandole, & fut assassiné au mois d'octobre 1533 par Galeotti Pic, son neveu. Il avoit épousé Jeanne Caraffe, fille de Jean-Thomas, comte de Madalone, dont il eut

JEAN-THOMAS, qui suit; Paul-Albert, tué avec son pere l'an 1533; Cécile, religieuse; Anne, alliée à Antoine Adorne, duc de Gènes; Julie, mariée à Sigismond Malateste, seigneur d'Arimini; & Béatrix Pic, qui épousa Paul Taurelli, comte de Montechiru-golo.

XIII. JEAN-THOMAS Pic tenta inutilement, en 1536, de se rétablir dans les états de son pere. Il avoit épousé Charlotte des Ursins, fille de Jean-Jourdain, duc de Bracciano, dont il eut Virginio, & Hierôme Pic, morts sans alliance.

SUITE DES PRINCES DE LA MIRANDOLE.

XII. LOUIS Pic, troisième fils de Galeotti Pic, seigneur de la Mirandole, & de Blanche-Marie d'Est, fut seigneur de la Mirandole, & comte de Concor-de; en ayant obtenu l'investiture, il fit la guerre à son frere aîné, & fut tué l'an 1509. Il avoit épousé Françoise Trivulce, fille de Jean-Jacques Trivulce, surnommé le Grand, marquis de Vigevano, dont il eut GALEOTTI II du nom, qui suit; Louis, évê-que de Limoges; & Olive Pic.

XIII. GALEOTTI Pic, II du nom, comte de la Mi-randole & de Concorde, entra de nuit dans la ville de la Mirandole, avec quarante hommes armés, tua son oncle Jean-François, avec son cousin Albert, & mit sa tante & ses autres cousins en prison. Mais dans la suite craignant leur juste ressentiment, il voulut livrer la Mirandole aux François, & en prendre récompense sur le domaine du roi. On le proposa même au traité de Crespi, en 1544; mais ce fut sans aucun effet, par-ceque les députés du roi François I & de l'empereur Charles-Quint ne purent sur s'accorder sur cela. Il est pourtant assuré que les François étoient alors dans la Mirandole; & même, en 1551, lorsque le pape Jules III vouloit assiéger cette place, ils répondirent que Galeotti & Jean-Thomas Pic disputant leur droit à Nice l'an 1538, avoient consenti de part & d'autre, que le pape Paul III mît la Mirandole en dépôt entre les mains des Fran-çois, jusqu'à ce que leur différend fût vuidé, & que de-puis ce temps, ils l'avoient toujours eue sous leur pro-tection. Galeotti mourut en 1551, ayant eu d'Hip-polyte de Gonzague, fille de Louis, prince de Boz-zolo, LOUIS II du nom, qui suit; Silvie, alliée à Fran-çois, comte de la Rochefoucauld; & Fulvie Pic, qui épou-sa Charles de la Rochefoucauld, comte de Rendan.

XIV. LOUIS Pic, II du nom, comte de la Mirandole & de Concorde, mourut en 1574. Il épousa Fulvie, fille d'Hyppolite, comte de Corrège, dont il eut Fré-déric, prince de la Mirandole, & marquis de Con-corde, mort en août 1602 sans postérité d'Hippo-lyte d'Est, sœur de Cesar, duc de Modène, morte 2 mai 1602; ALEXANDRE I du nom, qui suit; Galeotti, chevalier de Malte; Jean; Louis; Hippo-lyte, mariée à Alfonse Picolomini, seigneur de Mon-té-Marciano; Renée Pic, qui épousa François Salviati, seigneur de Grotta-Marozza.

XV. ALEXANDRE Pic, I du nom, duc de la Mi-randole, prince de Concorde, marquis de Saint-Mar-tin, né l'an 1567, fut créé duc de la Mirandole par l'empereur Ferdinand II, l'an 1619, & mourut en 1637, âgé de 70 ans. Il avoit épousé Laure d'Est, fille de Cesar, duc de Modène, dont il eut GALEOTTI III du nom qui suit; Fulvie, née le 15 septembre 1607, mariée l'an 1626, à Alberic Cibo, duc de Masse; Julie, née le 12 juin 1611, alliée en 1627, à François-Marie du duc de Geri; Marie, née le 5 mars 1613, morte le 7 dé-cembre 1682; & Catherine Pic, née le 10 avril 1620, morte l'an 1671.

XVI. GALEOTTI Pic, III du nom, né en 1603, mourut le 9 juin 1637, un peu avant son pere. Il avoit épousé l'an 1626 Marie Cibo, fille de Charles, prince de Masse, & de Brigitte Spinola, dont il eut ALEXANDRE II du nom, qui suit; Jean, né le 10 octobre 1634, mort Jésuite en 1660; Brigitte, née le

17 octobre 1633 , qui fut tutrice du duc ; son petit-neveu , morte sans alliance , au mois de janvier 1720, en sa 87e année ; & *Catherine* Pic , née le 22 janvier 1636 , morte le 25 mars 1650.

XVII. ALEXANDRE Pic , II du nom, duc de la Mirandole & de Concorde , né le 30 mars 1631 , succéda à son aïeul l'an 1637 ; se distingua par sa sage conduite, par son amour pour les lettres & par son courage ; commanda en Candie le secours des princes de Lombardie , & mourut le 3 février 1691. Il avoit épousé le 29 avril 1656 *Anne-Béatrix* d'Est , fille d'*Alfonse* , III du nom, duc de Modène , dont il eut FRANÇOIS , qui suit ; *Galeotti* , né le 18 août 1663 ; *Jean* , né le 19 octobre 1667 , qui s'attacha au service de la république de Venise en août 1710 , qui lui donna le titre de général de la cavalerie , avec 3000 ducats d'appointemens , & mourut à Bologne en Italie au mois de décembre suivant , accablé de chagrin de se voir dépouillé de son patrimoine ; *Louis* , né le 9 décembre 1668 , maître de chambre du pape Clément XI, patriarche de Constantinople en 1706 , majordome en 1707 , & nommé cardinal le 26 septembre 1712, mort à Rome le 10 août 1743 ; *Marie* - Isabelle , née le 7 décembre 1658 ; *Laure* , née le 16 décembre 1660 , mariée le 28 février 1680 à *Ferdinand* de Gonzague , prince de Castiglione ; & *Fulvie* Pic , née en 1666 , qui a épousé en 1686 *Thomas* de Aquino , prince de Castiglione.

XVIII. FRANÇOIS Pic ; prince de la Mirandole , né le 26 octobre 1661 , mourut avant son pere , le 19 avril 1689. Il avoit épousé en 1684 *Anne-Camille* Borghèse , fille de *Jean-Baptiste* , prince de Sulmone. Elle se remaria en 1694 à *Antoine* Giudice , prince de Cellamare , & mourut le 24 septembre 1715 ; ayant eu pour fils unique de son premier mariage FRANÇOIS-MARIE , qui suit.

XIX. FRANÇOIS-MARIE Pic , prince de la Mirandole , &c. né le 30 septembre 1688 , a été sous la tutelle de la princesse *Brigitte* sa grande-tante , qui pendant la guerre d'Italie entre l'empereur & Philippe V, roi d'Espagne , fit entrer en décembre 1701 les troupes allemandes dans la ville de la Mirandole, & obligea le sieur de la Chetardie, commandant la garnison françoise, de se retirer. L'empereur ayant depuis vendu les états de la Mirandole au duc de Modène , le prince de la Mirandole , dès qu'il fut majeur , prit en 1704 le parti de France & d'Espagne , passa à Madrid , & fut fait grand-écuyer du roi d'Espagne en mai 1715. Il épousa le 14 juin 1716 *Marie-Thérese* Spinola , fille de *N.* marquis de los Balbases , laquelle fut noyée malheureusement en sa maison , par un orage survenu à Madrid le 15 septembre 1723. * Sansovin , l. 3, chron. Loschius, in compend. hist. De Thou, hist. l. 8. Léandre Alberti, desc. Ital. Ammirato. Rittershufius. Imhoff , en ses vingt familles d'Italie.

PIC (Jean) fils de JEAN-FRANÇOIS , seigneur de la Mirandole , né le 24 de février 1463 , s'acquit une merveilleuse connoissance des sciences les plus sublimes, Scaliger l'appelle *Monstrum sine vitio*. A l'âge de dix ans , il étudioit le droit & le commentoit à mesure ; à dix-huit ans , il savoit vingt-deux langues. A l'âge de 24 ans ; il soutint à Rome des thèses , qui contenoient 900 propositions de dialectique , de théologie , de mathématique , de magie , de cabale & de physique , toutes non seulement tirées des écrits des auteurs Grecs & Latins , mais encore établies sur l'autorité des Hébreux & des Chaldéens. Ce dessein exécuté avec applaudissement , ne plut pas à tout le monde. Plusieurs demi-savans , ou envieux de la gloire de ce jeune prince , ou poussés d'un zele indiscret, censurerent ces thèses & en firent même un grand bruit. Pour les appaiser, le pape Innocent VIII fit examiner les propositions de Jean Pic ; & on en trouva treize qui étoient insoutenables. Pic les défendit, par une apologie qu'il fit en dix-sept nuits, qui est au commencement de ses œuvres , avec

un bref d'Alexandre VI. Une chose assez particuliere qu'il rapporte dans cette apologie , & qui témoigne combien l'ignorance a fait souvent faire de bévues , au sujet de l'examen des livres , c'est qu'un théologien qui se mêloit de censurer les thèses , étant interrogé ce que signifioit ce mot de *Cabale* , il répondit que c'étoit un méchant homme & hérétique , qui avoit écrit contre Jesus-Christ , & que ses sectateurs avoient eu de lui le nom de *Cabalistes*. Ceux qui n'étoient pas plus éclairés que ce théologien accuserent Jean Pic de magie , ne pouvant comprendre qu'un jeune homme de cet âge pût être si savant. Le pape nomma des commissaires pour examiner ses thèses , en défendit la lecture , & fit citer Pic de la Mirandole à Rome ; mais Alexandre VI lui donna un bref d'absolution le 18 juin de l'an 1493. On dit que Lucius Bellancius de Sienne lui avoit prédit qu'il ne passeroit pas la 33e année de son âge ; cela arriva ainsi : car Jean Pic ayant renoncé à sa souveraineté de la Mirandole , mourut à Florence le 17 novembre 1494 , le même jour que le roi Charles VIII entra dans cette ville. Il fut enterré dans l'église de S. Marc, où on lit cette épitaphe qui dit beaucoup en deux vers.

*Hic situs est Picus Mirandula ; cætera norunt
Et Tagus & Ganges , forsan & Antipodes.*

Il travailloit alors à son ouvrage contre l'astrologie judiciaire, qui , quoique non achevé , est néanmoins le meilleur. Jean-François Pic son neveu, écrivit sa vie que nous avons au commencement de ses ouvrages imprimés à Basle , en 1573 & 1601. * Trithème & Bellarmin , de script. eccl. Sponde, in annal. A. C. 1487; n. 5, & 1494 , n. 12. Paul-Jove , in elog. c. 39. Philippe Beroalde. Ange Politien. Marsile Ficin. Léandre Alberti. Naudé , &c. *Anecdotes de Florence par Varillas*. Du-Pin , biblioth. des aut. ecclésiast. du XV siécle.

PIC (Jean-François) II du nom , prince de la Mirandole , étoit fils de GALEOTTI , frere du célèbre JEAN Pic , dont nous venons de parler. Il s'adonna à l'étude , & par son trop grand attachement à la scholastique , négligea la belle latinité. Sa vie fut fort agitée , & il fut deux fois chassé de ses états : enfin Galeotti , fils de son frere Louis , l'assassina la nuit, lui & son fils Albert, au mois d'octobre de l'an 1533. On dit qu'il fut surpris par son neveu dans son château, & qu'il reçut la mort en embrassant un crucifix. Nous avons ses œuvres imprimées avec celles de son oncle ; savoir , la vie de Jean Pic & celle de Savonarole : *De studio divina & humana philosophiæ* , lib I. *De morte Christi & propria cogitanda*, lib. III. *Defensio de uno & Ente*, &c. * Paul-Jove , in elog. doct. c. 87. Bellarmin , de script. eccl. Sponde , in annal. Possevin, in appar. sacro , &c.

PIC (Jean) de Paris , Chartreux , qui vivoit dans le XVI siécle , écrivit des commentaires sur le cantique des cantiques , que Josse Badius publia en 1524. *Petreius , bibl. Cartus.

PICARD (Jean) né à Toutry , village du bailliage de Semeur dans la vallée d'Epoisses , selon l'auteur de la *Bibliothéque des écrivains de Bourgogne* , étoit , à ce qu'il paroit par ses ouvrages , connu & estimé des savans de son temps. Il vivoit vers la fin du XVI siécle. On a lui fix vers grecs à la tête du traité de Jean Macer , Dijonnois , *De prosperis Gallorum successibus*, 1558, in-8°. Trente vers élégiaques , au-devant d'un autre traité de Macer , *De laudibus Mandubiorum* , 1555, in-8°. *De prisca Celtopædiâ* , à Paris, 1556 in-4°. *Epinicion de rebus gestis Caroli Cossai Brisacti domini , Galliæ polemarchi , & Alpini limitis præfecti, in quo , quam non minùs fortiter , quàm fideliter , in Casalpinâ regione sub illius auspiciis gesta sunt , paucis enumerantur*, à Paris , 1583, in-8°. L'auteur de la Bibliothéque citée plus haut, ajoute aux ouvrages de Jean Picard une édition de l'histoire de Guillaume de Neubrige. Mais onfond Jean Picard, avec un autre du même nom, moine de S. Victor, qui fait le sujet de l'article suivant.

PICARD (Jean) de Beauvais, chanoine régulier de Victor à Paris, au commencement du XVII siécle, avoit beaucoup d'érudition. Divers auteurs parlent avec estime de Jean Picard, qui mourut en 1617. On a de lui une édition de l'histoire de Guillaume de Neubrige, sous ce titre : *Guillelmi Neubrigensis Angli, canonici regularem sancti Augustini, de rebus anglicis sui temporis, libri quinque. Nunc primùm auctiores XI capitulis hactenùs desideratis, & notis Joannis Picardi, Belvaci, æquè canonici sancti Victoris Parisiensis*, à Paris, 1610, in-8°. La vie de Guillaume de Neubrige, composée par Jean Picard (*conscriptore Joanne Picardo, Bellovaco, canonico sancti Victoris Parisiensis*) est à la tête de cette édition. Il a fait des *Notes sur les épîtres de S. Bernard.* Ces notes sont dans l'édition intitulée : *Sancti Bernardi Opera omnia, ad editionem Joannis Gillotii edita. Accesserunt S. Bernardi aliquot epistolæ nunquam editæ, studio, labore, & cum notis Joannis Picardi in omnes sancti Bernardi epistolas*, à Paris, 1615, in-folio. On a encore la même édition de S. Anselme : *D. Anselmi Opera omnia, ex collatione veterum codicum emendata, notis illustrata, & aliquot novis opusculis aucta, studio & operâ Joannis Picardi*, à Cologne, 1612, in-folio.

☞ PICARD (Jean) prêtre, prieur de Rillié en Anjou, naquit à la Flèche dans la même province. Après ses premieres études, il se livra à celle des mathématiques pour laquelle il eut une grande inclination. L'astronomie sur-tout avoit pour lui de grands attraits, & on lui doit à cet égard d'importantes découvertes. Il étoit déja connu par son mérite lorsqu'il vint à Paris ; & l'académie des sciences, qui ne venoit que de se former, ne tarda pas à se l'associer, comme un sujet qui pouvoit lui être d'une grande utilité. Il entra dans cette compagnie en 1666, & il y eut une place d'astronome. La même année il publia, conjointement avec M. Auzout, un nouveau micromètre, sorte d'instrument très-utile dans la pratique de l'astronomie pour mesurer de petits espaces, les plus petits diamètres apparens des astres, & leurs distances les moins sensibles. Cet instrument n'est pas celui que le marquis de Malvasia avoit donné en 1662, qu'ainsi ce qu'il est plus exactement divisé & plus commode, & que MM. Picard & Auzout y ajoutèrent un curseur, qui se meut par une vis, pour mesurer les distances avec justesse ; ils employerent aussi des fils de soie beaucoup plus déliés que les fils d'argent de M. Malvasia. On peut lire sur cela l'article 23 des *Mémoires de Trévoux*, mars 1723, où il est traité *de l'invention, & de l'usage de quelques instrumens de mathématiques.* En 1671 M. Picard fut envoyé par ordre du roi, & sur les représentations de l'académie, à Uranibourg, château élevé par les soins du fameux Tico-Brahé, dans l'isle de Huéne, près de Copenhague en Danemarck. Le but de ce voyage étoit de déterminer avec le plus d'exactitude qu'il se pourroit, la hauteur du pôle, & sa longueur géographique, afin d'adapter plus facilement au méridien de Paris les tables astronomiques dressées sur les observations de Tico-Brahé. Les observations de M. Picard ne se bornerent pas à cet objet ; il en fit encore d'autres, dont on peut voir le détail dans l'écrit qu'il a donné sur ce sujet, sous le titre de *voyage d'Uranibourg, ou observations astronomiques faites en Danemarck.* Notre habile astronome eut soin aussi de recueillir, autant qu'il lui fut possible, les originaux des observations de Tico-Brahé, qui avoient été imprimées en Allemagne, & à lui les apporta en France : recueil d'autant plus précieux, que ces manuscrits diffèrent en plusieurs endroits des imprimés, & qu'il s'y est trouvé un livre de plus que ce qui avoit paru. Revenu à Paris, M. Picard fit encore plusieurs observations très-utiles, soit par lui même, soit conjointement avec feu

M. Cassini, son confrere dans l'académie des sciences. En 1669 & 1670 il avoit déja parcouru divers endroits du royaume, sous les ordres de Louis XIV, principalement pour y mesurer les dégrés du méridien terrestre. On lui donne aussi la gloire d'avoir le premier découvert en 1675 la lumiere dans le vuide du baromètre, ou le *phosphore mercuriel.* Cet habile homme est mort en 1683. On parle de lui très-avantageusement dans le livre intitulé, *Historia astronomiæ*, par Jean-Frédéric Weidler, in-4°, à Wittemberg 1741, pag. 531 & suiv. Les ouvrages de M. Picard sont, 1. *Traité du nivellement.* 2. *Pratique des grands cadrans par le calcul.* 3. *Fragmens de dioptrique.* 4. *Experimenta circà aquas effluentes.* 5. *De mensuris.* 6. *De mensurâ liquidorum & aridorum.* Ces traités se trouvent dans le tome VI des anciens *Mémoires* de l'académie des sciences. Dans le volume VII des mêmes *Mémoires*, on a les suivans : 7. *Abrégé de la mesure de la terre.* 8. *Voyage d'Uranibourg, ou observations astronomiques faites en Danemarck.* 9. *Observations astronomiques faites en divers endroits du royaume.* 10. *La connoissance des temps*, pour les années 1679, 1680, 1681, 1682 & 1683. * M. l'abbé Goujet, mem. mss.

PICARD (Benoît) dit *Benoît de Toul*, Capucin, né à Toul, où il est mort en 1720, au mois de janvier, âgé d'environ 57 ans, a beaucoup écrit sur l'histoire ecclésiastique, principalement pour ce qui regarde les évéchés de Toul & de Lorraine. Il a donné au public, 1°. un *Pouillé ecclésiastique & civil du diocèse de Toul*, 2 volumes in-8°, à Toul, en 1711. Les auteurs des *Mémoires de Trévoux*, mois de décembre 1715, font beaucoup de cas de cet ouvrage. 2°. *Histoire ecclésiastique & politique de la ville & du diocèse de Toul*, en 1707, in-4°. 3°. *Vie de saint Gérard* avec une addition, in-12, à Toul en 1700. 4°. *Veteris Ordinis Seraphici monumenti novâ illustratio*, in-12. à Toul, en 1708. On trouve dans cet ouvrage, *Synopsis historica, chronologica, & topographica ortús & progressús ordinis sancti Francisci apud Lotharingos, ejúsque finitimos Leucos, Metenses, & Virdunenses.* 5°. *L'Origine de la très-illustre maison de Lorraine*, avec un abrégé de l'histoire de ses princes, in-12, à Toul, en 1704. Feu M. de Camps, abbé de Signy, a fait sur cet ouvrage des remarques critiques, qui n'ont point été imprimées. Le pere Hugo, Prémontré, depuis abbé d'Estival, l'attaqua aussi dans son *Traité historique & critique sur l'origine de la maison de Lorraine*, in-8° en 1711, dans & soie beaucoup & cet ouvrage rempli de traits hardis & séditieux, a été condamné & flétri par un arrêt du Parlement de Paris, du 17 décembre 1712. Le P. Benoît de Toul y a aussi répondu dans son *Supplément à l'histoire de Lorraine, &c.* in-12, à Toul, en 1712. 6°. *Lettre à M** sur la vie de S. Sigisbert*, douziéme roi d'Austrafie, III du nom, &c. par Vincent de Nancy (c'est-à-dire, comme on le croit, par le P. Hugo, Prémontré.) 7°. Le P. Picard, dit *Benoît de Toul*, a aussi composé l'histoire de la ville & évéché de Verdun ; ces deux ouvrages sont encore manuscrits. 8°. *Dissertation pour prouver que la ville de Toul est le siége épiscopal des Leucois*, in-4° à Nanci en 1701, avec le *Systême chronologique & historique des évêques de Toul*, & les *Mémoires pour la vie de S. Dié*, par l'abbé Riguet, grand prevôt de l'église de S. Dié. Cette dissertation & la préface du *Systême*, &c. ont été attaqués par M. Clément, garde de la bibliothèque du roi de France, dans un écrit où il s'est caché sous le nom d'*Antimon.* Voyez CLEMENT. 9°. *Apologie de l'histoire de l'indulgence de la Portiuncule*, en 1714. Cette apologie fut assez vivement attaquée par le P. Jean-Joseph Petit-Didier, Jésuite, frere du Bénédictin de ce nom, dans trois lettres critiques sur ce sujet, la premiere datée du mois de février 1715, la seconde, du mois de mars fuivant , & la troifiéme du mois d'avril. Le P. Benoît répondit à chacune , & fa réponfe parut au commencement de l'année 1716, *in-12*. Elle fe trouve avec les trois lettres critiques. La plupart des ouvrages de cet auteur Capucin, font folides , & contiennent beaucoup de recherches ; mais ils font fort mal écrits. * *Mémoires du temps*, D. Calmet , *hiftoire de Lorraine*, dans le catalogue des auteurs. Le Long , *biblioth. hift. de la France*. Lenglet , *méthode pour étudier l'hiftoire*, dans le catalogue des hiftoriens , &c.

PICARDET (Hugues) procureur général au parlement de Bourgogne , naquit à Mirebeau , bourg à quatre lieues de Dijon. Il étoit fils de *l'amodiateur & facteur de la maifon de M. de Biron , feigneur de Mirebeau , & comte de Charny*: Ses talens & fon mérite firent oublier la baffeffe de fa naiffance : il époufa 1°. *Anne* de Berbifey , dont il eut, entr'autres, *Marie*, qui époufa *Jacques-Augufte* de Thou , préfident au parlement de Paris. Nous ignorons le nom de fa feconde femme. Il réfigna fa charge le 3 avril 1641, à Pierre Lenet , confeiller au parlement ; qui fut reçu le 3 août fuivant. Il mourut à Dijon le 29 avril de la même année, à l'âge de 81 ans , & fut enterré à S. Etienne. On lui dreffa l'épitaphe fuivante :

Cy gît meffire HUGUES PICARDET *, confeiller du roi en fes confeils , & fon procureur général au parlement de Bourgogne , lequel après avoir fervi fidélement en fa charge trois rois de France , pendant 53 ans entiers , décéda le lundi 29 avril 1641 , âgé de 81 ans ; laiffant pour unique héritière damoifelle* MARIE *Picardet fa fille , qui lui a fait ce monument.*

Les ouvrages de Hugues Picardet font : 1. *Recueil des principaux points de la remontrance faite en la cour de parlement de Bourgogne , le 24 novembre dernier , par maître* Hugues Picardet *, à Dijon , 1605, in-8°*, avec une épître dédicatoire de Daniel Briet au préfident Jeannin ; & dans le *recueil* cité n°. 3. 2. *Remontrance fur l'édit de Nantes , les duels , blafphèmes , &c. à Dijon , 1614, in-12, &* dans le même recueil. 3. *Les remontrances faites en la cour du parlement de Bourgogne , par M. Hugues Picardet , à Paris , 1618, in-8°*. La première remontrance fut prononcée à Flavigny le 15 novembre 1590, & la feconde le 16 novembre 1592 à Semur, où la guerre avoit été transféré pendant la ligue. 4. *Plaidoyé fur une vieille erreur , que le droit d'aubaine eft aboli en la ville de Dijon , à Dijon 1619 , in-4°.* 5. *Georgii Flori de bello italico & rebus Gallorum præclarè geftis libri VI , fcilicet de Caroli VIII expeditione Neapolitana libri II , & de Ludovici XII expeditione Bononienfi , de Genuenfi , & bello Germanico libri IV , edente Hugone Picardeto , à Paris , 1613 , in-4°*, dédié au chancelier de Sillery. Dénys Godefroy a inféré dans fon hiftoire de Charles VIII *in-fol*. l'expédition de Naples par Charles VIII, en 1494 & 1495 ; la guerre de Boulogne entreprife par Louis XII , du temps du pape Jules II ; la guerre du même contre les Génois , & celle de Maximilien pour chaffer Louis XII , de l'Italie. Georges Florus étoit un jurifconfulte de Milan , qui vivoit encore vers l'an 1512. 6. *L'affemblée des notables de France faite par le roi en la ville de Rouen , avec les noms des élus & notables* , à Paris 1617, *in-8°*. 7. *L'affemblée des notables , tenue à Paris les années 1626 & 1627 , & les réfolutions prifes fur plufieurs queftions & propofitions d'état très-importantes pour le réglement de juftice , police , finances , &c. & autres chofes néceffaires pour la fûreté & gouvernement de ce royaume , avec plufieurs harangues prononcées fur plus notables de ladite affemblée* , à Paris , 1652, *in-4°*. 8. *Remontrance de M. Picardet , dans le Recueil des harangues & actions publiques,* à Paris , *in-8°*, pag. 870 & fuiv. 9. Charles Fevret , pag. 50 de fon dialogue , *De claris fori Burgundici Oratoribus*, parle d'un *dialogue* de ce magiftrat avec François Briet , confeiller au parlement.

10. On conferve des *lettres* manufcrites du même à M. Guijon , procureur du roi à Autun. * Voyez la *Bibliothéque des auteurs de Bourgogne*, où l'on cite ceux qui ont fait mention de Hugues Picardet. Il y a eu auffi un *Anne* Picardet , qui vivoit dans le XVII fiécle , & qui a fait imprimer des cantiques fpirituels.

PICARDIE , province de France , eft une partie de l'ancienne Belgique. Il eft fur que ce nom eft nouveau ; cependant nous n'avons point de véritable connoiffance de fon origine : car il n'y a pas d'apparence de le tirer des hérétiques Picards , comme quelques-uns ont fait , ni du mot grec qui convient à l'humeur prompte des habitans , ni de l'allufion que l'on fait à ce qu'ils fe piquent de peu de chofe. Cette province qui eft aujourd'hui un des grands gouvernemens du royaume , a la Champagne au levant ; l'Ifle de France au midi ; cette partie de la mer océane que nous appellons *la Manche*, & la Normandie au couchant ; & au feptentrion la Flandre , le Hainaut & le Cambréfis. Toute la Picardie peut être divifé en haute , moyenne & baffe. La haute , fur l'Oife , la moyenne fur la Somme & la baffe le long de la mer. Mais aujourd'hui on la divife en fept parties , qui font le Boulonois , le Ponthieu , le Santerre , le Vermandois , la Tierache , l'Amienois & le pays reconquis. Elle comprenoit encore le Beauvaifis , le Noyonois , le Laonois & le Valois , qui font préfentement du gouvernement de l'Ifle de France. Amiens eft fa ville capitale. Les autres font Abbeville , Ardres , Boulogne , Calais , la Cappelle , le Catelet , Corbie , Dourlens , Saint-Quentin , la Fere , Guife , Ham , Montreuil , Peronne , Roye , Mondidier , Rue , &c. La Picardie eft fertile en grains & en fruits , mais elle ne produit point de vin. Elle eft arrofée de diverfes rivieres , dont les principales font la Somme , l'Oife , l'Authie , la Canche , &c. Toute la juftice fe rend dans fes bailliages & fiéges préfidiaux , qui font du reffort du parlement de Paris. Les villes y font gouvernées par les maires & échevins , & les évêchés y ont l'archevêque de Reims pour métropolitain. Pour les finances , il y a des généralités à Amiens & à Soiffons. Outre le gouvernement général , on y compte dix - huit gouvernemens particuliers. La Picardie n'a jamais été aliénée du domaine de la couronne. Nous parlons en particulier de Boulogne , du Ponthieu , &c. qui ont eu leurs comtes. * Gille Bry de la Clergerie , *hift. des comtes du Perche & du Ponthieu*. Arjulfe , *chron. de S. Riquier*. L'auteur de l'hiftoire des comtes de Ponthieu & mayeurs d'Abbeville. Du Puy , *droits du roi*. Du Chêne , *antiquité des villes de France*. Jean-Surhovius , *Picard. Belg. defcr.* Adrien de la Morliere , *hiftoire d'Amiens*.

PICARDS ou PIKARDS , hérétiques , s'éleverent en Bohême dans le XV fiécle. Un certain nommé Pikard , natif des Pays-Bas , y renouvella les erreurs des Adamites , vers l'an 1414, & fe fit fuivre par une populace ignorante , qui , fous prétexte de faire profeffion de l'innocence d'Adam , alloit toute nue , & s'abandonnoit à mille fortes d'abominations. Ces errans qui s'eftimoient les feuls libres , fe retirerent dans une ifle de la riviere de Lifmick , à fept lieues de Tabor en Bohême , où Zifca , pour fe venger d'une incurfion que quelques-uns d'eux avoient faite dans la campagne , où ils avoient fait beaucoup de défordres , les alla chercher en 1420, & les fit tous paffer au fil de l'épée , à l'exception de deux qui furent réfervés pour apprendre de leur bouche quelle étoit leur religion. Les hérétiques de Bohême furent auffi nommés *Picards*, dans le fiécle fuivant. * Prateole , *de hær. V. Adam. & Pikar. Æneas Sylvius , c. 42. Boh.* & Dubravius , *l. 26.* Sandere , *174.* Sponde , *A. C. 1420, n. 4.* Bayle *dict. critique*.

PICART (François le) docteur de Paris , doyen de S. Germain l'Auxerrois , feigneur d'Atilli & de Villeron dans le XVI fiécle , naquit le 16 avril 1504

'aris d'une famille noble & ancienne. Son peré étoit
AN le Picart , seigneur de Villeron , secrétaire du
, & sa mere *Jacqueline* de Champanges , dame
Atilli. Il fut élevé dans les lettres & dans la piété ,
se rendit savant théologien , bon ecclésiastique &
bile prédicateur. Depuis il se signala , sur-tout par
a zèle pour la foi contre les hérétiques qui s'élevе-
nt de son temps. C'est pour cette raison que Calvin,
ze , & leurs disciples l'ont si fort maltraité. Sa piété ,
douceur & son désintéressement le rendirent si cher
peuple de Paris , que plus de vingt mille bour-
ois de cette ville assisterent à son enterrement. Ce
sicteur mourut le 17 septembre 1556 , âgé de cin-
ante-deux ans. Plusieurs auteurs ont parlé de lui avec
oge. Gabriel de Puiherbaut le nomme un très-bon
icteur & un très-bon pasteur. On composa divers livres
i sujet de la mort de François le Picart , comme ,
es regrets & complaintes de passe-par-tout , sur le
épas de M. François le Picart. Déploration sur le tré-
ts de noble & vénérable personne M. maître François le
icart , docteur en théologie , & doyen de S. Germain-
Auxerrois , &c. Voyez sa vie écrite par le P. Hila-
on de Coste , Minime , publiée en 1685 , sous le ti-
e de Parfait ecclésiastique.

PICART (Michel) d'Altdorf , philosophe , philo-
ogue , orateur & poëte , naquit le 29 septembre 1574 ,
& mourut le 3 avril 1620. Il étoit professeur en phi-
osophie dans sa patrie. Il a écrit un commentaire sur
a poétique d'Aristote ; des observations historico-po-
itiques ; des disputes de philosophie ; des harangues ;
les essais de critique , &c. Il a traduit en latin
Oppien , *de la chasse.* * Hennin de Witte , *in phi-*
losoph. pag. 182.

PICART (Etienne) dit *le Romain ,* fut reçu en 1664
nembre de l'académie de peinture & sculpture à Paris ,
dont il devint doyen en 1705. Il quitta Paris en 1710 ,
pour aller s'établir à Amsterdam , où il mourut le 12
novembre 1721 , âgé de 90 ans , en réputation de l'un
des plus habiles graveurs de son temps.

PICART (Bernard) graveur célèbre , fils d'*Etienne*
Picart , surnommé *le Romain ,* & d'*Angélique* Tour-
mant , naquit à Paris le 11 juin 1673. Son pere qui s'est
acquis beaucoup de réputation dans la gravure , fut son
maître dans cet art , & dans les principes du dessin. Il
est redevable à l'égard de la composition , à Benoît Audran , qui demeuroit chez son pere. Le jeune Picart n'a-
voit alors qu'environ 12 ans , & il esquissoit des sujets
en concurrence d'Audran. En 1689 , envoyé à l'académie de peinture pour apprendre le dessin d'après nature , il y apprit aussi la perspective & l'architecture
sous le célèbre Sebastien le Clerc , qui excelloit dans la
gravure , dans le dessin , dans l'architecture , la géométrie , &c. Deux ans après il remporta le prix de l'académie , qu'il reçut des mains de l'illustre Charles le
Brun , lequel mourut peu de temps après. Picart ne pouvant profiter de ses leçons , fit connoissance avec les
autres habiles peintres , qui l'instruirent beaucoup. Tels
étoient Lafosse , Houasse , Jouvenet , Coypel , &c.
& particulierement Roger de Piles , si connu par ses
traités sur la peinture. Dans la suite il se perfectiona
dans la composition , par les liaisons qu'il eut avec Van
Schuppen , graveur habile , avec qui il s'appliqua à dessiner des figures d'anatomie d'après nature chez M. de
Litre , fameux anatomiste. En 1693 il grava l'hermaphro-
dite du Poussin , la premiere piéce où il ait mis son
nom. Il avoit déja gravé les bergers d'Arcadie d'après
le même , & quelques petites académies d'après le Brun ,
le Sueur & autres peintres. Les premieres piéces qui
commencerent à le flater de quelque succès , furent
deux morceaux du tombeau du cardinal de Richelieu ,
qui est dans l'église de la maison de Sorbonne. Il partit
de Paris sur la fin de septembre 1696 , dans le dessein
d'aller en Hollande ; & ayant passé l'hyver à Anvers ,
il y gagna le prix du dessin à l'académie des beaux arts ,
& eut la satisfaction de se voir demander la figure qui

lui avoit valu ce prix , pour être conservée parmi les
beaux morceaux de cette académie. Cette compagnie le
présenta lui-même comme le meilleur dessinateur qu'elle
eût alors , à l'électeur de Cologne. Sa mere étant morte ,
& son pere malade , il revint à Paris au mois de décembre 1698 , & s'y maria le 23 avril 1702 , avec
Claudine Prost , dont il devint veuf quelques années
après. Il quitta la France en 1710 , deux ans après son
veuvage ; il avoit embrassé dès-lors la religion prétendue-
réformée. Il partit pour la Hollande le 8 janvier 1710 ;
& après avoir séjourné un an à la Haye , il se fixa à
Amsterdam au mois de mai 1711. Il s'y remaria le 25
septembre 1712 , avec *Anne* Vincent , fille d'un Hollandois , marchand de papier. Depuis ce temps-là , il ne
s'est guère imprimé de livres susceptibles de figures , où
il n'y en ait quelqu'une de son génie. Il excelloit dans
la belle invention & la belle ordonnance des sujets qu'il
avoit à traiter , dans l'exactitude & la correction du
dessin , & principalement dans la délicatesse & la propreté de la gravure des petites piéces ; comme ses *épi-*
thalames , ses vignettes , ses culs de lampe , ses titres
de livres , &c. Ceux qui l'ont connu , ajoutent qu'il
étoit d'un caractère doux & sociable , uniquement occupé de son étude & de ses devoirs , bon citoyen , bon
ami , bon pere de famille. Après une douloureuse maladie qui a duré six mois , il est mort à Amsterdam le 8.
mai 1733 , âgé de 60 ans : il n'a laissé que trois filles.
* Extrait du *Glaneur historique , critique , politique , &c.*
année 1733 , nombre XXXIX. Voyez aussi le *Mercure*
de France , mois de décembre 1735. On trouve son
éloge dans l'ouvrage intitulé , *les impostures innocentes.*
Picart a donné de nom , dit M. Gersaint , à un recueil
qu'il a fait de plusieurs estampes qu'il avoit gravées dans
ses momens de récréation , d'une maniere légere &
approchante du dessin , en imitant les différens gouts
pictoresques de certains maîtres savans qui n'ont gravé
qu'à l'eau forte , comme le Guide , Carlo Marat , Rem-
brant , &c. Il vouloit embarrasser par-là certaines personnes qui soutenoient qu'il n'y avoit que les peintres
qui pussent graver avec esprit & liberté : en effet , ajoute-
t-on , il eut le plaisir de voir quelques-unes de ses estampes qui furent vendues publiquement ou autrement ,
pour être des maîtres qu'il avoit imités , sans qu'il fût
soupçonné de les avoir gravées. * Voyez l'*éloge de*
Bernard Picart , pag. 162 & suiv. du catalogue raisonné des curiosités du cabinet de feu M. Quentin de Lo-
rangère , par M. Gersaint.

PICCOLOMINI , famille originaire de Rome , s'établit dans le VIII siécle à Sienne , où elle eut part au gouvernement de la république. On n'en rapportera ici la
postérité que depuis ,

I. SILVIO Piccolomini , qui de *Montanie* Scali eut
pour enfans SILVIO , qui suit ; *Odeline* , mariée à *Louis*
Vitelli ; & *Barthélemie* Piccolomini , qui épousa *Nicolas*
Loli , dont le fils , *Gregoire* Loli , fut secrétaire du pape
Pie II , fut par lui adopté dans la famille de Piccolomini ,
& dont la postérité prit le nom.

II. SILVIO Piccolomini , né posthume , épousa *Vic-*
toire Forteguerra , dont il eut *Enée-Silvio-Barthélemi*
Piccolomini , pape sous le nom de PIE II , mort le 16
août 1464 ; LAUDOMIE , qui suit ; CATHERINE Piccolomini , *dont la postérité sera rapportée après celle de*
sa sœur aînée ; & plusieurs autres enfans morts jeunes.

III. LAUDOMIE Piccolomini , épousa *Nanne* Todeschini , qué le pape PIE II adopta dans la famille de Piccolomini , & qui eut pour enfans ANTOINE , qui suit ;
François Todeschini Piccolomini , né le 9 mai 1449 ,
archevêque de Sienne & cardinal , puis pape sous le
nom de PIE III , mort le 18 octobre 1503 ; JACQUES ,
qui a fait *la branche des seigneurs de* MONTEMAR-
CIANO & CAMPORSEVOLI , *rapportée ci-après ;*
Pierre , ANDRÉ , qui a fait *la branche de* CASTIGLION ,
aussi mentionée ci-après ; & *Montanine* Todeschini
Piccolomini , mariée à *Laurent* Boninsegni.

IV. ANTOINE Todeschini Piccolomini , fut fait duc

d'Amalfi par Ferdinand I du nom, roi de Naples, son beau-pere, qui lui accorda, & à ses descendans, de porter le nom & les armes d'Aragon : de Capistran, comte de Célano, & grand justicier du royaume de Naples. Il épousa 1°. l'an 1458, *Marie* d'Aragon, fille *naturelle de Ferdinand I* du nom, roi de Naples, morte en 1460 : 2°. en 1461, *Marie* Marzana, fille de *Marin*, duc de Sessa. Du premier lit vinrent *Marie*, alliée à *Jacques* des Ursins, duc de Gravina ; & *Jeanne*, mariée 1°. à *André-Matthieu* Aquaviva, duc d'Atri : 2°. à *Alvare* Pizarro. Du second lit sortirent ALFONSE, qui suit ; *Frédéric* ; JEAN-BAPTISTE, qui a fait *la branche des marquis d'ILICETO, ducs d'AMALFI, rapportée ci-après* ; *François*, évêque de Bisignano en 1498, mort en 1530 ; *Léonore*, mariée à *Bernardin* de S. Severin, prince de Bisignano ; & *Victoire* Piccolomini d'Aragon, alliée à *Jacques* Appiano, seigneur de Piombino.

V. ALFONSE Piccolomini d'Aragon, duc d'Amalfi, marquis de Capistran, comte de Célano, & grand justicier du royaume de Naples, épousa *Jeanne* d'Aragon, fille de *Henri*, marquis de Gerace, dont il eut ALFONSE II du nom, qui suit.

VI. ALFONSE Piccolomini d'Aragon II du nom, duc d'Amalfi, marquis de Capistran, &c. capitaine du peuple de Sienne en l'an 1539, épousa *Constance* d'Avalos, fille d'*Inico*, marquis del Vasto, dont il eut INICO, qui suit ; *Pompée*, évêque de Lanciano en 1556, puis de Torpeia en 1560, mort en 1562 ; JEAN, qui a fait *la branche des comtes de* CÉLANO, *princes de* VAL-RÉAL, *rapportée ci-après* ; *Antoine*, marquis de Capistran ; & *Victoire*, mariée à *N.* Caretto.

VII. INICO Piccolomini d'Aragon, duc d'Amalfi, &c. épousa *Silvie* Piccolomini, fille de *Pierre-François*, seigneur de Castiglion, dont il eut pour fille unique *Constance* Piccolomini d'Aragon, duchesse d'Amalfi, mariée à *Alexandre* Piccolomini d'Aragon, marquis d'Ilicéto, son cousin.

BRANCHE DES BARONS DE SCAFFATA, comtes de CELANO, princes de VAL-REAL.

VII. JEAN Piccolomini d'Aragon, troisième fils d'ALFONSE, duc d'Amalfi, & de *Constance* d'Avalos, fut baron de Scaffata, & épousa *Marie* d'Avalos, dont il eut ALFONSE, qui suit ; & *Inico.*

VIII. ALFONSE Piccolomini d'Aragon, comte de Célano, baron de Scaffata, épousa *Lucrece* Caraffe, fille d'*Octave*, marquis d'Anzi, dont il eut JEAN, qui suit.

IX. JEAN Piccolomini d'Aragon, comte de Célano, &c. épousa *Hieronyme* Loffredi, dont il eut ALFONSE, qui suit ; *Ambroise*, abbé d'Olivet, évêque de Trivento, puis archevêque d'Otrante ; *Pie*, Théatin ; & neuf autres enfans.

X. ALFONSE Piccolomini d'Aragon, comte de Célano, prince de Val-Réal, épousa *Léonore* Loffredi, sœur de *Marc-Antoine*, troisième & dernier prince de Maida, duc de Laconie, dont il eut *Jean*, duc de Laconie, mort sans alliance ; *François*, tué au siége de Bude le 13 juillet 1686 ; JOSEPH, qui suit ; *Ambroise*, abbé d'Olivet ; *Dominique*, Théatin ; & autres enfans.

XI. JOSEPH Piccolomini d'Aragon, prince de Val-Réal, duc de Laconie, comte de Célano, a épousé *Anne* Colonne & Barile, fille de *Pompée* Colonne, & de *Victoire* Barile, dont il a eu ALFONSE, qui suit ; *Léonore* ; & *Victoire.*

XII. ALFONSE Piccolomini d'Aragon, prince de Val-Réal, né le premier octobre 1695.

BRANCHE DES MARQUIS D'ILICETO.

V. JEAN-BAPTISTE Piccolomini d'Aragon, second fils d'ANTOINE Todeschini Piccolomini, duc d'Amalfi, & de *Marie* Marzana, sa seconde femme, fut marquis d'Iliceto, & épousa 1°. *Constance* Caraccioli, fille de *Léonard*, comte de Saint-Ange : 2°. *Marie* Henriquez, dont il n'eut point d'enfans. Ceux qu'il eut de sa pre-

miere femme, furent ANTOINE, qui suit ; *Jean-Baptiste*, qui épousa *Lucrece* Afflitti ; *Vincent*, mort sans postérité de *Diane* de Cardines, fille d'*Alfonse*, marquis de Laina ; *Eléonore*, mariée à *Paul-Antoine* Poderic ; *Marie*, alliée à *Gaspard* Toraldo, marquis de Polignano ; & *Elvire* Piccolomini d'Aragon, mariée à *Hugues* Siscara, comte d'Ajello.

VI. ANTOINE Piccolomini d'Aragon, marquis d'Ilicéto, épousa *Antoinette* Borgia, dont il eut ALFONSE, qui suit ; *Ferrante*, qui eut des enfans de *Fumie* Loffredi ; *Jeanne*, alliée à *Antoine* de Tolfa, comte de Serino ; & *Constance* Piccolomini d'Aragon, mariée à *Paul* de Tufo.

VII. ALFONSE Piccolomini d'Aragon, marquis d'Ilicéto, épousa *Béatrix* Loffredi, dont il eut ALEXANDRE, qui suit ; *Pompée*, mort sans enfans de *Diane* Falangola ; & *Jeanne*, mariée à *Jean-Paul* Bartilotto, prince de Castellanette.

VIII. ALEXANDRE Piccolomini d'Aragon, comte d'Ilicéto, fut duc d'Amalfi, par son mariage avec *Constance* Piccolomini d'Aragon sa cousine, fille unique d'*Inico*, duc d'Amalfi, & de *Silvie* Piccolomini, & mourut sans postérité.

BRANCHE DES SEIGNEURS DE MONTEMARCIANO & de CAMPORSEVOLI.

IV. JACQUES Todeschini Piccolomini, frere du pape Pie III, & troisième fils de NANNE Todeschini & de LAUDOMIE Piccolomini, fut seigneur de Montemarciano, de Camporsevoli, & chevalier de l'ordre de S. Jacques. Il épousa 1°. *Camille* Monaldeschi : 2°. *Christophe* Colonne, dont il eut ENÉE, qui suit ; *Silvius*, vivant en 1523, qui eut deux fils de *Cinthia* Paluzzi-Albertoni ; *Laudomie*, alliée à *Thomas* Thomasi ; *Alexandrine*, mariée à *Jean* Franchi, seigneur de Montorio ; & *Constance* Piccolomini, qui épousa *Pierre* de Santa Croce.

V. ENÉE Piccolomini d'Aragon, seigneur de Montemarciano & de Camporsevoli, épousa *Magdelène* Marescotti, dont il eut ANTOINE-MARIE, qui suit ; & *François.*

VI. ANTOINE-MARIE Piccolomini d'Aragon, seigneur de Montemarciano & de Camporsevoli, épousa *Héllène* Sforze, dont il eut JACQUES, qui suit ; *Scipion*, seigneur de Camporsevoli, prieur de Pise, mort sans postérité de *Camille* Seristori, ni de *Magdelène* Princistein, ses deux femmes ; & *Victoire*, alliée à *Enée* Piccolomini, seigneur de Sticciano.

VII. JACQUES Piccolomini d'Aragon, seigneur de Montemarciano &c. épousa *Isabelle* des Ursins, dont il eut ALFONSE, qui suit : *Frédéric* ; *Irène*, mariée à *Tiberio* Baldeschi ; *Louise*, alliée à *Octave* Avogadri, comte de Sanguineto ; & *Curie*, qui épousa *Frédéric* Baglioni.

VIII. ALFONSE Piccolomini d'Aragon, seigneur de Montemarciano & de Camporsevoli, mourut en 1591, laissant d'*Hippolyte* Pic, fille de *Louis*, comte de la Mirandole, une fille unique nommée *Victoire* Piccolomini d'Aragon, mariée à *Camille* Conti, duc de Carpinetto.

BRANCHE DE CASTIGLIONE.

IV. ANDRÉ Todeschini Piccolomini, frere du pape Pie III, & quatrième fils de NANNE Todeschini, & de LAUDAMIE Piccolomini, fut seigneur de Castiglion, de la Pescaria, & de l'isle de Giglio, & capitaine du peuple de Sienne en 1489. Il épousa *Agnès*, fille de *Gabriel-François* Farnèse, dont il eut PIERRE-FRANÇOIS, qui suit ; *Jean*, né le 4 octobre 1475, archevêque de Sienne en 1503, cardinal en 1517, mort doyen des cardinaux le 21 novembre 1537 ; ALEXANDRE, dont la postérité subsiste encore ; *Bernardin*, évêque de Teramo dans l'Abruzze, & de Sessa ; *Victoire*, mariée à *Borgese* Petrucci ; *Montanine* Piccolomini, alliée à *Saluste* Bandini, seigneur de Castiglioncello, qui fut adopté dans la famille de Piccolomini, & eurent des enfans qui en prirent le nom ; & *Victoire*, femme de *Borgese* Petrucci.

V. PIERRE-FRANÇOIS Piccolomini, seigneur de Castiglione, capitaine du peuple de Sienne, en 1515, & marié avec *Françoise* Savelli, & en eut *Alexandre* Piccolomini, pere d'un fils *naturel*, nommé *Enée*, duquel sont descendus les Piccolomini de Venise ; *Ascagne* Piccolomini, mort sans postérité ; & *Silvie* Piccolomini, mariée avec *Innico* Piccolomini d'Aragon, duc d'Amalfi.

BRANCHE DES SEIGNEURS DE STICCIANO, ducs d'AMALFI, princes de l'empire.

III. CATHÉRINE Piccolomini, sœur du pape Pie II, seconde fille de SILVIO Piccolomini, épousa *Barthélemi* Guglielmi, dont elle eut pour fille unique ANTOINETTE, qui suit.

IV. ANTOINETTE Guglielmi épousa *Barthélemi* Pieri, seigneur de Sticciano, qui ayant été adopté dans la maison de Piccolomini, en prit le nom & les armes, & eut pour enfans ENÉE, qui suit ; *Victoire*, mariée à *Jérôme* Tolommei ; & *Barthélemie* Piccolomini, qui épousa *Léonard* Marsili.

V. ENÉE Piccolomini, seigneur de Sticciano en 1489, épousa *Isabelle* Pecci, dont il eut SILVIUS, qui suit ; & *Andromaque*, alliée à *Jules* Tolommei.

VI. SILVIUS Piccolomini, seigneur de Sticciano, en 1521, épousa *Aurélie* Tolommei, dont il eut ENÉE, qui suit ; & *Jean-Baptiste* Piccolomini.

VII. ENÉE Piccolomini, seigneur de Sticciano, se joignit en 1533, avec d'autres Siennois, pour introduire les Espagnols dans la ville de Sienne, & en chasser les François, ainsi que le remarque M. de Thou, *liv.* X. Il épousa *Victoire* Piccolomini, fille d'*Antoine-Marie*, seigneur de Montemarciano, qui lui apporta la terre de Camporsévoli, & dont il eut SILVIUS, qui suit ; *Ascagne*, archevêque de Rhodes, puis de Sienne en 1597 ; *Enée*, né posthume, qui suivit le parti des armes ; & *Hippolyte* Piccolomini, mariée à *Scipion* Simoncelli, seigneur de Véceno.

VIII. SILVIUS Piccolomini, seigneur de Sticciano, grand prieur de Pise, se distingua dans les armes, & fut fort considéré de Ferdinand de Médicis, grand duc de Toscane, qui le fit son grand chambellan. Il épousa *Violante* Gerini, dont il eut ENÉE, qui suit ; *Ascagne*, archevêque de Sienne après son oncle, en 1629 ; OCTAVE, l'un des plus fameux capitaines de son temps, *dont il sera parlé ci-après dans un article séparé* ; & *Victoire* Piccolomini, mariée à *Nicolas* Caprara, comte de Pantano, sénateur de Bologne.

IX. ENÉE Piccolomini d'Aragon, comte de Sticciano, chevalier de l'ordre de S. Etienne, mourut en Bohême dans les armées de l'empereur. Il épousa *Cathérine*, fille de *Raphaël* Adimari, dont il eut *Silvius*, comte Piccolomini, tué à la bataille de Nortlingue en septembre 1634 ; FRANÇOIS, qui suit ; *Evandre*, chevalier de l'ordre de S. Etienne, tué à la levée du siége de Saint-Omer en 1638 ; & *Violante* Piccolomini, mariée à *François-Marie* Malegonelle.

X. FRANÇOIS Piccolomini, duc d'Amalfi, chevalier de l'ordre de S. Jacques, chambellan de l'empereur, épousa *Emilie*, fille de *Laurent*, comte de Strozzi, dont il eut *Enée*, prince du saint empire, héritier de son oncle *Octave*, mort sans alliance ; LAURENT, qui suit ; *Victoire*, mariée à *Metello*, marquis de Bichi ; *Octavie-Bénigne*, mariée à *Pierre-Antoine*, marquis de Guadagne ; & cinq autres filles.

XI. LAURENT Piccolomini d'Aragon, duc d'Amalfi, prince de l'empire, seigneur de Nachodin en Bohême, étoit prieur de Pise lors de la mort de son frere aîné. Il a épousé *Anne-Victoire-Ludmille* de Liebfteinski, fille de *Léopold-Ulric*, comte de Kolowrath, dont il a eu *Jean-Norbert-Joseph-Ignace-Pierre* Piccolomini ; *Jean-Venceslas-Charles-Octave* ; *Octave-Enée-Joseph* ; *Ludmille-Maximilienne-Anne-Josephe* ; *Marie-Emilie-Anne-Catherine-Josephe* ; & *Marie-Marguerite-Anne-Josephe-Innocente* Piccolomini.

PICCOLOMINI d'Aragon (*Octave*) duc d'Amalfi,

prince de l'empire, général des armées de l'empereur, chevalier de la toison d'or, l'un des plus grands capitaines de son siécle, troisiéme fils de SILVIUS Piccolomini, seigneur de Sticciano, & de *Violante* Gerini, né le 11 novembre 1599, servit dans les armées espagnoles en Italie, puis fut envoyé à la tête d'un régiment par le grand duc de Toscane, au secours de l'empereur Ferdinand II, en Bohême. Ce fut là qu'il se signala par tant de différentes actions, qu'il parvint enfin jusqu'à la qualité de général des troupes impériales en 1634. Il se trouva à la bataille de Nortlingue la même année, où il perdit un de ses neveux *Silvio* Piccolomini, & fit lever au maréchal de Châtillon le siége de Saint-Omer ; mais il en coûta la vie à *Evandre* Piccolomini, un autre de ses neveux. En 1640, il rompit toutes les mesures du maréchal Bannier, général des Suédois en Allemagne : il poursuivit ce général en 1641, & le força se retirer : après quoi l'armée impériale, sous l'autorité de l'archiduc Léopold, voulut faire lever le siége de Wolfembutel, & fut repoussée par le comte de Guebriant, général des François. L'année suivante ne fut pas glorieuse à l'archiduc ni à Piccolomini ; car ayant voulu tenter le secours de Leipsick assiégée par Torstenson, général des Suédois, ils furent battus le 21 octobre. Piccolomini se distingua depuis en différentes occasions ; de sorte que l'empereur, qui l'avoit fait de son conseil secret, capitaine général & son chambellan, le nomma plénipotentiaire aux conférences de Nuremberg en 1649 & 1650, pour l'exécution du traité de Westphalie. Enfin il le créa prince du saint empire en 1654. Le roi d'Espagne lui avoit donné la toison d'or & le duché d'Amalfi au royaume de Naples, dont les Piccolomini avoient été autrefois en possession. Ce grand homme mourut le 10 août 1656, sans enfans de *Marie-Bénigne-Françoise*, fille de *Jules-Henri*, duc de Saxe-Lawembourg, son épouse. * Gobelin, *in comment.* Pii II. Campanus, *in vitâ* Pii II. Ghilini, *théât. d'huom. letter.* Janus Nicius Erythræus, *Pinacoth.* II, *imag. illustr. capit.* 37. Vossius, *de math. Imhof, notit. imper.* & *en ses vingt familles d'Italie.*

La maison de PICCOLOMINI a produit encore plusieurs grands hommes, tant dans l'église que dans les armes, sortis de branches plus anciennes que celles dont nous avons rapporté la postérité ; entr'autres,

PICCOLOMINI (*Alexandre*) archevêque de Patras, & coadjuteur de Sienne, fils d'AGNOLUS Piccolomini, & de *Marguerite* Santi, a composé des livres sur plusieurs sortes de sujets. Il a écrit des ouvrages de philosophie, & il passe pour le premier qui en ait usé de la sorte. Le traité qu'il publia par ordre de François de Médicis, grand duc de Toscane, touchant la réformation du calendrier, lui attira l'approbation des plus habiles. Il joignit les bonnes mœurs & une vie très-exemplaire, avec la théorie des mathématiques & de la physique ; fut fort attaché aux opinions d'Aristote, & fut de l'académie des *Infiammati* de Padoue. La gravité de ses mœurs, ni la forte application à des ouvrages de philosophie, n'empêcherent pas qu'il ne composât quelques piéces de théatre, qui furent fort estimées. Il mourut à Sienne le 12 mars 1578, âgé de 70 ans, & fut enterré dans l'église cathédrale. Les ouvrages qu'il a laissés sont, la *Filosophia morale ; la Theorica de' pianeti ; l'Instituzione dell'huomo ; l'Instituzione del principe christiano ; Della grandezza dell'acqua è della terra ; Paraphrasi nel primo, secondo e terzo libro della rettorica d'Aristotele ; Della creanza delle Donne ; Delle Stelle fisse ; Due comedie cioè l'Alessandra e l'amor constante ; La Sphera ; I Sonetti ; Piena & larga parafrasi della poëtica d'Aristotele, &c.* * Vossius, *de scientia mathemat.* Ghilini, *teatro d'huomini letterati,* tom. I. Thevet, *éloges des hommes illustres,* tom. VIII. Bayle, *diction. critique édit.* 1702.

PICCOLOMINI (*François*) fils de NICOLAS Piccolomini, capitaine du peuple de Sienne l'an 1529, & d'*Emilie* Saraceni, a été un très-fameux philosophe, & enseigna à Macérata, puis à Pérouse, & enfin à Padoue, où il fut pendant vingt-deux ans l'admiration de tout le monde. Sa science étoit presque universelle, ses raisonnemens solides, & son éloquence persuasive. Mais ce qui plaisoit davantage en lui, c'étoit une douceur engageante, qui le faisoit aimer de tout le monde. Sur la fin de sa vie il se retira dans sa maison à Sienne, & y mourut l'an 1604, âgé de 84 ans, laissant postérité. On a de lui divers ouvrages de philosophie. *Universa de moribus philosophia in X gradus redacta Universa naturalis philos. in V. P. &c.* * *Thomasini, in vir. illust.* Imperialis, *in Musæo hist.* Ghilini, *teat. d'huom. letter, &c.*

PICCOLOMINI (François) fils de LELIO Piccolomini, capitaine du peuple de Sienne en 1604, entra fort jeune dans la société des Jésuites, où il se rendit très-habile. Il enseigna la philosophie & la théologie ; & après avoir rempli les plus importantes charges de sa compagnie, il en fut élu le huitième général en 1647, après la mort de Vincent Caraffe, & mourut le 17 juin 1651, âgé de 69 ans.

PICCOLOMINI (Célio) fils d'ALEXANDRE Piccolomini, & de *Lucrece* Ugurgieri, né à Sienne en 1609. Après avoir été archevêque de Césarée, nonce en France, & secrétaire des brefs, il fut fait cardinal par le pape Alexandre VII, en 1664, archevêque de Sienne en 1671, & mourut le 24 mai 1681, âgé de 72 ans.

PICCOLOMINI (Jacques) cardinal, *cherchez* PIE II, PIE III & PAVIE.

PICELLO ; en latin *Phyllium*, *Physa*, ancienne ville de la Bithynie dans l'Asie mineure. Elle est peu considérable aujourd'hui, & située dans la Natolie propre, sur la mer Noire, entre Pendarachi & Samastro. *Mati, dictionaire.*

PICENES, *Piceni* & *Picentes*, anciens peuples d'Italie, habitoient la province appellée aujourd'hui *la Marche d'Ancone*, avec les villes d'Ascoli, d'Ancone, d'Osimo, &c. Ils sont différens des Picentins (*Picentini*) voisins des Lucaniens, dans le royaume de Naples. Les anciens auteurs parlent assez souvent de l'un & de l'autre de ces peuples. Les derniers y comprenoient une partie de la principauté citérieure d'aujourd'hui. Les villes sont Amalfi, Capri, Massa di Sorrento, Salerne, Nocera de Pagani, Sano, Sorrento, Minori, Ravello, &c. Tous ces peuples avoient été soumis par les Romains, vers l'an 480 de la fondation de leur ville, l'an 274 avant J. C.

PICHARDO ou VENUSA (Antoine) natif de Ségovie, & juge en Espagne, mourut en 1631, âgé de 63 ans. Il avoit enseigné à Salamanque & ailleurs, & avoit composé divers ouvrages, comme, *Comment. in IV institutionum Justiniani lib. Practicæ institutiones. De moræ commissione & emendatione. De stipulationibus judicialibus. De nobilitatis inter virum & uxorem communicatione, &c.* * Nicolas Antonio, *bibl. scriptorum Hisp.*

PICHEREL (Pierre) savant du XVI siécle, loué beaucoup par M. de Thou, & par les plus illustres de son temps, étoit au célebre colloque de Poissi, 'entre les théologiens de l'église romaine ; & Théodore de Beze, quoiqu'engagé dans les erreurs de Calvin, en faisoit beaucoup d'estime. Picherel étoit prêtre, né près de la Ferté-sous-Jouare, en Brie, & savoit non-seulement le grec & le latin, mais aussi l'hébreu. Colomiés lui a donné une place honorable dans sa *France orientale.* M. de Thou rapporte qu'à son retour de Suisse, il alla le voir, & que quoiqu'âgé de 79 ans, il avoit étudié ce jour-là 14 heures. Il mourut l'an 1590 dans un petit prieuré de l'abbaye d'Essomes ; & le pere Lelong dans sa bibliothéque sacrée, dit qu'il étoit moine de cette abbaye. Comme c'étoit un homme fort savant, plusieurs théologiens Protestans ont débité qu'il n'étoit point éloigné de leurs sentimens, ce qui ne paroît pas par ses ouvrages. Ses opuscules théologiques qui sont écrits en latin, ont été recueillis par André Rivet, théologien de Leyde, & imprimés en 1629, à Leyde, *in-12.* Mais, dit M. Colomiés dans sa *Bibliothéque choisie, il vaudroit presque autant que nous ne les eussions point, que de les*

avoir dans l'état qu'il les a donnés ; je veux dire, défectueux presque par-tout, &c. Picherel avoit composé d'autres ouvrages sur l'écriture sainte, dont on a imprimé, entr'autres, celui qui est intitulé, *In Cosmopoüam ex quinque primis Geneseos capitibus paraphrasis,* in-4°. à Paris, en 1579.

PICHOU (N.) poëte François, né à Dijon, ne nous est connu que par ses ouvrages, & par le peu qui est dit de sa vie par le sieur Isnard, médecin, né à Grenoble, qui parle de Pichou dans la préface dont il a orné la *Pastorale de la Filis de Scire*, qui est de son ami. Selon cette préface, Pichou étoit d'abord destiné à la profession des armes, que son pere suivoit ; mais ayant montré une grande inclination pour les lettres, son pere, loin de le contraindre, se prêta volontiers à son penchant. Pichou fit ses premieres études au collége des Jésuites de Dijon, où il fit paroître une heureuse mémoire, beaucoup de solidité de jugement & de vivacité d'esprit. Mais *le fatras de la philosophie,* dit Isnard, *que l'on souffre aujourd'hui dans les écoles, le dégoûta,* & il sentit pour cette étude une aversion invincible. Dès ses plus tendres années, il montra de l'inclination & du gout pour la poésie, qui, avec l'histoire, fit tout l'objet de son application. *C'étoient,* ajoute Isnard, *les deux maîtresses dont il étoit passionnément amoureux.* Le même panégyriste reconnoit dans son ami *le talent poëtique que le ciel ne donne qu'à des personnes extraordinaires, & qu'à ceux qui ne viennent au monde que par miracle.* C'est outrer extrêmement l'éloge. Isnard prétend cependant en prouver la vérité, parceque M. le prince *pere du grand Louis de Condé,* honora les premiers travaux de l'auteur de son approbation, qu'il employa sa plume en diverses occasions, & que toute la cour applaudit aux représentations de quatre piéces tragi-comiques de Pichou. On n'y auroit peut-être fait aucun accueil 50 ans après. Pichou fut assassiné au commencement de 1631, étant encore fort jeune. Ses ouvrages sont : 1. *Les folies de Cardenio. Autres œuvres poëtiques du sieur Pichou,* à Paris, François Targa, 1630, *in-8°.* On critiqua les folies de Cardenio (piéce tirée du roman de don Quichotte ;) on *censura la hardiesse trop excessive, & la barbarie du langage,* & l'on n'eut pas trop de tort, quoiqu'Isnard y admire au contraire une économie judicieuse, & une versification magnifique. 2. *Les aventures de Rosiléon,* à Paris, 1630, *in-8°.* Cette piéce est tirée du *Roman de l'Astrée* de M. d'Urfé. 3. *L'infidelle confidente* à Paris 1631. Cette piéce a souvent été représentée par les comédiens de l'hôtel de Bourgogne. 4. *Pastorale de la Filis de Scire,* en vers, avec le prologue du cavalier Marin ; une longue préface du sieur Isnard, des stances de Pichou à Louis XIII, & une épitre dédicatoire à monseigneur, frere unique du roi ; à Paris 1631, *in-8°,* & encore dans la même ville en 1633 *in-8°,* dédiée à M. de Bouillon. Outre ces ouvrages cités dans la *Bibliothéque des auteurs de Bourgogne,* on a encore, selon M. de Beauchamp, dans ses recherches sur les théatres de France, *l'Aminte, pastorale en vers françois,* par N. Pichou, Dijonnois, à Paris, 1632, *in-8°.* * *Bibliothéque des auteurs de Bourgogne,* par M. Papillon, *in-fol.* tom. II, pag. 154, 155. *Histoire du théatre françois,* par MM. Parfait, tome II, pag. 419, 445, 482, 500. *Recherches sur les théatres, &c.* tome II, pag. 66.

PICIGHITONE, *Piceleo,* ville d'Italie dans le Milanez sur la riviere d'Adde, est une place force, entre Crémone & Lodi, dont la citadelle fut bâtie par Philippe-Marie Visconti, duc de Milan. Ce fut en ce lieu-là que François I, roi de France, fut retenu prisonnier, après avoir été pris devant Pavie, par l'armée de l'empereur Charles-Quint. * Fel. Osius, *hist. rer. Laudens.*

PICININO (Nicolas) fameux général dans le XV siécle, quoique petit de stature, foible de corps, & d'une basse extraction, sut s'élever par son mérite,

: en particulier par fa grande valeur. Il apprit le mé-
: er des armes fous le fameux Brafcio , dont il gagna
: ftime & la confiance , & qui lui fit époufer une
: fes proches parentes. Brafcio ayant été tué à la ba-
: ille d'Aquila en 1424, Picinnino entra au fervice des
: lorentins contre Philippe-Marie Vifconti, duc de Mi-
: n. Ce prince remporta d'abord quelques avantages , &
: t même Picinnino prifonnier ; mais après que celui-ci
: ut recouvré la liberté , il contribua beaucoup à la dé-
: uite de Vifconti. Les Florentins refufant de lui payer
: es appointemens qu'ils lui avoient promis , il les quitta,
: & s'engagea au fervice du duc de Milan , qui étoit
: lors en guerre avec les Vénitiens , & lui aida à pren-
: lre les villes de Cafal Maggiore & de Crémone, Il
: lonna enfuite dans les batailles de Brefcia , de Maclo &
: le Gottolengo , des preuves fignalées de fa capacité.
: Le duc l'envoya après cela contre les Génois , auxquels
: l enleva plufieurs places ; & de-là il marcha au fecours
: le la république de Lucques contre les Florentins qu'il
: repouffa & pourfuivit jufque fur leurs terres. Dans la fuite
: il eut contre eux quelque défavantage ; mais il répara
: amplement cette perte par la victoire qu'il remporta fur
: les Pifans , auxquels il enleva de plus la forterefle de
: Verucola. Après cette victoire , il fut envoyé une fe-
: conde fois contre les Vénitiens & contre le marquis
: de Montferrat leur allié , qu'il dépouilla de la plus gran-
: de partie de ce qu'il poffédoit , & qu'il obligea de fe
: réfugier à Venife. Le duc , pour le récompenfer , l'admit
: dans la famille des Vifconti , & lui donna le comman-
: dement de fon armée. Picinnino prit depuis plufieurs
: villes aux Vénitiens. Il fut bleffé dangereufement dans
: un combat qu'il leur livra près de Ponte d'Oglio ; mais
: il les défit dans une feconde bataille. Le pape Eugène
: IV avoit fait alliance avec les Vénitiens & les Floren-
: tins ; mais notre général les battit près d'Imola , fit pri-
: fonniers plufieurs officiers de marque , & fe rendit maî-
: tre de quelques places dans la Romagne. Il contraignit
: enfuite les Génois à en venir à un accommodement ,
: fit beaucoup de mal aux Florentins , & enleva au pape
: Imola , Bologne , Spolète , & quelques autres places
: dans l'Ombrie. Les Vénitiens ayant repris Cafal Mag-
: giore , il ne les en laiffa pas jouir long-temps , & con-
: quit fur eux plufieurs autres places dans le Breffan.
: Il livra près de Rovado , à Gattaméléta général des
: Vénitiens, un combat , où l'avantage & la perte fu-
: rent à peu près les mêmes des deux côtés. Picinnino
: n'en attaqua pas moins la ville de Brefcia pour la foumet-
: tre , auffi-bien que Vérone , à la domination du duc de
: Milan. Il eut du deffous contre François Sforce , gé-
: néral des alliés , près de Ten , le lendemain ces deux
: généraux en vinrent à un nouveau combat , où aucun ne
: put fe vanter d'avoir eu l'avantage. Picinnino s'empa-
: ra enfuite de Vérone ; mais n'ayant pas affez de
: troupes pour conferver fa conquête , il l'abandonna ,
: & fit une invafion dans le pays des Florentins , à qui
: il caufa beaucoup de dommage. Les généraux Attendolo
: & Gattaméléta lui livrerent bataille près d'Anghiari :
: elle ne lui fut pas favorable , & il fut attaqué enfuite
: près de Lignano par le général Sforce; mais il le repouffa
: & l'enferma fi étroitement dans Martinengo , qu'il
: ne pouvoit manquer de y périr , s'il n'eût pas fait avec fes
: ennemis un accord qui chagrina beaucoup Picinnino.
: Sur ces entrefaites , Alfonfe I , roi de Naples , le fit
: général de fes troupes ; & pour lui témoigner l'eftime
: qu'il faifoit de fa perfonne , il lui fit l'honneur de lui
: faire prendre le furnom de fa famille. Ce prince s'é-
: tant joint un pape & au duc de Milan pour chaffer le
: général Sforce de la Marche d'Ancone , Picinnino eut
: le commandement de l'armée de ces alliés , reprit la
: ville de Todi , livra bataille à Sforce près de Macérata ,
: lui enleva plufieurs places , & l'enferma dans Fano. Les
: Vénitiens vinrent au fecours de Sforce , & eurent le
: deffus ; mais Picinnino ayant remis fur pied une nouvelle
: armée , comptoit d'obliger Sforce à fe retirer de la
: Marche d'Ancone , lorfque le duc le rappella à Mi-

lan, où il mourut en 1446,dans la 58e année de fon âge:
on a dit qu'il avoit été empoifoné. * Caprioli , ritrati
di cento capitani illuftri , pag. 46. Diction. hiftor. édit.
d'Amfterd. 1740.

PICKENGHAM (Osbert)' Anglois , religieux Carme & docteur de Paris dans le XIVe fiécle , écrivit fur
le Maître des Sentences, des traités de théologie, &c.
& mourut en 1330. * Pitfeus , de fcript. Angl. Alegre, in parad. Carmel , &c.

PICKERING, ville ou bourg d'Angleterre, dans une
contrée orientale du comté d'Yorck, qu'on appelle Pickering. Il eft fur une petite riviere qui fe décharge
dans le Derwent , affez près de la mer , & à 170
milles anglois de Londres. * Diction. anglois.

PICO SACRO ; montagne de la Galice en Efpagne,
Elle eft entre Compoftelle & Orenfe. Elle eft faite
en forme de pyramide , & on dit qu'anciennement on
y avoit découvert des mines d'or. * Mati diction.

PICO , SIERRA DE PICO , montagne de l'Eftré-
madure d'Efpagne. Elle s'étend fur les confins des
deux Caftilles , & du royaume de Léon , au midi
de la Sierra d'Avila ; & elle prend fon nom d'un
village appellé Porto de Pico , * Mati , diction.

PICOLLUS, étoit la feconde divinité des anciens habitans de la Pruffe, qui lui confacroient la tête d'un
homme mort , & , felon d'autres , la tête d'une bête
morte. Ces peuples idolâtres avoient coutume aux jours
de leurs grandes fêtes, de bruler du fuif dans les maifons
des grands en l'honneur de ce dieu , qui fe faifoit voir,
lorfqu'il mouroit quelqu'un : que fi alors on ne l'appai-
foit par des facrifices , il les tourmentoit en différentes
manieres ; & s'ils négligeoient encore de s'acquitter
de leur devoir envers lui , à la troifiéme fois qu'il revenoit, il ne pouvoit être appaifé que par le fang humain
qu'il lui falloit répandre ; & alors ils étoient contraints
de prier leur prêtre, qu'ils appelloient Waidclotte , de
fe faire une incifion au bras , pour arrêter par fon fang
répandu la colere de cette divinité , qu'ils connoiffoient
être appaifée , lorfqu'ils entendoient du bruit dans le
temple. * Hartknoch , differt. X , de cultu deorum
Pruffiæ.

PICOLMAYO, ou LA PLATA, grand fleuve, cherchez LA PLATA.

PICPUS, petit village proche de Paris, joint à préfent au fauxbourg de faint Antoine. Les religieux réformés du tiers-ordre de S. François s'y établirent
en 1601. Quoique ce couvent ne foit que le fecond
de cet inftitut , il en a néanmoins toujours été regardé
comme le chef: c'eft pourquoi on les nomme Picpuffes
à Paris , quoique leur nom felon la regle , foit celui
des peres ou freres de la pénitence , du tiers - ordre de S. François. Les Capucins , & après eux les
Jéfuites ou la maifon profeffe de S. Louis , avoient
fait leur premiere demeure dans le même lieu , qu'ils
abandonnerent, à caufe de l'éloignement de la ville.
L'églife que l'on y voit à préfent fut commencée en
1611 ; & ce fut le roi Louis XIII qui y pofa la premiere pierre. Il y a dans le jardin de ce couvent un
hermitage rempli de plufieurs figures de pierre, po-
fées dans des grottes de rocailles & de coquillages.* Le
Maire , Paris ancien & nouveau.

PICQUET (Claude) docteur en théologie , Cordelier de l'étroite Obfervance , & gardien d'une maifon de fon ordre à Châlons , étoit de Dijon , & vivoit
au commencement du XVIIe fiécle. On a de lui, 1. Commentaria fuper evangelicam Fratrum Minorum regulam , & fancti Francifci teftamentum : Adjecit ejufdem
fancti patris vitam, & virorum ejufdem ordinis illuftrium
catalogum , ordine alphabetico digeftum , à Lyon ,
1597. 2. Provinciæ S. Bonaventura , feu Burgundiæ , fratrum Minorum regularis obfervantia , ac cœ-
nobiorum ejufdem initium , progreffus & defcriptio , à
Tours , 1610 , in-8°. (& non en 1617, comme on
lit dans Wadingue.) fecunda editio aucta tractatulo
juris domicilii conceffi patribus Recollectis , & quibuf-

dam notis in errata ejus qui hanc descriptionem in primâ editione impugnare tentavit, &c. à Tours 1621, in-8°. 3. *Vita Clementis IV papæ*, manuscrite. * *Bibliothéque des auteurs de Bourgogne*, tome II, pag. 1555, *in folio.*

PICQUET (François) si connu dans le dernier siécle par ses voyages, ses emplois, & ses dignités, étoit de Lyon où il naquit le 12 d'avril 1626, fils de *Geoffroi* Picquet, banquier, & d'*Anne Monnery*. Il étoit le dernier de trois garçons, dont les deux premiers firent profession de la regle des Carmes déchaussés, & de trois sœurs, dont deux moururent aussi religieuses, & la troisiéme épousa M. de la Chambre gentilhomme de Lyon. François Picquet fut élevé dans la piété & dans les lettres; & dès qu'il eut fini sa philosophie, on le fit voyager. Il parcourut la plus grande partie de la France & de l'Italie, & ne revint à Lyon qu'en 1650. Peu après il fut obligé pour ses propres affaires de passer en Angleterre où il demeura peu de temps. En 1652, le consulat d'Alep en Syrie ayant vaqué par la mort de M. Bonin, on le donna à M. Picquet, quoiqu'il n'eût encore que 26 ans. Il partit la même année, au mois de septembre, & il fut reçu à Alep avec beaucoup d'honneur & d'applaudissement. Son intelligence dans les affaires, sur-tout dans celles du commerce, y étoit déja connue, & le rendit capable de bien exercer cet emploi, & d'y servir la France qui l'envoyoit, avec utilité. La charge de consul François est une espéce de magistrature, qui donne jurisdiction sur les marchands, & le droit de prononcer, sans observer les formalités de justice, sur les différends du commerce qui naissent entr'eux. Le désintéressement & les lumieres que M. Picquet fit paroître dans cet emploi; sa fermeté tempérée par une grande douceur, & son amour pour la justice, lui gagnerent les cœurs des infidéles comme ceux des Chrétiens; & le bacha d'Alep à qui il avoit résisté courageusement en plus d'une occasion, lui donna son estime & le fit kadi de cette ville, c'est-à-dire, juge souverain de toutes sortes d'affaires, tant civiles que criminelles, qui naîtroient entre les Chrétiens du pays. M. Picquet, dans ce double emploi, rendit de très-grands services aux François, & à tous les Chrétiens, & aux Turcs eux-mêmes, sur-tout dans la révolte du bacha d'Alep qui arriva pendant les commencemens de son consulat, & dont il empêcha les mauvais effets par sa prudence & par ses bons conseils. L'auteur de la vie de ce grand homme en fait dès-lors un saint; & il est vrai qu'il marquoit chaque jour par quelque bonne action, mais sans doute que son panégyriste n'a pas prétendu mettre de ce nombre la comédie du *Pastor fido*, que M. Picquet fit représenter pour se concilier les bonnes graces d'un nouveau bacha. Celui-ci donna une pareille fête à M. Picquet qui y assista sans témoigner aucune répugnance. Peu de temps après la république de Hollande, instruite de son mérite, le choisit aussi pour son consul à Alep, & dans ses dépendances. M. Picquet ne se servit du crédit que lui donnoient ces différens emplois, de la confiance que l'on avoit en lui, & de l'estime presque générale qu'il s'étoit si justement acquise, que pour le bien des affaires qu'il servoit & l'utilité de l'église. Non seulement le commerce fut rétabli par ses soins à Alep & dans ses dépendances; mais ce qui lui fut encore plus sensible, il eut la consolation de ramener un grand nombre de schismatiques à l'unité. Les Maronites d'abord, & ensuite les Syriens à qui il fit donner pour archevêque un nommé *André*, homme digne d'une telle place, se sentirent de l'effet de son zéle. Il n'épargna ni les soins, ni les conversations, ni les dépenses, ni tout ce qui pouvoit contribuer à les éclairer, & un grand nombre renonça au schisme & à l'hérésie. En un mot il se montra aussi zélé missionaire que consul fidéle & intelligent. Pour le mettre plus à portée d'exercer la premiere qualité, l'archevêque André ayant su qu'il avoit résolu d'abdiquer

incessamment le consulat, de retourner en France, & d'y entrer dans l'état ecclésiastique, lui donna lui-même la tonsure cléricale le 10 décembre de l'an 1660. Peu de temps après, il eut la consolation de voir se réunir à l'église catholique, Macarios patriarche des Grecs, qui avoit principalement été touché des grands exemples de zéle & de charité de notre consul, & des catholiques d'Alep & des lieux circonvoisins. Mais ce patriarche eut la douleur de perdre peu après M. Picquet, qui ayant fait nommer pour le consulat, M. Baron de Marseille, *dont nous avons donné un article en son lieu,* partit d'Alep universellement regretté des pauvres Chrétiens dont il étoit le pere, & de tous les états de cette grande ville, témoins de ses vertus & de ses talens. Il s'embarqua à Alexandrette au commencement de janvier 1662, & prit la route de Rome où le pape Alexandre VII l'avoit invité de venir, pour savoir de lui-même l'état de la religion en Syrie. Il emmena avec lui 25 jeunes gens pour être élevés à Rome, où il n'arriva qu'au commencement de mars, & en sortit le premier de juin pour retourner en France. Il arriva à Lyon, sa patrie, sur la fin de la même année, & le 23 de décembre 1663 il reçut le soudiaconat à Marseille, des mains de l'évêque Étienne Puget. Ce fut vers ce temps-là, & depuis, qu'il servit utilement M. Nicole qui travailloit alors au grand ouvrage de la Perpétuité de la foi de l'église, sur le Sacrement de l'eucharistie, comme on le voit dans *l'histoire de la vie & des ouvrages de M. Nicole*. M. Picquet écrivit à ce sujet quelques lettres, & envoya plusieurs attestations des églises orientales. Quoiqu'engagé dans l'état ecclésiastique, on le consultoit néanmoins encore sur les affaires du commerce du Levant, & l'on trouve dans sa vie, p. 112, un mémoire qu'il dressa sur ce sujet, en 1664, par ordre de la cour & qu'il envoya à M. Colbert. Ce fut la même année que M. Picquet reçut le diaconat & le sacerdoce, l'un le 7 de juin, & l'autre le 13 de juillet, n'ayant pas encore 39 ans accomplis. Il étoit déja chargé de plusieurs bénéfices. Mais il refusa constamment le consulat d'Alep qu'on le pressa de reprendre, comme incompatible avec le recueillement & les obligations que demandoit le nouvel état qu'il avoit embrassé. Revenu à Lyon, il s'y occupa aux fonctions de son ordre: il prêcha, il dirigea, il devint supérieur de religieuses; sa maison fut l'hospice le plus ordinaire des Chrétiens du Levant, & toujours plein d'amour & de zéle pour eux, il favorisa par ses libéralités & son crédit l'établissement d'un collége à Alexandrie pour les Grecs, & fit supprimer par ses soins un libelle calomnieux contre l'église romaine, que l'on avoit répandu dans le Levant. Il soutint par les mêmes moyens Joseph, archevêque des Chaldéens ou Nestoriens, dans son siége de Diarbeker, malgré les intrigues du patriarche schismatique. Pendant ce temps-là on travailloit à l'élever lui-même à quelque dignité où son zéle pût avoir plus d'étendue & produire plus d'effets, & malgré ses répugnances, il fut fait en décembre 1674 vicaire apostolique de Bagdad, ou Babylone, & au mois de juillet de l'année suivante, évêque de Césarople, dans la Macédoine, dépendance du patriarchat de Constantinople. Il fut sacré à Aix le 26 de septembre 1677, dans la cinquante-deuxiéme année de son âge. Avec cette nouvelle dignité, & celle de visiteur apostolique pour trois ans, des églises de Chypre, d'Alep, de Tripoli, de la Syrie, du Mont-Liban, de Seyde, &c. il reprit la route d'Alep en 1679. Pendant tout le temps de son vicariat, il n'épargna ni travaux, ni soins, ni argent, ni son crédit pour procurer le bien des fidéles dans tous les pays qu'on avoit commis à son zéle, & jusques dans la Perse où il demeura du temps avec le titre d'ambassadeur du roi de France auprès de celui de Perse. Le détail de tout ce qu'il y fit, & des grands services qu'il rendit à la religion, seroit trop long à rapporter, & n'entre point dans notre dessein. On peut le lire dans la vie de ce prélat, imprimée à Paris en 1732, & attribuée à M. Anthelmi évêque de Grasse.

madan, diſtante de cinq journées d'Iſpaham, capitale
la Perſe, fut le terme des travaux de M. Picquet.
; mourut le 26 d'août 1685, âgé de 59 ans,
nois.

PICTES; *Picti*, peuples venus, à ce qu'on croit, de
thie en Ecoſſe, où ils s'établirent, & firent alliance
c les Ecoſſois. Quelques auteurs aſſurent qu'étant ve-
en Danemarck, ils prirent le nom de *Pictes*, parce-
ils étoient *peints*, & qu'ayant paſſé les iſles Orcades,
s'établirent vers Fife & Laudon, après en avoir chaſſé
Bretons ſauvages. Depuis ils demanderent des fem-
s aux Ecoſſois, firent alliance avec eux, & dans la
e du temps ne formerent plus qu'un ſeul peuple avec
te nation.* Boëtius. Buchanan & Leſlé, &c. hiſt.
Ecoſſe. Bede. Matthieu Paris. Du Chêne, hiſt. de la
nde Bretagne. Cambden, deſcript. mag. Britan.
ſérius, Britannic. eccleſ. antiq.

PICTET (Benoît ou Bénédict) d'une famille an-
nne & illuſtre de Genève où il naquit le 30 de mai
55, fils d'ANDRÉ Pictet, ſyndic de cette républi-
e, & de *Barbe* Turrettin, ſœur de *François* Turrettin,
èbre parmi ſes Proteſtans, après avoir fait ſes huma-
és & ſa philoſophie avec éclat, ſe mit à voyager à
ge de vingt ans. Il parcourut la France où il ſe lia
ec les plus fameux miniſtres de ſon temps; paſſa en
ollande, où il ſoutint à Leyde des thèſes publiques
us M. Spanheim, & alla enſuite en Angleterre. De
our dans ſa patrie après ſon abſence, il fut d'abord
çu au miniſtere; aggrégé deux ans après dans la com-
gnie des paſteurs & des profeſſeurs, & en 1680
taché à l'égliſe de S. Gervais. Il épouſa la même an-
e *Catherine* Burlamachi, d'une noble famille, & en
586 il fut fait profeſſeur en théologie. Il fut fait recteur
: l'académie en 1690, & le fut juſqu'en 1694. En
706 il fut aggrégé dans la ſociété de la propagation de
foi en Angleterre, & à l'académie royale des ſcien-
s de Berlin en 1714. Dès 1710 il étoit encore été
abli paſteur de l'égliſe italienne, & chef de la direc-
on des Proſélytes dès 1712, où il fut encore recteur
: l'académie juſqu'en 1718. Sa ſanté commença à
altérer conſidérablement au mois d'août 1723, & il
ourut le 9 de juin 1724. Il avoit beaucoup de dou-
eur, de politeſſe & de candeur. Il aimoit les pauvres,
les ſecouroit de tout ce qu'il pouvoit. Son éloquence
toit admirée de ſes compatriotes, & toute la républi-
ue des lettres a eſtimé ſes talens & ſon érudition. Le
yſtème de la tolérance lui plaiſoit beaucoup, & ſon hu-
eur pacifique le lui faiſoit ſoutenir & pratiquer. Il a fait
n grand nombre d'ouvrages applaudis de ceux de ſon
arti; ſavoir: Entretiens de Philandre & d'Evariſte ſur
'avertiſſement paſtoral fait aux égliſes de France. Orai-
on funebre (en latin) de François Turrettin. Quatuor
iſſertationes de magno pietatis myſterio. Traité contre
'indifférence des religions. La Morale chrétienne, ou de
'art de bien vivre. Théologie chrétienne, en latin. De
conſenſu & diſſenſu inter Reformatos & Auguſtana
confeſſionis fratres. Trois ſermons ſur divers ſujets, &
huit ſur l'examen des religions. Courte réponſe au livre
intitulé: Remontrances aux nouveaux convertis. Neuf
lettres de controverſe ſur pluſieurs matieres. Réponſe à
une diſſertation de Daniel Sev. Scultet, ſur les points con-
troverſés entre les Proteſtans, en latin. Græcorum recentiorum ſententia cum Græcorum veterum placitis
brevis collatio. Vindiciæ diſſertationis de conſenſu ac
diſſenſu inter Proteſtantes. Accord de Luther & de Calvin ſur la matiere de la prédeſtination, avec un expoſé
de la doctrine de S. Auguſtin (telle que M. Pictet l'entendoit) ſur le même ſujet, en latin. Lettres contre les
mariages bigarés. 54. Cantiques ſur divers ſujets. L'art de
bien vivre & de bien mourir. Les vérités de la religion
chrétienne, &c. Entretiens pieux, avec une ſuite, ſous
le titre de Saintes converſations d'un chrétien, &c. Medulla theologiæ. Medulla ethica. Syllabus controverſiarum. Prieres ſur chaque jour de la ſemaine, & ſur divers
ſujets. Hiſtoire de l'égliſe & du monde de l'onzième ſié-

cle, pour ſervir de continuation à celle de le Sueur. Dialogue entre un Proteſtant & un Catholique Romain. Prieres ſur les principales ſolemnités des chrétiens. Les devoirs des chrétiens, &c. Catéchiſme familier. La religion des Proteſtans juſtifiée d'héréſie, &c. contre
M. Claude Andri, eccléſiaſtique Romain. Défenſe de la
religion des Proteſtans, ou réplique à la réponſe de
M. Andri. Diſſertation ſur les temples, leur dédicace, &c. Lettres à un catholique diſtingué, ou réponſe
au livre du ſieur Papin. Wicleſus, oratio academica.
Diſſertations ſur l'excellence & la divinité de la religion
chrétienne, en latin. Quatre ſermons ſur différens textes.
Diſcours académiques, en latin. La conduite du chrétien
dans ſes maladies. Réponſe à l'abbé Nogaret. Lettre
contre les faux inſpirés. Réponſe à M. l'évêque de Valence en Dauphiné (Jean de Catellan.) Lettres de conſolation pour ces temps fâcheux. Prieres ſur les Pſeaumes. Conſolations chrétiennes pour les affligés. Réponſe
à M. le Vaſſeur, prêtre de Blois. Elévations de l'ame
fidèle à Dieu, Prieres ſur tous les chapitres de l'écriture
ſainte. Théologie chrétienne, pluſieurs fois imprimée:
la derniere édition qui eſt en trois volumes in-4°, eſt
de 1721. Diſſertationes duæ, de ſole juſtitiæ, & de
calculo albo. De notis eccleſiæ. La maniere de bien
ſanctifier le dimanche & de bien communier. Paraphraſe
du Pſ. 90, &c. Préparation au jeûne, &c. L'oraiſon
funèbre de M. Pictet a été prononcée par Antoine Maurice, paſteur de l'égliſe de Genève, & ſon ſucceſſeur
dans la chaire de profeſſeur. * Bibliothéque germanique, tom. IX, X. Nova litteraria helvetica, an. 1702.
Niceron, mémoires, tom. I & X, part. 1 & 2.

PICTOR, cherchez FABIUS & SERVIUS PIC-
TOR.

PICTOR (George) médecin Allemand dans le
XVI ſiécle, vers l'an 1569, publia divers ouvrages:
De herbarum naturis. De variis morborum remediis. De
thermarum virtutibus. De rebus non naturalibus, &c.
Il travailla auſſi ſur quelques traités des anciens. * Pan-
taléon, liv. 3 proſop. Charles Paſchal, bibl. med.
Vander Linden, de ſcript. med. Geſner. Melchior
Adam, &c.

PICUS, premier roi des Aborigènes, cherchez PIC.

☞ PIDOU (François) chevalier, ſeigneur de
Saint-Olon, commandeur & greffier de l'ordre royal
& militaire de Notre-Dame du Mont-Carmel & de
S. Lazare, gentilhomme ordinaire du roi, envoyé
extraordinaire de ſa majeſté à Gênes & auprès de la
douairiere reine d'Eſpagne, & ſon ambaſſadeur à Maroc, naquit en Touraine vers l'an 1640, de Pierre
Pidou, maître d'hôtel, ſecrétaire du roi & controlleur général de ſes domaines, originaire de Picardie,
& d'Elizabeth d'Aubray, de l'ancienne famille des
d'Aubray de Paris, niéce de Henri d'Aubray, baron
de Boiſſi. François Pidou de Saint-Olon fut fait gentilhomme ordinaire du roi par brévet du 4 juin 1672,
c'eſt-à-dire, âgé d'environ trente-deux ans. Cet emploi
le mit à portée d'être connu de Louis XIV. Ce prince
démêla les talens de M. de Saint-Olon, & l'employa
dans les affaires importantes, dont il s'acquitta toujours
à la ſatisfaction de ſa majeſté.

Dès l'année 1673, il fut chargé de l'échange des
ambaſſadeurs de France & d'Eſpagne, lorſque la guerre
fut déclarée entre les deux couronnes, le 15 octobre
de la part des Eſpagnols, & le 20 ſuivant de la part
de la France. Il fit voir en cette occaſion toute la ſageſſe
& la conduite imaginable, & remédia ſi prudemment
à l'infidélité des Eſpagnols, qui tirerent ſur le marquis
de Villars, après la ſéparation, qu'il en fut loué publiquement par le roi Louis XIV.

Un de ſes freres, chevalier de S. Lazare, & ſous-
lieutenant au régiment des gardes françoiſes, ayant été
tué à la priſe de Deinths, en 1676, M. de Saint-Olon
fut reçu à ſa place dans l'ordre de S. Lazare, au commencement du mois de février 1678. En 1682 il fut
nommé envoyé extraordinaire à Gênes. Il eut ſa pre-

miere audience des colléges le 6 mai de cette même année , & prit son audience de congé le 6 mai 1684. Il trouva tous les esprits indisposés contre la France, & décidés en faveur de l'Espagne. On peut dire qu'il eut besoin de toutes ses lumieres & de toute son adresse, pendant les deux années qu'il resta auprès de la république de Gènes. Les droits les plus sacrés furent violés, ses domestiques furent insultés : on chassa un religieux, parcequ'il étoit le confesseur de sa femme : on mit à l'amende son médecin , son chirurgien, son apothicaire , qui étoient Génois : on attenta même à sa vie. Il soutint l'honneur de son caractére, & celui de la France au milieu de tant d'obstacles. Prudent où il fallut l'être , il dissimula dans les occasions où son ressentiment eût vainement éclaté : ferme dans d'autres , il donna des coups de bâton lui-même , & publiquement à ceux qui avoient eu l'insolence d'abattre les armes de France de dessus la porte du consul François , & de les jetter dans la boue. Les Génois n'oublierent rien pour le faire rappeller : ils ne purent réussir : sa conduite approuvée à la cour de France , lui en conserva l'estime. Toute l'histoire des négociations & de la résidence de M. de Saint-Olon à Gènes , & celle du bombardement qui la suivit , se trouve dans un *dialogue* italien *entre Gènes & Alger*, composé par Marana , auteur de *l'Espion Turc*. En 1684 M. de Saint-Olon fut nommé commissaire auprès des ambassadeurs du roi de Siam en France. Le nonce Ranucci ayant été arrêté à Paris au commencement de 1688 , afin de servir d'ôtage pour M. de Lavardin, qui se trouvoit à Rome en qualité d'ambassadeur de France dans le temps de l'affaire des franchises , & ce cardinal ayant été mis à S. Lazare , M. de Saint-Olon lui fut donné pour compagnie. Il resta auprès de lui pendant huit mois que dura sa captivité.

Il s'offrit en 1693 une nouvelle occasion d'employer M. de Saint-Olon. Moulla Ismaël, empereur de Maroc, avoit donné des espérances d'un traité de commerce favorable à la France. Il avoit même écrit & fait des propositions qu'on avoit agréées. Le roi jetta les yeux sur M. de Saint-Olon , pour conduire cette négociation, & le nomma son ambassadeur auprès de l'empereur de Maroc. C'étoit au mois de janvier 1693. M. de Saint-Olon eut ses instructions le 14 du même mois , & s'embarqua à Toulon le 7 avril suivant. Il arriva à la rade de Tetouans le 3 mai , & à Miquenez le 2 de juin. Neuf jours après son arrivée , il eut audience ; dix jours après il eut son audience de congé. La réponse du roi de Maroc roula sur des propositions extraordinaires , & peu conformes aux motifs qu'il avoit fait paroître d'engager cette négociation , & même tout-à-fait opposée à la lettre qu'il avoit écrite au roi , & qu'il dénia formellement. On trouve toutes les circonstances & cette lettre dans la relation de cette ambassade que M. de Saint-Olon publia en 1694, sous le titre de *l'état présent de l'empire de Maroc* , vol. *in-*12.

Wallestein , ambassadeur de l'empereur Léopold, fait prisonnier au mois de juin 1703 & détenu à Vincennes, ayant été transféré à Bourges , y fut accompagné par M. de Saint-Olon , qui fit auprès de lui le même personnage qu'il avoit fait auprès du cardinal Ranucci.

Il fut choisi en 1709 pour aller , en qualité d'envoyé extraordinaire, faire des complimens de condoléance à la reine douairiere d'Espagne, sur la mort de l'électrice palatine douairiere , sa mere. Cette princesse qui avoit infiniment d'esprit, gouta beaucoup celui de M. de Saint-Olon , & l'honora de son estime.

En 1714 il fut envoyé à Marseille, avec le chevalier de Saint-Olon son fils , pour y recevoir Riza-Beg, ambassadeur du roi de Perse, & pour le conduire à la cour. Il falloit autant de flegme , d'habileté & d'expérience qu'en avoit M. de Saint-Olon , pour tempérer l'humeur altiere & peu sociable de Riza-Beg, homme fougueux & emporté , qui lorsque l'envie lui en

prenoit , vouloit absolument loger dans les églises qui se trouvoient sur sa route, les prenant pour des palais, ou pour des caravenserais. Le roi voulut que M. de Saint-Olon logeât avec cet ambassadeur tout le temps qu'il fut à Paris, où il séjourna près d'un an. Il l'accompagna ensuite au Havre de Grace au mois d'août 1715 , lorsqu'il s'en retourna en Perse. Les fatigues que M. de Saint-Olon eut à soutenir dans cet emploi, altererent si fort sa santé, qu'il ne mena depuis qu'une vie languissante.

Dès l'année 1698, il avoit obtenu des lettres de vétérance pour sa charge de gentilhomme ordinaire du roi : elles sont datées du 23 de février. Il se démit de cette charge le 16 novembre 1715. C'est le dernier acte qu'on trouve de lui. Il mourut le 27 septembre 1720 , âgé de plus de quatre-vingts ans , regreté à la cour pour les services qu'il y avoit rendus, chéri de tous ceux qui l'avoient connu, pour le généreux penchant qu'il avoit à obliger ses amis, & estimé des savans, qu'il recherchoit. Il fut inhumé aux Capucines, auprès de sa femme *Elizabeth* Lombard, morte le 7 mars 1707. Il a fait lui-même l'éloge de cette dame , dans l'épitaphe dont il orna son tombeau. Nous avons parlé plus haut de *l'état présent de l'empire de Maroc*, que M. de Saint-Olon fit imprimer en 1694. Nous ajouterons qu'il est certainement le traducteur de l'ouvrage de Marana , intitulé *Les événemens les plus considérables du regne de Louis le Grand* , dédiés à M. le cardinal *d'Estrées* , imprimé à Paris en 1690. Il fut l'ami & le protecteur de Marana ; il paroît même qu'après la mort de cet homme singulier, il devint dépositaire de tous ses manuscrits.

De son mariage avec *Elizabeth* Lombard , M. de Saint-Olon avoit eu deux enfans ; une fille , *Louise* Pidou , morte en 1716 sans alliance ; & un fils nommé *Henri-Charles* Pidou de Saint-Olon , mort aussi sans alliance au mois de juin 1715 , âgé de trente ans. Il étoit gentilhomme ordinaire du roi , commandeur de l'ordre de S. Lazare , & sous-lieutenant au régiment des gardes françoises. Il avoit donné des preuves d'une valeur extraordinaire à la malheureuse bataille de Ramillies , livrée le 23 mai 1706 , où il se trouva en qualité d'enseigne aux gardes. C'étoit la premiere affaire où il se trouvoit. Ayant eu la main droite percée d'un coup de feu , quelques-uns de ses camarades lui demanderent son drapeau. *Non , non* , dit-il , *Messieurs , le roi me l'a donné , je ferai ensorte qu'il ne m'échapera pas.* Il ne quitta en effet , pour se faire panser , que lorsqu'il se vit hors de danger de le perdre. * *Mémoire sur la vie de M. Pidou de Saint-Olon* , par M. Dreux du Radier , *inséré dans le journal de Verdun , décembre* 1754.

PIE , I de ce nom , pape , succéda dans l'évêché de Rome à *Hygin* , l'an 142. Les auteurs anciens ne conviennent pas de cette succession immédiate ; car Optat & S. Augustin disent qu'Anicet fut élu après Hygin , & que Pie succéda au premier. Au contraire , S. Irénée & Hégésippe , qui vivoient en ce temps-là , Tertullien, Eusebe, S. Epiphane , & tous les Grecs des siécles suivans , avec les anciens catalogues des papes , mettent Pie avant Anicet , & leur témoignage doit prévaloir. L'opinion de J. Péarson, & de Dodwel , *de success. episc. Roman.* est que Pie a gouverné depuis l'an 127 , jusqu'en 142 ; mais suivant la chronologie d'Eusebe, c'est depuis 142 , jusqu'à 158. On rapporte qu'il ordonna qu'on célébreroit la fête de Pâque le dimanche après le quatorziéme de la lune de mars , pour se conformer à la tradition apostolique, observée par l'église romaine , & par beaucoup d'autres églises. Mais ce fait n'est pas constant , non plus que ce qu'on dit que ce pape eut la gloire de mourir pour Jesus-Christ. Les martyrologes placent sa mort le 11 juillet , après 9 ans , 5 mois & 26 jours de siége. Binius rapporte quatre épîtres de lui ; le cardinal Baronius & Margarin de la Bigne ne lui en donnent que deux écrites à Juste de Vienne ; mais toutes ces lettres sont

fuppofées. S. Anicet lui fuccéda. * Genebrard, *l.* 3
n. Baronius, *in annal.* Ciaconius. Platine. Du Chê-
&c. *in vit. pont.* Du Pin, *biblioth. des auteurs ec-*
claſt. des III premiers ſiecles.

PIE II (Enée Sylvio Bartholoméo Piccolomini) na-
à Corſignano, bourg du territoire de Sienne, le 18
ſbre 1405. Pour illuſtrer le lieu de ſa naiſſance, il
ſgea enſuite en ville épiſcopale, qu'il nomma *Pienza,*
on nom de Pie. *Victoria* de Fortiguera ſa mere étant
ſe de lui, avoit ſongé qu'elle accouchoit d'un enfant
é. Comme c'étoit alors la coutume de dégrader des
cs coupables de crime, en leur mettant une mitre de
ier ſur la tête, elle crut qu'Enée ſeroit la honte & le
honneur de ſa famille ; mais la ſuite juſtifia le con-
re. Il fut élevé avec aſſez de ſoin, & fit beaucoup de
grès dans les belles lettres, & à l'âge de 26 ans, aſſiſta
concile de Baſle, où il fut ſecrétaire de Dominique
pranica, dit *le cardinal de Fermo,* parcequ'il étoit
miniſtrateur de cette égliſe. Enſuite il exerça la même
iction auprès de quelques autres prélats, & du cardi-
Albergati, qui l'envoya en Ecoſſe. A ſon retour il
honoré par le concile de Baſle des charges de réfé-
ndaire, d'abbréviateur, de chancelier, d'agent géné-
; fut envoyé diverſes fois à Strasbourg, à Francfort,
Conſtance, en Savoye, chez les Griſons ; & fut
urvu de la prévôté de l'égliſe collégiale de S. Laurent
Milan. Au milieu de ces négociations, il publioit tou-
urs quelqu'ouvrage ; & ce fut alors qu'il compoſa ceux
ui étoient favorables au concile de Baſle, & déſavan-
geux à Eugène IV. Il changea de ſentiment lorſqu'il
it devenu pape, ſur-tout dans une bulle du 24 avril
463, que nous avons au commencement du recueil de
s œuvres. Il fut depuis ſecrétaire de l'antipape Felix V,
& de Frédéric III, empereur, qui l'honora de la cou-
onne poétique, & qui l'envoya en diverſes ambaſſades
Rome, à Milan, à Naples, en Bohême & ailleurs.
Le pape Eugène IV, dont il avoit combattu les intérêts
dans ſes écrits, fit néanmoins grand état de ſon génie ;
& Nicolas V lui conféra l'évêché de Trieſte, qu'il quitta
quelque temps après pour celui de Sienne. Le même pape
ſe ſervit de lui en qualité de nonce dans l'Autriche, la
Hongrie, la Moravie, la Bohême & la Siléſie, où il
réuſſit parfaitement, & fit des merveilles dans les diètes
qu'il fit aſſembler, pour former une ligue contre le Turc,
à Ratisbonne & à Francfort, où il harangua avec une
éloquence ſurprenante. La mort de Nicolas V fit échouer
ce projet. Calliſte III, élu après Nicolas, arrêta à Rome
l'évêque de Sienne, qui vouloit retourner en Allemagne, & le fit cardinal en 1456. Lorſque ce pape fut
mort, le 6 août 1458, treize jours après, le cardinal de
Sienne fut mis en ſa place, & prit le nom de *Pie* II. Il
ſt part de ſon élection au roi Charles VII, & à l'univerſité de Paris, ſe diſpoſa pour unir les princes chrétiens
contre les Turcs, & indiqua pour ce deſſein une aſſemblée à Mantoue, qu'il commença le premier juin de l'an
1459. Avant cela il avoit confirmé dans la poſſeſſion du
royaume de Naples, Ferdinand fils *naturel* d'Alfonſe,
malgré les prétentions de la maiſon d'Anjou : ce qui fut
cauſe de la guerre. Pie attaqua avec vigueur les ennemis
du ſaint ſiège, & unit diverſes terres à l'égliſe. Le projet
qu'il avoit le plus à cœur, étoit la guerre contre les Turcs.
Il avoit levé des troupes, qu'il vouloit conduire lui-même
contr'eux ; mais il mourut à Ancone, où il étoit venu
pour s'embarquer, le 14 août de l'an 1464, âgé de
58 ans, après 5 années, 11 mois & 27 jours de ſiège.
Nous avons diverſes éditions des œuvres de ce pape. Elles
ſont indiquées par Ciampi, & par M. Muratori, dans
le tome II de ſes anecdotes. Ce n'eſt doute point que les
commentaires ou mémoires que nous avons, ſous le nom
de Jean Gobelin Perſona, ſon ſecrétaire, ne ſoient l'ouvrage même de ce pape. Ces mémoires ont été imprimés
d'abord à Rome *in-4°* en 1584, & réimprimés à Francfort en 1614, avec les mémoires & les lettres de Jacques Picolomini, cardinal de Pavie. Quoique le pontificat de Pie ait été court, il a été très-glorieux. PAUL II

fut élu après lui. * *Conſultez* Jean-Antoine Campanus,
Jean Aretin, Jacques-Philippe de Bergame, Trithême,
Bellarmin, Ciaconius, Onuphre, Genebrard, Du
Chêne, Bzovius, Sponde, Rainaldi, Poſſevin, Voſſius
& pluſieurs autres allégués par Louis Jacob, *in biblioth.*
pontif.

PIE III, nommé auparavant *François Todeſchini,*
étoit fils d'une ſœur de Pie II, qui lui permit de prendre
le nom de *Piccolomini,* & qui le fit archevêque de
Sienne, & cardinal. Il eut divers emplois, juſqu'après
la mort d'Alexandre VI, qu'il fut élu le 22 ſeptembre
de l'an 1503. Mais il ne fut que peu de temps ſur la
chaire de S. Pierre ; car il mourut d'une plaie qu'il avoit
à la jambe, avec ſoupçon d'avoir été empoiſonné, le 18
octobre de la même année, 26 jours depuis ſon élection,
& 10 après ſon couronnement. Il eſt loué dans les épîtres de Marſile Ficin, de Philelphe, de Sabellicus, &
de quelques autres qu'il avoit honorés des ſiennes. JU-
LES II parvint enſuite au pontificat. * Ciaconius, Victorel & Du Chêne, *en ſa vie.*

PIE IV, Milanois, nommé auparavant *Jean-Ange*
de Médicis, ou *Medequin,* étoit né le jour de Pâque de
l'an 1499. L'élévation du marquis de Marignan ſon frere,
contribua beaucoup à la ſienne. Il eut un office de protonotaire ſous Clément VII, & dans le même temps il
s'inſinua dans les bonnes graces du cardinal Farnéſe,
qui ayant été élevé au pontificat, ſous le nom de Paul III,
l'employa en diverſes légations, lui donna pluſieurs bénéfices, & le créa enfin cardinal le 8 avril de l'an 1549.
Il fut nommé par Jules III, légat de l'armée contre le
duc de Parme ; mais il fut traité moins favorablement
par le pape Paul IV ; ce qui ne l'empêcha pas de mériter
le ſurnom de *pere des pauvres,* & de *protecteur des muſes.*
Enfin il fut élevé ſur la chaire de S. Pierre après le même
Paul IV. On remarque qu'une colombe, qui étoit entrée
dans la ſalle du conclave, s'arrêta ſur la chambre du cardinal de Médicis ; ce qui fut un préſage de ſa future promotion, qui ſe fit la nuit après le jour de Noël de l'an
1559. Pie IV pardonna aux Romains qui avoient commis mille déſordres contre la mémoire de ſon prédéceſſeur, & contre l'inquiſition. Il ne fut pas ſi clément envers les neveux du pape Paul IV ; car il fit étrangler le
cardinal Caraffe au château Saint-Ange, par la main du
bourreau, & fit couper la tête au prince de Palliano ſon
frere, dans la priſon de la tour neuve. Depuis il s'employa avec ſoin aux affaires de la chrétienté, tant pour
s'oppoſer aux Turcs, qui aſſiégerent Malte, que pour détruire l'héréſie en France & en Allemagne. Dans ce deſſein il fit continuer le concile de Trente, qui fut heureuſement conclu en 1563, par les ſoins de S. Charles ſon
neveu. Ce pape, qui étoit d'une humeur ſévère, mourut
le 9 décembre de l'an 1565, en la 67ᵉ année de ſon âge,
après avoir gouverné 5 ans, 11 mois & 15 jours. On
aſſure que la peur qu'il eut de voir perdre l'iſle de Malte
aſſiégée par les Turcs, contribua beaucoup à ſa mort.
Ce fut du moins avec la conſolation d'avoir reçu les ſacremens de l'égliſe de la main de S. Charles ſon neveu,
qui ne l'abandonna point en cette extrémité. Pie IV contribua à l'élévation de ſes parens, & eut pour ſucceſſeur
Pie V. *Voyez* MEDICIS. * Onuphre, Ciaconius & Du
Chêne, *en ſa vie.* Sponde, *in annal. eccl.* De Thou, &c.

PIE V, nommé *Michel* Ghiſleri, élu pape le 7
janvier de l'an 1566, naquit à Boſchi ou *Boſque,* petite ville du dioceſe de Tortonne & du duché de Milan,
à deux ou trois lieues d'Alexandrie de la Paille ; le 17
janvier de l'an 1504. Papire Maſſon aſſure qu'on lui donna au baptême le nom d'*Antoine,* parcequ'il étoit venu
au monde le jour que l'égliſe célèbre la fête de ce ſaint
Anachorete, & que depuis il reçut celui de *Michel,*
en prenant l'habit de ſaint Dominique dans le monaſtere de Voghéra en 1518. Onuphre ſoutient qu'il eut le
nom de *Michel,* au baptême, & à ſon entrée dans l'état
religieux. Sa vertu le fit conſidérer dans l'ordre de ſaint
Dominique, où il fut profeſſeur, prédicateur & ſupérieur. Depuis, il y exerça la charge d'inquiſiteur de la

foi , & fut fort eſtimé du cardinal Caraffe , qui étoit commiſſaire général de ce tribunal ſévere. Caraffe ayant été élevé au pontificat ſous le nom de Paul IV, lui donna l'évêché de Sutri. Ghiſleri s'apprêtoit à quitter cette dignité pour ſe retirer dans ſon premier monaſtere ; mais Paul IV s'y oppoſa , le créa cardinal le 15 mars de l'an 1557, & inquiſiteur général de la foi , & lui fit prendre le titre de cardinal Alexandrin , parcequ'il étoit né dans le territoire d'Alexandrie de la Paille. Le pape Pie IV lui donna l'évêché de Mondovi, & l'eut enfin pour ſucceſſeur le 7 janvier 1566. Après ſon élévation au pontificat, il travailla à régler ſa maiſon, à policer la ville de Rome , à en chaſſer les perſonnes débauchées , à réformer le clergé, & à faire obſerver le concile de Trente. Il ne s'épargna point contre les hérétiques & contre les Turcs , fit agir ſes ponces contre les hérétiques , & employa ſes armes contre les Turcs. Ses galeres jointes à celles du roi d'Eſpagne & des Vénitiens, gagnerent la célebre bataille de Lépante , le 7 octobre de l'an 1571. L'année précédente il avoit créé Côme de Médicis grand duc de Toſcane; il avoit rétabli les Caraffes dans leurs biens, & avoit aboli l'ordre des Humiliés. Ce pape mourut le premier mai 1572, après 6 ans, 3 mois & 24 jours de ſiége. Le pape Clément X l'a déclaré bienheureux, par une bulle du 27 avril 1672, cent ans après ſa mort, & Clément XI l'a canoniſé le 7 août 1712. On a un volume de lettres de ce pape, qui a été imprimé in-4°. à Anvers, en 1640, par les ſoins de François Goubeau , ſous ce titre : Apoſtolicarum Pii quinti pontificis maximi epiſtolarum libri quinque. GREGOIRE XII ſuccéda à Pie V. * Du Chêne, Papyre Maſſon, Thomas Moniot, en ſa vie. Antoine de Sienne, Gazée & Louvet, de vir illuſt. ord. Prædic. Victorel, addit. ad Ciacon. Sponde, in annal, Charles Jacob, bibl. pontif. Acatio di Somma a fait la vie de ce pape en italien, & M. Felibien la traduiſit en françois en 1672 ; mais on doit ſe méfier de cet auteur. Voyez Baillet, vies des ſaints.

PIE ou PIO (Jean-Baptiſte) critique, qui a fleuri dans le XVI ſiécle, étoit de Boulogne. Il s'acquit beaucoup de réputation par les éclairciſſemens qu'il a donnés ſur divers auteurs anciens. Jean-Baptiſte Pie enſeigna à Boulogne, à Milan, à Lucques ; & le pape Paul III qui avoit été ſon ami, le fit venir à Rome où il mourut en 1540, âgé de 80 ans. On a de lui un ample recueil d'obſervations contenant des remarques ſur divers points d'antiquité , des corrections & explications de divers endroits des anciens auteurs Grecs & Latins , des reſtitutions de paſſages, &c. dans le tome premier du recueil que Jean Gruter a donné ſous le titre de Lampas, ſeu Fax artium, hoc eſt, Theſaurus criticus, &c. Ces obſervations ſont ſous le titre de Annotationes priores, dédiés au marquis de Gonzague, protecteur de l'auteur, & de Annotationes poſteriores, ou Annotationes lingua latina græcaque conditæ per Joannem Baptiſtam Bononienſem. Celles-ci comprennent deux cens cinq chapitres. On trouve à la tête deux épîtres de l'auteur, l'une au marquis de Gonzague, l'autre à François Soderini, cardinal-prêtre du titre de ſainte Suſanne; le tout eſt compris depuis la page 353, juſqu'à la page 583, dans le recueil cité. M. Schott s'égaye un peu trop, ce ſemble, aux dépens de Pie, dans ſa diſſertation critique ſur le prix que l'on donnoit autrefois aux vainqueurs dans les jeux Pyrhiques, imprimée dans le tome II de l'hiſtoire critique de la république des lettres , article VI. * Voyez les pages 195 & ſuivantes. Voyez auſſi Baillet, jugemens des ſavans, avec les notes de M. de la Monnoye, tome II. Paul Jove, in elog. doct. viror. c. 142; & le ſpecimen varia litteraturæ Brixianæ, part. I, pag. 19 & ſuiv. & pag. 83.

PIE-DI-LUCO, anciennement Velinus Lacus, lac d'Italie dans le duché de Spolete, au couchant du lac de Suſanna, & à trois lieues de la ville de Riéti. Il prend ſon nom du bourg de Pie-di-Luco, qui eſt ſur ſon bord ſeptentrional , nommé en latin Pedelucum. * Mati, dictionaire.

PIÉMONT, principauté d'Italie, qui appartient au duc de Savoye, eſt nommée par ceux du pays Piemonte, & par les latins Pedemontium. Elle a été compriſe dans la Gaule Subalpine , puis dans la Lombardie. Sous ce nom de Piémont, on raſſemble la principauté en particulier, le duché d'Aoſte, les marquiſats d'Ivrée, de Suſe, de Céva ; & de Saluces, le comté d'Aſt, & la ſeigneurie de Verceil, à quoi on ajoute le Canavéſe & le quartier de Piémont, où ſont Pignerol, Lucerne & Briqueras, qui releve de l'égliſe. Ce pays conſidérable par ſa fécondité, par ſon bon air, & par les richeſſes de ſes habitans, eſt ſitué entre le Milanez & le Montferrat au levant ; la république de Gênes, & le comté de Nice au midi ; la Savoye & le Dauphiné au couchant ; & le Vallais au ſeptentrion. La principauté de Piémont en particulier, a Turin pour ville capitale, & comprend Mondovi, Foſſan, Chivas, Rivoli, Javen, Carignan, Pancalier, Vignon, Cavours, Villefranche, Raconi, Savignan, Coni, Tende, Ceve, Cortemille, Bene, Queras, Quers, Moncalier, Coconas, & la principauté de Maſeran, qui releve de l'égliſe. Les Taurinois, Salaſſes, Séguſiens, Libiciens, & divers autres peuples ont habité autrefois ce pays. On ne convient pas bien de la maniere dont les ducs de Savoye ont acquis cette province. Les fils aînés des ducs portent le titre de princes de Piémont. * Ranchini , deſcript. mund. Du Val & Sanſon, géographie. Guichenon, hiſtoire de Savoye, tom. I.

PIENNE (Jeanne de Halluin, demoiſelle de) fille d'honneur de Catherine de Médicis, fut paſſionnément aimée de François de Montmorenci, fils aîné du connétable de Montmorenci. Il lui fit une promeſſe de mariage, ſans en rien dire, ni à ſon pere ni à ſa mere, craignant qu'ils ne s'oppoſaſſent à ſon deſſein. Il n'y a point d'apparence qu'ils y euſſent jamais conſenti, quoique cette demoiſelle fût d'une naiſſance très-illuſtre, & que ſa beauté & ſa vertu la rendiſſent recommandable ; mais il y eut une raiſon particuliere qui les pouſſa à former des oppoſitions éclatantes à cet engagement, c'eſt que Henri II voulut que ſa fille naturelle, veuve du duc de Caſtro , épouſât l'amant de la demoiſelle de Pienne. Le connétable trouvoit trop ſon compte dans cette alliance , pour ſouffrir que l'engagement de ſon fils aîné paſſât pour bon : il mit donc tout en œuvre pour le faire rompre ; & comme il étoit en faveur auprès de Henri II, il porta ce prince à employer tous les moyens imaginables , pour faire déclarer nulle la promeſſe que la demoiſelle de Pienne pouvoit alléguer. Cette affaire devint grande & difficile, par le concours des deſſeins que le pape Paul IV avoit de pratiquer l'alliance de cette fille de Henri II, déja veuve d'un Italien, petit-fils de pape, avec un autre Italien ſon neveu. Cet intérêt du pape fit toute la difficulté de la diſpenſe qu'on lui demanda , & que François de Montmorenci alla ſolliciter en perſonne. Le roi ne crut pas que le pape dût rien refuſer à ſa conſidération , dans un temps ſi favorable ; néanmoins Paul IV ſe montra ſi difficile , que le roi fut obligé de recourir à d'autres expédiens : il publia un édit qui déclaroit nuls les mariages clandeſtins, édit qui amena dans le royaume une très-bonne & une très-ſalutaire juriſprudence. L'on fit mettre dans un couvent la demoiſelle de Pienne, & l'on tira d'elle une déclaration du déſiſtement. * Le Laboureur, additions aux mémoires de Caſtelnau, tome II. Bayle, diction. crit. édit. de 1702.

PIENZA, ville de Toſcane, près de Sienne, étoit un bourg appellé Corſignano , qui fut érigé en ville épiſcopale, par la faveur de Pie II, qui y étoit né, & qui lui donna le nom de Pienza. * Léandr Alberti.

PIERCE (Thomas) théologien Anglois, né en 1622

Dévise en Wiltshire, fit ses études à Oxford, où il
it reçu membre du collège de la Magdaléne, & maî-
e-ès-arts en 1644. Son attachement au parti du roi
ii ayant fait perdre la place qu'il avoit dans ce collège
n 1648, il accepta celle de ministre de Brington en
Northamptonshire., & il y demeura durant le gouvernement de Cromwel. Dès que Charles II eut été
établi, il fut chapelain de sa majesté, chanoine
le Cantorbéri, prébendaire de Langfort, & préfet
iu collège de la Magdaléne à Oxford. Il prit aussi le degré de docteur en théologie. Il quitta quelque temps après
la place de préfet pour laquelle il étoit peu propre, & en
1675 il fut nommé doyen de Salisburi, où il mourut le 18 de mars 1691. Il avoit beaucoup lu les anciens & les modernes, & il étoit également versé
dans les sciences ecclésiastiques & profanes. Il avoit aussi
beaucoup d'éloquence, & il prêchoit bien, sur-tout en
anglois. Mais le style de ses écrits est peu naturel. Il
avoit abandonné les sentimens de Calvin sur la prédestination, pour prendre un sentiment mitoyen, par lequel il croyoit concilier les différens partis. En 1683,
il eut une dispute avec le docteur Seth-Ward sur la
question, à qui appartenoit le droit de nommer aux
dignités de Salisburi. Pierce prétendoit que c'étoit au
roi, & Ward à l'évêque; & tous les deux écrivirent
pour défendre leur sentiment. Pierce a beaucoup écrit
en latin & en anglois; & sur-tout contre Barley,
Baxter & autres. * Voyez ce qu'en dit Wood dans
ses *Antiquitates*, & dans ses *Athenæ Oxonienses*.

PIERGO, riviere d'Albanie, dans la Macédoine,
province de la Turquie méridionale en Europe, est ainsi
appellée d'une ville de même nom, qui est à son
embouchure dans la mer Adriatique. C'est la même
que celle que les anciens ont appellée *Lous*, que Ptolémée met dans la même province, & que d'autres
ont appellée *Aous*. * Tite-Live. Strabon. Briet. Baudrand.

PIERIDES, *Pierides*, filles de Piérus, prince Macédonien, oserent, dit-on, faire un défi aux muses, &
leur disputer le prix de la poësie. Les muses furent
victorieuses; & pour punir la témérité des Piérides,
elles les changerent en Pies. On donne aussi le nom de
PIERIDES aux muses, à cause que le mont Pierius en
Thessalie leur étoit consacré. * Servius. Ovide, *in metam*.

PIERIE, *Pieria*, partie de la Syrie, près de la Cilicie. Il y avoit aussi dans la Cassiotide, une montagne
nommée *Pieria*. On donnoit encore ce nom à une province de la Macédoine, vers le golfe Thermaïque, &
les frontieres de Thessalie. Les habitans de ce pays-là
étoient appellés *Pieres*.

PIERIUS, montagne de Thessalie, consacrée aux
muses. C'étoit aussi le nom d'un fleuve de l'Achaïe,
dans le Peloponnèse. * Baudrand.

PIERIUS, prêtre d'Alexandrie, florissoit sous l'empire de Dioclétien, dans le temps que Théonas gouvernoit l'église de cette ville, vers l'an de J. C. 300.
C'étoit un homme très-éloquent, pressant dans les
disputes, & grand prédicateur, ce qui le fit nommer
le petit Origene. Il composa un volume de XII livres,
où il rapportoit plusieurs usages anciens de l'église; mais
il est accusé par Photius d'avoir parlé peu chrétiennement du S. Esprit, & de l'avoir fait inférieur en gloire
au Pere & au Fils. Piérius composa encore une homélie
sur le prophète Osée. Il avoit fait aussi un commentaire
sur l'évangile de S. Luc. Il tint l'école d'Alexandrie, &
fut précepteur du martyr Pamphile, demeura long-temps
à Rome, où il vint après la fin de la persécution vers
l'an 311, y mena une vie fort austere, & embrassa
une pauvreté volontaire. Photius dit que son style est
clair, net & coulant, sans être étudié. On ne
sait ni l'année ni le jour de sa mort. Il est fait mémoire de
lui dans les martyrologes des Latins, au 4 novembre.
S. Epiphane parle d'une église d'Alexandrie, qui portoit
son nom; & Photius marque qu'il y avoit des églises
bâties en son honneur. * Eusebe, *l.* 7, *hist*, S. Jerome,

in cat. de script. eccles. c. 76. S. Epiphan. *hæres.* 69.
Photius, *biblioth. cod.* 32, 118 & 119. Nicephore,
l. 6, *c.* 35 *hist.* Du Pin, *bibliothéque des auteurs ecclésiastiques des trois premiers siécles.*

PIERIUS (Jean) de Tolède en Espagne, excellent
poëte & rhétoricien, professa avec applaudissement
dans l'université d'Alcala, & mourut âgé de 33
ans, en 1540. * Opmer, *in chron. orbis universi. p.* 486.

PIERIUS VALERIANUS, de l'ancienne famille des
Bolzani, étoit de Belluno dans la Marche Trévisane,
où il naquit vers le milieu du XV siécle. Son nom de
baptême étoit *Jean-Pierre*, & ce fut Marc-Antoine Sabellicus son maître qui changea son dernier nom en celui de *Pierius*, pour faire allusion aux muses, en latin
Pierides, dont Valerianus fut favorisé presque dès son
enfance. Il perdit son pere à l'armée, n'ayant encore que neuf ans, & avec lui il perdit tout son bien;
& se trouva dans l'indigence avec sa mere, & deux
sœurs qui n'étoient point encore pourvues; ce qui l'obligea de se mettre au service de quelques sénateurs de
Venise. Il se plaint lui-même de l'état où il fut alors
réduit, dans une de ses élégies où il déplore ainsi son
infortune.

> *At genitrix pauper, geminæ sine dote sorores;*
> *Quas miseras frustrà spes fovet una mei;*
> *Exposcunt à me fraterni præmia juris;*
> *Sed cartas nullas, carmina nulla volunt.*

Urbain Valere, son oncle paternel, religieux de saint
François, qui avoit été précepteur du pape Léon X, le
tira de cet état, & l'instruisit dans les belles lettres,
où il fit de si grands progrès, qu'il se vit bientôt pour
amis les personnes les plus savantes de son temps, entr'autres Baptiste Egnace, Cœlio Calcagnini, Sannazar, & sur-tout le cardinal Bembo avec lequel il eut
d'étroites liaisons. Léon X, & après lui Clément VII,
papes, lui témoignerent beaucoup d'estime, & lui en
firent sentir les effets. Toute la famille de Médicis l'honora de sa protection & de sa bienveillance. Mais il
se contenta toujours d'un état & d'un bien médiocre,
& il préféra un honnête loisir où il pût se livrer à son
amour de l'étude, à tout ce qui pouvoit l'en distraire en l'élevant. Content de la dignité de protonotaire apostolique & de comte, il refusa l'évêché d'A-
vignon, comme il n'avoit pu se résoudre à accepter
celui de Justinopoli. Il fut néanmoins chargé de plusieurs négociations importantes de la part de plusieurs
princes, & il s'en acquitta toujours avec honneur. Il mourut à Padoue, le jour de Noël 1558,
âgé de 81 ans. On voit son portrait dans l'église
des Freres mineurs de Venise, avec cette inscription.

D. O. M.
PIERIO VALERIANO BOLZANIO, *Bellunensi*,
Cujus si negotia diù apud summos principes
Curata noris,
Nihil eum unquam scribere, nedum scribere
Potuisse dicas.
Sin quæ multa tam docta scripserit
Inspicias,
Nulli hominum otia quietora contigisse judices.
Joan. Cornelius Fantini patricii Veneti filius, & fratres,
Locum amico suo intimo
Unanimes concessere.

L'ouvrage le plus considérable de Pierius Valerianus
est ses hiéroglyphes ou ses commentaires latins sur les
lettres saintes des Egyptiens & des autres nations, ausquels Cœlio Augustin Curion ajouta deux livres, qu'il
orna de figures, & qu'il fit imprimer en 1579 *in-fol.*
Henri Schwalenberg en donna un abrégé en 1606, à
Leipsick, *in*-12. Les autres ouvrages de Valerianus sont:
1. Son traité si connu, *De infelicitate litteratorum*
(du malheur des gens de lettres) en deux livres, que
son premier état lui donna occasion dans la suite de
composer, & qui fut imprimé pour la premiere fois

en 1620, à Venise, par les soins de Louis ou Aloyfius Lollini, évêque de Belluno, qui en confervoit le manufcrit dans fa bibliothéque. Il a été réimprimé depuis avec fes hiéroglyphes ; & en 1647, à Amfterdam, avec un traité de Corneille Tollius fur le même fujet; & depuis encore, en 1707, à Leipfick dans le recueil intitulé, *Analecta de calamitate litteratorum*, *in*-18, avec une préface de Burchard Mencken: 2. *Pro facerdotum barba apologia*, en 1533, *in*-8°, adreffée au cardinal Hyppolite de Médicis qui avoit été fon difciple, & réimprimée avec les traités de Mufonius & d'Hofpinien fur l'ufage de fe rafer la barbe & de fe couper les cheveux, à Leyde, 1639, *in*-12. 3. Les antiquités de Belluno, en 1620, à Venife, *in*-8°. avec fon traité *de infelicitate litteratorum*. 4. Des diverfes leçons & corrections fur Virgile, dans l'édition du Virgile avec les commentaires de Servius, chez Robert Étienne en 1532, *in-fol.* & plufieurs fois depuis. 5. Des poéfies latines, &c. * *Voyez* Joan. Imperialis, *Mufæum hiftoricum*, *pag.* 39 & *fuiv.* La préface de Mencken au devant des *Analecta de calamitate litteratorum*. Cornelius Tollius, à la fin de fon traité *de infelicitate litteratorum*, &c.

PIERIUS (Urbain) miniftre Proteftant d'Allemagne, né d'une pauvre famille vers l'an 1546, dans une petite ville nommée *Suet* fur l'Oder, fut élevé par la liberalité du comte de Hohenftein, feigneur de ce lieu, qui l'envoya à Francfort, où il lui donna tous les ans de quoi vivre & faire fes études. Après que Piérius les y eut achevées, & s'y fut fait connoître par fon favoir, il époufa la fille d'un avocat fort riche, à l'exemple duquel il s'appliqua à l'étude du droit, qu'il quitta après la mort de fon beau-pere, pour s'adonner entierement à la philofophie & à la théologie. Il fut reçu docteur & profeffeur en théologie dans la même univerfité ; & ayant été appellé à Brandebourg, où il fut quelque temps miniftre, il en fortit pour aller faire la même fonction à Cuftrin, ville du même pays. Chriftiern I, électeur de Saxe, l'attira à Drefde, lieu de fa réfidence, & le fit fon prédicateur. Enfuite Nicolas Creil, chancelier de cet électeur, l'envoya à Wittemberg, où en 1590 il eut une chaire de profeffeur, & la conduite d'une églife. Il fit beaucoup parler de lui, dans les difputes qui s'y exciterent alors touchant l'exorcifme du baptême ; & ayant même encouru la haine du peuple, par une doctrine nouvelle qu'il voulut enfeigner, il courut rifque de fa vie, & donna occafion à plufieurs écrits que l'on fit contre lui. Après la mort de Chriftiern, électeur de Saxe, arrivée en 1591, dans le temps que Frédéric-Guillaume, duc de ce pays, & adminiftrateur de l'électorat, faifoit la vifite de cet état, Piérius, avec plufieurs autres théologiens, fut accufé auprès de ce prince, de fuivre les erreurs de Calvin. Sur cette accufation il fut mis en prifon, d'où il ne fortit qu'un an après, à la priere d'Elizabeth, reine d'Angleterre, de laquelle il s'étoit fait connoître, par un poème qu'il avoit autrefois compofé, au fujet de la flotte d'Efpagne, furnommée l'*Invincible*, qui étoit périe en paffant dans fon royaume. Piérius s'étant enfuite retiré à Zerbft, dans les états du duc d'Anhalt, fut appellé par l'électeur Palatin à Amberg, capitale du haut Palatinat, d'où il alla à Bremen, ville de Saxe. Ce fut-là qu'il mourut en 1616, âgé de 70 ans. On a imprimé quelques-unes de fes ouvrages fous ce titre : *Brevis repetitio doctrinæ de perfona & officio Chrifti; Typus doctrinæ orthodoxæ de perfona & officio Chrifti*, &c.

PIERIUS (Chrétien) de Cologne, eft auteur d'un poème fur Jefus-Chrift crucifié, publié en 1576, dans lequel tous les mots commencent par la lettre C. On a auffi fon *Maximilien*, où tous les mots commencent par la lettre M. Cela s'appelle fe donner de la peine, pour fe rendre ridicule. * *Delit. poët. Belg. tom. III, p.* 805.

PIERQUIN (Jean) bachelier en théologie, & curé de Chaftel en Champagne, étoit fils d'un avocat de Charleville, parent ou allié des meilleures familles du pays. Son inclination l'ayant porté à embraffer l'état eccléfiaftique, on l'envoya étudier à Reims, où il prit le degré de bachelier en théologie. Après avoir fait à Rocroy & à Réthel l'effai de fes talens pour le miniftere eccléfiaftique, en exerçant les fonctions de vicaire, M. le Tellier, archevêque de Reims, le nomma, à l'âge de vingt-fept ans, à la cure de Chaftel, & d'une autre cure voifine, l'une & l'autre d'un fi modique revenu, qu'il fallut en laiffer l'adminiftration à une feule perfonne. M. Pierquin fe montra toujours pafteur zélé, attentif, charitable & défintéreffé. Comme il aimoit beaucoup l'étude, il y employoit tous les momens que fes autres fonctions lui laiffoient libres; & ce bon ufage du temps lui a fait produire un nombre d'écrits dont la plus grande partie a paru dans le *Journal de Verdun*. Le premier eft le *Syftême aftronomique de Thalès*, accommodé à la *phyfique moderne*. Cet ouvrage parut par parties dans le Journal cité en 1727. Il fut expofé à quelques contradictions qui donnèrent lieu à des éclairciffemens inférés dans le même journal. Depuis, M. Pierquin refondit le tout ; & c'eft ainfi qu'on l'a donné en 1744, dans le recueil des écrits de l'auteur. L'aurore boréale du 19 octobre 1726, fit enfanter au même une differtation fur ce fujet, imprimée dans le *Journal de Verdun* du mois de janvier 1727. Le pere Emanuel de Viviers ayant propofé des conjectures différentes au mois de juillet 1730, & des objections indirectes contre M. Pierquin au mois de mars 1731, M. Pierquin répondit au mois de juillet fuivant. Le pere Emanuel répliqua en février 1732, & notre auteur répondit de nouveau dans le Journal du mois de juin fuivant. Les autres écrits de M. Pierquin font une *differtation fur les batailles & flottes aériennes*, imprimée dans le Journal de décembre 1728. Une *differtation fur la formation des pierres précieufes, camayeux & coquillages;* dans les Journaux de novembre & de décembre 1727. Une *réponfe* imprimée dans le mois de juillet 1728, à un anonyme qui avoit attaqué cette differtation dans le mois d'avril précédent : autre *réponfe*, à M. Capperon, ancien doyen de Saint-Maixent, dans le mois de feptembre 1728; la critique de M. Capperon avoit paru dans le Journal du mois d'août. Autre écrit fur le même fujet dans le mois d'avril 1729, contre le fentiment de M. Capperon, propofé dans le mois de mars précédent. M. Capperon fe fâcha, & montra fa colere dans une *réplique* que M. de la Barre, qui travailloit alors au Journal de Verdun, trouva trop aigre pour l'inférer dans fon Journal; il fe contenta de l'envoyer à M. Pierquin, qui ne voulut pas d'abord y répondre. Mais M. Capperon ayant fait imprimer fa lettre dans le *Mercure de France*, avec des additions peu gracieufes pour le *Journal de Verdun*, M. Pierquin fit une *réponfe*, & fe contenta de l'envoyer à M. Capperon : elle n'a paru que dans le recueil cité des ouvrages de M. Pierquin. Au mois de mai 1729, M. Ancelot fit des *objections* à M. Pierquin, contre fon fentiment fur le germe des plantes, qu'il avoit avancé dans fes *differtations fur les pierres précieufes* : elles donnerent occafion à une *réponfe*, qui eft dans le mois de juin fuivant. Les autres differtations phyfiques du même auteur font *fur la couleur des Négres*, au mois d'août 1728 ; *fur le chant du coq*, au mois de février 1730 ; *fur la pefanteur de la flamme*, au mois d'août 1730 ; *fur l'évocation des morts*, mois d'octobre 1728 ; *fur les fantômes & farfadets*, au mois de novembre de la même année ; *fur le retour des ames*, mois de janvier 1729 ; *fur l'obfeffion naturelle*, mois de février de la même année ; *fur le fabat des forciers*, mois de mai fuivant ; *fur les transformations magiques*, mois de juillet, même année ; *fur les caufes & les effets de l'incube*, mois de feptembre 1730 ; *fur la preuve par immerfion*, mois de février 1731 ; *fur le nager des noyés*, mois mars fuivant ; *fur les hommes amphibies* , mois ril fuivant. Ces derniers écrits n'étoient que des is d'un plus grand ouvrage fur les créatures invi- es & aëriennes, auquel l'auteur a beaucoup travaillé, s qu'il n'a pas achevé. On en trouve le plan dans le eil de fes écrits. Il avoit fait auffi long-temps des re- rches fur la nécromancie , & avoit achevé fur cela raité qui a été fouftrait lors de fa mort. Tous les écrits t on a parlé jufqu'ici , à l'exception du traité fur nécromancie , & celui des créatures invifibles & iennes, ont été recueillis & imprimés à Paris en 44, en un volume *in*-12, petit caractere , fous le titre *uvres phyfiques & géographiques de M. Pierquin* , La raifon de la feconde partie du titre vient de qu'on a imprimé dans ce recueil un petit *Traité de graphie & d'hydrographie* , qui n'avoit point encore u ; du moins ne le dit-on point dans le recueil. Mais y parle de deux autres ouvrages de M. Pierquin , primés féparément : le premier eft une *vie de S. Juvin*, primée à Nancy, chez Charlot, en 1732. C'eft un 8° de 110 pages , fans compter la préface. Le fe- nd, imprimé à Amfterdam en 1742, *in*-12, comprend ux differtations , l'une *Sur la conception de Jefus- rift dans le fein de la vierge Marie fa mere* ; l'au- : *Sur un tableau de Jefus-Chrift* , qu'on appelle la inte Face & qu'on a voulu faire paffer pour une age conftellée. M. Pierquin eft mort au mois de mars 42, dans la foixante-neuviéme ou foixante-dixiéme née de fon âge. Les auteurs du *Journal des favans* uillet 1745) difent des pièces du recueil dont on ent de parler, que plufieurs méritent l'attention des cteurs , & font connoître que l'auteur avoit du gout ur la phyfique , & qu'il avoit lu les bons écrivains. *a maniere d'écrire*, ajoute-t-on , *eft nette, & celle de pondre à quelques objections qui lui furent faites lors , eft fine & légere*. A la fuite de la préface du cueil de fes opufcules , on a mis une épître à a louange de l'auteur , compofée en vers françois par u M. de la Barre , de l'académie royale des inf- riptions & belles lettres , fous le nom de la *Mufe fo- iaire des rives de la Seine*. Cette épître ne fait pas onnoître avantageufement les talens poëtiques de M. le la Barre. Voyez auffi les *Mémoires de Trévoux* , u mois d'août 1746.

PIERRE PHILOSOPHALE , eft une poudre appel- ée de ce nom, parcequ'il n'y a , dit-on , que les vrais philofophes qui la poffedent , au moyen de laquelle les métaux imparfaits font changés par projection , (c'eft-à-dire , en jettant cette poudre deffus) en or ou en argent , felon que la poudre a été travaillée par l'ar- tifte au rouge ou au blanc. On appelle métaux im- parfaits tous ceux qui ne font pas or ou argent ; com- me font le plomb , appellé *Saturne* ; l'étain , *Jupiter* ; le fer , *Mars* ; le cuivre , *Vénus* ; le vif - argent , *Mercure*. L'or eft nommé *Soleil*, & l'argent *Lune*.

Cette poudre eft auffi appellée par ces philofophes ou fages, *médecine univerfelle* , parcequ'ils prétendent qu'elle a fur tout l'empire de la nature , qu'ils divifent en trois regnes , favoir le regne animal , le régne végétal, & le regne minéral. Ils entendent par-là qu'ils peuvent avec cette poudre , conferver la fanté , & la rétablir lorfqu'elle eft altérée : qu'ils peuvent en faire de même fur toutes les plantes ; & (pour nous fervir de leurs termes) ôter la lépre aux métaux , & les ennoblir en les portant au plus haut dégré de perfection , où la nature eft capable de les porter dans les entrailles de la terre.

Cette poudre eft appellée *Pierre*, parcequ'après qu'elle a été travaillée , le philofophe la vitrifie , c'eft-à-dire qu'au lieu qu'elle eft d'abord en plufieurs petite parries, qui ne tiennent point enfemble , il la met en maffe par une douce fufion. A caufe de fa grande fineffe , elle devient luifante , & reffemble à une maffe de ce verre qui n'eft pas tranfparent, qu'on appelle *émail* dans les verreries. Quand il veut s'en fervir , il racle cette

maffe avec un couteau , & la met facilement en poudre.

Il faut que cette poudre , outre la teinture abon- dante qu'elle porte , contienne en elle deux qualités, que nous ne trouvons point enfemble dans les corps que la nature nous préfente. Car il faut qu'elle foit fufible comme de la cire , & fixe & permanente au feu comme de l'or : la premiere qualité lui étant néceffaire pour pénétrer jufqu'au centre le métal imparfait fur lequel elle eft projettée , lorfqu'il eft fondu & la feconde , pour lui communiquer la fixité dont il a befoin pour devenir or ou argent.

La maniere de réuffir dans l'ouvrage de cette pierre eft très-difficile à découvrir. Plus de quatre ou cinq mille auteurs en ont écrit en divers temps , & en diverfes parties du monde ; mais pas un n'a écrit que pour en parler feulement, non pour l'enfeigner ; ou s'ils ont eu cette intention , ils ont parlé fi énigmatiquement, qu'ils avertiffent eux mêmes le lecteur , qu'ils n'ont écrit que pour leurs freres , & que fi Dieu ne lui dé- couvre ces myfteres par révélation , ou qu'il ne lui foient expliqués par un *poffeffeur*, c'eft-à-dire un hom- me qui poffede la pierre & l'art de la faire , il eft impoffible de les entendre. Il ne faut pas croire pour cela que tous ceux qui ont écrit énigmatiquement fur ce fujet , foient poffeffeurs. Il y en a très-peu qui foient comme ils les appellent *authores bonæ notæ*. Ceux qui font dans l'approbation & dans la réputation des véritables *adeptes* ; (car c'eft encore un de leurs termes, pour fignifier véritables philofophes , qui ont acquis ce que les autres cherchent) font Hermès , leur véné- rable pere , Calid , Artephius qui fe vante d'avoir vécu plus de mille ans , Morienus Romanus , le Cofmopo- lite, le comte Trévifan , Zacharie, Philalethe, & plu- fieurs autres , tant anciens que modernes.

Pour venir à l'accompliffement de cet ouvrage fi caché & fi difficile , ces fages nous difent qu'il y a deux voies, dont l'une eft appellée *univerfelle*, & l'autre *particuliere*. L'*univerfelle* confifte en la préparation d'une certaine matiere , qui fe trouve par tout le monde & en tout lieu , qui ne coute rien, qui eft commune au pauvre & au ri- che , que nous avons tous devant les yeux , & que bien peu favent choifir. Cette matiere , par la feule prépara- tion , fans addition de quoi que ce foit , produit cette mé- decine univerfelle , qui convient , comme nous avons déja dit , aux trois régnes de la nature ; enforte que le philofophe là détermine par art au genre que bon lui femble ; & après cette détermination , cette médecine devient particuliere , ou à l'animal ou aux plantes , ou aux métaux.

L'autre voie eft appellée *particuliere*, lorfque le phi- lofophe commence fon ouvrage par le genre métallique , & que par art il trouve le moyen de corrompre le métal parfait , en y introduifant radicalement une des trois fub- ftances qui le compofent ; favoir , ou le fel , ou le foufre , ou le mercure , qui font les principes de tou- tes les fubftances ; & ces principes font des productions des quatre élémens.

Cette voie particuliere eft encore fubdivifée en deux voies , qui font appellées la *voie feche* & la *voie humide*. La premiere eft , quand on vient à la corruption du mé- tal parfait , par l'introduction radicale du foufre mé- tallique : la feconde , que les philofophes appellent auffi *voie de réincrudation*, eft lorfqu'ils y procedent par l'introduction du mercure ; & ils appellent cette voie , *réincrudation du métal*, & *voie humide* , parceque le mercure étant la fubftance aqueufe , il eft auffi la partie la plus crue , & c'eft dans le mercure , qui n'eft pas le mercure vulgaire ; qu'ils prétendent mettre de l'or ou de l'argent , & le faire pourrir dedans ; enforte qu'après la putréfaction , felon les regles de l'art , il en vienne une fubftance appellée *mercure philofophique*, qui n'eft ni or ni argent , mais un compofé métallique de confiftance molle , qui a une vertu pénétrative & fer- mentative, au moyen de laquelle il fe multiplie à l'infini, en y mettant du mercure commun, qui est le métal de tous le plus crud & le plus propre à être pénétré, & à recevoir toute forme métallique.

Quelques-uns tiennent que Nicolas ou Colin Flamel a possédé le secret de la pierre philosophale. Cet homme, qui étoit né à Pontoise, & qui vivoit en 1393 & en 1413, comme on le voit par les livres qu'il composoit en ces années-là, fut maître écrivain à Paris, peintre, philosophe, mathématicien, architecte, & sur-tout grand alchymiste. Il faisoit aussi des vers : ce qui se prouve par quantité d'inscriptions qui restent de lui en plusieurs endroits. D'ailleurs il étoit versé en la connoissance des hiéroglyphes des anciens ; & il en a fait un livre, dans lequel il raconte son histoire. Il dit que s'occupant à faire des inventaires, pour gagner sa vie, il lui tomba entre les mains un livre ancien, qui avoit été aux Juifs que l'on avoit chassés de Paris. Ce livre étoit écrit sur des écorces d'arbres, & couvert de lames de cuivre figurées, avec des caractères mystiques. Le dedans étoit rempli de figures hiéroglyphiques de la pierre philosophale, avec quelques discours qui contenoient une claire explication de la façon de la faire, à l'exception de certaines choses qui regardent les agens. L'envie de les entendre le fit aller en Espagne, où il consulta un docte Rabbin, qui lui ayant interprété la copie de ce livre, qu'il lui montra, se mit en chemin avec lui pour en voir l'original ; mais ce Rabbin mourut à Orléans, sans être venu jusqu'à Paris. Le livre, par lequel Flamel dit qu'il est parvenu au grand œuvre, étoit d'Abraham le Juif. Après sa mort plusieurs ont travaillé à le recouvrer ; mais on a fouillé inutilement en sa maison, & derriere les plaques qu'il avoit mises aux quatres faces du cimetiere des SS. Innocens à Paris, où l'on voit encore les marques d'où elles ont été arrachées, & à l'endroit où il avoit représenté un homme montrant quelque chose du doigt, avec cet écriteau : Je voi merveilles, dont moult je m'esbayes. Ses grands biens ont persuadé qu'il avoit trouvé la pierre philosophale. Il a fondé & renté quatorze églises, & autant d'hôpitaux, outre ce qu'il a fait à Boulogne près Paris, qui n'est guères moins considérable, & une infinité de biens qu'il assure avoir faits à plusieurs orphelins, veuves & captifs. Le roi ayant ouï parler de toutes ces choses, & voulant en savoir la vérité, envoya chez lui un maître des requêtes, appellé M. Cramoisi, auquel on tient par tradition, qu'il se déclara, lui donnant un matras plein de sa poudre, pour l'obliger à le garantir des recherches que l'on vouloit faire contre lui. Borel, qui raconte son histoire, dit que l'on voyoit son portrait peint à l'huile de son temps chez M. des Ardres, médecin, en la même maniere qu'il étoit, lorsqu'il alla à S. Jacques en Galice en habit de pélerin, & qu'on y remarque même des hiéroglyphes & bâton, son habit & son bonnet distingué de trois couleurs que les chymistes assurent paroître en leur ouvrage, qui sont le noir, le blanc & le rouge. On le voit représenté de même, ajoute Borel, à S. Martin des Champs, & à la porte de sainte Geneviéve des Ardens ; car il fit des dons à cette église, & mit des hiéroglyphes de son art à côté de l'autel, comme il le témoigne. Au derriere de ce portrait est celui de Peronnelle, qui est aussi représentée aux SS. Innocens, & à S. Jacques de la Boucherie, avec ces deux lettres à l'antique, N. F. qui veulent dire Nicolas Flamel. Il y a un manuscrit de chymie d'Almasatus au roi de Carmasan, au pied duquel est écrit qu'il a été à Flamel, & que ce Flamel avoit la seigneurie de sept paroisses autour de Paris, & quatre mille écus d'or, qui valoient beaucoup en ce temps-là, puisqu'on trouve que pour bâtir la tour de Bourges, on ne donnoit aux ouvriers que 8 deniers par jour, & trois blancs à l'entrepreneur. D'autres assurent qu'il étoit riche de plus de 1500000 écus, qu'il employa en œuvres de piété. Il ordonna par son testament, que l'on dît des messes pour lui durant sept ans & quarante jours. On y voit

des legs faits à la plûpart des églises de Paris & des environs.

PIERRE (Saint) prince des apôtres, & vicaire de Jésus-Christ en terre, étoit de Betsaïde, ville de Galilée, & fut appellé Simon. Le fils de Dieu l'ayant appellé à l'apostolat, lui changea son nom en celui de Cephas, qui veut dire Pierre. Il fut appellé à la suite de Jésus-Christ par André son frere, disciple de saint Jean-Baptiste, qui ayant vu Jésus-Christ, & su de saint Jean-Baptiste qu'il étoit le Messie, le suivit, vint en avertir Simon son frere, & le mena à Jésus-Christ. Ces deux freres demeurerent toute la journée avec Jésus-Christ, & retournerent à leur occupation ordinaire de la pêche. Ils venoient peut-être entendre Jésus-Christ de temps en temps. Quoi qu'il en soit, quelques mois après Jésus-Christ les ayant rencontrés pêchans sur le lac de Génésareth, il ordonna à Pierre de jetter ses filets en pleine mer. Ils n'avoient pris de toute la nuit, & de ce seul coup de filet, ils prirent tant de poissons, que leurs barques en furent remplies. Jésus-Christ leur ordonna de quitter leurs rets pour le suivre ; & depuis ce temps-là ils demeurerent toujours attachés à Jésus-Christ. Ils avoient une maison à Capharnaüm, où Jésus-Christ vint guérir la belle-mere de Pierre. Quand il choisit ses douze apôtres, il mit Pierre à leur tête. Une nuit que ses apôtres traversoient le lac de Tibériade, ils virent Jésus-Christ marchant sur les flots. S. Pierre se jetta aussitôt hors de la barque, & marchoit sur l'eau ; mais la crainte ayant ébranlé sa foi, il commença à enfoncer, & se seroit noyé, si Jésus-Christ ne l'eut pris par la main, en lui reprochant son peu de foi. S. Pierre témoigna le zèle qu'il avoit pour la doctrine & pour la personne de Jésus-Christ, en faisant profession par deux fois de le reconnoître pour le Christ, Fils de Dieu. En récompense Jésus-Christ lui dit qu'il bâtiroit son église sur lui, & lui promit les clefs du royaume des cieux. Jésus-Christ ayant ensuite dit à ses apôtres qu'il devoit bientôt souffrir la mort à Jérusalem, l'affection que saint Pierre avoit pour Notre-Seigneur, lui fit témoigner combien cette déclaration lui faisoit de peine ; mais le Seigneur lui reprocha qu'il étoit un satan, c'est-à-dire, un tentateur, & lui commanda de se retirer d'avec lui. Il fut témoin de la transfiguration & ce fut lui qui proposa à Jésus-Christ de bâtir en ce lieu trois tabernacles, un pour Jésus-Christ, & deux autres pour Moyse & pour Elie. Il paya pour le tribut de Notre-Seigneur deux dragmes, que Jésus-Christ lui fit trouver dans un poisson. Enfin il paroît dans l'évangile, que Jésus-Christ adresse souvent la parole à saint Pierre, & qu'il étoit fort familier avec lui. Il l'envoya avec saint Jean pour préparer la derniere Pâque, & il fut le premier à qui il s'adressa après la cêne, pour lui laver les pieds ; ce que saint Pierre ne voulut pas souffrir d'abord ; mais ensuite il se rendit au commandement de Jésus-Christ. Après cela Jésus-Christ lui prédit, que quelque ardeur qu'il parût avoir pour ne le point abandonner, quand il faudroit même mourir avec lui, il le renieroit trois fois avant que le coq chantât. Il accompagna Notre-Seigneur dans le jardin des Olives, & fut un des trois qu'il plaça près de lui, dans le temps de sa priere. Quand les soldats vinrent pour arrêter Jésus-Christ, Pierre transporté mit la main à l'épée, & coupa l'oreille à Malchus, serviteur du grand prêtre Caïphe, chez lequel il suivit Jésus-Christ. Ce fut-là où il nia par trois fois qu'il fût disciple de Notre-Seigneur, après quoi ayant entendu le coq chanter, il sortit de la salle, se repentit de sa lâcheté, & témoigna son repentir par ses larmes. Jésus-Christ ressuscité apparut pour la premiere fois à S. Pierre seul ; il lui apparut ensuite lorsqu'il étoit avec les autres apôtres, sur le lac de Tibériade ; lui demanda par trois fois s'il l'aimoit plus que les autres, & lui prédit qu'il mourroit d'une mort violente. Il assista à l'ascension de Notre-Seigneur ; & étant revenu à Jérusalem, il fit faire l'élection de saint Matthias à la place de Judas. Après la descente du saint

prit, Pierre prêcha avec un zèle admirable, & poursuit de son premier sermon, convertit trois mille personnes. Il faisoit des miracles surprenans, pour prouver la
vérité de sa doctrine, & par son ombre seule il donnoit
santé aux malades. La paix dont l'église jouissoit dans
Palestine, lui donna le loisir de visiter les lieux d'a-
lentour, pour y établir la discipline ecclésiastique. A
Lydde, ville située au bord de la Méditerranée, il
guérit un paralytique de huit ans, nommé *Enée*, &
opéra par ce miracle la conversion des habitans, & de
ceux de Sarone. La résurrection de Thabite, veuve illustre, produisit le même effet dans Joppé. Il convertit
aussi le centenier Corneille, après avoir eu la vision
d'un grand linge plein d'animaux immondes. Ce fut
lors, selon la tradition, qu'il fonda l'église d'Antioche,
l'an 36 ou 37 de l'ere chrétienne. Hérode Agrippa le
fit emprisoner à Jérusalem. Cet apôtre ayant été délivré par un ange, sortit de cette ville l'an 42. L'année
suivante il vint à Rome, & y établit son siége épiscopal. Il alla depuis au concile de Jérusalem l'an 49; &
étant revenu à Rome, d'où il avoit été chassé avec les
Juifs en 48, il y combattit Simon *le Magicien*, & y
mourut pour Jesus-Christ avec saint Paul le 29 juin de
l'an 67 de salut, & le 13 de l'empire de Néron. D'autres soutiennent que ce fut en 64. S. Paul eut la tête
coupée, & S. Pierre mourut en croix. On dit qu'il
demanda par grace d'avoir la tête en bas, afin qu'au
supplice même il y eût de la différence entre le maître
& le serviteur. Il avoit gouverné l'église de Rome
24 ans 5 mois & 10 jours. Ce saint apôtre a écrit
deux épîtres, que nous avons parmi les canoniques.
Nous trouvons aussi dans la bibliothéque des peres,
une liturgie sous le nom de S. Pierre, mais qui n'est
pas de cet apôtre. Sérapion d'*Antioche* cite de lui un livre des évangiles; Clément *Alexandrin*, un traité de
sermons; Eusebe, des révélations; Rufin, un ouvrage
du jugement; d'autres, une épître à S. Jacques, évêque
de Jérusalem, &c. Consultez les évangelistes & les actes
des apôtres; S. Jérôme, *in cat.* Eusebe, *in chron.* &
hist. & les auteurs allégués par Baronius *in annal.*
Bellarmin, *de script. & sum. pont.* Charles-Jacob, *biblioth.* &c. Sur la fondation de l'église de Rome par
S. Pierre, sur son séjour à Rome, & le temps de sa
mort, outre les auteurs que nous venons de citer, on
peut encore voir *Jean Pearson*, évêque de Chester en
Angleterre, dans sa premiere *dissertation de la succession
des premiers évêques de Rome:* il prouve contre Saumaise,
par des témoignages tirés de l'antiquité, que S. Pierre
a été effectivement à Rome.

La fondation de l'église d'Antioche par S. Pierre n'est
pas autorisée dans l'histoire du nouveau testament. Il
paroît par les actes, *ch.* 9, *v.* 32, qu'après la mort de
S. Etienne, arrivée l'an 37, S. Pierre ne sortit point
de la Judée, de la Galilée, de la Samarie; & par le
chap. XI, que l'église d'Antioche fut fondée par quelques disciples, & que l'on y envoya de Jérusalem S. Barnabé pour établir cette église; ce qui n'eût pas été nécessaire, si S. Pierre l'eût déja fondée. On ne peut pas
dire qu'il y ait demeuré sept ans, puisqu'il resta à Lydde
& à Joppé les années 38 & 39, & qu'il en 40 il vint
à Jérusalem. L'an 42 il fut mis en prison & délivré par
un ange. Il ne vint à Antioche qu'après le concile de
Jérusalem, & ce fut en ce temps que S. Paul lui résista
en face. Quant à son voyage à Rome, il est certain
par toute l'antiquité, qu'il est venu dans cette ville &
qu'il y a souffert le martyre; mais les années de sa
venue & de son martyre dans cette ville, ne sont pas
également certaines. L'opinion commune est qu'il y
vint l'an 42, après avoir été délivré de prison; qu'il
revint au concile de Jérusalem en 50 ou 51, & qu'il
retourna à Rome sous le regne de Néron, où il fut martyrisé dans le temps de la persécution. Son premier voyage à Rome n'est pas si certain que le second, qui est
attesté par tous les anciens auteurs chrétiens; & le temps
de la persécution de Néron sert à fixer l'époque du

martyre de S. Pierre & de S. Paul, qui étant venus à
Rome sur la fin de cette année 64, en laquelle commença la persécution, furent arrêtés & souffrirent le
martyre le 29 juin de l'année suivante. La premiere lettre de S. Pierre est datée de Babylone; on croit communément que c'est Rome qu'il appelle de ce nom.
Mais il ne paroît pas nécessaire de l'expliquer ainsi, &
il se peut faire que S. Pierre ait voyagé jusqu'à Babylone. Cette lettre a été écrite l'an 45 de J. C. & a toujours été reconnue pour canonique; mais
quelques anciens ont douté de l'autorité de la seconde.
Cependant il est visible par le texte même, qu'elle est
de S. Pierre, puisqu'elle est adressée comme la premiere
aux Juifs convertis, dispersés dans les provinces d'Asie,
& que l'auteur marque que c'est la seconde lettre qu'il
leur écrit, & se fait connoître pour S. Pierre, non-seulement dans l'inscription, mais aussi dans plusieurs endroits. Aussi est-elle sous le nom de S. Pierre dans tous
les anciens catalogues des livres sacrés, & citée en son
nom par tous les anciens auteurs chrétiens. Les autres
ouvrages qu'on a attribués à S. Pierre sont certainement
supposés. Du Pin, *dissert. prelim. sur le nouveau testament, & les trois premiers siecles.*

PIERRE AUX LIENS (Saint) fête qui fut instituée lorsque l'impératrice Eudoxie, femme de Valentinien III, fit bâtir à Rome en 439 un temple magnifique, pour y garder une des chaînes dont S. Pierre avoit
été lié dans la prison d'Hérode à Jérusalem, & celle
dont il avoit été lié à Rome. L'histoire ecclésiastique nous
apprend qu'Eudoxie, femme de l'empereur Théodose
le Jeune, étant allée en la Terre-Sainte, reçut de Juvénal, patriarche de Jérusalem, les deux chaînes de saint
Pierre, que l'on gardoit en cette ville. Elle en conserva
une pour l'église de Constantinople, & envoya l'autre
à sa fille Eudoxie, femme de Valentinien III, empereur
d'Occident. Cette princesse qui étoit à Rome, porta la
chaîne que sa mere lui avoit envoyée au pape Sixte III,
qui lui montra celle dont S. Pierre avoit été lié à Rome. On dit qu'alors ces chaînes ayant été approchées
l'une de l'autre, s'unirent d'elles-mêmes, & n'en firent
plus qu'une. Euxodie admirant ce prodige, fit bâtir une
superbe église, où cette relique fut mise, pour être
exposée à la vénération des fideles. L'église fut appellée
le temple d'Eudoxie, du nom de la fondatrice, &
S. Pierre aux Liens, à cause des chaînes de ce prince
des apôtres. C'est maintenant un titre de cardinal. La
fête en fut établi au premier d'août; & cette institution
abolit à Rome une fête du paganisme, qui se faisoit
en ce même jour pour solemniser la mémoire de la dédicace du temple de Mars, & de la naissance de l'empereur Claude. A l'égard des chaînes de S. Pierre, il faut
remarquer ici que les papes voulant faire un présent
considérable à des princes ou grands seigneurs, leur
envoyoient un peu de la limure de ce précieux fer,
comme il paroît par plusieurs épîtres de S. Grégoire *le
Grand*. Quelquefois aussi pour leur témoigner une bienveillance plus particuliere, ils envoyoient cette limure
enchassée dans une clef d'or ou d'argent. C'est ce que
fit le même S. Grégoire envers Childebert, roi de France.
Pour ce qui est de la chaîne qui fut gardée à Constantinople, l'empereur Théodose *le Jeune* & l'impératrice
y firent bâtir une belle église, & la fête fut mise au
16 janvier, * Siméon Metaphraste, & Surius, *au premier jour d'août.* Baronius, *ad ann.* 439.

PIERRE (Saint) I de ce nom, évêque d'Alexandrie, succéda à Théonas vers l'an 300, & fut considéré
comme le plus illustre de son temps, soit pour
sa doctrine, soit pour sa piété, soit pour sa constance,
éprouvée dans les persécutions de Dioclétien & de
Maximilien. Il fit des canons pénitentiaux pour régler
les satisfactions des pénitens; & dans un synode il déposa Melitius, évêque de Nicopolis, convaincu de divers crimes. Ce dernier fit si bien auprès des empereurs
idolâtres, que Pierre se vit contraint de chercher sa sûreté dans la fuite. En s'éloignant de son troupeau, il n'en

perdit pas le soin ; au contraire, il ne cessa de fortifier par ses lettres ceux qui étoient retenus en prison. A son retour il fut pris, & eut la tête coupée vers l'an 310. ou 311. On dit que lorsqu'il étoit en prison, Jesus-Christ lui apparut sous la forme d'un enfant, avec une robe déchirée en deux piéces, & l'assura qu'elle l'avoit été par Arius. Mais tous les auteurs qui parlent de cette vision, conviennent d'autant moins entr'eux, qu'Arius ne commença à paroître que sous Alexandre, successeur de S. Pierre. Outre les canons pour la pénitence des pécheurs, que S. Pierre avoit dressés, il avoit écrit un traité de la divinité, duquel on récita un fragment dans le concile d'Ephèse. On l'a honoré comme martyr dans l'église d'Alexandrie, aussitôt après sa mort ; & l'on faisoit mémoire de lui au 25 novembre. On l'a depuis transférée au 26. On lui donne un grand nombre de compagnons de son martyre. * Eusèbe, l. 7 & 8 hist. Baronius, in annal. Godeau, hist. eccl. Hermant, vie de S. Athanase, &c. Du Pin, biblioth. des aut. eccl. Baillet, vies des saints.

PIERRE II, prêtre de l'église d'Alexandrie, avoit partagé les travaux de S. Athanase, & fut son successeur sur la chaire de l'église d'Alexandrie, en 373. Il fut élu par les catholiques, & quelque temps après fut chassé par les Païens & les Ariens, qui avoient établi Luce leur évêque. Socrate & Sozomene disent qu'il se sauva de prison, ensuite de quoi il vint à Rome, où il resta jusqu'en 377, & qu'étant retourné à Alexandrie, il fut remis sur son siége. Quelque temps après il témoigna par ses lettres, quelle joie lui causoit l'élection que ceux de Constantinople avoient faite de S. Grégoire de Nazianze, pour leur évêque. Depuis il rompit avec ce saint évêque, en ordonnant Maxime le Cynique évêque de Constantinople. Ainsi, quoiqu'orthodoxe & qu'il souilla la gloire de sa confession & de l'exil souffert pour la foi, non seulement par cette injure faite à un pieux prélat, mais encore par sa trop grande facilité à recevoir les hérétiques à la pénitence ; de sorte qu'on l'accusa de s'être laissé corrompre par argent. Pierre mourut en 381. On a dans Théodoret une lettre qu'il a écrite sur la persécution que les Ariens faisoient souffrir aux catholiques. * S. Grégoire de Nazianze, orat. 24 de vita sua. Socrate, l. 4. Sozomene, l. 6. Théodoret, l. 4. Ruffin, l. 2. Baronius, A. C. 372, 373, 380.

PIERRE III, cherchez MONGUS (Pierre).

PIERRE IV, hérétique Monothélite, fut intrus sur le siége d'Alexandrie, d'où le pape Martin I le fit chasser, vers l'an 649. * Baronius, in annal.

PIERRE I, évêque d'Antioche, cherchez FOULON (Pierre le).

PIERRE, patriarche d'Antioche dans le XI siécle, du temps que Michel Cérularius étoit patriarche de Constantinople, écrivit une lettre au pape Léon IX, aussitôt après qu'il eut été consacré évêque d'Antioche. Dominique, patriarche de Grado, lui écrivit une lettre, afin de le gagner pour les Latins ; mais il lui fit une réponse dans laquelle le prie honnêtement des Latins, sans se départir des sentiments & de la communion des Grecs. * Du Pin, biblioth. des aut. eccles. du XI siécle. Quelques-uns croient qu'il est ce Pierre cardinal évêque de Frescati, que ce pontife aimoit. Ce cardinal se donna de grands mouvemens pour l'élection de Nicolas II. * Ciaconius, in vit. pontif. Auberi, hist. des cardinaux.

PIERRE, évêque de Jérusalem, succéda à Jean en 525, & envoya des députés au concile que Mennas assembla à Constantinople en 536. A leur retour il en célébra un dans la Palestine, où ce qui avoit été fait dans l'autre fut reçu & confirmé. Depuis il souscrivit plutôt par force que de son gré, à l'édit que Justinien avoit publié contre les trois chapitres, & mourut la même année 546. * Nicephore, in chron. Facundus, l. 1. Evagre, l. 4.

PIERRE, évêque de Constantinople, Monothélite, fut élevé sur le siége de cette église après Pyrrhus, en

655. Il écrivit au pape Eugène I, pour lui demander sa communion, que ce pontife lui refusa. Vitalien, successeur d'Eugène, tâcha de ramener à son devoir Pierre, qui lui répondit assez modestement, & qui s'efforça néanmoins d'établir sa créance par les témoignages des peres qu'il citoit à faux, comme on le justifia depuis dans le VI synode général. Il mourut en 666. * VI synode, act. 13. Baronius, in annal.

PIERRE, archiprêtre de Rome, élu pape par le clergé, fit un schisme dans l'église, après la mort de Jean V, arrivée l'an 685. Théodore, prêtre, qui étoit son compétiteur, avoit été élu par les gens de guerre. Le désordre cessa par la création de Conon, qui se fit du consentement des deux partis. * Anastase, in vit. pontif. Baronius, in annal.

PIERRE, martyr de Lampsaque, souffrit le martyre dans le temps de la persécution de Déce, avec S. André, S. Paul & sainte Denyse, vierge. Pierre fut arrêté & conduit devant le proconsul, & n'ayant pas voulu sacrifier, eut la tête tranchée. Peu de temps après, André, Paul & Nicomaque, furent présentés au proconsul, comme chrétiens : il les fit mettre sur le chevalet. Nicomaque étant près de rendre l'esprit, céda à la violence des tourmens, & offrit de sacrifier aux idoles ; mais ayant été détaché, il expira sur le champ. Une fille chrétienne nommée Denyse, âgée de 16 ans, ne put s'empêcher de témoigner tout haut son indignation contre ce malheureux. Le proconsul la fit arrêter ; le lendemain il livra André & Paul au peuple pour être lapidés, & fit couper la tête à Denyse. Les églises grecque & latine font mémoire de ces martyrs au 15 mai. * Acta apud Bolland & Ruinart. Vies des saints de Baillet, mois de mai.

PIERRE, archevêque de Tarentaise en Savoye, dans le XII siécle, naquit l'an 1102, dans un village du territoire de Vienne en Dauphiné, auquel il donna lui-même le nom de S. Maurice. Après avoir pratiqué dans sa jeunesse les vertus chrétiennes dans la maison de ses parens, il embrassa la vie religieuse dans l'abbaye de Bonnevaux, & fut envoyé supérieur du monastère d'Estami, fondé en Savoye en 1132. Il fut élevé à l'évêché de Tarentaise en 1142. En 1155 il alla se cacher en Allemagne, dans un des monastères de son ordre ; mais il fut bientôt découvert & rappelé. Il s'employa heureusement pour éteindre la guerre entre Humbert III, comte de Savoye, & Alfonse Taille-Fer, fils du comte de Toulouse. Il soutint le parti du pape Alexandre III, contre ses concurrens, sans se brouiller néanmoins avec l'empereur Frédéric. Le pape Alexandre l'envoya en France pour négocier la paix entre Henri le Jeune couronné roi d'Angleterre, & le roi Henri son pere. Il fut reçu avec honneur par les deux rois, les remit bien ensemble, & mourut dans l'abbaye de Bellevaux en Franche-Comté le 3 mai 1175. Il a été canonisé par Célestin III, en 1191. Sa fête a été remise au 8 du mois, à cause que la fête de la sainte Croix tombe au 3. * Gauffidus, apud Bolland. Baillet, vies des saints, 8 mai.

EMPEREUR DU NOM DE PIERRE.

PIERRE, seigneur de Courtenai & de Montargis, II de ce nom, comte de Nevers, d'Auxerre & de Tonnerre, marquis de Namur, & empereur de Constantinople, fils aîné de PIERRE de France, seigneur de Courtenai, eut de grands différends avec Hugues de Noyers & avec Guillaume de Seignelai, évêque d'Auxerre, qui l'avoient excommunié, & auxquels il fit satisfaction publique le jour de pâques fleuries de l'an 1204. Ce prince chassa les Juifs de la ville d'Auxerre, & en 1210 se croisa contre les Albigeois. Il se trouva au siége du château de Lavaur en 1211, & à la bataille de Bouvines en 1214, où il se distingua si glorieusement, que la réputation de sa valeur l'ayant fait connoître jusqu'en Orient, il y fut élu empereur de Constantinople, après la mort de Henri de Haynault, son beau-frere. Lorsqu'il

ju'il fut arrivé à Rome au commencement du mois d'a-
vril de l'an 1217, il y fut couronné folemnellement
avec fa femme par le pape Honorius III. Enfuite il envoya fa femme & fes enfans à Conftantinople, & s'a-
vança du côté de la Theffalie & de l'Epire, où il affiégea la ville de Duras ou Durazzo, fuivant le traité
qu'il avoit conclu avec les Vénitiens. Le fuccès de ce
fiége ne fut pas heureux : car après l'avoir levé, Pierre
fut arrêté avec les principaux feigneurs de fa cour, par
Théodore Comnène, prince d'Epire, fon ennemi, qui
le trahit lâchement, fous prétexte d'un traité de paix.
Ce traître le fit mourir, ou dans un feftin, felon quelques-uns, ou en prifon, felon d'autres. Les auteurs ne
s'accordent ni fur le temps ni fur le lieu de fa mort ;
mais il eft fur qu'il ne vivoit plus au mois de janvier
1218. Voyez fa poftérité à l'article COURTENAI. * Al-
béric, in chron. Du Cange, hift. de Courf. Du Bouchet, hift. de Courtenai. George Acropolite. Nicéphore
Gregoras. Hiftoire des évêques d'Auxerre, publiée par
le pere Labbe. Continuation de la chronique de Robert,
moine d'Auxerre. Le pere Anfelme, &c.

ROIS D'ARAGON.

PIERRE, I de ce nom, roi d'Aragon, fuccéda en
1094 à fon pere SANCHE I, qui fut tué au fiége
d'Huefca. Il recueillit les débris de fon armée, leva
de nouvelles troupes ; & ayant rencontré les Maures,
en défit quarante mille le 18 novembre de la même année. Quatre rois de ces infidèles, étonnés de cette perte, fe liguerent contre Pierre, qui les défit encore à Al-
cotaz en 1096, & prit Huefca peu de temps après. Il fut
auffi roi de Navarre après fon pere, qui avoit ufurpé
ce royaume fur fon coufin Sanche IV, fils de Garcias IV,
& mourut le 28 feptembre 1104, après un régne de
dix ans. Voyez fa poftérité à l'article ARAGON. * Rodéric. Mariana, & Mayerne Turquet, hift. d'Efpagne.
PIERRE, II du nom, roi d'Aragon, fuccéda en
1196 à fon pere ALFONSE II, fit la guerre au roi de
Navarre en faveur de celui de Caftille, & fut très-heureux dans la plûpart de fes entreprifes. En 1204, il fit
un voyage à Rome, où il fut facré roi le 21 novembre, par Pierre, cardinal, évêque de Porto, & couronné par le pape Innocent III. Depuis il fe ligua avec
les princes Efpagnols contre les Maures, & fe trouva
à la bataille que les chrétiens gagnerent fur Mahomet
le Verd, roi de Maroc, près de Sierra Morena, le 16
juillet 1212. Depuis il fe trouva malheureufement engagé dans la guerre des Albigeois. Raimond, comte de
Touloufe, fon beau-frere, étoit le chef de ces hérétiques. Pierre, qui s'étoit efforcé inutilement de lui infpirer
des fentimens plus orthodoxes, lui mena un fecours confidérable ; de forte que l'armée des Albigeois monta à
plus de cent mille hommes. Simon, comte de Montfort,
chef des catholiques, les défit près de Muret avec huit
cens hommes feulement. Pierre y fut tué dans la mêlée,
le 13 feptembre 1213, après un régne de dix-fept ans.
Voyez fa poftérité à ARAGON. * Surita, ind. reg.
Arag. l. 1. Mariana, l. 2. Pierre des Vaux de Cernai ;
hift. Albig. c. 33, & feq.
PIERRE, III du nom, roi d'Aragon, de Valence,
de Majorque & de Sicile, monta fur le trône après
JACQUES I, fon pere, en 1276, & porta fes armes
dans la Navarre, fur laquelle il avoit quelques prétentions. Il fe vit bientôt obligé de revenir dans fon état
où fon humeur bizare & févere avoit foulevé un parti
des principaux feigneurs, dont fes freres étoient les
chefs. Ce prince, qui avoit époufé Conftance, fille du
bâtard Mainfroi, prétendu roi de Sicile, voulut fe rendre maître de cet état pour plaire à fa femme, & pour
fatisfaire fon ambition. Dans la vue de l'arracher à
Charles d'Anjou, I de ce nom, il cabala avec quelques
féditieux, & confeilla la confpiration des Vêpres Siciliennes, c'eft-à-dire, le maffacre de tous les François en
Sicile à l'heure de vêpres, le jour de Pâque de l'an
1282. Enfuite il arriva dans le pays, & s'en rendit fa-

cilement maître. Le pape Martin IV, pénétré de douleur d'une action fi barbare, excommunia les Siciliens
avec Pierre, & mit fes états d'Efpagne en interdit. Pour
prévenir les fuites d'une cruelle guerre, le roi d'Aragon fit offrir à Charles de vuider ce grand différend par
un combat de leurs perfonnes, à condition de fe faire affifter chacun de cent chevaliers. Ce dernier, qui étoit
franc & courageux, quoiqu'âgé de foixante ans, accepta le défi contre Pierre qui n'en avoit que quarante.
Le jour du combat venu, Charles entra dans le champ
qui leur avoit été affigné à Bourdeaux par le roi d'Angleterre ; mais l'Aragonois ne comparut que quand le
jour fut paffé. Cependant Charles de Valois prit le titre de roi d'Aragon, après l'interdit jetté fur cet état
par le pape, & y fut conduit par Philippe le Hardi,
fon pere, avec une puiffante armée. Il prit tout le Rouffillon, emporta Girone, & fe rendit maître d'un très-
grand nombre de places. Pierre mourut d'une bleffure
reçue dans un combat le 28 novembre 1285. Il étoit
encore excommunié. Voyez fa poftérité à ARAGON.
* Confultez Rigord, Villani, Fazel, Paul Emile, Surita, Mariana, &c.
PIERRE IV, dit le Cérémonieux, roi d'Aragon,
fuccéda à fon pere ALFONSE IV, en 1335, & porta
ce furnom, parcequ'il étoit fcrupuleux obfervateur des
cérémonies. Les auteurs conviennent qu'il auroit fallu
plutôt le nommer le Cruel & le Criminel, que le Cérémonieux ; Criminofus, non Cæremoniofus. Il ufurpa
l'ifle de Majorque & le Rouffillon fur le roi Jacques,
fit mourir Ferdinand qui étoit fon propre frere, & foutint diverfes guerres, qui lui furent peu avantageufes.
Ce prince qui étoit extrêmement ambitieux & fanguinaire, aimoit néanmoins les gens de lettres, & fur-tout
les aftrologues. On dit qu'il travailla à chercher la pierre
philofophale, & que pour fournir à ces folles dépenfes
il ufurpa fans fcrupule les biens des églifes. Il mourut
à Barcelone le 5 janvier 1387, âgé de 75 ans, après
en avoir regné cinquante-deux. Voyez fa poftérité à
l'article ARAGON. * Surita, l. 3 ind. Mariana,
l. 15, 16, 17 & 18. Jerôme Blanc, de reb. Aragon.

ROI DE CASTILLE.

PIERRE, dit le Cruel, roi de Caftille, regna après
fon pere ALFONSE XI, en 1350, n'étant alors que
dans fa feiziéme année. Il ne laiffa pas de faire paroître fon inclination fanguinaire par la mort de plufieurs
gentilshommes de fon état ; qu'il fit égorger auffitôt
qu'il eut été couronné. Dans la fuite il époufa en juillet 1352 Blanche, fille de Pierre I, duc de Bourbon ;
mais trois jours après fon mariage, il la quitta pour Marie de Padilla fon entretenoit, & la fit mettre en prifon. Il époufa auffi Jeanne de Caftro, qu'il abandonna
peu de temps après. Ce procédé joint à fes cruautés,
porta les grands du royaume à former contre lui un
parti, dont Henri & Frédéric, fes freres, furent les chefs.
Pierre outré de cette révolte, & fe défiant de quelques
feigneurs, les fit mourir de fang froid, fans épargner
fon frere Frédéric qui s'étoit remis à fon devoir, ni
deux infants d'Aragon, & diverfes autres perfonnes confidérables. Les follicitations des papes & les prieres des
prélats de fon royaume ne purent fléchir cet efprit
farouche ; qui n'aimoit que le fang & le défordre. Il
fit empoifonner la reine Blanche en prifon, l'an 1361,
âgée de vingt-cinq ans, & contraignit enfin fes fujets
de prendre les armes contre lui. Henri, comte de Trif-
temare, fon frere naturel, fe mit à la tête des mécontens, & avec le fecours de Bertrand de Guefclin, prit
Tolede, & fe rendit maître de prefque toute la Caftille. Pierre agiffant en défefpéré, avoit réfolu de fe
faire Mahométan, & d'appeller les Maures à fon fecours : Il paffa dans la Guienne, & engagea les Anglois à
le rétablir fur le trône en 1367. Mais ce ne fut pas pour
long-temps : car Henri affifté des François, gagna fur
lui une bataille le 14 mars 1369 ; & le 22 du même
mois, il tua ce prince fanguinaire, qui avoit pouffé la

éruauté jufqu'à faire mourir fa mere. *Voyez* fa poftérité à l'article CASTILLE. * Mariana , *hiſt. Hiſp. l.* 16 & 17. Surita, *ind. l.* 13. Froiſſard , *l.* 1. Argentré, *hiſt. de Bret.* Vie de du Gueſclin , &c.

CZARS DE RUSSIE.

PIERRE I, czar ou empereur de Ruſſie , né 11 juin 1672, du czar ALEXIS Michaëlowits, & de *Natalie* Kivilouna Nariskim, fa feconde femme, fut proclamé czar à l'âge de 10 ans, au préjudice de Jean fon aîné, dont la fanté étoit fort foible & l'efprit imbécille. Mais pour appaifer une révolte que ce choix occafionna, il fut réglé que les deux freres régneroient enfemble, ce qui eut lieu jufqu'à la mort de Jean, arrivée au commencement de 1696. Pierre alors fe feul maître de l'empire, fe vit en état d'exécuter les grands deſſeins qu'il avoit formés pour policer un peuple qui jufque-là avoit été dans une ignorance & une groſſiéreté prefque pareilles à celles qui accompagnent prefque toujours les premiers âges des nations. Né avec une inclination vive pour les exercices militaires, qui fe déclara dès fa premiere jeuneſſe, & avec des difpofitions furprenantes pour former & exécuter heureufement de grandes entreprifes, il fe mit en devoir d'exécuter ce qu'il n'eût pu avec une autorité partagée. Il avoit déja formé une compagnie de 50 hommes commandés par des officiers étrangers, & qui étoient habillés & faifoient leurs exercices à l'allemande. Il prit dans cette troupe le moindre de tous les grades, celui de tambour, & il fervoit avec toute l'exactitude & toute la foumiſſion que demandoit fon emploi. Il ne vivoit que de fa paye, & ne couchoit que dans une tente de tambour à la fuite de fa compagnie. Il devint fergent, après l'avoir mérité au jugement des officiers, & il ne fut avancé que comme un foldat de fortune, dont fes camarades même auroient approuvé l'élévation. Par-là il vouloit apprendre aux nobles, que la naiſſance feule n'étoit point un titre fuffifant pour obtenir les dignités militaires, & à tous fes fujets, que le mérite feul en étoit un. A cette premiere compagnie de 50 hommes, il en joignit de nouvelles, felon la forme de la premiere ; & comme il avoit alors la paix, il faifoit combattre une troupe contre une autre : par-là il les aguerriſſoit, il eſſayoit leur valeur, & s'aſſuroit de troupes & mieux inftruites & plus fidéles que les ftrelitz, dont la trop grande puiſſance lui faifoit juftement ombrage, & qu'il avoit deſſein d'abattre dans une occafion favorable. L'ouverture de fon nouveau régne fut le fiége d'Azof fur les Turcs. Il ne le prit qu'en 1697, après avoir fait venir des Vénitiens pour conftruire fur le Don des galéres qui en fermaſſent l'embouchure, & empêchaſſent les Turcs de fecourir la place. Il connut par-là mieux que jamais l'importance d'une marine. Il en avoit déja formé un projet ; & deux campagnes de fuite il étoit parti d'Arkangel fur des vaiſſeaux hollandois ou anglois, pour s'inftruire par lui-même de toutes les opérations de la mer. Mais en 1698 pouſſant ce projet infiniment plus loin, & beaucoup au-delà de ce que l'on avoit lieu d'attendre, & de ce que la prudence même fembloit demander, n'ayant encore régné feul que près de deux ans, il envoya en Hollande une ambaſſade, dont les chefs étoient M. le Fort Genevois, qu'il honora d'une grande faveur, & le comte Golowin grand chancelier, & il fe mit dans leur fuite *incognito*, pour aller apprendre lui-même la conftruction des vaiſſeaux. Il entra à Amfterdam dans la maifon de l'amirauté des Indes, & fe fit infcrire dans le rolle des charpentiers fous le nom de Pierre Michaëlof. Il travailloit dans le chantier avec plus d'aſſiduité & plus d'ardeur que fes compagnons qui n'avoient pas de motifs comparables aux fiens : tout le monde connoiſſoit le czar, & on fe le montroit avec un refpect que s'attiroit moins ce qu'il étoit, que ce qu'il étoit venu faire. Avant que de partir de fes états, il avoit envoyé les principaux feigneurs Mofcovites voyager en différens endroits de l'Europe, leur marquant à chacun felon les difpofitions qu'il leur connoiſſoit, ce qu'ils devoient par-

ticulierement étudier : il avoit auſſi fongé à prévenir par la difperfion des grands les périls de fon abfence. Voyant en Hollande que la conftruction des vaiſſeaux ne fe faifoit que par la pratique, & ayant appris qu'elle fe faifoit en Angleterre fur des plans où toutes les proportions étoient exactement marquées, il jugea cette maniere préférable, & paſſa en Angleterre. Sorti de ce royaume il repaſſa en Hollande pour retourner dans fes états par l'Allemagne, remportant avec lui la fcience de la conftruction des vaiſſeaux acquife en moins de deux ans. Il fut appellé brufquement de Vienne par la révolte de 40000 ftrelitz. Arrivé à Mofcou à la fin de 1699, il les caſſa tous fans héfiter, & l'année fuivante il avoit déja remis fur pied 30000 hommes d'infanterie réglée, dont faifoient partie les troupes qu'il avoit déja eu la prévoyance de former, & de s'attacher particulierement. Alors fe déclara dans toute fon étendue le vafte projet qu'il avoit conçu. Tout étoit à faire en Mofcovie, & rien à perfectioner. Le czar ouvrit fes grands états jufque-là fermés. Après avoir envoyé fes principaux fujets chercher des connoiſſances & des lumieres chez les étrangers, il attira chez lui tout ce qu'il put d'étrangers même capables d'en apporter à fes fujets, officiers de terre & de mer, matelots, ingénieurs, mathématiciens, architectes, gens habiles dans la découverte des mines & dans le travail des métaux, médecins, chirurgiens, artifans de toutes les efpeces. Il fit changer à fon peuple fes anciens habits ; il retrancha les longues barbes, & defcendit jufque dans les moindres détails pour en faire des hommes d'abord, & enfuite des hommes raifonnables & policés. En 1700, foutenu de l'alliance d'Augufte, roi de Pologne, il entra en guerre avec Charles XII, roi de Suéde, l'Alexandre de ce fiécle, s'il eût eu fes vices & plus de fortune. Il s'en falloit beaucoup que l'égalité qui pouvoit être entre les deux fouverains, ennemis, fe trouvât entre les deux nations. Les Mofcovites n'avoient encore qu'une légere teinture de difcipline militaire, & les Suédois étoient depuis très-long-temps un peuple belliqueux, & exactement difcipliné. Le czar n'ignoroit pas cette différence : « Mais, difoit-il en commençant cette » guerre, je fais bien que mes troupes feront long-temps » battues, mais cela même leur apprendra enfin à vain- » cre. » Cependant après que les mauvais fuccès des premiers commencemens eurent été eſſuyés, il remporta quelques avantages aſſez confidérables, & au bout de quatre ans, il avoit déja fait d'aſſez grands progrès dans la Livonie & dans l'Ingrie, provinces dépendantes de la Suéde, pour être en état de fonger à bâtir une place, dont le port fitué dans la mer Baltique pût contenir une flotte, & il commença en effet le fameux Petersbourg en 1704. Jamais tous les efforts des Suédois n'ont pu l'en chaſſer, & il a rendu Petersbourg des meilleures fortereſſes de l'Europe. Après de grands défavantages qu'il eut contre les Suédois depuis 1704, enfin il remporta fur eux en 1709, devant Pultova, une victoire complette. Une grande partie de l'armée fuédoife fut prifonniere de guerre, & on vit un héros tel que le roi de Suéde fugitif fur les terres de Turquie, & enfuite prefque captif à Bender. Le czar fe crut digne alors de monter au grade de lieutenant général ; car, felon la loi qu'il s'étoit prefcrite à lui-même, de n'avancer dans les dignités de la guerre, qu'autant qu'il le méritoit, il n'avoit fervi jufque-là dans ces dernieres expéditions qu'en qualité de colonel. Il profita au refte du malheur & de l'éloignement du roi de Suéde : il acheva de conquérir la Livonie & l'Ingrie, & y joignit la Finlande, & une partie de la Poméranie fuédoife. Il fut auſſi plus en état que jamais de donner fes foins à Petersbourg naiſſant. Il ordonna aux feigneurs d'y venir bâtir, & le peupla, tant des anciens artifans de Mofcovie, que de ceux qu'il raſſembloit de toutes parts. Il fit conftruire des galeres inconnues jufque-là dans ces mers, pour aller fur les côtes de Suéde & de Finlande. Il acheta des vaiſſeaux d'Angleterre, & fit travailler fans relâche à en bâtir encore. Il parvint enfin à en bâtir un de 90 piéces de canon, qui fut lancé à la mer en 1718. Il eut le fensible plaifir de n'y avoir travaillé qu'avec des ouvriers Mofcovites. Plufieurs.années auparavant, c'eft-à-dire en 1712, il avoit fait une faute dont les fuites pouvoient le mener bien loin. Les Turcs ayant rompu la tréve qu'ils avoient avec lui, il fe laiffa enfermer par leur armée fur les bords de la riviere de Pruth, où il étoit perdu fans reffource fans l'expédient qu'imagina la czarine *Catherine*. Cette princeffe envoya négocier avec le grand vifir, en lui laiffant entrevoir une groffe fomme d'argent : il fe laiffa tenter en effet, & la prudence du czar acheva le refte. En mémoire de cet événement, il voulut que la czarine inftituât l'ordre de fainte Catherine, dont elle feroit chef, & où il n'entreroit que des femmes. Il continua la guerre en 1713; & depuis ce temps-là il en vint plufieurs fois aux mains avec l'armée du roi de Suéde, fur laquelle il remporta encore plufieurs victoires, tant fur mer que fur terre. En 1716 il alla avec la czarine voir le roi de Danemarck à Copenhague, & y paffa trois mois. Là il vifita tous les colléges, toutes les académies, & vit tous les favans. Tous les jours il alloit dans une chaloupe avec deux ingénieurs côtoyer les deux royaumes de Danemarck & de Suéde, pour mefurer toutes les finuofités; fonder tous les fonds, & porter enfuite le tout fur des cartes fi exactes, que le moindre banc de fable ne leur eft pas échapé. De Danemarck il alla à Hambourg, à Hanovre, à Volfembutel, & de-là en Hollande, où il laiffa la czarine, & vint en France en 1717, toujours obfervant & réfléchiffant fur tout. Il vit dans ce royaume, & principalement à Paris, tout ce qui pouvoit augmenter fes lumieres & fes connoiffances. Il vint le 19 juin à l'académie des fciences, qui l'a été depuis membre honoraire; & quand il fut de retour chez lui, il envoya à cette célébre fociété, le plan où il avoit tant de part lui-même, de la jonction de la riviere de Volkova qui paffe à Petersbourg, avec le Volga. Il étudia auffi lui-même fon vafte pays en géographe & en phyficien; il leva ou fit lever quantité de plans; & des voyages de trois ou quatre cens lieues ne lui coutoient rien, pourvu qu'il en revînt plus inftruit. On ne peut que parcourir les différens établiffemens que lui doit la Ruffie. Une infanterie de cent mille hommes, auffi belle & auffi aguerrie qu'il y en ait en Europe : une marine de 40 vaiffeaux de ligne & de 200 galeres : des fortifications felon les dernieres régles à toutes les places qui en méritent : une excellente police dans les grandes villes : une académie de marine & de navigation, où toutes les.familles nobles font obligées d'envoyer quelques-uns de leurs enfans : des colléges à Mofcou à Petersbourg, & à Kiof, pour les langues, les belles lettres, & les mathématiques : de petites écoles dans les villages où les payfans apprennent à lire & à écrire : un collége de médecine & d'apothicairerie publique à Mofcou : des leçons publiques d'anatomie : un obfervatoire pour l'aftronomie : un jardin des plantes que l'on a le foin d'enrichir : des imprimeries telles qu'il y en a dans les royaumes les mieux policés : des interprétes pour toutes les langues de tous les états de l'Europe, & pour plufieurs autres : une bibliothéque royale formée de trois grandes bibliothéques qu'il avoit achetées en Angleterre, en Holftein & en Allemagne, &c. Il a fait plufieurs de ces établiffemens au milieu des guerres qu'il a eu à foutenir; & pendant la révolution arrivée en Perfe par la révolte de Mahmoud, qui attira de ce côté-là les armes du czar & du grand Seigneur, le premier s'empara de la ville de Derbent fur la côte occidentale de la mer Cafpienne, & de tout ce qui lui convenoit par rapport au projet d'étendre le commerce de Mofcovie. Il fit lever le plan de cette mer, & c'eft à lui que l'on doit la connoiffance de fa véritable figure, fort différente de celle qu'on lui donnoit communément. Il a envoyé à l'académie des fciences de Paris une carte de cette mer, & a attiré chez lui plufieurs membres de cette académie, pour le feconder par leurs lumieres & étendre les connoiffances qu'il a introduites parmi fes peuples, & qu'il

avoit déja vu fructifier beaucoup, lorfqu'il mourut le 8 février 1725, âgé de 52 ans, 7 mois & 27 jours. Il avoit introduit chez lui une architecture réguliere, & il avoit vu avant fa mort s'élever un grand nombre de maifons régulieres & commodes, des palais, des bâtimens publics, &c. Ce prince fupprima en 1716 la dignité de patriarche en Ruffie, auffitôt après la mort du dernier titulaire. Il réunit en fa perfonne l'autorité fpirituelle & temporelle. Il fe fit déclarer chef & protecteur de la religion grecque dans tout fon empire, & il chargea le métropolitain de Rezan, qu'il venoit de nommer à cette églife, de l'adminiftration des affaires eccléfiaftiques. Ce prince pour s'affermir davantage dans la nouvelle dignité dont il fe revêtit, crut devoir faire un coup d'éclat. Le premier jour de l'an fuivant, qui eft une grande fête parmi les Mofcovites, & tous les chrétiens Grecs, il fe rendit à la principale églife, & y officia pontificalement; & depuis il continua toujours de fuivre cette coutume. En 1720 il dreffa ou fit dreffer une ordonnance pour la réformation de fon clergé, qui eft divifée en trois parties; la premiere explique les raifons de l'établiffement que le monarque faifoit d'un collége eccléfiaftique ou directoire collégial, lequel devoit décider les affaires eccléfiaftiques de tout l'empire; la feconde, la nature des affaires de ce collége; la troifiéme, les devoirs, la charge & les pouvoirs des directeurs; le fondement de cet établiffement, &c. On ne peut nier qu'il n'y ait dans cette ordonnance des principes excellens, des régles fort fages, & des maximes d'une grande folidité. Elle commence par le formulaire du ferment que devoient prêter les membres du collége eccléfiaftique. A la fin il eft dit que fa majefté a fait ledit réglement, & qu'elle l'a examiné & corrigé le 19 février 1720; que le fénat, les évêques & les abbés (dont on trouve enfuite la fignature) en ont entendu la lecture le 5 mars de la même année, y ont fait leurs obfervations par le commandement exprès de fa majefté; & que pour le rendre ftable à jamais & immuable, fa majefté l'a figné de fa propre main, de même que le clergé qui étoit préfent. Cette ordonnance a été traduite en allemand en latin & en plufieurs autres langues : on en a une traduction françoife, imprimée en 1745, *in-12*. Elle fait la feconde partie des *Anecdotes du régne de Pierre I*, contenant en particulier l'hiftoire du prince Menzikoff & fa difgrace. Il a laiffé fes états à la czarine fa veuve, qui a continué de travailler fur le même plan que le czar avoit tracé, & dont l'exécution étoit déja fi fort avancée. * *Mémoires du temps.* Eloge de Pierre I, czar de Mofcovie, dans l'*Hift. de l'acad. des fciences pour l'année* 1725.

PIERRE ALEXIOWITZ, II du nom, petit-fils du précédent, empereur & autocrator de toutes les Ruffies, de Mofcovie, de Kiovie, de Woldimirie, de Novogrodie, czar de Cazan, czar d'Aftracan, czar de Siberie, feigneur de Pfcovie, grand duc de Smolensko, duc d'Eonie, de Livonie, de Carelie, de Twer, de Sugorie, de Permie, de Wiatka, de Bulgarie, & autres endroits, feigneur & grand duc du Bas-Nowogrod, de Czernikowie, de Roftowie, de Jaroflavie, de Belofero, d'Udorie, d'Obdorie, de Candefnie, & empereur de toutes les côtes feptentrionales, feigneur du pays d'Iberie, & des czars de Cartalinie & Gruwinie, & du pays de Labardinie, feigneur héréditaire, & fouverain des ducs de Circaffie, & des autres ducs des montagnes. Ce font-là les titres que prenoit ce prince, qui étoit né à Petersbourg le 23 octobre 1715. Il étoit fils d'Alexis-Petrowitz, fils du czar Pierre *le Grand*. Il fut proclamé czar & empereur de toutes les Ruffies le 18 mai 1727, conformément au teftament de l'impératrice *Catherine*, fa grande belle-mere, morte le jour précédent, après l'avoir défigné & nommé pour fon fucceffeur au trône de cette vafte monarchie. On lui forma, à caufe de fon jeune âge, un confeil de régence, par l'avis duquel il fit arrêter le 19 feptembre fuivant le prince Menzikoff, premier miniftre, qui s'étoit rendu trop puiffant, & qui fut relégué dans une forterefle en Siberie. Le jeune czar avoit été fiancé le 6 juin précédent avec *Marie* Alexandrowna, fille aînée de ce miniftre, laquelle fut envelopée dans la difgrace de fon pere. Ce jeune monarque s'étant rendu avec toute fa cour de Petersbourg à Mofcou, capitale de fes états, il y fit fon entrée folemnelle le 15 février 1728, & y fut couronné le 7 mars fuivant. Après la difgrace du prince Menzikoff, Alexis Gregorewitz, prince Dolgorucki, miniftre & confeiller actuel d'état, grand maître de la cour, & chevalier de l'ordre de S. André, s'étoit rendu maître des affaires. Le czar s'étant rendu le 29 novembre 1729 chez ce nouveau miniftre, lui fit la demande en mariage de *Catherine* Alexiowna, fa fille aînée, âgée de vingt ans ; & ayant obtenu fon agrément, il déclara le lendemain ce futur mariage, & ils furent fiancés ensemble le 11 décembre fuivant, mais les chofes en refterent-là ; car le czar s'étant trouvé abattu avec un grand mal de tête le 17 janvier 1730, au retour d'une grande chaffe, il fut obligé de fe mettre au lit. La petite vérole commença à paroître le 18, & fortir d'abord fi heureufement, que le 26 les médecins affurerent qu'il étoit hors de danger ; mais la nuit fuivante ayant été attaqué d'une fièvre violente avec un tranfport au cerveau, il mourut dans fon palais à Mofcou, la nuit du 29 au 30 janvier 1730, à minuit & demi, âgé de 14 ans, 3 mois, 7 jours, & ayant régné 2 ans, 8 mois & 11 jours. Il fut inhumé le 22 février fuivant dans le tombeau impérial en l'églife de S. Michel de Mofcou. La couronne paffa après lui à ANNE Iwanowna, fa tante à la mode de Bretagne.

AUTRES ROIS ET PRINCES DE CE NOM.

PIERRE, dit l'*Allemand*, roi de Hongrie, fils d'une fœur de S. Etienne, lui fuccéda en 1038. Son trop grand attachement pour les Allemans, joint à fes mauvaifes inclinations, le fit chaffer par les Hongrois en 1042. Il fut rétabli par l'empereur Henri III, deux ans après ; mais il négligea de regagner l'affection de fes fujets, qui l'ayant furpris à la chaffe, lui creverent les yeux en 1044. * Bertius, *l.* 2 *rer.* Ger. Bonfinius, *hift. de Hong.* &c.

PIERRE, I du nom, roi de Chypre de la maifon de Luzignan, fuccéda à fon pere HUGUES en 1360, & commença de fe faire connoître par la prife de Satalie & de diverfes autres places fur les infidèles en 1362. Enfuite il vint en Europe, & fit fi bien, que les rois de France & de Danemarck qu'il avoit engagés de venir à Avignon, fe croiferent en préfence du pape Urbain V. Quelque temps après s'étant contenté d'un fecours confidérable d'argent & de troupes, il fit voile au Levant, & prit Alexandrie l'an 1365. On attendoit de grandes chofes de ce prince, lorfqu'il fut affaffiné par les gens de fon propre frere l'an 1369. Il laiffa fon fils PIERRE, lequel à caufe de fon bas âge fut nommé *Petrin* ou *Pierrot*, & mourut l'an 1382. Cherchez LUZIGNAN. * Etienne, *hiftoire de Chypre.*

PIERRE I, dit le *Juflicier* & le *Cruel*, roi de Portugal, régna après fon pere ALFONSE IV, dit le *Fier*, en 1357. Les auteurs remarquent avec étonnement que dans le même temps l'Efpagne avoit trois princes du nom de Pierre, dont les inclinations étoient extrêmement cruelles. C'étoient Pierre IV, roi d'Aragon, Pierre, roi de Caftille, & Pierre, roi de Portugal. Au refte, ce dernier aima la juftice, gouverna fes fujets en paix, & ne témoigna de haine envers ceux qui avoient fait mourir *Agnès* de Caftro, fa maîtreffe, par ordre de fon pere. Ce prince mourut en 1367. *Voyez* fa poftérité à l'article de PORTUGAL. * Mariana, *hift. l.* 17, *c.* 9. Duard, *in geneal. reg. Port.* Coneftagio. Le pere Anfelme, &c.

PIERRE II, roi de Portugal, fils de JEAN IV, eut de grands chagrins à effuyer fous le règne de fon frere *Alfonfe-Henri*, & fut cruellement perfécuté des favoris de ce prince. Il entra dans les intérêts de la reine fa belle-fœur, *Marie-Elizabeth-Françoife* de Savoye-Nemours, qui n'avoit pas moins à fouffrir que lui, & eut part, dit-on, auffi-bien qu'elle, à la réfolution qui fut prife de déclarer fon frere incapable de régner. Après que ce projet eut été exécuté, & qu'Alfonfe eut été enfermé, il fut déclaré régent du royaume, le 22 novembre 1667, & époufa le 2 avril 1668, la reine, dont le mariage n'avoit pas été confommé, & avoit été déclaré nul. La même année il fit la paix avec l'Efpagne. Depuis il fut déclaré roi, après la mort de fon frere. Il prit le parti de l'archiduc Charles d'Autriche contre Philippe V, roi d'Efpagne, quoiqu'il eût reconnu celui-ci, & eût même fait des traités avec lui. Ayant reçu l'archiduc dans fes états, il s'attira une déclaration de guerre de la part de l'Efpagne, & mourut le 9 décembre 1706, âgé de 58 ans, 7 mois. *Voyez* fa poftérité à l'article de PORTUGAL.

PIERRE d'Aragon, roi d'une partie de la Sicile, fuccéda en 1337 à fon pere FRÉDÉRIC, fils de PIERRE III, roi d'Aragon, & fucceffeur de *Jacques* I, fon frere. Quelques auteurs difent que ce prince avoit peu d'efprit & de conduite ; auffi mourut-il, fans avoir rien fait de mémorable, l'an 1342. *Voyez* fa poftérité à l'article ARAGON. * Villani, *l.* 11. Fazel. Surita, &c.

PIERRE de France, I du nom, feigneur de Courtenai, de Montargis, de Château-Regnard, de Champinelles, de Tanlai, &c. feptiéme des fils du roi LOUIS le *Gros*, & d'*Adelaïde* de Savoye, accompagna à l'âge de 22 ans, en 1147, le roi Louis le *Jeune*, fon frere, au voyage de la Terre-fainte, & fut un des trois feigneurs que le même roi donna l'an 1178, pour affurance du traité de paix fait avec l'Anglois. L'année fuivante, il fit une feconde fois le voyage de la Terre fainte, avec Henri I de ce nom, comte de Champagne, fe trouva au fiège d'Acre, & mourut vers l'an 1182, âgé d'environ 63 ans. Le continuateur d'Aimoin, Roger de Hoveden, & Guillaume de Tyr, parlent avantageufement de ce prince. *Voyez* fa poftérité à l'article de COURTENAI. * Alberic ; *in chron.* Sainte-Marthe, *hiftoire généalogique de la maifon de France.* Du Bouchet, *hiftoire généalogique de la maifon de Courtenai.* Le pere Anfelme, &c.

PIERRE de France, comte d'Alençon, de Blois & de Chartres, fire d'Avefnes & de Guife, cinquiéme fils du roi S. LOUIS, & de *Marguerite* de Provence, fut accordé par traité à Paris, en février 1263, à *Jeanne* de Châtillon, fille unique & héritière de *Jean* de Châtillon, I du nom, comte de Blois & de Chartres, feigneur d'Avefnes & de Guife, & d'*Alix* de Bretagne, qu'il époufa en 1272, & accompagna le roi fon pere en Afrique, où il fe trouva au fiège de Tunis l'an 1270, & mourut à Salerne dans le royaume de Naples, le 6 avril de l'an 1282, d'où fon corps fut apporté à l'églife des Cordeliers à Paris, où l'on voit fon tombeau, & fon cœur en celle des Dominicains. *Voyez* fa poftérité à l'article de FRANCE. * Confultez Guillaume de Nangis ; Joinville ; les obfervations du fieur du Cange ; Sainte-Marthe ; le pere Anfelme, &c.

PIERRE, II du nom, comte d'Alençon, du Perche, &c. furnommé le *Noble*, troifiéme fils de CHARLES de Valois II du nom, comte d'Alençon, &c. dit le *Magnanime*, & de *Marie* d'Efpagne, fa feconde femme, fut donné par le roi Jean pour ôtage aux Anglois en 1360. A fon retour, il fit la guerre en Bretagne, & fut bleffé au fiège d'Hennebon. Il fervit auffi dans la guerre que les ducs de Berri & de Bourbon firent en Guienne aux Anglois, & fut un des grands du royaume, qui affifterent à la publication de l'ordonnance que le roi Charles V fit en 1375, pour la majorité des rois. Le duc d'Alençon fuivit le roi Charles VI au voyage de Flandre l'an 1388, mourut à Argenton le 20 feptembre de l'an 1404, & fut enterré à la Chartreufe de Val-Dieu au Perche. *Voyez* fa poftérité à l'article ALENÇON. * Confultez Froiffart ; Monftrelet ; Sainte-Marthe ; le pere Anfelme, &c.

PIERRE, I du nom, duc de Bourbon, comte de Clermont & de la Marche, fils de LOUIS I du nom, duc de Bourbon, & petit-fils de ROBERT de France, comte de Clermont, forti du roi S. LOUIS, fut cham-

er de France, gouverneur de Languedoc & de Gafco-
ce; exerça diverfes charges importantes, & donna en
verfes occafions des marques de fon courage & de fa
udence. Il fut choifi par le roi Philippe de Valois, pour
fifter Jean de France, duc de Normandie, dans la guerre
: Bretagne & de Guienne, & fe trouva l'an 1346 à la
itaille de Creci, puis au fiége de Calais. Enfuite il fut
fputé vers Edouard III, roi d'Angleterre, pour conclure
1 traité de paix, & fut enfin tué à la bataille de Poitiêrs,
: 19 feptembre de l'an 1356. Voyez fa poftérité à l'arti-
e BOURBON. * Confultez Froiffart; Sainte-Marthe;
pere Anfelme, &c.

PIERRE, II du nom, duc de Bourbon & d'Auvergne,
omte de Clermont, de Forez & de la Marche, &c. pair
& chambrier de France, gouverneur de Languedoc, qua-
riéme fils de CHARLES I, duc de Bourbon, & d'Agnès
e Bourgogne, né au mois de novembre de l'an 1439,
orta le titre de feigneur de Beaujeu pendant la vie de
on frere aîné, & fut aimé du roi Louis XI, qui lui fit
poufer Anne de France fa fille aînée, & le fit chef de
on confeil. Après la mort de ce roi, Pierre fut gouverneur du royaume, conjointement avec la princeffe fon
époufe, pendant la jeuneffe du roi Charles VIII, qui l'établit lieutenant général de l'état pendant fon voyage d'Italie. Il mourut à Moulins le 8 octobre de l'an 1503, & fut
enterré dans la chapelle neuve du prieuré de Souvigni.
Voyez fa poftérité à l'article de BOURBON.* Voyez les
Mémoires de Philippe de Commines; Pierre Matthieu;
André de la Vigne; Robert Gaguin; Guillaume de Jaligni; Mezerai; le pere Anfelme, &c.

PIERRE de Dreux, dit Mauclerc, c'eft-à-dire, mal
habile, duc de Bretagne, comte de Richemont, &c.
fecond fils de ROBERT, II du nom, comte de Dreux,
& d'Iolande de Couci, fa feconde femme, défendit vaillamment en 1213 la ville de Nantes, affiégée par Jean,
roi d'Angleterre. Enfuite il fe croifa contre les Albigeois;
& après la mort de la ducheffe, fa femme, en 1221, il eut
de grands différends contre la nobleffe de Bretagne qu'il
défit dans un combat près de Château-Briant, Il fut un
un des feigneurs qui fe liguerent après la mort du roi
Louis VIII, contre la reine Blanche, régente du royaume.
Il s'allia même avec les Anglois; mais depuis, par les foins
du comte de Dreux, fon frere, il fit fon accommodement
en 1234, avec le roi S. Louis, qu'il fervit très-utilement
contre les mêmes Anglois. Enfuite, en 1239, il accompagna Thibaud, roi de Navarre, au voyage d'Outremer
contre les infidéles, & fuivit auffi le roi S. Louis contre
les Sarafins. Il combattit courageufement à la conquête de
la Maffoure, & mourut fur mer, revenant en France le
22 juin 1250. Voyez fes ancêtres à l'article de
BRETAGNE. * Nicolas Vignier, & d'Argentré, hift.
de Bretagne. Le pere Anfelme, &c.

PIERRE II, dit le Simple, duc de Bretagne, fecond
fils de JEAN VI, duc de Bretagne, & de Jeanne de
France, porta d'abord le titre de comte de Guingamp.
Il fuccéda depuis à fon frere François I, dit le Bien-aimé,
en 1450, & mourut de paralyfie à Nantes, le 22 feptembre 1457, fans laiffer d'enfans de Françoife, fille
aînée de Louis, feigneur d'Amboife, vicomte de Thouars,
qu'il avoit époufée par contrat du 21 juillet 1431. Son
corps fut enterré dans l'églife de Notre-Dame de Nantes. ARTUS, comte de Richemont, connétable de France,
furnommé le Juficier, fils de JEAN V, dit le Vaillant,
fuccéda à fes deux neveux, François I & Pierre II, tous
deux fils de fon frere Jean VI, furnommé le Bon & le
Sage. * D'Argentré, & Vignier, hift. de Bretagne. Le
pere Anfelme, &c.

PIERRE prince de Portugal, duc de Conimbre,
troifiéme fils de JEAN I, & frere d'Edouard, rois de Portugal. Ce dernier laiffa Alfonfe V, fon fils, fous la tutelle
de fa mere Eléonore d'Aragon; mais les Portugais im-
prouvant ce choix, nommerent le duc de Conimbre,
régent du royaume, qui abufa de fon autorité, pour
ufurper la couronne fur fon pupille Alfonfe, qui avoit
époufé Elizabeth, fa fille; mais ce jeune prince le tua dans

un combat le 20 mai 1449. Voyez fa poftérité à l'article
de PORTUGAL. * Sainte-Marthe. Le pere Anfelme.
Imhof. flemma regium Lufitanicum.

PIERRE, furnommé le petit Charlemagne, comte
de Savoye, feptiéme fils de THOMAS, I du nom, comte
de Savoye, & de Marguerite de Foucigny, né en 1203,
fut chanoine de l'églife de Valence en Dauphiné, puis
prévôt d'Aoufte; mais trouvant cette profeffion tout-à-
fait contraire à fon inclination, il demanda l'an 1234 à
Amé IV, fon frere aîné, comte de Savoye, un apanage
qui fût digne de fa naiffance. Ce prince fut depuis le protecteur des églifes & des prélats de ce temps. Il fit en
1241 un voyage en Angleterre, où le roi Henri III lui
donna diverfes terres, le fit chevalier & chef de fon
confeil, & l'employa pour négocier quelques affaires en
France & ailleurs. Mais après que Boniface, fils d'Amé
de Savoye, fut mort fans enfans en 1263, il fut appellé
à la fucceffion, au préjudice de fes neveux, fils de Thomas II, troifiéme fils de Thomas I. Il étoit courageux,
prudent, homme d'efprit, & il eut l'adreffe d'unir plufieurs terres & feigneuries à la Savoye. Ce duc mourut
à Chilon, au pays de Vaud, le 7 juin 1268, âgé de
64 ans, & fut porté au monaftere de Hautecombe.
Voyez fa poftérité à l'article de SAVOYE. * Guichenon, hift. de Savoye.

AUTRES GRANDS HOMMES DE CE NOM.

PIERRE, prêtre de l'églife d'Edeffe, dans le V fiécle, écrivit divers traités, des vers fur la mort d'
Ephrem, & mit les pfeaumes en vers. * Gennade, in
cat. illuftr. vir. cap. 64.

PIERRE CHRYSOLOGUE (S.) évêque de Ra-
venne, dans le V fiécle. Après avoir fait long-temps les
fonctions de diacre, il fut élu archevêque de Ravenne
l'an 433, & confirmé, fi l'on en croit les archives de
cette églife, par voie de révélation. On y lit qu'après
la mort de Jean de Ravenne en 433, S. Pierre & S. Apollinaire étoient apparus au pape Sixte III, & lui avoient
appris quel étoit celui qu'il devoit ordonner. Lorfque les
habitans de Ravenne vinrent à Rome pour faire confirmer l'élection qu'ils avoient faite d'un fucceffeur pour
Jean, le pontife les refufa. Dans le même temps S. Corneille, évêque d'Imola, arriva à Rome avec Pierre fon
diacre, que le pape reconnut pour celui que Dieu lui
avoit montré. Ce qui obligea ceux de Ravenne à le recevoir pour leur prélat. Mais on ne peut faire de fonds fur
cette hiftoire, qui n'eft rapportée par aucun auteur digne de foi, Il eft feulement certain que S. Pierre Chryfologue fut élu & ordonné vers ce temps-là évêque de
Ravenne, & qu'il gouverna cette églife pendant plufieurs années. Le moine Eutychès écrivit à Pierre Chryfologue en 449, & à plufieurs autres évêques d'Occident, pour fe plaindre de S. Flavien de Conftantinople.
Pierre Chryfologue lui écrivit une lettre grave & apoftolique, qui eft encore dans fes œuvres, & qui commence ainfi : Triftis legi triftes litteras tuas, &c. L'extrait de fa vie, qui eft à la tête de fes œuvres, marque
qu'il a été évêque 60 ans, & qu'il eft mort vers l'an
500; mais cela fe détruit par la lettre 37 de S. Léon
le Grand, pape, écrite en l'an 458 à Néonas, fucceffeur
de S. Pierre dans l'évêché de Ravenne. C'eft la lettre
qui commence, Frequenter quidem, &c. On a de lui
176 fermons, ou homélies, recueillies il y a plus de
900 ans, par Félix, évêque de Ravenne, aufquelles on
en peut joindre cinq autres fur l'oraifon dominicale, que
D. Luc d'Acheri a publiées dans le fpicilége. Le P. Sébaftien Paul de la Mere de Dieu en a donné une édition, imprimée à Venife en 1750 en un volume in-folio.
Ces fermons font fort courts : il y explique en peu de
mots, & d'une maniere fort agréable, le texte de l'écriture, & fait de courtes réflexions morales : il a fu allier
beaucoup de clarté avec la briéveté. Son ftyle eft compofé de fentences & phrafes coupées, qui ne laiffent
pas d'avoir une fuite & une liaifon naturelle. Ses termes
font affez choifis, & fes penfées paroiffent fpirituelles

& quelquefois femblent fortir un peu du naturel. ; cependant l'on peut dire qu'il n'y a rien d'affez grand, d'affez élevé, ni d'affez éloquent, pour lui faire mériter le furnom de *Chryfologue*, dont il eſt en poſſeſſion, & qui ne lui a été donné que 250 ans après fa mort, quand Félix, évêque de Ravenne, a recueilli fes fermons. On fait fa fête au 2 décembre. * Henri d'Auxerre, *l. 6*, *vita S. Germ.* Trithème & Bellarmin, *de ſcriptor. ecclef.* Baronius, *in annal.* & *martyr.* Sixte de Sienne, *l. 4 bibl. fanct.* Ughel, *t. II. Ital. facr.* Rubeus, *hiſt. Raven. &c.* Du Pin, *biblioth. des aut. ecclef. du V ſiècle.* Baillet, *vies des faints, au mois de décembre.*

PIERRE ABSELAME ou BALSAME, né en Paleſtine dans le III fiécle, embraſſa la vie afcétique. Il fut arrêté pour la religion l'an 309, & conduit à Céſarée au tribunal de Sévere, gouverneur de Paleſtine ; & ayant confeſſé généreuſement la foi de Jeſus-Chriſt, il fut condamné à mort. Ses actes portent qu'il fut crucifié ; mais les martyrologes n'en conviennent pas. On fait fa fête au 3 janvier. * Eufebe, *de martyr. Palæſt. cap.* 10. Bollandus. Ruinart, *acta fanct.* Baillet, *vies des faints.*

PIERRE, évêque de Sébaſte, frere de S. Baſile *le Grand*, & de S. Grégoire de Nyſſe, fe conſacra avec tous ceux de fa famille au ſervice de Dieu, & fe mit dans un monaſtere fous la diſcipline de fon frere S. Baſile. Il lui ſuccéda même dans le gouvernement de ce monaſtere. S. Baſile étant évêque de Céſarée, ordonna fon frere prêtre. Il fut élevé l'an 380 fur le fiège épiſcopal de Sébaſte en Arménie, aſſiſta au concile de Conſtantinople, & mourut vers l'an 387. On en faiſoit mémoire dans l'égliſe au 9 janvier, dès le vivant de S. Grégoire de Nyſſe. * Greg. de Naz. *orat.* 20. S. Greg. de Nyſſe, *in vit. Macrin.* Rufin, *l. 2*, *hiſt. c.* 9. Théodoret, *hiſt. l.* 4, *c.* 30. Hermant, *vie de S. Baſile.* Baillet, *vies des faints, mois de janvier.*

PIERRE DIACRE, Grec, qui vivoit dans le VI fiécle, vint en 519 à Rome, en qualité de député avec les Grecs Orientaux. Ils avoient été envoyés au fujet d'une difpute qui s'étoit élevée entre Victor, défenſeur du concile de Chalcédoine, & les moines de Scythie, qui vouloient qu'on dît qu'une perſonne de la Trinité avoit été crucifiée pour nous. Pierre écrivit un traité de l'Incarnation & de la grace de Jeſus-Chriſt, qu'il envoya à S. Fulgence, & aux autres prélats d'Afrique. Nous avons cette lettre dans la bibliothéque des peres ; & ce fut elle qui donna occaſion au même S. Fulgence d'écrire le traité de l'incarnation du Verbe, que nous avons de lui. * Baronius. Bellarmin, *de ſcript. eccl.* Poſſevin, *in appar. facr. &c.*

PIERRE D'APAMÉE, hérétique Eutychien, & Acéphale, dans le VI fiécle, s'inſtalla fur le fiège épiſcopal de cette ville, où il fe ſervit de fon autorité pour faire recevoir fes erreurs. Il viola les faints canons, fit ôter des dyptiques, ou *regiſtres de l'égliſe* le nom des prélats orthodoxes, pour y mettre ceux des hérétiques ; & fe joignant à Severe d'Antioche, tourmenta les moines Catholiques de Syrie, d'une façon fi cruelle, que pluſieurs furent tués, & les autres chaſſés de leurs monaſteres. On le condamna dans le fynode tenu à Conſtantinople par Mennas, évêque de cette ville, en 536. * Baronius, *A. C.* 518, *n.* 46, 47, 48, 49 ; & 536.

PIERRE DE LAODICÉE, prêtre de cette égliſe, dans le VII fiécle, paſſe pour auteur de quelques ouvrages, entr'autres de celui qui eſt intitulé : *Expoſitio orationis Dominicæ*, que nous avons dans la bibliothéque des peres. * Le Mire, *in auct. de ſcript. ecclef.*

PIERRE, Métropolitain de Nicomédie, préſenta au VI concile une confeſſion de foi, dans laquelle il abjure les erreurs des Monothélites * Du Pin, *bibliothéque des auteurs eccléfiaſtiques des VII & VIII ſiécles.*

PIERRE DE SICILE, dans le IX fiécle, hiſtorien qui floriſſoit vers l'an 870, fut envoyé par l'empereur Baſile *le Macédonien* en Arménie, pour y échanger quelques priſonniers, ce qu'il exécuta heureuſement. Il employa neuf mois en ce voyage, & pendant ce temps-là compoſa en grec une hiſtoire de l'héréſie des Manichéens. Le P. Sirmond en a traduit une partie, que le cardinal Baronius a inſérée dans fes annales. Depuis, le même pere l'ayant trouvée entiere dans la bibliothéque du Vatican, en prit une copie, qu'il envoya à Marc Velſer à Augsbourg. Celui-ci la donna au P. Matthieu Raderus, à condition qu'il la mettroit en latin, ce qu'il exécuta ; & il la fit imprimer à Ingolſtad en 1604, fous ce titre, *Hiſtoria de varia & ſtolida Manichæorum hæreſ.* Elle eſt fous le même titre dans la bibliothéque des peres. Pierre de Sicile y parle fur la fin de fon ambaſſade. * *Voyez* la préface du pere Raderus. Le Mire *in auct. &c.*

PIERRE, qualifié d'archidiacre, eſt auteur de queſtions fur le prophète Daniel (*Quæſtiones in Danielem prophetam à Petro archidiacono enodatæ*,) imprimées dans le tome neuvième, pag. 275 & ſuiv. de l'*Ampliſſima collectio, &c.* des PP. Martenne & Durand. Charlemagne avoit fait tranſcrire cet écrit fur le manuſcrit de l'auteur. Mais qui étoit celui-ci ? Les ſavans éditeurs diſent qu'ils n'ont pu le découvrir, à moins que ce ne ſoit, diſent-ils, ce Pierre diacre, qui eſt un des interlocuteurs des dialogues de S. Grégoire *le Grand*.

PIERRE, diacre & garde chartes de l'égliſe de Conſtantinople, a écrit vers l'an 1090, de courtes réponſes à différens cas qui lui avoient été propoſés. Ces réponſes fe trouvent dans le recueil du droit grec & romain. * Du Pin, *biblioth. des auteurs ecclef. du XI ſiécle.*

PIERRE, ſurnommé *de Damien*, du nom de fon frere, cardinal évêque d'Oſtie, naquit à Ravenne, au commencement du XI fiécle. Après avoir fait fes études, il fe retira au monaſtere de ſainte Croix d'Avellane, près d'Eugubio, dont les moines s'appelloient *Hermites*, parcequ'ils vivoient dans une gande retraite, quoiqu'en commun, fous un abbé. Il fut appellé par Gui, abbé de Pompoſe, pour réformer fon monaſtere. Au bout de deux ans il retourna à Avellane, où il fut fait prieur, puis abbé de ce monaſtere, qu'il augmenta en très-peu de temps, & en établit pluſieurs autres, où la même régle étoit obſervée. Sa réputation l'ayant rendu recommandable, il fut nommé cardinal, & fait évêque d'Oſtie par Etienne X, l'an 1057. Il eut auſſi comme en commende l'évêché d'Eugubio, & commença à travailler de part aux affaires de l'égliſe de Rome. Il fut envoyé l'an 1059, par le pape Nicolas II, en qualité de légat à Milan, pour réformer le clergé de cette égliſe, où la ſimonie s'exerçoit publiquement. Quelque-temps après il prit la réſolution de quitter fes évêchés & fes emplois pour fe retirer dans la ſolitude. Il les remit entre les mains d'Alexandre II, & retourna dans fon monaſtere ; néanmoins fes employerent dans diverſes légations. Il mourut à Faënza le 23 février 1073, âgé de 66 ans. Ses ouvrages font diviſés en quatre tomes, dans la derniere édition. Le I contient 8 livres de lettres. Le II, fes ſermons. Le III, fes opuſcules ; & le IV des prieres, des hymnes & des proſes, qui lui font attribuées. Le ſtyle de Pierre Damien eſt poli & élégant, plein de figures & de variétés agréables. Il étoit fort ſavant dans la diſcipline eccléfiaſtique, & parloit avec liberté. Il a fait fon poſſible pour faire revivre au moins une ombre de la diſcipline ancienne, dans un fiécle corrompu, & pour mettre des bornes aux déſordres du clergé & des moines de fon temps. Conſtantin Cajétan a donné fes œuvres en trois volumes, imprimés à Rome au commencement du XVII fiécle. Elles ont été depuis imprimées à Lyon en 1623, & à Paris en 1663. * Du Pin, *bibliothéque des auteurs eccléfiaſtiques du XI fiécle.*

PIERRE, dit *Guillaume*, dans le XI fiécle, fut créé cardinal par le pape Alexandre II, en

062. Il fut chancelier & bibliothécaire de l'églife, & continua les vies des papes compofées par Anaftafe, depuis Nicolas I, jufqu'à Pafchal II. * Baronius, *A. C.* 1071. Onuphre & Ciaconius, *in vitis pontif.*

☞ PIERRE, chancelier de l'églife de Chartres, au XI fiécle, fut un des premiers difciples de Fulbert, & lui fuccéda dans la direction des écoles de Chartres en 1029. Il exerça auffi les fonctions de chancelier de cette églife jufqu'en 1039. On a de lui une *Paraphrafe des pfeaumes;* un *Manuel des myfteres de l'églife*, & des glofes ou courtes notes fur Job. Ces ouvrages font encore manufcrits. * D. Rivet, *hift. litter. de la France*, tom. VII.

☞ PIERRE, moine de Maillezais, qui vivoit encore après le milieu du XI fiécle. On a de lui un écrit intéreffant pour l'hiftoire de ce fiécle, principalement pour celle des comtes de Poitiers, ducs d'Aquitaine, & plus fpécialement pour celle de l'abbaye de Maillezais. Cet ouvrage a été imprimé par les foins du P. Labbe, entre les autres monumens qu'il a recueillis pour l'hiftoire d'Aquitaine. Ce qui concerne la tranflation de S. Rigomer en a été détaché & publié de nouveau par Dom Mabillon, & les Bollandiftes. * Dom Rivet, *hiftoire littéraire de la France*, tome VII.

PIERRE IGNÉE, c'eft-à-dire, *Pierre de feu*, forti de la famille des Aldobrandins, étoit religieux de l'ordre de Valombreufe, fondé par S. Jean Gualbert. Ce fut lui qui fut choifi en 1063 pour faire l'épreuve du feu, que le peuple de Florence demanda, afin de foutenir l'accufation des moines foulevés contre Pierre de Pavie, évêque de cette ville, qu'ils traitoient d'hérétique & de fimoniaque. Le jour étant arrêté au mercredi de la premiere femaine de carême, on dreffa deux grands buchers, ayant chacun dix pieds de long, fur cinq de large, & quatre & demi de hauteur : ils étoient féparés par un petit fentier d'une coudée de largeur, & rempli à trois ou quatre doigts d'épaiffeur, de bois extrêmement fec. Après que Pierre Aldobrandin eut chanté une meffe folemnelle, quelques-uns des moines avec la croix, le bénitier, l'encenfoir, & douze cierges bénits & allumés, mirent le feu aux deux grands buchers, qui furent bientôt enflammés, auffi-bien que l'efpace d'entre deux, lequel fut tout réduit en charbons. Aldobrandin ayant ôté fa chafuble, & étant revêtu du refte des ornemens facerdotaux, martha vers les buchers, tenant d'une main la facrée croix, & de l'autre fon mouchoir. Suivi des moines & des clercs, qui chantoient les litanies; & d'une infinité de peuple, qui étoit accouru à un fpectacle fi extraordinaire, il entra les pieds nuds, gravement & à petits pas, dans le fentier rempli d'un brafier ardent, entre les deux buchers tout embrafés, & alla avec une démarche mefurée jufqu'au bout, où s'étant apperçu qu'il avoit laiffé tomber fon mouchoir, il retourna fur fes pas, & le retira du milieu des flammes auffi entier, dit-on, & auffi blanc qu'il l'avoit en y entrant. Le peuple le ramena comme en triomphe dans fon monaftere, parmi les acclamations de toute la ville, dont les citoyens écrivirent une lettre au pape, pour lui rendre compte d'un événement fi merveilleux. Les écrivains de ce temps-là, & fur-tout Didier, abbé du Mont-Caffin, qui fut depuis pape, fous le nom de VICTOR III, parlent de ce fait comme d'une chofe très-certaine. Quant au jugement qu'on en doit faire, *voyez* l'article fuivant. Pierre Aldobrandin, que l'on appella depuis *Petrus Igneus*, fut depuis élu abbé, & enfin cardinal & évêque d'Albano en 1073, par le pape Grégoire VII. * L'abbé d'Urfperg. Defid. Caff. *dialogue*, chap. 5. Maimbourg, *décadence de l'empire.*

PIERRE DE PAVIE, évêque de Florence en Italie, dans le XI fiécle, fut accufé de fimonie & d'héréfie, par les religieux du monaftere de S. Jean Gual-

bert. Ces moines ayant fu, ou croyant favoir que leur évêque étoit fimoniaque, fortirent de leur monaftere de S. Sauveur près de Florence, & publierent par toute la ville, que toutes les bénédictions que donnoit ce prélat, & tous les facremens qu'il conféroit, étoient autant de malédictions & de facriléges, & que l'on étoit obligé de fe féparer abfolument de fa communion. Ces faux zélés, qui s'étoient laiffé féduire par un fameux reclus de Florence, étoient, comme lui, en réputation de fainteté, & cabalerent fi violemment, qu'une partie, non feulement du peuple, mais auffi du clergé, fe fépara de l'évêque. Pierre de Damien fut envoyé par le pape Alexandre II, à Florence, pour y appaifer ce tumulte; mais les remontrances de ce cardinal furent inutiles; & le duc Godefroi fe vit obligé de menacer ces moines de les faire tous pendre, s'ils ne fe retiroient promptement en leur folitude : ce qu'ils firent au plutôt. Ils ne laifferent pas néanmoins de pourfuivre leur évêque, & députerent quelques-uns d'entr'eux, pour l'accufer en préfence du pape & des évêques affemblés au concile de Latran en 1063. Pour foutenir leur accufation, ces députés protefterent avec une extrême affurance, qu'ils étoient prêts d'entrer dans un grand feu; mais le pape ne voulut point accorder cette preuve extraordinaire, qui étoit défendue par l'églife, & les renvoya dans leur monaftere, avec ordre de ne plus attaquer leur évêque. Lorfqu'ils furent arrivés, le peuple accourut en foule, & les conjura de faire l'épreuve qu'ils avoient propofée au pape, pour éclaircir le doute qu'ils avoient fait naître. Ils y confentirent, & choifirent pour cet effet un religieux de grande vertu, nommé *Pierre*, de la maifon Aldobrandine. La fermeté de ce religieux, qui paffa par le feu, fans avoir reçu aucune atteinte des flammes, fut caufe que l'évêque de Florence fut en horreur à tout le monde. Alors le pape voyant que l'on ne pouvoit fans fcandale lui laiffer l'exercice des fonctions épifcopales, le fufpendit jufqu'à ce qu'après avoir bien examiné fa caufe, l'on eût vu ce qu'il en falloit juger. Il y a grande apparence que par le jugement, faute d'avoir contre lui d'autres preuves que celle du feu, il fut déclaré innocent de cette accufation; car il fe trouve qu'il étant quelque temps après retourné à Florence en qualité d'évêque, il fit, par une grande générofité chrétienne, une donation confidérable à ce monaftere, dont les religieux l'avoient fi cruellement perfécuté. * Abbas *Urfperg.* Maimbourg.

PIERRE BARTHELEMI, prêtre de Marfeille en Provence, étant dans l'armée des Chrétiens qui affiégeoient la ville d'Antioche l'an 1098, fe préfenta devant les princes croifés, & leur dit que S. André lui avoit montré dans l'églife de S. Pierre, l'endroit où l'on trouveroit le fer de la lance qui avoit percé le côté de Notre-Seigneur, & qu'il lui avoit affuré que ce facré fer feroit un gage certain de la victoire. Ce prêtre ajouta que pour confirmer la vérité de ce qu'il annonçoit, il étoit prêt de paffer au travers d'un feu. L'évêque du Pui, qui n'étoit pas homme à croire légérement ces fortes de vifions, jugea néanmoins qu'il étoit à propos de chercher dans l'endroit que le Marfeillois avoit défigné. Après avoir fouillé bien avant, on y trouva un fer de lance que toute l'armée regarda comme une véritable relique; mais environ huit mois après, un prêtre, domeftique du duc de Normandie, & favant homme, foutint qu'elle étoit fauffe, & que la vraie lance avoit été depuis long-temps tranfportée à Conftantinople. Sur quoi l'armée s'étant partagée, Pierre Barthélemi demanda la permiffion de prouver la vérité de fa révélation de la maniere qu'il avoit promis. On alluma un grand feu, qui fut béni folemnellement, & le Provençal tenant le fer de la lance à la main, y paffa nud en chemife, & fortit à la vérité du milieu des flammes; mais fi grillé au dehors, & fi offenfé au dedans, par l'activité du feu, qu'il mourut douze jours après, dans de très-cuifantes douleurs. Le comte

Raymond ne laissa pas d'avoir toujours de la dévotion pour ce fer ; mais les autres cesserent de le révérer comme ils avoient fait auparavant. Les historiens remarquent qu'avant cette épreuve par le feu, cette créance avoit fait beaucoup d'effet sur les esprits, pour les animer au combat. * Guillaume de Tyr, *gesta Franc.* Maimbourg, *hist. des croisades, l. 2.*

☞ PIERRE TUDEBODE, l'un des premiers qui ont entrepris d'écrire l'histoire de la croisade, étoit né à Sivrai, petite ville au diocèse de Poitiers. Il étoit prêtre. La croisade ayant ouvert le pélerinage de Jérusalem à tous ceux qui avoient la dévotion de le faire, Pierre Tudebode suivit l'armée qui partit en 1096 pour cette expédition. Il se trouva au siège de Nicée, à celui d'Antioche, & à celui de Jérusalem. Tudebode vécut au moins quelques jours après le 14 d'août 1099, puisqu'il finit son histoire par l'éclatante victoire que les croisés remporterent ce même jour sur les infidéles. Depuis cette époque il n'est plus fait mention de notre historien dans aucun monument. L'histoire de la première croisade que Pierre Tudebode a laissée, porte avec elle tous les caractères d'écrit authentique, vrai & sincere. Son auteur avoit été présent à presque tout ce qu'il rapporte, & paroît visiblement l'avoir écrit sur les lieux mêmes. L'édition la plus exacte qu'on en ait est celle qu'en ont donnée les Duchesne, au *t. IV* des historiens de France. * D. Rivet, *histoire littéraire de la France,* tome VIII, où l'on trouve un détail très-intéressant sur ce qui concerne l'ouvrage de Pierre Tudebode.

PIERRE ALFONSE, *cherchez* ALFONSE.

PIERRE CHRYSOLAN, transféré d'un évêché à l'archevêché de Milan, *cherchez* CRYSOLANUS.

PIERRE DE HONESTIS, *cherchez* HONESTUS (Pierre).

PIERRE-JEAN ou JOHANNIS, hérésiarque, dans le XII siécle, nioit que l'ame raisonnable fût la forme de l'homme, & soutenoit que les apôtres n'avoient prêché l'évangile qu'en son sens. Selon lui, aucune grace ne nous est infuse par le baptême ; & Jesus-Christ reçut le coup de lance étant encore en vie. Il publioit d'autres erreurs, qui ne furent bien connues qu'après sa mort. On déterra son cadavre & ses os furent brulés. * Prateole, *V. Petr. Joan.* Paul de Castro.

PIERRE DE CLUNI, surnommé *le Vénérable,* étoit d'Auvergne, de la famille des comtes Maurice, ou de Montboissier ; ce qui lui fit donner aussi le surnom de *Maurice.* Sa mere *Raingarde* mourut religieuse dans l'ordre de S. Benoît, après avoir eu huit enfans mâles, dont Pierre étoit le septieme. Un d'eux seulement resta dans le siécle ; & *Hugues,* leur aîné, après la mort de sa femme, se rendit moine comme ses freres. Un autre, nommé *Ponce,* fut abbé de Vezelai ; *Jourdain,* le fut de la Chaise-Dieu ; *Armand* le devint de Manlieu ; & *Héraclius* fut archevêque de Lyon. Le pere lui-même se donna à Dieu sur la fin de ses jours, & fut enterré en habit de religieux. Pierre entra à Cluni, du temps que ce monastere étoit gouverné par S. Hugues, & fut élu prieur de Vezelai, abbé & général de l'ordre à l'âge de 28 ans en 1121, après la mort de Hugues II. Il eut beaucoup de peine à régler la communauté de Cluni, & sa congrégation en général, que la mauvaise conduite de Ponce, l'un de ses prédécesseurs, avoit fait beaucoup relâcher de l'esprit de l'institut. Il en vint néanmoins heureusement à bout. L'ancien abbé Ponce, prédécesseur de Hugues, étant revenu du voyage de la Terre sainte, voulut se rendre maître par force de l'abbaye de Cluni, pendant l'absence de Pierre *le Vénérable.* Les religieux ne l'ayant pas voulu recevoir, il entra avec des soldats dans l'abbaye, la pilla & en chassa les religieux. Le pape Honoré II, averti de ces violences, fit excommunier Ponce par son légat, & confirma ce jugement à Rome, où Ponce mourut en 1126. Pierre étant revenu rétablit l'abbaye de Cluni : il y reçut en

1130 le pape Innocent II. Il alla au concile de Pise, en 1134. Il fit ensuite un voyage en Espagne en 1135. Il étoit intime ami de S. Bernard, abbé de Clairvaux ; cependant il fut obligé de défendre son ordre contre l'apologie de Saint Bernard, & eut un différend avec ce Saint, au sujet d'un moine de Cluni élu évêque de Langres. Il reçut dans son abbaye le fameux Abailard. Il fit un voyage à Rome en 1143, dans le dessein de se démettre de sa dignité ; mais le pape Luce II n'y voulut pas consentir ; & étant de retour en France, il acheva ses jours dans l'abbaye de Cluni. Il fut consulté par plusieurs prélats, & combattit les erreurs de Pierre de Bruys & de Henri dans la Provence, le Languedoc & la Gascogne. Ce saint homme mourut le 24 décembre de l'an 1156, & laissa des ouvrages également savans & pieux, que nous avons dans la bibliothéque de Cluni, que le pere Martin Marrier publia en 1614 avec les doctes remarques de Du Chêne. On y lit à la tête la vie de ce saint abbé, tirée des chroniques de sa congrégation, avec les témoignages rendus en sa faveur par S. Bernard, *epist.* 277 & 283, par Henri de Gand, *c. 49* ; Matthieu Paris, Robert du Mont, Nicolas de Clemangis, Trithême, &c. On voit ensuite six livres de lettres de Pierre de Cluni ; un traité contre les Juifs ; un contre Pierre de Bruys ; un sermon de la Transfiguration ; deux livres de miracles arrivés de son temps ; des proses, vers & hymnes ; les statuts de Cluni, &c. Il n'a point été canonisé dans les formes ordinaires : cependant il est mis au nombre des Saints au 25 décembre, dans les martyrologes des Bénédictins, & dans celui de France. Pierre le *Vénérable,* ayant fait traduire l'alcoran en latin, voulut engager S. Bernard à écrire contre les Mahométans dont la secte faisoit alors de grands ravages. Mais le saint abbé de Clairvaux n'ayant pas jugé à propos d'écrire sur une matiere qui méritoit si bien d'exercer son zèle & sa plume, Pierre le *Vénérable* qui avoit déja écrit contre les Juifs & contre les hérétiques de son temps, composa quatre livres *Contre la secte détestable des Sarasins :* c'est le titre qu'il donna à son ouvrage. On n'a pu jusqu'à présent recouvrer que deux de ces quatre livres, que les PP. DD. Martenne & Durand on donné dans le tome neuviéme de leur *Amplissima collectio veterum monumentorum.* * Baillet, vies des saints. Du Pin, *bibliothéque des auteurs ecclésiastiques du XII siécle.*

PIERRE, bibliothécaire du Mont-Cassin, fils de Gilles, d'une illustre famille de Rome, fut mis par son pere l'an 1115 à l'âge de cinq ans, dans l'abbaye du Mont-Cassin. Après y avoir fait ses études, il fut fait diacre & bibliothécaire du Mont-Cassin. Il fut chassé de ce monastere l'an 1128, par l'envie de ses confreres, & fut employé dans des négociations par l'empereur Lothaire, qui le fit son secrétaire d'état & son chapelain. Il a composé un livre des hommes illustres du Mont-Cassin ; imprimé à Rome en 1655, à Paris en 1666, & inféré dans la derniere bibliothéque des peres. Il est aussi auteur du quatriéme tome de la chronique du Mont-Cassin, & on a imprimé à Venise en 1525, une préface de lui, adressée à l'empereur Conrad, touchant les lettres romaines. Il avoit encore composé plusieurs autres ouvrages, dont il a fait le catalogue dans sa vie des hommes illustres du Mont-Cassin. Les PP. Martenne & Durand reprennent ceux qui le disent *diacre d'Ostie,* ou *diacre de Latran.* Ces savans ont donné dans le tome sixiéme de leur *Amplissima collectio, Prologus Petri diaconi Casinensis monachi in vitam sancti Placidi ; ejusdem prologus ad Guibaldum Casinensem & Stabulensem abbatem in librum de locis sanctis : ejusdem ortus & vita justorum cænobii Casinensis :* ce n'est que le commencement, & au table de cet ouvrage. * Du Pin, *bibliothéque des auteurs ecclésiastiques du XII siécle.*

PIERRE LOMBARD, dit LE MAISTRE DES SENTENCES, évêque de Paris, étoit de Novarre, ville

ville d'Italie dans la Lombardie, d'où il a tiré son nom de *Lombard*. D'autres assurent que le lieu de sa naissance fut un hameau du territoire de la même ville, nommé en latin, *Lumen omnium*. Après s'être distingué par son savoir dans l'université de Paris déja très-florissante, il fut pourvu d'un canonicat à Chartres, & quelque temps après fut jugé digne de l'évêché de Paris. Philippe, fils du roi Louis VI, dit *le Gros*, & frere de Louis VII, dit *le Jeune*, qui n'étoit qu'archidiacre de la même ville, refusa cet évêché pour le céder à Lombard qui avoit été son maître, & voulut par cette cession lui donner des marques de sa reconnoissance. Pierre Lombard prit possession de cet évêché en 1159 ou 1160, & mourut en 1164. Tout le monde sait qu'il est l'auteur de l'excellent ouvrage des Sentences, divisé en quatre livres, & commenté par Guillaume d'Auxerre, Albert *le Grand*, S. Thomas, S. Bonaventure, Guillaume Durand, Gilles de *Rome*, Gabriel Major, Scot, Ockam, Estius & divers autres. On trouva dans cet ouvrage, après la mort de Pierre Lombard, une proposition qui a été condamnée par les scholastiques & par le pape Alexandre III. C'est celle qui est exprimée en ces termes: *Christus, secundùm quod est homo, non est aliquod*. Joachim, abbé de Flore dans le royaume de Naples, écrivit contre les Maître des Sentences, & fut lui-même condamné dans le IV concile de Latran, tenu en 1215. Pierre Lombard a encore laissé des commentaires sur les pseaumes & sur les épitres de S. Paul, & fut enterré dans l'église de S. Marcel au fauxbourg du même nom, où l'on voit encore son épitaphe. * Matthieu Paris, *hist. Angl.* Sixte de Sienne, *l.* 5 & 6, *biblioth. sanct. Ant.* 62 & 71. Henri de Gand, *c.* 31, & *in appar. sacr. c.* 11. Trithême & Bellarmin, *de script. eccl.* Baronius, *in annal.* Papire Masson, *in annal. Franc.* Du Breul, *antiquités de Paris.* Robert & Sainte-Marthe, *Gall. christ.* Saint Antonin. Genebrard. Opmeer. Possevin. Le Mire, &c.

PIERRE, surnommé DE CELLES, du nom de sa premiere abbaye, appellée vulgairement *Montier-la-Celles*, dans un fauxbourg de la ville de Troyes, vécut dans le douziéme siécle. Il étoit d'une honnête famille de Troyes, fit ses études, & apparemment son noviciat dans le monastere de S. Martin des Champs. Il fut élu abbé de Celles vers l'an 1150, & de-là transféré à l'abbaye de S. Remi de Reims l'an 1162, & fut fait évêque de Chartres l'an 1182, à la place de Jean de Salisberi. Après avoir gouverné cette église pendant cinq ans, il mourut le 17 février 1187. Il a composé des sermons, quelques traités & des lettres. Toutes ses œuvres ont été données au public par le pere dom Ambroise Janvier, de la congrégation de S. Maur, imprimées à Paris en 1671, *in-4°*; la préface est du pere Mabillon. Le pere Sirmond avoit déja publié en 1613 les lettres de Pierre de Celles avec des notes. * Du Pin, *biblioth. des aut. ecclésiastiques du XII siécle.*

PIERRE DE POITIERS, chancelier de l'église de Paris dans le douziéme siécle, est un des premiers scholastiques après Robert Pullus, il enseigna la théologie dans les écoles de Paris. Il a composé en 1170 un traité des sentences, dédié à Guillaume, archevêque de Sens, que les pere Mathoud Bénédictin a donné à la fin des œuvres de Robert Pullus. Il avoit aussi fait des commentaires allégoriques sur quelques livres de l'écriture. Il mourut en 1200. * Du Pin, *bibliothéque des auteurs ecclésiastiques du XII siécle.*

PIERRE DE RIGA, chantre & chanoine de Reims, né à Vendôme, fleurit vers l'an 1170. Il avoit composé en vers douze livres, auxquels il avoit donné le nom d'*Aurore*, & qui comprenoient l'histoire des deux premiers livres, des rois & des quatre évangélistes. Cet ouvrage n'est que manuscrit. * Du Pin, *biblioth. des aut. eccl. du XII siécle.*

PIERRE COMESTOR, ou le *Mangeur*, natif de

Troyes en Champagne, dans le XII siécle, fut chanoine, doyen de l'église de Troyes, puis chancelier de celle de Paris; mais quelque temps après, il quitta ces bénéfices pour entrer chez les chanoines réguliers de S. Victor de Paris, où il mourut au mois d'octobre l'an 1198. Son tombeau se voit encore dans l'église de S. Victor, avec son épitaphe. Il composa l'histoire scholastique, qui comprend en abrégé toute l'histoire sainte, depuis le commencement de la Genèse jusqu'à la fin des Actes des apôtres, qu'il dédia au cardinal Guillaume de Champagne, dit *aux blanches mains*, archevêque de Sens, puis de Reims. Gautier Hunter, Anglois, en fit depuis un abrégé. Pierre Comestor a encore composé des sermons qui ont été publiés par Busée, sous le nom de *Pierre* de Blois. Quelques écrivains, amis des fables, ont avancé que Pierre *le Mangeur*, Pierre Lombard & Gratien étoient freres; ce qui est tout-à-fait insoutenable, puisque ce dernier étoit de Toscane, que Lombard étoit de Novarre, & Comestor de Troyes en Champagne. * S. Antonin, *P. III, tit.* 15, *c.* 6. Henri de Gand, *c.* 32. Philippe de Bergame, *l.* 12. Trithême & Bellarmin, *de script. eccl.* Sixte de Sienne, *l.* 4 *bibl. sanct.* Sirmond, *in not. ad Petr. Cellens. l.* 7, *ep.* 19. Vossius, *de hist. Lat. l.* 2, *c.* 53. Claude Hémerée, *de acad. Parif.* Nicolas Camusat, *antiquités de Troyes*, &c.

PIERRE PREPOSITIVUS, théologien, *cherchez* PREPOSITIVUS.

PIERRE LE CHANTRE, docteur de l'université & chantre de l'église de Paris dans le XII siécle, a composé un livre intitulé *Verbum abbreviatum*, fort célèbre parmi les auteurs des siécles suivans, dont on a imprimé une partie, contre les moines propriétaires. Il avoit aussi composé un autre livre intitulé *la Grammaire des théologiens*, très-utile pour l'intelligence de l'écriture; un traité des distinctions, un écrit touchant quelques miracles; trois livres des sacremens; & des sermons dont Trithème fait mention. On trouve dans les bibliothéques des gloses de cet auteur sur les livres de la bible, & une somme de cas de conscience. L'amour qu'il avoit pour la retraite, lui fit prendre l'habit de religieux de l'ordre de Cîteaux dans l'abbaye de Long-Pont, entre Compiegne & Soissons, où il mourut vers l'an 1197. * Antoine Muldrat, *hist. de l'abbaye de Long-Pont*. Gesner, *in biblioth.* Du Breul, *antiquités de Paris.* Du Pin, *bibliothéque des auteurs ecclésiast. du XIII siécle.*

PIERRE I, cinquante-septiéme évêque de Meaux, fut successeur d'Etienne de la Chapelle vers l'an 1171, puis cardinal du titre de S. Chrysogone, & enfin évêque de Tusculum. Il avoit monté par dégrés aux plus hautes dignités. Il étudia d'abord dans l'université de Paris, où il reçut le bonnet de docteur. Quelque temps après il fut archidiacre & abbé, mais on ne sait de quelle église, ni dans quel monastere. Il monta ensuite sur le siége de Meaux & parvint au cardinalat. Le pape Alexandre III, qui l'estimoit beaucoup, le fit trois fois légat en France, la premiere en 1173, contre les Vaudois, la deuxiéme en 1177, pour établir la paix entre Henri, roi d'Angleterre, & Richard son fils, qui avoit épousé une fille du roi Louis le jeune, & enfin en 1178 contre les Albigeois. Quoique nommé au cardinalat, il retint pendant quelque temps l'évêché de Meaux : sur quoi Alexandre III lui écrivit en ces termes : « Plus vous êtes élevé en dignité, plus vous de» vez veiller sur votre conduite. Il faut que l'on trouve » en vous beaucoup de choses à imiter, & rien à re» prendre. Vous réservez encore l'évêché de Meaux & » vous jouissez des revenus de cette église, tandis que » la liberté d'en élire un autre est ôtée. Une pareille » conduite ternit votre réputation & vous deshonore. » On vous taxe d'avarice. Je vous conseille & je vous » enjoins même de vous désister incessamment de cet » évêché, &c. » Sur cette lettre, datée de Ferente le 8 septembre, Pierre quitta l'évêché de Meaux, & on en élut un autre en sa place. * D. Du Plessis , *hist. de l'église de Meaux* , t. I.

PIERRE DE BLOIS , archidiacre de Bath en Angleterre dans le XII siécle , étoit François & natif de Blois sur Loire , d'où il a tiré son nom. C'est l'opinion commune ; cependant un savant homme prétend qu'on a mal entendu le surnom de *Blesensis* , que prit Pierre l'archidiacre de Bath , & qu'il se donna, non pas comme natif de Blois , mais comme sorti de la famille de Blés dans la province de Bretagne. Il étudia les humanités & les belles lettres à Paris , le droit civil & canonique à Bologne ; & après avoir excellé dans les sciences profanes , il se donna tout entier à la théologie, dans laquelle il eut pour maître Jean de Salisberi , évêque de Chartres , où il y a apparence que Pierre de Blois fut chanoine. Etant passé l'an 1167 en Sicile avec Etienne , fils du comte du Perche , & cousin de la reine de Sicile , il fut choisi pour être précepteur , puis secrétaire de Guillaume II,roi de Sicile. Mais il fut obligé de quitter bientôt ce pays, quand Etienne, comte du Perche, qui avoit été fait chancelier du royaume & archevêque de Palerme , en fut chassé. Etant de retour en France , il fut appellé en Angleterre par le roi Henri II ; & après avoir passé quelque temps à sa cour , il se retira auprès de Richard , archevêque de Cantorberi , dont il fut chancelier. Il fut député de la part de cet archevêque vers le roi Henri II, & vers les papes Alexandre III & Urbain III, pour les affaires de l'église de Cantorberi. Henri II étant mort , il demeura quelque temps auprès d'Eléonore , reine d'Angleterre. Sur la fin de sa vie , il fut dépouillé de l'archidiaconé de Bath , qui lui avoit été donné quand il vint en Angleterre ; mais quelque temps après on lui donna celui de Londres , dans lequel il trouva beaucoup de travail & peu de revenu , & mourut en Angleterre l'an 1200. Il a lui-même fait le recueil de ses lettres par ordre de Henri II , roi d'Angleterre ; elles sont au nombre de 183. Pierre a aussi composé des sermons & 17 opuscules. Il savoit bien l'écriture sainte , qu'il cite très-souvent , aussi-bien que les auteurs ecclésiastiques & profanes. Il parle avec liberté , reprend fortement les vices, & soutient la discipline & les régles ecclésiastiques. Son style est coupé & sentencieux , plein d'antithèses & de jeux de mots. La premiere édition de ses œuvres a été faite à Mayence. Merlin les publia en 1519 , à Paris ; Busée en 1600 ; & Pierre de Goussainville en procura depuis , l'an 1667 , une nouvelle édition enrichie de remarques très-doctes. On peut consulter à la tête de cette édition la vie de Pierre de Blois. Les sermons qui étoient dans les premieres éditions sous le nom de Pierre de Blois , sont ceux de Pierre Comestor. M. de Goussainville a donné dans la sienne les véritables sermons de Pierre de Blois.* Matthieu Paris , *hist. d'Angl.* Baronius, *in annal.* Trithême & Bellarmin , *de script.* Du Pin, bibliothéque des auteurs ecclésiastiques du XIII siécle.

PIERRE DE CASTELNAU , légat apostolique & premier inquisiteur de la foi , naquit en Languedoc, du temps du roi Louis *le Jeune.* Il fut promu aux ordres sacrés , & fait archidiacre de Maguelone. Innocent III se servit de lui dans des négociations importantes , & il le destinoit aux premieres dignités de l'église , lorsque Pierre se retira dans l'abbaye de Font-Froide à deux lieues de Narbonne , où il se fit religieux de l'ordre de Cîteaux. Le pape le fit son légat & missionnaire apostolique contre les Albigeois , lui donnant le nouveau titre d'inquisiteur de la foi dans le Languedoc. Il travailla fortement avec Arnaud , abbé de Cîteaux, S. Dominique & d'autres missionnaires à abattre cette hérésie ; mais le comte de Toulouse le fit assassiner le 9 mars 1208 , près de la ville de Saint-Gilles le long du Rhône. Le pape le déclara martyr. * Pierre des Vaux de Cernai , *hist. des Albigeois,* c. 1. Guill. de Puilaurent , *hist. des Albigeois, c.* 6, 7 & 8. Innocent III , *epist. de nece Petri.* Baillet, *vies des saints.*

PIERRE , moine des Vaux de Cernai, de l'ordre de Cîteaux , dans le diocèse de Paris , accompagna son abbé nommé *Gui* , qui fut depuis évêque de Carcassonne, dans le voyage qu'il fit en Languedoc pour combattre les Albigeois , étant un des douze abbés nommés par Innocent III pour ce sujet. Pierre a écrit par l'ordre de ce pape , une histoire des Albigeois, imprimée à Troyes en 1615 , & dans la bibliothéque de Cîteaux du pere Tissier. * *Voyez* Du Pin , *bibliothéque des aut. eccl. du XIII siécle* , qui en parle aussi dans une histoire qu'il a faite des hérétiques Albigeois.

PIERRE DES VIGNES , Allemand , secrétaire d'état & chancelier de l'empereur Frédéric II. *Voyez* VIGNES (Pierre des)

PIERRE MARTYR , de l'ordre de S. Dominique , né à Vérone l'an 1205 , de parens infectés de l'hérésie des Cathares , fut heureusement instruit par un maître catholique. Il entra dans l'ordre de S. Dominique , fut ordonné prêtre & employé dans les missions. Etant à Como, ville du Milanez , quelques religieux de son ordre , jaloux de sa réputation , l'accuserent d'avoir introduit des femmes dans sa cellule. Il fut relégué à Jési dans la Marche d'Ancone , & on lui interdit la prédication ; mais son innocence ayant été reconnue , il fut rétabli dans ses fonctions, & prêcha avec zèle contre les hérétiques. Le pape Grégoire IX le nomma inquisiteur général de la foi en 1232. Cet emploi périlleux fut cause de sa mort ; car les hérétiques qui le poursuivoient, le firent assassiner à son retour de la ville de Como , sur le chemin de cette ville à Milan , entre Batrassina & Giussano. Un des deux assassins lui déchargea un coup de hache sur la tête , & perça ensuite le compagnon du saint, appellé le *frere Dominique.* Pierre s'étant redressé sur les genoux , l'assassin l'acheva d'un coup de coutelas, le 6 avril 1252. Le corps du saint fut transporté à Milan. Innocent IV canonisa Pierre Martyr le 25 mars 1253. Sa fête fut remise au 29 avril. * Thomas de Lentino *apud* Bollandum.

PIERRE NOLASQUE (S.) fondateur de l'ordre de la Rédemption des Captifs , vulgairement dit de *la Merci,* naquit vers l'an 1189, dans un lieu nommé *le Mas des saintes Puelles* , en Lauraguais , dans le diocèse de S. Papoul en Languedoc. Ses parens étoient nobles ; & ayant perdu son pere à l'âge de quinze ans , il s'attacha à Simon, comte de Montfort, qui le mit auprès du prince Jacques d'Aragon , fils & successeur du roi Pierre II, qui fut tué à la bataille de Muret l'an 1213. Le saint suivit ce prince deux ans après , lorsque le comte de Montfort lui eut rendu la liberté ; & le soin qu'il eut de conserver ses bonnes graces , lui fut très-utile dans la suite pour l'établissement d'un nouvel ordre. Ce qui lui donna occasion d'y penser , fut une confrérie de gentilshommes établie vers l'an 1192 à Barcelone pour le rachat des captifs , & pour le soulagement des malades. Ayant pris l'avis de S. Raimond de Pegnafort , alors chanoine de Barcelone , & depuis religieux de l'ordre de S. Dominique , il entreprit de changer cette confrérie en un ordre militaire & religieux. Le roi approuva ce dessein , & engagea Berenger de la Palu, évêque de Barcelone, à y donner les mains ; & l'on vit d'abord six prêtres & sept gentilshommes entrer dans cette société , & joindre aux trois vœux ordinaires celui d'engager leurs propres personnes pour la rédemption des captifs. Ce fut le 10 août 1218 , que se forma cette sainte société. S. Pierre Nolasque qui l'institua étant laïc, voulut que les obligations des chevaliers ne fussent pas moindres que celles des religieux de chœur ; il voulut qu'ils assistassent à tout l'office divin , tant de nuit que de jour ; & il réunit en sa personne l'office de rédempteur à celui de supérieur général. On assure que les deux premieres expéditions qu'il fit dans les royaumes de Valence & de Grenade en qualité de rédempteur , il retira quatre cens captifs des mains des infidéles ; & qu'étant allé ensuite en Afrique , après y avoir été fort maltraité, il fut mis seul sur une tartane sans voile & sans gouvernail, qu'un bon vent conduisit jusqu'à Valence. Ce fut alors qu'on lui donna un successeur dans l'office de rédempteur : il se démit lui-même en 1249 , de celui de géné-

al ; & après avoir vécu encore sept années dans l'exer-
ice de toutes les vertus, il mourut saintement la nuit
le Noël l'an 1286, étant âgé de 67 ans. S. Louis fit un
as particulier de ce saint ; & après l'avoir vu en Lan-
juedoc, il l'honora de plusieurs lettres. Le pape Ur-
jain VIII le canonisa l'an 1628, & Alexandre VII fit
mettre son nom dans le martyrologe au 31 janvier. Les
historiens de l'ordre de la Merci prétendent que leur fon-
lateur a été prêtre, & soutiennent qu'il célébra sa pre-
niere messe à Murcie, après que le roi Jacques eut pris
cette ville ; mais il ne la prit que dix ans après la mort
du saint. D'ailleurs il étoit tellement hors d'exemple en
1308, qu'un prêtre fût général de la Merci, que la plupart des capitulans ayant élu Raimond Albert qui étoit
prêtre, pour général, & les chevaliers qui s'y opposoient ayant élu un des leurs, nommé Arnaud Rossignol,
le pape Clément V qui cassa l'élection de ce dernier,
comme n'étant pas canonique, le rétablit aussitôt, &
régla qu'à l'avenir le général seroit choisi entre les prêtres, parcequ'ils étoient en plus grand nombre que les
chevaliers. * Bernard de Vergas, chron. sacr. & milit.
ord. B. M. de Mercede. Franc. Olignano, vita di S. Pietro Nolasco. Giri & Baillet, vies des saints ; 31 janvier.
Helyot, hist. des ord. relig. tom. III, chap. 34.

PIERRE DE RIEZ, poëte François dans le XIII
siécle, vers l'an 1280, continua le roman de Judas Machabée, commencé par Gautier de Belle-Perche. * Consultez Claude Fauchet, l. des poëtes.

PIERRE DE DACIA, philosophe & astronome
dans le XIII siécle, vers l'an 1300, écrivit divers ouvrages, comme De calculo seu computo, &c. Trithème
& Gesner, &c.

PIERRE DE BELLE-PERCHE, cherchez BELLE-
PERCHE.

PIERRE DE LA CHAPELLE (de Capellá) car-
dinal, étoit né au lieu nommé la Chapelle, dans la Marche
Limousine, & fils d'ETIENNE, chevalier & seigneur de
la Chapelle, & de Béatrix, sa mere. Il fut d'abord prévôt d'Eymoutiers dans le diocèse de Limoges, ensuite
professeur en droit dans l'université d'Orléans l'an 1278.
La même année il obtint un canonicat de l'église de Paris, où son mérite le fit distinguer. La cour instruite de
ses talens, l'envoya à Toulouse l'an 1288, pour y tenir
un parlement avec Bertrand, abbé de Moissac. Il en tint
un autre à Paris, l'an 1290, avec Gilles Camelli, & fut
nommé à l'évêché de Carcassonne, l'an 1292, après la
mort de Pierre Petri. Il fit la même année des ordonnances utiles pour la discipline de son diocèse, & réforma divers abus. En 1296 il assista au mariage de
Constance, fille aînée de Roger Bernard, comte de
Foix, & de Marguerite de Béarn, qui épousa Jean de
Levis de Mirepoix : cette cérémonie se fit dans la sale
du chapitre des Cordeliers de Carcassonne. Pierre fut
honoré de plusieurs députations de grande importance.
Après que Frédol, évêque de Montpellier, eut cédé à
Philippe, roi de France, les droits seigneuriaux qu'il avoit
sur cette ville, Pierre de la Chapelle fut choisi pour examiner les droits que le roi de Majorque prétendoit sur
la même ville. Ce fut le même prélat qui en 1295 travailla à l'exécution du traité entre Philippe, roi de France,
Charles comte de Valois son frere, Jacques, roi d'Aragon, & Jacques, roi de Majorque. Après avoir gouverné
le diocèse de Carcassonne pendant six ans, le pape Boniface VIII le transféra à l'évêché de Toulouse. Le pape
Clément V le créa cardinal le 15 du mois de décembre
de l'an 1305, & lui donna l'office d'inquisiteur général
sur les Templiers. Avant sa mort il obtint du roi la permission de bâtir une église collégiale dans le lieu de sa
naissance, qu'il dota de grands revenus ; mais il n'acheva
pas cet ouvrage. Il a été enterré dans la chapelle dudit
lieu, où sa mort est marquée au 16 mai 1312. * Voyez
l'Histoire ecclésiastique & civile de la ville & diocèse de
Carcassonne, par le pere Thomas Bouges, religieux Augustin, page 210 & suivantes.

PIERRE D'APON, surnommé le Conciliateur,
philosophe & médecin, vivoit sur la fin du XIII siécle,
& au commencement du XIV. Il étoit fils d'un notaire
nommé Constans, qui demeuroit dans un bourg du territoire de Padoue, nommé Apon ou Abano, & parut comme
un prodige, par rapport à l'ignorance de son siécle. Il
étudia long-temps à Paris, & y reçut le bonnet de
docteur en philosophie & en médecine. Ce fut-là qu'il
composa son grand ouvrage intitulé, Conciliator diffe-
rentiarum philosophorum, & præcipuè medicorum, qui
a été imprimé in-folio à Venise chez les Juntes en 1565,
sous le titre de Conciliator controversiarum quæ inter
philosophos & medicos versantur, avec son petit traité
de venenis, ou de remediis venenorum. Outre la connoissance que Pierre avoit des langues, il possédoit encore les sciences les moins communes, comme la philosophie, la médecine & l'astrologie ; ce qui lui acquit
l'estime des papes & des princes d'Italie. Cependant la
grossiéreté de son siécle fit qu'on l'accusa de magie, &
d'avoir acquis la connoissance des sept arts libéraux par
le moyen des sept esprits qu'il tenoit dans un crystal.
Pierre fut mis à l'inquisition, à l'âge de 66 ans ; & mourut
en 1316, avant le jugement de son procès ; de sorte
qu'il fut enterré dans l'église de S. Antoine. Les zélés ne
le trouverent pas bon, & firent juger par sentence que
ses os seroient déterrés & brulés ; mais comme ses amis
les avoient cachés, on se contenta de les bruler en effigie, & de défendre la lecture de trois de ses livres, qui
sont son Heptaméron, que nous avons sur la fin du premier tome des œuvres d'Agrippa ; un second, nommé
par Trithème, Elucidarium necromanticum Petri de
Abano ; & un autre intitulé, Liber experimentorum mi-
rabilium, de annulis secundum 28 mansiones lunæ. Il
avoit traduit des livres de Rabbi Abraham Aben-Ezra,
& avoit composé un traité des jours critiques, un éclaircissement de l'astronomie. Frédéric, duc d'Urbin, fit mettre la statue de ce grand homme entre celles des illustres ; & le sénat de la ville de Padoue la fit placer sur
la porte de son palais, entre celles de Tite-Live, d'Albert, & de Julius Paulus, avec cette inscription sur la
base : Petrus Aponus Patavinus, philosophiæ medici-
næque scientissimus, ob idque Conciliatoris nomen adeptus, astrologiæ verò adeò peritus, ut in magiæ suspicio-
nem inciderit, falsoque hæresis postulatus, absolutus
fuerit. * Bernardin Scardeoni, hist. Pat. l. 2, c. 7. Jacques-Philippe Thomasini, in elog. illust. Patav. pag. 21.
Naudé, apologie des grands hommes accusés de magie,
c. 14. Just. in chron. med. Trithème, de script. med.
Sponde, A. C. 1316, n. 8.

PIERRE D'AICHSPALT, électeur & archevêque
de Mayence, né dans le Tirol de pauvres parens,
ne pouvant trouver sa subsistance dans sa maison, tâcha de la gagner en chantant par les rues. Comme
il avoit cependant appris à lire, il chercha à l'apprendre aux autres ; & s'étant formé lui-même, il y eut des
personnes distinguées qui lui confierent leurs enfans. Le
gain qu'il fit de cet emploi lui ayant donné plus
de facilité pour s'appliquer à quelque étude particuliere,
il choisit celle de la médecine, dans laquelle il fit de
très-grands progrès, de même que dans la philosophie.
Il se fit recevoir docteur, & exerça sa nouvelle profession avec tant de succès, que Henri, comte de Lutzelbourg,
le nomma son médecin. Il parvint dans la suite à un
canonicat de Mayence, & à l'évêché de Basle qu'il a
possédé environ neuf ans. Gerard, comte d'Epstein &
archevêque de Mayence, étant mort, le comte de Lutzelbourg l'envoya sécretement à Rome en 1304 auprès
de Clément V, pour demander l'archevêché de Mayence
pour Baudouin, frere cadet du comte. Le pape le refusa, à cause que Baudouin étoit extrêmement jeune.
Dans cet intervalle Clément V tomba malade, &
Pierre consulté sur cette maladie dont tout le monde
désespéroit, ayant rétabli le pape en santé en trois
jours de temps, Clément lui accorda pour lui-même
l'archevêché de Mayence, & l'obligea de l'accepter.
Pierre gouverna ce siége pendant quinze ans. D'autres

prétendent que ce fait fingulier de fon élévation ne regarde que l'évêché de Bafle , & que ce fut après qu'il eut été ainfi élevé fur ce fiége , qu'il paffa à celui de Mayence par la voie ordinaire. Il mourut le 5 de juin 1320. En 1310 il avoit couronné roi de Bohême Jean , fils du comte de Lutzelbourg. * Trithème, *in chronic. & de vir illuſt.* Urſtiſius , *chron. Baſil.* Melchior Adam , *in vitis medicor. Germanor.* Bruſch. *de epiſcop. Moguntin.*

PIERRE , de la famille de *la Gazata* , famille noble de Reggio en Italie , fut élevé avec foin ; & dès fa plus tendre jeuneffe il embraffa la regle de S. Benoît dans le monaftere de S. Profper de Reggio. Ce fut l'abbé Albertini qui le reçut au nombre de fes moines , le premier novembre 1348. L'année fuivante 1349, n'ayant que quatorze ans, il manqua d'être enlevé par les ennemis de fa famille , dans le château de Gazata , qui leur appartenoit , au territoire de Reggio. Mais le prompt fecours de fon pere le tira de leurs mains. En 1363 , par un bref du pape Urbain V , donné la premiere année de fon pontificat, il fut fait abbé du monaftere même de S. Profper. Urbain VI le fit *fous-collecteur* en 1384; & en 1391 Ugolin, évêque de Reggio, le fit vicaire général. Il mourut en 1414 , âgé d'environ 80 ans , & fut enterré dans l'églife de S. Matthieu , qui porte aujourd'hui le titre de *S. Roch*, où l'on voit encore fur une pierre l'infcription fuivante :

Hic jacet reverendus pater dominus noſter PETRUS DE LA GAZATA , *abbas monaſterii ſancti Proſperi inferioris de Regio. Qui promotus fuit* M CCC LXIII , *menſe aprilis , die* XVII. *Obiit autem die* XXVI *febr.* M CCCC XIV.

Pierre de la Gazata eft repréfenté fur cette tombe , que l'on trouve gravée dans le tome XVIII de la collection des écrivains de l'hiftoire d'Italie par M. Muratori. Pierre a continué la chronique de Reggio , commencée par fon grand oncle Sagacio de la Gazata , *dont nous parlerons en fon lieu.* Celui-ci avoit commencé fa chronique à l'an 1272 , & l'avoit terminée à l'an 1353. Pierre la reprit à cette année , la continua jufqu'en 1388, & fit quelques notes fur plufieurs endroits de l'ouvrage de Sagacio fon oncle , ou fon grand oncle. M. Muratori qui le premier a publié cette chronique dans le tome de la collection *dont on vient de parler* , en fait beaucoup d'eftime.

PIERRE DE CORBERIA , ou de CORBARIO , anti-pape, ainfi appellé , parcequ'il étoit natif de Corberia dans le diocèfe de Riéti en Italie , fe nommoit *Pierre Rainalutio* ou *Raimache* , & prit l'habit de l'ordre de S. François. De fon temps , Louis de Baviere & Frédéric d'Autriche avoient été élus empereurs en concurrence. Le pape Jean XXII ne fut pas favorable à Louis , qui , pour s'en venger , fe rendit maître de Rome , & y déclara pape Pierre de Corberia , fous le nom de *Nicolas* V , le jour de l'Afcenfion 12 mai de l'an 1324. Michel de Cefenne , général des Cordeliers , & les principaux de fon ordre , mal fatisfaits du pape, s'étoient attachés à l'empereur , & approuverent cette élection. Ils revêtirent Pierre des' habits pontificaux , l'introduifirent dans l'églife de S. Pierre , le porterent par leurs confeils à créer des cardinaux , à fe faire des officiers , & à excommunier même le véritable pontife , qui étoit à Avignon. Cette cour fchifmatique fut obligée de fortir de Rome le 4 août de la même année , parceque les habitans ouvrirent leurs portes au légat que Jean XXII envoyoit accompagné des troupes de Robert , roi de Naples, Elle fe retira à Pife ; mais ce ne fut pas pour long-temps : car la crainte du châtiment diffipa cette cabale , & obligea les Pifans de fe foumettre humblement au pape , & de lui livrer l'anti-pape. D'autres affurent qu'il demanda lui-même qu'on l'y conduisît : on le fit ; & lorfqu'il fut arrivé devant ce pontife , il confeffa ingénument fa faute , en

demanda pardon & l'obtint. Le pape ne voulût pas néanmoins le renvoyer , de peur que quelque prince mécontent ne fe fervît encore de lui pour troubler la paix de l'églife. On le logea dans un appartement du palais , avec défenfe d'en fortir ; mais on lui donna des livres , & on le traita très-doucement à fa prifon près. Il mourut deux ou trois ans après. *Cherchez* JEAN XXII. * *Confultez* Villani. Naucler. Bzovius, Sponde , &c.

PIERRE THOMAS, patriarche de Conftantinople, né au diocèfe de Sarlat dans le Périgord , en un village nommé *Sales* , prit l'habit de l'ordre des Carmes à Condom ; & après avoir enfeigné plufieurs années la philofophie & la théologie à Bourdeaux , à Albi , à Agen , & à Cahors , il vint à Paris pour y prendre le dégré de docteur , qui lui fut accordé d'une façon extraordinaire. Au lieu de cinq ans qu'il devoit employer à faire fon cours , felon les ftatuts de l'univerfité , ce temps fut réduit pour lui à trois années, au bout defquelles il fut reçu docteur avec beaucoup d'applaudiffement. Enfuite il fe rendit à Avignon , où le faint fiége avoit été transféré , & où le pape Clément VI le créa docteur régent en théologie dans fa cour pontificale. Après la mort de ce pontife , arrivée en 1352 , il fut choifi pour conduire fon corps à l'abbaye de la Chaife-Dieu , dans le Vélai. Innocent VI , qui fuccéda à Clément , fit beaucoup d'eftime de Pierre Thomas , & l'envoya vers les Génois , pour régler le différend qu'ils avoient avec les Vénitiens. Depuis il le fit nonce apoftolique au royaume de Naples , près du roi Louis & de la reine Jeanne. Enfin il le députa vers l'empereur Charles IV & vers le roi de Rafcie , contrée de Hongrie , qui fe faifoit appeller empereur de Bulgarie ; & parceque cette légation étoit plus importante que les deux autres , le pape l'honora de la dignité d'évêque de Patti , & de Lipari en Sicile. En 1356 , ce prélat fut envoyé en qualité de légat vers le roi Louis de Hongrie , afin de négocier quelque accommodement entre lui & les Vénitiens , ce qu'il exécuta avec fuccès. Mais la plus célèbre ambaffade dont il fut honoré , eft celle qu'on lui confia lorfque le pape eut appris que Jean Paléologue , empereur de Conftantinople , vouloit rentrer dans l'union de l'églife catholique : il s'y employa avec tant de zèle & de prudence , que l'empereur renonça au fchifme , & promit obéiffance au pape & à l'églife romaine. Au retour de cette légation , le pape l'établit légat général par toute la Thrace , révoquant tous les autres légats particuliers de ces pays-là , & lui fit changer l'évêché de Patti pour ceux de Cotone & de Vierpont , l'un fous l'archevêché de Patras , & l'autre fous celui d'Athènes. En cette qualité il partit pour Conftantinople , avec bon nombre de vaiffeaux & de galeres qu'il conduifoit à l'empereur , afin de l'affifter dans la guerre qu'il avoit contre le Turc. Cet illuftre prélat s'expofa courageufement dans toutes les occafions pour animer les chrétiens , & fit quantité de belles actions , pendant les quatre années que dura fa légation. Après avoir facré Pierre de Lufignan roi de Chypre , il entreprit de rétablir en cette ifle la pureté de la foi catholique ; & fit enforte que le primat des Grecs , avec tous les évêques & prêtres fchifmatiques , fe foumettant à l'obéiffance de l'églife romaine , à quoi jufqu'alors on avoit travaillé inutilement. Ce faint légat voyant que les affaires du chriftianifme étoient enaffez bon état dans les provinces de l'Orient , & que le roi de Chypre Pierre de Lufignan étoit réfolu de paffer dans la Terre fainte , pour recouvrer le royaume de Jérufalem , lui perfuada de venir demander du fecours aux princes d'Orient , & de conférer avec le pape , qui étoit alors Urbain V. Le roi approuva cet avis , & vint à Avignon , l'an 1362 , avec Pierre Thomas , que le pape fit bientôt après archevêque de Candie. Alors il furvint un différend entre fa fainteté & le duc de Milan , pour les prétentions qu'ils avoient

r la ville de Bologne. Pierre fut choifi par le pape
ur terminer cette affaire importante , & vint à bout
: faire remettre au faint fiége la ville de Bologne. Dans
temps qu'il demeura à Bologne, il contribua beau-
up à l'établiſſement de l'univerſité de cette ville,
ont les docteurs le reconnoiſſent encore aujourd'hui
ur le principal inſtituteur de leur collége. Enfin la
oiſade fut réſolue, & le pape nomma pour chef &
néral de cette entrepriſe, Jean, roi de France; & pour
gat le cardinal de Perigueux, dit Taleyrand. A l'égard
u roi de Chypre, il fut prié de faire tous les prépa-
tifs néceſſaires, comme étant voiſin des infidéles ;
ais le roi & le cardinal étant morts peu de temps
près, toute l'affaire fut commiſe à Pierre Thomas,
ue le pape nomma au patriarchat de Conſtantinople,
& qu'il fit légat du faint fiége pour le paſſage de la
Terre ſainte, & dans toutes les provinces de l'Orient.
e rendez-vous général fut aſſigné dans la ville de
thodes, d'où l'armée partit vers la fin du mois de
eptembre 1365. Les chrétiens prirent la ville d'Alexan-
lrie le 4 octobre ſuivant ; mais n'oſant pourſuivre la
victoire, ils abandonnerent la ville qu'ils avoient con-
quiſe, pour retourner en Chypre. Là, Pierre Thomas qui étoit affoibli de pluſieurs bleſſures qu'il avoit
reçues devant Alexandrie, en tenant la croix au milieu de l'armée, pour faire une fiévre dont il mourut
e 6 janvier 1366. Les miracles qu'il fit pendant ſa
vie & après ſa mort, lui firent donner le nom de Saint;
& les bleſſures qu'il avoit reçues dans une bataille contre
les infidéles, lui acquirent celui de martyr, qui lui fut donné
par un décret de la congrégation des Rits du 11 juin 1618.
* Philippe de Maizieres. M. l'abbé Le Beuf, mémoire
ſur la vie de Philippe de Maizieres, dans les mémoires de l'académie des inſcriptions, tome XVII.
PIERRE de la PALU, évêque de Jéruſalem, cherchez
PALU (Pierre de la)
PIERRE DE BAUME, en latin de Palma, ainſi
nommé, du lieu de ſa naiſſance, qui eſt une petite ville
de la Franche-Comté, auprès de Beſançon, a été également illuſtre dans l'univerſité de Paris, & dans l'ordre de S. Dominique, où il entra jeune à Beſançon.
Il fut nommé en 1321 par le chapitre général de ſon
ordre pour lire les ſentences à Paris l'année ſuivante,
fut reçu depuis docteur en théologie, & eut l'honneur
d'être un de ceux que Philippe de Valois appella l'an
1333 à Vincennes, pour prendre leurs avis ſur ce qui
avoit été avancé touchant la viſion béatifique par le pape
Jean XXII, contre lequel Pierre ſe déclara. Ce fut la
même année qu'il fut fait provincial de France, & il
exerçoit encore cet emploi, lorſqu'il fut élu ſupérieur
général de ſon ordre, le 31 mai de l'an 1343. Pierre
a compoſé divers ouvrages qui n'ont pas été imprimés, quoiqu'ils le méritent autant que beaucoup d'autres. On garde dans la bibliothéque publique de Baſle
deux exemplaires de ſa poſtille ſur les quatre évangiles:
ouvrage connu de Jean de Torquemada qui les a cités,
& qui a été copié par Vincent Bandella & par pluſieurs autres qui ſe ſont aviſés d'appeller l'auteur Pierre
de Pologne. On garde auſſi dans la bibliothéque de
l'égliſe de S. Gatien, à Tours, les moralités du même
auteur ſur les quatre évangiles, que Guillaume Jouan,
grand archidiacre de cette égliſe, & Victor d'Avanne,
chanoine de la même égliſe, qui ont dreſſé & publié
le catalogue des manuſcrits de la bibliothéque de ſaint
Gatien de Tours, aſſurent être courtes, mais ſavantes &
ſenſées. Il eſt certain qu'il y a encore d'autres ouvrages du même auteur, puiſque Guillaume Chifflet dit
qu'il avoit trois ou quatre commentaire ſur
les épîtres, ainſi que ſur les évangiles. Pierre ne gouverna pas long-temps ſon ordre, puiſqu'il mourut dès
le premier mars 1345. Il étoit encore à Paris, où il
fut inhumé. * Echard, ſcript. ord. FF. Præd. t. I.
Biblioth. eccleſiaſtica Turonenſ. metropol. pag. 77
& 78.
PIERRE D'AUVERGNE, chanoine de l'égliſe de

Paris, à compoſé vers l'an 1320, une ſomme de queſtions quodlibétiques, qui ſe trouve manuſcrite dans la
bibliothéque de M. Colbert. * Du Pin, bibliothéque des
auteurs eccléſiaſtiques du XIV ſiécle.
PIERRE, moine de Clairvaux, a écrit quelques
opuſcules pour la réforme des mœurs ; entr'autres
une épître au nom de Jeſus-Chriſt, à Innocent VI, datée de l'an 1353 ; une lettre de Lucifer aux mondains,
datée de l'an 1351, & un traité de la puiſſance du
pape, qui ſe trouvent manuſcrits dans la bibliothéque de
M. Colbert, cod. 1602. * Du Pin, biblioth. des aut.
eccleſ. du XIV ſiécle.
PIERRE BERCHEUR, cherchez BERCHORIUS.
PIERRE DE PATERNIS, de l'ordre des Hermites de S. Auguſtin, a fleuri vers l'an 1350, & a
écrit un ouvrage de la néceſſité & de la ſuffiſance
de la vie humaine, que l'on trouve manuſcrit dans la
bibliothéque de M. Colbert, avec un traité contre les
Juifs. * Du Pin, bibliothéque des auteurs eccléſiaſtiques du XIV ſiécle.
PIERRE NATALIS ou DE NATALIBUS, cherchez NATALIBUS.
PIERRE DE HERENTALS, bourg de Brabant,
chanoine régulier de Prémontré, & abbé de Floreff,
a fleuri à la fin du XIV ſiécle, & vécu, ſelon quelques-
uns, juſqu'à l'an 1436. Il eſt auteur d'un gros commentaire ſur les pſeaumes, tiré des peres & des autres
commentateurs, imprimé à Cologne en 1487, à Ru-
thlingen, en 1498 ; à Rouen en 1504, & à Cologne en 1554. Il avoit auſſi fait un commentaire de même
nature, ſur les quatres évangiles, qui ſe trouve manuſcrit dans la bibliothéque de l'abbaye de Floreff,
& une chronique juſqu'à l'an 1383, qui ſe trouve
manuſcrite dans la bibliothéque de M. Colbert. M.
Baluze a donné des abrégés des vies des papes d'A-
vignon, compoſées par cet auteur. * Du Pin, biblioth.
des auteurs eccléſiaſtiques du XIV ſiécle.
PIERRE DE ANCHARANO, cherchez ANCHA-
RAN.
PIERRE DE LUXEMBOURG, cardinal, évêque de
Metz, né en 1369, étoit fils de GUI de Luxembourg,
premier comte de Ligni, & de Mahaud de Châtillon,
comteſſe de S. Paul. Du côté de ſon pere, il ſortoit
d'une maiſon qui a donné quatre empereurs à l'Allemagne ; d'ailleurs couſin au quatriéme dégré de Ven-
ceſlas, qui étoit alors empereur & roi de Bohême,
& de ſon frere Sigiſmond, roi de Hongrie, qui parvint depuis à l'empire. Après avoir achevé ſes études
en philoſophie & en droit canon dans l'univerſité de
Paris, il fut pourvu d'un canonicat dans l'égliſe cathédrale de cette ville, puis de la dignité d'archidiacre
en l'égliſe de Chartres. Le pape Clément VII, oppoſé à Urbain VI, le fit évêque de Metz en 1384, à
l'âge de 15 ans, perſuadé que ſa ſageſſe & ſa vertu
ſuppléeroient à ſa grande jeuneſſe. Il le manda enſuite
à Avignon, où il le créa cardinal en 1386. Mais ce
ſaint prélat mourut l'année ſuivante, d'une maladie contractée par ſes grandes auſtérités. Le pape Clément VII,
ſucceſſeur d'Adrien VI, le déclara bienheureux l'an
1517. * Gazet, hiſtoire eccléſiaſtique des Pays-Bas. Anonym. dans Du Chêne. Baillet, vies des ſaints, au 5
juillet.
PIERRE DE DRESSEN ou DRESDEN, ainſi
nommé, parcequ'il étoit natif d'une ville de ce nom,
dans la province de Miſnie en Saxe, vivoit dans le
XV ſiécle, & débitoit les erreurs des Vaudois ; ce
qui le fit chaſſer de ſon pays. Il ſe retira à Prague,
ville de Bohême, pour gagner de quoi vivre, en en-
ſeignant à lire aux enfans. Quelque temps après, il attira auprès de lui un de ſes amis, nommé Jacobelle,
avec lequel il publioit ſes erreurs : criant ſur-tout contre le retranchement de la coupe, comme parlent les
hérétiques au ſujet de la communion ſous une ſeule
eſpéce. Il ſe joignit enſuite aux Huſſites du pays, &
compoſa des livres pour établir ſa fauſſe créance,

* Æneas Sylvius, *Bohem.* ç. 5. Bonfinius, *hist. Bohem.*
Sandere , *hæres.* 175, 178. Pratéole ou Du Preau,
V. Petr. Dref. &c.

PIERRE D'OSMA , Espagnol , professeur en théologie dans l'université de Salamanque , soutint dans le
XV siécle , que la confession étoit un établissement humain , & non une institution divine. Ce qui fut condamné comme hérétique , & par les théologiens , & par le pape Sixte IV. * Génébrard ,
in Sixto IV.

PIERRE DE BRUNIQUEL , ainsi nommé du bourg
où il naquit , étoit religieux de l'ordre de S. Augustin ,
& fut évêque de Neustat au commencement du XV
siécle , vers l'an 1410. Il fut un des hommes de son
temps qui possedoit le mieux l'écriture , & composa
une histoire de l'ancien & du nouveau testament ; des
commentaires sur les proverbes de Salomon , l'ecclésiaste , le cantique des cantiques , &c. * Trithème ,
de script. ecclef.

PIERRE DE SAINTE - FOI , religieux de l'ordre
des Carmes , & Anglois , dans le XV siécle , fut docteur de Paris , savant professeur & habile prédicateur.
Il fut nommé inquisiteur de la foi en Angleterre , contre les sectateurs de Wiclef , & y mourut au couvent
de Norwic , le 8 novembre de l'an 1462. Il a composé divers ouvrages , des sermons , des commentaires
sur les épîtres de S. Paul & sur celles de S. Pierre ;
*Praconia sententiarum ; Alphabetum theologiæ ; Pla-
cita theologiæ ; Determinationes variæ , &c.* * Lucius ,
in bibl. Carm. Alegre , *in parad. Carm.* Pitseus , *de
script. Angl.*

PIERRE CANDIDE DECEMBER , *cherchez* DE-
CEMBER.

PIERRE DE SABLÉ , ou PIERRE DE BOU-
HERE (en latin *Petrus Sabulensis* , ou *Petrus Bou-
herius Sabulensis*) étoit peut-être de la ville de Sablé en Anjou , ou du village de Sablé dans le comté d'Avignon. C'est la conjecture de l'abbé Ménage , dans
sa continuation manuscrite de l'histoire de Sablé. Ce
savant ajoute , qu'il y a eu autrefois au Maine une famille du nom de Bouhere , ainsi appellée du village
de Bouhere dans le voisinage de Sablé , mais qu'il ignore
si Pierre *dont nous parlons* étoit de cette famille.
Quoi qu'il en soit , ce Pierre de Sablé ou de Bouhere
a fait imprimer un livre de Conrad intitulé : *Magistri
Conradi Thuricensis magnum Elucidarium , omnes
historias & poëticas fabulas continens , quæ super montes , valles , amnes , fontes , locos , urbes & omnia in
poëtarum monumentis loca famigerabilia.* Ce Conrad
vivoit en 1473 , & ce livre a été imprimé *in-4°.* à
Paris en 1513 , chez Gormont. L'éditeur a mis au
commencement une élégie latine , où il dit entr'autres
choses qu'il a fort corrigé cet ouvrage.

> *Malleo at intereà debetur gratia nostro,
> Vindice quo tersus prosilit iste liber.*

Il a mis aussi à la fin du livre ces vers hendécassyllabes
à la louange de cet ouvrage :

> *Quisquis historias recentiores
> Fabellas quoque litteratiores
> Exoptat minimis habere nummis ,
> Gormonti citò quærito officinam.
> Illâ quod petis , ære quippe parvo ,
> Ubertim invenies. Gravem crumenam
> Dissolvens , sophiâ sacratiore
> Ibis lucidus , expolitus , auctus ,
> In quascumque voles migrare terras.*

PIERRE (Jean de la) en latin *de Lapide* , docteur
de Paris , puis Chartreux , auteur de divers traités de philosophie & de théologie , vivoit en 1494. Il étoit Allemand , & se nommoit en sa langue *Heynlin.* * Petreius ,
biblioth. p. 207.

PIERRE D'ALCANTARA (S.) religieux de l'or-

dre de S. François , né l'an 1499 , à Alcantara , ville
de la province d'Estrémadure , en Espagne , étoit fils du
jurisconsulte *Alfonse* Garavito , gouverneur de cette
ville , & de Murcie , de Villéla , de Sanabria. Ayant
fait son cours d'humanités & de philosophie , il fut envoyé à Salamanque , pour y étudier , & entra dans
l'ordre de S. François , dans le couvent de Manjarez ,
où il fit profession. Il fut ensuite envoyé à un couvent
solitaire , proche de Bellevize , & de - là à Badajox , où
il fut fait supérieur du couvent nouvellement établi.
Il fut ensuite gardien du couvent de Notre-Dame des
Anges. Le roi de Portugal Jean III le fit venir à sa
cour ; mais il n'y demeura pas long-temps , & revint
à Alcantara , où il pacifia les troubles de sa province.
Il y fut élu provincial en 1538. En 1542 , il se retira
avec quelques autres religieux de son ordre sur la montagne d'Arabida en Portugal , près de l'embouchure du
Tage , où il établit une réforme , qui fut approuvée en
1554 par Jules III. Cette réforme fit une nouvelle congrégation dans l'ordre de S. François ; & S. Pierre d'Alcantara établit plusieurs couvens qui la suivirent. Ils furent
distingués des autres appelés *Conventuels* , ou *les nouveaux Observantins.* S. Pierre mourut le 18 octobre de
l'an 1562. Il a été béatifié l'an 1622 , par Grégoire XV ,
& canonisé en 1669 par Clément IX. * *Vie de Pierre
d'Alcantara* , par Jean de Sainte-Marie , par Martin
de S. Joseph , par Antoine Huart , & par le pere
Courtot.

PIERRE D'ARANDA , évêque de Cagliari , &
maître d'hôtel du pape Alexandre VI , sur la fin du XV
siécle , fut accusé & convaincu vers l'an 1500 , d'avoir
des sentimens impies & hérétiques. Il croyoit que la loi
Mosaïque reconnoissoit un seul principe , & la Chrétienne trois , qui étoient le Pere , le Fils , & le S. Esprit ; que
si Jesus-Christ étoit Dieu , il n'avoit point souffert. Il se
moquoit des indulgences ; mangeoit de la viande le vendredi & le samedi ; déjeûnoit avant que de dire la
messe ; & nioit qu'il y eût un purgatoire & un enfer. Il
fut dégradé & confiné dans le château Saint-Ange.
* Bzovius , *A. C.* 1508. Sponde , *A. C.* 1498 , n. 10.

PIERRE ARETIN , *cherchez* ARETIN.

PIERRE DE NAVARRE , capitaine célèbre , né
d'une famille de la lie du peuple , dans la Biscaye , s'é-
leva par son propre mérite aux premieres dignités militaires. On dit qu'il avoit été laquais du cardinal d'Aragon , & que dans la suite se souvenant de ce premier
dégré de sa fortune , il prit pour sa dévise une autruche ,
laquelle après avoir éclos ses œufs , regardoit ces petits
qui en étoient sortis , avec ces paroles , *diversa ab aliis
virtute.* Il servit quelque temps sur mer , puis alla en Italie , où il se mit auprès d'un capitaine Florentin , dans la
guerre de Lunigiane , & s'y distingua tellement , qu'on
ne parloit que de sa valeur. Peu après Gonsalve , dit *le
grand Capitaine* , l'attira dans son armée , se servit de
lui à la conquête du royaume de Naples , & connut l'an
1503 quelle étoit la capacité de ce grand homme , à la
prise du château de l'Œuf à Naples ; car ce fut là que
Navarre inventa le premier les mines , quoique d'autres
assurent que les Génois s'en étoient servi. Il servit en
d'autres occasions importantes , & fut capitaine général
de la mer , dans la ligue que les Espagnols & les Vénitiens firent contre les Turcs. En 1509 , il fut mis par le
cardinal Ximenès , archevêque de Tolede , à la tête des
troupes qui étoient destinées pour passer en Afrique
contre les Maures , auxquels il enleva Oran , Bugi , Tripoli , &c. y eut le titre d'amiral d'Espagne , & ne put
empêcher que son armée ne souffrit beaucoup en l'isle
de Gerbes. Depuis étant de retour en Italie , il fut fait
prisonnier par les François , à la bataille de Ravenne
l'an 1512. Les Espagnols se mirent peu en peine de le
faire sortir de prison , où il languit jusqu'au commencement du regne de François I. Cette dureté lui donna
du dégout pour une nation qu'il avoit servie si utilement :
de sorte qu'attiré par les honnêtetés & les avances du
roi , il s'engagea à son service ; mais il fut pris l'an 1528 ,

s lé royaume de Naples, où il avoit accompagné lé
nte de Lautrec. Quelques auteurs difent qu'il fut étran-
en prifon pat ordre de l'empereur Charles-Quint.
utres affurent qu'il y mourut de chagrin. Gonfalve
dinand, prince de Seffe, fit enterrer fon corps dans
life de fainte Marie la Neuve à Naples, & y fit mettre
te infcription fur fon tombeau : *Offibus & memoria
ri Navarri Cantabri, folerti in expugnandis urbibus
e clariffimi, Confalvus Ferdinandus, Ludovici filius,
gni Confalvi Sueffiæ principis nepos, ducem, Gal-
um partes fecutum, pro fepulcri munere honeftavit.
c in fe habet virtus, ut vel in hofte fit admirabilis.*
Paul Jove, *in elog.* Alvarez Gomez, *hift. l. 4.* Bran-
ne, *vies des capit. étrang.*

PIERRE (Nicolas) furnommé *du Bofc*, ancien pro-
feur de rhétorique au collége de Lifieux à Paris, étoit
nfidéré de MM. Blondel, Picard, Caffini, & de la
upart des favans. Il poffedoit les langues favantes, les
lles lettres, la philofophie ancienne & la moderne,
théologie & les mathématiques. Affez content de la
putation qu'il avoit acquife à profeffer de vive voix,
ne s'eft pas fort mis en peine d'écrire. Cependant
. Noël d'Argonne, Chartreux, dit dans fes mélanges
'hiftoire, donnés fous le nom de Vigneul-Marville,
u'il a vu entre les mains des amis de Nicolas Pierre,
ne critique latine des ouvrages d'Homere, une rhéto-
ique, une traduction françoife de la poétique d'Ariftote,
& des feuilles volantes fur divers fujets, entr'autres fur
a poëtique d'Horace, où il entreprend de faire voir,
contre le fentiment de quelques-uns, que cet ouvrage
ft écrit avec beaucoup d'art & de méthode. Il avoit une
opinion particuliere touchant les cometes, qu'on ne
ra pas fâché de voir ici. Voici comment il l'expliquoit :
*Il eft certain qu'il s'exhale continuellement de toute la
terre, quantité de matieres, qui tendent vers la moyenne
région de l'air, & qui en defcendent après en pluie, en
neige, &c. & que ces matieres ont la direction de leur mou-
vrment depuis le centre de la terre vers la moyenne région,
& de la moyenne région vers le centre de la terre. Je fuppofe de même qu'il s'exhale des matieres du corps du
foleil, qui ont la direction de leur mouvement depuis le
centre du foleil vers le firmament, & du firmament vers
le centre du foleil. Les taches obfervées au foleil en font
une preuve convaincante. Je dis donc, qu'il s'exhale
continuellement du centre du foleil vers le firmament des
matieres, & que ces matieres venant à s'enflammer, de
quelque endroit que ce foit, forment les cometes. Et
comme une poignée de paille étant en l'air, jette fa flamme vers la moyenne région, de même ladite matiere étant
enflammée en un certain point, jette fes flammes vers le
firmament. Ainfi il eft évident que la queue de la comete
paroîtra toujours oppofée au foleil, en quelque endroit
que ce foit ; & parcequ'affez fouvent la bafe de cette
queue paroît un peu courbé, cela vient du mouvement du
tourbillon du foleil. Selon cette hypothèfe, il peut arriver
des cometes dans tout l'efpace qui eft depuis le centre du
foleil jufqu'au firmament, fans que jamais elles paroiffent en forme de cometes à l'entour de la terre, à caufe
de la mixtion des matieres terreftres, & des matieres fo-
laires. La démonftration par laquelle on prétend prouver
qu'il ne fe fait point de cometes au-deffus de Saturne,
ne me femble pas générale : outre que les obfervations
qu'on emploie pour le montrer, me paroiffent très-difficiles, & quelques-unes même impoffibles. Au refte, il
eft aifé de voir par cette hypothèfe, pourquoi les cometes
font plus groffes au commencement, & pourquoi elles diminuent en marchant, & d'autant qu'elles s'éloignent toujours de la terre vers le firmament.* * De Vigneul-Marville, *mélanges d'hiftoire, &c. pag. 211.*

PIERRE (Corneille de la) en latin, *Cornelius à
Lapide*, ou *Cornelius Cornelii à Lapide*, docte Jéfuite,
natif d'un village dans le diocèfe de Liége, fe confacra
très-jeune au fervice de Dieu dans la compagnie de
Jéfus. Il apprit les langues, & fur-tout l'hébraïque & la

grècque ; & ayant fait un grand progrès dans les belles
lettres & dans la théologie, il s'attacha particulierement à l'étude de l'écriture-fainte, qu'il cultiva quarante
ans avec une affiduité furprenante. Il témoigne lui-même
qu'il aimoit extrêmement la folitude, & qu'il en faifoit
fon plaifir, parcequ'il y méditoit la loi du Seigneur. Il
a compofé dix volumes de commentaires fur l'écriture ;
mais ces commentaires font extrêmement diffus, & pleins
de queftions hors de fon fujet. Ce pere enfeigna long-
temps à Louvain, puis à Rome, où il mourut faintement le 12 mars de l'an 1637, âgé de 71 ans. * Alea-
gambe, *de fcript. foc. Jefu.* Valere André, *bibl. Belg. &c.*

☞ PIERRE DE S. LOUIS (le Pere) grand
Carme qui s'eft fait un nom par fon poëme de la Magdeléne, *chef d'œuvre de piéufe extravagance*, ainfi que
l'appelle M. de la Monnoye. Ce religieux naquit dans le
diocèfe de Vaifon, l'année 1626. Son pere fe nommoit
Jacques Barthelemy. A l'âge de dix-huit ans le jeune Barthelemy devint amoureux d'une demoifelle nommée
Magdeléne. Quelques années après, lorfqu'il étoit fur
le point de l'époufer, elle mourut de la petite vérole.
Cet événement le plongea dans la douleur & la mélancolie. Il réfolut de quitter le monde. Il fongeoit à entrer chez les Dominicains, lorfqu'il fe reffouvint que fa
maîtreffe, quelques jours avant fa mort, lui avoit fait
préfent d'un fcapulaire. Cette circonftance fuffit pour
lui perfuader que Dieu le vouloit Carme. Il embraffa
cette profeffion. Le P. Pierre de S. Louis avoit du goût
pour la poéfie : il s'y appliqua dans fon nouvel état ;
mais voulant fanctifier fes talens, il réfolut d'entreprendre un poëme facré, & de chanter les actions de
quelque faint ou de quelque fainte. Le prophéte Elie,
qu'il croyoit fondateur de fon ordre, & la Magdeléne,
patrone de fa maîtreffe, fe préfenterent d'abord à fon
efprit. Il fe détermina pour la Magdeléne ; mais quelques
jours après il revint au prophéte Elie. Il crut que ce fujet
lui fourniroit un champ plus vafte & plus fécond. D'ailleurs le mot d'*Eliade*, qu'il devoit donner à fon poëme,
le charmoit par la reffemblance qu'il avoit avec le mot
Iliade ; & cela même lui paroiffoit devoir être d'un heureux augure pour le fuccès de fon ouvrage. Il fe mit
donc à y travailler ; mais une prétendue révélation interrompit fon ouvrage, & lui fit reprendre le poëme de
la Magdeléne. En voici l'occafion. Un jour qu'il étoit
à la fainte Baume, il crut voir en fonge fon ancienne
maîtreffe, qui après avoir lancé fur lui des regards pleins
de couroux, lui reprocha fon inconftance, lui ordonna
de reprendre fon ancien travail, & lui annonça qu'il
mourroit dans l'année s'il y manquoit. Ce fonge, que
fon imagination réalifa, décida du fort de fon poëme.
L'auteur remit fur le métier le poëme de la Magdeléne.
Il fut au moins cinq ans à le faire, à le retoucher, &
à le polir à fa façon. Cela prouve que le mauvais, porté
à un certain dégré original, peut tout autant couter que
l'excellent. On prétend qu'il a été des jours entiers fur
un feul vers. Tel eft peut-être celui dans lequel il repréfente la Magdeléne, méditant à la vue d'une tête de
mott fur la fragilité de la vie :

Elle voit fon futur dans ce préfent paffé.

Quand le poëme fut achevé, il fallut que l'auteur fe
donnât beaucoup de mouvemens pour obtenir de fes
fupérieurs la permiffion de l'imprimer. Il vint à bout de
lever tous les obftacles : la Magdeléne fut imprimée fous
le titre de *la Magdelaine au défert de la fainte Baumé
en Provence, poëme fpirituel & chrétien.* L'ouvrage
long-temps publié *incognito*, demeura dix ans dans la
boutique de l'imprimeur. Quelqu'un en ayant eu par
hazard un exemplaire, le fit fi bien connoître, que l'on
s'empreffa de l'acheter, & qu'il fallut bientôt en faire
une feconde édition. Le P. de S. Louis ne vit pas
cette efpece de triomphe de la Magdeléne : il étoit mort
avant que fon ouvrage reffufcitât. Si l'on veut connoître
ce poëme, on peut confulter l'édition que M. de la Mon-

noye en a fait faire, & le jugement qu'il en a porté. On dit que le P. Pierre de S. Louis finit auffi, après huit ans de travail, fon poëme de l'*Eliade*, qu'on prétend être encore plus fingulier que celui de la Magdeléne. Quoi qu'il en foit de ce fecond poëme, qui n'eft point imprimé, la poéfie épique n'étoit pas le feul talent du P. Pierre de S. Louis. Cet auteur étoit le plus habile homme de fon fiécle pour faire des anagrammes. On affure qu'il avoit anagrammatifé tous les papes, tous les empereurs, les rois de France, les généraux de fon ordre, & prefque tous les faints. Il croyoit, dit-on, avec les rabbins cabaliftiques, que la deftinée des hommes étoit marquée dans leurs noms. Il citoit le fien en preuve, parceque dans ces deux mots *Ludovicus, Barthelemi*, il avoit trouvé cette anagramme, *Carmelo fe devovet*, & en françois, *il eft du Carmel*. Il mourut d'une hydropifie de poitrine : on ne dit ni en quel lieu, ni à quel âge. * *Lettre de M. l'abbé Folard à M. le Marquis d'Aubais, fur le P. Pierre de S. Louis, grand Carme*, dans le *Mercure de France*, juillet 1750. M. l'abbé Goujet, *biblioth. françoife*, tome XVII. *Mémoires de Trévoux*, avril 1757, 2ᵉ volume.

PIERRE (de) en latin *PETRI*. La maifon de PIERRE DE BERNIS tire fon origine des anciens feigneurs de la baronie de Ganges, en Languedoc, auffi du nom de Pierre (*Petri*) dont elle eft iffue : ce qui eft reconnu par le procès-verbal des preuves de nobleffe faites par l'abbé comte de Bernis aujourd'hui cardinal, pour fa réception de chanoine & comte de Lyon, & inférées par extrait dans fes preuves de commandeur de l'ordre du S. Efprit.

Ces feigneurs connus dès le XI fiécle, & notamment dans la première croifade, au fiége d'Antioche en 1098, (voyez l'*hiftoire de Languedoc*, par les RR. PP. Bénédictins, tome II, p. 309.) étoient vaffaux des comtes de Melgueil ou Mauguio, pour une partie de la baronie de Ganges, érigée depuis en marquifat. Ils le furent enfuite des évêques de Maguelonne, depuis l'union du comté de Melgueil au domaine de l'évêché de Maguelonne, transféré à Montpellier en 1536 par le pape Paul III.

Les feigneurs de Ganges, outre cette baronie, ont poffédé les terres de Briffac, de Poupian, de Montaulieu, de Gignac, de Molieres, de Cazillac, de Soubeiras, &c. & enfuite les baronies de Pierrefort, d'Hierle, de Caftries, de Montfrin, &c. dont celle d'Hierle, entr'autres, étoit compofée de 23 paroiffes. Ils ont été doublement alliés à la maifon de Touloufe, par le mariage de *Vierne* d'Anduze avec *Raymond* I de Pierre, baron de Ganges, *comme nous le dirons ci-après*; & par *Alzace* ou *Alzacie* de Pierre (*Alzacia*) que l'hiftorien de Languedoc nomme *Allemande*, fille de *Raymond* III de Pierre, feigneur de Ganges, mariée en 1253 à *Pierre-Bermond* II d'Anduze, feigneur de Sauve & en partie d'Alais, qualifié comte de Gevaudan. Voyez l'*Hiftoire de Languedoc*, tome III, p. 477.

La branche aînée des feigneurs de Pierre, barons de Ganges, fondit avant l'an 1330, felon l'opinion de D. Vaiffete, hiftorien de Languedoc, dans la maifon de Pierrefort, par le mariage de *N*. de Pierre, baronne de Ganges, fille & héritiere de *Raymond* IV, avec *Gilbert* de Pierrefort, qualifié *noble & puiffant homme & chevalier*, fils de *Bertrand* de Pierrefort, & de *Marie* de Saint-Juft, dame d'Hierle & de Caftries, &c. Leurs enfans porterent le nom de Pierre (*Petri*) & continuerent la branche des barons de Ganges jufqu'en 1508, qu'elle tomba en quenouille, par deux fœurs héritieres, dont l'une appellée *Françoife* de Pierre ou de Pierrefort, dame d'Hierle, de Pierrefort & de Briffac, époufa en 1522 *Jean* de Befiers, baron de Venejan; & l'autre nommée auffi *Françoife* de Pierre, époufa peu après *N*. de Saint-Etienne, qui fut pere de *Henri* de Saint-Etienne, baron de Ganges, qui de *Françoife*

de Lortz eut pour fille & héritiere *Jeanne* de Saint-Etienne, mariée en 1629 à Pons de la Tude, *alias* de Viffec, maréchal des camps & armées du roi, duquel defcendent les barons & marquis de Ganges d'aujourd'hui.

On ne fuivra ici les dégrés de filiation de la branche aînée des anciens barons de Ganges que jufqu'en 1218, époque de la féparation de la branche cadéte de cette maifon, formée par *Guillaume* de Pierre, cinquième fils de *Pons* II, baron de Ganges, & d'*Egline* fa femme, dont les enfans formerent les différentes branches des feigneurs de Pierre établies à Nifmes, à Beaucaire, au Sauzet dioèefe d'Uzez, à S. Marcel d'Ardeche en Vivarais, & à Lunel; defquelles il ne fubfifte plus que 1°. la branche des feigneurs des Ports, établie à Lunel, 2°. celle des feigneurs de Loubatiere, établie à Nifmes depuis environ 70 ans, qui eft un rameau de celle des feigneurs des Ports; & 3°. la branche des feigneurs de Bernis de S. Marcel, &c. marquis de Pierre-Bernis. Ces trois branches, qui alors n'en formoient que deux, ont été déclarées forties d'une même tige, par le jugement contradictoire rendu en 1668 par M. de Bezons, commiffaire du roi pour la vérification des titres de nobleffe dans la province de Languedoc.

La généalogie hiftorique de la maifon de Pierre devant être imprimée féparément avec les preuves, on ne donnera ici que celle de la branche des marquis de Pierre-Bernis, & on fe contentera d'indiquer l'époque de la féparation des autres, & de donner la filiation des branches aujourd'hui fubfiftantes.

Les armes de cette maifon font, *d'azur à la bande d'or furmontée d'un lion paffant de même*; pour cimier un *demi lion au naturel armé d'une épée*, & pour cri ou devife, ARMÉ POUR LE ROI.

GÉNÉALOGIE DE LA MAISON DE PIERRE DE BERNIS.

I. PIERRE de Pierre (*Petri*) baron de Ganges, que l'hiftorien de Languedoc croit fils de *Guillaume* de Pierre, qui joua un rolle confidérable au fiége d'Antioche en 1098, vivoit fur la fin du XI fiécle. Il fit une donation à l'églife de Ganges, qui fut confirmée par fes deux fils, *Raymond* de Pierre, mort fans poftérité; & PONS de Pierre, qui fuit.

II. PONS I de Pierre, baron de Ganges, conjointement avec *Raymond* fon frere, confirma la donation faite par *Pierre* leur pere, & donna de plus à Gautier, évêque de Maguelonne, l'églife de S. Pierre de Ganges, avec les dixmes, les prémices, les oblations, le cimetiere & le charroi de la dixme de tous les raifins des vignes plantées & à planter depuis le fleuve de Sumene jufqu'à Ganges, voulant que ledit évêque puiffe difpofer de ces chofes comme vrai feigneur. L'acte de cette donation eft de l'an 1116, & prouve que ledit Pons I fut pere de RAYMOND, qui fuit.

III. RAYMOND I, baron de Ganges, confirma dans le même acte de 1116, les donations faites à l'évêque de Maguelonne, par *Pons* de Pierre, fon pere, *Raymond* fon oncle, & *Pierre* de Pierre, fon aieul. Il rendit hommage en 1162 à *Béatrix* comteffe fouveraine de Melgueil, veuve de *Berenger-Raymond* comte de Provence, de la ville & fortereffe de Ganges.

Cet hommage contient en même temps un traité de paix, par lequel ladite comteffe *Béatrix* & ledit *Raymond* de Pierre s'obligent réciproquement à fe foutenir foit en paix foit en guerre : ce traité eft garanti par plus de trente feigneurs, &, entr'autres, par le Bermond d'Anduze & de Sauve, par les Gaucelins de Cornone, par les feigneurs de Montferrier, de Roquefeuil, de Montlaur, &c. Les actes de 1116 & 1162 font en original dans les archives de l'évêché de Montpellier.

Raymond de Pierre époufa *Vierne* d'Anduze, dont il eut trois fils & plufieurs filles; 1. PONS de Pierre, qui a

inué la defcendance ; 2. *Guillaume* de Pierre ; &
Raymond de Gignac , qui ne paroiffent pas avoir pris
liance. Ledit Raymond I fit fon teftament en 1172,
lequel il deftina une maifon pour recevoir les pau-
s , & donna à l'hôpital de Ganges cinq métairies.
t Pons II de Pierre, fon fils aîné , héritier des terres
Ganges, de Montaulieu, &c. Il donna à *Guillaume*
Pierre, fon fecond fils , la ville de Gignac , & le
teau de Poupian. Il ordonna que *Raymond* de Gi-
c, fon troifiéme fils , fut chanoine de l'églife de Ma-
donne , à laquelle il légua cinq cens fols ; il donna
is mille fols melgoriens à chacune de fes filles. Ce
tament eft en original dans les archives du domaine
Montpellier.

IV. Pons II , baron de Ganges, fils aîné & prin-
al héritier de Raymond I , prit en inféodation en
75 , affifté de Vierne fa mere , le fief & feigne de
olieres , de Bernard d'Andufe. Il donna en 1204 à
erre , roi d'Aragon , qui avoit époufé cette même an-
e l'héritiere de Montpellier , l'alleu de la feigneurie de
oupian , qu'il reprit en fief dudit roi , à condition de
lever à l'avenir de la feigneurie de Montpellier. Il fit
ar fon teftament en 1218 , plufieurs fondations confi-
érables , confirma celles qu'avoit faites fon pere , donna
Egline fa femme la jouiffance de la plus grande partie
e fes terres ; & inftitua Raymond , fon fils aîné,
éritier des terres de Ganges , de Briffac , & de plus de
quarante paroiffes ; confirmant la donation qu'il lui
avoit faite en le mariant. Il donna à *Pons* de Pierre,
on fecond fils , la ville de Gignac & le château de Poupian ; il ordonna que *Guillaume* de Gignac , fon troifiéme fils , fût reçu chevalier , & deftina fes deux derniers fils *Bernard* de Raymond & GUILLAUME
de Pierre , qui fuit , à être chanoines de Maguelonne ,
ou moines , ne léguant à chacun d'eux que 500 fols
melgoriens. Il donna à *Monpaon* , fa fille , cent marcs
d'argent , deftina *Anceline* , fa derniere fille , à être religieufe , & déclara que fa fille *Elizabeth* étoit déja mariée.
Les actes de 1175 , 1204 & 1218 font en original
dans les archives du domaine à Montpellier.

RAYMOND de Pierre, fils aîné & principal héritier
de Pons III , fut pere de PONS III de Pierre baron de
Ganges, qui continua la branche aînée de cette maifon , de l'extinction de laquelle nous avons donné l'époque ci-deffus ; & d'*Alzace* ou *Allemande* de Pierre,
qui époufa en 1253 , comme nous l'avons déja dit ,
Pierre-Bermond II d'Andufe, feigneur de Sauve , &c.
veuf de *Joferande* de Poitiers.

On ignore fi *Pons* de Pierre, *Guillaume* de Poupian & *Bernard* de Raymond eurent des enfans : on
fait feulement que *Pons* de Pierre, feigneur de Gignac
& de Poupian, fut tué en 1242 , au fervice du roi
S. Louis , dans un combat où Amalric vicomte de Narbonne battit les troupes royales que ce prince avoit envoyées contre le comte de Touloufe. Voyez l'*Hift. de
Languedoc* , tom. III , p. 440.

V. GUILLAUME de Pierre, deftiné par fon pere à
être chanoine de Maguelonne , ainfi que *Bernard* de
Raymond fon frere , acquit conjointement avec lui &
Guillaume de Cannes, leur oncle maternel, la feigneurie
& directe de la maifon où ils habitoient alors dans la
ville de Melgueil ou Mauguio , fuivant un acte de 1245.
Il étoit établi à Nifmes avant 1250 , & y acquit de
nouvelles poffeffions en fief & en franc alleu par acte
de 1286. Il fut écuyer du roi Philippe *le Bel* , & châtelain d'Aigue-morte ; fuivant des actes de 1294 &
1295 , qui prouvent qu'il fut pere de BERTRAND I , qui
fuit. Les actes de 1245 , 1286 , 1294 , 1295 , &c.
ainfi que tous ceux que nous citerons dans la fuite de
cette généalogie , font dans les archives des différentes
branches de cette maifon.

VI. BERTRAND I avoit époufé *Ermeffinde* , dont il
eut BERTRAND II , qui fuit ; & *Pierre* de Pierre
(*Pâtri*) qu'on croit auteur de la branche de la maifon

de Pierre , établie à Beaucaire , & qui y a fubfifté plus
de deux fiécles. *Ermeffinde* , veuve dudit Bertrand I ,
rétrocede , par acte de 1315 , à BERTRAND II fon fils
tous les biens contenus dans la donation que fondit fils
lui en avoit ci-devant faite. Lefdits BERTRAND II &
Pierre de Pierre, freres , procédérent en 1329 au partage des biens de Bertrand I leur pere , confiftant en
maifons , moulins , terres nobles & allodiales , en fiefs
& directes , tant dans le territoire de Nifmes que de
S. Geniés , & de plufieurs autres paroiffes.

VII. BERTRAND II , qualifié damoifeau dans des actes
de 1344 , 1347, &c. avoit époufé *Helis* de Roy (*Regis*)
qualifiée de Dame Madame (*Domina Domina*) de laquelle il eut PONS III de Pierre, qui fuit ; & *Guillaume*
de Pierre, comme il eft prouvé par des actes de 1348 ,
1383 & 1396.

VIII. PONS III , damoifeau de Nifmes , fut pere de
BERNARD de Pierre, qui fuit ; comme il eft prouvé par
l'acte de donation que *Guillaume* de Pierre établi à
Nofieres , au diocèfe d'Uzez , fit en 1383 à BERNARD
de Pierre fon neveu , fils de *Pons* III de Pierre, en
préfence & fous l'autorité d'*Helis* de Roy , mere dudit
Guillaume & aïeule dudit BERNARD , de tous les droits
que ledit *Guillaume* pouvoit prétendre fur les biens tant
paternels que maternels de *Bernard* fon neveu , moyennant la fomme de deux cens florins d'or , fauf & réfervées les fubftitutions.

IX. BERNARD de Pierre , qualifié damoifeau de
Nifmes , époufa en 1380 *Catherine* de S. Marcel , fille
de *Leger* de S. Marcel , damoifeau , & de *Perine* (*Pina*)
de Mirabel. La filiation de *Leger* de S. Marcel remonte
jufqu'en 1220 , par titres originaux , dans lefquels tous
fes ancêtres font qualifiés damoifeaux & chevaliers : ils
font toujours nommés les premiers dans tous les actes
concernant les feigneurs & la communauté de S. Marcel.
On ignore s'ils ont pris le nom de cette terre , ou s'ils
lui ont donné le leur : ils en ont fans doute poffédé la feigneurie entiere ; mais cette maifon a formé tant de branches dans les temps reculés, que la juftice en a été extrêmement divifée. Cette alliance lui apporta la principale portion des feigneuries de la ville de S. Marcel d'Ardeche , de S. Etienne de Dions , de S. Julien du Colombier en Vivarais , que cette maifon poffede encore aujourd'hui en titre de marquifat fous la dénomination de
Pierre Bernis. Ledit Bernard , au nom de Catherine de
S. Marcel fa femme , rendit hommage defdites terres à
Jean évêque de Viviers en 1413. Ils eurent pour fils
JACQUES de Pierre, qui fuit ; & *Bertrand* de Pierre,
dont la poftérité qui a fubfifté jufqu'en 1550 , à Saufet ,
porta le nom de Bernis , & dont les feigneuries & directes
ont paffé depuis dans des maifons étrangeres , comme
nous le dirons plus bas ; *Catherine* de S. Marcel, veuve
de *Bernard* de Pierre , fit donation par acte de 1435
de tous fes biens à *Jacques* de Pierre l'un de fes fils , fe
réfervant l'ufufruit & la part qu'elle avoit dans les biens
& hérédités de *Bertrand* de Pierre fon autre fils , au lieu
de Saufet ; & elle fit un codicille en 1440.

X. JACQUES de Pierre, rendit hommage à Guillaume de Poitiers , évêque de Viviers , en 1443 , conjointement avec *Bertrand* fon frere , des terres de S. Marcel , de S. Etienne de Dions , de S. Julien du Colombier , &c. Il époufa *Egline* de Sarrafin , fille de *Jean* de
Sarrafin , dont la dot ne fut conftituée qu'en 1462 , par
Pons de Sarrafin fon frere , feigneur de Chambonet &
de Ligeac , confidérant qu'Egline fa fœur avoit depuis
long-temps époufé ledit *Jacques* de Pierre, lequel fit
fon teftament un mois après la conftitution de la dot de
fa femme , le 10 mai 1462 , par lequel il déclare qu'il
veut être enterré à Saufet dans le tombeau de fes ancêtres. Il y fait plufieurs ordonnances & legs pieux. Il
légue à *Bertrand* de Pierre, fon frere germain , dix florins d'argent ; à *Egline* de Sarrafin , fa femme , fon entretien tant qu'elle reftera en viduité , & cent florins
d'or fi elle paffe à de troifiémes nôces ; il légue pour

dot à *Maragde* de Pierre fa fille , quatre cens florins d'or, & au pofthume à naître de fadite femme cent florins ; il inftitue fon héritier univerfel JEAN I de Pierre, fon fils , qui fuit ; & lui fubftitue ; en cas de mort fans enfans légitimes, Bernis de Pierre fon neveu , & les freres dudit Bernis , fils de *Bertrand* de Pierre fon frere.

XI. JEAN I , conjointement avec Bernis de Pierre, fon coufin germain , rendit hommage des terres de S. Marcel, de S. Etienne de Dions , de S. Julien du Colombier, &c. à Claude de Tournon , évêque de Viviers , en 1501. Il avoit époufé en 1482 *Jeanne* de la Molette, fille de *Jean* , feigneur de Morangies, de laquelle il eut, 1. LOUIS, *qui a formé la branche des feigneurs des Ports, dont nous parlerons après celle-ci* ; 2. BERTRAND III , qui fuit ; 3. *Jacques* , & plufieurs filles. Il fit fon teftament en 1517, par lequel il inftitue LOUIS de Pierre, fon fils aîné , pour fon héritier univerfel , & lui fubftitue , en cas de mort fans héritier légitime, fes deux autres fils, l'ordre de primogéniture obfervé. Il légue à BERTRAND III de Pierre , fon fecond fils , la fomme de 200 florins ; à *Jacques* de Pierre, fon troifiéme fils , 200 florins ; à *Claudine* de Pierre , fa fille, femme de *Pierre* de Villeneuve de Trans , 20 florins , outre fa dot ; à *Gaillarde* de Pierre , fa fille, femme du feigneur de Montaulieu , 20 florins auffi , outre fa dot ; & à *Agnès* de Pierre , fa troifiéme fille ; 100 florins.

XII. BERTRAND III , rendit hommage en 1549 à Charles de Tournon , évêque de Viviers , pour les feigneuries de S. Marcel, S. Etienne de Dions , S. Julien du Colombier, S. Juft, Melinas , &c. qu'il poffédoit tant du propre de fes ancêtres, que comme acquéreur d'Etienne & Guillaume de Roc, freres ; & il fit au roi fon dénombrement des mêmes terres en 1551. Il fut marié quatre fois. Il époufa 1°. en 1540, *Jeanne* de Chalançon-Polignac, morte fans poftérité ; 2°. en 1548 *Chriftine* de Geys, dont il eut une fille morte en bas âge ; 3°. en 1550 *Guifette* Duranc de Vibrac , morte fans enfans ; 4°. en 1557 *Louife* d'Artifeld , fille de *Louis* , feigneur de Jonquiers & de Bagnols , & d'*Ifabeau* de Barjac , de laquelle il eut JEAN II de Pierre , qui fuit. En 1564, 1565 & 1566, *Louife* d'Artifeld, alors fa veuve , donna des quittances au nom de *Jean* de Pierre fon fils , & de *Bertrand* de Pierre fon mari.

C'eft elle qui a eu le bonheur de conferver à la ville de S. Marcel d'Ardeche tout ce qui lui refte de fes anciens habitans. Lorfque le comte d'Acier (de la maifon de Cruffol) chef des religionaires , vint en faire le fiége en 1567, elle comprit bien qu'un lieu, qui n'étoit défendu que par un fimple mur & par des habitans fans chef, ne pourroit fe foutenir long-temps contre une armée de près de dix mille hommes ; & elle prit le parti d'envoyer un de fes gens au comte d'Acier, pour le prier de fe fouvenir des liaifons & de l'amitié qui étoient entre leurs maifons. Ce général ayant écouté ce qu'on lui difoit du haut d'une tour de la part de la dame de S. Marcel , répondit que non-feulement ce qui compoferoit fa maifon feroit refpecté, mais encore tous ceux qui auroient le bonheur d'y être reçus. Ce difcours ayant été entendu de ceux qui défendoient les remparts , ils les abandonnerent fur le champ pour aller fe réfugier dans le lieu qui devoit leur fervir d'afyle ; enforte que la ville fut prife par efcalade , & tout ce qui fe rencontra hors du château de la dame de S. Marcel paffé au fil de l'épée. Le comte d'Acier vouloit faire auffi abattre le clocher ; mais Louife d'Artifeld dame de Bernis lui ayant fait repréfenter qu'elle pourroit être écrafée par les débris , à caufe de la proximité de fa maifon , il fe contenta de faire rompre les cloches pour les emporter. La reconnoiffance des habitans a fait paffer d'âge en âge à S. Marcel & dans les lieux circonvoifins la tradition de ce fait dont ils ont confervé la mémoire jufqu'à préfent. L'hiftoire de Languedoc

tom. V , pag. 282, ne fait monter qu'à deux cens le nombre des catholiques qui furent tués à S. Marcel en cette occafion.

XIII. JEAN II hérita non-feulement des feigneuries de S. Marcel , S. Etienne de Dions , S. Julien du Colombier , S. Juft , Melinas , &c. que poffedoit Bertrand III fon pere , mais encore de celles que poffédoit dans les mêmes lieux la branche des feigneurs de Bernis, formée en 1440 par BERTRAND , fecond fils de *Bernard* de Pierre & de *Catherine* de S. Marcel. Lors de l'extinction de cette branche vers 1550 , il prit auffi le nom & la qualité de feigneur de Bernis , que fes defcendans ont toujours confervés , quoique la terre de Bernis ait paffé fucceffivement dans les maifons de Rochemore, de Bérard-Montalet, de Toiras, & de la Rochefoucaud. Il rendit hommage defdites feigneuries à Jean de l'Hoftel, évêque de Viviers , en 1597, & en fit au roi le dénombrement la même année. Il fut meftre de camp d'un régiment de gens de pied , & reçut un don du roi Henri IV, de la fomme de 1198 écus , pour les bons & fidéles fervices qu'il lui avoit rendus en cette qualité , & ne ceffoit de lui rendre , comme il eft prouvé par des lettres patentes des années 1595 & 1597.

Il époufa *Catherine* de Beziers, fille de *Pierre* , feigneur de S. Julien , au diocèfe d'Uzez , & de *Catherine* de Beziers , comme il eft prouvé par le teftament dudit Jean II , du 18 feptembre 1604 , dans lequel il inftitua pour fon héritiere univerfelle *Catherine* de Beziers fa femme , à la charge de rendre la moitié de fon héritage à JEAN-JACQUES de Pierre de Bernis leur fils , lorfqu'il fe mariera , & l'autre moitié à la fin des jours de fadite femme, fubftituant à fon fils, en cas de mort fans enfans légitimes, *Catherine* de Beziers, & *François* de Joannayre , feigneur majeur de S. Julien au diocèfe d'Uzez , fon frere utérin , chacun pour moitié ; & il ratifia les claufes de fon contrat de mariage paffé devant Domergue, qui n'avoit pas pû être groffoié par la mort fubite dudit notaire. *Catherine* de Beziers céda en 1622 à *Jean-Jacques* de Pierre de Bernis fon fils, la moitié des biens de *Jean* II, fon pere. Elle avoit tefté en 1614 ; & par fon teftament elle avoit fait une fondation pour fa chapelle de fainte Marguerite dans l'églife paroiffiale de S. Marcel , & plufieurs legs pieux. Elle avoit auffi inftitué fon héritier univerfel ledit *Jean-Jacques* fon fils , & lui avoit fubftitué fucceffivement, & en cas de mort fans enfans , *Françoife* de Beziers fa fœur , *Henri* de Montagu ou Montaigu , dit *Fromigere*, chevalier de l'ordre de S. Jean de Jérufalem ; & *Joachim* de Montaigu.

Catherine de Beziers étoit d'une branche cadéte de l'illuftre maifon de Beziers , en latin de *Biterris*, qui s'eft entierement éteinte avant 1630. Le roi Philippe Augufte avoit donné en 1220 à *Pierre* de Beziers la baronie de Venejan dans le diocèfe d'Uzez , compofée de douze à quinze paroiffes. Cette maifon a poffédé en même temps la baronie de Bagnols , & fes armes font encore fur le grand clocher : elle portoit *d'azur à trois cuvéttes d'or, deux en chef & une en pointe*.

XIV. JEAN-JACQUES de Pierre , chevalier, feigneur de Bernis , S. Marcel , S. Etienne , S. Julien , S. Juft , Melinas , &c. eut une compagnie de cent hommes de guerre à pied dans le régiment de Chamblay , par commiffion de 1619. Il en eut une autre dans le régiment du prince de Phalfebourg de cent hommes, par commiffion de 1627 , augmentée jufqu'au nombre de 150 hommes, par commiffion de 1629. Il fut tué au fervice du roi en 1636 , à Fontanete en Milanez , commandant ledit régiment de Phalfebourg , comme il eft prouvé par l'inventaire de fes effets fait après fa mort, par le fieur Deftouches , commiffaire général des guerres à l'armée du roi en Italie , en date du 17 juin 1636.

Il époufa en 1621 *Anne* de Cauviffon de Nogaret, fille de *Jean* de Cauviffon , feigneur d'Aujargues , & de

Magdeléne de Rochemore. De ce mariage il eut 1. JEAN-
LOUIS, qui a continué la descendance ; 2. *Antoine*,
mort sans postérité ; & 3. *Jeanne-Louise*. Par son testament en 1635 , il demanda à être inhumé dans sa chapelle de sainte Marguerite. Il institua son héritier universel JEAN-LOUIS son fils aîné, & légua à *Jeanne-Louise*
& à *Antoine* ses enfans, leur légitime sur tous ses biens,
augmentant celle d'*Antoine* de Pierre son fils de la
somme de 3000 livres.

XV. JEAN-LOUIS de Pierre , chevalier, seigneur de
Bernis , S. Marcel, S. Etienne , S. Julien , S. Just ,
Melinas , &c. fut cornette des chevaux-légers du duc
de Mercœur, comme il est prouvé par les lettres & certificats de service donnés par ce duc en 1650 & 1651.
Il cultiva les lettres , & se servit utilement du génie heureux qu'il avoit pour les affaires. Ses lumieres & sa droiture le faisoient rechercher avec empressement, par tous
les seigneurs de sa province & des provinces voisines
pour arbitre de leurs différens. Son zèle pour le service
du roi & de l'état lui fit exposer plus d'une fois sa vie
aux plus grands dangers, & en particulier lors de la révolte qu'on qualifia dans le Vivarais de guerre du Roure.
Dans le temps même que les révoltés commettoient le
plus d'excès & qu'ils donnoient le plus d'inquiétude au
gouvernement , il fut seul dans leur camp près du lieu
de la Chapelle, & dans sa premiere entrevue avec Roure,
il fut assez heureux pour ramener au devoir l'esprit de ce
chef des révoltés ; mais peu s'en fallut qu'il ne lui en
coutât la vie, car lorsque Roure & ses lieutenans proposerent les moyens de pacification & de soumission dont
ils étoient convenus ensemble , l'émeute fut si grande
que toute l'autorité du général eut bien de la peine à
contenir l'emportement & l'animosité des soldats, qui
demandoient à grands cris la mort du seigneur de Bernis ;
ensorte qu'il fut contraint de demeurer pendant un jour
entier caché chez le chef des révoltés , & de sortir du
camp déguisé. Il ne perdit cependant ni l'espérance ni
le courage. Il se tint à portée du camp de Roure, &
ayant eu avis que les esprits étoient un peu calmés, il y
retourna & harangua publiquement les révoltés avec
tant de force & d'éloquence , qu'il fit mettre bas les
armes à cinq ou six mille hommes, dont le chef , quelque temps après, fut d'autres prétextes, fut puni de mort,
& sa tête exposée sur les murs de Privas.

Il épousa en 1657 *Isabeau* de Blou-Laval, fille de *Jean-
Antoine* II , seigneur de Laval, S. Andiol , Baladun , &c.
mestre de camp d'infanterie , issu d'une très-ancienne
maison , alliée à celles de la Ferté-Sennetere, de Gourdon , de Laval-Loué , de Rohan, &c. & de *Claudine*
de Rochemore , après en avoir obtenu la dispense du
pape , à cause de sa parenté avec ladite *Isabeau* de
Blou; & de l'aveu & consentement de François de Blou,
seigneur de Laval, de Jean-Antoine de Pierre , seigneur
des Cadenedes, & de Henri de Sennetere , abbé du Mo-
nestier , de Joachim de Montaigu , marquis de Bouzols ,
& autres leurs parens , &c. De ce mariage sont issus
1. JOACHIM, qui suit ; 2. *Jeanne* , mariée en 1682 à
Joseph de la Fare, fils de *Louis* & d'*Isabeau* de Gast ;
3. *Anne*, mariée en 1700 à *Henri* de Beauche-de-Vers,
marquis des Beaux, grand sénéchal de Provence, fils de
François, marquis des Beaux, & de *Sibylle* de Porcelet ;
4. *Françoise* , religieuse Ursuline en 1688. *Isabeau* de
Blou fit son testament en 1681 , dans lequel elle est qualifiée de *haute & puissante dame* , *femme de
haut & puissant seigneur Jean-Louis de Pierre*, &c. elle
y légue à ses trois filles leurs droits & légitimes sur ses
biens , & institue pour son héritier universel ledit JEAN-
LOUIS son mari, à la charge de remettre son héritage
à JOACHIM leur fils.

XVI. JOACHIM de Pierre , chevalier, seigneur de
Bernis , S. Marcel , S. Etienne , S. Julien , S. Just ,
Melinas , &c. baron de Châteauneuf & de Presailles , &c. a été page du roi en sa grande écurie en
1686 ; puis capitaine de cavalerie dans le régiment de

Cayeux , par commission de 1688 , où il a servi 17 ans.
Il accepta en 1707 la donation que *Jean-Louis* de Pierre
de Bernis son pere lui fit de tous ses biens , sous la réserve de l'usufruit. Il épousa en 1697 *Marie-Elizabeth*
du Chastel , fille de haut & puissant seigneur *Christophe* du Chastel , baron de Condres , seigneur d'Au-
roux , le Scellier , Feuilletin , &c. & de *Louise* du
Chastel , barone de Châteauneuf , issue d'une très-ancienne maison alliée à celles d'Apchier , de Fay-Mau-
bourg , de Polignac, de la Tour-d'Auvergne , &c. De
ce mariage naquirent 12 enfans , dont 8 morts en bas
âge ; les 4 autres sont 1. PHILIPPE-CHARLES-FRAN-
ÇOIS , qui suivra ; 2. *François-Joachim* , cardinal de
Bernis , *mentioné ci-après* ; 3. *Héléne-Françoise* , mariée le 8 septembre 1728 à *Claude* de Narbonne-Pelet,
baron de Salgas , chef de la quatrieme branche de cette
maison ; *voyez* PELET, & 4. *Gabrielle-Elizabeth* ,
religieuse Ursuline à Bagnols. *Marie-Elizabeth* du Chastel
confirma par son testament , en 1735 , la donation qu'elle
avoit faite dans le contrat de mariage d'*Héléne-Françoise* sa fille avec le baron de Salgas , légua à ses autres
enfans leur légitime , & institua son héritier universel
JOACHIM son époux , lequel par son testament du 8 janvier 1743 nomma *Philippe-Charles-François* son fils
aîné pour son héritier universel , & légua à *François-
Joachim* de Pierre de Bernis , comte de Brioude , son
second fils , à *Héléne-Françoise* de Pierre de Bernis,
sa fille aînée , femme du baron de Salgas , & à *Gabrielle-Elizabeth* de Pierre sa fille puînée , leurs droits
de légitime sur tous ses biens & ceux de la dame son
épouse , tels qu'ils seront réglés par leurs parens &
amis.

XVII. PHILIPPE-CHARLES-FRANÇOIS de Pierre ,
chevalier , seigneur de Bernis , S. Marcel , S. Etienne ,
S. Julien , S. Just , Mélinas , &c. baron de Châteauneuf
& de Presailles , &c. substitué aux biens, noms & armes
des maisons de Blou-Laval & des vicomtes de Gourdon,
par les testamens de *Jean-Antoine* de Blou son bisaïeul,
& de *Flotard* vicomte de Gourdon son cinquieme aïeul,
est né le 12 février 1714 : il a été page du roi en sa petite écurie en 1729 ; ensuite cornette au régiment de
Stanislas-Roy, aujourd'hui Royal-Pologne , où il a
servi jusqu'en 1744. Ayant vendu les baronies de Châteauneuf & de Presailles au diocèse du Puy, il a obtenu
en 1751 l'union de ses terres & fiefs à son château de la
ville de S. Marcel , qui ont été érigées en marquisat ,
sous la dénomination de Pierre-Bernis, par lettres patentes
registrées contradictoirement au parlement de Toulouse
& à la chambre des comptes ; & par arrêts du même
parlement rendu contradictoirement en 1757 , le marquis de Pierre-Bernis a été maintenu & déclaré seigneur
de la ville de S. Marcel , de S. Etienne , de Dions , de
S. Julien du Colombier , &c. paroisses réunies au consulat de S. Marcel dans le bas Vivarais.- Il a épousé
le premier juin 1746 *Renée* d'Arnaud de la Caslagne,
seconde fille & donataire de haut & puissant seigneur
Paul-Abdias d'Arnaud , baron de la Cassagne & du
Pouget , & de *Renée* de Bonnier , fille du président
de ce nom. De ce mariage sont nés trois garçons & une
fille , morts peu après leur naissance.

FRANÇOIS-JOACHIM de Pierre de Bernis, second fils
de *Joachim* , seigneur de Bernis, S. Marcel , &c. baron de Châteauneuf & de Presailles , & de *Marie-
Elizabeth* du Chastel , soudiacre , a été reçu chanoine & comte de Brioude. le premier décembre
1739 ; de l'académie françoise , au mois de décembre 1744 ; chanoine & comte de Lyon le 18 juillet
1749 ; nommé ambassadeur du roi à Venise, au mois
d'octobre 1751 ; abbé commendataire de l'abbaye
royale de S. Arnoul de Metz , le 22 juin 1755 ; ambassadeur extraordinaire & ministre plénipotentiaire du
roi en Espagne , au mois de septembre 1755 ; ministre
plénipotentiaire du roi pour le traité de Versailles , qu'il
a signé en cette qualité le premier mai 1756 ; conseiller

d'état eccléfiaftique le 27 juin ; abbé commendataire de l'abbaye royale de S. Médard de Soiffons, le 25 août fuivant, (il remit alors l'abbaye de S. Arnoul de Metz ;) ambaffadeur près leurs majeftés impériales en octobre de la même année ; fait miniftre d'état le 2 janvier 1757 ; fecrétaire d'état & des commandemens au département des affaires étrangeres en juin ; prieur de la Charité-fur-Loire en octobre de la même année ; abbé commendataire de l'abbaye royale de Trois-Fontaines en février 1758 ; reçu commandeur de l'ordre du S. Efprit le 14 mai fuivant ; & nommé cardinal de la S. E. R. le 2 octobre 1758.

Le marquis & le cardinal de Bernis joignent aux avantages des grandes alliances que leur maifon a contractées dans tous les temps, l'honneur ineftimable d'avoir des parentés avec le roi du 11e au 10e, du 11e au 11e, du 12e au 10e, & du 12e au 11e dégré, par les maifons de Laval, de Rohan, & d'Albret, ainfi qu'il eft amplement rapporté dans les preuves que l'abbé comte de Bernis à faites pour être reçu commandeur de l'ordre du S. Efprit.

BRANCHE DES SEIGNEURS DES PORTS.

XII. LOUIS de Pierre, fils aîné de JEAN I, feigneur de S. Marcel, S. Etienne, S. Julien, &c. & de *Jeanne* de la Molette de Morangies, *comme nous l'avons dit plus haut*, chevalier, feigneur des Ports, &c. demeurant à Lunel ; époufa en 1536 *Ifabeau* Duranc de Vibrac, de laquelle il eut SAUVEUR de Pierre, qui fuit.

XIII. SAUVEUR de Pierre, chevalier, feigneur des Ports, &c. époufa en 1565 *Antoinette* de Foucard, de laquelle il eut JEAN I de Pierre, qui fuit.

XIV. JEAN I du nom dans cette branche, chevalier, feigneur des Ports, &c. époufa en 1610 *Jeanne* des Martins, de laquelle il eut 5 fils ; 1. ANTOINE de Pierre, qui fuit ; & 5. ABEL de Pierre, qui a formé la branche des feigneurs d'Arennes & de l'Antiffargue, *rapportée ci-après*.

XV. ANTOINE de Pierre, chevalier, feigneur des Ports, &c. gouverneur pour le roi de la ville de Lunel, époufa en 1657 *Louife* de Villars, de laquelle il eut 1. JEAN II de Pierre, qui fuit ; & 2. PONS-SIMON de Pierre, qui a formé la branche des feigneurs de Loubatiere, *rapportée après celle-ci*.

XVI. JEAN II de Pierre, chevalier, feigneur des Ports, &c. capitaine de dragons dans le régiment de Languedoc, gouverneur de la ville de Lunel, mort en 1710, avoit époufé *Elizabeth* de Pierre fa coufine germaine, fille d'*Abel* de Pierre, chevalier, feigneur d'Arennes, & d'*Ifabeau* de Sandres, de laquelle il eut ANDRÉ de Pierre, qui fuit.

XVII. ANDRÉ de Pierre, chevalier, feigneur des Ports, &c. fut d'abord lieutenant, & enfuite capitaine dans le régiment de Montconfeil, dans lequel il a fervi pendant dix ans. Il époufa en 1732 *Anne-Thérèfe* de Nigri, fille de *Pierre-Henri-Jofeph* de Nigri de Blonac, de laquelle il a eu 1. *François-Pierre* de Pierre, feigneur des Ports, garde de la marine, mort à Louis-Bourg en 1756 ; & 2. PONS-SIMON-FRÉDÉRIC de Pierre, qui fuit.

XVIII. PONS-SIMON-FRÉDÉRIC de Pierre, comte de Bernis, feigneur des Ports, fucceffivement lieutenant au régiment de Briffac, capitaine au régiment de Montcalm, cavalerie, aide-maréchal général des logis de la cavalerie à l'armée du bas Rhin, & aujourd'hui colonel au régiment des Grenadiers de France, a époufé le 15 d'octobre 1755 *Marie-Hélène-Hyacinthe* de Narbonne-Pelet, morte à Paris le 11 avril 1756, & fille de *Claude*, baron de Salgas, Vebron, la Carriere, Montaigu, Montcamp, &c. chef de la quatriéme branche de la maifon de Narbonne-Pelet, *voyez* PELET, & de *Françoife-Hélène* de Pierre de Bernis, fœur du marquis & du cardinal de Bernis.

BRANCHE DES SEIGNEURS DE LOUBATIERE.

XVI. PONS-SIMON de Pierre, fecond fils d'ANTOINE de Pierre, chevalier, feigneur des Ports, &c. & de *Louife* de Villars, auffi capitaine de dragons dans le régiment de Languedoc, comme fon frere, s'établit à Nifmes, & époufa en 1702 *Françoife* de Pierre fa coufine germaine, fille de *Jean*, feigneur de Loubatiere, &c. de laquelle il eut entr'autres enfans FRANÇOIS de Pierre, qui fuit.

XVII. FRANÇOIS de Pierre, chevalier, feigneur de Loubatiere, &c. capitaine au régiment de Medoc, a époufé en.... *Anne-Renée* d'Arnaud de la Caffagne, fille aînée de haut & puiffant feigneur *Paul-Abdias* d'Arnaud, baron de la Caffagne & du Pouget ; & de *Renée* de Bonnier, & fœur aînée de la marquife de Pierre-Bernis, de laquelle il a eu quatre enfans, 1. PONS-SIMON de Pierre ; 2. *François* de Pierre ; 3. *Françoife*, & 4. *Anne-Renée* de Pierre.

BRANCHE DES SEIGNEURS D'ARENNES ET DE L'ANTISSARGUE.

XV. ABEL de Pierre, cinquiéme fils de JEAN I, feigneur des Ports, &c. & de *Jeanne* des Martins, *dont nous avons fait mention plus haut*, chevalier, feigneur d'Arennes, époufa en 1650 *Ifabeau* de Sandres, dame de l'Antiffargue, fille de *François* de Sandres, feigneur de l'Antiffargue, & de *Claudine* de Cadoule, de laquelle il eut entr'autres enfans MARC-ANTOINE de Pierre, qui fuit.

XVI. MARC-ANTOINE de Pierre, chevalier, feigneur d'Arennes & de l'Antiffargue, lieutenant-colonel du régiment de dragons de Valence, époufa en 1700 *Sufanne* de Bafchi, fille de *Henri* de Bafchi, feigneur de Rigols & de Magdas, de laquelle il a eu 4 fils morts fans poftérité ; & ANNE-ELIZABETH, qui fuit.

XVII. ANNE-ELIZABETH de Pierre, dame d'Arennes & de l'Antiffargue, mariée en 1723 avec LOUIS-CHARLES de Cambis, feigneur d'Orfan, marquis de Lagnes, dont elle a eu 1. JACQUES-FRANÇOIS de de Cambis, marquis de Lagnes, appellé *le vicomte de Cambis*, colonel du régiment d'infanterie de fon nom, qui a époufé en 1755 *Louife-Françoife-Gabrielle* de Henin-Lietard-de-Chimay ; 2. *N.* de Cambis, capitaine au régiment du roi dragons ; 3. *Louife-Caroline* de Cambis.

PIERRE DE BRUYS, héréfiarque, cherchez BRUYS.

PIERRE DE CORBEIL, cherchez CORBEIL.

PIERRE CRINITUS, cherchez CRINITUS.

PIERRE, dit le FOULON, cherchez FOULON.

PIERRE DE LUNE, cherchez BENOIST XIII, anti-pape.

PIERRE MARTYR, hérétique, cherchez VERMILLI.

PIERRE MARTYR, furnommé ANGLERIUS, cherchez MARTYR.

PIERRE REMOND, cherchez REMOND.

PIERRE DE VAUD, chef des hérétiques nommés *Vaudois* ou *Pauvres de Lyon*, cherchez VAUDOIS.

PIERRE DE S. ROMUALD, cherchez GUILLEBAUD (Pierre)

PIERRE DE VERBERIE, cherchez ORIOL.

PIERRE SCIS ou PIERRE ENCISE, c'eft un château du Lyonnois en France. Il eft fur la rive droite de la Saone, à l'entrée de la ville de Lyon. Ce château eft fort par fa fituation fur un rocher. Mais ce qui le rend fameux, c'eft qu'il fert fouvent de prifon aux prifonniers d'état. * Mati, diction.

PIERRE CHASTEL, célèbre Chartreufe du pays de Bugei, fondée l'an 1392, par Bonne de Bourbon, veuve d'Amédée VII comte de Savoye, en conféquence du du teſtament de ce prince, eſt ſituée ſur le Rhône, & a un fort avec un gouverneur pour le roi, dont les Chartreux payent la ſolde, ainſi que de quatre officiers, & de douze ſoldats.

PIERRE-LATTE, bon bourg du Dauphiné, ſitué près du Rhône, à une lieue de S. Paul-trois-Châteaux, vers le couchant. Il eſt au pied d'un rocher qui ſe trouve ſeul au milieu d'une plaine.

PIERRE-BUFFIERRE, bourg de France, ſitué dans le Limoſin, entre Limoge & Uſerche, environ à quatre lieues de la premiere, & à cinq de la derniere. * Mati, diction.

PIERRE-PORT, ou PIERRE-PERTUIS, paſſage étroit, taillé dans le roc, qui ſert de communication entre l'Uchtland, l'Erguel & le Munſtherthal. Il eſt fort proche de la ſource de la Birſſ, & du village de Tavane. Ce paſſage ſert de limites entre les évêchés de Baſle & de Lauſane. Pluſieurs auteurs croient que c'eſt l'ouvrage de Jules Céſar : il eſt certain au moins qu'il vient de quelque empereur Romain, ou d'un de ſes lieutenans chez les Helvétiens. Il a été fait, ſelon toute apparence, pour avoir un paſſage plus court du pays nommé Aventicum, dans la Séquanique. L'arcade eſt haute, & longue d'environ cinq braſſes. Du côté de Tavane, au-deſſus de la voute, on voit une inſcription preſque effacée, que les uns liſent ainſi :

Nominis Auguſti via ducta per ardua montis,
Feliciter ſcindens petram in margine fontis,
D'autres liſent : *Nimis Auguſti via ducta.*

Pierre Pithou l'a copiée ainſi :

Numini Auguſt.
Via facta per
Qu. Urſum paternum
II. vir. col. Helvet.

L'auteur des délices de la Suiſſe lit cette inſcription de cette maniere.

Numinib. Auguſt.
. . . . um .
Via facta per
Ur . . . . um pater . . . . um.
II. vir. col. Helvet.

Cet auteur ajoute que par ce peu de mots, on apprend que ce chemin a été fait par les ſoins d'un Paterius ou Paternus, duumvir ou chef de la colonie Helvétique qui étoit Avenche ſous l'empire des deux Antonins. Ce paſſage eſt fait de telle façon, qu'avec très-peu de monde, on peut arrêter toute une armée, à cauſe de la hauteur des rochers qui ſont tout autour, & du peu de largeur qu'a le paſſage. En 1367, les Bernois faiſant la guerre à Jean de Vienne, évêque de Baſle, prirent d'aſſaut ce paſſage, que l'évêque avoit fait garder par un retranchement, & s'ouvrirent ainſi un chemin dans le Munſtherthal. Ils ne perdirent que dix-huit hommes dans cette expédition. * Urſtiſ. t. I. Stumpf. l. 1, 2. Etat & délices de la Suiſſe, t. III, p. 275, &c.

PIERUS, pere ou fils de Linus, eſt mis au nombre des poëtes qui ont fleuri avant Homere ; c'eſt lui qu'on prétend avoir donné le nom au mont Pierius, d'où les Muſes ont été appellées Pierides. * Du Pin, biblioth. univerſ. des hiſtor. prof. tom. I. pag. 206, 207.

PIES, nom de certains chevaliers inſtitués par le pape Pie IV en 1560. Il en fit juſqu'à 535, pendant qu'il tint le ſiége, & voulut qu'à Rome & ailleurs, ils précédaſſent les chevaliers de l'empire, & ceux de S. Jean de Jéruſalem. Ils avoient la charge de porter le pape, lorſqu'il ſortoit en public, & étoient appellés comme tous les autres, *les chevaliers dorés*, parcequ'ils portoient l'épée & les éperons dorés. Le pape conféroit cet honneur indifféremment aux gens d'épée ou de robe, & leur donnoit le titre de comtes Palatins, avec penſion, & le privilége de faire des docteurs en toutes les facultés, des notaires publics, & de légitimer

les bâtards. * André Favin, *théatre d'honneur & de chevalerie.*

PIET (Baudouin VANDER) célèbre juriſconſulte Flamand, fils de George, qui exerçoit la même profeſſion, naquit à Gand le 11 août 1546. Il étoit d'une famille patricienne : il eut le quatriéme rang entre les maîtres-ès-arts à Louvain, l'an 1570. A la naiſſance de l'univerſité de Douai, il fut le premier qui eut le titre de bachelier. Lorſqu'il fut licencié, il ſe livra à la pratique du droit & à l'exercice du barreau. L'univerſité l'éleva au doctorat le premier février 1574, avec Lævinus Pontanus qui étoit auſſi de Gand. Piet fit tant d'honneur à l'univerſité de Douai, qu'on diſoit communément qu'il en étoit l'ornement, & que ſans lui elle eût manqué de ſa plus belle fleur. Sur quoi l'on fit ces deux vers :

Hujus in ore lepos talis, facundia PEITHO ,
Qualis in argutâ voce Periclis erat.

A une érudition profonde il joignoit un jugement ſolide, & une grande connoiſſance des coutumes & des loix de ſa patrie, ce qui n'étoit pas facile, ces loix & ces coutumes variant ſelon les endroits de ces provinces. Il avoit acquis une ſi grande confiance, que les grands le conſultoient également comme les petits, & que tous avoient pour lui une eſtime & même une vénération ſincere. Le conſeil de Malines convaincu de ſon mérite, le choiſit & le nomma pour le troiſiéme de ſes membres. Mais Piet aima mieux, comme on le lit dans ſon épitaphe, former des juges que d'être juge lui-même. Il étoit premier profeſſeur du droit civil à Douai, lorſqu'il mourut le 19 janvier 1609, à l'âge de 63 ans. Il fut enterré dans le chœur de l'égliſe de S. Aubin, & on y lit cette épitaphe.

Hîc ſitus eſt
BALDUINUS VANDER PIET
Gandavi patriciâ familiâ natus ,
Abſolutæ juriſprudentiæ raritate
Inter avi ſui jure conſultos excellens ,
Juris utr. Doct. & Profeſſor primarius
Annis XXX in Academiâ Duacenâ.
Qui ſæpius ad Concilium Machliniæ nominatus ,
Maluit judices formare , quàm judex eſſe.
Obiit XIX Januar. 1609, ætat. 63.
Balduinus VANDER PIET *J. V. Licentiatus*
Ex fratre Luca pariter J. C. nepos ,
Et nobiles viri Carolus de Bernard, in Guiſignies &
Bercourt Toparcha ,
Joannes Vanden Eechoute ,
Joanna & Joſina
Ex eôdem fratre Neptium , Mariti ,
Poni curavere.

Vander Piet a laiſſé les ouvrages ſuivans ; *De fructibus : De duobus reis : De emptione & venditione : De pignoribus & hypothecis : Tractatus elegantiorum juris quæſtionum : Reſponſa juris, ſive conſilia.* * Valere André, *bibliotheca Belgica*, édit. de 1739, in-4°, tome I, page 120.

PIÉTÉ, déeſſe du paganiſme, étoit adorée, & faiſoit adorer les autres divinités ; car elle préſidoit au culte qu'on leur rendoit. Elle préſidoit encore aux ſoins reſpectueux & tendres, que les enfans doivent à leurs parens, & à l'affection que les parens doivent réciproquement à leurs enfans. En effet, le mot de *Pietas* ſignifioit en même temps, & les devoirs envers les dieux, & les devoirs à l'égard des hommes. C'eſt ainſi que Cicéron en parle dans ſon traité de la nature des dieux : *Pietas, juſtitia adverſus deos eſt, & cultus erga majores, aut ſanguine conjunctos.* La Piété avoit un temple à Rome, dans la place aux herbes, ſuivant le témoignage du même Cicéron, qui dit *in foro Olitorio.* M. Alicius Glabrio, duumvir, conſacra ce temple ſous le conſulat de Quintius & d'Atilius, & y fit placer un tableau qui repréſentoit l'action de cette fille célèbre pour ſa piété, laquelle voyant ſa mere condamnée par la juſtice à mourir de faim, dans son extrême vieilleſſe, demanda avec inſtance au geolier la permiſſion de la voir tous les jours dans ſa priſon, juſqu'à ſa mort; ce que le geolier lui accorda par compaſſion, prenant toutefois un ſoin très-exact d'empêcher qu'elle n'apportât aucun aliment. Comme cela duroit plus de jours qu'une perſonne n'en peut naturellement paſſer ſans manger, le geolier épia ce que cette fille faiſoit avec ſa mere, & vit avec étonnement cette pauvre femme tetter ſa fille, qui étant alors nourice, lui donnoit la mammelle comme à ſon enfant, pour l'empêcher de mourir de faim. Cette action étant rapportée aux juges, ils firent donner la liberté à la mere avec une penſion pour elle & pour ſa fille. Le lieu où étoit la priſon fut conſacré par ce temple à la déeſſe Piété. Feſtus dit que c'étoit le pere de cette fille, nommé Cimon, qui étoit condamné à la mort; mais tous les auteurs, comme Cicéron, Tite-Live, Valere-Maxime & Pline, marquent que c'étoit ſa mere. * Roſin, antiq. rom. l. 2, c. 18.

PIÉTISTES, ſecte en Allemagne, preſque auſſi ancienne que le lutheraniſme. Schwenfeld en avoit ébauché le plan, & Weigel l'avoit perfectioné. Jacques Bohm, cordonnier de Sileſie, l'avoit répandue dans ſa patrie. C'étoient des hommes entêtés de la théologie myſtique, qu'ils pouſſoient au-delà de ſes véritables bornes. Ils outroient cette union de l'ame avec Dieu, ſi recommandée par les vrais ſpirituels. Ce n'étoit plus ſeulement un attachement ferme par la foi & par amour pour le ſouverain bien, dont on adoroit la préſence. A ne juger de leurs ſentimens que par leurs expreſſions, c'étoit une unité réelle, & une identité phyſique de l'ame tranſmuée en Dieu & en Jeſus-Chriſt. Ainſi l'on pouvoit dire, ſelon eux, ſans métaphore, & dans un ſens propre, « que l'ame étoit Dieu, & que Jeſus-Chriſt » étoit en nous le nouvel Adam. Qu'ainſi adorer ſon » ame, c'étoit adorer Dieu & ſon Chriſt. » A cet article capital ils en ajoutoient d'autres qui n'en étoient que des conſéquences. Ils enveloppoient un ſentiment ſi contraire au bon ſens, ſous des termes de myſticité qui paroiſſoient inintelligibles. Bohm ſur-tout s'étoit fait un jargon qui n'étoit admiré de quelques-uns, que parcequ'il étoit impénétrable. Le Piétiſme, tout extravagant qu'il fût, ſe fit donc des partiſans; mais il fut enſuite long-temps oublié, & ne ſe fut que vers le milieu du XVII ſiécle qu'il ſe renouvella, & qu'il prit l'aſcendant dans les univerſités lutheriennes. En 1661 Théophile Broſchbandt, & Henri Muller, l'un diacre de l'égliſe de Roſtock, au duché de Meckelbourg, l'autre ſavant docteur de la même univerſité, le reſſuſciterent entièrement. Ils commencerent d'abord à invectiver contre le reſte des cérémonies romaines, que les lutheriens ont conſervées. Autels, baptiſteres, chants eccléſiaſtiques, prédication même, tout devoit être aboli, comme autant de veſtiges de l'ancienne ſuperſtition. D'abord on les ſoupçona d'être dans les principes de la ſecte des Quakers ou Trembleurs, que George Fox avoit établie depuis peu, & qui faiſoit déja de grands progrès depuis quelques années. Les Piétiſtes s'en défendirent, & publierent des apologies. Grand nombre de jeunes théologiens prirent leur parti. Le docteur Spenher, & Jean Horbs, l'un à Francfort, l'autre à Traërbach, ſuivirent les traces des Piétiſtes de Roſtock. Ils retrancherent dans les égliſes dont ils étoient paſteurs, tout l'appareil des cérémonies extérieures. Les temples mêmes furent abandonnés; & ce ne fut plus que dans les maiſons particulières qu'on s'aſſembla pour y faire la lecture des livres ſaints. La prédication fut changée en des entretiens de piété myſtiques & guindés. Par cette conduite, Spenher ſe fit aſſez de réputation, pour devenir à Dreſden le prédicateur en chef de l'électeur de Saxe; & il appuya le parti Piétiſte de ſon crédit & de ſa protection. L'univerſité de Leipſick en fut bientôt infectée. On courut en foule aux aſſemblées de ce parti, qu'on nomma les collèges de la parole de Dieu (Collegia Philobiblica.) Les profeſſeurs qui ſe trouverent abandonnés

en eurent du chagrin; & contre leur gré, & par intérêt, ils enſeignerent le Piétiſme. Les écoles ſe peuplerent également des femmes comme des hommes. Les clameurs des adverſaires, leurs brigues, leurs écrits, n'empêcherent pas la multitude des auditeurs de s'augmenter. Lorſque le mal parut extrême, on eut recours à Dreſden au conſiſtoire eccléſiaſtique. L'électeur y préſida; & malgré le crédit de Spenher, il fut réſolu d'abolir les collèges du Piétiſme. Spenher en vrai courtiſan, obéit à ce qu'il ne put empêcher. Les plus opiniâtres ſoutinrent l'œuvre autant qu'ils purent, & décrierent tous leurs adverſaires; & le plus grand nombre des Piétiſtes alla chercher un aſyle dans les terres de Brandebourg. Là ils vécurent en ſureté, ſous la protection de l'électeur, & remplirent les premieres places de l'univerſité de Hall. C'eſt-là que le Piétiſme a jetté de plus profondes racines. Horbs l'étendit auſſi à Hambourg, depuis que la priſe de Traërbach par Louis XIV l'eut obligé d'en ſortir; & il y fut prédicant dans l'égliſe de S. Nicolas. Cependant quand on s'y fut apperçu de ſes nouvelles opinions, on ſouleva d'abord contre lui; mais il s'étoit fait des partiſans, & chacun ſe défendit par quantité d'écrits, dont Hambourg ſe vit inondée. La paix ſuccéda enfin à ce trouble. Par l'ordre du magiſtrat, les chefs des deux partis ſe réconcilierent, & la liberté fut accordée d'embraſſer le Piétiſme, ou de le fuir. Cette ſecte eſt auſſi répandue en Hollande; & elle a compté bien des ſavans au nombre de ſes partiſans. * Mémoires du temps. Le pere Catrou, Jéſuite, dans ſon Hiſtoire des Trembleurs, livre 3.

PIETRA-PILOSA, petite ville de l'Iſtrie. Elle eſt ſituée ſur un rocher, dans la ſource de Quieſo, & eſt capitale d'un marquiſat qui appartient à la république de Veniſe. * Mati, diction.

PIETRA SANCTA, bourg avec évêché: il eſt dans les états du duc de Toſcane, près de la mer, à cinq lieues de Lucques, vers le couchant. On croit que c'eſt la petite ville, nommée anciennement Feronia ou Lucus Feroniæ, Fanum Feroniæ, à cauſe d'un temple qu'il y avoit dédié à Féronie, où les eſclaves qui étoient affranchis alloient prendre le chapeau ou le bonnet, qui étoient les marques de leur liberté. * Mati, diction.

PIETRO AZARIO, ou PIERRE AZARI, hiſtorien d'Italie, qui floriſſoit dans le XIV ſiécle, étoit de Novarre, plutôt que de Tortone, que pluſieurs prétendent avoir été ſa patrie. Il étoit notaire: c'eſt lui-même qui nous l'apprend dans ſa chronique des princes de la maiſon de Viſconti. Matthieu II de Viſconti, ſeigneur de Milan & de Bologne, lui donna le ſoin des dépenſes qui étoient néceſſaires pour la ſolde & pour l'entretien de ſon armée; & Pierre Azari s'acquitta de cette commiſſion, tant à Bergame qu'à Bologne. Il fut auſſi juge & chancelier de Jean Pirovano à Tortone, dont celui-ci étoit préteur. On l'employa encore dans d'autres affaires publiques, où il fit également connoître ſa prudence, ſon intelligence, & ſa fidélité. Il a écrit en latin une chronique, où il rapporte les actions principales des princes de la maiſon de Viſconti depuis l'an 1250, juſqu'en l'an 1362. Il l'a écrite en homme inſtruit & judicieux, & qui avoit été le témoin d'une grande partie des faits qu'il raconte. Son ſtyle eſt dur, mais il y a du feu dans ſa narration; & ſes deſcriptions plaiſent ordinairement. Il s'arrête beaucoup ſur les malheurs de Novarre, ſa patrie, & fur ce qui regarde les princes de Milan, mais ſans négliger de faire connoître ce qui ſe paſſoit ailleurs. On a encore de Pietro Azario une hiſtoire abrégée de la guerre Canépicienne, où il décrit les differens accidens arrivés dans le comté de Canepiciano, aujourd'hui il Canavèſe, dans le Piémont. Il compoſa cet écrit à Tortone, en janvier 1363. M. Muratori l'a fait imprimer, après la chronique dont nous avons parlé. Elle tient le tome XVI de ſa collection des hiſtoriens de l'Italie. Le petit écrit qui regarde le comté de Canepiciano avoit déja été imprimé dans le Galleria di Minerva, tom. II, du ſieur Albrizzi, Vénitien;

mais avec des changemens & des additions qui ne font point d'Azari. La chronique vient de paroître pour la premiere fois dans la collection de M. Muratori. * *Voyez* la préface de ce favant.

PIGHETTI (Jacques) de Bergame, a écrit *Togatæ paludatæque Palladis templum : Animadverſiones in Tacitum : Hiſtoria hujus ſæculi.* On lit les vers ſuivans ſous ſon portrait :

> *Clarus avis, virtute ſuâ, ſed clarior hic eſt*
> *Pighettus, latè doſta per ora volans.*
> *De capite orta Jovis Pallas, de Palladis iſte*
> *Mente ſatus, matrem provocat eloquio.*

* Donatus Calvus, pag. 195.

PIGHINI (Sébaſtien) cardinal, archevêque de Siponte, natif de Reggio, s'acquit quelque connoiſſance dans le droit ; & s'attacha à la cour de Rome, où après avoir été chanoine de Capoue, il fut honoré d'une charge d'auditeur de Rote, que le pape Paul III lui donna. Peu après il fut évêque de Ferentina, puis d'Aliſa, & fut envoyé par le même pape nonce auprès de l'empereur Charles-Quint. Enfin il fut archevêque de Siponte, & nommé par Jules III, pour être l'un des préſidens qu'il avoit au concile de Trente. Il y ſatisfit ce pontife qui le fit cardinal en 1551, & lui donna d'autres emplois, que la mort l'obligea de quitter le premier décembre 1553, en la 54 année de ſon âge. * Ughel. *Ital. ſacr.* Victorel. Auberi, *hiſtoire des cardinaux.*

PIGHIUS (Albert) natif de Campen, ville de l'Ower-Iſſel, dans les Pays-Bas, étudia à Louvain, où il prit le dégré de bachelier, & fut reçu docteur à Cologne, où il avoit étudié en théologie. Vers le même temps, en 1520, il compoſa un traité de la maniere de réformer le calendrier eccléſiaſtique & la célébration de la fête de Pâque, qu'il dédia au pape Léon X. Il publia enſuite une apologie de l'aſtrologie ; une autre apologie contre Marc de Bénévent, Céleſtin, qui avoit entrepris de réformer les tables Alphonſines, avec une défenſe de l'aſtronomie contre les faiſeurs d'almanachs, & d'autres ouvrages de mathématiques. Il joignit la pratique de cette ſcience à la ſpéculation, en faiſant avec beaucoup d'adreſſe des ſpheres de cuivre, pour repréſenter le mouvement des cieux. Quoique la ſcience des mathématiques eût pour lui des charmes particuliers, ſes amis lui conſeillerent de ſe donner plutôt à l'étude de la théologie. Ce fut alors qu'il commença les ouvrages qu'il a publiés contre Luther, Mélanchthon, Bucer & Calvin. Le pape Adrien VI, qu'il avoit accompagné en Eſpagne, avant même qu'il fût cardinal de Tortoſe, le fit venir à Rome. Clément VII, ſon ſucceſſeur, & Paul III donnerent ſouvent à Pighius des marques d'eſtime. C'eſt à ce dernier pontife qu'il dédia ſon plus conſidérable ouvrage, intitulé *Aſſertio hierarchiæ eccléſiaſticæ.* Il écrivit encore une apologie du concile général que le même pape avoit indiqué. Dans une lettre que le cardinal Sadolet lui écrivit en 1539, il lui parle du voyage que ce ſavant homme devoit faire à Rome, & du ſoin qu'il auroit d'y parler de lui au pape & aux cardinaux, afin qu'on fût perſuadé dans le monde, que les perſonnes de ſon mérite, quoiqu'étrangers, n'y manquoient pourtant pas de patrons. Il mourut à Utrecht, où il étoit prévôt de l'égliſe de S. Jean-Baptiſte, le 29 décembre 1542. Outre les ouvrages dont nous avons parlé, il laiſſa encore ceux *De Miſſæ officio ; De libero hominis arbitrio & divina gratia ; Diatriba de actis VI & VII ſynodi ; Explicatio controverſiarum, &c.* Il avoit beaucoup de lecture & d'érudition ; mais il n'avoit pas le diſcernement juſte. Il étoit aſſez hardi dans les queſtions, qui ne regardoient point les intérêts de la cour de Rome ; mais dans celles-ci, il étoit entierement prévenu pour les ſentimens les plus inſoutenables ; & de tous les auteurs qui ont écrit ſur ces matieres, il n'y en a point qui ait pouſſé les choſes ſi loin, & qui ait plus donné au pape, que ce-

lui-ci. Son ſtyle n'eſt pas à beaucoup près ſi pur ni ſi élégant que celui de Sadolet & des autres Cicéroniens de ſon temps ; mais auſſi il n'eſt pas ſi barbare que celui des ſcholaſtiques & des controverſiſtes. On a trois de ſes lettres, dans les *Epiſtolæ clarorum virorum,* recueillies par Gabbema. * Paul Jove, *in elog. doctor.* Le Mire, *in elog. Belg. & de ſcript. ſæc. XVI.* Valere André, *biblioth. Belg.* Molan. Guntherus. Sponde, &c. Du Pin, *bibliothéque des auteurs eccléſiaſtiques du XVI ſiecle.* Bayle, *dict. crit. en* 1702.

☞ PIGHIUS (Etienne-Vinand) ſavant antiquaire, natif de Campen, ville de l'Ower-Iſſel, dans les Pays-Bas, prit le nom de *Pighius,* à cauſe de ſa mere, qui étoit ſœur d'*Albert* Pighius. Il demeura huit ans à Rome, où il fit une recherche exacte des antiquités qui reſtent en cette ville. Lorſqu'il fut de retour en Allemagne, il s'attacha au cardinal Granvelle, duquel il fut ſecrétaire pendant quatorze ans. Il compoſa deux calendriers ſur quelques fragmens qui ſont dans le Capitole : cet ouvrage ne parut qu'après ſa mort, en 1615. Il a fait auſſi des commentaires ſur les faſtes ; une hiſtoire de la vie & des voyages de Charles, duc de Cléves, où ſe propoſant de donner le modele de l'éducation d'un prince, il repréſente ce jeune duc comme un autre Hercule ; & à l'imitation de Prodicus, il intitule ſon livre *Hercules Prodicius, ſive principis juventutis vita & peregrinatio. Hiſtoria principis adoleſcentis inſtitutrix ; & antiquitatum rerumque ſcitu dignarum varietate non minùs utilis quàm jucunda.* Cet ouvrage fut d'abord imprimé à Anvers en 1587, puis à Cologne en 1609 in-8°. Pighius mourut en 1604, âgé de 84 ans, dans ſon pays, où il étoit chanoine régulier. * Hankius, *de Rom. rer. ſcript.* Voyez le *Thuana,* édition de M. des Maizeaux, p. 20 & 21.

PIGMALION roi de Tyr, fils de *Margenus,* ou *Methres,* auquel il ſuccéda, vécut 56 ans, dont il régna 47. Didon, qui étoit ſa ſœur, devoit gouverner avec lui ; mais on prétend que ſes ſujets ne le trouverent pas à propos. Elle épouſa *Hiarbas* ou *Sicharbas,* que Virgile nomme *Sichée.* Ce Sicharbas étoit ſon oncle, & avoit des tréſors incroyables. Le roi en étant averti, le fit mourir, & Didon fuyant la perſécution de ſon frere, emporta les tréſors de ſon époux, & ſe retira en Afrique où elle jetta les fondemens de l'empire de Carthage, l'an 3153 du monde, & 882 avant l'ere chrétienne. Les poëtes ont feint que Pigmalion fut puni de la haine qu'il portoit aux femmes, par l'amour qu'il eut pour une ſtatue. * Dius, cité par Joſephe, *lib.* 1, *cont.* Appion. Juſtin, *liv.* 18.

PIGNA (Jean-Baptiſte) de Ferrare, vivoit en 1570, & écrivit, outre l'hiſtoire de la maiſon d'Eſt, *Quæſtionum poëticarum, lib III. De conſolatione, lib III. De otio carminum, lib. V. Gli Heroici. Il principe, &c.* * Conſultez Riccioli. *Le théatre des hommes de lettres* de l'abbé Ghilini, &c.

PIGNEROL, que les Italiens nomment *Pinarolo,* & les anciens qui écrivent en latin *Pinarolium,* ville d'Italie en Piémont avec une fortereſſe conſidérable, appartient au duc de Savoye, & ſervoit d'apanage aux puînés de cette maiſon. Les François s'en rendirent maîtres l'an 1631, par un traité ſecret qui ſe fit à Quieraſque, & qui fut conclu le 31 du mois de mars. Le roi Louis XIII jugeant néceſſaire pour la protection de ſes alliés, d'avoir une place en Piémont pour entrer en Italie, fit demander Pignerol, qui lui fut accordée. Ainſi le duc Victor-Amé remit au roi & à ſes ſucceſſeurs en toute propriété & ſouveraineté, la ville & château de Pignerol, Riva, Baudenaſco, Bunaſco le haut, &c. Le roi, outre Albe & l'Albeſan, qu'il lui fit remettre, lui donna une ſomme d'argent, conformément aux articles du traité. La ville de Pignerol eſt ſituée dans les montagnes ſur la riviere de Cluſon ou Chiſon. Il y a diverſes égliſes & maiſons religieuſes. La citadelle étoit forte par nature & par art, ſon aſſiete étant ſur le roc, & les travaux qu'on y avoit faits étoient admirables ; mais cette ville fut rendue au duc de Savoye , après que l'on eut ruiné les fortifications & rasé la forteresse, par un traité fait en 1696 avec le roi Louis XIV.

PIGNON (Laurent) né à Sens, dans le XIV siécle, entra dans l'ordre de S. Dominique, dont il composa dès l'an 1394, une chronique, qui n'a pas été imprimée, & dans laquelle on observe plusieurs choses singulieres pour l'histoire de France. Cette chronique que l'on garde à S. Victor est en plusieurs parties : dans la premiere sont les Saints de l'ordre ; dans la seconde les Saintes : ensuite ceux qui ont été promus aux dignités hors de l'ordre, les généraux, les provinciaux de France ; ceux qui se sont rendus célèbres par leurs écrits ; avec une histoire abrégée des chapitres généraux, & des chapitres provinciaux de France. Le pere Echard s'est servi très-utilement de cet ouvrage, que son auteur a conduit jusqu'à l'an 1411. Pignon avoit été prieur de Sens dès l'an 1403 ; & il s'attacha à Philippe le Bon, duc de Bourgogne, qui le prit pour son confesseur, & lui procura l'évêché de Bethléem vers l'an 1425. Il étoit revêtu de cette dignité, lorsqu'il composa un traité françois qu'on garde à Paris, Du commencement de seigneurie, & de diversité d'état, auquel il joignit une traduction françoise du traité de Durand de Saint-Pourçain sur le même sujet. Il fut transféré ensuite à l'évêché d'Auxerre, dont il prit possession le 4 mars 1435, & demeura ensuite long-temps en Flandre auprès du duc Philippe ; mais en 1440, il étoit à Auxerre, où il assista au chapitre provincial de son ordre, des priviléges duquel il étoit conservateur. Il mourut l'an 1446, dans sa ville épiscopale, étant sans doute fort âgé, puisqu'il y avoit 51 ans qu'il avoit commencé à écrire. * Echard, script. ord. FF. Præd. t. I.

PIGNORIUS (Laurent) chanoine de Trévise, né à Padoue le 12 octobre de l'an 1571, savoit les belles-lettres & le droit, & se consacra à l'état ecclésiastique en 1602. Il eut divers emplois à Padoue, où il fut curé de S. Laurent, & fut ensuite pourvu par le cardinal François Barberin, d'un canonicat à Trévise. Pignorius dressa une belle bibliothéque, avec un cabinet de médailles & d'autres curiosités, & eut pour amis les plus grands hommes de son temps, comme le cardinal Baronius, le président de Thou, M. de Peiresc, Vincent Pinelli, Meursius, Vossius, Heinsius, Nicolas Rigaud, Ericius Puteanus, Velser, Contareno, Gruter, Scioppius, &c. Dominique Molino, procurateur de S. Marc, eut aussi une considération particuliere pour Pignorius, auquel il fit élever un tombeau, avec une épitaphe dans l'église de S. Laurent, lorsqu'il eut été emporté par la peste l'an 1631. Nous avons divers ouvrages de sa façon. De servis & eorum apud veteres ministeriis ; Mensæ Isacæ, seu vetustissimæ tabulæ æneæ sacris Ægyptiorum simulacris cælata explicatio, cum auctuario de variis veterum hæreticorum amuletis, ex antiquis gemmis & sigillis ; Magnæ Deûm Matris & Attidis initia, ex vetustis monumentis, Tornaci eruta & explicata ; Symbolicarum epistolarum liber ; Miscella elogiorum, aclamationum, adlocutionum, epitaphiorum & inscriptionum ; Le origine di Padoua ; L'Antenore ; Commentaria in Alciatum, &c. Quatre-vingt-seize de ses lettres, écrites en italien, sont insérées dans le recueil intitulé, Lettere d'uomini illustri, imprimé à Venise en 1744 in-8°. * Thomasini, in vita Pign. & in elog. doctor.

PIGRAY (Pierre) Parisien, chirurgien ordinaire du roi, a vécu sous Henri IV & Louis XIII, & s'est distingué dans l'exercice de son art, tant à Paris que dans les armées. Il fut disciple & rival du célèbre Ambroise Paré ; mais malgré leur émulation, l'amitié & l'estime les liérent étroitement. Le maître conduisit sur ses traces son nouveau disciple, & lui ouvrit la carriere de la fortune. Tous deux éclairoient leur art sans jalousie & sans s'obscurcir. L'union de l'un & de l'autre a passé à leurs ouvrages. Pigray a donné en françois un abrégé de chirurgie, très-estimé, que l'on a joint aux ouvrages de Paré dont il est proprement un abrégé, mais embelli de nouvelles connoissances : l'ordre & la netteté y conduisent l'esprit ; par-tout les préceptes y naissent les uns des autres. On peut dire que cet ouvrage est fort court & fort vaste ; il renferme la chirurgie la plus étendue, & en même temps la plus épurée. Voyez son éloge plus au long dans les Recherches historiques & critiques sur l'origine & les progrès de la chirurgie en France, à Paris, 1744, in-4°, pag. 251, & suivantes. Pierre Pigray étoit doyen du collège des chirurgiens, lorsqu'il est mort le 15 novembre de l'an 1613, selon M. Devaux, dans son Index funereus chirurgorum Parisiensium, réimprimé à la suite des Recherches que l'on vient de citer.

PIKE (Jean) Anglois de nation qui vivoit dans le XII siécle, vers l'an 1120, composa une histoire des rois Anglo-Saxons, que Guillaume Horman mit depuis en abrégé. * Balæus & Pitseus, de scriptoribus Angl.

PILA, le mont Pila, montagne de France, dont le sommet est appellé Trois-dents. Elle est sur les confins du Lyonnois & du Forez, entre Argental & Condrieu. * Mati, dict.

PILADES BUCCARDUS, cherchez PYLADES.

PILANDER (George) né dans la Misnie, médecin Allemand, vivoit dans le XVI siécle, vers l'an 1542. Il demeura long-temps en Italie, & mourut à Milan, en retournant dans son pays. Le nom de sa famille étoit Torman, qu'il changea pour celui de Pilander, qui est grec, selon la manie de la plupart des hommes de lettres de son temps. Il traduisit Hippocrate de grec en latin, dans le temps qu'il étoit à Rome, & composa quelques autres ouvrages. * Petrus Albinus, in chron. Misn. Melchior-Adam, in vit. Germ. medic.

PILARIK (Etienne) fils d'un pere de même nom & surnom, qui étoit pasteur d'une église de Hongrie, dans le comté de Zolnoch, naquit en 1615, & fut dès l'âge de quatre ans envoyé aux écoles, où il fit en peu d'années de grands progrès dans les langues allemande & latine, dans la connoissance de la religion, & dans tout ce qu'on put lui apprendre. Plus âgé il se tourna du côté de la théologie, mais sans négliger l'étude des belles lettres, ni même celle de la musique, pour laquelle il eut toujours beaucoup d'attrait & de gout. La connoissance spéculative & pratique qu'il en acquit, le fit choisir pour une chantrerie dans son pays ; & en 1639 on le chargea du ministériat d'une église, poste qu'il remplit après dans plusieurs autres églises de Hongrie avec beaucoup de zèle & d'applaudissement. Comme il prêchoit avec facilité, & qu'il s'étoit acquis une grande réputation dans cet exercice, on l'envoya à un synode de Hongrie pour en être l'orateur, ce qui fit plaisir à tous ceux qui composoient cette assemblée. En 1649 il fut fait ecclésiaste de l'église de S. André, & ensuite on le fit prédicateur de la cour du comte Gabriel Illyeshazi. Mais il quitta encore ce lieu pour aller exercer le ministere ailleurs où on l'appelloit. Les Turcs ayant fait une irruption en 1663, dans le lieu où il étoit, il prit la fuite, & se cacha ; mais il tomba entre les mains des Tartares, qui le réduisirent à l'esclavage. Il souffrit beaucoup dans cette triste situation; mais la Providence l'en ayant enfin délivré comme par miracle, il alla à Meissen, où il continua les fonctions du ministere, jusqu'à sa mort, arrivée en 1678, ou environ. Il a écrit son histoire, où il entre dans un grand détail de ses accidens, de ses infortunes, & de ses transmigrations ; ce qui la rend intéressante & fort touchante. Il a publié un autre écrit sous le titre singulier de Currus Jehova mirabilis, & quelques autres. Il prit soin aussi de donner au public les écrits de plusieurs savans, comme Primi labores & continuationes Joannis Hermanni : Salomonea postilla Joh. Gerardi : Postilla Tilesii in tabellas synopticas ; il avoit lui-même rédigé cet ouvrage :

Gemitus dominicales & festivales Evangeliorum : Meditationes hebdomadales , &c.

PILARIK (Etienne) *fils du précédent* , s'appliqua aux humanités & à la théologie, dans sa patrie & dans l'université de Wittemberg , & passa la plus grande partie de sa vie à l'exercice du ministere de la parole, en différentes églises de Hongrie, de Bohême & de Misnie , & à l'administration des sacremens. Son attachement au luthéranisme lui occasiona quelques traverses , qui ne contribuerent pas à lui ouvrir les yeux sur ses erreurs, & qui , comme il arrive ordinairement , ne le convertissant point , l'endurcirent davantage. Il mourut dans son aveuglement vers la fin du XVII siécle. On a de lui quelques ouvrages écrits en sa langue ; & sa vie a été composée par Gaspard Loscherus , docteur en théologie , & professeur à Wittemberg.

PILARIK (Etienne) fils & successeur du mérite & des erreurs de celui *dont on vient de parler* , a eu la surintendance générale des églises lutheriennes de Hongrie , & fut ensuite élevé sur le siége épiscopal de Schemnitz , ville de Hongrie. Il est aussi connu dans son pays par plusieurs ouvrages écrits en sa langue , & qui sont fort ignorés en France. * *Voyez* les Pilarik , la préface d'Isaïe Pilarik *De persecutione veræ Ecclesiæ* , & *Hungaria litterata* de David Czuittinger , pag. 3 & suiv.

PILARINO (Jacques) né le 9 de janvier 1659 , dans l'isle de Céphalonie , d'une famille noble , passa à l'âge de 10 ans à Venise , où il demeura quelques années. Après y avoir fait ses humanités & son droit, il alla se faire recevoir docteur en cette faculté à Padoue. Revenu dans sa patrie, après six ans d'absence , il se dégouta du droit, retourna à Venise , y étudia deux ans en médecine , se fit recevoir docteur , & se mit à voyager. Il alla en Candie, où il demeura quatre ans au service d'Ismaël , capitan-bacha de ce royaume , d'où il passa à Constantinople , où il resta peu. En 1684 il alla en Valachie avec le titre de médecin du prince Cantacuzène ; & après être revenu dans sa patrie , en 1687 , il alla en 1688 en Moscovie , avec la qualité de premier médecin du czar. Il retourna chez lui en 1689 , & peu après le doge François Morosini , ayant été élu pour la quatriéme fois capitaine général dans le Levant , le prit à son service & le retint jusqu'à sa mort, arrivée en 1694. Du Levant Pilarino retourna à Venise ; d'où il passa en Valachie , où il demeura l'espace de quatre ans au service du prince Serbano. Au bout de ce temps-là il revint faire un tour dans sa patrie : d'où, après un séjour d'un an, il repassa à Venise, & de-là à Livourne , à Smyrne , & à Constantinople, jusqu'à ce qu'en 1701 , il fut appellé de nouveau en Valachie par le prince Serbano , qui lui donna une pension de 1500 sequins. Soit inconstance naturelle , soit quelqu'autre motif, Pilarino alla trois ans après à Constantinople, ensuite à Venise, s'embarqua à Livourne en 1707, & fit un voyage à Smyrne , à Alep & au Caire. De retour à Smyrne , il y demeura pendant cinq ans en qualité de consul de la république de Venise , & son temps fini, il retourna à Venise , où il fut attaqué d'hydropisie quatre ans après. L'habileté des professeurs en médecine de l'université de Padoue l'engagea à se faire transporter dans cette ville. Mais leurs soins furent inutiles. Il languit neuf mois , & mourut le 18 juin 1718 , dans sa 60.e année. Sur la fin de sa vie il a fait imprimer ces deux ouvrages. 1. *Nova & tuta variolas excitandi per transplantationem methodus , nuper inventa , & in usum tractâ , quâ ritè peractâ , immunia in posterum præservantur ab hujusmodi contagio corpora* , à Venise , en 1715 , *in*-12. Cet ouvrage , comme on le voit , est en faveur du nouveau systême de l'insertion ou inoculation de la petite vérole , qui a occasioné tant d'écrits pour & contre, depuis quelques années. 2. *La medecina difesa , overo , riflessi di disinganno , sopra i nuovi sentimenti contenuti nel libro intitolato : Il modo ingannato da falsi medici, di Giacomo Pilarino* , à Venise , en 1717. L'auteur que Pilarino entreprend ici de combattre est

Joseph Gazola. Pilarino a fait aussi une relation de ses voyages , qui est encore manuscrite. * *Journal de Venise*, tom. XXXI, *pag.* 332. Le pere Niceron, dans ses *mémoires pour servir à l'histoire des hommes illustres dans la république des lettres* , *tome XV.*

PILASKOVITS , village de Pologne , à cinq lieues de Chebrechin. Il est placé dans un vallon sur une espece de prairie traversée d'un large ruisseau , & enfermé de hautes collines assez roides. On y voit dessus des maisons dispersées çà & là comme des hameaux , outre le gros du lieu qui est au fond , ensorte que le village a près de deux lieues d'étendue à cause de ses dépendances. La maison du seigneur est peu de chose , quoique de brique, sans aucun ornement , & c'est proprement une maison de bouteille. Mais l'avantage qu'a eu ce lieu d'appartenir au roi Jean Sobieski , qui y menoit très-souvent la cour , y a attiré les Juifs. Ils y ont bâti de grands carchemas ou hôtelleries publiques , ensorte que ce village est devenu une espece de ville. * *Mémoires du chevalier de Beaujeu.*

PILATE , *Pontius Pilatus* , gouverneur de la Judée, *Procurator Judææ* , sous l'empire de Tibere , fut celui qui les Juifs menerent Jesus-Christ , pour le prier d'exécuter le jugement de mort qu'ils avoient porté contre lui. Pilate essaya de le sauver , sachant que l'envie de ses accusateurs étoit tout son crime ; cependant il le fit fouetter cruellement , & enfin le condamna , parcequ'on lui dit que l'empereur n'approuveroit pas son procédé , s'il l'épargnoit. Depuis Pilate usa d'une très-grande cruauté contre les Samaritains , les faisant presque tous passer par le fil de l'épée. Ceux qui restoient en firent leurs plaintes à Vitellius, gouverneur de Syrie, qui accusa Pilate devant Tibere. Il arriva l'an 37 à Rome , au commencement de l'empire de Caligula , qui l'envoya en exil. On croit que ce fut près de Vienne en Dauphiné , & que deux ans après il se tua de désespoir. * *S. Matthieu,* 27 ; *S. Marc,* 15 ; *S. Luc,* 23 ; *S. Jean,* 19. Joséphe, *in antiq. Judaic.* Eusebe, *in chron.* Orose, *l.* 7. Cassiodore , *in chron.*

Il est bon d'éclaircir ici ce qui regarde la lettre de Pilate à l'empereur Tibere sur les miracles de Jesus-Christ. Tertullien raconte dans son apologétique , que Tibere ayant appris les merveilles que Jesus-Christ avoit faites en Palestine , en fit son rapport au sénat , & fut d'avis de le mettre au nombre des dieux ; mais que le sénat rejetta cette proposition , & que cependant Tibere fit défense de persécuter les chrétiens. Peu après le même Tertullien ajoute que Pilate étant chrétien dans sa conscience , écrivit à Tibere la résurrection de Jesus-Christ. Eusebe , *hist. l. 2 , c. 2* , rapporte ce passage de Tertullien , & dit que Pilate écrivit à l'empereur , suivant la coutume des gouverneurs & des intendans des provinces, qui mandoient au prince ce qui se passoit de plus remarquable dans le gouvernement. Nous avons dans les *Orthodoxographes* une lettre attribuée à Pilate, écrite à Tibere , qui contient les mêmes choses ; mais il est difficile de dire si elle couroit déja du temps d'Eusebe , ou si elle a depuis été feinte sur sa narration. On ne peut pas absolument accuser de faux cette histoire ; mais elle passe pour douteuse dans l'esprit de plusieurs savans , qui ne croient pas vraisemblable que Pilate ait écrit à Tibere ces choses d'un homme qu'il avoit condamné à mort , & que le sénat ait refusé d'exécuter la proposition de cet empereur. * *Du Pin , biblioth. des auteurs ecclésiastiques des III premiers siécles,* & dans les *dissertations préliminaires sur le nouveau testament.*

PILATE (le mont de) ou FRACMONT , *cherchez* FREMONT.

PILAW : c'est un château de l'électeur de Brandebourg dans la Prusse , bâti sur le Haaf, qui est un golfe de la mer Baltique du côté de Conigsberg , d'où cette forteresse est éloignée de sept milles d'Allemagne , en tirant vers l'occident. Les Suédois la prirent en 1626 , mais elle fut rendue à l'électeur de Brandebourg. Elle lui sert de bastille pour renfermer les prisonniers d'état.

* Baudrand , & *mémoires de Beaujeu.*

PILE , *Pyle* , ville d'Elide près du fleuve Pené. Son nom moderne est *Pilos* , selon Briet. On marque une autre ville de ce nom dans la province de Belvedere , & son nom moderne est *Navarino.* Les anciens parlent de quelques autres villes & de plusieurs montagnes de ce nom. * *Consultez* Ferrari , *in lex.*

PILÉE , dit *Pileus Modicensis* , parcequ'il étoit de Monza , village dans le Milanez , jurisconsulte célèbre vers l'an 1200, écrivit *De ordine judiciorum* , qui a été augmenté & corrigé par Justin Gobler , & qui a été imprimé à Basle. On attribue d'autres traités au même auteur. * Trithème , *in catal.* Gesner , *in biblioth.*

PILES (Roger de) étoit d'une famille du Nivernois, distinguée dans le pays par sa noblesse , par ses biens , & par ses emplois. Il naquit à Clamecy l'an 1635, eut pour parrein & marreine , le duc de Bellegarde , & la duchesse de Nevers ; & après avoir fait ses premieres études , partie à Nevers , & partie à Auxerre , il vint à Paris pour y étudier en philosophie. Son cours fini , il prit pendant trois ans des leçons de théologie dans les écoles de Sorbonne. Mais son gout l'entraînoit vers la peinture ; & ayant appris de bonne heure à dessiner , sous le frere Luc , Récollet , dessinateur & compositeur assez bon , mais mauvais coloriste , il surpassa dans la suite son maître , pour lui toujours une tendre amitié. En 1662 il entra chez M. Amelot, maître des requêtes , & ancien président du grand conseil , pour être précepteur de son fils, qui n'avoit alors que sept ans, & qui a été depuis conseiller d'état. Il y demeura environ neuf ans; & en 1673 il alla avec son éleve en Italie , où il eut lieu de satisfaire son gout pour la peinture. Ce voyage fut de quatorze mois , & M. de Piles vit tout à loisir ce qu'il y a de plus beau & de plus précieux en Italie , & s'y fit estimer par la solidité de son esprit , & la bonté de son gout. Libre de tout engagement en 1674, & de retour à Paris , il ne consulta plus que son penchant pour la peinture , & joignant la théorie de cet art à la pratique , il se rendit illustre parmi les peintres & parmi les connoisseurs. Son mérite qui lui avoit fait déja des amis de MM. Menage , du Fresnoi , & autres, lui attira aussi l'estime & l'amitié même de plusieurs personnes de qualité , qui aimoient encore plus en lui sa probité & sa candeur , que ses talens. M. le duc de Richelieu lui a souvent donné des marques d'une bonté particuliere , & il vouloit l'avoir sans cesse auprès de lui. En 1682, M. Amelot , qui depuis cinq ans étoit maître des requêtes , ayant été nommé ambassadeur à Venise , il engagea M. de Piles à l'accompagner en qualité de secrétaire d'ambassade ; & il y avoit déja près de trois ans qu'il étoit avec l'ambassadeur , lorsque M. Amelot reçut une lettre de M. de Louvois , qui le prioit de disposer M. de Piles à aller en Allemagne voir les riches cabinets qui y étoient, sur-tout à Gratz , afin d'y acheter des tableaux pour le roi. Mais ce ministre ordonna en même temps à M. de Piles de passer à Vienne , où le marquis de Chiverny étoit alors envoyé extraordinaire du roi , & de s'informer exactement de la situation des affaires. M. de Piles exécuta cette commission avec soin , revint à Paris en rendre compte au ministre , & partit de nouveau en 1685 , avec M. Amelot , qui avoit reçu ordre de passer en Portugal , en la même qualité d'ambassadeur. M. de Piles le suivit encore depuis dans son ambassade en Suisse en 1689. Il y signa le traité de neutralité que cet ambassadeur avoit conclu avec les Cantons , & le porta à sa majesté. En 1692 il fut envoyé en Hollande pour y demeurer *incognito* , sous les prétextes que lui fournissoit sa réputation parmi les curieux de peinture , & en effet pour y agir de concert avec les personnes qui souhaitoient la paix. On découvrit son vrai motif, & il fut arrêté par ordre de l'état , & retenu prisonnier à la Haye pendant deux ans. Mais le peuple qui étoit las de la guerre , & qui apprit que M. de Piles n'étoit en prison. que pour avoir voulu procurer la paix, s'étant mis en devoir de le délivrer , on le transféra au château de

Louvestein , où il fut encore gardé pendant trois ans ; c'est-à-dire , jusqu'à la paix de Riswick. Il s'occupa dans sa prison à composer les vies des peintres ; & à son retour en France , le roi lui donna une pension. Il suivit encore en 1705 M. Amelot , qui étoit depuis dix ans conseiller d'état , & qui alloit alors en Espagne en qualité d'ambassadeur extraordinaire. Mais l'air de Madrid fut si contraire à M. de Piles , déja fort infirme , & avancé en âge , qu'il fut obligé de revenir la même année. Depuis ce voyage il vécut encore quatre ans , & mourut le 5 avril 1709, âgé de 74 ans. Sa maniere de peindre consistoit dans une imitation parfaite des objets, & dans une grande intelligence du clair-obscur & du coloris. Il prenoit plaisir à faire les portraits de ses amis ; & il a peint entr'autres M. Despreaux & madame Dacier. Il étoit conseiller d'honneur de l'académie de peinture & de sculpture, dans laquelle il lisoit souvent les savantes dissertations que M. de Piles ont été traduits en anglois par M. Dryden. Ses ouvrages imprimés sont : 1. *Abrégé d'anatomie accommodé aux arts de peinture & de sculpture* , &c. sous le nom de *François Tortebat* , à Paris en 1667 , *in-folio.* 2. L'*Art de la peinture* de Charles-Alfonse du Fresnoy , traduit en françois , avec des remarques , & le texte latin à côté , à Paris en 1668 , *in - 12.* On en a une troisième édition de 1684 , avec des augmentations. L'ouvrage de du Fresnoy , & les remarques de M. de Piles ont été traduits en anglois par M. Dryden, & imprimés à Londres en 1695 , *in-4°.* 3. *Dialogue sur le coloris* , à Paris en 1673 , *in-12.* 4. *Conversations sur la connoissance de la peinture & sur le jugement qu'on doit faire des tableaux* , où par occasion il est parlé de la vie de Rubens , & de quelques-uns de ses plus beaux ouvrages , à Paris en 1677 , *in-12.* M. de Piles étoit l'admirateur de Rubens , & on l'a accusé d'avoir poussé trop loin son admiration à cet égard. 6. *Les premiers élémens de la peinture pratique* , &c. à Paris en 1684 , *in-12.* 7. *Abrégé de la vie des peintres, avec des réflexions sur leurs ouvrages* , & un *Traité du peintre parfait* , *de la connoissance des desseins* , & *de l'utilité des estampes* , à Paris en 1699 , *in-12* , réimprimé en 1715 , avec la vie de l'auteur , & traduit en anglois avec une addition touchant l'école d'Angleterre, à Londres en 1706 , *in-8°.* 8. Description de deux ouvrages de sculpture faits par M. Zumbo , Sicilien , dans le Supplément du *Journal des savans* , novembre 1707, dans l'ouvrage suivant. 9. *Cours de peinture par principes* , à Paris en 1708 , *in-12* , avec une lettre de M. l'abbé du Guet à M. de V.... sur la peinture , à l'occasion d'un *Traité du vrai beau en peinture* de M. de Piles , qui se trouve aussi au-devant de son *Cours.* * Son éloge par feu l'abbé Fraguier , à la tête de la seconde édition de l'*Abrégé des vies des peintres, Mémoires du temps.*

PILITUS , *cherchez* OCTACILIUS.

PILON (Germain) excellent sculpteur & architecte , étoit né à Paris , & originaire du Maine. Il fut un de ceux qui firent honneur à la sculpture & à l'architecture en France sous le roi Henri II , dans le XVI siécle , & sous les régnes suivans , & qui les dégagerent de cet air grossier & gothique sous lequel elles avoient été presque accablées. On voit de lui à Paris dans le cloître des grands Augustins , un S. François qu'il fit en 1588 , une chapelle de sainte Catherine ornée de très-belles figures & d'excellens bas-reliefs de bronze , & quelques autres ouvrages en différentes églises.

☞ On ignore la date de la mort de ce grand sculpteur. Elle arriva vraisemblablement en 1605. Son épitaphe , faite par le président Maynard, se trouve dans le *Parnasse des plus excellens poëtes de ce temps* , ou *Muses françoises* , imprimé en 1606. * *Anecdotes* sur Germain Pilon , par M. Dreux du Radier , insérées dans le *Journal de Verdun* , février 1759, page 122 & suiv.

PILSEN , *Pilsenum* , ville d'Allemagne en Bohême , est située sur la riviere de Miess , à 8 ou 9 lieues de Prague , & un peu moins des frontieres du haut Palatinat. Elle fut assiégée inutilement par les Hussites , & prise par le comte de Mansfeld en 1518. Il y a une grande place où aboutissent quatre ou cinq belles rues, avec deux jolies églises. Le Miess reçoit au-dessus de Pilsen une autre petite riviere ; de sorte que la ville semble être dans une péninsule. * Ortélius. Sanson.

PILSENO, ville de la haute Pologne dans le palatinat de Sandomir, est capitale d'un petit pays, & est située près de la Vistule. Il y a une belle église avec des orgues renommées dans toute la Pologne.

PILSTA, que les gens du pays nomment Pilitsa, & qu'ils écrivent néanmoins Pilza. C'est une riviere de Pologne qui prend sa source dans le palatinat de Cracovie, & entre dans la Vistule près de Konari, à une lieue du grand chemin. Elle est petite & assez profonde. * Mém. du chevalier de Beaujeu.

PILTEN, province de Livonie, soumise au duc de Curlande. Son nom vient du lieu nommé Pilten, près de la riviere de Windaw où Woldemar, roi de Danemarck, fit construire un château en 1219, pour la résidence d'un évêque qu'il vouloit établir en ces quartiers-là, afin d'y affermir la foi catholique, que son zèle y avoit introduite avec ses conquêtes. Quelques années après, toute la Livonie, l'évêque de Curlande & les autres évêques de la province furent faits membres de l'empire Germanique, ce qui dura jusqu'en 1559, que le dernier évêque de Pilten, effrayé de l'invasion des Moscovites, qui avoient inondé le pays, vendit cet évêché & celui d'Oesel à Frédéric II, roi de Danemarck, qui les donna en apanage à son frere Magnus, duc de Holstein, qui étoit Luthérien, & qui les sécularisa. Lorsque Gothard, dernier grand-maître de l'ordre Teutonique, soumit la Livonie à la Pologne, il fut stipulé que le roi Sigismond-Auguste joindroit la contrée de Pilten au duché de Curlande. Après la mort de Magnus en 1583, ceux de Pilten ayant refusé de dépendre ni de la couronne de Pologne, ni du duché de Curlande, & ne voulant être soumis qu'à la couronne de Danemarck, Etienne, roi de Pologne, résolut d'emporter par la force ce qu'on ne vouloit pas lui donner de bon gré ; & le roi de Danemarck se disposa également à soutenir son droit ; mais George-Frédéric, marquis de Brandebourg, & duc de Prusse, moyenna un accommodement, en vertu duquel le pays de Pilten fut rendu aux Polonois, à condition que le roi de Pologne payeroit à celui de Danemarck la somme de trente mille écus. Le marquis de Brandebourg compta l'argent, & on lui donna la ville de Pilten pour hypothèque, qui en 1617 fut transportée à la duchesse de Brandebourg-Anspach, sœur de Chrétien, duc de Lunebourg & de Brunswick ; & un gentilhomme de Curlande, nommé Maydel, acheta ce domaine de la duchesse, en acquittant l'hypothéque. La jouissance lui en fut confirmée par le roi de Pologne, sous le titre de starofte de Pilten. Depuis ce temps-là la maison de Curlande a toujours tâché de faire valoir ses droits ou ses prétentions sur le pays de Pilten ; & il y a eu sur ce sujet bien des contestations qui n'ont rien terminé. Après la paix conclue à Grobin, en 1660, entre les Suédois & les Polonois, la noblesse de Pilten se soumit au duc de Curlande, à des conditions avantageuses. En attendant qu'on eût reçu le consentement du roi de Pologne, Maydel garda la ville & le bailliage de Pilten. Le duc ayant acheté tous les autres domaines engagés, obtint par un acte du parlement la souveraineté de toute la province. Le traité de Nistadt en 1721, & celui d'Abo en 1743, en ont assuré la possession à la Russie, qui s'en étoit emparée. Voyez la nouvelle relation de la Livonie.

PILUMNE, Pilumnus, fils de Jupiter, & roi d'une partie de la Pouille, province d'Italie, fut ainsi appellé, selon quelques-uns, parcequ'il avoit inventé le moyen de piler ou écraser le froment pour en faire de la farine & du pain. C'est lui qui reçut dans ses états Danaé, fille d'Acisius, fugitive. Il l'épousa & en eut Danaüs, pere de Turnus, célèbre par ses guerres avec Enée. * Servius, l. IX Æneid.

PIMENTA (Emanüel) Jésuite, natif de Santaren en Portugal, entra âgé de 16 ans dans la société le 30 avril 1558, enseigna à Coimbre & à Evora, où il mourut âgé de 61 ans, le premier octobre 1603. Il a écrit des poëmes dont il n'y a que le premier volume imprimé l'an 1622 à Coimbre : on pouvoit y joindre quatre autres volumes. * Ribadeneira & Alegambe, biblioth. script. societat Jesu. Nicolas Antonio, biblioth. script. Hisp. Le Mire, de script. sæcul. XVII.

PIMPLA, montagne de la Macédoine proche de la Thessalie, & près du Mont-Olympe, consacrée aux Muses, qui de-là ont été appellées Pimpléenes. * Horat. l. 1, od. 26. Stat. l. 1 & 4.

PIN (Jean du) religieux de l'abbaye de Vaucelles, né dans le Bourbonnois en 1302, poëte François, composa divers ouvrages, comme l'évangile des femmes, en vers ; Mandevie ou le champ vertueux de bonne vie, en prose & en vers. Divers auteurs parlent avec éloge de Jean du Pin, qui mourut dans le pays de Liége en 1372, âgé de 70 ans. * Chopin, de sacra politia. Guichardin, description des Pays-Bas. Fauchet. La Croix du Maine, &c. M. Goujet, biblioth. franç. t. IX.

PIN (Jean) évêque de Rieux, cherchez PINS.

PIN (Joseph) peintre célèbre, natif d'Arpino, fut mis par son pere sous ceux que le pape Grégoire XIII employoit pour peindre les loges du Vatican. Il servoit seulement à accommoder leurs palettes & à disposer leurs couleurs ; & quoiqu'il eût grand desir de peindre, il n'osoit l'entreprendre, n'étant qu'en la treizième année de son âge. Un jour prenant le temps qu'il étoit seul, il peignit de petits satyres & d'autres figures sur un pilastre. Quoique ces figures ne fussent que des coups d'essai, elles furent trouvées si hardies, que de tous ceux qui peignoient au Vatican, il y en avoit peu qui eussent mieux fait. Ces peintres se cacherent un jour pour voir qui étoit l'auteur de ces ouvrages, & découvrirent que c'étoit Joseph Pin, ce qui les surprit beaucoup. Le pape qui le sut, lui accorda pour lui & pour sa famille, ce qu'on appelle à Rome la Parte, avec une pension de dix écus par mois, & ordonna que tant qu'il travailleroit au Vatican, on lui payât outre cela un écu d'or par jour. Depuis Joseph Pin dit aussi d'Arpino, acquit une plus grande réputation, & fit un très-grand nombre de tableaux. On voit au Capitole une bataille donnée entre les Romains & les Sabins, qui est de sa façon. C'est une de ses plus belles piéces, à cause de la quantité de figures à pied & à cheval qu'il a disposées en différentes attitudes, & d'une maniere où l'on voit beaucoup d'esprit. Il avoit grande inclination pour ces sortes de compositions, où il entroit des chevaux qu'il exprimoit assez heureusement, parcequ'il les aimoit, qu'il montoit souvent à cheval, & qu'il se plaisoit à paroître en habit de cavalier. Lorsque le cardinal Aldobrandin vint légat en France en 1600, Joseph Pin qui étoit à sa suite, fit présent au roi de beaux tableaux. Il fit quantité d'excellentes piéces sous les papes Paul V & Urbain VIII, & mourut à Rome le 3 juillet 1640. Le roi Louis XIII l'avoit honoré de l'ordre de S. Michel.

PIN (Louis Ellies du) prêtre, docteur en théologie de la faculté de Paris, professeur au collège royal de France, naquit à Paris le 17 juin 1657, de Louis Ellies, écuyer sieur du Pin, issu d'une ancienne famille noble de Normandie, & de Marie Vitart, d'une famille de Champagne. Instruit des premiers élémens de la grammaire par son pere & par des maîtres, il se trouva en état, à l'âge de dix ans, d'entrer en troisième sous M. Lair, alors recteur de l'université de Paris ; & il prit de telle sorte, sous cet excellent maître, le goût des belles lettres, que depuis ce temps-là il fit son unique occupation de l'étude. Après son cours de philosophie, il fut reçu maître-ès-arts dans la thèse qu'il soutint avec distinction en 1672. Déterminé ensuite à l'état ecclésiastique, il prit les leçons de Sorbonne ; & dès qu'il eut achevé le cours ordinaire de cette étude, il s'appliqua entierement à la lecture des conciles, des peres & des auteurs eccléfiaftiques Grecs & Latins. Il n'avoit alors d'autre vue que de s'occuper utilement, & de fe préparer férieufement aux études néceffaires pour fournir le cours de fa licence, que fa jeuneffe l'empêchoit de commencer. En 1680 il prit le dégré de bachelier, & fit enfuite fa licence, dans laquelle il eut un des premiers rangs. Le premier juillet 1684, il reçut le bonnet de docteur, & entreprit auffitôt après de donner fa *Bibliothéque univerfelle des auteurs eccléfiaftiques*, contenant l'histoire de leur vie, le catalogue, la critique, & la chronologie de leurs ouvrages ; un fommaire de ce qu'ils contiennent ; un jugement fur leur ftyle & fur leur doctrine ; & le dénombrement des différentes éditions de leurs œuvres. Ce projet étoit immenfe ; mais le courage de M. du Pin n'en fut point effrayé, & il ne s'eft pas même borné, comme on le verra, à ce feul ouvrage, dont l'exécution fuffifoit, ce femble, à la vie de plufieurs hommes. Le premier volume parut en 1686, & fut réimprimé dans la fuite avec des changemens & des augmentations confidérables. Les autres fuivirent avec promptitude. En 1691 dom Matthieu Petit-Didier, alors moine Bénédictin de la congrégation de S. Vannes, & mort évêque de Macra le 14 juin 1728, fit imprimer un volume *in-8°*, contenant des *Remarques* fur les premiers volumes de la bibliothéque de M. du Pin. Il en donna un fecond en 1692, & un troifiéme en 1696. Ces Remarques qui étoient le fruit de l'étude des peres que plufieurs Bénédictins faifoient fous la direction de dom Petit-Didier, qui les revit, les augmenta, & les mit en ordre, étoient folides pour la plupart ; mais elles déplurent à M. du Pin. Il en témoigna fon chagrin, & y répondit avec une vivacité qui ne nuifit point à fon adverfaire. La réconciliation fe fit néanmoins après le troifiéme volume des Remarques, auxquelles le cenfeur mit fin. Dans le même temps M. du Pin étoit aux prifes avec M. de Harlay, archevêque de Paris, que l'on avoit prévenu contre lui. Ce prélat fit contre la nouvelle Bibliothéque un bruit qui intimida l'auteur, & qui le porta à donner une condamnation de quantité de propofitions de fon ouvrage, qui étoient innocentes, & qui n'en fut pas moins fupprimée par une ordonnance publique du 16 avril 1693, à laquelle on joignit la déclaration de M. du Pin qui eft étendue. La fuppreffion n'eut pourtant point lieu ; & l'auteur obligé feulement de changer le titre de fon ouvrage, eut la liberté de le continuer, ce qu'il exécuta fans aucun nouvel empêchement. Pendant ce temps-là, fa facilité prodigieufe, & fon extrême application à l'étude lui faifoient enfanter encore bien d'autres volumes, comme on le peut voir par la fuite fuivante ; & il étoit de plus commiffaire dans la plupart des affaires de la faculté, & profeffeur de philofophie au collége royal. Il a travaillé auffi pendant plufieurs années au Journal des favans. Il fourniffoit aux uns des mémoires, aux autres des avis, des préfaces à plufieurs livres ; & malgré tout cela, il trouvoit encore le moyen de fe délaffer une partie de la journée avec fes amis, & ne fe refufoit à perfonne. L'affaire du cas de confcience l'inquiéta pendant quelque temps. Le parti qu'il y prit ayant déplu, il fut exilé à Châtelleraut, & privé en même temps de fa chaire, qui ne lui fut pas rendue, lorfqu'il eut obtenu fon retour, en faifant ceffer ce qui avoit caufé fes difgraces. Il mourut à Paris le 6 juin 1719, âgé de 62 ans, regretté de fes amis & du public. Il fut enterré fous les charniers de l'églife paroiffiale de S. Severin, où le fieur Vincent, libraire, a fait imprimer plufieurs de fes ouvrages, a fait placer par reconnoiffance une pierre de marbre à fon honneur, avec l'épitaphe fuivante, qui eft de la compofition du célébre M. Rollin.

Hic jacet
Ludovicus ELLIES DU PIN,
Sacræ theologiæ Parifienfis doctor.
Veritatis cultor & indagator non otiofus,
Vetera ecclefiæ monumenta
Indefeffo labore illuftravit ;

Regni jura
Et ecclefiæ Gallicanæ libertates
Acriter non minùs quàm erudité propugnavit,
Immenfa in omni genere lectionis & doctrinæ
Laude confpicuus.
Idemque animo miti ac modefto,
Nihil in omni vifu vifus eft oblivifci,
Præter injurias.
Ecclefiæ munitus facramentis
Obiit fexto junii anno R. S. H.
M DCC XIX, ætatis verò LXII.

Quelque jugement que l'on porte des ouvrages de M. du Pin, on ne peut lui refufer la louange d'avoir eu un gout excellent, une grande exemption des préjugés ordinaires, un efprit net, précis, méthodique, une lecture immenfe, une mémoire heureufe, une imagination vive, mais réglée, un ftyle léger & noble, un caractere équitable & modéré, fans parti, fans violence, fans prévention ; plein de reffource dans les befoins ; plus porté à la paix qu'à la divifion, & propre à former des projets de réunion, s'il y avoit eu lieu d'en efpérer quelqu'une de la part des communions étrangeres. C'eft ce qui lui avoit attiré le commerce de plufieurs favans de différens partis. On fait que Guillaume Wake, archevêque de Cantorberi, l'a honoré de plufieurs lettres, & qu'il faifoit une eftime particuliere de fa modération & de fon jugement. Ce fut par les mêmes vues que pendant le féjour du czar Pierre, à Paris, il fut confulté fur quelques projets de réunion, qui malheureufement n'ont point eu d'effet. Nous allons donner un catalogue exact des ouvrages de M. du Pin, qui fervira de preuves à ce que nous venons de dire de fon amour & de fa facilité pour le travail : nous le tirerons en partie de celui qu'il avoit dreffé lui-même, & qui a été imprimé en huit pages *in-4°*.

Catalogue & notice des œuvres de M. du Pin.

Nouvelle Bibliothéque des auteurs eccléfiaftiques, &c. *in-8°* ; le premier tome contenant les auteurs des trois premiers fiécles, parut en 1686, avec une Differtation préliminaire fur la Bible. On le réimprima en 1688 avec peu de changement, & en 1698, avec des augmentations confidérables ; entr'autres, la fucceffion des évêques des grands fiéges, l'hiftoire des perfécutions, & celle des conciles & des héréfies, deux volumes *in-8°*.

Prolégoménes fur la Bible, trois volumes *in-8°*, en 1699 : c'eft la Differtation préliminaire fur l'ancien & le nouveau Teftament, confidérablement augmentée.

Bibliothéque des auteurs eccléfiaftiques contenant le IV fiécle, *in-8°*. 1 volume, 1687 ; feconde édition 1689, deux vol. troifiéme édition, 1701, trois volumes. *V fiécle*, premiere partie, 1688, feconde édition 1692, 2 vol. deuxiéme partie, peu après, & fut réimprimé en 1702. *VI fiécle*, en 1690, premier volume, réimprimé depuis fans beaucoup de changemens. *VII & VIII fiécles*, en un volume, en 1691. M. du Pin y joignit une réponfe au premier vol. des remarques de dom Petit-Didier.

Jufqu'ici, depuis la feconde édition des trois premiers fiécles, l'auteur n'avoit parlé que de la vie & des ouvrages des auteurs eccléfiaftiques, & des actes & des canons des conciles. Il a donné en 1711 un *Supplément* aux tomes précédens, contenant les principaux points de l'hiftoire des IV, V, VI, VII & VIII fiécles de l'églife. On y voit la fucceffion des évêques des grands fiéges, l'hiftoire des perfécutions, celle des héréfies, & des conteftations fur la doctrine, avec une table chronologique de l'hiftoire de ces fiécles. Ce Supplément eft en un feul volume *in-8°*.

Quand M. du Pin fut parvenu au IX fiécle, il fut obligé de changer de titre, comme on l'a dit ; & fans prefque changer de méthode, finon pour faire entrer

plus

us de matiere dans son ouvrage, & faire un corps d'histoire ecclésiastique, sa *Bibliothéque* parut sous les titres
suivans :

*Histoire des controverses & des matieres ecccléfiasti-
ues*, traitées dans le IX siécle, première édition,
694, seconde édition, 1697, un volume *in-8°.*

Histoire des controverses, &c. du X siécle, en 1696,
un vol. *in-8°.*

Histoire des controverses, &c. du XI siécle, en 1696,
deux vol. *in-8°.*

Histoire des controverses, &c. du XII siécle, en
1696, deux vol. *in-8°.*

Histoire des controverses, &c. du XIII siécle, en
1696 & 1698, un vol. *in-8°.*

Histoire des controverses, &c. du XIV siécle, en
1698, un vol. *in-8°.*

Histoire des controverses, &c. du XV siécle, *in-8°.*
deux vol. en 1699. On trouve à la fin du second volume une differtation curieuse sur l'auteur du livre de
l'Imitation de Jesus-Chrift, au sujet duquel il y eut en
ce temps-là une longue & vive contestation entre les Bénédictins & les Chanoines réguliers de la congrégation
de sainte Geneviéve.

*Histoire de l'église & des auteurs ecclésiastiques du XVI
siécle*, en cinq vol. *in-8°*, dont le premier en 1701, &
le dernier en 1703.

L'auteur reprit au XVII siécle le titre ancien de *Bibliothéque des auteurs ecclésiastiques.* Il y en a sept vol.
in-8°, qui parurent en 1708. M. du Pin n'y mit point son
nom, comme dans les volumes précédens. Il donna aussi
en 1711 la *Bibliothéque des auteurs ecclésiastiques depuis* 1700, *jusqu'en* 1710, deux volumes *in-8°.* M. l'abbé
Goujet a entrepris de continuer cette *bibliothéque*, & en
a donné trois volumes *in-8°*, imprimés en 1736 & 1737.
Le reste est demeuré manuscrit.

Histoire ecclésiastique du XVII siécle, quatre volumes
in-8°, en 1714. M. du Pin avoit fait imprimer un Supplément à cette histoire, & une continuation où il enta-
me celle du XVIII siécle : mais ces deux ouvrages n'ont
point paru, & peu de personnes en ont des exemplaires.

Table universelle des auteurs ecclésiastiques, cinq vol.
in-8°, en 1704. Les deux premiers contiennent les noms,
la patrie, le temps des auteurs, & le catalogue de leurs
ouvrages, ou de ceux qui leur sont attribués, par ordre
chronologique ; le troisiéme une *Table alphabétique* de
ces mêmes auteurs, avec un traité des études théologiques ; un supplément aux auteurs ; une table chronologique des conciles, & l'indice des auteurs séparés de la
communion romaine par ordre chronologique, avec le catalogue de leurs ouvrages ; le cinquiéme, le titre des
ouvrages de tous ces auteurs par ordre des matieres.

*Bibliothéque des auteurs séparés de la communion de
l'église romaine du XVII siécle*, deux volumes *in-8°.*
le premier en 1718 ; le second en 1719. L'auteur y
suit le plan & la méthode de sa bibliothéque des auteurs
ecclésiastiques. Le pere le Courayer, chanoine régulier
de sainte Geneviéve, ayant donné une idée de cette
bibliothéque dans le journal intitulé, *Europe savante*,
qui paroissoit alors, & dont il connoissoit les auteurs ;
& ayant repris bien des fautes que M. du Pin avoit com-
mises dans cette nouvelle *Bibliothéque*, celui-ci fit faire
sous son nom par le sieur le Cointe, qui demeuroit avec
lui, une réponse très-vive, qui engagea le pere le Courayer à prendre dans un autre volume de l'*Europe savante*, la défense de ses remarques, & de montrer encore de nouvelles fautes dans l'ouvrage de M. du Pin.
La mort de ce docteur mit fin à cette dispute, & à sa
*Bibliothéque des auteurs séparés de la communion de
l'église romaine*, dont il promettoit encore deux volumes.

De antiqua ecclesiæ disciplina dissertationes historicæ,
en 1686. Cet ouvrage est dédié à M. Talon, alors avocat général du parlement de Paris, & contient sept differtations. C'est un volume *in-4°.*

*Liber psalmorum cum notis quibus eorum sensus litte-
ralis exponitur*, en 1691.

Livre des pseaumes, traduit en françois selon l'hébreu ;
avec de courtes notes, en 1691, un volume *in-12.*

La juste défense du sieur du Pin, pour servir de réponse à un libelle anonyme, publié depuis peu contre
les pseaumes qu'il a donnés au public, en 1693, sous le
titre de *Cologne*, un volume *in-8°.*

Notæ in Pentateuchum, en 1701, deux vol. *in-8°.*

*Dissertations historiques, chronologiques & critiques
sur la bible*, tom. I, en 1711, un vol. *in-8°.*

Traité de la doctrine chrétienne & orthodoxe, un vol.
in-8°. 1703. C'étoit le commencement d'une théologie
françoise, qui n'a pas eu d'autre suite.

*Défense de la censure de la faculté de théologie de Pa-
ris*, contre *les mémoires de la Chine* du pere le Comte,
Jésuite, en 1701, un volume *in-12.* Il avoit eu part à
la censure même.

De la nécessité de la foi en J. C. à Paris chez Osmont,
en 1701, deux volumes *in-12.* L'ouvrage est de M. Arnauld, docteur de Sorbonne : la préface, & une addition considérable, sont de M. du Pin.

*Dialogues posthumes de M. de la Bruyere sur le Quié-
tisme*, un volume *in-12*, chez Osmont : deux de ces
dialogues sont de M. du Pin.

Sancti Optati Afri, Milevitani episcopi, opera, *in-fol.*
en 1700. M. du Pin y ajouta une préface sur la vie &
les ouvrages d'Optat, des notes ; une histoire des Donatistes fort ample ; une Géographie sacrée d'Afrique, &
plusieurs autres monumens.

*Joannis Gersonis doctoris & cancellarii Parisiensis
opera, quibus præfixa sunt Gersoniana & adjuncta aliorum hujus temporis scriptorum opera, ac monumenta
omnia ad negotium Joan. Parvi spectantia*, à Amsterdam en 1703, cinq volumes *in-folio.*

Traité de la puissance ecclésiastique & temporelle, en
1707, *in-8°.* Il y en a plusieurs éditions.

Dissertation sur l'histoire d'Apollonius de Thiane,
convaincue de fausseté, un vol. *in-12.*

Bibliothéque universelle des historiens, suivant le plan
de sa bibliothéque ecclésiastique, chez Giffart, 1707
deux volumes *in-8°.* avec plusieurs tables chronologiques. On l'a réimprimée en Hollande en un seul volume *in-4°.* L'auteur a laissé une suite de cet ouvrage.

Histoire de l'Eglise en abrégé, depuis le commencement du monde jusqu'à présent, première édition, en
1712, seconde en 1714, chez Vincent, quatre vol.
in-12.

*Histoire profane depuis son commencement jusqu'à
présent :* les deux premiers volumes en 1714, les quatre
autres en 1716, chez Vincent.

*Lettre sur l'ancienne discipline de l'église touchant la
célébration de la messe*, chez Damonneville, en 1708,
in-12 : réimprimée depuis ailleurs.

Histoire des Juifs depuis J. C. jusqu'à présent, &c.
pour servir de supplément & de continuation à celle de
Joséphe, chez Roulland, en 1710, sept volumes *in-12.*
C'est l'ouvrage de M. Basnage, publié en Hollande,
auquel M. du Pin a ajouté & retranché ce qu'il a jugé
à propos.

Analyse de l'Apocalypse, avec des dissertations, chez
de Nully, en 1714, en deux parties, réimprimée en
1720.

Traité historique des excommunications, &c. deux
volumes *in-12*, chez Etienne, en 1715. Le second volume a été supprimé par arrêt du conseil d'état du roi,
du 8 janvier 1743. On peut voir dans l'arrêt les motifs
de cette suppression.

Méthode pour étudier la théologie, avec une table des
principales questions à examiner & à discuter dans les
études théologiques ; & les principaux ouvrages sur
chaque matiere, à Paris chez Coutelier, 1716, un vol.
in-12. Cet ouvrage a été traduit en latin, & imprimé en Allemagne par quelques Luthériens.

Dénonciation à M. le procureur général d'un libelle

injurieux aux évêques, à son altesse royale M. le duc d'Orléans régent du royaume, intitulé : *Mémoire pour le corps des évêques qui ont reçu la constitution Unigenitus*, un volume *in-12*.

Défense de la monarchie de Sicile, avec les actes & pièces pour servir de preuves, un volume *in-12*, 1716.

Traité philosophique & théologique sur l'amour de Dieu, chez Vincent en 1717, *in-8°*.

Continuation de ce traité, pour servir de réponse à la dénonciation du sieur le Pelletier, *in-8°*, chez Vincent.

Il a eu part à l'avis des censeurs ou commissaires nommés pour examiner l'édition des conciles du pere Hardouin. Il a revu la traduction françoise du *Rationarium temporum* du pere Petau, & l'histoire du régne de Louis XIII, qui parut en 1716, en sept volumes, chez Montalant, & qui étoit de M. le Cointe, qui demeuroit avec lui. Il a eu beaucoup de part au *Dictionnaire de Moreri*, des éditions de 1712, & de 1718.

On a donné depuis sa mort un *Traité philosophique & théologique de la vérité*, in-12, 1731, à Paris, sous le titre d'*Utrecht*. M. Du Pin avoit laissé cet ouvrage assez imparfait : c'est au feu pere dom Edme Perrault, Bénédictin de la congrégation de S. Maur, que l'on en doit la révision, une partie de l'ordre qu'on s'y trouve, & les derniers chapitres. L'auteur des *Observations sur les écrits modernes*, prétend tome V, page 232, que M. du Pin est auteur des *Révolutions d'Espagne*, attribuées à l'abbé de Vayrac ; que celui-ci a tiré cet ouvrage d'un manuscrit de M. du Pin, qui lui avoit été remis, & qu'il n'y a que le dernier volume qui soit entierement de lui.

PINA (Rodrigue de) natif de Guarda, ville de la province de Beyra en Portugal, étoit issu de parens nobles, qui l'éleverent avec beaucoup de soin. Le roi D. Jean II le fit en 1483, secrétaire de l'ambassade d'Espagne, & en 1485 il l'employa de même dans l'ambassade de Rome. Le roi Emanuel le fit ensuite fidalgue ou gentilhomme de sa maison, premier historiographe du royaume, & garde des archives. Cet emploi l'engagea à travailler à l'histoire des rois de Portugal, & il écrivit la vie de plusieurs ; mais il n'a paru que celle d'Alfonse IV, qui fut imprimée à Lisbonne en 1653. Il avoit écrit aussi la vie de D. Emanuel, & l'avoit conduite jusqu'en 1514, où il mourut. * *Mémoires de Portugal.*

PINA (Jean de) né à Madrid en Espagne l'an 1582, entra chez les Jésuites en 1602. Après avoir exercé en divers endroits le ministere de la parole, & la charge de recteur dans sa compagnie, il parvint à la dignité de provincial à Tolède, & mourut en 1657. On dit qu'il avoit lu tous les peres Grecs & Latins, qu'il en avoit extrait cent volumes, chacun de cinq cens pages, & tous écrits de sa main. Il a publié des commentaires latins sur l'Ecclésiastique, imprimés en cinq volumes *in-fol.* à Lyon, depuis 1630, jusqu'en 1648. Il a fait aussi des commentaires sur l'Ecclésiaste en deux volumes *in-folio*, & deux autres volumes d'éloges de la sainte Vierge ; le tout en latin.

PINAMONTI (Jean-Pierre) Jésuite, naquit à Pistoye en Toscane le 27 décembre 1632, & entra au noviciat des Jésuites en 1647. De grands maux de tête dont il fut attaqué au commencement de ses études de théologie, l'ayant obligé de les quitter absolument, il se consacra aux missions de la campagne, avec le célebre pere Segneri. On ne vit jamais un missionaire plus infatigable, plus humble, plus austere, plus puissant en œuvre & en parole. Il fut si grand maître dans la conduite des ames, qu'on ne sauroit douter que le S. Esprit ne lui en ait beaucoup plus appris, qu'il n'auroit pu en apprendre par la plus constante étude. Il fut confesseur de la duchesse de Modène, sans pour cela discontinuer ses missions. Le desir qu'il eut de mourir dans ce saint exercice, & son humilité lui firent refuser deux fois l'emploi de recteur du noviciat. Le pere Segneri étant mort, le grand duc Côsme III le prit pour son directeur,

lui laissant toujours la liberté de continuer ses travaux apostoliques, au milieu desquels il eut le bonheur de finir sa vie, à Orta, au diocèse de Novare, le 25 de juin 1703, âgé de 71 ans. On a imprimé ses ouvrages à Parme en 1706, dans un volume *in-folio*. En voici la liste : *Esercizii spirituali di S. Ignazio. La via del Cielo appianata. La religiosa in solitudine. Lo specchio che non inganna. La vera sapienza. Il cuor contrito. La croce alleggerita. L'inferno aperto al Christiano. L'albero della vita. Il sacro cuore di Maria Vergine. La causa di Richi, overo, il debito ed il frutto della Limosina. Le legge dell'impossibile. La vocazione vittoriosa. La sinagoga disingannata. Breve compendio della dottrina christiana. Exorcista ritè edoctus. Il direttore, metodo da potersi tenere, per ben regolare l'anima nelle vie della perfezione christiana.* Le pere de Courbeville Jésuite, nous a donné en 1718 ce dernier ouvrage en françois, sous le titre de *Directeur dans les voies du salut*. Ce livre qui parut sans nom d'auteur, ni sans qu'on sût que c'étoit une traduction, fut d'abord attribué à nos meilleures plumes : témoignage d'autant moins suspect, qu'il fut général, & porté sur le seul mérite de l'ouvrage.

PINARA, petite ville de la Natolie, située dans la Mentéselli, au pied du mont de Gorante, environ à vingt lieues de Patera vers le nord. Pinara étoit autrefois épiscopale, suffragante de Mire. * Mati, *diction*.

PINARIENS, prêtres & sacrificateurs d'Hercule, qui sacrifioient à ce dieu le matin & le soir. Ils faisoient ces sacrifices avec les Potitiens ; mais les Pinariens n'étant venus par hazard que les derniers, & à la fin du sacrifice, Hercule voulut que les Pinariens servissent aux Potitiens, lorsqu'ils lui sacrifioient ; & c'est-de-là qu'ils furent ainsi nommés, ἀπὸ τῆς πείνης, à *fame*. * Rosin, *antiquités grecques & romaines.*

PINART (Claude) seigneur de Cramailles, premier baron de Valois, secrétaire d'état, natif de Blois, s'éleva par son mérite aux principales charges. Il fut secrétaire du maréchal de saint André, qui avoit part aux grandes affaires, sous le régne de Henri II, & secrétaire du roi, puis des finances en 1569. On croyoit que la mort du maréchal son patron, qui fut tué à la bataille de Dreux en 1562, apporteroit du changement à sa fortune ; mais il sut si bien se maintenir dans l'esprit de la reine Catherine de Médicis, qu'il fut employé en diverses occasions importantes, & succéda l'an 1570, dans la charge de secrétaire d'état, à Claude de l'Aubespine, dont il avoit épousé la cousine germaine. Le roi Charles IX apprit que le duc d'Alençon son frere, formoit un parti dans l'armée du duc d'Anjou, qui assiégeoit la Rochelle : il y envoya Pinart, qui dissipa ce parti, par la fermeté qu'il eut à faire valoir l'autorité du roi, & à défendre de sa part au duc d'Alençon, de sortir de l'armée du duc d'Anjou son frere. Ce dernier étant parvenu à la couronne, estima beaucoup Pinart, qu'il envoya ambassadeur extraordinaire en Suede. Après les barricades de Paris en 1588, le roi ayant fait dessein de s'en venger sur MM. de Guise, éloigna les secrétaires d'état, qu'il croyoit trop attachés à la reine sa mere, sans la participation de laquelle il vouloit achever ce projet. Pinart se retira à Château-Thierri, dont il étoit gouverneur, & fut soupçonné d'avoir voulu rendre au duc de Parme cette place, dont il confia le gouvernement au vicomte de Combleси son fils, sur lequel le duc de Mayenne la prit. On accusa le vicomte de l'avoir rendue par intelligence ; & sur cette accusation, on le condamna par contumace, comme rebelle. Cette disgrace toucha sensiblement Pinart, qui n'eut aucun repos, jusqu'à ce qu'il vît l'honneur de sa maison rétabli par déclaration du roi, & son fils remis dans ses biens. Il se retira ensuite dans sa maison de Cramailles, où il mourut le 14 septembre de l'an 1605. Il avoit épousé *Claude* de l'Aubespine, fille de *Gilles*, seigneur de la Poirière, dont il eut CLAUDE, qui suit ; & *Magdeléne*, femme de *Charles* de Prunelé, vidame de Normandie, baron d'Esneval, &c. CLAUDE Pinart vicomte de Comblifi, marquis de Louvois, feigneur de Cramailles, &c. gentilhomme de la chambre du roi, capitaine de cinquante hommes d'armes, & gouverneur de Château-Thierri, épousa, 1°. l'an 1586, *Françoise* de la Marck, fille de *Charles-Robert*, comte de Maulevrier : 2°. *Anne* le Camus, fille d'*Antoine*, feigneur de Jambeville, préfident à mortier au parlement de Paris, laquelle se remaria au duc d'Amville. Le vicomte de Comblifi eut de sa premiere femme, *Antoinette* Pinart, mariée l'an 1609, à *Jacques* III, feigneur de Rouville, comte de Clinchamp, &c. & *Charlotte* qui épousa en 1613, *Henri* de Conflans, feigneur d'Armentieres, vicomte d'Auchi, gouverneur de Saint-Quentin.

PINART (Michel) né à Sens au mois de juillet 1659, de parens honnêtes, qu'il perdit jeune, & qui le laifferent fans biens, fut élevé dans la communauté de M. Gillot à Paris, & y apprit le latin, le grec, & les premiers élémens de l'hébreu. Cette derniere langue fit dans la fuite le principal objet de son application ; & au fortir de chez M. Gillot, il étoit déja en état de n'être pas inutile au P. Thomaffin de l'Oratoire, qui travailloit alors à fon gloffaire hébraïque. M. Pinart enfeigna cette langue en ville, & eut un grand nombre de difciples, enforte que fa réputation bientôt étendue, lui valut d'abord la place de fous-maître au collége Mazarin, & enfuite une d'éleve à l'académie des belles lettres en 1712. Il fut nommé cette année-là à la théologale de Sens, qu'il a confervée jufqu'à fa mort, arrivée à Sens même le 3 juillet 1717, à l'âge de 58 ans. Les matieres fur lefquelles il a entretenu l'académie dont il étoit membre, rouloient fur les médailles juives & famaritaines ; fur les talifmans chargés de mots hébreux ou arabes ; fur les premiers & véritables caracteres de nos anciennes bibles ; fur cette queftion : « Si David s'étoit » revêtu de l'éphod du fouverain pontife, pour confulter » par lui-même l'oracle du Seigneur, &c. » On n'a rien imprimé de lui qu'une notice exacte de toutes les bibles hébraïques, imprimées avant 1707, & qui fe trouve dans le fupplément du *Journal des favans* de cette même année. * Son éloge par M. de Boze, dans les *Mém. de l'acad. des infcript.* tom. III.

PINAULT (Matthieu) feigneur des Jaunaux, premier préfident au parlement de Flandre, naquit à Château-Gontier après le commencement du fiécle dernier, & fut, dit-on, fucceffivement Jéfuite, & de la congrégation de l'Oratoire. Rentré dans le monde, il s'appliqua tout entier à l'étude de la jurifprudence, & fon mérite l'éleva jufqu'à la dignité de premier préfident au parlement de Tournai, qui fut érigé en 1688, & tranfféré à Douay en 1713. Matthieu Pinault eft mort après l'an 1691. Il a donné au public : 1°. *l'Hiftoire du parlement de Tournai, contenant l'établiffement & le progrès de ce tribunal, avec un détail des édits, ordonnances & réglemens concernant la juftice y envoyés,* in-4°. à Valenciennes en 1701 : on n'y donne à l'auteur que le titre de *confeiller du roi en tous fes confeils, & de préfident à mortier.* 2°. Un *Recueil d'arrêts* de cette cour. 3°. *La Coutume de Cambrai commentée,* à Douay en 1691, in-4°. * *Mémoires du temps.*

PINCHAR (Pierre) d'une famille ancienne de Normandie, qui fubfiftoit encore vers la fin du XVII fiécle, étoit né vers l'an 1320, dans le fauxbourg de Vaucelle à Caen. Etant jeune, il fit connoiffance avec un religieux de Sainte-Croix, du pays de Liége, qui étoit alors à Caen, & il le fuivit lorfque celui-ci retourna dans fon pays. Il prit même l'habit de Sainte-Croix dans la maifon d'Huy, chef de cet ordre, & après fa profeffion, il alla à Louvain achever fes études qu'il avoit commencées à Caen. Il y prit le dégré de docteur, & acquit enfuite beaucoup de réputation par fes prédications. On le fit prieur de la maifon de Caen vers l'an 1355. Ce fut-là qu'il compofa fon livre intitulé : *Veftis nuptialis,* qui eft une explication myftique des habits de fon ordre. En 1363, on l'élut général, ce qui l'obligea d'aller réfider à Huy. Il s'appliqua dans cette charge à réformer fon

ordre, & il y réuffit en partie. Les affaires de la maifon de fa religion à Caen l'y ayant appellé vers l'an 1372, il y vint, mit tout en régle & retourna à Huy, d'où il fe retira encore fur la nouvelle qu'il eut qu'on l'avoit élu évêque de Spire. Ce n'eft pas que fon deffein fût de ne point accepter cet évêché ; mais c'eft qu'il vouloit auparavant achever la réforme de fon ordre qu'il avoit à peine ébauchée. Il commença l'an 1381, par la vifite des monafteres de fa dépendance en France, & le roi Charles VI l'appuya de fon autorité, quoique Pinchar eût pris le parti d'Urbain, & Charles celui de Clément, qui fe difputoient mutuellement l'épifcopat de Rome, pendant le fchifme qui divifoit alors l'Eglife. Pinchar vifita enfuite les couvens d'Angleterre, d'Ecoffe, de Hollande & d'Allemagne ; mais la mort l'arrêta fur la fin de fa courfe au monaftere de Sainte Agathe en Brabant l'an 1382. * *Voyez* Huet, *origines de Caen.*

PINDARE, poëte Grec, à qui on donne le titre de *prince des Lyriques,* qui étoit né à Thèbes, dans la Béotie, fous la LXX olympiade, vers l'an 500 avant J. C. au commencement du régne de Darius, étoit dans le plus haut point de fa réputation, fous le régne de Xerxès, vers la LXXV olympiade, & l'an 480 avant J. C. Il avoit appris l'art poëtique de Lafus Hermionéen, & d'une dame Grecque nommée *Myrtis,* qui étoit très-favante, & qui eut *Corinne* pour éleve. Pindare compofa un très-grand nombre de poéfies de toutes efpeces ; mais nous n'avons que les odes, qu'il fit pour ceux, qui de fon temps avoient remporté le prix aux quatre jeux folemnels des Grecs, qui font les jeux olympiques, les ifthmiques, les pythiques & les néméens. Les auteurs ne font pas d'accord fur le temps de fa mort ; car Suidas dit qu'il ne vécut que 50 ans, & d'autres lui en donnent davantage. Thomas Magifter, qui a fait la vie de Pindare, affure qu'il mourut fous la LXXXVI olympiade, c'eft-à-dire, vers l'an 436 avant J. C. à l'âge de 66 ans. D'autres difent qu'il arriva jufqu'à fa 80 année ; d'autres, qu'il mourut l'an 462 avant J. C. âgé de 58 ans, lorfque Conon étoit préteur d'Athènes. Etienne de Byfance ajoute que Pindare ne mourut pas à Thèbes, comme on l'a cru ; mais que ce fut dans un lieu dit, *Cynocephalie* ou *Tête de Chien.* Toute la Grece eut tant de vénération pour ce poëte, que long-temps même après fa mort, ceux de fa famille furent très-confidérés à caufe de lui : ce qui parut à la prife de Thèbes, lorfqu'Alexandre *le Grand,* plus de cent ans après ce poëte, en rafant cette ville, épargna la maifon où avoit autrefois demeuré Pindare. Ce poëte eft le plus célebre des poëtes lyriques, que l'ancienne Grece diftinguoit des autres, quoiqu'il ne fût pas le plus ancien ; & il eft celui de tous qui s'eft acquis le plus d'eftime. Platon faifoit un cas extraordinaire des ouvrages de ce poëte, à qui il donne les épithetes d'*homme très-fage,* & de *divin.* Le ftyle de Pindare eft élevé : fa poéfie a de la grandeur, de la fécondité, de l'art, & je ne fais quelle force, mêlée de douceur, qui lui eft particuliere. Ses figures font hardies, fes defcriptions merveilleufes, & il a le talent de repréfenter vivement les chofes. Horace compare la rapidité de fa diction à celle d'un torrent impétueux, qui defcend des montagnes, enflé par les pluies, & qui entraîne tout ce qu'il rencontre. Il remarque que ceux qui veulent imiter Pindare, font en danger de tomber du haut du ciel, comme Icare. Il ajoute que ce poëte excelle en tout genre, foit qu'il rempliffe de mots nouveaux fes hardis dithyrambiques, & marchant d'un pas libre, il affecte des cadences qui ne reconnoiffent point de loix ; foit qu'il chante les louanges des dieux, des rois ou des héros. Longin dit, que quelquefois l'ardeur de Pindare, au milieu de fa plus grande violence, vient mal-à-propos à s'éteindre ; mais cependant il le préfere à ces poëtes lyriques, qui, quoique réglés & élégans, n'ont pas fes traits fublimes. Denys d'Halicarnaffe, parlant de la diction de ce poëte, affure que c'eft une harmonie ancienne & auftere. Les odes de Pindare font pleines de mouvemens & de tranfports, de penfées vives & fublimes, comme jettées au hazard ; mais l'on peut dire que le défordre qui y regne eft un effet de l'art. Il écrivoit dans la dialecte dorique ; mais il l'a mêlée d'éolique ; auffi a-t-il appellé quelquefois fa lyre *Eolienne*. Ses odes font parvenues jufqu'à nous, moins corrompues que la plupart des ouvrages des anciens. Peut-être que la régularité des mefures en eft la caufe ; parcequ'elle eft fi grande dans fes ouvrages, qu'il n'eft pas poffible d'y rien changer qu'on ne s'en apperçoive. Une des meilleures éditions de fes poëfies, eft celle d'Erafme Schmidt, de l'an 1616, avec fes commentaires. * Athenæi, *dipnofophift.* & Suid. *lexic.* Denys d'Halicarnaffe, *de eloquent.* Demofth. Horace, *liv. 4, od. 2*, & André Dacier, *comment. fur Horace.* Longin, *de fublim.* Quintilien, *inftitut. orat. l. 10, c. 1.* Rapin, *réflexions fur la poëtique.* François Blondel, *comparaifon de Pindare & d'Horace.* Ger. Jean Voffius, *de arte poët.* Tan. le Févre, *vies des poëtes Grecs.* Baillet, *jugemens des favans fur les poëtes Grecs.*

PINDARE de Thèbes, poëte Grec, eft auteur d'un poëme de la prife de Troye, imprimé à Bafle & ailleurs. * Barthius, *adverf. l. 19, 23, 27 & 58.* Gefner, *in biblioth.* Voffius, *de hift. Lat.*

PINDE, *Pindus*, montagne d'Epire ou de Theffalie : une partie eft appellée *Parnaffe*, & l'autre *Helicon.* C'eft pour cette raifon que ces trois noms font fouvent confondus par les poëtes, qui parlent de ce mont confacré aux Mufes, & d'une riviere de ce nom.

PINEAU (Severin) en latin *Pinaus*, natif de Chartres, publia en 1598, à Paris, où il exerçoit la chirurgie, un livre latin, qui a été réimprimé plufieurs fois. Il y traite des marques de la virginité des filles, & c'eft peut-être ce qui a donné le plus de cours à cet écrit. La traduction qui en fut faite en allemand, & publiée à Francfort vers le commencement du XVII fiécle, fut profcrite par les magiftrats, qui ne trouverent pas bon que ces matieres fuffent traitées en langue vulgaire. L'auteur avoit compofé fon livre en latin, de peur, comme il le dit lui-même dans fa préface, qu'une édition en langue vulgaire ne fût plus nuifible qu'utile, à caufe de l'obfcénité de la matiere. Il mourut le 29 novembre 1619. On a encore de lui trois differtations en françois, fur la maniere de tirer la pierre de la veffie. * Vander-Linden, *Renov.* Bayle, *dictionnaire crit.* 1702. De Vaux, *index funereus chirurg.* D. Liron, *biblioth. chartraine.*

PINEAU (Gabriel du) célebre jurifconfulte, confeiller au préfidial d'Angers, naquit dans cette ville l'an 1573, de *Claude* du Pineau, fameux avocat, depuis procureur de l'hôtel de ville d'Angers, & de *Renée* Nyvard, proche parente des Bautru, dont la maifon eft fondue dans celles de Montauban, d'Argouges, Rambure & Maulevrier. Gabriel du Pineau, après fes études d'humanités, étudia en droit & fuivit le barreau à Angers, avec une réputation fupérieure à fon âge. Enfuite il fe rendit à Paris,où le parlement & le grand-confeil retentirent bientôt de fes plaidoyers. Une éloquence mâle animoit fes difcours, & le choix des caufes dont il entreprit la défenfe, donna une haute idée de fon équité. Il fe maria en 1600, à *Françoife* Lavocat, fille d'*Amauri* Lavocat, écuyer, feigneur des Fougerez, confeiller au préfidial d'Angers, & d'*Ifabelle* de la Poëze. Du Pineau rappellé par fes compatriotes, revint à Angers où il fut confeiller au préfidial, & s'y diftingua tellement, qu'on le confultoit de toutes les provinces voifines, & qu'il eut part à tout ce qui fe fit de grand de fon temps. Les princes & les feigneurs qui avoient des terres en Anjou, ambitionoient fon fuffrage pour terminer leurs différends. Marie de Médicis, qui eut occafion de le connoître dès 1619, eut pour lui beaucoup de confidération, & le créa maître des requêtes de fon hôtel. Dans fes difgraces elle cheroha à s'appuyer de fon crédit & de fes confeils ; mais du Pineau, toujours attentif à ce qu'il devoit d'un côté à la mere de fon roi, & de l'autre à fon fouverain, ne ceffa d'infpirer à cette prin-

ceffe des fentimens de paix qui furent enfin fuivis. Louis XIII, par reconnoiffance,le nomma le 2 juin 1632, maire & capitaine général de la ville d'Angers, & du Pineau mérita fans cette charge l'aimable titre de *Pere du peuple*. M. de Livoniere dit, qu'il étoit peu inférieur au fameux Du Moulin pour le droit civil, & plus exact pour le droit canon. Ménage ajoute, que quand Guillaume Ménage fon pere, & M. du Pineau qui étoient fouvent de différent fentiment, s'accordoient fur une même queftion, les Angevins avoient coutume de dire ce que Cujas rapporte des jurifconfultes Julianus & Marcellus : « Il faut que cela foit vrai, puifque du Pineau confirme la décifion de Ménage. » Comme on venoit confulter Du Pineau de toutes parts, on nomma la rue où il demeuroit, *la rue Pineau*. Ménage dit encore de lui en le regrettant :

PINELLUS periit , Themidis pius ille facerdos ,
In proprio judex limine perpetuus.

Du Pineau ne fut pas moins Chrétien exact & fidéle, qu'habile jurifconfulte ; & comme il connoiffoit parfaitement l'étendue de la religion, il ne fe difpenfa d'aucun devoir à cet égard. Sa maifon devint auffi une efpece d'académie. Il fe tenoit chez lui des conférences réglées, où affiftoient les jeunes officiers, les avocats & les autres favans. Chacun y propofoit fes difficultés librement fur les matieres les plus épineufes du droit & de l'hiftoire ; & quand il avoit parlé tout étoit éclairci. Ce grand homme mourut le 15 octobre 1644, dans fa foixante-onziéme année, & non à foixante & treize ans, comme le difent Ménage & Bayle. Un ami (M. Gaillard, avocat) lui fit cette infcription.

Interpres fidus , lux juris , & arbiter æqui ,
Omnia plena falis , plena leporis habens.
Confultus docuit vivens componere lites ,
Jurgia cuncta fori terminat in tumulo.

On a confacré quantité d'éloges à fa mémoire. Ses écrits font : *Obfervations, queftions & réponfes fur quelques articles de la coutume d'Anjou*, à Angers *in-folio*, en 1646. *Notes latines oppofées à celles de Du Moulin fur le droit canon*, en 1681, avec les œuvres de Du Moulin, par les foins de François Pinffon, avocat au parlement. *Commentaire latin fur la coutume d'Anjou.* Cet ouvrage ne parut que 54 ans après la mort de fon auteur, traduit en françois felon quelques-uns , par M. de Launay, profeffeur du droit françois en l'univerfité de Paris, & par M. Nyvard, ancien avocat au parlement. Le premier a traduit la premiere partie, M. Nyvard, le refte, fi l'on en croit ceux qui font honneur de cette traduction à ces deux célebres avocats. Mais nous avons donné une preuve qui nous paroît très-forte, à *l'article de Jacques* GOUREAU, pour revendiquer cette traduction à ce dernier. *Voyez* GOUREAU (Jacques) confeiller, &c. *Confultations fur plufieurs queftions importantes, tant de la coutume d'Anjou, que du droit françois, avec des differtations fur différens fujets.* En 1725, on réimprima tous les ouvrages de du Pineau, excepté fes notes latines fur le droit canon. Ce fut M. de Livoniere qui eut foin de cette nouvelle édition, qui parut en deux volumes *in-folio*, & que l'éditeur a enrichie de remarques très-utiles. JEAN-GABRIEL Pineau fon petit-fils , religieux Bénédictin , a confacré à fa mémoire ces vers françois, que l'on lit au bas de fon portrait :

Tel fut l'illuftre DU PINEAU ,
De l'ufage & des loix , cet interprete habile ;
A l'Eglife, à fon prince il fut fe rendre utile ,
Et de favans écrits enrichit le barreau.

GABRIEL du Pineau, chanoine régulier de fainte Geneviéve, fon arriere-petit-fils, a donné auffi un abrégé de fa vie en françois qui a été imprimé à Paris *in-12* en 1731, & qui fe trouve pareillement dans les *Mémoires* du P. Niceron, *tome XIV.* Dans la vie féparée de ces

fémoires, on a ajouté les titres des confultations, quef-
ions & differtations de du Pineau qui font imprimées,
on portrait, & beaucoup de vers latins & françois à fa
ouange. Parmi les differtations on en trouve une en fa-
eur du faint fiége, au fujet du patriarchat d'Occident,
ontre le célebre Du Moulin. Cette differtation a don-
é lieu à plufieurs épigrammes qui font honneur à Gariel du Pineau, & entr'autres à celle-ci qui eft du
?. Janvier, chanoine régulier de fainte Geneviéve :

Auffi docte écrivain que Chrétien vertueux,
Cet auteur a des loix pénétré le dédale,
Et fa vafte fcience à Du Moulin fatale
Du fchifme a confondu les cris tumultueux.

Et celle-ci de M. Gibert, en vers latins :

Afpice PINELLUM, *quo non præftantior alter,*
Andinos ritus patriafque exponere leges.
Munere vel precibus placari nefcius ullis,
Quis Themidis melius libret æquo pondere lancem ?
Gallica Romanis doctus componere jurâ,
Jam conjuratos Petri refcindere fedem
Vindicibus fcriptis metuendus terruit hoftes ;
Regibus ufque fuis vixit dilectus & aula :
Immortale decus fervat poft fata fuperftes.

PINEDA (Jean) Jéfuite, né d'une noble famille à
Séville, fut reçu dans la fociété en 1572, & y enfeigna
depuis la philofophie & la théologie dans divers colléges. Il favoit les langues, qui lui fervoient beaucoup pour
l'intelligence de l'écriture, & compofa des commentaires fur Job en deux volumes. Des commentaires fur l'eccléfiaftique auffi en deux volumes. *De rebus Salomonis, lib.*
VIII. Prælectio facra in cantica canticorum. Index ex-
purgatorius librorum, &c. Pinéda mourut le 27 janvier
de l'an 1637, âgé de 80 ans. * Alegambe, *biblioth.*
fcript. societ. Jef. Nicolas Antonio, *biblioth. fcript.*
Hifp.

PINELLE (Louis) quatre-vingt-douziéme évêque de
Meaux, né à Montluc en Bourbonnois, après avoir été
archidiacre de Bourges, doyen de S. Martin de Tours,
chanoine, chancelier & grand vicaire de Paris, fut élu
évêque le 4 de novembre 1510, pour fuccéder à Jean de
Pierrepont, mort le 2 feptembre précédent. Pinelle
jouiffoit d'une prébende dans l'églife de Meaux, depuis
le 26 octobre de la même année, lorfqu'il fut élu. Son
élection fouffrit plufieurs difficultés. Quoique Louis XII
l'eût fort recommandé, il n'eut que dix voix ; & Jean de
la Place, chanoine & archidiacre de Brie, en ayant eu
feize, fut déclaré élu : l'élection fut publiée, & l'on
chanta le *Te Deum* felon l'ufage. Mais le 29 du même
mois, Pierre Fabri, l'un des fcrutateurs, fut mandé en
cour avec le nouvel élu, & quelques autres chanoines :
on y examina l'élection : elle fut trouvée défectueufe,
& Louis Pinelle prit poffeffion de l'évêché de Meaux,
en vertu d'une fentence de l'archevêque de Sens du 19
mars 1511. Il fit fon entrée publique au mois de juillet
fuivant. Ce prélat avoit été fait grand maître du collége
de Navarre en 1497, & ce fut lui qui acheva la bibliothéque de ce collége. En 1505, pendant qu'il y enfeignoit la théologie, le cardinal George d'Amboife, archevêque de Rouen, lui donna pouvoir de mettre la
derniere main à la réforme des monafteres de S. Severin de Château-Landon, au diocèfe de Sens, de S. Cal-
life de Cifoin au diocèfe de Tournai, & de Notre-
Dame de Livri au diocèfe de Paris. Il y travailla avec
fuccès, & tint pour ce fujet le 16 janvier 1507, un
chapitre général à Livri même, où il publia des ftatuts
pour affermir cette réforme. Il mourut le 2 janvier 1516.
Ce prélat eft loué dans fon diocèfe, pour s'être acquitté
dignement de toutes les fonctions attachées à fon miniftere. * D. Touff. Du Pleffis, *hift. de l'églife de Meaux,*
tom. I, pag. 323, &c.

PINELLI, famille de Gènes, eft une des vingt-huit
nobles de cette république, à laquelle elle a donné des
doges & d'autres magiftrats. AUGUSTIN Pinelli, fils

dé *Philippe*, fut élu doge le 4 janvier 1555. Un autre
AUGUSTIN Pinelli, fils d'*Alexandre*, fut élu le 1 d'avril
1609. JEAN-BAPTISTE Pinelli, académicien de la
Crufca, a publié divers ouvrages en vers latins & italiens, & eft mort vers l'an 1630. VALENTINE Pinelli,
née à Gènes, & religieufe à Séville en Efpagne, dans
le monaftere de S. Léandre, de l'ordre de S. Auguftin,
favoit très-bien la langue latine, & compofa divers
traités en profe & en vers : un entr'autres à la louange
de fainte Anne, qu'elle fit imprimer l'an 1601. LUC
Pinelli, originaire de Gènes, & né à Melfe dans le royaume de Naples, étoit Jéfuite, enfeigna la théologie à In-
golftadt, & à Pont-à-Mouffon, compofa divers ouvrages de piété & de théologie, & mourut le 25
août de l'an 1607. GREGOIRE Pinelli, auffi originaire
de Gènes, né en 1591, à Cantazaro dans la Calabre,
fe fit religieux Dominicain en 1611, & fut vicaire du
cardinal Aftalli, abbé de fainte Sophie de Bénévent, &
du cardinal Firenzuola, abbé de Saint-Ange de Farfi-
nello. Ce fut chez ce cardinal à Rome qu'il tomba en
délire, croyant avoir été empoifoné. On le porta au
monaftere de la Minerve, où il fe précipita d'une fenêtre
de l'infirmerie, & fe tua en 1667. Il avoit compofé divers traités, *Stimulus charitatis ; Politica chriftiana ;*
&c. * Foglieta, *elog. illuft.* Lig. Soprani & Giuftiniani, "
fcrit. della Ligur. Alegambe, *bibliotheca fcript. foc.*
Jef. Nicolas Antonio, *biblioth. fcript. Hifp.*

PINELLI (Jean-Vincent) célebre par fa profonde
érudition, né l'an 1535 à Naples, de CÔME Pinelli,
& de *Clémence* Ravachieri de Gènes, s'établit l'an
1558, à Padoue, où il paffa le refte de fes jours. L'étude
de la jurifprudence, à laquelle perfonne ne le furpaffa,
ne fut pas fon unique occupation, il excella encore dans
la connoiffance des médailles, de la médecine, de l'hiftoire, des mathématiques, des belles lettres, & dans
l'intelligence des langues. Il ramaffa une bibliothéque
confidérable par les livres les plus rares & les plus curieux, & par d'excellens manufcrits. Il avoit encore un
cabinet de médailles & d'antiques, une galerie remplie
des portraits des grands hommes, & fur-tout de ceux
de fon temps. Les cardinaux Baronius & Bellarmin, qui
avoient accompagné en 1598 le pape Clément VIII à
Ferrare, prirent occafion d'aller le voir à Padoue, &
voulurent entrer chez lui *incognito*, & en habits de fimples prêtres. Pinelli qui ne les voyoit jamais vus, les reconnut d'abord, parcequ'il avoit leur portrait dans fa
galerie. Il les y mena, & montrant le portrait du cardinal
Baronius au cardinal Bellarmin : *Voila*, lui dit-il,
une excellente piéce ; & enfuite faifant voir celui de Bellarmin à Baronius : *Avouez*, lui dit-il, *monfeigneur,*
que ce tableau reffemble bien à votre compagnon. Ces
grands hommes fe voyant découverts d'une maniere fi
agréable, & conçurent pour lui une plus grande eftime,
qui s'augmenta encore par l'entretien qu'ils eurent avec
lui. On venoit de toutes les parties de l'Europe à Padoue pour le voir, pour l'entretenir & pour le confulter, & l'on ne fortoit jamais mal fatisfait d'auprès de
lui. Il donnoit des mémoires aux uns, communiquoit
fes livres & fes manufcrits aux autres, & fe faifoit un
plaifir de contribuer de fon travail pour la perfection de
celui des autres. Un tel homme auroît été long-temps
néceffaire à la république des lettres ; mais il mourut
d'une fuppreffion d'urine en 1602. On lui trouva quinze
pierres dans le corps, & entr'autres une dans les reins,
qui étoit toute fanglante & toute raboteufe. Sa bibliothéque devoit être portée à Naples ; mais la république
de Venife en retint la plus grande partie. * *Voyez la*
vie de ce grand homme, écrite par Paolo Gualdo.

PINELLI (Dominique) cardinal & doyen du facré
collège, né à Gènes le 21 octobre 1541, étoit fils de
PARIS Pinelli, & de *Benoîte* Spinola. Dès l'âge de quatorze ans, il commença fon cours de droit qu'il étudia
fix ans à Padoue. Il fut bientôt en état de l'enfeigner,
& alla à Rome en l'an 1564, qui étoit le 23 de fon
âge. Le pape Pie V le fit référendaire de l'une & de

l'autre fignature, & Grégoire XIII le nomma commiffaire apoftolique, pour terminer un différend que les
habitans de Narni & de Terni avoient depuis plus de
deux cens ans, fur les limites de leur territoire. Il le
régla avec beaucoup de prudence ; & à fon retour à
Rome, il fut pourvu de l'évêché de Fermo, fur la réfignation du cardinal Perreti, qui l'aimoit beaucoup. Il
fut depuis auditeur de Rote, clerc de la chapelle du pape,
& vice-gérent du cardinal Cornaro, camerlingue de l'é-
glife. Lorfque le cardinal Perreti eut été fait pape en
1585, il mit dans le facré collége Pinelli, qui avoit été
nonce en Efpagne, & qui étoit alors âgé de 45 ans,
dont il en avoit paffé 23 à Rome au fervice du faint
fiége. Peu après fon élévation au cardinalat, on l'envoya légat dans la Romagne, où il rétablit la tranquillité que des fcélérats avoient troublée. Le pape le nomma enfuite chef de fon armée navale, le fit archiprêtre
de fainte Marie-Majeure, & le commit pour achever le
feptieme livre des décrétales, que Grégoire XIII avoit
commencé. Il fut encore légat de Péroufe, & mourut
doyen des cardinaux le 9 août de l'an 1611, âgé de 70
ans. Il a écrit un traité de l'autorité du pape, qui eft en
manufcrit dans la bibliothéque du Vatican, & des relations du procès qu'on fit pour la canonifation de fainte
→ Françoife, Romaine, & de S. Charles Borromée. * Pancirole, de clar. jurifc. interpret. l. 2, c. 198. Ughel,
Ital. facr. tom. I & II. Giuftiniani, fcript. Lig. Ciaconius. Pétramellarius, &c.

PINEMBERG, que quelques cartes écrivent Pinnen-
berg, & Baudrand Pinneberg, en latin Pinneberga,
comté dans le duché de Holftein, & dans la province
de Stormarie. Il appartient en partie au roi de Danemarck, & en partie au duc de Holftein-Gottorp. Le
pays eft affez déparé & affez rude. La capitale, qui
porte le même nom de Pinemberg, n'eft qu'un gros
bourg bâti de brique & de bois, fans clôture. Elle eft à
cinq milles d'Allemagne de Gluckftad, en tirant vers
l'orient d'hiver, & à trois milles de Hambourg, n'étant
éloignée que de deux lieues de l'Elbe. Mais il y a dans
les dépendances de ce comté, un autre lieu bien plus
confidérable, nommé Altena, dont nous avons parlé
en fon lieu. * Baudrand. Mémoires du chevalier de
Beaujeu.

PINÉS, ifle au-delà de la ligne équinoctiale, vers le
midi, à 28 dégrés de latitude, fut découverte par les
Hollandois en 1667. Un navire hollandois faifant voyage au-delà du cap de Bonne-Efpérance vers l'orient,
fut pouffé par un vent impétueux à la rade de cette ifle.
Les gens du vaiffeau y étant abordés, trouverent dans
ce lieu des gens qui faifoient profeffion de la religion
chrétienne, & qui parloient anglois. Ils s'y étoient établis en l'an 1590, & depuis ce temps-là n'avoient vu
aucuns étrangers. Les habitans de cette ifle raconterent
leur hiftoire, qui eft furprenante. En 1589, une flotte
de quatre navires anglois allant aux Indes orientales,
fut attaquée vers l'ifle de Madagafcar d'une petite tempête, qui écarta ou fit périr trois vaiffeaux, & qui pouffa le quatrieme, nommé le Marchand Indien, vers un
rivage plein de rochers. On mit l'efquif en mer, & chacun tâcha de gagner terre : il ne refta dans le vaiffeau
qu'un homme avec quatre filles, qui ne purent fe jetter
dans l'efquif, & qui ne favoient pas nager. Tous périrent, à l'exception de ces cinq perfonnes qui fe fauverent fur des planches du vaiffeau brifé. Cet homme &
les quatre filles trouverent cette ifle inhabitée, fans même aucunes bêtes fauvages, & remplie d'arbres fruitiers, & d'un grand nombre d'oifeaux, qui pondoient
des œufs en abondance. Cet homme étoit âgé de 30 ans.
Les filles étoient, la fille du capitaine du vaiffeau, fes
deux fervantes, & une efclave Maure. La néceffité de
pourvoir à la multiplication dans un ifle fituée hors du
cours ordinaire de la nature, fit réfoudre l'homme à
être le mari de ces quatre filles, & il en eut une poftérité fi nombreufe, qu'en l'an 1667, il fe trouva dans
l'ifle onze ou douze mille perfonnes. Cette multiplica-

tion s'étoit faite dans l'efpace de 77 ans, depuis le naufrage de 1589, jufqu'en 1667 que les Hollandois y arriverent. * Lettre d'Amfterdam du 19 juillet 1668.

PINET (Antoine du) feigneur de Noroi, vivoit au
XVI fiécle. Il étoit de Befançon, & il fit paroître par
quelques-uns de fes ouvrages, qu'il étoit attaché à la
religion proteftante, jufqu'à fe montrer furieux contre
l'églife catholique. Cela fe vit fur-tout dans les notes
qu'il ajouta à la traduction françoife de la taxe de la
chancellerie de Rome, qui fut imprimée à Lyon en
1564, à Leyde en 1607, & qu'on a réimprimée à
Amfterdam avec une nouvelle préface en 1700. Il débita
des chimeres bien extravagantes fur la généalogie de
quelques maifons, que M. le Laboureur a relevées dans
fes additions aux mémoires de Caftelnau. Ce que l'on a
le plus eftimé entre fes écrits, eft la traduction de Pline,
qui a été imprimée plufieurs fois ; favoir à Lyon en
deux volumes in-folio en 1562, & l'on croit que c'eft
la premiere édition : dans la même ville en 1566, & à
Paris en 1608. Quoiqu'il ait fait bien des fautes, fon
travail eft très-utile encore à préfent, même pour ceux
qui entendent le latin de Pline, à caufe des recherches
du traducteur, du grand nombre de notes marginales,
&c. Le même a traduit le troifieme livre des lettres dorées de Don Antonio de Guevara ; le traité du même
auteur des travaux & privileges des galeres. Les commentaires de P. André Mathiole, Siennois, fur l'hiftoire des
plantes de Pedacion Diofcoride d'Anazarbe, à Lyon
in-folio, l'an 1566. Les fecrets miracles de la nature,
de Levin Lemne médecin de Zirizée, à Lyon 1567,
felon le témoignage de la Croix du Maine, qui marque
néanmoins ailleurs une traduction françoife de cet ouvrage, donnée la même année par Jacques Gohori.
De plus, du Verdier qui demeuroit à Lyon, ne parle
de cette traduction, & ne dit point dans la lifte
des ouvrages de du Pinet qu'il en ait fait une. Les lieux
communs de la fainte écriture, recueillis par Wolfang
Mufculus en 66 titres, à Genève, in-folio, 1577. La
traduction de la taxe de la chancellerie de Rome, fous
ce titre : Taxe des parties cafuelles de la boutique du
pape, en latin & en françois, avec des annotations
prifes des décrets, conciles & canons, tant vieux que
modernes, pour la vérification de la difcipline ancienne obfervée en l'églife, le tout accru & revu par
A. D. P. Outre les traductions, dont nous venons de
parler, du Pinet publia encore des ouvrages, dont il
étoit le principal auteur ; entr'autres, La conformité des
églifes réformées de France, & de l'églife primitive en
police & cérémonies, à Lyon 1564, in-8°. Sermons fur
l'apocalypfe. Plans, portraits & defcriptions de plufieurs villes & foreterffes, tant de l'Europe, Afie, Afrique, que des Indes & terres neuves, leurs fondations,
antiquités, & maniere de vivre : avec plufieurs cartes
générales & particulieres fervant à la cofmographie,
jointes à leurs déclarations, le tout mis par ordre, région par région, à Lyon 1564, in-folio. * Bayle,
diction. crit.

PINGON (Philibert) baron de Cufi, feigneur de
Primifcelle, hiftoriographe & grand référendaire de
Savoye, & maître des requêtes fous Emanuel Philibert
& Charles-Emanuel ducs de Savoye, vivoit dans le
XVI fiécle. Il avoit beaucoup de belles connoiffances,
qu'il employa pour la gloire de la maifon de Savoye,
dont il entreprit l'hiftoire. Charles-Emanuel lui ouvrit
fes archives & fa Bibliothéque, & lui fit communiquer
les titres des principaux monaftéres de fes états. Par ordre de ce duc, il fit un voyage en Saxe, pour y éclaircir l'origine de fa maifon. A fon retour il publia fon arbre généalogique, intitulé, Arbor gentilitia Saxonia
Sabaudiæque principum, avec des éloges abrégés de
chaque prince, où il s'eft affez fouvent trompé. Outre
cela en marquant les dégrés, il s'eft attaché à la prérogative de l'âge, plûtôt qu'à l'ordre de la fucceffion &
de la généalogie : ce qui eft rebutant & contra les régles. L'apologie qu'il fit pour cet ouvrage, contre Al-

onse d'Elbene , est plus raisonnable. Son histoire de
Turin , sous le titre d'*Augusta Taurinorum* , contient
es choses singulieres , mais bien autorisées & bien cir-
constanciées. Il composa d'autres ouvrages , & avoit
aussi entrepris d'écrire en latin les antiquités allobrogi-
ques , ou l'histoire générale de Savoye , divisée en trente
tvres , qui est manuscrite dans les archives de Turin ,
où il mourut le 18 avril de l'an 1582 , âgé de 57 ans ,
& 4 mois. Sa femme *Philiberte* de Bruel, fut gouvernante des filles de Marguerite de France , duchesse de
Savoye. * *Consultez* Guichenon ; la Croix du Maine ;
l'abbé Ghilini ; la Chieza, &c.

PINHEIRO (dom Gonçalès) natif de Setuval en
Portugal , étoit issu de parens nobles , qui le firent étudier d'abord à Lisbonne , & ensuite à Salamanque. Il fut
fait ensuite chanoine d'Evora au concours , *dezembargador* ou conseiller, & évêque de Zafim ; ce qui lui donna
occasion de satisfaire son zèle à Bayonne , où ayant été
envoyé vers 1536 , pour terminer quelques différends
survenus entre les couronnes de France & de Portugal ,
il exerça toutes les fonctions épiscopales pendant cinq
ans. La satisfaction qu'il donna en cette occasion aux
deux cours , engagea le roi dom Jean III à le nommer
en 1542 son ambassadeur auprès de François I. Il donna
son loisir à l'étude des langues grecque & hébraïque,
ne négligea pas les sciences, & à son retour en 1552 ,
fut fait conseiller d'état. L'année suivante il fut fait évêque de Vizeu ; & étant allé demeurer dans son diocèse ,
il recueillit les ordonnances synodales de ses prédécesseurs, embellit considérablement son église , mérita par
ses charités le titre de pere des pauvres , & enfin mourut en réputation d'une grande piété au mois de novembre 1567 , âgé de 77 ans.

PINHEIRO (dom Rodrigue) natif de Barcellos en
Portugal , étoit fils de dom Diego-Pinheiro, grand prieur
de Guimaraëns , & évêque de Funchal. Il prit les dégrés en droit , & ayant embrassé l'état ecclésiastique, fut
pourvu de diverses abbayes. En 1539 il fut fait doyen
du conseil général du saint office. Le roi dom Jean III le
nomma peu après conseiller d'état , & il fut aussi pourvu
de l'évêché d'Angra dans l'isle Tercere ; mais il n'y alla
pas , parcequ'en même temps le roi le créa gouverneur
de la maison civile de Lisbonne. Enfin en 1552 , il fut
fait évêque de Porto ; & ayant gouverné cette église
pendant 20 ans , il y mourut au mois d'août de l'an
1572 , âgé de 90 ans. Il reste de lui quelques lettres latines , imprimées au commencement des œuvres poétiques de Cadahal Gravio. On voit à une lieue & demie
de Porto , une maison de campagne qu'il a fait bâtir,
& qui est une des plus belles du Portugal.

PINHEIRO (dom Antoine) natif de Porto de Moz,
dans l'évêché de Leyria en Portugal , après avoir fait
ses études à Paris , y enseigna la rhétorique au collège
de sainte Barbe , & depuis fut rappellé par le roi dom
Jean III , qui le fit successivement précepteur du prince
Jean son fils , son aumônier , son prédicateur , historiographe & garde des archives du royaume. Le roi dom
Sébastien qui succéda à son aïeul en 1557 , reconnut
encore mieux le mérite de Pinheiro , en lui donnant
l'évêché de Miranda , & ensuite celui de Leyria ; mais
ayant voulu dissuader ce prince de faire le second voyage
en Afrique , où il fut tué en 1578 , il fut disgracié. En
1580 les grands de Portugal montrerent l'estime qu'ils
faisoient de Pinheiro , en le nommant leur ambassadeur
auprès de Philippe II , roi d'Espagne , qu'ils vouloient
engager à attendre la sentence des juges sur la succession
au royaume. Sa négociation ne pouvoit réussir auprès
d'un monarque si ambitieux. Il mourut à Lisbonne peu
après son retour , & laissa divers ouvrages , dont le plus
considérable est un commentaire sur Quintilien , imprimé à Venise en 1567.

PINHEIRO (François) natif de Gouvéa dans l'évêché de Coimbre en Portugal , entra chez les Jésuites le
14 mars 1611 , âgé de 15 ans , & enseigna long-temps
la philosophie ; la théologie morale & la scholastique

dans l'université d'Evora , dont il fut chancelier. Il gouverna aussi les collèges d'Evora & de Coimbre , &
mourut dans cette dernière ville le 29 juillet 1661. On
a de lui trois volumes *in-folio* , imprimés à Coimbre ,
De censu & emphyteusi , 1655 ; *De testamentis* , 1681
& 1684. * *Mémoires de Portugal.*

PINHEL , PIGNEL , petite ville forte de Portugal.
Elle est dans la province de Tra-los-Montes , sur la riviere de Pinhel , à six lieues de Guarda vers le nord.
Quelques géographes prennent Pinhel pour la ville
nommée anciennement *Cepiana* , laquelle pourtant la
plupart placent à *Cizembra* , village situé sur la côte
de l'Estrémadure de Sétuval , vers le couchant. * Mati ,
dictionaire.

PINI (Alexandre) *cherchez* PINY.

PINNEBERG , petite ville de Stormarie , *cherchez*
PINEMBERG.

PINON ou PHINON , fut un des princes de l'Idumée ,
qui succéda à Ela , & qui eut pour successeur Cenez.
* *Genèse* , XXXVI, 41, 42.

PINON. (Jacques) Il y a eu dans le siécle dernier
deux poëtes Latins de même nom & surnom , le pere
& le fils. Jacques Pinon le pere , étoit fils de NICOLAS
Pinon , seigneur de Mancy , conseiller-notaire & secrétaire du roi , & frere de *Catherine* Pinon , qui épousa
Simon Marion , alors avocat des parties , & qui fut depuis avocat général au parlement de Paris. Jacques
Pinon profitant de l'exemple & des conseils de M. Marion , se mit pareillement en état de se distinguer dans
le barreau , comme il le dit dans ces vers qui sont partie
de ceux qu'il adressa en 1584 à Simon Marion :

Quin felix ego dum septa fori sequi
Et causas agere auspicor ,
Quem jungis lateri conspicuum tuo ,
Magnum præsidium mihi.
Cui semper faciles sunt aditus tui
Inter tanta negotia :
Cui nusquam renuis colloquium frequens ,
Dum nostris studiis faves.

Jacques Pinon fut dans la suite conseiller au parlement
de Paris , & se distingua beaucoup dans cette charge par
ses lumieres & son intégrité. Il mourut en 1641 , dans
un âge fort avancé , & étant alors doyen des conseillers. On voit par les éloges que les savans de son temps
lui ont donnés , & par ses poësies , sur-tout par son
poëme *de anno romano* , & le commentaire en prose
qui l'accompagne , qu'il avoit beaucoup d'érudition , &
qu'il n'étoit pas moins versé dans la chronologie , l'histoire & la physique , que dans la poësie. Ce poëme fait
partie d'un recueil de poësies latines de sa composition ,
dont on a deux éditions faites à Paris , l'une en 1615 ,
& l'autre en 1630 , *in-8°* , dont le titre est : *Jacobi Pino-
nis senatoris Parisiensis de anno romano carmen. Cum
annotationibus ad rem pertinentibus , quibus multa con-
tinentur , quæ neque lex carminis , neque poëmatis usus
explicare potuit : maximè quæ de Gregoriana anni emendatione , cyclo paschali , epactis , numero aureo , in-
dictione , & cyclo solari scripta sunt.* L'auteur dédia ce
poëme à Louis XIII , dont il étoit connu & estimé ; &
il en indique ainsi le sujet au commencement :

Anni quæ fuerit ratio , quæ forma , modúsque
Antiquis , & quàm varius fuit hactenus usus ,
Fert animus cecinisse. At vos ignoscite vati ,
Ardua dùm Musis perago loca , forte nec ante
Pieriis tentata modis , si dicere versus
Incomptos res ipsa jubet , contenta doceri.

On peut dire cependant que ce poëme plaît presque autant qu'il instruit. Le commentaire en prose qui le suit ,
& où l'auteur dit tout ce qu'il n'avoit pu insérer dans
son poëme , & qui sert beaucoup à l'intelligence de celui-ci , est rempli d'érudition , & montre beaucoup de
lecture. Le recueil de poësies diverses qu'il a joint à ce
poëme , & qui est plus ample de huit ou dix pièces dans

l'édition de 1630, que dans celle de 1615, fait voir que l'auteur avoit cultivé la poësie latine dès sa jeunesse, qu'il s'y étoit exercé dans un âge plus avancé, & qu'il en avoit fait encore son amusement dans sa vieillesse. Outre que les différentes dates de ces pièces en sont une preuve, M. Pinon le dit positivement dans son action de graces au cardinal de Richelieu, qui est de l'an 1624, & dans laquelle il autorise ce gout pour la poësie sur l'exemple de plusieurs magistrats célèbres, & autres personnes distinguées qui avoient fait leur cour aux Muses au milieu de leurs plus graves occupations, & jusque dans leur vieillesse.

Non ego me quamvis provectâ ætate senator,
Districtus quoque non paucis nec ad otia curis,
Excludi fas esse reor sine crimine Musis :
Quarum si juvenis colui pia numina quondam,
Sit jus fasque seni sacros haurire liquores.
Nec mihi sit vitio, magnorum exempla virorum
Dum sequor. Hoc fecere fori tria lumina, Brisso,
Pibracius, Mario : sic Hospitalius ante
Fecerat, ætate mediâ, juvenisque, senexque,
Dum clavum tenet, & rerum moderatur habenas.
Fecerat & Turno, Bellæus, præsul uterque :
Ambo quo fulges, præcincti murice & ostro :
Turno gubernaculum regni qui primus habebat.
Ipse etiam Halligrius, sacri cui cura sigilli,
Et Themidis fasces, cui cum & moderamine sancto
Qui rebus gazâ præsunt Campinius, atque
Marilacus, versus & pulchra poëmata condunt, &c.

Plusieurs des poësies de Pinon qui composent ce recueil, avoient déja paru séparément, & avec les poësies de Jean de Bonnefons avec qui il avoit toujours eu d'étroites liaisons, & dont il composa l'épitaphe en 1614 même, qui fut l'année de la mort de ce poëte. Les amis de Pinon l'engagerent à rassembler au moins toutes les pièces qu'il avoit faites, & qui paroissoient mériter d'être conservées ; & l'on doit lui être obligé de sa docilité, quand ce ne seroit que par les dates que ces poësies nous fournissent, & par l'utilité qu'il nous a paru que l'on pouvoit en retirer pour l'histoire de son temps. On en trouve adressées à Pierre Dubourg, sur la mort de Jacques Mangot, avocat du roi au parlement de Paris, mort en 1587 ; à Denys Gombaud ; à Léon Lescot, conseiller au parlement de Paris, avec des vers de ce magistrat ; à Pierre de Longueil, conseiller au même parlement, sur le sujet des vers précédens ; à Jean Bonnefons (sur la mort de Simon Marion, arrivée à Paris le 11 février 1605, âgé de 65 ans ; à Louis Nau, en réponse à des vers de celui-ci ; à Nicolas Bourbon, *le jeune* ; à Jérôme le Maistre, conseiller au parlement de Paris ; à François de Sainte-Marthe, avec des vers de celui-ci ; à Bochard de Champigny, sur la mort de sa femme, arrivée en 1625 ; un assez long poëme, contenant la suite chronologique des empereurs Romains, d'Orient & d'Occident, depuis Jules César, jusqu'à Maximilien, &c.

PINON (Jacques) fils du précédent, embrassa l'état ecclésiastique, fut pourvu de l'abbaye de Condé, & aussi d'un canonicat de l'église de Paris, à ce qu'il paroît par quelques-unes de ses poësies. Nicolas Bourbon, professeur royal, qui en parle souvent dans ses ouvrages, l'abbé de Marolles dans les deux épîtres françoises qu'il lui a adressées, l'une *sur les poëtes Latins François*, l'autre *sur les poëtes François de son tems*, imprimées avec sa traduction de l'*Ibis* d'Ovide ; & plusieurs autres écrivains du dernier siécle, parlent tous de l'abbé Pinon avec de grands éloges, & comme d'un homme qui joignoit à une piété solide, de grandes lumières dans la théologie & dans la littérature, & beaucoup de facilité pour la poësie latine. L'abbé de Marolles, dans la première des deux épîtres que l'on vient de citer, après avoir exhorté l'abbé Pinon de recueillir ses poësies, & d'en faire part au public, en fait cet éloge : « La diver-» sité, *dit-il*, en sera merveilleuse, parcequ'outre les

» sujets qui sont fort différens les uns des autres, vous y » avez employé fort à propos toute sorte de styles & de » caractères des meilleurs auteurs de l'antiquité, sans » prendre pourtant leurs vers ou leurs périodes entières, » quoique ce soient les mêmes termes, ni leurs pensées » non plus, en ayant de reste de vôtre fonds qui ne s'é-» puise pas facilement ; & pour vôtre poësie élégiaque, » la versification de Tibulle & de Properce n'est pas » plus polie que la vôtre : il n'y paroît pas moins d'esprit » que dans les pièces d'Ovide. Vos hendécasyllabes » sont à la manière de ceux de Catulle ; vos épîtres & » vos satyres tiennent beaucoup de celles d'Horace ; & » vos épigrammes ont un sel qui égale bien celui de Mar-» tial. Je ne dis rien de votre poësie héroïque, que vous » avez fait éclater dans votre panégyrique pour le » feu roi (Louis XIII) & dans plusieurs ouvrages de » piété que vous dédiâtes à M. le cardinal de Richelieu, » l'année même de la naissance du roi (Louis XIV. » Quelque estime que l'on puisse faire des poësies de l'abbé Pinon, il est certain que cet éloge est outré. Il y a de la facilité dans sa versification, assez de naturel, de la pureté dans l'expression, mais pas assez de ce beau feu qui anime les vrais poëtes. L'abbé de Marolles dit qu'il n'avoit pas moins de trente-cinq ans lorsqu'il fit voir du talent dans ce genre d'écrire, & qu'il fut aussitôt admiré : n'étoit-ce pas une admiration trop précoce ? Au reste, Nicolas Bourbon ne parle pas moins avantageusement de l'abbé Pinon que Marolles ; & ce témoignage est beaucoup plus flateur. Il paroît que l'une des premières productions poëtiques de l'abbé de Condé est sa paraphrase en vers latins des sept pseaumes de la pénitence, qui parut en 1637 *in-8°*, à Paris ; & le pere le Long, dans sa *Bibliothéque sacrée*, a cru être en vers françois. Nicolas Bourbon fit sur cette traduction paraphrasée des vers latins que l'on trouve dans ses *poëmatia exposita*, page 143. Il y donne à l'auteur les titres de bachelier en théologie, d'abbé de Condé, & de protonotaire apostolique. Voyez aussi la lettre du même en prose sur un accident qui arriva à l'abbé Pinon dans un voyage, & les vers latins du même au même, *ibid.* page 139 : cette derniere pièce contient un éloge complet de l'abbé de Condé ; il seroit trop long de le rapporter ici. A l'égard des poësies latines de cet abbé, outre sa version paraphrasée des sept pseaumes de la pénitence, nous n'avons vu de lui que les pièces suivantes. 1. *Ad Ludovicum XIII, Franciæ regem christianissimum, in Delphini filii sui natalibus, panegyricus : simul & paraphrasis trium psalmorum Davidis* in-4°, à Paris ; chez Hervet du Menil, 1639, avec une *épigramme* de dix-huit vers au même roi, en forme d'épître dédicatoire du poëme : les trois pseaumes mis en vers latins & paraphrasés, sont, le dix-neuvième, le soixante-onzième & le quatre-vingt-quatrième ; le tout forme trente-une pages. On dit que le panégyrique fut extrêmement gouté des étrangers, & qu'il attira à l'auteur beaucoup d'éloges de leur part. 2. *Miscellanea epigrammatum ad viros illustres*, douze pages in-4°. Les hommes illustres à qui ces épigrammes sont adressées, & qui contiennent leurs éloges, sont, entr'autres, Bois-Robert, abbé de Châtillon ; M. de Beautru qui étoit, comme le premier, à l'académie françoise ; François Guiet de Saint-André : cette épigramme est un éloge de Nicolas Bourbon ; le pere Petau, Jésuite ; Jean Pinon, président à Metz ; Simon Pinon, conseiller, frere de l'auteur ; M. d'Epeisses, Nicolas Bourbon, de Boëssieu, &c. 3. *In arma Marolliana gentilitia & bellica ; carmen elegiacum*, adressé à l'abbé de Marolles qui a traduit ce poëme en prose : cette pièce est de cent trente-deux vers, & suivie de plusieurs autres, du même, à l'abbé de Marolles qui les a aussi traduites en prose ; savoir, sur ce que Marolles lui avoit dédié sa traduction de l'*Ibis* d'Ovide, sur sa traduction de Sénèque, & sur divers présens que M. Pinon lui avoit envoyés : enfin une sylve (*Sylva*,) pièce d'environ soixante-dix vers, dans laquelle M. Pinon prie l'abbé de Marolles d'envoyer à la reine de Pologne

logne un chant nuptial que M. Pinon lui-même avoit composé dès l'année 1645. Ces diverses pièces de l'abbé Pinon , avec la traduction de l'abbé de Marolles , font à la suite de la traduction de celui-ci de l'*Ibis* d'Ovide , à Paris 1661 , *in*-8°. 4. Plusieurs pièces parmi les poésies de Nicolas Bourbon ; savoir , quelques épigrammes ; une ode sur ce que l'ignorance du siécle détourne d'écrire ; une idylle sur la naissance de Jesus-Christ ; une pièce sur la mort de Nicolas Bourbon , dans le *Nicolaï Borbonii tumulus* , en 1649 , *in*-8°, &c.

PINS (Odon de) vingt-troisiéme grand-maître de l'ordre de S. Jean de Jérusalem , qui résidoit alors dans l'isle de Chypre , succéda en 1294 à Jean de Villiers. Il étoit de la langue de Provence , originaire de Languedoc , & avoit beaucoup de vertu & de piété ; mais il fut accusé de manquer de conduite & de courage ; c'est pourquoi le pape le manda à Rome , pour y répondre fur les plaintes des chevaliers. Ce grand-maître ne put pas se justifier , car il mourut en chemin l'an 1296. Guillaume de Villaret fut élu en sa place. * Bosio , *histoire de l'ordre de S. Jean de Jérusalem*. Naberat , *priviléges de l'ordre*.

PINS (Roger de) vingt-neuviéme grand-maître de l'ordre de S. Jean de Jérusalem , qui résidoit alors à Rhodes , succéda en 1355 , à Pierre de Cornillan. Le pape Innocent VI le pria d'acheter la principauté d'Achaïe de Jacques de Savoye , prince de Piémont , qui le vouloit vendre , parcequ'il s'assuroit que la religion possédant cette principauté , contiendroit facilement le peuple de ce pays sous l'obéïssance du saint siége. Le grand-maître de Pins , qui étoit de la langue de Provence , ordonna , fur les instances du pape Innocent VI , à Guillaume de Mailli , grand-prieur de France , & à Guillaume de Charlus , grand-prieur d'Auvergne , ses lieutenans généraux , de tenir une assemblée à Avignon , pour pourvoir aux moyens de trouver de l'argent. On y fit des réglemens très-utiles , & l'office de grand commandeur d'Espagne fut supprimé , comme avoient été les autres , 60 ans auparavant. L'an 1357 , Roger de Pins fit réformer les statuts , & les fit traduire de françois en latin , pour en envoyer des copies authentiques par toutes les provinces de l'ordre. Il tint aussi un chapitre général , où on créa des receveurs du commun trésor dans chaque prieuré , parceque les grands-prieurs qui recevoient les droits du trésor , avoient de la peine à vuider leurs mains , pour les envoyer à Rhodes. Il fut aussi ordonné que les grands-prieurs d'Italie ne conféreroient plus les commanderies de leurs chapitres , comme ils faisoient auparavant , & que le grand-maître pourvoiroit non - seulement à celles qu'il se réservoit au chapitre général , ou qui vaqueroient dans le couvent , mais aussi à toutes les autres. Il y eut encore une ordonnance particuliere , qui défendit d'admettre les freres servans d'armes au rang des chevaliers. Le grand - maître de Pins mourut en 1365 , fort regreté de tous les chevaliers , & particulierement du peuple de Rhodes , qui le surnommoit l'*Aumônier* , à cause des grandes aumônes qu'il distribuoit aux pauvres. Il eut pour successeur RAIMOND-BERENGER. * Bosio , *histoire de l'ordre de S. Jean de Jérusalem*. Naberat , *privil. de l'ordre*.

PINS (Gerard de) chevalier de S. Jean de Jérusalem , fut nommé en 1317 , par le pape Clément V , vicaire général de l'ordre , pour le régir pendant la contestation du grand-maître Fouques de Villaret , & Maurice de Pagnac , que l'on avoit élu grand-maître du vivant de Villaret. Sous le grand vicariat de Gerard de Pins , Orcam , fils d'Otoman , empereur des Turcs , étant parti en 1321 avec une armée confidérable pour venir affiéger Rhodes , il envoya au-devant de lui les galeres de la religion , avec quelques autres bâtimens , qui attaquerent la flotte ottomane , & la défirent entierement , ayant pris ou coulé à fond presque tous leurs vaisseaux. Orcam se sauva à Scio. Les chevaliers y le suivirent , mirent pied à terre , & y taillerent en pièces dix mille Turcs , dont ce prince vouloit se servir pour le siége de Rhodes , Maurice de Pagnac étant mort la même an-

née , le pape remit Villaret dans son rang de grandmaître , & le grand vicariat de Gerard de Pins finit. * Bosio , *hist. de l'ordre de S. Jean de Jérusalem*.

PINS (Jean de) évêque de Rieux dans le XVI siécle , de la même famille que les précédens , étoit natif de Toulouse , où il fut conseiller-clerc au parlement en 1511 , suivant les registres du parlement. Après avoir été à Bologne disciple de Philippe Béroalde *l'ancien* , dont il écrivit la vie , & celle de sainte Catherine de Sienne , imprimées l'une & l'autre à Bologne en 1505 , il fut ambassadeur à Rome en 1519 , puis à Venise. La Faille dans son *traité de la noblesse du Capitoulat* , dit qu'il fut évêque de Pamiers , puis élu évêque de Rieux en 1523 , & mourut en 1537. La ville de Toulouse a placé son buste dans sa gallerie des illustres Touloufains. Ce fut en 1673 , par les soins de M. la Faille. On a de lui un traité *de vita aulica*. Un autre des femmes illustres , *de claris feminis* , à Paris en 1521 , *in-folio*. La vie de S. Roch ; *Allobrogica narrationis liber* , imprimé à Venise en 1516 , & à Paris la même année. Son style latin étoit des plus polis. Erasme & le cardinal Sadolet étoient de ses amis. Jean Voulté , poëte Latin , lui a adressé le troisiéme livre de ses épigrammes. Il fait un très-bel éloge de Jean de Pins , dans son épître dédicatoire , & y parle d'une traduction de Dion , que ce prélat avoit entreprise de faire de grec en latin. * Sadolet , *lib.* 4 , *epist.* 18. Erasme , *in Ciceroniano*. Vossius , *de hist. Lat. l.* 3 , *p.* 593. Sainte-Marthe , *Gallia christiana*. La Faille , *annales de Toulouse* , *in-fol. t.* II , *p.* 19. Bayle , *dictionaire critique*. On a imprimé à Avignon , en 1748 , *in-*12 , des mémoires pour servir à l'éloge historique de Jean de Pins , évêque de Rieux , avec un recueil de plusieurs de ses lettres au roi François I , à Louise de Savoye , & aux principaux ministres d'état. Il faut les consulter.

L'on tient que cette maison descend des barons de Pinos , dont la terre faisoit partie de la Catalogne , & qui s'établirent en France lorsque Pierre , roi d'Aragon , se joignit aux comtes de Toulouse & de Cominges , contre Simon de Montfort , qui avoit conquis une partie de leur pays pendant la guerre des Albigeois. L'on tient encore que Raymond , comte de Cominges , donna & échangea en 1296 à dom de Pins , en considération de ses services rendus pendant la guerre , plusieurs terres près de Muret , diocèse de Toulouse , pour la seigneurie de Pins , qui a pris le nom dudit Odon. Elle n'a pas dédaigné d'entrer dans le capitoulat de Toulouse : on trouve un OTON de Pins , qui fut capitoul en 1362 ; & GERAUD de Pins qui le fut les années 1373 , 1383 , 1411 & 1419. Elle a donné des officiers dans les armées de nos rois , qui ont pris alliance avec de très-anciennes maisons , plusieurs chevaliers de l'ordre de Malte , &c. & subsistoit en 1725 en la personne de FRANÇOIS-ANNE , marquis de Pins , seigneur de Justaret , &c. chevalier de l'ordre de S. Louis , capitaine au régiment de cavalerie de Bretagne , qui servoit alors depuis plus de vingt ans avec distinction , & qui avoit pour freres & sœur , *Clément* , chambellan du duc de Lorraine ; *François-Clément* , chevalier de Malte & capitaine de cavalerie du régiment de Lorraine , & *Louise* de Pins , nommée par le roi en 1717 abbesse de l'Oraison-Dieu.

PINSCO , ville de la Polésie en Lithuanie. Elle est située sur la Pina , près du Przipiec. Pinsco a été capitale d'une châtellenie , & le siége d'un évêque Grec de la religion de l'église grecque ; mais les Cosaques l'ont si fort ruinée , qu'il n'y reste plus que quelques maisons écartées les unes des autres. * Mati , *diction*.

PINSSON (François) docteur & professeur ès-droits à Bourges , où il étoit né , fut installé dans cette charge le 8 février 1611. Il avoit déja enseigné les instituttes dans la même ville pendant quelque temps. Il fut si exact dans l'exercice de sa profession , que jamais il ne manqua aux leçons qu'il devoit faire ; & plutôt que d'y manquer , il faisoit cinq lieues assez souvent , pour revenir de sa maison de campagne, & se trouver à l'auditoire à l'heure qu'on l'attendoit. Il enseigna fort long-temps le droit canon, & il eut toujours cinq ou six cens écoliers. Il mourut à Bourges l'an 1643, âgé de 63 ans. Il épousa 1°. *Marie* Bengi, fille d'*Antoine* Bengi, conseiller en la prévôté de Bourges, docteur & professeur ès droits en l'université de Bourges, & de *Françoise* Amignon : & 2°. N. d'Amours. Il n'eut des enfans que de la premiere. On avoit promis de publier ce qu'il dicta dans les écoles de Bourges, l'an 1625, *ad Philippi imperatoris refcripta* ; son commentaire sur les épîtres du pape Honoré III ; & son oraison funèbre, récitée à l'ouverture des écoles de Bourges l'an 1643, par M. de Roye, qui fut ensuite professeur en droit à Angers.

PINSSON (François) fils du précédent, & de *Marie* Bengi, sa premiere femme, naquit à Bourges le 5 août 1612, & fut reçu avocat au parlement de Paris le 5 décembre 1633. Il a donné plusieurs ouvrages au public ; comme le traité des bénéfices, en latin, qu'Antoine Bengi son grand-pere maternel avoit enseigné & dicté dans les écoles de Bourges, mais qu'il n'avoit pas achevé entièrement, & que son petit-fils a continué depuis le chapitre, *De oneribus & immunitatibus ecclesiarum*, jusqu'à la fin. Ce traité fut imprimé à Paris en 1654. La pragmatique sanction de S. Louis en latin, avec des commentaires, imprimés en 1666. En 1673, il présenta au roi Louis XIV des notes sommaires sur les indults accordés au roi, ou à d'autres, à sa recommandation, par les papes Alexandre VII & Clément IX, avec une préface historique, & plusieurs autres piéces, édits, déclarations & arrêts. Il donna encore au public en 1688, son traité singulier des régales, ou des droits sur les bénéfices ecclésiastiques, avec la conférence sur l'édit du controlle, & travailla à d'autres ouvrages, comme la révision des œuvres de Du Moulin, où il a inféré ses notes sur le corps du droit canon, & sur les œuvres de Mornac. Il mourut à Paris le 10 octobre 1691, âgé de 80 ans. * *Mém. histor.*

PINSSON de la MARTINIERE (Jean) reçu avocat au parlement de Paris le 5 décembre 1630, & ensuite procureur du roi en la jurisdiction de la connétablie & maréchauffée de France à Paris, mort en 1678, s'est fait connoître par quelques ouvrages historiques. L'un d'eux, qui parut en 1650 est intitulé : *Le vrai état de la France*, & est une description de son gouvernement en cette année-là : un autre est le *Recueil des privileges des officiers de la maison du roi*, qui parut dès l'an 1645. Il y joignit en 1649, 1650 & 1652, des états des maisons du roi, de la reine, &c. En 1661, il publia *in-folio* un *Traité de la connétablie & maréchauffée de France*, ou *Recueil des ordonnances, édits & déclarations sur le pouvoir des connétables & maréchaux de France en la justice royale, exercé par lieutenans à la table de marbre du palais*. Il paroît que cet auteur avoit encore travaillé sur d'autres sujets ; car Gilles André de la Roque dans son traité de la noblesse, cite sa Relation de la principauté d'Ivetot, qui n'a pas été imprimée. * Le Long, *biblioth. histor. de la France*.

PINSSONAT (Jacques) professeur royal en langue hébraïque, curé de S. Sauveur des petites maisons, docteur en théologie de la faculté de Paris dès l'an 1686, & censeur royal des livres, s'est distingué dans le siècle dernier, & au commencement de celui-ci, par sa piété, son zèle & son érudition, qui étoit accompagnée d'une modestie encore plus grande. Il étoit de Châlons-sur-Saone, ou dès environs. Il a passé toute sa vie occupé à l'étude, ou aux exercices de son ministère. Nous avons de lui une *Grammaire hébraïque* ; des *Considérations sur les mysteres*, *les paroles & les actions principales de Jesus-Christ, avec des prieres pour s'entretenir en la présence de Dieu*. Il y a eu deux éditions de cet ouvrage. La seconde, qui est augmentée de plus de moitié, est de 1720, *in-12*, à Paris, chez Dupuis. M. Pinssonat est mort à Paris le 9 novembre 1723, âgé de 70 ans. Il a légué sa bibliothèque

aux PP. de la Doctrine Chrétienne, de la maison de S. Charles à Paris. Au commencement des contestations présentes de l'église, il publia une brochure, qu'il intitula, *La veuve de Sarepta*. * *Mémoires du temps.*

PINTO (Hector) natif de Couilhana dans l'évêché de Guarda en Portugal, religieux de l'ordre de S. Jérôme, se fit une si grande réputation dans son pays, qu'on fonda à cause de lui, une chaire de théologie positive dans l'université de Coimbre, dont il étoit docteur. Il se distingua aussi par son zèle pour la maison de Brance, qui régne présentement en Portugal, lorsque Philippe II qui prétendoit à la couronne, eut envahi se pays ; & sa fermeté fut cause qu'on le conduisit dans un autre monastere de son ordre, près de Tolede, où il mourut l'an 1583, de chagrin de voir sa patrie assujétie à la domination étrangere. Pinto avoit publié de son vivant des commentaires sur Isaïe, sur Ezéchiel & sur Daniel : on les réimprima l'an 1616 à Cologne, en 5 vol. *in-4°*. & l'an 1617, à Paris, en 3 vol. *in-folio*. Pour son livre intitulé *Imagem de vida christiana*, il parut l'an 1581 à Lisbonne, où on le réimprima en 1592 & 1593 ; & il eut d'abord tant de vogue, que Gonçale de Illescas en fit imprimer l'an 1585 une traduction italienne à Médina del Campo ; Guillaume de Courfol, seigneur de Belle-Fontaine & de Montestu, trésorier de France, une traduction françoise à Paris en 1580 & 1584 ; & le P. Zacharie, Capucin, une version italienne à Venise, en 1594. * *Mém. de Portugal.*

PINTO-RIBEIRO (Jean) fils d'EMANUEL Pinto, qui étoit d'Amarante, dans la province d'Entre-Douro & Minho, étoit né à Lisbonne. C'étoit un beau génie, versé dans les belles lettres, & jurisconsulte habile. La langue portugaise lui doit plusieurs mots nouveaux qui ont réussi. Il rendit de grands services à Jean IV, roi de Portugal, lors de son avénement à la couronne. Il fit plusieurs voyages à Villaviciosa où ce prince demeuroit, pour lui rendre compte des conférences qui se tenoient à cette occasion à Lisbonne dans le palais de l'archevêque don Rodrigue da Cunha, & il fut un des principaux qui le proclamerent roi en 1640. Jean IV fut reconnoissant : il lui donna toujours depuis beaucoup de part dans sa confiance. En 1643 il l'envoya à son armée d'Alentejo, avec ordre d'être admis dans tous les conseils de guerre qui s'y tiendroient, & un plein pouvoir de déposer le général & son lieutenant général, s'ils étoient trouvés coupables d'un crime dont on les accusoit. Pinto mourut à Lisbonne le 11 d'août 1649, après avoir été successivement *Juis de fora* de la petite ville de Pinhel, *Dezembargador* do *Paço*, emploi qui répond à celui de conseiller du conseil royal de Castille, *Contadormor*, ou premier président de la chambre des comptes, & garde de l'archive royal, dit *Torre do tombo*. Ces emplois ne l'empêcherent pas de composer plusieurs ouvrages qui sont fort estimés pour le fond & pour le stile. Ils sont tous en portugais, savoir, deux discours touchant la jurisdiction à Pinhel, qui lui fut contestée par la maison de ville : une troisième relation, ou un troisième discours contre le ministre qu'on avoit envoyé à Pinhel pour s'informer de sa conduite dans les trois années de sa judicature : un traité touchant les prééminences du tribunal suprême appellé *Dezembargo do Paço*, & sur la maniere de rendre la justice : une réponse au manifeste qui avoit paru au nom de Philippe IV, roi d'Espagne, en renouvellant ses droits sur le Portugal, après que ce royaume eut secoué la domination espagnole ; Pinto y traite au long des droits de la maison de Brance, & de la loi des états de Lamégo, qui exclut les princes étrangers du trône : un ouvrage où il fait voir l'exemption du Portugal, en réfutant la loi dite *Las partidas* d'Alfonse *le Sage*, & le livre intitulé : *Fortalitium fidei*, d'Alonse d'Espagne : un autre traité, où il montre que ceux qui ont proclamé roi de Portugal le duc de Brance, ont fait une action beaucoup plus glorieuse que ceux qui suivirent le parti de ce prince après son avénement à la couronne : une remontrance très-forte sur le refus que faisoit la cour de Rome de confirmer & expédier les bulles aux évêques nommés par le roi Jean IV : la réfutation d'un projet présenté au roi d'Espagne pour faire la conquête du Portugal : une réponse au docteur Foresa Coëlho, sur son éloge de don Jean de Castro, vice-roi des Indes ; cette réponse contient l'éloge de l'ouvrage & de l'auteur, & des remarques où il y a beaucoup d'érudition : la préférence des lettres sur les armes, où il traite des gens de lettres, & sur-tout des jurisconsultes qui ont également rendu des services à leur patrie dans les armes & dans les lettres : Lettre au pere François Brandam, religieux de Cîteaux, & historiographe de Portugal, touchant les titres de la noblesse du royaume, ses priviléges & ses exemptions. Tous ces ouvrages ont été recueillis & imprimés en un volume in-folio, à Coimbre en 1729. Pinto a laissé manuscrit un gros volume sur l'*Ordenaçam*, ou corps des loix de Portugal, & un commentaire sur les vers lyriques du Camoëns. * *Mémoire de M. le comte d'Ericeyra*, imprimé dans le tome XLII des *Mémoires* du pere Niceron.

PINTURICCHIO (Bernardin) célèbre peintre d'Italie, vers la fin du XV siécle, & au commencement du XVI, avoit un grand soin de finir extrêmement ses figures, & de n'employer que des couleurs fines & éclatantes. Ce peintre, pour plaire davantage aux personnes qui ne connoissoient pas l'excellence de cet art, faisoit de relief tous les ornemens de ses tableaux, & outre cela les enrichissoit d'or. Lors même qu'il représentoit des bâtimens, il les relevoit comme s'ils eussent été de basse taille, ce qui étoit contre les régles de l'art, parceque l'on voyoit avancer des choses qui devoient paroître éloignées. La cause de sa mort est extraordinaire. Dans le temps qu'il étoit à Sienne, les religieux de S. François, qui vouloient avoir un tableau de sa façon, lui donnerent une chambre dans leur couvent, pour y travailler plus commodément ; & afin que le lieu ne fût embarassé d'aucune chose inutile à son art, ils en ôterent tous les meubles, à la réserve d'une vieille armoire, qui leur sembla trop difficile à transporter. Pinturicchio, qui étoit naturellement fantasque, voulut absolument qu'on l'ôtat : de sorte que les religieux résolurent de la mettre ailleurs. Comme on vouloit la changer de place, il s'en rompit une piéce, dans laquelle il y avoit 500 écus d'or cachés. Cela surprit tellement Pinturicchio, & lui donna un déplaisir si sensible de n'avoir pas découvert ce trésor pour en profiter, qu'il en mourut peu de temps après, l'an 1513, âgé de 53 ans. * Félibien, *entretiens sur les vies des peintres.*

PINY (Alexandre) religieux de l'ordre de S. Dominique, plus distingué encore par la sainteté de sa vie, que par ses ouvrages, naquit à Barcelonnette, petite ville du comté de Nice. Il embrassa la régle de saint Dominique à Draguignan, & y fit profession. Après ses études de philosophie & de théologie, on l'envoya lui-même professer à Aix : ce qu'il fit avec beaucoup d'applaudissement & de succès. Jean-Thomas de Roccaberti, général de l'ordre, ayant obtenu du roi Louis XIV de choisir de chaque province de l'ordre en France, deux religieux qui seroient d'un mérite reconnu, pour être envoyés au collége de S. Jacques à Paris, afin de gouverner cette maison & d'y faire observer une exacte discipline, le pere Piny fut un de ceux qui furent choisis. Il fut aggrégé à ladite maison des Dominicains de la rue S. Jacques l'an 1676, & pendant seize ans il y exerça l'emploi de maître des jeunes étudians & celui de sous-prieur. En 1692, le général lui permit de se retirer dans la maison du noviciat au fauxbourg S. Germain, d'où il passa l'année suivante dans la maison de son ordre rue S. Honoré ; ce fut sa derniere demeure. Le pere Piny qui, par-tout où il avoit résidé, avoit donné de grands exemples de vertu, d'humilité, de pénitence, de régularité, en même temps qu'il avoit montré les richesses de son esprit, continua dans cette maison à édifier, à être un modéle de toutes les vertus chrétiennes & religieuses, & à travailler à la sanctification des ames dans le tribunal de la pénitence, par de fréquentes exhortations particulieres & publiques, par la direction de quantité de maisons de religieuses, dont le soin lui fut confié, tant à Paris que dans le diocese, & par plusieurs ouvrages instructifs. Le pere Piny est mort dans ces saints exercices, qu'il ne voulut pas discontinuer durant le rude hiver de l'année 1709. Le jour même de sa mort arrivée le 28 janvier de cette année, à onze heures du soir, il avoit dit la messe sur le midi, avoit entendu les confessions de plusieurs personnes, & s'étoit confessé lui-même. Il ne se mit au lit qu'à trois heures après midi. Le pere Echard dit que cette mort arriva le 20 janvier ; mais la lettre circulaire du pere François Heudelot, prieur du couvent des Freres Prêcheurs de la rue S. Honoré, est datée du 29, & il y est dit que le pere Piny étoit mort la veille. Ce saint religieux étoit, selon la même lettre circulaire, dans la soixante-neuviéme année de son âge. Voici la liste de ses ouvrages rapportée par le pere Echard. 1. *Cursus philosophicus Thomisticus, ubi conclusiones singulæ ex principiis tribus expositis deductæ syllogisticè & reductæ,* à Lyon 1670, cinq tomes *in-12* : les deux premiers contiennent la logique, le troisième renferme la métaphysique, & la physique se trouve dans le quatrième & le cinquième. 2. *Quæstiones agitatæ inter Thomistas & Molinistas modo resolutæ scholastico, & rythmicis versibus decantatæ,* à Lyon 1666, *in-12.* 3. *Summa angelicæ sancti Thomæ Aquinatis compendium resolutorium,* à Lyon 1680, *in-12,* quatre volumes. 4. *La vie de la mere Magdeléne de la sainte Trinité, fondatrice de l'ordre de Notre-Dame de Miséricorde,* déduite pour l'instruction des ames, à Lyon 1680, *in-8°.* 5. *La clef du pur amour, où la maniere & le secret pour aimer Dieu en souffrant, & pour toujours aimer en toujours souffrant,* à Lyon, 1682 & 1685, *in-12.* 6. *L'Oraison du cœur, ou la maniere de faire l'oraison parmi les distractions les plus crucifiantes de l'esprit,* à Paris 1683, *in-12.* 7. *Retraite sur le pur amour, où l'on parle de la divine volonté,* à Paris 1684, *in-12.* Le pere Colonia, jésuite, prétend que l'on trouve dans cet ouvrage les principes erronés de Malaval, de l'abbé d'Estival, & du pere Falconi sur le quiétisme. 8. *Les trois différentes manieres pour se rendre intérieurement Dieu présent, & par l'une des trois, marcher toujours dans la présence de Dieu,* à Paris 1685, *in-12.* 9. *La vie cachée, ou pratiques intérieures cachées à l'homme sensuel,* connues & très-bien goûtées de l'homme spirituel, à Paris 1685, *in-12.* On a encore du pere Piny un grand nombre d'actes de foi, d'adoration, &c. de pratiques diverses, de prieres, &c. le tout imprimé séparément en feuilles volantes. * *Scriptores ordinis Prædicatorum,* par le pere Echard, tome II, page 772 & 773. La lettre circulaire du pere François Heudelot sur la mort du pere Piny, *in-4°* de deux pages. *Bibliothèque Janséniste,* &c. du pere Colonia, jésuite, seconde édition, pag. 482, 483.

PINYTHUS, évêque de Gnosse, ville de Crete, dans le II siécle, vers l'an 175, écrivit à S. Denys de Corinthe un traité dont S. Jérôme fait mention. Le nom de Pinythus se trouve dans le martyrologe romain sous le 10 du mois d'octobre. * S. Jérôme, *de script eccl. c. 28.* Eusebe, *hist. l. 4, c. 20 & 22.* Honoré d'Autun, &c. Du Pin, *biblioth. des auteurs ecclés. des III premiers siécles.*

PIO de Savoye, maison des princes de Carpi, très-illustre en Italie, faisoit remonter son origine, si l'on en croit les généalogistes fabuleux, jusqu'à la maison de Constantin *le Grand*, par une fille de Constance, dite *Euride* ou *Euridice* de Saxe. Il y a plus d'apparence que PIE, fils de *Manfrede*, donna son nom à cette famille, qui fut divisée en diverses branches. Les auteurs parlent de deux Manfredes Pio, du temps de la comtesse Mathilde, tous deux grands capitaines, qui se distinguerent en diverses occasions, sous l'empereur Frédéric I, dans les troupes de l'église. Cette maison porte aussi le nom & les armes de Savoye, par aggrégation faite par Louis, duc de Savoye, qui ayant reçu de grands services d'ALBERT Pio, seigneur de Carpi, en la guerre qu'il eut contre François Sforce, & en considération aussi de ce qu'il tiroit son origine de la maison de Saxe, lui permit & à GALEAS Pio son frere, à MARC & LOUIS Pio leurs neveux, & à leurs descendans mâles, de porter le nom & les armes de Savoye, par lettres du 27 janvier 1450, rapportées par Guichenon, en son histoire de Savoye. Leurs descendans furent princes de Carpi. ALBERT Pio perdit cette principauté, & mourut à Paris. LIONELLO Pio, son frere, rentra dans cette principauté, que sa postérité perdit encore, & fut pere du cardinal Rodolfe Pio, de Trajan, de Constans, & de Manfrede, qu'il eut de deux mariages. CHARLES Pio de Savoye, natif de Ferrare, fut fait cardinal, en 1604, par le pape Clément VIII, fut pourvu de l'évêché d'Albano, puis de celui d'Ostie, exerça la légation de la Marche & celle d'Urbin, fut doyen des cardinaux, & mourut le premier juin de l'an 1641, âgé de 74 ans. Son corps fut enterré dans l'église des Jésuites de Rome. CHARLES Pio de Savoye, neveu du précédent, fut fait cardinal par Innocent X, en 1652. Il fut évêque de Sabine, protecteur des royaumes & états héréditaires de l'empereur & de l'empire, ainsi que des états de la couronne d'Aragon & de Naples, mourut à Rome le 14 février 1689, âgé de 67 ans, & fut enterré près du évêque. * Sansovin, caf. illustr. d'Ital. Guichardin, l. 15. Paul Jove. Léandre Alberti. De Thou, &c.

PIO de Savoye (Albert) prince de Carpi en Italie, dans le XVI siécle, étoit homme d'une piété exemplaire, d'une vertu solide, brave, généreux, honnête & savant. Il avoit étudié sous Alde-Manuce, & fut employé à Rome par Maximilien I & Charles - Quint en qualité d'ambassadeur auprès de Jules II, de Léon X, & de Clément VII. C'est lui qui, l'an 1517, obtint de Léon X le chapeau de cardinal pour Adrien Florent, qui fut depuis le pape Adrien VI. Pio étoit à Rome, lorsque cette ville fut prise par l'armée de Charles-Quint, en 1527. Ceux qui n'avoient pas épargné la personne du pape, n'épargnerent pas la sienne; il fut mis en prison, & n'en sortit qu'avec peine pour venir en France, où il se réfugia. L'empereur Charles-Quint, oubliant les grands services qu'il avoit rendus le prince de Carpi, le dépouilla de tous ses biens, qu'il donna à Prosper Colonne. Albert accablé de douleur d'avoir perdu avec ses biens un fils qu'il avoit, mourut de peste à Paris en 1531, & fut enterré aux Cordeliers, où l'on voit sa statue élevée en bronze. Quelques auteurs mettent sa mort en 1536, d'autres l'avancent d'une année; mais il est sûr qu'elle arriva au mois de janvier 1531, c'est-à-dire 1530, comme on comptoit alors. Ce qui a trompé ceux qui la reculent jusqu'en 1535, c'est que ce ne fut que cette année que ses héritiers lui firent ériger un monument dans l'église des Cordeliers à Paris, & qu'on y mit la date de 1535, qui est celle de l'érection de ce monument. On lit en effet dans l'additions à l'histoire de Nicole Gilles, à l'année 1530, mois de novembre : *En ce même temps mourut aux Tournelles à Paris le comte de Carpi, & fut porté enterrer en habit de Cordelier aux Cordeliers.* Badius, à la fin de son édition de l'ouvrage *in-fol.* de Pio contre Erasme, marque plus précisément le temps de la mort du comte, en ces termes : *Imprimebat autem hæc Jodocus Badius Ascensius in clarissima Parrhisiorum accademia, cum gratia & privilegio à tergo primæ chartæ expressis, VII id. martias sub pascha M D XXXI, ante quas mense januario diem supremum obierat, cum summâ bonarum litterarum jacturâ, autor ipse Albertus Pius Carpiorum comes illustrissimus.* Erasme nous fournit une autre preuve de cette date, puisque dans sa lettre onze cent soixante-seiziéme, écrite de Fribourg en Brisgau, le 28 mars 1531, il

parle de la mort de Pio, comme en étant informé depuis du temps. Voici ses paroles (*Epist. edit. Lugd. Batav. pag.* 1387.). *PIUS rem fecit oppidò quàm ingeniosam, infixit aculeum, ac se se proripuit: decessit enim multis ante diebus, quàm Badius opus absolvisset. Dicebatur CARPENSIS, & quanquam ditione fuisset exsutus, cognomen idem manebat, licet ratio cognominis fuisset diversa : priùs enim, à CARPIS erat CARPENSIS, post Carpendi libidine. Atque ut intelligas illum non sine causa dictum PIUM, triduò quàm moreretur, induit amictum divi FRANCISCI : in eâ veste FRANCISCANORUM humeris deportatus est solenni pompâ per vias, facie, manibus & pedibus nudatis, & in monasterio sepultus. Non infector religiosum hominis affectum : vulgatum est hoc apud ITALOS : sed demiror patres illos, quum non ignorent cujus sit hoc sæculum, ejusmodi ceremoniis, ne dicam superstitionibus, irritare in se orbis invidiam, plus satis jam flagrantem suapte sponte. Sed ALBERTI manibus precor lucem & quietem.* Ce grand homme a laissé divers ouvrages, entre lesquels il y en a un contre Luther, & un contre Erasme. Celui-ci divisé en vingt-trois livres, fut imprimé à Venise & à Paris l'an 1531. Jean Genis Sepulveda écrivit pour lui une apologie contre le même Erasme, sous ce titre, *Antapologia pro Alberto Pio comite Carpensi in Erasmum.* Divers grands hommes parlent avantageusement d'Albert Pio, & lui ont dressé des éloges funebres. * Guichardin, *hist.* Le Mire, *in auct. de script. ecclef.* Alberti, *descript. Ital.* Croëselius, *p.* 2 *elog.* Opmeer, *in chron.* Cornelius Tollius, *append: ad Pier. Valerian. de infelic. litterat.* Nicole Gilles. Paul Jove. Sponde &c.

PIO de Savoye (Rodolfe) des princes de Carpi, cardinal, archevêque de Salerne, fils de LIONELLO Pio, prince de Carpi, étudia à Padoue, ensuite de quoi il alla à la cour de Rome. Le pape Clément VII lui donna l'évêché de Faënza, & l'envoya nonce extraordinaire en France. Il eut encore successivement les évêchés de Gergenti & de Nole, l'archevêché de Salerne ; & fut fait cardinal par le pape Paul III, en 1536. Peu après il vint légat en France, & contribua à l'entrevue qui se fit l'an 1539 à Nice, du roi François I & de l'empereur Charles-Quint. On lui confia dans la suite la légation de la marche d'Ancone, où il fit voir par son exemple, quelle devoit être la conduite d'un gouverneur ecclésiastique. Il augmenta l'église de Lorette, fit fortifier le port d'Ancone, réforma les abus qui s'introduisoient dans l'administration de la justice, la fit rendre exactement aux pauvres, que les juges sembloient mépriser, rétablit la police, & pourvut avec soin à tout ce qui pouvoit assurer le repos & le bonheur de cette province. On l'en tira pour venir commander à Rome pendant l'absence du pape, qui s'aboucha avec l'empereur à Buffetto, entre Parme & Plaisance, l'an 1543. Le cardinal Pio ne fut pas moins employé sous les pontificats suivans ; car il fut légat vers l'empereur, gouverneur du Patrimoine, & protecteur de divers ordres religieux. Il opta aussi les évêchés d'Albe, de Frescati, de Porto & d'Ostie, & devint doyen des cardinaux. Son mérite & l'estime générale qu'on avoit pour sa vertu, l'auroient mis sur le siége pontifical, s'il eût vécu davantage ; mais il mourut le deuxième jour de mai de l'année 1564, en la 65e de son âge. Son corps fut enterré dans l'église de la Trinité du Mont, où le pape Pie V lui fit élever ce riche tombeau de marbre qu'on y voit, avec la statue de ce cardinal, & une épitaphe. * Sadolet, *epist. l.* 5, *ep.* 5. Ughel, *Italia sacra.* Cabrera. Petramellarius. Victorel. Auberi, &c.

PIO de Savoye-y-Corte-Réal (François) marquis de Castel-Rodrigo, chevalier de la toison d'or, &c. fils de Gilbert Pio de Savoye, prince de S. Grégoire, qui étoit frere de Charles Pio de Savoye, cardinal, & de Jeanne de Moura-Corte-Réal, fille de François Moura-Corte-Réal IV, marquis de Castel-Rodrigo, grand d'Espagne,

d'*Anne-Marie* d'Aragon & Moncade , fut fait maréchal de camp en avril 1705 , par Philippe V , roi d'Efpagne, qui le nomma quelque temps après lieutenant général de fes armées , & chevalier de la toifon d'or le
4 avril 1708 , en confidération des fervices importans
qu'il avoit rendus à la couronne. Sa majefté le fit auffi
gouverneur des armées en Sicile , d'où étant revenu après
l'évacuation de cette ifle , il fut fait en février 1714 capitaine général , & gouverneur de Madrid & de fon territoire : emploi qui fut créé exprès pour lui avec 12000
écus d'apointemens , puis en mai 1715 , gouverneur &
capitaine général de la principauté de Catalogne , &
grand écuyer de la princeffe des Afturies en octobre
1721. Il fut malheureufement noyé la nuit du 15 feptembre 1723 , dans un torrent formé par un orage qui
inonda la maifon du prince de la Mirandole , dans un
fauxbourg de Madrid. *Cherchez* PIE. * *Mémoires du
temps.*

PIOCHON de LAUNAY (Jean) célèbre chirurgien de S. Côme à Paris, naquit à Dijon, l'an 1649 ,
de *Nicolas* Piochon, entrepreneur de cette ville. S'étant
deftiné de bonne heure à l'état eccléfiaftique, il vint à
Paris , & y étudia au collège de Lifieux. Il fit enfuite
un cours de théologie ; mais la mort inopinée d'une
perfonne de diftinction ; qui l'honoroit de fon eftime
& de fon amitié, ayant fait fur fon efprit une vive impreffion , il fe confacra pendant quelque temps à la
retraite & aux exercices de piété, & entra, après ces
épreuves , chez les Chartreux , où la délicateffe de
fon tempérament ne lui permit de demeurer que fix
mois. Ses amis qui connoiffoient fes talens & fa probité , l'engagerent à prendre le parti de la chirurgie ; il
fuivit leur confeil, & s'appliqua particulierement à la
cure des defcentes & hernies. Il travailla fous le fameux
Blégny , qui étant peu après devenu jaloux de la réputation de fon éleve , & ne pouvant l'obfcurcir , lui
abandonna le champ, & fe retira dans la province. Piochon, devenu , par cette retraite , paifible poffeffeur du
titre de chirurgien herniaire , tâcha de plus en plus de
mériter l'eftime publique par fes recherches & par fon
application à tout ce qui pouvoit le perfectioner dans
fon art. Les opérations fréquentes qu'il fit avec fuccès ,
lui attirerent les applaudiffemens & toute la France. Le
roi même lui témoigna de l'eftime , & le fit recevoir
maître chirurgien à S. Côme. Il mourut d'une inflam-
mation d'entrailles le 6 avril 1701 , avec les plus vifs
fentimens de religion & de piété. Il avoit époufé en 1690
Catherine-Françoife George, morte le 21 janvier 1720, dont
il laiffa deux enfans , un fils & une fille. Celle-ci a fait
profeffion chez les religieufes Carmélites à Saint-Denys :
le fils a exercé la profeffion de fon pere. M. Piochon de
Launay eft auteur de l'ouvrage fuivant : *Inftructions
néceffaires pour ceux qui font incommodés des defcentes ,
avec quelques remarques fur le remede du roi , & fur
les moyens qu'on peut prendre pour envoyer des banda-
ges dans les provinces* ; à Paris , 1690 , *in-12* ; & depuis en 1730, auffi à Paris , *in-12.* Ce livre eft dédié
à M. du Tertre , chirurgien du roi , prévôt perpétuel ,
& lieutenant général de M. le premier chirurgien de S.M.
L'auteur dit à ce chirurgien , que c'eft à fes opérations
fameufes & à fes favantes confultations, qu'il devoit la
meilleure partie des connoiffances & des lumieres qu'il
avoit dans l'art de guérir les defcentes , &c. * *Bibliothèque des auteurs de Bourgogne* , tome II, pag. 156,
in-fol. Index funereus chirurgorum Parifienfium , par
Jean Devaux.

PIOMBIN ou PIOMBINO , ville ou principauté
d'Italie dans l'état de Sienne , fur la côte de Tofcane,
entre Orbitelle & Livourne , eft bâtie fur les ruines de
l'ancienne Populonie , qui en eft à trois milles ; & fon
prince , qui eft de la maifon de Ludovifio. Les auteurs
Latins la nomment *Piumbinum.*

PIONE , *Pionius* , prêtre de Smyrne, & martyr , fut
arrêté le jour du grand fabbat des Juifs l'an 250, à
Smyrne , & conduit avec Sabine & Afclépiade à Polé-

mon , gardien du temple des idoles , où il fit un difcours
à l'affemblée fur la religion. Ils furent enfuite conduits
tous trois dans la prifon. Quand le proconful fut arrivé
à Smyrne , Pionius , après avoir fouffert la queftion ,
fut condamné à être brûlé vif avec Métrodore. Il fouffrit ce fupplice avec une patience & une conftance
merveilleufe , le 12 mars , felon les uns , ou le 22,
felon les autres. Les Grecs font fa fête le 11 mars , &
les Latins le premier février. * *Actes* dans Ruinart, Bénédictin. Eufebe, *l.* 4 , *hift. c.* 15. Tillemont, *mémoires
pour l'hift. ecclef.* Baillet , *vies des Saints.*

PIPARA , maîtreffe de l'empereur Gallien, que quelques-uns ont confondue avec Salonine , femme légitime
de ce même prince. Trebellius Pollio en parle fi con-
fufément , qu'on ne fauroit qu'en croire, fi l'on n'avoit
des lumieres d'ailleurs. * Vallemont , dans fa *nouvelle explication d'une médaille d'or du cabinet du roi
de France.*

PIPERNO , petite ville de la Campagne de Rome en
Italie. Cette ville , autrefois capitale des Volfques , & enfuite épifcopale, eft à quatre lieues de Terracine, du
côté du nord. Son évêché a été uni à celui de Terracine.
* Mati , *diction.*

PIPIA (Auguftin) natif d'Oreftan , dans l'ifle &
royaume de Sardaigne , religieux de l'ordre de S. Dominique , né le premier octobre 1660 , étoit théologien du cardinal Cafanate , lorfqu'il fut fait au mois de
mai 1711 , fecrétaire de la congrégation de l'Indice , à
la place de Gregoire Selleri , qui étoit devenu maître
du facré palais. Après avoir paffé par les principales
charges de fon ordre , il en fut élu général le 31 mai 1721.
Le pape Benoît XIII , qui étoit du même ordre , propofa
pour lui dans un confiftoire , les évêchés d'Ofimo &
de Cingoli , unis , dans la Marche d'Ancone ; & enfuite
le créa cardinal prêtre de la fainte églife romaine , le 20 décembre 1724. Il fut continué en même temps dans le
généralat de fon ordre jufqu'au premier chapitre général ,
par un bref exprès de fa fainteté, qui fut lu le lendemain,
21 , en chapitre dans une affemblée des religieux de cet
ordre , tenue dans leur couvent de fainte Marie fur la
Minerve. Il reçut le chapeau dans un confiftoire public
le 23 , & il fut facré le 31 du même mois , dans la
chapelle intérieure du même couvent de fainte Marie
fur la Minerve , par le pape , affifté des évêques de Gravina & de Giorenazzo , tous deux auffi Dominicains.
Benoît XIII fit la cérémonie de lui fermer & ouvrir la
bouche dans un autre confiftoire le 29 janvier 1725 ,
& lui affigna en même temps le titre presbytéral de
S. Sixte *le vieux.* Il affifta la même année au concile
romain , tenu dans le palais de S. Jean de Lauran , &
continua de faire les fonctions de général de fon ordre ,
jufqu'au 19 mai ; enfuite de quoi il partit de Rome le 21
juillet, pour fe rendre à fon évêché. Il fut déclaré
le 12 juin 1726 , protecteur des hermites de la porte
Angélique ; & la même année , le duc de Savoye , roi
de Sardaigne , le nomma protecteur de ce royaume
auprès du faint fiége , avec 4000 écus de penfion fur les
évêchés de cette ifle. Il fut encore fait protecteur de
la congrégation de Valombreufe le 22 feptembre 1727 ,
fe démit au mois d'avril 1728 , de fon évêché d'Ofimo , & obtint le 9 mars 1729 , par échange fait avec
le cardinal de Noailles , le titre de fainte Marie fur la
Minerve , dont il prit poffeffion le 12 du même mois.
Il mourut à Rome à huit heures du foir , le 21 février 1730 , peu d'heures après le pape Benoît XIII ,
fon patron , à l'âge de 69 ans , quatre mois & vingt
jours , ayant cinq ans , deux mois & un jour de cardinalat. Ses obfeques furent célébrées le 24 fuivant au
matin, dans l'églife de fainte Marie fur la Minerve , où
fon corps fut enfuite enterré le foir. Le cardinal Pipia
laiffa tous fes effets à trois couvens de fon ordre , qui
furent celui d'Oreftan , où il avoit reçu l'habit ; celui
de Majorque , où il avoit fait profeffion ; & celui de
la Minerve à Rome , où il avoit été élu général de cet
ordre.

PIPIN (François) religieux de l'ordre des Frères Prêcheurs dans le XIV fiécle, voyagea pendant plufieurs années, à commencer à l'an 1320, dans la Paleftine, l'Egypte, la Syrie & à Conftantinople. Il a laiffé en latin une relation de fes voyages, où il décrit principalement les lieux dignes de vénération, qu'il a vifités. Cet ouvrage eft manuscrit dans la bibliothéque du duc d'Eft. Pipin eft auffi le traducteur latin de l'hiftoire des états & des coutumes des pays orientaux, du célebre Marc Paul de Venife, qui avoit été compofée d'abord en langue vulgaire, c'eft-à-dire, en vénitien, & de l'hiftoire de la conquête de la Terre fainte, écrite en françois par Bernard le Tréforier, auteur qui vivoit au commencement du XIII fiécle, & que M. Muratori a donnée en latin, de la traduction de Pipin, dans le feptiéme tome de fon recueil des écrivains d'Italie. Ce traducteur fit plufieurs additions à cette hiftoire, dont plufieurs ne font pas faciles à démêler d'avec la traduction du texte. Pipin étoit de Boulogne, où il avoit fait profeffion. M. Muratori a donné encore dans le IX tome de fon recueil, une chronique latine de Pipin, depuis l'an 1176, jufqu'en 1314 ou environ. On y voit qu'il avoit demeuré long-temps à Milan, & qu'il avoit lu avec foin les hiftoriens de fon temps, & même ceux qui l'avoient précédé. Sa chronique eft divifée en quatre livres, & contient bien des faits curieux & détaillés avec foin. * L. A. Muratori, *præf. ad hift. Bernardi Thefaurarii, de acquiftione Terræ fanctæ*, dans le feptiéme volume des écrivains d'Italie. Le même, dans fa préface fur l'hiftoire ou la chronique de Pipin, au neuviéme feuillet du même recueil.

PIPPING (Henri) luthérien, docteur en théologie, premier prédicateur de la cour & premier membre de l'églife & du confiftoire de Dresde, naquit à Leipfick le 2 janvier 1670. Il étoit fils de *Jacques Pipping*, marchand de la même ville, mort en 1706, & de *Magdeléne* Mohr, fille d'*Adam* Mohr, qui avoit exercé la marchandife à Liége, & qui étoit venu s'établir à Leipfick. Magdeléne mourut en 1709, âgée de 71 ans. Henri Pipping, après avoir étudié dans l'école de S. Nicolas à Leipfick, & fait fes études de philofophie & des langues dans l'univerfité de la même ville, difputa en 1687, fous M. Wefthphalen, & prit pour fujet, *De curiofo novitatis ftudio*. En 1688, il prit le dégré de maitre-ès-arts, & fe rendit à Wittemberg, où il prit des leçons. Le 11 feptembre de la même année, il foutint des thèfes *De Saüle per muficam curato, ad 1 Samuel*. XVI, 14, &c. fous M. Gafpard Loefcher, & revint quelque temps après à Leipfick. En 1693, il devint prédicateur du foir pour les dimanches, en l'églife de S. Thomas; en 1699, prédicateur du midi; & en 1700, prédicateur de la même églife (apparemment prédicateur ordinaire). En 1709 il fut fait premier prédicateur de la cour, membre de l'églife & du confiftoire de Dresde, en la place de feu M. Seligmann. La même année, il prit le bonnet de docteur à Wittemberg, & difputa *De fide aliená*, fous M. Neumann. Il garda fa charge pendant treize ans, & mourut le 22 avril 1722, âgé de 52 ans. Il étoit un des collecteurs des *Acta eruditorum* de Leipfick. On a encore de lui: 1. *Arcana bibliothecæ Thomanæ Lipfienfis facra retecta*, à Leipfick, 1703, in-8°. 2. *Memoria centum theologorum, noftrâ ætate clariffimorum*, à Leipfick, 1705 & 1707, in 8°. 3. *Parentationes*. 4. *Epift. ad Thomam Crenium, de iteratá & folidá pupillæ evangelicæ defenfione, aliífque à D. Matth. hoc publico nomine compofitis libris*. 5. *Mofis de termino ætatis humanæ effatum*. 6. Divers ouvrages en allemand. * *Supplément françois de Bafle*.

PIPRE (Louis le) natif de la Baffée, vivoit dans le XVII fiécle, & embraffa l'état eccléfiaftique; mais s'étant dégoûté entiérement du monde, lorfqu'il étoit déja prêtre, il entra chez les Capucins, où il prit le nom de Bonaventure. Il eft auteur du livre intitulé *Parochophile*; fur les quatre principaux devoirs dus aux paroiffes, imprimé en 1634. * *Du Pin, biblioth. des auteurs eccléf. du XVII fiécle*.

PIQUET. (Claude) *Cherchez* PICQUET.

PIQUIGNI. (Bernardin de) *Cherchez* PEQUIGNI.

PIRCKHEIMER (Bilibalde) étoit confeiller de l'empereur & de la ville de Nuremberg. Il naquit en 1470 d'une famille ancienne. JEAN Pirckheimer fon pere étoit un fameux jurifconfulte, qui fut fucceffivement confeiller de l'évêque d'Aichftett, d'Albert, duc de Baviere, & de Sigifmond, archiduc d'Autriche. Bilibalde fut élevé à la cour de l'évêque, & inftruit par les foins de fon pere dans les arts libéraux, & dans les exercices convenables à fa nobleffe. Il accompagna auffi fon pere dans plufieurs négociations, afin d'apprendre dès fa jeuneffe à connoitre les cours étrangeres. On l'inftruifit auffi dans la mufique vocale & inftrumentale, pour lefquelles il eut beaucoup de gout; & il donna bien des marques de valeur pendant deux ans qu'il défendit l'évêque d'Aichftett qui étoit attaqué. A l'âge de vingt ans, fon pere l'envoya à l'académie de Padoue, où il demeura trois ans, appliqué principalement à la jurifprudence & à l'étude du grec. On le fit aller enfuite à Pavie, pour continuer fa premiere étude fous Jafon Mainus, Lancelot & Philippe Décius; & il y apprit l'italien à fond, un peu de théologie, les mathématiques, l'hiftoire, & même la médecine. Après fept ans de féjour en Italie, il vint à Nuremberg auprès de fon pere, s'y maria, & y fut peu après confeiller de cette ville. La diftinction avec laquelle il exerça cette charge, fit qu'on l'employa dès les premieres années dans des affaires importantes en diverfes cours d'Allemagne. Trois ans après, la guerre entre l'empereur Maximilien & les Suiffes s'étant allumée, & ceux de Nuremberg envoyant des fecours à l'empereur, Pirckheimer fut déclaré chef de ces troupes; & fon retour, comblé d'honneur & de gloire. On lui accorda fon ancienne place dans le fénat, qu'il fervit très-utilement dans la fuite en différentes légations auprès des empereurs Maximilien I & Charles-Quint. Les envieux que fa gloire lui fufcita, & l'amour de l'étude & du repos du cabinet l'engagerent dans la fuite à fe démettre de fa charge de confeiller; & depuis ce temps-là, il ne fut plus occupé pendant plufieurs années, qu'à augmenter fes connoiffances, & à en aquérir de nouvelles. Il fe fit une bibliothéque nombreufe & choifie, affez riche même en manufcrits; & il travailla à traduire plufieurs auteurs Grecs en latin, entr'autres les fept livres de Xénophon fur l'hiftoire des Grecs. Il fe fit auffi une belle fuite de médailles & d'autres monumens utiles pour l'éclairciffement de l'antiquité; & comme il aimoit beaucoup la peinture, il fit amitié avec Albert Durer. Après la mort de fa femme, qu'il perdit trois ans après fa retraite, on le follicita fi vivement de rentrer dans le fénat, qu'il céda fon inftances qu'on lui fit; & en 1512, il fut député à la diète de l'empire à Cologne, pour veiller aux intérêts de la ville de Nuremberg. Il fit encore plufieurs fois la même fonction dans les affemblées du cercle, & par-tout on eut lieu d'admirer fon éloquence, fa fcience & la fageffe de fa conduite. Il fit une fois un voyage en Suiffe, pour calmer des troubles qui inquiétoient fa patrie, & il y réuffit. Enfin il rentra de nouveau dans le repos qu'il defiroit, après avoir promis feulement de ne point refufer fes avis, quand on les lui demanderoit. Il mourut le 22 décembre 1530, à l'âge de 60 ans, & après avoir dit ces paroles remarquables : *Plût à Dieu que ma patrie jouiffe du bonheur après ma mort! plût à Dieu que l'églife foit tranquille!* Melchior Goldafte a recueilli & publié fes ouvrages à Francfort, en 1610, *in-fol.* avec les figures d'Albert Durer, & la vie de Pirckheimer, par Conrad Rittershufius. On a une édition féparée de la defcription de l'Allemagne, en 1585, *in-8°*, & de plufieurs autres de fes ouvrages en différens temps. Eobanus Heffus a fait une belle élégie fur fa mort. Pirckheimer fut le dernier de fa famille. Il avoit eu deux fœurs, toutes deux fort favantes, &

ntes deux religieuses ; l'une se nommoit *Charité*, & autre *Claire*. Il a dédié à la premiere la traduction 'un traité de Plutarque, & ses œuvres de S. Fulgen-; & à la seconde, la traduction des sentences de . Nil. On trouve plusieurs lettres de la premiere parmi s œuvres. C'est de ces deux sœurs qu'Erasme parle la fin d'un de ses colloques entre un abbé & une emme savante, & qu'il désigne par le titre de *Bilibal-ica*, comme *Moriæ* dans le même colloque sont les lles de Thomas Morus, chancelier d'Angleterre, Mar-uerite, Elizabeth & Cécile ; & *Blaurericæ*, Marguerite Blaurer, célebre en ce temps-là. * *Voyez* sa vie ar Ritterhusius, & M. Colomiès dans sa *Bibliothè-que choisie*, *pages* 197 *& suiv.* dans l'édition de Paris, n 1731.

PIRÉE, *Pireum*, port d'Athènes, est appellé pré-entement *Porto di Setine*, ou *Porto Leone*, à cause du ion de marbre qui est sur le rivage de la mer. Les anciens au-eurs parlent souvent de ce port célebre, que Thémistocle voit fait joindre à la ville par de grandes murailles, la 3ᵉ an-ée de la LXXV olympiade, & l'an 478 avant J.C. Elles urent ruinées après la ville d'Athènes, la premiere an-ée de la XCIV olympiade, & l'an 404 avant. J. C. Quelques auteurs ont cru que l'endroit où étoit autrefois e port de Pirée, avoit été une isle que l'on appelloit au continent, & qu'un certain Munychius, qui en étoit souverain, y avoit bâti un temple en l'honneur de Diane, surnommée *Munychienne*. Dans la suite cette déesse, pour venger la mort d'un ours qui lui étoit consacré, & qui avoit été tué par les Athéniens, les affligea d'une cruelle famine. Ils eurent recours à l'oracle, qui répon-dit qu'elle ne cesseroit point, à moins que quelqu'un de leurs citoyens ne se résolût d'immoler à Diane sa propre fille. Il se trouva parmi eux un homme assez fol pour le faire, nommé *Embarus*, d'où vient le proverbe *Emba-rus sum*, pour dire, *un insensé.* * Pausanias, *in Atticis*, Plutarque, *in collectan.* Erasme, *in prov.*

PIRENÉES, *cherchez* PYRENÉES.

PIRGO, *PERGO* ou POLLONIA, ville archié-piscopale de l'Albanie. Elle est à deux lieues de la côte, & à douze de Durazzo vers le midi. Cette ville étoit autrefois considérable. Les sciences y florissoient, puis-qu'Auguste y étudioit lorsque César fut assassiné. Elle est aujourd'hui fort délabrée. * Mati, *diction.*

PIRITHOUS, fils d'*Ixion*, roi des Lapithes, ayant oui parler de la valeur de Thésée, voulut s'en instruire lui-même par expérience, & lui déroba un troupeau de bœufs, afin de l'obliger à courir après. Thésée le suivit ; mais ils conçurent tant d'estime l'un pour l'autre, qu'ils demeurerent amis, & Pirithoüs le secourut contre les Centaures qui vouloient enlever sa femme Hippodamie. Quand Hippodamie fut morte, Thésée & Pirithoüs convinrent de n'épouser sur des filles de Jupiter. Piri-thoüs servit Thésée lorsqu'il enleva Hélène, & Thésée lui servit de second dans l'entreprise qu'il fit de ravir Proserpine femme de Pluton, suivant la fable, qui ajoute qu'étant descendus aux enfers pour exécuter leurs des-seins, Pirithoüs fut dévoré par le Cerbere, & que Thé-sée fut chargé de chaînes, & détenu prisonnier dans les enfers, jusqu'à ce qu'il fut délivré par Hercule. Selon l'histoire, Proserpine étoit fille d'Aidoneüs, roi des Mo-lossiens. Pirithoüs ayant voulu l'enlever de force, fut pris, & par ordre du roi exposé à des chiens, qui le dé-chirerent. L'amitié de Pirithoüs & de Thésée est fa-meuse dans les livres des poëtes. * Plutarque, *in Theseo.* Ovide. Horat. *l.* 4, *od.* 7. Martial, *l.* 7, *epig.* 23. Clau-dian. *l.* 1, *in Ruff.* Auxon. *in Paulin.*

PIRITZ, petite ville du duché de Stettin dans la Po-méranie. Elle est près du lac de Maldui, à sept lieues de Stettin vers le midi. Les anciens ducs de Poméranie ont souvent fait leur résidence à Piritz, que quelques géographes prennent pour l'ancienne *Viritium*, petite ville des Sidéniens, laquelle d'autres placent à Griffen-hagen. * Mati, *diction.*

PIRMIN (S.) fondateur de plusieurs monasteres en

Allemagne, s'adressa au pape Grégoire II, pour obtenir la permission d'annoncer l'évangile aux Suéves & aux Al-lemans, & se présenta en 726 à un synode d'évêques de France, pour la faire confirmer. Muni de ces pou-voirs, il alla prêcher l'évangile en Allemagne, y con-vertit un grand nombre d'idolâtres, & y fonda quantité de monasteres, appuyé par Sintlacz, un des seigneurs de ce pays. L'abbaye de Richenou est de ce nombre ; il en fut le premier abbé, & la gouverna pendant trois ans. Thibaut duc de Souabe étant en guerre avec Char-les Martel, obligea S. Pirmin de se retirer. Il alla en Alsace, y établit l'abbaye de Murbach au bas des monts de Vosge, sur un fonds qui lui fut donné par le comte Eberard ; fut instituteur de quantité d'autres monasteres en Alsace, & mourut à celui de Hornebach, bâti au lieu nommé *Gamond*, sur le confluent de la riviere de la Sarre & de la Bliess, qui fut depuis appellé de son nom S. Pirmin, où S. Boniface de Mayence vint lui rendre visite. S. Pirmin mourut le 3 novembre 755. Raban le met dans son martyrologe dans le siécle suivant. Les autres martyrologes n'en ont point fait mention ; mais le martyrologe romain moderne l'a inséré au mê-me jour. Son corps fut enterré dans son monastere, d'où l'on prétend qu'il a été transporté à Inspruk. D. Mabillon a donné au tome IV de ses *analectes*, un ouvrage de S. Pirmin intitulé, *Traité tiré de tous les livres canoniques.* On en trouve une notice dans l'his-toire littéraire que nous allons citer. * *Anonym. apud* Mabillon. *sæcul. III Benedict.* Valafride Strabon. Ra-ban. Bulteau, *l.* 4, *hist. monast. d'Occid.* Baillet, *au troisiéme de novembre.* D. Rivet, *hist. litter. de la Fran-ce*, *tome IV.*

PIRN, petite ville de la Misnie dans la haute Saxe en Allemagne, située sur l'Elbe proche de Dresden, & à trois lieues de la frontiere de Bohême, est célebre par le traité de paix qui y fut conclu l'an 1635, entre l'em-pereur Ferdinand II & l'électeur de Saxe, à qui elle ap-partient. Ce fut-là que ce dernier donna asyle aux Pro-testans, qui furent chassés de la Bohême & de l'Autri-che l'an 1628. Cette ville fut prise vers l'an 1640, par l'armée de Suede qui y fit de grands désordres. * Apol. Fratr. *contra Samuel. Martin.*

PIRO, *cherchez* HENRI DE PIRO.

PIRON (Aimé) apothicaire à Dijon, y naquit le premier octobre 1640, & y mourut le 9 décembre 1727. Il a cultivé avec succès la poësie bourguignone. Ses petits ouvrages en ce genre sont en si grand nom-bre, que le détail en seroit ennuyeux, & d'ailleurs su-perflu, ne consistant qu'en brochures qui sont difficiles à trouver, & dont les titres ne donneroient aucune idée claire du génie de l'auteur. Ces petits poëmes bur-lesques roulent tantôt sur les graves événemens du temps, tantôt sur des événemens particuliers à la ville de Dijon & aux environs. Les noëls bourguignons furent en par-ticulier son travail journalier & constant. Il en publia régulierement tous les Avents pendant vingt-cinq ou trente ans. Ce fut lui qui engagea M. de la Monnoye, dont il fut ami pendant quatre-vingts ans, à composer ceux qu'il mit au jour, & qui ont été imprimés plusieurs fois. Aimé Piron avoit épousé en secondes noces *Anne Dubois*, fille de *Jean Dubois*, habile sculpteur. Il en eut ALEXIS Piron, qui fait tant d'honneur aujourd'hui au Parnasse François, & dont les ouvrages sont connus. * *Voyez* la *Bibliothéque des auteurs de Bourgogne*, aux additions à la fin du second volume, *pag.* 12 & 13, & *les observations sur les écrits modernes*, t. XXIX, pag. 139, & *suiv.*

PIROS ou PIROT, petite ville ou bourg de la Bul-garie. Ce lieu est aux confins de la Servie sur la source de la Nissave, entre Sophie & Nissa, environ à dix-sept lieues de l'une & de l'autre. On croit que Piros pou-voit être l'ancienne *Romatiana* ou *Remisciana*, ville de la haute Mœsie. Piros fut prise en 1689 par Picco-lomini, général des troupes de l'empereur, après les deux batailles de Nissa où les Turcs furent battus. Les

Allemans la fortifierent alors & y mirent garnison ;
mais depuis ils ont été obligés de l'abandonner. * Mati,
diction. Mémoires du temps.

PIROT (Edme) l'un des plus habiles théologiens
du dernier siécle, naquit à Auxerre le 12 août de l'an
1631, de Guillaume Pirot, avocat en cette ville, dont
il est parlé pag. 129 des Grottes de l'abbaye de S. Germain d'Auxerre, imprimées en 1714, & de Chrétienne
Vincent. Le pere Froment, Prémontré, curé de la paroisse de Notre-Dame-la-d'Hors, donna les premieres
teintures des lettres à son jeune paroissien. Après que
M. Pirot eut fini ses études à Auxerre, il vint à Paris,
prit des leçons en théologie, & des dégrés en Sorbonne
jusqu'au doctorat inclusivement. Il fut nommé depuis à
une chaire de théologie, qu'il remplit avec beaucoup
d'édification. Quelque temps auparavant, il avoit été
pourvu de la chantrerie de Varzy dans le diocése d'Auxerre. Nicolas Colbert son évêque, fit tout ce qu'il put
pour le rappeler à Auxerre, & l'on assure que plusieurs
de ses successeurs ont fait les mêmes tentatives ; mais
M. Pirot, attaché à son emploi de professeur, ne put se
résoudre à condescendre aux vœux de ces prélats. Il
parvint dans la suite à un canonicat de l'église de Paris,
& à la dignité de chancelier de la même église. Il mourut à Paris le 4 d'août 1713, & fut inhumé à Notre-
Dame proche de S. Eustache. On ne trouve
rien d'imprimé de lui que le discours latin qu'il fit en
1669, à l'ouverture des écoles de Sorbonne, & qui a
été imprimé à Paris en 1670. Il avoit composé une Relation demeurée manuscrite des vingt-quatre dernieres
heures de la vie de Marie-Magdeléne d'Aubray, marquise de Brinvilliers, qui eut la tête coupée en 1676 ;
& M. l'abbé Lenglet parle de cet écrit dans son Traité
historique & dogmatique du secret de la confession. M.
Bossuet, dans ses œuvres posthumes, in-4°. tome I,
parle d'un mémoire sur l'autorité du concile de Trente en
France, composé par M. Pirot. Ce mémoire n'est point
imprimé, & on ignore ce qu'il est devenu. Il avoit été
communiqué au savant Leibnitz, qui y fit une réponse
qu'on lit dans les œuvres posthumes citées, page 391 ;
& M. Bossuet y répliqua comme on le voit dans le même recueil, pag. 413, & suiv. On attribue aussi à M.
Pirot un écrit qui se trouve manuscrit entre les mains de
plusieurs personnes intitulé, selon l'exemplaire que nous
avons ; Corrections & changemens faits au livre de M.
le Tourneux, intitulé : Abrégé des principaux traités de
théologie, imprimé à Paris en 1693. M. Pirot examinateur. Notre exemplaire a 140 pages in-4°. * M. Papillon, bibliothéque des auteurs de Bourgogne. Mémoires de M. l'abbé Lebeuf, pour servir à l'Histoire ecclésiastique & civile du diocése d'Auxerre, tom. II, pag.
522, 523, in-4°. Ce que dit M. Lebeuf est plus exact
que ce qu'on lit dans la Bibliothéque des auteurs de
Bourgogne : aussi trouve-t-on quelques corrections nécessaires à cet article, à la fin de la même Bibliothéque.

PIROU, ancien château situé sur une côte de la basse
Normandie dans le Côtentin, vis-à-vis les isles de Jer-
sei & de Guernesei. Ce château est si ancien & accompagné de tant de merveilles, que les bonnes gens du
pays croient qu'il a été bâti par les Fées, bien des années avant que les Norwégiens ou Normans vinssent
habiter la Neustrie. Ils disent que ces Fées étoient filles
d'un grand seigneur du pays, célébre magicien, &
qu'elles se métamorphoserent en des oies sauvages,
dans le temps que les Normans descendirent à Pirou,
& que ces oies là-mêmes qui reviennent tous
les ans faire leurs nids dans ce château. Voila le fabuleux. Mais ce que l'on en peut dire de certain, c'est
qu'au pied des murs du château de Pirou, on compte
18 ou 20 niches de pierre, où l'on a soin tous les ans
de mettre des nids faits de paille ou de foin pour les
oies sauvages, qui ne manquent pas dans le
premier jour de mars, de venir la nuit faire plusieurs
rondes autour du château, pour voir au clair de la lune
& des étoiles si leurs nids sont prêts. Les jours suivans

elles prennent possession des nids qui leur semblent les
plus commodes, ce qui ne se fait pas sans coup férir.
Quelquefois à grands coups d'ongles & de bec ces oiseaux se mettent tout en sang, & font un si grand bruit
que les échos en retentissent de toutes parts, & qu'on
ne s'entend point dans les appartemens du château ni
dans les masures des environs. Quand tous ces nids sont
pris par les plus braves d'entre les oies, on en met six
ou sept autres sur les parapets des murailles, qui ne demeurent pas long-temps vuides. Comme ces murailles
sont extraordinairement hautes, les oies qui y couvent
ne manquent pas, dès que leurs petits sont éclos, d'a-
vertir en criant, qu'on vienne les descendre dans le
fossé. Que si on ne leur rend pas ce bon office, les meres
se descendent elles-mêmes, & étendant leurs aîles, reçoivent leurs petits à la descente, de crainte qu'ils ne se
blessent. Chaque oie a son mâle auprès d'elle. Il ne
paroît aucun de ces oiseaux dans les campagnes voisines, pendant qu'il y en a des milliers qui flottent sur
les lacs de Pirou. Quand ces oies sont hors du château,
on n'en sauroit approcher de six cens pas sans les faire
envoler ; mais quand elles sont dans le château, cessant
pour l'amour de leur hôte d'être sauvages, elles viennent
prendre du pain & de l'avoine à la main, & quoique
l'on crie, ou que l'on tire des coups de fusil dans les
cours, elles ne s'en effarouchent point. Elles couvent
depuis le commencement de mars jusque dans le mois de
mai. Lorsque leurs petits sont assez forts pour les suivre,
elles les dérobent la nuit, & se retirent par des faux-
fuyans dans les lacs prochains, pour ne revenir que
l'année suivante. Les spéculatifs du pays prétendent,
(comme le dit en Suisse & en Hollande des cigognes)
que c'est bon signe, c'est-à-dire, que l'année sera bonne, quand il vient à Pirou grand nombre d'oies sauvages. * De Vigneul-Marville, Mélanges d'hist. & de
littérature.

PIRRHA, cherchez DEUCALION.
PIRRHON, cherchez PYRRHON.
PIRRHUS, cherchez PYRRHUS.
PIRRHIQUE, cherchez PYRRHIQUE.

PIRRUS (Roch) de Netinum, célébre historien de
Sicile, naquit en 1577. Après avoir fait de bonnes études, il reçut à Catane le dégré de docteur en théologie
& en jurisprudence. Ensuite il exerça des emplois honorables à Palerme. Il fut fait chapelain de Philippe IV,
chanoine à Palerme, & trésorier de la chapelle royale.
Depuis, il devint protonotaire apostolique, abbé, député apostolique, & aumônier du roi. Enfin il fut fait archevêque de Palerme. Il mourut dans cette ville le 8
septembre 1651, à l'âge de soixante-quatorze ans. On
a de lui : 1. Rochi Pirri Siculi Netini abbatis notitia Si-
ciliensium ecclesiarum, à Palerme, 1630 & 1633,
in-fol. & considérablement augmenté de nouveau sous ce
titre : Sicilia sacra, disquisitionibus & notitiis illustrata,
libris quatuor, præmissâ chronologiâ regum Siciliæ,
eorumque vices gerentium, à Palerme, 1644 & 1647,
in-fol. 3 volumes. 2. Annales Panormitani. 3. Synony-
ma. 4. Historia del glorioso san Corrado, Piacentino,
dove si tratta della vita, miracoli & morte di esso.
* Bibliotheca sicula. Dictionaire historique, édition
de Hollande, 1740.

PISA ou PISANUS (Alfonse) Jésuite, natif de Tolede en Espagne, enseigna la philosophie & la théologie
à Rome, en Allemagne & en Pologne, où il mourut à
Kalisch en 1598. Le cardinal Baronius, Eisengrein &
d'autres parlent avantageusement de ce religieux, qui
publia divers ouvrages. Concilium Nicænum I; De absti-
nentia & continentia ; De quæstionibus fidei controver-
sis, &c. * Ribadeneira & Alegambe, de script. societ.
Jes. Nicolas Antonio, bibl. Hisp. &c.

PISAN (Thomas de) célébre astronome, étoit de
Boulogne en Italie ; mais il fut attiré de bonne heure à
Venise par un docteur de Forli, que la république y pourvut d'une charge de conseiller. Ce docteur donna sa fille en
mariage à Thomas, & les Vénitiens, qui ne tarderent
pas

PIS

PIS

377

is à connoître sa capacité, le retinrent chez eux & le rent aussi conseiller de la république. Après quelque temps e résidence à Venise, étant allé à Boulogne pour ses prores affaires, le roi de France & celui de Hongrie lui fient offrir chacun des conditions très-avantageuses, s'il ouloit se rendre auprès d'eux, & s'attacher à leur peronne. Thomas de Pisan préféra la France; & étant rrivé auprès du roi Charles *le Sage*, ce prince ui donna presqu'en arrivant une place dans son coneil. Un an après, Thomas voulut rejoindre sa famille Boulogne, qui y étoit retournée depuis qu'il avoit pris ongé de la seigneurie de Venise. Mais Charles, loin d'y onsentir, voulut qu'il mandât sa femme, & qu'il la it venir en France avec ses enfans, & le reste de sa famille pour s'y établir. Thomas obéit. La femme & les enfans de cet astronome, habillés magnifiquement à la lombarde, parurent devant le roi, qui voulut les voir, & qui les reçut très-gracieusement dans son château du Louvre; c'étoit au mois de décembre, vers l'an 1370. Mais après la mort du roi Charles arrivée en 1380, l'astronome déchut bientôt de son crédit. On lui retrancha une partie de ses gages; le reste fut mal payé. Ses infirmités augmenterent, & le mirent au tombeau quelques années après. Ainsi se termina la course de ce philosophe, le plus célebre, & apparemment le plus habile de ce siécle. Il avoit vécu, & il est mort dans la religion catholique. Sa fille CHRISTINE, *dont nous allons parler*, assure qu'il décéda à l'heure qu'il avoit prédit, & que la prospérité des armes de Charles V & la sagesse de son gouvernement, furent en partie le fruit des bons conseils qu'il donna à ce prince. Le roi lui donnoit tous les mois cent francs de gages, qui reviennent à-peu-près à 700 livres d'aujourd'hui. Il en recevoit d'ailleurs de grandes & de fréquentes gratifications, & il lui avoit fait espérer de plus un fonds de terre de cinq cens livres de revenu pour lui, & pour ses héritiers; tant l'astrologie, & particulierement celle que l'on nomme *judiciaire*, étoit à la mode dans ces temps-là, où la plupart des princes, même ceux qui avoient de la piété, étoient si prévenus en sa faveur, qu'ils n'entreprenoient rien de considérable qu'après avoir consulté cette science superstitieuse.

PISAN (Christine de) fille de THOMAS, naquit à Venise, & n'avoit qu'environ cinq ans lorsque son pere l'emmena à Paris, *comme on l'a dit dans l'article précédent*. Elle fut élevée à la cour du roi Charles, en fille de qualité. Elle apprit le latin, & elle avoit déja fait quelques progrès dans cette langue, lorsqu'on parla de la marier. Elle fut recherchée par un grand nombre de personnes de distinction; mais Thomas son pere leur préféra un nommé *Castel*, jeune homme de Picardie, qui avoit de la naissance, de la probité, & du savoir, mais peu de bien. Christine n'avoit que quinze ans lorsqu'il l'épousa; & bientôt après il fut pourvu de la charge de notaire & secrétaire du roi, qu'il exerça avec distinction, aimé & considéré du roi Charles son maître. Après la mort de Thomas, Étienne Castel soutint sa famille, par sa bonne conduite, & par le crédit que sa charge lui donnoit; mais une maladie contagieuse l'ayant emporté en 1389, à l'âge de trente-quatre ans, il laissa cette famille désolée & presque sans appui. Christine âgée seulement de vingt-cinq ans, & chargée de trois enfans, se vit obligée de passer les premieres années son veuvage à poursuivre des procès contre des débiteurs de mauvaise foi ou des chicaneurs injustes qui cherchoient à lui enlever le peu qui lui restoit. Enfin après avoir couru en vain de tribunal en tribunal, lasse de cette situation, elle résolut de se renfermer dans son cabinet, & ne chercha plus de consolation que dans la lecture des livres que son pere & son mari lui avoient laissés. Elle fit une étude particuliere de l'histoire & de la fable; & lorsqu'elle se sentit capable de produire quelque chose d'elle même, elle suivit son génie, & s'appliqua à la composition. Ce fut en 1399 qu'elle commença; & six ans après elle publia le livre intitulé, *Vision de Christine*, dans lequel elle assure qu'elle avoit déja composé quinze vo

lumes, sans compter d'autres écrits plus courts qui étoient en plus grand nombre. Ses premiers ouvrages furent ce qu'elle appelle de petits *dictiés*, c'est-à-dire, de petites piéces de poësie, des ballades, des lais, des virelais, des rondeaux. Elle avoit commencé à en faire dès le temps même de ses procès. La ballade où elle se plaint de ce que les princes refusent de l'entendre est de ce temps-là. Parmi ses petites piéces, il y en a de fort tendres, & sur la lecture que l'on en fit on fut à cru véritablement amoureuse, & cette opinion enfanta de mauvais discours, qui lui donnerent bien du chagrin. Mais la mauvaise réputation qu'elle s'attira par ces *dits amoureux*, comme elle appelle ces petites piéces, n'empêcha pas que sa muse ne fût d'ailleurs avantageusement récompensée. Ses premieres productions lui acquirent l'estime des François & des étrangers. Le comte de Salisbery, favori de Richard, roi d'Angleterre, étant en France, la prit en affection, & emmena son fils aîné en Angleterre. Henri de Lancastre, successeur de Richard, ayant vu quelques ouvrages de Christine, voulut l'attirer elle-même en Angleterre; le duc de Milan lui fit aussi des offres très-avantageuses; mais elle ne voulut pas quitter la France, où elle s'attacha d'abord à Philippe *le Bon*, duc de Bourgogne, qui l'engagea d'écrire la vie de Charles *le Sage*. Ce prince mourut en 1404, avant que cet ouvrage eût été achevé. Il avoit pris à ses gages le fils aîné de Christine, qui étoit revenu d'Angleterre, depuis que le comte de Salisbery avoit été décapité, après que Henri de Lancastre eut usurpé la couronne sur Richard; & il lui avoit fait à elle-même plusieurs bienfaits qui purent bien soulager sa misere, mais qui ne la mirent pas à son aise. Cependant il paroît que dans la suite elle fut réconciliée avec la fortune, puisque dans un registre de la chambre des comptes de l'an 1411, il est fait mention d'une somme de 200 livres, somme assez considérable pour ce temps-là, que le roi Charles VI lui avoit accordée par des lettres du 13 mai de ladite année. Voici la liste des ouvrages de cette savante dame. *Cent Ballades : Lays : Virelays : Rondeaux : Jeux à vendre*, autrement, *vente d'amour : l'épître au Dieu d'amour : le débat des deux amans : le livre des trois jugemens : le livre du dit de Poissy : le chemin de longue étude*. On en a donné une édition à Paris en 1549, *in-*12, sous ce titre : *Le chemin de longue étude, par Christine de Pise, traduit de langue romanne, par Jean Chaperon. Les dits moraux, ou les enseignemens que Christine donne à son fils : le Roman d'Othea, ou l'épître d'Othea à Hector : le livre de mutation de fortune*. Tous ces ouvrages sont en vers : les suivans sont en prose : *Histoire du roi Charles le Sage : la vision de Christine*, où l'on voit une partie de sa vie : *la Cité des Dames : les épîtres sur le roman de la Rose : le livre des faits d'armes & de chevalerie : Instruction des princesses, dames de la cour, & autres lettres à la reine Isabelle en* 1405 : *les proverbes moraux : le livre de prudence.* La plupart de ces ouvrages se trouvent aussi dans la bibliothéque du roi de France. * *Du Verdier Vauprivas, Biblioth. franc. Mém. de l'acad. des inscript. & bell. lett. t. II, p.* 762. On y trouve une vie de Christine par feu M. Boivin le cadet, &c.

Le plus considérable des ouvrages de Christine de Pisan est sa *Vie de Charles cinquième du nom, roi de France*, qu'elle composa sur les chroniques écrites sous Charles V, c'est-à-dire sur les chroniques composées à l'abbaye de S. Denys, & sur d'autres mémoires, aussi-bien que sur ce qu'elle apprit de *plusieurs gens notables encore vivans*. M. l'abbé Le Beuf l'a fait imprimer en 1743, dans le troisiéme volume de ses *Dissertations sur l'histoire ecclésiastique & civile de Paris*. Mais il en a retranché presque tout ce qui n'étoit pas historique; il y a joint un assez grand nombre de remarques curieuses & utiles, & qui sont de nouvelles preuves de la profonde érudition de cet écrivain. La vie de Christine, qui forme la plus grande partie de la préface, est plus complette & plus

Tome VIII. Partie II.   B b b

exacte que celle qui nous avoit déja été donnée par feu M. Boivin dans le tome II des *Mémoires de l'académie royale des inscriptions & belles lettres*. Voyez au sujet du nom de Christine, & de celui de son pere, une lettre de M. le préfident Bouhier, inférée au tome XXXIII des *observations fur les écrits modernes* ; & la réponse de M. l'abbé Le Beuf à cette lettre inférée aussi dans le même volume.

PISANDER, fils de Bellérophon, qu'Homere dit avoir été tué dans la guerre de Solime, *Iliad.* 9. PISANDER, fils de Neftor, l'un des amans de Pénélope, dont parle Ovide, *epift.* 1 *héroid.* Suidas & le scholiafte d'Ariftophane font encore mention d'un PISANDER, qui étoit d'une fi grande stature, mais fi lâche, qu'on le furnommoit par dérision *le Chameau* ou *le mulet.*

PISANDER, poëte Grec, qui vivoit fous la XXXIII olympiade, vers l'an 648 avant J. C. compofa un poëme intitulé *Héraclide*, qui imprenoit en deux livres toutes les belles actions d'Hercule. On lui attribue quelque ouvrages qui étoient plutôt d'Ariftée, comme le remarque Suidas. * *Confultez*, aufli Paufanias, *in arcad.* Hygin, *in poët. aftr.* Cenforin. *in fragm.* c. 9. Fulgence, *l. omythol. &c.* Du Pin, *biblioth. univerf. des hift. proph.*

PISANDER, autre poëte Grec, natif de Laranda, ville de Lycaonie, vivoit dans'le III fiécle, fous l'empire d'Alexandre, fils de Mammée, & compofa une Hiftoire diverfe en vers. Cet ouvrage où il célébroit le mariage de Jupiter & de Junon, étoit divifé en fix livres, felon Suidas.

PISANELLO, peintre Véronois, fut concurrent de Gentil Fabriano, & fut fort eftimé de Michel-San-Michel, architefte de Vérone. Il excelloit encore à graver des médailles, comme il parut par celles qu'il fit à Florence de toutes les perfonnes illuftres qui affifterent au concile tenu avec les Grecs l'an 1439. *Félibien, hift. des arts.*

PISANI (François) cardinal, archevêque de Narbonne, étoit Vénitien, & fut appellé le cardinal de Venife. Il avoit reçu le chapeau des mains de Léon, en 1517, & s'expofa à un danger évident de mort pour fauver Clément VII, lorfque la ville de Rome fut prife par les Impériaux en 1527. Pendant fon abfence il fit tenir à Narbonne un concile l'an 1551. Ce prélat couronna Marcel II & Paul IV. Il fut aufli évêque de Padoue, d'Albano, de Frefcati, de Porto, d'Oftie, & mourut doyen des cardinaux l'an 1570. * *Victorel, addit. ad Ciacon.* Bembo, *ep. l.* 15, *ep.* 39. Petramellario. Auberi, *hiftoire des cardinaux.*

PISANI (Louis) cardinal, évêque de Padoue, étoit de Venife, & neveu de FRANÇOIS aufli cardinal, qui lui remit l'évêché de Padoue. Il reçut du pape Pie IV le chapeau de cardinal en 1565, âgé de 45 ans, & mourut à Venife le 31 mars de l'an 1570. * *Portenari, felic. di Padua*, *l.* 8. Petramellario. Auberi, &c.

☞ On a imprimé d'un autre François Pifani, parent de ce cardinal, une harangue, *De univerfa philofophia ornamentis.* Elle fe trouve à la fuite de l'ouvrage d'Auguftin Valerio ; *De cautione in libris edendis adhibenda,* imprimé à Verone, *in-*4°.*M.Goujet, mém.mff.*

PISANI (André) capitaine général de la république de Venife, après avoir fervi la république avec tout le courage & toute la capacité poffibles, & avoir été honoré de la dignité de chevalier, & de procurateur de faint Marc, puis nommé capitaine général, puis chevalier de l'étole d'or, & commanda avec diftinction jufqu'à la trève de 24 ans, conclue avec les Turcs à Paffarowitz le 21 juillet 1718. Etant de retour à Corfou, où il étoit refté pour donner ordre à l'embarquement des troupes qui avoient fervi pendant les dernieres guerres, la foudre tomba le 21 novembre fuivant dans le magafin à poudre de la vieille fortereffe de cette ville, qui en fit fauter une partie en l'air, enfevelit plus de 1200 foldats & autres perfonnes, & endomagea plufieurs maifons voifines, entre lefquelles étoit celle où demeuroit le capitaine général, qui y fut tué avec tous les officiers de fa maifon, à l'exception de deux. Le len-

demain fon corps ayant été trouvé dans les ruines, fut embaumé, & apporté à Venife, pour être mis dans le tombeau de fes ancêtres, où la république lui fit faire de magnifiques funérailles. Le fénat pour honorer la mémoire de ce général, créa le 7 décembre fuivant, chevalier de l'étoile d'or, *Charles Pifani* fon frere, qui étoit revenu depuis peu de l'armée, où il avoit fervi deux ans en qualité de volontaire. * *Mémoires du temps.*

PISANT (Dom Louis) né à Saftetot, village fitué à deux lieues de l'abbaye de Fécamp, l'an 1646, profès dans la congrégation de S. Maur, le 6 mai 1667, & mort dans l'abbaye de S. Ouen de Rouen au mois de mai 1726. Il eft auteur de deux lettres imprimées en 1708, & qu'il fuppofe avoir écrites à un curé du diocèfe d'Orléans, pour lui perfuader qu'on ne peut figner le formulaire, en ufant du filence refpectueux. Il a fait encore un gros ouvrage imprimé, fans nom de lieu, ni d'imprimeur, fans date, fans privilége, ni approbation, ni avertiffement, ni préface, intitulé : *Traité hiftorique & dogmatique des priviléges & exemptions eccléfiaftiques.* L'auteur fait bien des efforts pour en prouver la validité ; mais il s'égare fouvent dans fes raifonnemens. Au refte cet ouvrage a été imprimé à Luxembourg, chez Chevalier, quoiqu'on l'ait déguifé ; & il n'a point eu l'approbation de fa congrégation. * *Dom le Cerf, Bibliothèque hift. & crit. des auteurs de la congrégation de S. Maur.* Défenfe de cette bibliothéque par la Pipardiere (c'eft-à-dire) dom le Cerf, lui-même, *pag.* 18.

PISCATOR (Jean) Proteftant & Allemand de nation, enfeigna la théologie parmi ceux de fon parti, & fut accufé de quelques erreurs touchant la prédeftination. Il écrivit des commentaires fur le nouveau teftament, & mourut à Strasbourg en 1546. Un autre PISCATOR a aufli enfeigné la théologie, a écrit divers ouvrages fur la bible, & eft mort à Herborn dans le comté de Naffau en 1625. Il eut quelques fentimens dans les fynodes de France condamnerent comme contraires à leur confeffion de foi : il les foutint toujours ; & ce ne fut que par le crédit de Pierre du Moulin qu'on le laiffa en repos. * *M. De Meaux, hiftoire des variations.*

PISCATOR (Pierre) né à Hanau le 7 d'avril 1571, fit fes études à Marpourg & à Iéne. Il fut reçu maitreès-arts dans cette univerfité, le 5 février 1594. En 1595 il fut aggrégé à la faculté de philofophie, & fait profeffeur en hébreu. Il favoit non-feulement cette langue, mais aufli le grec, le fyriac, & le chaldaique. Le 20 mars 1605, il fut affocié aux profeffeurs en théologie, & le 19 juillet fuivant il reçut le bonnet de docteur. Il mourut de mélancolie le 10 janvier 1611. On a de lui divers ouvrages, comme : *Articulus de baptifmo, &c. De æterna prædeftinatione, &c. Problemata facra. Oratio de ftudiis theologicis ritè conformandis & inftituendis. Commentarius in formulam concordiæ, &c.* * *Voyez Freheri théatrum viror. doctrinâ illuftr.*

PISCHAD ; ce mot qui fignifioit proprement en perfien *un bon jufticier,* a été le furnom & titre de Houfchenck II, roi de la premiere race des princes qui ont regné en Perfe, & qui ont prife de lui le nom de *Pifchdadiens.* Cette premiere race ou dynaftie, fi nous en voulons croire les Perfans, eft la plus ancienne du monde. En effet, elle comprend tous les rois qui compofent celles que nous appellons les monarchies des Affyriens, Chaldéens, Babyloniens, Medes & Perfes.

Les Perfans ne comptent qu'onze rois Pifchdadiens, dont le premier fut *Caioumarrath,* & le dernier *Guftasb* ou *Kiftasb* ; mais ils donnent à quelques-uns de ces rois un regne de plufieurs centaines d'années, fans compter les interregnes qui ont quelquefois duré long-temps.

Les noms de ces rois font,

Caioumarrath, auquel les hiftoriens donnent mille ans de vie, trente feulement de regne. Ils difent qu'il eut un fils nommé *Siamek,* que l'on ne compte point parmi ces rois, parcequ'il mourut avant fon pere.

Le troifiéme, *Tahmurash*, regna trente années.

Le quatriéme, *Giamfchid*, fils ou frere, felon quelques-uns, de *Tahmurasb*, regna fept cens ans, & en
écut mille.

Le cinquiéme, *Xhohak* ou *Dhohak*, en a régné mille.

Le fixiéme, *Afridoun* ou *Feridoun*, fils d'*Abtin*, de
a race de *Giamfchid*, a regné cinq cens ans.

Le feptiéme, *Manougeher*, petit-fils de Feridoun,
régna fix-vingts ans.

Le huitiéme, *Nodar*, fils de Manougeher, fut défait & tué
par Afrafiab, après un regne de fept cens ans feulement.

Le neuviéme, *Afrafiab*, qui defcendoit de *Tour*,
fils de Feridoun, étoit roi du Turqueftan, & conquit
la Perfe, où il regna douze ans.

Le dixiéme *Zab* ou *Zoub*, fils de *Thahmasb*, & petit-fils de Manougeher, commença à regner à 80 ans,
& en régna trente.

Le onziéme, *Guftabs*, fils de *Zouth*, ou, felon quelques-uns, fon neveu, régna vingt ans, ou, felon quelques autres, trente. Ce fut dans la perfonne de ce prince,
que la race des Pifchdadiens fut éteinte. * D'Herbelot,
biblioth. orient.

PISCINA, petite ville ou bon bourg du royaume de
Naples. Il eft dans l'Abruffe ultérieure, près le lac Célano, environ à deux lieues de la ville de ce nom, du
côté du levant. Pifcina a un évêché qu'on appelle *l'évêché
des Marfes.* * Mati, *dict.*

PISCINE PROBATIQUE, réfervoir d'eau, proche
le mur du parvis du temple de Salomon. *Cherchez* BETH-
SAIDE.

PISE, *Pifa*, ville de Tofcane en Italie, avec archevêché & univerfité, eft très-ancienne & très-confidérable. Les auteurs ne conviennent pas du nom de ceux
qui ont fondé cette ville; mais il y a apparence qu'elle
fut bâtie par quelque colonie venue de Pife, en Grece,
fur le fleuve Alfée, conformément à ce que dit Virgi-
gile, *l.* 10 *Æn.* Elle eft fituée dans une grande plaine
fertile en bleds & en vins très-excellens, & eft divifée
par la riviere d'Arne, qu'on y paffe fous trois ponts,
avec un port qui eft très-commode. Pife a été foumife
à divers maîtres, après avoir formé une république puiffante, qui avoit fait tête aux infidéles, qui avoit conquis les ifles de Corfe & de Sardaigne, avec Carthage,
& qui s'étoit fait craindre fur toute la Méditerranée.
Depuis elle perdit la liberté. Le roi Charles VIII la lui
fit rendre en fon voyage d'Italie, en 1494; mais elle
fut encore affujétie en 1609. Les grands ducs de Tofcane
font les maîtres de cette ville, qui eft la réfidence des
chevaliers de l'ordre de S. Etienne, fondé par Côme
de Médicis en 1561. Ils s'affemblent dans l'églife de
ce Saint, où l'on voit grand nombre de dépouilles rem-
portées fur les ennemis de la foi, fans parler de fon efcalier, de fes colonnes & de fes ftatues, le tout de marbre. L'églife métropolitaine, dite *le Dôme*, eft remarquable par foixante & trois colonnes de marbre, & par
fes portes de fonte, qu'on dit avoir fervi au temple de
Salomon; par fa tour haute de 188 pieds, dont la forme eft d'un vrai cylindre, & qui eft penchante, de
maniere que le couronnement du haut avance de quinze
pieds de rez-de-chauffée du fondement; par fon baptiftaire
& par le cimetiere, dit le *Campo-Santo*. On admire
encore dans cette ville, le palais, la maifon de ville,
l'univerfité & le jardin de médecine. L'univerfité fut
fondée par Laurent de Médicis en 1472. Malgré ces
avantages, Pife eft peu peuplée. Le territoire de cette
ville, nommé le *Pifan* ou *Pifantin*, comprend Pife, Livourne & Volterre. * *Confultez* Strabon, Pline, Solin,
Tite-Live, Sabellicus, S. Antonin, Platine, &c. cités
par l'auteur de l'hiftoire de Pife, & par Léandre Alberti,
defcript. Ital.

PREMIER CONCILE DE PISE.

Le pape Innocent II affembla en 1134 les prélats de
France, d'Allémagne & d'Italie à Pife, où l'anti-pape
Anaclet fut excommunié. On y fit des réglemens très-
utiles contre ceux qui foutenoient les fchifmatiques, &
le pape y canonifa S. Hugues, évêque de Grenoble.
Ce qu'on peut voir dans Pierre de Cluni, *l.* 3, *epift.* 37;
dans l'auteur de la vie de S. Bernard, *l.* 2; dans le
X tome des conciles, &c.

II CONCILE DE PISE.

Le fecond concile tenu à Pife a été plus important,
& eft mis par quelques auteurs au nombre des généraux. L'églife étoit déchirée par un fchifme très-long &
très-fâcheux, que les foins des prélats & des princes
n'avoient pu faire ceffer. On indiqua une affemblée à
Savonne, où Gregoire XII, qui tenoit fon fiége à
Rome, & Benoît XIII, qui réfidoit à Avignon, fe devoient trouver. Le dernier y vint; mais comme ni l'un
ni l'autre n'avoient pas de bonnes intentions, ce projet ne réuffit pas mieux que les autres. Quelques cardinaux des deux partis, qui fe virent à Livourne en 1408,
propoferent divers expédiens pour finir le fchifme, &
crurent que celui d'un concile général étoit le plus fûr
& le plus raifonnable. Ils obtinrent des Florentins,
qu'on pourroit s'affembler à Pife; & le concile en fut indiqué pour le 25 mars de l'année fuivante 1409. On
avertit les intéreffés & les princes, & le concile commença le jour qu'on avoit pris pour cela. Il s'y trouva
vingt-deux cardinaux, quatre patriarches, à favoir, ceux
d'Alexandrie, d'Antioche, de Jérufalem & de Grade dans
l'état de Venife; douze archevêques préfens & quatorze
par procureurs; quatre-vingts évêques & les procureurs
de cent deux autres; quatre-vingt-fept abbés, entre
lefquels étoient ceux de Cîteaux, de Clairvaux, de
Grandmont, de Camaldoli & de Valombreufe, pour
tous les monafteres de leur ordre; les procureurs de deux
cens autres abbés; quarante & un prieurs; les généraux
des Dominicains, des Cordeliers, des Carmes & des
Auguftins; celui de l'ordre des Chartreux étoit auprès
de Benoît XIII, pour le porter à l'union. Le grand-maître de Rhodes y affifta avec le prieur général des chevaliers du S. Sépulcre; le procureur du grand-maître
de l'ordre Teutonique. On y vit auffi des députés des
plus célebres univerfités, ceux des chapitres de plus de
cent églifes cathédrales & métropolitaines; plus de trois
cens docteurs en théologie & en droit canon, & enfin
les ambaffadeurs des rois de France, d'Angleterre, de
Portugal, de Bohême, de Sicile, de Pologne & de
Chypre, des ducs de Bourgogne, de Brabant, de Lorraine, de Baviere & de Pomératie, du marquis de Brandebourg, du landgrave de Thuringe & de prefque
tous les princes d'Allemagne. Les rois de Hongrie, de
Suéde, de Danemarck & de Norwege, qui étoient
pour Gregoire XII, le quitterent bientôt après, pour
adhérer à ce concile. L'ouverture s'en fit le 25 mars,
jour de l'annonciation de Notre-Dame. Après les difcuf-
fions faites dans treize féances, le concile rendit fon jugement définitif dans la quatorziéme feffion, le 5 juin,
veille de la fête du S. Sacrement. Il déclara Pierre
de Lune (Benoît XIII) & Ange Corario (Gregoire XII)
fchifmatiques & hérétiques, & convaincus de colluſion
pour entretenir ce fchifme; & comme tels, il les priva du
pontificat, défendant à tous les fidéles de les reconnoître.
Le 15 du même mois les cardinaux entrerent au conclave, qu'on avoit préparé dans le palais archiépifcopal,
& dont la garde fut commife à Philibert de Naillac,
grand-maître de Rhodes. Il y avoit alors à Pife vingt-
quatre cardinaux, parceque le cardinal Frias, Efpagnol,
& le cardinal Challand, Savoyard, ayant quitté Pierre
de Lune, s'étoient depuis peu venu joindre aux autres.
Ils élurent le 29 Pierre Philargie, dit *de Candie*, cardinal de Milan, qui prit le nom d'ALEXANDRE V, &
qui préfida au concile en la feffion fuivante, tenue le
premier juillet 1409. Sur ces entrefaites, le roi de Sicile
Louis d'Anjou, étant arrivé au concile, y fut reçu dans
la feffion du 27 juillet, où le pape confirma le droit que
ce prince avoit fur le royaume de Sicile, & le créa gonfalonier de l'Eglife, contre Ladiflas, roi de Naples. Jac-

ques Lenfant, miniftre Proteftant, a donné de ce concile une hiftoire fort ample & très-curieufe. Cet ouvrage, écrit en françois, eft connu de tout le monde. L'auteur, dans fa préface, entre dans le détail des piéces & des écrivains qu'il a confultés. Depuis, on a donné une collection très-abondante de piéces concernant le même concile, dans le tome feptieme de l'*Ampliffima collectio veterum fcriptorum & monumentorum*, &c. des PP. DD. Martene & Durand, Bénédictins, en 1733, *in-fol.* Ce recueil contient prefque tout ce feptieme volume.

III CONCILE DE PISE.

Quelques cardinaux mal fatisfaits du pape Jules II, & favorifés du roi Louis XII & de l'empereur Maximilien I, y affemblerent un concile l'an 1511, & le transférerent à Milan, puis à Lyon. Mais cette affemblée n'eut point de fuite; car l'empereur s'en fépara, & le roi l'improuva, faifant favoir par fes ambaffadeurs qu'il envoya à Rome, & qui parlerent en la VIII feffion du concile de Latran, où le pape Léon X fe trouva (c'étoit un lundi 19 décembre 1513) qu'il n'avoit foutenu le parti de ceux qui étoient à Pife, que pour agir contre la perfonne de Jules II, & que d'abord après l'élection de Léon X, il avoit adhéré au concile de Latran. Les Proteftans publierent l'an 1621, en un volume *in-4°*, les actes de ce concile. On doit plutôt confulter Surius, Bini, & les diverfes éditions des conciles faites à Paris.

François Bofiani, archevêque de Pife, publia des ordonnances en 1616. Julien de Médicis & Scipion de Elciis, prélats de la même ville, en firent d'autres; celui-ci en 1639, & l'autre en 1625. * Thierri de Niem, *hift. du fchifme.* Bzovius, Sponde & Rainaldi, *A. C.* 1408 & 1409. Tom. *XIV concil.* Du Pui, *hift. du fchifme.* Maimbourg, *hift. du grand fchifme.* Du Bos, *la ligue de Cambrai.*

TRAITÉ DE PISE.

Il y a eu un traité conclu à Pife en 1664, entre le pape. Alexandre VII & Louis XII, roi de France, par M. Rafponi, plénipotentiaire de fa faianteté, & M. de Bourlemont plénipotentiaire de fa majefté. Ce traité contient XV articles, dont le premier régloit le différend qui étoit entre le pape & le duc de Parme, touchant les états de Caftro & de Ronciglione. Le II concernoit les prétentions que le duc de Modène & la maifon d'Eft avoient contre la chambre apoftolique. Le III portoit que le cardinal Chigi viendroit en qualité de légat en France, pour dire à fa majefté, en propres termes, ce qui fuit : *SIRE, fa faianteté a reffenti avec une très-grande douleur, les malheureux accidens qui font arrivés; & les fujets de mécontentement que votre majefté en a eu, lui ont caufé le plus fenfible déplaifir qu'elle fût capable de recevoir; l'affurant que ce n'a jamais été la penfée ni l'intention de fa faianteté, que votre majefté fût offenfée, ni M. le duc de Créqui fon ambaffadeur; fadite faianteté defirant qu'à l'avenir il y ait de part & d'autre, la bonne & fincere correspondance qui a toujours été, &c.* Cet article à la plupart de ceux qui fuivent, furent réglés, pour réparer l'attentat commis dans Rome par les Corfes de la garde du pape, le 20 août 1662, contre M. le duc de Créqui, ambaffadeur extraordinaire du roi de France, & pour donner les fatisfactions dues à fa majefté. Le IV portoit que le cardinal Imperiali préfenteroit en perfonne au roi fes très-humbles juftifications. Le V, que le cardinal Maidalchini, qui étoit forti de Rome, fuivant l'intention du roi, y feroit rappellé par le pape. Le VI, que le feigneur dom Mario déclareroit par écrit, en foi de chevalier, qu'il n'avoit eu aucune part à tout ce qui s'étoit paffé dans Rome le 20 août 1662. Le VII & le VIII, que quand M. l'ambaffadeur & madame l'ambaffadrice reviendroient à Rome, le pape enverroit au-devant d'eux, pour leur témoigner le déplaifir de fa faianteté, de l'accident arrivé le 20 août. Le IX, que le pape ordonneroit d'une maniere précife & efficace à fes miniftres, de porter à l'ambaffadeur du roi, le refpect qui eft dû à celui qui repréfente la perfonne d'un fi grand prince, fils aîné de l'églife. Le X, que fa faianteté feroit caffer & annuler toutes les pourfuites qui avoient été faites contre le duc Céfarini, & réparer les dommages qu'il avoit foufferts. Le XI, que tous les décrets faits en conféquence de l'accident du 20 août contre les barons Romains, & contre quelques autres perfonnes que ce fût, feroient caffés & annulés. Le XII, que toute la nation Corfe feroit déclarée incapable à jamais de fervir, non-feulement dans Rome, mais auffi dans tout l'Etat eccléfiaftique. Le XIII, qu'il feroit élevé une pyramide à Rome, vis-à-vis l'ancien corps de garde des Corfes, avec une infcription, qui contiendroit en fubftance le décret rendu contre la nation Corfe. Le XIV, que le roi de France remettroit le pape & le faint fiége apoftolique en poffeffion de la ville d'Avignon & du comtat Venaiffin; & que fa faianteté de fon côté donneroit tous les ordres & déclarations néceffaires pour la fureté & indemnité des habitans d'Avignon & de tout le comtat, fans qu'ils puffent recevoir aucun trouble ni peine, à caufe de ce qui s'étoit paffé en ladite ville & audit comtat, en conféquence de l'accident du 20 août 1662. Le XV, que les articles feroient exécutés immédiatement après que le légat auroit eu audience de fa majefté. Ce traité fut figné par les plénipotentiaires à Pife le 12 février 1664. * L'hiftoire des démêlés de la cour de France avec la cour de Rome au fujet de l'affaire des Corfes, par l'abbé Regnier des Marais, de l'académie françoife; qui donna en 1707, *in-4°* l'hiftoire de ce traité & de toute l'affaire qui y avoit donné lieu, dont il avoit eu tous les mémoires en main, étant fecrétaire de l'ambaffade du duc de Créqui, lors de l'infulte faite aux Corfes.

PISE, *Pife*, ville du Péloponnèfe, célebre par des jeux. *Voyez* OLYMPIADES.

PISIDES (George) diacre & garde des chartes, référendaire de l'églife de Conftantinople, dans le VII fiécle, fous l'empire d'Héraclius, vivoit encore vers l'an 640. Il a compofé un ouvrage en vers iambes fur la création du monde, que les anciens appellent l'*ouvrage des fix jours.* Il avoit auffi écrit la vie de l'empereur Héraclius; la guerre de Perfe; un panégyrique du martyr Anaftafe, & un autre ouvrage intitulé, *Abarica.* Nous avons le premier ouvrage de cet auteur, qui eft adreffé à Serge, patriarche de Conftantinople. Cet ouvrage a été traduit en latin, & publié par Fédéric Morel en 1584, avec quelques fragmens du même auteur, tirés de Suidas & d'autres, & a été mis depuis dans la bibliothéque des peres, où l'on voit auffi fon poëme de la vanité de la vie. Il eft meilleur poëte que théologien. L'on croit que c'eft ce même George, qui a compofé des fermons en l'honneur de la Vierge, qui ont été donnés par le pere Combefis. Il y en a fur la conception de la Vierge, & fur celle de fa mere, fur la nativité de la Vierge, fur fa préfentation au temple, fur fon affiftance à la croix & au fépulcre. Ils font pleins de fables, tirées du livre apocryphe de la nativité de la Vierge, fauffement attribué à faint Jacques, & d'éloges extraordinaires de la Vierge & de fes parens. Ce font des déclamations pleines de defcriptions, d'exclamations, de figures de rhétorique & de termes magnifiques, mais vuides de chofes & de penfées, plus propres à divertir qu'à inftruire. * Nicephore Callifte, *l.* 18, *c.* 48. Suidas. Tzetzes, *chil.* 3, *hift.* 66. Leo Allatius, *diatr. de Georg.* Bellarmin, *de fcript. ecclef.* Voffius, *de hift. Græc. l.* 1, *c.* 23. Du Pin, *biblioth. des auteurs ecclef. Voyez auffi* Baillet, *jugemens des favans fur les poëtes Latins.*

PISIDIE, partie de l'Afie mineure, felon Strabon & Pline; elle eft féparée au feptentrion de la Galatie & de la grande Phrygie, par le mont Taurus : elle a la Lycaonie à l'orient, & la Pamphilie au midi, dont quelques-uns en font la partie feptentrionale. Ses principales villes furent Antioche de Pifidie, Ségalaffe & Selga. Leunclavius dit que ce pays s'appelle aujourd'hui *Verfacgli*, ou *Verfacgeli.* * Baudrand.

PISISTRATE, roi des Orchoméniens, étoit ennemi de la nobleſſe, & favorable au peuple. Les ſénateurs réſolurent de s'en défaire dans le ſénat ; le mirent en piéces, & cacherent chacun un de ſes membres ſous leurs habits. Le peuple ſe doutant de ce qui s'étoit paſſé, vint en foule au lieu où le ſénat étoit aſſemblé, pour venger la mort de ſon roi ; mais Téléſimaque, fils de Piſiſtrate, qui étoit complice de la conjuration, détourna le peuple, en l'aſſurant que ſon pere avoit paru ſous une figure au-deſſus de l'humaine, qui marchoit avec rapidité vers le mont Piſée. * Plutarque, *Paralléle*. Homere fait mention d'un autre PISISTRATE, fils de Neſtor & d'Euridice. *Odyſſ*. 3 ; & Suidas, d'un PISISTRATE de Lariſſe, hiſtorien.

PISISTRATE, *Piſiſtratus*, Athénien, fils d'Hippocrate, qui ſe rendit tyran de ſa patrie, lui avoit rendu de grands ſervices à la priſe de l'iſle de Salamine. Quoiqu'il ne fût pas d'une naiſſance fort illuſtre, il aſpira dès-lors à la ſouveraineté. Pour y parvenir, il feignit d'implorer la protection du peuple contre ſes ennemis, & demanda des gardes aux Athéniens. Avec leur ſecours, ſelon le pere Pétau, il s'empara d'Athènes l'an 4154 de la période julienne, 560 ans avant J. C. Il fut chaſſé l'année ſuivante : il revint l'an 4157 ; fut chaſſé une ſeconde fois l'an 4158 : enfin il revint l'an 4169, & mourut en 4186, 528 ans avant J. C. & ſes enfans furent chaſſés en 4204, 510 ans avant J. C. Mais l'auteur d'une *diſſertation chronologique* ſur Piſiſtrate, inſérée dans les *mémoires de Trevoux* du mois d'octobre 1709, dit qu'il s'empara d'Athènes la quatriéme année de la LIV olympiade, 561 ans avant J. C. & cela conformément à ce que rapportent les marbres d'Oxford ; qu'il fut chaſſé en 4161 de la période julienne ; qu'il revint en 4166, & qu'il fut encore chaſſé en 4170 ; enfin qu'il entra dans Athènes, pour la troiſiéme fois, l'an 4180, & mourut en 4186, 528 ans avant J. C. laiſſant deux fils, *Hippias* & *Hipparque*, qui lui ſuccéderent. Hipparque fut tué l'an 516 avant J. C. par Harmodius & Ariſtogithon. Hippias & toute la famille des Piſiſtratides fut chaſſée d'Athènes l'an 512 avant J. C. Aulu-Gelle nous apprend que Piſiſtrate avoit dreſſé une bibliothéque publique, que Xerxès fit depuis tranſporter en Perſe. * Aulu-Gelle, *l.* 6 & 17. Plutarch. *in Solon.* Herodot. *in Clio.* Juſtin. Thucydide. Euſebe, &c. Du Pin, *biblioth. univerſelle des hiſtoriens profanes.*

PISON, nom d'une branche de la famille Calpurnia, qui étoit patricienne, deſcendoit, à ce que l'on croit, de Numa Pompilius. Elle fut ainſi appellée à *Piſo* (Poix) comme les Lentulus à *Lente* (Lentille) ou, ſelon Pline, *l.* 18, *c.* 3, à *Pinſendo*. Elle a porté quantité d'hommes illuſtres qui ont occupé les premieres places, & rendu de grands ſervices à la république romaine.

PISON (L. Calpurnius) ſurnommé *Frugi*, fut tribun du peuple, ſous le conſulat de Cenſorin & de Manlius en 605 de Rome, l'an 149 avant J. C. & pendant ſon tribunat, publia une loi contre le crime de concuſſion : *Lex Calpurnia de pecuniis repetundis.* Il fut conſul avec Poſthumius Albinus en 606, durant la ſeconde guerre Punique ; en 615, & 139 ans avant J. C. avec Pompilius Lenas ; en 619, avec Fulvius Flaccus ; en 621, & 133 ans avant J. C. avec Minutius Scévola ; enfin il fut cenſeur avec Métellus Balearicus. Piſon étoit juriſconſulte, orateur & hiſtorien. Il avoit compoſé des oraiſons qui ne ſe trouvoient plus du temps de Cicéron, & des annales écrites d'un ſtyle aſſez bas, au jugement de cet orateur. Pline en fait un jugement plus favorable. Outre la loi dont nous avons fait mention, Piſon en avoit encore publié d'autres. *Voyez* CALPURNIA. * Cicero, *in Bruto*, *l.* 2 *de offic.* &c. Pline, *l.* 2 *hiſt. nat.* c. 53. Aulu-Gelle, *l.* 11, *c.* 14. Voſſius, *l.* 1 de *hiſt. Lat.* c. 6. Antonius Auguſtinus, *de leg.* &c.

PISON (C. Calpurnius) Romain, conſul avec M. Attilius Glabrio, l'an 687 de Rome, & 67 avant

---

J. C. fut auteur de la loi qui défendoit les brigues pour les magiſtratures : *Lex Calpurnia de ambitu.* Il étoit orateur ; & Cicéron parle ainſi de lui : *Caius Piſon parloit ſans agitation ; ſon diſcours étoit égal & uniforme ; il avoit la conception tardive : mais en payant de bonne mine, & couvrant adroitement ſon jeu, il paroiſſoit plus fin & plus habile qu'il n'étoit.* MARC PISON, de la même famille, ſe diſtingua auſſi par ſon éloquence. *Il n'avoit rien,* dit Cicéron, *qu'il n'eût acquis par ſon étude ; & l'on peut dire que de tous ceux qui l'ont précédé, c'eſt celui qui a eu le plus de connoiſſance des ſciences des Grecs. La nature lui avoit donné une ſubtilité de génie, qu'il avoit ſu rendre plus parfaite par le ſecours de l'art. Il étoit ſubtil & adroit à pointiller ſur ſes paroles, & même en cela il ſe rendoit ſouvent fâcheux & incommode : quelquefois il y rencontroit froidement ; mais d'autres fois auſſi il étoit agréable.* Plutarque fait mention de PISON qui avoit écrit l'hiſtoire de Marius. Nous pouvons ajouter à ceux de cette famille, L. Calpurnius PISON, conſul avec Cornelius Lentulus en l'année 753 de Rome, qui fut celle de la naiſſance de J. C. *Cherchez* CALPURNIUS. * Cicero, *in Bruto.* Caſſiodore, *in faſt. conſul. de famil. Rom.*

PISON (Marcus Calpurnius) conſul avec Meſſala l'an 693 de la fondation de Rome, étoit un célebre orateur, contemporain de Cicéron. * *Voyez* ce qu'en diſent Cicéron, *in Bruto*, & Aſcon. Pedianus, *in Lucium Piſonem.*

PISON (Cneius Calpurnius) homme d'un eſprit violent & emporté, après avoir été conſul ſous l'empereur Auguſte, fut fait gouverneur de Syrie par Tibere ſon ſucceſſeur, dans le deſſein de chagriner Germanicus, qui étoit alors dans l'Orient. Piſon, ſecondé par Plancine ſon épouſe, ne ſuivit que trop fidélement les intentions de Tibere ; car après avoir réduit Germanicus à rompre ouvertement avec lui, & avoir employé contre ce prince le ſecours damnable de la magie, il le fit enfin empoiſonner. Après ſa mort, il envoya devant lui à Rome ſon fils Lucius Piſon, qui fut aſſez bien reçu par Tibere ; & enſuite il y arriva lui-même avec ſa femme Plancine, ſuivi d'un grand cortége ; mais dès le lendemain, il fut accuſé par Fulcinus Trio, à qui l'on permit ſeulement de rechercher les déréglemens de ſa vie paſſée. Quant à l'accuſation du crime de poiſon, Véranius & Vitellius, amis de Germanicus, ſe joignant à ſon épouſe Agrippine, ſen chargerent, & la pouſſerent rigoureuſement. Ce fut alors que Piſon vit éclater contre lui la haine de tout le peuple & de tout le ſénat. Plancine même après avoir été ſecretement aſſurée de ſa grace par l'impératrice Livie, ſe détacha des intérêts de ſon mari. Ce malheureux ſe voyant abandonné de tout le monde, ſe tua lui-même l'an 20 de J. C. ou fut tué, ſelon d'autres, par ordre de Tibere, de peur qu'il ne vînt à produire les ordres qu'il avoit reçus par écrit, ſur l'empoiſonnement de Germanicus. * Tacit. *annal. l.* 3. Dion, *l.* 57. Suetone, *l.* 3.

PISON (Lucius Calpurnius) fils de Piſon, qui avoit été cenſeur avec Appius Claudius, l'an 69 de la fondation de Rome 704, après avoir mérité les honneurs du triomphe en Thrace, fut établi pour veiller à la garde de la ville. Quoiqu'il fût fort ivrogne, il ne laiſſoit pas de bien faire ſon devoir, après avoir bu juſqu'à la ſixiéme heure du jour, c'eſt-à-dire, juſqu'à trois ou quatre heures après midi. Il mourut âgé de 80 ans, ſous le conſulat de Cneius Domitius & de Camillus Scribonianus. * Tacit. *l.* 6.

PISON (Lucius Calpurnius) préteur d'Eſpagne, fut tué ſous le conſulat de Cornelius Coſſus & d'Aſinius Agrippa, par un cavalier de Termeſte en Eſpagne, qui vint fondre ſur lui & ſe ſauva ; mais ayant été découvert, il fut pris & appliqué à la queſtion. Les tourmens ne purent l'obliger à déclarer ſes complices, & il ſe caſſa lui-même la tête. On croit que les Termeſtins l'avoient fait tuer, parcequ'il exigeoit avec dureté les impôts. * Tacit. *l. 4 annal.*

PISON (Caïus Calpurnius) ayant gagné la faveur du peuple par fon éloquence & par fes largeffes , il entreprit de faire périr l'empereur Néron , pour monter fur le trône en fa place. Le grand nombre de conjurés , entre lefquels y avoit des fénateurs , des chevaliers , des foldats & même des femmes , ruina fes deffeins ; car Milichus , affranchi de Scevinus , l'un d'entre eux , ayant eu foupçon de cette confpiration , la déclara à l'empereur , qui fit une étrange boucherie de tous ceux qui s'en trouverent convaincus. Pifon attendoit la mort dans fa maifon , lorfqu'il y vit entrer une troupe de jeunes foldats , dont quelques-uns lui ouvrirent les veines des bras l'an 65 de J. C. Il témoigna en mourant , l'amour qu'il avoit pour fa femme , dans un difcours plein de flaterie , qu'il envoya à Néron. * Tacit. *annal. l. 15.*

PISON (Licinien) fils de *Marcus Licinius Craffus* & de *Scribonia* , avoit uni à l'éclat d'une grande nobleffe , une févérité de mœurs , qui paffoit pour un refte de la probité des vieux temps dans l'efprit de quelques-uns , & pour l'effet d'une humeur chagrine & bizare dans l'efprit des autres. Il étoit à la fleur de fon âge , lorfque l'empereur Galba , qui fentoit fa vieilleffe le rendoit méprifable , réfolut de fortifier fon autorité par le choix d'un fucceffeur. Ce prince , infpiré par Lacon , fe détermina en faveur de Pifon , qui reçut cet honneur imprévu avec beaucoup de refpect & de reconnoiffance , mais avec une très-grande modération , & fans laiffer paroître au-dehors aucune marque de trouble ni de joie. Othon , qui étoit appuyé par Vinius , & qui s'étoit flaté d'obtenir la place où venoit d'être élevé Pifon , fe fouleva contre Galba & contre lui. Les foldats prétoriens , indignés de ce que l'empereur ne leur avoit fait aucune largeffe en faveur de la nouvelle adoption , embrafferent le parti de ce rebelle , & maffacrerent l'empereur Pifon , qu'un centenier , nommé *Sempronius Denfus* , avoit défendu long-temps aux dépens de fa vie. Il s'étoit fauvé bleffé dans le temple de Vefta , où il fut caché par un efclave ; mais il fut bientôt découvert , & tué l'an 69 de J. C. à la porte du temple même , d'où deux foldats , envoyés par Othon , l'avoient arraché. * Tacite , *hift. l. 1.* Dion , *l. 64.* Suétone , *in vit. Othon.* Plutarch. *in vit. Galb.*

PISON (Lucius Calpurnius Pifo Frugi) fut illuftre dans le III fiécle , & eftimé de tous les princes fous lefquels il vécut. Trébellius Pollio parle ainfi de lui : » Lorfque Valérien eut été pris par les Perfes , & que » l'armée lui eut donné Macrien pour fucceffeur , Pifon » qui avoit quelque commandement dans cette armée , » fut envoyé par le nouvel empereur en Achaïe , pour » gouverner cette province , à la place de Valens ; mais » celui-ci ayant eu avis de cet ordre , fe difpofa à fe » maintenir dans fon gouvernement , & prit même le » titre d'empereur. Pifon , ajoute cet hiftorien , fe retira » alors en Theffalie , & fe fit auffi reconnoître empe- » reur par fes troupes ; mais Valens l'y étant venu atta- » quer auffitôt , le vainquit , & même le tua. » Si ce récit eft vrai , il doit fe rapporter à l'an 261 ; mais il ne s'accorde pas avec ce que Pollion dit encore , que le fénat honora la mémoire de Pifon , en ordonnant qu'on érigeroit fa ftatue dans Rome , entre les triomphales ; puifque le fénat ne reconnoiffoit pour empereur que Gallien , contre qui Pifon fe feroit révolté , felon ce récit. Occon a donné une médaille de Pifon , où il eft dit au revers , qu'il fut *Theffal. Auguft.* Mais cette légende n'eft pas dans le gout des médailles ; il eft fur auffi que la médaille égyptienne de Goltzius eft fuppofée , puifque c'étoit Macrien , & non pas Pifon , qui étoit reconnu alors en Egypte.

PISSELEU , maifon de Picardie , defcendoit de

I. JEAN de Piffeleu , chevalier , qui étoit fauconier du roi en 1343 & 1354 , que l'on croit pere de MATTHIEU , qui fuit ; de *Henri* , & de *Pierre* de Piffeleu , écuyer , que Renaud de Roye , feigneur de Milli , pour-

fuivit en juftice pour une amende , prétendant avoir la connoiffance des nobles de fa terre , laquelle connoiffance fut adjugée au duc de Bourbon , à caufe de fon comté de Clermont , le 26 mars 1395.

II. MATTHIEU de Piffeleu , écuyer , étoit mort en 1423 , & époufa *Jeanne* d'Hanoilles , qui fe remaria à *Jean* Paillart. L'on croit que de fon premier mariage elle eut JEAN , qui fuit.

III. JEAN de Piffeleu , chevalier , feigneur de Fontaine-Lavagna , affifta au facre du roi Louis XI en 1461 , & y fut fait chevalier. Il époufa 1°. *Marie* d'Argicourt , fille de *Pierre* d'Argicourt , chevalier , & de *Jeanne* de Belloi , dame de Heilli : 2°. *Jeanne* de Dreux , fille de *Robert* , baron d'Efneval , & de *Guillemette* de Segrie. Du premier lit fortirent , GUILLAUME , qui fuit ; *Perronne* , mariée 1°. à *François* , II du nom , feigneur de Soyecourt : 2°. à *Hutin* de Mailli , feigneur d'Auchi & de la Neufville-le-Roi ; *Claude* , alliée en 1477 à *Pierre* le Clerc , feigneur de la Forêt-le-Roi & de Lufarches ; & *Marguerite* de Piffeleu , femme de *François* , feigneur de Sarcus , chambellan du roi. Du fecond lit vinrent *Jean* & *Louis* , morts fans alliance ; *Audeberte* , mariée à *Nicolas* de Pardieu ; & *Antoine* de Piffeleu , feigneur de Marfeilles , mort en juin 1538 , qui époufa 1°. en 1498 , *Marguerite* de Boufflers : 2°. *Antoinette* de Yaucourt , & eut de fa premiere femme , *Antoinette* de Piffeleu , dame de Marfillac , mariée en 1565 à *François* de Rochechouart , feigneur de Jars ; & *Françoife* de Piffeleu.

IV. GUILLAUME de Piffeleu , feigneur de Heilli , d'Oudeil-le-Chaftel , &c. capitaine de mille hommes de pied de la légion de Picardie , fous le roi Louis XII , fut mis dans Thérouanne en 1512 avec plufieurs feigneurs , pour la défendre contre les Anglois & les Impériaux ; & eut trente enfans de fes trois femmes. La premiere fut *Ifabeau* le Joine , dite *de Contai* , fille de *Louis* , feigneur de Contai , & de *Jacqueline* de Nefle. La feconde fut *Anne* Sanguin , fille d'*Antoine* Sanguin , feigneur de Meudon , & de *Marie* Simon. La troifieme fut *Magdeléne* de Laval , fille de *René* , feigneur de la Faigne , & d'*Antoinette* de Havart. De la premiere fortirent , entr'autres enfans , ADRIEN , qui fuit ; *Charles* , évêque de Condom , mort en 1563. De la feconde vinrent *François* de Piffeleu , évêque d'Amiens ; *Perronne* , mariée à *Michel* de Barbançon , feigneur de Cani , &c. *Anne* , fille d'*Euftache* de Louife de Savoye , ducheffe d'Angoulême , & maîtreffe du roi François I , dont il fera parlé ci-après dans un article féparé , avança fes freres & fœurs. Ce prince , qui étoit en peine de lui donner une dignité en fa cour , lui fit époufer *Jean* de Broffe , IV du nom , dit *de Bretagne* , qu'il fit duc d'Etampes , comte de Penthievre , gouverneur de Bourbonnois , puis de Bretagne , dont elle n'eut point d'enfans ; elle vivoit encore en 1575 ; & *Marie* de Piffeleu , abbeffe de Maubuiffon. De la troifiéme femme fortirent *Marie* de Piffeleu , abbeffe de S. Paul-lès-Beauvais ; *Louife* , mariée à *Gui* Chabot , feigneur de Jarnac ; & *Charlotte* de Piffeleu , alliée 1°. à *François* de Bretagne , baron d'Avaugour , comte de Vertus : 2°. à *Jacques* de Brouillard , feigneur de Lifi , morte en 1604 , âgée de 79 ans.

V. ADRIEN de Piffeleu , chevalier , feigneur de Heilli , Fontaine-Lavagan , Oudeuil-le-Chaftel , de Bailleul-fur-Therin , &c. écuyer d'écurie du roi , bailli , capitaine & gouverneur de Hefdin , & capitaine de mille hommes d'armes de pied de la légion de Picardie , fut bleffé à la prife de la ville de Hefdin en 1537 , fut depuis gouverneur de Maubeuge en 1543 , mourut au retour des prifons de l'empereur en la ville d'Amiens le 8 février 1558 , & y eft enterré en l'églife des Minimes , fous un tombeau de marbre , que fa veuve lui fit élever. Il époufa *Charlotte* d'Ailli , fille de *Louis* , feigneur de Varennes , & de *Charlotte* de Bournonville , dont il eut JEAN , qui fuit ; & *Anne* , alliée à *Louis* de Coëfmes , feigneur de Lucé ; & *Joffine* de Piffeleu , mariée 1°. a

Robert de Lénoncourt, comte de Vignori : 2°. à *Nico-*
as des Lyons , seigneur d'Espeaux.

VI. JEAN de Pisseleu, seigneur de Heilli , &c. épousa
1°. *Françoise* de Scepeaux, morte sans enfans : 2°. *Fran-*
çoise de Pellevé, fille de *Jean*, seigneur de Joui,
& de *Renée* Bouveri , dont il eut LEONOR, qui suit ;
Charlotte , fiancée en 1585 à *Charles* d'Estourmel ,
seigneur de Guyencourt, mort avant le mariage , &
alliée à *Jean* Maillard, seigneur de la Boissiere & de
Champagne, gouverneur de Houdan ; & *Françoise* de
Pisseleu , mariée à *Samson* de Gourlai, seigneur d'A-
zincourt.

VII. LEONOR de Pisseleu , seigneur de Heilli , &c.
né le 10 octobre 1578 , épousa *Marie* de Gondi , fille
de *Hierôme* de Gondi , chevalier d'honneur de la reine
Catherine de Médicis , & de *Louise* Bonacorsi, dont il
eut *Louis*, seigneur de Heilli ; *Emanuel*, seigneur de
Joui ; *Adrien* , seigneur de Pisseleu , morts sans alliance ;
Françoise, mariée en 1621 , à *Charles-Antoine* Gouffier, seigneur de Brazeux ; *Louise*, alliée en 1629 , à
Luc Fabroni de Asini , gentilhomme de Pistoie ; *Anne*,
mariée en 1630 à *Pierre* Huault, marquis de Bussi-de-
Vaires , lieutenant général des armées du roi ; & *Barbe*
de Pisseleu , religieuse à Wariville. * Le P. Anselme ,
histoire des grands officiers.

PISSELEU (Anne de) duchesse d'Etampes , a joué
un trop grand rôle sous le régne de François I, dont
elle fut la maîtresse , pour ne pas faire mention d'elle
dans un article séparé. Elle étoit fille de GUILLAUME
de Pisseleu, seigneur de Heilli , & d'*Anne* Sanguin, sa
seconde femme. François I, à son retour de Madrid ,
ayant trouvé à Bayonne la demoiselle de Heilli à la
suite de Louise de Savoye sa mere , dont elle étoit fille
d'honneur , en devint éperdument amoureux : il la maria en 1536 à *Jean* de Brosse , dit *de Bretagne*, III du
nom, fils de *René* de Brosse , & de *Jeanne*, fille unique
du fameux *Philippe* de Commines. Ce qui fit consentir
le seigneur de Brosse à ce mariage , fut qu'il ne trouva
point d'autres voies pour rentrer dans la possession des
biens de sa maison confisqués au profit du roi , depuis
la défection de son pere arrivée en 1522, à la suite du
connétable de Bourbon. Ces biens étoient considérables ; car René de Brosse, qui fut tué sans armes à la
main contre le roi à la bataille de Pavie, étoit petit-fils de
Jean de Brosse II du nom, & de Nicolle de Châtillon,
dite *de Bretagne*, comtesse de Penthiévre, très-riche
héritiere ; & ce dernier avoit pour pere Jean de Brosse,
I du nom , maréchal de France , que l'on tenoit
issu des anciens vicomtes de Limoges. *Voyez* BROSSE.
Jean de Brosse recouvra donc en faveur de son mariage ,
non-seulement les biens de ses ancêtres ; mais le roi lui
fit encore présent du comté d'Etampes, que ce prince
érigea en duché , pour donner à sa maîtresse un rang
plus distingué dans sa cour : il l'honora aussi du collier
de l'ordre , & le fit gouverneur de Bretagne. Jean de
Brosse n'ayant point eu d'enfans de son mariage , ses
biens passerent à Sébastien de Luxembourg , vicomte de
Martigues , fils de Charlotte de Brosse sa sœur, d'où
ils passerent dans la maison de Lorraine-Mercœur, &
de-là à M. de Vendôme. Quant à la duchesse d'Etampes, sa faveur monta au plus haut point, & dura autant
que le roi ; elle s'en servit pour enrichir sa famille , faire
du bien à ses amis , & perdre ses ennemis. Antoine Sanguin, frere de sa mere , fut fait abbé de Fleuri , évêque
d'Orléans , cardinal , & enfin archevêque de Toulouse ;
& elle procura à ses freres & sœurs des alliances & des
bénéfices très-considérables , *ainsi qu'il a été remarqué*
ci-dessus. L'amiral Chabot son ami, qui avoit été dégradé
par arrêt du parlement , & déclaré indigne de ses charges, fut rétabli en 1542, & au contraire le chancelier
Poyet, dont elle crut avoir lieu de se plaindre , fut
privé de la sienne l'an 1545. *Voyez* POYET. Ce qui
doit le plus ternir la mémoire de cette favorite, c'est
qu'abusant du foible du roi François I, qui ne lui cachoit
rien , elle révéla à l'empereur Charles-Quint, par le

canal de *N.* de Longueval, comte de Bossut, des secrets
importans , qui empêcherent la perte de l'armée de ce
prince en Champagne ; ce qui pensa être très-funeste
au royaume , puisque l'armée que commandoit le dauphin en cette province , souffrit beaucoup par la perte
de ses magasins d'Epernai & de Château-Thierri , dont
l'empereur s'empara. Peut-être en auroit-elle été punie
après la mort de François I, si le roi Henri II n'eût
craint de faire affront à la mémoire de son pere , en
mettant entre les mains de la justice une personne qu'il
avoit tendrement aimée pendant près de vingt-deux ans.
Cette même considération empêcha que le procès commencé contre le comte de Bossut , n'eût les fâcheuses
suites que méritoit sa perfidie. La duchesse se retira seulement dans une de ses terres , & y mourut dans l'oubli
& le mépris de tout le monde : on la soupçona d'y
avoir vécu dans les sentimens des Calvinistes. Son mari
ne l'estima nullement : outre la perte de son honneur ,
il la regarda comme une femme qui l'avoit ruiné pour
enrichir sa sœur la comtesse de Vertus : il fit faire des
informations pour prouver ce fait dans un procès qu'il
eut contre Odet de Bretagne , comte de Vertus son
cousin , héritier de François son frere aîné , beau-frere
de la duchesse d'Etampes. Ce qui est de particulier, est
que le roi Henri II voulut bien là-dessus subir l'interro-
gatoire le 21 juin 1556 , & déposer ce qu'il savoit en
faveur de Jean de Brosse : ce prince fut interrogé à
Paris en l'hôtel appellé *la maison Maigret* , rue sainte
Avoye , en présence du connétable de Montmorenci ,
auquel il donna depuis cette maison , possédée dans la
suite par MM. de Mesmes. * Mezerai , *hist. de France.*
Aditions aux mémoires de Castelnau, t. I, *p.* 863. Varillas , *hist. de François I.* Bayle , *diction. critique, &c.*

PISSINI (André) de Luques, publia en 1675 la doctrine des choses naturelles , où , après avoir fait main
basse sur la matiere premiere , sur les formes substantielles
& accidentelles , & sur presque toutes les opinions des
sectes des philosophes , & après avoir secoué le joug
de l'autorité , il établit sur des raisons solides des opinions nouvelles , ou en rappelle d'anciennes , qui avoient
été tout-à-fait mises dans l'oubli. Ce traité fut mis à
l'*Index* à Rome. * Konig , *biblioth.*

PISTOIE , *Pistoria* ou *Pistorium*, sur la petite riviere
de Stella , ville d'Italie en Toscane , évêché suffragant de
Florence , est soumise au grand duc de Toscane. Ce fut
près de cette ville que fut défait autrefois Catilina , dans
une grande vallée qui est du côté de Florence , & où l'on
compte un grand nombre de maisons de campagne.
Elle est encore renommée par les factions des Can-
cellieri, & des Panciatichi , & par la naissance du pape
Clement IX ; par son église cathédrale , qui est celle
de S. Jacques , où l'autel est couvert de lames d'argent , avec vingt lampes de même ; par celle de l'humilité
où l'on voit , avec les statues de Léon X & de Clément
VII , celles de Côme & d'Alexandre. Le palais &
les autres édifices saints & profanes y sont tres-beaux
& très-réguliers. Les Italiens parlant de cette ville , la
nomment *Pistoia la bene strutta.* Lactance de Lactantiis
évêque de Pistoie , publia des ordonnances synodales
en 1586. * *Consultez* Pline , Ptolémée , &c. cités par
Léandre Alberti , *in descript. Ital.* Schard. *monument.*
Ital. En 1744, on a établi à Pistoie une académie
qui embrasse tous les genres de littérature. Cette compagnie est sous la protection du grand duc. Elle a tenu sa
premiere séance au commencement de 1745 , & elle a
toujours continué depuis de s'assembler une fois chaque
semaine. * Voyez le *Journal* des savans , mois de janvier 1745.

PISTORA (Jean) abbé en Baviere, publia en 1544
un dialogue *de fato & fortuna*, & d'autres traités. * *Voyez*
le Mire & Sponde.

PISTORIS (Simon) de Leipsick, qui vivoit dans le
XVI siécle , enseigna le droit dans l'université de Leipsick , & fut depuis chancelier du duc de Saxe. Il composa divers traités , & mourut le 3 décembre l'an 1562,

âgé de 63 ans. * *Voyez* les vies des jurisconsultes de Melchior Adam.

PISTORIS (Modeſtin) célebre jurisconsulte, fils aîné de Simon Piſtoris, *dont on vient de parler,* né à Leipſick le 9 décembre 1516, étudia le droit en Italie ſous Alciat & pluſieurs autres pendant cinq ans. Il fut pourvu enſuite des emplois de profeſſeur & d'ordinaire de la faculté de droit à Leipſick, où il mourut en 1565. On a de lui *Conſilia* imprimés avec ceux de Fachſius, dont il avoit épouſé la fille, & qui fut ſon ſucceſſeur. Il a eu un fils nommé *Louis,* qui fut docteur en droit, & aſſeſſeur de la chambre impériale de Spire. * Albin Joach. Beuſt. *de vita Modeſt. Piſtor.*

PISTORIS (Hartman) frere cadet du précédent, & fils de Simon, du troiſiéme lit, fut pareillement un habile jurisconsulte. Sous l'électeur Auguſte, il fut d'abord aſſeſſeur du conſeil aulique & de la juſtice à Leipſick, & enſuite juge d'appel, & conſeiller privé à Dreſde. Il mourut en 1601. On a de lui, *Quæſtiones juris romani & ſaxonici,* en quatre volumes dont il ne publia que les deux premiers. Les deux autres parurent par les ſoins de Simon-Ulric Piſtoris, ſon fils, qui ſuit.

PISTORIS (Simon-Ulric) s'appliqua comme ſes ancêtres à la jurisprudence, & comme eux il y devint habile. Il étoit auſſi fort verſé dans la littérature. Il joignit des remarques aux deux derniers volumes des *Quæſtiones juris* de ſon pere, qu'il publia ; & il montra qu'il étoit aſſez bon critique dans l'explication qu'il donna de divers paſſages difficiles de différens auteurs. Il joignit à ces talens celui de la poëſie, & Gruter a inſéré ce qu'il a fait en ce genre dans le *Deliciæ poëtarum Germanorum.* Ces poëſies de Piſtoris ſe ſentent aſſez du génie allemand.

PISTORIUS (Jean) étoit fils de Jean Piſtorius, chevalier de l'ordre de Malte, lequel embraſſa de bonne heure la prétendue réforme de Luther. Il fut un des miniſtres qui dreſſerent en 1550 la confeſſion d'Augsbourg, & le premier qui eut la ſurintendance des égliſes du comté de Nidda : emploi dans lequel il mourut le 25 janvier 1583, âgé de quatre-vingt-un ans. Jean Piſtorius, ſon fils, né à Nidda le 4 février 1546, s'appliqua d'abord à la médecine, & fut reçu docteur avec applaudiſſement. Mais peu content du ſuccès des remédes qu'il employoit, il quitta cette profeſſion, & ſe livra à la jurisprudence. Comme il ſuivoit la religion réformée, il perſuada à Erneſt-Frédéric, margrave de Bade-Dourlach, de prendre le même parti. Il étoit conſeiller de cour de ce prince : il contribua à l'érection du collége de Dourlach. Mais peu de temps après, il quitta la prétendue-réforme pour embraſſer la religion catholique, & il perſuada au margrave Jacques, & à Jean Zehendner ſon miniſtre, de ſe réunir auſſi à l'égliſe romaine. Il fut fait alors docteur en théologie ; & dans la ſuite, il devint conſeiller de l'empereur, prévôt de la cathédrale de Breſlau, & prélat domeſtique de l'abbé de Fulde. Il mourut à Fribourg, en 1608. Outre pluſieurs traités de controverſe contre les Luthériens, il a publié en 1582 à Baſle, *in-fol. Scriptores rerum polonicarum.* La même année, il donna le premier volume de ſa collection des écrivains de l'hiſtoire d'Allemagne, qui fut ſuivie de deux autres volumes en 1584 & en 1607, ſous ce titre : *Illuſtrium veterum ſcriptorum de rebus germanicis, tomi tres,* in-fol. tous les trois à Francfort. Ce recueil eſt curieux & eſtimé. Le troiſiéme volume a été réimprimé à Francfort en 1654, ſous le titre de *Chronicon magnum belgicum,* in-fol. * Voyez le *dictionaire hiſtorique* d'Amſterdam 1740, & le catalogue des hiſtoriens à la ſuite du tome troiſiéme & du tome quatriéme de la *Méthode pour étudier l'hiſtoire,* par M. l'abbé Lenglet, édit. *in-4°.*

PISTRES ou PISTES. C'eſt le lieu où le roi Charles *le Chauve* tint un concile en 862: *concilium ad Piſtas.* Nous en avons quatre chapitres dans la derniere édition des conciles. Quelques-uns prennent Piſtres pour un lieu ſur la Seine ; & d'autres veulent que ce ſoit Piſtes ſur

Andele, près du Pont-de-l'Arche en Normandie, au dioceſe de Rouen. * *Conſultez* la table géographique, dans l'édition des conciles, & le P. Cellot, *in not. ad concil. Duriacenſe, &c.*

PITAN (le royaume de) c'eſt une des provinces du grand Mogol. Elle eſt au-delà du Gange, le long de la riviere de Kanda, entre les provinces de Patna, de Kanduana, de Gor, & de Siba. On y met une ville capitale de même nom, avec celle de Camoio, & les terres de deux rahias ou princes, *Rahia Much* au midi, & *Rahia Rodorou* au nord. * Mati, *diction.*

PITANE, ville de la Myſie dans l'Aſie mineure, vers la mer Egée. Il y en a eu une autre dans la Troade, & une dans la Laconie, avec une riviere de ce nom. Pline, Strabon, Ptolémée, Briet, &c. en font mention. Ne confondez pas ces villes avec PITANE, fleuve de Corſe, nommé *Fiuminale d'Ordano.*

PITARD (Jean) premier chirurgien de S. Louis, de Philippe *le Hardi,* & de Philippe *le Bel,* & inſtituteur du collége de chirurgie à Paris, étoit un homme né pour ſon art. Ses talens ſe développerent rapidement ; ils lui procurerent dans ſa jeuneſſe des récompenſes que l'âge & le profond ſavoir donnent rarement, la confiance des rois, les dignités, la réputation, l'autorité. Ces avantages ſe réunirent pour lui avant l'âge de trente ans. Etant premier chirurgien de S. Louis, il ſuivit ce prince dans ſes expéditions de la Terre ſainte. Il occupa avec le même crédit la place de premier chirurgien de Philippe *le Hardi* & de Philippe *le Bel.* Avant lui, la chirurgie n'avoit point eu de chef ; il réſolut de donner une forme nouvelle à cet art, & il y travailla ſérieuſement après ſon retour du Levant. La licence qui permettoit à chacun de s'ériger en chirurgien, lui ayant paru, avec raiſon, pernicieuſe, il repréſenta à S. Louis les ſuites de cette licence & des diſſentions auxquelles elle donnoit lieu. Le ſaint roi y eut égard, & le bien public l'engagea à fonder le collége, ou la ſociété des chirurgiens. Du moins une ancienne tradition lui attribue cet établiſſement. Il en eſt parlé dans un arrêt du parlement du 25 février 1355, & dans d'autres monumens qui ſont cités dans les *Recherches ſur l'origine de la chirurgie,* imprimées à Paris en 1744, *in-4°.* On fit dans cet ouvrage l'obſervation ſur ordonnée. En 1260, Jean Pitard & ſes contemporains s'aſſujétirent à ces réglemens : ils renouvellerent leurs engagemens en 1278, & leurs ſucceſſeurs s'unirent par les mêmes liens devant l'official de Paris. Ces ſtatus publiés enſuite par Jean Pitard ſous Philippe *le Bel,* ont été confirmés par ce prince & par ſes ſucceſſeurs. Quelque temps avant ſa mort, Pitard fit creuſer un puits pour l'uſage du public, qui lui a marqué ſa reconnoiſſance par cette inſcription : *Jehan Pitard, en ce repaire, chirurgien le roi, fit faire ce puits en mil trois cent dix, dont Dieu lui doint ſon paradis.* La maiſon de Pitard, rue de la Licorne, fut rebâtie en 1611 ; & il n'y a pas long-temps qu'on voyoit encore l'inſcription que l'on vient de citer. * *Voyez* ſur ce premier chirurgien de S. Louis les *Recherches* citées plus haut, depuis la page 37 où l'on trouve le portrait gravé de Pitard, juſqu'à la page 49. On ne ſait pas au juſte l'année de la mort de Jean Pitard ; mais on voit par un édit de Philippe *le Bel,* qu'il n'étoit pas mort au mois de novembre 1311, & p. 49, not. Le ſommaire des ſtatuts que ce chirurgien a dreſſés, eſt imprimé en françois à la fin des mêmes *Recherches,* pag. 391 & ſuiv. avec des notes qui ſont de l'éditeur M. Queſnai, célebre chirurgien ; & page 437, on lit l'édit du mois de novembre 1311, dont on a parlé.

PITHA, grande riviere de la Suede. Elle a ſa ſource dans les montagnes de Norwège, traverſe une grande contrée de la Laponie, à laquelle elle donne le nom de *Pitha-Lap-Marck,* c'eſt-à-dire, *marche Laponiſe de Pitha* ; enfin elle ſe décharge dans le golfe de Bothnie, au bourg de Pitha, qui eſt le ſeul de cette marche. * Mati, *dictionnaire.*

PITHAGORE ;

PITHAGORE, *cherchez* PYTHAGORE.

PITHEAS, *cherchez* PYTHEAS.

PITHECUSE, isle proche de la Campanie, & pas loin de Naples, ainsi appellée d'un mot grec, qui signifie *des Singes*, parceque les poëtes feignent que Jupiter changea les habitans de ce lieu en singes, pour les punir de leurs crimes. Pline donne une autre origine à ce nom, & prétend que Pithecuse a été ainsi appellée d'un mot grec, qui signifie *des tonneaux*. On a appellé encore cette isle *Ænarie*, parcequ'on croit que les navires d'Enée s'y arrêterent ; & elle a été nommée *Inarime* ou *Enarime* par les Grecs. C'est une erreur fort ancienne, que c'est dans cette isle, sous laquelle Homere dit que le géant Tiphée a été enseveli. Il y a dans Homere, Ἐιν ἀρίμοις, dont on a fait *Inarime*. Virgile a donné dans cette faute. * Virgile, *l.* 9 *Æneid.* Ovid. *l.* 12 *metam.* Plin. *l.* 3, *c.* 6. Scholiast. Apollonii.

PITHERME, *cherchez* PYTHERME.

PITHO (ΠΕΙΘΩ) étoit chez les anciens Grecs la déesse de l'Eloquence, ou plutôt de la Persuasion, que les Latins ont appellée *Suada* & *Suadela*, parcequ'elle persuade l'esprit des auditeurs : c'est pourquoi les anciens joignoient à l'image de Vénus, celle de Mercure, des Graces, & de la déesse Pitho, pour montrer que le bonheur du mariage dépendoit en partie de la douceur & de l'agrément des paroles. Les anciens avoient dérivé le nom de cette déesse de la Persuasion, du verbe grec πείθειν, qui signifie *persuader*. * Plutarque, *au traité des préceptes du mariage.*

PITHOCLES, *Pitoclès*, avoit écrit des ouvrages historiques, comme nous l'apprenons de Plutarque, *In paral. min. c.* 14, & par Clément Alexandrin, qui dit qu'il étoit de Samos, *l.* 1 *strom.*

PITHOLEON de Rhodes, poëte, qui faisoit de méchantes épigrammes, & qui mêloit ridiculement dans ses pièces les mots grecs avec les latins. Horace se moque de lui, *serm. l.* 1, *sat.* 10.

> *At magnum fecit, quòd verbis græca latinis*
> *Miscuit. O seri studiorum quive putetis*
> *Difficile & mirum, Rhodio quod Pitholeonti*
> *Contigit.*

PITHOM, ville d'Egypte. Ce fut l'une des deux villes que Pharaon fit bâtir par les descendans de Jacob. Elle ne diffère point de celle qui fut appellée *Pelusium*, ni de celle que Manethon nomme *Abaris*, si l'on s'en rapporte à Marsham. Cette ville d'Abaris se nommoit ainsi, selon l'ancienne théologie. Elle étoit dans le nome de Sais, à l'orient du fleuve Bubaste. La beauté de sa situation obligea Saltis, roi de certains peuples qui avoient subjugué l'Egypte, à l'aggrandir & à la fortifier. Il y entretenoit une garnison de 240000 hommes. Ce fut-là que ces mêmes peuples se retrancherent, après avoir perdu tout le reste de l'Egypte. Ils s'y défendirent long-temps ; mais enfin ils capitulerent, & ils obtinrent la liberté de s'en aller où ils voudroient. Ils se retirerent en Syrie, & s'établirent dans la Judée. On voit bien par ce discours de Manethon, qu'il a voulu parler des Israëlites. Il ajoute qu'Aménophis, qui au bout d'environ cinq siécles, régna sur les Egyptiens, souhaita de voir les dieux, & qu'un grand prophéte lui fit espérer cet avantage, pourvu qu'on purgeât l'Egypte de toutes sortes de gens infectés de ladreries, ou de telles autres infirmités. On ramassa ces sortes de gens : on en trouva 80000, & on les occupa à tirer & à tailler les pierres le long du Nil. Après qu'ils eurent supporté cette pénible fatigue quelques années, ils supplierent le roi de leur assigner une ville pour leur sûreté & pour leur repos. Il leur accorda Abaris, qui étoit alors déserte, & qui avoit appartenu aux pasteurs, & qui se nommoit la ville de Typhon, selon l'ancienne théologie. Ils n'y furent pas plutôt entrés, qu'ils songèrent à se prévaloir de ce lieu-là pour se révolter : ils le fortifierent soigneusement ; ils élurent pour leur chef un prêtre d'Héliopolis, qui changea son nom d'*Osarsiphus* en celui de *Moyse.*

Ils furent secourus par les habitans de Jérusalem, dont les ancêtres avoient possédé Abaris, &c. Leurs victoires furent grandes & cruelles ; mais enfin, le roi d'Egypte les vainquit & les chassa du pays. Josephe réfute toutes ces fables. * Manethon, *dans Josephe, liv. contre Appion. Voyez* Marsham, *chron. can. Ægypt.*

PITHOU (Pierre) seigneur de Savoye, dont la famille étoit originaire de Vire en Normandie, naquit à Troyes en Champagne le 1 novembre 1539, eut deux freres d'un premier lit de son pere, & fut l'aîné de trois qui naquirent d'un second lit. Il eut Turnebe & Cujas pour maîtres, & profita de leurs leçons. Il se laissa imprudemment séduire par les Calvinistes, & peu s'en fallut qu'il ne lui en coutât la vie à la journée de la saint-Barthélemi ; mais il rentra peu après dans le sein de l'église, fut bailli de Tonnerre, substitut du procureur général, puis créé en 1581, par le roi Henri III, procureur général dans la chambre de justice de Guienne. Depuis il travailla avec zèle pour la réduction de Paris sous l'obéissance du roi Henri IV. Il en sortit pendant la peste, & mourut à Nogent-sur-Seine le 1 novembre de l'an 1596, âgé de 57 ans, le même jour qu'il étoit né. Nous avons un très-grand nombre d'ouvrages qu'il a publiés, & qui lui ont acquis le nom de *Varron de France.* Josias Mercerus ou le Mercier, Loysel, M. Boivin le cadet, & M. Grosley ont écrit sa vie. On trouve la premiere à la tête des coutumes de Troyes, que Pithou avoit composée. Ceux qui voudront approfondir ce qui regarde M. Pithou & sa famille, doivent consulter sa vie par M. Grosley, avocat à Troyes, imprimée à Paris en 1756, en 2 volumes *in-*12. On y trouve la généalogie de cette famille ; des mémoires sur Pierre Pithou, le pere ; d'autres sur Jean & Nicolas ; la vie de François Pithou ; une notice de la bibliothéque de ce dernier ; & quelques autres piéces importantes concernant l'objet de ces mémoires. *Voyez* aussi Sainte-Marthe, qui fait son éloge entre ceux des doctes François, Papire Masson, Nicolas Rigault, Rapin, le président de Thou, & divers autres. Il avoit épousé en 1579, *Catherine* Palluau, qui fit porter son corps à Troyes, où il est enterré dans l'église de S. François. Il en avoit eu quatre fils ; qui moururent jeunes ; & il ne laissa que *Louise*, femme de *Pierre* Luillier, seigneur de Montigni ; & *Marie*, qui épousa *Jean* Leschassier, conseiller au châtelet de Paris. Pierre Pithou a donné plusieurs monumens anciens au public, & composé quantité d'opuscules imprimés à Paris en 1609. Il a donné des notes sur le chap. 26 de S. Matthieu, de l'institution de la Céne, sur l'ancien code des canons de l'église romaine, sur les livres d'Arnobe contre les Gentils, sur le martyrologe d'Usuard, sur les œuvres de Prudence, sur le poëme de S. Prosper, sur les livres de S. Hilaire & de Marius Victor, sur la Genèse, sur les liturgiques de George Cassandre, sur l'histoire d'Ammien Marcellin, & sur plusieurs autres auteurs profanes. Il a composé un livre des libertés de l'église gallicane, qui sert de fondement à ce que tous les autres en ont écrit depuis ; des histoires de la controverse sur la procession du S. Esprit, & de l'état de l'église gallicane pendant le schisme. Il a composé plusieurs ouvrages sur le droit civil & canonique, & enrichi la république des lettres d'un grand nombre d'auteurs, qu'il a tirés de l'obscurité.

PITHOU (François) avocat au parlement de Paris, l'un des plus savans hommes de son temps, étoit frere du précédent, & naquit comme lui, à Troyes, en 1544. Il fut procureur général de la chambre de justice, que l'on établie sous le régne de Henri IV contre les gens d'affaires, & il exerça cette commission avec beaucoup d'habileté. Il fut choisi pour assister à la conférence de Fontainebleau, & fut du nombre des commissaires qui réglerent les limites entre la France & les Pays-Bas. C'étoit un homme d'une vertu rare & d'une modestie exemplaire. Il a fait de grandes découvertes dans le droit & dans les belles lettres. Ce fut lui qui trouva le manuscrit des fables de Phédre, qu'il envoya à son frere, avec lequel il le publia pour la premiere fois. Il mourut l'an 1621, le 7 février, âgé de 77 ans, 4 mois & 17 jours. Il a travaillé avec son frere à la plupart des ouvrages qu'il a donnés au public ; & il s'eſt particulierement appliqué avec lui à reſtituer & à éclaircir le corps du droit canonique, que l'on a imprimé, ſuivant leurs corrections, à Paris en 1687. C'eſt lui qui eſt auteur de la conférence des loix romaines avec celles de Moyſe, & de l'édition de la loi Salique, avec des notes. Le petit livre intitulé *Comes theologus*, de Pierre Pithou, imprimé d'abord en 1608, a été réimprimé l'an 1684, à Paris, par les ſoins de M. le Pelletier, qui, à ſon imitation, a donné les *Comes ſenectutis*, *Comes ruſticus*, & *Comes juridicus*. Le nom des deux freres Pithou eſt très-célebre parmi les gens de lettres. On trouve le catalogue exact de leurs ouvrages à la tête de leurs œuvres imprimées en latin, en 1715. * Voyez la *vie de François Pithou*, par M. Groſley, à la ſuite de celle de Pierre Pithou.

PITHYLLUS, ſurnommé *Tenthes*, n'eſt connu que par une qualité qui lui attira le mépris des hommes de ſon ſiécle, & qui étoit en effet très-mépriſable. Il ne mangeoit jamais à la table d'autrui qu'avec un appétit deſordonné ; & pour pouvoir le ſatisfaire, il s'aviſa des plus extraordinaires expédiens ; des gantelets pour porter à ſa bouche les mets les plus chauds ; une eſpece de poche à ſa langue pour les ſupporter, ſans qu'elle en fût bleſſée, étoient des inventions de ſa gourmandiſe ; par-là il dégarniſſoit les tables, avant que les convives euſſent commencé à manger. Pithyllus n'eſt pas le ſeul d'entre les anciens à qui ſa voracité ait fait un nom. * Athénée, *liv*. 1.

PITISCUS (Barthélemi) miniſtre Proteſtant, né dans la Siléſie le 24 août de l'an 1561, ſe rendit habile dans les ſciences, & particulierement dans les mathématiques. Il fut précepteur, puis prédicateur de Frédéric IV, électeur palatin, auprès duquel il s'étoit établi en 1584. Son traité des triangles fut très-eſtimé par Ticho-Brahé. Il compoſa d'autres ouvrages, & mourut le 27 juillet de l'an 1613, âgé de 52 ans.

PITISCUS (Samuel) ſavant antiquaire & littérateur, étoit né à Zutphen le 30 mars 1637, de *Samuel Pitiſcus*, miniſtre réfugié. Après ſes premieres études, il vint à Deventer, où il fut diſciple du célebre Jean-Frédéric Gronovius. Deux ans après, il paſſa à Groningue, où pendant trois ans, il s'appliqua à la théologie. Peu après on lui donna le gouvernement de l'école de Zutphen ; & en 1685 celui du collège de S. Jérôme à Utrecht. Il en remplit les fonctions juſqu'en 1717, qu'il mourut le premier février, à l'âge de 80 ans. Ses ouvrages ſont une preuve de ſa vaſte érudition, & de ſa conſtante application à l'étude : ils ſont écrits en latin ; en voici les titres. Les fondemens de la religion chrétienne, à l'uſage du collège de Zutphen, *in-8°*. Quint-Curce, avec un commentaire, & des gravures, à Utrecht, 1685 & 1693. Suétone, avec un commentaire & des figures, à Utrecht, 1690, 2 vol. *in-8°*, & à Lewarden 1715, 2 vol. *in-4°*. Aurélius Victor, avec les commentaires de divers ſavans, & des figures d'après les médailles, à Utrecht 1696, *in-8°*. *Lexicon latino-belgicum*, 1704, *in-4°* ; & à Dordrecht 1725, *in-4°*. C'eſt la meilleure édition de ce dictionaire latin & hollandois. Dictionaire des antiquités romaines, ſous ce titre : *Lexicon antiquitatum romanarum*, *in quo ritus & antiquitates tum Græcis & Romanis communes*, *tum Romanis particulares*, *ſacra & profana*, *publicæ & privatæ*, *civiles & militares exponuntur*. Tout le monde connoît cet ouvrage qui eſt fort eſtimé : il avoit couté dix ans de travail à l'auteur, & il avoit plus de 76 ans, quand il le publia en 1713, en 2 vol. *in-fol*. Solin, avec les exercitations de Saumaiſe ſur Pline, à Utrecht 1689, 2 vol. *in-fol*. Le Panthéon myſtique, ouvrage latin du pere Pomey, Jéſuite, qui avoit déja été imprimé en France. Une édition des antiquités romaines de Roſin, avec les notes de Dempſter, & pluſieurs autres écrits, à Utrecht 1701, *in-4°*. Cette édi-

tion eſt très-belle & fort correcte. * Voyez l'éloge de Pitiſcus dans les nouvelles littéraires de Leipſick pour l'année 1727, & l'ouvrage de Gaſpar Burmann, intitulé : *Trajectum eruditum*, à Utrecht 1738, *in-4°*.

☞ PITROU (Robert) inſpecteur général des ponts & chauſſées de France, naquit à Mantes en 1684. N'ayant eu d'autre maître que lui-même, il ſe produiſit lorſqu'il crut être en état de ſervir ſa patrie d'une maniere ſupérieure, & il le fit toujours avec autant de probité que de déſintéreſſement. Habile géometre, grand méchanicien, il poſſédoit toutes les parties de l'architecture civile. En 1716 & années ſuivantes, il conduiſit ſous M. Gabriel le travail du pont de Blois. Ce fut alors qu'il imagina ces eſpeces de ceintres de bois, que l'on appelle *retrouſſés*, ſur le modele deſquels ont été compoſés & aſſemblés tous ceux dont on s'eſt ſervi depuis. Dans le même temps il oſa le premier déceintrer les plus grandes arches auſſitôt après leur fermeture ; & il démontra tellement la néceſſité de le faire, que cela a toujours été depuis mis en uſage. En 1721, pour faire ſculpter les armes du roi au-deſſous de la pyramide du pont de Blois, il imagina un échaffaud volant auſſi remarquable par ſa hardieſſe que par ſa ſolidité : on en peut voir le deſſin dans le recueil poſthume de ſes ouvrages. On lui eſt encore redevable de quantité d'autres inventions très-utiles pour les conſtructions & les aſſemblages, dont on donne des exemples dans ce même recueil. En 1721 il fut fait ingénieur de la généralité de Bourges, & en 1731 inſpecteur général des ponts & chauſſées du royaume. Il épouſa l'année ſuivante à Paris *Marie-Magdeléne* Demiremont, de Blois. Peu jaloux de ſes productions, il les ſacrifioit volontiers à l'inſtruction de ſes éleves, & ſa grande facilité à imaginer ce qui convenoit dans les occaſions, lui faiſoit négliger de garder des doubles de ſes projets : ainſi quand on a voulu après ſa mort faire le recueil de ſes ouvrages, on n'a pu préſenter au public qu'un petit nombre de ſes deſſins, qui ſont néanmoins ſuffiſans pour donner, une idée de ſon grand génie, & des principes nouveaux ſur leſquels il a travaillé. Il jouiſſoit de la réputation de l'un des plus habiles hommes de ce ſiécle, & étoit honoré de la confiance des miniſtres ſous les ordres deſquels il a exercé ſes talens. Il étoit tellement connu & eſtimé dans les pays étrangers, que la cour d'Angleterre déſira en 1736, qu'il ſe chargeât de bâtir ſur la Tamiſe le pont de Londres, & que milord Waldgrave, qui étoit alors ambaſſadeur en France, lui en fit la propoſition ; mais certaines circonſtances empêcherent M. Pitrou de faire le voyage d'Angleterre.

Après la paix de 1748, le roi Louis XV ayant cédé à l'amour impatient de ſes peuples & conſenti au projet d'une ſtatue publique où ſa ſtatue ſeroit élevée à Paris, M. Pitrou voulant ſignaler ſon zèle en cette occaſion, il traça le projet d'une place, d'un hôtel de ville, &c. Il les plaçoit dans l'iſle du palais, voulant d'un côté remédier aux embaras & accidens qui arrivent ſouvent dans ce quartier, & de l'autre procurer de grandes facilités pour le commerce, en embelliſſant Paris. Il mettoit d'ailleurs une convenance entre les décorations de ſa place & les grandes actions du roi, dont il plaçoit la ſtatue au milieu de ſon peuple, & dans l'endroit où ſe trouvoient réunis la métropole, le palais de juſtice & l'hôtel de ville. Ce travail (dont les plans forment la premiere partie du recueil poſthume de ſes ouvrages) épuiſa ſes forces, parcequ'il le voulut allier aux travaux dont il étoit chargé par état, & il fut ainſi conduit au tombeau peu de jours après qu'il eut achevé ce grand projet. Il venoit auſſi de mettre la derniere main à celui du pont d'Orléans, dont il devoit diriger les travaux, ſes plans ayant été approuvés au conſeil. Cependant il mourut à Paris le 13 janvier 1750, âgé de 65 ans, & laiſſant après lui dix enfans, cinq fils & autant de filles.

Sa veuve a publié en 1756 un *Recueil in-folio*, en 40 ou 50 planches gravées, de divers ouvrages de M. Pitrou ſon mari, ou *de différens projets d'architecture*, *de char-*

:nte , & autres concernant la conſtruction des ponts ;
:digés & mis en ordre par le ſieur Tardif , ingénieur
c gendre de l'auteur , qui a mis dans ce recueil quelques
morceaux de ſa compoſition , & qui a publié en 1757
ne *nouvelle méthode d'encaiſſemens*. Le recueil des pro-
:ts de M. Pitrou eſt diviſé en trois parties. La premiere
ontient ce qui regarde la place publique , l'hôtel de ville ,
un nouveau quai , un port couvert , &c. avec deux mé-
noires d'explication. La ſeconde partie expoſe des prin-
:ipes nouveaux , tant pour les ceintres des grandes vou-
es , que pour l'aſſemblage des ponts de bois , des étaye-
nens , & des échaffaudages. Dans la troiſieme ſe trouvent les deſſins de différens pontceaux , & le projet
d'un grand pont ſur une large riviere : c'eſt celui d'Orléans. On a encore de lui nombre d'ouvrages auxquels il
ne ſemble pas avoir mis la derniere main , mais qui n'en
ſont pas moins précieux. * *Mémoire manuſcrit communiqué.*

PITSCHEN , bourg de Siléſie. Il eſt ſur les confins
de la Pologne , dans la principauté de Brieg , & à onze
lieues de la ville de ce nom. Ce lieu eſt fameux par la
bataille qui s'y donna en 1588 entre Maximilien , archiduc d'Autriche , élu par une partie des Polonois pour
leur roi , & Zamoiſci archichancelier de Pologne , qui
étoit du parti de Sigiſmond , prince de Suéde , dont le
ſuccès fut la défaite & la priſe de l'archiduc. * Mati ,
dictionaire.

PITSEUS , vulgairement PITS (Jean) Anglois ,
étoit de Southampton , fils de *Henri Pits* , & d'*Elizabeth
Sandere* , ſœur du docteur Sandere , qui a compoſé tant
d'ouvrages. Il étudia long-temps en Angleterre. Ayant
paſſé en France , il s'arrêta un an à Reims , où il fit abjuration de l'héréſie. Enſuite il alla à Rome , y étudia pendant ſept ans en philoſophie , & y fut fait prêtre. On le
renvoya à Reims pour enſeigner la langue grecque & la
rhétorique , ce qu'il fit pendant deux ans. Mais les guerres civiles l'ayant obligé d'en ſortir , il ſe retira à Pont-
à-Mouſſon , puis en Allemagne. Il s'arrêta plus d'un an
à Tréves , & près de trois à Ingolſtad , où il fut reçu
docteur. Depuis il vint en Lorraine , où Charles , cardinal de Lorraine , lui donna un canonicat à Verdun. Peu
après , Antoinette de Lorraine , ſœur de ce cardinal , &
fille du duc Charles II , la même qui fut mariée en 1599
à Jean-Guillaume , duc de Cléves , choiſit le docteur Pits
pour être ſon confeſſeur. Il apprit alors le françois , pour
être plus en état de rendre ſervice à cette princeſſe , &
le parla en peu de temps avec tant de facilité , qu'il prêchoit même aſſez ſouvent en cette langue. Il travailla à
divers ouvrages que nous avons de ſa façon , & mourut
l'an 1616 à Liverdun , ville de Lorraine , dont il étoit
doyen. On publia après ſa mort ſon livre *de illuſtribus
Angliæ ſcriptoribus* , ſous le titre de *relationes hiſtoricæ*,
& *de rebus anglicis* , dans lequel il s'étend beaucoup ,
& prodigue des éloges à un trop grand nombre de petits
auteurs de ſon pays. Nous avons auſſi de lui , *De beati-
tudine. De legibus. De peregrinatione* , &c. Sa vie eſt à
la fin de ſon livre des écrivains d'Angleterre. *Voyez*
l'hiſtoire de Verdun , imprimée en 1745.

PITTACUS , l'un des ſept ſages de la Gréce , étoit
de Mitylène , ville de l'iſle de Lesbos. Dans une guerre
que ceux de Mitylène eurent avec les Athéniens , Pittacus eut la conduite de l'armée , & pour ne pas expoſer
le ſang de ſes concitoyens , il offrit de ſe battre contre
Phrynon , qui étoit le chef des ennemis , & qui avoit
ſouvent remporté la victoire aux jeux olympiques. Le
parti fut accepté ; & Pittacus le prit dans un filet qu'il
avoit caché ſous ſon bouclier. Depuis ceux de Mitylène ,
qui avoient beaucoup de reſpect pour Pittacus , lui déférerent la ſouveraineté de leur ville , qu'il accepta pour
quelque temps , mais à laquelle il renonça dans la ſuite.
Il compoſa ſix cens vers , qui comprendoient des loix
qu'il laiſſoit , & mourut âgé de 70 ans , ſous la LII olympiade , l'an 570 avant J. C. * Diogène Laërce , *en ſa vie.*
Strabon , *l.* 14. Euſebe , *in chron.* &c.

PITTHEUS , oncle de Théſée , fut le premier qui

enſeigna la rhétorique , & qui en écrivit un traité , que
Pauſanias dit avoir vu , & qui fut publié par un citoyen
d'Epidaure. Mais il y a peu d'apparence en ces faits.
Nous avons le portrait de ce Pittheus parmi les médailles
de Fulvio Urſin. * Pauſanias , *in Corinth.* Voſſius , *de
rhet. natura & conſt. c.* 9.

PITTON (Jean-Scholaſtique) naquit à Aix de *Jean-
Scholaſtique* Pitton. Après ſes premieres études , il étudia en médecine , & ſe fit paſſer docteur. En 1666 , il
donna au public : *Hiſtoire de la ville d'Aix* , capitale de
la Provence ; contenant tout ce qui s'eſt paſſé de plus
mémorable dans ſon état politique , depuis ſa fondation
juſqu'en l'année 1665 , recueillie des auteurs Grecs ,
Latins , François , Provençaux , Eſpagnols , Italiens ,
& ſur-tout des chartes tirées des archives du roi , de l'é-
gliſe , de la maiſon de ville , & des notaires ; à Aix ,
Charles David , 1666 , *in-folio* : il la dédia aux conſuls
d'Aix. On trouve à la tête des hendécaſyllabes de J. B.
Reboul , profeſſeur en droit , & des vers grecs de Joſeph Migniard , docteur en médecine. Cette hiſtoire eſt
diviſée en ſept livres ; Aix , ville Romaine ; Aix , dans la
maiſon d'Anjou ; Aix , dans la maiſon de France ; Aix ,
ſiége de juſtice & des ſciences , &c. ſont les principales
matieres qu'il traite. Cette hiſtoire n'eſt pas eſtimée ,
parcequ'elle eſt très-mal écrite , qu'il y a peu d'ordre ,
& que les faits n'y ſont pas bien détaillés. L'auteur ſavoit les belles-lettres , auſſi cite-t-il très-ſouvent les poëtes,
les orateurs & les hiſtoriens anciens. L'an 1668 , il fit
paroître *les Annales de la ſainte égliſe d'Aix* , qu'il dédia à M. le cardinal de Grimaldi , archevêque de cette
ville ; Lyon , *in*-4°. Cet ouvrage a eu le ſort du premier. Pitton a inſéré à la fin *cinq Diſſertations hiſtoriques pour la ſainte égliſe d'Aix* , où il eſt amplement
prouvé que S. Maximin , diſciple de Notre-Seigneur
J. C. & ſainte Magdelène , ſœur du Lazare , ſont venus
en Provence , & ont fini leurs jours dans Aix : elles ſont
dédiées à M. d'Alazar , chanoine théologal de la ſainte
égliſe d'Arles dont il ſe dit neveu. En 1678 il fit paroître un traité *ſur les eaux chaudes d'Aix* , *in*-8°. Il
donna l'année d'après : *De conſcribendâ hiſtoriâ rerum
naturalium Provinciæ* , *ad conſules Aquiſextienſes* , à
Aix 1679 , *in*-8°. Il donna auſſi un traité *de la Glace*,
& un autre *du Caffé*. Enfin il fit paroître ſes *Sentimens
ſur les Hiſtoriens de Provence* , *en quinze lettres* , à Aix,
1682 , *in*-12 ; il les dédia aux conſuls-procureurs du
pays , & les adreſſa à M. Templery , auditeur des
comptes , qui en retoucha le ſtyle. Devenu veuf pour
la ſeconde fois , il réſolut de ſe faire ordonner prêtre ,
& demanda diſpenſe à Rome de ſa bigamie ; mais le
jour que la diſpenſe arriva , il ſe maria pour la troiſieme
fois. Sur la fin de ſes jours , il s'appliquoit à un commentaire ſur l'hiſtoire naturelle de Pline , qu'il n'acheva
pas. Sa mort arriva environ l'an 1690.

PITTON de Tournefort , *cherchez* TOURNEFORT.

PITYS , jeune fille , fut aimée , ſelon la fable , du
dieu Pan & de Borée. Pan voyant qu'elle avoit plus
d'inclination pour ſon rival que pour lui , la jetta de rage
contre un rocher , avec tant de violence , qu'elle en
mourut. La Terre qui eut compaſſion du malheur de
Pitys , la changea en un arbre que les Grecs appellerent
de ſon nom *Pitys* , & que nous appellons *Pin*. On en
faiſoit des couronnes pour mettre ſur la tête du dieu Pan.
Le pin ſemble encore pleurer par la liqueur qu'il jette ,
lorſqu'il eſt agité du vent Borée. * Cœlius Rhodiginus,
lib. 25 , *cap.* 2.

PIVRI , PLEVRE , ou PLURS , *cherchez* PLURS.

PIXODORE , berger des environs d'Epheſe , ville
d'Ionie , dans l'Aſie mineure , découvrit une carriere
de marbre , dans le temps que les Epheſiens avoient
deſſein de faire venir de Paros & de Thaſus les marbres dont ils vouloient conſtruire le temple de Diane.
Un jour qu'il étoit avec ſon troupeau proche d'Epheſe ,
paſſerent l'un d'un côté & l'autre de l'autre , touchés
toucher ; de ſorte que l'un de ces animaux alla donner

de ses cornes contre un rocher , dont il rompit un éclat d'une blancheur fort vive. Ce berger laissa ses moutons sur la montagne , & courut porter cet éclat à Ephèse, où on lui donna une magnifique récompense. Son nom fut changé en celui d'*Evangelos*, qui signifie *porteur de bonnes nouvelles ;* & après sa mort , on lui décerna des honneurs divins , que le magistrat de la ville alloit lui rendre tous les mois sur le lieu , en lui offrant des sacrifices avec beaucoup de cérémonies , & avec une réjouissance publique. * Vitruve , *l.* 10, *c.* 7.

PIZARE , ou PIZARRO (François) Espagnol, découvrit le Pérou , & en fut le conquérant. On assure que c'étoit un *bâtard* , exposé par sa mere à la porte d'une église, qui depuis ayant été reconnu pour fils, par le capitaine Gonzale Pizare, garda les pourceaux au village de Truxilla. Un jour qu'il en avoit égaré un, n'osant retourner chez son pere, il s'enfuit à Séville , & de-là dans les Indes. Diégo Almagro qui se joignit à lui , portoit le nom de son village & étoit de si bas lieu, que jamais on ne put savoir qui étoit son pere. Sandoval dit qu'on le reconnut pour prêtre , quoiqu'il ne sût ni lire ni écrire. Ces deux hommes entrerent dans le Pérou en 1525 ; & ayant exercé sur le roi Atabalipa & sur les siens , des cruautés plus dignes de barbares que de chrétiens , ils se diviserent lorsqu'il fut question de partager le butin. Ferdinand, frere de Pizare , tua Almagre , & un fils d'Almagre tua François Pizare. Gonzale , qui étoit le troisième frere de celui-ci , vengea sa mort , exerça de grandes violences dans le pays , où Charles-Quint fut obligé d'envoyer le jurisconsulte Pierre Gasca , vers l'an 1546. Le dernier Pizaro fut exécuté publiquement. * Mariana , *l.* 26. De Thou , *l.* 1. Sandoval, *vie de Charles-Quint.* La Motte le Vayer , *descript. de l'hist.* Sponde , *A. C.* 1525 , *n.* 19 ; & 1564, *n.* 23.

PIZARRO (Ferdinand) Espagnol , chevalier de l'ordre de Calatrava , étoit jurisconsulte , & fut juge dans diverses jurisdictions , ensuite de quoi il eut place dans le grand conseil de Castille. Nous avons de lui , *Varones illustres del nuevo mundo. Discorso legal de la obligacion que tienen los rejes à premiar los servicios de sus vasallos* , &c. Pizarro mourut à Madrid l'an 1640. * Nicolas Antonio , *biblioth. script. Hispan.*

P L

PLACCIUS (Vincent) jurisconsulte de Hambourg, où il naquit le 4 février 1642 , étoit fils d'un médecin. Ayant fait ses premieres études à Hambourg sa patrie , il alla en 1659 à Helmstadt & ensuite à Leipsick, pour se perfectioner dans les sciences. Il voyagea après cela en Allemagne , en Italie &.en France. Il prit à Orléans le titre de licencié en droit. De retour en sa patrie, en 1667, il s'occupa à plaider ; & en 1675 il fut fait professeur en morale & en éloquence, emploi qu'il a rempli avec distinction pendant 24 ans. Il mourut d'apoplexie le 6 avril 1699. Il est auteur de divers ouvrages. On vit paroître en 1668 ses *Carmina juvenilia.* Son principal ouvrage , des auteurs anonymes & pseudonymes, parut en 1674 à Hambourg , sous ce titre , *De scriptis & scriptoribus anonymis atque pseudonymis syntagma,* avec le *Catalogus auctorum suppositorium* de Jean de Rhodès , ou Rhodius , & des notes de Placcius. Ce dessein fut tellement du gout des savans, que plusieurs marcherent sur ses traces, & l'auteur lui-même ayant demandé du secours à tous ceux qui pouroient lui en fournir , il grossit tellement son livre, qu'il en fit un volume *in-folio* très-épais. Il n'eut pourtant pas le plaisir de le voir imprimé. Il ne parut qu'en 1708 , par les soins du savant Jean-Albert Fabricius. On en donna un extrait dans les *nouvelles de la république des lettres* , du mois de septembre 1710, dans lequel on releve un grand nombre de fautes de l'imprimeur & de l'auteur ; ce qui n'empêche pas que le livre ne soit très-bon en lui-même. Les autres ouvrages de Placcius sont : *Atlantis retecta ; Liber de jurisconsulto perfecto,* publié en Italie, en 1664 ; *Typus institutionum medicinæ moralis* , en 1675 ; *Commenta-*

rius de augenda moralis scientia , & beaucoup d'autres. * *Actes de Leipsick,* de 1709 , page 35. Konig. *biblioth. Mém. du temps. Journal de Trévoux d'avril* 1718 , page 42.

PLACE , en latin *Forum.* Ce mot signifie plusieurs choses, savoir, les places publiques, où se tenoit le marché à Rome , & celles où le peuple s'assembloit pour les affaires , & où l'on plaidoit : car outre les places publiques qui étoient à Rome en grand nombre, il n'y en avoit que trois où l'on plaidoit. *Forum* signifioit aussi une ville, où l'on tenoit des foires ; comme *forum Julii* , la *foire du Frioul ; forum Livii* , la *foire de Forli* , & *forum Flaminium* , le lieu où se tient la *foire de Fuligni* : car à cause du grand concours des marchands qui venoient à ces foires, on y fit plusieurs bâtimens pour la commodité, & dans la suite des temps ces lieux devinrent des villes. Les places publiques chez les Grecs étoient carrées, & avoient tout autour de doubles & amples portiques, dont les colonnes étoient serrées , & soutenoient des architraves de pierre ou de marbre , avec des galeries par en haut : mais cela ne se pratiquoit point en Italie ; parceque l'ancienne coutume étant de faire voir au peuple les combats de gladiateurs dans ces places, il falloit, pour de tels spectacles, qu'elles eussent tout autour des entrecolonnemens plus larges , & que sous les portiques les boutiques des changeurs , & les balcons au-dessus eussent l'espace nécessaire pour faire le trafic & pour la recette des deniers publics.

Il y avoit à Rome dix-sept places publiques ou marchés, dont quatorze étoient destinées à vendre les denrées & les marchandises , & on les nommoit *fora venalia.* Il y avoit *forum olitorium* , le *marché aux herbes* , où se vendoient les légumes ; *forum pistorum* , le *marché au pain : forum piscarium* , la *poissonnerie* ou le *marché au poisson ; forum equarium* , le *marché aux chevaux ; forum boarium* , le *marché aux bœufs ; forum suarium* ou *suarium,* le *marché aux porcs ; forum cupidinarium* , le *marché aux friandises ;* là étoient les rotisseurs , les pâtissiers & les confiseurs. Les auteurs ne sont pas d'accord sur l'étymologie du nom qu'on donna à cette place. Festus dit qu'il vient du mot *cupes* ou *cupedia* , qui signifie chez les anciens des *viandes exquises & friandes.* Varron dans le *liv. IV de la langue latine,* veut que cette place ait pris son nom d'un chevalier Romain nommé *Cupes,* qui avoit son palais dans cette place, lequel fut rasé pour ses larcins , & la place destinée à l'usage marqué ci-dessus. Toutes ces places marchandes étoient environées de portiques & de maisons, & garnies d'étaux & de tables, pour y exposer & vendre les marchandises , qu'on nommoit *abaci , plutei venalitii* , & *operariæ mensæ.*

Les Romains appelloient les places où se rendoit la justice , *fora civilia* , ou *judiciaria.* Il y en avoit trois principales. *Forum romanum* , la plus ancienne & la plus fameuse de toutes , qu'on nommoit *latinium & vetus* , où étoient les rostres ; *Forum Julii Cæsaris* & *Forum Augusti ;* ces deux dernieres ne furent ajoutées que pour servir de supplément à la grande place romaine, à cause du grand nombre des plaideurs & des procès , comme dit Suétone. Ces trois places étoient destinées aux assemblées du peuple , aux harangues & à l'administration de la justice. A ces trois places on en ajouta encore deux autres ; l'une fut commencée par Domitien , & achevée par l'empereur Nerva , qui de son nom fut appellée *Forum divi Nervæ* ; & l'autre fut bâtie par Trajan , & appellée de son nom *Forum Trajani.*

La Place Romaine étoit située entre le mont Palatin & le Capitole , & comprenoit tout cet espace qui s'étendoit depuis l'arc de Septimius Severus , jusqu'au temple de Jupiter Stator. Au temps de Romulus , ce ne fut qu'une simple place sans édifices & sans ornemens. Tullus Hostilius fut le premier qui l'environa de galeries & de boutiques , & après lui les autres rois , les consuls & les autres magistrats ; de sorte qu'au temps de la république florissante , ce fut une des plus belles places du monde. Ses principales parties étoient le lieu appellé *Comitium*, où le peuple s'assembloit pour les affaires publiques. Les édiles & les préteurs y donnoient souvent des jeux, pour divertir le peuple. Le jeune Marcellus fils d'Octavie, sœur d'Auguste, le fit couvrir de toile l'année de son édilité, pour la commodité des plaideurs, *ut salubriùs litigantes consisterent*, dit Pline. Caton *le Censeur* disoit, qu'il le falloit faire paver de pierres pointues, afin que les plaideurs n'y allassent pas si souvent, & qu'en y perdant patience, ils perdissent ainsi l'envie de plaider. Dans ce lieu du comice ou de l'assemblée, il y avoit quatre basiliques, celle de *Paulus* ; l'*Opimia*, où le sénat s'assembloit ; la *Julia* qui fut bâtie par Vitruve, & la *Porcia* par Porcius Cato. A l'un des coins de cette place, au pied de la roche Tarpeïenne, étoit cette grande & affreuse prison, que fit faire Ancus-Martius, & que Servius Tullius augmenta depuis de plusieurs cachots, ce qui fit qu'on l'appella *Tullianum*. Au devant de cette prison se voyoit un grand colosse de marbre, qu'on appelle vulgairement *Marforio*. C'est un homme couché tout de son long, qui représente selon l'opinion de quelques-uns, la figure du fleuve *Nar*, dont la premiere lettre N, avoit été changée par corruption de langage en M, d'où est venu *Nardi Forum*, & *Marforio*. Les autres veulent que ce soit la figure du Rhin qui servoit de soubassement à la figure équestre de Domitien, & qu'elle fut mise là, après qu'il eut triomphé de l'Allemagne. Il y en a qui disent que c'étoit la statue de Jupiter *Panarius*, dieu des Boulangers, qui fut placée là en mémoire des pains que les soldats du Capitole jetterent dans le camp des Gaulois, pour leur montrer qu'ils ne manquoient pas de vivres.

Joignant le comice étoit la cour appellée *Hostilia*, où le sénat s'assembloit fort souvent. Devant cette cour étoient *Rostra*, les Rostres, qui étoient un jubé élevé & environé de becs de navires pris sur les Antiates. A l'entrée de la place, ou, comme dit Tacite, près du temple de Saturne, étoit la colonne appellée *Milliarium aureum*, d'où l'on commençoit les mesures des distances des lieux d'Italie. Il y avoit aussi une galerie, ou comme un pont de marbre, que fit faire l'empereur Caligula, pour aller & venir du Palatin au Capitole par la place Romaine. Elle étoit soutenue par quatre-vingts grosses colonnes de marbre blanc. On peut voir la description de chaque place particuliere à son article. * *Antiquités grecques & romaines*.

La Place Romaine est appellée aujourd'hui *Campo Vacino*, & commence au pied du Campidoglio, d'où elle s'étend d'un côté jusqu'à l'église de S. Côme & de S. Damien, & de l'autre jusqu'à sainte Théodore. Le Tibre passoit autrefois par cette place ; & ce fut là où le berger Faustulus trouva Rémus & Romulus sur le bord de ce fleuve ; mais Tarquin *le Superbe*, dernier roi de Rome, détourna le cours de cette riviere, pour empêcher qu'elle n'inondât ce quartier de la ville. Proche de cette place il y avoit un grand lac, dont on n'avoit pu fonder le fonds, dans lequel Curtius, chevalier Romain, se précipita à cheval, pour faire cesser la puanteur qui en sortoit, & qui infectoit toute la ville. D'autres disent que c'étoit un abîme qui s'ouvrit par un tremblement de terre ; que, selon la réponse de l'oracle, il falloit que quelque illustre Romain s'y jettât pour appaiser les dieux infernaux, & faire refermer cette vaste ouverture. C'étoit au milieu de cette grande place que l'on faisoit les harangues au peuple, sur un lieu élevé, que les Romains nommoient *Rostra*, & que nous appellons *tribune aux harangues*. * Rosin, *antiquités romaines*, *l. 9, c. 7.* Onuphre Panvin, *de urbis region*.

PLACE D'AUGUSTE, place à Rome, que l'empereur Auguste fit faire, parceque l'ancienne place romaine & celle de César ne suffisoient pas pour toutes les assemblées publiques. On s'y assembloit pour délibérer de la guerre ou de la paix, & du triomphe que l'on accordoit aux vainqueurs, lesquels y apportoient les enseignes & les trophées de leurs victoires. Le temple

de Mars étoit dans cette place, & l'on y faisoit quelquefois des courses à cheval, & des jeux publics. On voyoit au milieu une belle statue d'albâtre, qui représentoit Auguste, avec les statues de tous ceux qui avoient triomphé. Il y avoit aussi deux tableaux de la main d'Apelles, dans l'un desquels étoient peints Castor & Pollux, & dans l'autre la Victoire & Alexandre *le Grand*, sur un char de triomphe. Elle n'étoit pas loin de la Place Romaine, & étoit assez proche du Tibre qui s'y déborda du temps d'Auguste. *Rosin, antiq. rom. l. 9, c. 7.*

PLACE AUX BŒUFS, en latin *Forum Boarium*, place à Rome, étoit le marché aux bœufs, qui avoit été établi dans ce lieu en mémoire d'Hercule, lequel retrouva en cet endroit les bœufs que Cacus lui avoit dérobés. On dit qu'il y avoit anciennement une fontaine & un bois, où Numa Pompilius, second roi de Rome, avoit souvent des entretiens avec la nymphe Egerie, touchant la religion & les cérémonies des sacrifices que l'on devoit offrir aux dieux. * Onuphre Panvin, *de urbis region*.

PLACE DE CÉSAR, place à Rome, que Jules César acheta pour embellir la ville, & pour servir aux assemblées du peuple. Il l'acheta cent millions de sesterces, qui valoient selon le calcul de Budée, deux millions cinq cens mille écus, & dépensa deux cens cinquante mille écus pour la faire paver. Ce dictateur y fit bâtir la basilique Julienne, & depuis y dressa sa statue sur un cheval de bronze. Elle étoit assez proche de la Place Romaine. * Rosin. *antiq. rom. l. 9, c. 9.*

PLACE AUX HERBES, en latin *Forum Olitorium*, marché de Rome où l'on vendoit les herbes & les légumes, étoit auprès du mont Capitolin. On y voyoit un temple dédié à Junon *Matuta*, & un autre consacré à la déesse Piété. La maison d'Ovide étoit, dit-on, proche de cette place. *Voyez* PIÉTÉ. * Onuphre Panvin, *de urbis region*.

PLACE DE NERVA, place à Rome, à côté de celle d'Auguste, & commencée par l'empereur Domitien, & ne fut achevée que par Nerva son successeur. Elle étoit ornée de plusieurs statues, & de colonnes qui marquoient les belles actions de Nerva. L'on voyoit au milieu une colonne de bronze d'une hauteur extraordinaire, couverte de bandes de cuivre. Il y avoit près delà un palais magnifique, avec un superbe portique, dont il reste une partie auprès de l'église de S. Blaise. Les anciens l'appelloient aussi la place *Transitoire*, c'est-à-dire, *de Passage* ; parceque c'étoit un passage pour aller à trois places publiques. * Rosin, *antiq. rom. l. 9, c. 7.*

PLACE DE TRAJAN, place à Rome, que Trajan fit bâtir entre la place de Nerva, le Capitole & le mont Quirinal. Tout y étoit extraordinairement magnifique. On y voyoit un beau portique soutenu d'un grand nombre de colonnes, dont la hauteur & la structure donnoient de l'admiration, avec un arc triomphal, orné de plusieurs figures de marbre, & la statue à cheval de Trajan, élevée sur un superbe piedestal. Au milieu de la place étoit la colonne de Trajan ; cet ouvrage surpassoit la magnificence de tous les autres. Cette colonne fut commencée par cet empereur ; mais elle ne fut achevée qu'après sa mort. Elle étoit haute de 120, ou, selon d'autres, de 140 pieds ; & avoit au-dedans un escalier de cent quatre-vingt-cinq marches, qui recevoient du jour par quarante petites fenêtres. Au haut de la colonne étoient les ossemens & les cendres de Trajan, renfermés dans une urne d'or. Le dehors de cette prodigieuse colonne étoit revêtu de marbre, sur lequel étoient représentées en bas-reliefs les victoires & les illustres actions de cet empereur, & principalement les batailles qu'il gagna contre les Daces : ce qui fit admirer cet ouvrage comme un chef-d'œuvre de l'architecture & de la sculpture. Le pape Sixte V fit relever cette colonne, qui avoit été renversée ; & fit mettre dessus la statue de S. Pierre. On remarqué que ce fut dans cette place que l'empereur Antonin fit publier un édit en faveur des Chrétiens, par lequel il défendit de les troubler dans l'exercice de leur religion, & ordonna que les délateurs qui les accuseroient, fussent condamnés à être brûlés vifs. * Rofin, *antiq. rom. l. 9 , c. 7.* Marlian, *l. 3 , c. 13.*

PLACE ROYALE, dans Paris, est ainsi appellée, parcequ'elle fut commencée par ordre du roi Henri IV, & que la statue du roi Louis XIII est au milieu. Elle est entourée de trente-six pavillons couverts d'ardoise, d'une même hauteur & d'une même symmétrie. Les maisons dont le devant est porté sur des piliers, y forment des galeries tout autour, où l'on marche en tout temps à couvert du soleil & de la pluie. Cette place, qui est bâtie d'assez mauvais goût, fut achevée en 1612, & la statue équestre de bronze de Louis XIII y fut posée le 27 septembre 1639, sur un piedestal de marbre blanc, avec des inscriptions aux quatre côtés. La ville & les particuliers qui y ont des hôtels, ont enfermé cette place d'une balustrade de fer fort bien travaillée; & l'on y a fait un jardin. A l'endroit où est cette place, il y avoit autrefois un magnifique palais, fort célebre dans l'histoire de France, qu'on appelloit *le palais des Tournelles*, qui avoit été bâti par le roi Charles V, & où se fit la fameuse mascarade des Ardens, du regne de Charles VI, en 1393. * Le Maire, *Paris ancien & nouveau.*

PLACE DES VICTOIRES, grande place dans la ville de Paris, au quartier de Richelieu. Ce nom lui a été donné, parcequ'on y voit la statue du roi Louis *le Grand*, couronné par la Victoire, avec plusieurs bas reliefs, qui représentent les plus illustres victoires de ce monarque, & parceque cette place est proche de l'église des Augustins Déchaussés, nommés vulgairement *Petits-Peres*, laquelle a été bâtie sous le titre de N. D. des Victoires, & fondée par le roi Louis XIII (qui y mit la premiere pierre en personne) afin que l'on rendît à Dieu dans cette église d'éternelles actions de graces pour la prise de la Rochelle. C'est dans cette place qu'en 1686 François d'Aubusson, duc de la Feuillade, pair & maréchal de France, colonel des gardes Françoises & gouverneur de Dauphiné, érigea au roi Louis XIV une statue de bronze doré sur un piedestal de marbre, auquel quatre esclaves sont adossés, & orné de trophées & de bas reliefs de bronze, représentant les événemens les plus mémorables du regne de ce monarque. Le groupe de cette statue est composé de trois figures, dont l'une représente le roi debout avec ses habits royaux; l'autre, la Victoire qui est derriere, & lui met une couronne sur la tête, & la troisieme, un cerbere que conquéront foulé aux pieds. La statue du roi est de treize pieds de hauteur; & le cerbere qui paroît sous ses pieds, marque la triple alliance dont ce prince a glorieusement triomphé. La Victoire a un pied sur un globe d'où elle s'éleve; l'autre pied en l'air. Elle a les ailes ouvertes pour prendre son essor, & en passant, elle couronne le roi. Tout ce groupe avec le globe, une massue d'Hercule, une peau de lion & un casque, pese plus de trente milliers, & est fait d'un seul jet; ce qui rend cet ouvrage sans égal, ne s'en trouvant point de pareils dans tous les restes de l'antiquité, ni dans les histoires. Cet ouvrage est de Martin des Jardins, Le piedestal sur lequel le roi est élevé, est de marbre blanc veiné. Sa hauteur est de vingt-deux pieds. Il est orné d'architecture avec des corps avancés en bas, aux quatre coins desquels sont les quatre captifs ou esclaves de bronze, qui ont onze pieds de proportion chacun. Les bas reliefs qui remplissent les faces, & les côtés du corps du piedestal, & qui sont de bronze, ont six pieds de long sur quatre de haut. Il y a aussi plusieurs ronds de bronze, ornés de festons & d'inscriptions, qui expliquent les différens sujets de cet ouvrage.

Aux quatre avenues de la place, on voyoit trois grandes colonnes de marbre, ornées de bas reliefs de bronze, représentant les grandes actions de ce roi, & qui soutenoient chacune un fanal de bronze doré, que Louis XV a donné aux Théatins, pour en orner leur église. Afin que cet illustre monument soit conservé à

perpétuité en son entier, le duc de la Feuillade fit en 1687 une donation à son fils unique, depuis duc de la Feuillade, avec substitution à ses descendans mâles, & à tous ceux du nom d'Aubusson, au défaut desquels la donation est transportée à la ville de Paris. Les terres & seigneuries données par ce contrat sont; le comté de la Feuillade, le vicomté d'Aubusson, la baronie de la Borne, la châtellenie de Felletin, la baronie de Peyrusse & les châtellenies d'Ahun, de Chenerailles, de Jarnage & de Drouilles, dont le revenu est d'environ vingt-deux mille livres. Le donataire & ceux qui seront appellés à la substitution, seront tenus de faire redorer à leurs frais tous les vingt-cinq ans, la statue & les ornemens, & d'entretenir de toutes les réparations tous ces ouvrages. Tous les cinq ans ces ouvrages seront visités le 5 septembre, fête de S. Victorin, & le jour de la naissance de ce roi, par le prévôt des marchands & les échevins de la ville de Paris. A la fin de chaque visite, le donataire ou substitué sera tenu de présenter deux médailles d'argent au prévôt des marchands, & une à chacun des échevins, au procureur, au greffier & au receveur de la ville, lesquelles médailles représenteront d'un côté le portrait du roi, & au revers le groupe de la statue, & seront faits sur le coin que le donateur a fait graver. Le lendemain de la visite ou autre jour suivant, le donataire ou substitué présentera au roi une médaille d'or frapée au même coin. Cette donation a été confirmée par lettres patentes en forme d'édit, du mois de juillet 1687, enregistrée au parlement le 4 du même mois. *Voyez* le livre que M. l'abbé Regnier des Marais, secrétaire de l'académie Françoise, a fait sur ce sujet.

PLACE DE LOUIS LE GRAND, grande place dans la ville de Paris, près la porte S. Honoré, autrefois appellée, *Place de Vendôme*, parcequ'elle avoit été construite dans le lieu où étoit l'hôtel de Vendôme, que le roi Henri IV avoit fait bâtir pour César de Vendôme légitimé de France. Le roi Louis XIV ayant acheté cet hôtel en 1685, on éleva des façades magnifiques pour former la place, & l'on plaça au milieu la statue équestre de ce monarque. Ce dessin a depuis été changé, ce prince ayant donné cette place à la ville en 1699, à condition qu'elle feroit construire à ses frais un hôtel pour la seconde compagnie des mousquetaires dans le faubourg S. Antoine. La ville, pour se dédommager des dépenses qu'elle avoit faites, a fait abattre les anciennes façades trop élevées, pour servir à des maisons de particuliers, & en a fait construire de nouvelles, avancées sur la place de dix toises, & en figure octogone. L'architecture qui regne par-tout, est de l'ordre corinthien, en pilastre, avec six corps avancés au milieu, revêtus de colonnes qui soutiennent des frontons, dans lesquels on a placé sur les armes de France, & des figures assises sur les entablemens. Les corps avancés des deux grandes faces sont plus étendus que les autres, & l'on y a ajouté des quarts de colonnes dans les recoins. Sous ce grand ordre regne un piedestal continu orné de bossages, dans lequel on a ouvert les portes des maisons qui sont en arc, & dont les clefs sont ornées de mascarons. La ville a depuis vendu les places avec les façades qui y répondent, à divers particuliers qui ont fait construire des maisons. Le dessein de la place est de M. Mansard, surintendant des bâtimens du roi; celui des ornemens est du sieur Poultier, sculpteur de l'académie. La statue équestre est du célebre Girardon, & fondue tout d'un jet. * Brice, *description de Paris.*

PLACE (Pierre de la) en latin *Plateanus* ou *Platea*, natif d'Angoulême, s'appliqua au droit, & il n'avoit que 22 ans, lorsqu'il donna une paraphrase latine sur les titres des instituts impériaux, *De actionibus, exceptionibus & interdictis*, en 1548, *in-4°*. Il fréquenta ensuite le barreau au parlement de Paris, où il a passé pour un avocat savant, éloquent & vertueux. François I instruit de son mérite, le fit avocat en sa cour des aides à Paris. De la Place s'aquitta de cette charge avec beau

de probité, ce qui fit que le roi Henri II le choisit
être son premier président dans la même cour des
. On croit que dès l'an 1554 il se livra aux erreurs
prétendus réformés ; ce qui est vrai, c'est qu'il en
rofession ouverte après la mort de François II. Les
bles qui s'éleverent alors, l'engagerent de se retirer
une de ses maisons en Picardie. Il profita du calme
eparut en 1562, pour se justifier devant le roi de
eurs accusations formées contre lui, & le roi en pa-
ontent. Le prince de Condé lui donna la surinten-
e de sa maison, & de la Place montra par son zèle
les intérêts de ce prince, qu'il étoit digne de sa
iance. Les troubles ayant recommencé vers 1568,
retira au château du Vé en Valois; & enfin ayant
le nouveau quelque paix, il retourna en sa maison,
pourvu une seconde fois de la charge de premier pré-
nt qu'il garda jusqu'à la journée de S. Barthelemi,
l périt avec tant d'autres. Outre sa *Paraphrase*, &c.
fait encore un *Traité de la vocation*, dédié au roi
arles IX; un *Traité du droit usage de la philoso-
e morale avec la doctrine chrétienne* ; un *Traité de
cellence de l'homme chrétien*, dédié à la reine de
varre. * Consultez la Croix du Maine dans sa *bibliothé-
*, &c.

PLACE (Claude de la) prêtre, professeur de rhé-
ique au collège de Beauvais, & recteur de l'univer-
en 1652. Il a fait un *Traité contre la pluralité des
éfices*, & un autre *De la nécessité de la résidence des
fleurs dans leurs églises*, pour expliquer un décret de
niversité de Paris de 1652 sur ce sujet. C'est un vo-
ne in-8° imprimé à Paris en 1655. Il avoit donné
s 1650, un autre volume in-8° aussi en latin, où il
ite au long *De clericorum sanctimonia*. Il en donna
e deuxième édition augmentée en 1670. Les augmen-
ions consistent principalement dans les écrits de pluurs auteurs qui ont rapport à cette matiere. Claude
la Place étoit aussi poëte latin; & l'on a de lui pluurs piéces en ce genre, qui ont été applaudies en son
mps, & qui méritent encore de l'être aujourd'hui.

PLACE (Josué de la) professeur en théologie dans
académie des prétendus-réformés à Saumur, étoit
'une très-noble famille. On trouve parmi ses ancêtres
n Pierre de la Place, qui étoit président dans la cour
es aides à Paris, estimé de tous ceux qui le connois-
oient, & qui périt dans le massacre des prétendus-ré-
ormés, arrivé dans cette ville en 1572. Josué de la
Place étoit fils, &, selon quelques-uns, petit-fils de
ninistre. A peine avoit-il un an, qu'il perdit son pere ;
mais il fut élevé avec soin par quatre de ses freres qui
toient tous ministres, & auxquels, par reconnoissance,
il dédia sa thèse inaugurale sur la *Justification*, lorsqu'il
fut fait professeur en théologie à Saumur. Etant encore
fort jeune, il avoit été établi professeur en philosophie dans
la même académie. Il épousa *Marie de Brissac*, de la
noble famille des Brissacs, le 12 septembre 1622. En
1625 il fut appelé pour ministre à Nantes. Sa charge de
professeur en philosophie fut remplie par son beau-frere
Jacques de Brissac, l'an 1626. Peu d'années après il fut
nommé pour remplir la troisiéme chaire de professeur
en théologie à Saumur, Louis Cappel & Moyse Amyrault occupant les deux autres. Il y fut installé en 1633,
& mourut le 17 août 1655, à l'âge de 59 ans. Il avoit
une opinion particuliere sur l'imputation du péché d'A-
dam. Il ne nioit pas le dogme ; mais il l'expliquoit un
peu différemment du commun des prétendus-réformés.
On peut voir son sentiment dans les thèses de Saumur.
Son opinion fut condamnée dans un synode de France,
sans que l'auteur eût été oui. Cependant on ne laissa pas
de l'estimer toujours ; & M. Drelincourt, ministre de
Charenton, lui écrivit une lettre de consolation sur ce
sujet. Du reste, il n'étoit point entêté de son opinion,
& ne se mettoit point en peine de faire des disciples. Ses
ouvrages ont été réimprimés à Franeker en 1699 &
1703, in-4°, dans l'ordre suivant : 1. *Le traité des ty-
pes.* 2. *De l'imputation du premier péché d'Adam.* 3. *De

l'ordre des décrets divins. 4. *Du libre arbitre.* 5. *Abrégé
de théologie.* C'est-là le contenu du premier tome. Le
second contient ses disputes contre les *Sociniens*, qui
sont le plus important de ses ouvrages. On a encore de
lui, *Examen des raisons pour & contre le sacrifice de la
Messe*, à Saumur 1639, in-8°. * *Préface mise au-devant de l'édition de Franeker. Mémoires manuscrits.*

PLACENTIN (Pierre) célebre jurisconsulte, étoit
né à Montpellier, selon Pancirole : *In Montepessula-
no ubi docuit, & originem traxit, defunctus est.* Il
vivoit dans le XII siécle. Après s'être rendu habile dans
le droit civil, qu'il alla étudier à Bologne sous Irne-
rius, ou Varnier, il l'enseigna avec applaudissement
dans le lieu de sa naissance. Le long séjour qu'il avoit
fait en Italie a fait croire à Etienne Pasquier, qu'il
n'étoit pas François. *Placentin*, dit-il dans ses Recherches, *est le premier docteur Italien qui vint enseigner en France* ; mais tout ce qu'il y a de vrai dans
ce récit, c'est que Placentin avoit pris le dégré de
docteur en Italie. Les seigneurs de Montpellier le revirent avec joie, & le protégerent dans tout ce qui pouvoit aider l'établissement de la nouvelle école de droit
formée depuis peu à Montpellier. Ils l'employerent utilement dans leur conseil, & leur estime pour lui dura
autant que sa vie. On assure que Placentin, sollicité
de nouveau par les magistrats de Bologne, & par les
amis qu'il avoit conservés dans cette ville, y retourna,
& s'engagea à y professer encore le droit pendant quatre
ans. Ce terme étant expiré, il revint encore à Montpellier, où il se fixa. Il y mourut l'an 1192. Guillaume, seigneur de Montpellier, fils de Mathilde, voulut honorer ses funérailles de sa présence. Il fut enterré dans le grand cimetiere de S. Barthélemi, qui
étoit hors la ville ; & les annales de Montpellier marquent qu'il n'y avoit aucun docteur ou écolier étranger, qui en passant à Montpellier, n'allât visiter son
tombeau. Cette marque de vénération continua jusqu'en
1562, c'est-à-dire, jusqu'aux troubles des Calvinistes
qui faillirent à causer la ruine de toute la ville.
Le tombeau de Placentin fut renversé & enseveli
sous les ruines de l'église de S. Barthélemi. Mais en
1663 l'on découvert par les Carmes Déchaussés qui
travailloient à bâtir leur couvent dans le cimetiere de
S. Barthélemi qu'on leur avoit donné ; ils trouverent
aussi sur une table de marbre l'inscription suivante :

Petra PLACENTINI *corpus tenet hîc tumulatum,*
Sed petra quæ Christus est, animam tenet in Paradiso.
In festo Eulaliæ vir nobilis tollitur iste,
Anno milleno ducenteno minùs octo.

Placentin a fait à Bologne un long discours sur l'étude
des loix : il ajouta de nouvelles gloses aux anciennes ;
il composa un abrégé, tant du Digeste, que des trois
derniers livres du Code, qu'on lit encore, dit Pancirole, sous le titre de *Summa*. On lui donne encore deux
livres *de Judiciis & Actionibus*, & un *de Accusatio-
nibus*. On trouve dans plusieurs catalogues de bibliothèques : *Placentini in summa institutionum imperialium
libri tres : Ejusdem de varietate actionum libri sex*, à
Lion 1536, in-8°. *Placentini in Codicis Justinian.
librorum IX summa*, à Mayence, 1536, in-fol. * *Histoire ecclésiastique de Montpellier*, par M. de Grefeuille,
liv. 12, pag. 366, 367. *Vies des jurisconsultes*, par Taisand, seconde édition, pag. 445 & suivantes. Voyez
aussi Riolan dans ses Recherches sur les écoles de médecine de Paris & de Montpellier, & M. l'abbé le
Gendre dans son livre des mœurs & coutumes des
François.

PLACETTE (Jean de la) de Pontac en Béarn où
il naquit le 19 janvier 1639, étoit fils d'un ministre
du lieu, & se consacra à la théologie dès qu'il eut fait
ses humanités. Reçu ministre en 1660, on lui donna
d'abord l'église d'Orthés, & quatre ans après celle de
Naï dans la même province, où il demeura jusqu'à ce qu'en
1685 : l'édit de Nantes ayant été révoqué, il fut obligé

de fe retirer dans les pays étrangers. Il accepta les offres que lui fit faire la reine de Danemarck pour le paftorat de l'églife françoife de fa fecte que cette reine avoit fondée à Copenhague, & il y demeura jufqu'à la mort de cette princeffe, arrivée en 1711. M. de la Placette fe retira la même année en Hollande, d'abord à la Haye, & enfuite à Utrecht où il eft mort le 25 d'avril 1718, dans la quatre-vingtiéme année de fon âge. Il a fait un grand nombre d'ouvrages, tous eftimés dans fa fecte, & plufieurs même fort approuvés des Catholiques, entr'autres, ceux qu'il a compofés fur la morale, où, à quelques principes près, conformes aux erreurs dans lefquelles il avoit le malheur d'être engagé, on trouve beaucoup de lumiere & de folidité. Les ouvrages de cet auteur font : *Nouveaux effais de morale*, 6 volumes *in-12*; le premier en 1692, le fecond en 1693, le troifiéme & le quatriéme en 1697, le cinquiéme & le fixiéme en 1714. C'eft un des ouvrages de M. de la Placette où il y a le plus à profiter. *Traité de l'orgueil*, en 1693 & 1699, augmenté, *Traité de la confcience*, en 1695. *Traité de la reftitution*, en 1696. *La communion dévote*, en 1695, & plufieurs fois réimprimée avec des augmentations : l'édition de 1699 eft la meilleure. *Traité des bonnes œuvres en général*, en 1700. M. de la Placette en reconnoît la néceffité. *Traité du ferment*, en 1701. *Divers traités fur les matiéres de confcience*, en 1698. Ces traités attaquent fortement le menfonge, les équivoques, les reftrictions mentales, &c. *La mort des Juftes*, ou *la maniere de bien mourir*, en 1695. *Traité de l'aumône*. *Traité des jeux de hazard défendu contre les objections de M. de Joncourt & quelques autres*, en 1714. *La morale chrétienne abrégée*, &c. en 1695, & 1701 augmentée. *Réflexions chrétiennes fur divers fujets de morale*, &c. en 1707. *Obfervationes hiftorico-ecclefiafticæ quibus eruitur veteris ecclefiæ fenfus circa pontificis Romani poteftatem in definiendis fidei rebus*, en 1695. Il avoit déja donné un effai de cet ouvrage contenant treize obfervations : cette nouvelle édition en contient trente-fix. *De infanabili Romanæ ecclefiæ fcepticifmo differtatio*, en 1696; on l'a abrégée & traduite en anglois. *De l'autorité des fens contre la tranfubftantiation*, en 1700. *Traité de la foi divine*, en 1697 & 1716, augmenté. *Differtations fur divers fujets de théologie & de morale*, en 1704. Réponfe à deux objections qu'on oppofe de la part de la raifon à ce que la foi nous apprend fur l'origine du mal, & le myftere de la fainte Trinité, &c. 1707. Cet ouvrage eft contre M. Bayle, de même que le fuivant, intitulé : *Eclairciffement fur quelques difficultés qui naiffent de la confidération de la liberté néceffaire pour agir moralement*, &c. en 1709. Réponfe à une objection qui tend à faire voir, que fi Dieu a réfolu les événemens, on peut négliger les foins néceffaires, & &c. *Nouvelles réflexions fur la promotion phyfique & fur les jeux de hazard*, &c. en 1714. *Lettre à M. Rou contre fon fentiment fur les foixante & dix femaines de Daniel*, inférée dans la *république des lettres*, mois de février 1709. *Avis fur la maniere de prêcher*, en 1733, *in-8°*. C'eft M. Cartier de Saint Philippe qui a publié cette piéce, que M. de la Placette avoit faite en 1711 ou 1712. Il a ajouté un abrégé de la vie de l'auteur. *Traité de la juftification*, en 1733, publié par les foins d'Alfonfo Turrettin. * *Voyez* l'abrégé de fa vie par Cartier de Saint Philippe, *Europe Sav. t. XVIII. Nouv. litter. du 30 juillet 1718*. Niceron, *mémoires, t. II*.

PLACIADES (Fulgentius) *cherchez* FULGENTIUS.

PLACIDE, fils de Tertulle, fut mis fous la difcipline de S. Benoît, étant encore enfant, dans le monaftere de Sublac, vers l'an 525. S. Grégoire rapporte que Placide étant forti du monaftere pour aller puifer de l'eau dans un lac qui en étoit proche, fe laiffa tomber dedans avec fa cruche, & que S. Benoît qui étoit dans fa cellule, ayant connu miraculeufement cet accident, envoya S. Maur pour le fecourir; que faint Maur marcha fur les eaux, le prit par les cheveux,

& le tira de danger. On tient que S. Placide fut depuis envoyé en Sicile par S. Benoît; qu'il y fonda un monaftere, & qu'il y fut martyrifé avec fes compagnons, près de la ville de Meffine. Mais les actes fur lefquels cette hiftoire eft fondée, font pleins de fuppofitions, de fautes & de faits infoutenables; & il y a bien de l'apparence que PLACIDE, dont il eft fait mention au 5 octobre dans les martyrologes, avec fon pere Eutype, & trente autres martyrs de Sicile, qui ne font point qualifiés moines, eft différent de Placide, difciple de S. Benoît. * Greg. Mag. *dialog. liv. 2, c. 3 & 7*. *Chronique du Mont-Caffin. Actes de Placide* dans Bollandus, *tome III*. Mabillon, *I fiécle Bénédictin*. Dom Thierri Ruinart, dans fon livre *de la miffion de S. Maur*. Baillet, *au 5 octobre*.

PLACIDE, capitaine Romain, qui fe fignala dans la guerre que ceux de fa nation firent aux Juifs, fous la conduite de Tite Vefpafien. Il fut le premier qui infulta Jotapat, où il perdit fept foldats, & eut quantité de bleffés. Ayant appris que Flave Joféphe s'y étoit enfermé, il l'inveftit. Il y entra le troifiéme, & fut caufe de fa prife & de fa ruine. Sa valeur étoit fi extraordinaire, qu'avec cinq cens chevaux, il attaqua & combattit un nombre prodigieux de Juifs, qui s'étoient retirés fur la montagne d'Itaburim, que nous appellons de Thabor, & les tailla tous en piéces. Une autre fois étant allé fecourir ceux de Gadara, qui s'étoient mis fous la protection des Romains, & n'ayant que cinq cens chevaux & trois mille hommes de pied avec lui, il défit & tua quinze mille hommes du bourg de Bethenabre, où les féditieux s'étoient fortifiés, fans un nombre prefque infini qui fe jetterent dans le fleuve. Il y fit deux mille deux cens prifonniers; un butin confidérable, & mit le feu au bourg. De-là il traverfa le Jourdain, renverfa tout ce qui voulut s'oppofer à fes armes, fubjugua toutes les places qui étoient au-delà de ce fleuve, & après tous ces exploits, fe retira dans le camp qui étoit devant Jotapat. * Jofephe, *guerre des Juifs, liv. IV, chap. 25*.

Baronius a cru fans fondement, que ce Placide eft le même que S. EUSTACHE, dont on célébre la fête le 20 feptembre, & qui après s'être fait chrétien, fut martyrifé fous l'empereur Adrien, pour n'avoir pas voulu rendre graces aux idoles, de la victoire que ce prince avoit remportée contre les ennemis de l'empire. *Voyez* EUSTACHE.

☞ PLACIDE (le pere) Auguftin Déchauffé, parent & éléve de Pierre Duval, a donné nombre d'excellentes cartes de géographie. La plus eftimée eft celle du *cours du Po*, en plufieurs feuilles. Il fut fait géographe ordinaire du roi le 20 janvier 1705. Il étoit entré dans le couvent des Auguftins Déchauffés de la Place des Victoires en 1666; & il y eft mort le 30 novembre 1734, âgé de 86 ans. Une perfonne de fes amis l'a peint, & a fait graver fon portrait. On le trouve à la tête de quelques recueils de fes cartes; mais les peres de fon ordre en ont brifé la planche, comme contraire à la modeftie religieufe, & parcequ'ils n'étoient pas contens du pere Placide, qui n'avoit pas voulu confentir à rafer fa barbe, avec laquelle il eft repréfenté. Aux quatre coins de ce portrait font des médaillons allégoriques & des devifes, dont la premiere fait connoître qu'il étoit prédicateur & géographe, *via cœli & terra* : la feconde, avec la figure d'un rocher, marque que la force dans les peines inféparables de la vie, vient de Dieu, *fufficientia ex Deo*. Le troifiéme médaillon repréfente un vaiffeau qui gagne le port, avec ces mots, *mihi navigat æquor*. La quatriéme repréfente une lime qu'un ferpent ne peut entamer, avec ce mot *fruftra*, pour marquer que l'envie & les calomnies ne peuvent nullement nuire. * Mem. mff. de M. Barbeau de la Bruyere.

PLACIDIE, *Placidia Galla*, fille de Théodofe *le Grand*, & fœur d'Arcadius & d'Honorius, demeuroit avec ce dernier qui étoit empereur d'Occident, &

devint

int captive d'Alaric, lorfque Rome fut prife par ce roi
are, en 409. C'eft ce que rapporte Orofe; mais d'au-
affurent qu'elle ne le fut que d'Ataulfe, fon fuccef-
, qui l'époufa auffitôt après. Elle fut fi bien gagner
rit de fon mari, qu'elle le détourna du deffein
l avoit de ruiner l'empire romain. En effet, Ataulfe
tta l'Italie; & après fa mort arrivée à Barcelone en
5, Placidie fut renvoyée à Honorius, qui la remaria à
ftance, conful & patrice, en 417. Elle perdit quan-
ans après ce fecond mari, que fon frere avoit affocié à
empire, & ne s'occupa plus que de l'éducation de fon
Valentinien III. C'étoit une princeffe de grande piété,
idente, courageufe, mais dont la vie fut agitée de
erfes infortunes, fur-tout pendant la minorité de fon
. Elle mourut le 25 novembre de l'an 450, & fut
terrée à Ravenne. Une médaille qui nous eft reftée
lle, la repréfente portant le nom de Jefus-Chrift fur
bras droit, avec une couronne qui lui eft apportée
ciel. * Orofe, l. 7 hift. Profper. Idace. Ifidore, in
ron. Olympiodore, apud Phot. Hiftoire mêlée. Ba-
nius, in annal. &c.

PLACIDIE, Placidia, étoit fille de l'empereur Va-
ntinien III, & de Licinia Eudoxia. Cette derniere,
ur fe venger de Maxime qui l'avoit époufée, & avoit
furpé l'empire, après avoir affaffiné Valentinien, ap-
ella à Rome Genferic, roi des Vandales en Afrique. Cè
rince barbare la mena l'an 455 captive en Afri-
ue, avec la jeune Placidie, qu'il maria à Huneric,
n fils, & avec Eudoxie, qui fut renvoyée à Conf-
antinople, où elle époufa le fénateur Anicius Oly-
rius.

PLACILLE, Placilla, une des filles de l'empereur
Arcadius, très-illuftre par fa piété, fe confacra à Dieu
avec fes foeurs, dans une maifon de vierges, & y
mourut faintement.

PLACIUS (Conrad Wolfang) théologien Proteftant
d'Allemagne, vers l'an 1577, enfeigna à Tubinge; &
écrivit quelques ouvrages contre les Catholiques. * Pantaléon, l. 3 profop. Crufius, in annal. Simler. Melchior
Adam, &c.

PLAISANCE, ville de Lombardie en Italie, fous la
domination du duc de Parme, avec titre de duché, &
évêché fuffragant de Bologne, eft nommée par les auteurs Latins Placentia, & par ceux du pays Placenza.
Elle eft fituée dans une plaine fertile, à cent eaux du Pô,
& eft confidérable par la beauté de fes places, de fes
rues, de fes fontaines & de fes édifices faints & profanes. On affure qu'elle a près de cinq milles de circuit, & plus de ving-cinq mille habitans. Elle eft très-
ancienne, & a avoit été autrefois colonie romaine. Amil-
car la prit & la brula; enfuite Cinna & Marius s'en rendirent maîtres, pendant les gueres civiles d'entr'eux &
Sylla. Les princes de Parme font de la maifon de Farnèfe,
en ont été les maîtres, & l'ont rendue une des fortes
places d'Italie. Plaifance a produit de grands hommes,
& a été la patrie du pape Grégoire X. Son territoire,
nommé Il ducat di Piacenza ou il Piacentino, eft
célèbre par fes puits d'eau falée, & par quelques
mines de fer & de cuivre. * Confultez Ptolémée,
Pline, Polybe, Tite-Live, &c. cités par Léandre
Alberti, defcript. Ital. & par Humbert Locati, de
Placent.

CONCILES DE PLAISANCE.

Le pape Urbain II affembla en 1095 un concile à Plaifance le premier mars, & le finit le 7 du même mois. Pra-
xède, que l'empereur Henri III avoit répudiée, y porta fes
plaintes. On y parla du mariage de Philippe I, roi de France, avec Bertrade de Montfort; des moyens qu'on pouroit prendre pour fecours du fecours à Alexis Comnene
empereur de Conftantinople, preffé par les Sarafins,
& du rétabliffement de la difcipline eccléfiaftique. Innocent II étant de retour de France, y célébra en 1132
un concile où l'anti-pape Anaclet fut excommunié, ce
qu'on poura voir plus au long dans Pierre de Clugni.

Le cardinal Paul d'Arezzo, évêque de Plaifance,
publia en 1570 des ordonnances fynodales; &
Philippe Sega, évêque de la même ville, en fit en
1589.

PLAISANCE, Placentia, ville d'Efpagne dans la
Caftille Vieille, avec titre d'évêché fuffragant de Tolede, eft fituée dans les montagnes au-deffus d'une éminence, avec un fort château. * Baudrand.

PLAISANCE, ville d'Efpagne dans la Bifcaye, dans
la vallée de Marquina, au bord de la riviere de De-
va, à trois lieues de Mondragon. Sa fituation eft fort
agréable. Elle a de bonnes mines de fer dans fon territoire, & on y fabrique toutes fortes d'inftrumens de
guerre. * Mati & la Martiniere, dictionaire géographique.

PLAISANCE, ville de Portugal dans l'Eftréma-
dure, eft bâtie fur les ruines de l'ancienne Déobrige,
dans une plaine extrêmement fertile, nommée la vera
de Placentia. * Baudrand.

PLAISANCE, ville de France en Armagnac. PLAI-
SANCE dans le Rouergue. Il y a une foretereffe & colonie de même nom dans la nouvelle France, en l'A-
mérique feptentrionale. * Baudrand.

PLAISANT, connu fous le nom de JOANNES LEO
PLACENTIUS, natif de S. Tron, & religieux de l'ordre de S. Dominique, dans le XVI fiécle, vers l'an
1536, compofa une hiftoire des évêques de Tongres,
de Maftricht & de Liége, tirée de divers mémoires fabuleux; & plufieurs poëmes, entr'autres, un de Porcorum
pugna, dont tous les mots commencent par la lettre
P. Il avoit imité dans cet ouvrage Hucbaldus, religieux
de S. Benoît, qui vivoit du temps de Charles le
Chauve, & qui préfenta à ce prince un poëme à l'honneur des chauves, dont tous les mots commençoient par
un C. Jerôme Wellæius imprima ces deux poëmes à
Louvain.

PLANCHETTE (D. Bernard) fe confacra à Dieu
dans la congrégation de S. Maur, à l'âge de près de 30
ans, & il y a vécu jufqu'à fa mort dans une grande régularité. Il fit imprimer en 1652, la vie de S. Benoît,
en françois, in-4°, dédiée à la reine. Dans le troifiéme tome de cette hiftoire l'auteur fait l'éloge des perfonnes les plus illuftres, qui ont profeffé la régle de faint
Benoît. En 1671, il a donné in-12, à Caen, une
hiftoire abrégée des miracles que l'on prétend s'être faits
dans l'abbaye de S. Pierre-fur-Dive par l'invocation
de la fainte Vierge. C'eft une traduction d'un ancien
manufcrit de Haimon, abbé de ce monaftere. Enfin nous
avons du P. Planchette un volume in-8° de panégyriques, imprimé à Paris en 1675; car il s'étoit donné à
la prédication & avoit affez bien réuffi. Il étoit né
à Aubignac au diocèfe de Reims : il avoit fait profeffion le 5 d'août 1637; & il eft mort à S. Remi de Reims,
le 6 d'avril de l'an 1680, âgé de 71 ans. * D. le
Cerf de la Viéville, biblioth. hift. & crit. des auteurs
de la congr. de S. Maur.

PLANCINE, Plancina, femme de Pifon, qui fut
accufée d'avoir empoifoné Germanicus, n'étoit pas moins
coupable de ce crime, que fon mari; mais foit que l'empereur Tibere la confidérât, à caufe qu'elle étoit ennemie jurée d'Agrippine, dont il ne pouvoit fouffrir la
vertu, foit que l'impératrice Livie intercédât pour elle,
il obtint fa grace de fes juges. On la doit confidérer
comme un exemple de l'infidélité des femmes; car
tant que fon mari eut quelque efpérance d'être abfous,
elle lui promit d'être la compagne de fa vie & de fa
mort; mais lorfqu'elle eut obtenu grace pour elle, tout
fon foin fut de féparer fa caufe d'avec celle de Pifon.
C'étoit une femme d'un efprit fuperbe & violent, dont
Livie fe fervoit pour perfécuter Agrippine qu'elle haïffoit
auffi bien que l'empereur. Tous les affronts qu'elle fit
à cette princeffe ne demeurerent pourtant pas impunis;
car après la mort d'Agrippine, une foule d'accufateurs
fe déclara contre Plancine, qui, fuivant l'exemple de
fon mari, fut contrainte de fe donner de fa propre main

le châtiment que méritoient ses crimes, vers l'an 33 de Jesus-Christ. * Tacite, *l.* 6 *annal. c.* 26.

PLANCUS (L. Munatius) célebre orateur, né à Tivoli, disciple de Cicéron, fut, selon Eusebe dans sa chronique, & selon plusieurs autres écrivains avant lui, le fondateur de la ville de Lyon. Il commanda une légion dans les Gaules sous Jules César. L'an 708 de la fondation de Rome, il fut tribun du peuple; & l'année d'après il commanda trois légions dans la Gaule transalpine. Il n'avoit que 30 ans lorsque deux ans après ce dernier commandement il fut fait consul avec le célebre Brutus; honneur auquel il fut élevé une deuxieme fois étant âgé de plus de 80 ans. Il avoit été censeur avec Paul Emile; il avoit triomphé avec Tibere, & ce fut pendant qu'il gouvernoit la partie des Gaules qu'Eusebe appelle la Gaule *Chevelue*, qu'il fonda la ville de Lyon. D'autres croient qu'il ne fit que la réparer. (C'étoit environ 43 ans avant J. C.) Horace a adressé à Plancus la septieme ode de son premier livre, qui commence ainsi : *Laudabunt alii claram Rhodon*, &c. Cicéron étoit en grand commerce de lettres avec lui, & l'on en trouve encore 25 (le pere Colonia dit 24, *p.* 12 de son *Histoire littéraire de Lyon*, *part.* I; & 25, *p.* 22 *de la seconde partie du premier tome*) de Plancus au commencement du dixieme livre des épîtres familieres du premier. On y trouve une latinité pure & presque égale à celle de Cicéron. Plancus avoit fait aussi plusieurs harangues qui sont perdues. Quelques auteurs lui ont faussement attribué la vie de Caton d'Utique; cette vie étoit l'ouvrage de Thraséas qui relut, dit-on, cet ouvrage avant que de se donner la mort. * P. Colonia, Jésuite, *histoire littéraire de Lyon*, tome I, partie I, pag. 12; *II partie*, pag. 22.

PLANER (André) médecin Allemand, natif du Tirol, enseigna à Strasbourg & à Tubinge, où il mourut en 1607, âgé de 61 ans. Il a composé divers ouvrages de philosophie & de médecine. * Erhard Cellius, *in Icon. prof. Tubing. in annal. Suev.* Melchior Adam, *in vit. German. medic.* Vander Linden, *de script. medic.*

PLANTA de Wildenberg (la famille des barons de) dans les Grisons, a possédé la charge d'échanson héréditaire de l'évêché de Coire. On dit que Pompée Planta a été capitaine en Egypte du temps du roi Trojan. Conrad fut en 1113 capitaine du haut Engaddin de la part de l'évêque de Coire. André, son petit-fils, acheta le comté du haut Engaddin pour 1050 marcs d'argent. Parcifal fut en 1490 le premier gouverneur de la Valteline; & Conrad, son fils, lui succéda dans cette dignité en 1508, après s'être distingué auparavant en qualité de colonel. Thomas fut évêque de Coire, & mourut en 1565. Pierre de Planta, seigneur de Wildenberg, fut employé par les Grisons en diverses ambassades, & mourut en 1647, laissant cinq fils, Pierre, André, Jacques, Henri & François. * Bucellin, *stemm. part.* 4.

PLANTA, *cherchez* POMPÉE, dit PLANTA.

PLANTADE (François de) conseiller d'honneur en la cour des comptes, aides & finances de Montpellier, & ci-devant premier avocat général en la même cour; naquit à Montpellier le 5 novembre 1670, d'ETIENNE de Plantade, conseiller, mort doyen de la même cour des comptes, & de *Françoise* de Valette Desplans, tous deux d'une famille noble & ancienne. Il fit une partie de ses études au collége des Jésuites du lieu de sa naissance, & s'y distingua par une conception prompte, une imagination vive & brillante, & une mémoire surprenante qui lui rendoient tout facile. Il fit des vers dans un âge où les autres savent à peine ce que c'est que des vers. Il composoit en troisieme des pieces entieres de poésie latine : sa muse naissante s'exerçoit alors indifféremment sur toutes sortes de sujets; elle réussissoit dans tous les genres, dans le sublime comme dans le médiocre, dans le sérieux comme dans le badin. Il fit la classe de seconde & celle de rhétorique à Pezenas, chez les peres de l'Oratoire, & sa philosophie au

collége des mêmes peres à Notre-Dame de Grace en Forez. En 1688, il alla étudier en droit à Toulouse, & n'en revint qu'en 1692, après y avoir pris ses dégrés. Possédant parfaitement le grec & le latin, il voulut encore apprendre l'ancienne latinité de la république romaine, & se mit à étudier l'hébreu qu'il entendit en peu de temps. Il apprit avec la même facilité l'histoire sacrée & profane, ancienne & moderne, qu'il étudia dans les originaux. Ses deux auteurs favoris étoient Démosthene & Cicéron; c'est-là qu'il puisa les régles de la vraie éloquence qu'il a toujours si bien pratiquées. Voulant aussi profiter des lumieres vivantes, il alla à Paris en 1693, & s'y attacha particuliérement à Jean-Dominique Cassini, célebre astronome, qui est mort en 1712. M. de Plantade & lui étoient parens, & leur liaison gagna le premier aux mathématiques. Jusques-là M. de Plantade ne s'étoit que foiblement appliqué à la géométrie, & tous ses progrès s'étoient bornés à dessiner avec gout, & à faire des plans avec propreté & avec assez de justesse. M. le maréchal de Vauban, qui en vit quelques-uns, souhaita de faire usage des dispositions de M. de Plantade; mais les vues que celui-ci avoit alors, l'empêcherent de se prêter à celles de M. de Vauban. Pendant qu'il étudioit en droit à Toulouse, le voisinage d'un fondeur lui avoit fait naître l'envie de fabriquer des instrumens de mathématiques : il en fit quelques-uns, dont on ne put s'empêcher de louer la justesse & l'invention. A l'aide d'une géométrie naturelle, & presque sans le secours des régles de l'art, il construisit lui-même un quart de cercle exactement gradué. Ce gout pour les mathématiques se fortifiant en la compagnie de M. Cassini, il s'y livra, & y fit de grands progrès, principalement dans l'astronomie à qui il donna la préférence. Ce gout pour les sciences acheva de se perfectioner dans les voyages qu'il fit en Angleterre & en Hollande en 1698, & l'année suivante; & ces voyages lui furent aussi une occasion d'apprendre l'anglois & le hollandois. Au retour de ces courses, il fit encore quelque séjour à Paris; & ayant obtenu des provisions de l'office de conseiller, dont M. son pere étoit revêtu, il revint dans sa patrie, où il fut reçu en survivance, au mois de mai de l'année 1700. Peu de temps après, M. Cassini étant venu à Montpellier, M. de Plantade, qui assista aux opérations qu'il faisoit pour tracer la méridienne, conçut dès-lors le dessein de l'établissement d'une société des sciences en même ville, & il surmonta les difficultés qui s'opposerent à l'exécution de ce projet. M. Bon, aujourd'hui conseiller d'état, & ancien président de la cour des comptes, aides & finances de Montpellier, & honoraire de la société royale, M. de Clapiès & lui, formerent d'abord seuls cette société; ils faisoient de fréquentes observations, & les envoyoient à l'académie des sciences de Paris, avec laquelle ils eurent soin d'entretenir un commerce réglé. Peu-à-peu ce nombre de savans s'augmenta : des physiciens & des naturalistes se joignirent aux astronomes; & ce fut alors que M. Bon & M. Plantade redoublerent leurs efforts pour l'établissement d'une compagnie qui paroissoit déja toute formée, & à laquelle il ne manquoit que des lettres patentes pour porter le nom d'académie. Ces lettres furent enfin expédiées au mois de février 1706, & le roi nomma M. de Plantade directeur. La même année, l'éclipse de soleil qui arriva le 12 de mai, & qui fut totale à Montpellier & dans une partie de la France, donna lieu à M. de Plantade de faire sur ce sujet d'utiles observations. Ce fut encore la même année que la société royale tint sa premiere assemblée publique. M. de Plantade, comme directeur, l'ouvrit par un discours sur l'utilité des sciences qui fut très-applaudi. Les *mémoires de l'académie des sciences de Paris* contiennent du même plusieurs observations; d'autres n'ont jamais vu le jour. Telles sont, outre les observations de quantité d'éclipses, celles qu'il a faites pendant plus de quinze années sur les taches du soleil; la révolution périodique de ces taches, leur figure,

eurs variétés, &c. Il a eu soin de recueillir ces obfervations dans un grand volume *in-fol.* qu'on a trouvé
parmi ses papiers. Le style lapidaire lui étoit aussi très-
familier ; & l'on a en ce genre des inscriptions latines
qu'il a imaginées sur différens sujets ; & qui auroient
fait honneur aux siécles les plus éclairés de l'antiquité. Il
savoit aussi s'égayer avec les muses ; & il réussissoit à
faire de petits vers françois, sur-tout dans le style ma-
rotique. En 1711, il acquit une charge d'avocat général, qui lui donna lieu de consacrer son éloquence à
l'utilité publique. Dans les provisions de cette charge,
Louis XIV ne se contente pas de rappeller les services
qui lui avoient été rendus par les aïeux de M. de Plantade : sa majesté paroît aussi attentive à récompenser le
zèle de celui-ci pour les sciences, en rappellant l'année
de l'établissement de la société, lorsqu'elle le nomma
directeur. En 1730, M. de Plantade se démit de sa
charge d'avocat général, & il obtint deux ans après des
lettres de conseiller d'honneur. La société s'étant chargée de la description géographique de la province de
Languedoc, & des différens diocèses qui la composent, elle confia le soin de lever les cartes nécessaires
pour l'exécution de ce projet à MM. de Plantade, Clapiès & Danysy. Ils firent ensemble la carte du diocèse
de Narbonne en 1729 ; ils se séparerent dans la suite,
& chacun travailla à part. M. de Plantade ne se borna
pas aux travaux de ses cartes : il saisit toutes les découvertes qu'il put faire sur la physique, l'histoire naturelle
& la géographie ancienne & moderne. En 1730, il lut
dans une assemblée publique, un mémoire où il entreprenoit de fixer la véritable position du *Forum Domitii,*
ville romaine, dont on ne connoît guère que le nom.
En 1732, il porta le baromètre sur les plus hautes montagnes des Pyrénées, & observa la suspension du mercure sur le sommet du mont Saint-Barthelemi, sur la
pointe orientale du Mousset, sur le pic du Canigou.
Quelques années après, il fut nommé à la place de secrétaire perpétuel de la société royale, vacante en 1737,
par la mort de M. Gauteron, qui avoit occupé cette
place dès la naissance de la compagnie. En cette qualité, M. de Plantade composa & lut les éloges de feu
M. Colbert, évêque de Montpellier, & de M. Gauteron dont on vient de parler. Enfin après avoir dressé les
cartes de treize diocèses du Languedoc, il partit au commencement de l'été de 1741, pour continuer ses travaux, & arriva le 24 août du même mois au Pic du
midi, montagne située dans le diocèse de Tarbes, &
que sa hauteur perpendiculaire d'environ quinze cens
toises, fait regarder comme une des plus hautes de l'Europe. Le lendemain 25, il entreprit de grimper sur cette
montagne dans l'idée flateuse d'y faire d'importantes découvertes ; commença à la pointe du jour, & monta
jusqu'à onze heures du matin ; mais se trouvant à la hauteur de quatre cens toises, il expira. Outre beaucoup
d'observations astronomiques, il a laissé plusieurs dissertations manuscrites sur différens points de littérature. On
a entendu parler de son ouvrage contre le pere Vecham-
bes, Jésuite, au sujet du mot latin *solemne,* que ce
dernier prétendoit devoir être écrit par une L & deux
N N ; au lieu que M. de Plantade soutenoit qu'on devoit
écrire *solemne :* sa dissertation est écrite en douze langues. * Extrait de l'éloge de M. de Plantade, par
M. Ratte, dans la relation de l'assemblée publique de
la société royale, tenue le 21 novembre 1743, à Montpellier, 1743, *in-4°.*

PLANTAGENET, nom de la famille royale d'Angleterre, qui commence avec GEOFROI, dit Plantagenet, comte d'Anjou, pere de HENRI II, roi d'Angleterre, & dont la branche masculine finit à EDOUARD
Plantagenet, comte de Warwick, que le roi Henri VII
fit décapiter, sous prétexte qu'il avoit été d'une conspiration avec Perkin-Warbeck. * Speed, *hist. de la
grande Bretagne.*

PLANTAGENET (Arthus) fils *naturel* d'E-
DOUARD VI, roi d'Angleterre, & d'*Elizabeth* Lucey,

épousa la sœur & l'héritière de *Jean* Grai, vicomte de
Lisle, dont les titres lui furent aussi accordés par Henri VIII, qui l'avoit pris en affection, le créa chevalier
de la Jarretiere, & le nomma gouverneur de Calais.
Quelques-uns des gens de Plantagenet ayant comploté
pour remettre Calais aux François, la conspiration fut
découverte, & Plantagenet, que l'on soupçonnoit y
avoir part, fut mis à la tour. Il prouva son innocence :
d'autres circonstances l'attesterent aussi, & on le remit
en liberté. Le roi lui envoya même sa bague en présent.
On assure qu'il en mourut de joie. Ce qui est vrai est
qu'on le trouva mort le matin dans son lit, le 3 de
mars 1541. * *Voyez* les historiens d'Angleterre ; &
Imhoff, *histoire généalogique des maisons d'Angleterre,*
p. 1, c. 6.

PLANTAVIT DE LA PAUSE (Jean) évêque de
Lodève & abbé de S. Martin de Ruricourt, dans le
diocèse de Beauvais, étoit né dans une famille noble,
du diocèse de Nîmes, mais engagée dans les erreurs de
Calvin. Il les professa même en qualité de ministre à Beziers, & abjura ses erreurs dans la cathédrale de la même ville l'an 1604. Depuis il s'attacha uniquement à la
théologie, qu'il étudia à la Fléche sous les Jésuites, &
qu'il cultiva pendant qu'il demeura au collège de
Foix à Toulouse, où il se lia particulièrement d'amitié
avec MM. de Marca & Bosquet. Ensuite, il fit un voyage
à Rome ; & à son retour il fut grand vicaire du cardinal
de la Rochefoucauld, grand aumônier de France. On
le choisit pour être aumônier d'Elizabeth de France,
reine d'Espagne ; & on l'éleva enfin à l'évêché de Lodève en 1625. Il s'acquitta des fonctions de cette dignité
jusqu'en 1648, que ses incommodités l'en rendant incapable, il la remit à François Bosquet. Ce digne prélat
se retira au château de Margon, dans le diocèse de Beziers, où il mourut le 28 mai de l'an 1651, âgé de
75 ans. Nous avons divers ouvrages de sa façon. Une
histoire des évêques de Lodève ; *Planta vitis, seu thesaurus synonymicus, hebraico-chaldaico-rabbinicus; Florilegium rabbinicum, & Florilegium biblicum, &c.* en
trois volumes *in-fol.* imprimés à Lodève en 1644 &
1645. * Bayle, *diction. crit.*

Notre évêque étoit cousin issu de germain de GABRIEL
Plantavit, seigneur de Marossen, fils d'un écuyer du roi
Charles IX, & chevalier de l'ordre de S. Michel. Il
fut conseiller d'état, ambassadeur à Rome, en Savoye
& en Espagne, & fut tué au siége de Montauban en
1621, à son retour d'Espagne, & venant rendre compte de son ambassade au roi Louis XIII, qui assiégeoit
cette place. Son neveu FRANÇOIS Plantavit, II du nom,
ne se voyant qu'une fille, vendit la terre de Margon à
l'évêque de Lodève. Ce prélat étoit oncle de Théophile-
François Plantavit de la Pause, seigneur de Margon,
& de Beteyrac, au diocèse de Béziers, qui après avoir
servi dans sa jeunesse, se retira auprès de son oncle,
qui le convainquit des erreurs qu'il avoit sucées avec le
lait, & lui en fit faire une solemnelle abjuration, qui fut
suivie d'une vie très-chrétienne, sur-tout pendant ses
trente dernieres années, qu'il consacra à l'unique affaire
de son salut. Il vécut 100 ans, ayant une complexion
si robuste, qu'il ne s'étoit jamais purgé ni saigné. Il jeuna
toujours selon les commandemens de l'église, & fit tous
les carêmes dans toute la rigueur de l'ancienne discipline, sans vouloir jamais en être dispensé. Son esprit &
sa mémoire ne baisserent point dans cette vieillesse, où il
n'eut d'autre incommodité que la surdité, & quelque foiblesse dans les jambes. Il tomba enfin malade d'un rhume,
& après huit jours d'agonie des plus violentes, il mourut le premier mars 1708, ayant eu entr'autres enfans,
Joseph-Gaspard, chevalier de Malte, mort en 1682 ;
François, capitaine de vaisseau, & l'aîné de tous, JEAN
Plantavit de la Pause, seigneur de Margon, &c. brigadier des armées du roi, chevalier de l'ordre de saint
Louis & lieutenant de roi en Languedoc, qui a eu trois
garçons. * *Mercure d'avril* 1708.

PLANTIN (Christophe) imprimeur célèbre, natif

de Morit-Louis, bourg à deux lieues de Tours, savoit les lettres & les langues, & se servoit de son érudition dans plusieurs préfaces qu'il a lui-même composées pour les excellens ouvrages qui sortoient de son imprimerie. Il se retira à Anvers, & fut le premier qui mit l'impression dans son véritable lustre; ce qu'on admire dans les éditions de ses livres, dont on prétend que les caractères étoient d'argent. Ce qui a contribué à l'exactitude des éditions de Plantin, sont les soins de plusieurs habiles correcteurs dont il se servoit, comme de Victor Giselin, Théodore Pulman, Antoine Gesdas, François Hardouin, Corneille Kilien & François Raphelenge, qui devint son gendre. Plantin avoit une très-belle bibliothéque, qu'il laissa à Balthasar Moret son petit-fils. Il mourut en 1598, âgé de 75 ans.

☞ PLANTIUS (Guillaume) natif du Mans, a fait la vie du célèbre Fernel. Vander Linden (De scriptis med.) lui attribue aussi les ouvrages suivans: Galeni commentarii in aphorismos Hippocratis, latinitate donati & annotationibus illustrati, Lugduni 1536, in-8°. Annotationes in Joannis Fernelii methodi medendi libros septem: ces notes se trouvent jointes aux œuvres de Fernel. Disputatio de partu cujusdam infantulæ Agennensis, an sit septimestris, an novem mensium? Ce traité a été mis avec les œuvres de Jacques Sylvius, partie VI, édit. de Genève, chez Jacques Chouet, 1630, in-fol.

PLANUDES (Maxime) moine de Constantinople, florissoit vers l'an 1327. L'empereur Andronic le Vieux l'envoya en ambassade à Venise avec Léon. Possevin assure néanmoins qu'il vivoit du temps du concile de Basle, qui fut commencé en 1431. Il fit un recueil d'épigrammes des anciens en 7 livres, après en avoir retranché celles qui lui paroissoient trop puériles, ou qui renfermoient des obscénités. Il publia, selon le père Vavasseur, Jésuite, & quelques autres après lui, les fables que l'on attribue à Esope, & en fit la vie, qui est plutôt un roman qu'une histoire. Il traduisit les métamorphoses d'Ovide de latin en grec, & travailla même, dit-on, à la version des commentaires de César, & de quelques ouvrages de S. Augustin, de Macrobe & du songe de Scipion dans la même langue. Son attachement pour les sentimens de l'église latine, le fit jetter dans une prison, où on l'obligea à écrire contre cette même église. Il le fit à la vérité, mais avec des raisons si foibles, que le cardinal Bessarion, qui en étoit surpris, jugea que le cœur de Planudes n'avoit point de part à ce qu'on lui avoit fait écrire en cette occasion. * Raphaël Volaterran, l. 18 antropol. Genebrard, in chron. Possevin, in appar. sacr. Vossius, de hist. & poët. Græc. Joseph Scaliger. Gesner, &c. Baillet, jugemens des sav. sur les poët. Republiq. des lettres, décembre 1684.

PLAON (Pierre) voyez l'article suivant.

PLAOUL (Pierre) que quelques-uns nomment Playon & d'autres Plaust, docteur de Sorbonne, & évêque de Senlis, étoit originaire de Picardie, selon un manuscrit de la maison de Sorbonne (cotté 9.) M. Bourgeois du Chatenet, dans son supplément à l'histoire du concile de Constance, prétend qu'il étoit Liégeois. Il fut procureur de la maison & société de Sorbonne en 1384. Il eut le premier lieu de la licence en 1393. L'année suivante il fut fait chanoine de Notre-Dame de Paris & sous-chancelier. Il professa long-temps la théologie avec applaudissement, & l'on garde dans la bibliothéque de S. Victor un recueil manuscrit de ses leçons que l'on estime beaucoup. Lorsque la soustraction à l'obédience de Benoît XIII fut résolue en France dans un concile national, l'université de Toulouse se déchaîna contre cette soustraction par une lettre qu'elle écrivit au roi Charles VI. Cette lettre déplut à l'université de Paris; elle en demanda la condamnation, par la bouche de Jean Petit, docteur de Paris, comme injurieuse au roi & au royaume, & cette affaire avec celle de la soustraction ayant été renvoyée au parlement, Pierre Plaoul y harangua fortement contre la lettre de Toulouse. Jean

Juvenal des Ursins, avocat du roi, prononça le lendemain de cette harangue, que cette lettre de l'université de Toulouse seroit lacérée, & qu'on se retireroit de l'obédience de Benoît, parcequ'il n'avoit pas tenu la parole qu'il avoit donnée de céder, quand on la lui restitua. Pierre Plaoul harangua encore le 15 & le 16 décembre de la même année 1406, en présence du roi contre les deux concurrens à la papauté, Clément VII & Urbain VI. Il fut envoyé au concile général de Pise en 1409; & dans la XIII session, tenue le 29 mai, il y fit au nom de la faculté de théologie de Paris un discours qui fut fort applaudi, dans lequel il prouva entre autres, par plusieurs raisons, que Pierre de Lune étoit schismatique & hérétique opiniâtre: que comme il étoit de droit retranché de l'église de Dieu, & privé du pontificat, le concile devoit l'en retrancher, & le priver de fait du pontificat: que c'étoit-là l'avis des universités d'Angers, d'Orléans & de Toulouse. Il soutient fortement dans ce discours la supériorité des conciles généraux au-dessus des papes. Pierre Plaoul fut nommé peu de temps après évêque de Senlis. On ne sait si ce fut par Alexandre V, ou par Jean XXIII. Ce dernier le députa avec Alemanna Adimari, archevêque de Pise, vers l'université de Paris, qui lui donna audience le 13 novembre 1410, & dans cette députation on lui donna la qualité d'évêque de Senlis. Il mourut à Paris le 11 avril 1415, & fut enterré dans l'église de S. Marcel à côté de Pierre Lombard. Jean d'Acheux fut son successeur dans l'évêché de Senlis: il est ainsi qualifié dans le concile de Constance dès le 26 mai 1415. * Hist. des conc. de Pise & de Constance, par Lenfant. Histoire mss. des évêques de Senlis, par M. du Ruel, curé de Sarceiles.

PLATA, ville & province de l'Amérique méridionale. La ville de PLATA est située dans la province de los Charcas, avec archevêché fondé par le pape Paul V; car autrefois ce n'étoit qu'un évêché suffragant de Lima. Cet archevêché a pour suffragans le Pas ou Chuquiaca, San-Miguel-de-el-Estero, Santa-Cruz de la Sierra ou de Baranca, Santa-Trinidad de Buenos-Ayres, l'Assomption de la rivière de la Plata. Elle est grande, riche & renommée par ses mines d'argent qui lui ont donné son nom espagnol. La province de PLATA ou PARAGUAI est nommée par les Espagnols, provincia de rio de la Plata, c'est-à-dire, du fleuve d'argent, parcequ'elle est vers l'embouchure du fleuve du même nom. Ceux du pays le nomment Paranaguazu, & le considèrent comme un des plus grands du monde. Il naît du lac de los Xaraies en la province de Paraguai, qu'il coupe par le milieu; & ensuite ayant arrosé diverses provinces & grand nombre de villes, il se décharge dans la mer du Brésil par un canal qu'on dit avoir quarante lieues de large. C'est-là où est la province de Plata. La terre y est fertile en fruits, en grains & en coton. On y trouve de grandes prairies, & des marais pleins de cannes de sucre. Ses villes sont l'Assomption, Buénos-Ayres, Santa-Fé, Corientes, &c. Cherchez PARAGUAI.

PLATANE, village des Sidoniens, près de Beryte, où Herode le Grand fit garder ses deux fils Alexandre & Aristobule, pendant qu'on en délibéroit sur leur sort. * Josephe, antiq. l. 16, c. 17.

PLATANI, PLATANO, anciennement Camicus, Halycus, rivière de la vallée de Mazara en Sicile. Elle prend sa source dans les montagnes de Mandonia, reçoit le Salso & le Turbulo, & se décharge dans la mer de Barbarie, aux ruines d'Héraclée, & à six lieues d'Agrigente, vers le couchant. * Mati, diction.

PLATARI, anciennement Cale-Acte, c'est-à-dire, beau rivage. C'est un ancien bourg de l'isle de Negrepont. Il est sur la côte septentrionale, entre Caristo & Castaro, vis-à-vis de l'isle de Sciro. * Mati, diction.

PLATÉE, ville de la Béotie, a été célèbre par son temple de Jupiter Libérateur. C'est près de cette ville que Pausanias & Aristides, généraux des Athéniens & des Lacédémoniens, défirent sous la LXXV olympiade, l'an 479 avant J. C. Mardonius général des Perses. 1 commencement de la guerre du Peloponnèse, & l'an 431 avant J. C. les Thébains furprirent Platée, furent enfuite égorgés par les habitans. Ils s'en vengent-depuis, & ruinerent cette ville en l'an 373 avant C. trois ans avant la bataille de Leuctres. Elle avoit fja souffert le même malheur, lorfqu'elle fut prife par s Lacédémoniens. * Thucydide, l. 2. Diodore, l. 2. aufanias, in Beot. Strabon, &c.

PLATEN (Henri de) confeiller intime du roi de ruffe, doyen de l'églife cathédrale de Magdebourg, prévôt & tréforier des églifes de S. Etienne, de S. Nicolas & de S. Gangolphe, feigneur héréditaire de Dommertin, Fridebourg & Bœnnickenbecktic, &c. toit fils de Nicolas-Erneft de Platen, & d'Anne Ehrenraut de Platen. Il naquit le 8 novembre 1654, & it de fi bonnes études dans les univerfités de Leipfick & d'Altorf, qu'il poffédoit bien l'hiftoire, la philofophie, les mathématiques, le droit civil & public, la médecine & la théologie. Il fe perfectiona dans toutes ou quelques-unes de ces connoiffances durant les voyages qu'il fit en Allemagne, en Hollande, en France, en Angleterre & en Italie. Le 25 février 1681, il obtint la charge de gentilhomme de la chambre auprès de Frédéric-Guillaume, furnommé le Grand. En 1682, on lui donna la place de chanoine de Havelberg, & le 30 il eut ftallum in choro. En 1684, on le fit confeiller de la cour des finances & de la juftice, & il fut introduit dans ces emplois le 18 février. Le 13 janvier 1691, il devint chanoine de l'églife cathédrale de Magdebourg; & en 1693 on lui donna les appointemens de premier directeur des impôts, de premier commiffaire de la guerre, & de premier commiffaire du comté de Mansfeld. Frédéric III le fit fon confeiller intime le 19 février 1697, & le 28 septembre 1701, il fut unanimement élu doyen des chanoines de Havelberg; mais comme il ne pouvoit s'y trouver en perfonne, il remercia les électeurs le 16 octobre de la même année. Cependant le 3 de juin 1706, le chapitre de Magdebourg ne laiffa pas de lui offrir la place de doyen de leur chapitre. En 1713, Frédéric-Guillaume, roi de Pruffe, ayant établi la première année de fon règne, un commiffariat dans le duché de Magdebourg, Platen en fut nommé directeur; & il garda cette charge qu'il remplit au gré de fa majefté, pendant tout le temps que dura le commiffariat. Comme il étoit déja avancé en âge, il réfolut de fe démettre de tous fes emplois, & de paffer le refte de fes jours dans le décanat de l'églife cathédrale de Magdebourg, dont nous avons dit qu'il avoit été pourvu. Il mourut le 18 décembre 1734, âgé de quatre-vingts ans, un mois & douze jours, & fut enterré dans l'églife des chanoines de Magdebourg le 29 mars de l'an 1735. * Supplém. françois de Bafle.

PLATER (Thomas) recteur du collège de Bafle, né à Grænchen, village du pays de Vallais, en 1499, de parens très-pauvres, fut employé dès l'âge de 6 ans à garder les chevres, & vers l'âge de 10 ans, on le confia pour l'inftruire à un prêtre, qui, dit-on, le châtioit fi rudement, qu'il s'enfuit à Lucerne, enfuite à Zurich, & de-là à Meiffen. Il vifita auffi les écoles de Drefde, de Breslau, de Nuremberg & de Munich, vivant des charités qu'on lui faifoit; & cinq ans après il revint chez fon pere qu'il quitta encore peu après pour aller à Ulm, & enfuite à Seleftatt, où il étudia fous Jean Sapidus. Il avoit alors 18 ans; & quand il eut appris à lire il alla à Soleure, d'où il revint dans fa patrie où il apprit à écrire. Il paffa enfuite à Zurich, où il fut entretenu dans la maifon de la mere de Rodolphe Gualther, encore au berceau; & fréquenta le collège où Myconius enfeignoit. Revenu de nouveau dans fa patrie, & enfuite à Zurich, il s'y livra à l'étude avec une ardeur incroyable, & menoit une vie fi dure qu'il ne vivoit pour l'ordinaire que de pain & d'eau. On l'employoit à porter les lettres que Zwingle & Myconius s'écrivoient; Le dernier le reçut quelque temps après dans fa maifon; & ayant étu-

dié l'hébreu fous Bibliander, il l'enfeigna aux autres. Mais ayant entendu Zwingle prêcher contre les défordres du clergé, il renonça au defir qu'il avoit d'y entrer, & il aima mieux apprendre le métier de cordier. Pendant même fon travail il lifoit les poëtes Grecs, & Latins; & fon maître lui ayant enfin laiffé une heure libre chaque jour, il l'employa à faire des leçons publiques d'hébreu avec fon habit d'ouvrier. Il fuivit fon maître à la bataille de Cæppel, & après la paix il alla à Zurick, où à l'âge de 30 ans il époufa la fille de Myconius. Il fe retira enfuite en fon pays, où il exerça fon métier, vendit du fruit & du vin, & néanmoins ouvrit une école catholique, qu'il abandonna bientôt par les avis de Myconius, pour aller à Bafle avec fa femme & un enfant qu'il en avoit eu, & qu'il porta fur fes épaules, & il obtint d'abord la place de précepteur fous Oporin avec 40 florins d'appointemens. Son application à l'étude lui ayant caufé des vertiges, Epiphane, ci-devant médecin de l'électeur de Baviere, & puis de l'évêque de Bafle, s'offrit de le guérir, & même de lui apprendre la médecine, à condition qu'il entreroit à fon fervice comme domeftique, & fa femme comme fervante; & quelque dure que fût cette propofition, Plater l'accepta, & alla à cet effet à Porentru avec fa famille. Epiphane mourut peu après, & laiffa un livre de recettes que Plater copia avec Oporin; & étant retourné à Bafle, après un voyage fait à Zurick, il obtint dans cette derniere ville la chaire de profeffeur en grec, & y fervit de correcteur d'imprimerie pendant quatre ans chez Herwage. Il s'affocia enfuite avec Oporin & deux autres pour établir lui-même une imprimerie, & il fut reçu bourgeois à Bafle. Mais la fociété avec laquelle il s'étoit uni, s'étant endettée & divifée, il imprima feul & fe mêla de librairie. Il imprima plufieurs ouvrages pour le compte de Froben, d'Epifcopius, d'Herwage & d'Ifengrin, & eut toujours un grand nombre de penfionaires à fa table. Enfin cédant aux follicitations de fes amis, il abandonna la librairie, & accepta la chaire de recteur du collège avec 200 florins d'appointemens, dont 100 pour lui, & 100 pour l'entretien de trois fous-précepteurs. Il prit enfuite le dégré de maître-ès-arts; & ayant ainfi dirigé le collège de Bafle pendant 38 ans, il ceffa d'en exercer les fonctions à l'âge de 78 ans, à caufe du dépériffement de fa fanté, & mourut le 28 janvier 1582, âgé de 83 ans. Il a écrit lui-même l'hiftoire de fa vie, qui eft remplie d'événemens finguliers, d'aventures extraordinaires, & qui a plus l'air d'un roman que d'une hiftoire, & il l'a adreffée à fon fils FELIX qui fuit, & qui y a ajouté le récit & la date de la mort de fon pere.

PLATER (Felix) fils du précédent, naquit à Bafle en 1536. Il étudia la médecine pendant cinq ans à Montpellier, & enfuite dans fa patrie, où il prit le dégré de docteur. Il y époufa auffi Magdeléne Jeckelman, avec laquelle il vécut cinquante-fix ans. En 1557, le magiftrat le nomma médecin de la ville, & en 1560 il fut nommé profeffeur en médecine. Il en a exercé la profeffion pendant 57 ans, avec beaucoup de fuccès, & il s'eft vu plufieurs fois confulté pour Catherine, fœur de Henri IV, pour les maifons de Saxe, de Brandebourg, de Lorraine, de Wurtemberg & de Bade. Il n'étoit pas moins habile dans les méchaniques, dans la botanique, dans ce qui regarde les métaux, & même dans la mufique où il égaloit les meilleurs maîtres. Il fe fit un beau cabinet de livres, & principalement d'antiquités, & mourut de phthifie & d'hydropifie le 28 juillet 1614, âgé de 78 ans. On a de lui, De fabrica & ufu corporis humani tractatus, avec des figures: Praxeos libri tres : Obfervationum libri tres. Il avoit travaillé pendant 62 ans à cet ouvrage, qu'il ne publia que l'année de fa mort. Il a publié encore un traité latin des fievres. Ceux qu'il a faits en latin fur la compofition des remedes, fur les alimens, & un autre des animaux, des plantes, &c. que la terre produit, ne font pas imprimés.

PLATER (Thomas) frere du précédent, né à Bafle

en 1574, fut adopté par fon frere dès l'âge de huit ans, & s'appliqua auffi à la médecine comme fon frere, auquel il fuccéda dans les emplois de profeffeur en médecine, & de médecin de la ville. Il s'eft rendu célebre par fes écrits, & eft mort en 1628.

PLATER (Felix) fils du précédent, né à Bafle en 1608, & médecin, fut profeffeur en phyfique, & enfuite membre du confeil & médecin de la ville. Il mourut en 1671, laiffant deux fils, 1. Felix qui étudia en médecine, foutint des thèfes pour le doctorat, & laiffant là enfuite toutes fes études, alla en France où il eut une compagnie Suiffe, & fut enfin lieutenant-colonel ; 2. François, né le 2 mai 1645, qui exerça la médecine à Bafle pendant près de 40 ans, fut médecin de l'évêque de cette ville, mourut le 17 de novembre 1711, & fut le dernier de fa famille. Il a ajouté Mantiffa obfervationum medicarum, à celles de fon pere.

PLATIERE (la) maréchal de France, cherchez BOURDILLON.

PLATINE (Barthélemi) hiftorien, né de parens de baffe extraction, à Piadena, en latin, Platina, bourg du territoire de Crémone, vivoit dans le XV fiécle. Son nom de famille étoit Sacco, & il prit celui du lieu où il étoit né. Il fuivit du parti des armes ; & étant venu à Rome fous le pontificat de Callifte III, il obtint par le crédit du cardinal Beffarion, quelques bénéfices fous Pie II, & une des charges d'abréviateur apoftolique. Platine ne trouva pas la même protection auprès du pape Paul II. Plufieurs ennemis l'ayant deffervi auprès de ce pape, il fut dépouillé de tous les emplois qu'il poffédoit, & enfermé dans une étroite prifon, où il fut mis plufieurs fois à la queftion, & fouffrit plufieurs autres traitemens extraordinaires, jufqu'à la mort de ce pape. Il en fortit, & fut accufé d'avoir trempé dans une confpiration avec Callimachus Experiens. Depuis il fut encore déféré pour crime d'héréfie ; mais il fut abfous après un an de prifon. Sixte IV lui fut plus favorable, & lui donna, outre tous les emplois dont il avoit été dépouillé, le foin de la bibliothéque du Vatican. Il écrivit la vie des papes jufqu'à Paul II, dédia cet ouvrage à Sixte IV fon bienfaiteur, & mourut de pefte à Rome l'an 1481, âgé de 60 ans. Ses vies des papes font écrites avec beaucoup de liberté, d'un ftyle paffable, mais non avec toute l'exactitude & tout le difcernement que l'on pouroit fouhaiter. Il a outre cela compofé plufieurs ouvrages de philofophie morale en forme de dialogues, De falfo & vero bono, l. 1. De vera nobilitate, l. 1. De optimo cive, l. 1. In laudem Beffarionis, cardinalis panegyricus. De pace Italiæ componenda, & bello Turcis indicendo. Ses œuvres ont été imprimées à Cologne en 1529 & 1574, & à Louvain en 1572. Il avoit auffi fait un ouvrage fur les moyens de conferver la fanté, de la nature des chofes, & de la fcience de la cuifine, dédié au cardinal de la Rovere, imprimé à Bologne en 1498, & à Lyon en 1541, fur lequel Sannazar a fait cette épigramme :

Ingenia & mores vitafque obitufque notaffe
Pontificum, argutâ lex fuit hiftoriæ.
Tu tamen hinc lautæ tractas pulmenta culinæ :
Hoc, Platina, eft ipfos pafcere Pontifices.

Platine eft encore auteur d'une vie de Nério Capponi. Cette vie qui eft curieufe & utile pour l'hiftoire de ce temps-là, après avoir été long-temps cachée, a été enfin publiée en 1731, par M. Muratori, dans le tome XX de fa collection des écrivains de l'hiftoire d'Italie. Cette vie eft en latin, & dédiée à Gini Capponi, fils de Nério. Dans le tome fecond de la même collection, on trouve un autre ouvrage de Platine, qui eft beaucoup plus confidérable. C'eft une hiftoire latine de Mantoue, depuis fon origine jufqu'en 1464. Lambécius l'avoit déja donnée au public pour la premiere fois : cette édition de M. Muratori eft la feconde. * Jacques de Bergame, in fupplem. chron. Volaterran, antr. l. 21. Paul Jove, in elog. c. 19. Trithème & Bellarmin, de fcript. ecclef.

Léandre Alberti, in defcript. Veron. Voffius, l. 4 de hift. Lat. Gefner, in biblioth. Poffevin, in appar. facr. &c.

PLATON, poëte, vivoit fous la LXXI olympiade, & vers l'an 496 avant J. C. Il étoit contemporain d'Euripide & d'Ariftophane, & plus ancien que le célebre philofophe Platon d'environ 30 ans. Il paffe pour le chef de la moyenne comédie. Il avoit fait vingt-huit comédies ; mais il ne nous en eft refté que quelques petits fragmens, qui font encore affez connoître en cet état, que c'étoit un des bons auteurs de la langue grecque. * Diogène Laërce, in Plat. l. 3. Athenée, l. 3, 6, 7 & 10. Julius Pollux, l. 6, c. 33 ; l. 7, c. 29 ; l. 10, c. 24. Ger. Joan. Voff. inftit. poëtic. & de poët. Græc. Suidas, lexic. où il fait l'énumération de toutes les comédies de Platon. Lil. Girald. Olaüs Borrich. Jean le Fevre, abrégé des vies des poëtes Grecs. Baillet, jugem. des favans fur les poëtes Grecs.

PLATON, fils d'Arifton, philofophe d'Athènes, & chef de la fecte des Académiciens, naquit vers l'an 429 avant J. C. fous la LXXXVII olympiade. On dit qu'il s'adonna à la peinture, qu'enfuite il devint poëte, & qu'entraîné par l'amour de la philofophie, il s'y attacha depuis entierement. Il fut difciple de Cratyle, qui fuivoit les fentimens d'Héraclite & d'Hermogène, fectateur de Parménide. Enfuite il s'attacha à Socrate, après la mort duquel il voulut entendre Euclide à Mégare, Théodore le mathématicien à Cyrène, & enfin Philolaüs & Eurytus Pithagoriciens dans la grande Grece. Ce defir de s'inftruire fut caufe qu'il voyagea en Egypte, pour y confulter les prêtres, & l'auroit même fait paffer jufque dans les Indes pour y conférer avec les Gymnofophiftes, fi les guerres d'Afie n'euffent rompu toutes fes mefures. C'eft dans le voyage qu'il fit en Egypte, que l'on croit qu'il eut connoiffance de la religion judaïque. Clément d'Alexandrie approuve dans le I livre de fes ftromates, le mot de Numenius Pithagoricien, qui nommoit Platon le Moyfe Athénien. Plufieurs peres ont admiré la conformité qu'il y a en beaucoup de chofes entre la doctrine de Platon & celle de l'ancien teftament. Etant de retour à Athènes, il y enfeigna dans le lieu nommé académie, d'où fes difciples furent nommés Académiciens, & fa doctrine académique. Il fit trois voyages en Sicile ; le premier, pour découvrir la caufe des feux du mont Etna ; en revenant de ce voyage, il fut pris par des pirates & fait efclave. Nicetes le Cyrénéen le racheta. Dans le fecond & le troifieme voyage il tâcha de réconcilier Denys le Tyran avec Dion. Il mourut à l'âge de 81 ans, fous la CVIII olympiade, environ 347 ou 348 ans avant J. C. Le fyftême de fa philofophie étoit compofé de ce qu'avoient conçu de plus jufte, trois des plus excellens efprits de la Grece. Car pour la phyfique & pour les chofes qui tombent fous les fens, il voulut fuivre Héraclite ; il déféra dans la logique & en tout ce qui dépend du feul raifonnement, à Pythagore, & pour la morale il s'attacha à fon maître Socrate. Toute fa philofophie étoit comprife dans dix dialogues qu'il avoit compofés, où il exprimoit fes fentimens fous les perfonnages de Socrate & de Timée ; & ceux des autres fous les perfonnages de Gorgias & de Protagoras. Il a cru qu'il n'y avoit qu'un Dieu fouverain ouvrier de toutes chofes ; mais il admettoit d'autres divinités, comme les démons & les héros. Au refte, fon ouvrage de la république, & fon opinion des idées, ont donné lieu à un grand nombre de difputes. Tertullien dit de ces derniers dans le traité de l'ame, qu'il avoit un chagrin extrême de voir que tous les hérétiques empruntoient de Platon des armes pour combattre la vérité, & foutenir leurs impoftures. Il les appelle dans le même endroit, les myfteres hérétiques des idées ; hæretica idearum facramenta ; & il conclut qu'elles ont été la fatale femence des rêveries des Gnoftiques : In ideis Platonicis Gnofticorum hæretica femina relucere. Il faut pourtant avouer que les premiers peres de l'églife ont prefque tous été Platoniciens, & qu'ils ont plus fait d'état de la doctrine de l'académie, que de celle de tous les autres philosophes. Nous voyons aussi que S. Augustin proteste dans le VII livre de ses confessions, qu'il s'est servi fort heureusement de leurs livres pour se faciliter l'intelligence de beaucoup de vérités orthodoxes, & qu'il avoit trouvé dans quelques-uns presque tout le commencement de l'évangile de S. Jean. S. Justin martyr, Clément Alexandrin, Eusebe & divers autres avoient déja dit que Platon avoit pénétré dans le mystere de la Trinité. François Patrice, célebre professeur à Rome, présenta au pape Grégoire XIV en 1591 une philosophie universelle, dont la préface contient l'éloge des livres de Platon, & les louanges qui lui ont été données par les premiers peres de l'église, S. Denys, S. Justin, S. Clément Alexandrin, Origene, S. Cyrille, S. Basile, Eusebe, Théodoret, Arnobe, Lactance, S. Augustin, S. Ambroise & plusieurs autres. Ce savant professeur s'étend plus au long sur ce sujet dans ses *discussions péripatéticiennes*, & dans un livre qu'il a intitulé, *Aristoteles Exoteticus*, où il fait comparaison des opinions de Platon avec celles d'Aristote, dont le parallele montre évidemment que Platon a des sentimens plus conformes au christianisme, & qu'Aristote a des erreurs qui peuvent favoriser les hérétiques. Voici le parallele que ce professeur en a fait.

1. Platon assure en plusieurs endroits, qu'il n'y a qu'un Dieu. Aristote reconnoît un premier moteur; mais il lui joint cinquante-six autres dieux qui donnent le mouvement aux corps célestes: ainsi il fait une anarchie ou une polyarchie, c'est-à-dire, un monde sans souverain, ou gouverné par plusieurs souverains.

2. Platon dit que Dieu est un être très simple. Aristote lui donne le nom de ζῶον, animal.

3. Platon appelle Dieu *la souveraine Sagesse*, qui connoît tout. Aristote dit qu'il ignore les choses particulieres.

4. Selon Platon, Dieu a créé le monde. Selon Aristote, le monde est éternel, & de rien il ne se peut rien faire.

5. Selon Platon, Dieu est au-dessus de tout être & de toute essence. Selon Aristote, Dieu est une substance.

6. Platon dit que Dieu est au-dessus de tous les corps. Aristote veut qu'il soit attaché au premier mobile.

7. Platon assure que Dieu gouverne le monde & toutes ses parties. Aristote soutient que le monde est gouverné par la nature & le hazard.

8. Platon croit qu'il y a des démons, ou purs esprits. Aristote n'en parle point.

9. Dans l'opinion de Platon, Dieu a créé l'ame humaine. Dans celle d'Aristote, l'ame est un acte du corps, c'est-à-dire, tirée de la matiere.

10. Platon dit que l'ame est immortelle. Aristote la fait mourir avec le corps.

11. Selon Platon, les hommes ressuscitent après leur mort. Selon Aristote, cela est impossible: *A privatione ad habitum non fit egressus*. On peut voir le reste dans les ouvrages de François Patrice, que nous avons cités ci-dessus.

Zonare dans son histoire, dit qu'en 796, sous l'empire de Constantin VI & d'Irene sa mere, on ouvrit un sépulcre fort ancien, dans lequel on trouva un corps mort que l'on crut être celui de Platon, qui avoit une lame d'or à son col, avec cette inscription: *Christ naîtra d'une vierge, & je crois en lui; & tu me verras encore une autre fois, au temps d'Irène & de Constantin*. Cette découverte fabuleuse a été honorée des réflexions de S. Thomas, 2 *quaest. art.* 7; de Paul Diacre, *l.* 23; de Sigebert, *dans sa chron.* de Genebrard, *l.* 3; du P. Canisius, *l.* 2 *de beatâ Virgine*. * Diogene Laërce, *en sa vie, l.* 3. Cicéron, Seneque, Plutarque, S. Justin, Eusebe, S. Augustin, cités par le cardinal Bessarion, *in calumn. Plat.* Marsile Ficin, *in Phil.* Platon, Vossius, *de sect. phil. c.* 12. La Mothe le Vayer, *de la vertu des païens*. Meursius, &c.

PLATON, philosophe, disciple de Panétius, étoit de Rhodes, & est différent d'un autre PLATON qui fut de l'école d'Aristote.

PLATON (Saint) abbé en Bithynie, puis à Constantinople dans les VIII & IX siécles, né vers l'an 734, étoit fils de Serge & d'Euphémie, tous deux illustres par leur noblesse, qu'il perdit étant fort jeune, & se retira bientôt du monde. Il quitta Constantinople, & se mit sous la conduite de Théoctiste, dans un monastere de Bithynie, dont il fut supérieur après la mort de Théoctiste. Étant venu à Constantinople en 775, il y fut admiré, & refusa les abbayes & les évêchés qu'on lui offrit; mais du temps de l'impératrice Irene, il accepta la supériorité du monastere de Saccudie près de Constantinople. Il soutint fortement le culte des saintes images contre les Iconomaques, & se déchargea en 794 du gouvernement de ce monastere, sur Théodore Studite, son neveu. Il reprit hardiment l'empereur Constantin, de ce qu'il avoit répudié sa femme légitime, pour épouser Théodate, l'une des filles de sa mere, & fut presque le seul avec son neveu Théodore, qui s'opposa à ce mariage. Constantin le fit enfermer dans une cellule, où il n'avoit communication avec personne, dont il fut délivré en 797, après la mort de Constantin: il fut néanmoins obligé par les courses des barbares de quitter le monastere de Saccudie, & de se retirer dans celui de Stude avec son neveu Théodore. L'empereur Nicéphore ayant fait rétablir dans la charge d'économe de l'église de Constantinople, Josephe, qui avoit marié Constantin avec Théodate, Platon & ses neveux s'y opposerent. L'empereur le fit arrêter Platon, l'envoya en exil dans une isle du Bosphore, & le fit changer diverses fois de lieu d'exil. L'empereur Michel le rappella en 812. Il mourut dans le monastere de Stude la veille des Rameaux de l'an 813. On fait sa fête dans les églises grecque & latine au 4 avril. * Théodore Studite, *apud Bollandum*.

PLATUS (Guillaume) religieux conventuel de S. François, mort vers le milieu du dix-septieme siécle, a écrit, *De suprema autoritate Petri*, en deux tomes, & d'autres traités de piété en italien. Il étoit né à Mondaino dans la Romagne; & dès l'âge de dix-sept ans, il avoit enseigné la philosophie dans son ordre. * Ghilini, *théat. d'huom. letter.*

PLATUS (Jérôme) Jésuite, natif de Milan, fut secrétaire du P. Aquaviva, général de sa compagnie, & mourut en 1591, âgé d'environ 46 ans. Il dédia son ouvrage, *De bono statu religiosi, & de cardinalis dignitate*, à FLAMINIUS PLATUS son frere, qui étoit cardinal. Un autre de leurs freres DOMITIUS PLATUS, est mort après l'an 1641, âgé de plus de 80 ans, & a composé quelques livres de dévotion. * Alegambe, *bibliot. script. soc. Jesu.*

PLAUTE (Marcus Actius Plautus) poëte comique Latin, étoit de Sarsine, ville d'Ombrie, ou, pour parler selon la géographie moderne, du duché de Spolete & de la Romandiole, & fut en grande réputation à Rome, où il composa la plupart de ses piéces. On dit que s'étant voulu mêler du négoce, & y ayant perdu tout ce qu'il avoit, il fut obligé, pour vivre, de se louer à un boulanger, pour tourner une meule de moulin. Dans ce fâcheux exercice, il employoit quelques heures à la composition de ses comédies, dont il ne nous reste que vingt, quoiqu'on lui en attribue d'autres qui se sont perdues. S. Jérôme dit qu'il mourut sous la CXLVI olympiade; mais il y a plus d'apparence que ce fut sous la CXLIX olympiade, en l'an 184 avant J. C. sous le consulat de Publius Claudius Pulcher & de Lucius Portius Licinius, comme nous l'apprenons de Cicéron. Au reste, le succès des comédies de Plaute fut très-grand à Rome, lorsqu'il les donna au public, & long-temps même après sa mort. On admiroit surtout en lui cette facilité de génie & cette pureté de style, qui étoit si grande, que Varron, très-bon connoiſſeur, ne ſeignoit point d'aſſurer que ſi les muſes euſſent voulu parler le langage des hommes, elles euſſent emprunté celui de Plaute, pour s'en acquitter avec plus de grace. Le peuple étoit charmé de ſes bons mots, dont la plupart étoient goûtés des plus honnêtes gens. Cicéron reconnoiſſoit dans Plaute cet agrément naturel, qu'il appelle *urbanité Attique* ; mais comment accorder ce jugement avec celui d'Horace, ſelon lequel les anciens Romains avoient tort de rire des plaiſanteries de Plaute, & trop de patience, pour ne pas dire de folie, pour les écouter avec admiration ; à moins de convenir, comme on ne peut s'en diſpenſer, que ſi Plaute abonde en railleries & en plaiſanteries ingénieuſes, il en laiſſe quelquefois échaper de froides & d'inſipides ? Quant à la maniere dont Plaute a traité ſes ſujets, quoiqu'il les ait choiſis fort ſimples, & qu'il les ait tournés avec variété & vivacité, il eſt ſur qu'il s'abandonne trop à ſon génie, & qu'il eſt beaucoup au-deſſous de Térence pour cette juſteſſe & cette économie qui doivent régler le cours d'une piéce de théatre. Les traits aſſez fréquens qui ſe rencontrent dans ce poëte contre les déreglemens de ſon temps, & les deſcriptions qu'il y a faites des lieux, des mœurs & des habillemens d'alors, le rendent en beaucoup d'endroits, très-obſcur pour nous; de ſorte que ſouvent les commentateurs devinent plutôt qu'ils n'interpretent. M. de Lœuvre (*Joannes Operarius*) nous a donné un aſſez bon commentaire ſur Plaute, à l'uſage de monſeigneur le Dauphin ; & madame Dacier a traduit quelques-unes de ſes piéces en françois, avec de fort bonnes remarques. Les vingt comédies de Plaute qui nous reſtent, ſont l'*Amphitrion*, l'*Aſinaria*, l'*Aulularia*, les *Captifs*, le *Curculio*, la *Caſina*, la *Ciſtellaria*, l'*Epidicus* qui eſt une de ſes meilleures piéces, les *Bacchides*, la *Moſtellaria*, les *Menæchmes*, le *Soldat glorieux*, le *Marchand*, le *Pſeudolus*, le *Pœnulus*, le *Perſa*, le *Rudens*, le *Stichus*, le *Trinummus* & le *Truculentus*. Entre toutes ſes comédies, il n'y en a pas une qui n'ait ſes beautés particulieres, mais celle de l'Amphitrion ſemble être la plus eſtimée : elle a des agrémens dont la comédie françoiſe a ſu ſe parer avec beaucoup d'avantage. Pour bien juger de l'eſprit de Plaute & de ſes comédies, voyez une diſſertation excellente ſur ce poëte, dans les jugemens des ſavans de M. Baillet ſur les poëtes Latins, à l'article de Plaute; & la préface de madame Dacier ſur les traductions de quelques-unes de ces comédies.

Entre les diverſes éditions qu'on a faites de Plaute, celles de Douza & de Gruter ont paru aſſez bonnes ; mais on leur a préféré dans la ſuite celle de Pareus, celle de Taubman, celle de Gronovius, & celle de M. de Lœuvre, à l'uſage de monſeigneur le Dauphin. M. Capperonnier vient d'en donner une nouvelle édition, ſupérieure à toutes les autres pour l'exactitude. Elle a paru en 1759, chez Barbou, en trois volumes *in-12*, très-bien imprimés. * Cicero, *in Bruto*, *l.* 1 de offic. *l.* 3 de orat. Horace, *l.* 2, *ep.* 1. S. Jérôme, *in chron.* Lilio Giraldi & Crinitus, *de vit. poët.* Aulu-Gelle, *l.* 3, *c.* 3.

PLAUTICA (Urgulanilla) née d'un pere qui avoit triomphé, fut la premiere femme de *Claude*, dont elle eut un fils qui s'étrangla, en voulant retenir dans ſa bouche une poire qu'il avoit jettée en l'air ; outre une petite fille nommée *Claudia*, qui avoit été promiſe au fils de Séjan, & que Claude ne voulut point reconnoître pour être à lui. En effet, l'hiſtoire dit qu'il n'en étoit pas le pere. * Tacite & Suétone.

PLAUTIEN (Fulvius *Plautianus*) homme de baſſe naiſſance, s'éleva à une grande fortune ſous l'empire de Severe qui le fit préfet du prétoire en 202, & le combla de bienfaits & de richeſſes. L'année ſuivante il le fit conſul, & fit épouſer ſa fille à Caracalla. Hérodien dit que Plautien étoit un homme ſi cruel & ſi ſuperbe, que c'étoit un crime de le regarder au viſage. Il perſécuta les chrétiens avec une fureur extrême vers l'an 203 & 204. Sévere le fit tuer dans le palais, ſoit que Plautien eût

conſpiré contre lui, ſoit que, pour ſe défaire d'un homme inſolent & ſéditieux, il prît le prétexte de ce mauvais deſſein. On relégua ſon fils Plautius & ſa fille Plautilla dans l'iſle de Lipari, où après avoir beaucoup ſouffert de miſere, ils furent mis à mort par ordre de Caracalla. * Dion. Hérodien & Spartien, *in Sever & Carac.* Euſébe, *l.* 5 hiſt.

PLAUTIUS, poëte comique, comme nous l'aſſure après Varron, Aulu-Gelle, *l.* 3, noct. att. c. 3, dont on avoit confondu les piéces avec celles de Plaute, quoiqu'on dût les diſtinguer, & appeller les unes *Plautines*, & les autres *Plautiennes*, comme le remarque Aulu-Gelle.

PLAUTIUS Sylvanus, conſul en 752 de Rome, & deux ans avant l'ere chrétienne, &c.

PLAUTIUS (Aulus) premier des conſulaires qui réduiſit la grande Bretagne en forme de province. * Tacite, *in vita Agricol.*

PLAUTIUS (Lateranus) adultere de Meſſaline, déſigné conſul, ayant conjuré contre Néron, eut la tête tranchée ſous le conſulat de Silius Nerva & d'Atticus Veſtinus. * Tacite, annal. *l.* 2. Arian. Epictet. *l.* 1.

PLAUTIUS ou L. PLOTIUS, Gaulois. *Cherchez* PLOTIUS.

PLAUTIUS (Baptiſte, ou Jean-Baptiſte) critique, grammairien & orateur, qui a vécu dans le XV ſiécle & dans le XVI, étoit de Parme. Il étudia à Boulogne en Italie ſous Philippe Béroalde & ſous Jean-Baptiſte Pio. Son mérite le fit admettre enſuite dans la maiſon de Jean-François Aldovrandi, où il trouva preſque tous les livres qu'il pouvoit deſirer pour étudier ſolidement, & tous les autres ſecours qui étoient néceſſaires pour faire un profit avantageux de ces livres. Comme il y joignoit un vrai deſir d'apprendre, il ne tarda pas à faire de grands progrès. Il réſolut de compoſer un commentaire ſur les ſatyres de Perſe, & il le dédia à Jacques-Antoine de Saint-Vital, chevalier, comte de Beaufort, dont il loue l'amour pour les lettres & pour ceux qui les cultivoient. On trouve le commentaire de Plautius dans une édition de Perſe, faite à Veniſe en 1520, & joint aux commentaires du philoſophe Cornutus, de Barthélemi Fontius & de Jean Britannicus; mais nous ignorons ſi c'eſt-là la premiere édition du travail de Plautius. Son commentaire a été donné de nouveau en 1523 à Paris, *in-fol.* avec ceux de Joſſe Badius - Aſcenſius, de Jean Britannicus, d'Antonius Nebriſſenſis & de quelques-autres; & encore en 1544, & peut-être pluſieurs autres fois depuis. Plautius dit dans ſon épitre au comte de Beaufort, que ſon commentaire ſur Perſe eſt le premier fruit de ſes travaux littéraires, & qu'il n'avoit que vingt-un ans, lorſqu'il le compoſa : cependant dans l'édition de 1520, Philippe Béroalde parle de ce commentateur, comme d'un homme déja conſommé dans la ſcience : *Plautius apprimè ſtudioſus, doctus, ingenii acumine præpollens, & mihi diſcipulus, nuper condidit hæc annotamenta, ad enodandos Perſii ſatyrographi nodos mirè conducentia.* On trouve dans la même édition des épigrammes de Jean-Baptiſte Pio, de Nicolas & de Camille Aldovrandi, à la louange du même commentateur. Le témoignage de Philippe Béroalde eſt une preuve que Plautius avoit fait l'ouvrage dont il s'agit, avant 1520; puiſque Béroalde eſt mort en 1505, s'il eſt queſtion de Philippe Béroalde *l'ancien*, comme il y a lieu de le croire: le fait eſt encore vrai, ſi c'eſt Philippe Béroalde *le jeune*, qui a été le maître de Plautius, ce ſecond Béroalde étant mort en 1518. * Voyez le *Specimen variæ litteraturæ Brixianæ*, &c. de M. le cardinal Querini, premiere partie, pag. 132 & 133 ; & la *Bibliothéque latine* de Jean-Albert Fabricius, tom. I & II, aux articles de Perſe.

PLAWEN, petite ville du duché de Meckelbourg en baſſe Saxe. Elle eſt dans la Vandalie, ſur le lac de Plawen, à l'endroit d'où ſort la riviere d'Elde, & à ſept lieues de Guſtrow vers le midi. * Mati, *diction.*

PLAWEN, ville de la Miſnie en haute Saxe. Elle eſt

capitale du Voigtland, & située sur l'Elster, à fix lieues de Swikaw, vers l'occident méridional. * Mati, *lion.*

PLAZENCIA, ville d'Espagne. *Cherchez* PLAISANCE.

PLÉBÉIENS. On appelloit ainsi chez les Romains la seconde classe du peuple ; car ce qu'on appelloit *Populus Romanus*, étoit divisé en deux classes ; celle des patriciens & celle des plébéiens ; & ce partage avoit commencé dès le temps de Romulus. Dans le commencement, les patriciens avoient tous les honneurs & toutes les charges. Quand les rois furent chassés, les patriciens furent divisés en deux ordres ; l'ordre équestre, & l'ordre des sénateurs. Jusqu'à l'an de la fondation de Rome 259, les patriciens ne s'allioient point avec les plébéiens ; mais en cette année, dans laquelle Virginius & T. Véturius étoient consuls, les plébéiens irrités par les mauvais traitemens que leur faisoient souffrir les patriciens, & animés par Siccius, se retirèrent sur une montagne proche de Rome, qui fut appelée depuis *sacrée*, & n'en revinrent qu'à condition qu'ils auroient des magistrats pour les défendre, qui furent appellés *tribuns*, & des édiles *plébéiens*. Les plébéiens se séparèrent encore des patriciens l'an 304 de Rome, en se retirant sur le mont Aventin, & ne revinrent qu'à condition que les tribuns seroient des personnes sacrées, & qu'ils auroient le pouvoir d'empêcher les violences des patriciens. Ces tribuns s'acquirent tant de crédit & d'autorité, qu'enfin ils firent ensorte que les plébéiens eurent accès aux premières charges, comme les patriciens. Ils obtinrent que des deux consuls, l'un pouroit être plébéien ; puisqu'ils pouroient être tous deux plébéiens. La charge de censeur demeura plus long-temps entre les mains des patriciens ; mais enfin les plébéiens y eurent part comme les autres. Sous les empereurs, les plébéiens & les patriciens jouissoient des mêmes droits. Il y eut des jeux plébéiens institués, après que le peuple eut fait son accommodement avec les patriciens. Ces jeux commençoient le 16 octobre, & on les représentoit dans le cirque pendant trois jours : les édiles plébéiens présidoient à ces jeux. * Tite-Live, Aulu-Gelle, *Antiq. rom.*

PLÉBISCITE étoit une loi que les plébéiens faisoient à la réquisition du tribun. Ces loix n'obligeoient d'abord que les plébéiens ; mais après que les plébéiens se furent retirés sur le mont Aventin, L. Valerius & M. Horatius, consuls, firent une loi, par laquelle il fut ordonné que ce que le peuple auroit ordonné par tribun, obligeroit toute la république. Cette loi fut confirmée par le dictateur Quintus Hortensius. * Tite-Live, Rosin, *antiq. rom.*

PLECTRUDE, femme de PEPIN, dit *le Gros*, ou *d'Héristel*, maire du palais, est célèbre dans l'histoire par son esprit & son courage. Après la mort de son mari, arrivée en 714, elle gouverna le royaume, sous le nom de Thibaut, son petit-fils ; & craignant la valeur & la fermeté de Charles *Martel*, que Pepin avoit eu d'une autre femme nommée *Alpaïde*, elle le fit arrêter à Cologne ; mais les François supportant avec peine le gouvernement d'une femme, désirent les partisans de Plectrude en 715, élurent Ragenfroi maire du palais, & s'allièrent avec Radbod, duc de Frise. Charles Martel s'échapa heureusement de prison pendant ces troubles ; & ce fut cette évasion qui chagrina le plus Plectrude. On ignore en quelle année elle mourut, & l'on fait seulement qu'elle est enterrée dans l'église de Notre-Dame de Cologne, qu'elle avoit fondée. Quelques auteurs la font fille de Grimoald, duc de Bavière ; mais ce fait n'est pas prouvé. * Grégoire de Tours, *in append.* Adon, *in chron.* Aimoin. Du Tillet, &c. Le continuateur de Frédégaire, *cap.* 104 & *seq.* Le P. Anselme.

PLÉIADES, constellation composée de sept étoiles qui paroissent sur la poitrine du taureau, un des douze signes célestes. On les appelle ainsi du mot grec πλεῖν,

naviger, parceque lorsqu'elles se levent ; c'est-à-dire, vers l'équinoxe du printemps, elles marquent le temps de la navigation. *Voyez* VERGILIES. Voici les noms que leur donnent les astronomes : Alcyone, Cileno, Électre, Maïa, Astérope, Mérope & Taygete.

On a donné le nom de PLÉIADES à sept illustres poëtes Grecs qui parurent avec éclat sous le règne de Ptolémée *Philadelphe*, roi d'Égypte, vers l'an 270 avant J. C. Ces sept poëtes étoient Théocrite, Callimachus, Lycophron, Nicandre, Apollonius de Rhodes ; Aratus & Homère *le jeune*. D'autres mettent de ce nombre Æanthide & Philiscus ; au lieu de Nicandre & de Calimachus. Quelques-uns composent cette Pléiade d'Homère *le jeune*, de Sosithée, de Lycophron, d'Alexandre, de Philiscus, de Dionysiades & d'Æantides. Il y en a qui mettent Sosiphanes en la place de Dionysiades. Comme entre les étoiles de la pléiade céleste, il y en a une qui paroît plus obscure que les autres ; Lycophron, selon la pensée de quelques critiques, tient le rang de cette étoile dans la pléiade poëtique. Il y a eu aussi une célèbre pléiade de poëtes François, sous les règnes de Henri II & de Charles IX, rois de France, qui avoit été imaginée par Ronsard, à l'imitation de celle des poëtes Grecs. Ceux qui la composoient, étoient Joachim du Bellai, Jodelle, Belleau, Ronsard, Dorat, Bayf & Pontus de Thiard. Il a paru à la cour Romaine, sous les papes Urbain VIII & Alexandre VII, dans le XVII siècle, une PLÉIADE de sept poëtes latins, dont voici les noms. Augustin Favoriti, Apollonius, Natale Rondinini, Virginio Césarini, Italiens ; Ferdinand de Furstemberg, évêque de Munster, Jean Rotger Tork, Allemans ; Etienne Gradi Ragusan. On imprima leurs ouvrages joints ensemble à Rome & à Anvers, par les ordres du pape Alexandre VII, & par les soins de M. de Furstemberg. Cette pléiade a été appellé *Romaine*, ou *Alexandrine*, à cause de ce pape. Ce n'est pas qu'ils aient tous vécu pendant son pontificat ; car ils n'ont pas tous paru en même temps. Ceux qui veulent composer d'illustres poëtes qui aient été contemporains, tirent de cette pléiade Césarini & Apollonius, pour mettre en leur place Sidronius Hoschius & Jacques Wallius, Jésuites. On a fait de notre temps une pléiade de poëtes Latins qui se sont rendus célèbres dans Paris, sur la fin du XVII siècle. On a mis de ce nombre le P. Rapin, le P. Commire & le P. de la Rue, Jésuites ; M. de Santeul, chanoine de S. Victor ; M. l'abbé Ménage ; M. Du Périer, gentilhomme Provençal, & M. Petit, docteur en médecine. Mais la France a produit dans le même temps d'autres excellens poëtes Latins ; & cette pléiade Parisienne n'est pas si bien établie, qu'on n'y puisse faire quelques changemens. On trouve trois pléiades chantées en vers françois par M. de Caillières de l'académie Françoise, à la fin de *sa science du monde*. La première contient MM. Corneille, Racine, Molière, la Fontaine, Voiture, Sarrazin & Chapelle. La seconde, MM. Despreaux, Pavillon, Pellisson, Benserade, Quinault, Segrais, le duc de Nevers. La troisième, mademoiselle de Scuderi, mesdames La Fayette, la Suze, la Sablière, les Houlières, Ville-Dieu, Dacier. * Borrichius, *dissert. ad poët.* Baillet, *dans ses jugemens des savans.* Lilio Giraldi *de hist. poët.* Cl. Binet, *vie de Ronsard.*

PLEIONE, fille de l'Océan & de Téthys, & femme d'Atlas, de laquelle il eut sept filles, appellées les *Pléiades.* * *Antiq. rom.*

PLÉMINIUS (Quintus) capitaine Romain, fut laissé par P. Scipion l'Africain *l'ancien* dans Locres, ancienne ville d'Italie, pour la gouverner en sa place, après en avoir chassé les Carthaginois, l'an de Rome 549, & 205 ans avant J. C. Ce lieutenant fit bien plus de mal en cette ville, que ne lui en avoient fait les ennemis ; car non content d'exercer mille cruautés contre ses habitans, son avarice le porta encore à piller le temple de Proserpine. Cet excès ayant excité une sédition contre Pléminius, les soldats de la garnison romaine lui couperent le nez & les oreilles. L'affaire fut jugée, les soldats punis, & Pléminius absous. Il recommença ses barbaries ; & alors dix des principaux citoyens de Locres allerent trouver les consuls avec toutes les marques d'une extrême tristesse, pour demander à être délivrés de ces violences. Les consuls firent informer contre Pléminius, qui fut conduit à Rome, & mis en prison, où il fut trouvé mort avant sa condamnation. * Tite-Live, *livre* 29.

PLÉMNÉE, onziéme roi de Sicyone, succéda à Eratus, l'an du monde 2319, & 1716 avant J. C. Il régna 48 ans, & eut Orthopolis pour successeur. * Eusebe.

PLEMPIUS (Vopiscus-Fortunatus) médecin, né à Amsterdam le 23 décembre 1601, fit ses humanités à Gand, sa philosophie à Louvain, & étudia la médecine à Leyde. Etant ensuite allé en Italie, il se fit aimer des plus habiles docteurs de Bologne & de Padoue, & prit lui-même le dégré de docteur en médecine à Bologne. De retour dans sa patrie, il y pratiqua la médecine ; & en 1633, la princesse Isabelle, gouvernante des Pays-Bas, qui fit venir à Louvain, pour y enseigner la médecine. Il prit encore dans cette ville le bonnet de docteur, & il y fut durant quelque temps recteur du collège appellé *Collegium Breugelianum*. Il épousa *Anne-Marie* Van-Dive, de bonne famille, & mourut à Louvain l'an 1671. Il fut inhumé dans l'église des religieux Augustins. On mit cette épitaphe sur son tombeau :

D. O. M.

Franconi van Dive & Cat. Vuttenlimmingen, Gregorio & Barbaræ vanden Heetvelde conjugibus, majoribus hîc sepultis, adjungi voluit Anna-Maria van Dive, Cornelii & Catharinæ vanden Zande filia, uxor dilectissima clariss. dom. Vopisci Fortunati PLEMPII, patriciæ apud Batavos familiæ, medicinæ doctoris, professoris primarii, & hujus academiæ IV rectoris, viri toto orbe celeberrimi : satis dixi. Devixit illa VIII novembris MDCLXI. Hîc XII decembris MDCLXXI cineribus uxoris conjunctus.

Malgré ses occupations, Plempius a composé les ouvrages suivans : 1. Traité des muscles, en flamand, à Amst. in-8°. 2. *Anatomia Cabrolii* traduite en la même langue, avec des remarques, à Amst. 1633, *in-fol.* 3. *Ophthalmographia, sive de oculi fabricâ, actione & usu*, à Amst. 1632, in-4°. Gerard Guschow, professeur d'anatomie, ayant attaqué cet ouvrage, Plempius répondit ; ces écrits se trouvent dans l'édition *in-fol.* de 1659, à Louvain. 4. *Fundamenta, seu institutiones medicina*, en six livres, à Louvain, 1638 ; & avec l'ophthalmographie, en 1644, *in-fol.* & encore en 1653, avec une courte apologie pour l'auteur, contre Daniel Vermost, licencié en médecine ; plus avec le même ouvrage, *Doctorum aliquot virorum in academia Lovaniensi judicia de philosophia Carthesiana.* 5. *Antimus Coningius, Peruviani pulveris defensor, repulsus à Melippo Protymo*, 1655, in-8°. Coningius, c'est le P. Honoré Fabri, Jésuite ; Protymus, c'est Plempius. 6. *Animadversiones in veram praxim curandæ tertianæ propositam à doctore Petro Barba*, 1642, *in-4°.* 7. *Avicennæ canones medici*; c'est une traduction de l'arabe en latin, à Louvain, 1658, *in-fol.* 8. *De affectibus capillorum & unguium tractatus*, à Louvain, 1662, in-4°. 9. *De togatorum valetudine tuendâ commentarius*, à Bruxelles, 1670, in-4°. * *Bibliotheca Belgica* de Valere André, édition de 1739, in-4°, tom. II, pag. 1158. On apprend dans la vie de Descartes par M. Baillet, que Plempius avoit envoyé à ce philosophe des objections touchant le mouvement du cœur. M. Baillet en prend occasion de faire l'éloge de Plempius. Voyez la vie de Descartes, citée, in-4°, première partie, pag. 310 & suiv. & seconde partie,

pag. 37 & suiv. & 216, 217. M. Baillet accuse ici Plempius d'ingratitude à l'égard de M. Descartes, de malignité, & même de mauvaise foi. Voyez aussi le tome I des lettres de M. Descartes, où l'on trouve des objections de Plempius sur la circulation du sang, & les réponses de Descartes à ses objections. Régius écrivit aussi pour Descartes contre Plempius.

PLESKOW, province de Moscovie, avec titre de duché, vers la Suéde & la Pologne, fut soumise à des seigneurs particuliers jusqu'en 1509, que Jean Basile, czar de Moscovie, la joignit à cet état. La ville capitale est PLESKOVE, que les Russiens nomment *Pskouiwa*, située sur la riviere de Muldow, à son embouchure dans le lac de Pleskow. Elle est divisée en quartiers, tous entourés de murailles. Etienne, roi de Pologne, l'assiégea en 1581.

PLESSE. C'est un gros bourg de la basse Saxe, situé près de la riviere de Leyne, à demi-lieue de Gottingen. Il est chef d'une seigneurie assez étendue, & considérable par un grand nombre de fiefs qui en relevent. Elle relevoit elle-même du landgraviat de Hesse, auquel elle fut réunie par l'extinction de la postérité de ses seigneurs, arrivée l'an 1571. * Mati, *diction.*

PLESSE, petite ville de Silésie, capitale de la baronie de Plesse ; elle est défendue par une bonne citadelle, & située au bord de la Vistule, à cinq lieues de Teschen, vers les confins de la Pologne. * Mati, *diction.*

PLESSEN (Christian-Sigfrid de) seigneur héréditaire de Hoikendorf & Parin, chevalier de l'ordre de l'Eléphant, conseiller intime du conseil, & ministre d'état de Christiern V & Frédéric IV, rois de Danemarck & de Norvége, président de la chambre des finances, &c. naquit en 1646 dans le Mecklembourg. Il étoit fils de *Daniel* de Plessen, fils de VALENTIN, seigneur de Hoikendorf, & cousin germain du fameux & savant Volrath de Plessen, autrefois ministre de Frédéric, roi de Bohême & électeur Palatin, son défenseur & apologiste par divers écrits latins & allemans qu'il a publiés en sa faveur. Christian-Sigfrid eut pour mere *Dorothée-Eléonore* de Blumenthal. Après avoir fait ses études, & voyagé en Allemagne & en France, il vint à la cour de Danemarck, & entra au service de la reine Sophie-Amélie, mere du roi Christiern V ; & ensuite il fut mis dans la maison du prince Georges, frere du roi, dont il fut le premier gentilhomme, & depuis maître de la cour & son trésorier ; emplois qu'il garda tant que ce prince vécut. Ce dernier s'étant marié en Angleterre, laissa à Plessen l'administration de tout ce qu'il avoit de fonds & bailliages en Danemarck, & l'honora jusqu'à sa mort de toute sa confiance. Le roi Christiern V qui connoissoit ses talens, l'employoit pour les affaires publiques, & s'en servit plusieurs fois utilement. Il le fit son ministre d'état, & le créa en 1684, chevalier de l'ordre de Danebrog. Quelque temps après, M. Plessen entra dans le conseil du roi, comme conseiller privé ; & au mois de janvier 1692 il fut nommé président de la chambre, & directeur des finances de S. M. Le 7 décembre 1695, le lendemain des noces du prince royal Frédéric avec la princesse Louise (depuis roi & reine de Danemarck) il fut créé chevalier de l'ordre de l'Eléphant. En 1697 il fut envoyé au congrès de Riswick, en qualité d'ambassadeur extraordinaire. Après avoir continué de rendre ses services à son roi & à son successeur Frédéric IV, il demanda son congé, & se retira à Hambourg, où il mourut le 23 janvier 1723, âgé de 77 ans. C'étoit, dit M. Beehr dans son *histoire latine de Mecklebourg*, imprimée en 1741 à Leipsick, *c'étoit un homme qui avoit conservé les mœurs antiques, homme de biens, prudent, économe, qui avoit acquis de grandes richesses, sans faire tort à personne.* M. Plessen mourut veuf, après avoir été marié trois fois. Sa premiere femme étoit *Sophie-Agnès* de Lepel ; la seconde, *Clare-Eléonore* de Bulau ; la troisième, *Magdeléne-Hélene* de Halberstadt.

rois de ses fils & une fille vivoient encore en 1743. l'aîné CHRISTIERN - LOUIS de Pleſſen, ſeigneur de elſoe, Glorup, Saltzau, Lindholm, &c. étoit cheva- er de l'ordre de l'Eléphant, conſeiller intime du con- ſil du roi, ci-devant préſident & directeur général de i chambre des finances, préſident de la compagnie du ommerce aux Indes & en Aſie, &c. Il a été autrefois rand bailli d'Aarhuſen en Jutlande. Il fut appellé en 725, par le roi Frédéric IV, pour prendre place dans e conſeil de S. M. Le ſucceſſeur de Frédéric IV, au ommencement de ſon régne, le nomma le premier ſe ſon conſeil, & lui confia la direction générale de ſes inances; mais en 1734 il ſe démit de ſes emplois. i épouſé Charlotte - Amélie Schéel, fille de Magnus chéel, ſeigneur de Fuſingœ, dont il a eu trois fils & inq filles; 1. Magnus Schéel de Pleſſen, ſeigneur hé- éditaire de Fuſingœ, & chambellan du roi, qui a épouſé une dame de Holſtein, de la maiſon de von Thiénen; 2. Chriſtian - Sigfrid de Pleſſen, capitaine aux gardes à pied, & gentilhomme de la chambre du roi; 3. Frédéric-Chriſtian, capitaine aux gardes à che- val, & gentilhomme de la chambre de la reine; 4. Ber- the, mariée à Frédéric de Raben, chevalier de l'ordre de Danebrog, conſeiller intime du roi, grand bailli de Laaland & de Falſter, ci-devant grand maître de la cour de la reine, ſeigneur du comté de Chriſtiansbourg, dont ſon fils aîné a été fait comte; 5. Eléonore, ma- riée à Chriſtian de Rantzau à Braheſbourg, chevalier de l'ordre de l'Eléphant, conſeiller intime des confé- rences; & chambellan du roi, grand bailli de Fuhnen, & ci-devant vice-roi en Norwége; 6. Sophie-Agnès, mariée au baron Schenck de Winterſtedt, dans le pays de Luneburg, chambellan du roi de Danemarck, & capitaine aux gardes à pied; 7 & 8. Charlotte-Dorothée & Charlotte-Louiſe, non encore mariées en 1743.

CHARLES-ADOLPHE de Pleſſen, ſecond fils de Chriſ- tian-Sigfrid, chevalier de l'ordre de l'Eléphant, con- ſeiller intime du conſeil, & grand chambellan du roi, préſident de la compagnie des Indes occidentales & de l'Afrique, ſeigneur de Fœrſlof, &c. entra jeune, & après ſes voyages, au ſervice du feu prince Charles, frere du roi Frédéric IV, d'abord comme gentilhomme de ſa cham- bre, enſuite comme chambellan, tréſorier & maître de ſa cour. Le prince étant mort en 1729, M. de Pleſſen continua les mêmes ſervices auprès de la ſœur du dé- funt, Sophie-Hedwige, princeſſe héréditaire de Dane- marck & de Norwége, qui, lorſqu'elle mourut, en 1725, laiſſa M. de Pleſſen, exécuteur de ſon teſtament, par rapport aux legs & à la fondation qu'elle fit du couvent des filles de Wemmetorf, dont il a toujours eu la princi- pale direction. Pendant qu'il étoit au ſervice de ſon alteſſe royale le prince Charles, le roi Frédéric IV l'honora de ſon ordre de Danebrog & du titre de con- ſeiller privé. Le roi Chriſtiern IV, au commencement de ſon regne, le déclara le 12 octobre 1730 ſon grand chambellan, & lui donna place dans ſon conſeil. Le feu roi Frédéric l'avoit fait, quelques jours avant ſa mort, chevalier de l'ordre de l'Eléphant. En 1735, il demanda la démiſſion de ſes emplois, ne ſe réſervant que les places de grand chambellan & de préſident de la compagnie des Indes occidentales & de la Guinée en Afrique. Il n'a point été marié.

CHRISTIAN-SIGFRID, frere du précédent, & troi- ſiéme fils de CHRISTIAN - SIGFRID de Pleſſen, eſt chambellan du roi, ſeigneur de Nesbyholm en Séelan- de. Ayant perdu ſa femme, qui étoit de l'ancienne famille de Trolle, dont il a eu un fils, il vint en Fran- ce, y ſéjourna, quoique ſans deſſein d'y demeurer, & y étoit encore en 1743. On peut conſulter, pour quel- ques autres branches de la maiſon de Pleſſen & l'ori- gine de cette maiſon, Matthias de Beehr en ſon hiſtoire de Mecklebourg. (Rerum Mecklenburgicarum hiſtoria, en huit livres, à Leipſick, 1741, in-fol.) & le Sup- plément au dictionnaire hiſtorique, imprimé en françois à Baſle.

PLESSIS - GUENEGAUD, cherchez GUENE- GAUD (Henri) marquis de Planci.

PLESSIS-MORNAI; cherchez MORNAI.

PLESSIS-RICHELIEU, maiſon qui, ſelon André du Cheſne, a tiré ſon nom & ſon origine de la terre du Pleſſis en Poitou, tenue à foi & hommage de l'évêque de Poitiers, à cauſe de la baronie & châtellenie d'An- gle, dont elle eſt éloignée de trois lieues. Le plus an- cien qu'on trouve de ce nom, eſt

I. GUILLAUME, ſeigneur du Pleſſis, des Breux & de la Vervoliere, qui vivoit en 1201, du temps du roi Philippe Auguſte, & qui fut pere de PIERRE, qui ſuit.

II. PIERRE, ſeigneur du Pleſſis, des Breux, &c. vi- voit en l'an 1249, & eut pour fils GUILLAUME, II du nom, qui ſuit.

III. GUILLAUME, II du nom, ſeigneur du Pleſſis, des Breux, &c. qui vivoit encore en 1308, laiſſa de ſa femme, dont le nom eſt ignoré, PIERRE, II du nom, qui ſuit.

IV. PIERRE, II du nom, ſeigneur du Pleſſis, des Breux, &c. mourut vers l'an 1331, & eut pour en- fans GUILLAUME, III du nom, qui ſuit; Pierre, mort ſans poſtérité; Euſtache, mariée à Ithier de Torſac; & Alips du Pleſſis, qui épouſa Philippe de la Chaſtre, morte ſans poſtérité.

V. GUILLAUME, III du nom, ſeigneur du Pleſſis, &c. mort l'an 1373, avoit épouſé Charlotte de la Celle, fille de Jean de la Celle, chevalier, ſénéchal de Carcaſſone, dont il eut PIERRE, III du nom, ſeigneur du Pleſſis, vi- vant l'an 1388, de qui ſont deſcendus les ſeigneurs du Pleſſis; SAUVAGE, qui ſuit; Jean, mentionné dans le teſtament de ſon pere; Jeanne, mariée l'an 1361 à Jean de Maignac, ſeigneur du Solier & de Marconnai; & Catherine du Pleſſis, dame de Rives, alliée à Hugues de Puy-Giraut.

VI. SAUVAGE du Pleſſis, ſeigneur de Vervoliere & de la Valiniere, mort l'an 1409, avoit épouſé en 1388, Iſabeau le Groing, dame de Belarbre, morte en 1401, fille de Jean, ſeigneur de la Mothe-au-Groing, & de Luques de Praëlles, dont il eut Sauvage, mort jeune; GEOFROI qui ſuit; & Jeanne du Pleſſis, mariée à Gil- les Fretart, ſeigneur de Sauvée.

VII. GEOFROI du Pleſſis, ſeigneur de la Vervolie- re, &c. fit ſon teſtament l'an 1477. Il avoit épouſé Perrine de Clérambaud, fille de Jean, ſeigneur de Ri- chelieu, dont il eut FRANÇOIS, qui ſuit; Pierre, ſei- gneur de Haumont, vivant en 1493; Antoinette; ma- riée à Pierre Loubes, ſeigneur de Gaſtevin; Jacquette, alliée en 1451 à Guyot de Gireſme; & Iſabeau du Pleſſis, qui épouſa en janvier 1451 Jean Herpin, ſei- gneur du château de Mério.

VIII. FRANÇOIS du Pleſſis, ſeigneur de la Vervo- liere, &c. ſuccéda aux terres de Richelieu & de Be- çai, après la mort de Louis de Clérambaud, ſon oncle maternel; fut écuyer tranchant de la reine Marie d'An- jou, femme du roi Charles VII, puis de Charles de France, duc de Guyenne, & fit ſon teſtament le 16 ſeptembre 1493. Il avoit épouſé le 20 novembre 1456 Rénée Eveillechien, fille de Jacques, ſeigneur de Saum- muſſai, & de Marie Sanglier, dont il eut FRANÇOIS, II du nom, qui ſuit; & Jeanne, mariée à Louis Herpin, ſeigneur du Chapeau, maître d'hôtel du roi Louis XII.

IX. FRANÇOIS du Pleſſis, II du nom, ſeigneur de Richelieu, &c. vivant en l'an 1514, épouſa 1°. en jan- vier 1489 Guyonne de Laval, fille de Jean, ſeigneur de Brée, & de Françoiſe Gaſſelin, dame des Hayes- Gaſſelin, morte en l'an 1494 : 2°. Anne Leroi, dame du Chilou, fille de Guyon, ſeigneur du Chilou, & vice- amiral de France, & d'Iſabeau de Beuval, dame d'Oc- coich, ſa premiere femme. De la premiere, il eut Ai- mée, qui épouſa le 25 octobre 1507 Léon de Barban- çois, ſeigneur de Sarzai, chevalier de l'ordre du roi; Jeanne, alliée le 28 octobre 1514 à Mathurin du Theil, seigneur du Fresne ; & *Renée* du Pleſſis, morte jeune.' De la ſeconde, vinrent LOUIS, qui , ſuit ; *Jacques*, évêque de Luçon ; *François*, dit *Pillon*, ſeigneur de la Jabiniere, gouverneur de Courtemille, meſtre de camp de l'un des deux ſeuls régimens qui étoient alors en France, mort d'un coup d'arquebuſe qu'il reçut à l'épaule au ſiége du Havre de Grace, dont il étoit deſtiné gouverneur ; *René*, abbé de Nieuil, & prieur de Couſ-ſai ; *Antoine*, dit *le Moine*, capitaine d'une compagnie d'arquebuſiers de la garde du roi, chevalier de ſon ordre, gouverneur de Tours, qui ſervit les rois Fran-çois II & Charles IX ; & *François* du Pleſſis, ſeigneur de Beaulieu, qui étoit le ſecond fils, lequel épouſa *Françoiſe* de Trion, fille de *Pierre*, ſeigneur de Légu-rat, dont il eut pour fille unique *Jacquette* du Pleſſis, dame de Beaulieu, mariée à *François* d'Aloigni, ſei-gneur de la Groye.

X. LOUIS du Pleſſis, ſeigneur de Richelieu, du Chi-lou, &c. lieutenant de la compagnie d'ordonnance du ſénéchal de Toulouſe, ſervit en diverſes occaſions les rois François I & Henri II, & mourut à la fleur de ſon âge, en 1551. Il avoit épouſé le 16 janvier 1542, *Françoiſe* de Rochechouart, fille d'*Antoine*, ſeigneur de Saint-Amant, baron de Faudoas, ſénéchal de Toulou-ſe , & de *Catherine* dame de Barbaſan, dont il eut *Louis* du Pleſſis, II du nom, ſeigneur de Richelieu, lieutenant de la compagnie d'ordonnance du duc de Montpenſier, tué par le ſieur de Brichetieres, ſans avoir été marié ; FRANÇOIS III du nom, qui ſuit ; *Louiſe*, alliée à *François*, ſeigneur de Cambout , baron de Pont-Château, &c. capitaine des ville & château de Nantes ; & *Jeanne* du Pleſſis, mariée 1°. à *Pierre* Fretart, ſeigneur de Sauve & de Primeri : 2°. à N. baron de Marconnai.

XI. FRANÇOIS du Pleſſis, III du nom, ſeigneur de Richelieu, du Chilou, &c. ſuccéda à ſon frere aîné, dont il vengea la mort. Il ſe ſignala à la bataille de Montcontour, & ſuivit le duc d'Anjou en Pologne, lequel étant devenu roi ſous le nom de Henri III, l'em-ploya en diverſes négociations, lui donna la charge de grand-prévôt de France en février 1578, & le fit che-valier de ſes ordres en 1586. Le roi Henri IV ſe loua beaucoup de ſon courage & de ſa fidélité, & lui donna la charge de capitaine de ſes gardes ; mais il mourut preſqu'auſſitôt à Goneſſe , pendant le ſiége de Paris, le 10 juillet 1590, à l'âge de 42 ans. Il avoit épouſé *Suſanne* de la Porte, fille de *François*, ſeigneur de la Lunardiere, &c. célebre avocat au parlement de Pa-ris, & de *Claude* Bochart, ſa premiere femme, dont il eut *Henri* du Pleſſis, ſeigneur de Richelieu, &c. ma-réchal de camp en l'armée du duc de Nevers, qui fut tué au premier duel par le marquis de Thémines, en 1619 , & ne laiſſa point d'enfans de *Marguerite* Guyot de Char-meaux, dame d'Anſac ; *Alſonſe-Louis* du Pleſſis, qui fut pourvu de l'évêché de Luçon, dont il ſe démit en faveur de ſon frere, pour entrer parmi les Chartreux, qu'il quitta, & fut depuis archevêque d'Aix & de Lyon, cardinal en 1629 , & grand aumônier de France, & mourut le 23 mars 1653 , après avoir fondé & fait bâtir le magnifique hôpital de l'Aumône de Lyon ; AR-MAND-JEAN du Pleſſis, cardinal, duc de Richelieu, &c. qui a donné lieu à la déduction de cette généalogie, & *dont il ſera parlé dans un article ſéparé* ; FRANÇOISE, qui ſuit ; & *Nicolle* du Pleſſis, mariée à *Urbain* de Mail-lé, marquis de Brezé ; capitaine des gardes du corps, maréchal de France, & gouverneur d'Anjou, morte le 30 août 1635.

XII. FRANÇOISE du Pleſſis épouſa 1°. *Jean-Bap-tiſte* de Beauvau, ſeigneur de Pimpean & des Ro-ches : 2°. en août 1603 , *René* de Vignerot, ſeigneur de Pont-Courlai , de Glenai , &c. & mourut en 1615, ayant eu du ſecond mariage FRANÇOIS de Vignerot, qui ſuit ; & *Marie-Magdeline* de Vignerot, dame d'a-tours de la reine, qui fut mariée à *Antoine* de Beauvoir du Roure, ſeigneur de Combalet, dont elle n'eut point d'enfans. Elle fut depuis créée ducheſſe d'Aiguillon

en 1638, & mourut le 17 avril 1675.

XIII. FRANÇOIS de Vignerot, marquis de Pont-Courlai, &c. gouverneur de la ville & citadelle du Havre de Grace & du pays de Caux, fut fait chevalier des ordres du roi en 1633 , ſervit au ſiége de la Mothe, fut pourvu de la charge de général des galeres le 15 mars 1635 , remporta la victoire ſur les galeres d'Eſ-pagne près de Gênes le premier ſeptembre 1638 , & mourut d'une hydropiſie de poumon le 26 janvier 1646, âgé de 37 ans. Il avoit épouſé par contrat du 29 juin 1626, *Marie-Françoiſe* de Guemadeuc, fille unique de *Thomas*, baron de Guemadeuc, & de *Jeanne* de Ruellan, laquelle ſe remaria à *Jacques* de Grivel de Gamaches, comte d'Ourouer, gouverneur de Fouge-res, & mourut le 13 janvier 1674, ayant eu de ſon premier mariage ARMAND-JEAN, qui ſuit ; JEAN-BAP-TISTE-AMADOR, qui a fait la branche des marquis de Richelieu, *dont les ancêtres & la poſtérité ſont rappor-tés ſous le nom de* VIGNEROT ; *Emanuel-Joſeph*, comte de Richelieu, abbé de Marmoutier, de S. Ouen de Rouen, prieur de S. Martin des Champs, qui ſe trouva au combat de S. Gothart en Hongrie le premier août 1664, & mourut au retour à Veniſe le 9 jan-vier 1665 , en ſa vingt-ſixième année ; *Marie-Marthe*, demoiſelle de Richelieu, morte ſans alliance en ſeptem-bre 1665 ; & *Marie-Thérèſe* , demoiſelle d'Agénois, puis ducheſſe d'Aiguillon après ſa tante, morte auſſi ſans alliance, le 18 décembre 1704, âgée de 68 ans.

XIV. ARMAND-JEAN du Pleſſis, né en 1629 , & baptiſé le 20 octobre 1631 , fut ſubſtitué aux nom & ar-mes du Pleſſis, par le cardinal duc de Richelieu , ſon grand-oncle ; fut duc de Richelieu & de Fronſac, pair de France, prince de Mortagne, marquis de Pont-Cour-lai , comte de Coſnac, &c. chevalier des ordres du roi, & chevalier d'honneur de madame la dauphine. Il ſuc-céda à ſon pere en la charge de général des galeres, dont il prêta ſerment en janvier 1643 , n'étant alors âgé que de 15 ans, dont il ſe démit en 1661, & mourut le 10 mai 1715 , en ſa 86e année. Il avoit épouſé 1°. le 26 dé-cembre 1649 *Anne* Pouſſart, dame d'honneur de la reine , puis de madame la dauphine, veuve de *François-Alexandre* d'Albret, ſire de Pons, comte de Marennes, & fille de *François* Pouſſart, marquis de Fors, ſeigneur du Vigean , &c. & d'*Anne* de Neubourg, morte le 29 mai 1684 : 2°. le 30 juillet ſuivant , *Anne-Marguerite* d'Acigné, fille aînée de *Jean-Léonard* d'Acigné, comte de Grandbois, & de *Marie-Anne*, comteſſe d'Acigné & de la Rochejagu, morte le 19 août 1698 : 3°. le 20 mars 1702 *Marguerite-Thérèſe* Rouillé, morte le 27 octo-bre 1729, veuve de *Jean-François*, marquis de Noailles, & fille de *Jean* Rouillé, ſeigneur de Meſlai , conſeiller d'état ordinaire, & de *Marie* de Comans d'Aſtrie , n'eut des enfans que de ſa ſeconde femme , qui ſont LOUIS-FRANÇOIS-ARMAND, qui ſuit ; *Marie-Cathe-rine-Armande*, née le 22 juin 1685 , mariée le 24 avril 1714 à *François-Bernardin* du Châtelet, comte de Clé-mont , brigadier des armées du roi , meſtre de camp de cavalerie , & gouverneur du château de Vincennes ; *Elizabeth-Marguerite-Armande*, née le 12 août 1686, prieure perpétuelle des Bénédictines , dites *de la Pré-ſentation* , à Paris, morte dans ſon monaſtere le 9 juin 1744 , & *Marie-Gabrielle-Elizabeth* du Pleſſis, née le 27 juin 1689, nommée en 1724 abbeſſe du Tréſor, dioceſe de Rouen.

XV. LOUIS-FRANÇOIS-ARMAND du Pleſſis, duc de Richelieu & de Fronſac, pair de France , &c. né le 13 mars 1696 , ſervit en 1713 à la priſe de la ville de Fri-bourg, où il fut bleſſé par des pierres. Il fut fait colonel d'un régiment d'infanterie, petit vieux-corps , au mois de mars 1718 ; fut reçu l'un des quarante de l'académie françoiſe, le 12 décembre 1720 , & prit ſéance au par-lement de Paris, en qualité de pair de France, le 6 mars 1721. Il fut nommé au mois de mai 1724 ambaſſadeur extraordinaire auprès de l'empereur ; & s'étant rendu à Vienne, il y fit ſon entrée publique le 7 novembre 1725.

Il eut son audience de congé de la cour impériale le 6 septembre 1727, & fut nommé chevalier des ordres du roi, le premier janvier 1728. Il en reçut la croix à son retour de Vienne, le premier janvier 1729. En 1733 il servit au siége du fort de Kell, & en 1734 à la prise de Philisbourg. Le 20 janvier de la même année, il fut fait brigadier des armées du roi; le premier mars 1738, maréchal de camp; premier gentilhomme de la chambre le 14 février 1744, lieutenant-général le 2 mai suivant. Il fut créé maréchal de France le 11 octobre 1748, & en cette qualité il commanda l'armée françoise qui assiégea le port Mahon en 1756, & prit cette importante place sur les Anglois le 28 juin de la même année. Il avoit été marié le 12 février 1711, avec *Anne-Catherine* de Noailles, fille de *Jean-François*, marquis de Noailles, & de *Marguerite-Thérèse* Rouillé, sa belle-mere, morte sans postérité le 7 novembre 1716, âgée de 20 ans. Il s'est remarié le 7 avril 1734 avec la seconde fille d'*Anne-Marie-Joseph* de Lorraine, comte & prince de Guise-sur-Moselle, comte d'Harcourt, de Monlaur & de Saint-Romaisse, marquis de Maubec, &c. & de *Marie-Louise-Christine* Jeannin de Castille, marquise de Montjeu. Cette dame est morte le 2 août 1740. Les enfans que le duc de Richelieu a eu d'elle sont, LOUIS-ANTOINE-SOPHIE, né le 4 février 1736, appellé *duc de Fronsac*, & *Jeanne-Sophie-Elizabeth-Louise-Armande*, née au mois de février 1740, appellée *mademoiselle de Richelieu*.

Le duc de Richelieu porte les armes pleines du Plessis-Richelieu, & le marquis de Richelieu qui est substitué aux biens de la maison, écartele les armes de Vignerot avec celles de Richelieu. * *Du Chêne, hist. de Dreux & de la maison de Richelieu. Auberi, histoire du cardinal de Richelieu. De Thou. Montluc. Dupleix. Le pere Anselme, &c.*

PLESSIS-RICHELIEU (Armand-Jean du) cardinal, duc de Richelieu & de Fronsac, abbé général de Cluni, de Cîteaux, de Prémontré, de Mont-majour-lez-Arles, de Fleuri, ou S. Benoît-sur-Loire, de saint Médard de Soissons, de S. Riquier, de Charoux, de la Chaise-Dieu, de Signi, &c. pair & amiral de France, commandeur des ordres du roi, grand-maître, chef & surintendant général de la navigation & commerce de France, gouverneur & lieutenant général pour le roi en Bretagne, secrétaire & ministre d'état; troisiéme fils de FRANÇOIS du Plessis, seigneur de Richelieu, chevalier des ordres du roi, & grand prévot de France, & de *Susanne* de la Porte, naquit à Paris le 5 septembre de l'an 1585, & fut élevé dans les lettres, où il fit en peu de temps un très-grand progrès. Son inclination le portoit aux grandes choses; & dès l'âge de 22 ans, il obtint du pape Paul V dispense d'âge pour l'évêché de Luçon, dont il fut sacré évêque à Rome par le cardinal de Givri, le 17 avril de l'an 1607; & étant revenu en France, il s'avança à la cour par ses manieres honnêtes & engageantes, & par la faveur de la marquise de Guercheville, premiere dame d'honneur de la reine Marie de Médicis, alors régente du royaume. La reine mere lui fit donner la charge de son grand aumônier; & peu après elle obtint pour lui la charge de secrétaire d'état, le dernier jour de novembre 1616, avec lettres patentes du roi, qui lui accordoient la préséance sur les autres secrétaires d'état. La mort du maréchal d'Ancre ayant apporté du changement à la cour, il se retira l'an 1617 à Avignon, où il s'occupa à composer les *Principaux points de la foi catholique*, &c. Le roi le rappella à la cour, & l'envoya à Angoulême, où M. le duc d'Espernon avoit conduit la reine. Il disposa l'esprit de cette princesse à un accommodement, qui fut conclu en 1620; & pour récompense de ses services, qui le rendoient extrêmement agréable au roi, il reçut le chapeau de cardinal du pape Grégoire XV, le 5 septembre de l'an 1622. Ensuite ménageant adroitement l'esprit du roi, & continuant de le servir avec assiduité, il fut déclaré par ce prince en 1624 principal ministre d'état, chef des conseils, & grand-maître, chef & surintendant général de la navigation & commerce de France, après qu'on eut supprimé la charge d'amiral, par lettres données à S. Germain en Laye, au mois d'octobre de l'an 1626. Ce fut par ses soins que l'on conserva l'année suivante l'isle de Ré, & qu'on prit en 1628 la Rochelle qui entretenoit la révolte au milieu de l'état; il avoit fermé le port de cette ville par cette fameuse digue, dont on parlera toujours avec étonnement. Lorsque le roi eut résolu de marcher en personne au secours du duc de Mantoue, son allié, le cardinal l'accompagna dans ce voyage, qui servit à faire lever le siége de Casal, l'an 1629. Les huguenots avoient repris les armes dans le Languedoc, & le cardinal les obligeant d'accepter le traité de paix qui avoit été conclu à Alais le 27 juin, acheva de ruiner un parti qui troubloit l'état depuis 70 ans. Six mois après, cet habile ministre ayant été déclaré lieutenant général de-là les Monts, prit Pignerol, & secourut une seconde fois Casal, assiégé par le marquis de Spinola. La cour étoit à Lyon, où le roi fut malade: la reine mere & d'autres personnes puissantes décrierent tellement la conduite du cardinal à sa majesté, qu'on l'obligea de promettre qu'il se déferoit de ce ministre; en effet, on croyoit que la chose s'exécuteroit, lorsque la cour seroit de retour à Paris. Le cardinal devoit aller coucher à Pontoise, pour se retirer au Havre de Grace, qu'il avoit choisi pour le lieu de sa retraite: on le considéroit déjà comme un homme perdu; son palais étoit devenu désert, & le roi étoit allé à Versailles pour éviter les plaintes de son adieu. Mais le cardinal ne se déconcerta point dans une conjoncture si délicate. Au lieu de prendre le chemin de sa retraite, il alla droit à Versailles; & connoissant mieux que personne du monde l'esprit du roi, il renversa par l'ascendant qu'il avoit acquis sur lui, & par la force de ses raisons, ce qu'on prétendoit y avoir établi par des moyens beaucoup plus efficaces. Ainsi le cardinal devenu plus puissant que jamais, poussa fortement ceux qui l'avoient voulu perdre, & cette journée, qu'on nomma la *journée des dupes*, produisit de très-fâcheux effets. Le cardinal fit conclure la tréve de la Suede avec la Pologne au mois de janvier de l'an 1631. Le roi érigea pour lui en duché & pairie la terre de Richelieu, au mois d'août suivant, & le pourvut du gouvernement de Bretagne. Dans la suite ce ministre contribua à la réduction de diverses places, comme de Nanci, d'Arras, de Perpignan & de Sedan. Il fit sentir au duc de Lorraine combien notre alliance étoit préférable à celle de nos ennemis, & il entreprit de renverser les desseins ambitieux & la grande puissance de la maison d'Autriche. Ce fut encore lui qui suscita les Catalans & les Portugais à secouer le joug de la domination espagnole. Enfin, après avoir porté sous son administration la gloire de la France au plus haut point, épuisé par ses longs travaux, il tomba malade, & mourut en son palais à Paris le jeudi 4 décembre de l'an 1642. Ce ministre avoit de grandes qualités, quoique ses ennemis lui reprochassent une infinité de défauts. Voici l'éloge que le maréchal d'Estrées a fait de lui dans les mémoires qu'il écrivit de la régence de Marie de Médicis. « La charge de secrétaire d'état fut » donnée à M. de Luçon, depuis cardinal de Richelieu, » que la fortune conduisoit par des chemins peu ordinai- » res à ceux de sa profession; car bien que dans les der- » niers siécles les évêques eussent beaucoup de part dans » les affaires, & particulierement dans les négociations » au-dedans & au-dehors du royaume, il étoit pourtant » sans exemple d'en voir un dans la charge de secré- » taire d'état, dont les principales fonctions regardoient » les affaires de la guerre. Cependant, comme c'étoit » un génie fort élevé, il sut habilement se servir des » moyens que les occasions lui donnoient de monter » au premier rang, & de parvenir à la grande puissance » que l'on avoit eu raison de prévoir, à cause de ses » grandes qualités. En effet, il ne fut pas long-temps

» dans cet emploi, sans être considéré comme un hom-
» me rare, d'un mérite extraordinaire, & qui donna
» bientôt de la jalousie au maréchal d'Ancre. La suite
» a fait connoître qu'on ne s'étoit pas trompé dans ces
» jugemens, & qu'ayant entrepris deux choses qui n'a-
» voient pas été jugées possibles par ceux qui l'avoient
» précédé dans le ministere, il a même surpassé tou-
» tes les espérances, ayant détruit si heureusement la fac-
» tion huguenote, & attaqué avec tant de hardiesse &
» de succès cette orgueilleuse puissance d'Espagne, qui
» donnoit de la terreur à toute l'Europe, & ne laissoit
» aucune espérance de pouvoir donner des bornes à
» sa grandeur. » Ce cardinal fit rebâtir la Sorbonne dont
il étoit proviseur, telle que nous la voyons aujourd'hui,
& fut enterré dans l'église de ce fameux collége, 'où
on lui a érigé un beau mausolée, qui est le chef d'œuvre du célébre Girardon. * *Voyez* sa vie écrite par Auberi, & par le P. le Moine, & celle qui a été imprimée à Amsterdam en 1695, &c. Pérault., *hommes
illustres en France, pendant le XVII siécle.*

CATALOGUE DES OUVRAGES IMPRIMÉS
du cardinal DE RICHELIEU.

1. *Harangue prononcée en la salle du petit Bourbon*,
le 23 février 1615, à la clôture des états tenus à Paris ;
à Paris, Sébastien Cramoisi, 1615, *in-8°*. 2. *Ordonnances synodales d'Armand-Jean Du-Plessis*, évêque
de Luçon, depuis cardinal de Richelieu, citées dans
le catalogue de la bibliothéque de M. Colbert, troisiéme partie, n°. 12806. 3. *Les principaux points de la
foi catholique défendus contre l'écrit adressé au roi par
les quatre ministres de Charenton*, à Poitiers, 1617,
in-8° ; à Paris, 1618, *in-8°* ; & 1629, *in-4°* ; à Rouen
1630, *in-8°* ; & à Paris 1642, *in-fol.* Rodolphe
Gazilius, docteur de Sorbonne, a traduit ce livre en latin,
à Paris 1623, *in-8°*. David Bondel a répondu à ce
traité par le suivant : *Modeste déclaration de la sincérité
& vérité des églises réformées de France, contre les invectives de l'évêque de Luçon, & autres docteurs catholiques Romains*, à Sedan, 1619, *in-8°*. 4. *Extrait d'u-
ne lettre du même au maréchal d'Ancre*, rapporté par
Baptiste le Grain dans sa Décade de Louis XIII, livre
dixiéme, page 411, sur l'année 1617. 5. *Instruction du
chrétien*, à Poitiers 1621, *in-8°*. On compte jusqu'à
vingt-quatre éditions de cet ouvrage : la derniere, qui est
de Lyon 1654, *in-12*, porte qu'elle a été revue,
corrigée & augmentée par son éminence ; mais il est sûr
qu'elle est entierement semblable à la premiere. Cette *Instruction* a été traduite en arabe, par le pere Juste de
Bauvais, Capucin, à Paris, 1640, *in-4°* ; en langage basque, par Sylvain Poureau, à Paris 1626 ; &
en latin, par Gazilius déja cité, à Paris 1626, *in-8°*.
6. *Lettre de M. le cardinal de Richelieu à M. de Balzac*, du 4 février 1624, à la tête du premier volume des
Lettres diverses de Balzac. 7. Lettre du même à M.
l'archevêque de Rouen, avec la réponse de l'archevêque, à Paris, 1624 *in-8* & *in-4*. 8. *Harangue faite à
l'assemblée des états de Bretagne*, en 1626, dans le *Trésor des harangues*, à Paris, *in-4°*. 9. *Defensio Romani pontificis* : Controverses du cardinal de Richelieu ;
c'est ainsi que s'exprime Jacob dans sa *Bibliotheca pon-
tificia*, page 168. 10. *Lettre du cardinal de Richelieu à la reine mere du roi*, en 1631, dans le recueil
de Paul Hay, sieur du Châtelet, intitulé : *Recueil de
diverses piéces, pour servir à l'histoire, &c.* à Paris
1635, *in-fol.* & 1635 & 1643, *in-4°*. & dans le *Mercure françois de 1631*. 11. *Relation fidéle de tout
ce qui s'est passé en Italie l'an 1630, entre les armées de France, & celles de l'empereur, du roi d'Espagne & du duc de Savoye*, à Paris, 1631, *in-8°.*
dans le recueil de du Châtelet, & dans les *Mémoires concernant les dernieres guerres d'Italie, depuis l'an
1625 jusqu'en 1632, par divers auteurs* ; à Paris,
1669 & 1682, 2 vol. *in-12*. L'écrit du cardinal de

Richelieu est la quatriéme relation de ce recueil.
12. *Lettre de Monsieur au roi*, écrite de Besançon le premier d'avril 1631, avec des observations, dans le recueil de du Châtelet. 13. *Relation de ce qui s'est passé
pendant le séjour du roi à Dijon, & depuis qu'il en
est parti jusqu'au 8 avril* 1631, contenant des observations sur la lettre de Monsieur, 1631, *in-8°.* & *in-4°*.
& dans le recueil de du Châtelet, édition de 1641,
in-4°. 14. *Remonstrance à Monsieur par un François
de qualité*, 1631, *in-8°*, & dans le recueil de du Châtelet, édition *in-folio.* 15. *Relation du siége & de la reddition d'Arras*, à Paris 1640, *in-8°* ; la même traduite en italien, 1640, *in-4°*. 16. *Europe*, comédie
héroïque & allégorique, avec un avis du libraire au lecteur, une clef des personnages, & un prologue de la
Paix descendant du ciel, à Paris 1643, *in-4°* & *in-12.*
Voyez tout ce qu'on dit sur cette piéce, & sur la part
que l'on croit que le cardinal de Richelieu y avoit, dans
les Eloges de M. l'abbé Joly, cités plus haut, depuis
la page 298, jusqu'à la page 308. Ce détail seroit trop
long ici. 17. *Perfection du chrétien*, à Paris 1646, *in-4°* ;
1662, *in-8°* ; & traduit en latin, 1651, à Paris.
18. *Journal d'Armand-Jean Du Plessis, cardinal de
Richelieu*, qu'il a fait durant le grand orage de la cour,
ès années 1630 & 1631, tiré des *Mémoires* qu'il a
écrits de sa main, avec diverses autres piéces remarquables concernant les affaires arrivées de son temps,
1648, *in-16* ; & 1649, *in-8°* ; 1650, *in-8°*, 1652 ;
& à Troyes 1657, *in-12*, 2 vol. à Amsterdam 1664,
in-12, 2 vol. à Paris 1665, *in-12*, 2 vol. à Lyon
1666. 19. *Discours au tiers état en 1614*, dans L'*assemblée générale des états tenus à Paris en 1614*, page 136,
imprimée en 1650, à Paris, chez Quinet, *in-4°*. 20. *Mémoire du cardinal de Richelieu*, contenant ce qui s'est
passé à la cour pendant son administration, avec plusieurs procès criminels, à Goude 1650, *in-12*. 21. *Traité
qui contient la méthode la plus facile & la plus assurée,
pour convertir ceux qui se sont séparés de l'église*, à Paris 1651, *in-folio* : c'est la premiere édition ; & à Paris 1657, *in-4°*, & 1663. Voyez dans les Eloges de
M. l'abbé Joly, l'histoire de cet ouvrage, & des réponses qui y ont été faites. 22. *Lettre du cardinal de Richelieu à Guillaume Hugues*, archevêque d'Embrun, du
19 février 1635, dans les *Mémoires* de M. Deagean.
23. *Conseil du cardinal de Richelieu à Louis XIII pour
le bien de son état* : dans les *Sentimens illustres de quelques grands hommes d'état*, page 1 ; & *Harangue du
cardinal de Richelieu*, page 35. 24. *Testament politique
d'Armand Du-Plessis*, cardinal de Richelieu, pair &
grand amiral de France, premier ministre du conseil
d'état, sous le régne de Louis XIII, &c. à Amsterdam
1687, 1688, 1689, 1691, 1696 & 1708, *in-12*:
*sixiéme édition revue, corrigée & augmentée d'observa-
tions historiques*, à Amsterdam 1709, *in-12* ; & avec
des notes de M. l'abbé de Saint-Pierre, à Amsterdam
1737, *in-12*, 2 volumes. Les sentimens sont fort partagés sur le véritable auteur de cet ouvrage. Voyez les
divers sentimens dans l'ouvrage de M. l'abbé Joly, déja
cité, depuis la page 315, jusqu'à la page 322. Depuis
l'impression de cet ouvrage, M. de Voltaire a porté aussi
son jugement sur le *Testament politique*, &c. dans ses
Avis à un journaliste, imprimés dans le tome premier
du *Mercure* de novembre **1744.** Il y ôte ce *Testament* au
cardinal de Richelieu.

☞ Les raisons sur lesquelles M. de Voltaire s'appuie pour cela, ont été réfutées dans une brochure de
31 pages *in-12*, imprimée en 1750. Les journalistes de
Trévoux en rendant compte de cette brochure dans leurs
Mémoires pour le mois de février 1750, premier volume, page 344 & suiv. y joignent un détail de plusieurs
faits qui semblent ne plus laisser lieu de douter que le
Testament politique, dont il est ici question, ne soit
effectivement l'ouvrage du cardinal de Richelieu. Le
Testament politique est précédé d'une succinte narration
de toutes les actions du roi, jusqu'à la paix faite en l'au ...

abrégé commence au temps où le cardinal étoit ré dans le ministère, après la réconciliation du roi c la reine sa mere, & il finit à l'an 1638 ; dans s les exemplaires imprimés ou manuscrits du *Testa ut politique*. Le cardinal de Richelieu en avoit com é la suite, qui se trouve corrigée de sa main en piurs endroits, dans un volume des manuscrits de Col t intitulé ; *Affaires de France*. Cette suite dévelope qui s'étoit passé de plus remarquable pendant les an es 1639, 1640 & 1641. Le cardinal étant mort en 42, n'eut pas le temps de le pousser plus loin. On it regarder ce morceau comme une véritable décou te, qui ne permet plus de douter que le cardinal de chelieu ne soit le véritable auteur du *Testament poli ue* qui porte son nom ; & s'il eut été connu dans le mps de la dispute que M. de Voltaire a fait naître à ce jet, on auroit pu la terminer sans aucune discussion, lui montrant seulement les traces de la main du car nal sur ce précieux manuscrit. Cette ite de la *succinte narration* a été imprimée dans le oisième volume de l'*histoire du règne de Louis XIII*, omposée par le pere Griffet, Jésuite, pour servir de ontinuation à l'*Histoire de France du pere Daniel*. 25. *Lettre du cardinal de Richelieu*, où l'on voit la lus fine politique & le secret des plus grandes négo iations, 1695, *in-12*, & plusieurs fois réimprimée de uis, entr'autres, sous ce titre : *Lettre du cardinal du le Richelieu, où l'on a joint les mémoires & instructions ecrettes de ce ministre pour les ambassadeurs de France n diverses cours, avec quelques relations curieuses ser vant d'éclaircissement auxdites lettres & mémoires* ; à Paris 1696, *in-12*, 2 vol. 26. *Lettre du même cardinal au pere Joseph*, dans la vie de ce dernier, par l'abbé Richard, à Paris 1702 & 1704. 27. *Epistola cardina lis Richelii ad Barlæum*, du 25 janvier 1642, dans les *Clarorum virorum epistolæ*, publiées par Colomiès, à Londres 1687, *in-12* ; & dans les œuvres de Colo miès, édition de Hambourg 1709, *in-4°*. 28. Autres Lettres du même ; dans les ambassades & négociations de M. le comte d'Estrades ; à Amsterdam 1718, 2 volumes *in-12*. 29. *Histoire de la mere & du fils* ; c'est-à-dire, de Marie de Médicis, femme du grand Henri, & mere de Louis XIII, roi de France & de Navarre ; con tenant l'état des affaires politiques & ecclésiastiques, ar rivées en France, depuis & compris l'an 1600 jusqu'à la fin de 1619. Cet ouvrage a paru sous le nom de Meze rai, à Amsterdam 1731, 2 volumes *in-12*. * *Voyez* l'article les Eloges de M. l'abbé Joly, d'où ceci est pres que tout tiré : on y trouve sur la plupart des ouvrages mentionés, les preuves & les conjectures qui assurent chacun de ces ouvrages au cardinal de Richelieu : on y donne ensuite une liste des ouvrages manuscrits attribués au même cardinal.

PLESSIS-RICHELIEU (Alfonse-Louis du) fils de FRANÇOIS du Plessis-Richelieu, & frere du cardinal de même nom. Il étoit doyen de S. Martin de Tours, lors qu'il fut nommé à l'évêché de Luçon par le roi Henri IV, à la place de Jacques du Plessis, son oncle; mais avant que d'être sacré, il céda cet évêché à son frere cadet & se fit Chartreux. Il prit alors le nom d'*Alfonse-Louis*. Il fit profession à la grande Chartreuse en 1606, & y vécut plus de vingt ans, sans montrer de desir de ren trer dans le siècle. Mais lorsque son frere fut en crédit à la cour de France, il accepta l'archevêché d'Aix, auquel celui-ci le fit nommer (c'étoit en 1626) & en 1628 il passa à celui de Lyon. En 1629 le pape Ur bain VIII le nomma cardinal-prêtre, quoique selon l'or donnance de Sixte V, deux freres ne dussent jamais por ter la pourpre en même temps. En 1632 il fut grand aumônier de France, chevalier de l'ordre du S. Esprit ; & obtint plusieurs abbayes fort riches. En 1635 le roi l'envoya à Rome pour des affaires très-importantes. Dans ce voyage il obtint le titre de cardinal de la sainte Trinité *in monte Pincio*. Après son retour à Lyon en 1638, la peste ravageant son diocèse, il n'abandonna point son troupeau, & se montra plein de zèle & de charité pour lui, en une occasion si périlleuse. En 1644 il se trouva à l'élection du pape Innocent X ; & en 1645 il présida à l'assemblée du clergé de France, te nue à Paris. Il mourut d'hydropisie le 23 mars 1653, âgé de 71 ans, & fut enterré à Lyon dans l'église de la Charité. Voici l'épitaphe qu'il se fit lui-même : *Pau per natus sum, paupertatem vovi, pauper morior, & inter pauperes sepeliri volo*. Ce fut à M. l'abbé de Pont chateau qu'il avoua dans sa derniere maladie, qu'il ai meroit beaucoup mieux mourir dom Alfonse que cardinal de Lyon. L'abbé Michel de Pure a écrit sa vie en la tin, imprimée à Paris chez Vitré, en 1653, *in-12*. * Palatii *Fasti cardinales. Mémoires du temps*.

PLESSIS (Guillaume du) de Gesté de la Brunetière, évêque de Saintes, né en Anjou le 4 novembre 1630, fut tonsuré dès l'âge de 8 ans. Il étudia dans l'univer sité de Paris, & prit le bonnet de docteur de la mai son de Navarre, le 27 juillet 1656. L'année suivante Guy Lasnier, son oncle maternel, lui résigna l'archidia coné de Brie dans l'église de Paris. Hardouin de Pere fixe, alors archevêque de Paris, le fit son grand-vi caire, & cet office lui fut continué sous M. de Har lay de Chanvalon. Il fut nommé par son chapitre pour présider aux conférences sur la réformation du bréviai re, & il a composé une partie des hymnes que l'on y récite encore : la plupart des autres sont de M. de Santeul, chanoine régulier de S. Victor. Il fut nommé en 1676 évêque de Saintes & fut sacré le 30 novembre 1677, & il fit de grands biens à son diocèse. Louis XIV, après avoir choisi pour cet évêché ; dit : » Je viens » de donner un évêché à un homme que je n'ai jamais » vu ; mais je n'en parle à personne, qui ne m'en dise » du bien. » Et lorsque le nouveau prélat alla remer cier le roi, ce prince lui dit : » Quand je n'aurois pas » donné cet évêché à votre mérite, je l'aurois accordé » à votre personne, après vous avoir vu. » Le nouvel évê que, ayant trouvé son diocèse rempli d'hérétiques, s'ap pliqua à les instruire, demanda à Dieu leur conversion, & fit venir des missionaires zélés pour l'aider dans cette œu vre. Il les visitoit lui-même fréquemment, les secouroit de livres & d'argent, entroit avec eux en conférence, outre les conférences publiques qu'il faisoit pour le même sujet ; il écoutoit leurs doutes, & y répondoit avec force & avec douceur. Son zèle ne fut pas inutile ; & lors de la ré vocation de l'édit de Nantes, il avoit eu la consola tion de voir que beaucoup s'étoient déja réunis à l'é glise. Dès que cet édit parut, il pria le comte de Jarnac d'assembler la noblesse à l'évêché, où il parla avec tant de force & d'onction, que de soixante qui étoient des principaux gentilshommes, trente-cinq se réunirent sur le champ, & les autres ne tarderent pas long-temps à se rendre. Il fit ensuite assembler les bourgeois avec le même succès, Ce fut la même chose à S. Jean-d'An gely. Ce prélat a établi plusieurs communautés, une de nouvelles Catholiques à S. Pons, & une d'Hospita lieres ; & un Hôpital général à Saintes. Choisi pour instruire la jeune princesse de Conti pour sa premiere communion, il lui inspira un grand mépris du monde & de la beauté corporelle, & une grande estime pour l'innocence & la pureté des mœurs. Sa modestie éclatoit sur son visage. Il répondit un jour à une per sonne qui louoit l'antiquité de sa noblesse : *Qua utilitas in sanguine meo, dum descendero in corruptionem*. En 1700 il reçut Philippe V, roi d'Espagne, avec les princes ses freres ; & deux ans après s'étant mis en chemin pour aller à l'assemblée provinciale de Bordeaux, la fiévre le fit revenir à Saintes, où il mourut le 2 mai 1702. Lorsqu'on lui apporta l'extrême-onction, il fit un dis cours très-touchant ; & depuis ce moment jusqu'à sa mort, il ne s'entretint que du bonheur de l'éternité. * *Mém. du temps*.

☞ PLESSIS (Claude du) étoit du Perche & issu d'une famille reconnue pour noble dans toute cette province. Son pere vint s'établir à Paris pour y donner plus facilement

à ſes enfans une éducation qui fût convenable à leur naiſſance. M. Du Pleſſis ſe diſtingua dans ſes études, & après
les avoir finies ſe fit avocat, le 22 novembre 1649. Dès
qu'il eut embraſſé cette profeſſion, il n'omit rien de ce
qui étoit néceſſaire pour s'y rendre très-capable. Après
de longs travaux, ſon mérite ayant été enfin connu, il fut
choiſi ſans l'avoir brigué, pour être du conſeil de pluſieurs grandes maiſons. M. Colbert, ſurintendant des
finances, voulut auſſi ſe conduire par ſes avis, dans
les affaires du roi & de l'état; & Louis XIV le gratifia de la penſion que le roi donne ordinairement à la
perſonne qui eſt honorée de cet emploi. Ce ſuccès ne
changea rien aux mœurs de M. Du Pleſſis; il ne fut
pas moins modeſte, lorſqu'il eut l'eſtime & la confiance des grands & du public, que lorſqu'il n'étoit connu que d'un petit nombre de particuliers. Dans le temps
où il pouvoit ſe croire en droit de recueillir le fruit de
ſes peines & de ſes veilles, il communiqua ce qu'il
avoit acquis de lumieres avec tant de déſintéreſſement,
qu'on peut dire de lui qu'il étoit plutôt venu au palais
pour y faire du bien & contribuer à l'adminiſtration
de la juſtice, que pour y acquérir des richeſſes. Il
lui parut que tous les commentaires qui avoient été faits
ſur la coutume de Paris n'étoient point rédigés avec méthode; qu'on y traitoit ſur la plupart des articles des
difficultés qui n'y avoient aucun rapport, & qu'il ſeroit
très-utile de ramaſſer & de mettre dans un meilleur
ordre les queſtions qui y ſont propoſées. Il exécuta ce deſſein, & compoſa ſon *commentaire ſur la coutume de
Paris*, qu'il diviſa en 16 traités, pour y donner plus
d'ordre. Il compoſa auſſi d'autres ouvrages qui furent
ſi eſtimés, même du vivant de l'auteur, qu'ils devinrent
preſque publics, par le grand nombre de copies que les
perſonnes éclairées s'empreſſerent d'en avoir. Cependant
M. Du Pleſſis ne ceſſa point de retoucher ſes ouvrages, &
mourut en 1681, ſans les avoir mis au jour. En 1698
on fit une premiere édition en un *in-fol.* de ſes traités ſur
la coutume de Paris, ſur un manuſcrit communiqué par
M. de Brilhac, conſeiller au parlement. MM. Berroyer &
de Lauriere, avocats, y joignirent des notes, pour marquer les changemens ſurvenus dans la juriſprudence depuis la mort de M. Du Pleſſis: cette premiere édition
eut tant de ſuccès, qu'elle fut bientôt épuiſée. En 1702 on
apprit que M. Du Pleſſis avoit retouché ſes traités, & que
la copie manuſcrite à laquelle il avoit mis la derniere main,
étoit dans la bibliothéque de M. le procureur général
de la Briffe. Ce magiſtrat avoit toujours aimé les ſavans,
& l'eſtime ſinguliere qu'il avoit faite de M. Du Pleſſis pendant ſa vie, l'avoit engagé à ramaſſer tous les précieux reſtes des ouvrages d'un ſi excellent homme. Il offrit à ſa veuve le prix qu'elle jugea à propos de fixer à une choſe qui n'en
devoit point avoir. M. de la Briffe, conſeiller au parlement, ſon fils, communiqua généreuſement ces écrits, &
leur lecture fit connoître que M. Du Pleſſis, ſans complaiſance pour ſes premieres penſées, s'étoit corrigé lui-même
en pluſieurs endroits. Il avoit pris la peine de tranſcrire de ſa main tous ſes traités ſur la coutume de Paris,
& les avoit fait relier en quatre petits volumes. C'eſt ſur
cet original, qu'en 1702, on fit une ſeconde édition des
traités de M. Du Pleſſis. On joignit dans le même volume, un recueil de pluſieurs de ſes conſultations ſur des
queſtions importantes.

PLESSIS-PRASLIN, *cherchez* CHOISEUL.

PLETHON, *cherchez* GEMISTE. (Georges)

PLETTENBERG (Gautier) *Heermeiſter*, c'eſt-à-
dire, général de l'ordre Teutonique en Livonie, & enſuite grand-maître de cet ordre dans le même pays, ſeroit un des plus célebres héros, ſi le peu de fermeté
qu'il fit voir dans les dernieres années de ſa vie, n'eût démenti ſes autres belles actions. Il étoit iſſu d'une famille
noble de Weſtphalie; & étant entré dans l'ordre Teutonique, il fut fait heermeiſter de Livonie l'an 1495. Il
y avoit alors treize ans que les chevaliers brouillés avec
les évêques du pays, y cauſoient de très-grands déſordres. On en étoit ſouvent venu aux mains; mais les per-

tes que les deux partis avoient faites, n'avoient pu diminuer leur animoſité; & le nouveau heermeiſter eut beſoin de toute ſa prudence pour les réconcilier. Il s'appliquoit à rétablir le bon ordre que les guerres domeſtiques avoient troublé, lorſque Baſile, czar de Moſcovie,
fit l'an 1498 une invaſion dans la Livonie, où ſes troupes brulerent & pillerent tout aux environs près de
Nerva, de Torpat & de Riga. Le grand-maître réſolu
de ſe venger de cette inſulte, aſſembla une petite armée,
qui n'étoit compoſée que de quatre mille chevaux, mais
de gens d'élite. Avec ce petit nombre, il entra en Moſcovie, & rencontra à plus nombreuſe armée des ennemis, compoſée de 40000 hommes, la plupart cavalerie. Il les attaqua & les mit en déroute le 5 ſeptembre.
Il les pourſuivit trois lieues juſqu'à ce que la nuit l'obliges
de s'arrêter. Pluſieurs milliers de Moſcovites furent tués,
leur bagage pris, avec un grand nombre de chevaux &
de toutes ſortes de munitions. Il avança enſuite dans le
pays, prit diverſes fortereſſes, & vainquit un autre
corps d'ennemis près d'Iwanogrod. Mais une grande
mortalité qui ſe mit dans ſes troupes, l'obliges de retourner. Il fut lui-même attaqué d'une violente maladie,
dont il eut de la peine d'échaper. Les Ruſſiens profitant
de l'occaſion, rentrerent dans la Livonie, ravagerent
de la maniere du monde la plus inhumaine pluſieurs provinces, & tuerent ou emmenerent en captivité plus de
quarante mille perſonnes. Dès que Plettenberg eut recouvré la ſanté, il convoqua les grands du pays, & il
fut réſolu de rentrer de nouveau en Moſcovie. Il amaſſa
en diligence une petite armée de ſept mille chevaux allemans, & de cinq ou ſix mille hommes de pied de Curlande. Avec ce petit nombre il entra en Ruſſie, où il
apprit de deux priſonniers près de Pleskow, que les
Moſcovites approchoient avec une formidable armée,
à qui le czar avoit ordonné d'environner cette petite
troupe d'Allemans, & de les conduire comme des moutons à Moſcow. Cet avis donna le temps au grand-maître de marcher en bon ordre, juſqu'à ce qu'il eût rencontré cette grande armée diviſée en douze corps. Après
avoir animé ſes gens en peu de mots, & fait décharger
ſes pieces de campagne, auſquelles les Moſcovites étoient
peu accoutumés, il tomba ſur eux avec une furie extraordinaire: on combattit de près & avec beaucoup d'opiniâtreté. Le grand-maître fut facilement environné avec
ſa petite troupe par les Ruſſiens; mais il ſe fit jour trois
fois à travers, & le contraignit enfin de s'enfuir; &
dans leur fuite, on en tua un nombre infini. Les vainqueurs fatigués, & les chevaux ne pouvant plus les porter, on ne pourſuivit pas long-temps les fuyards. Mais
le grand-maître demeura trois jours ſur le champ de bataille, pour voir ſi les Moſcovites auroient le courage de
l'attaquer une ſeconde fois. Tous les auteurs conviennent de cette grande victoire, mais ils ne s'accordent
pas ſur le nombre des morts. Ceux qui en mettent le
moins, diſent que les Moſcovites y perdirent quarante
mille hommes, & que du côté des Livoniens, il n'y eut
qu'un capitaine, un lieutenant & un enſeigne de tués,
quatre cens ſoldats & un chevalier de l'ordre Teutonique. Cette victoire remportée au mois d'octobre de l'an
1501, obligea les Moſcovites à faire la paix avec le
heermeiſter: elle fut conclue & jurée pour cinquante
ans, pendant leſquels les Moſcovites ne firent aucun
mouvement. Mais après que Plettenberg eut gouverné
très-ſagement, & ſe fut montré auſſi grand dans la paix
que dans la guerre, l'héréſie de Luther fit dans la Livonie des progrès auſquels il ne s'oppoſa pas avec aſſez de
fermeté. Albert de Brandebourg, grand-maître de l'ordre Teutonique, fut le premier qui y introduiſit l'héréſie. Pluſieurs chevaliers ſuivirent ſon exemple en Allemagne; & pour empêcher la contagion de pénétrer juſque dans la Livonie, Plettenberg traita avec Albert en
1525, & lui payant une ſomme d'argent pour le droit
de ſouveraineté, ſe rendit indépendant. L'empereur
Charles-Quint approuvant ce traité, donna le titre de
prince de l'empire, avec le droit de ſéance, & de ſuffrage

rage dans les diétes au nouveau grand-maître ; qui fit
aussi battre monnoie. Il y avoit lieu d'espérer que cet
accroissement d'autorité en lui, seroit utile à la religion ;
cependant plusieurs chevaliers ayant embrassé l'hérésie,
ne furent pas réprimés. L'impunité des premiers rendit
plus hardis ceux qui voulurent les suivre, & le désordre
ne fit qu'augmenter de jour en jour, de sorte qu'il s'est
trouvé entre les Protestans, des écrivains qui ont cru
que Plettenberg lui-même avoit penché vers l'hérésie. Il
est plus probable que l'audace des sectaires, qui méprisè-
rent jusqu'aux menaces de Charles-Quint, l'effraya ;
mais on ne peut rien dire de certain là-dessus, sinon que
le luthéranisme ayant infecté une partie de la Livonie
de son vivant, y prit le dessus après sa mort arrivée l'an
1535. * Nouvelle description angloise de la Livonie.
Henri-Léonard Scharsfleich, historia Ensferorum, &c.

PLETTENBERG & WITTEM (Ferdinand de)
comte du saint empire romain, baron d'Eis & de Sie-
nacken, seigneur de Nordkirchen & autres lieux, trésorier héréditaire de Pologne, maréchal héréditaire du
diocèse de Munster, directeur des chevaliers desdits
lieux, deuxième fils de JEAN-ADOLPHE de Plettenberg,
naquit le 25 juillet 1690, au château de Nordkirchen,
dans l'évêché de Munster. Son pere étant mort en 1698,
il lui succéda dans la seigneurie de Nordkirchen, & dans
ses autres biens, de même que dans la charge héréditaire de maréchal de l'évêché de Munster. Après la mort
de François Arnaud, évêque de Munster & de Paderborn, arrivée en 1718, Plettenberg engagea les cha-
noines-électeurs à élire en la place du défunt, le prince
Philippe-Maurice, de la maison électorale de Baviere,
qui étudioit alors à Rome ; & le pape Clément XI appuya ce choix par un bref qu'il envoya aux deux chapitres de Munster & de Paderborn. L'élection se fit en effet
le 14 & le 21 mars 1719, dans les deux évêchés, mais
le nouvel élu mourut presque aussitôt. Plettenberg se remua de nouveau pour faire élire Clément-Auguste, frere
du défunt, & il y réussit. Ces services rendus à la cour
de Baviere ; ne demeurerent pas sans reconnoissance.
Le nouvel évêque le nomma son premier trésorier, son
conseiller intime, & son premier ministre d'état. Il lui
donna sa confiance, & le chargea de ses plus importantes affaires. Il fut souvent député aux cours électora-
les de Munich & de Bonn, où il se fit beaucoup estimer.
Il fut fait grand-croix des chevaliers de Cologne, conseiller secret de l'électeur de Baviere & de Cologne,
conseiller intime de Baviere, & grand bailli de Paderborn. Le plus grand service qu'il rendit à son prince, fut
la succession à l'électorat de Cologne. Jean-Clément,
qui étoit alors électeur, desiroit bien de céder cette succession à Clément-Auguste, qui étoit son cousin ; mais
sa volonté seule ne suffisoit pas, parceque le chapitre
des chanoines étoit en droit de faire choix d'un autre.
Plettenberg, secondé de la cour de Baviere, mit donc
tout en œuvre pour gagner les chanoines en faveur de
son prince, & il eut le bonheur de réussir. L'électeur
étant mort en 1723, Clément-Auguste lui succéda donc
dans l'électorat de Cologne, & lui donna de plus
l'évêché de Hildesheim ; il en fut nommé prince & évêque le 8 février 1724, ce qu'il dut encore au crédit &
aux soins du comte de Plettenberg. En reconnoissance,
celui-ci fut fait premier trésorier, premier ministre, &
plénipotentiaire de l'évêché de Hildesheim ; emplois dont
il commença de s'aquiter au mois de mars 1725. Peu
de temps après, il fut député à la cour de l'empereur,
pour y négocier plusieurs affaires importantes. L'Europe
étant alors en mouvement, à cause de l'alliance entre
les cours de Vienne & de Hanovre, l'empereur auroit
souhaité de mettre dans ses intérêts la cour de Cologne ;
& Plettenberg fut créé, avec toute sa maison & ses descendans, comte de l'empire romain, afin de le faire
entrer par-là dans ses vues. Plettenberg agit en effet dès
ce moment selon les desirs de l'empereur ; & dès 1726
il disposa la cour de Baviere & l'électeur de Cologne,
à entrer dans l'alliance avec l'empereur, & à garantir,

à de certaines conditions, la Pragmatique Sanction ; &
il eut l'honneur de signer l'acte d'accession au mois de
septembre de la même année au nom de l'électeur, dans
la maison du prince Eugène de Savoye à Vienne. L'évêque d'Osnabruck, né prince de Hanovre, mourut en
1728. Comme en vertu de la paix de Westphalie l'élection devoit tomber cette fois sur un prince catholique,
Plettenberg eut encore le crédit de faire nommer son
prince. Cette élection se fit le 4 novembre de ladite année 1728. Le nouvel élu fit en conséquence présent au
comte de son portrait enrichi de diamans, & d'une très-
belle tabatiere, qui renfermoit une lettre de change de
trente mille florins. De retour à Bonn, on introduisit le
comte dans tous les collèges, & en 1731 il fut nommé
premier maître-d'hôtel. Malgré les grandes qualités de
ce ministre, qui étoit affable, libéral, d'un accès très-
facile, & fort zélé pour la justice, la bonne intelligence
qu'il entretenoit avec l'empereur, lui attira quelques revers. Comme il paroit toujours pour les intérêts de
cette cour, & qu'il s'efforçoit de détourner l'électeur
de toute alliance avec la France & ses alliés, la cour de
Baviere fit tant, que celle de Cologne le disgracia au
mois de juin 1733, lorsque le comte venoit de recevoir l'ordre de la toison d'or de Vienne. On établit
une commission pour examiner ses comptes, & ce qu'il
avoit avancé, afin de lui rembourser ce qui seroit clair
& liquide. Le baron de Magis fut, à ce qu'on assure,
le principal auteur de cette disgrace de Plettenberg. Il
avoit été résident de Cologne à la Haye, & Magis
avoit trouvé le secret de se faire estimer à la cour ; ensorte qu'il fut mis au nombre des conseillers intimes,
& eut part aux affaires étrangeres. Il étoit fort porté
pour les François, de même que la cour de Baviere,
& ce fut ce qui le porta à faire disgracier Plettenberg.
Celui-ci fut reçu à bras ouverts à la cour de l'empereur.
Il fut nommé conseiller intime, & prêta serment de fidélité à Vienne le 28 avril 1734. On le chargea de
l'ambassade à la cour de Suède ; mais ayant eu des raisons de ne point accepter cette ambassade, l'empereur
le nomma son plénipotentiaire des cercles du bas Rhin &
de Westphalie. Il assista en cette qualité à l'assemblée du
cercle de Westphalie, qui commença à Cologne le 20
octobre 1734, & cette négociation lui attira la haine de
l'électeur de Cologne. Le comte de Plettenberg étoit
sur le point d'entreprendre une ambassade à la cour de
Rome, lorsqu'il mourut à Vienne le 18 mars 1737.
* Supplément françois de Basle.

PLEUREUSES. Les Pleureuses étoient des femmes
à gage que les anciens plaçoient à la tête des convois
ou enterremens de leurs morts, & qui par des larmes
affectées, & par des chants lugubres, tâchoient d'intéresser le public à la mort de celui que l'on avoit perdu.
Cet usage étoit particulièrement suivi chez les Romains.
Cette troupe de femmes composoit un chœur de musique, & avoit à la tête une autre femme qui régloit le
ton sur lequel elles devoient pleurer. Les noms les plus
connus dont les Romains se servoient pour désigner ces
femmes étoient ceux de Lamentatrices, de Præficæ, &
de Reputatrices. Le premier s'entend facilement. Mais
il y a des difficultés sur les deux autres. Il y en a qui
ont cru que Præfica étoit un abrégé de celui
de Præfectæ, ou qu'au moins il signifioit la même chose,
& que ce terme ne convenoit qu'aux femmes qui présidoient aux chœurs des pleureuses, & qui commençoient à pleurer pour donner le ton aux autres. D'autres font venir ce mot de celui de Præfiscine, terme
dont on se servoit autrefois, avant que de commencer à
se louer soi-même, ou à louer les autres : ce qui revient à cette expression, dont on se sert assez communément en françois, quand on dit quelque chose à sa
louange, Cela soit dit sans vanité : ou, Cela soit dit
sans flaterie, quand c'est des louanges d'autrui dont il
s'agit. Nous lisons dans l'Asinaire de Plaute, acte 2,
scène 4, que Léonida accusé de quelques tours de sou-
plesse, commence à se justifier par ce mot Præfiscine,

Præfiscine hoc nunc dixerim, nemo etiam me accusavit
Merito meo, neque Athenis est alter hodie quisquam,
Cui credi recte æque putent.

Je puis dire sans vanité, que je n'ai jamais été accusé,
& que personne dans Athènes n'est estimé plus honnête
homme que moi. Or comme les Pleureuses affectoient
de donner de grandes louanges au mort, celle qui commençoit, se servoit d'abord du terme de *Præfiscine*,
d'où elle a été appellée *Prafica*. Le mot de *Reputatrices* paroît moins obscur ; & cependant on lui donne plusieurs significations, dont quelques-unes paroissent trop
tirées. Sopranus prétend que l'on appelloit ainsi ces
Pleureuses, parceque leurs discours remettoient à l'esprit des assistans les belles actions du défunt. Ménochius dit que c'est parceque ces éloges établissoient la
réputation du mort, ou faisoient connoître sur quoi celle
qu'il avoit eue étoit fondée. D'autres prétendent que ce
nom de *Reputatrix* a été donné à ces Pleureuses, parcequ'en faisant le détail des actions du défunt, il semble
qu'elles les couchoient, pour ainsi dire, en ligne de
compte, comme si elles en avoient eu pardevers elles
un état bien supputé, & calculé au juste. On a donné
une quatrième explication de ce terme qui paroît plus
naturelle ; c'est-à-dire que ces femmes ont été appellées
Reputatrices, parcequ'elles tenoient lieu, en quelque
sorte, par leur contenance, leurs gestes, & leurs pleurs,
de tout ce que les parens ou les plus proches du mort
auroient du faire, comme étant les véritables personnages du deuil, *ad quos luctus pertinet*, dit Ésope dans la
fable du Riche. Peut-être même que ce mot *Reputatrix*
n'est qu'une abréviation de celui de *Repræsentatrix*, que
quelques copistes auront trouvé trop long, qu'ils auront
abrégé eux-mêmes, & qui par la suite du temps aura
été pris pour un terme véritablement usité. On sait que
ces changemens causés par les abréviations des copistes
ne sont point sans exemple. En admettant cette supposition, il faudra dire que ces Pleureuses ont été appellées
Repræsentatrices, parcequ'elles étoient réputées agir au
nom de ceux qui auroient du paroître sur la scène. C'étoient des actrices gagées pour suppléer à ce que certaines circonstances empêchoient qu'on ne laissât faire aux
parens du défunt. On appelloit encore ces femmes *Psaltria*, chanteuses, à cause de leur fonction, *dont nous
avons parlé*. Quand on alloit bruler un corps, ces Pleureuses dans la pompe funèbre étoient placées les premieres, ayant pour conductrice à leur tête : elles se rangeoient ensuite autour du bucher, & elles ne cessoient
de pousser des cris, & de verser des larmes jusqu'à ce
que le corps eût été consumé par le feu, & que les cendres eussent été enfermées dans une urne destinée à cet
usage. Quand toute la cérémonie étoit finie, la conductrice disoit à haute voix, *ilicet*, c'est-à-dire, *ire licet ;*
il est permis de s'en aller. L'habit des Pleureuses étoit
conforme à leurs fonctions. C'étoit une robe noire de
l'espece de celles que les Romains appelloient *pulla*.
On appelloit les cris qu'elles chantoient ou récitoient,
Nænia. Et comme l'on donnoit souvent des louanges
outrées aux plus petites choses, l'on appella dans la
suite *Nænia* des bagatelles, des puérilités, &c. Les
Grecs ont eu de ces Pleureuses avant les Romains. Euripide en fait mention dans ses Phénices. * *Antiq. grec.*
& rom. Cuperi *observat.* Plaut. *ad us.* Delph. *not.* Archimbaud, *pièces fugit. t.* II, *part.* 2. Dissert. *sur les*
pleurs de l'antiq. Merc. de Fr. avril 1730. *Conject. sur*
les noms donnés aux pleureuses, &c.

PLIMOUTH, ville d'Angleterre, dans le comté de
Dévon, a deux ports sur la mer Britannique, qui la
rendent extrèmement marchande. La nouvelle PLIMOUTH est une colonie de l'Amérique septentrionale,
en la nouvelle Angleterre.

PLIMPTON, bourg d'Angleterre, qui donne le
nom à une contrée du comté de Dévon, qui est au
sud-ouest. Il est éloigné d'environ quatre milles anglois
de Plimouth, en tirant vers le nord-est, & à cent huit

lieues de Londres. * *Dictionaire anglois.*

PLINE, *C. Plinius Secundus*, dit *l'Ancien*, étoit
de Vérone, & vivoit dans le I siécle sous Vespasien &
Tite, qui l'honorerent de leur estime, & qui l'employerent en diverses affaires. Il porta les armes avec
distinction : il fut aggrégé dans le collège des augures,
fut envoyé intendant en Espagne ; & malgré le temps
que lui déroboient ses emplois, il en trouva suffisamment pour travailler à un grand nombre d'ouvrages. Le
plus célèbre de ses siens, est son histoire naturelle, qui est
divisée en 37 livres. Nous avons diverses éditions de cet
ouvrage ; de Rome, en 1470 & 1473 ; de Parme, en
1476 & 1480 ; & de Venise, en 1483. On l'a aussi imprimé à Lyon en 1587, à Francfort en 1608, à Leyden en 1669. La meilleure édition est celle du pere Hardouin, à Paris en 5 vol. *in-4°*, en 1685, qu'il a redonnée en 3 vol. *in-folio*, l'an 1723, avec beaucoup d'additions, & un grand nombre d'idées bizares & contraires à la vérité dont ses notes sont remplies. Saumaise
avant lui avoit corrigé & expliqué une infinité d'endroits
de Pline, dans ses remarques sur Solin. Pline avoit aussi
composé une histoire de Néron, la vie de Pomponius
Secundus, l'histoire des guerres d'Allemagne en 20 livres, & d'autres piéces qui ne sont point venues jusqu'à nous. L'embrasement du mont Vésuve fut fatal à
ce grand homme, en l'an de J. C. 79. Il fut si
violent, qu'ayant ruiné des villes entieres, & une très-grande étendue de pays, les cendres en volerent jusque
dans l'Afrique, la Syrie & l'Egypte. Pline, qui vivoit
alors, voulut voir cette merveille terrible ; mais il fut
suffoqué dans les flammes, & fut puni de sa curieuse témérité. Nous avons sa vie à la tête de ses ouvrages.
* Pline *jeune, liv.* 6, *epist.* 16. Tacite, *in annal.* S. Jérôme, *in chron.* Onuph. *comment. in fast.* Vossius, *de*
hist. lat. l. 1, c. 29. Budée. Turnebe. Lipse, &c. *in*
Plin.

PLINE (C. Cæcilius) *Plinius Secundus*, dit *le jeune*,
étoit de Côme, & fils d'une sœur de Pline, de Vérone,
qui l'adopta pour fils. Il avoit été disciple de Quintilien,
& florissoit vers l'an 106 de J. C. du temps de Trajan, qui l'éleva jusqu'aux premieres charges. Ce fut
pendant son consulat qu'il prononça dans le sénat le
panégyrique de Trajan, que nous regardons comme un
chef-d'œuvre. Ses lettres pleines d'esprit & de politesse,
ont été rassemblées en 10 livres, & traduites en notre
langue par M. de Saci, de l'académie françoise. Nous
voyons dans une de ses lettres, qu'étant gouverneur de
Bithynie, il avoit eu honte de faire mourir les chrétiens.
En effet, il écrit à Trajan, qu'après une exacte recherche, il avoit trouvé que ceux qui portoient ce nom,
étoient plus religieux observateurs de leurs sermens que
les autres, plus modestes en paroles, plus réglés & plus
vertueux en leur conduite : qu'ils faisoient profession
d'une grande charité ; qu'ils abhorroient le larcin & la
fraude, & que leur crime n'étoit que dans une étrange opiniatreté dans leur superstition. Trajan lui fit une réponse
injuste, comme Tertullien l'a remarqué dans son apologétique. On attribue à Pline des vies des hommes illustres, qui sont assurément d'Aurelius Victor. Les lettres du jeune Pline, sont un long tissu d'excellens préceptes pour se conduire sagement dans les bonnes études ; mais il y a dans ces lettres un air de vanité qu'on
ne doit pas approuver. L'amour de la gloire & de l'immortalité que donne le Parnasse, étoit tout son but.
Jean-Marie Catané, qui a écrit la vie du jeune Pline,
a dit de lui à ce sujet, *Gloriæ appetitus & immortalitatis summus aucupator.* * Eusebe, *in chron. hist.* Vossius,
l. 1, *de hist. lat.* Gesner, *in bibl.* &c.

Quelques auteurs chrétiens ont cru que Pline *le jeune*
embrassa le christianisme. Pour autoriser cette opinion,
on allègue le sentiment de Flavius Rufus Dexter, qui
vivoit du temps de S. Jérôme, & qui dit que Tite, disciple de S. Paul, à son retour de Bithynie, & du Pont,
convertit à la foi Pline *le Jeune*, dans l'isle de Crete,
où il faisoit bâtir un temple à Jupiter, par le comman-

dement de Trajan. On ajoute même que Pline fut martyrifé à Côme en Italie. François Bivarius, moine de Cîteaux, s'attache fort à faire valoir le fentiment de cet hiftorien. Pierre de Natalibus, dans le *livre 7 du catalogue des Saints*, conformément aux actes de Zénas, difciple de S. Paul, duquel il eft fait mention dans l'épître à Tite, raconte que Tite arriva en Candie, où préchant la foi fans beaucoup de fuccès, il ébranla néanmoins ces cœurs endurcis, par un miracle qu'il fit. Il fe mit en prieres, & après fon oraifon, renverfa l'idole de Diane, qu'il réduifit en pouffiere. Comme c'étoit la divinité qu'on adoroit avec plus de fuperftition dans l'ifle, ce prodige changea, dit-on, les cœurs des infulaires, parmi lefquels il y en eut 500 qui fe convertirent fur l'heure. Dans le même temps Tite paffant devant les temples que Pline faifoit bâtir, y donna fa malédiction, & renverfa tous les travaux qui étoient déja bien avancés. Ce miracle fut caufe de la converfion de Pline, & de celle d'un fils qu'il avoit. Voila ce que rapporte Pierre de Natalibus, évêque de Jefolo. On rapporte une troifiéme preuve pour établir cette prétendue converfion, & on la tire du martyrologe romain du 7 août, où l'on fait mémoire des faints martyrs Carpophore, Flavius Rufus Dexter, Exaute, Caffius, Severin, Second & Licine. On prétend que ce Second étoit Pline, parcequ'il s'appelloit Secundus, & qu'outre cela il étoit natif de Côme. Les lettres avantageufes que Pline écrivit à Trajan en faveur des chrétiens, favorifent encore, à ce qu'on prétend, cette opinion, auffi-bien que l'honneur qu'il eut d'être proche parent d'Antonia Maximilla, femme d'Agée, proconful de Patras dans l'Achaïe, qui étoit de la même ville de Côme, & qui fut enfin martyrifée à Nicomédie. Toutes ces raifons n'empêchent pas qu'on ne doute abfolument de la vérité de cette converfion, parceque ni l'autorité de Flavius, ni celle des actes de Tite rapportés par Pierre de Natalibus, n'ont pas d'affez grand poids pour établir un fait de cette nature, dont les plus anciens auteurs n'ont point parlé. * Franc. Bivarius.

PLISTANUS, philofophe Grec, natif d'Elée, fuccéda dans l'adminiftration de l'école de Phedon, & en laiffa le foin à Menedème. * Diogène Laërce, *in Phed. lib.* 2.

PLISTARQUE, frere de Léonidas, de la famille des Eurysthenides, fuccéda à Léonidas la premiere année de la LXXV olympiade, 480 ans avant J. C. Il eut pour fucceffeur PLISTONAX, fils de Cléombrote, la troifiéme année de la même olympiade, qui régna 68 ans, & laiffa fon fils PAUSANIAS pour fucceffeur. * Hérodote, *l.* 9. Du Pin, *bibliothéque univerfelle des hiftoriens profanes.*

PLOAGUE ou PUAGORE, en latin *Plubium, Pluvium,* bourg de l'ifle de Sardaigne. C'étoit autrefois une ville épifcopale, dont l'évêché a été uni à l'archevêché de Saffari, & il n'eft éloigné de cette ville que de trois lieues, du côté du levant. * Mati, *diction.*

PLOCZKO ou PLOSCO, *Plaucum,* palatinat de Pologne, tire fon nom de celui d'une ville confidérable, fituée fur la Viftule, avec fortereffe. Elle a évêché fuffragant de Gnefne.

PLOEN, qu'on prononce *Plun,* petite ville avec un magnifique château. Elle eft dans la Wagrie, province du duché de Holftein, fur un petit terrein qui eft entre deux lacs, à cinq lieues de Kiel, vers le midi. Cette ville appartenoit au duc de Holftein-Ploën, qui étoit de la maifon de Danemarck, & qui fut maréchal général des armées des Provinces-Unies après le prince de Waldec. *Voyez* HOLSTEIN. * Mati, *diction.*

PLOMBIERS ou PEZURES, peuple groffier & obfcur, dont il eft fait mention dans l'infcription du Pont d'Alcantara, fous le nom de *Pezures* feulement, habitoient autrefois le mont Herminius, au pied duquel on voit encore les ruines de *Meidobriga.* On trouve fur cette montagne plufieurs débris de tours, de ponts, d'aqueducs, qui prouvent inconteftablement qu'elle a été au-

trefois très-peuplée. On y trouvoit auffi quantité de mines d'or & de plomb, ce qui fit donner le nom de *Plombiers* aux habitans. Le fommet de ce mont, connu fous le nom de *Serra Deftrella,* eft toujours couvert de neiges. On voit dans une de fes vallées deux gouffres, dont on prétend que l'on n'a jamais pu trouver le fond. Leur eau eft croupiffante, & ne porte rien qui vive. On y trouve quelquefois des débris de vaiffeaux, ce qui donne lieu de croire qu'ils communiquent avec la mer. Cette montagne nourit quantité d'arbres fruitiers, & fes vallées font arrofées par des fontaines dont les eaux font excellentes. Les pâturages y font bons & en abondance. Les Pezures ou Plombiers qui en étoient les maîtres, l'étoient auffi de la contrée de Covilham. Ils avoient pour bornes le Mondego au nord, le Coa à l'orient, le Zezaro au midi, & les Bélitains à l'occident. Ceux-ci s'étendoient depuis le mont Herminius jufqu'au bord oriental du Mondégo, qui prend fa fource dans ce mont, & jette dans l'Océan fes eaux fous Buarcos. * *Voyez* les hiftoriens anciens de Portugal; & parmi les modernes, l'hiftoire de ce royaume par M. le Quien de la Neufville; & celle par M. de la Clede, fecrétaire de M. de Cogni, tome I.

PLOTIN, philofophe Platonicien; natif de Lycopolis, ville d'Égypte, vivoit dans le III fiécle, étudia pendant douze ans fous Ammonius, philofophe chrétien, & depuis vint à Rome fous le règne de l'empereur Philippe, en 245. Il eut entre fes écoliers des chrétiens auffi bien que des idolâtres, & ne témoigna pas être éloigné de la religion des premiers. Ce philofophe forma le deffein bizare de bâtir une ville, qu'il vouloit appeller la ville de Platon, où il prétendoit faire vivre fes habitans felon la forme de la république imaginée par ce philofophe. L'empereur Gallien gouta cette penfée, & auroit contribué à l'exécution de ce projet, fi fes plus fidèles confeillers ne lui euffent repréfenté que cette entreprife étoit auffi ridicule qu'impoffible. Plotin compofa un ouvrage de 54 livres divifés en ennéades, & écrivit contre les Gnoftiques, fi l'on en croit Porphyre. Marcile Ficin a traduit en latin fes œuvres, & a fait des fommaires & des analyfes fur chacun des livres de Plotin, qui eut Amélius pour difciple, & qui mourut l'an de Jésus-Chrift 270, âgé de 66 ans. Julius Firmicus rapporte des chofes furprenantes de fa mort. Porphyre conte qu'après fa mort, un dragon qui étoit fous le lit, entra dans la muraille de fa chambre & difparut. C'eft peut-être ce qui a donné fujet de croire que Plotin avoit un démon familier, qu'il confultoit en toutes chofes. Il étoit en une fi haute réputation de vertu, qu'on lui dreffa des autels comme à un dieu. * Porphyre, *en fa vie.* Julius Firmicus, *l.* 1, *aftron. c.* 3, *q.* 8. Marcile Ficin, *in comment. Plot. &c.* Bayle, *diction. critique.*

PLOTINE, *Plotina Pompeia,* femme de l'empereur Trajan, fut illuftre par fa modeftie & par fa bonté, & commença à protefter au peuple en entrant la premiere fois dans le palais impérial, qu'elle y entroit telle qu'elle fouhaitoit d'en fortir. Elle fe conduifit avec tant de fageffe & de prudence pendant fon regne, qu'elle contenta également les feigneurs & le peuple. Elle refufa le nom d'*Augufte* pendant tout le temps que Trajan ne voulut point accepter celui de *pere de la patrie.* C'eft à l'amour qu'elle avoit pour le peuple, que l'on doit attribuer la diminution des impôts & des taxes, dont les provinces étoient furchargées. Elle accompagnoit Trajan, lorfque cet empereur mourut à Selinunte l'an 117. Elle porta à Rome les cendres de fon époux, & contribua à l'adoption d'Adrien, à qui elle aida à parvenir à l'empire. On ignore le temps, le lieu & les circonftances de fa mort, que M. de Tillemont met à l'an 129, & d'autres à l'année 122; il n'y a rien de-certain pour l'opinion des uns & des autres. Adrien en ayant appris la nouvelle, en parut extrêmement affligé; en porta le deuil pendant neuf jours, & compofa des hymnes à fa louange. Il lui fit bâtir un temple à Nîmes, dont on voit encore les reftes; mais on ignore fi ce fut du vivant ou après la mort de cette impératrice, qu'il mit au rang des déesses. * Xiphilin, & Spartien, in Trajano. Angeloni, hist. August. Bayle, diction. crit.

PLOTIUS (Lucius) Gaulois, fut le premier qui enseigna la rhétorique à Rome en latin, s'il étoit la langue romaine, ce qui lui attira un grand nombre de disciples. Cicéron, qui étoit fort jeune en ce temps-là, dit qu'il s'étoit senti porté à l'aller entendre comme les autres, mais qu'il en crut les plus savans de son temps, qui jugerent que les lettres grecques étoient plus propres pour l'instruction & pour les exercices de l'esprit. * Suetone, de claris rhetor. Cicero, ad M. Tit. Dom. Rivet, histoire littéraire de la France, tome I.

Il y a eu parmi les Romains plusieurs autres hommes illustres de ce nom, comme Marcus PLOTIUS, capitaine de l'armée de César, qui fut blessé par les soldats de Pompée sur le fleuve d'Aps. * Cæsar, l. 3 de bel. civili. PLOTIUS Tucca, historien qui vivoit du temps d'Horace. * Horat. l. 1, sat. 5 ; & Cornutus, interprete de Perse. PLOTIUS Griphus, mis au nombre des sénateurs par Vespasien, & fut ensuite préteur. * Tacite, hist. l. 4. PLOTIUS Firmus, qui de simple capitaine fut fait préfet du prétoire après la mort de Galba. * Tacite, hist. l. 1.

PLUMIER (Charles) religieux Minime, habile botaniste, né à Marseille dans le XVII siécle, entra jeune dans l'ordre de S. François de Paule. Après ses premieres études, ses supérieurs qui lui trouverent du gout pour les mathématiques, l'envoyerent à Toulouse, quoique ce fût une province séparée de la sienne, pour les apprendre sous le célèbre pere Maignan, qui connoissant du génie dans cet éleve, s'appliqua à l'instruire, & lui montra encore l'art de faire des lunettes, des miroirs ardens, des microscopes, & autres ouvrages curieux, dans lesquels ce maître excelloit. Il lui inspira aussi l'amour de la géométrie ; mais s'y étant trop appliqué, & sur-tout à la lecture d'Euclide, il en pensa perdre l'esprit. Il étoit alors à Rome où il avoit été envoyé après ses études ; & il lui fallut son air natal pour le remettre. On le fit donc renoncer à cette étude forcée, & il se porta du côté de la botanique, à laquelle son naturel le portoit. Etant retourné à Rome, il y tomba entre les mains d'un Italien, des plus fameux dans ce genre de science, qui se fit un plaisir de cultiver son inclination, & qui lui fit part de toutes ses lumieres. Le pere Plumier revenu en Provence, demanda quelque couvent champêtre, où il pût avoir la commodité de faire dans les champs des découvertes sur les simples, & on le mit au couvent de Bormes, lieu maritime près d'Hyeres au diocèse de Toulon. Pendant qu'il y travailloit, l'intendant de Provence eut ordre du roi de chercher quelque habile botaniste qui voulût aller en Amérique, pour en rapporter en France les plantes, dont on pourroit tirer plus d'utilité pour la medecine. Le pere Plumier fut l'homme qu'il cherchoit : il partit donc de Provence pour les Antilles ; & en trois voyages différens qu'il y fit, il s'arrêta plus volontiers à l'isle de S. Domingue. Le roi l'honora d'abord d'une pension, qui fut augmentée à proportion de ses services. Après ses trois courses, il fut affilié à la province de France, & Paris devint son séjour. Ici on le vit travailler à la botanique avec une application extraordinaire, qui ne put être interrompue que par le soin de faire imprimer aux dépens du roi, un volume admirable des plantes que l'on découvre aux isles de l'Amérique, & par un voyage à Lyon, pour y faire mettre sous la presse un autre excellent ouvrage, enrichi de figures très-recherchées, intitulé l'art de tourner ; art qu'il avoit appris, ainsi qu'il le dit dans sa préface, de son maître le pere Maignan. Son extrême habileté pour le dessin & pour la gravure, lui avoit été d'un grand secours pour embellir ces deux

volumes. Il donna aussi en 1705 un traité des fougeres de l'Amérique, en latin & en françois. Enfin M. Fagon, premier médecin du roi, engagea le pere Plumier à un quatrième voyage d'Amérique, pour y examiner soigneusement l'arbre qui produit le Quinquina, afin de découvrir, s'il est possible, d'où vient que le quinquina qu'on apporte présentement en Europe, a moins de vertu que celui que l'on y apportoit dans les commencemens qu'on le connut. Ce savant Minime se mit courageusement en route ; mais la mort l'arrêta sur le point d'entrer dans la carriere, au port de sainte Marie proche de Cadix, dans un couvent de son ordre le ...... 1706. On trouva dans son cabinet de Paris plusieurs ouvrages écrits de sa main, tant en françois qu'en latin pour faire 12 volumes. Son dessein étoit de les distribuer en trois parties, qu'il auroit intitulées, Cælum, Solum, & Solum Americanum ; & il y auroit traité de tous les oiseaux, de tous les poissons & de tous les simples particuliers de l'Amérique. L'on y fit encore la découverte d'une infinité de dessins de cette nature, dont il avoit déja gravé lui-même une bonne partie. M. Fagon, par ordre du roi, nomma quelques personnes de l'académie des sciences, pour examiner tous ces manuscrits du pere Plumier, & ils en choisirent de quoi remplir six volumes pour être imprimés. Le pere Jean Saguens, Toulousain, son condisciple, honora sa mémoire d'un petit poëme grec, qui fut très-gouté. * Mémoires du temps.

PLUNKET (Olivier) archevêque d'Armach & primat d'Irlande, sa patrie, étoit issu d'une noble famille. Il sortit jeune de son pays, & alla à Rome, où il fut élevé dans le collège des Hibernois, que le cardinal Ludovisio y venoit de fonder. Là il prit le bonnet de docteur, & fut nommé pour enseigner la théologie dans le collège de la Propagande ; ce qu'il fit pendant douze années. Le pape Clément XI le tira de cet emploi, pour lui faire archevêque d'Armach, & primat d'Irlande. Ce nouveau prélat passa aussitôt où les fonctions de son ministere l'appelloient, & il s'y donna tout entier, tant pour préserver son troupeau du venin de l'erreur, que pour en rappeler plusieurs au giron de l'église. Ses travaux apostoliques lui attirerent l'inimitié des hérétiques, qui l'accuserent de trop de commerce avec la cour de Rome, & de liaisons suspectes avec celle de France. Il fut donc arrêté le 6 décembre 1679, & renfermé dans la tour de Dublin, d'où on le traduisit à Londres sur la fin d'octobre 1680. Il y souffrit pendant sept mois une prison des plus rudes, après laquelle on l'examina ; & sans lui donner le temps de se défendre, ni de faire venir d'Irlande des preuves & des témoins irréprochables de son innocence, & sans avoir égard aux sollicitations que l'ambassadeur de France fit en sa faveur, on le condamna à être pendu, & son corps mis en quatre quartiers, pour avoir, disoit-on, voulu soulever les catholiques d'Irlande contre l'autorité du roi. Il reçut son arrêt avec une fermeté digne des premiers siécles : les huit jours qui lui resterent jusqu'à celui de sa mort, furent par lui employés à se préparer tranquillement au martyre : les lettres qu'il écrivit pendant ce temps à quelques-uns de ses amis, en sont une preuve. Enfin il fut exécuté le 10 juillet 1681, âgé de plus de 65 ans, ayant fait en place publique un discours apologétique, où il protesta sur sa damnation éternelle, de son innocence sur tous les faits qu'on lui imputoit, & qu'il détailla. Il marqua hautement qu'un de ses juges lui avoit offert de lui faire conserver la vie, s'il vouloit accuser ses complices de la prétendue conspiration, dont il juroit sur son salut n'avoir jamais eu la moindre connoissance ; & il finit par une priere pour ses ennemis, pour ses juges, pour le roi, & pour toute la famille royale. Sa majesté Britannique eut de la douleur de la mort de ce grand homme, à laquelle il avoit été forcé de consentir, & permit qu'on lui donnât une sépulture honorable ; ce qui fut exécuté. L'innocence de ce vertueux prélat fut reconnue après sa mort ; plusieurs ceux qui avoient déposé contre lui, parmi lesquels y avoit des eccléfiaftiques & des moines apoftats, ant été convaincus de parjure, & quelques-uns exé-tés pour divers crimes. * Arsdekin, *theol. tripartita. ém, hiftor.*

PLURS, gros bourg dans le pays des Grifons, pro-e de Chiavenne, fur les confins de la Valteline, fut cablé en 1618, par la chute d'une montagne voifine, : enfévelit tous fes habitans fous fes ruines. Il y aintenant un petit lac que les eaux de la riviere de éra y formerent entre les terres de cette montagne nverfée. On faifoit dans ce bourg des marmites de erres creufées, qui étoient fort eftimées en Italie, arcequ'elles rejettoient le poifon qu'on y mettoit.*Dan. eremit. Helv. defcript.*

PLUTARQUE, *Plutarchus*, philofophe, hiftorien t orateur, natif de Chéronée, ville de Béotie. Nous gnorons le nom & l'extraction de fes pere & mere; e dont nous fommes affurés, c'eft qu'il florifoit du mps de Nerva & de Trajan. Après avoir étudié fous mmonius, il voyagea en Grece & en Egypte, pour confulter les favans. Dans ces divers voyages, il eut oin de marquer dans fes mémoires tout ce qu'il trou-oit de curieux, & vint depuis à Rome, où il fut très-onfidéré de Trajan. On a cru qu'il avoit été précep-eur de ce prince; mais comme l'original de la lettre ui cite ce fait, n'eft point grec, les favans ont eu fujet le croire, que c'étoit un ouvrage fuppofé. Nous favons u moins que Trajan eftima fi fort Plutarque, qu'il 'honora de la dignité confulaire, felon Suidas; qu'il envoya dans l'Illyrie en qualité d'intendant de la pro-ince, & qu'il l'employa en diverfes négociations. De-uis, Plutarque revint en fon pays, où apparemment l mourut, mais on ne fait en quelle année. S. Jé-ôme dit qu'il vécut jufqu'à la troifiéme année d'Adrien, qui étoit l'an 119. Cependant fi ce que Plutarque même affure dans fes *fympofiaques*, ou *difcours de table*, eft vrai, c'eft-à-dire, qu'il ait été préteur, ou archonte de Chéronée, il faut qu'il ait vécu long-temps après. On peut même croire qu'il mourut que fous Antonin *le pieux*, conformément à ce qu'il dit dans le traité où il agite, *fi les vieillards peuvent avoir l'adminiftration des affaires publiques*. Il compofa auffi les vies des hom-mes illuftres Grecs & Romains, & divers autres traités de morale, où il fait paroître une connoiffance géné-rale de toutes chofes. On remarque que quelques-uns de ces traités font de PLUTARQUE dit *le jeune*. Il y eut auffi un autre PLUTARQUE, fecrétaire de l'em-pereur Juftinien, & auteur de la vie de ce prince. * Joan. Rualdus, *in vita Plutar.* Photius, *cod.* 245, 259 & 269. Voffius, *lib.* 2 *de hiftoria Græcorum*, c. 10.

PLUTON, *Pluto*, fils de Saturne & d'Ops, & frere de Jupiter & de Neptune, étoit le dieu des en-fers. Il étoit repréfenté fur un chariot tiré par quatre chevaux noirs, & tenant des clefs à la main, pour fignifier qu'il avoit les clefs de la mort, & que les che-vaux couroient dans les quatre âges de l'homme. Les poëtes ont auffi feint qu'il ravit & époufa Proferpine, fille de Cérès. Quelques auteurs le confondent avec PLUTUS, dieu des richeffes. * Diodore de *Sicile*, *l.* 4 & *l.* 5 *biblioth.* Ariftophane, *in Plut.* Vincent Cartari, *de imag. deor. &c.*

La fable qui fait Pluton dieu des enfers, vient de ce que les trois enfans de Saturne ayant partagé fes états, les pays voifins de la mer inférieure lui échurent en partage. Quelques-uns difent qu'il fut appellé le dieu des enfers, parcequ'il inftitua le premier les honneurs fune-bres que l'on rend aux morts. Il y a des auteurs qui le confondent avec Aidoneus, roi des Moloffes, qui enleva Proferpine, fille de Cérès, Athénienne. Il y a apparence qu'il y a eu plufieurs Plutons, dont les poë-tes ont joint toutes les hiftoires, pour les attribuer à un feul. On lui donne plufieurs noms. Les Latins & les Grecs ont appellé Pluton *Dies, Diefpiter, Februus*,

Orcus, Summanus. Les Phéniciens, *Mouch*, c'eft-à-dire, *Mort.*

PLUTUS, dieu des richeffes, dont le nom vient du grec πλουτος, étoit boiteux, felon les poëtes, en arri-vant chez les mortels, & prenoit des ailes en s'en re-tournant. Ils vouloient marquer par-là que l'on a beau-coup de peine à amaffer des richeffes, & qu'on les perd fouvent en peu de temps. On le repréfentoit aveugle, parceque fouvent il combloit de biens les plus indignes, & laiffoit dans le befoin ceux qui avoient le plus de mé-rite. On tient que fa demeure étoit dans des montagnes d'Efpagne. * Ariftophane, *in Plut.* Lucianus, *in Ti-mone.* Roffæus, *myftagog. poët.*

PLUVIERS, PITHIVIERS, & PIVIERS, petite ville avec fiége d'une élection. Elle eft dans la Beauffe, province de France, fur la riviere d'Œuf, à huit lieues d'Orléans vers le nord. * Mati, *diction.*

PLUVINEL (Antoine) gentilhomme de Dauphiné, eft celui qui a le premier ouvert en France à la nobleffe ces écoles d'adreffe & de politeffe, que l'on nomme *Aca-démies*, & qu'elle étoit obligée d'aller chercher en Ita-lie pour fon inftruction. Il avoit acquis tant de réputa-tion dans celle de Jean-Baptifte Pignatelli à Naples, n'ayant pas alors plus de 17 ans, qu'il paffa dès ce temps-là pour le meilleur écuyer qui fût en Italie. Henri de France, duc d'Anjou, le fit depuis fon premier écuyer. Pluvinel fuivit ce prince en Pologne, & fut un des quatre qui l'accompagnerent à fon retour, après la mort du roi Charles IX, fon frere. Henri III lui fit de grands biens, & ce fut fous le regne de ce prince, que Plu-vinel forma ce deffein d'une académie, qu'il ne put exé-cuter que fous celui de Henri *le Grand*, qui lui donna la direction de fa grande écurie. Ce prince le fit encore fon chambellan, fous-gouverneur de M. *le Dauphin*, & l'envoya ambaffadeur en Hollande. A fon retour, il fut gouverneur de César, duc de Vendôme, & ob-tint le gouvernement de la groffe tour de Bourges. Après la mort de Henri IV, il mit à cheval le roi Louis XIII, & mourut à Paris le 24 août 1620. Il a compofé un excellent livre des leçons qu'il lui donna, qu'on peut appeller le véritable art du manége. * Cho-rier, *hift. abrég. du Dauphiné.*

PNÉUMATOMAQUES, hérétiques du IV fiécle, ainfi appellés, parcequ'ils combattoient la divinité du S. Efprit. *Cherchez* SEMI-ARIENS & MACEDO-NIENS.

PO

PO, *Padus & Eridanus*, fleuve de l'Europe en Ita-lie, qui coule d'occident en orient, a fa fource dans les Alpes, au mont Vifo, qui eft entre le Dau-phiné & le marquifat de Salues. Il paffe près de la même ville de Salues, puis à Carmagnole, à Turin & dans les états du duc de Savoye; où il reçoit plu-fieurs petites rivieres. De-là il arrofe le Montferrat & le Milanez, coulant à Cazal, vers Valence & Pavie; puis il paffe à Plaifance, à Crémone, dans les états des ducs de Parme & de Mantoue, & fur les terres de l'Eglife, dans le duché de Ferrare, où il fe partage en deux bras qui font encore divifés en plufieurs autres branches, lefquelles fe déchargent prefque toutes dans la mer de Venife. Les plus confidérables font celles qu'on nomme en langage du pays, *il Po grande*, *il Po di Ariano*, *il Po di Volana*, & *il Po di argenta*. Le Pô reçoit l'Ad-da, le Tefin, &c. & eft très-dangereux pour fes dé-bordemens, nonobftant les digues qu'on lui oppofe. Ce fleuve étoit célebre chez les poëtes, par la chute de Phaëton. * Strabon, *l.* 5. Pline, *l.* 3, c. 16. Solin. Polybe, &c. cités par Léandre Alberti, *defcript. Ital.*

POBLET, village avec une riche abbaye de l'ordre de Cîteaux, où font les tombeaux des anciens rois d'A-ragon. Il eft dans la Catalogne, fur une petite riviere, environ à deux lieues au-deffus de Monblanc, & à fept de Tarragone, vers le nord. * Mati, *diction.*

POCCIANTI (Michel) de l'ordre des Servites, naquit à Florence l'an 1535. Il s'acquit la réputation d'un habile théologien, prédicateur & historien. Il a écrit en latin & en italien divers traités, dont les principaux sont, *Hist. relig. Servorum B. M. Virgin. ab anno 1233, ad an.* 1566. *Mare magnum Servorum B. M. V. Dilucidarium in regulam D. Augustini.* Il a fait aussi en latin un catalogue des écrivains de la ville de Florence. Luc Ferrini, qui étoit, comme lui, de l'ordre des Servites, y fit une addition de près de deux cens écrivains; ce recueil va jusqu'en 1589; mais il pêche par-tout dans le style, & presque par-tout dans les faits. Poccianti mourut à Florence le 6 juin 1576, âgé de 41 ans. * Baillet, *Jugemens des savans sur les critiques historiens, avec les notes de M. de la Monnoie.*

POCOCK (Edouard) fils d'un bachelier en théologie du collége de la Magdeléne à Oxford, naquit dans cette ville le 8 novembre 1604, & entra dans le même collége en 1618. Deux ans après il obtint une place au collége du corps de Christ, où il prit ses dégrés de philosophie; & il fut ensuite reçu membre de ce collége. Comme il avoit de l'inclination pour les langues, il alla dans le levant, y passa quelques années, & à son retour il fut créé bachelier en théologie. Peu après on le fit premier lecteur en langue arabe, lorsque l'archevêque Laud eut fondé cette chaire en 1636. Ce prélat l'envoya en 1637 à Constantinople, pour y acheter des manuscrits orientaux; & lorsqu'il fut revenu, on lui donna la cure de Childrey, dans le comté de Bercks, où il se reposa. En 1648, il fut nommé professeur en hébreu, & chanoine de l'église de Christ à Oxford, à la sollicitation du roi, qui pour lors étoit prisonnier dans l'isle de Wight. Quand on réforma ce collége, Selden parla en sa faveur, & il fut confirmé dans son poste; mais il en fut privé en 1650, parcequ'il refusa de prêter le serment d'indépendance qu'on lui proposa. Il se retira alors dans sa paroisse de Childrey, d'où il revint à Oxford le printemps suivant, où il prit les fonctions de lecteur en arabe dans le collége de Balliol, qu'il avoit choisi pour sa demeure; ce qui fut toléré, parcequ'il ne se trouva alors personne dans le collége, qui fût capable de cette fonction. Peu après on voulut le priver de sa cure, sous prétexte d'incapacité pour la remplir; mais les témoignages avantageux que l'on rendit à sa suffisance, le firent maintenir. Au rétablissement de Charles II, en 1660, on le remit en possession de son canonicat; & il fut créé docteur en théologie. Il mourut à Oxford, le 10 septembre 1691. Il étoit d'une grande douceur & d'une modération aimable dans toute sa conduite. Il étoit ennemi des disputes, & parloit toujours bien des autres, même de ses ennemis. Il a traduit, non en hébreu, *comme on lit dans le Moréri de Basle*, mais en arabe, le traité de Hugues Grotius de la vérité de la religion chrétienne, & la liturgie de l'église anglicane; dont le plus grand nombre d'exemplaires de cette traduction a été envoyé en Turquie. Il avoit recueilli aussi trois mille des meilleurs proverbes arabes, qu'il avoit dessein de publier avec sa version; mais cet ouvrage est demeuré manuscrit. Il a encore traduit de l'arabe les annales d'Eutychius, patriarche d'Alexandrie, & l'histoire des dynasties d'Abul-Pharaje, avec un supplément; la préface de Moïse Maimonides sur la Misna. Il a publié de plus une version des quatre épîtres syriaques de S. Pierre, de S. Jean & de S. Jude, tirées d'un manuscrit, avec des notes; le livre intitulé : *Porta Mosis*, en arabe & en latin, avec diverses notes sur plusieurs endroits de l'Ecriture; un traité *De ratione variantium in Pentateucho arabico lectionum ; Versio ac notæ ad Tograi carmen arabicum :* un commentaire latin sur les prophétes Michée, Malachie, Osée & Joël; un recueil de lettres & un ouvrage intitulé, *Massecuth Beracoth*, à l'usage des étudians du collége de Christ. * Wood, *Athen. Oxon.* Grotii *Manes, tom. I, pag.* 199, *& t. II, pag.* 817. Jean-Alb. Fabricius, *in fragm.* Euseb. c. 30, *p.* 551, *&c.* En 1740 on

a imprimé à Londres, en deux volumes *in-folio*, les ouvrages théologiques d'Edouard Pocock. Cette collection contient entr'autres le *Porta Mosis*; un commentaire anglois sur les prophétes Osée, Joël, Michée & Malachie. On a mis au commencement l'histoire de la vie de l'auteur, & celle de ses écrits, qui n'avoit point encore paru; & à la fin une table générale pour les commentaires. L'éditeur est M. Léonard *Twells*, maître-ès-arts, recteur des paroisses de S. Matthieu & de S. Pierre à Londres, & prébendier de S. Paul.

POCQUET de LIVONNIERE (Claude) naquit en 1652 de *Guillaume* Pocquet, bourgeois d'Angers, & de *Marie* Quentin, qui mourut en couches, après l'avoir mis au monde. Il avoit eu entre ses ancêtres JEAN Pocquet, officier de la garde-robe de René *le Bon*, roi de Sicile dans le XV siécle. Claude Pocquet fit ses études à Angers, dans le collége des prêtres de l'Oratoire, & il s'y distingua par son application & par ses progrès. Il réussit assez dans la poësie, pour faire en un seul jour un poëme sur le corail, par l'ordre du P. Hubert son régent, qui augura par-là ce qu'il deviendroit un jour. Ayant perdu son pere à l'âge de 14 ans, il fut émancipé dès-lors à la requête de ses parens; & loin d'abuser de sa liberté, il se conduisit toujours avec une sagesse que l'on proposoit pour modéle. Dans sa philosophie, il soutint ses théses avec applaudissement, & passa ensuite à l'étude du droit, qu'il quitta pour prendre le parti des armes. On assure qu'il avoit toutes les qualités propres pour s'avancer dans cette profession; mais l'amour de l'étude ne tarda pas à se rappeller à son genre de vie plus conforme à son inclination. Il reprit l'étude du droit, se fit recevoir avocat, & s'appliqua avec tant d'assiduité à l'étude de la jurisprudence françoise, qu'il ne quittoit ordinairement son travail qu'à minuit, & le reprenoit de grand matin. Il plaida la premiere fois contre le célebre Denys le Brun, si connu par ses traités des successions & de la communauté; & il fut extrêmement applaudi. La lecture de Quintilien lui inspira alors un dessein qu'il exécuta en très-peu de jours; ce fut de tracer les portraits des avocats les plus fameux du parlement de Paris; petit ouvrage estimable, qui n'a point été imprimé, dont l'auteur même avoit retiré depuis les copies le plus qu'il put, mais qui se trouve cependant entre les mains de plusieurs personnes. M. Pocquet y parloit également des bonnes qualités comme des défauts de ceux qu'il vouloit faire connoître. Après plusieurs années de séjour à Paris, l'amour de la patrie rappella M. Pocquet à Angers en 1680, & il y prit une charge de conseiller. La supériorité de son génie & de ses lumieres le fit choisir en 1684, pour assister avec trois des plus anciens conseillers du présidial d'Angers, à une conférence qui se tint alors chez M. de Harlay, procureur général du parlement, pour régler les différends qui étoient entre le présidial & la prévôté d'Angers. Cette affaire duroit depuis plus de dix ans, & il y avoit plus de soixante chefs de contestation. M. Pocquet, chargé de porter la parole, s'en acquitta si bien, qu'il gagna sur tous les chefs, à la réserve d'un seul. L'arrêt rendu en cette cause, est du 9 août 1684. Ce succès le fit choisir depuis pour agir dans toutes les affaires qui parurent importantes. Il fut celle de la translation de l'hôpital général d'Angers à l'*Eviere*, prieuré de l'ordre S. Benoît, que tous les ordres de la ville désiroient ardemment. Il fit pour ce sujet un voyage à Paris, où il eut l'avantage de se faire connoître & estimer de M. le chancelier Boucherat, qui le nomma à la chaire de professeur du droit françois à Angers, laquelle vint à vaquer pendant son séjour à Paris. Il remplit les fonctions de cet emploi avec le zèle le plus ardent, ne cherchant qu'à prodiguer au bien public ses talens & sa santé même. Celle-ci en ayant été considérablement altérée, & M. Pocquet n'ayant pris ni assez de temps, ni assez de précautions pour la réparer, il fut obligé en 1711 de rappeller de Paris son fils aîné, de le faire d'abord son substitut, & ensuite de le faire pourvoir de son office en 1720. Il se réduisit à donner les conseils aux pauvres, & à se rendre l'arbitre de leurs différends. Etant venu à Paris pour un procès qu'il n'avoit pu éviter, & qu'il gagna, il mourut dans cette ville le 13 mai 1726, âgé de 74 ans, & fut enterré dans l'église de S. Severin. M. Pocquet n'avoit presque jamais séparé la culture des belles lettres de l'étude de la jurisprudence. Lorsque le corps de ville d'Angers forma le dessein d'établir une académie royale, ce fut lui qui fut chargé d'aller en cour en solliciter l'établissement par des lettres patentes, qui lui furent accordées au mois de juin 1685. Ce fut lui aussi qui dressa les statuts de cette académie, qui fit la liste des académiciens de la premiere nomination, & qui prononça l'éloge funebre du premier qui mourut. Après en avoir été directeur & chancelier, il en devint secrétaire perpétuel. Il animoit les exercices académiques, & fit tout ce qu'il put pour les rendre utiles. En 1688, il travailla pour le prix d'éloquence, proposé par l'académie de Ville-Franche, & il le remporta par un discours, dans lequel il a pour but de montrer que *les académies des belles lettres sont non-seulement établies pour apprendre à bien parler, mais encore pour apprendre à bien vivre.* L'académie de Ville-Franche le mit au nombre de ses membres. M. Pocquet fut aussi plusieurs fois recteur de l'université d'Angers; ce qui lui donna lieu de prononcer plusieurs discours qui furent toujours goutés. Il a été pareillement échevin de la ville d'Angers. Il avoit épousé *Renée Quatrembat,* fille d'*André Quatrembat & de Renée Frain,* tous deux de famille ancienne d'Anjou; & il en a eu neuf enfans, trois fils & six filles: l'aîné des trois fils lui a succédé dans la chaire de droit françois; le second est docteur de Sorbonne, & chanoine de l'église cathédrale d'Angers; le troisiéme, conseiller au présidial de la même ville. Des six filles, une seulement a été mariée; les autres se sont fait religieuses. Les seuls ouvrages qu'on ait de M. Pocquet de Livonniere, sont: 1. *Eloge de M. Pageau,* avocat, imprimé dans un des volumes du Mercure; 2. *Coutume du pays & duché d'Anjou,* conférée avec les coutumes voisines, & corrigée sur l'ancien original manuscrit, avec le commentaire de M. Gabriel du Pineau: nouvelle édition, revue, corrigée, & augmentée par M. Claude Pocquet de Livonniere, à Paris, 1725, *in-fol.* deux vol. Les additions que M. Pocquet a faites à l'ouvrage de du Pineau sont savantes & curieuses. 3. *Traité des fiefs;* à Paris, 1729, *in-4°.* 4. *Régles du droit françois,* à Paris, 1730, *in-12.* Cet ouvrage est cependant beaucoup plus du fils aîné de l'auteur, que de M. de Livonniere lui-même: ce fut le fils, qui, par le conseil de son pere, fit le plan de ces régles; ce fut le même qui y travailla à diverses reprises, toujours en montrant son travail au pere, qui y mit la derniere main. L'ouvrage ayant été porté à Paris par Claude Pocquet, pere, MM. Berroyer, Freteau & quelques autres revirent le premier livre; & le tout fut imprimé chez Coignard, à l'insu de l'auteur. Les régles contenues dans ce volume sont, à ce qu'on assure, d'une grande utilité, tant pour les commençans, que pour les gens même consommés. * Extrait de l'éloge historique de M. Claude Pocquet de Livonniere, travaillé sur les mémoires envoyés par M. son fils aîné, mentionné dans cet article, & imprimé dans le tome dix-septiéme des *Mémoires* du feu P. Niceron.

POCUTIE, petite province de Pologne dans la Russie Noire, vers la Moldavie & Transsylvanie. *Sanson.*

PODEWILS (Henri de) général d'armée & ministre d'état, fils de *Joachim* Podewils, naquit le 5 mai 1615 à Demmin, d'où la maison de Podewils tire son origine, & qui est près de la ville du même nom dans la Poméranie antérieure. Il se voua aux armes dès sa plus tendre jeunesse, & commença à servir sous le vaillant duc Bernard de Saxe-Weimar, dans la guerre de trente ans. Le duc étant mort, & son armée étant pas-

sée au service de France, Podewils & d'autres officiers la suivirent. Mais la paix de Munster ayant mis fin à la guerre de trente ans, Podewils retourna en Poméranie. Il n'y fut pas long-temps; le maréchal de Turenne lui fit offrir un régiment de cavalerie, & d'autres avantages considérables qu'il ne crut pas devoir refuser. Peu de temps après, il fut fait maréchal de camp & général-major. Louis XIV, qui honora Podewils de ce dernier titre, par une distinction qui étoit particuliere, le gratifia aussi de plusieurs pensions, & lui donna des lettres de naturalisation. Podewils fut chargé de commander, avec le comte de Coligni, le corps de troupes auxiliaires de 6000 hommes que la France envoyoit au secours de l'empereur Léopold I, dans la guerre des Turcs en 1664, Ce corps de troupes contribua beaucoup à la victoire remportée près de Saint-Gothard la même année, & Podewils eut une si grande part à cet avantage, que Louis XIV le lui témoigna dans une lettre que sa famille conserve. On voit par d'autres lettres de ce grand monarque, du cardinal Mazarin, du prince de Condé, du maréchal de Turenne, de MM. Colbert, de Louvois & autres, combien M. de Podewils étoit estimé à la cour de France, & avoit de crédit auprès de Louis le Grand. S'il avoit voulu renoncer au luthéranisme, dont il faisoit profession, il seroit parvenu à la dignité de maréchal de France; mais n'ayant pu s'y résoudre, il étoit sur le point de retourner dans sa patrie, lorsque le duc Jean-Frédéric de Brunswick, qui avoit levé un corps de troupes considérable, ayant demandé à la France un général expert pour le commander, Louis XIV & le maréchal de Turenne proposerent à Podewils de prendre le commandement de cette armée. Podewils l'accepta, & montra qu'il étoit digne de la confiance que l'on avoit en lui. Après la mort du duc Jean-Fréderic, Ernest-Auguste, son frere & son successeur, qui devint ensuite électeur de Brunswick-Lunebourg, prit Podewils à son service, & lui donna le commandement de toute l'armée. Il le fit son général-veld-maréchal, président du conseil de guerre intime, & gouverneur de la résidence électorale de Hanovre. L'empereur Léopold I de retour à Vienne, lui offrit les mêmes charges qu'il avoit dans l'électorat de Brunswick, & voulut aussi le revêtir de la dignité de comte de l'empire. Christiern V, roi de Danemarck, lui fit les mêmes offres, avec plusieurs conditions avantageuses; mais M. de Podewils remercia ces souverains de leur bonne volonté, & ne voulut rien accepter, par attachement pour son maître. Sur la fin de ses jours, il se transporta à Hambourg, pour tâcher d'y rétablir sa santé; mais il mourut dans cette ville le 16 juillet 1696, âgé de 81 ans & quelques mois. Il n'avoit point été marié. * Vie de feu M. le maréchal de Podewils, par M. Zeuner, citée dans le *Supplément françois de Basle.*

PODIEBRAK, cherchez POGGEBRACH.

PODIKOVE, ou PODOKOVE (Jean) natif de Valachie, & que Leunclavius dit cependant avoir été Polonois, s'est fait, quoique sans naissance, une espece de réputation dans le XVI siécle, par sa force extraordinaire, & par ses entreprises. Sa force étoit si grande, que l'on assure qu'il rompit en deux un fer à cheval. Ce malheureux assembla une troupe de gens de néant comme lui, entra à leur tête en Valachie, attaqua le prince Pierre qui en étoit vaivode, allié des Bathori, & le dépouilla de ses états, avant qu'il eût eu seulement le temps de penser à se mettre en défense. A la nouvelle de cette révolution, le roi de Pologne écrivit à Christophe son frere, prince de Transsilvanie, de donner du secours au prince détrôné. Christophe passa donc en Valachie, & le sort des armes s'étant déclaré pour lui, Podikove fut obligé de chercher un asyle dans Nimirow, place appartenante à la Pologne; mais ne s'y trouvant pas encore en sureté, il se rendit à Nicolas Sieniawski, gouverneur de Kaminiek, & commandant des milices de la Russie, à condition qu'on lui laisseroit la vie sauve. De-là il fut envoyé à Bathori, roi de Pologne. Tout cela se passoit en 1579. Podikove ne fut pas plus en sûreté en Pologne. Le grand seigneur Amurat envoya un exprès pour demander qu'on le lui remît; & après qu'on eut délibéré quelque temps dans le conseil de Pologne, sur le parti que l'on prendroit, on prit celui de satisfaire Amurat. Podikove eut la tête tranchée à Varsovie même, en présence de l'envoyé du grand seigneur, comme perturbateur du repos public, & comme ayant violé par son entreprise l'alliance qui étoit entre les deux nations, celle des Polonois & celle des Turcs. Quand on représenta à Bathori qu'on lui avoit promis la vie sauve, il répondit qu'il n'étoit pas juste qu'au mépris des traités, un perturbateur comme lui, jouît du privilége que le droit des gens a établi pour les sauf-conduits. *Voyez l'histoire de M. de Thou, liv. 69, sous l'année 1579, & le regne de Henri III, roi de France.

☞ PODLAQUIE, duché & palatinat de Pologne. La Podlaquie est bornée au nord & à l'orient par les terres du royaume de Prusse & par celles du grand duché de Lithuanie; au midi, par le palatinat de Lublin; & à l'occident, par le palatinat de Mazovie. Pour le temporel, ce pays est gouverné par un palatin & un castellan; & pour le spirituel, il est soumis à l'évêque de Lucko. On divise ordinairement le palatinat de Podlaquie en trois districts, qui sont Drogieczin, Mielnick & Bielsk. * La Martiniere, dict. géogr.

PODOCATOR (Louis) cardinal, né d'une illustre famille à Nicosie dans l'isle de Chypre, vint sur la fin du XV siécle en Italie, où il fut recteur de l'université de Padoue, & fut fait cardinal au pape Alexandre VI en 1500. Il étoit excellent philosophe, & homme de bien, & mourut le 25 juillet de l'an 1504, à Milan, en allant en Espagne. Son corps fut porté à Rome, & enterré dans l'église de sainte Marie del Popolo, où l'on voit son épitaphe. * Garembert, t. 2. Guichardin, l. 15. Bzovius. Auberi, &c.

PODOLIE, grande province de la petite Pologne, entre la Moldavie, la Russie Noire & la Volhinie, est divisée ordinairement en haute Podolie, qui est au couchant, où il y a les villes de Bar & de Kaminieck; & en basse Podolie, qui est au levant, avec la ville de Braclaw & quelques autres places. Cette province qui est extrêmement belle & fertile, a été très-souvent ruinée par les courses des Tartares & des Cosaques, & a été long-temps le théatre de la guerre entre les Polonois & les Turcs, qui s'étoient rendus maîtres de Kaminiek. Ils ont rendu cette ville par la paix de Carlowitz, en 1699.

PŒCILE, Pœcilus, portique à Athènes, enrichi de peintures, étoit le lieu où Zénon donnoit ses leçons de philosophie, & où ses sectateurs faisoient leurs disputes. C'est pourquoi ils furent appellés Stoïciens, du mot grec σ τ ο α qui signifie portique. Le mot Pœcile vient de π ο ι κ ι λ ο ς, divers, à cause de la variété des peintures.

PŒCILE, autre portique à Elide, voyage du Péloponnèse. Pline l'appelle Heptaphone, parcequ'il y avoit un écho qui répétoit la voix jusqu'à sept fois. *Plin. l. 35, c. 9.

POELENBURG (Arnold) savant Flamand, natif de Horn, disciple de Gerard-Jean Vossius, suivit le parti des Remontrans ou Arminiens, parmi lesquels il étoit pasteur à Horn en 1653. Il fut ensuite à Rotterdam en Hollande. Après la mort d'Etienne de Courcelles en 1659, il eut la chaire de professeur en théologie parmi les Remontrans d'Amsterdam; & il en exerça les fonctions jusqu'à sa mort, arrivée en 1667. Il eut pour successeur Philippe Limborch. Poëlenburg avoit de l'éloquence, & s'exprimoit purement en latin. Comme il avoit aussi étudié les rabbins, il se servoit de cette connoissance, pour expliquer l'écriture sainte, qu'il aimoit beaucoup. Il a publié le second tome des œuvres d'Episcopius, & en a fait la préface. Il a prononcé aussi l'oraison funébre d'Etienne de Courcelles, qui se trouve à la tête des œuvres de celui-ci. Défenseur de la doctrine des Remontrans, il a souvent écrit en leur faveur contre MM. Hoornbeeck & Frédéric Spanheim, entre

autres une dissertation contre l'abrégé des controverses du premier, & un examen des théses du second. Il a eu aussi pour adversaire Ryssenius, à qui son parti ne voulut pas qu'il répondît On trouve encore plusieurs de ses lettres dans les Epistolæ præstantium virorum. M. Colomiés, dans sa Bibliothéque choisie, parle aussi d'un recueil particulier de lettres de Poëlenburg, & de deux éditions de ce recueil.

POGGE, ou POGGIO BRACCIOLINI, ou POGGE FLORENTIN, naquit l'an 1380, à Terra Nuova, au territoire de Florence, de Guicio Bracciolini, & prit le nom de Poggio de son aïeul, notaire à Lanciolina, qui le portoit. Il alla à Florence en 1398, y étudia la langue latine sous Jean de Ravenne, & la grecque sous Emanuel Chrysoloras. Il apprit dans la suite l'hébreu; & instruit sous de si bons maitres, il alla à Rome sous Boniface IX, & y entra au service du cardinal de Bari, Ludolf Marramoro, ou Marramuldo, Napolitain. Il eut ensuite l'emploi d'écrivain des lettres apostoliques, qu'il remplit pendant plusieurs années depuis Boniface IX, jusqu'à Alexandre V, après lesquels il fut secrétaire des papes Jean XXIII, Martin V, Eugène IV, Nicolas V, Calliste III. Pendant la tenue du concile général assemblée à Constance, il y fut envoyé en 1414 avec Barthélemi de Montepulciano pour y chercher d'anciens livres, & il y déterra en effet plusieurs anciens manuscrits. Ce fut de-là qu'il écrivit à Léonard Aretin une lettre apologétique, pour le fameux hérétique Jerôme de Prague, à l'occasion du supplice qu'on fit souffrir à cet apostat. Elle se trouve imprimée dans divers recueils, comme dans les actes du concile de Constance recueillis par Vonderhardt, dans les Icones de Théodore de Beze, imprimés en 1580, &c. Simon Goulart l'a traduite en françois, & l'a fait imprimer en 1581, avec la traduction des portraits de Beze. Pogge de retour du concile de Constance, fit un voyage en Angleterre, séjourna à Londres, visita la plupart des monastères, & y chercha des manuscrits; mais il en trouva peu. Revenu de ses courses, il se maria à Florence en 1435 avec Vaggia ou Selvaggia di Chino di Manerite, de la famille des Buondelmonti. Il avoit alors cinquante-quatre ans, & il avoit déja eu plusieurs enfans naturels. Il retourna à Rome avec sa femme, y continua son emploi de secrétaire, en sortit après environ cinquante ans de séjour, & revint à Florence, où on lui donna la charge de secrétaire de la république, après la mort de Charles Aretin arrivée en 1453. Il ne laissa pas de continuer d'être secrétaire en partie de Calliste III, & il le fut même encore de Pie II pendant quelque temps. Il fit bâtir à Val-d'Arno près de Florence une maison de campagne, où il se retiroit souvent. Mais il n'en jouit pas aussi long-temps qu'il le desiroit, étant mort à Florence le 30 octobre 1459, âgé de soixante-dix-neuf ans & trois mois. Il laissa de sa femme légitime cinq fils & une fille nommée Lucrece, qui épousa en 1456 François di Niccolo Cocchi Donati. Pogge Bracciolini étoit d'un génie mordant & satyrique, & fort peu réglé dans ses mœurs : mais d'ailleurs bon ami, & désintéressé. Outre sa lettre sur le supplice de Jerôme de Prague, & la découverte qu'il a faite des ouvrages de Quintilien, qu'il trouva dans une vieille tour du monastère de saint Gal; il découvrit aussi en 1414, ou 1415, une partie de l'Asconius Pediànus; des trois premiers livres des huit de Valerius Flaccus; une partie du quatriéme des livres de Ciceron, De finibus, qu'on n'avoit point encore vus en Italie; un exemplaire d'Ammien Marcellin plus ample que celui qui avoit déja été déterré, quoiqu'encore incomplet; des manuscrits de Lucrece, de Manilius, de Silius Italicus; du traité des aqueducs par Frontin, &c. Le Pogge a composé aussi de lui-même plusieurs ouvrages, entr'autres, plusieurs oraisons funébres prononcées au concile de Constance, & que l'on trouve dans le recueil des actes de ce concile; une histoire de Florence; un traité De varietate fortunæ; deux livres d'épîtres; & un de contes

ntes fales & impies ; & une traduction latine de Dio-
ore de Sicile, qui a paru féparément dans la belle édi-
on de Colines de l'an 1531,en caractères italiques, &
vec le refte de Diodore dans l'édition de Gryphe,
7-16,en1552. A l'égard de l'hiftoire de Florence, Pogge
avoit faite en latin ; mais jufqu'en 1715 on n'avoit im-
rimé que la traduction italienne faite par Jacques fon
ls. Ce ne fut qu'en 1715, que Jean-Baptifte Recanati,
oble Vénitien, fit imprimer l'original à Venife. Louis-
Antoine Muratori l'a inférée dans le vingtième tome de
a grande collection des écrivains de l'hiftoire d'Italie ;
& cette nouvelle édition a été revue & augmentée par
M. Recanati, qui a joint une vie du Pogge. Le traité
De varietate fortunæ en quatre livres, avec cinquante-
fept lettres du même, qui n'avoient point encore paru,
n'a été imprimé qu'en 1723, à Paris *in-4°*, par les foins
de l'abbé Oliva, bibliothécaire de M. le cardinal de
Rohan. Les fils de Pogge fe font auffi distingués par
leurs talens. *Pierre-Paul* entra dans l'ordre de faint Dominique, & mourut à Rome le 6 de feptembre 1464,
à l'âge de vingt-fix ans, étant prieur de fainte Marie fur
la Minerve. *Jean-Baptifte* fut docteur en droit, &
chanoine de Florence & d'Arezzo, acolyte du pape,
& clerc affiftant de fa chambre. Il mourut en 1470. Il
a écrit en latin la vie de Nicolas Piccinini, un des premiers capitaines de fon temps ; & celle du cardinal Dominique Capranica. PHILIPPE fut un an chanoine de
Florence, après lequel il réfigna fon bénéfice à fon frere
Jean-François, & époufa *Alexandra del Beccuto*,
d'une famille illuftre. *Jacques* fut un beau génie : il traduifit, *comme on l'a dit*, l'hiftoire de Florence de fon
pere du latin en italien, & la dédia à Frédéric de Fel-
tro, comte d'Urbin. *C'eft à tort que l'on dit dans le*
Moreri de Bafle, que ce fut une hiftoire de France qu'il
traduifit : Pogge Bracciolini n'a jamais compofé une
telle hiftoire. *Jacques* fit auffi une verfion italienne de
la vie de Cyrus, traduite du grec par fon pere, & la
dédia à Ferdinand roi de Naples. Il mit de plus en italien les vies d'Antonin *le Pieux*, & de Marc-Antonin
le Philofophe, empereurs, tirées de Jules Capitolin, &
celle d'Alexandre Severe, par Ælius Lampridius, &
d'Ælius Adrien par Spartien. Il publia de fa propre compofition un commentaire fur le poëme italien de François Pétrarque, intitulé, *le Triomphe de la renommée* ;
un traité de l'origine de la guerre entre les Anglois &
les François ; une vie latine de Philippe Scholarius, autrement de *Pippo Spano* ; & il fut fecrétaire du cardinal
Riario, jufqu'à l'an 1458, qu'ayant trempé dans la
conjuration des Spazzi, il fut pendu avec plufieurs autres
à une fenêtre du palais. *Jean-François*, qui fut chanoine de Florence, clerc de la chambre du pape, &
abréviateur des lettres apoftoliques, étoit fort verfé dans
le droit canon, comme on le voit par fon traité du pouvoir du pape & de celui du concile. Léon X, qui l'eftimoit, le fit fon fecrétaire. Il mourut à Rome le 25
juillet 1522, âgé de foixante-dix-neuf ans. * Paul Jove,
in elog. c. 10. Raphaël de Volterre, *l.* 21. Philippe de
Bergame, *in fupplement. chron. a. c.* 1416. La vie du
Pogge par M. Recanati. *Poggiana*, par Lenfant, &
l'*Hiftoire du concile de Conftance*, du même. Varillas,
anecdotes de Florence. Iftoria de gli fcrittori Fioren-
tini, par Negri, &c.

POGGE (Jean) *Poggio*, cardinal, évêque de Pro-
pea, étoit de Bologne, & fut marié jeune par fes parens ; mais ayant peu après perdu fa femme, il fe fit eccléfiaftique & alla à Rome. Le pape Paul III l'envoya
nonce en Efpagne & en Allemagne. Jules III le renvoya
en Efpagne, & le fit cardinal en 1551. Etant de retour
en Italie, il fit un voyage à Bologne, où il mourut le 12
février 1556. Son corps y fut enterré dans la chapelle
de S. Jean-Baptifte, qu'il avoit fondée dans l'églife
des Auguftins. On a deux de fes lettres, en italien, dans
les *lettere memorabili*, &c. imprimées chez Bulifon.
Elles font de l'an 1534, & roulent fur les affaires eccléfiaftiques & civiles de fon temps. * Auberi, *hiftoire des*

cardinaux. Cabrera. Petramellario.

POGGEBRACH (Georges) gouverneur de Bo-
hême pour le jeune roi Ladiflas, fils pofthume d'Albert
d'Autriche, fe fit nommer roi en 1458. Il gagna une
bataille contre les Moraves, & fe fit couronner l'an
1461 ; mais par l'attachement qu'il avoit aux erreurs des
Huffites, il perdit fon royaume, & fe perdit lui-même. Les
papes ne voulurent avoir aucune forte de commerce
avec lui ; & Pie II refufa de lui accorder quelque grace,
qu'il lui avoit fait demander par une célèbre ambaffade,
parcequ'il trouva que ce qu'on exigeoit étoit contraire
à la religion. Alors Poggebrach fe révolta ouvertement
contre l'églife romaine : ce qui obligea fes fujets catholiques de prendre les armes contre lui, & d'appeller
Matthias Corvin pour le mettre fur le trône. Poggebrach
ne réfifta que foiblement, & mourut d'hydropifie le 22
mars de l'an 1471, laiffant de *Cunegonde*, fille de
Smilon, baron de Sternberg, fa premiere femme,
HENRI, duc de Munfterberg, dont la poftérité a fubfifté
jufqu'en 1647, que mourut CHARLES-FREDERIC,
dernier duc de Munfterberg, laiffant pour fille unique,
Marie-Elizabeth, mariée à *Silvius-Nimrod*, duc de
Wirtemberg. * Pie II, fous le nom de Gobelin, *comment.*
l. 7, &c. Cochlæus, *hift. Huffit. l.* 12. Michovius, *l.* 4.
Dubravius, *l.* 30 & 31, *hift. Bohem.* Bonfin, *l.* 4. Rittershufius, &c.

POGGIBONZI, petite ville avec une citadelle ruinée. Elle eft dans la Tofcane, près de la riviere d'Elfa,
à quatre lieues de la ville de Sienne, du côté du couchant. Elle n'eft renommée que pour la bonté de fon
tabac, dont la manufacture ne fubfifte plus. * Mati, *dic-*
tionaire.

POGGIO, cherchez POGGE.

POGIANUS (Jules) a traduit quelques ouvrages de
faint Jean Chryfoftome ; mais felon la remarque d'Aubert le Mire, il s'eft appliqué à l'élégance du ftyle, plutôt qu'à la fidélité. C'étoit un homme éloquent, & qui
fut lié d'amitié avec le cardinal Commendon. Il mourut
le cinquième de novembre 1568. * Livinus, *in elog.*
Belgic. p. 135. Baillet, *jugem. des favans fur les traduct.*
Latins.

POICTEVIN (N.) religieux de l'abbaye de faint
Cyran fous M. l'abbé de Barcos, neveu & fucceffeur de
M. du Verger de Haurane. Il étoit de Poitiers, & très-
jeune lorfqu'en 1651 il donna une traduction françoife
d'un ouvrage latin de M. Janfenius, évêque d'Ipres, qu'il
intitula, *La défenfe de la foi de l'églife catholique contre*
le défi des miniftres de Bois-le-Duc. Cette traduction a
été imprimée chez Savreux. En 1662 ayant figné le formulaire avec cette reftriction, *Nous fignons par foumif-*
fion, quoique nous n'entendions rien à ces matieres, ni
dans le livre de Janfenius ; il revint contre fa fignature,
quitta l'habit de religieux, la maifon, & fit l'écrit fuivant : *Confidérations fur la fignature du formulaire faite*
à faint Cyran par quelques religieux par ordre de l'abbé,
lui étant abfent. C'eft tout ce que nous avons pu apprendre de ce religieux.

POILLOT (Denys) préfident au parlement de Paris, étoit d'Autun en Bourgogne, & s'étant établi à
Paris, s'éleva aux premieres charges de la robe. Il fut
avocat au confeil ; puis procureur du roi au parlement
de Dijon, où il fut reçu en 1514, & confeiller au
grand confeil en 1516. Les rois Louis XII & François I l'employerent en diverfes négociations & ambaffades ; & le dernier créa en fa faveur un office de maître des requêtes en 1522, dans le temps qu'il étoit
ambaffadeur en Angleterre. En 1526 il fut honoré d'une
charge de préfident à mortier au parlement de Paris,
dont il fit les fonctions jufqu'à fa mort, arrivée en 1534.
* Guichenon, *hiftoire de Breffe.* Blanchard, *hiftoire des*
préfidens & maîtres des requêtes, &c.

POILLY (François de) célèbre graveur, naquit à
Abbeville en 1622. Son pere étoit orfévre ; & après
lui avoir montré de bonne heure le deffin, il l'envoya
à Paris, où il le confia à Pierre Daret qui avoit alors

beaucoup de réputation. Pendant les trois années que M. de Poilly paſſa chez ce maître, il ſe perfectionna ; & travaillant enſuite pour ſon compte, il grava pluſieurs ſujets d'après les plus grands maîtres. Il fit, entr'autres, la viſion d'Ezéchiel par Raphaël, une Sainte Famille dans un payſage, d'après Stella ; & pluſieurs autres ſujets d'après le Brun. En 1649, il alla à Rome, où pendant ſix à ſept années de ſéjour, il donna au public pluſieurs planches de dévotion, hiſtoires & portraits de diverſes grandeurs & d'après les plus grands maîtres ; entr'autres un S. Charles qui communie les malades, & trois vierges différentes d'après Mignard ; pluſieurs ſujets de dévotion & theſes, des hiſtoires & titres de livres d'après Pierre de Cortonne, Cirus Ferrus, & un grand obéliſque d'après le cavalier Bernin. Il revint à Paris en 1656, & ſon premier morceau, après ſon retour, fut le martyre d'un Jéſuite, d'après le Brun. En 1658, Herman Weyen, marchand d'eſtampes à Paris, lui donna ſa fille en mariage ; il l'épouſa le 26 novembre, & il en a eu douze enfans. Le 31 décembre 1664, Louis XIV étant à Paris, le nomma par un brevet ſigné de ſa main, & contreſigné GUÉNÉGAUD, pour graveur ordinaire, avec les honneurs & les gages y attachés, *en conſidération*, comme il eſt porté par ledit brevet, *de ſon expérience & des beaux ouvrages qu'il a mis au jour, tant en Italie où il a ſéjourné, qu'à Paris*. Tous ſes ouvrages ſont au burin pur, à la réſerve d'un portrait du cardinal Baronius, qu'il fit à Rome à l'eau forte, pour être mis à la tête des œuvres de ce ſavant cardinal. Auſſi bon deſſinateur que graveur habile, il deſſinoit d'après les originaux les ouvrages qu'il entreprenoit de graver. Une grande louange qu'il mérite encore, c'eſt que ſon burin n'a jamais été profané par aucun ſujet libre & capable de bleſſer les mœurs ; auſſi ſa fortune n'a-t-elle été que médiocre. Après avoir paſſé nombre d'années dans une éclatante réputation, ne cherchant & n'aimant que ſon laboratoire, dès que la goutte dont il a été long-temps attaqué lui donnoit quelque relâche, il mourut au mois de mars 1693, âgé d'environ 70 ans. Jean-Louis Poullet qui avoit été ſon diſciple, grava ſon portrait par reconnoiſſance, d'après le deſſin que François de Poilly avoit fait lui-même. Mais étant mort ſans avoir pu l'achever, M. Pierre Drevet le termina, & en fit préſent à la famille. * *Mémoires communiqués.* Voyez auſſi le cabinet des ſingularités d'architecture, ſculpture & gravure, &c. par Florent le Comte, ſculpteur & peintre à Paris, tome troiſiéme, pag. 199, & ſuivantes.

POIRET (Pierre) né à Metz le 15 d'avril 1646, fils d'un fourbiſſeur de la ville, fut mis dans ſa jeuneſſe chez un ſculpteur qui lui apprit à deſſiner. Mais il quitta le deſſin & la ſculpture pour s'appliquer aux ſciences. Il avoit treize ans quand il commença à apprendre le latin à Metz, & il en continua l'étude à Buxoville près de Strasbourg, où il alla en 1661, à la ſollicitation de M. de Kircheim, gouverneur du comte de Hanau, qui l'engagea à apprendre le françois dès ſa jeuneſſe. En 1664 il alla à Baſle, où il apprit les langues grecque & hébraïque, la philoſophie & la théologie. En 1667 il alla à Hanau, & en 1668 à Heidelberg, où il fut fait miniſtre. Il ſe maria en 1670, & en 1672 on le fit miniſtre de l'égliſe d'Anweil, ville du duché de Deux-Ponts. Pendant ſon ſéjour dans cette ville, la lecture des ouvrages de Jean Taulere, de Thomas à Kempis, & de quelques autres myſtiques le toucha ſi vivement, qu'il réſolut de tendre à la perfection, telle qu'il la concevoit ; & ce déſir s'augmenta beaucoup plus quand il eut lu les ouvrages de la fameuſe Antoinette Bourignon. Il a conſervé toute ſa vie une extrême vénération pour cette fille, dont il fit le portrait long-temps après qu'elle eut paſſé de ce monde à l'autre. Les troubles de la guerre l'ayant obligé de ſortir d'Anweil en 1676, il alla à Hambourg où il vit cette demoiſelle comme il le déſiroit ; & pendant huit ans qu'il eſt demeuré dans cette ville, on ne l'a vu occupé qu'à des exercices de

piété. En 1688 il ſe retira à Rheinsburg, bourg de Hollande près de Leyde, où il a demeuré plus de trente ans ; c'eſt-à-dire juſqu'à ſa mort, arrivée le 21 mai 1719, âgé de ſoixante & treize ans. Ces trente ans furent employés comme ceux qu'il avoit paſſés à Hambourg, excepté qu'il s'occupa dans la ſolitude à compoſer la plupart des ouvrages que nous avons de lui, & qui roulent tous ſur la piété & la myſticité. Ses principes ne s'accordent pas toujours avec ceux de l'Ecriture & des Peres, qui en fait de morale & de ſpiritualité, comme en fait de théologie, doivent être les guides de tout homme ſenſé. Son gout pour la myſticité lui a fait entreprendre de réveiller les ouvrages de mademoiſelle Bourignon, & une partie de ceux de madame Guion, les deux plus fameuſes Quiétiſtes de nos jours. Il publia ceux de la premiere en dix-neuf volumes *in*-8°. à Amſterdam, en 1679 & les années ſuivantes ; il mit à la tête une vie de l'auteur, ſur laquelle il avoit déja donné un mémoire dans les *Nouvelles de la république des lettres de* 1685. Et comme il fut mécontent de l'extrait que M. Seckendorf donna de la vie & des œuvres de cette fille, dans les *actes de Leipſick du mois de janvier* 1686, il montra ſon mécontentement dans un *Monitum neceſſarium*, &c. ou mémoire latin, qu'il publia ſur ce ſujet en 1686, *in*-4°. qui lui attira une trèsvive réponſe de la part de M. Seckendorf, ſous le titre de *Defenſio relationis de Antonia de Burignonia*, &c. A l'égard de madame Guion, il en a fait imprimer, ou mis en état, 1. *Les opuſcules ſpirituels*, où l'on trouve ſon *Traité des torrens*, avec une préface de l'éditeur touchant la perſonne & les ouvrages de cette dame, *in*-12, en 1704. 2. Ses *poëſies & ſes cantiques ſpirituels*, en 1722, *in*-8°. quatre volumes. 3. Sa vie écrite par elle-même, en trois volumes, en 1720, avec une longue & ennuyeuſe préface de l'éditeur. 4. Un autre recueil de divers traités ſpirituels, qui contient le *Moyen court* de madame Guion, & ſon *Explication du cantique des cantiques*, auſquels il a joint l'éloge, les maximes ſpirituelles, & quelques lettres du frere Laurent de la Réſurrection, autre myſtique ; les mœurs & entretiens du même ; & ſa pratique dans l'exercice de la préſence de Dieu, avec une préface contenant des particularités de la vie de madame Guion ; mais qui ſouvent manquent d'exactitude. 5. Les *Lettres ſpirituelles* de la même madame Guion, en quatre volumes *in*-8°. en 1717 & 1718. Les *livres de l'ancien teſtament*, & *ceux du nouveau*, avec des explications, & réflexions de la même ; les premiers en douze tomes, en 1715 ; les autres en huit tomes en 1713. Par le même *amour de la myſticité*, il a publié de nouveau les plus célebres auteurs qu'il a cru conformes à ſon gout & à ſes idées ; comme *La vie & les œuvres de ſainte Catherine de Gènes*, nouvelle traduction, ſous le titre de *Théologie de l'amour*, en 1691, *in*-12. *La vie du marquis de Renty*, par le pere de Saint Jure, Jéſuite, avec celle de la mere Elizabeth de l'Enfant Jeſus, nouvelle édition en 1701 & 1702. *Le Saint refugié*, ou *la vie & la profiante de Wernerus*, mort en 1699, vol. *in*-12, à Cologne 1701. Une traduction de l'Imitation de Jeſus-Chriſt, en 1683, quoique la ſpiritualité de cet ouvrage ſoit bien différente de la fauſſe myſticité qui régne dans la plupart des écrits de Poiret. *La vie de la bonne Armelle*, nouvelle édition ; augmentée d'un avant-propos, *in*-12, en 1704. Cette vie eſt de dom Olivier Echallart, religieux Bénédictin, prieur curé de Mouchamp, & avoit déja été imprimée deux fois en France en 1676 & 1683, ſous le titre de *Triomphe de l'amour divin*, &c. *La vie & les œuvres de la B. Angele de Foligny*, avec les Exercices de la paſſion, par Bloſius, en 1696, *in*-12. Le *Catéchiſme chrétien* de M. Olier, inſtituteur & fondateur du ſéminaire de S. Sulpice à Paris, *in*-12, en 1703. *La vie de Grégoire Lopès*, de la traduction de M. Arnauld d'Andilly, avec une préface de l'éditeur, en 1717, *in*-12. *La vie & les œuvres du frere Laurent de la Réſurrection*, en 1710, *in*-12, avec

Traité de l'importance de la présence de Dieu, par l'éditeur. Quelques opuscules du fameux Malaval, & de M. de Bernieres, en 1709. *L'Analyse de l'oraison mentale*, par le pere de la Combe, Barnabite, directeur de madame Guion, avec les soliloques de Gerlach, & les aphorismes de l'hermite Blaquerne, en latin, en 1711, *in-*12. Outre les éditions, ou traductions de ces vies & de ces ouvrages, auxquels Poiret a ajouté des préfaces, des avertissemens, ou des notes, ou qu'il a accompagné de quelques autres piéces de sa façon, on a de lui d'autres ouvrages qui sont entierement de sa composition; comme, *Cogitationes rationales de Deo, anima & malo*, en 1677, & plusieurs fois réimprimées, avec des augmentations. *L'Œconomie divine, ou Systême universel & démontré des œuvres & des desseins de Dieu envers les hommes*, &c. sept volumes *in-*8°. en 1687. *La paix des bonnes ames dans tous les partis du christianisme*, avec plusieurs piéces convenables au sujet, en 1687, *in-*12. Ce livre est propre à faire des hypocrites & des indifférens en matiere de culte extérieur. *Les principes solides de la religion chrétienne, appliqués à l'éducation des enfans*, &c. en 1705, *in-*12. & ensuite traduit par lui-même en latin, avec des augmentations, où il tâche de répondre principalement à la censure que les théologiens de Hambourg en firent. La *Théologie réelle, ou la Théologie germanique*, avec quelques autres traités de la même nature; une lettre & un catalogue sur les écrivains mystiques; & une préface apologétique sur une théologie mystique, avec la nullité du jugement d'un Protestant sur cette théologie, en 1700, *in-*12. C'est un recueil de piéces, dont la plupart sont traduites par Poiret de différens auteurs; mais le catalogue est entierement de lui. *De eruditione triplici, solida, superficiaria & falsa, libri tres*, &c. en 1692, & 1707, augmenté. Les savans se sont soulevés contre bien des opinions singulieres répandues dans les piéces qui composent une partie du volume, & le corps du livre. *De eruditione solida*, &c. en 1707, *in-*4°. La plupart des traités qui composent ce volume avoient déja paru. *Fides & ratio collatæ*, &c. en 1708, *in-*12, contre M. Locke & quelques autres: il n'y a que la préface qui soit de Poiret. *Idea theologiæ christianæ, juxta principia Jacobi Bohemi* (Bœhm) en 1687, *in-*8°. *De natura idearum ex origine sua repetita*, &c. en 1715, *in-*12, contre Abraham Pungeler, professeur en théologie à Herborn. *La théologie du cœur*, &c. en 1697, deux tomes. *Posthuma*, c'est un recueil de traités divers, en 1721, *in-*4°. *Virtutum christianarum insinuatio factis*, en 1705. *Theologia pacifica & mystica idea*, en 1702. Traduction des pieux désirs de Herman Hugo, & des Embles de Vœnius, &c. *Bibliotheca mystica*, en 1708. * *Voyez Anonymi epistola ad amicum de morte ac scriptis P. Poireti*, dans la Bibliothéque de Brême, classe III, fascic. I. Eloge de Poiret, à la tête de ses œuvres posthumes. Niceron, *mémoires*, tomes IV & X.

POIS (le) famille. Cette famille a fourni trois hommes qui se sont distingués. Le premier est ANTOINE le Pois, conseiller & médecin de Charles II duc de Lorraine, & de la duchesse Claude. Le second est NICOLAS le Pois son frere, aussi médecin, & qui lui survécut. Le troisieme est CHARLES le Pois, fils de NICOLAS, seigneur de Champel, conseiller & médecin ordinaire de Henri II duc de Lorraine, doyen de la faculté de médecine, en l'université de Pont-à-Mousson. ANTOINE le Pois, qui n'étoit pas moins antiquaire que médecin, est auteur de l'ouvrage intitulé: *Discours sur les médailles & gravures antiques, principalement romaines, avec une exposition particuliere de diverses médailles & gravures antiques, rares & exquises, dont les figures sont en taille-douce*, par Antoine le Pois, médecin du duc de Lorraine, & publié par Nicolas le Pois, frere de l'auteur; à Paris, Mamert Patisson, 1579, *in-*4°. René de la Ruelle, gendre de l'auteur, auditeur des comptes & contrôlleur, eut aussi soin de cette édi-

tion avec Nicolas le Pois. CHARLES le Pois, fils de Nicolas, fit imprimer en 1618 un ouvrage: *De prætervisis hactenus morbis, affectibusque præter naturam, ab aquâ, seu serosâ colluvie & diluvie, ortis, liber singularis*. Il paroît par cet ouvrage que l'auteur écrivoit bien, & qu'il étoit très-versé dans les auteurs Grecs & Latins. Il étoit aussi poëte, comme on le voit par un petit discours en vers qu'il adressa à son livre: cet ouvrage a été imprimé quatre fois. Charles le Pois a fait aussi un petit écrit sur la cométe qui parut en 1618: cet écrit fut imprimé l'année suivante 1619. * *Mémoires du pere Calmet*, & *Supplément françois de Basle*. Mariette, *traité des pierres gravées*, tome I, pag. 249. D. Calmet, *Biblioth. Lorraine*.

POISSI, *Pisciacum*, petite ville de France sur la Seine, en l'Isle de France, à cinq lieues de Paris. Il y a un célebre monastere de Dominicaines, qui étoit autrefois un château royal, où S. Louis naquit & fut baptisé; de-là vient qu'il se nommoit lui-même Louis de Poissi. Son petit-fils Philippe *le Bel*, voulant honorer le lieu de la naissance de son saint aïeul, y fit bâtir l'église & le monastere qui s'y voient, sous le titre de *S. Louis*; & l'on observa d'y placer le grand autel au même endroit où étoit le lit de la reine Blanche, lorsqu'elle mit au monde ce saint roi: ce qui fait que cette église n'est pas tout-à-fait orientée. Les rois successeurs de Philippe *le Bel*, acheverent ce qu'il avoit commencé, & la dédicace en fut faite en présence du roi Philippe *de Valois* l'an 1330. Le cœur de Philippe *le Bel* son fondateur y repose, aussi-bien que le corps de Robert, un de ses fils, & celui de Jean, fils de Philippe *de Valois*. Cette église eut toute sa couverture brulée, & son clocher, par le feu du ciel, le 21 juillet 1695. Le roi Louis XIV, auquel le pape Clément XI concéda à perpétuité la nomination de la prieure de ce monastere, fit travailler à la réparation de cette église magnifique. On a compté huit princesses du sang royal de France, religieuses dans ce monastere, sans parler de Catherine d'Harcourt, dont la mere étoit de la maison de Bourbon, & de Marie de Bretagne, fille d'Artus II du nom, duc de Bretagne. Sébastien Rouillard, dans son histoire de l'église de Chartres, imprimée en 1609, a donné un petit ouvrage, intitulé *les antiquités de Poissi*.

COLLOQUE DE POISSI.

Les sectateurs des opinions nouvelles étoient si puissans en France vers l'an 1560, que tous les soins des prélats sembloient inutiles, pour s'opposer à ce mal contagieux. Ainsi les novateurs triomphoient, parcequ'ils avoient plusieurs personnes de qualité dans leur parti, & que même quelques évêques les protégeoient. On avoit souvent parlé d'un concile national, pour déraciner l'erreur; & en attendant qu'on pût le tenir, les partisans de l'hérésie obtinrent qu'on tiendroit un colloque ou conférence entre les prélats catholiques & les ministres huguenots. Le cardinal de Lorraine ne s'y opposa pas; & les protestans espérerent d'y trouver leur compte. Le jour de ce colloque venu, les cardinaux de Bourbon, de Tournon, de Châtillon, de Lorraine, d'Armagnac & de Guise se trouverent à Poissi avec quatre évêques, dont le nombre s'augmenta jusqu'à près de quarante, & bon nombre des plus doctes théologiens, & entr'autres Claude d'Espence & Claude de Saintes. Quelques jours après, il y arriva douze ou treize ministres huguenots, dont les plus signalés étoient Théodore de Beze, Augustin Marlorat de Lorraine, apostat de l'ordre des Augustins, & alors ministre à Rouen; Jean Malo & Jean de l'Epine, tous deux apostats, dont l'un avoit été religieux Dominicain, & l'autre, prêtre de l'église de S. André des Arcs à Paris; Pierre Martyr, Jean Viret, François Morel, &c. Le roi Charles IX & Catherine de Médicis régente, y assisterent avec la famille royale, les princes du sang, les évêques, cardinaux, conseillers d'état, & grands du royaume de l'une & de l'autre religion, tous assis selon leur rang, dans une enceinte de baluſtres. Les docteurs étoient derriere les évêques ſur des formes baſſes. Les miniſtres voulurent prendre place dans le cercle ; mais ils en furent exclus, & demeurerent dehors & debout. Quoique la conférence eût été fixée au 10 août 1561, elle ne commença que le 4 ſeptembre ; & le chancelier de l'Hôpital en fit l'ouverture par un diſcours que les hérétiques trouverent favorable à leur parti, comme il l'étoit en effet. On avoit réſolu de traiter les choſes par diſcours, & non point par ſyllogiſmes. La reine commanda à Beze de parler ; il le fit, & bien loin de s'en acquitter avec modération, en parlant du très-ſaint ſacrement de nos autels, il s'emporta à des diſcours qui bleſſerent horriblement les oreilles des orthodoxes. Il dit que le corps de J. C. étoit auſſi éloigné de l'euchariſtie, que la terre l'eſt du ciel. Les prélats frémirent d'horreur à ces paroles impies, que le cardinal de Tournon traita juſtement de blaſphême, & s'en plaignant hautement. Beze en eut honte lui-même, & tâcha de s'en excuſer auprès de la reine, & d'adoucir une propoſition ſi choquante. On avoit réſolu de réduire toute la diſpute à deux points ; l'un de la véritable égliſe, & l'autre de l'euchariſtie. Le 16 ſeptembre, le cardinal de Lorraine fit un diſcours auſſi docte qu'éloquent, & rempli de ſolides raiſonnemens ſur l'un & l'autre point : il conclut qu'il ne pouvoit y avoir aucune réunion des huguenots avec l'égliſe, s'ils ne croyoient la réalité du corps de J. C. dans l'euchariſtie. Les autres prélats applaudirent à ce ſentiment, proteſtant de vouloir vivre & mourir dans cette créance, ſuppliant le roi & la reine d'y perſévérer & de la défendre ; & déclarant de rompre la conférence, ſi les huguenots refuſoient d'y ſouſcrire. Beze s'efforça de répondre à ce diſcours ; mais comme le ſien fut même improuvé par ceux de ſon parti, il entra lui & ſes compagnons en diſpute avec les docteurs catholiques. Cependant le cardinal de Ferrare, légat du ſaint ſiége, arriva à Poiſſi, accompagné du P. Jacques Laynés, Eſpagnol, général des Jéſuites. Ce pere refuſa de conférer avec les miniſtres, qu'il traita de loups, de ſinges & de ſerpens, & remonta hardiment à la reine, qu'il ne lui appartenoit pas de tenir des aſſemblées ſur le fait de la religion, & ſur-tout lorſque le pape avoit convoqué un concile général. Les diſputes continuerent juſqu'à ce que les eſprits extrêmement aigris, ne furent plus capables que de ſe quereller : de ſorte qu'on rompit la conférence le 25 novembre. * Sponde, *A. C.* 1561, *n.* 16 & *ſeq.* Mézerai, *hiſt. de France, t. III, &c.*

POISSON (Nicolas-Joſeph) Pariſien, entra dans la congrégation de l'Oratoire en 1660, & quelques années après il alla en Italie, où il fit un ſéjour aſſez long. Comme il avoit beaucoup d'eſprit & de l'érudition, il fut toujours bien reçu chez les ſavans des différentes villes où il ſéjourna. Il vit principalement ceux qui étoient de ſon temps à Rome, à Veniſe, à Padoue ; & il eut ſoin de mettre par écrit ce qu'il put connoître de leurs actions & de leurs ouvrages, & ce qu'il put apprendre des autres ſavans dans les converſations qu'il eut avec ceux qu'il put voir. Il en fit une relation circonſtanciée en 1676 ; & l'ayant retouchée en 1678, il l'envoya de Rome à un de ſes amis. Cette relation n'a jamais été imprimée. Le P. Poiſſon y a diſtingué en cinq claſſes ceux dont il parle : 1. Des théologiens & des ſavans en droit. 2. Des philoſophes & des mathématiciens. 3. Des médecins. 4. Des poëtes & des ſavans dans les belles lettres. 5. Des hiſtoriens & des gens d'érudition. Le ſtyle de cet ouvrage eſt très-peu correct ; mais on y trouve beaucoup de particularités qui en feroient deſirer l'impreſſion. Le P. Poiſſon eſt beaucoup plus connu par ſa Somme des conciles, qu'il fit imprimer à Lyon en 1706, en deux volumes *in-fol.* ſous ce titre : *Delectus actorum eccleſiæ univerſalis, ſeu nova ſumma conciliorum, epiſtolarum, decretorum ſanctorum pontificum, capitularium, &c. quibus eccleſiæ fides & diſciplina niti ſolent.* Près de la moitié du ſe-

cond volume eſt occupé par des notes ſur les conciles. *Voyez* le jugement que M. Salmon a porté de ce recueil dans ſon excellent *Traité de l'étude des conciles.* On y verra auſſi les défauts qu'il a remarqués dans cette collection. Le P. Poiſſon étoit auſſi mathématicien, & il avoit beaucoup étudié les ouvrages de Deſcartes, ſon ami. En 1670, il fit imprimer à Vendôme des remarques fort eſtimées ſur le *Diſcours de la méthode* de ce grand philoſophe. Deux ans auparavant, c'eſt-à-dire, en 1668, il avoit fait imprimer à Paris ſon traité *De la méchanique,* & celui *De la muſique,* avec un commentaire. La reine Chriſtine de Suéde, & M. Clerſelier, diſciple de Deſcartes, voulurent auſſi l'engager à compoſer la vie de ce philoſophe, & s'offrirent de lui fournir tous les matériaux dont il auroit beſoin pour cet ouvrage. Mais quelques obſtacles ſurvenus, avec le prétexte plauſible de s'occuper de choſes moins éloignées de la ſainteté de ſa profeſſion, l'ont empêché d'entreprendre cette hiſtoire. Ce furent ſans doute les mêmes raiſons qui mirent obſtacle au commentaire qu'il avoit promis ſur tous les traités de M. Deſcartes. Le P. Poiſſon eſt mort à Lyon le 3 mai 1710, dans un âge avancé. Il avoit achevé deux ouvrages qui n'ont point été publiés, ſavoir, un traité des bénéfices, & un autre ſur les uſages & les cérémonies de l'égliſe. Il poſſédoit pluſieurs écrits de Clémangis & de Théophylacte, qui ne ſe trouvent point dans les ouvrages imprimés de ces auteurs. Le P. Poiſſon avoit été pendant du temps ſupérieur de la maiſon de ſa congrégation à Vendôme. * *Préface de la Relation mſſ. des ſavans d'Italie,* citée dans cet article. *Vie de Deſcartes,* par M. Baillet, *préf. pag.* 12, 13, 26, & *tome I, édit. in-4°, pag.* 285, 317, 318, *tome II, pag.* 400. Salmon, *traité de l'étude des conc. pag.* 275 & *ſuiv.* 617, 621.

POISSON (Jacques) chevalier noble, & commandeur eccléſiaſtique des ordres royaux & militaires de Notre-dame du Mont-Carmel, & de S. Lazare de Jéruſalem, étoit né à Billon en Auvergne, au diocèſe de Clermont, & fut baptiſé dans l'égliſe de S. Cerneuf, le 28 avril 1646. Il étoit fils de *François Poiſſon,* avocat en parlement, & de dame *Alix* Pradier, tous deux de famille noble & ancienne. Il entra dans l'état eccléſiaſtique au commencement de 1667, & dans le ſacerdoce au mois de mars 1676. Le feu roi Louis XIV l'honora des principales charges de ſa chapelle pendant plus de trente ans, & le donna, pour remplir les mêmes fonctions, à madame la Dauphine Adelaide de Savoye. Pendant ce temps-là, il fut pourvu d'un bénéfice dans l'égliſe de Paris, du prieuré commendataire de S. Gilles de Queré, des abbayes de Bournet, ordre de S. Benoît, diocèſe d'Angoulême, & de Breuil, du même ordre, au diocèſe d'Evreux. Il fut reçu dans l'ordre de Notre-Dame du Mont-Carmel, le 17 décembre 1698, après avoir fait ſes preuves de nobleſſe. C'étoit un homme d'eſprit, fort appliqué à l'étude, & qui avoit fait de grands progrès dans les lettres. Pluſieurs académies d'Italie, & même de toute l'Europe, avoient deſiré de l'avoir pour membre, & il s'en étoit toujours excuſé, ſur ce que le genre d'occupations plus particulier l'objet ordinaire de ſon application, ne lui permettoient pas de ſatisfaire aux devoirs de ces ſavantes ſociétés. Il avoit entrepris en effet une traduction françoiſe de tous les conciles que l'on trouve dans la collection de Binius, & un ſupplément à cette collection, avec des diſſertations & des notes. Il avoit auſſi entrepris de traduire en latin & en grec l'hiſtoire de France par Mézeray ; & l'on aſſure qu'il a travaillé à ces ouvrages pendant plus de 60 ans ; cependant on n'en a rien imprimé, & l'on ne voit pas à qui une hiſtoire de France en grec eût pu être utile. M. Poiſſon avoit prêché auſſi, & dit-on, avec éclat. On prétend qu'il a refuſé pluſieurs évêchés, de peur que les ſoins épiſcopaux ne le détournaſſent de l'étude. Il avoit une nombreuſe bibliothéque, & il étoit fort communicatif, d'un caractère ouvert, & toujours prêt à faire part de ſes lumieres à ceux qui le conſultoient. Il t mort à l'âge de 80 ans, le 11 janvier 1724, & a été humé dans l'église de Notre-Dame de Paris. * *Mémoi- s du temps. Archives de l'ordre de S. Lazare, & de l'otre-Dame du Mont-Carmel.*

POISSON (Raimond) fameux comédien, étoit fils 'un célebre mathématicien qu'il perdit étant encore fort une. M. le duc de Créqui, chevalier des ordres du roi, remier gentilhomme de sa chambre, & gouverneur de aris, lui servit en quelque sorte de pere ; il l'honora de s bontés, & l'attacha à lui. Mais Poisson, entraîné par on penchant pour la comédie, abandonna son protec- eur, & préféra aux avantages qu'il avoit lieu d'en espé- er, l'état de comédien de campagne. Cette passion lui it produire dès ce temps-là quelques piéces de théâtre ui furent, dit-on, assez bien reçues. Louis XIV faisant lors le tour de son royaume, se trouva à une piéce où Poisson jouoit ; il en fut satisfait, & le choisit pour un le ses comédiens. Il le remit même dans les bonnes graces de M. de Créqui, lequel a toujours été depuis son protecteur & celui de sa famille. Ceux qui ont vu Poisson représenter, disent qu'il a été, pour le comi- que, le plus grand acteur qui ait paru sur notre théâtre. Il avoit, dit-on, tous les talens nécessaires pour sa pro- fession, & sur-tout un naturel merveilleux. Il est mort à Paris en 1690, & a été inhumé à S. Sauveur. Il avoit eu plusieurs enfans : l'aîné, qui avoit pris le parti des armes, se distingua sous les yeux du feu roi au siége de Cambrai ; il y étoit en qualité de volontaire ; il y fut tué, & Louis XIV témoigna qu'il étoit sensible à cette perte. On parlera du cadet à l'article suivant. Pois- son est auteur des piéces suivantes : *Lubin*, ou *le Sot vengé*, comédie en un acte, en vers de quatre pieds, 1661, *in-12*. *Le Fou raisonnable*, ou (selon M. Titon) *Le Fou de qualité*, comédie en vers, en un acte, 1664, *in-12*. *Le Baron de la crasse*, comédie en un acte, en vers, 1662, *in-12*. *Le Zig-zag*, suite de la précédente, en un acte, en vers. *L'Après-soupé des auberges*, en un acte, en vers, 1665, *in-12*. *Le poëte Basque*, en un acte, en vers, 1669, *in-12*. *Les faux Moscovites*, en un acte, en vers, 1669, *in-12*. *La Mégere amoureuse*, en un acte, en vers, à la suite de la précédente. *Les Femmes coquettes*, ou *les Pipeurs*, en cinq actes, en vers, 1670, *in-12*. Cette piéce a reparu en 1672, sous ce titre seul, *les Pipeurs*. *La Hollande malade*, en un acte, en vers, 1673, *in-12*, & sous ce titre, *la Comtesse malade*. *Les Foux divertissans*, en trois actes, en vers, 1681, *in-12*. La comédie du *bon Soldat*, a été tirée de cette piéce par Dancourt. *La Comédie sans titre*, qui a paru sous le nom de Poisson, est de Bour- sault. Les huit premieres piéces ont été réunies avec quelques autres poësies de l'auteur en un volume *in- 12*, à Paris, 1679. Depuis, le tout a été réimprimé en deux volumes *in-12*, à Paris, en 1687. * Titon du Tillet, *Parnasse françois*, pag. 442, *in-folio*. Re- cherches sur les théâtres de France, tome II, pag. 327, *in-8°*.

POISSON (Paul) *second fils du précédent*, a été porte-manteau de Monsieur, frere unique de Louis XIV ; mais son attrait le porta ensuite à monter sur le théâtre. Il avoit hérité des talens de son pere, pour jouer le comique. Il quitta le théâtre du vivant du feu roi, & y remonta sous la régence de M. le duc d'Orléans. L'ayant abandonné de nouveau, avec une résolution plus constante de n'exercer plus une profession si éloignée du christianisme, il se retira avec sa famille à Saint-Germain en Laye, où il est mort le 28 décembre 1735, âgé de 77 ans, après 12 ans de retraite & d'exercices de piété. Il avoit épousé *Angélique Gassaud du Croissi*, fille d'un ancien comédien de la troupe de Moliere, & qui a été elle-même actrice à la comédie : elle vivoit encore à la fin de 1743, âgée de plus de 80 ans. Paul en a laissé deux fils & trois filles. L'aîné, nommé PHILIPPE, né à Paris au mois de février 1682, après avoir joué pen- dant cinq ou six ans la comédie, s'est retiré long- temps avant son pere à Saint-Germain, où il est mort

le 4 août 1743, âgé de 60 ans accomplis. On a de lui neuf comédies, savoir, *le Procureur arbitre*, en un acte, 1728. *La Boëte de Pandore*, en un acte, avec un prologue, 1729. *Alcibiade*, en trois actes, avec un prologue, 1731. *L'Impromptu de campagne*, en un acte, 1733. *L'actrice nouvelle*, en un acte, 1734. *Le réveil d'Epiménide*, en trois actes, avec un prologue, 1735. *Le Mariage par lettres de change*, en un acte, 1735. *Les ruses d'amour*, trois actes, 1736. *L'Amour secret & musicien*, en un acte, 1739. Toutes ces comé- dies sont en vers, & ont été imprimées en deux vol. *in-12*. FRANÇOIS - ARNOUL, cadet de *Philippe*, né en 1695, a été comédien pendant plus de 30 ans, & est mort au mois d'août 1753. MAGDELÉNE, l'aînée des filles, est madame de Gomez, connue par quatre tragédies, savoir, *Habis*, représentée en 1714 ; *Cléar- que*, en 1715 ; *Marsidie*, en 1716 ; *Sémiramis*, en 1717 ; & une comédie intitulée *les Epreuves*. On a encore de cette dame *l'Histoire secrette de la conquête de la Gre- nade* ; *les Journées amusantes*, 8 vol. *in-12* ; *les Anec- dotes Persanes ; Crémentine ; Entretiens nocturnes de Mercure & de la Renommée ; les cent Nouvelles nouvel- les*, 18 vol. *in-12*. Cette dame est encore vivante, & dans un âge avancé. Les deux autres filles de Paul Poisson sont demeurées filles, & ont vécu dans la piété avec leur mere, selon le *Mercure de France*, décembre 1735. * Voyez aussi le *Supplément au Parnasse françois*, par M. Titon du Tillet, pages 801, 802 ; le *second Supplé- ment* à cet ouvrage ; & Beauchamps, *Recherches*, &c. pag. 526, édit. *in-8°*, tom. II.

POISSONS, l'un des douze signes du zodiaque, composé de trente-quatre étoiles qui représentent, à ce que l'on prétend, la figure de deux poissons. Le soleil entre dans ce signe au mois de février. Les poë- tes ont feint que c'étoient les deux poissons qui por- terent Vénus & Cupidon au-delà de l'Euphrate, lors- que cette déesse fuyoit avec son fils le géant Typhon qui la poursuivoit. Vénus, disent-ils, étant délivrée de ce danger, plaça ces deux poissons dans le ciel, & en fit une constellation. * Caesius, *astronom. poët.*

POITIERS, maison illustre. Suivant la tradition de cette maison, elle descend de GUILLAUME, premier duc d'Aquitaine, qui abandonna, dit-on, ses états pour se dévouer à la pénitence, & qui mourut dans un pé- lerinage qu'il faisoit à S. Jacques en Galice le 9 avril de l'an 1137. C'est sur le fondement de cette tradition, que la maison de Poitiers portoit pour timbre de ses armoiries, qui sont d'azur à six besans d'argent, trois, deux & un, au chef d'or, un S. Guillaume revêtu d'un habit d'hermite, tenant une chapelet à la main. Quoi qu'il en soit de cette origine, la maison de Poitiers a toujours été regardée en France, comme l'une des plus illustres du royaume, tant par son origine, que par son ancienneté. Elle a tenu en souveraineté les comtés de Diois & de Valentinois ; celui-ci par le mariage de Guillaume de Poitiers avec l'héritiere du comté de Va- lentinois ; & l'autre, par inféodation de l'an 1189, faite à Himar de Poitiers, par Raimond, duc de Nar- bonne, comte de Toulouse, & marquis de Provence.

LOUIS II, dernier des mâles de la branche aînée de la maison de Poitiers, fit donation des comtés de Diois & de Valentinois au roi de France (Charles VI) en 1404, à charge qu'ils demeureroient unis à la cou- ronne, avec le Dauphiné, & sous les mêmes condi- tions.

CHARLES de Poitiers, oncle de Louis, dernier comte de Diois & de Valentinois, eut de son mariage avec *Simone de Meri*, *Louis & Philippe*, qui conti- nuerent la ligne masculine. Louis fut la tige des comtes de Saint-Vallier : cette branche finit en 1546, par la mort de Guillaume qui en fut le dernier mâle, & pere de *Diane de Poitiers*, duchesse de Valentinois.

PHILIPPE de Poitiers épousa *Catherine de Paillart*, fille de *Philibert* de Paillart, président de Bourgogne : Charles de Saint-Vallier, son pere, lui donna en faveur de ce mariage, les terres d'Arci-sur-Aube, Fontaine & Colvardé en Champagne. Il y ajouta par son testament en date de l'an 1404, les châtellenies & seigneuries de Vadans, la Ferté, Bans & Souvans au comté de Bourgogne. Philippe se fixa dans ce comté, & ses descendans ont continué à y demeurer. L'on en peut voir la suite dans la généalogie de Poitiers par André Du-Chesne, jusqu'à *Guillaume* de Poitiers, qui eut de son mariage avec *Sabine*, fille de *Marc* de Rye, seigneur de Dicey, *Claude-Antoine* de Poitiers, baron de Vadans, chevalier d'honneur au parlement de Dole, marié en 1613 avec *Louise*, fille de *Philibert* de Rye, comte de Varax, & de *Clauda* de Tournon. Ils eurent de leur mariage *Ferdinand-Eléonor* de Poitiers, chevalier d'honneur au même parlement, qui prit le titre de comte de Saint-Vallier, & vit ouvrir en sa faveur les fidéi-commis des biens de la maison de Rye, par le décès de Ferdinand-François-Juste de Rye, marquis de Varembon, dernier mâle de sa famille, mort sans postérité le 5 août 1657. Il y avoit été appelé par le testament de Ferdinand de Rye, archevêque de Besançon, au défaut des mâles de la maison de Rye, & à charge de relever le nom & les armes de cette maison.

FERDINAND-ELÉONOR de Rye, dit *de Poitiers*, fut en conséquence le plus riche seigneur du comté de Bourgogne ; & il l'auroit encore été davantage, s'il avoit pu conserver les biens que la maison de la Palu avoit possédés dans cette province, auxquels il prétendoit être aussi appelé, sur le fondement que l'on va rapporter.

Gillette, fille de *Henri*, comte de la Roche, mariée à *Bernard*, comte de Petitepierre, n'avoit eu qu'une fille nommée *Marguerite*, qui épousa en 1432 *François* de la Palu, seigneur de Varembon. Humbert, comte de la Roche, fils de Henri & oncle de Marguerite de Petitepierre, se voyant sans enfans, donna ses biens en faveur de ce mariage ; & dès-lors François de la Palu & ses descendans possédèrent au comté de Bourgogne les seigneuries de la Roche, Viller-Sexel, S. Hippolyte, Méches, Château-neuf en Vennes, Abenans, &c. Jean-Philibert de la Palu, chef d'une autre branche de la même famille, qui succéda à celle de François, tenoit dans cette province les terres de Vire-Châtel & de Cusance : elles passèrent toutes à Jean de la Palu, cousin & héritier de Jean-Philibert.

Jean de la Palu n'eut de son mariage avec *Claudine*, fille de *Simon* de Rye, seigneur de Dicey, que deux filles qui moururent sans enfans, & firent héritière leur mere. Ce fut donc Claudine de Rye qui porta les terres que les maisons de la Roche & de la Palu avoient eües au comté de Bourgogne, dans celle de Rye, & qui les substitua aux descendans de cette maison. Ferdinand-Eléonor de Poitiers soutenoit qu'il étoit appelé à cette substitution, au défaut des mâles de la maison de Rye ; & elle fut déclarée ouverte à son profit, par arrêt rendu au parlement de Dole. Mais Marie-Henriette de Cusance, veuve de Ferdinand-François-Juste de Rye, dernier mâle de sa famille, son héritière testamentaire, & mariée en secondes noces à Charles-Eugène, prince d'Aremberg, s'étant pourvue en révision, fit juger au conseil souverain de Flandre, que les mâles descendans par filles, n'étoient pas appelés à la substitution, & qu'elle avoit fini à son mari, parce-qu'il n'y avoit, lors de sa mort, aucun mâle descendant par mâle de la maison de Rye.

Ferdinand-Eléonor de Poitiers avoit épousé *Jeanne-Philippine* de Rye, fille de *François* de Rye, marquis de Varembon, & de *Catherine* d'Offstise. Il eut deux fils de ce mariage, FERDINAND-FRANÇOIS de Rye, comte de Poitiers, qui suit ; & *Frédéric-Eléonor*, marquis de Poitiers, brigadier des armées du roi, mort sans enfans de son mariage avec *Catherine* de Grammont de la Roche.

FERDINAND-FRANÇOIS a épousé 1°. *Marguerite-*

Françoise d'Achey : 2°. *Françoise*, fille d'*Arnoul* Saladin d'Anglure, marquis de Coublans, & de *Christine* du Châtelet. Du premier mariage, il a eu *Marie-Françoise* de Poitiers, épouse de *Charles-Antoine-François*, marquis de la Baume-Montrevel ; *Louise-Jeanne-Philippe*, femme de *Gabriel-Philibert* de Grammont, baron de Châtillon ; & *Marie-Emanuelle*, mariée à *Ferdinand-Florent*, marquis du Châtelet. Du second mariage sont nés FERDINAND-JOSEPH, comte de Poitiers, qui a succédé au fidéi-commis de Rye ; *Charles-Frédéric* de Poitiers, appelé à celui d'Anglure-Coublans, mort jeune ; & trois filles, décédées sans alliance.

FERDINAND-JOSEPH, comte de Poitiers, épousa en 1714 *Marie-Henriette-Geneviéve-Gertrude* de Bourbon-Malause, dont il n'a laissé qu'une fille nommée *Elizabeth-Philippine* de Poitiers, mariée à *Gui-Michel* de Durfort de Lorges, duc de Randan, à qui elle a porté en dot les biens des maisons de Rye, de Poitiers & d'Anglure-Coublans. Ceux de Rye lui ont été contestés par Charles-Ferdinand-François de la Baume, marquis de Montrevel, fils de *Marie-Françoise* de Poitiers, lequel prétendoit que, suivant le testament de Ferdinand de Rye, archevêque de Besançon, ils étoient substitués à l'infini, & qu'ils devoient passer aux mâles descendans par les filles, au lieu des mâles descendans par les mâles. Le parlement de Paris, où le procès a été renvoyé, a jugé que la substitution avoit pris fin par le défaut des mâles de la maison de Poitiers, & que les biens étoient libres dans la personne du dernier de ces mâles. * *Histoire du comté de Bourgogne*, par M. Dunod, *in-*4°, tome II, livre 7, depuis la page 523, jusqu'à la page 529.

POITIERS (Diane de) duchesse de Valentinois, célèbre sous le régne de Henri II, fille de JEAN de Poitiers, comte de Saint-Vallier, & de *Jeanne* de Batarnai, fut mariée à *Louis* de Brézé, comte de Maulévrier, seigneur d'Anet, gouverneur & sénéchal de Normandie, dont elle eut deux filles, *Françoise*, femme de *Robert* de la Marck, IV du nom, duc de Bouillon ; & *Louise*, mariée à *Claude* de Lorraine, duc d'Aumale. Diane gagna par sa beauté le cœur de la plupart des grands de la cour, heureusement pour son pere, qui fut convaincu d'avoir favorisé les desseins de la fuite de Charles, connétable de Bourbon. On l'arrêta à Lyon, où étoit le roi François I, & on le condamna à perdre la tête. Sa peur fut si grande, qu'en une nuit ses cheveux lui blanchirent ; de sorte que ceux qui l'avoient en garde, le prirent le lendemain pour un autre. Il tomba même dans une fièvre si violente, qu'encore que Diane sa fille eût obtenu sa grace, il ne put jamais guérir, quelque remede qu'on y apportât. C'est de-là qu'est venu le proverbe de *la fièvre de S. Vallier*. Depuis, le roi Henri II aima passionnément Diane de Poitiers, qu'il fit duchesse de Valentinois : elle étoit âgée de quarante-sept ans, & ce fut pour elle seulement, que la beauté cessa d'être inséparable de la jeunesse. Le régne de Henri fut celui des charmes de la duchesse, qui pouvoit tout sur son esprit. Elle fit chasser Bayard secrétaire des finances, qui avoit fait quelques railleries de son âge & de sa beauté, & avança extrêmement ses créatures. Après la mort de Henri II, en 1549, la reine Catherine de Médicis ne la pouvant regarder que comme une rivale qui lui avoit ôté le cœur de son mari, étoit sur le point de laisser agir sa haine contre elle ; mais comme ses intérêts ne s'accommodoient pas avec sa jalousie passée, & avec son ressentiment présent, elle se contenta de la chasser de la cour. On lui demanda avec reproche des pierreries de grand prix, qui appartenoient au roi, & qu'elle avoit en sa possession. Diane donna à la reine sa belle maison de Chenonceaux sur le Cher, dont le baron de Saint-Cyergue lui avoit fait présent à elle-même. De tous ceux qu'elle avoit avancés pendant sa faveur, il ne s'en trouva pas un seul qui voulût se déclarer pour elle, tant la haine publique l'emporta sur les bienfaits particu-

ers. Elle mourut le 26 avril de l'an 1566, & fut enterrée dans la grande chapelle du château d'Anet,
qu'elle avoit fait bâtir, & où elle repose sous un fort
beau mausolée de marbre, élevé au milieu du chœur,
où elle avoit fondé quatre chanoines. * De Thou, *hist.*
2 & 23. Choriet, *hist. de Dauph.* Mezerai, &c.

POITIERS, sur le Clain, capitale de la province de
Poitou, avec université & évêché suffragant de Bourdeaux, est nommée diversement par les anciens auteurs,
*Augustoricum, Pictavium, Limonium, Pictava, Picta-
vorum urbs,* &c. Elle est des plus grandes & des plus
anciennes du royaume ; mais il est absurde de croire
qu'elle ait été bâtie par les Pictes venus de Scythie,
puisqu'elle étoit déja connue avant que leur peuples se
fussent établis dans la grande Bretagne. Il y a plus d'apparence que les Gaulois en furent les fondateurs. Sa
situation est sur une plate-forme, qui est élevée entre la
riviere de Clain, & une autre petite riviere qui y forme
un grand étang. Le confluent de ces rivieres est à l'un
des bouts de la ville, proche une porte, dite *de saint
Lazare,* où est un vieux château qu'on croit un ouvrage
des Romains. Ces peuples y demeurerent long-temps,
& y bâtirent un amphithéâtre & divers autres édifices,
dont on voit encore de beaux restes. Il y a à Poitiers,
présidial & sénéchaussée, du ressort du parlement de
Paris, avec généralité, bureau des finances, & une
chambre de la cour des monnoyes, marquées à la lettre
G. Le parlement de Paris y résida pendant quelques
années sous le regne de Charles VII, dans le temps que
les Anglois étoient maîtres de la capitale du royaume.
C'est ce même roi qui y fonda en 1431 l'université, où
plusieurs grands hommes ont enseigné. La ville est gouvernée par le maire, douze échevins, & douze conseillers jurés. Le maire porte le titre de capitaine de &
gouverneur de Poitiers ; & nos rois avoient accordé à
ceux qui étoient élevés à cette magistrature, le privilége de noblesse, celui de pouvoir être chevalier des
ordres de sa majesté, & divers autres avantages. L'église
de Poitiers, qui est très-renommée, fut fondée, selon
quelques uns, par saint Martial. Saint Hilaire, saint
Justin, saint Maixent, saint Gelase, saint Anthême, saint
Piencé, saint Emmeran, Venance-Fortunat, & plusieurs autres de ses évêques ont contribué à la rendre illustre, & l'ont été eux-mêmes, ou par leur érudition,
ou par leur sainteté. La cathédrale est consacrée sous le
nom de saint Pierre. Son chapitre est composé d'un
doyen, d'un grand archidiacre, d'un chancelier, d'un
prevôt, des archidiacres de Briançon & de Thouars,
d'un sous-doyen, d'un sous-chantre, d'un théologal, &
de vingt-quatre chanoines. Outre ce chapitre, il y en a
quatre autres dans la ville ; savoir, celui de saint Hilaire
le Grand, dont le roi est abbé & dont le trésorier,
qui est toujours chancelier de l'université, a droit de
porter la mître : & ceux de sainte Radegonde, de Notre-Dame, & de saint Pierre *le Puillier.* Il y a aussi cinq
abbayes ; celles de saint Cyprien, Montier-neuf, celles
de sainte Croix, & de la Trinité, de l'ordre de saint
Benoît, les deux dernieres de filles ; & celle de saint Hilaire, dite *la Celle,* de l'ordre de saint Augustin. On
compte encore dans la même ville, vingt-deux paroisses,
neuf couvens d'hommes, & douze de filles, sans compter les abbayes, deux séminaires & trois hôpitaux. Le
diocese en général comprend sept cens vingt-deux paroisses, sous vingt-quatre archiprêtres, avec trente abbayes, vingt-cinq chapitres, & grand nombre de prieurés. Cette ville fut prise pendant les guerres civiles de
la religion du XVI siécle. Au reste ceux qui vont à Poitiers ne manquent pas d'aller voir à demi-lieue de la
ville, ce qu'on appelle *la pierre relevée,* sur le chemin
qui conduit à Bourges. C'est une grosse pierre carrée de
vingt-cinq pieds de longueur, & d'environ dix-sept de
largeur, & soutenue par quatre autres pierres. Le peuple en fait des contes aussi fabuleux que ce qu'en dit
Rabelais, que son héros Pantagruel le tira d'une roche
dite *Passe-Lourdin.* * Strabon, *l.* 3. Ptolémée, *geogr.*

César, *comment.* Ammien Marcellin, *l.* 18. Grégoire
de Tours, *l.* 2, 5, &c. Pierre Roger, *Pict. descript.*
Scévole de Sainte-Marthe, *louanges de la ville de Poitiers.*
Jean Besli, *des évêques de Poitiers.* Sincerus, *itiner. Gall.*
Robert & Sainte-Marthe, *Gall. chrift.* Du Chêne,
recherches des antiquités des villes. Piganiol de la Force,
nouv. descr. de la France.

CONCILES DE POITIERS.

Radegonde, reine de France, avoit fondé à Poitiers
l'abbaye de sainte Croix. Après sa mort, Basine & Chrodielde, ne pouvant obéir qu'avec peine à Lubovere,
qui gouvernoit cette maison, se porterent aux dernieres
violences contre leur abbesse. Pour s'y opposer, Gunde-
gise, de Bourdeaux, qui étoit le métropolitain, Nicaise d'Angoulême, & Saffarie de Périgueux, s'assemblerent à Poitiers en 589, avec Maroue, qui étoit l'é-
vêque diocésain, & citerent ces religieuses à comparoître
devant eux. Elles le refuserent ; & sans respecter ni leurs
personnes ni leur mandement, elles les maltraiterent eux
& leurs officiers. Ces violences durerent jusqu'à l'année
suivante, que les mêmes prélats, par ordre de Childebert & de Gontran, s'assemblerent encore avec Grégoire de Tours, & Ebregisile de Cologne. Basile &
Chrodielde furent excommuniées, & Lubovere fut remise en charge. C'est ce que rapporte Grégoire de Tours
dans son histoire, *l.* 10, *c.* 8. Quelques auteurs mettent
un concile à Poitiers vers l'an 1002 ou 1010,
pour le rétablissement de l'église ; il y est fait mention
du synode de Charroux tenu en 988. Pierre, auteur de
la chronique de Maillezais, fait aussi mention d'une
autre assemblée, tenue en 1025 ou 1029, dans le temps
qu'Isembert I gouvernoit l'église de Poitiers, où l'on
prononça contre les usurpateurs des biens ecclésiastiques.
Sous l'épiscopat d'Isembert II, vers l'an 1074 ou 1075,
Aimé d'Oleron, & Goscelin de Bourdeaux, légats du
pape Grégoire VII, s'assemblerent à Poitiers, contre
Gui Geofroi, dit *Guillaume VIII,* duc de Guienne &
comte de Poitiers, qui avoit épousé en troisiémes nôces
Aldéarde de Bourgogne, sa cousine. Isembert empêcha
cette assemblée, & s'attira par cette opposition de fâcheuses affaires. On célébra en la même année 1075,
un autre concile sur le mystere de l'eucharistie. La doctrine de l'église catholique y fut reconnue, confirmée
& reçue contre Berenger, qui se trouva à ce synode,
& qui pensa y être tué, comme nous l'apprenons de
la chronique de Maillezais. Hugues, archevêque de
Lyon, légat du saint siége, tint en 1078, un concile,
que d'autres mettent en 1080 : mais on n'avons 10 canons, que Baronius, Bini, &c. jugent être de celui qui
fut tenu l'an 1100. Celui-ci fut plus célébre ; car Jean
& Pierre, cardinaux, légats du saint siége, y préside-
rent de la part du pape Paschal II ; & on y compta
avec eux 80 ou evêques, ou abbés, qui s'assemblerent
dans l'église de S. Pierre, le 18 novembre, jour de
l'octave de S. Martin. On y fulmina anathême contre
le roi Philippe I, qui après avoir fait divorce avec Bertrade de Montfort, l'avoit néanmoins rappellée ; ce que
nous apprenons d'Ives de Chartres, dans les épîtres
84, 95, 108, 134, 211 & 212, & de tous les auteurs de ce temps. Nous avons dans la derniere édition
des conciles 16 ordonnances ou décrets faits en ce synode, que Bini, Coriolan & les autres, attribuent au
concile tenu dans la même ville en 1109, pour la réforme des mœurs. Brunon, évêque de Segni, y en
avoit célébré un le 26 mai de l'an 1106, que d'autres
mettent en 1118. Il étoit accompagné de Boëmond I,
prince d'Antioche, qui épousa Constance de France,
fille du roi Philippe I, & l'on y traita des affaires de la
guerre sainte : l'abbé Suger s'y trouva, comme il l'assure
en la vie de Louis *le Gros.* Pierre II, évêque de Poitiers,
célébra en 1109 un synode, où il donna l'église
de Ruffec à la cathédrale. Gauthier de Bourges publia
des ordonnances synodales en 1280 & 1284. Divers
autres prélats de la même ville y ont tenu des synodes,

comme Aimeric de Mons en 1367 ; Bertrand de Maumont, en 1377 ; Simon de Cramaud, en 1387 ; Ithier
de Martreuil, en 1396 ; Gérard de Montaigu, en 1495, &c.

POITOU, province de France, avec titre de comté,
a été autrefois partie de l'Aquitaine, & a environ 60
lieues de long d'orient en occident. Cette province a
le Berri, le Limofin & la Touraine au levant ; l'Angoumois & la Saintonge au midi ; l'Anjou & la Bretagne au feptentrion ; & au couchant la mer océane. On
la divife ordinairement en haut & bas Poitou. Le haut
Poitou qui eft à l'orient, eft beaucoup plus grand que
le bas. Poitiers eft la capitale, avec évêché, auffi-bien
que Luçon. Les autres font, Maillezais, autrefois fiége
d'un évêché transféré à la Rochelle, Fontenai-le-Comte,
capitale du bas Poitou, Châtelleraud, Richelieu,
Thouars, Saint-Maixent, Loudun, Parthenai, la Gar-
nache, Montmorillon, Niort, Mirebeau, &c. Châtelleraud, Thouars, Loudun, Richelieu, ont titre de duché ; & la Roche-fur-Yon, Marcillac & Talmont, font
principautés. Le pays eft arrofé de rivieres, fertile &
abondant en bleds, vin, bétail, &c. Le Poitou a la
commodité de la pêche fur les côtes de la mer, & celle
de la chaffe au dedans du pays. Les habitans font courageux & aiment les lettres. Cette province a produit
des gens illuftres, & par leur courage & par leur érudition, & a donné l'origine aux maifons de Luzignan,
de Thouars, de Châtillon, de Vivonne, de la Trémoille, &c. Les Romains ont été maîtres de la province
de Poitou, fous le nom d'Aquitaine. Les Vandales ou
Huns, ou Allemans, fous leur roi Croccus, la ruinerent dans le V fiécle, après avoir pillé Poitiers. Les Romains la laifferent fous l'empire d'Honorius aux Wifigoths, qui en furent chaffés par Clovis vers l'an 510,
après la bataille de Civaux. Depuis Charlemagne, le
Poitou eut des comtes particuliers, qui devinrent dans
la fuite ducs de Guienne ; favoir, Abdon, Ricuin, Renaud, deux Bernards, deux Ranulfes, deux Elbes, &
dix du nom de Guillaume. Le X de ce nom, qui a donné
fujet à diverfes fables, fut pere d'Eléonore, que le roi
Louis le Jeune répudia. Cette princeffe fe remaria à
Henri II, duc de Normandie, puis roi d'Angleterre,
auquel elle porta la Guienne & le Poitou. Leur fils Jean,
dit Sans-Terre, les perdit pour crime de félonie. Depuis, cette province fut donnée en apanage à Alfonfe
de France, fils du roi Louis VIII, & frere de faint
Louis, & à divers autres fils de France. Les Anglois
y revinrent encore ; mais après qu'ils eurent été entierement chaffés du royaume par le roi Charles VII,
le Poitou fut annexé & uni pour toujours à la couronne,
vers l'an 1436. On peut chercher la fucceffion des comtes de Poitou dans celle des ducs de Guienne. Cette
province fut déchirée par les guerres civiles de la religion dans le XVI fiécle. Les hérétiques étoient maîtres
de Poitiers ; le maréchal de Saint-André la prit & la
pilla en 1562. Depuis, l'amiral de Coligni, chef des
premiers, l'affiégea en 1569 ; mais elle fut défendue
par le duc de Guife. Nous avons une relation de ce
fiége, compofée par Liberge. La bataille de Poitiers, en
1356, fut très-funefte à la France. Le roi Jean y fut pris
par les Anglois. Cherchez GUIENNE. * Pierre Rogier,
Piĉt. defcript. Jean Befli, généalogie des comtes de Poitou. Les annales d'Aquitaine. Hiftoire de Poitou. Froif-
fard, Du Chêne. De Thou, &c.

POIX, en latin Pifæ, village avec château & titre
de principauté. Il eft dans la Picardie, à huit lieues
d'Abbeville, du côté du midi, & a donné fon nom à
la maifon de Poix, dont l'on rapporte ici la poftérité
depuis

I. GAUTIER Tyrel, feigneur de Poix, qui vivoit en
1030, & fut pere de GAUTIER II, qui fuit.

II. GAUTIER Tyrel, II du nom, feigneur de Poix,
tua malheureufement à la chaffe Guillaume II, dit le
Roux, roi d'Angleterre, l'an 1100, & fut pere de GAU-
TIER III, qui fuit.

III. GAUTIER Tyrel, III du nom, feigneur de Poix,

fonda le prieuré de S. Denys de Poix ; & l'abbaye de
Selincourt. Il époufa Adelice, dont il eut HUGUES I,
qui fuit.

IV. HUGUES Tyrel, I du nom, feigneur de Poix, fit
le voyage de la Terre fainte, & époufa Ade, dont il
eut GAUTIER IV, qui fuit ; & HUGUES II, qui continua la poftérité rapportée après celle de fon frere aîné.

V. GAUTIER Tyrel, IV du nom, feigneur de Poix,
vivoit en 1161, & fut pere de Gautier Tyrel, V du
nom, feigneur de Poix, dit le Jeune, vivant en 1195,
& mort fans enfans.

V. HUGUES Tyrel, II du nom, fils puîné de Hu-
GUES I, vivoit en 1161, & fut pere de GAUTIER VI,
qui fuit.

VI. GAUTIER Tyrel, VI du nom, fuccéda à fon
coufin en la feigneurie de Poix, vivoit en 1215, & fut
pere de HUGUES III, qui fuit.

VII. HUGUES Tyrel, III du nom, feigneur de Poix,
vivoit en 1235, & eut pour enfans GUILLAUME I,
qui fuit ; Henri, & Baudouin de Poix, vivant en
1284.

VIII. GUILLAUME Tyrel, I du nom, feigneur de
Poix, &c. vivoit en 1284, & fut pere de GUILLAU-
ME II qui fuit, de Marguerite & d'Alix de Poix.

IX. GUILLAUME Tyrel, II du nom, feigneur de
Poix, fervit fous le comte de Saint-Pol en 1314, &
époufa Marguerite, fille du feigneur d'Azincourt, dont
il eut JEAN I, qui fuit ; & GUILLAUME de Poix,
qui fit la branche des feigneurs de BRIMEU, rapportée
ci-après.

X. JEAN Tyrel, I du nom, feigneur de Poix, &c.
fe battit en champ clos à Gifors, le 6 mai 1337, contre
Pierre de Sarcus, au fujet du château de Friquans,
pour lequel ils étoient en différend. Ses enfans furent
JEAN II qui fuit ; Guillaume, vivant en 1340 ; & Jeanne, mariée à Jean, feigneur de Tilloi.

XI. JEAN Tyrel, II du nom, feigneur de Poix & de
Mareuil, fervoit en Périgord en 1353, fous le maréchal d'Audenehan, & mourut en 1361. Il avoit époufé
Agnès, fille de Matthieu, feigneur de Sechelles, Aran-
court, &c. laquelle prit une feconde alliance en 1361
avec Hugues de Châtillon, feigneur de Dampierre,
grand-maître des arbalêtriers de France, ayant eu de
fon premier mariage, 1. JEAN III, qui fuit ; 2. Baudouin,
feigneur de Bonei, lequel fut pere de Pierre, feigneur de
Bonei ; 3. Guillaume, feigneur de la Verriere, qui de la fille
aînée de Guillaume d'Amiens, feigneur de Bachimont,
eut pour enfans Daniot de Poix, feigneur de la Verriere,
lequel époufa la fille d'Aleaume de Banquetin ; & Antoinette de Poix, mariée à Louis de Luirieux, feigneur
de Villiers ; 4. ROGUES, qui fit la branche des feigneurs
d'IGNAUCOURT, rapportée ci-après ; 5. PIERRE, qui
fit celle des feigneurs de SECHELLES, auffi mention-
née ci-après ; 6. Jean, mort jeune ; 7. Marguerite,
dame de Dondelainville, alliée à Robert de Crefeques,
feigneur de Longpré ; & 8. Marguerite de Poix, dame
de Plumoiffon, qui époufa Oudart de Renti, feigneur
de Curlu.

XII. JEAN Tyrel, III du nom, feigneur de Poix,
Mareuil, &c. fut fait prifonnier des Anglois en 1369,
leur paya une groffe rançon, & mourut en 1382. Il
avoit époufé Marguerite de Châtillon, fœur de fon
beau-pere, & fille de Jean, feigneur de Dampierre,
& de Marie de Rolaincourt, dont il eut JEAN IV qui
fuit ; Jeannet, ainfi nommé à la différence de fon frere
aîné, qui fuivit le parti du duc de Bourgogne, auquel
il mena deux cens hommes d'armes en 1414, qui furent défaits par ceux qui tenoient le parti du duc d'Orléans, & demeura prifonnier des Anglois à la journée
d'Azincourt en 1415. Le duc de Bourgogne l'envoya
l'année fuivante à Paris, pour négocier avec ceux qui
tenoient fon parti, & il le fuivit au voyage qu'il fit à
Tours en 1417, vers la reine. Il fervit la même année au
ravitaillement de la ville de Senlis, que le connétable
d'Armagnac tenoit affiégée. Le roi lui avoit donné la
charge

ge d'amiral de France, qu'il n'exerça point, quoiqu'il
rit la qualité. Il mourut de peſte à Paris en 1418,
alliance ; *Daniot*, chevalier, qui s'attacha auſſi au duc
Bourgogne, & vivoit en 1423 ; *Marie*, alliée à *Gui*
neur de Ghiſtelles ; & *Antoinette* de Poix, dame
Warlus, qui fit du bien aux Céleſtins d'Amiens en
18.

XIII. JEAN Tyrel, IV du nom, ſeigneur de Poix,
reuil, &c. ſuivit le parti du duc de Bourgogne ainſi
ſes freres, & mourut avant l'an 1400. Il avoit
uſé *Jeanne* de Queſnes, laquelle prit une ſeconde
nce avec *Hugues* Quieret, dit *Bohort*, ſeigneur de
urs en Vimeu, ayant eu de ſon premier mariage
AN V qui ſuit ; *Marguerite*, alliée à *Thibaut* de Soiſ-
s, ſeigneur de Chimai, de Mareuil, &c. laquelle
ès la mort de ſon neveu, recueillit les terres de Poix
de Mareuil, dont ſa poſtérité a joui juſqu'à ce qu'el-
aient paſſé dans la maiſon de Créqui ; & *Jeanne*
Poix, alliée à *Gui* Quieret, ſeigneur de Tours en
meu.

XIV. JEAN Tyrel, V du nom, ſeigneur de Poix,
areuil, &c. conſeiller & chambellan du roi, mourut
la bataille d'Azincourt en 1415. Il avoit épouſé
104 *Marguerite* de Braquemont, dame de Lamber-
urt, fille de *Guillaume* ſire de Braquemont & de
arie de Campremi, dont il eut pour fils unique *Phi-
pe*, mort jeune en 1417.

SEIGNEURS D'IGNAUCOURT ET DE CAMPS.

XII. ROGUES de Poix, quatriéme fils de JEAN II du
om, ſeigneur de Poix, & d'*Agnès* de Sechelles, fut
uverneur du Pont-Audemer, & mourut à la jour-
ée d'Azincourt en 1415. Il avoit épouſé *Marguerite*
e Baillon, dame de Rainville, dont il eut JEAN qui
uit ; *Antoinette*, mariée à *Jean* de Sorainville, dit *Bru-
et* ; & *Pierre* de Poix, ſeigneur de Camps, de War-
us & d'Eſpeau-Menil, qui de ſa femme eut pour fils
harles de Poix, ſeigneur de Camps, homme d'armes
ous le ſire de Poix, auquel le roi Louis XI donna en
1473 la terre de Camps qui avoit été confiſquée ſur
on pere, & mourut avant l'an 1512. Il avoit épouſé
1°. *Jeanne* de Lyon : 2°. *Jeanne* de Fontaines, fille de
Louis, ſeigneur de Ceriſi, & de *Marie* de Forcheville.
Du premier lit vint, *Marguerite*, morte ſans alliance.
Du ſecond ſortit, *Marie* de Poix, dame de Camps,
alliée le 11 mars 1519, à *Jerôme* de Mauni, ſeigneur de
Billaye.

XIII. JEAN de Poix, dit *Florimond*, ſeigneur d'Ignaucourt, épouſa *Anne* de Baſentin, dont il eut ANTOINE,
qui ſuit.

XIV. ANTOINE de Poix, ſeigneur d'Ignaucourt,
épouſa *Jeanne* de Folleville, dame d'Ormeaux, Gou-
lencourt & Dommartin, fille d'*Antoine*, ſeigneur de
Paillart, &c. & de *Jeanne* de Bailleul, dont il eut pour
fille unique, *Jeanne* de Poix, mariée à *René* de Lannoi, ſeigneur de Morvilliers, &c. bailli & gouverneur
d'Amiens.

SEIGNEURS DE SECHELLES.

XII. PIERRE de Poix, dit *le Baudrand*, cinquième
fils de JEAN II du nom, ſeigneur de Poix, & d'*Agnès*
de Sechelles, eut en don en 1419, de *Marguerite* de
Sechelles, ſa parente, tous les droits qu'elle avoit ſur
les terres de Sechelles & autres, & mourut avant l'an
1440. Il avoit épouſé, 1°. *Jeanne* de Beaumont, veuve
de *Jean* de Bouberch : 2°. *Emelotte* de Montbertault,
& fut pére de JEAN, qui ſuit ; & de *Pierre* de Poix,
ſeigneur de Becquencourt, & de Vicqueſnes, vivant
en 1441.

XIII. JEAN de Poix, ſeigneur de Sechelles & de Cu-
villiers, ſe trouva au ſiége de Pontoiſe en 1441. On
lui donne pour femme *Jeanne* de Quehengui, dont il
eut JEAN II, qui ſuit.

XIV. JEAN de Poix, II du nom, ſeigneur de Sechelles, &c. vivoit encore en 1520. Il avoit épouſé

Antoinette de Belloi, fille de *Gui*, ſeigneur d'Ami, &
de *Jeanne* de Villiers. Elle prit une ſeconde alliance,
avec *Guillaume* de Biron, ſeigneur de Banneret, ayant
eu de ſon premier mariage, *Georges*, gouverneur de
Therouanne, mort ſans alliance ; JEAN III, qui ſuit ;
Jeanne, mariée à *Geofroi* de Bourgogne, ſeigneur de
Montrecourt & d'Amerval ; *Jacqueline*, alliée à *François*, ſeigneur-de Monceaux en Thierarche ; *Marguerite*, qui épouſa *Jacques* de Bernets, ſeigneur du Bout
du Bois ; & *Catherine* de Poix, mariée à *Jacques* de
Brion, ſeigneur de Roye-ſaint-Nicolas.

XV. JEAN de Poix, III du nom, ſeigneur de Sechelles, Courciller, &c. mort avant l'an 1548, avoit épouſé
Marie de Lannoi, fille de *Porrus*, ſeigneur de Blancfoſſé & d'Ameraucourt, & de *Jeanne* Fretin, dont il
eut, *François*, ſeigneur de Sechelles, Cueilli, &c.
qui fut tué par ſon frere le 16 juillet 1549, ſans laiſſer
de poſtérité de *Jeanne* de Cleri, dame de Maurepas,
veuve de *François* de Crequi, ſeigneur de Douriers,
& fille de *Jean*, ſeigneur de Cleri, & de *Marguerite*
de Grainville, qu'il avoit épouſée le 28 janvier 1548 ;
JEAN IV, qui ſuit ; *Georges*, qui tua ſon frere d'un coup
d'épée en 1549 ; *Françoiſe*, morte ſans alliance ; *Marie*, religieuſe à Longpré ; & *Jeanne* de Poix, religieuſe en l'abbaye aux Bois.

XVI. JEAN de Poix, IV du nom, ſeigneur de Fretin, puis de Sechelles, Blancfoſſé, &c. guidon de la
compagnie d'ordonnances du ſeigneur de Crequi, puis
lieutenant de celle du duc d'Enguien, en 1567, embraſſa la religion prétendue réformée, & vivoit en 1587.
Il avoit épouſé, 1°. en 1551 *Jacqueline* de Proiſi, fille
de *Louis*, baron de la Broye, gouverneur de Guiſe,
& de *Claude* d'Eſpenſe : 2°. en 1574 *Catherine* de Dom-
pierre, fille de *François*, ſeigneur de Liramont, &
de *Magdeléne* de Lannoi. Du premier mariage vinrent,
Abdias, ſeigneur d'Audainville, mort à 21 ans ; *Daniel*, mort jeune ; *Jonathan*, ſeigneur de Montigni,
mort ſans alliance ; *Marie*, desheritée par ſon pere,
pour s'être mariée en 1574, ſans ſon conſentement,
à *Daniel* Cauchet, dit *Beaumont*, ſeigneur de Saint-
Etienne, vicomte de Chaverſi, qui étoit catholique ;
Elizabeth, morte jeune ; *Suſanne*, mariée, 1°. à *Chriſtophe*, ſeigneur de Mazancourt : 2°. en 1596 à *Galois*
de Barat, ſeigneur de Chanceaux ; & *Eſther* de Poix,
alliée, 1°. à *François* le Borgne, ſeigneur de Villette :
2°. à *Pierre* de Vieuxpont, ſeigneur de Fatouville.
Du ſecond mariage ſortirent, DAVID, qui ſuit ; *Magdeléne*, alliée en 1602, à *Claude* de la Veſpiere, ſeigneur
de Liembronne en Boulonnois ; & *Eve* de Poix, mariée à *Pierre* du Pertuis, ſeigneur d'Eragni.

XVII. DAVID de Poix, ſeigneur de Sechelles, &c.
mourut vers l'an 1612, au voyage de Guienne, ſans
enfans d'*Iſabelle* de Brouilli, fille de *François*, ſeigneur de Meſvilliers, & de *Louiſe* de Hallwin, qu'il
avoit épouſée en 1608, ayant inſtitué ſon héritier *David* de Mazancourt, ſon neveu, à condition de porter
ſon nom & ſes armes.

SEIGNEURS DE BRIMEU.

X. GUILLAUME de Poix, fils puîné de GUILLAU-
ME, II du nom, ſeigneur de Poix, & de *Marguerite*
d'Azincourt, vivoit en 1350, & épouſa *Iſabelle*, dame
de Brimeu, fille & héritiere d'*Alerin*, ſeigneur de Brimeu, Hupi, Meronville, Bellefont, & de Hucart, &
d'*Iſabelle* d'Araines, dame de Saint-Meſſant en Vimeu,
dont il eut DAVID, qui ſuit.

XI. DAVID de Poix, ſeigneur de Brimeu, Saint-
Meſſant, &c. vivoit en 1392. Il épouſa par contrat du
11 août 1360, *Mahaud* de Ghiſtelles, dont il eut
LOUIS, qui ſuit.

XII. LOUIS de Poix, ſeigneur de Brimeu, Saint-Meſſant, &c. mourut à la bataille d'Azincourt en 1415,
laiſſant pour fille unique *Jeanne* de Poix, dame de Brimeu, S. Meſſant, Hupi, &c. mariée à *Jean* II du nom,
ſeigneur de Lannoi, chevalier de la toiſon d'or, gou-

verneur de Hollande, &c. * *Voyez* la Morliere, *antiq. d'Amiens* ; le P. Anselme, *hist. des grands offic.* &c.

POKI (Jehuda) Juif Caraïte, a écrit un livre hébreu qu'il intitule *La porte de Juda*, qui ne traite que de l'incefte & dès conjonctions illicites. Il fut imprimé à Conftantinople l'an du monde felon les Juifs 5352, qui eft de J. C. 1582. * Seldenus, *de ann. civil. pag.* 6.

POLA, *Pola* & *Julia Pietas*, ville d'Iftrie fous la domination des Vénitiens, avec évêché fuffragant d'Aquilée, eft fituée fur la mer Adriatique, avec un port entre Parenzo & le golfe nommé *il Quarneo*. Cette ville qui eft ancienne, fut, dit-on, une colonie des peuples de Colchide qui pourfuivoient les Argonautes. Le poëte Callimachus, qui avoit écrit cette expédition avec beaucoup d'efprit, mais avec peu d'apparence de vérité, dit que ces peuples n'ayant pu trouver les Argonautes, n'oferent plus retourner vers leur roi, & s'arrêterent en Iftrie, où ils bâtirent Pola, dont le nom fignifioit en leur langage, *homme banni* ; c'eft ce que Strabon a auffi remarqué. Cette ville a été véritablement colonie romaine. On y confervoit diverfes marques de fon antiquité ; comme un amphithéâtre nommé *l'Orlandino*, ou maifon de Roland ; un arc de triomphe, dit *la porte dorée*, qui fert auffi de porte à la ville ; diverfes infcriptions, &c. Les Vénitiens envoient à Pola un gouverneur, qui prend le titre de comte. Ils y ont une petite citadelle. * Strabon, Pline, Pomponius Méla, &c. en font mention.

POLAILLON (Marie Lumague, veuve de *François*) réfident de France à Ragufe, dame de vertu, qui dans le XVII fiécle s'appliqua dans Paris à l'établiffement de plufieurs communautés de filles. Dès l'an 1630, étant encore fous la puiffance de fon mari, fecondée par Jean-Antoine le Vachet, prêtre, (*voyez* VACHET) elle commença à retirer du monde, & à faire fubfifter de pauvres filles, dont la chafteté étoit en danger. Ce ne fut pas fans trouver beaucoup d'oppofitions, & fans même effuyer de grandes humiliations, qu'elle foutint cet emploi de charité. Dès qu'elle fut veuve, elle fe trouva chargée de plus de cent de ces filles, dont elle ne fe trouva point embaraffée, parcequ'elle efpéroit le fecours de la providence. La reine Anne d'Autriche lui donna une maifon pour loger ces filles, & elles furent alors appellées *les filles de la Providence* ; & M. Chaftelain, gendre de la dame Polaillon, lui donna une fomme confidérable pour en commencer la fondation. Leur premier établiffement fut à Fontenai près de Paris, d'où elles furent transférées à Charonne, puis au fauxbourg S. Marcel. De cet établiffement fortit celui des filles appellées *nouvelles Converties*, que cette pieufe dame plaça à Paris dans la rue fainte Anne, près la porte de Richelieu ; & elle eut la confolation de voir établir dans Metz, une maifon pareille à celle de fes filles de la Providence. Elle méditoit avec M. le Vachet de faire encore un autre inftitut de veuves & de filles vertueufes, pour donner dans toutes les provinces des fujets capables de contribuer à la converfion & à l'inftruction des femmes & des filles nouvellement converties ; mais elle mourut en 1657, avant que ce projet eût été mis en œuvre. * Hermant, *hift. des ordres religieux*, tom. *IV.*

POLAN (Armand) théologien Proteftant, né à Oppaw en Siléfie, le 16 décembre en 1561, étudia à Breflaw, à Tubinge & ailleurs. Il enfeigna la théologie dans l'univerfité de Bafle, où il mourut le 18 juillet 1610, âgé de 49 ans. Il a écrit des commentaires fur Daniel, *De quatuor monarchiis* ; *Analyfis Hofeæ, cum orationibus hiftoricis* ; *De anno jubilæi* ; *De morte Chrifti*, &c. On a imprimé après fa mort un recueil de thèfes qu'il avoit oppofées à celles de Bellarmin, fous le titre de *Collegium anti-Bellarminum*. * Melchior Adam, *in vita theol. Germ.*

POLANTUS, jurifconfulte Allemand, né dans le haut Palatinat en 1520, fe rendit habile dans les belles lettres & dans le droit qu'il apprit en France & en Italie. A fon retour il fut confeiller ordinaire d'Othon-Henri, électeur Palatin, qui lui confia des affaires très-importantes, & qui l'envoya ambaffadeur vers l'empereur Charles-Quint. Ce prince qui étoit alors dans les Pays-Bas, fut fi fatisfait de la conduite & de la maniere de négocier de Polantus, qu'il l'ennoblit à Bruxelles l'an 1554. Frédéric III, fucceffeur d'Othon-Henri, fe fervit encore utilement des confeils de Polantus, qu'il envoya en Angleterre & vers l'empereur Maximilien II ; mais il eut le chagrin de le voir mourir à Heidelberg le 27 janvier 1572. Il avoit publié divers traités de Pierre de Belleperche, & deux autres d'un ancien jurifconfulte, qui font, *Quæftiones & diftinctiones in libros codicis Juftiniani* ; & *Fragmentum diftinctionis in digeftum vetus*. * Melchior Adam, *in vit. jurifc. Germ.*

POLASTRON (Marguerite de) fondatrice & feconde religieufe de la congrégation de Notre-Dame des Feuillantines, étoit veuve d'*Anne* d'Yzalquier de Clermont de Dieupantale, feigneur de Margeftand ; & en 1588 elle prit l'habit de religieufe à Montefquiou, étant âgée de 58 ans, après *Jacqueline* de Dieupantale, fa fille, à laquelle elle céda la premiere place à caufe de fa virginité. Marguerite mourut en réputation d'une grande piété. * *Voyez* le ménologe de Cîteaux de Chryfoftome Henriques, fous le 21 novembre ; Hilarion de Cofte, &c.

POLE (Guillaume de la) comte, marquis, puis duc de Suffolk, que l'on prétend avoir pris la qualité d'amiral de France en 1424, fervit en 1416 Henri V, roi d'Angleterre, contre la France, & au fiége de Rouen en 1417. Après la mort de ce prince, il fut laiffé en France avec le comte de Salisburi, pour y conferver les places conquifes qui tenoient pour l'Angleterre ; fervit au fiége de Meulent ; gagna la bataille de Verneuil, où le duc d'Alençon fut fait prifonnier ; fut gouverneur du Mans après que les Anglois s'en furent rendus maîtres, & alla enfuite mettre le fiége devant Montargis, qu'il fut obligé de lever, ainfi que celui d'Orléans après la mort du comte de Salisbury. Il étoit dans Gergeau lorfque cette place fut prife par les François, y demeura prifonnier, & paya une groffe rançon ; puis s'étant rendu maître d'Aumale, il fe trouva au fiége de Compiegne avec le duc de Bourgogne & le comte d'Arondel, & à Paris au couronnement de Henri VI, roi d'Angleterre. Il fut enfuite député d'Angleterre pour fe trouver au traité de paix qui fe négocioit à Arras ; & après la réduction de Paris & autres places en l'obéiffance de Charles VII, roi de France, il fe retira en Normandie, retourna en Angleterre où il fut du confeil du roi en 1437, & envoyé ambaffadeur en France en 1443 pour y traiter la paix, & négocier le mariage de fon prince avec Marguerite fille de René, roi de Sicile. Les fervices qu'il avoit rendus engagerent le roi d'Angleterre de le créer marquis de Suffolck, & grand fénéchal de fa maifon en 1444, grand chambellan & grand amiral d'Angleterre en 1445, puis duc de Suffolk en 1447, à la recommandation de la reine. Les affaires ayant changé de face, il fut accufé d'être caufe de la perte de l'Anjou, du Maine & de la Normandie, du meurtre du duc de Glocefter pour s'approprier fes biens ; d'avoir confommé les revenus de la tréforerie, retenu la paye des foldats, & d'avoir éloigné fes fidéles fujets ; fur quoi le parlement d'Angleterre le fit arrêter & mettre dans la Tour de Londres, puis le bannit. S'étant mis fur mer pour fe retirer en France, il fut attaqué par un vaiffeau du duc d'Excefter fon ennemi, pris & mené à la rade de Douvres, où il eut la tête tranchée le 2 mai 1451.

I. Il defcendoit de GUILLAUME de la Pole, qui s'enrichit dans le négoce, & qui fut pere de

II. GUILLAUME de la Pole, II du nom, qui continua le négoce comme fon pere, & acquit de grands biens. Il s'étoit établi à Kingfton-fur-Hull, dont il fut le premier mayeur ; & ayant entrepris de fournir de vivres

rmée du roi Edouard en Ecosse, & lui ayant dé
andes avances, il fut fait en récompense baron de
chiquier, & créé banneret en 1339. Il avoit épousé
atherine, fille de Jean Norwich, chevalier, dont il
t MICHEL, qui suit; Edmond, capitaine du château
: Calais; & Blanche de la Pole, mariée à Richard,
ron Scrope.

III. MICHEL de la Pole, servit dans les guerres de
ance sous le duc de Lancastre & sous le prince de
alles; eut le commandement de la flotte d'Angleterre
1 1377, fut nommé chancelier & garde du grand
eau d'Angleterre en 1382, créé comte de Suffolck
1 1388, & servit la même année dans les guerres d'E-
osse. Le parlement d'Angleterre lui fit son procès l'an-
se suivante, & il fut contraint de quitter sa charge de
ancelier. Etant allé à Calais, le gouverneur de la
ille se fit arrêter & le renvoya à Londres, d'où s'étant
chapé, il passa en France & mourut à Paris le 5 sep-
mbre 1389. Il avoit épousé Catherine, fille unique &
éritiere de Jean Wingefeld, chevalier, dont il eut
MICHEL II du nom, qui suit; Richard, mort en 1402,
ns postérité; Jean, & Anne de la Pole, mariée à
érard de l'isle, fils du baron de ce nom.

IV. MICHEL de la Pole II du nom, fut rétabli en
408, en la dignité de comte de Suffolck, que son pere
voit possédée, & mourut au siége d'Harfleur en Nor-
andie le 14 septembre 1415. Il avoit épousé Catherine,
lle de Hugues, comte de Staffort, dont il eut MICHEL
le la Pole III du nom, qui suit; GUILLAUME, qui con-
nua la postérité rapportée après celle de son frere aîné;
Alexandre, mort à la prise de Gergeau en 1419; &
ean, capitaine d'Avranches, qui étoit dans Gergeau
vec ses freres, lorsque cette place fut prise par les Fran-
ois. On le croyoit pere de Marguerite de la Pole, al-
iée à Jean de Foix, comte de Candale, à cause d'elle;
mais une preuve d'un chanoine comte de Lyon, la
fit fille de Richard de la Pole, duc de Suffolck, & de
Marie, dite de Sicile : cependant la généalogie de cette
famille ne fait point mention de ce Richard.

V. MICHEL de la Pole III du nom, comte de Suffolck,
mourut à la bataille d'Azincourt le 24 octobre
1415, six semaines après son pere, laissant de Catherine, sa femme, Catherine, religieuse en l'abbaye de la
Brunarde; Elizabeth, & Isabelle de la Pole, mortes
sans alliance.

V. GUILLAUME de la Pole duc de Suffolck, &c.
qui a donné lieu à cet article, second fils de MICHEL
de la Pole II du nom, comte de Suffolck, épousa Alix
Chaucer, fille de Thomas, morte le 20 mai 1475,
dont il eut pour fils unique, JEAN, duc de Suffolck,
qui suit.

VI. JEAN de la Pole, fut rétabli dans la dignité de
duc par le roi Edouard IV, qui le fut aussi viceroi d'Irlande, fut nommé connétable du château de Waling-
fort par le roi Henri VII, & mourut en 1491. Il avoit
épousé Elizabeth, sœur d'Edouard V, roi d'Angleterre,
dont il eut Jean de la Pole, lieutenant d'Irlande, qui
fut créé comte de Lincoln par le roi Edouard IV, &
fut tué à la bataille de Stoke le 16 juin 1487, sans laisser de postérité de Marguerite Fitz Alan, fille de Thomas, comte d'Arondel; EDMOND, qui suit; Humfroi,
qui fut d'église; Edouard, archidiacre de Richemont;
Richard, qui se retira en France, & mourut à la bataille de Pavie en 1524; Catherine, mariée à Guillaume, baron de Stourton; Anne, religieuse; Dorothée, morte sans alliance; & Elizabeth de la Pole, femme de Henri Louel, baron de Morlei.

VII. EDMOND de la Pole, comte de Suffolck, servit le roi Henri VII, dans les guerres qu'il eut en
France, & au siége de Boulogne; mais sur quelques différends survenus, il se retira en Flandre, d'où il fut
renvoyé en Angleterre par Philippe, archiduc d'Autriche, & fut mis dans la tour de Londres, où il demeura
jusqu'à ce que le roi Henri VIII, voulant faire la guerre
contre la France, lui fit trancher la tête le 5 avril 1513;

de crainte qu'en son absence le peuple ne lui déférât la
couronne. Il avoit épousé Marguerite, fille de Richard,
baron Scrope, dont il eut pour fille unique, Anne
de la Pole, religieuse aux Minoresses d'Agathe de Londres. * Voyez Imhoff, en son histoire des pairs d'Angleterre. Le P. Anselme, hist. des grands officiers.

POLEMAR (Jean) archidiacre de Barcelone, docteur de Vienne, célèbre par son érudition, se trouva
au concile de Basle en 1433, & y harangua contre les
hérétiques Bohémiens ou Hussites. Henri Canisius a
donné sa harangue au public sous le titre, De civili dominio clericorum. * Bellarmin, de script. eccl.

POLEMARQUE; c'étoit le nom que l'on donnoit
au généralissime des armées athéniennes, qui n'étoit
créé que dans les guerres importantes. Dans celles où
il y avoit moins à craindre, on se contentoit de créer
dix stratéges ou généraux, autant qu'il y avoit de tribus à Athènes. Le Polémarque étoit obligé de prendre
les avis des stratéges; & outre ces chefs, avoit sous lui
deux hipparques ou généraux de la cavalerie; dix phi-
larques qui en étoient comme les mestres de camp; dix
taxiarques ou colonels qui commandoient l'infanterie;
& qu'on peut considérer sous l'idée que nous avons aujourd'hui de nos brigadiers. Dans la suite le Polémarque
devint un magistrat civil, dont la jurisdiction fut renfermée dans le barreau. Chez les Etoliens on appelloit
de ce nom celui qui avoit la garde des portes de la
ville. * Xénoph. in Hipparch. Thucyd. Alexandre
d'Alexandrie, l. 5, c. 16.

POLEMBOURG (Corneille) peintre d'Utrecht,
né en 1586, fut disciple de Blort. Il alla à Rome & des-
sina quelque temps d'après Raphaël. Il s'attacha ensuite
au paysage, se proposant Adam Elscimer pour modèle.
Enfin, après avoir étudié la nature même, il se fit une
maniere particuliere qui est vraie & agréable, suivant
en cela son génie, qui le porta toujours à travailler en
petit. Il retourna en son pays où il se mit fortement au
travail, pour se faire connoître par ses ouvrages. Le
roi d'Angleterre qui en vit quelques-uns, l'attira par une
pension annuelle. Il retourna à Utrecht, d'où ses tableaux
faciles à transporter à cause de leur petitesse, répandirent bientôt la renommée dans les Pays-Bas. Rubens
fut si touché de sa maniere, en passant par Utrecht,
qu'il lui commanda quelques tableaux que Sandrart eut
soin de lui faire tenir. Aujourd'hui ses ouvrages sont connus & estimés par toute l'Europe. Il mourut en 1660,
âgé de 74 ans. * De Piles, abrégé de la vie des peintres.

POLÈME, préfet des Gaules, dans le V siécle,
quoiqu'issu d'une famille romaine, & qui comptoit entre
ses ancêtres les Corneilles & Tacite l'historien, étoit
né dans les Gaules, & peut-être à Bourdeaux ou dans
le voisinage. Il paroît même avoir été parent du poëte
Ausone, par Sidoine-Apollinaire joint aux Corneilles
dont il le fait descendre. Après l'an 460, Polème épousa
Aranéole, fille d'un préfet général d'armée en Espagne,
& arriere-petite-fille d'Agricola, consul en l'année 421.
Sidoine loue ainsi le mari & la femme :

Sed doctus juvenis, decensque virgo,
Ortu culmina Galliæ tenentes
Junguntur.

Le même Sidoine, depuis évêque, fit aussi leur épithalame, où contre l'usage de ces sortes de pieces, il fit
entrer des matieres de philosophie & d'astronomie. En
475 Polème fut fait préfet des Gaules, c'est-à-dire, du
peu qui restoit aux Romains dans les Gaules, & qui se
réduisoit peut-être à une partie de la Provence. On
croit que ce fut Jules Népos, qui, après avoir fait la
paix avec Euric, roi des Visigoths, en lui cédant l'Auvergne, donna cette dignité à Polème, qui la conserva
depuis même que Népos eut été chassé par Oreste, &
Oreste par Odoacre. Nous avons une lettre de Sidoine
à Polème, pour l'avertir en particulier de ne pas oublier
ses anciens amis & c'est que leur affaire avoit été plus de
deux ans sans lui écrire. Polème étoit poëte & philo-

fophe : il cultivoit particulierement la philofophie de Platon, & poffédoit fi bien toutes les parties de cette fcience, que Sidoine le mettoit au-deffus des muficiens, des géometres, des arithméticiens & des aftrologues de fon temps. Personne ne connoiffoit mieux que lui la conftellation des aftres & le cours des planetes. Sans le fecours d'aucun interprète, il étoit entré dans l'intelligence des ouvrages de Julius-Firmicus, de Sammonicus, de Julius-Vertanus, de Fullonius-Saturninus, qui paffoient alors pour avoir écrit le plus favamment fur les mathématiques. Ce philofophe paroît avoir vécu au moins jufque vers l'an 485. S'il a laiffé quelques écrits, comme on a lieu de le croire, on n'en connoît aucun aujourd'hui. * *Hiftoire littéraire de la France*, par quelques religieux Bénédictins, *in-4°*, tom. II, pag. 514, 515 & 516.

POLEMON, étoit roi d'une partie du Pont fous l'empereur Claude, vers l'an 41 de Jefus-Chrift. Jofephe en fait mention, *antiq. l.* 19, *c.* 7. Son royaume fut réduit en province fous l'empire de Néron. On le nommoit *Pontus Polemoniacus*, pour le diftinguer d'une autre partie du Pont que l'on nommoit *Pontus Pelagonius.* * Suetone, *in Nerone*, *c.* 18. Confultez fes commentateurs.

POLEMON, philofophe académicien, natif d'Oëete dans le territoire d'Athènes, fut extrêmement débauché dans fa jeuneffe. Un jour il entra à demi ivre dans l'école de Xénocrates, & fut fi charmé d'un difcours fur la tempérance que ce philofophe prononçoit alors, qu'il changea entierement de vie, & devint l'homme du monde le plus modéré & le plus retenu. Il s'adonna tout-à-fait à l'étude de la philofophie, & mérita de fuccéder au même Xénocrates. Les Athéniens avoient une très-grande eftime de fa probité, & admiroient fa douceur & fa conftance. On dit qu'ayant été mordu par un chien enragé, il ne changea jamais de couleur ; & que cet accident ayant excité une grande rumeur dans la ville, il demandoit froidement à tout le monde quel malheur y étoit arrivé. Ce philofophe mourut fort âgé, après avoir compofé plufieurs ouvrages, en la CXXVII olympiade, & vers l'an 272 avant J. C. * Diogène Laërce, *l.* 4, *in Polemon.* Eufebe, *in chron.*

POLEMON, fophifte & orateur. Philoftrate dit que Polémon naquit à Laodicée fur le Lycus. S'étant établi à Smyrne, il réforma les mœurs de cette ville, & en défendit les intérêts auprès des empereurs, auxquels il fut plufieurs fois député. Il obtint même en faveur de la même une fomme confidérable d'argent de l'empereur Adrien, dans un temps où cet empereur ne fembloit vouloir favorifer que la ville d'Antioche. S. Jérôme fait mention de Polémon fous l'an 133, & il eft certain que ce philofophe vivoit encore fous Antonin, qui ne commença à regner que l'an 138. Il a paffé en fon temps pour un des plus grands orateurs ; & l'on affure que la réputation de fon éloquence attira dans Smyrne un grand nombre d'étrangers. Non-feulement il eut la faveur des empereurs fous lefquels il vécut, il eut même l'honneur d'être vifité de plufieurs rois, qui vinrent exprès à Smyrne pour le voir ; mais on affure qu'il n'étoit guère philofophe que pour les autres, & qu'il fe permettoit tout ce qu'il leur refufoit. Vain jufqu'à l'excès, & d'une avarice fordide, il ne fe communiquoit aux étrangers qu'après leur avoir fait acheter cette grace à prix d'argent. Il ne ménagea pas plus à cet égard les empereurs & les rois, que les perfonnes d'un rang très-inférieur. Antonin & le roi du Bofphore eurent également à fouffrir de fon infolence. On l'accufé auffi d'avoir été grand parleur. Philoftrate ne lui donne que cinquante-fix ans de vie ; & il ajoute qu'il fe renferma tout vivant dans le tombeau de fa famille à Laodicée où il étoit allé.

POLEMON, fils d'Evergétes, hiftorien Grec, eft auteur d'une defcription de la terre, & de grand nombre d'autres ouvrages cités par les anciens. * Confultez Suidas ; Voffius, *de hiftoricis Græc, l.* 1, *c.* 18. Gefner,

in biblioth. &c.

POLEMUS, héréfiarque, tira vers l'an 373 fes erreurs des livres d'Apollinaire. La principale étoit la mixtion qu'il difoit avoir été faite du Verbe & de la chair. Ses difciples furent nommés *Polémiens*, & furent confondus avec les Apollinariftes. * Theodoret, *l.* 4, *hær. fab.* S. Epiphane, *hær.* 77 & 78. Baronius, *A. C.* 373.

POLENTONI, connu fous le nom de MODESTE POLENTON, jurifconfulte de Padoue, vivoit dans le XVI fiécle, & laiffa divers traités, entr'autres un ouvrage des tombeaux des hommes illuftres de Padoue.

POLEVIT (Albert) Polonois, natif de Cracovie, & religieux de l'ordre des Carmes, a été un des plus célebres prédicateurs de fon temps, & compofa divers volumes de fermons, & quelques autres traités. Il mourut l'an 1627. * Marc-Antoine Alegre, *in parad. Carmelit.*

POLI (Matthieu) Anglois, né à Londres, miniftre de la fecte calvinifte, mort en 1685, eft auteur du grand ouvrage intitulé : *Synopfis criticorum*, fi utile à ceux qui veulent faire une étude profonde de l'Ecriture fainte. Il fut aidé dans ce travail par Jean Wilkins, évêque de Chicefter, par Thomas Brogrove de Hartford baronet, Jean Ligfoot, & Thomas Guidotti, médecin de Bath. L'ouvrage a paru en cinq vol. *in-folio* à Londres en 1669 & 1674 ; & à Francfort en 1694. Jean Leufden le rêvit avec foin, & il fut imprimé ainfi à Utrecht en 1686 en cinq vol. *in-folio.* L'édition de Francfort de 1694, qui n'eft qu'en cinq volumes *in-4°*, eft ornée d'une préface où l'on s'étend fur l'utilité de l'ouvrage, & les jugemens que l'on doit porter ou que l'on a déja portés des auteurs dont il eft compofé. En 1709, on réimprima cet ouvrage à Francfort en fix volumes *in-folio*, avec un fupplément par rapport aux livres apocryphes que l'on n'avoit point imprimés dans les éditions précédentes, & avec un appendix très-utile, & on l'y a publié de nouveau en 1712. Matthieu Poli a fait encore des notes fur la Bible, qui ont été imprimées avec le texte même, les diverfes leçons, &c. deux volumes *in-folio* à Londres, le premier en 1683, le deuxiéme en 1688 après la mort de l'auteur. Cet ouvrage eft écrit en anglois. * Le Long, *bibliot. facra, edit. infolio, part. II, pag.* 909.

POLI (Martino) naquit à Luques le 21 janvier 1662, d'une honnête famille, & devint dès fa plus tendre jeuneffe un chymifte habile. Etant allé à Rome à l'âge de 18 ans, il s'y livra tout entier à fon génie ; il s'appliqua avec ardeur à la connoiffance des métaux ; il inventa plufieurs opérations nouvelles que du bruit ; & en 1691, il obtint du cardinal Altiéri, camerlingue, le pouvoir d'établir dans Rome un laboratoire public, en qualité de chymifte. En 1700 il eut la qualité d'apothicaire, & on lui en donna des lettres de maîtrife. Il ne renferma pas fes études dans ce laboratoire : il alloit chercher tous les chymiftes & les phyficiens de réputation qui étoient en différens lieux de l'Italie, & il la parcourut ainfi toute entiere en plufieurs voyages. Ayant trouvé un fecret qui regardoit la guerre, il vint en France l'offrir au roi Louis XIV, qui loua l'invention, & pour récompenfer l'habileté de l'inventeur, lui donna une penfion & le titre de fon ingénieur, avec celui d'affocié étranger furnuméraire de l'académie royale des fciences, en attendant qu'il vînt à vaquer une des huit places deftinées aux étrangers. Mais ce prince ne voulut pas fe fervir du fecret de M. Poli, & voulut même qu'il fût fupprimé, préférant ainfi l'intérêt du genre humain au fien propre. M. Poli retourna en Italie en 1704 ; & deux ans après, c'eft-à-dire en 1706, il publia à Rome un grand ouvrage intitulé : *Il trionfo de gli acidi*, dédié au roi de France. Le but de cet ouvrage eft de faire l'apologie des acides. En 1708, le pape Clément XI ayant levé des troupes contre l'empereur, fit M. Poli fon premier ingénieur. La campagne finie, il alla à Venife où il fut reçu très-honorablement. Le prince Cibo, duc de Maſſa, l'appella auprès de lui en 1712, pour examiner des mines qu'il avoit dans ſes terres, & voir ce qui s'en pouvoit retirer. Quand M. Poli eut ſatisfait aux deſirs du prince, qui eut tout lieu d'être content de ſon attention, il revint en France en 1713, & il prit ſa place d'aſſocié étranger de l'acadé-mie des ſciences, qui n'étoit plus ſurnuméraire, parce-qu'en 1703, il avoit eu celle de M. Viviani. Le roi augmenta l'année ſuivante ſa penſion de plus de la moitié; & ayant reçu ordre de faire venir toute ſa fa-mille en France, il y obéit avec joie, mais cette joie fut courte; ſa famille prompte à obéir à ſes volontés, vend tout ce qu'elle poſſede à Rome, ſe met ſur mer où elle ſouffre beaucoup, arrive enfin à Paris le 28 juillet 1714, & trouve M. Poli qui ne parloit déja plus, qui ne la reconnut qu'à peine, & qui mourut le lende-main. * Son éloge par M. de Fontenelle, dans les Mé-moires de l'académie des ſciences, ou dans le Recueil des éloges des académiciens.

POLIBE, cherchez POLYBE.

POLICARPE (S.) évêque de Smyrne, cherchez POLYCARPE.

POLICASTRO, ville & comté du royaume de Naples en la Principauté citérieure, avec évêché ſuffra-gant de Salerne, appartient à la maiſon des Caraffes, voyez CARAFFE, & eſt nommée par les auteurs La-tins Policaſtrum ou Polæcaſtrum. Elle eſt peu conſidé-rable, & ſituée ſur le golfe Lai, dit le golfe de Policaſtro. Urbain Felici & Pierre Maigri, évêques de cette ville, ont publié des ordonnances ſynodales; celui-là en 1632, & l'autre en 1638.

POLICHRONE, cherchez POLYCHRONIUS.

POLICLETE, Policletus, ſculpteur célebre, cherchez POLYCLETE.

POLICLITE, cherchez POLYCLITE.

POLICRATE, cherchez POLYCRATE.

POLICRITE, cherchez POLYCRITE.

POLIDAMAS, cherchez POLYDAMAS.

POLIDECTE, cherchez POLYDECTE.

POLIDORE, cherchez POLYDORE.

POLIENE, cherchez POLYENE.

POLIER (Claude) gentilhomme de Languedoc, très-célèbre dans l'hiſtoire du XIII ſiécle, ſe ſignala dans un combat contre les Anglois. Cherchez COQ, ordre de chevalerie.

POLIEUCTE, cherchez POLYEUCTE.

POLIGAMISTES, cherchez POLYGAMISTES.

POLIGNAC, l'une des plus anciennes maiſons d'Au-vergne, tire ſon nom de l'ancien château de Polignac ſitué dans le Vélai, ſur une grande & vaſte roche, qui étoit autrefois conſacrée à Apollon; ce qui eſt prouvé par les hiſtoires les plus anciennes d'Auvergne, du Vé-lai, de Lyon & de Bourgogne, par les archives de cette maiſon, & par les reſtes du temple d'Apollon qui y ſub-ſiſtent encore. On y voit une tête de cette fauſſe divinité toute couverte de rayons, laquelle a rendu autrefois des oracles. Janus Gruterus nous apprend que l'empereur Claude alla conſulter cette tête d'Apollon; & voici ce qu'il rapporte dans ſon livre des inſcriptions anciennes de l'empire romain. In caſtro Apollianico, ſortito no-mine, ut fertur, ab Apolline in provincia Velaunia, vulgariter Vélai, in confinis Arvernorum ſita, extat etiam nunc hodie (cet écrivain mourut en 1627) turris antiqua, quam veriſimile eſt fuiſſe membrum templi cujuſdam, in cujus pariete viſitur hæc inſcriptio: TI. CLAUDIUS CÆSAR AUG. GERMANICUS PONT. MAX. TRI. POTEST. V. IMP. XI. PP. COSS. IV. (ce qui répond à l'année 51 de J. C.) Unde probabile eſt (continue Gruterus) Clau-dium Cæsarem Lugduni natum, illuc profectum oraculi Apollonis conſulendi gratia. C'eſt donc de ce vieux château que ſont ſortis depuis les Apollinaires, dont on prétend que le nom a été converti en celui de Po-lignac, d'où ſont ſortis ceux qui portent encore aujour-d'hui ce nom.

SIDOINE-APOLLINAIRE parle du château de Po-lignac comme de ſa maiſon paternelle, l. 4, épître 6. Son biſaieul, du nom d'APOLLINAIRE, deſcendu d'une ancienne famille patricienne, qui avoit donné des ſéna-teurs à la ville de Rome, fut préfet du prétoire des Gau-les, c'eſt-à-dire, lieutenant général de la gendarmerie gauloiſe, & intendant de la juſtice. Le fils de celui-ci eut les mêmes dignités, & fut le premier de ſa race qui eut le bonheur d'embraſſer le chriſtianiſme, qu'il laiſſa à ſa poſtérité avec les mêmes dignités ſéculieres. Son fils, pere de SIDOINE-APOLLINAIRE, les exerça avec honneur ſous les empereurs Honorius & Valentinien. Sidoine, qui avoit épouſé Papianille, fille de l'empe-reur Avitus, ayant été, après la mort de ſa femme, élu évêque de Clermont en Auvergne l'an 472, laiſſa pour fils APOLLINAIRE, qui fut lieutenant général des armées d'Alaric, roi des Wiſigoths, & qui fut pere d'Arcade, que l'on dit avoir fait la branche des anciens comtes d'Auvergne. L'on ajoute que dès que l'évêque de Clermont eut été promu à l'épiſcopat, il fit élire APOLLINAIRE ſon frere, vicomte de Vélai, qui étoit alors un pays uni à l'Auvergne; dignité qui le rendoit comme lieutenant du comte en ces quartiers-là, & que c'eſt de lui que deſcendent les vicomtes du pays de Vélai ou de Polignac, qui ſubſiſtent encore aujourd'hui. Ces vicomtes ont eu long-temps toutes les marques de ſouveraineté, comme de faire battre monnoie à leur coin; (il y en a encore dans le Vélai, & on nomme ces piéces Viſcontines) de donner grace aux criminels, d'impoſer des tailles dans leurs terres, de déclarer la guerre, & autres de cette nature; ce qui les a fait nom-mer dans l'antiquité, ſeigneurs des montagnes, (reguli montium.) François I, roi de France, ſe trouvant au château de Polignac l'an 1533, & entendant parler des priviléges dont avoient joui autrefois les ſeigneurs de ce nom, & du titre qu'on leur donnoit alors, dit qu'il n'en étoit point ſurpris, après la magnificence avec la-quelle il y avoit été reçu avec toute ſa cour.

L'on ſe contentera de rapporter ici la poſtérité de cette ancienne maiſon depuis GASPARD-ARMAND, vicomte de Polignac, marquis de Chalençon, baron de Randon, gouverneur de la ville du Pui-en-Vélai, qui fut fait chevalier des ordres du roi en 1633. Il avoit épouſé Claude de Tournon, fille de Juſt-Louis, comte de Tournon, & de Magdeléne de la Rochefoucauld, dont il eut LOUIS-ARMAND, qui ſuit; Melchior, abbé de Montebourg, mort le 8 juillet 1699, âgé de 88 ans; Philiberte de Polignac, mariée avec Chriſtophe-Mel-chior de Beaufremont, comte de Cruſilles; & Iſabelle de Polignac, mariée, 1°. à Gaſpard d'Eſpinchal, ſei-gneur de Dunieres: 2°. à Jean de Peſtels-de-Levis, marquis de Caylus, dont des enfans.

LOUIS-ARMAND, vicomte de Polignac, marquis de Chalençon, &c. gouverneur de la ville du Pui-en-Vélai, & des pays de Vélai, & de Vivarets, fut nom-mé chevalier des ordres du roi en 1661, & mourut le 3 ſeptembre 1692. Il avoit épouſé, 1°. le 14 février 1638, Suſanne des Serpens, fille de Claude, baron de Gondras, & d'Antoinette de Rochebaron: 2°. le 17 février 1648, Iſabelle-Eſprit de la Baume, fille de Ferdinand, comte de Montrevel, & de Marie Ollier-de-Nointel: 3°. Jacqueline de Beauvoir, fille de Sci-pion de Grimoard de Beauvoir, comte du Roure, lieu-tenant général de Languedoc, chevalier des ordres du roi, &c. morte le 7 novembre 1721. Du premier lit vint Antoinette de Polignac, Carmélite à Paris, morte le 13 novembre 1690. Du ſecond ſortirent Jean, che-valier de Malte, mort jeune; & Iſabelle de Polignac, morte jeune. Du troiſiéme mariage ſont iſſus SIDOINE-APOLLINAIRE-GASPARD-SCIPION, qui ſuit; & Mel-chior de Polignac, cardinal, dont nous allons donner un article particulier.

SIDOINE-APOLLINAIRE-GASPARD-SCIPION, mar-quis de Polignac, &c. lieutenant général des armées du roi, gouverneur du Pui, mort à Paris le 4 avril 1739, âgé de 79 ans, avoit épousé, 1°. le 22 avril 1686, *Marie-Armande* de Rambures, fille d'honneur de madame la Dauphine, fille de *Charles*, marquis de Rambures, & de *Marie* de Bautru, morte en 1706 : 2°. en 1709, *Françoise* de Mailli, fille de *Louis*, comte de Mailli, & de *Marie-Anne* de Sainte-Hermine. Du premier lit vint *Louis-Armand*, marquis de Chalençon, né le 19 février 1687, mort en 1693. Du second sont issus, entr'autres, trois fils. * Le P. Anselme, *histoire des grands offic.* &c.

POLIGNAC (Melchior de) cardinal prêtre de l'église romaine, du titre de Sainte-Marie des Anges, abbé de Corbie, d'Anchin, de Bonport, de Mouzon & de Bégard, archevêque d'Auch, primat de la Novempopulanie, commandeur des ordres du roi, naquit au Puy, capitale du Vélay en Languedoc, le 11 octobre 1661. Il étoit second fils de LOUIS-ARMAND, vicomte de Polignac, marquis de Chalençon, gouverneur du Puy, chevalier des ordres du roi, & de *Jacqueline* de Beauvoir-Grimoard du Roure, sa troisième femme. Destiné à l'église par son pere, il fut amené de bonne heure à Paris, & mis au collége de Clermont, dit aujourd'hui de *Louis le Grand*, où il se distingua dans le cours ordinaire des classes. Il fit sa philosophie au collége de Harcourt, sous un professeur dévoué à la philosophie d'Aristote ; ce qui n'empêcha pas l'abbé de Polignac d'étudier, de gouter & de saisir la philosophie de Descartes, quoique les principes en fussent alors formellement proscrits dans le royaume, où il étoit ordonné en même temps de n'enseigner que la philosophie d'Aristote. Instruit de ces deux philosophies, l'abbé de Polignac soutint l'une & l'autre dans deux thèses publiques en deux jours consécutifs. Mais par déférence pour son professeur, il commença par la philosophie d'Aristote, la mit dans son plus beau jour ; & le lendemain il défendit avec un succès égal celle de Descartes, sa prédilection pour celle-ci ne se faisant sentir que par la force des raisons qui la justifioient. Les thèses de théologie qu'il soutint quelques années après en Sorbonne, ne lui firent pas moins d'honneur : c'étoit vers l'année 1683, deux ans avant la révocation de l'édit de Nantes. En 1689 le cardinal de Bouillon le mena à Rome après la mort d'Innocent XI, le fit entrer avec lui dans le conclave, & l'employa non-seulement à l'élection du nouveau pape Alexandre VIII, mais encore dans l'accommodement des différends qui régnoient alors entre la France & la cour de Rome, & que le cardinal de Bouillon étoit chargé de terminer. Ces différends dont les uns sembloient intéresser les droits de la thiare, & les autres la police de la ville, par les franchises du palais des ambassadeurs, avoient été poussés fort loin du vivant d'Innocent XI, & n'étoient pas aisés à pacifier. Louis XIV y avoit encore envoyé le duc de Chaulne dans le même dessein ; mais sa majesté étant informée de la capacité de l'abbé de Polignac, de l'estime & du crédit qu'il s'étoit acquis dans Rome, déclara qu'elle vouloit aussi qu'il eût part à la même négociation ; & l'abbé, quoiqu'âgé seulement de vingt-huit ans, répondit parfaitement à l'idée que l'on avoit donnée de ses rares talens. Les affaires ayant été heureusement terminées, & les articles de l'accommodement étant réglés, il revint à la cour pour les proposer à sa majesté ; & ce fut en cette occasion que ce monarque, au sortir d'une longue audience qu'il avoit accordée au jeune négociateur, dit de lui : *Je viens d'entretenir un homme, & un jeune homme, qui m'a toujours contredit, & qui m'a toujours plu.* De retour en France, l'abbé de Polignac entra en 1692 dans le séminaire des Bons-enfans, mais sa retraite n'y fut pas longue ; le roi l'en tira en 1693, pour l'envoyer en Pologne, en qualité de son ambassadeur. Jean Sobieski régnoit alors, mais sa mauvaise santé l'approchoit du tombeau ; & il étoit de l'intérêt de la France, attaquée par les principales puissances de l'Europe liguées contre elle depuis cinq ou six ans, d'empêcher qu'un prince dévoué à ses ennemis, n'obtînt la couronne de

Pologne. Tel étoit le fils aîné du roi Sobieski, qui avoit pris des engagemens avec la maison d'Autriche, en épousant la princesse Palatine de Neubourg, sœur de l'impératrice, & dont la partialité pour l'empereur étoit très-déclarée. Louis XIV auroit souhaité qu'il fût possible de procurer la couronne à l'un des deux cadets, & l'abbé de Polignac comptoit trouver un puissant parti en leur faveur ; mais la nation Polonoise indisposée contre l'aîné, regardoit l'exclusion qu'elle lui donnoit d'avance, comme une raison valable contre les deux autres. Il fallut donc travailler pour un nouveau plan ; & l'abbé de Polignac y travailla si heureusement, que Sobieski étant mort, il eut non-seulement assez de crédit pour éloigner du trône tout ennemi de la France ; mais il put encore concevoir l'espérance de mettre cette couronne sur la tête d'un prince de la maison de France. Il en écrivit au roi le 29 juin 1696, deux jours après la mort de Sobieski. Son projet fut approuvé ; le prince de Conti fut élu & proclamé roi de Pologne : ce prince se mit en route pour venir prendre possession ; mais diverses circonstances qui sont connues, retarderent sa marche : & tout étoit changé, quand il débarqua à l'abbaye d'Oliva près de Dantzick qui se déclara contre lui par plusieurs actes d'hostilité, & dont les autres villes de Prusse imiterent l'exemple. Ce prince fut donc bientôt obligé de se rembarquer. L'abbé de Polignac, contraint aussi de se retirer, demeura quelque temps dans la Poméranie citérieure, à Stettin ou aux environs ; & ne revint en France qu'au commencement de 1698, après avoir perdu tous ses équipages & ses meubles qui lui furent enlevés par les Dantzickois. Le roi qui se crut obligé de témoigner qu'il étoit mécontent de son ambassadeur, lui ordonna de se retirer dans son abbaye de Bonport. Il fut rappellé en 1702, & reparut à la cour avec plus d'éclat que jamais, par les marques de bonté singulieres avec lesquelles il fut reçu par sa majesté. La place d'auditeur de Rote étant venue à vaquer par la promotion de l'abbé de la Tremoille au cardinalat, le 17 mai 1706, le roi la donna à l'abbé de Polignac qui partit de nouveau pour Rome, où le cardinal de la Tremoille qui y étoit chargé des affaires de la cour de France, eut pour lui les mêmes sentimens que le cardinal de Bouillon, & le fit entrer aussi dans plusieurs de ses négociations. Clément XI, qui occupoit alors le saint siége, l'honora d'une amitié tendre ; & le cardinal de la Tremoille en sut bien profiter dans plus d'une occasion délicate, mais il en faisoit honneur à l'abbé de Polignac auprès du roi, tandis que l'abbé écrivoit de son côté, que le succès des affaires dont on l'avoit chargé, n'étoit du qu'au crédit & à l'habileté du cardinal. Après trois années de séjour à Rome, l'abbé de Polignac eut permission de revenir en France pour mettre ordre à ses affaires, très-dérangées par les dépenses & par les pertes qu'il avoit faites en Pologne. Il étoit encore à la cour en 1710, lorsqu'il fut question de tenir de nouvelles conférences en Hollande, pour finir une guerre sanglante que la succession à la couronne d'Espagne avoit allumée. Le roi nomma le maréchal d'Uxelles & l'abbé de Polignac ses plénipotentiaires à Gertruydenberg, où ceux des états généraux des Provinces-Unies devoient se trouver. Comme l'entiere restitution de la monarchie d'Espagne, avec des circonstances encore plus dures que la restitution même, faisoit le principal objet des alliés, l'abbé de Polignac envoya un mémoire très-détaillé, où il montroit par de très-fortes raisons, qu'il falloit courir les plus grands risques, & braver les plus fâcheux événemens, plutôt que d'abandonner l'Espagne sous de pareilles conditions. Ce fut le parti que le roi prit ; il rappella ses plénipotentiaires, & les conférences furent rompues. D'heureux succès couronnerent cette résistance : les armes de Louis XIV, & celles de Philippe V, son petit-fils, furent presque partout victorieuses. L'empereur Joseph mourut ; l'Angleterre seconda les désirs de la France ; tout changea de face, & la paix fut proposée à des conditions plus équitables. On établit les conférences, pour en traiter, à

echt, & l'on en fixa l'ouverture au 12 janvier 1712.
bbé de Polignac fut encore un des plénipotentiaires
à majesté ; le traité de paix fut signé le 11 avril 1713.
de Polignac pour qui le roi avoit demandé la nomi-
ion du roi d'Angleterre, Jacques III, au cardinalat,
en effet créé cardinal le 18 mai 1712. Mais parce-
il étoit en pays protestant, le pape ne le déclara que
30 janvier 1713 ; & il ne reçut la calotte qu'auprès
Anvers le 10 février, lorsqu'il s'en retournoit en France.
obtint dans la même année la charge de maître de la
apelle du roi ; mais il s'en démit en 1716. Durant la
gence, le cardinal de Polignac eut ordre le 29 décem-
e 1718, de se retirer dans son abbaye d'Anchin, d'où
ut rappellé vers la fin de 1721. Innocent XIII étant
ort le 7 mars 1724, il alla à Rome pour l'élection de
noît XIII ; & il y demeura huit ans, chargé des affai-
s de France. Au commencement de 1726, il fut nom-
é à l'archevêché d'Auch ; il revint en France dans le
ois de juillet 1732, & six mois après son retour, le roi
fit commandeur de l'ordre du S. Esprit, où il avoit
é associé, & dont il avoit eu permission de porter les
arques dès 1728. Il avoit été reçu à l'académie fran-
oise en 1704, à l'académie des sciences en 1715, &
celle des belles lettres en 1717. Il mourut à Paris le
0 novembre 1741, âgé de 80 ans. Il a laissé un poëme
atin sous le titre d'*Anti-Lucrece*. Voici ce qui en fit naî-
re l'idée à M. de Polignac. S'étant arrêté en Hollande,
son retour de Pologne, il avoit eu plusieurs entretiens
vec le fameux Bayle, dont le *dictionaire critique* pa-
oissoit alors depuis peu. On sait de quelle maniere les
argumens d'Epicure, de Lucrece & des Sceptiques, con-
re les vérités les plus importantes de la religion & de
la morale, ont été célébrés & mis en œuvre dans ce
dictionaire. Ils ne furent pas dissimulés dans ces entretiens ; & dès-lors M. de Polignac forma le projet de les
réfuter, ce qu'il exécuta durant son exil à l'abbaye de
Bonport. Revenu de cet exil, le poëme annoncé fut recherché de tout ce qui compose le monde savant. On
s'empressa d'en obtenir la lecture, d'en tirer des copies,
ou même de le traduire. L'auteur le traduisit lui-même
verbalement pour madame la duchesse du Maine. M. le
duc du Maine fit plus, il mit par écrit une traduction de
tout le premier livre, & l'offrit à cette princesse par une
grande & belle épître dédicatoire. Feu M. le duc de
Bourgogne voulut avoir des conférences réglées avec
M. le cardinal de Polignac sur son *Anti-Lucrece*, après
avoir donné à la lecture de cet ouvrage toute l'application qu'il mérite par lui-même & par son objet. Le feu
roi lui en entendit parler avec tant d'éloges, qu'il parut
desirer d'en connoître plus particulierement les beautés ;
ce qui engagea M. le duc de Bourgogne à le traduire, du
moins en partie. Ce poëme, tel que son auteur l'a laissé,
consiste en huit livres complets, qui sont de mille, douze
ou treize cens vers chacun. Il est du nombre de ceux
qu'on appelle *Didactiques*, parcequ'ils ont pour but
d'enseigner des vérités importantes, ou quelque art utile
à la vie. Il est écrit en vers héroïques ; & l'on en trouve
le plan dans l'éloge de l'auteur que M. de Mairan lut à
l'assemblée publique de l'académie royale des sciences
du 24 avril 1742, & qui a été imprimé la même année.
On a déja fait plusieurs éditions de l'*Anti-Lucrece* ; &
M. de Bougainville, secrétaire de l'académie des belles
lettres, en a donné au public une belle traduction françoise. M. de Mairan dit dans le même éloge que l'on
a abrégé ici, que l'histoire littéraire de M. le cardinal de
Polignac, ainsi que sa vie politique, pourroit fournir
plusieurs autres ouvrages latins & françois, tant en vers
qu'en prose. Tels sont, dit-il, divers morceaux qui ont
précédé l'*Anti-Lucrece*, & qui rouloient aussi sur des
matieres philosophiques, des harangues, des plaidoyers,
des mémoires, & sur-tout un nombre prodigieux de lettres & de dépêches, parmi lesquelles il s'en trouve plusieurs qui peuvent passer pour des chefs-d'œuvres de politique & d'éloquence. M. de Mairan parle aussi de cette
collection d'antiques, marbres, porphyres, bronzes,

statues, bustes, bas-reliefs, qu'il avoit fait revivre, &
dont il avoit orné son palais, après les avoir retirés de
dessous les ruines de Rome. Outre cet éloge de M. le
cardinal de Polignac par M. de Mairan, & celui qui fut
lu par M. de Boze dans l'académie des belles lettres, on
peut consulter celui que le pere Charlevoix, Jésuite, a
donné dans les *Mémoires de Trévoux* du mois d'août
1745, & ce qu'en dit M. Titon du Tillet dans le *Supplément au Parnasse françois*, *in-fol.* à Paris 1743.

POLIGNANO, petite ville du royaume de Naples
dans la province de Bari, avec évêché suffragant de
Bari, est nommée par les Latins *Polinianum* & *Puli-
nianum*. * Mati, *diction*.

POLIGNOTE, *cherchez* POLYGNOTE.

POLIGNY, petite ville, ou bourg avec balliage. Il
étoit autrefois fortifié. Il est situé dans le comté de Bourgogne, à quatre lieues de Salins vers le midi occidental.
* Mati, *diction*.

POLINIERE (Pierre) prit naissance l'an 1671 le 8
septembre, dans une paroisse nommée Coulonce proche
Vire, petite ville de la basse Normandie ; son pere s'appelloit *Jean-Baptiste* Poliniere, sa mere *Françoise* Va-
nier. Il fit ses études d'humanités dans l'université de
Caen, & ses hautes classes à Paris au collège de Harcourt. Il s'appliqua ensuite particulierement aux mathématiques, & en peu de temps il donna un ouvrage intitulé : *Les élémens de mathématiques*. Il embrassa ensuite
avec ardeur l'étude de la physique, de la géographie,
de l'histoire naturelle, de la médecine, & de la chymie,
& il prit des dégrés en médecine. Il épousa à Vire, l'an
1707, demoiselle *Marguerite* Asselin, de laquelle il a
eu quatre enfans, deux fils, dont l'un, *Julien-Pierre*,
est docteur en médecine, & *Daniel* ; & deux filles nommées *Jeanne* & *Marie*. Il fit imprimer en l'année 1709
un ouvrage concernant la physique expérimentale, intitulé : *Expériences de physique*, qui a été assez estimé
pour être traduit en plusieurs langues. Il a été imprimé
pour la quatriéme fois avec une augmentation considérable de l'auteur en 1734, 2 volumes *in-12*. Il a démontré les expériences de physique pendant plus de
30 ans, & a été le premier qui en a fait profession dans
l'université de Paris. Il en a fait un cours en présence du
roi. Il est mort subitement en sa maison de campagne de
Coulonce le 9 du mois de février 1734, âgé de 63 ans,
& non à Vire même, ni le 15 février, comme on l'a dit
dans le mercure de mars 1734. Il venoit exactement
chaque année vers la fin du cours des classes pour y faire
ses expériences physiques dans l'université : après quoi
il s'en retournoit chez lui, où il n'avoit guère plus de
commerce avec les hommes que pendant son séjour à
Paris ; aussi ne les attiroit-il pas par des manieres pré-
venantes, & il ne paroissoit ouvert que lorsqu'il étoit
au milieu des écoliers, pour qui il faisoit principalement
ses expériences. * *Mémoires du temps*.

☞ POLITI (Adrien) de Sienne, fut secrétaire
de trois cardinaux, & mourut sous le pontificat d'Urbain VIII, vers le milieu du XVII siécle. Il a donné une
traduction italienne de Corneille Tacite, à deux reprises
différentes. La premiere traduction n'ayant pas été bien
reçue, il revit son travail avec plus de soin ; & la seconde traduction qu'il publia, le fit passer pour un écrivain fort poli. Politi a fait d'autres ouvrages pour l'embellissement de la langue de son pays, comme un Dictionaire italien, qui est un abrégé de celui de la Crusca.
Ce dictionaire souffrit beaucoup de difficultés pour l'impression. Quelques faussetés que Politi y avoit avancées,
ayant été découvertes, il fut mis en prison, & eut assez
de peine à recouvrer la liberté. Dit, à l'encore lui des
lettres. * Janus Nicius Erythræus, *Pin. II imag. illustr.
c.* 57. Ghilini, *theat. d'uom. letter.* tom. I. M. Goujet,
mém. mss.

☞ POLITI (Alexandre) clerc régulier des Eco-
les pieuses, naquit à Florence le 10 juillet 1679. Il fit
de bonne heure d'excellentes études, dont il profita
toute sa vie, pour enrichir sa patrie & la république des

lettres de divers ouvrages fort estimés. Il apprit la langue grecque avec tant de soin, qu'il s'est vu en état de
nous donner d'excellentes observations sur plusieurs anciens écrivains qui ont composé en cette langue. Il entra
dans la congrégation des Clercs Réguliers, dits des Eco-
les pieuses au mois de février 1695 ; & il brilla dans les
cours de philosophie & de théologie qu'il y fit après son
noviciat, tant à Florence qu'à Rome, où il se fit admirer par ses thèses du chapitre général de son ordre, qui
se tint dans cette derniere ville en 1700. Il fut chargé
depuis d'enseigner lui-même la rhétorique, & ensuite la
philosophie, & enfin la théologie à Gènes. En 1733 il
fut appellé à Pise pour y donner des leçons sur la langue
grecque, d'où il passa à la chaire d'éloquence qui étoit
demeurée vacante depuis la mort du savant Benoît Ave-
rani. Il mourut d'apoplexie le 23 du mois de juillet 1752,
âgé de 73 ans & 13 jours. Un de ses ouvrages le plus
considérable est son édition du commentaire d'Eustathe
sur Homere, avec une traduction latine, & d'abondantes notes, en 3 vol. in-folio ; le premier en 1730,
dédié au grand duc de Toscane Jean-Gaston ; le second en 1732, au pape Clément XII ; & le troisiéme
en 1735, dédié au roi de France, Louis XV, avec une
nouvelle préface. On commençoit l'impression du tome 4°
lorsqu'il est mort. Politi avoit annoncé cet ouvrage par
un essai dès 1723, in-4° ; & cet essai fit desirer que l'auteur s'appliquât sérieusement, ainsi qu'il l'a fait, à nous
donner l'ouvrage même. Quelque temps qu'ait du lui
prendre un ouvrage d'une si grande importance, & qui
feront à jamais estimer l'auteur parmi les savans, M. Politi a encore enrichi la république des lettres des écrits
suivans. 1. Philosophia peripatetica ex mente sancti Thomæ Aquinatis, à Florence 1708, in-12. 2. Selecta
christianæ theologiæ capita, ibid. 1708, in-4°. 3. Oratio ad academicos Cruscanos, habita in collegio Floren-
tino scholarum piarum, pro studiorum instauratione,
1709, in-4°. 4. De patria in condendis testamentis
potestate, libri IV, à Florence 1712, in-8°. Cet ouvrage, dont on fait beaucoup de cas, a été réimprimé
en Hollande dans une collection d'ouvrages de plusieurs
habiles jurisconsultes. 5. Vita della serva di Dio suor
Maria Angela Gini, à Florence 1738, in-4°. 6. Epistola ad Cajetanum Moniliam, ibid. 1739, in-4°. Cette
lettre roule sur un passage d'Eustathe. 7. Orationes ad
academiam Pisanam, & animadversiones in Eustathium
ad Dionysium Periegetam libri II, à Rome 1742, in-4°.
7. Neuf harangues panégyriques prononcées en différens
temps, en latin, où l'orateur fait l'éloge de Pise & de
son université, de Cortone & de son académie, de
Livourne, d'Arezzo, &c. Ces harangues ont été imprimées séparément. 8. Orationes XII ad academiam
Pisanam, à Lucques 1746, in-8°. 9. Epistola ad Ubal-
dum Mignonium de tribus martyribus Bononiensibus,
à Lucques 1746, in-8°. 10. Oratio de litterarum nobilitate, à Florence 1747, in-4°. 11. Martyrologium
Romanum commentariis castigatum ac illustratum, à
Florence 1751, in-folio, tome I. Politi a laissé nombre
d'autres ouvrages manuscrits, dont on peut voir la liste,
& son éloge, dans la Storia letteraria d'Italia, à Modène 1754, in-8°, tome VI, pag. 733 & suivantes.
* M. l'abbé Goujet, mém. mss.

POLITI (Lancelot) cherchez CATHARIN.
POLITIEN (Ange) cherchez BASSI.
POLITIQUES, nom d'un parti qui se forma en France
pendant la ligue l'an 1574. C'étoient des catholiques
mécontens, qui sans toucher à la religion, protestoient
qu'ils ne prenoient les armes que pour le bien public,
pour le soulagement du peuple, & pour réformer les
désordres qui s'étoient glissés dans l'état, par la trop
grande puissance de ceux qui abusoient de l'autorité
royale. Ces politiques se joignirent aux huguenots, sur
la résolution qui en fut prise dans l'assemblée que tint à
Montpellier en 1574, Henri de Montmorenci, maréchal de Damville & gouverneur de Languedoc, qui
pour se maintenir dans ce gouvernement, dont on le

vouloit dépouiller, forma ce parti politique, où il attira
le fameux Henri de la Tour, vicomte de Turenne, son
neveu, qui fut depuis maréchal de France, duc de Bouillon, prince souverain de Sedan, & le plus grand appui
des hérétiques. * Maimbourg, histoire de la ligue.
POLLA ARGENTARIA, femme du poëte Lucain,
illustre par son érudition, par sa vertu & par sa beauté,
faisoit bien des vers ; & après la mort de son mari, revit
& corrigea la Pharsale. On dit que depuis elle épousa
Stace. Voyez l'article LUCAIN. * Martial, l. 7, epi-
gram. 10. Sirmond, in not. ad Sidon. Stace, sylv. l. 2.
POLLET (François) jurisconsulte dès Pays-Bas,
natif de Douai, fit ses études dans l'université de Louvain, & dans quelques autres académies, où il s'appliqua sur-tout à la jurisprudence, qu'il enseigna pendant
quelques années à Paris, en public & en particulier. Il
fréquenta en même temps le barreau, pour y apprendre la pratique de cette science ; & depuis il alla s'établir à Douai, où il se maria. Après y avoir exercé quelque temps la profession d'avocat, & avoir possédé la
charge de dixenier de ville, il y mourut à l'âge de 30 ans,
vers l'an 1547. Ce jurisconsulte est auteur de l'histoire
du barreau des anciens Romains, qu'il a divisée en cinq
livres, où il marque le lieu, le temps & la maniere avec
laquelle se rendoit alors la justice ; l'état & le rang des
avocats ; les différentes sortes de magistrats & de causes ; l'état des criminels & des accusés ; la forme des
arrêts & des sentences ; l'office des huissiers, des gardes, & autres cérémonies observées anciennement à
Rome dans les jugemens. Il fut surpris de la mort avant
que d'avoir achevé le dernier livre. Philippe Broide, son
gendre, y ajouta neuf chapitres, & fit des notes sur tout
cet ouvrage, qu'il fit imprimer à Douai en 1576. * Consultez l'ouvrage même.
POLLICHE (Martin) de Mellerstad, dans la Franconie, médecin célèbre dans le XV siécle, & au commencement du XVI, accompagna en 1493 Frédéric,
duc de Saxe, en la Terre-sainte. A son retour il fut des
premiers professeurs de l'université de Wittemberg, &
mourut le 27 janvier 1513. Il a écrit divers ouvrages.
* Chytræus, in Saxon. Vander-Linden, de script.
med. &c.
POLLIO, cherchez ASINIUS POLLIO.
POLLION, cherchez VITRUVE POLLION.
POLLION, Pharisien, vivoit du temps d'Hérode
le Grand. Lorsque ce prince n'étoit encore que gouverneur de la Galilée, Hyrcan, souverain sacrificateur, fit
tenir une assemblée pour l'ouïr dans ses justifications ;
& Pollion prédit à Hyrcan & aux autres juges, que
s'ils renvoioient Hérode absous, Hérode les feroit un
jour tous mourir. L'événement justifia cette prédiction.
Pollion fut toujours grand ami d'Hérode, & n'oublia
rien pour persuader le peuple de Jérusalem de le recevoir pour roi. Jamais homme ne lui parla avec tant de
liberté, & tout le monde s'étonnoit de ce qu'il ne
l'avoit pas fait mourir ; mais il sembloit qu'Hérode eût
plus de crainte de Pollion que Pollion d'Hérode. * Joséphe, antiq. l. 15, c. 1.
POLLUX (Julius) natif de Neucrate en Egypte,
qui vivoit dans le II siécle, vers l'an 180 de J. C.
Ayant charmé par sa voix Commode, fils de l'empereur Marc-Antoine, il parvint par ce moyen à
une chaire de professeur en rhétorique à Athènes. Ses
discours passoient pour être plats & puériles, & l'on
croit que c'est lui que Lucien a voulu railler dans ses
deux discours intitulés Lexiophanes, où il le désigne par
un homme qui se fait gloire d'un dictionaire, & qui se
dit le maître des rhéteurs. Son Onomasticon, ou dictionaire en grec & en latin, fut imprimé à Venise par
Alde Manuce l'an 1511, à Florence en 1520, à Basle
en 1536, à Francfort en 1608, avec les corrections
qu'y fit Wolfgang Saberus, & en 1706, à Amsterdam,
avec les commentaires de Jungerman, de Kunhius, de
Seberus & d'autres. Pollux fit un épithalame pour son
bienfaiteur Commode. On lui attribue d'autres ouvrages,
entr'autres,

entr'autres ; une oraison de *Arcadicis*, que Gesner nomme autrement dans sa bibliothéque. * Vossius *de hist. Græcis.* Mémoires *de Trevoux*, septembre 1709.

POLLUX (Julius) est auteur d'une chronique qu'il continua jusqu'au temps de Valens. Ainsi il vivoit vers l'an 366 de J. C. & est par conséquent différent de Julius Pollux dont nous venons de parler, & non contemporain, comme quelques-uns se le sont imaginé. * Suidas. Gesner, *biblioth.* Vossius, *de hist. Græc.*

POLLUX, cherchez CASTOR & POLLUX.

POLO, *Marco Paolo*, de Venise, étoit fils de *Nicolas Paul*, & vivoit dans le XIII siécle, vers l'an 1272. Il voyagea dans la Syrie, dans la Perse & dans les Indes, & publia un livre intitulé, *de regionibus Orientis*, qui a été imprimé avec les voyages de Jean de Mandeville & de Ludolphe de Suchen. On a donné au public les relations de ses voyages, & ceux de son pere. * Voyez les *Mémoires de l'académie des inscriptions*, &c. tome XVII, pag. 130.

POLOCZKI, *Polockska* & *Polocium*, ville de Pologne dans la Lithuanie, étoit autrefois capitale d'un duché de ce nom, & aujourd'hui ne l'est que d'un palatinat. Elle est grande & bien fortifiée, avec un double château sur deux rivieres. Cependant elle fut prise en 1563, par les Moscovites, que le roi Etienne en chassa l'an 1579. Les premiers la reprirent encore dans le XVII siécle, & l'ont perdue depuis. * Sanson. Baudrand.

POLOGNE, royaume électif de l'Europe, comprend l'ancienne Sarmatie germanique, & la partie orientale de la Germanie vers la Vistule. La Pologne que les habitans nomment *Polska*, a tiré son nom du mot *Pole* & *Poln*, qui en esclavon veut dire, *campagne* & *lieu propre à la chasse ;* parceque tout cet état n'est composé que de vastes campagnes, & de bois propres pour la chasse. Il n'étoit autrefois ni si grand, ni si considérable qu'il l'est depuis qu'il a été augmenté de la Lithuanie, & de diverses autres provinces : car avant cela il ne comprenoit que ce que nous appellons aujourd'hui *la grande* & *la petite Pologne*. Par cette jonction, la Pologne est devenue un des plus grands royaumes de l'Europe. Elle a la Moscovie & la Tartarie au levant ; la Hongrie, la Transsylvanie & la Moldavie au midi ; l'Allemagne au couchant, & au nord la mer Baltique, la Livonie & une partie de la Russie Blanche ou Moscovie. On peut diviser cet état en royaume de Pologne, & en grand duché de Lithuanie. Le royaume est encore divisé en grande & petite Pologne. Celle-ci entre la Hongrie, la Silésie & la Russie, a Cracovie, qui est la capitale de tout le royaume, & Sandomir. La grande Pologne est enfermée entre l'Allemagne, la Poméranie, la Silésie & la petite Pologne, avec les villes de Posnanie, de Kalisch, de Gnesne, de Lencicy, de Lublin & de Sirad. Elle comprend aussi les provinces de Masovie, où est Warsovie, avec Ploczko ; la Cujavie, où est Uladislaw ; la Prusse polonoise, qui a Dantzick, Elbing, Thorn, &c. & la Russie Noire, avec les villes de Léopol ou Luwow, comme on l'appelle dans le pays, & Przemyslie, en latin *Premislia.* La Lithuanie, qui contient les villes de Wilna, de Novogrodeck, de Poloczk, de Minski, de Witepsk, de Micislaw, de Breslaw, &c. est divisée en Volhinie, avec les villes de Lucko, &c ; la Podolie, où est Kaminiek, Braclaw, &c ; la Polésie où est Bressici ; & la Samogitie, dont Medniki est la capitale. On divise encore la Pologne en 34 palatinats ou gouvernemens. Chaque palatin a sous soi des castellans ou châtelains, c'est-à-dire, des capitaines ou gouverneurs des villes ; & il y en a dans la Pologne jusqu'à 87. Quant à ce qui regarde la division ecclésiastique de la Pologne, il n'y a que deux archevêchés, qui sont ceux de Gnesne & de Léopol. Il y en avoit autrefois un troisiéme, qui étoit celui de Riga, dans la Livonie ; mais cette ville appartient présentement aux Moscovites. L'archevêque de Gnesne, qui est le premier sénateur de l'état, gouverne après la

mort du roi, & commande pendant l'interregne, jusqu'à l'élection d'un nouveau prince. Il y a quinze évêchés en Pologne, diverses abbayes, & des universités à Cracovie, à Konigsberg, à Zamoski, &c. Voici un dénombrement des archevêchés & évêchés.

ARCHEVÊCHÉS ET ÉVÊCHÉS de Pologne, avec leurs suffragans, situés dans les autres états.

ARCHEVÊCHÉ DE GNESNE *dans la grande Pologne.*

Evêchés suffragans.

Cracovie, capitale du royaume ; Uladislaw, dans la Cujavie ; Vilenski, dans la Lithuanie ; Posnanie, dans la Posnanie ; Ploczko, dans la Masovie ; Warmia, dont le siége est à Heilsberg dans la Prusse, & Szamland unis ; Luczko ; Samogitie ou Medniki ; Culmensée & Pomesan, dans la Prusse, unis ; Breslaw, dans la Silésie ; Lebuss, dans la marche de Brandebourg ; Camin, dans la Poméranie ; Smolensko, sur les frontieres de Moscovie.

ARCHEVÊCHÉ DE LUWOW ou LEOPOL, *dans la Russie noire.*

Evêchés suffragans.

Przemyss ; Chelm ; Kiow, aux Moscovites ; Kaminick ;

Outre les archevêques, & les quatorze évêques dont nous avons parlé, il y a dans la ville de Léopol, capitale de la Russie Noire, un archevêque Latin catholique, un archevêque Arménien aussi catholique, & un évêque Russien, Grec schismatique.

LE PAYS ET LES HABITANS DE POLOGNE.

L'air de Pologne est extrémement pur, & le terroir est si excellent, qu'il est presque impossible de concevoir la quantité de grains qui en sortent pour les pays étrangers. Ce ne sont que plaines à perte de vue, entrecoupées d'étangs, & accompagnées de mille petits bois, qui n'apportent pas moins de commodité au pays, qu'ils renferment d'agrément : ceci regarde principalement la grande Pologne. La petite qui n'est pas moins fertile, quoiqu'elle ne soit pas si unie, renferme des mines de fer & d'argent, & produit des vins & des fruits excellens. Avec ces avantages elle jouit d'un air si tempéré, qu'elle est communément appellée *l'entrée de l'Italie ;* c'est-à-dir, le commencement de toutes sortes de délices. Il n'en est pas de même de la Lithuanie. Nous pouvons dire en général, que la Pologne fait grand commerce de miel, de cire, de venaison, de poisson, de bois propre à bâtir, de chanvre, de grains, de peaux de martres zibelines, de castors, d'ours, d'élans, & d'autres bêtes féroces, & de cuivre, de plomb, de fer, & principalement de fin acier. Il n'y a que la noblesse qui soit considérée en Pologne, car le tiers-état y est presque tout esclave. Les gentilshommes Polonois sont grands & robustes, manient le sabre avec adresse, savent les langues étrangeres, donnent libéralement, sont bons cavaliers, & bons catholiques ; mais ils sont fiers & superbes : ils sacrifient tout à leurs propres sentimens, & ne peuvent reconnoître d'autres souverains que leur liberté. Cette inclination à l'indépendance fait souvent naître chez eux des divisions, qui ont donné lieu aux grands avantages qu'ont autrefois remportés sur eux les Tartares & les Moscovites. Il est étonnant que Charles Gustave roi de Suede, avec environ quarante mille hommes, ait réduit à la derniere extrémité un pays dont les moindres armées sont de deux cens mille combattans ; mais c'est la suite de la mésintelligence qui est entr'eux, & du peu d'autorité qu'ils donnent à leur prince. Avant qu'on ait assemblé le sénat, & que la noblesse ait résolu d'aller à la guerre, l'ennemi a le temps d'exécuter tous ses projets sur la campagne ; car il n'y a point de place forte qui l'empêche de venir jusqu'aux portes de Warsovie. Cependant les Polonois font bons soldats , & fur-tout bons cavaliers. Ils font armés d'une carabine & de deux piftolets d'arçon, d'une hache d'un côté , d'un fabre de l'autre , d'un carquois chargé de fléches , & de l'arc derriere leur dos , dont ils fe fervent après la décharge de leurs armes à feu , lorfque l'ennemi fuit. Les Polonois aiment à voyager ; font fidéles , reconnoiffans & honnêtes pour les étrangers. Ils font magnifiques dans leurs habits , dans leurs feftins , où ils invitent volontiers leurs amis ; ils ufent dans leurs viandes de quantité de fafran & d'épiceries , & n'épargnent pas le fucre dans divers mets qui leur font propres. Au refte , ils fe piquent fort de dévotion ; jeûnent & font maigre le carême , le mercredi , outre le vendredi & le famedi , ne laiffent pas ces jours-là de s'enivrer , ou de fe battre. Les payfans font fort pauvres & miférables , ne poffedent quoi que ce foit au monde , & font fujets à des feigneurs qui les traitent avec plus de tyrannie qu'on ne fait les forçats. Un gentilhomme , à l'égard de fes domeftiques & de fes payfans , a droit de vie & de mort. Si un de fes voifins en tuoit quelqu'un , en payant le prix qu'eft eftimé le payfan , l'affaire eft affoupie. Auffi lorfqu'on parle du revenu d'un gentilhomme , on ne dit pas comme en France , Il a huit ou dix mille livres de rente , mais , Il a tant de payfans. La maifon de ces miférables efclaves , qui travaillent beaucoup , & vivent de peu , n'eft que de boue & de paille , avec quelques arbres pour en foutenir le toît : les enfans dorment & mangent avec les pourceaux ; & le maître du logis n'a point d'autre lieu pour fa table , & fouvent pour fon lit , que l'auge & le rateliér de fes bœufs. Il eft vrai que fouvent ils ont un petit appartement fous le toît , où eft leur poêle , & que les chefs de famille y couchent fur des peaux. Leur boiffon eft la biere ou l'hydromel ; ils ne boivent point d'eau , à caufe qu'elle eft prefque toute puante dans la Pologne , où elle croupit dans les plaines. Les femmes font de petite taille , fort belles , fort fimples , & ne manquent pourtant pas d'honnêteté. Les Polonois les aiment , mais en maîtres ; de forte que quand ils retournent de la campagne , elles leur viennent baifer la main droite. Les maris y font jaloux ; & c'eft pourquoi les femmes n'ont aucun entretien qu'avec leurs proches parens , fi ce n'eft qu'elles fe trouvent quelquefois à des bals ou à des feftins. Elles vont auffi très-rarement à la campagne. Il n'y a point d'hôtellerie fur les chemins ; les gentilshommes qui voyagent , logent chez leurs amis , ou portent des provifions , ou s'arrêtent chez les payfans , qui font obligés de les recevoir ; ce qui eft une maniere de payer la taille. Si quelque noble eft pris à la guerre , le roi eft obligé de le racheter. Leur langue eft une dialecte de l'efclavone ; avec cela ils parlent tous latin , & prefque tous favent les langues étrangeres.

LA RELIGION DES POLONOIS.

Les anciens Polonois étoient idolâtres. Tertullien nous affure dans fon traité contre les Juifs , que l'évangile avoit été prêché dans la Sarmatie. Nous favons pourtant qu'il ne fut reçu dans celle de l'Europe , qui eft la Pologne , que dans le X fiécle. Miciflas ou Miesko I , voulant époufer Dobrave , fille de Boleflas , duc de Bohême ; fe fit baptifer le 7 mars 965 ou 966. Depuis ce temps , les Polonois fe font maintenus conftamment dans la foi orthodoxe. Ce n'eft pas que l'héréfie de Luther , de Calvin & des autres novateurs , n'y ait fait fouvent des ravages ; mais elle n'y a point triomphé ni avec autant de pouvoir qu'elle a fait ailleurs. Ce malheur commença par les Huffites , & par les autres errans du XV fiécle , qui fe déborderent de Bohême dans cet état. Il fe continua dans le XVI fiécle. Grégoire Pauli , miniftre de Cracovie , qui y prêcha l'Arianifme vers l'an 1566 , fut chaffé par Sigifmond-Augufte , avec Georges Blandrata , Léfio Socini , Valentin Gentil , & quelques autres , Faufte Socin , qui a donné fon nom aux Sociniens , y vint depuis , & y laiffa des difciples , qui en

furent chaffés en 1660 , comme on le peut voir dans l'hiftoire de la réformation en Pologne. Il y a des Luthériens , des Calviniftes & des Anabaptiftes en quelques quartiers de Lithuanie. On y trouve auffi des fchifmatiques Grecs , & beaucoup de Juifs qui font en crédit à caufe de leurs richeffes. Ils ont des priviléges affez particuliers , & font toujours en quête fur les voies du profit & de l'ufure.

LE GOUVERNEMENT DE POLOGNE.

On croit ordinairement que les premiers peuples qui entrerent en Pologne , furent les Hénétes & les Slaves , qui en chafferent les Sueves , les Gothons , & quelques autres peuples qui l'occupoient , depuis la Viftule jufqu'à l'Elbe. LESCHUS ou LECHUS , s'en rendit maître vers l'an 550 , & commença la monarchie de Pologne. On compte quatorze princes depuis lui jufqu'à MICISLAS ou MIESKO , qui commença de régner en 964 , & qui fut le premier duc chrétien de Pologne. BOLESLAS , fon fils , lui fuccéda en 999 , & fut créé roi par l'empereur Othon III , qui alloit vifiter le tombeau de S. Adelbert , que ceux de Pruffe avoient tué. Ce roi laiffa MICISLAS II , pere de CASIMIR I , auquel fon fils BOLESLAS II fuccéda. Celui-ci qu'on furnomma le Cruel , fit mourir S. Staniflas , évêque de Cracovie. En punition de fes crimes , la Pologne perdit le titre de royaume , qu'elle ne recouvra que fous PRIMISLAS vers l'an 1295. LOUIS , roi de Hongrie après CASIMIR III , laiffa deux filles : la cadette nommée HADWIGE , déclarée reine , fe maria à JAGELLON , duc de Lithuanie , qui fe fit baptifer pour époufer cette princeffe. Par ce mariage il fut reconnu roi , & fes états furent unis à la Pologne , vers l'an 1386. JAGELLON , qui prit au baptême le nom de LADISLAS , IV de ce nom , eut pour fucceffeurs LADISLAS V , CASIMIR, JEAN-ALBERT , ALEXANDRE , SIGISMOND I & SIGISMOND II. Ce dernier étant mort fans enfans en 1572 , les Polonois élurent HENRI de France , duc d'Anjou , fils du roi Henri II , lequel fut couronné le 15 février 1574. Mais ce prince ayant appris la mort du roi Charles IX , fon frere , vint recueillir la couronne de France en 1574. Une partie des électeurs nomma ETIENNE Batthori , prince de Tranffylvanie ; & l'autre MAXIMILIEN , archiduc d'Autriche , ce qui fut caufe de la guerre. Le premier l'emporta , & mourut fans enfans en 1586. SIGISMOND III , fils de JEAN , roi de Suede , fut mis fur le trône en 1587. Depuis , après la mort du roi fon pere , il alla prendre poffeffion de la couronne de Suede ; mais quelque temps après les Suedois fe révolterent , & élurent pour roi CHARLES , prince de Sundermanie , & oncle de Sigifmond , auquel ils firent la guerre , & fur lequel ils prirent Riga en 1625. SIGISMOND mourut en 1632. LADISLAS , fon fils , lui fuccéda , & mourut en 1648. On mit à fa place JEAN-CASIMIR , qui ayant fait une abdication volontaire de la couronne , eut pour fucceffeur , MICHEL Koributh Wiefnowiski , mort en 1672. JEAN Sobieski lui fuccéda en 1674 ; & après fa mort arrivée en 1696, AUGUSTE , électeur de Saxe , monta fur le trône en 1697 ; mais il fut dépofé en 1704 , par une partie des Polonois , & STANISLAS Lefzczinski palatin de Pofnanie , & général de la grande Pologne , fut proclamé roi le 12 juillet de la même année , & couronné le 4 octobre de l'année fuivante. Le roi Augufte abdiqua entiérement en octobre 1706 ; mais après que le roi de Suede eut été défait par le czar de Mofcovie au mois de juillet 1709 , & qu'il fe fut retiré à Bender en Turquie , le roi Augufte profitant de la déroute de fon ennemi , & de fon éloignement , révoqua fon abdication , rentra en Pologne , & s'y fit reconnoître pour fouverain. La Pologne eft un état dont le gouvernement eft monarchique , & ariftocratique. Il eft monarchique , parce qu'il reconnoît un roi ; il eft ariftocratique , parceque le roi n'y eft point un prince abfolu , qui puiffe de fon autorité particuliere , & fans le confentement des fénateurs, difpofer & réfoudre des affaires. D'autres y ajoutent encore le gouvernement démocratique ou populaire, qui eft celui des nobles.

PRÉROGATIVES DES ROIS DE POLOGNE.

Le roi de Pologne donne toutes les charges de la couronne & du duché, c'eft-à-dire, du royaume de Pologne, & du duché de Lithuanie, & tous les bénéfices confiftoriaux ; mais il eft obligé de les donner à des gentilshommes Polonois, & ne peut en gratifier des étrangers, qui peuvent obtenir quelque petit bien royal ; mais il faut pour le pouvoir poffeder, qu'ils aient été faits auparavant gentilshommes Polonois. C'eft pour cette raifon que le roi Etienne Batthori fit donner le droit de nobleffe à deux de fes neveux, dans la diéte de 1586. Ce n'eft pas affez d'être gentilhomme Polonois pour obtenir des charges, il faut encore avoir du bien en fonds de terre, dans l'état où eft la charge. Ainfi un gentilhomme qui n'auroit du bien que dans le royaume, ne pourroit avoir des offices dans le duché. Ce qui s'obferve régulierement, quoique les Polonois & les Lithuaniens ne faffent qu'un même corps, & qu'ils ne foient plus qu'un même peuple.

Quoique les enfans du roi n'aient aucun droit à la fucceffion de la couronne, c'eft néanmoins ordinairement l'un de ceux qui eft élu après la mort de fon pere ; & l'on a cette même confidération pour les filles, comme il parut après la mort de Louis, roi de Pologne & de Hongrie, en 1382, lequel avoit laiffé deux filles, l'une mariée à Sigifmond, marquis de Brandebourg, & l'autre fort jeune, nommée *Hedwige*. Celle-ci fut élue reine ; & les fénateurs envoyerent jufqu'à quatre fois des députés en Hongrie, pour la demander à la reine Elizabeth. Elle fut enfuite mariée à Jagellon, duc de Lithuanie, qui fe fit chrétien pour l'époufer, & pour être roi de Pologne. Cette préférence des enfans du fang royal eft fi conftante, que dès le commencement de leur royaume, les Polonois élurent pour leur reine, la princeffe Venda, qui étoit la fille de celui qui fut de la race de Cracus, leur troifiéme roi. Les veuves des rois font auffi favorifées ; ainfi Jean Cafimir fut élu, à la charge d'époufer la reine Marie-Louife, veuve d'Uladiflas IV. Cependant ces régles ne font pas fans exception, puifqu'après la mort de Jean Sobieski, les princes fes enfans ont été exclus de la couronne.

Le roi de Pologne peut donner grace à tous les criminels ; mais il ne peut lever des troupes fans le confentement de la république, ni envoyer des ambaffadeurs aux princes étrangers, ou en recevoir de leur part, quoique ce foit à lui de leur donner audience. Il ne peut auffi fortir du royaume, pour quelque affaire que ce foit, fi la république n'y confent.

DU SÉNAT DE POLOGNE.

Les évêques, les palatins, les caftellans, & les dix officiers fénateurs compofent le fénat de Pologne, qui a été établi pour régler felon la juftice & l'équité, tout ce qui regarde le bien & la fureté de l'état. C'eft le roi qui fait les fénateurs. Ils font affis à fa droite & à fa gauche, dans la diéte générale ; & approuvent avec le roi, les conftitutions que la nobleffe propofe par fes nonces ou députés. Ainfi le fénat eft proprement entre le roi & la nobleffe, pour conferver & défendre l'autorité de la république. Les fénateurs eftiment tant leur dignité, qu'il y en a eu qui ont refufé le titre de prince de l'empire, que les empereurs leur offroient par honneur. Ils ne peuvent fortir du royaume fans la permiffion de la république, non pas même pour quelque maladie, qui les obligeroit d'aller aux eaux hors de Pologne. Les premiers fénateurs féculiers font au nombre de trente-fix ; favoir, trente-deux palatins ou gouverneurs des provinces, trois caftellans, & le ftarofte de Samogitie. A l'égard des officiers fénateurs, le premier eft le grand maréchal du royaume ; le 2. le maréchal du duché ; le 3. le chancelier du royaume ; le 4. le chancelier du duché ;

le 5, le vice-chancelier du royaume ; le 6. le vice-chancelier du duché ; le 7. le tréforier du royaume ; le 8. le tréforier du duché ; le 9. le petit maréchal, ou maréchal de la cour du royaume ; le 10. le petit maréchal, ou maréchal de la cour du duché.

DE LA NOBLESSE DE POLOGNE.

La nobleffe feule peut poffeder des charges, & tous les biens, tant du duché que de la couronne ; tous les payfans étant efclaves, & les bourgeois ne pouvant poffeder tout au plus que quelques maifons dans les villes, & quelques fonds de terre à une lieue à l'entour ; car pour les étrangers, quelque noblefs qu'ils foient dans leur pays, & quelque fervices qu'ils aient rendus à la république dans l'armée, ils ne peuvent rien poffeder, ni parvenir qu'à commander un régiment d'infanterie, ou tout au plus à être général major, qui eft une charge à-peu-près comme celle de brigadier en France. C'eft la nobleffe qui a droit d'élire le roi ; & c'eft à elle qu'il appartient de défendre les loix & la liberté en temps de guerre. Elle n'eft point obligée de fortir plus loin que trois lieues hors du royaume ; & même celle de Lithuanie & de Pruffe, ne peut être contrainte d'en fortir. C'eft encore une chofe fort extraordinaire, qu'en Pologne les gentilshommes, fans déroger à leur nobleffe, puiffent exercer les offices les plus bas, ceux de cocher, de palfrenier, de cuifinier, fans que cela les empêche de parvenir enfuite aux dignités. On en a vu qui après avoir été valets de chambre d'un grand feigneur, & d'autres qui après avoir été tambours d'une compagnie de dragons, font devenus fénateurs. La raifon de cela eft, qu'il n'y a que les métiers dans ce pays qui dérogent à la nobleffe.

DE LA RÉPUBLIQUE PENDANT L'INTERREGNE.

Pendant l'interregne, & jufqu'à ce que le roi foit proclamé, la république a pour chef le primat ou archevêque de Gnefne, & prétend que tous les princes fouverains, & même les rois, la doivent traiter de *férénifsime* ; mais le roi de France ne donne ce titre ni à la république ni au roi. Comme le royaume eft électif, tous les princes chrétiens ont droit d'y prétendre, & d'y envoyer des ambaffadeurs, foit qu'ils foient catholiques, ou qu'ils ne le foient pas. Mais les candidats qui afpirent à cette couronne, doivent faire profeffion de la foi catholique, ou être dans la difpofition de l'embraffer après leur élection. C'eft pour ce fujet que le pape envoie un nonce à la diéte, afin de repréfenter à la république l'intérêt que l'églife a qu'on élife un roi catholique.

DIETES DE POLOGNE.

La diéte générale de Pologne eft une affemblée de la nobleffe, pour délibérer des affaires de la république. Le roi la convoque en telle ville qu'il lui plaît ; mais celle de l'élection d'un nouveau roi eft convoquée par l'archevêque de Gnefne, primat du royaume, & le couronnement du prince ne fe fait qu'à Cracovie ; les autres diétes fe tiennent d'ordinaire à Warfovie. Une diéte ne doit durer que fix femaines, & le roi ne la peut prolonger, même pour des raifons très-importantes au bien de l'état, fi les nonces affemblés & leur maréchal n'y confentent. La diéte pour l'élection d'un roi fe tient toujours en pleine campagne, à demi-lieue de Warfovie, & proche le village de Vola. On y dreffe aux dépens de la république une efpece de grande halle, couverte de planches ; & ce lieu s'appelle en polonois *Szopa*, c'eft-à-dire, *lieu couvert*. Il eft entouré d'un foffé, & on y entre par trois portes. Après la meffe du S. Efprit, célébrée en l'églife de S. Jean de Warfovie, le fénat & la nobleffe vont à la Szopa, où l'ordre de la nobleffe élit d'abord le maréchal des nonces ou députés des petites diétes. Enfuite on donne audience aux ambaffadeurs de tous les princes qui prétendent à la couronne, ou qui recommandent quelque candidat ;

Lorfque le roi eft élu, on lui fait faire ferment de garder & de maintenir les priviléges de la république : ce qu'ils appellent *Pacta conventa. Voyez ci-deffous* le titre de la CAPITULATION. Jufqu'à ce qu'un roi de Pologne foit couronné, il n'a pas véritablement toute la puiffance royale ; car il ne peut donner aucune charge, aucun bénéfice, ni aucune grace à perfonne ; & il ne peut fe fervir du grand fceau de la chancellerie. Cette cérémonie fe fait à Cracovie, dans l'églife cathédrale qui eft au château. Le roi ne peut fe marier fans le confentement de la république ; & lorfqu'il fe marie après fon couronnement, il ne peut faire couronner la reine fon époufe qu'avec ce confentement ; mais il le peut lorfqu'il eft marié avant fon élection. Voici ce qui s'obferve dans la tenue des autres diétes. Dans les affaires d'importance, le roi envoie par fon chancelier aux palatins des lettres, qui font appellées *inftructionis littera* ; parcequ'elles portent l'état des affaires que fa majefté veut propofer à l'affemblée, & leur marquent le temps de fe rendre à la cour. Après que ces lettres ont été reçues, chacun des fénateurs examine en particulier la nature, la qualité, les fujets & les conféquences des propofitions, aufquelles il a la liberté de répondre felon qu'il le juge à propos, ou pour le bien du public, ou pour fon intérêt particulier. Le roi envoie encore ces lettres dans les palatinats, dont la nobleffe s'affemble pour élire un nonce, qu'ils appellent *nonce terreftre*, c'eft-à-dire, une perfonne de mérite fuffifant, & capable de parler au nom de toute la province, pour réfoudre d'un confentement univerfel ce qui leur eft propofé : car s'il arrivoit qu'un fimple gentilhomme ne voulût point admettre ce que l'affemblée concluroit, il feroit impoffible de paffer outre, le nonce ne pouroit partir, & la province n'auroit ni droit ni voix aux états. Après que ces affemblées provinciales font finies dans le temps fixé par le roi, les fénateurs & les nonces fe rendent à la cour, où le roi fuivi du chancelier, leur ayant fait connoître de rechef le fujet & la caufe pour laquelle ils font mandés, écoute & reçoit leurs avis, & il faut que les affaires fe concluent par un fuffrage unanime, ou comme ils parlent, *nemine reclamante, nemine diffentiente* ; autrement la diéte eft rompue, chacun fe retire, & les propofitions retournent dans les idées de ceux qui les avoient conçues. Entre les villes, il n'y a que Cracovie, Dantzick & Vilna qui aient le privilége d'envoyer à la diéte des députés qui ont féance dans la chambre de la nobleffe. Les affaires ordinaires paffent devant les juges établis en chaque palatinat : & comme dans les affemblées provinciales, il eft permis à toutes fortes de perfonnes d'entrer & d'écouter ce qui s'y propofe, le dernier payfan peut tout favoir. Auffi fi l'on traite de la guerre, les ennemis font auffitôt avertis & informés du projet des Polonois, de leurs forces, & du moyen de les ruiner. Le principal revenu du roi confifte en des falines proche de Cracovie, en mines de cuivre, de plomb & d'argent, dans la pêche & le tribut des Juifs. Outre cela, il a la nomination des bénéfices, & de toutes les dignités du royaume, & des charges de la guerre, des finances, de la juftice & de la police. Les plus dignités font, celles du fur-intendant, du grand-maître de la maifon du roi, du grand tréforier, du grand prévôt, &c. Ces charges font doubles pour le royaume & pour la Lithuanie, où le roi va tous les deux ou trois ans, pour y tenir une diéte : fitôt qu'il entre fur la frontiere, il n'eft plus fervi que par les officiers de ce grand duché. Le grand maréchal de la couronne a de très-grands avantages, & fa charge lui donne le nom de grand-maître de la maifon du roi, de grand-maître des cérémonies, d'introducteur des ambaffadeurs, de grand maréchal des logis ; de juge & de maître de la police, où il peut faire des loix, & exécuter les arrêts, même capitalement. Les généraux d'armée du royaume & de Lithuanie peuvent donner bataille ; & ont un pouvoir fouverain au camp. Outre les palatins, & les châtelains, dont

nous avons parlé, il y a dans toutes les villes, les burgraves, les juges & les magiftrats ; mais on peut appeller de leur fentence à Cracovie, ou à Petrikow pour la grande Pologne, & à Lublin pour la petite Pologne & la Ruffie.

DE LA CAPITULATION DE POLOGNE.

La capitulation, ou les *pacta conventa* de Pologne, eft un moyen dont fe fervent les Polonois pour conferver leur liberté & leurs priviléges. Cette capitulation fe doit faire avec le roi élu, avant qu'il foit proclamé. L'ordre du fénat & celui de la nobleffe dreffent les *pacta conventa* ; & le nouveau roi fait ferment de les garder inviolablement. En voici les principaux articles.

Que le roi ne défignera perfonne pour fucceffeur : Qu'il laiffera à la république le droit de faire battre monnoie : Que fans le confentement de la république il ne déclarera la guerre à aucun prince : Que dans fon confeil il n'aura aucuns étrangers, de quelque condition qu'ils puiffent être, & ne leur donnera ni charges ni dignités, ni ftarofties ou gouvernemens de places : Qu'il ne fe mariera point que felon les anciennes loix, & avec le confeil du fénat : Que pour fa table il n'aura aucuns biens royaux, que ceux que la république a réglés aux rois fes prédéceffeurs : Qu'il réglera avec fon confeil les troupes d'infanterie & de cavalerie, enforte que la république n'ait pas befoin de troupes étrangeres : Qu'il ne diminuera en aucune maniere le tréfor qui eft à Cracovie, mais au contraire qu'il l'augmentera : Qu'il n'empruntera aucun argent que du confentement de la république : Que fi pour les néceffités de l'état il faut avoir une armée navale, il ne poura la lever que du confentement de la nobleffe, & par le confeil du fénat. On en ajoute d'extraordinaires, felon la néceffité du temps auquel l'élection fe fait, & felon la qualité du roi élu.

DES FORCES ET DES REVENUS de la Pologne.

L'armée de Pologne eft compofée de Polonois & d'étrangers. Les troupes polonoifes font toutes de cavalerie, que l'on appelle *Huffarez* & *Tovarzyok* : les uns & les autres font gentilshommes. Les troupes étrangeres font prefque toutes d'infanterie : on les appelle étrangeres, parcequ'elles font levées fur le pied allemand, & que le commandement fe fait en langue allemande, quoique la plupart des foldats & des officiers foient Polonois.

Les biens de Pologne font de trois fortes, ou royaux, ou eccléfiaftiques, ou patrimoniaux. Les biens royaux font ceux qui font partie du domaine de la république ; favoir ; les ftarofties, les falines, & la moitié du revenu du port de Dantzick. Les ftarofties ou capitaineries ont été établies pour les vieux officiers de l'armée ; mais on les donne auffi à d'autres : ce font des gouvernemens des places frontieres.

DES SALINES, &c.

Les falines les plus confidérables font à cinq lieues de Cracovie ; ce font des mines creufées bien avant dans la terre, qui furent trouvées en 1225 : on y defcend par une ouverture, faite comme celle d'une carriere. En tirant le fel des mines, on y laiffe de gros piliers d'efpace en efpace, pour foutenir les terres qui font au-deffus. Comme toutes ces voutes ne font que de fel, il femble à ceux qui y defcendent, qu'ils foient au milieu de mille cryftaux, qui brillent de tous côtés à la lumiere des flambeaux qu'on y allume fans ceffe. On tire le fel par groffes colonnes, qui étant détachées de la mine, font traînées par des chevaux jufques vis-à-vis de l'ouverture, d'où on les monte comme les pierres des carrieres. Les chevaux demeurent toujours dans ces lieux fouterreins ; mais les hommes en fortent tous les jours. Ce qui eft de plus merveilleux dans ces mines de fel, c'eft qu'il y a une fource d'eau douce, qui fuffit pour les hommes & pour les chevaux. Pour employer ce fel , on le met en piéces , puis on le fait moudre à un moulin comme du ciment.

Il y a de quoi s'étonner qu'il y ait tant de mouches à miel dans la Pologne, qui eft un pays affez froid, puifque nous voyons qu'elles aiment les fleurs , qu'on trouve ordinairement dans les pays chauds. On en attribue la caufe aux fapins , fur lefquels les mouches à miel trouvent une liqueur agréable , & dont elles aiment les feuilles & l'odeur du bois. C'eft pourquoi toutes les ruches que les Polonois ont dans leurs jardins , font de gros troncs de fapins creufés.

SUCCESSION CHRONOLOGIQUE DES DUCS , PRINCES ET ROIS DE POLOGNE.

Ans de J. C.

550 Leck I.

Ce prince mourut fans poftérité , & le gouvernement demeura aux douze premiers officiers de fa cour , nommés palatins , qui s'en acquitterent très - équitablement. Leurs fucceffeurs n'en agirent pas de même ; & l'ambition de quelques-uns qui afpiroient à la tyrannie , ayant allumé une funefte guerre , ils s'affoiblirent de telle forte, que le peuple nomma le prince fuivant.

Ans de J. C.	Durée.
700 Cracus.	
Leck II , tué par fon frere.	
Cracus II.	
750 Venda , fille de Cracus.	10
760 Przemiflas , ou Lefchus I.	44
804 Lefchus II.	6
810 Lefchus III.	5
815 Popiel I.	8
823 Popiel II , dit *Koftech* , ou *Tête Chauve* ,	19
842 Piaft ,	19
861 Ziemovit ,	32
892 Lefchus IV.	21
913 Zeimomiflus ou Semoviflas ,	51
964 Miciflas ou Miesko , premier prince de Pologne chrétien ,	35
999 Boleflas , dit *Chobri* , premier roi ,	25
1025 Miciflas II.	9
1034 Cafimir I.	25
1059 Boleflas II , dit *le Hardi* & *le Cruel* ,	22
1082 Ladiflas ou Wladiflas , dit *Horman* , prince ,	20
1102 Boleflas III , dit *Crivoufty* , c'eft-à-dire , *Lévre torte* ,	37
1139 Ladiflas II.	9
1146 Boleflas IV , dit *le Frifé* ,	27
1173 Miciflas III , dit *le Vieil* ,	4
1177 Cafimir II , dit *le Jufte* ,	17
1194 Lefchus V , dit *le Blanc* ,	8
1202 Ladiflas III , dit *Lafconogue* ou *aux groffes jambes* ,	4
1206 Lefchus V fut rétabli ,	20
1227 Boleflas V , dit *le Chafte* ,	53
1279 Lefchus VI , dit *le Noir* ,	10
Boleflas duc de Mazovie , Henri, duc d'Uratiflavie ,	Régens.
1295 Primiflas , roi	8 mois.
1296 Ladiflas IV , dit *Loctic* , ou *le Petit* , fut chaffé après un régne de	4
1300 Venceflas , roi de Bohême ,	5
1305 Ladiflas IV , rétabli ,	28
1333 Cafimir III , dit *le Grand* ,	37
1370 Louis , roi de Hongrie ,	12
1382 Hedwige , mariée à Jagellon duc de Lithuanie , qui prit le nom de Ladiflas V.	4

Ans de J. C.	Durée.
1386 Ladiflas VI.	48
1434 Ladiflas VII , roi de Hongrie ,	10
1444 Cafimir IV.	48
1492 Jean-Albert.	9
1501 Alexandre ,	5
1506 Sigifmond I.	42
1548 Sigifmond II , furnommé *Augufte* ,	24
1573 Henri de France , duc d'Anjou ,	5 mois.
1575 Etienne Batthori , prince de Tranffilvanie ,	11
1587 Maximilien d'Autriche , élu par quelques Polonois , fut défait.	
1587 Sigifmond III , roi de Suéde ,	45
1632 Ladiflas-Sigifmond ,	15
1648 Jean-Cafimir ,	20
1669 Michel Koribut Wiefnowiski ,	4
1674 Jean Sobieski , mort en 1696.	22
1697 Frédéric-Augufte I , renonce à la couronne en 1706.	
1705 Staniflas Lefzczinski , dépoffédé en août 1709.	
1709 Frédéric-Augufte I , rétabli , meurt en 1733.	
1733 Staniflas Lefzczinski , élu de nouveau , renonce en confervant le titre de roi , le 28 janvier 1736.	
1733 Frédéric-Augufte II.	

AUTEURS QUI PARLENT DE LA POLOGNE.

Volaterran , Munfter , Mercator , Ortelius , Merula , Magin , Bertius , Cluvier , Nicolas & Guillaume Sanfon, Ferrari , Briet , &c. *in oper.* Alexandre Guaguini de Verone , *Sarmat. Europæ defcript. geogr.* François Sanfovin , *l. 2 chron.* Riccioli , *chron. refor.* Martin Cromer, *hiftor. Polon.* Michow , ou de Michovia , *de Sarm. Afiat. & Europ. & in chron.* Erafme Stuler ou Stela , *defcript. Boruffiæ.* Simon Okolski , *orbis Polon.* David Chytræus , *de Ruffor. ac Tartar. relig.* Philippus Gallimachus , *Polon. hift. contra Turcas.* Neugebaver , *hift. Polon.* Andreas Cellarius , *defcript. Polon. Confultez* encore le recueil des hiftoriens de Pologne qu'on a publié en un volume ; le recueil des auteurs de l'hiftoire de Hongrie ; ceux de l'hiftoire de Bohême , d'Allemagne & de Mofcovie. Baronius , *in annal.* Bzovius , Sponde & Rainaldi , *in contin. an. eccl.* Payen , *en fes voyages.* Le Laboureur , *voyage de la reine de Pologne.* Jovin de Rochefort , *voyage de Pologne.* Daviti , *defcript. de Pologne.* Jean Herbert de Fulftin , *hift. Polon.* Hauteville , (c'eft-à-dire , Gafpard de Tende) *relat. de Pologne, &c.* Le chevalier de Solignac, *hiftoire générale de Pologne.*

POLONOIS , FRERES POLONOIS , *cherchez* SOCINIENS ; car ce font les mêmes.

POLTROT (Jean) fieur de Merey , étoit un gentilhomme Angoumois , qui avoit été élevé parmi les pages de François Bouchard, baron d'Aubeterre. Il avoit paffé fa jeuneffe en Efpagne , & il avoit tellement pris l'air , la voix , la contenance & les mœurs de la nation qu'étant outre cela bafanné & petit , on lui avoit donné le nom d'*Efpagnol.* De retour en fon pays , il avoit embraffé avec beaucoup d'ardeur la religion proteftante , & il s'étoit attaché à M. de Soubife , fous qui il avoit fervi dans la guerre de Normandie. En 1563 , irrité de la profpérité & des heureux fuccès du duc de Guife , il prit la réfolution de le tuer , & s'en vanta. Mais comme il étoit naturellement très-réfervé , on ne crut pas qu'il fût affez téméraire pour déclarer un deffein d'une telle conféquence , s'il eût voulu l'exécuter. Il accomplit néanmoins autant qu'il fut en lui. Le 18 février de la même année 1563 , vers le coucher du foleil , le duc de Guife qui étoit au fiége d'Orléans étant à cheval , affez loin de fes gens qui marchoient devant lui , & s'entretenant avec Triftan Rofteing que la reine lui avoit envoyé , Poltrot après avoir fait au ciel une prière impie pour demander un heureux succès du crime qu'il alloit commettre, s'avança vers le lieu où étoit le duc, & lui tira de très-près un coup de pistolet dans l'épaule proche l'aisselle ; & s'étant enfui dans les bois, il ne put être atteint pour lors par ceux qui le cherchoient. Il courut toute la nuit sans savoir où il alloit, & se trouva le matin au pont d'Olivet. De-là il avança jusqu'à un lieu inconnu qu'il crut bien éloigné, & s'y étant endormi, il fut arrêté sur un simple soupçon, & bientôt reconnu par ceux qui le cherchoient. Deux jours après on le conduisit à la reine dans le camp proche Saint-Hilaire, où en présence du cardinal de Bourbon, du duc d'Estampes, de M. de Martigues, de Sébastien de l'Aubespine, évêque de Limoges, & de plusieurs autres, il fut interrogé sur son action, le motif qui l'avoit fait agir, & ses complices. Il avoua le fait, déclara que Théodore de Beze & un autre ministre lui avoient fait envisager cette action comme glorieuse & utile à la religion, & l'avoient pressé de la faire ; il en déchargea entierement le prince de Condé, d'Andelot, & M. de Soubise ; chargea au contraire l'amiral de Coligni, & fit entendre que M. de la Rochefoucault étoit complice du dessein. Interrogé de nouveau le lendemain, il fit les mêmes réponses, qu'il signa & dont on envoya copie à l'amiral de Coligni, qui tâcha de se justifier dans un mémoire daté du 4 mars, & de montrer qu'il avoit ignoré le dessein de Poltrot. Beze protesta de son innocence dans le même écrit, de même que M. de la Rochefoucault, & l'on n'exigea point d'eux d'autres preuves. Le duc de Guise mourut de sa blessure le deuxiéme jour. A l'égard de Poltrot, on l'appliqua à la question ; il rétracta sa premiere confession, varia beaucoup sur le compte de l'amiral, & n'en fut pas moins condamné au dernier supplice. Il entendit son jugement à Paris où on l'avoit conduit, & il y fut exécuté le 18 mars. Il fut déchiré avec des tenailles ardentes, tiré à quatre chevaux & écartelé. Tous les historiens modernes de France ont parlé de ces faits ; & M. de Thou en a fait un récit détaillé dans son *histoire*, livre 34, sous l'année 1563, & en traitant le régne de Charles IX, roi de France.

POLVILLER (Nicolas, baron de) étoit un gentilhomme natif d'Alsace, où il avoit de belles terres. Il étoit gouverneur de Haguenau, & colonel entretenu au service d'Espagne, à la maniere de ce temps-là, dans le XVI siécle. Il étoit hardi, entreprenant, & intriguant autant qu'homme de son siécle. On s'étoit servi de son entremise pour ramener la religion catholique vers le prince de Condé & le duc de Virtemberg. Chrétienne de Danemarck, duchesse de Lorraine, lui donna la conduite d'une entreprise qu'il ménageoit secretement en Danemarck, pour en chasser l'usurpateur, & il n'omit rien de ce qui dépendoit de lui. Long-temps auparavant il avoit entrepris de pénétrer jusque dans la Bresse, & de se saisir de Bourg, ou même de Lyon. Les mesures furent bien prises ; mais les Espagnols ne se trouverent pas au rendez-vous. Polviller repassa par bon ordre par le comté de Bourgogne, où n'ayant pas de quoi payer les Allemans qu'il avoit menés à cette vaine expédition, il s'avisa de surprendre Vesoul & de leur en donner le pillage. Mais le Frais-puits, creux qui est sur une hauteur à une petite distance de-là, d'où il sort souvent comme une espece de riviere, lorsqu'on s'y attend le moins, ayant rempli la plaine d'eaux pendant la nuit, sauva la ville. On conserve manuscrit un grand nombre de lettres du baron de Polviller, qui sont pleines d'esprit & de bon sens ; mais les faits n'y sont pas toujours exacts. * Boisot, projet de la vie du cardinal de Granvelle, dans la *Bibliothèque françoise*, & dans les *Mémoires de litter. & d'hist.* t. *IV*, premiere partie.

POLTYS, roi de Thrace, qui régnoit du temps de la guerre de Troye, c'est-à-dire vers l'an 1175 avant Jesus-Christ, reçut des ambassadeurs de la part des Grecs & des Troyens, au sujet du différend causé par le ravissement d'Hélene. Après avoir entendu leurs raisons de part & d'autre, il leur répondit qu'il falloit que Pâris

rendît Hélene à Ménélaüs son mari, & qu'au lieu de cette femme, il lui en donneroit deux des plus belles de sa cour. * Plutarch, *in regum apoph.*

POLUS ou POOL. (Renaud) cardinal & archevêque de Cantorbery, fils de RICHARD, cousin germain du roi Henri VII, & de *Marguerite*, fille de *Georges*, duc de Clarence, frere du roi Edouard IV, avoit étudié dans les plus célèbres académies de l'Europe, où il s'étoit fait d'illustres amis. Il s'étoit acquis une estime générale en Angleterre par sa probité & son érudition, surtout de la part du roi Henri VIII ; mais lorsque ce prince eut abandonné la foi de ses peres, Polus ne put se résoudre à flater sa passion ; de sorte qu'il fut contraint de sortir du royaume. Peu après il adressa au roi un traité de l'union de l'église, & par ce zèle irrita l'esprit de ce prince impérieux, qui promit 50000 écus à qui lui apporteroit la tête de ce prélat. Le pape Paul III, qui l'avoit créé cardinal en 1536, lui donna des gardes. Henri VIII en témoigna un déplaisir extrême ; & ne pouvant se venger sur la personne de Polus, fit mourir sa mere & divers de ses parens, & le persécuta lui-même dans toutes sortes d'occasions. Le cardinal supporta la mort des siens, la désolation de sa famille, avec une extrême constance, & pardonna même à trois Italiens & à deux Anglois qui avoient voulu l'assassiner. Il fut employé par les papes en diverses légations, présida au concile de Trente ; & après la mort de Henri VIII, il écrivit à son fils Edouard VI de nouveaux livres pour la défense de l'unité de l'église ; mais ce fut sans succès, parceque le jeune roi étoit gouverné par des personnes absolument opposées aux sentimens orthodoxes. Cependant ce cardinal sollicita par lettres les plus opiniâtres à reconnoître leurs erreurs, & s'efforça de ramener dans le sein de l'église ceux qui s'en étoient séparés, ou par un caprice déraisonnable, ou par d'injustes raisons d'état, ou même par un lâche intérêt ; mais il eut enfin la liberté de faire triompher son zèle, lorsque la reine Marie succéda à son frere Edouard, en 1553. Il fut alors envoyé légat en Angleterre, & reçut de cette princesse, avec l'archevêché de Cantorberi & la primatie du royaume, la charge de président du conseil royal. L'empereur Charles-Quint s'étoit opposé à son retour en Angleterre, craignant qu'il ne s'opposât au mariage de son fils Philippe II avec la reine Marie ; mais il ne s'occupa qu'à ramener les Protestans dans le sein de l'église, à remettre le calme dans l'état, & à redonner la liberté à ceux qui étoient opprimés. Sa mort, qui fut un coup fatal & pour la religion & pour le royaume, arriva le 25 novembre de l'an 1558. Tous les auteurs, même les protestans, donnent de grands éloges à son esprit, à son savoir, à sa prudence, à sa modération, à son désintéressement & à sa charité. On lui avoit appris peu auparavant la nouvelle de la mort de la reine ; il en fut tellement touché, qu'il demanda son crucifix, l'embrassa dévotement & s'écria : *Domine, salva nos, perimus ; Salvator mundi, salva ecclesiam tuam.* A peine eut-il prononcé ces paroles, qu'il tomba dans l'agonie, & mourut quinze heures après, âgé de 59 ans, avec la réputation d'avoir été un des plus illustres prélats que l'Angleterre eût produits. Son corps ayant été exposé selon la coutume quarante jours sur un lit de parade, fut porté à Cantorberi, & mis dans la chapelle de S. Thomas qu'il avoit fait bâtir, avec cette simple épitaphe, *Depositum cardinalis Poli.* Outre les ouvrages dont nous avons parlé, il composa encore ceux, *de officio summi pontificis ; de ejusdem potestate ; de concilio Tridentino ;* un volume de lettres, &c. Ce cardinal combattit l'élection que les cardinaux voulurent faire de sa personne pour le souverain pontificat après la mort de Paul III. Il fut persécuté par Paul IV, qui entreprit de le priver de la légation d'Angleterre, sur un simple soupçon d'hérésie, qui d'ailleurs étoit mal fondé ; mais il n'en put venir à bout, & son innocence fut justifiée. * Becatelli, *en sa vie.* Sandere, Petramellarius & Garimbert, *in elog.* Victorel, *in addit. ad Ciaçon.* Pitseus, *de script. Angl.* Du Chêne, *hist.*

Angl. Sponde, *in ann. &c.* Gilbert Burnet , *hist. de la formation d'Angleterre.* Gregorio Leti, *vie d'Elizabeth.* M. Scelhorn , bibliothécaire de Memmingen en Suabe , a fait imprimer en 1737 , dans le tome I de ses *Amœnitates historiæ ecclesiasticæ & litterariæ ,* in-8°, une longue lettre du cardinal Polus qui n'avoit point encore paru, intitulée : *Reginaldi Poli, cardinalis britanni , epistola ad Eduardum VI Angliæ regem , de opere adversùs Henricum VIII patrem scripto.* M. Scelhorn a fait précéder cette lettre qui , par son étendue , peut passer pour un traité , de l'histoire même du livre qui avoit donné lieu à cette lettre. Cette histoire qui content 190 pages, a pour titre : *Historia operis rarò obvii quod Reginaldus Polus adversùs Henricum VIII Angliæ regem , pro unitatis ecclesiasticæ defensione olim conscripsit.* Cette histoire est curieuse ; mais le savant luthérien qui en est l'auteur, loin de s'y servir des faits historiques renfermés dans la lettre même , pour justifier le cardinal Polus de plusieurs calomnies dont Vergier, Sleidan & Burnet ont noirci la mémoire de ce prélat , s'essaye au contraire à donner dans l'histoire qui précede la lettre , une nouvelle force à la plupart de ces calomnies. M. le cardinal Querini n'ayant pu voir tranquillement la mémoire du cardinal Polus ainsi maltraitée , a publié contre l'histoire susdite une savante dissertation , dans laquelle il se sert avantageusement de la lettre du cardinal Polus à Edouard VI , pour montrer l'injustice des reproches qu'on a faits à ce cardinal. M. Scelhorn a répondu à cette dissertation , & le cardinal Querini a répliqué. Cette dispute , jointe à d'autres motifs d'utilité & de zéle , a engagé M. le cardinal Querini à publier le recueil des lettres du cardinal Polus, & de celles qui ont été adressées à ce cardinal ; & la premiere partie de ce recueil a paru à Bresse en Italie, en 1744, in-4°, sous ce titre : *Epistolarum Reginaldi Poli S. R. E. cardinalis , & aliorum ad ipsum pars prima , quæ scriptas complectitur ab anno 1520 , usque ad annum 1536, &c.* La premiere piéce de ce recueil est la lettre de M. Scelhorn en réponse à la dissertation du cardinal Querini, avec des remarques servant de réplique à cette lettre , dans lesquelles le cardinal combat vivement , mais avec politesse , les raisons par lesquelles M. Scelhorn a cru prouver qu'il ne s'est point écarté de la vérité dans le jugement qu'il a porté sur la conduite & le caractère du cardinal Polus. Les autres piéces sont 1. la vie du cardinal Polus , composée d'abord en italien par Louis Becatelli , & traduite en latin par André Dudith , qui tous deux ayant été secrétaires de Polus , l'avoient accompagné dans la plupart de ses légations. 2. L'*Apologie* de ce cardinal que Polus adressa lui-même à l'empereur Charles-Quint , pour justifier le livre de l'*Unité ecclésiastique* qu'il avoit composé à l'occasion du schisme de Henri VIII. Il l'envoya manuscrit à ce prince, en le menaçant de le publier , s'il ne revenoit de ses erreurs ; mais Paul III s'étant cru obligé d'excommunier Henri VIII , le fit imprimer ce traité à l'insu de l'auteur, & pendant qu'il étoit en légation en France , comme on le voit dans la lettre à Edouard VI , publiée par M. Burnet. Le cardinal Polus publia cette apologie dans le dessein de la faire servir comme d'introduction à son livre de l'*Unité ecclésiastique.* On voit par la lecture même de cette apologie , que l'auteur n'y avoit pas encore mis la derniere main , & par conséquent qu'elle ne fut pas envoyée à l'empereur. 3. Une autre piéce qui peut encore être regardée comme une introduction au livre de l'*Unité ecclésiastique ,* que le cardinal destinoit à Jacques , roi d'Ecosse , dont il loue beaucoup l'attachement au saint siège , mais qui paroît n'avoir été ni achevée ni remise au roi Jacques. 4. Un écrit adressé au parlement d'Angleterre , dans lequel le cardinal Polus justifie encore son livre de l'unité, & entreprend de faire voir que dans cet ouvrage il n'a eu en vue que le salut du roi, le bien de l'église & l'avantage de la nation. 5. Une réponse faite par M. Hermann Reimar , professeur à Hambourg , gendre du savant Jean-Albert Fabricius , à une lettre que M. le cardinal Que-

rini lui avoit écrite, en lui envoyant la dissertation dont on a parlé plus haut. 6. Cette *Dissertation* même , intitulée *Diatriba ,* &c. & divisée en six chapitres qui comprennent tout ce que M. le cardinal Querini a pu recueillir touchant le cardinal Polus , soit des lettres qu'il a lui-même écrites, soit de celles qui lui ont été écrites depuis l'an 1500 jusqu'à l'an 1536 , c'est-à-dire , depuis sa premiere arrivée en Italie , jusqu'au temps où il fut revêtu de la pourpre. Le but de cet ouvrage , comme M. Querini nous l'apprend dans une lettre écrite au général de la congrégation de S. Maur, est de faire voir que Burnet , & ceux qui l'ont suivi, se sont trompés dans presque tout ce qu'ils ont rapporté du cardinal Polus. Il y a bien des faits importans discutés & éclaircis dans cette dissertation. Le sixième chapitre contient beaucoup de particularités qui regardent le fameux écrit intitulé : *Consilium cardinalium delectorum & aliorum prælatorum de emendandá ecclesiá.* Quelques auteurs prétendent que cet écrit fut rédigé par le cardinal Polus ; il est du moins certain qu'il étoit du nombre des neuf théologiens que le pape Paul III appella auprès de lui , & qu'il logea dans son palais , pour être plus à portée de prendre leurs avis sur les moyens de rétablir la discipline ecclésiastique , & pour être aidé de leurs lumieres pendant le concile de Trente qu'il avoit convoqué. Cet écrit fut imprimé à Rome en 1538 , & a depuis été inséré dans la collection des conciles de Pierre Grabe. Après ces divers écrits , dont on peut voir une notice plus étendue dans le *Journal des savans* du mois d'avril 1745 , viennent les lettres du cardinal Polus , & celles de Longueuil, d'Erasme , de Bembe , de Sadolet , qui lui ont été adressées jusqu'à l'année 1536 , inclusivement. La plupart roulent sur le schisme d'Angleterre , & contiennent des particularités qu'on chercheroit vainement ailleurs. Le second volume de ce recueil est , dit-on , imprimé ; & M. le cardinal Querini en promet un troisième.

☞ POLYANDER (Jean) professeur en théologie dans l'université de Leyde , né à Merz en 1568 , étoit originaire de Gand. Il sortoit d'une famille appellée *Kerckhoven* , avoit eu pour pere un ministre d'Embden , & se fut lui-même de Dordrecht , où il enseigna la philosophie en 1611. Les curateurs de l'université de Leyde l'ayant appellé dans cette ville , ils lui donnerent la chaire en théologie que Gomar avoit résignée. Il fut député au synode de Dordrecht , & on le nomma pour être un de ceux qui devoient en dresser les canons. D. Calmet , qui en parle dans sa Bibliothéque lorraine , dit qu'il étoit encore à Leyde en 1640. On a de lui divers ouvrages en prose & en vers , assez peu estimés. * *Voyez* Meursius , *in Ath. Batav.* D. Calmet , *biblioth. lorraine.*

POLYBE, *Polybius ,* roi de Corinthe , éleva pour son fils , le jeune Œdipe qui avoit été exposé aux bêtes sur le mont Citheron , & qui avoit été sauvé par la reine Peribée son épouse. La mort de ce prince fut le dénouement de tous les malheurs d'Œdipe , qui reconnut alors qu'il n'étoit pas son fils , comme il l'avoit cru. *Voyez* ŒDIPE. * Hyginus. *Scholiast. ad Sophocl. Œdip. tyran.* Selon Diodore de Sicile , *l. 4,* Polybe étoit un berger , & non pas un roi.

POLYBE, *Polybius ,* historien Grec , natif de Mégalopolis , ville d'Arcadie , fils de *Lycortas ,* chef de la république des Achéens. Ce peuple l'envoya en ambassade avec son pere au roi Ptolémée Epiphane , sous la CXLV olympiade , & vers l'an 198 avant J. C. Depuis on le députa pour aller vers le consul Romain qui faisoit la guerre en Thessalie. Polybe alla ensuite à Rome , où il fit amitié avec Scipion & Lelius. Il écrivit son histoire en cette ville , après avoir fait divers voyages pour prendre connoissance des lieux dont il devoit parler. Cette histoire comprenoit tout ce qui s'étoit passé de considérable depuis le commencement de la guerre punique , jusqu'à la fin de celle de Macédoine , pendant l'espace d'environ 53 années. Elle étoit divisée en 40 livres , dont les deux premiers ne servent que de préface à une narration abrégée de la prise de Rome par les Gaulois ; mais de tous ces livres nous n'en avons plus d'entiers que les cinq premiers, avec des extraits de quelques endroits des autres. Brutus l'eſtimoit ſi fort, qu'il le liſoit au milieu de ſes plus grandes affaires, & le réduiſoit en abrégé pour ſon uſage, lorſqu'il faiſoit la guerre à Antoine & à Auguſte. Lucien nous apprend que Polybe ne mourut qu'en la 82e année de ſon âge. Nous ſommes obligés au pape Nicolas V de la premiere publication de ſes œuvres, qu'on a augmentées dans les dernieres éditions. * Voſſius, *de hiſt. Græc. l.* 1, *c.* 19. Caſaubon, *in not. ad Polyb.* La Mothe le Vayer, *jug. ſur les hiſt.*

POLYBE, *Polybius*, médecin, gendre, diſciple & ſucceſſeur d'Hippocrate, vivoit ſous la XCI olympiade, & vers l'an 414 avant J. C. & laiſſa divers traités que nous avons encore.

POLYCARPE (S.) *Polycarpus*, évêque de Smyrne, diſciple de S. Jean l'Evangéliſte, avoit ſoin de toutes les égliſes d'Aſie, qu'il inſtruiſoit par ſa doctrine, & qu'il fortifioit par ſon exemple. Il fit un voyage à Rome ſous le pontificat du pape Anicet, vers l'an 160, pour conférer avec lui, apparemment ſur quelques uſages particuliers de l'égliſe de Rome. Ils parlerent de la queſtion ſur le jour de la célébration de la Pâque, qui fut depuis agitée ſous le pape Victor ; mais ayant tous deux jugé à propos d'obſerver chacun leur coutume, ils communiquerent l'un avec l'autre, & Anicet, pour faire honneur à S. Polycarpe, le fit célébrer à ſa place dans ſon égliſe. Dans ce voyage, S. Polycarpe, dont la doctrine & la piété étoient très-renommées, convertit pluſieurs perſonnes qui s'étoient laiſſé ſurprendre aux erreurs de Valentin & de Marcion. On dit qu'ayant rencontré dans les rues de Rome l'héréſiarque Marcion, celui-ci lui demanda s'il le connoiſſoit : Oui, répondit le ſaint évêque, *je te reconnois pour le fils aîné du diable.* Il avoit une grande horreur des hérétiques ; & pour montrer combien on devoit les fuir, il diſoit que S. Jean l'Evangéliſte ayant vu Cerinthe entrer dans un bain où il étoit, il s'enfuit, *de crainte*, dit-il, *que le bain ne tombât*, à cauſe que Cerinthe, ennemi de la vérité, s'y rencontroit. S. Polycarpe avoit un reſpect tout particulier pour la mémoire de ce ſaint apôtre, qui avoit été ſon maître ; & il prenoit plaiſir à rapporter les diſcours qu'il avoit eus avec lui & avec ceux qui avoient vu Jeſus-Chriſt. A ſon retour en Aſie, il ſouffrit le martyre le 23 février, ou le 25 d'août, ou plutôt le 26 mars d'une des années 166, 167 ou 169. Son martyre eſt écrit d'une maniere très-élégante dans la lettre de l'égliſe de Smyrne aux égliſes de Pont. Il eſt rapporté dans cette lettre que trois jours avant qu'il fût arrêté, étant en prieres, il eut une viſion dans laquelle il apperçut le chevet de ſon lit tout en feu : ce qui lui fit prévoir qu'il devoit bientôt être brulé tout vif ; qu'étant attaché à un poteau, le feu forma une eſpece de cercle autour du corps de ce ſaint martyr, qui demeura au milieu ſans être endommagé ; que les païens voyant que le feu ne l'atteignoit pas, envoyerent un homme le percer d'un coup d'épée, & que ſon corps étant demeuré tout entier au milieu des flammes, on empêcha les chrétiens de l'emporter, de peur, diſoient les païens, qu'ils ne l'adoraſſent ; qu'enfin le centurion fit bruler ce ſaint corps, dont les chrétiens emporterent les os. A l'égard de ſes ouvrages, S. Irenée nous aſſure par la lettre à Florin, que S. Polycarpe avoit écrit pluſieurs lettres aux égliſes voiſines de la ſienne pour les affermir dans la foi ; & d'autres à quelques-uns de ſes freres, pour les exhorter. Nous n'avons à préſent qu'une ſeule lettre de lui écrite aux Philippiens, citée par S. Irenée, par Euſebe, par S. Jérôme & par Photius, qui l'ont tous louée & approuvée, comme étant de S. Polycarpe. Elle a été inſérée par M. Cotelier dans ſa collection des anciens monumens des peres, & elle a été imprimée depuis en Hollande avec une diſſertation ſur S. Polycarpe, dans un recueil de pieces, donné par le ſieur le Moine, proteſtant, & intitulé *Varia ſacra*. On attribue encore à ce ſaint martyr quelques

autres ouvrages, comme une lettre à S. Denys l'Aréopagite, citée par Suidas : un traité de la mort de S. Jean, que l'on dit être dans l'abbaye de Fleuri ; mais il y a apparence que ce ſont des pieces ſuppoſées. S. Ignace avoit écrit à S. Polycarpe une lettre que nous avons encore. S. Irenée aſſure qu'il avoit vu le dernier ; qu'il ſe ſouvenoit des traits de ſon viſage, de ſa façon de marcher, de ſa maniere de vie, du lieu où il enſeignoit, & du récit qu'il leur faiſoit des choſes qu'il avoit entendues de ceux qui avoient vu Jeſus-Chriſt. On dit que S. Polycarpe envoya pluſieurs de ſes diſciples dans les Gaules ; & il y a apparence que venant par mer, ils aborderent ſur les côtes de Provence ; & qu'en ce temps-là furent établis les ſiéges de l'égliſe de Cemele (maintenant Nice ;) d'Antibes, qui eſt aujourd'hui à Graſſe ; de Fréjus ; de Toulon, & du reſte de la côte juſqu'à Lyon. Il eſt certain qu'il y eut depuis ce temps-là une particuliere correſpondance entre les égliſes de l'Aſie mineure, & celles des Gaules : il eſt vraiſemblable que cette union d'égliſes ſi éloignées, venoit de ce que celles de France tenoient leurs Evangéliſtes des égliſes grecques. En effet Photin qui fut le premier évêque de Lyon, & Irenée qui lui ſuccéda, étoient Grecs de nation, & diſciples de S. Polycarpe. * S. Irenée, *l.* 3, *adv. hær. c.* 3. Tertullien, *de præſcr. c.* 32. Euſebe, *l.* 4, *hiſt.* & *in chr. A. C.* 157 & 167. S. Jérôme, *de vir. c.* 17. Socrate, *l.* 5, *c.* 21. Photius, *cod.* 126. Honoré d'Autun, *l.* 1, *c.* 18. Trithème & Bellarmin, *de ſcript. eccl.* Baronius, *in annal. & martyrol.* De Valois, *in l.* 4, *Euſeb.* Joachim Perion. Pierre Halloix & Jacques Uſſer, *in edit. epiſt. S. Polycarp.* Godeau, *hiſt. de l'égliſe, l.* 4. D. Ceillier ; *hiſtoire des auteurs ſacr. & eccléſiaſt.* tome I.

POLYCARPE, recueil de canons, de conſtitutions & d'ordonnances touchant les affaires eccléſiaſtiques, fut compoſé par Grégoire, prêtre Eſpagnol, un peu après le temps d'Yves de Chartres, & avant celui de Gratien, c'eſt-à-dire, vers l'an 1120. Le mot de polycarpe eſt tiré du grec, & ſignifie un *recueil* ou *amas de pluſieurs fruits :* de πολυ, *beaucoup*, & καρπὸς, *fruit.* * Doujat, *hiſt. du droit canon.*

POLYCHRONIUS, évêque d'Apamée, frere de Théodore de Mopſueſte, & diſciple de Diodore de Tarſe, vivoit à la fin du IV ſiécle, & au commencement du V. Il a fait quelques commentaires ſur Job & ſur Ezéchiel, dont on a trouvé des fragmens dans les chaînes grecques de S. Jean de Damas. Il y a de faux actes de S. Sixte avec Polychronius, qui ſont datés après ſa mort. * Du Pin, *biblioth. des auteurs eccléſ. du V ſiécle.*

POLYCLETE, *Polycletus*, ſculpteur célébre, natif de Sicyone, ville du Péloponnéſe, floriſſoit ſous la LXXXVII olympiade, vers l'an 432 avant J. C. Après eu Agelade pour maître, il eut pour éleves pluſieurs ſculpteurs qui ont été depuis très-illuſtres, comme Aſopodore, Alexis, Ariſtides, Phrynon, Dinon, Athénodore, Daméas le Clitorien, & Miron le Lycien. Il fit pluſieurs ſtatues d'airain qui furent fort eſtimées, & une entr'autres qui repréſentoit un jeune homme couronné, laquelle fut vendue cent talens, au rapport de Pline, c'eſt-à-dire, environ ſoixante mille écus de notre monnoie. Un autre de ſes ouvrages, repréſentant un enfant tenant une lance à la main, ne fut pas moins célébre ; mais ce qui lui donna le plus de réputation, fut une ſtatue dans laquelle il raſſembla ſi heureuſement les plus juſtes proportions du corps humain, qu'elle fut appellée *la régle*. Les ſculpteurs venoient de toutes parts pour ſe former, en voyant cette ſtatue, une idée certaine de ce qu'ils avoient à pratiquer, afin d'exceller dans leur art. Ses ſtatues de trois enfans nuds jouans enſemble, que l'empereur Tite avoit dans ſon palais, paſſoient pour un chef-d'œuvre de l'art. Le Mercure adoré dans la ville de Lyſimachie, étoit encore de lui, auſſi-bien que l'Hercule de Rome qui étoit repréſenté enlevant de terre un Antée ; & cet Artemon qu'on portoit par-tout pour le faire voir. Enfin

Polyclete

Polyclete posséda sans contredit la réputation d'avoir porté à sa derniere perfection l'art de la sculpture, comme Phidias avoit eu la gloire de l'avoir le premier mis en honneur. Ce qui est particulier à Polyclete, & ce qui distingue ses ouvrages des autres, c'est que la plupart de ses figures se soutiennent sur une cuisse ; ce qu'il sembloit affecter, parcequ'il avoit le premier employé cette attitude plus vive & plus hardie. Varron l'accusoit d'avoir eu peu de variété dans ses ouvrages, & d'avoir formé ses figures presque toutes sur une même idée. * Pline, lib. 4, cap. 8.

POLYCLITE, *Polyclitus*, de Larisse, auteur Grec, écrivit des ouvrages historiques, cités par Athénée, l. 12. On ne sait en quel temps il vivoit. * Julius Pollux, in *onom. l. 2, c. 4, segm.* 120. Strabon, l. 11 & 15. Elien, l. 16, c. 41. Vossius, de *hist. Græc. l.* 3. Gesner, in *biblioth. &c.*

POLYCRATE, *Polycrates*, tyran de Samos, régnoit sous la LXII olympiade, & vers l'an 532 avant J. C. On dit qu'il fut si fortuné, que toutes choses lui réussissoient, au-delà même de ses vœux ; jusques-là qu'ayant jetté un bijou de grand prix dans la mer, on le retrouva quelque temps après dans un poisson qu'un de ses cuisiniers éventroit. Sa fin fut néanmoins très-malheureuse ; car Orontes, gouverneur de Sardes, l'ayant surpris, le fit mourir sur une croix, sous la LXIV olympiade, & vers l'an 524 avant J. C. * Hérodote, l. 3. Thucydide, l. 1. Cicero, l. 5 de fin. Eusebe, in chron. &c.

POLYCRATE, *Polycrates*, évêque d'Ephèse, vivoit sur la fin du II siécle, & fit résoudre dans une assemblée des évêques d'Asie, qu'on célébreroit la fête de Pâque le 14e jour de la lune de mars, quelque jour qu'il arrivât, sans attendre le dimanche, comme on faisoit dans l'église de Rome. Il en donna avis au pape Victor, par une lettre qu'il lui écrivit. Cette contestation excita quelque division entre les églises. Victor sépara les Asiatiques de sa communion. Les évêques de Palestine, du Pont & de l'Osroëne prirent le parti de Polycrate ; & S. Irénée exhorta les uns & les autres à la paix. On a, sous le nom de Polycrate, une passion de S. Timothée, qui est une piéce supposée. * Eusébe, l. 5, hist. c. 23. S. Jérôme, de script. ecclés. Du Pin, biblioth. des aut. ecclés. des trois premiers siécles.

POLYCRETE ou POLYCRITE, fille de Samos, qui fut prise par Diognète, général des Erythréens, lequel s'en servit comme de sa femme. Un jour que les Milésiens étoient surpris par le vin & par le sommeil, elle en donna avis à ses compatriotes, par une lettre écrite sur des tablettes de plomb qu'elle renferma dans un pâté. Les Milésiens furent défaits par leurs ennemis qui épargnerent Diognète, à la priere de cette femme. Poliæn. stratag.

POLYCRITE, *Polycritus*, de Mendée, ville de Sicile, écrivit la vie de Denys le Tyran. On croit que c'est le même qui écrivit un poëme de la Sicile. Les auteurs font mention de quelques autres Polycrites, mais on ne sait point s'ils étoient de Mendée en Sicile, en Thrace ou en Egypte ; car il y a eu trois villes de ce nom. * Plutarch. in Alexand. Plin. l. 31, c. 2, &c. Vossius, de hist. Græc.

POLYDAMAS, *Polydamas*, fameux athlète en Thessalie, étrangla un lion sur le mont Olympe. Il soulevoit le taureau le plus furieux, & arrêtoit un chariot, quelque forts que fussent les chevaux qui le traînoient ; mais il fut écrasé sous un rocher où il s'étoit retiré pour éviter la tempête. Ce malheur ne lui arriva que par son indiscrétion ; car il se flata de pouvoir soutenir ce rocher qui commençoit à s'affaisser, dans le temps que ses compagnons prenoient la fuite. * Pline, l. 7, c. 49. Valere Maxime, l. 9, c. 12, ex. 18. Homere. Pausanias, &c.

POLYDAMUS (Valentin) médecin Italien au XVI siécle, publia non-seulement quelques livres de médecine, mais aussi une histoire dont Bembe parle avec assez de mépris. * Lindenius renovatus, page 1033. Petrus Bembus, epist. 56, lib. 6.

POLYDECTE, *Polydectus*, roi de l'isle de Seriphe, recueillit Danaë qui y aborda dans un coffre où elle avoit été exposée sur mer par son pere Acrise, avec le jeune Persée qu'elle avoit eu de Jupiter. Polydecte l'épousa, fit élever Persée dans le temple de Minerve, & obtint leur grace d'Acrise. Apres sa mort, Persée célébra des jeux funebres en son honneur. * Hygin. Natalis Comes.

POLYDECTE, *Polydectus*, roi de Lacédémone, frere de Lycurgue ; voyez CHARILAUS.

POLYDORE, *Polydorus*, fils de Priam & d'Hécube, fut confié par ce prince à Polymnestor, roi de Thrace, qui le fit mourir, afin de profiter de ses trésors. Hécube, pour s'en venger, creva les yeux à ce barbare. * Consultez Ovide ; Virgile, &c.

POLYDORE, fut un des rois des Lacédémoniens, qui pour finir une guerre de vingt ans entre ceux de Lacédémone & ceux de Messene, feignit une querelle avec Théopompe, l'autre roi de Lacédémone, & fit semblant de se retirer de la bataille ; sur quoi les Messéniens s'étant avancés, ils furent environnés de toutes parts, & entierement défaits.

POLYDORE de Rhodes, excellent statuaire, dont parle Pline, l. 34, c. 8, & l. 36, c. 5.

POLYDORE VIRGILE ou VERGILE, d'Urbin en Italie, vivoit dans le XV & le XVI siécles, s'attacha à l'étude des belles-lettres, & dès l'an 1498 publia un Recueil de sentences tirées de l'écriture sainte. Personne encore entre les modernes n'avoit donné aucun livre de cette nature, & l'année suivante il mit au jour son ouvrage De inventoribus rerum en 8 livres. Depuis étant allé en Angleterre pour y recevoir le tribut qu'on y payoit au saint siége, & qu'on appelloit le denier de S. Pierre, il fut fait archidiacre de Wels. En 1526 il fit imprimer à Londres son traité des prodiges ; & il mit la derniere main à une histoire d'Angleterre, qui finit à la mort de Henri VII, & qu'il dédia au roi Henri VIII en 1533. Cet ouvrage qui est divisé en 26 livres, est peu fidèle, selon les Anglois mêmes. Vers le même temps, ayant souhaité de sortir d'Angleterre pour chercher un climat plus chaud, il obtint ce qu'il souhaitoit, & on le laissa jouir du revenu de ses bénéfices pendant son absence. Il mourut vers 1540. * Paul Jove, in elog. c. 145. Henri Savil. in edit. script. Angl. Vossius, l. 3 de hist. Lat. Bayle, diction. crit.

POLYDORE DE CARAVAGGIO, peintre célébre dans le XVI siécle, vint à Rome dans le temps que le pape Léon X faisoit travailler au Vatican, & que Raphaël d'Urbin avoit l'intendance de ces bâtimens. Polydore, qui n'étoit alors qu'un simple manœuvre, portoit le mortier aux maçons, & les servit dans ce pénible métier jusqu'à l'âge de dix-huit ans. Jean de Udine peignoit à fresque dans le même temps. Polydore, à qui la nature avoit donné toutes les dispositions nécessaires pour la peinture, considéra attentivement ses ouvrages, & fit amitié avec tous les jeunes gens qui travailloient au Vatican, afin d'avoir occasion de les voir peindre, & d'apprendre d'eux les regles de l'art. Il devint le compagnon de Mathurin, natif de Florence, qui peignoit alors dans la chapelle du pape, & se mit à travailler avec une si grande application, qu'en peu de temps il fit des choses surprenantes. Ensuite il peignit dans les loges du Vatican, & se rendit si habile, qu'il fut un de ceux à qui on donna la gloire d'avoir le plus contribué à conduire ce grand ouvrage à sa perfection. Il s'attacha sur-tout à travailler en cette maniere de clair & d'obscur, qui lui réussit si bien ; & fit une étude exacte de toute l'antiquité. En 1527, lorsque Rome fut assiégée par les Espagnols, il alla à Naples ; mais n'ayant pas trouvé de quoi s'occuper, il passa en Sicile, & fut employé en 1536 pour dresser des arcs de triomphe, lorsque l'empereur Charles-Quint arriva à Messine, à son retour de Tunis. Il voulut retourner à Rome, & n'étant arrêté à Messine que par les caresses d'une femme qu'il aimoit, il retira l'argent qu'il avoit alors à la banque, & se mit en état de partir ; mais son valet qui avoit résolu de le voler, s'étant associé avec quelques filoux, le surprit la nuit dans le lit, où ils l'étranglerent avec une serviette, & le percerent de coups de poignard. Après avoir commis cet horrible assassinat, ils porterent le corps de Polydore près de la porte de la femme qu'il aimoit, pour faire croire que les parens de cette femme l'avoient tué dans sa maison ; mais le crime fut découvert, & le valet qui avoua tout, fut puni. Polydore de Caravaggio fut regretté de toute la ville, & fut enterré dans l'église cathédrale de Messine l'an 1543. * Vasari, *vit. de Pit.* Félibien, *entret. sur les vies des peintres.*

POLYEN, *Polyænus*, sophiste, natif de Sardes, vivoit du temps de Jules César, vers l'an avant J. C. 38 ; & composa trois livres du triomphe que Ventidius Bassus remporta sur les Parthes l'an 38 avant J. C. * Suidas. Bayle, *diction. critiq.*

POLYEN, *Polyanus*, de Macédoine, florissoit vers l'an de J. C. 180, & dédia aux empereurs Antonin & Vérus, dans le temps qu'ils étoient en guerre contre les Parthes, un *Recueil des stratagémes*, qui contenoit les ruses de guerre, que les anciens avoient mises en usage. Casaubon est le premier qui l'ait publié en grec en 1589. Il y ajouta la version latine de Justus Vultejus, qui avoit paru en 1550. Pancratius Masvicius en a donné une édition plus exacte & plus correcte en 1690. On a donné en 1739 à Paris en deux volumes *in-12*, une traduction françoise de l'ouvrage de cet auteur, sous ce titre : *Les ruses de guerre de Polyen*, traduites du grec en françois, avec des notes, par D. G. A. L. R. B. D. L. C. D. S. M. (dom Gui-Alexis Lobineau, religieux Bénédictin de la congrégation de S. Maur) contenant en abrégé les faits les plus mémorables de tous les grands capitaines de l'antiquité, & de quelques femmes illustres, avec les *Stratagémes de Frontin*. Ceux-ci, de la traduction de Nicolas Perrot, sieur d'Ablancourt, avoient paru dès 1664, *in-12* à Paris, *avec un petit traité de la bataille des Romains*, & des remarques. Ciceron parle, *academ. quæst. lib.* 2, d'un POLYEN qui avoit passé pour grand mathématicien, & qui embrassant les sentimens d'Epicure, soutint que toute la géométrie étoit fausse. * Consultez Vossius ; Gesner ; Possevin ; Casaubon, qui a publié le traité de Poliænus de Macédoine ; Eusebe, *in chron.* Bayle, *diction. critiq.*

POLYEUCTE, *Polyeuctus*, poëte comique Grec. On ne sait pas en quel temps il a vécu. * Athénée, *l.* 10.

POLYEUCTE, célèbre martyr d'Arménie, dont les actes ne sont pas néanmoins certains. Ils portent qu'étant dans les troupes de l'armée romaine à Melitène, il avoit pour ami Néarque qui étoit chrétien, & une femme nommée *Pauline* ; que la persécution ayant été déclarée en Arménie, Néarque en quittant Polyeucte, le convertit ; que Polyeucte se déclara chrétien ; qu'il fut arrêté, & qu'après avoir souffert plusieurs tourmens, il eut la tête tranchée. Mais ces actes ne paroissent pas bien avérés. Dès le IV siécle il y avoit à Melitène une église de S. Polyeucte, & une autre à Constantinople du temps de Justinien. On fait sa fête au 13 de février.* *Acta apud* Bolland. Baillet, *vies des Saints.*

POLYEUCTE, patriarche de Constantinople, s'étoit rendu vénérable, pendant qu'il étoit religieux, par la douceur & par sa simplicité. Il succéda à Théophylacte en 956, & eut des chagrins à essuyer, parcequ'il n'avoit pas été consacré par l'évêque d'Héraclée. Cependant il s'opposa avec beaucoup de courage aux desseins injustes de Constantin Porphyrogenete : il chassa de l'église Nicéphore Phocas qui, avant la mort de sa première femme, en avoit épousé une seconde ; &

traita de la même façon Jean Zimiscès, assassin de Nicéphore. Ce patriarche mourut en 970. * Curopalate & Baronius, *in annal.*

POLYGAMISTES, hérétiques du XVI siécle, permettoient à un homme d'avoir plusieurs femmes. Bernardin Ochin qui, après avoir été général des Capucins, étoit passé chez les hérétiques, fut, dit-on, l'auteur de cette infame secte, qui ne paroît pas s'être fort étendue. * Consultez, mais avec précaution, Sandere, *hær.* 203. Pratéole, *V. Polygam.* Florimond de Raimond, *l.* 3, *c.* 5, *n.* 4, &c.

POLYGLOTTE, c'est-à-dire BIBLE EN PLUSIEURS LANGUES. François Ximenès de Cisneros, cardinal & archevêque de Tolede, est le premier qui ait donné au public une bible en plusieurs langues ; & c'est celle qu'on appelle *la bible de Complute.* On y trouve le texte hébreu, de la manière que les Juifs le lisent ; la version grecque des Septante ; la version latine de S. Jérôme, que nous appelons *Vulgate* ; & enfin la paraphrase chaldaïque d'Onkélos, sur les cinq livres de Moyse seulement. On a ajouté à la fin un dictionaire des mots hébreux & chaldaïques de la bible. Cet ouvrage a été imprimé en 1515. La version latine que nous appelons *Vulgate*, a été retouchée en plusieurs endroits. Ce qui paroît de plus singulier dans cette polyglotte, c'est que le cardinal fit imprimer le texte grec du nouveau testament sans accens & sans esprits, parce qu'en effet les plus anciens manuscrits n'en ont point. Il a cru par-là représenter mieux les originaux grecs du nouveau testament ; ce qu'il n'a pourtant point observé dans l'édition des Septante, parceque c'est une version de l'écriture, & non pas un texte original. Ce nom vient de πολὺ *beaucoup*, & γλῶῆα *langue.*

Les Juifs ont aussi des polyglottes. Ceux de Constantinople ont fait imprimer deux exemplaires du pentateuque en forme de tétraples, qui sont en quatre langues ; l'un desquels contient le texte hébreu de Moïse, la paraphrase chaldaïque d'Onkélos, la version arabe de R. Saadias, & la version persienne d'un autre Juif. L'autre pentateuque comprend le texte hébreu & la paraphrase d'Onkélos, aussi-bien que le premier, & renferme une version faite en grec vulgaire, & une autre faite en espagnol. Tous ces différens idiomes sont imprimés en caractères hébreux.

POLYGLOTTE D'ANVERS, est nommée autrement *la bible royale* ou *la bible de Philippe II.* Arias Montanus la fit imprimer à Anvers en 1572. Outre ce qui est contenu dans la bible de Complute, on y voit la paraphrase chaldaïque sur les autres livres de l'ancien testament, laquelle le cardinal Ximenès avoit mise dans la bibliothèque des théologiens de Complute, ne jugeant pas à propos de la faire imprimer. Il y a encore une version syriaque du nouveau testament, avec l'interprétation latine du syriac. On voulut susciter des affaires à Arias Montanus, pour avoir osé publier la paraphrase chaldaïque, contre le sentiment du cardinal Ximenès. Le même Arias inséra dans sa polyglotte la version latine de Pagnin, qu'il réforma à sa manière en plusieurs endroits, ne jugeant pas que la vulgate exprimât assez à la lettre le texte hébreu. On a ajouté à cette bible plusieurs dictionaires, pour l'intelligence des différentes langues.

POLYGLOTTE DE PARIS, M. Gui-Michel le Jai a fait imprimer à Paris pendant plusieurs années, avec une dépense prodigieuse, une polyglotte qui surpasse de beaucoup celle de Complutte & la royale de Philippe II ; aussi s'y est-il ruiné entiérement. N'étant pas content de ce qui avoit paru jusqu'alors, il fit venir des Maronites de Rome pour le syriac & pour l'arabe, qui ne sont point dans les polyglottes précédentes. Il fit aussi imprimer le pentateuque samaritain, avec une version samaritaine, dont on n'avoit encore rien vu jusqu'alors. Mais quelques savans disent que l'on ne devoit pas mettre dans cette belle polyglotte la version grecque des Septante, qui avoit été imprimée dans la bible de Complute & dans celle d'Arias Montanus, parceque cette édition grecque est fort défectueuse, & que l'on devoit mettre l'édition vulgate selon la correction des papes Sixte V & Clément VIII; au lieu qu'on réimprima l'édition d'Anvers. Cette grande bible est aussi sans aucunes préfaces, où l'on rende raison des textes & des versions qu'on imprimoit, & sans aucuns dictionaires. Quoi qu'il en soit, on n'a rien vu jusqu'à présent qui égale la beauté & la majesté de cet ouvrage, tant pour les caracteres que pour le papier; tout y est magnifique. * M. Simon, disquisit. de biblior. edition.

POLYGLOTTE D'ANGLETERRE. Cette polyglotte contient les mêmes choses que celle de Paris, à la réserve de quelques additions qui sont de peu d'importance; mais l'impression n'en est pas si belle. Les Anglois ont préféré judicieusement l'édition Vaticane des Septante aux autres, parcequ'elle est la meilleure. Ils ont aussi mis dans leur ouvrage la vulgate, selon la derniere correction de Rome. Ils ont encore mis des versions syriaque & arabe sur quelques livres de la bible, qui n'ont point été imprimées dans la bible de M. le Jai: de plus le Targum, qu'on appelle Jerosolymitain, & celui du faux Jonathan, y sont avec une version persienne sur le pentateuque, & une autre persienne sur le nouveau testament. Mais la plupart de ces piéces ne méritoient pas de voir le jour. On y a aussi ajouté ce qu'on avoit déja imprimé en éthiopien sur les pseaumes, sur le cantique des cantiques, & sur le nouveau testament. Les prolégoménes & le sixieme volume de cette polyglotte méritent mieux d'être loués que ces additions. M. Simon blâme les Anglois de s'être attribué un ouvrage qui n'étoit point à eux, & d'y avoir mis leur nom à la tête, au lieu que, selon lui, ils devoient mettre pour titre, SECONDE EDITION DE LA BIBLE POLYGLOTTE DE M. LE'JAI.

AUTRES BIBLES POLYGLOTTES; de VATABLE, en hébreu, grec & latin; de VOLDER, en hébreu, grec, latin & allemand; d'ELIE HUTER, en hébreu, chaldaïque, grec, latin, allemand & esclavon. * Voyez la bibliothéque sacrée du P. Le Long.

POLYGNOTE, Polygnotus, Thasien, fils d'Aglaophon, ancien peintre très-célébre, est le premier qui employa l'expression, pour représenter au vif les mouvemens de l'ame, & qui donnant je ne sai quoi de plus libre & de plus gai à ses figures, quitta tout-à-fait l'ancienne maniere de peindre, qui étoit un peu barbare & pesante. Il prit plaisir principalement à représenter les femmes; & ayant trouvé le secret des couleurs vives, il les vêtit d'habits éclatans & agréables, varia leurs coëffures, & les enrichit de nouveaux ajustemens. Cette nouveauté éleva beaucoup l'art de la peinture, & donna une grande réputation à Polygnote, lequel, après avoir fait plusieurs ouvrages à Delphes & à Athènes, fut honoré par le conseil des amphyctyons, d'un remerciment solemnel de toute la Grece, avec ordre à toutes les villes de leur gouvernement, de lui donner des logemens aux dépens du public, quand il y demeureroit. Ce remerciment lui fut fait, parcequ'il ne voulut recevoir aucun payement des ouvrages qu'il avoit faits à Delphes & à Athènes. * Félibien, entret. sur les vies des peintres. Pausan. in Phocicis.

POLYIDE. Plutarque dans son dialogue sur la musique, nous parle d'un Polyide, poëte & musicien célébre. Aristote qui en fait aussi mention, le qualifie de sophiste; & cette profession n'étoit pas incompatible avec les deux autres, non plus que celle de peintre, que Diodore de Sicile lui attribue. Cet historien le fait fleurir vers la XCV olympiade; & le range à la suite de Philoxène, de Timothée & de Téleste, dont il fut contemporain. On croit qu'il composa comme eux des vers dithyrambiques; & Aristote lui attribue de plus une tragédie intitulée, Iphigénie en Tauride, qu'il met

au-dessus de celle d'Euripide sur le même sujet, eu égard à la maniere simple & ingénieuse dont Polyide dans la sienne amene la reconnoissance d'Oreste. Il le fait par le moyen de ce raisonnement qu'il met dans la bouche d'Oreste, sur le point qu'Iphigénie va le sacrifier. Comme ma sœur a été immolée à Diane, s'écrie Oreste, il faut donc aussi que je lui sois immolé. Ce qui occasione une reconnoissance très-touchante & à laquelle le spectateur ne s'attend point. * Voyez sur Polyide, les remarques de M. Burette sur le dialogue de Plutarque touchant la musique, imprimées dans le tome XIII des Mémoires de l'académie des inscriptions & belles-lettres, pag. 303 & 304.

POLYIDE, Polyides. Il y en a un autre de ce nom, qui écrivit de l'art des machines; & un autre d'Argos, à qui Glaucus, fils de Minos, voulut apprendre l'art de deviner. Celui-ci étoit médecin; & l'on conte qu'il ressuscita Glaucus, en lui donnant d'une certaine herbe, dont il avoit vu un serpent se servir pour rendre la vie à un autre serpent. * Apollodore, l. 3 biblioth. Pausan. in Attic. Clément Alexandrin, l. 1 strom. Censorin, in fragm. c. 9. Hygin. Vossius, &c.

POLYMESTOR, succéda à son pere Eginete dans le royaume d'Arcadie, au temps que les Lacédémoniens firent la guerre aux Tégéates, qui lui firent une si vigoureuse résistance, qu'ils désirent leur armée, & prirent prisonnier leur roi Carillus. * Pausanias, in Arcadicis. Il y a eu un POLYMESTOR, enfant de Milet, lequel étant à garder des chevres, attrapa un liévre à la course; ce qui ayant été rapporté à l'assemblée tenue pour les jeux olympiques, il fut honoré du prix dans la XLVI olympiade.

POLYMNESTE, poëte musicien, étoit fils de Mélés, citoyen de Colophon, ville d'Ionie, célébre par les oracles qu'Apollon y rendoit, selon la fable. Plutarque parle de Polymneste dans son dialogue sur la musique; mais quand il dit que Pindare en fait aussi mention, il se trompe. Le Polymneste dont parle Pindare dans la quatriéme ode des Pythiques, vers 104, n'est point le fils de Mélés, mais un des plus considérables citoyens de l'isle de Théra, voisine de Crète, lequel fut pere de Battus, fondateur & premier roi de Cyréne. Notre Polymneste travailla dans le même genre de poësie musicale que Terpandre & Clonas; c'est-à-dire, qu'il composoit des airs de flute, des prosodies, des chants élégiaques, des épiques. Ses airs de flute s'appelloient de son nom Polymnestiens ou Polymnastiens. Plutarque compte Polymneste parmi ceux qui firent à Lacédémone le second établissement de la musique, & qui introduisirent dans cette même ville, ainsi qu'en Arcadie & en Argos, diverses sortes de danses. Il le fait aussi compositeur des airs de flute appellés Orthiens, auxquels il joignit la Mélopée, ou la musique vocale. Pausanias attribue à Polymneste un poëme composé pour les Lacédémoniens, à la louange de Thalétas qui les avoit délivrés de la peste. Mais pour celui que d'autres lui font composer au sujet des Sminthiens de l'isle de Rhodes, c'est un poëme imaginaire: dans Athénée, que l'on cite pour garant, il n'est question que d'un ouvrage en prose au sujet des Sminthiens, composé par Polomneste ou Philodéme, & nullement par Polymneste. Enfin Plutarque met celui-ci au nombre des poëtes musiciens qui ont fait quelques innovations, quelques changemens dans le rythme ou la cadence. * Voyez les remarques de M. Burette sur ce dialogue de Plutarque, dans le tome X des Mémoires de l'académie des belles lettres, pag. 227 & suiv.

POLYMNESTOR, tyran de Thrace. * Euripide, in Hecuba. Ovid. métam. l. 13. Propert. l. 3, eleg. 12.

POLYMNIE, Polymnia, l'une des neuf Muses, présidoit, dit-on, à l'histoire, ou plutôt à la rhétorique. On la représentoit avec une couronne de perles & une robe blanche, la main droite en action, comme si elle haranguoit, & tenant de la gauche une caducée, ou un sceptre, pour marquer son pouvoir. * Plutarque, *in Sympos.* Ripa, *iconol. &c.*

POLYNICE, *Polynices*, fils d'Œdipe, roi de Thèbes, & frere d'Etéocle ; *voyez* cet article.

POLYPHEME, *Polyphemus*, fils de Neptune, étoit un Cyclope du mont Etna, qui mangea, selon Homere, quatre des compagnons d'Ulysse. Ce dernier l'ayant enivré, lui creva le seul œil qu'il eût, & qui étoit placé au milieu du front. Ce géant, malgré sa férocité naturelle, devint amoureux de Galatée, divinité marine, qui étoit elle-même éprise du berger Acis. Polyphême jaloux de cette préférence, observa les deux amans, & les ayant surpris ensemble, écrasa d'un rocher le jeune Acis, qui fut transformé en fleuve. * Ovide, *dans les métam.*

POLYPHRADMOND, poète tragique Grec, qui vivoit vers la LXX olympiade, & l'an 500 avant J. C. étoit fils de *Phrynicus*, aussi poëte tragique, & petit-fils d'un autre qui avoit même nom que lui. * *Consultez* Suidas.

POLYSPERCHON, *Polysperchon*, l'un des généraux d'Alexandre *le Grand*, avoit rendu de grands services à ce prince, après la mort duquel, sous la CXIII. olympiade, & l'an 325 avant J. C. il fut nommé par Antipater, tuteur des princes. Il donna la liberté aux villes grecques, & se rendit très-puissant dans la Macédoine, où il fit venir s'il an 310 avant J. C. un fils d'Alexandre, nommé *Hercules*, qu'il fit mourir depuis. Quelque temps après il fut tué dans une bataille, ayant déja perdu un de ses fils, nommé *Alexandre.* * Quint-Curce, *l.* 4 & 5, *& seq.* Diodore de Sicile, *l.* 10 & 20. Justin, *l.* 13, &c.

POLYSTRATE, *Polystratus*, soldat Macédonien, se trouva, en poursuivant les ennemis, dans le lieu où s'étoit arrêté le chariot de Darius, qui venoit d'être assassiné par le perfide Bessus, gouverneur de la Bactriane, l'an 330 avant J. C. Polystrate se tint près de lui, & lui donna un verre d'eau fraîche, que ce prince lui demanda un peu avant que d'expirer. Darius lui dit alors : *Voila le dernier plaisir que j'aie pu prendre en cette vie ; je ne suis pas en état de récompenser ce service ; mais Alexandre le reconnoîtra.* Alexandre arriva peu de temps après, & voyant le corps de ce grand roi qui venoit d'expirer, le couvrit de son manteau royal, & le renvoya à sa mere avec une pompe magnifique. * Plutarch. *in vit.* Alexand. Quint - Curce, *l.* 5.

POLYXENE, *Polyxene*, fille de Priam & d'Hécube, devoit épouser Achille que Pâris tua dans le temple d'Apollon, où l'on s'étoit assemblé pour ce mariage. Après la prise de Troye, Pyrrhus, fils d'Achille, sacrifia Polyxène sur le tombeau de son pere, pour appaiser ses manes irrités. * Ovide, *l.* 13 Metam. Virgile, &c.

POLYXO, prêtresse d'Apollon dans l'isle de Lemnos, nourice d'Hypsipyle, porta les femmes de Lemnos à tuer leurs maris, qui revenoient de Thrace avec d'autres femmes ; elle n'excepta qu'Hypsipyle de ce meurtre général. * Stat. *liv.* 5 Thebaïde. Apollonius, *Argonautic. l.* 1.

POLYXO d'Argos, femme de *Tlépolème*, roi d'une partie de l'isle de Rhodes, reçut chez elle Hélene, femme de Ménélaüs, qui avoit été chassée de la Grece par Mégapenthes & Nicostrate, enfans d'Oreste. Elle la fit ensuite pendre à un arbre par des femmes déguisées en furies, pour venger la mort de Tlépolème qui avoit été tué à Troye. * Pausanias, *in Lacon.*

POLYZELE, *Polyzelus*, Messénien, historien Grec, vivoit sous la L olympiade, vers l'an 580 avant J. C. On tient qu'il étoit pere d'Ibicus, poëte lyrique, dans le temps que Crœsus régnoit en Lydie, & Polycrate dans l'isle de Samos, vers la LV olympiade, comme nous l'apprenons de Suidas, *in l'ocue.* * Du Pin, *biblioth. univers. des hist. prof. tom. I.*

POLYZELE de Rhodes, est auteur de divers traités

historiques, allégués par les anciens, & est différent de POLYZELE, poëte Grec. * Athénée, *l.* 8 & 9. Plutarch. *in* Solon. Julius Pollux, *l.* 10, *c.* 20. Hygin. *in poët. astron.* & Vossius, *de hist. Græc.*

☞ POMERANIE, province d'Allemagne avec titre de duché. Elle est située le long de la mer Baltique qui la baigne au nord, & elle est bornée à l'orient par la Prusse & la Pologne, au midi par la Marche de Brandebourg, & à l'occident par le duché de Meckelbourg. Le nom de Pomeranie n'est point connu avant le XI siécle. Le pays eut d'abord le nom des peuples qui l'habitoient. Ensuite les Sclaves qui s'y établirent, prirent, à ce qu'on croit, le nom de Poméraniens, de leur habitation proche la mer Baltique. En effet, *Pomo moris* signifie en vieux langage sclave, *auprès de la* mer. Ces peuples occuperent les rivages de la mer Baltique depuis l'embouchure de la Vistule jusqu'à la Chersonèse cimbrique, ou presqu'isle du Jutland. Ce pays fut ensuite divisé en plusieurs principautés, qui eurent chacune leurs seigneurs particuliers. * La Martiniere, *dict. géogr.* Le royaume que les Sclaves avoient fondé ayant pris fin au XII siécle, la Pomeranie eut des princes, & ensuite des ducs qui furent très-puissans, & qui subsisterent jusqu'en 1637, que Bogislas XIV, dernier duc, mourut sans postérité. Deux princes de cette maison avoient fait un accord avec le marquis de Brandebourg, qui portoit que s'ils mouroient sans enfans, la Poméranie seroit unie aux états de ce marquis. Cependant après la mort de Bogislas XIV, les Suédois se rendirent maîtres de la partie occidentale de la Poméranie, & ils la conserverent par le traité de Munster, fait en 1648. L'électeur de Brandebourg n'eut que la partie orientale, qui est séparée de l'autre par l'Oder ; & on lui donna pour dédommagement de ce qu'il cédoit, l'archevêché de Magdebourg & les évêchés de Halberstat & de Minden, qui furent sécularisés. En 1713 la ville de Stettin avec son territoire fut prise par les Russiens & les Saxons qui étoient en guerre avec les Suédois ; & le roi de Prusse en devint maître l'année suivante. Cette partie de la Poméranie Suédoise qui en faisla moitié, lui fut cédée entièrement en 1721 ; de sorte qu'il a aujourd'hui les trois quarts de la Poméranie. La riviere de Peéne, sur laquelle est située Gutskow, sépare maintenant la Poméranie Suédoise, de la Prussienne ou Brandebourgeoise. Les principales villes qui dépendent de la Poméranie Prussienne, sont Stettin, Anclam, Camin, Colberg, Rugenwalde, Stargard, & les isles d'Ussedom & de Wollin, qui sont à l'embouchure de l'Oder. La Poméranie Suédoise a pour principales villes, Stralsund, Gripswalde & Gutskow, L'isle de Rugen appartient aussi à la Suéde. * Nicolle de la Croix, *géogr. modern.* tom. I. La Poméranie est un pays froid, mais fertile en bled, en fruits & en pâturages, & où la mer & les rivieres entretiennent le commerce. La Poméranie a été habitée par les Suéves, puis par les Vandales, dont on y trouve encore des restes qui conservent leurs anciens usages ; & a été nommée par quelques géographes *Poméranie ultérieure*, pour la distinguer de la Prusse, qu'ils ont nommée *Poméranie citérieure*. La croyance des Protestans est la seule qui soit reçue dans ce pays.

I. On prétend que ZUINTIBOR qui vainquit les Danois, a été la tige des ducs de POMERANIE dans le XI siécle. La Pomeranie avoit été soumise avant lui à BARNIM, qui donna du secours à l'empereur Henri *l'Oiseleur.*

II. WRATISLAS ou WERSLAW, fils de ZUINTIBOR, fut baptisé par Othon, évêque de Bamberg, l'an 1114. Il épousa 1°. *Hoila*, fille de *Henri dit le Noir*, duc de Baviere ; 2°. *Jeanne*, fille de *Canut IV*, roi de Danemarck. On dit qu'il fut tué en 1136, & qu'il laissa deux ducs, BOGISLAS & CASIMIR, que l'empereur Frédéric I fit ducs de Poméranie au siége de Lubeck. Il les rendit membres de l'empire ; ce qui les sépara de la Pologne, à laquelle ils avoient été attachés jusque-là. Casimir mourut sans enfans dans la Palestine, l'an 1187.

III. BOGISLAS, duc de Poméranie son frere, fonda l'an 1175 l'évêché de Wollin, transféré depuis à Camin, avec l'église de S. Jacques de Stettin, & mourut en 1188. Il avoit épousé 1°. *Walpurge*, fille de *Waldemar* I, roi de Danemarck; 2°. *Anastasie*, fille de *Miciflas*, duc de Pologne. Il fut pere de BOGISLAS II qui suit; de *Wratislas* II, mort sans enfans; & de *Casimir* III, qui fonda le monastere de Stargard en 1194, & mourut dans la Terre-sainte l'an 1217, laissant d'*Ermengarde*, fille de *Jaromire*, prince des Rugiens, *Zuintibor*, pere de *Casimir* IV; de *Zuintibor* III; & de *Werslaw* III. Les deux premiers ne laisserent point de postérité. Le troisiéme eut pour fils *Barthélemi*, duc de Poméranie, mort sans enfans.

IV. BOGISLAS II du nom, duc de Poméranie, mourut en 1222 ou 1228, ayant eu de *Wislava*, fille de *Jarolph*, duc de Ruffie, *Bogislas* III, mort sans enfans en 1224; &

V. BARNIM I du nom, duc de Poméranie, resta seul duc de toute la Poméranie. Il fonda en 1261 l'église de Notre-Dame de Stettin, & soutint une longue guerre contre Jean & Othon, marquis de Brandebourg. Pour la terminer, il donna sa fille *Hedwige* en mariage au marquis *Jean*, auquel il céda quelques terres considérables. Bernim prit trois alliances; la premiere avec *Marie*, fille d'*Albert* I, duc de Saxe; la seconde avec *Marguerite*, fille de *Henri* dit *le Vieil*, duc de Brunswick; & la troisiéme avec *Marguerite*, fille d'*Othon*, marquis de Brandebourg. Il mourut en 1278, & laissa BOGISLAS IV, qui suit; *Barnim* II, mort sans postérité en 1295; & *Othon* I, duc de Stettin, qui eut des enfans, dont la postérité finit en *Othon* III dans le XV siécle. Cette mort fut le sujet d'une longue guerre entre les ducs de Poméranie, les ducs de Wolgast, & Frédéric II, dit *aux dents de fer*, marquis de Brandebourg & électeur de l'empire. Celui-ci avoit obtenu de l'empereur Frédéric III l'investiture du duché de Stettin, sur lequel étoit fondé son droit. On lui accorda à la fin qu'il porteroit le titre de duc de Stettin, & que sa postérité en hériteroit, si celle de la maison de Poméranie venoit à manquer : ce qui est arrivé en 1636.

VI. BOGISLAS IV du nom, duc de Poméranie, épousa 1°. *Agnès* de Branebourg; 2°. *Marguerite*, fille de *Boslaüs*, prince des Rugiens; de laquelle il eut WRATISLAS qui suit; *Anne*, femme de *Zuintibor*, prince des Rugiens; *Hélène*, mariée à *Bernard* duc d'Anhalt; *Elizabeth*, femme d'*Eric* I, duc de Saxe; & une autre mariée à *Nicolas* I, duc de Mecklebourg.

VII. WRATISLAS ou WERSELAW, IV du nom, duc de Poméranie, de Cassubie &c. épousa *Elizabeth*, fille de *Henri*, duc Wratislavie, & en eut BOGISLAS V qui suit ; BERNIM IV, mentionné ci-après, & *Wratislas* V, mort sans alliance.

VIII. BOGISLAS V du nom, duc de Poméranie, épousa *Elizabeth*, fille de *Casimir* duc de Pologne, & mourut en 1374, laissant WRATISLAS VI qui suit; *Casimir* qui fut tué l'an 1377 en Pologne, à l'attaque du château de Schotter; *Elizabeth*, femme de l'empereur Charles IV; & *Marguerite*, alliée à *Ernest* dit *de Fer*, duc d'Autriche.

IX. WRATISLAS VI du nom, duc de Poméranie, mort en 1392, avoit épousé 1°. *Marie*, fille de *Henri* duc de Mecklebourg; 2°. *Ingelburge*, fille de *Waldemar* IV, roi de Danemarck. Il fut pere 1. d'*Eric* I, roi de Danemarck, de Suéde & de Norwége, qui régna 30 ans, & se retira ensuite dans la Poméranie, où il mourut en 1459; 2. de BOGISLAS VII qui suit; 3 de *Sophie*, femme de *Jean* de Baviere, palatin du Rhin, dont elle eut *Christophe*, roi de Danemarck; 4. d'*Agnès*, mariée à *Othon*, prince d'Anhalt.

X. BOGISLAS VII du nom, duc de Poméranie, fut pere de

XI. BOGISLAS VIII, duc de Poméranie, épousa

Sophie, fille de *Procope*, prince de Moravie; & mourut sans enfans mâles, en 1448. Ainsi tous les biens de la branche de Bogislas V passerent dans celle de Barnim IV.

VIII. BARNIM IV du nom, duc de Poméranie, fils puîné de WRATISLAS IV du nom, duc de Poméranie, fut duc de Wolgast, & mourut en 1365, ayant eu WRATISLAS VII qui suit; & *Bogislas* VI, mort en 1393, sans enfans de *Judith* de Saxe, ni d'*Agnès* de Brunswick, ses deux femmes.

IX. WRATISLAS VII, duc de Poméranie, prit alliance avec *Anne*, fille de *Jean* II, duc de Mecklebourg, & mourut en 1394, ayant eu BARNIM V qui suit; *Wratislas* VIII, qui mourut en 1415, laissant d'*Agnès*, fille d'*Eric* III, duc de Saxe-Lawembourg, *Zuintibor*, duc de Rugen & de Stralsund, mort en 1446; & *Barnim* VI, décédé en 1451.

X. BARNIM V, duc de Poméranie, mourut en 1405. Il avoit pris alliance avec *Véronique*, fille de *Frédéric* IV, burgrave de Nuremberg, dont il eut WRATISLAS IX qui suit; & *Barnim* VIII, mort en 1449.

XI. WRATISLAS IX, duc de Poméranie, fonda l'université de Gripswald l'an 1457, & mourut la même année, ayant eu de *Sophie*, fille de *Georges* duc de Saxe-Lawembourg, ERIC II qui suit; & *Wratislas* X, qui mourut en 1478. Il avoit épousé 1°. *Elizabeth* fille de *Jean* surnommé *l'Alchymiste*, marquis de Brandebourg; 2°. *Magdélène*, fille d'*Ulrich*, dernier duc de Stutgart; & fut pere de cinq enfans mâles, qui moururent tous avant lui. WRATISLAS IX eut aussi deux filles, *Agnès*, mariée 1°. à *Frédéric*, dit *le Gras*, marquis de Brandebourg; 2°. à *Georges* prince d'Anhalt; & *Adelheit*, épouse de *Bernard*, duc de Saxe-Lawembourg.

XII. ERIC II, duc de Poméranie, mourut en 1474, ayant eu de *Sophie*, fille de *Bogislas* IX, duc de Poméranie, *Wratislas*, mort peu après son pere, en 1474; *Casimir* VI, mort avant lui, mais la même année; BOGISLAS qui suit; *Marie*, abbesse de Wollin; *Sophie*, mariée en 1475 à *Magnus*, duc de Mecklebourg, morte en 1504; *Marguerite*, épouse de *Balthasar*, duc de Mecklebourg; & *Catherine*, femme de *Henri* dit *le Vieux*, duc de Brunswick.

XIII. BOGISLAS X, duc de Poméranie, né en 1454, surnommé *le Grand*, réunit toute la Poméranie, & s'opposa courageusement à *Albert* dit *l'Achille*, marquis de Brandebourg, à qui l'empereur avoit donné l'investiture de la Poméranie. Il publia contre l'empereur des manifestes, & y établit puissamment ses droits qu'il soutint les armes à la main. Magnus & Balthasar, ducs de Mecklebourg, finirent ces différends par un traité de paix conclu à Wolgast l'an 1470. On y accorda à l'électeur pour la Poméranie en général, ce qui avoit été déja promis à Frédéric II, dit *aux dents de fer*, son frere, pour Stettin en particulier. *Bogislas* épousa 1°. *Marguerite* de Brandebourg, fille du même *Frédéric*, morte en 1489; 2°. *Anne*, fille de *Casimir* roi de Pologne, morte en 1503; 3°. *Agnès*, fille de *Jean* dit *l'Alchymiste*, aussi électeur de Brandebourg, & mourut en 1523, ayant eu *Casimir*, mort en 1515, âgé de 23 ans; GEORGES I qui suit; & *Barnim* IX qui eut le duché de Stettin ou la basse Poméranie. Il aima les lettres, reçut la religion protestante dans ses états; & mourut l'an 1573, n'ayant eu d'*Anne*, fille de *Henri*, duc de Brunswick-Lunebourg, morte en 1568, que trois filles, *Marie*, femme d'*Othon* de Holstein, morte en 1554; *Anne*, mariée 1°. à *Charles*, prince d'Anhalt; 2°. à *Henri*, burgrave de Misnie; 3°. à *Josse*, comte de Barbi, morte en 1592; *Dorothée*, alliée à *Jean*, comte de Mansfelt, morte en 1558. BOGISLAS X eut aussi deux filles, *Anne*, femme de *Georges* duc de Lignits, morte en 1550; & *Sophie*, épouse de *Frédéric* I, roi de Danemarck, décédée en 1558.

XIV. GEORGES I de ce nom, duc de Poméranie, &c. né l'an 1493, s'acquit beaucoup de réputation par sa conduite, régla les différends des habitans de Dantzick, qui étoient divisés; embrassa la doctrine des Protestans, & mourut à Wolgast l'an 1551. Il épousa 1°. *Emilie* de Baviere, fille de *Philippe* comte Palatin, morte en 1523; 2°. *Marguerite*, fille de *Joachim* I, électeur de Brandebourg, morte en 1543. Ses enfans du premier lit furent *Bogislas* XI, mort jeune; & PHILIPPE I qui suit. Du second, il eut *Marguerite*, mariée en 1548 à *Ernest* de Brunswick, duc de Zell, morte en 1569; & *Georgette*, née le 28 novembre 1531, épouse de *Stanislas*, comte de Lubeschiz en Pologne.

XV. PHILIPPE I du nom, duc de Poméranie, né en 1515, fut duc de la haute Poméranie, de Wolgast, &c. mourut en 1560, laissant de *Marie*, fille de *Jean* électeur de Saxe, qu'il avoit épousée en 1536, & qui mourut en 1583; *Jean-Frédéric*, duc de Stettin, né en 1542, mort en 1600; sans enfans d'*Ermuth*, fille de *Jean-Georges* électeur de Brandebourg, morte en 1623. Il laissa ses états au fils d'*Ernest-Louis* son frere; BOGISLAS XIII qui suit; ERNEST-LOUIS, mentioné après ses sœurs; *Barnim* X, duc de Raigenwald, mort en 1603, sans postérité d'*Anne-Marie*, fille de *Jean-Georges* électeur de Brandebourg, morte en 1618; *Casimir*, évêque de Camin, mort en 1605, âgé de 48 ans; *Emilie*, morte sans alliance en 1580, à 33 ans; *Marguerite*, née en 1553, morte en 1581, épouse de *François* duc de Saxe-Lawembourg; *Anne*, qui épousa *Ulric* de Meckelbourg, morte en 1626, âgée de 72 ans; ERNEST-LOUIS III, né en 1545, fils de PHILIPPE I, fut duc de Wolgast, & mourut en 1592, ayant pris alliance en 1577, avec *Sophie - Hedwige*, fille de *Jules* duc de Brunswick, morte en 1631; & il en eut *Hedwige-Marie*, mariée à *Jean-Adolphe* duc de Holstein - Sunderbourg, morte en 1606; *Elizabeth-Magdeléne*, mariée en 1600 à *Frédéric* duc de Curlande; & *Philippe - Jules*, lequel hérita des biens de *Jean-Frédéric* son oncle. Il étoit né en 1584, & mourut en 1625, sans enfans d'*Agnès*, fille de *Jean-Georges* électeur de Brandebourg, qu'il avoit épousée en 1604.

XVI. BOGISLAS XIII du nom, duc de Stettin, &c. né en 1544, mourut en 1606. Il épousa 1°. en 1572 *Claire*, fille de *François* duc de Brunswick-Lunebourg, morte en 1598; 2°. en 1601, *Anne*, fille de *Jean* le Jeune, duc de Holstein-Sunderbourg, morte en 1616. Du premier lit il eut *Philippe* II, duc de Stetin, né en 1573, mort en 1618, sans enfans de *Sophie*, fille de *Jean* le Jeune, duc de Holstein-Sunderbourg; *Claire-Marie*, née en 1574, mariée 1°. en 1593 à *Sigismond-Auguste* duc de Meckelbourg, mort en 1600; 2°. en 1607, à *Auguste* duc de Brunswick-Lunebourg, morte en 1623; *François* évêque de Camin, puis duc de Stetin, né en 1577, mort en 1620, sans enfans de *Sophie*, fille de *Christiern* I, électeur de Saxe, qu'il épousa en 1610, morte en 1635; BOGISLAS XIV qui suit; *Georges*, né en 1588, mort sans avoir été marié, en 1617; *Ulric*, évêque de Camin, né en 1589, mort en 1622, sans enfans d'*Hedwige*, fille de *Henri-Jules*, duc de Brunswick-Lunebourg; & *Anne*, née en 1590, mariée en 1619 à *Ernest* duc de Croi & d'Arschot, morte la derniere de toute la famille, en 1660.

XVII. BOGISLAS XIV, né en 1580, eut Rugenwalt pour partage, & par la mort de tous ses freres, fut duc de toute la Poméranie; & mourut en 1637, n'ayant point eu d'enfans d'*Elizabeth*, fille de *Jean* le Jeune, duc de Holstein - Sunderbourg, qu'il avoit épousée en 1615, & qui mourut en 1653. L'alliance héréditaire qu'il y avoit entre sa maison & celle de Brandebourg, donna sa succession à l'électeur de ce nom. * Cluvier, *German.* Bertius, *de reb. German.* Daniel Cramer, *chron.* & *hist. eccl. Pomer.* Joannes Micrelius, *in Pomer.* Paulus Fidebordius, *in chron.*

Stettin. Petrus Chlelopæus, *chron. breve Pomer.* Balthasar Henckelius, *de bello regis Sueciæ, Gust. Adolphi* & *de fide Bogislai Pomeran. ducis.* Germani Script. Rittershusius, &c.

POMERANZA, ancien bourg de Toscane, situé dans le Pisan, près de la riviere de Cécine, environ à deux lieues de Volterre, vers le midi oriental. * Mati, didion.

POMERE (*Julianus*) *Pomerius* natif de Mauritanie en Afrique, vivoit dans le V siécle, & étant passé dans les Gaules, fut ordonné prêtre, après avoir enseigné la rhétorique. On dit qu'il demeura long-temps à Arles. C'est lui qui est reconnu par Gennade, & par S. Isidore de Séville, pour auteur du livre intitulé, *De la vie contemplative*, ou *des vertus & des vices*, qu'on a attribué long-temps à S. Prosper. Cet auteur vivoit encore vers l'an 496, que Gennade écrivit son livre, comme il le dit, *c.* 98. * S. Isidore. *c.* 12. Bellarmin, *de script. ecclef.* Sirmond, *tom. II conc. Gal.* &c. *Voyez* D. Rivet, *hist. littér. de la France*, tome II.

S. Julien de Tolède a porté aussi le surnom de PO-MERE; ce qui a donné sujet à Trithème & à quelques autres écrivains de confondre ces deux auteurs. Ils sont pourtant bien différens, puisque le premier vivoit dans le V siécle, & que l'autre a fleuri deux cens ans après, sur la fin du VII. * Gennade, *de script. illustr.* S. Isidore, &c.

☞ POMEREU, famille ancienne, qui depuis deux siécles remplit avec distinction des charges importantes dans la robe. Un arrêt de la cour des aydes de Paris du 23 février 1628, dit que MM. de Pomereu sont d'une très-noble & ancienne maison, & bien alliée. Deux cartulaires de l'abbaye de Gomer-Fontaine, dont l'un est de 1209, & l'autre de 1266, prouvent également & l'ancienneté de MM. de Pomereu, & leur profession militaire dans ces temps reculés. Ils y sont qualifiés de *damosus, armiger* & *miles.* Mais ce n'est que depuis le XV siécle, qu'ils prouvent une filiation non-interrompue, par des contrats de mariage & autres titres. Le premier est,

I. JEAN de Pomereu, seigneur de Bleuré, qui épousa *Jeanne* Balue, tante du cardinal Balue, & fille de *N.* Balue, écuyer, châtelain d'Angle, dont il eut

II. JEAN II de Pomereu, seigneur de Bleuré, épousa *Jeanne* Chesnard. Il fit construire dans le cimetiere des Innocens à Paris, la chapelle où MM. de Pomereu ont leur sépulture. Elle est sous les charniers, à la premiere arcade à gauche, en entrant par la porte qui donne dans la rue S. Honoré. Ses enfans furent JEAN, qui suit; *Claude*, capitaine & bailli pour le roi de la ville de Sens; & *Pierre*, chanoine de la sainte Chapelle de Paris.

III. JEAN III de Pomereu, seigneur de Bleuré, de Chamberi & de Saint-Piat, chambellan du roi, maître des comptes en la chambre de Paris, advoué de Chagrise. Il épousa *Catherine* de Poncher, dont il eut GUILLAUME qui suit; *Marguerite*, mariée au sieur de Porte; & *Catherine*, mariée en 1536 à *Nicolas* de Herbelot, sieur des Ferrieres, maître des comptes.

IV. GUILLAUME de Pomereu, seigneur de Bleuré, la Bretêche, Saint-Nom & Valmartin, conseiller du roi, maître ordinaire en sa chambre des comptes, épousa *Marie* le Masson, fille de *Pierre* le Masson, seigneur de la Neuville, & de *Gillette* de Vitry, dont il eut

V. MICHEL de Pomereu, seigneur de la Bretêche, Saint-Nom & Valmartin, controlleur général de la maison d'*Antoine* roi de Navarre, & depuis conseiller & maître d'hôtel du roi Henri IV, comme il paroît par un brevet de ce roi de 1594, par lequel Henri IV le retient dans cette charge, en considération des longs & recommandables services rendus par lui à la maison de Navarre. Il épousa le 31 janvier 1552, *Marie* Guibert, gouvernante, puis dame d'honneur de *Catherine* de Bourbon, duchesse de Bar, & sœur de Henri le

and, dont il eut JACQUES qui fuit; & huit filles, fa-
ir, *Marie* qui épousa *Gilbert* de Bourbon-Combault,
averneur d'Aigues-perfes, chevalier de l'ordre de
Michel, dont on voit à Blois l'effigie en marbre fur
1 tombeau, aux quatre coins duquel font quatre écuf-
1s, où font les armes pleines & mi-parties des mai-
1s de Bourbon-Combault & de Pomereu; *Magdeléne*,
mme de *Raoul* Cognet, feigneur de Saint-Aubin;
arthe, mariée à *N. de* Boffut, de la maifon de
offut au pays de Liége; *Louife*, mariée à *Pierre Per-
t*, procureur du roi à l'hôtel de ville de Paris; *Fran-*
ife, mariée à *Abraham* Ribier, fieur de Clerbourg;
illette, mariée à *N.* Chardonnai, lieutenant d'une
ompagnie de gendarmes; *Anne*, mariée à *N.* Ribier
igneur de Villebroffe; *Claude*, gouvernante des en-
ns du duc de Savoye, mariée à *Gabriel* de Salluces,
cond fils d'*Augufte*, marquis de Salluces, & d'*Antoi-*
ette de Prohannes.

VI. JACQUES de Pomereu, feigneur de la Breté-
he, Saint-Nom & Valmartin, fecrétaire du roi, grand
audiencier de France, fervit fous Henri IV, dans les
différentes guerres que ce prince eut à foutenir, & fe
rouva nommément aux batailles de Coutras & d'Ivry,
omme on le voit dans les dépofitions du
roces-verbal de réception de fon petit-fils à Malte. Il
époufa le 23 juillet 1593, *Genevieve* Miron, fille de
Gabriel Miron lieutenant civil, & de *Magdeléne* Ba-
tonnau.

VII. FRANÇOIS de Pomereu, feigneur de la Bretéche, Saint-Nom & Valmartin, maître des requêtes,
préfident au grand confeil & en la chambre de juftice
établie à l'arfénal, confeiller d'état, époufa en premieres nôces *Marie* Baron, & en fecondes *N.* de Bordeaux, fille de *N.* de Bordeaux, confeiller d'état. Il
eut de la premiere, AUGUSTE-ROBERT qui fuit; &
N. de Pomereu, mariée à M. Boutet de Marivat; &
N. de Pomereu, religieufe à Longchamp, morte en
odeur de piété. De la feconde femme fut 1. *Alexan-*
dre-Jacques, chevalier de S. Louis, capitaine au régiment des gardes, lieutenant-général des armées du roi,
gouverneur de Douai. Lorfque le prince Eugène affiégea cette ville en 1710, M. de Pomereu fe trouvant
hors d'état de fervir, à caufe de fon grand âge (il
avoit plus de 85 ans) la cour y envoya M. Albergotti,
pour commander les troupes qui la défendoient. M. de
Pomereu n'en contribua pas moins à la défenfe de la
place: il vendit fa vaiffelle d'argent, & emprunta la
ville 40000 livres en fon nom, pour faire fubfifter la
garnifon pendant le fiége. Douai ayant été pris, il perdit
ce gouvernement; mais le roi le lui rendit, lorfqu'il eut
repris cette place fur les ennemis. On voit fa ftatue en
marbre blanc dans l'églife des Jéfuites de cette ville.
2. *François*, reçu chevalier de Malte le premier avril
1640, tué au fiége de Candie. Dans le procès-verbal
de fa réception à Malte on voit le droit qu'ont
MM. de Pomereu de porter le heaume à fept branches, furmonté d'un vol *or* & *azur*. 3. *N.* de Pomereu, tué, comme fon frere, au fiége de Candie.

VIII. AUGUSTE-ROBERT de Pomereu, chevalier,
feigneur de la Bretéche, Saint-Nom & Valmartin,
baron de Ryceis, maître des requêtes, préfident au
grand confeil & en la chambre de juftice, envoyé en
1689 intendant en Bretagne, où il n'y en avoit jamais
eu; prévôt des marchands de la ville de Paris; confeiller d'état & au confeil royal, époufa le 19 décembre 1634 *Agnès* Lefnés. Il eut pour enfans, JEAN-
BAPTISTE qui fuit; *Michelle*, mariée à *Bonaventure*
Roffignol, préfident en la chambre des comptes de
Paris; *Agnès*, mariée à *Gervais* le Fevre d'Eaubonne,
confeiller au parlement; *Françoife-Catherine*, religieufe
à l'Affomption.

IX. JEAN-BAPTISTE de Pomereu, chevalier, en
faveur duquel la baronie de Ryceis fut érigée en marquifat; maître des requêtes, intendant de Champagne,
époufa le 18 décembre 1682, *Marie-Michelle* Bernard,

fille de *Jacques* Bernard, maître des comptes, dont il
eut *Michel-Gervais-Robert*, maître des requêtes, intendant à Tours, puis à Auch, marié à *Catherine* Our-
fin, & mort fans poftérité en 1734; *N.* morte à l'Affomption; *Marie-Agnès*, qui a époufé *Noël-François*
de Brion, marquis de Marolles; JEAN-ANDRÉ, qui fuit;
ALEXANDRE-JACQUES qui a formé une nouvelle branche, rapportée plus bas.

X. JEAN-ANDRÉ de Pomereu, marquis de Ryceis,
confeiller au parlement de Paris, époufa demoifelle
Elizabeth de Gourgues, fille de *Jean-François* de Gourgues, marquis d'Aunai, maître des requêtes, & de
dame *Catherine* le Marchand de Bardouville. Il mourut
à Soiffons en 1753. Ses enfans font *Catherine-Eliza-*
beth, née en 1736, mariée en 1755 à meffire *Ifidore*
le Boulanger d'Hacqueville, confeiller au parlement;
Armand-Michel, marquis de Ryceis, né en 1737;
Clair-Marie-Jofeph, né en 1740, actuellement enfeigne aux gardes.

SECONDE BRANCHE.

X. ALEXANDRE-JACQUES de Pomereu, fils de
Jean-Baptifte, & de *Marie-Michelle* Bernard, capitaine au régiment du roi, eft né le 10 février 1697,
& a époufé le 18 juillet 1735, *Agnès* Bouvard de Fourqueux, née le 8 mars 1716, fille de meffire Bouvard
de Fourqueux, procureur général de la chambre des
comptes, & de *Claude-Marguerite* Hallé. De ce mariage eft né *Alexandre-Michel* de Pomereu, reçu confeiller au grand confeil en 1755.

Les armes de MM. de Pomereu font d'*azur au che-*
vron d'argent, accompagné de trois pommes d'or, deux
en chef & une en pointe. * D'Hozier, *généalogie de*
la maifon de Bourbon-Combault; titres de la famille.

POMESANIE, contrée de la Pruffe ducale. Elle
s'étend d'orient en occident, depuis la riviere de Paf-
ferg jufqu'à la Wiftule, entre la Pruffe royale qui la
borne au couchant, au nord & en partie au levant;
la Gallindie qui la confine du même côté, & le palatinat de Ploczko qui la borne au midi. La Pomésanie
eft un affez grand pays, mais qui eft plein de lacs ou
de marais. Ses lieux principaux font, Holland, capitale; Marienwerder, Freiftat, Libftat, Salfeld, Eylaw
& Hohenftein. * Mati, *diction.*

☞ POMET (Pierre) marchand droguifte, à
Paris, s'eft rendu célèbre dans le XVII fiécle, par fon
livre intitulé: *Hiftoire générale des drogues fimples &*
compofées, renfermant les trois claffes, des végétaux,
des animaux & des minéraux; & tout ce qui eft l'objet
de la phyfique, de la chymie, de la pharmacie & des
arts les plus utiles à la fociété; & un difcours qui ex-
plique les divers noms, les pays d'où elles viennent, la
maniere de connoître les véritables d'avec les falfifiées
& leurs propriétés, où l'on découvre les erreurs des an-
ciens & des modernes. Cet ouvrage parut en 1694. Il
eft orné de plus de quatre cens figures en taille douce,
tirées d'après nature. Le portrait de l'auteur eft à la
tête l'ouvrage, & au bas on lit ces vers:

> *Dat nova, dat quæfita diù; paucifque reperta.*
> *Nota facit mundus quæ magè rara capit.*
> *Authoris, lector, fummos perpende labores,*
> *Sumpibus & quantis grande peregit opus.*

Pierre Pomet avoit raffemblé à grands frais de tous
les pays, les drogues dont il a parlé dans fon livre;
auffi M. Morin, docteur de la faculté de médecine de
Montpellier, dit-il dans l'approbation qu'il donna pour
cet ouvrage, qu'il a eu le plaifir de voir plufieurs fois
le droguier de M. Pomet, & que c'étoit, fans contredit, le plus complet du royaume. Pomet fit d'abord
les démonftrations de fon droguier au jardin du royal.
Il les commença au mois de juillet 1694. M. Fagon,
à qui il avoit dédié fon ouvrage, lui permit enfuite de
les faire dans fa maifon. Sollicité par plufieurs perfonnes, Pomet donna encore le catalogue de toutes les

drogues contenues dans son ouvrage, & il fit imprimer à la suite une liste de toutes les raretés de son cabinet, qu'il fit voir à la fin de ses démonstrations. Elles consistoient en végétaux, animaux, fossiles, &c. dont il se proposoit de donner la description, s'il eût vécu plus long-temps. Cet habile homme étoit né le 2 avril 1658. Il mourut à Paris le 18 novembre 1699, & fut enterré dans l'église de S. Etienne du Mont. Le roi Louis XIV qui connoissoit son ouvrage, lui accorda une pension ; mais il ne put jouir de cette grace, étant mort le jour même que le brevet lui en fut expédié. Son *Histoire générale des drogues* a été réimprimée en 1735, en deux volumes *in-4°*, augmentée par Joseph Pomet son fils, ancien apothicaire des hôpitaux de Paris.

POMEY (François) Jésuite, connu dans la république des lettres, par un *dictionaire françois-latin*, dont on a plusieurs éditions, & par plusieurs autres ouvrages. La plume de ce pere étoit plus féconde que correcte ; & le P. Joubert de la même société a fait, comme lui, un dictionaire que les connoisseurs préferent au premier. Le P. Pomey mourut à Lyon en 1673, dans le collège de la Trinité, où il fut long-temps préfet des basses classes. Il a beaucoup travaillé pour l'instruction de la jeunesse ; & outre son dictionaire, il a fait pour eux, *Flos latinitatis*, qui est une espece d'abrégé du dictionaire de Robert Etienne ; un *Indiculus* ; des colloques scholastiques & moraux ; *Libitina*, ou traité des funérailles des anciens, en latin ; des *Particules* ; *Pantheum mythicum, seu fabulosa deorum historia*, à Lyon en 1659, *in-12*. Cet ouvrage a été réimprimé à Venise en 1683 *in-12*, & depuis en 1700 à Utrecht avec figures. Il a été aussi traduit en françois sous ce titre : *Méthode pour apprendre l'histoire des anciennes divinités du paganisme, traduite du latin du P. Pomey, Jésuite*, par M. Du Manant, à Paris, 1715 *in-12*. *Novus rhetorica candidatus*. Les journalistes de la Haye ayant dit que cet ouvrage étoit le livre du monde le plus propre à gâter le gout pour jamais, les Jésuites répondirent dans leurs *mémoires de Trévoux*, qu'ils n'ont ni lu, ni fait lire cet ouvrage à leurs écoliers. Le P. de Jouvanci, célèbre rhétoricien de leur société, l'a fait réimprimer en 1712, corrigé & augmenté, pour l'usage du collége de sa société à Paris. Le P. Pomey a fait aussi quelques ouvrages de piété, & même un *catéchisme théologique*, imprimé à Lyon, d'abord sous le titre d'*Instruction chrétienne*, & en 1664, sous celui de *Catéchisme théologique*, *in-18*. L'auteur y enseigne, p. 210, l'opinion condamnée d'une béatitude éternelle, & d'une exemption totale de peines pour les enfans qui meurent sans avoir reçu le baptême. * Le P. Colonia, Jésuite, *hist. litt. de Lyon*, t. II. *Journ. litt. de la Haye, mai & juin* 1713, p. 94. Gibert, *jugem. des sav. sur la rhétor. tom. III*, p. 162. *Mém. de Trév.* 1713, *janv. art.* 1.

POMMERAYE. L'abbaye de notre-Dame de la Pommeraye, ordre de S. Benoît, pour des religieuses, a été fondée par Mathilde, comtesse de Blois, qui y a été enterrée avec son mari. Elle étoit réduite à cinq ou six religieuses sans discipline, lorsque Bathilde de Harlay, religieuse de Chelles, en fut nommée abbesse. Cette dame ne croyant pas pouvoir entretenir la régularité dans une abbaye champêtre presque ruinée, & avec si peu de sujets assez mal disposés, la transféra à Sens, & rétablit une bonne observance, & par sa sagesse & son économie, la fit bâtir entièrement, & la mit en état d'avoir jusqu'à soixante religieuses. Madame de Harlay sa sœur, qui lui succéda, marchant sur ses traces, y a conservé la régularité qu'elle y avoit trouvée, & après l'avoir long-temps gouvernée, elle se démit volontairement de son abbaye entre les mains du roi, qui la donna à madame de Crenant ; mais cette dame, par humilité & par respect pour madame de Harlay, ne voulut jamais porter la crosse, ni prendre la place d'abbesse, tant que celle-ci vécut. C'est encore un effet de l'humilité de ces dames, qu'elles ne portent point de croix, contre la coutume des autres abbesses. * *Voyez* le voyage littéraire des PP. DD. Martenne & Durand, religieux Bénédictins de la congrégation de S. Maur, tom. I, p. 62 & 63.

POMMERAYE (Dom Jean-François) religieux de la congrégation de saint Maur, étoit né à Rouen en 1617. Il entra dans la congrégation de S. Maur, ordre de S. Benoît, en 1637, & fit profession dans l'abbaye de S. Pierre de Jumièges, le 31 juillet 1638, âgé de 21 ans. Il a toujours été fort laborieux, & dans tous ses ouvrages il n'a jamais cherché que l'utilité de l'église. C'est dans cette vue, qu'il publia en 1662 l'*Histoire de l'abbaye de S. Ouen de Rouen*, & celle de *S. Amand* & de *sainte Catherine* de la même ville, en un volume *in-fol.* imprimé à Rouen même, & dédié au grand-prieur & aux chanoines de la cathédrale. Elle est divisée en cinq livres, dans lesquels il décrit la vie de S. Ouen, la fondation de cette abbaye, ses progrès, ses événemens, ses droits. Il y fait l'éloge des abbés & d'autres personnes considérables, &c. Le cinquième livre contient les preuves. En 1667 il donna au public l'*Histoire des archevêques de Rouen*, en un vol, *in-fol.* c'est le meilleur de ses ouvrages : on voit à la fin la remontrance que fit au roi en 1658 François de Harlay III du nom, en faveur des trois états de Normandie. Il donna en 1677 un recueil *in-4°* des conciles & synodes de l'église de Rouen, qu'il publia après le P. dom Jean-Anger Godin, qui en est le véritable auteur, & qui avoit accompagné son ouvrage de notes qui ne vont que jusqu'au concile de Lilebonne. Les conciles de Normandie ont été donnés de nouveau en 1717 par M. Bessin, avec des augmentations considérables, en un vol. *in-folio*. Dom Pommeraye est encore auteur de l'*Histoire de la cathédrale de Rouen*, volume *in-4°*, dédié aux chanoines, & imprimé en 1686 ; & de la *Pratique journalière de l'aumône*, petit ouvrage fait pour exhorter à donner à ceux qui quêtent pour les pauvres. Ce religieux étant allé faire visite à M. Bulteau avec le prieur de S. Ouen, il fut frapé d'apoplexie dans la maison de ce savant, & en mourut le 28 octobre 1687, âgé de 70 ans. Le style du P. Pommeraye est dépourvu de tout agrément ; mais il y a bien des recherches dans ses ouvrages, quoiqu'avec bien des manques d'exactitude. * *Mémoires du temps. Bibliothèque histor. & crit. des auteurs de la congrégation de S. Maur*, par dom le Cerf, pag. 418 & *suiv.*

POMONE, *Pomona*, que les anciens ont feint être la déesse des jardins & des fruits, fut aimée par Vertumne, qui après avoir emprunté plusieurs sortes de métamorphoses, eut enfin le bonheur de lui plaire. Il s'étoit déguisé, tantôt en moissoneur, tantôt en pêcheur, puis en ouvrier, en soldat, & il prit enfin la figure d'une vieille. Sous cette figure il l'obligea de l'aimer, par l'agréable idée qu'il lui donna de l'amour. Ovide qui surut ingénieusement cette fable, dit que Pomone vivoit du temps de Procas, roi des Latins, c'est-à-dire, vers l'an 805 avant J. C.

POMONIA, *cherchez* ORCADES.

POMPADOUR, maison noble, & l'une des plus anciennes de la province de Limosin, portoit au commencement le surnom de HÉLIE.

I. GEOFROI Hélie, seigneur de Ségur, vivoit en 1179, & fut pere de *Bernard* & de *Gui*, mentionnés dans un titre de l'année 1195 ; & de GEOFROI II qui suit.

II. GEOFROI Hélie II du nom, seigneur de Pompadour, vivoit en 1240 ; & de *Sibylle* sa femme, eut pour enfans, *Séguin* Hélie, seigneur de Pompadour, vivant en 1261, mort sans enfans ; *Golfier* Hélie, mort sans hoirs en 1272 ; GEOFROI III qui suit ; *Ranulfe* Hélie ; & une fille nommée *la Contors*, vivante en 1272.

III. GEOFROI Hélie III du nom, seigneur de Pompadour, succéda à son frere en 1272, & vivoit encore en 1297, & eut pour fils ou successeur,

IV. RANULFE

IV. RANULFE Hélie, seigneur de Pompadour, mort avant l'an 1316, ayant eu de *Souberane* ou *Souveraine* de Comborn sa femme, fille d'*Archambault* VII du nom, vicomte de Comborn, & de *Marguerite* de Pons sa seconde femme, GEOFROI IV qui suit; *Ranulfe*, chanoine & chantre de Limoges, & sacriste de Narbonne en 1361; *Séguin*, chanoine de Limoges; *Souveraine*, femme d'*Aimeri*, seigneur de Loberston; *la Contors*, mariée à *Arnaud* Pantene, damoiseau; *Mathée* & *la Fine* Hélie, religieuses de l'abbaye de la Regle à Limoges.

V. GEOFROI Hélie IV du nom, seigneur de Pompadour, étoit mort en 1331. On lui donne pour femme *Philippe*, fille de *Jean* de la Garde, seigneur de Grammont, dont il eut RANULFE II qui suit; *Jean* Hélie, chanoine de l'église de S. Germain l'Auxerrois, vivant en 1404; & *Souveraine* Hélie, mariée à *Jourdain* de Montcocul.

VI. RANULFE Hélie II du nom, seigneur de Pompadour, de Cromieres, d'Arnac, &c. épousa 1°. en 1355, *Galienne* de Chanac, fille de *Gui*, seigneur de Chanac, & d'*Eustache* de Comborn; morte en 1361; 2°. en 1364, *Constance*, fille de *Guillaume* de la Marche, & de *Jeanne* de la Motte, & vivoit encore en 1399. Ses enfans du premier lit furent, JEAN I qui suit, & *Souveraine* Hélie de Pompadour, mariée en 1379 à *Gui* Brun, seigneur de Montbrun. Ceux du second lit furent, *Ranulfe* Hélie de Pompadour, de qui sont descendus les seigneurs du Château-Bouchet; *Geofroi*, évêque de Carcassone, mort le premier janvier 1445; & *Souveraine* de Pompadour, dame de Fellets, mariée à *Ranulfe* de Péruffe, seigneur d'Escars.

VII. JEAN I du nom, seigneur de Pompadour, Cromieres. &c. étoit mort en 1424, & eut de *Magdeléne* de Ventadour sa femme, GOLFIER qui suit; *Hélie*, conseiller au parlement de Toulouse, évêque d'Alet en 1448, puis de Viviers en 1454; & *Peronne* de Pompadour, mariée à *Jean* de la Vaure, seigneur de Grandlieu.

VIII. GOLFIER, seigneur de Pompadour, Cromieres, Chanac, Arnac, &c. étoit mort en 1441. Il avoit épousé en 1426, *Isabelle* de Comborn, fille de *Guichard*, vicomte de Comborn, seigneur de Trignac, dont il eut JEAN II, qui suit; *Geofroi*, évêque de Perigueux, puis du Pui, grand aumônier du roi, *qui aura ci-après un article séparé*; *Antoine*, évêque de Condom, mort le 11 octobre 1496; *Robert*, doyen d'Angoulême, abbé de Terrasson, &c. *Souveraine*, mariée à *Jean* de Razes, chevalier; & *Catherine* de Pompadour, alliée à *Alain* de Royeres, seigneur de Brunhac & de Beaudéduit.

IX. JEAN II du nom, seigneur de Pompadour, Cromieres, &c. conseiller & chambellan du roi Louis XI, capitaine de Capdenac, mourut le 11 janvier 1502. Il avoit épousé en 1553, *Marguerite* Chauveron, dame de Ris & de Lauriere, fille unique de *Louis*, seigneur desdits lieux, & de *Marie* Tranchelyon, dont il eut entr'autres enfans,

X. ANTOINE, seigneur de Pompadour, Lauriere, Ris, Chanac, &c. maître d'hôtel du roi Charles VIII, conseiller & chambellan du roi Louis XII, vivoit en 1524. Il avoit épousé en 1489, *Catherine* de la Tour, fille d'*Anet* de la Tour, seigneur d'Oliergues, & d'*Anne* de Beaufort, vicomtesse de Turenne, dont il eut FRANÇOIS, qui suit; *Marguerite*, mariée en 1511 à *Guillaume-Armand*, vicomte de Polignac; *Marguerite*, dite *Isabeau*, née en 1494, alliée, 1°. à *Bertrand* de Lastrac, baron de Gavaudun; 2°. à *François* Bouchard d'Aubeterre; *Françoise*, mariée, 1°. en 1511 à *Galliot* las Tours en Limosin; 2°. à *Antoine*, seigneur de Lustrac & de Terrasson; & *Louise* de Pompadour, seconde femme de *Joachim* de Chabannes, baron de Curton, comte de Rochefort & de Saigne.

XI. FRANÇOIS, seigneur de Pompadour, vicomte de Comborn, baron de Treignac, né en 1490, mou-

rut le 29 septembre 1534. Il avoit épousé, 1°. en 1510, *Anne* de la Rochefoucauld, fille de *François*, seigneur de la Rochefoucauld, & de *Louise* de Cruffol: 2°. en 1528, *Isabeau* Picart, dame de Bosc-Achard & de Quillebœuf, fille de *Louis* Picart, seigneur d'Estelan, &c. & de *Charlotte* Luilier, dame de Quillebœuf. Ses enfans du premier lit furent GEOFROI V, qui suit; *François*, abbé d'Uferche; *Jean*, abbé de Peyrouze; *Louise*, mariée à *Jacques* de Durfort, baron de Boissieres; & *Marguerite* de Pompadour, religieuse. Ceux du second lit furent *Hubert* de Pompadour, abbé de S. Maurin; *François*, seigneur de Lauriere, mort sans alliance; *Magdeléne*, alliée en 1550, à *Tannegui* le Véneur, comte de Tillieres, seigneur de Carouges; & *Françoise* de Pompadour, mariée en 1551, à *Claude*, comte de Maure en Bretagne.

XII. GEOFROI V du nom, seigneur de Pompadour, vicomte de Comborn, &c. né le 4 juin 1513, rendit des services considérables aux rois Henri II, François II, & Charles IX, qui le fit gouverneur du haut & bas Limosin en 1567. Il avoit épousé en 1536, *Susanne* des Cars, fille de *François*, seigneur de la Vauguyon, &c. sénéchal de Bourbonnois, capitaine de Moulins, & d'*Isabeau* de Bourbon, dont il eut *Jean*, seigneur de Pompadour, mort sans alliance au siège de Mucidan; LOUIS, qui suit; *Françoise*, mariée à *Foucault* d'Auburson, seigneur de Beauregard; *Isabeau*, alliée à *Gaspard* Foucault, seigneur de S. Germain-Beaupré; & *Marguerite* de Pompadour, religieuse.

XIII. LOUIS, vicomte de Pompadour, &c. chevalier de l'ordre du roi, servit le roi Henri III dans les guerres de la religion, & mourut en 1591. Il avoit épousé en 1570, *Peronne* de la Guiche, fille de *Gabriel*, seigneur de la Guiche & de Chaumont, & d'*Anne* Soreau, dame de S. Geran, dont il eut LEONARD-PHILIBERT, qui suit; *Jean*, qui a fait *la branche de* LAURIERE, *rapportée ci-après*; *Susanne*, mariée à *Jean-Charles* de Carbonnieres, seigneur de la Capelle-Biron; *Jeanne*, alliée en 1593 à *Jean* de Souillac, seigneur de Montmége & la Barde; & *Louise* de Pompadour, femme de *René* de Courail, seigneur de Mimole & du Mazet.

XIV. LEONARD-PHILIBERT, vicomte de Pompadour, chevalier des ordres du roi en 1633, lieutenant général du haut & bas Limosin en 1621, maréchal des camps & armées du roi en 1622, mourut en novembre 1634. Il avoit épousé, 1°. en 1610, *Marguerite* de Montgommeri, fille & héritiere de *Jacques*, comte de Montgommeri, morte en couches en 1611: 2°. en 1612, *Marguerite* de Rohan, veuve de *Charles*, marquis d'Epinai, & fille de *Louis* de Rohan, prince de Guemené, & d'*Eléonore* de Rohan, comtesse de Rochefort, de laquelle il n'eut point d'enfans: 3°. en 1618, *Marie* Fabri, fille aînée de *Jean* Fabri, trésorier de l'extraordinaire des guerres, & de *Françoise* Buatier. Il eut de sa première femme *Charles* de Pompadour, mort quatre jours après sa naissance. De sa troisiéme vinrent JEAN III du nom, qui suit; *Pierre*, baron de Treignac, abbé de Vigeois, prieur de la Vallette, prévôt d'Arnac; *François*, chevalier de Malte, mort en 1639; autre *François*, seigneur de la Vallette; *Charlotte*, mariée à *Charles* de Tallerand, marquis d'Exideuil, prince de Chalais, &c. *Esther*, prieure perpétuelle des religieuses Bernardines de Tulles; *Marie*, alliée en 1649 à *François* Bouchard d'Esparbez de Luffan, marquis d'Aubeterré; *Marguerite*, mariée en 1650, à *René* de Presteval, marquis de Clere & de Panilleuse, baron de Presteval; & *Jeanne* de Pompadour, femme de *Henri* de Saint-Martial du Puideval, baron de Conros.

XV. JEAN III du nom, marquis de Pompadour, baron de Treignac, lieutenant général des armées du roi, & des provinces du haut & bas Limosin, fut fait chevalier des ordres du roi 1661, & mourut en 1684. Il avoit épousé en 1640, *Marie*, vicomtesse de Rochechouart, fille & héritiere de *Jean*, vicomte de

Rochechouart, & de *Françoise* de Stuer de Caussade, dont il a eu *Jean*, marquis de Pompadour, guidon des gendarmes du roi, mort sans enfans de *N.* de Montecler; *François*, baron de Treignac, mort sans alliance; *Marie*, dame de Pompadour, vicomtesse de Rochechouart, mariée en 1674 à *François* d'Espinai, marquis de S. Luc, morte en octobre 1723, laissant pour fille unique, *Marie-Anne-Henriette* d'Espinai, vicomtesse de Rochechouart, mariée en 1715 à *François* de Rochechouart, seigneur du Bâtiment, qui par cette alliance devint vicomte de Rochechouart; & *Marie-Françoise* de Pompadour, mariée à *François-Marie*, marquis d'Hautefort, lieutenant général des armées du roi.

BRANCHE DES MARQUIS DE LAURIERE.

XIV. JEAN de Pompadour, second fils de LOUIS, vicomte de Pompadour, & de *Peronne* de la Guiche, fut baron de Lauriere & de Ris, & épousa *Charlotte* de Fumel, héritiere de la maison du Bourdé, fille de *François* de Fumel, & de *Jeanne* de Caumont, dont il eut PHILIBERT, qui suit; *N.* de Pompadour, marquis du Bourdé, tué au siége de Thionville; *N.* de Pompadour, seigneur de Nontron, mort sans alliance; & *Charlotte* de Pompadour, mariée à *François* Bruneau, marquis de la Rabasteliere, morte en avril 1657.

XV. PHILIBERT de Pompadour, marquis de Lauriere & de Ris, seigneur du Bourdé, &c. sénechal & gouverneur de Périgord, épousa en 1645, *Catherine* de Sainte-Maure, veuve d'*Antoine* de Lénoncourt, marquis de Blainville, & fille de *Léon* de Sainte-Maure, baron de Montausier, & de *Marguerite* de Châteaubriant, dont il a eu LEONARD-HELIE, qui suit; & trois autres garçons.

XVI. LEONARD-HELIE de Pompadour, marquis de Lauriere, &c. a épousé *Gabrielle* de Montault, fille de *Philippe*, duc de Navailles, maréchal de France, & de *Susanne* de Baudean, dont il a eu pour fille unique, *Françoise* de Pompadour, mariée le 16 juin 1708 à *Philippe-Egon*, marquis de Courcillon de Dangeau. * *Voyez* le P. Anselme.

POMPADOUR (Geofroi de) évêque de Perigueux, puis du Pui, grand aumônier de France, fils puîné de GOLFIER, seigneur de Pompadour, & d'*Elizabeth*, vicomtesse de Comborn. Après avoir été chanoine & comte de Lyon, abbé de Chancellade, &c. & premier président en la chambre des comptes de Paris, il fut élevé en 1480 sur le siége épiscopal de Perigueux. Ce prélat fut accusé d'avoir eu part au complot du duc d'Orléans contre le roi Charles VIII, & sous ce prétexte fut arrêté avec quelques autres personnes de qualité; mais dans la suite il se justifia, fut transféré de l'évêché de Perigueux à celui du Pui, & mourut en 1514.

POMPÉE, *Gens Pompeia*, famille illustre à Rome entre les plébéiennes, étoit divisée en trois branches, selon Velleius Paterculus, qui ne les nomme point. La premiere portoit le surnom de RUFUS; la seconde, celui de SEXTUS; & la troisiéme, celui de LONGINUS. AULUS-POMPEIUS RUFUS, fut pere de Q. POMPEIUS RUFUS, qui selon Velleius Paterculus, fut le premier consul de ce nom. Il fut élu en 613 de Rome, & 141 ans avant J. C. avec Cn. Servilius Cæpio, & deshonora son nom & sa dignité par la paix désavantageuse qu'il conclut avec les Numantins en Espagne. On l'accusa même d'avoir corrompu celui des domestiques de Viriatus qui assassina ce général Espagnol. Pompée laissa deux fils, Q. POMPEIUS, *dont nous parlerons dans la suite*; & A. POMPEIUS R. qui mourut, selon Pline, au Capitole, après avoir salué les dieux. Celui-ci fut pere de A. POMPEIUS, dit le *Bithynique*, orateur célebre, qui laissa A. POMPEIUS, tué par le fils du grand Pompée en Sicile; ce que Dion & Appien ont remarqué. Q. POMPEIUS R. préfet de la ville en 664, fut consul en 666, & 88 ans avant J. C. avec L. Cornelius Sylla; & fut assassiné par les soldats

dans la guerre civile, qui commença cette année entre le même Sylla & Marius. Les émissaires de Sulpitius tribun du peuple, tuerent en même temps Q. POMPEIUS R. son fils. Celui-ci laissa un autre Q. POMPEIUS R. que le sénat fit mettre en prison, pour avoir empêché les comices ou assemblées générales du peuple. SEXTUS POMPEIUS RUFUS, consul en 719, & 35 ans avant J. C. avoit une grande connoissance de l'antiquité, & fut tué, laissant un fils de ce même nom consul avec Sextus Apuleius, l'an 14 de l'ere chrétienne, & 767 de Rome. L'autre branche des Pompées surnommés SEXTUS, est connue par SEXTUS POMPEIUS, qui eut deux fils, SEXT. POMPEIUS, excellent orateur, philosophe Stoïcien & géometre; & CN. POMPÉE, surnommé *Strabo*. Ce dernier fut pere de POMPÉE le Grand, qui laissa deux fils, comme nous l'allons voir plus bas. * Velleius Paterculus, *liv.* 2. Eutrope, *liv.* 4. Pline, *liv.* 7, *chap.* 53. Ciceron. Appien. Dion. Plutarque. Cassiodore, &c.

POMPÉE, dit *Strabon*, consul & capitaine Romain, pere de Pompée le Grand, servit utilement la république dans la guerre sociale des Marses, & fut consul en 665 de Rome, & 89 ans avant J. C. avec Porcius Cato. Depuis, irrité de ce qu'il n'avoit pu se faire continuer dans la même dignité, il se déclara contre Cinna. On dit que la gloire régloit moins ses actions que son intérêt; & qu'étant à la tête des armées de la république, il ne les commandoit que pour épier les occasions de se rendre puissant. Enfin il y eut une sanglante bataille livrée entre Cinna & lui, à la vue des murailles de Rome. Un peu après, la peste fut dans les deux armées; Pompée mourut en même temps, ou selon quelques auteurs, fut tué d'un coup de foudre, en 667 de Rome, & 87 ans avant J. C. *La joie qu'on eut de sa mort*, dit Velleius Paterculus, *sembloit avoir été balancée par la perte d'un grand nombre de citoyens qui avoient été emportés, ou par le fer, ou par la maladie.* Le peuple Romain déchargea sur son corps après sa mort, les effets du ressentiment qu'il avoit eu contre lui pendant sa vie. * Plutarch. *in vita Pomp.* Velleius Paterculus, *l.* 2. Cicero, *in Pison. & Philipp.* 1, &c.

POMPÉE (CNEIUS POMPEIUS MAGNUS) à qui ses belles actions acquirent le surnom de *Grand*, étoit fils de Pompée *Strabon*, & de *Lucilia*, sortie d'une famille noble. Il naquit le dernier jour de septembre de l'an 648 de Rome, & 106 avant J. C. & dès qu'il eut pris la robe virile, il fit la guerre sous son pere, qui étoit grand capitaine. A l'âge de 23 ans il entreprit, de son chef & sans aucune autorité publique, de défendre l'honneur de sa patrie. Il leva trois légions qu'il mena à Sylla; & trois ans après, en 673 de Rome, & 81 ans avant J. C. il mérita les honneurs du triomphe, qu'on ne put refuser à sa valeur, dont il avoit donné des preuves convaincantes, en reprenant la Sicile & l'Afrique sur les proscrits. Quelques temps après, Sylla étant mort, Pompée força Lépidus à sortir de Rome, où ce dernier vouloit faire casser tout ce qu'avoit fait Sylla. Le déplaisir que Lépidus en eut, lui fit prendre les armes en 677, & 77 ans avant J. C. mais il fut vaincu par Catulus & par Pompée, qui ne voulut point licencier ses troupes qu'après avoir obtenu la commission de porter la guerre contre Sertorius, en Espagne. Il l'obtint, & ayant achevé heureusement cette expédition en 681, & 73 ans avant J. C. il triompha une seconde fois, quelques jours avant que d'être élu consul, & n'étant encore que simple chevalier Romain, ce qu'il n'étoit jamais arrivé à personne avant lui. Pompée pendant son consulat rétablit la puissance des tribuns du peuple, fut chargé d'exterminer les pirates en 687, & après les avoir battus en divers endroits, il les attaqua avec toute sa flotte, les défit, & en nettoya la mer dans l'espace de quarante jours. Ces avantages furent suivis de ceux qu'il remporta en 689, & 65 ans avant J. C. contre Tigrane & contre Mithridate. Il pénétra par ses victoires dans la Médie, dans l'Albanie & dans l'Ibérie. De-là il tourna les armes contre les nations qui habitoient les pays les plus reculés du Pont-Euxin, les Colques, les Henioques & les Achéens. Il foumit aussi les Arabes & les Juifs; & ainsi vainqueur de toutes les nations qu'il avoit attaquées, il revint en Italie, élevé à un point de grandeur, que ni les Romains, ni lui-même n'auroient ôfé fouhaiter. On le reçut avec une joie extrême, parcequ'ayant congédié fes troupes, il rentra dans la ville en homme particulier & en fimple citoyen, l'an 693 de Rome, & 61 ans avant J. C. Il triompha pendant deux jours avec une très-grande magnificence, & mit dans le tréfor public de plus grandes fommes qu'il n'y en étoit jamais entré par les victoires d'aucun autre général. Ce fut ainsi que la fortune augmenta par dégrés la gloire de ce grand homme, & la porta jufqu'au dernier comble d'élévation, en le faifant triompher de l'Afrique, de l'Europe & de l'Afie. Au milieu de ces profpérités, la gloire de Céfar bleffoit les yeux de Pompée: le premier ne vouloit point de maître, & l'autre point de compagnon. Julie, fille de Céfar, que Pompée avoit époufée, fut quelque temps le lien & le gage commun de la concorde entre ces deux grands hommes. Il se forma même un triumvirat entre Céfar, Pompée & Craffus; mais cette intelligence n'eut point de fuite: elle dégénéra en animofité, par la jaloufie qu'ils avoient de la puiffance l'un de l'autre, & elle fe détruifit tout-à-fait par la mort de Julie & par celle de Craffus. Pompée s'étoit fait donner le gouvernement des Efpagnes, & vouloit que Céfar quittât le commandement des armées qu'il avoit eu pendant dix ans dans les Gaules, & vînt à Rome comme particulier, pour demander le confulat qu'il vouloit qu'on lui accordât pendant fon abfence. La guerre fut déclarée, & Pompée fortant de Rome avec les conful's & le fénat, quitta l'Italie pour paffer en Epire, l'an de Rome 705, & 49 avant J. C. Céfar y alla, après avoir défait les lieutenans de fon rival en Efpagne, & le vainquit dans la bataille de Pharfale. Pompée fut réduit alors à fe retirer chez Ptolémée, roi d'Egypte; mais ce prince par le confeil de fon précepteur Théodote, & d'Achillas, général de fes troupes, envoya des gens à Pompée, qui le firent paffer du vaiffeau de charge où il étoit, dans une barque, où un efclave nommé Photin, lui coupa la tête en la 56e année de fon âge, l'an 706 de Rome. Il avoit été trois fois conful, avoit remporté autant de triomphes, & avoit dompté toutes les parties de l'univers. La mort de Pompée rendit à la liberté des Romains, que Céfar afferrit à fa domination; & ce fut alors qu'on regreta univerfellement Pompée, qui avoit ufé de fa puiffance avec beaucoup plus de modération. Tous les hiftoriens, & même ceux qui ont vécu fous les empereurs, l'ont élevé par de juftes louanges. Cicéron, qui étoit le même jour que lui, lui attribue entr'autres belles qualités, celle de bon orateur. *C'étoit un personnage*, dit-il, *né pour toutes les grandes chofes, & qui pouvoit atteindre à la fuprême éloquence, s'il n'eût mieux aimé cultiver les vertus militaires, & fi fon ambition ne l'eût porté à des honneurs plus brillans. Il parloit avec affez d'abondance; il examinoit les affaires avec affez de jugement; fon action étoit belle; il avoit la voix éclatante, & dans fes mouvemens il confervoit beaucoup de gravité.* Veleïus Paterculus lui a confacré un éloge magnifique, dans lequel il loue fa bonté, fa bonne mine, fa valeur, fa modération, fa conftance dans les amitiés, & où il dit qu'il fut prefque exempt de toutes fortes de vices; fi ce n'eft que dans une ville libre & maîtreffe du monde, où de droit tous les citoyens doivent être égaux, il ne pouvoit fouffrir de rival en réputation & en puiffance. Le peuple Romain avoit fait élever une ftatue en l'honneur de Pompée, avec cette infcription fi glorieufe: *P. Urb. Ro. S. P. Q. Pompeius Magnus imp. bello XXX ann. confecto, fufis, fugatis, occifis, in deditionem acceptis hominum centjes vicies femel LXXXIIIM, depreffis aut ceptis navibus DCCCXLVI,*

oppidis, *castellis MDXXXVIII in fidem acceptis; terris à Mæoti ad Rubrum mare fubactis: Quum oram maritimam prædonibus liberaffet, & imperium maris Pop. Rom. reftituiffet; ex Afia, Ponto, Armenia, Paphlagonia, Cappadocia, Cilicia, Syria, Scythis, Judais, Albanis, Iberis, Infula Creta, Bafternis, & fuper hæc de regibus Mithridate atque Tigrane triumphaffet.* Le grand Pompée laiffa deux fils; CNEIUS & SEXTUS, dont nous allons parler.

POMPÉE (Cneius) *Pompeius*, avoit mis une puiffante armée en campagne, & s'étoit rendu formidable par les grands fecours que lui avoient amenés de toutes les contrées du monde, ceux qui étoient encore attachés au grand nom de fon pere. Jules-Céfar le pourfuivit en Efpagne, & le défit avec fon frere l'an 709 de Rome, & 45 avant J. C. dans la bataille de Munda, ville fituée près de Ronda-Viéga, dans le royaume de Grenade, & environ à vingt milles de Malaga. Cneius Pompée, incommodé d'une bleffure, fut tué en des lieux écartés où on le trouva. Sa tête fut portée à Céfar.

POMPÉE (Sextus) le plus jeune des fils du grand Pompée, après avoir été vaincu par Céfar dans la bataille de Munda, en laquelle fon frere aîné fut tué, fe rendit maître de la Sicile, où fa domination ne fut pas de longue durée; car il perdit dans un grand combat fur mer la puiffante flotte dont il étoit maître, & fut entiérement défait par Augufte & Lépidus. Il paffa en Afie avec fept vaiffeaux feulement, ou dix-fept felon les autres, lui qui un peu auparavant en avoit eu jufqu'à 350. En côtoyant l'Italie, il aborda au cap de *Sancinium*, appellé aujourd'hui *Capo delle Colonne*, où il pilla le temple de Junon. Enfuite il fut reçu à Lefbos, s'empara de Lampfaque par intelligence, défit Furnius, gouverneur d'Afie pour Marc-Antoine, & amaffa de grandes fommes d'argent. Mais l'impuiffance où il étoit de foutenir la guerre par terre & par mer, le fit réfoudre à bruler fa flotte, pour faire prendre les armes aux matelots qui étoient deffus. Peu après, fe voyant abandonné de fes plus chers amis, de Fannius, entr'autres, & de Libon même fon beau-pere, il fe réfugia en Arménie, & fut pourfuivi par Furnius Titius & par Amyntas, qu'il perdit dans une occafion dont il ne fut pas profiter. Enfin réduit à l'extrémité par la faim, après avoir tenté de faire fon traité, il fe livra fans condition entre les mains d'Amyntas, & fut tué peu après. Antoine, qui avoit donné cet ordre, le révoqua vainement par de fecondes lettres. Pompée périt par la main de Titius, l'an 719 de Rome, & 35 avant l'ere chrétienne. * Velleius Paterculus, *l. 2.* Florus, *l. 4.* Dion, *l. 45, hift. Rom.* Céfar, *de la guerre civile.* Hirtius ou Oppius, *guerre d'Efpagne.* Plutarque, *in vita Pomp. Cæfar. & Ant.* Appien, *l. 5.* Eutrope. Eufebe. Orofe, &c.

POMPÉE, dit LÆNAS, affranchi de Pompée *le Grand*, vivoit vers l'an 710 de Rome, & 44 ans avant J.C. Il étoit bon grammairien,& traduifit les commentaires de médecine qu'on attribuoit à Mithridate. * Pline, *l. 25, c. 2.*

POMPÉE, dit PLANTA, dans le I fiécle, écrivit une hiftoire de la guerre entre Othon & Vitellius. * Jufte Lipfe, *in l. 2* Taciti.

POMPÉE (Paulin) intendant des impôts fous Néron. * Tacit, *annal. l. 16, c. 18.*

POMPÉE, intendant de la Gaule Belgique. * Tacite, *hift. l. 1.*

POMPÉE (Urbius) chevalier Romain, condamné à mort par l'empereur Claude, comme convaincu d'adultere avec Meffaline. * Tacit. *annal. l. 11, c. 35.*

POMPÉE, dit SATURNIN, Romain, célebre par fon érudition & par fes ouvrages, eft nommé par Pline *le Jeune, l. 1, epift.* 16.

POMPÉE, *Trogus Pompeius*, cherchez TROGUE POMPÉE.

POMPÉE. Il y a eu plufieurs autres hommes de ce nom parmi les Romains, comme POMPÉE le Roux, Pom-

peius Rufus, petit-fils de Sylla par sa fille, tribun du peuple avec Titus Munacius Plancus, adversaire de Milon. M. POMPÉE, fils de Théophane Mytilénéen l'*Historien*, & l'ami du grand Pompée. Ce Pompée fut un des favoris de l'empereur Tibere, qui néanmoins maltraita sa famille. * Tacite, *annal. l.* 6. L'empereur Balbinus descendoit de cette famille. * Julius Capitolin. *in Maximo & Balbino.* Il y a eu un POMPÉE, tribun du peuple, qui découvrit la conjuration de Pison. * Tacit. *l.* 15, *annal.* Un POMPÉE LONGIN, tribun de la cohorte prétorienne sous Galba. * Tacite, *l.* 1. Un POMPÉE surnommé *Macula*, amant de la fille de Sylla, avec un autre homme qui s'appelloit *le Foulon* ; ce qui fit dire agréablement à Fauste, frere de cette femme, qu'il s'étonnoit que sa sœur avoit *Macula*, faisant allusion à la signification de ce mot, qui signifie *une tache*, pendant qu'elle disposoit d'un Foulon : *Miror sororem meam habere maculam, cùm fullonem habeat.* * Macrob. *Saturn. l.* 1.

POMPEIA, troisiéme femme de *Jules César*, fille de Q. *Pompée*, fut mariée à *César* après la mort de Cornélie ; son épouse la répudia bientôt après, la soupçonnant d'avoir commis adultere avec Clodius. En effet le bruit fut si constant que Clodius l'étoit allé trouver en habit de femme, pendant les cérémonies publiques de la fête de la bonne déesse, qu'il y eut ordre du sénat d'informer du sacrilège. On voulut obliger César de déposer contre elle ; ce qu'il refusa, disant, *qu'il ne la croyoit point coupable ; néanmoins que la femme de César ne devoit pas seulement être exempte de crime, mais de soupçon.* * Suétone & Plutarque, *in Julio*. Il y a eu une POMPEIA MACRINA, femme d'Argolic, envoyée en exil par Tibere. * Tacite, *annal. l.* 6. Une POMPEIA PAULINA, fille de Pompeius Paulinus, femme de Seneque.

POMPÉIA (Claude) originaire d'Antioche, & fils d'un simple chevalier Romain, épousa en 170 Lucille, fille de l'empereur Marc-Aurele. Il fut deux fois consul subrogé, pendant le régne de Marc-Aurele. On croit que c'est ce Pompéien à qui Julien l'*Apostat* dit que Marc-Aurele auroit dû laisser l'empire, comme étant très-capable de le gouverner, plutôt que son fils. L'histoire de ces princes prouve que Pompéien servit très-utilement dans la guerre contre les Marcomans. Il se servit de son crédit pour faire donner de l'emploi dans cette guerre à Pertinax, que la jalousie de ses ennemis avoit fait disgracier. Ce fut en quelque sorte le premier dégré de l'élévation de ce dernier. Aussi Pertinax étant monté sur le trône, pour marquer publiquement sa reconnoissance à Pompéien, l'embrassa dans le sénat, & le fit asseoir avec lui sur le siége impérial. Lucille forma en 183 une conspiration contre l'empereur Commode, son propre frere, qui la relégua à Caprée, où quelque temps après on lui ôta la vie. A l'égard de Pompéien, il vivoit encore du temps de Commode & de Sévere, mais toujours retiré à la campagne, sous prétexte de son âge & de ses incommodités, mais en effet pour ne pas voir les crimes de Commode, & ne pas donner d'ombrage à Sévere. * Voyez Vulcatius Gallicanus, *in Avidio Cassio*. Lampride. Ælius. Spartien. Dion. Tillemont, *hist. des empereurs*, tomes II & III.

POMPÉIEN (Claude) différent du précédent, étoit assez probablement fils de T. Claudius Pompeianus, consul en 173, & parent de Commode. Lucille qui lui avoit fiancé sa fille, le fit entrer dans la conspiration qu'elle avoit formée contre Commode son frere, en 183. Un jour que Commode entroit dans l'amphithéâtre par un endroit étroit & obscur, le jeune Pompéien qui l'y attendoit, tirant son poignard, & le lui montrant, *voila*, lui dit-il, *ce que le sénat t'envoie*. En s'amusant ainsi à menacer au lieu de fraper, comme il le pouvoit, il donna loisir aux gardes de l'arrêter. Il fut bientôt puni de sa folie, avec Quadrat & plusieurs autres complices de la conspiration. * Tillemont, *hist. des empereurs*, tome II, pag. 480.

POMPEIOPOLIS, ville de Cilicie, dite auparavant *Soli*, reçut ce nom de Pompée, après la défaite des pirates ; puis celui de *Trajanopolis*, à cause de l'empereur Trajan. Depuis elle devint le siége d'un évêché suffragant de Séleucie ; mais aujourd'hui ce n'est plus qu'un misérable bourg, nommé *Palefali*, selon quelques modernes. Il y a eu dans la Paphlagonie une autre ville qu'on appelloit *Eupatoria*, à qui Pompée donna encore son nom, après avoir vaincu Mithridate : elle fut depuis métropole sous le patriarchat de Constantinople ; mais présentement elle est tout-à-fait ruinée. * *Consultez* Pline. Ptolémée. Solin. Pomponius Méla, &c. Ferrari, *in lexic.*

POMPÉIUS (A.) surnommé *le Bithynique*, orateur, dont Cicéron fait mention. * Cicero, *in Bruto*.

POMPILE, que Pline appelle *Nautile*, marinier ou pêcheur d'Icarie, changé en poisson de ce nom, qui suit les vaisseaux en pleine mer, & se retire quand ils approchent des bords. * Athénée, *l.* 7, *c.* 5, Pline, *l.* 9, *c.* 29. Elien. *l.* 2, *c.* 15. Oppien, *de piscibus, l.* 1.

POMPILIUS, *cherchez* NUMA.

POMPILIUS ANDRONICUS (M.) *cherchez* ANDRONIC (Pompilius.)

POMPON (Maclou) *cherchez* POPON.

POMPONACE (Pierre) en latin *Pomponacius*, philosophe du XVI siécle, né à Mantoue le 16 septembre 1462, étoit de si petite taille, qu'il ne s'en falloit guère qu'il ne fût un nain. Il avoit beaucoup d'esprit, & il passa pour un des plus habiles philosophes de son siécle. Il enseigna la philosophie à Padoue avec beaucoup de réputation, & il y eut pour antagoniste le célebre Achillini. La guerre des Vénitiens contre les puissances liguées à Cambrai l'obligea de se retirer à Bologne, où il continua d'enseigner la philosophie. Il soutint dans un livre fait sur l'*immortalité de l'ame*, que non-seulement Aristote ne la croit point, mais qu'il n'y en a aucune preuve démonstrative par la raison naturelle ; qu'elle est seulement établie sur l'écriture sainte & sur la définition de l'église. Ce livre ayant été publié, lui attira plusieurs adversaires. Contarin écrivit contre lui, & quelques moines le déchirerent hautement comme un impie. Pomponace se défendit, & fit le cardinal Bembe juge de son différend. Ce cardinal ne trouva rien à redire à son ouvrage ; & l'ayant même communiqué au maître du sacré palais, ce religieux fut d'avis qu'il ne contenoit rien de contraire à la foi. Pomponace fit aussi un livre des *enchantemens*, dans lequel il soutenoit que tout ce que l'on conte de la magie & des sortiléges ne doit point être attribué au démon, mais se fait par des vertus, que certains hommes ont eues. Ce livre fut mis à l'*index*. Quelques-uns ont traité Pomponace d'Athée, mais d'autres ont pris sa défense. On dit qu'il fut obligé de bruler son livre de l'immortalité de l'ame ; ce qui est faux, puisque les inquisiteurs en permirent une seconde édition. Pomponace mourut, selon Paul Jove, à Bologne d'une rétention d'urine, le 63e année de son âge, l'an 1525 de J. C. Il avoit achevé en 1516 son traité de l'immortalité de l'ame. * Paul Jove, *in elog. c.* 71. Sponde, *A. C.* 1513, *n.* 20. Riccioli, *chron. reform.* Lucas Gauricus, *schemat. tract.* 4. La Mothe-le-Vayer, *dial. de la diversité des religions.* Antoine Sirmond, *de immortalitate animæ.* Théophile Rainaud, *de stigmatismo sacro, de bonis & malis, l.* 16. Martin Delrio, *disquisit. magic. l.* 1, *c.* 3. Le Noble, *tableau des philosophes.* Bayle, *diction. crit. seconde édit.*

POMPONE DE BELLIÉVRE, *cherchez* BELLIÉVRE.

POMPONIE, *Pomponia Græcina*, sœur de Pomponius Græcinus, qui fut consul sous Auguste, & auquel est adressée la quatriéme élégie d'Ovide *de Ponto*, fut mariée à *Plausius*. Elle fut accusée d'adultere ; mais son mari jugea en sa faveur. Elle étoit aimée de Julie, fille de Drusus ; & après que Messaline l'eut fait mourir, Pomponie passa le reste de ses jours dans le deuil, jusqu'au regne de Claude. * Tacite, *annal. l.* 13.

POMPONIUS, tribun du peuple, ayant intenté une accusation contre Titus Manlius, patricien, à la sollicitation de Servilius Ahala & de L. Gemutius, consuls, fut obligé de s'en défister, parceque Titus Manlius, surnommé depuis *Torquatus*, fils de l'accusé, l'ayant pris en particulier, & lui ayant mis le poignard sous la gorge, l'obligea de jurer qu'il ne poursuivroit point cette accusation, & qu'il laisseroit son pere en repos. * Tite-Live.

POMPONIUS, orateur véhément, plein de feu, & qui paroît avec force, selon Ciceron, *in oratore.*

POMPONIUS FLACCUS, gouverneur de Mésie, puis de Syrie, sous l'empire de Tibere, fut déposé pour avoir passé deux jours en festin. * Suéton. *in Tiber. c. 42.* Il y a eu quelque temps après un autre POMPONIUS surnommé *Labeo*, gouverneur de Mésie, lequel accusé d'avoir prévariqué dans sa charge, & de plusieurs crimes, fut disgracié, & de chagrin se fit ouvrir les veines & mourut. Sa femme Panée le suivit ; ce qui arriva sous le consulat de Paul Fabius & de Lucius Vitellius. * Tacite, *l. 6, annal. c. 29.*

POMPONIUS, de Bologne, poëte Latin, vivoit vers l'olympiade CLXXIII, l'an 667 de Rome, & 87 avant J. C. Eusébe en parle ainsi : *L. Pomponius Bononiensis, Atellanarum scriptor clarus habetur.* Il laissa diverses piéces en vers. Solin remarque comme une chose assez extraordinaire, que ce Pomponius n'avoit jamais rosé. * Solin, *l. 4. Consultez* Crinitus ; Vossius, &c.

POMPONIUS RUFUS, historien Latin, est cité par Valere Maxime, *l* 4, *c. 4.* Un autre POMPONIUS fut consul avec Cn. Pompeius Ferocius Licinianus : ce que nous apprenons d'une ancienne inscription. * Vossius, *de hist. Lat.*

POMPONIUS Secundus (P.) poëte Latin, fut consul l'an 18, & l'an 40 de J.C. & 794 de Rome. On voit plusieurs tragédies de sa façon. *Consultez* Pline, *l. 4, hist. nat. c. 4.* Quintilien, *l. 10. c. 1.* Fabius *l. 8, c. 3.* Terentianus Maurus, *in Centim.*

POMPONIUS MELA, Espagnol, natif de Mellaria, ville détruite dans le royaume de Grenade, où est présentement *Beyar de Melena*, selon le témoignage de Moralès & des auteurs du pays, vivoit dans le premier siécle, & composa une géographie intitulée, *de situ orbis*, en 3 livres. Nous avons cet ouvrage enrichi des notes de plusieurs savans. Les meilleures éditions sont celles de Hollande, avec les notes de Vossius & de Gronovius. * Alfonse Garsias Matamore, *de doct. Hisp. viris, &c.*

POMPONIUS (Sextus) jurisconsulte Romain, consommé dans la connoissance des loix, vivoit dans le III siécle, & sortit avec Ulpien & Julius Paulus de l'école de Papinien. Il eut beaucoup de part au gouvernement sous l'empereur Alexandre *Sévere*, & composa plusieurs ouvrages, qui sont souvent cités dans le code & dans le digeste. On en peut voir le dénombrement dans Forster, *l. 2, hist. jurisc. civil. c. 79* ; dans Nicolas Henelius, *de veter. jurisc. c. 30* ; dans Gesner, *in biblioth. &c,* Lampridius en fait mention, dans *Alexand. Severe.*

POMPONIUS (Lucius) général des armées romaines en Allemagne, du temps de l'empereur Claude, vers l'an 16 de l'ére chrétienne, vainquit les Cattes, mérita l'honneur du triomphe, & ne se distingua pas moins par ses poésies que par ses conquêtes. * Tacite, *annal.*

POMPONIUS (Lucius Ælianus) se joignant à Amandus dans le III siécle, se fit avec lui chef de ces paysans révoltés, appellés *Bagaudes*, qui ravagerent les Gaules. Ils furent défaits & soumis par Maximien César, l'an de J. C. 285. * Idacius. Eusébe. Eutrope.

POMPONIUS LÆTUS (Julius) nommé mal-à-propos *Pierre de Calabre* par quelques-uns, né l'an 1425 à Amendolara, petite ville de la haute Calabre, étoit, dit-on, fils naturel d'un prince de Salerne, de la maison de Sanséverin, & florissoit à Rome dans le XV siécle, sous Pie II, en même temps que Platine & Callimachus. Il fut du nombre de ces savans, qu'on pré-

tendoit faussement avoir conjuré contre Paul II ; ce qui l'obligea de se retirer à Venise. Il revint depuis à Rome, où il vivoit en philosophe ; & il y publia un abrégé de la vie des Césars, depuis la mort de Gordien jusqu'à Justin III ; un livre de Mahomet ; & un des magistrats Romains. Il mourut l'an 1495, âgé de 70 ans, suspect d'athéïsme & d'impiété, sous le pontificat d'Alexandre VI. Cependant il y en a qui prétendent, & ce n'est pas sans preuves, qu'il fut converti vers les dernieres années de sa vie. On dit qu'il étoit si pauvre, qu'il fut contraint de se faire porter à l'hôpital pendant sa maladie, & que ne laissant pas même de quoi se faire enterrer, ses amis furent obligés de fournir à cette dépense. Sabellic, qui étoit son disciple, a écrit sa vie. Vossius lui attribue des commentaires sur Virgile, que nous avons sous le nom de JULIUS POMPONIUS SABINUS. * *Consultez* aussi Paul Jove, *in elog. doct. c. 40.* Erasme, *in Cicer.* Ange Politien, *in Miscell. c. 73.* Lilio Giraldi, *in hist. poët. dial. 4.* Pierius Valerianus, *l. 2 de infelic. litter.* Vossius, *l. 3 de hist. Lat. &c.* Differt. de M. de la Monnoye, sur Pomponius Lætus, *jugemens des savans, t. II, in-4°, pag. 233.* Pomponius Lætus a composé un assez grand nombre d'ouvrages, de la plupart desquels on a fait un recueil qui a été imprimé à Mayence chez Jean Schœffer, *in-12*, au mois de février 1521, sous le titre de *Opera Pomponii Læti varia.* Ce recueil contient ce qui suit : *Romanæ historiæ compendium, ab interitu Gordiani junioris ad Justinum tertium* (il faut *ad Justinianum*) : *De Romanorum magistratibus : De sacerdotiis : De legibus ad M. Pantagathum : De antiquitatibus urbis Romæ* ; mais il y a des auteurs qui doutent que ce dernier ouvrage soit de Pomponius : *Epistolæ aliquot familiares*, elles sont au nombre de dix : *Vita Pomponii Læti per Sabellicum* : cette vie est en forme de lettre adressée *Marco Antonio Mauroceno equiti* ; elle est fort abrégée. Tous ces écrits ont eu séparément plusieurs éditions. On ne trouve point dans ce recueil, 1. *De exortu Machometis*, imprimé plusieurs fois, & dans un recueil de piéces sur le même sujet, à Basle 1533, *in-fol.* 2. *Vita Statii poëtæ & patris ejus* : ces deux vies sont dans l'histoire des poëtes de Gyraldi. 3. *De arte grammaticâ* ; abrégé d'un plus grand ouvrage que Pomponius avoit composé sur ce sujet, & qui est demeuré manuscrit : l'abrégé a été imprimé à Venise en 1484, *in-4°.* 4. Pomponius a revu les premieres éditions de Salluste, & les a collationées sur les manuscrits : il a donné une édition des lettres de Pline *le jeune*, *in-4°*, à Rome 1490. Un commentaire sur Quintilien : *De oratoriâ institutione*, qui se trouve dans une édition de Quintilien, faite à Venise en 1494, *in-fol.* 5. *M. Tullii Varronis de lingua latina libri, ex recensione Pomponii Læti*, *in-4°*, plusieurs fois imprimé avant 1500. 6. Si Pomponius Lætus & Pomponius Fortunatus sont le même auteur, comme plusieurs savans paroissent l'avoir démontré, il faut encore lui donner un commentaire sur Columelle ; *Columellæ hortus, carmine, cum annotationibus Pomponii Fortunati, Battistæ Pii, Philippi Beroaldi & aliorum*, *Parisiis 1543, in-8°.* 7. *Julii Pomponii Sabini* (c'est encore le même) *commentarii in Virgilium*, à Basle 1544, *in-8°.* Du reste, pour bien connoître l'histoire de la vie & des ouvrages de Pomponius Lætus, outre la dissertation de M. de la Monnoie citée plus haut, il faut lire l'article de Pomponius dans les *mémoires* du pere Niceron, *tom. VII*, & les additions & corrections faites à cet article dans la seconde partie du tome X des mêmes *mémoires.* Le recueil donné à Mayence en 1521, & les dix lettres de Pomponius qui s'y trouvent, n'ont point été connus au pere Niceron.

POMPONIUS ATTICUS, *cherchez* ATTICUS.

POMPONIUS GAURICUS, *cherchez* GAURIC.

POMPOSE, vierge & martyre d'Espagne, dans le IX siécle, étoit née à Cordoue de parens considérables, qui voulant se consacrer à Dieu, firent bâtir un double monastere à deux ou trois lieues de la ville, dans les montagnes au pied de la roche de Pigna-Melar , d'où il tira son nom. Pompofe s'y retira , & y mena une vie chrétienne & monaftique. Les Mahométans ayant excité une perfécution contre les chrétiens , elle fortit malgré fes gardes du monaftere , alla fe préfenter au juge de Cordoue , parla librement contre le faux prophéte Mahomet , & fut condamnée à avoir la tête tranchée : ce qui fut exécuté le 19 feptembre de l'an 853 , fous le régne de Mahomet , qui avoit fuccédé depuis un an au roi Abderam fon pere , auteur de la perfécution. * Euloge , memor. l. 3 , c. 2. Baillet, au 19 feptembre.

PONA (Jean-Baptifte) médecin de Vérone , mort l'an 1588 , n'ayant pas encore 32 ans accomplis. Il avoit étudié la langue grecque fous Jean Pigaro. L'académie des amateurs de la mufique (*Filarmonica*) qui l'avoit aggrégé , fe trouva à fes obféques. On a de lui *Diatribe de rebus philofophicis* , à Venife 1590 ; & un livre de poëfies latines , entre lefquelles il fe trouve une piéce fur la cure de la fiévre tierce. Il avoit fait aussi en italien des difcours fur Pétrarque & fur le Dante , qu'il avoit récités publiquement , & quelques poëmes dramatiques qu'il avoit compofés pour la fociété *Filarmonique* : entre ceux-ci eft une paftorale intitulée *Il Tirreno* , qui a été imprimée. Il a encore laiffé un dialogue *De fato* , adreffé à Vittorio Algarato , mais dont on n'a point permis l'impreffion. Il a eu pour frere JEAN PONA , pharmacien & botanifte , dont on a 1. *Monte Baldo defcritto da Giovanni Pona , Veronefe ,* 1617. Clufius ou Charles de l'Efclufe traduifit cet ouvrage en latin , & il a été imprimé à Anvers. C'eft proprement un traité des plantes qui croiffent fur cette montagne , & aux environs de Vérone. 2. *Del vero Balfamo de gli antichi , commentario fopra Diofcoride ,* à Venife 1623 , *in-4°.* 3. Une *Apologie* en latin. * *Verona illuftrata* , par M. le marquis Scipion Maffei , livre 4 des écrivains de Vérone , édit. *in-fol.* page 201.

PONA (François) naquit à Vérone en 1594 , d'une famille noble & ancienne. Après fes études d'humanités , il s'appliqua à la philofophie & à la médecine , & fut reçu docteur en ces deux facultés à Padoue , à l'âge de 20 ans , en 1614. Retourné à Vérone , il fut aggrégé au collège des médecins de cette ville , & s'y donna , jufqu'à la fin de fa vie , à l'exercice de fa profeffion , & à la compofition de divers ouvrages. En 1651 , l'empereur Ferdinand III l'honora du titre de fon hiftoriographe , comme on le voit par une lettre de *Jean Rhodius* à *Nicolas Heimius* , datée de Padoue le 29 juin 1651 , & qui fe lit dans le tome I du *Sylloge epiftolarum* de Burman. On croit que Pona mourut peu de temps après : on fait feulement qu'il vivoit encore en 1652. Il étoit de l'académie des *Filarmonici* de Vérone , & de celle des *Incogniti* de Venife. Voici fes ouvrages , felon la lifte que lui-même en a donnée. 1. OUVRAGES DE MÉDECINE. *Medicinæ anima , five rationalis praxis epitome , felectiora remedia ad ufum principum continens* , à Vérone 1629 , *in-4°. Anulus phyficus. Confiliorum medicinalium centuria. De veneriis , eorumque naturâ. De vitiatâ refpiratione. Del modo di conofcer le malatie peftilentie. La Remora , overo del modo d'impedirne i progreffi. Trattato di veleni , e lor cura* , à Vérone 1643 , *in-4°. De Lycanthropis. Il Lince , dialogo. L'Amalthea , dialogo. De lue venereâ tractatus. Farrago medica , peregrina remedia continens.* 2. OUVRAGES PHILOSOPHIQUES. *De amentiâ multiformi , dialogus. Thermopolium.* 3. OUVRAGES HISTORIQUES. *Il gran contagio di Verona nel* 1630 , à Vérone 1631 , *in-4°. La Meffalina* , à Venife 1633 , *in-4°.* & à Paris , *in-12. Apotheofis amicorum heroum. Vita di fan Antonio di Padoua. Vita del B. Gaëtano. Vita de' beati confeffori evangelifta e pellegrino di Verona , &c.* à Vérone 1636 , *in-4°. Vita della beata Elena Anfelmini.* 4. OUVRAGES ACADÉMIQUES. *Genius liber , fatyra togata , five fomnium in fomnio. Medica dignitas afferta , eandemque nobilitati non derogare. La Mafchera Iatropolitica. Lettioni fopra le morali.*

Lettioni fopra la poëtica. La lucerna di Eureta Mifofcolo : c'eft un dialogue plein de chofes plaifantes , entre l'auteur & fa lampe ; *Eureta Mifofcolo* , qui eft le nom que l'auteur a pris dans plufieurs de fes ouvrages , fignifie , l'inventeur , ennemi de l'oifiveté. *L'Antilucerna , dialogo. Sileno , overo delle bellezze del luogo dell' illuft. fign. Giacomo Giufti , dialogo ,* à Vérone 1620 , *in-8°. La Galeria delle Donne celebri ,* à Rome 1641 , *in-12. Il primo d'Agofto , celebrato ad una fonte. L'Ormondo ;* c'eft un roman imprimé à Padoue en 1635 , *in-4° :* il a été traduit en allemand. *L'Adamo. Il perfetto Morate.* 5. OUVRAGES POÉTIQUES. *Rime , prima & fecunda parte. Scielta di Rime. J. Baci Cambivoli , idilio. Le Notturne querele , idilio. La Sfinge. Sonetti Bernefchi. Oda nelle nozze de' fereniffimi Carlo Gonzaga , e l'archiducefla Clara Ifabella d'Auftria. Sexdecimus Taffi cantus exametrali paraphrafi redditus.* 6. OUVRAGES ANATOMIQUES. *Plantarum juxta humani corporis diffectationem , hiftoria anatomica.* 7. OUVRAGES DRAMATIQUES. *Il Chrifto paffo , tragedia facra in profa , con li intermedii ,* à Vérone 1632 , *in-4°. Il Panthenio , comedia facra morale ,* à Venife 1627 , *in-8°. L'Angelico ,* à Vérone 1650 , *in-8°. La Virgiliana ,* à Vérone 1635 , *in-8°. Il Giudicio di Paride* , à Vérone 1632 , *in-8°.* 8. OUVRAGES SACRÉS. *Il Rofario della B. Vergine. Parafrafi de' fette falmi di Davide pentito. Apoftrofe alla Penna propria. Predica fopra le parole di fan Giovanni ,* & *Verbum caro factum eft: Concentrazione dell' anima in fe medifima. Cardiomorphofcos , five ex corde defumpta emblemata facra ,* à Vérone 1645 , *in-4°.* 9. OUVRAGES D'ÉRUDITION. *XII Cæfares , quibus anicorum acceffere epigrammata ,* à Vérone 1641 , *in-8°. Elogia utroque Latii ftylo confcripta ,* à Vérone 1629 , *in-4°.* 10. TRADUCTIONS. 1. Du premier livre des métamorphofes d'Ovide , en italien. 2. *Le nozze dell' eloquenza con Mercurio ,* traduction de Martianus Capella. 3. *Antidotus bezoartica adverfus omnia venena ,* à Vérone 1622 , *in-12.* 4. *Prudentia medica ,* à Venife 1650 , *in-12.* 5. *Monte Baldo defcritto da Giovanne Pona , &c.* traduit par François Pona , à Venife 1617 , *in-4°.* 6. *Il commenti di Nicol. Marogna fopra l'Amomo de gli antichi ,* traduit par le même. 7. *Orazione funerale del fignor Andrea Chiocco ,* à Vérone 1624 , *in-4°.* 8. *Il Paradifo de' fiori , overo lo archetypo de' Giardini , difcorfo ,* à Vérone 1622 , *in-4°.* 9. *Della contrariâ forza di due begli occhi , &c.* 10. Traduction de l'*Argenis* de Barclai , en italien , avec la vie de l'auteur , à Venife 1625 , *in-8°. Nota in poëmata felectiora Jacobi Gaddii ,* à Venife 1635 , *in-16. Gli amori difcordi. Oratio panegyrica ad Andream Cornelium Verona prætorem. Academico-medica faturnalia ,* à Vérone 1652 , *in-8°.* C'eft un recueil de dix difcours , dont plufieurs ont été imprimés féparément , & cités plus haut. * *Le Glorie de gli Incogniti* , pag. 157. Niceron , *mémoires* , &c. tome XLI , p. 318 & fuivantes.

PONCE (S.) Pontius , diacre , vivant avec Cyprien , évêque de Carthage , fut témoin de la & du martyre de ce faint prélat , & écrivit fon hiftoire ou plutôt fon panégyrique , que nous avons par Surius , & à la tête des œuvres de S. Cyprien. Ponce mourut le 8 mars , & eft honoré dans le martyrologe romain , auffi-bien que dans ceux de Bede , d'Ufuard & d'Adon. * *Voyez* S. Jérôme , *in catal.* Honoré d'Autun , *de lum. ecclef.* Trithème & Baronius. Il eft différent d'un autre PONCE , martyr dans les Gaules , dont Honoré d'Autun a auffi parlé. * *Confultez* le martyrologe de France du Du Sauffai.

PONCE , évêque de Valence en Dauphiné , un peu avant le milieu du onzième fiécle , a été célebre par fa régularité , & fort eftimé du pape Léon IX. Ce prélat affifta au concile de Verceil , qui fut tenu fous fon épifcopat , que l'on fait durer depuis l'an 1037 , jufqu'en 1044 , & peut-être depuis , & il fe diftingua dans cette affemblée. Il fe démit entre les mains de Léon IX

'une petite abbaye qu'il avoit à Valence, sous le nom
e S. *Victor*; & ce pape l'unit à perpétuité à l'abbaye
e S. Victor de Marseille. On croit avoir trouvé depuis
eu, dans l'endroit où est encore aujourd'hui, aux por-
de Valence, une maison & des fonds qui portent
e nom de S. *Victor*; on croit, dis-je, y avoir trouvé
es fondemens d'une ancienne église, qui étoit sans
doute celle de cette abbaye. L'évêque Ponce avoit
léja donné cette abbaye à une autre du diocèse du Puy,
nommée dans ce temps-la, *Calmalicacum*, autrement
de S. Théofrede: mais cette donation ne subsista point;
& celle qui a été faite à l'abbaye de S. Victor de Marseille a subsisté. * *Voyez* sur ces faits *Thesaur. nov. ana-
lector.* t. I, *p.* 171. *Antiquités de l'église de Valence*,
par Jean de Catellan, évêque & comte de Valence,
livre IV, *pages* 216 & *suivantes*.

PONCE, fut abbé de Cluni après S. Hugues, qui
mourut le 29 d'avril de l'an 1109. Jusqu'alors ce monastère n'avoit eu que de saints abbés, d'une piété &
d'une sagesse singuliere. Ponce en interrompit le cours.
C'étoit un jeune homme de qualité, qui avoit de grands
talens; mais qui oubliant la sainteté & l'humilité, si
convenables à son état, donna dans un luxe entierement
contraire à la profession monastique. Mais comme la
régularité étoit bien établie dans cette sainte communauté, l'exemple de l'abbé, loin de l'altérer, engagea
les moines à s'adresser au pape pour corriger leur abbé.
Il est vrai que Ponce défendoit avec vigueur les droits
& les biens de son monastère; & Humbald, archevêque de Lyon, s'étant plaint au concile de Reims de
l'an 1119, qu'il lui enlevoit ses dîmes, & lui refusoit les
soumissions qui lui étoient dûes, il parla avec autant de
modestie que de force pour sa défense, & empêcha que
les plaintes de cet évêque, & de plusieurs autres prélats, ne produisissent un mauvais effet contre la communauté; mais il s'embarassoit peu de l'intérieur de
son monastère. Il en étoit presque toujours dehors, &
marchoit avec un train si superbe, que l'on assure qu'en
allant visiter le monastère de S. Bertin, il avoit jusqu'à
cent mulets pour porter son bagage. Les moines se
plaignirent donc de ces excès, & ayant pris le temps
qu'il étoit à Rome, ils en firent avertir le pape Honorius II. Ponce étant allé prendre congé de sa sainteté,
Honorius lui donna des avis si conformes à sa conduite,
& entra avec lui dans les détails si particuliers, que
l'abbé sentit bien d'où lui venoit ce coup qu'on lui portoit. Mais au lieu de rentrer en lui-même, il répondit
avec hauteur, qu'il aimoit mieux abdiquer sa charge
que de gouverner des moines mécontens de son administration. Honorius après quelques difficultés reçut son
abdication; & Ponce se retira dans la Pouille en 1124.
Il alla ensuite à Jérusalem, où il disoit qu'il vouloit
passer le reste de sa vie; mais se repentant bientôt de
n'être plus abbé, il repassa en France & revint à Cluni
avec main-forte pour en reprendre le gouvernement,
qui avoit été donné à Hugues, prieur de Marcigni; &
après sa mort, arrivée au bout de cinq mois, à Pierre
Maurice, dit *le Vénérable*. Ponce étant entré par force
dans le monastère, s'y maintint par la violence pendant
plusieurs mois de l'année 1125. Honorius affligé de ces
désordres, envoya en France le diacre Pierre, cardinal,
accompagné de Humbald, archevêque de Lyon, qui
excommunia Ponce & ses partisans; & les parties ayant
été citées à Rome, Ponce & Pierre Maurice se rendirent en cette ville. Les parties furent entendues; &
après un sérieux examen, le pape prononça en faveur
de Pierre, & fit enfermer Ponce dans une prison, où il
mourut peu de tems après. Il fut enterré à S. André
sans aucun appareil, & il y a apparence qu'il fut transféré dans la suite à Cluni. On y voit du moins son
tombeau, où il est représenté les pieds liés, parcequ'il
étoit mort excommunié. Il est étonnant que le martyrologe des Bénédictins le mette au nombre des saints de
l'ordre. En 1119 il avoit été l'un des députés que le
pape Calliste II avoit envoyés vers l'empereur Henri,

pour terminer la grande affaire des investitures, qui fit
tant de bruit alors. * *Acta concilii Rhemens.* Mabillon,
tom. V, annal. ord. S. Bened. Petrus Vener. *liv.* 2,
*de miraculis. Hist. de l'égl. gall. par le père Longue-
val, Jésuite, tom. VIII.*

PONCE DE LARAZE, gentilhomme du diocèse
de Lodève dans le XII siécle, après avoir deshonoré
assez long-temps sa noblesse par ses brigandages & ses
violences, & s'être rendu le fléau de sa province,
fut subitement touché de Dieu, & prit tout d'un coup
la résolution de faire une pénitence aussi éclatante que
ses crimes avoient été publics. Il découvrit son dessein
à sa femme qui l'approuva, en le priant cependant de
pourvoir auparavant à l'établissement d'un fils & d'une
fille qu'ils avoient. Ponce offrit son fils au monastère
de S. Sauveur de Lodève; & sa fille & sa femme entrerent dans le monastère de Drinon ou Drinonie.
L'exemple de Ponce attira à Dieu plusieurs de ceux qui
avoient été compagnons de ses désordres; & après avoir
vendu tous ses biens & ses meubles, il paya tous ses
créanciers, & tous ceux à qui il avoit fait quelque tort.
S'étant rendu à Lodève le dimanche des Rameaux avec
les six compagnons qu'il avoit gagnés à Dieu, & ayant
attendu que la procession fût arrivée à la place publique,
où l'on avoit dressé une estrade pour faire de-là un
sermon au peuple, il s'y fit conduire la corde au col,
& les épaules découvertes, se faisant fraper de verges
par ceux qui l'accompagnoient. Là étant monté sur
l'estrade où l'évêque & son clergé avoient pris place, il
se prosterna aux pieds du prélat, & lui présenta un papier où il avoit écrit tous ses péchés, le conjurant d'en
faire faire la lecture devant le peuple; & il fit sur cela
tant d'instances, qu'il fallut le satisfaire. Cet exemple
singulier de pénitence & d'humilité fut l'occasion de la
conversion de plusieurs personnes. Quand il eut achevé
de payer ce qu'il devoit, & de réparer avec usure tous
les torts qu'il avoit faits, il alla avec ses six compagnons
à S. Guillaume du desert, ou de Gellon, & de-là à
Saint Jacques en Galice; & à leur retour ils passerent
au Mont S. Michel, à S. Martin de Tours, à S. Martial
de Limoges, & à S. Léonard. Etant à Rhodès, l'évêque Adémare voulut les retenir, & leur offrit des terres pour bâtir un monastère. Mais Ponce trouvant ces
lieux trop fréquentés, se faisant suivre à Camarès, où un seigneur
fort riche, nommé Arnauld du Pont, les arrêta, &
leur donna le lieu appelé *Salvanès*, où ils se bâtirent
des cabanes. Le nombre des disciples de Ponce étant
considérablement augmenté, ils résolurent de se soumettre à la régle de quelque ordre religieux; & après
avoir délibéré & consulté sur le choix, ils embrasserent
celle de Cîteaux. Ce fut Pierre, abbé de Mazan, monastère de cet ordre, bâti en 1119, qui les en instruisit, leur donna l'habit, & nomma Adémare, l'un d'entr'eux, pour leur abbé. Ponce ne voulut point avoir
d'autre rang que celui de frere convers. On rapporte la
fondation de Salvanès à l'an 1136. Ponce mourut quelque temps après en odeur de sainteté. * Stephani Balu-
zii *Miscellanea*, tome III.

PONCE, religieux de l'ordre des freres Mineurs,
fut pourvu en 1345 par le pape Benoît XII, de l'archevêché de Séleucie sous le patriarche d'Antioche. Mais
ce prélat donna dans les erreurs des Fratricelles, qui
firent tant de bruit en ce siécle-la, & dont on a parlé
en son lieu. Il composa en latin, & traduisit ensuite en
arménien un commentaire sur l'évangile de S. Jean;
où il soutenoit l'erreur condamnée touchant la prétendue pauvreté de J. C. montra ce commentaire à plusieurs Orientaux, & en donna des copies. On le fit savoir au pape Benoît XII, qui écrivit promptement à l'archevêque de Sultanie & à ses suffragans, de s'informer
soigneusement de ces faits; & au cas qu'ils fussent trouvés véritables, comme ils l'étoient en effet, il défendit
à tous les fidéles, sous des peines dont il laissa le choix
à ceux à qui il écrivit, d'ajouter foi à ce commentaire,
ou d'en prêcher la doctrine; & les pressa d'engager au

contraire à la rejetter, ou à la réfuter, comme condamnée par l'église romaine. Il leur manda aussi que sa volonté étoit, qu'ils obligeassent l'archevêque Ponce à abjurer publiquement son erreur, & à condamner aussi son commentaire en présence du clergé & du peuple assemblé, & à prêcher le contraire. « S'il ne veut pas » obéir, ajoutoit le pape, ou s'il retombe après son ab-»juration, vous le citerez à comparoître devant nous » dans quatre mois. » La lettre est du dernier de juillet 1346. Mais il étoit difficile de faire exécuter une telle citation, & c'étoit un des inconvéniens des missions si éloignées. On ne voit pas au reste que Ponce ait fait bien des partisans ; & son commentaire n'est pas venu jusqu'à nous. * Wadingue en parle dans ses *Annales des freres Mineurs*, sous l'an 1345, n. 8. Rainaldus en fait aussi mention dans sa *Continuation des annales de Baronius*, sous l'an 1346, n. 70, & M. l'abbé Fleuri, dans le tome vingtième de son *hist. ecclés. liv.* 95, sous l'an 1346, &c.

PONCE DE LEON (Gonsalve Marin) de Séville, a donné une traduction latine des œuvres de Théophane archevêque de Nicée, & le phisiologue de S. Epiphane. Il excelloit particulierement dans la connoissance de la langue grecque. Les critiques le mettent au rang des plus habiles traducteurs ; parcequ'il n'a aucun défaut dans son discours, qu'il est exact dans son style, & qu'il sait fort bien s'accommoder à ses auteurs. * Nicol. Anton. *biblioth. Hispan. tom. I. P. Dan. Huet. de clar. interpret. & optimo genere interpretandi, l. 2.*

PONCE DE LEON (Basile) religieux de l'ordre de S. Augustin, né d'une famille illustre de Grenade, prit l'habit chez les religieux Augustins à Salamanque, & fit un grand progrès dans la théologie & dans la science du droit canon, qu'il enseigna à Alcala avec beaucoup de réputation. Il laissa divers ouvrages de sa façon. *De sacramento confirmationis. De impedimentis matrimonii. De sacramento matrimonii. Variæ disputationes ex theologia scholastica & ex positiva*, &c. Il mourut à Salamanque en 1629. François de Montesdoca recueilli en un volume *in-*4°, publié en 1530, les éloges funebres en vers & en prose, qu'on avoit composés à la mort de ce savant théologien, & intitula ce recueil : *Fama posthuma.* * Diana, *in ind. aut. summæ. Riccioli, chron. reform.* Nicolas Antonio, *bibl. script. Hisp. tom. I, p.* 160.

PONCE (Constantin de la Fuente) en latin, *Constantinus Fontius*, d'où l'on a fait *Pontius*, docteur en théologie, & chanoine de Séville dans le XVI siécle, fut prédicateur de Charles-Quint, & suivit Philippe II en Angleterre. A son retour il fut déféré à l'inquisition, comme étant dans les sentimens des Protestans, & mis en prison : il y mourut avant l'*Auto da fé* ; mais son effigie fut portée & brulée le jour de cette cérémonie. Quelques-uns ont dit qu'il étoit confesseur de Charles-Quint, & qu'il l'assista au lit de la mort : mais il étoit en prison avant la mort de ce prince. Il a composé quelques livres que l'inquisition d'Espagne a mis dans son *index.* Pendant le temps qu'il prêchoit il eut une grande réputation. Il avoit de l'esprit & de l'éloquence ; mais il étoit fort railleur, & c'est peut-être ce qui lui a attiré sa disgrace. * Nicolas Antonio, *biblioth script. Hispan.* Fra-Paolo, *hist. du concile de Trente, l.* 5. Beze, *in iconibus. Secretiora inquisitionis Hispan.* Bayle, *diction. crit.* 2. *édit.* 1702.

PONCE DE SANTA CRUZ (Antoine) premier médecin de Philippe IV, roi d'Espagne, étoit fils d'un médecin habile, & enseigna avec réputation ; ensuite de quoi il fut appellé à la cour. Il y fut considéré, & y mourut vers l'an 1650, âgé de plus de 80 ans. On a de lui divers ouvrages, *Opuscula medica ac philosophica. In Avicennæ primam part. I. lib: Hippocratica philosophia. De pulsibus. De impedimentis magnorum auxiliorum in morborum curatione. In lib. Galeni de morbo & symptomate.* * Nicolas Antonio, *bibl. script. Hispan.*

PONCE (Jean Poncius) Franciscain du comté de

Corke en Irlande, vécut long-temps parmi ceux de son ordre à Louvain & à Rome. Dans cette derniere ville il fut préfet du séminaire que le cardinal Ludovisio y avoit fondé pour des étudians Irlandois, & ensuite il devint gardien du couvent de saint Isidore. Il vint enfin se fixer à Paris, où il écrivit beaucoup de traités philosophiques & théologiques fort estimés de son temps : mais dont on fait peu de cas aujourd'hui. Les ouvrages de cet auteur ont été imprimés depuis l'an 1640, jusqu'en 1667 : les voici : *Integer philosophiæ cursus in tres partes divisus : prima continet logicam ; secunda physicam & libros de cælo & mundo ; tertia libros de generatione & corruptione, de metheoris, de anima, parvis naturalibus, & metaphysica ; Romæ, 1643, in-fol.* Ce cours de philosophie fut imprimé depuis à Paris beaucoup plus ample & plus correct. *Appendix apologeticus ad prædictum philosophiæ cursum ; Romæ, 1645. Belingii vindiciæ eversæ :* c'est une réfutation du livre de M. Richard Belling, intitulé : *Vindiciæ Catholicorum, à Paris, 1653, in-8°. Deplorabilis populi Hibernici, pro sancta religione, rege & libertate contra sectarios Angliæ parlamentarios depugnantis, status, 1651, in-8°. Cursus philosophiæ ad mentem Scoti ; Lugduni, 1659, in-fol. De doctrina SS. Augustini & D. Thomæ, Parisi. in-8°. Commentarii theologici quibus JOANNIS DUNS SCOTI quæstiones in libros sententiarum elucidantur & illustrantur ; Parisi. 1661, 4. vol. in-fol.* auxquels se trouve joint un traité déja imprimé à Paris *in-*8°, sous le titre, *Scotus Hiberniæ restitutus. Cursus theologiæ juxta SCOTI doctrinam ; Lugd. 1667, in-fol.*

PONCE PILATE, cherchez PILATE.

PONCET (Maurice) docteur en théologie de la faculté de Paris, & religieux Bénédictin dans le XVI siécle, profès en l'abbaye de saint Pere à Melun, sa patrie, & curé de S. Pierre des Arcis à Paris, passoit pour le plus habile prédicateur de son temps. Il prêchoit avec hardiesse contre les désordres de la cour de Henri III. Il fut arrêté à Melun, à cause des invectives qu'il avoit débitées en chaire le 26 mars 1583, contre une nouvelle confrairie de pénitens instituée par ce prince. Après avoir demeuré quelque temps dans le monastere de saint Pere de Melun, où il étoit relégué, il eut permission de revenir à Paris, & d'y desservir la cure de S. Pierre des Arcis ; mais loin de rien changer à son ancienne maniere de prêcher, dit un auteur du temps, il la conserva jusqu'au dernier soupir de sa vie. Il a publié quelques ouvrages écrits avec la même liberté, & est mort le 23 novembre 1586. On peut voir le catalogue de ses ouvrages dans du Verdier Vauprivas. * *Journal de Henri III. Mémoires de Castelnau. Le Laboureur. Du Verdier Vauprivas. Rouillard, antiq. de Melun. Bayle, diction. crit. édit.* 1702.

PONCHER (Etienne) évêque de Paris, puis archevêque de Sens, & garde des sceaux de France, fils de MARTIN Poncher, échevin de Tours, & receveur des aides au pays du Maine en 1474, & de *Catherine* Belin, étoit chanoine de S. Gatien & de S. Martin de Tours, lorsqu'il fut reçu conseiller-clerc au parlement en 1485. Il étoit président ès enquêtes en 1498, fut élu évêque de Paris en 1503, & est nommé avec l'évêque de Nantes au contrat de mariage du roi François I, n'étant encore que duc de Valois, avec la fille ainée du roi Louis XII. En 1507 il accompagna ce prince en son voyage d'Italie, & fut fait chancelier de Milan & de l'ordre de S. Michel ; & en 1512, après la mort du chancelier de Ganai, il fut commis à la garde des sceaux de France, qu'il tint jusqu'au 2 janvier 1514. Il publia en 1514 des constitutions synodales que l'on estime, & dans lesquelles il entre en particulier dans de grands détails sur la maniere d'administrer les sacremens. Il fut député en 1516, avec le grand-maître de France, pour le traité de paix de Noyon, & la même année il fut nommé par le pape avec les évêque d'Auxer

d'Auxerre & de Grenoble, pour informer de la vie &
des miracles de S. François de Paule, pour parvenir à
sa canonisation. Il alla en qualité d'ambassadeur en Espagne en 1517, & en la même qualité en Angleterre
en 1518, avec l'amiral Bonnivet. Il fut pourvu de l'archevêché de Sens en 1519, & mourut à Lyon le 24
février 1524, âgé de 78 ans. Son corps fut apporté en
son église de Sens, dont il avoit commencé à rétablir
l'hôtel archiépiscopal.

Il avoit pour freres & sœur, JEAN Poncher, qui
suit ; Jeanne, mariée à Pierre le Gendre, seigneur de
Villeroi & d'Alaincourt, trésorier de France ; & Louis
Poncher, seigneur de Nanci, de Lesigni, Nesle-la-
Gilberte, & d'Angerville, secrétaire du roi, général
des finances, & trésorier de France, qui épousa Robine
le Gendre, sœur du seigneur de Villeroi, sa beau-
frere, dont il eut François Poncher, reçu conseiller au
parlement en 1510, puis évêque de Paris, mort prisonnier à Vincennes le 12 septembre 1532, qui a ci-
après un article particulier ; Charlotte, dame de Lesigni,
mariée, 1°. à Nicolas Briçonnet, controlleur & général
des finances en Bretagne : 2°. à Geofroi de la Croix,
seigneur de Planci, trésorier des guerres ; Jeanne, alliée
à Jean Hurault, seigneur de Vueil, maître des requêtes ;
Anne, qui épousa Antoine Boyer, seigneur de Saint-
Ciergue, bailli de Costentin ; & Marie Poncher, femme
d'Eustache Luillier, seigneur de Gironville.

JEAN Poncher, seigneur de Chânfreau, secrétaire
du roi, argentier des rois Charles VIII & Louis XII,
& trésorier des guerres en 1505, épousa, 1°. en octobre 1482, Perrine Briçonnet, dame de Chanfreau, fille
de Jean Briçonnet le jeune, seigneur de Chanfreau, &
de Catherine de Beaune : 2°. Alix Georget. Du premier
lit sortirent JEAN, qui suit ; François ; & Marguerite Poncher, qui épousa François de la Mothe, seigneur de
Bonnelles. Du second lit vinrent, Marie Poncher, alliée en 1519 à François Crespin, seigneur du Gast ;
Catherine, mariée à Jean de Pommereu, seigneur de Saint-
Piat & de la Bretesche, maître des comptes à Paris ;
Denyse, qui épousa 1°. Jean Brosset, controlleur d'A-
lençon : 2°. Adrian de Launai, seigneur de S. Silvain,
&c. & Jeanne Poncher, femme de Jean Lombart.

JEAN Poncher, seigneur de Chanfreau, Limours,
Châteaufort, Joui-en-Josas, général des finances en
Languedoc, Dauphiné & Provence, bailli d'Estampes,
& trésorier des guerres, épousa Catherine Hurault, fille
de Jacques, seigneur de la Grange & de Chiverni, &
de Marie Garandeau, dont il eut Etienne Poncher,
seigneur d'Esclimont, de Tremblai-le-Vicomte, la
Houssaye, Villeneuve & Champigni, chanoine de Chartres, abbé de S. Pierre-le-Vif de Sens, prieur de saint
Julien de Sesane, conseiller au grand conseil, puis maître des requêtes, évêque de Bayone, & enfin archevêque de Tours en 1550, mort le 15 mars 1552, &
enterré aux Célestins d'Esclimont, qu'il avoit fondés ;
Nicolas Poncher, seigneur de Châteaufort & de Joui,
bailli d'Estampes en 1534, vice-président des comptes
en 1542, & retenu pour quatrième président par édit
du mois d'avril 1544, vivoit encore en 1552, &
mourut sans postérité de Marie de la Mothe sa cousine ;
Jean Poncher, seigneur de Chanfreau, maître des requêtes en 1553, mort sans enfans de Renée Luillier,
fille de Guillaume, seigneur d'Ursines, maître des requêtes, & de Jeanne de la Haye ; Marguerite Poncher, qui hérita de ses freres des terres de Limours,
Esclimont, Bretaucourt, le Tremblai & Chanfreau,
qui épousa Jacques Hurault, seigneur de Vibraye, grand
audiencier de France, morte le 28 novembre 1580 ;
& Marie Poncher, religieuse à Poissi. * Voyez Du
Chêne, hist. des chanceliers. Blanchard, hist. des maîtres
des requêtes. Le P. Anselme, hist. des grands officiers.
Sainte-Marthe, Gall. christ. &c.

☞ PONCHER (François) évêque de Paris, neveu d'Etienne, & fils de Louis Poncher, seigneur de
Nanci, &c. & de Robine le Gendre, fut successive-

ment curé d'Issi, chanoine de Notre-Dame de Paris,
conseiller au parlement & abbé de S. Maur des Fossés,
par la résignation de son oncle. Etienne ayant été transféré à l'archevêché de Sens, François fut nommé évêque de Paris. Ses bulles sont du 14 mars 1519. Il prit
possession le dimanche 8 de mai, & se rendit ensuite
à Sens, pour assister à la cérémonie de l'entrée de son
oncle dans cette ville. Dans la même année, il fit la
dédicace de l'église de S. Jacques du haut Pas ; & en
1522, il se trouva à une concile provincial qui se tint à
Paris. Cette même année, il fit la dédicace de l'église
de S. Jacques de la Boucherie. L'abbaye de Fleüri, autrement S. Benoit-sur-Loire, étant venue à vaquer par
la mort de son oncle, il rechercha ce bénéfice avec
trop d'ardeur, & employa même des moyens si criminels, que François I, au retour de sa prison d'Espagne,
chargea un des principaux du grand conseil, d'informer
contre ce prélat, que l'on accusoit aussi de désobéis-
sance à l'égard de la duchesse d'Angoulême, mere du
roi, à qui ce prince avoit confié la régence du royaume
pendant son absence. Quelques années après, en 1529,
on découvrit d'autres intrigues. On sut que ce prélat
avoit sourdement manœuvré en 1525, pour prolonger
la prison du prince en Espagne, & pour empêcher que
la duchesse d'Angoulême n'eût la régence. Le roi ...
enfermer ce prélat au château de Vincennes, & ...
donna des commissaires. Il écrivit en même temps à
l'évêque d'Auxerre, son ambassadeur à Rome, pour
en informer le pape, & le prier de charger le cardinal
de Grammont & Jacques de la Barde de connoître de
cette affaire, au nom de sa sainteté. Sur ces entrefaites
François Poncher mourut à Vincennes le premier
septembre 1532, & fut inhumé dans le chœur de
Notre-Dame de Paris. Il a fait des commentaires ...
droit civil, qu'il dédia à Etienne Poncher, son on... ...

PONCY DE NEUVILLE (Jean-Baptiste) p...
ci-devant Jésuite, poëte François, naquit à Paris ...
paroisse de S. Sulpice. M. Picon, vicomte d'And...
ambassadeur à la Porte, à qui il appartenoit de fort ...,
eut soin de sa première éducation. Mais le jeune Poncy
entra dès l'âge de seize ans chez les Jésuites, où il a
brillé par son esprit. Il y professa les humanités avec
succès, & l'on voit par une de ses lettres à M. Titon
du Tillet, qu'il professoit la rhétorique à Mâcon en
1727. L'année suivante il quitta la société des Jésuites,
& se trouvant sans biens & sans protecteurs, déchu des
espérances qu'il auroit dû fonder sur M. d'Andrezel
mort en 1727, il mena une vie assez triste. Il prêchoit,
& s'en acquittoit avec succès ; il fut écouté même dans
différentes églises de Paris, & l'on applaudit sur-tout
au panégyrique de S. Louis qu'il prêcha dans l'église
des peres de l'Oratoire, en présence des académies des
sciences & des belles lettres. Mais ses succès ne le
mettant pas plus à son aise, il fut obligé en 1735 d'entrer en qualité de précepteur auprès d'un neveu de feu
M. le cardinal de Polignac, qui étoit pensionaire au
collège de Harcourt : il y fut attaqué en 1737 d'une
fievre maligne, dont il est mort le 27 juin de la même
année, dans la trente-neuviéme année de son âge : il
a été inhumé en l'église de S. Severin. On a de lui une
Elégie sur la mort de M. Picon d'Andrezel, mort le 26
mars 1727, dans le Mercure de juin de la même année ;
Remerciment à M. le comte du Roure, son bienfaiteur,
en vers, à madame la comtesse du Roure, dans le Mercure, décembre 1731. Adieux & testament de Robin,
noble sanglier, dans le Mercure, décembre 1734. Imitation des apologies de S. Justin & de Tertullien en faveur des Chrétiens ; poëme de près de cent vers, dans
le Mercure, février 1735. Dissertation sur la vanité des
horoscopes, dans le Mercure, décembre 1737. Imitation du premier chapitre d'Isaïe, en vers, & le mépris
du monde, en vers ; l'une & l'autre piéce, dans le
Choix de poésies morales & chrétiennes, publié par
M. le Fort de la Morinière. La querelle des Dieux appaisée, en faveur de madame de Vatry, dans le tome IX

des *Amusemens du cœur & de l'esprit. Damoclès*, tragédie, représentée au collège des Jésuites de Mâcon : il avoit sept fois remporté le prix de poësie aux jeux floraux de Toulouse, & l'on trouve ses piéces dans les recueils de cette académie. M. Titon du Tillet lui a donné place dans le *Supplément de son Parnasse*, où tant à son article qu'à ceux de M. de Senecé, & de M. Moreau de Mautour, il rapporte quelques autres piéces de M. Poncy de Neuville.* *Voyez* ce Supplément, & le *Mercure de France*, décembre 1737, à l'article de M. Desroches, secrétaire à la Porte Ottomane.

PONDICHERI, sur la côte de Coromandel, est un lieu où les François ont un comptoir. Il est situé sur le bord de la mer, à 11 dégrés & 48 minutes de latitude, à 40 lieues au midi de Mazulipatan, peu éloigné de Madraspatan, où les Anglois ont un port & une forteresse, & de Meliapour, ou *Saint-Thomé*, fameux par l'opinion du martyre de S. Thomas apôtre, & par le siége vigoureux qu'y a soutenu M. de la Haye, avec les troupes françoises dont il étoit général. Le comptoir de Pondicheri fut établi par M. Macarat un fort & un séminaire pour les Jésuites, & un autre pour les Capucins. Cent cinquante François y ont résisté pendant dix à douze jours à plus de trois mille cinq cens hommes, venus exprès avec équipage de vaisseaux, d'artillerie, & d'autres munitions de guerre & de troupes reglées ; ces troupes étoient des Hollandois, qui furent obligés de signer une capitulation honorable, pour en laisser sortir les François le 3 septembre 1693. Les François y sont restés depuis, & ont très-bien fortifié cette place ; le nombre des chrétiens y est considérablement augmenté. * *Mémoires du temps.*

PONDICO, anciennement *Cicynethus*. C'est une isle de l'Archipel, située dans le golfe de Zeiton, près de la côte de Negrepont. Cette isle est petite & déserte, de même que deux autres qui lui sont voisines. * Mati, *dictionaire.*

PONFERRADA, petite ville avec un bon château. Elle est dans le royaume de Léon en Espagne, sur la riviere de Sil, aux confins de la Galice, & à quatorze lieues de la ville de Léon vers le couchant. Quelques géographes prennent cette ville pour celle des anciens Asturiens, qui portoit le nom d'*Interamnium, Interamnium Flavium*, que pourtant quelques autres mettent à *Fuente Encelada*, village de la même contrée. * Mati, *dictionaire.*

PONGILOUP, hérétique, *voyez* FRATRICELLI.

PONIATOVIA (Christine) fille de *Julien* Poniatovius, noble Polonois, qui de moine devint apôstat, & se fit ministre. S'étant réfugié en Bohême, dans le temps qu'il étoit veuf, il mit sa fille Christine, âgée de seize ans, au service de la barone d'Engelking de Zelking, qui étoit de la maison d'Autriche. Elle y entra au mois d'octobre 1627, & un mois après eut, dit-on, plusieurs extases, pendant lesquelles elle vit des choses extraordinaires, qui marquoient l'état de l'église, son rétablissement futur, par la destruction de ses ennemis & de ses persécuteurs. Elle se vanta d'avoir de temps en temps de semblables visions, pendant les années 1628 & 1629, & le 27 janvier de cette derniere année ; jusqu'à ce qu'ayant paru morte, elle ressuscita, dit-on, & n'eut plus de révélations. En 1632 elle fut mariée à *Daniel* Verter de Moravie, qui avoit été un des précepteurs de Frédéric-Henri, fils de Frédéric V, roi de Bohême, chassé pour lors de ses états ; & elle vécut avec lui jusqu'en 1644, qu'elle mourut d'une fievre étique. On doit faire le même jugement de cette prophetesse, que du fameux Christophe Kotter, dont nous avons parlé. * *Consultez* le livre intitulé, *Lux in tenebris*, en 1657.

PONS ou PONCE (Saint) martyrisé, à ce qu'on croit, sous l'empire de Valérien, à Cemelé, ville des Alpes. Mais les actes que l'on suppose faits par Valere son ami, sont pleins de fables & de fautes grossieres contre la vérité de l'histoire. On croit que trois homélies

de Valérien, qui étoit évèque de Cemelé dans le V siécle, sur un martyr de cette ville, doivent s'entendre de S. Pons. On fait sa fête au 14 de mai.* *Acta apud* Henschen. & Balusium.

PONS, ville de France en Saintonge, dans le diocèse de Saintes, en latin *apud Pontes*, est le lieu où des prélats s'assemblerent en 1293 ou 1294, avec Geofroi d'Archiac, évèque diocésain, au sujet des décimes accordées au roi Philippe *le Bel*. Cette ville est sur la riviere de Seugne, qui se jette dans la Charente au-dessous de Saintes ; & elle a dans son voisinage la forêt appellée de même nom. Pons est une sirerie fort ancienne, qui ne releve que du roi, & de laquelle relevent deux cens cinquante fiefs. Elle a donné son nom à la maison de PONS, célebre par son ancienneté, par ses alliances, & par le grand nombre d'hommes illustres qu'elle a produits. On y voit trois paroisses, quelques couvens, & une commanderie de l'ordre de Malte. Sa jurisdiction s'étend sur plus de cinquante paroisses des environs.

PONS, maison illustre & ancienne.

I. BERTRAND sire de Pons, vivoit en 1160. On prétend qu'il épousa une *Elizabeth* de Toulouse ; que ses enfans furent RENAUD I qui suit ; *Raimond*, évèque de Perigueux en 1223 ; & *Pons* de Pons, évèque de Saintes. Quelques auteurs assurent que Raimond fut cardinal ; mais ceux qui ont écrit l'histoire des cardinaux n'en parlent point.

II. RENAUD I, sire de Pons, mourut vers l'an 1224, & laissa

III. RENAUD II du nom, sire de Pons, qui vivoit en 1254, & qui d'*Agathe* d'Angoulême eut

IV. RENAUD III du nom, sire de Pons en 1263, qui prit alliance avec *Marguerite* de Bergerac, fille d'*Elie-Rudel II* de ce nom, sire de Bergerac, & en eut

V. GEOFROI I du nom, sire de Pons, qui vivoit en 1301. Ses enfans furent, RENAUD IV du nom, qui suit ; *Agathe* de Pons, mariée en 1265 à *Raimond* IV du nom, vicomte de Turenne ; & *Elie-Rudel*, dit *Geofroi*, sire de Pons, qui fut pere de *Jeanne* de Pons, mariée à *Archambaud* III, comte de Perigord, mort sans postérité en 1317.

VI. RENAUD IV du nom, sire de Pons, épousa *Elizabeth* de Levis, dont il eut

VII. GEOFROI II du nom, sire de Pons, prit alliance avec *Elizabeth* de Rhodez, vicomtesse de Carlat, d'où vint RENAUD V qui suit ; & *Geofroi*, évèque de Maillezais, mort en 1333.

VIII. RENAUD V, sire de Pons, fut tué à la bataille de Poitiers en 1346. Il avoit épousé en 1319, *Jeanne* d'Albret, fille d'*Amanjeu* IV du nom, sire d'Albret, & de *Rose* de Bourg. D'autres historiens disent que Renaud V prit alliance avec *Marguerite* de Perigord, dont il eut RENAUD VI qui suit ; & *Elie*, évèque d'Angoulême en 1363.

IX. RENAUD VI, sire de Pons, comte de Blayes, de Marennes, &c. lieutenant général en Poitou & en Saintonge, conquit sur les Anglois Cognac, Saint-Maixent, Marans, Royans, & autres places : ce qui lui fit mériter de la propre bouche du roi, l'éloge de *pere, protecteur & conservateur de la Guienne*. Il épousa *Marguerite* de la Tremoille, fille de *Gui* VI du nom, & de *Marie* de Sulli, d'où vint.

X. JACQUES, sire de Pons, &c. qui eut d'*Isabeau* de Foix, sa femme,

XI. GUI, sire de Pons, &c. qui épousa *Jeanne* de Châteauneuf, & en eut entr'autres enfans, FRANÇOIS, qui suit ; *Antoinette* de Pons, mariée en 1494, à *Antoine* de la Tour, vicomte de Turenne, &c. & *Anne*, femme d'*Odet* d'Aydie, sire de Riberac.

XII. FRANÇOIS I de ce nom, sire de Pons, &c. mourut avant son pere, ayant laissé de *Marguerite* de Coëtivi, sa femme, fille d'*Olivier*, seigneur de Taillebourg, FRANÇOIS II, qui suit ; JACQUES, baron e Mirambeau, *dont nous parlerons ci-après*; & *Lucrece* e Pons, femme de *Charles* d'Efpinai, feigneur d'Ur-, & de Saint-Michel-fur-Loire.

XIII. FRANÇOIS II du nom, fire de Pons, comte e Marennes, &c. prit alliance avec *Catherine* de errieres, & laiffa ANTOINE, qui fuit; *Jacques*, nort fans enfans de *Claude* de Saint-Gelais, fa femme; & *Charles* de Pons, qui époufa, 1°. *Antoinette* d'Ar-najon: 2°. *Bonne* Martel, d'où vint *Charles* de Pons; & *Pons* de Pons, feigneur de Bourg-Charante, qui aiffa de *Cécile* de Durfort - Ciurac, *Magdeléne* de Pons, femme d'*Ifaac* Châteigner, feigneur de Lindois.

XIV. ANTOINE, feigneur de Marennes, comte de Marennes, fut capitaine de cent gentilshommes de la maifon du roi, chevalier de fes ordres, &. fon lieu-tenant en Saintonge. Les huguenots l'attaquerent en 1568 dans fa ville de Pons, où après avoir fait une réfiftance vigoureufe, il fut obligé de fe rendre, & fut mené prifonnier à la Rochelle. Le roi Henri III le fit chevalier du S. Efprit à la premiere création, l'an 1578. Il avoit époufé 1°. *Anne* de Parthenai, fille de *Jean* Larchevêque, feigneur de Parthenai & de Soubife: 2°. *Marie* de Monchenu, dame de Guercheville, fille aînée de *Marin*, feigneur de Monchenu, & d'*Antoinette* de Pontbriant. De la premiere, il eut *François*, mort jeune; *Anne*, femme de *François* Martel, feigneur de Lindebeuf; & *Jeanne*, abbeffe de Crifenon. Les enfans de la feconde, furent *Henri*, mort jeune; *Pons*, qui fut tué à Rome, fans avoir été marié; *Antoinette*, dame de Pons, femme de *Henri* d'Albret, baron de Mioffens, chevalier du S. Ef-prit; *Jeanne*, abbeffe de S. Sauveur d'Evreux; & une autre *Antoinette*, marquife de Guercheville, dame d'honneur de la reine Marie de Médicis, mariée, 1°. à *Henri* de Silli, comte de la Rocheguyon, damoifeau de Commerci, chevalier des ordres du roi: 2°. à *Charles* du Pleffis, feigneur de Liancourt, comte de Beaumont, chevalier du S. Efprit, morte à Paris au mois de janvier de l'an 1632. Les mémoires du roi Henri *le Grand* en parlent avec éloge. Elle fe retira dans une de fes maifons en Normandie, après la mort de fon premier mari, & pendant les guerres de la Ligue. Le roi paffant auprès de fon château, logea chez elle. Cette dame, dit l'auteur d'un de ces mémoires, parut fi belle aux yeux de ce monarque, qu'il en de-vint paffionément amoureux, & perdit fa liberté: car elle n'en laiffoit point à ceux qui la regardoient; mais l'ayant trouvée plus vertueufe qu'il n'eût voulu, il lui dit *que puifque véritablement elle étoit dame d'honneur, elle le feroit de la reine fa femme*; parole qu'il tint au bout de dix ans.

BRANCHE DES BARONS DE MIRAMBEAU.

XIII. JACQUES de Pons I du nom, baron de Mi-rambeau, fils puîné de FRANÇOIS I du nom, fire de Pons, époufa *Jacquette*, dame de Lanfac, veuve d'*A-lexandre* de Saint-Gelais, & en eut FRANÇOIS de Pons, qui fuit; PONS de Pons, feigneur de la Cafe, *dont nous parlerons ci-après*; & *Jean* de Pons, feigneur de Plaffac, qui époufa 1°. *Jeanne* de Gontaut: 2°. *Jeanne* de Villiers, fille d'*Antoine*, feigneur de Verdonne, dont il eut *Anne*, femme de *Philippe*, feigneur de Pierre - Buffiere; & *Jeanne*, mariée à *Henri*, feigneur de Bonneval.

XIV. FRANÇOIS de Pons, baron de Mirambeau, époufa 1°. *Françoife* Geofroi, de la maifon de Dam-pierre: 2°. *Magdeléne* du Fou, fille aînée de *Fran-çois*, baron du Vigean, & de *Louife* Robertet. Il eut de la premiere, JACQUES de Pons, qui fuit. De la feconde, *Gédéon* de Pons, mort jeune; & *Efther* de Pons, dame du Vigean, femme de *Charles* Pouffart II du nom, feigneur de Fors en Poitou.

XV. JACQUES de Pons II du nom, baron de Mi-rambeau, &c. eut de *Marie* de la Porte, fa femme, de la maifon de Champinieres, *Magdeléne* de Pons, ma-

riée, 1°. à *Gabriel* de Saint-Georges, feigneur de Vérac: 2°. à *Armand* d'Efcodefca, feigneur de Par-daillan; *Louife*, femme de *N*. feigneur de Châtillon, de la maifon de la Porte en Angoumois; & *Marie*, qui époufa *Paul* d'Efpagne, feigneur de Vernelles.

BRANCHE DES MARQUIS DE LA CASE.

XIV. PONS de Pons, feigneur de la Cafe, fils puîné de JACQUES I, baron de Mirambeau, eut de *Françoife* de Marfan, fa femme, JACQUES, qui fuit; & *Jean*, baron de Montgaillard.

XV. JACQUES de Pons, feigneur de la Cafe, eut cinq enfans de *Judith* de Montberon, fa femme.

XVI. JEAN-JACQUES de Pons, qui étoit l'aîné, fut marquis de la Cafe, & baron de Tors, & laiffa de *Charlotte* de Parthenai, fille d'*Artus*, feigneur de Genoille.

XVII. ISAAC-RENAUD de Pons, marquis de la Cafe. * Le pere Anfelme, *palais de l'honneur*, & *hift. des grands officiers.*

☞ PONS, des feigneurs de Saint-Maurice, mai-fon, l'une des plus anciennes du Périgord. Depuis près de cinq fiécles elle pofféde, de pere en fils, la terre & feigneurie de Saint-Maurice. Nous donnons ici la généalogie de cette maifon, telle qu'elle fut dreffée par M. de Clairambault, en 1723, fur les titres originaux, qui, pour la plupart, font des contrats de mariage & des teftamens. Sans admettre ni rejetter quelques piéces antérieures au XIII fiécle, nous ne commencerons la généalogie qu'à HÉLIE I, chevalier de Montclar, parceque ce n'eft qu'à ce même HÉLIE, que commence la filiation fuivie & non interrompue, appuyée fur des preuves inconteftables.

I. HÉLIE de Pons, chevalier de Montclar, eft ainfi qualifié dans l'acte d'une acquifition par lui faite en l'année 1259, de certains revenus au lieu nommé *Lofaias*, dans la paroiffe de Saint-Maurice, appartenans à Raimond d'Eftiffac, damoifeau. Il acquit auffi les droits de *P.* de Pons, chevalier de Bergerac; & d'*Hélie* de Pons, fes freres, fur le Mas de Lidrouze, fitué dans la même paroiffe, l'an 1268. *Hélie* de Pons fit fon teftament le 3 des nones de feptembre l'an 1285, où il a la même qualité de *chevalier de Montclar*, & dans lequel on apprend qu'il eut deux femmes, nom-mées *Amaluine* & *Marguerite*, cette derniere vivant alors, & qu'il avoit en ce temps-là cinq enfans; fa-voir, 1. HÉLIE de Pons, qui fuit; 2. *Pétronille*, femme de *Pierre* de Campagnac, chevalier; 3. *Comp-tore*, mariée à *Guillaume-Arnaud*, donzel de Cler-mont; 4. *Amaluine*, qui avoit époufé *Hugues* de Campagnac, damoifeau; & 5. *Agnès*, qui n'étoit pas encore mariée en 1285.

II. HÉLIE de Pons, inftitué héritier de fon pere, par fon teftament de l'an 1285, étant alors émancipé, eft qualifié *donzel de Saint-Maurice*, fils de défunt *Hé-lie* de Pons, chevalier, dans un échange qu'il fit en 1288, avec Bérard de Montleidier, donzel, feigneur du château de Montclar, de plufieurs revenus, pour d'autres qui appartenoient à ce feigneur dans la paroiffe de S. Maurice, en lui promettant toute garantie de la part de fes fœurs & de leurs héritiers. Le même Bérard de Montleidier, damoifeau, feigneur de Mont-clar, fit un accord, l'an 1298, avec meffire Hélie de Fayoles, chevalier, *Hélie* de Pons, Etienne de Campagnac, Gérard Bertrand, Hélie de la Garrige, Ponce de Campagnac, & autres damoifeaux, pour terminer les différends qu'ils avoient, à caufe d'un chemin qui conduifoit au château de Montclar. Cet HÉLIE de Pons époufa *Angevine* de Brudoire, & ne vivoit plus l'an 1301, fuivant des acquifitions par elle faites, comme veuve, & au nom de leurs en-fans, en cette année & en 1305. Ces enfans furent, 1. HÉLIE de Pons, dont il va être parlé; 2. *Arnaud* de Pons, damoifeau, clerc, qui, étant fous la cura-telle de Pierre de Campagnac, donzel de Montclar;

fit donation de ses droits paternels à *Hélie*, son frere aîné, l'an 1312 ; & l'an 1315, il eut par don, de Rudel de Montleidier, seigneur de Montclar, *quandam pleyduram*, en tout ce qui lui appartenoit au bourg de Saint-Maurice ; 3. & *Honor* de Pons, damoiselle, qui fit cession de ses droits à ses freres, en l'année 1311.

III. HÉLIE de Pons, seigneur & damoiseau de Saint-Maurice & de Monclar, est qualifié *donzel* l'an 1310, & *damoiseau*, fils de défunt *Hélie* de Pons, donzel, dans une permission qu'il obtint en 1313, d'Audoin, évêque de Périgueux, tant pour lui que pour *Arnaud* de Pons, clerc, son frere, de l'autorité d'Etienne de Campagnac, damoiseau de Montclar, leur curateur, de faire bâtir une église hors de l'enceinte du château de Saint-Maurice, celle d'auprès du leur *repaire* n'étant pas assez grande pour contenir les paroissiens, & autres qui venoient les fêtes solemnelles. Il épousa *Magne Balès*, damoiselle, fille d'*Aimeri Balès*, damoiseau du lieu de Bergerac, lequel en l'émancipant comme sa fille unique, & de défunte *Raimonde* de Ferrieres, sa femme, lui fit don de la moitié de tous ses biens, par acte de l'an 1315, scellé du sceau de l'official de Périgueux, dans lequel *Hélie* de Pons est qualifié *damoiseau, seigneur de Saint-Maurice* ; & dans un autre de même téneur, passé sous le scel commun du roi & de l'église de S. Front, il a la qualité de *damoiseau de Montclar*. Il obtint, en 1321, la remise de plusieurs héritages, dont il étoit seigneur féodal dans la léprosie de Montclar, de Rudel de Montleidier, seigneur de Montclar, lequel avoit mis en sa main tous les biens de cette léprosie. *Magne Balès*, sa femme, testa en l'année 1324, & institua son héritier universel HÉLIE de Pons, leur fils : ce fils étoit sous le gouvernement & l'administration d'Hélie, son pere, l'an 1326 ; mais il ne vivoit plus en 1328, comme on l'apprend par une cession qui fut faite en cette même année à son pere, par Geofroi de Vern, damoiseau de la paroisse de Valades, des droits qui appartenoient à celui-ci dans les biens de défunts *Magne* & d'*Hélie* de Pons, son fils, en vertu de la substitution qu'elle avoit faite par son testament en faveur dudit de Vern, damoiseau, en cas que le même Hélie de Pons, son fils, décédât sans enfans. Ces faits sont relatifs à un autre acte de l'an 1339, qui contient qu'*Hélie* de Pons, damoiseau, fit déclaration devant l'official de Périgueux, où il avoit été assigné à la requête du procureur des Freres prêcheurs de Bergerac, qu'il n'étoit pas héritier d'Aimeri Balès ; mais que par autre droit que d'héritier, il possédoit les biens qui avoient été donnés en dot à défunte *Magne Balaitz*, sa femme, par le même *Aimeri*, son pere. Il reçut une reconnoissance d'un habitant de la paroisse de S. Christophe, pour des héritages tenus de lui à la coutume de Bergerac, par acte passé au bourg de Sainte-Marie-Magdeléne, l'an 1331. Il avoit des biens dans les paroisses de S. Michel & de S. Félix, en 1341 & 1346, suivant d'autres reconnoissances de ses tenanciers : vivoit encore l'an 1348, & étoit mort en 1350. Il avoit épousé en secondes noces *Resplandine* de Gasques, fille de noble *Bertrand* de Gasques, seigneur de Mespoulet, au diocèse de Sarlat, & de *Sybille* de la Roque, comme il est prouvé par deux transactions de l'an 1463, & des lettres royaux de l'année 1480, mentionées au septiéme dégré de cette généalogie. De ce mariage il eut trois fils, qui suivent ; 1. *Hélie*, dit *Gibbert* de Pons, damoiseau, qui ne paroît pas avoir été marié. Il donna à son héritage situé dans la paroisse de S. George de Montclar, l'an 1355 ; ce qui fut confirmé par *Guibert*, son frere, en l'année 1361 ; 2. GUIBERT, *Gibert* ou *Gilbert* de Pons, a continué la postérité, & est *rapporté ci-après*; & 3. *Hélie* de Pons, damoiseau, l'un des seigneurs & gentilshommes qui firent hommage au roi d'Angleterre, en la chapelle du château de Bergerac, le 4 d'août 1363, suivant un registre de la chambre des comptes de Paris. Il

servoit à la guerre en qualité d'un des quarante-trois écuyers de la compagnie de messire Pierre de Mornai, chevalier bachelier, sénéchal de Périgord, qui fit montre à Saint-Jean-d'Angeli le 15 de novembre de l'an 1386. Le même Hélie de Pons fut seigneur de Clermont, terre à près de quatre lieues de Bergerac, par *Marie* de Clermont, sa femme, laquelle étoit sa parente au quatriéme dégré, selon des lettres de dispense & de relief, par eux obtenues sur leur mariage, l'an 1384, tant à cause de leur parenté, que de ce qu'*Hélie* de Pons, son pere, avoit tenu cette dame sur les fonts de baptême, & que lui *Hélie*, le fils, y avoit été tenu par la mere d'elle. Elle étoit fille de messire *Bérard* de Clermont, chevalier, & sœur de *Bertrand* de Clermont, damoiseau, qui, par son testament de l'an 1348, l'avoit instituée son héritiere, au défaut de *Galienne* de Clermont, sa fille, en nommant pour exécuteurs de ce testament *Hélie* de Pons & *Régnaud* de Brudoire, damoiseaux. Elle avoit épousé en premieres noces messire *Guillaume* d'Arenthon, chevalier Anglois, lequel avoit eu par don du roi d'Angleterre, les seigneuries de Clermont & de Beauregard, en l'année 1349 ; étoit châtelain & gouverneur de la ville de Bergerac, l'an 1350, & fit donation de tous ses biens à sa femme en 1360. Il ne paroît point qu'elle ait eu des enfans de ces deux maris. Le second fit son testament au château de Clermont, l'an 1398, dans lequel il est surnommé *Hélie* de Pons *le Vieux*, apparemment à cause d'*Hélie*, fils de Bérard de Pons, son neveu, lesquels il institua ses héritiers universels.

IV. GUIBERT, *Gibbert* ou *Gilbert* de Pons, seigneur & damoiseau de Saint-Maurice, ainsi nommé dans plusieurs titres, fut privé, après la mort d'Hélie, son pere, de tous les biens qui lui appartenoient de droit héréditaire, par les conquêtes que les Anglois firent en Guienne au-delà de la Dordogne, l'an 1347. * *Mézerai, hist. de France, t. II, pag. 28.* En cet état, il se vit forcé de suivre leur parti, pour obtenir la restitution de ses biens situés dans la jurisdiction & châtellenie de Bergerac, lesquels avoient été saisis sur son pere, à cause de son attachement au service du roi Philippe *de Valois*, son légitime souverain. Ils lui furent restitués l'an 1350, par lettres de Guillaume d'Arenthon, chevalier, seigneur de Clermont & de Beauregard, qui étoit châtelain & gouverneur de la ville de Bergerac, pour Henri, comte de Lencastre, seigneur de Bergerac ; lesquelles portent, que *ces biens étoient détenus par le trésorier de ce prince, à l'occasion d'une rebellion de défunt Hélie de Pons, & que ses autres biens étant occupés par les ennemis du roi d'Angleterre, il ne lui restoit alors quoi que ce soit pour vivre.* Guibert de Pons racheta en 1358, du même Guillaume d'Arenthon, chevalier, plusieurs revenus qu'il lui avoit vendus, & fit hommage au roi d'Angleterre, dans l'église de S. Front de Périgueux, l'an 1363, suivant un registre de la chambre des comptes de Paris, contenant le procès-verbal abrégé des hommages rendus à ce prince par beaucoup de seigneurs & gentilshommes de la province, dans lequel il est qualifié *Gilbert Pons*, écuyer ou *paer de Bergerac*. Il étoit marié dès l'an 1360, avec *Jeanne* de Longua, fille de *Séguin* de Longua, damoiseau de la paroisse de Sainte-Foi de Longua, & d'*Héliette* de Clarens. Il vivoit encore l'an 1393, & fut pere de BÉRARD, qui suit.

V. BÉRARD, dit BERON de Pons, damoiseau, seigneur de Saint-Maurice & de Clermont, est qualifié *damoiseau de Saint-Maurice*, dans des actes des années 1402, 1405 & 1407, *seigneur de Clermont*, dans un autre de l'an 1412. Il épousa *Souveraine* de Salagnac, qui doit avoir été sa seconde femme : car dans le testament qu'elle fit le 17 de décembre de l'an 1432, en qualité de sa veuve, elle rappelle un don qu'elle lui avoit fait & à *Hélie* de Pons, damoiseau, seigneur de Clermont, son fils, & s'exprime à l'égard

ce fils en ces termes : *fils de Bérard , fon mari,*
: plus , après avoir légué une fomme à *Souveraine ,*
filleule , fille de cet *Hélie* , elle inftitue pour héri-
:e de tous fes biens , *Jeanne de Pons , fa très-*
:re fille & dudit Berard ; lui fubftitue plufieurs de
neveux & niéces du nom de Salagnac , & veut
:au défaut de ceux-ci , fes biens paffent au même
:lie de Pons , & enfuite à *Pierre de Caumont* , mari
ladite *Jeanne* , fa fille.

VI. HÉLIE de Pons , damoifeau, feigneur de Saint-
:urice & de Clermont , fils de *Bérard* , époufa , par
:rat du 15 de feptembre 1427 , *Béatrix* Flamen-
:e de Bruzac , fille de *Fortanier* Flamenc , damoifeau,
gneur de Bruzac en Périgord , & de *Jeanne* de Cre-
:ns ou Cabanés. Il fut obligé d'imiter la conduite de
:ibert de Pons , fon aïeul , en faveur du parti des
:glois , qui demeurerent maîtres de la Guienne &
:Périgord , jufques fous le regne du roi Charles VII.
:ut confirmé dans fes feigneuries de Clermont & de
:auregard , par Jean , comte de Huntington & d'Il-
:y , lieutenant-général & gouverneur de Guienne ,
:iral d'Angleterre , d'Irlande & de Guienne , par let-
:s données à Fronfac le 17 de février de l'an 1439.
:ais moins de trois ans après , il rentra fous la domi-
:tion de fon légitime fouverain ; & les Anglois ayant
:é chaffés de la meilleure partie de la Guienne , il
:ra fa place de Clermont , par traité fait avec Jean
:Bretagne , comte de Penthiévre & de Périgord ,
:comte de Limoges ; Jacques , feigneur de Pons ,
:es de Marennes & d'Oleron , vicomte de Turenne ,
:erre , comte de Beaufort , vicomte de Turenne , &
:gneur de Limeuil ; Charles , comte de Ventadour ;
:an de Carmin , feigneur de Négrepelliffe , féné-
:al de Querci ; & Ponce , feigneur de Benac & de
:ommarque , fénéchal de Périgord , lieutenans du roi
:harles VII *en ces marches de Guienne.* Ils donnerent la
:rde de cette place au fieur de Bruzac , au profit du fils
:*Hélie* de Pons,fuivant la ceffion qui lui en avoit été faite
:r fon pere ; & peu après ils la rendirent au pere,
:ur en faire comme de fon propre héritage , & la tenir
:l'obéiffance de fa majefté. Tout cela eft prouvé par
:n autre traité qu'ils firent à Montclar le 7 juillet de l'an
:442 , tant avec lui , qu'avec Amanieu de Campagnac ,
:our la reddition de la ville de Montclar ils avoient
:té établis capitaines. L'année fuivante 1443 , le roi lui
:ccorda , par lettres du mois de juillet , toute juftice &
:urifdiction , haute , moyenne & baffe , avec droit de
:uet & de garde en fes châtel & châtellenie de Cler-
:mont , par les paroiffiens de Soliers , de S. Martin & de
:. Florent , en reconnoiffance , portent ces lettres , de
:à foumiffion fans contrainte , & du ferment qu'il avoit
:ait entre les mains de fes lieutenans généraux qu'il avoit
:oon & loyal fujet. Il tefta à Clermont le 25 mars 1461,
:& fa femme le 10 février de l'an 1476 , étant veuve
:dès l'année 1465 , qu'elle avoit fait donation de fes
:droits fur les terres de fon mari à *Thomas* de Pons , leur
:fils aîné. Leurs teftamens prouvent qu'ils eurent de leur
:mariage fept fils & trois filles , qui fuivent. 1. *Thomas*
de Pons , damoifeau, feigneur de Clermont & de Saint-
Maurice , fit hommage au roi des terres de Clermont ,
Soliers , Saint-Martin , la Baftide de l'églife de Beauregard , &c. relevans de Bergerac , le 25 mars 1461 , fuivant un regiftre de la chambre des comptes de Paris. Il
époufa en premieres noces , par contrat du 20 octobre
1465 , *Olive* Beaupoil , fille de *Julien* Beaupoil , chevalier , feigneur de S. Aulaire , & de *Galienne-Hélie* , de
la maifon de Vilhac , dont il n'eut qu'une fille nommée
Gabrielle de Pons , qui vivoit en 1498. Il contracta une
feconde alliance , le 27 novembre 1484 , avec noble
Ifabelle de Montefquieu , veuve d'*Arnaud* de la Caffagne , feigneur de Saintrailles , & de Villeton , au diocèfe
de Condom , duquel mariage il eut *Pierre* de Pons , qu'il
inftitua fon héritier univerfel , par fon teftament du 19
feptembre 1498 , en lui fubftituant *Charles* , fon frere ,
qui fuccéda aux biens de la maifon , & *Robert* , fon neveu,

fils de ce Charles. 2. *Archambaud* de Pons , vivant en
1461.3. *Pierre,* dit *Perrot* de Pons,feigneur de Saint-Maurice (par ceffion de Thomas,fon frere, en 1475) écuyer
de l'écurie du roi , fut fait lieutenant général de M. l'amiral de France (Louis , bâtard de Bourbon , comte de
Rouffillon) ès pays & duché de Guienne , Blaye ,
Bayonne , S. Jean de Lus , Poitou , Saintonge , la Rochelle & leurs dépendances , depuis la côte de Bretagne
jufqu'à celle d'Efpagne , l'an 1472 ; & l'an 1478, étant
capitaine de la ville de Valognes , il eut , par don du roi
Louis XI , les terres & châtellenies de Morains & de
Montleidier , fituées dans le duché de Guienne , pour en
jouir fa vie durant , tant en confidération de fes fervices ,
qu'à caufe d'une fomme que fa majefté lui devoit de la
rançon de deux prifonniers de guerre qu'il avoit faits en
commun avec d'autres officiers. Il tefta au profit de
Guion , *Charles* & *Mondot* , fes freres , le 4 juin 1481 ,
étant près alors de partir pour la guerre contre les Turcs.
4. CHARLES de Pons , *qui a continué la poftérité* , eft
mentioné ci-après ; 5. *Gui* , dit *Guiot* de Pons , curé
& chapelain de Fontanals & de Clermont ; 6. *Raimond*,
dit *Mondot* de Pons , chevalier , lequel obtint paffeport
pour aller en Terre-fainte , l'an 1472 , & étoit avec
Perrot , fon frere , du nombre des 95 hommes d'armes
de la compagnie du comte de Rouffillon , amiral de
France , qui fit montre à Pontoife le 13 novembre 1475 ;
7. *Jean* de Pons , curé de Bris en Normandie , au diocèfe de Coutances , l'an 1487 ; 8. *Souveraine* de Pons ;
9. *Doivine* de Pons ; 10. *Jeanne* de Pons.

VII. CHARLES de Pons , écuyer , feigneur de Saint-
Maurice , de Clermont & de Mefpoulet , fuccéda aux
biens de la maifon , après la mort de *Pierre* de Pons , fon
neveu , fils de *Thomas* , fon frere aîné. Il fervoit dans
l'armée du roi en Flandre , fous le nom de *Charlot* Pons ,
en qualité d'homme d'armes de la grande ordonnance ,
dans la compagnie de Pierre Bloffet , dit *le Moine*, feigneur de Conches & de Bretheuil , l'an 1477 , fuivant
le compte fecond de Guillaume de la Croix , tréforier
des guerres de ce temps. Il fut retenu échanfon du roi
Louis XI , par lettres données à Arras le 16 juin 1478 ;
en prêta ferment le même jour , & eut le lendemain des
lettres de *committimus*. Il obtint des lettres royaux , le
27 janvier 1480 , fur un procès qu'il avoit au parlement
de Bordeaux , pour raifon d'une tranfaction qui avoit
été paffée le dernier novembre 1463 , entre *Thomas*
fon frere aîné , & nobles hommes Pierre de Paleyrac
& Jean de Siourat , par laquelle ce Thomas en fon
nom que de fes freres , leur avoit cédé , pour la fomme
de 30 francs , tous les droits qu'ils avoient dans les biens
de la maifon de Gafques , en quoi il foutenoit que fon
frere avoit été furpris , & que les biens dont étoit queftion valoient plus de 200 livres de rente. Ces lettres &
tranfaction , & une autre paffée entre les mêmes parties
le 20 décembre 1463 , prouvent la même filiation que
ci-deffus , depuis le 3e jufqu'au 7e dégré de cette généalogie. Charles de Pons époufa , par contrat du 24 août
de l'an 1483 , noble *Françoife* de la Cropte , fœur de
noble *François* de la Cropte , feigneur de Len-
quais. Elle tefta à Saint-Maurice le 27 mai 1505 , & lui
le 27 mars de l'an 1514. Leurs enfans furent , GABRIEL
de Pons , qui fuit ; & *Etienne* de Pons.

VIII. GABRIEL de Pons , écuyer , feigneur de Saint-
Maurice , de Clermont & de Mefpoulet , époufa par
contrat du 13 juin 1510 , damoifelle *Jeanne* Joubert ,
fille de noble homme *Jean* Joubert , feigneur de Mon-
tardit & d'Allemans , & de noble *Anne* d'Abzac de la
Douze , & fit fon teftament à Saint-Maurice , le 12 mai
1550 ; & elle fit le fien le 19 mai 1554 , étant alors
veuve. De leur mariage vinrent : 1. *Jean* de Pons , fils
aîné , auquel fon pere donna par fon teftament les *re-
paires* nobles de Mefpoulet , & de la Fon de Ségur ,
avec fes revenus de la châtellenie de Beleies & de Chaf-
telnault ; 2. GUI de Pons , *dont il va être parlé* ; 3. *Jean*
de Pons, bachelier en droit ; 4. *Marie* de Pons ; 5. *Jeanne*
de Pons ; 6. *Jeanne* de Pons ; 7. *Marguerite* de Pons,

IX. Gui de Pons, écuyer, seigneur de Saint-Maurice, de Clermont, de Mespoulet & de Ségur, institué héritier universel de ses pere & mere, par leurs testamens, quoiqu'il ne fût que leur second fils, épousa par contrat du 5 décembre 1564, damoiselle Jeanne de Saint-Chamans, dont il eut un fils nommé Gabriel, mort sans alliance. Elle étoit fille de Hugues de Saint-Chamans, seigneur de Montmege & de Merchadon, & de Marguerite de Cornilh. Il prit une seconde alliance, par contrat du dernier novembre 1575, avec damoiselle Antoinette d'Abzac, fille de noble Bertrand d'Abzac, seigneur de Bellegarde, & de damoiselle Marguerite de Thibault; & il en eut 1. BERTRAND, qui suit; 2. Jeanne de Pons, mariée le 4 août de l'an 1594 à Henri de Gontaud de Saint-Geniés, seigneur de Campagnac & du Ruffen, fils de messire Bernard de Gontaud de Saint-Geniés, chevalier de l'ordre du roi, & de dame Charlotte de Saint-Ours.

X. BERTRAND de Pons, chevalier, seigneur châtelain de S. Maurice, de Clermont, de la Mothe-Cendreux, les Jaunis & de la Basserie, épousa, par contrat du dernier août 1600, damoiselle Marie Gourjault, fille de haut & puissant Pierre Gourjault, gentilhomme ordinaire de la chambre du roi, seigneur de la Milliere, Passac, Paneuvre, la Groye, Bartenay & Feolle, & de damoiselle Marie Geoffroy. Il eut 2000 livres de pension du roi, en considération de ses services, par brevet du 16 juillet 1621. Sa veuve fit son testament l'an 1645, ayant alors deux fils & deux filles, savoir, 1. PIERRE de Pons, mentioné ci-après; 2. Gabriel de Pons, chevalier, seigneur de la Mothe, demeurant en la paroisse de Loubigné, élection de Niort en Poitou, qui épousa, par contrat du 22 avril 1648, damoiselle Marie de Livennes, fille de messire Jean de Livennes, chevalier, seigneur de Laumont-lès-Rivieres, & de dame Marie de la Faye. Il produisit ses titres de noblesse, ainsi que les autres nobles de la province, lors de la recherche générale des gentilshommes, ordonnée par le roi dans tout le royaume, devant M. Colbert, intendant de Poitou, l'an 1665, & en 1667, devant M. Barentin, intendant en la même province, & déclara qu'il avoit pour armes; d'argent, à une fasce bandée d'or & de gueules de six piéces. 3. Marie de Pons, femme de Jean de Lidon, chevalier, seigneur de S. Leger, en 1645; 4. Magdeléne de Pons, femme de François du Puy, chevalier, seigneur de Baral, l'an 1645.

XI. PIERRE de Pons, baron de Saint-Maurice, de Saint-Laurent, la Motte & autres lieux, contracta mariage le 19 décembre de l'an 1638, avec damoiselle Louise de Ségur, fille de haut & puissant messire Bérard de Ségur, vicomte de Cabanac, seigneur du grand Puch, Blanquifargue, &c. & de damoiselle Esther de Polignac. Il produisit aussi ses titres, qu'il remonta jusqu'en 1285, avec les mêmes armes que Gabriel, son frere, lors de la recherche générale de la noblesse du royaume, devant le sieur de Montauzon, subdélégué de M. Pelot, intendant en la province de Guienne, l'an 1666. De son mariage il eut 1. Gabriel de Pons, mort jeune; 2. François de Pons, qui suit; 3. Henri de Pons; 4. Isaac de Pons, seigneur de Lidrouze en 1723; 5. Esther de Pons; 6. Marie de Pons; & 7. Marie de Pons.

XII. FRANÇOIS de Pons, chevalier, seigneur de Saint-Maurice, de Saint-Laurent, la Motte, &c. épousa, par contrat du 24 janvier 1673, damoiselle Marie d'Escodeca de Boisse, fille de haut & puissant seigneur messire Louis, seigneur d'Escodeca de Boisse, chevalier, & de dame Judith de la Rochefoucault. De leur mariage sont venus 1. LOUIS de Pons, qui suit; 2. Marie-Anne de Pons, mariée le 15 septembre 1695 à messire Charles Bourdeaux de Rochefort-Théobon, marquis de Théobon, Puichegut, Monens, Lespinassat & Roquefere. Elle est morte laissant deux filles; Marie de Rochefort-Théobon, qui n'a point pris d'alliance; & Marie-Guionne de Rochefort-Théobon, qui avoit été mariée à Daniel-Marie-Anne de Talleyrand de Périgord, marquis de

Talleyrand; 3. Louise de Pons; 4. Marie de Pons; 5. Elizabeth de Pons; & 6. Anne de Pons.

XIII. LOUIS de Pons, chevalier, seigneur de Saint-Maurice, Saussignac, Caseneuve, Balizac, Castelnau-de-Cernes, & Roquefere, maître de la garde-robe de monseigneur le duc de Berri, par lettres de retenue du roi, du 7 février 1711. Il a épousé, par contrat du 6 avril 1704, & par dispense de la même année, damoiselle Marie-Guionne de Rochefort-Théobon, sa parente du 3e au 4e dégré, fille de messire Charles Bourdeaux de Rochefort, seigneur marquis de Théobon, captal de Puichegut, seigneur de Monens, Roquefere, Lespinassat, &c. & de Marie Nompar de Caumont, qui étoit petite fille de Jacques I, duc de la Force, pair & maréchal de France. Elle fut retenue par le roi, pour une des dames choisies & destinées pour accompagner madame la duchesse de Berri, par brevet du 25 mai 1715, & fut faite dame d'atours de cette princesse, par ses lettres du 17 septembre de la même année. De quatre fils & une fille nés de leur mariage, il ne reste que CHARLES-PHILIPPE de Pons, qui suit; & EMANUEL-LOUIS-AUGUSTE de Pons, mentionné après son frere aîné. Les trois autres, Marie-Charlotte de Pons; Henri de Pons; & Paul-Isaac de Pons, sont morts jeunes.

XIV. CHARLES-PHILIPPE de Pons, seigneur de Saint-Maurice, &c. né le 25 mars 1709, après avoir servi dans la gendarmerie, a eu un régiment de cavalerie de son nom, & a été fait lieutenant général des armées du roi le 10 mai 1748. Il a épousé le 6 février 1736 Marie-Charlotte Lallemant de Betz, fille de messire Michel-Joseph-Hyacinthe Lallemant de Betz, seigneur de Nanteau, & de dame Marie-Marguerite Maillet de Batilly. Elle fut nommée par le roi, le 25 avril 1744, l'une des dames pour accompagner madame la dauphine, infante d'Espagne; & depuis la mort de cette princesse, elle remplit la même place auprès de la princesse de Saxe, seconde dauphine. De ce mariage sont nés LOUIS-MARIE de Pons, qui suit; & Guionne-Hyacinthe de Pons.

XV. LOUIS-MARIE de Pons, après avoir été lieutenant & capitaine dans le régiment d'Orléans dragons, a obtenu le 25 février 1758 le brevet de mestre de camp lieutenant en second du même régiment.

XIV. EMANUEL-LOUIS-AUGUSTE de Pons, second fils de LOUIS de Pons, & de Marie-Guionne de Rochefort-Théobon, né le 20 octobre 1712, eut le régiment de Bassigny, infanterie, en 1740. Il fut fait brigadier en 1746, & maréchal de camp en 1748. Il fut nommé mestre de camp lieutenant du régiment de dragons d'Orléans, en 1749; premier gentilhomme de la chambre de M. le duc d'Orléans, premier prince du sang, & gouverneur de M. le duc de Chartres, en 1752. Il a épousé le premier mai 1759 Anne-Claude Mayneaud, veuve de Joseph-Laurent de Mazade, écuyer, fermier-général, fille de Paul-Etienne-Charles Mayneaud, conseiller en la grand'chambre du parlement de Paris, & de Marie-Nicolle Roslin.

Les armes de cette maison sont d'argent, à une fasce bandée d'or & de gueules de six piéces.

PONS (Jean-François de) étoit issu d'une ancienne noblesse distinguée dans la province de Champagne, où la maison de Pons ne tient pas un rang médiocre. Il naquit en 1683 à Marly, près de Paris, chez son oncle maternel, qui en étoit alors seigneur. Ramené dès son enfance chez son pere, chevalier d'honneur du présidial de Chaumont, il fit ses premieres études au collège des Jésuites à Chaumont en Bassigni, où sa famille étoit établie. Après avoir fait ses humanités & son cours de philosophie, il fut envoyé à Paris en 1699; & comme il se destinoit à l'état ecclésiastique, il fit un nouveau cours de philosophie dans l'université, afin de se mettre en état d'aspirer aux dégrés. Il entra ensuite dans la maison de S. Magloire possédée par les prêtres de l'Oratoire, où il y a exercices de séminaire, & en même temps il étudia la théologie dans les classes de Sorbonne. Beaucoup d'esprit, une imagination vive & brillante, le talent de la parole, lui auroient procuré sans doute le succès qu'il s'étoit proposé, si sa santé avoit pu soutenir les fatigues d'une longue & pénible étude. Il étoit bon humaniste ; il possédoit les principes de la théologie ; mais sur-tout il étoit grand métaphysicien , ce qui lui avoit fait négliger les autres sciences, dont il ne faisoit pas même tout le cas qu'elles méritent. Dès sa quinziéme année on s'étoit apperçu d'un déplacement peu sensible de l'une des vertébres de son dos. Ce dérangement, qui crut peu-à-peu , fit craindre qu'il n'empirât. Sur cela M. de Pons s'étant imaginé qu'un rouleau de bois poussé le long de son échine avec force & à plusieurs reprises rétabliroit les parties dans leur état naturel , il se fit secretement torturer par un chirurgien ; opération aussi bizare que violente , qui vraisemblablement causa le progrès de son mal , tel qu'il a paru dans la difformité de son corps , malgré le soin qu'il prit de la prévenir. En 1706 il fut pourvu d'un canonicat de l'église collégiale de Chaumont. Ce bénéfice lui ayant été disputé , il se défendit ; & l'affaire ayant été portée en premiere instance au châtelet de Paris , il y échoua : dévolue ensuite par appel au parlement , il y travailla seul sans ministere d'avocat , & fit imprimer un ample mémoire de sa façon , aussi ingénieux que solide & bien écrit. Enfin par arrêt rendu en 1709 , au rapport de M. l'abbé Pucelle , la sentence des premiers juges fut infirmée sans dépens , & restitution de fruits. Le succès fut peu de temps après suivi de sa démission volontaire de son canonicat. Les liaisons qu'il avoit formées avec plusieurs personnes célébres dans les sciences & dans la littérature , acheverent de le fixer à Paris. Il fut lié en particulier avec feu M. de la Motte , dont il s'est toujours déclaré sel apologiste , & dont il prit la défense avec ardeur dans la fameuse querelle sur Homere. Sa santé s'étant affoiblie considérablement , & craignant de devenir tout-à-fait impotent , il prit en 1727 le parti de se retirer à Chaumont , dans le sein de sa famille , où il passa le reste de ses jours dans la langueur avec autant de patience que de religion. Il est mort en 1732. Il n'avoit pris que le sous-diaconat. On a recueilli depuis sa mort les différens écrits qu'il avoit publiés de son vivant , & qui avoient été imprimés dans les volumes du *Mercure de France* , dans quelques journaux , ou séparément ; & l'on y en a joint d'autres qui n'avoient point encore paru. Le recueil est un volume *in-12* , imprimé à Paris en 1738 , sous le titre d'*Œuvres de M. l'abbé de Pons*. Il contient les piéces suivantes. 1. Réflexions sur l'éloquence , où il combat cette définition , que l'éloquence est l'art de bien dire , l'art de bien exprimer ses pensées. 2. Nouveau systême d'éducation , précédé d'un petit éclaircissement sur la définition de l'éloquence. L'auteur dans l'ouvrage précédent avoit imposé deux devoirs à l'orateur , l'un de bien penser , l'autre de bien exprimer ses pensées : il définit & explique ses termes dans cet éclaircissement. Son systême d'éducation , ou sa *Nouvelle méthode pour former la jeunesse françoise* , est un écrit ingénieux , & dont il seroit à souhaiter que l'on suivît la plus grande partie des principes. L'auteur n'y est pas favorable à la méthode ordinaire des colléges , & il croit avec bien d'autres , qu'une éducation françoise seroit pour beaucoup , plus utile que l'étude du grec & du latin : il veut cependant que dans une bonne éducation , on ne néglige pas l'étude de la langue latine. Ce systême renferme plusieurs discours sages & bien pensés sur la philosophie , sur la métaphysique , c'est-à-dire , comme il s'explique , sur la connoissance des esprits , savoir Dieu , l'Ange , & l'ame humaine ; & sur la morale : il y a cependant dans ces petits discours plusieurs raisonnemens qui montrent plus un philosophe qu'un théologien. 3. Dissertation sur le poëme épique , contre la doctrine de madame Dacier. Il paroît plus d'esprit que de solidité dans cette dissertation. 4. Dissertation sur les langues , & sur la langue françoise en particulier : cette piéce est une apologie sensée de notre langue. L'auteur y parle de l'origine des langues & de leur fin : de la clarté des langues ; de la

richesse des langues ; de l'impossibilité d'entendre parfaitement les langues mortes. C'est dommage que tout cela soit traité superficiellement. 5. Lettre de M. l'abbé de Pons à M. Dufreny sur la comédie nouvelle qui a pour titre : Le lot supposé , ou la Coquette de village. Cette comédie est de M. Dufreny même. 6. Factum & réponse pour messire Jean-François de Pons , chanoine de l'église collégiale de Chaumont en Bassigni , appellant d'une sentence rendue par le lieutenant civil du châtelet de Paris le 20 avril 1707 , contre M. Edme-François Denys , dévolutaire , intimé : avec l'arrêt de la cour du 3 août 1709. 7. Lettre à monsieur *** sur l'Iliade de M. de la Motte. C'est une apologie vive & outrée de cet écrit de M. de la Motte. Elle avoit déja parû en 1714 , *in-12* , à Paris. 8. Idées des Arabes sur l'origine des ames. Cette piéce déja imprimée dans l'ouvrage périodique intitulé : *Le Pour & Contre* , par M. Prevôt d'Exiles , nombre 184 , avec un prélude de cet auteur , vient originairement d'une personne qui a vécu long-temps en Arabie , & qui avoit prié M. l'abbé de Pons de lui donner la forme & le style que l'on y voit. 9. Observations sur divers points concernant la traduction d'Homere. Cette piéce est encore contre madame Dacier.

PONT , *Pontus* , province de l'Asie mineure , entre la Bithynie , & la Paphlagonie , a été ainsi nommée , parcequ'elle s'étendoit le long du Pont-Euxin. Sa ville capitale étoit Héraclée. Le Pont a eu des rois particuliers , dont la succession est bien interrompue & bien incertaine. On prétend qu'Artabase fut le premier , qu'il eut cinq successeurs , du nom de Mithridates , suivis de trois du nom de Pharnaces. On met ensuite Mithridates *le Grand* , qui se tua après un régne de 57 ans , du chagrin qu'il eut de savoir que son fils Pharnaces s'étoit révolté contre lui , & avoit pris le nom de roi. Pharnaces eut pour successeur Darius , suivi de deux Polemons , & d'un autre Mithridates , neveu de Darius. Les Romains avoient déja le Pont en province. * Ptolémée , *l.* 5, *géogr*. Strab. Pline , Appien , & Riccioli , *chron. reform.*

PONT ou de PONTE (Perrin du) quarante-quatriéme grand-maître de l'ordre de S. Jean de Jérusalem , dont la résidence étoit à Malte , succéda en août 1534 à Philippe de Villiers-l'Isle Adam , & fut élu absent , étant pour lors bailli de sainte Euphémie , de la langue d'Italie. Mulei Assem , roi de Tunis , ne pouvant résister aux forces de Barberousse , envoya un ambassadeur au grand-maître , pour le prier de faire en sorte que l'empereur Charles-Quint le prît sous sa protection : ce que l'empereur lui accorda , à condition que la religion joindroit ses galeres à la flotte qu'il méneroit en Barbarie. Le grand maître y envoya la grande caraque de Malte , accompagnée des galeres , & les chevaliers eurent l'honneur de gagner les premiers la tour de la Goulette , où ils arborerent l'étendard de la religion. Ils ne signalerent pas moins leur courage à la prise de Tunis , que l'empereur rendit à Mulei Assem. Le grand-maître du Pont fut sévere observateur des statuts de l'ordre & de la modestie religieuse. Il défendit les mascarades au temps du carnaval , permettant seulement les joutes & les tournois , comme choses séantes à la noblesse. Il fut aussi homme ferme , jusqu'à refuser les sollicitations du pape Paul III , en faveur du chevalier Fernandez de Heredia , privé de l'habit , faisant entendre à sa sainteté qu'il ne pouvoit contrevenir au serment qu'il avoit fait lors de son avénement à sa dignité. Cependant le pape lui envoya un bref impératif de rendre à ce chevalier l'habit de la religion , & un prieuré dont il avoit été en possession. Ce bref étoit si menaçant , & le grand-maître , âgé de 70 ans , en fut si touché , qu'il en mourut le 17 novembre 1535 , n'ayant régné qu'environ 14 mois , & eut pour successeur, Didier de Sainte-Jaille. * Bozio , *hist. de l'ordre de saint Jean de Jérusalem*. Nabérat , *priviléges de l'ordre.*

Il y a encore en Piémont diverses branches de la maison d'où ce grand-maître étoit sorti. De l'une d'elles étoient ANTOINE de Ponte , comte de Scarnafis , de Montendre , &c. grand-croix de l'ordre des SS. Maurice & Lazare , grand maître d'hôtel de madame Royale , créé chevalier de l'Annonciade en 1637 ; & FRANÇOIS de Ponte , comte de Scarnafis , &c. grand-croix & chancelier de l'ordre des SS. Maurice & Lazare , chevalier de l'Annonciade en 1648 , ambaſſadeur ordinaire à Veniſe , puis ambaſſadeur extraordinaire en Lorraine , en Flandre , en Angleterre , & en France. D'une autre branche étoit iſſu ETIENNE de Ponte , comte d'Albaret , lequel après avoir été premier préſident au conſeil ſouverain de Pignerol , ſe retira en France , lorſque le roi rendit cette place en 1696. Il fut pourvu dans la ſuite d'une charge de préſident à mortier au parlement de Rouen , puis fut premier préſident du conſeil ſouverain de Perpignan , & intendant du Rouſſillon , Conſtans , &c. Il avoit épouſé *Marguerite* de Birague , des comtes de Viſque , dont il eut entr'autres enfans *Jean-Emanuel* , comte d'Albaret , colonel d'un régiment italien de ſon nom , tué à Hochſtet en 1704 ; ANTOINE-MARIE , qui ſuit ; & *N.* mariée en février 1716 , à *N.* comte de Graveres , fils & petit-fils du premier préſident de la chambre des comtes de Turin. ANTOINE-MARIE de Ponte , comte d'Albaret , fut reçu en 1710 avocat général du conſeil ſouverain de Rouſſillon , fut reçu premier préſident du même conſeil en ſurvivance de ſon pere , en mai 1718 , & y a été reçu ſur la démiſſion de ſon pere , le 30 mai 1722.

PONT (Denys du) avocat à Blois , où il étoit né dans le XVI ſiécle , a fait un excellent commentaire ſur la coutume de Blois , dont ſon fils *Pierre* du Pont , qui avoit étudié en Italie ſous Alciat , fit imprimer en 1556 la premiere partie. Denys étoit mort l'année précédente. Cet ouvrage étant devenu rare , Billaine , libraire de Paris , l'a fait réimprimer en 1677 , avec la ſeconde partie qui étoit dans la bibliothéque du chancelier Séguier : cette ſeconde partie n'eſt pas de la même force que la premiere. Il y a auſſi pluſieurs lacunes en différens endroits, que l'on n'a pu déchiffrer dans le manuſcrit. Charles Du Moulin parle ſouvent de cet avocat avec éloge , & l'appelle *Advocationis Bleſenſis decus.* * Denys Simon , *bibl. hiſt. des aut. de droit.*

PONT (Louis du) Jéſuite , natif de Valladolid en Eſpagne , enſeigna la philoſophie & la théologie avec beaucoup de réputation , & fut enſuite recteur & maître des novices. Il avoit un grand éloignement pour toute ſorte de charges ; & quoique ſavant , il aimoit à cacher ſon érudition. Ce pere a paſſé pour un bon maître de la vie ſpirituelle , & mourut , dit-on , en réputation de ſainteté le 27 février de l'an 1624 , âgé de 70 ans. Sa vie a été écrite en eſpagnol par le P. Cachupin , auſſi Jéſuite. Ses ouvrages ſont , *Expoſitio moralis & myſtica in canticum canticorum. Meditationes de los myſterios de nueſtra ſancta ſé ; De la perfeccion chriſtiana , tom. IV. Guia eſpiritual ; Directorio eſpiritual ; Vita del patre Baltaçar Alvareç , &c.* * Alegambe, *bibl. ſcript. ſoc. Jeſu.* Nicolas Antonio , *biblioth. ſcript. Hiſp.* Le Mire , *de ſcript. ſaecul. XVII.* La plupart des ouvrages du P. du Pont ont été traduits en latin par le P. Trevinnius , ſon confrere. Ses méditations , de même que ſon traité du ſacerdoce & de l'épiſcopat , ont été traduits en arabe par le pere Pierre Fromage , de la même ſociété. Les Œuvres ſpirituelles de Louis du Pont ont été traduites de l'eſpagnol en françois par François du Roſſet , docteur ès droits & avocat au parlement , *in-4°* & *in-8°* , à Paris 1612 , 1613 , 1614 , 1617 , 2 vol. Par M. René Gaultier , avocat général au grand-conſeil , *in-folio* , à Paris 1621 , & par le pere Jean-Brignon , Jéſuite , *in-4°* & *in-8°* , à Paris 1689 , 1700 , 1703. Il y a un abrégé latin de ſes méditations : *Compendium meditationum* , à Paris 1668 , *in-12.*

PONT-EUXIN , *Pontus Euxinus ;* cherchez MER NOIRE.

PONT-DE-L'ARCHE , *Pons Arcuatus* ou *Pons Arcus* , ville de France avec vicomté , élection , gre-

nier à ſel , maîtriſe des eaux & forêts , & maiſon de ville , eſt ſituée en Normandie dans le dioceſe d'Evreux , & ſur la Seine , à trois lieues au-deſſus de Rouen. Cette riviere y reçoit un peu au-deſſus l'Eure & l'Andele , & y forme vers le bout d'un grand pont de pierre une petite iſle , dont tout le terrein eſt occupé par un château qui défend ce paſſage important. Le Pont-de-l'Arche fut la premiere place qui ſe rendit au roi Henri IV depuis ſon avénement à la couronne , en 1589. Le Blanc de Rolet , homme de courage & de jugement , qui y commandoit , en porta les clefs au roi , dans le temps qu'Aimar de Chates lui ſoumit Dieppe , & Gaſpard de Pelet de la Verune , la ville & le château de Caën. * Sanſon. Baudrand. Mezerai.

PONT-AUDEMER , ou , comme le vulgaire prononce , PONTEAU DE MER , *Pons Audemari* , ville du dioceſe de Liſieux en Normandie , entre Rouen & Caën , avec bailliage , vicomté , élection , grenier à ſel , maîtriſe des eaux & forêts , diverſes paroiſſes & monaſteres de l'un & de l'autre ſexe. Elle eſt ſituée ſur la Rille , riviere que les barques remontent avec le flux de la mer. Louis XIV y a fait creuſer & revêtir de pierre un petit port. Il y a un gouverneur , un lieutenant de police , un maire , deux échevins. Cette ville fut ſurpriſe en 1592 pour la ligue , par André de Villars , depuis amiral de France. Dans le temps qu'il la fortifioit , Boſc Roſé , un de ſes capitaines , ſe jetta dans Feſcamp , qu'il remit au roi. On y célébra en 1279 un concile pour la réforme des mœurs , dont nous avons encore les actes. * Sanſon. Baudrand.

PONT-BEAUVOISIN , *Pons Bellovicinus* , bourg de Dauphiné , qui ſépare la France de la Savoye , eſt ſitué ſur la riviere de Guyer , qui fait cette ſéparation. * Sanſon.

PONT-CHATEAU (Sébaſtien-Joſeph du Cambout de) qui a paſſé dans le ſiécle dernier pour un prodige d'humilité & de pénitence , mérite d'avoir place ici. Il étoit né le 29 janvier 1634 , jour de S. Sébaſtien , d'une famille illuſtre depuis plus de 500 ans , & M. ſon pere étoit couſin germain du cardinal de Richelieu & de Lyon. Il avoit deux ſœurs , dont l'une épouſa M. le duc d'Epernon , & l'autre M. le comte de Harcourt. Il étoit oncle de M. le duc de Coiſlin , & de M. de Coiſlin,évêque d'Orléans , prédéceſſeur de M. Fleuriau. Etant encore tout jeune , il vint à Paris faire ſes études , & il fut élevé ſelon ſa qualité. Comme il avoit l'eſprit ſolide & pénétrant , il fit de grands progrès dans les ſciences , & principalement dans la théologie : car il avoit embraſſé l'état eccléſiaſtique ; & dès ſa premiere jeuneſſe il fut chargé de trois abbayes , & en voie de parvenir aux plus grandes dignités de l'égliſe. Pourvu d'un talent ſingulier pour s'inſinuer dans les eſprits , & pour leur perſuader une partie de ce qu'il vouloit & par ſes paroles & par ſes lettres , pour former & entretenir des liaiſons , il ſe fit aimer & rechercher avec empreſſement des compagnies ; & comme il étoit extrêmement propre à tout ce qui dépend du commerce du monde , le monde l'aima & il aima le monde pendant quelque temps. Mais Dieu lui en ayant fait connoître la vanité , il ſe mit ſous la conduite de M. de Singlin , & il eut dès-lors quelque deſir d'abandonner tous ſes biens & de ſe conſacrer à la pénitence. M. de Singlin l'arrêta dans ſon zèle , parcequ'il avoit deſſein de l'éprouver auparavant , & la ſuite fit voir que cette ferveur n'étoit encore que paſſagere. Les liaiſons qu'il conſervoit toujours avec quelques perſonnes qui fréquentoient le grand monde , & les grands biens dont il jouiſſoit , le dégouterent peu à peu de la retraite & du ſilence : il voulut voyager , & s'en alla à Rome vers l'an 1652. Il fit dans cette grande ville toutes les connoiſſances qu'un homme de ſa naiſſance & d'un eſprit très-aimable pouvoit contracter. De l'Italie , il paſſa dans l'Allemagne , parcourut diverſes provinces ; & étant rentré en France , il s'arrêta à Lyon auprès de M. le cardinal Alfonſe de Richelieu , archevêque de cette ville , qui l'aimoit beaucoup. Il y demeura juſqu'à la mort de

ce

e cardinal, arrivée en 1653, qui lui avoua dans sa derniere maladie, qu'il étoit plein de regret d'avoir quitté la grande Chartreuse, & qu'il aimeroit beaucoup mieux mourir *dom Alfonse*, que *cardinal de Lyon*. Cet aveu fit une vive impression sur M. de Pont-Château ; mais le séjour qu'il vint faire à Paris la diminua considérablement. Il pensa à s'y marier d'une maniere avantageuse, & il acheva de traîner ses chaînes jusqu'à la mort de la demoiselle qu'il recherchoit. Il partit de nouveau pour Rome au mois d'avril 1658, & finit ce voyage dont il a fait une relation, le 14 septembre 1659, qu'il arriva à Paris. Il en partit le 12 octobre de la même année, & visita la Bretagne & le Maine jusqu'au 4 novembre. Enfin après bien des combats, le jeudi-saint de l'an 1662, après avoir reçu Jesus-Christ dans la communion, il prit une résolution entiere de renoncer sans réserve au monde & à lui-même, & il l'exécuta. Il retourna de nouveau chercher MM. de Port-Royal ; & comme ceux à qui il s'adressa avoient été témoins de son inconstance, ils refuserent de le recevoir dans leur société, jusqu'à ce que vaincu par ses instances, un d'eux le reçut & le fit peu après agréer de tous. M. de Saci ayant été conduit à la Bastille au mois de mai 1666, M. de Pont-Château s'en plaignit par une lettre qu'il écrivit à M. de Perefixe, archevêque de Paris, & qui a été imprimée. Avant ce temps-là, & dès le 7 mai 1664, il partit pour aller visiter l'isle de Noordstrant, en laquelle il avoit mis du bien, alla par la Hollande, arriva en Danemark où est cette isle, revint par l'Allemagne & par la Lorraine à Paris, où il arriva le 26 octobre de la même année. On a encore une relation de ce voyage en forme de journal qu'il a dressé lui-même, & qui est manuscrit comme le premier. Pendant que M. de Saci étoit à la Bastille, il fit un autre voyage pour lequel il partit de Paris le 4 juin 1667, alla en Hollande & en Flandre, & fut de retour le 2 septembre de la même année. Le but de ce nouveau voyage étoit de conférer encore avec les intéressés dans l'isle de Noordstrant, & de faire imprimer par Elzevir le nouveau Testament de la traduction de MM. de Port-Royal, connue sous le nom de *version de Mons*, quoiqu'elle n'ait point été imprimée dans cette ville. Il y avoit déja plusieurs années qu'il avoit renoncé à ses bénéfices, disposé même de son patrimoine, & qu'il ne s'étoit réservé que deux cens écus qu'il avoit mis à fonds perdu sur l'hôtel de ville, & qu'il avoit choisi pour retraite quand il étoit à Paris une maison particuliere dans la rue Bafroi près Pincourt au fauxbourg S. Antoine. Là uni avec quelques amis, & sur-tout avec M. Claude de Sainte-Marthe, connu seulement sous le nom de *M. Le Mercier*, & inconnu à toute sa famille, il travailloit comme les pauvres, & vivoit même encore plus austerement que la plupart d'entr'eux, se permettant presque jamais l'usage de la viande. En 1668 il s'enrolla dans le désert de Port-Royal des Champs, où il se chargea de l'office de jardinier, dont il fit pendant dix ans toutes les fonctions les plus basses & les plus laborieuses. Il y travailla aussi à une relation exacte des miracles opérés dans cette maison par la sainte épine, dont le feu pape Benoît XIII a reconnu la vérité dans un écrit de sa composition qui a été imprimé. Obligé de se retirer en 1679, il alla de nouveau à Rome, où il agit avec force en faveur des amis de Port-Royal. Il demeuroit en cette ville sous un nom emprunté, & il s'y fit aimer & respecter. Mais la cour de France ayant fait demander son expulsion de Rome, il revint & se retira dans l'abbaye de Haute-fontaine près S. Didier en Champagne, où il demeura avec M. le Roi qui en étoit abbé jusqu'à la mort de cet ami, arrivée le 19 mars 1684. Comme cet abbé avoit entrepris de réformer les moines de son abbaye, qu'il avoit obtenu pour cela quelques religieux d'Orval, & que M. de Pont-Château l'avoit secondé dans ses vues, il n'abandonna point le projet de cette réforme après la mort de cet abbé, ce qui l'engagea à rester encore près d'un an dans cette abbaye ; mais l'entreprise ayant manqué, il alla se cacher lui-même dans

l'abbaye d'Orval, où sous le nom de *M. Fleury*, il vécut plus austerement encore que les religieux. Il y arriva le 10 février 1685, & y demeura cinq ans dans la plus austere pénitence. Au bout de ce terme, quelques affaires de charité l'ayant rappellé à Paris, il y tomba malade pendant le carême de l'an 1690 ; & dès qu'il se fut un peu senti soulagé, la maladie revint, & l'emporta le huitième jour ; c'étoit le 27 juin 1690, dans la 57e année de son âge, étant né le 20 janvier 1634, jour de S. Sébastien. Son corps fut porté à Port-Royal des Champs. C'est M. de Pont-Château qui est auteur des deux premiers volumes de la *morale pratique des Jésuites*, dont M. Arnauld a fait les six autres. Feu M. Duguet a assuré qu'on devoit aussi à M. de Pont-Château la traduction françoise des Soliloques de M. Hamon sur le pseaume 118, que l'auteur de la seconde traduction de cet ouvrage a cru être de M. le Roi ou de M. Fontaine. Ce fut aussi entre ses mains que M. Hamon remit ses manuscrits, & c'est à ses sollicitations que l'on doit l'édition que M. Nicole a donnée. Il a fait aussi des remarques sur un bréviaire manuscrit qui est dans la maison de l'institution des peres de l'Oratoire à Paris. Ces remarques ne sont point imprimées. Etant à Orval, il a fait un petit écrit sur un jeûne établi dans la maison, qui est aussi manuscrit. Beaubrun a composé la vie de M. de Pont-Château qui est encore manuscrite. * *Mémoires du temps*, Nicole, *lettre* 80, de l'édit. de Paris. Necrol. de P. R. & Arnauld, lett. en bien des endroits. *Histoire de la vie & des ouvrages de M. Nicole*, en plusieurs endroits.

PONT-DE-CÉ, *Pons* ou *Pontes Cæsaris*, bourg & château de France en Anjou sur la Loire, à une lieue d'Angers, est considérable pour le passage. Les troupes du roi Louis XIII y défirent en 1620, sous le maréchal de Créqui, les partisans de la reine mere Marie de Médicis, qui s'étoit éloignée de la cour. * Sanson. Baudrand.

PONT-L'EVESQUE, *Pons Episcopi*, ville de France avec élection & siége de la vicomté, & du bailliage d'Auge en Normandie, dans le diocèse de Lisieux, & sur la riviere de Touques, à trois lieues de la mer, & à trois ou quatre au-dessous de Lisieux. Elle a aussi une maîtrise des eaux & forêts, & un gouverneur. Le Pont-l'Evêque est renommé par ses fromages. * Sanson. Baudrand.

PONT-LEVOI, bourg de France, dans le Blésois, par-delà la Loire, à cinq lieues d'Amboise. Il y a dans ce bourg une célèbre abbaye de Bénédictins, autrefois du diocèse de Chartres, & maintenant de celui de Blois. Elle fut fondée en 1035 sous le nom de *Sainte Marie* (*Beata Maria de Ponte Levio*, ou de *Ponte Leviaco*.) Le fondateur fut Gelduin, seigneur de Pont-Levoi & de Mont-Trichard, qui fit venir des religieux de S. Florent de Saumur. Les Calvinistes prirent & détruisirent cette abbaye en 1562. Depuis, elle a été rebâtie, & la réforme de S. Maur y a été reçue. Les Bénédictins y ont un collége & une pension célèbre. La mense abbatiale fut unie à l'évêché de Blois, lors de son érection. * La Martiniere, *diction. géogr*.

PONT-DE-LIMA ou PUENTE-DE-LIMA, ville de Portugal dans la province entre Douro & Minho, sur la riviere de Lima. On ne doute point que ce ne soit le *Limia* ou *Forum Limicorum* d'Antonin, quoique d'autres le prennent pour Saint-Estevan de Geras de Lima, à deux lieues de celle-ci. * Sanson.

PONT-A-MOUSSON sur la Moselle, *Mussipons*, ville de Lorraine, avec université & titre de marquisat, est située sur les deux bords de la riviere, qu'on y passe sur un pont qui lui a donné son nom. Elle a tiré celui de *Mousson* d'un château qui est élevé sur une colline, & qui a été autrefois considérable. La ville est assez grande, & renferme deux abbayes, diverses églises & de belles places ; mais elle n'a plus de murailles. Il y a aussi une commanderie de l'ordre de S. Antoine, dont nous parlons à l'article ANTOINE, Charles, cardinal de Lorraine.

y fonda en 1573 l'université , & y établit les Jéfuites pour y enseigner la philosophie , la théologie & les langues. Le duc de Lorraine y fonda des professeurs de droit & de médecine ; & le pape Grégoire XIII y bâtit un féminaire pour les Ecossois. René d'Anjou , roi de Naples , &c. duc de Lorraine & de Bar , donna le marquisat de Pont-à-Mousson , à JEAN d'Anjou , son fils *naturel*. Celui-ci servit le roi Louis XII à la bataille d'Agnadel en 1509 , & Antoine duc de Lorraine , en la guerre contre les Luthériens en 1525. Il épousa *Marguerite* de Glandeves , fille de *Raimond* , seigneur de Faucon , dont il eut *Catherine* d'Anjou , mariée à *François* de Forbin , seigneur de Soliers. * Sanson.

☞ PONT DE REMI , lieu de France , dans la Picardie , élection d'Abbeville , sur la Somme , à deux lieues au-dessus d'Abbeville. Il y a sur cette rivière un pont qui communique à une petite isle dans laquelle on voit un château. C'est un passage important. Au voisinage on montre les restes d'un camp de César. Il y a un prieuré qui dépend de l'abbaye du Bec, & qui nomme à la cure. * La Martiniere , *diction. géogr.*

☞ PONT DE ROYAN , petite ville de France , dans le Dauphiné , au marquisat de Royanez , dont elle est le chef-lieu. Il passe à Pont de Royan une petite rivière qui va se jetter dans l'Istre fur la rive gauche. * La Martiniere , *diction. géogr.*

PONT-SAINT-ESPRIT , en latin *Pons sancti Spiritûs* , ville de France en Languedoc avec une citadelle , est située sur la rive droite du Rhône , qu'on y passe sur un pont des plus beaux de l'Europe. Sa longueur est de mille pas communs , & fa largeur de quinze pieds ; il est porté sur dix-neuf grandes arches , & sept petites , qui font soutenues d'autant de gros piliers percés artistement avec des portes pour donner un cours plus libre aux flots du Rhône , quand il est débordé. On voit une chapelle au milieu pratiquée au dehors des rebords. Ce pont fut commencé en 1265 , & achevé vers l'an 1309 : on y employa le produit des offrandes que faisoient les fidèles à un petit oratoire dédié au S. Esprit. La citadelle est au bout du pont , dont elle défend le passage. Quatre bastions royaux en font le plan , & renferment l'église du S. Esprit , qui est au bord de la rivière. Il y a audevant une place d'armes , avec une fontaine , & ce qu'on appelle *la maison dorée*. La ville est assez grande , mais mal bâtie & de petites rues étroites. Il y a plusieurs églises & monasteres. * Sanson.

PONT-SAINTE-MAIXANCE , en latin , *Pons sanctae Maxentiae* , bourg de France dans le Valois , sous le gouvernement de l'Isle de France , est bâtie sur la rivière d'Oise qu'on y passe sur un pont , trois lieues audelà de Senlis. * Sanson. Baudrand.

☞ PONT-SUR-SEINE , en latin , *Pons ad Sequanam* , petite ville de France dans la Champagne , à sept lieues au-dessus de Troyes. Louis XIII démembra à perpétuité cette ville de son domaine , & la donna à Louïfe-Marguerite de Guise , veuve de François de Bourbon , prince de Conti , en échange de la souveraineté de Château-Renaud , que cette princesse fut mort elle traita de cette ville & de ses autres domaines , qu'elle vendit au surintendant Bouthillier de Chavigni. Celui-ci y fit bâtir un château qui mérite l'attention des curieux. Il est du dessin & de l'exécution de le Muet , un des plus habiles architectes de son temps. * La Martiniere , *dict. géogr.*

☞ PONT-SUR-YONNE , petite ville de France sur les confins de la Champagne & du Gâtinois , dans le diocèse de Sens , à trois petites lieues de la ville épiscopale , fur le rivage gauche de l'Yonne , qui lui donne son nom. Ce lieu n'est pas si moderne qu'on l'avoit cru. Il en est fait mention dans la vie de S. Loup , archevêque de Sens , dont Du Chêne a donné un fragment. Il y est nommé *Pons Syriacus* , & dit être à la distance de sept mille pas de la ville de Sens. C'est à l'occasion de la cloche que le roi Clotaire II renvoya

de Paris à Sens. Le nécrologe manuscrit du X siécle de la cathédrale de Sens , qui est conservé à Saint Benoît-sur-Loire , appelle aussi ce lieu du nom de *Pons Syriacus* , en rapportant l'étrange famine de l'an 868. Le nom de *Syriacus* s'est conservé dans un prieuré qui est vis-à-vis de Pont-sur-Yonne , au rivage droit de la rivière qu'on appelle *Sitres*. Il en est parlé dans le roman de Girard de Roussillon , sous le nom de *Sixte*. Pont-sur-Yonne est aujourd'hui peu de chose. L'église appartient au chapitre de Sens , lequel nomme aussi à la cure. C'est une prévôté royale du ressort de Nemours. * La Martiniere , *dict. géogr.*

☞ PONT-DE-VAUX , ville de France dans la Bresse , sur le bord de la rivière de Ressouze , à six lieues de Bourg , à trois de Mâcon , & à une demi-lieue de la rivière de Saone , dont les bateaux remontent jusqu'aux portes de cette ville dans les grandes eaux. Les seigneurs de Pont-de-Vaux ont haute , moyenne & basse justice sur cette ville & sur cinq paroisses qui en dépendent. Ce n'étoit d'abord qu'une petite seigneurie qui fut érigée en comté , & enfin en duché en faveur de Philibert-Emanuel de Gorrevod en 1623. Cette maison étant éteinte , le duché l'est aussi. Il y a dans cette ville un grenier à sel , dont celui de Pont-de-Vesle est une dépendance. * La Martiniere , *dict. géogr.*

☞ PONT-DE-VESLE , petite ville de France dans la Bresse , à cinq lieues de Bourg , à dix de Lyon & à une de Mâcon. Elle a pris son nom du pont qu'elle a sur la rivière de Vesle. Cette ville a le titre de comté , qui lui a été donné par Emanuel-Philibert , duc de Savoye , pour en faire échange avec le comté de Bonne en Piémont. Il n'y a qu'une seule paroisse à Pont-de-Vesle , & un hôtel-Dieu fondé en 1300. Le seigneur a toute justice. Il a payé au roi la finance de la charge de maire , & la fait exercer par commission. Quoique cette ville ne soit pas fortifiée , elle a un gouverneur qui jouit de 1800 livres d'appointemens. * La Martiniere , *dict. géogr.*

PONTAC (Arnaud de) évêque de Bazas , né à Bourdeaux , où fa famille , qui est très-illustre , a donné des premiers présidens au parlement de Guienne , avoit une ardente inclination pour les sciences , & une connoissance particuliere des langues , entr'autres , de l'hébraïque & de la grecque. Ce savant homme fut nommé évêque de Bazas , après la mort de François de Balaguier , vers l'an 1572. Depuis il se trouva à l'assemblée du clergé l'an 1579 , & fut choisi par celle de Melun , pour faire au roi Henri III des remontrances que nous avons dans les mémoires du clergé. Il avoit déja publié des commentaires sur Abdias , & nous donna enfuite des notes sur la chronique d'Eusèbe , un ouvrage de controverse contre le Plessis-Mornai. Il mourut au château de Jouberthes , le 4 février 1605 , & par son testament , légua 12000 écus pour la réparation de fa cathédrale. * Possevin , *in appar. facr.* Sammarth. Gall. chrif.

PONTANUS (Louis) excellent jurisconsulte dans le XV siécle , étoit né à Spolète , ou plutôt à Cerreto , bourg d'Umbrie , où s'étoit habituée fa famille. Il fut appellé *Romain* , parcequ'il avoit presque toujours demeuré à Rome , & fut protonotaire du saint siège. Æneas Silvius qui fut depuis pape sous le nom de *Pie II*, & tous les auteurs de ce temps parlent de la mémoire & du savoir de Pontanus , comme d'un prodige : en effet il n'avoit jamais rien oublié de ce qu'il avoit une fois lu ou ouï dire , & ne se contentoit pas de citer le commencement de la loi , comme les autres jurisconsultes , mais il en rapportoit le texte tout au long. Il écrivit des commentaires sur le droit , *Consilia singularia* , & *Repetitiones* , & mourut de peste à Basle pendant le concile , le 9 juillet 1439 , & fut enterré aux Chartreux. On dit qu'il n'étoit alors qu'en la trentième année de son âge , & que s'il eût vécu davantage , il eût été infailliblement cardinal. Divers auteurs parlent de lui avec éloge. * Marcus Mantica , *de vir. illustr.*

Æneas Silvius , *hift. conc. Bafil.* Gui Pancirole , *de clar. interpret. juris.* Jacobilli , *biblioth. fcript. Umbr.* Forfter , *l. 2 hift. juris civilis , c. 33.*

PONTANUS (Octavius) natif de Cerreto , jurifconfulte & théologien , vivoit dans le XV fiecle fous le pontificat de Pie II , qui l'envoya l'an 1459, en qualité de nonce apoftolique, pour régler les différends de Ferdinand roi de Naples , & de Pandolfe Malatefta , feigneur de Rimini. Peu après , le même pape l'envoya à Bafle , & le nomma au cardinalat ; mais il mourut dans ce voyage , fans pouvoir profiter de cet honneur. Il a écrit un volume d'épîtres , & un autre de réponfes à des confultations de droit. * Sigifmundus Philogenius Paolutius , *defcript. Cerret.* Vincentius Baronius , *hiftor. de Cerret.* Jacobilli , *biblioth. fcript. Umbr. &c.*

PONTANUS (Jean-Jovien) né à Cerreto dans le duché de Spolette , au mois de décembre 1431 , ayant vu périr fon pere & une partie de fa famille dans les troubles qui agitoient alors l'Italie , fortit jeune & fans biens de fa patrie , & fe retira à Naples , où la réputation du roi Alfonfe I l'attifoit. Il y gagna les bonnes graces d'Antoine Panormita , fecrétaire du cabinet de ce prince , & par lui la bienveillance du prince même. Ferdinand , fucceffeur d'Alfonfe , lui fit donner le droit de bourgeoifie à Naples , le prit avec lui pendant fes campagnes ; & après la mort de Panormita , arrivée en 1471 , le fit fon fecrétaire. Dix ans auparavant il lui avoit fait époufer Adrienne Saffonia , riche héritiere , qu'il perdit le premier de mars 1490 , après en avoir eu plufieurs enfans , dont il ne lui refta que deux filles. Il fut encore honoré dans la fuite de la charge de viceroi de Naples ; & Ferdinand le fit gouverneur de fon fils Alfonfe II , dont il fut dans la fuite fecrétaire. Dans la révolte des feigneurs du royaume de Naples contre Ferdinand , où fon fils Alfonfe étoit entré , Pontanus tâcha de les réconcilier , & y réuffit. Cette paix fe fit à Rome en 1486. Chagrin d'en avoir pas été recompenfé par Ferdinand , il fit un dialogue peu mefuré *de l'ingratitude* ; & il tomba lui-même dans ce vice , en louant dans un difcours métaphore une flaterie baffe , Charles VIII roi de France , lorfque ce prince fe fut emparé du royaume de Naples en 1495 , & en décriant dans ce même difcours la maifon d'Aragon , dont il avoit reçu tant de bienfaits. Cependant Ferdinand II ayant fuccédé la même année au roi Alfonfe fon pere , & ayant chaffé les François , lui continua fa charge de fecrétaire ; ce qui fut admiré avec raifon comme un acte de générofité digne d'un grand prince. Pontanus mourut au mois d'août 1509 , dans la foixante-dixfeptiéme année de fon âge. De fon vivant il s'étoit fait conftruire un fuperbe tombeau , digne de fa vanité , & s'étoit compofé quatre épitaphes ; mais n'ayant pas marqué dans fon teftament celle qu'il defiroit que l'on choifit , on mit la fuivante :

Vivus domum hanc mihi paravi ,
In quâ quiefcerem mortuus :
Noli , obfecro , injuriam mortuo facere ,
Vivens , quum læferim nemini.
Sum etenim JOVIANUS PONTANUS ,
Quem amaverunt bonæ mufæ ,
Sufpexerunt viri probi ,
Honeftaverunt reges , domini.
Scis jam qui fim , vel qui potius fuerim.
Ego verò te , hofpes in tenebris , nofcere nequeo ;
Sed teipfum ut nofcas rogo. Vale.

Pontanus a écrit l'hiftoire des guerres de Ferdinand I & de Jean d'Anjou , & divers autres ouvrages en profe & en vers. Ses poéfies ont été recueillies & imprimées à Venife en 1535, *in-8°* ; & dans le quatriéme volume de toutes fes œuvres , publiées à Bafle en 1556, en quatre volumes *in-8°.* Ses ouvrages de profe , imprimés de même en différens temps , ont été auffi recueillis &

imprimés, 1°. à Venife , en 1518 , en trois volumes *in-4°* ; 2°. à Bafle , en 1538 , en trois volumes *in-4°* ; 3°. à Bafle encore en 1556 , en quatre volumes *in-8°.* * Felinus Sandeus , *epit. de reg. Sicil.* Lilio Giraldi , *dialog. I de poët.* Voffius , *de hiftor. latin.* Baillet , *jugemens des favans fur les poëtes , &c.*

PONTANUS (Guillaume) jurifconfulte de Péroufe , enfeigna le droit dans cette ville , où il mourut en 1555 , âgé de 77 ans. Il a écrit divers ouvrages ; *Super 1 & 2 ff. n. fuper 1 & 2 infortiati , &c.* * Pancirole , *l. de clarif. interpret. juris.* Valere André. Jacobilli , *de fcriptorib. Umbr.*

PONTANUS (Roger ou Rover) religieux de l'ordre des Carmes dans le XVI fiécle , eft auteur d'un traité, *De rebus mirabilibus*, où il découvre quelques fauffetés de l'hiftoire de Sléidan , & de celles d'autres auteurs hérétiques. * Valere André, *biblioth. belg.* Sponde, *A. C. 1556, n. 8.*

PONTANUS , ou DU PONT (Pierre) étoit de Bruges. Il fut furnommé *l'Aveugle* , parcequ'il perdit la vue à l'âge de trois ans ; ce qui ne l'empêcha pas de devenir fort favant. Valere André en parle en peu de mots dans fa Bibliothéque belgique , & donne la lifte de quelques-uns de fes ouvrages. Dans un de ceux-ci, Pontanus nous dit quelque chofe de plus particulier fur fa vie ; c'eft dans des vers latins affez mauvais , adreffés à *Félix* Pontanus fon fils aîné , imprimés dans la feconde partie de fon Art de la grammaire. Pontanus , après avoir marqué le lieu de fa naiffance , & parlé de la perte de fes yeux , dit qu'il avoit parcouru différentes provinces , tantôt fouffrant les fuites de l'indigence dans laquelle il étoit né , tantôt recevant des bienfaits , ou gagnant , à enfeigner la jeuneffe , de quoi le tirer au moins de la mifere ; qu'enfuite il vint à Paris , où il s'acquit beaucoup de réputation , & où il fe fit honorer & eftimer par fes travaux littéraires. Il ajoute qu'il époufa une femme bien née , dont il eut plufieurs enfans. Il floriffoit à Paris vers l'an 1510. Dans fon *ars verfificatoria* , adreffé à la jeuneffe , il fait ainfi fon portrait. Il dit qu'il n'aimoit point à flater les grands , & qu'il ne trouvoit rien de plus indigne d'un efprit noble & bien fait , quoique ce fût le feul moyen de leur plaire ; qu'il n'avoit point d'autre protecteur que Jefus-Chrift , en qui il avoit mis toute fon efpérance ; qu'on ne pouvoit pas attribuer cette difpofition à pareffe ni à lâcheté , étant fi accablé de travail , que depuis vingt ans qu'il enfeignoit publiquement dans l'univerfité de Paris , il employoit fix heures chaque jour à fes leçons , & qu'il avoit publié trente livres ; que s'il n'avoit aucun Mécene en France , où il fe trouvoit tant de grands hommes & tant de dames illuftres , c'eft qu'il ne pouvoit déguifer la vérité : il relevoit , dit-il , la vertu , il rabaiffoit les vices ; il déclaroit la guerre aux voluptés ; il recommandoit la piété & l'amour de la religion ; il ne flatoit perfonne ; il préféroit le vrai à l'utile. Amateur de l'honnêteté & de la probité , il n'écrivoit rien qui pût bleffer l'une & l'autre ; & méprifoit fouverainement ce qui étoit vain & dangereux. Il dit encore qu'il avoit fouvent dédié fes ouvrages à des grands , qu'il leur en avoit préfenté des exemplaires proprement reliés , fans en avoir jamais reçu aucun bienfait. Voici ceux de fes ouvrages qui font venus à notre connoiffance. 1. *Petri Pontani cæci Brugenfis duplex grammaticæ artis ifagoge , ab eodem multis locupleta fchæmatibus , à Paris , chez Ambroife Gyrault , 1527 , in-4°.* Il dédia ce livre à Félix Pontanus , fon fils aîné , Parifien. 2. *Grammaticæ artis prima pars , octo fuccinctis dirempta capitibus , ejufdem nuper locupletata curâ , adjectifque quarto , ubi opus vifum eft , teftimoniis ;* à Paris chez le même , 1528 , *in-4°.* La premiere édition paroît être de 1514. Ce livre eft adreffé à fes écoliers. Dans la préface il attaque Jean Defpautere qui l'avoit repris fur la quantité d'un mot. 3. *Ejufdem fecunda pars grammaticæ , undecim dirempta libris ;* à Paris , 1529 , dédiée au chancelier Antoine

Du Prat. On trouve à la fin des vers de l'auteur adreffés à Jean de Bourbon, où il apprend par quel accident
il avoit perdu la vue à l'âge de trois ans. 4. *Petri Pontani liber figurarum, tam oratoribus, quàm poëtis vel
grammaticis neceſſariarum, duo ſuccinctè complectens capita, cum recriminatione in adverſarium ;* à Paris, chez
Ambroiſe Gyrault, 1529, *in-*4°. L'adverſaire dont parle
ici Pontanus, eſt encore Jean Defpautere qu'il pouſſe
avec beaucoup de force, en lui adreſſant à lui-même
cette réponſe, dans laquelle il fait de grands éloges de
Jacques le Fevre & d'Erafme. 5. *Petri Pontani ars
verſificatoria, ſimul & accentuaria, ad ſtudioſam Pa-
lemonii laboris juventam.* Il y a eu pluſieurs éditions
de cet ouvrage, toutes à Paris ; en 1520, 1529, 1538
& 1543. Ces deux dernieres ſont plus correctes &
augmentées. 6. *Annæi Lucani Pharſalia, cum adnota-
tione familiari & pellucida ;* à Paris 1512, in-8°. 7. *Carmen de abitu & reditu pacis ;* à Paris, chez Badius.
8. *Apologia in eos qui plæraque divini ſacrificii voca-
bula & ſenſa perperam uſurpant, & obſtinatis ſuis erroribus pertinaciter inhærent ;* à Paris, 1516, *in-*4°.
9. *Salutiferæ confeſſionis eruditio Petri Pontani cæci
Brugenſis, decem & octo partita conſiderationibus, ad Felicem Pontanum, ſuum primogenitum ;* à Paris, par Nicolas Dupré, aux dépens de Jean Petit & de Bernard
Aubry libraires, *in-*4°. 10. *Genoveſeon libri IX, carmen ; Pariſiis, apud Dionyſium Roſcium,* 1512, in-8°.
Dans la Bibliothéque réelle de Lipenius, ce livre eſt
cité ainſi : *Petri de Ponte cæci Genevenſia :* ce qui eſt
une faute. *Ecloga decem hecatoſticha ;* à Paris. 12. *Pa-
romiæ, gallico & latino ſermone contextæ ;* à Paris,
*in-*4°. M. Baillet ne parle point de ce grammairien
dans ſes *Jugemens des ſavans.* * *Dom Liron, ſingular.
hiſtor. & litter.* t. III. *Valerii Andreæ biblioth. belg.* t. II.
edit. Bruxellenſ. 1739, pag. 1003, &c.

PONTANUS (Jacques de Brugg, dit) Jéſuite, né
dans la Bohême, dans la ville de Brugg, d'où il a pris
ſes noms allemand & latin, entra chez les Jéſuites en
1563, âgé de 21 ans, enſeigna long-temps en Allemagne, & mourut à Augsbourg l'an 1626, âgé de 84 ans.
Il ſavoit très-bien les langues & les belles lettres ; mais
comme il étoit plus capable de juger des bons vers que
d'en faire, il a donné en latin trois livres d'*inſtitutions
poëtiques*, imprimées pluſieurs fois en Allemagne & en
France. Il a encore fait un traité ſur cet art, ſous le titre
d'*apprentiſſage de la poétique.* Il a laiſſé divers ouvrages en proſe & en vers, comme les commentaires ſur
Ovide ; *Attica bellaria, part. III. Colloquia ſacra δια-
κηλία, ſeu excerpta è ſacris & profanis auctoribus, lib.
X, &c.* Ce ſavant religieux a auſſi traduit en latin divers
auteurs Grecs, comme Jean Cantacuzéne, Théophylacte, Simocatte, Georges Phtanza, Georges de Trébizonde, Nicolas Cabaſilas, &c. * *Alegambe, de ſcript.
ſocietatis Jeſu.* Baillet, *jugemens des ſav. ſur l'art poëtique.*

PONTANUS (Jean-Iſaac) hiſtoriographe du roi de
Danemarck & de la province de Gueldre, originaire de
Harlem, né en Danemarck, où ſes parens étoient alors
pour quelques affaires, enſeigna la médecine & les mathématiques à Hardewick dans le pays de Gueldre, où
il mourut l'an 1640, & où on publia ſa vie cette même
année. Il avoit compoſé divers ouvrages : *Hiſtoria urbis
& rerum Amſtelodamenſium ; Itinerarium Galliæ Narbo-
nenſis ; Rerum Danicarum hiſtoria, lib. X ; Diſcepta-
tiones chronologicæ ; De Rheni divortiis & accolis po-
pulis, adverſùs Philippum Cluverium ; Diſcuſſionum
hiſtoricarum lib. II ; Hiſtoriæ Geldricæ lib. XIV, &c.*
Quoique la profeſſion particuliere de cet auteur fût celle
de l'hiſtoire, il voulut auſſi faire des vers ; mais toute ſa
poëſie en général ne lui a point fait d'honneur * *Valere André, biblioth. belg.* Le Mire, &c. Baillet, *jugemens des ſavans ſur les poëtes modernes.* Le P. Niceron a donné ſur Jean-Iſaac Pontanus un article plus détaillé, que l'on peut conſulter, dans le tome XIX de ſes
Mémoires, répété mal-à-propos dans le tome XXXII.

En 1737 M. George Kryſing, docteur en médecine à
Flensbourg dans le duché de Schlefwig, y a fait imprimer la vie de Frédéric II, roi de Danemarck & de Norwége, par Pontanus, ſur une copie qu'il avoit collationée avec l'original, qui a été perdu dans le dernier
incendie de Copenhague. Pontanus a laiſſé d'autres ouvrages manuſcrits, entr'autres, une apologie contre ceux
qui avoient attaqué ſes *Origines Franciæ* ; une bibliothéque des femmes qui ſont devenues illuſtres par leur
ſcience, & un ſecond tome de l'hiſtoire de Danemarck.
M. des Roches, auteur de l'*Hiſtoire de Danemarck*,
en pluſieurs volumes *in-*12, avoit promis de publier ce
dernier ouvrage de Pontanus, avec la vie de l'auteur ;
mais n'ayant pas rempli ſa promeſſe, M. de Weſtphal,
chancelier dans le Holſtein, a fait imprimer ce morceau
d'hiſtoire dans le tome II de ſes *Monumenta inedita rerum Germanicarum, præcipuè Cimbricarum & Mega-
polenſium*, à Leipſick 1740, *in-folio.* Cette ſuite de
Pontanus, *dit-on dans le Supplément françois de Baſle*,
comprend les ſix premiers rois de la maiſon d'Oldenbourg ; ſavoir les régnes de Chriſtiern I, de Jean, de
Chriſtiern II, de Frédéric I, de Chriſtiern II, & de
Frédéric II. Le ſavant éditeur, dans ſa préface, parle
au long de Pontanus, & rapporte pluſieurs particularités
de la vie de cet hiſtorien.

PONTANUS (Henri) étoit de Steinfurt, comme il
le dit dans ſon diſcours funèbre à la louange de Pierre
Van Maſtricht. Il étoit paſteur de l'égliſe de Lingen, &
profeſſeur dans le collége du même lieu, lorſqu'il fut
appellé à Utrecht, où on le fit paſteur & profeſſeur en
théologie le 16 octobre 1699, par l'autorité du roi Guillaume III ; car cette chaire avoit été donnée par les magiſtrats à Campége Vitringa, qui lui obligé de ſe retirer.
Burman dans ſon *Utrecht ſavante*, prétend que c'étoit
une injuſtice, & que Pontanus n'avoit point d'autre
recommandation que d'avoir épouſé une ſœur du préſident du conſeil ſouverain de Hollande & de Zélande,
qui avoit un grand crédit auprès du roi. Il ajoute que
Pontanus ſentit lui-même qu'il étoit peu en état de remplir les fonctions dont il avoit été chargé ; qu'il demanda
un aide pour prêcher, excepté les jours de dimanche,
& qu'enſuite il demanda d'être entierement déchargé
de la prédication : ce qu'on eut beaucoup de peine à lui
accorder. On lui donna le 25 février 1704 le titre de
profeſſeur d'hiſtoire ſainte, dont il remplit les fonctions
juſqu'au 15 ſeptembre 1714, qu'il mourut de la pierre.
On a de lui trois diſcours, pluſieurs diſſertations académiques : *Oratio inauguralis de columnâ nubis &
ignis*, à Utrecht 1700. *Oratio de ſale ſacrificiorum.
Laudatio funebris Petri Van Maſtricht*, à Utrecht 1706.
* *Voyez le Trajectum eruditum de* Gaſpar Burman.

PONTAS (Jean) célèbre dans le dernier ſiécle, &
dans les premieres années de celui-ci par ſes ouvrages,
& par ſon zèle dans le miniſtere eccléſiaſtique, étoit né
à S. Hilaire du Harcouet, au dioceſe d'Avranches, le
dernier jour de l'an 1638, & fut baptiſé le premier janvier de 1639. JEAN Pontas, ſon pere, ſieur de la Chapelle, & *Guillemine du Meſnil*, ſa mere, l'ayant laiſſé
en bas âge, il fut élevé par les ſoins de M. d'Arque-
ville, ſon oncle maternel, qui lui fit apprendre la grammaire chez lui, & l'envoya enſuite à Rennes, où il fit
ſa ſeconde & ſa rhétorique en 1657 & 1658, ſous le
pere de la Trimouille, Jéſuite. De-là il vint à Paris,
où il étudia en philoſophie & en théologie au collége
de Navarre. Il embraſſa l'état eccléſiaſtique en 1662 ; &
M. André du Sauſſai, évêque de Toul, qui lui avoit
donné la tonſure cléricale, le ſiége de Paris vacant, lui
conféra en 1663 à Toul tous les ordres, depuis les mineurs juſqu'à la prêtriſe, en dix jours de temps, en vertu
d'un dimiſſoire de Gabriel de Boylève, évêque d'Avranches, qui permettoit à M. Pontas de recevoir les ordres, ſans garder les interſtices accoutumés. Comme
l'étude du droit canon avoit beaucoup d'attraits pour
M. Pontas, ce fut celle dont il s'occupa plus volontiers ;
& en 1666 il reçut le bonnet de docteur en droit ca-

on , & en droit civil. Deux ans après M. de Péréfix , chevêque de Paris , le fit vicaire de la paroisse de ainte Geneviéve des Ardens , & M. Pontas travailla ans ce poste au salut des ames , pendant vingt-cinq ans , avec tout le zèle & toute l'application d'un ministre attentif à remplir exactement les devoirs de son état. Mettant à profit le peu de loisir que lui laissoient les onctions du ministere , il s'appliqua à composer des ouvrages pieux & utiles aux fideles. En 1690 il donna n volume d'*Exhortations aux malades , sur les attributs de J. C. dans l'Eucharistie* , in-12 , à Paris ; & l'année suivante 1691 , il donna un deuxième volume , par le conseil de M. Bossuet , évêque de Meaux , contenant des *Exhortations sur le baptême ; les fiançailles ; le mariage ; & la bénédiction du lit nuptial.* La même année il donna deux autres volumes d'*Exhortations sur les évangiles du dimanche , pour la réception du saint Viatique , & de l'extrême-onction.* Ces quatre volumes ont dédiés à M. Bossuet , évêque de Meaux. En 1693 il publia ses *Entretiens spirituels pour instruire , exhorter , & consoler les malades dans les différens états de leurs maladies* , en deux volumes in-12 , imprimés , comme les précédens , à Paris , chez Hérissant , & dédiés à M. de Harlay , archevêque de Paris. Le desir de la retraite l'ayant porté à quitter cette année sainte Geneviéve des Ardens , M. de Harlay l'arrêta , & le fit sous-pénitencier de l'église de Paris. Il y avoit déja plusieurs années qu'il remplissoit ce poste , peu capable de flater l'amour-propre , lorsqu'il donna en 1698 un ouvrage latin sous ce titre : *Sacra scriptura ubique sibi constans* , in-4° , à Paris , chez Boudot. Son but est de faire voir qu'il n'y a aucune contradiction réelle dans l'écriture sainte. Ce premier volume ne touche que le Pentateuque. L'auteur vouloit suivre ainsi les autres livres de l'écriture ; mais il n'a publié que ce volume , dans lequel on voit que M. Pontas avoit bien étudié les langues originales , qu'il avoit lu l'écriture sainte avec beaucoup d'application , & qu'il avoit l'esprit juste. Cet in-4° est dédié à M. de Noailles , archevêque de Paris. Mais le plus grand ouvrage de M. Pontas , & celui qui l'a plus fait connoître , est son *Dictionaire des cas de conscience* , qui parut en françois en 1715 , en deux volumes in-folio , & dont il donna un supplément en un volume in-folio en 1718. Ce supplément fut refondu dans la nouvelle édition du dictionaire , qui fut donnée en 1724 avec les additions nouvelles à la tête de chaque matiere , & trois tables chronologiques & historiques : l'une des conciles , la deuxième des papes , la troisième des auteurs cités dans l'ouvrage. Cette dernière manque assez souvent d'exactitude. Enfin on a imprimé ce dictionaire en 1726 & en 1730 , & il a été traduit en latin , & imprimé à Genève en 1731 & 1732 , en trois volumes in-folio , avec des notes du traducteur , qui sert à expliquer ou rectifier même quelques décisions de l'auteur. On a encore une autre traduction latine de ce dictionaire , imprimée à Augsbourg en 1733. En 1738 , le même dictionaire fut réimprimé à Venise par les soins du pere Concina , qui y ajouta une préface , & un examen critique des notes de l'édition latine d'Augsbourg , dont nous venons de parler. En 1728 M. Pontas publia un *Examen des péchés qui se commettent en chaque état* , vol. in-12 , à Paris , chez Vincent. Cet auteur mourut la même année , le 27 d'avril , âgé de 89 ans & près de 4 mois , & fut enterré dans l'église des Hermites de S. Augustin , au fauxbourg saint Germain. Il y avoit plusieurs années qu'il s'étoit retiré dans un appartement voisin du couvent de ces peres , dans lequel il pouvoit entrer sans sortir au-dehors ; & il leur a fait beaucoup de bien pendant sa vie & à sa mort , sur-tout pour leur église , leur cloître , & leur bibliothéque. Voici l'épitaphe qui se lit sur son tombeau , & qui est de la composition du feu pere Maillot , alors bibliothécaire de la maison , & homme de beaucoup d'esprit.

Hic jacet JOAN. PONTAS *Abrincensis , dignitate*

presbyter & vitâ , doctor in utroque jure ; in ecclesiâ Parisiensi pro-pœnitentiarius ; vir pudore virgineo , sanctâ gravitate , hilari modestiâ reverenter amabilis. In oratione , vel in sacra lectione perpetuus ; hinc pietatem haufit & scientiam : utramque in omnes refudit , egregiis conscriptis voluminibus. Ægris hortator , quos ducit ad vitam : Scriptura vindex , quam probat ubique sibi consonam : Morum magister , quos æquat ad regulam ; Veri semper ac recti tenax. Austerus in jejuniis productis ad vesperam , etiam in senectute. Paupertatis amator & pauperum , nunquam ipsis desuit vivus & moriens. In magna sapientia , in virtutum cumulo humillimus. Obiit in Christo , proximè nonagenarius , die 27 April. an. 1728. Pio sacerdoti syncellus alter sacerdos D. PETRUS RICHARD M. E. * Mémoires du temps.*

PONTARLIER , petite ville du comté de Bourgogne en France. Elle est sur le Doux , près du mont Joux & des confins de la Suisse , à neuf lieues de Besançon vers le midi oriental. * Mati , diction.

PONTAULT (Sébastien Pontault de Beaulieu) ingénieur & maréchal de camp des armées de France. La forte inclination qu'il eut pour la guerre , lui fit prendre les armes dès l'âge de quinze ans. Ce fut au fameux siége de la Rochelle , qu'il commença à se signaler l'an 1628 , tant de marques de courage , de conduite & d'intrépidité , qu'il obtint sans autre raison que celle de son mérite , une charge de commissaire d'artillerie , malgré sa jeunesse. Il en fit les fonctions aux siéges de Privas en Vivarez , & de Pignerol , & à la bataille de Veillane , où il fut blessé d'une mousquetade à l'épaule. Les services qu'il rendit dans l'armée de Lorraine commandée par le duc de Longueville , lui acquirent la charge de controlleur général d'artillerie de l'armée & de la Lorraine. Il servit au siége de Hesdin , & l'année suivante à celui d'Arras , où dans le combat qui fut donné contre les troupes du comte de Bucquoi , il reçut un coup d'épée au travers du corps. Cette blessure lui mérita la charge de controlleur provincial d'artillerie dans le pays d'Artois. Il fut ensuite au siége & à la prise d'Aire , où les actions qu'il fit engagerent M. de la Meilleraye à le choisir pour garder cette place , qu'il défendit jusqu'à l'extrémité contre les ennemis , auxquels il fut enfin contraint de la rendre. Il se distingua si glorieusement au siége de Perpignan , que le prince de Condé , alors duc d'Enguien , voulut l'avoir près de lui , & s'en servit dans les grandes journées de Rocroi , de Thionville & de Philisbourg. En conduisant la tranchée dans l'attaque de cette derniere place , il eut le bras droit emporté d'un coup de canon. Ce malheur ne l'empêcha pas de continuer ses services dans les campagnes suivantes , à la bataille de Norlingue , aux siéges de Courtrai , de Bergues , de Furnes , de Mardic & de Dunkerque , dont il conduisit seul les travaux de la tranchée. De-là il suivit ce prince en Catalogne , où il fit fortifier Constantin & Salau. On peut dire qu'il fut présent à tous les combats , à tous les siéges & à toutes les expéditions militaires , depuis le moment qu'il a été capable de porter les armes , jusqu'au temps où la vieillesse & le ressentiment de ses blessures le mirent hors d'état de rendre les mêmes services. Il employa son loisir à dessiner , & donner ensuite à graver tous les siéges des villes , tous les combats , toutes les batailles , & généralement toutes les expéditions militaires du regne de Louis XIV , qu'il accompagna de discours instructifs & de tout le détail de ces grandes actions. Cette entreprise , où il consuma plus de soixante mille livres de son bien , & qui auroit demandé des forces plus grandes que les siennes pour y suffire , fut néanmoins conduite en quelque sorte à sa derniere perfection. Il mourut le 10 août 1674 , après avoir été honoré de l'ordre de S. Michel , & de la qualité de maréchal général des armées du roi. Sa mort n'interrompit point son ouvrage. Mlle des Roches , sa niéce , l'a non-seulement fait continuer avec la même dépense & la même exactitude ; mais a dédié & présenté au roi de France , qui , pour marquer qu'il en étoit content , l'a gratifiée d'une penfion confidérable. Ceux qui ont un gout particulier pour ces fortes d'ouvrages, demeurent d'accord qu'il en eft peu de femblables, foit pour la grandeur de l'entreprife, foit pour l'exacte repréfentation de chaque événement. * Perrault, *les hommes illuftres qui ont paru en France*, *tome II.*

PONTE (Raymond de) natif de Fraga, ville frontiere d'Aragon & de Catalogne, près de Lérida, s'étant acquis une grande réputation par fa connoiffance du droit civil & canonique, fut appellé à Rome pour être auditeur des caufes du palais, & eut enfuite le gouvernement de la Marche d'Ancone. Alfonfe, roi d'Aragon, le fit depuis chancelier du royaume; & il ne quitta cet important emploi, que pour gouverner l'églife de Valence, dont il fut nommé évêque le premier mai de l'an 1288. Les auteurs parlent très-avantageufement de ce prélat, qui en 1296,tint un fynode, où il propofa & donna à fes curés un traité des facremens de fa compofition. Voulant enfuite faire de nouveaux efforts pour fe rendre plus parfait, il entra l'an 1303 dans l'ordre de S. Dominique, fans quitter fon églife; & peu après il fut l'un des deux prélats d'Aragon nommés pour inftruire le procès des Templiers dans le royaume. Mais ce qui lui fit encore plus d'honneur, c'eft qu'y ayant eu de grandes difputes entre les feigneurs féculiers & les gens de main-morte pour les biens que ceux-ci acqueroient, Ponte fut élu feul arbitre par les deux partis, & prononça une fentence qui depuis a toujours tenu lieu de loi dans le royaume d'Aragon. On ne doit pas oublier qu'au concile général de Vienne, il fut un des cinq commiffaires chargés de toutes les grandes affaires, dont les avis furent fuivis de tous les peres du concile. A fon retour il tomba malade à Tarragone, où fe tenoit un concile provincial, &·mourut dans la maifon de fon ordre le 13 novembre 1312. * Echard, *fcript. ord. FF. Præd. tom. I.*

PONTE A FELLA, ou PONTOFELLA, *voyez* PONTEBA.

PONTEBA. Il y a deux bourgs de ce nom, qui ne font féparés que par la riviere de Fella. Ils font à huit lieues d'Udine vers le nord; l'un dans la Carinthie, nommé *Ponteba imperiale*, qui dépend de l'évêché de Bamberg; l'autre dans le Frioul appellé *Ponteba Veneta*, parceque les Vénitiens en font les maîtres. Ce lieu eft un grand paffage d'Italie en Allemagne, ce qui fait juger qu'il eft plutôt le *Julium Carnicum* des anciens, que non pas *Zuglio* ou *Zoiel*, où quelques géographes mettent cette ancienne ville, & où il n'y a point de paffage. * Mati, *dictionaire*.

PONTE-FRACT, bourg d'Angleterre, fitué fur la riviere d'Are, dans le comté d'Yorck, & à fix lieues de la ville de ce nom, vers le midi. On prétend que Pontefract a été bâti des ruines de l'ancienne *Lugeolum*, cité des Brigantes, & qu'il a pris fon nom moderne, de ce que fon pont de bois fe rompit, lorfque Guillaume, archevêque d'Yorck, & frere du roi Etienne, y paffoit. Il y avoit un château très-fort, appellé Pomfret, qui fut ruiné dans les guerres civiles du temps de Charles II. Ce fut dans ce château qu'on fit mourir le roi Richard II, après qu'il eut abdiqué la couronne. Ponte-fract envoie deux députés au parlement. Il croît dans fon voifinage une grande abondance de régliffe & de chervis. * *Dictionaire anglois.*

PONTE-MOLE, eft un pont fur le Tibre, proche la ville de Rome, dont il eft éloigné de deux milles, & fut appellé par les anciens Romains *Pons-Milvius*. Il eft célébre par la fameufe victoire que Conftantin *le Grand* y remporta en 312, fur le tyran Maxence, qui étant tombé de deffus ce pont, fe noya dans le Tibre. * Baudrand, *diction. geograph.*

PONTE-VEDRA, anciennement *Hellenes*, ville de la Galice, à huit lieues du cap Finifterre, à la tête d'un golfe que l'Océan fait à l'embouchure de la petite riviere de Loriz. Cette ville eft grande, mais fans défenfe & mal peuplée. Sa principale richeffe confifte dans le débit

des fardines, dont la pêche y eft fort abondante. * Colmenar, *del. de l'Efpagne.*

PONTHIEU, *Ponticum* & *Pontiaria*, petit pays de France en Picardie, avec titre de comté, s'étend le long de la riviere de Somme, ce qui le rend marécageux. Ses villes font Abbeville qui en eft la capitale, le Crotoi, Saint-Valeri, port de mer, Creci, Saint-Riquier, le Pont de Remi, paffage important fur la Somme, près duquel on voit les reftes d'un camp de Céfar, Rue, Montreuil, &c. Cette petite province a eu autrefois fes comtes. GUILLAUME vivoit dans le X fiécle, & conquit la terre de Guines fur Arnoul *le Vieil*, comte de Flandre, que Sifrid, feigneur Danois,lui enleva enfuite. D'autres difent qu'il l'avoit conquife fur Arnoul *le Jeune*, fur lequel il prit encore en 965 les comtés de Boulogne & de Terouane. Il eut trois fils, GUILLAUME II, qui fuit; *Arnoul*, comte de Boulogne; & *Hugues*, comte de Terouane ou de S. Paul.

GUILLAUME II, dit *Hilduin*, fut comte d'Abbeville ou de Ponthieu. On prétend qu'il fut pere de

HUGUES I, qui fut avoué de faint Riquier, & qui néanmoins étoit apparemment d'une autre famille. Il époufa *Gifle* ou *Gifelle*, dame d'Abbeville, fille du roi *Hugues* Capet, & en eut ENGUERRAN I qui fuit; & *Gui*, abbé de Foremonftier.

ENGUERRAN I du nom, comte de Ponthieu, avoué de S. Riquier, &c. époufa en 1033, *Adelvie*, veuve d'*Ernicule* II du nom, comte de Boulogne, de laquelle il eut *Foulques*, abbé; &

HUGUES II du nom, comte de Ponthieu, &c. qui mourut le 20 novembre de l'an 1052, & fut pere d'*Enguerran II*, tué en une rencontre vers l'an 1053; de GUI I du nom, qui fuit; & d'une fille mariée à *Guillaume* de Normandie, comte de Talou, & feigneur d'*Arques*, fils de *Richard* II, dit *Sans-peur*, duc de Normandie, & de fa femme *Pavie* ou *Poppe* de Danemarck.

GUI I du nom, comte de Ponthieu, laiffa une fille unique, nommée AGNÈS, qui fuit.

AGNÈS, comteffe de Ponthieu, époufa ROBERT, comte d'Alençon; & eut GUILLAUME III, dit *Talvas*, comte de Ponthieu, qui fuit.

GUILLAUME III, comte d'Alençon, & I du nom, dit *Talvas*, comte de Ponthieu, époufa *Alix*, *Hele*, *Helene*, *Eleute* ou *Adele* de Bourgogne, fille d'*Eudes* I du nom, duc de Bourgogne, & veuve de *Bertrand*, comte de Touloufe & de Tripoli, de laquelle il eut GUI II, comte de Ponthieu, qui fuit; *Philippe*, mort en bas âge; *Jean* I du nom, comte d'Alençon; *Adele*, laquelle époufa *Juhaël* I du nom, feigneur de Mayenne; & *Héléne*, mariée, 1°. à *Guillaume* III du nom, comte de Varennes & de Surrei: 2°. à *Patrice* d'Evereux, comte de Salisburi.

GUI, comte de Ponthieu, II du nom, mourut avant fon pere, laiffant de *Béatrix* de Saint-Paul, fa femme, nommée feulement *Ide* par d'autres,

JEAN, qui fuccéda à fon pere au comté de Ponthieu; & fut pere de

GUILLAUME II du nom, comte de Ponthieu, marié le 20 août de l'an 1195 avec *Alix* de France, fille du roi *Louis* VII, dit *le Jeune*, & de fa troifiéme femme, *Alix* de Champagne. De ce mariage vint *Jean* II, comte de Ponthieu, mort fans enfans; & MARIE, comteffe de Ponthieu & de Montreuil, qui fuit.

MARIE, comteffe de Ponthieu, &c. époufa, 1°. *Simon* de Dammartin, comte d'Aumale: (*Voyez* DAMMARTIN.) 2°. *Matthieu* de Montmorenci, feigneur d'Attichi. Les enfans du premier lit furent JEANNE, comteffe de Ponthieu, qui fuit; *Philippe*, mariée, 1°. à *Raoul* II du nom, comte d'Eu & de Guines: 2°. à *Raoul* II du nom, feigneur de Couci: 3°. à *Othon* III, dit *le Boiteux*, comte de Gueldre; & *Marie* de Ponthieu, femme de *Jean* II du nom, comte de Rouci.

JEANNE, comteſſe de Ponthieu & d'Aumale, fut ſeconde femme de FERDINAND III, roi de Caſtille, & mourut en 1279, laiſſant

ELEONORE de Caſtille, comteſſe de Ponthieu, mariée à EDOUARD I, roi d'Angleterre, morte le 7 juillet 1307. De cette alliance ſortit

EDOUARD II, roi d'Angleterre, qui fit un hommage du comté de Ponthieu, au roi Philippe le Bel, l'an 1303, & mourut le 25 ſeptembre de l'an 1327, laiſſant d'Iſabelle de France

EDOUARD III, roi d'Angleterre, qui fit hommage en 1331 du comté de Ponthieu, qui fut confiſqué ſur lui, & qu'on lui rendit enſuite par le traité de Bretigni le 8 mai 1360. Depuis le roi Charles V le ſoumit encore en 1369, & le réunit à la couronne. Les Anglois s'efforcerent d'y rentrer par le traité de Lezignen en l'an 1393, mais on ne le leur refuſa.

Le roi Charles VI donna le comté de Ponthieu à Jean de France, ſon fils, qu'il marioit avec Jacqueline de Baviere, comteſſe de Hollande. Charles VII étant encore jeune, avoit porté le titre de comte de Ponthieu, qu'il réunit encore à la couronne, après que les Anglois eurent été entierement chaſſés de la France. Depuis, par le traité d'Arras de l'an 1435, & par celui de Conflans en 1465, ce pays fut cédé au duc de Bourgogne. Le droit que l'empereur Charles-Quint avoit ſur le comté de Ponthieu, comme héritier de la maiſon de Bourgogne, étoit fondé ſur ces ceſſions; mais il y renonça par le traité de Madrid en 1526. Ce qui fut confirmé par les traités de Cambrai de l'an 1529, & de Crépi en 1544. * Ariulfe. Orderic Vitalis, l. 13. Hiſt. des comtes de Ponthieu. Du Chêne, hiſt. de Guines & de Montmor. Sainte-Marthe, hiſt. généal. de France. Du Pui, droits du roi.

PONTHION, cherchez PONTION.

PONTIA, dame Romaine, fut aimée d'Octavius Sagitta, tribun du peuple, qui la corrompit par de grands préſens, & la porta enſuite à un divorce avec ſon mari, ſous une promeſſe réciproque de s'épouſer; mais lorſqu'elle ſe vit en liberté, elle le remit de jour à autre, s'excuſant ſur la volonté de ſon pere, & voyant lieu de prétendre à une plus haute fortune. Octavius déſeſpéré, eut recours aux plaintes, & l'aſſaſſina dans ſa chambre, où il l'avoit reçu, & croyant ſe feroit pour la derniere fois. Il fut accuſé devant les conſuls, par le pere de Pontia, & fut condamné par arrêt comme aſſaſſin. * Tacite, annal. l. 13, cap. 15.

PONTICO VERUNIO (Louis) né à Belluno vers l'an 1467, d'une mere qui étoit ſavante, & qui lui apprit elle-même la langue grecque, étudia la latine à Veniſe ſous George Valla, & à Ferrare ſous Jean-Baptiſte Guarini. Après avoir paſſé, dit-on, douze ans ſous ce dernier, & s'être inſtruit dans la philoſophie & les mathématiques, il profeſſa les langues grecque & latine en divers endroits, ſur-tout à Rimini; & lorſqu'il fut revenu à Ferrare, Visconti, ambaſſadeur de Louis Sforce, l'envoya à Milan pour être précepteur des enfans de ce dernier. Lorſque les François entrerent dans le Milanez, il s'enfuit déguiſé à Reggio, où il profeſſa les langues grecque & latine, & y expliqua les poëmes de Claudien, qui n'y étoient pas encore connus. L'amour des femmes lui fit une mauvaiſe réputation, & on l'accuſa même de ce qu'il n'avoit pas fait; & pour effacer les idées qu'on avoit conçues de lui, il épouſa Gerantine Ubalde, ſœur d'André Ubaldo qui a écrit ſa vie. Il partit enſuite de Reggio, dans le deſſein de viſiter tous les endroits de l'Italie dont les poëtes parlent dans leurs ouvrages, afin de les expliquer plus ſurement; mais on l'arrêta à Forli pour y enſeigner les langues grecque & latine. Cette ville étoit alors partagée entre deux factions, & Nicolas Buonafede, commiſſaire du pape, ayant ſoupçonné Pontico d'être contre lui, il le fit mettre en priſon avec Ubaldo. Jules II étant venu ſur les lieux en novembre 1506, Pontico le vit, prouva ſon innocence, & fut laiſſé en priſon. Juſtinien évê-

que d'Amelia, qui en étoit gouverneur, lui en adoucit le ſéjour en le viſitant ſouvent, & en lui procurant toutes ſortes de commodités. Le cardinal Hippolyte d'Eſt lui ayant enfin procuré la liberté, il revint à Reggio, acheta des preſſes & des caractères pour imprimer les ouvrages qu'il avoit faits juſque-là, & ſe laiſſa peu après tromper par le médecin Bonaccioli, qui l'engagea à venir à Ferrare, & qui lui vola, dit-il, ſes caractères & ſes preſſes. Pour ſurcroît d'infortune, il ne put avoir juſtice de ce procédé; il s'en vengea en compoſant à Lugo un livre d'invectives contre Bonaccioli. Etant tombé malade dans ce lieu, il alla à Boulogne, où il rétablit ſa ſanté chez Marc. Montalbani ſon ami, qui le reçut chez lui. La guerre entre les François & le pape Jules ayant recommencé, il ſe retira à Seſi dans la marche d'Ancone, & le cardinal Sigiſmond de Gonzague l'ayant pris à ſon ſervice, il le mena à Macérata, où il enſeigna le grec & l'aſtronomie au marquis Frédéric de Gonzague, neveu de ce cardinal. Il mourut à Boulogne en 1520. Il a fait des commentaires ſur Salluſte, ſur les métamorphoſes d'Ovide, ſur l'Achilleide & les ſylves de Stace, ſur Claudien, ſur la ſphere de Sacroboſco, ſur l'art poétique & les épîtres d'Horace, ſur Virgile, ſur les offices & ſur les tuſculanes de Cicéron, ſur Héſiode, ſur Callimaque, ſur le livre d'Orphée des vertus des perles, ſur le 4ᵉ livre de l'anthologie, ſur les erotemata de Chryſoloras; deux livres de Grammaire, un traité des ſecrets de la beauté, huit livres ſur les noms corrompus; trois d'oraiſons funebres & d'épithalames, ſeize ſur l'art divinatoire des anciens, une hiſtoire d'Italie, une hiſtoire britannique, un traité des erreurs des anciens, une invective contre Bonaccioli, & une contre Pandulfe Colenuccius en faveur de Nicolas Léonicénus, un traité du deſtin, une invective contre un nommé Gothard, imprimeur à Milan, un dialogue adreſſé à Robert Malateſta, la vie d'Emanuel Chryſoloras, les traductions de Pindare, d'Homere, d'Héſiode, d'Apollonius, de Théocrite, de Muſée, de Phocylide, de Démétrius Moſius, de trois tragédies d'Euripide, de deux comédies d'Ariſtophane, de quelques dialogues de Lucien, de quelques oraiſons d'Iſocrate, de Démoſthène & d'Ariſtide, de la muſique de Ptolémée & de Plutarque, de Théophile, d'un livre de l'hiſtoire de Zonare, de quelques traités d'Æginette, Ætius & autres médecins Grecs, des epiſtolici charactères du ſophiſte Libanius. On a encore de lui deux livres de miſeria litterarum, quatre livres d'élégies & d'épigrammes grecques & latines, un volume de lettres, & un éloge en vers de Béatrice, femme de Louis Sforce, duc de Milan. * Sa vie par André Ubaldo, &c.

PONTICUS, poëte Latin, qui vivoit du temps de Properce, vers l'an 20 avant l'ere chrétienne, avoit compoſé un poëme héroïque de la ville de Thèbes. Properce lui adreſſa la 7 & la 9 élégie du I livre. Ovide parle auſſi de Ponticus. * Eleg. ult. l. 4 Triſt.

PONTIEN, Romain de naiſſance, fut élu pape à la place d'Urbain I, ſur la fin du mois de juin de l'an 231, & s'acquitta dignement des obligations de cette dignité. Il fut relégué par l'empereur Alexandre Severe, ſur une fauſſe accuſation, dans l'iſle de Sardaigne. Maximin ſucceſſeur de Severe, excita une cruelle perſécution contre les Chrétiens, & fit battre ce ſaint pontife à coups de bâtons avec tant de violence, qu'il rendit l'eſprit en ce tourment, le 19 novembre de l'an 235. Saint ANTERE lui ſuccéda. Le pape Fabien fit tranſporter le corps de Pontien dans le cimetiere de Calliſte. Il eſt conſtant par l'ancien catalogue de Bucherius, que Pontien a été martyr, & ſa mort eſt marquée au 28 de ſeptembre du conſulat de Severe & de Quintianus, qui eſt l'an 235. Dans l'ancien martyrologe, ſa mort eſt marquée au 13 d'août. Les deux lettres qu'on lui attribue ſont ſuppoſées. * Euſebe, in chron. & l. 6 hiſt. Anaſtaſe, in vit. pont. Baronius, in annal.

PONTIEN, évêque du VI ſiécle, écrivit une lettre

à Justinien contre la condamnation des trois chapitres : elle se trouve dans le recueil des conciles , tom. V. * Du Pin , biblioth. des aut. ecclef. du VI siécle.

PONTIES. Il y a deux isles de ce nom ; l'une dans la mer de Toscane proche de Terracine , ou l'on relé- guoit les citoyens Romains , vulgairement appellée Porces ; l'autre isle de même nom, vulgairement Ponza, étoit proche de Vélies. * Pline , liv. 3 , chap. 6. Var- ron & les autres géographes.

PONTIFE , ou GRAND PONTIFE , ou GRAND PRÊTRE DES JUIFS , étoit le chef des sacrificateurs de l'ancienne loi. Aaron, frere de Moyse , fut revêtu le premier de cette dignité , qui fut possédée par ceux de sa famille , puis par d'autres sacrificateurs du peuple Juif , pendant 1578 ans , jusqu'en l'an 70 depuis la naif- sance de Jesus-Christ , auquel la ville de Jérusalem fut prise par l'empereur Tite , fils de Vespasien. Il n'appar- tenoit qu'au pontife d'entrer dans le sanctuaire , les autres sacrificateurs n'entroient jamais. Ses habits & ses ornemens étoient mystérieux ; car outre le vêtement ordinaire des sacrificateurs , qui étoit une longue tunique de lin fort étroite , il portoit encore une tunique de cou- leur d'hyacinthe , qui lui descendoit jusqu'aux talons , & dont la ceinture étoit ornée de diverses fleurs , & en- trelacée d'or. Le bas de cette robe étoit orné de fran- ges , avec des grenades & des clochettes d'or entremê- lées également. Par-dessus il portoit un troisième vê- tement nommé Ephod, qui ressembloit à celui que les Grecs appellent Epomis. Cet ephod étoit une espéce de tunique racourcie , qui n'avoit qu'une coudée de lon- gueur. Il étoit tissu de diverses couleurs , mêlées d'or : & vers le milieu de la poitrine , on y voyoit une pièce d'une étoffe semblable à celle de l'ephod, que les Hé- breux nommoient Essen , & les Grecs Logion ; qui signifient en langue vulgaire Rational , ou Oracle. Sur ce rational étoient attachées avec de l'or douze pierres précieuses d'un prix inestimable , disposées en quatre rangs , chacun de trois pierres. Dans le premier rang étoient une sardoine , une topaze & une émeraude ; dans le second un rubis , une pierre de jaspe , & un sa- phir ; dans le troisième un ligure , une améthyste , & une agathe ; & dans le quatrième une chrysolite , un onyx , & un béryl. Sur chacune de ces pierres précieu- ses étoit gravé le nom d'un des douze fils de Jacob. Une ceinture de diverses couleurs & tissue d'or , étoit cou- sue à ce rational , & nouée au-dessous. Le grand pon- tife avoit encore sur les épaules deux sardoines enchassées dans de l'or , qui servoient comme d'agraphes pour fer- mer l'ephod. Les noms des douze fils de Jacob étoient aussi gravés sur ces deux sardoines ; savoir , sur celle de l'épaule droite , ceux des fils de Jacob les plus âgés, & sur celle de l'épaule gauche , ceux des six puînés. La thiare du grand pontife étoit en partie semblable à la mître des sacrificateurs ordinaires ; car elle étoit compo- sée d'une espéce de couronne tissue de lin , & d'une coëffe de toile fine comme la leur ; mais elle étoit surmontée d'une autre sorte de coëffure , de cou- leur d'hyacinthe , environnée d'une triple couronne d'or , où il y avoit de petites coupes ou gobelets , sem- blables à ceux que l'on voit dans la plante vulgaire- ment appellée Jusquiame. Le grand pontife portoit cette thiare sur le derriere de la tête ; parcequ'il avoit sur le front une bande d'or , sur laquelle le nom de Dieu étoit écrit. * Joséphe , histoire des Juifs , liv. 3 , chap. 8.

PONTIFES DES ROMAINS , étoient ceux qui avoient soin de tout ce qui regardoit le culte des dieux , & les cérémonies des sacrifices. Varron dit qu'ils furent ainsi nommés à ponte faciendo ; parceque les premiers grands prêtres firent bâtir le pont de bois , appellé Su- blicius , par où ils passoient pour aller faire leurs sacri- fices au-deçà & au-delà du Tibre. Mais si Numa , se- cond roi de Rome , institua ces prêtres , & s'il leur don- na le nom de pontifes , on ne peut pas dire que l'éty- mologie de Varron soit juste , puisqu'alors il n'y avoit point encore de ponts à Rome , & que ce fut Ancus

Martius , quatrième roi , qui fit bâtir le premier pont sur le Tibre. D'autres auteurs disent qu'ils furent appellés Pontifes , parceque l'ancienne coutume étoit de sacri- fier auprès des ponts ; mais cette seconde origine se dé- truit par la même raison que la premiere. Il y a bien plus d'apparence que ce nom vient de potis & de fa- cere ; en sorte que Pontifex se dise pour Potifex , & signifie celui qui peut sacrifier. Numa en institua d'abord quatre qui devoient être patriciens ; mais l'an 454 de la fondation de Rome , & 300 avant J. C. on en créa huit , dont quatre étoient de familles patriciennes ; les quatre autres étoient tirés de familles plébéiennes. Ce nombre fut augmenté l'an 673 de Rome , & 81 avant J. C. par L. Sylla dictateur , qui en créa encore sept : ainsi il y en eut quinze. Les huit premiers furent appellés grands pontifes , & les sept nouveaux petits pontifes : ils ne faisoient néanmoins qu'un même collége. De- puis le regne de Numa , le collége des pontifes choisis- soit ceux qui devoient remplir les places vacantes ; mais vers l'an 654 , & 100 avant J. C. il fut ordonné que le peuple les éliroit dans les assemblées. Sylla étant dicta- teur , abrogea cette loi , que Cicéron rétablit pendant son consulat. Enfin , l'empereur Auguste ayant permis quel- que temps au collége des pontifes d'y admettre ceux qu'ils en jugeroient capables , se réserva ensuite le pou- voir de créer les pontifes , & tous les autres prêtres des Romains , qui étoient en si grande vénération , qu'ils ne rendoient compte de leurs actions , ni au sénat ni au peuple. Ils étoient juges de tous les différends qui naif- soient sur ce qui concernoit le culte des dieux , & les sacrifices. Ils faisoient de nouvelles loix , s'il étoit né- cessaire. Ils examinoient les magistrats qui avoient soin des choses sacrées , tous les prêtres & tous les officiers qui servoient aux sacrifices. Celui des pontifes qui pré- sidoit au collége , s'appelloit très-grand pontife , ou sou- verain pontife , en latin pontifex maximus , & étoit élu par le peuple dans l'assemblée des tribuns ; dignité qui ne se donna dans les commencemens qu'à des gens de famille patricienne. Dans la suite , après que le peu- ple eut été admis aux charges & aux honneurs de la république , on éleva souvent au pontificat des person- nes de famille plébéienne , jusqu'à Jules-César , qui ayant été créé souverain pontife , eut pour successeur Lépidus , & ensuite l'empereur Auguste ; après lequel tous les em- pereurs prirent ce titre. L'empereur Théodose , sous le- quel la religion chrétienne commença à fleurir , abolit entierement le collége des pontifes , & tous les ministres de l'ancienne superstition. Zosime remarque que l'em- pereur Gratien fut le premier qui défendit expressément par un édit , qu'on lui donnât le titre de souverain pon- tife ; & que son successeur confisqua tous les revenus des pontifes & des prêtres païens. Le nom de pontife , & même de grand pontife , fut depuis donné aux évê- ques ; mais dans la suite les papes seuls furent ainsi ap- pellés. Les Romains distinguoient trois choses par rap- port aux pontifes ; savoir , l'élection , creatio ; la nomi- nation ou cooptation , cooptatio ; & l'inauguration , inauguratio. Le peuple procédoit à l'élection dans l'assem- blée des tribus : il étoit ensuite agréé & associé au collége des prêtres , par quelques-uns de leur collége , & enfin il étoit sacré par les prêtres , c'est ce qu'on ap- pelloit inaugurari. Sur les autres questions qui regardent les prêtres , * Voyez Pitiscus , lexicon antiquit. roma- narum. Rosin , antiquités romaines , liv. 3 , cha- pitre 22.

PONTIGNI, abbaye , troisième monastere de l'or- dre de Cîteaux , a été bâtie l'an 1114 dans une vaste plaine sur les bords de la riviere du Serain , diocése d'Auxerre. Elle a eu autrefois une nombreuse filiation tant en France qu'en Italie , en Pologne , & sur-tout en Angleterre. Le schisme & l'hérésie lui ont enlevé les monasteres d'Angleterre ; les diverses réformes en ont séparé les monasteres d'Italie & de Pologne ; & il ne lui reste plus que les monasteres de France , au nom- bre de quarante ou environ. La clôture & les bâtimens de de l'abbaye de Pontigni sont spacieux, l'église grande & assez belle ; mais ce qui lui fait le plus d'honneur, c'est qu'elle a été l'asile de plusieurs saints personnages, entr'autres de trois archevêques de Cantorberi, de S. Thomas en 1164, d'Etienne de Langton en 1207, & de S. Edme en 1239. On y conserve encore aujourd'hui le corps entier du dernier, & les ornemens sacerdotaux de tous les trois, qui sont d'une étoffe à petits carreaux aux armes d'Angleterre. De 49 abbés que Pontigni a eus jusqu'à l'année 1724, il y en a eu trois que leur mérite a élevés au cardinalat ; Mainard, en 1188 ; Gerard, en 1199 ; Robert, en 1294. D'autres ont été promus aux autres dignités ecclésiastiques, comme Guichard à l'archevêché de Lyon, Guerin de Girard à l'archevêché de Bourges, Hugues de Garmond à l'évêché d'Auxerre, Pierre II à l'évêché d'Arras, &c. Au bout du village de Pontigni, qui est de l'intendance & généralité de Paris, il y a sur la rivière un beau & grand pont qui sert au passage des troupes & des rouliers de Lorraine, de Chaumont, de Troyes, & de S. Florentin à Auxerre, dans le Nivernois & dans le Berri. On peut consulter sur l'abbaye de Pontigni les historiens de l'ordre de Cîteaux.

☞ PONTINES ou PALUS ou MARAIS PONTINES, en latin *Palus Pontina*, grand marais d'Italie, dans la campagne de Rome, environ à quarante milles à l'orient méridional de cette capitale. Tite-Live, *liv.* 46, nous apprend que le consul Cornelius Cethegus fit dessécher la meilleure partie de ce marais, & le mit en état de pouvoir être cultivé ; mais comme on le négligea dans la suite, les eaux gagnerent, & le marais retourna dans son premier état. Théodoric, roi des Goths, le fit dessécher pour la seconde fois, comme le porte une inscription qui s'est conservée ; mais par le peu de soin qu'on a eu d'entretenir l'ouvrage, presque tous les champs se trouvent maintenant inondés, tant par l'eau des rivieres, qui ont leur cours dans ce quartier, que par les sources abondantes qui sortent du pied des montagnes voisines. * La Martiniere, *dict. géogr.*

PONTINUS, vaillant Romain, qui suivit Cicéron dans toutes ses disgraces, & qui soumit les Allobroges.

PONTION ou PONTYON, maison royale à deux lieues de Vitri-le-Brulé en Perthois, petit pays de Champagne, est célèbre par le concile que Charles *le Chauve* y fit tenir en 876, & dont nous allons parler. On ne doute point que Pontion ne soit le *Pontigo* des auteurs Latins, quoique d'autres l'aient pris pour Pont-sur-Yonne, à trois lieues de Sens, & d'autres pour Pontroi, ou pour Pongoin, ville de la province de Perche, dans le diocèse de Chartres, sur la rivière d'Eure. Les anciennes annales qui parlent des voyages de nos rois, nous font assez connoître cette vérité.

CONCILE DE PONTION.
(en latin, *Pontigonense Concilium*.)

Ce concile se tint l'an 876, le 21 juin & plusieurs autres jours, jusqu'au 16 juillet que se tint la huitième session. L'élection de l'empereur Charles *le Chauve* y fut confirmée, & on y agita plusieurs fois l'affaire d'Ansegise de Sens, que le pape venoit de nommer primat des Gaules & de Germanie. C'est depuis ce temps-là que les archevêques de Sens prennent ce titre, qui n'est qu'un nom sans aucune réalité ni jurisdiction. Charles *le Chauve* y assista avec Ratbert, célèbre évêque de Valence en Dauphiné, & plusieurs autres prélats, avec qui il établit de concert des régles fort utiles. Le canon VI porte, entr'autres, que tous les évêques auront une entiere liberté de remplir dans leurs vilités tous les devoirs auxquels leur ministere les oblige, comme d'instruire, de corriger, de faire de nouveaux établissemens, &c. Que personne ne les troublera dans l'exercice de ces devoirs ; mais qu'au contraire, s'ils avoient besoin du secours des puissances séculieres pour remédier aux désordres qu'ils trouveroient, aucune de ces puissances, aucun enfant de l'église ne leur refuseront ce secours. Le VII ordonne

en propres termes, que les évêques prêcheront & instruiront par eux-mêmes, selon le commandement que Jesus-Christ en a fait si souvent aux pasteurs ; qu'ils instruiront au moins par leurs prêtres & par leurs ecclésiastiques, s'ils ne sont pas en état de le faire par eux-mêmes ; & afin, ajoute le concile, que cette instruction ne manque à personne, nous ordonnons que tout le peuple s'assemble dans l'église du lieu, & qu'il ne soit permis à personne de faire dire la messe dans des chapelles domestiques sans le consentement de l'évêque. Le VIII canon porte que les évêques établiront un cloître au voisinage de leur église, pour y vivre avec leurs chanoines ; qu'ils obligeront ceux de leur clergé qu'ils admettront à la prêtrise, de ne jamais quitter les églises auxquelles ils s'attacheront, & de ne point s'établir ailleurs ; que les uns & les autres seront également soumis à la jurisdiction de l'évêque, & qu'ils ne trouveront point de protection pour en être exempts. Il ne doit pas être permis, ajoute ce canon, de soustraire à l'autorité de l'évêque ceux qui n'entrent dans les ordres & dans les fonctions ecclésiastiques que par son canal & par son ministere. Le IX canon prescrit, qu'on ne voie point habiter, ni même entrer trop fréquemment des femmes dans la maison des prêtres & des autres ecclésiastiques, de peur que le nom de Dieu ne soit blasphémé à l'occasion de ceux qui ne doivent servir au contraire qu'à le louer & à le sanctifier. Les autres canons sont moins importans. * Voyez les conciles de l'édition du pere Labbe, tome IX.

PONTIS (Louis de) gentilhomme de Provence, seigneur de Pontis & d'Ulbaie, gentilhomme ordinaire de la chambre du roi, naquit l'an 1583, d'un pere qui avoit long-temps servi dans les armées, & qui avoit pour principal bien la terre de Pontis en Dauphiné. Pontis qui étoit cadet de sa maison, se trouva engagé à travailler lui-même à sa fortune. Il entra jeune dans le régiment des gardes, sous le régne de Henri IV, & s'éleva par son mérite à divers emplois militaires. Son courage lui acquit de la réputation, & le fit connoître au roi Louis XIII, qui estima en lui sur toutes choses, une fidélité inviolable, jointe à une conduite extraordinaire, & à une très-grande valeur. Ce prince lui donna une lieutenance dans les gardes & ensuite une compagnie dans le régiment de Bresse, & l'obligea d'acheter la charge de commissaire général des Suisses. Cependant il trouva toujours des obstacles, qui s'opposerent à son élévation. C'est ce qui lui fit connoître la vanité des choses du monde, & l'avantage qu'il y a de chercher des biens plus solides. Persuadé de ces vérités, après avoir servi plus de cinquante ans sous trois rois, & reçu dix-sept blessures, il se retira dans l'abbaye de Port-Royal des Champs, où il passa 19 années dans les exercices d'une vie très-chrétienne & très-pénitente, & où il mourut en réputation d'une solide piété le 14 juin de l'année 1670, & le 87e de son âge. Nous avons sous son nom des mémoires qui contiennent ce qui lui est arrivé de plus important, avec les circonstances remarquables des guerres de son temps, des intrigues de la cour, & du gouvernement des princes sous lesquels il a servi. Ces mémoires recueillis des conversations de M. de Pontis ont été rédigés principalement par messire Pierre Thomas, écuyer, seigneur du Fossé, qui les a écrits avec beaucoup d'agrément, & les a semés de réflexions très-judicieuses. Il s'est fait un grand nombre d'éditions de ces mémoires.

PONTIUS (Nicolas) Anglois, homme d'un esprit solide, d'une mémoire heureuse, d'une grande doctrine, & d'un merveilleux zèle pour la foi (selon Pitseus) vivoit vers l'an 1410, & écrivit un traité contre les sectateurs de Wiclef ; & un ouvrage intitulé, *Determinationes scholasticæ.* * Pitseus, *de script. Angl.*

PONTIVY, bourg ou petite ville de Bretagne en France. Il est sur la rivière de Blavet, environ à dix lieues au-dessus de la ville de ce nom. * Mati, *diction.*

PONTOISE, ville du Vexin françois, dans le gouvernement de l'ifle de France (*Pontifara* , *Pontefium* , *Œfiæ Pons* , & *Pons ad Œfiam*) eft située fur l'Oife , entre l'Ifle-Adam & le confluent de cette riviere dans la Seine , à fix ou fept lieues de Paris. C'eft un paffage important fur l'Oife , dont les ligueurs fe rendirent maîtres durant les guerres civiles du XVI fiécle. L'armée du roi Henri III la prit à compofition au mois de juillet de l'an 1589 , en venant affiéger Paris ; & le duc de Mayenne la reprit au mois de janvier fuivant. Le roi Charles VII l'avoit autrefois enlevée aux Anglois en 1441 , par un fiége mémorable qui dura fix femaines. Pontoife eft située fur le penchant d'une colline , jufqu'au bord de la riviere , & a un château au haut de cette colline , qui commande à la ville. Outre l'églife collégiale de S. Mellon qui eft la principale , il y en a plufieurs autres , avec divers monafteres , & l'églife de Notre-Dame , qui donne le nom au fauxbourg , d'où l'on va à l'abbaye de S. Martin , de l'ordre de S. Benoît & de la congrégation de S. Maur , qui n'en eft pas éloignée. Les états du royaume avoient été indiqués en 1561 à Pontoife , au commencement du régne de Charles IX ; mais la reine Catherine de Médicis les fit transférer pour leurs intérêts à S. Germain. Cette ville qui a titre de bailliage , prévôté , vicomté , châtellenie , &c. a eu autrefois fes comtes particuliers. Elle étoit dès l'an 1240 du domaine royal ; car le roi S. Louis en donna le revenu à la reine Blanche fa mere. * Du Chêne , *recherches des antiq. de France.* Jean Chartier , *hiftoire de Charles VII.* Du Pui , *droits du roi.* Piganiol de la Force , *nouvelle defcr. de la France.* Noël Taillepied , *l'antiquité de Pontoife* , imprimée l'an 1587 , à Rouen.

PONTOPPIDANUS (Henri) né dans l'ifle de Fionie , fit fes études dans l'univerfité de Copenhague , voyagea quelque temps , & , de retour dans fa patrie , fut fucceffivement pafteur dans la fortereffe d'Anderfchow en Séelande , où il refta feize ans ; enfuite de la ville de Kœge , où il demeura fept ans ; & enfin docteur en théologie & évêque de Drontheim en Norvège , où il mourut l'an 1678 , âgé de 62 ans. Ses principaux ouvrages font : *Grammatica linguæ danicæ* , 1666. *Paraphrafis metrica in Cebetis tabulam* , à Leyde 1642 , in-fol. *Bucolica facra* , à Leyde 1643. *Theologiæ practica , feu ethica facræ Synopfis* , 1656 & 1673. Méditations fur le baptême de Jefus-Chrift , & fur quelques autres fujets , en danois , 1653. Traité du baptême de fang , en danois. *Epigrammatum latinorum centuriæ variæ.* Son neveu LOUIS Pontoppidanus , fils de fon frere , fut pafteur de l'églife d'Aarhus , & s'appliqua beaucoup à la connoiffance des généalogies des familles Danoifes. Il a eu pour fils *Eric* Pontoppidanus , qui , en 1744 , étoit encore prédicateur de la cour du roi de Danemarck , & profeffeur extraordinaire en philofophie. Il a fait imprimer plufieurs ouvrages fur différentes matieres facrées & profanes , comme un *Abrégé de l'hiftoire de la réformation dans le Danemarck* , en allemand : l'*Hiftoire eccléfiaftique du Danemarck* , en allemand , in-4°. *Marmora danica , feu infcriptionum per Daniam univerfam fylloge* , deux volumes in-folio , &c. Il y a eu encore un *Valentin-Eric* Pontoppidanus , qui a publié *Exercitationes de philofophia in genere* , 1679 , in-4°. * *Bibliotheca Septentrionis eruditi* , pag. 42 & 214. Alberti Thura , *Idea hiftoria litterar. Danorum.* Supplément françois de Bafle.

PONTORME (Jacques de) fameux peintre de Tofcane , à l'âge de treize ans , fe mit fous la difcipline de Léonard de Vinci , puis fous celle de Mariotto Albertinelli , qu'il quitta pour Pierre de Cofimo , & celui-ci pour André de Sarte , d'où il fe retira , n'ayant encore que dix-neuf ans. Il fe mit donc en fon particulier , quoique pauvre , & s'adonna tellement à l'étude , que fes premiers ouvrages publics firent dire à Michel-Ange , que ce jeune homme éleveroit la peinture jufqu'au ciel. Pontorme n'étoit jamais content de ce qu'il faifoit ; mais les louanges qu'on lui donnoit foutenoient fon courage. Il fit beaucoup d'ouvrages à Florence , qui lui donnerent

de la réputation. Ayant entrepris de peindre la chapelle de S. Laurent pour le duc de Florence , & voulant dans cet ouvrage , qui dura douze ans , fe montrer fupérieur à tous les autres , il fit voir au contraire qu'il étoit devenu inférieur à lui-même. Il étoit fort honnête homme & fort humble ; mais ce qu'on ne peut affez louer , c'eft que parmi ces bonnes qualités , il ne pouvoit fouffrir qu'on dît du mal des abfens , dont il prenoit toujours le parti. Tous fes ouvrages ont été faits à Florence , où il mourut d'hydropifie en 1556 , âgé de 63 ans.* De Piles , abrégé de l'hiftoire des peintres.

PONTORSON , bourg ou petite ville de Normandie en France. Ce lieu eft fur la riviere de Couefnon , aux confins de la Bretagne , & à trois lieues d'Avranches vers le midi. * Mati , *diction.*

PONTOUX (Claude de) médecin & poëte François , naquit à Châlons-fur-Saône d'une famille noble. Après avoir fait fes humanités , il étudia la médecine & fe fit recevoir docteur ; mais il ne laiffa pas de cultiver toujours les belles lettres , & en particulier la poëfie françoife. On voit par fes ouvrages qu'il avoit fait un voyage en Italie , puifqu'il avoit affez bien appris la langue de ce pays , pour fe mettre en état de compofer quelques fonnets en italien. Il mourut à Châlons dans un âge peu avancé , vers l'an 1579. Pontus de Thiard fit imprimer un recueil de vers latins fur fa mort. Ses ouvrages font : 1. *Harangue de S. Bafile le Grand à fes jeunes difciples & neveux* : Quel profit ils pourront recueillir de la lecture des livres grecs , des auteurs profanes , ethniques & païens , traduite du grec en notre langue , par Claude de Pontoux , à Paris 1552 , in-8°. 2. *Huitains françois pour l'interprétation & intelligence des figures du nouveau Teftament* , à Lyon 1570 , in-8°. 3. *Harangues lamentables fur la mort de divers animaux* , extraites du tuscan , rendues & augmentées en profe françoife , où font représentées au vif les naturels defdits animaux , & les propriétés d'iceux , avec une rhétorique gaillarde , à Lyon 1570 , in-16. L'original italien eft d'*Ortenfio Lando.* 4. Ode fur la Profopographie de N. Antoine du Verdier , à la tête de cet ouvrage , à Lyon 1573 , in-4°. 5. *Gélodacrie amoureufe* , contenant plufieurs aubades , chanfons gaillardes , pavanes , branles , fonnets , ftances , madrigales , chapitres , odes , & autres efpeces de poëfie lyrique & nouvelle , fort plaifante & récréative , tant à la lecture , qu'au chant vocal ou organique , pour l'ébatement des dames , & non encore vue par ci-devant , à Lyon 1576 , in-16. Cet ouvrage eft moitié en profe & moitié en vers. 6. Les œuvres de Guillaume de Pontoux , gentilhomme Châlonnois , docteur en médecine , à Lyon 1579 , in-16. Ce recueil contient l'*Idée* , en 288 fonnets , dont quelques-uns italiens , à la louange de fa maîtreffe ; odes , fantaifies , chanfons , ftances , maugardifes dans le gout des pièces appellées en latin *Bafia* , Elégie fur le trépas de la princeffe Ifabelle de France , reine d'Efpagne. Elégie des troubles & miferes de ce temps. La foreft parénétique ou admonitoire de maître Ligier Du-Chefne , lecteur du roi à Paris , traduite des vers latins en françois , avec le texte latin de Du-Chefne. (*Leodegarius à Quercu.*) Chant poëtique plein d'éjouïffance & d'allégreffe fur les triomphes & magnifiques entrées du roi très-chrétien Charles de Valois , IX de ce nom , & de la reine de France Elizabeth d'Autriche , fille de l'empereur Maximilien II , qui furent faites en la ville de Paris les 6 & 29 jours de mars 1571. Elégie fur la mort d'un cochon nommé Grongnet. Les triftes & lamentables vers de Philippe Béroalde , fur la mort & paffion de Notre Sauveur J. C. au vendredi-faint , rendus de latin en poëfie françoife. Cantiques. 7. *La Scène françoife* , contenant deux tragédies & trois comédies , accommodées fur les hiftoires de notre temps. Cet ouvrage eft refté manufcrit. * *Bibliothèque des auteurs de Bourgogne* , par feu M. l'abbé Papillon. Les *Mémoires du pere Niceron* , tome XXXIV. Le recueil de Pontus de Thiard , cité plus haut.

Il y a eu de la même famille NICOLAS de Pontoux ,

docteur en médecine de la faculté de Montpellier, né à Châlons en 1574, de CLAUDE Pontoux, sieur des Granges, & de N. Vallon, & mort le 9 septembre 1620. Ce Nicolas de Pontoux est auteur d'un poëme françois, intitulé : *Le Gentilhomme Châlonnois*, imprimé à Châlons.

PONTPOOL, bourg d'Angleterre dans le comté de Monmouth. Il est situé entre les montagnes, & fort considérable pour les forges où l'on prépare le fer. * *Dictionaire anglois.*

PONTRÉMOLI, *Pons Tremulus, Pontremulum*, anciennement *Apua*, petite ville des états de Toscane. Elle est fortifiée & située sur la riviere de Magra, aux confins des états de Gènes & de Parme. Ce lieu étoit une dépendance du duché de Milan, mais les Espagnols le vendirent au duc de Toscane l'an 1650. On voit près de Pontrémoli un bois qui porte son nom, & qui est le *Marcius Saltus*, où les Liguriens battirent Quintus Marcius, consul Romain. * Baudrand.

PONTUS HEUTERUS, cherchez HEUTER.

☞ PONTVILLE. La maison de Pontville est originaire de la Beauce. Les monumens conservés dans l'Orléanois & les provinces voisines, prouvent qu'elle est de très-ancienne chevalerie, & qu'elle doit être mise au rang des grandes maisons. MM. de Pontville ont possédé de grands biens, fait des fondations considérables, rempli des charges distinguées dans les armées & à la cour de nos rois. Ils se sont constamment alliés avec les meilleures maisons de leur province & du royaume. Le mariage de *Jean* de Pontville, vicomte de Breuilhé, en est une preuve. Ce seigneur épousa en 1470 *Anne* de Rochechouart, fille unique de *Foucault* de Rochechouart.

M. le vicomte de Rochechouart-Pontville, seul & unique héritier de *Jean* de Pontville, vicomte de Breuilhé, fils de *François* de Rochechouart, baron du Bâtiment, & de *Marie* de Saint-Geslin de Tremergat, fait travailler à une histoire généalogique de la maison de Pontville. Nous nous contenterons de donner ici une légere note de quelques titres, qui doivent entrer dans les preuves de cette histoire pour prouver que nous sommes fondés à avancer que la maison de Pontville remonte jusqu'à la plus haute antiquité.

L'an 1170 ÉTIENNE de Pontville, chevalier, & *Edeline* sa femme, donnerent aux religieuses de la Magdeléne d'Orléans six mines de bled de rentes, en considération de ce qu'elles avoient reçu deux de leurs filles. La charte de cette donation est passée pardevant Manassès évêque d'Orléans ; elle contient le consentement de *Robert, Etienne* & *Pierre* de Pontville, aussi leurs enfans.

En 1314, partage passé à Estampes entre *Thibault* de Pontville, écuyer, dame *Blanche*, sa femme, auparavant veuve de *Renaud* de Rouvray, écuyers, freres, enfans dudit feu Renaud & de ladite Blanche, *Thomas* du Chêne, écuyer, *Mahaut* sa femme, fille dudit Renaud, d'autre part. La terre de S. Verin échue à ladite Blanche.

Noble homme GILLES de Pontville, chevalier, que l'on trouve nommé avec dame *Isabelle*, sa femme, dans des extraits de factums & de titres de l'année 1303, obtint en 1322 un arrêt du parlement contre Guillaume de Masselle, châtelain de Chateauneuf, autrefois valet de chambre du roi Philippe *le Bel*, pour rentrer en possession de certains biens qui avoient appartenu à feu JEAN de Pontville.

Dans les comptes des gages des gendarmes qui ont servi le roi Philippe VI, dit *de Valois*, en son host de Bouvines en 1340, on voit GUILLAUME de Pontville, du 14 juin, venu de Manoinville à Noyon.

Le cartulaire des fiefs du duché d'Orléans contient quantité d'aveux & dénombremens rendus par MM. de Pontville, pour les terres qu'ils ont possédées dans l'étendue du duché, au premier registre, fol. 5°. v°. *Jehan le Boutiller de Pontville*, écuyer, par lettres scellées

de son scel, la vigile des brandons 1349, *avoue tenir en fief de monseigneur (le duc d'Orléans) les héritages qui ensuivent, c'est à savoir tout le herbergement de Pontville & le Colommier, &c.*

Au fol°. r°. 48 du second registre, autre aveu rendu en 1405 par Guillaume de Pontville, écuyer, demeurant à Chaillo S. Mars emprès Estampes, pour des rentes & des terres tenant aux terres des enfans de feu Pierre de Pontville. *La sixième pièce contenant trois mines tenant à Jean de Pontville d'une part, & aux enfans de feu Geoffroi de Pontville, &c. ibid. fol°. v°.* On se contente de tirer ces deux morceaux parmi le grand nombre contenus dans le cartulaire.

Dans la liasse des acquits de la recette générale des finances en la généralité de Languedoc, Jehan Sapin, receveur, à la page 272, on voit une quittance de 500 livres pour son état, donnée le 21 mars 1460, par madame *Marguerite de Pontville*, dame de Montagu, dame d'honneur de la reine (Marie d'Anjou, femme de Charles VII.)

Le peu de titres qu'on indique ici suffira (en attendant qu'on les ait tous rassemblés, pour en composer une généalogie détaillée) pour faire voir qu'il n'est pas difficile de prouver la suite des seigneurs du nom de Pontville depuis les siécles les plus reculés jusqu'à *Jean* de Pontville, vicomte de Breuilhé, époux d'*Anne* de Rochechouart. Tous les descendans de ce sénéchal de Saintonge, jusqu'à M. le vicomte de Rochechouart-Pontville d'aujourd'hui, sont exactement rapportés dans les différentes généalogies de la maison de Rochechouart, & dans le *Mercure de France*, du mois de septembre 1757.

Le nom de Rochechouart fut acquis à *Jean* de Pontville, par son mariage avec l'unique héritiere du vicomte de Rochechouart, par acte passé sous le sceI de S. Jean d'Angely au lieu de Mauzé, le 20 août 1470, entre monseigneur le duc de Guienne d'une part, & Foucault, vicomte de Rochechouart pour lui, demoiselle *Anne* sa fille, & *Jean* de Pontville, d'autre part. Ce prince voulut bien s'obliger de faire 2000 livres de cens & rentes, en héritages, audit seigneur de Pontville, 30000 écus payables dans cinq ans, à raison de 5000 écus par an, & 4000 écus par an de pension sur la traite des bleds de Saintonge & gouvernement de la Rochelle.

En conséquence de ce traité, le même jour fut passé le contrat « entre noble & puissant seigneur Foucault, » vicomte de Rochechouart, seigneur de Tonnay-Cha-» rente & de Mauzé, d'une part, & noble & puis-» sant seigneur Jean de Pontville, écuyer, vicomte » de Breuilhé, conseiller & chambellan de monseigneur le » duc de Guienne, d'autre part ; sur le mariage traité » par plusieurs grands seigneurs, entre ledit de Pont-» ville & demoiselle Anne, fille de messire vicomte de » Rochechouart, sous les conventions que ledit seigneur » duc a données audit de Pontville . . . . . . à condition que » incontinent après le mariage, ledit de Pontville prendra » le nom & les armes de Rochechouart, & qu'après le » trépas dudit de Rochechouart sans enfans mâles, les » enfans (dudit de Pontville) les porteront toutes plei-» nes ; & si ledit de Pontville étoit refusant, il rendra la » sien 1000 livres de rentes à celui qui devroit lui suc-» céder. »

« Les témoins furent messire Jean de Bauvais, évêque d'Angers, chancelier de Guienne, messire Jean de Montelambert, élu en l'évêché de Montauban, messire Hardouin de Maillé, & Jean de Rochechouart, chevalier, seigneur de Mortemart.

Deux ans environ après ce mariage, c'est-à-dire, le 24 mai 1472, GUILLAUME de Pontville & JEAN de Pontville, sous le nom de Jean de Rochechouart, vicomte de Breuilhé, assisterent à la signature du testament de Charles, duc d'Aquitaine.

Suivant le Laboureur (histoire générale de la maison de Rochechouart, additions aux mémoires de Castelnaud, second volume,) les armes de Pontville sont de *gueules* *au pont d'or.* Voyez la descendance à l'article ROCHE-CHOUART. * *Mém. remis par la famille.*

PONTYON, *cherchez* PONTION.

PONZA, isle de la mer Méditerranée sur la côte du royaume de Naples, a été connue par l'exil de divers Romains illustres. C'est la *Pontia* des anciens. * Tite-Live, *l.* 9, *&c.*

PONZETA (Ferdinand) cardinal, évêque de Grosfete, étoit natif de Florence, & sortoit d'une famille noble, & originaire de Naples. Il passa une grande partie de sa vie au service du saint siége, & parvint à l'office de trésorier du pape Léon X, qui lui donna l'évêché de Melfi, puis celui de Grossete, & enfin le fit cardinal au mois de juillet de l'an 1517. Garimbert a écrit que Ponzeta étoit médecin; qu'il étoit riche, & qu'il donna 60 mille écus pour devenir cardinal; mais on n'en doit pas croire absolument un auteur naturellement médisant & peu sincere. Ponzeta fit honneur à sa dignité, & se fit estimer par sa prudence & par la bonté de ses mœurs. Les Allemans qui prirent Rome, le traiterent indignement, & le trainerent par les rues de la ville avec barbarie. Ces violences furent la cause de sa mort, qui arriva le 2 septembre 1527, en la 90e année de son âge. Son corps fut enterré dans l'église de la Paix, où l'on voit son épitaphe que lui fit dresser Jacques Ponzeta, évêque de Melfi, son neveu. * Ughel, *Ital. sacr,* Garimbert, *l.* 6, *hist. dirept*œ *urbis.* Auberi, &c.

PONZONE, petite ville d'Italie dans le Montferrat, souffrit beaucoup durant les guerres, jusqu'à la paix de Quierasque en 1631. * Baudrand.

POOL ou POOLE, bon bourg d'Angleterre avec un port dans le sud-est du comté de Dorset. Il est à l'entrée de la mer, & en est environné de tous côtés; si ce n'est au nord, par où l'on n'y peut entrer que par une porte. Ce bourg, ou plutôt cette ville, qui n'étoit d'abord qu'un petit hameau, où il n'y avoit qu'un petit nombre de maisons de pêcheurs, s'accrut si fort sous le régne d'Edouard III, qu'il devint une ville marchande; en sorte que Henri VI lui accorda les priviléges d'un port de mer, & au maire la liberté de l'environner de murailles. Alors les marchands commencerent d'amasser bien des richesses, & acheterent le droit de former une communauté & d'en avoir les priviléges. Mais cette ville a perdu présentement une bonne partie de son ancien éclat. * *Dictionaire anglois.*

☞ POOLE (Matthieu) savant écrivain d'Angleterre, au XVII siécle, naquit à Yorck en 1624. Il fut élevé dans l'université de Cambridge, puis incorporé dans celle d'Oxford, & devint recteur de S. Michel le Quern à Londres, en 1648. Il proposa, en 1658, un projet avantageux pour l'éducation de la jeunesse, lequel fut approuvé par les chefs des deux chambres du parlement; mais ce projet fut abandonné dans la suite, à cause des affaires qui furent suscitées à Matthieu Poole. On le chassa de sa place en 1662, & il fut obligé de se retirer en Hollande, où il mourut en 1679. On a de lui divers ouvrages, dont le plus connu & le plus estimé est intitulé *Synopsis criticorum.* Il contient, en abrégé, les remarques des plus savans critiques & des plus habiles commentateurs sur l'écriture sainte, sur-tout celles des protestans. * M. l'abbé Ladvocat, *diction. histor. portatif.*

POPAINCOUR ou POUPINCOURT (Jean de) premier président au parlement de Paris, étoit de Roye en Picardie, où sa famille tenoit rang entre les plus nobles de la province. Il préféra l'étude des belles lettres à l'exercice des armes, qui étoit ordinaire dans sa maison; & s'étant établi à Paris, il se distingua tellement par son érudition & par son expérience dans les affaires de judicature, qu'après avoir été conseiller au parlement, il fut élu troisiéme président. Enfin le crédit qu'il s'étoit acquis auprès du roi Charles VII & des ducs d'Orléans, de Berri & de Bourgogne, le fit choisir pour être premier président de la premiere cour supérieure du royaume, où il fut reçu le 14 avril 1400. Il mourut le 21 mai 1403, & fut pere de JEAN DE POPAINCOUR,

seigneur de Liencourt & de Sarcelles, conseiller du roi & président au parlement de Paris. Les chroniques du roi Louis XI parlent souvent de ce dernier magistrat, que ce prince employa diverses fois. Il fut ambassadeur en Angleterre, président à la chambre des comptes, commissaire au procès du connétable de S. Paul, & mourut le 21 mai de l'an 1480. Ce qu'on voit par son épitaphe gravée sur son tombeau à sainte Croix de la Bretonnerie à Paris. * Blanchard, *hist. des présidens.*

POPAYAN, province de l'Amérique méridionale, dans la Castille d'or, est nommée par les Espagnols *Governation de Popayan.* Elle s'étend du septentrion au midi, entre le Pérou, la nouvelle Grenade, la province de Carthagène & la mer du Sud, & a pour ville capitale Popayan, évêché, qui donne son nom à la province. Les autres villes sont, Santa-Fé d'Antequéra, Caramante, Arma, Sainte-Anne d'Anzerma, Agreda, Timana, Pasto, Carthagène & Cali. Le pays est riche, & les Espagnols en sont les maîtres. * Laët. Sanson.

☞ POPE (Alexandre) célébre poëte Anglois, & l'un des plus beaux génies & des meilleurs écrivains que l'Angleterre ait produits, naquit à Londres, le 8 juin (vieux style) 1688, d'une famille noble & ancienne, originaire du comté d'Oxford. L'aîné de sa famille s'appelloit la comte de Downe, dont l'unique héritiere fut mariée au comte de Lindsey. La mere de Pope étoit fille de Guillaume Turner, gentilhomme de la province d'Yorck. Il fut élevé avec soin dans une petite maison proche S. Paul, où ses parens, qui étoient catholiques Romains, s'étoient retirés avec les débris de leur fortune, presque épuisée par les doubles taxes & les autres loix pénales qu'imposa le roi Guillaume, gendre de Jacques II, à ceux de cette communion. Comme le jeune Pope étoit d'un tempérament délicat, il ne fut point envoyé aux écoles publiques; ses parens confierent son éducation à plusieurs savans hommes, particulierement à M. Déane, homme docte & distingué par ses talens, par sa modération & par son zèle pour la religion catholique. Pope apprit en très-peu de temps le grec & le latin, & fit paroître de bonne heure un talent extraordinaire pour la poësie. Dès l'âge de 12 ans, il composa une petite piéce, qui par son élégante simplicité, & par la beauté des sentimens & de l'expression, lui procura un grand nombre d'admirateurs. A 14 ans, il fit son Polyphême & Acis, tiré du 13e livre des métamorphoses d'Ovide; & à 16, il publia des pastorales, qui parurent aux Anglois dignes de Théocrite & de Virgile. Il dut à ces petites piéces l'honneur d'être admis dans les conversations & l'amitié de Guillaume Trombul, du comte d'Hallifax, du lord Lansdown, du docteur Garth, & de MM. Wicherly, Walsh, Gay, Addisson, Steéle & Congreve, tous personnages distingués, & qui jouissoient alors d'une très-grande réputation en Angleterre. C'est vers ce temps-là que M. Pope traduisit le 4e livre de la *Thébaïde* de Stace. Il composa ensuite son *Messie,* poëme sacré, à l'imitation du *Pollion* de Virgile. Il régne dans ce petit poëme un style si noble & si majestueux, & des pensées si belles & si sublimes, que les Anglois ne douterent plus que Pope ne fût l'un de leurs plus grands poëtes. Sa réputation parvint au plus haut degré par son excellente traduction, en vers anglois, de l'*Iliade* & de l'*Odyssée* d'Homere. Il joignit à cette traduction des remarques savantes & judicieuses, avec une belle préface, qui a été traduite en françois, & dans laquelle il donne une idée juste de la beauté du génie du poëte Grec & de l'excellence de ses deux poëmes. On assure que cette traduction valut à Pope cent mille écus. Mais sa gloire & son opulence lui firent des envieux. On l'attaqua dans plusieurs écrits publiés, & on alla même jusqu'à se déchaîner sur sa taille & sur sa figure, en le traitant de *bossu,* de *dégoutant,* & de *contrefait,* comme s'il ne pouvoit rien sortir de bon d'un esprit logé dans un corps si difforme. Pope eut aussi ses apologistes. Il avoit une jolie maison de campagne à Twickenham, à trois lieues de Londres, où il mourut le 30 mai (vieux style) 1744, à 56 ans. Ses principaux ouvrages, outre ceux dont nous avons parlé, sont 1, Les *Essais sur l'homme & sur la critique*, qui ont été traduits en vers françois, par M. l'abbé du Renel, & en prose, par M. de Silhouet. 2. *La boucle de cheveux enlevée*, poëme ingénieux & galant, qui a aussi été traduit en françois. 3. La *Dunciade*, satyre sanglante contre des auteurs & des libraires de sa nation. 4. D'autres satyres, que les Anglois comparent à celles de Juvenal. 5. Des odes, des fables, des épitaphes, des prologues, des épilogues, des préfaces; un grand nombre d'épîtres en vers, & de lettres en prose. Les épîtres morales ont été traduites en françois par M. de Silhouet. Tous ces ouvrages, qui sont regardés par les Anglois comme des chef-d'œuvres, chacun en leur genre, ont été recueillis & imprimés en 9 volumes, par les soins du savant & ingénieux M. Warburthon, auquel M. Pope en avoit donné la commission, en lui léguant tous ses écrits. Cette édition est très-belle & très-bien exécutée; elle ne comprend point les traductions de l'*Iliade* & de l'*Odyssée*, parceque ces traductions ont eu séparément plusieurs belles éditions. On a publié, dans plusieurs gazettes, que l'on devoit ériger à M. Pope un monument dans l'église de Westminster; mais ces nouvelles n'ont aucun fondement: on ne peut point faire cet honneur à ce grand poëte en Angleterre, parcequ'il est mort & qu'il a toujours vécu dans la profession publique de la religion catholique. L'*Essai sur l'homme* a fait beaucoup de bruit, & a été attaqué par M. de Croufaz & par plusieurs autres écrivains, & depuis peu par l'auteur des *Lettres Flamandes*. D'un autre côté, M. Warburthon, savant docteur Anglois, connu par son excellent ouvrage de *la légation divine de Moïse*, a pris hautement la défense dans ses *Lettres philosophiques & morales*. Ces lettres ont été traduites en françois par M. de Silhouet, & imprimées à Londres en 1742, avec la traduction des *Essais sur la critique* & *sur l'homme*, & des *Epîtres morales*, dans un recueil intitulé *Mélanges de littérature & de philosophie*. Il est bon d'observer aussi que M. Racine s'étant soulevé contre l'*Essai sur l'homme*, M. le chevalier de Ramsay lui écrivit à ce sujet, le 28 avril 1742, pour la justification de M. Pope, lequel *est*, dit M. de Ramsay, *très-bon catholique*, & a toujours conservé la religion de ses ancêtres dans un pays où il auroit pu trouver des tentations pour l'abandonner. *La pureté de ses mœurs, la noblesse de ses sentimens, & son attachement à tous les grands principes du christianisme le rendent aussi respectable que la supériorité de ses lumieres; la beauté de son génie & l'universalité de ses talens, le rendent admirable. Il a été accusé en France de vouloir établir la fatalité monstrueuse de Spinosa, & de nier la dégradation de la nature humaine, je le crois exempt de l'une & de l'autre de ces deux funestes erreurs, qui renversent toute morale & toute religion, soit naturelle, soit révélée. Voici comme j'entens les principes de son Essai sur l'homme, & je pense qu'il ne me désavouera pas*, &c. M. Pope écrivit en effet pour sa justification à M. Racine, en ces termes: « J'ai » reçu enfin votre poëme sur la religion; le plaisir que » me causa cette lecture eût été sans mélange, si je n'a-» vois eu le chagrin de voir que vous m'imputiez des » principes que j'abhorre.... Je puis vous assurer, mon-» sieur, que votre entiere ignorance de notre langue » m'a été beaucoup moins fatale, que la connoissance » imparfaite qu'en avoient mes traducteurs, qui les a » empêchés de pénétrer mes véritables sentimens. Tou-» tes les beautés de la versification de M. D. R..... » ont été moins honorables à mon poëme, que ces mé-» prises continuelles pour mes raisonnemens & sur ma » doctrine ne lui ont été préjudiciables. Vous verrez ces » méprises relevées & réfutées dans l'ouvrage anglois » que j'ai l'honneur de vous envoyer. Cet ouvrage est » un commentaire critique & philosophique par le savant » auteur de la *Divine légation de Moïse*. Je me flate » que le chevalier de Ramsay, rempli comme il est,

» d'un zéle ardent pour la vérité, voudra bien vous en » expliquer le contenu. Alors je m'en rapporterai à votre » justice; & je me flate que tous vos soupçons seront » dissipés. En attendant ces éclaircissemens, je ne saurois » me refuser le plaisir de répondre nettement à ce que » vous désirez savoir de moi. Je déclare donc hautement » & très-sincérement, que mes sentimens sont diamétra-» lement opposés à ceux de Spinosa, & même à ceux » de Leibnitz, puisqu'ils sont parfaitement conformes à » ceux de M. Paschal & de M. l'archevêque de Fénélon, » & que je ferai gloire d'imiter la docilité du dernier, en » soumettant toujours toutes mes opinions particulieres » aux décisions de l'Eglise. Je suis, &c. » *A Londres le premier septembre* 1742. M. Racine ayant reçu ces lettres, fit ses excuses à M. Pope, & *avoua qu'il avoit eu tort de le soupçonner d'irreligion*. M. de Ramsay, dans une autre lettre à M. Racine, parle ainsi de M. Pope. *On m'assure aussi qu'une princesse, admiratrice de ses ouvrages, voulut, dans le temps qu'elle gouvernoit l'Angleterre, engager ce poëte, non pas à abandonner la religion de ses peres, mais à dissimuler; elle vouloit lui procurer des places considérables, en lui promettant qu'il seroit dispensé des sermens accoutumés. Il refusa ces propositions avec une fermeté inébranlable. Un pareil sacrifice, conclut M. de Ramsay, n'est pas celui d'un incrédule, ni d'un déiste*. Toutes ces lettres, de M. de Ramsay, de M. Pope & de M. Racine, se trouvent dans le recueil des œuvres de ce dernier, imprimées à Paris, chez Desaint & Saillant en 1747, tome I, pag. 231 & suiv. * M. l'abbé Ladvocat, *dict. hist. portatif*. Ceux qui voudront avoir une connoissance plus particuliere de la vie & des ouvrages de ce célébre poëte Anglois, peuvent consulter l'édition de M. Warburthon, ou du moins ce que l'on en dit dans *le Magazin de Londres*, de l'année 1751, pag. 320 & suivantes. Voyez aussi une histoire de la vie & des ouvrages de M. Pope, par M. l'abbé Yart, à la tête du troisiéme volume de l'ouvrage de cet abbé: *Idée de la poésie angloise, ou traduction des meilleurs poëtes Anglois*.

POPELINIERE (la) *cherchez* LANCELOT.

☞ POPERINGUE, bourg de France, dans la Flandre, dans la châtellenie de Cassel, à trois lieues de la ville de ce nom, & à deux lieues d'Ypres. Poperingue est un lieu ancien, qui s'appelloit *Pupurnen Gahemum*. Il appartenoit anciennement à un gentilhomme nommé Walbert Darques, grand bienfaiteur de l'abbaye de S. Bertin à Saint-Omer. Mais ce lieu ayant été occupé dans la suite par d'autres gentilshommes, il fut restitué ou confirmé à cette abbaye par Baudouin Hachette, du consentement des comtes de Flandre. C'est maintenant un gros bourg tout ouvert, qui vaut mieux que bien des villes, & qui est assez peuplé, car on y compte cinq cens quatre-vingt-six maisons, & plus de deux mille habitans. Il y a cependant apparence, qu'il étoit autrefois fermé de quelque clôture, puisque la réputation qu'il s'étoit acquise par ses manufactures de draps, de serges & autres étoffes, lui ayant attiré l'envie des tisserans d'Ypres, il résista à plusieurs bourgeois de cette ville qui vouloient le surprendre. L'abbé de S. Bertin à Saint-Omer est seigneur propriétaire de Poperingue. La justice lui appartient : il a même une cour féodale d'où relevent dix-sept à dix-huit fiefs. * La Martiniere, *diction. géogr.*

POPES (les) étoient des ministres des sacrifices, dont l'office étoit de fournir les victimes nécessaires, & de les égorger après qu'elles étoient assommées. Ils étoient demi-nuds, ayant les épaules, les bras, & le haut du corps découverts jusqu'au nombril, & le reste couvert jusqu'à mi-jambe, d'un tablier de toile ou de peaux des victimes, portant sur leur tête une couronne qui étoit ordinairement de laurier. C'est ainsi qu'ils étoient dépeints dans la colonne Trajanne. Il y a cependant d'autres figures anciennes qui les représentent avec une aube, qui leur pend depuis les aisselles, & qui étoit retroussée à l'endroit où ils avoient la couteliere attachée.

Ce tablier s'appelloit *Limus*, selon quelques-uns ; & selon d'autres, *Linus*, parcequ'il y avoit au bas une bande de pourpre qui étoit cousue en serpent. Virgile parle de cet ornement dans le 12e livre de l'Eneïde :

Velati limo & verbenâ tempora vincti.

* *Voyez* Servius sur cet endroit de Virgile. Suet. *in Caligul. cap.* 32. Cicero, *de divinat. l.* 2. Seneca, *lib.* 2 *controversiar. controverf.* 11. Perf. *satyra* 6. Spartian, *in Geta.*

POPFINGEN, BOPFINGEN, petite ville du cercle de Souabe. Elle est impériale, située dans le comté d'Oetingen, sur l'Eger, à une lieue & demie au-dessus de Norlingue. * Mati, *diction.*

POPI, bourg du Florentin en Toscane. Il est sur la riviere d'Arno, à dix lieues de Florence vers le levant. Il est chef de la petite contrée de Casentino, & a eu autrefois ses comtes particuliers. * Mati, *diction.*

POPIEL, roi de Pologne, fils de LESCHUS IV, lui succéda vers l'an 816, & mourut cinq ans après, laissant un fils de même nom que lui. Les auteurs disent que ce Popiel II fut mangé des rats. Après lui les Polonois mirent sur le trône Piast, vers l'an 842. *Voyez* POLOGNE. * Cromer, *hist. Polon.*

POPILIUS, dit *Lænas*, conful Romain, quoique né dans une famille plébéienne, fut élevé quatre fois à cette dignité. Dans son premier consulat, comme il offroit un sacrifice en qualité de prêtre de la déesse Carmenta, *Flamen Carmentalis*, & en habit sacerdotal, que l'on appelloit *Læna*, on lui vint dire qu'il y avoit une émotion du peuple contre les patriciens. Il sortit aussitôt en cet habit, & s'étant montré, il appaisa la sédition du peuple, d'où il fut appellé Popilius *Lænas*. Dans son second consulat avec Fabius Ambustus, il fit la guerre aux Tiburtiens, & ravagea leur pays. Dans son troisième consulat, il mit les Gaulois en déroute, en l'an 404 de Rome, & 350 avant J. C. pendant que son collègue Cornelius Scipion étoit malade à Rome. La famille des Popilius donna de grands hommes à la république. Un d'entr'eux, C. POPILIUS, fut député vers Antiochus, roi de Syrie, pour l'empêcher d'attaquer Ptolémée & Cléopatre, rois d'Egypte, alliés du peuple Romain. Antiochus cherchoit à éluder par adresse la demande des Romains ; mais Popilius connoissant son intention, traça avec sa baguette un cercle à l'entour de ce roi, & lui ordonna de n'en point sortir sans lui donner une réponse décisive de paix ou de guerre. Ce qui intimida tellement ce prince, qu'il renonça à son projet en l'an 168 avant J. C. Peut-être ce POPILIUS *Lænas* qui tua Cicéron, étoit-il de la même famille. Il se déshonora en ôtant la vie à un orateur qui lui lui avoit conservée par son éloquence. Tite-Live, Cicéron, Valere Maxime, Velleïus Paterculus, &c. parlent de cette famille, de laquelle sortoit POPILIUS, poëte du temps de Térence.

POPILIUS (Flavius) surnommé *Nepotianus*, étoit fils, à ce que l'on croit, de Népotien consul en 301, & selon le plus commune opinion, étoit lui-même un Népotien qui fut consul en 336. Il étoit fils d'*Eutrope*, sœur du grand *Constantin*. Sa naissance lui faisant croire qu'il étoit digne de l'empire, il assembla une troupe de gladiateurs, avec lesquels après avoir pris la pourpre le 3 juin 350 de J. C. il vint se présenter dans Rome. Anicet, préfet du prétoire que Magnence y avoit laissé, sortit contre Népotien avec quelques Romains ; mais ils furent défaits, & exposés au carnage par leur chef, qui pour se sauver, rentra dans la ville & en fit fermer les portes. Il fut pourtant contraint de les ouvrir à Popilius, qui fit un carnage effroyable, dans lequel Anicet lui-même fut enveloppé. La domination de ce nouvel empereur ne fut pas de longue durée : car Marcellin, grand-maître du palais de Magnence, le vint chercher avec ses troupes & lui livra un combat, où les Romains furent trahis par un sénateur nommé Héraclide, & où fut tué Popilius, dont la tête fut portée par toute

la ville au bout d'une lance. Sa mort fut suivie de celle de plusieurs personnes du premier rang, & entr'autres de celle d'Eutrope sa mere. * Eutrope. Socrate. Sozomène. Zofime. Aurelius Victor.

POPINCOURT, *cherchez* POPAINCOURT.

POPLE (Guillaume) gentilhomme Anglois, & riche négociant habitué à Bourdeaux en France, malgré son commerce avoit une littérature & une capacité fort au-dessus du vulgaire. Il a fait en anglois plusieurs ouvrages fort estimés, entr'autres un intitulé : *Catéchisme raisonnable*, qui a été fort gouté. Capable de juger par lui-même du vrai mérite d'autrui, il s'est toujours fait un plaisir de le seconder selon ses moyens, & de le soutenir par ses lumieres. Lorsqu'Isaac Papin, entr'autres, d'abord Protestant, ensuite Anglican, & mort dans la communion de l'église catholique, eut été mal reçu de l'académie de Saumur, parcequ'il n'avoit pas voulu signer un acte qui condamnoit la doctrine de M. Pajon son oncle, M. Pople fit ce qu'il put pour se l'attacher intimement. Il le fit venir chez lui, & tâcha de lui persuader d'apprendre le négoce, & lui promit une de ses filles en mariage. Mais l'affaire ne réussit pas, parceque M. Papin y mit volontairement obstacle. Ces demoiselles Pople avoient beaucoup écrit, & M. Papin étant à Esrick en Angleterre, leur adressa son traité intitulé : *La vanité des sciences, ou réflexions d'un philosophe chrétien sur le véritable bonheur.* * Voyez la vie de M. Papin par sa veuve, à la tête de ses œuvres, & le tome III des mêmes œuvres, pag. 182, 183.

POPMA (Sixte de) Flamand, de la ville d'Ilst dans la Frise, d'une famille noble, étoit l'aîné de trois autres freres, qui se sont distingués comme lui dans les lettres. Il fit ses études de philosophie à Cologne, & celles de droit à Louvain. Il retourna ensuite avec ses freres dans leur patrie commune. Sixte fit un voyage à Dôle, où il prit le degré de docteur. Il a fait imprimer en 1569 l'ouvrage de Cornélius Celsus, *de arte dicendi*, qu'il revit, corrigea & éclaircit. Suffridus lui donne aussi des commentaires sur les quatre livres des institutes de Justinien. * *Voyez* Valere André, *Bibliotheca belgica*, édition de 1739, in-4°, tome II, page 1106.

POPMA (Tite de) *second frere du précédent*, étudia la philosophie & les mathématiques à Cologne, & la jurisprudence à Louvain, où il fut conduit par ses freres par leur mere commune. On a de lui *Tabula in sphæram & prima astronomiæ elementa*, à Cologne 1569, in-4°. *Castigationes in epistolas Ciceronis ad familiares*, à Anvers 1572, in-16. *Notæ in Q. Asconium Pædianum*, à Cologne 1578, in-8°. *De operis servorum liber singularis*, en 1608, in-8°. * Valere-André, *Bibliotheca belgica*, tome II, page 1145.

POPMA (Cyprien de) *troisième frere du précédent*, fit ses études avec ses freres, dans les mêmes villes de Cologne & de Louvain. Il a donné une édition de l'historien Salluste, sur les manuscrits, & il rend compte des corrections qu'il a faites au texte de cet écrivain. Cette édition a paru à Louvain en 1576, in-16, & depuis à Anvers. On a encore de lui, *Henrici Mediolanensis libri de controversiis hominis & fortunæ*, en vers élégiaques : ayant découvert cet ouvrage, il le revit, le commenta, & le publia à Cologne en 1570. Il est mort dans le lieu de sa naissance le 29 septembre 1582, n'étant âgé que de 32 ans. * Valere André, *Bibliotheca belgica*, tome I, page 223.

POPMA (Ausone) *quatriéme frere des précédens*, né au même lieu, fit ses études dans les mêmes villes, c'est-à-dire, celle de la philosophie à Cologne, & celle de la jurisprudence à Louvain. Il étoit habile grammairien, & excellent jurisconsulte. Voici la liste de ses ouvrages. M. *Terentii Varronis fragmenta ; iis adjecto conjectaneorum libro*, à Franeker 1590. *Notæ in Varronis libros de lingua latina, ac de Re rusticâ. Notæ in epistolas M. Tullii Ciceronis ad Atticum*, 1619. *Notæ in C. Velleii Paterculi historiam romanam*, 1620. *De differentiis verborum libri IV. De usu antiqua locu-*

ionis libri II, à Leyde 1608, *in-8°*, & à Strasbourg
en 1618. *De ordine & usu judiciorum libri III*, à Arn-
heim 1617, *in-4°*. *Fragmenta veterum historicorum latinorum emendata & scholiis illustrata.* * Valere André,
Bibliotheca belgica, tome I, page 114, & les *Jugemens des savans* de M. Baillet, édition *in-4°*, tome II,
page 322.

POPOCATEPEC, montagne du Mexique, à douze
lieues de Tlascala, en tirant vers la ville de Mexique.
Elle est fort haute & ronde, comme le mont Gibel en
Sicile. Elle est couverte de neige vers le haut pendant
toute l'année, & elle a au sommet une ouverture de
demi-lieue, faite comme un fourneau de verrerie. Il en
sort continuellement une épaisse fumée, & de temps en
temps des flammes qui poussent des cendres & des pierres ardentes jusqu'à la ville de Tlascala, & quelquefois
encore plus loin. * Mati, *diction.*

POPOLO, petite ville du royaume de Naples située
dans l'Abruzze citérieure, sur la rivière de Pescara, où
elle a un pont, à deux lieues de Salmone, vers le nord.
Popolo a titre de duché, & elle a été bâtie des ruines
de l'ancienne *Corsinium*, petite ville des anciens Péligniens. * Mati, *diction.*

POPON ou POMPON (Maclou) né dans un village de Bourgogne, d'une famille très-obscure, vint
très-jeune à Dijon pour y faire ses études, y fut reçu
avocat, & plaida avec beaucoup de réputation jusqu'en
1554, qu'il fut reçu conseiller au parlement. Il conserva
cette charge jusqu'en 1577. Il se trouva le 27 janvier
1561 à la conférence tenue en présence du roi, entre
les docteurs catholiques & les ministres de la religion
prétendue-réformée, où il fut traité principalement du
culte des images. Popon mourut le 6 mars 1577, à l'âge
de 63 ans. Jacques de Vintimille, conseiller au parlement, son ami depuis plus de 40 ans, composa sa vie,
& invita tous les beaux esprits de ce temps à faire des
vers à sa louange. M. de Vintimille fit imprimer ce recueil sous ce titre : *Macuti Pomponii, senatoris Divionensis, Monumentum à Musis burgundicis erectum &
consecratum*, à Paris 1580, *in-8°*. On voit par ce recueil, que Popon avoit voyagé en France & en Italie ;
qu'il touchoit parfaitement du luth ; qu'il avoit toujours
cultivé les beaux arts & les belles lettres. Le même Jacques de Vintimille lui a adressé plusieurs écrits. Popon
étoit aussi en relation avec Théodore de Beze, Philibert Collet & autres. On trouve un sonnet à la
tête du Dictionaire des rimes, par le Fevre. Ses autres
ouvrages sont restés manuscrits, tels sont : 1. Plusieurs
lettres latines au conseiller Morin. 2. Un recueil de diverses pièces, concernant le démêlé entre Gaspar de
Saulx & MM. de Récourt & Popon, conseillers au parlement, commissaires députés du roi pour l'exécution de
l'édit de pacification du 6 décembre 1563. 3. Mémoires
de l'assemblée faite en interprétation des articles de
la coutume de Bourgogne. 4. Relation de la conférence
tenue en présence du roi le 27 janvier 1561, &c. C'est
celle dont on a parlé plus haut. * Voyez la *Bibliothéque
des auteurs de Bourgogne*, par feu M. Papillon, tome II,
in-fol. pag. 164 & suivantes.

POPPÉE Sabinus, quoique d'une famille obscure,
fut, par la faveur de l'empereur, élevé à la dignité de
consul, & fut gouverneur de plusieurs provinces pendant 24 ans. Il se donna la mort sous le consulat de Caïus
Cestius, & Marcus Servilius. *Tacite, l. 6 annal. c. 39.*
Ce même historien fait mention d'un POPPEUS Sylla-
nus consulaire, qui fit déclarer pour Vespasien six mille
soldats de Dalmatie nouvellement levés, & qui fut ensuite chargé de lever de sommes. * *Idem, hist. lib.* 3,
cap. 50, & lib. 4, cap. 47. Et d'un POPPEUS Vopiscus,
désigné consul par Othon, avec Virginius Rufus. * *Idem,
hist. l.* 1, c. 77.

POPPÉE, *Poppea Sabina*, seconde femme de *Néron*, & fille de *Titus Ollius*, qui avoit été questeur,
& de Poppée Sabina, fille de Poppée Sabinus, qui fut
depuis mariée à Scipion, avoit pris le nom de sa aïeul

maternel *Poppæus Sabinus*, comme plus éclatant par
les honneurs du consulat & du triomphe. Cette dame
possédoit tous les avantages des femmes, hors la chasteté.
Toutes les fois qu'elle sortoit en public, ce qui arrivoit
rarement, elle portoit un voile qui lui couvroit à demi
le visage, sans doute pour piquer la curiosité de ceux qui
la verroient. Elle étoit mariée à un chevalier Romain,
nommé Rufus Crispinus, & en avoit un fils, lorsqu'O-
thon, qui fut depuis empereur, la débaucha. Il trouva
l'art de la charmer par sa jeunesse, par sa dépense, &
par sa qualité de favori du prince : ensuite il l'épousa, &
soit par un excès d'amour, ou pour conserver par-là son
crédit, il ne cessa de la louer devant Néron, qui la vit,
& en devint amoureux. Elle engagea d'abord ce prince
par ses caresses, feignant de mourir d'amour pour lui ;
mais lorsqu'elle le vit tout-à-fait enflammé, elle commença à faire la prude, & refusa ses longs entretiens.
Elle fit même si bien, que le prince éloigna Othon de
Rome, sous le prétexte glorieux de lui donner le gouvernement de la Lusitanie. Quelque temps après, Néron
voyant tous ses crimes consacrés par le sénat, comme
le dit Tacite, répudia Octavie qui étoit stérile, & épousa
Poppée, qui devenue sa femme, après avoir été long-
temps sa concubine, porta l'empereur à se défaire de la
princesse Octavie, sa rivale, l'an 62, sous le consulat de
Mummius Régulus, & de Virginius Rufus. Elle accoucha d'une fille : ce qui causa à Néron des transports de
joie si violens, qu'il lui donna le nom d'Auguste, aussi
bien qu'à la mere. Les auteurs remarquent que Poppée,
pour conserver sa beauté, se baignoit tous les jours dans
du lait d'ânesse. Elle mourut d'un coup de pied que
Néron lui donna lorsqu'elle étoit grosse, l'an 65 de J. C.
* Tacite, *lib.* 13, 14, 15 & 16 annal. Suetoni. *in Nerone & Othone*. Dion & Xiphilin, *in Nerone*. Pline,
lib. 28, cap. 12; lib. 33, cap. 11.

POPPON (S.) abbé de Stavélo dans le XI siécle,
naquit en Flandre en l'année 978. Après avoir porté les
armes, il fit le pèlerinage de Jérusalem. A son retour il
se fit religieux. L'abbé S. Thierri, entre les mains duquel il fit ses vœux, le mit au service des pauvres dans
l'hôpital de son monastère. Poppon alla ensuite à l'abbaye de S. Vannes, d'où Richard, abbé, le mena à saint
Vaast d'Arras : il revint quelque temps après à l'abbaye
de S. Vannes, & fut élu abbé de Stavélo en 1020,
abbaye à laquelle étoit jointe celle de Malmedi. On le
chargea aussi du soin de l'abbaye de S. Maximin de
Trèves. Il refusa l'évêché de Strasbourg, que Conrad
lui voulut donner ; mais il fut obligé d'accepter les abbayes de S. Vaast d'Arras & de Marchienne. Il mourut
dans la dernière, l'an 1048, âgé de 70 ans. * *Voyez
sa vie dans les Bollandus ; Baillet, au 25 janvier.*

POPPON, archevêque de Trèves, que plusieurs
ont confondu mal-à-propos avec Poppon, abbé de Stavélo, dans le XI siécle, vivoit dans le même temps,
& occupoit le siége de Trèves, lorsque vers l'an 1026
il alla à Jérusalem avec la permission du pape Jean XIX.
Ces sortes de pèlerinages étoient alors la dévotion du
temps, quoique contre la régle & la disposition des
canons : les prélats quittoient leurs églises, pour
satisfaire à ces dévotions. S. Siméon, moine du mont
Sinaï, accompagna Poppon dans ce voyage ; & à son
retour, ayant voulu vivre en reclus, le prélat l'enferma
lui-même avec cérémonie dans une tour proche la
porte de Trèves, l'an 1028. Quand ce saint solitaire fut
mort, le premier juin de l'an 1035, & sa sainteté n'ayant
pas tardé à éclater par ses miracles, Poppon en écrivit
au pape Benoît IX, tant en son nom qu'en celui du
clergé & du peuple de Trèves en 1041, & ayant reçu
peu après le décret de la canonisation du saint ; il en fit
la cérémonie le 17 novembre de l'an 1042. Il fit ensuite
bâtir sur le tombeau de S. Siméon une belle église qui
subsiste encore, & que l'on croit avoir été une forteresse ou un temple des anciens Romains, dont le prélat
fit une église, moyennant quelques changemens. Cet
édifice passe avec raison pour un des ouvrages d'archi-

tecture les plus furprenans , par la grandeur extraordinaire des pierres , & par la maniere finguliere dont elles
font jointes fans mortier ou ciment. Poppon fonda pour
la defſervir une collégiale ou aſſemblée de chanoines ,
qui étoient en pluſieurs égliſes plus eſtimés & mieux réglés que la plupart des moines qui n'avoient point embraſſé la réforme. Ce prélat mourut le 16 juin 1045 ,
comme le marque ſon épitaphe , au lieu que Poppon ,
abbé de Stavélo , avec qui on l'a confondu , ne mourut
qu'en 1048. L'archevêque fut enterré dans l'égliſe qu'il
avoit fait bâtir , & ſon corps fut trouvé entier & fans
corruption au commencement du XVI ſiécle. Il étoit
revêtu des habits pontificaux , ſavoir d'une chaſuble de
ſoie noire, de deux étoles rouges , d'un manipule blanc ,
& d'une dalmatique aurore. Il tenoit de la main droite
une patène d'or, & un bâton paſtoral de bois , orné au
haut d'une lame d'argent ornée elle-même de pluſieurs
fleurs d'or. Il avoit un anneau d'or au quatriéme doigt ,
& de la main gauche il tenoit un petit calice d'or. Ce
détail nous apprend avec quel appareil on enterroit alors
les évêques , au moins en quelques égliſes. * Voyez Bollandus *au premier de mai*, & *l'hiſtoire de l'égliſe gallicane par le pere* Longueval , *Jéſuite*, *tome VII*.

POPULONIE , *Populonia* , déeſſe , étoit révérée
chez les anciens Romains , qui imploroient ſon ſecours,
afin qu'elle détournât les ravages & les dégâts des terres
qui s'appellent en latin *Populationes*, d'où eſt venu le
nom de cette divinité. Ils croyoient qu'elle garantiſſoit
les champs de ces malheurs , ſoit qu'ils duſſent être cauſés par les gens de guerre , ou par les inondations , ou
par les grêles , ou par les inſectes. * S. Auguſtin , *de la
cité de Dieu.*

POPULONIA DISTRUTTA : c'étoit ancienne-
ment une ville épiſcopale de Toſcane. Elle fut détruite
par Nicéas , général des armées de l'empereur de Conſtantinople. On en voit la place dans la principauté de
Piombino , près du village de Porto Barato , & à une
lieue de la ville de Piombino , qui a été bâtie de ſes
ruines. Son évêché a été transféré à Maſſa. * Mati ,
dictionaire.

POQUELIN (Jean-Baptiſte) fameux poëte comique , *cherchez* MOLIERE.

PORBUS (François) excellent peintre , *cherchez*
POURBUS.

PORCA , ville capitale d'un petit royaume de même
nom. Elle eſt ſur la côte de Malabar , où elle a un bon
port entre Calicut & Coulan. * Mati , *diction.*

PORCACCHI (Thomas) natif de Caſtiglione-
Aretino , dans la Toſcane , mourut en 1585 , & laiſſa
divers ouvrages de ſa façon , *Le Iſole piu famoſe del
mundo. De funerali antichi di diverſi popoli e nazioni ,
con la forma , pompa e maniera di ſepolture , di eſequie ,
di conſecrazioni antiche. La nobilità di Como. Hiſtoria
della famiglia Maleſpina , &c.*

PORCELAINE , terre fine , blanche & tranſparente,
vient de la Chine & du Japon , & eſt la matiere des va-
ſes , que l'on appelle auſſi *Porcelaines* , du nom de la
terre dont ils ſont compoſés. On en fait encore des carreaux de diverſes formes , grandeurs & couleurs , que
les Orientaux emploient dans les compartimens de leurs
plus beaux édifices. Il y a dans la Chine une tour , appellée *Tour de Porcelaine*, dont on prétend que la beauté
& la richeſſe ſurpaſſent les ouvrages les plus vantés de
l'antiquité. Elle eſt dans une plaine que les habitans
nomment *Paolinxi* ou *Paulingyng*, près de la célèbre
ville de Nanking , & elle fait partie d'un temple nommé
de la Reconnoiſſance , bâti par l'empereur *Yonlo* , au
commencement du XIV ſiécle. Cette fameuſe tour eſt
de figure octogone , large d'environ 40 pieds ; de ſorte
que chaque face en a 15. Elle a neuf étages , dont chacun eſt orné d'une corniche de trois pieds à la naiſſance
des fenêtres , & diſtinguée par de petits toits couverts
de tuiles verniſſées , qui diminuent en ſaillie à meſure
que la tour s'éleve & ſe rétrécit. Le mur de cet édifice
a du moins ſur le rez-de-chauſſée 12 pieds d'épaiſſeur ,

& plus de 8 & demi par le haut : il eſt incruſté de porcelaine poſée de champ , aſſez groſſiere , & dont la
pluye & la pouſſiere ont diminué ſa beauté. Chaque
étage eſt formé par de groſſes poutres miſes en travers,
qui portent un plancher , & qui forment une chambre ,
dont le lambris eſt peint. Le premier eſt plus élevé , mais
les autres ſont entr'eux en égale diſtance , & les murailles ſont percées d'une infinité de petites niches remplies
d'idoles en bas-relief : ce qui fait une eſpece de marque-
terie très-propre ; & tout cet ouvrage étant doré paroît
de marbre ou de pierre cizelée , quoique ſelon les connoiſſeurs , ce ne ſoit qu'une brique moulée & poſée de
champ , les Chinois ayant une adreſſe merveilleuſe pour
imprimer toutes ſortes d'ornemens dans leurs briques.
L'eſcalier qu'on a pratiqué en dedans cette tour , eſt petit
& incommode , parceque les dégrés ont preſque tous
dix pouces de hauteur , & on y en compte 190 , ce
qui fait 158 pieds de hauteur , auſquels en joignant la
hauteur du maſſif , celle du neuviéme étage , qui n'a
point de dégré , & le couronnement , on trouve que la
tour eſt élevée ſur le rez de chauſſée de plus de 200 pieds.
Le comble eſt formé par un gros mât qui prend au plancher du VIII étage , & qui s'éleve de plus de 30 pieds en
dehors : il paroît engagé dans une large bande de fer de
la même hauteur , tournée en volute , & éloignée de
pluſieurs pieds de l'arbre ; de ſorte qu'elle forme en l'air
une eſpece de cone vuide , & percé à jour , ſur la pointe
duquel on a poſé un globe doré d'une groſſeur extraordinaire. C'eſt-là ce que les Chinois appellent la tour
de porcelaine , & que quelques Européens nommeroient
peut-être la tour de brique , & qui peut paſſer pour l'ouvrage le mieux entendu , le plus ſolide , & le plus magnifique qui ſoit dans l'Orient. Du haut de la tour on découvre preſque toute la ville de Nanking , une des plus
grandes de la Chine , & ſur-tout la grande colline de
l'obſervatoire , qui eſt à une grande lieue de-là. * Le pere
le Comte, *Jéſuite*, *mémoires de la Chine*, en 1696 , *lettre 3.*

PORCELLETS (des) maiſon illuſtre de Provence. Pluſieurs auteurs Provençaux font ſortir la maiſon des Porcellets de Provence même , où de temps immémorial , elle a été dans le plus haut rang. Un grand
nombre d'autres la font deſcendre de DIÉGO ou JAC-
QUES , ſurnommé *Porcellos*, fils de RODÉRIC , comte
de Caſtille. Ce ſurnom lui fut donné à cauſe du prodigieux accouchement que fit la comteſſe ſa mere de ſept
garçons, en ſuite de l'imprécation d'une pauvre femme ,
qui voyant qu'elle lui refuſoit rudement l'aumône , ſou-
haita qu'elle accouchât d'autant d'enfans qu'une truye
qui paſſoit mettoit de petits cochons ou porcelets.
* Mariana. Ambroiſe Moralès. Noſtradamus.

Cette opinion paroît la plus vraiſemblable , par le
rapport du nom , des temps , & de la même hiſtoire
qu'on rapporte des Porcellets de Provence , dont on
voit encore un monument ſculpté ſur la façade de l'ancienne maiſon des Porcellets de Provence , dans la partie de la ville d'Arles dont ils ont été long-temps ſeigneurs.

René , roi de Naples & de Sicile , comte de Provence ,
dans les ſobriquets qu'il donna à quelques-unes des principales maiſons , attribue la grandeur pour caractere à
celle-ci , diſant *les grands des Porcellets.*

Les armes de cette maiſon ſont *d'or au porc ou truye
paſſant de ſable* , le cimier une *tête de porc* , ou *d'un
dragon ailé* , & pour ſupports *deux porcs.*

I. PORCELLET , dès l'an 1000 , étoit ſeigneur de
la partie de la ville d'Arles , nommée le Bourg-vieux
des Porcellets. Il laiſſa AIMEDRIUS , qui ſuit. * Archives de l'archevêché d'Arles.

II. AIMEDRIUS Porcellet , ſeigneur du même bourg,
eut trois fils , VOLVERAD , qui ſuit ; AMIEL , qui fit
branche, *rappellée ci-après* ; *Roſtan* , qui laiſſa une ſeule
fille , mariée à *Hugues* Porcellet , ſon couſin germain.
* *Donation* qu'il fit à l'abbaye de S. Victor de Marſeille,
en 1028.

III. VOLVERA

III. VOLVERAD Porcellet, seigneur aussi du même urg des Porcellets, fit en 1057 une donation à l'abye de S. Victor de Marseille, avec sa femme Beletrude: tte donation rappelle son fils ROSTAN, qui suit; & s petits-fils.

IV. ROSTAN Porcellet, seigneur aussi en partie de ville d'Arles, participa à la donation de son pere, où est nommé avec sa femme Bona & ses trois enfans, ERTRAND-SACRISTAN Porcellet, qui fit branche; UILLAUME, qui suit; & PIERRE, qui fit branche.

V. GUILLAUME Porcellet I, seigneur en partie de ville d'Arles, & de plusieurs terres le long de la mer. eut pour fils GODEFROY, qui suit; & Bertrand, qui gna le testament de Raymond, comte de Saint-Gilles, it en Syrie en 1105, lors des premieres croisades. uillaume fit en 1094 une donation à l'abbaye de . Victor de Marseille, de ses droits sur le Rhône & ir la Durance.

VI. GODEFROY ou GAUDEFRID Porcellet, seigneur n partie de la ville d'Arles, confirma en 1111 la dona-on de la comtesse Gerberge, à Douce sa fille, des omtés de Provence, Gevaudan, &c. * Marca Hispa-ica. Il confirma le mariage de Douce avec Raymond-Berenger, comte de Barcelone, la même année. L'an 111, Idelsonse, comte de Toulouse, ayant chassé Hugues, abbé de S. Gilles, & ses moines, ce même Go-etroy Porcellet fut invité par un bref du pape Calixte e Bourgogne, d'armer conjointement avec Raymond, omte de Barcelone, & Othon, archevêque d'Arles, ontre Idelsonse, en faveur de Hugues. Il signa aussi à la ête de la noblesse de Provence & Languedoc, avec rois seigneurs de sa maison, le traité de partage de la Provence entre Idelsonse, comte de Toulouse, Faidide, à femme, & Raymond, comte de Barcelone, *Douce, on épouse & leurs enfans. * Dom Vaissete, hist. de Lan-guedoc. Le pape Adrien l'invita aussi par un bref, de même que d'autres seigneurs de sa maison, de se désister, en faveur de l'archevêque d'Arles, de la protection qu'ils accordoient à l'abbaye de S. Césaire. Il eut pour fils PORCELLUS, qui suit.

VII. PORCELLUS, seigneur en partie de la ville d'Ar-les, de grandes terres le long de la mer, baron de Pro-vence, conseiller de la régence de cet état pendant l'ab-sence d'Idelsonse, roi d'Aragon, comte de Provence, caution de ce prince, dont il jura l'observation de la paix avec les Nissars en 1167, caution & médiateur d'un traité entre l'archevêque d'Arles & Raymond-Berenger, comte de Provence. * Tome III du Spicilège On voit par une charte de la même année 1167, que sa femme s'appelloit Inguilrade: il en eut GUILLAUME, qui suit; Porcel, chevalier de S. Jean de Jérusalem; BERTRAND, qui fit branche; & Galburge, épouse de Hugues des Porcellets, dont vint Adelaïde des Porcellets, épouse de Baral, vicomte de Marseille.

VIII. GUILLAUME Porcellet II, seigneur en partie de la ville d'Arles, de Fos, de la ville du Martigues, du château d'Aix, de la Cappe, de l'Angle, d'Estels, Tasse, la Vernede, & terres considérables le long de la mer, fut médiateur, après une vive guerre, de la paix entre Hugues-Raymond & Guillaume des Baux, & Hu-gues-Sacristan Porcellet. * Chartrier de la commanderie de S. Thomas Trinquetaille. Il fit en 1202 un traité de confédération avec Idelsonse, comte & marquis de Pro-vence, contre les princes de la maison des Baux. En 1188, il fit un traité de paix avec Amiel & Gui, princes issus d'une branche cadette des vicomtes de Marseille, après une sanglante guerre, dans laquelle ledit Amiel de Fos avoit été pris prisonnier. Ce traité fut juré solemel-leinent le 3 des calendes de juin, sur le portail de la mé-tropole d'Arles, en présence de l'archevêque de cette ville, de celui d'Aix, & de plus de 200 seigneurs & gentilshommes des deux partis. L'acte est original & scellé en plomb aux armes des Porcellets. * Chartrier de Sallons; de l'archevêché d'Arles; archives du roi à Aix. Ce même Guillaume de Porcellet sauva par sa présence

d'esprit Richard, roi d'Angleterre, surnommé Cœur de Lion, qui se délassant dans un bois des fatigues de la chasse, alloit être pris par les Sarazins; lorsque Guil-laume s'écria: Je suis le roi, & fut pris prisonnier, tan-dis que Richard se sauva. Ce prince donna douze satra-pes ou vice-rois Sarazins pour sa rançon; & Saladin char-mé de sa générosité, le fit traiter en roi. * Maimb. hist. des croisades, tome II. Il eut d'Ermessende d'Uzez, BER-TRAND de Porcellet, qui suit; & Guillaume.

IX. BERTRAND I de Porcellet, fils de Guillaume II, chevalier, seigneur en partie de la ville d'Arles, de celle de Martigues, de Fos, du château d'Aix, de Cujes, de la Mairanne, de la Cappe, de la vallée de S. Pierre,&c. fut en 1216 au secours de Raymond, comte de Toulouse, avec sept puissans barons & chevaliers. Il fut nommé par Bertrande-Sacristanne des Porcellets, épouse de Guil-laume, comte de Forcalquier, & par Bertrand des Por-cellets, exécuteur des testamens qu'ils firent. Il fit une trève avec Guillaume des Baux. Jean, archevêque d'Ar-les, en fut médiateur, sous peine aux contrevenans de mille marcs d'argent. Ils donnerent chacun pour ôtage douze gentilshommes des principales maisons de Pro-vence. * Archives de l'archevêché d'Arles. Il eut pour femme Bertrande des Porcellets, fille de Pierre Porcellet, seigneur de la ville de Lambesc, dont il eut GUILLAUME, qui suit; BERTRAND, qui fit la branche des seigneurs de l'ANGLE; Godefroy, chevalier de S. Jean de Jérusa-lem, commandeur de Trinquetaille; Aldiarde, abbesse de Molleges.

X. GUILLAUME III Porcellet, chevalier, seigneur en partie de la ville d'Arles, Fos, le Martigues, Cujes, la Mairanne, Cabriés, & de la vallée de S. Pierre, &c. baron du royaume de Sicile, & de Calatafin & Calata-maure dans ce même royaume, conseiller d'état & cham-bellan de Charles I, roi de Sicile & comte de Provence. * Registre, fol. 4. Lettre de ce roi. Il fut en 1265 & se distingua glorieusement à la conquête de Naples. En 1270 ce roi le fit son cher chevalier, familier, & fidèle gouverneur & châtelain de la ville & château de Pouz-zol. * Même registre, fol. 187. Il arma une galere à ses dépens pour le service du roi. Sa haute probité, sa sagesse & la douceur de son gouvernement le firent seul épar-gner au massacre des vêpres siciliennes. * Hist. de France, Daniel & autres. Il eut pour femme 1°. Raymonde de Fulconis, d'une maison de Provence, actuellement éteinte: 2°. Séchaulte de Posquierre, dont il eut BERTRAND, qui suit; Maragde, épouse de Perrin, des comtes de Forcalquier, seigneur de Lourmarin.

XI. BERTRAND II Porcellet, seigneur en partie d'Ar-les, de Fos, du château de Veire, du Martigues, de la Corone, de Cujes, de la Mairanne, de la Cappe, de Lansac, comte de Montfameux en Sicile, est appelé bien-aimé, familier, & fidèle, dans les lettres de Char-les II, roi de Sicile, par lesquelles il lui donne cent livres de réforciate. * Registre du roi Charles II, folio 269. Ro-bert, roi de Sicile, confirma les privilèges, immunités, de temps immémorial, des seigneurs de la maison des Porcellets. * Ces lettres du 26 août 1369, aux archives de la ville d'Arles. Il eut pour femme Marie, fille de Ba-ral, sire des Baux, dont il eut 1. GUILLAUME, qui suit; 2. Bertrand; 3. Maragde, religieuse à la Celle-Roubaud.

XII. GUILLAUME IV des Porcellets, chevalier, sei-gneur de Fos, Martigues, vallée de S. Pierre, Lansac, de l'Etang de Corrente, & baron de Provence, est ap-pellé par le roi Robert, comte de Provence, son cham-bellan familier & fidèle, dans la confirmation qu'il lui ac-corda des privilèges, dont lui & les seigneurs de sa mai-son avoient joui de toute ancienneté. * Lesdites lettres au registre du roi, fol. 186. Il épousa Isoarde de Mon-tauban, fille de Raymond de Montauban, seigneur de S. André, & d'Isabelle de Simianne. Il en eut 1. BER-TRAND, qui suit; 2. Isoarde, épouse de Rosselin de Fos, seigneur de Bormas; 3. Navarre, épouse d'Audi-bert de Perussole, chevalier; 4. Sancie, prieure de l'ab-baye de Molleges.

XIII. BERTRAND III des Porcellets, chevalier, seigneur de Fos, du Martigues, Vallée de S. Pierre, Lansac, Etang de Corrente, de Cabriés, fut gouverneur des ville & bailliage de Sisteron & de Digne, pourvu par lettres de la reine Jeanne, qui lui accorda des droits sur les salines de Fos. * *Registre* de ladite reine, *fol.* 369. Elle écrivit à ses officiers de Provence en sa faveur, le qualifiant de son *familier & fidèle*, confirmant en sa faveur & des autres seigneurs de la maison le droit d'user de leurs propres poids & mesures, de faire examiner & marquer toutes celles de la ville d'Arles. * *Archives* de Riez. Il fut encore gouverneur de la ville de Draguignan, & choisi par les états de Provence pour traiter avec les Espagnols qui désoloient cette province. En 1361 il épousa 1°. *Constance* des Porcellets, fille d'*Hugues* des Porcellets, seigneur de Gildon & de Galignan, & de *Tiburge* de Sabran; il en eut *Guillaume*, mort sans enfans: 2°. il épousa *Marguerite* de Castellane. Il en eut *Raymond*, seigneur de Fos, marié avec *Béatrix* de Méges; DRAGONET, qui suit; & *Jacques*, chanoine régulier de S. Augustin.

XIV. DRAGONET des Porcellets, seigneur de Fos, du Martigues, Lansac, Etang de Corrente, S. Geniès, vallée de S. Pierre, S. Mitre, la Corone, Val de S. Julien, &c. épousa *Catherine* d'Arbaud, fille de *Jacques* d'Arbaud, seigneur de Blansac. Il en eut 1. *Louis*, mort enfant; 2. BERTRAND, qui suit; 3. *Jacques*, mort sans enfans; 4. *Catherine*, épouse de *Jean* le Maitre, seigneur de Mazaugue.

XV. BERTRAND IV Porcellet, chevalier, seigneur de Fos, du Martigues, de S. Mitre, la Corone, la Vallée de S. Pierre, de Lansac, Laval & S. Julien, donna en 1422 du secours à la ville de Marseille, assiégée & prise par les Catalans & Aragonois, avec des troupes qu'il leva, joint avec les principaux seigneurs de Provence. Il eut pour femme *Englesone* d'Aiguieres, dont il eut 1. LOUIS, seigneur de Fos, *qui fit branche*; 2. *Marguerite-Marie*, mariée à *Antoine* Ruffo, seigneur de Lamanon. Il se remaria en 1410 avec *Jeanne* d'Arlatan, de laquelle il eut 1. PIERRE, qui suit; 2. JEAN, seigneur de Fos, qui fit branche; 3. *Jeannet*, mort enfant; 4. *Honorée*, épouse d'*Aimery* d'Aiguieres, remariée à *Honoré* de Boic; 5. *Marchone*, épouse de *Jacques* de Raynaud, seigneur d'Alein.

XVI. PIERRE I de Porcellet, chevalier, seigneur de Maillanne, de Fos, la Vallée S. Pierre, S. Julien, Lansac, &c. conduisit le 17 juillet 1456 les gentilshommes de la ville & viguerie de Beaucaire pour le service du roi à son armée. * *Registre des archives de Beaucaire*. Il épousa le 14 octobre 1441, *Matheline* de Guigones, fille d'*Elzear* de Guigones, seigneur de Maillanne, dont il eut ANDRÉ, fils unique, qui suit.

XVII. ANDRÉ de Porcellet, seigneur de Maillanne, de Fos, la Vallée de S. Pierre, Laval, S. Julien, Lansac, &c. le 30 décembre 1475, fit un traité avec *René*, roi de Sicile, au sujet de la terre de Maillanne, en son conseil éminent à Marseille. Il épousa le 21 décembre 1459 *Raymonde* de Boche. Il en eut 1. PIERRE, qui suit; 2. HONORÉ, *qui fit branche*; 3. *Honorée*, épouse de *François* de Turpin, ensuite de *Jean* de l'Estang de Parade; 4. *Marguerite*, épouse de *Louis* de Meiran; 5. *Jeanne*, épouse de *Louis* de Vuilfrême, & ensuite d'*Auger* de Roquefeuil, vicomte de Convertis, seigneur de Versol; 6. *Marche*, épouse de *Thomas* d'Albert, seigneur de Bossargues. De cette maison sont sortis les connétable & ducs de Luynes, Chevreuse, Chaulnes & Pecquigny.

XVIII. PIERRE II de Porcellet, seigneur de Maillanne, de Fournés, de Jallene, &c. fut gouverneur des villes, châteaux & vigueries de Beaucaire, du S. Esprit & la Vernède. Il épousa *Marguerite* de Piquet, fille d'*Honoré* de Piquet, & de *Jeanne* de Lombard. Il en eut 1. HONORÉ, *qui fit branche*; 2. JEAN, *qui fit branche*; 3. TANNEGUY, *qui suit*; 4. ANDRÉ, *qui fit branche*; 5. PIERRE, *qui fit branche*; 6. *Antoine*, proto-

notaire du saint siége, chanoine de la métropole d'Arles; 7. *Sillette*, épouse d'*Antoine* de Roquefeuil, seigneur de Convertis; 8. *Florette*, épouse de *Claude* Grimoard, seigneur du Roure; 9. *Jeanne*, épouse de *Paul* de Kailar, seigneur de Spondillan; 10. *Magdeléne*, épouse de *Louis* du Mas, seigneur de Chadenac; 11. *Louise*, épouse de *Jean* de Budos, baron de Porte, duquel mariage *Charlotte-Marguerite* de Montmorenci, princesse de Condé, étoit descendue.

XIX. TANNEGUY des Porcellets, seigneur de Maillanne, du Luc & de la Tour d'Argence, gouverneur & viguier des châteaux, ville & viguerie de Beaucaire, servit avec distinction dans les guerres d'Italie, lieutenant d'une compagnie de gendarmes, se trouva à la bataille de Pavie, à la conquête de Naples par Lautrec, servit encore sur mer lorsque Barberousse vint en Provence. Il reçut plusieurs blessures. Il épousa le 10 avril 1552 *Jeanne* de Pavée de Ville-vieille, de laquelle il eut 1. PIERRE, qui fit branche; 2. JEAN, qui suit; 3. *Etienne*, guidon des chevaux légers; 4. *Timothée*, mort enfant; 5. *Magdeléne*, morte jeune; 6. *Sillette*, épouse d'*Antoine* de Saunier, seigneur de Cruviers & Lascours; 7. *Marguerite*, morte fille; 8. *Blandine*, épouse de *David* de Grangeac.

XX. JEAN des Porcellets, seigneur de Maillanne, de S. Paul de Courtezon, de Luc, gentilhomme ordinaire de la chambre du roi, fut mestre de camp d'un regiment colonel, général d'infanterie du régiment de Montmorenci, capitaine d'une compagnie d'arquebusiers à pied & à cheval, gouverneur de la ville de Carcassonne, de la ville & cap d'Agde, du fort de Brescou, de la citadelle de Villemur. Il épousa le 20 juin 1607 *Sibylle* de Serre, fille de *Thomas* de Serre, seigneur de la Marine, & de *Marie* de Labia, de laquelle il eut 1. *Pierre*, mort jeune à l'armée catholique, étant avec le duc de Montmorenci, son cousin; 2. ANTOINE, qui suit; 3. *Antoine-Hercule*; & 4. *Jean*, morts enfans.

XXI. ANTOINE des Porcellets, marquis de Maillanne, seigneur de Saint-Paul, de Courtezon, de Luc, &c. fut capitaine d'une compagnie de cent hommes dans le régiment de Maillanne, que commandoit son cousin. La peste ravageant la ville de Beaucaire en 1639, il y mena d'habiles gens, & fit fondre sa vaisselle pour secourir & aider les pauvres habitans. Il marcha ensuite en Catalogne avec le corps de la noblesse pour le service du roi. Il épousa 1°. le 30 août 1632, *Elizabeth* de Blain de Marcel, fille de *Louis* de Marcel de Blain, seigneur du Poët-Cellard, la Batie, Roland, Mornas, Saons, Barri, S. André, &c. & de *Justine* de la Tour-du-Pin-Gouvernet. Il en eut 1. *Louis*, mort jeune, sans avoir été marié; 2. ARMAND-RENÉ, qui suit; 3. *Henri*, mort enfant; 4. *Marie-Sibylle*, épouse de *Henri-Marie* de Villardy, seigneur de Quinson & Cheiranne, & la Tour-les-Beuvons; 5. *Elizabeth*, religieuse de la Visitation à Montelimart. En secondes nôces, il épousa *Gabrielle* de Gianis de la Roche, fille de *Pierre* de Gianis, seigneur de la Roche, sénéchal de Beaucaire & Nismes, & de *Marthe* de Rispe, il n'en eut point d'enfans.

XXII. ARMAND-RENÉ des Porcellets, chevalier, marquis de Maillanne, baron de Darboux, seigneur de S. Paul de Courtezon, fut filleul de S. A. S. Armand prince de Conti. Il épousa le 10 avril 1673 *Jeanne* de Mondragon, fille de *Paul*, seigneur de Mondragon & de Barbantane, & de *Marie* Demantin. Il en eut PAUL-JOSEPH, qui suit; 2. *François-Louis* des Porcellets, grand-croix de l'ordre de Malte, commandeur de Lugan, bailli de Commerci, grand-véneur de S. A. R. duchesse douairiere de Lorraine, ci-devant son premier écuyer, & précédemment conseiller d'état & chambellan de leurs A. R. Léopold I, duc de Lorraine, & François III, grand duc de Toscane, au service desquels il a passé avec permission du roi, après avoir servi sa majesté, capitaine de ses Cravates, & blessé en plusieurs combats où il s'est trouvé; 3. & deux filles nommée *Marie*, toutes deux mortes au berceau.

XXIII. Paul-Joseph des Porcellets, chevalier, ~~r~~quis de Maillanne, baron de Darboux, seigneur de Paul & de Courtezon, épousa le 6 avril 1700 Anne-~~I~~çoise des Porcellets, fille unique de François-Louis Porcellets, & de Marie-Elizabeth de Forbin-Solliés. ~~s~~ enfans sont, 1. Joseph-Armand-René des Porcellets; Joseph-François-Auguste, chevalier de Malte; 3. Jo-~~n~~-Louis-Guillaume, capitaine dans le régiment d'Au-, infanterie; 4. Marie-Thérèse, veuve de Jean-Au-~~l~~in de Grille, mort capitaine aux Gardes Françoises; Marie-Anne-Françoise, religieuse.

Après cette descendance de la seule branche qui sub-~~e~~, on ne peut donner un détail de celles qui sont ~~j~~ointes, laquelle leur multiplicité nous feroit un volume. ~~On~~ dira seulement que Jean des Porcellets, fils de Re~~n~~aud II, en établit une à Naples, où il fut baron de Si~~gn~~e, & vicaire du roi Charles I en Toscane, viceroi de ~~l'A~~bruzze. Il épousa Alisette de Sabran, dont il eut ~~BE~~RTRAND, qui suit; & Raynaud, évêque de Digne, ~~ho~~noré comme saint dans cette église, dont le corps con-~~ser~~vé dans une châsse, fut brulé par les huguenots. Il y ~~a~~ encore dans la cathédrale de Digne la chapelle de ~~S.~~ Raynaud. Guillaume des Porcellets, son neveu, lui ~~suc~~céda à cet évêché.

BERTRAND des Porcellets, seigneur de Cabriés en ~~Pr~~ovence, de Sainte-Sophie, Baragian, S. Laurent de ~~St~~rata du royaume de Naples, duc de Melphe, am-~~ba~~ssadeur en Sicile, conseiller du roi, son familier & fi-~~dè~~le, viceroi de l'Abruzze, baron du royaume de Sicile, ~~g~~ouverneur de Naples, & capitaine général, épousa ~~M~~arguerite Ruffo de Cantazaro, dont il eut GUIL-LAUME, qui suit.

GUILLAUME I des Porcellets, chevalier, seigneur ~~d~~e Sainte-Sophie, Baragian, S. Laurent de Strata, ba-~~ro~~n du royaume de Sicile, fut chambellan de la reine ~~J~~eanne I il épousa Jaquette de Ceccano.

BERTRAND II des Porcellets, chevalier, seigneur de ~~S~~ainte-Sophie, de Palo, Baragian, S. Laurent de Strata, ~~fi~~nit cette branche.

En Syrie, une branche qui y fut établie, y posséda ~~d~~e très-grandes terres, & les Porcellets dans ce pays-~~là~~ firent de grandes largesses aux Hospitaliers & Tem-~~p~~liers, entr'autres, à l'ordre de S. Jean de Jérusalem, ~~&~~ de la redevance qu'un chevalier de Syrie faisoit à GUIL-LAUME des Porcellets pour sa terre de Malionin, de venir ~~le~~ servir pendant six mois quand il faisoit la guerre. Douce des Porcellets y épousa Gautier de Béthune, de la branche de Bessan, qui fut la derniere de cette branche.

En Lorraine, ANDRÉ des Porcellets, qui y suivit Claude de France, épouse de Henri, duc de Lorraine, ~~f~~ut gentilhomme de la chambre du marquis de Pont, ~~fi~~ls aîné du duc Antoine, chambellan & écuyer du duc, capitaine du château de Bruyeres, gouverneur & bailli de la ville d'Epinal. Il eut de Catherine de Valhey sa femme, JEAN des Porcellets, qui fut gentilhomme de la chambre de Charles, duc de Lorraine, conseiller d'état, ambassadeur du duc, à différents rois & princes, com-manda les chevaux légers de Lorraine, au service de Char-les IX & de Henri III, rois de France; fut gouverneur de la ville, évêché & comtés de Toul, maréchal des duchés de Lorraine & Barrois, général des armées de Charles & Henri, ducs de Lorraine; se distingua aux sieges de Stenay & prises de Coiffy, Montigny, Mon-teclair, Lafosse & Château-vilain; fut général pour Charles, cardinal de Lorraine, évêque & prince de Stras-bourg; & après avoir gagné deux batailles contre ses ennemis, fit faire la paix. Il fut encore bailli & gouver-neur de la ville & évêché de Metz, fut créé baron du saint empire par l'empereur Rodolphe II. Il épousa Esther d'Apremont, fille de Gerard d'Apremont, & de Guillaumette du Chastellet. Il en eut ANDRÉ, qui suit; & Jean, évêque & comte de Toul, prince du saint empire, abbé commendataire de S. Mansuy & S. Avold; & Catherine, épouse de Jacques de Rainach.

ANDRÉ des Porcellets, seigneur de Valhey, baron

du saint empire, conseiller d'état du duc de Lorraine, bailli & gouverneur de la ville & évêché de Metz & Marsal, grand chambellan du même duc, commandant 100 chevaux légers, lieutenant-colonel de 3000 Wal-lons en Hongrie, épousa Elizabeth de Danois-Sernés, fille de Claude de Sernés, & d'Edmonde de Saulx-Ta-vanes, dont il eut Claude-Dorothée, mariée dans la mai-son de Tornielle-Gerbevillers; Marie-Anne-Françoise, dans celle de la Beaume-Saint-Amour; & Françoise-Aprône, dans celle de la Beaume de Suse.

La branche des marquis d'UBAYE finit à la fin du der-nier siécle en la personne de FRANÇOIS-JOSEPH des Porcellets, marquis de Serviés, comte de Landun & Rochefort, baron de Valerarques & S. Roman, qui avoit épousé Marie-Rose de Crussol, fille de François de Crussol, duc d'Uzez. Ses deux sœurs avoient été ma-riées, l'une à André-Joseph de Brancas-Cereste, marquis de Courbons, & l'autre à Henri de Brancas, marquis de Ville-neuve.

La branche aînée des marquis de Maillanne & la Rosselle, à laquelle celle qui subsiste a succédé, finit à la fin du dernier siécle, en la personne de LOUIS-JO-SEPH des Porcellets, marquis de Maillanne & la Ros-selle, gouverneur du château & ville de Tarascon, qui après avoir servi aide de camp du prince de Condé, fut colonel des troupes vénitiennes & commandant de 4000 hommes au siége de Patras, contre les Turcs. Il se distingua à ce siége, monta le premier à l'assaut, & y reçut une blessure. Il avoit épousé Angélique de Roche-maure. Les dernieres filles de cette branche avoient été mariées dans les maisons de Sainte-Maure, de Marignane & de Simiane. * Mémoire communiqué.

PORCELLI, anciennement Osteodes. C'est une des isles de Lipari. Elle est petite & déserte, & située près de la côte occidentale de celle d'Ustica. * Mati., diction.

PORCELLUS ou PORCELLIUS (Pierre) histo-rien célèbre & poëte Latin, étoit Napolitain, & l'on prétend que dans sa premiere jeunesse il garda les pour-ceaux, d'où lui est venu le nom de Porcellus. Pour dé-guiser un peu son origine, il se faisoit appeler Porcel-lius, ce qui n'apporte pas une grande différence. Vos-sius dans ses Historiens Latins, & M. Baillet dans ses Jugemens des savans, le font contemporain de Pétrar-que & de Bocace, & prétendent qu'il florissoit vers l'an 1370. Ces deux savans se sont trompés. Il est cer-tain que Porcellius n'est né qu'après l'an 1400, & qu'il écrivoit encore en 1452. On ignore comment il sortit de l'obscurité où sa naissance paroissoit l'avoir condamné : ce qui est certain, c'est qu'il se qualifie secrétaire du roi de Naples; qu'il étoit bien venu auprès de Frédéric, duc d'Urbin, ce célèbre général d'armée qui mourut en 1482, & qu'il en avoit été choisi pour écrire les mé-moires de sa vie. Porcellus se trouva aussi en 1452 avec les troupes des Vénitiens, qui étoient alors en guerre avec les Milanois. Il y étoit, non pour combattre avec elles, mais pour être témoin de ce qui se passoit & des grandes actions de Jacques Picinin, qui combattoit à ses frais pour les Vénitiens; & il écrivoit le tout à Al-fonse d'Aragon, roi de l'une & l'autre Sicile, allié des Vénitiens. Ce qu'il écrivit en cette occasion, il l'inti-tula : Les commentaires du comte Jacques Picinin, ap-pellé Scipion Emilien. Ce morceau d'histoire écrit en latin, est divisé en neuf livres, & plaît autant par l'agré-ment du style, que par l'esprit & l'élégance qui régnent dans les récits. L'auteur y prodigue ses louanges à Pici-nin, son héros, qui l'honoroit de son estime, qui le lo-geoit avec lui, & qui l'admettoit tous les jours à sa ta-ble; mais il le fait avec tant de graces, qu'il donne en-vie de tout lire, lors même qu'on s'apperçoit que la seule flaterie conduit sa plume. Cet ouvrage n'a été donné au public qu'en 1731, par M. Muratori, dans le tome XX de sa collection des écrivains de l'histoire d'Italie. Por-cellus étoit poëte aussi, & même poëte lauréat, ou cou-ronné, selon l'usage assez ordinaire de son siécle, & sur-tout en Italie. Nous avons de lui des élégies & des épigrammes, où l'on trouve plus de naturel que d'art, plus de fimplicité que d'élégance. Il avoit continué l'hiftoire de Jacques Picinin pendant l'année 1453. Mais cette feconde partie eft encore manufcrite à Vérone. On croit auffi que l'on conferve dans la bibliothéque du Vatican plufieurs autres ouvrages de notre auteur qui n'ont point encore été imprimés, & qui fe trouvoient autrefois dans la bibliothéque des ducs d'Urbin, d'où les manufcrits de cette bibliothéque ont été tranfportés. * Voyez les auteurs cités dans cet article, & la préface de M. Muratori, fur les commentaires hiftoriques de Jacques Picinin ; les additions d'Apoftolo Zeno faites au traité de Voffius des *Hiftoriens Latins*, &c.

PORC-EPÍC, ordre de chevalerie, fut inftitué par Louis de France, duc d'Orléans, & fecond fils du roi Charles V, à la naiffance de fon fils Charles, en 1394. Cet ordre étoit compofé de 25 chevaliers, dont le duc étoit le premier, & qui devoient être nobles de quatre races. Leurs ornemens étoient un mantelet d'hermine, fur lequel on mettoit une chaîne d'or, au bout de laquelle pendoit fur l'eftomac un porc-epic d'or, avec cette devife, *Cominus & eminus*, que le roi Louis XI prit depuis pour lui. On veut que cet ordre ait été appellé du nom *de Camail*, parceque le duc d'Orléans donnoit avec le collier, une bague d'or garnie d'un camayeu, ou pierre d'agathe, fur laquelle étoit gravée la figure du porc-epic. Le roi Louis XII abolit cet ordre à fon avénement à la couronne. * Sainte-Marthe, *l.* 15, *hift. généal.* Favin, *theat. d'honneur & de chevalerie.*

PORCHAIRE (S.) étoit abbé de Lerins en 731, lorfque les Sarafins ou Maures d'Efpagne defcendirent dans cette ifle, au retour du fiége qu'ils avoient mis devant Arles. Après avoir embarqué feize penfionaires, & trente-fix plus jeunes religieux, il affembla fa communauté, compofée d'environ 500 moines, & les exhorta à mourir généreufement pour la foi de Jefus-Chrift. Les barbares étant entrés dans l'ifle, ils maffacrerent tous, à l'exception de quatre qu'ils emmenerent avec eux : mais ceux-ci fe fauverent ; & étant revenus à Lérins, y trouverent tous leurs confreres maffacrés, à l'exception du feul Eleuthere, qui s'étoit caché dans une grotte. Ils firent revenir les trente-fix religieux que faint Porchaire avoit envoyés en Italie, & Eleuthere fut choifi pour abbé. * Baralis, *chron. Lirin.* Mabillon, *III fiécle, part.* 1. Bulteau, *hift. monaft. d'Occident, l.* 4. D. Rivet, *hift. litter. de la France*, tome II.

PORCHERES D'ARBAUD (François de) ou plutôt ARBAUD DE PORCHERES : car ARBAUD eft le nom de famille, laquelle eft noble & ancienne, qui eft divifée en plufieurs branches, dont une fubfifte avec diftinction dans le parlement d'Aix. Porcheres eft un petit village près de Forcalquier, dont Arbaud avoit une portion. Arbaud de Porcheres étoit de S. Maximin, & s'eft diftingué par fon talent pour la poëfie françoife. Malherbe l'avoit élevé dans fa jeuneffe à Paris, l'aima jufqu'à la mort, & lui légua la moitié de fa bibliothéque par teftament. Arbaud fe maria en Bourgogne avec une demoifelle de la maifon de la Chapelle-Senevois, dont il eut un fils, & il y mourut en 1640. Il étoit de l'académie françoife, & avoit été gouverneur d'un fils de M. de Chenoife, & depuis d'un fils de M. le comte de S. Herem. M. de Boifrobert lui fit donner une penfion de 600 liv. par le cardinal de Richelieu. Il eft bon d'avertir qu'il n'étoit pas de la famille de M. Laugier de Porcheres, comme l'ont cru plufieurs favans. Ses poëfies font : une paraphrafe des pfeaumes graduels ; des poëfies diverfes fur différens fujets, *in-8°*, à Paris 1633, & plufieurs autres piéces inférées dans les recueils de fon temps. On lui attribue, entr'autres, un fonnet fur les yeux de la belle Gabrielle d'Eftrées, qui lui valut, dit-on, une penfion de quatorze cens livres. Il fe trouve dans un recueil de 1607, intitulé : *Le Parnaffe des plus excellens poëtes de ce temps, ou les Mufes françoifes ralliées de diverfes parts*, tom. 1, pag. 286 : une Ode à la louange du cardinal de Richelieu, pour

le remercier de lui avoir donné une place à l'académie. JEAN d'Arbaud, fieur de Porcheres, gentilhomme ordinaire de la chambre du roi, étoit fon frere, & avoit le même talent pour la poëfie, mais avec moins de jufteffe & de correction. Il a traduit auffi quelques pfeaumes en vers françois, dont il s'eft fait deux éditions ; la premiere à Grenoble, en 1651 ; & l'autre plus ample, à Marfeille, en 1684. * Pelliffon, *hift. de l'académie françoife, avec les notes de M. d'Olivet, tom. I, de l'édition in-12.*

PORCHERES (Honorat Laugier de) de l'académie françoife, comme M. de Porcheres d'Arbaud, eft auteur des écrits fuivans. Le camp de la Place royale, ou relation de ce qui s'eft paffé pour la publication du mariage du roi & de madame avec l'infante & le prince d'Efpagne, *in-4°*, à Paris 1612. Cent lettres d'amour d'Erandre à Cléanthe, à Paris 1646, *in-8°*. Des poëfies diverfes dans les recueils de fon temps. * *Hift. de l'académie françoife*, par M. Pelliffon, avec les additions de M. l'abbé d'Olivet.

PORCHERON (dom David-Placide) né à Châteauroux en Berri, l'an 1652, religieux Bénédictin de la congrégation de S. Maur, entra dans cette congrégation en 1670, & y fit fa profeffion en 1671 dans l'abbaye de S. Remi de Reims. Il fut bibliothécaire de l'abbaye de S. Germain des Prés à Paris, & fe diftingua par l'exacte connoiffance qu'il avoit des langues, de l'hiftoire, de la géographie, des généalogies & des médailles. Il écrivoit également bien en latin & en françois. Il publia en 1690 des maximes pour l'éducation d'un jeune feigneur. Il n'en eft pas l'auteur, mais il a réformé le ftyle, & y a joint la traduction des inftructions de l'empereur Bafile *le Macédonien*, pour Léon fon fils, & la vie de ces deux princes : il a auffi contribué à l'édition nouvelle de S. Hilaire. Il avoit publié en 1688 un vieux manufcrit fur la géographie du moyen âge, d'un auteur anonyme du feptieme fiécle, ou environ, qui étoit de Ravenne, qu'il a enrichi de quantité de notes très-curieufes & très-favantes. Ce pere, digne d'une plus longue vie, mourut dans l'abbaye de S. Germain des Prés, à Paris, à l'âge de 42 ans, le 14 février 1694. * *Mémoires du temps.*

PORCHET SAUVAGE, *Porchetus de Sylviaticis*, de Gênes, vivoit vers l'an 1315, & prit l'habit de Chartreux. Dans fa folitude il compofa un ouvrage contre les Juifs, où il prouve, par l'écriture & par les livres du Thalmud & des Cabaliftes, la vérité de la religion chrétienne. Cet ouvrage fut imprimé à Paris en 1520, par les foins d'Auguftin Juftiniani, évêque de Nébio, fous ce titre : *Victoria Porcheti adverfus impios Judaos.* L'auteur copioit dans cet ouvrage Raimond - Martin, comme il en avertit, & fut enfuite copié par Pierre Galatin, qui cacha fon vol. On dit qu'il compofa un autre traité, *de entibus & unis*, qu'on garde dans la bibliothéque des Dominicains de Gênes. *Voyez* GALATIN. * Barthelemi Pafcheti, *nelle bellexe de Genoa.* Auguftin Juftiniani, *annal. Genuenf. ad A. C.* 1299. Auguftin Schiaffino, *hift. eccl. Gen.* Gefner, *in bibl.* Poffevin, *in appar. facr.* Petreius, *bibl. Cart.* Raphaël Soprani, *fcritt. della Ligur.*

PORCIE, *Porcia*, fille de Caton d'*Utique*, femme en premieres nôces de Bibulus, & enfuite de Brutus, avoit appris la philofophie, aimoit les belles lettres, avoit un efprit, auffi-bien que par fon courage, s'éleva au-deffus de la foibleffe ordinaire de fon fexe. Dans le temps que Brutus devoit exécuter la conjuration contre Céfar qu'on lui cachoit, elle fe fit elle-même une très-grande bleffure ; &, voyant fon mari alarmé : *Je me fuis bleffée*, lui dit-elle, *pour vous donner un témoignage de mon amour, & pour vous faire connoître avec quelle conftance je me donnerois la mort, fi l'affaire que vous allez entreprendre venoit à échouer, & cauferoit votre perte.* Quand fon mari fe retira, elle l'accompagna avec une grande conftance, jufqu'au bord de la mer ; mais elle ne put retenir fes larmes, en voyant un tableau qui

:préfentoit Hector quand il fortit de la ville de Troye
:our aller au combat. Depuis ayant appris la défaite &
: mort de Brutus , qui arriva en 712 de Rome , & 42
:ns avant J. C. elle réfolut de mourir. Ses parens s'op-
:oférent à ce funefte deffein , & lui ôterent toutes les
:rmes avec lefquelles elle fe pouvoit nuire ; mais elle
:ut le courage d'avaler des charbons ardens , & fe fa-
:rifia par ce genre de mort extraordinaire. Néanmoins
:lutarque dit que l'on trouvoit une lettre de Brutus à
:es amis , par laquelle il fe plaignoit de ce qu'ils avoient
:aiffé mourir fa femme. Il y a eu une autre PORCIE ,
:œur de Caton d'*Utique* , & femme de Domitius Æno-
:barbus , dont Ciceron, Lollius & Varron ont fait l'é-
:oge. Celle-ci étoit morte avant qu'on eût tué Céfar.
* Plutarch. *in Bruto.* Valere Maxime, *l.* 3, *c.* 2, *ex.* 16 ;
& *l.* 4, *c.* 6, *ex.* 6. Bocace, *de mulier. c.* 8. Bayle,
dictionaire critique , feconde édition 1702.

PORCIUS CATON , *cherchez* CATON.

PORCIUS LATRO (M.) célebre déclamateur,
eut grande part à l'amitié & à l'eftime de Séneque, &
étoit originaire de Cordoue en Espagne. Se voyant attaqué d'une fiévre quarte , longue & fâcheufe, il fe fit
mourir pour fe délivrer de ce mal, l'an 750 de Rome,
& quatre ans avant J. C. Nous avons fous fon
nom une déclamation contre Catilina ; mais les connoiffeurs foutiennent qu'elle eft indigne d'un homme de
cette réputation. * Séneque, *in præf. controv. l.* 1.
Voffius, *de rhetor. lat. n.* 15 , &c.

PORCIUS LICINIUS, poëte Latin, vivoit au commencement de la feconde guerre punique , vers l'an 536
de Rome, & 218 avant J. C. dans le temps que la
poëfie latine étoit encore informe & groffiere. *Cherchez*
LICINIUS. * Aulu-Gelle, *l.* 17 , *c. ult.*

La famille des PORCIENS , *Porcia gens* , a été illuftre
à Rome entre celles du peuple , & étoit originaire de
Tufculum. PORCIUS Cato, dont Plutarque fait mention, eut deux fils , CATON *le Cenfeur* , qui fuit ; &
PORCIUS Licinius, conful en 570 de Rome, & 184
ans avant J. C. avec Claudius Pulcher. M. PORCIUS
Cato , *dont nous parlons fous le nom de* CATON, eut
deux fils, M. PORCIUS, *dont nous parlerons dans la
fuite* , & PORCIUS Cato Salonianus, qui mourut étant
préteur. Quelques auteurs le font pere de M. PORCIUS,
qui fut conful en 640 de Rome, & 114 ans avant J.C.
avec M. Acilius Balbus ; & qui étant depuis banni de
Rome , pour avoir mal gouverné la Macédoine, fe retira
à Tarragone en Espagne. Il laiffa un fils de même nom,
pere de Caton d'*Utique* , qui fut pere de PORCIUS
Cato , tué à la bataille de Philippes, l'an 712 de Rome,
& 42 ans avant J. C. PORCIUS Cato, fils aîné du cenfeur, mourut avant fon pere. Il avoit époufé Tertia,
fille de Paul-Emile , & laiffa d'excellens livres de droit,
felon Pomponius. Son fils, qui mourut en Afrique, fut
pere de L. PORCIUS Cato. Quelques auteurs croient
que C. PORCIUS, *dont nous avons parlé* , & qui fut
conful avec M. Acilius, étoit fils du même Caton le
jurifconfulte. L. PORCIUS Cato fut conful en 665 de
Rome, & 89 ans avant J. C. avec Cn. Pompeius Strabo, & fut tué peu après à la guerre contre les Marfes
ou des affociés, *Voyez* CATON. * Tite-Live, *l.* 33 ,
34 & 39. Velleius Paterculus, *l.* 2. Pomponius, *l.* 2. *de
orig. jur.* Cicéron. Dion. Valere Maxime. Plutarque.
Caffiodore , &c.

PORCUNA, PORCHUNA, bourg de l'Andalou-
fie en Espagne. Il eft à deux lieues du Guadalquivir vers
le midi , & à fix de Jaën , vers le couchant. Quelques-
uns le prennent pour l'ancienne *Obolco* , & d'autres
pour l'ancienne *Lacippo* , deux petites villes de l'Efpagne Bétique. * Baudrand.

PORDAGE (Jean) prédicateur Anglois , & auteur
myftique, fils de Samuel Pordage, bourgeois de Londres,
mort en 1626, fut d'abord pafteur de l'églife de S. Laurent à Réading , enfuite à Bradfort en Berkshire , d'où
il fut chaffé fous prétexte de fcandale & de commerce
avec le démon. Il fit fon apologie dans un livre anglois,

qu'il oppofa à celui de Thomas Ford , intitulé , *Dæmo-
nium meridianum* ; mais n'ayant pu obtenir d'être rétabli , il fe mit à exercer la médecine. Il étoit fort eftimé
de Pierre Poiret , qui prétendoit qu'il furpaffoit Jacques
Bœhm en mérite ; auffi le fait-on chef d'une nouvelle
fecte , que l'on appelle les *nouveaux Bœhmiftes.* Il a
écrit de plus deux autres traités , *Theologia myftica* , &
le fecond intitulé , *Sophia* , tous en anglois. On les a
traduits & imprimés en allemand à Amfterdam en 1698
& 1699, après la mort de l'auteur.

PORDENONE le Jeune, peintre, *cherchez* LICI-
NIO (Jule)

PORDENONE (Licinio de) ou JEAN-ANTOINE
REGILLO ; excellent peintre d'Italie , né à Pordenone,
bourg du Frioul , étoit de la famille de Sacchi , quoiqu'on
l'appellât *Licinio* , & même quelquefois *Cuticello* , & ne
prit le nom de *Regillo* , que quand l'empereur l'honora
du titre de chevalier. Il renonça, dit-on , à celui de fa
famille , par la haine qu'il portoit à un de fes freres , qui
avoit voulu l'affaffiner d'un coup d'arquebufe, dont il
fut bleffé à la main. Au refte , il y eut une fi grande jaloufie entre le Titien & Pordenone, que celui-ci craignant quelque infulte, fe tenoit toujours fur fes gardes,
& travailloit l'épée au côté , avec une roudache auprès
de lui. Après avoir long-temps travaillé à Venife &
dans d'autres villes d'Italie , il alla à Ferrare par ordre du
duc Hercule II, pour y achever des deffins de tapifferies, qu'il avoit commencés à Venife ; mais à peine y fut-
il arrivé qu'il tomba malade, & mourut avant que d'avoir
fini cet ouvrage , où il repréfentoit les travaux d'Ulyffe.
Ce fut en l'année 1540, & en la 56e année de fon âge.
Le duc de Ferrare lui fit faire de fomptueufes funérailles. * Félibien , *entretiens fur les vies des peintres.*

PORDENONE , bourg fortifié dans le Frioul , à fix
lieues du golfe de Venife , & à cinq de Céneda vers le
levant. Ce lieu qui appartenoit aux anciens patriarches
d'Aquilée , a été long-temps poffédé par les archiducs
d'Autriche ; mais les Vénitiens s'en étant plufieurs fois
rendu maîtres, Charles-Quint le leur céda en 1529. Cependant l'empereur ne laiffe pas de porter parmi fes
titres , celui de feigneur de Pordenone ou de Pordenaw.
* Mati , *diction.*

PORÉE (Charles) né le 14 feptembre 1675, à
Caen même , felon les uns , ou plutôt felon d'autres,
dans la paroiffe de Vendes près de Caen , d'une famille
honnête & bien alliée , entra dans la fociété des Jéfuites
le 8 de feptembre 1692 ; & après avoir fait fes deux
années de noviciat , & en avoir employé une autre à
repaffer fes études d'humanités , il fut envoyé à Rennes
en 1695 , pour y commencer fon cours de régence. Il y
réuffit : il s'y fit une grande réputation , fur-tout lorfqu'il fut chargé de la rhétorique qu'on lui confia après
le cours des autres claffes , & l'on put prévoir dès-lors
qu'il égaleroit un jour ceux qui avoient couru cette carriere avec le plus d'éclat. Rappellé à Paris pour y faire
des études convenables à un homme que l'on deftinoit
aux faints ordres , on le chargea en même temps de la
direction des études d'un nombre de penfionaires qui
faifoient leur rhétorique. On ne pouvoit donner un
meilleur maître à ces jeunes gens , & les progrès qu'ils
firent juftifierent un pareil choix. Quoique cette occupation dût beaucoup le détourner , on affure que le pere
Porée approfondit affez la théologie pour y briller : il
prêcha même quelques fermons qui furent goûtés ; & ,
fi l'on eût écouté fon inclination & fes follicitations , il
fe fût pour toujours confacré aux miffions chez les infidéles. Mais à la fin du carême de 1708 , il reçut ordre
de venir profeffer la rhétorique au collége de Louis le
Grand , & c'eft dans ce pénible emploi qu'il a paffé les
trente-trois dernieres années de fa vie , jufqu'à fa mort
arrivée le 11 janvier 1741. Il aimoit fes difciples , &
il avoit l'art de s'en faire aimer. Auffi attentif à leur infpirer l'efprit de piété que l'amour & le gout pour les
belles-lettres, il les inftruifoit fouvent des vérités les
plus importantes de la religion , & il étoit rare qu'on

sortît de ses instructions sans être touché & attendri. Souvent il parloit en particulier aux jeunes gens en qui il remarquoit plus de penchant à la dissipation, & il les rappelloit à leur devoir, en les exhortant avec douceur, & en même temps avec un certain ton pathétique qui confondoit au moins ceux qui n'avoient pas la docilité de se rendre. Lui-même étoit un homme de prieres, & si ami de la retraite, qu'il étoit presque aussi solitaire au milieu de Paris, que s'il eût vécu dans un désert. Du côté des talens de l'esprit, on ne peut nier qu'il n'ait eu une grande fécondité; qu'il ne possédât l'art de se mettre à la portée de tous ceux qu'il instruisoit; qu'il n'eût acquis un grand fonds d'érudition par une étude assidue des meilleurs écrivains de l'antiquité grecque & romaine. Ses premieres harangues lui acquirent d'abord une grande réputation. Mais on ne doit pas dissimuler que le tour d'éloquence qu'il avoit choisi, & son style même, sur-tout dans les premieres années, étoient plus du siécle de Trajan que de celui d'Auguste. Il est un peu revenu à celui-ci dans la suite; mais il a toujours donné plus à l'esprit, aux expressions ingénieuses, aux pensées vives & saillantes, qu'à la grande maniere de Cicéron. Cela ne regarde que ses discours d'apparat; car dans ceux qu'il faisoit à ses disciples dans les veilles des grandes solemnités, il étoit plus simple, il ne pensoit qu'à éclairer l'esprit & à toucher le cœur, & il y réussissoit. Quant aux plaidoyés que le pere le Jay avoit établis quelques années avant qu'il eût le pere Porée pour collégue, on est convenu que ce dernier a porté cet exercice à toute la perfection dont il est susceptible, par la finesse des pensées, la délicatesse du style, la justesse des raisonnemens, & les graces qu'il y répandoit, toujours proportionnées à l'âge & à la qualité des orateurs qu'il faisoit parler. Aussi grand poëte qu'orateur habile, ses pieces de théâtre ont toujours reçu de grands applaudissemens, & toutes le méritoient. Son comique est gracieux, & toujours décent; on y admire sur-tout la flexibilité de son esprit, & son attention à y amener une morale exacte, & à la portée des plus simples. Sa diction, soit en latin, soit en françois, en vers comme en prose, y est exacte, ingénieuse, & assez ressemblante au style des anciens. Son tragique est dans le grand : il y a peint toute l'élévation & toute la tendresse de ses sentimens, qui faisoient le caractere de son cœur. Mais sa modestie a privé le public de tant de pieces qui pouvoient lui faire un grand nom dans la postérité, & lui donner une place distinguée parmi les écrivains de ce siécle. De toutes ses harangues prononcées en public, il y en a dix qui après avoir été imprimées séparément, ont été recueillies malgré l'auteur en 1735 à Paris, en deux vol. *in*-12. La premiere est celle où l'orateur examine lequel des deux états, le monarchique ou le républicain, est plus propre à former des héros : on y a joint la traduction françoise faite par le pere Brumoy, l'un des écrivains les plus délicats, & l'un des plus beaux génies de sa société. La seconde est l'oraison funebre de Louis, dauphin de France, prononcée en 1711. La troisiéme précédée d'une épître dédicatoire à M. le cardinal de Rohan, fut prononcée sur 1715, sur les victoires que la France remporta alors. La quatrième est l'oraison funebre de Louis XIV, prononcée en 1715, avec une traduction françoise qui est de M. Manoury, depuis avocat au parlement de Paris. Le but de la cinquiéme, prononcée en 1717, à l'occasion de l'avénement de Louis XV au trône, est de prouver que l'on peut juger par les qualités qu'un prince montre dans son enfance, de ce qu'on doit en espérer pour l'avenir. Elle est dédiée à Louis XV, par une épître particuliere. La sixiéme est une action de graces au même souverain, lorsqu'il prit les rênes du gouvernement : elle est de 1723. La septiéme, qui est de 1725, est une apologie des François accusés de légéreté. La huitiéme est sur la naissance de M. le dauphin : elle fut prononcée en 1729. La neuviéme est sur les critiques : elle est de 1731. La derniere est sur les spectacles :

on y a joint la traduction françoise faite par le pere Brumoy. Cette harangue a été prononcée en 1733. L'oraison funebre de Louis XIV, qui est dans ce recueil, engagea le pere Porée dans une contestation où l'on ne peut pas dire qu'il entra malgré lui. Il commença l'attaque, en écrivant une lettre françoise à M. Grenan, alors professeur de rhétorique dans l'université de Paris, où il reprenoit quelques endroits de l'oraison funebre du même prince, que ce professeur avoit prononcée en Sorbonne, le 11 décembre 1715. M. Grenan fit à cette lettre une réponse d'une trentaine de pages *in*-12, où il fit entrer d'autres questions que celles qui regardent l'éloquence, & qui touchoient plus particuliérement le pere Porée & sa société. La querelle engagée produisit plusieurs autres lettres & réponses de quelques partisans, soit de l'université, soit des Jésuites. On peut en voir le détail abrégé dans la seconde édition de la *bibliothéque françoise*, ou *histoire de la littérature françoise*, &c. à la fin du tome I. Depuis le recueil des dix harangues du P. Porée, on a encore imprimé deux discours : 1. *De libris qui vulgò dicuntur Romanenses. Oratio*, à Paris 1736, *in*-4°. 2. *De credulitate in doctrinis. Oratio*, 1739, *in*-4°. Quant aux poësies du P. Porée, on connoît la piéce intitulée : *Cremona liberata*, sur la journée de Crémone, que M. de la Baune, alors écolier de rhétorique, & qui est mort en 1740 gentilhomme ordinaire de la chambre du roi, fit sous la direction du P. Porée, dans le temps que celui-ci étudioit la théologie : les *Stances sur l'ode que le P. Commire a faite durant sa maladie*, imprimées dans le tome II des poësies du P. Commire : quelques endroits choisis de sa *Tragédie d'Agapit, martyr*, dont M. le Fort de la Moriniere a enrichi le troisiéme volume de son nouveau choix de poësies morales. *Clero Gallicano hæresium debellatori*, &c. 1705, *in*-4°. *Epicedia Ludovico Franciæ Delphino Ludovici Magni nepoti, Mariæ-Adelaïde conjugi, Ludovico Delphino filio*, à Paris 1712, *in*-8°. *Metamorphoses scriptæ & recitatæ à selectis rhetoribus in regio Ludovici Magni collegio soc. J.* à Paris 1714, *in*-12. *In regales Ludovici XV nuptias carmina scripta & recitata à selectis rhetoribus*, Paris 1726, *in*-4°. Le P. Porée a dirigé & corrigé au moins les piéces de ces trois derniers recueils. Le P. Griffet, Jésuite, a publié en 1745 les tragédies latines du P. Porée, au nombre de six, dont les deux dernieres sont en trois actes avec des intermedes françois. L'éditeur a mis à la tête de ce recueil une vie abrégée de l'auteur, écrite avec beaucoup d'élégance & de délicatesse. Il y a joint plusieurs piéces en vers latins, composées par plusieurs Jésuites, à l'occasion de la mort de leur illustre confrere. On a imprimé un second recueil des harangues du pere Porée, sous ce titre : *Caroli* PORÉE *è societate Jesu sacerdotis, orationes recèns editæ*, à Paris 1747, *in*-12. Ce recueil contient 1. *Orationes sacræ*, au nombre de quatre, savoir, sur la naissance de Jesus-Christ, sa mort, la Pentecôte, la fête de tous les Saints. 2. Les sujets des autres harangues sont : *De amicorum delectu. De librorum amatoriorum fugâ. Ludovico XV, recèns uncto & coronato, gratulatio* : ce discours fut prononcé au mois de novembre 1722. *De eloquentiâ, quare varia sit apud varias gentes, mutabilis apud eandem gentem eloquentiæ forma?* *De satyra; utrùm satyra in civitate bene moratâ, & quatenus admittenda sit* : ce discours est de 1710. *De panegyricis orationibus*, en 1714. *Ut in castris, sic in foro suum heroicis virtutibus locum esse*, en 1729. *De usu ingenii, sive in eos qui non utuntur ingenio, vel ingenio abutuntur. Quæ debeant esse vota Galliæ, pro sæculo proximè futuro* : ce discours fut prononcé à Rennes sur la fin de l'année 1699. En 1749 le pere Griffet a donné encore au public le recueil des comédies du P. Porée, sous ce titre : *Caroli Porée è societate Jesu sacerdotis, fabulæ dramaticæ, editæ*

o ejufdem focietatis facerdote, à Paris, in-12.
cinq piéces dans ce recueil. Elles font en profe.
zophilus, five Aleator. 2. Pater amore, vel odio,
liberos' excæcatus. 3. Mifoponus, five otiofus.
liberi in deligendo vitæ inftituto coacti. 5. Phile-
s, five juvenis voluptuarius à liberiore vitâ revo-
. * Mémoires de Trévoux du mois de mars 1741 ;
face latine du P. Griffet, citée dans cet article ;
du P. Bougeant au fujet du P. Porée, adreffée à
e Belfunce de Caftelmoron, évêque de Marfeille,
mée dans le tome IX des Amufemens du cœur &
fprit. Supplément au Parnaffe François, par M. Ti-
u Tillet, 1745, in-fol.

ORENTRU ou BRONDRUST, ville capitale
vêché de Bafle. Elle eft aux confins du Suntgaw,
a riviere d'Hallen, à fept lieues de Bafle vers le
hant. Porentru n'a rien de confidérable que fon
cathédrale & fon château, où l'évêque de Bafle
orte le titre de prince de l'empire, fait fa réfidence.
ati, diction.

ORLOCK, bourg ou petite ville maritime d'An-
rre, dans la partie occidentale du comté de Som-
et, qu'on appelle Carampton. Elle a un beau port
la pointe occidentale de la contrée, & eft à 136
es anglois de Londres. * Diction. anglois.

ORMON, anciennement Thermodoon, riviere de
nafie en Natolie. Elle fe décharge dans la mer Noi-
un peu au couchant de la ville de Pormon. * Mati,
onaire.

ORMON, petite ville de l'Amafie en Natolie.
eft fur la mer Noire, un peu au couchant de la
ere de Pormon, & au nord de Tocat. On la prend
nairement pour l'ancienne Polemonium, ville de
Cappadoce, quoique quelques géographes mettent
e ancienne ville à Vatiza, qui eft un peu au levant
Pormon. * Mati, diction.

OROS : c'eft une ifle de l'Archipel, fituée dans le
e d'Egine, fur la côte de la Morée, vis-à-vis du
rg de Saronia. Cette ifle n'a pas plus de fix lieues
circuit, mais elle eft affez bien cultivée. Quelques
graphes la prennent pour l'ancienne Calauria, où
mofthène s'enfuit & s'empoifonna, pour fe déro-
aux perfécutions d'Antipater. D'autres croyent
ient que Calauria eft la Sidra d'aujourd'hui. * Mati,
lionaire.

PORPHYRE, Porphyrius, poëte chrétien, & au-
d'un panégyrique de Conftantin en vers latins,
il préfenta à cet empereur vers l'an 329. Il le com-
a dans l'exil où il étoit, & dont il fut rappellé.
Jerôme fait mention de Porphyre en la chronique
fufebe. Son ouvrage a été imprimé à Augsbourg
ur la premiere fois en 1595. * Fulgence, l. 2, mythol.
de, de arte metrica. Rabanus Maurus, prol. l. 4 de laud.
cta Crucis, &c. Baronius, A. C. 325, n. 90, feconde
t. Baillet, jugem. des fav. fur les poëtes Latins.

PORPHYRE (faint) Porphyrius, comédien d'A-
ianople, depuis appellée Andrinople, s'étant fait
ptifer par moquerie devant l'empereur Julien l'Apof-
t, fut éclairé d'une lumiere célefte, & déclara publi-
ement qu'il étoit chrétien. Il eut auffitôt la tête tran-
ée, & gagna ainfi la couronne du martyre. * Mar-
rologe romain, au 15 feptembre.

PORPHYRE, Porphyrius, philofophe Platoni-
en, étoit Tyrien, fi l'on en croit fon témoignage, ou
e Bathanée, bourg de Phénicie, felon l'opinion de
eux qui, comme S. Jérôme, l'ont furnommé Batanefte.
étoit d'une famille fyrienne, à ce que l'on conjecture
ar fon nom de Malc, lequel en fyriac fignifie roi ; &
e-là vient, qu'étant engagé par Longin à changer de
om, il prit celui de Porphyre, qui a quelque rapport
la royauté. Socrate dit qu'il avoit profeffé la religion
hrétienne, mais qu'ayant été maltraité par quelques
hrétiens à Céfarée de la Paleftine, il avoit abandonné
e chriftianifme, contre lequel il écrivit depuis, pouffé
cette défertion par la colere & la mélancolie, paffions

aufquelles il étoit fort fujet. Il fut difciple de Longin,
célebre profeffeur de rhétorique & de philofophie, &
devint l'ornement de fon école à Athènes. De-là il paffa
à Rome, & s'attacha entiérement à Plotin, auprès
duquel il paffa fix années. Le noir chagrin qui s'empara
enfuite de fon efprit, le porta fouvent à fe vouloir tuer
lui-même : ce qu'il eût exécuté, fi Plotin ne fe fût efforcé de combatre ce défefpoir. On croit qu'il fit encore
quelques voyages en Orient ; mais il eft fûr, qu'après
la mort de Plotin, il retourna à Rome ; qu'il y enfeigna la philofophie avec une très-grande réputation ;
qu'il s'appliqua à l'étude de l'éloquence, & qu'il fe rendit
très-habile dans la philofophie, dans l'aftronomie & dans
la mufique. Il prononça en public des difcours d'éloquence, qui lui acquirent une grande réputation. Porphyre mourut à Rome, comme le témoigne Eunapius, après avoir vécu, non-feulement jufqu'au regne
de Probe, qui mourut en 282, mais même jufqu'à celui
de Dioclétien, & peut-être au-delà. Il avoit époufé
une veuve, nommée Marcelle, qui étoit mere de cinq
enfans ; & il y a apparence que fes mœurs furent fort
réglées & fans reproche, du moins les chrétiens ne lui
en ont point fait ; mais il s'abandonna auffi-bien que
les autres Platoniciens de fon temps, aux facriléges &
aux fuperftitions de la magie. Il avoit écrit plufieurs
ouvrages, dont Holftenius a publié la plus grande partie. Il nous refte de lui trente-deux queftions fur Homere ; une differtation fur l'antre des nymphes, décrit dans
le treizieme livre de l'Odyffée ; un fragment fur le Styx ;
un livre fur les cathégories d'Ariftote ; & quatre autres
fur l'abftinence des viandes. Les anciens ont fort connu
plufieurs autres productions de ce philofophe ; telles que
font cinq livres de l'hiftoire curieufe, ou entretiens curieux, du premier livre defquels Eufebe nous a confervé un fragment fur les auteurs plagiaires ; un traité
en plufieurs livres de la vie & des dogmes des philofophes ; d'autres, fur ce qui eft en notre pouvoir, fur
le retour de l'ame à Dieu, fur les ftatues, &c. Refte
à parler de ce qu'il a compofé contre la religion orthodoxe. Il eut exprès toute l'écriture pour y réuffir, non
dans le deffein d'y chercher la vérité, mais afin d'y
trouver de quoi la combattre. Cet ouvrage qui n'eft
point parvenu jufqu'à nous, mais qui a rendu le nom
de Porphyre très-odieux aux chrétiens, eft fouvent
cité dans les faints peres, & fut réfuté par S. Méthodius, par Eufebe de Céfarée dans fon livre de la préparation évangélique, par Apollinaire, par S. Auguftin
dans fon X livre de la cité de Dieu, par S. Jérôme fur
Daniel & ailleurs, par S. Cyrille, & par Théodoret.
* Socrate, l. 3, vit. Plotin. Eufeb. præparat. l. 4 &
10. Suidas. Théodoret. S. Jérôme, in præfat. catal.
fcript. ecclef. S. Auguftin, de civit. Dei. S. Cyrille,
l. 1, cont. Julian. Eunapius, in vit. philof. Baronius.
Scaliger. Voffius. Henri Valois. Holftenius, en fa vie.
Tillemont, hift. des empereurs.

On ne doit pas oublier que l'empereur Théodofe le
Grand fit depuis bruler les livres de Porphyre, l'an
288, comme nous le voyons exprimé dans les actes
du concile d'Ephefe. On avoit cru du temps de faint
Auguftin, qu'il y avoit eu deux philofophes de ce
nom, dont l'un étoit de Tyr, & l'autre de Sicile. La
caufe de cette erreur venoit de ce que Porphyre avoit
demeuré long-temps dans cette ifle, comme il l'affure
dans la vie de Platon. S. Auguftin, qui avoit donné
dans ce fentiment, s'en dédit dans fes rétractations.
De même le cardinal Baronius avoit cru dans la premiere édition de fes annales, que Porphyre vivoit encore du temps de Conftantin le Grand, qu'il fut rappellé d'exil, & qu'il avoit encore embraffé la religion chrétienne ; mais il s'eft rétracté dans la feconde
édition de cet ouvrage. En effet, il avoit confondu
ce philofophe avec Porphyrius Optatien.

PORPHYRE, Porphyrius, évêque de Gaze, né
à Theffalonique, d'une famille illuftre, vers l'an 350,
paffa fes premieres années dans une folitude de Palef-

tine, visitant souvent les lieux saints. Jean, patriarche de Jerusalem, lui confia la garde de la vraie Croix. Enée, évêque de Gaze, étant mort l'an 396, le clergé & le peuple de cette ville le demanderent pour évêque à Jean de Césarée, qui-le manda à Césarée, & l'ordonna évêque de Gaze. Se voyant persécuté par les païens, qui étoient les plus puissans dans la ville, il ne résista que par sa patience & par ses miracles, qui en convertirent plusieurs. Il obtint de l'empereur Arcadius, qu'on abattroit le temple de Marnas, très-célebre à Gaze ; mais l'avarice des officiers de ce prince s'opposa à l'exécution de cet arrêt. Porphyre fut obligé de venir à Constantinople, où il obtint sa demande, après un prodige qui arriva au baptême de Théodose *le Jeune*, comme nous le remarquons en parlant de ce prince & d'Amantius. Quand il fut de retour à Gaze, il fit abattre tous les temples des faux dieux qui étoient dans cette ville, & bâtir la basilique Eudoxienne. Il travailla à la conversion des idolâtres & des manichéens, & mourut le 26 février 420. Marc, diacre de Gaze, raconte toutes ces choses dans une relation que le cardinal Baronius rapporte, que Métaphraste & Surius ont inférée dans la vie de ce saint prélat, dont l'église célebre la mémoire le 26 février. * Baillet, *vies des saints.*

PORPHYRE, *Porphyrius*, évêque d'Antioche, étoit très-décrié par ses violences, que Palladius décrit dans la vie de S. Chrysoftome. Après la mort de saint Flavien, en 404, il se mit sur le siège de l'église d'Antioche, sans observer aucune formalité canonique, & se fit ordonner par Sévérien & Antiochus, les portes de l'église fermées, sans l'assemblée du peuple. Il corrompit les soldats, se servit de toutes sortes de violences, pour contraindre les habitans de communiquer avec lui, & mourut enfin en 414. Alexandre fut mis en sa place. * Théodoret, *l.* 5. Baronius, *in annal.*

PORPHYROGENETE ou PORPHYROGENITE, nom que l'on donnoit aux enfans des empereurs de Constantinople, parceque les impératrices avoient coûtume de faire leurs couches dans un appartement nommé *Porphyre*, qui étoit à l'entrée du palais, du côté de la Propontide. Ce nom est composé du grec π ρφφ , & de ρ ττ *naissance*, ou de *ρρφ* ω , *naître*. Ce fut, dit-on, Constantin *le Grand*, qui fit bâtir ce superbe palais, qu'il destina pour la naissance & l'éducation des princes qui viendroient de sa race. Nicétas rapporte une autre raison de ce surnom, & dit que ces princes étoient appellés *Porphyrogenetes*, parcequ'on les recevoit dans un drap de pourpre, en sortant du sein de leur mere : ce qu'il justifie par l'exemple de l'empereur Emanuel Commene. * Nicétas, *l.* 5. Luitprand, *l.* 2. Maimbourg, *hist. des Iconoclaftes.*

PORQUEROLLES, anciennement *Prote*, petite isle de la mer Méditerranée. Elle est près de la côte de Provence, au couchant de l'isle de Portcros, & au midi de la ville d'Hieres. Elle n'a que quatre milles de long & un de large, & elle est défendue par un château & par trois tours. * Mati, *dictionaire.*

PORRECTA, bourg de l'Etat de l'Eglise en Italie. Il est renommé à cause de ses bains. Il est dans le Bolonois sur le Reno, environ à sept lieues de Bologne & de Modène, vers le sud. * Mati, *diction.*

PORRÉE (Gilbert de la) natif de Poitiers, chanoine, puis évêque dans le XII siécle, fut un des plus grands hommes de son temps. Il professa pendant près de trente ans la philosophie & la théologie, dans les meilleures villes du royaume ; mais il tomba malheureusement dans quelques erreurs, en s'expliquant sur les personnes de la Trinité, plutôt selon les topiques d'Aristote, que selon le langage de l'écriture. Selon son système, l'essence divine n'étoit point Dieu ; les propriétés des personnes n'étoient point des personnes ; la nature divine n'étoit point incarnée ; il n'y avoit point de mérite que celui de Christ ; & personne n'étoit véritablement baptisé, s'il ne devoit être sauvé.

Ses archidiacres furent ses accusateurs ; & S. Bernard les soutint auprès du pape Eugène III, qui étoit alors en France. L'affaire fut traitée en deux conférences, l'une à Auxerre, & l'autre à Paris ; & fut enfin terminée dans une troisiéme qui se tint à Reims, après le concile assemblé l'an 1147. Le pape ne voulut pas traduire devant une si grande assemblée ce prélat, qui promettoit de se soumettre à ce qui seroit jugé par le concile. Ses propositions furent condamnées, & ce jugement fut reçu par quelques-uns de ses disciples. Ainsi n'ayant pas défendu opiniâtrément ses erreurs, c'est à tort qu'il est mis par quelques auteurs au nombre des hérétiques. Gilbert gouverna encore l'église de Poitiers jusqu'à l'an 1154, qui fut celui de sa mort. Outre son traité de la Trinité, il avoit composé une exposition des pseaumes & des épîtres de S. Paul. * Henri de Gand, *de script. ecclef.* c. 17 ; & *in append.* c. 8. Othon de Frisingen, *l.* 1, *gest. Frid. imp. l.* 1, c. 46 & 47. Baronius, *tom. XII, annal. A. C.* 1146, 1147, &c. Sixte de Sienne, *l.* 4, *biblioth.* Ptolomæus Lucensis, *A. C.* 1134. Sandere, *hær.* 143. Sammarth. *Gall. christ. tom. II,* pag. 886.

PORRETE (Marguerite) certaine femme de Hainault, qui vivoit dans le XIII siécle, étant venue à Paris, y composa un livre rempli des erreurs renouvellées par les Quiétistes modernes. Elle y disoit, entr'autres choses, qu'une personne anéantie dans l'amour de son créateur, peut satisfaire librement tous les souhaits de la nature, sans crainte d'offenser Dieu. Elle soutint opiniâtrément cette doctrine, qui la fit condamner à être brulée ; ce qui fut exécuté en 1210. Un certain Guyard de Cressonneßart publioit dans le même temps d'autres erreurs, & disoit qu'il étoit cet ange de Philadelphie, dont il est parlé dans l'apocalypse ; mais il fut plus sage que Marguerite Porrete : car il abjura sa doctrine, & ne fut condamné qu'à une prison perpetuelle. * Sponde, *A. C.* 1210, *n.* 6.

PORSENNA, roi des Hétrusques, dont la capitale étoit *Clusium*, maintenant *Chiusi* en Toscane, regnoit vers l'an 520 avant J. C. A la sollicitation de Tarquin *le Superbe*, il vint assiéger Rome l'an 247 de la fondation de cette ville, & 507 avant J. C. pour rétablir ce prince qui avoit été chassé du trône. Ce siege fut long & fâcheux, & les Romains se virent réduits à la derniere extrémité ; mais le courage de Clélie, d'Horace, surnommé *Coclès*, & de Mutius, dit *Scævola*, fut la principale cause du salut de Rome. Porsenna fut contraint de lever le siége ; & de se retirer en son pays. Il eut un fils nommé *Aruns*. * Tite-Live, *l.* 2. Denys d'Halycarnasse, *l.* 5. Florus, *l.* 1, c. 10. Eutrope. Orose, *l.* 2.

PORT ou PORTO, ville d'Italie, située à l'embouchure du Tibre, dans l'Etat ecclésiastique ; est le titre d'un de ses anciens cardinaux évêques. Son port avoit été bâti par Claude, & réparé par Trajan, a été autrefois considérable ; mais aujourd'hui à peine savonsnous le lieu où il a été. La ville est aussi presque détruite & inhabitée à cause du mauvais air. * Consultez Léandre Alberti. Les auteurs Latins ont nommé cette ville *Portus Augusti,* & *Portus Romanus.*

PORT-ALEGRE, *Portus Alacris*, autrefois *Amaa*, ville de Portugal, avec évêché suffragant de Brague, dans la province d'Alentéjo, vers les frontieres de l'Estrémadure. Elle est située sur une riviere, & est assez bien fortifiée. C'est un comté qui appartient à la maison de Silva.

PORT-D'ANNIBAL. Annibal, fils de Saphon & cousin de Hannon, ayant été nommé au gouvernement d'Espagne avec Magon son ami, & celui d'Himilcon, de Gigon & de Hannon ; Magon s'arrêta dans les Baléares, & Annibal se rendit à Cadix. Ce fut lui qui fit bâtir en deçà du cap de S. Vincent, une ville, qu'on appella *Port d'Annibal,* aujourd'hui *Portimaon.* Quelques-uns soutiennent que le Port-d'Annibal étoit bâti dans l'endroit où l'on voit présentement Villa-nova, d'autres, où est la ville d'Alvor. De ce nombre est l'historie Resende

tefende, qui prétend auffi que Lacobriga étoit où eft au-
jurd'hui la ville de Lagos.

☞ PORT EN BESSIN , *Portus Bajocenfis*, petit
port de mer en baffe Normandie , à une lieue & demie de Bayeux. Il y a un fiége d'amirauté. On pouroit
faire un havre raifonnable avec un peu de dépenfe.
On prétend que le patriarche de Harcourt , évêque de
Bayeux , en avoit conçu le projet ; mais fa mort arrivée
en 1479, priva le public de l'exécution de cette entreprife. Ce lieu fitué à l'embouchure des rivieres d'Aure
& de Drome , eft diamétralement oppofé à l'ifle de
Wight en Angleterre , d'où l'on ne compte que trente
lieues de paffage du fud au nord. La nature femble avoir
pris plaifir à le fortifier , le plaçant entre deux collines
qui lui fervent de redoutes fur fes deux flancs : & derriere fe trouve une belle vallée, autour de laquelle régne
une chaîne de montagnes qui s'uniffant au mont Cauvin
ou d'Ecure , l'enferment fur une lieue en quarré , &
qui mettroient un havre ou port à l'abri des vents &
des tempêtes. * *Extrait d'un mémoire dreffé fur les
lieux.*

PORT-HERCOLE, ville & port de mer d'Italie
en Tofcane , appartient à l'empereur & eft au levant
d'Orbitello , vers le mont Argentara. C'eft le *Portus
Herculis* de Strabon , différent de Monaco , qui porte
ce même nom en latin. * Sanfon.

☞ PORT-LOUIS, ville de France , dans la Bretagne , à l'embouchure de la riviere de Blavet : elle fe
nommoit elle-même auparavant Blavet. C'eft la feconde
place du diocèfe de Vannes. Elle a une citadelle & des
fortifications qui ont été faites par Louis XIII. Ce prince donna fon nom à cette ville , & elle l'a confervé
depuis. Son port eft bon , & les plus grands vaiffeaux y
arrivent aifément , & paffent jufqu'au fond de la baye ,
dans un lieu nommé *l'Orient* , à l'embouchure de Pont-
crof. C'eft dans ce lieu que le magafin & le principal
établiffement de la compagnie des Indes , depuis l'an
1666. Le roi Louis XIV s'eft avantageufement fervi de
ce port pendant la guerre , y ayant fait conftruire & armer des vaiffeaux du premier rang. La fituation de ce
port eft fi belle , que l'on a de la peine à s'imaginer
pourquoi fi peu de marchands s'y font établis. La raifon
en eft qu'ils feroient obligés de tirer de Nantes les marchandifes dont ils voudroient faire commerce ; & qu'en
ce cas ils ne pouroient les vendre au même prix que
les marchands de Nantes. Ainfi tout le commerce de
cette ville fe réduit à celui de la fardine & du congre.
* La Martiniere , *dict. géogr.*

PORT-AU-PRINCE, ville fur la côte méridionale
de l'ifle de Cuba dans l'Amérique , a un port nommé *le
Port-Sainte-Marie*. Cette ville eft fituée au milieu d'une
grande prairie , où les Efpagnols ont quantité de *hatos* ,
qui font des parcs où ils nourriffent des bêtes à cornes ,
pour en avoir le fuif & les cuirs. Ils ont auffi beaucoup
de *materias* , c'eft-à-dire , de lieux où leurs boucaniers
fe retirent pour tuer des bêtes fauvages , & y faire fé-
cher les cuirs. C'eft de-là que viennent tous les cuirs
qu'on eftime tant en Europe , & qu'on appelle de *Havana* ; parceque de cette ville la Port-au-Prince , on
les porte à celle de Havana , qui eft la ville capitale de
cette ifle , afin d'y être embarqués pour l'Efpagne , d'où
on les tranfporte dans tous les autres royaumes de l'Europe. * Oëxmelin , *hift. des Indes occidentales.*

PORT-AUX-PRUNES, pays de l'ifle de Madagaf-
car , dans la partie feptentrionale , fur la côte qui regarde l'orient , s'étend depuis le port de Tématavi , jufqu'à la baye d'Antongil , & eft borné vers l'occident par
les montagnes des Vohis-Anghombes & d'Anfianach.
C'eft un pays riche & très-fertile en riz & en excellens
pâturages. Les habitans font fort adonnés au travail , &
mourroient plutôt de faim , que de manger de la viande
d'une bête , qu'un Chrétien , ou un homme du Sud auroit tuée. Ils font *Zaffeh-brahim* , c'eft-à-dire , *de la
lignée d'Abraham* , à ce qu'ils difent , & ne connoiffent
point Mahomet , appellant *Caffres* ceux qui font de fa

fecte. D'ailleurs , ils honorent les patriarches Noë , Abraham , Ifaac , Jacob , Jofeph , Moyfe & David ; mais ils
n'ont aucune connoiffance des autres prophétes , ni de
Jefus-Chrift. Ils font circoncis , & ne travaillent point le
famedi , non plus que les Juifs. Ils ne font ni prieres publiques , ni jeûnes ; mais feulement des facrifices de tau-
reaux , de vaches , de cabris & de coqs. Leurs villages
font mieux difpofés & mieux fitués que ceux des autres
pays ; & dans chaque village il y a un *philoubei* , qui y
rend la juftice. Tous ces philoubeis obéiffent à un ancien,
qui eft l'arbitre de leurs différends. Ce font les femmes
& les filles qui plantent le riz , faifant un trou dans la
terre avec un bâton pointu , qu'elles tiennent en la
main , en jettant deux grains de riz dans ce trou , qu'elles
couvrent avec le pied , en danfant & en chantant. Tout
cela fe fait en un même jour , par toutes les femmes &
filles de chaque village , qui s'affemblent pour faire ce
plantage. Ils font adonnés à la géomance , qu'ils nomment *Squille* , *dont il eft parlé dans l'article des* OM-
BIASSES. La riviere de Manangourou , qui a fon embouchure vers l'ifle de Sainte-Marie , eft fort grande ,
& ne fe bouche point par les fables ; de forte qu'il y
peut entrer au moins une petite barque. On voit le long
de cette riviere de belles pierres de cryftal , dont quelques-unes ont plus de quatre pieds de groffeur. On dit
auffi que dans l'ifle Amboulnoffi , qui eft dans cette riviere , on trouve des aigue-marines , & d'autres pierres
précieufes de couleur. * Flacour , *hiftoire de Madagafcar.*

PORT DE STE. MARIE , anciennement *Mnefthei
Portus* , *Gaditanus Portus* , petite ville avec un grand
port , eft fort fréquentée. Elle eft dans l'Andaloufie , à
l'embouchure de la Guadalete dans le golfe de Cadis ,
à trois lieues de la ville de ce nom , & de celles de Xerés de la Frontera , & de Saint-Lucar de Barrameda.
* Mati , *dictionnaire.*

PORT-ROYAL, bourg & port de l'Amérique feptentrionale , *voyez* ACADIE.

☞ PORT-ROYAL , port de l'Amérique feptentrionale fur la côte méridionale de la Jamaïque , à quatre lieues ou environ de la capitale de l'ifle qu'on appelle
San-Iago. Port-royal étoit appellé autrefois Caguai. La
ville qui prend fon nom du port , eft fituée au bout de
cette longue pointe de terre qui fait le port : il n'en fut
jamais de meilleur ni de plus commode , auffi eft-il le
plus fréquenté de tous ceux de l'ifle. Il eft commandé
par l'un des plus forts châteaux que le roi d'Angleterre
ait en toute l'Amérique , où il y a une bonne garnifon &
foixante piéces de canon. * La Martiniere , *diction.
géogr.*

PORT-ROYAL , abbaye de Bernardines , étoit fituée proche de Chevreufe , à fix lieues de Paris. Elle
avoit été établie en 1204 par Mathilde de Garlande ,
femme de Matthieu I d'Attichi , feigneur de Marli , cadet de la maifon de Montmorenci , & fous les aufpices
d'Odon de Sulli , évêque de Paris. La conduite de ce
monaftere fut donnée aux moines de l'abbaye des Vaux-
de-Cernai , de l'ordre de Cîteaux. Les papes lui accorderent plufieurs privilèges ; & les rois l'enrichirent par
leurs libéralités. Elle avoit toujours eu depuis ce temps-
là des abbeffes perpétuelles , jufqu'à ce que Jacqueline-
Marie-Angelique Arnauld , nommée par le roi abbeffe
de ce monaftere en 1602, après y avoir établi la réforme,
la remit fous la jurifdiction de l'évêque de Paris , & obtint du roi Louis XIII l'an 1629 , que l'abbeffe feroit
élective & triennale. En 1625 on tranféra à Paris
15 religieufes de cette communauté dans une maifon
fituée au fauxbourg S. Jacques , & l'année fuivante on
y tranféra la communauté entiere , parceque M. de
Gondi , premier archevêque de Paris , ne voulut pas
confentir alors qu'il y eût deux monafteres féparés. En
1647 on forma dans cette maifon un nouvel inftitut de
l'Adoration perpétuelle du S. Sacrement , dont on avoit
jetté les projets quelques années auparavant , mais qui
ne purent s'exécuter qu'en 1647. Pendant qu'il n'y avoit

plus de religieuses dans l'abbaye de Port-royal des Champs, des solitaires illustres s'y retirerent, entr'autres M. Arnauld d'Andilli, M. le Maître & beaucoup d'autres. Cependant les religieuses de cette abbaye avoient fait construire un monastere à Paris; & leur nombre augmentant, une partie de ces religieuses retourna au monastere de Port-Royal des Champs, où elles s'établirent sous une prieure dépendante de l'abbesse de Paris. Les affaires du Jansénisme causerent beaucoup de troubles dans ces deux abbayes. Enfin, en 1669 les deux maisons de Port-Royal furent séparées en deux titres indépendans l'un de l'autre, par un arrêt rendu le 13 de mai, & ce partage fut confirmé par une bulle du pape Clément X du 23 septembre 1671, autorisée par les lettres patentes du roi; & ces deux abbayes demeurerent depuis séparées. Enfin en 1708 les religieuses de Port-Royal des Champs n'ayant signé la bulle *Vineam Domini Sabaoth*, qui par respect & en y ajoutant cette clause, que c'étoit sans déroger à ce qui s'étoit passé à leur égard, à la paix de l'église sous le pape Clément IX, elles furent dispersées en 1709, & on détruisit tous les bâtimens de l'abbaye en 1710. * *Mem. du temps.* Nécrologe de P. R. *Préface.* On a donné depuis quelque temps plusieurs histoires de cette célèbre abbaye, entr'autres celles-ci : *Histoire de l'abbaye de Port-Royal*, à Cologne 1752, six vol. *in-12. Mémoires historiques & chronologiques sur l'abbaye de Port-Royal des Champs*, à Utrecht, sept vol. *in-12,1755* & 1756. *Histoire générale de Port-Royal, depuis la réforme de l'abbaye jusqu'à son entiere destruction*, à Amsterdam 1755, &c. dix vol. *in-12.*

PORT (Benoît du) chancelier de la république de Gènes en 1500, écrivit en latin une relation de l'entrée du roi Louis XII dans la ville de Gènes en 1502, sous ce titre, *Descriptio adventûs Ludovici XII Francorum regis in urbem Genuam, anno 1502.* Nous avons traité à la fin de l'histoire du roi Charles VIII, écrite par Guillaume de Jaligni, & imprimée à Paris en 1617. * Soprani, *scrit. della Ligur.* Le Mire, *in auct. &c.*

PORTA (Joseph) peintre fameux, surnommé SALVIATI, parcequ'il étoit disciple de François Salviati, peintre Florentin, naquit en 1535 à *Castello nuovo della Grafignana.* Etant entré à Rome dans l'école du Salviati, il y fit de grands progrès ; & il avoit déja de la réputation, lorsque Salviati le ramena à Venise, où il le laissa pour aller à Florence. Porta se fit des amis à Venise, & il y fut fort employé. Le patriarche Grimani lui fit représenter dans son palais l'histoire de Psyché, & Salviati travailla aussi pour quelques églises. Il se maria à Venise, d'où il fit diverses courses pour satisfaire à ceux qui le demandoient. Le pape Pie IV le manda, entr'autres, pour peindre dans la salle royale, l'empereur Frédéric baisant les pieds du pape Alexandre III devant l'église de S. Marc, en présence du doge Ziano & de plusieurs sénateurs & cardinaux. A son retour à Venise, le sénat l'employa pour divers ouvrages considérables, dont l'énumération ne nous appartient pas. Porta s'étoit aussi appliqué aux sciences ; & l'on assure qu'il étoit très-versé dans les mathématiques, & dans la chymie ; qu'il assistoit aux conférences des savans, & que ceux-ci faisoient cas de ses lumieres. On ajoute qu'il avoit fait plusieurs traités concernant les mathématiques ; mais qu'il les brula dans une maladie qu'il crut devoir terminer ses jours. Il mourut à Venise en 1585, âgé de cinquante ans. L'énumération de ses principaux ouvrages de peinture se trouve dans l'*Abrégé des vies des plus fameux peintres*, donnée à Paris en 1745 *in-4°.* par M. d'Argenville, tom. I, pag. 187 & suiv.

PORTA (Jean-Baptiste) gentilhomme Napolitain, a été célèbre sur la fin du XVI siecle & au commencement du XVII. Il savoit la philosophie, les mathématiques & la médecine, & donna dans l'astrologie judiciaire & dans la magie naturelle, dont il écrivit quelques ouvrages. Outre qu'il avoit contribué à l'établissement de l'académie de *gli Oziosi*, il en avoit une autre

dans sa maison, qu'il nomma *di Secreti*, parcequ'on n'y recevoit personne qui ne se fût signalé par quelque nouvelle découverte, par quelque expérience, ou par quelque secret. Mais la cour de Rome lui défendit de tenir ses assemblées, & de s'appliquer à ces sciences, qui ne sont pas permises. Il obéit : cependant sa maison fut toujours la retraite des hommes de lettres & des étrangers, admirateurs du mérite de Porta, qui mourut le 4 de février 1615. Nous avons de lui *Magia naturalis, Elementa curvilinea. De distillatione. De Zisteris. De occultis litterarum notis. De refractione optices. De aëris transmutationibus. De munitione. Della fisionomia.* Des pieces de théâtre, &c. Il composa aussi cinq livres sur les notes occultes des lettres, & sur la maniere de cacher sa pensée dans l'écriture, ou de découvrir celle des autres, qui furent imprimés à Strasbourg, avec une augmentation en 1606. Il y donne plus de cent quatre-vingt manieres de se cacher ; & il en laisse encore une infinité d'autres à deviner, & qu'il est aisé d'inventer sur celles qu'il propose. Ainsi il a surpassé de beaucoup tout ce qu'avoit fait Trithême sur ce point, particulierement dans sa polygraphie ; soit par sa diligence & son exactitude ; soit par son abondance & sa diversité ; soit enfin par la netteté & par sa méthode. On trouve une lettre de lui sur différentes inventions, écrite en italien, dans les *Lettere memorabili* de Bulifon. * Imperialis, *in musœo hist.* Lorenzo Crasso, *elog. d'huom. letter.* Ghilini, *theat. d'huom. letter.* Vander-Linden, *de script. medic.* Thomasini, &c. *Præf. typograph. ad lector. edit. Argentor.*

PORTA (Simon) Napolitain, disciple de Pomponace de Mantoue, qui soupçonné d'être de l'opinion de son maître, à qui l'on attribuoit faussement une erreur sur l'immortalité de l'ame, parcequ'il avoit soutenu qu'on ne pouvoit prouver cette immortalité par la raison naturelle d'une maniere démonstrative. Après avoir expliqué long-temps la philosophie d'Aristote à Pise, il commençoit à faire l'histoire des poissons, lorsqu'on lui apporta celle que Guillaume Rondelet en avoit faite, sur les mémoires de Guillaume Pellissier, évêque de Montpellier : ce qui l'obligea d'abandonner ce dessein. Il mourut à Naples l'an 1553, âgé de 57 ans. On a de lui un traité *De mente humana*, que Gesner assure être un ouvrage plus digne d'un porc, que d'un homme raisonnable. Ses autres livres imprimés sont, *Dictionarium latinum graco-barbarum, &c. De dolore liber, De coloribus oculorum, De rerum naturalium principiis, De fato, &c.* * Thuan. *hist.* Gesner, *in biblioth.*

PORTCROS ou PORTECROS, isle de la mer Méditerranée. Elle est sur la côte de Provence, entre celle de Porquerolles & celle du Levant. Portcros n'a que trois lieues de circuit, mais il y a un bon port avec un château, & quelques tours pour la garder. * Mati, *diction.*

PORTE (Ardicin de la) cardinal, natif de Novarre, se rendit habile jurisconsulte. Après avoir perdu sa femme, il alla à Rome, s'y fit connoître par son mérite, & fut en peu de temps clerc de la chambre, correcteur des lettres apostoliques, & avocat consistorial. Le pape Martin V qui l'avoit souvent employé utilement, le fit cardinal le 24 mai de l'an 1426. Il continua ses services au saint siége, mourut à Rome le 9 avril de l'an 1434, & fut enterré dans l'église du Vatican. * Ciaconius, *in Martin V.* La Rochepozai, *nomencl. card.* Auberi, *histoire des cardinaux.*

PORTE (Ardicin de la) dit *le Jeune*, cardinal, évêque d'Aleria, petit-neveu ou neveu de l'autre cardinal de ce nom, n'eut pas plutôt reçu les honneurs du doctorat, qu'il fut choisi pour être grand-vicaire de l'archevêque de Florence. Il remplit très-bien les devoirs de ce ministere, & se distingua par sa vigilance, son équité & sa fermeté. Lorsque le pape Paul II eut déclaré la ville de Florence rebelle au saint siége, il fut le seul qui osa y publier l'interdit, malgré les menaces d'une populace mutinée. Une action si ferme & si courageuse lui acquit beaucoup de réputation à la cour de Rome, où le pape l'employa pour d'autres affaires. Il lui donna l'évêché de Novarre fa patrie ; puis celui d'Aleria en Corfe. Sixte IV eut beaucoup de confidération pour Ardicin de la Porte, qu'il fit fucceffivement référendaire & dataire, & auquel il confia des légations importantes. Ce prélat appaifa diverfes fois les troubles qui s'étoient élevés à Nurfie, à Terni, à Pérouse, à Tripherne & à Todi ; mit les féditieux dans l'impuiffance de faire éclore leurs mauvais deffeins, confirma les autres dans l'obéiffance, & rétablit l'autorité des magiftrats. Peu après il termina heureufement les différends qui étoient entre l'empereur Frédéric III & Matthias Corvin roi de Hongrie, & leur perfuada de s'unir, pour s'oppofer aux progrès que faifoient de toutes parts les infidèles. Le pape Innocent VIII fe déchargea fur lui de plufieurs affaires importantes, entr'autres, du foin de répondre aux ambaffadeurs des princes, & le fit cardinal au mois de mars l'an 1489 ; mais fon humilité lui donnoit du dégoût pour toutes ces dignités, & le faifoit foupirer après la folitude. Il fut fe jetter aux pieds du pape : il le pria de recevoir la démif-fion de fes bénéfices & de fon chapeau de cardinal, & de lui permettre de fe retirer à l'hermitage de Camal-doli, où il avoit réfolu de paffer le refte de fes jours, dans les exercices de la pénitence. Après avoir obtenu ce qu'il fouhaitoit, il fortit de Rome déguifé, & avec un feul domeftique. Les cardinaux qui en furent avertis, en témoignerent tant de chagrin, que le pape fut obligé de le rappeller. La Porte écrivit de la maniere du monde la plus preffante, pour obtenir la liberté d'exécuter le pro-jet qu'il avoit formé. Ce fut inutilement ; car il fut obligé de revenir à la cour de Rome, où il fut l'exemple des bons eccléfiaftiques, & où il mourut le 4 novembre 1493. Son corps fut enterré dans l'églife du Vatican. * Victo-rel & Ciaconius, *hift. pont. cardin.* Ughel, *Ital. facr.* Auberi, *hiftoire des cardinaux.*

PORTE (de la) maifon, dont étoit iffu le maréchal de la Meilleraye, & dont defcendent les ducs de Maza-rin d'aujourd'hui, a pour tige

I. FRANÇOIS de la Porte, feigneur de la Lunardiere, la Jobeliniere & de Villeneuve, qui époufa 1°. par con-trat du 26 mars 1548, *Claude* Bochart, fille d'*Antoine*, feigneur de Farinvilliers, confeiller au parlement de Pa-ris, & de *Françoife* Gayant : 2°. le 21 avril 1559, *Magdelene* Charles, fille de *Nicolas*, feigneur du Pleffis-Picquet, & de *Jeanne* Bochart. Du premier lit vint *Sufanne* de la Porte, mariée à *François* du Pleffis, fei-gneur de Richelieu, chevalier des ordres du roi, grand-prévôt de France, &c. dont font iffus les cardinaux de Lyon & de Richelieu. Du fecond lit fortirent CHARLES, qui fuit ; *François*, feigneur de la Jobeliniere ; *Raoul*, feigneur de Boifliet ; *Amador*, grand prieur de France, bailli de la Morée, ambaffadeur de l'ordre de Malte en France, gouverneur de la ville & château d'Angers en 1619, du Havre de Grace en 1626, lieutenant de roi au pays d'Aunis & d'Oleron en 1633, mort le 31 octo-bre 1644 ; & *Léonore* de la Porte, mariée en 1579 à *François* de Chivré, feigneur du Pleffis.

II. CHARLES de la Porte, premier du nom, feigneur de la Lunardiere, gentilhomme ordinaire de la chambre du roi, acquit la terre de la Meilleraye, & époufa en mars 1596 *Claude* de Champlais, fille de *François*, feigneur du Cerveau, & de *Jeanne* de Beaumont, dont il eut CHARLES II du nom, qui fuit ; & *Magdeléne* de la Porte, abbeffe de Chelles en 1645, morte le 4 fep-tembre 1671, âgée de 72 ans.

III. CHARLES de la Porte, II du nom, duc de la Meilleraye, pair, grand-maître de l'ar-tillerie de France, chevalier des ordres du roi, &c. dont il fera parlé ci-après dans un article féparé, époufa 1°. en février 1630 *Marie* Ruzé, fille d'*Antoine*, marquis d'Effiat, maréchal de France, &c. & de *Marie* de Fourci, morte à l'âge de 20 ans, le 22 avril 1633 : 2°. en mai 1637, *Marie* de Coffé, fille de *François*, duc de Briffac, morte fans poftérité le 14 mai 1710,

en fa 89 année. Du premier lit fortit ARMAND-CHAR-LES de la Porte, duc de Mazarin, de la Meilleraye, de Mayenne, &c. qui prit le nom & les armes de Ma-zarin. *Voyez* MAZARIN.

PORTE (Charles de la) II du nom, duc de la Meil-leraye, pair, maréchal, & grand maître de l'artillerie de France, chevalier des ordres du roi, lieutenant géné-ral de la haute & baffe Bretagne, gouverneur de Nan-tes & de Breft, fils de CHARLES de la Porte, I du nom, feigneur de la Meilleraye, & de *Claude* de Cham-plais, fe diftingua à l'attaque du Pas de Suze en 1629 ; au combat du pont de Carignan, en 1630 ; au fiége de la Mothe en Savoie, en 1634, & s'avança extrême-ment par la faveur du cardinal de Richelieu. Il avoit déja eu le gouvernement du château de Nantes en 1632, fut fait chevalier des ordres en 1633, & grand-maître de l'artillerie en 1634. Depuis il fervit à la bataille d'Avein, aux fiéges de Louvain, de Dole, &c. & après la prife de la ville d'Hefdin, il reçut des mains du roi le bâton de maréchal de France fur la bréche de cette place, le 30 juin 1639. Ce maréchal défit les troupes du marquis de Fuentes, le 2 août fuivant, & contribua beaucoup à la prife de la ville d'Arras en 1640, commandant alors l'armée avec les maréchaux de Chaulnes & de Châtil-lon. Il prit les années fuivantes Aire, la Baffée & Ba-paume en Flandre ; Collioure, Perpignan & Salces dans le Rouffillon. En 1644 il fut lieutenant général fous M. le duc d'Orléans ; & en 1646 il commanda l'armée en Italie, où il prit Piombino & Portolongone. Le roi érigea depuis en fa faveur la Meilleraye en du-ché-pairie : ce qui fut vérifié au parlement le 15 décem-bre 1663. Ce maréchal mourut à l'Arfenal à Paris le 8 février de l'an 1664, âgé de 62 ans. Il paffoit pour l'homme de fon temps qui entendoit le mieux les fiéges.

PORTE (Maurice de la) Parifien, s'eft diftingué dans le XVI fiécle par fon amour pour la littérature, & par les connoiffances qu'il avoit acquifes dans celle-ci, qui le lierent avec plufieurs des favans les plus célèbres de fon temps. Il dit lui-même dans l'avertiffement qui eft au-devant de fes *Epithétes françoifes*, qu'il avoit été confacré aux lettres dès fa premiere jeuneffe, & qu'il les avoit d'abord cultivées avec foin ; mais que cepen-dant, tant pour complaire à fa famille que pour s'affurer un moyen honnête de vivre, il avoit fouvent interrompu fes études, & qu'il les avoit long-temps difcontinuées ; ce qui l'avoit beaucoup arrêté dans les progrès qu'il au-roit pu faire. Il avoit été difciple de Léger Du-Chêne, qui a été profeffeur royal en éloquence à Paris. Il étoit admirateur de Ronfard, comme prefque tous ceux qui avoient alors de l'amour pour notre poëfie ; ce qui mar-que le mauvais goût de ce temps-là. Il étoit intimement lié avec François Pierron, grand vicaire de l'abbé de Molefmes, & ils difcouroient fouvent enfemble fur la philofophie d'Ariftote, pour laquelle Pierron étoit paf-fioné, de même que pour Platon. De la Porte appelle ce grand vicaire fon maître & fon ami fingulier, & il en parle toujours comme d'un homme de qui il avoit reçu des bienfaits fignalés. Ils lifoient auffi enfemble nos meilleurs auteurs François, c'eft-à-dire, ceux qui avoient eu jufqu'à lui quelque réputation ; & cette lecture faifoit fes délices, fur-tout lorfqu'il étoit à la maifon feigneu-riale de S. Beroing dont Pierron étoit poffeffeur. Mau-rice de la Porte mourut le 23 avril 1571, dans la 40°. année de fon âge. On trouve fon épitaphe en vers fran-çois au-devant de fes *Epithétes*, mais d'un ftyle fi bizare & fi grotefque, qu'elle ne mérite pas d'être rapportée. Le livre où elle fe trouve eft intitulé : *Les Epithétes de M. de la Porte, Parifien* ; livre non-feulement utile à ceux qui font profeffion de la poëfie, mais fort propre auffi pour illuftrer toute autre compofition françoife ; avec briéves annotations fur les noms & dictions diffi-ciles, à Paris, chez Gabriel Buon, 1580, in-18, & dédié à François Pierron dont on vient de parler. On ne fait pourquoi ce livre ne parut qu'en 1580, le privilége accordé à Buon pour l'imprimer étant du 13 juillet 1571.

François d'Amboise a fait ces deux vers sur cet ouvrage :

Magnâ parte sui cupiens remanere superstes,
PORTANUS, librum hunc scripsit, & interiit.

Ainsi le privilége même accordé pour l'impression de ce livre ne fut donné qu'après la mort de l'auteur : on ne dit pas qu'il en fut l'éditeur. Du-Verdier qui parle de cet ouvrage dans sa Bibliothéque, le donne sans raison à *Ambroise* de la Porte, frere aîné de Maurice, qui étoit mort dès 1555, dans un âge fort peu avancé, comme Maurice le dit dans ses Epithétes au mot de *la Porte*. Cet Ambroise de la Porte étoit grand ami de Jacques Tahureau, gentilhomme du Mans, qui lui confia peu de temps avant que de mourir deux dialogues françois qu'il avoit composés ; mais Ambroise étant mort la même année que Tahureau, Maurice de la Porte publia ces deux dialogues chez Gabriel Buon, à Paris en 1566 in-8°, & composa l'épître dédicatoire. Le but de la Porte dans ses Epithétes est de faciliter l'intelligence des poëtes ; mais ce livre n'a pu être utile qu'à des écoliers, & ne peut servir tout au plus aujourd'hui qu'à faire connoître que l'auteur avoit beaucoup lu de nos anciens auteurs François, & que son livre est un fruit de ces lectures ; mais-il méritoit peu d'être donné au public, quoique le sieur de la Porte se congratulât de l'avoir composé, comme on le voit par ces vers par lesquels il le termine, & qui donneront aussi une idée de sa poësie :

Comme une femme après l'enfantement
De son travail n'a plus de souvenance :
Le mal aussi de mon entendement
A pour cet œuvre enduré longuement,
L'ayant produit est mis en oubliance.

AMBROISE de la Porte, frere de Maurice, est auteur du *Livret de folastries à Janot Parisien : plus, quelques épigrammes grecs, & des dithyrambes chantés au bouc de Etienne Jodelle, poëte tragique*, à Paris 1553, in-8°, sans nom d'auteur. * *Epithétes de Maurice de la Porte* en plusieurs endroits : épître dédicatoire du même mise au-devant des *Dialogues de Tahureau* : Du-Verdier dans la Bibliothéque, au mot Ambroise de la Porte.

PORTE-CROIX, CRUCIFERES, ou religieux de Sainte-Croix, ordre religieux, fut établi vers l'an 1160, sous le pontificat d'Alexandre III. On prétend ridiculement que le pape Clétus avoit donné commencement à cet institut, & que Cyriaque le rétablit à Jérusalem, après que sainte Héléne, mere de Constantin, y eut trouvé la vraie croix du Fils de Dieu. Le pape Alexandre III lui donna des régles & des constitutions ; & Clément VI ordonna que le premier monastere, chef de l'ordre, seroit à Bologne, à *Santa Maria di Morello*. Mais comme cet institut déchut beaucoup dans le XIV & le XV siécle, on en donna les monasteres en commende ; & le cardinal Bessarion eut le prieuré de celui de Venise. Le pape Pie V rétablit, vers l'an 1568, cet ordre, qui fut enfin aboli par le pape Alexandre VII, en 1656. On donna les biens des monasteres qui étoient dans l'état de Venise à la république, pour pouvoir soutenir la guerre qu'elle avoit contre les Turcs. Ce changement regardoit la congrégation des Porte-Croix d'Italie. Il y en a une dans les Pays-Bas, qui comprend les monasteres de France. Les religieux sont vêtus de blanc, & portent un scapulaire noir, avec une croix blanche & rouge par dessus. Leur demeure à Hui, & à des monasteres à Liége, à Maestricht, à Namur, à Bolduc, à Bruges, à Tournai, &c. Celui de sainte Croix de la Bretonniere de Paris, en dépend aussi. Il y a en Portugal des Porte-Croix, qui ont un riche monastere à Evora. Cet ordre a fleuri autrefois en Syrie. * Maurolicus, *mare Ocean. relig.* Baronius. Le Mire, *histoire des ordres religieux*. Le pere Helyot, *hist. des ordres religieux*.

PORTE-GLAIVES, ordre militaire de Livonie, fut institué par Engilbert & Thierri de Tissench, ausquels se joignirent quelques riches marchands Allemans pour faire la guerre aux infidéles de Livonie. Ils s'adresserent à Albert, religieux de Bremen de l'ordre de Cîteaux, & alors évêque de Riga, & firent vœu entre ses mains. Albert leur prescrivit de garder la régle de Cîteaux, avec la robe de serge blanche & la chappe noire, sur laquelle ils portoient du côté de l'épaule gauche une épée rouge, croisée de noir, & sur l'estomac, deux pareilles épées passées en sautoir les pointes en bas ; & c'est de-là qu'ils furent nommés les freres Porte-Glaives. Le premier grand-maître fut Ninno. Le pape Innocent III approuva cet ordre, qui se voyant trop foible pour résister à divers ennemis qu'il avoit, s'unit avec celui des Teutons, auquel il fut incorporé vers l'an 1237. Depuis ils ne firent qu'un même ordre ; mais lorsqu'Albert de Brandebourg, grand-maître de l'ordre de Prusse, eut abandonné la religion pour suivre les erreurs de Luther en 1525, les Porte-Glaives se séparerent des Teutoniques. Gautier de Plettemberg fut fait grand-maître, & Guillaume de Furstemberg qui lui succéda en 1535, fut pris prisonnier par les Moscovites, qui ravagerent la Livonie. L'ordre des Porte-Glaives fut anéanti sous Gothard Ketler, dernier grand-maître, qui se fit Luthérien. Il y renonça solemnellement le 5 mars 1562, en présence du prince Nicolas Radziwil palatin de Vilna, & commissaire de Sigismond-Auguste, roi de Pologne. On céda les droits & priviléges de l'ordre avec la ville de Riga à ce prince, qui donna à Gothard l'investiture des duchés de Curlande & de Sémigale. * Cromer. Michou & Neugébaver, *hist. Polon.* Alexandre Guaguini, *desc. magn. Sarm.* Chytræus, *Saxon. l.* 20. Brovius & Sponde, *in annal.*

PORTEL (Laurent de) ainsi nommé du lieu de sa naissance, qui est une ville de la province d'Alentéjo dans le Portugal, a été considérable dans l'ordre de saint François, où après avoir enseigné long-temps la théologie morale, il exerça divers emplois, & fut enfin provincial de la province de Xabregas. On a de lui trois volumes de résolutions de cas de conscience, imprimés à Lisbonne en 1618, 1619 & 1626, & à Lyon en 1633 & 1640. *Dubia regularia. De triplici voto solemni* ; des sermons pour toute l'année, & divers autres ouvrages. Il mourut au couvent de Xabregas en 1642. * *Mémoires de Portugal.*

PORTE-ETOILES & PERROQUETS, noms de deux factions, lesquelles se formerent à Basle vers l'an 1250, lorsque la noblesse se fut divisée en deux partis, qui se firent long-temps la guerre. Les Perroquets furent ainsi appellés, parcequ'ils portoient à leurs enseignes un perroquet de sinople ou verd dans un champ d'argent ; & les Porte-étoiles eurent ce nom, parceque leurs drapeaux étoient chargés d'une étoile d'argent dans un champ de pourpre. * Albertus Argentin, *in chronicis.*

PORTENARE (Ange) a donné en italien l'an 1623 un ouvrage intitulé, *de la félicité de Padoue*, in-fol. dont le septiéme livre comprend les illustres écrivains distingués par classes, selon les proffssions différentes ; mais cela n'est ni assez ample ni assez exact. * Baillet, *jugem. des sav. sur les critiq. hist.*

PORTER (François) naquit dans le comté de Méath en Irlande. Etant entré jeune dans l'étroite observance de S. François, il s'appliqua avec succès à ses études dans différentes maisons de son ordre. Il professa long-temps la théologie dans le couvent de S. Isidore à Rome, où il eut beaucoup de réputation. Il gouverna cette maison pendant quelques années en qualité de gardien. Il étoit lecteur jubilé & théologien de plusieurs cardinaux : il prenoit aussi la qualité de théologien & d'historiographe de sa majesté le roi Jacques II. Il mourut à Rome le 7 avril 1702. Il est auteur des écrits suivans : *Securis evangelica ad hæresis radices posita, ad Congregationem Propaganda fidei, Romæ* 1674. Dans ce traité, qui est fort bon, l'auteur réduit toutes les controverses entre les catholiques & les protestans à l'unique queſtion de l'infaillibilité perpétuelle de l'égliſe viſible de J. C. *Palinodia religionis prætenſæ reformatæ*, *Romæ 1679, in-8°. Compendium annalium eccleſiaſticorum regni Hiberniæ*, *Romæ 1690, in-4°.* Ce volume commence par une deſcription de cette iſle : enſuite vient une liſte de ſes rois & de leurs guerres avec les Danois, &c. après quoi vient la partie eccléſiaſtique, c'eſt-à-dire les progrès rapides qu'a faits l'évangile dans ce royaume par la prédication de S. Patrice, & l'état floriſſant de la religion pendant les quatre ſiécles ſuivans. On y trouve auſſi une relation des ſaints d'Irlande, des écoles célébres, des évêchés, cathédrales, monaſteres, &c. le reſpect conſtant & inviolable des Irlandois envers le ſaint ſiége, & les maux ſans nombre qu'ils ont eſſuyés de la part des hérétiques depuis Henri VIII, juſqu'au roi Guillaume régnant alors : la fin du volume contient une déclamation vive contre Luther, premier auteur de toutes ces calamités. *Syſtema decretorum dogmaticorum, ab initio naſcentis Eccleſiæ, per ſummos pontifices, concilia generalia & particularia huc uſque editorum, juxta ſeptendecim ſæculorum ordinem diſtributum : in quo inſuper recenſentur præcipui cujuſlibet ſæculi errores, adverſi impugnatores orthodoxi.* Item *Recurſus & appellationes hactenus ad ſedem apoſtolicam habitæ, cum notis hiſtoricis & copioſis indicibus, Avenione 1693, in-fol. Opuſculum contra vulgares quaſdam prophetias, &c. S. Malachiæ archiepiſco Armachano attributas, &c. Romæ 1698, in-8°.*

PORTES (Philippe des) natif de Chartres, célébre poëte François, abbé de Tiron, de Joſaphat, des Vaux-de-Cernai, de Bon-Port, d'Aurillac, & chanoine de la Sainte Chapelle de Paris, & eut beaucoup de part aux bonnes graces de Henri, duc d'Anjou, frere du roi Charles IX. Il ſuivit ce prince en Pologne, quand il fut élu roi de cet état, & l'accompagna en France à ſon avénement en 1589, il ſe retira en Normandie, & contribua à ramener cette province ſous l'obéiſſance de Henri *le Grand.* On dit qu'il refuſa des évêchés, & même l'archevêché de Bourdeaux. Son amour pour les lettres fit honneur à la France. Nous avons de lui un volume de poëſies françoiſes, entre leſquelles eſt une traduction des pſeaumes en vers françois, excellente pour ſon temps-là.

Jamais poëte n'a été ſi bien payé de ſes vers que Philippe des Portes. Il eut du roi Henri III trente mille livres pour le mettre en état de publier ſes premiers ouvrages ; & Charles IX étant prince jeune, lui avoit donné huit cens écus d'or pour ſon Rodomont. L'amiral de Joyeuſe, beau-frere de ce prince, lui donna une abbaye pour un ſonnet ; & tous les bénéfices enſemble, lui produiſoient un revenu de dix mille écus ; c'eſt ce qui fait dire à Balzac, que le loiſir de dix mille écus que s'eſt fait des Portes par ſes vers, eſt un écueil terrible lequel les eſpérances de dix mille poëtes ſe ſont briſées. Mais auſſi on peut dire qu'il avoit un génie excellent pour la poëſie, le jugement fin & la critique fine. Il fut beaucoup eſtimé à la cour de Henri III ; & ce prince le ſit ſon lecteur, & l'appelloit ſouvent dans ſon conſeil étroit, où ſe traitoient les plus importantes affaires de ſon royaume. La langue françoiſe lui a obligation d'une partie de ſa beauté. Il a purgé la poëſie de ce mélange ridicule du grec & du latin. La tendreſſe & la facilité de ſes vers firent comparer à Tibulle. Il avoit emprunté des Italiens le ſtyle fleuri & enjoué, les belles figures, les traits brillans & les vives deſcriptions qui ſe voient dans ſes ouvrages. Ses envieux les lui ſurent bien reprocher, & firent un livre contre lui intitulé, *La conformité des muſes italiennes & françoiſes.* Mais il prit cela en galant homme, & dit ſeulement que s'il avoit ſu que l'auteur de ce livre eût eu deſſein d'écrire contre lui, il lui auroit fourni des mémoires ; qu'il avoit beaucoup plus pris chez les Italiens, que l'auteur de ce livre ne diſoit. Regnier *le Satyrique* étoit neveu de des Portes, qui mourut l'an 1606, au 61 de ſon âge. Il étoit frere

de JOACHIM DES PORTES, qui écrivit un abrégé de la vie de Charles IX. * *La Croix du Maine, biblioth. franç. Sainte-Marthe, l. 5, & t. V. Gall. chriſt. Baillet, jugemens des ſavans ſur les poëtes modernes.*

PORTHAISE (Jean) que l'on trouve auſſi écrit PORTAISE, PORTESE, PORTHAIS, PORTHÆSIS, & enfin PROTHAIS, PROTHAISIUS, PROTHÆSIUS & PROTASUS, étoit du Maine, né ſur la paroiſſe de S. Denys des Gaſtines, à trois lieues de Laval. Il entra de bonne heure dans l'ordre de S. François, & s'y appliqua tellement à l'étude, qu'il devint habile dans les langues hébraïque, grecque & latine, & dans la théologie. . Il avoit beaucoup de zéle pour la pureté de la foi, & pour le ſalut des ames ; mais ce zéle mal entendu le jetta dans le parti de la ligue, & le fit agir au-delà des bornes de la modération & de l'équité. Il prêchoit avec beaucoup de feu & d'onction, & on le ſuivoit avec empreſſement dans les villes où il annonçoit la parole de Dieu. Après avoir prêché dans pluſieurs, tant en France que dans les Pays-Bas, il alla à Anvers, où, l'an 1567, il entra publiquement en diſpute avec les Calviniſtes qu'il pouſſa, dit-on, vigoureuſement. Il demeura du temps dans cette ville, après quoi il revint en France. Etant à Paris en 1582, ſon général le nomma commiſſaire pour juger de l'élection du gardien du grand couvent : c'étoit frere Jean Duret, provincial de Lorraine, qui avoit eu la pluralité des voix. Henri III l'aimoit ; & quoique Duret ne fût pas agréable à la cour de Rome, le roi n'agréa pas Porthaiſe pour commiſſaire. Cette affaire obligea le général à venir à Paris. Le parlement manda Porthaiſe pour lui enjoindre de ſe comporter avec modération ; mais il refuſa deux fois de ſe rendre à la ſommation ; ce qui obligea la cour à lui donner ordre de s'éloigner de Paris : il fut néanmoins nommé lui-même provincial en 1583. M. de Thou qui, ſur l'an 1589, l'accuſe de trop de hardieſſe, reconnoît cependant qu'il étoit illuſtre par ſa doctrine. On ignore l'année de ſa mort. Il parvint à un âge très-avancé, & vivoit encore au commencement de l'an 1603, puiſque nous avons une lettre d'Iſaac Caſaubon, qui lui eſt adreſſée le 30 janvier 1603, où il répond aux queſtions de Porthaiſe ſur l'origine de la Maſſore. Cette lettre de Caſaubon, eſt la trois cent quatre-vingt-dixième dans l'édition *in-4°.* Le ſavant Calviniſte lui répond avec beaucoup de reſpect, *à cauſe de ſon grand âge & de ſon érudition.* Les ouvrages de Porthaiſe ſont 1. *Les catholiques démonſtrations ſur certains diſcours de la doctrine eccléſiaſtique, en ſuivant ſimplement la divine parole & ſainte écriture canonique, avec l'univerſel conſentement de l'égliſe chrétienne,* par F. J. Protæſius C. (c'eſt-à-dire, Cordelier) aux Sables d'Olonne, à Paris, chez Guillaume Jullian, 1567, *in-8°.* Il faut remarquer que l'auteur, par un gout bizarre, a toujours ſiné ſon nom dans les ouvrages écrits en françois. L'occaſion de ce livre fut une conférence tenue à la Fontaine, dans la paroiſſe d'Eſtriche, au dioceſe d'Angers, pour ramener à l'égliſe quelques hérétiques, ſelon le deſir d'Hector de Chivray, ſeigneur de ce lieu, & du ſieur d'Ygné, ſon fils. L'ouvrage eſt dédié à dame Renée le Roux, femme de François de Scepeaux, maréchal de la Vieuville, morte l'an 1571, qui avoit ſecouru l'auteur dans ſes premieres études, comme il le fait entendre dans ſon épître dédicatoire. Comme le miniſtre Jean Trioche, miniſtre de Châteauneuf en Anjou, ne ſe trouva pas à la conférence indiquée, Porthaiſe ſit d'y envoyer d'autres perſonnes, Porthaiſe fit ſur cela un petit écrit intitulé : 2. *Les articles faits à la Fontaine en Anjou,* auxquels devoit répondre M. Jean Trioche, miniſtre de Châteauneuf. 3. *Chrétienne déclaration de l'Egliſe & de l'Euchariſtie,* en forme de réponſe au livre nommé *la chute & ruïne de l'Egliſe Romaine,* par F. J. Prothæſius C. poſtulé l'an 1566 prédicateur en l'inſigne égliſe de S. Martin de Tours, à Anvers, 1567, de l'imprimerie de Chriſtophe Plantin. L'auteur étoit alors à Anvers, & il dédia ce livre aux marchands & bourgeois de cette ville. 4. *De verbis Domini* hoc facite in meam commemorationem, *pro concilio Tridentino adversùs Illyrici tenebras*, à Anvers, 1567, in-8° & 1586. 5. *De la vanité & vérité de la vraie & fausse astrologie, contre les abuseurs de notre siécle*, à Poitiers, 1678. 6. *Interdits des Catholiques, vrais & légitimes enfans de l'église de J. C.* où sont déduits certains points contre les modernes hérétiques, à Bourdeaux. 7. *Défense à la réponse faite aux interdits de Bernard de Pardieu, par les ministres de la religion prétendue réformée*, par Jean Porthæsius, à Poitiers, 1580, in-8°. 8. *Sermons de Jean Porthaise, théologal* (c'est-à-dire, sans doute, prédicateur) *de Poitiers, sur la simulée conversion du roi de Navarre:* ces sermons imprimés à Paris, 1594, in-8° ne respirent que l'esprit de la ligue; mais l'auteur ne tarda pas à abandonner le parti. 9. *De l'imitation de l'Eucharistie*, à Poitiers, 1602, in-8°. 10. *Paraseeve général de l'exact examen de l'institution de l'Eucharistie, contre la particuliere interprétation des religionaires de notre temps*, par R. P. F. J. Porthaise, théologal de l'église de Poitiers, 1602, in-8°. 11. *Traité de l'image & de l'idole*, à Poitiers, 1608. * *Singularités historiques & littéraires*, par dom Liron, Bénédictin, t. III; & les autres autorités rapportées dans cet article.

PORTIER, *cherchez* MARIGNI.

PORTIMAON, *cherchez* PORT D'ANNIBAL.

PORTIQUE ou galerie basse, où l'on se promene entre des colomnes ou arcades. La magnificence & la beauté des portiques étoit quelque chose d'extraordinaire parmi les Romains. Il y en avoit de particuliers pour la commodité des maisons particulieres, & il y en avoit de publics, qui servoient à l'ornement des théatres & des basiliques. Ces portiques étoient couverts, & quelquefois découverts. Les portiques couverts étoient de longues galeries, soutenues par un ou plusieurs rangs de colomnes de marbre, pour l'ordinaire, & par dedans enrichies de statues & de tableaux de plate peinture, & d'autres ornemens avec des voutes superbes & magnifiques. Les côtés étoient percés de plusieurs fenêtres fermées par une pierre spéculaire, plus claire que notre verre. On les ouvroit en hyver du côté du midi, pour y laisser entrer le soleil, & l'été on les ouvroit du côté du septentrion. Ces portiques couverts servoient à se promener, & à s'y entretenir agréablement, sans être exposé aux injures du temps. On les appelloit *Stadiatæ Porticus*. Les portiques découverts, qu'on nommoit *subsidiales ambulationes*, servoient aux athlétes pour les combats de la lute. De tous les portiques qui furent bâtis à Rome, les trois plus considérables ont été ceux de Pompée, d'Auguste & de Néron. Pompée fit faire le sien devant sa cour, & c'étoit le plus agréable promenade de la ville, & la plus fraîche en été; c'est ce qui a fait que les poëtes l'appelloient par excellence, *Pompeiam Umbram*, comme fait Ovide.

Tu modo Pompeia lentus spatiare sub umbra,
Cùm sol Herculei terga Leonis adit.

Celui d'Auguste servoit d'ornement à son palais & sa bibliothéque; les colomnes étoient de marbre de Numidie, & on y voyoit les statues des cinquantes filles de Danaüs par ordre. Néron fit enrichir son palais de trois portiques, chacun de 3000 pas de long, qui furent appellés pour cela *Porticus milliariæ*. Les Athéniens furent aussi fort curieux en portiques, & c'étoit-là où leurs philosophes tenoient leurs écoles. Le plus célebre fut celui qu'ils appellerent *Pœcile*, où il y avoit une statue d'airain de Mercure, avec de belles peintures, & entr'autres, celle qui représentoit la bataille de Marathon. Ce fut-là où Zénon tint son école, à cause de quoi il fut appellé *Stoïque*, & ceux de sa secte *Stoïciens*, du grec σϊά qui signifie *Portique*. Les anciens avoient aussi des portiques souterreins, bâtis en forme

de galeries voutées, pour prendre le frais en été. On les appelloit *subterranea porticus* ou *crypto porticus*. * *Antiquit. græc. & rom.*

PORTIUNCULE, est un petit champ, qui appartenoit autrefois aux Bénédictins du Mont-Sublac, proche d'Assise en Italie. Il y avoit du temps de S. François d'Assise une petite église sous le nom de Notre-Dame des Anges, ou autrement Notre-Dame de la Portiuncule. Elle portoit le premier nom, parcequ'elle étoit dédiée à Dieu sous l'indulgence du Mont-Sublac, & que les Anges y étoient quelquefois apparus; & le second, parceque le champ où elle étoit bâtie, n'étoit qu'une petite portion des héritages appartenans au monastere des Bénédictins. Elle conserva depuis ces mêmes noms, à cause que S. François y fut, dit-on, visité par la sainte Vierge, accompagnée des Anges, & qu'elle étoit au commencement l'unique possession des religieux de cet ordre. On dit que S. François y eut une vision, dans laquelle il obtint de Dieu une indulgence pléniere pour tous ceux qui, s'étant bien confessés, feroient leurs prieres dans cette église, & eut ordre d'aller demander cette même grace au pape Honorius III. * Cette indulgence fut publiée par sept évêques à Assise, le premier jour d'août 1223, & a subsisté depuis, quoique S. François n'ait point voulu en obtenir de bulles, se contentant que le pape l'eût donnée de vive voix. Sixte IV, vers la fin XV siécle; Léon X, au commencement du XVI; Paul V & Grégoire XV, dans le XVII, ont non-seulement confirmé cette indulgence, mais aussi l'ont étendue à toutes les églises du premier, du second, & du tiers-ordre de S. François. Il se fait tous les ans un si grand concours de monde à la Portiuncule, le deuxiéme jour d'août, qu'il est nécessaire que les officiers d'Assise & de Pérouse se mettent sous les armes, pour empêcher le désordre que cette multitude de pélerins pouroit apporter; car on dit qu'il y va quelquefois jusqu'à cent mille personnes. * Bellarmin, *l. 2 des indulgences*. M. Baluze, *l. 4 de ses Miscellanea*.

PORTIUS (Grégoire) Italien de nation, s'est rendu célebre vers l'an 1630, par le talent qu'il avoit pour la poësie latine, & selon quelques-uns, dans la poësie grecque; quoique, selon Nicius Erythræus, il fût devenu incapable de réussir, soit en prose, soit en vers, dans la langue grecque, pour s'être trop attaché à la langue latine. Il a composé dans ces deux langues des odes, des élégies, des épigrammes, & s'est fait sur-tout admirer par sa facilité & sa maniere naturelle; qualités d'autant plus estimables dans ce poète, que ceux de sa nation semblent ordinairement affecter l'enflure & l'hyperbole, soit dans leurs pensées, soit dans leurs expressions. * Leo Allatius, *de Apib. urban.* Baillet, *jug. des sav.*

PORTLAND, en latin *Vindelis*, isle remarquable, ou plutôt presqu'isle qui a fait partie du comté de Dorset. Elle est éloignée de trois milles anglois de Weymouth vers le sud-est, & à sept milles de tour, environée par-tout de rochers, excepté du côté du château de Portland, qui est le seul endroit par où elle tient à la terre ferme, & par où on peut y aborder. Le terroir y produit beaucoup de bled, & est passablement bon pour les pâturages; mais il est si dénué de bois & d'autres matieres propres pour le chauffage, que les habitans son contraints de faire sécher la bouze de vache pour le bruler. Pour les bâtimens, l'Angleterre n'a pas de meilleures pierres que celles de cette presqu'isle, où il y a de grandes carrieres. Elle a été honorée du titre de comté, dans la personne de RICHARD Weston, par le roi Charles I, en 1632. Ce titre fut éteint par la mort de son fils *Thomas;* mais il fut renouvellé depuis dans la derniere révolution, dans la personne du comte de Bentinck, favori de Guillaume III. Cette presqu'isle appartient à l'église de Winchester, par le don que lui en fit Edouard *le Confesseur*. Elle a une église du côté du près de la mer, autour de laquelle on a élevé des parts d'une extrême hauteur, pour la garantir des l. * *Dictionaire anglois.*

PORTLAND (Guillaume de Bentinck, comte de) d'une ancienne famille noble de Hollande, entra s sa jeunesse en qualité de page au service de Guil-ne, prince d'Orange, qui fut depuis roi d'Angle-e. Il fut ensuite gentilhomme de sa chambre, gagna bonnes graces par sa fidélité, son zèle à le servir, son habileté dans les affaires ; & ce prince l'envoya 1677 en Angleterre pour y proposer son mariage ec la princesse Marie, fille aînée de Jacques, alors c d'Yorck. Jacques étant monté sur le trône d'Ante-rre en 1685, & se trouvant en danger par la ré-lion du duc de Montmouth, Guillaume lui envoya secours par Portland, qui, en 1688 & 1689, con-ua beaucoup par ses avis & par ses actions à faire uronner son maître roi d'Angleterre. Guillaume re-nnoissant de ses services, le fit son conseiller privé son grand écuyer ; & le 9 avril 1689, il fut fait ir d'Angleterre, baron de Cirencester, vicomte de oodstock, & comte de Portland. Il avoit ordre de la Jarretiere ; & il eut eu, dès 95 plusieurs terres considérables dans la principauté Galles, si le parlement n'eût cru avoir des raisons ur arrêter les libéralités du roi envers ce comte. Port-nd accompagna le roi Guillaume dans presque toutes s expéditions de guerre, & il fit toujours paroître au-nt de prudence que de valeur. Ce fut lui qui, s conférences avec le maréchal de Boufflers, jetta les ndemens de la paix de Riswick. Peu de temps après alla à la cour de France, en qualité d'ambassadeur e la grande Bretagne. Son ambassade ne dura pas cinq ois, & cependant il y fit des dépenses immenses, nt sa magnificence fut excessive. Arnold Juste de Kep-el, comte d'Albemarle, ayant profité de son absence our se mettre en crédit, Portland n'eut plus la premiere place dans la faveur ; mais le roi ne laissa pas de l'em-loyer dans les affaires d'état, sur-tout dans celles d'E-sse & dans les étrangeres. En 1700 il aida avec le omte de Jersey, à conclure le fameux traité de partage u sujet de la monarchie d'Espagne. Après la mort du oi Guillaume III, arrivée le 19 mars 1702, il quitta la cour, mena une vie privée, & mourut dans sa terre de Bulstrode en Backshire, le 14 de novem-bre 1609, âgé de 62 ans. Il fut enterré à Westmun-fter dans la chapelle de Henri VII. Il avoit épousé N. Villiers, fille d'honneur de la princesse d'Orange, dont il eut *Guillaume*, qui mourut jeune en Hollande ; & HENRI, qui succéda à son pere dans le titre de *comte de Portland* ; & plusieurs filles.

PORTO, petite ville du domaine de Venise en Ita-lie. Elle est fortifiée & située sur l'Adige dans le Vé-ronnois, à huit lieues au-dessus de Vérone. * Mati, diction.

PORTO, ville de Portugal, est située vers l'em-bouchure du Duero, & est le siège d'un évêché suf-fragant de Braga. C'est le *Portus Calensis* ou *Ciudad de Puerto*, qui a donné le nom au royaume de Por-tugal. Ceux du Pays-Bas la nomment *Port à-Port.* Cette ville est dans la province entre Duero & Minho, environ à une lieue de l'Océan, & est une des plus considérables de Portugal, tant par son commerce que par son ancienneté. Sa situation sur le penchant d'une montagne, ne contribue pas à la rendre commode ; mais du reste, ses rues sont propres, & sur le bord de la riviere regne un beau quai d'un bout de la ville à l'au-tre. Son havre est un havre de barre, où les vaisseaux ne peuvent entrer que dans le temps de la pleine mer, & sous la conduite d'un pilote de la ville ; d'où vient qu'on ne s'est pas embarassé de la fortifier. La rade est spacieuse, & peut contenir une grande flotte. Porto n'est pas fort peuplée en temps de guerre ; mais en temps de paix le commerce y attire un grand nom-bre d'étrangers. Il y a un conseil souverain, qui

est le second du royaume. * Resendius, *in antiq. Lusit.*

PORTO BARATO, *cherchez* BARATO.

PORTO BARBATO, *cherchez* BARBATO.

PORTO D'ASCOLI, bourg de l'Etat de l'Eglise. Il est dans la marche d'Ancone, aux confins de l'A-bruzze, & sur l'embouchure du Tronto. Quelques géo-graphes prennent ce bourg pour celui qu'on nommoit anciennement *Truentum*, que d'autres mettent à *Torre Segura*, village qui n'est séparé de Porto d'Ascoli que par la riviere de Fronto. * Mati, diction.

PORTO BELO, ville de la côte septentrionale de l'isthme de Panama, dans l'Amérique méridionale, à dix-huit lieues de la ville de Panama, est située sur une baye, à l'embouchure de laquelle il y a deux châ-teaux très forts, nommés de Saint-Jacques & de Saint-Philippe. Il y a encore un fort sur une hauteur, qui commande à la ville. Les galions du roi d'Espagne y vont tous les ans, pour charger l'or & l'argent que l'on amene du Pérou & qu'on transporte par terre sur plus de deux mille mulets, depuis Panama jusqu'à Porto-Belo, afin d'y être embarqué pour l'Es-pagne. Toutes les marchandises qui vont au Pérou, sont aussi déchargées à Porto-Belo, & portées par la même voie des mulets à Panama, pour y être chargées sur les galions de la mer du sud. Il n'y a guères à Porto-Belo que des magasins pour mettre les marchandises : car les marchands demeurent ordinairement à Panama, ne pouvant faire un long séjour à Porto-Belo, parceque le lieu est mal sain, étant environné de montagnes qui cachent le soleil, & empêchent de purifier l'air. Il ne laisse pas d'y avoir environ quatre cens hommes capa-bles de porter les armes, outre la garnison qui est d'au-tant de soldats. Il y a un gouverneur de la ville & deux castellans, c'est-à-dire, gouverneurs de châteaux. Cette ville fut prise & pillée en 1668, par les François & les Anglois. * Oëxmelin, *hist. des Indes occiden-tales.*

PORTOCARRERO, maison considérable d'Es-pagne, dont l'on ne rapporte ici la postérité que depuis

I. RAIMOND-GARCIE de Portocarrero, qui eut pour fille aînée & héritiere URRAQUE, qui suit.

II. URRAQUE Portocarrero, épousa *Henri-Fernan-dez* de Tolède, fils d'*Alonso* de Tolède, dont il eut EGAS-ENRIQUEZ Portocarrero, qui suit ; JEAN-ENRI-QUEZ, qui a fait *la branche rapportée ci-après; Sanche-En-riquez*, mariée 1°. à *Roderic* Gonsalve de Pereira : 2°. à *Pajo* Suarez-Romeu ; & *Urraque-Enriquez*, alliée à *Gui* Gomez.

III. EGAS-ENRIQUEZ Portocarrero épousa *Thérèse* Gonsalez de Curvera, dont il eut *Gonsalve*, dont la postérité finit en la troisiéme génération ; RAIMOND-VEEGAS, qui suit ; *Jean-Véegas*, archevêque de Bra-gue ; & *Laurent*, mort sans postérité d'*Elvire* Fernan-dez de Coimbre.

IV. RAIMOND-VEEGAS Portocarrero épousa *Ma-rie* Ouriguez de Nourega, dont il eut JEAN-RAIMOND, qui suit ; & *Etienne.*

V. JEAN-RAIMOND Portocarrero épousa *Dordie*, fille de *Dominique* Martinez, dont il eut MARTIN-AGNEZ-RAIMOND, qui suit ; & *Marie*, alliée à *Jean* Perez-Redondo.

VI. MARTIN-AGNEZ-RAIMOND Portocarrero épousa *Marie*, fille de *Vasco-Lorenzo* de la Chamusca de Santaren, dont il eut RODERIC-MARTINEZ, qui suit ; & *Thérèse*, mariée à *Alfonse* Correa.

VII. RODERIC-MARTINEZ Portocarrero de la Cha-musca fut pere de JEAN-RODRIGUEZ, qui suit.

VIII. JEAN-RODRIGUEZ Portocarrero, majordome de la reine Béatrix, avec laquelle il passa de Portugal en Castille, où Henri III, roi de Castille, lui donna, l'an 1396, le tiers du revenu de l'évêché de Zamora à droit héréditaire. Il épousa *Béatrix* Barreto, premiere dame de la reine Béatrix, dont il eut *Jean-Rodriguez*, à qui son pere donna pour droit d'aîneſſe le tiers du revenu de l'évêché de Zamora, & eut un fils unique, mort ſans alliance l'an 1440 ; FERDINAND-RODRIGUEZ, qui ſuit ; *Béatrix*, mariée à *Ferdinand* Gutierrez de Vega, ſeigneur de Valuerde ; & *Mancie*, alliée à *Gonſalve-Rodriguez* de Souſa.

IX. FERDINAND-RODRIGUEZ Portocarrero épouſa *Béatrix* de Ulloa, fille de *Pierre-Agnez*, ſeigneur de la Mota, dont il eut PIERRE, qui ſuit ; & *Iſabelle*, mariée au docteur *Pierre* Gonzalez de Caſtillo, ſeigneur de Sainte-Marie-del-Campo.

X. PIERRE Portocarrero ſuccéda à ſon couſin au droit de percevoir le tiers du revenu de l'évêché de Zamora, qu'il laiſſa à ſa poſtérité, & mourut en 1468, ayant eu entr'autres enfans de *Marie* de Eſcalante-Cabeza-de-Baca, dame de Villanueva & du Val de Gema, ALFONSE, qui ſuit.

XI. ALFONSE Portocarrero, ſeigneur de Villanueva, &c. épouſa *Agnès* Pimentel, fille *naturelle* de *Roderic*, comte de Bénévent, dont il eut FERDINAND-RODRIGUEZ, qui ſuit ; & *Marie*, alliée à *Pierre* de Monroi, ſeigneur de la Tabena.

XII. FERDINAND-RODRIGUEZ Portocarrero, ſeigneur de Villanueva, &c. épouſa *Marie* Tello & Deza, ſœur de *Diegue*, archevêque de Séville, & fille de *Gomez* Tello, dont il eut entr'autres enfans ALFONSE-RODRIGUEZ, qui ſuit ; & *Louis*, chevalier de l'ordre d'Alcantara.

XIII. ALFONSE-RODRIGUEZ Portocarrero, ſeigneur de Villanueva, &c. épouſa *Eléonore* de Silva & héritiere de *Jean*, conſeigneur de la troiſiéme partie des revenus de l'évêché de Zamora, dont il eut entr'autres enfans *Antoine*, mort ſans poſtérité de *Béatrix* de Ulloa ; HIERÔME, qui ſuit ; & *Marie*, alliée à *Gaſpard* de l'Aguila, ſeigneur d'Orcigoſa.

XIV. HIERÔME Portocarrero, ſeigneur de Villanueva, &c. épouſa 1°. *Marie* de Aguilar & Pat, fille de *Dominique* de Aguilar : 2°. *Béatrix* de Bracamonte, fille de *Diegue*, ſeigneur de Fuentel-Sol. Du premier lit vinrent ALFONSE, qui ſuit ; & *Eléonore*, mariée à *Diegue* de Vargas, chevalier de l'ordre de Calatrava. Du ſecond ſortirent *François*, capitaine de cavalerie ; & *Antoine*, qui ſervit en Flandre.

XV. ALFONSE Portocarrero, ſeigneur de Villanueva, &c. épouſa *Agueda-Marcella* de Aponte, fille de *Gonſalve* Lopez de Aponte, dont il eut *Louis*, chevalier de l'ordre d'Alcantara, mort à l'âge de 17 ans ; HIERÔME, qui ſuit ; *François* Portocarrero, mort en 1669 ſans poſtérité de *Marie-Anne* de Prado, fille d'*André* de Prado-Marmol & la Torre ; *Jean*, chevalier de S. Jacques, mort en 1682, laiſſant trois filles de *Hierônime* de Saledo, dame d'Almoguerra ; & *Agathe-Hyacinthe* Portocarrero, mariée à *Jean* de Miranda-Nigno, chevalier de l'ordre de S. Jacques.

XVI. HIERÔME Portocarrero, ſeigneur de Villanueva, &c. mort en 1667, avoit épouſé *Mencie* de Coſio-Brabo de Cordoue, fille d'*Alfonſe* de Coſio, ſeigneur de Marzales, dont il eut entr'autres enfans JOSEPH, qui ſuit ; *Emanuel*, Jéſuite ; & *Ferdinand* Tello Portocarrero, tué au ſiége de Mons en 1678.

XVII. JOSEPH Portocarrero & Silva, chevalier de l'ordre de S. Jacques, né en 1644, fut créé marquis de Caſtrillo en 1680, & épouſa *Emanuelle* de Prado, fille de *Laurent-François* de Prado, dont il a eu BALTASAR, qui ſuit.

XVIII. BALTASAR Portocarrero & Silva, né le 28 octobre 1674.

SECONDE BRANCHE DE PORTOCARRERO.

III. JEAN-ENRIQUEZ Portocarrero, fils puîné de HENRI-FERNANDEZ de Toléde, & de *Urraque* Portocarrero, épouſa *Major-Véegas* Coronel, fille d'*Egas-Perez* Coronel, dont il eut PIERRE-AGNEZ, qui ſuit ; *Ferdinand-Agnez*, doyen de Brague ; *Gonſalve*, dont

la poſtérité eſt éteinte ; & *Laurent*, dont la poſtérité ne ſubſiſte plus.

IV. PIERRE-AGNEZ Portocarrero épouſa *Major-Véegas* de Regaludo, dont il eut, entr'autres enfans, *Martin Perez* Portocarrero, dont la poſtérité ne ſubſiſte plus ; & FERDINAND-PEREZ, qui ſuit.

V. FERDINAND PEREZ Portocarrero épouſa *Major*, fille de *Martin-Véegas* Mogudo, dont il eut trois fils du nom de MARTIN.

VI. MARTIN Portocarrero, qui étoit l'aîné, épouſa *Agnès*, fille de *Frédéric*, comte de Pardo en Lombardie, dont il eut MARTIN-FERNANDEZ, qui ſuit.

VII. MARTIN-FERNANDEZ Portocarrero, ſeigneur de Villanueva del Freſno, épouſa *Marie* Tenorio, dame de Moguer, fille d'*Alfonſe-Juſre* Tenorio, ſeigneur de Moguer, amirante de Caſtille, dont il eut ALFONSE-FERNANDEZ, qui ſuit.

VIII. ALFONSE-FERNANDEZ Portocarrero, ſeigneur de Moguer, Villanueva del Freſno, Palacio, Barcarotta, Cebela, &c. épouſa, 1°. *Françoiſe* Sarmiento, fille de *Pierre-Ruiz* Sarmiento, ſeigneur d'Aliſia : 2°. *Thérèſe* de Biedma & Benavides, dame de Mocejon, fille de *Mendez-Rodriguez* de Biedma & Benavides. Du premier lit vinrent MARTIN, qui ſuit ; & ALFONSE-FERNANDEZ, qui a fait *la branche des comtes de MEDELIN, rapportée ci-après.* Du ſecond lit ſortit *Louis-Mendez* Portocarrero, ſeigneur de Mocejon & Banacazan, dont la poſtérité eſt éteinte.

IX. MARTIN-FERNANDEZ Portocarrero, ſeigneur de Moguer, Villanueva del Freſno, &c. épouſa *Eléonore* Cabeza de Baca ; dont il eut PIERRE, qui ſuit ; *Béatrix*, mariée à *Diegue* Gomez de Ribera, ſeigneur de Los-Molarez ; *Elvire*, premiere femme du connétable *Alvare* de Luna ; FRANÇOISE Portocarrero, laquelle ayant épouſé *Gilles* Boccanegre, ſeigneur de Palma, ſa poſtérité prit le nom & les armes de Portocarrero, & a fait *la branche des comtes de PALMA, rapportée ci-après.*

X. PIERRE Portocarrero, ſeigneur de Moguer, Villanueva del Freſno, &c. épouſa *Béatrix* Enriquez, fille d'*Alfonſe*, amirante de Caſtille, dont il eut pour fille unique *Marie* Portocarrero, dame de Moguer, Villanueva del Freſno, &c. mariée, 1°. à *Louis* Boccanegre, ſeigneur de Palma : 2°. à *Jean-Fernandez* Pacheco, marquis de Villena, premier duc d'Eſcalone.

BRANCHE DES SEIGNEURS ET COMTES de PALMA.

X. FRANÇOISE Portocarrero, fille de MARTIN-FERNANDEZ Portocarrero, ſeigneur de Moguer & de Villanueva del Freſno, épouſa ainſi qu'il a été remarqué ci-deſſus, *Gilles* Boccanegre, ſeigneur de Palma, fils d'*Alfonſe*, ſeigneur de Palma, & d'*Urraque* Fernandez de Cordoue, dont elle eut *Louis* Boccanegre, ſeigneur de Palma, mort l'an 1442, ſans poſtérité de *Marie* Portocarrero, dame de Moguer & de Villanueva del Freſno, ſa couſine, laquelle ſe remaria à *Jean-Fernandez* Pacheco, marquis de Villena, premier duc d'Eſcalone, ainſi qu'il vient d'être remarqué ; & MARTIN-FERNANDEZ, qui ſuit.

XI. MARTIN-FERNANDEZ Portocarrero, ſeigneur de Palma, fit ſon teſtament en l'an 1460. Il avoit épouſé en l'an 1447 *Marie* de Velaſco, ſœur de *Jean*, premier comte de Sirvela, dont il eut LOUIS-FERNANDEZ, qui ſuit ; *Françoiſe*, mariée l'an 1470 à *Diegue-Fernandez* de Cordoue, ſeigneur de la Eſtrella ; & *Eléonore*, morte avant ſa mere.

XII. LOUIS-FERNANDEZ Portocarrero, ſeigneur de Palma, d'Almenara, &c. fit ſon teſtament le 5 janvier 1503. Il avoit épouſé, 1°. en l'an 1468, *Béatrix* Carillo, fille de *Diegue-Fernandez* de Cordoue, premier comte de Cabra, dont il n'eut point d'enfans : 2°. en l'an 1472, *Françoiſe* Manrique, fille de *Frédéric*, ſeigneur de Hito & de Bagnos, dont il eut LOUIS, qui ſuit ; & FREDERIC-MANRIQUE, qui a fait *la branche*

dt

des seigneurs de GUADAMELENA, *rapportée ci-après.*

XIII. LOUIS Portocarrero, créé comte de Palma en 1507, seigneur d'Almenara Fuentel Almo & de la Monclava, commandeur d'Azuega de l'ordre de S. Jacques, fit son testament le 21 juillet 1528. Il époufa, 1°. en 1499 *Eléonore* de la Vega & Giron, fille de *Jean* Tellez-Giron, comte de Vrenna : 2°. *Eléonore* de la Vega, fille de *Garcias* Laffo de la Vega, feigneur des Arcos. Du premier lit fortirent LOUIS, qui fuit ; & *Eléonore*, religieuse. Du second lit vinrent ANTOINE, qui a fait *la branche des comtes de la* MONCLOVA, *rapportée ci-après ; Garcias* Laffo Portocarrero, feigneur de Valbuena, mort avant l'an 1597 fans poftérité de *Jeanne* de Guzman, fille de *Jean* Manuel ; *Marie*, alliée à *Louis* de Guzman, marquis de la Algava ; & *Eléonore*, mariée à *Pierre* Lopez Portocarrero, marquis d'Alcada de Alameda.

XIV. LOUIS Portocarrero, comte de Palma, feigneur d'Almenara, Fuentel-Alamo, &c. chevalier de l'ordre de S. Jacques, mort en l'an 1574, époufa, 1°. *Thérèse* de Norogna, fille de *Roderic* Tellez de Menefez, feigneur d'Ugnon : 2°. en l'an 1564 *Louife* Manrique de Padilla, fille d'*Antoine* Manrique, feigneur de Valdefcarai, morte en 1611. Du premier lit vinrent LOUIS, qui fuit ; *Antoine*, mort avant fon pere fans poftérité de *Julienne-Angélique* de Velafco, fille de *Gafton* de Peralta, marquis de Falces ; *Pierre*, mort l'an 1559 fans alliance ; *Françoife* & *Louife*, religieufes ; & *Marie*, morte fans alliance. Du second lit fortirent LOUIS-ANTOINE-FERNANDEZ, qui a fait *la branche des marquis d'*ALMENARA, *rapportée ci-après ; Antoine*, chanoine & doyen de Toléde, mort en 1651 ; *Louife* & *Elvire*, mortes fans alliance ; & *Françoife* Portocarrero, mariée à *Tello* de Guzman & Cuevara, comte de Villaverde.

XV. LOUIS Portocarrero, mort en 1557 avant fon pere, époufa *Antoinette* d'Abrantes, fille d'*Alvare*, feigneur de Almada, dont il eut pour fille unique *Anne* Portocarrero, mariée à *François* Hurtado de Mendoza, marquis d'Almazan.

Branche des Marquis d'Almenara, comtes de Palma

XV. LOUIS-ANTOINE-FERNANDEZ Portocarrero, fils aîné de LOUIS Portocarrero, comte de Palma, & de *Louife* Mantique de Padilla fa feconde femme, fut comte de Palma, & créé comte d'Almenara en 1623. Il mourut en 1639, ayant eu de *Françoife* de Mendoza & Luna, marquife de Montefclaros, fille de *Jean*, marquis de Montefclaros, LOUIS-ANDRÉ-FERNANDEZ, qui fuit ; & *Louife-Antoinette*, mariée, 1°. à *Roderic* Mefia-Carillo, marquis de la Guardia : 2°. à *Jean* de Mendoza & Luna, marquis de Montefclaros, fon oncle.

XV. LOUIS-ANDRÉ-FERNANDEZ Portocarrero & Mendoza, marquis d'Almenara, &c. chevalier de l'ordre de S. Jacques, mort avant fon pere, époufa *Eléonore* de Guzman, fille de *Louis*, marquis de la Algava & Ardalés, dont il eut FERDINAND-LOUIS-FERNANDEZ, qui fuit ; *Louis-Emanuel-Fernandez* Portocarrero, doyen de l'églife de Toléde, qui fut nommé cardinal en 1669, par le pape Clément IX, puis archevêque de Toléde, primat d'Efpagne en 1677, commandeur de l'ordre du S. Efprit, & évêque de Palefrine. Il fut auffi viceroi de Sicile, ambaffadeur à Rome, lieutenant général de la mer, deux fois gouverneur d'Efpagne, & mourut à Madrid le 14 feptembre 1709, âgé de 74 ans ; *Agnès-Marie*, alliée, 1°. à *Jean* Portocarrero, marquis de Villanueva : 2°. à *Louis-Fernandez* de Cordoue, marquis de Guadalcazar : 3°. à *Jean* de Baëza-Manrique, marquis de Luna & S. Domingue, marquis de Caftromonte, morte le premier novembre 1687 ; & *Auguftine*, mariée en l'an 1663, à *Ifidore* de Silva & Portugal, marquis d'Oran.

XVII. FERDINAND-LOUIS-FERNANDEZ Portocar-

rero, comte de Palma, marquis de Montefclaros, d'Almenara, &c. mort en 1649 à l'âge de dix-neuf ans, époufa en 1648 *Antoinette* de Moscofo, fille de *Lopez* Hurtado de Mendofa Moscofo Oforio, marquis d'Almazan, dont il eut pour fils unique LOUIS-ANTOINE-THOMAS, qui fuit.

XVIII. LOUIS-ANTOINE-THOMAS Portocarrero, comte de Palma, marquis de Montefclaros, Almenara, &c. né le 7 mars 1649, a été créé grand d'Efpagne en 1697, & nommé viceroi de Catalogne en 1701. Il époufa en 1667 *Marie-Eléonore* de Moscofo, fille de *Gafpard* Hurtado de Mendofa Moscofo Oforio, marquis d'Almazan, dont il a eu *Pierre*, patriarche des Indes, né en janvier 1671, mort en février 1708 ; JOACHIM, qui fuit ; *Jofeph-Antoine*, né le 29 mai 1684, archidiacre de Talavera, & chanoine de Toléde ; *Gafpard*, chevalier de Malte, né le 8 mars 1687 ; *Auguftin*, né le 19 mars 1689 ; & deux filles religieufes au monaftere royal de l'Incarnation de Madrid.

XIX. JOACHIM Portocarrero, marquis d'Almenara, né le 27 mars 1681.

BRANCHE DES COMTES DE LA MONCLOVA.

XIV. ANTOINE Portocarrero de la Vega, fils aîné de LOUIS Portocarrero, comte de Palma, & d'*Eléonore* de la Vega, fa feconde femme, fut feigneur de la Monclova, & époufa *Sanche* de Guzman, fille de *Garcias* Laffo de la Vega, fa coufine, dont il eut LOUIS, qui fuit ; & *Eléonore-Marie* de la Vega, mariée à *Bernardin* de Mendoza, commandeur de Merida.

XV. LOUIS Portocarrero de la Vega, feigneur de la Monclova, époufa *Catherine* Enriquez, fille de *Henri* Enriquez & Gordo, feigneur de Orce, dont il eut pour fils unique ANTOINE, qui fuit.

XVI. ANTOINE Portocarrero de la Vega, premier comte de la Monclova, chevalier de l'ordre de S. Jacques, mort le 28 octobre 1649, époufa, 1°. *Sanche* de Mendoza : 2°. *Marie* de Roxas Manrique de Lara, fille de *François* de Roxas, marquis de Poza, dont il eut *Louis*, mort fans alliance ; *Gafpard*, comte de Monclova, gouverneur d'Oran, lieutenant général de la mer, qui fe fit prêtre, & mourut au mois de mai 1693 ; MELCHIOR, qui fuit ; & plufieurs autres enfans, qui moururent jeunes ou religieufes.

XVII. MELCHIOR Portocarrero de la Vega, comte de la Monclova, commandeur de Zarza de l'ordre d'Alcantara, & viceroi de la nouvelle Efpagne, a époufé *Antoinette* Ximenés de Urrea, fille d'*Antoine*, feigneur de Berbedel, dont il a eu plufieurs enfans.

BRANCHE DES SEIGNEURS DE GUADAMELENA.

XIII. FREDERIC-MANRIQUE Portocarrero, fils puîné de LOUIS-FERNANDEZ Portocarrero, feigneur de Palma, & de *Françoife* Manrique, fa feconde femme, fut chevalier de l'ordre de S. Jacques, feigneur de Guadamelena, Calonge, &c. & époufa *Jeanne* Ponce de Léon, fille de *Diegue* Ramirez de Guzman, premier comte de Teva, dont il eut *Louis*, mort fans alliance ; *Frédéric* Manrique Portocarrero, feigneur de Guadamelena, mort l'an 1593 fans poftérité de *Françoife* de Montmajor, fille de *Diegue* de Cordoue, & Montemajor ; ANTOINE-MANRIQUE, qui fuit ; & *Briande*, mariée à *Antoine-Fernandez* de Cordoue, feigneur de Guadalcazar.

XIV. ANTOINE-MANRIQUE Portocarrero, feigneur de Guadamelena, époufa *Jeanne* de Mendoza, fille de *Diegue* de Cordoue & Montemajor, dont il eut FREDERIC-MANRIQUE, qui fuit ; & *Diegue* de Cordoue Portocarrero, chevalier de S. Jacques.

XV. FREDERIC-MANRIQUE Portocarrero, feigneur de Guadamelena, &c. chevalier de l'ordre de S. Jacques, mourut en 1649, fans poftérité de *Jeanne-Antoinette* d'Aguilar, dame de Pilaz.

BRANCHE DES COMTÉS DE MEDELIN,
ducs de CAMINA.

IX. ALFONSE-FERNANDEZ Portocarrero, second fils d'ALFONSE-FERNANDEZ Portocarrero, feigneur de Moguer, Villanueva del Fresno, &c. & de *Françoise* Sarmiento, fa premiere femme, époufa *Elvire* de Orozco; dont il eut ALFONSE-FERNANDEZ, qui fuit.

X. ALFONSE-FERNANDEZ Portocarrero, époufa *Eléonore* de Monroi, dont il eut entr'autres enfans RODERIC, qui fuit.

XI. RODERIC Portocarrero, fut créé comte de Medelin l'an 1452, & mourut l'an 1464, ayant eu de *Béatrix* Pacheco, fille de *Jean*, marquis de Villena, JEAN, qui fuit; *Jeanne*, mariée à *Mendes* de Benavides, comte de Sant-Iftevan; *Catherine*, alliée à *Gautier*, feigneur de Monroi; *Marie*, qui époufa *Jean* Arias Davila, comte de Puegno-en-Roftro; & *Ifabelle* Portocarrero, mariée à *Jean* Manuel de Figueroa, feigneur de Salva-Léon.

XII. JEAN Portocarrero, comte de Medelin, époufa, 1°. *Agnés* de Ribera, fille de *Pierre-Afan*, comte de Los Moralés: 2°. *Marie* Manuel, fille de *Gomes* Suarez de Figueroa, comte de Feria, dont il eut RODERIC, qui fuit; *Inico*, mort jeune; *Agnés*, mariée à *Pierre* de Solis; *Marie* alliée à *Jean* d'Orrellana; & *Béatrix*, religieufe.

XIII. RODERIC Portocarrero, mort avant fon pere, avoit époufé *Eléonore* de Tolede, fille de *Frédéric*, duc d'Albe, dont il eut JEAN, qui fuit; *Ifabelle*, mariée à *Jean*, duc de Eftrada; *Marie*, alliée à *François* Zapata; & *Agnés* Portocarrero, qui époufa *Alfonfe* d'Avalos.

XIV. JEAN Portocarrero, comte de Medelin, époufa *Marie* Oforio, fille de *Jean* Portocarrero, marquis de Villanueva del Fresno, dont il eut RODERIC-HIERÔME, qui fuit; *Eléonore*, mariée à *Louis* Zapata, feigneur de Pelopos & de Bunos; *Jeanne*, alliée à *Louis* Pacheco Giron de Alarcon, feigneur de Alvadalejo; & *Marie*, qui époufa *Alfonfe* de Monroi Portocarrero.

XV. RODERIC-HIERÔME Portocarrero, comte de Medelin, époufa, 1°. *Jeanne* de Cordoue, fille de *Louis*, marquis de Comarés: 2°. *Françoife* de Zuniga, fille de *Ferdinand* Ruiz de Caftro & Portugal, comte de Lémos: 3°. *Jeanne* de Zuniga, fille de *Ferdinand* Darias & Saavedra, comte de Caftelar: 4°. *Magdeléne* de Bobadilla, veuve de *Hierôme* de Podilla, & fille de *Pierre*, feigneur de Pinos: 5°. *Marie-Anne* de Bracamonte, fœur du comte de Peneranda. Du premier lit vinrent entr'autres enfans JEAN-ANTOINE, qui fuit; & PIERRE, qui continua *la poftérité rapportée après celle de fon frere aîné.*

XVI. JEAN-ANTOINE Portocarrero, mourut avant fon pere, laiffant de *Louife* Faxardo, fille de *François* Hurtado de Mendoza, marquis d'Almazan, pour fille unique *Jeanne* Portocarrero, premiere femme de *Louis-Fernandez* Manrique, marquis d'Aguilar, morte fans poftérité.

XVI. PIERRE Portocarrero, fils puîné de RODERIC-HIERÔME, fut comte de Medelin, chevalier de l'ordre de S. Jacques, commandeur de Socabos. Il époufa, 1°. *Marie-Anne* de Mendoza, fille de *Garcie* Ramirez de Cardenas: 2°. *Anne* de Cordoue & Cardonné, fille de *Louis-Fernandez*, comte de Prades. De ce dernier mariage fortirent, *Roderic*, mort enfant; *Louis*, comte de Medelin, mort fans alliance; *Jean*, auffi comte de Medelin, chevalier de l'ordre de S. Jacques, & commandeur de Socabos, mort fans alliance; PIERRE, qui fuit; *Marguerite*, religieufe; & *Anne*, mariée à *Gonfalve* Meffia-Carillo, marquis de la Guardia.

XVII. PIERRE Portocarrero, comte de Medelin, époufa, 1°. *Marie-Fernandez* de Cordoue, fille d'*Alfonfe*, marquis de Priego, dont il n'eut point d'enfans:

2°. *Marie-Béatrix* de Menefés, marquife de Villaréal & duchefle de Camina, veuve de *Michel* de Norogna, duc de Camina, dont il eut PIERRE-LUITGARD, qui fuit; *Roderic-Hierôme* Portocarrero de Norogna, auditeur de Grenade & abbé de S. Sauveur de Xerés, mort en mai 1681; *Julienne-Marie*, alliée, 1°. à *François* Ponce de Léon, duc d'Arcos: 2°. à *Antoine-Sébaftien* de Toléde, marquis de Mancera; & *Louife*, mariée à *François* de Moncade, marquis d'Ajetone.

XVIII. PIERRE-LUITGARD de Menefés Portocarrero, duc de Camina, marquis de Villareal, comte de Medelin & d'Alcoutin, époufa en octobre 1662, *Thérèfe* d'Aragon, fille de *Louis*, duc de Ségorbe, dont il eut *Marc*, comte d'Alcoutin, qui ne vécut que neuf heures; & *Marie* de Menefés Portocarrero, morte au berceau. * *Voyez* Imhoff, *en fes vingt familles d'Efpagne.*

PORTO DELLE CAGLIE; c'eft un bon village qui a un grand port fur le golfe de Colochine en Morée, au levant de la ville de Maina. Il prend fon nom de la grande quantité de cailles qui s'y trouvent. Il eft pris par quelques géographes pour l'ancienne *Teuthrone*, petite ville de la Zaconie, que d'autres mettent à *Scopia*, village voifin. * Mati, *diction.*

PORTO-FAMINE, cherchez PHILIPPE, ou CIUDAD DEL RÉ PHILIPPE.

PORTO-FARINE, petite ville du royaume de Tunis en Barbarie. Elle eft au couchant des ruines de Carthage, & au nord de la ville de Tunis. Elle a une fort bonne rade, dans laquelle on paffe pour aller à la Goulette, & de-là à Tunis. * Mati, *diction.*

PORTO-FERRAIO, anciennement *Argoüs Portus*, petite ville fituée fur la côte occidentale de l'ifle d'Elbe, à une lieue & demie de Porto-Longone. Porto-Ferraio que quelques géographes appellent *Cofmopolis*, eft une place forte, & qui a un fort bon port. Elle appartient au grand duc de Tofcane. * Mati, *diction.*

PORTO-FINO, ville d'Italie fur la côte de Gènes, eft nommée par les auteurs Latins *Portus Delphini*. Elle a un petit port, environ à vingt milles de Gènes, vers le golfe de Ripallo.

PORTO-GRUARO, anciennement *Portus Romantinus*, bourg de l'état de Venife en Italie. Il eft dans le Frioul fur une petite riviere, à fix lieues de Marano, vers le couchant, & environ à une lieue des ruines de Concordia, à laquelle il a fuccédé en la dignité épifcopale. * Mati, *diction.*

PORTO-GUISCARDO, bourg avec un port. Il eft fur la côte feptentrionale de l'ifle de Céphalonie. Quelques-uns le prennent pour l'ancienne *Samos*, & d'autres pour l'ancienne *Panormus*, deux bourgs de la même ifle. * Mati, *diction.*

PORTO-LONGONE, *Portus Longus*, forterefle & port de l'ifle d'Elbe en la mer de Tofcane, fut prife par les François en 1646, fous le maréchal de la Meilleraye: on la rendit aux Efpagnols.

PORTO-MALFETAN, anciennement *Crefa, Creffa*. C'eft un bourg de la Natolie en Afie. Il eft fur la côte méridionale, vis-à-vis de l'ifle de Rhodes. * Mati, *dict.*

PORTO-MORISO en Italie, appartient à la république de Gènes, & eft nommé *Portus Mauricius*. C'eft un bourg agréable fur le penchant d'une colline jufqu'à la mer, près d'Oneille, entre Savone & Nice; mais il n'y a plus de port.

PORTO-NUOVO, bourg fitué fur une petite prefqu'ifle de la côte orientale de l'ifle de Corfe, environ à trois lieues de la ville de Bonifacio. Quelques géographes prennent ce bourg pour l'ancienne *Rubra*, que d'autres placent au bourg de *Solenfara*, qui eft entre Porto-Nuovo & Bonifacio.

PORTO DI PAULA, port d'Italie dans l'Etat eccléfiaftique dans la Campagne de Rome, & fur la mer Tyrrhène ou de Tofcane, vers le mont Circello. Il eft affez grand & fur; mais il fe remplit tous les jours de fable. * Léandre Alberti.

PORTO DI PRIMARO , port d'Italie dans le du-
té de Ferrare , donne son nom à un bras de la riviere
u Pô , dit Pô di Primaro , qui se jette dans la mer Adria-
que ou golfe de Venise. Ce port est défendu par la
sur Grégorienne , & il y a un assez bon bourg. * Léan-
re Alberti.

PORTO RICO ou S. JEAN DE PORTO RICO ,
sle située dans la mer du Nord vers l'Amérique , à l'en-
rée du golfe de Mexique , & à l'orient de l'isle de San-
Domingo ou d'Hispaniola , étoit autrefois appellée par
es Indiens *Boriquen*. Elle fut découverte l'an 1493 par
Christophe Colomb , qui la dédia au nom de S. Jean-
Baptiste , & nomma la principale ville *Porto Rico* , à
cause de la bonté de son port , où les plus grands galions
sont en toute sureté. Cette isle est distante de celle de
San-Domingo d'environ seize lieues espagnoles , & d'environ cent trente-six du continent de l'Amérique méridionale , qu'elle a au midi. Elle a trente lieues de long ,
selon quelques-uns , ou trente-cinq , selon d'autres , de
l'orient à l'occident , & vingt de large. Sa figure représente à-peu-près un carré long. L'air y est fort tempéré ,
excepté en décembre & en janvier , qui est le temps
d'hiver ; & depuis la fin de mai jusqu'en septembre , où
la chaleur y régne comme ici en été. Il s'y éleve au mois
d'août & de septembre des ouragans , qui sont des vents
extrêmement dangereux par leur violence & leur impétuosité. La terre est fertile , & fournit quantité de bons
pâturages ; mais , comme nous l'avons dit en parlant
de l'Hispaniola , l'abondance des guajabes en rend inutile une partie. C'est un arbre qui porte un fruit comme
une pomme , dont la chair est rouge , & renferme de
petits grains , qui tombant en terre , levent aussitôt ,
& croissent en peu de temps ; de sorte qu'ils remplissent
les pâturages , & empêchent par leur ombrage que les
herbes n'y profitent. Cette isle a encore une autre incommodité plus grande ; qui est que les vaches & les autres
animaux domestiques s'y effarouchent tellement , qu'on
ne peut plus les apprivoiser. Il y a plusieurs rivieres ; savoir, celles de Cairabon, de Bayamon, de Toa , de Gu-
jane, d'Arezibo, de Gabiabo , & autres , dont quelques-
unes ont des havres commodes pour de grands vaisseaux.
On y voit aussi des torrens , où l'on trouve de l'or. Les
plus célébres sont ceux de Manatuabon & de Cebuco.
On y a vu autrefois de très-riches mines d'or & d'argent , qui sont présentement épuisées ou abandonnées
faute d'ouvriers. Entre les arbres qui y croissent , on remarque principalement le *Tabernaculo* ou *Taborucu* ,
qui distille un bitume blanc fort utile aux peintres , fort
propre pour gaudroner les navires , & d'une vertu singuliere pour guérir les plaies & les douleurs causées par
le froid. On voit aussi dans cette isle un arbre appellé
Saint-Bois , qui est fort différent du gajac , & qui a les
mêmes propriétés. Auprès du rivage de la mer il y croît
plusieurs arbrisseaux , qui portent des pommes mortelles
aux poissons , lorsqu'elles tombent dans l'eau , & dont
l'ombre même nuit aux hommes , s'ils s'endorment sous
leurs branches. Les Espagnols nomment cet arbrisseau
Macanillo. Il pousse quantité de fleurs qui se nouent en
petites pommes tachetées d'un beau rouge , & dont l'o-
deur est admirable. L'ombre du Macanillo est dangereuse , en ce qu'elle fait enfler tout le corps de ceux qui
dorment sous cet arbre : si quelque goutte de rosée tombe des branches sur leur peau , elle l'écorche comme si
c'étoit de l'eau forte. Les Sauvages composent de ce
fruit un poison sans remede. L'arbre que les insulaires
nomment *Guao* , & les Mexicains *Thetlatian* , porte
des feuilles rouges velues , & qui ne tombent jamais,
Son fruit est verd , & ressemble à celui d'un arbousier.
Son bois est aussi d'un beau verd , & l'on en transporte
en Europe pour en faire des piliers de lit , parcequ'on
croit qu'il est ennemi des punaises ; mais les ouvriers
qui le mettent en œuvre , ont le visage & les mains en-
flées plusieurs jours après l'avoir manié. Les principales
richesses de l'isle de Porto-Rico , sont les cannes de
sucre , le gingembre , la casse , & une grande quantité

de bœufs , dont on prend seulement la peau , abandonnant la chair sur le champ aux chiens & aux oiseaux. Les
Espagnols font seuls le trafic de cette isle , au défaut des
habitans originaires , que ces nouveaux maîtres ont presque tous cruellement massacrés. Ils commencerent à s'y
établir en 1510 , sous le commandement de Jean Ponce
de Léon , qui ayant été bien reçu par Argueybana ,
principal roi des Insulaires , y fonda une colonie au côté
du nord. Leur demeure fut ensuite à S. Germain : & en
1514 ils donnerent commencement à la principale ville ,
qu'on nomme aujourd'hui *Porto-Rico*. Elle est bâtie dans
une petite isle jointe à la grande ; par une chaussée faite
au travers du havre. C'est la résidence ordinaire du gouverneur de l'île. Il y a une église cathédrale , dont l'évêque est suffragant de l'archevêque de San-Domingo. La
structure en est fort belle ; mais les fenêtres ne sont fermées que d'un canevas , faute de vitres. Près de la ville
il y a un grand couvent de Dominicains. Le port est
spacieux , & assuré contre les incursions des ennemis ;
car il reçoit la mer par une étroite embouchure , sur laquelle commande un château bien fortifié. Un peu plus
avant vers le sud-ouest de la ville , il y a une autre château qu'on appelle *Fortaleẓẓa* , où l'on garde les trésors
du roi d'Espagne , & les munitions de guerre. Du côté
de la chaussée on a bâti deux petits forts pour empêcher
le passage à l'ennemi. Le chevalier Drac attaqua cette
ville l'an 1595 : après avoir brulé quelques navires qui
étoient à l'ancre , il fut contraint de se retirer , ayant
perdu environ cinquante de ses gens. L'an 1598 le comte
de Cumbrie se rendit maître de cette ville , & se contenta d'en emporter un riche butin , avec soixante-dix
pièces de canon , parcequ'en peu de temps il avoit perdu
quatre cens hommes , qui étoient morts de diverses maladies. Baudouin Henri , général de la flotte que la compagnie hollandoise des Indes occidentales avoit envoyée
dans le Brésil , entra l'an 1615 dans la ville de Porto-
Rico ; & désespérant de prendre la forteresse , se retira
avec un butin considérable. S. Germain , autrefois *Nova
Salamanca* , à trente lieues de Porto-Rico. Il n'y a
qu'une rade , qui est incommode & mal assurée. Les
François l'ont quelquefois pillée. La petite ville d'Are-
sibo n'a rien de remarquable. On compte dans l'isle de
Porto-Rico quinze cens hommes capables de porter les
armes , & un assez bon nombre d'autres habitans. L'isle
de Mona située entre celles de Porto-Rico , & de San-
Domingo , a de très-bonnes eaux. Il y croît aussi d'excellens fruits , entr'autres des oranges estimées pour leur
grosseur & pour leur bonté. Cette isle a un gouverneur
particulier pour le roi d'Espagne. * De Laët , *hist. du
nouveau monde.*

PORTO-SANCTO , isle appartenante à la couronne
de Portugal , dans la mer Atlantique , au couchant de la
Barbarie , fut découverte par les Portugais en 1420 , ou
selon d'autres en 1428 , & fut nommée *Ilha de Puerto-
Santo*. Elle n'est pas éloignée de Madere , & a environ
huit lieues de circuit. * Sanson. Baudrand.

PORTO-SEGURO , ville & capitainie du Brésil
dans l'Amérique méridionale. Cette province est entre
celle du Saint-Esprit au midi , & celle des isles au septentrion sur la mer du Brésil. Les Portugais sont maîtres
de ce pays. * Baudrand.

PORTO ou PORT-VENDRES , *Portus Veneris* ,
port du comté de Roussillon sur la mer Méditerranée
près de Collioure , & vers le cap de Cruz. Ce port n'a
que six à sept maisons , qui se touchent à peine , & il n'y
en a jamais eu davantage. * *Voyeẓ* Pierre de Marca ,
dans son livre intitulé : *Marca Hispanica*.

PORTO-VENERE , *Portus Veneris* , port d'Italie
sur la côte de Gênes près de la Toscane , fut nommé
Portus Venerii , en l'honneur de S. Vénerius , dont le
corps repose près de-là , dans la petite isle de Tino. Depuis par corruption on a nommé ce port *Portus Veneris*. Les Génois y bâtirent un château l'an 1113 , & acquirent depuis le domaine de Porto-Venere , de Grimaldo de Vezzano , en 1204 , & en 1276 de Nicolas de

Fiefque, frere du pape Innocent IV. * Jacques de Voragine, *in vita S. Venerii.*

PORTO-VECCHIO, bon bourg, situé sur un golfe, qui est dans la côte orientale de l'isle de Corse, à cinq lieues de la ville de Bonifacio. On prend Porto Vecchio pour l'ancienne *Alista*, laquelle pourtant quelques géographes mettent à *Ista*, village situé sur le golfe d'Ariano. * Mati, *diction.*

PORTO-VIEIO, petite ville du Pérou. Elle est sur la côte de la contrée de Quito, où elle a un bon port, au couchant de la ville de Quito. * Mati, *dictionaire.*

PORTSEI, isle d'Angleterre, sur la côte du comté de Hant. Elle est ainsi appellée, à cause d'une ville qui y est située, & qui porte le même nom. Mais elle est sur-tout remarquable à cause de l'importante ville de Portsmouth, la plus forte place d'Angleterre, qui y est bâtie. * Mati, *diction.*

PORTSMOUTH, en latin *Portus Magnus*, ville d'Angleterre, avec un fameux port sur la Manche, dans le comté de Southampton.* Cambden, *descript. Britan.*

PORTUGAL, royaume héréditaire de l'Europe, dans la partie occidentale de l'Espagne, comprend une partie de l'ancienne Lusitanie, & une partie du pays des anciens Callaiques, *Callaici Braccari*, qui habitoient dans la province nommée aujourd'hui *Tra los Montes.* Cet état est un des moins étendus de l'Europe, & est néanmoins des plus considérables par sa fertilité & par ses richesses. Il n'a de longueur qu'environ cent dix lieues françoises, & à-peu-près cinquante dans sa plus grande largeur. Le Portugal a la Galice au nord, de laquelle il est séparé par le fleuve Minho; au midi & au couchant l'Océan; & au levant la Castille, le royaume de Léon, l'Estrémadure & l'Andalousie. On le divise en cinq parties ou provinces, qui sont *Entre Douro & Minho* : au-delà des montagnes, ou *Tra los Montes* ; Beira; Estrémadure, ou *Estremadoura Portogesa*, & Alentejo ou *Entre Tejo & Guadiana.* Il y a aussi le petit royaume des Algarves, *Reyno de Algarve.* Quoique ce royaume ne fasse pas la sixième partie de l'Espagne, sa situation est si fertile, qu'il surpasse en bonté tout le reste de ce grand pays. Il est arrosé d'une infinité de belles rivieres, dont il y en a quatre très-considérables; savoir le Minho, le Douro, le Tage & la Guadiana. Elles se déchargent dans le grand Océan, qui baigne ce royaume, où il y a des ports très-commodes pour le commerce, que les Portugais ont de tout temps entretenu & fait valoir, principalement dans les Indes orientales, d'où ils apportent des pierreries, de l'or, de l'argent, de la soie, &c. & où ils ont nombre de villes, dont Goa est la capitale. Ils possédent encore le Brésil dans l'Amérique, plusieurs places dans le golfe de Bengale, les isles Açores, celles de Madere, celles du cap Verd, Ceuta, Mazagan & Tanger en Afrique, qu'ils ont cédé aux Anglois, & que ces derniers ont abandonné; les forteresses de Mina, d'Arquin, & autres sur la côte de Guinée ; d'autres le long des royaumes de Congo & d'Angola ; Sofala & Mosambique, au-delà du cap de Bonne-Espérance, & en divers endroits : ce qui rend les rois de Portugal puissans sur mer, & riches sur terre. Le Portugal est fertile en vins, fruits, poissons, gibier, sel, chevaux, &c. On y a trouvé des mines ; & les Romains venoient chercher en Portugal l'or que les Portugais vont chercher dans les Indes. Cet état est si peuplé, & sur-tout vers la mer, qu'on y compte plus de six cens villes ou bourgs privilégiés, & plus de quatre mille paroisses. Entre les villes, la capitale est Lisbonne : les autres sont Evora, Brague, Coimbre, Elvas, Béja, Porto, Bragance, Portalegre, Viséo, Guarda, Miranda de Douro, avec grand nombre d'autres places. De ces villes, il y en a trois métropoles ; Brague, Lisbonne & Evora, avec des évêchés, sans ceux des autres villes des Indes, &c. soumis à la couronne de Portugal. Voici un dénombrement des archevêchés & évêchés de Portugal.

ARCHEVÊCHÉS ET ÉVÊCHÉS DE PORTUGAL.

ARCHEVÊCHÉ DE BRAGUE.
Evêchés suffragans.

Dans le Portugal, Porto, la Guarda, Viséo, Lamégo, Miranda.

ARCHEVÊCHÉ DE LISBONNE.
Evêchés suffragans.

Dans le Portugal, Coimbre & Leiria.
Dans la Barbarie, Ceuta, auquel est uni celui de Tanger.
Dans l'isle Madere, Funchal.
Dans l'isle Tercere, Angra.
Dans le royaume de Congo, San-Salvador.
Dans les isles du cap Verd, Ribera Grande.
Dans l'isle de S. Thomas, San Thome.
Dans l'Afrique méridionale, Angola.

ARCHEVÊCHÉ D'EVORA.

Evêchés suffragans.
Dans l'Algarve, Faro, Portalegre & Elvas.
Dans la Barbarie, Tanger uni à Ceuta.

DU GOUVERNEMENT DE PORTUGAL.

Le Portugal a été très-long-temps soumis aux Maures. HENRI de Bourgogne le conquit sur ces Infidèles ; & par son mariage avec *Thérèse*, fille *naturelle d'Alfonse* VI roi de Castille, devint paisible possesseur de cet état. ALFONSE I son fils, surnommé *Henriquez*, fut salué & couronné roi de Portugal le 27 juillet de l'an 1139, après avoir défait cinq petits rois, ou généraux Maures, à Ourique, près de la riviere du Tage. Ce prince assembla les états de son royaume à Lamégo, dans la province de Beira, & y fit recevoir une loi, qui porte le nom de cette ville, par laquelle les princes étrangers sont exclus de la couronne. Les états assemblés en 1679 & 1680, à Lisbonne, dérogerent à cette loi de Lamégo, pour une fois seulement, & en faveur du mariage qu'on croyoit alors devoir être fait entre leur infante *Elizabeth-Marie-Louise*, avec *Victor-Amédée-François* duc de Savoye. En conséquence de cette loi, les fils *naturels* au défaut des *légitimes*, peuvent succéder à la couronne. Ainsi JEAN I de ce nom, dit *le pere de la patrie*, fils *naturel* du roi PIERRE *le Justicier*, succéda l'an 1385 à *Ferdinand*, son frere, au préjudice de *Béatrix*, sa niéce, femme de *Jean* I roi de Castille. Cet exemple suffira. SEBASTIEN, qui succéda à son aïeul JEAN III, en 1557, entreprit en 1574 son premier voyage d'Afrique, & fut tué au second par les Maures, en la journée d'Alcacer, le 4 août 1578, en la 25 année de son âge, & la 23 de son régne. Après cette mort fatale au Portugal, le cardinal HENRI, cinquième fils d'EMANUEL *le Grand*, fut déclaré roi, & mourut l'année suivante. LOUIS, duc de Béja, frere aîné de *Henri*, avoit épousé *Yolande*, fille de basse naissance. Ce mariage n'avoit plu ni au roi Jean III, son frere, ni aux états du royaume, qui déclarerent que les enfans qui en sortiroient ne pouroient succéder à la couronne. Cependant ANTOINE, fils du duc de Béja, & légitime héritier du royaume, prit la qualité de roi l'an 1580. Mais PHILIPPE II d'Espagne, qui ne voulut pas perdre une si favorable occasion d'usurper le Portugal, y envoya le duc d'Albe avec une puissante armée. Antoine fut défait à la bataille d'Alcantara, vint en France, & mourut à Paris en 1596. Ainsi les Espagnols se rendirent maîtres de cet état, & le possédérent sous Philippe II, Philippe III & Philippe IV. Mais les Portugais ne pouvant plus supporter le gouvernement de cette nation, dont la fierté ne s'accommodoit pas avec la leur, secouerent un joug si fâcheux en 1640, & élurent pour roi le duc de Bragance, JEAN IV. On remarque au sujet de la révolution de Portugal en 1640, qu'on y doit admirer sur-tout le grand secret qui s'obferva pendant plus d'une année fur cette affaire, entre plus de deux cens perfonnes. Toutes les places que les Portugais ont dans les quatre parties du monde, fecouerent le joug efpagnol en un même jour. Il n'y eut que Ceuta feule en Afrique qui refta aux Efpagnols ; parceque le gouverneur, qui étoit de leur nation, ignoroit le fecret. Les principaux motifs de cette révolution, furent la permiffion que le roi d'Efpagne donnoit à d'autres qu'à des Portugais, de trafiquer dans les Indes orientales ; les violences des Efpagnols, & le tribut impofé en 1635 de cinq pour cent fur tous les revenus & les marchandifes du royaume. Les Portugais font fiers & méprifans, bons foldats, ménagers, & aiment fort leur roi. Ils ont fait de grandes pertes dans les Indes. La feule religion catholique eft reçue parmi eux ; de forte que ceux qui font de race juive ont été contraints de fe faire baptifer. Il y a des inquifitions à Lisbonne, à Coimbre & à Evora ; des parlemens à Lisbonne & à Porto ; & des généralités qu'ils appellent Comarques & Almoxarifats, dans vingt-fept places. Outre le confeil royal, les Portugais ont d'autres tribunaux ; comme celui de la Fazenda, ou des finances ; le confeil de la confcience, dit la Mefada concientia ; le refidor ; la camera ; le confeil de guerre ; la cafa de fupplication, où l'on juge les affaires en dernier reffort, &c. Ce fut le roi Jean IV qui établit le tribunal de l'inconfidence, contre ceux qui étoient accufés de découvrir les fecrets de l'état aux ennemis, ou de les favorifer. Les rois de Portugal font grands-maîtres de l'ordre de Chrift, qui réfide à Tomar, & de ceux d'Avis & de S. Jacques, dont la réfidence eft à Palmella, près de Setubal. Ils prennent les titres fuivans, N. roi de Portugal, des Algarves, deçà & delà les mers d'Afrique, feigneur de Guinée, de la navigation, conquête & commerce d'Ethiopie, d'Arabie, de Perfe & des Indes. Le pape Benoît XIV a accordé au roi D. Jofeph, & à fes fucceffeurs, le titre de majefté très-fidéle. Le fils aîné du roi porte celui de prince du Bréfil.

SUCCESSION CHRONOLOGIQUE DES ROIS DE PORTUGAL.

Henri de Bourgogne, roi en 1089, mourut en 1112.

Ans de J. C.		Durée.
1139	Alfonfe I, dit Henriquez,	46
1185	Sanche I,	27
1212	Alfonfe II,	11
1223	Sanche II, dit Capel, chaffé,	23
1246	Alfonfe III,	33
1279	Denys, dit le Pere de la patrie,	46
1325	Alfonfe IV, furnommé le Fier,	32
1357	Pierre le Jufticier,	10
1367	Ferdinand,	17
1385	Jean I, dit le pere de la patrie,	49
1433	Edouard,	5
1438	Alfonfe V, furnommé l'Africain,	43
1481	Jean II, dit le Grand & le Sévere,	14
1495	Emanuel le Grand,	26
1521	Jean III,	35 6 mois.
1557	Sébaftien,	22
1578	Henri, cardinal,	1 5 mois.
1580	Philippe II, roi d'Efpagne,	18
1598	Philippe III, roi d'Efpagne,	23
1621	Philippe IV, roi d'Efpagne,	19
1640	Jean IV, dit le Fortuné,	16
1656	Alfonfe-Henri, détrôné en 1667.	
1667	Pierre II, auparavant régent de Portugal,	39
1706	Jean V,	44
1750	Jofeph.	

Après cette fucceffion abrégée, on a cru devoir ajouter ici la fucceffion généalogique de tous les rois de Portugal, avec les différentes branches qui en font forties.

SUCCESSION GENEALOGIQUE DES ROIS DE PORTUGAL.

I. HENRI de Bourgogne, comte de Portugal, quatriéme fils de HENRI, fils aîné de ROBERT I, duc de Bourgogne, conquit le royaume de Portugal fur les Maures. Voyez HENRI. Il mourut le premier novembre 1112, âgé de 67 ans, felon quelques-uns, & felon d'autres de 50, ayant eu de Thérèfe, fille naturelle d'Alfonfe VI, roi de Caftille, morte l'an 1130, ALFONSE, qui fuit ; Urraque, mariée à Vérémond Praxés de Trava, comte de Traftamara ; & Thérèfe, nommée auffi Sanche, mariée 1°. à Ferdinand, dit Sanche Nunez de Barbofa : 2°. à Ferdinand Mendez, feigneur de Bragance. Il eut auffi un fils naturel, Pierre-Alfonfe, grand maître de l'ordre d'Avis, qui fit un voyage en France l'an 1147, & paffa le refte de fes jours dans le monaftere d'Alcobace, où il fut enterré.

II. ALFONSE I du nom, roi de Portugal, furnommé Henriquez, fut couronné le 27 juillet 1139. Voyez ALFONSE. Il mourut le 9 décembre 1185, en fa 76e année. Il avoit époufé, en 1146, Mahaud, fille d'Amé III, comte de Maurienne, dont il eut Henri, né en 1147, mentioné dans une lettre que fon pere écrivit à S. Bernard, mort jeune ; SANCHE, qui fuit ; Jean ; Urraque, femme de Ferdinand II, roi de Léon & de Galice, dont elle fut féparée pour caufe de parenté, quoiqu'elle en eût un fils ; Mahaud, appellée auffi Thérèfe, mariée 1°. en 1184, à Philippe d'Alface, comte de Flandre : 2°. à Eudes III, duc de Bourgogne, dont elle fut féparée en 1195, & mourut le 6 mai 1218, près de Furnes en Flandre, étant tombée dans un marais ; & Sanche, vivante en 1158. Il laiffa auffi cinq enfans naturels, qui ne firent point fouche ; favoir, Ferdinand-Alfonfe, alfier-major du royaume, nommé dans une charte de 1166 ; Pierre-Alfonfe, religieux à Alcobace ; Alfonfe, chevalier de l'ordre de S. Jean de Jérufalem, mort en 1207 ; Thérèfe, mariée à Sanche Nunez ; & Urraque, femme de Pierre-Alfonfe de Viegas.

III. SANCHE I du nom, dit le Populaire, roi de Portugal, mourut en 1212. Voyez SANCHE. Il époufa, en 1181, Douce, fille de Raymond Bérenger, IV du nom, comte de Barcelone, morte en 1198, ayant eu ALFONSE II, qui fuit ; Ferdinand, comte de Flandre, par fa femme Jeanne, fille de Baudouin IX, comte de Flandre, élu empereur de Conftantinople : il fut pris à la journée de Bouvines, en 1214, ne fortit de prifon que l'an 1227, & mourut à Noyon, fans enfans, l'an 1233 ; Pierre, comte d'Urgel, puis prince de Majorque, né en 1187, qui époufa Aramburge, comteffe d'Urgel, morte en 1231. Il échangea le comté d'Urgel pour la principauté de Majorque avec Jacques le Conquérant, roi d'Aragon, & mourut en 1258, fans laiffer de poftérité ; Henri & Raimond, morts jeunes ; Thérèfe, femme d'Alfonfe IX du nom, roi de Léon & de Galice, dont elle fut féparée pour caufe de parenté, morte en 1250, au monaftere de Lorvano qu'elle dota, & où elle vécut faintement ; Mahaud, femme de Henri I du nom, roi de Caftille, feparée auffi pour parenté, morte au monaftere d'Aroce, qu'elle fonda ; Sancie, abbeffe de Lorvano, morte en 1229 ; Blanche, dame de Guadalaxara, morte fans alliance en 1240 ; & Berengere, morte jeune. Le roi SANCHE laiffa auffi des enfans naturels ; favoir, MARTIN-SANCHE, comte de Traftamara en Galice, qui fuivit le parti du roi de Léon contre le roi de Portugal fon frere, dont il défit les troupes par deux fois. Il mourut fans enfans d'Oſaille Pérés de Caſtro, fille de Pierre-Fernandez de Caſtro, dit le Caſtillan ; Roderic-Sanche, tué dans un combat près de Porto l'an 1245 ; Gilles-Sanchés, mort fans alliance en 1236 ; Urraque ; Thérèfe-Sanche, mariée à Alfonfe Tellez le Vieux, qui fit bâtir la ville d'*Albuquerque* ; & Conftance , morte en 1269.

IV. ALFONSE II du nom , roi de Portugal , furnommé *le Gras* , mourut le 25 mars 1223. *Cherchez* ALFONSE. De fon époufe *Urraque* , fille puînée d'*Alfonfe* IX du nom , roi de Caftille , il laiffa SANCHE II , qui fuit ; ALFONSE III , *mentioné après fon frere* ; *Ferdinand* , dit *l'Infant de Serpa* , qui affifta Ferdinand III , roi de Caftille , en la guerre qu'il fit aux Maures , époufa *Sanche-Ferdinandine* de Lara , fille de *Ferdinand* , comte de Lara , & mourut en 1246 ; *Vincent* , mort jeune ; & *Léonore* , marié en 1229 à *Valdemar* III du nom , prince de Danemarck , morte de regret de la perte de fon mari. *Il laiffa auffi un bâtard* , Jean Alfonfe , *mort en* 1234.

V. SANCHE II du nom , roi de Portugal , furnommé *Capel* , époufa fecretement *Mencie* , fille de *Diégo*-Lopés-de-Haro. Il fut chaffé de fon royaume par fes fujets , à caufe de fa foibleffe naturelle , & mourut fans enfans à Tolède l'an 1246 , âgé de 39 ans.

V. ALFONSE III du nom , roi de Portugal & des Algarbes , né le 5 mai 1210 , fuccéda à fon frere , fut excommunié par le pape , & mourut en février 1279. *Cherchez* ALFONSE. Il avoit époufé , 1°. en 1235 *Mahaud* , comteffe de Boulogne & de Dammartin , veuve de *Philippe* de France , comte de Mante , & fille unique de *Renaud* , comte de Dammartin , & d'*Ide* , comteffe de Boulogne. Elle fut répudiée , & mourut avant l'an 1258. Le roi Alfonfe prit une feconde alliance en 1253 , avec *Béatrix* , fille *naturelle d'Alfonfe* X du nom , roi de Caftille , dont il eut DENYS , qui fuit ; *Alfonfe* , feigneur de Portalegre , qui d'*Yolande* de Caftille , fille de *Manuel* , infant de Caftille , eut *Alfonfe* , feigneur de Leiria , mort fans poftérité ; *Ifabelle* , mariée à *Jean* , dit *le Borgne* , comte de Bifcaye ; *Conftance* , alliée à *Gonçalés* Nunez de Lara ; *Marie* , qui époufa , 1°. *Tellez* , fils d'*Alfonfe* , infant de Molina , feigneur de Montalegre : 2°. *Ferdinand* de Haro , feigneur d'Ordugna ; & *Béatrix* , femme de *Pierre-Fernandez* de Caftro , feigneur de Lémos. Les autres enfans d'ALFONSE III , furent *Blanche* , abbeffe de Lorvano , puis des Huelgas de Burgos ; deux garçons & deux filles , morts en bas âge. *Il eut encore fept enfans naturels* , 1. Ferdinand-Alfonfe , *chevalier de l'ordre des Templiers* ; 2. Gilles , *commandeur de l'églife de* S. *Blaife* ; 3. Alfonfe-Denys , *qui laiffa poftérité* ; 4. Martin-Alfonfe , *dit Chicorro* , *qui l'aiffa auffi poftérité* ; 5. Léonore , *femme d'Etienne de Soufa* ; 6. Léonore , *dite la Jeune* , *religieufe à fainte Claire de Santaren* ; & 7. Urraque , *mariée à Jean Mendez de Briteros*.

VI. DENYS , roi de Portugal , furnommé *le pere de la Patrie* , né le 9 octobre 1261 , mourut le 7 janvier 1325. *Voyez* DENYS. Sa femme fut fainte *Elizabeth* d'Aragon , fille aînée de *Pierre* III du nom , roi d'Aragon , qu'il époufa en 1281. Elle prit l'habit du tiers-ordre de S. François après la mort de fon mari , mourut le 4 juillet 1336 , & fut canonifée en 1625. *Cherchez* fainte ELIZABETH. Leurs enfans furent ALFONSE IV , qui fuit ; *Ifabelle* ; & *Conftance* , femme de *Ferdinand* IV du nom , roi de Caftille , morte en 1350. *Il laiffa auffi fix enfans naturels* , 1. Alfonfe-Sanche , *qui fut comte d'Albuquerque* , & *grand-maître de Portugal* , qui de Thérèfe *Martinez* , *fille de Jean*-Alfonfe , *feigneur d'Albuquerque* , *laiffa* Jean-Alfonfe , *comte d'Albuquerque* , *qui époufa* Ifabelle de Menefes , & *qui mourut en* 1354 , *laiffant* Martin-Gilles d'Albuquerque , *tué en* 1361 *par* Pierre le Cruel , *roi de Caftille* ; & *trois enfans naturels* ; 2. Pierre , *qui fut comte de Barcellos* , & *époufa* , 1°. Blanche *Perez* de Portello : 2°. Marie Ximenes , & *mourut fans enfans en* 1355. *Ce comte écrivit une hiftoire des illuftres familles de Portugal*. 3. Ferdinand-Sanche. , *qui mourut auffi fans poftérité de* Froyla *Yannez de Briteros* ; 4. Jean-Alfonfe , *feigneur d'Aronce* , *tué par le roi Alfonfe IV* ,

fon frere , le 4 juin 1336 ; 5. Marie , *qui fut alliée felon quelques-uns* , à Jean de la Cerda ; & 6. Marie , *religieufe à Odivellas*.

VII. ALFONSE IV du nom , roi de Portugal , &c. furnommé *le Fier* , né le 8 février 1290 , mourut en mai 1357. *Cherchez* ALFONSE. Il avoit époufé *Béatrix* , fille de *Sanche* IV du nom , roi de Caftille , dont il eut *Alfonfe* , DENYS & *Jean* , morts en bas âge ; PIERRE , qui fuit ; *Marie* , alliée en 1328 à *Alfonfe* XI du nom , roi de Caftille , morte en 1356 ; & *Léonore* , feconde femme de *Pierre* IV du nom , roi d'Aragon , morte en 1348.

VIII. PIERRE , dit *le Jufticier* & *le Sévere* , roi de Portugal , né le 19 avril 1320 , mourut le 19 janvier 1367. *Voyez* PIERRE. Après avoir répudié fa premiere femme , *Blanche* , fille de *Pierre* , infant de Caftille , il époufa en 1340 *Conftance* Manuel , fille de *Jean* , duc de Pennafiel , morte en 1344. Il en eut FERDINAND , qui fuit ; & *Marie* , femme de Ferdinand d'Aragon , marquis de Tortofe , &c. *Il eut auffi cinq bâtards* ; Alfonfe , *mort en jeuneffe* ; Jean , *duc de Valencia & de Campos* , *qui époufa* , 1°. Marie Tellez , *qu'il fit mourir fous un faux prétexte* : 2°. Conftance , *fille naturelle de Henri* II , *roi de Caftille* , *defquelles il eut des enfans qui ne firent pas longue poftérité* ; Denys , *qui époufa* Jeanne *de Caftille* , *fille naturelle de* Henri II , *roi de Caftille* , & *qui laiffa des enfans* , *dont la poftérité a fubfifté fous le nom de* Torres & *de Portugal* , *comtes de Villar* : *l'un d'eux rendit de grands fervices au roi d'Efpagne Philippe* II ; Jean , *qui fut roi de Portugal* ; & Béatrix , *époufe de* Sanche , *bâtard de Caftille* , *comte d'Albuquerque*.

IX. FERDINAND , roi de Portugal , né le 27 février 1340 , mourut le 20 octobre 1383. *Voyez* FERDINAND. Il avoit contracté en 1371 un mariage illégitime avec *Eléonore* Tellez , mariée à Jean-Laurent d'Acugna , dont il eut *Béatrix* , née en 1372 , mariée en 1383 à Jean I du nom , roi de Caftille. Jean , grand-maître d'Avis , fon oncle bâtard , la priva de la fucceffion. *Ce roi laiffa auffi une bâtarde* , Ifabelle , *mariée en* 1378 à Alfonfe , *bâtard de Caftille*.

SUITE DES ROIS DE PORTUGAL, iffus d'un bâtard du roi PIERRE *le Juficier*.

IX. JEAN I du nom , fils *naturel* de PIERRE , roi de Portugal , né le 11 avril 1350 , fut grand-maître de l'ordre d'Avis , & s'empara du trône de Portugal après la mort de fon frere *Ferdinand* , au préjudice de fa niéce *Béatrix*. *Cherchez* JEAN. Il mourut le 14 août 1433. Il avoit époufé en février 1387 , *Philippe* d'Angleterre-Lancaftre , fœur aînée de *Henri* IV , roi d'Angleterre , morte de pefte le 9 juin 1415 , dont il eu *Alfonfe* , mort en 1400 ; EDOUARD , qui fuit ; *Pierre* duc de Coimbre , qui fut régent du royaume de Portugal , & fut tué dans un combat le 20 mai 1449 *Cherchez* PIERRE. Il avoit époufé *Ifabelle* d'Aragon fille aînée de *Jacques* d'Aragon II du nom , comt d'Urgel , & d'*Ifabelle* d'Aragon , dont il eut *Pierre* qui fut proclamé roi d'Aragon & comte de Barcelo par les Catalans & par quelques grands d'Aragon , mois de décembre 1464. Il mourut le 30 juin 146 *Jacques* , archevêque de Lisbonne , fait cardinal p le pape Callifte III , en 1456 , mort à Florence le avril 1459 ; *Jean* , duc de Coimbre , prince d'Anti che & régent du royaume de Chypre , qui époufa Ch lotte , fille unique de *Jean* II , roi de Chypre , & d' léne Paléologue. Il fut fait chevalier de la toifon d par Philippe *le Bon* , duc de Bourgogne , & mouru poifon fans poftérité en 1457 ; *Ifabelle* , premiere fe me d'*Alfonfe* V , roi de Portugal ; *Philippe* , religieu & *Béatrix* , mariée en 1450 à Adolphe de Clev feigneur de Raveftein. Le quatriéme fils du roi JEAN fut *Henri* , duc de Vifeo , & grand-maître de l'o de Chrift , qui travailla beaucoup à la découverte tetres inconnues , & mourut en 1460 , âgé de 67 le cinquième, *Jean* grand-maître de l'ordre de S. Jacques, & connétable de Portugal, mort en 1432, laissant d'*Isabelle* de Portugal, fille d'*Alfonse I*, duc de Bragance, *Jacques*, grand maître de S. Jacques, & connétable de Portugal, mort en Afrique en 1443 ; *Isabelle*, épouse de *Jean II*, roi de Castille, morte le 15 août 1496 ; & *Béatrix*, femme de Ferdinand de Portugal, duc de Viseo, son cousin, morte en 1506. Le roi JEAN eut un sixième fils, *Ferdinand*, grand-maître de l'ordre d'Avis, mort en ôtage parmi les Sarasins l'an 1443, âgé de 41 ans ; & une fille, *Isabelle*, troisième femme de *Philippe*, dit *le Bon*, duc de Bourgogne. *Il laissa aussi un bâtard, ALFONSE, duc de Bragance, dont la postérité sera ci-après déduite ; & une bâtarde,*Béatrix, *mariée*, 1°. à *Gilbert* Talbot V *du nom*, baron d'Irchenfeld, *chevalier de l'ordre de la jarretiere:*2°. à Thomas Fitz-Alan, *comte* d'Arondel, *Anglois.*

X. EDOUARD, roi de Portugal, &c. né l'an 1401, mourut le 9 de septembre 1438, âgé de 37 ans. *Voyez* EDOUARD. Il épousa en 1428 *Léonore*, fille puînée de *Ferdinand IV*, roi d'Aragon, morte subitement le 18 février 1445, dont il eut JEAN II, qui suit ; FERDINAND, duc de Viseo, *dont le fils continua la suite des rois de Portugal ; Philippe*, mort de peste à dix ans ; *Éléonore*, mariée le 17 mars 1452 à *Frédéric IV* du nom, duc d'Autriche, depuis empereur, morte en 1467, âgée de 33 ans ; *Catherine*, promise à *Charles* de Navarre, prince de Viane, après la mort duquel elle se retira au monastère de sainte Claire de Lisbonne, où elle mourut le 12 juin 1463 ; & *Jeanne* mariée en 1455 à *Henri IV* du nom, roi de Castille, morte en 1475. Le roi EDOUARD *laissa aussi un bâtard*, Jean-Emanuel, *qui prit l'habit de religieux chez les Carmes de Lisbonne, fut évêque de Ceuta en Afrique, & de Guarda, & eut des enfans. De l'un d'eux descend la famille de* MANUEL *établie en Portugal, & qui a pris le nom de la mere de ce bâtard.*

XI. ALFONSE V du nom, roi de Portugal, dit *l'Africain*, né en janvier 1432, mourut le 24 août 1481. *Voyez* ALFONSE. Il avoit épousé 1°. l'an 1447 *Isabelle*, fille de *Pierre* de Portugal, duc de Coimbre, morte en décembre 1456, dont il eut JEAN II, qui suit ; & *Jeanne*, née le 4 février 1452, qui fut régente du royaume pendant le voyage de son pere en Afrique, l'an 1470. Au retour de ce prince, elle se retira dans un monastere, y vécut en grande piété, & mourut le 14 mai 1490.

XII. JEAN, II du nom, roi de Portugal, &c. surnommé *le Grand* & *le Sévere*, né le 3 mai 1455, mourut le 25 octobre 1495. *Cherchez* JEAN. Il épousa *Eléonore* de Portugal, fille aînée de *Ferdinand*, duc de Viseo, & il en eut *Alfonse*, prince de Portugal, qui fut marié, en 1490, avec *Isabelle*, fille aînée de *Ferdinand V*, dit *le Catholique*, roi d'Aragon, & d'*Isabelle*, reine de Castille. Il mourut sans postérité d'une chute de cheval, le 13 juillet 1492, âgé de 16 ans. JEAN II *eut aussi un bâtard*, GEORGE, *tige des ducs d'*Aveiro *& des ducs d'*Abrantes, *marquis de* Val de Fuentes *en Espagne*. Pour les ducs d'Aveiro, qui prirent le surnom de Lancastre ou Alencastro, dont la postérité est rapportée *sous le nom des ducs d'*Abrantes, *voyez* ABRANTES.

DUCS DE VISEO, TIGE DE LA SUITE DES ROIS DE PORTUGAL.

XI. FERDINAND de Portugal, duc de Viseo, grand-maître des ordres de Christ & de S. Jacques, connétable de Portugal, second fils du roi EDOUARD, accompagna le roi Alfonse, son frere, à l'expédition d'Afrique, se trouva à la prise d'Alcacer, prit la ville d'Anafe sur les Maures, & mourut le 8 septembre 1470, âgé de 37 ans. Il avoit épousé *Béatrix*, fille de *Jean* de Portugal, grand-maître de l'ordre de saint Jacques, & connétable de Portugal, dont il eut *Jean*, duc de Viseo, mort sans lignée, l'an 1484 ; JAC-

QUES, qui suit ; EMANUEL, roi de Portugal, *mentioné après son frere* ; *Eléonore*, femme de *Jean II* du nom, roi de Portugal ; & *Isabelle*, seconde femme de *Ferdinand* de Portugal, II du nom, duc de Bragance.

XII. JACQUES de Portugal, duc de Viseo, conspira contre le roi *Jean*, son beau-frere, & fut tué de la propre main de ce roi avec qui il dînoit, le 22 août 1484, n'ayant encore que 20 ans, *Alfonse, duc de Viseo, créé par le roi* Emanuel *connétable de Portugal en l'an* 1500, *qui mourut quatre ans après, pere de* Béatrix *de Portugal, femme de* Pierre, *marquis de Villa-Réal.*

XII. EMANUEL de Portugal, duc de Viseo, né le 31 mai 1469, succéda à la couronne de Portugal au roi *Jean*, son cousin germain, l'an 1495, fut surnommé *le Grand*, & mourut le 13 décembre 1521. *Cherchez* EMANUEL. Il fut marié trois fois, 1°. en 1497, avec *Isabelle* d'Aragon, dite de *Castille*, veuve d'*Alfonse*, prince de Portugal, fils aîné du roi *Jean II*, morte en travail d'enfant, le 24 août 1498, en sa 28° année : 2°. le 30 octobre 1500, avec *Marie*, sœur de la précédente, morte aussi en travail d'enfant, l'an 1517 : 3°. en 1519, avec *Eléonore* d'Autriche, sœur aînée de l'empereur Charles-Quint, qui fut remariée avec *François I*, roi de France, en 1558. Du premier lit vint *Michel*, prince de Portugal, né le 24 août 1498, mort le 20 juillet 1500. Du second lit sortirent JEAN III, qui suit ; LOUIS, duc de Beja, né le 3 mars 1506, mort en 1555, laissant ANTOINE, prieur de Crato, *tige des princes de* PORTUGAL, *mentionés ci-après* ; *Ferdinand*, né en 1507, mort en 1534, sans laisser d'enfans de *Guyomare* Coutinho, fille de *François*, comte de Marialva ; *Alfonse*, né en 1509, qui fut abbé d'Alcobace, archevêque d'Evora, puis de Lisbonne, créé cardinal par le pape Léon X, en 1517, & qui mourut en 1540 ; HENRI, cardinal & roi de Portugal, *mentioné ci-après* ; *Edouard*, duc de Guimaraëns, né en 1515, mort en 1540, ayant eu d'*Isabelle* de Portugal, fille de *Jacques*, duc de Bragance, trois enfans; savoir, *Edouard* II du nom, duc de Guimaraëns, & connétable de Portugal, mort en 1576, sans postérité ; *Marie* de Portugal, mariée en 1566 à *Alexandre* Farnese, duc de Parme, morte en 1577 ; & *Catherine*, épouse de *Jean* de Portugal, I du nom, duc de Bragance. Le roi EMANUEL eut encore du second lit *Isabelle*, née en 1503, mariée en 1526 à Charles - Quint, empereur & roi d'Espagne, morte le premier mai 1539 ; & *Béatrix*, née en 1504, mariée en 1521, à *Charles III*, duc de Savoye, morte le 8 janvier 1538. Du troisième lit il eut *Marie*, née en 1521, morte en 1578, sans alliance.

XIII. JEAN, III du nom, roi de Portugal, né le 6 juin 1502, mourut d'apoplexie le 2 août 1557. Il avoit épousé, en 1525, *Catherine* d'Autriche, sœur de l'empereur Charles-Quint, morte en 1577, dont il eut, entr'autres enfans, JEAN, prince de Portugal, qui suit ; & *Marie*, née le 15 octobre 1527, mariée en 1543, à *Philippe* II, roi d'Espagne, morte en couches le 12 juillet 1545. *Il laissa aussi un bâtard*, *Edouard*, *qui fut archevêque de* Brague, *& mourut en* 1543, *âgé de 22 ans.*

XIV. JEAN, prince de Portugal, né le 3 juin 1537, mourut avant son pere, le 2 janvier 1554. Il avoit épousé en 1553 *Jeanne*, seconde fille de l'empereur Charles-Quint, & d'*Isabelle* de Portugal, morte en 1578, ayant eu SÉBASTIEN, qui suit.

XV. SÉBASTIEN, roi de Portugal, &c. né posthume, le 20 janvier 1554, succéda à son aïeul sous la tutelle & régence de la reine Catherine d'Autriche, & fut tué à la journée d'Alcacer, le 4 août 1578, sans avoir été marié. *Cherchez* SÉBASTIEN.

XIII. HENRI, cinquième fils du roi EMANUEL, né le 31 janvier 1512, fut successivement archevêque de Brague, de Lisbonne & d'Evora, créé cardinal par le pape Paul III, en 1545, & reconnu roi de Portugal, après la mort du roi Sébastien, son petit neveu. Il n'en jouit pas long-temps, étant mort le 31 janvier 1580. Les rois d'Espagne s'emparerent de la couronne de Portugal, & Philippe II, Philippe III & Philippe IV, en furent rois succeffivement.

BATARDS DE PORTUGAL, qui , après la mort du roi Henri, prétendirent à la couronne.

XIV. ANTOINE de Portugal, prieur de Crato, fils *naturel* de LOUIS, duc de Béja, qui étoit fecond fils du roi EMANUEL : d'autres difent que le duc avoit époufé la mere d'Antoine, mais que le mariage n'avoit point été approuvé. Quoi qu'il en foit, il naquit en 1531, & prit la qualité de roi de Portugal dans Lisbonne, le 24 juin 1580. Il mourut à Paris le 25 août 1595, & fut enterré dans l'églife des Cordeliers, en la chapelle de Gondi. *Voyez* ANTOINE. *Il laiffa des enfans naturels ; favoir ,* ÉMANUEL *, qui fuit ;* CHRISTOPHE, *qui prit le titre de roi de Portugal, mourut à Paris le 3 juin 1638, âgé de 66 ans, & gît auprès de fon pere ;* Denys, *religieux au monaftere de Valbonne de l'ordre de Cîteaux ;* Jean, *mort fans alliance ;* Philippe & Louife, *religieufes.*

XV. EMANUEL I du nom, prince de Portugal, fut viceroi des Indes, & mourut à Bruxelles le 22 juin 1628, âgé d'environ 70 ans. Il époufa 1°. en 1597, *Emilie* de Naffau, fille de *Guillaume*, prince d'Orange, & d'*Anne* de Saxe, fa feconde femme, morte à Genève, après l'an 1624 : 2°. *Louife* Oforio. De fa premiere femme vint *Emanuel*, II du nom, prince de Portugal, qui fe fit Carme le 15 juillet 1628, & embraffa depuis la religion proteftante, mort en 1686. Il époufa en 1646 *Jeanne*, comteffe de Hanaw, fille d'*Albert*, comte de Hanaw, morte en 1673, dont il eut *Willelmine - Amélie*, morte jeune; *Elizabeth-Marie*, née le 20 novembre 1648, mariée le 11 avril 1678, à *Adrian*, baron de Ghent ; *Anne-Louife*, née en 1649, morte fans alliance ; & *Chriftine-Delphine*, née le 15 décembre 1650, auffi morte fans alliance. Les autres enfans d'EMANUEL I furent LOUIS-GUILLAUME, *qui fuit ; Marie-Belgique ; Emilie-Louife ; Anne - Louife ; Julienne- Catherine ; Sabine*, morte fans alliance ; & *Maurice-Eléonore*, mariée à *Georges-Frédéric*, prince de Naffau-Siégen, morte en 1674.

XVI. LOUIS-GUILLAUME, prince de Portugal, marquis de Tramofo, époufa en 1631 *Anne - Marie* Capece Galéoti, fille de *Jean-Baptifte* Capece Galéoti, prince de Monteléon, & de *Diane* Spinelli, dont il eut *Emanuel-Eugène* de Portugal, III du nom, marquis de Troncos & de Tramofo, mort à Rome fans alliance, en septembre 1687 ; & *Ferdinand-Alexandre* de Portugal, chevalier de S. Jacques, abbé de S. Bernard d'Anvers, mort.

DUCS DE BRAGANCE , BATARDS DE PORTU-GAL, de qui font iffus les rois d'aujourd'hui.

X. ALFONSE de Portugal, I du nom, duc de Bragance, comte de Barcellos & feigneur de Guimaraëns, fils *naturel* de JEAN I du nom, roi de Portugal, & d'*Agnès* Pirez, mourut en 1461. Il époufa 1°. *Béatrix*, fille & héritiere de *Nuno-Alvarez* Pereira, connétable de Portugal, comte de Barcellos & d'Ourem : 2°. *Conftance* de Caftille, dite de *Norogna*, fille d'*Alfonfe* de Caftille, comte de Gijon, & d'*Ifabelle* de Portugal. Il eut du premier lit ALFONSE de Portugal, comte d'Ourem, *tige des comtes de* VIMIOSO ; FERDINAND, duc de Bragance, *qui fuit ;* & *Ifabelle*, femme de *Jean* de Portugal, fon coufin, morte en 1446.

XI. FERDINAND de Portugal, I du nom, duc de Bragance, marquis de Villaviciofa, feigneur de Guimaraëns, & gouverneur de Ceuta, époufa *Jeanne* de Caftro, fille de *Jean*, feigneur de Cadaval, dont il eut FERDINAND II, *qui fuit ;* Jean, *marquis de Mon-*

temajor, connétable de Portugal, mort en Caftille, fans enfans d'*Ifabelle* de Norogna ; ALVARE, comte d'Olivença, *tige des marquis de* FERREIRA *, dont la poftérité fera rapportée ci-après ;* ALFONSE, comte de Faro, *qui a fait la branche des comtes d'ODEMIRA, rapportée ci-après ;* Catherine, promife à *Jean* Coutinho, comte de Marialva, morte avant le mariage ; *Béatrix*, époufe de *Pierre* de Menefés, marquis de Villereãl ; & *Guyomare*, femme de *Henri* de Menefés, comte de Loulle.

XII. FERDINAND de Portugal, II du nom, duc de Bragance & de Guimaraëns, encourut la difgrace du roi Jean II, qui lui fit faire fon procès & trancher la tête à Evora, le 21 juin 1483. Il avoit époufé 1°. *Eléonore* de Menefés, fille de *Pierre*, comte de Villereal : 2°. *Ifabelle* de Portugal, fille de *Ferdinand*, duc de Vifeo. Il eut du fecond lit *Philippe*, mort en Caftille, peu après fon pere, fans avoir été marié ; JACQUES, *qui fuit ;* DENYS, *tige des comtes de* LEMOS, *dont la poftérité fera rapportée ci-après ; Alfonfe*, grand-commandeur de l'ordre de Chrift, qui époufa *Jérôme* de Norogna, mort fans enfans ; *Marguerite* & *Catherine*, décédées fans alliance.

XIII. JACQUES de Portugal, duc de Bragance, marquis de Villaviciofa, & comte de Barcellos, fut défigné roi de Portugal par le roi Emanuel, l'an 1498, s'il venoit à mourir fans enfans, à l'exclufion de l'empereur Maximilien I, comme étranger, quoique fils d'*Eléonore* de Portugal, & le fit encore général d'une armée navale qu'il envoya en Afrique l'an 1513. Il époufa 1°. *Eléonore* de Guzman, fille de *Jean*, duc de Médina-Sidonia ; 2°. *Jeanne*, fille de *Diégo* de Mendoze. Il eut du premier lit THÉODOSE, *qui fuit ;* & *Ifabelle*, femme d'*Edouard* de Portugal, duc de Guimaraëns. Du fecond lit il eut *Jacques*, mort fans lignée ; *Conftantin*, grand - chambellan du roi Jean III, fon ambaffadeur en France, l'an 1549, & viceroi des Indes, mort fans enfans de *Marie* de Menefés, fille de *Roderic* de Mello, marquis de Ferreira, & de *Béatrix* de Menefés ; *Fulgence*, prieur de Guimaraëns, *qui laiffa deux enfans naturels, qui furent* François, *chanoine à Evora, mort en* 1634; & *Angélique, abbeffe de Villaviciofa ;* Théoton, *archevêque d'Evora, mort en 1602;* Jeanne, *femme de* Bernardin *de Cardenas, duc de Maqueda, d'où defcendent les ducs de ce nom ;* Eugénie, *époufe de* François *de Mello, marquis de* Ferreira ; *Marie*, abbeffe de Villaviciofa ; & *Vincente*, religieufe au même monaftere.

XIV. THÉODOSE de Portugal, I du nom, duc de Bragance, &c. époufa 1°. *Ifabelle* de Caftro, fille de *Denys* de Portugal-Bragance, comte de Lémos : 2°. *Béatrix* de Portugal-Lancaftre, fille de *Louis* I, grand-commandeur d'Avis. Du premier lit vint JEAN, qui fuit. Du fecond fortirent *Jacques*, tué à la journée d'Alcacer, avec le roi Sébaftien, en 1578 ; & *Ifabelle*, femme de *Michel* de Menefés, duc de Camina.

XV. JEAN de Portugal, I du nom, duc de Bragance & de Barcellos, connétable de Portugal, s'accorda avec Philippe II, roi d'Efpagne, pour fes prétentions fur le Portugal, & fut fait chevalier de la toifon d'or, en 1581. Il mourut en 1582, ayant eu de *Catherine*, fille puînée d'*Edouard* de Portugal, duc de Guimaraëns, THÉODOSE II, *qui fuit ;* ÉDOUARD, *tige des ducs d'*OROPESA, *rapportés ci-après ; Alexandre*, archevêque d'Evora ; *Marie*, morte, promife au duc de Parme ; & *Séraphine*, époufe de *Jean* Fernandez Pacheco, duc d'Efcalona.

XVI. THÉODOSE de Portugal, II du nom, duc de Bragance & de Barcellos, connétable de Portugal, mourut le 29 novembre 1630. Il avoit époufé en 1602 *Anne* de Velafco & de Giron, fille de *Jean* Fernandez de Valefco, duc de Frias, gouverneur de Milan, & de *Marie* Giron, dont il eut JEAN IV, roi de Portugal, qui fuit ; *Edouard*, prince de Portugal, qui, après avoir fervi l'empereur en Allemagne plufieurs années,

nées , fut arrêté prisonnier à Ratisbonne , en 1641 , conduit au château de Milan , où il mourut , le 3 septembre 1649 , âgé de 44 ans , sans postérité ; *Alexan-re* , né en 1607 , mort le 31 mai 1637 ; & *Cathe-ne* , née en 1606 , morte jeune.

ROIS DE PORTUGAL DE LA MAISON de BRAGANCE.

XVII. JEAN IV du nom , roi de Portugal , duc de Bragance & de Barcellos , dit *le Fortuné* , né le 19 mars 1604 , fut proclamé roi de Portugal , le premier décembre 1640 ; (*Cherchez* JEAN) & mourut le 6 novembre 1656. Il avoit épousé en 1632 *Louise* de Guzman , fille aînée de *Jean-Emanuel Perez de Guz-man* , duc de Médina Sidonia , qui fut régente pendant la minorité de son fils , & mourut le 28 février 1666. Leurs enfans furent *Théodose* , prince de Portugal , né le 8 février 1634 , mort en 1653 ; ALFONSE-HENRI , qui suit ; PIERRE , *mentionné après son frere* ; *Marie* , née le 18 septembre 1636 , morte sans alliance ; & *Catherine* , infante de Portugal , née le 25 décembre 1638 , mariée le 31 mai 1662 , à *Charles II* , roi d'An-gleterre , dont elle resta veuve en 1685. Elle se retira à Lisbonne , & y mourut le 31 décembre 1705 , ayant été régente pendant la maladie du roi *Pierre* , son frere. *Il laissa aussi une fille naturelle* , Marie , *qui fut religieuse Carmélite* , & mourut à Lisbonne le 14 février 1693.

XVIII. ALFONSE-HENRI VI du nom , roi de Por-tugal , &c. né le 21 août 1643 , succéda à son pere , en 1656 , & épousa le 25 juin 1666 *Marie-Elizabeth-Françoise* de Savoye , fille puînée de *Charles-Amédée* , duc de Nemours : mais ayant été reconnu impuissant , son mariage fut déclaré nul en 1668. Ses mauvaises qualités & son incapacité le firent interdire du gouver-nement de ses états en 1669. On le conduisit dans l'isle de Tercere , d'où on le ramena au château de Cin-tra , à sept lieues de Lisbonne , où il mourut d'apople-xie , le 12 septembre 1683. *Cherchez* ALFONSE.

XVIII. PIERRE II du nom , roi de Portugal , des Algarbes , &c. né le 26 avril 1648 , fut établi régent de Portugal le 22 novembre 1667 , succéda à la couronne en 1683 , & mourut le 9 décembre 1706 , en sa 59e année. Il épousa 1°. le 2 avril 1668 la reine , femme de son frere , morte le 27 décembre 1683 , laissant *Elizabeth-Marie-Louise-Josephe* , infante de Por-tugal , née le 6 janvier 1669 , qui fut accordée en 1679 , à *Victor-Amédée* , duc de Savoye , son cousin germain , & dont le mariage fut proclamé à Lisbonne le 5 sep-tembre de la même année ; la dispense accordée à Rome , & le contrat signé le 25 mars 1681. Mais ce mariage ne fut pas accompli , quoique la flotte portugaise eût été jusqu'à Nice pour amener le duc. Cette princesse mou-rut le 21 octobre 1690. Ce prince se remaria le 2 juil-let 1687 à *Marie-Sophie-Elizabeth* de Baviere , fille de *Philippe-Guillaume* , duc de Neubourg , électeur palatin du Rhin , morte le 4 août 1699 , dont il eut *Jean* , prince du Brésil , né le 30 août 1688 , mort le 17 septembre suivant ; JEAN-FRANÇOIS-ANTOINE-JOSEPH-BERNARD-BENOIST , qui suit ; *François-Xavier* ; *Antoine-Urbain* , né le 25 mai 1691 , prieur de Crato en 1695 , mort le 21 juillet 1742 ; *Antoine-François-Xavier* , né le 15 mars 1695 ; *Emanuel* , né le 3 août 1697 , lequel étant sorti de Lisbonne le 4 no-vembre 1715 , sous prétexte d'aller à la chasse , étoit mis dans une chaloupe qu'il avoit fait préparer , & alla s'embarquer sur un vaisseau anglois qui l'attendoit , & qui partit aussitôt , n'ayant avec lui que le fils du comte de Tarouccà , ambassadeur de Portugal en Hollande , & deux domestiques. Il arriva le 22 du même mois à la Haye , après avoir été poursuivi quelque temps par un corsaire d'Alger , & y resta *incognito* , jusqu'à ce qu'étant passé en France sous le nom de comte d'Ou-rem , il y demeura jusqu'à ce qu'ayant appris les prépa-ratifs des Turcs pour faire la guerre à l'empereur , il par-

tit de Paris le 7 juillet 1716 , & se trouva à la prise de Temeswar sur les Turcs , le 13 octobre suivant , où s'étant dérobé à l'ouverture de la tranchée , il eut son cheval tué sous lui d'un coup de canon , qui lui effleura la jambe droite ; *Thérèse-Josephe* , née le 8 février 1696 , morte le 16 février 1704 ; & *Marie-Françoise-Xavier* , née le 30 janvier 1699 , morte le 15 juillet 1736. *Il laissa aussi des enfans naturels entr'autres* , Louise , *morte sans enfans* , à Lisbonne , *le 23 décembre 1732 , mariée* 1°. *en mai 1695 , à* Louis-Ambroise *de Portugal de Mello* , *de Ferreira* , *duc de Cadaval :* 2°. *le 16 septembre 1702* , à James *de Portugal de Mello* , *aussi duc de Cadaval* , *frere de son premier mari* ; dom Michel & dom Joseph , *bâtards de Portugal* , *lesquels ayant passé le Tage pour une partie de chasse* , *le 13 janvier 1724* , *furent surpris en revenant l'après-midi* , *à un demi-quart de lieue du rivage de Lisbonne* , *d'un vent si violent* , *que le patron du bâtiment sur lequel ils étoient montés* , *fut jetté dans la riviere* , *& ce même bâtiment renversé un moment après*. Dom Joseph *se sauva à la nage ; mais quelques efforts qu'il fit* , *il ne put sauver son frere* , *qui fut noyé avec tous les gens de la suite de ces deux seigneurs* , *dont le corps du premier ne fut trouvé que le 20 du même mois*. Dom Michel *étoit né le 15 octobre 1699* , *& avoit épousé le 20 janvier 1715* Louise - Antoinette - Casimire *de Nassau & Sousa* , *duchesse de la Foëns* , *fille de Charles-Joseph* , *prince de Ligne & de l'empire* , *& héritiere de la maison d'Aronches* , *morte à Lisbonne le 16 mars 1729* , *dont il laissa* Jeanne , *née le 11 novembre 1715* ; Pierre , *duc de la Foëns* , *né en juillet 1718* ; & Jean. *Cherchez* PIERRE II.

XIX. JEAN-FRANÇOIS-ANTOINE-JOSEPH-BER-NARD-BENOIST V du nom , roi de Portugal , né le 22 octobre 1689 , fut proclamé roi de Portugal le premier janvier 1707 , & est mort le 31 juillet 1750. Il avoit épousé le 9 juillet 1708 *Marie-Anne Josephe-Antoinette-Reine* , archiduchesse d'Autriche , fille puînée de l'em-pereur *Léopold* , & *d'Eléonore-Magdélène-Thérèse* de Baviere-Neubourg sa troisième femme , dont il a eu *Pierre* prince du Brésil , né le 9 octobre 1712 , mort le 29 octobre 1714 ; JOSEPH , prince du Brésil après son frere , qui suit ; *Charles* , né la nuit du 2 au 3 mai 1716 , mort le 30 mars 1736 âgé de 19 ans ; *Pierre-Clément* , né le 5 juillet 1717 ; *Alexandre-François-Joseph-An-toine-Nicolas* , né le 24 septembre 1723 , mort le 2 août 1728 ; & *Marie-Magdélène-Joseph-Thérèse-Barbe* , in-fante de Portugal , née le 4 décembre 1711 , mariée le 20 janvier 1729 à *Ferdinand* , prince des Asturies.

XX. JOSEPH , né le 6 juin 1714 , proclamé roi de Portugal après la mort de son pere en 1750. Il a épousé le 19 janvier 1729 *Marie - Anne - Victoire* d'Espagne , fille du second lit de *Philippe V* , dont il a *Marie-Fran-çoise* , née le 7 décembre 1734 ; *Marie-Antoinette* , née le 8 octobre 1736 ; *Marie-Françoise* , née le 21 septembre 1739 ; *Marie-Benedicte* , née le 24 juillet 1746.

BRANCHES SORTIES DE LA MAISON de PORTUGAL , & qui ont droit à la couronne.

COMTES D'OROPESA.

XVI. EDOUARD de Portugal , second fils de JEAN , duc de Bragance , fut marquis de Flechilla & comte d'Oropesa par son mariage avec *Béatrix* de Tolède , fille de *Jean-Alvare* , comte d'Oropesa , & de *Louise* Pimentel , & prit une seconde alliance avec *Guiomare* Pardo , fille d'*Ayres* Pardo , seigneur de Malagon. Ses enfans du premier lit furent FERDINAND , qui suit ; *Jean* & *François* , morts jeunes.

XVII. FERDINAND-ALVAREZ de Portugal , dit de *Tolède* , *Monroi* & *Ayala* , marquis de Flechilla & de Xarandilla , comte d'Oropesa , &c. épousa *Mencie* Pi-mentel , fille de *Jean-Alfonse* Pimentel , comte de Béné-vent , & de *Mencie* Zuniga & Requesens , dont il eut *Jean* , mort jeune ; EDOUARD , qui suit ; & *Marie* , alliée à *Pierre* Faxardo , marquis de Los Velés & de Molina.

XVIII. EDOUARD-ALVAREZ de Portugal , dit *de Toléde* , *Monroi* , *& Ayala* , faisoit sa demeure ordinaire à la cour d'Espagne , fut créé duc d'Oropesa , & nommé vice-roi de Navarre. Il épousa *Anne* de Modica-de-Cordoue-Pimentel, comtesse d'Alcaudete & marquise de Villar, fille de *Jean* de Zuniga-Requesens-Pimentel, marquis de Viana , & d'*Antoinette-Fernandez* de Cordoue-Velasco,dont il eut, entr'autres enfans,EMANUEL-JOACHIM-ALVAREZ , qui suit.

XIX. EMANUEL-JOACHIM-ALVAREZ de Toléde-Portugal-Cordoue-Mendez-Monroy-Ayala, comte d'Oropeza , d'Alcaudete & de Deleytosa , marquis de Flexilla & de Xarandilla , seigneur de Cebola , grand d'Espagne, né en 1642 , fut capitaine général du royaume de Castille , puis étant conseiller du conseil d'état, & président du conseil de Castille , il fut nommé au mois d'août 1690 président du conseil d'Italie , avec rétention des honneurs & prééminences attachés à la charge de président de celui de Castille. Il fut admis en même temps aux honneurs de la grandesse de la premiere classe. Il fut chéri du roi Charles II, & il étoit regardé comme le premier ministre d'état de la monarchie d'Espagne ; mais le mauvais usage qu'il fit de son crédit , le rendit odieux à la plus grande partie des seigneurs & ministres de la cour , ce qui fut cause de sa disgrace. Il eut ordre de quitter la cour , & de se retirer à Montalvan , à quoi il obéit en sortant de Madrid le 26 juin 1691. Il fut rappellé à la cour après en avoir été éloigné près de sept ans ; & y étant de retour , il rentra le 18 mars 1698 en possession de la charge de président du conseil de Castille , qu'il avoit exercée ci-devant pendant plusieurs années. Il la garda peu de temps ; car sous prétexte de ses indispositions continuelles , il eut ordre au mois de mai 1699 de donner sa démission , & de se retirer. Sa conduite étant devenue suspecte sous le régne de Philippe V , qu'il avoit reconnu , il fut exilé. Il se déclara ensuite en 1706 pour l'archiduc , & il mourut à Barcelone le 25 décembre 1707 , âgé d'environ 66 ans. Il laissa d'*Isabelle* Pacheco d'Aragon-Velasco , sa femme , qu'il avoit épousée le 26 juillet 1664 ; PIERRE-VINCENT-FERDINAND-ALVAREZ de Toléde-Portugal , comte d'Oropeza, qui suit ; *Antoine* de Cordoue-Portugal-Toléde , comte d'Alcaudete , qui embrassa avec son pere le parti de l'archiduc Charles , depuis empereur , qui lui assigna une pension de 4000 écus sur le royaume de Naples au mois d'octobre 1716 ; *Josephe-Antoinette* de Portugal-Toléde , née le 8 octobre 1681 , mariée en 1697 avec *Emanuel-Gaspard* de Sandoval-Giron , marquis de Belmonte , son cousin germain , & fils aîné de *Jean-François* Pacheco-Gomez de Sandoval Giron , duc d'Uceda ; *Rose* de Portugal-Toléde ; *Marie-Petronille* de Portugal , née le 29 juin 1683 , mariée avec *Bernardin-Fernandez* de Velasco , comte de Haro , depuis neuvieme duc de Frias, marquis de Jodar , grand d'Espagne , & connétable de Castille , mort à l'âge de 40 ans sans postérité, au mois d'avril 1727 ; *Anne-Monique* de Portugal-Toléde , religieuse à Oropeza.

XX. VINCENT-PIERRE-FERDINAND-ALVAREZ de Toléde-Portugal-Monroy & Ayala , comte d'Oropeza, d'Alcaudete & de Deleytosa , marquis de Flexilla & de Xarandilla , grand d'Espagne , né le 5 avril 1685 , embrassa avec son pere & son frere , en 1706 , le parti de l'archiduc , qui étant devenu empereur , le fit son chambellan de la clef d'or , & chevalier de l'ordre de la toison d'or en 1712. Il fut fait depuis garde des sceaux du conseil suprême de Flandre ; mais après la conclusion de la paix entre l'empereur & le roi d'Espagne à Luxembourg , il remit cette charge, & prit le parti d'aller joindre en Espagne du bénéfice de l'amnistie accordée par le traité de paix aux sujets réciproques de ces deux puissances. Il prit congé de sa majesté impériale le 17 juillet 1725 , & il partit ensuite de Vienne le 11 août pour

s'en retourner en Espagne , où il fut reçu de leurs majestés catholiques avec bonté , & où il prit possession des honneurs de la grandesse , en se couvrant devant le roi, le 24 décembre de la même année 1725 , ayant eu pour parrein à cette cérémonie le marquis de Liche. Il mourut à Madrid le 4 juillet 1728 , dans la 44e année de son âge. Il avoit été marié avec *Marie-Catherine* de Velasco , fille de *Joseph* de Velasco-Carvajal , & Tovar , duc de Frias , comte de Haro , marquis de Jodar, grand d'Espagne , connétable de Castille , & d'*Angélique* de Benavidès , sa premiere femme. Il en laissa *Pierre-Vincent-Alvarez* de Toléde & Portugal , comte d'Oropeza , d'Alcaudete & de Deleytosa , marquis de Flexilla & de Xarandilla , grand d'Espagne , qui survéquit de peu de jours à son pere , étant mort en sa terre de Terresou , le 15 du même mois de juillet 1728 , le même jour , & à la même heure qu'il accomplissoit la 22e année de son âge , & de la même maladie dont son pere étoit mort ; & *Anne-Marie-Bernardine* de Portugal & Toléde , qui fut mariée à Madrid le 24 octobre 1727 , avec le comte de San-Estévan de Gormaz , fils du marquis de Villena. Par la mort de son frere , elle devint comtesse d'Oropeza , &c. & hérita de tous les biens de cette maison de plus de 80000 ducats de revenu ; mais elle en jouit peu de temps , étant morte elle-même à Madrid le 13 octobre 1729 , dans la 21e année de son âge , laissant seulement deux filles.

COMTES DE LEMOS ET DE CASTRO.

XII. DENYS de Portugal, fils puîné de FERDINAND II du nom , duc de Bragance , fut comte de Lémos , & établit sa demeure en Castille. Sa postérité prit le nom de Castro , à cause de *Béatrix* de Castro , comtesse de Lemos , son épouse. Il fut pere de FERDINAND , qui suit ; d'*Alfonse* de Castro, grand commandeur de l'ordre de Christ , ambassadeur à Rome , qui de *Jeronyme* Norogna laissa postérité ; de *Pierre* , évêque de Cuença , & de Lamego , grand-aumônier de Philippe II , roi d'Espagne ; & d'*Eléonore* Portugal-Castro , mariée à *Jacques* Sarmiento de Mendoce , comte de Ribadavia ; d'*Isabelle* de Portugal-Castro , premiere femme de *Théodose* de Portugal , son cousin ; d'*Antoinette* , alliée à *Alvare* Coutinho , maréchal de Portugal ; de *Mencie* , premiere femme de *René* , comte de Chalant en Savoye ; & de *Constance* de Portugal-Castro , religieuse à Lisbonne.

XIV. FERDINAND Ruis de Portugal-Castro , comte de Lémos & marquis de Sarria , fut deux fois ambassadeur à Rome. De *Thérèse* d'Andrada , son épouse , fille & héritiere de *Ferdinand* Perez d'Andrada , comte de Villalva , &c. il eut PIERRE-FERDINAND , qui suit ; *Isabelle* , mariée à *Roderic* de Moscoso , comte d'Altamira ; & *Françoise* , morte sans laisser de postérité de *Roderic-Hierôme* Portocarrero , comte de Medelin.

XV. PIERRE-FERDINAND de Portugal de Castro , comte de Lémos , d'Andrada , &c. servit Philippe II, roi d'Espagne à la conquête de Portugal. D'*Eléonore* de la Cuéva , fille de *Bertrand* , duc d'Albuquerque , sa premiere femme , il eut FERDINAND-RODERIC , qui suit; *Bertrand* , qui servit le roi d'Espagne en Italie , aux Indes & en Espagne , & qui laissa trois bâtards ; *Thérèse*, mariée à *Garcie* Hutardo de Mendoce , marquis de Cagnete , vice-roi du Pérou ; & *Isabelle* , morte jeune. De *Thérèse* Bobadilla & de la Cuéva sa seconde femme , fille de *Pierre* de Bobadilla , comte de Chinchon , & de *Mencie* de la Cerda , naquirent *Pierre*, commandeur de l'ordre d'Alcantara , dont la femme *Hieronyme* de Cordoue fut dame d'honneur de la reine, Marguerite d'Autriche ; *Roderic* de Castro , chanoine de Toléde , évêque de Zamora & de Conca , puis archevêque de Séville & cardinal en 1583 , mort le 26 octobre 1600 , ayant eu trois enfans naturels ; *André* , commandeur de l'ordre d'Alcantara , fils puîné de PIERRE-FERDINAND , épousa *Agnès* Henriquez de Ribera , fille d' *Perez* Asan de Ribera , & d'*Agnès* Henriquez de Tabora, comtesse de la Torre, dont il eut *Pierre* de Portugal-Castro, mort jeune ; *Agnès* de Castro, comtesse de Chinchon, marquise de S. Martin & de la Vega, mariée à *Joseph-Alexis-Antoine* de Cardenas-Uiloa-Zuniga, comte de la Puebla ; & *Françoise* de Castro, alliée à *François* de Guzman, fils de *Pierre*, marquis de la Algava. *Il laissa aussi un bâtard nommé* Roderic. *Leur pere en avoit eu deux* ; Antoine, *religieux Bénédictin, abbé de S. Benoît de Madrid & général de son ordre* ; & Jean, *religieux du même ordre, archevêque d'Otrante, mort en* 1603.

XVI. FERDINAND-RODERIC de Portugal de Castro, comte de Lémos, fut vice-roi de Naples, ambassadeur d'obédience de la part du roi d'Espagne auprès du pape Clément VIII, & mourut en 1601. De *Catherine* de Zuniga de Sandoval, il eut *Pierre-Ferdinand* II du nom, comte de Lemos & d'Andrada, vice-roi de Naples, mort sans postérité de *Catherine* de Sandoval, fille de *François*, duc de Lerme, & de *Catherine* de la Cerda ; FRANÇOIS, qui suit ; & *Ferdinand*, qui épousa *Léonore* de Portugal, comtesse de Gelves, dont il n'eut que *Catherine*, mariée à *Alvare* de Portugal-Colomb, duc de Veraguas.

XVII. FRANÇOIS de Portugal-Castro, duc de Taurisano, comte de Castro, de Lémos, &c. fut vice-roi de Naples & de Sicile, & mourut religieux de S. Benoît à Burgos, en 1637. De *Lucrèce* Gattinara Legnana, comtesse de Castro, fille unique d'*Alexandre* Gattinara, comte de Castro, & de *Victoire* Caraccioli, il laissa FRANÇOIS-FERDINAND, qui suit ; *Alexandre* & *François*, morts jeunes ; *Catherine* ; *Victoire* ; *Claire-Marie*, religieuse Déchaussée : *Elize* & *Marie*.

XVIII. FRANÇOIS-FERDINAND de Portugal de Castro, duc de Taurisano, &c. fut vice-roi d'Aragon, puis de Sardaigne, & du Pérou. Il épousa *Antoinette* Giron, fille de *Pierre*, duc d'Ossone, dont il eut PIERRE-FERDINAND III du nom, qui suit ; *Marie-Louise*, seconde femme de *Pierre* Nuno-Colomb de Portugal, duc de Veraguas ; *Lucie-Antoinette* de Castro ; *Marie* & *Catherine*, religieuses.

XIX. PIERRE-FERDINAND de Portugal-Castro, II du nom, duc de Taurisano, &c. grand d'Espagne, mort en 1678, épousa *Anne*, veuve de *Henri* Pimentel de Guzman, marquis de Tavera, & fille de *Charles* Borgia, duc de Gandie, & d'*Artemise* Dori, dont il a eu *Ginez-Fernandez* de Portugal de Castro, comte de Lémos, de Castro & d'Andrada, vice-roi de Sardaigne, qui épousa le 8 septembre 1687 *Catherine* de Silva-de-Mendoce, fille de *Georges-Marie*, duc de Pastrana & de l'Infantado, dont il n'a point eu d'enfans ; SALVATOR, qui suit ; *Marie-Albert* de Portugal de Castro, mariée à *Manuel* Didas Lopez de Zuniga, duc de Bejar.

XX. SALVATOR de Portugal de Castro, comte de Castro, de Lémos, d'Andrada & de Villalva, duc de Taurisano, &c. mourut en 1694. Il avoit épousé *Françoise* Centurione de Cordoue, Mendoce, Carillo, Albornoz, marquise d'Almugnan, fille de *François-Cecile* Centurione, marquis d'Estape & d'Almagnan, dont il a eu *Marie-Antoinette* ; *Rose* & *Raphaële*.

MARQUIS DE FERREIRA DE MELLO, ducs de CADAVAL.

XII. ALVARE de Portugal, I du nom, seigneur de Ferreira, troisiéme fils de FERDINAND, I du nom, duc de Bragance, fut président du conseil en Castille, & chef de la justice en Portugal. Il épousa *Philippe* de Mello, fille & héritiere de *Roderic*, comte d'Olivença, dont il eut RODERIC, qui suit ; GEORGES, comte de Gelves, mentionné ci-après ; *Isabelle*, alliée à *Alfonse* de Soto-Major, comte de Belcaçar ; *Béatrix*, mariée à *Georges*, bâtard de Portugal, seigneur d'Aveiro ; *Jeanne*, seconde femme de *François* de Portugal, comte de Vimioso ; & *Marie*, femme de *Jean* de Sylva, comte de Portalegre.

XIII. RODERIC de Mello & de Portugal, marquis de Ferreira, comte d'Olivença & de Tentugal, fut gou-

verneur de Tanger, épousa 1°. *Léonore*, fille de *François* d'Almeida, vice-roi des Indes : 2°. *Béatrix* de Menesès, fille d'*Antoine* d'Almada, capitaine major de Lisbonne, & de *Marie* de Menesès. Du premier lit vinrent, *Alvare* de Mello, mort avant son pere, dont le fils unique *Alvare* III fut tué à la bataille d'Alcacer en 1578 ; FRANÇOIS, qui suit ; & *Philippe*, mariée à *Alvare* de Sylva, comte de Portalegre. Du second lit sortirent, *Alvare* ; & *Marie*, femme de *Constantin* de Portugal-Bragance.

XIV. FRANÇOIS de Portugal de Mello, &c. eut d'*Eugénie*, fille de *Jacques* de Portugal duc de Bragance, *Roderic*, tué à la bataille d'Alcacer ; NUGNO-ALVARE, qui suit ; *Jean*, évêque de Viséo ; CONSTANTIN, tige des comtes d'AÇUMAR, rapportés ci-après ; & *Jeanne*, abbesse de Villaviciosa. *Il laissa aussi deux bâtards* : *Joseph*, évêque de Miranda, & archevêque d'Evora ; & *François*, bâtard de Mello.

XV. NUGNO-ALVARE de Portugal de Péreira de Mello, comte de Tentugal, &c. mourut en Afrique, ayant eu de *Marianne* de Castro Osorio, fille de *Roderic* Moscoso, comte d'Altamira, & d'*Isabelle* de Castro, FRANÇOIS II, qui suit ; *Roderic*, nommé administrateur de l'archevêché d'Evora sur la fin de 1642 ; *Eléonore*, femme d'*Emanuel* de Moura-Cortereal, marquis de Castel-Rodrigo, ambassadeur à Rome, gouverneur des Pays-Bas en 1644 ; & *Jeanne*, femme de *Maurice* de Sylva, marquis de Gouvea, comte de Portalegre.

XVI. FRANÇOIS Pereira de Portugal de Mello, I du nom, marquis de Ferreira, &c. chevalier de l'ordre de S. Jacques, grand-véneur de Portugal, & général de la cavalerie portugaise, suivit le parti du roi Jean IV, qui le fit grand maitre de sa maison, & l'envoya ambassadeur extraordinaire en France en 1641. Il assista à la bataille de Badajos, l'an 1644, & mourut le 27 mars 1645. Il n'eut point d'enfans de *Marie* de Sandoval, sa premiere femme, fille de *Lopez* Moscoso-Osorio, comte d'Altamira, & de *Léonore* de Sandoval : mais de *Jeanne* Pimentel sa seconde femme, fille d'*Antoine* Pimentel, marquis de Tabora, vice-roi de Valence, il eut pour enfans, NUGNO-ALVAREZ, qui suit ; & *Théodose* de Mello, mort en 1672.

XVII. NUGNO-ALVAREZ Pereyra de Mello-Portugal, premier duc de Cadaval, quatriéme marquis de Ferreira, cinquiéme comte de Tentugal, du conseil d'état & de guerre du roi de Portugal, président du Dezembargo du palais, major-dome-major des reines de Portugal Marie-Françoise-Isabelle de Savoye, Marie-Sophie de Neubourg, & Marie-Anne-Josephe d'Autriche, mestre de camp général auprès de la personne du roi, & général de la cavalerie de la province d'Estrémadure, & ci-devant gouverneur de la province de de-là les monts, né le 4 novembre 1638, fut en crédit durant la régence de la reine Louise de Guzman ; mais lorsque le roi Alfonse prit les rênes du gouvernement en 1662, le connoissant trop attaché à sa mere, il le relégua fort loin de la cour. La reine Marie-Françoise Isabelle le fit rappeller & rétablir dans le ministere, & il fut nommé premier plénipotentiaire pour traiter la paix avec l'Espagne en 1667 & 1668. Il eut en 1680 le commandement de la flotte portugaise, qui fut envoyée à Nice pour y prendre le duc de Savoye, qui devoit épouser l'infante de Portugal, ce qui n'eut point lieu. Il représenta la reine douairiere d'Espagne, & tint en son nom sur les fonts de baptême Alexandre-François, infant de Portugal, le 16 décembre 1723. Il mourut à Lisbonne le 29 janvier 1727, à l'âge de 89 ans. Il avoit épousé 1°. *Marie* de Faro, comtesse d'Odemira : 2°. en 1671 *Marie-Angélique-Henriette* de Lorraine, fille de *François*, comte d'Harcourt, morte le 9 juin 1674: 3°. en 1675, *Marguerite-Armande* de Lorraine, fille de *Louis*, comte d'Armagnac, grand écuyer de France, & de *Catherine* de Neuville-Villeroi. Cette dame est morte veuve à Lisbonne le 16 décembre 1730. Du premier lit sortit *Jeanne-Alvare*, morte jeune. Du second vint *Isabelle-Alvare*, mariée à *Rodrigo* Anez de Saa de Menesès, marquis de Fontez, morte le 27 novembre 1699, en fa 28ᵉ année. Du troifiéme lit il a eu *Ferdinand-Alvarez* Pereyra, mort jeune ; *Louis-Ambroife - Alvarez* Pereyra de Mello-Portugal, deuxiéme duc de Cadaval, par la démiffion de fon pere, né à Lisbonne au mois de mai 1677, & mort de la petite vérole le 13 novembre 1700, fans enfans de *Louife*, fille *naturelle* & légitimée de PIERRE II, roi de Portugal, qu'il avoit époufée au mois de mai 1695 ; JACQUES-ALVAREZ, duc de Cadaval, qui fuit ; RODRIGUE de Mello, *dont il fera parlé après* JACQUES-ALVAREZ, *fon frere* ; *Catherine* de Lorraine-Mello-Portugal, morte jeune ; *Anne* de Lorraine de Mello, née au mois de feptembre 1683, qui étant reftée veuve de *Louis-Bernard* de Tavora, cinquiéme comte de Saint-Jean, prit l'habit de Capucine dans le monaftere de la Mere de Dieu de Xabregas le 2 octobre 1721, & y fit profeffion le 4 octobre 1722 ; *Eugène- Rofe* de Lorraine-Portugal-Mello, mariée à Lisbonne le 4 feptembre 1698, avec *Emanuel* Tellès de Silva, troifiéme marquis d'Alegrette, comte de Villarmayor, confeiller du confeil du roi de Portugal, & fecrétaire de l'académie royale de l'hiftoire à Lisbonne, morte le 24 mars 1724, âgée de 40 ans, laiffant deux fils & quatre filles, & inhumée le 25 dans la facriftie des Carmes de Lisbonne, lieu de la fépulture de la maifon d'Alegrette ; *Jeanne* de Lorraine de Mello-Portugal, mariée à Lisbonne au mois de feptembre 1699, avec *Bernard* de Tavora, comte d'Alvor, dont elle a eu, entr'autres enfans, *François* de Tavora, marié au mois de mars 1718, avec *Léonore* de Tavora fa coufine germaine, fille unique du comte de Saint-Jean, & d'*Anne* de Lorraine de Mello ; & *Philippe-Angélique* de Lorraine-Portugal.

XVIII. JACQUES-ALVAREZ Pereyra-Mello-Portugal, troifiéme duc de Cadaval, marquis de Ferreira, comte de Tentugal, grand écuyer du roi de Portugal, de fon confeil d'état, préfident du confeil de confcience, & des ordres, né à Lisbonne le 7 décembre 1679, prit poffeffion au mois de juillet 1701 des honneurs attachés à fon rang, & qui lui étoient échus par la mort de fon frere aîné. Il fut marié avec difpenfe le 16 feptembre 1702, avec *Louife*, *légitimée* de Portugal, veuve de *Louis-Ambroife*, duc de Cadaval, fon frere aîné. Elle mourut à Lisbonne fans enfans le 23 décembre 1732.

XVIII. RODRIGUE de Mello-Pereyra, frere puîné du précédent, mourut dans un âge peu avancé, après avoir époufé *Anne* de Lorraine de Sa & Menesès fa niéce, fille de *Rodrigue-Anne* de Sa de Almeyda & Menesès, marquis d'Abrantes & de Gouvès, comte de Penaguiaom, gentilhomme de la chambre du roi de Portugal, ci-devant fon ambaffadeur à Rome, puis nommé le premier février 1726, ambaffadeur extraordinaire en Efpagne, pour la conclufion du double mariage arrêté entre les deux cours, & chevalier des ordres de Chrift & de la toifon d'or, & d'*Ifabelle-Henriette* de Lorraine-Pereyra de Mello-Portugal, fille de *Nuño*, premier duc de Cadaval, & de *Marie-Angélique-Henriette* de Lorraine-Harcourt fa feconde femme. La veuve de Rodrigue de Mello, étant nommée pour camareira-major de la princeffe de Bréfil, fit fon entrée publique au palais le premier mai 1728, pour exercer par *interim* le même emploi auprès de la princeffe des Afturies, jufqu'à fon départ pour l'Efpagne. Elle a eu de Rodrigue de Mello, fon mari, *Marie-Marguerite* de Lorraine de Mello-Pereyra-Portugal, fille unique, qui a été mariée à Lisbonne le 22 février 1717, avec *Joachim-Anne* de Sa de Almeyda & Menesès, marquis de Fontès, comte de Penaguiaom, fon oncle maternel.

COMTES D'AÇUMAR, ISSUS DES MARQUIS de FERREIRA de MELLO.

XV. CONSTANTIN de Portugal - Bragance & de Mello, fils puîné de FRANÇOIS de Portugal de Mello, I du nom, fut grand commandeur de l'ordre de Chrift, & époufa 1°. *Marie* de Mendozze, fille de *Ferdinand* de Menesès, & de *Philippe* de Mendozze, morte fans enfans : 2°. *Béatrix* de Caftro, fille de *Garcie*, commandeur de Segura, & d'*Ifabelle* de Menesès, dont il eut FRANÇOIS, qui fuit ; *Jean*, qui fe fit Carme ; *Alvare*, chevalier de Malte, commandeur de Tavéra, général de l'artillerie fous le comte, fon frere, à la bataille de Rocroi ; & *Ferdinand*.

XVI. FRANÇOIS de Mello, marquis de la Tour de Laguna, comte d'Açumar, vice-roi des Deux-Siciles en 1639, gouverneur du Milanez & des Pays-Bas, grand maître-d'hôtel de la reine d'Efpagne, perdit la bataille de Rocroi contre les François en 1643. Il avoit gagné fur les mêmes celle de Honnecourt en 1642. D'*Antoinette* de Villena de Soufa, fille de *Henri*, comte de Miranda, il eut GASPARD-CONSTANTIN, qui fuit ; *Béatrix*, mariée à *Jean-Michel* Fernandez de Heredia, marquis de Moura ; *Mencie*, alliée à *Pierre* de Zuniga de la Cueva, marquis de Florès d'Avila ; & *Marie-Thérèfe*, femme de *Didace* d'Avila-Coëllo de Caftilla, marquis de Naval Marquende.

XVII. GASPARD-CONSTANTIN de Portugal Mello, comte d'Açumar, & marquis de Villefcas, &c. mourut le 18 août 1683, fans enfans d'*Antoinette* Nugno Henriquez, fille de *Garcias* Nugno de Ribera, *laiffant un fils naturel*, Jofeph-François *de Portugal de Mello*, marquis de Villefcas.

COMTES DE GELVES ET DUCS DE VERAGUAS, iffus des marquis de FERREIRA de MELLO.

XIII. GEORGE de Portugal, I du nom, fils puîné d'ALVARE, feigneur de Ferreira, fut créé comte de Gelves par l'empereur Charles-Quint, à caufe de fes fervices, & fut auffi alcayde de l'Alcaçar de Seville. Il époufa 1°. *Guyomare* d'Atayde de Silva, fille de *Jean* de Vafconcellos, comte de Penela, dont il n'eut point d'enfans : 2°. *Ifabelle*, fille de *Jacques* Colomb, duc de Veraguas, amiral des Indes, dont il eut ALVARE, qui fuit ; *Antoine*, religieux de l'ordre de faint Dominique ; *Georges*, l'un des vingt-quatre jurés de la ville de Séville, qui eut des enfans de *Geneviéve*, fille de *Jean* Botti, Florentin ; *Jacques*, auffi l'un des vingt-quatre jurés de Seville, & marié avec *Ifabelle* Botti, fœur de la femme de fon frere, de laquelle il eut des enfans ; *Louis* ; *Philippe*, & *Ifabelle*, mortes filles.

XIV. ALVARE de Portugal, comte de Gelves, eut de *Léonore*, fille d'*Alvare* de Cordoue & de *Marie* d'Aragon, *Georges* II, qui, de *Bernardine*, fille de *Jean-Antoine* Vincentelo, eut pour fille unique *Léonore* de Portugal, comteffe de Gelves, mariée 1°. à *Ferdinand* de Caftro de Lémos : 2°. à *Jacques* Pimentel, marquis de Gelves, à caufe d'elle. Le fecond fils d'ALVARE fut NUGNO, qui fuit.

XV. NUGNO de Portugal-Colomb, duc de Veraguas, marquis de la Jamaïque, & amiral des Indes occidentales, époufa *Aldonce* de Portocarrero, fille de *Jacques* de la Baftide, dont il eut ALVARE, qui fuit ; *Chriftophe* ; *Léonore* ; *Louife* & *Philippe*, religieufes au monaftere de l'Incarnation à Madrid.

XVI. ALVARE de Portugal-Colomb, duc de Veraguas, &c. époufa *Catherine* de Portugal & de Caftro, comteffe de Gelves, dont il a eu PIERRE, qui fuit ; & *Eléonore*, mariée à *Auguftin* Homodei, marquis d'Almonacid.

XVII. PIERRE-NUGNO Colomb de Portugal, Caftro, de la Cueva, duc de Veraguas, marquis de la Jamaïque, chevalier de la toifon d'or en 1670, mort en 1674, avoit époufé 1°. en 1645, *Ifabelle* Fernandez de la Cueva, veuve de *Georges* Manrique de Cardenas, & duc de Nogera, ou Najera, & de Cardenas, fille de *François-Ferdinand*, duc d'Albuquerque, morte en 1670 : 2°. *Marie-Louife* de Caftro, fille de *François*, comte de Lémos. Du premier lit vint PIERRE-EMANUEL-NUGNO, qui fuit.

XVIII. PIERRE-EMANUEL-NUGNO Colomb de

Portugal, duc de Veraguas & de la Véga, grand d'Éfpagne, marquis de la Jamaïque, comte de Gelves, amiral des Indes, chevalier de l'ordre de la toifon d'or, auquel il fut nommé en 1675, d'abord viceroi de Galice, puis en 1679 de Valence, d'où il fut révoqué & banni de la cour à la follicitation de l'archevêque de Valence, pour avoir fait pendre un moine apoftat, pris à la tête d'une troupe de bandits, fut enfuite rappellé, & fait général des galeres d'Efpagne, charge dont il fe démit au mois de février 1693. Il fut nommé fur la fin de décembre 1695 à la vice-royauté de Sicile, dans laquelle il fut continué pour trois autres années au mois d'août 1698. Il l'exerça jufqu'en 1701, ayant été déclaré confeiller d'état dès la fin du mois de novembre 1699. Il fut fait au mois de novembre 1703 préfident du confeil des ordres; & il étoit encore revêtu de cette charge, lorfqu'il mourut le 10 de feptembre 1710, à Madrid, d'où le roi Philippe V étoit parti le jour précédent avec fa cour pour fe retirer à Valladolid, & de-là à Burgos. Il laiffa de Thérèfe-Marine d'Ayala de Tolède, fille de Ferdinand, troifiéme comte d'Ayala, & de Catherine Faxardo Mendofa, fa deuxiéme femme, qu'il avoit époufée en 1674, PIERRE, duc de Véraguas, qui fuit; & Catherine Colomb & Portugal, mariée à Madrid le 31 décembre 1716, avec Jacques Fitz-James, duc de Leiria & de Xerica, comte de Tinmouth, baron de Bofworth, grand d'Efpagne, chevalier de l'ordre de la toifon d'or, & gentilhomme de la chambre du roi d'Efpagne, colonel du régiment d'infanterie de Limerick, puis fucceffivement brigadier & maréchal de camp, ambaffadeur extraordinaire de fa majefté catholique à la cour de Ruffie, & fon plénipotentiaire à celle de Vienne, & enfin lieutenant général de fes armées.

XIX. PIERRE Colomb de Portugal, duc de Véraguas & de la Véga, comte de Gelves, marquis de la Jamaïque, grand d'Efpagne, commandeur d'Aravaca, fut nommé par le roi d'Efpagne, au mois de juillet 1705, pour aller en France en qualité de fon envoyé extraordinaire, faire des complimens de condoléance au roi fur la mort du duc de Bretagne, & fut déclaré au mois de février 1707 vice-roi & capitaine général du royaume de Sardaigne, où, ayant été affiégé en 1708, dans le château de Cagliari par les troupes impériales, il fut obligé de fe rendre, & demeura prifonnier de guerre. Il fut depuis échangé, & fe trouvant à Madrid dans le temps de la mort de fon pere, & après lui avoir rendu les derniers devoirs, il fe rendit auprès du roi à Burgos. Il fut fait vice-roi & capitaine général de Navarre, au mois de février 1712, & confeiller au confeil de guerre, au mois de novembre 1726. Il avoit été marié le 17 avril 1702, avec Marie-Françoife de Borgia, fille aînée de Félix-Ferdinandès de Cordoue-Cardone, & de Réquefens, duc de Seffa, de Baëna & de Soma, & de Marguerite d'Aragon de Segorbe & Cardona, fa deuxiéme femme. Elle mourut au mois de mai 1712, âgée de 23 ans & demi, laiffant un fils & une fille.

COMTES D'ODEMIRA.

XII. ALFONSE de Portugal, fils puîné de FERDINAND, I duc de Bragance, fut comte de Faro & d'Odemira. Il mourut en Caftille, ayant eu de Marie de Norogna, fille & héritiere de Sanche, comte d'Odemira, feigneur d'Aveiro & de Vimiero, SANCHE, qui fuit; François, qui ne laiffa qu'une fille; Frédéric, évêque de Calahorra & de Ciguença, puis archevêque de Saragoffe, viceroi de Catalogne; Antoine, abbé; FERDINAND, tige des feigneurs de VIMIERO, rapportés ci-après; Guyomare, femme de Henri d'Aragon, duc de Segorbe, dit l'Infant de la Fortune; Mencie, époufe de Jean de la Cerda, duc de Medina Celi; & Catherine, abbeffe de Semide.

XIII. SANCHE de Norogna, I du nom, comte d'Odemira, &c. grand alcayde d'Eftremos, époufa 1°. Françoife de Sylva, fille de Jacques Gil Muniz,

& de Léonore de Sylva: 2°. Angela, fille de Gafpard Fabia. Du premier lit vinrent ALFONSE II, qui fuit; Roderic, qui embraffa l'état eccléfiaftique; & Mencie, mariée à N. comte de Fraqués en Savoye. Du fecond lit fortirent Jean de Faro, capitaine de Caffin en Afrique, qui époufa Ifabelle Freira d'Andrada, d'où vint Jean de Faro, marié à Marguerite de Norogna, fille de Jean d'Almeida, qui eut pour fille unique Louife de Faro, mariée à Louis Coutinho, commandeur d'Olivença; Frédéric de Faro & de Portugal, premier écuyer d'Ifabelle de France, reine d'Efpagne, qui de Marguerite, fille de Charles Borgia, duc de Gandie, eut une fille unique, nommée Anne, mariée à Roderic de Sylva, duc de Paftrane; & Jeanne de Faro, &c. qui époufa Jean de la Cerda, IV du nom, duc de Medina-Celi.

XIV. ALFONSE de Norogna, II du nom, fut tué par les Maures du vivant de fon pere, & laiffa de Marie, fille & héritiere de Nugno-Ferdinand d'Atayde, feigneur de Penacoua, capitaine de Caffin, SANCHE II, qui fuit; & Marie, feconde femme de Louis d'Atayde, viceroi des Indes.

XV. SANCHE de Norogna, II du nom, comte d'Odemira, &c. grand maître d'hôtel de Catherine d'Autriche, reine de Portugal, époufa Marguerite, fille de Jean de Sylva, comte de Portalegre, dont il eut pour enfans, ALFONSE III, qui fuit; Antoine, tué à la bataille d'Alcacer en 1578; Nugno, évêque de Vifeo & de la Guarda; Jacques, religieux de faint Dominique; Marie, femme de Louis d'Atayde, comte d'Atougia; & quatre autres filles religieufes.

XVI. ALFONSE III du nom, comte d'Odemira, &c. alcayde major d'Eftremos, fut auffi tué à la bataille d'Alcacer, en 1578. Il époufa 1°. Jeanne de Villena, de Manuel Tellez, feigneur d'Ugnon, & de Marguerite de Villena: 2°. Jeanne de Guzman, fille de Pierre de Menefés, capitaine de Septe, & de Conftance de Guzman: 3°. Iolande, fille d'Alvare de Caftro, & d'Anne d'Atayde, & laiffa pour fils unique de fon dernier mariage,

XVII. SANCHE de Norogna & de Portugal, III du nom, comte d'Odémira, grand alcayde d'Eftremos & majordome de la reine de Portugal, mort en 1642, fans enfans de Jeanne de Lara, fa femme, fille de Manuel de Menefés, duc de Villereal.

SEIGNEURS DE VIMIEIRO, ISSUS DES COMTES D'ODEMIRA.

XIII. FERDINAND de Faro de Portugal, feigneur de Vimieiro, cinquiéme fils d'ALFONSE de Portugal, I du nom, comte de Faro & d'Odémira, fut grand maître d'hôtel de la reine Catherine d'Autriche, & laiffa d'Ifabelle de Mello, fon époufe, FRANÇOIS, qui fuit; DENYS, tige des comtes de FARO, rapportés ci-après; Sanche, mort élu évêque de Leiria; Alfonfe, doyen de la chapelle du roi Sébaftien; Marie, femme de Jean de Menefés, capitaine de Tanger; & quatre fille religieufes.

XIV. FRANÇOIS de Portugal de Faro, I du nom, feigneur de Vimieiro, fut préfident du confeil du roi Sébaftien, & époufa 1°. Mencie d'Albuquerque, fille de Georges d'Albuquerque, & d'Anne Henriquez: 2°. Guyomare de Caftro, fille de Matthieu d'Acunha, feigneur de Pombeiro, & de Léonore Coutigena: 3°. Marie de Mendoze, fille de Manuel Cortéréal & de Béatrix de Mendoze, dont il n'eut point d'enfans. Ceux qu'il eut de fa premiere femme, furent Ferdinand-Henriquez, mort avant fon pere, & qui de Jeanne de Guzman, fille d'Alvare de Carvallo & de Marie de Guzman, n'eut qu'un fils & trois filles, qui furent, Louis, mort fans alliance; Marie, femme de Manuel Coutinho; Mencie, mariée à Pierre Alvarez Pereira; & Catherine, alliée à Blaife Tellez de Menefés, capitaine de Maranhan; Georges, tué avec fes coufins à Alcacer; & Marie, femme de Ferdinand Tellez de Menefés, gouverneur des Indes & d'Algarbe. De fa seconde femme il eut FRANÇOIS II, qui suit; *Marie-Anne*, épouse de *Louis* de Sylva, préfident du confeil de Philippe IV, roi d'Espagne.

XV. FRANÇOIS de Portugal de Faro, II du nom, fut créé comte de Vimieiro par Philippe III, roi d'Espagne. Il époufa *Marie-Anne* de la Guerra, fille de *Pierre* Lopez de Sousa, & d'*Anne* de la Guerra, qui le rendit pere de *Ferdinand*, mort fans poftérité de *Thérèse-Antoinette* Hurtado de Mendoce, fille de *Jean*, marquis de Cagnete; de *Louis* de Faro, religieux de l'ordre de S. Auguftin; d'*Alfonse*, eccléfiaftique; de SANCHE, qui fuit; & de *Marie*, femme de *Roderic* de la Camera, comte de Villefranche.

XVI. SANCHE de Portugal Faro, fervit en Flandre dans l'armée du roi catholique, & mourut en 1644, laiffant entr'autres enfans, SANCHE, qui fuit.

XVII. SANCHE de Faro & de Sousa, comte de Vimieiro, commandeur de Mora dans l'ordre d'Avis, & gouverneur général du Bréfil, où il mourut après neuf jours de maladie, dans la ville Saint-Salvador, le 13 octobre 1710, a continué cette branche. Il avoit époufé *Thérèse Josephe* de Mendoça, fille de *Louis-Manuel* de Tavora, quatriéme comte d'Atalaya, laquelle prit l'habit de religieufe dans le monaftere de la Conception à Lisbonne, le 28 mai 1729, & y fit profeffion le 30 mai 1730. Il laiffa de ce mariage DIEGUE, comte de Vimieiro, qui fuit; & *Meffie* de Faro, qui fit profeffion dans le couvent royal de la Mere de Dieu à Lisbonne, au mois de novembre 1730.

XVIII. DIEGUE de Faro & Sousa, comte de Vimieiro, fut marié à Lisbonne, le 28 février 1729, avec *Marie-Joseph* de Menezès, dame de la reine, & fille de *Diegue* de Menezès, & Tavora, vifiteur de la maifon de la reine, & de *Marie-Barbe-Josephe*, comteffe de Breiner, dame camarifte de la reine. Il en a eu *Marie-Barbe* de Faro & Sousa, née à Caparica, maifon de campagne de fon aïeul maternel, fur les onze heures avant minuit, le 9 janvier 1730, baptifée le 25 fuivant, & morte de la petite vérole dans la ville de Vimieiro, au mois d'août 1731; un fils né le 30 avril 1731, & une fille née à Caparica fur les neuf heures du matin, le 17 octobre 1732.

COMTES DE FARO, ISSUS DES SEIGNEURS de VIMIEIRO.

XV. DENYS de Portugal, comte de Faro, I du nom, fecond fils de FERDINAND, feigneur de Vimieiro, époufa *Louise* Cabral, fille de *Jean* Alvarez Camigna, dont il eut *Jean*, mort fans alliance; & ETIENNE, qui fuit.

XV. ETIENNE de Portugal, comte de Faro & de Saint-Louis, préfident du confeil de Philippe III, roi d'Espagne, époufa *Guyomar* de Caftro, fille de *Jean* Lobo, baron d'Alvito, & de *Léonore* Mafcarégnas, dont il eut DENYS II, qui fuit; *François* de Portugal de Faro, comte d'Odémira, furintendant des finances de Philippe III & Philippe IV, rois d'Espagne, qui époufa *Marie-Anne* de Sylva, morte le 11 octobre 1648, & en eut pour fille unique *Marie* de Portugal de Faro, mariée 1°. à *N.* Pereira-Pimentel, comte de Feira; 2°. à *Nuno-Alvarez* Péreira de Portugal de Mello, duc de Cadaval; *Jean-Sanche*; *François-Louis*; *Louise*, mariée à *Edouard* de Menefés, comte de Tarouca; & *Léonore*, femme de *Bernardin* de Tavora.

XVI. DENYS de Portugal, II du nom, comte de Faro, & de Saint-Louis, mourut en 1633, laiffant de *Magdeléne*, fille d'*Alvare* d'Alencaftro, duc d'Aveiro, morte en janvier 1680, âgée de 90 ans, une fille unique, *Jeanne-Julienne*, comteffe de Faro, mariée 1°. à *Michel* de Menefés, duc de Camina, qui eut la tête tranchée à Lisbonne, pour crime de léfe-majefté, avec *Louis*, duc de Camina, fon pere, le

29 août 1641: & 2°. à *Roderic* Tellez de Menefés de Caftro, II comte d'Ugnon.

COMTES DE VIMIOSO, SORTIS DE LA maifon de BRAGANCE.

XI. ALFONSE de Portugal, fils aîné d'ALFONSE, bâtard de Portugal, duc de Bragance, fut comte d'Ourem, marquis de Valença, feigneur de Porto-de-Mos, & mourut du vivant de fon pere, en 1460, laiffant de *Béatrix* de Sousa, fon amie, un fils naturel, qui fuit.

XII. ALFONSE de Portugal, II du nom, fils *naturel* du précédent, fut nommé évêque d'Evora, & laiffa de *Philippe* de Macédo, *deux bâtards*, FRANÇOIS, qui fuit, & *Martin* de Portugal, évêque de Fonchal d'Algarve, patriarche des Indes, qui eut auffi de *Catherine* de Sousa deux enfans naturels; *Elifée*, camérier fecret des papes *Pie IV* & *Grégoire XIII*; & *Marie*, feconde femme de *Jacques* de Caftro.

XIII. FRANÇOIS de Portugal, I du nom, fut comte de Vimioso & feigneur d'Aguyar, confeiller d'état des rois Emanuel & Jean III, & premier gentilhomme de la chambre du prince Jean. Sa piété & fa charité pour les pauvres, l'ont rendu célébre: il étoit né à Evora, & y mourut le 8 décembre 1540. De fa premiere femme *Béatrix* de Villena, il eut une fille, *Guyomare*, mariée à *François* de Gama, vicomte de Vidiguiera, amiral des Indes orientales, duquel font defcendus les comtes de Vidiguiera. De fa feconde femme *Jeanne* de Villena, fille d'*Alvare* de Portugal-Tentugal, il eut ALFONSE III, qui fuit; *Manuel*, qui fuivit le parti d'Antoine, roi de Portugal, & fut marié deux fois; *Henri*, un de fes fils fut fait prifonnier à la bataille d'Alcacer, & laiffa un fils qui eut poftérité; *Jean*, autre fils de *Manuel*, fut tué à cette bataille. FRANÇOIS eut encore un troifiéme fils, *Jean*, qui fut évêque de la Guarda, & qui fuivit le parti du roi Antoine.

XIV. ALFONSE de Portugal, III du nom, comte de Vimioso, mourut à la journée d'Alcacer, en 1578, ayant eu de *Louise* de Guzman, *François*, IV comte de Vimioso & connétable de Portugal, qui fut fait prifonnier à Alcacer, & qui mourut depuis des bleffures reçues dans un combat naval, donné le jour de fainte Anne, en 1582; *Jean*, religieux de S. Dominique, fait évêque de Vifeo en 1626, & mort le 26 février 1629, à l'âge de 70 ans. Il avoit fait imprimer fur un 1619, à Coïmbre, deux volumes, *de gratia increata*; & en 1626, à Lisbonne, un abrégé de la doctrine chrétienne, en portugais: après fa mort on imprima à Coïmbre, en 1644, fon traité, *de Spiritu fancto*, en 2 vol. *in-fol.* Les autres enfans d'Alfonse font, LOUIS, qui fuit; *Manuel*, mort en Afrique; *Alfonse*, mort en Italie; & *Nugno-Alvarez*, préfident de la chambre de Lisbonne, & l'un des gouverneurs du royaume, qui époufa *Jeanne* de Portugal, fille de *Manuel*, fon oncle, dont eft iffue, entr'autres enfans, *Marguerite* de Portugal, femme d'*Alvarez* Perez de Caftro, comte de Mon-Santo, marquis de Cascaës, ambaffadeur extraordinaire de Portugal à la cour de France.

XV. LOUIS de Portugal, comte de Vimioso, fe fit religieux de S. Dominique, du confentement de *Jeanne* de Mendoze, fon époufe, qui fe retira dans le monaftere du S. Sacrement de Lisbonne avec les religieufes Déchauffées. Ils avoient eu ALFONSE IV, qui fuit; *Michel*, évêque de Laméga, ambaffadeur à Rome, qui mourut en 1644; *qui a ci-après un article particulier*; *Ferdinand*, mort en la guerre de Flandre au fiège de Bergues; *Louise*, religieufe à Evora; & *Philippe*, religieufe avec fa mere, morte au monaftere d'Evora, qu'elle étoit allée réformer.

XVI. ALFONSE de Portugal, IV du nom, comte de Vimioso, fut créé marquis d'Aguyar l'an 1644, p le roi Jean IV. De *Marie* de Mendozze de Moura, fille de *Christophe*, marquis de Castel Rodrigo, grand d'Espagne, & viceroi de Portugal, il eut LOUIS, qui suit; *Christophe*; MICHEL, mentioné après son frere; *Jeanne*; *Marguerite*; *Louise* & *Béatrix*.

XVII. LOUIS de Portugal, fut créé marquis de Vimioso en 1643, & épousa la fille d'*Antoine-Louis*, marquis de Tavora.

XVII. MICHEL de Portugal, troisiéme fils d'ALFONSE de Portugal, IV du nom, comte de Vimioso, marquis d'Aguyar, & de *Marie* de MendozaMaura, devint l'aîné de cette branche par la mort de ses freres, & fut comte de Vimioso. Il mourut en 1681, âgé de 51 ans, sans enfans de *Jeanne* d'Albuquerque, sa femme; mais il laissa un fils *naturel*, qui suit.

XVIII. FRANÇOIS de Portugal, bâtard de Vimioso, né en 1678, fut institué héritier par son pere, & légitimé par le roi Pierre II, qui le fit élever parmi les jeunes seigneurs de sa cour. Il fut créé marquis de Valence en 1715. Imhoff dans son *Stemma regium Lusitanicum*, imprimé en 1708, lui donne pour femme *Françoise*, fille d'*Emanuel* Tellez de Silva, marquis d'Alégrette. Quoi qu'il en soit, il a eu pour enfans entr'autres JOSEPH de Portugal, comte de Vimioso, qui suit; & *Michel-Jean-François* de Portugal, né le 13 décembre 1722, & baptisé le premier janvier 1723.

XIX. JOSEPH de Portugal, comte de Vimioso, fut élu à la pluralité des voix membre de l'académie royale de Lisbonne, au mois de janvier 1731. Il a été marié à Lisbonne le 24 octobre 1728, avec *Louise* de Lorraine, troisiéme fille d'*Emanuel* Tellez de Silva, marquis d'Alégrette, conseiller d'état, & de feue *Eugene-Rose* de Lorraine-Portugal-Mello-de-Cadaval, & en a eu une fille née à Lisbonne, le premier janvier 1733, & baptisée le 25 suivant.

Tous ceux qui sont sortis de ces différentes branches, soit en ligne directe, soit par les femmes, ou par bâtardise, peuvent prétendre à la couronne de Portugal, au défaut de la ligne qui est sur le trône, & qui en rend le nombre presque infini.* Resendius, *antiq. Lusit.* Antonio de Souza, *excellen. de Portug.* Bernardin S. Antonio, *descript. Portug.* Gaspard Estaso, *antiq. de Portug.* Antonio Vasconcellos, *Andceph. reg. Lusit.* Geofroi Conestagio Duard. Viperan. Edouard de Nugnez, Texeira, &c. *hist. de Port.* Damien de Goëz, *de Olissip.* Mariana. Turquet, &c. *hist. Hisp.* Sainte-Marthe, *généal. de France*, qui sont au I volume, *Hisp. illust.* Le P. Anselme, *hist. généal. de France.* Imhoff, *stemma regium Lusitanicum. Hist. de Portug.* par le Quien de la Neufville.

PORTUGAL (Michel de) fils de LOUIS de Portugal Vimioso, qui se fit religieux de S. Dominique du consentement de *Jeanne* de Mendose, sa femme, laquelle se retira chez les religieuses déchaussées du monastere du S. Sacrement de Lisbonne, & frere d'ALFONSE de Portugal, IV du nom, comte de Vimioso, & créé en 1644 marquis d'Aguyar, fut évêque de Lamégo, & se rendit célébre par sa capacité. Lorsque Jean IV, duc de Bragance & de Barcellos, dit *le Fortuné*, eut été proclamé roi de Portugal, le premier de décembre 1640, on avoit lieu de craindre que la cour de Rome, empêchée par le crédit que la Castille y avoit, refusât de le reconnoître pour roi, les Portugais résolurent de solliciter Urbain VIII en sa faveur. Pour cet effet ils envoyerent en ambassade à ce pape, Michel de Portugal, évêque de Lamégo, & Pantaléon Roiz Pachéco, inquisiteur du conseil général du saint office, & depuis évêque d'Elvas. Ces ambassadeurs partirent de Lisbonne le 15 avril: ils se rendirent à la Rochelle, traverserent la France, s'embarquerent le 20 octobre à Toulon, & arriverent peu de temps après à Civita-Véchia, port de mer situé à treize lieues de Rome. Le pape qui craignoit de déplaire au roi d'Espagne, parut fort embarassé à la nouvelle de

cette ambassade; & ayant appris que les François, les Catalans & les Portugais qui étoient dans Rome, étoient venus à Civita-Véchia pour défendre les ambassadeurs Portugais contre les Espagnols, qui vouloient les empêcher d'arriver jusqu'à Rome, & que l'on faisoit des provisions d'armes de part & d'autre, chargea le cardinal Antoine Barberin d'envoyer battre l'estrade par quarante cavaliers, depuis Civita-Véchia jusqu'à Rome, pour prévenir tous les accidens. Les Espagnols se contenterent de menacer le pape de se retirer de Rome, s'il se permettoit l'entrée aux ambassadeurs, ce qui n'empêcha point l'évêque de Lamégo d'y entrer bien accompagné, & d'aller chez le marquis de Fontanés, ambassadeur de France. Ceux d'Espagne irrités firent ce qu'ils purent auprès des cardinaux Espagnols pour les engager à lui refuser l'audience; & ils présenterent même à ce sujet un écrit au pape, qui, ayant fait une vive impression sur son esprit, obligea les Portugais à prouver par plusieurs mémoires l'injustice qu'on leur faisoit. Les Espagnols ne tenterent d'y répondre, que par la violence la plus ouverte. Ils ameuterent deux cens scélérats, avec lesquels ils prétendirent enlever l'évêque de Lamégo, & le faire conduire à Naples pour l'y faire mourir. Ce complot fut découvert. Le pape déclara qu'il prenoit dom Michel de Portugal sous sa protection; ce qui ne l'empêcha pas d'être attaqué un soir à main armée: mais comme il étoit bien accompagné, le combat fut rude entre les François & les Espagnols; & ceux-ci ayant eu le dessous, furent contraints de se retirer avec honte. Cette violence des Espagnols révolta tous les honnêtes gens; & l'ambassadeur de France présenta un mémoire au pape au nom de l'évêque de Lamégo, pour lui demander justice de cet attentat. Mais le prélat n'obtint rien; & après avoir demeuré un an & un jour à Rome au milieu du trouble & de la confusion, & toujours exposé à de nouvelles violences, il fut obligé de s'en retourner en Portugal, sans avoir pu pénétrer jusqu'au pape. Il arriva sain & sauf à Livourne, malgré les piéges que les Espagnols lui firent tendre sur la route, & les desseins qu'ils avoient de le faire assassiner. Il s'embarqua à Livourne pour Lisbonne, où il arriva heureusement; & il mourut peu après, c'est-à-dire, en 1644, plein de vertus, & emportant avec lui les regrets de tous les gens de bien. Il n'avoit que quarante ans. * *Voyez* les historiens de Portugal qui sont entrés dans le détail de ces faits.

PORTUGALETTE ou PORTOGALLETTE, bourg de Biscaye en Espagne. Il est sur un petit golfe, que forme la riviere d'Ibaycaval, à son embouchure, un peu au couchant septentrional de la ville de Bilbao. * Mati, *diction.*

PORTUGALLO ou HUGUES DE PORTO, dit PORTUGALLO, évêque de cette ville, est un des auteurs de l'histoire de Compostelle. * Vasæus, *in chron. hist. c.* 4.

PORTUMNE, *Portumnus* ou *Portunus*, dieu marin, nommé *Mélicerte* & *Palémon* par les Grecs, fils d'*Ino*, qu'on croyoit présider aux ports. On célébroit des jeux en son honneur, & certains combats en Grece, appellés *Portumnales*, & *Isthmiens*, à cause qu'ils se faisoient dans l'isthme de Corinthe. * *Antiquités grecq. & romaines.*

PORTUS (François) natif de Candie, a été un fort savant homme dans le XVI siécle. Il fut élevé chez Renée de France, fille de Louis XII, & femme d'Hercule II, duc de Ferrare, & enseigna la langue grecque dans cette ville-là. Mais après la mort du duc, la princesse Renée étant revenue en France, Portus quitta l'Italie; & afin de pouvoir professer en toute liberté la doctrine qui lui avoit été inspirée à la cour de Ferrare, où Calvin avoit été fort bien reçu, il s'en alla à Genève, & y fut fait professeur en langue grecque. Il y enseigna long-temps cette langue, & y publia divers écrits concernant sa profession, comme des commentaires sur

Pindare, fur quelques traités de Xénophon, & fur Thucydide, des notes fur Aphtone, fur Hermogène, fur Longin, fur l'anthologie ; des prolégomènes fur Sophocle, &c. Ce fut à lui que Pierre Charpentier adreffa la lettre, où tout proteftant qu'il étoit, il excufoit le maffacre de la S. Barthélemi, que le P. Denys de Sainte-Marthe de la congrégation de S. Maur, a inférée dans fes entretiens fur l'entreprife du prince d'Orange, publiés à Paris en 1689. Cette lettre découvroit l'efprit de cabale qui étoit répandu dans le parti des Calviniftes de France. François Portus fe crut obligé d'y répondre. Il mourut à Genève en 1581, âgé de 70 ans, laiffant un fils nommé EMILIUS-PORTUS, qui fait le fujet de l'article fuivant.

PORTUS (Emile) fils de *François* Portus, né en 1551, s'attacha comme fon pere, à l'étude de la langue grecque, & à l'explication des anciens auteurs qui ont écrit en cette langue. Il enfeigna auffi le grec à Laufane, &, dit-on, dans l'univerfité d'Heidelberg. Entr'autres fruits de fes travaux, on a ceux qui fuivent : 1. *Euripidis tragœdiæ XIX, græcè & latinè, interprete Guill. Cantero, cum fcholiis antiquis græcis, & Joannis Brodæi, Gafparis Stiblini, Æmilii Porti, ac ejufdem Canteri annotationibus.* Typis Pauli Stephani, 1602, *in-4°.* 2. *Ariftophanis comœdiæ XI, græcè & latinè, cum fcholiis antiquis græcis, & notis perpetuis Odoardi Bifeti, nec non diverforum notis felectis, edente & illuftrante Æmilio Porto,* à Genève 1607, *in-fol.* cette édition d'Ariftophane avoit déja été revue par François Portus. M. Ménage, dans fon Anti-Baillet, édition *in-4°.* pag. 241, dit que cette édition eft la meilleure de toutes celles qui avoient précédé. 3. *Procli Diadochi commentariorum in Platonis theologiam, libri VI, græcè & latinè, interprete Æmilio Porto; acceffit Marinus Neapolitanus de vita Procli, græcè & latinè,* à Hambourg 1618, *in-fol.* 4. *Onofandri Strategicus, five de imperatoris inftitutione, nec non Urbicii inventum quo pedites Romani Barbarorum equites debellare poffint, græcè & latinè, ex interpretatione Nicol. Rigaltii, & cum ejufdem notis, & novis Jani Gruteri & Æmilii Porti commentariis,* à Genève 1600 *in-4°.* 5. *Suidæ lexicon, græcè & latinè, ex verfione Æmilii Porti,* &c. *in-fol.* deux volumes. 6. *Ariftotelis artis rhetoricæ libri III, gr. & lat. ex verfione Æmilii Porti, cum Francifci Porti commentariis perpetuis* à Spire 1598 *in-8°.* 7. *Pindari, & cæterorum octo lyricorum carmina, græcè, cum interpretatione latinâ,* 1598. 8. Des notes fur Xénophon, dans l'édition de cet auteur, de la traduction de Leunclavius, avec le texte grec, à Paris 1625, *in-fol.* 9. Une verfion latine des antiquités romaines, écrites en grec par Denys d'Halicarnaffe. Portus travailloit à cette traduction dans le même temps que Frédéric Sylburge étoit occupé à fon édition du même ouvrage. Il paroit même par l'avertiffement de Portus au lecteur, à la tête de fes notes, que cette verfion étoit prefque achevée lorfqu'il apprit que les Wechels penfoient à donner une édition grecque & latine. La traduction de Portus a été imprimée *in-12* chez Antoine de Harfy en 1590; enfuite à Lyon en 1592, avec les notes, celles de Henri Etienne & de Cafaubon, les extraits des ambaffades accompagnés des verfions latines du même Portus, de Henri Etienne, & de Sylburge; puis à Genève en 1603, *in-16.* *Voyez* la préface de la traduction françoife de Denys d'Halicarnaffe, par M. l'abbé Bellenger. 10. *Dictionarium doricum græco-latinum,* 1603, *in-8°.* 11. *Dictionarium ionicum, gr. lat. in-8°.* 12. *Lexicon Pindaricum,* &c. Voyez la Bibliothèque grecque de Jean-Albert Fabricius en divers endroits.

PORUS, dieu de l'abondance & fils de *Métis* déeffe de la bonne conduite. Voici ce qu'en rapporte Platon dans fon *Feftin,* & qu'il attribue à Socrate, comme ce qu'il y a de plus beau dans tout le dialogue. A la naiffance de Vénus, les dieux célébrerent une fête, où fe trouva avec les autres Porus, dieu de l'abondance,

fils de Métis, déeffe de la bonne conduite. Comme ils furent hors de table, la *pauvreté,* qui crut fa fortune faite fi elle pouvoit avoir un enfant de lui, alla adroitement fe coucher à fes côtés, & quelque temps après elle mit l'*Amour* au monde. De-là vient que l'amour s'eft attaché à la fuite & au fervice de Vénus, ayant été conçu le jour de fa fête. Comme le dieu de l'abondance eft fon pere, & la pauvreté fa mere ; auffi tient-il de l'un & de l'autre. On peut voir l'explication de cette fable, qu'on croit allégorique, dans les commentateurs de Platon. Origène écrivant contre Celfe, dit que par Porus, que la pauvreté furprit, on peut entendre l'homme furpris par le ferpent ; que par le jardin de Jupiter dont parle Platon dans le même endroit, on peut entendre le paradis terreftre ; & par la pauvreté le ferpent. Il eft fûr néanmoins que ce n'eft pas là ce que Socrate avoit en vue en imaginant ce conte. * *Voyez les livres d'Origène contre Celfe.*

PORUS, roi d'une partie des Indes, entre les fleuves Hydafpes & Acefines, comptoit jufqu'à trois cens villes enfermées dans fon royaume. Lorfqu'Alexandre *le Grand,* après la défaite de Darius, voulut pénétrer dans les Indes la première année de la CXIII olympiade, & la 328 avant J. C. il campa fur les bords de l'Hydafpes pour en défendre le paffage ; mais Alexandre ayant traverfé ce fleuve malgré lui, gagna deux victoires, l'une fur le fils aîné de Porus, l'autre fur ce prince, qui fut fait prifonnier, & qui perdit avec fes deux fils & fes principaux chefs, vingt mille hommes de pied, fes chariots de guerre & tous fes éléphans. Lorfqu'on le conduifit devant Alexandre, étant interrogé par ce vainqueur de quelle maniere il vouloit qu'on le traitât : *En roi,* répondit-il. Alexandre infiftant pour le faire expliquer : *En roi,* reprit-il, *ce mot comprend tout.* Sa valeur & fon intrépidité lui firent obtenir ce qu'il exigeoit ; car Alexandre le reçut au nombre de fes amis, & le rétablit dans fon royaume. Porus fuivit depuis ce conquérant avec fes troupes, pendant le cours de cette expédition dans les Indes. Un autre PORUS, neveu du précédent, & roi comme lui, s'enfuit chez les Gangarides, pour n'être point expofé aux armes de fon oncle. * Strab. *l.* 13. Quint-Curce. Arrien. Plutarque.

PORZIA (Léandre) de Frioul, né le 22 décembre 1673, moine de l'ordre de S. Benoît de la congrégation du Mont-Caffin, confulteur du faint office, & membre de plufieurs congrégations à Rome, fut élu en 1725, abbé de l'abbaye régulière de fon ordre : fut hors les murs à Rome, affifta en cette qualité au concile romain tenu à S. Jean de Latran, & fut béni le 9 de juin de la même année 1725, dans fon églife abbatiale par le pape, affifté des abbés du Mont-Caffin & de Cafamare. Il fut nommé au mois de janvier 1728 à l'évêché de Bergame dans l'état de Venife, qui fut propofé pour lui en confiftoire le 12 avril fuivant, après avoir été difpenfé par le pape de l'examen, pour avoir donné continuellement des marques de fa profonde doctrine dans les différens emplois qu'il avoit exercés depuis vingt années qu'il réfidoit à Rome. Il fut créé cardinal de la fainte églife romaine le 30 du même mois d'avril 1728, & reçut le même jour la barette des mains du pape, qui fit la fonction de le facrer le 2 mai dans l'églife des religieufes de S. Ambroife, ayant pour affiftans l'archevêque de Trajanople, & l'évêque de Cirène. Le 4, fa fainteté fit la cérémonie de lui donner le chapeau, & le 10, celle de lui fermer & ouvrir la bouche ; enfuite de quoi elle lui affigna le titre presbytéral de S. Jérôme des Efclavons, qu'il laiffa, en optant celui de S. Callifte le 20 feptembre de la même année 1728. Benoît XIII en l'honorant de la pourpre, pour lui donner le moyen d'en foutenir l'éclat, lui affigna une penfion de cent écus d'or par mois, à prendre fur la chambre apoftolique, jufqu'à ce qu'il fût pourvu de quelques bénéfices. Il fut déclaré par le pape Clément XII député de la congrégatio

d

propaganda fide, & prit possession de cette place 8 avril 1731. Ce cardinal est mort à Rome dans le onclave, le 9 de juin 1740, âgé de 67 ans, cinq ois & huit jours.

☞ POSADAS (le pere François) célebre religieux de l'ordre de S. Dominique, étoit né à Cordoue, ille d'Andalousie, le 6 février 1659, de parens pauures, mais très-vertueux. Un penchant égal pour la iété & pour l'étude, se fit remarquer en lui dès sa lus tendre jeunesse. Il fit avec succès ses premieres étues à Cordoue, & sut se concilier par son application amitié de ses maîtres. Touché de la vie édifiante que uenoient les religieux Jacobins du couvent de Cordoue, résolut d'embrasser leur institut. Ce ne fut qu'après voir essuyé bien des oppositions & des refus de la part e tous les religieux, qu'il parvint à être admis parmi ux, & à recevoir l'habit, & il lui fallut encore soufir les plus rudes épreuves pendant son noviciat. Adnis enfin à la profession, il se consacra tout entier à étude de la philosophie, de la théologie & de l'écriture ainte. Il ne fit avec tant de succès, que ses professeurs ie purent lui refuser leur estime, & même leur admiation. On le destina bientôt lui-même pour enseigner l'abord la philosophie, & ensuite la théologie ; & il emplit ces emplois avec distinction pendant plusieurs nnées. Ayant été élu supérieur de la maison de Corloue, il la gouverna avec une sagesse & une bonté qui le fit aimer de tous ses confreres. Ensuite il se donia au ministere de la prédication. Il annonça la parole le Dieu à Cordoue & dans ses environs avec beaucoup le fruit. Son zèle le portoit à prêcher souvent dans les places publiques, & dans tous les lieux où il se trouvoit ; & il eut la consolation de ramener à une vie exemplaire & édifiante, un nombre prodigieux de personnes. Les infirmités de la vieillesse ne ralentirent point son zèle. Dans l'âge le plus avancé, il ne cessa de'instruire, de catéchiser les pauvres gens de la campagne, d'entendre leurs confessions, & de leur procurer toutes sortes de consolations. Les peuples le regardoient comme un apôtre. Mais son humilité souffroit infiniment des respects qu'on rendoit à sa vertu, & lui donna toujours de l'éloignement pour les dignités auxquelles on voulut l'élever, & où son mérite lui donnoit lieu de prétendre. Il refusa même avec fermeté l'évêché de Ciudad-Rodrigo, auquel le roi d'Espagne l'avoit nommé. Ce qu'il y avoit de grand dans l'Espagne avoient pour lui la même considération. On le consultoit comme un oracle. Deux prélats distingués, le cardinal Salazar, Dominicain, évêque de Cordoue, & le cardinal Belluga, alors chanoine lectoral de cette église, ne faisoient rien sans son avis ; & ce fut lui qui décida ce dernier à accepter l'évêché de Murcie. Le P. Posadas est mort à Cordoue en 1720, après une longue vie passée dans les bonnes œuvres & les austérités. La voix publique l'a déja canonisé, & par ordre de la cour de Rome, on a commencé à faire les informations pour procéder un jour à la canonisation de ce serviteur de Dieu. Un savant religieux de son ordre a écrit sa vie, & l'a publiée en un gros volume in-folio. On a du P. Posadas plusieurs ouvrages, qui respirent la plus haute piété, & l'amour de Dieu, dont il étoit rempli lui-même. 1. Le triomphe de la chasteté contre les erreurs de Molinos, in-4°. 2. La vie de S. Dominique de Guzman, in-4°. 3. Sermons doctrinaux, 2 vol. in-4°. 4. Sermons de la sainte Vierge Marie, in-4°. On a encore de lui divers traités de théologie mystique, qui pourroient former six volumes in-4°. Ils sont restés manuscrits. * Mémoires fournis par M. l'abbé Giron, Espagnol.

POSEN ou POSNAM, cherchez POSNANIE.

POSCULUS (Ubertinus) poëte Latin, de Brece en Italie, dans le XV siécle, étoit d'une famille honnête. Il demeuroit à Constantinople, où l'étude faisoit ses délices, lorsque cette ville fut prise par les Turcs en 1453. Il paroît qu'il fut fait prisonnier, & que ce ne fut qu'après avoir passé par diverses épreuves qu'il re-

vint en Italie ; où il continua de cultiver ses talens pour la poësie latine. Quoique l'on assure qu'il ait beaucoup écrit en ce genre, on ne connoît aucune de ses piéces imprimées. Il avoit composé un poëme sur la prise de Constantinople, divisé en quatre chants ou livres. Il examine dans le premier les causes de la prise de cette ville. Dans le second, il parle de la mort de Jean, empereur de Constantinople, de celle du pape Eugène IV, & de celle d'Amurath II, empereur des Turcs, & des successeurs des souverains ; savoir, de Constantin Paléologue, de Nicolas V & de Mahomet II. Il est occupé dans le troisiéme à parler des préparatifs de la guerre, qui le conduisent à parler dans le quatriéme de la prise de Constantinople & des désordres qui en furent la suite. Le poëte finit ce poëme par ces quatre vers, où il nous parle ainsi de lui-même :

Brixia me civem UBERTINUM POSCULA *honesta*
   Gens tulit, hæc ausus talia qui cecini.
Me Constantini studiis urbs dulcis habebat,
   Cum cecidit bello, Teucrum ego præda fui.

Daniel Cereti, dans son panégyrique de la ville de Brece, où il nomme les savans qui ont illustré ce pays, parle ainsi de Posculus.

Aut te PUSCULEÆ *decus indelebile gentis,*
   Cui palmas duplices utraque lingua dedit.

* Extrait du *Specimen variæ litteraturæ Brixianæ*, &c. de M. le cardinal Quirini, seconde partie, pag. 286, 287.

POSIDIPPE, *Posidipus*, poëte Grec, vivoit du temps de Menandre, sous la CXXV olympiade, & vers l'an 280 avant J. C. Il laissa diverses piéces de théatre, comme Lilio Giraldi, Vossius, &c. l'ont remarqué après les anciens. Suidas fait mention de trente de ses comédies. Ce poëte est différent d'un autre POSIDIPE, qui composa des épigrammes, dont quelquesunes sont dans l'anthologie, & qui est cité par Athénée, par Stobée, & par le scholiaste d'Apollonius. C'est peut-être le même qui a écrit un livre de l'histoire de Cnide, qui est alléguée par Clément Alexandrin ; par Arnobe, *l.* 6, & par Tzetzés, qui rapporte huit vers de lui, *chil.* 7, *hist.* 144. Il y a encore un POSIDIPE, médecin de l'empereur Vérus, qui fut cause à ce que l'on croit de la mort de ce prince, en le faisant saigner mal-à-propos. * Jul. Capitolin, *in Marco, c.* 15.

POSILYPE, *Posilypus*, montagne très-agréable de la terre de Labour, à trois milles de Naples. Les anciens lui avoient donné le nom de *Pausilypus*, qui signifie en grec, *qui fait cesser la douleur*, à cause de la beauté de ce lieu. * Baudrand.

☞ POSNANIE, palatinat de la grande Pologne, borné au nord par la Poméranie, à l'orient par la Pomerellie & par le palatinat de Kalish, au midi partie par le palatinat de Kalish, partie par la Silésie, & à l'occident partie par la Silésie, partie par la marche de Brandebourg. Posnanie ou Posen, est sa capitale. Le palatin de Posnanie a le même rang que celui de Cracovie. Cellarius dit après Pierre Bertius, que ce palatinat a sous sa jurisdiction huit villes qui sont Posnanie, Koscien, Miedzyrzecze, ou Meseritz, Ostersow, Wschow, Sremick, Pronelz, Rogetzno. * La Martiniere, diction. géogr.

☞ POSNANIE ou POSEN, en latin *Posna*, ville épiscopale de la grande Pologne, & la capitale du palatinat de Posnanie. Cette ville qui se dit la métropole de toute la grande Pologne, est située dans une belle plaine bordée de côteaux agréables. Son enceinte n'est pas fort grande, mais elle n'en est pas moins belle. Les rues sont larges, la place publique est belle, la maison de ville est un grand bâtiment d'une belle architecture, & les maisons des particuliers sont propres & bâties de pierres de taille. Posnanie l'emporte sur toutes les villes de Pologne, si on excepte celle de Cracovie. Elle a une forteresse bâtie dans une isle que forme la

Warta , & au-delà de cette riviere de grands faux-bourgs environés d'un lac très-vaste , & de quelques marais ; ce qui fait qu'ils reçoivent quelquefois de grandes incommodités dans les inondations de la Warta. La ville même n'est pas à l'abri de ces inondations ; mais elles n'y durent guère plus de deux ou trois jours. Posnanie est une ville marchande , & un entrepôt considérable pour les marchandises qu'on apporte d'Allemagne en Pologne , ou qu'on transporte de Pologne en Allemagne. Il se tient dans cette ville trois foires par an , où on voit venir de toutes parts une grande quantité de marchands. Le tombeau du duc Mieciflas, qui introduisit la religion chrétienne dans la Pologne , se voit dans l'église de sainte Magdeléne. On enseigne les mathématiques & le droit dans le collége public, qui fut fondé par Jean Lubrantius , évêque de Posnanie , & auquel il donna son nom. Ce collége est situé dans le fauxbourg de Walisow. Celui des Jésuites , où ils élevent la jeunesse , est dans la ville. * La Martiniere , *diction. géogr.*

POSSEGA , ville capitale de l'Esclavonie , est située entre les rivieres de Save & de Drave. Cette ville qui est d'un grand commerce , & de laquelle dépendent près de quatre cens villages , fut prise sur les Turcs par les Impériaux le 12 octobre 1687. Le bei qui y commandoit fit quelque résistance ; mais après avoir fait tirer quelques volées de canon , il abandonna la place avec la garnison , dont une partie se retira dans les montagnes , & le reste en différens endroits sur la Save. On y trouva quantité de vivres & de munitions , avec cinq piéces de canon. * *Mémoires du temps.*

POSSELIUS (Jean) né dans le Meckelbourg , fut professeur à Rostock , & écrivit divers ouvrages. Il mourut le 15 août de l'an 1691. * Petrus Bambamius , *in Posselio redivivo.* Crusius , *in annal. Suev.* *l. 6.* Melchior Adam , &c.

POSSESSEUR , *Possessor* , évêque en Afrique , fut chassé par les Ariens vers l'an 517 , & se retira à Constantinople. Quelque temps après il consulta le pape Hormisdas sur le livre de Fauste de Riez , que quelques-uns approuvoient , & que d'autres blâmoient , & entr'autres Jean Maxence , moine de Scythie , avec ses confreres. Ce pontife lui écrivit sur cela une lettre , dont les moines furent extrêmement piqués : un d'eux composa une apologie , où il traite Possesseur de Pélagien. * Baronius , *in annal.* Usserius , *ant. Brit.* *c. 14.* Noris , *hist. Pelag.*

POSSEVIN (Antoine) Jésuite , célebre dans le XVI siécle , étoit de Mantoue , & ayant été reçu chez les Jésuites en 1559 , il s'y distingua par son érudition. Il avoit beaucoup de facilité à parler les langues étrangeres , & prêcha en Italie & en France , avec applaudissement. Ce Jésuite fut envoyé par le pape Grégoire XIII en Pologne , pour y accorder le roi de cet état avec les Moscovites , & fit d'autres voyages en Suéde , en Allemagne & ailleurs. Il s'aquitta heureusement de ces emplois ; & à son retour à Rome , il s'empressa pour faire réussir la réconciliation du roi Henri *le Grand* avec le saint siége. Ce zele ne plut pas aux Espagnols , qui firent donner ordre à Possevin de sortir de la ville , ce qu'il exécuta sans peine. Il mourut à Ferrare le 26 février 1611 , âgé de 78 ans. Nous avons de lui divers ouvrages , dont les plus importans sont sa bibliothéque & son apparat sacré. *Moscovia.* *Miles christianus. De sanctissimo sacrificio missæ. Theologia catechetica* , &c. L'histoire de sa vie a été donnée au public en 1712 , par le P. Dorigni , Jésuite. Tous ses ouvrages ont été réunis dans sa bibliotheque , à l'exception de son *Apparatus sacer.* * Ribadeneira , & Alegambe , *in biblioth. script. societ. Jesu.* Sponde , *A. C. 1494 , num. 1.* Le Mire. Vossius , &c. Baillet , *jugemens des savans.*

POSSEVIN (Antoine) médecin de Mantoue , vivoit vers l'an 1628 , & composa l'histoire des guerres

de Montferrat , depuis l'an 1612 jusqu'en 1618 ; l'histoire des ducs de Mantoue & de Montferrat de la maison de Gonzague , & quelques autres ouvrages : sur quoi il est bon de remarquer que quelques auteurs le confondent avec son oncle Antoine Possevin , Jésuite. Scioppius a critiqué le style de Possevin le médecin, dans son traité , *De virtutibus styli historici.*

POSSIDE , *Possidius* , évêque de Calame , disciple de S. Augustin , sortit du monastere de ce Saint pour être évêque de Calame en 397 , & il y établit un monastere semblable à celui de Hippone. Il voulut s'opposer aux assemblées que les Gentils & les Hérétiques faisoient dans son diocèse contre les édits des empereurs ; mais les Païens s'étant assemblés le jour de la fête qu'ils célébroient le premier de juin , mirent le feu à son église , écarterent les ecclésiastiques , & firent fuir Posside , qui se réfugia à Hippone. Ceux qui avoient commis cet attentat , s'en étant repentis , furent les premiers à redemander Posside , qui fut un des chefs de la conférence de Carthage. L'irruption des Vandales en Afrique en 428 , l'obligea de quitter Calame , pour se retirer à Hippone , où il assista à la mort de S. Augustin en 430. La ville d'Hippone fut prise aussitôt après par les Vandales. On ne sait plus rien depuis de certain de la vie de Posside : il a écrit celle de S. Augustin , son maître , d'un style assez simple , & y a joint le catalogue des ouvrages de ce pere. * *Augustinus , epist.* 91 & 185 , *l. 3, contra Crescon. c. 46. Vita Augustini per Possidium. Concil. d'Afrique. Sa vie par* Keserloër dans Papebrock. Ruinart , *hist. Vandalorum.* Baillet , *vies des Saints , 17 mai.* Du Pin , *biblioth. des auteurs ecclés. du V siécle.*

POSSIDONIUS , d'Olbiopolis , ville de la Sarmatie d'Europe , écrivit quatre livres de l'histoire d'Attique , onze de celle de Libye , &c. * Suidas , *in* Ποσειδ. Vossius , &c.

POSSIDONIUS , célebre architecte & ingénieur , vivoit sous la CXIV olympiade , & vers l'an 314 avant J. C. sous le régne d'Alexandre *le Grand* , qu'il suivit dans ses armées , comme ingénieur. Biton , savant mathématicien , qui florissoit de son temps , attribue à Possidonius la construction d'une hélépole , ou espèce de tour roulante , pour approcher des murailles d'une ville assiégée. On ne sait si ce n'est point le même Possidonius qui étoit de Rhodes , & qui a écrit un traité de tour militaire , que l'on voit encore à présent. * Vossius , *l. de univ. mathes.*

POSSIDONIUS , d'Alexandrie , célebre mathématicien , entreprit de mesurer le tour de la terre , & trouva qu'il étoit de trente mille stades. Eratosthènes , qui vivoit l'an 500 de la fondation de Rome , avoit déja fait une observation sur le même sujet , & avoit trouvé deux cens cinquante mille stades. Ptolémée , depuis Possidonius , n'en a trouvé que vingt-deux mille cinq cens. Cette diversité est causée par la différente mesure des stades : ceux de la Grece , où Possidonius a fait ses observations , étant plus petits que ceux d'Alexandrie , où Ptolémée a fait les siennes. Eratosthènes avoit fait son calcul sur des stades qui avoient beaucoup moins d'étendue que ceux d'Alexandrie & de la Grèce. Les Arabes ont fait depuis des observations sous Al-Mamon , calife de Babylone , & ont trouvé cinquante-six milles deux tiers pour degré ; mais nous ignorons quelle étoit au juste l'étendue de leur mille. Depuis 200 ans on s'est appliqué à faire de nouvelles observations. Jean Fernel , premier médecin du roi Henri II , a trouvé soixante-huit mille quatre-vingt-seize pas géométriques pour chaque dégré , qui valent cinquante-six mille sept cens quarante-six toises quatre pieds , mesure de Paris. Snellius , Hollandois , a trouvé vingt-huit mille cinq cens perches du Rhin , qui font cinquante-deux mille trois mille vingt & une toises de Paris. Le pere Riccioli a trouvé soixante-quatre mille trois cens soixante-trois pas de Bologne , qui font soixante-deux mille neuf cens toises. Mais les mathématiciens de

'académie royale des sciences, ont trouvé cinquante-
sept mille soixante toises pour chaque dégré, c'est-à-
dire, vingt-huit lieues & demie, & soixante toises,
qui font dix mille deux cens septante lieues ; mille six
cens toises pour les trois cens soixante dégrés, mettant
pour une lieue deux mille toises, qui font deux mille
quatre cens pas géométriques. * Perrault, *sur Vitruve*,
l. 1, c. 6.

POSSIDONIUS, fut envoyé avec Théodote &
Matathias à Judas *Machabée*, par Nicanor, général
des troupes du roi de Syrie, pour parler d'accommodement. On fit un traité, mais qui ne dura pas beaucoup, parceque le roi ne l'approuva point. * II. Ma-
chab. XIV, 19.

POSSIDONIUS d'Apamée, qui se disoit de Rhodes, philosophe Stoïcien, vivoit vers l'an 30 avant
J. C. du temps de Pompée *le Grand*, dont il a écrit la
vie. On croit que c'est lui qui composa une histoire,
qui n'étoit que la continuation de celle de Polybe, quoique d'autres veulent que ce soit POSSIDONIUS d'A-
lexandrie. Le temps auquel ce dernier a vécu, ne convient pas avec cette opinion, comme on le peut recueillir des écrits de quelques auteurs qui sont cités
par Vossius. * *De phil. sect. c.* 19, § 12, & *de hist.
Grac. l.* 24.

POSSIN (Pierre) Jésuite, *cherchez* POUSSINES.

☞ POSTDAM ou POTZTEIN, ville & maison
de plaisance du roi de Prusse, dans la moyenne marche
de Brandebourg, à quatre milles d'Allemagne de Berlin. Le chemin est marqué par des piliers de pierre de
taille posés de mille en mille, avec des inscriptions &
le nombre des milles. Le palais royal de Postdam est
situé dans une isle que forment le Havel & la Sprée,
& qui a environ quatre lieues de tour. La ville qui
porte le même nom a aussi été bâtie dans cette isle, &
elle est environée de collines, de bois taillis, de bo-
cages & de forêts. Postdam est un lieu charmant, soit
pour ses bâtimens soit pour ses cascades. A un quart
de lieue de distance, on voit une belle ménagerie.
L'isle est diversifiée par d'épaisses forêts, par des prairies & par de belles campagnes. La maison de plaisance & le jardin de Bornheim sont à-peu-près au milieu de cette isle. * La Martiniere, *dictionaire géographique*.

POSTE, course à cheval, pour aller promptement
d'un lieu à un autre. On donne aussi ce nom aux logemens qui sont établis dans certaines distances, pour
y tenir des chevaux frais & des relais, Hérodote nous
apprend que les courses publiques, appellées aujour-
d'hui postes, furent inventées par les Perses, & dit
que depuis la mer Egée & la Propontide, (qu'on nomme à présent l'Archipel & la mer de Marmora) jusqu'à la ville de Suse, capitale du royaume de Perse,
il y avoit cent onze stations, éloignées l'une de l'autre
d'une journée de chemin. Xenophon ajoute que ce fut
le roi Cyrus qui établit le premier les postes, faisant
bâtir des lieux sur les grands chemins, où il y avoit des
hommes & des chevaux tout prêts pour courir. Il ordonna pour une plus grande diligence, que le courier
arrivant à une poste, mettroit le paquet de nouvelles
lettres entre les mains d'un autre courier qui en parti-
roit aussitôt, & que cela se continueroit de poste en
poste. Cyrus fit cet établissement dans l'expédition qu'il
entreprit contre les Scythes, environ 500 ans avant
la naissance de J. C. A l'égard des Romains, on ne
sait pas précisément en quel temps l'usage des postes a
commencé parmi eux. Quelques-uns croient qu'il y
avoit des couriers établis dans le temps de la république,
& avant Jules César ; qu'on appelloit les lieux où ils
s'arrêtoient, *stationes*, & ceux qui portoient les paquets,
statores. D'autres jugent que c'est Auguste qui a établi
les postes publiques. D'abord, comme le rapporte Suétone, il fit bâtir sur les grands chemins des stations destinées aux postes, dans des distances assez proches, &
fit choix de jeunes hommes fort agiles à la course,

qui couroient d'une poste à l'autre, & donnoient les
paquets de main en main. Ensuite il établit des chevaux & des chariots, pour aller plus promptement. Il
y eut quelque commencement de postes en France,
en Allemagne & en Italie, l'an 807 sous le regne de
Charlemagne ; mais on croit que l'usage de ces postes fut
abandonné sous ses successeurs. On trouve pourtant sous
Louis *le Gros*, un Baudouin de Montmorenci, qui
prend dans une charte la qualité de grand-maître des
postes ; mais depuis ce temps-là il n'est plus parlé de
postes en France, jusqu'à l'édit de Louis XI, donné
en 1464, par lequel il en établit d'ordinaires & de perpétuelles dans son royaume. Alors on donna le nom
de postes aux logemens où l'on tenoit les chevaux prêts,
aux courses & aux couriers mêmes.

En Allemagne le comte de Tassis introduisit l'usage
des postes l'an 1574, & en fut toutes les avances : de-
là vient que sa famille conserve encore aujourd'hui la
propriété des postes d'Allemagne, des Pays-Bas, & de
quelques villes d'Italie.

Les postes d'Espagne ont été réunies à la couronne
par Philippe V. Celles de Portugal sont par engagement dans la famille de Gomez de Mata ; & en Angleterre, le roi jouit ordinairement du droit des postes.
* Bergier, *histoire des grands chemins de l'empire*. Le
Quien de la Neuville, de l'académie des inscriptions,
origine des postes, en 1708.

POSTEL (Guillaume) né dans la paroisse de Ba-
renton, au diocèse d'Avranche, en Normandie, connu pendant quelque temps sous le nom de *la Dolerie*,
qui étoit celui d'une terre qui appartenoit à sa famille,
perdit à huit ans son pere & sa mere, qui moururent
de la peste. La misere l'obligeant de sortir de son village
& de sa province, il trouva moyen de se faire recevoir maître d'école dans un village nommé Sai, en
Vexin, proche de Pontoise, n'étant âgé que de 14 ans.
Il vint ensuite à Paris, dans le dessein d'y faire ses études, & s'associa avec quelques particuliers pour éviter
la dépense. Mais il ne fut pas long-temps à se repentir
de cette démarche, car la première nuit qu'il coucha
en leur compagnie, ils lui volerent son argent & son
habit ; ce qui le jetta dans une si extrême misere, qu'il
fut obligé de se retirer à l'hôpital, où une grosse maladie l'obligea de rester pendant deux ans. Dès qu'il
en fut sorti, la cherté des vivres qui étoit extraordinaire cette année-là, le força de quitter Paris, & de
s'en aller en Beausse dans le temps de la moisson,
pour s'y occuper à glaner. Son industrie & son travail
lui procurerent de quoi acheter un habit, & fournir
aux frais du voyage qu'il vint faire à Paris au mois d'octobre suivant. Sitôt qu'il y fut arrivé, il trouva moyen
de faire ses études dans un collège de l'université, où il
s'étoit engagé de servir quelques régens. Il s'appliqua si
fort à l'étude, qu'en peu de temps il acquit une espéce
de science universelle. Il fut envoyé par le roi François I
en Orient, d'où il apporta divers manuscrits ; puis il enseigna à Paris, où l'on porta différens jugemens de sa
science & de ses écrits. Toutes les langues, même les
plus difficiles de l'Orient, lui étoient, dit-on, familieres ; & il s'en étoit acquis la connoissance dans divers
voyages qu'il y avoit faits. Il étoit aussi grand mathématicien, & n'ignoroit rien de tous les secrets des Rabins
& des Cabalistes ; mais il donnoit trop dans les rêveries
de ces derniers. Pendant qu'il étoit à Venise, il y fit
amitié avec une vieille fille ; & à son sujet, il s'oublia
jusqu'à soutenir que la rédemption des femmes n'avoit
pas encore été achevée, & que cette Vénitienne, qu'il
nommoit *la mere Jeanne*, devoit achever elle-même
ce grand ouvrage. Florimond de Raimond, qui veut
justifier Postel sur ce point, assure que il n'avoit eu dessein que de louer cette fille, qui lui avoit fait de grands
biens pendant ses voyages. On lui attribue nombre
d'erreurs grossieres, qui l'ont fait mettre au nombre
des hérétiques ; comme d'avoir publié que l'ange Ra-
ziel lui avoit déclaré divers mysteres ; qu'il n'y avoit

que fix facremens, &c. Les dernieres années de fa vie ne lui font pas beaucoup d'honneur, felon quelques auteurs qui prétendent qu'il fut déclaré fou, & comme tel renfermé par arrêt du parlement de Paris, dans le prieuré de S. Martin des Champs, à Paris. Mais ce fait fouffre bien des contradictions, & n'a pas de fondemens affez folides pour être adopté avec certitude. Ce qui eft vrai, c'eft que Poftel mourut dans ce monaftere de S. Martin des Champs, où il étoit retiré, le fixième feptembre de l'an 1581, âgé de foixante & feize ans trois mois & neuf jours. On dit qu'il mourut dans le fein de l'églife catholique. Quoi qu'il en foit, il compofa plufieurs ouvrages, en France, en Allemagne & en Italie, & entr'autres, celui *De orbis terræ concordia*, qui eft le plus eftimé, & qui fut imprimé à Bafle chez Oporin en 1544. Nous en avons divers autres de fa façon. *Clavis reconditorum à conftitutione mundi. De magiftratibus Athenienfibus. De Hetruria origine. Candelabri typici interpretatio, &c.* imprimé à Venife en 1548. Orlandin rapporte dans l'hiftoire de la compagnie de Jéfus, que Poftel s'étant préfenté à S. Ignace, fut reçu pour novice; que depuis, ce faint l'ayant connu particulierement, le renvoya, & défendit à fes religieux de le fréquenter. * Prateole, *V. Poft.* Bellarmin, *l. 2, de Saco, c. 22.* Orlardin, *l. 5, hift. foc. n. 3.* Florimond, *de orig. hær. l. 2, c. 5.* Marquis, *cont. chron. Genebr. A. C.* 1581. Sainte Marthe, *l. 3, elog.* Sponde, *A. C. 1581, n. 16.* La Croix du Maine, *biblioth. Franç.* &c. André Tho. *tom. VIII, virorum illuftr. c. 14. Mémoires de litterature,* 1715. Niceron, *mem. tom. VIII & tom. II, feconde partie.*

POSTHIUS (Jean) né vers l'an 1537, à Germerfheim, au Palatinat du Rhin, quoique médecin de profeffion, fe diftingua fur-tout dans la poëfie latine, qu'il cultiva avec fuccès, on peut dire à fa louange, que hors Meliffus de Franconie, il n'y a point de poëte Allemand qui puiffe le difputer dans ce genre à Pofthius. Il étudia dès fes plus tendres années les humanités dans l'univerfité d'Heidelberg; il voyagea en Italie, & y lia un commerce d'amitié avec les plus habiles médecins du pays. Il alla à Padoue, d'où il paffa à Venife, à Bologne, à Florence, à Sienne, & enfin à Rome. Il employa deux ans à faire ce voyage; il vint enfuite en France, où il eut peine à arriver, parcequ'il penfa être pris par des corfaires Turcs: il aborda enfin à Marfeille, d'où il vint à Montpellier, & de Montpellier à Paris, où il prit le bonnet de docteur en médecine, après quoi il paffa en Hollande. L'évêque de Francfort le choifit pour fon médecin; il refta chez lui en cette qualité pendant 17 ans. Ce fut pendant le féjour qu'il fit dans cette ville qu'il fe maria, le 26 feptembre 1569, & eut plufieurs enfans. Enfin il revint à Heidelberg pour y exercer la fonction de premier médecin de l'électeur Palatin, & mourut à Morsbech le 24 juin 1597, âgé de 60 ans. * Joan. Petr. Lotichius, *biblioth. poët. part. III.* Baillet, *jugemens des favans, tom. VII.*

POSTHUMIUS, furnommé *Tubertus*, conful l'an 251 de Rome, & 503 avant J. C. avec Agrippa Menenius Lanatus, entra dans cette ville couronné de myrte, en retournant victorieux des Sabins, & donna ainfi l'origine aux *Ovations* ou petits triomphes. En 258 de Rome, & 496 ans avant J. C. il gagna près du lac Régille une victoire contre les Latins qui favorifoient Tarquin. Ce prince y perdit un de fes fils, & défefpérant de pouvoir jamais monter fur le trône, il fe retira à Cumes, où il paffa le refte de fes jours. * Tite-Live, *hift. lib. 2.*

POSTHUMIUS ALBINUS, général de l'armée des Romains contre Jugurtha, s'étant laiffé corrompre par ce roi, caufa un grand dommage à la république. Il triompha des Vaccéens & des Lufitaniens, peuples d'Efpagne. * Tite-Live. Salluste.

POSTHUMIUS (Lucius) conful, après la bataille de Cannes, étant allé dans les Gaules avec une armée, fut défait par les Boyens, & tué dans la bataille. Ces barbares ayant coupé fa tête, firent de fon crâne une taffe, qu'ils mirent dans leur temple, & dans laquelle ils buvoient dans leurs fêtes folemnelles. * Tite-Live, *hift. l. 23.*

POSTHUMIUS (Spurius) & Titus Veturius, confuls, furent ceux, qui faifant la guerre aux Samnites, laifferent enfermer leur armée dans les fourches Caudines, & n'en fortirent qu'en fe rendant, & en confentant que leur armée paffât fous le joug. Pofthumius étant revenu à Rome, fut d'avis dans le fénat, qu'on le rendît aux Samnites, lui & fon collégue, pour mettre à couvert la foi publique du traité honteux qu'ils avoient fait: fon avis fut fuivi, & fut offert aux Samnites; mais ils ne voulurent point le recevoir. Il y a plufieurs autres confuls du nom de POSTHUMIUS, comme POSTHUMIUS Cominus Auruncus, conful avec Titus Largius Flavius, l'an de la fondation de Rome 253, & avec Sp. Caffius Vifcellinus, l'an 261. POSTHUMIUS Ebutius Helva, conful avec Fabius Vibulanus, l'an 313. Entre ceux des grands feigneurs Romains que l'empereur Sévere fit mourir, il y avoit un POSTHUMIUS Severus. * Spart. *in Severo.*

POSTHUMIUS (Gui) natif de Péfaro, floriffoit à Rome fous le pontificat de Léon X, en 1517. Il étoit bon poëte, & auroit pu s'avancer par fes vers; mais il mourut jeune à Caprée chez le cardinal Rangon, où il s'étoit fait porter pour changer d'air. * Paul Jove, *in elog. doét. c. 69.*

POSTPOLITE, *Poftpolite Ruffienne.* La Poftpolite fignifie la *commune*, & en polonois *Rech Poftpolita*, qui revient au mot latin de *Refpublica, République* des anciens Romains. Ce mot comprend toute la nobleffe Polonoife, fans exception, parceque c'eft elle qui compofe proprement la république. Les nobles font en très-grand nombre, & chaque particulier de ce corps a le même droit, la même liberté de voix, la même autorité de fuffrage; en forte qu'un feul noble, & le dernier du royaume, peut empêcher une conclufion de diéte, un décret, une élection du roi, les matieres ne fe traitant pas en Pologne par ordre, mais tumultuairement, & les affaires ne paffant point à la pluralité des voix, mais par un confentement unanime, exprimé par ces mots, *nemine contradicente, perfonne ne s'y oppofant.* Ce grand corps de nobleffe ne s'affemble pas ordinairement, parcequ'il y auroit dans les confeils une confufion trop monftrueufe. On la voit feulement en corps d'états généraux, dans deux occafions, l'élection des rois, & la convocation de la Poftpolite à cheval, qu'on affemble pour quelque befoin preffant. C'eft une nobleffe à cheval, qu'on appelle *Poftpolite Ruffienne*, qui ne veut pas dire *Poftpolite de Ruffie*, mais *Poftpolite marchante*, ou à *cheval*; le mot polonois s'écrivant *Rufchenie*, & fignifiant un *mouvement*. * Mémoires du chevalier de Beaujeu.

POSTUMUS (Marcus Caffius Latienus) le plus illuftre des tyrans qui s'emparerent de diverfes provinces de l'empire, eft peu connu avant les deux années qui précéderent fa révolte. Valérien voulant alors accoutumer de bonne heure au gouvernement Cornelius Valerianus, fon petit-fils, le mit à la tête des troupes des Gaules, & fit chef de fon confeil Poftume, qui y acquit beaucoup de gloire, ayant fu empêcher les Germains de pénétrer dans les Gaules. Mais l'imprudence de Sylvain, gouverneur du jeune prince, caufa bientôt un grand changement: car Poftume ayant laiffé aux troupes tout le butin qu'elles venoient de faire, & Sylvain ayant prétendu le faire rapporter aux pieds du prince les foldats fe mutinerent; & après avoir fait mourir le jeune Valérien & fon gouverneur, déclarerent Poftume empereur, ou plutôt vers le commencement de l'an 261. La conduite de Poftume juftifia le choix des troupes les Germains furent repouffés en diverfes rencontres, & pendant plufieurs années il fe put maintenir dans fa dignité, quoique Gallien qui étoit le légitime empereur & à qui on a reproché affez mal-à-propos la lâcheté, fi des efforts extraordinaires pour le détruire. Il est vrai que les conjonctures y contribuerent beaucoup : après avoir remporté quelque avantage dans une premiere action, il vit son armée taillée en piéces, & ne se seroit peut-être pas relevé de cette perte, si Gallien n'avoit été contraint de laisser la conduite des troupes à ses généraux, pour aller remédier à de nouveaux désordres du côté de la Thrace. Ce prince qui revint au bout d'un an commander en personne, retrouva son ennemi plus fort que jamais ; & après avoir fait tout ce qu'on devoit attendre d'un brave homme, il abandonna enfin la partie, & se contenta de faire garder soigneusement par Auréole tous les passages des Gaules en Italie, de crainte que Postume fier de lui avoir si bien tenu tête, ne voulût à son tour l'inquieter. On dit que Postume, dans le temps que Gallien le pressoit, associa Victoria à l'empire, afin que l'un combattît pour sa dignité, pendant que l'autre feroit tête aux barbares ; mais l'histoire des tyrans des Gaules est extrêmement embrouillée, & il n'y a presque rien de certain de Postume que ce qu'on vient de dire, si ce n'est peut-être qu'il eut encore un nouvel ennemi dans la personne de Lélien, qui prit le titre d'empereur, & ne le porta pas long-temps. Pollion lui donne sept ans de régne, & cela s'accorde assez bien avec ce qu'il met dans la bouche de Marius, qui succéda à Victorin, qu'il ne donnoit dans aucune des débauches par lesquelles Gallien se deshonoroit ; car cela suppose que Gallien vivoit encore alors, & ce prince fut tué en 268. Mais comme ce discours est tout de Pollion, il ne sert à prouver autre chose sinon qu'à l'égard de Marius & de Postume, cet auteur ne se pas contredire, ce qui est peu important. Les acclamations du sénat, à l'occasion des lettres de l'empereur Claude de l'an 268, sont plus embarrassantes ; car on l'y prie de délivrer l'empire de Zénobie, de Victoire & de Tétrique, sans parler de Postume ; mais il y a lieu de craindre qu'elles ne soient de l'invention de Pollion : & ce qui le feroit croire, c'est 1°. que, comme on l'apprend de Vopisque, Zénobie ne régnoit pas en son nom, mais au nom de Vaballat, qui a effectivement plusieurs médailles ; & en second lieu, qu'il est certain que l'autorité de Zénobie n'étoit pas une autorité usurpée, mais une autorité accordée par Gallien, & confirmée par le sénat ; & enfin que Victoire, qu'on dit mere de Victorin, ne fut pas une personne d'un assez grand poids pour la mettre en comparaison avec Zénobie ; & que si elle eut quelque autorité sous Tétrique, elle ne fut pourtant pas regardée comme une ennemie dangereuse. Il semble donc qu'il n'y auroit point d'inconvénient à croire que Postume a régné dix ans, comme Eutrope & Orose le disent expressément, & comme Zonaras, & le jeune Victor le donnent à entendre ; le premier en supposant que Postume vivoit encore sous le régne de Claude, & le second en assurant que ce fut sous ce régne que Victorin prit la pourpre impériale. On peut joindre à ces auteurs Aurelius Victor, qui dit que Tétrique se rendit à Aurélien, après avoir régné deux ans : car il se rendit en 273. Mais ce qu'il y a de plus fort, ce sont les médailles, qui lui donnent dix ans ; & ainsi les conjectures du pere Banduri, tout ingénieuses qu'elles sont, n'ont pas de lieu ici ; mais d'ailleurs ce savant paroît avoir eu raison de ne pas reconnoître un Postume fils. C'est Pollion qui a imaginé ce Postume. On a donné des médailles qu'on prétendoit être de lui, sous le nom de Caius Junius Cassius Postumus ; mais on n'a point dit où elles étoient, & on ne les trouve dans aucun cabinet de curieux, ce qui les a rendu suspectes : les antiquaires, au défaut de ces médailles, en ont pris quelquesunes de celles du pere, qu'ils ont attribuées au prétendu fils ; présentement il paroit certain qu'ils se sont donné inutilement la peine de partager ainsi les médailles de Postume.

POSTVORTE, *Postvorta*, étoit une déesse du paganisme, qui prévoyoit l'avenir, & que les Romains invoquoient pour prévenir les maux qui leur pouvoient

arriver. ANTEVORTE, *Antevorta*, étoit une autre déesse, qui avoit, selon eux, du pouvoir sur le passé, & qu'ils invoquoient pour réparer les maux qu'ils avoient déja ressenti. Ils regardoient ces deux déesses comme les conseilleres de la Providence. Les femmes qui avoient tant de divinités à invoquer dans leurs accouchemens, y joignoient encore les déesses Antevorte & Postvorte. Celle-là faisoit venir l'enfant heureusement, c'est-à-dire la tête devant ; & celle-ci le retournoit lorsqu'il présentoit les pieds ; ou bien, selon d'autres, Postvorte diminuoit les douleurs de l'enfantement, & Antevorte guérissoit promptement l'accouchée. Elles auroient eu autant de raison d'invoquer Antevorte pour être soulagées des douleurs qui précedent l'accouchement, & Postvorte pour être préservées des accidens qui peuvent survenir dans la suite. * Macrobe, *Saturnal. l.* 1. Cælius Rhodiginus. *Varro apud Gell.*

POTAME, *Potamius*, évêque Arien de Lisbonne, vivoit dans le IV siécle, & avoit défendu la foi orthodoxe, qu'il abandonna pour plaire à l'empereur Constance. Depuis ce temps il fit un malheureux progrès dans l'Arianisme, & mérita d'être joint par S. Phébade avec Ursace & Valens, comme ayant soutenu aussi-bien qu'eux, & confessé qu'il n'y avoit que le seul Pere qui fût Dieu, pour ôter ce titre à Jesus-Christ. De plus, Potame écrivit une lettre pleine de blasphêmes, qu'on fit courir de tous côtés. Osius de Cordoue ayant découvert sa prévarication, en écrivit à toutes les églises d'Espagne, & le traita comme un impie & un hérétique. Potame, pour s'en venger, fit ensorte que l'empereur le fit venir à Sirmich l'an 357. On croit même que Potame étoit auteur de la confession de foi qu'on y fit. S. Hilaire reproche encore à ce méchant prélat d'avoir voulu se signaler dans la persécution, ou par la chute du pape Liberius. Il fut puni de son impiété ; car dans le temps qu'il se hâtoit d'aller prendre possession d'une terre que Constance lui avoit donnée, il fut frappé à la langue d'une plaie dont il mourut avant que de jouir du prix de son apostasie. * Marcellin, *libell.* S. Hilaire, *advers. Arian.* Baronius, *in annal.* Hermant, *vie de S. Athan. l.* 8, c. 2.

POTAMIENNE (sainte) vierge & martyre d'Alexandrie, dans le III siécle, étoit fille de *Marcelle*, qui l'avoit élevée dans la religion & dans la piété chrétienne. Elle étoit esclave ; & son maître n'ayant pu la faire condescendre à sa passion, la livra à Aquila, préfet d'Egypte. On lui fit souffrir quantité de tourmens, & enfin elle fut jettée dans une chaudiere de poix bouillante. Sa mere Marcelle souffrit aussi le martyre ; & un soldat nommé *Basilide*, qui avoit conduit Potamienne au supplice, se fit chrétien, & souffrit aussi le martyre. On fait mémoire de ces martyrs au 2 juin. * Eusebe, *hist. l.* 6, c. 5. Pallad. *hist. Lausiaca*, c. 3. Tillemont, *mém. pour servir à l'hist. ecclef. tom. III.*

POTAMON d'Alexandrie, philosophe, qui vivoit du temps de l'empereur Auguste, vers le commencement de l'ére chrétienne, fut chef de la secte des philosophes qu'on nomma *Elective*, parcequ'il choisissoit dans les autres ce qu'il jugeoit être le plus véritable, sans s'attacher à aucune en particulier. Il avoit écrit divers traités qui ne sont pas venus jusqu'à nous. * Diogenes Laërtius, *in præf. Phil.* Suidas, *in Ποταμω.* Vossius, *de sect. phil. c.* 21.

POTAMON de Lesbos ou de Mitylène, orateur qui florissoit du temps de Tibere, étoit fils de Lesbonax, philosophe illustre par ses écrits, comme dit Suidas. Tibere lui donna un passeport en ces termes : *Potamonem Lesbonacis filium si quis offendere eique incommodare ausus fuerit, considérât secum an bellum gerere mecum valeat.* Il avoit enseigné à Rome, & avoit publié un éloge du même Tibere, avec une histoire d'Alexandre le Grand, des limites des Samiens, un panégyrique de Brutus, & un traité du parfait orateur. * Strabon, *l.* 13. Hesychius. Suidas. Vossius, *de hist. Græc. l.* 2, c. 7. Gesner, *in bibliotheca.* Possevin, *in app. sacr. &c.*

POTAMON, évêque d'Héraclée en Egypte, fut arrêté pour la foi dans la persécution de Maximin-Daïa, & perdit l'œil dans la prison. Il assista au concile de Nicée en 325, & y soutint la foi orthodoxe contre les Ariens. Il vint avec S. Athanase, en 335, au concile de Tyr, & y reprocha à Eusebe de Césarée, qu'il étoit sorti de la prison avec lui, sans perdre aucun de ses membres. Dans le temps que Grégoire s'empara du siége d'Alexandrie en 342, Potamon fut si maltraité à coups de bâton, qu'il en mourut peu de temps après. * Athan. apol. & epist. ad orthodox. & ad solitar. Rufin, l. 2, hist. c. 4. Saint Epiph. hær. 68. Baillet, vies des saints, au 18 mai.

POTELITSE, village de Pologne dans le palatinat de Russie, assez grand pour mériter le nom de petite ville. Il est situé dans un fort beau pays, découvert, uni, & plein de villages. * Mémoires du chevalier de Beaujeu.

POTENTIEN (S.) apôtre du Sénonois. Voyez SAVINIEN (Saint).

POTENZA, ville du royaume de Naples dans la Basilicate, avec évêché suffragant de Matera. Gaspar Cardosi, évêque de cette ville, y fit des ordonnances synodales en 1606. Cette ville fut ruinée par un tremblement de terre le 8 septembre 1694.

POTENZA, riviere de la Marche d'Ancone en Italie. Elle se décharge dans le golfe de Venise, un peu au levant de la ville de Lorette. On voit sur cette riviere, à mille pas de son embouchure, du côté du levant, les ruines de l'ancienne Potentia, ville du Picénum. * Mati, diction.

POTES, bourg de l'Asturie de Santillana en Espagne. Il est dans les montagnes, environ à dix lieues de la ville de Santillana. * Mati, diction.

POTHERÉE, Pothereus, fleuve de l'isle de Crete, couloit entre les villes de Gortyne & de Gnossus. On voyoit sur ses bords de grands pâturages ; mais on a remarqué que les animaux qui paissoient près de Gnossus, avoient une rate, & que ceux qui paissoient de l'autre côté proche de Gortyne, n'en avoient point qui parût. Les anciens qui ont cherché la cause de cette différence, ont trouvé qu'il y croissoit une herbe qui avoit la vertu de diminuer la rate. On appelloit Asplenon un remède composé de cette herbe, dont on se servoit pour guérir les maladies de la rate : car α signifie en grec sans, & σπλὴν la rate. Turnebe croit que ce fleuve est le même que le Cataractus de Ptolemée. * Vitruve, l. 1, c. 4.

POTHIN, évêque de Lyon & martyr, dans le II siécle, avoit été envoyé, à ce qu'on croit, dans les Gaules par S. Polycarpe, évêque de Smyrne. Il étoit âgé de 90 ans, quand la persécution fut excitée dans les Gaules, la 17e année de l'empire de Marc-Aurele, l'an 177 de J. C. On n'avoit point encore vu jusqu'alors, dit Sulpice Sévere, des martyrs en pays, parceque la religion s'y étoit établie plus tard au-delà des Alpes, que dans les autres lieux. Les églises de Lyon & de Vienne, qui étoient alors nombreuses & florissantes, furent presque entièrement détruites par la cruauté des persécuteurs. Le gouverneur de la ville fit rechercher & arrêter tous les chrétiens qu'il put découvrir. Plusieurs furent condamnés & exécutés, d'autres furent exposés aux bêtes, & plusieurs périrent dans la prison. L'évêque de Lyon fut de ce nombre. Il tomba entre les mains des persécuteurs, qui le traînerent par les rues, & le firent porter par les soldats jusqu'au tribunal du gouverneur, où il parut en présence des magistrats, à la vue d'une multitude de païens, qui crioient contre lui. Il confessa généreusement Jesus-Christ ; & le gouverneur lui ayant demandé quel étoit le Dieu des chrétiens, il lui répondit : Si vous en êtes digne, vous le connoîtrez. Après cette réponse on le maltraita cruellement, & on le traîna en prison, où il rendit l'esprit deux jours après. * Epist. ecclef. Lugd. & Vienn. ad ecclef. Asiæ & Phrygiæ, apud Euseb. l. 5 hist. c. 1. Server. Sulpit. l. 2, hist. Gregor. Turon. de gloriâ martyrum. Tillemont, mémoire pour servir à l'hist. ecclésiast.

Ruinart, acta martyr. sincera.

POTHON, moine & prêtre du monastere de Prum, dans le diocèse de Tréves, mais non évêque, comme quelques auteurs le disent, vivoit dans le XII siécle, & écrivit en 1152, six livres, de domo Dei, & un de magna domo Sapientiæ, imprimés en particulier en 1532, puis mis dans la bibliothéque des peres. * Bellarmin, de script. ecclef. Valere André, biblioth. Belg. &c.

☞ POTHOUIN (Pierre - Salomon) écuyer, avocat au parlement, ancien bâtonnier de son ordre & capitoul de Toulouse, étoit né à Paris le 7 septembre 1673. Dans son bas âge il avoit été destiné à l'état ecclésiastique. Il fut pourvu à l'âge de 9 ans, d'un canonicat de l'église de Toulouse, du prieuré de S. George de Didonne, diocèse de Xaintes. Il s'attacha ensuite à l'étude du droit. Il fut reçu avocat au parlement de Paris, le 15 janvier 1699, & quelques années après il quitta l'état ecclésiastique. Il s'attacha principalement au châtelet, où il fut accueilli par M. le lieutenant civil le Camus, qui connut dès-lors ses talens. Il devint en effet bientôt après dans cette jurisdiction l'un des plus célèbres avocats pour la plaidoirie, dont il soutint l'emploi avec distinction, jusqu'à la fin de 1726. Il étoit déja devenu l'un des premiers consultans. Louis - Armand de Bourbon, prince de Conti, l'avoit choisi en 1725 pour être de son conseil, & il demeura toujours attaché en cette qualité à ce prince, & ensuite au prince son fils. Il fut honoré de la confiance de tout ce qu'il y avoit de plus grand dans le royaume. Il joignoit à beaucoup de sagacité, à une mémoire prodigieuse, & à des connoissances fort étendues, une grande facilité pour le travail, auquel il se livroit par gout, & il conserva cette facilité & ce gout jusqu'à la fin de sa vie. Personne n'étoit plus ingénieux que lui pour trouver de nouvelles idées & des moyens nouveaux, propres à présenter une affaire sous la face la plus avantageuse. Le roi le gratifia d'une place de capitoul de Toulouse pour l'année 1745, avec dispense expresse de résider dans cette ville. Le 9 mai de la même année, il fut nommé bâtonnier de l'ordre des avocats. Il a fait un grand nombre de mémoires imprimés, parmi lesquels on trouve différentes questions de droit discutées & approfondies avec beaucoup de solidité. Outre ces mémoires, il a laissé plusieurs ouvrages manuscrits très-précieux, qui sont entre les mains de ses fils. Il mourut à Paris le 22 août 1755, âgé de près de 82 ans. Son éloge fut fait dans les harangues de la rentrée du parlement, par M. l'avocat général Séguier, & par M. de Maupeou, premier président. Il est fait mention de lui dans les mémoires historiques & chronologiques de Port-Royal, tom. VII, à l'occasion de M. Mabille, docteur de Sorbonne, décédé en 1711, duquel il avoit appris la théologie. M. Pothouin avoit épousé le 15 février 1703 demoiselle Catherine-Elizabeth de Fert de Villeneuve, dont il a laissé deux fils, tous deux avocats au parlement de Paris, savoir, Pierre-Charles, reçu le 7 septembre 1729, & François-Salomon, reçu le 15 avril 1734.

POTIDÉE, ville de Macédoine, située sur l'isthme de Pallene, étoit habitée par une colonie de Corinthiens, alliée & tributaire des Athéniens. S'étant révoltée contre ses maîtres, elle fut enfin prise & ruinée après un long siége. * Thucydide.

☞ POTIER (Jean) chanoine & trésorier de la cathédrale de Bayeux, naquit d'une bonne famille, dans la paroisse de Litteau, à deux lieues de cette ville. Il fut élevé sous les yeux de son oncle Jean du Châtel, chanoine & trésorier de Bayeux, qui le forma dans la piété & la vertu, & lui fit faire ses humanités en cette ville. Cet oncle se voyant âgé, lui résigna sa prébende & sa dignité de trésorier en 1592 ; & dans le même temps le roi Henri IV le nomma au prieuré de S. Nicolas proche Bayeux, pendant la régale. Mais M. Potier doutant de la validité de son titre, à cause du procédé que le pape Sixte V avoit tenu contre ce grand roi, il obtint en

1599, de nouvelles lettres de l'évêque de Bayeux fut une bulle qu'il avoit demandée à Rome. Le tréfor de l'églife de Bayeux avoit été pillé en 1562 par les calviniftes ; il s'appliqua de toutes fes forces à le rétablir , & y réunit plufieurs piéces rares & précieufes qu'il avoit eu le bonheur de recouvrer , entr'autres l'anneau d'or de l'évêque Gui , mort en 1259, & qui avoit été trouvé en 1571 , quand on ouvrit fa fépulture pour y enterrer Charles de Humieres , un des fucceffeurs de ce prélat. M. Potier eft un des eccléfiaftiques du dioçèfe de Bayeux qui fe font acquis le plus de réputation par leur fcience & leur mérite , à la fin du XVI fiécle. Il mourut en 1609. On a de lui un recueil de chofes mémorables , d'arrêts & d'ordonnances du chapitre de Bayeux , & une hiftoire chronologique des évêques & des doyens de cette églife. Ces deux ouvrages font demeurés manufcrits. M. Hermant s'eft beaucoup fervi de fa chronologie pour compofer la premiere partie de fon hiftoire du dioçèfe de Bayeux. * *Mém. mff.* de M. l'abbé Béziers , de Bayeux.

POTIER , noble & ancienne famille de Paris , a fourni dès le XV fiécle d'illuftres magiftrats au parlement de Paris.

Le premier de cette famille , dont on ait connoiffance , eft SIMON Potier , feigneur de Groflai & de Blancmefnil , qui vivoit fous le régne de Charles VI , & eut pour femme , *Catherine* Auberi , dont il eut NICOLAS , qui fuit ; *Catherine* , mariée à *Jean* Fortier , confeiller de Jean & de Philippe , ducs de Bourgogne , morte le 23 juin 1438 ; & *Alix* Potier , femme de *Philippe* de Nanterre , confeiller au parlement.

II. NICOLAS Potier , feigneur de Groflai & de Blancmefnil , confeiller du roi , & général de la chambre des monnoies , reçu à cet office le 23 décembre 1475 , fervit les rois Charles VII & Louis XI. Il époufa *Magdeléne* de Merle , dont il eut , entr'autres enfans , NICOLAS II , qui fuit.

III. NICOLAS Potier , II du nom , feigneur de Groflai & de Blancmefnil , reçu confeiller & général des monnoies , par la réfignation de fon pere , fut par deux fois prévôt des marchands de la ville de Paris , la premiere fois par lettres du roi , en 1499, & enfuite continué par deux arrêts du parlement des 16 mars 1500, & 16 août 1501 ; on l'obligea d'accepter cette charge , parcequ'on n'en jugeoit perfonne plus digne que lui. Il avoit époufé *Marie* Chévalier , fille de *Jacques* , fieur des Prunes , maître des comptes , & de *Jeanne* le Picart , dont il eut JACQUES , qui fuit ; Nicolas , feigneur de Groflai , mort le 11 novembre 1502 ; *Denys* , avocat au parlement , mort le 16 novembre 1502 ; & *Marie* Potier , femme de *Louis* de Befançon , confeiller au parlement.

IV. JACQUES Potier , feigneur de Blancmefnil , fut reçu confeiller au parlement en 1524. C'eft de lui dont Bodin nous a laiffé l'éloge dans fa république , où il affure que par la force de fes raifonnemens il avoit fait changer de fentiment à tout le parlement , & abfoudre une femme innocente , qu'on avoit condamnée à la mort. Le chancelier de l'Hôpital , qui lui fuccéda dans fa charge , parle très-avantageufement de lui dans une lettre écrite à Marguerite , reine de Navarre , fœur du roi François I. Il mourut le 9 mars 1555 , ayant eu de *Françoife* Cueillette dame de Gefvres , fille de *Jean* Cueillette , feigneur de Frefchines & de Gefvres , controlleur général des finances en Languedoc , & furintendant de la maifon du duc de Bourgogne , & de *Jeanne* Roland , morte le 20 avril 1572 , Nicolas , Denys , Guillaume , morts jeunes ; NICOLAS III , qui fuit ; LOUIS , qui a fait la *branche de* GESVRES , *rapportée ci-après* ; *Magdeléne* , mariée à *Bernard* Prévôt , feigneur de Morfan , préfident à mortier au parlement de Paris , morte en mai 1603 ; *Françoife* , abbeffe de Long-Champ-lès-Paris ; *Anne* , morte jeune ; *Marie* , alliée à *Claude* le Roux , feigneur de Bougteroude : *Jeanne* , morte jeune ; *Françoife* , abbeffe de Fontaines-lès-Nonains ; *Jeanne* & *Renée* , religieufes ; Guil-

lemette , morte jeune ; & *Marthe* Potier , mariée à *Nicolas* Moreau , tréforier de France à Paris.

V. NICOLAS Potier , III du nom , feigneur de Blancmefnil , fecond préfident au parlement de Paris , & chancelier de la reine Marie de Médicis , l'un des plus fages , & des plus vertueux magiftrats de fon temps. En 1564 il fut honoré par fa majefté d'une charge de confeiller au parlement ; trois ans après il fut pourvu de celle de maître des requêtes , & enfin en 1578 de celle de préfident à mortier. Lorfque la ville de Paris fe fut déclarée pour la ligue , oubliant ce qu'elle devoit à fon fouverain , le préfident Potier qui n'en avoit pu fortir , fut arrêté prifonnier au Louvre , avec les autres qui improuvoient cette révolte. Depuis , il fe retira près du roi Henri , qui le nomma pour préfider à la chambre du parlement établie à Châlons. Il rendit de grands fervices à ce monarque & à fon fils Louis XIII , pendant la régence de Marie de Médicis , laquelle en reconnoiffance de fa fidélité , l'honora de la charge de fon chancelier. Ce digne magiftrat mourut le premier juin 1635 , à l'âge de 94 ans , avec une force d'efprit qui ne fe fentoit point des incommodités de la vieilleffe. Il avoit époufé *Ifabeau* Baillet , fille de *René* Baillet , feigneur de Sceaux , Trefmes , Silli , &c. préfident au parlement de Paris , & d'*Ifabeau* Guillard , dont il eut *René* Potier , évêque & comte de Beauvais , pair de France , mort le 14 octobre 1616 ; *Bernard* Potier , feigneur de Silli , reçu confeiller au parlement de Paris , le 3 mai 1600 , puis préfident au parlement de Bretagne , le 10 feptembre 1609 , mort le 11 janvier 1610 , âgé de 32 ans , laiffant de *Marguerite* Guyot de Charmeaux , *René* , fon fils unique , mort jeune ; NICOLAS , qui fuit ; ANDRÉ , qui a fait la *branche de* NOVION , rapportée ci-après ; *Auguftin* Potier , évêque & comte de Beauvais , pair de France , après fon frere , & grand aumônier de la reine Anne d'Autriche , mort en 1650. On imprima in-8°, à Paris , en 1646, fes *ftatuts fynodaux* , qu'il avoit publiés en janvier 1644 ; *Renée* , mariée à *Oudard* Hennequin , feigneur de Boinville , maître des requêtes de l'hôtel du roi ; & *Magdeléne* Potier , alliée à *Théodore* Choart , feigneur de Bufenval.

VI. NICOLAS Potier , IV du nom , feigneur d'Ocquerre , fut préfident en la chambre des comptes , puis fecrétaire d'état , fur la démiffion de M. de Gefvres , fon oncle , en octobre 1622 , & mourut au fiége de la Rochelle en 1628. Il avoit époufé *Marie* Barré , fille d'*Antoine* , feigneur de Couftau , & de *Jeanne* Tardif , dame de Douffein , dont il eut *Nicolas* , mort jeune ; *Auguftin* , feigneur d'Ocquerre & de Blancmefnil , confeiller au parlement , mort le 11 mars 1704 , fans alliance , âgé de 78 ans ; *Renée* , morte jeune ; *Jeanne* , mariée à *Michel* de Marillac , confeiller d'état ordinaire , morte le premier juillet 1681 ; *Marie* , religieufe à Long-Champ ; & *Magdeléne* Potier , mariée à *Guillaume* de Lamoignon , premier préfident du parlement de Paris , morte le 17 octobre 1705 , en fa 82ᵉ année.

VII. RENÉ Potier , feigneur de Blancmefnil & du Bourget , fut reçu confeiller au parlement en 1646 , enfuite préfident en la premiere des enquêtes , & mourut le 17 novembre 1680. Il avoit époufé *Marie* de Grimonville , laquelle fe marla à *Henri* de Saulx , comte de Tavannes , & mourut le 25 juillet 1715 , ayant de fon premier mariage , pour fille unique , *Marie-Renée* Potier , dame de Blancmefnil & du Bourget , morte fans alliance , le 16 janvier 1700 , âgée de 22 ans.

BRANCHE DES SEIGNEURS DE NOVION.

VI. ANDRÉ Potier , I du nom , chevalier , feigneur de Novion , quatriéme fils de NICOLAS III du nom , feigneur de Blancmefnil , &c. & d'*Ifabeau* Baillot , fut confeiller au parlement de Bretagne , enfuite préfident au parlement , au lieu de *Bernard* , feigneur de Silli , fon frere , depuis 1610 , jufqu'en 1616 , que M. de Blancmefnil , fon pere , fe démit en fa faveur de fa charge de préfident au parlement de Paris , dont il fit la fonction jufqu'à fa mort, arrivée en novembre 1645. Il avoit épousé 1°. *Anne* de Lauzon, fille de *Michel* de Lauzon, conseiller au parlement, & d'*Isabelle* Damours, morte fans laisser de postérité, le 20 décembre 1614, à l'âge de 15 ans : 2°. *Catherine* Cavellier, dont il eut NICOLAS, qui suit ; & *Catherine* Potier, mariée à *Jacques* Jubert, seigneur de Bouville, maître des requêtes de l'hôtel du roi, morte en avril 1643.

VII. NICOLAS Potier, seigneur de Novion, &c. fut reçu conseiller au parlement en 1637, président en 1645, secrétaire des ordres du roi en 1656, & premier président du parlement en 1678, dont il fe démit en 1689. Il avoit été reçu à l'académie françoise en 1681, & mourut le premier septembre 1693, en fa maison de Grignon, âgé de 75 ans, laissant de *Catherine* Gallard, fille de *Claude* Gallard, seigneur de Courances, secrétaire du roi & de la cour de parlement, & de *Marguerite* Mandat, morte le 23 avril 1685, âgée de 64 ans ; ANDRÉ, qui suit ; *Jacques*, docteur de Sorbonne, abbé du petit Cîteaux, évêque de Sisteron en 1674, puis d'Evreux en 1681, mort le 14 octobre 1709, en fa 62ᵉ année ; *Claude*, comte de Novion, colonel du régiment de Bretagne, brigadier des armées du roi, mort le 4 juillet 1722, qui avoit épousé 1°. *Anne-Catherine* Broffanton, morte le 25 décembre 1703, laissant deux fils : 2°. le 28 juillet 1710, *Magdeléne* le Couflurier de Neuville, morte le 4 novembre 1733 ; *Marguerite* Potier, mariée à *Charles* Tubeuf, baron de Blanzac & de Vert, maître des requêtes, morte le 11 mars 1705 ; *Catherine*, alliée à *Antoine* de Ribeyre, seigneur d'Homme, conseiller d'état & d'honneur au parlement, morte le 29 décembre 1709, âgée de 63 ans ; & *Marthe-Agnès* Potier de Novion, troisième femme d'*Arnaud* de la Briffe, procureur général du parlement, morte le 28 mai 1686.

VIII. ANDRÉ Potier, II du nom, seigneur de Novion, marquis d'Orcheres, &c. fut reçu conseiller au parlement en 1657, avocat général au grand conseil en 1661, maître des requêtes en 1663, & président au parlement en survivance de son pere, avant lequel il mourut le 24 janvier 1677. Il avoit épousé *Catherine-Anne* Malon, fille de *Charles-Henri* Malon, seigneur de Berci, doyen des maîtres des requêtes, & de *Françoise* Berthelin, morte le premier septembre 1715, dont il a eu ANDRÉ, qui suit ; *Louis-Nicolas-Anne-Jules* Potier de Novion, seigneur de Montauglan, Germonville, &c. colonel du régiment de Bretagne après son oncle, & brigadier des armées du roi, mort le premier mars 1707, laissant, entr'autres enfans, d'*Antoinette* le Comte de Montauglan, seigneur de Montauglan, Germonville, &c. conseiller au parlement, & de *Louise-Antoinette* de la Barde, morte le premier juin 1694, à l'âge de 23 ans, 1. *Louis-Anne-Jules* Potier, marquis de Novion, mort le 27 mars 1758, âgé de 67 ans ; & 2. *Antoinette* de Novion, mariée à *Gaspard* de Clermont-Tonnere, marquis de Vauvillars ; *N*. Potier, dit *le chevalier de Novion* ; & *Marie* Potier de Novion, mariée à *Jean-Baptiste-Louis* Berrier, comte de la Ferriere, &c. maître des requêtes, & secrétaire des commandemens de la feue reine.

IX. ANDRÉ Potier, III du nom, seigneur de Novion, marquis de Grignon, &c. fut reçu conseiller au parlement en 1680, maître des requêtes en 1687, président au parlement en 1689. Il fut nommé à la charge de premier président, pour laquelle il prêta serment entre les mains du roi le 15 décembre 1723, & il y fut reçu le 20 du même mois. Il y prêta aussi serment le 19 mars 1724, pour la charge de commandeur-secrétaire & greffier des ordres du roi, dont il fe démit peu de jours après, ayant obtenu un brevet pour en conserver les marques & les honneurs. Ce magistrat, qui étoit fort habile & intègre, donna fa démission de la charge de premier président le 9 septembre 1724. Il mourut en fa terre de Grignon le 22 septembre 1731, âgé d'environ

72 ans. Il avoit épousé le 9 octobre 1680 *Anne* Berthelot, fille de *François* Berthelot, secrétaire des commandemens de madame la dauphine, & d'*Anne* Regnault de Duchi, morte le 7 février 1697, âgée de 35 ans, dont il eut, entr'autres enfans, NICOLAS Potier, marquis de Novion, qui suit ; *Antoinette* Potier de Novion, mariée à l'âge de 22 ans, le 22 juin 1709, avec *Charles-Adolphe* de Lyons, comte d'Espaux, de Soissons, son parent du 3ᵉ au 4ᵉ dégré, & morte le 19 mai 1726 ; & *Anne* Potier de Novion, mariée à l'âge de 24 ans, le 28 janvier 1713, avec *François* de Montholon, inspecteur général & commissaire de la marine & des galeres, puis nommé le 6 octobre 1720, intendant à S. Domingue, restée veuve de lui en 1725, & morte le 24 mai 1726.

X. NICOLAS Potier, comte de Novion, marquis de Grignon, seigneur de Courances, reçu conseiller au parlement de Paris, le 22 mai 1715, & mort en fa terre de Courances en Gâtinois, au mois d'octobre 1720, avoit été marié le 11 décembre 1708, avec *Anne-Marguerite* Gallard, fa cousine, fille unique de *François* Galliot Gallard, seigneur de Courances, de Poinville, &c. guidon des gendarmes Flamans, & d'*Anne-Jeanne* Auzannet. Il en laissa un fils unique, qui suit.

XI. ANDRÉ Potier de Novion, marquis de Grignon, seigneur de Courances, &c. né le 22 janvier 1711, reçu conseiller au parlement de Paris le 22 décembre 1729, & président à mortier au même parlement le 28 mai 1732.

BRANCHE DES DUCS DE TRESMES & de GESVRES.

V. LOUIS Potier, seigneur de Gesvres, secrétaire d'état, second fils de JACQUES Potier, seigneur de Blancmesnil, conseiller au parlement, & de *Françoise* Cueillette, dame de Gesvres, *dont il fera parlé ci-après dans un article séparé*, mourut le 25 mars 1630, laissant de *Charlotte* Baillet, sœur puînée d'*Isabeau*, femme de *Nicolas*, seigneur de Blancmesnil, président au parlement, son frere aîné, RENÉ, qui suit ; *Bernard* Potier, seigneur de Blerencourt, lieutenant général de la cavalerie légere de France, mort en 1662, sans laisser postérité de *Charlotte* de Vieuxpont, dame d'Annebaut, morte en 1646 ; & *Antoine*, seigneur de Sceaux, aussi secrétaire d'état, *qui aura son article ci-après, après son pere.*

VI. RENÉ Potier, comte, puis duc de Tresmes, pair de France, capitaine des gardes du corps du roi, lieutenant général au gouvernement de Champagne, & gouverneur de Châlons, fut nommé chevalier des ordres du roi en 1619. Sa terre de Tresmes en Valois, qui avoit été érigée en comté en 1608, le fut en duché-pairie l'an 1648, sous le nom de Gesvres, ce qui fut vérifié au parlement le 15 décembre 1663. Ce duc mourut à Paris le premier février de l'an 1670, âgé de 91 ans. Il avoit épousé *Marie* de Luxembourg, fille de *François*, duc de Pinei, chevalier des ordres du roi, dont il eut 1. *Louis* Potier, marquis de Gesvres, lieutenant général des camps & armées du roi, bailli de Valois & de Caën, qui fut accablé au siége de Thionville, sous les ruines d'une mine, le 6 août de l'an 1643, âgé de 33 ans, après s'être signalé extraordinairement, avoir reçu quarante-une blessures, & avoir mérité le brevet de maréchal de France ; 2. *François*, marquis de Gandelus, puis de Gesvres, maréchal de camp, tué d'une mousquetade au siége de Lérida, le 27 mai 1646 ; 3. LEON Potier, qui suit ; 4. *Louise-Henriette*, mariée 1°. à *Emanuel* de Faudoas-Averton, comte de Belin : 2°. à *Jacques* de Saulx, comte de Buzançois & de Tavanes ; 5. *Marguerite*, femme de *Henri* de Saulx, marquis de Tavanes, vicomte de Lugni ; 6. *Louise*, abbesse de la Barre près Château-Thierri ; 7. *Anne-Magdeléne*, demoiselle de Tresmes, morte le 26 octobre 1705 ; & plusieurs autres enfans, morts jeunes.

VII. LEO

VII. LEON Potier, duc de Gesvres, pair de France, marquis d'Annebaut, de Gandelus, & de Fontenai-Mareuil, premier gentilhomme de la chambre du roi, gouverneur de Paris, gouverneur & capitaine des chasses du château royal de Monceaux, & de la Varenne de Meaux, &c. auparavant capitaine des gardes du corps & gouverneur des pays & comtés du Maine, Laval & Perche, mourut le 9 décembre 1704, âgé de 84 ans. Il avoit épousé 1°. en 1651, *Marie-Françoise-Angélique* du Val, fille unique & héritière de *François* du Val, marquis de Fontenai-Mareuil, deux fois ambassadeur à Rome, & une fois en Angleterre, & de *Susanne* de Monceaux d'Auxi, morte le 24 octobre 1702, âgée de 70 ans : 2°. le 29 janvier suivant, *Marie-Renée* de Romillé, fille de *Louis*, marquis de la Chénelaye, gouverneur de Fougeres, & de *Renée-Gabrielle* de Belleforiere Soyecourt, sa seconde femme. Du premier lit il a eu 1. BERNARD-FRANÇOIS, qui suit ; 2. *Leon* Potier de Gesvres, né le 15 août 1656, nommé cardinal par le pape Clément XI, *dont l'article est ci-après*, mort le 12 novembre 1744 ; 3. *Louis*, marquis de Gandelus, né en 1660, colonel du régiment des Vaisseaux, brigadier d'infanterie dans les armées du roi, tué au siége d'Oberkirck en 1689 ; 4. *Jules-Auguste*, chevalier de Malte, né le 6 novembre 1662, lieutenant du roi du bailliage de Rouen & du pays de Caux, ancien colonel du régiment de Bassigni, & gouverneur de Pont-Audemer, mort à Paris le 15 avril 1741 ; 5. *François*, chevalier de Malte, né le 2 juillet 1664, tué par les Turcs au siége de Coron dans la Morée en 1685 ; 6. *Charles*, comte d'Annebaut, mort jeune ; 7. *Marie-Thérèse*, née en 1654, morte en 1669 ; 8. *Marie-Jeanne-Félice-Rosalie*, damoiselle de Gesvres, dame de Blerancour, barone de Monjai-Torigni, qui a hérité de sa tante, damoiselle de Tresmes : elle étoit née en 1657, & mourut à Paris le 10 septembre 1740, sans avoir été mariée ; 9. *Susanne-Angélique*, née en 1659, religieuse de la Visitation ; 10. *Magdeléne-Armande*, damoiselle de Fontenai, née en 1667, religieuse de la Visitation ; & 11. *Charlotte-Julie*, damoiselle de Mareuil, née le 2 novembre 1669, mariée en juillet 1707 à *Charles-Amédée* de Broglio, comte de Revel, chevalier des ordres du roi, lieutenant général de ses armées, &c.

VIII. BERNARD-FRANÇOIS Potier, duc de Gesvres, pair de France, gouverneur de Paris, chevalier des ordres du roi en 1724, a long-temps porté le nom de marquis de Gesvres. Ce seigneur né le 15 juillet 1655, a servi à la tête d'un régiment de cavalerie, & a été fait brigadier des armées du roi en 1690. Il fut reçu en survivance de la charge de premier gentilhomme de la chambre en 1670, & du gouvernement du château de Monceaux, &c. en 1677, & fut enfin reconnu duc de Tresmes, pair de France, par la démission de son pere, & reçu au parlement le 2 juillet 1703. Il est mort en son château de S. Ouen, près Paris, le 12 avril 1739. Il avoit épousé le 15 juin 1690 *Marie-Magdelaine-Geneviève-Louise* de Seiglieres de Bois-franc, fille de *Joachim* de Seiglieres, seigneur de Bois-franc, chancelier de France, duc d'Orléans, frere unique du roi, après avoir été surintendant général de la maison de ce prince ; elle mourut le 3 avril 1702, âgée de 38 ans, laissant 1. FRANÇOIS-JOACHIM-BERNARD duc de Tresmes, qui suit ; 2. LOUIS-LEON, marquis de Gandelus ; *dont la postérité est rapportée après celle de son frere* ; 3. *Etienne-René*, né le 2 janvier 1697, bachelier de Sorbonne, abbé d'Orcamps, & nommé à l'évêché de Beauvais au mois de février 1728, promu au cardinalat en 1756 ; & 4. *Marie-Françoise* Potier, née le 5 décembre 1697, mariée à *Louis-Marie-Victoire*, comte de Béthune.

IX. FRANÇOIS-JOACHIM-BERNARD Potier, duc de Gesvres, pair de France, né le 29 septembre 1692, fut fait mestre de camp du régiment de cavalerie ci-devant des Marests, par commission du 7 janvier 1710, obtint en 1716 la charge de premier gentilhomme de

la chambre du roi en survivance du duc son pere, & en prêta le serment le 27 février 1717. Il eut aussi celle de grand bailli de Valois, avec le gouvernement & capitainerie des chasses de Monceaux, en survivance du comte d'Evreux. Il fut déclaré brigadier des armées du roi au mois de juillet 1719, avec rang du premier février précédent. Son pere s'étant démis en sa faveur de son duché, il prêta le serment accoutumé, & prit séance au parlement de Paris, en qualité de pair de France, le 4 mai 1722. Il obtint le 8 novembre suivant la survivance du gouvernement de la ville de Paris, & fut reçu en cette qualité au parlement le 10 décembre, & en l'hôtel de ville le 22 du même mois. Il fut nommé chevalier des ordres du roi le 2 février 1728, & il en reçut la croix & le cordon le 16 mai suivant. Il est mort à Paris le 19 septembre 1757, âgé de 65 ans, moins 10 jours.

IX. LOUIS-LÉON Potier de Gesvres, marquis de Gandelus, appellé le comte de Tresmes, est né le 28 juillet 1695, a été d'abord lieutenant de vaisseau, puis mestre de camp de cavalerie, fait brigadier le premier août 1734, maréchal de camp le premier janvier 1740, & lieutenant général le premier mai 1745. Il a épousé le 27 avril 1729 *Eléonore-Marie* de Montmorenci-Luxembourg, née le 9 mars 1715, fille de *Christian-Louis* de Montmorenci-Luxembourg, prince de Tingri. Il a un fils unique, qui suit.

X. LOUIS-JOACHIM-PARIS Potier de Gesvres, appellé *le marquis de Gesvres*, est né le 9 mai 1733, & a épousé le 4 avril 1758 *Françoise-Marie* du Gueslin, fille de *Bertrand-César*, marquis du Gueslin, mestre de camp, premier gentilhomme de la chambre du duc d'Orléans, & de dame *Marguerite* Bosc. * *Voyez* Blanchard, *histoire des présidens du parlement de Paris.*

POTIER (Louis) seigneur de Gesvres, secrétaire d'état, second fils de JACQUES Potier, seigneur de Blancmesnil, conseiller au parlement, prit la première teinture des affaires sous M. de Villeroi, secrétaire d'état, & obtint une charge de secrétaire du roi le 2 avril 1567, puis celle de secrétaire du conseil le 16 janvier 1578. Le roi Henri III, qui estimoit son zèle & sa fidélité, voulut l'avoir auprès de sa personne, après la journée des Barricades l'an 1588. Ce prince l'envoya à Meaux & à Senlis, où il eut grand crédit, pour y dissiper les desseins de quelques factieux, & lui commanda de le suivre à Blois, où l'on devoit tenir les états. Il continua de lui confier ses desseins les plus secrets, & voulut qu'il accompagnât le duc de Névers qui devoit commander une armée en Poitou. M. de Gesvres avoit beaucoup de pouvoir sur l'esprit de ce duc, qui souhaitoit extrêmement le gouvernement de Champagne : mais comme il étoit alors possédé par le duc de Guise, la chose paroissoit difficile. On le lui fit pourtant espérer, & après que le roi eut exécuté ses desseins sur MM. de Guise, on lui envoya les provisions de ce gouvernement, & celles de secrétaire d'état pour M. de Gesvres, le 22 février 1589. Le roi lui remit tous les papiers qu'on avoit trouvés chez M. de Guise, & le nomma pour travailler à un traité qu'on avoit projeté avec le roi de Navarre. Ce sage ministre y réussit très-heureusement, & eut le plaisir de voir les effets avantageux de la réunion de ces deux monarques. Il perdit peu après le premier, & reçut de l'autre, qui fut le roi Henri *le Grand*, les mêmes témoignages d'affection & de confiance. M. de Gesvres servit utilement ce prince pendant le cours des affaires de la Ligue, traita depuis avec les députés de M. de Mercœur, gouverneur de Bretagne, & eut ordre d'informer de la conspiration du maréchal de Biron. Ses services lui firent mériter la survivance de sa charge pour M. de Sceaux son troisiéme fils en 1606 ; mais étant obligé par la mort de ce fils, d'y rentrer en 1621, il y fit paroître la même habileté & la même vigueur qu'on y avoit admirée autrefois. Depuis il s'en démit en faveur de M. d'Ocquere son neveu, qu'il eut encore le chagrin de voir mourir en 1628. Enfin il mourut le 25 mars de l'an 1630.

POTIER (Antoine) seigneur de Sceaux, secrétaire d'état, & greffier des ordres du roi, troisième fils de LOUIS Potier, seigneur de Gesvres, aussi secrétaire d'état, fut élevé avec soin par son pere, qui le fit travailler sous M. de Villeroi, puis l'envoya à Rome, où il vécut d'une maniere très-louable, & où il mérita l'éloge glorieux que lui donne le cardinal d'Ossat dans une de ses lettres. Ensuite il obtint la survivance de la charge de secrétaire d'état en 1606, eut beaucoup de part aux affaires pendant la régence de Marie de Médicis, au traité de Sainte-Menehould en 1616, à la conférence & à la paix de Loudun la même année, &c. Après la mort du maréchal d'Ancre, il fut envoyé par le roi, ambassadeur extraordinaire en Espagne, pour la ratification du traité de Verceil. A son retour il suivit le roi par tout où l'appellerent les intérêts de l'état, & où ceux de la guerre que l'on faisoit aux rebelles de la religion prétendue réformée, l'obligerent d'aller. Mais pendant le siège de Montauban, il mourut au quartier de Pibauquecos le 13 septembre 1621, sans laisser d'enfans d'*Anne* d'Aumont sa femme, qui prit une seconde alliance avec *Charles*, comte de Launoi, chevalier des ordres du roi. * *Voyez* Fauvelet du Toc, *hist. des secrétaires d'état.*

POTIER (Léon) cardinal de Gesvres, fils de Léon Potier, duc de Gesvres, pair de France, & de *Marie-Françoise-Angélique* du Val, sa premiere femme, né le 15 août 1656, ayant été destiné dès son enfance à l'état ecclésiastique, obtint en 1666 l'abbaye de Bernay, ordre de saint Benoît, diocèse de Lisieux, & au mois de juillet 1679 celle de saint Geraud d'Aurillac, du même ordre, diocèse de Saint-Flour. Il fut dans sa jeunesse l'un des douze protonotaires apostoliques dits saint siége participans. Ayant été nommé le 29 mai 1694 à l'archevêché de Bourges, qui fut proposé pour lui à Rome par le cardinal de Janson le 28 août, il prit le bonnet de docteur en théologie de la faculté de Paris le 30 septembre suivant. Il fut sacré le 13 de janvier 1695 dans l'église du noviciat des Jésuites à Paris, par le cardinal d'Estrées, assisté des évêques d'Evreux & de Clermont; & le 30 du même mois il prêta serment de fidélité entre les mains du roi dans la chapelle du château de Versailles. Il assista en qualité de député de sa province aux assemblées générales du clergé de France, tenues à Paris en 1705, 1710 & 1715, & fut l'un des présidens à la derniere. Le pape Clément XI le déclara cardinal sur la nomination du roi de Pologne, le 29 de novembre 1719, & la barrette ou bonnet lui ayant été apportée par Ubaldini, camérier d'honneur de sa sainteté, il la reçut des mains du roi avec les cérémonies accoutumées le 26 de mai 1710, & ensuite il prêta serment de fidélité entre les mains de sa majesté, à cause de sa nouvelle dignité. L'abbaye de saint Amand, ordre de saint Benoît, diocèse de Tournay, lui avoit été donnée au mois de février précédent. Il assista au sacre du roi le 25 octobre 1722, y ayant été invité : il obtint encore au mois de juillet 1723 l'abbaye de saint Nicolas d'Arouaise, ordre de saint Augustin, au diocèse d'Arras; & ayant été proposé le 2 de février 1724 pour être commandeur des ordres du roi, il en reçut la croix le 3 de juin suivant. Il remit au mois de janvier 1729 son archevêché entre les mains du roi, qui lui donna en même temps l'abbaye de saint Remi de Reims, ordre de saint Benoît. Ce cardinal est mort à Paris le 12 novembre 1744, dans la quatre-vingt-neuviéme année de son âge.

POTIERE, abbaye de l'ordre de saint Benoît, au diocèse de Langres, de la congrégation de saint Vannes, assez près de Molesme, a été fondée dans le IX siécle par Gérard de Roussillon, l'un des plus puissans princes de son temps, & par la princesse Berte sa femme. L'abbaye de Vézelai les reconnoît aussi l'un & l'autre pour ses fondateurs. Potiere n'a plus rien de son ancienne splendeur; mais la situation en est très-belle & très-agréable. Le sanctuaire de l'église paroît être de la premiere fondation. Du côté de l'évangile on voit le tombeau du fondateur, & celui de la fondatrice au côté de l'épître : les inscriptions qui sont sur ces deux monumens sont récentes. L'épitaphe de Thierri leur fils, qui est sur le pavé devant le grand autel, est bien plus ancienne; elle est en ces termes, qui méritent d'être rapportés, à cause des faits historiques que l'on y trouve.

Francia quem genuit, Lugdunus flumine sacro
Diluit, & Christum participare dedit,
Theodricum innocuum retinet hîc urna sepultum,
Quem dura ex matris mors tulit uberibus :
Nec tamen in mortis poterit consistere regno
Quem vitæ æternæ fons sacer exhibuit.
Germine præclaro claris natalibus ortus
Vix anni unius transierat spatium, &c.

* *Voyage littéraire* des PP. DD. Martenne & Durand, *tome premier, premiere partie.*

POTINE ou POTIQUE, déesse, *cherchez* EDUSE.

POTITIENS & PINARIENS, noms de deux familles de Rome qui étoient employées dans les sacrifices, & dont les chefs appellés *Potitius* & *Pinarius*, avoient été choisis par Evandre roi d'Italie, pour être les ministres des sacrifices qu'il offrit à Hercule. On dit qu'au commencement les Potitiens buvoient seuls les liqueurs que l'on présentoit aux dieux; & que leur nom venoit du mot grec πίνειν, qui signifie *boire*. Ils mangeoient aussi seuls des victimes que l'on immoloit, & les Pinariens n'y avoient point de part : c'est pourquoi on croit que leur nom venoit de πεινᾶν, qui veut dire, *avoir faim, ne point manger*. Ces familles devenues très-puissantes, mépriserent cet emploi, & le donnerent à des esclaves publics, par le conseil d'Appius Claudius. * Tite Live. Festus.

POTITUS, l'un des sectateurs de Marcion. * Rhodon dans Eusébe. *Voyez* la biblioth. des aut. ecclés. de M. Du Pin, *trois prem. siécles.*

POTNIE, *Potnia* ou *Potniæ*, ville de Béotie, où Glaucus fils de Sisyphe nourrissoit ses jumens de chair humaine, afin que dans les combats, elles se jettassent avec avidité sur les ennemis pour les dévorer. Cette barbarie devint funeste à Glaucus, car il fut dévoré lui-même par ses jumens, lesquelles étoient, dit-on, en fureur, pour avoir bu de l'eau d'une fontaine qui étoit auprès de la ville, & dont les chevaux ne pouvoient boire sans devenir furieux. De-là vient que chez les Grecs, *Potniades* se prenoit pour *Bacchantes*. * Pausanias, *l.* 9. Hygin, *fab.* 250 & 273.

POTNIES, *Potniæ*, déesses auxquelles on sacrifioit des cochons de lait, croyant que ces déesses venoient manger les victimes, qu'on laissoit sur l'autel après les avoir immolées.

POTON DE SAINTRAILLES, ou Jean dit *Poton*, seigneur de Saintrailles, de Salagnac en Limosin, & de Villeton, maréchal de France, premier écuyer du corps, & maître de l'écurie du roi, bailli de Berri, & sénéchal de Limosin, étoit un gentilhomme Gascon qui se signala par ses services sous les regnes de Charles VI & de Charles VII. Il se trouva l'an 1424 à la bataille de Verneuil, fut blessé au siége d'Orléans le 21 octobre 1427, défit & arrêta prisonnier Thomas comte d'Arondel, l'an 1435. Depuis il remporta divers autres avantages sur les Anglois en Medoc, pendant les conquêtes de la Normandie & de la Guienne. Le roi lui donna la ville de Saint-Macaire, qu'il avoit soumise à son obéissance, & le fit maréchal de France en 1454. Poton de Saintrailles, qui est loué par divers historiens, mourut l'an 1461 à Bourdeaux, sans laisser d'enfans de *Catherine* Brachet, dame de Salignac sa femme. * *Voyez* le pere Anselme, *histoire des grands officiers de la couronne.*

POTOSI, ville du Pérou dans la province de Charcas, vers le tropique du capricorne, est nommée par les Espagnols *ville Impériale*, peut-être à cause de ses richesses. Elle est située au pied de la montagne d'Arazassou, & est coupée par un ruisseau qui vient d'un lac enfermé de murailles, lequel est à un quart de lieue au-dessus de la ville. L'on y compte jusqu'à quatre mille maisons bien

âties, & à plufieurs étages. Les églifes y font magni-
ques & richement parées, fur-tout celles des réligieux,
font il y a plufieurs couvens de divers ordres. Cette ville
ft peuplée d'Efpagnols, d'étrangers, de gens originaires
lu pays, que les Efpagnols appellent *Indiots*, de Negres,
le Métis & de Moulates ou Mulatres. Les Métis font nés
l'un Efpagnol & d'une Sauvage : les Moulates, d'un Efpagnol & d'une Negre ou noire. On y compte environ
quatre mille Efpagnols naturels, capables de porter les
armes. Les Métis font prefque en même nombre, & font
fort adroits ; mais ils ne s'expofent pas volontiers aux occafions, & ils portent ordinairement trois jufte-au-corps
de buffle les uns fur les autres, qu'une épée ne fauroit
percer. Il n'y a pas beaucoup d'étrangers ; & ce font des
Hollandois, des Irlandois, des Génois ou des François,
qui paffent pour Navarrois & pour Bifcayens. Quant aux
Indiens, on les fait monter à près de dix mille, (fans
compter les Moulates & les Sauvages noirs ;) mais il
ne leur eft permis de porter ni épées ni armes à feu. Ils
n'ont pas non plus la permiffion d'être vêtus à l'efpagnole. Les Sauvages noirs ou les Moulates qui font au
fervice des Efpagnols, font habillés comme eux, & peuvent porter les armes. La police eft réglée dans la ville de
Potofi par vingt-quatre magiftrats, outre le corrégidor &
le préfident de Carcas, qui dirigent les affaires à la maniere d'Efpagne. Hors ces deux principaux officiers, tant
à Potofi que par-tout ailleurs dans l'Amérique, les chevaliers & les gentilshommes ont la liberté de fe mêler
du commerce. Il y en a qui ont jufqu'à trois & même
quatre millions de bien. Le commun du peuple y eft
auffi fort à fon aife ; mais ils font tous fort fiers & fuperbes. On les voit toujours vêtus de brocard d'or &
d'argent, ou d'étoffe d'écarlate & de foie, garnie de
dentelles d'or. Ils font richement meublés chez eux, &
il n'y a perfonne qui ne foit fervi en vaiffelle d'argent.
Les femmes des gentilshommes & des bons bourgeois y
font retenues avec encore plus de févérité qu'en Efpagne.
Les hommes & les femmes font accoutumés à mâcher du
coca, qui eft une efpece de tabac ; ce qui les échauffe &
les étourdit comme s'ils étoient ivres. Du refte ils font
affez fobres dans leur boire & leur manger. Le meilleur
argent de toutes les Indes occidentales eft celui de Potofi : quoiqu'on ait tiré une prodigieufe quantité d'argent
des véines où le métal paroiffoit évidemment, & qui
font maintenant épuifées, on en trouve prefque auffi
abondamment dans les endroits où l'on n'a point encore
fouillé. On en tire même, dit-on, des terres qu'on a été
autrefois jettées à quartier, lorfqu'on a fait les ouvertures des mines ; & on a reconnu qu'il s'y en étoit formé
tout de nouveau depuis ce temps-là. Outre les mines de
la montagne d'Arazaffou, tout proche de Potofi, il y en
a quantité d'autres aux environs qui font affez riches ;
mais celles d'Ouroure que l'on a découvertes depuis
quelques années, font encore meilleures. Le roi d'Efpagne ne fait travailler à aucune des mines par fes officiers ; il les abandonne à des particuliers qui en font la
découverte, lefquels en demeurent les maîtres & les
propriétaires : le roi fe réferve feulement le quint & la
direction générale des mines, à laquelle il commet des
officiers qui obligent tous les Couracas ou chefs des Sauvages, de fournir un certain nombre d'ouvriers pour travailler. * *Voyage du Pérou en 1655, dans le recueil de*
Thevenot, *au IV vol.*

POTOSKI, généraliffime des armées de Pologne,
fervit long-temps fous le fameux général Zolkiefwitz,
& fe fignala fouvent contre les Tartares, qui le firent
prifonnier. En 1651, après avoir recouvré la liberté, il
porta fes armes contre les Cofaques, dont il termina la
guerre par fa valeur & par fa conduite. Il mourut d'apoplexie cette même année 1651, caffé de vieilleffe &
comblé de gloire. * Pierre Chevalier, *hiftoire de la guerre
des Cofaques contre les Polonois.*

POTTER (Chriftophe) théologien Anglois, né en
Weftmorland l'an 1591, étudia à Oxford, & y prit le
dégré de maître-ès-arts. En 1613 il obtint une place au

collége de la reine, dont il fut nommé préfet en 1626,
après *Barnabé* Potter fon oncle. En 1635 il eut le doyenné de Worcefter, & le titre de chapelain du roi. Dans fa
jeuneffe il fut puritain zélé ; dans un âge plus avancé il
s'attacha au parti du roi, & fouffrit dans les troubles qui
agiterent l'Angleterre. Il mourut en 1646. Il étoit favant,
& avoit beaucoup de probité & de politeffe. Il a fait un
fermon anglois fur la confécration de *Barnabé* Potter,
qui ayant été attaqué par un Jéfuite, l'engagea à en
prendre la défenfe. Il a auffi traduit de l'italien en anglois, & publié l'hiftoire du différend du pape Paul V
avec les Vénitiens. On a encore de lui quelques traités
fur la Prédeftination & la Grace. * Wood, *Hift. & Athen.
Oxon.*

POTTER (François) favant Anglois, né en Wiltfhir
en 1594, fut fait maître ès-arts, & bachelier en théologie à Oxford, & curé de Kilmanton en 1637, après fon
pere. Il aimoit la peinture & les méchaniques avec paffion, & inventa une machine pour l'eau, qu'il préfenta
à la fociété royale de Londres, qui l'approuva & le mit
au nombre de fes membres. Son ouvrage intitulé, *Explication du nombre de la Bête*, que l'on a traduit en latin,
eft plein de rêveries & de calomnies contre l'églife romaine. Potter mourut aveugle en 1678.

POTTIER (le) famille originaire du Cambrefis, qui
prétend être fortie de celle de GRAINCOURT, qui fortoit
de celle de SAINT-AUBERT, qui tiroit fon origine de
celle d'OISI-CHEVECŒUR, qui poffédoit anciennement le comté & fucceffivement la châtellenie de Cambrai. ETIENNE de Graincourt fut le premier qui introduifit en fa famille le furnom de LE POTTIER. Il étoit
fils de BAUDOUIN de Graincourt, qui fit le voyage
d'Orient avec Thierri comte de Flandre, qui fe trouva
en l'an 1148 au fiége de la ville de Damas, y commandoit fous les ordres de ce comte une troupe de volontaires Flamands, & fuivit à leur tête l'empereur Conrad,
qui commandoit l'arriere-garde de l'armée chrétienne,
lorfqu'il marcha au travers de toute l'armée pour fecourir
Baudouin roi de Jérufalem, qui s'étoit emparé des jardins qui étoient au pied des murailles de cette ville, dont
les affiégés, qui avoient fait une fortie fur lui avec leurs
meilleures troupes, vouloient le déloger, où il donna
des marques d'une très-grande valeur.

ETIENNE de Graincourt, fon fils, fit pareillement
le voyage d'Orient, & y fuivit Florent, comte de Hollande. Il fe trouva avec lui au fiége de la ville d'*Iconium*, à préfent Cogni, capitale de la Lycaonie, & à
la bataille que donna Frédéric *Barberouffe*, au foudan
de cette province, qui tenta d'en faire lever le fiége.
Comme fon pere avoit commandé au fiége de Damas
les volontaires Flamands, il commanda les volontaires Flamands & Hollandois, fous les ordres du comte
Florent. A la vue du duc de Souabe, fils de l'empereur, il y donna des marques de fon courage, & y
auroit fait le foudan prifonnier, qu'il fuivoit avec une
grande ardeur à la tête de fa troupe, fans des Sarafins retranchés dans une mofquée, qui l'arrêterent un
moment, & donnerent par ce moyen le temps au foudan de fe fauver dans le château, & reçurent bientôt
le châtiment de leur témérité ; car Etienne de Graincourt ayant fait mettre pied à terre à ceux de fa troupe,
ayant fait attaquer la mofquée l'épée à la main, &
s'en étant rendu maître, il les fit tous paffer au fil de
l'épée. La ville ayant été prife d'emblée, l'empereur
chrétien la donna au pillage à fes troupes ; & Etienne
de Graincourt alloit faire partager à la fienne ce qui
fe trouva dans la mofquée, lorfqu'un officier Allemand
à la tête de plufieurs cavaliers de fa nation y furvint,
& prétendit y avoir part. Les Flamands & les Hollandois s'y oppoferent, & tous en alloient venir aux
mains, lorfque l'empereur, qui n'étoit pas loin en fut
averti, & leur envoya défendre les voies de fait, avec
ordre aux chefs de fe rendre auprès de lui pour fes régler. Ils plaiderent leur caufe chacun de leur côté devant l'empereur, qui porté pour fa nation, fembloit

pencher du côté des Allemands ; mais le duc de Souabe, son fils, qui avoit été témoin des actions de valeur d'E- tienne de Graincourt, des Flamands & des Hollandois qui l'accompagnoient, lui en ayant rendu compte, le détermina en faveur des derniers, & la mosquée fut entiérement abandonnée aux seuls Flamands & Hol- landois. On dit qu'Etienne de Graincourt, voulant faire voir aux Allemands que l'intérêt moins que l'honneur lui avoit fait soutenir un droit que sa valeur & celle des Flamands & Hollandois leur avoit acquis, fit par- tager tout ce qui se trouva dans la mosquée entre ceux de sa troupe, sans en rien prendre pour sa part, qu'un petit pot ou vase d'argent, plus précieux pour son an- tiquité & pour le travail de l'ouvrier, que pour la ma- tiere ; ce qui fit tant de peine aux Allemands, qu'ils l'appellerent par dérision le Pottier, soit à cause de ce petit vase ou pot antique, qu'il avoit seulement pris pour sa part du pillage de la mosquée, ou pour plusieurs autres pots ou vases qui s'y étoient trouvés, & qu'il avoit fait distribuer à ceux de sa troupe. Mais Etienne de Graincourt, loin de s'en offenser, prit ce surnom à honneur ; & pour faire connoître aux Allemands le cas qu'il en faisoit, il ajouta ce petit pot ou vase antique à ses armes, & si on en croit toujours le même récit qui paroît fabuleux, il en fit à son retour en Europe porter le surnom de LE POTTIER à WALERAND, un de ses fils puînés, qui l'a transmis à sa postérité, & de qui est sortie la famille de ce nom, qui a commencé à mi- partir ses armes, de sinople à trois chevrons d'or, qui sont avec un lambel, les armes de la famille de Grain- court, dont il sortoit, & d'azur au pot ou vase antique d'argent, & en chef d'or au lambel à trois pendans de gueule, que la famille de Graincourt portoit sur ses armes, comme étant sortie par un cadet de la famille de S. Aubert, qui portoit d'or à trois chevrons de gueule, & fit supporter ses armes par deux amphisteres naturels avec un croissant d'or pour cimier, pour mar- que de l'honneur qu'il s'étoit acquis en combattant contre les Sarasins Mahométans. Ce Walerand le Pot- tier épousa Mabile Welu, qui portoit d'azur à trois croissans d'argent, deux en chef & un en pointe, ac- compagné de trois cœurs d'or & d'une croix de même mise en abîme, avec lequel il paroît par une charte de l'abbaye de Premi de l'an 1238, qu'il donna beau- coup de biens à cette abbaye, du consentement de WALERAND II, HUGUES, Gerard, tous qualifiés che- valiers, & de Mabile, tous surnommés LE POTTIER, & ses enfans. WALERAND II qui étoit l'aîné, épousa Gertrude Hochepied ; Gerard ne laissa point de postérité ; Mabile, fut religieuse en l'abbaye du Verger ; & HU- GUES, qui y fut inhumé, fut capitaine de Cantaing, & épousa Jeanne de Douve, de laquelle il eut deux enfans ; un dont le nom n'est pas connu, & l'autre fut nommé HUGUES II, qui en l'an 1309 fut échevin de la ville de Cambrai, du nombre de ceux qu'on choisissoit entre la premiere noblesse, & épousa Magde- léne Rohé, de laquelle il n'eut qu'un fils nommé WA- TIER, chevalier, seigneur de S. Verrin & de Potim- ban, en la châtellenie de Lille, & gouverneur de Saint- Quentin, qui épousa Ide Genlain, de laquelle il eut trois enfans, Jean, qui fut châtelain de Cussi, dont la postérité n'a pas eu de suite ; Magdeléne, qui épousa Guillaume Melo ; & HUGUES III qui épousa Jacqueline Briast, de laquelle il eut quatre enfans, Thomas, qui n'a point laissé de postérité ; GEORGES, qui épousa Guillemette Doyen ; Marie, alliée à Guillaume Mar- quette ; & Nicolas, qui épousa Guillemette Massin, de laquelle il eut quatre enfans ; Etienne, qui fut cha- noine de la cathédrale d'Arras ; Royer, qui épousa Jeanne le Févre, dont il n'est pas resté de postérité ; Pierre, qui ne se maria pas ; & PHILIPPE, qui épousa Jacquette Roisin, de laquelle il eut quatre enfans, 1. PHILIPPE, sieur Despreaux, marié à Jacqueline le Maire, avec laquelle il eut trois enfans ; Vincent, Nicolas & François ; 2. Claude, écuyer sieur de Ver-

clyte, marié à Magdeléne Louchers ; 3. Marguerite, alliée à Louis de la Croix ; 4. Thomas, qui épousa Jeanne Despars, de laquelle il eut deux enfans ; Eli- zabeth, qui épousa Waghe de Hoënsbrouck ; & AN- DRIEU, écuyer sieur de Rai, qui épousa Jeanne de Cane, pere & mere de Paul ; Renée, & JACQUES le Pottier, qui épousa Marie Lesconflet, qui n'eut qu'un fils nommé CHRISTOPHE, pere de JEAN, qui le fut de FRANÇOIS le Pottier, écuyer, seigneur de la Hestrois, marié à Marie Porquet, qui fut lieutenant particulier du bailliage de Montreuil, puis lieutenant général de l'amirauté de Flandre, qui a laissé cinq en- fans ; trois filles, dont l'une est religieuse ; & deux garçons ; JEAN le Pottier, chevalier, seigneur de la Hes- trois, Tavernes, lieutenant-général d'épée, & faisant les fonctions de grand-bailli d'épée au bailliage de Montreuil, auparavant lieutenant-général de l'amirauté de Flandre ; & CHARLES le Pottier, écuyer sieur de Recur.

POUCHARD (Julien) naquit l'an 1656 en basse Normandie, près la ville de Domfront. Ses parens lui firent faire ses premieres études au Mans, dans le col- lége des prêtres de l'Oratoire, & il alla à l'âge de douze ans à Paris, où il fut mis dans la communauté établie au collége de Lizieux, par M. Gillot, docteur de Sorbonne, pour les jeunes gens destinés principa- lement aux emplois ecclésiastiques. Après y avoir passé trois ans, il devint assez habile pour être utile aux au- tres ; on refusa de recevoir sa pension, & il la renvoya à ses parens. Il continua sa demeure dans la même communauté, où il se perfectiona dans l'étude du latin, du grec & de l'hébreu, de là philosophie & de la théologie. Il contribua beaucoup à l'édition que M. Thévenot, bibliothécaire du roi, entreprit des anciens mathématiciens Grecs, & cela en conférant les divers manuscrits, & faisant des traductions de quel- ques-uns. Il avoit commencé celle de Jule Africain ; mais il ne l'a pas achevée, & même il n'a pas donné les morceaux qu'il en avoit traduits, soit que le texte en fût trop corrompu, soit parceque cet auteur traite de choses qu'il vaut mieux ignorer que savoir, comme le secret d'empoisonner les fontaines, & autres inven- tions pernicieuses à la société des hommes. Il fut em- ployé pendant quelques années à travailler ainsi sur les manuscrits de la bibliothèque du roi ; mais cet em- ploi n'ayant rien de fixe, ni aucuns appointemens ré- glés, il se chargea de l'éducation, & prit soin des étu- des du jeune marquis de Coetquin. Il l'éleva jusqu'à ce qu'il fut en âge d'aller à la guerre, & il l'y accompagna. Ce jeune marquis y étant mort, M. Pouchard retourna à Paris, & fut choisi pour gouverneur de M. de S. Ange, fils unique de M. de Caumartin, conseiller d'état, & intendant des finances, qui mourut dans la premiere année qu'il entroit dans le monde, où il fai- soit déja paroître un heureux naturel, cultivé par une belle éducation. Le regret que M. Pouchard eut de cette mort, ne lui permit pas de se rengager dans ces sortes d'emplois. Il subsista depuis par les pensions, dont ses services avoient été récompensés. Quand le roi eut donné par son réglement du 16 juillet 1701 une nouvelle forme à l'académie des inscriptions & mé- dailles, M. Pouchard y eut une des places d'associés, & là il eut souvent des occasions de montrer sa pro- fonde érudition, & cette critique fine & délicate, en quoi il excelloit. Le discours qu'il y prononça sur l'antiquité des Egyptiens, celui qu'il fit sur les libéra- lités du peuple Romain, & plusieurs autres ont mérité l'applaudissement du public, & fait honneur à cette illustre compagnie. M. le chancelier ayant formé celle qui a travaillé pendant quelque temps au journal des savans, M. Pouchard y fut appellé & chargé du prin- cipal soin de l'impression. Bientôt certains auteurs qui se crurent maltraités, murmurerent contre lui. Plus animés étoient souvent ceux dont il n'avoit fait qu'ex- poser simplement les paroles & les sentimens. Mais comme il exerçoit sa critique peut-être avec trop peu de ménagement & dans une entière liberté, il souffroit volontiers celles que se donnoient ses adversaires, & il méprisoit leurs injures. *Ils sont fâchés*, disoit-il, *de ce que je fais connoître leurs fautes, & moi je le suis de ce qu'ils font de mauvais livres.* Sa trop grande sincérité avoit un caractere de dureté. Quelque tendresse qu'il eût pour ses amis, il en avoit encore plus pour la vérité. Sa considération pour les personnes de distinction ne lui faisoit point prendre le faux pour le vrai, ni le vrai pour le faux; de même que l'intérêt ni la crainte ne l'empêchoient pas de rendre méprisables ceux qu'il jugeoit dignes de mépris. Sa conversation étoit enjouée. Il disputoit avec feu, mais sans aigreur. Il n'étoit pas moins goûté par les ignorans que par les savans. La chaire de professeur royal en langue grecque étant venue à vaquer l'an 1704, le roi se fit informer des sujets qui étoient les plus capables de la remplir, & y nomma M. Pouchard. Ce savant mourut le samedi 12 décembre 1705, âgé de 49 ans. Outre les ouvrages dont nous avons parlé, il a fait une histoire universelle depuis la création du monde, jusqu'à la mort de Cléopâtre. On dit que les faits y sont rapportés avec beaucoup de netteté, & que le style en est pur, simple & précis; mais cet ouvrage n'est point imprimé. *Journal des savans de 1706, tom. XXXIV, pag. 384, édit. de Holl. Mém. de l'acad. des inscript. tom. I, in-4°.*

POUCHENIUS (Lævinus) de Konigsberg, théologien, né en 1594, & mort en 1648, a laissé un commentaire sur Joël; une explication de l'histoire de Jésus-Christ, &c. *Henning Witte, in theol. p. 686.*

POUGET (D. Antoine) Bénédictin de la congrégation de S. Maur, où il a fait profession le 8 de mai 1674, âgé de 24 ans, étoit né dans le diocèse de Béziers en 1650. Ce pere étoit très-habile mathématicien, quoiqu'il n'eût rien publié en ce genre; & le célebre Varignon, si profond mathématicien lui-même, en a souvent parlé avec admiration. Il possédoit de plus les langues grecque & hébraïque; & il a professé la derniere avec beaucoup de succès, & a formé d'habiles disciples, entr'autres D. Guarin. Pendant qu'il enseignoit cette langue, il dressa des tables hébraïques d'une méthode très-facile; elles sont intitulées *Institutiones linguæ hebraicæ*: elles n'ont point été imprimées; mais on en a beaucoup de copies. D. Pouget a donné, conjointement avec le pere de Montfaucon, la traduction latine d'un volume *in-4°* d'analectes grecs, avec ses remarques, en 1688. Il a travaillé avec D. Martianai à la nouvelle édition des œuvres de S. Jérôme, dont le premier volume a été publié sous l'un & l'autre nom. D. Pouget est mort dans l'abbaye de Notre-Dame de Sorèze, le 14 octobre 1709, âgé de 59 ans. * D. le Cerf, *bibliotheque des auteurs de la congrégation de S. Maur.*

POUGET (François-Aimé) prêtre de l'Oratoire, & abbé de Chambon, né à Montpellier. Après avoir pris le bonnet de docteur en théologie de la faculté de Paris, il entra sur la fin de 1696, ou au commencement de 1697, dans la congrégation des prêtres de l'Oratoire, & servit utilement l'église dans les diocèses de Montpellier & de Saint-Malo. Il est auteur des *Instructions en forme de catéchisme*, où l'on explique en abrégé, par l'écriture sainte & par la tradition, *l'histoire & les dogmes de la religion, la morale chrétienne, les sacremens, les prieres, les cérémonies & les usages de l'église*, imprimées à Paris, en 1702, par ordre de Charles-Joachim Colbert, évêque de Montpellier, à l'usage des anciens & des nouveaux catholiques de son diocèse, & de tous ceux qui sont chargés de leur instruction, avec deux catéchismes abrégés à l'usage des enfans. Cet ouvrage est divisé en trois parties, & a été reçu très-favorablement du public. On en a fait un grand nombre d'éditions, & il a été traduit en italien & en espagnol. Le P. Pouget l'a augmenté depuis, & l'a traduit en latin; & cette traduction qui n'a paru qu'en 1725, après la mort de l'auteur, est due aux soins

du P. Desmolets de l'Oratoire, bibliothécaire de la maison de Paris. Cette édition latine est en 2 vol. *in-fol.* L'ouvrage est très-solide, & l'auteur établit les vérités qu'il enseigne sur les passages de l'écriture, sur les décisions des conciles, & sur les témoignages des peres. Le P. Pouget a aussi travaillé au bréviaire de Narbonne, imprimé à Paris en 1708. Il a encore donné en 1712, *in-12*, des Instructions chrétiennes sur les devoirs des chevaliers de Malte, dont il n'est guere que l'éditeur & le réviseur; & une très-belle lettre contenant une relation exacte & détaillée de la conversion de M. de la Fontaine, de l'académie françoise, dont le P. Pouget avoit été le ministre, étant vicaire de S. Roch à Paris. Cette lettre est dans les *mémoires de littérature & d'histoire*, recueillis par le P. Desmolets, *tom. I, part. II,* & dans le tome I de l'édition des œuvres diverses de M. de la Fontaine, donnée en 1744. On a encore du P. Pouget une lettre à feu M. le cardinal de Noailles, archevêque de Paris, datée du 27 mars 1714, sur la bulle *Unigenitus*, signée du P. Pouget même, & imprimée *in-12.* Il étoit de l'assemblée que M. le cardinal de Noailles avoit établie pour examiner & régler les rits & les usages ecclésiastiques du diocèse de Paris. Le P. Pouget est mort à Paris dans la maison de S. Honoré, en 1723. * Du Pin, *biblioth. des auteurs eccl. du XVII siecle.*

POUGUES, village du Nivernois, entre Nevers & la Charité, est renommé à cause de deux fontaines, dont les eaux sont estimées depuis long-temps, pour la vertu qu'elles ont de guérir l'hydropisie. Quoique ces deux fontaines, dont l'une s'appelle de *Saint-Léger*, & l'autre de *Saint-Marceau*, ne soient distantes l'une de l'autre que d'un pied, on remarque toutefois quelque différence dans le goût de leurs eaux. Il y a quantité de malades qui y demeurent huit ou neuf jours pour en boire tous les matins un ou deux verres, ou en transporte même à ceux qui ne peuvent venir sur les lieux. Les habitans du pays qui ne boivent point d'autre eau, & qui la trouvent savoureuse, avouent qu'elle soutient beaucoup plus que l'eau commune: sur quoi on peut consulter le traité de ces fontaines, qui fut imprimé à Paris en 1581.

POUHATAN, royaume de Virginie, dans l'Amérique septentrionale, avoit pour ville capitale celle de Pomejock, située sur le bord de la mer, dans le temps des premieres découvertes. Lorsque le capitaine Smith fut présenté au roi de Pouhatan, ce prince n'avoit point d'autre palais qu'une cabane faite de branchages d'arbres, & enduite avec du mortier, & s'étoit assis que sur une planche un peu élevée, au milieu de ses courtisans. Les Anglois & les Irlandois se sont établis dans ce royaume, où ils ont plusieurs colonies. Ce pays est arrosé par une riviere qui porte le même nom. * Biart, *de l'Amérique.*

POUILLE (La) province d'Italie, dans le royaume de Naples, est nommée par ceux du pays *la Puglia*, & par les auteurs Latins *Apulia.* Elle comprend les villes de Luceria, de Gravina, de Manfredonia, d'Andria, de Bari, d'Ascoli, de Venosa, de Bitonte, de Barleta, de Trani, de Bovina, de Troya, &c. Robert Guischard fut duc de Calabre & de la Pouille dans le XI siecle. * Collenutio & Summonte, *hist. Nap.* Léandre Alberti, *descript. Ital. &c.*

POUILLI (Jean de) docteur de Paris, prêchoit dans le XIV siecle quelques propositions hardies au sujet de la confession; car se fondant sur un décret du concile général de Latran, sous Innocent III, il soutenoit que ceux qui se confessoient à des religieux, étoient obligés de se confesser encore à leur curé, & que le pape même ne les pouvoit dispenser de ce devoir annuel. D'autres ajoutent qu'il vouloit dire que la confession faite sans permission du curé, n'ôtoit pas l'obligation de la faire une fois l'année au pasteur, qui doit répondre de l'ame du paroissien. Les moines qu'il attaquoit étant extrêmement puissans auprès du pape Jean XXII, le firent condamner ; & les auteurs des catalogues des hérétiques l'y placent, comme s'il avoit voulu pervertir toute la religion, quoiqu'à la vérité il n'eût deffein que de défendre les droits de la hiérarchie eccléfiaftique. * Sponde, *A. C.* 1321, *n.* 2. Le concile de Latran, *cap. Omnis utruifque fexus*, &c.

POULAIN (Nicolas) auteur du XVI fiécle, fut lieutenant de la prévôté de l'Ifle de France. Il étoit né à S. Denys, près de Paris. On a de lui un écrit intitulé : *Le procès-verbal de Nicolas Poulain, qui contient l'hiftoire de la ligue, depuis le fecond janvier 1585, jufqu'au jour des barricades, efcligues le 12 mai 1588*. Cet écrit a été imprimé dans les dernieres éditions du *Journal de Henri III*, par l'Eftoille : dans la derniere édition de 1744, il eft au tome II, pag. 228 & fuivantes.

POULAIN de la BARRE (François) né au mois de juillet 1647, à Paris, d'une famille honnête qui faifoit profeffion de la religion catholique, fit fes études avec fuccès, & embraffa l'état eccléfiaftique. La philofophie de l'école étoit encore alors celle d'Ariftote, & ce fut celle qu'il étudia. Il prit le dégré de maître-ès-arts, & paffa enfuite à l'étude de la théologie dans les écoles de Sorbonne. Il foutint fes théfes & fes examens pour le baccalauréat, & fon deffein étoit de faire fa licence & de prendre le grade de docteur. Mais dans cet intervalle ayant pris du gout pour la philofophie de Defcartes, il fe livra à l'étude de cette philofophie, dont il devint un des plus zélés partifans. Voici ce qu'il dit lui-même dans fon *Traité de l'éducation des Dames*, cinquiéme entretien : « Après m'être élevé, autant que » mon âge me le permettoit, aux dégrés fcientifiques » dont on honore dans le pays Latin ceux qui ont étu-» dié les opinions que l'on y enfeigne, je me mis un » jour à faire réflexion fur ce que j'y avois appris. Je » fus affez étonné de trouver que j'avois perdu ma » peine, & que je n'étois habile qu'en parchemin & dans » mes lettres de capacité. . . . . . Je remarquois que tout » ce que je favois n'étoit d'aucun ufage dans le mon-» de, que pour faire fortune que par une certaine voie où » je ne voulois pas entrer. Je voyois les honnêtes » gens ne pouvoient fouffrir notre maniere de raifonner ; » que même je ne pouvois guère employer qu'en » latin ; que l'on me démontoit entièrement, lorf-» que l'on m'obligeoit de m'expliquer intelligiblement, » & de ne me point fervir de certains mots & de cer-» taines phrafes que je prétendois être confacrées. . . . » enfin qu'après avoir étudié depuis neuf ans jufqu'à » vingt, avec beaucoup d'application & de fuccès pour » un écolier, je n'étois guère plus avancé que fi je n'euffe » jamais rien fait, & qu'il me falloit recommencer tout » de nouveau, felon l'avis de quelques perfonnes avec » qui je m'entretenois. » Il rapporte comment il connut & étudia les ouvrages de Defcartes, & les progrès qu'il fit dans cette étude. Elle le dégouta pareillement de la théologie fcholaftique, lui fit quitter les bancs de Sorbonne fur le point d'entrer en licence ; & il fe borna, à ce qu'il paroît, à lire l'écriture fainte, fur-tout le nouveau teftament, & les livres de Defcartes. Il prit cependant les ordres facrés, le facerdoce même, & fe chargea en 1680 de la cure de la Flamangrie, au diocèfe de Laon, fur les frontieres de la Picardie. Il obtint cette cure par fes grades, & l'on affure qu'il s'y comporta avec une grande fageffe de conduite. Mais à force de ramener tout à fa raifon, & négligeant l'étude de la tradition, il s'écarta de la doctrine de l'églife, fit naufrage dans la foi, & fe retira d'abord à Paris en 1688, & la même année à Genève, où il fe maria en 1690, avec une demoifelle de Genève, iffue d'une ancienne famille du Chablais, établie à Genève dès le temps de la réformation. Son bien ne fuffifant pas, fans doute, pour le faire fubfifter commodément avec fa femme, il fe mit à enfeigner la langue françoife qu'il poffédoit bien ; & ce fut-là fa principale occupation jufqu'en 1708, que le fénat académique l'engagea à prendre une des premieres claffes du collège qu'il étoit en état de remplir

par fes talens. En 1716 les feigneurs du petit confeil lui firent préfent, de leur propre mouvement, de la bourgeoifie, laquelle s'achete ordinairement. Il mourut à Genève au mois de mai 1723. Nous avons lu de lui quatre ouvrages qu'il compofa étant en France, & avant fon changement de religion. Le premier a pour titre : *Rapports de la langue latine à la langue françoife*, par *le fieur* POULAIN, à Paris 1672, *in-12*. Le fecond, *De l'égalité des deux fexes, ouvrage phyfique & moral, où l'on voit l'importance de fe défaire de fes préjugés*, à Paris 1673, *in-12*. Le troifiéme, *De l'excellence des hommes contre l'égalité des fexes*, avec une differtation qui fert de réponfe aux objections tirées de l'écriture fainte, contre le fentiment de l'égalité, à Paris 1675, *in-12*. Enfin le quatriéme a pour titre : *De l'éducation des Dames pour la conduite de l'efprit dans les fciences & dans les mœurs : Entretiens*, à Paris 1679, *in-12*. Il y a cinq entretiens, dédiés à fon alteffe royale Mademoifelle. L'auteur promettoit dans fa préface de donner une feconde partie de cet ouvrage, où il devoit defcendre dans le détail de l'éducation des enfans ; mais on ne croit pas que cette feconde partie ait paru, fi même elle a été faite. Dans les cinq entretiens que nous avons, M. Poulain montre, dans le premier, l'utilité des fciences ; dans le fecond, la difpofition où il faut être pour bien enfeigner, & pour être bien enfeigné, & il parle beaucoup contre les préjugés ; dans le troifiéme, il continue la matiere, des préventions qu'il attaque de toutes fes forces, & parle de la recherche de la vérité ; dans le quatrième, il a pour but principal de faire voir que toutes les fciences font comprifes dans la connoiffance de nous-mêmes : enfin dans le cinquième, il fait l'éloge de la philofophie de Defcartes, & parle des livres où il faut l'étudier. Son changement de religion lui a fait enfanter en 1720 un ouvrage d'un autre genre, intitulé : *La doctrine des proteftans fur la liberté & le droit de lire l'écriture fainte, fur le fervice divin en langue entendue, fur l'invocation des faints, fur le facrement de l'Eucharif-tie, juftifiée par le Miffel romain, & par des réflexions fur chaque point, avec un commentaire philofophique fur ces paroles de Jefus-Chrift : Ceci eft mon Corps : Ceci eft mon Sang*, à Genève. M. le Clerc a fait ouvrage dans le tome XV de fa *Bibliothèque ancienne & moderne*. M. Poulain a laiffé d'autres ouvrages qui ne font point encore imprimés. De fon mariage il a eu deux enfans, un fils & une fille ; le fils, nommé JEAN-JAC-QUES, né en feptembre 1696, reçu au miniftere au mois de feptembre 1720, a commencé à fe diftinguer en 1714, 1°. par des théfes qu'il foutint fous le titre de *Penfées philofophiques*, qu'il a mifes depuis & publiées en françois ; 2°. en 1717, par d'autres théfes fous le titre de *Penfées théologiques* ; les unes & les autres imprimées à Genève, *in-8°*. * On s'eft fervi pour dreffer cet article, de celui qui eft dans le *dictionaire de Bafle*, aux additions qui font à la fin du fixième volume, & des quatre premiers ouvrages de M. Poulain.

POULANGY, abbaye de religieufes, près de Langres. Les religieufes font profeffion de la régle de faint Benoît ; mais femblables à des chanoineffes, elles vivent chacune en leur particulier avec une fervante qui les fert. Elles ne gardent point la clôture : elles vont chez leurs parens quand elles veulent, & y demeurent autant qu'il leur plaît. Elles ont toutes une penfion qu'elles apportent du fiécle, & l'abbeffe donne à chacune pour fon entretien, de l'argent, du bois, du bled & du vin. Tout leur vœu de pauvreté confifte en ce que tous les ans le jeudi-faint elles préfentent à l'abbeffe la clef de leur argent, & ne peuvent donner plus de deux écus fans permiffion. Elles font toutes filles de qualité, quoiqu'elles ne faffent pas preuve de nobleffe. Il eft très-conftant qu'elles ont autrefois gardé la régle de S. Benoît dans toute fa pureté, & que pour l'obferver avec toute l'exactitude poffible, elles fe donnerent à l'ordre de Cîteaux, & fe foumirent à l'abbeffe du Tard, qui avoit droit de vifite & de correction dans Poulangy, affiftoi

& préſidoit à l'élection de l'abbeſſe, & la faiſoit venir à ſon chapitre général au Tard. Quelques-uns même croient que l'abbaye de Poulangy a été fondée par ſainte Salaberge, & que c'eſt ce monaſtere que l'auteur de la vie de cette ſainte dit qu'elle fonda au fauxbourg de Langres; mais le P. Mabillon a réfuté ce ſentiment. * Voyez les Actes des ſaintes de l'ordre de S. Benoît, & le Voyage littéraire de D. Martenne & de D. Durand, tom. I, partie premiere.

POUPART (François) naquit au Mans, on ne ſait en quelle année. Il étoit fils d'un bon bourgeois, allié aux meilleures familles de la ville, qui n'avoit aucun emploi, & étoit chargé de beaucoup d'enfans. Il ne s'occupoit que de leur éducation. Il en mit un dans la marine, qui s'y avança par ſon mérite, juſqu'à devenir capitaine de vaiſſeau. M. Poupart fit ſes études chez les peres de l'Oratoire du Mans. La philoſophie ſcholaſtique ne fit que lui apprendre, qu'on pouvoit philoſopher, & lui en inſpirer l'envie. Il tomba bientôt ſur les ouvrages de Deſcartes, qui lui donnerent une grande idée de la nature, & une auſſi grande paſſion de l'étudier. Il paſſa quelques années chez ſon pere dans cette ſeule occupation, encore incertain du parti qu'il prendroit. Enfin il ſe détermina pour la médecine. Mais comme le ſecours tant ſpirituels, pour ainſi dire, que temporels lui manquoient au Mans, il alla à Paris, où il eſt plus facile d'en trouver de toute eſpece. Il ſe chargea de l'éducation d'un enfant pour ſubſiſter; mais ayant bientôt éprouvé que les ſoins de cet emploi lui enlevoient tout ſon temps, il y renonça, & aima mieux étudier que ſubſiſter, c'eſt-à-dire, que pour être entierement à lui & à ſes livres, il ſe réduiſit à un genre de vie fort incommode & fort étroit. Il s'appliqua avec ardeur à la phyſique, & ſur-tout à l'hiſtoire naturelle, qui eſt peut-être la ſeule phyſique à notre portée. Un gout particulier le portoit à étudier les inſectes, eſpeces d'animaux ſi différens de nous, & ſi différens entr'eux, qu'ils font comprendre en général la diverſité infinie des modéles ſur leſquels la nature peut avoir fait des animaux, pour une infinité d'autres habitations. Il avoit & la patience, ſouvent très-pénible, de les obſerver pendant tout le temps néceſſaire, & l'art de découvrir leur vie cachée, & l'adreſſe de faire, quand il étoit poſſible, la délicate anatomie de ces petits corps. Il portoit ſes découvertes aux conférences de l'abbé Bourdelot, dont il étoit un des bons acteurs: on les faiſoit imprimer dans le Journal des ſavans; témoin ſa diſſertation ſur la ſangſue, qui fut fort approuvée des phyſiciens; & leur fit connoître à eux-mêmes un animal que tout le monde croyoit connoître. Pour ſe perfectioner dans l'anatomie, il voulut exercer la chirurgie dans l'Hôtel-Dieu, & ſe préſenta à ceux dont il falloit qu'il ſubît l'examen. Ils l'interrogerent ſur des choſes difficiles; & par les réponſes qu'il leur fit, ils le trouverent déja fort habile dans l'art de la chirurgie, & le reçurent avec éloge. Mais il les étonna beaucoup, quand il leur avoua qu'il ne ſavoit pas ſeulement ſaigner, & qu'il n'avoit ſur la chirurgie qu'une ſimple ſpéculation. Ils ne ſe repentirent pas de l'avoir reçu; ils le jugerent bien propre à apprendre promptement & parfaitement cette pratique, qu'ils ne s'étoient pas apperçus qui lui manquât, & ils l'inſtruiſirent avec affection ſous les maîtres ont pour d'excellens diſciples. Il paſſa trois ans dans ces fonctions, après quoi il ne s'attacha plus qu'à la médecine; & comme il ne cherchoit pas à en borner l'étendue, il embraſſa tout ce qui y avoit rapport, la botanique, la chymie. Il ſe fit recevoir docteur en médecine dans l'univerſité de Reims. Son envie de ſavoir n'étoit pas renfermée dans les limites de cette profeſſion. La philoſophie de Deſcartes lui donna du gout pour la géométrie; il pouſſa même juſqu'à étudier l'architecture. Au renouvellement de l'académie royale des ſciences en 1699, tous les académiciens qui n'avoient point d'éleves, en ayant nommé, il fut fait éleve de M. Méri, en qualité d'anatomiſte. La compagnie étant alors remplie d'un

très-grand nombre d'académiciens nouveaux, qui n'avoient pas des ouvrages prêts à être produits dans les aſſemblées, ou ne s'en tenoient pas aſſez ſûrs, pour les expoſer dans un lieu aſſez redoutable, M. Poupart fut le premier d'eux tous qui ſe trouva en état de parler, & qui en eut la noble aſſurance. Il lut un mémoire ſur les inſectes hermaphrodites, qui fut d'un heureux augure pour la capacité de ceux d'entre les nouveaux venus, que la plupart des académiciens ne connoiſſoient pas encore beaucoup. On a vu depuis dans les volumes que l'académie a donnés pour chaque année, ſon hiſtoire du Formica-leo, celle du Formica-pulex, ſes obſervations ſur les moules, & quantité d'autres obſervations moins importantes, ou peut-être ſeulement plus courtes, répandues dans le même livre. Il tomba malade au mois d'octobre 1708, & mourut en peu de jours. On le croit auteur d'un livre intitulé la chirurgie complette, qui n'eſt qu'une compilation commode de pluſieurs autres traités. Si cela eſt, on doit pardonner ce livre au beſoin qu'il avoit de le faire, & lui ſavoir gré en même temps de ne s'être pas fait honneur d'une compilation. Il a réſiſté à un grand nombre d'exemples qui l'y pouvoient inviter. Sa place d'éleve de M. Méri a été remplie par M. Engueard, docteur en médecine de la faculté de Paris. * Hiſtoire de l'académie des ſciences de 1709, pag. 156, édition de Hollande.

POURBUS (François) peintre, né à Bruges en Flandre vers l'an 1540, étoit fils de Pierre Pourbus de Goude, habile peintre & ingénieur, mort en 1583. Ce fut ſon pere qui lui mit le crayon à la main. Il travailla enſuite ſous Franc Floris, qu'il ſurpaſſa de beaucoup, ainſi que ſon pere, pour l'intelligence des couleurs. Son talent principal étoit pour le payſage & les animaux, & il excelloit auſſi dans le portrait. Il épouſa en premieres noces la fille de Corneille Floris, frere de Franc Floris. En 1564, il fut reçu dans la compagnie des peintres d'Anvers. Etant devenu veuf peu après, il ſe maria une ſeconde fois en 1566. Il mourut à Anvers en 1580, âgé de quarante ans. Son fils François Pourbus, contemporain de Fréminet, fut ſon éleve, & lui a été fort ſupérieur. C'eſt lui qui a fait à l'hôtel de ville de Paris les portraits des prévôts des marchands & des échevins de cette ville. Il eſt mort en 1622, & fut inhumé chez les religieux Auguſtins du fauxbourg S. Germain. * M. d'Argenville, Abrégé des vies des plus fameux peintres, tome II, pag. 118 & ſuiv.

POURÇAIN (Saint) en latin Portianus, abbé en Auvergne dans le VI ſiécle, étoit né eſclave. Comme il alloit ſouvent, malgré ſon maître, à un monaſtere proche du lieu où il demeuroit, ce maître en fit une querelle au ſaint, & mais, ſi l'on en croit Grégoire de Tours, il en fut puni par un aveuglement, dont il ne fut guéri qu'après avoir laiſſé la permiſſion à Pourçain d'entrer dans le monaſtere. Il y entra, & mena une vie fort auſtere. Grégoire de Tours rapporte qu'étant venu l'an 520 à l'armée de Thierri, roi d'Auſtraſie, pour lui faire ſes plaintes, au ſujet du ravage que ſes ſoldats faiſoient dans la province, il entra dans la tente de Sigeval, qui lui préſenta une coupe pleine de vin, que le ſaint ayant fait le ſigne de la croix, la coupe ſe briſa en deux, & qu'il en ſortit un ſerpent que l'on n'avoit pas apperçu; que ce miracle fit admirer le ſaint, & que le roi lui accorda tout ce qu'il demandoit. S. Pourçain mourut vers l'an 540, & donna ſon nom au village & au monaſtere, qui a perdu, il y a près de 800 ans, le titre d'abbaye, & eſt devenu un prieuré dépendant de l'abbaye de Tournus. On fait mention de lui dans les martyrologes modernes au 24 novembre avec S. Romain, prêtre de la ville de Blaye, diſciple de S. Martin de Tours. * Greg. de Tours, vitâ PP. c. 5, Baillet, vies des ſaints, novemb.

☞ POURCHOT (Edme) licencié en droit civil & canonique, recteur en 1692 & 1693, & enſuite en 1694 ſyndic de l'univerſité de Paris, naquit à Poilly, village du dioceſe de Sens, dans la vallée d'Aillant;

entre Auxerre & Joigny, le 7 septembre 1651. Étant en péril, il fut baptisé sur le champ par Edme Martin, curé de la paroisse, son oncle maternel. Son pere l'ayant destiné aux études, il fut envoyé en Auxerre, où il fit ses humanités. Un médecin qui le tira d'une grande maladie, & qui vit dans le jeune homme les plus heureuses dispositions & une ardeur extrême pour le travail, lui parla si avantageusement de l'université de Paris, qu'il résolut de venir puiser dans leur source les connoissances dont il ne trouvoit qu'une légere ébauche dans sa province. Dès qu'il fut rétabli, il se rendit à Paris. Il fut adressé par l'archidiacre d'Auxerre au collége des Graffins, fondé pour les étudians du dio-cèse de Sens. Il y donna bientôt des preuves de son amour pour les sciences, & de ces talens qui l'ont con-duit aux premieres places de l'université. Il se livra tout entier à l'étude de la philosophie, & il y fit des pro-grès si rapides, qu'il fut préféré à tous ses condisciples, pour soutenir, au nom du collége, l'acte public qu'il étoit autrefois indispensable de soutenir à la fin de cha-que cours de philosophie, dans tous les colléges de l'université. Il reçut le dégré de maître-ès-arts à la fin de l'acte, le 2 juillet 1673. Cet acte le fit connoître de M. Le Tourneux, qui logeoit au collége des Graffins en qualité de chapelain de ce collége. L'amitié de ce grand homme lui fut d'autant plus précieuse, qu'il étoit sans secours du côté de la fortune, & que ne con-noissant personne à Paris, il se trouvoit sans guide & sans conseils. Il trouva dans M. Le Tourneux tout ce qui lui manquoit à cet égard. Par ses avis il apprit le grec, dont il n'avoit aucune connoissance, & revit les auteurs latins, sans abandonner la philosophie, vers laquelle M. Le Tourneux lui conseilla de diriger toutes ses études. Non content de lui donner des conseils, de lui fournir les livres qui lui étoient nécessaires, & de l'aider dans ses besoins, M. Le Tourneux chercha à le faire connoître. Il le proposa à M. Arnaud, qui lui avoit demandé quelqu'un pour lire l'art de penser avec M. de Pompone son neveu. M. Arnaud eut à ce sujet plusieurs entretiens avec le jeune homme, & il n'hésita point à lui confier cette partie de l'éducation de son neveu. M. Pourchot se trouva insensiblement lié à MM. de Port-Royal, & ce fut par leurs conseils qu'il se fixa dans l'université. Il fut nommé professeur de phi-losophie au collége des Graffins, au mois d'octobre 1677. Sa réputation lui attira une foule d'étudians ; & à l'ou-verture du collége des Quatre-Nations, il fut appellé par les supérieurs de ce collége, pour y professer la phi-losophie.

On ne connoissoit dans les écoles de l'université que le péripatétisme, qui de-là s'étoit répandu dans toute l'Europe ; M. Pourchot s'éleva le premier au-dessus des préjugés de cette méthode de traiter la philosophie, qu'on attribuoit faussement à Aristote, qu'aucun de ceux qui enseignoient n'avoit peut-être lu. D'après les ouvrages de Descartes & la logique de Port-Royal, il composa & dicta dans l'université une philosophie toute nouvelle, inconnue avant lui, & dont les principes, appuyés sur le bon sens & la droite raison, firent bien-tôt disparoître le fatras, l'ergotisme & les ridicules subtilités qui faisoient avant lui le corps de la philo-sophie.

L'université de Paris a l'obligation à M. Pourchot de l'esprit philosophique qui regne aujourd'hui dans ses écoles. Il est le premier qui y ait joint l'étude de la géo-métrie à celle de la physique. La connoissance de cette science étoit absolument nécessaire pour traiter la phy-sique, suivant le plan que M. Pourchot s'étoit proposé. Comme il ne seroit pas possible aujourd'hui d'expliquer Newton, sans connoître le calcul des infiniment petits, M. Pourchot ne pouvoit, sans géométrie, ni dévelop-per les différens systêmes qu'il exposoit, ni suivre celui de Descartes, qu'il avoit embrassé, ni traiter de l'astronomie & de beaucoup d'autres matieres qu'il fai-soit entrer dans sa physique. Il donna donc une phy-

sique-mathématique, comme il l'appelle lui-même dans sa préface ; & par-là il a mis, pour ainsi dire, dans les écoles de philosophie un fonds précieux dont elles jouis-sent, & qui fructifie tous les jours.

Il falloit avoir autant de courage que de zèle pour le bien public, pour entreprendre de réformer les éco-les, & de combattre les idées reçues & accréditées depuis si long-temps. La philosophie de M. Pourchot lui attira autant d'ennemis dans l'intérieur de l'univer-sité, que d'admirateurs au dehors. Il s'éleva dans le sein même de l'université, des brigues & des cabales contre l'auteur de la nouvelle philosophie. Tout le monde connoît l'arrêt burlesque qui fut dressé par Des-préaux à ce sujet, dans lequel *certains quidams sans aveu prenant les noms de Gassendistes, Cartésiens, Malebranchistes & Pourchotistes*, sont traités de fac-tieux, &c.

Le ridicule que cet arrêt jettoit sur les anciens pré-jugés, dissipa le parti qui s'étoit formé dans l'univer-sité contre la nouvelle philosophie, qu'on avoit déja déférée au parlement, comme une doctrine dangereuse. M. Pourchot donna au public sa philosophie, sous le titre d'*Institutiones philosophicæ* ; mais pour ne pas heurter de front, ou paroître mépriser tout-à-fait les questions dont on faisoit le plus de cas dans les écoles, il en fit une espéce de collection, séparée du corps de l'ouvrage, sous le titre de *Series disputationum scho-lasticarum*, qu'il appelloit en badinant le *Sottisier*. Les sectateurs de l'ancienne philosophie lui furent bon gré de cette complaisance. Tout le monde applaudit aux *Institutions philosophiques*, & elles eurent un débit étonnant. Le péripatétisme conserva cependant encore des partisans parmi les professeurs mêmes de l'univer-sité.

M. Duhan mit au jour son *Philosophus in utramque partem* ; mais M. Lecomte, professeur de seconde au collége Mazarin, publia contre cet ouvrage une piéce de vers latins, qu'il intitula *Satyra bicornis*. Dans cette satyre ingénieuse, dont le *Journal de Trévoux* fit l'éloge au mois de décembre 1703, l'auteur railloit l'ancienne philosophie, enseignée par Duhan, & faisoit la critique de quelques piéces de M. Gibert, professeur de rhéto-rique au collége Mazarin. Cette satyre étant devenue rare, M. Pourchot la publia de nouveau avec des no-tes, sous le titre de *Sermo Horatianus*. Enfin une se-conde édition des *Institutions philosophiques* dissipa to-talement le péripatétisme, & délivra les écoles de ces questions aussi absurdes qu'inutiles, sur lesquelles on avoit disputé si long-temps & avec tant de chaleur, sans les entendre. Bientôt on ne lut plus, on n'étudia plus que la philosophie de M. Pourchot.

Le concours des étudians qui venoient l'entendre étoit si grand, qu'à peine sa classe pouvoit les contenir, & qu'il étoit souvent obligé, pour gagner sa chaire, d'es-calader les bancs des écoliers. Sa réputation le lia avec tout ce qu'il y avoit de plus illustre en tout genre de littérature, & les charmes de sa conversation le faisoient rechercher de toutes les sociétés. Racine & Despréaux étoient ses amis. Il étoit particuliérement lié avec le P. Mabillon, M. Du Pin, M. Baillet, le P. Montfau-con, & avec presque tous les savans de son temps. Il avoit acquis dans l'université la plus haute considération. Il ne s'y donnoit presque rien au public, où il n'eût quelque part. M. Pourchot intervint dans la dispute qui s'éleva entre MM. Grenan & Coffin sur la préférence des vins de Bourgogne & de Champagne. Il écrivit à ce sujet quelques lettres ; & pour concilier les deux partis, il fit, sous le nom d'Hippocrate, un décret qui fixoit la place & l'usage de chacun de ces vins ; & il donna lieu à deux piéces des deux rivaux, l'une de M. Grenan à M. Fagon, l'autre de M. Coffin, sous le nom de la faculté de Co, qui furent les deux der-nieres piéces de cette dispute littéraire.

M. Pourchot en eut une personnellement avec M. Gi-bert, dont ce dernier a fait lui-même le détail dans le

troisième

troifiéme volume de fes *Jugemens des favans*. Le fujet de cette difpute étoit cette propofition que M. Pourchot avoit avancée au commencement du 4ᵉ chap. part. 3, fect. 3, de fa phyfique : *Les paffions ayant un rapport direct avec le mouvement des efprits animaux, la phyfique, dont l'objet eft de rechercher la nature & les caufes des paffions, eft d'un grand fecours à la rhétorique, pour perfuader, en les excitant à propos.* M. Gibert s'éleva contre cette propofition. Le P. Lamy, Bénédictin, prit parti pour M. Pourchot, qui publia de fon côté deux écrits pour la défenfe de fon fentiment ; l'un intitulé, *Défenfe du fentiment d'un philofophe contre un rhéteur*; l'autre fous le titre de *Lettre d'un jurifte à l'auteur de la véritable éloquence.*

M. Le Tourneux lia M. Pourchot avec M. de Santeul, & M. Pourchot, de fon côté, fit connoître ce poëte fameux à M. Le Comte, profeffeur de feconde au collége Mazarin, qui joignoit au gout le plus exquis & le plus délicat, les plus grands talens pour la poéfie latine. M. Le Tourneux étoit l'oracle de M. de Santeul pour fes hymnes. Il n'en compofoit aucune, dont M. Le Tourneux ne lui eût tracé le plan, & fourni, pour ainfi dire, les matériaux. M. de Santeul lifoit fes hymnes à fes deux amis, & il déféroit à leur jugement. La verfification étoit abfolument foumife à la critique de M. Le Comte, aux corrections duquel feul, ce poëte acquiefçoit fans réplique. M. Pourchot & M. de Santeul fe trouvoient fouvent enfemble chez M. Le Tourneux ; ils reçurent les derniers foupirs de ce grand homme, qui mourut d'apoplexie entre leurs bras, le 28 novembre 1686. Accablés de la douleur la plus profonde, ils marcherent long-temps dans les rues fans fe parler. Au milieu de la rue S. Victor, M. de Santeul interrompit fes fanglots, en s'écriant de toute fa force, *Ah ! M. Pourchot, j'ai perdu ma tête.*

La beauté des hymnes de M. de Santeul fit naître à M. Pourchot l'idée d'en compofer pour S. Edme, fon patron, pour lequel il avoit d'autant plus de dévotion, que ce faint archevêque de Cantorbery avoit profeffé les humanités, enfuite la philofophie, & enfin la théologie dans l'univerfité de Paris, dans laquelle il avoit pris le dégré de docteur, & non dans celle d'Oxford, comme l'ont avancé quelques Anglois modernes. M. Pourchot ayant compofé les hymnes de la fête du faint, pria quelques-uns des plus habiles profeffeurs de l'univerfité de l'aider dans la compofition de celles de la tranflation. Les hymnes finies, il travailla avec un docteur de Sorbonne de fes amis, à un office nouveau ; & le tout étant achevé, il en fit préfent à l'abbé de Pontigny, qui le lui eut demandé pour le fubftituer dans fon églife, à l'office du commun, dont on fe fervoit auparavant.

M. Pourchot n'étoit pas feulement connu dans l'univerfité. M. Boffuet & M. de Fénelon l'honoroient de leur eftime. Ce dernier lui offrit plufieurs fois tout le crédit qu'il avoit à la cour, pour le mettre au nombre des inftituteurs des enfans de France. La réputation qu'il s'étoit acquife, fecondée de la protection de M. de Fénelon, lui eût frayé le chemin vers cette route, fi les confeils de M. Boffuet ne l'euffent fixé dans celle qu'il avoit fuivie jufqu'alors. Le grand évêque de Meaux lui repréfenta le peu de folidité d'un nouvel état, & infifta principalement fur le bien que M. Pourchot pouvoit faire dans l'univerfité, dont il avoit toute l'eftime & toute la confiance. M. Pourchot n'héfita point ; & fe livrant tout entier à l'univerfité, il fe dévoua fans réferve à fon fervice. Il n'eft pas poffible d'entrer dans le détail de tout ce qu'il a fait, de tout ce qu'il a entrepris, de tout ce qu'il a écrit pour le bien, l'honneur & l'avantage de fon corps pendant fon rectorat, & principalement pendant les 40 années de fon fyndicat. Il fuffit de dire avec M. l'abbé Goujet, dans fon premier *Supplément* à ce dictionaire, que l'univerfité le regardera toujours comme un de fes membres les plus zélés, & comme l'un de fes plus grands ornemens.

Plein de religion, & pénétré de refpect pour les livres faints, il s'appliqua dans un âge fort avancé à l'étude de la langue hébraïque, avec une ardeur qui lui en fit franchir en peu de temps toutes les difficultés. Il fuivit la méthode de M. Mafclef, avec lequel il étoit lié d'une amitié très-étroite. Ses études eurent toujours pour objet le bien public. Il crut que ce feroit y contribuer, que de faciliter aux jeunes théologiens de l'univerfité, la connoiffance d'une langue auffi néceffaire pour l'intelligence du texte facré, que l'hébreu, & il fe propofa d'en donner des leçons publiques. Ce fut le motif qui l'allégua lui-même dans les programmes qu'il fit afficher en 1718 & 1719, pour annoncer au public qu'il enfeigneroit l'hébreu au collége de fainte Barbe, *ut academicæ juventutis, præfertimque theologorum ftudiis fubferviat.* Le zèle de M. Pourchot accrédita la méthode de M. Mafclef ; & malgré les efforts du P. Guarin, Bénédictin, en faveur des points maforéthiques, cette méthode fut goutée & fuivie. M. Mafclef en fut fi reconnoiffant, qu'il voulut dédier à M. Pourchot la feconde édition de fes grammaires hébraïque, chaldaïque, fyriaque & famaritaine, qui furent imprimées en deux volumes *in-12*, en 1731. Il lui envoya dans ce deffein le projet de la dédicace ; mais jamais il ne put fléchir la modeftie de M. Pourchot, qui refufa conftamment cet hommage de la reconnoiffance de fon ami.

Au milieu de ces nouvelles études, & des occupations continuelles que lui donnoit le fyndicat de l'univerfité, M. Pourchot trouvoit le temps de travailler à perfectioner fes *Inftitutions philofophiques*, dont il préparoit la quatrième édition. Lorfqu'il étoit près de la donner, il perdit la vue. Il en chargea M. Martin, actuellement profeffeur en droit, fon éleve & fon parent, qui revit l'ouvrage, & le donna au public à la fin de 1731. M. Pourchot ne furvécut que deux ans fix mois à cette édition de fa philofophie. Il mourut à Paris le 22 juin 1734, fur les dix heures du foir, & fut inhumé dans le cimetiere de S. Etienne du Mont, fa paroiffe, avec les pauvres, ainfi qu'il l'avoit demandé par fon teftament. M. Clément, confeiller au parlement, fon exécuteur teftamentaire & fon ami, a fait pofer une tombe à côté de fa fépulture, avec cette épitaphe de la compofition de M. Coffin :

Hìc jacet
 EDMUNDUS POURCHOT, *Senonenfis,*
Licentiatus in utroque jure,
Philofophiæ profeffor,
Univerfitatis non femel rector,
Strenuus ejufdem per annos XL fyndicus ;
Vir fagaci ingenio,
Eruditione multiplici,
Tum in urbe, tum in aula
Gratiofus.
Acri in amicos, in patriam, in religionem ftudio,
Singulari erga omnes comitate,
Magnum fui etiam apud exteras nationes defiderium
Reliquit.
Primus
Scholarem philofophiam,
Horridam antea, & inaniter argutam,
Nitidiore cultu donavit,
Et ad feveriores veri & rationis leges
Aufus eft revocare.
Cui labori, in publicam lucem quater editò,
Applaufit litteratus orbis.
Egenis popularibus,
Prima paupertatis memòr,
Ut eorum ftudia promoveret,
Peculium legavit,
Annos vixit tres & octoginta.
Mortuus eft die jun. 22 an. R. S. H. MDCCXXXIV,
Bene merito bene præcare.

M. Pourchot a laiffé à l'univerſité le peu de bien qu'il y avoit acquis, en fondant au collége des Graſſins une bourſe pour les étudians de ſon pays natal, & une chaire de grec, l'une & l'autre à la collation du tribunal de l'univerſité. M. Le Beau, actuellement profeſſeur d'éloquence au collége royal, & ſecrétaire de l'académie des inſcriptions & belles-lettres, ayant été nommé au mois d'août 1753 à la chaire de grec, fit l'ouverture de ſes leçons le 18 février 1754, par un diſcours public, dans lequel il fit l'éloge de M. Pourchot, & le mit au rang des plus grands hommes qui aient paru dans l'univerſité, & qui lui aient rendu de plus grands ſervices. Nous ne pouvons mieux terminer cet article, qu'en rapportant ce qui a été dit de M. Pourchot par M. l'abbé Goujet dans ſon premier *Supplément* à ce *dictionaire*. « L'univerſité de » Paris le poſſéda de bonne heure, ſentit toute l'éten- » due de ſon mérite, lui confia long-temps ſes intérêts » les plus chers, & le regarda toujours comme un » de ſes membres les plus zélés, & comme l'un de ſes » plus grands ornemens. M. Pourchot y profeſſa la phi- » loſophie avec toute la diſtinction & tout l'applaudiſ- » ſement poſſibles pendant l'eſpace de ſix ans. Il a tou- » jours été laïc, & vécu dans le célibat, & n'a jamais » pris d'autres dégrés que ceux de maître-ès-arts, & de » licencié en droit civil & canonique ; mais l'univerſité de » Paris l'a élevé à tous les honneurs qu'elle pouvoit lui pro- » curer. Il en avoit été ſept fois recteur, & il l'eût été » encore plus ſouvent, ſi l'on n'eût pu forcer plus de » fois ſon humilité & ſa modeſtie. Pendant plus de 40 » années qu'il en a été ſyndic, c'eſt-à-dire, juſqu'à ſa » mort, on ne peut pas dire avec quel zèle il a ſervi » ſon corps, combien de ſoins & de peines il s'eſt » donnés pour maintenir ſes droits, conſerver ſa diſci- » pline & ſes priviléges, réformer les abus, augmenter » le bon ordre, & rendre ſervice à ſes membres ; » combien il lui a fallu prononcer de diſcours, » former des déciſions, porter de décrets. Il étoit » de plus doyen de la tribu de Sens ; & dans tous » ces poſtes il n'a jamais ſéparé la modeſtie la plus » exacte, des honneurs & des applaudiſſemens les plus » réitérés qu'il recevoit ſans ceſſe. Il parloit & écrivoit » en latin avec une pureté & une élégance appro- » chante de celle des auteurs du temps d'Auguſte, » comme on peut le voir dans les différens diſcours » qu'on a de lui, dans ſes *Inſtitutiones philoſophicæ*, & » dans les *Prolégomenes* qui ſont au-devant de la gram- » maire hébraïque de Maſclef, auxquels M. Pourchot » a travaillé pour le ſtyle. » On trouve ſon caractère en de mots dans ces quatre vers, qui ont été faits par M. Martin, ſon élève, pour être mis au bas de ſon portrait gravé.

Ille eſt PURCHOTIUS, *quo ſe ſchola principe jactat*
Spretis certa ſequi dogmata quiſquiliis.
Relligionis amans, idem ſophiaque magiſter
Egregius, mores format & ingenium.

Outre ſes *Inſtitutiones philoſophicæ*, dont la quatrième édition fut donnée en 1734, *in-12* & *in-4°*, & pluſieurs diſcours ou réquiſitoires, dont quelques-uns ſont imprimés avec les actes que l'univerſité a dans le temps jugé à propos de donner au public, M. Pourchot a travaillé pour le ſtyle aux prolégomenes, & à la compoſition des méthodes hébraïque, chaldaïque & ſamaritaine de Maſclef, dont les *Vindiciæ* ont été achevées par M. de la Blletterie, actuellement profeſſeur au collége royal & de l'académie des inſcriptions & belles-lettres, 2 vol. *in-12*, Paris, 1731. On ſait auſſi que M. Pourchot eſt auteur des mémoires ſuivans, dont le P. Le Long fait mention dans ſa bibliothéque hiſtorique de la France : 1. *Mémoire pour l'univerſité de Paris, concernant le droit de préſéance de l'univerſité ſur l'hôtel de ville*, *in-4°*, Paris, 1701. 2. *Second Mémoire pour l'univerſité de Paris, contenant la réponſe au mé-*

moire de MM. de ville, *in-4°*, 1701. 3. *Mémoire touchant la ſeigneurie du Pré aux Clercs, appartenant à l'univerſité de Paris*, *in-4°*. 4. *Mémoire pour répondre à celui de M. Rollin, procureur de la nation de France, au ſujet de la nomination à la cure de S. Côme*. Ce mémoire eſt de 1718, & a été réimprimé, de même que celui de M. Rollin, avec quelques additions. 5. *Lettre d'une perſonne de la tribu de Tours, ſur l'aſſemblée de la faculté des arts du 10 octobre 1715*, dans laquelle fut deſtitué du rectorat de l'univerſité. 6. *Mémoire ſur l'inſtruction gratuite dans les colléges de la faculté des arts*, *in-fol.* Paris, 1724. 7. *Mémoire pour l'univerſité de Paris, intervenante pour celle de Reims, contre le décret d'union du collége des Jéſuites de Reims, à l'univerſité de cette ville*, *in-fol.* Paris, 1735. Ces deux derniers mémoires ſont M. Dagoumer. * *Mémoires du temps.* Voyez le diſcours que fit M. Gibert, ſucceſſeur de M. Pourchot au ſyndicat de l'univerſité, dans l'aſſemblée du premier octobre 1734. Les *Vindiciæ* de la méthode de Maſclef. La lettre françoiſe de M. Maſclef à M. Pourchot, en réponſe aux objections du P. Guarin, Bénédictin. Œuvres de Boileau, notes ſur l'arrêt burleſque, édition de Hollande, 1729.

POURFOUR DU PETIT (François), *cherchez* PETIT (François Pourfour du).

POURMAN (Matthieu-Godefroi) en latin, *Purmannus*, de la ſiécle dernier & au commencement de celui-ci, un chirurgien fort célebre en Pologne. Il a fait imprimer une *Chirurgie véritable*, compriſe en cinq traités, qui paſſe pour être d'une grande utilité à ceux de ſa profeſſion, principalement à ceux qui l'exercent aux armées. Il avoit été lui-même chirurgien d'armée depuis 1674, juſqu'en 1679. Il a fait auſſi un traité du devoir d'un chirurgien pendant la peſte, (*De Chirurgia peſtilentiali*) où il donne pour modele ce qu'il avoit fait durant une telle calamité. Enfin il a écrit ſur la maniere de guérir les maladies vénériennes, &c. M. Manget en parle aſſez au long dans ſa bibliothéque latine des auteurs médecins, au mot *Purmannus*.

POURRÉE, ou PORRÉE (Martin) en latin *Porræus*, évêque d'Arras, docteur en théologie de la faculté de Paris, entra dans l'ordre des Freres Prêcheurs ou Dominicains, & fut confeſſeur de Jean duc de Bourgogne. Séduit ou par ſes préventions, ou par la doctrine meurtriere de Jean Petit Cordelier, auſſi docteur de la faculté de Paris, il oſa entreprendre à ſon exemple, de juſtifier l'aſſaſſinat commis en la perſonne de Louis duc d'Orléans. Cette juſtification qui ne pouvoit que déſhonorer ſon auteur, plut ſi fort au duc de Bourgogne, que ce prince le fit élever ſur le ſiége épiſcopal d'Arras en l'an 1408. Martin Pourrée plein de reconnoiſſance pour ſon bienfaiteur, ne ſe contenta plus de parler en faveur d'un action que toute la poſtérité a déteſtée, il eut la hardieſſe de vouloir la juſtifier par écrit. C'eſt le but d'un ouvrag latin qu'il fit ſur ce ſujet, & que l'on conſerve manuſcri dans la bibliothéque du collége nouveau à Oxford. Il a écrit a pour titre : *Tractatus compoſitus per epiſcopu Atrebatenſem pro parte ducis Burgundiæ, quod licit fecit occidi ducem Aureliaanenſem*. On répondit à c ouvrage par un autre qui ſe trouve avec le même man ſcrit, & qui eſt intitulé : *Materia reſponſionis ad tra tatum Atrebatenſis ſuper interſectione ducis Aurelian ſis*. Nous ignorons le nom de l'auteur de cette réponſ que l'on dit être ſolide. Il n'étoit pas difficile de renve ſer en effet les raiſons & les preuves de ceux qui ſout noient une ſi mauvaiſe cauſe, qui a été attaquée vers même temps avec tant de lumiere & de zèle par le c lebre Gerſon, chancelier de l'univerſité de Paris. Mar Pourrée fut envoyé au concile général de Conſtance par le même duc de Bourgogne, avec Pierre Caucho & le 26 du mois de mai de l'an 1415, ces deux envo préſenterent aux députés de la nation françoiſe au c cile une lettre du même duc, qui étoit une réponſ deux lettres qu'il avoit reçues de cette nation l'évêque de Saint-Pons & par l'abbé de Monſtier-Saint-Jean, abbaye en Bourgogne. Comme cette réponſe contenoit pluſieurs traits fort piquans, & que le duc y faiſoit ſes efforts pour ſe juſtifier, Jean Gerſon & Pierre de Verſaille Bénédictin, & profeſſeur en théologie, ſon collégue de députation, ſe crurent obligés de proteſter contre, mais en leur propre & privé nom, & à en demander juſtice au concile. D'un autre côté l'évêque d'Arras & Pierre Cauchon déclarerent qu'ils ſe ſoumettoient auſſi au concile, & qu'ils en imploroient la juſtice de la part du duc leur maître. Dans la treizieme ſeſſion tenue le 15 de juin de la même année 1415, le concile ayant nommé entre les commiſſaires pour les cauſes de foi Pierre d'Ailly évêque de Cambrai, le décret en fut approuvé par tous, excepté par l'évêque d'Arras, qui proteſta contre la nomination de l'évêque de Cambrai. Il dit qu'il rendroit raiſon par écrit de cette proteſtation en temps & lieu, mais ſur-tout qu'il récuſoit Pierre d'Ailly dans l'affaire du duc de Bourgogne avec les Pariſiens. La proteſtation fut admiſe, & il en demanda acte. La raiſon de cette récuſation étoit que Gerſon avoit au concile de très-grandes liaiſons avec le cardinal d'Ailly, touchant l'affaire du duc de Bourgogne, & que c'étoit même chez lui que le premier tenoit des conférences pour faire condamner les propoſitions de Jean Petit. La proteſtation fut bien admiſe, comme on l'a dit; mais les actes du concile ne diſent point ſi la récuſation le fut auſſi. Quoi qu'il en ſoit, l'évêque d'Arras demanda enſuite que la ſentence de l'évêque de Paris & de l'inquiſiteur de la foi fût caſſée & déclarée nulle par le concile, tant parcequ'ils n'avoient pas eu droit, ſelon lui, de prononcer ſur une cauſe dont il diſoit que la connoiſſance appartenoit au ſaint ſiége, que parceque les propoſitions condamnées étoient, diſoit-il, probables & ſoutenues par un grand nombre de docteurs. Il demanda auſſi que l'on impoſât ſilence à l'évêque de Paris, à Jean Gerſon & au promoteur du concile, à cauſe de l'irrégularité de leurs procédures dans cette affaire. Il fit encore pluſieurs autres demandes, que l'on peut voir dans les actes que M. du Pin a recueillis à la fin de ſa belle édition des œuvres de Gerſon, où l'on trouve, comme le remarque M. Lenfant dans ſon *Hiſtoire du concile de Conſtance*, quantité de particularités très-curieuſes que l'on avoit ignorées juſqu'ici. Le 25 du même mois de juin, le même Martin Pourrée évêque d'Arras, profitant de l'abſence de l'empereur qui s'étoit retiré pour quelques jours à Uberlingen, petite ville à quelques lieues de Conſtance, ſoit pour ſe délaſſer l'eſprit, ſoit pour penſer avec plus de liberté aux importantes affaires qu'il y avoit encore à terminer, préſenta aux commiſſaires un long mémoire contre Gerſon, comme ſi celui-ci eût été l'ennemi déclaré du duc de Bourgogne, & que ſous prétexte de zèle pour la foi, il n'eût eu en vue que de flétrir la réputation de ce prince. Ce mémoire eſt extrêmement vif & paſſionné; & l'auteur y révoquoit même en doute la qualité d'ambaſſadeur du roi de France que Gerſon prenoit, quoiqu'il fût notoire qu'il étoit réellement revêtu de ce titre. On voit bien quel étoit le but de ces plaintes de l'évêque d'Arras. Comme il n'avoit pas envie que l'affaire en fût jugée au concile, il ne pouvoit ſouffrir que Gerſon en ſollicitât le jugement avec un ſi grand empreſſement; mais le concile fut toujours rendre juſtice à Gerſon, & mettre la différence convenable entre l'accuſé & l'accuſateur. Ce ne fut pas la derniere fois que l'on vit l'évêque d'Arras s'oppoſer avec chaleur au célebre Gerſon; mais une des plus marquées, fut dans une ſéance du 2 de mai de l'an 1416. Ce jour-là Martin Pourrée prononça un long plaidoyé contre la procédure de l'évêque de Paris, & même contre celle des commiſſaires de la foi au concile. Son plaidoyé fut ſi long, qu'on ne put entendre que lui ce jour-là. Mais le lendemain Gerſon ayant obtenu audience malgré cet évêque, qui prétendoit l'avoir avant lui, fit un diſcours où il répondit à tout ce que le prélat avoit allégué contre la ſentence de Paris, & où il produiſit l'apologie du duc de Bourgogne

& les neuf aſſertions du docteur Jean Petit, les lettres du roi de France qui en preſſoient fortement la condamnation, & pluſieurs piéces qui avoient été compoſées pour juſtifier la ſentence de l'évêque de Paris. L'évêque d'Arras y répondit comme il put, quelques jours après, & produiſit une lettre de la nation de Picardie, par laquelle il paroiſſoit que cette province n'avoit point conſenti à une lettre de l'univerſité de Paris, dont Gerſon venoit de faire la lecture; mais la lecture de cette lettre de la province de Picardie fut ſuivie d'un ſi grand tumulte, qu'il fallut ſe ſéparer. On voit encore paroître l'évêque d'Arras dans pluſieurs autres occaſions du concile, & par tout il eſt aiſé de remarquer que ce prélat avoit fort à cœur les intérêts du duc de Bourgogne, ſon bienfaiteur & ſon maître. Après la tenue du concile de Conſtance, il fut envoyé en Angleterre avec le prévôt de S. Donatien de Bruges. Nous ignorons quel étoit le ſujet de ce voyage. Martin Porrée mourut le 6 de ſeptembre de l'an 1426, & fut enterré dans ſon égliſe, où l'on mit ſur ſa tombe l'épitaphe ſuivante.

Hic jacet MARTINUS PORÉ
De conventu Senonenſi
Ordinis Fratrum Prædicatorum:
Olim confeſſarius illuſtriſſimi principis
Joannis,
Ducis Burgundiæ, Flandriæ, Arteſiæ,
Et
Burgundiæ comitis;
Deinde Atrebatenſis epiſcopus.
Obiit anno Domini MCCCCXXVI.
Die ſextâ Septembris.

* *Voyez* ſur ce prélat le *Gallia chriſtiana* de MM. de Sainte-Marthe, tome II, page 218, à l'article des évêques d'Arras; Céſar Egaſſe du Boulay dans ſon Hiſtoire latine de l'univerſité de Paris, tome V, ſiécle VII, ſur l'an 1415, page 284 & ſuivantes; Caſimir Oudin dans ſon grand commentaire latin ſur les écrivains eccléſiaſtiques, t. III *in-folio*, ſiécle XV, p. 2262; l'*Hiſtoire du concile de Conſtance*, par M. Lenfant, en beaucoup d'endroits du premier volume; M. du Pin, dans ſa bibliothéque des auteurs eccléſiaſtiques du XVᵉ ſiécle, & dans le dernier volume *in-folio* de l'édition qu'il a donnée des œuvres de Jean Gerſon, & pluſieurs autres auteurs.

POURRÉE ou POURÉE (Denys) étoit de la ville de Caen en Normandie, ou des environs de cette ville. Il floriſſoit dans le XVIᵉ ſiécle, où il ſe diſtingua par ſes talens & par ſa piété. S'il avoit pu façonner ſon eſprit au commerce d'un monde poli, & en ôter la rudeſſe de la province, il avoit aſſez d'élévation de génie, aſſez de goût pour la belle poëſie, & l'oreille aſſez fine pour le diſcernement de la cadence nombreuſe des vers, pour être en état de tenir un rang, même diſtingué, entre tant d'excellens poëtes ſes contemporains qui brilloient alors. Ses flammes ſaintes & ſes méditations, qu'il fit imprimer à Caen en l'année 1588, & qui marquent le caractère de ſon eſprit, font auſſi connoître la diſpoſition de ſon ame envers Dieu, ou du moins font croire qu'il avoit une piété tendre, ſolide & éclairée. *Quand on louera ſa poëſie*, dit le ſavant M. Huet, *on louera principalement la piété qui la ſoutient & qui l'anime*. Il ſeroit à ſouhaiter que cet éloge pût convenir à tous les poëtes. Denys Pourrée écrivoit bien, & ſa latinité n'eſt pas à mépriſer. Nous ignorons les emplois qu'il pouvoit occuper dans le monde, & l'année de ſa mort. * *Mémoires du temps*, Huet dans ſes *Origines de Caen*, deuxième édition, *in-8°*. pages 347 & 348, &c.

☞ POURRIERE, village de Provence ſitué auprès de la ville d'Aix, ſur le chemin qui étoit la *voie Aurélienne*, au pied d'une haute montagne de marbre qui a près de deux lieues d'élévation, & appellée *de la Victoire*. Caïus Marius lui donna ce nom, pour immortaliſer celle qu'il remporta ſur les cens mille Cimbres, Teutons & Ambrons, qui menaçoient la république romaine de ſon entiere deſtruction. Il ſubfifte encore auprès du chemin une partie de l'arc de triomphe qui fut élevé à la gloire de ce grand capitaine. On y a déterré un bas-relief de marbre grec de cinq pieds de longueur, & de quatre d'élévation. Il eſt placé à Aix dans la cour de l'hôtel du baron de Gaillard-Lonjumeau de Ventabren. Ce monument repréſente un autel ; à l'un de ſes côtés eſt placé debout un ſoldat de la garde prétorienne, accoudé près d'une colomne torſe canelée, tournée à jour, d'ordre corinthien, ornée de ſon chapiteau, ſurmonté d'une aigle romaine, qui béquete des glands de chêne ; de l'autre un captif à côté d'un grand laurier planté en terre. C'eſt à Pourriere où furent enterrés les cadavres que laiſſerent les Romains ſur le champ de bataille. La pourriture des ces cadavres, qui infectoit les environs, donna ſujet d'appeller ce lieu *Pourridiere*, qui en langue provençale ſignifie, *pourriture ;* d'où on a formé le nom de POUR-RIERE, par abréviation.

POURSS, en latin, *Porſius* (Matthias) étoit né dans cette province du Danemarck, que les géographes appellent *Cimbria* ou *Jutia*. Il fut paſteur dans la ville de Rype ou Ripe, nommée auſſi *Ripa*, dans la même province, depuis l'an 1595 juſqu'à ſa mort arrivée l'an 1616. C'étoit un homme habile, qui avoit étudié l'antiquité, & qui poſſédoit bien les langues grecque & latine. On a de lui les deux ouvrages ſuivans : *De nomenclaturis romanis recens danicè factis, pari græcarum recenſione*, en quatre livres, *cum elencho gemino latino & danico*. Cet ouvrage a été imprimé à Francfort en 1594 in-8°. Le deuxième ouvrage de cet auteur eſt un recueil de ſentences & de maximes de Saxon *le Grammairien*, imprimé à Sleswig en 1585 in-12, ſous ce titre : *Scitè & ſententioſè dicta Saxonis grammatici*. Albert Bartholin parle de Matthias Porſius dans ſon traité, *De ſcriptis Danorum, Norwagorum & Iſlandorum*, publié après la mort de l'auteur, par Jean Mollerus ſavant Danois, qui a recueilli pluſieurs auteurs qui ont écrit des célebres écrivains du Nord. Ce recueil a été imprimé à Leipſick en 1698, in-8°. * *Voyez* la page 100 & la ſuivante.

POURSUIVANT D'ARMES s'eſt dit autrefois des gentilshommes qui s'attachoient aux héraults pour aſpirer à leur charge. Ils ne pouvoient y parvenir qu'après ſept ans d'une eſpece d'apprentiſſage qu'ils paſſoient dans cet exercice. C'eſt ce que les Latins appelloient *candidati militia*, & *flagitatores*. Ils étoient de la dépendance des héraults, & aſſiſtoient à leur chapitre. Un ſeigneur banneret pouvoit avoir des *pourſuivans* ſous l'aveu de quelque hérault. On les baptiſoit dans les fêtes ſolemnelles après le ſouper, c'eſt-à-dire, qu'on leur donnoit alors des noms plaiſans, & ſouvent ridicules, comme ceux de *joli-cœur, vertuiſant, ſans mentir, gaillardet, beau-ſemblant, haut-le-pied*, &c. Leurs cottes-d'armes étoient différentes de celles des héraults, & ils avoient des bâtons ſans ornement.

POUSS (Jean) que pluſieurs nomment en latin *Ponchius*, étoit un théologien Danois, qui ſuivoit la ſecte de Luther, & qui a fleuri dans le dix-ſeptiéme ſiécle. Il a deſſervi l'égliſe de Ringſtad, & a montré du zèle pour ſes fonctions. Il a fait un ouvrage eſtimé de ſes compatriotes, mais fort peu connu au-delà du Nord, où il traite de la réparation du genre humain par l'incarnation du Fils de Dieu. Ce traité eſt intitulé : *Proſopopæia ſacra, de generis humani per λόγου incarnatum reparatione*. Il a été imprimé à Copenhague en l'année 1634. C'eſt un volume *in*-4°. Il faut conſulter l'ouvrage poſthume d'Albert Bartholin, *De ſcriptis Danorum, Norwagorum & Iſlandorum*, publié par Jean Mollerus. * *Voyez* la page 86 de ce recueil, imprimé à Leipſick en 1698 *in*-8°.

POUSSAY, abbaye de filles en Lorraine. La fondation de cette abbaye a été commencée par BERTHOLD, évêque de Toul, & achevée par BRUNO ſon ſucceſſeur, qui fut élu pape ſous le nom de Léon IX, le 12 février 1049, & mourut le 19 avril 1054. Saint Léon qui depuis ſon avénement à l'évêché de Toul, n'omettoit rien

de tout ce qu'il jugeoit devoir tourner à l'avantage de l'égliſe chrétienne, ayant conſidéré les pieux deſſeins de ſon prédéceſſeur, notamment à Portſas, ſitué un peu plus bas que la ville de Mircourt ſur la riviere de Madon, y édifia le monaſtere de ce lieu ; & l'ayant doté de revenus, y établit des vierges nobles, ainſi qu'autrefois S. Romáric avoit fait au S. Mont, S. Goéric, ou plutôt l'évêque Thierry Lallemánd, & premier couſin de l'empereur Othon, à Epinal, environ l'an 970, S. Gauzelin à Bouxiere, &c. Le même S. Léon voulut pour illuſtrer ce nouveau collége, y transférer auſſi les précieuſes reliques de ſainte Menne, laquelle depuis a été retenue par les dames pour patrone. Cette tranſlation fut célébrée le 15 mai de l'an 1036. *Berenne*, dame d'une famille très-illuſtre, fut la premiere abbeſſe inſtituée; elle ſe comporta ſi vertueuſement, que la dévotion & la ferveur au ſervice divin prirent accroiſſement dans ſa maiſon, à l'édification des peuples. Ce peu ſuffit en cet endroit, le lecteur pouvant recourir aux auteurs que nous citons, pour apprendre l'hiſtoire entiere ; nous dirons ſeulement que ce noble collége de Portſas perſévere en ſa ſplendeur. La bulle de fondation en date de l'an 1051, porte que Bruno s'étant propoſé d'exécuter le projet de ſon prédéceſſeur Bertholdus, évêque de Toul, d'établir une abbaye à Portſas, en latin, *Portus ſuavis*, que eſt Pouſſay, il avoit conſacré l'égliſe au nom de la ſainte Vierge & de ſainte Menne, dont le corps y repoſoit, & y avoit legué pluſieurs biens, dont l'abbeſſe Berenne lui demandoit la confirmation, lorſqu'étant venu de Rome il faiſoit ſéjour à Toul pour paſſer en France, afin d'y affermir la religion, & par cette bulle il confirme tous les biens donnés à cette maiſon, leſquels y ſont ſpécifiés. Il ſe trouve auſſi dans les archives de cette abbaye une bulle de Lucius III de l'an 1085, dans laquelle il eſt dit que ce pape, à l'exemple de Léon d'heureuſe mémoire, ſon prédéceſſeur, met ſous la protection de S. Pierre & de la ſienne, l'égliſe de ſainte Menne de Portſas, & confirme toutes les donations qui lui ont été faites. Ce chapitre eſt compoſé d'une abbeſſe, une doyenne & quinze dames. il y a quatre chanoines pour célébrer les meſſes. On voit par les uſages très-anciens dans ce collége, que les dames pour y être reçues, ſont preuve de ſeize lignes d'ancienne nobleſſe militaire paternelle & maternelle, leſquelles entraînent la preuve de trente-deux qui ſont jurées par trois chevaliers, qui atteſtent ſur les ſaints évangiles que ces lignes ſont bonnes, vraies & anciennes. On ne déroge point aux anciens uſages, & on ne reçoit dans ce chapitre que des filles de qualité qui font leurs preuves & ſont jurées, ſuivant la coutume. Ce chapitre a droit de s'élire une abbeſſe, qui peut choiſir une coadjutrice du conſentement des dames du chapitre. On trouve dans les archives de l'abbaye de Pouſſay pluſieurs patentes des ducs de Lorraine, qui prennent cette égliſe ſous leur protection & ſauvegarde, & confirment leurs droits, immunités & priviléges. Premièrement, des patentes du duc Matthieu, des années 1220, 1226, 1240, & autres ; du duc Ferry, des années 1284, 1289, 1292; du duc Jean, de l'an 1340 ; du duc Raoul, de l'an 1342 ; du duc René, de l'an 1477 ; un ordre de Charles V, qui défend de rien entreprendre contre les immunités, exemptions & priviléges de ce chapitre, dans leſquels il le confirme. Cet ordre eſt daté du 8 février 1677. Son alteſſe royale Léopold I a fait un échange & fondation à ce chapitre, par leſquels il lui a marqué ſa bienveillance. Cet acte eſt daté du 22 juin 1707.

LISTE DES DAMES ABBESSES DE POUSSAY, dont on a pu avoir connoiſſance.

Berenne, premiere abbeſſe dénommée dans la bulle de Léon IX, dont il eſt parlé ci-deſſus. Dom Calmet & M. Ruyer font l'éloge de la vertu & de la nobleſſe de cette abbeſſe.

Béatrix dénommée dans la bulle de Lucius III, en date de l'an 1085.

Berthe, en 1206 & 1209.

Jeanne, dite *Sibylle*, en 1308.

Jeanne de Beauffremont, en 1341.

Jeanne de Mendre mourut en 1400.

Isabelle de Mircourt vivoit en 1413.

Yolande de Germiny, élue abbesse en 1455. Elle fit démission de son abbaye en faveur de Claude de Ligniville, laquelle *Claude* de Ligniville mourut le 6 mars 1529.

Philippe de Ligniville, qui mourut le 24 septembre de l'année 1538.

Anne de Barbay fut élue le 24 de septembre 1538, & mourut le 19 décembre 1576. Elle avoit eu pour coadjutrice Claude d'Anglure, qui entra en possession le 19 décembre 1576, & mourut en 1586.

Françoise du Chatellet mourut le 27 septembre 1586, deux mois & demi après son élection.

Emonde d'Amoncourt, qui mourut le 7 novembre 1625. Elle avoit eu pour coadjutrice Catherine de Damas, laquelle étant abbesse, mourut en octobre 1638.

Anne-Perrette de Damas fut élue le 29 d'octobre 1638, & mourut le 12 mars 1690. Elle avoit eu pour coadjutrice Marie-Claire de Luxembourg, princesse de Tingri, qui remercia.

Angélique-Cunégonde de Montmorency fut élue, mais elle ne prit point possession; elle fit son remerciment en 1694, & épousa le 7 d'octobre Louis-Henri de Soissons, prince de Neuf-châtel.

Marie-Elizabeth de Gramont fut élue le 6 janvier 1695. Elle eut le 1 octobre 1728 pour coadjutrice *Charlotte* de Beauveau-Craon, abbesse par la démission pure & simple que ladite *Marie-Elizabeth* de Gramont lui a faite de son abbaye le 2 mai 1730, au monastere des dames religieuses de l'ordre de S. Dominique à Charmes, où elle s'est retirée.

Charlotte de Beauveau-Craon, qui s'est depuis mariée avec le marquis de Baffompierre de Baudricourt. * *Mémoires manuscrits*. Mabillon, *annal. ordin. S. Bened*. tome IV, p. 330. Jean Ruyer, *antiquités des Vôges*, D. Calmet, *histoire ecclésiastique & civile de Lorraine*.

POUSSIN (Nicolas) naquit à Andeli, petite ville de Normandie, en 1594. Sa famille étoit néanmoins originaire de Soissons, où il y a eu des officiers de son nom dans le présidial. Son pere *Jean* Poussin étoit d'extraction noble, mais né avec peu d'argent; en sorte que son fils déterminé par l'état où se trouvoit sa famille, & par la violente inclination qu'il avoit pour la peinture, sortit de la maison de son pere à l'âge de dix-huit ans pour venir à Paris s'instruire des premiers élémens de cet art. Un seigneur de Poitou, qui l'avoit pris en affection, le mit chez Ferdinand, peintre de portraits, que le Poussin quitta au bout de trois mois pour entrer chez un autre peintre nommé Lallemant, où il ne fut qu'un mois; parceque ne croyant pas s'avancer assez sous la discipline de tels maîtres, il les abandonna dans la vue de tirer plus de profit de l'étude qu'il se proposoit de faire sur les tableaux des grands maîtres. Il travailla quelque temps en détrempe, & il s'y exerçoit avec une grande facilité, lorsque le cavalier Marin, qui se trouva pour lors à Paris, & qui connut le génie du Poussin, voulut l'engager à faire avec lui le voyage d'Italie. Mais soit que le Poussin eut quelqu'ouvrage qui le retint à Paris, ou qu'il fût rebuté de deux tentatives qu'il avoit faites inutilement pour aller à Rome, il se contenta de promettre au cavalier, qu'il le suivroit bientôt. En effet, après avoir peint à Paris quelques tableaux, & entr'autres celui qui est à Notre-Dame, & qui représente la mort de la Vierge, il partit pour l'Italie, âgé pour lors de 30 ans. Il trouva à Rome le cavalier Marin, qui lui fit mille caresses, & qui, dans la vue de lui rendre service, en parla avantageusement au cardinal Barberin, en lui disant : *Vederete un giovane chi hà una furia di diavolo*. Comme le cavalier, de qui le Poussin attendoit beaucoup de secours & de protection, mourut peu de temps après l'arrivée de ce

peintre, & que le cardinal Barberin, qui avoit envie de le connoître, n'en avoit point eu le temps, le Poussin se trouva à Rome sans secours & sans connoissances, & eut toutes les peines du monde pour y subsister; en sorte qu'il étoit contraint de donner les ouvrages, son unique ressource, pour un prix qui payoit à peine ses couleurs. Néanmoins il ne perdit pas courage, & le parti qu'il prit fut de travailler assidument à se rendre habile. La nécessité où il étoit de se passer de peu pour sa nouriture & pour son entretien, fit qu'il demeura long-temps retiré, sans fréquenter personne, s'occupant entièrement à faire de sérieuses études sur les belles choses qu'il dessinoit avec ardeur. Malgré la résolution qu'il avoit faite de copier les tableaux des grands maîtres, il s'y exerça fort peu. Il croyoit que c'étoit assez de les bien examiner & d'y faire ses réflexions, & que le surplus étoit un temps perdu; mais il n'en étoit pas de même des figures antiques. Il les modéloit avec soin; & il en avoit conçu si grande idée, qu'il en fit son principal objet, & qu'il s'y attacha entièrement. Il étoit persuadé que la source de toutes les beautés & de toutes les graces venoit de ces excellens ouvrages, & que les anciens sculpteurs avoient épuisé celles de la nature, pour rendre leurs figures l'admiration de la postérité. La grande liaison qu'il avoit avec deux habiles sculpteurs, l'Algarde & François Flamand, chez lequel il demeuroit, a pu fortifier, & peut-être susciter cette inclination. Quoi qu'il en soit, il ne s'en est jamais éloigné, & elle a toujours augmenté avec ses années, comme il est aisé de le voir par ses ouvrages. Il copia, dit-on, dans ses commencemens quelques tableaux du Titien, dont la couleur & la touche du paysage lui plaisoit fort, pour accompagner le bon gout du dessin qu'il avoit contracté sur l'antique. L'on remarque en effet, que ses premiers tableaux sont peints d'un meilleur gout de couleur que les autres; mais il fit bientôt paroître par la suite des ouvrages, à les regarder dans le général, que le coloris n'étoit dans son esprit que d'une médiocre considération, ou qu'il croyoit le posséder suffisamment pour ne rien ôter à ses tableaux de la perfection qu'il y vouloit mettre. Il est vrai qu'il avoit tellement étudié toutes les beautés de l'antique, l'élégance, le grand gout, la correction, & la diversité des proportions, les expressions, l'ordre des draperies, les ajustemens, la noblesse, le bon air & la fierté des têtes, les manieres d'agir, la coutume des temps & des lieux, & enfin tout ce qu'on peut voir de beau dans ces restes de sculpture antique, que l'on ne peut assez admirer l'exactitude avec laquelle il a enrichi ses tableaux. Il auroit pu, comme Michel Ange, surprendre le jugement du public. Celui-ci fit la statue d'un Cupidon, & après en avoir cassé le bras, qu'il retint, il enterra le reste de la figure dans un endroit où il savoit qu'on devoit fouiller; & cet ouvrage ayant été trouvé, tout le monde le prit pour antique; mais Michel Ange ayant présenté à son tronc le bras qu'il avoit réservé, convainquit de prévention tous ceux qu'il avoit trompés. On peut croire avec autant de raison, que si le Poussin avoit peint à fresque sur un morceau de muraille, & qu'il en eût retenu quelque partie, il auroit facilement laissé croire que sa peinture étoit l'ouvrage de quelque fameux peintre de l'antiquité; tant elle a de conformité avec celles que l'on a ainsi découvertes, & qui sont véritablement antiques. Il nourissoit cet amour des sculptures antiques, en les allant examiner souvent dans les vignes qui sont autour de Rome, où il se retiroit seul, pour y faire plus en repos ses réflexions. C'est aussi dans de semblables retraites, qu'il considéroit les effets extraordinaires de la nature, par rapport au paysage, & qu'il dessinoit des terrasses, des lointains, des arbres, & tout ce qui se rapportoit à son gout, qui étoit excellent. Outre l'étude exacte que le Poussin a faite d'après l'antique, il s'est encore fort attaché à Raphaël & au Dominicain, comme à ceux qu'il croyoit avoir le mieux inventé, le plus correctement dessiné, & le plus vivement exprimé les paffions de l'ame : trois chofes que le Pouffin a toujours regardées comme les plus effentielles à la peinture. Enfin , ce grand homme n'a rien négligé de toutes les connoiffances qui pouvoient le rendre parfait dans ces parties , non plus que pour l'expreffion de fes fujets en général , qu'il a enrichis de tout ce qui peut réveiller l'attention des favans. On ne voit point de grand ouvrage de lui ; & la raifon qu'on en peut donner , c'eft que les occafions ne s'en font pas préfentées. Ainfi l'on ne doit pas douter que ce ne foit le feul hazard qui a fait qu'il s'eft attaché à peindre des tableaux de chevalet , d'une grandeur propre à pouvoir entrer dans les cabinets , & tels que les curieux les lui demandoient. Le roi Louis XIII , & M. de Noyers , miniftre d'état & furintendant des bâtimens , lui écrivirent à Rome pour l'obliger de venir en France : il s'y réfolut avec beaucoup de peine. On lui affigna une penfion , & on lui donna aux Thuileries un logement tout meublé. Le Pouffin fit pour la chapelle du château de S. Germain , le tableau de la cène , & celui qui eft à Paris dans le noviciat des Jéfuites. Il commença dans la galerie du Louvre les travaux d'Hercule , dans le temps que la brigue de l'école de Vouet le chagrinoit par les médifances & les mauvais difcours qu'elle faifoit des ouvrages dont on vient de parler. Ces obftacles joints à la vie tumultueufe de Paris , dont il ne pouvoit s'accommoder , lui firent prendre la réfolution fecrete de retourner à Rome , fous prétexte de mettre ordre à fes affaires domeftiques , & d'en emmener fa femme. Mais quand il fut à Rome , foit qu'il s'y trouvât comme dans fon centre , foit que la mort du cardinal de Richelieu & celle du roi , qui arriverent pendant ce temps-là , le déterminaffent , il ne voulut jamais revenir en France. Il continua donc de travailler à fes tableaux de chevalet ; car ils ont tous été faits à Rome pour être envoyés à Paris , où les François ont même fait paffer ceux qui étoient demeurés en Italie , & qu'ils ont pu avoir pour de l'argent , n'ayant pas moins d'eftime pour ces excellens ouvrages , que pour ceux de Raphaël. Félibien , qui a écrit la vie de ce peintre fort foigneufement & fort amplement , donne la lifte de tous fes tableaux , & fait la defcription de ceux qui font les plus eftimés. Le Pouffin , après avoir fourni une heureufe carriere , mourut à moitié paralytique en 1665 , âgé de 71 ans. M. l'abbé Nicaife , chanoine de fainte chapelle de Dijon , qui étoit lié d'amitié avec le Pouffin , & qui fe trouvoit à Rome lors de la mort de ce grand peintre , lui a dreffée l'épitaphe fuivante , que nous allons rapporter , quoiqu'elle n'ait pas été mife fur fon tombeau :

D. O. M.
NICOLAO PUSSINO *Gallo ,*
Pictori fuæ ætatis primario ,
Qui artem
Dum pertinaci ftudio profequitur ,
Brevi affecutus , poftea vicit :
Naturam
Dum linearum compendio contrahit ,
Seipfâ majorem expreffit :
Eamdem
Dum novâ optices induftriâ
Ordini , lucique reftituit ,
Seipfâ fecit illuftriorem.
Illam
Græcis , Italifque imitari ,
Soli PUSSINO *fuperare ,*
Datum.
Obiit in urbe æterna XIV Kalend. Decemb.
An. MDCLXV.
Annos natus LXXI.
Ad fanct. Laurent. in Lucina
Sepultus.
CLAUDIUS NICASIUS *Divionenfis ,*
Regii facelli canonicus ,
Dum amico fingulari parentaret ,

Veteris amicitiæ memor ,
Monumentum hoc pofuit ære perennius.

Le Bellori qui a écrit la vie du Pouffin en italien , compofa auffi ces quatre vers latins en fon honneur.

Parce piis lacrymis , vivit PUSSINUS *in urna ,*
Vivere qui dederat , nefcius ipfe mori.
Hîc tamen ipfe filet ; fi vis audire loquentem ,
Mirum eft , in tabulis vivit & eloquitur.

Le Pouffin ayant eu le manufcrit original du traité italien de Léonard de Vinci touchant la peinture , y ajouta , pour éclaircir le texte , des figures aux endroits qui paroiffoient le demander : mais les deffins qu'il avoit faits n'étant qu'au trait , & à proprement parler , de fimples efquiffes , Errard fut chargé d'y mettre les ombres , & de leur donner la derniere main , avant que de les abandonner au graveur. Il augmenta même quelques figures qui avoient échapé au Pouffin. Celui-ci fe plaignit dans la fuite , avec raifon , qu'on avoit tellement altéré fes deffins en les grávant , qu'il ne s'y reconnoiffoit plus. Le Pouffin avoit époufé la fœur du Gafpre , de laquelle il n'eut point d'enfans. Ses biens ne paffoient pas 60000 livres ; mais il comptoit pour beaucoup fon repos , & le féjour de Rome , où il vivoit fans ambition. Un jour le prélat Maffimi , qui a depuis été cardinal , l'étant allé voir , la converfation dura infenfiblement jufqu'à la nuit : & comme le prélat s'en alloit , le Pouffin , fa lampe à la main , marcha devant lui , l'éclaira le long de l'efcalier , & le conduifit ainfi jufqu'à fon caroffe. Ce qui fit tant de peine à M. Maffimi , qu'il ne put s'empêcher de lui dire : *Je vous plains beaucoup , M. Pouffin , de n'avoir pas feulement un valet : Et moi ,* répondit le Pouffin , *je vous plains beaucoup plus , monfeigneur , d'en avoir un fi grand nombre.* Il ne faifoit jamais de marché pour le payement de fes tableaux ; mais il écrivoit fur le derriere de la toile le prix qu'il en vouloit , & on le lui envoyoit incontinent. Il n'a fait aucun éleve , & la plupart des peintres l'eftiment fans l'imiter , foit qu'ils trouvent fa maniere inacceffible , ou qu'y étant une fois entrés , ils n'en puiffent affez dignement foutenir le caractère. *M. de Piles, abrégé de la vie des peintres, Voyez auffi* la lettre de M. Mariette fur Léonard de Vinci , adreffée à M. le comte de Caylus , & mife au-devant du recueil de têtes de caractères & de charges , deffinées par Léonard de Vinci , & gravées par le même comte de Caylus , *in-4°. à Paris , 1730. Voyez* les notes qui font aux pages 8 & 9.

☞ POUSSINES (le P. Pierre) favant Jéfuite du XVII fiécle , naquit à Laurane , bourg du diocèfe de Narbonne , vers la fin de l'an 1609. Son pere , qui étoit un bourgeois vertueux , l'envoya de bonne heure au collége de Béziers. Ses claffes finies , il entra au noviciat des Jéfuites à Touloufe , le 7 de juillet 1624. Malgré l'ufage de ne faire paffer les jeunes Jéfuites à l'étude de la théologie , qu'au fortir de la régence des claffes , le P. Pouffines commença par étudier les vérités & les preuves de fa religion. Ses fupérieurs ne crurent pas devoir affervir aux régles ordinaires , les talens que la nature en avoit affranchis. Ils bornerent même le temps de fa régence à trois années , qu'il enfeigna les humanités , partie à Montpellier & partie à Touloufe. Le P. Pouffines avoit paru déja profondément verfé dans la connoiffance des langues favantes. Les traductions de Nicétas & du fophifte Polémon , lui valurent une réputation qui l'avoit précédé à Paris , où il fut envoyé en 1638. Le P. Pétau l'adopta parmi fes éleves. C'étoit alors les deux freres de Valois , les PP. Garnie & Vavaffeur. Le P. Pouffines étoit de retour à Touloufe en l'année 1642 : époque de fa profeffion des quatre vœux qu'il fit entre les mains du P. Annat. Un choix judicieux le deftina bientôt après à profeffer la rhétorique dans le collége de Touloufe. Le P. Pouffines , quoique favant , étoit homme de belles lettres. Il s'étoit nour le la lecture de l'antiquité grecque & romaine : & comme ces sources seront toujours celles de vrai & du beau de tous les temps, il y puisa une éloquence mâle & naturelle, pleine de chaleur & de mouvement. Nous avons ses harangues imprimées. Le style en général en est un peu dur, & quelquefois difficile ; mais ce défaut ne provient que de ce que trop délicat sur le choix des expressions, l'orateur rejettoit les communes, pour saisir celles qui avoient un air d'érudition plus marquée. Le recueil des poësies latines qu'il nous a laissé n'est pas exempt de ce défaut, qui semble répandu sur tous ses ouvrages.

Après avoir professé la rhétorique pendant cinq ans, le P. Poussines fut pourvu d'une chaire de l'écriture sainte. Divers ouvrages assortis à son nouvel emploi, devancerent la traduction d'Anne Comnene, ouvrage qui fut bien accueilli des savans. Il parut in-folio, en 1651, sous ce titre : *Annæ Comnenæ Alexiados, id est, de imperatoris Alexii Comneni rebus gestis, libri XV, gr. & lat.* Quelques recherches que le P. Poussines eut faites, il ne put parvenir à se procurer à temps le manuscrit d'Anne Comnene que Cujas avoit possédé ; ainsi il fut obligé de donner son édition sur un manuscrit de la bibliothéque du cardinal Barberin. Elle étoit déja finie, lorsque le manuscrit de Cujas lui fut communiqué par M. Puget, conseiller au parlement, à qui il appartenoit. Comme ce manuscrit se trouvoit parfaitement conservé & dans tout son entier, le P. Poussines s'en servit pour remplir les lacunes qui se trouvent semées dans celui de Barberin, & d'après lequel il avoit travaillé. Ces corrections écrites de la main du P. Poussines sur les marges de son Anne Comnene, sont conservées au collége des Jésuites de Toulouse. Il seroit nécessaire d'y avoir recours, si l'on faisoit une nouvelle édition de l'histoire Byzantine ; car le beau manuscrit de Cujas semble perdu aujourd'hui. La connexion qui se trouve entre l'histoire d'Anne Comnene & les mémoires de Nicéphore de Brienne, son époux, engagea le P. Poussines à donner aussi une édition & une traduction de ces mémoires. Le savant Jésuite se servit d'un manuscrit que le même M. Puget lui communiqua ; la traduction qu'il en donne, enrichie de commentaires & de notes, fut une nouvelle preuve de la connoissance qu'il avoit de l'empire d'Orient ; elle parut en 1661, in-folio.

Le P. Poussines fut appellé à Rome par son général, vers la fin de l'année 1654. D'abord chargé de continuer l'histoire de sa compagnie, il consacra quelques années à cet ouvrage ; après quoi, la chaire de l'écriture sainte, qu'il alla remplir dans le colége romain, lui laissa le loisir d'augmenter les richesses de l'histoire Byzantine.

Les œuvres entieres de Pachymere, contenant l'histoire de Michel Paléologue, & celle d'Andronic Paléologue, avoient été déterrées dans un coin de la Grèce, par l'œil vigilant du cardinal Barberin ; mais il s'agissoit d'interpréter un auteur dont l'obscurité avoit effrayé les plus courageux interpretes. Le cardinal jetta les yeux sur le P. Poussines, & le succès fit honneur à son choix. L'histoire de Michel Paléologue parut à Rome en 1666, in-folio, & celle d'Andronic Paléologue fut imprimée, aussi à Rome, en 1669 & 1671, in-folio. Quelques critiques reprocherent au Jésuite, de ne s'être pas assujéti aux termes du texte grec, & de l'avoir souvent paraphrasé. M. Galois, *Journal des savans 1666, décembre*, l'a défendu &, l'a fait un mérite de s'être affranchi de cette scrupuleuse exactitude, afin de porter la lumiere au milieu des ténebres dont Pachymere semble s'envelopper. M. Baillet, *jugemens des savans, p.73*, est convenu que les ouvrages de Nicéphore de Brienne & d'Anne Comnene avoient besoin de la sage étendue que le P. Poussines a su donner aux pensées de ces deux illustres auteurs. M. de Chevanes, savant Dijonois, a enrichi de notes excellentes les remarques du P. Poussines sur Pachymere. Elles devroient être mises à la suite de

l'ouvrage du Jésuite, d'autant plus que le livre de M. de Chevanes est devenu rare.

La reconnoissance eut part aux dédicaces que le pere Poussines adressa au cardinal Barberin & à la reine Christine. Cette princesse le distingua toujours à Rome, par les marques d'une estime qui donna lieu à une de ces anecdotes, qu'on regarde comme intéressantes, lorsqu'elles tiennent à l'histoire du travail des hommes de lettres. Holstenius, bibliothécaire du Vatican, avoit annoncé à cette princesse une élégante version du Banquet des Vierges, de S. Méthodius, cachée encore dans le cabinet du P. Poussines, mais prête à voir le jour. La reine pressa le Jésuite d'en hâter l'édition. Quelques jours après le P. Poussines se rendit, avec le P. Kirker, à la bibliothéque du Vatican, par ordre de cette reine qui s'y trouva aussi pour voir des manuscrits. Parmi ceux qu'on lui montra, ayant remarqué les œuvres de Méthodius : *C'est-là*, dit-elle, adressant la parole au P. Poussines, *cet auteur que vous allez donner au public. Ce ne sera pas lui, ce sera moi*, reprit assez brusquement le fameux Allatius. L'engagement étoit pris de sa part ; il se mit en devoir de le remplir, il eut même la foiblesse d'antidater son ouvrage pour usurper le frivol avantage d'avoir prévenu le travail du P. Poussines. Celui-ci ne crut pas devoir supprimer le fruit de ses veilles : on n'attend pas d'un auteur de pareils sacrifices : il envoya sa version à Henri de Valois, son ami, qui présida par lui-même à l'édition qui s'en fit à l'imprimerie du Louvre, en 1657, in-folio. Ce fut vers le même temps, que le P. Poussines fut choisi pour donner des leçons de la langue grecque au jeune prince des Ursins & à l'abbé Albani, qui fut dans la suite souverain pontife sous le nom de Clément XI.

Tous ces genres d'érudition étoient du ressort du savant Jésuite. Curieux de tout ce qui a des rapports avec l'histoire, il avoit formé une suite de médailles, dont les plus précieuses passerent après sa mort dans les mains du P. Chamillard. L'immense ouvrage des Jésuites d'Anvers lui est redevable de plus de deux cens vies des saints de la Grèce, du Languedoc & de la Gascogne, qu'il a comme ressuscités. Lorsque le P. Papebrock fit imprimer le *Propylæum ad acta SS. mensis maii*, il écrivit au P. Poussines sur la chronologie de la vie de Jesus-Christ ; ce qui donna lieu à ce pere de répondre par trois lettres, qui sont trois savantes dissertations qu'on voit dans ce volume. On lit dans une de ces lettres, écrite de Rome le 7 mars 1664, au P. Laloubere, Jésuite à Toulouse, qu'il a enrichi la nouvelle édition des conciles par le P. Labbe, de plus de trente conciles, synodes ou actes anciens, relatifs à ces augustes assemblées. Le P. Poussines étoit de retour à Toulouse, vers la fin de 1682, toujours laborieux, & toujours soutenu par la force d'un tempérament, qu'il faut supposer dans les savans du premier ordre. Le souvenir de la candeur de son ame & de la simplicité de ses mœurs, s'est conservé dans le collége de cette ville, où il mourut le 2 février 1686, dans la 77ᵉ année de son âge. On trouva dans sa chambre un prodigieux amas de lettres, car il avoit des relations dans toute l'Europe. La fausse crainte de laisser de prétendus secrets se répandre dans le public, les fit condamner au feu. Le pere Poussines vouloit finir sa carriere par un ouvrage précieux à la religion. La mort ne lui laissa pas le temps de le faire paroître. La dissertation préliminaire qui fut imprimée, promit cet important ouvrage sous ce titre : *Occursus prophetiæ & historia, in mysteriis vitæ, mortis & resurrectionis Christi*. Le manuscrit de cet ouvrage, dont quelques morceaux considérables sont égarés, est entre les mains du P. Lombard, Jésuite. C'est une histoire de tout ce qui s'est passé depuis le commencement du monde, jusqu'à la prise de Constantinople par les Turcs : elle renferme principalement les événemens, tant de l'histoire sacrée, que de l'histoire profane, prédits dans les livres saints. * *Eloge du P. Poussines*, composé par le P. Théodore Lombard, & inséré dans les *mémoires de Trévoux*, novembre 1750, second volume, pag. 2536.

POUST (Jean) en latin *Posthius*, né à Germersheim, ville du Bas-Palatinat, en 1537, avoit pour pere *Jean Poust*, citoyen de la même ville. Il avoit environ vingt & un ans, lorsqu'en 1558 il fut fait maître en philosophie à Heidelberg. Environ neuf ans après, c'est-à-dire, en 1567. L'académie de Valence en Dauphiné l'éleva à la dignité de docteur en médecine; & peu après il eut souvent occasion de faire briller son savoir, & d'augmenter sa réputation par la confiance qu'un grand nombre de personnes eut en lui, & par le choix que l'on fit de lui en plusieurs rencontres importantes, où il réussit. Dès l'année suivante 1568, l'évêque de Wirtzbourg ou Wirtzburg, l'appella auprès de lui, & le fit premier médecin de la ville. Jean Poust occupa ce poste pendant dix-sept ans, & s'y fit beaucoup d'honneur. En 1585 il fut rappellé à Heidelberg, où l'électeur Frédéric IV le fit son premier médecin, & il demeura douze ans dans cette ville. La peste commençant à faire du ravage à Heidelberg, les conseillers de l'électeur se retirerent à Morbach, & y menerent avec eux Jean Poust, qui y mourut la même année à l'âge de soixante ans. Son corps fut reporté à Heidelberg. On a de lui en latin 1. des observations anatomiques qui se trouvent dans l'anatomie de Réald Colombe, de Crémone, & dans un autre traité du même sur l'anatomie, imprimé à Francfort, chez Jean Wechel, en 1590, *in-8°*. 2. Deux lettres concernant la médecine, qui sont imprimées dans le livre de Jean Hornung, intitulé : *Cista medica*, à Nuremberg, en 1625, *in-4°*. Ces deux lettres sont aussi en latin. Il a eu le soin de corriger & de publier les deux livres d'Isaac l'Israélite des diétes générales & particulieres, traduits en latin. Enfin on a de lui *Mantissa anatomica*, dans les centuries 5 & 6 des histoires anatomiques de Thomas Bartholin, à Copenhague, en 1661, *in-8°*. * *Voyez* M. Manget, *in bibliotheca scriptorum medicorum*, livre xv, pag. 545.

POWHATAN, province de l'Amérique septentrionale. *Cherchez* POUHATAN.

☞ POWIS, c'est le nom d'un des trois royaumes qui furent établis dans le pays de Galles, lorsque Rodrigue, roi de Galles, divisa ses états entre ses trois fils. Le royaume de Powis échut à Mervin, le plus jeune des trois freres. Ce pays comprenoit les provinces de Montgomeri & de Radnor, avec partie de celles de Denbigh & de Flint, & tout le Shropshire, au-delà de la Saverne, avec la ville de Shewsburi. Ce royaume relevoit de la partie septentrionale de Galles, qui avoit été le partage de l'aîné. On le divisoit en Vadoc & Wenwinwin. Mathrawal en étoit la ville capitale. * La Martiniere, *diction. géogr.* Speed & Cambden, *descrc. Ang.*

POWODOWISKI, POVODOVIUS (Jérôme) Polonois, archidiacre de l'église cathédrale de Cracovie, sa patrie, étoit philosophe, théologien & prédicateur, & se rendit célébre par son érudition. Il mourut en 1613, dans un âge avancé, & laissa divers ouvrages: *Instructio confessariorum. Frænum in hæreticos. Manuale sacramentorum. De cæna Domini. Christologia.* Des sermons & d'autres traités en polonois. * Starovolscius, *de ill. Pol.* Ghilini, *theat. d'huom. letter.*

POUZZOL ou POZZUOLO, *Puteoli*, ville d'Italie, à huit milles de Naples, avec évêché, n'a plus que de chétifs restes de son ancienne splendeur. Elle fut bâtie par les Samiens, l'an 4 de la LXIV olympiade, qui étoit la 232 de Rome. On la nomma *Dicæarchia*; & par contraction, *Dicarchia*. Elle appartint quelque temps à ceux de Cumes qui en firent leur port. Les Romains la subjuguerent l'an 538 de Rome, l'érigerent en colonie vingt ans après, & lui donnerent le nom de *Puteoli*, soit à cause de la multitude des puits, soit à cause de la mauvaise odeur de ses eaux chaudes. Cette ville qui fut un des meilleurs ports des Romains sur cette mer-là, devint très-considérable par la beauté des temples, des cirques, des théatres, des amphithéatres que

l'on y bâtit : on en voit encore quelques restes. Plusieurs riches bourgeois de Rome, entr'autres Cicéron, illustrerent les environs de *Puteoli* par leurs maisons de campagne, & ses bains devinrent très-renommés. Auguste & Néron y envoyerent de nouvelles colonies. Caligula projetta d'y faire un pont de 3900 pas, pour passer jusqu'à Bayes. Il reste encore douze piliers de ce pont, d'où cet empereur continua l'ouvrage avec deux rangs de navires soutenus par des ancres, & couverts d'ais, sur lesquels il passa à cheval & en chariot. Suetone marque que ce prince entreprit ce ouvrage pour imiter Xerxès, pour épouvanter les Allemans & les Anglois par sa puissance, & pour accomplir la prophétie d'un mathématicien, qui, du temps de Tibere, avoit prédit, peut-être par ironie, que Caligula seroit empereur, quand il passeroit à cheval sur ce golfe. Cette place fut réduite en cendres par Alaric en 416, & par Genseric en 455. Quatre-vingt-dix ans après ou environ, Totila la fit démanteler & saccager, de maniere qu'elle resta seize ans inhabitée. Les Grecs l'ayant rebâtie, elle se rétablit peu-à-peu; de sorte qu'elle étoit une bonne place, lorsque Romuald II du nom, duc de Bénévent, s'en rendit maître en 715; mais il la désola par le fer & par le feu. Les Hongrois la pillerent dans le X siécle. Enfin après plusieurs changemens, Alfonse d'Aragon, roi de Naples, la subjugua dans le XV siécle. Les tremblemens de terre y ont fait d'étranges ravages en divers temps, sur-tout en 1538. Il y reste encore de son antiquité un temple dédié dans ses commencemens à Auguste, & consacré par les Chrétiens au Seigneur, sous l'invocation de S. Proclus. * Léandre Alberti. Bayle, *dictionaire critique*.

POYET (Bertrand) cardinal, évêque d'Ostie, étoit de Pouget, dans le diocèse de Cahors. Pétrarque, Villani, & quelques autres auteurs, ont osé soutenir que ce cardinal passoit pour le fils du pape Jean XXII; mais ce qui a voit donné occasion à cette opinion reçue du peuple, c'est qu'on avoit remarqué beaucoup de ressemblance de visage & d'humeurs entre ce cardinal & le pape, quoiqu'ils ne fussent pas même parens. Ce cardinal fut mis dans le sacré collége en 1317, & fut depuis employé par le même pape, qui se servit de lui en Italie. Il mourut à Avignon, non pas en 1346, comme disent Onuphre & Ciaconius, ni en 1349, selon Frizon, Auberi, &c. mais en 1351. * Baluze, *vitæ pap. Aven. t. I*.

POYET (Guillaume) chancelier de France, second fils de *Gui* Poyet, seigneur de Jupilles, avocat à Angers, échevin perpétuel, & juge de la mairie & police de la même ville, & de *Marguerite* Helland, fille de *Jacques* Helland, seigneur de Vallieres, naquit aux Granges, dans la paroisse de S. Remi la Varanne en Anjou. Il étudia dans les plus célébres universités du royaume. Il parut avec éclat dans le barreau du parlement de Paris, où son éloquence fit tant de bruit, que Louise de Savoye, mere du roi François I, le choisi pour soutenir son droit, dans les prétentions qu'elle avoit contre le connétable de Bourbon, touchant la succession aux biens de cette maison. Poyet plaida cette cause avec beaucoup de succès : de sorte que la princesse lui obtint du roi son fils la charge d'avocat général, & ce fut par ce dégré qu'il monta aux plus grand honneurs de la robe; car après avoir été président au mortier, il fut créé chancelier de France en 1538. Depuis, en 1542, il fut arrêté; & par arrêt du parlement du 24 avril 1545, il fut privé de toutes ses dignités déclaré inhabile à tenir aucune charge, & condamné cent mille livres d'amende. Il est sûr que la reine de Navarre, sœur de François I, & la duchesse d'Etampes maîtresse de ce prince, eurent très-grande part à la disgrace de ce magistrat. La Renaudie lui plaidoit contre du Tillet, obtint des lettres royaux qu'il porta au sceau avec une recommandation de la duchesse. Le chanceli qui soutenoit du Tillet, refusa de les sceller, à moi que l'on n'y changeât quelque chose qui n'étoit pas fon gout , & ratura tout ce qui ne lui plaifoit point. On porta les lettres en cet état au roi, qui commanda précifément au chancelier de les expédier fans modification. La Renaudie retourna vers ce magiftrat , & lui fit fon meffage d'un ton arrogant, en préfence de la reine de Navarre , qui le follicitoit alors pour un de fes domeftiques, convaincu d'avoir enlevé une très-riche héritiere. Le chancelier prit les lettres de la Renaudie ; & les montrant à la reine de Navarre , il ajouta : *Voila le bien que les dames font à la cour. Elles ne fe contentent pas d'y exercer leur empire , elles entreprennent même de violer les loix , & de faire des leçons aux magiftrats les plus confommés dans l'exercice de leurs charges.* Quoique le chancelier n'eût entendu parler que de la ducheffe , il arriva malheureufement pour lui , que la reine de Navarre y prit part, à caufe que les termes étoient équivoques , & pouvoient s'expliquer auffibien de la follicitation qu'elle venoit de faire au chancelier, pour le rapt que fon domeftique avoit commis, que de la violence qu'on lui faifoit en le contraignant de fceller les lettres de la Renaudie. Elle ne fut pas plutôt fortie de la maifon du chancelier , qu'elle alla trouver la ducheffe , pour lui faire part de l'emportement de ce magiftrat , & ne la quitta point qu'avoir concerté avec elle les moyens de le décréditer auprès du roi : ce qu'elles ne manquerent pas d'exécuter bientôt après. Il mourut de rétention d'urine , au mois d'avril de l'an 1548, âgé de 74 ans. * Le Feron & Godefroi, *hiftoire des officiers de la couronne.* Blanchard , *hift. des préfidens.* Mézerai , en *François I.* Le pere Anfelme, *hift. des grands officiers.*

POYET (François) docteur de Sorbonne , de l'ordre de S. Dominique , né à Angers vers le commencement du XVI fiécle , eft un de ceux qui dans ce même fiécle a le plus foufert de la fureur des hérétiques. Il prêchoit avec zèle contre leurs erreurs , & par ce courage il s'attira leur haine déja trop marquée contre tous les catholiques en général. Etant prieur d'Angoulême lorfque l'amiral de Coligni s'empara de cette ville , il vit pendre fous fes yeux à un murier Michel Grelet, qui prédit à l'amiral , qu'il feroit traité comme Jéfabel ; que fon cadavre feroit jetté par la fenêtre & foulé aux pieds. Ce qui arriva à la journée de S. Barthelemi. Les hérétiques n'ayant pu , par cet horrible fpectacle , entraîner Poyet dans leur parti , ils le confinerent en prifon avec Jean Chauveau , âgé de 70 ans, qui y mourut mangé de vermine. Enfuite ayant tâché de vaincre le pere Poyet dans la difpute & par des conférences réitérées , mais n'en ayant remporté eux-mêmes que de la confufion , ils le tirerent de prifon , le promenerent par la ville , en lui faifant déchirer le dos & la poitrine avec des tenailles ardentes , l'habillerent après cela de haillons en forme de chafuble , lui mirent des brides au cou & aux bras en forme d'étole & de manipule , & le précipiterent enfin dans la Charante , où ils acheverent de le tuer à coups de fufil. On rapporta l'année fuivante ce martyre au chapitre général , en la préfence du pape Pie V. * *Vies des faints de l'ordre de S. Dominique ;* par Charles de S. Vincent. *Biblioth.* de la Croix du Maine. *Mém. du temps.*

POYNINGS (Édouard) de Kent , étoit en même temps grand homme de guerre & grand politique. Il contribua beaucoup à bannir la barbarie d'Irlande , & à en civilifer les habitans. Pour cet effet , il fit réfoudre que tous les actes & toutes les loix paffées dans le parlement d'Angleterre jufqu'alors , auroient force de loix & feroient obfervées en Irlande. Il fit encore ordonner qu'on ne pafferoit aucun acte dans le parlement d'Irlande , qu'il n'eût été envoyé auparavant en Angleterre , approuvé par le roi , & fcellé de fon fceau. Cet acte , qui fembloit préjudiciable aux libertés des habitans d'Irlande , fut pourtant fait à la requête de la chambre des communes de ce royaume , qui aima mieux s'en remettre à la bonté du roi , que de vivre fous l'oppreffion de leurs loix particulieres. Pour rendre encore l'Irlande plus conforme à

l'Angleterre , il fit réfoudre que les barons Irlandois paroîtroient dans le parlement en robe , pour donner plus de grandeur à cette affemblée , & lui procurer plus de refpect. Après avoir exécuté tout cela heureufement , il fut rappellé en Angleterre , & créé baron par le roi. Mais il mourut fans enfans légitimes. * *Opufcules de* Fuller.

POZA (Jean-Baptifte) Jéfuite ; théologien d'Alcala, publia à Lyon en 1648 , *Elucidatorium Mariæ.* La Sorbonne l'a condamné pour avoir enfeigné , qu'on mangeoit dans l'Euchariftie les os , la chair & le fang de la Vierge. * Bartholin , *in differt. de latere Chrifti aperto , p.* 36. Diéteric, *antiquit. biblicæ,* part. I, p. 207.

POZZO (Modefte) *cherchez* FONTEMODE-RATA.

PR

PRADELLES , bourg du Vivarez ; fitué fur une haute montagne près des fources de l'Allier , & à demi-lieue du bourg de Langouges. * Mati , *dict.*

PRADILLON (dom Jean) religieux Feuillant, étoit d'Efmontiers en Limofin. Il entra jeune dans la congrégation des Feuillans , où fon mérite l'eleva aux premieres charges. Il fut quatre fois général de la congregation. Il avoit de grands talens pour le gouvernement monaftique , & il étoit fort verfé dans notre hiftoire & dans la connoiffance des généalogies. Nous ne connoiffons que deux ouvrages de lui , le premier intitulé : *Praxis juris Fulienfis ;* le fecond en françois fous ce titre : *La conduite de dom Jean de la Barriere , abbé & inftituteur des Feuillans , durant les troubles de la ligue fous Henri III ,* à Paris 1689 , in-12. Cet ouvrage contient une critique de ce qu'a écrit fur ce fujet Jean le Laboureur dans fes additions aux mémoires de Caftelnau. Dom Pradillon eft mort à Paris le 25 feptembre 1701 , âgé de 61 ans. Ses confreres ont orné fon tombeau d'une épitaphe, que M. Piganiol de la Force a rapportée dans fa *defcription de Paris,* tome II, page 383 , 384.

PRADO (Jerôme) Jéfuite de Baëza en Efpagne , fe fit religieux à l'âge de 26 ans, après avoir été reçu docteur, & s'être rendu très-habile dans la connoiffance des lettres faintes , qu'il cultiva depuis foigneufement, & qu'il enfeigna à Cordoue avec beaucoup de réputation. Il avoit compofé divers commentaires fur l'écriture , & alla à Rome pour les y faire imprimer ; mais il mourut prefque un an avant fon arrivant , au mois de janvier de l'année 1595, qui étoit la 48ᵉ de fon âge. On publia après fa mort fes commentaires fur les vingt-fix premiers chapitres d'Ezechiel. * Ribadeneira & Alegambe , *biblioth. fcript. fociet. Jefu.* Nicolas Antonio, *biblioth. fcript. Hifp.* Le Mire, *de fcript. fæcul. XVI, &c.*

PRADO VENTURA (Antoine) Efpagnol, iffu d'une bonne famille de Cordoue , dans la province d'Andaloufie , naquit le 10 juin 1701. Les maîtres à qui on confia le foin de l'élever dans les belles lettres & la vertu , trouverent en lui un efprit docile , un jugement exquis , une mémoire heureufe & beaucoup de facilité à s'énoncer en tout genre d'éloquence. A l'âge de feize ans , il prit l'habit dans le couvent des Mathurins de Cordoue. Ayant été deftiné à l'étude de la philofophie & de la théologie, il y fit des progrès fi rapides , que bientôt on le chargea de profeffer la philofophie ; ce qu'il fit avec beaucoup de fuccès. Il prit à Séville le bonnet de docteur en théologie , & quelques années après fut nommé profeffeur de la chaire de Durand , dans cette fameufe univerfité. Son mérite l'eleva aux plus grands emplois dans fon ordre , & il les remplit avec la plus grande diftinction. Le P. Prado en s'adonnant à la philofophie & à la théologie, n'avoit point négligé les autres fciences : la géographie, l'hiftoire, le droit canon lui étoient très-familiers. Aucun prédicateur n'a prêché à Cordoue avec tant d'applaudiffement ; & les fermons qu'il faifoit dans l'églife des Trinitaires, attiroient une foule d'auditeurs qui ne se laffoient point d'exalter fon éloquence. Chargé de faire l'oraifon funèbre du cardinal Cifneros, pendant la cérémonie des obfèques que l'univerfité d'Alcala fit faire à ce cardinal, il s'en acquitta à la fatisfaction de tous ceux qui l'entendirent. Le P. Prado eft mort à Cordoue en 1753. On a de ce favant religieux plufieurs ouvrages, 1. *Le poéme de S. Raphael*, in-4°. 2. *Sermons des faints*, 2 vol. in-4°. 3. *La vie du martyre Fr. Marc Criado*, in-8°. 4. *Diverfes confultations*, in-folio. On imprime actuellement d'autres ouvrages de ce favant, à qui on ne peut refufer la gloire d'avoir été un de ceux qui ont contribué le plus à la pureté de la langue efpagnole, & au dégré de perfection où elle fe trouve aujourd'hui. * *Mém. mff. de M. l'abbé Giron.*

PRADO (Laurent) *cherchez* RAMIREZ.

PRADON, poëte François, étoit de Rouen. Il a donné au public quelques piéces de théâtre affez médiocres ; favoir la tragédie de *Pirame & Thisbé* ; celle de *Tamerlan ou de la mort de Bajazet* ; celle de la *Troade* ; celle de *Phédre & Hippolyte* ; celle de *Statira*, fille de *Darius*, & veuve d'*Alexandre* ; celle de *Scipion l'Africain*. La meilleure de fes piéces eft *Régulus*, qu'il donna en 1688. Les piéces de ce poëte ont été recueillies en un volume imprimé à Paris en 1700. Il mourut d'apoplexie à Paris au mois de janvier de l'an 1698. * *Voyez une differtation fur les tragédies de Phédre & Hipp. de MM. Racine & Pradon ; & Baillet, jugemens des favans fur les poëtes modernes.*

PRÆNESTE, *cherchez* PALESTRINE.

PRAGMATIQUE SANCTION. Le mot de Sanction vient du latin *Sanctio*, qui fignifie *ordonnance*, & *Pragmatique*, du grec Πραγματικος, dérivé de Πραγμα, qui fignifie *affaire*. L'ufage a donné le nom de Pragmatique fanction aux ordonnances qui concernent les grandes affaires de l'état ou de l'églife, ou du moins les affaires de quelques communautés. D'autres croient que l'on a ainfi appellé les ordonnances qui fe faifoient dans des affemblées publiques, par le confeil de plufieurs jurifconfultes favans dans la pratique du droit, que les anciens nommoient Πραγματικοι. Quelques-uns veulent que ce nom ait été donné aux ordonnances que les rois faifoient dans une affemblée des grands du royaume, après avoir bien examiné l'affaire dont il s'agiffoit. Le roi S. Louis fit une pragmatique fanction l'an 1268, qui ordonnoit, 1. Que les prélats du royaume, les collateurs des bénéfices, & les patrons jouiroient paifiblement de tous leurs droits : 2. Que les églifes cathédrales & autres, feroient maintenues dans la liberté d'élire leurs prélats : 3. Que l'on aboliroit entierement la fimonie & la vénalité des bénéfices : 4. Que toutes les promotions, & les collations des dignités & autres bénéfices ou offices eccléfiaftiques, fe feroient fuivant la difpofition du droit commun, des facrés conciles & des coutumes établies par les anciens peres de l'églife : 5. Qu'il ne fe feroit aucune exaction ni aucune levée de deniers par la cour de Rome, dans toute l'étendue du royaume, fi ce n'étoit pour quelque néceffité preffante, avec l'agrément du roi, & du confentement de l'églife gallicane : 6. Que toutes les églifes & tous les eccléfiaftiques du royaume feroient maintenus dans les libertés, les franchifes & les privilèges qui leur avoient été accordés par les rois de France, fes prédéceffeurs. Les lettres furent données à Paris au mois de mars de l'année 1268. * *Bochel, decreta ecclefiæ Gallicanæ.*

La pragmatique fanction la plus célèbre eft celle de Charles VII, roi de France, en 1438. Pour en bien entendre l'hiftoire, il faut remarquer qu'autrefois les évêques étoient toujours élus par les fuffrages du clergé & du peuple. Depuis dans l'églife d'Orient, le peuple fut exclus des élections ; mais en Occident l'ancienne coutume demeura même en l'élection des papes. Tant que les Gaules furent foumifes aux empereurs Romains, le clergé & le peuple élurent les évêques ; mais dans la fuite les rois de France voulurent avoir part à la promotion des prélats, qui n'étoient alors élevés à cette dignité

que par leurs ordres : ce qui continua non feulement pendant la première lignée de nos rois, comme il fe voit dans Grégoire de Tours, & dans les formules de Marculfe, mais auffi fous les premiers rois de la feconde race, Pepin & Charlemagne ; & l'on ne voit aucune élection d'évêque dans les fynodes tenus de leur temps, comme l'a remarqué le pere Sirmond, qui ajoute qu'il croit que Louis *le Débonnaire*, l'an troifième de fon règne, rendit à l'églife le pouvoir d'élire fes prélats. Ce droit néanmoins fut limité par quelques reftrictions, & voici comment on y procédoit. Après le décès d'un évêque, quelques eccléfiaftiques & quelques laïcs étoient députés vers le métropolitain, qui fupplioit le roi de donner permiffion d'élire un évêque à cette églife, pour affifter au nom de fa majefté, à l'affemblée qui fe devoit faire pour l'élection ; & cet évêque étoit nommé *Vifiteur*. Lorfque l'élection étoit faite, on en portoit l'acte au métropolitain, qui l'envoyoit au roi pour l'approuver. Enfuite l'archevêque & les autres évêques de la province examinoient le plus & le facroient. Cet ordre continua jufqu'aux premiers rois de la troifième race, qui y apporterent le changement fuivant. Quand l'archevêché ou l'évêché étoit vacant, le chapitre envoyoit deux ou trois chanoines au roi, pour lui donner avis de la vacance, & pour le fupplier de leur permettre d'élire un pafteur. Les religieux & les religieufes, après le décès des abbés & des abbeffes, donnoient le même avis à fa majefté. Auffitôt les officiers du roi faifoient faifir le temporel de la dignité vacante, & en recevoient le revenu. Après l'élection, le roi donnoit main-levée de la régale, c'eft-à-dire, de la faifie faite en fon nom. Il y eut encore d'autres changemens depuis, & il s'y gliffa de grands abus vers le règne de Charles VI, où l'églife & l'état fe virent dans une étrange confufion.

Pendant les divifions qui s'éleverent entre le concile de Bafle & le pape Eugène IV, le clergé de France, le roi Charles VII, & fon confeil s'affemblerent à Bourges en 1431. On y dreffa des mémoires qui furent envoyés au concile de Bafle ; & au bout de fept ans qui s'écoulerent pendant ce fchifme, on y fit la pragmatique fanction l'an 1438, qui fut vérifiée au parlement de Paris en 1439. Le pape Eugène envoya fes ambaffadeurs vers le roi de France, étant à l'affemblée de Bourges, pour le prier de fufpendre l'exécution de la pragmatique ; mais Charles VII répondit qu'il avoit deffein de la faire obferver inviolablement. Le 2 feptembre 1440 le roi fit lire fa déclaration en préfence des ambaffadeurs du pape & du concile, qui portoit que puifqu'il ne lui apparoiffoit pas que la dépofition d'Eugène & l'élection de Félix euffent été faites canoniquement, & qu'il doutoit fi alors le concile étoit fuffifant pour terminer de fi grandes affaires, il reconnoiffoit Eugène pour pape, jufqu'à ce qu'il en fût autrement ordonné au un concile général, ou par l'églife gallicane. Le roi continuant fes foins, & voyant que les divifions d'Eugène & du concile troubloient fon état, fit une ordonnance, par laquelle il défendit à fes fujets de fe fervir d'aucunes bulles, décrets, ou refcrits émanés du concile ou du pape, & commanda à fes juges d'obferver fa pragmatique fanction. Ces lettres patentes furent vérifiées au parlement de Paris en 1440. Il faut remarquer ici que les articles de la pragmatique fanction furent dreffés fur les décrets du concile de Bafle ; qu'en l'année 1433 le pape Eugène ratifia tout ce qui avoit été fait en ce concile ; & que la divifion ne recommença qu'en l'an 1437. Ainfi dans les vingt-trois articles contenus dans la pragmatique, il y en a vingt-un qui font approuvés par le pape, en conféquence de cette ratification du concile ; car il n'y en a que deux qui foient faits depuis la feconde divifion. Ces deux articles font tirés de deux décrets du concile, dont l'un regarde les collations, & l'autre les caufes ; mais le roi les modifia, parcequ'il reconnoiffoit Eugène pour le pape. Le premier article de la pragmatique fanction eft tiré de la première feffion du concile de Bafle, & concerne l'autorité des conciles généraux. Le II article est en la session II, & parle de la puissance & de l'autorité du concile de Basle. Le III article pris des sessions XII & XXIII, marque la forme des élections. Le IV contient l'abolition des réservations, & est tiré de la session XXIII. Le V article, fait après la seconde division de l'an 1438, parle de la collation des bénéfices, & n'admet point les graces expectatives, ni les réserves particulieres du pape & de ses légats : il est tiré de la session XXXI du concile de Basle. Le VI article, qui concerne les causes & les jugemens, est pris de la même session XXXI. Le VII est contre les folles appellations, & est conforme au décret de la session XX. Le VIII regarde le fait des possessions paisibles, & est tiré de la session XXI. Le IX article définit le nombre des cardinaux, suivant le décret de la session XXIII. Le X parle des annates, & est pris de la session XXI, en 1435. Le XI régle ce qui regarde le service divin, conformément au décret de la session XXXI, & ajoute que les louables coutumes des églises particulieres de France seront observées. Les XII, XIII, XIV, XV, XVI, XVII, XVIII & XIX articles, concernent la police des églises cathédrales, sont de la session XXI du concile. Le XX article parle des concubinaires, suivant le décret de la session XX. Le XXI régle ce qui regarde les excommuniés, & est pris de la session XX. Le XXII traite des interdits conformément au décret de la session XX. Et le XXIII article parle de la preuve que l'on peut tirer de ce qui est énoncé dans les lettres ou bulles du pape, suivant le décret de la session XXIII du concile de Basle. Voila sommairement ce qui fut résolu en l'assemblée tenue à Bourges ; & cette pragmatique fut vérifiée au parlement de Paris le 13 juillet 1439. Cette loi tendoit principalement à faire en sorte que les ordinaires du royaume fussent reconnus avant que d'aller en cour de Rome ; que les élections fussent rétablies suivant la coutume ancienne ; que l'autorité du concile général fût préférée à celle du pape en particulier ; & que les graces expectatives fussent abolies.

Ænéas Sylvius, qui avoit été secrétaire du concile de Basle, étant parvenu au pontificat en 1458, sous le nom de Pie II, employa tous les ressorts imaginables pour faire abolir cette pragmatique. Après la mort du roi Charles VII, en 1461, ce pape engagea dans ses intérêts l'évêque d'Arras nommé Jean-Geofroi, qui fut depuis évêque d'Albi, & enfin cardinal. Cet évêque, pour accommoder l'affaire, promit au roi que le pape enverroit un légat en France, qui donneroit les provisions des bénéfices, afin que l'argent ne sortît point du royaume ; mais cette proposition fut sans effet. Enfin l'évêque de Terni, nonce du pape en France, fit si bien auprès du roi, qu'il lui fit agréer l'abolition de la pragmatique. Louis XI en donna ses lettres le 27 novembre 1461, adressées au pape Pie II, dans lesquelles il ordonna que les choses fussent rétablies dans l'état où elles étoient avant la publication de la pragmatique. Cette condescendance du roi ne fut pas approuvée par le parlement, & on en porta des plaintes dans les états tenus à Tours au commencement du régne de son successeur Charles VIII. Cependant le pape fit traîner la charte de la pragmatique-sanction par les rues de Rome, faisant publier qu'elle étoit abolie. Pour remercier le roi, il bénit durant la messe de minuit à Noël, une épée dont le fourreau étoit enrichi de pierreries, qu'il lui envoya, avec des vers à sa louange. Quoique la pragmatique eût été traitée dans Rome comme une ordonnance condamnée & abolie, elle ne laissoit pas d'être observée en France, si ce n'est que les réserves & les graces expectatives y étoient reçues comme auparavant. Paul II qui succéda au pape Pie II en 1464, savoit bien que la pragmatique étoit observée en plusieurs points : c'est pourquoi il lui envoya un légat en France, en 1467, avec pouvoir de faire cardinal Jean Balue, évêque d'Evreux, s'il donnoit ses soins pour faire abolir cette loi. Louis XI accorda au pape ce qu'il desiroit, & commanda que les lettres en fussent expédiées l'an 1469. Balue les fit publier au châtelet ; mais il trouva de la résistance au parlement. Jean de Saint-Romain, procureur général, empêcha l'enregistrement de ces lettres, & remontra qu'en abolissant la pragmatique, on ôtoit les élections aux chapitres, & les collations aux ordinaires ; on rétablissoit les préventions & les graces expectatives, & les évocations en cour de Rome : Que la pragmatique n'ayant plus lieu, un grand nombre de sujets du roi se retireroient à Rome comme auparavant, pour y obtenir des graces, ou pour y poursuivre leurs affaires : ce qui rendroit les universités dépourvues de gens capables : Qu'enfin les lettres de l'abolition étant entérinées, il sortiroit du royaume des sommes immenses, pour être portées à Rome. Il remarqua que pendant trois ans que l'exécution de la pragmatique avoit été interrompue du temps de Pie II, on avoit porté de France à Rome trois cens quarante mille écus pour les évêchés, les abbayes, les prieurés & autres dignités qui avoient vaqué, & deux millions d'écus pour les graces expectatives des cures & autres bénéfices. L'université de Paris s'émut fort contre Balue, & le recteur alla trouver le légat, & lui déclara qu'il en appelloit au premier concile.

Après la mort de Louis XI, en 1483, le roi Charles VIII assembla les trois états de son royaume dans la ville de Tours, où l'on demanda avec instance l'exécution de la pragmatique sanction. Les évêques qui avoient été promus sous le régne de Louis XI, contre la forme prescrite par la pragmatique, s'y opposerent avec chaleur ; mais le tiers-état leur résista fortement, & les appella les évêques du roi, parcequ'ils n'étoient pas pourvus canoniquement, ni selon les décrets du concile de Basle. Le procureur général Jean de Saint-Romain y parla avec sa fermeté ordinaire pour l'observation de la pragmatique, & contre la demande des prélats. En 1484 Jean de Nanterre, procureur général, forma un appel au parlement contre la légation du cardinal Balue, & soutint que la pragmatique étoit une ordonnance sainte, nécessaire pour le bien de l'état. Ainsi du régne de Charles VIII on procéda aux élections des évêchés ; & s'il se formoit quelque débat, le parlement en étoit le juge. On en voit des arrêts pour l'évêché de Tulle en 1485, & pour celui de Saint-Flour en 1486. Louis XII ayant succédé à Charles VIII, ordonna en 1499, que la pragmatique fût inviolablement observée ; ensuite de quoi le parlement rendit plusieurs arrêts contre des particuliers qui avoient obtenu des bulles en cour de Rome. Mais en décembre 1512, le pape Jules II présidant au concile de Latran, ordonna que tous les fauteurs de la pragmatique-sanction, quels qu'ils fussent être, rois ou autres, seroient cités à comparoître dans soixante jours : & après sa mort arrivée en février 1513, Léon X continua le concile, où il confirma l'ordonnance de Jules II. Le roi Louis XII envoya ses ambassadeurs au concile de Latran, avec pouvoir de déclarer qu'après la mort de Jules II, il n'avoit plus sujet de défiance, & que renonçant au concile de Pise & à celui de Latran comme légitime. Cet acte lu en pleine assemblée, fut ratifié par lettres patentes de Louis XII, données le 26 octobre 1513. En cette conjoncture le roi mourut le premier janvier 1514, & le roi François I lui succéda. Ce prince passa en Italie en 1515, pour se rendre maître du duché de Milan qui lui appartenoit. Dans le temps qu'il étoit à Pavie, il eut avis de son ambassadeur à Rome, que le pape & le concile avoient décerné une citation péremptoire & finale contre sa majesté, & contre le clergé de France. Alors prévenu par son chancelier, il résolut de traiter avec le pape, lequel ayant su la volonté du roi, offrit de venir à Bologne pour y conférer avec lui. Cette entrevue se fit le 11 décembre 1515, & François I retourna ensuite à Milan, ayant laissé le chancelier du Prat, pour convenir des conditions du traité avec les cardinaux d'Ancône & de Santiquatro, que le pape avoit nommés. On accusa en France le chancelier d'avoir trahi la cause publique pour son propre intérêt. En effet, il eut dans la suite un chapeau de cardinal, qui peut-être fut la récompense de cette lâche condescendance. Le concordat fut conclu le 16 août 1516, après quoi la bulle du pape Léon X portant la révocation de la pragmatique, en date du 19 décembre 1516, & le concordat fait entre le pape & François I, furent approuvés par le concile de Latran. *Voyez* CONCORDAT. * Pinsson, *Pragm. sanct.* Mézerai, *hist. de France.*

PRAGUE, ville capitale du royaume de Bohême, avec archevêché & université, est nommée diversement par les auteurs Latins, *Marobudum*, *Bugiemum*, *Cusurgis* & *Praga*, & par ceux du pays *Prag*. Elle est située sur la riviere de Mulde, dans un pays agréable & fertile, environnée de palais & de lieux de plaisance, où elle paroît comme au milieu d'un grand amphithéatre, dont on peut distinguer trois parties. Ce sont la vieille ville, qui est la plus grande, la nouvelle ville, & la petite, qui toutes trois ensemble font sans contredit, la plus grande cité d'Allemagne, où les ducs, les princes & les empereurs ont tenu long-temps leur cour. Le château, qui est dans la petite ville, a de très-beaux appartemens, & est appellé aussi *le Château Royal*. La ville neuve & la vieille sont à l'orient de la Mulde, & la grande est attachée à la petite par un pont de vingt-quatre arches. Prague est extraordinairement peuplée, & l'a été autrefois beaucoup davantage ; car on y compta quarante-quatre mille écoliers sous Jean Hus, & il en sortit plus de quarante mille externes, parcequ'on retrancha leurs priviléges. Il y a de très-beaux édifices saints & profanes, entre lesquels on distingue sur-tout l'église métropolitaine de S. Vaite. On dit que S. Venceslas, patron de Prague, la fit bâtir vers l'an 698. Les voyageurs ne manquent jamais d'y admirer ses beaux tableaux, & d'aller voir la maison de ville, avec son horloge, le pont & les tours, le collège des Jésuites & son église, l'université fondée par l'empereur Charles IV vers l'an 1360. On dit que ce fut à la priere du même prince que le pape Clément VI érigea l'église de Prague en métropole, qui a pour suffragans Leutmeritz, Konigsgratz en Bohême, & Olmuz en Moravie. Cette ville a souffert divers siéges, & ce fut près de ses murailles que Maximilien, duc de Baviere, remporta une célèbre victoire le 8 novembre 1620. Cette bataille fut donnée à la montagne Blanche, & en moins d'une heure décida de la couronne de Bohême en faveur de l'empereur Ferdinand II, contre Frédéric V, électeur Palatin, qui avoit été élu roi par les états du pays. Les tumultes arrivés dans Prague en 1618, donnent lieu de dire que la premiere action des guerres d'Allemagne s'y est passée ; & que trente ans après l'on y a vu le dernier acte d'hostilité qui a précédé la paix de Munster en 1648. Ce fut lorsque les Suédois surprirent la petite ville. * Cluvier, *descript. German.* Æneas Sylvius, *hist. de Bohême.* Pertius, *de rer. Germ. script.* Tuldenus, *hist. nostri temp.* Puffendorf, *hist. rer. Suecic.*

CONCILE DE PRAGUE.

Les Hussites & les sectateurs de Jean Wiclef avoient prêché leurs opinions avec tant de succès dans la Bohême, que tout le monde en étoit presque prévenu. Pour s'y opposer, on fit agir les armes de la foi & de la vérité contre celles de l'imposture. Ensuite Stankon, archevêque de Prague, célébra vers l'an 1405 contre ces errans un concile où leur doctrine fut condamnée ; ce que les auteurs d'Allemagne n'ont pas oublié, comme nous le voyons dans la derniere édition des conciles.

PRAGUE est le nom d'un village de Pologne, vis-à-vis de Varsovie, & de l'autre côté de la Vistule. Il y avoit autrefois un pont de bateaux sur ce fleuve entre cette ville & ce village ; qui sauva les débris de l'armée polonoise battue par Charles Gustave, roi de Suéde, aux environs de ce village, sous le régne de Casimir, mais qu'on a rompu depuis. On le rebâtit d'ordinaire aux diétes de l'élection, pour favoriser le passage de la noblesse, qui se rend en grand nombre à ses assemblées. * *Mémoires de Beaujeu.*

PRAGUERIE. Ce fut le nom que l'on donna en 1440 à un parti de factieux qui se révolterent contre Charles VII, roi de France : voici ce qui y donna lieu. Charles mécontent de M. de la Trimouille qui avoit la principale place dans le ministere, l'exclut de la cour & des affaires, & mit en sa place le connétable Artus de Bretagne. La Trimouille aigrit contre le roi quelques princes du sang, & principalement les ducs de Bourbon & d'Alençon, le comte de Dunois & plusieurs autres, qui étoient ennemis du connétable. Leur dessein étoit de faire entrer le dauphin Louis dans cette conjuration, & de faire soulever sous son nom tout le royaume, s'il étoit possible ; & le dauphin eut la foiblesse d'y consentir. Philippe *le Bon*, duc de Bourgogne, refusa au contraire de prendre parti pour les rebelles, & voulut faire connoître l'injustice de cette faction ; mais malgré ses remontrances, elle eut quelques partisans qui prirent le nom de *Praguons*. Le roi informé de ce qui se passoit, attaqua les rebelles, les vainquit, & les fit arrêter, au moins la plupart. Le dauphin & ses adhérens furent obligés de lui demander grace à genoux. Le premier voulut intercéder pour la Trimouille ; & sur le refus que le roi fit de l'écouter, il dit à sa majesté, qu'il avoit promis de lui obtenir sa grace, & que s'il elle persévéroit à le refuser, lui-même seroit obligé de se retirer de la cour. Le roi indigné lui repartit : « Si la cour n'est pas » de votre gout, les portes de Paris sont ouvertes, & » si elles ne sont pas assez larges, je les ferai élargir de » cinquante toises, afin de vous en faciliter la sortie. » Le roi maltraita aussi le duc de Bourbon ; & quoique celui-ci eût promis de se mieux comporter à l'avenir, Charles VII voulut que pour gage de sa fidélité future, il lui remît les places fortes qui lui appartenoient. Ainsi fut dissipée la Praguerie. * *Histoire d'Artus III*, *duc de Bretagne. Hist. de Charles VII*, *par* Chartier. Monstrelet, *fol.* 168. Mézerai, & le pere Daniel, *hist. de France.*

PRALON, abbaye de religieuses de l'ordre de S. Benoît, à quatre lieues de Dijon, fut fondée l'an 1149 par Gui de Sombernon, à la sollicitation de S. Bernard, qui en reçut la fondation. Les religieuses prétendent que sainte Humbeline, sa sœur, y prit l'habit, & qu'elle en fut la premiere abbesse ; mais il est certain que cette sainte se fit religieuse dans l'abbaye de Julli, dépendante de Molesme ; qu'elle y a toujours vécu depuis sa conversion ; qu'elle n'a jamais été abbesse, & qu'elle est morte avant la fondation de Prâlon. Outre les preuves que l'on en trouve dans les historiens de la vie de S. Bernard, cela est aussi certain par le témoignage du bienheureux Pierre, prieur de Julli, qui détruit aussi l'opinion des religieuses du Tard, qui croient qu'elle leur appartient. On dit que S. Bernard venoit souvent à Prâlon pour consoler les religieuses, & les soutenir dans la vertu par ses conseils. On voit encore à un quart de lieue du monastere une fontaine que ce saint obtint, dit-on, miraculeusement du ciel, & qui a retenu le nom de *Fontaine de S. Bernard*. On y montre de même un calice & des habits sacerdotaux dont on prétend que ce saint s'est ordinairement servi chez lui. Pour le calice il est certain qu'il est ancien, & que tout porte à croire qu'il est de ce temps-là. A l'égard des ornemens, il est peu vraisemblable que ce saint qui faisoit profession d'une simplicité entiere, & qui aimoit la pauvreté en tout, ait en porté de tels que ceux-ci, parés & enrichis de broderie. Il y a plus d'apparence que ce sont les ornemens ordinaires du monastere, dont le saint abbé de Clairvaux se servoit comme les autres, lorsqu'il y venoit, & qu'on les a conservés en mémoire de lui, parcequ'ils lui avoient servi quelquefois.

PRASCH (Jean-Louis) né à Ratisbonne dans le XVII siécle, fit ses études dans les académies de Iéne, de Strasbourg & de Giessen. Quelques emplois qu'il ait exercés, il étoit si laborieux, qu'il trouva toujours du temps pour satisfaire l'amour qu'il avoit pour l'étude, & le public en a souvent vu les fruits. Il fut syndic à Ratisbonne, ensuite conseiller & successivement trésorier, préfident du confiftoire & premier fcholarque. Il a rempli aufli le pofte de député de la ville de Ratisbonne à la diéte, & il s'étoit acquis une eftime fi grande qu'on ne faifoit rien fans prendre fes avis. Ami & protecteur des favans, il avoit avec eux un commerce de lettres affidu, & il leur procuroit tout le bien que fon crédit le mettoit en état de leur procurer. L'académie des *Ricovrati* de Padoue fit ce qu'elle put pour l'attirer; mais il ne put fe réfoudre à quitter le pays auquel il étoit accoutumé. Il mourut le 12 juin 1690. On voit par fes écrits qu'il étoit fort verfé dans la connoiffance du droit-civil & naturel. On a de lui des ouvrages en divers genres. En 1655, il fit un difcours latin fur la mort de Jules Céfar; & en 1656 il en fit un autre à Strasbourg fur les loix des Hébreux. En 1660, il publia à Gieffen les fables de Phédre, où il ajouta une préface & des notes. Ses autres ouvrages font : une comédie fous le titre de l'Ami : une tragédie intitulée Tullie : huit Eglogues : *In Lufciniam pro cuculo ad Afinum judicem oratio : Rofetum , feu præcepta ftyli latini : Cofmolytrofis , five hiftoria mundi : Differtatio de jure majoris partis ;* un traité de l'amour de la patrie ; une lettre apologétique écrite à Jean-Philippe Scheffer ; *De unitate reipublicæ in fanfto romano imperio : Affertio reipublicæ æthaicæ , ejufdemque cum germanicà comparatio : Pfyche Cretica : Differtatio de origine germanicâ linguæ latinæ : Defignatio juris naturalis & gentium , ex difciplinâ Chriftianorum inftitutâ.* Il a fait aufli quelques ouvrages en allemand. * Tiré du *Diffionaire hiftor.* de l'édit. d'Amfterd. 1740. On y cite, entr'autres, Krieg, dans la préface du *Rofetum* de Prafch.

PRASINE, quadrille dans les jeux du cirque , ainfi appellée parcequ'elle portoit un verd-clair. Les cochers , dit Tertullien , *livre des fpeffacles, chap.* 9, fe font revêtus de l'idolâtrie par les couleurs qu'ils portent. Il n'y en avoit d'abord que deux , le blanc & le rouge. Le blanc étoit en l'honneur de l'hiver , & le rouge en l'honneur du foleil. Le prafine ou le verd fut depuis ajouté en l'honneur de la terre , & le bleu ou azur pour le ciel ou la mer. Le peuple qui affiftoit aux jeux du cirque , étoit partagé en quatre factions , chacun étant partifan d'une de ces couleurs , & ces différentes factions excitoient des clameurs , des conteftations , même des batteries dans l'affemblée. Cela dura jufqu'au temps de Juftinien , fous lequel il arriva un grand combat entre la faction verte & la faction bleue , dans lequel périrent près de quarante mille hommes , comme Zonare le rapporte. Depuis ce temps-là on abolit le nom des quadrilles. * *Antiq. gr. & rom.*

PRASLIN , cherchez CHOISEUL.

PRASUTAGUE , *Prafutagus ,* roi des Icéniens , peuples d'Angleterre , ne laiffa que des filles , aufquelles par teftament il donna l'empereur Néron pour cohéritier , s'imaginant mettre & fon pays & fa famille à couvert de toutes fortes d'infultes. Mais le fuccès ne fut pas tel qu'il fe l'étoit imaginé ; car les officiers Romains que l'empereur avoit envoyés , ravagerent le pays , & firent des affronts fi fanglans à la reine Boudicée, veuve du roi Prafutague , & à fes filles , que pour s'en venger , elle fit prendre les armes à fes fujets & aux peuples voifins , & foutint quelque temps la guerre contre les Romains , vers l'an 60 de J. C. * Tacite , *in Agricol. vit. c.* 15. Dion , *l.* 62.

PRAT (du) famille originaire d'Auvergne , & non pas d'Italie , comme quelques-uns l'ont cru. Il ne faut , pour en convenir , que voir l'épître dédicatoire des commentaires que publia Pierre Anthoine , natif d'Iffoire , maître des requêtes , fur les traités d'Etienne Aufreri , & qu'il dédia au chancelier du Prat , où l'on voit ces paroles au commencement : *Petrus Anthoni Ifidorenfis Arvernus , Antonio de Prato Ifidorenfi Arverno , &c.*

I. ANNE du Prat , dit *Ricot ,* natif d'Iffoire en Auvergne , époufa *Beraude* Charrier , dont il eut ANTOINE , qui fuit ; *Claude ,* de qui font defcendus les feigneurs de Hauterive , Nyol & d'Auzac en Auver-

gne ; *Claude ,* évêque de Mende ; & *Beraude* du Prat , mariée à *Aftremoine* Boyer , bourgeois & conful d'Iffoire.

II. ANTOINE du Prat , I du nom , feigneur de Veyrieres , époufa 1°. *Jacqueline* Boyer , fœur d'*Aftremoine ,* fon beau-frere , dont il eut ANTOINE II du nom , qui fuit : il époufa en fecondes nôces *Jeanne* de l'Aubefpine , dont il eut *Thomas ,* évêque de Clermont , mort à Modène le 19 novembre 1528 , accompagnant Renée de France , duchefle de Ferrare. Ses autres enfans furent *Anne ,* feigneur de Boufde , Gondoles , Peyruffe , Veyrieres , &c. capitaine de Clermont & d'Iffoire , *tige de la branche des feigneurs de* GONDOLES *&* d'ARSON ; & *Charlotte* du Prat , morte fans alliance.

III. ANTOINE du Prat , II du nom , chancelier de France , puis cardinal , archevêque de Sens , &c. *dont il fera parlé ci-après dans un article féparé ,* époufa , avant que d'entrer dans les dignités eccléfiaftiques , *Françoife* de Veni , fille de *Michel ,* feigneur d'Arboufe , morte le 19 août 1507 , âgée de 30 ans , dont il eut ANTOINE III du nom , qui fuit ; *Guillaume* du Prat , évêque de Clermont , *qui aura ci-après fon article ;* & *Geraude* du Prat , mariée 1°. avec *Meri* de S. Simon , feigneur de Preci , & de Balogni-fur-Terrain : & 2°. le 23 février 1527 , avec *René ,* baron d'Arpajon , fire de Severac. M. de Thou , livre 23 , *lui donne pour fils naturel* Nicolas Dangu , évêque de Séez , puis de Mende en 1559 ; mort en 1567.

IV. ANTOINE du Prat , III du nom , feigneur de Nantouillet , baron de Thiern & de Thouri , chevalier de l'ordre du roi , & prévôt de Paris en 1547 , époufa le 30 novembre 1527 *Anne* d'Alegre , dame de Vite aux & de Preci , fille & héritiere de *François* d'Alegre , feigneur de Preci , & de *Charlotte* de Chalon , dame de Viteaux. Elle fe remaria à *Georges* de Clermont-d'Amboife , marquis de Gallerande , au profit duquel ayant difpofé de tous fes biens , au préjudice de huit enfans qu'elle avoit eus de fon premier mariage , cela fit la matiere d'un grand procès , qui fut jugé aux états de Blois par le roi Henri II , à l'avantage de la maifon de du Prat ; ce qui en même temps donna lieu à l'édit des fecondes noces. Les enfans qu'elle eut de fon premier mariage , furent ANTOINE IV du nom , qui fuit ; *Nicolas ,* baron d'Ancienville , mort fans alliance ; *Guillaume ,* baron de Viteaux , qui tua un fien en 1571 , & *Antoine* d'Alegre , baron de Millau , fon coufin , & qui fut aufli depuis tué en duel en 1583 , par *Yves* d'Alegre , baron de Millau , aufli fon parent , fans avoir été marié , *laiffant une fille naturelle nommée* Fortune ; FRANÇOIS , qui a fait *la branche de* THIERN & de VITEAUX , *rapportée ci-après ; Antoinette ,* mariée à *Chriftophe* d'Alegre , baron de S. Juft , morte en 1598 ; *Renée ,* alliée à *François* de Chabannes , marquis de Curton , chevalier des ordres du roi , & chevalier d'honneur de la reine ; *Marguerite-Françoife ,* premiere femme de *François* des Effars , feigneur de Sautour , morte fans poftérité ; & *Jeanne* du Prat , morte fans alliance.

V. ANTOINE du Prat , IV du nom , feigneur de Nantouillet , de Preci , baron de Thouri , &c. fut reçu prévôt de Paris le 19 février 1553 , à la place de fon pere , & époufa *Anne* de Barbançon , fille de *François ,* feigneur de Cani , & d'*Antoinette* de Waizieres , fœur de *Louis* de Barbançon , marquis de Cani , qui mourut fans alliance , & laiffa & fubftitua tous fes biens au fecond fils de *Louis-Antoine* du Prat , fon petit neveu , à la charge de porter le nom & les armes de Barbançon. Elle fe remaria à *René* Viau , feigneur de Chanlivaut , chevalier des ordres du roi , & eut de fon premier mariage MICHEL-ANTOINE , qui fuit ; *Antoine ,* abbé de Beaulieu , mort en 1595 ; *Louife ,* mariée 1°. en mai 1598 , à *René* de Chandio , marquis de Nefle , comte de Joigni , &c : 2°. en février 1611 , à *Charles* de Berbifi , feigneur d'Herouville , morte en juin 1626 ; *Michelle ,* morte fans alliance en 1626 ; & *Catherine-Charlotte* du Prat , abbeffe de Notre-Dame des Clerets , morte le 15 novembre 1640 , âgée de 57 ans.

VI. MICHEL-ANTOINE du Prat, seigneur de Nantouillet, Preci, baron de Thouri, &c. fut tué en duel par le comte de Sault le 12 mars 1606. Il avoit épousé *Marie* Seguier, fille de *Pierre*, seigneur de Sorel, président au parlement, & de *Marie* du Tillet, dont il eut LOUIS-ANTOINE, qui suit; & *Magdeléne* du Prat, mariée le 6 août 1626, à *Gabriel-Aldonce* de Castelnau, comte de Clermont-Lodéve, marquis de Sessac.

VII. LOUIS-ANTOINE du Prat, marquis de Nantouillet, Preci, &c. mort en avril 1681, âgé de 81 ans, avoit épousé en novembre 1626, *Magdeléne* de Baradat, fille de *Guillaume*, seigneur de Dameri, & de *Susanne* de Romain, dame de Fontaines, dont il eut *Louis*, marquis de Nantouillet, commandant les gendarmes du cardinal Mazarin, tué à la bataille de Saint-Antoine en 1652, à l'âge de 22 ans; *Henri*, marquis de Nantouillet après son frere, commandant le régiment de la cavalerie de la reine Anne d'Autriche, mort sans postérité de *N.* de Gerente de Senas, & d'*Anne* Daguesseau, veuve de *Philippe* Gruyn, receveur général des finances d'Alençon, ses deux femmes; *Louis-Antoine*, lieutenant dans le régiment de son frere; FRANÇOIS, qui suit; *Geneviéve*, morte sans alliance; & *Magdeléne* du Prat, mariée à *Gilbert* de Chaslus, marquis de Saint-Priest.

VIII. FRANÇOIS du Prat, chevalier de Nantouillet, fut comte de Barbançon, ayant été substitué aux nom & armes de cette maison : il fut aussi capitaine de cavalerie au régiment de la Reine, premier maître d'hôtel de Philippe de France, duc d'Orléans, & mourut le 23 juin 1695. Il avoit épousé *Anne-Marie* Colbert, fille de *Charles* Colbert, seigneur du Terron, conseiller d'état, dont il a eu FRANÇOIS, qui suit; & *Henri* du Prat, chevalier de Malte, dit *le Chevalier de Barbançon*.

IX. FRANÇOIS du Prat de Barbançon, comte de Barbançon, colonel d'un régiment d'infanterie, a épousé *Claire-Charlotte-Séraphine* du Tillet, morte à Bourbon le 21 juillet 1744, fille de *Jean-François* du Tillet, comte de Saint-Matthieu, &c. & de *Jeanne* de Boham de Nanteuil, dont il a deux fils & trois filles.

BRANCHE DES BARONS DE THIERN, *de* VITEAUX, *marquis de* FORMERIES, *&c.*

V. FRANÇOIS du Prat, baron de Thiern, &c. quatriéme fils d'ANTOINE du Prat, III du nom, seigneur de Nantouillet, &c. & d'*Anne* d'Alegre, épousa *Anne* Séguier, fille de *Pierre* Séguier, seigneur de la Verriere, lieutenant-criminel au châtelet de Paris, & de *Catherine* Pinot, dont il eut ANTOINE, qui suit; *Philippe*, alliée à *Clément*, baron de Cosnac en Limosin; & *Anne* du Prat, demoiselle de la reine, mariée à *Honorat* Prevost, seigneur du Chastelier-Portaut en Poitou.

VI. ANTOINE du Prat, baron de Formeries, de Thiern, de Viteaux, &c. épousa en 1597 *Chrétienne* de Sayve, dame de Jumeaux, fille de *Claude*, seigneur de Monculot, &c. président des comtes en Bourgogne, & de *Charlotte* Noblet, dont il eut *René* du Prat, baron de Jumeaux, maréchal de bataille, mort en 1648; ANTOINE, qui suit; & *Charlotte* du Prat, mariée le 12 mai 1624, à *Pierre* du Fai, seigneur de la Mézangere.

VII. ANTOINE du Prat, baron de Viteaux & de Formeries, mort en août 1648, avoit épousé en 1632 *Claude* des Bartes, fille de *Pierre*, baron de Ruffei, président au parlement de Dijon, & de *Charlotte* Bourgeois de Mouilleron, dont il eut LOUIS-ANTOINE, qui suit; quatre filles mortes sans alliance; & *N.* du Prat, religieuse à Châtillon-sur-Seine.

VIII. LOUIS-ANTOINE du Prat, baron de Viteaux, &c. épousa *Anne* Lenet, fille de *Pierre* Lenet, procureur général au parlement de Dijon, dont il eut LOUIS-BERNARD, qui suit; *Jacques* du Prat; & *Antoinette* du Prat.

IX. LOUIS-BERNARD comte du Prat, marquis de Formeries, Selors, &c. né le 21 février 1687, colonel d'infanterie, mort le 6 juin 1712, avoit épousé au mois de mai précédent, *Charlotte-Angélique* le Bourgoing, fille de *Charles*, marquis de Follin, & de *Marguerite-Françoise* Amelor. * Voyez Du Chêne, *hist. des chanceliers;* Blanchard, *hist. des présidens;* le P. Anselme, *hist. des grands officiers de la couronne.*

PRAT (Antoine du) seigneur de Nantouillet, baron de Thiern & de Thouri, premier président au parlement de Paris, puis chancelier de France, de Bretagne & de Milan, cardinal, archevêque de Sens, fils aîné d'ANTOINE du Prat, I du nom, & de *Jacqueline* Boyer, parut avec réputation entre les avocats du parlement de Paris, & fut fait lieutenant-général au bailliage de Montferrant, puis avocat général au parlement de Toulouse. Ses services lui firent donner par le roi Louis XII une charge de maître des requêtes de son hôtel, vacante par la mort de Simon Davi, où il fut reçu 25 janvier de l'an 1504, & en cette qualité il présida aux états de Languedoc par ordre du roi. En 1506 il fut fait quatriéme président au parlement de Paris, & premier président en 1507. Enfin le roi François I le fit chancelier & de France, par lettres du 7 janvier 1515 (*styl nov.*) & lui donna les sceaux qu'on avoit confiés à Etienne Poncher, évêque de Paris. Les historiens ne parlent point avantageusement de la conduite de ce chancelier. Ils disent que pour s'affermir dans les bonnes graces du roi, qui cherchoit de l'argent pour faire la guerre, il lui suggéra de vendre les charges de judicature, & de créer une nouvelle chambre de vingt conseillers, dont on fit la Tournelle au parlement de Paris. Depuis il lui persuada qu'il étoit en son pouvoir d'augmenter les tailles, & d'établir de nouveaux impôts, sans attendre l'octroi des états, contre l'ordre ancien du royaume; s'appuyant dans ses entreprises, de l'affection & du crédit de la princesse mere du roi, qui régloit toutes choses selon ses desirs. Il suivit ensuite le roi en Italie, & se trouva avec lui le 19 décembre de l'an 1555, à la conférence qu'il eut avec le pape Léon X à Bologne. Ce fut-là qu'il persuada à ce jeune prince d'abolir la pragmatique-sanction, & de faire le concordat, par lequel le pape remit au roi le droit de nommer aux bénéfices de France & de Dauphiné, & le roi accorda au pape les annates de ces grands bénéfices sur le pied du revenu du courant. Ces changemens rendirent le chancelier odieux à tous les gens de bien. Comme il étoit veuf, & il y avoit déja quelques années, il embrassa l'état ecclésiastique. La faveur le porta aux premieres dignités de l'église; car il fut successivement évêque de Meaux, d'Albi, de Valence, de Die & de Gap, & archevêque de Sens, abbé de Fleuri, &c. & fut fait cardinal par le pape Clément VII en 1527. Deux ou trois ans après, il fut encore légat *à latere* en France, & couronna la reine Eléonore d'Autriche. Lorenzo Capelloni, auteur Italien, rapporte dans ses exemples politiques, que le cardinal du Prat songea à se faire pape après la mort de Clément VII, en 1534 : qu'il se proposa même au roi, auquel il promit de contribuer jusqu'à 400000 écus; mais que ce monarque se moqua de l'ambition du légat, & qu'il retint son argent. Cela pourtant peu vraisemblable; car outre que Paul III fut élu vingt jours après la mort de Clément VII, il n'y a pas d'apparence que du Prat, qui étoit âgé & incommodé, songeât à sortir de sa maison. On ajoute qu'il étoit devenu si gros, qu'on fut obligé d'échancrer sa table pour faire place à son ventre. Au reste, nous voyons par les registres du parlement, qu'après la mort de ce cardinal, le président Poyet eut ordre d'aller à Nantouillet, pour s'y faire donner 100000 écus au soleil, en titre de prêt. Le cardinal du Prat se voyant valétudinaire, s'étoit fait porter à son château de Nantouillet, où il mourut le 9 juillet de l'an 1535, âgé de 72 ans. Il ordonna du son corps fût enterré dans son église de Sens, où il n'étoit jamais entré; & l'année même de sa mort, il fi de grands biens à l'Hôtel-Dieu de Paris, qu'il accru vers le septentrion d'un corps de logis tout entier, di encore aujourd'hui *la salle du Légat*. Les grands évé siemens qui arriverent pendant son ministère dans l'état & dans la religion, soit par la prise & par la détention en Espagne de la personne du roi François I & des princes ses enfans, soit par le sac de Rome, & la détention du pape Clément VII & des cardinaux, soit par les nouveautés introduites dans la religion par Luther & ses sectateurs, soit enfin par le schisme d'Angleterre, ont donné lieu au proverbe, *Il a autant d'affaires que le légat.*

Un historien moderne parle ainsi de la mort de ce cardinal. « Le 8 juillet (son épitaphe dit le 9) de cette » année 1535, Antoine du Prat, cardinal, archevêque » de Sens, légat en France, & chancelier, mourut » d'une phthisiase, ou maladie de poux, en son châ- » teau de Nantouillet, fort tourmenté des remords de » sa conscience, comme ses soupirs & ses paroles le » firent connoître, pour n'avoir point observé d'autres » loix, lui qui étoit si grand jurisconsulte, que ses inté- » rêts propres & la passion du souverain. C'est lui qui a » ôté les élections des benéfices & les privilèges à plu- » sieurs églises, qui a introduit la vénalité des charges » de judicature, qui a appris en France à faire hardi- » ment toutes sortes d'impositions, qui a divisé l'inté- » rêt du roi d'avec le bien public, qui a mis la discorde » entre le conseil & le parlement, & qui a établi cette » maxime si fausse & si contraire à la liberté naturelle, » Qu'il n'est point de terre sans seigneur. » On accuse aussi le chancelier du Prat d'avoir irrité Louise de Sa- voye contre le connétable de Bourbon, dans l'espé- rance de profiter d'une partie de la dépouille de ce prince En effet il en eut les baronies de Thern & de Thouri. Nous avons parlé ci-dessus de ses enfans. * Le Feron & Godefroi, *officiers de la couronne.* Du Thou, *hist.* Capelloni, *l.* 3. Frizon, *Gall. purp.* Auberi, *hist. des cardinaux.* Sainte-Marthe, *Gall. christ.* Jacques Ta- velle, *de episc. Senon.* Marillac, *hist. de Bourb.* Méze- rai, *hist. de France.* Blanchard, *hist. des présidens de Paris,* & des maîtres des requêtes. Garimberg, *l.* 4, *annal. de France. Rem. sur. Virg. & Hom. de Faydit. t. I, p.* 348, &c. Le P. Anselme.

PRAT (Guillaume du) évêque de Clermont en Au- vergne, fils d'ANTOINE du Prat, chancelier de France, fut nommé à l'évêché de Clermont l'an 1528, dont il prit possession l'an 1535. Il assista au concile de Trente, sous le pontificat de Paul III, avec Claude de la Guiche, évêque d'Agde. Ce prélat fonda trois collèges pour les Jésuites, à savoir, ceux de Bilhon & de Moriac en Au- vergne, & celui de Clermont à Paris, qui sont comme les trois premiers séminaires de cette société en France ; & un couvent de Minimes à Beauregard en Auvergne, proche de son château, où il mourut le 22 du mois d'oc- tobre de l'année 1560, âgé de 53 ans. * Hilarion de Coste, *hist. cathol.*

PRATE (Pile de) cardinal & archevêque de Ra- venne, sorti d'une illustre maison de Damatie, fut créé cardinal l'an 1378, par le pape Urbain VI, & fut en- voyé légat vers Venceslas, roi des Romains, qu'il porta à approuver l'élection d'Urbain. A son retour à Rome, il fut gouverneur de la ville de Corneto, & entreprit de rétablir la paix entre la sainteté & Charles, roi de Naples ; mais n'ayant pu réussir, il se retira au- près de l'antipape Clément VII, & brûla auparavant son chapeau rouge à la vue des bourgeois de Pavie. Clément VII le créa de nouveau cardinal, & lui donna le commandement d'une armée, avec laquelle ce car- dinal fit en Italie plusieurs conquêtes sur les Urbanistes, & se rendit maître de la ville d'Orviette, dont il laissa le gouvernement à Conrad & à Luc Monaldi, à la char- ge d'apporter annuellement le jour de S. Pierre & de S. Paul un épervier au pape. Il renonça ensuite au schis- me, & rendit à Boniface IX toutes les villes qu'il avoit conquises sur les princes protecteurs d'Urbain. Ce pape le créa une troisième fois cardinal, ce qui donna lieu à ses ennemis de le nommer *le cardinal aux trois cha- peaux,* parcequ'il avoit reçu la pourpre de trois papes. Boniface lui donna le gouvernement de plusieurs pro-

vinces, & il le fit enfin son vicaire général à Rome. Il mourut l'an 1401, à Padoue, où il a fondé un très- beau collège. * Ciaconius, Onuphre, Ughel, Auberi, *hist. des cardinaux.*

PRATEOLE, ou du PREAU (Gabriel) curé de S. Sauveur de Péronne, natif de Marcoussi, près de Montl'heri, & docteur de la faculté de Paris de la maison de Navarre, florissoit vers la fin du XVI siécle. Il écrivit divers ouvrages pour la défense de l'église con- tre les hérétiques ; & sur-tout une *histoire de l'état & succès de l'église,* en deux volumes *in-folio,* imprimés à Paris en 1583, qu'il ouvre par la naissance de Jésus- Christ, & qu'il conduit jusqu'en l'année 1580. Il y joignit un abrégé de l'histoire de France jusqu'à la même année, & l'on réimprima l'un & l'autre ouvrage en 1604. Il composa encore un traité de l'autorité des con- ciles ; un traité des sectes & des dogmes des héréti- ques, sous le titre d'*Elenchus hæreticorum omnium, &c.* dans lequel il a souvent multiplié les sectes sans nécessité. Dès l'an 1562, il avoit publié une harangue sur les causes de la guerre entreprise contre les calvinistes re- belles, & en 1559, une autre harangue latine *de jucun- da Francisci II apud Remos inauguratione.* Ce doc- teur mourut à Péronne le 19 avril 1588, âgé de 77 ans. * Sponde, *in annal.* Possevin, *in appar.* De Launoi, *hist. coll. Navarr.* Du Verdier, & la Croix du Maine, *en la biblioth. franç.* Le Mire, *de script. sæc. XVI.* Le Long, *biblioth. histor. de la France, &c.*

PRATINAS, poëte tragique, étoit de Phlionte, ville du Péloponnèse voisine de Sycione, & fils de Pyr- rhonide ou d'Encomius. Il florissoit vers la LXX olym- piade, environ 500 ans avant J. C. Ce poëte étoit con- temporain d'Eschyle & de Chérile, qui écrivoient dans le même genre, & dont il fut le concurrent. Il compo- sa le premier de ces pièces de théâtre connues des Grecs sous le nom de satyres, & qui étoient des espe- ces de farces. Pendant la représentation d'une de ses pièces à Athènes, les échafauds qui portoient les specta- teurs se rompirent, & qui détermina les Athéniens à faire construire un théâtre dans les formes. Pratinas composa jusqu'à cinquante poëmes dramatiques, & non soixante, comme dit Fabricius, & parmi ces cinquante on comprend trente deux satyres. Cependant, au rap- port de Suidas, le poëte ne remporta le prix qu'une seule fois. On ne sait où le Gyraldi a pris qu'il avoit été déclaré vainqueur dans toutes ses pièces. Pausanias nous apprend que ce poëte eut un fils nommé Aristias, qui se signala dans le même genre de poësie, où l'un & l'autre se cédoient qu'à Eschyle, & qu'on voyoit à Phlionte le tombeau du fils. Athénée parle de Prati- nas en plusieurs endroits. Il observe en premier lieu, qu'on appelloit *danseurs* les anciens poëtes, tels que Thespis, Pratinas, Cratinus & Phrynique, non-seule- ment parcequ'ils avoient soin d'accommoder leurs pièces dramatiques aux danses du chœur, mais encore parce- que sans rapport à ces danses théatrales, ils devenoient maîtres à danser de quiconque vouloit se perfectionner dans cet art. Il remarque en second lieu, que Pratinas, dans une de ses pièces nommée les *Lacédémoniennes,* ou les *Caryatides,* qualifie la *caille d'oiseau à voix mé- lodieuse ;* ce qui paroît singulier, dit Athénée. Cet au- teur rapporte aussi un fragment d'un *Hyporchéme* de Pratinas, par lequel il paroît que ce poëte souffroit impatiemment que les spectateurs se plaignissent de ce que dans les pièces de théâtre, les chœurs chantoient sans être accompagnés de flutes, comme ils l'étoient autrefois, & qu'au contraire les flutes ne pouvoient jouer seules, & sans être accompagnées des voix du chœur. * Extrait des remarques de M. Burette sur le dialogue de Plutarque touchant la musique, dans le tome X des *Mémoires de l'académie des belles lettres,* pages 281, 282.

PRATO, petite ville d'Italie en Toscane, située dans un terroir agréable sur la rivière de Bisentio, entre Florence & Pistoie.

PRATO (Nicolas de) *cherche*z ALBERTINI (Nicolas.)

☞ PRATO DINO, ou PETIT PRÉ, maison de plaisance du grand duc de Toscane, en Italie, au voisinage de Florence. Rien n'est plus agréable, ni plus charmant que cette demeure pendant l'été, parcequ'on y trouve la fraîcheur du printemps au milieu des bosquets, des fontaines & des allées couvertes qui y sont en grand nombre, & toujours impénétrables aux chaleurs de l'été. Bernard & François Bontalenti ont été les architectes de ce superbe palais, que le grand duc François I du nom fit bâtir, comme il est marqué dans une inscription qui est au milieu de la voute de la grande sale. * La Martiniere, *dict. géogr.*

☞ PRATO MAGNO, campagne d'Italie, dans le Florentin. Elle passe pour une des plus belles contrées d'Italie ; aussi est-elle très-peuplée. Les anciens la nommoient *Etrusci Campi*. Elle s'étendoit, selon Tite-Live, *l. 22, c. 3*, depuis *Fæsulæ* jusqu'à *Arretium*, c'est-à-dire depuis Fiezzole jusqu'à Arezzo. * La Martiniere, *dict. géogr.*

PRAXAGORAS, Athénien, après avoir fait à 19 ans deux livres des rois d'Athènes, en écrivit deux autres trois ans après, sur la vie de Constantin, & en composa six à 31 ans, de l'histoire d'Alexandre le Grand. Photius nous a conservé un abrégé de la vie de Constantin, où nous n'apprenons rien de particulier. Le style en étoit clair & agréable ; mais il ne se soutenoit pas tout-à-fait assez. Praxagoras étoit païen, & paroit néanmoins fort avantageusement de Constantin. On croit qu'il vivoit sous Constance, vers l'an 345, aussi-bien que Bemarque, sophiste de Césarée en Cappadoce, qui a écrit en dix livres les actions de Constantin. Il a publié encore des déclamations & des harangues ; mais il ne nous reste rien de tout cela. * Phot. *biblioth. c. 62.* Suidas. Vossius, *de hist. græc. l. 2, c. 17.* Tillemont, *hist. des empereurs, tome IV.*

PRAXEAS, hérésiarque, dans le II siécle, étoit d'Asie : il vint à Rome sous le pontificat du pape Eleuthere ou de Victor, & s'y déclara contre les Montanistes, ayant obligé un de ces papes de révoquer les lettres de communion qu'il leur avoit accordées. Depuis il tomba lui-même dans l'hérésie, ne reconnoissant qu'une seule personne dans la Trinité, & disant même que le Pere avoit été crucifié : ce qui fut depuis suivi par les hérétiques Noëtiens, par les Sabelliens, & par les Patripassiens. Tertullien étant devenu Montaniste, écrivit avec une extrême véhémence contre ce Praxéas, qui étoit passé de Rome en Afrique : il revint deux ou trois fois dans le sein de l'église, qui comme une bonne mere, le reçut toujours avec une très-grande douceur ; mais il retomba toujours, & mourut dans l'hérésie. * Tertullien, *de præscr. adversus Prax.* Optat. *l. 1, contr. Parmen.* Baronius, *in annal.*

PRAXEDE, fille de S. Pudent, sénateur Romain, & sœur de sainte Pudentienne, vivoit, à ce que l'on croit, du temps du pape Pie I. Son culte étoit établi à Rome dès le VIII siécle ; mais les actes de sa vie sont la fiction d'un imposteur. * *Calendrier* de Fronton, *au 21 juillet. Martyrologe* d'Usuard. Baronius, *ad an. 159, & in notis ad martyrolog.* Bollandus, *au 19 mai.* Tillemont, *mémoires pour servir à l'histoire ecclésiastique, tome II.*

PRAXIDICE, *Praxidice*, déesse, avoit soin de marquer aux hommes les justes bornes & les mesures dans lesquelles ils devoient se contenir, soit dans leurs actions ou dans leurs discours. Les anciens ne faisoient jamais de statues de cette déesse toutes entieres, mais la représentoient seulement par une tête, pour montrer peut-être que c'est la tête & le bon sens qui déterminent les limites de chaque chose. On ne lui sacrifioit aussi que les têtes des victimes. Quelques auteurs font de cette déesse mere d'Homonoé & d'Areté, c'est-à-dire, de la Concorde & de la Vertu. Mnaséas, au rapport de Suidas, la fait femme de Soter, qui est le dieu conserva-

teur, sœur de la Concorde & mere de la Vertu. Il y a apparence qu'on a prétendu nous marquer par-là, que cette modération qui retient dans de justes bornes, & qui fait observer exactement cet important précepte de la sagesse, *Rien de trop*, est un moyen sur pour se conserver en quelqu'état qu'on soit, & que d'ailleurs se renfermant entre ces limites, on ne sort jamais du caractère d'un homme vertueux. Hesychius dit que Ménélas, au retour de la guerre de Troye, consacra un temple à cette déesse, & à ses deux filles, la Concorde & la Vertu, sous le nom seul de Praxidice. On remarque que cette déesse avoit tous ses temples découverts, pour marquer son origine, qu'elle tiroit du ciel, comme de l'unique source de la sagesse. Le nom de Praxidice vient des mots grecs, πραξις, *action*, & δικη, *jugement*, *justice*. * Suidas. Hesychius.

PRAXILLE, *Praxilla*, femme de la ville de Sicyone, étoit en grande réputation, par la facilité qu'elle avoit à composer des vers. Elle fut mise entre les neuf poëtes lyriques, & inventa, dit-on, une sorte de poësie, qui de son nom fut dite *Praxiléenne*. Cette femme vivoit sous la LXXII olympiade, vers l'an 492 avant J. C. On a encore des vers qu'elle envoya à un jeune homme, nommé Calaïs. * Eusebe, *in chron.* Athénée, *l. 13.* Pausanias, *in Lacon. &c.*

PRAXITELES, ancien sculpteur Grec, très-célèbre dans l'antiquité, florissoit sous la CIV olympiade, & vers l'an 364 avant J. C. un peu avant le règne d'Alexandre le Grand. Pausanias a pris soin de décrire dans ses Attiques plusieurs statues de cet habile maître. On vantoit fort, entr'autres, la Vénus qu'il fit pour la ville de Gnide, dont Lucien nous a donné une ample description. C'est cette statue que les Gnidiens refuserent au roi Nicomedes, qui pour l'obtenir, leur offrit de les affranchir du tribut qu'ils lui payoient. Ils préférerent le plaisir de posséder cette incomparable statue, à celui d'être entiérement libres & indépendans. * Pline, *l. 34 & 36.* Pausanias, *in Attic.* Lucien.

PRÉ (Jean Du) en latin *Pratensis*, naquit l'an 1543, à Aarhus en Jutland, de *Philippe* Du Pré, François de nation. Philippe avoit été chirurgien du roi de Danemarck Christiern III ; & s'étant attiré sa confiance & son estime par les excellentes qualités, ce prince l'employoit de temps en temps dans des affaires importantes. Dans la suite il lui permit de se retirer de la cour, & lui donna un canonicat dans le chapitre luthérien d'Aarhus. Philippe se maria dans cette ville à une demoiselle Danoise, dont il eut JEAN qui fait le sujet de cet article. Dès que celui-ci eut fait son cours de belles lettres & de philosophie, & qu'il fut en état de voyager, le roi Frédéric II fournit les moyens de rendre ses voyages utiles, de même que ceux de Pierre Sévérin, qui lui fut donné pour compagnon, mais à condition que tous les deux s'appliqueroient à la médecine. Ils parcoururent l'Allemagne & la France, se firent recevoir docteurs en médecine en Italie, & revinrent ensuite dans leur patrie. Du Pré y fut fait presque aussitôt professeur en médecine à Copenhague. Mais il ne posséda pas long-temps cet emploi. En 1576, dans le temps qu'il faisoit une leçon publique, une veine se rompit dans sa poitrine par les efforts d'une toux violente, & il mourut sur le champ entre les bras de ses disciples, étant à peine âgé de 33 ans. Il avoit l'esprit agréable & fort orné. Il étoit fort lié avec le célèbre Tycho-Brahé. Il ne manquoit point de talent pour la poësie latine, comme on le voit par une piéce de plus de 340 vers hexamètres, qu'il mit à la fin de l'*Idea medicinæ philosophicæ* de Pierre Sévérin, son ami & son compagnon de voyage. On a de Jean Du Pré : *De ortu & progressu, subjectis, & partibus artis medicæ*, à Copenhague, 1572 ; & un autre écrit intitulé *Daphnis*, imprimé dans la même ville en 1563, *in-4°*. * *Supplément françois de Basle*.

PRÉ (Pierre du) cardinal, archevêque d'Aix. *Voye*z PREZ (Pierre des).

PRÉ-ADAMITES : ce mot se peut entendre des hommes

nes que l'on feint avoir vécu avant la création d'A-
lam, ou de ceux qui ont suivi l'opinion d'Isaac de la
Peyrere, qui osa publier en 1655, un livre intitulé :
*Præ-Adamitæ, sive exercitatio super versibus 12, 13
& 14 capitis V, epistolæ D. Pauli ad Romanos*, accompagné d'un autre qui a pour titre : *Systema theologicum,
ex Præ-Adamitarum hypothesi.* Cet auteur feignant
d'avoir du respect pour l'église catholique, proteste
qu'il soumet ses écrits à la censure des docteurs orthodoxes ; mais c'est pour insinuer son venin avec plus
d'adresse, & pour corrompre plus aisément ceux qui
aiment les nouveautés ; car au fond il paroît qu'il a
joint l'impiété & l'hérésie à l'extravagance. Voici
la disposition de son faux systême. Il dit I. Que le sixiéme
jour de la création du monde, Dieu créa l'homme mâle
& femelle, c'est-à-dire, comme il l'explique, que
Dieu créa des hommes & des femmes un même jour,
dans toutes les parties de la terre : de sorte que comme
la terre produisit par-tout des arbres, des fruits & des animaux, il y eut aussi par-tout en même temps des hommes
& des femmes. II. Que long-temps après, Dieu forma
Adam, pour être le premier homme de son peuple particulier, qui fut depuis nommé peuple Juif. III. Que
cette formation d'Adam avec la terre, qui est décrite
dans le second chapitre de la Genèse, est différente de la
création des hommes, dont Moyse parle dans le premier
chapitre. IV. Que les Gentils, c'est-à-dire, les peuples différens des Juifs, furent les hommes de la premiere création ; & qu'Adam, d'où les Juifs ont tiré leur origine,
fut une nouvelle production de Dieu, qui le forma pour
être chef de son peuple. V. Que l'intention de Moyse
n'a pas été d'écrire l'histoire du monde, mais seulement celle des Juifs ; c'est pourquoi il dit peu de choses
de la premiere création des hommes. VI. Que le déluge de Noé ne fut pas universel par toute la terre,
qu'il ne submergea que la Judée. VII. Qu'ainsi tous les
peuples du monde ne descendent pas de Noé, ou de
ses trois fils, Sem, Cham & Japhet. VIII. Que les
Gentils s'abandonnerent à toutes sortes de vices ; mais
que ces péchés ne leur étoient point imputés, parceque Dieu ne leur avoit point donné la loi, & que ce
n'étoit pas proprement des péchés, mais plutôt des
actions mauvaises, comme celles des bêtes qui font tort
& qui ne pechent pas. IX. Que les Gentils mouroient,
non pas pour avoir péché, mais parcequ'ils étoient composés d'un corps sujet à la corruption. X. Qu'à l'égard
de la seconde création, c'est-à-dire, de celle d'Adam, il a
été formé pour être le premier patriarche du peuple Juif,
auquel Dieu se devoit manifester dans les temps,
& après aux Gentils, pour ne faire enfin qu'une église
des uns & des autres. L'auteur de ces opinions se sert
des versets 12, 13 & 14 du chapitre V de l'épître de
S. Paul aux Romains, & principalement de ces paroles : *Jusques à la loi, il y avoit des péchés dans le monde :
mais ce péché n'imputoit pas les péchés, n'y ayant point
de loi.* D'où il forme ce raisonnement. Il faut entendre
ici la loi donnée à Moyse, ou celle qui fut donnée à
Adam. Si l'on entend la loi de Moyse, il s'ensuivra
qu'il y a eu des péchés avant & jusqu'à Moyse, mais
que Dieu ne les imputoit point : ce qui ne peut se soutenir, puisque l'histoire sacrée nous assure de la punition de Cain, de celle des Sodomites, & de tant d'autres. Si l'on entend la loi d'Adam, il faut conclure
qu'il y avoit avant lui des hommes, & que les péchés
n'étoient pas imputés. Ceux qui ont écrit contre les
erreurs de ce Pré-Adamite, ont fort bien remarqué que
cet auteur a imité la plupart des hérétiques, qui ont tâché
d'établir leurs fausses opinions sur des passages de saint
Paul, qu'ils n'entendoient pas, & qu'ils ne vouloient
pas entendre : ce que quelques-uns faisoient du temps
de S. Pierre, qui nous avertit qu'il y a dans les écrits
de S. Paul, plusieurs choses difficiles à entendre, dont
les ignorans & les amateurs des nouveautés se servent
à contre-sens pour leur propre perte.

Voici de quelle maniere on répond à ce passage.

S. Paul parle de la loi donnée à Moyse, laquelle est
appellée loi simplement dans l'écriture-sainte, & par
cet apôtre même, lorsqu'il dit : *Je n'ai connu le péché
que par la loi ; car je ne saurois pas ce que c'est que la
concupiscence, si la loi ne disoit, Tu ne convoiteras pas.* Il
est certain que c'est la loi de Moyse, qui fait cette défense.
L'apôtre ne dit pas qu'avant la loi de Moyse il y avoit
des péchés que Dieu n'imputoit pas; mais qu'avant la loi de
Moyse le péché est entré dans le monde, & que l'on n'impute point de péchés, lorsqu'il n'y a point de loi; & par conséquent qu'avant Moyse il y avoit une loi donnée à Adam,
dont le péché a introduit la mort dans le monde. Ceux
qui expliquent ainsi ce passage, remarquent qu'il y a
dans le texte grec ἐλλογεῖται, c'est-à-dire, *on n'impute*,
non pas *on imputoit.* On donne encore un autre sens
à ces paroles, en lisant, *on imputoit.* Avant la loi de
Moyse, il y avoit des péchés au monde, que l'on n'imputoit pas, parceque c'étoient des péchés de pensées
& de concupiscence, qui n'étoient pas encore défendus par cette loi. De quelque maniere qu'on explique
ce passage, il est constant que par ces mots, *jusqu'à
la loi*, S. Paul ne veut point dire, *jusqu'à la loi d'A-
dam*, comme Isaac la Peyrere l'a faussement supposé.

Peut-être ne sera-t-il pas inutile de rapporter à cette
occasion ce qui regarde l'antiquité des Chaldéens, des
Egyptiens & des Chinois, parceque c'est principalement sur les histoires de ces nations, que l'auteur des
Pré-Adamites a fondé son systême théologique. Après
avoir dit dans sa préface, que ceux qui sont un peu
éclairés, voient assez que l'époque du monde ne se
doit pas prendre de la création d'Adam ; il ajoute qu'il
faut remonter jusqu'à l'origine des Chaldéens, des Egyptiens, des Ethiopiens & des Scythes. Mais dans son troisiéme livre où il touche ces matieres, il ne parle que
des Chaldéens & des Egyptiens. Il dit après Diodore,
que ces peuples croyoient que le monde étoit de toute
éternité, & qu'ils se vantoient de s'être appliqués depuis plus de quatre cens soixante & dix mille ans, à
observer les astres ; mais les personnes de bon sens ne
doutent point de la vanité de cette nation ; & Cicéron
ne feint point de dire que les Chaldéens étoient des
trompeurs. Voici une preuve convaincante de leur
mensonge. Lorsqu'Alexandre *le Grand* prit la ville de
Babylone, il avoit avec lui Callisthènes, célèbre philosophe de la villa d'Olinthe. Aristote pria Callisthènes
de lui faire voir ce qu'il y avoit de monumens d'antiquité chez les Chaldéens ; & cet ami lui envoya les
plus anciennes observations astronomiques qu'il put trouver à Babylone, qui ne remontoient qu'à mille neuf
cens trois ans avant cette expédition d'Alexandre. Simplicius rapporte cela dans ses commentaires sur Aristote,
après l'avoir pris des livres de Porphyre. Selon le calcul de
ceux qui suivent la version des Septante, ces observations ne devancent point le temps de Sémiramis, qui
commença de régner l'an 1215 avant J. C. Bérose dans
son histoire des Chaldéens, compte dix générations
depuis Alorus (qui est l'Adam de Moyse) jusqu'à Xisuthrus (qui n'est autre que Noé) & en compte dix
autres depuis Xisuthrus, jusqu'à Abraham. D'où l'on
voit que les Chaldéens ont voulu faire leur nation aussi
ancienne que le monde, & égaler par leurs vingt générations le nombre des vingt patriarches, qui ont été
depuis le premier homme jusqu'au temps d'Abraham.
Mais on sait que la nation des Babyloniens ou Chaldéens
ne commença qu'un peu avant la naissance d'Heber.
Son origine est marquée dans l'histoire sainte, qui nous
apprend que les descendans de Noé ayant quitté les montagnes où ils habiterent assez long-temps après le déluge, se répandirent dans les plaines, & donnerent le
nom de Sennaar à la premiere terre où ils s'établirent, &
bâtirent ensuite la tour & la ville de Babylone. A l'égard
des Egyptiens, il est vrai qu'ils ont cru être les premiers hommes du monde ; mais il est aisé de voir que
leur origine est fabuleuse. Leurs histoires disent qu'il

y a eu chez eux des rois pendant l'espace de trente-six mille cinq cens vingt-cinq ans , jusqu'à Nectanebe , qui fut chassé du trône par Ochus , roi des Perses , 19 ans avant la monarchie d'Alexandre *le Grand.* Ils disent que les dieux & les héros ou demi-dieux ont régné dans cet empire pendant l'espace de trente-quatre mille deux cens & un ans ; & qu'à ceux-là ont succédé les rois , dont le premier a été Menez. Le fameux Manéthon , sacrificateur de la ville d'Héliopolis , qui a écrit l'histoire d'Egypte , par ordre du roi Ptolémée *Philadelphe* , imitant cette ancienne chronique , fait régner sur les terres du Nil , les dieux & les héros ; mais il n'en compte pas un si grand nombre , & ne leur donne pas tant d'années de régne. Il est très-manifeste que ces régnes des dieux & des demi-dieux , ne sont que des fables inventées par les Egyptiens , pour égaler leur antiquité à celle des Chaldéens , ces deux nations ayant toujours été jalouses l'une de l'autre sur ce point ; & s'étant attribué des princes imaginaires , ou des observations astronomiques qui alloient bien au-delà de leur origine. C'est pourquoi Diodore dit des Egyptiens , qu'ils ont renoncé à la vérité , pour suivre des mensonges prodigieux & incroyables. Quant à l'antiquité des Chinois , par leurs histoires on voit que jusqu'à l'an 1699 de J. C. leur empire a duré quatre mille six cens cinquante & un ans : ce qui iroit environ à 600 ans au-delà du déluge ; mais outre qu'il y a apparemment de l'erreur dans ce calcul , on doit observer que , suivant la supputation des Septante , ce commencement se trouveroit en l'an 565 après le déluge. Ainsi l'auteur des Pré-Adamites a été chercher en vain dans l'antiquité de ces nations quelques preuves pour appuyer une opinion si impie & si extravagante. *Voyez* PEYRERE (la) * J. Bapt. Morin , *refutatio detestandi libri de Præ-Adamitis.* A. Hulse , *non en Præ-Adamiticum.* J. Pythius , *responso exetastica ad tractatum cui titulus , Præ-Adamitæ.* J. Hilpert , *disquisitio de Præ-Adamitis.* P. Pezron , *antiquité des temps.*

PREAU (Gabriel du) docteur en théologie. *Voyez* PRATEOLE.

PRÉAUX , abbayes , l'une d'hommes , nommée *Saint-Pierre de Préaux* , qu'un seigneur Normand nommé *Hunfroi* avoit fait bâtir avant le milieu de l'onziéme siécle dans la Normandie ; l'autre de filles consacrées à Dieu,sous l'invocation de la sainte Vierge,fondée peu après par le même seigneur , par le conseil d'Alberade , sa femme. Ces deux monastères sont sur la Rille , à une lieue ou environ au-dessous de Pont-Audemer. Hunfroi mourut avant que le monastere de filles fût achevé ; mais Robert de Beaumont , son fils , eut le soin de faire consommer cet ouvrage. Ansfroi fut le premier abbé de l'abbaye des hommes ; & Emma la premiere abbesse de celle des filles. Ces deux monasteres subsistent encore.

PRÉCHANTRE : c'étoit autrefois le premier de ceux qui chantoient dans l'église. Depuis on en a fait une dignité dans les églises cathédrales au-dessus du chantre.

PRÉCIES & PRÉCLAMITEURS , *præciæ & præclamitores* , *crieurs* , officiers qui alloient par les rues de Rome devant le Flamen Dial , pour faire cesser le travail aux ouvriers aux jours des féries publiques , parceque s'il avoit vu quelqu'un travaillant , le service divin ne se pouvoit faire. * Rosin. *antiq. romaines.*

PRÉCONIO (Octavien) archevêque de Palerme en Sicile , étoit de Messine ; & après s'être distingué par son savoir chez les Cordeliers conventuels , fut élu évêque de Monopoli , d'Ariano , &c. Il fut élevé par le pape Pie IV à l'archevêché de Palerme, se trouva au concile de Trente , & mourut le 18 juillet 1568 , laissant divers ouvrages. * Pyrrhus Rochus , *de episc. Sicil.*

PRÉCONISATION , proposition de celui que le roi de France a nommé pour être archevêque ou évêque , faite dans le consistoire de Rome par un cardinal , en

vertu des lettres dont il est porteur , afin de la faire agréer au pape , qui donne ensuite sa collation. Voici de quelle maniere le pape & le roi contribuent à la promotion d'un évêque. Lorsque celui qui est nommé à son brevet , à trois lettres que le roi écrit au pape , au cardinal protecteur des affaires de France à Rome , & à l'ambassadeur de sa majesté auprès du pape , il fait faire une information de vie & de mœurs devant le nonce du pape;& en son absence,devant l'évêque du lieu où il est né , ou devant l'évêque du lieu où il demeure. Suivant nos loix & arrêts du parlement , ce devroit toujours être devant l'évêque. Il fait aussi sa profession de foi entre les mains de son évêque , & fait faire aussi une information de l'état de l'évêché auquel il a été nommé. Il envoie à Rome ces trois actes avec les trois lettres du roi. Le banquier expéditionaire en cour de Rome , à qui il les adresse , porte les lettres à l'ambassadeur ; l'ambassadeur met l'*expediatur* sur celle qui s'adresse au pape , & le banquier la porte au dataire qui la donne au pape. Le banquier donne ensuite au cardinal protecteur la lettre que le roi lui écrit , en exécution de laquelle ce cardinal déclare dans le premier consistoire suivant , une telle église pour un tel , & cette déclaration s'appelle *préconisation.* Quand le jour du second consistoire est venu , le cardinal protecteur propose l'état de l'évêché à pourvoir , & les qualités de la personne que le roi a nommée ; & le pape , après avoir pris l'avis des cardinaux , ordonne qu'on expédie pour celui qui a été proposé neuf bulles. La premiere & la principale se nomme la bulle de provision , & s'adresse à l'évêque même. Par cette bulle , le pape dit au sujet qui a été nommé par le roi , qu'il le pourvoit d'un tel évêché ; la seconde , qu'on appelle *Manus consecrationis* , est la commission que le pape donne à un ou plusieurs évêques pour faire la cérémonie du sacre , cette bulle contient la forme du serment que doit faire l'évêque , lorsqu'on le sacre ; la troisiéme s'adresse au roi ; la quatriéme , au métropolitain : & quand ce sont des bulles pour un archevêque , cette quatriéme bulle s'adresse aux évêques suffragans ; la cinquiéme , au chapitre ; la sixiéme , au clergé ; la septiéme , au peuple ; la huitiéme , aux vassaux ; & la neuviéme ,•est la bulle d'absolution. * *Dictionaire des arts.*

PRÉCOP , ville de la Krimée ou petite Tartarie , appellée *Tartaria Præcopensis.* Cette ville qui a eu autrefois le nom de *Taphra* , est située entre le marais de Buges , dit *Suka-Morzi* , & le golfe de Nigropoli. *Cherchez* TARTARES , TARTARIE & TAPHIES.

PRÉDÉMIR ou PRÉLÉMIR , fils de Tiefcemir , dix-huitiéme roi de Dalmatie , qui ne possédoit que la Dioclée , & une petite partie de la Zinta , ne régna pas aussi long-temps que dans cette petite province , ainsi qu'on l'apprend de Constantin Porphyrogenete , qui , vers l'an 958 , nomme un duc souverain de Trébigne : mais cette province appartenoit à Prédémir au temps de sa mort. On ne sait comment il l'acquit , & il y a bien de l'apparence que ce fut par la voie des armes. Il y avoit aussi la Rascie vers l'an 980 ; mais il en laissa la propriété à son ban , dont il épousa la fille , qu'on nomme *Préchuale.* On croit que ce ban avoit droit à la couronne de Servie , & qu'il transmit ce droit à son gendre ; du moins il est certain que Prédémir & ses successeurs furent appellés rois de Servie , quoiqu'ils n'aient rien possédé dans la Servie que vers le treiziéme siécle. Prédémir mourut fort âgé , & laissa ses états à ses quatre fils , Hralimir , Boleslas , Draghislas & Suelade , qui les partagerent entr'eux. Ces princes se firent haïr de leurs sujets , & Leget , leur cousin , souverain de la Dalmatie & de la Croatie , appellé par les peuples , les fit mourir tous , sans qu'on pût sauver de cette famille que Sylvestre , fils de Boleslas , qui régna après la mort de Leget. * Le prêtre de Dioclée , *hist. de Dalmatie.* Constantin Porphyr. *gouver. de l'emp.*

PRÉDESTINATIENS , hérétiques qui s'éleverent , selon quelques-uns , dans l'église sur la fin du Ve siécle ,

soutenoient que les bonnes œuvres font inutiles aux fidéles, le tout dependant de la réprobation ou de la prédestination. Les favans ne font pas d'accord fur les Prédestinatiens ; car il y a eu en effet des hérétiques qui ont été dans
ces fentimens, fi l'on en croit quelques auteurs, comme
le pere Piccinardi Dominicain, dans fes remarques fur
le *prædestinatus.* D'autres foutiennent qu'il n'y en a jamais
eu, & que c'eft un nom que les fémi-pélagiens donnoient
à ceux qui fuivoient les opinions de faint Auguftin ; c'eft
le fentiment d'un docteur de Sorbonne, qui a fait une
cenfure du *prædestinatus,* imprimée en Hollande en 1645.
Le P. Piccinardi en cite plufieurs autres. *Voyez* GODES-
CALQUE. * *Confultez* Baronius, *an. 490.* Pratéole,
prædestin. Voyez auffi le P. Noris, dans *fon hift. péla-
gienne, l. 2, c. 15.*

PRÉFET de Rome, fut établi par Augufte. Meffala
Corvinus fut le premier nommé, & fe démit fix jours
après de cette magiftrature, felon la chronique de faint
Jérôme, difant qu'elle étoit *incivilis*, c'eft-à-dire, que
fon autorité étoit trop grande, & odieufe à des citoyens
Romains. Tacite dit que ce fut Augufte qui dépofa Meffala, comme n'étant pas capable d'exercer cette charge.
Quoi qu'il en foit, depuis il y eut toujours des préfets
de la ville de Rome. C'étoit un des premiers magiftrats
de la ville. Il la gouvernoit en l'abfence des confuls & des
empereurs. Il avoit l'intendance des vivres, de la police,
des bâtimens & de la navigation. Son pouvoir s'étendoit
à cent milles hors de Rome, felon Dion, & il avoit jurifdiction & droit de vie & de mort fur les cinq provinces appellées *Urbicaires,* ou *Suburbicaires,* ou *Ur-
baines.* On jugeoit devant lui les caufes des efclaves, des
patrons, des affranchis. Il convoquoit le fénat, jugeoit
les fénateurs, défendoit leurs droits & prérogatives,
comme veut Caffiodore. Au premier jour de l'an il étoit
obligé de faire un préfent à l'empereur, au nom de tout
le peuple, de coupes d'or, avec cinq fols de monnoie,
comme dit Symmaque. *Vobis folemnes pateras cum qui-
nis folidis, ut Numinibus integritatis offerimus.* * Antiquités romaines.

PRÉFETS, étoient originairement les magiftrats envoyés de Rome pour gouverner les villes d'Italie. Il y en
avoit qui étoient nommés par le peuple, & d'autres que
le préteur de Rome envoyoit. * Feftus, Rofin, *antiquités romaines.*

PRÉFETS des provinces. Augufte donna le nom de
préfets à ceux qu'il envoyoit dans les provinces pour les
gouverner. Le premier & le plus confidérable fut celui
qu'il envoya pour gouverner l'Egypte, après avoir vaincu Antoine & Cléopatre. Il fut appellé *le préfet Augu-
ftal.* Le premier qu'il y envoya en cette qualité, fut Cornelius Gallus ; & depuis lui, tous les gouverneurs d'E-
gypte furent appellés *préfets Auguftaux.* Il en envoya
auffi dans d'autres provinces ; mais il avoit foin, comme
remarque Dion, de ne pas choifir pour préfets des fénateurs, mais feulement des chevaliers.

PRÉFET : on donnoit encore ce nom à ceux qui
étoient prépofés aux emplois publics. Il y avoit trois préfets du tréfor établis par Augufte, *præfectus ærarii ;* un
préfet pour les vivres, *præfectus annona ;* un préfet du
camp & de l'armée, qui avoit foin des campemens, des
munitions & des vivres ; un préfet ou tribun de la cavalerie ; un préfet des diftributions, *præfectus largitionum ;*
un préfet des légions en l'abfence du commandant. * *Antiq. rom.*

PRÉFET DU PRÉTOIRE, général des cohortes
de la garde de l'empereur. Autrefois à Rome tous les magiftrats étoient appellés *préteurs ;* leur palais, & le lieu où
ils rendoient la juftice, fe nommoit *prétoire ;* & la cohorte qui étoit en garde devant le prétoire, étoit appellée
cohorte prétorienne. Augufte, après avoir ufurpé l'empire, ayant befoin de gardes, choifit dix cohortes de
bons foldats, dont chacune étoit de mille hommes.
Chaque cohorte obéiffoit à un tribun, & toutes étoient
commandées en chef par deux généraux, qui furent nommés *préfets du prétoire.* Tibere réunit les deux charges

en faveur de Séjan, qui, pour fe rendre plus redoutable,
ramaffa tous les foldats prétoriens qui étoient répandus
par la ville, & les logea dans un camp. Depuis que Macrin, qui poffédoit cette charge, eut été élu empereur
en 214, non feulement les fénateurs, mais même ceux
qui avoient été confuls, firent gloire de l'exercer. Au
commencement, ce préfet ne connoiffoit que des différends d'entre les foldats ; mais comme il étoit toujours
à la cour, Marc-Aurele trouva bon de l'appeller au jugement de toutes les autres affaires. L'empereur. Commode fe déchargea entièrement fur lui de l'adminiftration de la juftice ; & enfin Alexandre, fils de Mammée,
ajoutant l'honneur à la puiffance, lui donna le titre de
fénateur : car auparavant il n'étoit tiré que de l'ordre des
chevaliers. Le préfet du prétoire eut auffi en quelque
façon la furintendance des finances, & étendit encore
fon autorité fur les préfidens ou gouverneurs des provinces. On appelloit de tous les autres tribunaux au fien ;
& de lui, il n'y avoit appel qu'à l'empereur. Il avoit
pouvoir de faire les loix, & il ordonnoit prefque de
toutes chofes. Après avoir été élu par l'empereur, & en
avoir reçu une épée, & ceint le baudrier (qu'on nommoit *perrazonium*) il fortoit en public, monté fur un
char doré, tiré par quatre chevaux de front ; & le hérault
dans fes acclamations le nommoit *le pere de l'empire.*
Ainfi fa puiffance n'étoit guère inférieure à la puiffance
fouveraine ; & on pouvoit l'appeller un empereur fans
diadême. Conftantin partagea cette charge, & établit
quatre préfets du prétoire ; l'un dans l'Orient, un autre
dans l'Illyrie, un autre dans l'Italie, & un autre dans
les Gaules. Il leur ôta le commandement général fur les
gens de guerre, & créa deux officiers, qui s'appelloient
maîtres de la milice. Le préfet du prétoire des Gaules
avoit le gouvernement des dix-fept provinces de ce grand
pays, des huit d'Efpagne, & des cinq de la grande Bretagne. Ce préfet demeuroit ordinairement à Lyon ;
mais il fit fa réfidence à Trèves, pendant que les empereurs y firent leur féjour. * *Hift. rom.* Mézerai, *hiftoire
de France avant Clovis, l. 3.*

PRÉFET DE LA SIGNATURE DE JUSTICE
à Rome, eft un cardinal jurifconfulte, qui voit & approuve les requêtes, & qui y met fon nom à la fin pour
fervir de *vifa ;* mais quand elles font douteufes, il confere
avec les officiers de la fignature avant que de les figner.
Il donne de même des refcrits de droit pour les provinces,
qui font auffi authentiques que fi le pape lui-même les
fignoit, fuivant une conftitution du pape Paul IV accordée à ce cardinal. * *Mémoires hiftoriques.*

PRÉFET DE LA SIGNATURE DE GRACE,
eft auffi un cardinal jurifconfulte qui fait les mêmes fonctions que le préfet de la juftice dans les fignatures de grace ; mais avec cette différence, que les expéditions fe
font le plus fouvent en préfence du pape, & en fon abfence, en celle des douze prélats. Il y a encore le PRÉFET
DES BREFS, ou refcrits du pape, qui eft le chef du collège des fecrétaires, dont les expéditions fe font en cire
fous l'anneau du pêcheur ; les préfets des petites dates,
de la componende ; & des vacances, *per obitum.* * *Mémoires hiftoriques.*

PRÉFICES, *cherchez* PLEUREUSES.

PREGELL, en latin *Prægallia, Præjulia,* eft une
contrée de la haute Rhétie vers Chiavenne, le long du
Mæra. Elle s'appelloit anciennement *Prævula,* comme
cela paroît par un ancien diplome de l'année 630. Cette
contrée fait une des Droitures de la Cadée, & fe divife
en deux parties, qui ont leur nom du bourg de *Porta,*
qui les fépare : l'une s'appelle *Au-deffus de Porta,* l'autre *Au-deffous de Porta.* Au-deffus de Porta font les
bourgs, 1. de *Cæfatfch,* ou S. Gaudence, dit-on, été
enterré ; 2. de Vefpran, en latin *Vicofopranum* ou *Vice-
prevanum ;* 3. de Stampa. Au deffous de Porta, font la
ville & le château de Caftel-Muri, en latin *Caftromu-
num :* Bond, en latin *Bundium :* Soglid, en latin *So-
lium,* & *Caftafegnia.* En 1024, l'empereur Henri II
confirma à cette vallée tous les privilèges dont elle avoit

été privée, & la reçut fous la protection de l'empire. Dans le diplome expédié à cette occasion, il nomme cette vallée un comté, & ses habitans des gens libres. * Sprecher, *chron. Rhæt. pag.* 292, 293, & ailleurs, *pag.* 76. Guler, *hiftor. Rhætor. pag.* 195, &c.

PREGNITZ : c'eft une contrée du marquifat de Brandebourg en haute Saxe. Elle eft entre le duché de Mekelbourg, la vieille Marche, & la moyenne, dans laquelle quelques géographes la renferment. Ce pays peut avoir vingt lieues de long, & huit de largeur moyenne. Il eft fort chargé de forêts. Ses lieux principaux font Havelberg capitale, Wilfmack, Wittemberg & Perlberg. * Baudrand.

PREME, *Prema*, étoit une déeffe à qui la Gentilité attribuoit le foin d'animer le nouvel époux auprès de fa nouvelle mariée. Son nom vient du mot *premere*, preffer. Il y avoit plufieurs autres divinités de cette nature, que l'aveuglement & le libertinage des païens avoient confacrées pour des emplois peu honnêtes. De ce nombre étoient *Subigus pater*, *Pertunda mater*, & autres, dont faint Auguftin fait mention dans *la cité de Dieu*.

PREMIERFAIT ou PRIMFAT (Laurent de) en latin *Laurentius de Primo-fato*, vivoit fous le regne de Charles VI roi de France. *Premierfait* eft le nom d'un village du doyenné d'Arcyes en Champagne, au diocèfe de Troyes. Il eft l'auteur de la premiere traduction du *Décameron* de Bocace, qu'il fit en 1414, & des Economiques d'Ariftote. Il fit ces deux traductions *à la requête de Simon du Bois*, *Varlet de chambre du Roi très-Chrétien*, *l'an* 1417. C'eft ainfi qu'on lit dans le manufcrit qui eft entre les mains de l'archevêque de Vienne. La Croix du Maine s'eft trompé en faifant vivre cet auteur en 1483, fous Charles VIII ; & l'on voit auffi par cette infcription du manufcrit, que l'on a tort de dire que la qualité de roi très-chrétien n'a commencé à être donnée qu'à Louis XI, puifque cet auteur la donne à Charles VI, fous lequel il vivoit. Il eft mort à Paris en 1418, & fut enterré dans le cimetiere des faints Innocens. Il étoit poëte & orateur célebre en fon temps. Parmi les lettres de Jean de Monftreuil (*Joannes de Monftrolio*) prévôt de l'Ifle, fecrétaire de Charles VI, que le P. dom Martenne de la congrégation de faint Maur, a publiées dans le tome fecond de fon *Thefaurus noviffimus anecdotorum*, on en trouve plufieurs qui font adreffées à Laurent de *Primo-fato*, & qui rendent de grands témoignages à fa fcience. * *Mém. de l'acad. des belles lettr. tom. VII*, *p.* 295. *Epift.* Joan. de Monftrolio, *in tom. II*, *Thef. novif. anecdot.* Préf. de dom Martenne fur ces lettres.

Laurent de Premierfait a traduit le traité de Cicéron *De fenectute*. La bibliothèque de l'églife de Notre-Dame de Paris poffede un manufcrit où l'on trouve une traduction du même, du traité de Cicéron *De amicitiá*, avec fa traduction des Economiques d'Ariftote, dédiés dès l'an 1416 à *Louis de Bourbon* oncle du roi. Sa traduction du *Décameron*, dont on a plufieurs manufcrits, a été auffi imprimée à Paris in-8°. en 1534, fous ce titre : *Décameron, autrement les cent nouvelles compofées en langue latine par Jehan Bocace*, & *mifes en françois par Laurent de Premierfait* : & à la fin du livre on lit ce mot : *Lequel livre jà pieçà compila & efcript Jehan Bocace de Certald en latin, depuis à été tranflaté en françois par maitre Laurent de Premierfait*. On doit être furpris d'apprendre par ce titre que Bocace ait compofé fon Décameron en latin ; mais la furprife ceffe lorfqu'on eft informé que pendant un temps on nommoit la langue italienne, *langue latine*. D'ailleurs Laurent de Premierfait nous apprend dans une préface demeurée manufcrite, qu'ignorant totalement la langue italienne, il avoit fait traduire en latin le Décameron par un frere *Antoine d'Arezzo*, Cordelier, fur la verfion duquel lui (Laurent) avoit compofé fa traduction françoife. * Voyez, *Réplique à la réponfe de M. Rolli*, *au fujet de fes obfervations fur le Décameron de Bocace*. Cette réplique écrite en ita-

lien, & imprimée à Paris en 1729, *in-4°.* eft de M. *Buonamici* : on en trouve un extrait dans le *Journal des Savans* du mois de juin 1730.

PREMISLAW, que les auteurs latins nomment *Premiflia*, & ceux du pays *Przemifl*, ville du royaume de Pologne dans la Ruffie noire, avec évêché fuffragant de Léopol. Cette ville, qui eft grande & forte, eft fituée fur la riviere de San, vers les frontieres de la Hongrie. * Baudrand.

PRÉMONTRÉ, abbaye fituée en Picardie, au diocèfe de Laon, chef d'un ordre de Chanoines réguliers, inftitué l'an 1120, fous le pontificat de Callifte II, & le régne de Louis *le Gros*, par faint Norbert, depuis archevêque de Magdebourg. Barthelemi évêque de Laon, avoit engagé le faint à prendre le gouvernement de l'abbaye de faint Martin ; mais le peu de difpofition qu'il trouva dans les chanoines à embraffer la réforme qu'il vouloit introduire dans cette maifon, l'obligea à en fortir, & il accepta Prémontré, où il raffembla treize difciples, qui firent profeffion le jour de Noël de l'an 1122. Le revenu de ces bons religieux dans les commencemens, ne confiftoit que dans la coupe de bois de la forêt de Couci : un d'entre eux alloit tous les matins à Laon vendre le bois qu'ils avoient coupé la veille, & de l'argent qu'il recevoit, il achetoit du pain. Mais en peu de temps ils devinrent très-riches, & trente ans après la fondation de l'ordre, il fe trouva au chapitre général près de cent abbés des monafteres, tant de France que d'Allemagne. Ce fut fur-tout dans ce dernier pays que les Prémontrés devinrent puiffans : les évêques de Brandebourg, d'Havelberg & de Ratzebourg, devoient être religieux de cet ordre, & ils étoient choifis par les chanoines de leurs cathédrales, qui étoient auffi religieux, & qui ne dépendoient pas d'eux, mais du prévôt de Sainte Marie de Magdebourg, lequel avoit toute jurifdiction fpirituelle fur ces chanoines, & fur treize abbayes, & étoit indépendant de la jurifdiction de l'abbé général de Prémontré. On affure auffi qu'il y a eu jufqu'à foixante-cinq abbayes de cet ordre en Italie, où préfentement il n'y en a que une feule ; le nombre de fes monafteres dans tous les pays du monde, a été fi grand, qu'on y a compté mille abbayes, & trois cens prévôtés, fans les prieurés, divifés en trente-cinq cyrcaries ou provinces.

On obferve que pendant que les religieux de tous les ordres demandoient à l'envi des priviléges au pape Innocent III, qui les accordoit facilement, les Prémontrés furent les feuls qui n'en rechercherent point. L'abftinence de la viande, & tout le refte de la regle de faint Norbert, fut obfervé religieufement jufqu'à l'an 1245. Alors on commença à fe relâcher de la premiere ferveur : en 1288 le pape Nicolas IV accorda aux religieux de manger de la viande dans leurs voyages ; les fédentaires prétendirent jouir de cette grace, & effectivement ils en jouirent ; de forte que le pape Pie II fe crut obligé en 1460 de difpenfer l'ordre de l'abftinence, avec quelques claufes, qui ont encore à préfent leurs ufages dans les maifons de l'obfervance commune. Peu auparavant, c'eft-à-dire, en 1438, Eugène IV avoit ordonné aux abbés, qui devoient fe trouver au chapitre général, de travailler fortement à la réforme de tout l'ordre ; mais foit qu'ils n'euffent pas exécuté ce décret, ou pour quelque autre raifon, la cyrcarie d'Efpagne tomba enfuite dans une entiere inobfervance de la difcipline réguliere, & ce ne fut qu'en 1573, qu'on commença à y apporter remede. Cette cyrcarie forme préfentement une congrégation particuliere ; les abbés qui étoient auparavant perpétuels, y font triennaux, & ne peuvent être continués dans les mêmes monafteres : le vicaire général, qui au travaille fortement à la réforme de tout l'ordre ; mais foit qu'ils n'euffent être abbé, a le même pouvoir que le général, fi ce n'eft lorfque celui-ci eft en Efpagne. Une autre congrégation, où l'on obferve les premiers ufages de Prémontré, a été formée en Lorraine au commencement du XVII fiécle, par les foins des peres Daniel, Picart & Servais de Lervels : fes conftitutions furent approuvées l'an 1617, par le pape Paul V; & l'an 1621, Louis XIII leur permit, par ses lettres patentes du 2 février, de mettre la réforme dans tous les monasteres du royaume qui voudroient la recevoir. Le vicaire général de cette congrégation à l'élection de qui on procéde tous les trois ans, en est supérieur, & juge immédiat. Il s'y tient tous les ans un chapitre, où tous les abbés & prieurs doivent assister.

Un grand nombre de veuves & de filles ayant voulu embrasser les régles étroites de la perfection, sous la conduite de S. Norbert, il les reçut de même que les hommes, & avant sa mort, il y avoit plus de dix mille religieuses de cet ordre. Il y en avoit entr'elles de la premiere condition. Tant que le Saint vécut, les monasteres furent communs aux personnes des deux sexes, qui n'étoient séparées que par un mur de clôture ; mais le bienheureux Hugues des Fossés, son successeur, fit ordonner dans le chapitre de l'an 1137, que leurs religieuses seroient transférées dans d'autres maisons, où elles seroient entretenues aux dépens des monasteres d'hommes dont elles étoient sorties. Il n'y en a plus présentement en France, les abbés pour acquérir les revenus ayant refusé de recevoir des novices ; mais en Allemagne il y a plusieurs couvens de cet ordre, & les abbesses de quelques-uns de ces couvens sont princesses souveraines. Il y en a aussi en Espagne, qui sont soumises au vicaire général de cette cyrcarie.

Il y a eu un tiers-ordre de Prémontré pour les personnes séculieres ; mais il est supprimé depuis long-temps, & l'on ne sait en quel en étoit l'habit, ni quelle régle S. Norbert leur avoit prescrite. Quelques monasteres de Prémontré en Allemagne, & entr'autres celui de sainte Marie de Magdebourg, sont Luthériens. * Le Paige, biblioth. Præmonstr. Aubert le Mire, chronic. Præmonst. Maurice Dupré, annal. Præmonstr. Hugo, vie de S. Norbert. Jean Mido, vindiciæ commun. Norbert. antiqui rigor.

PRÉMONTRÉ (Adam de) ainsi appellé, parcequ'il fut premiérement chanoine, & élevé à Prémontré même, étoit docteur de Sorbonne, & plus savant que le commun des docteurs de son temps. Il se fit religieux de l'ordre de S. Norbert, instituteur des Prémontrés, en 1158, & fut abbé dans son ordre. S. Norbert qui voyoit qu'il avoit bien étudié l'écriture sainte & la tradition, l'envoya dans l'abbaye de Létang-verd en Ecosse, pour y enseigner l'une & l'autre. Adam étoit originaire de ce pays. Il en fut tiré, ce qu'en dit Casimir Oudin, pour être fait évêque de Withern, en latin Candidæ casa, dont la cathédrale étoit unie à l'ordre de Prémontré. Son nom se trouve dans le catalogue des évêques de Withern, après Wautier. Molanus, Aubert le Mire, Possevin, parlent de ce prélat ; mais ils se trompent en le faisant général de l'ordre, ou en le faisant vivre en 1518. Au milieu de ses occupations, Adam de Prémontré trouva encore le temps de composer des ouvrages estimés en son temps, mais dont le plus grand nombre n'est peut-être pas parvenu jusqu'à nous. Le pere de Saint-Amat, abbé régulier de Chambre-Fontaine, ordre de Prémontré au diocèse de Meaux, en fit imprimer une partie en 1518. Le pere Godefroi Ghiselbrecht, chanoine Prémontré de l'abbaye de S. Nicolas de Turnes & curé de la même ville, donna, à la priere du chapitre de l'ordre, une nouvelle & plus ample édition de ces ouvrages en 1659, à Anvers chez Pierre Beller. Il a orné cette édition d'une ample préface, trop diffuse, mais où l'on trouve des notes utiles & recherchées. Le pere Pez, Bénédictin Allemand, a fait imprimer sur deux anciens manuscrits, dans le premier tome de ses pièces anecdotes, page 336, les soliloques d'Adam de Prémontré. Ses autres ouvrages imprimés sont quarante-sept sermons du temps & des saints. Un traité de l'ordre, de l'habit & de la profession des chanoines Prémontrés, avec une explication de la régle de S. Augustin. Un traité du triple tabernacle de Moïse. Un traité des trois genres de contemplation. Ses lettres, ses traités de la création, de la rédemption, dé-

livrance & captivité de l'homme, &c. & beaucoup de ses sermons, ou sont perdus, ou sont encore manuscrits. * Voyez Casimir Oudin, dans son commentaire latin sur les auteurs ecclés. le pere Pez dans l'endroit cité, & les autres éditeurs des ouvrages d'Adam de Prémontré, &c.

PRENESTE, ville, cherchez PALESTRINE.

PRENSLOW, ville du marquisat de Brandebourg en haute Saxe. Elle est dans la marche Uckerane, & située sur le lac Ucker, près de la riviere de ce nom, environ à vingt lieues de Berlin vers le nord. * Mati, dictionaire.

☞ PREPEAN, terre en Bretagne au diocèse de S. Brieux, sous le ressort de l'ancien comté de Goëllo, possédée depuis plus de quatre siécles par les seigneurs du nom de CONEN, dont la maison est une des plus anciennes de cette province. Les seigneurs du nom de CONEN, ou CONAN, sont cités plusieurs fois par les historiens de Bretagne. On trouve dès la fin du XIII siécle des monumens qui prouvent à la fois, & l'ancienneté & la distinction de leur maison. Dans un acte de 1280, rapporté par dom Morice, au tome I des Mémoires pour servir à l'histoire de Bretagne, page 1552, où il est fait mention d'un contrat d'acquêt entre Geoffroy de Rohan & Pierre de Tronchateau, on trouve au nombre des témoins Raoul de Montfort, Thomas de Chemillé, ALAIN Conan, Geoffroy Budes, & plusieurs autres noms illustres.

On sait que dans ce siécle & les suivans, l'administration de la justice étoit une fonction privative à la noblesse, & que la magistrature étoit confiée qu'à des gentilshommes de distinction. Toutes les charges étoient devenues héréditaires, & même possédées à titre de fief par des familles d'ancienne chevalerie. Les sénéchaux, alloués, prévôts, étoient inféodés de maniere qu'il y avoit toujours une glebe attachée à ces charges. Olivier Bodic, qualifié Armiger, ayant cédé à Josselin, vicomte de Rohan, la prévôté inféodée & héréditaire sur la paroisse du Mur & le monastere de S. Caradec, avec tous les autres droits qui dépendoient de cette charge; GEOFFROY Conen, qui a aussi la qualité d'Armiger, & qui étoit alloué héréditaire du comté de Porhoet, possédé en souveraineté, ainsi que du vicomté de Rohan, fut requis de ratifier cette donation, & d'y apposer son sceau particulier, en l'an 1283.

Quant à la charge d'alloué héréditaire & inféodé en Bretagne, on en peut rapporter l'origine au même temps que celle de sénéchal. Le titre de chevalier étoit attaché à l'une & à l'autre, & ces deux charges passoient par héritage aux filles au défaut de mâles. L'alloué avoit ses droits séparés de ceux du sénéchal. Comme le dernier il tenoit les plaids généraux, commandoit la noblesse dans son district, & avoit l'inspection sur les finances. Car il faut observer qu'il n'y avoit que le souverain en Bretagne, & les maisons qui possédoient des apanages, qui eussent droit dans les commencemens d'établir des sénéchaux & des alloués aux fonctions desquels on annexât des fiefs considérables. Leur autorité devint si grande, qu'on voit dans l'histoire de fréquentes contestations entre le vicomte de Rohan même & ses sénéchaux & alloués, sur les droits que ces derniers exerçoient, & qui furent souvent confirmés dans les parlemens généraux de la province. Comme le prévôt héréditaire inféodé étoit subordonné à l'alloué, c'est en conséquence que GEOFFROY Conan confirma la donation de la prévôté du Mur. Il autorisa encore par l'apposition de son sceau particulier, une vente faite par Guillaume du Mur à Josselin de Rohan, en date de 1284; & il paroît par plusieurs actes des années suivantes rapportés par le même dom Morice, où l'autorisation de GEOFFROY Conan se trouve, que le district de l'alloué s'étendoit pour le moins autant que celui de la sénéchallie, & qu'ils partageoient entr'eux deux tout le territoire de Porhoet & de Rohan. Le fief ou glebe de l'allocature, & les droits y attachés, passerent après la mort de Geoffroy Conan à Jean de la Buffiere, qualifié chevalier & alloué héréditaire inféodé des vicomtés de Porrhoet & de Rohan quelques années après, & cette charge paſſa ſucceſſivement dans la maiſon de la Roche, l'une des plus illuſtres de Bretagne.

Les ſeigneurs du nom de CONEN tenoient d'ailleurs un rang diſtingué à la cour des ducs de Bretagne. Les terres du vicomte de Rohan étant tombées en rachat, le duc de Bretagne Jean II, à qui il étoit dû comme ſeigneur direct & ſouverain, ayant fait commandement à Alain, vicomte de Rohan, de le lui payer, celui-ci lui préſenta pour cautions trois ſeigneurs également riches & puiſſans, qui furent Thomas de Chemillé, d'une maiſon illuſtre & alliée aux premieres du royaume, Thomas étant lui-même frere utérin d'Alain, vicomte de Rohan ; le ſecond fut Geoffroy de Freſnes, chevalier, & le troiſiéme ALAIN Conen, auſſi chevalier, qui furent acceptés par le duc, & qui mirent chacun leur ſceau à l'acte de cautionnement, qui eſt du mois d'août 1299, rapporté par le même hiſtorien ci-deſſus. Cet acte fait aſſez connoître que les ſeigneurs de Conen tenoient rang parmi la premiere nobleſſe, & qu'ils alloient de pair avec les plus grandes maiſons de la province.

La maiſon de CONEN mérita encore la faveur des princes Bretons par ſes ſervices militaires. Parmi les gentilshommes qui étoient au ſiége de Becherel en 1373, un ſeigneur du nom de Conen ſe diſtinguoit ſous les ordres des ſeigneurs de Laval & de Rohan. Les ſouverains de Bretagne, pour récompenſer leur zèle, leur accordérent des diſtinctions. On lit ſur un ancien monument, que leſdits de Conen, ſeurs de Prépean, ont obtenu du duc, notre ſouverain ſeigneur, les droits de prééminences, en feu, banc & ſépulture en l'égliſe de Pordic proche le grand autel du côté de l'épître. Ces droits furent confirmés par acte du 18 juillet 1481, & depuis encore par la publication qui en fut faite au prône de la grand'meſſe célébrée en l'égliſe de Pordic le 4 décembre 1496. Ces actes prouvent que les ſeigneurs de la maiſon de Conen tenoient depuis pluſieurs ſiécles la terre de Prépean, par une inféodation noble, des anciens ſouverains de Bretagne.

On voit dans la liſte des écuyers ſervans ſous meſſire Jehan, ſeigneur de Tournemine, en 1383, un PIERROT Conan, qui comparut à la montre reçue à Terouane le 28 ſeptembre de cette année.

THEBAUD Conan, nommé parmi les gentilshommes Bretons, qui prirent parti pour la maiſon de Penthiévre contre le duc Jean V, en 1420.

I. PERROTIN Conan ou PIERRE, II du nom, ſe diſtingua dans la profeſſion des armes. Il parut à l'aſſemblée de la nobleſſe que le duc Jean V avoit convoquée à Dinan, pour aviſer aux moyens d'arrêter les infracteurs des trèves entre la France & l'Angleterre, & dont le réſultat fut d'envoyer ſes troupes ſous Richard de Bretagne vers S. Aubin du Cormier & les frontieres de Normandie, pour donner la chaſſe aux coureurs. Il fut un des 42 capitaines qui s'engagerent en 1419 à ſervir le duc par-tout où il lui plairoit. On voit que ces capitaines étoient tous de maiſons diſtinguées, telles que le ſire de Matignon, Jean Budes, Cambout, le ſire de la Feuillée, Beaumanoir, &c.

II. JEHAN ou JEAN Conan, I du nom, marcha ſur les traces de Perrotin Conan ſon pere, & comme lui paſſa toute ſa vie au ſervice. Il étoit encore jeune lorſqu'en 1418 il accompagna le duc Jean V dans le voyage qu'il fit à Paris pour apporter quelques remedes aux maux de la France. Le duc ſe fit ſuivre de ſa maiſon, qui étoit nombreuſe & compoſée de ſa principale nobleſſe. Jean Conan conduiſoit les gendarmes de M. de Quintin, ſous le titre de gouverneur, & il avoit en cette qualité 13 liv. 10 ſ. par jour, ſomme conſidérable dans ces temps-là. On le trouve encore au nombre des écuyers qui accompagnerent le même duc dans le voyage qu'il fit peu de temps après à Rouen vers Henri V, roi d'Angleterre. Il paroît par un acte du 10 juillet 1433,

que Jean Conan avoit épouſé Peronnelle Dollo, & qu'il avoit eu JEAN Conan, qui ſuit ; Perronelle Dollo étoit fille de condition, & par cet acte, au rapport d'Olivier de Boiſbilly, ils ſe firent une ceſſion mutuelle de leurs droits par forme d'échange. Il y eſt ſpécialement fait mention de la terre de Prépean, que ledit Jean Conen tenoit de ſes ancêtres.

III. JEAN Conen, II du nom, ſeigneur de Prépean, contracta alliance avec Alliette Conen, ſa parente. C'eſt ce qui ſe voit par les actes du partage de leurs ſucceſſions, que firent entr'eux leurs fils & petit-fils, dans les années 1500, 1504 & 1521. Jean Conen prit le parti du ſervice, comme ſes ancêtres, & même comme tous ceux de ſon nom. La maiſon de Conen étoit nombreuſe. On trouve par les rolles des montres de ce ſiécle, qu'en 1420 Jean Conen de la Villeguichoux, ſervoit dans la guerre de Poitou ; qu'en 1421 Etienne Conen, Alain Conen & Raoullet Conen, étoient au nombre des écuyers de la compagnie du ſeigneur de la Hunaudaye, & qu'en 1425 un Jean Conen étoit parmi les écuyers qui accompagnerent le duc à Amiens. Jean Conen de Prépean, qui ſervoit lui-même ſous le ſire de Tournemine, fut auſſi l'un des écuyers de ce voyage, où le duc de Bretagne parut avec dignité. Dans le ſerment de fidélité que ce prince exigea des nobles de ſon duché, on lit en 1437, parmi ceux de Tréguier & de Goello, ſont nommés Rolland Conan de Ploha, qui étoit de la maiſon de Prépean, Eon Conan & trois autres du nom de Jean Conan. Toute cette nombreuſe poſtérité deſcendoit de PERROTIN Conen ou PIERRE I du nom. Le ſeigneur de Prépean fut auſſi compris dans ce ſerment, & il eſt de plus nommé dans la réformation de 1427. Il eut de ſon mariage trois fils, Michel ou Michaut Conen ; Bertrand Conen, & PIERRE Conen, qui ſuivra. Un partage de 1500 fait connoître que Bertrand Conen avoit épouſé Marguerite de la Marche, dont il eut un fils nommé Pierre Conen. Ils ſont cités dans la réformation de 1513, ainſi que Michau Conen de Prépean, dont la terre, après la mort d'une ſeule fille qui lui étoit reſtée, repaſſa à la poſtérité de Pierre Conen ſon frere.

IV. PIERRE Conen, III du nom, ſeigneur de la Villepapault, épouſa Catherine Robin, comme on le voit par le partage de ſa ſucceſſion, fait en 1521 par leurs deſcendans. Ils eurent pour fils PIERRE Conen, qui ſuit.

V. PIERRE Conen, IV du nom, ſeigneur de la Villepapault, de la Hignonaye, &c. épouſa N. Rouauld, dont il eut entre pluſieurs autres enfans dénommés au partage de 1521, Yvonet Conen, & OLIVIER qui ſuivra. Il paroît par un acte de tutelle de 1519, qu'Yvonet Conen ſeigneur de la Villepapault, du Précorbin & de la Hignonaye, avoit épouſé Marguerite Poulard, d'où vinrent, 1. Louis Conen, ſeigneur de la Villepapault, inſéré avec ſadite maiſon noble de la Villepapault dans la réformation de 1535 ; 2. Yvon Conen, ſeigneur de la Hignonaye. La branche deſquels s'éteignit peu de temps après.

VI. OLIVIER Conen, ſeigneur de la Riviere & de Prépean, porta les armes de très-bonne heure. Il étoit en 1481 au nombre des hommes d'armes commis à la garde du duc, ſous le commandement de M. d'Avaugour ; & dès l'année ſuivante il devint ſon lieutenant, poſte très-important qui ne ſe confioit qu'à des gentilshommes diſtingués. Il ſe retira enſuite, & épouſa Marguerite Henry, fille de Geofroy Henry, ſeigneur de Kprat, & de Jeanne de Quélen. Il fallut des diſpenſes pour l'épouſer, parcequ'elle étoit veuve de Bertrand Conen, ſeigneur de la Villerobert, du même nom & de la même famille qu'Olivier. Marguerite Henry de Kprat avoit de ce premier mariage trois filles ; 1. Françoiſe Conen, en ſa qualité d'aînée, dame de la Villerobert, qui épouſa 1°. François Conen, ſeigneur de la Villeguichoux: 2°. N. du Boisgeſlin, ſeigneur d'Equivy ; 2. Jacquette Conen, dont François Henry, ſieur de

Kprat étoit curateur en 1522; 3. & *Barbe* Conen, qui dans ce même temps étoit sous la tutelle d'*Yvon* Conen, seigneur de la Hignonaye. Elle ne donna à son second mari qu'un fils qui fut JEAN Conen, qui suit. Olivier Conen passa lui-même à de secondes noces avec *Catherine* Lévesque, issue de la noble & ancienne maison de Kmarquer, d'abord connue sous le nom de Arrel, l'une des plus distinguées de la province de Bretagne, féconde en grands hommes, & qui a la gloire d'avoir produit dans *Olivier* Arrel, un des trente héros qui combattirent l'an 1350 contre trente Anglois entre Ploermel & Josselin, bataille connue depuis sous le nom de *bataille des trente*, célèbre dans l'histoire, & fameuse dans toute l'Europe.

VII. JEAN Conen, III du nom, seigneur de Prépéan, fils unique d'*Olivier* Conen, épousa *Jeanne* Geslin, fille de *Jean* Geslin, seigneur de la Norain, & de *N.* Levesque. Il en eut 1. ÉTIENNE Conen, qui suit; 2. *Jeanne* Conen, mariée à *Pierre* Hallenault, seigneur de la Villecolué; 3. *Peronnelle* Conen, mariée à *Guillaume* Taillar, sieur du Restol. On voit qu'Olivier de Conen avoit donné à son fils la jouissance de la terre de Prépéan, par avance de droit successif.

VIII. ÉTIENNE Conen, seigneur de Prépéan, de la Riviere & de la Plesse, perdit son pere en bas âge, & fut sous la garde-noble d'*Olivier* Conen, son aïeul. Il partagea ses puînés du premier & du second lit. On voit à ce sujet que le gouvernement noble est très-ancien dans la maison de Conen, & que le partage avantageux y étoit en usage dans un temps même où la plupart des nobles partageoient encore également. Il épousa *Françoise* de Chesdubois, fille de *François* de Chesdubois, seigneur de Kloet, & de *Lorence* de Quelenec, dont il eut quatre fils & trois filles, savoir JEAN, qui suit; *Thebault*; *Pierre* & *Raoul* Conen, seigneur de Kberien; *Lorence*, *Marguerite* & *Françoise* Conen. Marguerite fut mariée à *Jacques* le Chat, seigneur de Ksaint.

IX. JEAN Conen, IV du nom, seigneur de Prépéan, épousa *Claude* Berthelot, fille de *François* Berthelot, seigneur de Saint-Illan & de la Villebuot, & de *Alliette* le Noir. Ses enfans furent JEAN Conen, qui suit; *Jacques* Conen, & *Raoul* Conen; *Catherine* Conen, mariée à *Etienne* Geslin, & *Marguerite* Conen. On trouve que celle-ci fut aussi dotée, & qu'elle étoit dame de la Rosselays. Il recueillit la succession collatérale de Raoul Conen, seigneur de Kberien, & ses puînés reconnurent judiciellement que le partage noble & avantageux à l'aîné étoit de toute antiquité dans leur maison. Jean Conen rendit aveu aux seigneurs barons de Pordic, en 1606, pour la terre de Prépéan que ses ancêtres tenoient déjà depuis plus de deux siécles, par inféodation noble, des anciens souverains de Bretagne. Il donna aussi sa déclaration pour marcher avec la noblesse dans le ban de 1636.

X. JEAN Conen, V du nom, seigneur de Ponthiguet & de la Plesse, épousa par contrat de mariage du 13 décembre 1635, *Anne* le Mintier, fille aînée de *Lancelot* le Mintier, seigneur du Chalonge, de la maison des Granges, & qui convola à de secondes noces avec *Pierre* Daniel, seigneur de Lauredon, de laquelle il eut JEAN Conen, qui suit; & *Julien* Conen, qu'il laissa sous la tutelle de *Jean* Conen, seigneur de Prépéan, leur grand pere.

XI. JEAN Conen, VI du nom, chevalier, seigneur de Prépéan, lieutenant d'une des compagnies de gentilshommes de l'évêché de S. Brieux, épousa en 1678 *Louise* le Borgne, fille de *Jean* le Borgne de Lesquifiou, seigneur de la Mare. De ce mariage vinrent 1. FRANÇOIS de Conen, qui suit; 2. *Angélique-Ursule* Conen, mariée à *Claude* de Taillefer, seigneur de Berteuil; 3 & 4 *Marie-Louise* & *Claude-Marie* de Conen, religieuses Ursulines à S. Brieux.

XII. FRANÇOIS Conen, chevalier, seigneur de Prépéan, épousa *Marie-Nicole-Henriette* le Robert de Grangemont, fille de *Louis* le Robert, seigneur de Grangemont & de Villars, commandant & inspecteur des troupes du roi dans les ville & principauté de Monaco, & de *Gabrielle-Scholastique* Martinet du Jardinet, dont il eut FELIX-JEAN-GABRIEL de Conen, qui suit.

XIII. FELIX-JEAN-GABRIEL Conen, chevalier, seigneur de Prépéan, Quevran, le Ponthiguet, la Villerobert, la Plesse, &c. page du roi & ensuite officier aux gardes, a épousé *Anne-Henriette* Barrin, dont les deux freres sont aujourd'hui colonels, savoir, *Marc-Achille*, comte de Barrin, mestre de camp du régiment de dragons de Languedoc, & *Charles-Armand*, vicomte de Barrin, colonel du régiment d'infanterie de Cambresis, lesquels sont enfans d'*Achilles-Rolland* Barrin, conseiller au parlement de Bretagne, & de *Marie-Marquise* d'Anthenaize. La maison de Barrin, originaire du Bourbonnois, est ancienne & distinguée dans l'épée & dans la robe. Elle a produit quatre conseillers d'état & deux lieutenans généraux des armées du roi, & de nos jours un héros dans la personne du marquis de la Galissonniere, lieutenant général des armées navales, à l'expérience & à la valeur duquel la conquête de Minorque est principalement due, & qui couvert de gloire, mais épuisé de fatigues, est mort lorsqu'il se rendoit auprès du roi pour recevoir les justes éloges qu'il avoit mérités, emportant avec soi les regrets du prince & de la patrie. Les enfans de *Felix-Jean-Gabriel* Conen, & d'*Anne-Henriette* Barrin sont, 1. FELIX-MARC-ALAIN Conen; 2. *Louis-Felix* Conen; 3. & 4. deux filles, *Jeanne-Henriette*, & *Anne-Gabrielle* Conen.

Les armes de la maison de Conan ou Conen, sont coupé d'or & d'argent, au lion de même l'un dans l'autre, armé, lampassé & couronné de gueules.

PRÉPOSITÉ, en latin *Præpositus*. Ce nom étoit donné à tous ceux qui avoient le commandement ou l'inspection de certaines personnes ou de certaines affaires. Voici les principaux *Préposités* dont il est parlé dans les anciens auteurs. *Præpositus argenti potorii*, étoit celui qui avoit le soin de la vaisselle d'argent des empereurs: *Præpositus auri escarii*, étoit celui qui avoit soin de la vaisselle d'or: *Præpositus barbaricariorum*, celui qui avoit soin de faire faire pour l'empereur toutes sortes de vaisselles d'or & d'armes. Il n'y avoit point de ces Préposités dans l'Orient; mais il y en avoit trois en Occident, à Arles, à Reims & à Tréves. *Præpositus bastagæ*, celui qui avoit soin des habits, de la vaisselle & des meubles de l'empereur, lorsqu'il étoit en voyage. Il y avoit quatre officiers semblables dans l'Orient, à qui on donnoit les titres de *Præpositi, bastagæ primæ orientalis*. Ils étoient obligés de fournir quatre fois par an de la laine, de la soie, des toiles fines, de la pourpre, du sucre & de la canelle. Ils envoyoient tout cela du Levant par mer. Il y en avoit aussi quatre en Occident, qu'on appelloit *Præpositi bastagæ primæ, secundæ, &c. Gallicanorum*; ce qui signifie qu'ils étoient Préposités des choses qu'on envoyoit des Gaules à Rome, ou qui passoient par les Gaules. Le mot de *Bastaga* vient du grec βαϛάζω, qui signifie *porter*. *Præpositus cameræ regalis*, étoit la même chose que *Cubicularius*, qui signifie *un valet de chambre*. *Præpositus comitis*, étoit en Espagne, celui qui étoit chargé des affaires en l'absence de l'autre. *Præpositus cubiculi*, étoit le premier homme de chambre qui commandoit les autres. En vertu de sa charge, il étoit attaché à la personne de l'empereur, & dormoit même à côté de lui dans un lit séparé. Il jouissoit de divers privilèges, comme de ne point payer d'impôts pour les chevaux qu'il entretenoit, de ne point faire de corvées avec ses chevaux, & de n'être pas obligé à loger des étrangers. Du temps des Paléologues, ces officiers s'habilloient de pourpre, & ornoient leurs habits de broderie en or & en argent. *Præpositus cursorum*, étoit le grand intendant des postes. *Præpositus fibula*, celui qui avoit le soin des boucles des ceintures dont on serroit & attachoit les habits que l'empereur mettoit à table. *Præpositus domûs regiæ*, étoit une espece d'intendant de la maison. *Præpositi labarorum*, étoient ceux qui dans les processions portoient l'étendard ou banniere appellée *Labarum*, devant l'empereur. Il y en avoit cinquante, selon Eusebe. *Præpositus latis* ou *lætorum*, étoit celui qui avoit soin des biens fonds & des terres qui appartenoient au public, car le mot de *lata* ou *terræ laticæ*, signifie les champs. *Præpositus largitionum romanarum*, étoit le trésorier de l'empereur. Cette charge étoit la même que celle de *Comes sacrarum largitionum*, parceque la ville de Rome portoit le titre de *Sacra*. *Præpositus limitum*, étoit un officier de distinction, qui commandoit les troupes qui étoient dans les places frontieres. Il y en avoit huit, & ils étoient presque tous en Asie ou en Afrique. *Præpositus mensæ* étoit un maître d'hôtel. *Præpositus palatii* ou *sacri palatii*, étoit chez les empereurs de Constantinople, le majordome. *Præpositus Provinciarum*, étoit l'inspecteur des frontieres d'une certaine province, dont chacune avoit le sien. *Præpositus thesaurorum*, étoit chez les Romains un certain magistrat dans les provinces, qui recevoit les sommes provenantes des péages & des impôts. *Præpositus Tyrii textrini*, dont Ammien fait mention, *lib.* 14, *pag.* 22, étoit l'inspecteur de la fabrique de la pourpre ou de l'écarlate. Le mot de *Præpositus* signifie aussi une charge ecclésiastique, c'est-à-dire, celle de prévôt des églises cathédrales. On appelloit aussi de ce nom, ceux qui gouvernoient les terres d'un chapitre. L'église de S. Martin de Tours a plusieurs de ces prévôts, qui sont aujourd'hui séculiers, comme le reste du chapitre, & qui sont bénéficiers titrés, sans exercer les fonctions qui étoient autrefois attachées singulierement à ce titre. * *Voyez* Gouthieres (Gutherius) dans son traité *De officiis domûs augustæ*, imprimé *in-4°*, en 1628, *lib.* 3. Pancirol, *Notitia utraque dignitatum cùm Orientis tumOccidentis*, *ultra Arcadii Honoriique tempora*; Eusebe dans la vie de Constantin, &c.

PREPOSITI (Jacques) hérétique, né dans le Brabant, & religieux Augustin, abandonna cet ordre pour suivre les opinions de Luther, ausquelles il en ajouta vingt-sept. Il en fit une solemnelle abjuration à Bruxelles l'an 1523 ; mais il retomba bientôt dans sa premiere apostasie, & pervertit ses confreres du monastere d'Anvers, qui fut depuis ruiné par ordre du pape Adrien VI. * Pratéole, *V. Jacob. Præpos.* Bzovius & Sponde, *A.C.* 1523. Gautier, *chron. sæcul. XVI, cap.* 2.

PREPOSITIVUS (Pierre) célebre théologien de Paris, fleurit vers l'an 1225. Il a composé une somme de théologie scholastique, qui n'a point encore été imprimée, mais qui se trouve manuscrite dans plusieurs bibliothéques. S. Thomas la cite quelquefois dans sa somme. * Du Pin, *bibliothéque des auteurs ecclésiast. du XIII siécle.*

PREPOSITUS (Jean-Antoine de S. Georges) cardinal, *cherchez* GEORGES (Jean-Antoine de saint)

PRÉSANCTIFIÉS ce mot est venu des Grecs, qui ont une liturgie, ou messe qu'ils nomment *la liturgie des Présanctifiés*, parcequ'ils ne sacrifient point ces jours-là le pain & le vin : ils se servent alors du pain qui a été consacré ou sanctifié auparavant. Ils disent cette messe pendant tout le carême, à la réserve du samedi, du dimanche, & du jour de l'Annonciation, qui étant des jours de fêtes, ne sont point des jours de jeûne. Les Grecs croient qu'on ne doit point célébrer le sacrifice de la messe entier dans les jours de jeûne, & ils accusent même les Latins de contrevenir aux canons, parcequ'ils disent la messe pendant le carême de la même maniere que tous les autres jours de l'année, à la réserve du vendredi-saint. En effet cette messe des Présanctifiés se célebre dans l'église latine ce jour-là. Le prêtre ne consacre point le pain ni le vin ; mais il se sert d'une hostie qui a été consacrée le jour précédent, ne communiant que sous une espece : car il prend seulement du vin pour l'ablution, & qui par conséquent n'a point été consacré. Les Grecs font aussi la même chose, dont on pourroit conclure que pendant tout le carême ils ne communient que sous une espece, le vin qu'ils prennent n'ayant point été consacré. Les nouveaux Grecs cependant prétendent communier sous les deux especes dans cette messe des Présanctifiés, quoiqu'ils n'aient point sanctifié ou consacré le vin. Ils disent que le vin étant dans le calice avec le pain qui a été consacré, se change au sang de Jesus-Christ par l'attouchement du pain consacré. * M. Simon.

PRESBOURG, sur le Danube, ville capitale de la haute Hongrie, donne son nom à un comté, qui est une province de Hongrie, entre la Moravie, l'Autriche & le Danube. Les auteurs Latins la nommoient, *Posonium*, *Pisonium*, & *Flexum*, & ceux du pays *Poson*. Cette ville est à huit lieues de Vienne en Autriche, & est fortifiée d'un château considérable contre les courses des Turcs. L'auteur de l'itinéraire d'Allemagne, & les auteurs de l'histoire de Hongrie, qu'on a mis dans un même volume, parlent de Presbourg, aussi-bien que Cluvier, Ortelius, Sanson, &c.

CONCILE DE PRESBOURG.

Le pape Clément V, averti que les Hongrois refusoient de se soumettre à Charles *Martel*, fils de Charles II, roi de Naples, se crut obligé d'envoyer un légat, ou pour appaiser ces désordres, ou pour fortifier le parti du véritable souverain. Il choisit pour cela Gentil de Monte-Fiore, religieux de S. François, & cardinal, qui s'acquitta tout-à-fait bien de cette commission. Il se servit d'abord des moyens doux ; & voyant qu'ils étoient inutiles, il employa les censures ecclésiastiques, & ramena les Hongrois à leur devoir. Ce prélat célébra à Presbourg en 1309 un concile, où l'on publia des ordonnances salutaires, que le pape approuva depuis. * Rainaldi, *in annal*. Fumée, *hist. Hung.*

PRESBYTERIENS, secte d'hérétiques en Angleterre, veulent que l'église soit gouvernée par les anciens, appellés en grec πρισϐύτεροι, & non par des prélats, comme dans l'église romaine, ou dans l'église nommée Anglicane. Ils soutiennent que les anciens ou prêtres étoient aussi évêques & inspecteurs, & qu'ils avoient tous une égale puissance & autorité, sans qu'aucun d'eux fût supérieur des autres, si ce n'est que cela arrivât par quelque déférence pendant un temps, pour quelque raison particuliere. Au reste, pour les dogmes, ils sont presque entierement conformes aux calvinistes. * Alexandre Ross, *religions du monde*. Salmonet, *histoire des troubles de la grande Bretagne.*

PRESCHEURS, *cherchez* DOMINICAINS.

PRÉSENTATION DE LA VIERGE : il y avoit deux sortes de présentations parmi les Juifs. La premiere étoit commandée par la loi, qui ordonnoit que la femme qui avoit mis un enfant au monde, le présenteroit dans le temple au bout de quarante jours, si c'étoit un garçon ; quatre-vingt jours après son accouchement, si c'étoit une fille ; & qu'elle offriroit pour l'enfant un agneau, avec un petit pigeon, ou une tourterelle, ou bien deux petits pigeons, ou deux tourterelles, si elle étoit pauvre. Cette cérémonie s'appelloit *Purification*, à l'égard de la mere. L'autre présentation se faisoit par ceux qui avoient fait vœu. Car dès le commencement de la loi de Moïse, c'étoit un usage religieux parmi les Hébreux, de se vouer eux-mêmes, & de vouer leurs enfans à Dieu, soit irrévocablement & pour toujours, ou en réservant le pouvoir de les racheter avec des présens ou des sacrifices. Il y avoit pour cela autour du temple de Jérusalem (selon la remarque de Baronius) des appartemens destinés pour les hommes & les femmes, les garçons & les filles, qui y devoient accomplir le vœu qu'ils avoient fait, ou que leurs parens avoient fait pour eux. Leur emploi étoit de servir aux ministeres sacrés, & de travailler aux ornemens du temple, chacun selon son âge, son état & sa capacité. Ainsi Anne, femme d'Elcana, voua à Dieu le fils qu'elle mettroit au monde, qui fut le prophéte Samuel. Dans le second livre des Machabées, il est fait mention des

vierge

vierges qui étoient logées & entretenues dans le temple ; & S. Luc dans son évangile, parlant d'Anne la prophétesse, fille de Phanuel, dit qu'elle ne sortoit point du temple, depuis qu'elle étoit devenue veuve. Une tradition peu autorisée porte, que saint Joachim & sainte Anne, ayant promis à Dieu de lui consacrer l'enfant qu'il leur donneroit, menerent leur fille Marie au temple, en la troisième année de son âge, pour la présenter à Dieu. On ne sait pas qui fut le prêtre qui la reçut. S. Germain, patriarche de Constantinople, & George archevêque de Nicomédie, qui crut que ce fut vraisemblablement S. Zacharie. Cette offrande fut sans doute accompagnée d'un sacrifice, comme le fut celle de Samuel ; mais il ne fallut point donner les trois sicles qui étoient ordonnés dans le Lévitique, pour racheter les filles que l'on offroit depuis un mois jusqu'à cinq ans, puisque les parens la laissoient au service du temple.

Anciennement la Présentation de la Vierge se prenoit activement pour la présentation de Jesus-Christ au temple. Depuis on a donné objet à cette fête la Présentation de la personne de la Vierge au temple, que l'on supposoit que ses parens avoient faite au jour de la Purification de la mere. Mais comme cette loi n'avoit lieu que pour les mâles premiers-nés, on a encore changé, en supposant qu'elle n'avoit été présentée au temple qu'après être élevée, & être en état d'y rendre service. Mais cela n'a aucun fondement dans l'histoire, ni dans les usages des Juifs. On célébroit cette fête chez les Grecs au 21 novembre dès le XII siécle, sous le nom d'*entrée de la Mere de Dieu au temple ;* terme équivoque qui peut signifier la présentation de Jesus-Christ au temple, comme celle de la Vierge. Mais dans le siécle suivant, Germain, patriarche de Constantinople, expliqua cette fête de la Présentation de la Vierge même au temple ; & depuis ce temps-là, les Grecs, les Cophtes & les Moscovites ont fait cette fête.

La fête de la Présentation de la Vierge est beaucoup plus ancienne parmi les Grecs que parmi les Latins. L'empereur Emanuel Comnene, qui régnoit en 1150, en fait mention dans une de ses ordonnances, & elle étoit déjà fort célèbre. Elle n'est passée en Occident qu'en 1372, lorsque Philippe de Maizieres chancelier de Chypre y étant venu, donna avis de cette solemnité au pape Grégoire XI, & au roi Charles V. Le pape prit cette occasion de faire célébrer cette fête de la Présentation dans l'église romaine, & le roi la fit aussi solemniser à Paris dans la sainte Chapelle, en présence du nonce du pape. On voit dans l'histoire du collége de Navarre, une lettre de Charles V aux docteurs de ce collége, où il explique plus au long les circonstances de cet établissement. Mais quoique Grégoire XI, & Charles V, roi de France, eussent recommandé la solemnité de cette fête, on n'en voit aucun vestige dans les calendriers, ni dans les offices de l'église des siécles suivans, jusqu'au cardinal Quignones qui mit cette fête dans son bréviaire ; mais ce bréviaire ayant été supprimé par le pape Pie V, la fête de la Présentation ne fut point encore reçue à Rome, jusqu'au pontificat de Sixte V, qui la prescrivit par un décret de l'an 1585. Elle fut néanmoins établie en divers lieux ; on la mit depuis dans les martyrologes, & on en a fait la fête dans toutes les églises d'Occident. * Baronius, *préface de ses annales.* De Launoi, *hist. du collége de Navarre.* Baillet, *vies des saints.* Voyez le titre PURIFICATION.

PRESENZANO, bourg du royaume de Naples. Il est dans la terre de Labour, près du Volturno, à deux lieues de Tiano vers le nord. Il paroît par une inscription trouvée dans ce bourg, que c'est l'ancienne *Rufræ* ou *Rufæ,* petite ville de la Campanie ; aussi son territoire porte le nom de *Costa Rufaria,* qu'il a pris de cette ancienne ville. * Mati, *diction.*

PRÉSIDENS des provinces, en latin, *Præsides provinciarum,* étoit le titre que les Romains donnoient aux gouverneurs de leurs provinces. D'abord on n'y envoyoit que des Préteurs, qui étoient chargés d'administrer la justice, de faire des loix, & de marcher contre l'ennemi, lorsque la nécessité le demandoit. Mais lorsque la guerre étoit plus sérieuse, on y envoyoit des consuls. Lorsqu'un consul pendant son consulat n'avoit eu aucune guerre à soutenir, & qu'il étoit ensuite envoyé pour gouverner une province, il portoit le titre de *Proprêteur* ou de *Proconsul.* Quand les consuls ou les proconsuls alloient dans les provinces, ils étoient toujours précédés de douze licteurs, portant les faisceaux & les haches. Les préteurs & les proprêteurs n'avoient que six licteurs, parceque leur autorité étoit de beaucoup inférieure. Avant leur départ de Rome, on étoit obligé de leur fournir tout ce qui étoit nécessaire pour la conservation de la province où ils alloient, pour l'entretien de l'armée, pour leur propre entretien : pour les frais de leur voyage, c'est ce qu'on appelloit *Ornare provinciam.* Suivant les dépenses que l'on faisoit dans ces occasions, le consul ou le proconsul paroissoit aussi plus ou moins honoré. Avant que d'entreprendre le voyage, ils avoient coutume d'aller au Capitole pour y invoquer leurs prétendus dieux, & leur demander un heureux succès de leur voyage & de leur commission. Ils y faisoient aussi des vœux, & y mettoient pour la première fois le *Paludamentum* ou l'habit de guerre. Sortis du Capitole ils partoient au plutôt, & on les complimentoit à la porte de Rome, & leurs amis les accompagnoient une partie du chemin. Ils entroient en charge le jour de leur arrivée dans la province où ils étoient envoyés ; & ayant fait annoncer leur arrivée à celui qui gouvernoit alors, ils conféroient avec lui sur l'état où la province se trouvoit actuellement. Lorsqu'ils sortoient de la province, ils étoient obligés de régler & de finir les comptes des deniers publics qu'ils avoient levés, & de les mettre en dépôt dans deux différentes villes de la province. Arrivés à Rome, ils rendoient aussitôt compte de leur administration. Auguste fit ensuite d'autres arrangemens dans les provinces, & les divisa en *Provinces de César* ou *Présidiales,* & en *Provinces du peuple.* Comme les premieres étoient plus importantes, situées sur les frontieres & munies de fortes garnisons, elles étoient réservées à l'empereur, qui y envoyoit des personnes du premier ordre, & qui avoient déjà été dans des emplois considérables, comme dans le consulat, &c. Ceux-ci avoient le titre de *Proconsuls* & de *Clarissimi.* Le sénat envoyoit des gouverneurs dans les provinces du peuple. Ils étoient appellés *Proprêteurs.*

PRESIDI, *l'Etat delli Presidi,* en latin *Status Presidii.* C'est un petit pays du Siennois en Toscane. Il est autour du golfe de Telamone ; & ses lieux principaux sont, Orbitelle, Telamone, Porto-Hercole, Porto S. Stephano. Les petites isles de Giglio, d'Hercole, de Monte Christi, de Gianuti & de Pianosa, dépendent de cet état, qui étoit autrefois une partie du territoire de Sienne. Lorsque le duc de Toscane se rendit maître de la république de Sienne, les Espagnols se saisirent de ce petit pays. Ils y tinrent depuis des garnisons en plusieurs places, & c'est de là qu'il a pris son nom, qui signifie *l'état des garnisons.* * Mati, *diction.*

PRÉSIDIAL, jurisdiction établie dans les villes considérables de France, par édit du roi Henri II, en 1554. Les juges de cette jurisdiction jugent par appel des sentences rendues par les baillis & par les juges des justices seigneuriales ; & l'appel des sentences des juges présidiaux se porte au parlement dont le présidial releve. Ces juges peuvent juger définitivement jusqu'à la somme de 250 livres, ou dix livres de rente ; & par provision jusqu'à 500 livres, ou vingt livres de rente. Il y a au châtelet de Paris une chambre nommée *Présidial,* dont le prévôt de Paris est juge ; & en son absence, le lieutenant civil. * Mém. hist.

PRESLAIN, ville d'Angleterre dans le comté de Radnor. Elle est belle, grande & bien bâtie, les rues bien ordonnées & pavées. C'est-là où l'on tient les assises, & où sont les prisonniers de la province. Elle eſt à 148 milles anglois de Londres. * *Diction. angl.*

PRESLES. (Raoul de) On diſtingue pluſieurs perſonnes de ce nom : mais on n'attribue des ouvrages qu'à un ſeul. Le premier de ce nom qui ſe ſoit fait connoître, eſt Raoul de Preſles, ſire de Lizy. Il étoit du dioceſe de Laon, & demeuroit dans cette ville avant qu'il fût venu s'établir à Paris. Dans ſa dépoſition du 11 avril 1309, au ſujet des Templiers, il prend la qualité de juriſconſulte & d'avocat dans la cour du roi, & ſe dit âgé de 40 ans ou environ. Les chroniques de ſaint Denys le qualifient de *principal avocat du roi*. Il dut cet emploi à ſon mérite, & aux longs ſervices qu'il avoit rendus non-ſeulement à la reine Jeanne de Navarre & à Louis ſon fils aîné, empuisſroi ſous le nom de Louis *Hutin*, mais auſſi à Philippe *le Bel*, en qualité de clerc ou de ſecrétaire. Il rempliſſoit ces fonctions en 1310 & 1311. Il les avoit encore en 1317 & 1318, & ne les quitta que lorſqu'il fut nommé conſeiller au parlement en 1319. Nos rois ne furent pas les ſeuls qui lui donnerent des marques de leur reconnoiſſance & de leur libéralité. Enguerran & Jean de Guines, héritiers d'Enguerran IV, ſire de Coucy, leur oncle, lui donnerent en conſidération de ſes ſervices & de ſes bons conſeils, la terre & ſeigneurie de Lizy au dioceſe de Meaux : c'étoit en 1311. Raoul avoit acquis beaucoup d'autres biens, qu'il employa preſque tous, conjointement avec ſa femme, ſoit en fondations pieuſes faites aux égliſes de Laon, de Preſles, de Prémontré, de S. Yved de Braine, &c. ſoit pour établir en 1313, dans l'univerſité de Paris, un collége qui porte encore ſon nom. Son crédit & ſa fortune déchurent après la mort de Philippe *le Bel*. Louis *Hutin*, ſon ſucceſſeur, ſe laiſſa prévenir contre lui, quoiqu'il n'eût jamais reçu que des marques réelles de ſon attachement pour ſa perſonne. Raoul fut impliqué dans l'affaire que l'on ſuſcita à Pierre de Latilly, évêque de Châlons, pair & chancelier de France, ſoupçonné d'avoir eu part à la mort de Philippe *le Bel* qu'on croyoit avoir été empoiſonné. Raoul accuſé fut mis en priſon à ſainte Geneviéve, & dépouillé de ſes biens que l'on donna à différentes perſonnes, ſans qu'on eût examiné auparavant s'il étoit coupable, & ſans avoir gardé les formes ordinaires & requiſes en pareil cas. Il ſubit dans ſa priſon pluſieurs interrogatoires ; il eſſuya même diverſes ſortes de queſtions : il parla toujours en homme qui n'avoit rien à ſe reprocher, les informations, les dépoſitions de témoins, tout lui fut favorable : en conſéquence ſa femme, ſon frere & ſes amis ſe rendirent en Flandre auprès du roi, qui étant déja détrompé, les admit à ſon audience, les écouta avec bonté, & prononça par délibération de ſon grand conſeil, pleine abſolution en faveur de Raoul, le déclara pur & innocent, *délivra ſon corps & tous ſes biens*, & voulut que cette abſolution fût ratifiée & publiée en parlement. Cette abſolution eſt du mois de ſeptembre 1315. Le 17 décembre ſuivant, le roi étant à Vincennes, donna ordre aux baillis de Vermandois, de Vitry, de Miauls, au prévôt de Paris, & à tous ſes autres juſticiers, de laiſſer jouir Raoul de tous ſes biens. Philippe *le Long* ratifia cette abſolution au mois de février 1316. Enfin elle fut publiée & regiſtrée au parlement au mois de mars ſuivant. Louis *Hutin* dans ſon teſtament, exigea expreſſément qu'on reſtituât à Raoul tout ce qui auroit été pris en ſon nom ſur ſes biens. Mais cette affaire tira en longueur, par les oppoſitions & les chicanes que firent les donataires. Comme elle n'étoit point encore terminée lorſque Philippe *le Long* mourut, ce prince ordonna par un article de ſon codicille du mois de janvier 1321, que cette reſtitution de biens ſe feroit ; & il paroît qu'elle eut enfin ſon effet. Outre cette juſtice rendue à Raoul, les rois Louis *Hutin*, Philippe *le Long* & Charles *le Bel* le comblerent d'honneurs & de biens. Louis lui accorda la confiſcation de Jean Chevreau, viguier de Toulouſe, par lettres données à Orléans au mois de janvier 1315. Philippe *le Long* qui la confirma, l'ennoblit lui & ſa poſtérité, au mois de ſeptembre 1317. L'année précé-

dente, Raoul avoit été chargé de la garde des bulles & autres lettres émanées du pape, pour des diſpenſes & priviléges accordés à nos rois, & du ſoin d'en faire expédier de nouvelles. Raoul avoit encore cette commiſſion en 1318. C'étoit apparemment en qualité de clerc ou ſecrétaire du roi ; mais on ne trouve aucune preuve du voyage que Paſquier prétend que Raoul fit à Rome, au nom de Philippe, pour une affaire importante qu'on ne déſigne point. Paſquier ſe trompe également, en donnant à Raoul la qualité de maître des requêtes ; il le confond avec RAOUL III du nom, *dont on parlera*. Celui dont il s'agit ici, avoit épouſé *Jeanne* de Chartel, dame de Monglat. Il vivoit encore en 1325 ; mais il étoit mort avant 1331. Sa femme lui ſurvécut de quelques années. Comme il ne laiſſa point d'enfans légitimes, RAOUL de Preſles II du nom, ſire de Lizy, ſon neveu, devint ſon héritier. Ce Raoul ſuivoit la profeſſion des armes. Il eut poſtérité, de laquelle étoit vraiſemblablement *Jeanne* de Preſles, fille de *Louis* autrement Raoul, ſeigneur de Lizy, maîtreſſe de Philippe *le Bon*, duc de Bourgogne, & mere d'Antoine, *bâtard de Bourgogne*, chef de la branche des ſeigneurs de BEURES, né en 1421.

RAOUL de Preſles, III du nom, célebre par ſes écrits, *étoit fils naturel de* Raoul I, qui l'eut de Marie *Des Portes*, autrement *Des Vertus*, pendant qu'il étoit priſonnier, ainſi vers l'an 1314 ou 1315. Il perdit ſon pere à l'âge de 10 ou 12 ans ; mais ſon mérite lui tint lieu de fortune & de protection, & lui acquit l'une & l'autre. Ayant embraſſé la profeſſion d'avocat, il s'y fit bientôt une grande réputation. Une allégorie latine qu'il intitula *la Muſe*, & qu'il dédia au roi Charles V, lui procura l'avantage d'être connu particulierement de ce prince, vers l'an 1365, l'auteur ayant déja alors environ 50 ans. Charles goûta beaucoup ſon eſprit, & ſes mœurs ; il conçut pour lui une eſtime particuliere, & le chargea de quelques ouvrages, entr'autres de traduire la cité de Dieu de S. Auguſtin. Pour l'engager à cet ouvrage, Charles lui aſſigna une penſion de 400 francs d'or, qui fut enſuite portée à la ſomme de 600 livres ; ce qui étoit très-conſidérable alors : & lorſque cette traduction, commencée à la Touſſaint 1371, fut achevée le premier ſeptembre 1375, le roi voulut que cette penſion de 600 livres fût continuée à l'auteur ſa vie durant. Raoul étoit dès 1371 avocat du roi, ou, comme on s'exprime à préſent, avocat général ; & dès 1373, il étoit maître des requêtes. Ce fut dans la même année, qu'il demanda des lettres de légitimation, qui lui furent accordées au mois de décembre de ladite année. Il demeuroit à Paris, rue neuve S. Merry, au coin d'une ruelle appellée *Eſpaulart* (ou plutôt Pierre Aulard, Pierre Alart.) Il acheta dans la ſuite certaines maiſons ſituées en ladite ruelle, à l'oppoſite de ſon hôtel, dans le deſſein de l'agrandir, & d'y placer commodément ſes livres, & demanda qu'il lui fût permis d'avoir *une petite allée ou corridor au travers de ladite ruelle, pour aller d'une maiſon à l'autre ;* ce que le roi lui accorda, en conſidération de ſes ſervices paſſés & actuels. Les lettres du roi ſont du mois de mai 1375. On ne trouve point de circonſtance marquée de ſa vie depuis cette année 1375, juſqu'à ſa mort. Il ne ſurvécut que deux ans au roi ſon bienfaiteur, étant mort la veille de S. Martin d'hyver 1382, âgé de 67 ou 68 ans. Il fut enterré dans l'égliſe de S. Merry, où l'on voyoit autrefois ſon épitaphe. Il y a tout lieu de croire qu'il étoit laïc : il n'a jamais pris la qualité de clerc dans aucun de ſes ouvrages, & on ne la lui a jamais donnée, dans les actes ou dans les lettres qui font mention de lui, même dans ſes lettres de légitimation. D'ailleurs il étoit un des conſeillers députés des marchands forains des poiſſons de mer en la ville de Paris en 1364 ; emploi qui paroît tout ſéculier. De plus, dans ſon commentaire ſur le chapitre 36 du 15e livre de la cité de Dieu, il ſemble faire entendre qu'il étoit ou qu'il avoit été engagé dans le mariage. Toujours eſt-il certain qu'il n'a point été confesseur de Charles V. Ce prince n'a eu près de lui pour cet emploi que des religieux de l'ordre de S. Dominique, dont on a encore les noms. Parlons maintenant des ouvrages de Raoul de Presles. Dans la préface de sa traduction de la Cité de Dieu, il dit qu'il avoit fait le *Compendieux moral de la chose publique*, le livre qui s'appelle *la Muse*, les *Chroniques en françois*, contemporisées du commencement du monde, jusqu'au temps de Tarquin l'orgueilleux & du roi Cambises, qui régnerent en un temps : avec aucunes *Epîtres*. Le *Compendieux moral de la chose publique* est en latin, *Compendium morale de republica*, & se trouve manuscrit dans quelques bibliothéques. On en connoît un *in-fol.* orné de vignettes. A la première page, Raoul est représenté à genoux devant l'évêque de Chartres, Jean Auguerran, ou Enguerran, à qui il l'a dédié. L'ouvrage est un traité de morale, plein de sentences, & rempli de passages qui prouvent que l'auteur étoit abondant, & avoit beaucoup de lecture. Raoul de Presles dit qu'il étoit jeune lorsqu'il le composa. Le traité qu'il a intitulé *Musa*, &c. peut être regardé comme un des premiers qu'il ait publiés. Il doit avoir été composé vers 1365 ou 1366, puisqu'il y est parlé des ravages que les *Compagnies* faisoient dans le royaume, & que ces brigands passerent en Espagne vers ce temps-là. Dans la préface, il ne prend d'autre qualité que celle de Raoul de Presles *le jeune*, homme du peuple. Cet ouvrage de la Muse, écrit en latin, est une fiction assez ingénieuse, composée en prose, mêlée de vers & de fragmens de vers, qui sont, pour la plupart, tirés des poëtes anciens. L'auteur commence à déplorer les maux de son siécle, la corruption des mœurs, les désordres qui régnent, les fléaux qui désolent toute la terre. Dans la vue d'en découvrir les causes & les remédes, il s'adresse aux planettes, aux étoiles, aux jurisconsultes, aux astrologues, &c. Ces diverses épreuves ne lui ayant pas réussi, il prend le parti de voyager, pour aller consulter tous les oracles connus. Le récit de ces voyages est fort long & plein de merveilleux. Ces courses sont infructueuses. Il vient à Athènes, où Minerve le conduit dans la ville, & de-là dans l'Aréopage, où, près de l'autel dédié au Dieu inconnu, un homme vénérable lui apparoît, l'instruit des mysteres de notre religion, & disparoît. Le voyageur prie, & entend une voix qui lui dit de revenir à Paris, & d'aller au mont des Martyrs, de-là à Tricines, c'est-à-dire, comme on le croit, à S. Denys où il trouvera celui qui a érigé l'autel de l'Aréopage, qui satisfera à ses demandes. Le voyageur obéit : les saints martyrs, c'est-à-dire, S. Denys & ses compagnons, se montrent à lui, & lui parlent fort au long, soit contre les fausses divinités, les oracles, les divinations, &c. soit pour lui donner des conseils. Ceux-ci sont sages, judicieux, concis & exprimés avec assez de vivacité ; ils roulent en partie sur une économie louable, sur la continence & sur l'abstinence. Ces instructions finies, & S. Denys ayant disparu, l'auteur s'en retourne chez lui. Il y a plusieurs traits historiques dans cet ouvrage, qui peuvent servir à notre histoire. Il y en a à la bibliothéque du roi un exemplaire qui paroît être à-peu-près du temps de l'auteur. Un autre ouvrage de Raoul de Presles, qui n'a point été imprimé, est son discours sur l'oriflamme, que l'on croit avoir été publié vers 1369, à l'occasion de la guerre que Charles V fut obligé de déclarer au roi d'Angleterre & au prince de Galles, son fils. Mais l'auteur y oublie un peu son sujet, pour s'arrêter principalement à commenter ce passage du second livre des Machabées, chapitre dernier : *Accipe sanctum gladium, munus à Deo, quo dejicies adversarios populi mei.* Il y prouve ces trois propositions, qu'un prince chrétien qui s'expose au péril de la mort dans une guerre juste, entreprise pour défendre son peuple & la gloire du Seigneur offensée, doit avoir principalement confiance en Dieu : secondement aux prieres de la sainte église : troisiémement à la faveur & au secours des saints. La maniere dont il traite son sujet est sage & judicieux ; il

appuie ses conseils de beaucoup de passages & de traits tirés de l'écriture sainte, de S. Augustin, de S. Thomas, & quelquefois de l'histoire profane. La traduction des livres de S. Augustin, de la Cité de Dieu, est le plus considérable des ouvrages de Raoul ; on a marqué plus haut par l'ordre de qui il l'entreprit, quand il la commença, & quand il l'acheva. Lorsqu'elle parut, elle fit beaucoup d'honneur à l'auteur ; & c'est sans doute par une suite de cette estime, que cet ouvrage fut le premier, & peut-être l'unique livre qui ait été imprimé à Abbeville, presque dans les premieres années de l'établissement de l'imprimerie en France, c'est-à-dire, en 1486. Cette édition est en deux volumes *in-fol.* Elle fut réimprimée à Paris en 1531, par Galyot Dupré, aussi en deux volumes *in-fol.* Raoul consulta pour cette traduction, plus de trente manuscrits de la Cité de Dieu. Sur chaque chapitre il a mis une exposition, & c'est-là qu'il explique ce qui peut concerner l'histoire, la fable, la philosophie, l'astronomie, &c. Il cite volontiers les auteurs d'où il tire ses explications ; & comme il y en a plusieurs qui sont tombés dans diverses erreurs, il n'est pas étonnant qu'on en trouve aussi dans ses expositions. Du reste, à juger de Raoul de Presles par ses recherches, sa lecture variée, & l'art dont il en savoit faire usage, on peut croire qu'il auroit tenu un des premiers rangs dans les sciences & dans la littérature, dans un siécle plus éclairé. On trouve plus de détail dans son commentaire ou exposition sur quelques endroits de cette traduction touchant l'oriflamme, que dans son discours sur ce sujet. On y trouve aussi bien des traits concernant les privileges de nos rois, plusieurs points de notre histoire, & l'état où Paris étoit de son temps. En lisant ces endroits avec le flambeau de la critique, on peut en retirer beaucoup d'utilité. On y voit entr'autres que le titre de *très-chrétien*, donné à nos rois, remontoit jusqu'au temps de Charles V. La traduction de la Cité de Dieu fut suivie de celle de la Bible. Charles V ordonna à Raoul de Presles d'y travailler, & il obéit. C'est cette traduction qu'une infinité d'écrivains ont attribuée à Nicolas Oresme, mais sans fondement. Elle n'est point littérale ; Raoul de Presles dit lui-même que partout où il a cru pouvoir abréger sans nuire à la substance des choses, il l'a fait ; qu'il a omis ce qui est répété ; qu'il a supprimé des noms de personnes, de villes, de charges, lorsqu'ils ne servoient de rien pour l'édification. D'un autre côté il a ajouté *aucuns prologues*, où il a vu qu'il en étoit besoin ; il a inséré plusieurs mots en forme d'explications, mais en les distinguant du texte par quelque marque. Malgré ces libertés, sa traduction est simple, & mérite d'être distinguée de celles qui l'avoient précédée, qui sont ou peu fidéles, ou chargées d'histoires & de passages insérés avec très-peu de gout. On peut voir ce que le P. Le Long en dit, & en extrait, dans sa bibliothéque sacrée. Raoul de Presles, parlant de ses propres ouvrages, dit qu'il avoit traduit un livre intitulé, *le Roi pacifique* : on ne le connoît plus : on sait seulement qu'il l'adressa à Charles V ; & par ce qu'il en raporte lui-même dans son abrégé du traité des puissances séculiere & ecclésiastique, on peut juger que ce devoit être un ouvrage historique & politique. A l'égard de l'abrégé du traité des puissances ecclésiastique & séculiere, il est plus connu, & est venu jusqu'à nous. Il fut fait à l'occasion de Childeric, qui, selon quelques-uns, ne fut pas déposé, mais entra de bonne volonté dans une abbaye, & y finit ses jours. C'est un abrégé du songe du Vergier ; l'auteur le fit à la demande de Charles V. Goldaft l'a publié dans le premier tome de sa monarchie. Il en tenoit le manuscrit du jurisconsulte Denys Godefroy, qui l'avoit eu de son oncle Claude Fauchet. Cet abrégé est assez méthodique ; l'auteur n'est entré dans aucune des discussions qui sont dans le songe du Vergier sur la succession à la couronne, la guerre contre les Anglois, la confiscation de la Bretagne, l'immaculée conception, l'utilité ou l'inutilité des mendians, &c. Il s'eſt renfermé uniquement dans la queſtion ſur les deux puiſſances. Cet abrégé du ſonge du Vergier eſt un des motifs qui portent à croire que Raoul de Preſles eſt auteur du ſonge même, que l'on a attribué à différens écrivains, comme à Nicolas Oreſme, à Guillaume de Dormans, à Philippe de Maiſieres, & à un Jean de Vertus, qui n'a point exiſté. *Voyez* ACHILLINI. Les autres preuves qui combattent en faveur de Raoul de Preſles, ſont : premiérement, que Charles l'employoit à des ouvrages ſecrets ; Raoul le dit plus d'une fois : 2°. que l'auteur du ſonge ſe dit le plus petit des officiers domeſtiques de Charles ; Raoul s'exprime ainſi dans des ouvrages qui ſont ſurement de lui : 3°. c'eſt lui qui en a traduit l'extrait, comme étant, ſans doute, le plus en état de faire l'abrégé de ſon propre ouvrage : 4°. on trouve dans le ſonge le même goût d'érudition qu'il a employé dans ſes autres écrits. L'écriture ſainte, le droit civil & canonique, les peres, l'hiſtoire, &c. y ſont répandus à pleines mains, ſuivant le gout de ſon temps. Il y a des digreſſions ſur l'aſtrologie, ſur le pouvoir & les connoiſſances des démons ; il poſſédoit toutes ces matieres, & il aimoit à en parler. Le ſonge du Vergier paroît avoir été compoſé d'abord en latin, & il fut traduit ſous Charles V même en françois ; mais dans cette traduction on donna à l'ouvrage un autre arrangement ; on ſupprima des citations, on y ajouta quelques morceaux qu'on crut devoir plus faire plaiſir au prince. *Voyez* les deux mémoires de feu P. Lancelot ſur Raoul de Preſles & ſes ouvrages, dans le tome treiziéme des *Mémoires de l'académie des inſcriptions & belles lettres.* Ces deux mémoires, dont nous n'avons fait qu'abréger, ſont extrêmement curieux, & dignes de l'érudition de leur auteur. *Voyez* auſſi l'ouvrage du feu P. Le Long de l'Oratoire, intitulé : *Bibliotheca ſacra,* & la nouvelle édition des preuves des libertés de l'égliſe Gallicane, *in-fol.*

PRESPA, anciennement *Apſalces*, petite ville d'Albanie en Grece. Elle eſt ſur un petit lac qui porte ſon nom, à ſix lieues d'Ocrida vers le nord. * Mati, *dictionn.*

PRESTET (Jean) prêtre de l'Oratoire, a été un des plus habiles mathématiciens du ſiécle dernier (le XVII.) Il étoit né à Châlons-ſur-Saône, où ſon pere étoit huiſſier au bailliage, & fort peu avantagé des biens de la fortune. Etant venu jeune à Paris, il entra après ſes études au ſervice du célebre P. Mallebranche de l'Oratoire, qui lui trouvant de l'eſprit, & beaucoup de diſpoſitions pour les ſciences, cultiva ſes talens, & lui apprit les mathématiques. Le diſciple, par ſon application continuelle, fit en peu de temps de ſi grands progrès, qu'à l'âge de vingt-ſept ans il donna la premiere édition de ſes *Elémens de mathématiques* en un vol, *in-4°.* Ce furent les premiers qui parurent en françois. C'étoit en 1675. Il entra au mois de décembre de la même année dans la congrégation de l'Oratoire, où il a enſeigné les mathématiques avec beaucoup d'applaudiſſement pendant pluſieurs années, principalement à Angers. En 1689 il donna à Paris une ſeconde édition de ſes *Elémens de mathématiques*, qu'on avoit attribués au P. Mallebranche. Cette ſeconde édition eſt en deux volumes *in-4°*, & parut ſous le titre de *Nouveaux élémens de mathématiques, ou principes généraux de toutes les ſciences qui ont la grandeur pour objet.* Dans la préface, il releve avec aſſez de force ce que M. Wallis, grand mathématicien, avoit dit contre cet ouvrage &, contre Deſcartes, qu'il prétendoit avoir dérobé d'un Anglois nommé Hariot, tout ce qu'il avoit de meilleur ſur l'algebre. Il ſortit la même année 1689 de l'Oratoire, parceque quelqu'un l'y avoit raillé, ſur ce qu'il avoit été au ſervice du P. Mallebranche, & qu'il s'étoit imaginé fauſſement qu'on le mépriſoit pour cette raiſon dans la congrégation ; mais il y rentra en 1690, & il fut envoyé à la maiſon de Marines, où il mourut le 8 de juin de la même année. * *Mém. du temps.* Bayle, *lett. t. I, p.* 320 *de l'édit.* de M. Deſmaiſeaux. Le Clerc, *biblioth. du Richelet.*

PRESTON ; bourg d'Angleterre dans la contrée du comté de Lancaſtre, qu'on nomme *Amounderneſſ.* Il eſt beau, grand & bien peuplé. Il envoie deux députés au parlement. Il eſt honoré d'une cour de chancellerie & d'officiers de juſtice pour le comté de Lancaſtre. Il eſt ſitué ſur la riviere de Rible, ſur laquelle il y a un pont de pierre. Ce bourg eſt gouverné par un maire & vingt-quatre conſeillers, & eſt à 162 milles anglois de Londres. * *Diction. angl.*

PRESTRE (Claude le) étoit conſeiller en la cinquiéme chambre des enquêtes du parlement de Paris, dans le ſeiziéme ſiécle. C'étoit un ſavant homme & un bon juge. Il vivoit encore à la fin du ſeiziéme ſiécle. Ce fut lui qui dreſſa les huitiéme des articles contre les ouvrages qui attaquoient l'autorité des rois ; leſquels articles ſont rapportés dans l'*hiſtoire du ſyndicat de Richer; p.* 267 *& ſuiv.* On y loue ce magiſtrat comme ayant été recommandable par ſa piété & par ſon intégrité. Il laiſſa ſous le titre de *Queſtions de droit,* deux cens arrêts, avec ſes obſervations ; ce recueil a toujours été eſtimé. La premiere édition n'en fut faite qu'en 1645. Il y en a eu une ſeconde en 1652, avec des additions. Il y en eut une troiſieme depuis, augmentée d'une troiſiéme centurie. M. Gueret en donna une quatriéme en 1676, augmentée encore de cent autres arrêts, & avec des notes : c'eſt la meilleure édition. On a encore de M. le Preſtre un traité des mariages clandeſtins, & les arrêtés de la cinquiéme chambre des enquêtes. M. Louet, qui étoit dans le même temps conſeiller de la même chambre, nous a donné dans ſon recueil un grand nombre des arrêts rapportés par le Preſtre, mais dont pluſieurs different ou par leurs dates, ou par d'autres circonſtances.

PRESTRE (Sébaſtien le) ſeigneur de Vauban, &c. chevalier des ordres du roi, grand-croix de l'ordre de S. Louis, maréchal de France, commiſſaire général des fortifications, gouverneur de Douai & de la citadelle de Lille, fils d'*Urbain* le Preſtre, ſeigneur de Vauban, & d'*Edmée* de Carmignolles, naquit le 12 mai 1633. Il commença de porter les armes en 1650, étant lors âgé de dix-ſept ans ; & ſe trouvant dès ſa plus tendre jeuneſſe des talens & un génie particulier pour les fortifications, il fit connoître aux ſiéges de Sainte-Menehould en 1652 & 1653, de Stenai en 1654, de Landrecies, de Condé & de Saint-Guillain en 1655, de Valenciennes en 1656, & de Montmedi en 1657, que ſa capacité & ſa valeur le rendroient un jour digne des premiers emplois de la guerre. En 1658, il conduiſit en chef les ſiéges de Gravelines, d'Ypres & d'Oudenarde. Le roi lui donna en 1663 une compagnie dans le régiment de Picardie, & une lieutenance aux gardes en 1667. Il obtint en 1668 le gouvernement de la citadelle de Lille, fut fait brigadier des armées du roi en 1674, maréchal de camp en 1676, & commiſſaire général des fortifications de France en 1678. Le roi lui donna en 1680 le gouvernement de la ville de Douai, & lui donna une ſeconde fois celui de la citadelle de Lille en 1684. Il fut nommé lieutenant général en 1688, & ſervit la même année aux ſiéges & priſes de Philisbourg, de Manheim & de Frankendal ſous monſeigneur le dauphin, qui lui fit don de quatre piéces de canon à ſon choix, à prendre dans les arſenaux de ces trois places. Il eut en 1689 le commandement en Flandre du côté de la mer, ſervit aux ſiéges de Mons en 1691, & de Namur en 1692 ; fut nommé grand-croix de l'ordre militaire de ſaint Louis en 1693 ; eut en 1694 & 1695 le commandement des troupes de terre & de mer dans les quatre évêchés de la baſſe Bretagne, où il rendit inutiles les projets des ennemis ; les repouſſa vivement à la deſcente qu'ils firent au port de Camaret, & les obliga de ſe rembarquer avec précipitation. Il ſe trouva en 1697 au ſiége d'Ath ſous le maréchal de Catinat, où il fut bleſſé ; fut nommé maréchal de France le 14 janvier 1703, dont il prêta ſerment le premier mars ſuivant ; chevalier des ordres du roi en 1705, & eut le commandement d'un corps de troupes en Flandre, après la bataille de Ramillies en

1706, avec lequel il conferva les places du côté de la mer. Il mourut à Paris le 30 mars 1707, âgé de 74 ans. Son corps a été porté en fa terre de Baloches en Bourgogne. Il a porté la maniere de fortifier les places, de les attaquer & de les défendre à un dégré de perfection, auquel personne jufqu'à lui n'étoit encore parvenu. Il en avoit fortifié plus de trois cens, & avoit eu la conduite principale & la direction en chef à cinquante-trois fiéges, à vingt defquels le roi Louis XIV commanda en perfonne, & monfeigneur le dauphin à trois autres. Ce qui rend fa mémoire recommandable, c'eft l'attachement qu'il eut toujours au bien de l'état, & qui lui fit méprifer les richeffes & les dignités dont il fut revêtu : de forte que les gratifications confidérables qu'il avoit reçues en différens temps, ne l'enrichirent point, les ayant prefque toutes employées pour le fervice du roi. Il étoit toujours prêt à marcher dès qu'il fe croyoit néceffaire au bien de l'état. Il a compofé plufieurs ouvrages, qui ne font point encore publics, & qui apparemment ne paroîtront pas. L'auteur y examine diverfes idées qui fe font préfentées à fon efprit pour le bien du public : il a intitulé ce vafte recueil fes *Oifivetés ;* mais ces oifivetés, s'il étoit poffible qu'elles s'exécutaffent, feroient d'une utilité infinie. Il en a paru d'autres où l'on annonce fa véritable maniere de fortifier ; mais il n'en avoit point, chaque place différente lui en fourniffant une nouvelle, felon les diverfes circonftances de fa grandeur, de fa fituation, & fon terrein. Jamais homme ne fut mieux conduire un fiége, & ne fut fi bien ménager les troupes : il n'eut pas d'occafion de montrer fon habileté à défendre les places, les ennemis de la France ne s'étant jamais préfentés pour affiéger celles où il s'étoit renfermé. De *Jeanne* d'Onai, dame d'Epiri, fille de *Claude,* baron d'Epiri, & d'*Urbaine* de Roumiers, qu'il avoit époufée en 1660, & qui eft morte en juin 1705, il n'a laiffé que deux filles, *Charlotte,* l'aînée, dame d'Epiri, mariée en novembre 1679 à *Jacques* de Mefgrigni, comte de Villebertin, & *Jeanne-Françoife* le Preftre, mariée en janvier 1691 à *Louis* Bernin de Valentiné, marquis d'Uffé, controleur général de la maifon du roi. *Le P.* Anfelme, *hift. des grands officiers de la couronne.*

Nous ajouterons ici ce qu'on rapporte dans la bibliothéque des auteurs de Bourgogne, des ouvrages qu'il a faits, ou qu'on lui attribue, ou que l'on dit avoir été compofés fur fes idées. 1. *Maniere de fortifier,* par M. de Vauban, mife en ordre par M. le chevalier de Cambray, &c. à Amfterdam 1689 & 1692, *in-8°* ; & avant cela, en 1688, à Paris, *in-8°.* M. Hébert, profeffeur de mathématiques, a joint fes notes à cet ouvrage. Coignard le réimprima à Paris en 1691, *in-12,* avec les notes de l'abbé du Fay. Cette édition fut contrefaite à Amfterdam en 1702 & en 1727, en 2 vol. *in-8°.* *L'ingénieur François,* imprimé à Paris, chez Michallet en 1695, *in-8°,* n'eft encore autre chofe que le traité attribué à M. de Vauban. 2. *Nouveau traité & de l'attaque & de la défenfe des places, fuivant le fyftéme de M. de Vauban,* par M. Defprez de Saint-Savin, à Paris, chez le Mercier, 1736, *in-8°.* 3. *Effai fur la fortification,* par M. de Vauban, à Paris 1740, *in-12.* 4. *Projet d'une taille royale,* qui, fupprimant la taille, l. s-aides, les douanes d'une province à l'autre, les décimes du clergé, & tous les autres impôts onéreux & non volontaires, en diminuant le prix du fel de moitié & plus, produira au roi un revenu certain & fuffifant, fans frais, & fans être à charge à l'un de fes fujets plus qu'à l'autre, qui s'augmenteroit confidérablement par la meilleure culture des terres, à Rouen 1707, *in-4°,* & plufieurs fois réimprimé depuis. 5. *Le teftament politique de M. de Vauban,* imprimé en 1708, *in-12,* eft de Pierre le Pefant, fieur de Bois-Guillebert, lieutenant général au bailliage de Rouen, mort en 1714. Cet écrit avoit d'abord paru fous le titre de *Détail de la France,* &c.

PRESTRE (Antoine le) chevalier, comte de Vauban, de Buffeul & de Boyer, marquis de Magny, feigneur d'Effertine, Moulins-fur-l'Arconfe, Poiffon, la

Baftie, &c. lieutenant général des armées du roi, grandcroix de l'ordre militaire de S. Louis, gouverneur des ville & château de Béthune, ingénieur général & directeur des fortifications des places de la province d'Artois, neveu à la mode de Bretagne, du maréchal de Vauban, étoit fils de PAUL le Preftre, feigneur de Champignolles, major de la citadelle de Lille, & d'*Anne* Guefdin, & a toujours été connu fous le nom du *Puy-Vauban.* Il entra dans le fervice en 1672, ayant obtenu une lieutenance au régiment de Champagne. Il eut en 1674 une compagnie dans celui de Normandie, & il commença la même année à fervir en qualité d'ingénieur au fiége de Befançon, où il fut bleffé de deux coups de fufil, en faifant le logement de la contrefcarpe. Il fervit enfuite à tous les fiéges dont Sébaftien le Preftre de Vauban, depuis maréchal de France, eut la direction. Il le fuivit auffi dans prefque toutes les vifites que celui-ci fit des places du royaume, travaillant fous lui aux projets de fortifications qui ont été exécutés fur fes deffins. Ce travail embraffoit la conftruction de plus de foixante nouvelles places, & la réparation de plus de quatre-vingts anciennes. Après cela, il fut chargé de la conduite de plufieurs fiéges. A celui de Courtrai en 1683, il fut bleffé d'un coup de fufil à la main, dont il demeura eftropié. Il fut encore bleffé à celui de Huy en 1693, & légérement à celui d'Ath en 1697. Il fut fait brigadier d'infanterie le 30 mars 1693, & chevalier du nouvel ordre militaire de S. Louis, avec deux mille livres de penfion, le 10 mai fuivant. Il en fut nommé commandeur avec trois mille livres de penfion, le 12 de mars 1694, & depuis il en fut fait grand-croix. Il fut nommé maréchal de camp le 29 janvier 1702, & fervit la même année à la défenfe de Keiferwert, fous les ordres du duc de Bourgogne, & en 1703 au fiége de Brifack, où il conduifit l'attaque de la gauche avec fuccès, ce qui opéra la reddition de la place. Le gouvernement de Bethune lui fut donné le 17 feptembre 1704, & le roi le fit lieutenant général de fes armées le 26 octobre fuivant. Il fut employé en 1708 à la défenfe de Lille, fous les ordres du maréchal de Bouflers. En 1710 il fut affiégé dans Béthune ; & quoique cette place fût petite, mauvaife, mal munie, & la garnifon fort foible, il y tint, contre l'attente des deux armées, quarante-deux jours, au bout defquels il obtint une capitulation honorable. En 1714 il fut choifi par les rois de France & d'Efpagne, pour faire en chef, fous les ordres du maréchal duc de Berwick, le fiége de Barcelone, où il reçut un coup de fufil au travers du corps. Le roi, en confidération de fes longs & importans fervices, par fes lettres données à Chantilli au mois d'août 1725, érigea pour lui & pour fes enfans de poftérité mâle en titre, & dignité de comté, la terre & feigneurie de S. Sernin, fituée dans le Mâconnois, qu'il poffédoit du chef de fa femme, avec jonction & union de celle de Boyer, joignante & contiguë de l'autre, fous la dénomination de *Comté de Vauban.* Il mourut dans fon gouvernement de Béthune, le 10 d'avril 1731, âgé de foixante & dix-feptième année de fon âge, après cinquante-huit ans de fervices prefque continuels, s'étant trouvé à quarante-quatre fiéges d'attaque ou de défenfe de places, villes, citadelles ou châteaux, & dans un grand nombre d'actions, où il avoit reçu en divers temps feize bleffures confidérables. Il vit périr de fon temps plus de fix cens ingénieurs. Il avoit perdu au fervice du roi, fon pere, deux freres, un beau-frere, deux oncles, & onze coufins germains ou iffus de germains. Son corps eft enterré dans l'églife des Capucins de Béthune, où on lui a dreffé une épitaphe fur un marbre blanc, dont le contenu eft rapporté dans le *Mercure de France du mois de mai 1731,* avec les lettres d'érection de la terre de S. Sernin en comté. Il avoit époufé, par contrat du 2 mars 1699, *Anne-Henriette* de Buffeul, fille unique & héritiere de *François* de Buffeul, feigneur comte de S. Sernin, & de *Marie-Anne* de Cours. Il a eu d'elle *Jacques-Philippe-Sébaftien* le Preftre, comte de Vauban, lieutenant de roi en Franche-Comté, guidon de la compagnie des gendarmes d'Orléans l'an 1731., depuis enseigne de celle des gendarmes de Flandre ; *Louis-Gabriel* le Prestre , chevalier de Vauban , lieutenant dans le régiment du Roi infanterie l'an 1731; *Perrette* le Prestre de Vauban , religieuse professe au Port-Royal, sous le nom de *Sœur de sainte Valerie* , le 7 mai 1722 ; & *Jeanne-Louise* le Prestre de Vauban. * *Mercure de France*, avril & mai 1731 , p. 810 & 1183. *Hist. des grands officiers* , tom. *VII* , p. 654.

PRÊTE - JEAN , & par corruption , PRÊTRE-JEAN , ancien roi des Indes ou de la Tartarie , étoit le nom , selon Du Cange , d'un grand roi de l'Inde , qui tiroit son origine d'un *Joannes Presbyter* , Nestorien , lequel en 1145 tua Coirem-Kan , & usurpa la couronne. Godigne assure que le Prête-Jean étoit un puissant roi Nestorien dans la Tartarie , vers la Chine ; & que ceux du pays l'appelloient d'un nom commun à tous les princes de cet empire , *Juhanna.* Il ajoute que le dernier de ces rois fut défait par Zingés , ou Ginghis-Kan , empereur des Tartares. Scaliger dit que le nom de *Prête-Jean* vient des mots persans *Prête-Chan* , qui signifie *roi apostolique* ou *roi chrétien.* Muller croit aussi que l'on a premiérement dit *Preste-Chan* , c'est-à-dire , *chan chrétien* , ou *empereur des chrétiens ; Chan* signifiant *roi* ou *empereur* , & *Preste* ayant été le nom ordinaire des chrétiens dans l'Orient. D'autres disent que *Prester* signifie *esclave* , & que *Prester-Chan* , c'est-à-dire , *le roi des esclaves.* Quelques-uns veulent que ce nom soit tiré du persan , *Preschteh-Gehan* , qui signifie *l'ange du monde* ; de *Preschteh* , *ange* , & *Gehan* ou *Gian* , *monde.* Ils remarquent que les Mogols qui possédoient une bonne partie de l'Inde , ont souvent pris le titre de *Schah-Gehan* , qui signifie *roi du monde* , & qu'on peut dire que le nom de *Gehan* , ajouté à leur nom , a rapport à celui que portoit ce roi nommé *Prête-Jean.* Enfin il y en a qui disent que sur les confins de la Tartarie , de l'Inde & de la Chine , il y a eu des princes Chrétiens Nestoriens , qui étoient appellés *Uncha* , & leurs peuples *Joüan* , & que l'on donna le nom de *Prête-Jean* à ces princes , parcequ'ils faisoient porter devant eux une croix , comme font les évêques. Cette croix , disent-ils , étoit d'or , enrichie de pierreries ; mais lorsqu'ils alloient à la guerre , ils en faisoient porter deux , l'une d'or , & l'autre de pierres précisées , prétendant marquer par-là qu'ils étoient défenseurs de la foi. Ceux qui se sont imaginé que le Prête-Jean étoit l'empereur des Abyssins , disent que ces peuples appellent leur roi *Belul-Gian* , & que *Belul* signifie *précieux* , d'où les Latins ont fait *preciosus Joannes* , & les François *Prête-Jean.* Cette grande diversité de sentimens fait connoître que l'on ne sait pas au vrai l'origine de ce nom. A l'égard de l'histoire du Prête-Jean de l'Inde , on dit qu'il avoit soixante & dix rois pour vassaux ; mais il arriva que David , qui régnoit en 1180 , perdit son état & la vie dans une bataille contre les Tartares qui s'étoient révoltés , & , selon quelques-uns , Ginghis-Kan qui lui succéda , après avoir épousé sa fille , quitta le titre ou surnom de *Prête-Jean* , pour prendre celui de *Kan du Catai* (qui est la Chine septentrionale , ou la Tartarie méridionale.) D'autres qui suivent la chronique des rois Tartares écrite en persan , disent qu'en 1240 , il y avoit encore un de ces princes qui portoit le même nom d'*Uncha* & de *Prête-Jean* , & qu'étant pressé par les Arabes , il eut recours en 1246 au pape Innocent IV , lequel envoya des religieux de l'ordre de S. Dominique au prince Tartare , idolâtre , pour le prier de ne point tremper ses mains dans le sang des Chrétiens , & pour le disposer à recevoir la foi. Ainsi le nom de *Prête-Jean* étoit alors fort célébre dans l'église latine. Dans la suite des temps , & avant que les Portugais eussent fait la découverte des Indes par l'Océan , Jean II , roi de Portugal , qui régnoit en 1490 , fit de grandes diligences pour découvrir un prince chrétien qui régnoit dans l'Ethiopie , & dont quelques religieux Abyssins lui avoient parlé. Parcequ'ils dirent

qu'ils étoient sujets d'un roi qui portoit une croix , comme défenseur de la foi , on crut que c'étoit le Prête-Jean si célébre ; ce qui augmenta la curiosité d'Emanuel , successeur de Jean II. Mais on reconnut que le véritable Prête-Jean étoit en Tartarie ; que ce qui avoit peut-être donné lieu à confondre ce roi Tartare avec l'empereur des Abyssins , étoit que les Ethiopiens appelloient leur prince *Belul-Gian* , c'est-à-dire , *précieux & puissant.* On en fut encore mieux informé de la vérité , depuis qu'Estevan de Gama , gouverneur des Indes , passa le détroit de la mer Rouge en 1541 , & laissa à David , empereur d'Ethiopie , quatre cens Portugais , sous le commandement de son frere Paul de Gama , pour l'aider à recouvrer son état , que les Mahométans tenoient il y avoit treize ans ; car ils coururent toute la contrée , & l'on apprit par ceux qui en revinrent , que ce prince des Abyssins est un chrétien Jacobite. *Voyez* ABYSSINS. * Marmol , *de l'Afrique* , *l.* 10. Ricaut , *de l'empire Ottoman.*

☞ Les incertitudes & les variations des historiens & des voyageurs qui ont parlé du *Prête-Jean,* ne viennent que du peu de lumiere qu'on avoit sur le pays précis où il demeure. Ce Prête-Jean n'est autre , vraisemblablement , que le Dalaï-Lama , grand pontife païen des Mongols & des Callmoucks. C'est un prince à qui sa dignité de chef de la religion , donne un grand crédit parmi les Tartares , & qui d'ailleurs est fort puissant par son temporel. Il fait sa résidence au mont Poutala , près la ville de Tonker ou Lassa , dans le pays de Tibet. Nous en avons parlé fort au long , au titre DALAÏ-LAMA.

PRÉTEUR , magistrat Romain , qui exerçoit la justice. Au commencement ce nom se donnoit à tous les magistrats , & même aux généraux d'armée ; mais depuis il fut particulier aux magistrats qui rendoient la justice. Spurius Furius Camillus fut le premier qui exerça cette charge l'an 398 de la fondation de Rome ; mais parceque beaucoup d'étrangers s'y établirent , on élut un second préteur , pour être le juge des différends qui naîtroient entre les étrangers. Celui-là fut nommé *Prator Urbanus* , & celui-ci , *Prator Peregrinus.* Le préteur étoit tiré de l'ordre des patriciens ; mais en 416 , Philon , plébéien , se fit élire préteur , malgré la résistance du consul Sulpicius. Vers l'an de Rome 605 , & 149 avant J. C. il y eut six préteurs , dont les deux premiers , qui étoient de l'ancienne création , connurent des procès entre les particuliers , & les quatre autres des crimes publics , à savoir , des concussions , des brigues contre les loix , des crimes de leze-majesté romaine , c'est-à-dire , commis contre le peuple Romain , & contre la liberté ou les priviléges des citoyens , & enfin du péculat , ou larcin des deniers publics. Cornelius Sylla , dictateur , en ajouta encore deux , & on en vit dans la suite du temps jusqu'à quinze dans la ville de Rome. L'exercice de cette magistrature ne duroit qu'un an.

La préture qui étoit la seconde dignité de Rome , étoit conférée par les mêmes sujets que le consulat. Les préteurs avoient toute l'autorité dans la ville en l'absence du consul , dont ils étoient comme les collègues. Ils avoient eux la robe *prétexte* , la chaire *curule* , marchoient avec six licteurs , & n'étoient qu'un an en charge , comme les consuls. Leurs fonctions étoient 1°. de rendre la justice aux citoyens & aux étrangers ; 2°. d'être présidens de jeux publics ; 3°. d'avoir soin des sacrifices. Ils avoient droit de convoquer des assemblées du peuple , d'indiquer des fêtes publiques , & d'en ordonner. Il y avoit outre cela dans Rome des préteurs de Cérès , qui avoient soin de faire venir les provisions de bled , & qui furent institués par Jules César , lorsqu'il étoit dictateur.

Les préteurs provinciaux étoient des juges qui rendoient la justice dans les provinces romaines , & qui y commandoient les troupes en temps de guerre , pendant l'année de leur magistrature. Cependant lorsque la guerre

étoit dangereufe , & que l'on avoit affaire à un ennemi puiffant , le conful alloit lui-même dans la province
pour la défendre , & y donner les ordres néceffaires.

Les premiers préteurs provinciaux furent ceux qui furent envoyés en Sicile & en Sardaigne , dans le temps
que ces pays furent réduits en forme de provinces l'an
520 de la fondation de Rome. La même chofe fut pratiquée quand les Efpagnes furent fubjuguées ; & l'on créa
alors fix préteurs , comme Tite-Live le remarque. Sylla
en augmenta encore le nombre de deux. Les triumvirs
en firent jufqu'à foixante-quatre , felon Dion. Augufte
les réduifit à douze. Tibere requis d'en augmenter le
nombre , ne le voulut point faire ; néanmoins il en nomma fix l'an 786 , felon Dion. L'empereur en augmenta
le nombre jufqu'à dix-huit ; mais dans le temps de la décadence de l'empire , ils fe trouverent réduits au nombre de trois. Les préteurs provinciaux étoient élus de la
même maniere que les préteurs de Rome , & avoient
les mêmes honneurs & la même jurifdiction dans les
provinces , que les préteurs de Rome dans la ville de
Rome. Quand ils étoient continués après l'année de leur
magiftrature , ils étoient appellés *propréteurs*. * Rofin,
antiq. rom. l. 7 , c. 11 & 43.

PRÉTEXTAT , évêque de Rouen , fuccéda en 544
à S. Evode , & affifta au III concile de Paris de l'an
557 ; & au II de Tours en 567 , il parla librement contre les déréglemens de Frédegonde. Il maria en 576 la
reine Brunehaud avec Méroué , fon neveu. Chilperic
irrité de ce mariage , affembla un concile de 45 évêques à Paris en 577. Prétextat y fut accufé. S. Grégoire de Tours le défendit. Prétextat convint par
foibleffe des crimes qu'on lui imputoit , fut condamné
par le fynode & mis en prifon. S'étant voulu fauver , il
fu pris & envoyé en exil à Coutance. Après la mort
de Chilperic , arrivée en 584 , il vint à Paris trouver le
roi Gontran , qui le reçut à fa table , & le renvoya à
fon églife avec honneur. Il affifta au concile de Mâcon
en 585 , & fut affaffiné dans fon églife le 25 février
586. On fait mémoire de lui dans les martyrologes de
Rome & de France , au 24 de ce mois. * Grégoire de
Tours , *l. 5 , c. 19.* Baillet , *vies des faints.* Du Pin ,
bibl. des aut. ecclef. du VI fiécle. D. Rivet , *hift. littér.
de la France , tom. III.*

PRÉTEXTE ou LA ROBE PRÉTEXTE , étoit
un vêtement long & blanc , avec une bande de
pourpre au bas. Les enfans de qualité à Rome la portoient jufqu'à l'âge de 15 ans , & les filles jufqu'à leur
mariage. Les magiftrats , les augures , les prêtres & les
fénateurs la portoient à certains jours de folemnité :
comme on le voit dans les auteurs. Ainfi on appelloit
Prætextati , les enfans qui avoient encore la robe Prétexte ; *Prætextata comedia* , une comédie où l'on faifoit
paroître des rois & des magiftrats , à qui appartenoit le
droit de porter la robe bordée de pourpre par le bas ;
Prætextatæ actiones , celles qui concernoient les actions
des rois & des magiftrats. * Rofin , *antiq. rom.*

PRÉTI (Jérôme) poëte italien , natif de Tofcane ,
& fils d'*Alexandre* Préti , chevalier de S. Etienne , fut
page d'Alfonfe II , dernier duc de Ferrare , puis gentilhomme du prince de Melfe à Gènes. Il avoit appris
les belles lettres , & avoit été obligé par fon pere , d'é-
tudier en droit : mais étant porté par fon inclination à
la poéfie , il compofa des piéces en vers qu'il a publiées ,
& qui lui ont acquis beaucoup de réputation. Cet auteur
tient encore aujourd'hui fon rang parmi les bons poëtes
d'Italie : il eft un des plus connus & des plus eftimés
d'entre les modernes , & tout le monde a été curieux
de le lire : on l'a traduit en diverfes langues , & imprimé en diverfes villes de l'Europe. La plus eftimable de toutes les piéces de fon recueil , eft l'idylle de *Sal-
macis.* Depuis il fit des difcours académiques , des épîtres , &c. Il étoit en faveur à la cour de Rome , lorfque le cardinal François Barberin le choifit pour fecrétaire de fa légation d'Efpagne. Ce voyage fut fatal à
Préti , qui étoit d'une complexion délicate , & qui mou-

rut à Barcelone le 6 avril 1626. * Ghilini, *theat. d'huom.
letter.* Lorenzo Craffo , *élog. d'huom. letter.* Janus Nicius Erythræus , *pinac. I , imag. illuft. c. 24 , &c.* Baillet , *jugemens des favans fur les poëtes modernes.*

PRÉTI (Matthias) peintre , dit *le Chevalier Cala-
brois* , parcequ'il étoit de Taverna , ville avec évêché
dans le royaume de Naples , fut , comme on le croit ,
difciple de Lanfranc , & on le trouve infcrit au nombre
des académiciens de Rome l'an 1657. Naples eft la ville
où il a le plus brillé , & le plus long-temps. Le grand
maître de Malte l'ayant appellé à Malte , le fit peindre
dans l'églife de la nation Italienne , & lui fit faire
d'autres ouvrages , qui ne contribuerent pas peu à foutenir la grande réputation qu'il s'étoit acquife. Pour le
récompenfer , il le fit chevalier , & lui donna la commanderie de Syracufe. Ses tableaux font peints avec
beaucoup de force , & l'on y trouve une grande intelligence du clair obfcur. Il avoit un gout de deffin très-
réfolu. Il cherchoit moins à paroître gracieux , qu'à
faire produire de l'effet à fes ouvrages. Il eft mort vers
l'an 1678. * *Abcedario pittorico , p 319.* Félibien , *entretiens fur les vies des peintres , neuviéme entretien. Lettre-
re memorabili iftoriche e politiche d'Antonio Bulifona.*

PRÉTOIRE , lieu où le préteur rendoit la juftice. C'é-
toit auffi fon palais , & quelquefois fa maifon de plaifance. C'étoit encore la tente ou le pavillon du général d'armée , où s'affembloit le confeil de guerre. A Jérufalem c'étoit le palais du gouverneur de la Judée. Il
étoit joint à la forterefle *Antonia* , & l'on y montoit ,
felon Adrichomius , par ving-huit dégrés de marbre qui ,
à ce qu'on dit , depuis qu'ils furent teints du fang de
J. C. furent tranfportés à Rome dans S. Jean de Latran , où on les voit & révere encore aujourd'hui. Ce
prétoire eft proprement la fale où l'on rendoit la juftice. Il falloit marcher environ trente pas à main gauche
de la cour qu'on traverfoit pour y entrer. Ce fut dans
cet appartement , que Jefus-Chrift fut condamné à la
flagellation , puis à la mort. Les chrétiens firent dans la
fuite de ce prétoire une églife , & de fes chambres plufieurs chapelles , que l'on diftingue encore aujourd'hui.
Cette maifon fert à préfent de demeure aux bachas ,
qui font les gouverneurs de Jérufalem.

Le *Prétoire* étoit auffi chez les Romains la tente ou le
pavillon du général d'armée , où s'affembloit le confeil de guerre , qui étoit auffi quelquefois appellé *Prétoire.* Les favans conviennent bien que dès le temps
d'Augufte , la tente de l'empereur dans le camp s'appelloit *Prétoire* , & qu'à Rome c'étoit auffi le nom d'un
lieu où fe tenoient les gardes qu'on appelloit *Prétoriennes.* Mais ils prétendent que le *Prétoire* n'étoit point
du tout le tribunal du préfet du prétoire , ou un lieu deftiné à rendre la juftice. *Prétoire* fignifioit feulement *la
garde impériale.* D'autres foutiennent que le même lieu
étoit auffi un auditoire , & le fiége où le préfet du prétoire rendoit la juftice dans le palais de l'empereur.
Voyez l'*épître aux Philipp. c. 1 , v. 13.* Ils ajoutent
que de ce lieu appellé *Prétoire* , les gardes furent appellées *Prétoriennes* ou les *gardes du prétoire*, qui étoit le
lieu où elles s'affembloient pour la garde de l'empereur.
Perizonius , profefleur à Leyde , a fait une differtation pour prouver que le prétoire n'étoit point un tribunal
judiciaire du temps de S. Paul , mais que c'étoit le camp
& la place où s'affembloient les gardes Prétoriennes. Il
ajoute qu'on n'appella *Prétoires* les lieux où s'adminif-
troit la juftice , que bien avant fous les empereurs , &
depuis que la charge de préfet du prétoire eut été convertie en fonction civile.

PRÉTORIENS , foldats de la garde des empereurs
Romains. Scipion l'*Africain* fut le premier qui établit
une compagnie des plus braves de fon armée , qu'il choifit pour en faire fes gardes , qui ne le quittoient point
dans le combat. Les prétoriens furent inftitués & partagés en corps par Augufte , qui les choifit pour en faire fes
gardes , & qui leur donna pour chefs deux officiers
appellés *préfets du prétoire* : il n'y eut qu'un préfet pen-

dant presque tout le régne de Tibere. Les Prétoriens avoient le double de la paye que recevoient les autres troupes. Ainsi comme chaque soldat touchoit un denier valant douze *As* ou sols, le Prétorien étoit payé à raison de deux deniers, c'est-à-dire, de vingt-quatre sols par jour. Cette garde des empereurs, qui pouvoit monter à dix mille hommes, divisée en neuf ou dix cohortes, s'attribua une grande autorité dans toutes les révolutions qui survinrent. Il y avoit aussi des Prétoriens à cheval. Ceux qui étoient dans la ville n'y avoient point de camp, & les autres étoient distribués dans les villes voisines. La garde Prétorienne fut entiérement abolie sous le régne de Constantin, l'an 312 de Jesus-Christ. * Dion, *l.* 53. Tacite, *annal. l.* 1. Aurelius Victor. Zosime, *l.* 2.

PRÊTRE. Le mot de prêtre vient du mot grec πρεσβύτερος, qui signifie *ancien*, parcequ'on choisissoit ordinairement les plus anciens pour présider aux choses sacrées. Chez les Hébreux le nom de זקן, c'est-à-dire, *sénieur* ou *prêtre*, étoit donné aux anciens des tribus qui rendoient la justice. Il est parlé de ces prêtres plusieurs fois dans l'ancien testament. Le collége des Septante établi par Moyse, en étoit composé; & nous voyons qu'il est souvent parlé dans l'évangile & dans les actes, des sénieurs ou des prêtres des Juifs, qui sont joints aux docteurs de la loi, comme ayant autorité. Le nom de prêtre pour signifier non-seulement l'âge, mais encore la dignité, a passé des Juifs aux Chrétiens, qui, dès la naissance du christianisme ont donné le nom de prêtre à ceux qui avoient soin de gouverner les églises. Il est dit dans les actes *chap.* 14, que S. Paul ordonna des prêtres en chaque église, & *chap.* 15 qu'il y avoit à Jérusalem, outre les apôtres, des prêtres que l'on alla consulter sur la question de l'observation des préceptes de la loi. S. Paul dans l'épître à Tite lui recommande d'établir des prêtres dans chaque ville; & S. Jacques conseille aux Chrétiens qui sont malades, de faire venir les prêtres de l'église, afin qu'ils les oignent d'huile, & qu'ils prient pour eux. S. Paul étant venu à Milet, envoya à Ephèse chercher les prêtres de cette église, & les avertit d'être attentifs à leur conduite & à celle du troupeau, dont le saint Esprit les avoit établis pasteurs pour gouverner l'église de Dieu. S. Pierre exhorte les prêtres de paître le troupeau du Seigneur, & se dit lui-même prêtre comme eux, *compresbyter.* S. Jean se nomme aussi sénieur ou prêtre. Quoique le nom d'évêque se donnât alors à un prêtre, dès le commencement de l'église les prêtres ont été distingués des évêques, & ordonnés par l'imposition des mains de l'évêque & du presbytre. Les fonctions principales des prêtres ont toujours été de consacrer le corps de J. C. d'offrir le sacrifice, de baptiser, de lier & de délier en imposant la pénitence & donnant l'absolution, d'administrer les Sacremens, à l'exception de l'Ordre & de la Confirmation réservés aux évêques, & cependant accordés pour la Confirmation aux prêtres de l'église grecque; d'instruire le peuple, de présider aux prieres publiques, & de gouverner l'église avec l'évêque. Ils devoient en tout obéir à l'évêque, & l'évêque agir par leur conseil: c'est l'usage de l'ancienne église. On leur a quelquefois permis d'ordonner les soudiacres & les clercs inférieurs. On n'ordonnoit point autrefois de prêtre, sans lui donner un titre, ou une église dans laquelle il devoit servir. Il y avoit des prêtres de la ville, qui servoient dans l'église cathédrale avec l'évêque, ou qui avoient des églises particulieres dans la ville, & des prêtres de la campagne, qui avoient soin des églises de campagne. Autrefois on n'ordonnoit point de prêtre qu'il n'eût 30 ans; à présent il suffit d'avoir 25 ans pour être ordonné prêtre. * Morin, *de ordinat.* Thomassin, *discipl. de l'église.*

Les prêtres des païens étoient des personnes destinées pour offrir les sacrifices. Ils furent institués à Rome par Numa Pompilius, & nommés *Sacerdotes.* Il y en eut de deux sortes; les uns pour tous les dieux en général,

appellés *pontifes*, en latin *pontifices* : il en établit d'abord quatre de race patricienne. On en créa ensuite quatre autres de race plébéienne l'an 454 de la fondation de Rome, & Sylla étant dictateur en ajouta sept autres; les autres pour des dieux particuliers, comme les Luperques, *Luperci*, pour le dieu Pan; les collégues Titiens, *Sodales Titii*, pour les dieux des Sabiens; les Saliens, *Salii*, pour le dieu Mars; les Vestales, *Vestales*, pour la déesse Vesta; les Flamines, *Flamines*, pour Jupiter, pour Mars ou pour Quirinus; les Galles, *Galli*, pour Cybèle, mere des dieux. Il y avoit encore certains magistrats ou officiers nommés *Epulones*, qui étoient comme les intendans ou maîtres d'hôtel, qui présidoient aux festins que l'on faisoit après les sacrifices; le roi du sacrifice, qui étoit comme le maître des cérémonies; les freres Arvales qui avoient le soin des sacrifices que l'on offroit pour l'abondance des biens de la terre; & les freres Curions, préposés pour les sacrifices de chaque curie. Les prêtres portoient diverses couronnes. Elles étoient de laurier pour les prêtres d'Apollon, & de feuilles de peuplier pour ceux d'Hercule. Quelques-uns en avoient de myrte, d'autres de lierre, & d'autres de feuilles de chêne. Le grand-prêtre à Rome, n'étoit obligé de rendre compte de ses actions, ni au sénat, ni au peuple, & étoit le seul qui eût droit de venir en litiere au capitole : il étoit le chef de la religion, & juge souverain des cérémonies; il recevoit les Vestales, avoit l'intendance sur tous les prêtres, des sacrifices, des temples & des autels, & avoit soin de rédiger les annales de ce qui se passoit tous les ans. Numa Pompilius fut le premier souverain pontife ou grand-prêtre. Depuis lui l'élection du souverain pontife appartenoit au collége des pontifes. Dans la suite Cn. Domitius, tribun du peuple, transféra ce droit au peuple qui y avoit néanmoins toujours eu part, si l'on s'en rapporte à ce qu'en dit Cicéron dans son discours de la loi Agraire. La consécration du souverain pontife se faisoit avec des cérémonies extraordinaires. On le faisoit descendre dans une fosse, revêtu des habits pontificaux; on couvroit la fosse de planches percées, & on immoloit dessus les victimes dont le sang couloit par les trous sur le pontife : il s'en frottoit le visage, les yeux, la bouche & même la langue. Ensuite on retiroit les planches, les Flamines tiroient le grand pontife couvert de sang, & en cet état il étoit salué comme grand pontife, qualité qui étoit fort honorable. Devant lui marchoit un licteur, & il étoit porté en chaire curule, & sa porte étoit ornée de lauriers. Jules-César, & depuis lui les autres empereurs prirent la qualité de souverain pontife, & l'ont conservée même depuis qu'ils furent chrétiens. Les prêtres de Mars étoient tellement considérés, qu'il falloit être de famille patricienne pour obtenir cette dignité. Les prêtres à Tyr avoient la premiere place auprès du roi, & étoient vêtus de pourpre. Les prêtres du Soleil, parmi les Phéniciens, portoient une longue robe de pourpre & d'or, & sur leur tête une couronne d'or garnie de pierreries. Les Egyptiens élisoient leurs rois entre les prêtres, & honoroient de ce dernier titre tous leurs philosophes. Le prêtre de Jupiter, appellé à Rome *Flamen Dialis*, possédoit cette prérogative, que sa simple parole avoit l'autorité d'un serment. Sa présence tenoit lieu d'un sanctuaire; & un criminel qui se retiroit chez lui ne pouvoit y être pris. La prêtrise chez les Indiens est héréditaire, comme elle l'étoit anciennement parmi les Juifs. Le fils d'un bramin est prêtre, & épouse une fille de la même condition. * *Antiq. gr. & rom.*

PREVESA, forteresse, est située à l'embouchure du golfe de Larta dans l'Epire, province de la Turquie méridionale en Europe. Elle est bâtie sur les ruines de l'ancienne Nicopolis, que l'empereur Auguste fit construire pour conserver le souvenir de la fameuse victoire d'*Actium*, qu'il remporta sur Marc-Antoine. En 1539 Marc Grimani patriarche d'Aquilée, général des galeres du pape, accompagné d'André Doria, général de la ligue,

ligue, attaqua vainement cette place occupée par les Turcs, & fut contraint de se retirer. Le généralissime Morosini s'en rendit maître au mois de septembre 1684. Les assiégés remirent entre les mains du général Strafoldo toutes les munitions de guerre & de bouche, & tous les drapeaux. Il n'en sortit que trente des plus considérables avec leurs armes : le reste des hommes & des femmes n'eurent que la liberté d'emporter leurs habits à Larta. * P. Coronelli, *description de la Morée*.

PREVOST, étoit autrefois le seigneur qui administroit lui-même la justice. Il faisoit la même chose dans les prévôtés, que les baillis & les sénéchaux font aujourd'hui dans les bailliages & les sénéchaussées. Tel est le prévôt de Paris, juge d'épée. Il préside quelquefois au châtelet, recueille les voix, & fait prononcer par ses lieutenans. Il n'y a ni sentence ni contrat en forme, qui ne soit autorisé à la tête du nom du prévôt de Paris. L'assemblée de la noblesse de la prévôté de Paris pour l'arriere-ban, se fait en son hôtel, & il a le droit de la conduire à l'armée.

PREVOST, dignité dans quelques chapitres ecclésiastiques. C'est la première à Albi, la seconde au Puy, & à Tulles. Ce sont dans d'autres églises des dignités dont les bénéfices passent pour simples. En général, dans les cathédrales & collégiales de Languedoc, Dauphiné & Provence, la dignité de prévôt est la premiere, comme celle de doyen l'est dans les autres provinces de France, à quelques exceptions près.

PREVOST, grand officier dans les ordres militaires, qui a le soin des cérémonies, & porte le cordon & la croix de l'ordre. Il y en a dans ceux de S. Michel, du Saint Esprit, de S. Louis, de S. Lazare & du Mont-Carmel.

PREVOST DE L'HOTEL DU ROI ou GRAND PREVOST DE FRANCE, juge ordinaire de la maison du roi, qui connoît de toutes sortes d'affaires civiles & criminelles entre les officiers du roi, & pour eux contre ceux qui ne le font pas. C'est le plus ancien juge royal ordinaire du royaume, son institution étant aussi ancienne que la monarchie, puisque les premiers rois de France ont eu un juge dans leur maison & pour leur suite. Le prévôt de l'hôtel fait tous actes de justice, comme scellés & inventaires, dans le Louvre, & dans toutes les autres maisons royales où est la cour. Il peut aussi informer dans Paris de tous crimes, pour & contre les gens de la suite du roi. Il a deux lieutenans de robe longue, & quatre de robe courte. Ceux-là jugent les procès civils, & les autres connoissent des crimes souverainement, en y appellant six maîtres des requêtes. Les marques de sa dignité sont deux faisceaux de verges d'or passés en sautoir, liés de cordons d'azur avec la hache d'armes, que les Romains nommoient *consulaire*. * *Mém. hist.*

PREVOST DES MARCHANDS à Paris, magistrat fort considérable, a jurisdiction sur le commerce qui se fait par eau. Il a droit de visiter, & de taxer la plus grande partie des marchandises qui sont débitées sur les ports, & donne ordre aux fonctions publiques de la ville. Ce magistrat est appellé *maire*, dans les autres villes de France où il n'y a point de prévôt des marchands.

PREVOST DES MARÉCHAUX, officier royal, réputé du corps de la gendarmerie. Les prévôts des maréchaux sont lieutenans des maréchaux de France, & ont jurisdiction sur les vagabonds, sur ceux qui volent à la campagne, & sur les faux monnoyeurs. Ils prennent aussi connoissance des meurtres de guet-à-pens. On compte en France cent quatre-vingt siéges de prévôts des maréchaux. Celui de Paris est connu sous le nom de *prévôt de l'isle*.

PREVOST D'ARMÉE, officier qui a l'œil sur les déserteurs, & sur les soldats coupables, met aussi la taxe sur les vivres de l'armée, & a d'autres officiers sous lui, savoir, un lieutenant & un greffier, avec une compagnie d'archers à cheval, & un exécuteur de justice. Le prévôt d'un régiment d'infanterie a les mêmes

officiers que celui de l'armée ; mais il n'a que six archers.

PREVOST GÉNÉRAL DE LA MARINE, officier établi pour instruire les procès des gens de mer qui ont commis quelque crime. Par l'ordonnance de 1674 il a entrée au conseil de guerre, ainsi que ses lieutenans qui y font le rapport de leurs procédures. Il y a dans chaque vaisseau un *prévôt marinier* : c'est un homme de l'équipage qui a les prisonniers en sa garde, & qui est chargé du soin de faire nettoyer le vaisseau.

PREVOST GÉNÉRAL DES MONNOYES, fut créé en 1635, avec un lieutenant, trois exemts, un greffier, quarante archers, & un archer trompette, pour faciliter l'exécution des édits & des réglemens touchant le fait des monnoies ; pour prêter main-forte aux députés de la cour, tant dans la ville de Paris, que hors la ville, pour exécuter les arrêts & commissions qui leur viennent de la cour, & pour envoyer plus ou moins d'archers, selon le besoin. Ce prévôt est obligé de faire juger à la cour les procès de la fausse monnoie, qu'il a instruits : ce qui est cause qu'il y a rang & séance après le dernier conseiller ; mais il n'a pas voix délibérative. Il est seulement présent au jugement des procès dont il a fait l'instruction, pour rendre compte de ses procédures. * *Diction. des arts.*

PREVOST (Jean) abusa beaucoup de la crédulité du peuple ignorant dans le XIV siécle, par ses prestiges. Il est incroyable combien on avoit la foiblesse de s'adonner alors en France à ce que l'on regardoit comme des maléfices & des prestiges : en voici un exemple singulier qui fit beaucoup de bruit alors, & dont Prevost fut la victime. Un abbé de l'ordre de Cîteaux, qui avoit perdu une somme d'argent considérable, traita avec un de ces prestigiateurs, qui lui promit non seulement de lui faire trouver ce qu'il avoit perdu, mais même de lui découvrir les voleurs : voici le prestige insensé dont il se servit. Il prit un chat noir, & l'enferma dans un petit coffre, avec la nouriture qu'il lui falloit pour trois jours, composée de pain trempé dans le saint chrême & dans l'eau bénite. Ayant fait ensuite une fosse dans un chemin public, il y enterra le coffre & le chat, & mit deux tuyaux qui montoient depuis le coffre jusqu'au-dessus du chemin, par où le chat pouvoit respirer jusqu'au troisième jour qu'il devoit venir le déterrer. Des bergers ayant passé par-là, les chiens qui les accompagnoient sentirent le chat, fouillerent à l'endroit où il étoit, le découvrirent ; & l'un de ces bergers alla trouver le juge voisin, & lui fit rapport de ce qu'il venoit de voir. Le juge se transporta sur les lieux, examina le coffre & ce qu'il contenoit ; & pour tâcher de découvrir celui qui l'avoit mis en cet endroit, il fit venir devant lui tous les menuisiers de Paris. Celui qui avoit fait le coffre, lui dit qu'il l'avoit vendu à un nommé *Jean Prevost*, mais qu'il ignoroit l'usage qu'il vouloit en faire. Sur cet avis Jean Prevost fut pris, & avoua tout à la question : il dit, entr'autres, que le grand-maître dans l'art des fortiléges & des maléfices étoit le nommé *Jean de Persant*, & que ses complices étoient un moine apostat de l'ordre de Cîteaux, disciple de Persant, abbé de Sarconcelles du même ordre de Cîteaux, & quelques chanoines réguliers. Tous ces accusés furent pris aussitôt, & conduits devant l'official de l'archevêque, & les autres inquisiteurs de la foi. On demanda aux auteurs du prestige ce qu'ils prétendoient faire de ce chat enfermé. Ils répondirent qu'après trois jours ils l'auroient écorché, & divisé sa peau en plusieurs courroies, qui jointes ensemble auroient fait un cercle dans lequel un homme auroit pu se tenir ; que le prestigiateur placé dans ce cercle, & ayant derriere lui une partie de la nouriture destinée au chat, auroit invoqué un démon nommé *Berich*, qui seroit venu, & qui auroit déclaré le lieu de l'argent volé, & les voleurs. Après cet aveu, Jean de Persant & Jean Prevost furent condamnés à être brûlés vifs ; & l'abbé & les autres que l'on avoit convaincus de fortilége, & ceux qui avoient donné le faint chrême à Jean Prevoft, furent dégradés & condamnés à une prifon perpétuelle ; ce qui fut exécuté. * *Voyez* entre ceux qui rapportent ce fait , ce qu'en dit dom Bernard de Montfaucon, dans fes *Monumens de la monarchie françoife* , *règne de Charles IV* , dit *le Bel* , pag. 230 & 231.

PREVOST (Bernard) préfident au parlement de Paris , troifiéme fils de JEAN Prevoft, feigneur de Saint-Cyr , de Morfan , &c. confeiller du roi en fa cour du parlement de Paris , préfident aux requêtes du palais , & frere de *Jean* Prevoft , chanoine de Notre-Dame de Paris , & préfident aux enquêtes , eut en partage les terres de Morfan & de Villabri , & fut confeiller aux parlemens de Paris & de Bretagne ; puis premier préfident des requêtes du palais ; enfuite confeiller du roi en fon confeil privé , & enfin fecond préfident au parlement de Paris. Il exerça plufieurs années cette derniere charge avec l'approbation de la cour , qui l'employa fouvent dans les affaires importantes , jufqu'au 22 feptembre de l'an 1585 , qui fut l'année de fa mort. On voit dans l'églife des Céleftins de Paris fa tombe de cuivre , & de *Magdeléne* Potier de Blancmenil fa veuve , morte en mai 1603 , fans laiffer de poftérité. La famille des Prevofts, originaire de Blois , a-été féconde en illuftres magiftrats : ce qu'on poura voir dans l'hiftoire des préfidens du parlement de Paris , de Blanchard.

PREVOST (Jean) célebre médecin , naquit à Dilfperg , au diocèfe de Bafle , le 4 juillet 1585 , de *Théobald* Prevoft. Il apprit les premiers élémens de la langue latine dans fa patrie , & alla enfuite à Dole où il continua fes études dans le collège des Jéfuites. Ses humanités finies , il retourna en Allemagne , & employa trois années à la philofophie, d'abord à Molsheim , & enfuite à Dilingen ; & il reçut dans cette derniere ville le dégré de maître-ès-arts le 3 juillet 1603. Ses talens le firent connoître du prince Léopold , archiduc d'Autriche , évêque de Strasbourg , qui l'envoya en Efpagne pour y faire fa théologie. Il partit le 29 avril 1604 pour aller s'embarquer à Gènes , & vifita en chemin quelques villes d'Italie. Les grandes chaleurs l'ayant dégoûté de continuer fa route pour lors , il paffa l'été à Padoue , & y fréquenta les écoles de l'univerfité. Il écouta en particulier les leçons d'Hercule Saxonia , fameux médecin , qui lui infpirerent du goût pour la médecine : il lut les écrits de Fernel avec avidité , & renonça à la théologie. Comme il avoit dépenfé ce qu'il avoit reçu de l'évêque de Strasbourg , on lui procura une place de précepteur dans une bonne maifon , ce qui le mit en état de continuer fans inquiétude fes nouvelles études ; & depuis , Alexandre Vigontia , feigneur de Padoue , le prit auprès de lui pour le diriger dans fes études. Avec ces fecours , Prevôt s'appliqua avec ardeur à la médecine fous Hercule Saxonia , Euftache Rudius , Thomas Minadous , & Jérôme Fabrice. Ce dernier conçut tant d'eftime pour lui , qu'il ordonna en mourant qu'on lui remettroit fes écrits pour les donner au public ; mais fes héritiers n'exécuterent pas fa volonté. Prevôt fe donna auffi à la philofophie fous Céfar Crémonin, & aux mathématiques fous Galilée & Jean-Antoine Magin. Il reçut le dégré de docteur en médecine le 8 mars 1607 , & pratiqua avec beaucoup de fuccès. Le 13 août 1612 , la nation allemande , réfidente à Padoue, le choifit pour fon médecin à la place d'Adrien Spigelius , qui avoit été appellé en Moravie. Le 29 mars 1613 , il fut nommé premier profeffeur du troifiéme livre d'Avicène ; & le 14 janvier 1616 , il paffa à la feconde chaire de profeffeur extraordinaire en médecine pratique. En 1627 Profper Alpini étant mort , Prevôt fut chargé de la démonftration des plantes ; & le 6 mai 1620 , il monta à la premiere chaire de profeffeur extraordinaire en médecine pratique. Quelque temps avant fa mort , on lui offrit une chaire à Boulogne avec de gros appointemens ; mais il la refufa. La pefte ayant attaqué la ville de Padoue en 1631 , il fe retira le 20 juillet avec fa famille , à une maifon de campagne , pour

éviter le mal ; mais la douleur que lui caufa la mort de quatre de fes enfans , lui procura dans ce lieu une fiévre violente qui l'emporta le 3 août de la même année 1631 , âgé de 46 ans. Il fut enterré dans l'églife de S. Antoine ; & trois ans après , la nation Allemande lui fit mettre cette infcription dans l'école de médecine : *Joanni Prevotio , Rauraco , philofopho ac medico infigni , practicæ, extraordinariæ profeffori primario , civi & doctori defideratiffimo , natio Germana artiftarum pofuit anno 1634.* Ses ouvrages font : 1. *De remediorum , cùm fimplicium , tùm compofitorum , materia* , à Venife 1611 , *in-12.* 2. *De lithotomid , feu calculi veficâ fectione , confultatio* , à Ulme 1628 , *in-4°* ; & à Leyde 1638 , *in-12.* 3. *Medicina pauperum. . . . adjungitur libellus de venenis & eorum alexipharmacis* , à Francfort 1641 , *in-12.* Item. *Acceffit de medicamentorum materia tractatus* , à Lyon 1644 , *in-12* ; à Paris , 1654 , *in-24* ; à Lyon 1660 , *in-12.* Feu M. Hecquet a donné en françois une *Médecine des pauvres* , plus étendue , imprimée pour la feconde fois en 1742 à Paris , avec les notes de M. Boudon , docteur en médecine. 4. *De compofitione medicamentorum libellus* , *Rintelii* , 1649 , *in-8°* ; à Francfort 1656 , *in-12* ; à Amfterdam 1665 , *in-12* ; à Padoue 1660 , *in-12.* 5. *Opera medica pofthuma* , à Francfort 1651 , *in-12* ; & avec le traité *De compofitione medicamentorum* , &c. à Francfort 1656 , *in-12.* 6. *Semeiotice , five de fignis medicis. Acceffit de componendorum medicamentorum ratione , nec non de menfuris & ponderibus medicis fyntagma* , à Venife 1654 , *in-24* ; & dans les *Opera pofthuma.* 7. *Selectiora remedia , multiplici ufu comprobata , quæ inter fecreta medica jure recenfeas* , à Francfort 1659 , *in-12* ; & fous ce titre : *Hortulus medicus , felectioribus remediis , feu floribus verficoloribus refertus* , à Padoue 1666 , *in-12.* 8. *De urinis tractatus pofthumus* , à Padoue 1667 , *in-12.* 8. *De morbofis uteri paffionibus tractatus* , à Padoue 1669 , *in-8°.* 10. *Confilia medica* , avec *Georgii Hieronymi curationum exoticarum chiliades II , & confiliorum medicinalium centuriæ IX* , *Ulma* , 1676 , *in-4°.* * *Jacobi-Philippi Tomafini elogia* , t. II , p. 224 ; du même , *Gymnafium Patavinum. Mémoires* du pere Niceron , tom. XXXIX.

PREVOST (Jean le) en latin , *Præpofitus* , Jéfuite d'Arras , montroit dans un petit corps un efprit fupérieur. Il a profeffé deux cours de philofophie à Douai avec beaucoup de réputation , & la théologie fcholaftique pendant feize ans , tant à Louvain qu'à Douai. Il fut créé docteur en théologie l'an 1617 , & mourut à Mons en 1634 , le 8 de juin , à l'âge de 63 ans. Il eft auteur des ouvrages fuivans : 1. *Commentaria in tertiam partem fumma theologicæ fancti Thomæ , de Incarnatione Verbi divini , facramentis & cenfuris* , à Douai 1629 , *in-fol.* 2. *In primam partem de Deo unô & trino , de Angelis , & operibus fex dierum* , à Douai 1631 , *in folio.* 3. *In primam fecunda* , &c. * *Valere André , bibliotheca belgica* , édition de 1739 , *in-4°* , tom. II , pag. 714.

PREVOST (Jean le) chanoine & bibliothécaire de l'églife cathédrale de Rouen , mort en 1648 , âgé de 47 ans , ou , felon l'infcription fuivante , à l'âge de 48 , avoit été curé de la paroiffe de S. Herbland , & a beaucoup travaillé fur l'hiftoire de la Normandie. Son épitaphe qui fuit le fait affez connoître ; & d'ailleurs nous n'avons aucuns mémoires fur ce qui le concerne. Nous tirons cette épitaphe d'un recueil de pièces imprimé , felon le titre , à Utrecht en 1697 , *in-12* , & qui a pour titre : *Voyage de meffieurs Bachaumont & de la Chapelle , avec un mélange de pièces fugitives , tirées du cabinet de M. de Saint-Evremont.* L'épitaphe dont il s'agit eft à la pag. 268 , & eft conçue en ces termes :

Hic in limine bibliotheca jacet ,
Qui nec mortuus à libris avelli potuit ,
JOANNES PREVOTIUS ,
Canonicus Ecclefiæ Rothomagenfis ac bibliothecarius ,

Rector sancti Hermelandi.
Qui
Commodis Ecclesiæ & urbis per annos triginta inserviens,
Utrique
Honori fuit & emolumento.
Antiquitatis Neustriacæ monumenta gnaviter revolvens,
Exquisitâ indagavit,
Historiam meliore sæculo dignam conscripsit,
Diurnum officium ordinavit ;
Psalmodiam concinnavit ,
Litterariam supellectilem instauravit,
Quam , suis operibus auctiorem ,
Commentariis illustriorem ,
Quin & porticum ipsam
Eruditorum frequentiâ nobilitatam ,
Innocentiâ morum , colloquiorum urbanitate , nominis
famâ ,
Reddidit
Sanctiorem , amœniorem , celebriorem.
Unâ modo exprobratione impetitus est
Ab amantissimis parœchis damnum & injuriam sibi illatam
Quiritantibus ,
Quod sacerdotium D. Hermelandi desideratissimus renun-
ciarit.
Sed canonum memor ,
Et severioris disciplinæ apprimè tenax ,
Sarcinarum alteram abjecit ,
Quò expeditior
Ad sua canonici , & alia insuper munia ,
In partem sollicitudinis episcopalis vocatus ,
Districtiùs se accingeret.
Vir , quem natura ad benignitatem , virtus ad pietatem ,
Fortuna ad aliorum utilitatem ,
Studia ad benefaciendum omnibus ,
Vita in singulorum censuram ,
Dignitas in cujusvis exemplum
Finxerat.
A Deo , meritis quàm annis gravior
Ad præmium evocatus est
Ætatis 48 , sæculi 48.
Et nunc cunctis lugendus, qui cunctis quondam profecuus,
Ibi exuvias posuit , ubi egerat excubias.

Jean le Prevost est auteur du *calendrier historique*, imprimé à la tête du rituel de Rouen, en 1640. Il a donné avec des notes une édition de Jean d'Avranches, archevêque de Rouen, sur les offices ecclésiastiques , en quoi il a été aidé par deux autres de ses confreres , George Ridel & Jacques Malet. Le titre de cette édition est : *Joannis de Bayeux, Abricensis episcopi, posteà archiepiscopi Rothomagensis, liber de officiis ecclesiasticis : primum è codice manuscripto cœnobii Salicosani in lucem editus, cum notis : studio & curâ Georgii Ridel, Jacobi Malet, & Joannis le Prevost*, à Rouen 1642, *in-8°.* En 1679 Jean-Baptiste le Brun Des Marettes a donné une nouvelle édition de ce même ouvrage , avec les notes des premiers éditeurs & les siennes, &c. à Rouen , *in-8°.* Le P. le Long , dans sa *Bibliothéque des historiens de France* , cite d'autres ouvrages de Jean le Prevost ; savoir : 1. *Histoire ecclésiastique de Normandie* (manuscrite ,) souvent citée par Gilles-André de la Roque , dans les preuves généalogiques de son histoire de la maison de Harcourt. 2. *Series archiepiscoporum Rothomagensium :* cette suite chronologique que le même de la Roque attribue encore à Jean le Prevost, est imprimée avec le recueil des status synodaux du diocèse de Rouen , à Rouen 1653 , *in-8°.* 3. *Recherches de la Normandie* (manuscrites) citées encore par M. de la Roque , au chapitre trente-neuviéme de son *Traité de la noblesse* , édition de 1678. Dans la notice des manuscrits de la bibliothéque de l'église cathédrale de Rouen , dressée par M. l'abbé Saas , curé de S. Jacques de l'académie des sciences de Rouen , & imprimée dans la même ville , en 1746, *in-12;* on lit , pag. 106 & 107, qu'on voit dans la bibliothéque dont on vient

de parler , le portrait de M. le Prevost , avec cette courte & énergique inscription : *Joannes le Prevost ecclesiæ Rothomagensis canonicus , bibliothecarius , vir eruditus & frugi , obiit anno Domini 1648 , ætatis 47.* On ajoute qu'il est certain que M. le Prevost a fait beaucoup de bien à cette bibliothéque , & qu'il l'a d'ailleurs honorée par sa science , dont il nous a laissé des monumens qui seroient en plus grand nombre , s'il eût joui d'une plus longue vie.

PREVOST (*N.*) chanoine de l'église de Chartres , prédicateur du roi , étoit né à Rouen , & montra dès sa jeunesse un gout décidé pour l'éloquence de la chaire. La ville où il avoit reçu le jour , applaudit à ses premiers essais. M. le Pezant de Boisguilbert , lieutenant général , & président au présidial de Rouen , ayant connu les talens de ce jeune orateur naissant , l'accueillit avec tendresse , & le protégea. M. Prevost vint ensuite à Paris pour s'y former sur le modéle des grands maîtres ; & bientôt il fut recherché lui-même avec empressement ; & toujours écouté avec applaudissement. Dès 1704 , il prononça le 5 juin en l'abbaye de S. Germain des Prés l'oraison funèbre de M. le cardinal de Furstemberg ; M. Fléchier parle de cette piéce avec éloge dans ses lettres. En 1705 , il prononça le panégyrique de saint Louis dans la chapelle du Louvre , en présence de messieurs de l'académie françoise. A Versailles , il prêcha le discours de la Cène la même année 1705 , la Pentecôte en 1707 , l'Avent en 1714 , & depuis il a prêché à Paris dans les principales églises. Le 21 janvier 1710 , il prononça à Chartres l'oraison funèbre de M. Paul Godet Des Marais , évêque de cette ville. L'année précédente , il avoit prêché le Carême dans la même ville. Il y a prêché aussi les chapitres généraux des mœurs en 1726 , & en 1732 , l'octave du S. Sacrement en 1718 , & les Carêmes de 1726 & de 1735. Il prêcha à la cour le Carême de 1718 , & l'Avent de 1727. Il fut reçu chanoine de Chartres le 11 janvier 1718 , & il est mort dans la même ville en 1736. * *Voyez* son éloge par M. Cheret , alors chanoine de Chartres , depuis curé de l'église paroissiale de S. Roch à Paris , où il est mort en 1744. Cet éloge , trop dénué de faits , est dans le *Mercure* d'octobre 1736.

PREVOST (Claude) chanoine régulier & bibliothécaire de sainte Geneviéve à Paris , étoit né à Auxerre le 22 janvier 1693. Il fit profession dans l'abbaye de sainte Geneviéve du Mont , le 23 novembre 1710. Après s'être distingué dans ses cours de philosophie & de théologie , il fut chargé du soin de la bibliothéque de sainte Geneviéve , emploi qu'il conserva jusqu'à la fin de sa vie. Il mourut à Paris , dans la même maison , le 15 octobre 1752 , âgé d'environ 60 ans. Sa science , ses talens , sa piété & les sentimens de religion dont il étoit pénétré , le faisoient regarder à juste titre comme un des principaux ornemens de cette abbaye. Un commerce doux , aimable , enjoué avec décence , & extrêmement communicatif , l'a fait regréter de tous ceux qui avoient l'avantage de le connoître. Le P. Prevost , doué d'une mémoire très-heureuse , avoit appris en peu de temps , & avec facilité , le grec , l'italien & l'anglois. Il s'exprimoit en latin avec beaucoup d'élégance & de pureté. Feu monseigneur le duc d'Orléans voulut l'avoir pour maître dans l'étude de la langue grecque , & le P. Prevost s'en acquitta avec succès. Ce prince avoit souvent des conférences avec lui sur les langues , l'histoire & les belles lettres. Il prenoit beaucoup de plaisir à jouir de sa conversation , & il l'honora toujours de ses bontés , parcequ'il faisoit cas de son mérite. Le pere Prevost avoit fait une étude particuliere de tout ce qui concerne l'histoire des chanoines réguliers ; & si la congrégation de France lui avoit associé quelque religieux pour l'aider , il auroit entrepris plusieurs ouvrages , qu'il souhaitoit voir exécutés , & sur lesquels il avoit d'abondantes collections : 1. une *Bibliothéque des chanoines réguliers ;* 2. une *Collection des vies des saints chanoines , tant séculiers* que *réguliers*, rangée dans l'ordre des temps où ils ont vécu ; 3. l'*Histoire de toutes les maisons de chanoines réguliers*. Il avoit aussi de grandes lumieres sur les généalogies, & il étoit souvent consulté sur cette matiere. Mais détourné par les fonctions de son emploi de bibliothécaire, & par le desir d'obliger tous ceux qui avoient recours à ses lumieres ; plus que tout cela intimidé par les disgraces du P. le Courayer, son confrere, il n'a rien donné au public, il n'a même mis la derniere main à aucun ouvrage, & tous ses manuscrits sont restés imparfaits. Il avoit cependant presque fini l'*Histoire de l'abbaye de sainte Geneviéve* ; & presque tout ce qui se trouve sur cette maison, dans le nouveau *Gallia christiana*, tom. VII, en a été tiré. On croit pouvoir lui attribuer aussi la collection des matériaux qui ont formé dans le même volume du *Gallia christiana* les articles des abbayes d'Hérivaux & de Livry, & celui du prieuré de S. Eloy, près Lonjumeau. Le catalogue des écrivains Auxerrois, qui fait partie de l'*Histoire d'Auxerre*, par M. l'abbé le Beuf, n'a été si étendu, qu'en conséquence des augmentations communiquées à l'auteur par le P. Prevost. Ce savant religieux avoit recueilli des matériaux pour une vie de Germain de Brie (*Germanus Brixius*) son compatriote ; & M. l'abbé Goujet lui avoit communiqué les lettres latines de ce savant, qu'il n'avoit pu trouver dans nos meilleures bibliothéques. Le P. Prevost avoit aussi rassemblé beaucoup de choses sur la maison de Melun ; & c'est en grande partie d'après ses recherches qu'a été dressée la généalogie de cette maison, qu'on trouvera à la fin du tom. VII de cette édition du dictionaire de Moréri. * Voyez le *journal de Verdun*, *novembre* 1752 ; une lettre de M. l'abbé le Beuf, dans le même *Journal*, *février* 1753 ; le nouveau *Gallia christiana*, tom. VII, col. 699. On a eu aussi pour cet article, quelques notes de M. l'abbé Goujet, & du P. Barre, de sainte Geneviéve.

☞ PREVOST (Claude-Joseph) né à Paris le 7 octobre 1672, fut reçu avocat au parlement de Paris au mois de juillet 1692. Il étoit l'un des avocats de l'université, & avocat du roi de la capitainerie des chasses de Vincennes. C'étoit un homme plein de probité & de zèle pour le bien public en général, & en particulier pour l'honneur de son ordre, & qui montra toujours beaucoup de fermeté dans les occasions où elle étoit nécessaire. Il joignoit à ces vertus une profonde érudition, & étoit singuliérement versé dans le droit public, dans les matieres bénéficiales & criminelles, & dans les antiquités du palais. On auroit seulement desiré qu'il eût eu plus d'ordre dans ses idées, & plus d'aménité dans le caractere. M. Prevost a donné plusieurs mémoires & consultations sur des matieres intéressantes, & dans lesquelles il y a beaucoup de choses curieuses. Il fut un des dix avocats exilés le 30 août 1731, lorsque les avocats se retirerent à l'occasion de l'ordonnance de M. l'archevêque de Paris, portant condamnation d'une consultation faite pour des curés d'Orléans, par quarante avocats, du nombre desquels étoit M. Prevost. Il fut exilé à Mayenne, où il resta jusqu'au premier décembre suivant, temps auquel les exilés furent tous rappellés. Il fut élu bâtonnier des avocats en 1741, & mourut le 28 janvier 1753. On lui attribue plusieurs ouvrages, auxquels il n'a pas mis son nom, savoir, une *Lettre anonyme d'un avocat de province à un avocat au parlement de Paris*, datée d'Angers le 20 septembre 1721, *au sujet de la prétention du substitut qui servoit pendant les vacations* ; des *Principes de jurisprudence sur les visites des médecins & rapports des chirurgiens*, 1 vol. *in-*12, 1753. On croit qu'il a eu part aux *Observations sur le traité des contrats de mariage*, imprimé en 1722, & à quelques autres ouvrages qui ont paru sous le nom de M. Meslé. * *Mém. mss. de* M. Boucher d'Argis, avocat.

PREXASPES, *Prexaspes*, mage auquel Cambyse, roi de Perse, confioit ses plus grands secrets, eut ordre de tuer Smerdis : ce qu'il fit en menant ce prince à la chasse. Après la mort de Cambyse, l'an du monde 3513, & 522 avant J. C. voyant le mage Smerdis sur le trône, il nia fortement qu'il eût tué le frere du roi, pour se mettre à couvert de la vengeance du peuple qui aimoit ce prince, & de la violence des mages qui soutenoient que Smerdis, frere de Cambyse, vivoit encore. Il promit même à ces mages de monter sur une tour qui étoit sur la place publique, & de déclarer à haute voix aux Perses qui y seroient assemblés, que Smerdis, frere du roi, & fils de Cyrus, étoit vivant & possédoit le royaume. Mais il fit le contraire, & protesta publiquement qu'il avoit exécuté le commandement que Cambyse lui avoit fait, de tuer Smerdis, son frere, & que celui qui régnoit étoit un mage qui usurpoit la couronne : ensuite il se précipita du haut de la tour. Les historiens remarquent qu'il paroit avec beaucoup de hardiesse à son roi, & qu'il osa même lui remontrer un jour que ses excès dans le vin obscurcissoient la gloire de ses belles actions. Mais ce fidéle avertissement lui fut fatal ; car quelques jours après, Cambyse étant ivre, tira une fléche dans le cœur du fils de Prexaspes, & demanda ensuite à ce malheureux pere, s'il connoissoit quelqu'un qui eût plus d'adresse, avant même que d'avoir bu. Pour ne pas irriter le roi davantage, il lui répondit qu'un dieu ne pouvoit pas mieux tirer. * Hérodote. Justin.

PREYSIUS (Christophe) ami du fameux hérétique Philippe Mélanchthon, étoit né en Hongrie, & professa la philosophie dans l'université de Francfort. Mélanchthon en faisoit une estime particuliere. Dans ses lettres, dont un grand nombre lui est adressé, il le loue sur sa science, sur son érudition, sur sa sagacité, & sur son attachement à ce qu'il appelloit *la Vérité*, c'est à dire, aux erreurs dès hérétiques de son temps, que Preysius & lui ont soutenues avec opiniâtreté, & qu'ils se sont efforcés d'accréditer & d'étendre. Preysius a fait en latin une vie de Cicéron que l'on estime : il y entre dans le détail des études & des actions de cet excellent orateur Romain ; & tout ce qu'il en rapporte, il le tire ou de ses écrits, ou des auteurs contemporains, & des autres témoignages les plus recevables de l'antiquité. Cette histoire de Cicéron parut à Basle en 1555, *in*-8°, avec un traité ou discours *de imitatione Ciceroniana*, qui est aussi de Christophe Preysius. Gaspard Peucer estimoit singuliérement ces deux ouvrages ; & il fit, pour en conseiller la lecture & en louer l'auteur, une élégie latine, qui se trouve imprimée dans le même volume. * *Voyez* les lettres de Philippe Mélanchthon, principalement le cinquiéme livre, où l'on trouve cinquante-quatre lettres de celui-ci adressées à Preysius, qui ne s'y trouve nommé que *Christophorus Pannonius* ; la préface de la vie de Cicéron par Preysius même ; & *Hungaria litterata* de David Czuittinger, *pag.* 308 & 309.

PREZ (des) de Montpézat, maison qui a produit de grands hommes dans l'église & dans l'état, descendoit de

I. RAIMOND, seigneur des Prez, qui vivoit en 1286, & qui épousa *Bonne* de Montpézat, héritiere de *Gaillard*, seigneur de Montpézat en Querci, son frere, dont il eut RAIMOND II, qui suit.

II. RAIMOND des Prez, II du nom, seigneur de Montpézat, vivoit en 1330, & eut pour enfans *Bertrand*, seigneur de Montpézat, chevalier banneret, qui servit à la bataille de Créci, où il fut blessé dangereusement, fut fait prisonnier près Auberoche par les ennemis, auxquels il paya douze mille deniers d'or à l'écu pour sa rançon, & laissa *d'Alpasie*, dame de Montagu, fille unique & héritiere de *Bertrand*, seigneur de Montagu, un fils nommé *Pierre* des Prez, seigneur de Montagu, mort dans une rencontre contre les Anglois ; RAIMOND III, qui suit ; & *Pierre* des Prez, archevêque d'Aix & cardinal, *dont il sera parlé ci-après dans un article séparé*. Quelques auteurs lui donnent encore pour enfans, *Jean* des Prez, évêque de Castres qui fonda la chapelle de Notre-Dame de Montpézat en 1349, mort en août 1353 ; & *Raimond* des Prez, évêque de Clermont, mort en 1340.

III. RAIMOND des Prez, III du nom, viguier de Touloufe, mourut avant l'an 1335, & fut pere de GÉRAUD, qui fuit ; de *Raimond*, archidiacre de Riviere ; de *Jean* ; & de *Marguerite* des Prez, nommés dans le teftament du cardinal, leur oncle.

IV. GÉRAUD des Prez, chevalier, étoit mort en 1354, & laiffa de *Gaucerande* de Mons, fa femme, *Pierre-Raimond*, feigneur de Montpézat, qui fervoit dans les guerres de Gafcogne en 1321 ; RAIMOND-ARNAUD, qui fuit ; *Raimond*, protonotaire du faint fiége ; & *Marguerite* des Prez, nommée dans le teftament du cardinal, fon grand-oncle.

V. RAIMOND - ARNAUD, feigneur des Prez, de Montpézat & du Pui-de-la-Roche, recueillit les fucceffions de fon frere & du cardinal, fon grand-oncle, fit fon teftament en 1369, & mourut peu après, laiffant pour fils unique JEAN, qui fuit.

VI. JEAN des Prez, feigneur de Montpézat, du Pui-de-la-Roche, &c. vivoit encore en 1409, & fut pere de BERTRAND, qui fuit ; de *Bérenger* ; & de trois autres fils ; de *N.* des Prez, mariée à *N.* Ebrard.

VII. BERTRAND des Prez, feigneur de Montpézat, de Piquequos, près de Montauban, &c. vivoit en 1423. On lui donne pour femme *Jacqueline* de Cardaillac, fille de *Hugues*, feigneur de Bioulle, & de *Marguerite* de Montbrun ; d'autres, *Agnès* de Carmain, fille d'*Arnaud*, feigneur de Négrepeliffe, & de *Marguerite* d'Eftaing, & eut pour enfans HUGUES, qui fuit ; *Bernard* ; *Jean* ; & *Anne* des Prez.

VIII. HUGUES des Prez, feigneur de Montpézat, du Pui-de-la-Roche, Piquequos, &c. chambellan du roi Charles VII, vivoit en 1496, & fut pere d'ANTOINE, qui fuit ; de *Jean* ; & de *Catherine* des Prez, mariée à *Jean*, baron de Cazillac.

IX. ANTOINE des Prez, feigneur de Montpézat, &c. accompagna le roi Charles VIII en fon voyage d'Italie, où il fut bleffé, & mourut au retour de ce voyage avant fon pere. Il époufa *N.* dame de la Cortade, dont il eut *Pierre* des Prez, feigneur de Montpézat, &c. mort fans enfans de *Jeanne* de Lufech, ayant fait fon teftament en 1505, par lequel il inftitua fon frere fon héritier, à condition de rendre fa fucceffion au fils aîné de fa fœur ; *Jean*, évêque de Montauban, mort en 1539 ; BLANCHE, qui fuit ; & *Jeanne* des Prez, mariée à *Robert* Cormier, feigneur de Cramet.

X. BLANCHE des Prez époufa en 1488 *Antoine* de Lettes, feigneur de Puechlicon, dont elle eut ANTOINE, qui fuit ; *Jean* de Lettes, abbé de Moiffac & évêque de Montauban en 1540, qu'il céda à fon neveu en 1557, s'étant marié & retiré à Genève, pour faire profeffion de la nouvelle religion, & où il mourut ; *Blanche* de Lettes, mariée à *Charles*, feigneur de Roquefeuil ; *N.* mariée à *N.* feigneur de Saint-Félix ; & *N.* de Lettes, qui époufa *N.* feigneur de Mervieil.

XI. ANTOINE de Lettes, prit le furnom de des Prez, conformément au teftament de fon oncle, fut feigneur de Montpézat, chevalier de l'ordre du roi, & fe fit connoître à la bataille de Pavie, où il demeura prifonnier. Le roi qui paya fa raçon, fe fervit de lui pour donner de fes nouvelles à madame la Régente, fa mere ; & lui faire entendre fes ordres fecrets : il le dépêcha auffi plufieurs fois vers l'empereur, & le fit capitaine de cinquante hommes d'armes de fes ordonnances en 1525. En 1528, il fervit au fiége de Naples, fut pourvu de la capitainerie de Montluçon en Bourbonnois la même année, & nommé ambaffadeur en Angleterre. Il défendit en 1536, avec fa compagnie de gendarmes, la ville de Foffan contre les troupes impériales ; fut établi en 1541 gouverneur de Languedoc à la place du connétable de Montmorenci, & forma l'entreprife du fiége de Perpignan en 1542, qui n'eut pas le fuccès qu'il avoit efpéré. Cela n'empêcha qu'il ne

reçût le bâton de maréchal de France le 13 mars 1543, après la mort du maréchal d'Aubigni. L'auteur de l'*Hiftoire généalogique des grands officiers de la couronne*, prétend qu'*Antoine* de Montpézat mourut le 26 juin 1544. Cependant ce fut lui qui convoqua le ban & arriere-ban des fénéchauffées de Languedoc, à la fin de juillet de cette année 1544. De plus, on voit par le procès-verbal des états de Languedoc, affemblés à Béziers, au mois de novembre 1544, qu'il lui fut fait une députation à laquelle il répondit favorablement. Sa mort eft par conféquent poftérieure. Il avoit époufé en décembre 1521 *Lyette*, dame du Fou en Poitou, fille unique de *Jacques*, feigneur du Fou, dont il eut MELCHIOR, qui fuit ; *Jacques*, évêque de Montauban, tué près de Cauffade, le 25 janvier 1589 ; *Jacques*, mort au fiége de Metz ; *Baltafarde*, mariée 1°. à *Jean* de Lévis, baron de Quélus : 2°. par difpenfe à *Antoine* de Lévis, baron de Quélus, & gouverneur de Rouergue, fon beau-frere ; *Gafparde*, alliée à *Chriftophe* de Saint-Prieft, feigneur de Saint-Chamont ; & *Hilaire* des Prez, mariée en 1541 à *Claude* de Lévis, feigneur de Coufan, morte en 1575. * *Hift. de Languedoc*, tom. V, note 3.

XII. MELCHIOR des Prez, feigneur de Montpezat & du Fou, maître des eaux & forêts, gouverneur & fénéchal de Poitou, chevalier de l'ordre du roi, & fon lieutenant en Guienne, époufa en juin 1560 *Henriette* de Savoye, marquife de Villars, fille unique d'*Honorat* de Savoye, marquis de Villars, maréchal & amiral de France, & de *Françoife* de Foix. Elle fe remaria à *Charles* de Lorraine, duc de Mayenne, & mourut en octobre 1611, ayant eu de fon premier mari, *Emanuel - Philibert* des Prez, marquis de Villars, nommé chevalier du S. Efprit, tué au fiége de Montauban en 1621, fans laiffer de poftérité d'*Eléonore* Thomaffin, fille de *René*, feigneur de Montmartin ; *Henri*, feigneur de Montpézat, &c. qui fut nommé à l'évêché de Montauban, qu'il quitta, & fut depuis capitaine de cinquante hommes d'armes, gouverneur de Muret & de Grenade, & mourut le 14 août 1619, auffi fans lignée de *Sufanne* d'Aure, fille d'*Antoine*, vicomte d'After, feigneur de Grammont ; *Claude*, mort en 1597 ; *Jacques*, mort en 1616 ; *Magdeléne*, alliée à *Roftang* de la Baume, comte de Suze ; *Gabrielle*, feconde femme de *Jean* de Saulx, vicomte de Lugni ; *Eléonore*, mariée à *Gafpard* de Pontevez, comte de Carces, fénéchal de Provence ; & *Magdeléne* des Prez, abbeffe de Saintes, puis de Nonenque. * *Voyez* Brantôme, *en fes hommes illuftres* ; le P. Anfelme, &c.

PREZ (Pierre des) archevêque d'Aix & cardinal, fils puîné de RAIMOND des Prez, II du nom, feigneur de Montpézat, natif de Montpézat en Querci. Etant docteur en droit civil, il fut commis en 1317 par le pape Jean XXII, pour informer des confpirations faites contre lui par Bernard d'Artige, chantre de Poitiers ; fut nommé la même année évêque de Riez, archevêque d'Aix en 1319, créé cardinal en 1320, évêque de Paleftrine, & vice-chancelier de l'églife romaine. Il fe trouva aux élections des papes Benoît XII & Clément VI. Ce dernier l'envoya légat en France l'an 1342, pour moyenner la paix entre les rois de France & d'Angleterre ; il fut auffi préfent l'an 1346, au ferment que l'empereur Charles IV fit lors de fon élection, de garder les droits de l'églife. Il fe trouva encore à l'élection du pape Innocent VI, en 1332, & mourut de pefte à Avignon le 13 mai 1361. Son corps fut porté en l'églife de faint Martin de Montpezat, où il avoit fondé un collège de chanoines, comme il l'avoit ordonné par fon teftament. * *Voyez* le *Gallia chriftiana*.

PRIAM, fils de *Laomédon*, fut amené en Grece avec fa fœur Héfione, quand Hercule prit la ville de Troye : il fut racheté, & c'eft de-là qu'on lui donna le nom de Priam, du mot grec πρίαμαι, qui fignifie, *racheter* : il s'appelloit auparavant *Podarces*. Quand il fut de retour, il rebâtit *Ilium*, & étendit les limites du royaume de

Troye, qui devint très-florissant sous son regne. Il épousa Hecube, fille de Cissée, roi de Thrace, dont il eut dix-neuf enfans, selon Homere, & plusieurs autres de ses concubines : ensorte qu'on lui compte cinquante enfans. Les Grecs lui ayant déclaré la guerre, ruinerent son empire, & prirent la ville de Troye l'an 1184 avant J. C. 3530 de la période julienne, 2851 du monde. Priam fut tué par Pyrrhus, fils d'Achille, au pied d'un autel où il s'étoit réfugié, après avoir régné 52 ans. * Homere. Lycophron. Ennius. Cicer. *lib.* 1 *Tusculan.* Virgile. Ovide. Eusebe, *in chronic.* & *les autres chronologist.* Du Pin, *bibliot. univers. des hist. profanes.*

PRIAPE, *Priapus*, dieu des anciens, fils de Bacchus & de Vénus, présidoit aux jardins, & étoit adoré à Lampsaque, ville de l'Hellespont, lieu de sa naissance. On dit que Vénus éprise d'amour pour Bacchus, alla au-devant de lui lorsqu'il revenoit des Indes, & qu'elle lui présenta une couronne de roses teinte de son sang, qu'elle lui mit sur la tête, lui ordonnant de la suivre; que se sentant grosse & près d'accoucher, elle se retira à Lampsaque; que Junon jalouse, fit naître cet enfant difforme avec des parties d'une grosseur extraordinaire; que Vénus ayant honte d'avoir mis un tel enfant au monde, le laissa à Lampsaque. Cet enfant fut aimé des dames de Lampsaque. Les maris à qui cela déplut, le chasserent de la ville; mais ils eurent bientôt lieu de s'en repentir, & en firent un dieu. Quelques-uns ont dit que Priape n'é-toit pas un homme, mais la figure des parties qui servent à la génération, qu'Isis fit faire & fit adorer, lorsqu'ayant retrouvé le reste du corps d'Osiris déchiré en pièces par ses ennemis, il n'y eut que celles-ci qu'elle ne put retrouver, & dont elle voulut qu'on révérât l'image. On dit que Sésostris roi d'Egypte ayant subjugué une grande partie du monde, laissa dans toutes les provinces de ces figures, pour marque de la lâcheté de leurs habitans & de ses victoires. Le culte de Priape ne s'est introduit qu'assez tard chez les Grecs, quoiqu'il fût honoré chez les Egyptiens, & dans la Palestine, sous le nom de *Beelphegor.* Hésiode ne connoissoit point ce dieu; mais les poëtes Grecs en ont écrit depuis, comme Orphée & Théocrite, en ont fait mention. On lui sacrifioit un âne; & la raison que l'on en donnoit, c'est qu'un jour étant à la fête de la grande déesse avec les autres dieux, après avoir bien bu & bien mangé, il vouloit forcer la nymphe Lotis, ou, selon d'autres, la déesse Vesta qui dormoit, elle fut éveillée par l'âne de Sylène, qui se mit à braire. Quelques-uns confondent Priape avec Adonis. Selon eux Adonis ou Osiris ayant consacré un *Phallus* d'or, en mémoire de la blessure qu'il avoit reçue dans l'aîne, il arriva que l'on oublia la raison du *Phallus*, & que les prêtres de ce dieu introduisirent mille impuretés à cette occasion. Hérodote remarque que Melampe de Phénicie envoya un *Phallus* à Bacchus, & qu'il lui apprit quels sacrifices on devoit lui offrir; mais plusieurs ont fait de *Phallus*, un dieu particulier & distingué de Priape, quoiqu'ils soient aussi infâmes l'un que l'autre. On appelloit Priape *Hyphallus*, c'est-à-dire, le *Phallus* d'*Adonis*, que l'on nommoit *Hyæus.* Adonis étoit le dieu des jardins, aussi-bien que Priape; de sorte que l'on a sujet de croire que c'étoit la même divinité. La figure de Priape, que l'on mettoit dans les jardins, étoit un homme nud avec une barbe & une chevelure négligée, tenant d'une main une faucille, & de l'autre le membre viril; qui faisoit peur aux voleurs & aux oiseaux, comme le disent les poëtes. Ce qui paroît de plus constant, c'est que Priape est un dieu imaginé, dont il n'y a aucun fondement dans l'histoire, que l'on a fait présider aux actions les plus deshonnêtes. * Vossius, *de idololatria*, lib. 2, cap. 7. Dempster, ad Rosin.

PRIAPENDER, empereur ou roi de l'isle de Ceylan, dans les Indes, régnoit au commencement du XVII siécle, se fit chrétien, & prit au baptême le nom de Jean. Sitôt qu'il eut embrassé le christianisme, les princes & les prêtres du pays établirent un autre roi en sa place. Il fit néanmoins tout son possible pour porter son peuple à l'imiter; & pour cet effet il assigna aux Jésuites douze des plus gros villages qui fussent autour de Colombo, afin que du revenu de ces lieux-la on pût nourrir des enfans du pays dans des collèges, & qu'étant bien instruits ils pussent enseigner aux autres la doctrine chrétienne, & prêcher l'Evangile. Quelques années après que le roi se fût fait chrétien, un philosophe de Ceylan nommé *Alagamar Motiar*, c'est-à-dire, *le maître des philosophes*, reçut aussi le baptême, & travailla fort à la conversion des païens de cette isle. * Tavernier, *voyage des Indes.*

PRICE (Jean) en latin *Pricæus*, a fleuri au XVII siécle. Il étoit Anglois de nation, d'une littérature vaste, & d'un grand jugement. Après avoir long-temps voyagé, il se retira à Florence, où il se fit catholique. Il avoit fait un long séjour à Paris où il avoit publié plusieurs ouvrages, & mourut à Rome l'an 1676. Ses ouvrages sont l'apologie d'Apulée, imprimée à Paris en 1635, & des notes latines sur l'évangile de saint Matthieu, sur l'épître de saint Jacques, sur les actes des Apôtres, sur les Pseaumes, sur quelques autres livres du nouveau testament. Les plus savans hommes du siécle dernier ont fait son éloge. * Colomiez, *biblioth. choisie.* Sarrau, *épît.* 169. Usserius, *in epist. Ignatii.* Heinsius, Selden, *de Synedriis.* Vossius, *harm. evangel.* Morus, *notes sur le nouveau testament.* Anton. Joan. Fabricius, *bibl. latina.* Bayle, *dictionaire critique*, 2 édition 1702.

PRIDEAUX (Jean) évêque de Winchester dans le XVII siécle, naquit à Stafford, village du comté de Devonshire en Angleterre, l'an 1578. Il fit ses études à Oxford; & après y avoir reçu le titre de docteur en théologie, il fut un professeur à la place d'Abbot nommé à l'évêché de Salisburi : il étoit en même temps recteur du collège d'Exon. Après avoir long-temps exercé ces charges, il fut évêque de Winchester l'an 1641, & mourut le 29 juillet 1650, âgé de 72 ans. Il a composé plusieurs ouvrages; savoir, une apologie pour Casaubon contre le Jésuite Jean l'Heureux, qui avoit pris le nom de *Eudemon Jean*; des leçons de théologie, & quelques ouvrages de logique. * Bayle, *dict. crit. édit.* de 1702.

☞ PRIDEAUX (Humphrey) né à Padstow dans le comté de Cornouailles, en 1648, d'une famille distinguée, étudia à Westminster, puis à Oxford. Il posséda plusieurs bénéfices, & fut pourvu en 1702 du doyenné de Norwich, qu'il garda jusqu'à sa mort, arrivée en 1724. Nous avons de ce savant plusieurs ouvrages pleins d'érudition & de recherches. Les principaux sont, 1. *Marmora Oxoniensia, ex Arundelianis, Seldenianis, aliisque conflata, cùm græcorum versione latina, & lacunis suppletis, ac figuris æneis, ex recensione & cum comment. Humphrydi Prideaux, necnon Joannis Seldeni & Thom. Lydiati annotationibus. Accessit Sertorii Ursati de notis Romanorum commentarius, in folio,* à Oxford 1676. Selden avoit entrepris cet ouvrage, & en avoit fait imprimer une partie en 1627. Mais il n'avoit expliqué que 29 inscriptions grecques & dix latines; Prideaux a expliqué les 250 restantes. 2. La *Vie de Mahomet*, écrite en anglois, & qui a été traduite en françois, & imprimée à Amsterdam en 1698, *in-8°.* 3. *L'ancien & le nouveau Testament accordés avec l'histoire des Juifs*, en anglois, 2 vol. *in-folio*, imprimés à Londres en 1720. 4. *Histoire des Juifs & des peuples voisins depuis la décadence des royaumes d'Israel & de Juda, jusqu'à la mort de Jesus-Christ.* Cet excellent ouvrage, écrit en anglois, a eu un succès extraordinaire. On en a fait en Angleterre huit éditions en très-peu de temps, soit *in-folio*, soit *in-8°.* La première parut en 1716, & la derniere en 1720. Il a été traduit en françois, & on en a aussi différentes éditions, en cette langue. La plus estimée est celle d'Amsterdam, 1729, 6 vol. *in-12.*

PRIE, maison noble & ancienne qui a produit de grands hommes, & divers officiers de la couronne.

I. JEAN I du nom, seigneur de Prie, de Buzançois & de Moulins en Berri, vivoit en 1274, & eut entr'autres enfans,

II. JEAN II du nom, seigneur de Prie, de Buzançois, &c. qui est nommé dans un titre d'Auxerre de l'an 1302, servit les rois Philippe le Bel, & Philippe le Long, en leurs guerres contre les Flamans, & vivoit encore en 1328. Il épousa 1°. Gillette : 2°. N. de Brosse, fille unique & héritiere de Hélie de Brosse, seigneur de Châteauclos, &c. Du premier lit sortirent, PHILIPPE seigneur de Prie; qui suit; Robert, seigneur de Delouze & de Seilles en 1333; & Gaultier, seigneur de Domenges, qui de Mahaut, sa femme, eut pour fille unique, Marguerite de Prie, alliée à Jean d'Arentieres, chevalier. Du second lit vinrent Jean de Prie, seigneur de Châteauclos, mort sans enfans de Jeanne d'Amboise; & Heliotte de Prie, dame de Châteauclos, mariée 1°. à Pierre de Naillac, seigneur de Gargilesse : 2°. à Artaud d'Usel, des Marches de Bourgogne, morte sans enfans en janvier 1365.

III. PHILIPPE seigneur de Prie, de Buzançois & de Montpoupon, sénéchal de Beaucaire & de Nîmes, servit au siége d'Ypres l'an 1328, & ailleurs, & mourut avant l'an 1347, après avoir eu d'Isabeau de Sainte-Maure, fille de Guillaume III du nom, seigneur de Sainte-Maure, & de Jeanne de Rançon, JEAN de Prie, III du nom, qui suit; Philippe, sire de Moulins, capitaine du bailliage de Bourges, & maître d'hôtel du duc de Normandie; & André de Prie, mort sans postérité de Marguerite de Rochechouart, fille d'Aimeri, seigneur de Mortemar, & d'Aïde de Pierre-Buffiere.

IV. JEAN III du nom, seigneur de Prie, de Buzançois, &c. & capitaine de la Rochelle, servit dans les armées des rois Philippe de Valois & Jean, & se signala au siége de la Charité, & à la bataille d'Aurai en 1364. Il eut de Philippe Courault sa femme, JEAN IV, qui suit; Geofroi, chevalier, vivant en 1387; Paon, vivant encore en 1406; & Sarrazine de Prie, troisiéme femme d'Eschivart, VI du nom, seigneur de Preuilli.

V. JEAN IV du nom, seigneur de Prie, de Buzançois, de Moulins, &c. prit alliance avec Isabeau de Chanac, dont il eut Jean V du nom, seigneur de Prie, de Buzançois, grand pannetier de France, & capitaine de la grosse tour de Bourges, qui fut tué l'an 1427, en défendant cette place contre les Anglois, sans laisser d'enfans de Marguerite de Linieres sa femme, fille de Philippe, seigneur de Resai, & de Marguerite de Chauvigni; ANTOINE de Prie, qui suit; Jeanne, dame de Cors, mariée à Gui de Sulli, seigneur de Voulon; Isabeau, dame de Gargilesse, alliée à Jean de Castelnau, seigneur de Luçai; & Marguerite de Prie, religieuse à la Ferté en Nivernois.

VI. ANTOINE de Prie, chevalier, seigneur de Buzançois, de Montpoupon & de Moulins, étoit grand queux de France l'an 1431, & vivoit encore en 1468. Il épousa Magdeléne d'Amboise, fille de Hugues d'Amboise, III du nom, seigneur de Chaumont, &c. dont il eut LOUIS de Prie, qui suit; René, cardinal, dont il sera parlé dans un article séparé; AYMAR de Prie, qui a fait la branche des marquis de TOUCI, rapportée ci-après; Radégonde, religieuse à Poissi, morte en 1501; Charlotte, mariée en 1462 à Geofroi de Chabannes, seigneur de la Palisse; & Catherine, femme de Louis du Pui, seigneur du Coudrai en Berri.

VII. LOUIS de Prie, seigneur de Buzançois, &c. chambellan du roi, & grand queux de France, épousa Jeanne de Salazard, fille de Jean de Salazard, seigneur de S. Just & de Marcilli; & de Marguerite de la Tremoille, dame de S. Fargeau, dont il eut EMOND, qui suit.

VIII. EMOND de Prie, seigneur & baron de Buzançois, &c. vivoit en 1505. Il épousa 1°. Jeanne de Beauvau, fille de Charles, seigneur de Tigni & de Passavant : 2°. Avoye de Chabannes, comtesse de Dammartin, fille de Jean de Chabannes, comte de Dammartin, &c. & de Susanne de Bourbon, comtesse de Roussillon & dame de Montpensier. Elle se remaria à Jacques de la Tremoille, seigneur de Bommiers, & prit une troisiéme

alliance avec Jacques de Brisai, seigneur de Beaumont, lieutenant de roi en Bourgogne, & n'eut point d'enfans de son premier mari, qui eut pour enfans de sa premiere femme, GABRIEL, qui suit; & René de Prie, seigneur de Buzançois après son frere aîné, mort en 1514 sans postérité.

IX. GABRIEL de Prie, seigneur de Buzançois, &c. épousa Jacqueline Desmarets, dont il n'eut point d'enfans.

BRANCHE DES MARQUIS DE TOUCI.

VII. AYMAR de Prie, seigneur de Montpoupon, &c. fils puîné d'ANTOINE de Prie, seigneur de Buzançois, &c. grand queux de France, & de Magdeléne d'Amboise, alla à la conquête de Naples avec le roi Charles VIII, en 1495, se trouva à la prise de Capoue en 1501, & au secours de Therouanne en 1513. Il fut conseiller & chambellan du roi, grand-maître des arbalétriers de France en 1523, & gouverneur du S. Esprit, & épousa 1°. Claude de Traves, fille de Liébaud, seigneur de Draci : 2°. Claudine de la Baume, fille de Marc, comte de Montrével. Du premier lit sortirent EDME, qui suit; Renée, mariée le 5 février 1509 à François de Blanchefort, seigneur de S. Janvrin; & Claude de Prie, alliée à Claude de S. Maure, comte de Joigni. Du second, vinrent Jacquette; & Claude de Prie, mariée à Gaspard de Mailli, seigneur de Clinchamp.

VIII. EDME de Prie, baron de Touci, Montpoupon, &c. lieutenant de roi en Touraine, Blaisois & Vendômois, épousa Charlotte de Rochefort, fille de Jean, seigneur de Rochefort & de la Croisette, bailli de Dijon, & d'Antoinette de Châteauneuf, dont il eut RENÉ, qui suit; Renée, mariée 1°. à Jean de Varie, vicomte de Bridiers : 2°. à Charles de Bellefontaine, seigneur de Cormier; Françoise, alliée à Claude Brachet, seigneur de Palluau; & Edme de Prie, seigneur de Montpoupon, qui épousa le 22 août 1560, Anne de Berulle, dame de Nancrai, fille de Galeas de Berulle, baron de Céant-en-Othe, & de Louise de Neufuys, dont il eut pour fille unique Antoinette de Prie, mariée 1°. en 1577, à Jacques Perreau, seigneur de Castillon : 2°. à Paul de Cugnac, baron d'Imonville.

IX. RENÉ de Prie, baron de Touci, &c. chevalier de l'ordre du roi, gouverneur de Touraine, épousa le 19 novembre 1559, Josfine de Selles, fille d'Antoine, seigneur de Beuseville, & de Magdeléne de Ravenel, dont il eut AYMAR, II du nom, qui suit; Françoise, mariée à Jacques d'Orléans, seigneur de Bastarde; Magdeléne, alliée à Jacques de Houateville, seigneur de Maigremont; Charlotte, femme de François Alaman, seigneur de Guepean, & de Concressaut; Anne, mariée à Charles Chénu, seigneur d'Autrui-la-Ville; Louise, mariée à Charles Aubert, seigneur d'Aubœuf en Caux; & René de Prie, seigneur de Beuseville, qui épousa Aimée d'Assué, fille de Loup, seigneur de Chastenai, & de Louise Cenjon, dont il eut un fils nommé René.

X. AYMAR de Prie, II du nom, marquis de Touci, baron de Montpoupon, &c. épousa le 23 mars 1593 Louise de Hautemer, fille de Guillaume, seigneur de Fervaques, maréchal de France, & de Renée l'Evêque de Marconnai, dont il eut Aymar de Prie, tué au service du roi, au siége de Montauban en 1621; LOUIS, qui suit; & FRANÇOIS de Prie, qui a fait la branche rapportée ci-après.

XI. LOUIS de Prie, marquis de Touci, &c. épousa Françoise de Saint-Gelais, fille d'Artus, seigneur de Lanzac, & de Françoise de Souvré, morte le 29 avril 1673, dont il eut Charlotte de Prie, mariée le 27 février 1639 à Noël de Bullion, marquis de Gallardon, seigneur de Bonnelles, conseiller d'honneur au parlement de Paris, & commandeur des ordres du roi, morte le 14 novembre 1700, âgée de 78 ans; & Louise de Prie, marquise de Touci, gouvernante des enfans de France, & surintendante de leurs maisons, alliée le 22 novembre 1650 à Philippe de la Mothe-Houdancourt, duc de Cardonne, maréchal de France, morte le 6 janvier 1709, âgée de 85 ans.

BRANCHE PUISNÉE DE LA MAISON de PRIE.

XI. FRANÇOIS de Prie, troisiéme fils d'AYMAR de Prie, II du nom, marquis de Touci, &c. & de Louise de Hautemer, fut baron de Montpoupon, &c. & épousa Marie Brochart, fille de Pierre, seigneur de Marigni, maître des requêtes, dont il eut AYMAR-ANTOINE, qui suit; Edme & Jean de Prie.

XII. AYMAR-ANTOINE de Prie, baron de Plannes, &c. dit le marquis de Prie, maréchal des camps & armées du roi, avoit épousé Jacqueline de Ferres, fille unique de N. de Ferres, dont il eut LOUIS, qui suit; Rolland-Aymar, prieur de S. Etienne de Peyrac en Périgord; & Léonor de Prie, capitaine de cavalerie.

XIII. LOUIS de Prie, baron de Plannes, dit le marquis de Prie, chevalier des ordres du roi, a été aide de camp de M. le duc de Bourgogne en 1701 & 1703, puis colonel de dragons, & fut fait brigadier d'armée le premier février 1719. Il a eu l'honneur de tenir sur les fonts de baptême le roi Louis XV, heureusement régnant, avec la duchesse de la Ferté, sa parente, le 7 mars 1712, fut nommé en décembre 1713 ambassadeur pour le roi à la cour de Turin, où il resta jusqu'en 1719; & dans le mois de mars de la même année, il fut honoré du titre de Seigneur, attaché à l'éducation de sa majesté, avec toutes les entrées dans la chambre & dans le cabinet, & a été fait chevalier des ordres du roi en 1724. Il a épousé le 28 décembre 1713 Agnès Bertelot, morte en 1728, dont des enfans. Elle étoit fille d'Etienne, seigneur de Pléneuf, directeur général de l'artillerie de France, & d'Agnès Rioult de Douilli. * Le P. Anselme, histoire des grands officiers.

PRIE (René de) cardinal, évêque de Bayeux, abbé de Bourgueil, & fils d'ANTOINE de Prie, seigneur de Buzançois, de Montpoupon & de Moulins, grand-queux de France, & de Magdeléne d'Amboise, soutenu du crédit de son cousin germain le cardinal d'Amboise, s'éleva aux dignités de grand archidiacre de Bourges, d'abbé de Bourg-Dieu, de la Prée, &c. d'évêque de Leitoure, de Limoges, de Bayeux, & enfin à celle de cardinal, qu'il obtint du pape Jules II, en 1507. Deux ans après il alla à Rome, & s'y trouva avec le cardinal de Clermont, lorsque le pape Jules II prit les armes contre le roi Louis XII. Le pontife, qui portoit toutes choses à l'extrémité, fit arrêter le cardinal de Clermont, & défendit à l'autre de sortir de Rome, sous peine d'être privé de ses bénéfices. Mais ces précautions furent inutiles; les cardinaux de Prie, de Carvajal, de S. Séverin & quelques autres se retirerent à Gênes, d'où ils vinrent à Pise tenir leur concile. Ce coup irrita furieusement le pape, qui les priva du cardinalat; mais ils furent rétablis sous Léon X. Le cardinal de Prie mourut en France le 9 septembre 1519, & fut enterré au monastere de la Prée près Issoudun en Berri, dont il étoit abbé commendataire, aux pieds de sainte Fauste, dont on conserve les reliques dans cette abbaye. On lit cette épitaphe sur son tombeau:

Hic jacet, heu mortales! eminentissimus ac reverendissimus D.D. RENATUS DE PRIE, filius ANTONII, baronis DE PRIE, domini de Busançois, & Magdalenæ d'Amboise, S. R. E. cardinalis titulo sanctæ Sabinæ, episcopus Bajocensis ac Lemovicensis, abbas sanctæ Mariæ de Pratea; ab humanis discedens, animam Deo Optimo Maximo tradidit, suumque cadaver jussit humiliter recondi juxta sanctam Faustam. Obiit V idus septembris (le 9 septembre) 1519.

* Jean d'Auton, hist. de Louis XII. Frison, Gall. purp. Sainte-Marthe, Gall. christ. Auberi, hist. des Card.

PRIENÉ, ville de l'Ionie dans l'Asie mineure. Plu-

tarque en parle dans la vie de Periclès, & dans celle de Marc-Antoine. Strabon, liv. XIV, dit qu'elle a été appellée par quelques-uns Cadme, parceque Philotas, qui la rétablit, étoit de Béotie. Elle a été la patrie de Bias, un des plus sages de la Gréce. Mar. Niger dit qu'elle s'appelle à présent Palatia. * Lubin, tables chronolog. sur les vies de Plutarque.

PRIERAS (Sylvestre) ou de PRIERO, maître du sacré palais; cherchez MOZZOLIN.

PRIEUR, est celui qui a la supériorité & la direction dans un monastere de religieux. On appelle prieur claustral, celui qui gouverne les religieux dans les abbayes ou prieurés qui sont en commende, & prieur conventuel, celui qui ne reconnoît point de supérieur dans le couvent où il est. Prieur séculier se dit de celui qui n'est soumis à aucune régle, & qui posséde un bénéfice simple avec titre de prieuré. Celui qui tient le premier rang dans une abbaye, lorsqu'elle a besoin de plusieurs supérieurs, est appellé grand prieur, comme dans celles de Cluni & de Fescamp. On comptoit autrefois cinq prieurs dans l'abbaye de S. Denys, & le premier étoit nommé grand prieur. Il y a des grands prieurs dans l'ordre de Malte.

PRIEUR, se dit aussi de certains officiers qui s'élisent dans les communautés, pour y présider pendant un certain temps. Ainsi on appelle prieur de Sorbonne, un bachelier de Sorbonne, qui pendant un an est supérieur de la maison de Sorbonne. Il préside aux assemblées de cette maison, & est obligé de faire un discours latin au commencement de chaque sorbonique qui s'y fait. On donnoit aussi anciennement le nom de prieur à certains magistrats, ou seigneurs temporels, que l'on a depuis appellés comtes. * Diction. des arts.

PRIEUR (Philippe le) en latin, Priorius. Cet habile critique qui florissoit dans le dernier siécle (le XVII) étoit de Normandie, & a professé plusieurs années les belles lettres dans l'université de Paris. Il a retouché les éditions de Tertullien (in-fol. à Paris 1664) & de S. Cyprien (in-fol. à Paris 1666) faites par M. Rigaut. Il y a ajouté quelques notes des autres, & les siennes mêmes, avec des argumens. Il a fait encore un traité des formules de lettres ecclésiastiques sous ce titre : Philippi Priorii dissertatio de litteris canonicis, cum appendice de tractoriis & synodicis, à Paris en 1675, in-8°. M. le Prieur a donné aussi une nouvelle édition d'Optat : S. Optati, Milevitani episcopi opera, cum observationibus & notis integris Gabrielis Albaspinæi, Francisci Balduini, Gasparis Barthii, Merici Casauboni, &c. ex recensione, & cum præfatione Philippi Priorii. Accedunt Facundi Hermianensis episcopi opuscula, cum annotationibus Jacobi Sirmondi : adjecta sunt Gabr. Albaspinæi observationes ecclesiasticæ, cum aliis ejusdem operibus, à Paris, 1676, in-fol. M. le Prieur est mort en 1680. Il a écrit contre la Peyrere, un ouvrage qu'il publia en 1656, sous le nom d'Eusebe Romain. Voici le titre de cet ouvrage: Animadversiones in librum præadamitarum, in quibus confutatur nuperus scriptor, & primum omnium hominum fuisse Adamum defenditur; à Paris, Billaine, 1656, in-8°. On trouve à la fin la censure de l'ouvrage de la Peyrere, portée par l'évêque de Namur le 3 janvier 1656. Le P. Dormay a aussi écrit contre la Peyrere des animadversiones in libros præadamitarum. La conformité des premieres paroles du titre a fait que quelques personnes ont confondu ces deux ouvrages en un seul, qu'ils ont attribué, les uns à M. le Prieur, les autres au P. Dormay. Mais il est constant qu'ils ont fait chacun un ouvrage séparé contre la Peyrere. Nous avons rapporté plus haut le titre de celui de M. le Prieur. Le P. Dormay publia le sien en 1657, sans nom d'auteur. En voici le titre entier : Animadversiones in librum præadamitarum, seu anti-exercitatio super versibus, 12, 13 & 14 capitis quinti epistolæ S. Pauli ad Romanos Parisiis, apud Dionysium Thierry, Dionysii Thierry filium

filium, & Claudium Barbin, 1657, in-8°. * Mém. du temps. M. Goujet, mém. mff.

PRIEZAC (Daniel de) conseiller d'état ordinaire, naquit avant l'an 1590, au château de Priezac en Limofin. Il étudia en droit à Bourdeaux, & fut reçu docteur dans cette faculté. Il fréquenta le barreau dans la même ville, & s'y maria. En 1615, il fut choifi pour y enfeigner la jurifprudence. Il profeffa pendant dix ans. La réputation qu'il fe fit par fes plaidoyers, engagea M. le chancelier Séguier à le faire venir à Paris après l'an 1635. Il fut fait prefqu'auffitôt conseiller d'état ordinaire; titre dont il a été revêtu jufqu'à fa mort, arrivée en 1662. Il avoit été reçu à l'académie Françoife en 1639. Ses ouvrages font : Obfervations contre le livre de l'abbé de Melrofe, intitulé, Philippe le Prudent ; Vindiciæ gallica ; trois volumes des priviléges de la Vierge ; deux volumes de difcours politiques, & un ouvrage latin en faveur des Barberins, contre la chambre apoftolique. * Peliffon, hiftoire de l'académie françoife.

PRIEZAC (Salomon de) fils de celui dont nous parlons dans l'article précédent, eft auteur des ouvrages fuivans : 1. Salomonis Priezaci dilucida de coloribus differtatio, à Paris, 1657, in-8°. 2. Differtation fur le Nil, à Paris, 1664, in-8°. 3. Hiftoire des éléphans, à Paris, 1650, in-12. 4. Campeftre Galliæ miraculum, feu Fons Bellautius (Fontainebleau) 1647. 5. Danielis Priezaci Mifcellaneorum libri 2, edente Salomone Priezato, autoris filio, à Paris, 1658, in-4°. 6. Lætitia publica, feu fauftus Ludovici XIV in Lutetiam reditus, 1649. 7. Icon Chriftinæ reginæ, 1655. 8. Icon Afini, 1659. 9. Julii cardinalis Mazarini iconis hiftoriæfpecimen, 1660. Differtatio de bello & pace, 1660. 11. Mons Valerianus, 1661. * Ioannis Collini Lemovici illuftres. Les Mémoires du P. Niceron, tom. XXXIII.

PRIMAQUE, Primaeus, efclave dans l'ifle de Chio, s'enfuit dans les montagnes, & fe mit à la tête de tous les fugitifs qui, comme lui, y étoient venus chercher un afile. Les habitans de l'ifle envoyerent des troupes contre eux ; mais après plufieurs combats de part & d'autre, ils furent obligés de traiter avec Primaque, auquel ils promirent des vivres du prix dont on convint. Ce chef de fon côté, s'engagea de ne plus recevoir d'efclave, qu'après avoir examiné la caufe de fa fuite, & jugé fi elle étoit jufte ou non. Ce traité fit qu'il y eut beaucoup moins de fugitifs qu'auparavant ; car Primaque faifoit obferver une exacte difcipline à ceux qui étoient fous fa domination, & puniffoit avec rigueur les moindres fautes. Dans la fuite, les habitans de Chio mirent fa tête à prix, & promirent une grande fomme à qui la leur apporteroit. Primaque qui étoit fort vieux, laffé de fe voir expofé à des embuches continuelles, contraignit un jeune homme qu'il aimoit tendrement, de lui couper la tête pour gagner la récompenfe qui avoit été promife. Les habitans de Chio, touchés de cette générofité, éleverent une ftatue à ce héros, auquel ils facrifioient auffi bien que leurs efclaves. * Athénée, lib. 6, cap. 7 ex Nymphodor.

PRIMARO, bourg avec un petit fort, qu'on nomme la Tour Grégorienne. Il eft fur l'embouchure la plus méridionale du Pô, qu'on appelle le Pô d'Argenta, ou de Primaro ; & il a été bâti fur les ruines de l'ancienne Spina, qui donnoit à cette embouchure du Pô le nom de Spineticum oftium. * Mati, diction.

PRIMASE, Primafius, évêque d'Adrumete en Afrique, & non pas d'Utique, comme quelques auteurs l'ont affuré, vivoit dans le VI fiécle, fe trouva en l'an 553, au V concile général, tenu à Conftantinople, où il s'oppofa avec fes confreres à la condamnation des trois chapitres. Philippe Elffius met Primafe entre les hermites de S. Auguftin, & d'autres affurent avec lui, que ce prélat vivoit en 440 ; mais ils fe trompent. Il compofa des commentaires fur les épîtres de S. Paul, ou plutôt il recueillit des ouvrages de S. Auguftin & des autres peres, les paffages qui pouvoient fervir à les expliquer, avec fi peu de choix, qu'on n'y remarque aucun fyftême fuivi.

Jean de Gannai, dit Gagnæus, les publia dans le XVI fiécle, l'an 1543, après les avoir tirés de l'abbaye de S. Theudete, dite de S. Cher en Dauphiné. Nous avons cet ouvrage dans la bibliothéque des peres, avec des commentaires que le même Primafe compofa fur l'Apocalypfe. Il mit auffi en lumiere trois livres des héréfies, pour fuppléer à ce qui manquoit à celui que S. Auguftin avoit laiffé imparfait : il enfeignoit dans le premier ce qui fait un homme hérétique, & dans les deux autres ce qui peut l'en convaincre. Quelques-uns croient que ce traité des héréfies, dont Sigebert fait mention, eft celui que le P. Sirmond a donné fous le nom de Prædeftinatus, qui porte le nom de Primafius, dans un manufcrit que le P. Mabillon a trouvé en Allemagne. Mais le fujet des livres des héréfies de Primafius, indiqué par Sigebert, eft bien différent de celui du livre intitulé Prædeftinatus. Junilius, évêque d'Afrique, dédia à Primafe un traité, de partibus divinæ legis. Il eft bon de remarquer que Caffiodore, chancelier & premier miniftre de Théodoric le Grand, enfuite abbé de Viviers, qui parle des commentaires de Primafe, le qualifie évêque de Juftinianopolis (in pfalm. 118, v. 2.) Ce nom, ou celui de Juftinienne, qui eft la même chofe, fut donné à Adrumete, en l'honneur de l'empereur Juftinien, après que cette ville eut été reprife fur les Vandales. Voyez Baronius fur l'an 535, & la vie de Caffiodore par D. Denys de Sainte-Marthe, Bénédictin de la congrégation de S. Maur, & fon général, qui eut cette charge. La ville de Carthage fut auffi appellée Juftinienne, dans le même temps, & pour la même raifon. * Victor, in chron. Caffiodore, de div. lect. c. 9. S. Ifidore, in cat. c. 9. Trithème. Bellarmin. Baronius, &c. Du Pin, Biblioth. des aut. ecclef. du VI fiécle.

PRIMAT. Ce nom fe donnoit autrefois en Occident à tous les métropolitains. Dans les fiécles fuivans, on a diftingué le primat du métropolitain, & on a donné le nom de primat aux évêques de certains fiéges, qui ont prétendu avoir une jurifdiction au-deffus des métropolitains. En Orient, ces évêques s'appelloient patriarches, ou exarques : en Occident ils ont pris le nom de Primats. Autrefois en Occident tous les métropolitains étoient égaux, à l'exception de l'évêque de Carthage, qui étoit primat de toute l'Afrique. Depuis, quelques métropolitains de villes confidérables, fe font arrogé la qualité de primat, ou l'ont demandée au faint fiége. Les papes l'accorderent d'abord à l'évêque de Theffalonique. En France, l'évêque d'Arles eft le premier qui en fut favorifé par le faint fiége. L'archevêque de Reims reçut le même titre des papes Zofime & Adrien I ; celui de Sens, de Jean VIII ; & celui de Bourges fe dit primat d'Aquitaine. La primatie de l'archevêque de Lyon fut établie ou confirmée par Grégoire VII, fur les quatre provinces Lyonnoifes. En Efpagne, les archevêques de Séville, de Tarragone & de Tolède prennent le même titre. En Allemagne, celui de Mayence ; & en Angleterre, celui de Cantorberi. Ces primaties, & les droits que les primats fe vouloient attribuer, ont toujours été conteftés ; & de tous les primats, il n'y a que celui de Lyon, qui foit en poffeffion d'exercer fa jurifdiction fur d'autres provinces. La bulle de Grégoire VII lui adjuge les quatre provinces Lyonnoifes qui compofoient alors, outre la province de Lyon, celles de Sens, de Tours & de Rouen. Celle de Rouen a été fouftraite par la bulle de Callifte II, & par une poffeffion dans laquelle elle a été maintenue par arrêt du confeil du 12 mai 1702. La province de Sens, qui eft préfentement divifée en deux, parcequE Paris a été érigé en archevêché, & celle de Tours, reconnoiffent la primatie de Lyon. Il y a feulement quelque difficulté fur la Bretagne, pour raifon de laquelle il y a un procès pendant au parlement de Paris, entre les archevêques de Tours & de Lyon. La primatie de Bourges fur l'archevêque d'Albi, ftipulée par le traité de l'érection de l'évêché d'Albi en métropole, a été confirmée par arrêt provifoire. Les autres primaties de toute l'Europe ne font plus que des titres ſans aucun exercice ni fonction. Le droit du primat à préſent eſt de juger des appellations interjettées par-devant lui, ou pardevant ſon official, des ſentences rendues par les métropolitains, ou par leurs officiaux, & de donner des *viſa* ſur les refus faits par les métro-politains. * Thomaſſin, *de la Diſcipline de l'égliſe.* Du Pin, *de antiqua eccleſ. diſcipl. Diſſertat. hiſt.*

PRIMATICE, dit *Boulogne*, parcequ'il étoit gentil-homme Boulonnois, peintre célèbre dans le XVI ſié-cle, fut appellé en France par le roi François I en 1531, & fut employé aux ouvrages que ce prince faiſoit faire dans ſes maiſons royales, & particuliérement à Fon-tainebleau. En 1540, le même roi l'envoya à Rome pour acheter des antiques. Il y fit mouler par le Vignole & quelques autres ſculpteurs le cheval de Marc-Au-rele, qui fut long-temps expoſé en plâtre dans la grande cour à Fontainebleau, qu'on appelle encore, à cauſe de cela, *la cour du cheval blanc.* Le Primatice eut pour récompenſe une charge de valet de chambre, & en 1544 fut pourvu de l'abbaye de S. Martin de Troyes. Il avoit auprès de lui divers peintres excellens qui tra-vailloient ſur ſes deſſins. Lorſque le roi François II monta ſur le trône en 1559, le Primatice eut l'intendance générale des bâtimens, qui étoit déja une charge con-ſidérable. Après la mort de ce prince, il commença à Saint Denys, par ordre de la reine Catherine de Médicis, le mauſolée du roi Henri II, orné de ſta-tues & de bas reliefs de bronze & de marbre, qui n'a point été achevé. Avant le Primatice, la peinture en France tenoit encore de la maniere gothique ; mais ce peintre fit un ſi grand nombre de deſſins, & forma tant d'excellens éléves, qu'on vit éclore en peu de temps une infinité de piéces du meilleur gout. Il mourut fort âgé. * Conſultez le Vaſari, Baglioni, Malvazi & Félibien.

PRIMAUDAYE (Pierre de la) gentilhomme An-gevin, ſeigneur de la Primaudaye & de la Barrée, vers l'an 1580, compoſa un ouvrage intitulé, *l'Académie Françoiſe*, qui fut très-bien reçu. Sa deviſe étoit tirée de l'anagramme de ſon nom, *par priere Dieu m'aide.* * Conſultez François de la Croix du Maine, & du Verdier Vauprivas, qui parlent de lui & de ſes ouvrages.

PRIMECIER ou PRIMICIER, dignité civile & ec-cléſiaſtique, ainſi appellée, de ce que celui qui l'avoit, étoit écrit le premier ſur le catalogue des officiers. *Pri-mus in cera*, c'eſt-à-dire, *in catalogo.* On donna par-ticuliérement ce nom à ceux qui préſidoient aux finan-ces, puis il fut donné aux premiers officiers dans chaque ordre. Ce nom paſſa depuis aux eccléſiaſtiques, & on ap-pelloit primecier de la chapelle du palais, celui qui étoit le premier des officiers de la chapelle impériale. Dans les égliſes cathédrales, c'étoit celui qui avoit ſoin de l'ordre de l'office public, & qui préſidoit au chœur, où il faiſoit la fonction de ceux que nous appellons *Chan-tres.* Il y avoit, du temps de S. Grégoire, un primecier dans l'égliſe Romaine ; il y en avoit auſſi dans d'autres égliſes, & peut-être de-là ſont venus les cheſciers, qui ſont encore les premiers dans quelques égliſes collé-giales. * Thomaſſin, *de la diſcipline de l'égliſe.* Ména-ge, *Anti-Baillet*, t. I. Voyez CHEFCIER.

PRIMEROSE (Jacques) natif de Bourdeaux, fils d'un miniſtre Ecoſſois, étudia en médecine à Paris avec une penſion que lui donnoit Jacques I, roi d'Angleterre. Il a fait un livre imprimé à Roterdam, ſous ce titre, *Ja-cobi Primeroſii de vulgi erroribus in medicina.* On dit qu'il y a dans ce livre de fort bonnes choſes, & bien curieuſes. * Mémoires du temps.

PRIMIEN, *Primianus*, évêque Donatiſte ; *voyez* SUSES, CEBARSUSSI, & MAXIMIN, évêque Do-natiſte.

PRIMINIUS, auteur du VIII ſiécle, qui a fait des extraits de tous les livres canoniques, donnés par le P. Mabillon, dans le IV tome de ſes annales. * Du Pin, *Bibliothéque des auteurs eccléſiaſtiques des VII & VIII ſiécles.*

PRIMISLAS, *cherchez* LESC ou LESQUE.

PRIMISLAS II ſe fit élire roi de Pologne en 1295, dans le temps que ce royaume étoit extrêmement diviſé, après la mort de Leſchus VI, dit *le Noir.* On n'approuva point l'élection de Primiſlas, qui fut aſſaſſiné pendant les bacchanales, ſept ou huit mois après ſon couron-nement. * Chromer, *hiſt. Polon.* Guaguin, *deſcript. Sarm.*

PRIMISLAS, PREMISLAS, ou PRZEMYSK I, fut duc de Bohême après Crocus, qui avoit laiſſé trois filles, *Bela, Theca* & LIBUSSA. Cette derniere, quoi-que la plus jeune, fut pourtant choiſie pour gouverner le pays, à l'âge de 25 ans : ce qu'elle fit avec un grand ſuccès pendant 13 ans ; enſuite de quoi elle ſe maria à *Primiſlas*, qui étoit un villageois. Il établit de bonnes loix, gouverna pendant 44 ans, vécut plus de 90 ans, & mourut non pas en 745, comme quelques-uns le croient, mais plus probablement vers l'an 676, que *Zé-namiſle* ſon fils lui ſuccéda.

PRIMISLAS ou PRZEMYSLAS II, duc de Bo-hême, fils de *Ladiſlas* III, fut ſurnommé le *Victorieux*, & le *Prince tout d'or.* Il fut couronné d'une couronne d'or en 1199, avec permiſſion de l'empereur Philip-pe ; & après la mort de ce prince, il s'attacha à Othon IV, qu'il ſervit dans des occaſions importantes. L'empereur témoigna tant d'amitié & tant de gratitude à Primiſlas, qu'il fut ſurnommé *Ottocare*, comme qui diroit *le favori d'Othon.* Il mourut en 1231, après un régne de 32 ans.

PRIMISLAS III, dit *Ottocare* II, ſuccéda à *Ven-ceſlas*, fils de *Primiſlas* II, en 1253, & conquit la Carinthie, la Stirie, la Carniole, l'Autriche, &c. L'empereur Rodolphe I lui fit rendre ces provinces, & les donna à ſon fils Albert, tige des princes de la mai-ſon d'Autriche. Ce procédé offenſa Primiſlas, qui, pour s'en venger, mit ſes troupes en campagne ; mais il perdit la vie dans une bataille le 28 août 1278 & le 25ᵉ de ſon régne. * Conſultez Æneas Silvius, & les autres auteurs de l'hiſtoire de Bohême, *in ſcript. rer. Germ. & Hung.*

PRIMUS (Marcus-Antonius) né à Touloufe après les premieres années du premier ſiécle de l'égliſe, porta dans ſon enfance le ſurnom de *Bec-de-coq.* Il fut ho-noré de bonne heure d'une charge de ſénateur de Rome. Mais il fut chaſſé du ſénat ſous Néron, pour quelque fauſſeté. Il rentra ſous Galba, qui le fit tribun de la ſeptième légion. Martial qui étoit ſon ami, & qui avoit reçu de lui pluſieurs bienfaits, le loue avec pro-fuſion dans ſes épigrammes, dont pluſieurs lui ſont adreſ-ſées. L'hiſtorien Tacite plus ſincere, nous le repréſente comme un homme d'intrigue, calomniateur, médiſant, impérieux, & prompt à piller & à prodiguer enſuite ce qu'il avoit pris aux autres. Ses actions juſtifient ce caractere. Par ſes intrigues il ſe fit général d'armée, & s'offrit à Othon, qui mépriſa ſes ſervices. Sous Vitel-lius, ſucceſſeur d'Othon, il prit le parti de Veſpaſien ; & profitant du mauvais état des affaires de Vitellius, il ſervit uniquement ſon concurrent à l'empire. En peu de jours il remporta pluſieurs victoires, prit & brula Crémone deux fois quatre-vingt-ſix ans après ſa fon-dation, ſubjugua toute l'Italie, ſe rendit maître de Rome, & donna ſur-tout de grandes marques de va-leur à la bataille de Bedriac, aujourd'hui *Caneto*, où il fit tout enſemble le métier de capitaine & de ſoldat Vitellius fut tué à Rome, tous ſes gens furent défaits & Veſpaſien par reconnoiſſance, fit Primus conſul mais ſeulement ſubrogé, comme on le conjecture, par ceque ſon nom ne ſe trouve point dans les faſtes conſu-laires. Dans la ſuite, & comme on le croit, lorſque Domitien eut ſuccédé à Tite, fils & ſucceſſeur de Veſ-paſien, Primus ſe retira dans le lieu de ſa naiſſance, & ſa principale occupation fut l'étude des lettres & l'exer-cice de la poëſie. Il avoit beaucoup d'eſprit, de l'élo-quence, de l'érudition même ; & Martial le rendoit ju ſes ouvrages, qu'il lui envoyoit de Rome, lorſqu'il ſe fut retiré. Ce poëte fait mention d'un recueil d'é grammes de la composition de son ami, dont il ne nous reste plus rien. Tacite nous a seulement conservé quelques-unes de ses lettres & quelques fragmens de ses harangues ; & il paroît par le même historien, que Primus avoit fait aussi une relation de ce qui s'étoit passé en Germanie avant la journée de Crémone. Il vécut au moins jusqu'à l'âge de 75 ans. Martial avoit son portrait, sur lequel il a fait cette épigramme trop flateuse :

Hæc mihi quæ colitur violis pictura rosisque,
Quos referat vultus, Cæditiane, rogas ?
Talis erat MARCUS *mediis* ANTONIUS *annis*
PRIMUS ; *in hoc juvenem se videt ore senex.*
Ars utinam mores animumque effingere posset !
Pulchrior in terris nulla tabella foret.

* Martial, dans plusieurs endroits de ses épigrammes. Tacite, en divers endroits de son histoire. Suétone dans ses douze Césars, *l. 7. Hist. litt. de la France, t. I,* &c.

PRIMUS, évêque d'Alexandrie, avoit gouverné cette église depuis l'an 110, jusqu'à l'année 119. * Eusèbe, *hist.* Du Pin, *bibl. des aut. eccl. des trois premiers siécles.*

PRINCE DE LA JEUNESSE, titre que les premiers empereurs donnoient à leurs fils, ou à ceux qu'ils adoptoient pour être leurs successeurs. La puissance souveraine étant passée de la famille des Césars dans d'autres, ceux qui étoient désignés successeurs de l'empereur, furent appellés *Césars* ; aujourd'hui nous les nommons *rois des Romains.* * Rosin, *ant. rom. l. 7, c. 13.*

PRINCIPAUTÉ, pays du royaume de Naples, divisé en *Principauté citérieure,* & *Principauté ultérieure.* La premiere, que les Italiens nomment *Principato citra,* comprend une partie du pays des anciens Picentins & de la Lucanie, & la Principauté ultérieure au septentrion, avec une partie de la terre de Labour, la mer de Toscane au midi & au couchant ; & au levant la Basilicate. Salerne est sa ville capitale ; les autres sont, Nocera, Capacio, Amalfi, Marsico, Sarno, Cana, Scala, Ravello, &c. LA PRINCIPAUTÉ ULTÉRIEURE est entre la Citérieure, la Capitanate, le mont Apennin, & la terre de Labour. On croit que c'est le pays des anciens Arpins, que les Italiens nomment présentement *Principato oltra.* La ville de Bénévent en est la capitale, & appartient au saint siége, avec son territoire, moins considérable que lorsque le pape Clément VI se la réserva par sa bulle de 1350. Les autres villes de la Principauté ultérieure sont Conza, Avellino, Ariano, Cedogna, Monte-Marano, Fricenti, &c. * Leandre Alberti. Sanson, &c.

PRINCIPAUTÉS, anges du troisiéme ordre de la seconde hiérarchie, ainsi appellés à cause de leur prééminence sur les anges inférieurs. * Saint Denys, *cœlestis hierarchiæ, cap. 6.*

PRINGLES (Jean de) né à Nuys vers l'an 1550, étoit fils d'un notaire & greffier en la prévôté royale de cette ville, qui étoit, dit-on, issu d'une bonne noblesse d'Ecosse. En effet, son fils, sur la preuve qu'il en donna, obtint en 1578 & en 1586, des lettres de réhabilitation, qui ne furent néanmoins vérifiées au parlement que le 3 juillet 1621. La mere de Jean de Pringles étoit Jeanne Morelot, sœur de Nicolas Morelot, procureur général en la chambre des comptes de Bourgogne ; & son fils lui fit dresser en 1586 une épitaphe honorable en l'église de Saint Denys de Nuys où elle se voit encore. Jean de Pringles étudia la jurisprudence en l'université de Cahors, où il prit les leçons d'Honoré Barnaud, & de Gregoire de Toulouse ; & ayant obtenu ses lettres de licence le 20 avril 1573, il fut reçu le 7 août suivant avocat au parlement de Dijon. Peu après, Nicolas Morelot, son oncle, lui ayant résigné en survivance sa charge de procureur général en la chambre des comptes, de Pringles en fut pourvu le 16 février 1576, & y fut reçu le 3 avril de la même année. Cette charge ne lui ôta rien de son amour pour la profession d'avocat ; & joignant à une étude assidue des loix & de la coutume de Bourgo-

gne un grand usage dans les affaires, il devint un des plus illustres avocats de son temps, comme on peut le voir par ce qui en est rapporté assez au long dans le dialogue de Charles Fevret : *De claris fori Burgundici oratoribus,* pag. 86. Le desir de se donner tout entier au palais, lui fit remettre de bonne heure sa charge de procureur général à l'un de ses fils. Il mourut doyen des avocats le 4 mars 1629. Il avoit épousé *Guillemette* de Souvert, fille de *George* de Souvert, président à mortier au parlement de Bourgogne, & il en eut douze enfans qui n'ont pas empêché que sa postérité ne soit éteinte. Jean de Pringles avoit fait un *Recueil d'arrêts du parlement de Dijon,* dont M. le président Bouhier possedoit deux volumes originaux. Le pere Jacob dit aussi qu'il avoit laissé un recüeil de *diverses généalogies des familles illustres de Bourgogne & des provinces voisines* ; dont l'original étoit en la bibliothéque de M. le conseiller de la Mare. Le seul ouvrage de M. de Pringles qui ait été imprimé, est ce qu'il a fait sur la coutume de Bourgogne. Il composa cet ouvrage en 1617, & il ne fut imprimé qu'en 1652, *in-4°,* dans l'ouvrage intitulé : *La coutume du duché de Bourgogne, enrichie de commentaires faits sur son texte par les sieurs Bégat, président, & de Pringles* ; avocat au parlement de Dijon ; de plusieurs observations faites par divers avocats de la province ; & plusieurs arrêts rendus pour l'explication des articles de ladite coutume. Ensemble un traité des main-mortes & des cens, fait par M. Bégat, & un traité particulier fait par M. de Souvert & autres, à Lyon & à Châlons. Ces prétendues remarques de M. Bégat sont les cahiers dressés, tant par ce président que par les autres commissaires qui travaillerent à la réformation de la coutume de Bourgogne sous le roi Charles IX. De deux traités attribués au même, il n'y a que celui des *Cens* qui soit de M. Bégat, celui des *Main-mortes* est de Philippe de Villers, & tiré de ses instituts. *Voyez* VILLERS. Pour le traité de M. Souvert, ce n'est que le *factum* fait par M. George de Souvert, alors conseiller aux requêtes du palais, dans un procès qu'il avoit contre Marceline Pivert, & qui avoit été évoqué au parlement de Grenoble. Ces diverses piéces pouvoient mériter l'édition qu'on en fit ; mais on eut tort d'y joindre les *observations faites par divers avocats de la province,* &c. On les trouva remplies d'erreurs : ce qui excita contre le livre le ministere des gens du roi qui en firent défendre le débit par divers arrêts, dont le dernier est du 8 février 1661. Ces observations n'étoient point de divers avocats, mais seulement de Nicolas Catiat, avocat de Châlons, qui vivoit encore en 1651. Le commentaire de Jean de Pringles a été réimprimé en 1717, dans l'édition de la coutume de Bourgogne, donnée par M. le président Bouhier. * Voyez *l'éloge du même* Jean de Pringles *dans l'histoire des commentateurs de ladite coutume, par le même président, in-4°,* 1717, *& in-fol.* 1742, à Dijon.

PRINTEMPS SACRÉ, en latin *Ver sacrum,* étoit un sacrifice solemnel que les Romains faisoient aux dieux, dans les occasions les plus importantes, & dans les plus pressans besoins de la république. Dans ce sacrifice on immoloit tout ce qui étoit né pendant un printemps dans toute l'étendue de l'état de Rome. On croit que les Sabins ont été les premiers qui aient célébré ce printemps sacré, pendant une guerre qu'ils soutinrent contre les Umbriens. Après y avoir été battus plusieurs fois, ils firent vœu au dieu Mars, que s'ils remportoient la victoire, ils lui sacrifieroient tout ce qui naîtroit sur toutes les terres de leur obéissance, pendant le premier printemps. Ils furent effectivement victorieux ; & pour accomplir leur vœu, ils immolerent tous les animaux qui naquirent tant que cette saison dura. Mais comme ils avoient voüé généralement tout ce qui naîtroit, sans rien spécifier, ils crurent que les enfans qui naissoient étoient compris dans le vœu : cependant ils trouvoient une si grande cruauté à les sacrifier, qu'ils ne pouvoient s'y résoudre. Dans cet embarras, pour satisfaire en même temps à leur religion & à leur tendresse paternelle, ils confacrerent au fervice du dieu Mars tous les enfans qui naquirent pendant ce printemps, & qu'ils avoient déja voués à ce dieu, avant qu'ils fuffent nés. Ils les firent fervir dans fes temples jufqu'à l'âge de 20 ans : & lorfqu'ils eurent atteint cet âge, ils les mirent tous hors de leur pays, tant garçons que filles, les abandonnant à leur deftin. Ces malheureux furent obligés d'aller fervir dans les états voifins ; & parcequ'ils étoient nés au printemps, ils furent nommés *Vernæ*, comme fi on eût dit *Vere nati, nés au printems.*

La faute que les Sabins avoient faite, en vouant un printemps facré, rendit plus fages ceux qui firent après eux le même vœu. En l'an 536 de Rome, & avant J. C. 218, P. Licinius étant pontife, déclara que lorfqu'on vouoit un printemps facré, on ne vouoit que tout le bétail qui devoit naître au printemps prochain. Q. Fabius Maximus faifant ce vœu folemnellement pendant la guerre d'Annibal, contre lequel il avoit été créé dictateur, s'expliqua en ces termes exprès devant toute l'affemblée du peuple Romain, difant : *Qu'il vouoit aux dieux de leur facrifier tout autant de fruits que porteroient à la prochaine faifon nouvelle les brebis, les truyes, les vaches & les chevres, en toutes les montagnes, plaines, rivieres, & prairies d'Italie.* Il y avoit eu auffi un printemps facré l'année 535 de Rome, & 219 avant J. C. pendant le confulat de M. Portius & de L. Valerius ; & il y en eut encore un fous les confuls P. Scipion, furnommé l'*Africain*, & T. Sempronius *le Long*. Cette même année, il fut décidé par le pontife, que le printemps facré ne dureroit que depuis le premier jour de mars, jufqu'au dernier jour d'avril exclufivement. * Tite-Live, *liv.* 33, *c.* 29 ; & *l.* 34, *c.* 43. Plutarque, *in Fabio.* Strabon, *liv.* 5.

PRIOLO ou PRIOLI (Benjamin) né à Saint Jean-d'Angeli, le premier janvier 1602, de Julien Priolo, defcendoit des *Priuli* ou *Prioli*, maifon illuftre qui a donné quelques doges à la république de Venife, dont la généalogie eft rapportée plus bas au titre PRIULI. Il perdit fes pere & mere avant qu'il eût atteint fa quinziéme année. Ainfi fe trouvant maître de lui, après avoir étudié à Orthez & à Montauban, il alla à Leyde, où il profita beaucoup des leçons de Heinfius & de Voffius ; & par une application de trois ans, il fe remplit de la connoiffance de tous les hiftoriens Grecs & Latins. L'envie de voir Grotius, qui étoit alors à Paris, l'attira dans cette grande ville, d'où il paffa à Padoue pour y apprendre à fond fous Cremonius & fous Licétas, les fentimens d'Ariftote & ceux des autres philofophes de l'antiquité. Il revint en France, & retourna une feconde fois en Italie, pour effayer à fe faire reconnoître parent légitime de la maifon de Priuli : le moment n'étoit pas encore venu. Il s'attacha au duc de Rohan, alors au fervice des Vénitiens (Priolo étoit filleul du prince de Soubife, frere de ce duc) & fe mit fi avant dans fes bonnes graces, que M. de Rohan n'eut point de confident plus intime pendant le refte de fa vie. Il l'envoya deux fois en Efpagne pour des négociations importantes, & lui laiffa le foin de toutes fortes de détails pendant qu'il commandoit les troupes de France dans la Valteline, & aux pays des Grifons en 1635. Priolo fe trouva dans tous les combats, & y paya de fa perfonne à pied & à cheval. La mort du duc de Rohan, arrivée en 1638, l'obligea de fe retirer à Genève, avec Elizabeth Michéli, qu'il avoit époufée depuis trois mois : elle tiroit fon origine des Michéli de Luques & de ceux de Venife, dont il y a eu des doges. Priolo paffoit fon temps dans une terre qu'il avoit achetée près de Genève, lorfque le duc de Longueville lui fit propofer de le fuivre à Munfter, où ce prince alloit en qualité de plénipotentiaire pour la paix : il accepta le parti, & là il lia une amitié très-étroite avec le nonce Chigi, qui depuis fut pape fous le nom d'Alexandre VII. Le duc de Longueville fut fi fatisfait de lui, qu'il lui fixa une penfion de 1200 livres fur la principauté de Neufchâtel en Suiffe, & que peu de temps avant fa mort, il lui donna une gra-

tification, comme le dernier gage de fon affection. Au retour de Munfter, Priolo paffa à Genève, d'où il tira fa famille dans le deffein de s'aller établir à Paris. Il s'arrêta en chemin fix mois à Lyon, & y conféra fouvent fur la controverfe avec le cardinal François Barberin, qui le convainquit fi bien de la fauffeté de fa religion, que lui, fa femme, fes enfans, & fes domeftiques l'abjurerent, & reçurent la communion de la main de cette éminence. Lorfqu'il fut à Paris, il fuivit le parti du prince de Condé dans les mouvemens de 1652, malgré les bontés dont la reine mere le combloit, & fans vouloir prêter l'oreille aux favorables promeffes du cardinal Mazarin. Il fallut donc qu'il fe retirât en Flandre ; fon bien fut confifqué & fa famille exilée. Il rentra pourtant peu après dans les bonnes graces du roi, & revint à Paris, où il ne fongea plus qu'à vivre en homme privé, & à cultiver les belles lettres. Ce fut dans ce genre de vie, & pour diffiper fes chagrins, qu'il compofa en latin avec une liberté bien éloignée de la flaterie, une hiftoire de France, depuis la mort du roi Louis XIII, jufqu'en 1664. Il en publia d'abord un précis, où il modéra la hardieffe de fa plume, qui fut imprimé à Paris chez Cramoifi en 1662. Cependant comme quelques miniftres d'état y trouverent trop d'effor, & qu'ils vouloient que cet ouvrage fût tronqué par des examinateurs, l'auteur fit fes remontrances au roi, qui confentit qu'il fît imprimer fon ouvrage à Paris, chez Léonard. Il fut achevé en 1665 ; & le débit en fut permis fous le titre de *Benjamin Prioli, ab exceffu Ludovici XIII, de rebus gallicis hiftoriarum libri XII, in-4°.* Cette édition a depuis été contrefaite à Utrecht une fois, & deux à Leipfick ; la derniere eft de 1686, & eft la meilleure de toutes les précédentes. Il dédia cette hiftoire au doge & au fénat de Venife, qui le récompenferent même avant l'impreffion de l'ouvrage par des lettres-patentes, expédiées en 1660, fous le doge Dominique Contarini, par lefquelles la république le reconnoiffoit pour noble Vénitien & le créoit chevalier de S. Marc : elles lui furent données à Paris, par l'ambaffadeur Grimani, avec une chaîne & une médaille d'or de 300 piftoles. Le roi Louis XIV lui donna en 1661 une penfion de 2000 livres, en lui faifant expédier le privilége pour fon hiftoire ; & le cardinal Mazarin qui s'étoit fervi de lui dans des négociations, lui en laiffa une de 1500 livres par fon teftament. Enfin M. de Lionne, miniftre d'état pour les affaires étrangeres, le chargea en 1667 d'aller à Venife pour une affaire fecrete ; mais en chemin il mourut d'apoplexie dans la maifon archiépifcopale de Lyon. Il fut enterré dans l'églife de faint Jean de Lyon, où l'on mit une épitaphe que l'on avoit trouvée parmi fes papiers. Il ne faut pas croire ce qu'on lit dans le *Soberiana*, que fon pere étoit bâtard d'un noble Vénitien, puifque fi cela eût été, la république ne l'eût jamais avoué pour noble Vénitien, puifque Venife eft le lieu du monde où les bâtards font plus rejettés, & moins reconnus ; les peres même les méconnoiffent & les abandonnent. La Faille dit dans fes *additions aux annales de Touloufe, tome II*, que Priolo étoit d'Auvergne, & que fon véritable nom étoit *Priou*, qu'il avoit latinifé *Priolus*. Priolo promettoit fept ouvrages différens, dont les titres font dans la derniere page de fon hiftoire, parmi lefquels fe trouvoit fa vie & celle du duc de Rohan, qui n'ont pas encore vu le jour. Benjamin Priolo laiffa fept enfans, cinq filles & deux garçons, l'aîné, nommé *Barthelemi-François* Priolo, fervoit dans les gendarmes de la garde, dont M. le maréchal d'Albret étoit alors capitaine-lieutenant. Il en fut tiré par M. Colbert, qui lui donna la direction des fermes de Châlons, pour le mettre à même de foutenir fa famille. Le cadet, nommé *Charles* Priolo, étoit dans les gardes du corps, dont il fut fait exempt fur la fin du dernier fiécle ; il fut auffi fait chevalier de S. Louis. Des cinq filles deux fe firent religieufes à la Vifitation de Montpellier, une autre à la Vifitation de Chaillot, où elle fut choifie en 1692 par le roi pour relever madame de Brinon à Cyr, & y établir la règle qu'on y fuit aujourd'hui. Ell

PRI PRI 573

s'aquitta de cette commiffion avec tant de fuccès, qu'elle gagna l'eftime & la confiance du roi, au point qu'il prenoit fouvent plaifir à conférer avec elle pendant des heures entieres, & qu'il voulut l'engager à refter à S. Cyr ; mais elle lui demanda la permiffion de retourner à la Vifitation fuivre la régle qu'elle avoit embraffée. La reine d'Angleterre & madame de Maintenon la comblerent auffi de bontés. La famille conferve plufieurs de leurs lettres en original. La quatriéme fille entra chez la maréchale de Noailles, & la cinquiéme chez la maréchale d'Humieres ; elles y refterent jufqu'à leur mort, en qualité de demoifelles de compagnie.

Charles Priolo ne s'eft point marié. *Barthelemi-Fran-çois* s'eft marié en Champagne, & il eft mort en 1709, à Abbeville, laiffant deux fils, l'aîné nommé *René*, a été chanoine de la cathédrale d'Amiens. Le cadet nommé *Benjamin*, ayant fuccédé à fon pere, a confervé la même place de directeur jufqu'en 1748, qu'il s'en démit en faveur de Benjamin fon fils, qui l'exerce aujourd'hui à Moulins en Bourbonois, où il a époufé depuis deux ans une fille de M. Senix, gentilhomme de cette province; il en a un fils dont S. A. S. monfeigneur le prince de Condé a bien voulu être le parein, en confidération de l'ancien attachement de cette famille à fon illuftre maifon : le pere de celui qui exerce aujourd'hui eft mort en 1755, laiffant en outre trois filles, dont l'une eft Carmelite à Moulins ; les deux autres ne font pas mariées. * Bayle, *dict. critique, feconde édition*. Priolo lui-même, dans *fa préface & dans divers endroits de fon hiftoire*. *La vie du prince de Condé*, par Gualdo. *La vie du cardinal Mazarin*, par Auberi du Maurier. *La vie de Priolo*, par Rhodius, *imprimée à Padoue en 1662*. *Mémoires du temps*.

PRIOR (Matthieu) poëte Anglois, naquit à Londres, où fon pere étoit menuifier. Celui-ci étant mort, l'oncle de Matthieu, qui étoit cabaretier, le prit chez lui, & en eut beaucoup de foin. M. Prior en fut dans la fuite fort reconnoiffant. Il fit prefque toutes fes études dans l'école de Weftmunfter, où il fe diftingua ; ce qui n'empêcha pas fon oncle de le retenir chez lui dans la fuite, pour lui faire embraffer fa profeffion. Prior employoit fes momens de loifir à lire les meilleurs auteurs claffiques, & fur-tout Horace. Quelques perfonnes de diftinction, qui fe raffembloient chez fon oncle, ayant remarqué les talens du jeune homme, virent avec peine l'état auquel il étoit réduit ; & le comte de Dorfet, qui avoit eu avec lui une converfation fur quelques endroits d'Horace, réfolut de le pouffer, & l'envoya d'abord au collège de faint Jean à Cambridge. Prior y fut fait bachelier en 1686, & fut mis enfuite au nombre des affociés. Pendant fon féjour dans ce collège, il lia amitié avec Charles de Montague, depuis comte d'Halifax, & ils compoférent enfemble une piéce que l'on dit fort jolie, qu'ils firent imprimer en 1687, *in-4°*. fous ce titre : *The hind and the Panther, transverfed to the ftory of the Country-Moufe and the City-Moufe*. Après que le roi Guillaume fut monté fur le trône d'Angleterre , Prior fut conduit à la cour par fon patron le comte de Dorfet, & il y fut plufieurs fois employé à fa recommandation. En 1690 il fut nommé fecrétaire du comte de Berkeley, plénipotentiaire, qui avoit été député par le roi Guillaume & la reine Marie, au congrès de la Haye. En 1698 il alla avec la même qualité en France avec le comte de Portland. L'année précédente, il avoit été fait fecrétaire d'état d'Irlande, & en 1700 il fut créé maître-ès-arts, conformément aux ordres du roi. On lui donna en même temps une place dans le confeil du commerce & des plantations. Il étoit auffi dans le parlement comme député de Caft Grinftead en Suffex. On l'envoya en France en 1711, en qualité de plénipotentiaire, pour y travailler à la paix, conjointement avec cette couronne. Dès que le roi Georges I fut monté fur le trône, Prior préfenta le 23 octobre 1714, un écrit à la cour de France, par lequel il follicitoit la démolition du canal & des nouveaux ouvrages de Mardick.

En 1715 il fut rappellé en Angleterre, où il fut obligé de donner caution à la chambre baffe du parlement, & on le fit examiner avec rigueur par un comité du confeil fecret. Le 10 juin de la même année, le chevalier Robert Walpole engagea la même chambre d'intenter un procès criminel à Prior, qui fut mis aux arrêts, & obfervé avec rigueur ; mais on le relâcha vers la fin de 1717. Ces défagrémens l'ayant dégoûté, il fe retira dans la terre de Downhall au comté d'Effex,pour y paffer le refte de fes jours dans la tranquillité. Il mourut le 18 feptembre 1721, à Wimpole, dans la province de Cambridge, feigneurie ou demeuroit le comte d'Oxford. On l'enterra dans l'abbaye de Weftmunfter, & on lui dreffa un fuperbe maufolée. Ses poëmes ont été imprimés *in-fol.* dédiés au comte de Dorfet. On en a imprimé quelques autres depuis fa mort ; & le comte d'Oxford poffède encore plufieurs manufcrits de ce poëte. * *Supplément françois de Bafle.*

PRISCIEN , *Prifcianus* , docte grammairien de Céfarée ou de Rome, étoit en réputation à Constantinople , non vers l'an 440, comme l'a cru Trithème , mais vers l'an 525, comme nous l'apprenons de Caffiodore, qui lui étoit contemporain. Il écrivit divers ouvrages qu'Alde Manuce imprima à Venife en 1476, fur un manufcrit trouvé en France, fur lequel Badius revit encore l'édition qu'il en donna à Paris en 1527. Putfchius a mis fes ouvrages dans le corps des anciens grammairiens. * Trithème, *in catal.* Gefner, *in bibl.* Poffevin, *in appar. facr.*

PRISCILLE , *Prifcilla* , femme du bourg de Pepuze, qui fe joignit à Montan, fe mit à prophétifer, & fut beaucoup confidérée dans la fecte des Montaniftes, aufquels elle donna fon nom. Elle mourut avant l'an 211. * DuPin, *bibliothèque des auteurs eccléfiaftiques des trois premiers fiécles.*

PRISCILLE , dont il eft parlé dans les actes, & qui étoit femme d'*Aquila*, faifeur de tentes.

PRISCILLE , dame Romaine, à qui le pape Marcel I perfuada de bâtir un cimetiere, pour faire enterrer les martyrs & les fidéles, vers l'an 306.

PRISCILLIEN , *Prifcillianus*, héréfiarque, chef des Prifcillianiftes Efpagnols, fortoit d'une famille noble & riche, & avoit beaucoup d'efprit, de doctrine & d'éloquence. Il fouffroit fans peine le travail des veilles, des pénitences & des mortifications corporelles ; il paroiffoit éloigné de toute avarice, & eût paffé fans doute pour un grand homme, fi l'orgueil n'eût commencé à ternir fes bonnes qualités,& fi l'héréfie n'eût achevé de le corrompre tout-à-fait. Un Egyptien nommé Marc, hérétique, ayant femé les erreurs des Gnoftiques dans les Gaules , le long du Rhône, engagea dans fes fentimens une certaine Agape, & un rhéteur nommé Elpidius , qui inftruifirent Prifcillien. Il couvroit la vanité dont il étoit plein, fous les apparences d'une humilité profonde, & étoit fuivi des femmes comme un homme de Dieu. Avec ces fecours il lui fut aifé d'entraîner les peuples dans fes opinions : en effet, cette fecte fe répandit bien loin en peu de temps. Outre les abominations des Gnoftiques, Prifcillien enfeignoit que l'ame étoit de même fubftance que Dieu, & que defcendant en terre par fept cieux, & certains autres dégrés de principauté, elle tomboit entre les mains du principe mauvais, qui la femoit dans le corps. Il compofoit le corps de douze parties, à chacune defquelles préfidoit un figne célefte. Il condamnoit l'ufage de la chair, des animaux, & le mariage, comme une conjonction illégitime, & féparoit les femmes & les maris fans leur confentement. Selon lui , la volonté de l'homme étoit foumife à la puiffance des étoiles, ce qui lui impofoit une néceffité invincible. Il difoit que Jefus-Chrift étoit la même perfonne que le pere & le faint Efprit, confondant les perfonnes de la Trinité avec Sabellius, & vouloit qu'on jeûnât le Dimanche & le jour de Noël, parcequ'il ne croyoit pas que Jefus-Chrift eût pris une véritable chair. Quand les Prifcillianiftes fe trouvoient dans les églifes des orthodoxes, ils recevoient l'euchariftie, mais ils ne la confumoient pas. Ils tenoient le menfonge pour une chofe permife : enfin ils ramaffoient diverfes héréfies déja condamnées, & ne différoient des Manichéens que de nom. Leur livre favori étoit un volume qu'ils appelloient *la Livre*, à caufe qu'en douze queftions, comme en douze onces, tous leurs blafphêmes y étoient expliqués. Ce fut en 379 que cette héréfie commença à éclater. Hygin ou Adygin, évêque de Cordoue, fut le premier qui s'y oppofa, & les déféra à Idace évêque de Munda, qui pouffa les chofes avec beaucoup de chaleur. L'affaire fut portée au concile tenu à Saragoffe en 380, compofé d'évêques d'Efpagne & d'Aquitaine. Les Prifcillianiftes n'oférent s'y préfenter : leurs chefs furent condamnés quoiqu'abfens, favoir, Inftance & Salvien, évêques ; Elpide & Prifcillien, laïcs. Après cette condamnation, Inftance & Salvien ordonnerent Prifcillien évêque. Idace & Itace chargés de les pourfuivre, voyant que les anathêmes étoient un trop foible remède pour déraciner un fi grand mal, eurent recours à Gratien, qui par un édit, chaffa ces hérétiques, non-feulement de toutes leurs églifes, mais auffi de toutes les villes. La plupart fe cacherent ; mais Salvien, Inftance & Prifcillien, entreprirent le voyage d'Italie ; & par la faveur de Macédonius, maître des offices, ils obtinrent de l'empereur un refcrit qui les rétabliffoit. Alors ils revinrent triomphans, quoiqu'ils fuffent mortifiés de ce que le pape Damafe, faint Ambroife & faint Delphin de Bourdeaux leur avoient réfifté, celui-là à Rome, & ceux-ci à Milan & à Bourdeaux où ils étoient évêques. Itace qui avoit été chaffé, s'adreffa à Maxime, qui s'étoit emparé des Gaules, & lui préfenta une requête contre les Prifcillianiftes. Maxime fit venir Inftance & Prifcillien à Bourdeaux : on y tint un concile en 385, où Inftance fut dépofé. Prifcillien appella à Maxime qui avoit ufurpé l'empire, & qui réfidoit à Trèves. Cet héréfiarque ayant été convaincu de s'être fervi de maléfices, & d'avoir tenu des affemblées nocturnes avec des femmes, & fait fouvent l'oraifon tout nud, fut condamné à perdre la tête avec fes partifans, ce qui fut exécuté ; plufieurs autres Prifcillianiftes furent exécutés ou envoyés en exil. Il eft à remarquer que les accufateurs de Prifcillien, *Idacius & Ithacius*, étoient de fort malhonnêtes gens, fi l'on en croit Sulpice Severe, & cherchoient plûtôt à fatisfaire leur paffion particuliere, qu'à foutenir la vérité. Auffi faint Martin de Tours défapprouvant la conduite de ceux qui demandoient la mort de Prifcillien, tâcha d'obtenir fa grace ; & n'ayant pû en venir à bout, ne voulut plus communiquer avec ceux de la faction de ces deux évêques. Inftance fut dépofé & envoyé en exil. Cette exécution n'éteignit pas la fecte de ces hérétiques ; au contraire, ceux qui la fuivoient en Efpagne, honorerent Prifcillien comme martyr, & depuis jurerent par fon nom avec beaucoup de refpect. Symphofe, évêque de ce parti, ordonna des évêques dans plufieurs églifes, & entr'autres Dictinius, qui fe préfenta au concile de Toléde tenu en 399 ou 400, où il abjura les erreurs du Prifcillianifme, & dans cette épître condamna toutes fes erreurs. C'eft la 93ᵉ entre les épîtres de ce pontife, qui commence ainfi : *Quàm laudabiliter pro catholicâ fidei veritate movearis*, &c. Les évêques d'Efpagne excités par la lettre de faint Léon, tinrent des conciles, dans lefquels ils acheverent de condamner les Prifcillianiftes ; & enfin le concile de Brague de l'an 563 renouvella la condamnation de leurs erreurs. * Saint Jérôme, *catal. fcript. ecclef.* Sulpice Sévere, *l. 2*, & *dial.* 3. Saint Auguftin, *hær.* 70. Pratéole, v. *Prifcil.* Sandere, *hær.* 84 & 103. Baronius,

A. C. 301, & *feq.* Godeau, *hift. ecclef.* Tillemont, *mémoires*. Du Pin, *bibliothéque des auteurs eccléfiaftiques du V fiécle.*

PRISCUS, commandoit la fixiéme légion romaine dans l'armée de Ceftius en Judée. Il fut un de ceux qui empêcherent de donner l'affaut au temple de Jérufalem, dans le temps que ce général y avoit mis le fiége, & qui furent caufe qu'il fit une honteufe retraite. Deux jours après, Prifcus fut tué par les Juifs, qui fuivirent les Romains. * Jofephe, *guerre des Juifs, liv. II, chap.* 39 & 40.

PRISCUS, autre capitaine Romain, qui ne pouvant fouffrir qu'un nommé *Jonathas*, après avoir affafsiné Pudens, chevalier Romain, infultât encore à fon corps, le tua d'un coup de fléche au fiége de Jérufalem, par Tite Vefpafien. * Jofephe, *guerre des Juifs, l. VI, c.* 17.

PRISCUS, frere de l'empereur Philippe, fut gouverneur de Syrie, & des provinces voifines. Ses exactions l'ayant rendu odieux, on le rappella, & on lui donna le gouvernement de Macédoine. Après la mort de fon frere en 249, il fe fit proclamer empereur ; mais ayant été déclaré ennemi de la patrie par le fénat, il fut tué quelque temps après. * Aurelius Victor, *de Cæfar.*

PRISCUS HELVIDIUS, quefteur d'Achaïe fous l'empire de Néron, gendre de Thraféas, homme de probité, & aimant la liberté, fut exilé d'Italie après la condamnation de Thraféas, & fe retira à Apollonie. Etant revenu fous l'empire de Galba, il conferva toujours le même efprit de liberté fous ce prince & fous Vefpafien. Il témoigna même qu'il auroit fouhaité que la liberté de la république romaine fût rétablie. On intenta à caufe de cela contre lui, une accufation, dont il fut abfous. * Juvénal, *fat.* 5. Tacit. *l. 4*, *hift.* Probus *le Grammairien.*

PRISCUS JULIUS, l'un des lieutenans généraux de Vitellius, fut envoyé avec Alphenus Varus pour garder les Appennins avec quatorze cohortes prétoriennes, & après que le parti de Vitellius fut défait, fe tua lui-même. * Tacit. *hift. l. 3, c. 55, & l. 4, c. 11.*

PRISCUS, fameux ingénieur, qui floriffoit après le milieu du II fiécle de l'églife, fous l'empire de Septime Sévere. Il étoit très-habile dans fon art, & Sévere refpecta fon mérite, lorfqu'en l'an 196 de J. C. la ville de Byfance, la plus riche & la plus peuplée de toute la Thrace, eut été prife. On fit mourir par l'ordre de Sévere tous les magiftrats & tous les foldats. La ville fut ruinée, fes murailles furent rafées, fes théâtres, fes bains, & tous fes ornemens furent abatus. On vendit enfuite les biens de tous les habitans. Byfance privée de la liberté, fut foumife comme un fimple bourg, à la ville de Périnthe. Prifcus feul fut épargné dans fa perfonne, dans fa liberté & dans fes biens. L'empereur Sévere lui donna même des marques d'affection, & il fe fervit depuis très-avantageufement de lui, & ne paya pas fes fervices d'ingratitude. * Voyez l'hiftorien Spartien, & l'*Hiftoire Romaine* par Laurent Echard, fous l'an 196.

PRISCUS, philofophe Platonicien, que Julien fit venir de Gréce, à la follicitation de Maxime d'Ephèfe, celui-là même qui pervertit l'empereur. Prifcus étoit un homme peu communicatif, & myftérieux fur ce qu'il favoit, jufqu'à traiter de prodigues & de profanateurs ceux qui aimoient à faire part de leurs lumieres ; mais lorfqu'il daignoit s'ouvrir, on trouvoit en lui une profonde connoiffance des fyftêmes des anciens. La cour ne le gâta point ; & loin de devenir courtifan, il tâcha de rendre les courtifans philofophes. Tel eft du moins le portrait qu'en fait M. l'abbé de la Bleterie dans la vie de l'empereur Julien, livre IV, pag. 238, 239. Julien près d'expirer, s'engagea dans une difpute fur l'excellence de l'ame avec Prifcus ; c'eft ce que dit Ammien-Marcellin. Sous le régne de Valens, Prifcus fut inquiété ; mais fon innocence fut auffitôt reconnue. On dit qu'il fut renvoyé en Gréce, où il vécut jufqu'au temps qu'elle fut ravagée par Alaric, c'eft-à-dire, vers l'an 396. On prétend que Prifque fut tué par les Barbares, à l'âge

de 90 ans. * *Voyez* Eunapius, chapitres 5 & 6, & Ammien-Marcellin, liv. XXV.

PRISCUS PANITES, sophiste, qui vivoit dans le V
siécle, du temps de Théodose *le Jeune*, fut employé par
ce prince en diverses légations. Outre ses épîtres & des
déclamations, il publia une histoire de Constantinople,
& quelques autres ouvrages, que Volaterran dit être
dans la bibliothéque du Vatican. * Volaterran, *comment.
l.* 18. Evagre, *l.* 4, *c. ult.* Jornandés, *de reb. Got. c.* 24,
35 , 42, &c. Vossius, *de hist. Græc. l.* 4.

PRISONS. On appelle ainsi les lieux destinés à enfermer des coupables. Ces lieux ont probablement toujours
été en usage depuis l'origine des villes , parcequ'il a toujours fallu que la jurisdiction s'y exerçât , que l'ordre y
fût maintenu, & que le crime y fût puni selon sa qualité
& le dégré de sa malice. Cependant , la premiere fois
qu'il est fait mention de prison dans l'écriture sainte,
c'est à l'occasion de Joseph faussement accusé d'un crime
qu'il n'avoit pas même voulu commettre en étant sollicité. La plupart des historiens disent que ce fut *Ancus
Martius* qui fit construire le premier une prison à
Rome; Eutrope est presque le seul qui en fait auteur
Tarquin *le Superbe*. Tullus y ajouta dans la suite un lieu
qui répond à nos cachots noirs; & par cette raison on
appella long-temps ce lieu *Tullianum* ou *Tullianus*. Selon Juvénal , il n'y a eu long-temps qu'une seule prison à
Rome.

> *Felices proavorum atavos , felicia dicas*
> *Sæcula , quæ quondam sub Regibus atque Tribunis*
> *Viderunt uno contentam carcere Romam.*

Sous Tibere fils adoptif d'Auguste, on construisit une
autre prison qui fut appellée *la prison de Mamertin*. Ces
prisons ont été beaucoup multipliées dans la suite, & il
n'y a point de doute, qu'il n'y en ait eu chez tous les
peuples de l'univers. Dans toute l'étendue de l'empire
Romain, il y en avoit un grand nombre au temps des persécutions suscitées contre les chrétiens, comme on le
voit par les actes des Apôtres, & par l'histoire des premiers siécles de l'église. Les jurisconsultes parlent souvent de prisons dans leurs interprétations des loix civiles ;
mais ceux qui ont expliqué *Mala mansio*, qu'on trouve
dans Ulpien & ailleurs, de la prison, se sont trompés.
Par *Mala mansio*, il faut entendre , ou la préparation à
la question que l'on donnoit aux criminels pour leur faire
avouer leur crime ou leurs complices, ou même une espece de supplice , dans lequel on tourmentoit les pieds
& les mains, en les faisant étendre avec violence, & en
les disloquant. Ce que les anciens ont appellé *Lautumiæ*
& *Lapidicinæ*, n'étoit pas non plus ce que plusieurs ont
prétendu *être condamné aux mines*, genre de supplice
que l'on a souvent employé contre les martyrs de notre
religion. C'étoit une autre espece de prison que l'on faisoit
dans ce que nous appellons *des Carrieres*. Quand on avoit
tiré beaucoup de pierres de certains endroits, l'espace
vuide & profond que cette extraction laissoit, servoit à
renfermer des misérables , & l'on avoit soin de boucher
exactement tous les endroits par où ils auroient pu sortir :
tels étoient les lieux connus sous les noms de *Lautumiæ*
& de *Lapidicinæ*. On croit que c'est de cette sorte de
prison, dont le poëte Prudence veut parler dans ces vers :

> *Est intus imo ergastulo*
> *Locus tenebris nigrior ,*
> *Quem saxa mersi fornicis*
> *Angusta clausum strangulant.*

Il y avoit cependant cette différence entre les *Lautumiæ* & les *Lapidicinæ* ; que ceux qui étoient mis dans les
premieres , n'étoient renfermés que par une pierre qui
bouchoit l'entrée de ces lieux ; & ceux qui étoient
détenus dans les secondes , y étoient de plus chargés de
fers. On trouve dans les loix romaines différens officiers
commis , soit à la garde, soit à l'inspection des prisons
& des prisonniers. Ceux qu'on appelloit *Commentarii*,
étoient ceux qui avoient soin de tenir registre des dé-

penses faites pour la prison dont on leur commettoit le
soin ; de l'âge & du nombre de leurs prisonniers ; de la
qualité du crime pour lequel ils étoient enfermés ; du
rang qu'ils avoient dans la prison. Il y avoit des prisons
que l'on appelloit *libres*, parceque des prisonniers n'étoient
point enfermés , mais seulement commis à la garde d'un
magistrat , d'un sénateur , &c. ou arrêtés dans une maison
particuliere , ou laissés même à leur propre garde dans
leur maison, avec défense d'en sortir. Chez les Romains
on mettoit aussi en prison les débiteurs , comme on le fait
aujourd'hui en France & ailleurs ; mais chez les premiers,
on les a pendant long-temps affligés de peines sensibles
& publiques, qui ont été souvent portées jusqu'à une
cruauté inexcusable , & contraire à toute humanité. Sous
les empereurs Trajan, Adrien , les deux Antonins , Aurele , &c. où l'on faisoit un crime d'avoir des prisons
particulieres, il étoit néanmoins permis à un pere d'enfermer chez lui un fils qui lui manquoit de respect, qui se
conduisoit mal , qui paroissoit incorrigible , &c. & à un
mari , d'exercer la même jurisdiction sur sa femme pour
des sujets graves : on donnoit même à un mari droit de
vie & de mort sur sa femme ; ce droit étoit à plus forte
raison donné aux maîtres sur leurs esclaves.

L'usage d'emprisonner les ecclésiastiques coupables ,
n'est pas si ancien que ce que l'on vient de rapporter ; &
quand on a commencé à exercer sur eux cette sévérité, ç'a
été moins pour les punir, que pour leur donner plus de
moyens de faire pénitence. Tel étoit en particulier le but
de ces prisons si connues dans les anciennes constitutions
ecclésiastiques, sous le titre de *Decanica*, & que plusieurs
auteurs ont confondu mal à propos avec le *Diaconium*,
qui n'étoit autre que ce que nous appellons maintenant
la *Sacristie*. Les *Decanica* étoient pour soumettre aux
regles prescrites par les canons , ceux qui les avoient
violés dans des points essentiels. Ainsi quand le jurisconsulte Duaren dit que le pape Eugène II est le premier qui
a établi des prisons pour les ecclésiastiques , il s'est trompé ; & ce ne seroit pas même l'excuser suffisamment , en
disant comme plusieurs ont fait , qu'il a seulement voulu
dire que ce pape est le premier qui s'est servi de la peine
de l'emprisonnement contre les ecclésiastiques. Les *Decanica*, & l'usage que l'on en faisoit , sont beaucoup plus
anciens. Il est vrai seulement que les peines ont été autrefois fort différentes , & qu'elles le sont encore à plusieurs égards dans les tribunaux ecclésiastiques & dans les
séculiers. Cette diversité vient des différentes fins que
l'on s'y est proposé , & des différentes dispositions qui
doivent être dans l'esprit des juges. Dans la justice séculiere on a en vue principalement de conserver & de réparer le bon ordre , & d'imprimer de la terreur aux méchans. Mais dans la justice ecclésiastique , on doit avoir
égard sur-tout au salut des ames. Dans la premiere , c'est
la sévérité & la rigueur qui y président ordinairement ;
mais c'est l'esprit de charité, de compassion, & de miséricorde , qui doit l'emporter dans la justice ecclésiastique ;
& loin que l'on y ait approuvé la dureté, on a vu de
saints & savans prélats forcer les juges séculiers par de
saintes violences, à relâcher les peines des coupables,
jusqu'à employer les miracles pour les tirer des prisons,
comme on en voit plusieurs exemples dans l'histoire ecclésiastique par M. l'abbé Fleuri. C'est par ces raisons que
les prisons des monasteres ont si souvent été blâmées dans
l'antiquité. Toute la peine que S. Benoît prescrit au chapitre XXV de sa regle , contre les religieux incorrigibles
ou scandaleux , c'est qu'ils soient exclus & retranchés de
la communauté , à l'église, à la table, & au travail. Au
chapitre XXVII, il parle même du soin que les supérieurs
doivent avoir de ces religieux qu'il appelle *excommuniés*, & ordonne qu'on leur envoie de temps en temps
quelques religieux sages & vertueux pour les consoler ,
de peur que l'excès de la tristesse ne les accable , & ne
rende leur pénitence infructueuse. Ces pénitens demeuroient pendant l'office divin à la porte de l'oratoire ,
comme on l'apprend du chapitre XLIV de la regle ; & à
la fin de chaque heure de l'office, ils étoient obligés de

se prosternet aux pieds de leurs freres à la sortie de l'oratoire. Ils mangeoient plus tard & en plus petite quantité que les autres, suivant la prudence charitable du supérieur, & l'on ne bénissoit point ce qu'on leur donnoit à manger. S. Benoît ne parle nullement de prison dans sa régle, quoique dans le chapitre XXVIII il fasse un dénombrement exact de toutes les précautions & de tous les dégrés de pénitence qu'il veut que l'on garde, avant que de chasser les incorrigibles hors du monastere. On ne demeura pas long-temps dans un si juste tempérament, & la dureté de quelques abbés alla jusqu'à un tel excès, qu'ils mutiloient les membres, & crevoient quelquefois les yeux à ceux de leurs religieux qui étoient tombés dans des fautes considérables. C'est ce qui obligea les religieux de Fulde d'avoir recours à Charlemagne, pour réprimer à l'avenir de tels excès, & c'est aussi ce qui donna occasion à la défense que fit ce prince dans ses capitulaires de l'an 780, & à celle du concile de Francfort tenu cinq ans après, où l'on condamna les sortes de supplices, & où l'on réduisit les choses aux termes de la regle, & à la discipline régulière. Ce fut ensuite de cette défense, que tous les abbés de l'ordre étant assemblés en 817 à Aix-la-Chapelle, ordonnerent que dans chaque monastere il y auroit un logis séparé pour les coupables, consistant en une chambre à feu & une antichambre pour le travail ; ce qui montre que c'étoit plutôt une retraite qu'une prison. Le second concile de Verneuil tenu en 844, ne prescrit pas même aucune peine corporelle contre ceux qui ayant quitté l'habit, ou qui ayant été chassés du monastere pour leur incorrigibilité, retournoient d'eux-mêmes. Il ordonne seulement que ceux que l'on reprendroit de force, seroient renfermés dans des prisons, & macérés par des pénitences convenables, que la piété suggérercit à leurs supérieurs, jusqu'à ce qu'ils donnassent des marques de leur repentir & de leur conversion. Dans la suite des temps on inventa une espece de prison affreuse où l'on ne voyoit point le jour ; & comme ceux que l'on y renfermoit devoient ordinairement y finir leur vie, on l'appella ou ce sujet, *Vade in pace.* Pierre *le Vénérable* nous fait entendre que Matthieu, prieur de S. Martins-des-Champs à Paris, est le premier qui ait inventé ce supplice. Il fit construire une cave souterreine, en forme de sépulcre, où il condamna pour le reste de ses jours un misérable qui lui paroissoit incorrigible. Il est vrai que Pierre *le Vénérable* ajoute que cette rigueur ne fut pratiquée qu'une fois du temps de Matthieu ; mais comme ces sortes d'exemples sont toujours d'une fâcheuse conséquence, d'autres supérieurs userent bientôt de cette inhumanité envers leurs religieux coupables. Cette rigueur alla si loin, qu'au commencement de l'année 1351, le roi Jean étant logé à Villeneuve près d'Avignon, le vicaire général d'Etienne Aldebrand, archevêque de Toulouse, vint le 27 janvier de la part de ce prélat, se plaindre au roi de cette cruauté. *Conquestus de horribili rigore quem monachi exercebant adversùs monachos graviter peccantes, eos conjiciendo in carcerem perpetuum, tenebrosum & obscurum, quem* VADE IN PACE *vocitant.* Ceux qui étoient dans cette prison, y étoient réduits au pain & à l'eau ; on leur ôtoit toute communication avec leurs confreres ; on leur retranchoit toute consolation humaine ; en sorte que ces malheureux mouroient presque toujours désespérés. Le roi Jean, touché de cette inhumanité, ordonna que les supérieurs visiteroient ces prisonniers deux fois par mois, & donneroient outre cela deux fois permission à d'autres religieux, à leur choix, de les aller voir ; c'est-à-dire, qu'il ordonna qu'on les verroit au moins une fois la semaine. Il fit expédier sur cela des lettres patentes, comme on l'apprend des registres du parlement de Languedoc de cette année ; & en commit l'exécution au sénéchal de Toulouse, & aux autres sénéchaux de Languedoc. Les freres Mineurs & les freres Prêcheurs se donnerent de grands mouvemens pour la révocation de cette ordonnance, & réclamerent l'autorité du pape ; mais le roi demeura ferme, & voulut qu'ils obéissent, ou qu'ils sortissent de son royaume. Ils exécu-

terent donc son ordre pour lors, mais avec grande répugnance : l'on a vu encore depuis de ces sortes de prisons parmi ces religieux, & dans quelques maisons d'autres ordres. * *Voyez* sur cette matiere le traité d'Antoine Bombardini de Padoue, *De carcere & antiquo ejus usu,* partie premiere, à Padoue en 1713, *in-12*; les *réflexions sur les prisons des ordres religieux,* par le P. Mabillon, au *tome II* des œuvres posthumes de ce savant Bénédictin, & de dom Thierri Ruinart ; le *tome XX* de l'*Hist. ecclés.* de M. l'abbé Fleuri, *livre* 95 ; les *Capitulaires* de Charlemagne, *tome II* de l'édition de M. Baluze ; & le continuateur de Nangis, &c.

PRISRENDI, PREISERENO, anciennement *Justiniana secunda, Vulpianum, Vulpiana, Ulpiana,* ville de la Turquie en Europe. Elle est dans la Bosnie, sur une petite riviere qui se décharge peu après dans le Drinblanc, environ à douze lieues d'Uscup, vers le couchant. Prisrendi a un évêché suffragant d'Antivari, & une magnifique église, dont les Turcs ont fait une mosquée. * Mati, *diction.*

PRITIUS (Jean-George) en allemand *Pritz,* né à Leipsic, le 22 septembre 1662, fils de *George Pritz,* maître pelletier de cette ville, & de *Magdeléne* Bohem, fit ses études dans sa patrie, y prit le degré de maître-ès-arts en 1685, & fut admis en 1687 au nombre des auteurs des *Acta eruditorum* de Leipsic. En 1690, le sénat de cette ville le nomma prédicateur de l'église de saint Nicolas. L'année suivante il fut reçu dans la faculté de philosophie, & en 1693 il prit le degré de bachelier en théologie. En 1698 il fut appellé à Zerbst, pour y être professeur en théologie, en méthaphysique, & ministre, & il alla prendre possession de ces postes, après avoir été fait docteur en théologie à Leipsic. Lorsqu'il eut demeuré environ trois ans à Zerbst, il fut fait surintendant à *Schlaitz,* puis chapelain du comte de Reuss, qui lui permit en 1705, de faire un voyage en Hollande & en Angleterre. Après son retour, il fut choisi en 1707, pour être professeur de théologie, conseiller ecclésiastique, & ministre à Gripswalde. Il conserva ces emplois jusqu'en 1711, qu'il fut appellé à Francfort sur le Mein, pour y être chef du ministere ecclésiastique. Il se fixa dans ce lieu, & il y est mort le 24 août 1732, âgé de soixante-dix ans. Il a travaillé aux *Acta eruditorum* de Leipsic, depuis l'an 1687, jusqu'en 1698. Nous avons beaucoup d'autres ouvrages de lui : 1. *De primo falso Hobbesii,* thèse *in-4°,* contre le fameux Hobbes. 2. *De gloria cupiditate,* à Leipsic, 1691, *in-4°.* 3. *De contemptu divitiarum atque facultatum apud antiquos philosophos,* à Leipsic, 1693, *in-4°.* 4. Voyage de Suisse, d'Italie & de quelques endroits d'Allemagne & de France, traduit en allemand, de l'anglois de Gilbert Burnet, avec une préface sur le Quiétisme, à Leipsic, 1693, *in-12.* 5. Essai historique & politique sur la vie de Marie, reine d'Angleterre, traduit en allemand, de l'anglois de Burnet, à Leipsic, 1696, *in-12.* 6. *Dissertatio de Atheismo, & in se fœdo, & humano generi noxio,* à Leipsic, 1693, *in-4°.* 7. Essai de Moyse Amyrault sur l'état des fideles après leur mort, (en allemand) à Leipsic, 1696, *in-12.* Pritz n'est que l'éditeur de cette traduction. 8. *De prærogativâ sexûs masculini præ feminino,* à Leipsic, *in-4°.* 9. *De recto usu rationis,* à Leipsic, *in-4°.* 10. *De Christo crucifixo,* à Leipsic, *in-4°.* 11. *De causis finalibus in rerum essentiis explicandis attendendis,* à Leipsic, *in-4°.* 12. *Dissertatio de quæstione, quantùm conferat eruditio ad felicitatem humanam,* à Leipsic, 1697, *in-4°.* 13. Les Annales du régne de Guillaume III, roi d'Angleterre, traduites de l'anglois en allemand, à Leipsic 1698, *in-8°.* 14. S. *Patris Macarii Ægyptii, homilia* 50, *græcè & latinè, interprete Zachariâ Palthenio,* à Leipsic, 1698, *in-8°.* Pritz a revu cette traduction. 15. *Macarii Ægyptii opera, græcè & latinè ; J. G. Pritius collegit, recognovit, studiosè emendavit, indicibusque adjectis edidit,* à Leipsic, 1699, *in-8°.* C'est le reste des œuvres qui sont attribuées à cet ancien auteur. 16. Traduction latine

latine de l'ouvrage de Pierre-Daniel Huet fur la fituation du paradis terreftre, à Leipfick 1694, *in*-12, & à
la fuite de la Démonftration évangélique du même,
donnée la même année auffi à Leipfick, *in*-4°. 17. Etat
de la religion des Mofcovites, en allemand, par Théophile Wahrmund, réimprimé avec une préface, par les
foins de Pritz, à Leipfick 1698, *in*-8°. 18. *De republicâ
litterariâ*, in-4°. 19. *De Pelagianifmo orthodoxæ
ecclefiæ à reformatis iniquè imputato*, differtatio, à
Leipfick 1698, *in*-4°. 20. *De amore Dei puro in causâ
Fenelonii*, in-4°. 21. *Joannis Miltoni Litteræ nomine
fenatûs anglicani, Cromvelli & aliorum, ad diverfos
in Europâ principes*, &c. *edente Pritio*, à Leipfick 1699,
in-12. 22. Eloge de Richard Baxter, contenu dans un
difcours funebre, fait par Guillaume Bates, traduit de
l'anglois en allemand, avec un catalogue des ouvrages
de Baxter, à Leipfick 1701, *in*-12. 23. Effais d'éloquence, tant en profe qu'en vers, en allemand, à
Leipfick 1702, *in*-12. 24. L'Immortalité des hommes
fur la terre, traduit en allemand, de l'anglois de Jean
Afgill, à Leipfick 1702, *in*-12. 25. *De translatione in
vitam æternam fine transitu per mortem*, in-4°. 26. *De
immortalitate hominis contra Afgillum*, in-4°. 27. Une
édition du nouveau teftament grec, avec les diverfes
leçons, des cartes géographiques, &c. à Leipfick 1702,
1709 & 1724. 28. *Introductio in lectionem novi Teftamenti*, &c. à Leipfick 1704, 1722, 1724. Les deux
dernieres éditions font avec des augmentations qui ne
font point de Pritz. 29. *Joannis Arndtii de vero Chrif-
tianifmo libri IV, latinè verfi, cum annotationibus Dorf-
chæi, & præfatione Pritii* à Leipfick 1704, *in*-12. 30. *De
renatorum experientiâ fpirituali differtatio*, à Leipfick
1709, *in*-4°. 31. *De ftatu religionis chriftianæ in regno
Sinenfi ob cultum Confutii perturbato relatio*, &c. Il
y a deux difcours prononcés féparément par Pritz ; le
premier, à Schlaitz au mois de juillet 1704, & imprimé
alors féparément ; le fecond à Gripfwalde le 21 feptembre 1708. A la fin de ces deux harangues eft une élégie
latine fur Charles XII, roi de Suéde. 32. *De vero opum
& divitiarum ufu*, in-4°. 33. *De principio juris naturæ
genuino & univerfali*, in-4°. 34. *De bonis & facultatibus
prudenter adminiftrandis*, in-4°. 35. *De Chrifto Jefu,
autore falutis humanæ, confummato*, in-4°. 36. *Difpu-
tatio de enthufiafmo Malebranchii*, 1710, in-4°. 37. Préface du *Synopfis criticorum*, édition de Francfort 1712.
38. La Doctrine de la prédeftination, en allemand, à
Francfort 1712, in-8°. 39. La confolation des fidéles,
en allemand, à Francfort 1714, in-8°. 40. Les marques
de la protection de Dieu envers la ville de Francfort, en
allemand, à Francfort 1714, in-8°. 41. Les Tables caté-
chétiques de Philippe-Jacques Spener, traduites du latin
en allemand, à Francfort 1714 & 1717, in-8°. 42. Le
zéle jufte contre le Papifme, par Spener, en allemand,
publié par Pritz qui a fait encore imprimer plufieurs autres
ouvrages du même. Il y a encore de Pritz plufieurs traductions de divers ouvrages, des fermons, des écrits de
dévotion, &c. * *Voyez* fon article dans le tome XLIII
des *Mémoires* du pere Niceron, & la *Bibliothéque germanique*, tome XXVIII. Son éloge fe trouve auffi dans les
Monumenta Duisburgenfia, tome II, page 69.

PRIVAS, petite ville de France dans le Vivarez, à
fix lieues de Viviers, du côté du nord. Privas avoit autrefois quelques fortifications. Louis XIII les fit abattre, après
avoir pris la ville fur les prétendus réformés l'an 1629.
* Mati, *diction*.

PRIVAT (faint) évêque du pays de Gévaudan, fut
maffacré par les Barbares, qui ayant fous la conduite de
Crocus paffé le Rhin, facrifierent un grand nombre de
chrétiens à leur avarice, & à la haine qu'ils avoient
pour Jefus-Chrift. Grégoire de Tours met cet événement dans le III fiécle. D'autres le placent dans le IV.
S. Privat retiré dans une grotte, ne voulut point s'enfermer dans le château de Gredon, où les habitans
du pays s'étoient réfugiés. Les Barbares fe faifirent de
lui, & voulurent l'obliger de facrifier à leurs idoles ; ce

qu'ayant refufé de faire, ils lui donnerent tant de coups,
qu'il en mourut. On dit que pendant qu'il refpiroit encore, l'armée des Barbares tomba dans une fi grande
difette de vivres, qu'elle fut obligée d'en demander à
ceux qui étoient dans le château de Gredon, ce qui leur
fut accordé, à condition qu'ils fe retireroient ; qu'a-
près leur retraite les habitans du pays trouverent leur
pafteur expirant, & qu'ils l'enterrerent dans le village
de Mende. * Gregor. Tur. *l*. 1, *hift. c*. 31, 32 ; & *l*. 10,
c. 29. Aimoin, *hift*. Fortunat, *l*. 8, *carm*. 3. Sigebert,
in chron. Tillemont, *mémoires pour fervir à l'hiftoire
eccléfiaftique*, tom. IV. Baillet, *vies des faints*, au
21 août.

PRIVAT, *Privatus*, hérétique, évêque de Lam-
bese en Afrique, dans le III fiécle, fut condamné &
dépofé dans un concile de quatre-vingt-dix évêques. Il
alla à Rome pour fe faire rétablir fur fon fiége, mais ce
fut inutilement ; de forte qu'étant revenu en Afrique,
& n'ayant pu avoir entrée dans une affemblée d'évêques, pour s'y purger, comme il le prétendoit, il cabala
avec cinq prélats coupables d'apoftafie, pour élever un
autre évêque en la place de faint Cyprien. Fortunat, un
des cinq prêtres, qui dans l'églife de Carthage avoient
déja formé un fchifme avec Féliciffime, leur parut
propre pour leur deffein, & fut ordonné évêque. * Saint
Cyprien, *epift*. 34 & 35, *edit*. Rigalt. Baronius, *in
annal*.

PRIVAT de MOLIERES, *cherchez* MOLIERES.

PRIULI ou PRIOLI, famille illuftre à Venife, qui a
donné deux doges à la république dans le XVI fiécle,
favoir, LAURENT Priuli, qui fut élu en 1554, & qui
après quatre ans de régne eut pour fucceffeur JEROME
Priuli fon frere, lequel mourut en 1567. LOUIS Priuli,
un de leurs parens, fut dans le même fiécle, intime
ami du cardinal Polus ; de forte que pendant vingt-fix
ans il ne le quitta jamais : fon attachement fut même fi
grand, qu'il refufa la pourpre facrée qui lui étoit offerte
par le pape Jules III, par la feule raifon qu'il ne pouvoit
fe réfoudre de quitter pour un feul moment fon cher
ami le cardinal Polus ; auffi avoit-il quitté les délices de
fon pays, & la fortune qu'il pouvoit faire à Rome,
pour fuivre ce cardinal en Flandre & en Angleterre.
Celui-ci en fut fi reconnoiffant, qu'il laiffa en mourant
l'an 1558, tous fes biens à ce généreux ami ; mais Priuli
n'en voulut retenir qu'un petit crucifix de cryftal, que
ce cardinal avoit coutume de porter pendu au col ; &
après avoir fatisfait aux legs pieux du défunt, il partagea le refte de l'hérédité une moitié aux pauvres, &
l'autre moitié aux parens de fon ami. * Grégorio Léti,
vie de la reine Elizabeth, *part. III*.

ANTOINE Priuli, neveu des deux doges, paffa
fort jeune en France fous le régne de Henri II, avec
un ambaffadeur de la république de la famille de Lauré-
dano, fon oncle maternel. Y étant devenu amoureux
de la fille d'un gentilhomme de Saintonge qui étoit à
Paris, il l'époufa ; & l'ayant menée à Venife, la
république & la parenté parlerent de faire caffer le
mariage ; mais l'ambaffadeur avoit figné au contrat :
ainfi on fe contenta de prononcer par un décret de
1554, qu'Antoine & fa poftérité feroient exclus de
toutes les charges du fénat. Il revint donc avec fes
meilleurs effets s'établir dans la province de fa femme,
à Saint-Jean-d'Angeli. L'aîné de fes enfans MARC Prioli, fut pere de JULIEN Prioli, qui fe ruina par les dépenfes qu'il fit à la guerre, étant premier officier du
régiment de la Force, & par quatre mariages, du dernier defquels fortit BENJAMIN, *dont il eft parlé à l'article* PRIOLO. Cette famille fut naturalifée françoife
fous Charles IX, & embraffa entiérement le calvinifme
fous Henri IV ; elle a même eu quelques miniftres de
la religion prétendue réformée. Quelques-uns de cette
famille ont écrit leur nom *Priolo*, & d'autres *Prio-
leau*.

PRIULI (François) Vénitien, étoit, dit-on, très-
habile dans l'aftrologie, fi l'on peut être habile dans

un art qui n'a ni principes ni fondemens. On assure cependant qu'il fit l'horoscope du pape Léon X ; qu'il lui découvrit les actions les plus secretes de sa vie passée, & qui n'étoient connues que de lui seul ; qu'il lui prédit très-exactement tout ce qui lui arriveroit dans la suite ; & que l'événement justifia jour par jour tout ce qu'il avoit prédit. Ce qui faisoit que le pape avoit accoutumé de dire que l'astrologie auparavant éteinte, avoit repris la vie par le seul Priuli. Pierius Valérianus nous apprend sa malheureuse fin, dans son livre *de infelic. litt. p.* 88.

PRIULI (Pierre) noble Vénitien, & cardinal, né le 14 mars 1669, s'étant attaché au service de la cour de Rome, fut fait au mois de décembre 1701, président de la chambre apostolique, dont il fut déclaré clerc au mois de septembre 1705. Il fut créé cardinal de la sainte église Romaine le 17 mai 1706, par le pape Clément XI, qui lui assigna le 25 juin suivant, le titre de diacre de S. Adrien. Il fut nommé au mois d'avril 1708, à l'évêché de Bergame, qui fut proposé pour lui à Rome dans un consistoire le 14 mai suivant. Il passa dans l'ordre des cardinaux prêtres, & opta le titre de S. Marc, vacant par la mort du cardinal Louis Priuli, le 9 mai 1720, & le pape lui accorda dans le même temps l'abbaye de S. Zéno, aussi vacante par la mort du même cardinal. Le pape Innocent XIII le déclara au mois de juin 1721, grand pénitencier de l'état de Venise, en reconnoissance de ce que ses parens de la maison de Conti, venoient d'être aggrégés à perpétuité à la noblesse vénitienne. Etant venu de son évêché à Rome pour se faire traiter de ses indispositions, il y mourut le 22 janvier 1728, dans la 59ᵉ année de son âge, & la 22ᵉ de son cardinalat. Son corps fut transporté le 14 février suivant à Bergame, où il fut inhumé le 22 du même mois dans son église cathédrale.

PRIULI (Louis) noble Vénitien, & de même famille que le précédent, étant auditeur de la Rote à Rome pour la nation vénitienne, fut aussi créé cardinal par le pape Clément XI, le 18 mai 1712. Il reçut le chapeau dans un consistoire public le 21 suivant, & le pape fit la cérémonie de lui fermer la bouche le premier juin, & celle de la lui ouvrir le 11 juillet de la même année. Le titre de S. Marc étant venu à vaquer par le décès du cardinal Jean Badoër, il l'opta dans un consistoire le 4 juin 1714. Il mourut à Rome le 15 mars 1720, âgé de 70 ans ; & fut inhumé dans l'église de son titre.

PRIX (S.) en latin *Prejectus* ou *Projectus*, évêque de Clermont en Auvergne, dans le VII siécle. Après avoir été disciple de S. Génest, prêtre de Clermont, il fut fait supérieur d'un monastere de filles par Félix, évêque de Clermont, à la place duquel on voulut l'élire en 665. L'archidiacre Gayroald l'emporta par ses brigues ; mais celui-ci étant mort au bout de 40 jours, S. Prix fut élu d'un consentement unanime. Il fut massacré à Volvic près de Clermont, par des assassins envoyés par les parens du patrice Hector, qu'il avoit fait condamner à mort par le roi Childéric. On l'a considéré, à cause de cela, comme un martyr de la justice, dont on fait la fête au 25 janvier. * *Sa vie dans* Bollandus, & *dans* Mabillon. Baillet, *vies des saints, mois de janvier.*

PROBA FALCONIA, *cherchez* ANICIUS PROBUS.

PROBUS (M. Aurélius) originaire de Sirmich en Pannonie, étoit fils de Maxime, qui mourut en Egypte. Il y a eu des auteurs de son temps qui ont dit qu'il étoit parent de Claude le Gothique, & qu'il eut une sœur appellée Claudia ; mais si cela est douteux, au moins est-il certain qu'il parvint de très-bonne heure aux charges les plus honorables de la milice, & qu'après avoir été tribun dans un des autres ne font que commencer à apprendre le métier de la guerre, il eut étant encore très-jeune le commandement d'une légion que Valérien n'avoit eu qu'étant déja fort âgé. Gallien ne l'estima pas moins que son pere avoit fait, & lui donna le commandement des troupes de l'Illyrie : il eut ensuite celui de la X légion, ce qui parut lui annoncer

qu'il parviendroit à l'empire, Aurélien qui le lui donnoit, l'ayant reçu de Claude, qui l'avoit reçu de Gallien. Enfin après avoir repris l'Egypte sous le même Aurélien, il obtint de Tacite, son successeur, le commandement de l'Orient, & c'est-là qu'il fut nommé pour succéder à cet empereur, mort vers le mois d'avril de l'an 276. Florien, frere de Tacite, y avoit été nommé en même temps, & il étoit alors en Asie avec des troupes bien plus nombreuses que celles de Probus ; mais les chaleurs qui survinrent peu après donnerent à Probus, dont les soldats étoient presque tous naturels du pays, un avantage dont il sut bien profiter. Florien ayant été battu, se donna la mort à lui-même en se faisant ouvrir les veines, & Probus fut reconnu de tout le monde, avec d'autant plus de joie, qu'il signala le commencement de son régne par le pouvoir qu'il donna au Sénat de nommer les gouverneurs de toutes les provinces, & de revoir les loix qu'il voudroit établir, pour y faire leurs remontrances s'il y avoit lieu, sans se réserver autre chose que le commandement des troupes, & l'administration des deniers publics. Tout ce régne qui fut d'un peu plus de six ans, ne fut qu'une suite de victoires : les François, les Bourguignons, les Vandales qui s'étoient répandus dans les Gaules, en furent chassés avec une vivacité étonnante, & virent bientôt les Romains commettre dans leurs pays les mêmes désordres qui les avoient rendus si redoutables aux Gaulois ; ce qui les contraignit non-seulement à céder presque tous leurs biens au vainqueur, mais à grossir les troupes de leur plus vigoureuse jeunesse. Les Sarmates dans l'Illyrie, les Goths dans la Thrace, ne lui firent pas plus de résistance : les brigands d'Isaurie furent chassés de leurs montagnes, qui furent données aux Vétérans, & Ptolémaïde & Copte dans la haute Egypte furent reprises sur les Blémyes : après quoi cent mille Bastarnes enlevés, de leur pays, furent contraints de venir cultiver les terres de l'empire, qui avoient été abandonnées sous les régnes précédens. Enfin Probus se préparoit à aller porter la terreur de son nom jusque dans la Perse, lorsque quelques séditieux d'entre les soldats qu'il occupoit suivant sa coutume à des ouvrages publics auprès de Sirmich, le tuérent vers le mois d'août de l'an 282. Sur ce qui regarde la postérité de Probus, *on peut voir ce qu'on en a dit au mot* BYSANCE. * Tillemont, *hist. des empereurs.* Pagi, *critica hist. chronolog. in annal. Baronii.* Banduri, *numism. imp. rom.*

PROBUS, *cherchez* NEPOS (Cornelius) TITIUS PROBUS, VALERIUS, & ELVODUGUS.

PROCACCINI (Camille) célebre peintre Italien, étoit fils aîné d'*Ercole* Procaccini, qui exerçoit la même profession. Il naquit à Boulogne en 1546. Après avoir reçu de son pere les premiers enseignemens, il se présenta à l'école des Caraches avec son frere *Jules-César.* Dans la suite il se trouva en état de travailler en concurrence avec les Caraches eux-mêmes. S'étant depuis retiré à Milan avec sa famille, il y contribua à élever une fameuse académie de peinture. De cette ville il se rendit à Rome avec le comte Pirro Visconti qui le protégeoit. Revenu plus habile à Milan, le duc de Parme le choisit pour travailler au dôme de Plaisance, & le mit en concurrence avec Louis Caraché, dont la société fut par là inutile. Ce peintre, dont les ouvrages sont en grand nombre en Italie, mourut à Milan e 1626, âgé de 80 ans. * *Voyez* sa vie dans celle de peintres de M. d'Argenville, tom. I, pag. 225 suivantes.

PROCACCINI (Jules-César) *frere du précédent,* n pareillement à Boulogne en 1548, & comme lui élév des Caraches, se retira aussi à Milan avec sa famille en 1609. Pour se perfectionner dans son art, il demeur long-temps à Rome, à Venise & à Parme, où il observ sur les modeles les plus parfaits. Revenu à Milan, il d vint chef d'une fameuse académie, qui attiroit toute l jeunesse de ces cantons-là. Il fut mandé à Gênes e

1618, pour orner le palais Doria; & il travailla auffi beaucoup pour le roi d'Efpagne. Il mourut à Milan l'an 1626, à l'âge de 78 ans. Camille & Jules-Céfar Procaccini ont eu un troifiéme frere nommé CARLO-ANTONIO Procaccini, qui, s'appliqua auffi à la peinture, mais qui refta inférieur aux deux autres, quoique l'on dife qu'il ait très-bien réuffi dans le payfage, les fleurs & les fruits. Il eut un fils nommé Ercole Procaccini, qui peignit d'abord des fleurs dans le gout de fon pere, mais qui, étant devenu éléve de Jules-Céfar, fon oncle, fit plufieurs tableaux d'églife, & foutint long-temps l'académie dont fon oncle avoit été le chef. Il travailla beaucoup pour la ville de Turin, & mourut en 1676, à l'âge de 80 ans. * Extrait de l'Abrégé des vies des plus fameux peintres, cité dans l'article précédent, tom. I, pag. 229 & fuiv. On peut auffi confulter le Catalogue raifoné des différens effets curieux & rares, contenus dans le cabinet de feu M. le chevalier de la Roque (Antoine de la Roque, chevalier de l'ordre militaire de S. Louis) par M. Gerfaint, à Paris 1745, in-12, pag. 28 & 29.

PROCAS, roi des Latins, fuccéda à Aventin, fon pere, l'an 3230 du monde, 805 avant J. C & régna 32 ans. En mourant il laiffa deux fils, Amulius & Numitor, dont le dernier fut aïeul de Rémus & Romulus. * Tite-Live, l. 8. Denys d'Halicarnaffe. Eufebe, &c.

PROCESSE (S.) & S. MARTINIEN, martyrs à Rome, du temps de S. Pierre & de S. Paul, c'est-à-dire, fous la perfécution de Néron, étoient honorés dès le IV fiécle à Rome, s'il eft vrai ce que dit l'auteur du livre intitulé Prædeſtinatus, qu'un prêtre de la fecte des Tertullianiftes d'Afrique s'empara en ce temps-là de leur tombeau. Quoi qu'il en foit, leur nom fe trouve dans le calendrier romain du IV fiécle. S. Grégoire le Grand a prononcé une homélie le jour de leur fête. Les actes de leur martyre n'ont aucune autorité. Les martyrologes mettent leur fête au 2 de juillet, ou au 30 mai. * Calendrier de Fronton, Prædeſt. de hær. c. 86. Sanct. Greg. homil. 32 in evang. Bollandus, tom. VII. Tillemont, mém. pour fervir à l'hift. eccléf. tom. II.

PROCESSION, cérémonie eccléfiaftique, dans laquelle le clergé & le peuple vont à quelque églife chantant les litanies ou d'autres prieres. Les anciens Romains, dans les néceffités de l'empire, ou après quelques victoires, ordonnoient des proceffions pour un certain nombre de jours dans tous les temples des Dieux, pour leur demander du fecours, ou pour leur rendre des actions de graces. Les Juifs alloient auffi en compagnie au temple, pour y faire leurs prieres, & les premiers chrétiens alloient de compagnie aux tombeaux des martyrs. On nommoit Proceffion la marche des empereurs aux temples, aux lieux publics, & dans leurs palais. Mais en ces occafions on ne voit pas que les prêtres aient précédé & conduit ces fortes de proceffions. Les premieres proceffions, dont il foit fait mention dans l'hiftoire eccléfiaftique avec le clergé, font celles que S. Jean Chryfoftome établit à Constantinople, pour oppofer à celles que faifoient les Ariens. L'hiftorien Socrate, l. 6, c. 8, rapporte que les Ariens de Constantinople, qui étoient alors obligés de tenir leurs affemblées hors de la ville, en y allant chantoient la nuit & le matin des antiennes, & y mêloient des impiétés contre la doctrine catholique fur la Trinité. S. Jean Chryfoftome, pour empêcher qu'ils ne pervertiffent les catholiques, fit auffi faire des proceffions aux derniers, qui chantoient des prieres pendant la nuit, dans lefquelles on portoit des croix, fur lefquelles on avoit mis des flambeaux allumés. Depuis ce temps-là l'ufage des proceffions s'est introduit chez les Grecs, puis chez les Latins; mais elles ont fubfifté plus long-temps, & ont été plus communes chez les Latins que chez les Grecs. L'ufage de l'églife romaine, dès le temps de S. Grégoire, étoit que le clergé & le peuple

allaffent proceffionnellement d'une églife à une autre, chantant des prieres ou litanies; & quand ils étoient arrivés dans cette églife, on y chantoit l'office, & la meffe qui étoit quelquefois commencée dans l'églife d'où on fortoit : c'eft ce qui s'appelloit ftation. Le nombre de ces proceffions s'eft toujours depuis augmenté : on en a fait dans les villes & dans les campagnes, pendant les néceffités publiques, pour implorer la miféricorde de Dieu, & lui demander la paix, l'abondance & les autres biens temporels, & pour détourner la pefte, la famine & les autres malheurs dont on étoit accablé ou menacé. Les litanies, ou les prieres publiques que l'on fait le jour de S. Marc, & celles des Rogations, établies par S. Mamert, évêque de Vienne, font de ce genre. On fait même des proceffions une cérémonie réglée, que l'on pratique tous les Dimanches de l'année dans les églifes paroiffiales. On en a établi d'extraordinaires dans les jubilés, dans les dévotions publiques, & même pour rendre des actions de graces. La proceffion du jour des Rameaux, pour honorer le triomphe de l'entrée de Jefus-Chrift à Jérufalem, a été fort fameufe dans quelques églifes. Enfin depuis que Bérenger eut combattu le culte du faint Sacrement de l'Euchariftie, on fe fit une religion de la porter en triomphe en proceffion. Cette coutume commença dès le XIV fiécle, & fut rendue plus folemnelle, depuis que les luthériens & les calviniftes combattirent ce myftere. On la joignit à la fête du faint Sacrement, inftituée par Urbain IV, & depuis ce temps-là elle a été obfervée régulierement en ce jour, dans la plupart des églifes d'Occident.

PROCESSION de la ligue. Ce fut une proceffion tout-à-fait extraordinaire, que les religieux & les eccléfiaftiques, au nombre de treize cens, firent à Paris en 1590. Rofe, évêque de Senlis, & le prieur des Chartreux, étoient à la tête, comme capitaines, & portoient chacun une croix dans la main gauche & une hallebarde dans la droite, pour repréfenter, difoient-ils, les Machabées qui conduifoient le peuple de Dieu. Après eux marchoient par rangs, de quatre de front, tous les religieux des ordres mendians, même les Capucins, les Minimes & les Feuillans; mais les religieux rentés qui avoient du bien à la campagne, & qui craignoient le dégât de leurs terres, comme ceux de S. Germain des Prés, de S. Victor, de fainte Geneviéve, & les Céleftins ne s'y trouverent pas. Ils avoient tous leur robe retrouffée à la ceinture, le capuchon abattu fur les épaules, le morion en tête, le corfelet ou la jaque de maille fur le dos, & portoient les uns des rondaches & des dagues; les autres des pertuifanes, & les autres des arquebufes, & d'autres armes rouillées, & peu propres à une attaque ou à une défenfe. Les vieux étoient aux premiers rangs, contrefaifant le mieux qu'ils pouvoient la contenance & la démarche de capitaines. Les jeunes fuivoient, tirant à toute-heure leur arquebufe, pour montrer leur adreffe & leur courage. Hamilton, curé de S. Côme, Ecoffois de nation, faifoit la charge de fergent, avec d'autres. Toute cette bande marchant par les rues de Paris avec une gravité affectée, fe repofoit de temps en temps, & mêloit par intervalles des antiennes & des cantiques avec le bruit de leurs moufquetades. Le légat du pape, accompagné de Panigarole, de Bellarmin, & de quelques autres Italiens, autorifa cette action par fa préfence. Mais il arriva qu'un de fes aumôniers fut tué à la portiere de fon caroffe, par un coup qu'un de ces mauvais arquebufiers tira mal-à-propos : ce qui penfa faire un grand défordre. Le jour de l'Afcenfion, de la même année, il fe fit une autre proceffion plus férieufe au couvent des Auguftins, où fe trouverent l'archevêque de Lyon, les évêques de Rennes, de Senlis & de Fréjus, tous les prélats de la fuite du légat, l'ambaffadeur d'Efpagne, celui qui lui avoit été de la reine d'Ecoffe & qui portoit le titre d'archevêque de Glafcow, le prince de Ferrare, les ducs de Némours, d'Aumale, avec d'autres princes & chefs de guerre; les cours souveraines , les colonels & les capitaines de la ville. Après la meſſe ſolemnellement chantée , ils jurerent tous ſur le livre des évangiles , de ne jamais recevoir un roi hérétique , & de révéler tout ce qu'ils ſauroient être contraire à la ſainte union. * Mézerai , *hiſt. de France , ſous Henri IV.* Voyez la *Satyre Ménippée* , édit. en 3 vol. *in-8°.*

PROCHITA ou PROCITA, petite iſle de la terre de Labour. Elle eſt dans le golfe de Naples , entre l'iſle d'Iſchia & la ville de Pouzzoles. Elle eſt fort petite , & il n'y a qu'un bourg , nommé *l'abbaye S. Michel.* * Mati , *dictionaire.*

PROCHITA (Jean de) ainſi nommé , parcequ'il étoit ſeigneur de l'iſle de Prochita dans le royaume de Naples , eut beaucoup d'autorité dans la Sicile , ſous le régne de Mainfroi , & fut dépouillé de ſes biens & de ſes charges par Charles d'Anjou , roi de Naples & de Sicile. Réſolu de s'en venger , il entreprit de faire révolter la Sicile contre le roi Charles , & de la réduire ſous la puiſſance de Pierre , roi d'Aragon , qui prétendoit que ce royaume lui appartenoit , à cauſe de ſa femme Conſtance , fille de Mainfroi. Pour diſpoſer ce projet plus ſecretement , il ſe déguiſa en habit de Cordelier l'an 1280 ; & après avoir parcouru toute la Sicile ſous cet habit , pour pratiquer les eſprits , il alla à Conſtantinople , traiter avec Michel Paléologue , & en obtint un ſecours d'argent. De-là il ſe rendit à Rome , où il engagea le pape à favoriſer cette entrepriſe. Mais la mort du pape Nicolas , & l'exaltation du cardinal de ſainte Cécile , que le roi Charles fit élire pape ſous le nom de Martin IV , firent changer la face des affaires. Cependant Prochita ne renonça point à ſon entrepriſe , & employa deux ans à tramer ſous ſon habit de Cordelier , l'horrible conſpiration qui fut exécutée en 1282. Il convint avec les chefs des conjurés , que le jour de Pâque , qui tomboit ſur le 30 de mars , auſſitôt que l'on entendroit ſonner le premier coup de vêpres , on feroit main-baſſe ſur tous les François , qui ne ſongeoient à rien moins ce jour-là qu'à une ſi effroyable trahiſon. Elle fut exécutée avec tant de rage & de cruauté , par toutes ſortes de perſonnes ſéculieres & eccléſiaſtiques , par les prêtres mêmes , & par quelques religieux , qu'en peu de temps , tout ce qu'il y avoit de François dans la Sicile , dont le nombre étoit d'environ huit mille , furent tués ſans diſtinction d'âge , ni de ſexe , ni de condition. Ils y périrent tous , à la réſerve d'un ſeul homme , qui fut Guillaume de Porcelets , gentilhomme Provençal , que les Siciliens renvoyerent en ſon pays , pour récompenſer la bonne foi & la probité avec laquelle il s'étoit comporté dans le gouvernement d'une place. * Surita, *l.* 2. Mariana, *l.* 14. P. Maimbourg , *hiſt. du ſchiſme des Grecs , l.* 5.

PROCHORE, *Prochorus* , diſciple des apôtres , & l'un des ſept premiers diacres , paſſe pour auteur de la vie de S. Jean l'*Evangéliſte* , que nous avons dans la bibliothéque des peres ; mais il eſt ſûr que cet ouvrage n'eſt pas de lui : car ſans parler des fables dont il eſt rempli , il ne faut que prendre garde à ces mots *μειᾷον τριάδα coëſſentialem Trinitatem* , inconnus en ce temps-là , pour juger qu'il a été compoſé quelques ſiécles après lui. Voſſius croit que cet ouvrage de Prochore eſt peut-être le même qu'on appella *Circuitus Johannis.* * *Actes des apôtres* , c. 6. Baronius , *A. C.* 44 , *n.* 30 ; & 99 , *n.* 4. Bellarmin , *de ſcript. ecclef.* Lorinus , *in act. apoſt.* Voſſius, *l.* 2 *de hiſt. gr.* Le martyrologe romain, *ad* 9 *april.*

PROCILIUS , hiſtorien Latin , qui vivoit du temps de Pompée *le Grand* , vers l'an 60 avant J. C. écrivit divers ouvrages qui ne ſont pas conſervés. Il ne nous eſt connu que parcequ'il eſt cité par Varron , *l.* 4 , *de lingua lat.* par Pline , *l.* 1 , *hiſt. nat. c.* 2 , &c. C'eſt peut-être ce même PROCILIUS , dont il eſt fait mention dans Lampridius , qui avoit écrit qu'il avoit lu ſur une colonne de Memphis , que l'Egypte ſeroit libre , quand les faiſceaux romains y viendroient.

PROCILLUS (Caïus Valerius) fils de *Caïus Vale-*

rius *Caburus* , qui avoit été fait citoyen Romain par Caïus Valerius Flaccus , étoit le premier & le plus honnête homme de la Gaule Narbonnoiſe ſous l'empereur Céſar. Il joignoit à ſa nobleſſe, & à ſa probité beaucoup d'éloquence & de courage ; & ces qualités lui ayant acquis l'eſtime de Céſar , cet empereur lui donna toute ſa confiance. Comme Procillus poſſédoit parfaitement la langue gauloiſe , & qu'il étoit d'une fidélité la plus exacte , Céſar le choiſit avec Marcus Muttius , pour ſes ambaſſadeurs auprès d'Ariov_ſte , roi de ces Germains , qui , après avoir paſſé le Rhin , s'étoient établis dans la Séquanoiſe. Mais Arioviſte fit charger de chaînes Procillus , contre le droit des gens , & l'on délibéra trois fois en ſa préſence ſi on le feroit bruler ; mais le ſort qui fut jetté ayant voulu que ſa mort fût différée , Céſar eut le temps de défaire Arioviſte , & de délivrer ſon ambaſſadeur. Pline l'ancien parle d'un Procillus , qui avoit profité de ſes écrits pour les faire paſſer dans les ſiens ; mais nous ignorons ſi c'eſt de celui-ci dont il veut parler. Procillus cité dans Varron comme un excellent grammairien, n'étoit pas non plus le Gaulois ni du même temps. * *Voyez l'hiſt. lit. de la France* , par D. Rivet , & quelques autres Bénédictins , *t.* 1 , &c.

PROCLÈS , fils d'Ariſtodème, de la race d'Hercule , & frere d'Euryſthène , poſſéda avec ſon frere la ſouveraineté de Sparte ou Lacédémone. Comme ils prétendoient tous deux à la couronne , on conſulta l'oracle , qui répondit que deux rois du ſang d'Hercule devoient régner dans Sparte. Ainſi Proclès fut le chef des rois nommés *Proclydes* , & depuis *Eurypontides* ; & Euryſthène fonda la famille des *Euryſthénides* , qui furent enſuite appellés *Agydes.* Ils commencerent à régner l'an du monde 2963 , & 1072 avant J. C. * Pauſanias , *in Lacon.*

PROCLINIATES , hérétiques dans le IV ſiécle , nioient l'incarnation de Jeſus-Chriſt , la réſurrection des corps, & le jugement univerſel. * S. Epiphane.

PROCLUS , hérétique , diſciple de Montan , débitoit ſes erreurs dans le II ſiécle , & fut confondu par Gaïus , homme très-ſavant , qui diſputa publiquement contre lui , devant le pape Zéphyrin. Euſebe dit que cette diſpute avoit été publiée , qu'elle tomba entre ſes mains , & qu'il y avoit trouvé d'excellentes raiſons contre les Montaniſtes. Tertullien loue beaucoup ce Proclus , & fut peut-être celui qui lui inſpira les rêveries de Montan. * Euſeb. *l.* 3 , *hiſt. c.* 31 , S. Jérôme , *de ſcriptor. ecclef. in Gaïo , cap.* 59. Baronius , *in annal.* &c.

PROCLUS , philoſophe Platonicien , qui vivoit vers l'an 500 de J. C. eſt ſans doute le même qui fut ſurnommé *Diadochos.* Il étoit né dans la Lycie , fut diſciple de Syrien , & eut beaucoup de part en l'amitié de l'empereur Anaſtaſe. Comme il étoit ſavant mathématicien , pendant que Vitalien aſſiégeoit Conſtantinople , on dit qu'il brula ſes vaiſſeaux avec de grands miroirs d'airain , invention que l'on a fauſſement attribuée à Archimede. Au reſte Proclus étoit Païen ; & écrivit contre la religion chrétienne un traité que Philopon réfuta. Nous avons encore de lui , *Elementa theologica & phyſica* , traduits en latin par François Patricius , & publiés à Ferrare , *in-4°*, l'an 1583. *Theologiæ catholica lib. VI* , imprimé l'an 1611 , *in-folio* , à Hambourg , avec la traduction latine d'Emilius Portus. *Paraphraſis in Ptolemæum de ſyderum affectionibus* , publiée en 1635 à Leyden , *in-8°.* Des commentaires ſur quelques livres de Platon en grec. *De poëticâ diſſertatio* , dont on a une traduction faite ſur le gre par Fédéric Morel : cette traduction parut à Pari en 1615 , *in-16* , à la ſuite de l'ouvrage intitulé : *Georgii Chæroboſci de figuris poëticis , oratoriis & theologicis liber. Nunc primùm græcè prodit , ex bibliothec Federici Morelli , profeſſorum & interpretum regis Decani , cum latinâ ejuſdem verſione , & PROCLI , d poëticâ (ſeu de tribus generibus poëtices) diſſertatione* Pluſieurs auteurs ſe ſont trompés , en confondant Pro clus avec ce Proclus qui fut précepteur de M. Antonin, ou avec d'autres de ce nom.* Suidas, *in Προκλος.* Gesner, *in biblioth.* Vossius, *de sect. phil. c.* 16, *de math. &c.*

PROCLUS (S.) patriarche de Constantinople, avoit été disciple de S. Jean Chrysostome, & secrétaire d'Atticus. Il fut fait évêque de Cyzique par Sisinnius, patriarche de Constantinople, qui prétendoit avoir ce droit ; mais les Cyzicéniens en élurent un autre : de sorte que Proclus fut obligé de s'arrêter à Constantinople, où il acquit beaucoup de gloire par ses prédications. Dans cet intervalle, Sisinnius, Nestorius & Maximien furent patriarches l'un après l'autre. Après la mort du dernier, Proclus fut mis en sa place par la seule considération de son mérite, en 434. Ce fut ce prélat qui, ayant fait un panégyrique de S. Jean Chrysostome, se joignit à tout le peuple, & alla demander à Théodose le Jeune, qu'il lui plût faire rapporter le corps de ce saint à Constantinople. Il s'opposa avec beaucoup de soin aux hérétiques, condamna le livre de Théodore de Mopsueste, & le réfuta par écrit. Sa mort qui arriva le 24 octobre 447, causa un grand trouble dans l'église de Constantinople. Nous avons de lui un traité de la tradition de la divine liturgie, quelques homélies, &c. dans la bibliothéque des peres. Vincent Richard, Théatin de Rome, publia toutes ses œuvres en un volume *in-4°,* l'an 1630 ; elles sont en grec & en latin, & contiennent vingt homélies, des épîtres & les interprétations. On voit à la tête de ce livre la vie du même saint. Gerhart Elmenhorst avoit fait une édition des opuscules de Proclus dès l'an 1617, en un volume *in-12,* impression de Leyden. Le ménologe des Grecs, le martyrologe des Latins, le IV concile général de Chalcédoine & le V de Constantinople, font mention de Proclus, aussi-bien que S. Cyrille d'*Alexandrie,* & divers autres. Ses sermons sont écrits d'un style coupé & sententieux, plein d'antithéses, d'interrogations, d'exclamations & de pointes ; les pensées sont étudiées, subtiles : mais elles sont peu utiles & peu instructives. * S. Cyrille, *in expos. symbol. Nican. & epist.* 31 *ad Joan. Antioch.* Socrate, *l.* 7, *c.* 26, 28, & *seq.* Théodoret, *l.* 5, *c.* 35. Nicéphore, *l.* 14 & 38. Photius, *cod.* 52. S. Jean de Damas. Baronius, Bellarmin, Possevin, &c. Du Pin, *bibl. des auteurs ecclés. du V siécle.*

PROCONSUL. Ce nom a été donné dans les commencemens de la république romaine, à celui qui étoit continué dans la charge de consul après l'année de son consulat, pour quelque raison importante. Ensuite on appella *Proconsul* celui qui, étant sorti du consulat, avoit le gouvernement d'une province consulaire. Du temps des empereurs, on nomma *Proconsul* celui qui étoit élu par le sénat pour gouverner une des provinces du peuple. Les Proconsuls sortis du consulat n'étoient pas élus par le peuple assemblé ; mais ils tiroient au sort le nom d'une des deux provinces consulaires, & prenoient le gouvernement de celle qui leur étoit échue. Ils y rendoient la justice, & commandoient l'armée qui étoit dans leur province. L'été étoit ordinairement le temps destiné à leur charge, & l'hiver étoit employé à l'exercice de leur jurisdiction. * Rosin, *antiq. romain. l.* 7, *c.* 42.

PROCOPE, lecteur de Scythople en Palestine, & martyr dans le temps de la persécution de Dioclétien & de Maximien, fut le premier qui souffrit la mort pour la religion chrétienne, en exécution de l'édit de 303. Il étoit né à Jérusalem ; mais il étoit venu s'établir à Scythople, où il fut arrêté avec quelques autres en 303, & conduit à Césarée de Palestine. Le juge lui proposa de sacrifier aux dieux ou au moins aux empereurs ; & ce qu'ayant refusé de faire, il eut la tête tranchée le 7 juillet. On ne fait néanmoins sa fête que le 8 de ce mois. * Euseb. *lib. de martyr. Palast. c.* 1 & 2. *Acta Proconsul. apud.* Ruinart. Tillemont, *mém. pour servir à l'hist. ecclés.* tom. V.

PROCOPE, *Procopius,* natif de Cilicie, & parent

de Julien l'*Apostat,* se fit saluer empereur après s'être révolté contre Valentinien & Valens, & prit la pourpre à Constantinople le 28 septembre vers l'an 364. Ses premiers progrès furent si rapides, que Valens réduit à de fâcheuses extrémités, songeoit à quitter l'empire, si ses amis ne l'en ussent détourné. Mais l'année suivante les affaires changerent de face, & Procope fut défait dans une campagne de Phrygie, nommée *salutaire.* On dit qu'il fut abandonné par ses gens, & qu'étant tombé entre les mains de Valens, ce prince lui fit couper la tête, qu'il envoya à Valentinien dans les Gaules. * Ammien Marcellin, *l.* 25 & 26. Zosime, *l.* 4.

PROCOPE, *Procopius,* fils de l'empereur d'Occident Anthémius, & frere de Marcien & de Romulus, se souleva avec eux contre Zénon vers l'an 479. Ils furent vaincus par les fourbes d'un certain Hillus, célèbre imposteur.

PROCOPE, *Procopius,* de Césarée, historien Grec, acquit beaucoup de réputation par ses ouvrages, sous l'empire de Justinien. Il fut secrétaire de Bélisaire, pendant toutes les guerres que ce général fit en Perse, en Afrique & en Italie. Ensuite il fut reçu au nombre des sénateurs, obtint le titre d'*illustre,* qui ne se donnoit qu'à peu de personnes ; & pour comble d'honneurs, fut fait par l'empereur, préfet de Constantinople. Les auteurs sont en peine de savoir s'il étoit païen, ou chrétien ; mais il y a apparence qu'il étoit du nombre des fidéles, si l'on considere ce qu'il dit dans son traité des bâtimens de Justinien, divisé en six discours. Tout son ouvrage comprend huit livres, savoir, 2 de la guerre des Perses, dont Photius a fait l'abrégé ; 2 de celle des Vandales, & 4 de celle des Goths. Il y en a un neuviéme, intitulé l'*Histoire secrette,* ou les *Anecdotes,* qui est une satyre contre Justinien & Théodore son épouse. Le P. Claude Maltret, Jésuite, fit imprimer en 1623, toutes les œuvres de Procope, de l'édition du Louvre, à l'exception des Anecdotes que M. de la Monnoye a publiées. Nous avons diverses traductions latines de cet auteur, & depuis on nous en a donné une en notre langue. * Photius, *biblioth. cod.* 63. Vossius, *de hist. Græc. l.* 2, *c.* 22. La Mothe le Vayer, *jugem. des hist.*

PROCOPE de Gaze, *Procopius,* rhéteur & sophiste, vivoit dans le VI siécle, vers l'an 560 ; & étoit meilleur écrivain que théologien. Il composa des commentaires, ou plutôt il fit une chaîne des peres Grecs & Latins qui l'avoient précédé sur les huit premiers livres de l'écriture. Photius loue son style & son exactitude, mais il le reprend de ses trop longues digressions, non qu'elles fussent inutiles, mais parcequ'il rapportoit toutes les explications des anciens, quoiqu'elles fussent contraires. Il se servoit de la version des Septante, & de celles d'Aquila, de Symmaque, de Théodotion, & quelquefois de celle de S. Jérôme, que Sophrone avoit traduite en grec. Conrad Clauser de Zurich, auteur d'une version de cet ouvrage, le publia en 1555. Jean Cartier publia un abrégé des commentaires de Procope sur Isaïe en 1580. Louis Lavater de Zurich interpréta ses annotations sur les 4 livres des rois, & le I des paralipoménes ; & Herman Hamberger celles qui font sur le second livre des mêmes Paralipoménes, que Jean Meursius fit imprimer à Leyden en 1620. On pourra consulter les préfaces qui sont à la tête de ses ouvrages. * Photius, *cod.* 160, 206 & 207. Sixte de Sienne, *l.* 4. *biblioth. sanct.* Bellarmin, *de script. ecclef.* Possevin, *in appar. sacr.* Godeau, *hist. ecclésiastique,* &c.

PROCOPE-RASE, surnommé *le Grand,* gentilhomme Bohémien, ayant peu de bien, fut adopté par un oncle maternel, qui après lui avoir fait faire ses études, le fit voyager en France, en Italie, en Espagne & dans la Terre-sainte. A son retour il le fit tonsurer, &, à ce qu'on prétend, ordonner prêtre malgré lui ; ce qui lui a fait donner le surnom de *Rasé.* Mais lorsque la guerre des Hussites s'alluma au commencement du XV siécle, il quitta l'habit ecclésiastique, prit l'épée, & s'attacha entiérement à Zisca, chef de ces hérétiques. Zifca, qui ne tarda pas à connoître la grandeur de fon zèle & fa valeur, lui donna fon eftime, & Procope acquit par fes exploits militaires le furnom de *Grand*. En 1422, l'archiduc Albert étant entré en Moravie à main armée, affifté de quelques troupes auxiliaires de l'empereur Sigifmond, & affiégeant la ville de Juttemberg qui avoit embraffé le huffitifme, les Juttembergeois appellerent à leur fecours Zifca, qui commit le foin de les défendre à Procope. Celui-ci alla en effet en Moravie, fe fit paffage, l'épée à la main, au travers de l'armée des affiégeans, entra dans Juttemberg, la pourvut de vivres, & chaffa enfin l'armée de l'archiduc. Ce fiége dura trois mois. Zifca mourant en 1424, recommanda à Procope de faire périr par le fer & par le feu tout ce qui s'oppoferoit à fa religion, & lorfqu'il fut mort, fon armée fe divifa en trois bandes, dont une fe choifit Procope pour chef; & ce partage n'empêcha pas qu'ils ne s'uniffent étroitement, quand il s'agiffoit de la caufe commune. Procope-Rafe, à la tête des Taborites & de ceux de Prague, marcha peu après vers la Baviere & l'Autriche par la Moravie, & alla mettre le fiége devant Hranditz, felon d'autres, Retz, place bien fortifiée dans la Moravie. Il la prit, la fit réduire en cendres, & les habitans furent paffés au fil de l'épée. Après fa retraite, l'archiduc profitant des troubles intérieurs de la Bohême, pour recouvrer ce qu'il avoit perdu dans la Moravie, il y fit quelques tentatives en 1426. Mais Procope l'ayant appris, marcha au-devant de lui, l'obligea de fe retirer, & prit lui-même quelques forts. Étant venu devant Kamenitz, ville fur les frontieres de la Bohême & de la Moravie, où il y avoit une bonne fortereffe, il y trouva une réfiftance à laquelle il ne s'étoit pas attendu. Agnès, fille de Procope de Sézima d'Auft, en foutint elle-même le fiége; & lorfque Procope la fit fommer de fe rendre, avec de grands cris & beaucoup de hauteur, elle répondit : *Je ne fuis qu'une jeune fille foible ; mais j'ai affez de cœur, pour ne pas m'alarmer de la férocité de votre langage, & pour ne pas céder ma place fans la défendre.* La valeur éclata de part & d'autre : Agnès fit durer le fiége quinze jours, & ne fe rendit qu'après une capitulation la plus avantageufe qu'elle pût faire. Elle eut la permiffion de fe retirer où elle voudroit, comme elle l'avoit demandé, & elle fut conduite en fureté au lieu qu'elle avoit choifi. Procope paffa peu après en Autriche, où il fit bien du ravage, & fe rendant redoutable par-tout, Sigifmond lui-même le craignit, & envoya en 1428 des ambaffadeurs aux Huffites, pour leur expofer fes droits fur le royaume de Bohême, & leur faire de fa part des offres avantageufes. Procope ayant appris ces bonnes difpofitions de l'empereur, & fe trouvant un peu las de la guerre, lui fit demander une entrevue: elle fut acceptée. Procope fe rendit en Autriche, propofa fes conditions, offrit la paix ; mais Sigifmond n'ayant rien voulu lui accorder de ce qu'il demandoit, il s'en retourna en Bohême, irrité de fon refus, & ne penfant plus qu'à la vengeance. Il pacifia à fon retour les divifions des habitans de Prague, & fit en Siléfie, en Saxe & en Brandebourg, des courfes qui incommoderent beaucoup les pays où il les fit. Dès que la tenue du concile de Bafle eut été indiquée en 1431, Procope écrivit une longue lettre latine circulaire, en fon nom & en celui des Huffites, à tous les états & à toutes les conditions, dans laquelle il fe déchaîne avec fureur contre le pape & contre les évêques, & preffe les princes chrétiens d'envoyer leurs évêques & leurs docteurs, pour difputer avec les docteurs de fa fecte, à condition de ne prendre pour fondement de leur difpute, que le texte feul de l'écriture. Après s'être plaint, fans raifon, que l'on a forcé lui & fon parti à prendre les armes, parcequ'on les avoit excommuniés, & qu'on a refufé d'examiner leur doctrine fur l'écriture, il rapporte feize articles, où il fe plaint : 1. De ce qu'on exige du patrimoine, ou un bénéfice dans ceux que l'on éleve au facerdoce. 2. De ce qu'on prend de l'argent de ceux que

l'on ordonne. 3. De ce que ceux qui prennent le parti de l'églife, ne le prennent, felon lui, que pour mener une vie oifive & plus commode. 4. Des fréquentes excommunications. 5. De l'honoraire donné pour faire dire des meffes, & prier pour les défunts. 6. De la fierté & de l'orgueil qu'il attribuoit fauffement à tous les membres du clergé catholique. 7. De leur avarice, dont il prétendoit auffi les rendre tous coupables. 8. De ce que la fornication étoit commune parmi eux : plainte vague & non prouvée. 9. De ce qu'ils étoient envieux, & de ce qu'ils avoient de fréquentes difputes pour les biens temporels, ou la jurifdiction avec les monafteres, comme fi le bon ordre ne demandoit pas que chacun fe tînt dans fa place, & n'ufurpât point fur les droits d'autrui. 10. De ce que les évêques, & fur-tout les chanoines entre les prêtres, menoient une vie oifive, de ce qu'on les voyoit toujours dans les promenades, dans les jeux, &c. 11. De ce qu'ils avançoient bien des fables dans leurs difcours, pour en impofer au peuple. 12. De ce qu'ils ne diftribuoient point la fainte Eucharistie fous les deux efpèces. 13. De ce que dans leurs jugemens ils avoient égard au fang, à la liaifon, à la faveur, plutôt qu'à la réligion. 14. De ce que dans le tribunal de la pénitence, ils recevoient des préfens des ufuriers, des raviffeurs du bien d'autrui, &c. & en agiffoient avec eux par cette raifon, avec une condefcendance criminelle. 15. De ce qu'ils étoient ufuriers eux-mêmes, & favorifoient ceux qui l'étoient. 16. De ce qu'ils prétendoient que les décimes leur étoient dues de droit. La plupart de ces plaintes étoient juftes, fi ceux contre qui il les faifoit, étoient coupables des crimes ou des abus dont il les accufoit. Mais ignoroit-il, qu'outre que ces abus n'étant nullement généraux, il étoit défendu de condamner l'innocent avec le coupable ; l'églife catholique, loin d'approuver ces abus, s'élevoit contre avec encore plus de force que lui-même ? Ignoroit-il d'ailleurs que les abus, quels qu'ils foient, ne peuvent jamais fervir de fondement légitime à la révolte qu'il prétendoit juftifier ? Procope termine fa lettre, en difant que lui & fon parti combattent pour quatre articles : favoir, qu'on doit empêcher les défordres publics des prêtres ; réduire le clergé à l'état de pauvreté, obfervé par les difciples du Seigneur; laiffer la liberté à tous ceux qui exercent le miniftere, de prêcher de la maniere, dans le temps & fur la matiere qu'ils voudront ; enfin de diftribuer l'Eucharistie felon l'inftitution de J. C. c'est-à-dire, fous les deux efpèces. On fent affez l'injuftice de ces demandes, & le peu de droit que les Huffites avoient de les faire. M. Lenfant n'a rien dit de cette lettre dans fon *Hiftoire du concile de Bafle*. Procope, avant que de venir à ce concile avec les principaux de fon parti, écrivit à l'empereur Sigifmond le 22 mai 1432, pour l'engager à s'y trouver avec eux. M. Lenfant n'a point non plus parlé de cette lettre, que l'on a encore, & de la réponfe qu'y fit Sigifmond, qui eft fort civile. Mais ce ne fut qu'au commencement de 1433, que Procope & ceux qu'il avoit avec lui, parurent dans ce concile, où ils défendirent avec chaleur les quatre articles *dont on vient de parler*. Ils en repartirent vers le 16 avril, fort irrités de ce qu'on n'avoit pas fatisfait à leurs prétentions, & Procope continua fes courfes. Il entreprit le fiége de Pilfen, la plus confidérable ville de la Bohême après Prague ; mais il fut obligé de le lever avec beaucoup de perte & de confufion le 8 mai 1434. Ce mauvais fuccès le mit en fureur : il faccagea tout aux environs de Prague, alla à Cuttemberg, follicita par-tout du fecours ; & ayant été bleffé dans la chaleur d'un combat, il en mourut peu après. Les lettres de Procope, dont on a parlé dans cet article, & la propofition qu'il fit au nom des Taborites, fur ce que les orateurs du concile avoient dit des défordres que la guerre des Huffites caufoit, & du danger de cette fecte, fe trouvent dans le dernier volume de la grande collection des anciens monumens publiés par les PP. DD. Martenne & Durand, Bénédictins de la congrégation de S. Maur. Voyez auffi Balbinus dans fon *Hiftoire de Bo-*

hême, & l'histoire de la guerre des Hussites, & du concile de Basle par Lenfant, tome I. Il y a eu du temps de
Procope le Grand, un autre.

PROCOPE, surnommé le Petit, qui étoit aussi dans
le parti des Hussites, qui fut chef d'une partie de leur
armée, qui accompagna Procope le Grand dans plusieurs de ses courses, fit lui-même plusieurs expéditions
en particulier, & fut tué dans la même action de 1434,
où Procope le Grand fut frapé des blessures dont il
mourut. Balbinus, Lenfant & plusieurs autres historiens
en parlent aussi, mais beaucoup moins au long que de
Procope-Rase, surnommé le Grand.

PROCRIS, voyez CEPHALE.

PROCRUSTE, insigne voleur du pays Attique
dans la Gréce, faisoit sa demeure vers le fleuve Cé-
phise. On dit qu'il exerçoit une étrange cruauté envers
les passans qu'il pouvoit prendre. Après les avoir étendus sur un lit, il faisoit couper les pieds & les jambes
à ceux qui étoient plus grands que ce lit, & faisoit
allonger avec des cordes ceux qui n'étoient pas si grands.
Thésée le fit mourir du même supplice. * Plutarque, en
Thésée.

PROCULE, Proculus, fut celui qui avertit les
Romains que Romulus étoit parmi les dieux. * Tite-
Live.

PROCULE, évêque & martyr de Bologne, du
temps de Dioclétien, suivant le témoignage de S. Paulin de Nole, dans son poème du jour de la naissance
de S. Félix. Quelques-uns disent qu'il souffrit le martyre
sous Théodoric Arien, roi des Goths; mais le témoignage de S. Paulin fait voir qu'il est plus ancien. Son
culte étoit établi du temps de S. Grégoire. Il y a
une église à Bologne en Italie, dédiée sous son nom.
* Martyrologe romain de Baronius.

PROCULE, nom d'un homme qui fut tué de la
chute d'une cloche, dans l'église de S. Procule à Bologne en Italie, où l'on voit ce distique:

Si pro Proculo Proculi campana fuisset,
Jam procul à Proculo Proculus ipse foret.

PROCULE, Proculus, ancien jurisconsulte, auquel
on attribue huit livres d'épîtres.

PROCULE, Proculus, poëte Latin, avoit imité la
poësie de Callimaque. Ovide en parle, lib. 4 de Ponto,
eleg. ult.

Callimachi Proculus molle teneret iter.

PROCULE (Eutychius) Proculus, natif de Succa,
ville d'Afrique, grammairien célèbre dans le II siécle,
fut précepteur de l'empereur M. Antonin le Philosophe,
& fut élevé par ce prince jusqu'à la dignité de proconsul.
Il avoit composé un traité de ce qu'il y avoit d'admirable dans les pays étrangers, qui est cité par Trebellius
Pollion dans la vie des trente tyrans, & dans celle d'E-
milien en particulier. * Jules Capitolin, in Anton. Eusebe, in chron.

PROCULE (Titius Ælius) Proculus, natif d'Al-
benga, ville de la côte de Gènes, se révolta vers l'an
280 dans les Gaules, contre l'empereur Probus, à la
sollicitation de sa femme Viturgia & des Lyonnois. Mais
ne pouvant résister à Probus, il prit la fuite; & ayant
été pris, il fut tué avec son fils Hérennien. * Vopiscus,
en sa vie.

PROCULUS (Vitellius) capitaine Romain, alla à
Doris de la part de Pétrone, gouverneur de Syrie, pour
se saisir de ceux qui avoient profané la synagogue des
Juifs, en y mettant la statue de l'empereur Claude. * Josèphe, antiquit. l. 19, c. 6.

PROCULUS (Licinius) ancien jurisconsulte Romain,
fut, selon Tacite, aussi habile dans l'art de la guerre que
dans la jurisprudence. Il étoit préfet du prétoire dans la
guerre que l'empereur Othon eut contre Vitellius dans
le premier siécle de l'église. Il est vrai que Titien, frere
d'Othon, en avoit le nom & l'honneur; mais tout le
pouvoir étoit entre les mains de Proculus. Heureux, s'il

s'en fût servi avec prudence & avec succès! Il fut l'occasion de la perte de l'armée d'Othon, en l'obligeant de
combattre contre Vitellius, malgré l'avis de Celsus &
de Paulin. Quand il eut vu Vitellius vainqueur, il se
rangea de son côté; & quoiqu'il en fût mal reçu d'abord,
il sut peu après gagner une partie de son affection. Il agit
néanmoins pour Othon dans la république, & lui rendit
service, après cette sédition qui pensa, selon Tacite,
entraîner la perte de Rome. On convient assez que
Proculus avoit succédé au jurisconsulte Nerva, & qu'il
acquit plus d'autorité que Caïus Cassius Longinus. Ils
formerent deux partis, dont chacun fut le chef; & ce
qui les distinguoit, étoit la différente manière de procéder dans l'étude du droit, & de décider quand ils
étoient consultés. C'est ce qui fit que l'on appella Pro-
culéiens ceux qui se conformoient à la doctrine & à la
méthode de Proculus; & Cassiens, ceux qui suivoient
celle de Cassius. Il est à remarquer que le premier faisoit un si grand cas d'Homere, qu'il appuyoit souvent
ses décisions, même dans des affaires importantes, de
l'autorité de cet ancien poëte Grec; & cette marque
d'estime donnée aux poësies d'Homere, se trouve encore
dans plusieurs autres anciens jurisconsultes. Il est vrai
que le bon sens est d'une égale autorité dans un poëte
& dans un juriste; & ce bon sens est très-ordinaire
dans Homere. Proculus avoit laissé huit livres de lettres
& des notes sur quelques livres de Labéon. Il est fait
mention de ses écrits dans l'index de Justinien. Jean
Bertrand, président au parlement de Toulouse, s'étend
au long sur Proculus, dans ses vies des jurisconsultes,
page 47 & suivantes de l'édition de cet ouvrage, à
Leyde, 1675, in-12.

PROCULUS, poëte dont parle Ausone, joignoit,
selon celui-ci, au talent d'écrire & de parler avec grace
& politesse, celui de faire aisément des vers. Il vivoit
dans le IV siécle de l'église; & il est certain, au moins
cela paroît-il ainsi par ce qu'en dit Ausone, qu'il possédoit quelque charge considérable. C'est ce qui a fait
croire à Vinet, qu'il étoit le même que celui qui est qualifié préfet du prétoire dans divers rescrits des empereurs
Valentinien, Théodose & Arcade. Ausone lui a adressé
la troisiéme épigramme de ses fastes; & dans son épigramme trente-quatriéme, il se plaint de ce que Proculus
ne vouloit point publier ses ouvrages.

Irascor PROCULO, cujus facundia tanta est,
Quantus honos: scripsit plurima, quæ cohibet.
Hunc studeo ulcisci, & prompta est hæc ultio vati:
Qui sua non edit carmina, nostra legat.

C'est tout ce que l'on sait de ce Proculus. Il y en a qui
conjecturent qu'il descendoit d'Aurelius Proculus, gouverneur de la Séquanoise en 295, & qu'il comptoit
entre les grands hommes sortis de sa famille, Procule,
proconsul d'Afrique en 340, & Valerius Proculus, préfet
de Rome en 351 & 352; mais il n'y a rien de certain
sur cela. Ausone flatoit le Proculus dont nous parlons
du consulat, & lui faisoit espérer qu'il seroit bientôt
élevé à cette dignité. Nous ignorons s'il y est parvenu en
effet: ce qui est vrai, est que son nom ne paroît point
dans les fastes publics entre ceux des consuls ordinaires.
* Voyez Ausone, epig. 34 & 149. Vinet, sur ces endroits du poëte Ausone; l'abbé Souchai dans ses notes
sur le même poëte, principalement à la page 29; &
l'histoire littéraire de la France, par Dom Rivet, Bénédictin, & quelques autres de ses confreres, tome
premier.

PROCURATEUR DU TRÉSOR, procurator
ærarii, étoit le titre de celui qui avoit le soin du trésor
chez les Romains. Ces peuples avoient deux trésors,
le grand & le petit. Dans le grand étoit l'argent que l'on
tiroit des contributions des provinces, avec toute sorte
d'habits précieux, des joyaux, &c. Sous le procurateur
du trésor étoient les préfets des teinturiers, des tisserans,
des fabricans de tapis & d'étoffes. Le PROCURATEUR
D'AFRIQUE étoit le directeur des biens-fonds dont les

empereurs avoient hérité en Afrique. Il pouvoit vendre ou ammodier les terres qui n'étoient pas données aux soldats, & il étoit obligé d'en remettre le provenu au *comes rerum privatarum*. Il y avoit encore chez les Romains un grand nombre d'emplois, où ceux qui en étoient revêtus portoient tous le nom de Procurateurs. * *Voyez* Rosin dans ses *antiquités rom*. Le pere Cantel, Jésuite, dans son ouvrage sur le même sujet, & les autres auteurs qui ont traité la même matiere.

PRODICUS, célebre sophiste, natif de l'isle de Coos, l'une des Cyclades, étoit disciple de Protagoras, & florissoit sous la XCVI olympiade, vers l'an 396 avant J. C. Quoiqu'il résidât à Athènes en qualité d'ambassadeur de sa patrie, il y enseigna publiquement la rhétorique, profession qui lui acquit beaucoup d'honneur & beaucoup d'argent, & il forma, entr'autres disciples, Euripide, Socrate, Téramène & Isocrate. Il étoit extrêmement couru dans toutes les villes où il alloit faire parade de son éloquence; & entr'autres harangues qu'il y prononça, on vante sur-tout un discours d'appareil, où personne n'assistoit, selon quelques savans, qu'en payant 50 drachmes par tête, qui font plus de quatre écus de notre monnoie; & de là vient que cette harangue fut appellée, *discours de cinquante drachmes*, πεντηκοντα δραχμων. Les Athéniens le firent mourir, comme corrupteur de la jeunesse; & entr'autres impudicités étoit mis par quelques auteurs, au nombre des athées. * Suidas. Platon, *in Ménon. & in Pimand*. Philostrate, *in vit. sophist*. Cicero, *de natura deor. l. 1*. Bayle, *dictionaire critique*.

PRODICUS de Phocé, poëte épique, selon Pausanias, Suidas, &c.

PRODICUS, hérétique du II siecle, chef de la secte des Adamites, suivit les erreurs des Carpocratiens. Il croyoit que les ames étoient envoyées dans les corps, afin que par toutes sortes de voluptés, elles rendissent leurs hommages aux anges qui avoient créé le monde. En conséquence de ce principe, il permettoit toute sorte de conjonctions abominables entre les hommes & les femmes, & enseignoit les plus grandes impudicités étoient le mystere de l'initiation. Ses sectateurs se vantoient d'avoir des livres secrets de Zoroastre, & soutenoient qu'il ne falloit point invoquer Dieu, ni s'exposer au martyre pour la confession de la vérité. * Saint Clément d'Alexandrie, *l. 1. stromat*. Tertullien, *in Scorpiac*. Théodoret, *haeretic. fabul. l. 1, c. 6, l. 5, c. 10, 20. & 27*.

PRODOMIENS, en latin *Prodomii*, étoient les dieux qui présidoient aux fondemens des édifices. On les invoquoit dès qu'on avoit projetté de faire quelque bâtiment; & c'est pour cela que Romulus leur donna le nom de *Praestructores*, c'est-à-dire, *dieux à qui appartient le soin de tout ce qui précede la structure, soit d'un temple, soit d'un palais, soit d'une maison particuliere*. Domitius Calderinus entend par ce mot les dieux qu'on adoroit dès l'entrée des maisons, & dans le vestibule même. Il les appelloit aussi *Dii Vestibulares*. C'est dans l'un & l'autre de ces deux sens qu'on doit expliquer *Prodomia Juno*. * Pausanias, *in atticis*.

PROERESIUS, philosophe & rhéteur célebre dans le IV siecle, faisoit profession de la religion chrétienne, lorsque Julien l'*Apostat* défendit aux fideles d'enseigner les belles lettres: il aima mieux abandonner l'école où il enseignoit, que de rien faire contre sa conscience. Musonius & Victorien agirent de la même façon. * Baronius, *A. C. 362*. Tillemont, *hist. des empereurs*, tome IV.

PROETUS, fils d'*Abas*, roi d'Argos, fut divisé par une étrange antipathie de son frere Acrisius; car on dit que dès le sein de leur mere ils commencerent à se faire la guerre. Leur inimitié éclata après la mort de leur pere Abas; mais Acrisius étant le plus fort, réduisit Proetus à se retirer auprès de Jobates, roi de Lycie, dont il avoit épousé la fille. Ce roi l'assista de ses troupes; & l'ayant ramené dans le pays d'Argos, mit ces deux freres d'accord par un partage égal, assignant Argos à Acrisius, &

Tyrinthe à Proetus. Bellérophon s'étant depuis retiré à Tyrinthe, fut faussement accusé par Sténobée, femme de Proetus, d'avoir voulu attenter à son honneur. Ce roi trop crédule condamna Bellérophon à combattre la chimere, dont ce prince innocent retourna victorieux; ce qui jetta Sténobée dans un si grand désespoir, qu'elle s'empoisonna. Proetus eut deux filles, que Bias & Melampus épouserent, après les avoir guéries de la fievre violente, qui les rendoit furieuses, & laissa un fils nommé *Megapenthés*, qui lui succéda. Selon d'autres, Proetus & Acrisius n'étoient pas fils d'Abas, mais de Lyncez. Proetus commença à régner à Argos l'an 1378 avant J. C. l'an 2657 du monde, & régna dix-sept ans. * Apollodore. Hygin. Du Pin, *bibliotheque universelle des hist. prof*.

PROGNÉ, fille de *Pandion*, roi d'Athènes, épousa *Térée*, roi de Thrace, dont elle eut un fils nommé *Itys*. Térée étant un jour allé à Athènes, elle le pria de lui amener sa soeur Philomele: ce qu'il fit, mais il la viola dans le voyage; & lui ayant coupé la langue, il l'enferma dans une obscure prison, feignant qu'elle étoit morte d'un accident extraordinaire. Philomele trouva le moyen de faire savoir son désastre à sa soeur, & fit manger Itys à son pere Térée, lequel voulant s'en venger, la fable dit que les dieux métamorphoserent Progné en hirondelle, & Philomele en rossignol. Pour Itys, il fut changé en faisan, & Térée en hupe. * Ovide, *métamorphoses*.

PROMALANGES, nom d'une ou de plusieurs familles employées dans l'isle de Chypre à l'une des fonctions des Colaces. Ces familles étoient chargées d'informer de la vérité des rapports faits aux Anactes par les Gergines, qui composoient l'autre corps des Colaces. Les uns & les autres étoient en honneur auprès des rois, & leur politesse leur facilitoit l'entrée dans toutes les compagnies. * Athénée, *liv. 6. Voyez* COLACES.

PROMÉTHÉE, *Prometheus*, fils de *Japet*, fut frere d'Atlas & d'Epiméthée. Les poëtes ont feint qu'ayant formé les premiers hommes de terre & d'eau, il déroba le feu du ciel dont il les anima. Minerve l'aida dans ce travail, & l'on dit que ce fut elle qui l'enleva dans le ciel où il alluma un morceau de bois à la roue de feu du soleil, & qu'il anima l'homme de ce feu. Il forma aussi, selon les poëtes, une femme appellée Pandore, à qui Jupiter, pour se venger de Prométhée, donna une boëte, dans laquelle il avoit enfermé les calamités & les maladies du genre humain; Pandore l'apporta à Prométhée, qui méprisa le présent de Jupiter. Elle le donna à son frere Epiméthée, qui n'eut pas plutôt ouvert la boëte, que toute sorte de maux se répandirent sur le genre humain. Epiméthée voulut la refermer, mais il ne resta plus au fond que l'espérance. Jupiter, pour se venger de Prométhée, commanda à Vulcain de l'attacher sur le mont Caucase avec des chaînes de fer: dans cette situation, un aigle ou un vautour lui déchiroit tous les jours une partie du foie. Duris de Samos rapporte que Prométhée ne fut pas puni de ce supplice, pour avoir enlevé le feu du ciel, mais pour être devenu amoureux de Pallas. On tient que Prométhée fut délivré par Hercule. Ceux qui cherchent des vérités historiques dans l'obscurité des fables, disent que Prométhée observa le cours des astres en Scythie, & s'appliqua avec tant d'ardeur à cette connoissance, que ce soin le tint nuit & jour attaché sur cette montagne. Entr'autres choses, il trouva, disent-ils, l'art de faire le feu, soit par le choc des cailloux, soit en ramassant les rayons du soleil dans un miroir. Par ce moyen il pouvoit en tout tems ranimer, pour ainsi dire, les hommes de son voisinage transis du froid de leurs climats. Mais les historiens nous apprennent quelque chose de plus sûr sur l'origine de cette fable. Diodore de Sicile dit que Prométhée gouvernoit une partie de l'Egypte sous le régne d'Osiris. Le Nil s'étant débordé, toute la contrée du gouvernement de Prométhée eût été abîmée, si Hercule n'eût arrêté cette irruption par les digues qu'il opposa. Le Nil avoit été nommé autrefois

autrefois Océan : cette irruption lui fit donner le nom d'*Aigle* : dans les fiécles fuivans il fut appellé *Egypte* & *Nil*, du nom de deux rois qui portoient ces mêmes noms. Le chagrin de Prométhée, pendant que le fleuve nommé Aigle ravageoit fon pays, donna occafion aux poëtes de feindre que le cœur de Prométhée étoit déchiré par un aigle, jufqu'à ce qu'Hercule vînt le délivrer de ce fupplice. Ce même historien dit ailleurs que, fi Prométhée paffe parmi les poëtes pour avoir volé le feu du ciel, & l'avoir communiqué aux hommes, c'eft parcequ'il inventa les inftrumens pour faire du feu. Jupiter l'avoit mis à la chaîne pour punir ce vol : Hercule l'en délivra ayant fait fa paix avec Jupiter. Lucien expofe d'une maniere affez vraifemblable la formation de l'homme par Prométhée, favoir, qu'il avoit le premier fait des ftatues de terre avec tant d'adreffe & d'art, ce qu'on attribue à Minerve, que ces hommes de terre fembloient avoir la vie & le mouvement. Sur ce fondement hiftorique, les poëtes ont feint que Prométhée étoit le formateur des hommes. Appien raconte dans l'hiftoire des guerres de Mithridate, que Pompée fut curieux, étant dans le Pont, de voir le mont Caucafe, où l'on difoit que Prométhée avoit été attaché. Arrien rapporte que les Macédoniens qui conquirent l'Afie fous Alexandre, étant entrés dans une caverne du pays des Paropamifes, apprirent des habitans du voifinage, ou feignirent eux-mêmes que c'étoit le lieu où Prométhée avoit été enchaîné, & où un aigle lui déchiroit le cœur jufqu'à ce qu'Hercule le délivrât, après avoir tué l'aigle à coups de fléches. C'étoit une invention des flateurs d'Alexandre, d'avoir tranfporté le Caucafe du Pont dans les contrées orientales, afin de pouvoir dire qu'Alexandre avoit furmonté le Caucafe. On peut dire que la fable de Prométhée avoit été tranfportée de l'Egypte dans le Pont fur le mont Caucafe, où l'on feignit auffi qu'un fleuve nommé l'*Aigle* ayant inondé le pays, Prométhée fut enchaîné par fes fujets, & enfin délivré par Hercule. Comme on veut que Prométhée ait porté le culte des douze dieux dans la Gréce, il eft puis probable qu'il a été Egyptien d'origine, & que l'hiftoire ou la fable qui le regarde, ait été tranfportée fucceffivement en Scythie, au Pont & en Gréce. Bochart a expliqué hiftoriquement la fable de Prométhée dans fon *Phaleg. l. 1, c. 2,* où il prétend que le *Magog* de l'écriture & le Prométhée des païens font le même. * Confultez Ovide, *l. 1,* *métam.* Horace. Héfiode. Cicéron. Lactance, &c.

PRONAPIDE d'Athènes, felon Diodore de Sicile & Théodofe *le Grammairien, Profnotides,* felon Tatien ou *Protænides,* felon Eufebe, eft nommé par Tatien parmi les auteurs qui ont vécu avant Homere ; & Diodore de Sicile, *l. 3,* dit qu'il a été maître de ce poëte. Il avance que c'eft un illuftre poëte, qui, à l'exemple d'Orphée & de Linus, s'étoit fervi de lettres pélafgiennes ; & Théodofe *le Grammairien* remarque qu'il a commencé à écrire de gauche à droite, au lieu qu'auparavant les Grecs écrivoient leurs mots de haut en bas, ou retournoient quand ils étoient venus à la fin de la ligne de droite à gauche. On a attribué à cet auteur un ouvrage intitulé, *le premier monde,* ou *de la formation du monde,* écrit en vers. * Diodore de Sicile, *l. 3.* Du Pin, *bibliotheque des hiftor. prof. tom. I, pag.* 208, *édit. de Paris.*

PRONOMUS, Thébain, premier inventeur des flutes fur lefquelles on pouvoit jouer plufieurs tons. Marfyas en avoit accordé deux ; mais ce fut Pronomus qui trouva le moyen de faire une flute fur laquelle on joüoit tous les tons. Quelques-uns attribuent cette invention à Diodore de Thèbes, d'autres à Antigénides. * Paufan. *in Bœot.* Athénée. Saumaife, *fur Solin.*

PROPAGANDE. Société établie en Angleterre pour la propagation de la religion chrétienne. Les Anglois ayant pénétré dans le nouveau monde, penferent à attirer les Indiens à leur religion, & à inftruire les colonies qu'ils envoyoient dans ces pays. Il y eut une ordonnance du mois de juillet 1649, pour la propagation de l'évangile, qui érigeoit une fociété perpetuelle fous le nom de

Société pour la propagation de l'évangile dans la nouvelle Angleterre. Le roi Charles II accorda en 1661 des lettres patentes pour la même fociété, & plufieurs perfonnes, entr'autres Robert Boyle, fournirent de grandes fommes pour foutenir cette entreprife. Charles II avoit établi Boyle gouverneur de cette fociété, qui prit une forme plus parfaite fous le regne de Guillaume III, qui par fes lettres patentes du 16 juin 1701, fixa le nombre des membres de cette fociété à quatre-vingt-dix perfonnes, tant eccléfiaftiques que laiques, fous la préfidence de l'archevêque de Cantorberi. La fociété fe choifit des lieutenans, des tréforiers, des auditeurs des comptes & un fecrétaire ; & chacun avança une fomme en argent comptant, ou par voie de foufcription. Quantité de particuliers concoururent à augmenter les fonds de la fociété, obligée à faire de grands frais ; & celle-ci envoya des miffionaires dans les nouvelles colonies. Les Indiens prévenus de l'avarice de ces nouveaux venus, n'écouterent pas tranquillement les difcours des miffionaires même défintereffés, & il fe fit peu de converfions, au moins finceres. Les Anglois eux-mêmes montrerent qu'ils ne fe foucioient pas que l'on inftruisît leurs efclaves, parcequ'ils craignoient qu'on ne les obligeât enfuite de les mettre en liberté ; mais on obtint un acte qui obligea les maîtres à laiffer inftruire leurs efclaves, & qui ordonna que ceux-ci ne fortiroient point de leur état en changeant de religion. Cette fociété de la *Propagande* a un bureau fixe qui s'affemble au moins une fois la femaine, dans le chapitre de S. Paul à Londres ; & ce qui a été préparé par ce bureau eft enfuite propofé à la fociété même, qui s'affemble dans la bibliothéque que l'archevêque a établie à S. Martin de Weftminfter. Les affemblées fe font tous les mois. L'affemblée anniverfaire du 3 février, s'eft ordinairement tenue dans le Revertiaire de l'églife de Bowchurch à Londres. On prêche dans cette affemblée fur la matiere qui occupe la fociété ; & l'on a déja imprimé plufieurs de ces fermons. Le roi de Danemarck a établi une miffion pour le Tranquebar depuis l'an 1705. * *Voyez* la *Relation de la fociété établie pour la propagation,* &c. à Rotterdam en 1708. La Crofe, *Hiftoire du chriftianifme des Indes ; Relation hiftorique des converfions dans les Indes,* &c. à Hall. en 1713.

PROPAGANDE. Sur la Propagande de Rome, *voyez l'article* ROME.

PROPERCE (Sextus Aurelius *Propertius*) poëte Latin, naquit, felon quelques auteurs, à Affife, ou Elife, & felon le plus grand nombre, à Moravia ville d'Ombrie, aujourd'hui *Bevagna,* dans le duché de Spolete : c'eft ce qu'il témoigne dans fes vers, où il fe défigne fous le nom de *Callimaque Romain.* Il prend ce nom, parcequ'il avoit imité les poëfies de cet auteur Grec, auffi bien que Mimnerme & Philétas. Properce qui étoit de l'ordre des chevaliers, exerça des emplois confidérables pendant le triumvirat, & fut du nombre de ceux qui ayant fuivi Antoine après la prife de Péroufe, furent égorgés par ordre d'Augufte. Properce ayant perdu la plupart de fes biens, vint à Rome, où il acquit beaucoup de réputation, & eut très-grande part à l'eftime de Mécenas & de Cornelius Gallus. Ovide, Tibulle, Baffus & les autres beaux efprits de fon temps, furent de fes amis. Il a compofé quatre livres de fes amours, pour une fille appellée Hoftia, ou Hoftilia felon Apulée, à laquelle il donne le nom de Cynthie. Quintilien, Ovide, Martial, & divers autres parlent avantageufement de lui. Le premier livre de fes élégies fut furnommé *Monobiblos,* ou *livre unique.* Tout l'ouvrage s'étoit perdu ; mais l'on en a retrouvé un manufcrit moifi, fur lequel on fit diverfes copies. Il faut néanmoins qu'il fe foit perdu quelque chofe de ce que Properce avoit écrit, ou qu'il y ait eu quelqu'autre poëte de ce nom, dont Fulgence cite ce vers.

Divitias mentis conficit omnis amor.

Properce mourut après Virgile, c'eft-à-dire, après l'an de Rome 735, & 19 ans avant l'ere chrétienne. * Lilio Giraldi, *dial.* 4, *de poët.* Crinitus, *de poët.* Lat. Scaliger.

Passerat. Voffius. Morales, &c. Baillet, *jugemens des savans sur les poëtes.*

On doit confidérer Properce plutôt comme un bon poëte, que comme un honnête homme. Les élégies qui nous reftent de lui nous font connoître qu'il ne fe faifoit pas grande violence pour réfifter à fes paffions. Ce qu'il y a de fingulier dans fes ouvrages, c'eft le mélange des fables qu'il a employées en toutes rencontres dans fes vers, parcequ'en effet la fable eft l'ame de la poëfie, & qu'il fuivoit en cela le confeil que la célèbre Corinne avoit donné à Pindare. C'eft par cet endroit que Properce a l'avantage fur Tibulle, parceque la fable & les traits de l'hiftoire même fervent beaucoup à remplir & à foutenir les élégies : fon ftyle eft très-châtié & très-pur.

PROPHETES, perfonnes choifies & infpirées de Dieu pour prédire l'avenir. Ce mot vient du Grec προφήτης, qui fignifie, *celui qui dit les chofes avant qu'elles arrivent,* de πρὸ, *devant,* & de φημι, *je dis.* Les Hébreux les appellent *Nubi,* terme qui a une fignification étendue, & qui tire fon origine du mot hébreu *noub,* qui fignifie *produire* & *germer,* & par métaphore *parler :* en ce fens les prophétes font comme des orateurs, ou des prédicateurs, qui parlent aux hommes de la part de Dieu. Dans les premiers temps les prophétes étoient appellés communément *Roé,* c'eft-à-dire, *Voyans,* comme il eft marqué dans le premier livre des Rois, *chap.* 9, *v.* 9. Ce nom de *voyant* défigne une perfonne éclairée, qui fait des chofes tant fur le paffé que fur l'avenir, qui ne font pas connues aux autres hommes. Il eft certain que chez les Hébreux le nom de prophéte étoit donné à tous ceux qui, remplis de l'efprit de Dieu, révéloient aux hommes des vérités que Dieu leur avoit révélées. C'eft ainfi qu'Abraham, Moyfe, Jofué, Samuel, Nathan, Elie, Elizée, & plufieurs autres font appellés prophétes, & que les chantres du temple font auffi honorés de ce nom. C'eft en ce fens que Jofephe donne le nom de prophétes aux auteurs des livres facrés de l'ancien teftament, quoiqu'il y en ait plufieurs purement hiftoriques. Les Juifs donnent auffi le nom de *prophétes majeurs* aux livres de Jofué, des Juges, de Samuel & des Rois; & de prophétes *poftérieurs* ou *mineurs* à Ifaïe, à Jérémie, à Ezéchiel, à Daniel, & aux douze petits prophétes. Jefus-Chrift donne le nom de prophétes en général à tous ceux qui fe mêloient d'inftruire le peuple de la part de Dieu, quand il dit, *Prenez garde aux faux prophétes.* C'eft dans le même fens que faint Jean-Baptifte eft appellé prophéte, & qu'il y avoit dans la primitive églife des prophétes. Dieu révele aux prophétes des vérités de différentes manieres, immédiatement par lui-même, ou médiatement par les anges. La révélation médiate eft extérieure ou intérieure. L'extérieure, quand Dieu fait entendre une voix, qui apprend au prophéte ce qu'il doit faire, ou ce qui doit arriver, ou quand il lui préfente ce qu'il veut qu'il fache par des fignes ou par des fymboles. L'intérieure fe fait ou pendant le fommeil, ou dans une extafe qui met l'homme hors de lui-même, ou pendant qu'on eft éveillé ou de fens raffis. Il y a auffi plufieurs manieres dont les prophétes fe fervent, pour faire connoître aux hommes les vérités que Dieu leur a révélées. La première & la plus ordinaire, eft quand ils leur difent de vive voix les chofes que Dieu leur a révélées. La feconde eft quand ils font connoître aux hommes ce qui arrivera, par des fignes & par des actions qui y ont quelque rapport. La troifiéme eft par des écrits compofés, ou par ordre de Dieu, ou par l'infpiration du S. Efprit, ou par leur propre mouvement avec l'affiftance du S. Efprit. Il y a eu toujours parmi les Juifs une fucceffion de prophétes depuis Moyfe jufqu'à Efdras. Il y avoit auffi de faux prophétes dans les nations voifines des Juifs, comme Balaam, & il y en a eu plufieurs parmi les Juifs mêmes. Les Egyptiens ont auffi eu des prophétes qui ont écrit leurs hiftoires, & qui étoient leurs facrificateurs. Clément d'Alexandrie, auteur d'une très-profonde érudition, dit *dans le livre* 1 *de fes ftromates,* que Thaïès & Pythagore ont eu des conférences avec les prophétes des Egyptiens. Nous

avons auffi une lettre que Porphyre a écrite à Anebo, où il lui donne le nom de prophéte. Le titre de cette lettre eft conçu en ces termes : *Porphyre à Anebo le prophéte, falut.* On peut voir ce même nom de prophéte attribué aux facrificateurs d'Egypte, qui prenoient le foin d'écrire les livres de cette nation, non feulement dans les auteurs profanes, mais auffi dans Eufebe, principalement dans fa *Préparation évangélique.* Les Grecs ont eu leurs prophétes & leurs prophéteffes, & les Romains crurent aux prophéties des fibylles, & à leurs augures. Il y a eu dans toutes les nations des gens qui fe mêloient de prédire l'avenir. Dans le chriftianifme, l'efprit de prophétie y fubfifta jufqu'au troifiéme fiécle. La fecte des Montaniftes produifit de faux prophétes, & de fauffes prophéteffes, dont les prophéties furent rejettées. Enfin l'on a vu prefque dans tous les fiécles des fanatiques qui fe font dits prophétes infpirés de Dieu. Les rabbins de ces derniers temps ont raffiné étrangement fur les différens degrés de prophétie. Rabbi Moyfe qui eft leur plus favant auteur, en a diftingué onze dans fon livre intitulé *More Nevokim,* où il traite de tous ces dégrés avec beaucoup de fubtilité. Mais comme il ne s'appuie que fur des raifons de philofophie qui n'ont aucun fondement dans l'écriture fainte, on ne doit pas s'y arrêter. Il y a de l'apparence que c'eft fur ces principes imaginaires que fe fondent, lorfqu'ils affurent que Daniel n'eft point du nombre des prophétes. En effet, dans la difpofition de leurs bibles hébraïques, ils ne le placent point en ce rang : ce qui a fait dire à Théodoret, qu'ils ne reconnoiffoient point Daniel pour un prophéte. Mais Jofephe l'a mis au nombre des autres prophétes, avec les Juifs de fon temps; & les rabbins même qui lui refufent cette qualité, ne nient pas pour cela qu'il n'y ait des prophéties dans fon livre. * M. Simon, *hift. crit. de l'ancien teftament,* Du Pin, *differt. préliminaire fur la bible.*

PROPHÉTES, fecte d'hérétiques que l'on nomme en Hollande *Prophetantes.* Ils s'affemblent de toute la province à Warmont près de Leyden, les premiers dimanches de chaque mois, & vaquent tout ce jour à la lecture de la fainte écriture, propofant chacun leurs difficultés & ufant de la liberté de prophétifer, ou plutôt de raifonner fur l'évangile. D'ailleurs ils fe piquent d'être honnêtes gens, & ne different des Remontrans qu'en une plus étroite difcipline fur le fait de la guerre, qu'ils condamnent fans aucune exception. La plupart d'eux s'appliquent à étudier le grec & l'hébreu. * Sorberiana.

PROPITIATOIRE : c'eft le nom de la couverture de l'arche d'alliance qui étoit dans le tabernacle, ce que fignifie le mot hébreu *caphoret :* il eft appellé en grec ἱλαστήριον, & en latin *Propitiatorium,* parceque c'eft en ce lieu que Dieu fe rendoit préfent & propice au peuple, & on l'appelle auffi *oracle,* parceque de-là fortoient les réponfes que Dieu leur rendoit. Ce couvercle étoit d'or, & aux deux bouts étoient les deux chérubins entre lefquels Dieu faifoit fa demeure. C'étoit fur ce lieu que repofoient la nuée & la colomne de feu, fymboles de la préfence de Dieu. * *Exod.* 24, *v.* 16; *v.* 17, 25, & fuivans. *Nomb.* 16, *v.* 42. *Levit.* 16, *v.* 2, & les commentateurs de la bible fur ces endroits. Les chrétiens ont donné quelquefois le nom de propitiatoire aux dais ou baldaquins qui couvroient l'autel, ou plutôt au ciboire où repofoit l'Euchariftie, qui étoit fufpendue fous die, ou dais.

PROPONTIDE : c'eft ce que nous appellons la mer de *Marmora,* entre l'Europe & l'Afie, ou entre l'Afie mineure & la Thrace. Ses parties font le golfe de Nicomé- & le golfe de Polmeur.

PROPRÉTEUR, *Proprætor,* nom que les Romains donnoient à celui qui étoit continué dans l'office de préteur après fon année, pour quelque raifon particuliere. On appella auffi proprêteur, celui qui ayant exercé la charge de préteur, avoit enfuite le gouvernement d'une province prétorienne. Du temps des empereurs, on donna le nom de propréteur à celui qui étoit nommé par le prince pour gouverner des provinces de l'empire, c'est-à-dire, de celles que l'empereur avoit unies à son domaine. Les propréteurs sortis de la préture, n'étoient pas élus par le peuple : ils tiroient au sort une des provinces prétoriennes, dont ils prenoient le gouvernement pour y rendre la justice, & y commander l'armée. * Rosin, *antiq. rom. l. 7 , c. 43.*

PROQUESTEUR, étoit chez les Romains celui qui étoit mis à la place du questeur, soit après sa mort, soit après son départ. * Rosin, *antiq. rom.*

PROSE. On a donné le nom de *Prose* dans les derniers siécles à certains hymnes composés de vers sans mesure, mais de certain nombre de syllabes avec des rimes, qui se chantent après le Graduel, d'où on les appelle *séquence, sequentia,* c'est-à-dire, qui suit après le graduel. L'usage des proses a commencé au plus tard au IX siécle. Notker, moine de saint Gal, qui écrivoit vers l'an 880, & qui est regardé comme le premier que l'on connoisse qui ait fait des proses, dit dans la préface du livre où il en parle, qu'il en avoit vu dans un antiphonaire de l'abbaye de Jumiéges, laquelle fut brulée par les Normans en 841. Nous avons quatre proses principales, le *Veni sanctè Spiritus,* pour la Pentecôte, que Durand attribue au roi Robert, mais qui est plus probablement de Hermannus Contractus ; c'est la prose *Sancti Spiritus adsit nobis gratia,* qui est du roi Robert, selon quelques anciens, entr'autres Brompton, plus ancien que Durand ; le *Lauda Sion Salvatorem,* pour la fête du saint Sacrement, qui est de S. Thomas d'Aquin ; le *Victima paschali laudes,* dont on ignore l'auteur : c'est la prose du temps de Pâques, le *Dies iræ , dies illa,* que l'on chante aux services des morts. On l'attribue mal-à-propos à S. Grégoire, ou à S. Bernard, ou à Humbert, général des Dominicains. Cette prose est du cardinal Frangipani, dit *Malabranca,* de l'ordre des Dominicains, qui mourut à Pérouse en 1294. A l'imitation de ces proses, on en a composé beaucoup d'autres pour les fêtes locales ; & parmi ces proses, la plupart mal composées, on en trouve beaucoup de ridicules. C'est par cette raison que l'on en a retranché un grand nombre dans les dernieres réformes des offices divins ; & l'on pourroit sans scrupule pousser ce retranchement beaucoup plus loin. La plupart de celles qu'on y a substituées sont au moins supportables ; & il y en a même plusieurs qui méritent d'être estimées. De nos jours, feu le P. Gourdan, mort religieux de saint Victor de Paris, & M. Vivant, chanoine de Notre-Dame, ont composé beaucoup de proses.

PROSECHIO, PROSECIO, bourg d'Italie dans l'Istrie. Il est sur le golfe de Trieste, à deux lieues de la ville de Trieste vers le couchant. Il naît dans le terroir de Prosechio des vins fort estimés. * Mati, *dict.*

PROSÉLYTE, mot grec qui signifie *étranger, Προσήλυτος advena,* qui vient d'un autre pays, ou d'une autre nation. L'on nommoit ainsi ceux qui passoient de la religion des païens à celle des Juifs. Il y avoit deux sortes de prosélytes, savoir, les prosélytes de justice, & les prosélytes de domicile. Ceux-là se soumettoient à la loi de Moyse, & ceux-ci demeuroient parmi les Juifs, en s'obligeant seulement de garder les sept commandemens des enfans de Noé. Ces commandemens sont regardés par les Juifs comme le droit naturel ; & il n'y a personne, selon eux, qui ne soit tenu de les observer. Le premier de ces commandemens défend l'idolâtrie. Le II ordonne de bénir le nom de Dieu. Le III défend l'homicide. Le IV condamne l'adultere & l'inceste. Le V défend le larcin. Le VI commande de rendre la justice & d'y obéir. Et le VII défend de manger la chair qui aura été coupée d'un animal qui étoit encore en vie. Tous ces commandemens, disent les Juifs, viennent immédiatement de Dieu, qui donna les six premiers à Adam, & le septiéme à Noé ; & il n'y en avoit que d'autres avant Abraham. Pour être prosélyte de justice, il falloit se faire circoncire, recevoir le baptême des Juifs, & offrir un sacrifice : ce qui s'entend des hommes ; car les femmes

n'avoient besoin que du baptême & du sacrifice. Avant que d'admettre un Gentil à la circoncision, on l'interrogeoit sur la sincérité de sa conversion au judaïsme, pour savoir s'il ne changeoit point de religion par quelque motif de crainte, d'intérêt ou d'ambition. Ensuite on lui enseignoit divers articles de la loi ; comme ce qui regardoit l'unité de Dieu ; l'impiété des idolâtres ; la récompense de la vertu, &c. Après que le prosélyte étoit guéri de la plaie de la circoncision, on le conduisoit au lieu destiné pour la cérémonie du baptême, où il y avoit un grand réservoir d'eau, dans lequel il se plongeoit & se lavoit tout le corps par une seule immersion. Il devoit y avoir trois juges à cette cérémonie ; & comme c'étoit un acte judiciaire, on ne pouvoit le faire un jour de fête. Ceux qui n'avoient pas l'usage de raison, savoir, les garçons au-dessous de treize ans & un jour, & les filles au-dessous de douze ans & un jour, avoient besoin du consentement de leur pere ou de la justice. Ce baptême ne se réitéroit jamais, tant en la personne du prosélyte, qu'en celle de ses enfans, & étoit bien différent de celui des ablutions que les Juifs renouvelloient tous les jours. L'effet de cette nouvelle profession de foi étoit surprenant ; car les docteurs Hébreux nous enseignent que le prosélyte étoit censé renaître de nouveau ; de sorte que ceux qu'il avoit pour parens, lorsqu'il étoit Gentil, cessoient de l'être après qu'il étoit devenu Juif. Les enfans même qu'il avoit eus avant son changement de religion, n'héritoient pas de ses biens.

A l'égard des prosélytes de domicile, ils n'avoient besoin ni de circoncision, ni de baptême. Il suffisoit qu'ils promissent solemnellement de garder les sept commandemens des enfans de Noé, en présence de trois personnes ; & les Juifs leur permettoient alors de demeurer parmi eux, croyant qu'ils pouvoient être sauvés en gardant les commandemens. Pour ce qui est de ceux qui ne vouloient pas s'engager à l'observation de ce droit naturel selon les Juifs, il ne leur étoit pas permis de s'établir dans la Judée. Au reste, la coutume de recevoir des prosélytes de domicile, ne dura pas toujours. Elle cessa lorsque les jubilés prirent fin, & que les tribus de Ruben, de Gad & de Manassé, furent menées en captivité, du temps de Joathan, roi de Juda, & de Phacée, roi d'Israël.

Les Juifs appellent encore aujourd'hui prosélytes ceux qui passent du gentilisme ou même du christianisme à leur religion. Voici la cérémonie qu'ils observent en cette occasion. Quand quelqu'un se veut faire Juif, trois rabbins ou hommes d'autorité sont obligés de savoir adroitement de lui quelle pensée le porte à prendre cette résolution, & de bien observer si ce n'est point par quelque raison humaine. S'il persiste, malgré la remontrance qu'on lui fait, que la loi de Moyse est fort sévère, & que ses sectateurs sont aujourd'hui méprisés, on le circoncit & on le baigne tout entier dans l'eau, en présence des trois rabbins qui l'ont examiné : après quoi il est censé Juif comme les autres. A l'égard des femmes qui se font prosélytes, les rabbins disent, conformément à leur talmud, qu'on le plonge dans l'eau jusqu'au col, & ce sont d'autres femmes qui prennent ce soin-là. Après cela deux rabbins les instruisent de la loi de Moyse. * Ferrand, *réflexions sur la religion chrétienne.* R. Léon de Modène, *coutumes & cérémonies des Juifs.* Jean Selden, dans ses livres *de jure naturæ gentium.*

PROSERPINE, *Proserpina,* fille de Cérès & de Jupiter, fut enlevée par Pluton, dieu des enfers, lorsqu'elle cueilloit des fleurs. Cérès affligée de la perte de sa fille, voyagea long-temps pour la chercher sans en avoir de nouvelles. Ayant appris par la nymphe Cyane comment sa fille avoit été enlevée, elle demanda à Jupiter qu'il la fît revenir des enfers, ce que Jupiter lui accorda, en cas qu'elle n'eût rien mangé dans les enfers. Il se trouva par la déposition d'un certain Ascalaphe, qu'elle avoit goûté de quelques grains de grenade. Ainsi Proserpine fut condamnée à demeurer dans les enfers, en qualité d'épouse de Pluton, & de reine de ces lieux ténébreux. Quelques-uns ont dit que Cérès obtint depuis de Jupiter, que Proserpine passeroit six mois de l'année avec son mari, & qu'elle feroit les autres six mois sur la terre avec sa mere. On croit que c'est la même déesse, qui est appellée Diane sur la terre, & lune dans le Ciel : d'où elle a été appellée *Hecate triformis*. Les Phéniciens connoissoient une PROSERPINE plus ancienne que celle des Grecs, qu'ils disoient être fille de Saturne, morte vierge, & fort jeune : ce qui a fait dire qu'elle avoit été ravie par Pluton. Les auteurs ne conviennent pas du pays où elle fut enlevée par Pluton : les uns disent que ce fut en Sicile ; les autres dans l'Attique ; d'autres dans la Thrace. Quelques-uns disent que ce ne fut pas Pluton, mais Aidonius ou Orchus, roi des Molosses, qui fit cet enlevement. * Ovide, *l. 5, metam.* S. Augustin, *l. 7, de Civit.* Euseb. *l. 3, Præp. evang.* Claudien, *de rapt. Proserp.* S. Jerôm. *in chron.* S. Cyrille d'Alexandrie, *l. 1, contra Julian.* Vossius, *de idololatr.* Rosin, *ant. Grecq. & Rom.* Th. Dempster.

PROSEUQUES, lieux de priere parmi les Juifs. Ces proseuques ou oratoires différoient à quelques égards des synagogues. 1°. Dans les synagogues, les prieres se faisoient en commun ; mais dans les proseuques chacun faisoit la sienne en particulier·, comme il le jugeoit à propos. 2°. Les synagogues étoient couvertes ; mais les proseuques étoient à découvert. Saint Epiphane dit que ces cours qui servoient d'oratoires étoient faites comme les places romaines, qu'on appelloit *forum*, qui n'étoient qu'un enclos à découvert, où le peuple s'assembloit pour les affaires publiques. Il dit encore que de son temps les Samaritains avoient encore un de ces oratoires près de Sichem. 3°. Les synagogues étoient toujours bâties dans les villes ; mais les oratoires l'étoient dans les fauxbourgs, & sur des lieux élevés. M. Prideaux croit que ces proseuques avoient lieu avant la captivité de Babylone, & que ce sont les *hauts-lieux* dont il est si souvent parlé dans l'ancien testament. Maimonides dit que les proseuques devoient être bâties de maniere que ceux qui y entroient tournassent le visage du côté du temple de Jérusalem. Josephe & Philon confondent souvent les proseuques & les synagogues, & ils les mettent aussi dans les villes. Juvénal, poëte païen, parle des proseuques dans sa troisiéme satyre, c'est au moins le sentiment de plusieurs auteurs ; mais ce qu'il en dit est bien obscur, & il nous paroît que c'est un peu deviner que de prétendre que Juvénal a eu ces lieux en vue. * *Voyez* le commencement de cette troisiéme satyre ; M. Prideaux, *histoire des Juifs, tome II, page 242.* Dom Calmet, dans son *dictionaire de la bible.*

PROSPER, auteur Latin, qui vivoit du temps de Sylla & de Cicéron, vers l'an 60 avant J. C. écrivit un traité des antiquités de l'Etrurie ou Toscane, qui s'est perdu. Celui qu'on a publié depuis est une supposition de Thomas Fœdrus, qui vivoit en 1490, ce qui a été solidement prouvé dans un ouvrage composé à ce sujet, & imprimé à Amsterdam en 1639.

PROSPER (saint) d'Aquitaine ou de Guienne, fut secrétaire du pape saint Léon, & passe même auprès de plusieurs critiques, pour l'auteur de l'épître adressée par saint Léon à Flavien, contre l'hérésie d'Eutychès. Il avoit auparavant défendu avec beaucoup d'ardeur les livres de saint Augustin contre les Sémipélagiens, dont il lui fit savoir en 429 les erreurs dès leur naissance dans les Gaules. Après la mort de ce saint prélat, voyant que les prêtres de Marseille combattoient la doctrine de ce Saint, & la vouloient faire passer pour hérétique, il répondit à leurs objections. Il réfuta aussi Cassien, auteur des collations ou conférences qui, dans sa 13e conférence, étoit tombé dans le Sémipélagianisme. Le pere Sirmond, les auteurs de la tradition de l'église touchant l'eucharistie, & plusieurs savans soutiennent que ce Saint n'a jamais été évêque, & n'étoit même ni prêtre ni clerc, lorsqu'il écrivit à saint Augustin touchant les erreurs des prêtres de Marseille, puisqu'il nous y apprend lui-même qu'il

étoit laïc. On ajoute encore, que ni Victor, ni Grenade, ni le pape Gelase, ni saint Fulgence, ni Adon, ni Hincmar, ni plusieurs autres, ne lui ont jamais donné le nom d'évêque. Cependant quelques-uns soutiennent qu'il a été évêque de Rhege en Italie ; & d'autres, qu'il le fut de Riez en Provence. S'il avoit été élevé sur le siége de quelque église, il y a plus d'apparence que c'auroit été sur celui de cette derniere ville, d'où il s'opposa aux prêtres de Marseille, qu'on nomma depuis *Sémipélagiens.* On présume aussi qu'ayant fini sa chronique en 455, il mourut vraisemblablement peu de temps après. Le cardinal Baronius met cette mort en 465 : date qui ne s'accorde, ni avec la chronologie des évêques de Riez, ni avec celle de Lerins. On dit que saint Prosper avoit bâti à Riez une église en l'honneur de saint Apollinaire martyr, dans laquelle il choisit sa sépulture ; que son corps y demeura environ deux cens quarante-cinq ans, & que Dieu par ses prieres y fit beaucoup de miracles ; qu'au commencement du VII siécle, il apparut à l'évêque Thomas, & qu'il lui commanda de bâtir une basilique en son nom, & d'y transporter ses ossemens. Thomas entreprit cet ouvrage, dont on peut conjecturer la magnificence par les fondemens, & par le baptistaire qui se voit encore tout entier à Riez. Les ouvrages qui nous restent de saint Prosper, montrent quels étoient son esprit, son savoir & son éloquence. Voyez *liber contra collatorem* ; & les autres que nous avons dans les différentes éditions de Lyon, en 1539 ; de Louvain, en 1566 ; de Douai, en 1577 ; de Cologne en 1609 & 1630, & de Paris en 1711, *in-fol.* qui est la meilleure édition. On la doit aux soins de M. Mangeant, prêtre. Les critiques conviennent que les trois livres de la vie contemplative qu'on a attribués à saint Prosper, sont de Julien Pomere. Ils soutiennent aussi que les deux livres de la vocation des Gentils, que quelques-uns lui ont attribués, sont de Prosper, Africain, dont nous parlons dans l'article suivant. La chronique de saint Prosper a été très-souvent publiée. Nous avons de saint Prosper d'Aquitaine un poëme très-considérable contre les ingrats, c'est-à-dire, contre les ennemis de la grace de Jesus-Christ, dans lequel il explique en théologien très-profond la doctrine catholique contre les erreurs des Pélagiens & des Sémipélagiens. On peut regarder cet ouvrage comme l'abrégé de tous les livres de S. Augustin sur cette matiere, & particuliérement de ceux qui ont été écrits contre Julien. Les expressions en sont merveilleuses, & on ne sait comment ce saint a pu accorder la beauté de la versification avec les épines de sa matiere. L'exactitude pour les dogmes de la foi y est réguliérement observée, malgré la contrainte des vers, & la liberté de l'esprit poëtique. Isaac le Maistre de Saci en a donné une excellente traduction en vers françois. * Victor, *de Cyclo pasch.* Gennade, *de script. eccl. c.* 84. Gelas. papa, *de lib. apocr. can.* S. Rom. eccl. dist. 15. S. Fulgence, *l. 1, ad Monim.* c. 30. Adon de Vienne, *in chron.* Photius, *cod.* 54. Bellarmin, *de script. eccl.* Baronius, *in annal.* Sirmond, *in not. ad Sidon. Apollin. l.* 8, *ep.* 15. Bartel, *in hist. nomencl. praf. regin.* Les auteurs de la tradition de l'église touchant l'Eucharistie, *tab. hist. chron.* & Sainte-Marthe, *Gall. christ. de episc.* Aurel. & Regiens. *t.* II & III. Sponde, *in epist.* Baron. *A. C.* 466, *n.* 4. Godeau, *hist. eccl. V siécle.* Ferdinand Ughel, *t.* II, *Ital. sacr. de episc. Rheg.* Vossius, *de hær. Pelag. l.* 1, c. 18 ; & de hist. Lat. *l.* 2, c. 17, &c. Ant. Godeau, *approb. de la traduction françoise du poëme contre les ingrats.* Le traducteur anonyme de cet ouvrage, dans son *avant-propos.* Ph. Briet, *l.* 4, *de poët. Lat.* p. 54.

PROSPER, différent de S. Prosper d'Aquitaine, *qui fait le sujet de l'art. précédent,* vivoit vers le temps de Cassiodore, & un peu avant lui. Ce Prosper étoit Africain ; & poussé par la tempête de la persécution des Vandales, il vint d'Afrique en Italie. Il témoigne lui-même qu'il a vécu à Carthage étant jeune, ce qui ne convient pas à saint Prosper d'Aquitaine, que plusieurs ont confondu avec lui. C'est à ce Prosper l'Africain que plusieurs bons critiques attribuent le traité *de vocatione gentium*, que d'autres ont donné trop légèrement, les uns à saint Ambroise, les autres à saint Prosper d'Aquitaine, quelques-uns à un Prosper, évêque d'Orléans, qui vivoit dans le même temps ; & cet ouvrage se trouve aussi dans quelques éditions de S. Léon. On a eu tort aussi de donner ce traité à un quatriéme Prosper, qui souscrivit au concile de Carpentras en 527, & à celui de Vaison en 529. On a tout lieu de croire que c'est aussi ce Prosper l'Africain qui a écrit l'épître à la vierge Démétriade, jusqu'ici faussement attribuée à Prosper d'Aquitaine. Mais il est étonnant que Cassiodore ait paru ôter à ce dernier la chronique que l'on a toujours donnée sous son nom, pour en faire honneur au premier. *Voyez* sur cela ce que dit le pere dom Denys de Sainte-Marthe, général de la congrégation de S. Maur, dans plusieurs endroits de la vie de Cassiodore, qui est un ouvrage bien fait & utile pour l'histoire du temps de cet illustre chancelier & premier ministre du roi Théodoric. *Voyez aussi* la préface de la nouvelle édition des œuvres de saint Prosper d'Aquitaine, & ceux qui ont écrit des auteurs ecclésiastiques, & de leurs ouvrages, avec un esprit de critique & de discernement. Feu M. le Maistre, célèbre avocat, & ensuite solitaire à Port-Royal, faisoit une estime particuliere du traité de la vocation des Gentils, que l'on croit être de Prosper l'Africain, & dont le style & les expressions sentent en effet beaucoup le génie de cette nation ; & il avoit engagé M. Henry, avocat au parlement, fort consu, d'en donner une traduction françoise, avec une préface historique & critique ; mais ce travail, s'il a été fait, n'a point encore été rendu public.

PROSPER ALPIN, médecin, *cherchez* ALPINI.

PROSPER CALANO, autre médecin célèbre de Sarzane, professa à Rome & à Boulogne en 1524. * *Juste, in chron. med.* Vander Linden, *de script. medic. &c.*

☞ PROTADE (saint) évêque de Besançon au VII siécle, étoit fils de ce Protade, que Brunehaut fit établir en 605 maire du palais, & qui fut tué peu après. S. Protade fut évêque de Besançon après S. Nicet mort vers 612 ou 613. Ses vertus lui acquirent la confiance de ses souverains. Clotaire II, en particulier, n'entreprenoit rien de conséquence sans son avis. Protade fut évêque de Besançon jusqu'en 624. On voit que l'année suivante S. Donat lui avoit succédé. Assez long-temps après sa mort, un auteur anonyme écrivit sa vie. C'est de cette vie, qui paroît mériter notre créance, qu'on apprend que Protade avoit composé un rituel. On le conserve encore aujourd'hui dans l'église de S. Jean à Besançon. Mais les additions qu'on y a faites en différens temps font qu'il est aujourd'hui tout différent de ce qu'il étoit dans son origine. * D. Rivet, *hist. litter. de la France*, tome III.

PROTAGORAS, roi de Salamine dans l'isle de Chypre, étoit frere de Nicoclès, & petit-fils d'Evagoras I. Il dépouilla son neveu Evagoras II du sceptre qui lui appartenoit, & soutint contre lui & contre Phocion le siége qui fut mis par l'armée de Perse devant Salamine, l'an 350 avant J. C. Enfin appuyé du faveur d'Artaxerxès Ochus, roi de Perse, auquel il se soumit, il retint & gouverna paisiblement son royaume. On donna à son neveu Evagoras quelques terres en Asie, par forme de dédommagement. * Diodor. Sicul. ad *annum 3 olymp. CVII.*

PROTAGORAS, philosophe de la secte des Stoïciens, est différent d'un autre PROTAGORAS, qui se mêloit d'astrologie. Diogène Laërce fait mention de l'un & de l'autre dans le livre IX.

PROTAGORAS, philosophe d'Abdere, fils d'Artemon ou de Méandre, homme riche, de Thrace, reçut Xerxès dans sa maison, & lui fit de grands présens ; c'est ce qui a fait croire que Protagoras avoit été instruit par des mages. Il fut disciple de Démocrite, & législateur des Thuriens. Epicure cité par Athénée, a rapporté que quand Protagoras se mit sous la discipline de Démocrite, il étoit portefaix ; qu'il gagnoit sa vie à porter des fardeaux, c'est-à-dire, en bon françois, qu'il étoit crocheteur : ce qui ne s'accorde guère avec ce que les autres ont dit des richesses de son pere. Voici de quelle maniere Aulu-Gelle a conté comment Protagoras étoit devenu philosophe, de portefaix qu'il étoit. « On dit » que Protagoras, homme illustre parmi les philosophes, » & dont Platon a fait mention, se soit fait à porter » des fardeaux. Revenant un jour de la campagne dans » la ville d'Abdere, dont il étoit, chargé de fagots liés » avec une corde, Démocrite, citoyen de cette ville, » homme vénérable par sa vertu & par sa science, étant » sorti de la ville, le rencontra. Voyant cet homme » qui marchoit sans peine avec une charge si embaras- » sante, il s'approche ; & ayant considéré de quelle » maniere ces fagots étoient liés, & reconnu l'adresse » du porteur, il le pria de se reposer. Protagoras l'ayant » fait, Démocrite admirant comment il avoit lié ces » fagots, en sorte qu'ils étoient dans un équilibre géo- » métrique, lui demanda qui avoit ainsi ajusté cette » charge de bois ? Protagoras lui répondit que c'étoit » lui. Démocrite voulant en être sur, le pria de le délier » & de les relier. Protagoras le fit sur le champ ; & » après avoir délié ces fagots, il les relia de même qu'ils » étoient auparavant. Démocrite admirant l'habileté & » la pénétration d'esprit de cet homme, qui n'avoit » aucune science, lui dit : *Jeune homme, ayant de l'es-* » *prit pour bien faire, comme vous avez, vous pouvez* » *travailler à de plus grandes & à de meilleures choses* » *avec moi*. Il l'emmena sur le champ avec lui, fournit » à toute sa dépense, lui enseigna la philosophie, & en » fit un grand philosophe. » Protagoras enseigna à Athènes, dans la maison d'Euripide, ou selon d'autres, de Mégaclide, ou dans le Lycée. Il en fut exilé à cause de sa doctrine trop hardie. Il se sauva dans une petite barque, & voyagea dans les isles, où l'on dit qu'il fut le premier des philosophes qui enseigna pour de l'argent. On rapporte qu'un jeune homme riche, nommé *Evathlus*, s'étant venu présenter pour être son disciple, lui promit de lui donner une grosse somme, dont il lui délivra la moitié sur le champ, & promit de lui donner l'autre moitié, quand il auroit gagné la premiere cause qu'il plaideroit. Après avoir été assez long-temps dans l'école de Protagoras, sans se mettre en peine de plaider, quoiqu'il fût capable de le faire, Protagoras lui fit un procès pour être payé ; & quand ils furent venus devant les juges, comme Evathlus se défendoit, en disant qu'il n'avoit encore gagné aucune cause, Protagoras lui fit ce dilême, *Si je gagne ma cause, tu seras condamné de me payer ; & si tu la gagnes, tu me dois, suivant ta convention.* Evathlus bien instruit par son maître, retourna contre lui le dilême : *Si les juges me déchargent, je ne te dois rien ; s'ils me condamnent à payer, je ne te dois rien, suivant la convention.* Ces dilêmes embarasserent si fort les juges, qu'ils laisserent la cause indécise. Philochorus a écrit que Protagoras allant en Sicile, fut submergé. D'autres disent qu'il mourut en chemin, âgé de 70 ou de 90 ans. Il avoit pendant 40 ans fait profession de la philosophie, & a fleuri vers la LXXIV olympiade. Ce philosophe étoit plus subtil que solide ; il raisonnoit ordinairement par dilêmes, & laissoit l'esprit en suspens sur toutes les questions qu'il proposoit, jusqu'à l'existence même d'un Dieu. Voici comme il commença un de ses ouvrages : *Je ne puis dire s'il y a des Dieux, ou s'il n'y en a point ; plusieurs choses m'empêchent de le savoir ; comme l'incertitude de la chose en elle-même, & la briéveté de la vie des hommes.* Ce fut ce livre qui le fit chasser d'Athènes, & qui fut brulé publiquement. Il soutenoit encore que l'ame n'étoit pas différente des sens, & que tout ce que représentoient les sens étoit véritable. Il étoit plutôt sophiste que philosophe, & s'appliquoit particulierement à fournir des argumens subtils, pour surprendre ou pour éblouir les juges dans les causes que l'on plaidoit ; & il n'avoit point de honte de publier & d'afficher qu'il enseignoit les moyens de faire gagner une mauvaise cause. Il avoit composé plusieurs ouvrages. Platon a fait un dialogue contre lui. * Diogène Laërt. *l. 9.* Aulu-Gelle, *liv. 5.* Athénée. Ménage, *dans ses notes sur Diogène Laërce.*

PROTAGORAS, de Coos, ancien médecin. * Casaubon, *in Athen.*

PROTAGORIDE, *Protagorides*, de Cyzique, auteur Grec, écrivit des jeux qu'on célébroit à Daphné près d'Antioche. * Athénée, *l. 3 & 4.*

☞ PROTAIS, successivement abbé de S. Exalade & de S. Michel de Cusan, au diocèse d'Elne, aujourd'hui Perpignan, au IX siécle. C'étoit un prêtre du diocèse d'Urgel, que l'amour de la retraite attira en 855 à Exalade avec six autres solitaires. Ce monastere ayant été détruit par une inondation de la riviere du Têt, sur laquelle il étoit situé, Protais se retira au village de Cuzan, & y établit sous l'invocation de S. Germain, un nouveau monastere, qui porta depuis le nom de S. Michel. M. Baluze a donné le testament de l'abbé Protais. C'est une piéce importante pour l'histoire de Miron, comte de Roussillon. * D. Rivet, *hist. litt. de la France, tome V.*

PROTARQUE, *Protarcus*, Trallien, auteur Grec, cité par Macrobe, *l. 1, Saturn. c. 7, &c.*

PROTE (saint) & saint Hyacinthe, qu'on honore comme martyrs sous l'empereur Valérien, ou sous Dioclétien. Leur culte est établi dans l'ancien calendrier de Rome, où l'on apprend que leurs corps reposoient dans le cimetiere de Basile. On dit que le pape Damase découvrit leur tombeau; que peu de temps après, un prêtre nommé Théodore, y fit bâtir en leur honneur une église qui fut depuis ornée & enrichie par le pape Symmaque. On prétend aussi que sous Louis *le Débonnaire,* on envoya une partie des reliques de ces Saints en France, & que depuis trois corps furent transportés à Como, ville du Milanez; mais tout cela est fort incertain. * Florent, M. *Calendrier de Fronton.* Bollandus, *au 3 mai & au 1 juin.* Baillet, *vies des saints, au 11 septembre.*

PROTECTOR, cherchez MENANDRE.

PROTÉE, *Proteus,* dieu marin, fils de Neptune & de Phœnice, habitoit dans le phare d'Alexandrie. Etant sorti d'Egypte, il épousa Toronée à Phlegra, ville de Thessalie en Grece, dont il eut Tmolus & Télégonus. Ces enfans étant devenus grands, tuoient cruellement les étrangers. Protée ne pouvant souffrir cette barbarie, demanda à son pere Neptune de retourner en Egypte. Neptune exauçant sa priere, le mena en Egypte par un conduit qu'il fit sous la mer, & qui répondoit à un antre de Pallène. D'autres disent que Protée étoit fils de l'Océan & de Thétis, & lui donnent d'autres enfans. Les poëtes disent que Protée prenoit toutes sortes de formes, qu'il se changeoit tantôt en animal, tantôt en arbre, tantôt en feu, en eau & en rocher. Il avoit le don de prédire l'avenir, & ne s'expliquoit ordinairement que lorsqu'il y étoit contraint par la force. Ce qui a donné lieu à la fable de ces métamorphoses, c'est, dit-on, que Protée étoit un roi Egyptien, qui avoit son état le long de sa vie, & qui changeoit presque tous les jours d'habits, sur lesquels il faisoit représenter différentes figures. Hérodote rapporte que Pâris, après avoir enlevé Hélene, fut jetté par la tempête à une des embouchures du Nil; qu'il fut pris par Thémis, gouverneur de ce pays, qui l'envoya au roi Protée; & que ce prince ayant appris que Pâris avoit violé l'hospitalité en enlevant Hélene, détestant sa perfidie, lui avoit ordonné de sortir dans trois jours de ses états, & avoit retenu Hélene; que Ménélaüs ayant su, après la prise de Troye, que sa femme étoit en Egypte, y avoit été conduit par un pilote nommé Canope, qui donna son nom à une des embouchures du Nil, & qu'il y avoit trouvé Hélene que Protée lui avoit rendue avec tout ce que Pâris lui avoit enlevé. * Virgile, *Georgic.* Ovide,

l. 8, metam. Diodore, *l. 2, bibliot.* Tzetzès, *chil. 2, hist. 44, &c.*

PROTERE (saint) *Proterius,* évêque d'Alexandrie, fut mis par les prélats orthodoxes en la place de Dioscore, diffamé par ses violences, par sa vie scandaleuse, par sa cruauté & par son hérésie. Cette ordination se fit l'an 452, & causa de grands troubles dans Alexandrie: car les uns redemandoient Dioscore, les autres soutenoient Protere; & les intérêts particuliers se mêlant à la querelle publique, des paroles on en vint aux coups, avec tant d'animosité, qu'il y eut beaucoup de gens de tués de part & d'autre. Protere agissoit cependant avec zèle & avec douceur, pour ramener les hérétiques Eutychiens: il avoit même fait ordonner dans un concile, qu'on recevroit dans l'église ceux qui se soumettroient à souscrire à la foi orthodoxe. Mais ces sages précautions devinrent inutiles, & l'empereur Marcien fut contraint d'envoyer ces hérétiques en exil. Après la mort de ce prince, ils revinrent à Alexandrie: un de leurs chefs nommé Timothée, se fit ordonner évêque, & ses partisans assassinerent Protere dans le baptistaire, où il célébroit les cérémonies accoutumées, pendant les fêtes de Pâque de l'an 457. On l'a mis au nombre des martyrs, & on fait sa fête le 28 février. * Evagre, *l. 2, c.2.* Liberat, *brev. c. 14 & 15.* Theodore le *Lecteur,* l. 2, *collect.* Baronius, *in annal.* Baillet, *vies des saints.*

PROTESILAUS, fils d'Iphiclus, regnoit dans une ville de l'Epire, nommée *Phthïa,* & épousa Laodamie, fille d'Acaste, dont il fut passionnément aimé. Il lui fut prédit qu'il périroit à la guerre de Troye, s'il y alloit; cependant sans s'arrêter à cette prédiction, il s'embarqua avec les autres Grecs pour aller à cette expédition; & étant sorti le premier des navires des Grecs, il rencontra Hector qui le tua. Sa femme en fut accablée de douleur, & demanda par grace aux dieux de pouvoir embrasser son ombre. On dit qu'elle obtint la grace de pouvoir le voir & l'entretenir pendant trois heures, & qu'elle expira en l'embrassant. D'autres ont rapporté qu'elle fit faire son image de cire, & qu'elle la tenoit toujours sur son lit pour la baiser & l'embrasser; que son pere Acaste ôta cet objet de douleur de devant sa fille; qu'il fit brûler cette image dans un boucher, & que Laodamie s'y précipita pour y finir son déplaisir avec sa vie. * Homere. Ovide, *metamorph. l. 12.* Properce, *l. 1.* Catulle, *epigr. 69.* Ausone, *idyl. 6, epigr. 20.* Hygin.

PROTESTANS, nom que plusieurs princes Allemans, & quelques villes impériales prirent en 1529, parce qu'ils protesterent contre le décret fait au mois d'avril dans la diète de Spire, par Ferdinand archiduc d'Autriche, & les autres princes catholiques. Ils demanderent que suivant le décret de l'année 1526, on permit la liberté de conscience jusqu'à la célébration d'un nouveau concile. Ce nom s'est étendu depuis aux calvinistes & à ceux de la religion anglicane. Au reste les Protestans d'Allemagne font profession de suivre la confession d'Augsbourg, dressée par Mélanchthon, qui contient la pur lutheranisme avec quelques adoucissemens. Ils ne croient pas la transsubstantiation; mais ils enseignent que le corps & le sang de Jesus-Christ sont véritablement & substantiellement présens & distribués dans la cène, avec le pain & le vin. Ils communient sous les deux especes avec du pain levé. Ils rejettent les prieres pour les morts & le purgatoire. Ils n'admettent que deux sacremens, le baptême & l'eucharistie. Ils n'approuvent pas le culte des saints ni des images. Ils condamnent les vœux, & n'obligent point leurs ministres au célibat. Les bons Protestans sont aussi ennemis des Sacramentaires & des Calvinistes, que les Catholiques. *Voyez* DIETE DE SPIRE en 1529. * Sleidan. *in comment.* Maimbourg, *histoire du Calvinisme.*

PROTEVANGELION: c'est le nom qu'on donne à un livre attribué à S. Jacques, premier évêque de Jérusalem, où il est parlé de la naissance de la sainte Vierge,

& de celle de Notre-Seigneur. Guillaume Postel est le premier qui nous ait fait connoître ce livre, qu'il apporta d'Orient écrit en grec, & dont il donna une version latine. Il assuroit qu'on le lisoit publiquement dans les églises d'Orient, & qu'on n'y doutoit point qu'il ne fût en effet de S. Jacques ; mais les fables dont ce petit ouvrage est rempli, prouvent évidemment le contraire. Eusèbe & S. Jérôme n'en ont rien dit dans leurs catalogues des écrivains ecclésiastiques. Cependant d'anciens auteurs l'ont cité, & en ont rapporté des fragmens dans leurs livres. La version latine de Postel a été imprimée à Bâle en 1552, avec quelques réflexions de Théodore Bibliander, qui prit le soin de cette impression. Ce livre a été depuis imprimé en grec & en latin, dans le livre intitulé *Orthodoxographia*. * M. Simon.

PROTHESE, *Prothesis :* les Grecs ont donné ce nom à une table ou petit autel, sur lequel ils mettent les symboles du pain & du vin avant qu'ils soient portés sur le grand autel, où se fait la consécration. Cette cérémonie est aussi en usage chez la plupart des autres Chrétiens d'Orient, qui rendent de très-grands honneurs à ces symboles, avant qu'ils soient consacrés ; de sorte que quelques Latins leur en ont fait des reproches, comme s'ils adoroient le pain & le vin, avant qu'ils soient changés au corps & au sang de Jesus-Christ. Mais ils distinguent cet honneur de l'adoration, qu'ils ne rendent qu'à Dieu seul. Ce mot de *Prothese* signifie en cet endroit *préparation*, parceque l'on prépare sur cette table ou petit autel, le pain & le vin que l'on y met, avant qu'ils soient consacrés sur le grand autel. * M. Simon.

PROTOGENE, *Protogenes*, ancien peintre célèbre, natif de la ville de Caune en Cilicie, employoit beaucoup de temps à perfectionner ses ouvrages, & travailloit moins pour l'argent, que pour la gloire. Il florissoit vers la CXVIII olympiade, & l'an 308 avant J. C. On a écrit que pendant qu'il peignoit le tableau de Jalysus, fameux chasseur de la ville de Rhodes, il ne vivoit que de lupins trempés (c'est une espece de pois plats & amers,) de crainte que les vapeurs de ces viandes envoient d'ordinaire au cerveau, ne diminuassent la force de son génie, & n'offusquassent cette belle imagination qui le faisoit réussir si heureusement. Appellès fut si surpris de la beauté de ce tableau, qu'il avoua que c'étoit la plus belle chose du monde. Protogène pour en conserver la durée, le couvrit de quatre couches de couleurs, afin que le temps en effaçant une, il s'en trouvât une autre qui fût toute fraîche. On y voyoit un chien échauffé, dont l'écume étoit admirablement bien représentée, & qui devoit sa perfection au hazard ; car on dit que ce peintre étant en colère de n'y pouvoir réussir, jetta par dépit son pinceau contre son ouvrage, & que cette écume parut si bien imitée, que l'art n'y pouvoit rien ajouter. La même chose arriva, dit-on, au peintre Neoclès, lorsqu'il vouloit représenter l'écume d'un cheval. Les historiens remarquent que ce tableau de Jalysus conserva la ville de Rhodes, lorsque Démetrius Poliorcetes, roi de Macédoine, l'assiégea l'an 304 avant J. C. car ne pouvant la prendre que du côté où étoit la maison de Protogène, il aima mieux lever le siège, que d'y mettre le feu, & de faire consumer cet ouvrage admirable. Ce prince ayant su que pendant le siège, Protogène ne laissoit pas de travailler dans une maison hors de la ville, malgré le bruit des armes & des trompettes, il le fit venir, & lui demanda comment il osoit demeurer ainsi à la campagne, & se croire en sureté au milieu des ennemis des Rhodiens. A quoi il répondit, qu'il savoit bien qu'un grand prince, comme Démetrius, ne faisoit la guerre qu'à ceux de Rhodes, & non pas aux arts : ce qui plut extrêmement à ce conquérant, & augmenta son estime pour ce peintre. * Félibien, *entretiens sur les vies des peintres.*

Il y a eu encore un PROTOGENE célèbre par son habileté pour conduire les chariots dans le cirque, qui vivoit du temps d'Elagabale, dont Lampridius parle dans

la vie de cet empereur ; & un PROTOGENE martyr, dont Théodoret fait mention, *hist. l. 4, c. 18.*

PROTONOTAIRE : ce mot signifie autre chose dans l'église grecque, que dans l'église latine ; car dans l'église grecque, c'est le nom d'un des grands officiers de l'église de Constantinople, appellé *Protonotarios*. Dans le catalogue des officiers de cette église, que le pere Goat a fait imprimer, on a attribué au protonotaire la fonction d'être dans le sanctuaire debout auprès du patriarche, pour le servir, & pour lui donner à laver les mains dans le temps qu'il va élever l'hostie. Il est aussi de sa charge d'écrire toutes les dépêches que le patriarche veut envoyer aux grands seigneurs. Cet officier a encore droit de visiter tous ceux qui font profession des loix, & il fait cette visite deux fois par an. Il a l'œil sur toutes sortes de contrats d'achat & de vente, sur les testamens, sur la liberté qu'on donne aux esclaves, & fait son rapport de tout cela au patriarche. L'on appelloit autrefois *Protonotaire* dans l'église romaine, le premier des notaires qui étoient chargés d'écrire les actes des martyrs, & les circonstances de leur mort. Le cardinal Baronius a parlé de ces notaires en plusieurs endroits de ses annales ecclésiastiques, & il a même fait un chapitre particulier au commencement de son martyrologe, où il remarque sur le témoignage de l'histoire des papes, qu'on lit sous le nom de Damase, que S. Clément divisa les sept régions de Rome à des notaires, qui recueilloient avec soin les actes des martyrs chacun dans sa région.

Le titre de protonotaire est aujourd'hui un titre d'honneur attribué à la cour de Rome, auquel sont attribués plusieurs privilèges ; comme de légitimer des bâtards, de faire des notaires apostoliques, des docteurs en théologie & des docteurs en droit canon & en droit civil. Ils portent l'habit des prélats de couleur violette, & ont à leur chapeau un cordon de même couleur. Ils peuvent même se servir de la mître & des habits pontificaux en célébrant la messe ; ce qu'ils ne doivent pas faire néanmoins sans la permission des ordinaires. Il y a douze de ces protonotaires, que l'on appelle à Rome *Protonotarii participantes*, pour les distinguer des autres protonotaires, qu'on appelle *non participantes*, & dont le nombre n'est pas fixé. Ces derniers peuvent porter hors de Rome le rochet, comme il leur a été accordé par une congrégation des rits. Un chanoine qui a le titre de protonotaire, peut porter l'habit violet, si ce n'est lorsqu'il est dans le chœur avec les autres chanoines : car alors il doit se conformer aux autres. *Voyez* NOTAIRES DE ROME. * Onuphre Panvin. M. Simon.

PROTOPAPAS, *cherchez* PAPAS.

PROTOSPATA, *cherchez* LOUP PROTOSPATA.

PROTOSYNCELLE : c'est ainsi qu'il faut écrire ce mot, parcequ'il vient du mot grec πρωτοσύγκελλος, & non pas de πρωτοσύγκελλος, comme quelques-uns l'écrivent. C'est le nom d'une des premieres dignités ecclésiastiques chez les Grecs. Dans la grande église de Constantinople, on appelle *Protosyncelle*, le premier domestique du palais patriarchal, qui est comme le vicaire du patriarche. Les autres églises épiscopales ont aussi leur protosyncelle. C'est pourquoi l'on voit souvent dans les titres des écrivains grecs, *protosyncelle de la grande église :* ce qui ne s'entend pas toujours de l'église de Constantinople ; mais de l'église du lieu où réside celui dont il est parlé. * M. Simon.

PROTUCIUS (Conrad) *cherchez* CELTES.

PROTUS, affranchi de Bérénice, mere du roi Agrippa. Cette princesse l'avoit recommandé par son testament à Antonia, qui le reçut à son service. Il prêta vingt mille dragmes attiques à Marius, affranchi d'Agrippa, qui cherchoit de l'argent par-tout pour son maitre : & comme Protus dit qu'Agrippa lui en devoit déja deux mille cinq cents, il se fit faire une obligation de vingt mille dragmes. * Josephe, *antiquit. liv. XVIII, c. 8.*

PROU (Claude) & non Proust, comme le dit l'auteur de l'*histoire des Célestins de France*, étoit d'Orléans, & a fait profession chez les Célestins, le 15 novembre 1666; & depuis ce temps-là, il s'y est distingué par sa régularité, & par plusieurs ouvrages estimés; savoir : 1. *Les regrets d'une ame touchée d'avoir abusé long-temps de la sainteté du Pater*, *in*-12, à Orléans en 1691. M. du Pin donne un ouvrage qui porte le même titre, & qu'il dit imprimé en 1684, à Nicolas-Fontaine; mais il y a lieu de croire qu'il se trompe. Ce petit ouvrage a été applaudi avec fondement; & on le recherche toujours avec raison. 2. *La vie de S. Lié, solitaire de Beausse*, à Orléans en 1694, *in*-8°. 3. *Réflexions chrétiennes sur la virginité*, in-8°, à Orléans en 1693, & réimprimées en 1700, augmentées de sept chapitres, sous ce titre : *Réflexions importantes sur la virginité*. 4. *La guide des pélerins de Notre-Dame de Verdelays*, à Bourdeaux, en 1700, *in*-8°. Le monastere de Verdelays (*de viridi luco*) est un lieu de dévotion dans le diocèse de Bourdeaux. 5. *Dispositions nécessaires pour gagner le jubilé de l'année sainte*, à Bourdeaux en 1700. 6. *Instructions morales touchant l'obligation de sanctifier les dimanches & les fêtes*, à Bourdeaux, en 1703, *in*-8°. Il a fait encore quelques autres ouvrages, & il est mort au monastere de Verdelays, le 20 décembre 1722, après plus de cinquante ans de profession. * *Histor. congr. Celest. in Gallia*, p. 242. *Mem. du temps*.

PROVÉDITEUR, magistrat considérable de la république de Venise, *voyez* VENISE.

PROVENCE, *Provincia*, province de France, avec titre de comté, est bornée au levant par les Alpes maritimes, & par la riviere du Var; au couchant par le Rhône, & au midi par la mer Méditerranée. Elle faisoit autrefois partie de la Gaule Celtique, de la Ligurie, de la Gaule dite *Braccata*, & de la Narbonnoise; & elle a eu le nom de *Celto-Ligurie*, de *Province Narbonnoise*, & de *Province des Romains*. Ses peuples particuliers étoient les Voconces, les Cavares, les Saliens, les Décentes, les Oxybiens, &c. Aujourd'hui la Provence comprend le comté de Forcalquier, qui lui est uni : Avignon & le comté Venaissin, qui appartient au saint siége; le comté de Nice, soumis au duc de Savoye; la principauté d'Orange, qui a eu long-temps son prince particulier; mais qui est réunie maintenant à la France. Aix la ville capitale, avec archevêché, parlement, université, &c. Les autres sont Arles & Avignon, avec archevêchés; Marseille, Apt, Fréjus, Toulon, Digne, Riez, Sisteron, Senés, Carpentras, Cavaillon, Vaison, Vence, Grasse, Glandéve, évêchés; Castellane, Brignole, Forcalquier, S. Maximin, Bargemon, Antibes, le Martegues, Salon, S. Remi, Aups, &c. Il y a en Provence vingt-trois villes principales, appellées chefs de Viguerie, dont les députés, qui font leurs consuls, s'assemblent, & forment les états de la province, qui se tiennent à Lambesc. Ces vingt-trois villes font, Aix, Apt, Aups, Annot, Brignole, Barjols, Barrême, Castellane, Colmars, Draguignan, Digne, Forcalquier, Grasse, Guillaume, Lorgues, Moustiers, Sisteron, Leyne, Saint-Paul, Saint-Maximin, Tarascon, Toulon, & Yéres. Marseille & Arles sont ce qu'on appelle, *Terres adjacentes*. La Provence a été soumise aux Liguriens, aux Celtes aux Gaulois, puis aux Romains, qui la nommoient leur province. Ensuite elle a passé sous la domination des Visigoths, des Bourguignons, des Ostrogoths, des rois de France, des rois de Bourgogne, des rois d'Arles, & enfin des comtes héréditaires & propriétaires de ce pays. Ces comtes, dont le premier a été ROBAULD ou ROTBALD, suivi de BOZON, &c. régnerent vers l'an 900 ou 920. GILBERT mourut en 1102, & laissa une fille nommée DOUCE, qui porta ce pays aux comtes de Barcelone, par son mariage avec RAIMOND-BERENGER I. Celui-ci eut divers successeurs jusqu'à RAIMOND-BERENGER V, qui étant mort en 1245, laissa quatre filles. *Béatrix*, la derniere, porta ce comté à *Charles* de France, duc d'Anjou, frere

de S. *Louis*; & leurs descendans possédérent la Provence jusqu'à CHARLES du Maine, neveu du roi René, qui en fit hériter le roi Louis XI. Ainsi ce pays, depuis l'an 1481, est uni à la couronne de France. L'air y est extrêmement tempéré, & le pays tout-à-fait fertile en vins, en huiles, en safran & en fruits, comme figues, olives, oranges, citrons, prunes, grenades, sur-tout le long de la mer, où il y a de beaux ports à Marseille, à Toulon, &c. Outre le Rhône & le Var, la Provence a diverses autres rivieres, comme la Durance qui la traverse, & qui reçoit l'Asse, la Bleone, Verdon, &c; l'Argens qui en reçoit d'autres, & qui se jette dans la mer près de Fréjus; la Caigne, &c. Il y a plusieurs montagnes en Provence, & peu de bois. Sa longueur depuis le Rhône jusqu'au Var, est de quarante-quatre lieues de ce pays; sa largeur est de trente-deux, & son circuit de cent cinquante-huit. Les Provençaux font vifs, sobres, vivent contens de peu, & sont ingénieux. Ce sont eux qui sous le nom de *Troubadours* ou *Trouveres*, ont inventé les vers en rime, comme Dante & Pétrarque l'ont avoué. Cette province a produit de grands hommes, soit que l'on regarde les siécles d'or de l'église, où florissoient Honorat, Maxime, Léonce, Hilaire, Gennade, &c. dans le temps que les solitudes de ce pays étoient le séminaire de la plupart des évêques des Gaules; soit que l'on regarde les siécles suivans, & même le XVII, qui nous a produit le savant M. de Peyresc, & l'illustre Gassendi. Les anciens géographes & historiens parlent amplement de cette province. On peut consulter encore Nostradamus, & Honoré Bouche, *histoire de Provence*; Ruffi, *histoire des comtes de Provence*; Quiqueran de Beaujeu, *de laud. Prov. &c.* M. de Gaufridi, *hist. de Provence*. On vient de donner depuis peu (en 1759) une grande carte de la Provence, dressée par ordre des états de la province, & dédiée à la noblesse. Elle est fort exacte & très-détaillée. Tous les géometres de la province y ont travaillé, sous les ordres de M. Devoux. La bordure de cette carte est formée par des desseins exécutés avec précisions des monumens grecs & romains, qui subsistent encore dans la Provence.

SUCCESSION CHRONOLOGIQUE DES COMTES DE PROVENCE.

Ans après J. C.		Durée de régne.
900.	Robaud ou Rotbald,	23
923.	Bozon I,	21
944.	Robaud II,	6
950.	Bozon, comte d'Arles, & de la Provence orientale,	20
970.	Guillaume I,	22
992.	Guillaume II,	26
1018.	Guillaume III, dit *Guilhen-Bertrand*,	36
1054.	Geofroi ou Leofroi,	9
1063.	Bertrand,	27
1090.	Gilbert,	12
1102.	Douce, mariée à Raimond Berenger, dit *Arnould*, comte de Barcelone,	29
1131.	Raimond Berenger I,	14
1145.	Raimond Berenger II,	17
1162.	Raimond Berenger III,	4
1166.	Alfonse ou Idelfonse, Raimond Berenger IV, Sanche,	30
1196.	Alfonse ou Idelfonse II,	13
1209.	Raimond Berenger V,	36
1245.	Béatrix, comtesse de Provence, femme de Charles de France, I du nom, roi de Naples, &c.	40
1285.	Carles II, dit *le Boiteux*,	24
1309.	Robert *le Bon* & *le Sage*,	34
1343.	Jeanne I,	38
1381.	Charles de Duras, dit *de la Paix* ou	

Ans

Ans après J. C.	Durée du regne.
le Petit, prétendu comte de Provence,	5
1386. Ladislas ou Lancelot, prétendant au même droit,	28
1414. Jeanne II ou Janelle, sœur de Ladislas, dite comtesse de Provence,	21
1435. Louis de France, duc d'Anjou, &c. I du nom,	2
1437. Louis II,	34
1471. Louis III,	16
1487. René, dit le Bon, roi de Naples, &c.	46
1533. Charles IV, dit du Maine, mourut le 11 décembre de l'an 1481, & laissa par testament la Provence au roi Louis XI & aux rois ses successeurs, que nous nommons sous le nom de FRANCE.	

PROVENZALIS (Jérôme) Italien, né à Naples, s'acquit une grande réputation par la diversité de ses talens & de ses études. Il s'appliqua sérieusement à la philosophie, à la médecine, à la théologie même ; & ceux qui parlent de lui, le font regarder comme le plus habile homme de son temps en Italie. Il exerça particulièrement la médecine ; & étant allé à Rome, le pape Clément VIII le choisit pour son médecin, & lui donna sa confiance. Il lui fit aussi beaucoup de biens ; & enfin il le fit archevêque de Sorrento au royaume de Naples. Ughelli dit que ce prélat joignit une grande politesse à une science profonde. Il fit divers embellissemens dans son église, quelques augmentations, & divers présens magnifiques. Il s'y fit faire aussi son tombeau ; & après avoir gouverné son diocèse avec beaucoup de vigilance & de régularité pendant treize ans & sept mois, il mourut fort regretté en 1612, dans le temps que le pape Paul V l'avoit destiné pour être envoyé vers le roi de Pologne. On a de lui un traité De sensibus, imprimé à Rome en 1597, in-4°. Il y a eu plusieurs autres personnes de cette famille qui se sont rendues illustres dans les lettres, comme IGNACE Provenzalis, dont Nicolas Toppi fait un grand éloge dans sa Bibliotheque napolitaine ; & THOMAS Provenzalis, l'un des plus célèbres avocats de Rome dans ces derniers temps. * Voyez Nicolas Toppi, in Biblioth. neapolit. Jean Zecchio dans la dédicace qu'il a faite à Jérôme Provenzalis de sa thése soutenue à Rome sur la maniere de guérir les fièvres, &c. Mandosius, de vitis archiatr. pontific. Manget, biblioth. scriptor. medicor. lib. XV.

PROVERBES, livre des Proverbes : c'est le nom que l'on donne à un des livres qui portent le nom de Salomon. Le propre titre de ce livre est Sentences ou Paraboles de Salomon, en hébreu Misse ou Massaloth ; que les Septante ont traduit par Paraboles ou Sentences. Les anciens l'ont appelé le livre de la sagesse de Salomon, & l'ont souvent cité sous ce nom. Il est certain que ce roi en avoit composé plus de trois mille, comme il est marqué dans le IV livre des Rois, c. 3, v. 32 ; & le livre des Proverbes, que nous avons sous son nom, est un recueil de plusieurs de ses sentences ou paraboles. Son nom est à la tête de l'ouvrage, & au c. 25, il est remarqué que les paraboles suivantes sont encore de Salomon, & qu'elles ont été recueillies par des personnes que le roi Ezéchias avoit choisies. Le XXX chapitre commence par ces mots, Paroles d'Agur fils de Jaché ; & le dernier chapitre est intitulé, Paroles du roi Lamuel ; Ces titres font connoître que les 24 premiers chapitres peuvent être l'original de Salomon ; que les cinq suivans font des extraits, ou un recueil de quelques-unes de ses paraboles, fait du temps du roi Ezéchias & par son ordre, & que les deux derniers chapitres ont été ajoutés, & sont de deux auteurs différens, mais inconnus ; car il n'est parlé en aucun endroit de cet Agur fils de Jaché, ni du roi Lamuel, que quelques-uns prétendent être Ezéchias. Quoi qu'il en soit, ces deux der-

niers chapitres font une addition ajoutée après coup, & d'un style différent du reste. Le dernier est même composé de deux pièces différentes. La première, semblable au reste du livre, est composée de sentences ; & la derniere, qui n'est peut-être pas du même auteur, est une description de la femme forte. Il y a encore apparence que la fin du chapitre XXIV, depuis le verset 23, qui commence par ces mots : Ce qui suit est aussi pour les sages, ou, comme d'autres traduisent : Ce qui suit est aussi des sages, est d'un autre auteur. * Du Pin, dissertation prélim. sur la bible.

PROVIDENCE : les anciens en faisoient une divinité, comme nous l'apprend Cicéron dans son livre de la nature des dieux. Ils nous l'ont représentée sous la figure d'une dame Romaine, qui tient un sceptre d'une main, & semble montrer de l'autre un globe qui est à ses pieds, pour dire qu'elle gouverne tout le monde, comme une bonne mere de famille. L'empereur Tite la fit graver avec un timon & un globe dans ses mains. Maximien la fit représenter par deux dames, qui tiennent des épics de bled dans leurs mains, avec cette légende, PROVIDENTIA DEORUM, QUIES AUGUSTORUM. Alexandre Sévere nous l'a représentée sous la figure d'une déesse, tenant une corne d'abondance, & ayant à ses pieds une amphore pleine d'épics de bled. Le symbole de la Providence est une fourmi, qui tient trois épics de bled à son bec. * Antiq. rom.

☞ PROUILLE, monastere royal de religieuses de l'ordre de S. Dominique, situé au diocèse de Saint-Papoul en Languedoc, à dix lieues de Toulouse, & à quatre de Carcassone, fut fondé par ce saint sur la fin de l'année 1206, ou au commencement de 1207. Tel fut le motif de son établissement. Plusieurs gentilshommes catholiques de ces cantons ne pouvant pas nourir & élever leurs enfans, à cause que les hérétiques Albigeois désoloient les campagnes & ravageoient les fermes de quiconque n'étoit pas de leur parti ; ils ne faisoient pas difficulté de confier l'éducation de leurs filles à des femmes hérétiques, qui s'en chargeoient volontiers pour pouvoir étendre leur secte. Les riches Albigeois offroient aussi des biens à ces filles qui voudroient sacrifier leur religion, en s'alliant avec eux par des mariages. Dominique, qui travailloit avec un zèle infatigable à détruire l'hérésie des Albigeois, ne fut pas insensible à ces maux, & il entreprit d'y remédier, en établissant un monastere où ces jeunes demoiselles étant entretenues & élevées gratuitement, pussent être à l'abri de perdre leur innocence & leur religion, étant au pouvoir des hérétiques. Il en conféra avec Bérenger, archevêque de Narbonne, Foulques, évêque de Toulouse, Diégo d'Azebez, évêque d'Osma, chef de la mission contre les Albigeois, & avec plusieurs zélés catholiques, qui gouterent sa dessein, & firent à cette occasion de si grandes libéralités, qu'on éleva en fort peu de temps le vaste monastere de Prouille, qui fut presque aussitôt bien doté & bien rempli. Il s'y présenta un grand nombre de filles de ces infortunés gentilshommes dont on a parlé, comme aussi plusieurs autres que Dominique avoit converties, ou confirmées dans la foi catholique, qui toutes firent profession de la vie religieuse entre ses mains. Il leur donna la règle qu'observoient déja les chanoinesses de S. Augustin, & y ajouta des constitutions particulieres, qui furent confirmées par plusieurs bulles de Grégoire IX. S. Dominique n'a fait aucune fondation avant celle-là, ce qui prouve que les religieuses de Prouille, sont incontestablement les aînées des Freres prêcheurs, & S. Dominique les considéroit comme les prémices de son apostolat. Ce fut dans leur église, dédiée à la sainte Vierge, que ce saint jetta les premiers fondemens de son ordre, en y assemblant ses faize premiers disciples, & où il choisit avec eux une règle du nombre des anciennes, suivant la volonté du pape Innocent III, qui fut celle de S. Augustin, & où l'on fit un corps de régles particulieres, selon le plan & la forme que devoit avoir ce nouvel institut. Ce fut aussi que les ayant rassemblés le 15 août 1217, jour de l'Assomption de la sainte Vierge, il les dispersa dans divers pays du monde, pour travailler au salut des ames. La fondation du monastere de Prouille est de dix ans plus ancienne que l'ordre de S. Dominique. Celle du couvent de S. Martin, où habitent les religieux de cet ordre, établis pour les besoins de ces dames, n'est pas moins ancienne ; car, selon la remarque de tous les historiens, la fondation du monastere de Prouille fut double dès son commencement, comme il l'est encore à présent. C'étoit un prieuré que l'archevêque de Narbonne susdit donna à Dominique, où il se retira avec ses compagnons, & dont il fut le premier prieur. Il est situé dans la cour externe du monastere des religieuses. L'un & l'autre sont soumis à l'obéissance du général des Dominicains. Le monastere de Prouille devint si riche & si puissant dans peu de temps, qu'en 1258 Humbert V, général des Dominicains, qui y passa, ordonna que le nombre des religieuses seroit fixé à cent, les facultés de cette maison suffisant pour leur entretien, sans qu'il fût nécessaire de recevoir aucune dot des jeunes personnes que Dieu y appelloit. En l'année 1319, il prêta au roi Philippe le Long la somme de mille livres tournois, pour l'aider à soutenir la guerre contre les Flamans. Les papes & les rois ont accordé de grands privilèges à ce monastere. Le roi Philippe le Bel étant dans le Languedoc en 1304, donna à Béziers des lettres pour l'exempter des tailles & des subsides communs. Le 2 octobre de l'année 1305, le pape Clément V allant établir le saint siége à Avignon, passa au monastere de Prouille, où il logea, & fut défrayé avec toute sa suite aux dépens du monastere. Il y repassa & y logea le 29 janvier de l'année 1309. Ce célèbre monastere, qui est qualifié d'abbaye dans quelques-uns des premiers actes de sa fondation, conserve encore à présent beaucoup de restes de son ancienne splendeur. Les religieuses, au moins celles du chœur, doivent être d'extraction noble. Encore qu'elles soient soumises à l'obéissance du général de l'ordre, néanmoins depuis l'an 1533, leurs prieures sont à la nomination du roi, & par conséquent perpétuelles, de triennales qu'elles étoient auparavant. Il y en a eu plusieurs d'une très-haute naissance, telles que Jeanne d'Amboise, Eléonore de Bourbon, Magdeléne de Bourbon, Jeanne de Lorraine, Charlotte de Lévi de Ventadour, Antoinette d'Albret, Magdeléne de Lussan d'Aubeterre, Anne-Jeanne d'Artagnan de Montesquieu, Antoinette de Choiseul-Beaupré, morte en janvier 1723. Celle qui gouverne présentement (1758) ce monastere, est dame Françoise de Bellegarde, d'une très-ancienne & très-noble famille de Languedoc, qui a donné plusieurs excellens sujets à ce monastere. Cette digne prieure s'applique à le relever entiérement de l'incendie total qu'il essuya en l'année 1715, & à le rendre beaucoup plus magnifique qu'il n'étoit auparavant. * M. Fleury, Hist. ecclés. P. Touron, Vie de S. Domin. Hist. gén. de Languedoc par deux PP. Bénédictins.

PROVINCES de l'empire romain. Lorsqu'Auguste, après la fameuse bataille d'Actium, se vit maître souverain des affaires, il feignit n'en vouloir accepter la conduite que pour dix ans, & ne voulut se charger que des provinces où l'on pouvoit craindre quelque trouble, laissant les autres à la disposition du sénat & du peuple. Ainsi il se réserva celles où étoient toutes les troupes, dont il demeura le maître par ce moyen, & laissa au sénat celles dont il n'avoit rien à craindre. Celles-ci furent l'Afrique, c'est-à-dire, les pays plus proches de Carthage, la Numidie, l'Asie proprement dite, la Gréce, que l'on nomme assez souvent l'Achaïe, l'Epire, la Dalmatie, la Macédoine, la Sicile, la Sardaigne, l'isle de Créte, ou Candie, la Lybie Cirénaïque, la Bithynie, avec le Pont qui y confine, & la Bétique ou l'Espagne. Les provinces qu'il se réserva furent la Tarragonnoise & la Lusitanie, qui faisoient tout le reste de l'Espagne ; toutes les Gaules, c'est-à-dire, la Narbonnoise, la Lyonnoise, l'Aquitaine, la Belgique, la haute & basse Ger-

manie, & avec cela la Cœlé-Syrie, la Phénicie, la Cilicie, l'isle de Chypre & l'Egypte. Voila donc ce qui composoit alors l'empire romain. Mais l'on peut y joindre encore la Mauritanie, tout le reste de l'Asie mineure, la Palestine & quelques autres parties de la Syrie, bornée par l'Euphrate. Tous ces pays reconnoissoient l'autorité des Romains, quoiqu'ils fussent encore libres, ou gouvernés par leurs rois. Ils furent même bientôt après entiérement soumis, comme nous le remarquerons en son lieu, & réduits en provinces, selon la façon de parler des Romains ; & toutes ces nouvelles provinces étoient toujours jointes à celles de l'empereur, & non à celles du peuple. Dion, de qui nous avons pris ceci, nomme les provinces qui avoient chacune leur gouverneur vers l'an 230 de J. C. car auparavant on en avoit vu quelquefois deux ou trois ensemble sous un même gouverneur : ainsi la Phénicie avoit été soumise au gouverneur de Syrie. Cette distribution des provinces n'a pas aussi été entiérement fixe ; car Auguste même céda depuis au peuple l'isle de Chypre & la Gaule Narbonnoise, prenant en échange la Dalmatie.

Les provinces du partage du peuple étoient gouvernées par des sénateurs, qui avoient été consuls ou préteurs, soit en effet, soit en titre ; ils portoient tous néanmoins le titre de proconsuls. On les choisissoit par le sort, hors ceux à qui le nombre de leurs enfans faisoit accorder quelque privilege. Ils étoient envoyés au nom du sénat ; ils avoient des licteurs comme dans la ville, & d'autres marques de leur dignité, qu'ils prenoient au sortir de Rome, & qu'ils ne quittoient point qu'en y rentrant ; mais leur charge n'étoit que pour un an. Ils ne portoient point l'épée ni la cotte d'armes, parcequ'ils n'avoient pas droit de vie & de mort sur les soldats, quoiqu'ils l'eussent sur les autres. Ils avoient droit aussi de lever des impôts ; mais avec défense de rien tirer au-delà de la somme qui leur étoit réglée, sans un ordre exprès du sénat ou de l'empereur. L'Asie & l'Afrique étoient particuliérement destinées pour ceux qui avoient été consuls ; d'où vient que dans le IV & V siécle, il n'y avoit que ces deux provinces & celle d'Achaïe, dont les gouverneurs gardassent le titre de proconsuls : les autres provinces étoient pour les préteurs. Ni les uns ni les autres ne pouvoient avoir des provinces à gouverner, que cinq ans après avoir été préteurs ou consuls. On a quelquefois donné des gouvernemens à de simples chevaliers, mais il paroît que cela a été fort rare. On prétend aussi qu'après Auguste, les proconsuls ont porté l'épée. Du temps même d'Auguste, il y avoit en Afrique une légion & d'autres troupes auxiliaires ; & tout cela étoit commandé par le proconsul. Comme il arrivoit quelquefois que le sort tomboit sur des gens incapables de gouverner des provinces, les empereurs prirent le droit de nommer autant de personnes qu'il y avoit de gouvernemens à donner, & ces personnes tiroient ensuite entr'eux au sort. Quelquefois même l'empereur y envoyoit d'autorité ceux qu'il vouloit, ou les laissoit plus d'un dans leurs provinces. Ces proconsuls avoient avec eux des trésoriers ou questeurs, qui se tiroient au sort, & des assesseurs ou lieutenans. Ni les uns ni les autres n'avoient droit de juger à mort. Les anciens préteurs n'avoient qu'un assesseur qu'ils choisissoient entre ceux qui avoient été préteurs, ou qui étoient d'une dignité inférieure. Ceux qui avoient été consuls en avoient trois, qu'ils choisissoient entre ceux qui étoient arrivés à la même dignité, mais avec l'agrément de l'empereur. Deux consuls par an n'eussent pas pu suffire pour cela ; mais il y avoit déjà du temps qu'on ne faisoit plus de consuls que pour quelques mois, afin de leur en pouvoir substituer d'autres ; & on en a fait quelquefois jusqu'au nombre de vingt-cinq. Il n'y avoit néanmoins que les deux premiers de chaque année qui passassent pour consuls dans les provinces ; les autres ne se connoissoient guère qu'à Rome & en Italie durant le temps de leur consulat. C'est pourquoi on les appelloit les petits-consuls. Nous avons coutume de les appeler Subrogés, & de nommer les autres Ordinaires. Il paroît que les affaires des provinces proconfulaires venoient par appel aux confuls, & étoient jugées par le fénat.

Pour les provinces qu'Augufte s'étoit réfervées, il en choififfoit lui-même les gouverneurs, qu'il envoyoit où il vouloit, & quand il vouloit, comme fes lieutenans. Ceux-ci avoient moins d'apparence de grandeur que les autres; mais ils avoient plus d'autorité. C'étoient auffi des fénateurs qui avoient été préteurs ou confuls, ou qui même exerçoient actuellement la préture ou le confulat; & néanmoins ils ne prenoient jamais que le titre de pro-préteurs ou de lieutenans, n'avoient que fix licteurs, comme les préteurs à Rome, ne prenoient les marques de leur dignité qu'après être arrivés dans leur gouvernement, & les quittoient dès qu'ils n'étoient plus en charge. Mais d'autre part ils avoient la conduite des guerres, & l'autorité entiere fur les foldats: c'eft pourquoi ils por-toient l'épée & la cotte d'armes. Leur commiffion n'étoit point pour une feule année, mais pour autant de temps que le prince vouloit. Ils ne levoient point d'impôts, & ne pouvoient faire aucune recrue de foldats, fans un or-dre exprès de l'empereur ou du fénat. Lorfqu'il y avoit dans ces provinces plus d'une légion romaine, l'empe-reur y envoyoit pour commander les troupes un féna-teur qui avoit exercé la préture ou la queſture, ou quel-qu'autre charge femblable; & il paroît qu'en ce cas le propréteur n'avoit point droit de porter l'épée. Pour les tribuns ou colonels, & les autres moindres officiers, l'em-pereur les tiroit du nombre des chevaliers Romains. Les proconfuls & les lieutenans recevoient chacun du public une certaine fomme d'argent, à proportion de leurs be-foins. Lorfqu'ils partoient, l'empereur leur donnoit l'or-dre fur ce qu'ils avoient à faire. Quand leur fucceffeur ar-rivoit dans la province, ils étoient obligés d'en partir auffi-tôt, & de fe rendre dans trois mois à Rome.

Outre ces officiers, l'empereur envoyoit dans les pro-vinces, tantôt un chevalier, tantôt un de fes affranchis, avec le titre d'intendant, pour exécuter les ordres qu'il leur donnoit, pour faire l'emploi des deniers publics, & auffi pour les lever dans les provinces de l'empereur. On les vit dans la fuite tenir lieu de gouverneurs en chef, comme Pilate l'étoit dans la Judée. Tibere laiffa condam-ner par le fénat, & bannir Lucilius Capito, intendant d'Afie, parcequ'il avoit donné des ordres aux foldats, & avoit agi comme juge; au lieu qu'il ne l'avoit envoyé, difoit-il, que pour gouverner fes efclaves & fes revenus particuliers. Les intendans, dit Dion, plaidoient alors devant les magiftrats, & dans les formes ordinaires, com-me de fimples particuliers; depuis néanmoins on leur at-tribua quelque jurifdiction; & on leur donna le titre de receveurs ou généraux.

L'Egypte étoit gouvernée d'une maniere toute parti-culiere: car l'importance de ce pays, & la légereté des habitans toujours portés à la fédition, fit qu'Augufte ne la voulut point confier à un fénateur, ni même permet-tre qu'aucun de cette qualité y allât, fans en avoir une permiffion expreffe. Il y mit un fimple chevalier; mais il lui donna pouvoir de rendre la juftice, avec la même autorité que fi c'eût été un magiftrat Romain, c'eft-à-dire, un conful, un proconful, un préteur, ou un pro-préteur; quoiqu'on n'eût point accoutumé de donner de jurifdiction à de fimples chevaliers, depuis les difpu-tes & les guerres mêmes qui s'étoient excités fur ce fujet. Augufte ne voulut pas non plus qu'aucun Egyptien fût reçu fénateur Romain, ni qu'il y eût un fénat ni un con-feil public à Alexandrie, comme dans les autres villes, où il laiffa par-tout l'ancienne forme de gouvernement qu'il y avoit trouvée. Cet ordre qu'il établit pour l'Egypte s'obferva toujours depuis fort exactement, fi ce n'eſt que Sévere permit aux Alexandrins d'avoir un fénat, & qu'Antonin Caracalla, fon fils, en fit quelques-uns féna-teurs Romains. L'Egypte ne fut pas long-temps la feule province gouvernée par des chevaliers. Les empereurs leur en donnoient auffi quelquefois d'autres à gouver-ner, foit en chef, comme Dion le femble dire, foit avec quelque dépendance d'un autre gouverneur, comme ceux

de Judée, qui obéiffoient au gouverneur de Syrie. Tous ces chevaliers, hors peut-être le préfet d'Egypte, étoient qualifiés intendans. Auffi, au lieu de chevaliers, les em-pereurs donnoient quelquefois ces gouvernemens à leurs affranchis, comme Claude donna à Félix celui de la Judée. Il falloit néceffairement que ces intendans euffent l'admi-niftration de la juftice: c'eft pourquoi on leur accorda prefque la même jurifdiction que les préteurs avoient eue; & on voit par l'évangile, que Pilate, qui n'étoit qu'in-tendant, connoiffoit même des crimes capitaux. Il pa-roît néanmoins qu'on mettoit de la diftinction entre leur pouvoir & celui des magiftrats, jufqu'en l'an 53, auquel Claude, qui vouloit que ce que fes intendans avoient jugé, eût autant de force que s'il l'eût jugé lui-même, fit donner en leur faveur un arrêt par le fénat, qui leur attribuoit un pouvoir plus ample & plus exprès qu'on n'avoit fait jufque-là. Et ce pouvoir étoit pour tous les intendans, chevaliers ou affranchis; mais on croit que ce n'étoit que pour ceux, qui par leur intendance étoient gouverneurs des provinces. * Le Nain de Tillemont, hift. des empereurs.

PROVINCES-UNIES DES PAYS-BAS, qu'on nom-me les Etats Généraux, font ces provinces, qui dans le XVI fiécle, ayant fecoué le joug de la domination ef-pagnole, s'unirent enfemble, & formerent une républi-que. Ceux qui écrivent en latin, les nomment Provincia fœderata Belgii, ou Belgium unitum & Batavum. Ces provinces font au nombre de fept; la Hollande, la Zé-lande, la baffe Gueldre avec le comté de Zutphen, la Frife, l'Over-Iffel, la feigneurie d'Utrecht, & la fei-gneurie de Groningue. Nous parlons de chacune de ces provinces en particulier. On doit remarquer en général, qu'elles font fituées vers les embouchures de la Meufe & du Rhin, dans la partie feptentrionale des Pays-Bas, entre les états de la maifon d'Autriche en Flandre, l'Angleterre qui en eft féparée par la mer, & plufieurs principautés de l'empire. Les guerres civiles des Pays-Bas commencerent vers l'année 1566, & durerent jufqu'à la paix de Munfter, conclue l'an 1648. Pendant ce temps il y eut une trève de douze ans, qui fut procurée en 1609, par le roi Hen-ri IV. La crainte de l'inquifition, & de perdre les anciens privilèges, fut la principale caufe de ces guerres, qui fu-rent augmentées par la févérité du duc d'Albe, par le changement de religion, & par la demande du dixième denier. Le cardinal de Granvelle, qui traitoit trop impé-rieufement les peuples, commença à les porter au mur-mure & à la révolte. Philippe II, roi d'Efpagne, manda à la ducheffe de Parme, gouvernante des Pays-Bas, d'y faire publier le concile de Trente, & d'y établir l'inqui-fition; à quoi les états de Brabant s'oppoferent. Les reli-gionaires fe fervirent de cette occafion pour animer le peuple; de forte que la gouvernante, qui avoit exécuté les ordres du roi, appréhendant une révolte, fut con-trainte de donner une déclaration qui révoquoit l'inqui-fition. Mais le peuple prévenu de la doctrine des protef-tans, menaçoit de s'en prendre à la nobleffe; de forte que les feigneurs du pays craignant leur fureur, ou fei-gnant de la craindre, s'affemblerent à Gertruidemberg, & firent une ligue entr'eux pour la confervation de leurs libertés. La gouvernante parut alarmée de cette confpi-ration; & le comte de Barlemont, qui n'aimoit pas ceux qui l'avoient faite, lui dit que ce n'étoit que des gueux. Ceux-ci furent cette réponfe, & prirent le mot pour leur devife. Dès-lors tous ceux de ce parti porterent fur leurs habits la figure d'une écuelle de bois, avec ces mots: Serviteurs du roi jufqu'à la beface. Comme fi cette dif-tinction eût été le fignal d'un foulevement général, les religionaires coururent aux armes, commencerent à te-nir des affemblées, à fe faifir de quelques villes, & à brifer ce que nous eftimons de plus facré. Le roi d'Efpa-gne envoya peu après le duc d'Albe dans les Pays-Bas. Il y gouverna cinq ans, & commit des cruautés furpre-nantes; jufque-là qu'il fe vanta d'avoir exterminé dix-huit mille hommes par la main du bourreau, & d'avoir fait monter par an les confifcations à huit millions d'or.

Cette conduite aigrit davantage les esprits, qui se laissèrent transporter à la fureur après la mutinerie des soldats Espagnols, qui pillerent la ville d'Anvers le 4 novembre 1576. Ce fut alors que les provinces catholiques craignant un même malheur, s'unirent le 8 du même mois à Gand, avec celles de Hollande & de Zélande. C'est ce qu'on nomma *la pacification de Gand*. Cependant les états établissoient de plus en plus leur autorité, & diverses provinces s'unirent plus particulierement ; d'où vient le nom de *Provinces-Unies*.

L'union des sept provinces qui composent les Etats-Généraux, se fit à Utrecht le 13 janvier 1579, & fut signée par le prince d'Orange au mois de mai suivant. Voici quels furent les articles de cette union. I. Que les sept provinces s'uniroient ensemble, de même que si elles n'en faisoient qu'une, sans pouvoir jamais être divisées par aucun accord ou contrat que ce puisse être. II. Qu'on laissoit à chaque province & chaque ville en particulier tous les droits, toutes les coutumes, statuts, &c. dont elles jouissoient auparavant, & que lorsqu'il arriveroit quelque différend entre quelques-unes de ces provinces, les autres ne s'en mêleroient point, à moins que ce ne fût pour les porter à un accord amiable. III. Qu'elles s'obligeoient à s'assister les unes les autres, d'employer leurs vies & leurs biens contre toutes sortes d'ennemis, & contre toutes les attaques qu'on pouroit donner à quelques-unes d'entr'elles, sous quelque prétexte que ce fût. IV. Que les villes frontieres de l'union qui se trouveroient en mauvais état, seroient rebâties aux dépens des provinces dans lesquelles elles se trouvoient situées, mais qu'on les fortifieroit aux dépens de la généralité. V. Que de trois en trois mois on passeroit un bail à ferme de tous les impôts à lever dans les provinces, à ceux qui en feroient la condition meilleure, & que pour ce qui étoit des droits qu'on payoit à la majesté royale, ils seroient employés pour la défense publique. VI. Que dans un mois, on écriroit tous les noms de tous les habitans du pays, depuis l'âge de 18 ans jusqu'à 60. VII. Qu'on ne feroit jamais de paix ni de guerre, que du consentement de toutes les provinces. VIII. Que ni les unes ni les autres ne prendroient aucune résolution, qu'à la pluralité des voix, & que ce seroient les gouverneurs qui termineroient les différends qui arriveroient sur cela entre les provinces. IX. Qu'on recevroit dans l'union tous les princes, seigneurs, terres & villes qui voudroient entrer, du consentement pourtant des provinces. X. Qu'à l'égard de la religion, ceux de Hollande & de Zélande en agiroient comme bon leur sembleroit ; que toutes les autres se régleroient sur ce qu'en ordonneroit l'archiduc Matthias, & comme elles le jugeroient à propos pour la conservation de leurs provinces en particulier, pourvu que tout le monde eût une grande liberté dans sa religion, telle qu'elle fût, sans tourmenter personne sur ce sujet. XI. Qu'en cas qu'il y eût quelque différend entre les provinces, si cela n'en regardoit qu'une en particulier, ce seroit les autres qui l'accommoderoient, que si la chose les regardoit toutes en général, les gouverneurs y mettroient ordre, & que dans ces deux occasions on prononceroit la sentence dans un mois au plus tard, & cela sans aucun appel. XII. Qu'on tiendroit les états comme on faisoit auparavant, & que pour les monnoies, les provinces en conviendroient ensemble. XIII. Qu'il n'y auroit que les états qui auroient droit d'interpréter ces articles ; mais qu'en cas qu'il s'y élevât quelque dispute, ce seroit les gouverneurs. XIV. Qu'ils s'obligeroient eux-mêmes de saisir & de mettre en prison tous ceux qui seroient en quelque maniere que ce fût, quelque chose qui fût contraire à ces articles, & qu'il n'y auroit ni privilege ni exemption, qui pût les garantir. Cette union fut ratifiée en 1582, & on y ajouta que la religion prétendue-réformée auroit libre exercice dans tous les pays soumis à la république.

Dans les assemblées elles donnent leur voix en cet ordre ; Gueldre avec Zutphen, Hollande, Zélande,

Utrecht, Frise, Over-Issel & Groningue, avec les Ommelandes. Chacune de ces provinces envoie ses députés à la Haye, où il s'en forme trois colléges ou assemblées, les états généraux, le conseil d'état, & la chambre des comptes. Il faut que toutes les provinces consentent aux résolutions qu'on prend aux assemblées des états généraux, parcequ'on n'y suit pas la pluralité des voix. Chaque province en particulier a droit de présider une semaine. Elle peut envoyer divers députés ; mais ils n'ont tous qu'une même voix. La province de Gueldre est la premiere comme la plus ancienne, & comme celle qui commença à proposer l'union. Le commerce & les manufactures ont rendu ces provinces très-puissantes. Elles ont des places dans toutes les parties du monde. La Hollande a deux compagnies célébres de marchands, l'une pour les Indes orientales, l'autre pour les occidentales. La premiere est la plus puissante, & semble être elle seule une république : aussi entretient-elle dix-huit mille hommes de guerre, & emploie quatre-vingt mille personnes. L'amirauté a cinq siéges & autant de magasins, qui sont ceux de Roterdam, d'Amsterdam, de Hoorn ou Enkhuisen, de Middelbourg & d'Harlingen ; les trois premiers en Hollande ; le quatrième en Zélande ; & le cinquiéme en Frise. Les Provinces-Unies sont puissantes sur mer, où elles pourroient équiper cent voiles, & leurs armées navales ont souvent battu celles d'Espagne & d'Angleterre. Elles entretiennent en temps de paix environ 30000 hommes & 30 à 40 vaisseaux de guerre, pour servir d'escorte aux vaisseaux marchands contre les corsaires. Il n'y a point d'état au monde d'une si petite étendue, qui ait un plus grand nombre de forteresses, & qui soit mieux défendu par la nature des lieux ; mais ces défenses n'ont pas empêché que Louis XIV n'y ait fait des conquêtes surprenantes dans la seule campagne de 1672, par la réduction de trois provinces, & de plus de 60 places considérables. La paix de Nimegue, de l'an 1678, rétablit le calme dans ces provinces. Pour la religion, la prétendue-réformée y est la plus suivie, & plusieurs autres sectes y sont tolérées ; mais la religion catholique y est la moins soufferte : du moins n'y en permet-on point l'exercice public. En 1644 les états généraux prirent le titre de *hauts & puissans seigneurs* : la France y donna les mains, & ils en sont restés en possession. * Strada & Grotius, *de bell. Belg.* Bentivoglio, *des guerres des Pays-Bas.* Guichardin, *descr. Belg.* Boxhornius. De Thou. Baillet, *histoire d'Hollande.*

PROVINCES-LIBRES, appellées *Frey Ämbter* par les Suisses. C'est un petit pays de Suisse, qui est le long du bord occidental de la riviere de Russ. On dit que Meyemberg, Richensée, & Argow, qui en font les principaux villages, étoient autrefois des villes, qui avoient de grandes franchises, & que c'est de-là que le pays a pris le nom de *Provinces-Libres*. Quoi qu'il en soit, ce petit pays est aujourd'hui un bailliage qui appartient en commun à plusieurs cantons, dont le bailli fait sa résidence à Muri, qui est une grande abbaye & bien bâtie. * Mati, *dittion.*

☞ **PROVINS**, ville de France dans la basse Brie, à quatre lieues de la Seine, sur la riviere de Morin, qui se jette dans la Marne près de Lugny. La petite riviere de Vouzie y passe aussi. Le nom latin de cette ville est *Pruvinum, Provinum* ou *Provignum-Castrum.* Elle étoit connue du temps de Charlemagne, & il en est fait mention dans les anciennes chroniques & dans les vieux cartulaires. Elle a appartenu aux rois de France, jusqu'à ce que les comtés devinssent héréditaires. Alors Provins fut usurpée par ses comtes, dont il y a eu deux races : la premiere étoit de l'ancienne maison de Vermandois, & l'autre de la maison de Blois & de Chartres. Les uns & les autres l'ont possédée pendant trois cens vingt ans, après lesquels elle a été réunie à la couronne. Ces comtes accorderent de grands priviléges à cette ville, & y fonderent diverses églises & plusieurs monasteres. On voit plusieurs monnoies des descendans de Charlemagne, fabriquées à Provins, & sur lesquelles on lit cette légende,

Castris Pruvinis, ou celle-ci , *Pruvino* , ou enfin celle-ci *Moneta Pruvinenfis*. Dans les auteurs & dans les titres du commencement & du milieu de la troifiéme race , il eft fouvent fait mention des fols & des livres de Provins. Les comtes de Champagne & de Brie eftimerent beaucoup cette ville : ils y firent bâtir un palais dans lequel ils demeurerent quelquefois leur cour ; & ce fut dans la grande falle de ce palais que Thibaut IV fit écrire avec le pinceau les chanfons qu'il avoit compofées pour la reine Blanche, mere de S. Louis. Le préfidial de Provins eft de la premiere création des préfidiaux , & l'on y juge conformément à la coutume de Meaux. Le feul commerce confifte en bleds qu'on tranfporte à Paris. La manufacture de draps qui y étoit autrefois s'eft anéantie. La tradition du pays veut que lorfque les Anglois fe retirerent du royaume , ils emmenerent de Provins plufieurs ouvriers en laine qui leur ont donné le fecret des draps d'Angleterre. On faifoit autrefois dans cette ville la conferve de rofes, qui avoit de la réputation, & qui y apportoit de l'argent ; mais ce petit commerce eft prefque tombé. * La Martiniere , *dict. géogr.*

PROUST de CHAMBOURG (Aymon) docteur & profeffeur en droit à Orléans, d'une famille originaire d'ancienne nobleffe de Flandre. Ses ancêtres , depuis un fiécle & demi , ont eu des marques de diftinction à caufe de leur capacité & de leur mérite. En 1589 le parlement étant transféré à Tours , & fiégeant dans une grande falle qui fait aujourd'hui le réfectoire de l'abbaye de S. Julien , ordre de S. Benoît, Urbain Prouft de Chambourg , un de fes ancêtres, plaida la premiere caufe d'appel le 23 mars, en préfence du roi Henri III, qui y tenoit fon lit de juftice. M. Aymon Prouft de Chambourg pouroit compter dans fa famille dix profeffeurs qui fe font tous diftingués par leur habileté. Entr'autres , Antoine Prouft, dit *Prouft de Chambourg*, qui commença à enfeigner en 1629 , & qui fut mis profeffeur à Bourges à la place de François Pinffon , & mourut dans cette ville. Ce fut à la perfuafion d'Abel de Sainte-Marthe le pere, qu'il étudia le droit. M. Prooft ou Prouft, étoit proche parent de ce favant , une de fes tantes, *Renée* Prouft, ayant époufé M. de Sainte-Marthe de Chant-d'Oifeau. Aymon Prouft de Chambourg s'appliqua , comme fes ancêtres, à la jurifprudence , & fe fit de bonne heure eftimer à Orléans & ailleurs. François le Grand , profeffeur en cette ville , n'ayant pu par incommodité exercer toutes les fonctions de fon emploi pendant quelque temps , M. Prouft de Chambourg fit pour lui quatre difcours pour l'ouverture des écoles après la S. Martin , ès années 1697 , 1698, 1699 & 1700. Il fit auffi dans les mêmes années quatre difcours fur la pénitence , la veille du dimanche des Rameaux. Ayant difputé le premier une place de docteur aggrégé à Orléans , il y fut élu le 11 d'août 1711 , en exécution de la déclaration du roi du mois de janvier 1700. Le fieur Berche profeffeur en droit , étant mort en 1713, M. de Chambourg fe préfenta pour remplir fa place ; mais cette chaire n'ayant pu être adjugée par la voie de la difpute , felon l'ufage , à caufe des différentes conteftations furvenues entre les contendans , elle demeura vacante jufqu'en 1722. Mais en cette année , le roi informé du mérite & de la capacité de M. Prouft de Chambourg , & des fervices que fon pere & fon aïeul avoient rendus fucceffivement depuis près d'un fiécle , dans cette profeffion , évoqua à foi & à fon confeil toutes les conteftations formées pour raifon de ladite chaire de profeffeur en droit en l'univerfité d'Orléans , & nomma pour la remplir M. de Chambourg , qui la poffede encore avec diftinction. La déclaration du roi qui le nomma à cette chaire, & qui eft imprimée , eft du 18 juillet 1722, * *Voyez* la déclaration citée, *Mém. du temps.*

PROUSTEAU (Guillaume) célèbre profeffeur en droit à Orléans , étoit fils d'un marchand de Tours , où il naquit le 28 mai 1626. Il fit fes humanités avec fuccès , d'abord chez les Jéfuites de Tours , enfuite chez ceux de la Fléche , & fit fa philofophie dans leur collége,

dit aujourd'hui de *Louis le Grand*, à Paris. Après fa philofophie , il alla étudier en droit à Orléans & enfuite à Poitiers , & revint en 1655 à Orléans , où il prit le dégré de docteur en droit , fréquenta le barreau pendant quatre ans , en qualité d'avocat, & s'acquit dans cette fonction une réputation d'autant plus flateufe , qu'il la devoit toute entiere à fon mérite. Cependant le defir d'approfondir davantage l'étude des loix civiles & canoniques l'ayant porté à quitter le barreau , il parcourut pendant deux ans, c'eft-à-dire , pendant les années 1660 & 1661, les Provinces-Unies , l'Allemagne , l'Italie & l'Efpagne ; & dans ces différens pays il écouta les meilleurs jurifconfultes , & s'informa avec exactitude des loix qui y étoient en ufage. Etant revenu à Orléans , il difputa en 1668 pour une chaire de droit & l'obtint. Le choix des matieres qu'il entreprit de traiter , les agrémens de la méthode dont il fe fervit , fon travail infatigable , la clarté & la folidité de fes leçons , l'émulation qu'il favoit infpirer aux moins appliqués , lui attirerent de toute part un grand nombre de difciples. Tous les gens de lettres trouvoient auffi en lui un ami folide & utile dans le befoin. Il avoit un très-grand zèle pour la perfection des arts & des fciences , & il y contribua lui-même autant qu'il fut en lui. Il étoit d'ailleurs , ce qui eft le plus eftimable , le premier obfervateur des loix qu'il expliquoit. Un grand fonds de religion , des mœurs fimples , un extrême défintéreffement , une charité conftante envers les pauvres , l'ont fait aimer & eftimer de tous ceux qui l'ont connu , ou qui n'en entendoient même que parler. Ses largeffes furent fi grandes pendant la difette de 1709 , qu'on l'honora publiquement du titre glorieux de pere des pauvres. Son frere qui avoit amaffé de gros biens dans le commerce , étant mort, il employa une partie de fa fucceffion à acheter la bibliothéque du favant Henri de Valois , que la république des lettres avoit perdu depuis peu , & il l'augmenta beaucoup tant qu'il vécut. Il a légué cette bibliothéque par une donation entre-vifs aux Bénédictins du monaftere de Bonne-Nouvelle d'Orléans , à condition de la rendre publique trois jours de la femaine (ce qui s'exécute) & leur affigna un fonds pour l'augmenter. Dom Meri , Bénédictin , qui en étoit bibliothécaire en 1721 , & qui eft mort vers la fin de 1723 , en a fait imprimer le catalogue *in-4°*, à Orléans en 1721. M. Proufteau eft mort d'apoplexie le 15 mars 1715 , âgé de 89 ans. Il a laiffé beaucoup de differtations, remarques , & autres écrits qui n'ont point été imprimés. Ceux qui ont paru, font *Recitationes ad legem 23 contractus, & diverfos regulis juris* , à Orléans en 1684. La vie de M. Defmahis , chanoine d'Orléans, & auparavant miniftre de la religion prétendue-réformée. L'épitaphe du même qui fe lit dans le lieu de fa fépulture à Orléans , & que l'on trouve auffi imprimée. Trois difcours latins fur la pénitence , à Orléans en 1680, *in-4°*. M. Proufteau ayant trouvé dans la bibliothéque de Henri de Valois qu'il avoit achetée , le manufcrit des notes de cet habile critique fur le lexique grec d'Harpocration , & fes obfervations fur celles de Mauffac ; il les communiqua à Nicolas Blanchard , profeffeur de langue grecque & d'hiftoire à Franeker , par les foins duquel ces notes & ces obfervations furent imprimées à Leyde en 1682. M. Proufteau n'a jamais été marié : il étoit lié avec un grand nombre de favans , avec qui il étoit en commerce de lettres , & à qui il communiquoit avec joie fes lumieres & fes livres. Les favans fe font , par reconnoiffance , empreffés d'honorer la mémoire de M. Proufteau ; & nous avons plufieurs éloges confacrés à fon honneur , dont on trouvera la plus grande partie imprimée au commencement du catalogue *in-4°*, *dont nous avons parlé dans cet article*. Entre ces éloges , on eftime , fur-tout pour fa délicateffe & fon éloquence , celui que fit feu D. Mopinot , favant Bénédictin de la congrégation de S. Maur , & celui de M. Perdou de la Perriere , gentilhomme d'Orléans , très-verfé dans les belles-lettres. * Eloge de M. Proufteau, imprimé en une feuille vol. à Orléans. *Ejufdem elogium*, par D. Meri, au-devant du *Catalogue de la bibliothéque publique d'Orléans*. Les différens éloges en profe quarrée, & en vers latins, recueillis au-devant du même catalogue.

PRUCK AN DER AMBER, bourg du duché de Baviere, fitué fur l'Amber, à cinq lieues de Munick, vers le couchant. * Mati, *diction*.

PRUCK AN DER LEYTE, petite ville d'Autriche fur la Leyre, près des confins de la Hongrie, environ à huit lieues de Vienne, vers le levant. * Mati, *diction*.

PRUCK AN DER MUER, petite ville du cercle d'Autriche. Elle eft dans la Stirie fur le Muer, à huit lieues au-deffus de Gracz. Quelques géographes prennent Pruck pour la petite ville de la Pannonie, nommée *Rhifpia*, laquelle d'autres placent à Reckafpurg, petit bourg fitué entre le Muer & le Rab, à dix lieues de Gracz, vers le levant. * Mati, *diction*.

PRUDENCE (Aurelius Clemens *Prudentius*) poëte chrétien, qui florifloit dans le IV fiécle, fous l'empire de Théodofe *le Grand*, & fous de fes enfans, étoit Efpagnol, & étoit né, felon quelques-uns, dans la ville de Saragoce en 348. Il exerça la profeffion d'avocat, puis celle de juge: enfuite il fut homme de guerre, & enfin on l'attacha à la cour par un emploi honorable ; mais il ne fut point conful, comme quelques auteurs l'ont dit. Prudence s'appliqua particulierement à la poëfie, qu'il a rendue chrétienne, par le choix de fes fujets. Nous avons diverfes éditions de fes ouvrages, entr'autres, celle de 1667, à Amfterdam, avec des notes de Nicolas Heinfius, & celle de 1687, à Paris *in ufum delphini*, par les foins du P. Chamillard Jéfuite, qui peuvent paffer pour les plus belles. La vie de Prudence eft dans la plupart des éditions ; mais on l'a omife en celle de 1667. Ses poëmes font *Pfychomachia*, ou du combat de l'efprit ; *Cathemerinon*, hymnes pour tous les jours ; περὶ Στεφάνων, des couronnes des martyrs ; *Apotheofis*, de la divinité, contre les hérétiques ; *Hamartigenia*, de l'origine des péchés ; *Enchiridion veteris & novi teftamenti*, que quelques critiques ôtent à Prudence, parceque ce livre eft moins poli, & moins travaillé que les autres ouvrages ; mais il y a apparence qu'il eft auffi de cet auteur ; de qui l'on a encore deux livres contre Symmaque, préfet de Rome, qui avoit écrit pour le rétabliffement de la ftatue de la Victoire. Prudence avoit compofé un poëme de la création du monde, qui ne s'eft pas confervé. Cet auteur n'eft pas un excellent poëte : les termes dont il fe fert font fouvent barbares, & bien éloignés de la pureté du fiécle d'Augufte : mais fes penfées font affez juftes & dignes d'un bon chrétien. Il y a quelques endroits qui font élégamment écrits, & qui fe font lire agréablement. * Gennade, *c. 13, catal.* Walafride Strab. *de reb. ecclef. c, 25.* Trithême & Bellarmin, *de fcript. ecclef.* Alde Manuce l'*ancien, in ejus vita.* Lilio Giraldi, *in hift. poëtic.* Baronius. Poffevin. Voffius. Godeau, &c, *Confultez* Du Pin, dans fa *bibliothéque des aut. ecclef.* Bayle, *dictionnaire critique.*

PRUDENCE, dit *le Jeune*, dont le véritable nom étoit Galindon, évêque de Troyes en Champagne, vivoit dans le IX fiécle. Il étoit Efpagnol, & s'étant établi en France, mérita par fa vertu de fuccéder à Adalbert, XXXIII évêque de Troyes. Il fe trouva au concile de Paris en 847, à celui de Tours en 849, & à celui de Soiffons en 853. On remettoit à fon jugement les plus grandes affaires de fon temps, comme nous le voyons dans les épîtres de Loup de Ferrieres, qui fut nommé par Charles *le Chauve*, avec Prudence, pour travailler au rétabliffement de la difcipline monaftique en France. Hincmar de Reims étoit auffi ami intime de ce prélat, & le confultoit ordinairement, pour l'explication des paffages les plus difficiles de l'écriture fainte. Cet évêque écrivit un traité adreffé à Hincmar, archevêque de Reims, & à Pardulus, évêque de Laon, dans lequel il foutenoit l'autorité & la doctrine de S. Auguftin, fur les queftions de la grace. Il écrivit un autre traité fur

le même fujet contre Jean Scot Erigène. Ce traité a été recueilli avec les autres auteurs du IX fiécle fur la prédeftination & la grace, en 1650, Paris, 2 vol. *in-4*°. On a encore de lui fur cette matiere une lettre adreffée aux évêques du concile de Sens, dans laquelle fe repentant d'avoir foufcrit aux articles du concile de Quierfi, il propofoit quatre articles fur la grace, pour les faire figner & approuver par les peres du concile, favoir, 1. que le libre arbitre de l'homme, perdu par la défobéiffance d'Adam, eft tellement réparé par la grace de Jefus-Chrift, que nous ne pouvons fans elle rien faire, penfer, ni vouloir de bien ; 2. que Dieu a prédeftiné les uns par fa pure miféricorde à la vie éternelle, & les autres par un jufte jugement à la damnation ; 3. que le fang de Jefus-Chrift a été répandu pour ceux qui croiront en lui, & non pas pour ceux qui n'y croiront jamais ; 4. que Dieu fauve tous ceux qu'il veut fauver, & ne veut point fauver ceux qui ne font pas fauvés. On ne fait point quel effet eut cette lettre dans le concile de Sens ; mais il y a bien de l'apparence qu'elle y fut lue fans qu'on décidât rien fur ce fujet. On a encore plufieurs autres ouvrages de S. Prudence, entr'autres, un fermon ou panégyrique de fainte Maure, dont M. Breyer, chanoine de l'églife de Troyes, nous a donné une traduction françoife avec la vie de S. Prudence, en 1725, *in-12*. Les annales de France de faint Bertin, mettent fa mort en 861. * Loup de Ferrieres, *epift. 63 & 99.* Flodoard, *hift. Remenf. l. 3, c. 21.* Camufat, *ann. de Troyes.* Barthius, *adverf. l. 44, c. 19.* Sainte-Marthe, *Gall. chrift.* Voffius, *l. 3, de hift. Lat.* Du Pin, *biblioth. des aut. ecclef. du IX fiécle.* Voyez D. Rivet, *hift. litter. de la France*, tom V.

PRUDENCE, évêque dont on ignore le fiége, peut avoir vécu dans le X fiécle. M. Du Pin n'en a rien dit dans fa bibliothéque des auteurs eccléfiaftiques. Mais le cardinal Tomafo en parle dans la préface qu'il a mife à la tête du double pfeautier qu'il publia à Rome l'an 1683. Il dit que ce Prudence avoit compofé un opufcule intitulé : *Flores pfalmorum*, qui s'eft confervé manufcrit dans la bibliothéque du Vatican. Cet évêque dit dans fon prologue, qu'il y avoit encore de fon temps plufieurs perfonnes pieufes qui imitoient l'exemple des faints Peres, & chantoient chaque jour le pfeautier. S'il veut parler du chant du pfeautier entier, on ne croit pas qu'il ait trouvé bien des exemples de ces longues prieres dans l'antiquité, même parmi les folitaires : ils prioient fouvent ; mais leurs prieres étoient courtes & ferventes, & fouvent ils n'interrompoient pas pour cela le travail de leurs mains. Ces récitations journalieres de tout le pfeautier font beaucoup plus modernes.

PRUDENS ou LE PRUDENT (Henri) Chartreux, prieur du Val de Grace près de Bruges, mourut l'an 1484. Il eft auteur du *tétralogue de dévotion*, divifé en trois parties, dans lequel il fait parler un ange & un moine, Jefus, le Pere célefte & la Vierge. On croit qu'il eft le même qui eft nommé VOEDIUS par Sutor, *l. 2 vitæ Cart. tract. 3, c. 7.* * Boftius, *l. 36.* Du Pin, *biblioth. des aut. ecclef.*

PRULLI, abbaye de l'ordre de S. Benoît en Touraine, fut fondée au commencement du XI fiécle par Effroy, feigneur de Prulli, comme on le voit par ces vers confervés dans les archives de ce monaftere, dans un cartulaire un peu récent :

Inter mortales quos Gallia nobilitavit
Quondam regales genus exilitas decoravit,
Tutor eram patriæ, pax juris & emolumentum ;
Dux quoque militiæ fubvertens caftra furentum ;
Sic cùm viderent mihi facta, méque valerent
Senfus & mores in Chrifto fplendidiores,
Stannum fundavi, cultúque facro decoravi :
In qua nunc jaceo fublimis honore trophæo,
GOFFRIDUS nomen, plebs, clerus, funeris omnem
Supplens, fubveniat prece, voto, munere, fiat.

Effroi fe repofa du foin d'y mettre des religieux fur Hervé, tréforier de S. Martin de Tours, dont il eſt ſouvent parlé dans l'hiſtoire de ce temps-là. L'an 1100 l'on y en comptoit trente-quatre. Dans un vieux livre de la chantrerie, autrement appellé *Greſlier de l'egliſe de S. Martin de Boſſay*, on trouve les vers ſuivans, qui nous apprennent le nom du fondateur de cette égliſe, & l'année de ſa fondation.

> *L'an mil quatre & vingt de grace,*
> *Monſieur de PRULLI GODEBERT,*
> *Fils d'EFFROI, fonda cette égliſe*
> *De ſaint Martin, comme il appert :*
> *Régnant en France roi ROBERT,*
> *Grand clerc renommé en tous lieux.*
> *Paradis leur puiſſe être ouvert,*
> *Et à nous auſſi avec eux.*

On voit dans le château de Prulli des reſtes d'une ancienne égliſe, deſſervie autrefois par des chanoines. Elle fut détruite par une dame de Prulli, qui embraſſa la religion prétendue-réformée, & à qui Dieu ouvrit enſuite les yeux, & fit la grace de reconnoître & d'abjurer ſes erreurs ; mais le mal qu'elle avoit fait dans l'héréſie demeura irréparable. L'abbaye de Prulli eſt ſur la riviere de Caiſe, à ſix lieues de Châtelleraud vers le levant. * *Voyez* Mati, *diction. géograph.* & le *voyage littéraire* de D. Martenne & de D. Durand, *tome I.*

PRULLI, autre abbaye près de Provins dans le dioceſe de Sens, poſſédée par les religieux réformés de l'ordre de Cîteaux : eſt un monument de la piété de la comteſſe Adele, & de ſon fils Thibauld, comte de Blois & de Champagne. Elle fut fondée dès le commencement de l'ordre de Cîteaux, Artaud en fut le premier abbé. On a toujours exercé une ardente charité dans ce monaſtere, depuis S. Pierre de Tarentaiſe en eut diſtribué aux pauvres toutes les proviſions. On trouve auſſi dans cette maiſon des manuſcrits précieux des ſaints peres de l'égliſe, & autres auteurs eccléſiaſtiques.* *Voyez* le *Voyage littéraire* de dom Martenne & de dom Durand, *tome premier, premiere partie* ; & l'*hiſtoire de l'égliſe gallicane du pere Longueval, Jéſuite, tome VIII.*

PRUM, abbaye de l'ordre de S. Benoît, eſt ſituée dans la forêt d'Ardennes, au pied d'une montagne ſur la petite riviere de Prum, qui a donné ſon nom au monaſtere & à la ville. Elle a été fondée par *Bertrade*, grand'mere de la reine Berte, femme du roi Pepin, laquelle avoit un château à une lieue de-là, & qui la fit bâtir dans ſon propre fonds l'an 721, qui étoit le premier de roi Thierri, Quarante ans après, Pepin, à l'inſtance de la reine Berte, ſa femme, tranſféra le monaſtere dans le lieu où il eſt aujourd'hui, le bâtit avec tant de magnificence, & le dota ſi richement, qu'il éclipſa la premiere fondation. Aſſuérus, comte d'Anjou, qui en fut le premier abbé, & quelques autres ſeigneurs qui avoient ſuivi ce comte dans ſa converſion, lui donnerent preſque en même temps de ſi grands biens dans l'Anjou, dans le Maine & dans la Bretagne, qu'ils auroient ſuffi pour faire bâtir un autre monaſtere. Les princes, les rois & les empereurs lui firent auſſi de ſi grandes donations, que l'abbaye paſſoit pour la plus floriſſante qui fût en Allemagne. L'empereur Lothaire, fils de Louis *le Débonnaire*, l'aimoit beaucoup ; & après avoir fait trembler les royaumes par la terreur de ſes armes, il y fit un ſacrifice à Dieu de toutes ſes grandeurs, en y prenant l'habit de moine, avec lequel il mourut en l'an 855. Il fut enterré au milieu du chœur, où l'on voit ſon tombeau, qui eſt aſſez ſimple. Les empereurs, ſes ſucceſſeurs, honorerent les abbés de Prum de la qualité de princes du ſaint empire, & firent de ſi grands biens à cette abbaye, que les archevêques de Trèves la regarderent avec envie, & qu'ils voulurent plus d'une fois s'emparer de ſes biens, & les unir à la manſe archiépiſcopale. Vernier de Koningſtein obtint une bulle de Boniface IX qu'il ſurprit, en vertu de laquelle il prétendit exécuter ce projet ; mais Boniface ayant reconnu la fauſſeté de l'expoſé, révoqua lui-même

ſa bulle. Jean de Bade fit la même tentative ſous Sixte IV, & ne réuſſit pas mieux. Mais Jacques de Eltz, plus adroit, eut un meilleur ſuccès ſous Grégoire XIII. Le prétexte des prétendus dommages qu'il diſoit avoir ſoufferts de la part des luthériens, & quelques autres motifs auſſi mal fondés, arracherent à ce pape une bulle, avec laquelle, ſans autre formalité, il s'empara à main armée de tous les biens de l'abbaye, dont les électeurs de Trèves ont joui juſqu'à préſent. Encore aujourd'hui ils jouiſſent de trente-ſix mille écus de rente du monaſtere de Prum, ſans parler des grandes terres qu'ils ont aliénées. Cependant cette abbaye eſt encore une des plus régulieres de toute l'Allemagne. Il y a près de trente religieux qui vivent ſelon les uſages de la congrégation de Burſfeld, quoiqu'ils n'y aient jamais été unis. Ils obſervent exactement la retraite, le ſilence & la pauvreté, & l'on trouve en eux les autres vertus religieuſes. Ils font l'office divin & les autres exercices de leur régle avec beaucoup de piété. L'égliſe qui ſubſiſte aujourd'hui eſt ancienne & fort ſimple. Les PP. DD. Martenne & Durand diſent dans le ſecond volume de leur *Voyage littéraire*, qu'ils y trouverent pluſieurs manuſcrits anciens & précieux, entr'autres, un texte des évangiles, écrit en lettres d'or, avec des concordances des évangéliſtes à la marge : un autre texte des évangiles, dont les commencemens ſont écrits en lettres d'or unciales : la chronique de Réginon, qui differe en pluſieurs endroits des imprimés : le livre des cens, écrit de la main de l'abbé Ceſarius, qui après avoir gouverné quelques années l'abbaye de Prum avec édification, renonça à ſa dignité, & ſe retira au monaſtere du Val-Saint-Pierre, qu'on nomme aujourd'hui *Eiſterbach*, pour y paſſer le reſte de ſes jours dans les exercices de la pénitence la plus auſtere. Le fameux Wendalbert, dont nous avons un martyrologe en vers, & quelques autres poëſies, étoit religieux de Prum. Tous les religieux de cette abbaye doivent être nobles, comme dans toutes les autres abbayes qui ſont principautés de l'Empire, ainſi qu'eſt celle-là. L'adminiſtration perpétuelle de Prum accordée à l'électeur de Trèves, a été confirmée dans la diéte de Ratisbonne en 1654. * *Voyage littéraire de dom Martenne & de dom Durand, de la congrégation de S. Maur, tome X. Heiſſ, hiſtoire de l'Empire, livre 6.*

PRUNELÉ, maiſon d'ancienne nobleſſe en Beauce, eſt du nombre de celles dont l'origine ſe perd dans l'antiquité des temps. Le plus ancien dont la mémoire ſe ſoit conſervée par les titres, & depuis lequel on puiſſe ſuivre une filiation certaine, eſt celui qui ſuit.

I. GUILLAUME Prunelé, I du nom, vivoit ſous le régne du roi Philippe-Auguſte. Son nom ſe trouve au nombre des chevaliers du Vexin, qui portoient banniere, ſuivant l'hiſtoire latine des Normans d'un ancien écrivain, recueillie par André Ducheſne, & imprimée à Paris en 1619, page 1035. Il étoit ſeigneur de la Porte, terre ſituée dans le bailliage d'Eſtampes, & il eſt employé en cette qualité dans le rôlle & dénombrement qui fut fait ſous le même régne des chevaliers du bailliage d'Eſtampes, qui tenoient leurs fiefs du roi, & qui avoient 60 liv. de terre. Il donna, du conſentement d'*Agnès*, ſa femme, & d'*Adam* & *Pierre* Prunelé, ſes freres, aux lépreux d'Illiers, la dîme du bled & du vin, & la menue dîme qu'il avoit au même lieu d'Illiers, par lettres données à Eſtampes au mois de juin 1201. Geoffroi, ſire d'Illiers, confirma cette donation par ſes lettres du jeudi de devant l'aſſomption Notre-Dame de l'année 1213. On ne peut dire au juſte ſi ce Guillaume Prunelé étoit frere ou pere de *Florimonde* Prunelé, qui, ſuivant la généalogie de la maiſon de Thiville en Vendômois, fut mariée vers l'an 1208 avec *Jacques* de Thiville, ſeigneur de la Rocheyert en Dunois, & de Seri près Beaugency. Cette derniere terre ſe trouve encore aujourd'hui dans cette maiſon de Thiville. Guillaume Prunelé eut d'*Agnès*, ſa femme, pour enfans, GUILLAUME Prunelé, qui ſuit ; *Pierre* & *Geoffroi* Prunelé, qui moururent avant l'an 1248, ayant eu pour héritier GUILLAUME, leur frere ;

& *Agnès* Prunelé, dame de Chaffonville & des Coutures, mariée avec *Payen* d'Orléans, feigneur d'Egry & de Clery, qui légua, conjointement avec elle, aux abbeffe & religieufes de Voifins, de l'ordre de Citeaux, au diocèfe d'Orléans, quatre muids d'avoine par an fur le champart de Bonneville, le dimanche avant la fête de la décollation de S. Jean 1267. Ils font enterrés l'un & l'autre dans l'églife de cette abbaye.

II. GUILLAUME Prunelé, II du nom, feigneur d'Herbaut & de la Porte, eft nommé dans les lettres données à Montpenfier le plus prochain mardi d'après la Touffaints de l'an 1226, & mentionées dans les mémoires du greffier du Tillet, avec les autres feigneurs, qui jurerent & promirent au roi Louis VIII de faire couronner fon fils, qui fut depuis S. Louis, au cas qu'il vînt à mourir pendant le voyage de la Terre fainte, qu'il vouloit entreprendre. Guillaume Prunelé eft mentioné dans différens titres avec la qualité de chevalier, entr'autres, par un de l'an 1242, énoncé dans l'inventaire des titres de la maifon de Vendôme, par lequel il paroît qu'il renoit en fief de la châtellenie de Montdoubleau le lieu de la Fredonniere, & par les lettres du jour de la Touffaints de l'an 1244, fcellées d'un fceau en cire jaune, chargé de dix annelets, par lefquelles il reconnoît avoir vendu fes haies d'Herbaut par la volonté & octroi de monfeigneur le comte de Blois. Hugues de Chaftillon, comte de Blois & de S. Pol, lui avoit donné & à fes freres 50 liv. de rente à prendre fur le fétage de Blois, par lettres du mois d'avril 1236. Jean de Chaftillon, comte de Blois, fils de celui-ci, par autres lettres du mois de juin 1248, du confentement de Marie d'Avefnes, fa mere, fit échange avec Guillaume Prunelé, qualifié *Chevalier*, de ces 50 liv. de rente qui lui appartenoient en total, comme héritier de fes freres, & lui donna à la place le bois de Bardere & la terre qui appartenoit à Renaud d'Orleville. Cet acte porte que la donation de 1236 lui avoit été faite du vivant d'*Anne*, fa premiere femme; ce qui fuppofe qu'il fut remarié, mais on ignore à qui. Ses enfans furent GUILLAUME Prunelé III, qui fuit; & *Geoffroi* Prunelé, dont on ne connoît que le nom.

III. GUILLAUME Prunelé, III du nom, fire d'Herbaut & de la Porte, auffi feigneur d'Alzone & de Montréal dans la fénéchauffée de Carcaffone en Languedoc, fut un des feigneurs François qui fuivirent en Italie Charles, duc d'Anjou & roi de Sicile, frere du roi S. Louis, & qui fe diftinguerent à la bataille que ce prince gagna fur Mainfroi, tyran de Sicile, & oncle de Conradin, en 1266, dans la feconde année du pontificat de Clément IV, ainfi qu'il fe voit dans le livre intitulé, *Hiftoriæ Francorum fcriptores per Francifcum Duchefne, t. V, p.* 826. Ce fut lui qui fit élever une efpece de forterefle dans fa terre de la Porte, qu'il tenoit du roi, à l'occafion de quoi il eut procès contre Guillaume de Ligneris, feigneur de Mereville, dit depuis *Merinville* en Beauce, fuivant un arrêt du parlement de Paris, rendu dans l'octave de la Chandeleur de l'année 1266. Il tranfigea au fujet des haies d'Herbaut avec fon très-cher feigneur Jean de Chaftillon, comte de Blois, par acte du mois de décembre 1268, fcellé de fon fceau, fur un côté duquel eft *un homme à cheval, tenant de la main droite une épée, & de la gauche un écuffon chargé de fix annelets*, le cheval caparaçonné & femé d'annelets fans nombre; & de l'autre côté du fceau, eft *un écuffon chargé de fix annelets pofés* 3, 2 & 1; c'eft ce qui fait préfumer que ce fut ce Guillaume Prunelé III du nom, qui le premier réduifit les armes de fa maifon au nombre de *fix annelets pofés* 3, 2, 1, *d'or, en champ de gueules*. C'eft ainfi que fa poftérité les a toujours portées depuis, & on les voit telles dans un armorial de l'an 1310, qui étoit dans la bibliothéque de feu le préfident de Maifons, à l'article *des feigneurs d'Herbaut & de la Porte*, de même que dans les châteaux de la Porte, d'Herbaut, de Gazeran, de Lionville, le Pleffis, Saint-Benoît, Louville, Ouarville, Baudreville, Saint-Germain le Défiré, Thignonville, & autres lieux & églifes. Guil-

laume Prunelé III laiffa d'*Ifabelle*, fa femme, du chef de laquelle il fembleroit avoir été feigneur du château d'Alzone & de la châtellenie de Montréal, deux fils, GUILLAUME Prunelé IV, qui fuit; & *Jean* Prunelé, qui fut feigneur du tiers d'Alzone, Rieux, Leve & Aladerne. Son frere aîné tranfigea pour lui par procureur, comme ayant la garde de fa terre, avec noble dame Helie de Rochefort, veuve de noble homme Berenger de *Goginehis, militis quondam ex Alzona*, comme tutrice d'Hélie de Goginehis, fa petite fille, par acte du 18 juin 1315, fuivant des mémoires de famille. La femme de ce *Jean* Prunelé fe nommoit *Dannou*. Quoi qu'il en foit, il fut pere de *Jeanne* Prunelé, dame de Bullou, l'an 1350, & auffi dame du tiers d'Alzone, Rieux, Leuc & Aladerne. Elle fut mariée avec *Robert* d'Harcourt, fils de *Robert* d'Harcourt, baron de Beaumenil, & de *Jeanne* de Villequier, qui étant fire de Bullou à caufe d'elle, reçut un aveu le dimanche jour de S. Laurent de l'année 1354. De leur mariage vint *Robert* d'Harcourt, feigneur, du chef de fa mere, de Bullou & du tiers d'Alzone, Rieux, Leve & Aladerne, qui fut partie pour fon tiers dans la vente qui fut faite de ces terres le 11 avril 1372.

IV. GUILLAUME Prunelé, IV du nom, écuyer, feigneur d'Herbaut & de la Porte, & des deux tiers d'Alzone, Rieux, Leuc, Aladerne, Montréal & Licairac en Languedoc, étant demeuré mineur après la mort de fes pere & mere, fut mis avec fon frere fous la tutelle de Bernard de *Montefquivo*, leur plus proche parent, qui pendant leur minorité & leur abfence, étant réfidens en France, eut la garde de leur château d'Alzone, & par fa négligence laiffa le châtelain de Montréal s'emparer au nom du roi des premieres appellations, qui avoient toujours appartenu aux juges d'Alzone; ce qui s'apprend par l'expofé d'une requête en date du jeudi avant la purification de Notre-Dame 1318, préfentée en leur nom par leur procureur au fénéchal de Carcaffone, & tendante à ce qu'ils fuffent rétablis dans la jurifdiction des premieres appellations, attendu qu'ils étoient majeurs, & reçus en foi & hommage du roi pour les terres d'Alzone & de Montréal, & que le bail de leur tuteur étoit fini. Leur procureur préfenta encore une autre requête en leur nom au même fénéchal de Carcaffone, de même date que la premiere, fur ce que les procureur & gens du roi avoient ufurpé la juftice d'Aladerne & de Licairac, lieu dépendant d'Aladerne, par la pareffe & négligence de dame Meline des Arcis, veuve de Foulques de Compiens, leur oncle, laquelle tenoit pour fon douaire viager à la coutume de la prévôté de Paris, les châteaux de Leve & d'Aladerne, & le territoire appellé *Licairac*, dépendant d'Aladerne, pendant leur minorité & leur abfence, quoique Foulques de Compens, & fes prédéceffeurs euffent joui de tout temps de la juftice haute, moyenne & baffe dans les lieux en queftion, demandant qu'ils fuffent rétablis dans leurs droits, attendu leur majorité, & qu'ils étoient en foi & hommage du roi pour ces terres qui leur étoient venues par la mort de ladite dame Meline des Arcis, comme aux plus proches par droit & coutume. Ces deux freres obtinrent des lettres de Charles IV, furnommé *le Bel*, roi de France & de Navarre, données à S. Paul le 27 avril 1322, & adreffantes au fénéchal de Carcaffone, lefquelles portoient que l'un pour deux tiers, & l'autre pour un tiers, avoient rendu les hommages qu'ils étoient tenus de faire au roi pour la terre qu'ils avoient dans la fénéchauffée de Carcaffone. Guillaume Prunelé IV avoit rendu hommage au comte de Blois, à caufe de fa terre d'Herbaut, en 1317. Il fut marié avec *Jeanne* d'*Averton*, fille de *Geoffroi* d'Averton, chevalier, & de *Marguerite* fa femme, avec laquelle il tranfigea par acte de l'an 1326, où il eft qualifié de *chevalier*. Après fa mort, *Jeanne* d'Averton, fa veuve, fe remaria avec *Jean* de Vieuxpont, chevalier, feigneur de Chalancy, qui rendit aveu à caufe d'elle au comte de Blois pour la terre d'Herbaut, le famedi après la Conception de l'année

1335. Les enfans de GUILLAUME Prunelé & de *Jeanne* d'Averton, furent GUI Prunelé, sire d'Herbaut, qui suit ; *Guillaume* Prunelé, seigneur en partie de Rieux, Alzone, Leuc & Aladerne, qui transigea le 21 septembre 1371, tant en son nom qu'en celui des coseigneurs de ces lieux, avec les consuls d'Alzone, pour raison de la garde des clefs du même lieu. Il mourut sans postérité avant la vente d'Alzone du 11 avril 1372. HUGUES Prunelé, seigneur de la Porte, *qui a fait la branche des seigneurs* DE LA PORTE, *rapportée ci-après* ; *Isabeau* Prunelé, femme, l'an 1335, de *Jean* le Jay, écuyer ; & *Marie* la Prunelé, mariée avec *Jean* de Courvoy, chevalier, sire dudit lieu, dont elle laissa *Jean* de Courvoy, chevalier, sire de Courvoy ; *Guillaume* de Courvoy ; *Guyon* de Courvoy ; & *Phelipot* de Courvoy, qui passerent procuration à noble homme M. *Jean* Prunelé, chevalier, sire d'Herbaut, leur cousin germain, le dernier décembre 1371, pour vendre tous les biens qu'ils avoient dans la sénéchaussée de Carcassonne, à eux avenus par la mort & succession de feue leur mere.

V. GUI, dit *Guiot* Prunelé, chevalier, sire d'Herbaut, seigneur en partie d'Alzone, Rieux, Leuc & Aladerne, rendit aveu au comte de Blois, à cause de sa terre d'Herbaut, le 11 avril 1345, en reçut un de Martin de Bourges, le mardi avant la Fête-Dieu 1345, fit partage avec le comte de Blois, de certains bois & haies près de sa terre d'Herbaut, en 1346 ; obtint des lettres d'état du roi Jean, données à Breteuil en Normandie le 6 juillet 1356, sur l'exposé qu'il fit qu'il servoit ce prince dans ses guerres avec armes & chevaux, & transigea en 1360 avec les habitans de Rieux touchant & pour raison de la fortification & clôture de ce lieu. Il avoit fait son testament l'an 1346, le jour de l'Ascension, dans lequel il fait mention de *Jean* Prunelé, son fils, comme étant alors en bas âge. Il avoit été marié avec *Marguerite* de Pathay, laquelle étant veuve de lui, fit son testament en 1363, & nomma pour ses exécuteurs testamentaires JEAN Prunelé, son fils, qui suit ; & *Pierre* de Pathay, chevalier, seigneur de Machenainville & de Bauverger.

VI. JEAN Prunelé, chevalier, sire d'Herbaut, Machenainville & Beauverger, seigneur en partie de Rieux, Alzone, Leuc & Aladerne, étoit en bas âge en 1346, comme il paroît par le testament de son pere. Il passa procuration conjointement avec Robert d'Harcourt, son cousin, pour raison de leurs terres en Languedoc, le 6 avril 1356, à Jean Garcias, qui rendit aveu au roi en leurs noms pour ces terres entre les mains du sénéchal de Carcassonne, le 18 mars 1371. Jean Prunelé rendit aussi aveu dans le même mois de mars 1371 au comte de Blois, pour la terre & seigneurie d'Herbaut. Il vendit les terres de Rieux, Leuc, Aladerne, Alzone, & leurs dépendances, conjointement avec les autres copropriétaires de ces terres à Nicolas de la Jugie, chevalier, seigneur de la Livinière, baron de Puysalicon, par contrat du 11 avril 1372, confirmé par lettres patentes du roi, données à Paris au Louvre le 12 des mêmes mois & an. Il obtint au mois de juillet 1374, sous certaines conditions, permission du comte de Blois, de fortifier une tour à Machenainville. Il fut un de ceux que Gui de Chastillon, comte de Blois & de Dunois, établit ses procureurs par ses lettres du 23 mars 1391, pour la vente de ses comtés de Blois & de Dunois, à Louis, duc d'Orléans. Il fut aussi établi par lettres du roi Charles V, de l'an 1392, gouverneur du duché, & bailli & capitaine de la ville d'Orléans ; & il est employé en cette qualité dans un compte de Jean le Breton, receveur, de l'an 1398, & dans un acte d'amortissement fait au prieur de saint Donatien d'Orléans, le 6 juillet 1403. Il fut encore conseiller & chambellan du roi & du même duc d'Orléans, & gouverneur de son fils Charles, comte d'Angoulême, depuis duc d'Orléans, dans le conseil duquel il fut admis en 1409, ainsi qu'il paroît par les lettres de ces princes. Il mourut en 1417 dans un âge avancé.

Il avoit été marié, comme il est prouvé par un registre du parlement de l'année 1390, intitulé *Olim*, avec *Mabille* le Baveux, fille de *Gui* le Baveux, baron de Tillieres, & de *Marie* d'Amboise : il en eut *Gui* Prunelé, chanoine de l'église cathédrale de sainte Croix d'Orléans, & conseiller, maître des requêtes, clerc ordinaire de l'hôtel du roi, employé en cette qualité pour ses gages dans les comptes de Raimond Raguier, maître de la chambre aux deniers des années 1392 & 1393. Il donna quittance à Jean de la Cloche, receveur de Paris, le 14 décembre 1398, d'une somme de 729 livres 18 sols parisis, qui lui étoit dûe de plusieurs termes de ses gages, à cause de son office de maître des requêtes. Il étoit déja évêque d'Orléans, où il fit son entrée le 20 mars 1398 avant Pâque. Il assista au neuviéme concile d'Orléans, tenu en 1411 à l'occasion des divisions d'entre les maisons d'Orléans & de Bourgogne ; & le 6 mai 1417, il obtint de Charles, duc d'Orléans, comte de Blois, une surséance d'un an, pour venir à la foi pour sa terre d'Herbaut, qui lui étoit nouvellement échue par la mort de son pere, & qui étoit mouvante en fief de ce prince, à cause de sa châtellenie de Château-Renaud : il mourut en 1425, dans la vingt septiéme année de son épiscopat, & fut enterré dans son église épiscopale, à laquelle il laissa, par son testament, ses habits & ornemens pontificaux : GUILLAUME Prunelé, V du nom, qui suit ; *Périnet* Prunelé, mort jeune, en 1392 ; *Jacquin* Prunelé, auquel son pere céda en 1392 ce qui appartenoit à Périnet son frere, nouvellement décédé : Jacquin étoit alors étudiant en l'université d'Orléans ; & *Catherine* Prunelé, laquelle étant femme de *Louis* Manissart, seigneur d'Arebloy & Noirépinay, passa en 1392 un contrat du consentement de son pere, & de Gui & de Guillaume Prunelé, ses freres.

VII. GUILLAUME Prunelé, V du nom, écuyer, surnommé *le Jeune*, pour le distinguer de son pere, rendit aveu en 1403 pour la terre d'Ouarville, dont il étoit seigneur du chef de sa femme. Il fut conseiller & chambellan de Charles, duc d'Orléans, & comte de Blois, & il perdit la vie à la journée d'Azincourt, le 25 octobre 1414, du vivant de son pere. Il avoit été marié, par contrat du 6 janvier 1394, avec *Philippe* de Machery, fille de défunt *Guillaume* de Machery, écuyer, & de *Marguerite* de Coutes, sa veuve, qui fit son testament le mardi après la S. Denys 1395 ; elle étoit niéce & héritiere de Philippe de Guiencourt, seigneur de Gazeran & d'Ouarville. De ce mariage vinrent GUILLAUME Prunelé, seigneur d'Herbaut, qui suit ; & *Jean* Prunelé, abbé de S. Lomer de Blois, de l'ordre de S. Benoît, en 1447.

VIII. GUILLAUME Prunelé, VI du nom, chevalier, seigneur d'Herbaut, Machenainville, Beauverger, Gazeran & Ouarville, transigea avec Charles, duc d'Orléans, comte de Blois, pour raison de la chasse des moulins d'Herbaut, le 25 avril 1444, fut capitaine de Harfleur & de Bonneval, bailli de Caux, & fait conseiller & chambellan du roi Charles VII, par lettres du 11 novembre 1457, & mourut en 1461, comme il est justifié par les lettres du roi Louis XI, portant don de l'office de capitaine de Bonneval en faveur de son enfant & de la chambre Jean du Plessis. Il avoit été marié 1°. avec *Bertrande* d'Illiers, veuve de *Martin* de Rouvray, chevalier, seigneur de Courtalin en Dunois, & fille de *Pierre*, sire d'Illiers, & de *Marguerite* de Taillecourt, à cause de laquelle il transigea avec Miles d'Illiers, doyen, & depuis évêque de Chartres, & *Florent* d'Illiers, ses beaux freres, le 15 mai 1449 ; & 2°. avec *Marie* de la Chapelle, fille du seigneur de la Chapelle & de la Salle. Du premier mariage sortirent GUILLAUME Prunelé VII, seigneur d'Herbaut, qui suit ; PIERRE Prunelé, seigneur d'Ouarville, *qui a fait la branche rapportée ci-après en son rang* : Jean Prunelé, prieur de S. Nicolas d'Auneau, qui passa un bail en cette qualité par devant Robert

Saillard, tabellion à Chartres, le 12 septembre 1489 ; & *Jeanne* Prunelé, mariée avec *Pierre* de Cugnac, chevalier, seigneur de Dampierre, d'*Imonville*, &c. conseiller & chambellan du roi Louis XI, & maître des eaux & forêts de Normandie, dont elle resta veuve en 1484. Elle fit une donation à *Antoine* de Cugnac, son fils, le 15 septembre 1489.

IX. GUILLAUME Prunelé, VII du nom, chevalier, seigneur d'Herbaut, Gazeran, Machenainville & Beauverger, rendit aveu au chapitre de Chartres le 30 juin 1461, pour un muid de terre assis à Morainville, & relevant du château de Leuc, & au comte de Dunois, seigneur du Château-Renaud, en 1489, pour sa terre d'Herbaut. Il donna souffrance le 16 juillet 1493 à Etienne de Morainville, pour sa terre de Châtignonville. Il fut conseiller chambellan de Charles, duc d'Orleans ; & suivant la preuve de Claude-Adrien le Roux d'Esneval, l'un de ses descendans par femme, pour l'ordre de Malte, & la Roque dans son *histoire de la maison d'Harcourt*, il fut gouverneur de la personne de Louis, duc d'Orléans, fils du duc Charles, & depuis roi XII du nom, pendant sa minorité. Il avoit été marié, par contrat du 27 août 1470, avec *Catherine* de Beauveau, fille de *Pierre* de Beauveau, chevalier, seigneur de la Bessiere & du Rivau, conseiller & chambellan du roi, & d'*Anne* de Fontenais. Il en eut FRANÇOIS de Prunelé, seigneur d'Herbaut, qui suit ; & *Anne* de Prunelé, mariée, par contrat du 5 mai 1495, avec *Guillaume* de Gaillon, écuyer, baron de Macy, seigneur de Croisy, Ardencourt, Chatignonville, Chaumusson, Limours, &c. dont elle eut deux filles, l'une desquelles fut mariée dans la maison d'Harcourt-Beuvron, où elle porta de grands biens, étant restée unique héritiere par la mort de sa sœur sans enfans.

X. FRANÇOIS de Prunelé, chevalier, seigneur d'Herbaut, Gazeran, Machenainville & Beauverger, fut marié, par contrat du 15 janvier 1508, avec *Antoinette* le Roy, fille de *René* le Roy, chevalier, seigneur de Chavigny, la Baussonniere, &c. conseiller & chambellan du roi Louis XI, & de *Magdeléne* Gouffier, gouvernante des enfans du roi François I, & dame d'honneur de Catherine de Médicis, duchesse d'Orléans, & ensuite dauphine, sœur d'*Artus* Gouffier, seigneur de Boify, grand-maître, & de *Guillaume* Gouffier, seigneur de Bonnivet, amiral de France, & fille de *Guillaume* Gouffier, seigneur de Bonnivet, premier pannetier du roi, & de *Marie* d'Amboise, sa premiere femme, sœur de *Georges*, cardinal d'Amboise. De cette alliance vinrent RENÉ de Prunelé, seigneur d'Herbaut, qui suit ; *François* de Prunelé, écuyer tranchant du dauphin, seigneur de Machenainville, Beauverger & Glatigny, qui fit partage avec son frere aîné le 21 septembre 1540, & mourut depuis, sans enfans ; *Jacques* de Prunelé, abbé du Bourg-Dieu en Berri, prieur de S. Georges & de S. Severt, seigneur de Milly, Brouart, Fontenai, du fief Béon en Touraine, qui fit aussi partage avec son frere aîné le 24 juillet 1541 ; il renonça depuis à ses bénéfices, & épousa *Magdeléne* Payen, veuve en premieres noces de *Claude* le Roux, seigneur de Tilly, Bourgteroude & Beedal, conseiller au parlement de Rouen ; & en secondes, de *François* de Marcillac, baron de Courcelles & de Combres, châtelain de S. Sulpice & de Joderez en Périgord, premier président du même parlement de Rouen, mort le 13 septembre 1543 ; mais il mourut sans enfans ; *Louise* de Prunelé, abbesse du monastere de S. Remi des Landes, de l'ordre de S. Benoît, diocèse de Chartres ; & *Bonaventure* de Prunelé, mariée, par contrat du 5 janvier 1530, avec *Nicolas* de Chambray, chevalier, seigneur dudit lieu, de Blanday, Varenne, Chicou, Thevray, baron d'Auffai, &c. d'une ancienne maison noble de Normandie dans le diocèse d'Evreux, où sa postérité subsiste encore aujourd'hui avec distinction. *Voyez* CHAMBRAY.

XI. RENÉ de Prunelé, chevalier, seigneur d'Herbaut & de Gazeran, pannetier ordinaire du roi, fit partage avec ses deux freres les 21 septembre 1540 & 24 juillet 1541 ; & par ces actes il substitua à perpétuité, conjointement avec eux, la terre & seigneurie de Gazeran & le fief de Lavau au plus prochain hoir mâle, né ou à naître, portant le nom & les armes de la maison de Prunelé. Des mémoires portent qu'il mourut en 1543, à la fleur de son âge. Il avoit été marié, par contrat du 19 janvier 1528, avec *Anne* de Dreux, du sang royal de France, fille de *Jacques* de Dreux, chevalier, baron d'Esneval & du Fresne, seigneur de Pavilly, de Musy, Berville, Piercourt & de Louye, vidame de Normandie, & de *Magdeléne* de Hames, sa premiere femme. Il en eut ANDRÉ de Prunelé, seigneur de Gazeran, &c. qui suit ; *Louis* de Prunelé, chevalier, seigneur châtelain d'Herbaut, qui donna procuration le 7 juin 1559 à Me Antoine Descartes, chanoine de S. Jacques de Blois, pour ratifier en son nom plusieurs contrats de partage faits entre son frere aîné & lui. Il comparut par procureur au procès-verbal de la rédaction de la coutume de Touraine, du 18 octobre 1559, & il fut marié avec *Marie* de Maroles, fille du seigneur de Longcorme, de laquelle il n'eut qu'une fille unique, nommée *Marie* de Prunelé, dame d'Herbaut, qui fut mariée avec *Jean* de la Personne ; mais n'ayant point eu d'enfans, la terre d'Herbaut retourna à *Charles* de Prunelé, son cousin germain ; *Jacques* de Prunelé, écuyer, seigneur de Machenainville & Beauverger, qui plaida long-temps contre *André* de Prunelé, son frere aîné, au sujet de son partage, comme il paroît, entr'autres, par deux arrêts du parlement de Paris, des 10 janvier 1561, & 14 février 1573. Il fut marié à Paris dans la chapelle de l'hôtel de S. Denys en la paroisse de S. André des Arcs, le 25 décembre 1566, avec damoiselle *Jacqueline* Groslier, fille de défunt *Jean* Groslier, chevalier, vicomte d'Aguisy, trésorier de France & de Milan, & d'*Anne* Briçonnet, dame de Couvay & de Santeins ; mais il ne paroît pas qu'il en ait eu des enfans ; & *Françoise* de Prunelé, partie dans l'arrêt du 14 février 1573, étant alors fille. Elle fut depuis mariée au seigneur de la Beaudere en Normandie.

XII. ANDRÉ de Prunelé, chevalier de l'ordre du roi, seigneur de Gazeran, baron d'Esneval & de Pavilli, vidame de Normandie, mourut en 1581. Il avoit été marié, par contrat du 15 juin 1558, avec *Marguerite* le Veneur, fille de *Jean* le Veneur, chevalier, chambellan du roi, baron de Tillieres, seigneur du Homme & de Carouge, capitaine de Vire, & bailli de Rouen, & de *Gilonne* de Montéjan, sœur du maréchal de France de ce nom. Il en laissa CHARLES de Prunelé, écuyer, baron d'Esneval, qui suit ; *Claude* de Prunelé, seigneur & patron de Criquetot d'Esneval, Englesquewille-l'Esneval, Meslemont, l'Espinay, de Lavau, & des Rotis, qui transigea avec son frere le 6 avril 1599, & qui mourut sans alliance le 24 janvier 1654, à Criquetot-l'Esneval, diocèse de Rouen, dans l'église paroissiale duquel il fut enterré le 27 suivant ; *Claudine* de Prunelé, mariée, par contrat du 18 février 1577, avec *Jean* de Laval, seigneur de Tartigny, d'Aveluis, Gournay-le-Guérin & Fresnai-le-Samson ; *Magdeléne* de Prunelé, mariée, par contrat du dernier avril 1578, avec *Jean* le Sesne, chevalier, seigneur de Ménilles, la Heuniere, la Champaigne, & Clermont en Caux ; & *Marguerite* de Prunelé, religieuse à Poissy.

XIII. CHARLES de Prunelé, chevalier de l'ordre du roi, & gentilhomme ordinaire de la chambre du roi, capitaine de cinquante hommes des ordonnances, baron d'Esneval & de Pavilly, vidame de Normandie, seigneur châtelain de Gazeran, Machenainville, Beauverger & Glatigny, fit son testament le 2 avril 1618, par lequel il legue à *Claude* de Prunelé, son frere, la somme de dix mille livres, & substitua tous ses biens-fonds à *Nicolas* de Prunelé, son fils, & à ses enfans ; & à leur défaut à *Françoise* & *Elizabeth* de Prunelé, ses filles, & à leurs enfans. Il mourut à Paris dans son hôtel d'Esneval, rue du Jardinet, paroiſſe S. Côme, au mois d'avril 1624, ſuivant l'inventaire fait après ſon décès, le 2 mai & jours ſuivans de la même année. Il avoit été marié, par contrat du 12 ſeptembre 1583, avec *Magdeléne* Pinart, vicomteſſe de Comblifi, dame de Cramailles, de Montouri, de Marolles & de Servenay, morte à Paris le 6 avril 1654, & inhumée le 7 en l'égliſe paroiſſiale de S. Côme. Elle étoit fille de *Claude* Pinart, chevalier, conſeiller du roi en ſes conſeils, ſecrétaire d'état & de ſes commandemens, ſous le régne de Henri III, ſeigneur de Cramailles, premier baron de Valois, vicomte de Comblifi, baron de Louvois, & de *Marie* de Laubeſpine, l'une des dames de la reine-mere. Les enfans ſortis de ce mariage furent *Nicolas* de Prunelé, chevalier, ſeigneur baron d'Eſneval & de Pavilly, vidame de Normandie, ſeigneur de Gazeran, &c. capitaine de cinquante hommes d'armes des ordonnances du roi, mort ſans avoir été marié, au mois de novembre 1653, étant le dernier des mâles de la branche aînée de la maiſon de Prunelé; *Marie* de Prunelé, abbeſſe du monaſtere de la Guiche en Bléſois, de l'ordre de ſainte Croix, dioceſe de Chartres; *Marguerite* de Prunelé, religieuſe au même lieu; *Claude* de Prunelé, religieuſe à Chelles, dioceſe de Paris; *Magdeléne* de Prunelé, religieuſe à Poiſſi; *Françoiſe* de Prunelé, mariée, par contrat du 19 mai 1615, avec *Anne* de Tournebu, baron de Livet, ſeigneur de Bouges & du Montdelis, conſeiller & premier préſident aux requêtes du palais du parlement de Rouen, laquelle étant veuve, rendit aveu le 14 octobre 1658 à François Rouſſelet, comte de Château-Renaud, pour la terre d'Herbaut, conjointement avec la comteſſe de Moucy, ſa ſœur, autoriſée par juſtice au refus de ſon mari, comme héritiere en partie de leur pere, & pour le tout de leur mere, & par bénéfice d'inventaire de leur frere. Elle fit partage avec ſa ſœur à la fin de l'année 1668, & eut pour ſa part la baronie d'Eſneval avec le vidamé de Normandie, la châtellenie de Pavilly & le vicomté de Comblifi. Elle fit une donation de la baronie d'Eſneval, & du vidamé de Normandie, au mois de novembre 1677, ſous condition & à la charge d'en prendre les noms & armes à *Robert* le Roux, baron d'Acquigny, ſon petit-fils; & *Elizabeth* de Prunelé, baptiſée à Paris en l'égliſe paroiſſiale de S. André des Arcs, le dernier mars 1603, qui fut mariée en 1620 avec *Jean* le Bouteiller de Senlis, comte & ſeigneur de Moucy-le-vieil, de Moucy-le-neuf & de Vinueil. Elle eut pour ſa part de la ſucceſſion de ſon frere; par le partage qu'elle fit avec ſa ſœur en 1668, les terres & châtellenies d'Herbaut, Gazeran, Machenainville & Beauverger, que *Marie* le Bouteillier de Senlis, ſa fille, porta en mariage à *Henri-Auguſte* d'Orléans, marquis de Rothelin.

BRANCHE DES SEIGNEURS D'OUARVILLE, *éteinte.*

IX. PIERRE, dit *Perroquin*, Prunelé, ſecond fils de GUILLAUME Prunelé, VI du nom, ſeigneur d'Herbaut, & de *Bertrande* d'Illiers, ſa ſeconde femme, fut ſeigneur d'Ouarville en Beauce, de Voiſe & de Machery, & épouſa ſur la fin du mois de janvier 1466, *Anne* de Tillay, dame de Brano, veuve de *Michel* de Beauvillier, ſeigneur de la Ferté-Hubert, chevalier de l'ordre du Camail, échanſon du roi, bailli de Mantes & de Meulan, capitaine & gouverneur de Montreau & de Chartres, & fille de *James* de Tillay, bailli de Vermandois, & de *Jeanne* d'Anneville, dame d'Aſnieres. Elle mourut à la Ferté-Hubert, vers la fin de l'hiver 1472, âgée d'environ 38 ans, & fut inhumée dans l'égliſe du même lieu avec ſon premier mari. PIERRE Prunelé, ſon ſecond mari, eut d'elle ANTOINE Prunelé, ſeigneur d'Ouarville, qui ſuit; *Françoiſe* Prunelé, femme de *Jean* de la Chapelle-Rainſouin, ſeigneur de la Tourſeliere au Maine, qui tranſigea à cauſe d'elle le 15 juillet 1491; & *Louiſe* Prunelé, morte fille.

X. ANTOINE Prunelé, écuyer, ſeigneur d'Ouar-

ville, de Châteauvieux & de Courbenton, tranſigea pour raiſon des biens de ſa mere, avec Jean de Beauvillier, ſeigneur de la Ferté-Hubert, ſon frere utérin, le 15 juillet 1491. Il fut marié deux fois, 1°. avec *Jeanne* de Mornay, née vers l'an 1479, fille de *Jean* de Mornay, ſeigneur de Buhi, Boiſemont, Pommereuil & la Chapelle-la-Reine, & de *Catherine* de Fouilleuſe, dame de Bouves : & 2°. avec *Marguerite* de Refuge, fille de *Pierre* de Refuge, ſeigneur de Fougeres, chambellan du duc d'Orléans, & gouverneur d'Aſt pour ce prince, & de *Marguerite* Chambellan. Cette ſeconde femme étant reſtée veuve, ſe remaria avec *Abel* de Maillé, ſeigneur de Liſlette & de Villeromain; & étant auſſi veuve de celui-ci, donna procuration en 1519, pour recevoir cent livres de ſon douaire ſur la terre d'Ouarville. ANTOINE Prunelé eut de ſa premiere femme *Hugues* Prunelé, ſeigneur d'Ouarville, mort ſans alliance; JACQUES Prunelé, ſeigneur d'Ouarville, qui ſuit; *Claude* Prunelé, marié depuis l'an 1521 avec *Galois* des Chelles, ſeigneur de Miermagne & de Machieny; & *Françoiſe* Prunelé, mariée auſſi depuis 1521 avec *Jean* de Villiers, ſeigneur de Chavernay-le-petit.

XI. JACQUES Prunelé, écuyer, ſeigneur d'Ouarville, Châteauvieux & Courbenton, rendit aveu en 1521, tant pour lui que pour ſes ſœurs, de la terre d'Ouarville, qui lui étoit échue par le décès de leur frere aîné. Il épouſa *Jeanne* de Fontenil, avec laquelle il fit vente à Jacques de S. Meſmin, bourgeois d'Orléans, par acte du 21 mai 1528. Il en eut *Louiſe* Prunelé, dame de Châteauvieux, qui comparut en cette qualité au nombre des nobles de la châtellenie de Beaugenci, à la rédaction de la coutume d'Orléans en 1583, & qui fit don à Catherine du Puy ſa niéce, en faveur de ſon mariage avec Lancelot du Lac, ſeigneur de Chemerolles, de la ſomme de mille livres & de ſa terre de Châteauvieux, qu'elle lui ſubſtitua & à ſes enfans. Elle mourut ſans avoir été mariée; & *Jeanne* Prunelé, dame d'Ouarville & de Courbenton, qui fut mariée avec *Jean* du Puy, ſeigneur du Molin en Berri, dont elle eut quatre filles, qui furent toutes mariées.

BRANCHE DES SEIGNEURS DE LA PORTE, *éteinte.*

V. HUGUES Prunelé, chevalier, ſire de la Porte, & ſeigneur en partie de Rieux, Leuc, Alzone & Aladerne, qui commença cette branche, étoit troiſiéme fils de GUILLAUME Prunelé, IV du nom, ſire d'Herbaut & de la Porte, & de *Jeanne* d'Averton. Il eut pour femme *Perronelle* de Liouville; ce qui ſe prouve par une tranſaction paſſée ſous le ſceel de Montméliand le 12 février 1355, entre Guillaume Choiſel, écuyer, ſeigneur de Chauvenieres, d'une part, & Denys de Beauvillier, écuyer, au nom & comme procureur de meſſire Hugues Prunelé, chevalier, ſire de la Porte, tant en ſon nom, que comme ayant la garde-noble de GUILLAUME Prunelé ſon fils, qui ſuit, pour raiſon des héritages échus au décès de madame Jeanne de Prailly, mere dudit de Choiſel, & de défunte madame Perronelle de Liouville.

VI. GUILLAUME Prunelé, chevalier, ſire de la Porte, de Liouville, de Beraut & de Tiercelieu en Brie, étoit ſous la tutelle & garde de ſon pere en 1355. Il fut depuis ſous celle de *Jean* Prunelé, ſire d'Herbaut, ſon couſin germain, comme il paroît par l'aveu rendu au roi le 18 mars 1371, pour les terres de Rieux, Alzone, Leuc & Alcaderne, dont il vendit ſa portion avec les autres co-propriétaires le 11 avril 1372. Il rendit aveu à l'abbé de S. Denys le 11 février 1377, pour dix livres de cens féant à Angerville-la-Gate, qu'il tenoit par *indivis*. Il fut rendu arrêt au parlement de Paris le 11 juin 1388, entre le ſeigneur de Ligneris, ſeigneur châtelain de Mereville, & lui, pour raiſon de la haute juſtice de la terre de la Porte, qui étoit en diſpute entr'eux. Il reçut divers aveux, comme ſeigneur de cette terre, ès années 1402, 1403, 1404 & 1407.

Il avoit été marié par contrat de l'an 1378 avec *Jeanne* Lange, dame de Saint-Aignan près de Mereville, & des cens des Brouarderies, fille d'*Edouard* Lange, chevalier, vicomte de Troyes, seigneur de Tiercelieu en Brie, & de *Fagne* de Neuville, dame de Saint-Aignan en Beauce, & des cens des Brouarderies. Il obtint avec elle, par sentence du lieutenant du bailli de Troyes en date du 8 décembre 1405, le gouvernement de la personne & des biens maternels d'Édouard Lanharé leur neveu, fils de défunts Georges Lanharé & d'Agnès Lange. Leurs enfans furent *Jean* Prunelé, seigneur de la Porte, qui rendit aveu de cette terre le 26 mars 1410, & qui par acte du 14 septembre 1414, passa une obligation de vingt-huit écus d'or, au profit de Geoffroi de Beauvillier son beau-frere, pour raison des droits de sa femme. Il mourut sans avoir été marié, & sa succession fut partagée le 9 décembre 1424 ; *Gui* Prunelé, seigneur de la Porte, qui suit ; *Colinet* Prunelé, seigneur de Liouville, *qui a fait la branche de ce nom, qui sera rapportée en son rang ; Jeanne* Prunelé, mariée par contrat du 11 novembre 1399 avec *Pierre* des Hayes, chevalier, seigneur d'Acoulx, Gaubertin, Isy, Igny, Herville & Boussonville ; & *Catherine* Prunelé, mariée par contrat du 19 décembre 1404 avec *Geoffroi* de Beauvillier, écuyer, seigneur de Ruaudin, de Morsant en partie, & de Montlivaut ; sa dot fut de 350 écus d'or, dont 250 furent payés comptant, & pour les 100 restant, lui furent assignés 10 écus d'or de rente à prendre sur tous les cens d'Angerville-la-Gate, appartenant à son pere.

Dans le même temps vivoit *Bitlis*, appellé par d'autres *Butrix* Prunelé, capitaine de Bois-commun, à 30 livres de gages par an, qui par acte de 1392 reçu par Giraud, notaire à Orléans, en présence de Bernard de Bereil, écuyer, constitua pour ses procureurs Geoffroi de Beauvillier, écuyer, sieur de Ruaudin, & Jean de Charonville, aussi écuyer. On ne connoît point ses pere & mere ; ce qui fait conjecturer qu'il pouvoit être bâtard.

VII. Gui Prunelé, écuyer, seigneur de la Porte & de Saint-Aignan en Beauce, de Tiercelieu, & de Berault en Brie, fit partage des biens des successions de ses pere & mere & de son frere aîné avec Colinet Prunelé, sieur de Liouville, son frere puîné, le 9 décembre 1424, & transigea avec les enfans de feue *Catherine* Prunelé sa sœur, pour raison des biens des successions de leurs aïeux maternels, le 12 juillet 1440. Il vivoit encore le 20 novembre 1458, comme il paroît par un bail à cens, fait à son profit le même jour ; mais il mourut avant l'année 1464. Il avoit été marié 1°. par contrat du 10 octobre 1423 avec *Coline* de la Barre, fille de *Jean* de la Barre, seigneur de Gaudreville, trésorier du Dauphiné, & d'*Agnès* Valleton : & 2°. avec *Marguerite* d'Allonville, qui vivoit veuve de lui les 11 février 1471 & 14 août 1474. Du premier mariage sortirent Hugues Prunelé, II du nom, seigneur de la Porte, qui suit ; *Isabeau* Prunelé, mariée par contrat du 17 janvier 1457 avec *Guillaume* de Valennes, seigneur de la Queue-aux-bois en Champagne ; *Françoise* Prunelé, femme de *Perceval* de Vauvier, écuyer, seigneur de Chaftenay ; & *Jeanne* Prunelé, femme de *Guion* Douffe, du pays de Brie, morte sans enfans avant l'an 1485. Du second mariage vint *Claude* Prunelé, qui étoit encore sous la tutelle de sa mere en 1474, & qui fut mariée depuis avec *Hector* de Boiffy, écuyer, seigneur de Rouville, & à cause d'elle de Boiffy-le-Girard, dont il rendit aveu le 19 décembre 1492.

VIII. Hugues Prunelé, II du nom, seigneur de la Porte, de Gaudreville, du Poussier, de Trapeau, de Courcelles, de Marolles-le-Gouet, Angerville-la-Gate, & de Guillerval, eut la terre de Gaudreville par la donation que lui en fit Jean de la Barre, son aïeul maternel, en 1435, & par acquisition celle de Guillerval, dont il rendit aveu à l'abbé de S. Denys en France, le 28 janvier 1481. Il assista avec François de Cugnac, seigneur de Dampierre, & *Guillaume* Prunelé, VII du

nom, seigneur d'Herbaut, comme parens, à une transaction passée le 18 août 1482 entre les dames de Courcillon, belle-mere & bru, tutrices de leurs petits-enfans & enfans. Il mourut avant l'an 1486, ayant été marié par contrat du 20 juin 1452, avec *Guillemette* de Tuffay, fille de *Guillaume* de Tuffay, chevalier, seigneur de l'Estang, & de *Gilone* d'Illiers : & 2°. par contrat du 13 février 1465, avec *Jeanne* du Plessis, fille de *Guillaume* du Plessis, chevalier, seigneur de la Roche-Pichemer, & d'*Anne* du Bois-cornu. Jeanne du Plessis étant veuve, transigea comme tutrice de ses enfans, avec les enfans du premier mariage de feu son mari, le 18 février 1485. De la première femme vinrent Etienne Prunelé, seigneur de la Porte, qui suit ; *Jean* Prunelé, mort chanoine avant l'an 1486 ; *Magdeléne* Prunelé, dame du Poussier en Dunois, & femme de *Jean* d'Alonville, chevalier, seigneur de Louville-la-Chenart, qui transigea à cause d'elle le 18 février 1485, & le 12 avril 1486 ; & *Marie* Prunelé, dame des cens d'Angerville-la-Gate, & femme de *Jean* Douard, écuyer, sieur de Rochefort, qui transigea aussi à cause d'elle le 18 février 1485 & le 12 avril suivant. De la seconde femme d'Hugues Prunelé II du nom, sortirent Lionet Prunelé, seigneur de Guillerville, qui fit branche *rapportée ci-après en son rang ; Pierre* Prunelé, prieur de S. Nicolas d'Auneau, qui rendit aveu au nom & comme procureur de Lionet Prunelé son frere, de la terre de Guillerval en 1499 ; *Bertrande* Prunelé, femme d'*André* de la Taille, écuyer, seigneur du Monceau ; *Barbe* Prunelé, mariée à *Jean* de Gratemesnil, écuyer, seigneur de Crespinville en Dunois ; *Catherine* Prunelé, qui transigea avec Etienne Prunelé, sieur de la Porte, son frere, le 14 décembre 1498 ; *Perrette* Prunelé, nommée dans la même transaction, & depuis mariée avec *Colinet* de Verdun, écuyer ; & *Jeanne* Prunelé, aussi partie dans la même transaction du 14 décembre 1498, depuis femme de *Guillaume* de Lion, écuyer, seigneur de Coullu.

IX. Etienne Prunelé, seigneur de la Porte & de Gaudreville, transigea avec sa belle-mere, tutrice de ses enfans, le 18 février 1485, fit partage avec ses deux sœurs germaines le 12 avril 1486, & transigea avec ses autres freres & sœurs consanguins, le 14 décembre 1498. Il avoit fait son testament le 9 juillet de la même année 1498, & il mourut vers l'an 1500. Il avoit été marié par contrat du 22 janvier 1486 avec *Louise* de Balu, fille de *Jean* de Balu, écuyer, & de *Catherine* des Ormes, qui étoit fille de *Giles* des Ormes, chevalier, seigneur de Saint-Germain-le-Desiré, près d'Yenville en Beauce, & de Jodainville, & de *Charlotte* d'Avy, & sœur de *Giles* des Ormes, premier maître d'hôtel du roi Louis XII, & seigneur de S. Germain-le-Desiré, mort dans le château le 13 avril 1505, & inhumé dans l'église de ce lieu, où l'on voit sa tombe. Par sa mort Louise de Balu, sa niéce & sa seule héritiere, devint dame de S. Germain-le-Desiré, & de Jodainville, & *Jean* de Ligneris son second mari, chevalier, seigneur de Tachere, rendit aveu en son nom de la terre de S. Germain au château de Meslay le 26 mai 1505. Il mourut au château de S. Germain le 7 juin 1520. *Louise* de Balu, sa veuve, y mourut pareillement depuis l'an 1537, dans une extrême vieillesse, & elle est enterrée dans le chœur de l'église du même lieu, sous une tombe, sur laquelle elle est représentée au milieu de ses deux maris, avec des écussons mi-partis de leurs armes & des siennes. L'année de sa mort n'y est point marquée, non plus que celle de son premier mari, qui laissa d'elle Giles de Prunelé, seigneur de la Porte, &c. qui suit ; *Marguerite* de Prunelé, mariée depuis 1513, & avant 1525 avec *Jean* de Rimbert, écuyer, seigneur de la Chapelle ; *Jeanne* de Prunelé, mariée pareillement depuis 1513, & avant 1525, avec *Jean* de Bazenne, écuyer, seigneur de la Chapelle ; & *Philippe* de Prunelé, aussi mariée avant

1525, avec *Pierre* de Monftier, écuyer, feigneur d'É-
manville, qui tranfigea à caufe d'elle avec *Giles* de Prunelé, feigneur de la Porte, fon beau-frere, le 17 mars
1530, & le 19 feptembre 1533.

X. GILES de Prunelé, chevalier, feigneur de la
Porte, Gaudreville, S. Germain-le-Defiré, Jodainville,
Bellefart, la Riviere, S. Paul, Sanges, &c. l'un def-
cent gentils-hommes de l'hôtel du roi, tranfigea avec
fon beau-pere, pour raifon de la fucceffion de fon pere,
le 7 août 1513, affifta au contrat de mariage de *Jeanne*
de Ligneris, fa fœur utérine, le dernier juillet 1525,
acquit le moulin de Fresnay-l'Evêque par contrat du 22
juin 1529, & ayant hérité de la terre de S. Germain-le-
Defiré par la mort de fa mere, il en rendit aveu le 10
feptembre 1538. Il mourut vers le commencement de
l'année 1554. Il avoit été marié avec *Renée* de Mefange, fille de *Chriftophe* de Mefange, écuyer, & de
Jeanne Girard ; de laquelle il eut *René* de Prunelé, feigneur de la Porte, l'un des cent gentilshommes de la
maifon du roi, qui fit partage avec fes freres & fœurs,
alors mineurs, des biens de la fucceffion de feu leur pere
le 12 mai 1554, & qui mourut fans alliance en 1556 ;
EDME de Prunelé, auffi feigneur de la Porte, qui fuit ;
JACQUES de Prunelé feigneur, baron de S. Germain, *qui
fit la branche des feigneurs de ce nom rapportée ci-après* ;
Giles de Prunelé, feigneur de Gaudreville, qui fit partage avec fes freres & fes fœurs le 27 juin 1561, & qui
mourut fans alliance avant l'an 1566 ; *Iolande* de Prunelé, femme de *Guillaume* de Briards, écuyer, feigneur de Mouhaifon & de la Beroudiere, laquelle fit
partage le 27 juin 1561, & étant reftée veuve fans enfans, elle fe remaria par contrat du 28 octobre 1566,
avec *Charles* de Royers, écuyer, feigneur de la Brizo-
liere, S. Martin, Villeneuve, &c. pannetier ordinaire,
& gentilhomme de la maifon du roi, auffi depuis chevalier de fon ordre ; *Françoife* de Prunelé, femme de
Pierre le Gentilhomme, écuyer, feigneur de la Barre
en Valois, d'Ify en Beauce, & de Digny en Gâtinois,
laquelle fit auffi le partage le 27 juin 1561. Elle mourut
au château de la Barre, près la Ferté en Valois, la
nuit du 15 au 16 juillet 1579, & fon corps fut inhumé
dans l'églife de la Ferté, fon cœur & fes entrailles furent portés en celle d'Ify, ainfi qu'elle l'avoit ordonné
par fon teftament, dont elle avoit nommé fon mari pour
exécuteur ; & *Lucrèce* de Prunelé, dame du Portau,
au nom de laquelle *François* de Prunelé, écuyer, fieur
de Guillerval, fon curateur, fit partage le 27 juin 1561.
Elle époufa depuis *Robert* de Piedefer, écuyer, feigneur de Guyencourt, de Viry, & de Châtillon-fur-
Seine, avec laquelle elle vivoit en 1576 & 1599.

XI. EDME de Prunelé, feigneur de la Porte, ayant
hérité de cette terre par la mort de fon frere aîné, en
paya les profits à Lazare de Selve, feigneur de Villiers-
le-Châtel, qui lui en donna quittance le 21 décembre
1556. Il partagea avec fes freres & fœurs la fucceffion
de leur pere, & celle de leur frere aîné, le 27 juin
1561, & il échangea pour une rente de 1500 liv. conjointement avec *Jacques* de Prunelé fon frere, feigneur
de S. Germain, la terre & feigneurie de Gaudreville qui
leur étoit échue par le décès de *Gilles* de Prunelé, leur
frere, avec maître Jean Camus, notaire & fecrétaire du
roi, par contrat du 7 juillet 1566. Il époufa par contrat
du 9 février 1570, *Marie* de Gaudin, fille d'*Odon* de
Gaudin, écuyer, fieur de la Pommeraye, & d'*Ifabeau*
Ourry, laquelle étant veuve de lui, fit un bail le 6
feptembre 1601 de la feigneurie de Lerville, qui lui appartenoit. Leurs enfans furent *Urban* de Prunelé, mort
jeune ; RENÉ de Prunelé, feigneur de la Porte, qui fuit ;
& *Jacqueline* de Prunelé, qui fut mariée par contrat du
11 juillet 1591, en préfence d'*Ifabeau* Ourry, fon aieule
maternelle, avec *Joachim* de Lefcot, écuyer, feigneur
de la Motte-Mouton & des Marais, capitaine d'une
compagnie de 50 chevaux, & d'une autre compagnie
de 50 arquebufiers à cheval, pour le fervice de la Ligue.

XII. RENÉ de Prunelé, chevalier, feigneur de la

Porte, étant encore mineur, fut marié de l'autorité de
René de Tachere, écuyer, fieur de Beaulieu, fon curateur. & fon coufin, par contrat du 22 novembre 1598,
avec *Marie* de Riole, fille de *Simon* de Riole, confeiller du roi, lieutenant général & préfident au bailliage &
fiége préfidial de Blois, & de *Louife* de Villebrefme. Il
tranfigea avec *Jean* de Montiers, feigneur vicomte de
Mereville, pour raifon des droits refpectifs de leurs terres, les 6 feptembre 1612 & 23 décembre 1616, &
affifta avec fa femme au mariage de *Diane-Louife* de
Prunelé, leur fille, le 18 août 1632. Il moutut dans
fon château de la Porte au mois d'avril 1648, & fut enterré dans l'églife d'Aûtrui, fa paroiffe, où l'on voit fa
tombe. Ses enfans furent *René* de Prunelé, mort à
Tours, étant page du duc de Guife ; *Lucrèce* de Prunelé, religieufe à la Pommeraye ; *Marie* de Prunelé,
religieufe en l'abbaye du Lis ; *Henriette* de Prunelé,
religieufe à Orléans ; *Ifabelle* de Prunelé, femme du
fieur de Champgrand, morte fans poftérité ; & *Diane-
Louife* de Prunelé, dame de la Porte & d'Autruy,
qui fut mariée, 1°. en l'églife paroiffiale de S. Sulpice
à Paris, le 18 août 1632, par contrat du 16 précédent, avec *Charles* de S. Simon, chevalier, feigneur
de Montbleru, lieutenant-colonel du régiment de Navarre, tué à la bataille de Thionville le 7 juin 1639 ;
& 2°. le 29 juin 1645, avec *Gilles-François* d'Oftrel,
chevalier, feigneur de Ferlingan, qui rendit la foi &
hommage de la terre de la Porte à caufe d'elle le 3 août
fuivant. Elle vendit la terre de la Porte à François le
Secq, fecrétaire du roi, par contrat du 22 décembre
1655. Elle mourut à Paris veuve de fon fecond mari,
le 2 feptembre 1678, âgée de 66 ans, & elle fut inhumée le lendemain à S. Sulpice.

BRANCHE DES SEIGNEURS ET BARONS de
S. GERMAIN, *fortis des feigneurs* DE LA PORTE.

XI. JACQUES de Prunelé, I du nom, chevalier,
feigneur & baron de S. Germain, chevalier de l'ordre
du roi, lieutenant d'une compagnie de 100 hommes
d'armes des ordonnances du roi, fous la charge & conduite de Charles de Montmorency, feigneur de Meru,
puis de Damville, troifiéme fils de GILES de Prunelé,
feigneur de la Porte, &c. & de *Renée* de Mefange,
étoit mineur lors du partage provifionel des biens de la
fucceffion de feu fon pere, fait entre lui & fes freres
& fœurs le 22 mai 1554. Par un fecond partage du
27 juin 1561, il eut pour fa part & portion la terre de
S. Germain-le-Defiré au bailliage de Chartres. Il obtint
l'érection de cette terre & feigneurie en titre de baronie, par lettres du roi Charles IX, données à Blois
au mois d'octobre 1571, en confidération des fervices
notables & recommandables, qu'il avoit ci-devant faits
au roi & à fes prédéceffeurs rois au fait des guerres,
s'étant trouvé à toutes les batailles qui s'étoient données
pendant les dernieres guerres du royaume. Ces lettres,
dans lefquelles il eft qualifié *chevalier de l'ordre du roi,
& lieutenant d'une de fes compagnies de gendarmerie fous
la charge du fieur de Meru*, furent enregiftrées au parlement de Paris le dernier janvier 1582, en la chambre des comptes le 10 février, & au bailliage & fiége
préfidial de Chartres le 2 mars fuivant. François duc
d'Anjou & d'Alençon, frere du roi, le fit fon chambellan ordinaire, par lettres données au camp de Hon-
decourt le 3 feptembre 1581, & il eut commiffion
du roi Henri III, le 9 mai 1585, pour lever une compagnie de 200 hommes de pied. Après la mort de ce
prince il continua fes fervices au roi Henri IV, fon fucceffeur, qui n'étoit encore que roi de Navarre, le chargea par commiffion donnée au camp d'Eftampes le 9
juillet 1589, de lever & mettre en garnifon dans Fref-
nay-l'Evêque dix hommes de pied foudoyés des revenus
de ce lieu. Par autre commiffion de ce prince, alors
roi de France, donnée au camp d'Aubervilliers le 27
juin 1590, il fut établi gardien du même château de
Fresnay-l'Evêque, dont il s'étoit déja emparé pour le

service de sa majesté, & il eut ordre d'y mener 20 soldats pour le garder. Il fut commis par lettres données au camp de Chartres le 21 avril 1591, pour recevoir ce château des mains des rebelles, qui l'avoient repris, & pour le faire démanteler. Par lettres du même jour 22 avril, le roi Henri IV lui fit don d'une ferme située à Fresnay-l'Evêque confisquée sur les rebelles, & par autres lettres du 23 août de la même année 1591, il eut encore le don de deux tiers des revenus des fermes de ce lieu de Fresnay-l'Evêque, appartenantes à l'évêque de Chartres & à trois habitans rebelles au roi. Il fit la foi & hommage pour sa terre de S. Germain au seigneur de Meslai le 3 avril 1597, & il est encore mentioné dans une sentence des requêtes du palais du 24 novembre 1598, rendue entre lui & *René* de Prunelé, écuyer, seigneur de la Porte, son neveu. Il avoit été marié par contrat le 23 octobre 1558, avec *Jacqueline* de Graffart, fille de *François* de Graffart, chevalier de l'ordre du roi, seigneur d'Auné-sur-Connie, & de *Jeanne* des Fugerets. Etant veuve, elle fit partage avec ses enfans majeurs le 9 août 1608, tant en son nom, que comme usufruitière, & encore comme tutrice de ses enfans mineurs, & elle mourut en sa maison seigneuriale de Marvilliers en 1618. JACQUES de Prunelé avoit eu d'elle EDME de Prunelé, seigneur & baron de S. Germain, qui fuit ; *Jacques* de Prunelé, III du nom, seigneur de Marvilliers en partie, qui fut dans sa jeunesse, l'un des cent chevaux-légers de la troupe du roi, & ensuite maréchal des logis de la compagnie du comte de S. Paul. Il devint baron de S. Germain par la mort de *Jacques* de Prunelé, II du nom, son neveu, & après son décès le scellé fut apposé dans ses châteaux de S. Germain & de Viabon le 9 juillet 1633. Il avoit été marié par contrat du 22 juin 1607, avec *Magdeléne* de Marvilliers, dame de Lavau à Viabon, fille de *Charles* de Marvilliers, chevalier, lieutenant de 50 hommes d'armes des ordonnances de sa majesté sous la charge du seigneur de Montigny & seigneur de Viabon, & de *Catherine* d'Allonville d'Oysonville ; mais il n'en laissa point d'enfans ; PIERRE de Prunelé, seigneur de Marvilliers, puis baron de S. Germain, *qui continua la postérité*, *comme on le verra ci-après* ; *Marie* de Prunelé, mariée, 1°. avec *Huet* du Pin, écuyer, seigneur de la Riviere, Pitallier de & de la Maison-neuve, premier chevau-léger de monseigneur le Prince, demeurant à la Maison-neuve, paroisse de Bercis, pays de Mirebalais, qui ratifia à cause d'elle le 13 juin 1614, le partage fait le 9 août 1603, entre sa belle-mere & ses beaux-freres & ses enfans-sœurs : & 2°. avec *Hardouin* de Lestang, écuyer, sieur de Boisgillet, dont étant séparée quant aux biens, elle passa un bail à rente le 7 septembre 1627 ; *Magdeléne* de Prunelé, mariée, 1°. par contrat du 6 mars 1577, avec *Michel* de Marolles, écuyer, seigneur baron du Puiset : & 2°. avec *Guillaume* de S. Martin, écuyer, seigneur de Bercis, paroisse de Chanceville en Beauce, & de Hurtebise, qui fut présent au contrat de mariage de *Magdeléne* le Gentilhomme, cousine germaine de sa femme, le 4 mars 1585, & qui étant veuf, fit partage à cause d'*Anne* de S. Martin, sa fille, des biens de la succession de *Jacques* de Prunelé, baron de S. Germain, le 19 août 1603, & ratifia ce partage le 13 juin 1614 ; *Jacqueline* de Prunelé, mariée, 1°. avec ... de Hallot, écuyer, seigneur de la Carré, entre le Puiset & S. Germain-le-Desiré : & 2°. avec *Claude* de Reviers, écuyer, seigneur de Souzy, qui assista au contrat de mariage d'*Edme* de Prunelé, son beau-frere, le 8 septembre 1586, partagea à cause de sa femme, le 9 août 1603, & ratifia ce partage le 13 juin 1614 : & *Marthe* de Prunelé, qui étant restée mineure au décès de son pere, fut mise sous la tutelle de sa mere, qui fit partage en cette qualité, le 9 août 1603. Depuis elle fut mariée 1°. avec *Jean* du Lac, écuyer, seigneur de la Jonchere : & 2°. avec *Marin* de Regnard, écuyer, seigneur de Preuilly ; & étant morte sans enfans, sa succession

fut partagée le 18 février 1644 par *Pierre* de Prunelé, son frere, & par les enfans de feue *Jacqueline* de Prunelé, sa sœur.

XII. EDME de Prunelé, chevalier, seigneur & baron de S. Germain-le-Desiré, & de Marvilliers, suivit le parti de la Ligue ; & étant lieutenant de la compagnie du sieur de Vitry, un des principaux chefs de ce parti, Charles de Lorraine, se disant *lieutenant général de l'état & couronne de France*, par brevet donné à Neufchâtel le dernier février 1592, lui accorda une gratification de la somme de 800 écus pour le rembourser des frais qu'il avoit faits à la levée d'une compagnie de chevaux-légers faite par le commandement du sieur de la Chaftre dans Clereau, & laquelle somme de 800 écus lui avoit déja été ordonnée par ledit sieur de la Chaftre. Il fut aussi lieutenant de la compagnie de cent chevaux-légers du duc de Guise, pair & grand-maître de France, gouverneur & lieutenant-général en Champagne & Brie, comme il paroît par des lettres de ce prince données à Paris, le 11 novembre 1593, par lesquelles il lui marque, qu'ayant avisé d'assister d'un bon nombre de ses amis le sieur de Villars, amiral de France, dans une occasion particuliere, il le commet pour commander les forces de cheval & de pied, & les conduire en Normandie, comme le desiroit ledit sieur amiral. Il quitta depuis ce parti, & obtint du roi Henri IV un passeport donné au camp devant Laon, le 17 juin 1594, pour lui & dix hommes armés, équipés & montés, pour aller de Reims en Beauce voir son pere, après la mort duquel il fit partage à ses freres & sœurs, le 19 août 1603, & rendit hommage le 4 août 1606, de sa terre & baronie de S. Germain, à Charles d'Angennes, chevalier de l'ordre & gentilhomme ordinaire du roi, seigneur de Maintenon, & baron de Meslay. Le roi Louis XIII, en considération des services qu'il lui avoit rendus, & au feu roi Henri IV, lui accorda une pension de quatre mille livres, par son brevet du 6 décembre 1616. Il vivoit encore au mois de février 1625. Il avoit été marié par contrat du 8 septembre 1596, avec *Isabelle* de Boullehard, fille de *Guillaume* de Boullehard, écuyer, seigneur de Chesne-Brichanteau, & de la Vallée-Johannet en partie, & de *Geneviéve* de Poiret. Il n'en eut que JACQUES de Prunelé, II du nom, qui suit.

XIII. JACQUES du Prunelé, II du nom, seigneur & baron de S. Germain, fut émancipé par lettres de bénéfice d'âge enterinées au bailliage de Chartres, le 5 de juillet 1624 ; & ensuite assisté de messire Michel de la Ferriere, chevalier, seigneur dudit lieu, son curateur, il transigea avec son pere, comme majeur, pour raison des droits de feue sa mere, le 16 juillet 1624, & le 8 février 1625. Depuis il fut tué dans un combat singulier, par le sieur de Plainville, sans avoir été marié ; de sorte que la terre de S. Germain-le-Desiré retourna à *Jacques* de Prunelé, III du nom, son oncle.

XII. PIERRE de Prunelé, chevalier, seigneur baron de S. Germain & de Marvilliers, troisième fils de JACQUES de Prunelé, I du nom, baron de S. Germain, & de *Jacqueline* de Graffart, étoit mineur, & sous la tutelle de sa mere, en 1603, acquit par contrat du 24 décembre 1627, la sixième portion de la terre de Marvilliers, & bois de S. Lyé, d'*Urbain* Challet, écuyer, demeurant à Bercis, paroisse de Chanceville, comme pere & gardien noble de ses enfans, & de feue *Anne* de S. Martin sa femme, fille de *Guillaume* de S. Martin, écuyer, sieur de Bercis, & de *Magdeléne* de Prunelé, hérita en 1633 de la terre & baronie de S. Germain, par la mort de *Jacques* de Prunelé, III du nom, son frere ; & ayant survécu à tous ses freres & sœurs, il recueillit encore la succession de *Marthe* de Prunelé la derniere d'elles, conjointement avec les enfans de feue *Jacqueline* de Prunelé, ses neveu & niéce, avec lesquels il fit partage le 18 février 1644. Il avoit épousé par contrat du 24 décembre 1615, *Cécile* de Mondoré, fille de *Germain* de Mondoré, écuyer, seigneur de Rondeau, & de damoiselle *Anne* Roger. Il en eut JAC-QUES de Prunelé, IV du nom, qui fuit ; *Edme* de Prunelé, feigneur de Marvilliers, mort fans alliance au mois d'octobre 1645, au retour de l'armée ; & *Marie* de Prunelé, mariée avec *Jean* Sachet, écuyer, feigneur de Villebourgeon, & morte peu après fans enfans.

XIII. JACQUES de Prunelé, IV du nom, baron de S. Germain, feigneur de Marvilliers, mort avant l'an-née 1680, avoit été marié, par contrat du 18 août 1656, avec *Jeanne-Agnès* de Rigné, fille de *Barthe-lemi* de Rigné, chevalier, feigneur de la Guériniere, Damarie & Blemars, confeiller maître-d'hôtel ordinaire du roi, & de *Magdeléne* du Perray, dame de Chan-çay, Vaumorin, & le Moteux en Touraine. Elle mourut veuve à Paris le 27 juin 1681, & fut inhumée le lendemain à S. André des Arcs. De ce mariage vin-rent, JULES de Prunelé, baron de S. Germain, qui fuit ; *Antoine-Agnès* de Prunelé, prieur commenda-taire du prieuré de S. Gilles du Tertre, près de Château-dun, dont il fe défit, enfuite de quoi il s'embarqua fur mer vers l'an 1684, depuis lequel temps on n'enten-dit plus parler de lui, non plus que du vaiffeau qu'il montoit ; *Jeanne-Magdeléne* de Prunelé, religieufe aux Véroniques de Blois, nommée abbeffe de l'abbaye des chanoineffes régulieres de fainte Geneviéve de Prunelé près de Paris, de l'ordre de S. Auguftin, par brévet du roi du 15 août 1713. Elle en prit poffeffion le 9 décembre de la même année ; & après l'avoir gouver-née fagement pendant près de 18 ans, elle la remit entre les mains du roi au mois de juin 1732, & fe retira le 31 décembre fuivant au couvent des Cordelieres de la rue de Grenelle à Paris, où elle eft morte le 16 mars 1743, âgée de 76 ans ; *Louife* de Prunelé, née au château de S. Germain le 14 avril 1668, morte fille le 25 décembre 1744, ayant fait fa légataire univerfel Parfait de Prunelé, feigneur de Tignonville, fon cou-fin ; & *Marie-Anne* de Prunelé, religieufe au couvent des Véroniques à Blois, où elle mourut en 1697.

XIV. JULES de Prunelé, chevalier, feigneur & baron de S. Germain, de Marvilliers, &c. fut fait enfeigne-colo-nel du régiment des Gardes Françoifes par lettres du roi du 24 mars 1682, puis lieutenant au même régiment en 1684, & quitta le fervice en 1688. Il mourut dans fon château de S. Germain le Defiré, le... février 1698, à l'âge de 40 ans, & fut inhumé dans l'églife de ce lieu. Il avoit été marié 1°. en l'églife de S. Merry à Paris, le 12 novembre 1686, par contrat du 3 précédent, avec *Louife* de Marvilliers, morte à Paris le 30 juin 1687, âgée de 27 ans, transportée le 2 juillet fuivant de S. Sulpice, fa paroiffe, à Viabon, diocèfe de Chartres, pour y être inhumée, fille unique & héritiere de *Jean* de Mar-villiers, chevalier, feigneur de Viabon en Beauce, & d'*Anne* de Certieux, dame de la Manauriere au Perche, & du Breuil près d'Illiers au pays Chartrain : & 2°. en l'églife de S. Sulpice à Paris le 17 février 1689, par contrat du 15 précédent, avec *Marguerite* Dorat, morte dans le couvent des Cordelieres du faux-bourg S. Germain à Paris, le 18 avril 1730, dans la 75e année de fon âge, étant née le 15 avril 1656, & inhumée le lendemain dans la cave de l'églife de cette maifon. Elle étoit fille de *Jean* Dorat, écuyer, con-feiller du roi, doyen des auditeurs de la chambre des comptes de Paris, & de *Philippe* de Chaillou. Du premier mariage vinrent JULES-CÉSAR de Prunelé, baron de Saint-Germain, &c. qui fuit ; & un autre fils jumeau du précédent, mort en venant au monde. Du fecond mariage fortirent, *Marie-Agnès* de Prunelé, née à Paris le 12 novembre 1689, & morte en bas âge ; *Marie-Jeanne* de Prunelé, née à Paris le 29 décem-bre 1691, & mariée dans l'églife paroiffiale de Chail-lot-lès-Paris le 10 janvier 1720, par contrat du 13 dé-cembre 1719, avec *Céfar* de Courtarvel de Saint-Remi, chevalier, feigneur de Lierville, Verde & Bourfay en Dunois : elle eft morte au château de Lierville le 28 mai 1733, dans la 42e année de fon âge : *voyez*

COURTARVEL ; *Marguerite-Charlotte* de Prunelé, née le 7 décembre 1693, religieufe aux cordelieres de la rue de Grenelle à Paris, où elle fit profeffion le 12 juillet 1712, & *Louife-Antoinette* de Prunelé, née le 29 avril 1695, auffi religieufe dans le même couvent des Cordelieres, où elle fit profeffion le 23 juillet 1713.

XV. JULES-CÉSAR de Prunelé, chevalier, baron de S. Germain & de Molitard, feigneur de Marvilliers, Viabon, Valieres, Chatet, &c. né à Paris le 14 juin 1687, mort le 14 mars 1738, dans la 51e année de fon âge. Il fut fait capitaine au régiment des Landes infanterie, par commiffion du 17 octobre 1706, & il fut b'effé d'un coup de fufil à la bataille de Blangies ou Malplaquet près de Mons en Hainault le 11 feptembre 1709, comme il eft attefté par un certificat de chirurgien, contrefi-gné du comte de Middelbourg, colonel du régiment des Landes, en date du 28 novembre 1709. Il quitta depuis le fervice, & fut marié dans l'églife de Cham-pigny près de Blois, le 14 juin 1719, par contrat du jour précédent, avec *Antoinette* Pailhes, fille d'*Auger* Pailhes, écuyer, feigneur de la Goueve près de la ville de Rieux en Languedoc, & d'*Antoinette* Ponthon, dont un fils unique, qui fuit. Elle mourut au château de Saint-Germain le Defiré, le 18 novembre 1729, âgée d'environ 30 ans.

XVI. JULES-ETIENNE-HONORÉ de Prunelé, che-valier, baron de Saint-Germain le Defiré, Molitard, feigneur de Valiere, &c. né le 16 mai 1722, a époufé dans l'églife de S. Laurent à Paris, le 14 mars 1746, *Charlotte-Gabrielle* de Grouches de Chépy, née le 9 juillet 1719, veuve de *Jean-Louis* de l'Eftandart, marquis de Bully, & fille de *Nicolas-Antoine* de Grou-ches, marquis de Chépy, feigneur de Hupy en Picar-die, &c. maréchal de camp, & commandeur de l'or-dre de S. Louis, & de *Marie-Geneviéve* Becquin d'An-gerville, dont 1. *Charlotte-Gabrielle* de Prunelé, née le 13 mars 1747 ; 2. *Jules-Antoine-Emanuel* de Pru-nelé, né le 25 mai 1748 ; 3. *Louis-Etienne-Hubert*, né le 3 octobre 1749, mort à 6 mois ; 4. *Jules-Henri*, né à Valiere, le 15 mars 1751.

BRANCHE DES SEIGNEURS DE GUILLERVAL, fortie des feigneurs DE LA PORTE.

IX. LIONET Prunelé, écuyer, feigneur de Guiller-val en Beauce, fils aîné de HUGUES Prunelé, feigneur de la Porte, II du nom, & de *Jeanne* du Pleffis, fa feconde femme, tranfigea avec *Etienne* Prunelé, fei-gneur de la Porte, fon frere confanguin, fur le parta-ge des biens de leur pere, le 14 décembre 1498, & la terre de Guillerval lui ayant été délaiffée en parta-ge, le prieur d'Auneau, fon frere germain, en rendit aveu pour lui en 1499. Il époufa *Béatrix* de Miolans, de laquelle il eut URBAN de Prunelé, feigneur de Guillerval, qui fuit ; *Jean* de Prunelé, prieur com-mendataire de Vercors & de Larnage en Dauphiné, qui, en 1526, fit une donation entre-vifs de fes biens en faveur de fon frere ; *Anne* de Prunelé, mariée avec *Juft* de Primerie, fieur de Lemps ; & *Alix* de Prunelé, à laquelle Françoife de Chabanes, femme de Jean de Poitiers, feigneur de Saint-Vallier, pere de la ducheffe de Valentinois, légua par fon teftament une fomme de quatre cens livres tournois. Elle époufa après la mort de fes pere & mere, par contrat du 19 mai 1517, *Joachim* de Monteil, chevalier, feigneur du Port Saint-Vallier, fils de feu *Matthieu* de Monteil, feigneur du Port, & de *Louife* de Scey, dont la poftérité fub-fifte encore aujourd'hui, *Voyez* MONTEIL.

X. URBAN de Prunelé, feigneur de Guiller-val, Saint-Aignan & de Jodainville, fit la foi & hommage, comme fils aîné de feu fon pere, le 30 juin 1532, à Louis, cardinal de Bourbon, évêque, duc de Laon, pair de France, en qualité d'abbé de S. Denys en France, à caufe de deux fiefs affis à Guillerval en Beau-ce, donna procuration le 27 mai 1559 à Jean Girant, procureur & praticien en cour-laie à Eftampes, pour faire & porter en son nom la foi & hommage qu'il étoit tenu de faire & porter envers Claude de Châtillon, seigneur d'Argenton, Bouville & Farcheville, pour raison d'un autre fief séant à Guillerval, appellé la Maison-neuve, à lui appartenant & avenu par le décès de son pere, rendit encore différens aveux, à cause de sa femme, pour raison de son lieu & terre de Jodainville, paroisse de Domarville, les 15 juin 1539 & 10 octobre 1542, fit un échange à Jodainville, par acte du 16 octobre 1545, dans lequel il est qualifié *noble & puissant seigneur*, & fut présent à la renonciation faite à sa future succession par *Louise* de Prunelé, sa fille, le 4 mars 1548 ; il mourut la même année. Des mémoires de sa famille portent qu'il fut tué dans une rencontre des ennemis près de Boulogne-sur-mer, & qu'il avoit été lieutenant de la compagnie d'ordonnance de François de Bourbon, comte d'Enguien. Il avoit épousé, par traité du 31 juillet 1525, *Jeanne* de Ligneris, seconde fille de *Jean* de Ligneris, chevalier, seigneur de Tachere, & de *Louise* de Balu, sa veuve, auparavant femme d'*Etienne* de Prunelé, seigneur de la Porte & de Gaudreville. *Jeanne* de Ligneris, après la mort de son mari, obtint souffrance du seigneur d'Arnouville pour ses fiefs de Jodainville, le 15 octobre 1549, & elle en fit la foi & hommage en personne, le 11 mars 1552 ; elle consentit au mariage de son fils aîné par procuration du 14 avril 1567, & fit partage à ses enfans des biens de la succession de feu leur pere, le 12 juillet 1571. La sienne fut partagée après son décès le 12 décembre 1572. Les enfans d'URBAN de Prunelé, & de *Jeanne* de Ligneris, sa femme, furent FRANÇOIS de Prunelé, seigneur de Guillerval, &c. qui suit, *Gilles* & *Claude* de Prunelé, morts avant le partage du 12 juillet 1571 ; *Louise* de Prunelé, qui fut mariée, par contrat du 18 janvier 1548, avec *Gabriel* de Barbançois, écuyer, seigneur d'Auzan & de Corbillé, & qui, moyennant la somme de 3500 livres tournois qui lui fut promise, par son contrat de mariage, renonça aux successions futures de ses pere & mere, par acte du 4 mars 1548. Antoinette de Miolans, femme de Pierre d'Aumont, baron de Châteauroux, lui donna en faveur de mariage la somme de 500 livres tournois pour ses robes & habillemens, dont son mari & elle donnerent quittance le même jour 4 mars 1548. De mariage sortirent un fils & une fille, qui, après leur mort, furent mis sous la tutelle du seigneur de Sarzay, leur oncle paternel, comme il paroit par les partages des 12 juillet 1571 & 12 décembre 1572 ; *Marie* de Prunelé, qui vivoit veuve en 1571, de *Jean* du Ru, écuyer, seigneur de Bisay & du grand hôtel de Baudreville ; *Gillone* & *Charlotte* de Prunelé, religieuses au monastere des Dominicaines de Montargis, auxquelles leurs freres & sœurs céderent par le partage du 12 décembre 1572, quelques héritages pour en jouir en usufruit leur vie durant ; *Jacqueline* de Prunelé, qui fut mariée, par contrat du 2 septembre 1563, avec *Claude* de Languedoc, écuyer, seigneur de Puffay en partie, de la Barre, de Retreville & de Saint-Aignan, qui fit partage, à cause d'elle, le 12 décembre 1572. Ils eurent plusieurs enfans, & furent présens & consentirent au mariage de leur fils aîné, le 17 octobre 1593 ; & *Marie* de Prunelé, la jeune, qui étoit encore fille lors du partage du 12 décembre 1572. Elle fut mariée depuis avec *René* de Tachere, écuyer, seigneur de Beaulieu, qui, comme curateur de René de Prunelé, seigneur de la Porte, son cousin, à cause de sa femme, l'assista & l'autorisa à son contrat de mariage le 22 novembre 1598.

XI. FRANÇOIS de Prunelé, chevalier de l'ordre du roi, seigneur châtelain de Guillerval, Jodainville, Chicheny, & en partie de Tignonville, baron de la baronie & châtellenie de Caniel en Caux, fut fait à l'âge de 16 ans guidon de la compagnie des gendarmes du comte d'Enguien, & fut blessé d'un coup de lance à la journée de Cerisolles, le lendemain de Pâque 14 avril

1544. Après la mort de ce prince, il fut lieutenant de la compagnie d'ordonnance du sieur d'Estrées. Il fit & porta la foi & hommage au seigneur de Méréville le 7 janvier 1550, à cause de quelques héritages assis au terroir de Villiers, & à lui appartenant par le décès de son pere. Il fit encore la foi & hommage au seigneur de Méréville, pour raison de ce qui lui appartenoit, à cause de sa femme, dans la terre & seigneurie de Tignonville, les 20 janvier 1571, 5 juillet 1578 & 27 juin 1582, & il reçut différens aveux, à cause de sa seigneurie & baronie de Caniel en la prévôté de Drozan, par actes des 20 novembre 1584, 15 juillet 1585 & 2 juillet 1586, dans le premier desquels la qualité de chevalier de l'ordre du roi lui est donnée, & dans tous les trois celle de haut & puissant seigneur. Il avoit embrassé la religion protestante. Ce changement, & son attachement pour le parti de Henri IV, alors roi de Navarre, furent cause de sa mort ; car étant tombé entre les mains de sept Ligueurs près de Marneuf en Beauce, il fut tué par eux en 1587, vers le mois d'octobre, les Reistres étant alors à Guillerval & aux environs. Sa mémoire fut honorée par les siens de l'épitaphe suivante, qui sent la naïveté gauloise.

Cy gît un , dont le sang demande à Dieu vengeance
Pour l'outrage à lui fait , jaçoit qu'il ait été
Un patron de vertu , de zèle & de piété ;
Un pere au pauvre peuple , un portrait d'innocence.
Dans un puits (ores qu'il fût des plus nobles de France,)
Bras & jambes froissés , on l'a tout vif jetté ;
Et puis à coups de pierre on l'a accravanté ,
Pour ce qu'il servoit Dieu en pure conscience.
Qui l'a ainsi meurtri ? La ligue auprès d'un bois ,
Lorsqu'elle avoit rendu de notre champ François ,
Fourmillant d'étrangers , la face épouvantable ,
Afin que par tels coups , qui n'ont point de semblable ,
Hormis ceux qu'elle adresse au flanc même des rois ,
Aux hommes , comme à Dieu , elle fût exécrable.

François de Prunelé avoit été marié, par contrat du 15 avril 1567, avec *Marguerite* du Monceau, fille de *Lancelot* du Monceau, chevalier, seigneur de Tignonville, premier maître d'hôtel de la reine de Navarre, & de *Marguerite* d'Alençon, fille de *Charles*, *bâtard* d'Alençon, seigneur baron de Cani & de Caniel en Normandie, pays de Caux, & de *Germaine* Ballue. *Charles*, *bâtard* d'Alençon, étoit fils *naturel* de René, duc d'Alençon, mort le premier novembre 1492. *Marguerite* du Monceau, dame de Tignonville en partie, & barone de Caniel en Caux, étant veuve, demanda souffrance pour ses enfans au seigneur de Méréville le 14 mars 1588, pour raison des héritages situés au terroir de Villiers en la châtellenie de Méréville, à eux échus par la mort de leur pere ; obtint souffrance du seigneur d'Arnouville le 24 octobre de la même année 1588, pour son fils aîné, à raison d'un fief assis à Jodainville ; transigea, pour raison de ses droits, avec ses enfans le 20 avril 1594, & fit un rachat de rente au nom & comme tutrice de ses deux derniers fils & de sa derniere fille, mineurs, le 20 avril 1599. Les enfans de FRANÇOIS de Prunelé, & de *Marguerite* du Monceau, sa femme, furent JOSIAS de Prunelé, seigneur de Guillerval, qui suit ; THÉODORE de Prunelé, seigneur de Jodainville, *qui a fait la branche, rapportée en son rang ci-après* ; ETIENNE de Prunelé, seigneur d'Occqueville, *qui a formé la branche des seigneurs de* TIGNONVILLE, *aussi rapportée ci-après* ; *Anne* de Prunelé, née le 2 janvier 1568, & mariée, par contrat du 19 avril 1596, avec *Abel* de Poilloue, écuyer, seigneur de Saclas, qui étant veuf d'elle, transigea avec ses beaux freres, au nom & comme tuteur des enfans mineurs d'elle & de la défunte, le 18 février 1622, & leur donna quittance le 12 janvier 1614 ; *Jeanne* de Prunelé née le 18 février 1570, qui, étant tutrice d'*Antoin* des Fourneaux, écuyer, seigneur de Luméry & de l Cocherie, ensaisina le 6 avril 1611, un contrat d ven vente faite à la fabrique de Challo-Saint-Mard, le 6 mars précédent; *Magdeléne* de Prunelé, née le 16 novembre 1573, qui fut mariée depuis en l'an 1595 avec *Esprit* de Poilloue, écuyer, fieur d'Alainville, qui, demeurant à Tignonville, fut témoin à la transaction passée entre le fieur de Saclas & fes beaux-freres, le 18 février 1622; & *Sufanne* de Prunelé, qui étoit encore mineure & fous la tutelle de fa mere, le 20 avril 1599. Elle fut mariée depuis avec *René* de Villezan, écuyer, feigneur en partie de Guillerval, à caufe d'elle. Il tranfigea avec fes beaux-freres le 12 juillet 1621, & fa femme ratifia cette transaction le 23 mars 1622.

XII. JOSIAS de Prunelé, écuyer, feigneur de Guillerval, du Trapeau & du grand Chicheny, baron, châtelain de Caniel en Caux, feigneur en partie de Tignonville, né le 26 janvier 1569, fut élevé à la cour du roi de Navarre Henri, depuis IV du nom, roi de France, pour le fervice duquel il commanda pendant les troubles de la ligue, une compagnie de carabiniers & arquebufiers à cheval. Il tranfigea avec fes freres & le fieur de Saclas, fon beau-frere, le 18 février 1622. Il mourut dans fon château de Guillerval avant l'an 1628, & fut enterré dans une tour du parc de ce lieu, comme il eft porté dans le partage des biens de fa fucceffion fait par fes enfans le 3 mai 1637, par lequel il eft dit que cette tour n'a point été comprife dans l'eftimation des héritages, pour le refpect de la fépulture du corps de défunt leur pere, inhumé en icelle, & qu'elle demeurera pour fépulture à ceux de la famille, fi bon leur femble. Il avoit époufé par contrat du 9 juillet 1595, *Jeanne* de S. Pol, fille d'*Etienne* de S. Pol, écuyer, feigneur de Hécourt, des Emondans & de la Haye, demeurant au lieu des Emondans près de la Briche, au bailliage d'Etampes, & de *Gabrielle* le Prince. Etant veuve, elle foutint au bailliage d'Etampes contre le fieur de Villezan fon beaufrere, au fujet de la chaffe du moulin de Guillerval, le 18 janvier 1628. De ce mariage vinrent JACQUES de Prunelé, feigneur de Guillerval, qui fuit; *François* de Prunelé, écuyer, feigneur de Trapeau, dont la fucceffion fut partagée en même temps que celle de fon pere par fes fœurs & niéce le 3 mai 1637; *Efther* de Prunelé, qui partagea la fucceffion de fon pere & fon frere en 1637, étant alors femme de *Claude* le Frétard, écuyer, feigneur d'Outarville, Mondefir & de Poilly, qui étoit remarié en 1652 avec *Anne* de Hérouard, fœur du feigneur de Courtinville; *Gabrielle* de Prunelé, femme de *Jean* de Hellin, écuyer, feigneur de Villeneuve-fous-Dourdan, l'an 1637; & *Marguerite* de Prunelé, qui, étant fille ufante & jouiffante de fes droits fous l'autorité d'*Esprit* de Poilloue, écuyer, feigneur d'Alainville, fit partage avec fes fœurs & fa niéce en 1637. Elle époufa depuis *Jacques* de Bœuille, écuyer, feigneur de Mondeftour.

XIII. JACQUES de Prunelé, écuyer, feigneur & baron de Caniel & de Tignonville en partie, affifta & fut préfent au contrat de mariage d'*Etienne* de Prunelé, feigneur d'Ocqueville & de Tignonville fon oncle, le 15 décembre 1625, & mourut depuis fort jeune avant fon pere, & fix mois après la naiffance de fa fille. *Julie* de la Taille fa veuve, fille de *Louis* de la Taille, chevalier, feigneur d'Annorville & de Bouilly en Beauce, & de *Julie* de Lanfernat, fe remaria en 1630 avec *Pierre* de Lanfernat fon coufin germain, chevalier, feigneur de Courteilles, Sourmont, Milan, la Goevrotiere, Annorville, Chamoteux, capitaine-commandant le régiment d'infanterie du comte d'Harcourt, ingénieur & maréchal des camps & armées du roi, qui fut tué d'un coup de canon devant Rofes en Catalogne. *Julie* de la Taille veuve étant morte, fa fucceffion fut partagée entre fes enfans le 19 novembre 1655. Elle n'avoit eu de fon premier mariage qu'une fille nommée *Julie* de Prunelé, qui fut dame de Guillerval, de Chicheny, & en partie de Tignonville, barone de Caniel au moyen du partage qu'elle fit le 3 mai 1637, de la fucceffion de fon aieul paternel, & de celle du fieur de Trapeau fon oncle, avec

fes tantes, de l'autorité du fieur de Courteilles fon beaupere & fon tuteur; & d'*Etienne* de Prunelé, feigneur d'Ocqueville & Tignonville, fon grand oncle & curateur. Elle fut mariée le 26 feptembre 1645, avec *Jacques* de la Taille, chevalier, feigneur de Marcinvilliers & des Effars, dont elle refta veuve au mois de janvier 1683. Elle mourut au château des Effars le 25 feptembre 1595, laiffant poftérité, & elle fut enterrée dans le parc de ce lieu, ayant fait toujours profeffion de la religion proteftante.

BRANCHE DES SEIGNEURS DE JODAINVILLE ET DE MONTPOULIN, éteinte.

XII. THEODORE de Prunelé, chevalier, feigneur de Jodainville en partie, de Montpoulin, de la Sale, de Mareau-aux-bois près de Pithiviers, & en partie de Tignonville, né le 4 décembre 1577, fecond fils de FRANÇOIS de Prunelé, chevalier de l'ordre du roi, feigneur de Guillerval & de *Marguerite* du Monceau de Tignonville, rendit aveu tant pour lui que pour *Etienne* de Prunelé, écuyer, feigneur d'Ocqueville, fon frere, à la dame de Gomarville à caufe de leurs fiefs & terres affis à Jodainville, mouvans en plein fief de la terre & feigneurie de la Grand-court de Gomarville, le 16 mai 1606. Il vivoit encore le 26 mai 1645, comme il paroît par un aveu & dénombrement du même jour qui lui fut rendu, & à *Etienne* de Prunelé fon frere, à caufe de leur fief, terre & feigneurie de Jodainville. Il s'étoit marié par contrat du 18 mars 1606, avec *Marie* de la Lande, fille de *Moyfe* de la Lande, écuyer, feigneur de Montpoulin, tué pour le fervice de Henri IV à la bataille d'Ivry le 14 mars 1590, & de *Renée* de Chardon. De cette alliance fortirent FRANÇOIS de Prunelé, feigneur de Montpoulin, qui fuit; *Charlotte* de Prunelé, dame en partie de Montpoulin, de Mareau-aux-bois, la Salle & de Jodainville, mariée depuis la mort de fes pere & mere par contrat du 30 décembre 1651, avec *Simon* de Hérouard, chevalier, feigneur de Courtainville, demeurant au lieu feigneurial de Baillolet, paroiffe de Baillaux fous Galardon, & morte fans poftérité; *Charlotte* de Prunelé *la jeune*, dame en partie des feigneuries de Montpoulin, la Salle & Mareau-aux-bois, & de Jodainville, mariée par contrat du 12 novembre 1634, avec *Samuel* de la Ferriere, chevalier, feigneur de la Gaultrie, la Mairie, les Efpinaux, &c. demeurant au lieu feigneurial de la Gaultrie, paroiffe de Montvillier, & morte fans poftérité; *Marie* de Prunelé, dame de Jodainville en partie, mariée par contrat du 29 février 1659, avec *Guillaume* de Levifton, chevalier Ecoffois, lieutenant-colonel du régiment Ecoffois du marquis de Douglas, fils de Thomas de Levifton, chevalier, baron de Banton, & de *Marguerite* Hamilton. Elle mourut auffi fans laiffer d'enfans; & *Louife* de Prunelé, morte fille.

XIII. FRANÇOIS de Prunelé, chevalier, feigneur de Montpoulin, la Salle & Mareau-aux-bois, & en partie de Jodainville, fervit à l'arriereban fous la charge de Dominique d'Eftampes, feigneur d'Aplaincourt, dans l'armée du roi en Lorraine, commandée par Charles de Valois, duc d'Angulême, fuivant un certificat de ce prince donné à Bar-le-Duc le 21 novembre 1635, en conféquence duquel il obtint par acte du 12 février 1636, une décharge des taxes qui avoient été impofées fur les terres de fon pere. Il obtint des lettres de grace du roi le 7 avril 1647, pour avoir battu & maltraité le prieur de Mareau-aux-bois, pour lequel fait il avoit été banni par fentence du préfidial de Chartres. Depuis il fut élu pour être un des députés de la nobleffe de fa province à l'affemblée des états généraux du royaume, indiquée à Orléans, & reçut fon inftruction pour cet effet le 20 feptembre 1651; mais cette convocation n'eût point lieu. Il mourut peu de temps après fans avoir été marié, & laiffa des mémoires généalogiques de fa maifon, qu'il avoit raffemblés avec foin & exactitude, principalement pour ce qui concerne les branches cadettes de la famille.

BRANCHE DES SEIGNEURS DE TIGNONVILLE,
fortis des feigneurs de GUILLERVAL.

XII. Etienne de Prunelé, chevalier, feigneur d'Ocqueville, Tignonville, Jodainville, &c. troifiéme fils de
François de Prunelé, chevalier de l'ordre du roi, feigneur de Guillerval, &c. & de *Marguerite* du Monceau
de Tignonville, étoit mineur & fous la tutelle & adminiftration de fa mere, le 20 avril 1594. Il fervit en Flandre en 1606 dans l'armée du prince Maurice, tranfigea,
tant pour lui que pour *Théodore* de Prunelé fon frere,
avec le fieur de Saclas fon beaufrere, le 18 février 1622,
rendit la foi & hommage à Eftampes le 26 avril 1635,
pour raifon de la moitié de la juftice de Tignonville,
qu'il avoit acquife par décret aux requêtes du palais à Paris, fur Chrétien de Monceau, écuyer, ci-devant feigneur en partie de Tignonville, fervit la même année
dans l'armée du roi en Lorraine à la fuite de l'arriereban
fous la charge de Dominique d'Eftampes, feigneur
d'Aplaincourt, duquel fervice le duc d'Angoulême, général de cette armée, lui accorda certificat le 21 novembre 1635; obtint un *committimus* en qualité de l'un
des cent gentilshommes de la maifon du roi, le 26 janvier 1636, & eut des lettres de fa majefté en date du 22
août de la même année 1636, pour lever une compagnie de cent hommes dans le régiment du Bruel Guéri-
balde. Il mourut le 11 février 1663, dans un âge fort
avancé. Il avoit été marié, par contrat du 15 décembre
1625 avec *Marie* de Cormont, fille d'*Antoine* le Febvre
de Cormont, chevalier, feigneur de Cormont & la Celle,
paroiffe de Vendiere proche Montmirel en Brie, gentilhomme d'honneur de la chambre du roi, capitaine de
cent hommes d'armes fous la charge du duc de Bouillon, pour le fervice du roi, & de feue *Magdeléne* de
Hotman. Elle ne vivoit plus en 1658. De ce mariage
vinrent *Antoine* de Prunelé, chevalier, feigneur de Tignonville, capitaine de chevaux-légers
au régiment du comte de l'Iflebonne, qui mourut en
1659, d'une bleffure qu'il avoit reçue dans un combat
finguier près de la ville de Furnes en Flandre, ayant
été marié; & Charles de Prunelé, feigneur de Tig-
gnonville, qui fuit.

XIII. Charles de Prunelé, chevalier, feigneur de
Tignonville, de Jodainville, Argeville, &c. fut d'abord
capitaine-lieutenant de la compagnie de chevaux-légers
du comte de l'Iflebonne, dont il fut pourvu fur la démiffion de ce comte par lettres du roi du 15 mars 1659.
Après la mort de fon pere il fit la foi & hommage, tant
au feigneur de Gomerville, à caufe du fief de la Gran-
court, pour raifon de fes terres de Jodainville, qu'au duc
d'Eftampes, à caufe du château & groffe tour d'Eftampes, pour raifon de fa juftice de Tignonville & autres héritages, les 12 & 15 mars 1663, & rendit enfuite aveu
au roi & au duc d'Eftampes le 17 mars 1665. Etant capitaine réformé du régiment de cavalerie de Sultzbach,
il eut ordre le 6 juin 1668, de fe rendre à Metz pour
fervir à la fuite de la compagnie de chevaux-légers de
Joyeufe, qui y étoit logée; & le 31 janvier 1670, de
paffer inceffamment à Verdun pour y fervir pareillement
à la fuite de la compagnie de chevaux-légers de Montauban, qui y étoit logée. Il fut choifi pour avoir le commandement de l'une des nouvelles compagnies de cavalerie, dont le roi pour le bien de fon fervice, avoit réfolu d'augmenter fes troupes; & il eut ordre par lettres
de fa majefté en date du 9 août 1671, d'en faire inceffamment la levée. Après l'avoir mife fur pied, il eut un
autre ordre le premier mars 1672, de joindre avec cette
compagnie le régiment de la Rabliere, pour y fervir
avec les autres compagnies dont il devoit être compofé.
Il fut tué en Catalogne au mois de juin 1676, étant capitaine-commandant & major de ce régiment de la Rabliere, fuivant un certificat du maréchal duc de Navailles,
daté de Perpignan le 22 janvier 1678. Il avoit été marié à Efpeuilles en Nivernois le 29 avril 1658, par contrat du jour précédent avec *Judith* de Jaucourt, fille de

Pierre de Jaucourt, chevalier, feigneur baron d'Efpeuilles, Huban, Brinon-les-Allemans & Michaugues, & de
Françoife d'Anlezy. Elle mourut de la petite vérole à Paris le 27 janvier 1670, âgée d'environ 37 ans. De ce
mariage font venus François-Antoine de Prunelé,
feigneur de Tignonville, qui fuit; *Charlotte-Judith* de
Prunelé, née à Tignonville le 21 juin 1660, & baptifée
le 4 feptembre fuivant. Elle fut mariée par contrat du 27
avril 1687, avec *Louis* de Villereau, chevalier, feigneur de Genonville au pays Chartrain, & embraffa peu
de temps après la religion catholique. Elle mourut à Genonville le 6 feptembre 1728, dans la foixante-neuviéme année de fon âge, laiffant poftérité; & fut inhumée le lendemain dans l'églife paroiffiale de Vôves;
Charles-Louis de Prunelé, né à Tignonville le 30 juillet
1661, qui fut fait capitaine de cavalerie dans le régiment
de la Rabliere, au lieu de feu fon pere, & qui fervit en
cette qualité dans l'armée du roi pendant
les campagnes de 1676, 1677 & 1678, jufqu'à la paix
qu'il fut réformé, ayant fait fon devoir dans toutes les
occafions qui s'étoient préfentées, avec tout l'honneur &
la fidélité poffibles, comme le témoignent les certificats
du marquis de la Rabliere, du maréchal duc de Navailles, en date des 12 & 15 décembre 1679. Il mourut à Tignonville le 3 mai 1681, dans la vingtiéme année de fon âge; *Pierre* de Prunelé, né à Tignonville le
14 décembre 1662, & mort le premier janvier 1665;
Jacques-Philippe de Prunelé, feigneur du grand hôtel des Carneaux, *dont la poftérité fera rapportée après
celle de fon frere aîné;* & *Marie-Mauricette* de Prunelé,
née à Tignonville le 27 mars 1667, laquelle depuis la
révocation de l'édit de Nantes fe retira hors du royaume en 1688; & après avoir été en Hollande & en Brandebourg, paffa en Angleterre, où elle époufa *Pierre* Care,
François réfugié comme elle pour la religion, capitaine
dans un régiment d'infanterie au fervice de la couronne
d'Angleterre, & depuis lieutenant général des armées
du roi de Portugal.

XIV. François-Antoine de Prunelé, chevalier,
feigneur de Tignonville & de Jodainville, né au château
de Tignonville le 9 mars 1659, & baptifé le 11 fuivant,
fut emmené en Allemagne dès l'âge de dix ans par Philippe de Baviere, prince de Sultzbach, qui avoit un régiment de cavalerie au fervice de France, & qui le fit
élever foigneufement. Il fut d'abord page de ce prince,
& eut enfuite le commandement d'une compagnie de
cavalerie pour le fervice de l'empereur. Il revint en
France depuis la mort de fon pere, & fit la foi & hommage au feigneur d'Arnouville pour raifon de fes héritages de Jodainville, le 3 juin 1681. Il mourut dans fon
château de Tignonville le premier octobre 1705, dans
la quarante-feptiéme année de fon âge, & fut inhumé le
lendemain dans l'églife de ce lieu, ayant embraffé la religion catholique depuis plufieurs années. Il avoit été marié au lieu des Bordes près de Sézanne en Brie, le 16 juillet 1679, avec *Sufanne* de Cormont, fille d'*Abraham*
le Febvre de Cormont, chevalier, feigneur de Nuife-
ment, de Rieux, la Cloche, &c. & d'*Anne* le Febvre de
Cormont. Elle embraffa auffi la religion catholique, &
mourut au château de Tignonville au mois de mai
1710; & fut inhumée dans l'églife du même lieu. De ce
mariage fortirent *Charles-Albert* de Prunelé, né à Tignonville le 13 avril 1681, qui fut fait fous-lieutenant
au régiment de Béarn par brevet du 26 décembre 1696,
& enfuite lieutenant au même régiment, fuivant un certificat de fervice à lui accordé par le lieutenant-colonel
de ce régiment, daté à Keferlautre en Allemagne, du
premier avril 1697: il mourut peu de temps après; *Fran-
çois-Hector* de Prunelé, né à Tignonville le 4 mai 1682,
& mort le 11 août 1683; *Samuel-Antoine-Maurice* de
Prunelé, né aux Bordes en Brie le 10 novembre 1683,
& mort au même lieu en bas âge; *Gabriel-François* de
Prunelé, né à Tignonville, mort âgé de dix à onze
mois; & François-Antoine de Prunelé, feigneur de
Tignonville, qui fuit.

XV. FRANÇOIS-ANTOINE de Prunelé, II du nom, chevalier, seigneur de Tignonville, Morville, Courcelles, Argeville, &c. né le 31 octobre 1690, mort le 5 mai 1748, épousa le 25 juin 1710 *Marie-Angélique* Raulin, née le 13 janvier 1688, morte le 14 septembre 1745, fille de *Louis* Raulin, écuyer, conseiller secrétaire du roi, maison couronne de France & de ses finances, & de *Marie-Magdeléne* Thieulin. Il fit donation, conjointement avec sa femme, sous la réserve de l'usufruit, le 22 novembre 1733, de sa terre de Tignonville & dépendances, à Parfaict & Henri de Prunelé, freres, ses cousins germains. Ils n'ont laissé qu'une fille qui leur a survécu ; *Angélique-Geneviéve* de Prunelé de Tignonville, née le 20 février 1715, professe de la rue de Grenelle, fauxbourg S. Germain, à Paris, le 16 décembre 1731, morte le 31 mai 1747 aux Cordelieres de saint Marcel.

XIV. JACQUES-PHILIPPE de Prunelé, chevalier, seigneur de Chalo-Saint-Mars, appellé *le grand hôtel des Carneaux*, de Chalo-Saint-Mars en partie, du grand Guignard-sur-Authon en Beauce, du fief de Morville,&c. fils puîné de CHARLES de Prunelé, seigneur de Tignonville, capitaine commandant le régiment de la Rabliere, & de *Judith* de Jaucourt, est né au château de Tignonville, le 20 décembre 1665, & a été baptisé au même lieu le 19 avril 1666. Il commença à servir dès l'âge de 15 ans dans le régiment de la Fere, d'abord en qualité de cadet, & ensuite de lieutenant ; puis ayant quitté ce poste, il entra en 1684 dans la compagnie des cadets gentilshommes nouvellement créée & établie dans la citadelle de Strasbourg, où il fit la même année abjuration de la religion protestante, & embrassa la catholique. En sortant des cadets, il fut fait lieutenant dans le régiment Royal, infanterie, d'où le maréchal d'Humieres, grand-maître de l'artillerie, le tira pour le mettre dans le corps de l'artillerie, dont après quatre ans de service il le fit commissaire provincial, & depuis aussi major de ce corps. Il se trouva à la bataille de Fleurus le premier juillet 1690, servit en 1692 au siège de Namur, que le roi Louis XIV fit en personne, au combat de Steinkerque, & au bombardement de Charleroi ; se trouva encore à la canonade de Peer en 1702, le duc de Bourgogne commandant alors l'armée, & fut enfin fait lieutenant d'artillerie par brevet du grand maître du 9 avril 1703 ; la vénalité des charges introduite dans ce corps lui fit quitter le service en 1705. Il est mort au grand Saint-Mars, près d'Estampes, le 18 mai 1739, dans la 74e année de son âge. Il fut marié dans l'église de Chalo-Saint-Mars, à deux lieues d'Estampes, diocèse de Chartres, le 14 février 1695, par contrat du jour précédent, avec *Marie* de Savoye, née le 18 octobre 1674, morte le 6 avril 1734, fille de *Benoît* de Savoye, écuyer, seigneur de Nanteau, Formarville,&c. conseiller du roi, trésorier général des fortifications de Champagne, Metz, Toul, Verdun, Lorraine & Barrois, mort le 4 août 1683, & d'*Anne* Parfaict, sa veuve. De ce mariage sont sortis, PARFAICT de Prunelé, qui suit ; *Armand* de Prunelé, né à Saint-Mars le 31 octobre 1697, ondoyé sur le champ, & baptisé pour les cérémonies dans l'église du même lieu, le 6 mars 1700, qui étant lieutenant en premier dans le régiment du Roi, infanterie, & montant la garde à Valenciennes en Haynault, tomba dans un regard ouvert de l'aqueduc de l'Escaut, & s'y noya malheureusement le 24 septembre 1719, dans la 22e année de son âge, & fut inhumé le lendemain dans le chœur de l'église paroissiale de S. Jacques de la même ville ; *Catherine* de Prunelé, née à Saint-Mars le 6 janvier 1699, & baptisée le 10 février suivant dans l'église du même lieu, vivante en 1733, non mariée ; *Henri*, appellé *le chevalier de Prunelé*, né à Saint-Mars le 20 juin 1700, commandant du second bataillon du régiment de la Marine, infanterie, & chevalier de l'ordre royal & militaire de S. Louis, seigneur du fief de Chalo-Saint-Mars, dit *les Carneaux*, dudit Saint-Mars en partie, & du grand Guignard sous Au-

thon, par les partages faits avec son frere, du 4 juin 1756 ; *Jean-Prosper* de Prunelé, né à Saint-Mars le 31 juillet 1714, ondoyé le 6 août suivant & baptisé pour les cérémonies le 25 juin 1715, mort à Nemours dans la 14e année de son âge, le 8 novembre 1727, & inhumé le lendemain au cimetiere de l'église paroissiale de S. Jean de la même ville ; & *Antoinette-Félicité* de Prunelé, née à Saint-Mars le 15 décembre 1721, morte le 20 suivant, & enterrée dans la chapelle des Carneaux en l'église de Saint-Mars.

XV. PARFAICT de Prunelé, chevalier, seigneur de Tignonville, Morville, Courcelles, Argeville, &c. chevalier de l'ordre royal & militaire de S. Louis, né le 13 décembre 1695, a épousé, par contrat du 7 janvier 1724, *Marie* Desacres de Laigle, née le 19 juin 1700, fille de *Jacques-Louis* Desacres, marquis de Laigle, seigneur d'Aspres, la Chapelle, &c. brigadier des armées du roi, chevalier de l'ordre royal & militaire de S. Louis & lieutenant de roi en Normandie, & de *Marie* Chopin, dame d'honneur de S. A. S. mademoiselle de Charolois *Louise-Anne* de Bourbon-Condé, princesse du sang, dont par la mort d'*Anonyme* de Prunelé, capitaine au régiment d'Enguien, infanterie, tué au siège de Namur le 25 septembre 1746, il reste deux filles qui ont été élevées dans la maison royale de S. Louis à S. Cyr ; l'aînée, *Marie-Anne-Adélaïde* de Prunelé, née le 12 décembre 1724, a épousé dans l'église de Tignonville, le 11 mars 1750, *Nicolas-Balthazar-Melchior*, comte de Bizemont, chevalier, seigneur du Buisson, Mondeville, Loudeville, Dampmar en partie, &c. colonel d'infanterie, & chevalier de l'ordre royal & militaire de S. Louis, né le 9 janvier 1720, fils de *Nicolas-Charles* de Bizemont, chevalier, seigneur desdits lieux ; & de *Marie-Catherine-Charlotte* de Sainxe d'Ormeville. Aux termes de leur contrat de mariage, passé le 4 mars 1750, leurs enfans & descendans à perpétuité doivent joindre les nom & armes de Prunelé aux nom & armes de Bizemont. Leurs enfans sont, 1. *Nicole-Aimée-Adélaïde* de Bizemont de Prunelé, née le 22 décembre 1750 ; 2. *André-Gaspard-Parfaict* de Bizemont de Prunelé, né le 31 mars 1752 ; 3. *Olympe-Henriette* de Bizemont de Prunelé, née le 25 juin 1753 ; 4. *Charles-Guillaume-Marie*, né à Tignonville le 10 septembre 1754. La seconde fille de Parfaict de Prunelé, *Louise-Françoise-Léontine*, née le 27 novembre 1725, a été mariée le 6 novembre 1756, par contrat du 29 août précédent, & en vertu d'une dispense de Rome, à *François-Gabriel* de Morogue, comte de Fonsaye, la Selle, Dreigny, &c. en Nivernois, ancien capitaine au régiment de la Marine, fils de *Gui* de Morogue, chevalier, seigneur desdits lieux, & d'*Aimée* de Saucourt. Il étoit veuf d'*Elizabeth* du Faur, morte sans enfans le 7 avril 1756. De son second mariage, il a *Parfaict-Marie-François-Gabriel* de Morogue, né à Fonsaye, le 28 juin 1758. Les armes des Bizemont de Prunelé sont *d'azur au chevron d'or, accompagné de deux croissans d'argent en chef, & d'une molette d'éperon d'or en pointe*, qui est de Bizemont ; & sur le tout un *écu en abîme de gueules à six annelets d'or, 3, 2, 1*, qui sont de Prunelé.

BRANCHE DES SEIGNEURS DE LIOUVILLE, DE RICHARVILLE, &c. sortis des seigneurs DE LA PORTE, & éteints.

VII. COLINET Prunelé, écuyer, troisième fils de GUILLAUME Prunelé, sire de la Porte, de Liouville, &c. & de *Jeanne* Lange, dame S. Aignan, emporta de la succession de son pere la terre de Liouville en Beauce, par le partage qu'il fit avec *Gui* Prunelé, seigneur de la Porte, son frere aîné, le 9 décembre 1424, & fut marié 1°. avec *Alix* Paviot, des seigneurs de Boissi-le-Sec ; & 2°. avec *Jeanne*, fille de *Pierre*, seigneur de Frouville. Il eut de la première, PIERRE Prunelé, seigneur de Richarville, qui suit ; JEAN Prunelé, écuyer, seigneur de Lezanville, *qui sera men-*

tion) après son frere aîné ; & Huguette Prunelé , femme de *Jean* de Nacelles , écuyer , sieur de la Fosse. De la seconde , vinrent aussi deux fils nommés *Jean & Pierre* Prunelé , qui étoient sous la garde de leur pere en 1444 , suivant une quittance qu'il donna en cette qualité.

VIII. PIERRE Prunelé , écuyer , seigneur de Richarville , fit , conjointement avec *Jean* Prunelé , son frere, un bail à Moison le premier mai 1473 , par lequel ils sont dits *fils de feu Colinet* Prunelé, &d'*Alix* Paviot, sa femme. Il partagea le même la terre de Richarville , le 7 février 1481. Lui , & *Jean* Prunelé , son frere, firent échange le 6 mars 1481 d'une rente & censive venue de la succession d'*Alix* Paviot leur mere , contre la terre de Rouvre , avec Guillaume du Monceau , écuyer , seigneur dudit Rouvre. Par cet acte , *Pierre* Prunelé est qualifié *écuyer , prévôt des maréchaux de France.* Le même Pierre Prunelé , sieur de Richarville , *n'agueres prévôt des maréchaux de France* , fut retenu en la charge de conseiller du roi & maître ordinaire de son hôtel , par brevet du 5 juillet 1493. Les mémoires de la famille lui donnent pour femme *Jeanne* de Nacelles , & pour fille , *Marguerite* de Prunelé , dame de Liouville , qui fut mariée avec *Pierre* Couette , seigneur de Riablé , d'où vint *Charles* Couette , seigneur de Liouville , Riablé , Thuré-la-Couetterie , &c.

On trouve un PIERRE Prunelé , écuyer , seigneur de Richarville , qui avoit épousé *Marie* d'Alonville , laquelle se remaria avec *Jean* d'Auquoy , écuyer , seigneur du Fay , qui transigea à cause d'elle le 6 février 1508. Cette *Marie* d'Alonville étoit fille de *Charles* d'Alonville , écuyer , seigneur dudit lieu en Beauce , maître d'hôtel ordinaire du roi , mort au mois d'août 1479 , & de *Bertranne* de Richebourg , dite d'*Orval* , dame d'Oysonville en Beauce. On trouve encore une *Marthe* de Prunelé , qui porta la terre de Richarville dans la maison de Cugnac , qui la possede encore en 1733 , en épousant *Louis* de Cugnac , baron d'Imonville , qui fut tué à la bataille de S. Denys , le 10 novembre 1567.

VIII. JEAN Prunelé , écuyer , seigneur de Lezanville , second fils de COLINET Prunelé , écuyer , sieur de Liouville , & d'*Alix* Paviot sa premiere femme , transigea le 27 avril 1464 avec *Hugues* Prunelé , écuyer , seigneur de la Porte , son cousin germain , pour raison & à cause de certains traités & accords faits & passés entre leurs peres. Dans cet acte il est fait mention de la femme de *Jean* Prunelé , nommée *Charlotte* de S. Guydart ; lui ou son fils qualifié *noble homme Jean* de Prunelé , écuyer , sieur de Lezanville , & de Romainville , reçut un aveu pour un muid de terre sis à Ninouville , paroisse de S. Valerien de Châteaudun , le 10 septembre 1711 ; *Jacqueline* de Prunelé , héritiere de cette branche , fut mariée avec .... de Valleteau ou Balleteau , écuyer , seigneur de la Varenne , & à cause d'elle , de Romainville , suivant l'aveu qui lui fut rendu le 20 août 1573 , pour raison d'héritages situés au terroir de Ninouville.

Les armes de la maison de Prunelé sont *de gueules à six annelets d'or posés* 3 , 2 & 1. * *Historia Normannorum* donnée par Duchesne. *Historiæ Francorum scriptores* , par le même. *Mémoires & recherches du greffier du Tillet. Histoire de la maison d'Harcourt par la Roque. Additions aux mémoires de Castelnau par le Laboureur. Antiquités d'Estampes par Fleureau. Annales d'Orléans par* la Saussaye. *Histoire de la ville d'Orléans par le* Maire. *Gallia christiana de* 1656. Sainte-Marthe , le pere Anselme , &c. *Titres originaux , & mémoires de famille.*

PRUSE , ville de Bithynie , bâtie par Prusias , *cherchez* BURSE.

PRUSE , autre ville épiscopale de Bithynie , dite , selon Thevet , *Cheris.* Il y en a eu une troisiéme épiscopale , dite *Bareth.* Strabon , Pline & Ptolémée en font mention , & Ferrari , *in lexic. geograph.*

PRUSIAS , roi de Bithynie , fut l'un des plus grands politiques de son temps , où les mouvemens qu'excitoient les Romains en Asie obligerent les princes d'Orient à se tenir extrêmement sur leurs gardes. Il étoit sur le point d'entrer dans la ligue d'Antiochus contre les Romains , lorsque les lettres des Scipions (Lucius & Publius) & l'ambassade de Livius l'en détacherent entierement. Quelques années après , se fiant sur l'expérience d'Annibal , qui s'étoit réfugié près de lui , il déclara la guerre à Eumène , roi de Pergame , & fut défait sur terre ; mais dans un combat naval qui se donna ensuite , Annibal qui se voyoit près d'être accablé par le nombre , usa de stratagème , & défit la flotte des Pergaméniens , qu'il battit encore sur terre. Les Romains alarmés de ces progrès , envoyerent T. Flaminius vers Prusias , pour ménager la paix entre Eumène & lui , & l'obliger à livrer Annibal. Ce prince trahissant les droits de l'hospitalité , étoit près d'exécuter cette lâcheté , lorsque ce grand capitaine , pour en éviter les suites , s'empoisonna lui-même , 182 ans avant l'ère chrétienne. Depuis , Prusias s'entremit auprès des Romains , pour les engager à faire la paix avec Persée , roi de Macédoine. En l'année 167 avant l'ére chrétienne , il fit un voyage à Rome avec son fils Nicomède. On lui fit une entrée superbe. Il y fut nouri & logé magnifiquement aux dépens de la république ; mais ce fut par des soumissions serviles qu'il se fit rendre ces honneurs , & qu'il s'assura l'alliance des Romains , dont il étoit venu demander la confirmation. Après son retour , il envoya à Rome Python pour s'y plaindre des irruptions d'Eumène , ne fut pas plus content dans la suite d'Attale , son successeur , avec lequel il entra en guerre ouverte. Il le vainquit , & s'empara même de Pergame , capitale de ses états , où il sacrifia à Esculape. Il emporta la statue de ce dieu ; & après avoir manqué la prise d'Elcé , il pilla un temple de Diane , & un autre d'Apollon : ensuite de quoi sa flotte fut ruinée par un naufrage presque universel. Les Romains , pour arrêter ses conquêtes , lui envoyerent commander par des ambassadeurs de mettre les armes bas. On prit jour & lieu pour une conférence , où Attale & Prusias se devoient trouver chacun à la tête de mille chevaux. Ce dernier , dans l'espérance d'opprimer son ennemi , se fit suivre au rendez-vous par toute son armée , & manqua néanmoins Attale , qui se jetta dans Pergame , où il fut assiégé avec les ambassadeurs Romains qui l'avoient accompagné. Lorsqu'on eut appris à Rome la conduite de Prusias , on dépêcha une nouvelle ambassade , pour le forcer à faire raison au roi Attale de toutes ses violences ; mais il n'y eut rien de conclu. Enfin Appius Claudius , Lucius Oppius , & Aulus Posthumius envoyés de nouveau , conclurent entre ces deux princes un traité que Prusias fut obligé d'accepter , quoique très-honteux pour lui. Par les articles chaque prince rentroit dans les anciennes limites de ses états ; mais Prusias étoit obligé de remettre entre les mains d'Attale vingt navires de haut bord , & de lui payer 500 talens dans l'espace de vingt années. Il étoit encore tenu d'en payer 100 aux Méthymnéens , aux Ægiens , aux Cuméens , & aux Héracléotes , pour les dédommager des irruptions qu'il avoit faites sur leurs terres. Cette paix qui fut conclue l'an 154 avant l'ére chrétienne , & l'extrême cruauté de Prusias , le rendirent très-odieux à ses sujets. Ce prince jaloux de l'inclination qu'ils avoient pour son fils Nicomède , prit le parti de l'envoyer à Rome ; & ayant appris qu'il avoit trouvé le secret de se rendre agréable au sénat , il lui envoya ordre de demander la remise de la somme qui restoit à payer au roi Attale. Dans cette négociation , il lui donna pour second , Menas , l'un de ses favoris , avec ordre à ce dernier de faire assassiner Nicomède à Rome même , si le refusoit sa demande. Mais Menas découvrant à ce jeune prince les embuches que lui dressoit Prusias , conspira avec Andronic , ambassadeur d'Attale , pour le mettre sur le trône de son pere. Ils le remenerent en Orient , où avec le secours d'Attale qui le reçut , il entra dans les états de son pere , qu'il obligea de s'enfermer dans la citadelle de Nicée. Prusias , qui avoit mis toute son espérance dans l'autorité des Romains , désespéré de voir qu'ils n'envoyoient pour l'appuyer qu'une foible ambaffade de trois fénateurs eftropiés , s'enfuit à Nicomédie , où il fut tué près de l'autel de Jupiter , qu'il avoit choifi pour afyle , l'an du monde 3887 , & 148 avant J. C. Ce fut par fon fils même , felon Diodore de Sicile , rapporté par Photius , & felon Tite-Live , *liv.* 50. Cependant Dion , cité par Zonaras , témoigne que ce fut par fes fujets. * Appian. *in Syriac. Mithridatic.* Polybe , *legat. & in excerpt. Valefii.* Tite-Live , *l.* 37 , *& feq.* Diodore de Sicile.

PRUSSE , grand pays nommé en latin *Pruffia* , *Boruffia* , & *Pruthenia* , a la mer Baltique au feptentrion ; au couchant la Poméranie ; la Pologne & la Mazovie au midi ; & au levant la Lithuanie & la Samogitie. La Pruffe étoit autrefois divifée en douze parties ou gouvernemens , qui furent , felon quelques écrivains , le partage des fils d'un duc nommé *Venet* ou *Vendut.* Ce pays a eu des princes particuliers idolâtres jufqu'au XIII fiécle , que les chevaliers de l'ordre Teutonique ou de Pruffe y porterent la guerre en 1228 , à la perfuafion de Conrad , duc de Mazovie , qui ne favoit plus comment réfifter à ces peuples cruels & puiffans. Après une guerre longue & fanglante , les Pruffiens furent foumis ; mais ils fe révolterent fouvent ; & fecouant le joug des Teutoniques , ils retournerent aux fuperftitions du paganifme. Enfin voyant que leurs forces n'étoient pas affez puiffantes pour réfifter à celles de cet ordre , ils fe donnerent au roi de Pologne vers l'an 1420. Ce fut un nouveau fujet de guerre très-défavantageux pour les deux partis ; mais les chevaliers , après diverfes pertes confidérables & divers combats , refterent les maîtres , par les foins & par la valeur du grand maître Louis d'Erlihufen. Il obtint la paix , à condition d'abandonner aux Polonois la Pruffe que nous nommons Polonoife , & de leur rendre hommage pour le refte. L'an 1500 Valter Plettemberg , grand maître de l'ordre Teutonique , triompha heureufement des Mofcovites , qui s'étoient jettés dans la Pruffe & dans la Lithuanie. Mais en 1525 Albert de Brandebourg , ennuyé de faire la guerre , & perfuadé par Luther , dont il avoit embraffé les erreurs , s'accorda avec Sigifmond , roi de Pologne. Ce fut à condition qu'il prêteroit à ce roi le ferment , qui étoit le principal fujet de la guerre , & que Sigifmond le feroit prince féculier & lui donneroit l'invefliture d'une partie de la Pruffe , que lui & fes fucceffeurs tiendroient en titre de duché. Par cet accord il renonça au gouvernement de l'ordre. La Pruffe fut encore un fujet de guerre , & a été enfin divifée en PRUSSE ROYALE , qui eft au roi de Pologne , & que l'on nomme PRUSSE POLONOISE ; & en PRUSSE DUCALE , qui appartient à l'électeur de Brandebourg , & qui a été érigée en royaume , en faveur de Frédéric , électeur de Brandebourg , qui prit le titre de roi de Pruffe en 1701 , du confentement de l'empereur. Les villes de la Pruffe polonoife font Dantzick , Mariembourg , Elbing , Torn , Konith , &c. Celles de la Pruffe ducale ou royaume de Pruffe font Regiomont ou Konigsberg , Memel , Braunsberg , &c. Le pays eft fertile en bleds & en chanvres , & couvert d'étangs & de forêts. Il y a grande quantité de gibier , de poiffons & d'arbres : on y entretient le commerce par la mer Baltique. Les anciens Pruffiens étoient barbares , mangeoient de la chair crue , buvoient du fang de cheval dans leurs feftins , & pour l'ordinaire du lait , & habitoient dans les forêts. Ils adoroient le foleil , la lune , le tonnerre , les éclairs , le feu , les arbres , les ferpens & les bêtes farouches. *Vifcaito* , leur principal dieu , avoit foin , felon eux , de la maifon & du bétail. Ils en avoient encore deux autres , *Schneibrato* & *Gurcho*. Ils obfervoient parmi eux l'hofpitalité ; & l'attachement qu'ils avoient pour leurs fuperftitions les rendoit ennemis des chrétiens ; &-même ils tuerent S. Albert , évêque de Prague , qui leur étoit allé prêcher la foi. La religion dominante à préfent , c'eft le luthéranifme , fuivant la confeffion d'Augsbourg ; les catholiques y jouiffent pourtant du libre exercice de leur religion. La Pruffe abonde en bêtes farouches. On y trouve des bœufs fau-

vages , que ceux du pays nomment *Thur* , & qui font les plus grands de toutes les bêtes à quatre pieds après l'éléphant. Leur peau eft noire , mouchetée de blanc , & ils ont de grandes cornes. L'élan qu'on chaffe dans les forêts de Pruffe , a de grandes vertus. Sur les rivages de la mer Baltique dans le royaume de Pruffe , on trouve l'ambre jaune , que la mer jette de temps en temps fur le fable par de certains vents. L'électeur de Brandebourg afferme toute cette côte dix-huit à vingt mille écus par an , & quelquefois davantage. Les fermiers & entretiennent des gardes qui courent le long du rivage , afin que perfonne ne puiffe enlever l'ambre que les flots pouffent tantôt en un lieu , tantôt en un autre. L'expérience fait connoître que l'ambre eft une congelation , & comme une efpece de gomme ; car on a vu quantité de pièces , où il y avoit des moucherons , & autres infectes , qui étoient congelés au-dedans. * Gaguin , ou Gaguini , *in defcript. Sarmat.* Chytræus , *in Saxon.* Chromer , *hift. de Pologne.* Erafme Suller ou Stella , *de antiq. Boruff.* Cluvier , *introd. geograph.* David Chrytræus , *de Ruffor. relig. ac Boruff. facrif.* &c. Tavernier , *voyage des Indes.*

PRUTH , en latin , *Prutha, Hierafu , Gerafus :* c'eft une grande riviere , qui prend fa fource dans le mont Krapach , traverfe une partie du palatinat de Lembourg en Ruffie , enfuite toute la Moldavie , & fe décharge dans le Danube , un peu au-deffous d'Axiopoli. * Mati , *dictionaire.*

PRYNN (Guillaume) jurifconfulte Anglois , fameux adverfaire des évêques d'Angleterre dans le XVII fiécle , écrivit d'une maniere fi violente contre les épifcopaux , qu'il fut condamné en 1647 à avoir les oreilles coupées : ce qui fut exécuté. Ce traitement le fit élire membre de la chambre des communes dans le parlement affemblé contre le roi ; mais il ne répondit pas à ce que les parlementaires attendoient de lui ; & n'ayant pas voulu fuivre leurs mouvemens , il fut mis en prifon. Il compofa un petit traité adreffé au parlement , pour le détourner de faire le procès au roi. Il a encore écrit quantité de livres théologiques , hiftoriques & polémiques. Il mourut le 24 octobre 1669 , âgé de 69 ans. * Bayle , *diction. critique.*

PRYTANÉE , étoit le lieu à Athènes , où le fiége des juges de la police , & où l'on nourriffoit aux dépens de la république ceux qui avoient rendu quelque fervice confidérable à l'état. Il y avoit un autel fur lequel on entretenoit un feu perpétuel & facré en l'honneur de la déeffe Vefta. Ce n'étoient pas des vierges qui avoient foin de ce feu , comme à Rome , mais des femmes veuves que l'on appelloit *Prytanitides.* * Suidas. Plutarch. *in Numa.*

PRYTANES , nom que les Athéniens donnoient aux juges de police. On en tiroit cinquante de chaque tribu de l'Attique : ce qui faifoit le confeil des cinq cens , lorfqu'il n'y avoit que dix tribus ; mais lorfqu'il en eut treize , ce confeil fut de fix cens cinquante. Le lieu où ils s'affembloient fe nommoit *Prytanée.* * J. Spon , *voyage d'Italie,* &c. en 1675.

PRZIBRAM (Jean) zélé Huffite , & fort accrédité dans un parti , qui avoit été établi l'un des directeurs du clergé de Prague dans le fynode tenu en 1421 fous l'archevêque Conrad , fe rétracta dans la fuite folemnellement de fes erreurs , & écrivit même contre les Taborites un traité , où examinant les raifons qui peuvent rendre une guerre légitime , il prouve que celle des Taborites ou Huffites , n'avoit point ces conditions. Il prétend , entr'autres , & cela avec fondement , qu'il n'eft point permis aux prêtres de porter les armes & de faire la guerre. Sa rétractation fit beaucoup de peine à Procope-Rafe , l'un des chefs ou capitaines des Huffites , qui étoit prêtre , & toujours en guerre ; & il fit inutilement tout ce qu'il put pour le ramener. Przibram eut une autre difpute avec Pierre Peyne , furnommé l'*Anglois* , Wicléfite , & docteur à Prague. Cette diffention éclata , & ceux de Prague firent mettre Przibram & plufieurs autres en prifon, Ces captifs ayant recouvré leur liberté, fe joignirent aux Orphelins, branche des Huffites, & leur perfuaderent de déclarer la guerre à ceux de Prague, ce qui augmenta la diffention. Cela fe paffoit avant que Przibram eût quitté le parti des Taborites. Il eut dans la fuite, c'eft-à-dire en 1439, la charge d'adminiftrateur du confiftoire Calixtin. En 1447, il affembla l'univerfité dans le collége de Charles IV, où l'on dreffa une profeffion de foi fur la Trinité, contre quelques articles du concile de Florence; ce qui montre que Przibram, pour avoir abjuré le Huffitifme, n'en étoit pas plus catholique, ou qu'il étoit retourné à fes erreurs. Il mourut le 24 décembre de cette même année 1447, étant pafteur dans la paroiffe de S. Gilles à Prague, & profeffeur en théologie dans cette univerfité. Il avoit été du nombre des ambaffadeurs de Bohême au concile de Bafle, & y avoit foutenu qu'il falloit donner la communion fous les deux efpeces, & la diftribuer aux enfans felon la pratique de la primitive églife. Lupacius dit qu'il écrivit un traité fur la même matiere, & plufieurs autres fur divers fujets de doctrine. Théobald le repréfente comme un homme de beaucoup de feu, mais fort inconftant. * Voyez Cochlée dans fon hiftoire latine des Huffites; Theobaldus & Lupacius Balbinus, dans fon abrégé de l'hift. de Bohême; Lenfant dans fon hift. de la guerre des Huffites & du concile de Bafle, en plufieurs endroits des deux volumes de fon ouvrage, &c.

PRZIPCOVIUS (Samuel) gentilhomme & chevalier Polonois, confeiller de l'électeur de Brandebourg, fit fes études à Leyde, & dès l'âge de 18 ans il compofa un traité de la paix & de la concorde de l'églife. Peu de temps après il répondit au livre de Heinfius, qui a pour titre: Cras credo, hodie nihil. Etant de retour en Pologne, il fut honoré de divers emplois civils & militaires. Il s'attacha à la perfonne du prince Radzivil, dont il fit l'apologie, & fut affez avant dans la faveur du roi de Pologne. Les Sociniens ayant été chaffés du pays, tout fon crédit n'empêcha pas qu'il ne fût envelopé dans les malheurs de ceux de fon parti. Il perdit fes emplois & fes biens. Il eft vrai qu'ils eurent permiffion de les vendre, & qu'on leur donna trois ans pour s'en défaire; mais ces trois ans furent bientôt réduits à un; & la néceffité dans laquelle on les voyoit de s'en défaire, fit qu'ils furent contraints de les donner prefque pour rien. Przipcovius perdit non feulement fes charges & fes biens, mais auffi quelques-uns de fes ouvrages, & entr'autres, l'hiftoire des églifes de fa fecte. S'étant retiré fur les terres de l'électeur de Brandebourg, il fut fait confeiller de ce prince, & employa les revenus de cette charge à foulager ceux de fon parti qui s'étoient retirés de Pologne avec lui, & qui étoient dans la derniere mifere. Comme il ne fuivit pas en tout les fentimens de Socin, & de ceux de fa fecte, fur-tout en ce qui regarde les droits du magiftrat & la juftice de la guerre, il y en eut quelquesuns qui l'attaquerent vigoureufement, ce qui donna lieu à de longues apologies, qu'on trouve parmi fes ouvrages. Il mourut en Pruffe, lieu de fon exil, le 19 juillet de l'année 1670, âgé de près de 80 ans. On a ramaffé toutes fes œuvres en un volume in-folio, imprimé en 1692. Ils peuvent paffer pour le VII volume de la bibliothéque des freres Polonois. * Préface qui eft au-devant de ces ouvrages.

PRZIPIEG ou PRIPECZ, grande riviere de Lithuanie. Elle prend fa fource aux confins de la haute Volhinie, traverfe la Poléfie, y baigne Pinsk, Petricowicze dans le palarinat de Novogrodeck; Mozir dans le territoire de Rzeczica; Czernobel dans la baffe Volhinie, & quelques lieues au-deffous elle fe décharge dans le Borifthène. * Baudrand.

PS

PSALLANTS ou PRIANS, hérétiques, cherchez MASSALIENS.

PSAMATHE, fille de Crotopus, roi des Argiens, étant devenue groffe d'Apollon, eut un fils nommé

Linus, qui fut déchiré par des chiens. * Paufan. in Lacon. Stat. l. 1, Thebaid. Il y avoit un fleuve & une ville de ce nom dans le pays de Thèbes, & un port & une ville dans le Péloponnèfe.* Valer. Flacc. liv. 41. Pline, liv. 4, c. 1. Paufan. in Lacon.

PSAMMENITE, Pfammenitus, roi d'Egypte, que Ctéfias furnomme Amyrtéen, étoit fils d'Amafis, qui avoit régné 44 ans, & auquel il fuccéda l'an du monde 3510, 525 avant l'ére chrétienne, année remarquable par la pluie de fang qui tomba fur la ville de Thèbes en Egypte. Pfammenite en montant fur le trône, fe vit attaqué par Cambyfe, roi de Perfe; & après la perte d'une fanglante bataille, il fut obligé de prendre la fuite & de fe retirer en diligence à Memphis, où il ne manqua pas d'être invefti. La ville ayant été prife, Pfammenite fut logé par mépris dans un fauxbourg. Cambyfe pour lui donner encore un déplaifir plus fenfible, envoya la princeffe, fa fille, en habit d'efclave avec des dames Egyptiennes de la premiere qualité, pour puifer de l'eau fur une montagne, d'où elles ne pouvoient defcendre avec leurs cruches fans être apperçues de Pfammenite. Ce malheureux prince entendoit les cris de fa fille en paffant, & la voyoit dans cet état déplorable, fans paroître en être touché. Il envoya enfuite fon fils avec deux mille Egyptiens, la corde au cou, & un frein dans la bouche; & quoiqu'il fût qu'on alloit le faire mourir, il témoigna toujours une conftance inébranlable. Mais ayant apperçu de loin un de fes amis qui demandoit l'aumône, il s'écria & fe battit rudement la tête. Lorfque Cambyfe lui en demanda la raifon, il répondit, que les douleurs extrêmes étoient muettes, mais que l'on pouvoit pleurer les douleurs d'un ami. Cambyfe touché de cette réponfe, envoya dire qu'on fauvât fon fils; mais cet ordre ne put être exécuté, parceque l'on avoit déja fait mourir ce prince. Ctéfias rapporte qu'il relégua Pfammenite à Sufe. Hérodote affure qu'il confidéra fort ce prince captif; mais qu'ayant appris qu'il faifoit des brigues fecretes, pour porter les Egyptiens à une révolte, il le contraignit de boire du fang de taureau: ce qui lui donna la mort. Ce roi malheureux n'avoit régné que fix mois. * Hérodote, liv. 2. Ctéfias.

PSAMMIS, fils de Nechus, ou Necos, & petit-fils de Pfammitichus, leur fuccéda au royaume d'Egypte, l'an du monde 3435, & 600 avant J. C. Il fit une expédition en Ethiopie; & après un régne de fix années, il laiffa fon fceptre à Apries, qui régna 25 ans, & qui eut pour fucceffeur Amafis, pere de Pfammenite, vaincu par Cambyfe, roi de Perfe. * Hérodote, liv. 2. Uffer, in annal.

PSAMMITICHUS, né à Sais, capitale de la baffe Egypte, étoit fils de Bocchoris, qui fut tué par Sabacon d'Ethiopie, lorfque ce dernier s'empara de l'Egypte. Après la retraite de ce tyran, Pfammitichus fut l'un des douze feigneurs Egyptiens qui partagerent entr'eux le gouvernement. Un oracle, qui avoit prédit que celui d'entr'eux qui feroit des libations avec une coupe d'airain, pofféderoit feul la fouveraineté, penfa caufer la perte de Pfammitichus. Car s'étant trouvé avec fes onze coliégues dans un facrifice, où le prêtre n'apporta, pour faire les libations ordinaires, qu'onze taffes d'or, il employa à cet ufage fon cafque qui étoit d'airain, & il lui en eut coûté la vie, fi l'on n'eût juftifié qu'il n'avoit eu aucune part à la méprife du prêtre. Cependant malgré fon crédit & fes grandes richeffes, il fut relégué dans des marais voifins de la mer. Pfammitichus rifque d'y paffer le refte de fa vie; mais ayant levé une armée compofée d'Arabes & de pirates d'Ionie & de Carie, qu'il joignit aux Egyptiens de fon parti, il livra à fes ennemis une grande bataille, qu'il gagna près de Memphis. Ceux qui en échaperent, & qui ne voulurent point fe foumettre à la domination de Pfammitichus, fe retirerent dans la Lybie. Cette victoire, qui fut remportée l'an du monde 3365, & 670 avant J. C. rendit Pfammitichus maître de toute l'Egypte. Il donna des terres à habiter aux Grecs qui l'avoient fecouru, au-deffus de la ville de Bubaſte, & ouvrit à leurs compatriotes l'accès de ſon pays. Ce fut d'eux qu'il ſe ſervit pour bannir la barbarie de ſon royaume, pour y faire fleurir le commerce, & pour y faire élever les jeunes Egyptiens dans la connoiſſance des ſciences & des arts. On dit auſſi qu'il introduiſit le premier en Egypte l'uſage de boire du vin, qu'il fit chercher les ſources du Nil, & qu'il prit la ville d'Azoth après un ſiége de vingt-neuf ans. Il détourna, à force de préſens & de prieres, une multitude innombrable de Scythes, leſquels après avoir battu les Médes, venoient fondre ſur ſon pays. Ce prince laiſſa ſon royaume à ſon fils Nécos, & mourut l'an du monde 3419, & 616 avant J. C. Il fut enterré à Saïs dans le temple de Minerve. * Hérodote, l. 2. Diodore de Sicile, l. 1.

PSAMMUTIS ou PSAMMETICHUS, autre roi d'Egypte, régna long-temps après, du temps d'Artaxerxès Mnemon, vers l'an du monde 3632, & 403 avant J. C. Il fit maſſacrer Tamos de Memphis, gouverneur d'Ionie, auquel il avoit de grandes obligations, & qui s'étoit réfugié en Egypte, après avoir ſuivi le parti de Cyrus, vaincu par ſon frere Artaxerxès. Pſammitichus ne ſe porta à cette perfidie envers ſon ami, que pour s'emparer de ſa flotte & de ſes richeſſes. Il ne régna qu'une année, & eut Nepherités II pour ſucceſſeur. * Diodore, ad ann. 1, olymp. XCV.

PSAPHON, natif d'une contrée d'Afrique, voiſine de la Lybie propre, fut entêté d'une folle vanité, & réſolut de ſe faire rendre les honneurs divins. Il prit pour y parvenir quantité d'oiſeaux, de ceux dont la langue a de la facilité à prononcer les paroles des hommes (à quoi il n'eut pas beaucoup de peine ; car il s'en trouve en abondance dans l'Afrique) & leur fit apprendre avec grand ſoin ces trois mots, μεγας θεος Ψαφων, qui ſignifient Pſaphon eſt un grand dieu. Lorſqu'il les eut inſtruits de la ſorte, il les laiſſa tous environ à l'heure qu'il avoit accoutumé de leur donner à manger. Ces oiſeaux étoient faits à répéter ces trois paroles pour avoir de quoi appaiſer leur faim ; de ſorte que n'ayant pas mangé ce jour-là, ils alloient criant de côté & d'autre de toute leur force ce qui leur avoit été enſeigné. Le peuple ſaiſi de crainte à ce prodige apparent, ayant ſu la ſignification de ce qu'il entendoit, conçut une vénération religieuſe pour Pſaphon ; d'où eſt venu le proverbe, les oiſeaux de Pſaphon. * Alex. ab Alex. l. 6, c. 4. Eraſme, in adag.

PSARA, la grande Pſara, en latin Pſyra major, iſle de l'Archipel, ſituée à cinq lieues de celle de Scio, du côté du midi. Elle peut avoir ſept lieues de circuit ; & elle eſt déſerte, de même que la petite Pſara, Pſyra minor, qui eſt environ à demi-lieue de celle-ci, vers le couchant. * Mati, diction.

PSATYRIENS, hérétiques ſortis des Ariens, ſe déclarerent dans le ſynode d'Antioche, qu'ils tinrent vers l'an 360, & ſoutinrent que le Fils n'étoit pas ſemblable en volonté à ſon Pere, & qu'il avoit été fait de rien, comme Arius l'avoit enſeigné au commencement. Ils ajoutoient que dans Dieu, engendrer & créer étant la même choſe, la génération du Verbe étoit ſa création. * Théodoret, de hær. fab. l. 4. Baronius, A. C. 360.

PSEAUME (Nicolas) évêque de Verdun, étoit fils d'un ſimple laboureur du village de Chaumont-ſur-Aire en Barrois, du diocèſe de Verdun. Son pere ne ſe trouvant pas en état de faire cultiver les talens qu'il appercevoit dans ſon fils, l'envoya à Verdun dans l'abbaye de S. Paul, dont François Pſeaume ſon frere, oncle du jeune Nicolas, étoit abbé. Il y fit une partie de ſes études, qu'il continua à Paris, à Orléans, à Poitiers, & en d'autres écoles fameuſes. Etant de retour à Verdun, ſon oncle lui réſigna ſon abbaye en 1538. Il la poſſéda d'abord en commende ; & ayant pris l'habit monaſtique dans l'ordre de Prémontré, dans le temps qui lui avoit été preſcrit, il la poſſéda en régle. C'étoit au mois de janvier 1540. Il étoit à Paris en 1541, & il y prit le bonnet de docteur avec un grand applaudiſſement, en

préſence du cardinal de Lorraine & de pluſieurs autres prélats. L'année ſuivante il fut député par le chapitre général de ſon ordre, pour aller faire des remontrances au roi François I, ſur ce que le cardinal Piſan avoit obtenu en cour de Rome l'abbaye chef-d'ordre de Prémontré. Le conſeil du roi entra dans ſes raiſons, & lui adjugea le titre d'abbé général de l'abbaye & de l'ordre de Prémontré. Mais le cardinal trouva moyen de ſe maintenir malgré les pourſuites de Pſeaume, qui fut envoyé depuis à Rome pour ſolliciter les affaires de ſon ordre contre ce cardinal, & en particulier pour avancer la canoniſation de S. Norbert. Il y fit connoiſſance avec S. Ignace, avec le pere Salméron Jéſuite, avec Guillaume Poſtel, & Jean Magnus, frere d'Olaüs Magnus. Ce fut le plus ſolide avantage de ſon voyage. De retour à Verdun, on lui offrit de l'envoyer au concile de Trente, ce qu'il accepta ; & il ſe préparoit à ce voyage, lorſque le cardinal de Lorraine lui réſigna l'évêché de Verdun, dont il prit poſſeſſion le 12 juillet 1548. Le cardinal de Lorraine s'y réſerva néanmoins le regrès & les revenus, ſelon l'abus de ce temps-là. Mais en 1548, Pſeaume lui ayant réſigné ſon abbaye de S. Paul, parvint à jouir au moins d'une partie des revenus. Comme il trouva bien des difficultés dans le commencement de ſon épiſcopat, il travailla à les applanir ; il réforma beaucoup d'abus ; il fit revenir des terres & autres revenus qui étoient aliénés, & au commencement de 1551, il ſe rendit au concile de Trente, où il parla avec de force contre les commendes dans la treiziéme ſeſſion, que perſonne n'oſa en prendre enſuite la défenſe. On dit pendant qu'il parloit, l'évêque d'Orviette dit en raillant, Voyez comme ce coq chante bien ; faiſant alluſion au mot latin Gallus qui ſignifie un Coq & un François ; mais Pierre Danès évêque de Lavaur répliqua : Plût-à-Dieu qu'au chant de coq, Pierre rentrât en lui-même ! Ce fut lui encore qui fut chargé de dreſſer les canons le 2 janvier 1552. Ce prélat a compoſé un journal de ce qui s'eſt fait au concile depuis le premier mai 1551, juſqu'au 8 d'avril 1552. Il étoit de retour à Verdun le 25 mai ſuivant. Le 12 de juin de la même année, le roi Henri II y fit ſon entrée, ce qui fut ſuivi de grands dérangemens dans la ville. L'abbaye de S. Paul qui étoit hors des murs fut détruite, parcequ'elle étoit environnée de murailles comme une fortereſſe ; le gouverneur Tavannes profitant de l'abſence de Pſeaume, qui s'étoit retiré à Vanaux-les-Dames près Vitry, ſe ſaiſit du palais épiſcopal & s'y logea. Le prélat revint à Verdun, le cœur pénétré de chagrin, mais ſans ſe laiſſer trop abattre ; il fit bâtir un nouveau monaſtere pour les religieux de S. Paul, qui fut achevé en 1553, & répara autant qu'il étoit en lui, les autres déſordres que les malheurs des temps avoient cauſés. Pendant qu'on travailloit aux fortifications de la ville, il portoit lui-même la hote pour animer les bourgeois au travail. En même temps il fit publier une défenſe à tous ſes diocéſains & autres qui dépendoient de lui, de faire profeſſion d'aucune autre religion que de la catholique ; & croyant que cette défenſe ſeroit mieux exécutée, il établit le 15 décembre 1558, pour inquiſiteur de la foi dans ſon diocèſe, frere Regier-le-Beau, docteur en théologie, & gardien du couvent des Cordeliers de Verdun. En 1562, il inſtitua le duc de Guiſe comte, marquis, gardien & protecteur des biens de ſon évêché, & lui laiſſa les château, terres & prévôté de Dieu-lewart, pour être tenus en fief par lui & ſes ſucceſſeurs mâles, s'en réſervant à lui & à ſes ſucceſſeurs évêques, le reſſort & la ſouveraineté. Le concile de Trente ayant repris ſes ſéances le 18 janvier 1562, Pſeaume reçut ordre de l'empereur de s'y rendre au plûtôt. Il ne partit néanmoins que le 2 d'octobre ſuivant, le cardinal de Lorraine l'ayant prié de différer ſon voyage ; il arriva à Trente au commencement de novembre, & y demeura juſqu'à la fin. Il écrivit en latin les actes de ce concile depuis le 13 de ce mois 1562, juſqu'à ſa concluſion en décembre 1563. Ces actes ont été imprimés par les ſoins du pere Hugo Prémontré, abbé d'Eſtival, en 1725. Pſeaume compoſa auſſi pendant ſon abſence un traité intitulé : *Préſervatif contre le changement de religion* ; & il le fit imprimer pour l'utilité de ſon peuple, qui étoit attaqué au-dedans.& au-dehors par les religionaires. Le prélat retourna à Verdun au commencement de 1564, & il aſſiſta la même année au concile de Reims, dont il écrivit les actes & l'épître ſynodale. Il fit beaucoup de bien aux Jéſuites qui s'établirent à Verdun en 1570, & il leur donna l'hôpital de Gravieres, & des revenus ſuf-fiſans pour leur entretien. Cinq ans après, c'eſt-à-dire en 1575, il établit auſſi dans ſa ville les religieux Minimes, pour qui il avoit beaucoup d'affection, & il mou-rut la même année le 10 d'août, environ huit mois après la mort du cardinal de Lorraine, dont la perte l'avoit extrêmement affligé. Il fut enterré dans ſa cathé-drale, & on grava ſur ſon tombeau cette épitaphe qu'il avoit faite lui-même.

Nicolaus PSALMEUS *à Calvomonte ad fluvium Er-ram, humilibus quidem, ſed piis natus parentibus, priùs Sancti Pauli ad Virduni mœnia abbas, poſteà ad Epiſ-copatum Virdunenſem vocatus, ſanctè & religioſè de futura reſurrectione cogitans, ſepulcrum hoc, cùm adhuc in vivis ageret, ſibi extruendum curavit, anno Domini* 1572. On y ajouta ce qui ſuit, *In eo verò mortui cor-pus Clerus, populuſque Virdunenſis mœſtiſſ. poſuer. ann.* 1575, 10 *auguſt.* * *Voyez* le pere Hugo, préf. du t. I de l'ouvrage intitulé : *Sacræ antiquitatis monumen-ta*, &c. Dom Calmet, *hiſt. de Lorraine*, t. III, p. 96 & ſuiv. Selon l'*Hiſtoire eccléſiaſtique & civile de Verdun*, que M. Rouſſel a donnée, & où il a inſéré une vie exacte & bien détaillée de Nicolas Pſeaume, il faut ajouter aux ouvrages de ce prélat, dont nous venons de parler, 1. l'édition des Canons du concile provincial de Trèves, tenu en 1548 ; 2. une *Expoſition de la meſſe*, imprimée en 1554 ; 3. le Miſſel de Verdun, réimprimé par ſes ſoins en 1554, ou en 1557 ; 4. *le portrait de l'égliſe*, dédié au cardinal de Lorraine, & imprimé en 1573.

PSEAUMES, en hébreu *Tehillim* & en grec Ψαλμοι, ſont en général des hymnes ou des louanges ; mais on donne particuliérement ce nom à un livre de l'ancien teſ-tament, que l'on appelle *le livre des Pſeaumes*, qui con-tient 150 pſeaumes, & qui porte le nom de *David*, quoiqu'il ſoit certain, comme remarque S. Jérôme, qu'ils ne ſont pas tous de David, & qu'il y en a qui ſont d'autres auteurs, dont les noms ſont marqués dans le titre de chaque pſeaume. Comme le plus grand nombre porte en titre le nom de David, & qu'il y en a même qui lui conviennent, quoiqu'ils n'aient point de titre, on a donné ce recueil entier le nom de *David*. Le 89 eſt attri-bué à Moyſe ; pluſieurs portent le nom d'Aſaph ; d'au-tres ceux de Coré ou d'Idithum, d'Eman & d'Ethan. Il y en a qui ont été viſiblement compoſés depuis la cap-tivité, comme le 64 & le 136. Cette coutume de célé-brer les louanges de Dieu, & de lui rendre grace des inſignes bienfaits par des cantiques, & dont le chant étoit ſouvent accompagné d'inſtrumens de muſique, a ſubſiſté depuis le commencement de l'établiſſement de la république des Hébreux, juſqu'après la captivité des Juifs à Babylone. Moyſe en fut le premier auteur. Cet uſage ſubſiſta parmi les Juifs ; & de temps en temps des per-ſones inſpirées de Dieu, firent des cantiques à ſa louange, à l'occaſion de quelques bienfaits inſignes & remar-quables ; mais David, que l'écriture appelle un excel-lent pſalmiſte, recueillit les anciens, en fit pluſieurs nou-veaux, & prit un ſoin particulier de les faire chanter. Son fils Salomon fit auſſi un grand nombre de pſeaumes, & n'eut pas moins d'application que ſon pere, à les faire chanter par les Lévites. Les troubles qui ſurvinrent enſuite ayant pu apporter quelque négligence & quel-que altération dans une ſi fainte pratique, Ezéchias en fut le reſtaurateur. Les Juifs étant tranſportés à Baby-lone, né ſongerent plus à chanter les airs de joie qu'ils chantoient autrefois dans Jéruſalem, & s'appliquerent uniquement à décrire & à déplorer leur miſere, par

des pſeaumes lugubres. Enfin, étant de retour, ils re-commencerent à chanter leurs anciens pſeaumes de louan-ges, & en firent de nouveaux en action de graces. Ce fut alors qu'Eſdras ayant pris le ſoin de revoir les livres ſacrés, fit le recueil des cent cinquante pſeaumes, qui compoſent aujourd'hui le livre des pſeaumes, ſoit qu'il n'en trouvât pas davantage, ſoit qu'il fit un choix particulier de ceux-ci. Il n'a ſuivi dans ce recueil aucun ordre, ni des auteurs, ni des temps, ni des matieres, & il ſemble avoir raſſaſſé les pſeau-mes à meſure qu'il les trouvoit. Il en a fait un ſeul volume, ſans les partager en certaines claſſes. Les Juifs les ont depuis diſtribués en cinq parties, dont la premiere finit au pſeaume 41, la ſeconde au 71, la troiſiéme au 90, la quatriéme au 106, & la derniere contient le reſte des pſeaumes. Pluſieurs peres ont ſuivi & remarqué cette diviſion ; & il y a auſſi quelque fondement, puiſque dans chaque partie il y a des pſeaumes entiérement différens. Les pſeaumes ſont un ouvrage poëtique ; mais il eſt difficile de dire en quoi conſiſtoit la poëſie des Hébreux. Quelques-uns ont cru qu'elle étoit ſemblable à celle des Grecs & des Latins, & que leurs vers conſiſtoient en un certain nombre de pieds ; d'autres prétendent qu'elle conſiſtoit principalement en rime. On eſt fort emba-raſſé à trouver l'un ou l'autre dans les pſeaumes ; mais on y reconnoît tout d'un coup un ſtyle & un tour poë-tique. Les inſtrumens de muſique des Hébreux, dont on trouve les noms dans les titres des pſeaumes, ne ſont pas moins inconnus que leur poëſie. * *Du Pin, differt. prelim. ſur la bible.*

PSEAUTIER : ce nom qui ſignifie le livre des pſeau-mes, eſt donné tant dans l'égliſe grecque que dans la latine, à ces mêmes pſeaumes diviſés en pluſieurs par-ties, que l'on chante dans l'office divin. Dans l'égliſe latine le pſeautier eſt partagé, pour être récité entier dans l'office d'une ſemaine. Les Grecs l'ont diviſé en vingt parties, qu'ils nomment Καθισμα]α, *cathiſmata*, c'eſt-à-dire, *ſeſſions*, & ils en récitent un certain nom-bre de ſeſſions durant un jour, dans leur office : de ſorte que chaque ſemaine ils parcourent tout le pſeautier. Pendant les ſix ſemaines du carême, ils doublent ; car ils les récitent tous deux fois la ſemaine ; mais ils ne les chantent qu'une fois pendant la ſemaine ſainte, & ils finiſſent leur office le mercredi, ne diſant rien du pſeautier, depuis le jeudi ſaint juſqu'au ſamedi d'après Pâques. * Leo Allatius, *dans ſa premiere diſſertation ſur les livres eccléſiaſtiques des Grecs.*

Le pſeautier ſe chante dans l'égliſe à deux chœurs, dont chacun récite un verſet alternativement. Cette ma-niere de chanter les louanges de Dieu étoit établie, à ce que l'on prétend, dans l'égliſe d'Antioche, dès le temps de S. Ignace. Quoi qu'il en ſoit, il eſt certain que Flavien & Diodore l'établirent, ou la renouvellerent ſous l'empire de Conſtance. Des Grecs elle paſſa en Italie, & S. Ambroiſe l'établit dans l'égliſe de Milan. Les égliſes d'Italie la communiquerent aux autres égliſes d'Occident. * Socrat. *l.* 6, *c.* 8. Spelman, *gloſſar. arch.*

PSECADES, femmes de chambre, qui chez les an-ciens, parfumoient la tête de leurs maîtreſſes avec des parfums liquides, qu'elles répandoient goutte à goutte ; car le mot Ψεκας ſignifie *goutte*, & Ψεκαζειν *dégoutter, faire tomber goutte à goutte.* * *Antiquités grecques & romaines.*

PSELLUS (Michel) auteur Grec, célèbre par le grand nombre de ſes ouvrages, vivoit ſous le regne de l'empereur Conſtantin Ducas, qui ſuccéda à Iſaac Com-nene en 1059. Il fut précepteur du fils de cet empereur, c'eſt-à-dire, de Michel VII *Parapinace*, qui ſuccéda à Romain *Diogène* en 1071. Pſellus compoſa un très-grand nombre de livres, cités par les auteurs qui par-lent avantageuſement de lui. * Anne Comnene, *l.* 5, *Alexiad.* Cedrene & Zonare, *in annal.* Leo Allatius, *differt. de Pſellis.* Poſſevin, *in appar. ſacro.* Voſſius, *de hiſt. græc.* Geſner, *in biblioth.*

PSYCHÉ, divinité des anciens, étoit proprement l'ame, que les Grecs nomment Ψυχη, Apulée & Ful-

gence

gence ont décrit les amours de Cupidon & de cette déeſſe, & le mariage qu'ils contracterent enſemble. On repréſentoit Pſyché avec des aîles de papillon aux épaules, parceque la légéreté de ce volatile exprime en quelque façon la nature & les propriétés de l'ame, qui n'étoit, ſelon eux, qu'un air & qu'un ſouffle. Le papillon étoit auſſi le ſymbole de l'ame, & lorſqu'on peignoit un homme mort, on repréſentoit un papillon qui paroiſſoit être ſorti de ſa bouche, & s'envoloit en l'air. On voit dans pluſieurs monumens antiques, un Cupidon embraſſant Pſyché; celui-là preſque nud, & celle-ci à demi-vêtue: par où il ſemble que les anciens exhortoient les hommes à la volupté, ſelon la penſée de Fulgence, qui explique ces embraſſemens du deſir qu'à la cupidité de poſſéder l'ame. D'autres croient qu'ils ont voulu faire alluſion à la faculté raiſonnable & à l'irraiſonable, qu'ils ſuppoſoient être dans l'ame; ou à l'eſprit marqué par Pſyché, & à la concupiſcence figurée par Cupidon. * Spon, recherches curieuſes d'antiquités. Voyez la fable de Pſyché dans Apulée.

PSYCHRESTUS (Jacques) médecin & philoſophe habile dans le VI ſiécle, étoit d'Alexandrie, quoique ſa famille fût originaire de Damas. Il avoit beaucoup appris ſous Heſychius ſon pere, qui avoit voyagé dans pluſieurs pays pour y chercher des nouvelles matiéres à ſa curioſité, & tâcher d'y faire de nouvelles découvertes. Pſychreſtus fut fait comte, & premier médecin de l'empereur Léon le Grand, ou de Thrace; & il fut ſiaimé de ce prince & du peuple, que le ſénat lui fit ériger une ſtatue dans les bains de Xeuxippe, que Sévere avoit bâtis. On lui en avoit érigé une autre à Athènes. Il avoit acquis une ſi grande connoiſſance de la médecine pour la théorie & pour la pratique, qu'il ſurpaſſa tous ſes contemporains. Il en eſt parlé dans Suidas & dans Photius, & Alexandre de Tralles le loue en pluſieurs endroits de ſes ouvrages. * Voyez les auteurs nommés dans cet article; & l'hiſt. de la médecine par Freind, traduite par Coulet, première partie.

PSYLLES, Pſylli, peuples d'Afrique, qui habitoient dans la Cyrénaïque, près des Naſamons, avoient un ſi grand pouvoir ſur les ſerpens, que ces animaux fuyoient en les voyant. Les anciens en rapportent des choſes aſſez particulieres, dont les modernes ſe moquent. Dion & Suétone diſent qu'Auguſte ayant une extrême paſſion de conſerver Cléopatre, fit ſucer le venin qu'elle avoit tiré par des Pſylles. Aulu-Gelle, après Hérodote, rapporte que ces Pſylles n'ayant point d'eau, réſolurent de faire la guerre au vent du ſud, qui avoit épuiſé leur eau. Ils marchoient vers le midi, lorſque le vent du ſud venant à ſe lever, les enſevelit ſous le ſable. Il n'eſt pas vrai que Xenophane de Colophon ait compoſé un poëme des Pſylles, comme pluſieurs l'ont avancé. M. l'abbé Souchai a fait une ſavante & curieuſe diſſertation ſur ces peuples. On la trouve dans les mémoires de l'académie des belles lettres, tom. VII, p. 273. * Hérodote, l. 4. Suétone, in Aug. c. 17. Dio Caſſius, l. 51. Pline, l. 7, c. 2. Plutarch. in Catone Utic. Aulu-Gelle, l. 16, c. 11. Lucain, l. 9.

PSYTTALIE, petite iſle du golfe Saronique, ſituée entre l'iſle de Salamine & le Pyrée. Strabon, liv. IX, dit qu'elle étoit déſerte & couverte de rochers, & quelques-uns l'ont appellée le port de Pyrée. Plutarque en parle dans la vie d'Ariſtide. * Lubin, tables géographiques ſur les vies de Plutarque.

P T

PTACZECKO de BIRKEINSTEIN (Hynec) eſt repréſenté dans les hiſtoriens du XVI ſiécle, qui ont eu occaſion de parler de lui, comme un homme de tête & de main, & comme chef d'un parti redoutable. Ce parti étoit celui des Calixtins, c'eſt-à-dire, de ceux qui prétendoient qu'il étoit de néceſſité abſolue de diſtribuer l'Euchariſtie aux fidéles ſous les deux eſpéces. Ptaczecko conſidéroit cependant, dit-on, plus l'intérêt du

bien public, que celui du parti auquel il étoit dévoué. C'eſt ce qu'il fit paroître lorſqu'après le concordat fait pour appaiſer les différends de la Bohême, les états écrivirent aux autres gouverneurs de Bohême pour ſe défendre contre les Taborites qui s'oppoſoient à ſe concordat. On eut dans cette occaſion tant de confiance en lui, qu'il fut joint aux autres gouverneurs de Bohême élus dans cette preſſante néceſſité. Ce fut lui qui eut le plus de part à la mort du grand Procope, l'un des principaux chefs des Huſſites, & par conſéquent à la ruine de ce parti. Cependant après la mort de Sigiſmond, les Bohémiens ayant voulu appeller Albert d'Autriche ſon gendre, il ſe déclara le chef du parti oppoſé, parcequ'il le regardoit comme un ennemi de la religion, telle que Ptaczecko l'entendoit, & de la patrie. Alors il eut recours à l'impératrice douairiére Barbe; mais ceux qui l'ont le plus flaté, conviennent qu'il conſulta plus alors ſon intérêt particulier, que le bien public, qu'il ſe vantoit tant de procurer en toute rencontre. Ce fut dans la même occaſion qu'il tenta une négociation ſecrette pour engager l'empereur Frédéric III à accepter la poſſeſſion du royaume de Bohême au lieu de ſon adminiſtration; & afin de le porter à ſe rendre à cette propoſition, il lui fit offre de l'aſſiſter dans cette entrepriſe, & s'engagea à ſoumettre à ſon obéiſſance ceux de ſon parti & de ſa religion. Frédéric qui ne vouloit pas dépouiller de ce royaume celui à qui il étoit du, refuſa d'entrer dans les vues de Ptaczecko, quelques inſtances que celui-ci pût faire, & quelque explication qu'il donnât aux conſtitutions du royaume pour le faire conſentir à l'accepter. Il fallut devint à des adminiſtrateurs, & les principaux furent Ptaczecko lui-même pour les Calixtins, & Maiſon-neuve pour les Catholiques, quoique pluſieurs l'accuſent de huſſitiſme: c'étoit en 1441. Lorſque l'impératrice Barbe eut accepté la couronne de Bohême, Ptaczecko, qui ne cherchoit que ſon intérêt propre, prit en 1442 le titre de ſuprême gouverneur des villes de Prague, & toute ſa vie il ménagea l'amitié de ces villes. Sa faction devint ſi puiſſante, qu'elle donna beaucoup d'ombrage aux grands, qui réſolurent de donner un frein au pouvoir & au crédit de ce chef ambitieux. Il s'en apperçut, fit ce qu'il put pour aller audevant, & n'ayant pas réuſſi, il profita de quelques nouveaux troubles arrivés en Bohême, pour commettre diverſes hoſtilités, qui auroient augmenté beaucoup la diviſion, ſi Ptaczecko ne fût pas mort ſur ces entrefaites en 1444. Balbinus & Théobaldus en parlent aſſez au long. Lenfant en parle auſſi dans ſon Hiſtoire de la guerre des Huſſites & du concile de Baſle, t. II, en pluſieurs endroits.

PTOLEMAIDE, Ptolemaïs, communément appellée Acre ou S. Jean d'Acre, ville & port de mer dans la Phénicie ou Paleſtine, & évêché ſuffragant de Tyr. Cherchez ACRE.

PTOLEMAIDE, ville de la Pentapole d'Egypte, a été nommée par les anciens Ptolemaïs Cyrenaïca, & par les modernes Tolometa. Elle a été autrefois ſiége d'évêché.

CONCILE DE PTOLEMAIDE.

Le célèbre Synéſius aſſembla ce concile en 411, contre Andronic, préfet de la Pentapole d'Egypte, qui avoit commis d'horribles impiétés contre Dieu & contre la religion. Il avoit fait des concuſſions extraordinaires, & avoit traité avec une extrême cruauté les peuples, les prêtres & les évêques, prononçant contre ceux-ci cet affreux blaſphême: Que nul d'entr'eux ne pourroit s'échaper de ſes mains, quand il tiendroit les pieds de Jeſus-Chriſt même. Les évêques ne pouvant plus diſſimuler des crimes ſi énormes, s'aſſemblerent & fulminerent contre lui une ſentence d'excommunication. Synéſius dans une épître, en inſéra la formule, qui mérite d'être rapportée. L'égliſe de Ptolémaïde, dit-il, ordonne ceci à toutes les égliſes ſes ſœurs, qui ſont répandues dans le monde, que nul temple de Dieu ne ſoit ouvert à Andronic, à Thoante

& à leurs satellites, & qu'on leur ferme tous les lieux de p été. Il n'y a point de part en paradis pour le diable; & quand il y seroit entré par surprise, il en seroit chassé. Tous les particuliers & les magistrats n'auront ni maison, ni table commune avec eux, & principalement les prêtres, qui ne les salueront pas, s'ils sont en vie, & après la mort ne les conduiront pas à la sépulture. Que si quelqu'un méprise cette ordonnance, comme venant d'une petite église, & reçoit ceux qu'elle a condamnés, comme si, à cause de sa pauvreté, il n'étoit pas nécessaire de lui obéir, qu'il sache qu'il fait un schisme dans l'église, que Jesus-Christ veut qui soit une. Nous traiterons telles personnes, soit qu'elles soient dans le diaconat, soit qu'elles soient dans l'épiscopat, comme Andronic. Même nous ne leur toucherons pas la main, nous ne mangerons pas à même table, bien loin de participer avec eux aux choses sacrées. Andronic fut tellement épouvanté de cette excommunication, qu'il se jetta aux pieds des évêques, leur demanda pardon, & fut reçu à la pénitence. * Synesius, epist. 57, 58 & 72. Baronius, in annal. Godeau, hist. ecclés. du V siècle. Tome V concil.

PTOLEMAIDE, *Ptolemaïs Ferarum*, aujourd'hui *Suaquem*, ville d'Ethiopie, près de l'embouchure de la mer Rouge. Les anciens ont parlé d'une autre PTOLEMAÏS, dans la Thébaïde, près du Nil.

PTOLÉMÉE, martyr à Rome du temps de Marc-Aurele, ayant converti une femme païenne, voulut instruire son mari de cette religion, & le tirer de la débauche où il étoit. N'ayant pu en venir à bout, elle fit divorce avec lui. Le mari, pour se venger, fit arrêter Ptolémée comme chrétien : il confessa qu'il étoit chrétien. Il fut condamné à mort, & mené au supplice. Un chrétien nommé Luce, s'étant récrié contre l'injustice de ce jugement, fut aussi sur le champ condamné par le même juge, puis exécuté. Un troisiéme martyr, dont on ne sait point le nom, fut joint à Ptolémée & à Luce. Les martyrologes font mémoire de ces martyrs au 19 octobre. * S. Justin, apol. 1. Eusebe, l. I, hist. c. 17. Ruinart, acta martyrum sincera. Tillemont, mem. pour serv. à l'hist. ecclés. tom. II. Baillet, vies des saints.

PTOLÉMÉE, I du nom, roi d'Egypte, fut surnommé *Lagus*, parcequ'il passoit pour fils d'un Macédonien de ce nom; mais selon quelques auteurs, il avoit eu pour pere le roi Philippe de Macédoine, qui maria sa maîtresse Arsinoé, déja grosse de lui, à Lagus homme de basse extraction, & depuis garde du corps d'Alexandre *le Grand*. Le surnom de *Soter* ou *Sauveur* que porta depuis Ptolémée, lui fut donné par les Rhodiens, en reconnoissance de ce qu'il les sauva de la fureur de Démétrius & d'Antigonus. C'est sans fondement qu'on a cru qu'il lui avoit été donné, pour avoir sauvé la vie à Alexandre chez les Oxydraces, ou plutôt chez les Malliens, peuples des Indes voisins des premiers, puisqu'il témoigne lui-même dans son histoire, qu'il étoit absent dans cette occasion, & étoit alors employé d'un autre côté. Il est certain qu'il eut grande part aux conquêtes d'Alexandre, & fut l'un de ses favoris les plus chers. Ce fut à lui que ce prince commanda de lui amener le traître Bessus, qui avoit été pris après avoir assassiné Darius son prince, l'an 3707 du monde, 328 avant l'ère chrétienne. Ptolémée fut dangereusement blessé d'une fléche empoisonnée au siége des Brachmanes; & fut même tenu pour mort, lorsqu'il fut guéri par une herbe qui fut, dit-on, miraculeusement indiquée dans un songe à Alexandre. Il est vraisemblable, dit Strabon, qui place cette aventure chez les Orties, qu'Alexandre apprit ce remede de quelqu'un du pays, & que cette révélation supposée est un ouvrage de la flaterie. Après la mort de ce prince, Ptolémée eut très-grande part au gouvernement; & dans la distribution qui fut faite des provinces, il obtint l'Egypte en partage, où il se fit aimer par ses manieres douces & engageantes. Ses premiers soins furent d'attirer près de lui, à force de libéralités,

les chefs & les soldats les plus connus, de mettre partout des garnisons, de lever une bonne armée, & de faire alliance avec les princes ou gouverneurs voisins, pour se maintenir en Egypte contre Perdiccas, qui prétendoit lui enlever cette province. La mort le délivra de cet ennemi dangereux : ensuite de quoi, dans un nouveau partage des provinces qui fut fait par Antipater, on confirma Ptolémée dans la possession de l'Egypte, où il étoit trop bien établi pour pouvoir en être chassé. Il ne songea plus qu'à étendre les bornes de sa domination; & comme la Phénicie & la Syrie lui étoient très-commodes, tant pour couvrir l'Egypte, que pour attaquer l'isle de Chypre, il y envoya une armée sous la conduite de Nicanor, qui soumit en peu de temps ces deux provinces. Il surprit ensuite Jérusalem, dont il se rendit maître sous prétexte d'y vouloir sacrifier, & emmena plus de cent mille captifs de la Judée. Les plus jeunes & les plus robustes, au nombre de trente mille, furent distribués dans ses troupes; & les autres incapables de porter les armes, furent livrés aux soldats, pour les servir dans les emplois les plus viles. Depuis il y eut une ligue conclue entre Ptolémée & Cassander, contre Antigonus, qui de son côté se fortifia de l'alliance des Chypriots, des Rhodiens & des Cappadociens. La ville de Tyr se rendit à Antigonus, après un siége de trois ans; & celle de Cyrène en Libye, avoit suivi cet exemple. Ptolémée, pour qui la citadelle tenoit encore bon, y envoya promptement une armée, qui mit les rebelles à la raison. Poussé depuis par Seleucus, il alla attaquer Démétrius, fils d'Antigonus, qu'il défit dans une grande bataille près de Gaza, dans la basse Syrie, vers l'an 312 avant J. C. Il y eut plus de cinq mille hommes tués de l'armée de Démétrius, & plus de huit mille prisonniers. Lorsque ce prince fit redemander les morts pour les enterrer, on les lui renvoya avec ses tentes, son bagage & tous ses esclaves; en lui faisant dire que c'étoit pour la gloire, & non pour le butin, que l'on avoit combattu. Démétrius eut sa revanche l'année suivante, & remporta une grande victoire sur Cillé, général de Ptolémée, qui fut obligé d'abandonner la Syrie & la Phénicie, & d'y démolir les villes les plus considérables, dont il s'étoit emparé. Enfin il y eut un traité conclu entre Cassander, Ptolémée, Lysimachus & Antigonus : les conditions furent que l'Europe resteroit sous la puissance de Cassander, jusqu'à ce que le jeune Alexandre, fils de Roxane, fût en âge de majorité; que Lysimachus tiendroit la Thrace sous sa domination; que Ptolémée seroit maître de l'Egypte, & des villes frontieres de l'Arabie & de la Libye, & qu'Antigonus commanderoit à toute l'Asie, sous promesse de laisser vivre les Grecs selon leurs coutumes. Mais cette paix ne fut pas de longue durée, & les intérêts des uns & des autres leur fournirent bientôt des prétextes pour la rompre. Ptolémée, qui occupoit déja la plupart des villes de l'isle de Chypre, fit mourir Nicoclès, roi de Paphos, qui entretenoit intelligence avec Antigonus. Pour réparer les pertes qu'il avoit faites en Cilicie, il se présenta avec une flotte devant la ville de Phaselis, qu'il emporta d'assaut. De-là passant en Lycie, il se rendit maître de plusieurs autres villes. Il fit mourir dans l'isle de Cos, Ptolémée, neveu d'Antigonus, qui avoit abandonné le parti de son oncle, & il grossit son armée de celle de ce général. Les années suivantes il courut les isles, & assura son autorité dans la Lybie. L'an du monde 3729, & 306 avant J. C. il fut défait une fois dans la personne de ses lieutenans, & une autre fois lui-même en personne, dans l'isle de Chypre, qu'il perdit; mais l'année suivante, Antigonus échoua à son tour en Egypte, où Ptolémée demeura vainqueur. La célèbre bataille d'Ipsus en Phrygie, qui fut donnée par Ptolémée, Seleucus & Lysimachus, contre Antigonus & Démétrius, l'an du monde 3731, & 304 avant J. C. fut funeste à Antigonus, qui y fut tué, & à Démétrius, son fils, qui y fut entierement défait; mais elle sema la division entre les vain-

queurs, dont Séleucus abandonna le parti pour se joindre à Démétrius. Ptolémée, l'an 293 avant J. C. reprit
l'isle de Chypre sur ce dernier, & une partie de la Syrie & de la Phénicie. Dans la suite, se sentant vieux &
infirme, il associa à l'empire, & fit couronner son fils
Ptolémée, surnommé *Philadelphe*, au préjudice de
ceux qu'il avoit eus d'un premier mariage ; & partagea
avec lui le gouvernement jusqu'à sa mort, qui arriva
deux ans après, l'an du monde 3752, & 283 avant
la naissance de J. C. Ce prince, l'un des plus grands
qui aient régné entre les successeurs d'Alexandre, avoit
alors 92 ans, & en avoit régné 40, à compter de l'année où mourut Alexandre. Les guerres continuelles qui
l'avoient occupé toute sa vie, ne l'empêcherent pas de cultiver les sciences ; & Arrien assure qu'il avoit composé une
histoire des conquêtes d'Alexandre *le Grand*. * *Pausanias, in Attic.* Strabon, *liv.* 15. Quint-Curce. Suidas,
in voce Lagos. Usserius, *in annal.* Justin. Appien, *in Syriac.* Josephe, *antiquit. l.* 12. Arrien. Plutarque. Polybe, *l.* 1.

PTOLÉMÉE II du nom, roi d'Egypte, fut surnommé *Philadelphe* ou *amateur de ses freres.* Quelques-uns
prétendent qu'on lui donna ce surnom par ironie, parcequ'il s'étoit défait d'Argée, l'un d'entr'eux, sous prétexte
qu'il avoit conspiré contre lui, & avoit fait mourir l'autre, qui étoit né d'Euridice, le soupçonant d'avoir voulu
causer quelques soulévemens dans l'isle de Chypre. D'autres croient qu'il prit lui-même ce surnom par contre-vé-
rité. Mais M. Vaillant a prouvé dans son histoire des
Ptolémées, qu'il le prit pour marquer l'amitié qu'il vouloit entretenir avec son frere Ceraunus, après que celui-
ci eut envoyé des ambassadeurs pour lui demander son
amitié, & pour lui dire qu'il oublioit l'injustice que leur
pere commun lui avoit faite, en le privant de sa succession au royaume d'Egypte, quoiqu'il fût l'aîné, ayant
lieu de se consoler de cette perte, puisqu'il avoit gagné
un autre royaume sur l'ennemi de son pere. * *Nouvelles
de la république des lettres de décembre 1700, pag.* 609.
Ptolémée Philadelphe commença de régner seul l'an
283 avant J. C. Sa puissance fut encore plus grande que
celle de son pere ; & l'on dit même qu'il avoit sous sa domination 33339 villes. Il s'attacha beaucoup plus à faire
fleurir la paix & les arts, qu'à faire des nouvelles conquêtes. Son amour pour les sciences éclata sur-tout dans la
bibliothéque qu'il éleva à Alexandrie ; soit qu'il l'eût été
commencée par son pere, comme le veulent quelques
auteurs ; soit qu'il eût conçu le premier dessein de la dresser, comme il y a plus d'apparence. Il y assembla plus
de deux cens mille volumes, que Demetrius *Phalereus*
(auquel il en avoit confié le soin) lui promit de faire bientôt monter jusqu'à cinq cens mille. La dédicace s'en fit
avec une magnificence incroyable. Il y eut des jeux institués en l'honneur des Muses & d'Apollon, & des prix
ordonnés pour les vainqueurs dans toutes sortes de combats, soit de corps, soit d'esprit. Demetrius conseilla à Ptolémée de faire traduire les livres de la loi de Moyse ; &
Aristée, l'un de ses courtisans, lui conseilla pour y mieux
réussir, de racheter tous les Juifs qui étoient esclaves dans
son royaume, au nombre d'un million. Il lui en couta,
selon Josephe, plus juste en cela qu'Aristée, 460 talens
& davantage, à 120 dragmes par tête, sans parler du
nombre infini de vases d'or & d'argent, de présens de
pierreries, & de cent talens en argent qu'il envoya au
temple de Jérusalem. Sur une lettre qu'il écrivit au grand
pontife Eléazar, on lui envoya 72 Juifs, qui firent cette
fameuse version de l'écriture, à qui on a donné le nom de
version des Septante. *Voyez* ARISTÉE. Ils furent renvoyés chargés de nouveaux présens par le grand pontife
Eléazar, & comblés eux-mêmes d'honneurs & de libéralités. Ce fut l'an 271 avant l'ere chrétienne, & un an
après la victoire que Ptolémée remporta par mer sur Antigonus *Gonatas*, roi de Macédoine. Il eut encore une
guerre de plusieurs années à soutenir contre Antiochus
roi de Syrie, surnommé *Theos*, c'est-à-dire, *Dieu* ; &
pour la terminer, il lui donna en mariage sa fille Bérénice,

quoique Laodicé femme d'Antiochus, dont il avoit eu
deux enfans, fût encore vivante ; car Appien s'est trompé, lorsqu'il a cru que Laodicé & Bérénice étoient toutes
deux sœurs & filles de Ptolémée. Ce prince qui se flatoit
follement du privilége de l'immortalité, essuya néanmoins le sort de tous les hommes, & mourut enfin l'an
du monde 3789, & 246 avant J. C. Josephe lui attribue 39 ans de régne, sans comprendre apparemment le
temps qu'il régna avec son pere. Son fils Ptolémée *Evergetes* lui succéda. Clément Alexandrin veut qu'il en ait
régné 37. Ptolémée, dans le canon des rois d'Egypte,
Porphyre, Eusebe & autres, en comptent 38. Il a régné
seul 37 ans 8 mois, & en tout 39, moins un mois. *Consultez* un livre imprimé à Oxford en 1685, intitulé, *Contra* hist. *Aristei dissertatio, &c. auctore Humpfredo Hody.*
Cet auteur croit que la version des Septante n'a été faite
que sur la fin du régne de Philadelphe. Isaac Vossius lui a
répondu l'année suivante dans un livre in-4°, imprimé à
Londres. * *Pausanias, in Attic.* Justin. Polybe. Athénée,
l. 12. Josephe, *antiq. l.* 12. Théocrite, *idyll.* 37. Vitruve, *præfat. l.* 7. Usserius, *in annal.*

PTOLÉMÉE III, roi d'Egypte, surnommé *Evergetes*
à cause qu'il étoit bienfaisant, succéda à son pere PTO-
LÉMÉE *Philadelphe*, l'an du monde 3789, & 246 avant
J. C. Pour venger la mort de Bérénice sa sœur, mariée
à Antiochus II, dit *le Dieu*, roi de Syrie, il sortit de
son état à la tête d'une puissante armée, se saisit de la Cilicie, de quelques provinces au-delà de l'Euphrate, &
presque de toute l'Asie ; mais il fut obligé de revenir
chez lui, où les Egyptiens s'étoient révoltés. Ptolémée
ravagea la Syrie, selon la prédiction de Daniel, qui l'appelle *le roi du Midi.* Josephe dit qu'Evergetes offroit à
Dieu des sacrifices dans Jérusalem. On dit qu'il remporta des richesses incroyables prises sur l'ennemi, avec deux
mille cinq cens simulacres de faux dieux, entr'autres ceux
que Cambyse, roi de Perse, avoit enlevés aux Egyptiens du temps de Psammite : ce qui fut si agréable à ces
peuples superstitieux, qu'ils donnerent à leur roi le surnom d'*Evergetes*, ou de *Bienfaiteur.* Il mourut, soit de
maladie, comme le rapporte Polybe, soit qu'il ait été
empoisonné par son fils Ptolémée, selon Justin & Strabon, après un régne de 26 ans, l'an du monde 3814,
& le 221 avant J. C. * *Daniel, ch.* 11, *v.* 7. Justin,
l. 29 & 30. Polybe, *l.* 2. Eusebe, *in chron.* S. Jérôme,
in Daniel. Josephe, *contre Appion, &c.*

PTOLÉMÉE IV, roi d'Egypte, porta le surnom de
Philopator, c'est-à-dire, *aimant son pere*, qu'on lui
donna par antiphrase, parcequ'on le soupçonoit d'avoir
fait mourir son pere, auquel il succéda, l'an du monde
3814, & le 221 avant J. C. Il se défit aussi de sa mere,
de son frere, de sa sœur & de sa femme. Ce prince, qui
passa tout le temps de son régne dans une vie extrêmement cruelle & licencieuse, fit mourir son frere Magas
fils de Bérénice, & sa propre mere Agathoclie, & plusieurs autres personnes qu'il appréhendoit lui être de quelque obstacle au gouvernement ; & s'abandonna ensuite
uniquement à la volupté, ce qui lui fit donner
le surnom de *Tryphon.* Il fit mourir aussi Euridice ou Arsinoé, qui étoit sa sœur & sa femme. Antiochus III, dit
le Grand, roi de Syrie, se servant de cette conjoncture
favorable, lui déclara la guerre l'an 217 avant J. C. &
fut vaincu dans la bataille de Raphia. Ptolémée alla à
Jérusalem, & voulut entrer dans le sanctuaire du temple.
Le grand pontife Siméon II s'y opposa ; & Dieu seconda
cette opposition par une défaillance qui frappa dans le
même temps Ptolémée. Lorsque ce prince fut arrivé à
Alexandrie, il voulut se venger du refus du grand-prêtre
sur les Juifs, qu'il fit enfermer dans le Cirque, pour être
foulés aux pieds des éléphans : ce qui ne fut pas néanmoins exécuté. Josephe s'est trompé, en prenant ce roi
pour Ptolémée *Physcon.* Il mourut après un régne de 17
ans, l'an 3831 du monde, & 204 avant J. C. laissant
pour héritier de ses états son fils Ptolémée *Epiphanes*,
âgé seulement de 5 ans. * Polybe, *l.* 5. Justin, *l.* 30. Eusebe, *in chron.* S. Jérôme, *in Daniel.* Torniel & Sa-
lésebe, *in chron.* S. Jérôme, *in Daniel.* Torniel & Sa-

lian, *in annal. vet. teft.* II des *Machabées*, *c.* 3. Jofephe, *contre Appion*, *l.* 2. Du Pin, *hift. prof. tom. II.*

PTOLÉMÉE V, roi d'Egypte, dit *Epiphanes*, c'eft-à-dire, l'*Illuftre*, n'avoit que quatre ou cinq ans, quand fon pere Ptolémée *Philopator* mourut l'an 204 avant J. C. Agathoclés fa fœur, Agathoclée concubine du feu roi, & leur mere Œnante, avoient ufurpé le gouvernement, Ils cacherent quelque temps la mort du roi, pillerent fes tréfors, & voulurent faire mourir le jeune prince ; mais les Egyptiens le délivrerent de ce danger, & le mirent fous la protection des Romains. Antiochus III, dit *le Grand*, voulut fe fervir de cette conjoncture pour reprendre les terres que les rois d'Egypte avoient conquifes fur ceux de Syrie, mais ce fut inutilement. Pour mieux venir à bout de fes deffeins, il donna en mariage à Ptolémée, fa fille Cléopatre, qui préféra néanmoins les intérêts de fon époux à ceux de fon pere. Ptolémée laiffa deux fils, & mourut après un régne de 32 ans, l'an du monde 3855, & 180 avant J. C. * Eufebe, *in chron.* S. Jérôme, *in c.* 11 *Daniel.* Polybe. Tite-Live. Juftin, &c.

PTOLÉMÉE VI, roi d'Egypte, dit *Philometor*, porta ce nom par raillerie ; car il haïffoit extrêmement Cléopatre, à laquelle il devoit la vie, parcequ'elle lui avoit voulu préférer fon jeune frere Ptolémée *Phyfcon*. Il donna fa fille Cléopatre à Alexandre Bala ou Balés, roi de Syrie, qu'il détrôna. Ptolémée mourut d'une chute de cheval, après un régne de trente-cinq ans moins trois mois, l'an du monde 3890, & 145 avant J. C. *Cherchez* ALEXANDRE I, roi de Syrie.

PTOLÉMÉE VII, roi d'Egypte, dit *Phyfcon*, c'eft-à-dire, *le Ventru* & *le Débauché*, & *Evergetes* II, prit lui-même le nom d'*Evergetes*, qui veut dire *bienfaiteur*, & fut nommé par les Alexandrins, *Cacourgetes*, c'eft-à-dire, *malfaifant*. Il fe rendit maître de l'Egypte, après la mort de Philométor fon frere, l'an du monde 3890, & 145 avant J. C. Etant devenu odieux au peuple d'Alexandrie à caufe de fes cruautés, il fut obligé de s'enfuir en Chypre, & le royaume fut déféré à fa femme Cléopatre. Son régne fut de vingt-neuf ans, qu'il paffa dans une vie oifeufe & débauchée. Il avoit époufé Cléopatre fa fœur, & veuve de fon frere Philometor ; & il avoit eu de ce mariage un fils demandé Memphis, qu'il fit cruellement mourir, puis couper en morceaux, & fervir fur table à fa propre mere, après l'avoir répudiée pour époufer la jeune Cléopatre, fille de Philométor. Dans la vue de faire plaifir aux peuples de Syrie, ennuyés de la domination de Demetrius *Nicanor*, il leur donna pour roi l'an 126 avant J. C. le fils d'un marchand nommé Protarque. Ce jeune homme, qui fe difoit adopté par Antiochus *Sidétes*, prit le nom d'Alexandre, & fut furnommé *Zebina*. Ptolémée *Phyfcon* mourut l'an du monde 3918, & 117 avant J. C. Athénée parle d'une hiftoire d'Egypte que ce roi avoit commencée, & dont il avoit déja compofé vingt-quatre livres. * Strabon, *l.* 17. Jofephe, *liv.* 13 *hift.* & *cont. Ap.* *l.* 2. Eufeb. *in chron.* Athénée, *l.* 2, 6, 12, &c.

PTOLÉMÉE VIII, roi d'Egypte, dit *Lathurus*, fuccéda à fon pere *Phyfcon* l'an du monde 3918, & 117 avant J. C. Cléopatre fa mere, qui ne l'aimoit point, le chaffa du trône, pour mettre fon frere Ptolémée *Alexandre* en fa place, & fe fervit à cet effet des forces d'Alexandre Jannée, roi des Juifs. Ptolémée voulant s'en venger, entra dans la Judée ; & après avoir emporté Azot, défit les Juifs à Afoph près du Jourdain. Les Egyptiens en firent un tel carnage, qu'ils ne cefferent de fraper que lorfqu'ils furent laffés de fraper. Le refte de l'armée fut pris, ou fe fauva par la fuite. Jofephe dit qu'enfuite Ptolémée s'étant retiré dans quelques bourgs, fit égorger grand nombre de femmes & d'enfans qu'il y trouva ; & que les ayant fait mettre en piéces, il commanda à fes foldats de les jetter dans des chaudieres d'eau bouillante, afin que lorfque les Juifs échapés de la bataille viendroient en ce lieu, ils cruffent que leurs ennemis mangeoient de la chair humaine, & conçuffent une plus

grande frayeur. Au refte Ptolémée tenta inutilement de fe rendre maître de l'Egypte, & fe retira dans l'ifle de Chypre. Il avoit déja régné 17 ans moins quelques mois, lorfqu'il fut détrôné en l'année 101 avant J. C. Mais après que Ptolémée *Alexandre* eut été tué, il fut rappellé l'an 81 avant J. C. & régna encore huit ans. Il mourut l'an du monde 3954, & 81 avant J. C. * Juftin, *l.* 26. Jofephe, *l.* 13, &c.

PTOLÉMÉE IX de ce nom, roi d'Egypte, furnommé *Alexandre* I, fut mis fur le trône par les brigues de fa mere Cléopatre, qui haïffoit fon frere Ptolémée *Lathurus*, légitime héritier de la couronne. Cette orgueilleufe princeffe avoit tant d'averfion pour ce fils, qu'elle donna du fecours aux Juifs qui lui faifoient la guerre ; qu'elle lui ôta fa femme pour la donner à fon plus cruel ennemi, & qu'elle fit mourir le général des troupes qui l'avoit laiffé échaper après l'avoir fait prifonnier. Alexandre même en reçut des traitemens indignes, & prit la fuite, préférant la douceur d'une vie privée aux inquiétudes du gouvernement. Cléopatre le rappella néanmoins ; mais ce prince fachant qu'elle avoit quelques mauvais deffeins contre lui, la fit affafiner. Les Alexandrins indignés de cet attentat, & ennuyés de fa mauvaife conduite, le chafferent l'an 91 avant J. C. Il fut tué par un pilote nommé Chéréas. * Jofephe, *l.* 13, *c.* 20 & 21. Juftin, *l.* 38. Eufebe, *en fa chron.*

PTOLÉMÉE X, roi d'Egypte, furnommé *Alexandre* II, fils du précédent, fut livré à Mithridate ; & étant forti de prifon, fe mit fous la protection de Sylla, qui lui fit rendre le royaume que fon pere avoit eu. Il époufa Cléopatre, fille de Ptolémée *Lathurus*, & la tua dix-neuf jours après. Ce prince régna 15 ans, & mourut l'an du monde 3970, & 65 avant J. C. * Suétone. Appien, *liv. des guerres civiles.*

PTOLÉMÉE XI, roi d'Egypte, dit *Aulétes*, c'eft-à-dire, *le Fluteur* ou *joueur de flute*, étoit fils naturel de Ptolémée *Alexandre* ou de *Lathurus*, & fut roi après Alexandre III, l'an du monde 3970, & 65 avant J. C. Ses fujets fe plaignant qu'il les chargeoit trop de tributs, le chafferent du trône, & y mirent une de fes filles nommée *Bérénice*, qui époufa Archélaüs, prêtre d'une ville de Pont. Aulétes vint à Rome l'an 58 avant J. C. pour y demander du fecours aux Romains ; & n'ayant pas été reçu comme il le fouhaitoit, il fe retira à Ephéfe. Mais quelque temps après, Gabinius, proconful de Syrie, par ordre de Pompée, le remit fur le trône, d'où il chaffa fa fille, & la fit mourir. Il mourut peu de temps après, l'an du monde 3984, & 51 avant J. C. comme on l'apprend d'une lettre de Cælius à Cicéron, qui eft la 4 du livre 8. La vie de ce prince fut donnée au public à Paris l'an 1698, par M. Baudelot de Dairval. * Strabon, *l.* 17. Dion, *l.* 39. Appien, *l.* 2, *de bell. civil.* &c. Bayle, *diction. critiq.*

PTOLÉMÉE XII, roi d'Egypte, dit *Denys* ou *Bacchus*, régna après fon pere *Aulétes*, avec fa fœur Cléopatre. Son régne ne fut que de quatre ans. C'eft lui qui par le confeil de Théodote fon gouverneur, & d'Achillas, général de fon armée, fit couper la tête à Pompée, qui, après la bataille de Pharfale, venoit fe réfugier chez lui. Ptolémée & ceux par l'avis defquels il s'y gouvernoit, ne furent pas plus fidéles à Jules Céfar : ils lui drefferent des embuches à fon arrivée à Alexandrie ; mais Céfar en fortit victorieux, & pendant le tumulte Ptolémée fe noya dans le Nil en l'an 46 avant J. C. * Appien, *l.* 2, *de bell. civil,* Eutrope, *l.* 6, *hift. rom.* Orofe, *l.* 6, *c.* 15 & 16, &c.

PTOLÉMÉE MACRON, fils de Dorymènes, fut établi gouverneur de l'ifle de Chypre par Ptolémée Philometor, roi d'Egypte, durant la minorité de ce prince. Mais par une prudence particuliere, il retint tous les revenus qu'il tiroit de cette grande ifle, fans en rien envoyer aux régens du royaume ; & dès que le roi fut majeur, il lui rendit un compte exact de ce qu'il avoit amaffé pendant fa minorité. Quelque temps après, s'étant cru payé d'ingratitude, & fe plaignant de quelque mécontentement, il livra l'isle de Chypre à Antiochus Epiphanes, roi de Syrie, qui lui donna le commandement des troupes qu'il avoit dans la Phénicie & dans la Céléſyrie. Nous apprenons du deuxiéme livre des Machabées, que Ménélaüs uſurpateur de la ſouveraine ſacrificature, étant accuſé devant Antiochus Epiphanes, & étant près du ſuccomber à cette accuſation, offrit de l'argent à Ptolémée Macron, & le pria de prendre ſa défenſe. Ptolémée le fit tant que le roi fut à Tyr, & il fut cauſe qu'on le déclara innocent quoique coupable, & que ſes accuſateurs furent condamnés à mort. Après que Judas Machabée eut mis en déroute Apollonius, gouverneur de Samarie, & Seron, gouverneur de la Céléſyrie, Philippe qui étoit à Jéruſalem de la part du roi Antiochus Epiphanes, envoya demander du ſecours à Ptolémée Macron. Celui-ci fit partir Nicanor & Gorgias, deux capitaines expérimentés ; mais Judas les défit encore, ainſi qu'il eſt marqué dans le premier livre des Machabées. Après la mort d'Antiochus Epiphanes, Ptolémée n'eut plus la même faveur. On prévint contre lui le jeune Eupator ; les courtiſans le regarderent comme ſuſpect, parcequ'dans pluſieurs occaſions il avoit témoigné qu'il n'approuvoit pas la conduite que l'on tenoit envers les Juifs. Ptolémée trop foible ou trop rempli d'amour propre pour ſupporter ces reproches, prit du poiſon & mourut. L'auteur de la verſion latine du ſecond livre des Machabées le nomme *Ptolemæus Macer*, au lieu de *Ptolemæus Macron*, qui étoit ſon nom. *Macer* veut dire *maigre*, & *Macron*, qui vient du grec, ſignifie *long* : ainſi il s'appelloit *Ptolémée le Long*, non *le Maigre*. * Voyez le premier livre des Machabées *ch.* 3 , & le ſecond livre *ch.* 4. &c. le *dictionaire de la bible* de dom Calmet.

PTOLÉMÉE I, roi de Chypre, étoit de la même maiſon que les rois d'Egypte. Sa vie étoit corrompue par toutes ſortes de vices ; de ſorte que tous ſes ſujets devinrent ſes ennemis. Caton fut envoyé en qualité de queſteur ou de tréſorier en Chypre, pour dépouiller ce prince, qui ſe fit mourir à l'arrivée de ce Romain, l'an 56 avant J. C. * Velléius Paterculus, *hiſt. l.* 2.

PTOLÉMÉE II, dit *le Jeune*, fils de Ptolémée *Auletes*, & frere de Ptolémée *Denys* ou *Bacchus*, roi d'Egypte, épouſa ſa ſœur Cléopatre, & fut nommé roi de Chypre par Jules Céſar. Après la mort de Ptolémée ſon frere, il jouit de l'Egypte, & accompagna Cléopatre à Rome, où il fut obligé de ſouffrir les galanteries de Jules Céſar avec cette princeſſe. Il épouſa ſon autre ſœur Arſinoé par ordre de Céſar, qui l'envoya enſuite à Ephèſe, & l'y fit aſſaſſiner. Arſinoé oſa déclarer la guerre à Céſar, fut vaincue & amenée en triomphe à Rome, où Marc-Antoine la fit mourir à l'inſtigation de Cléopatre. * Plutarque. Juſtin.

PTOLÉMÉE, ſurnommé *Apion*, roi de Cyrène, entre l'Egypte & la Libye, étoit fils *naturel* de Ptolémée *Phyſcon*, qui ayant beaucoup d'amitié pour lui, l'établit dans cet état. Il y régna environ vingt ans, juſqu'en l'an 96 avant J. C. que ſe voyant ſans enfans, il laiſſa le peuple Romain ſon héritier. Le ſénat ordonna que les villes de ce petit royaume demeureroient libres. * Juſtin, *l.* 39. Tite-Live, *l.* 70. Euſebe, *in chron. &c.*

PTOLÉMÉE, dit *Ceraune* ou *le Foudre*, roi de Macédoine, fils de Ptolémée *Lagus*, & de ſa premiere femme Euridice, tua en trahiſon Séleucus, roi d'Aſie & de Syrie, l'an du monde 3954, 281 avant J. C. & uſurpa le royaume de Macédoine. Alors il épouſa ſa propre ſœur Arſinoé veuve de Lyſimachus, la relégua auſſitôt après en l'iſle de Samandrachi, & fit mourir les deux fils de cette princeſſe, Lyſimachus âgé de ſeize ans, & Philippe de treize ans. Il fit la paix avec ſes voiſins, & jouit en repos du fruit de ſes crimes. Mais ce ne fut que pour un an & cinq mois ; car il fut tué en l'an du monde 3955, & 280 avant J. C. avec grand nombre des ſiens, par les Gaulois, qui, ſous la conduite de Belgius, ravageoient l'Illyrie & la Macédoine. Son frere Méléagre lui ſuccéda. * Polybe, *l.* 2. Juſtin, *l.* 17 & 24. Pauſanias, *in Phoc. &c.*

PTOLÉMÉE, Juif, fils d'*Abode*, épouſa la fille de Simon *Machabée*, prince des Juifs & grand ſacrificateur. Enflé de cette élévation, il réſolut de faire périr la famille des Machabées, & d'uſurper la puiſſance ſouveraine. En effet il aſſaſſina Simon dans un feſtin l'an 3900 du monde, 135 avant J. C. & en même temps retint priſonniers ſa veuve & deux de ſes fils. Enſuite il envoya pour tuer Jean, ſurnommé *Hyrcan*, qui étoit le troiſième ; mais n'ayant pas réuſſi dans ſon deſſein, il ſe retira à Dagon, fortereſſe au-deſſus de Jéricho. Hyrcan l'y vint aſſiéger, & fut empêché par la tendreſſe qu'il avoit pour ſa mere & pour ſes freres, de prendre cette place ; car Ptolémée les ayant menés ſur les murailles, les fit battre à coups de vérges à la vue de tout le monde, & menaça Hyrcan de les précipiter, s'il ne levoit le ſiége, de ſorte qu'il ſe retira. Le cruel Ptolémée ne laiſſa pas de les tuer, & s'enfuit enſuite vers Zénon, ſurnommé *Cotyla*, qui avoit uſurpé la tyrannie dans la ville de Philadelphie. On ne ſait pas ce qu'il devint ; mais il y a apparence qu'il mourut miſérablement. * I *des Machabées*, *cap. ult.* Joſephe, *l.* 13 , *hiſt. c.* 14; & *l.* 3 , *de bell. c.* 2.

PTOLÉMÉE, fils d'*Ageſarque*, originaire de Mégalopolis, écrivit l'hiſtoire de Ptolémée *Philopator*, citée par Athénée & Clément Alexandrin.

PTOLÉMÉE d'Aſcalon, grammairien, dont parlent divers auteurs. Un autre PTOLÉMÉE de Cythère, poëte. * Suidas. Lilio Giraldi, *dialog.* 4, *hiſt. poët.* Geſner, *in biblioth. &c.*

PTOLÉMÉE Mendéſien, avoit fait l'hiſtoire des rois d'Egypte. Apion d'Alexandrie dit que ce Ptolémée étoit prêtre & non pas roi, & qu'il a renfermé en trois livres entiers les actions des rois d'Egypte. Pour juger de ce qu'il a pu avoir écrit, & du temps auquel il a vécu, *voyez la bibliothéque univerſelle des hiſt. prof.* de M. Du Pin, *tome premier, pag.* 46.

PTOLÉMÉE, médecin, qui vivoit du temps d'Auguſte & de Tibere, étoit prêtre Egyptien, & apris la naiſſance de Jéſus-Chriſt, écrivit l'hiſtoire des rois de ſon pays, dont Apion avoit tranſcrit quelque choſe. Les anciens en font mention. * Clément Alexandrin, *Strom.* Euſebe, *l.* 10, *præp. evang. c.* 12. Tertullien, *in apolog. c.* 19. S. Cyrille, *l.* 1, *cont. Julian.*

PTOLÉMÉE d'Alexandrie, ſurnommé *Chennus*, vivoit du temps de Trajan & d'Adrien, vers l'an 117 après J. C. Il étoit grammairien & poëte, & laiſſa une hiſtoire des choſes admirables, dont nous avons quelque choſe dans Photius, *cod.* 190. *Conſultez* auſſi Suidas, &c.

PTOLÉMÉE (Claude) mathématicien célèbre, ſurnommé par les Grecs *très-divin & très-ſage*, étoit de Péluſe, ou d'*Elſeluſt*, comme diſent les Arabes, & non pas d'Alexandrie, où il fit ſon ſéjour, dans le deuxième ſiécle, ſous l'empire d'Adrien & de Marc-Aurele-Antonin, vers l'an 138 après J. C. Ses ouvrages ſont aſſez connus, & ſur-tout les huit livres de géographie ; ſon *Almageſtum* en XIII, dont on parle plus bas : *De judiciis aſtrologicis*, en IV : *Planiſphærium*, &c. Son ſyſtême du monde diſtingue deux régions ; l'une éthérée, & l'autre élémentaire. La région éthérée ou céleſte, commence par le premier mobile, qui dans l'eſpace de vingt-quatre heures fait ſon mouvement de l'orient à l'occident. Le ciel imprime ce même mouvement aux dix cieux inférieurs, qui ſont, ſelon ſon opinion, le double cryſtallin, le firmament, & ceux des ſept planetes ; ſavoir, ſaturne, jupiter, mars, le ſoleil, mercure, vénus & la lune. Il admet les deux cryſtallins entre le premier mobile & le firmament, pour rendre raiſon de quelques irrégularités qu'il avoit obſervées dans le premier mobile. La région élémentaire qui commence ſous la concavité du ciel & de la lune, renferme les quatre élémens, qui ſont le feu, l'air, l'eau & la terre. Il compoſe le globe terreſtre de la terre & de l'eau, & le place immobile au centre du monde. L'élément de l'air environne le globe terreſtre, & eſt environné par celui du feu. Les aſtronomes qui ſont venus après Ptolémée, ont fait pluſieurs obſervations, qu'il eſt difficile d'accorder avec ſon ſyſtême. * Marcianus He-

racleota, *in periplo.* Suidas, *in* Πτολ. Voſſius, *de hiſt.
græc. & math.* Geſner, *in bibl. &c.*

L'Almageſte de Ptolémée, que les Arabes prononcent
& écrivent *Almageſthi,* ou *Almegiſthi,* eſt un ouvrage
dans lequel ce ſavant mathématicien a recueilli un grand
nombre de problèmes des anciens, ſervant à la géométrie & à l'aſtronomie. Il eſt intitulé en grec, σύνταξις μεγίσυ.
C'eſt de ce dernier mot grec que les Arabes ont tiré le
leur par corruption, ou plutôt par l'addition de leur article *al ;* & c'eſt en ſuivant cette addition que nous avons
formé le terme d'*Almageſte.* Ce livre a été traduit du
grec en arabe par Iſaac-ben-Honain, & corrigé par
Thabeh-ben-Corrah. Il ſe trouve dans la bibliothèque
du roi, N° 887. Schirazi a fait ſur cet ouvrage un commentaire qu'il a intitulé : *Hall-moſchcolat al mageſthi ;*
& Bouzgiani a compoſé un autre ſyſtème d'aſtronomie,
auquel il a donné le même titre d'*Almageſthi.* * D'Herbelot, *bibl. orientale.*

PTOLÉMÉE, héréſiarque du deuxième ſiècle,
étoit diſciple de Valentin. Il voulut faire une ſecte à part,
& ajouta pluſieurs rêveries à celles de ſon maître, donnant à Dieu deux femmes, l'intelligence & la volonté,
& diſant que par elles il engendroit les autres dieux. On
lit une lettre à une certaine femme nommée *Flora,* qui
contient les ſentimens de cet hérétique ſur la loi de Moyſe.
Il croyoit que les Eons étoient des perſonnes ſubſtan-
tielles hors de Dieu, au lieu que Valentin les avoit renfermées dans la divinité, comme des mouvemens & des
ſentimens. Il ſoutenoit que la loi de Moyſe n'étoit pas
d'un ſeul auteur ; qu'il y en avoit une partie de Dieu,
l'autre de Moyſe, & la troiſième des Juifs ; qu'elle contenoit auſſi de trois ſortes de préceptes, les uns entièrement bons, comme le décalogue ; d'autres mêlés de juſtice & d'injuſtice, comme la loi du talion ; & les troiſiè-
mes typiques & ſymboliques, comme les loix cérémo-
nielles. Il eut des ſectateurs qui furent nommés de ſon nom
Ptolémaites. * S. Irenée, *l.* 1, *c.* 15. Tertullien, *adv.
Valent.* S. Epiphane, *hær.* 35. Baronius *A. C.* 175. Du
Pin, *bibliothéque des auteurs eccléſiaſtiques des trois premiers ſiècles.*

PTOLÉMÉE de Lucques, ainſi ſurnommé du nom
de ſa patrie, étoit de la famille des Fiadoni, que l'on
comptoit déja entre les nobles de Lucques dès l'an 1200.
Ptolémée étoit au monde en 1236, comme on le croit,
& il entra dès ſa jeuneſſe dans l'ordre de S. Dominique.
Il fut deux fois ſupérieur d'un couvent de ſon ordre à
Lucques même ; enſuite à Florence en 1301 & 1302,
& remplit d'autres poſtes encore plus conſidérables. Il
étoit habile pour ſon temps, & on a de lui de courtes
annales de l'hiſtoire profane depuis l'an 1060, juſqu'en
1303, & une hiſtoire eccléſiaſtique en 24 livres, aſſez
ample, depuis Jeſus-Chriſt juſqu'à environ l'an 1312. Ces
deux ouvrages, qui ſont écrits en latin, ſe trouvent dans
le tome premier des écrivains de l'hiſtoire d'Italie par
L. Ant. Muratori, *in-folio,* à Milan 1727. L'hiſtoire
eccléſiaſtique y paroît pour la première fois. A l'égard
des annales, elles avoient déja été imprimées ailleurs :
mais on les donne ici plus correctes. Le mérite de Ptolémée fut récompenſé par l'évêché de Torcello, dans le
duché & ſous le patriarchat de Veniſe. M. du Pin s'eſt
trompé en faiſant ce religieux évêque de Toricelli, & en
lui donnant trois ouvrages, ſavoir, les annales & l'hiſtoire eccléſiaſtique dont nous venons de parler, & une
chronique des papes & des empereurs : car cette chronique & l'hiſtoire eccléſiaſtique eſt un ſeul & même ouvrage. * Voyez le P. Echard dans ſa *bibliothéque des
écrivains de l'ordre de S. Dominique,* tome premier ;
& la *préface* de M. Muratori ſur l'*hiſtoire eccléſiaſtique*
de Ptolémée de Lucques, dans le volume cité dans cet
article.

P U

PUANTS, nation ſauvage du Canada, aujourd'hui
très-peu nombreuſe. Leur propre nom eſt *Otchagras.*
On les appelle Puants, parcequ'ils ont habité ſur le

bord d'une riviere fort poiſſonneuſe, ſur les bords de
laquelle on trouvoit toujours quantité de poiſſons pouris qui rendoient l'eau puante. Ils ont donné leur nom
à une grande baye, qui fait comme une eſpece de cul-
de-ſac au lac Michigan, & au fond de laquelle ils ont demeuré dans le plus charmant endroit qui ſe puiſſe voir.
Ils ſont à préſent au pied du fort que les François ont un
peu plus bas dans la riviere des Renards. * *Mémoires du
Canada.*

PUBLICAINS, nom que portoient ceux qui étoient
chargés chez les Romains du recouvrement des impôts :
ils étoient preſque partout en horreur. Chez les Juifs il en
eſt parlé dès le temps de Job & des prophétes, comme
de gens d'une profeſſion mépriſée & haie de la nation ;
& l'on voit dans le nouveau teſtament, que du temps de
Notre-Seigneur, les Juifs les regardoient comme des pécheurs & des ſcélérats. Cette haine particuliere des Juifs
contre les Publicains, venoit de ce qu'ils croyoient être
exempts de payer le tribut aux nations étrangères. Il y
avoit même parmi eux du temps de Notre-Seigneur, une
ſecte de gens, qui dura juſqu'à la priſe de Jéruſalem, laquelle enſeignoit cette maxime comme un point de religion. Parmi les Romains, ceux qui prenoient les fermes
publiques, & qui levoient toutes ſortes d'impôts pour l'é-
tat, étoient ordinairement des chevaliers Romains qui
s'aſſocioient pour cela, & qui étoient les fermiers généraux de la république. Cicéron en a fait un grand éloge,
comme d'une compagnie à qui la république étoit fort
redevable, dont la probité étoit ſi reconnue, qu'on les
choiſiſſoit pour mettre en dépôt les deniers des familles.
Tite-Live n'en fait pas un portrait ſi avantageux. Ces
fermiers avoient des commis ſous eux, qui pouvoient
être de diverſes nations. Saint Matthieu, par exemple,
qui étoit Juif, ne laiſſoit pas d'être commis dans l'un
des bureaux de ceux qui tenoient la ferme de la Judée.
Comme ces gens-là faiſoient ſouvent des violences pour
ſe faire payer, ils s'étoient attiré la haine de tout le monde. Ils abuſoient même quelquefois tyranniquement du
pouvoir que leur emploi leur donnoit. On en peut voir
un exemple dans la vie de Lucullus, où Plutarque rapporte que ces gens-là & les uſuriers avoient fait mille
maux en Aſie, & que Lucullus y mit ordre en faiſant certain réglement qu'il rapporte. Mais il ne dit pas qu'il chaſſa
les Publicains de l'Aſie, ce qui auroit été perdre la meilleure partie des revenus de l'état, comme on le peut voir
dans la harangue de Cicéron, *pro lege Manilia.* * *Evangelia, paſſim.* Plutarque, Titus-Livius, *dec.* 3, *l.* 5. Tertul-
lus. *de pudicitia,* c. 9. Cicero, *pro lege Manil. & pro
Plane. & l.* 15, *ep.* 20.

PUBLICOLA, cherchez VALERIUS (P.)

PUBLIE (ſainte) veuve, abbeſſe d'Antioche, vivoit
dans le quatrième ſiècle ſous l'empire de Conſtance. Elle
avoit un fils nommé Jean, prêtre de l'égliſe d'Antioche,
que quelques-uns ont cru être ſaint Jean Chryſoſtome,
mais ſans fondement. Etant reſtée veuve fort jeune, elle
établit une communauté de religieuſes à Antioche. Pendant que Julien l'*Apoſtat* étoit dans cette ville, ces filles,
quand il lui arrivoit de paſſer devant leur maiſon, affectoient de chanter les endroits des pſeaumes où il eſt
parlé contre les idoles. Julien leur fit dire de ſe taire ;
mais comme il paſſoit une autre fois, Publie fit chanter à
ſes filles ce verſet du pſeaume 67 : *Que Dieu s'éleve, &
que ſes ennemis ſoient diſſipés, & que ceux qui le haïſſent
fuient de devant ſa face.* L'empereur irrité fit venir Publie, & lui fit donner des ſoufflets par ſes gardes. Cette
ſainte veuve ſe croyant fort honorée d'avoir ſouffert
pour le nom de Jeſus-Chriſt, s'en retourna dans ſa maiſon, & continua de chanter les pſeaumes, & de mener
une vie très-ſainte. On ne ſait pas en quel temps elle mourut. Les Grecs honorent ſa mémoire au 9 octobre.
* Théodoret, *hiſt. l.* 3, *c.* 10. Baillet, *vies des ſaints,*
9 octobre.

PUBLIUS, étoit un des principaux habitans de l'iſle
de Malte, dans le temps que le vaiſſeau qui portoit S. Paul
à Rome fit naufrage auprès de cette iſle. Il recueillit fort

humainement faint Paul & ceux qui étoient avec lui, & les traita pendant trois jours. L'apôtre guérit miraculeufement le pere de Publius, malade de la fièvre & de la dyfenterie. On affure qu'il fe fit chrétien avec tous ceux de fa maifon, & qu'il fe joignit à faint Paul pour travailler à la converfion de tous les habitans de l'ifle, dont il fut fait évêque. Il fit de fa maifon une églife, qui eft préfentement dédiée à l'honneur de cet apôtre. Il y en a qui croient que Publius étoit gouverneur de Malte pour les Romains ; mais faint Luc ne le dit point. * *Actes*, XXVIII, 2, &c.

PUBLIUS NONUS ASPRENAS, conful défigné par Tibere avec M. Aquilius Julianus, fut confirmé par Caligula l'an 38 de J. C. Il fut tué par les Allemans de la garde de Caligula, après que ce prince eut été maffacré, l'an 41 de J. C. * Dion, *l.* 59. Joféphe, *antiq. l.* 19, c. 1.

PUBLIUS SYRUS, de Syrie, poëte mimique, floriffoit à Rome vers la 710 année de cette ville, & la 44 avant J. C. comme nous l'apprenons de faint Jérôme : *Publius Mimographus, natione Syrus, Roma fcenam tenet.* Son efprit lui fit mériter l'eftime de Jules Céfar. Macrobe rapporte diverfes fentences de lui, *l.* 1, *faturn. c.* 7. * Aulu-Gelle, *l.* 17, c. 14. On a recueilli fes fentences avec celles de Laberius. Jofeph Scaliger, Tannegui le Fevre, & divers autres les ont expliquées. Publius eft appellé poëte mimique ou mimographe, c'eft-à-dire, *bouffon* & *baladin*, contrefaifant les actions ou les paroles des autres, pour les rendre ridicules au public. Decimus Laberius, chevalier Romain affez eftimé pour fes mimes, dont il nous refte quelques fragmens recueillis dans l'édition de Lyon en 1603, étant mort à Pouzzol dix mois après l'affaffinat de Jules Céfar, en la feconde année de la CLXXXIV olympiade, on vit monter fur le théâtre avec plus d'éclat que Publius venu de Syrie, & il effaça Laberius. Il ne nous refte plus de fes mimes que les fentences qui en furent extraites dès le temps des Antonins. Elles ont été fouvent imprimées avec des notes de divers critiques. Une des bonnes éditions eft celle que M. le Fevre de *Saumur* a donnée à la fin de fon Phédre. La meilleure eft celle de MM. Havercamp & Preiger, donnée en Hollande en 1768. Les anciens goutoient fi fort ce qu'avoit fait cet auteur, qu'ils le jugeoient préférable à tout ce que les poëtes tragiques & comiques avoient jamais produit de meilleur, foit dans la Grèce, foit dans l'Italie. C'étoit le fentiment de Jules Céfar ; ç'a été depuis celui de Caffius Severus, & celui de Sénéque *le Philofophe* : parmi les modernes, les deux Scaliger, pere & fils, faifoient un très-grand cas de ce poëte. * Baillet, *jugemens des favans fur les poëtes latins.*

PUCCI (Laurent) cardinal, d'une famille noble & ancienne de Florence, étoit fils d'*Antoine* Pucci ; & après avoir fait du progrès dans l'étude du droit, il vint à Rome, où fon mérite le fit bientôt connoître. Le pape Jules II lui donna une charge de dataire, & l'employa dans les affaires les plus importantes. Depuis, Léon X le fit cardinal en 1513 ; & par-là il s'acquitta en quelque maniere des grandes obligations que la maifon de Médicis avoit à celle de Pucci, dont plufieurs avoient fouffert l'exil & la mort pour fa défenfe. Ce cardinal fut évêque d'Albe & de Paleftrine ; & il eut encore les évêchés de Piftoye, de Melfi, de Rapolle, &c. & outre la charge de grand pénitencier de l'églife, il poffséda les emplois les plus importans de la cour de Rome. Il fut accufé de concuffion & de péculat, & d'avoir donné occafion à Luther de s'emporter contre l'avarice de la cour de Rome, & en particulier contre les indulgences, par la profufion extraordinaire que Pucci en faifoit. Paul Jove avoue qu'il avoit abufé du bon naturel du pape Léon X, par fes flateries, qu'il avoit adreffe à modérer la févérité des canons par des interprétations commodes & agréables. On dit même qu'il n'avoit point eu honte d'établir cette maxime pernicieufe & déteftable, *que cette forte de gain étoit permife à un fouverain pontife.* Cette conduite rendit odieux Pucci, à

qui on voulut faire rendre compte de fon miniftere fous le pontificat d'Adrien VI. Le cardinal de Médicis détourna ce coup par fon crédit ; & étant devenu pape fous le nom de Clément VII, il rétablit Pucci dans fon ancienne autorité. Pour lors ce cardinal ménagea plus emplois de la république de Florence, fa patrie, où il fa faveur, & mourut à Rome le 15 ou 16e jour de feptembre de l'an 1531, âgé de 73 ans. * Guichardin, *l.* 2, 3, 9 & 14. Paul Jove, *in vita Leon. X.* Onuphre, Ughel, Auberi, *hiftoire des cardinaux.*

PUCCI (Robert) cardinal, évêque de Piftoye, & frere du cardinal *Laurent* Pucci, exerça les premiers emplois de la république de Florence, fa patrie, où il fut gonfalonier & prieur de la liberté. Depuis il fut nommé par Alexandre de Médicis, qui étoit pour lors duc de Florence, entre les quarante-huit prud'hommes que ce prince choifit dans les principales familles nobles, pour être fes confeillers. Il donna dans cet emploi des marques extraordinaires de fon expérience, de fon zèle & de fa probité ; & après la perte qu'il fit de *Léonora* Lenza, fon époufe, il s'engagea dans l'état eccléfiaftique. Le pape Paul III lui donna l'évêché de Piftoye, & le fit depuis cardinal en 1542. Il ne jouit que peu d'années de cette dignité, & mourut le 17 janvier de l'an 1547, le 83 de fon âge. * Ughel. *Ital. facr.* Onuphre. Auberi, &c.

PUCCI (Antoine) cardinal, évêque de Piftoye, fils d'*Alexandre*, & neveu des cardinaux *Laurent* & *Robert*, étudia à Pife & de-là vint à Florence, fa patrie, où il fut pourvu d'un canonicat, & fit valoir le talent qu'il avoit pour la prédication. Le cardinal Laurent, fon oncle, le fit venir à Rome, lui remit l'évêché de Piftoye, & lui procura une charge de clerc de la chambre apoftolique. On admira le difcours latin qu'il prononça dans la neuviéme feffion du concile de Latran. Peu après il alla nonce en Suiffe, puis en France, fut arrêté à Rome par les Impériaux qui prirent cette ville en 1527, & fut un des prélats qu'on donna pour ôtages. Ils furent traités de la maniere du monde la plus dure, jufque-là qu'on les traina honteufement dans le champ de Flore, pour les y faire mourir comme des fcélérats ; mais ils s'enfuirent la nuit fuivante des mains de leurs gardes, & allerent joindre Clément VII, qui envoya Pucci en Efpagne, puis en France. Il fut récompenfé de fes fervices par le chapeau de cardinal que le pape lui donna au mois de feptembre de l'an 1531 ; & il fuccéda en même temps aux bénéfices de fon oncle & à la charge de grand pénitencier. Après avoir rempli les devoirs d'un bon prélat, il mourut à Bagnaréa en Tofcane, l'an 1544, âgé de 60 ans. On publia l'an 1541, à Bologne, 14 de fes homélies fur les paroles de la confécration. * Guichardin, *l.* 8, 14 & 16. Paule Jove, *in Leone X,* & *in hift.* Onuphre. Ughel. Auberi, &c.

PUCCI (François) en latin *Puccius*, de la même famille que les trois cardinaux, *dont nous venons de parler*, vivoit fur la fin du XVI fiécle. Il quitta l'églife catholique pour embraffer les erreurs de Calvin, & étoit à Lyon, lorfqu'il fit cette démarche. Il s'en alla en Angleterre, où il étudia en théologie à Oxford, puis à Londres. Après quoi il alla en Suiffe, où il eut une difpute avec Socin fur l'état du premier homme. Cela porte à croire qu'il paffoit pour orthodoxe dans l'efprit des Proteftans ; mais on fe tromperoit fort, fi l'on en jugeoit ainfi. Il avoit des opinions pour lefquelles ceux de Bafle le chafferent. Il s'en retourna à Londres, où on le mit en prifon, à caufe des dogmes qu'il débitoit. Dès qu'il fut en liberté, il fe retira en Flandre, & de-là il fit un voyage en Pologne, où il provoqua Socin à une difpute verbale. Ils difputerent plufieurs fois en préfence des miniftres de Cracovie, & ne purent s'accorder. Pucci rompant avec les fectaires de ce pays-là, fe rendit à Prague, où il rentra dans la communion de l'églife catholique en 1595. Etant retombé dans fes erreurs, il fut arrêté par ordre de l'évêque de Salfbourg & envoyé à Rome, où il fut brulé fur la fin du

XVI fiécle. Il n'avoit aucune fcience, & il donnoit dans le fanatifme. Mais le principal dogme dont il s'entêta, fut que tous les hommes auroient part au falut, en vertu du fang de Jefus-Chrift; dogme qu'il établit dans fon livre, qui a pour titre : *De Chrifti Servatoris efficaci-tate in omnibus & fingulis hominibus, quatenus homines funt, affertio catholica.* * Socin, *epift.* 3, *Biblioth. fratrum Polonor. tom. I, pag.* 380. Hoornebeck, *appar. ad controver. Socinian. pag.* 32. Micrælius, *fyntagm. hiftor. eccl. p. m.* 860. Baillet, *au tom. I des anti.* Bayle, *dictionaire critique.*

PUCELLE (René) abbé commendataire de S. Léo-nard de Corbigny, ordre de S. Benoît, congrégation de S. Maur, au diocèfe d'Autun, depuis 1694 doyen des confeillers clercs du parlement de Paris, & ci-devant confeiller au confeil de confcience pendant la minorité du roi, naquit à Paris le premier février 1655, de CLAUDE Pucelle, avocat au parlement, & de *Françoife* de Catinat, fa femme. Claude Pucelle tenoit déja depuis plufieurs années le premier rang au barreau, lorfque la mort l'enleva à l'âge de 41 ans. Françoife de Catinat étoit fille de *Pierre* de Catinat, mort doyen du parlement, & fœur du maréchal de Catinat, mort en 1712. De ce mariage naquirent trois fils : *Pierre* Pucel-le, qui fut premiérement confeiller au parlement en la feconde chambre des enquêtes, & enfuite premier préfident du parlement de Grenoble, où il mourut en 1693 ; *René* Pucelle dont il s'agit ; & *Omer* Pu-celle, feigneur d'Orgemont, maréchal des camps & armées du roi, mort en 1730. M. l'abbé Pucelle ayant perdu fon pere dès fon bas âge, refta, ainfi que fes fre-res, fous la tutelle d'une mere éclairée qui veilla avec foin à fon éducation. Il fut mis en penfion au collége des Jéfuites, y fit fes humanités & enfuite fa rhétori-que fous le célèbre pere Charles de la Rue. Sorti de ce collége, M. Pucelle fit fa philofophie en l'univer-fité, & enfuite fa théologie. On le deftinoit dès-lors à l'état eccléfiaftique ; mais le gout des armes, dont la profeffion lui offroit une carriere féduifante, l'emporta d'abord fur cette premiere deftination. Meffieurs de Catinat, fes oncles, dont l'un fut depuis maréchal de France, étoient dès-lors très-avancés dans le fervice ; M. Pucelle voulut tenter la même voie ; il fit quel-ques campagnes en qualité de volontaire, fous les yeux de fes oncles. Les voyages occuperent enfuite quelques années de fa vie : il vifita l'Italie & l'Allemagne, & tâcha de profiter de ces courfes pour orner fon efprit & augmenter fes connoiffances. De retour à Paris avec une détermination fixe fur l'état qu'il vouloit embraffer, il fit fes études de droit, paffa quelque temps dans le fémi-naire dit des Bons-Enfans ; & après avoir reçu l'ordre de foudiacre, il entra dans le parlement en qualité de confeiller clerc, le 10 avril 1684, & fut diftribué en la troifième chambre des enquêtes. L'abbé Pucelle, dit l'auteur de fon éloge, n'ignoroit ni l'étendue ni l'impor-tance des engagemens qu'il contractoit ; mais la fuite a prouvé qu'il n'avoit pas trop préfumé de fes forces, & l'on peut dire que fi on vouloit faire la peinture d'un par-fait magiftrat, on rapporteroit ce qu'a fait l'abbé Pucel-le, & que réciproquement fi on vouloit faire le récit de fa vie, on n'auroit qu'à faire l'énumération des fonc-tions d'un parfait magiftrat. Uniquement occupé de fes devoirs, il étoit incapable de fe laiffer entraîner par des efpérances de fortune qui n'ébranlent que les ames vul-gaires, & il n'étoit pas plus acceffible aux illufions de la gloire, au plaifir de jouer un rolle brillant. Un cœur droit, un efprit éclairé, une application infatigable, le firent bientôt remarquer dans le parlement. Il faifoit fes fonctions avec exactitude & avec fuccès ; il favoit dé-mêler le point capital d'une affaire, & ce qui faifoit le nœud de la difficulté : ce qui exige non-feulement beaucoup de jufteffe d'efprit, mais encore beaucoup de pénétration & d'étendue ; il joignoit à cela une éloquen-ce mâle, forte & folide, qui portoit la conviction dans les efprits. Pendant les vacations de l'année 1702, il

paffa à la grand-chambre, où il y porta les mêmes talens ; les mêmes vues, & la même application la plus conf-tante aux affaires. La mort de Louis XIV, arrivée en 1715, procura à M. l'abbé Pucelle une diftinction fla-teufe, dont il ne fit cas que parcequ'elle lui fourniffoit une occafion de plus d'être utile. Feu M. le duc d'Or-léans, alors régent du royaume, compofa un confeil de confcience, & y donna entrée à M. l'abbé Pucel-le, avec M. le cardinal de Noailles, archevêque de Paris, M. de Bezons, alors archevêque de Bourdeaux, M. Daguesseau, alors procureur général, depuis chan-celier de France. Telle a été la carriere qu'a fournie M. l'abbé Pucelle ; carriere plus remplie de travaux que d'événemens, qui offre plus de vertus que de faits fin-guliers. Ses mœurs étoient pures & douces. Sa fageffe toujours conftante, n'avoit point cet air d'autorité qui annonce quelquefois moins le dégré de la vertu que ce qu'elle coute : par un effort auffi rare il poffeda de grands talens, fans en avoir jamais fait d'autre ufage que pour le fervice de l'état & le bien des particuliers, & il a joui d'une grande réputation fans orgueil & fans vanité. Il mourut le 7 janvier 1745, âgé de 89 ans, 11 mois & 7 jours. Il a laiffé par fon teftament des marques de fon amour pour les pauvres, dans le fein defquels il avoit toujours répandu abondamment durant fa vie. *Ex-trait de l'éloge de M. l'abbé Pucelle,* imprimé dans le *Mercure de France,* février, 1745.

PUCELLE D'ORLÉANS, *cherchez* ARC (Jean-ne d').

PUCH (Aufias del) cardinal, naquit à Xativa au royaume de Valence, dans une famille très-noble & très-ancienne. Après avoir pris le bonnet de docteur, il devint chantre de l'églife de Barcelone, puis confeil-ler de Jean II, roi d'Aragon. Ce prince lui procura enfuite l'archevêché de Montréal en Sicile, & le char-gea conjointement avec la reine de l'adminiftration des affaires de Catalogne, qui étoit en troubles. Il accom-pagna ce monarque à la conférence qu'il eut à Sauve-terre en Béarn en 1462, avec le roi Louis XI, & con-tribua beaucoup à la ligue qui s'y forma entre ces deux fouverains. L'an 1472 il fut ambaffadeur à Rome, pour rendre au nom du roi fon maître, l'obédience au pape Sixte IV, qui le créa cardinal l'année fuivante, & le fit vice-camerlingue de la fainte églife. Il eut enfuite la charge de traiter avec les ambaffadeurs des princes d'Italie, au fujet d'une ligue contre le Turc, pour la-quelle il paffa même en Allemagne, afin d'y animer l'empereur. Ce cardinal fut nommé par le pape à l'ar-chevêché de Saragoffe ; mais le roi d'Aragon, qui avoit demandé cet archevêché pour Alfonfe, fils naturel de fon fils Ferdinand II, roi de Caftille, fe voyant refufé par le pape, qui s'excufoit fur le bas âge de ce bâtard, qui n'avoit que fix ans, s'en prit au cardinal, & le me-naça de lui faire faifir fes revenus, & ceux de Louis del Puch, fon oncle, grand maître de l'ordre militaire de fainte Marie de Montéfa, en cas qu'il prétendût fe fer-vir de la nomination du fouverain pontife. Le prélat renonça donc au droit qu'il avoit fur l'archevêché de Saragoffe, & refta à Rome, où il s'occupa à augmen-ter & à embellir l'églife de fainte Sabine, qui étoit fon titre ; il y fonda même des bénéfices. C'eft là qu'il fut inhumé, étant mort le 7 feptembre 1483, âgé de 60 ans. * Auberi, *hiftoire des cardinaux.*

PUDENS, fénateur Romain, qui fut converti à la religion chrétienne par S. Paul & par S. Pierre, qu'il retira dans fa maifon, & à qui il rendit plufieurs bons offices. On prétend qu'il étoit pere de fainte Puden-tiane & de fainte Praxéde, & qu'il fut martyrifé à Rome le 19 de mai. * *II à Timothée,* 4, 21.

PUDENS, brave chevalier Romain, extrême-ment fier & courageux, qui, au fiége de Jérufa-lem, tua Jonathas, Juif de petite taille & de mauvaife mine, qui infultoit les Romains. * Jofephe, *guerre des Juifs, liv. VI, chap.* 17.

PUDICITÉ, divinité qui étoit adorée par les anciens

païens,

païens, sous la figure d'une femme voilée & très-modeste. La pudicité eut deux temples à Rome ; l'un dans la place aux bœufs, *in foro boario* ; & l'autre dans la rue longue, *in vico longo*. Le premier, qui étoit fort ancien, étoit consacré à la pudicité patricienne, c'est-à-dire, à la pudicité des nobles dames Romaines ; & le dernier, qui avoit été bâti par Virginie, étoit dédié à la pudicité plébéienne ou populaire, comme qui diroit parmi nous à la pudicité des simples bourgeoises. Ce qui avoit donné lieu à cette distinction des deux pudicités, & à ces noms différens qui furent imposés à cette déesse, fut une dispute que les dames patriciennes de Rome avoient eue avec Virginie. Cette derniere qui étoit de famille patricienne, & fille d'Aulus Virginius, avoit épousé un homme du peuple nommé L. Volumnius, très-considérable par son mérite. Un jour qu'elle étoit entrée dans le temple de la pudicité, qui étoit alors unique dans Rome, les dames patriciennes entêtées de leur noblesse & de celle de leurs maris, voulurent en faire sortir Virginie, & prétendirent qu'elle ne devoit plus en avoir l'entrée libre, après avoir dérogé à sa condition par mésalliance. Virginie qui étoit de race patricienne, aussi-bien que les patriciennes, répondit qu'elle n'avoit rien à se reprocher sur le mari qu'elle avoit choisi ; qu'il avoit déja été deux fois consul, & qu'il s'étoit acquis par ses actions & par ses emplois autant de gloire que les leurs pouvoient en avoir par la naissance, mais que pour n'avoir plus aucun démêlé avec elles, elle s'éloigneroit à l'avenir de leur compagnie, avec autant de soin qu'elles avoient affecté de se séparer de la sienne. En effet, au sortir de-là, Virginie fit le projet d'un temple qu'elle fit bâtir aussitôt à côté de sa maison, & le consacra à la pudicité, sous le nom de *Plébéienne* : après quoi elle assembla plusieurs femmes des plus considérables du peuple, & leur ayant représenté l'affront que les patriciennes lui avoient fait, elle les pria de vouloir fréquenter le temple qu'elle venoit d'élever, les exhortant à se distinguer autant par leur vertu d'avec les patriciennes, que les patriciennes prétendoient se distinguer d'avec elles par leur noblesse. Cela arriva l'an de Rome 459, & 295 avant J. C. * Tite-Live, *l.* 18. Festus.

PUENTE DEL ARCOBISPO, bourg avec un pont sur le Tage. Il est dans la nouvelle Castille en Espagne, à seize lieues au-dessous de Tolède. Un archevêque de cette ville le fit bâtir l'an 1395, & c'est de-là qu'il a pris son nom. * Mati, *dictionaire*.

PUENTE DE LA REYNA, bon bourg du royaume de Navarre en Espagne. Il est sur la riviere d'Agra, à quatre lieues de Pampelune vers le midi. * Mati, *dictionaire*.

PUERTO DE CAVALLOS, ou *Portus equorum*, port de l'Amérique septentrionale, dans la province de Honduras dans la nouvelle Espagne. PUERTO HERMOSO est dans la partie méridionale de l'isle de Saint-Dominique. PUERTO DE FRANCISCO BRAC, en la partie occidentale de la Californie. On y trouve sur la côte méridionale PUERTO DE LA MAGDALENA. Celui de la Paix, PUERTO DE LA PAZ, est situé en la partie septentrionale de l'isle Hispaniola. PUERTO DE S. ANTONIO est en la province de Xalisca dans la nouvelle Espagne, PUERTO DE S. JUAN est dans la province de Nicaragua, à l'embouchure du fleuve Desaguadero. PUERTO REAL est dans la province de Tabasco. Ils sont tous dans l'Amérique septentrionale.

PUERTO RICO, ou S. JUAN DE PUERTO RICO, *cherchez* PORTO.

PUERTO SANCTO, *cherchez* PORTO SANTO.

PUERTO SEGURO, *cherchez* PORTO SEGURO.

PUFFENDORF (Samuel) historiographe du roi de Suède ; un des habiles hommes du XVII siécle pour l'histoire & pour la politique, naquit en Misnie, d'une famille où il ne voyoit que ministres Luthériens, pere, grand-pere, oncles paternels & maternels. Il ne suivit pourtant pas ce parti ; mais il tourna ses études du côté de la philosophie cartésienne & des mathémati-

ques. Ayant été mis en qualité de gouverneur auprès du fils de l'ambassadeur de Suède en Danemarck, il fut arrêté à Copenhague dans le temps que les deux rois en vinrent à se faire la guerre en 1658. Sa prison, qui dura huit mois, lui donna le loisir de faire des réflexions sur ce qu'il avoit lu de Hobbes & de Grotius, & de les mettre en ordre. Ce premier essai qu'il publia en 1660, lui fit honneur, & lui mérita que Charles-Louis, électeur Palatin, fondât en sa faveur dans l'université d'Heidelberg une chaire de professeur en droit naturel. Dans ce nouvel emploi, & de plus sollicité par le baron de Boinebourg, chancelier de l'électeur de Mayence, il commença à travailler à l'ouvrage *Du droit naturel & des gens*, qu'il fit imprimer l'an 1672, à Lunden dans la province de Schonen, où il avoit été appellé deux ans auparavant par Charles XI, roi de Suède. En 1684, il en fit faire une seconde édition à Francfort, augmentée d'un quart, qui fut traduite en françois par Jean Barbeyrac, avec des notes de sa façon, & imprimée à Amsterdam l'an 1706. Si Puffendorf eut des approbateurs, il ne manqua pas de critiques, contre lesquels il n'oublia pas aussi de se défendre. On peut voir dans le tome XVIII des *Mémoires* du P. Niceron, les différens écrits qu'il a faits à ce sujet. Le recueil de ce qui fut dit de part & d'autre, forma un livre imprimé dès l'an 1686, à Francfort, sous le titre d'*Eris Scandica*, Querelle de Scandinavie. Le roi de Suède voulut ensuite avoir Puffendorf à sa cour, & l'honora du titre de baron : de-là il passa à celle de Berlin, en qualité de conseiller d'état de l'électeur de Brandebourg. Il y mourut le 26 octobre 1694, âgé de 63 ans. Ses ouvrages sont un abrégé du droit naturel, &c. sous le titre de *Devoirs de l'homme & du citoyen*. *Introduction à l'histoire de ce temps*, écrite en allemand. *Histoire Suéde*, depuis l'expédition de Gustave Adolphe en Allemagne, jusqu'à l'abdication de Christine. *Histoire de Charles Gustave*, en deux tomes *in-fol.* à Nuremberg en 1696. *Elementorum jurisprudentiæ universalis libri duo*, à la Haye en 1660, & lène en 1669, avec un appendix *De sphæra morali*, qui est d'une autre main. *Joannis Meursii Miscellanea laconica*, à Amsterdam en 1661, *in-4°*. C'est par ses soins que ce volume a paru, de même que la *Grèce ancienne* de Jean Lauremberge, la même année 1661, *in-4°*. *Severini de Monzambano de statu imperii germanici*, en 1667, *in-12*, & souvent réimprimé depuis, & traduit en plusieurs langues, quoique vivement censuré par plusieurs savans, dont les critiques ont été imprimées. En 1675, M. Puffendorf donna un recueil de Dissertations académiques en latin, réimprimé en 1677, & encore depuis. En 1679, il donna en allemand une Description historique & politique de l'empire du pape, qui a été traduite en flamand & en latin. Son introduction à l'histoire des principaux états qui sont aujourd'hui dans l'Europe, qui est un de ses bons ouvrages, qui parut en 1682, en allemand, & dont il a donné une suite en 1686, & une addition contre Varillas en 1687, a été traduite en françois par Claude Rouxel, & en 1722 un anonyme rectifia cette traduction, continua l'ouvrage, l'enrichit de notes, & publia le tout à Trévoux sous le titre d'*Amsterdam*, en 1722, en sept volumes *in-12*. * *Voyez* sur tout cela & sur les autres écrits de M. Puffendorf, l'article des *Mémoires* du P. Niceron qui se trouve au tome XVIII ; & la préface de la traduction de l'ouvrage *Du droit de la nature & des gens*, &c.

PUFFENDORF (Isaïe) né à Flæh, village de Misnie, à une lieue de Chemnitz où son pere avoit été ministre, prit le degré de maître-ès-arts à Leipsick, & y soutint des thèses fort savantes touchant les Druides, anciens prêtres des Gaulois idolâtres. Après plusieurs changemens dans sa fortune, il fut fait gouverneur d'un jeune comte de Konigsmark. Quelque temps après, le chancelier Oxenstiern le recommanda si bien à la cour de Suède, qu'il y fut employé, & il rendit des services très-considérables à cette couronne en différentes légations. Il avoit tant de gout pour les *colloques d'E-rafme*, qu'il les portoit prefque toujours avec lui dans fes voyages. Il fut enfuite chancelier du duché de Brême. Vers l'an 1686, l'envie & la jaloufie de fes ennemis l'ayant obligé de quitter ce pofte, il alla à Copenhague ; & en 1686 il alla à Ratisbonne en qualité d'am-baffadeur du roi de Danemarck. Il y mourut le 5 feptembre 1689. Pierre-Louis a recueilli les ouvrages qu'il avoit compofés dans fa jeuneffe, & il les publia en 1700, *in-8°.*

PUGA DE FEIJOO (Jean) jurifconfulte Efpagnol, né à Salamanque en 1653, étoit fils de *François Puga de Feijoo*, célèbre docteur qui a été premier antéceffeur en droit canon dans l'univerfité de Salamanque. Il eut d'excellens maîtres, entr'autres les deux Zamora, Jofeph & François, fils d'Antoine, célèbre médecin, Jofeph Ritefio, Serna, & Jean de Ferdinand ou Ferdinandi de Heneftrofa. Il apprit d'eux principalement à fe former à l'étude du droit, & à y faire de grands progrès. On prétend qu'il lut avec application dès fa jeuneffe prefque tous les interprètes du droit civil anciens & modernes ; & comme fon pere qui étoit très-habile, prenoit foin auffi de le diriger dans fes études, il n'eft pas étonnant qu'il ait fi fort approfondi cette fcience. Auffi parut-il avec éclat dans toutes les difputes qu'il fut obligé de foutenir lorfqu'il prit fes dégrés en droit, & lorfqu'il fut fait docteur de l'univerfité de Salamanque. Il s'exerçoit auffi dans le même temps à compofer plufieurs écrits, qu'il ne faifoit que pour fon propre ufage, mais qui méritèrent d'être confacrés à celui du public, entr'autres ceux : *De legato debiti ; De falfis demonftrationibus ; De lege commifforia ; De in diem addictione ; De difpofitione in incertam perfonam collata ; De fervo pignori dato manumiffo.* Le 19 d'octobre 1678, il obtint la chaire des inftitutes, & tant qu'il la remplit il eut foin de ne dicter que des traités utiles qu'il accompagnoit d'explications folides, & qui augmentèrent beaucoup la réputation qu'il s'étoit déjà acquife. Le 15 juillet 1679, il paffa à la chaire du code qu'il occupa avec le même éclat jufqu'à la fin de décembre 1681, qu'il eut celle du digefte. En 1682, à la fin, il fut fait antéceffeur du foir, & premier antéceffeur en 1684. En 1689, Charles II, roi d'Efpagne, qui étoit informé de fon mérite, le choifit pour préfident du confeil royal de fainte Claire à Naples, où il alla la même année & y vécut 4 ou 5 ans. Il n'en fortit que lorfque le même prince l'eut créé confeiller du confeil fouverain de Caftille. Puga fe hâtant de profiter de cet honneur, s'embarqua pour retourner en Efpagne; mais il mourut fur mer, & fon corps fut porté à Alicante où l'on l'enterra. Dom Gregorio Majanfio (dom Grégoire Mayans) antéceffeur à Valence en Efpagne, s'eft donné beaucoup de foins pour recueillir fes écrits, tant imprimés que manufcrits, pour les revoir & les faire imprimer. * *Voyez* les lettres latines de ce dom Gregorio, imprimées *in-4°*, à Valence en Efpagne, en 1732, *pag.* 335 *& fuiv. & pag.* 285.

PUGAN, ville de la Chine, dans la province de Queicheu, aux confins de celles de Quangfi & de Junnan. * Mati, *dictionaire.*

PUGET (du) maifon noble & ancienne de Provence ; nous la commencerons à

I. BERTRAND du Puget épousa, par contrat de mariage du 26 août 1427, *Marie* de Pujet ou Puget, de la famille des Puget de Touloufe, fille unique & feule héritière de *Guillaume* du Puget & de damoifelle *Bertrande* de Calquers, à condition de porter leurs armes qui étoient *d'or à un arbre de fynople, au chef d'azur, à trois étoiles d'or*. La condition fut acceptée & exécutée jufqu'au XVI fiécle, que la maifon du Puget a repris les armes de fon ancienne maifon de Provence. Bertrand du Puget eut de fa femme trois fils, *Guillaume ; PIERRE, qui fuit ; & Bertrand*.

II. PIERRE du Puget, feigneur de Caftillon, deuxiéme fils de BERTRAND & de *Marie*, étoit capitoul en

la partie de Saint-Barthelemi en 1466. Il épousa *Jeânne* de Ruffy ou du Roux, nièce de *Gilbert* du Roux, confeiller au parlement de Touloufe, dont il eut deux fils GUILLAUME, qui fuit ; & *Raymond* du Puget.

III. GUILLAUME du Puget, fils aîné de PIERRE, & de *Jeânne* du Ruffy, capitoul en la partie de la Dealbe l'an 1509, épousa damoifelle *Jeanne-Simonet* du Prat, fille d'*Arnaud* du Prat, chevalier, & de *Bertrande* Gilbert. Bon du Prat, chancelier de France, fe trouva à fon mariage comme parent. Guillaume tefta l'an 1502 ; & entr'autres legs faits à différentes perfonnes, il laiffa à fon frere *Raymond* du Puget fon livre des Décrets. Il eut pour fils

IV. JEAN du Puget, feigneur de Montoron, des Carles, de la Sere, maître d'hôtel ordinaire du roi, & l'un des cent gentilshommes de fa maifon, fils de GUILLAUME du Puget & de *Jeanne-Simonet* du Prat, épousa damoifelle *Ifabeau* le Brun de la Sere, fille de *Jacques* le Brun, feigneur de la Sere, & de dame *Jeanne* Gailliac, defquels font iffus trois fils, *Claude* du Puget, chevalier, feigneur de la Sere, qui a eu pour fille madame la princeffe de Naffau ; GABRIEL du Puget, feigneur de Montoron, des Carles & Cauffidieres, qui fuit, & qui a fait *la branche des feigneurs de la* MARCHE *en l'Ifle de France* ; & *Etienne* du Puget, feigneur de Pomeufe, de Cheva & de Tillemont, confeiller du roi en fes confeils d'état & privé, tréforier de fon épargne, qui épousa à Paris l'an 1587, *Louife* Prévôt, fille de *Jean* Prévôt, confeiller du roi en fes confeils d'état & privé, & fon avocat général en la chambre des comptes, & de *Marguerite* le Maçon. De leur mariage font iffus plufieurs enfans, entr'autres, *Etienne* du Puget, qui étoit l'aîné, & qui eft mort évêque de Marfeille en 1668; & *Henri* du Puget, qui fut reçu chevalier de Malte en 1629.

V. GABRIEL du Puget, feigneur de Montoron, des Carles & Cauffidieres, gentilhomme ordinaire de la chambre du roi, & lieutenant de l'artillerie en la province de Languedoc l'an 1595, a fervi fous Henri IV & fes prédéceffeurs pendant quarante ans dans leurs armées. Il étoit fils de JEAN du Puget, & d'*Ifabeau* le Brun de la Sere : & il épousa *Anne* Daviat, dont il a eu PIERRE du Puget, qui fuit ; & deux filles, *Claire*, & *Anne* du Puget.

VI. PIERRE du Puget, chevalier, feigneur de Montoron, des Carles & Cauffidieres, la Chevrete & la Marche, confeiller du roi en fes confeils, & fon premier préfident au bureau des finances de Montauban, fils de GABRIEL du Puget, épousa 1°. *Louife* du Puget, fa coufine germaine, fille de meffire *Etienne* du Puget, confeiller du roi en fes confeils & fon tréforier de l'épargne, & feigneur de Pomeufe, & de dame *Louife* Prévôt, dont il eut *Marie* du Puget, qui fut mariée à meffire *Gédéon* Tallemant, maître des requêtes & intendant de juftice en Languedoc, dont il eut *Paul* Tallemant, abbé de S. Albain, reçu à l'académie françoife en 1666, & mort en 1710; & *Marie* Tallemant, qui épousa le baron de Clermont de la maifon du Puget Saint-Marc: 2°. l'an 1643, damoifelle *Ifabelle-Diane* de Michel, dame de la Marche, dont il eut PIERRE du Puget, qui fuit; & BERTRAND-CHARLES, qui fuit après fon frere.

VII. PIERRE du Puget, chevalier, feigneur de la Marche, épousa l'an 1668 *Anne-Nicole-Godefroi*, morte à l'âge de 25 ans, le premier de feptembre 1673. Elle fut enterrée à S. Rieul de Senlis, & fon mari lui fit ériger le maufolé que l'on voit dans cette églife, chargé de plufieurs infcriptions qui expriment la douleur que lui caufa la perte d'une époufe qu'il aimoit tendrement. Il en eut par le moyen de l'opération céfarienne qui donna la mort à la mere, *Pierre-Alexandre* du Puget de la Marche, chevalier, qui fut commiffaire des guerres, & qui épousa dame *Anne-Denyfe* le Févre des Chevaliers, dont il eut *Jean-Alexandre-Auguftin* de la Marche, chevalier, ingénieur du roi; & *Pierre* du

Puget de la Marche, chevalier, ingénieur du roi, établi à Troyes en Champagne.

VII. BERTRAND-CHARLES du Puget de la Marche, major au gouvernement de Calais, chevalier de l'ordre militaire de S. Louis, fils puîné de PIERRE du Puget de Montoron, & d'*Isabelle-Diane* de Michel, épousa *Magdelène* le Prévôt, fille de *François* le Prévôt, chevalier, seigneur de Sullui, Glimont, Martimont, &c. & de dame *Anne* de Licque, dont il eut, 1. *Paul-Charles* du Puget, capitaine au régiment de Picardie, tué à la bataille de Ramilly l'an 1706; 2. *François-Louis*, capitaine au régiment de Boufiers, depuis prince de Pont; 3. *Charles* du Puget, capitaine au régiment de Picardie; 4. & une fille, *Marie-Charlotte* du Puget, qui épousa *N.* Dauphin, écuyer, chevalier de l'ordre militaire de S. Louis, major de la citadelle de Lille en Flandre.

PIERRE du Puget de Saint-Albant, chevalier, seigneur & baron dudit lieu, lieutenant des maréchaux de France au département de Toulouse, est chef du nom & des armes de l'ancienne maison du Puget originaire de Provence, comme il paroît dans le *nobiliaire*, où il a reconnu que les branches des Puget de la Marche, de la Sere, & celle de Pomeuse depuis éteinte en la personne d'Etienne du Puget, mort évêque de Marseille en 1668, sont sorties de sa maison. * *Mémoires manuscrits.* Nostradamus, *histoire de Provence.* La Faille, *annales de Toulouse, &c.*

PUGET (Pierre) sculpteur, peintre & architecte, naquit à Marseille en 1623, avec les plus heureuses dispositions pour le dessin, qui parurent dès qu'il put manier le crayon. On le mit à l'âge de 14 ans chez le sieur Roman, le plus habile sculpteur & le meilleur constructeur de galeres, qui fut bientôt si content de son éleve, qu'après deux ans d'apprentissage, il lui confia le soin de la sculpture, & de la construction d'un de ces bâtimens. Après ce coup d'essai, le jeune Puget partit pour l'Italie, & demeura près d'un an à Florence où il fit plusieurs ouvrages, & ensuite il alla à Rome, où il s'appliqua uniquement à la peinture. Il prit si bien la maniere de Pierre de Cortone, que ce fameux peintre voulut le voir, se lia avec lui, & l'engagea à l'accompagner à Florence où il alloit peindre une galerie pour le grand duc. Puget ne demeura guère dans cette ville: il revint à Rome, & y resta le second voyage près de quinze ans; après quoi il revint à Marseille pour recueillir la succession de son pere. Le duc de Brézé, grand amiral de France, lui fit faire le modéle du vaisseau qui fut nommé la Reine, & ce fut pour lors qu'il inventa ces belles galeres, que les étrangers ont si souvent admirées, & qu'ils ont tâché de l'imiter. Il fit plusieurs tableaux à Toulon & à la Valette proche de cette ville, à Marseille, à Aix, & ailleurs. M. Puget eut en 1657 une maladie si dangereuse, qu'après la convalescence on lui conseilla de renoncer à la peinture pour le reste de ses jours; & en effet, il ne fit plus que des ouvrages de sculpture. Il travailla quelque temps après à cette belle porte de l'hôtel de ville de Toulon, dont les deux termes qui en soutiennent le balcon, fraperent si fortement le marquis de Seignelay, qu'il proposa au feu roi Louis XIV de les faire venir à Versailles. Ensuite M. Puget fit les armes de France en bas relief de marbre, qui font un des principaux ornemens de l'hôtel de ville de Marseille. Il vint à Paris en 1659; & quelque temps après M. Fouquet qui vouloit le faire travailler aux ouvrages de Vaux-le-Vicomte, l'envoya en Italie avec ordre de choisir autant de blocs de marbre qu'il jugeroit à propos, & c'est lui qui a commencé à nous rendre le marbre commun. Pendant qu'il en faisoit charger trois bâtimens à Gènes, il fit ce bel Hercule qui est présentement à Sceaux. Comme la disgrace de M. Fouquet qui arriva alors, le retint plus long-temps à Gènes qu'il n'avoit projeté, il y fit plusieurs ouvrages considérables. Le duc de Mantoue lui fit faire dans le même temps un bas relief de l'Assomption qui fut admiré, entr'autres du

fameux cavalier Bernin. D'autres voulurent l'employer aussi; mais M. Colbert qui craignit qu'on ne l'enlevât à la France, le fit revenir en ce royaume par ordre du roi qui lui donna une pension de douze cens écus, en qualité de sculpteur & de directeur des ouvrages qui regardoient les vaisseaux & les galeres. Puget, au milieu de ces occupations, entreprit un bas-relief d'Alexandre & de Diogène. C'est le plus grand morceau de sculpture qu'il ait exécuté, mais il ne l'a achevé que sur la fin de ses jours. M. le marquis de Louvois, surintendant des bâtimens, après la mort de M. Colbert, écrivit à M. Puget, que le roi souhaitoit qu'il travaillât à un groupe pour accompagner celui de Milon Crotoniate, qui est la premiere & la plus belle statue qui ait paru à Versailles de la main de cet habile homme. Louis XIV disoit de lui, qu'il n'étoit pas seulement un grand & un habile sculpteur, mais qu'il étoit inimitable. Egalement heureux dans l'invention, la fécondité, la noblesse, le grand gout, & la correction du dessin, il animoit le marbre, & lui donnoit de la tendresse. Les pierres les plus dures s'amollissoient sous son ciseau, & prenoient entre ses mains cette flexibilité qui caractérise si bien les chairs, & les fait sentir même au travers des draperies. M. Puget mourut à Marseille en 1695, âgé de 72 ans. * *Voyages de M. Pitton de Tournefort, t. I.*

PUGET (Louis de) fils du procureur du roi au présidial de Lyon, a été un des plus célébres disciples de l'illustre philosophe Descartes, & s'est beaucoup distingué parmi les physiciens du siécle dernier (le XVII.) Il étoit aussi poli que profond, & chrétien aussi solide, que savant estimable. Il étoit le pere des pauvres, & il leur distribua en un seul jour tout le prix de sa vaisselle d'argent, qu'il fit vendre secrettement dans un temps de disette. Son cabinet étoit un des plus rares & des plus riches qu'il y eût en Europe, en aimants & en microscopes. Il savoit bien le grec & le latin, possédoit à fond l'histoire des anciens & des nouveaux philosophes, & avoit bien lu tous les poëtes Latins, dont il citoit à propos les plus beaux endroits. Il faisoit même des vers françois, & il a traduit en ce genre les plus belles odes d'Horace. Mais ses ouvrages les plus considérables roulent sur la physique. On a de lui des observations sur la structure des yeux de divers insectes, & sur la trompe des papillons, imprimées en 1706, à Lyon, *in-8°*; trois lettres sur le double cours de l'aimant, &c. M. de Puget étoit de la société des gens de lettres qui a donné commencement à l'académie de Lyon. Il mourut le 8 de décembre 1709, âgé de 80 ans, sans avoir été marié. * Son éloge par l'abbé Tricaud de Belmont, chanoine d'Aisnay, & académicien de Lyon, dans les *Mémoires de Trévoux, septembre 1710.* Le P. Binet, jésuite, *églogue sur la mort de M. de Puget*, imprimée en 1710. Le pere Colonia, *histoire littéraire de Lyon, tome II.*

PUGLIENZA, anciennement *Pollentia*, ancien bourg de l'isle Majorque, sur la côte orientale, à deux lieues d'Alcudia vers le nord. * Mati, *dictionaire.*

PUI & DU PUI; *cherchez* PUY.

PUINOIX (Jean de) en latin *de Podionucis*, ainsi nommé du lieu de sa naissance, qui est dans le Limosin, entra dans l'ordre de saint Dominique, & étoit prieur du couvent de Limoges en 1399, lorsque les religieux des provinces de l'obédience de Benoît XIII l'élurent général. Le soin qu'il eut de maintenir la discipline réguliere, justifia le choix qu'on avoit fait de lui; & Benoît montra qu'il le connoissoit homme de tête, & capable des plus grandes affaires, en l'envoyant en 1408, avec un cardinal & trois archevêques à Ligourne, pour traiter de la paix de l'église avec les députés de Grégoire XII. Les cardinaux mieux intentionés que les deux prétendans à la papauté ayant trouvé un moyen de rompre leurs mesures, & fait assembler un concile à Pise en 1409, Puinoix trop attaché à Benoît XIII, ne conferva fous fa dépendance que les trois provinces du royaume d'Aragon ; mais enfin en 1416, s'étant rendu au concile de Conftance, & ayant paru avec éclat en diverfes occafions, il renonça le 11 novembre 1417 au généralat de l'ordre, pour l'évêché de Catane, que lui donna Martin V, qui le choifit en même temps pour fon confeffeur, & l'engagea à faire la clôture du concile par une harangue qu'il prononça le 22 avril 1418. Le même pape donna encore en 1420 une marque de fon eftime pour Jean de Puinoix, en le nommant nonce apoftolique en Sicile ; & Alfonfe, roi d'Aragon, le choifit le 24 feptembre 1422, pour gouverner pendant trois ans la même ifle avec Nicolas Cattanée de Meffine, en qualité de vice-roi. Cet illuftre prélat mourut l'an 1431. * Echard, *fcript. ord. FF. Præd. t. I.*

PUISEAUX, *cherchez* HUGUES dit *de Puifeaux.*

PUISSANCES, anges du fecond ordre de la feconde hiérarchie, ainfi nommés, à caufe du pouvoir qu'ils ont fur les anges inférieurs. * Saint Denys, *cæleftis hierarchiæ, cap. 6.*

PUISSANCES. Le titre de *Hautes Puiffances* commença à être donné aux états des provinces-unies des Pays-Bas vers l'an 1644. Depuis que leur fouveraineté a été établie par le traité de paix qu'ils ont fait à Munfter avec le roi d'Efpagne, les rois d'Angleterre, de Suéde & de Danemarck, ainfi que les électeurs & les princes de l'empire, les nomment *très-hauts & très-puiffans feigneurs,* & leur donnent le titre de *hautes puiffances.* Lorfque les états généraux, conjointement avec l'empereur & le roi d'Efpagne, ont traité avec quelques électeurs ou princes de l'empire, ils ont pris dans ces traités le titre de *hautes puiffances ;* mais lorfque le traité a été feulement entre l'empereur & les états généraux, ou entre le roi d'Efpagne & les mêmes états, ils ont eu feulement le titre d'*états généraux des Provinces-Unies.* Quand les rois de France ont traité avec eux, ils les ont qualifiés tantôt les *fœurs états généraux,* & tantôt, comme il fe fait à préfent, les *feigneurs états généraux.* Lorfque les miniftres de l'empereur, du roi de France & du roi d'Efpagne, préfentent des mémoires aux états généraux, ils leur donnent le titre de *feigneuries ;* mais tous les autres miniftres leur donnent celui de *hautes puiffances.* * *Mémoires curieux.*

PUITS DES EAUX VIVES, puits célèbre dans l'écriture fainte, eft entre la ville de S. Jean-d'Acre, & celle de Tyr, à une bonne lieue de celle-ci, à l'entrée d'une plaine ou prairie plantée d'arbres. On y monte par plufieurs dégrés qui conduifent à une plate-forme, faite de ciment & de cailloux. Le puits eft d'une figure octogone, c'eft-à-dire, à huit pans ou faces, & peut avoir environ quinze pas de diametre. Il eft fi plein d'eau, qu'on la peut puifer à la main ; mais parcequ'il n'y a point d'appui à l'entour, il ne faut pas trop fe hafarder d'en prendre. Les habitans des environs affurent que l'ayant fondé quelquefois, ils n'en ont pu trouver le fond. L'eau fe décharge dans deux conduits, dont l'un qui eft du côté de la mer, fait tourner quelques moulins à bled ; & l'autre eft vers la terre, fur un grand aqueduc bâti de pierres de taille, d'environ 200 pas de longueur, par où les eaux fe vont rendre à deux autres puits plus petits, d'où elles fe répandent dans la prairie & dans les jardins, par plufieurs petits canaux. Il y en a qui ne peuvent fe perfuader que ce puits foit le même que celui qui eft appellé dans l'écriture *Puteus aquarum viventium,* à caufe de ces paroles qui fuivent, *quæ fluunt impetu de Libano,* c'eft-à-dire, qui coulent avec impétuofité du mont Liban. Leur raifon eft qu'on ne voit point de ruiffeau qui vienne du mont Liban fe rendre dans ce puits, & qu'y ayant quinze ou feize lieues de diftance, il n'y a pas lieu de s'imaginer que les eaux y coulent du Liban par quelque canal fouterrein, parcequ'elles fe tariroient dans un fi long efpace de chemin. Mais on peut répondre qu'il faut donner quelque créance à une tradition qui eft ancienne, & appuyée par l'autorité de plufieurs hiftoriens très-célèbres ; qu'à l'égard du

canal fouterrein, nous avons des exemples de plufieurs fontaines & rivieres, qui fe cachent fous terre, & paroiffent après pour continuer leur courfe. Ainfi le fleuve Timave qui defcend des montagnes du Frioul en Italie, s'abîme dans la terre par l'efpace de cent trente ftades, qui font environ feize milles. Le fleuve Erafino fortant du lac Stymphale en Arcadie, fe dérobe fous terre deux cens ftades, c'eft-à-dire, vingt-cinq milles, & fort avec impétuofité. Le Tigre en Arménie ; le Lyco dans la Natolie ; le Niger en Afrique ; le Nil en Ethiopie ; la Guadiane en Efpagne ; & le Rhône en France, au bas de l'éclufe proche du pont Brezain, coulent de même fous terre pour un temps, & fe montrent de nouveau dans des lieux éloignés. Dans la Terre-fainte même, Jofephe croit que le Jourdain prend fa fource originaire de la fontaine Phiala dans la Trachonitide, province de la Paleftine, qu'on nomme à préfent *Bocar ,* & que cette fontaine lui communique fes eaux par un canal fecret & caché fous terre, quoiqu'elle en foit éloignée de cent vingt ftades, ou quinze milles, comme la preuve en a été faite par Philippe *le Tétrarque* & quelques autres, lefquels ont jetté dans la fontaine de Phiala quantité de paille coupée, qui s'eft rendue dans le Jourdain. Les ruines des bâtimens qui s'y voient encore, ne confirment pas peu cette opinion ; car la même tradition tient que ce font des reftes des édifices que Salomon y avoit fait bâtir pour accompagner un jardin de plaifir qu'il avoit auprès de ce puits, à-peu-près femblable au jardin de la fontaine Scellée. * Doubdan, *voyage de la Terre-fainte.*

PULCHARELLI (Conftant) Jéfuite Italien, natif de Maffa près de Naples, mort à Naples le 13 janvier 1610, âgé de 41 ans, tient rang parmi les poëtes Latins du feiziéme & du dix-feptiéme fiécle. Ses poëfies font comprifes en cinq livres, imprimés avec deux de l'Iliade, qu'il a traduits en vers héroïques latins, à Naples 1618, *in-8°,* & réimprimés à la Fléche en 1619. On trouve l'éloge de l'auteur dans la préface. Ces poëfies ont été réimprimées dans le Parnaffe de la fociété, à Francfort 1654, *in-4°.* Toppi & les peres Alegambe & Sotwel difent que fes poëfies font écrites d'un ftyle fort net, & Borrichius prétend que ce qu'il a écrit fur des fujets de religion vaut mieux que ce qu'il a compofé fur des matieres profanes ; qu'il a donné le dernier coup de lime à fes poëmes fur la naiffance de Jefus-Chrift, fur la venue des Mages, fur la paffion du-Sauveur, & même à fes panégyriques & à fes églogues, mais que fon Iliade latine eft une piéce encore brute & fort imparfaite. * Baillet, *jugemens des favans,* édition *in-4°,* tome V, pages 56 & 57.

PULCHELI, bourg grand & paffablement bien bâti, où il y a un bailli. Il eft fur la côte du comté de Carnarvan en Angleterre, à 177 milles anglois de Londres. * *Diction. anglois.*

PULCHER, *cherchez* CLAUDIUS PULCHER.

PULCHERIE, impératrice, que fon mérite a rendu digne des éloges de tous les hiftoriens de fon temps, étoit fille de l'empereur *Arcadius,* & fœur de Théodofe *le Jeune.* Elle confacra fa virginité à Dieu, perfuada à fes fœurs d'en faire de même, & à l'âge de 16 ans, fut créée augufte en 414, par Théodofe, avec lequel elle partagea la puiffance impériale. Elle n'oublia rien pour l'éducation de ce prince, plus jeune qu'elle, & lui choifit elle-même des maîtres pour tous fes exercices. Depuis elle lui fit époufer en 421 Athénaïs, fille du philofophe Léontius, laquelle au baptême prit le nom d'Eudocie. Théodofe fignoit indifféremment toutes les requêtes qu'on lui préfentoit. Pulcherie, pour lui apprendre à y prendre garde de plus près, lui en fit figner une par laquelle elle achetoit Eudocie. L'empereur, au lieu de profiter de ce jeu d'efprit, lui en fut mauvais gré ; & quelque temps après, il la voulut faire ordonner diaconeffe : ce qui l'obligea de quitter la cour, & de fe retirer dans une maifon de campagne. Elle en fortit trois ou quatre ans après, ne pouvant fouffrir que Chryfaphius, ministre de Théodose, abusant de sa bonté, le portât à soutenir l'hérésiarque Eutychés. L'empereur ouvrit les yeux; & cette sortie de Pulcherie devint tout-à-fait avantageuse à l'église. Après la mort de Théodose, en 450, Pulchérie fit élire Marcien, & l'épousa, à condition de vivre avec elle en continence, sous le nom de mariage. C'est par ses soins que fut assemblé en 451 le concile général de Chalcédoine, où les peres lui donnerent des éloges très-magnifiques, de *gardienne de la foi*, & de *nouvelle Hélene*. Cette sage princesse mourut âgée de 56 ans, en 454. Le ménologe des Grecs & le martyrologe romain en font mention le 11 septembre.* *Voyez* S. Léon, *in epistolis*; les actes du concile de Chalcédoine; Théodoret; Nicéphore & Baronius, *in annal. eccl.*

PULCI (Luigi) dit LE PULCI, poëte Italien, étoit de Florence, non d'Aquila au royaume de Naples, comme l'avoit conjecturé M. Baillet. Il s'est fait connoître principalement par un long poëme intitulé, *Morgante maggiore*. Il l'entreprit à la sollicitation de Lucréce Tornabuoni, mere de Laurent de Médicis, mort le 25 mars 1482. C'est un poëme en rime octave de vingt-huit chants, d'un gout original. L'auteur s'y est mis au-dessus des régles, parcequ'il les ignoroit, & non à dessein, comme Vincent Gravina l'a cru. Fort en repos sur le jugement des critiques, il a confondu les lieux & les temps, & allié le comique au sérieux. Il a fait mourir burlesquement la morsure d'un cancre marin au talon le Géant, son héros, & cela dès le vingtiéme livre, en sorte qu'il n'en est plus parlé dans les huit suivans. La naïveté de sa narration a couvert tous ses défauts. Les amateurs de la diction florentine font encore leurs délices du Morgante, sur-tout de l'édition de Venise en 1546 ou 1550, accompagnée des explications de Jean Pulci, neveu de l'auteur. Quelques-uns, comme Théophilo Folengo, stance vingtiéme du chant premier de son Orlandino, & après lui Ortensio Lando, dans sa *Sferza di gli scrittori*, ont prétendu que Politien étoit auteur de ce poëme, & qu'il en avoit cédé l'honneur à Pulci. Mais outre que la poësie de Politien est d'un style bien différent, ce savant étant mort à quarante ans, & ayant tant écrit en prose & en vers, est-il probable qu'il ait fait encore un poëme de si longue haleine.? Le Morgante du Pulci, & ses stances à la villageoise *in lode di la Beca*, ont place parmi les écrits classiques dans le dictionaire de la Crusca, quoiqu'ils ne soient point un modéle pour le style, & qu'ils soient souvent très-indécens dans les choses. Le Pulci est mort vers l'an 1487. Il y a eu un Alessio Pulci, dont l'on a un panégyrique du roi d'Espagne Philippe IV.* Baillet, *jugemens des savans*, tome IV, *de l'édition* in-4°; & la note de feu M. de la Monnoye sur cet article. Le pere Rapin, *réflexions sur la poétique*, &c.

PULGAR (Ferdinand) poëte & historien Espagnol, a fleuri dans le quinziéme siécle, principalement sous le régne de Henri IV, dit l'*Impuissant*, & sous celui de Ferdinand, dit *le Catholique*, & de la reine Isabelle de Castille, sa femme. Sa science, son intelligence dans les affaires, & ses autres talens lui acquirent un grand crédit auprès des princes & des autres grands de son temps, qui l'employerent dans plusieurs affaires importantes. Il eut en particulier une grande autorité auprès de Pierre de Mendoze, cardinal, nommé le cardinal d'Espagne. Henri IV le députa plusieurs fois auprès de Carillo, archevêque de Toléde, pour traiter de la paix entre ce prince & le prélat; mais les négociations de Pulgar furent inutiles, comme on le voit par la sixiéme de ses lettres. Il eut de pareilles commissions auprès du même prélat sous Ferdinand & Isabelle, après la mort de Henri, arrivée au mois de décembre 1474. C'est ce que l'on voit encore par deux lettres de Pulgar: l'une adressée à un gentilhomme qui étoit au service de Carillo, & l'autre écrite à don Alfonse V, roi de Portugal. On apprend de la premiere, que la reine Isabelle traitoit toujours d'accommodement avec Carillo, &

que Pulgar étoit employé dans cette affaire. *Voyez* les extraits des deux lettres de Pulgar, & le détail de l'affaire dont il y est parlé dans l'*histoire des révolutions d'Espagne* du pere d'Orléans, tome III, page 411 & suivantes. Les désordres dont Pulgar fut témoin exciterent son génie poëtique & satyrique. Voici ce qu'en dit Mariana dans son histoire d'Espagne, de la traduction françoise du pere Charenton, Jésuite, livre XXIII, année 1472. Enfin, dit-il, la licence monta à un tel excès, que Ferdinand del Pulgar, un des plus beaux esprits de ce temps-là, & devenu fameux par ses ouvrages & par son génie pour la poësie, composa une satyre très-piquante, en vers castillans, où il déplore avec beaucoup de liberté & d'esprit, la foiblesse & la lâche timidité de don Henri, l'avarice & la jalousie des ministres, les cabales des grands, la corruption des mœurs, le libertinage de la cour, & les maux que souffroit encore la Castille. Pulgar, continue Mariana, ne voulut pas mettre son nom à cet ouvrage, pour se mettre à couvert de ce temps-là, & devenu fameux par ses ouvrages il faisoit des descriptions naïves de l'état pitoyable où se trouvoit alors le royaume. Le roi Ferdinand & Isabelle engagerent Pulgar à deux autres ouvrages, l'un étoit l'histoire des principales actions des grands hommes de son temps; l'autre, une chronique. Pulgar obéit; acheva le premier écrit, & ébaucha seulement le second, qui se termine à la guerre de Grenade, ce qui fait conjecturer que l'auteur mourut vers l'an 1486, dans un âge fort avancé. Le premier ouvrage est intitulé: *Los claros Varones de España, hecho por Fernando de Pulgar, dirigido à la muy alta reyna dona Ysabel, reina de Castilla.* On en a différentes éditions, une, entr'autres, imprimée à Amsterdam chez les Elzevirs en 1670, *in folio*, à la suite des lettres de Pierre Martyr. La chronique de Pulgar fut d'abord imprimée à Saragosse en 1557, *in-fol.* sous ce titre: *Cronica de los reyes don Fernando, y dona Ysabel.* Sanctius de Lebrixa, dit d'Ælius Antonius, l'a traduite en latin, & l'a publiée sous le nom de son pere. La bibliothéque espagnole d'où nous tirons ces époques, donne encore à Pulgar les ouvrages suivans: *Historia del gran Capitan* (sans doute Gonsalve de Cordoue) *Compluti*, 1584, *in-folio*: *Cronica del inclito rey don Enrique IV*, manuscrite: *Historia de los reyes Moros de Grenada*, manuscrite. Enfin on a de Pulgar trente-deux lettres écrites en espagnol, & imprimées avec une traduction latine à la suite des lettres latines de Pierre Martyr, de l'édition citée plus haut. Le traducteur des lettres de Pulgar est Julien Magon, docteur en théologie, & chanoine de l'église de Dol. Il a joint quelques notes à sa traduction, & un avertissement fort court. * *Voyez* les ouvrages cités dans cet article.

PULLUS (Robert) cardinal Anglois, qui passa en France au commencement du XII siécle, & y fleurit dans les écoles de Paris: il repassa ensuite en Angleterre vers l'an 1130, & y rétablit en 1133 l'académie d'Oxford. Il fut pourvu de l'archidiaconé de Rochester; mais l'amour qu'il avoit pour Paris le porta à y revenir. Son évêque fit saisir les revenus de son archidiaconé. Pullus fut obligé de plaider à Rome, où le pape Innocent II l'appella. Il fut créé cardinal & chancelier de l'église de Rome par Célestin II, l'an 1144, & mourut vers l'an 1150. Son ouvrage des sentences a été donné au public par le pere Mathoud & D. Hilarion le Févre, en 1655, en un volume *in-folio*. Il laissa divers ouvrages, dont les plus considérables sont, *Sententiarum de Trinitate l. VIII. In apocalypsin sancti Joannis. In aliquot psalmos. De contemptu mundi*, &c.* Jean Rossi, *de acad.* Leland & Pitseus, *de illust. script.* Angl. Possevin, *in appar. sacr.* Du Pin, *biblioth. des auteurs eccl. du XII siécle.*

PULMANNUS (Théodore) de Craneburg, exerça le métier de foulon à Anvers, comme il nous l'apprend lui-même dans sa préface sur Ausone. Ensuite il s'adonna à l'étude, & devint habile philologue. Il nous a donné des notes sur *Virgile*, *Suétone*, *Juvenal*, *Prudence*, *Claudien*, *Ausone*. On a aussi *Variæ lectiones*. * Swertius, *p.* 691. Franc. Modius, *in Novant. lect. epist. pag.* 71, 184. C. Bartius lui donne quelque part le nom d'*industrieux* & de *savant*.

PULO NERA, c'est une des isles Molucques. Elle est située sur la côte septentrionale de celle de Banda, & appartient aux Hollandois, qui y ont construit le fort Nassaw & le Belgique. * Mati, *diction*.

PULORON ou PULORIN, c'est une des isles de Banda, qu'on met entre les Molucques. Elle est au couchant de celle de Gumanapi, & dépend des Anglois. * Mati, *diction*.

PULO-TYMON, petite isle de la mer des Indes, à l'occident de la grande isle de Borneo, à ses montagnes toutes couvertes d'arbres, & de très-belles vallées arrosées de quantité d'eaux fraîches. C'est où croît cette herbe si renommée, qu'on appelle *Betel*, dont il n'y a presque pas d'homme ni de femme aux Indes qui ne mâche le matin en se levant, après le repas, & même en allant par les rues. Mais parceque cette herbe est amere, ils y mêlent du bois d'aloës, du musc & d'autres aromates. Ils croient que le betel rend l'haleine douce, qu'il fortifie les gencives, & qu'il aide à la digestion. C'est une herbe qui monte comme le houblon, & dont la feuille est plus grande & plus pointue que celle de l'oranger. Quand on la mâche, elle rend d'abord la salive rouge comme du sang, on en crache cette premiere salive, mais on avale la seconde. Les marchands de Java en viennent charger des barques à Pulo-Tymon. * Ambassade des Hollandois au Japon.

PULO-WAY, c'est une des isles de Banda, située dans l'Archipel des Molucques, au midi de celle de Ceram. Les Hollandois sont maîtres de Pulo-way, & y ont bâti le fort Revenge. * Mati, *diction*.

PULTAUSK, petite ville ou bourg du royaume de Pologne. Ce lieu appartient en souveraineté à l'évêque de Plocsko, qui y fait son séjour ordinaire. Il est situé dans le palatinat de Czersko en Mazovie, à treize lieues de Warsovie du côté du nord. * Mati, *diction*.

☞ PULTAWA, place fortifiée dans l'Ukraine, sur la rive droite du Wortslo. Cette place passe pour très ancienne. Elle est devenue fameuse dans ces derniers temps, par la victoire signalée que Pierre *le Grand*, empereur des Russes, y remporta sur Charles XII, roi de Suède, l'an 1709. * La Martiniere, *dict. géogr*.

PUPIENUS (Marcus Claudius Maximus) empereur, fut choisi par le sénat pour gouverner avec Balbinus, après la mort des Gordiens. Ils s'opposerent aux Maximins, & par leur prudence & leur conduite, ils firent espérer au peuple un heureux gouvernement; mais les soldats qui ne les avoient pas choisis pour empereurs, les assassinerent vers l'an 228. Pupienus étoit âgé de 74 ans, & son collègue de 60. Leur règne ne fut que d'environ dix mois ou un an. * Jules Capitolin, *in Gord. & Maxim*. Herodien, *l.* 7. Aurelius Victor, *de Cæsar*.

PURBACH ou PURBACHIUS (George) Allemand, que Trithème appelle *Burbach*, né le 13 mai de l'an 1423, dans un village de ce nom, qui est entre la Baviere & l'Autriche, devint grand mathématicien, & enseigna la philosophie & la théologie à Vienne, où le cardinal Bessarion, qui le connut, lui conseilla de le suivre en Italie pour apprendre la langue grecque. Il y alla, & travailla à un abrégé de l'Almageste de Ptolémée; mais il n'en avoit pas encore achevé le sixième livre, lorsqu'il mourut subitement à Vienne le 8 avril de l'an 1461, dans la trente-huitiéme année de son âge. Régiomontanus, disciple de Georges Purbach, publia quelques-uns de ses traités. * Trithème, *in catalog*. Vossius, *de mathem. c.* 35, § 45; *c.* 57, § 5. Gesner, *in biblioth*. Melchior Adam, *in vit. Germ. philos*. Quenstedt, *de patr. doct*.

PURGATION CANONIQUE, serment par lequel

on se purgeoit de quelque accusation en présence d'un nombre de personnes dignes de foi, qui affirmoient qu'ils croyoient le serment véritable. Elle est ainsi appellée, parcequ'elle se faisoit suivant le droit canonique, & pour la distinguer de la purgation vulgaire, qui se faisoit par le combat, ou par les épreuves de l'eau ou du feu. Le combat étoit un duel en champ clos, qui se faisoit de l'ordonnance des juges, par les parties ou par leurs champions. *Voyez* CHAMPIONS. A l'égard des épreuves, l'accusé étoit quelquefois obligé de mettre le bras dans de l'eau bouillante; quelquefois il étoit forcé de se jetter dans de l'eau froide & ordinaire, pour voir s'il iroit à fond; souvent il devoit porter un fer rouge dans la main un certain espace de chemin, ou on le faisoit marcher sur des charbons allumés, pour connoître si le feu feroit son effet. Ces manieres de juger se sont conservées pendant plusieurs siécles parmi plusieurs nations, & étoient crues si légitimes, qu'elles étoient appellées des *jugemens de Dieu*. C'est pourquoi on les commençoit après des cérémonies ecclésiastiques, & des prieres particulieres que l'on disoit à la messe; outre les exorcismes de l'eau & du feu. La simplicité de ce temps faisoit croire que Dieu étoit obligé de faire des miracles pour découvrir l'innocence; & les historiens rapportent plusieurs événemens, qui confirmoient cette créance; mais ces abus ont été abolis peu-à-peu. L'empereur Louis *le Débonnaire*, défendit l'épreuve de l'eau froide en 840, & ses défenses furent renouvellées par Lothaire, son successeur. L'épreuve du fer chaud & de l'eau bouillante fut défendue par l'empereur Frédéric II, vers l'an 1240. Quant aux duels, l'empereur Charles *le Chauve* fit des ordonnances fort rigoureuses contre ceux qui se serviroient de ce moyen pour justifier leur innocence. * Spelman, *gloss. archæol*.

PURGATOIRE. Les théologiens Latins entendent par le purgatoire un lieu où les ames expient après leur mort les péchés-légers, & qui ne sont point mortels. Les Juifs reconnoissent aussi ce lieu appellé *Purgatoire*. Il y a même une loi chez eux, qui oblige l'enfant de réciter pour l'ame de son pere, pendant un an entier, une certaine priere nommée *Kadis*, afin de le tirer du purgatoire. C'est ce qu'on peut voir dans leurs livres des rits, & dans la synagogue juive de Buxtorf. La dispute que les Grecs & les autres peuples de l'église orientale ont sur le purgatoire avec les Latins, ne paroît être qu'une dispute de nom; car quoiqu'ils assurent qu'il n'y a aucun lieu appellé *Purgatoire*, ni aucun feu réel qui tourmente les ames après la séparation de leur corps, ils ne laissent pas de reconnoître l'état du purgatoire, puisqu'ils prient Dieu pour les morts, de la même maniere que les Latins: soit qu'ils appellent *Enfer* ou *Purgatoire* ce lieu où les ames souffrent, cela ne fait rien à la question. Pour concilier les sentimens des deux églises d'Orient & d'Occident, on rapporte cette priere de l'église romaine, où le purgatoire est appellé *Enfer*, parcequ'il est dans un lieu souterrein : *Domine Jesu-Christe, libera animas omnium fidelium de pænis inferni & de profundo lacu*. Ces paroles, *des peines de l'enfer*, conviennent avec les expressions des Grecs, & des autres sectaires d'Orient, qui ne supposent en effet qu'un lieu qu'ils nomment *Enfer*, où les ames sont retenues comme dans une prison obscure, & d'où l'on prie qu'elles passent au lieu de lumiere & de repos, qui est le paradis; mais sous ce nom d'*Enfer*, ils reconnoissent un lieu pareil à celui que nous appellons *Purgatoire*, & d'où les ames peuvent être retirées par les prieres des fidéles. * M. Simon.

PURIFICATION, cérémonie des Juifs ordonnée dans le Lévitique, où il est dit que la femme qui auroit mis un enfant au monde, demeureroit quarante jours dans la maison, si elle étoit accouchée d'un garçon, & quatre-vingt si c'étoit une fille; & qu'après ce temps elle iroit au temple où elle offriroit pour son enfant un agneau avec un petit pigeon ou une tourterelle; mais que si elle étoit pauvre, elle n'offriroit que deux tourterelles ou deux pigeons. Il y avoit encore une autre loi écrite dans l'Exode, par laquelle Dieu vouloit qu'on lui offrît tous les premiers-nés, qui seroient rachetés par un certain prix, lequel étoit de cinq sicles pour un fils, & de trois pour un fille. La fête de la Purification parmi les Chrétiens, a été instituée pour honorer le mystère du jour auquel la Vierge Marie alla au temple, comme si elle avoit été une femme ordinaire, & y présenta le petit Jesus, pour qui elle donna une paire de tourterelles. C'est pourquoi cette fête est aussi appellée *la présentation de Jesus dans le temple*. Les Grecs la nomment *Hypapante*, c'est-à-dire, *rencontre*, parceque Joseph & Marie tenant l'enfant Jesus, se rencontrerent dans le temple avec Siméon & Anne *la Prophétesse*. L'établissement de cette fête ne peut pas avoir été fait avant le VI siécle; car on ne voit point de sermons prononcés le jour de cette fête avant ce temps-là. Celui que l'on attribue à Methodius, évêque de Tyr, qui vivoit dans le III siécle, est beaucoup plus récent. Théophane assure que cette fête a été établie l'an 542, sous l'empire de Justinien, & du temps du pontificat du pape Vigile. L'église d'Occident suivit l'exemple de celle d'Orient. On prétend même que le pape Gélase I avoit établi cette fête dans l'église de Rome, pour abolir les superstitions & les débauches de la fête des Lupercales, qui se célébroient par les Paiens le 15 de février. Depuis ce temps-là on introduisit la coutume d'allumer des cierges & de les porter en procession. Cette pratique étoit établie dans les églises d'Orient & d'Occident au VII siécle, quoique quelques-uns en rapportent l'institution qu'au pape Serge I, qui mourut la premiere année du VIII siécle. Mais on voit par le témoignage d'Ildefonse de Tolède, qu'elle étoit établie auparavant. C'est la premiere des fêtes de la Vierge qui ait été de précepte pour la cessation des œuvres serviles. Elle l'étoit déja en France du temps du roi Pepin. * Bollandus. Baillet, *vies des saints, mois de février*. Voyez le titre PRÉSENTATION.

PURIM : ce mot qui signifie *sorts*, est le nom que les Juifs donnent à une de leurs fêtes, qu'ils célébrent en mémoire d'Esther, parceque cette reine empêcha que le peuple d'Israël ne fût entiérement exterminé par la conjuration d'Aman, qui fut susspendu au gibet qu'il avoit fait dresser pour Mardochée. Le nom de *Purim* a été donné à cette fête, à cause des sorts dont il est parlé dans le 9 *chap. d'Esther*. R. Léon de Modène dit que cette fête dure deux jours; mais qu'il n'y a que le premier qui soit solemnel, & pour lequel on jeûne la veille. Pendant ces deux jours on peut travailler & négocier. On lit le premier jour tout le livre d'Esther, qui est écrit dans un rouleau, comme les cinq livres de Moyse. Dans le temps de la lecture, ajoute ce rabbin, quelques-uns entendant prononcer le nom d'Aman, frapent des mains, pour marquer qu'ils le maudissent. Ils font ce même jour-là de grandes aumônes en public. Les parens & les amis s'envoient les uns aux autres des présens de choses à manger; les écoliers donnent à leurs maîtres; les chefs de famille aux domestiques; & les grands aux petits. Tout le jour se passe en joie & en festins, comme il est dit au dernier chapitre d'Esther : *Faisant un jour de banquet & d'allegresse, envoyant des présens l'un à l'autre, & des dons aux pauvres*. Chacun en son particulier s'efforce le second jour de faire le repas le plus splendide qu'il peut. * *Voyez* Léon de Modène, *traité des cérémonies des Juifs, part. III, chap.* 10.

PURITAINS, secte de rigides Calvinistes, s'éleverent en Angleterre vers l'an 1565, ou, selon d'autres, en 1568 ou 1569. Ils ont une si grande aversion pour ceux qui n'adhérent pas à leurs sentimens, sur-tout pour les Catholiques, qu'ils ne refusent de prier dans un lieu qui auroit été consacré par les orthodoxes. Ils refusent aussi de porter des surplis, un bonnet & la soutane à la façon des épiscopaux d'Angleterre. Button, Colman, Hallinhgam, Bensen, &c. furent les principaux

auteurs de cette secte, qui en divers temps a excité de furieuses séditions en Angleterre. Ils se persuadoient ou vouloient que l'on crût qu'ils étoient plus purs que les autres dans la religion; & sur cette présomption, ils commencerent à révoquer en doute la discipline reçue dans l'église d'Angleterre, la liturgie & l'autorité des évêques, parcequ'ils disoient qu'elle n'étoit guère différente en apparence de celle de Rome, & qu'on devoit se conformer à celle de Genève. Quoiqu'ils eussent d'abord été arrêtés, ils eurent pourtant un grand nombre de partisans. Il y eut des évêques qui donnerent dans leurs opinions, aussi-bien que des gentilshommes, qui prétendoient par ce moyen aux biens ecclésiastiques : le peuple même, qui suit presque toujours les nouveautés, les favorisa du pape. C'est par ces commencemens que le nom de Puritains éclata long-temps après dans cette isle, qu'il est en vigueur en Ecosse, & qu'il a tant de partisans en Angleterre. Divers d'entr'eux rejettent non-seulement les cérémonies de l'église anglicane, mais encore toutes les liturgies sans en excepter l'oraison dominicale. Louis Cappel les a réfutés dans le recueil des thèses de Saumur, où il renverse une autre erreur de ces gens-là, qui consiste à observer le dimanche aussi scrupuleusement que les Juifs observoient le sabbath. * De Thou, *hist. l.* 43. Genebrard, *chron. l.* 4. Sandere, *hæres.* 221, & *de schism. Angl. l.* 3. Florimond de Raimond, *de orig. hæres. l.* 6, *c.* 12. Sponde, *A. C.* 1565, *n.* 22; 1573, *& seq.*

☞ PURMEREND ou PURMERENDE, en latin *Purmerenda*, petite ville de Nord-Hollande, au midi de Béemster. On attribue les premiers commencemens de cette ville à Guillaume Eggard, trésorier de Guillaume *le Bavarois*, qui lui donna la seigneurie de Purmerend, & y joignit les deux villages Neck & Ilpendam, en récompense de ce que, lorsque ce prince étoit dans la disgrace, du vivant de son pere, Eggard lui avoit souvent ouvert sa bourse. Il y fit bâtir un petit château vers l'an 1410. La famille d'Egmond acheta Purmerend sur la fin du XV siécle, & le posséda jusqu'en 1590, que les états de Hollande l'acheterent, & l'unirent à leur domaine, avec trois villages qui en dépendoient alors, savoir, *Purmerland*, *Ilpendam* & *Neck*. Les deux premiers ont à présent des seigneurs particuliers, & il n'y a que le dernier qui appartienne encore à la ville de Purmerend. Elle a séance & voix dans l'assemblée des états de Hollande, depuis l'an 1572. Elle envoie tous les trois ans alternativement, avec la ville de Schoonhoven, un député à l'amirauté de Frise. Purmerend fut entourée de remparts en 1573, à l'occasion des guerres contre l'Espagne. * La Martiniere, *diction. géog.*

PUSCHIAVO, PUSCHLAW, bourg du pays des Grisons, situé sur les confins de la Valteline au pied du mont Bernima, à trois lieues de Tirano, vers le nord. C'est le chef-lieu de la communauté générale de Puschiavo, qui comprend les deux vallées de Puschiavo & de Pisciadel, dans la ligue de la Cadée. * Mati & la Martiniere, *diction.*

PUSIANO; le lac de Pusiano ou d'Orsilo est un petit lac du duché de Milan. C'est une des sources du Lambro, & il est situé dans le territoire de Como, à deux lieues de la ville de ce nom vers le levant. Il prend son nom du village de Pusiano, qui est sur son bord septentrional. * Mati, *diction.*

PUSIO, anciennement TOPIRIS, petite ville épiscopale suffragante de Philippopoli, est dans la Romanie, près des confins de la Macédoine, à dix lieues de Maximianopoli. * Mati, *diction.*

PUSSA, déesse des Chinois, que les chrétiens appellent *la Cybele Chinoise*, est représentée sur une fleur de l'arbre nommé en latin *Lotus*, & en françois *Alisier*. Elle est assise sur cette fleur au haut de la tige de l'arbre, & joint ses mains devant son sein. Outre cela elle a encore seize bras, dont huit s'étendent du côté droit, & huit du côté gauche, & chaque main est armée d'une épée, d'un couteau, d'un livre, d'un vase, d'une roue & d'autres choses mystérieuses & symboliques. Ces ornemens sont fort riches, & elle est toute éclatante de diamans, & d'autres pierres précieuses. * Kircher, *de la Chine*.

PUTBUS, bourg ou petite ville de Poméranie. Ce lieu est dans l'isle de Rugen, à deux lieues de Bergen, vers le sud. * Mati, *diction*.

PUTEANUS, *cherchez* PUY (Henri ou Ericius du)

PUTEOBONELLI (Dominique-Marie) maître du sacré palais, natif de Savone, entra chez les Dominicains de Gènes, & se fit connoître dans plusieurs maisons de son ordre, par sa piété & par sa doctrine. Le pape Alexandre VII l'appella à Rome pour le nommer commissaire du saint office, & Innocent XI le nomma maître du sacré palais. Ayant paru avec distinction à la cour de Rome l'espace de 23 ans, il mourut au mois de juillet de l'an 1688. Il a laissé quelques ouvrages, comme *Cursus phisoph. Tractat. de ente supernat. Tract. in ur. S. Thom. loca.* * *Biblioth. Prov. Lombard. ordin. Præd. ann.* 1688.

PUTING, ville de la Chine. Elle est petite, mais fortifiée, & située dans la province de Queicheu, aux confins de celle de Suchuen. * Mati, *diction*.

PUTIPHAR, chef de la milice, ou capitaine des gardes de Pharaon, acheta Joseph, l'an 2307 du monde, 1728 avant J. C. & satisfait de sa prudence & de sa modestie, il se reposa sur lui du soin de toute sa maison. La femme de Putiphar troubla le repos de Joseph par sa passion criminelle; & abusant de la crédulité de son mari, elle le rendit injuste & cruel à l'égard de Joseph, qu'il fit mettre en prison. Quelques auteurs disent que ce Putiphar étoit le grand-prêtre d'Héliopolis, dont Joseph épousa la fille nommée *Aseneth*. * *Genese*, 37 & 39. S. Jérôme, *in Gen. c.* 41, &c. 37 *de tradit. hebraic.* Torniel, *A. M.* 2306, 2311 & 2319, *n.* 16.

PUTOMAYO, PUTUMAYE, riviere de l'Amérique méridionale, qui a ses sources aux montagnes des Pastos dans le Popayan, traverse une grande partie de cette province, & plusieurs contrées qui sont au nord de l'Amazone, & se décharge dans ce fleuve, vis-à-vis des isles Homaguas, * Mati, *diction*.

PUTSCHIUS (Elie) originaire d'Augsbourg, sur la fin du XVI siécle, se rendit très-habile dans les sciences, & se fit estimer par sa probité. Il mit au jour Salluste avec des fragmens & des notes, & trente-trois anciens grammairiens. On attendoit d'autres ouvrages de lui, lorsqu'il mourut le 9 mars 1606, dans sa 26 année. * *Voyez* sa vie composée par Conrad Rittershusius; Valere André; Melchior Adam, &c.

PUY (le) ou LE PUY NOTRE-DAME, ville de France, capitale du pays de Vélai, près de la Borne & de la Loire, sur la montagne d'Anis, est le siége d'un évêché dépendant immédiatement du saint siége. Les auteurs Latins la nomment *Vellava* & *Vellonorum urbs, Anicium, Avicinum* & *Podium.* Cette ville assez grande & fort ancienne, est renommée par sa cathédrale de Notre-Dame, où l'on voit un grand nombre de peuples qui y viennent en dévotion. Il y a aussi diverses paroisses, & plusieurs maisons ecclésiastiques & religieuses. L'évêque, qui est comte de Vélai, a le droit du *Pallium*, & autrefois faisoit battre monnoie. Son chapitre est composé d'un doyen, d'un prévôt, d'un chantre, d'un trésorier, d'un sacristain, de l'abbé de S. Pierre, & de 43 chanoines. Lorsqu'on divise le Vélai en partie deçà & partie de-là les bois, le Puy est compris en celle de deçà. C'est une des villes des plus célèbres du royaume. Entre ses évêques, Georges, Marcellin, Paulien, Evode, Suacre, Armentaire, Aurele, Benigne, Agripan, sont reconnus pour saints. Elle en a eu d'autres, illustres par leur qualité & par leur savoir: & entre ceux-ci nous pouvons marquer Durand de Saint-Pourçain, Dominicain, & Pierre d'Ailli, depuis évêque de Cambrai & cardinal. Raimond de Agiles, qui a

écrit une histoire de la guerre sainte, étoit chanoine du Pui. On croit que le nom de cette ville est tiré du latin, qui marque un lieu élevé, ou une éminence dans un amphithéatre. Elle est de la jurisdiction du parlement de Toulouse. Quelques auteurs prennent cette ville pour le *Ruissum* de Ptolémée, & on prétend que S. Paulien, qui en étoit seigneur, y transféra l'évêché. La sénéchaussée de cette ville fut érigée en présidial l'an 1689. Il y a dans la même ville une cour commune, qui est en pariage entre le roi & l'évêque. * Ptolémée, *l.* 2, *c.* 7. Cæsar, *l.* 7, *de bell. Gall.* Strabon, *l.* 4. Gregoire de Tours, *l.* 10, *c.* 25. Sidoine Apollinaire, *epist.* Du Chêne, *antiquités des villes.* Le P. Gissei, *hist. de Notre-Dame du Puy.* Sainte-Marthe, *Gall. christ.*

CONCILE DU PUY.

Les évêques d'Aquitaine s'assemblerent en 1130 au Puy, y condamnerent l'anti-pape Anaclet, & confirmerent l'élection du légitime pontife Innocent II. Gerard, évêque d'Angoulème, qui prenoit le parti de l'anti-pape, y fut déposé. C'est ce que nous apprenons de la vie de S. Hugues de Grenoble, qui ayant été ami de Pierre Léonis, dit *Anaclet*, l'abandonna, lorsqu'il fut question de travailler à la paix de l'église, troublée par cet esprit ambitieux. * *Consultez* cette vie composée par Guigue; général des Chartreux, & rapportée par Surius, *ad* 2 *april.* Baronius, *A. C.* 1130. *T. X. concil. &c.*

☞ PUY (du) en latin *de Podio*, que quelques auteurs ont aussi traduit en *del Puech*, suivant le langage de Dauphiné & de Languedoc. Cette maison a pris son nom d'une terre qu'elle possédoit dans la Romagne. Outre la branche des princes de la Cisterne, il y en a plusieurs autres en Italie, qui ont donné à l'église des cardinaux, & des grands gonfaloniers à la république de Florence.

I. En 1033, l'empereur Conrad *le Salique* (& non pas Henri II en 1103, comme l'avoit dit l'historien du marquis de Saint-André-Montbrun) vint à la tête d'une armée, pour prendre possession du royaume d'Arles & de celui de Bourgogne, dont il avoit hérité par la donation que Rodolphe, dit *le Fainéant*, lui en avoit faite. RAPHAEL du Puy, en latin *de Podio*, grand chambellan de l'empire, le suivit. Il fut du nombre des gouverneurs que cet empereur laissa dans ses nouveaux états. Depuis ce temps, les descendans de Raphaël du Puy ont possédé en souveraineté plusieurs états en Dauphiné, jusqu'au régne de Louis XI, qui réunit toutes ces souverainetés à la couronne. Le tombeau de Raphaël du Puy fut ouvert à Pereins en 1610, par ordre de M. le comte de la Roche, gouverneur de Romans en Dauphiné. On trouva son corps étendu sur une table de marbre; ses éperons d'un côté, son épée de l'autre; sous sa tête une caisse de plomb, contenant une lame de cuivre, avec une inscription ainsi traduite en françois par l'historien du marquis de Saint-André-Montbrun: RAPHAEL DE PODIO, GÉNÉRAL DE LA CAVALERIE ROMAINE, ET GRAND CHAMBELLAN DE L'EMPIRE ROMAIN. Dans la maison de du Puy en Dauphiné, on conserve une médaille d'or du même Raphaël, au revers de laquelle est écrit: *Raphaël de Podio, grand chambellan de l'empire romain, sous l'empereur Auguste, Christ régnant en chair.* Selon Octavian & Strabon, Henri II avoit pris le titre de César Auguste. Raphael eut pour fils HUGUES du Puy ou *de Podio*, qui suit.

II. HUGUES I du Puy, seigneur de Pereins, d'Apifer & de Rochefort, alla à la conquête de la Terre-sainte avec trois de ses enfans, & sa femme *Deurard* de Poifieu, en 1096. Il fonda l'abbaye d'Aiguebelle, ordre de S. Bernard, diocèse de S. Paul-trois-Châteaux. Il fut un des généraux de Godefroi de Bouillon, & fit de si belles actions, que ce prince lui donna en souveraineté la ville d'Acre ou Ptolémaïde. *Hugues de Podio, très-excellent guerrier*, dit Albert d'Aix, *obtint cette cité.* Il eut quatre

fils,

fils, 1. ALLEMAN qui suit ; 2. *Rodolphe*, à qui Godefroi de Bouillon donna plusieurs terres au-delà du fleuve Jourdain , & qui mourut au combat de la vallée de Ran ; 3. *Romain*, qui mourut dans les principautés que Godefroi lui avoit données ; 4. RAYMOND du Puy, second recteur ou grand-maître de l'ordre de S. Jean de Jérusalem , *qui a ci-après son article particulier*.

III. ALLEMAN I du Puy, chevalier, seigneur de Pereins, d'Apifer & de Rochefort, n'eut pas moins de valeur que ses freres. Il alla au secours de Giraud & de Giraudet Adhemar ses parens, qui étoient en guerre avec Guillaume, comte de Forcalquier. Il le battit en plusieurs occasions en 1115. Il épousa *Véronique* Adhemar, sœur de Giraud & de Giraudet. Elle eut en dot Montbrun & plusieurs autres terres, qui furent séparées des états d'Adhemar. Alleman du Puy eut deux fils, 1. HUGUES qui suit ; 2. GUILLAUME , qui se maria en Berri, & y forma , à ce qu'on présume , la maison du PUY en Berri , *dont nous parlerons ci-après*.

IV. HUGUES II du Puy, chevalier, seigneur de Pereins, Rochefort, Apifer & Montbrun, se croisa en 1140 avec Amé III, comte de Savoye , & s'acquit beaucoup de gloire en 1147, dans l'armée de l'empereur Conrad III. Il fit une ligue offensive & défensive avec la maison de Clermont-Tonnerre, & il épousa *Floride* Moiran, fille de *Berlion* de Moiran, dont il eut ALLEMAN du Puy qui suit.

V. ALLEMAN II du Puy, chevalier, seigneur de Pereins, Rochefort, Apifer & Montbrun, porta le nom de Montbrun, & rendit hommage en 1229 à Aimar de Poitiers, comte de Valentinois & Diois. Il acquit des fiefs & directes au lieu de Pereins, de *Guillaume* du Puy son oncle. Dans l'acte d'acquisition , il est dit *fils de Hugues du Puy*, & *petit fils d'Alleman du Puy ;* & ledit Guillaume y est dit *fils d'Alleman premier*. Voyez l'hist. de la maison de Poitiers, par André Duchesne. Alleman II épousa *Alix* , princesse Dauphine, de laquelle il eut , 1. ALLEMAN, qui suit, & 2. *Ainier*, qui se trouva à la journée de Tunis, où les Africains furent défaits par les François. *Voyez* Joinville.

VI. ALLEMAN III du Puy, chevalier, seigneur de Pereins, Rochefort, Apifer, Montbrun, Rhelianete, Baux, Solignac, Bruis, Bordeaux, Ansenix & Conisrieu, jura au nom d'Humbert, Dauphin, son cousin germain, une trève avec le comte de Savoye ; prêta audit Humbert de l'argent pour marier sa sœur au comte de Forez ; fit son testament en 1304, partagea en 1308 avec *Ainier* son frere, des biens qui avoient été à *Alleman* leur pere , & ceux qu'ils avoient acquis de Guillaume leur cousin, établi en Berri. Il épousa *Béatrix* Artod, fille de *Pierre-Ysoard* Artod , seigneur de Glandage, & d'*Alix* de Tournon, dont il eut 1. ALLEMAN qui suit ; 2. BASTET , auteur de la *branche des seigneurs de* MONTBRUN, *rapportée après celle-ci ;* Imbert , qui fut cardinal & archevêque de Boulogne. Tout le conclave voulut qu'il fût pape, mais Philippe *le Bel* lui donna l'exclusion, parcequ'il le croyoit dans les intérêts de l'empereur.

VII. ALLEMAN IV du Puy, chevalier, seigneur de Pereins, Rochefort, Apifer, Ansenix & Conisrieu, suivit le comte de Valentinois lorsque Philippe V marcha contre les Flamans, qui furent défaits en 1329 à la journée de Cassel. Il épousa *Eléonore* Alleman, fille de *Jean* Alleman, seigneur de Lanciol, dont il eut ALLEMAN du Puy qui suit.

VIII. ALLEMAN V du Puy, chevalier, seigneur de Pereins, Rochefort, Apifer, Ansenix & Conisrieu, épousa *Ainarde* de Roland , fille de *Gilles* de Roland , dont il eut trois fils, 1. GILLES du Puy qui suit ; 2. *Ainier*, qui rendit hommage au Dauphin l'an 1356 ; 3. *Gérard*, qu'on dit être le même qui fut cardinal du titre de saint Clément, évêque de Carcassone & abbé de Marmoutier. *Ainarde* de Roland étoit veuve en 1362, temps auquel elle transigea avec son fils Gilles.

IX. GILLES du Puy, chevalier, seigneur de Pereins,

Rochefort, Apifer, Ansenix & Conisrieu, fut présent à une transaction passée entre Louis de Poitiers, comte de Valentinois , & autre Louis de Poitiers, en 1348. Il fit hommage au dauphin , Charles de France , en 1349, & testa en 1390. Il avoit épousé *Alix* de Bellecombe, laquelle après la mort de son mari, rendit hommage au roi dauphin en 1397, pour elle & pour *Artod* du Puy son fils. Gilles & Alix de Bellecombe eurent pour enfans , 1. GILLES du Puy, qui suit ; 2. *Artod*, qui a fait la branche de Bellecombe ; 3. *Ainier ;* 4. *Guillaume ;* 5. *Alleman ;* 6. *François*, chevalier de l'ordre de saint Jean de Jérusalem , commandeur de S. Paul près Romans , dont il fit hommage à Louis dauphin, l'an 1446. Il fut à Rome à l'assemblée des chevaliers de cet ordre , convoquée par le pape Eugène IV. Il fut député de la langue d'Auvergne, dont il fut ensuite grand prieur en 1450, puis baillif de Langot, lors de la mort du grand-maître *Jacques* de Milly.

X. GILLES II du Puy, chevalier seigneur de Pereins, Rochefort, Apifer & autres villes, fit son testament en 1420. Dans cet acte il déclare avoir eu deux femmes ; 1. *Florence* d'Hauteville, fille de *Florimond* d'Hauteville ; 2. *Béatrix* de Taulignan. Il eut pour enfans , 1. AINIER qui suit ; 2. *Deidier*, prêtre à S. Bernard de Romans ; 3. *Claude ;* 4. *Jean*, abbé de S. Eusebe au diocèse d'Apt, prévôt de Carpentras pour le pape , & trésorier de l'église romaine ; 5. *Ainier*, chevalier de l'ordre de S. Jean de Jérusalem , grand-prieur de S. Gilles ; 6. *Marie*, qui épousa *Antoine* de Montbrun.

XI. AINIER du Puy, officier général des armées, chevalier, seigneur de Pereins, Rochefort, Hauteville, la Roche, Montolieu, Puygiron, prêta hommage à Louis dauphin entre les mains de son chancelier, l'an 1446. Il rendit un autre hommage au roi dauphin l'an 1466. Il épousa *Catherine* de Bellecombe, fille d'*Ainard* II, seigneur du Touvet, de S. Marcel & de Montaulieu, dont il eut JACQUES du Puy, qui suit ; 2. *François*, surnommé de Bellecombe , & 3. *Aimé*.

XII. JACQUES du Puy, chevalier, seigneur de Rochefort, Roche-sur-Grane, Autichamp, &c. accepta la donation que lui fit Ainier son pere le 28 janvier 1475. Il épousa, 1°. en 1476, *Françoise* Artaud, fille de *N.* Artaud, seigneur de Marsane ; 2°. *Jeanne* de Vesc, fille de *Talabar* de Vesc , gouverneur de la ville d'Embrun : il testa en 1505, & eut pour enfans , 1. *Jean*, seigneur d'Hauteville , qui rendit hommage au roi dauphin le 10 septembre 1541, & qui épousa *Péronne* de Mantone , dont il n'eut point d'enfans ; 2. *Jacques*, religieux de l'ordre de S. François ; 3. HONORAT, qui suit ; 4. *Guillaume*, conseigneur de la Roche-sur-Grane, qui fit hommage à *Charles*, roi dauphin ; 5. *Anne ;* 6. *Catherine* , qui épousa *Claude* de Marsane.

XIII. HONORAT du Puy, chevalier, seigneur de Rochefort, Roche-sur-Grane, & Autichamp, &c. se maria en 1522 avec *Péronnette* de Claveyson, fille de *Louis* de Claveyson, seigneur de Claveyson, & d'*Enéraude* de Montchenu. Il testa l'an 1558, prêta hommage au roi dauphin en 1585. Il eut pour enfans, 1. FRANÇOIS du Puy, qui suit ; 2. *Pierre*, chevalier de l'ordre de S. Jean de Jérusalem , général des galeres ; & 3. *Claude*, qui épousa *Guiguône* de Jouvent, dont il n'eut point d'enfans.

XIV. FRANÇOIS I du Puy, chevalier, seigneur de Rochefort, Roche-sur-Grane, Autichamp , &c. fut officier général, & commandoit la cavalerie à la bataille qui se donna près du pont de Mirabel, où le connétable de Lesdiguieres, & Charles de Montbrun, cousin dudit François du Puy, furent vaincus. Il épousa *Jeanne* de Pelissier, fille de *Jean* de Pelissier, seigneur de Saint-Ferréol , & de *Françoise* de Gaudelin, par contrat de 1571. Il testa le 26 avril 1616. Il dissipa la plus grande partie de ses biens, & laissa pour enfans, 1. FRANÇOIS qui suit ; 2. *Jacques*, qui a fait la branche qui s'est éteinte dans la maison de Latier ; & 3. *Françoise*, qui épousa *Hector* de la Forest de Mirabel, seigneur de Blacons.

XV. FRANÇOIS II du Puy, seigneur de Rochefort, fut colonel d'un régiment de deux mille hommes. Il épousa *Catherine* de Suffise, fille de *Joachim* de Suffise de la Croix, & de *Marie* de Raimond. Il eut pour fils, 1. LAURENT, qui suit; 2. *François*, qui fut capitaine de vaisseau; & 3. *Joachim*, capitaine dans Tallard.

XVI. LAURENT I du Puy, chevalier, seigneur de Rochefort, colonel d'un régiment de deux mille hommes, fut au siège de Candie avec *Alexandre* du Puy, dit le marquis de Saint-André-Montbrun, & rendit de grands services à la république de Venise. Il se maria en 1630 avec *Marguerite* de Latier, dont il eut, 1. JOSEPH qui suit; & 2. *Jacques*, colonel d'un régiment de deux mille hommes.

XVII. JOSEPH du Puy, chevalier, seigneur de Rochefort, épousa en 1689 *Marie-Françoise* de Blain, de Marcel, du Poët, dont il eut, 1. LAURENT, qui suit; 2. *Jean-Baptiste*, capitaine dans la Marche, mort d'une blessure au service du roi, en 1758; 3. *Jeanne*, abbesse de l'abbaye de Bagnols, ordre de Citeaux; 4. *Françoise*, prieure de ladite abbaye; 5. *Marguerite*, religieuse à Sainte Ursule, à Montelimar; & 6. *Gabrielle*, morte religieuse au couvent de la Visitation de ladite ville.

XVIII. LAURENT II du Puy, chevalier, seigneur de Rochefort, capitaine des grenadiers dans le régiment de Lyonnois, marié en 1726 avec *Susanne* de Caritat de Condorset, sœur de l'évêque d'Auxerre, dont il a eu, 1. JACQUES du Puy, qui suit; 2. *Susanne* du Puy, & 3. *Françoise*, religieuse dans l'abbaye de Bagnols.

XIX. JACQUES II du Puy, chevalier, seigneur de Rochefort, capitaine de cavalerie au régiment du roi, dit le *Marquis du Puy Montbrun*, dont il a pris le nom à l'extinction de la branche des seigneurs de Montbrun, a épousé en 1756 *Marie-Thérèse-Catherine* de Narbonne-Pelet, fille de *Claude* de Narbonne Pelet, seigneur de Salgas, Vébron, &c. & de *Françoise-Hélène* de Pierre-Bernis, sœur du marquis & du cardinal de ce nom. *Voyez* PELET & PIERRE.

BRANCHE DES SEIGNEURS DE MONTBRUN.

VII. BASTET du Puy ou *de Podio*, seigneur de Montbrun, &c. second fils d'ALLEMAN III du Puy, & de *Béatrix* Artod, eut deux fils, 1. GUILLAUME, qui suit; & 2. *Gérard*, qu'on dit être le même que le cardinal Gérard du Puy, évêque de Florence.

VIII. GUILLAUME du Puy, seigneur de Montbrun, &c. fut un des généraux des armées du roi Jean. Il s'acquit beaucoup de gloire, en combattant contre les Anglois. Il eut deux fils, 1. FOUQUET, qui suit, & 2. *Pierre-Gérard*.

IX. FOUQUET I, seigneur de Montbrun, &c. fut un des généraux des armées de Charles VII, & fut tué à la bataille de Verneuil. Il n'eut qu'un fils: HECTOR du Puy.

X. HECTOR du Puy, seigneur de Montbrun, &c. fut aimé de Louis XI, à qui il prêta de l'argent lorsqu'il alla se faire recevoir dauphin. Il fut ensuite grand écuyer de Charles d'Anjou, dernier comte de Provence, roi de Naples & de Sicile. Ce prince lui donna la châtellenie de Premirelieu & toutes ses dépendances en souveraineté, sa vie durant. Cette donation est dans le testament par lequel Charles d'Anjou donna la Provence à Louis XI. Hector du Puy n'eut qu'un fils, nommé FOUQUET.

XI. FOUQUET II, seigneur de Montbrun, &c. fut un des généraux des armées de Charles VIII. Il n'eut qu'un fils nommé AIMAR.

XII. AIMAR du Puy, seigneur de Montbrun, &c. fut un des généraux des armées de Charles-Quint. Il entra le premier dans Tripoli, à la tête des volontaires, lorsque cet empereur s'en rendit maître. Il vint servir en France. Il fut lieutenant de roi en Provence, commissaire général de la cavalerie, gouverneur de Marseille & du château d'Amboise, commissaire général de l'ordre du roi. Il eut trois fils, 1. *Pompée*, général des galeres, qui fut assassiné sur le port de Marseille; 2. *Didier*, chevalier de Malte, qui fut tué au siège de cette ville, auprès du grand-maître de la Valette son oncle; & 3. CHARLES du Puy, qui suit.

XIII. CHARLES du Puy, seigneur de Montbrun, &c. dit *le brave Montbrun*, l'un des plus vaillans capitaines d'entre les Calvinistes, pendant les guerres du XVI siécle, & dont l'éloge sera rapporté ci-après. Il épousa *Justine* Alleman, dont il eut JEAN II qui suit.

XIV. JEAN II du Puy, seigneur de Montbrun, &c. se distingua durant les guerres de la religion, & fut capitaine de cinquante hommes d'armes. Il laissa quatre fils, 1. CHARLES-RENÉ qui suit; 2. *Jean*, seigneur de Ferracieres, qui fut lieutenant général des armées du roi; 3. *Alexandre*, marquis de Saint-André, lieutenant & capitaine général des armées du roi, & généralissime de la république de Venise en Candie, dont on a publié la vie; 4. *René*, seigneur de Villefranche, maréchal des camps & armées du roi. Celui-ci laissa un fils, qui étant sorti de France pour la religion, se réfugia en Angleterre, où il fut fait colonel d'un régiment de François réfugiés, avec lesquels il fut envoyé au service du duc de Savoye. Il se trouva à la bataille de la Marsaille, où il fut blessé, & mourut deux mois après de ses blessures, au mois de décembre 1693, laissant une fille qui revint en France avec sa mere, & se convertit; elle fut connue à Paris & à la cour, sous le nom de *la belle mademoiselle de Villefranche*.

XV. CHARLES-RENÉ du Puy, seigneur de Montbrun, &c. fut lieutenant général des armées du roi. Il eut un fils nommé JACQUES du Puy, qui suit.

XVI. JACQUES du Puy, marquis de Montbrun, n'a point laissé de postérité masculine, & le marquisat de Montbrun appartient aujourd'hui aux filles du marquis de Saint-Auban & de N. du Puy Montbrun, qui sont les marquises de la Faye, de Montmiorac & de Bimar.

Il y a toute apparence que les seigneurs de Montesquieu & autres terres près de Toulouse, où ils sont établis depuis environ 1300, qu'ils y furent attirés par Gerard du Puy, évêque de Carcassonne & depuis cardinal, lesquels portent le même nom & les mêmes armes, sans aucune altération, que la maison de du Puy-Montbrun, sont une branche de cette même maison.

BRANCHE DES SEIGNEURS DE DAMES EN BERRY.

Quoique l'on ignore les premiers dégrés de cette branche, depuis sa séparation, par GUILLAUME, fils d'ALLEMAN I, qui s'établit en Berry vers 1150, l'acte de 1308, rappellé à l'article d'ALLEMAN III, prouvant que ledit *Guillaume* avoit laissé des descendans, on doit regarder les du Puy, seigneurs de Dames, comme une branche de la maison de du Puy-Montbrun.

I. PHILIPPE du Puy, chevalier, lequel le mercredi après la fête de l'invention de S. Etienne de l'an 1263, vendit aux vicaires de Notre-Dame de Sales, une place en la ville de Bourges, jouxte celle d'*Eudes* du Puy, chevalier, son frere, & du consentement de *Concesse* sa femme, de laquelle il eut, 1. *Jean*, mort sans lignée; 2. *Philippe*, qui épousa *Alix* de Mannay, & fut pere de trois filles, *Jeanne*; *Alix* & *Isabeau* du Puy; 3. GUILLAUME du Puy, qui suit; & 4. *Marguerite*.

II. GUILLAUME du Puy, chevalier, transigea l'an 1318 avec la veuve de *Philippe* du Puy, pour la succession de *Jean* du Puy son frere, de laquelle il eut entr'autres pour sa part les terres de Dames & de Vaux. Il fut pere de PERRIN, qui suit; & de *Jeanne* du Puy, mariée à *Guillaume* de Fleuri, seigneur de la Motte.

III. PERRIN, seigneur de Dames & de Vaux, épousa *Isabelle* Sigoneau, dont il eut PERRIN II, qui suit; *Jean*, abbé de Bourgdieu; & *Guillaume*, abbé d'Issoudun.

IV. PERRIN du Puy II du nom, seigneur de Dames & de Vaux, épousa *Jeanne* du Four, dame des Places près Romorantin, dont il eut GEOFROI qui suit; *Pierre*, échanson & écuyer d'écurie du roi, & du duc de Berri, mort sans postérité de *Guillemette* de Passac; & *Perrette* du Puy, mariée à *Guillaume* Herpin, seigneur de Coudrai-Herpin.

V. GEOFROI du Puy, seigneur de Dames, des Places, acquit la terre du Coudrai-Monin, fut chambellan du roi Charles V, & du duc de Berri. Il fit le voyage de Barbarie avec le duc de Bourbon & le seigneur de Couci, & au retour il se trouva à la bataille d'Azincourt, en 1415, où il demeura prisonnier, & fut mené en Angleterre, où il demeura un an entre les mains de deux chevaliers, auxquels il paya une grosse rançon, & mourut en 1421. Il avoit épousé le 23 mai 1397, Jeanne de Pierrebuffiere, dame de Bellesaye, de Chantemilan, & de la Tour S. Aoustrile, fille de Jean, seigneur de Pierrebuffiere & de Château-neuf en Limosin, &c. & de Hiacynthe, dame de Bellesaye, sa seconde femme, dont il eut Jean, mort sans lignée; LOUIS, qui suit; Louise, mariée le 14 janvier 1416, à Plotard de Cluis, seigneur de Briantes; Jeanne, alliée le 17 mai 1422, à Robert, seigneur de Neuville & de la Guerche; Marguerite, qui épousa le 20 avril 1428, Etienne de Château-Chalon, seigneur de Billi en Sologne; Isabelle, mariée le 11 décembre 1430, à Gilbert Brandon, seigneur de Fresineau; Marie, alliée le 12 juin 1432, à Louis, seigneur de Montrognon, seigneur de Salvert & de Chat en Auvergne; Jacquette, qui épousa le 24 avril 1427, Jacques de Tiviere, seigneur de la Motte-d'Orsan & de Mursault en Auvergne; Perrette, femme de Jean de Charenton, seigneur de Chezelles; Annette, mariée à Louis de Lézai, seigneur de Chantoliers, de Romœt & de l'Isle-Jourdain; Catherine, femme de N. baron de Maumont en Limosin; & Philippe du Puy, mariée à N. seigneur de la Roche-Aymond en Auvergne.

VI. LOUIS du Puy, seigneur du Coudrai-Monin, Vaux, Dames, la Forest, Chantemilan, & la Tour S. Aoustrile, baron de Bellesaye, &c. fut chambellan des rois Charles VII & Louis XI, sénéchal de la Marche, & gouverneur de Châtellerault; servit au siége de Castillon en 1453, & y conduisit les troupes du comte de Castres, & vivoit en 1494. Il avoit épousé e 22 mai 1455, Catherine de Prie, fille d'Antoine, seigneur de Busançois & de Moulins, grand-queux de France, & de Magdelène d'Amboise, dont il eut JEAN, qui suit; Jeanne, mariée à Antoine de Thiern, seigneur de Lognac & de Sauvagnac en Auvergne; Susanne, femme d'Odet d'Archiac, seigneur d'Availles, de Fronsignac, & de Mortieres; Gabrielle, dame de Bagneux, vivante en 1480; Magdelène, alliée à Gui de Chastaignier, seigneur de la Rochepofai, &c; Marie, qui épousa le 5 octobre 1480, Georges, seigneur de Vouhet en Berri; & Louise du Puy, mariée à Charles, seigneur d'Arbouville & de Buneau en Beausse.

VII. JEAN du Puy, seigneur du Coudrai-Monin, baron de Bellesaye, &c. chambellan du roi, & bailli de Costentin, fut fait lieutenant général & gouverneur de Rouanois, par le duc de Bourbon en 1488, & du duché d'Orléans, par le duc d'Orléans, auquel il s'attacha dès sa jeunesse, & avec lequel il fut fait prisonnier à la bataille de Saint-Aubin du Cormier. Il fit le voyage de Naples avec le roi Charles VII. Le roi Louis XII le pourvut en 1508, de l'office de grand-maître des eaux & forêts. Il mourut le 26 août 1513. Il avoit épousé le 8 février 1505, Philippe de Baissel, l'une des filles d'honneur de la reine Anne, & fille d'Antoine, seigneur de Longecourt, baron de Tilchaftel, &c, bailli de Dijon, colonel des Suisses & Lansquenets, & de Jeanne de Lenoncourt-Gondrecourt, morte le 22 avril 1554, ayant eu pour enfans, GEORGES, qui suit; & Françoise du Puy, mariée 1°. le 26 mai 1527, à Charles Açarie, seigneur de Bourdet & de Charroux : 2°. à Gilles Sanglier, seigneur de Boisrogues, morte le 30 juillet 1559.

VIII. GEORGES du Puy, seigneur de Coudrai-Monin, baron de Bellesaye, &c. né le 4 juin 1509, fut pannetier du roi François I, & mourut le 6 août 1562. Il avoit épousé Jeanne Raffin, fille d'Antoine, dit Poton, seigneur de Pecalvari, de Beaucaire, & d'Azaile-Rideau, sénéchal d'Agenois, gouverneur de Cherbourg, de Marmande en Gascogne, & de la Sauvetat,

& de Jeanne de la Lande, dont il eut, CLAUDE, qui suit; Philippe, abbé de la Prée, mort en 1560, âgé de 26 ans; Geofroi, baron de Bellesaye, né le 16 août 1544, mort sans alliance au siége de la Rochelle le 24 juin 1573; Philippe, née le 16 août 1532, mariée à François de Gamaches, seigneur de Quinquempoix & de Jussi, vicomte de Remon, chevalier de l'ordre du roi; Jeanne, religieuse à S. Laurent de Bourges, morte en 1580; Claude, dame de Chantemilan, & de la Tour S. Aoustrile, née le 16 janvier 1542, mariée le 15 janvier 1567 à Louis de Châtaignier, seigneur d'Abain & de la Rochepofai, chevalier des ordres du roi, gouverneur & lieutenant général de la haute & basse Marche; & Françoise du Puy, alliée à Claude de S. Quintin, baron de Blet.

IX. CLAUDE du Puy, seigneur du Coudrai, baron de Bellesaye, &c. chevalier de l'ordre du roi, né le 10 janvier 1536, accompagna le roi Henri III en son voyage de Pologne, vendit sa terre de Dames, pour subvenir aux frais de ce voyage, & mourut à Rome le 3 novembre 1577. Il avoit épousé le 9 janvier 1561, Jeanne de Ligneris, fille de Théodore, seigneur de Chauvigni, de la Motte d'Ormoi, de Beaumont en Gatines, &c. & de Françoise de Billi, dame de Courville, dont il eut pour fille unique Jeanne du Puy, dame du Coudrai & de Bellesaye, mariée 1°. en 1579 à Louis, seigneur de S. Gelais, &c. lieutenant de roi de Poitou : 2°. à Prégent de la Fin, vidame de Chartres, seigneur de la Ferté-Arnault. * Voyez la Thaumasiere, hist. de Berri. Le P. Anselme, histoire des grands officiers, &c.

PUY (Raimond du) deuxième grand-maître de l'ordre de S. Jean de Jérusalem, succéda en 1118 à Gérard, instituteur de cet ordre. Il étoit de la province de Dauphiné, & sortoit de l'illustre maison des du Puy, dont on vient de rapporter la généalogie. Raimond fut élu par les freres de l'ordre, suivant la disposition de la bulle du pape Paschal II, donnée en 1113, & fut appellé maître de l'hôpital de la ville de Jérusalem, pour marquer son autorité. Gérard n'ayant pris que le nom de gouverneur de l'hôpital. Voyant ensuite que dans le grand nombre de freres qui prenoient l'habit de son ordre, il y avoit beaucoup de gentilshommes, fort capables de manier les armes; il établit une milice pour défendre la religion contre les ennemis de la Terre-sainte, pendant que les autres auroient soin des pauvres & des malades de l'hôpital. Pour mieux réussir dans ce pieux dessein, il assembla le premier chapitre général, & distingua l'ordre en trois rangs; savoir de chevaliers, de servans d'armes, & de chapelains. Il fit aussi de nouvelles constitutions, pour perfectioner la régle que Gérard avoit établie. Elles furent confirmées en 1123, par le pape Calliste II, & en 1130, par Innocent II, qui leur donna pour enseigne de guerre la croix d'argent, aujourd'hui appellée de Malte, en champ de gueules. Raimond du Puy arma ses troupes, & les présenta à Baudouin II, roi de Jérusalem, pour les suivre en ses armées contre les infidéles. Depuis ce temps-là il n'y eut aucune expédition, ni aucun combat où les chevaliers de cet ordre ne se trouvassent. L'an 1153, le roi de Jérusalem étoit près de lever le siége d'Ascalon; mais le grand-maître du Puy obtint que l'on demeurât devant la place, & fit rendre la ville en peu de jours. Cette conquête lui acquit beaucoup de gloire, & lui attira l'estime du pape Anastase IV, lequel accorda de grands priviléges à l'ordre. Raimond fit ensuite bâtir un palais magnifique : ce qui donna de la jalousie aux prélats de Jérusalem & de la Terre-sainte; mais la religion fut maintenue par le souverain pontife, dans ses exemptions & dans ses priviléges. Ce grand-maître mourut en 1160, & eut pour successeur Auger de Balben. Raimond du Puy est le premier qui ait pris, & à qui on ait donné le titre de grand-maître de l'ordre; & il ne s'en servit qu'après que Roger, roi de Sicile, le lui eut donné dans quelques lettres qu'il écrivit à Raimond. * Bosso & Baudouin, hist. de l'ordre de S. Jean de Jérusalem.

Naberat, *privilèges de l'ordre. Recherches concernant Raimond du Puy*, par feu M. de Valbonnays, premier préſident de la chambre des comptes de Dauphiné, *dans le tom. VI, part. I des mém. de litt. recueillis par le P. Deſmolets.*

PUY (Charles du) dit *le brave Montbrun*, l'un des plus vaillans capitaines d'entre les Calviniſtes, pendant les guerres du XVI ſiécle, rendit de grands ſervices à ſon parti dans le Dauphiné, où il avoit pris naiſſance, dans l'illuſtre maiſon de du Puy-Montbrun. *Nous en avons donné plus haut la généalogie.* Le brave Montbrun fut d'abord très-zélé catholique, & fut perverti par Théodore de Bèze, & par la lecture des écrits de Calvin, dont ce miniſtre lui avoit fait préſent dans un voyage que Montbrun fit à Genève, pour ramener une de ſes ſœurs qui s'étoit engagée dans les opinions nouvelles, & qui s'étoit retirée à Genève. Elle craignoit le zèle de Montbrun; en effet il fut tel, qu'il le porta à l'aller chercher où elle étoit, dans le deſſein de la ramener, ou de la tuer. Cette demoiſelle ayant ſu l'arrivée de ſon frere, ſe cacha, & engagea Bèze de le voir, pour tâcher de le gagner. Les efforts du miniſtre furent vains & inutiles pendant environ trois ans, au bout deſquels Montbrun fit une profeſſion publique de la nouvelle religion, força ſes vaſſaux à la recevoir, & en fut depuis un des plus hardis & des plus zéles défenſeurs. On le vit des premiers à la faire valoir ſur la fin du règne de Henri II, & au commencement de celui de François II. En 1560, Marin Bouvier, prévôt des maréchaux de France en Dauphiné, eut ordre de l'arrêter. Montbrun ayant eu avis qu'il venoit pour exécuter cet ordre, marcha contre lui, le prit, & le fit mettre dans la priſon de ſon château de Montbrun. Montbrun jugeant bien qu'après cela on ne le laiſſeroit point en repos, ſe mit en campagne, entra dans les terres du pape, exigea de groſſes contributions, & s'empara de quelques villes. Le pape, pour arrêter les dégâts que l'armée de Montbrun faiſoit, s'adreſſa au cardinal de Tournon, oncle de ſa femme, pour le prier d'engager Montbrun à diſcontinuer de ravager ſes terres. Ce cardinal eut recours au maréchal de Montmorenci, par l'entremiſe duquel Montbrun fit ſa paix avec le pape, ſortit de ſes états, & revint demeurer à Montbrun. Le parlement de Grenoble ayant été informé de ſon retour, engagea la Mothe-Gondrin, lieutenant de roi de la province, de venger l'outrage que Montbrun leur avoit fait en la perſonne de leur prévôt, qu'il avoit empriſonné. Cet officier marcha contre Montbrun avec ſix cens chevaux; mais Montbrun ayant eu avis de cette marche, vint au-devant de lui, & le défit dans les montagnes avec quarante hommes ſeulement. Gondrin, pour ſe venger, eut recours aux Suiſſes, dont il obtint un ſecours de 800 hommes; mais Montbrun, quoique ſes gens fuſſent beaucoup inférieurs en nombre, trouva dans ſa valeur & dans leur courage de quoi triompher entièrement de ſes ennemis, dont il tua la plus grande partie, & en fit quelques-uns priſonniers, & entr'autres le commandant des Suiſſes, qui dit en rendant ſon épée, que ceux de ſa nation n'avoient jamais été vaincus par une armée inférieure à la leur, *que par Jules Céſar, François I, & par le brave Montbrun.* La vigoureuſe réſiſtance de Montbrun lui attira un ſi grand nombre d'ennemis, qu'il fut obligé de ſortir de France, & de ſe retirer à Genève avec *Juſtine* Aleman, ſon épouſe, qui ſe laiſſa corrompre & ſéduire par les diſcours de Calvin & de Bèze. Leur maiſon fut raſée, & toutes les fortifications démolies. Après environ deux ans d'abſence, Montbrun rentra en France, reprit les armes, & ſe rendit maître de pluſieurs places du Dauphiné & de la Provence. Il ſe trouva aux batailles de Jarnac & de Montcontour. L'an 1570, étant revenu en Dauphiné, il accompagna l'amiral de Châtillon en Vivarez, & paſſa le Rhône à la nage avec ſa cavalerie, après avoir bleſſé M. de Gordes de ſa propre main, & défait l'armée qu'il commandoit. Après la

S. Barthélemi, Montbrun fût des premiers à prendre les armes, & contribua dans la ſuite à mettre diverſes places dans ſon parti. Il fut aſſez hardi pour marcher contre l'armée de Henri III, qui faiſoit le ſiége de Livron, & d'ordonner à ſes troupes de piller le bagage de ce prince en 1574. Ce ne fut pas tant par avarice, diſent les hiſtoriens, que par bravoure: auſſi répondit-il, lorſqu'on lui reprocha qu'il ſembloit avoir oublié qu'il étoit né ſujet, *que les armes & le jeu égaloient les hommes.* Enfin, le marquis de Gordes, lieutenant de roi dans la province, marcha contre Montbrun avec une armée conſidérable. Le choc fut vif & opiniâtre. Montbrun en étant venu aux mains juſqu'à trois fois dans un même jour, ſes troupes diminuées conſidérablement, & fatiguées de toutes ces attaques, eurent tellement le deſſous, que Montbrun ſe voyant en danger d'être tué ou fait priſonnier, pouſſa ſon cheval fatigué pour ſauter le canal d'un moulin; mais il tomba, ſe caſſa une cuiſſe, & fut arrêté. Le roi lui fit faire ſon procès à Grenoble, où il fut condamné le 29 du mois de juillet: il y fut condamné à la mort, qu'il ſouffrit avec beaucoup de conſtance le 12 août 1575. La paix de 1576 lui rendit, par un article exprès, l'honneur que le genre de ſa mort ſembloit lui avoir ôté; & le jugement rendu contre lui fut anéanti & révoqué. * De Thou, *hiſtoria ſui temporis*, Chorier, *hiſtoire du Dauphiné.* La Popeliniere. Davila.

PUY (du) maiſon ancienne & féconde en hommes illuſtres. L'opinion la plus certaine eſt qu'elle eſt originaire de France, & qu'elle eſt venue s'établir dans le duché de Bar en 1400, par Jean du Puy, qui y accompagna le duc René I, lequel l'envoya à la cour de Rome pour demander en ſon nom l'inveſtiture des royaumes de Naples & de Sicile. Jean y fut reçu avec diſtinction, & le pape lui fit préſent du couteau de Jules Céſar, avec cette deviſe: *Julii Cæſaris ſum.*

I. PIERRE du Puy, ſeigneur de Saint-Germain en Forès, eſt le premier de cette maiſon dont on ait connoiſſance. On croit qu'il mourut vers l'an 1348, ſon petit-fils étant mort en 1400.

II. THOMAS du Puy, ſeigneur de Saint-Germain & de Laval en Forès, ſuccéda à Pierre du Puy, & laiſſa pour ſucceſſeur HUGUES du Puy, qui ſuit.

III. HUGUES du Puy, ſeigneur de Saint-Germain, épouſa *Antoinette* de Chaſtelus, dont il eut *Thomas* du Puy, ſeigneur de Jourfieu; *Etienne* du Puy; *François* du Puy, qui a été général de l'ordre des Chartreux, *qui a ci-après un article ſéparé*; GEOFROY, qui ſuit; & JEAN du Puy, qui a formé la branche des ſeigneurs de GERY & LOIZEY, en Lorraine. Il prit pour armes, *un émanché d'or & de gueule*, que les deſcendans de cette maiſon continuent de porter avec les anciennes.

IV. GEOFROY du Puy, ſeigneur de Saint-Germain, capitaine-gouverneur de Saint-Galmier, épouſa *Françoiſe* Trunel, dont il eut onze enfans; entr'autres, *Pierre*, prieur d'Eſtivallaiíes, & chanoine de Notre-Dame de Montbriſon; *Antoine*, prieur de Salles; *Philbert*, commandeur de l'ordre de Saint-Antoine de Viennois; & CLÉMENT, qui ſuit; *Jacques* I du nom, capitaine & châtelain de Saint-Galmier, épouſa *Claire* de Chalançon, dont il eut *Louis* & *Jacques* du Puy. II du nom, s'allia avec *Catherine* de Villars: il en eut *Claude* du Puy, qui ſe fit Capucin; & qui fut quatre fois provincial; *François*, auſſi Capucin; & *Catherine* du Puy, qui épouſa *Nicolas* de Pelouze, chevalier de l'ordre du roi, & gouverneur du haut Vivarais.

V. CLÉMENT du Puy, ſeigneur de Saint-Germain & de Laval en Forès, épouſa le 23 juin 1539 *Philippe* de Poncet, fille de *Jean* de Poncet, ſeigneur de la Riviere, & de *Magdeléne* Jayer, dame de Galande en Brie. Il en eut *Clément* du Puy, Jéſuite, qui fut provincial de la province de France, *dont nous parlerons dans un article ſéparé*; CLAUDE, qui ſuit; & *Judith*, qui épouſa *Claude* Séguier, ſieur de la Vériere.

VI. CLAUDE du Puy, ſeigneur de Saint-Germain,

dont on peut confulter l'article particulier, époufa le 29 septembre 1576 *Claude* de Sanguin, fille de *Jacques* de Sanguin, feigneur de Livry, & de *Barbe* de Thou, fille d'*Augufte* de Thou, préfident à mortier, con-feiller d'état de Henri IV, & garde de fa bibliothéque. Claude eut de fa femme, *Chriftophe* du Puy, Chartreux, *qui a fon article féparé*; *Auguftin*, chanoine & prévôt d'Ingray dans l'églife de Chartres; *Clément*, commif-faire d'artillerie, qui fut tué à la bataille d'Avein en 1636, laiffant les enfans de *Catherine* de Longueval, fa femme; *Marie*, qui époufa *Claude* Genoud, fieur de Toulonges; *Pierre* du Puy, *qui a ci-après un article particulier*; *Jacques*, prieur de S. Sauveur, & garde de la bibliothéque du roi, *dont on parlera dans l'article de Pierre, fon frere*; & NICOLAS, qui fuit.

VII. NICOLAS du Puy, chevalier de Malte, fut tué par les Turcs près de Faragoffe, en 1625.

SEIGNEURS DE GERY ET LOIZEY en Lorraine.

IV. JEAN du Puy, feigneur de Gery, envoyé de Lorraine en cour de Rome, frere cadet de *Geofroy* du Puy, feigneur de Saint-Germain, époufa en 1430 *Ma-ryon* de Bauzey, dame dudit lieu, fille de *Henriet* de Bau-zey, feigneur dudit lieu, & de *Jeanne* de Houdelaincourt, maifon de nom & d'armes. Les enfans de *Jean* du Puy furent *Pierre*, chanoine de S. Pierre de Bar, où l'on voit fa ftatue; DIDIER, qui fuit; *Jeanne*, morte fille, & plufieurs autres. Jean du Puy, à fon retour de Rome, accompagna le duc René à Naples à fa prife de poffef-fion; & ce duc le fit confeiller dans fon confeil & cham-bre des comptes. On prouve la filiation de *Jean* du Puy, fils de *Hugues* & d'*Antoinette* de Chaftelus, par un titre de fondation de trois meffes par femaine, fon-dées en fa chapelle de S. Pierre à Bar, érigée fous le titre de l'Annonciation de Notre-Dame en ladite églife collégiale, le 15 avril 1488 avant Pâque, dont les defcendans en font collateurs par lettres patentes de René, duc de Lorraine, en faveur de Maryon de Bauzey, douairiere de feu honoré feigneur Jean du Puy, qui en réglent le droit de patronage & collation en faveur du plus proche parent: ces lettres font du 20 décembre 1489. L'alliance de Maryon de Bauzey avec Jean du Puy fe prouve par une tranfaction faite entre Maryon de Bauzey, douairiere de feu honoré feigneur Jehan du Puy d'une part, Didier & Pierre du Puy, chanoine de S. Pierre à Bar, fon frere, touchant le douaire de ladite Maryon de Bauzey, leur mere, fur le bien de leur pere, du 10 mai 1487, paffée par-vant Jean Godignon & Chriftophe Liétard, notaires à Bar.

V. DIDIER du Puy, I du nom, feigneur de Gery & de Loizey, époufa en premieres noces *Marguerite* de Révigny, fille de *Guillaume* de Révigny, & de *Jeanne* de Génicourt, dame dudit lieu. Guillaume de Révigny eut une feconde fille, *Claudette* de Révigny, qui époufa *Antoine* de Cléméry, feigneur dudit lieu, dont elle eut *Louife*, & *René* de Cléméry, qui époufa *Françoife* de Gournay, fille de *François* de Gournay, & de *Françoife* de Gronais, maifon éteinte: *Louife* époufa *François* de Tavagny, bailli au comté de Vau-démont. La maifon de Révigny eft très-ancienne. En 1280 vivoit Jean de Révigny, bailli de Bar. Les enfans de Marguerite de Révigny furent *François* & *Didier* du Puy, chanoine de S. Maxe de Bar. DIDIER du Puy, I du nom, époufa en fecondes noces *Jeanne* de Guillarmot, fille de *Thomas* de Guillarmot, feigneur de Mandres en partie, & de *Jeanne* de Mandres, dame dudit lieu, fille de *Jean* de Mandres. Didier eut de ce fecond mariage *Maxe* du Puy, feigneur de Loizey, qui époufa *Marguerite* de Varnencourt, fille de *Jean*, feigneur dudit lieu, & fœur de *Nicolle* de Varnencourt, mariée à *Pierre* des Salles, dont elle eut *Philippe* des Salles, fieur de Gombervaux, décédé fort riche en

1559, ayant part en quatre-vingt feigneuries. Didier du Puy fit deux fondations, l'une du 28 juillet 1504, pour le repos de l'ame de Marguerite de Révigny; l'au-tre du 5 juin 1508, pour celui de Jeanne de Guillar-mot, fa feconde femme: il mourut en 1519, & fut inhumé dans fa chapelle des Auguftins de Bar. Il laiffa pour fucceffeur FRANÇOIS, qui fuit.

VI. FRANÇOIS du Puy, feigneur de Gery, Loizey, Germonville, Dagonville & autres lieux, confeiller d'état & des guerres du duc Antoine, époufa *Mayon* de Naves, dame de Saulcy, fœur de *Jean*, de *Claude*, & de *Nicole* de Naves, feigneur de Mars-la-Tour & d'Écouviers, préfident du confeil de Luxem-bourg. La maifon de Naves eft des plus illuftres & très-ancienne dans le duché de Luxembourg. Fran-çois du Puy eut de Mayon de Naves DIDIER II du nom, qui fuit; *Jean*, qui époufa *Jeanne-Marie* d'An-glure, morte fans enfans; *Thomas*, feigneur de Da-gonville, mort fans poftérité; *Barbe*, qui époufa *Didier* de Cardon, feigneur de Vandelainville & de Vidampierre; & *Louis*, feigneur de Germonville, qui époufa *Barbe* de Paviot, morte fans hoires.

VII. DIDIER du Puy II du nom, feigneur de Gery, Loizey, Germonville & de Dagonville, époufa *Phi-lippe* de la Mothe, dame de Fredo, fille de *Jean* de la Mothe, feigneur de Marchinville & de Franche-ville, & de *Jeanne* de Briel, dame de Péroncourt. Cette maifon de la Mothe eft très-ancienne, comme on le voit par les maufolées & épitaphes de ceux de cette mai-fon, en leur églife des Auguftins de Bar, dont ils font fondateurs: on trouve en 1300 un Guillaume de la Mothe. Didier du Puy eft mort à Paris, & fut inhumé en l'églife de S. Sulpice le 6 août 1567, ayant eu de Philippe de la Mothe, fa femme, *Gilles* du Puy, fei-gneur de Gery, qui mourut auffi à Paris, âgé de 20 ans, & voulut être inhumé par humilité au cimetiere de l'églife de S. Etienne du Mont, en l'an 1560; *Jacques-Louis* du Puy, qui fut tué étant lieutenant pour le fer-vice de France; LOUIS du Puy, I du nom, *tige de la branche des feigneurs de* GERY, LOISEY & *de* BOUCH, *rapportée après la fuivante*; *Elizabeth* du Puy, morte fille; & FRANÇOIS du Puy, qui fuit, & qui a fait *la branche des feigneurs de* LEZEVILLE, *qui fuit.*

SEIGNEURS DE LÉZEVILLE & de VALZAR-GUES en Champagne.

VII. FRANÇOIS du Puy, II du nom, feigneur de Lézeville & Valzargues, fils de DIDIER du Puy II du nom, feigneur de Gery, Loizey, Dagonville, & de Germonville, confeiller & fecrétaire d'état de Char-les III, duc de Lorraine, par patentes données par Chriftine de Danemarck, ducheffe douairiere, & Ni-colas, comte de Vaudémont, tuteur du duc Charles, pour les bons & importans fervices que François du Puy, fon pere, avoit rendus à René II, & au duc Antoine, du 4 mars 1545. François du Puy II du nom époufa *Antoinette* d'Ernecourt, fille du baron de Thuil-lier, dont il eut trois enfans, FRANÇOIS, qui fuit; *Conftantin* & *Renée*. Celle-ci époufa *Thierri* de Magni-court, feigneur de Bouch, baron de Méligny, & en eut *Jean* de Magnicourt, feigneur de Bouch, baron de Méligny. *Conftantin* du Puy, feigneur de Vauz, gouverneur de Vaucouleur, époufa le 25 feptembre 1575 *Magdeléne*, barone de Méligny, dont il n'eut qu'une fille nommée *Marie* du Puy, dame de Vaux, qui époufa *Charles* de Rozieres, feigneur de Sampigny, capitaine d'une compagnie de deux cens hommes, dont elle eut *François* & *Etienne* de Rozieres, feigneur de Vezein, qui époufa fa coufine germaine.

IX. FRANÇOIS du Puy III du nom, feigneur de Lézeville & Valzargues, gouverneur de Vaucouleur, par brévet du duc de Lorraine, donné à Nancy le 12 mai 1574, époufa le 26 novembre 1598 *Mahaut* de Guerre, fille d'*Eutaire* de Guerre, feigneur en partie de

Lézeville & de Roncourt, & de *Louife* de Comiñn. De ce mariage fortirent FRANÇOIS IV du nom, qui fuit ; *Alexandre*, capitaine, tué au fiége de la Rochelle ; *Louis*, capitaine dans le régiment de Bourlemont, tué à Rotheville ; & *Claude* du Puy, laquelle époufa *Jean* Defchamps, chevalier, feigneur de Riel & de Roncourt, dont elle eut *François* Defchamps, chevalier de Malte, capitaine au régiment de Picardie.

X. FRANÇOIS du Puy IV de ce nom, feigneur de Lézeville, Valzargues, la Neufville-aux-bois, & de Villeneuve - au - frefne, capitaine dans le régiment de Bourlemont, époufa *Antoinette* de Coufin, fille de *Nicolas*, & de damoifelle *Magdeléne* Yon. Il eut pour enfans ANTOINE du Puy, qui fuit ; ROCH, *dont on parlera ci-après* ; *François*, feigneur de Valzargues ; *Claudine* & *Catherine* du Puy, religieufes Bénédictines.

XI. ANTOINE du Puy, chevalier, feigneur de Valzargues, capitaine au régiment de Créquy, époufa *Anne* de Vezon, fille de *Jean* de Vezon, feigneur de la Motte & de Bréchainville, & de *Gabriel* de Berthilleville. Il eut deux enfans, FRANÇOIS, qui fuit ; & *Anne* du Puy.

XII. FRANÇOIS du Puy V du nom, chevalier, feigneur de Valzargues, capitaine de cavalerie, tué à la bataille de Fleurus en 1691. Ainfi finit la branche de Valzargues. Anne du Puy, dame de Valzargues, mourut dans fon château, âgée de vingt ans & quelques mois, en 1689, & les biens de cette maifon ont paffé dans celle des feigneurs de Lézeville.

XI. ROCH du Puy, chevalier, feigneur de Lézeville, la Neufville-aux-bois, & de Villeneuve-au-frefne, fils de FRANÇOIS du Puy IV du nom, capitaine au régiment de Bourlemont, époufa *Marie* d'Ardennes, fille de *Nicolas* d'Ardennes, chevalier feigneur du Bois-le-comte & de Villacourt, premier commandant du régiment d'Orléans, & de *Barbe* du Puy, dame de Jubainville, fille de *Louis* baron du Puy, feigneur de Jubainville & de Bouch, premier capitaine d'infanterie pour le fervice du roi, qui lui avoit offert un régiment en récompenfe de fes fervices. Louis du Puy fut fait depuis colonel pour le fervice du duc de Lorraine. Roch du Puy laiffa de Marie d'Ardennes *Nicolas*, baron du Puy, feigneur de Villeneuve ; *Marie* du Puy qui époufa N... de Cirfontaine, marquis de Germay ; LOUIS qui fuit ; & *Anne* du Puy, mariée au fieur de Souhême.

XII. LOUIS, comte du Puy I du nom, feigneur de Lézeville, la Neufville-aux-bois, & de Villeneuve-au-frefne.

SEIGNEURS DE GERY, LOIZEY & de BOUCH, feigneurs vouès de Toul en Lorraine.

VIII. LOUIS du Puy I du nom, chevalier, feigneur de Gery, Loizey, Germonville & Dagonville, capitaine du régiment d'Efne, fils de DIDIER II du nom, & de *Philippe* de la Mothe, dame de Fredo, époufa le 13 juin 1566, *Nicolt*, née comteffe de Pouilly, fille de *Gérard* comte de Pouilly, baron d'Efne, gouverneur du Chaftel, & de *Margueritte* barone de Lavaulx. Les enfans de Nicole comteffe de Pouilly, furent *Philippe* du Puy, tué enfeigne au fiége de Stenay pour le fervice de Henri II, au mois d'octobre 1591 ; DAVID, qui fuit ; & *Eve* du Puy, dame de Loizey, qui époufa *Jean* de Bouvet, écuyer, grand gruyer de Bar, & laiffa *François* de Bouvet. Louis du Puy I du nom eft mort à Paris le quatriéme juin 1580, & fut inhumé aux Auguftins de la même ville, laiffant la garde-noble de fes enfans à Nicole de Pouilly, fa femme, leur tutrice. La maifon de Pouilly eft originaire d'Allemagne, d'anciens comtes fort illuftres, comme on peut le voir dans le fimple crayon des maifons de Lorraine & de Bar, par le fieur Matthieu Huffon.

IX. DAVID du Puy, chevalier, feigneur de Gery & de Bouch, feigneur voué de Toul, lieutenant des chevaux-légers de la garde de l'archiduc Léopold, lieutenant-colonel du régiment de Chaligny, écuyer de la

princeffe Henriette de Lorraine, princeffe de Phalfebourg, époufa en premieres noces en 1590, *Florimonde* d'Aucy, fille de *Henri* d'Aucy & de *Florimonde* de Quilly, fille de *Henri* de Quilly, colonel au fervice de Charles IV, & d'*Elizabeth* de Naves, laquelle Elizabeth de Naves étoit fille de Claude de Naves & de Claude d'Ailly, maifon illuftre en France. David du Puy époufa en fecondes noces le vingt-deuxiéme janvier 1594, *Marguerite*, née barone de la Foffe, fille de *Nicolas* baron de la Foffe, feigneur de Jubainville & de Bouch, feigneur voué de Toul, gouverneur de ladite ville pour fa majefté impériale, & de *Catherine* de Noirel, dame de Chaudenay, fille de *Nicolas* feigneur de Domgermain, maître échevin de la ville de Toul, & de *Jeanne* de Villiers. David du Puy après plufieurs campagnes en Flandre & en Allemagne, mourut à fon retour à Chatenoy ou à Sainte-Croix, proche de fainte Marie aux Mines en décembre 1610, laiffant de fa femme Marguerite barone de la Foffe, FRANÇOIS baron du Puy II du nom, qui fuit ; *Louife* & *Catherine* du Puy, mortes filles dans le château de leur pere ; *Louife* & *Claudette* du Puy, qui furent religieufes du Tiers-Ordre à Toul ; *Nicolas*, chevalier, feigneur de Bouch, tué lieutenant au fervice de France. *Louis* baron du Puy, fixiéme enfant de *David* feigneur de Jubainville & de Bouch, colonel pour le fervice du duc de Lorraine, époufa en premieres noces *Catherine* de Saint-Loup, dame de Vandiere ; & en fecondes noces, *Claudette*, marquife de Rancher, fille de *Claude* marquis de Rancher, feigneur de Lagitonniere, & d'*Anne*, née comteffe de Boihier, barone d'Orfeuille, le 14 novembre 1627, niéce de *Nicolas* comte de Boihier, baron d'Orfeuille, premier écuyer de fon alteffe monfeigneur le duc de Lorraine, qui époufa en fecondes noces *Marguerite* barone de la Foffe, douairiere de David du Puy. *Louis* baron du Puy, mourut à Rancher le premier de janvier 1679, & laiffa de *Claudette* de Rancher, BARBE du Puy, *dont on parlera* ; LOUIS, prélat & prieur de Neufchâteau ; & *Catherine* du Puy, qui fut dame de l'abbaye royale de la Perinne, la princeffe Catherine de Bourbon fa tante, qui avoit cette abbaye, ayant voulu l'avoir auprès d'elle.

BARONS ET COMTES DU PUY.

X. FRANÇOIS, baron du Puy, II du nom, feigneur de Bouch, Parois, Saint-Julien, Dombafle, Jubainville & de Domgermain, feigneur voué de Toul, capitaine d'une compagnie de deux cens hommes pour fa majefté Impériale, époufa en premieres noces le quatriéme février 1627, *Marguerite* de Dombafle, fille de *Pierre* de Dombafle, feigneur dudit lieu & de Chafoy, & de *Marie* de Rozieres, fille de *François* de Rozieres, feigneur de Chaudenay & du Mont-Héron. De ce mariage fortirent *Claude-Antoine* du Puy, chevalier, tué cornette au régiment de la Ferté ; *Pierre-François* ; *Gabriel-Anne* ; *Jacques* baron du Puy ; *Marie* ; *Louis* & *Claude-Catherine* du Puy. *Marie* du Puy, dame de Dombafle & de Saint-Julien, époufa *Antoine* de Thevenin, écuyer, colonel de cavalerie pour le fervice du premier, gouverneur & capitaine de Hatton-Châtel. *Claude-Catherine* du Puy, dame de Parrois, époufa *Nicolas* de Gondrecourt, capitaine dans le régiment de Thevenin, fils du premier préfident de Lorraine, miniftre d'état & colonel d'un régiment de fon nom pour le fervice du duc de Lorraine. François du Puy II du nom, époufa en fecondes noces, le 21 juillet 1664, *Catherine* d'Ardennes, fille de *Georges* d'Ardennes, chevalier, feigneur de Villacourt & de Bois-le-comte, confeiller d'état du duc de Lorraine, par patentes du 18 février 1619. Catherine d'Ardennes mourut à Toul le quatriéme décembre 1672, âgée de 34 ans ; on porta fon corps à faint-Julien, où elle fut inhumée le fixiéme dudit mois. François, fon mari, tefta à Toul en 1688, mourut en 1690, âgé de 94 ans & deux mois, & fut inhumé à faint Mihiel le fixiéme avril de la même année, laiffant de Catherine d'Ardennes, FRANÇOIS-ANNE comte du Puy, qui suit ; *Antoine-Hyacinthe* baron du Puy, seigneur de Saint-Julien & Domgermain, capitaine des gardes du roi Auguste de Pologne : il mourut à Leipsick en 1706, après la bataille de Fraustatz ; *François*, tué cornette pour le service de sa majesté Impériale.

XI. FRANÇOIS-ANNE, comte du Puy, III du nom, seigneur de Bouch, Jubainville, Domgermain, Avrinville & Wascourt, un des plus anciens conseillers d'état du duc de Lorraine dernier mort, président du conseil de M. le prince de Vaudémont, chevalier de l'ordre ancien du Saint Esprit de Montpellier, épousa *Catherine*, dame de Jubainville, fille de *Charles* de Jubainville, chevalier, conseiller d'état de Charles IV, & de *Marie* de Millet, dame de Houdelaincourt, fille de *François*, écuyer, famille originaire de Verdun. On prouve la filiation de *François-Anne* comte du Puy, titré par son altesse royale le 18 juin 1720, par son contrat de mariage du 28 août 1688, par patentes de Léopold I duc de Lorraine, pour la seigneurie de Domgermain du 23 septembre 1724, par celles de conseiller d'état du premier de juillet 1713, & celles de président du conseil de M. le prince de Vaudémont du 5 septembre 1721. On a composé ce distique sur cette derniere réception :

Illustrissimo Domino FRANCISCO-ANNÆ *Comiti Puteano, regiæ suæ celsitudinis à secretioribus, serenissimis à consiliis in supremâ Principatûs Commerciensis curiâ præsidi dignissimo.*

Sedibus extorris nostras Astræa revisens, Præside te, superum deseret ipsa polum.

De François-Anne du Puy sont sortis *François-Gabriel* abbé du Puy ; *Charles-Antoine* comte du Puy, seigneur d'Avrinville ; *Nicolas-Claude-Etienne* baron du Puy, seigneur de Wascourt, mort le 8 mars 1726 ; *François* du Puy, chevalier, mort le 23 mars 1709 ; *François-Joseph*, chevalier seigneur de Bouch, mort en 1698 ; *Charles-François*, chevalier, seigneur de saint Julien, fils aîné de *François-Anne* du Puy, mourut le 17 août 1690, & fut inhumé en l'abbaye de Saint-Mihiel ; *Catherine*, morte le 3 décembre 1698 ; *Marie-Balthasar*, née le 28 octobre 1698, religieuse aux Ursulines de Commercy ; LOUIS-JOSEPH, qui suit ; *Marie-Thérése*, qui épousa le 28 janvier 1716 *Alexandre*, comte d'Amerval, seigneur de Rouy, Brûle, Morchain, Pouilliancourt & Moligneaux, capitaine de dragons au régiment de la mestre de camp général de France. La maison d'Amerval est ancienne en Picardie.

XII. LOUIS-JOSEPH comte du Puy, II du nom, seigneur de Domgermain, Avrinville & Wascourt, né le 19 janvier 1705, fut d'abord tonsuré le premier mai 1719 ; mais il quitta ensuite l'habit ecclésiastique, & prit le titre de comte le 15 avril 1730. * Extrait d'un écrit intitulé : *Abrégé de la généalogie de l'ancienne maison du Puy, le tout dressé sur titres originaux, vieilles chartes & histoires* ; à Nancy, chez Nicolas Balthasar, 1733, *in*-12. On s'est servi d'un exemplaire communiqué, dans lequel se trouvent plusieurs corrections marginales. A la fin est écrit on trouve : 1. Lettre du duc de Calabre, Lorraine, Bar & Gueldres, au sieur du Puy, conseiller d'état, à Paris, datée de Vezelife le 26 mars 1566. 2. Lettre de la princesse Henriette de Lorraine, princesse de Phalsbourg, à David du Puy, son écuyer, sans date. 3. Lettre de la princesse Catherine de Bourbon, abbesse de l'abbaye de la Perinne, à *monsieur du Puy Parrois*, à Verdun, sans date : Catherine de Bourbon se dit cousine de M. du Puy Parrois, & nomme celui-ci son cousin. C'est que Claude marquis de Rancher, seigneur de Lagitonniere, &c. lequel avoit marié Claudette marquise de Rancher, l'une de ses filles, à Louis baron de Puy, sixième enfant de David du Puy, avoit eu pour seconde fille Catherine

marquise de Rancher, dame de Lagitonniere, laquelle eut de Charles de Bourbon, comte de Soissons & de Dreux, pair & grand-maître de France, fils puîné de Louis I du nom, prince de Condé, deux filles ; savoir, 1. Charlotte de Bourbon, abbesse de Maubuisson, morte au mois d'octobre 1626 ; & 2. Catherine de Bourbon, abbesse de la Perinne. 4. Autre lettre de madame la princesse Catherine de Bourbon, abbesse de la Perinne, au même M. du Puy Parrois, à Toul, datée du huitième février 1680. 5. Lettre de la même princesse, au même, sans date. 6. Lettre de Marguerite, barone de la Fosse, douairiere de David du Puy, à M. du Puy de Parrois son fils, dans son château à Saint-Julien, sans date.

PUY (Gérard du) cardinal & Limosin de nation, se consacra jeune à Dieu parmi les religieux bénédictins de la congrégation de Cluni, où il avoit un frere abbé de S. Florent, puis de Marmoutier. Il lui succéda dans cette derniere abbaye, à laquelle il fit de grands biens ; & souhaita de faire le voyage de Rome pour y visiter les lieux saints. Le pape Grégoire XI, qui étoit alors à Avignon, lui fit donner des lettres de recommandation, & peu après le déclara son vicaire général dans les gouvernemens de Perouse, de la Campagne de Rome, & de quelques autres provinces voisines. Il y servit avec beaucoup de fidélité, & mérita le chapeau de cardinal, qu'il reçut en 1375. Selon Arnoul-Wion, il fut encore évêque de S. Flour & de Carcassone ; mais cet auteur se trompe. Il se trouva à l'élection d'Urbain VI, puis à celle de Clément VII, & mourut sous l'obéissance de ce dernier, à Avignon, le 14 février de l'an 1389. On doit éviter de le confondre avec IMBERT DU PUY, natif de Montpellier, & parent du pape Jean XXII, qui le fit cardinal en 1327. Villani s'est trompé en le croyant de Cahors ; il étoit de la famille du Puy de Cahors, mais né à Montpellier. Onuphre & Ciaconius mettent sa mort en 1347 ; cependant il est assuré qu'il souscrivit à une bulle de Clément VI, du 30 avril 1348. M. Baluze affure qu'il mourut le 26 mai suivant. * Arnoul Wion, *in ligno vitæ.* Thierri de Niem, *de schismat. c. 2.* Villani, *l. 10, c. 53.* Bosquet, *in not. ad vit. Joan. XXII.* Auberi, *hist. des cardinaux.* Baluze, *vitæ pap. Aven. & hist. de Tulle, in latin.*

PUY (Jacques du) cardinal, archevêque de Bari, né à Nice en Provence, le 9 février 1497, fut disciple du célèbre Pierre de Accoltis, l'un des plus célèbres jurisconsultes de son temps. Il lui succéda même dans ses emplois ; & après avoir été auditeur de Rote pendant quinze ans, il fut même doyen de ce corps. Il fut fait archevêque de Bari, puis cardinal en 1551, par le pape Jules II : ensuite dequoi il fut préfet de l'une & de l'autre signature, président de l'inquisition, & protecteur du royaume de Pologne, de l'ordre des Carmes & de celui de Malte. La grande habileté du cardinal du Puy le rendit l'oracle de la cour de Rome, où on le consultoit sur les plus grandes affaires. Il fut nommé entre ceux que le pape Jules III commit pour recevoir, & même pour casser les aliénations, ou emphytéoses des biens ecclésiastiques, faites contre les formes prescrites par la bulle de Paul II. Depuis il fut nommé par Pie IV, pour présider au concile de Trente, en la place du cardinal Seripande ; mais il mourut à Rome dans le temps qu'il se disposoit à partir, un lundi 26 avril 1563, en la 69 année de son âge. Son corps fut enterré dans l'église de sainte Marie de la Minerve, où Antoine du Puy, son neveu, qui lui avoit succédé à l'archevêché de Bari, fit graver l'épitaphe qu'on y voit. Le cardinal du Puy avoit composé divers ouvrages ; *Decisiones rota. De mutatione monetarum,* &c. Joffredi, *historia Niciensis.* Ughel, *Ital. sac.* Ghilini, *theat. d'huom. letter.* Auberi, *hist. des cardinaux.* Petramellario, &c.

PUY (Louis du) natif de Romans en Dauphiné dans le seizième siécle, étoit fils d'un célèbre médecin nommé *Guillaume* du Puy, & excella lui-même dans cette profession. Il demeura à Poitiers, & traduisit du grec en notre langue divers traités dignes de la réputation que son père s'étoit acquise à Grenoble & ailleurs. * La Croix du Maine, & du Verdier Vauprivas, biblioth. Franç. Chorier, hist. de Dauphiné.

PUY (Jean du) Puteanus, religieux de l'ordre des Augustins, professeur en théologie dans l'université de Toulouse, étoit de Gimont dans l'Armagnac. Il enseigna la rhétorique à S. Genis; & de-là il alla étudier en philosophie à Bourdeaux, d'où il vint à Paris commencer son cours de théologie. La maladie contagieuse qui affligea assez long-temps cette grande ville, le contraignit de retourner à Toulouse. Ce voyage ne lui fut pas heureux; car il eut le malheur d'être pris par un parti de huguenots qui brulerent ses écrits, le battirent cruellement, & le laisserent pour mort. Il se traîna, quoiqu'avec beaucoup de peine, à Toulouse, où il fut choisi en 1593, pour être professeur royal en théologie, & où il mourut en 1623, en réputation d'une grande piété. Ce père avoit composé des commentaires sur la somme de S. Thomas. * Cornelius Curtius, elog. viror. illust. August. Le Mire, de script. sæc. XVII.

PUY (Henri du) ou Ericius Puteanus, né à Venloo dans le duché de Gueldre, le 4 novembre 1574, étudia à Dordrecht, à Cologne, à Louvain, & voyagea en Italie, où Rome, Padoue & Milan s'efforcerent à l'envi de le retenir. Il professa long-temps dans la derniere de ces villes, & se fit d'illustres amis, entr'autres le célebre Vincent Pinelli, chez qui il a logé à Padoue. L'archiduc Albert souhaitant de l'avoir dans les Pays-Bas, l'y fit venir en 1606, & lui donna à Louvain la chaire de professeur de Juste Lipse, qui avoit été son maître, & lui confia aussi le gouvernement de la citadelle de cette ville; & on lui donna une charge de conseiller d'état. C'étoit la moindre récompense due au mérite de du Puy; que Philippe IV honora de sa bienveillance, & que tous les doctes de son temps estimoient infiniment. Dans le temps que l'on traitoit de la trève avec les Hollandois, il fit paroître un ouvrage politique intitulé, Statera belli & pacis. Le trop grand penchant qu'il y faisoit paroître pour la paix, & les raisons trop solides dont il en appuyoit la nécessité, penferent lui causer de mauvaises affaires. Il mourut au château de Louvain le 17 septembre 1646, dans la 72 année de son âge : d'autres auteurs ont placé mal-à-propos sa mort en 1644. Il a passé pour un des plus doctes & des plus modestes écrivains de son temps. Il a laissé un très-grand nombre de traités d'histoire, de rhétorique, de mathématiques, de philosophie, de philologie, dont on peut voir le dénombrement dans la bibliothèque des auteurs des Pays-Bas de Valere André. L'oraison funèbre d'Ericius Puteanus fut prononcée à Louvain le 19 septembre 1646, jour de son enterrement, par Nicolas Vernouillet, professeur en éloquence dans cette université, ce qui vérifie la juste date de sa mort. La ville de Rome l'avoit aggrégé l'an 1603, & sa postérité, au nombre de six citoyens de ses patriciens. De Magdelène-Catherine de la Tour, sa femme, qu'il avoit épousée à Milan l'an 1604, il eut entr'autres enfans Jean-Etienne, qui se rendit Jésuite; Faustle, lequel après avoir porté les armes environ deux ans, entra parmi les Carmes Déchaussés l'an 1628; Juste, qui fut secrétaire de l'archevêque de Compsa, nonce apostolique; & Maximilien, qui étudia auprès de son père. * Consultez aussi Lorenzo Crasso, elog. d'huom. letter. Imperialis, in mus. hist. Van den Bede, in biblioth. Mir. &c. Vossius, in epist. Bayle, dict. crit. On trouve dans le tome XVII des Mémoires du P. Niceron, un catalogue bien détaillé des ouvrages de Henri du Puy.

PUY (François du) général de l'ordre des Chartreux, natif de S. Bonet en Forez, fut élu après Pierre Russi ou de Roux en 1503. Il étoit grand jurisconsulte & solide théologien. Pierre Sutor qui a fait son éloge, assure qu'il étoit docteur en droit canon & civil, & qu'il avoit une grande connoissance des lettres humaines &

divines. Il fut choisi par les évêques de Valence & de Grenoble pour être leur official, & exerça cette charge avec une égale réputation de savoir & de probité. Enfin il renonça au monde, & reçut l'habit de Chartreux des mains de l'évêque de Grenoble. Il fut employé d'abord dans les affaires, puis fut élevé au gouvernement de l'ordre en 1503. Il a composé un ouvrage sur les pseaumes, à l'imitation de S. Thomas; Catena aurea super psalmos, imprimée en 1520, in-4°. & la vie de S. Bruno, qui fut aussi canonisé par ses soins. Il mourut le 17 septembre 1521. * Sutor, de vita Cart. tract. 3, c. 7, p 582. Petreius, biblioth. Cart. p. 91. Chorier, &c.

PUY (Clément du) avocat célebre du parlement de Paris, s'acquit une très-grande réputation par son savoir, par son éloquence & par sa probité. Il étoit consulté sur toutes les grandes affaires, & fut considéré comme le Papinien de son temps. Sa piété solide lui donna un grand éloignement pour les opinions nouvelles, qui trouverent tant de partisans dans son siecle. Il avoit été chargé de la cause du sieur d'Oppede, premier président au parlement de Provence, dans l'affaire de Cabrieres & de Merindol; mais il tomba malade en même temps, & mourut peu après, le 22 août 1554, âgé de 48 ans. Dans une lettre de Denys Lambin, écrite de Rome à un de ses amis au mois de juin 1551, & insérée dans le recueil des lettres des grands hommes, que Jean-Michel Brutus publia en 1561, à Lyon, on trouve que Clément du Puy avoit la voix foible, le corps menu & infirme, & de l'humeur modeste & timide. Plusieurs savans honorerent sa mémoire d'éloges funebres. * Loysel, dialogue des avocats du parlement de Paris. De Thou, hist. l. 108. Papyre Masson, in elog. Claud. Put. &c.

PUY (Clément du) Jésuite, fils du précédent, né à Paris, fut en réputation de son temps pour la théologie & pour la chaire. Son mérite l'éleva aux principales charges de sa compagnie, comme à celle de provincial de la province de France; & son zèle le fit considérer, comme le fléau des hérétiques, particuliérement dans la Guienne, où il mourut à Bourdeaux l'an 1598. * Florimond de Raimond.

PUY (Claude du) conseiller au parlement de Paris, fils de Clément du Puy, & de Philippe Poncet, resta jeune sous la tutelle de sa mère, qui le fit élever avec grand soin dans les lettres sous Turnebe, Lambin & Dorat. Il apprit encore la philosophie, & étudia le droit sous le célèbre Cujas. Ensuite il voyagea en Italie, où les plus grands hommes de ce pays, comme Fulvius Ursinus, Paul Manuce, Sigonius, Jean-Vincent Pinelli & divers autres, admirerent sa capacité, & voulurent avoir part en son amitié. Il avoit un grand fonds d'esprit, beaucoup de jugement, une érudition profonde : ce qui le fit considérer comme l'homme de son temps qui raisonnoit le plus juste, & qui étoit le meilleur critique. Il fut reçu conseiller au parlement de Paris le 7 février de l'an 1576, & fut l'un des illustres magistrats de cette célèbre compagnie. On le nomma entre les quatorze juges qu'on envoya dans la Guienne, comme il avoit été accordé par le traité de Fleix en 1580. La révolte de la ville de Paris contre le roi pendant la ligue, fut pour son zèle un coup qu'il ne souffrit qu'avec peine. Il alla joindre la partie du parlement qui étoit à Tours; & deux ans après il fut député vers le roi avec les sieurs Forget président, & Scarron conseiller. C'étoit au mois de février, peu avant le sacre de sa majesté, qu'on reçut à Paris le 22 du mois de mars suivant. Claude du Puy revint dans sa maison, où il mourut le premier décembre de la même année 1594, qui étoit la quarante-neuvième de son âge. Joseph Scaliger, Nicolas Bourbon, Scévole de Sainte-Marthe, Paul de Reneaulme, Florent Chrétien, Nicolas Rapin, Jean Passerat, Etienne Pasquier, Jean Bonnefons, le président de Savaron, Nicolas Richelet, Nicolas Rigault, Janus Dousa, Paul Merula, Baudius, Grotius, Heinsius, Meursius, Morel, Casaubon, Vulcatius, & divers autres grands hommes amis particuliers de Claude du Puy,

lui

lui confacrerent des éloges en diverses langues , qu'on peut voir dans la vie de Pierre du Puy fon fils , & que Paul de Reneaulme , fon parent & fon intime ami, raffembla dans un recueil qu'il fit imprimer *in-4°*, à Paris en 1607, fous le titre de *Ampliffimi viri Claudii Puteani Tumulus.* Voyez RENEAULME. * De Thou, *hift. l.* 148, *ad ann.* 1594. Sainte-Marthe, *in elog. clar. viror. l.* 4. Papyre Maffon, *in elog. doct. &c.*

PUY (Chriftophe du) fils aîné de CLAUDE du Puy, confeiller au parlement, & de *Claude Sanguin,* fuivit à Rome le cardinal de Joyeuse en qualité de fon protonotaire, & y rendit fervice à M. de Thou, à l'occasion de la premiere partie de fon hiftoire, que la congrégation de l'indice vouloit condamner & mettre au nombre des livres hérétiques. Etant de retour en France, il fe rendit Chartreux à Bourgfontaine, où quelques années après le cardinal Barberin, qui connoiffoit fon mérite , l'alla déterrer, & par fon crédit l'obligea d'aller à Rome exercer la charge de procureur général de fon ordre, & de prieur *in Urbe.* Le pape Urbain VIII lui auroit donné des marques de fon eftime; mais la part que MM. du Puy fes freres avoient eue à la nouvelle édition des libertés de l'églife gallicane, empêcha le pape de lui faire fentir les effets de la bonne volonté qu'il avoit pour lui. Il mourut le 28 juin 1654, âgé d'environ 75 ans. Il étoit alors prieur de la Chartreuse de Rome, où il avoit fait faire tous les embelliffemens dont ce lieu eft capable. C'eft lui qui a fait le recueil intitulé: *Perronniana*, pendant qu'il étoit aumônier du roi, & auprès du cardinal du Perron. Ce recueil a été imprimé en 1669, par les foins de Daillé le fils. * De Vigneul Marville, *mélanges d'hiftoire.*

PUY (Pierre du) confeiller du roi en fes conseils, & garde de fa bibliothéque, étoit fils de CLAUDE du Puy, confeiller au parlement, & de *Claude Sanguin.* Il fut élevé avec un foin extrême par fon pere. Il s'attacha fi fortement à l'étude, que par fon affiduité au travail, il devint favant en toute forte de littérature, principalement en droit & en hiftoire. M. le préfident de Thou, qui étoit fon allié, & le célèbre Nicolas Rigault, étoient fes amis les plus intimes, & il fut très uni avec les plus habiles gens de fon temps. Il eut, avec Jacques fon frere, & Nicolas Rigault, le foin des éditions de l'hiftoire de M. de Thou, faites en 1620 & en 1626. Il eft auffi auteur des *Mémoires & Inftructions pour fervir à juftifier l'innocence de meffire François-Augufte de Thou*, confeiller du roi en fon conseil d'état, réimprimés à la fin du tome XV de la traduction de l'hiftoire de M. de Thou imprimée en 1734. Il renouvella dans fes voyages l'amitié que fon pere avoit entretenue fi long-temps avec les favans des Pays-Bas, & principalement avec ceux de Hollande, où il accompagna M. Thumeri de Boiffise, que le roi y envoyoit. A fon retour il travailla à la recherche des droits du roi, & à l'inventaire du tréfor des chartes. Tant de pièces rares qu'il avoit vues & examinées, lui donnerent une fi grande connoiffance de tout ce qui regarde notre hiftoire, que peu de personnes y ont fait de auffi curieuses découvertes. Il fut employé avec MM. le Bret & de Lorme, pour juftifier les droits du roi fur les trois évêchés de Metz, Toul & Verdun; & les ufurpations des ducs de Lorraine fur ces mêmes évêchés. On eft perfuadé que tout le poids de cette commiffion tomba fur M. du Puy, qui en dreffa tous les inventaires raifonnés, & qui fournit quantité de titres & de mémoires pour la vérification de ces droits. Son humeur obligeante l'intéreffoit pour tous les hommes de lettres qui travailloient, & le portoit à leur communiquer ce qu'il avoit de plus curieux dans ce vafte recueil de mémoires qu'il avoit ramaffés depuis 50 ans. Il s'en fervit lui-même avantageusement pour la composition des excellens ouvrages que nous avons de fa façon; dont les principaux font, *Traité touchant les droits du roi , fur plusieurs états & feigneuries. Recherches pour montrer que plusieurs provinces & villes du royaume font du domaine du roi. Preuves des libertés de l'églife gallicane. Hiftoire véritable de la condamnation de l'ordre des Templiers.*

Hiftoire générale du fchifme qui a été en l'Églife , depuis l'an 1378, *jufqu'en* 1428. *Mémoires de la provifion aux prélatures de l'églife. Différend entre le faint fiége & les empereurs pour les inveftitures. Hiftoire du différend entre le pape Boniface VIII , & le roi Philippe le Bel. De la loi Salique. De la confifcation pour crime de leze-majefté. Que le domaine de la couronne eft inaliénable. Confidérations fur les traités de Madrid , de Cambrai & de Crefpi. Si la prefcription a droit entre les princes fouverains. Traités des apanages des enfans de France. Hiftoire des favoris. Hiftoire de la pragmatique-fanction. Du concordat de Bologne , entre le pape Léon X , & le roi François I. Traité des régences & majorité des rois de France. Traité des contributions que les ecclésiaftiques doivent au roi , en cas de néceffité. Mémoires du droit d'aubaine. Traité de l'interdit ecclésiaftique. Apologie de l'hiftoire de M. le préfident de Thou , &c.* Ces ouvrages font parfaitement connoître la vafte érudition de M. du Puy, qui mourut à Paris le 14 décembre de l'an 1651, âgé de 69 ans & un mois. Nicolas Rigault fon ami écrivit fa vie, qui a été imprimée à Londres en 1681, dans un recueil *in-4°*, intitulé : *Vitæ felectæ.* Henri de Valois fit fon oraifon funèbre. JACQUES DU PUY, frere de celui dont nous venons de parler, & prieur de S. Sauveur, l'aida dans tous fes ouvrages, & en publia le plus grand nombre. Ce dernier fut auffi garde de la bibliothéque du roi, & mourut en 1656, le 17 novembre. * Ménage, *Anti-Baillet , pag.* 159 *de l'édit. in-4°.*

PUY (Germain du) prêtre de l'Oratoire, fut d'abord curé de Châtres, petite ville à fept lieues de Paris, & enfuite chanoine de faint Jacques de l'Hôpital à Paris, où il demeura pendant plufieurs années. Comme il joignoit à un efprit vif, délicat, enjoué, une affez grande érudition ecclésiaftique, & fur-tout une grande connoiffance de la théologie morale, il fut lié avec plufieurs théologiens du premier mérite, & fe trouvoit fouvent avec quantité de personnes d'efprit qui recherchoient volontiers fa converfation. Il prêchoit auffi avec beaucoup de folidité & de facilité, & il étoit toujours fuivi par un grand nombre d'auditeurs, parmi lefquels il s'en trouvoit de beaucoup de mérite, qui fe faifoient un vrai plaifir de l'entendre. Meffire Henri de Barrillon, évêque de Luçon, en ayant été très-fatisfait comme les autres, l'invita à prêcher un carême à Luçon, & M. du Puy s'étant rendu aux inftances du prélat, fe fit admirer à Luçon autant qu'il s'étoit fait eftimer à Paris. M. de Barrillon, à qui cette occasion donna moyen de connoître de plus près le mérite de celui qu'il avoit appellé, voulut le retenir auprès de lui; & pour l'y engager, il lui offrit l'archidiaconé & la théologale, avec un canonicat de fon églife. M. du Puy fe rendit à des offres fi obligeantes & fi flateuses; il revint faire quelque féjour à Paris, & ayant fait une démiffion de fon canonicat de S. Jacques de l'Hôpital, comme il en avoit déja fait d'une chapelle dont il étoit pourvu dans une collégiale d'Angers, afin de ne pas poffédér deux bénéfices, il s'en retourna à Luçon, où il eft demeuré pendant plufieurs années, & s'y eft fait beaucoup eftimer par fon efprit & par fes talens, fur-tout pour la chaire. Sur la fin de fa vie, ayant eu une attaque d'apoplexie, il quitta Luçon pour achever fes jours dans la retraite, & il fe retira à Niort en Poitou, dans la maifon des peres de l'Oratoire, où il eft mort en 1713, plus que feptuagénaire. Etant curé de Châtres, & pendant qu'il étoit chanoine de S. Jacques l'Hôpital à Paris, il faifoit quelquefois fon amufement de la poëfie françoife, pour laquelle il avoit du gout, & dans laquelle il réuffiffoit. Il a compofé en ce genre quantité de petites pièces, la plupart critiques, & fur-tout des chansons fatyriques & morales. On n'en a imprimé qu'un petit nombre en feuilles volantes. On en trouve plufieurs au bas de quelques eftampes de Bonnart, comme au bas de celle qui repréfente le bon Pafteur, &c. Il eft auffi auteur de quelques épitaphes faites à l'honneur de M. Arnauld le docteur; de la traduction en vers françois des vers latins qui fe trouvent dans les lettres de S. Paulin, traduites en françois par Claude de

Tome VIII. Partie II.   M m m m

Santeul, *in-8°* ; & il a traduit pareillement en vers françois plusieurs piéces latines de M. de Santeul de S. Victor, avec qui il étoit lié d'amitié, entr'autres la piéce où
cet excellent poëte examine, *De quelle maniere & dans
quelles dispositions le clergé doit chanter l'office divin.*
La traduction de M. du Puy fut imprimée avec les vers
latins de M. de Santeul, à Paris, *in-8°*, en 1694, le
traducteur étant alors chanoine de S. Jacques l'Hôpital ;
& elle a été mise à la tête des hymnes du célébre Victorin, & dans le recueil des autres poësies du même, *tom. II,
pag.* 61, de l'édition de 1698, & *tome II, pag.* 226,
de l'édition de 1729, en trois volumes. M. de Barrillon
étant mort à Paris, après l'opération de la pierre, le 7
mai 1699, après plus de vingt-sept ans d'épiscopat, &
ayant été enterré dans la maison de l'Institution des peres
de l'Oratoire, M. du Puy prononça l'oraison funébre de
ce prélat, & elle a été imprimée en 1704, *in-4°*. M. du
Puy est encore auteur de l'ouvrage intitulé : *Relation des
assemblées extraordinaires de la faculté de théologie
d'Asnieres, établie dans la ville d'Onopolis, sur la riviere d'Amathie, entre les diocèses de Luçon & de la Rochelle, contre le Jansénisme ; avec une censure portée
contre plusieurs livres pernicieux & infectés du poison de
cette hérésie,* brochure *in-12* de trente-six pages, en
1713. A la fin de cette piéce, on a joint le *Conseil tenu
par les confesseurs interdits de la maison professe des Jésuites de Paris,* en vers burlesques, avec quelques épigrammes & quelques chansons du même. On lui attribue
un recueil d'*Epigrammes* en vers françois *sur plus de cent
cinquante Saints & Saintes du désert.* Ce recueil se trouve
manuscrit dans la bibliothéque des peres de la doctrine
chrétienne de S. Charles, à Paris. * *Mém. du temps.*

PUY (Claude-Thomas du) fils d'un négociant de
Paris où il étoit né, s'est élevé par son mérite. Il a été
conseiller du roi en ses conseils d'état & privé, (à brevet)
maître des requêtes honoraire de son hôtel, ci-devant
intendant de la nouvelle France en Canada, & avocat
général au grand conseil pendant douze ans. Il s'étoit
acquis l'estime des savans par ses talens pour les sciences
& les beaux arts, & sur-tout pour les méchaniques. Il est
le premier qui ait fait des sphéres mobiles, suivant le
système de Copernic. Les machines hydrauliques de son
invention, ont mérité les attentions des savans de Paris
& des étrangers. On lit dans le *Mercure* du mois de septembre 1738, un mémoire sur ces machines, dans lequel
on trouve le rapport qu'en ont fait les commissaires de
l'académie des sciences. M. l'abbé Desfontaines dans ses
Observations sur les écrits modernes, & M. l'abbé Prevost
dans son *Pour & Contre,* parlent aussi plusieurs fois de
ces machines. M. du Puy est mort le 15 septembre 1738,
au château de Carcé, Mines de Pompéan, proche de
Rennes en Bretagne, âgé de 58 ans. Il étoit à la veille
d'exécuter le grand projet qu'il avoit formé pour l'emploi
des eaux qui inondent les mines de Pompéan.
* Voyez le *Mercure* du mois d'octobre 1738, & les autres écrits cités dans cet article.

PUY (Modeste du) dame Vénitienne connue par ses
ouvrages, *cherchez* FONTE MODERATA.

PUY (du) nom sous lequel étoit particuliérement connu le célébre JEAN COCHON, écuyer, sieur
du Puy, conseiller & médecin ordinaire du roi dans la
province d'Aunis & de l'hôpital militaire de la Rochelle,
& premier médecin de la marine au département de Rochefort. Il étoit issu d'une famille originaire de la Rochelle, où elle tenoit déja en 1473 un rang distingué
entre les notables. Les annales de cette ville font mention qu'en 1532, *François* Cochon, *en considération
du rang honorable que sa famille y occupoit,* fut, entr'autres, député avec N. le Roi, auprès de François I,
& ensuite vers Henri II, rois de France, pour les affaires
de la ville. *Guillaume* Cochon, son fils, se retira en
Poitou environ l'an 1580, pour éviter le danger des
nouvelles opinions, la religion protestante étant alors
devenue dominante à la Rochelle. Il eut pour fils *Isaac*
Cochon, sieur de Bénéon, qui vécut noblement à Cou-

longes-lès-Royaux, & fut pere de *Jeanne* Cochon, mariée à Charles de Linieres, chevalier, seigneur de Saint-
Pompin, & de *Pierre* Cochon, qui vécut honorablement dans sa maison noble du Puy-Saint-Gouard, dont
les descendans ont porté le nom depuis. Il avoit épousé
le 31 janvier 1644, *Guillemette* le Goust, fille de *Philippe* le Goust, médecin très-célébre de la faculté de
Montpellier, & médecin du duc de Bourbon, comte de
Soissons, grand-maître de l'artillerie de France. Il en eut
entr'autres enfans *Philippe* Cochon, sieur du Puy, conseiller & médecin ordinaire du roi à Niort, & qui a joui
d'une très-grande réputation, & qui, outre des services
distingués dans sa profession, en a rendu de très-considérables à cette ville, tant en qualité de maire en 1678,
qu'en celle de colonel de la milice bourgeoise en 1692.
Il se maria le 21 juin 1673 avec *Marie* Brisset, fille de
Jacques Brisset, écuyer, avocat célébre, qui fut ennobli
par la mairie de Niort en 1659 ; & depuis revêtu de la
même dignité en 1662, & continué par ordre exprès
du roi en 1663, pour conduire la construction du pont
de cette ville, très important à son commerce, dont il
eut pour fils JEAN COCHON du PUY, qui a donné lieu
à cet article. Il naquit à Niort en Poitou le 11 avril 1674,
& après avoir fait une partie de ses études, il fut envoyé à Toulouse où il se mit sur les bancs, & fut reçu
docteur-régent de la faculté de médecine. En 1698 il
fut nommé conseiller & médecin ordinaire du roi dans
la province d'Aunis, & de l'hôpital militaire de la Rochelle,
où il a servi jusqu'en 1704, qu'il fut pourvu de
la place de second médecin de la marine à Rochefort ;
& en 1712 le roi lui accorda celle de premier médecin
au même département. En 1716, sur des
représentations à M. le comte de Toulouse, amiral &
chef du conseil de la marine, sur l'impossibilité où on
seroit toujours de fournir les vaisseaux du roi de chirurgiens capables d'y servir utilement, tant qu'on n'auroit
d'autre ressource que de les choisir parmi ceux du pays,
qui n'avoient, pour la plupart, qu'une routine de leur
art, sans aucune connoissance de l'anatomie ni des opérations ; & proposa en conséquence au conseil de faire
instruire dans l'hôpital royal de Rochefort, & aux frais
du roi, un certain nombre de jeunes chirurgiens. En
1720 il obtint des ordres à cet effet, & fit l'ouverture de
l'école de chirurgie par des cours publics d'anatomie &
d'opérations. Mais ayant reconnu que ces cours, utiles
pour exercer les maîtres, n'étoient pas suffisans pour former des éléves, il s'occupa des moyens les plus surs &
les plus courts pour y parvenir. Ayant donc trouvé la
méthode ordinaire des écoles trop longue, les livres
trop diffus & chargés de beaucoup d'inutilités & de préceptes abstraits, que de jeunes gens, sans éducation littéraire, ne peuvent comprendre ; il se détermina à composer une introduction à la chirurgie. Il s'appliqua principalement dans cet ouvrage, à donner un détail sommaire, mais exact, de toute l'anatomie, des maladies
chirurgicales, & de toutes les opérations, grandes &
petites, qui peuvent se pratiquer sur le corps humain. Il
eut grand soin d'en retrancher cette érudition & ces
termes scientifiques, qui ne servent ordinairement qu'à
embrouiller la matiere & à distraire l'attention des commençans, observant de définir clairement les termes
propres de l'art, qu'il ne pouvoit s'empêcher d'y employer. Il travailla ensuite aux réglemens nécessaires pour
cette école, soit pour y diriger les études & les occupations des éléves, soit pour les y contenir dans une exacte
discipline, & envoya ce projet au ministre de la marine,
lui témoigna dans sa réponse combien le roi étoit
satisfait de son zèle pour le bien de son service, & de la
sagesse de ses vues ; & lui manda qu'il étoit le maître
de faire tout ce qu'il croiroit de plus avantageux pour
cet établissement, que S. M. avoit intention de favoriser
à tous égards. En conséquence M. du Puy enjoignit aux
chirurgiens destinés sous ses ordres à l'éducation des éléves, de ne les pas distribuer par classes, mais de les instruire chacun en particulier, & de les pousser dans leurs

études proportionellement à leur capacité, afin de ne point retarder les progrès de ceux qui étoient propres à en faire de rapides, & de ne point rebuter ceux qui, avec moins d'ouverture d'esprit, ne manquoient ni de talens ni de bonne volonté. Pour être en état de joindre à la théorie de l'école, une pratique journalière, il obtint du miniftre qu'on conftruifît dans la cour de l'hôpital, conformément à fes vues, un corps de bâtimens convenable pour loger les maîtres & les éléves, avec un amphithéatre commode & garni de tous les appareils & inftrumens néceffaires pour les exercer à diffequer & à faire toutes fortes d'opérations. Ils furent auffi deftinés au fervice des malades & des bleffés dans l'hôpital, chacun à leur tour, & aftreints à fe trouver exactement à tous les panfemens. Il voulut auffi, qu'il deftinés par leur état à faire dans les vaiffeaux du roi les fonctions de médecins & d'apothicaires avec celles des chirurgiens, ils fuiviffent chaque jour les médecins dans leurs vifites à l'hôpital, & qu'ils écriviffent leurs ordonnances, afin de prendre connoiffance du traitement des maladies; & qu'ils travaillaffent fucceffivement à l'apothicairerie, pour y apprendre à connoître les médicamens & leurs différentes préparations. Pour les accoutumer de bonne heure à l'air de la mer & au fervice des vaiffeaux, il fut arrêté qu'on embarqueroit un certain nombre de ces éleves fur chacun de ceux qui fortiroient du port, fuivant leur rang; & afin de leur donner de l'émulation & de les attacher au fervice, il établit parmi eux différens grades, & leur fit donner par le roi des appointemens proportionés, tant à terre qu'à la mer. En un mot il pourvut à tout, & ne négligea rien de ce qui pouvoit porter à fa plus grande perfection un établiffement fi avantageux pour la confervation de l'efpece humaine. Ses fuccès pafferent prefque fes efpérances, & M. le comte de Maurepas, miniftre de la marine, qui en fut lui-même le témoin à Rochefort, où il vint en 1727, accorda la fuite une protection déclarée à cette école & à fon fondateur, qui fut chargé dès 1724 de fournir des mémoires pour faire de pareils établiffemens dans les ports de Breft & de Toulon, où on fentoit déja pour lors toute l'utilité de celui fait à Rochefort. En 1734, M. du Puy, qui avoit pour foixante ans, prévoyant qu'il auroit par la fuite bien de la peine à allier les fonctions pénibles de fon emploi, avec les foins affidus qu'exigeoit fon école de chirurgie, dont il avoit fait par fa vigilance une pépiniere d'excellens chirurgiens; & fentant qu'il avoit befoin de fecours, il demanda au miniftre & obtint pour fecond, GASPARD Cochon du Puy fon fils, *dont nous parlons dans l'article fuivant*, auquel il avoit donné une excellente éducation, & conforme à fes vues, & qui venoit d'être reçu médecin de la faculté de Paris. En 1745 une efcadre partie de Toulon, & commandée par M. le chevalier de Piofins, vint après une longue croifiere relâcher à Rochefort, & y débarqua environ trois mille malades attaqués d'un fcorbut peftilentiel & contagieux, qui jetta dans le pays la plus grande épouvante. Dans cette fâcheufe circonftance, M. du Puy, qui joignoit à un zèle infatigable un profond favoir, & une expérience de plus de quarante années, n'appella point de médecins du dehors; mais uniquement fecondé de fon fils, il prit foin des malades & en guérit la plus grande partie. Tels font les fervices de M. du Puy, & les motifs employés tout au long dans les lettres de nobleffe que le roi lui accorda en 1753, pour lui & fa poftérité, *en confidération de l'ancienneté de fa famille, & de fes fervices pendant de cinquante-cinq ans; & dans la vue de lui donner des témoignages de fon eftime & de fa fatisfaction; voulant, y eft-il dit, que lui, fes enfans & poftérité, &c. jouiffent & ufent de tous les droits, privilèges, franchifes, libertés, prééminences, exemptions, indemnités dont jouiffent & ont coutume de jouir les anciens nobles de notre royaume.* M. du Puy n'a fait imprimer que deux petites differtations ou thèfes, qu'il foutint en 1698 pour fon aggrégation au collége de la Rochelle, & l'hiftoire d'une enflure extraor-

dinaire du bas-ventre, qui fe trouva, par l'ouverture du corps de la perfonne qui en étoit attaquée, une hydropifie véficulaire des ovaires, dont le célèbre Denys Dodart fit, avec éloge, le rapport à l'académie des fciences. On trouve dans les *mémoires* de cette académie, dont M. du Puy fut affocié étranger en 1724, plufieurs obfervations de médecine & de chirurgie, qu'il lui avoit communiquées. Il mourut à Rochefort le 10 novembre 1757, après cinquante-neuf années d'exercice de fa profeffion, âgé de quatre-vingt-trois ans. fix mois & vingt-neuf jours, univerfellement regretté de la marine & de tout le pays, où il jouiffoit de la plus grande réputation. Il avoit époufé en 1701, *Marie* le Roy, fille d'*Amateur* le Roy, d'une ancienne famille de la Rochelle, mort capitaine d'une compagnie-franche d'infanterie de la marine. * *Lettres de nobleffe accordées à M. du Puy, & lettres originales du miniftre de la marine.*

GASPARD Cochon, écuyer, fieur du Puy, fils du précédent, & de Marie le Roy, né à Rochefort le 10 mai 1710, a fait fes études à Paris, où il a été reçu docteur-régent de la faculté de médecine de cette ville en 1734. La même année il a obtenu un ordre du roi pour aller à Rochefort foulager le fieur du Puy fon pere dans les fonctions ordinaires de fon emploi, & principalement pour prendre foin, fous fa direction, de l'école d'anatomie & de chirurgie. En 1741 M. le comte de Maurepas ayant ordonné à Rochefort l'établiffement d'un jardin de plantes pour fervir d'entrepôt à celles qui viennent de l'Amérique pour le jardin du roi, en a nommé directeur le fieur du Puy fils, & l'a chargé d'y faire conftruire des ferres, & toutes les commodités néceffaires pour y cultiver les plantes étrangeres. Il a raffemblé en même temps celles qui font d'ufage en médecine, qu'il a toujours démontrées depuis aux éleves chirurgiens, & dont il leur explique les propriétés & l'emploi qu'on en doit faire dans le traitement des maladies à bord des vaiffeaux de S. M. Il a été nommé peu de temps après fecond médecin de la marine; & en 1745, il partagea avec fon pere les rifques & les fatigues que leur occafionnèrent le fcorbut peftilentiel de l'efcadre de Provence, & la petite vérole qu'apportèrent à Rochefort les habitans de l'Ifle-Royale la même année, & qui continua à faire de grands ravages dans le pays jufqu'au mois d'août 1746. Après avoir été pendant vingt-trois ans le compagnon des travaux d'un fi grand maître, il lui a fuccédé en 1757 dans les places de premier médecin de la marine à Rochefort, & de directeur de l'école d'anatomie & de chirurgie. Il a été décoré du cordon de S. Michel au mois de décembre 1758. Il a époufé en 1753, *Marie-Olive* Desherbiers de Létanduere, fille de *Henri* Desherbiers de Létanduere, commandeur de l'ordre royal & militaire de S. Louis, chef d'efcadre des armées navales de S. M. & commandant de la marine au port de Rochefort; & de *Marie-Olive* Gaillard, dont une fille. * *Mémoires communiqués.*

PUYCERDA, ville capitale du comté de Cerdagne, au couchant de celui de Rouffillon, entre la France & l'Efpagne, eft fituée entre le Carol & la Segre, dans une belle plaine, au pied des montagnes. Elle eft bien fortifiée, fon terroir eft fertile. On y trouve quelques carrieres de jafpe, deux fontaines médicinales, & plufieurs fimples. Elle fut prife en 1654 par les François, & rendue au paix des Pyrénées. Le maréchal de Navailles en fit le fiège en 1678, & peu de temps après elle fut démolie & rendue à la paix de Nimègue. On s'en faifit dans la guerre fuivante : on la rendit encore par la paix de Rifwick. Les habitans s'étant déclarés en 1706 pour l'archiduc Charles, le duc de Noailles s'empara de leur ville l'année fuivante; & pour les contenir, il y fit bâtir un fort, qu'on nomma *de faint Adrien;* cet ouvrage qui eft de cinq baftions, fut commencé le premier octobre 1707, & fe trouva dans fa perfection au bout de fix femaines.

PUY-GUILLON, ou PINGUILLON (Emeri) poëte Provençal, dans le XIII fiécle, né à Toulouse, composa des satyres & autres piéces ingénieuses , & mourut vers l'an 1250. Pétrarque fait affez fouvent mention de lui en fon Triomphe de l'amour & de l'amitié. * Noftradamus , *vies des poëtes Prov.* François de la Croix du Maine , &c.

PUY-HERBAULT (Gabriel) religieux de l'ordre de Font-Evrault, natif de Touraine , & docteur de la faculté de Paris dans le XVI fiécle , fut un excellent prédicateur , & un véritable homme de bien. Il employa trente ans ou à prêcher , ou à travailler fur l'écriture fainte , & étoit nommé ordinairement *le docteur & le réformateur de Hautes Bruyeres*, à caufe des grands fervices qu'il rendit à cette maifon, qui eft occupée par des religieufes de l'ordre de Font-Evrault , à quatre lieues ou environ au-deffus de Verfailles , & parcequ'il y compofa la plupart de fes ouvrages. Au refte ce religieux fut le fléau des hérétiques, & mourut au monaftere de Notre-Dame de Colinance en Picardie, l'an 1566, dans le temps qu'il fe difpofoit à célébrer la meffe. Un de fes ouvrages les plus célébres , c'eft fon *Théotime* , ou fes trois livres de la condamnation des mauvais livres , en latin , à Paris 1549. * Poffevin, *in appar. facr.* Niquet, *hift. de Font-Evrault, l. 5, c. 25.* La Croix du Maine, & du Verdier-Vauprivas, *biblioth. franç.* Le Mire , *de fcript.fæc. XVI.* Hilarion de Cofte, *vie de François le Picard. Note* de M. le Duchat , *à la fin du XXXII chap. du 4 liv. de Rabelais.*

PUY-LAURENS , en latin *Podium-Laurentii* , petite ville de France en Languedoc, à trois lieues de Caftres. C'eft de cette ville qu'étoit natif GUILLAUME de Puy-Laurens , chapelain de Raymond *le Jeune* , comte de Touloufe , qui a écrit l'hiftoire des Albigeois , & dont la chronique eft fort recherchée. Il vivoit en 1245, & eft cité comme témoin dans un acte de cette année-là , rapporté par Catel dans l'avis au lecteur de fon *hiftoire des comtes de Touloufe.* * Baudrand.

PUYLAURENS (Antoine de Lage, duc de) fortoit d'une famille noble de Languedoc, & entra au fervice de Gafton , duc d'Orléans , frere de Louis XIII, roi de France. Il s'infinua dans l'efprit de ce prince, devint premier gentilhomme de fa chambre , fon plus cher favori , & le fuivit dans fes deux retraites à la cour de Lorraine & à Bruxelles. Pendant fon féjour à Nanci , Puylaurens acquit la faveur de la princeffe de Pfalizbourg, & à Bruxelles , celle de la princeffe de Chimei. La premiere irritée de cette nouvelle connoiffance, voulut s'en venger , & Puylaurens fut plus d'une fois en danger de fa vie. La reine-mere , retirée dans les Pays-Bas, le perfécuta auffi à la follicitation du pere Chanteloube , fon confident. D'un autre côté , le cardinal de Richelieu vouloit le mettre dans fes intérêts ; il l'avoit toujours refufé , mais ces pourfuites le rendirent plus traitable. Il écouta les propofitions du miniftre , & en conféquence il n'épargna rien pour engager Gafton à fe réconcilier avec le roi fon frere. Le cardinal reconnoiffant fes fervices, & voulant fe l'attacher plus particulierement , lui fit époufer le 28 novembre 1634 Marguerite-Philippine du Cambout de Coiflin , fille puînée du baron de Pont-Château, dont l'aînée époufa un même temps le duc de la Valette. On acheta enfuite la feigneurie d'Aiguillon de la princeffe Marie de Gonzague , & elle fut érigée en duché-pairie fous le titre de Puylaurens , & donnée à Antoine de Lage. Le 7 décembre 1634, il fut folemnellement introduit dans le parlement. Mais fa faveur dura peu. Il fut arrêté au Louvre le 14 février 1635 , & conduit à Vincennes , fous prétexte qu'il entretenoit la diffention entre Louis XIII & Gafton. Il mourut dans fa prifon le premier juillet de la même année. Comme il ne laiffa point d'enfans , la duché-pairie érigée en fa faveur s'éteignit par fa mort. Sa veuve époufa en 1639 *Henri* , comte de Harcourt-Armagnac, & mourut en 1674. Il eft faux que M. Arnauld d'Andilli ait eu la moindre part à la détention du duc de Puylaurens , comme on le voit par les mémoires même de M. d'Andilli , qui font imprimés ; par la lettre juftificative de M. d'Andilli par

le pere Bougerel de l'Oratoire , inférée dans la *Bibliothéque raifonnée* , &c.

PUYSAYE , petite contrée du Gâtinois en France. Elle eft vers les confins du Berri & du Nivernois. Saint-Amand en Puyfaye & Saint-Fargeau en font les lieux principaux. * Mati , *diction.*

PUYSEGUR (Jacques de Chaftenet, feigneur de) colonel du régiment de Piémont , & lieutenant-général des armées du roi , fous les régnes de Louis XIII & de Louis XIV , avoit porté les armes pendant 40 ans fans difcontinuation depuis l'an 1617 , jufqu'en 1658. Il s'étoit trouvé en plus de fix-vingts fiéges où le canon avoit tiré , en plus de trente combats , batailles , ou rencontres , ayant paffé par tous les dégrés militaires , fans avoir jamais été malade , ni avoir reçu aucune bleffure en fon corps. Cependant il ne fit pas grande fortune , parcequ'il fut toujours plus attaché au roi qu'aux miniftres , & qu'il avoit trop de franchife pour s'accommoder à toutes les maximes des courtifans. C'eft ce qu'il témoigne dans fes mémoires , qui font bien écrits , & qui ont vu le jour à Paris & à Amfterdam en 1690 , par les foins de M. Du Chêne , hiftoriographe de France. On y voit divers événemens remarquables , concernant les campagnes où il s'eft trouvé ; & il y a à la fin des inftructions militaires de la compofition de M. de Puyfégur.

La famille de Chaftenet eft originaire du comté d'Armagnac. BERNARD de Chaftenet , feptiéme aïeul de celui *qui a donné lieu à cet article* , étoit en 1365 confeiller & chambellan du roi de Navarre. ROGER de Chaftenet , feigneur de Puyfegur , petit-fils de BERNARD , fit fon teftament en 1459. Il fut bifaïeul de NICOLAS de Chaftenet, auffi feigneur de Puyfegur, dont il rendit hommage aux roi & reine de Navarre, le 27 janvier 1541 , à caufe de leur comté de Fezenzac ; & eut pour fils BERNARD de Chaftenet , feigneur de Camp-Seguet , qui époufa l'an 1556 *Marguerite* de Pins, maifon dont il y a eu deux grands-maîtres de S. Jean de Jérufalem. D'eux naquit JEAN de Chaftenet , feigneur de Puyfegur & de Camp-Seguet , qui époufa en 1590 *Magdeléne* d'Efpagne , fille d'*Onuphre* , baron de Ramefort (qui difputa long-temps la feigneurie de Montefpan contre Paule d'Efpagne , fa coufine) & de *Catherine* de Saman , & petite fille de *Charles* d'Efpagne , baron de Ramefort , & de *Marie* d'Aure , fille de *Jean* d'Aure , vicomte d'After , & de *Jeanne* , bâtarde de Béarn , *fille naturelle de Gafton* IV , comte de Foix. JEAN de Chaftenet laiffa en mourant quatorze enfans , dont celui qui a donné lieu à cet article étoit le feptiéme : quelques-uns des autres fervirent, entr'autres , JACQUES de Chaftenet, feigneur de Camp-Seguet, qui commandoit la garnifon de Laitoure , lorfque le duc de Montmorenci y fut conduit prifonnier après la perte du combat de Caftelnaudari en 1632. La fidélité du feigneur de Camp-Seguet fut fi grande, qu'il refufa plus de deux cens mille livres qu'on lui offrit pour laiffer évader ce duc. Un autre frere de Chaftenet , feigneur de la Grange , capitaine dans le régiment de Piémont , fe fignala au fiége de Spire en 1635 , & y fut bleffé : il eut le même fort dans la Picardie en 1639 , & y fut tué la même année. Quant à notre Puyfegur , il commença , en 1617 , à porter les armes dans le régiment des Gardes , d'où le roi Louis XIII le tira en 1622 , pour le mettre dans fa compagnie des moufquetaires , lorfque fa majefté ôta à fa compagnie des carabines leurs carabines pour leur donner des moufquets , d'où elle fut nommée la compagnie des moufquetaires. Il y refta dix-huit mois , & en 1624 le roi lui donna une enfeigne dans le régiment des Gardes , qu'il garda jufqu'en 1632 , qu'il obtint la charge de major du régiment de Piémont , avec une compagnie dans le même corps. Il fut fait prifonnier au combat de Honnecourt en 1642 , & le roi lui donna en 1649 une charge de maître d'hôtel de fa maifon. En 1655 , il fut fait meftre de camp de Piémont , & fut pris à Valenciennes en 1656 , avec fon fils aîné , qui étoit enfeigne colonel de son régiment. Il étoit alors auffi lieutenant-général, ayant été fait fergent de bataille avant 1644, & maréchal de bataille en 1651. Enfin il mourut dans fon château de Bernouville près de Guife le 4 septembre 1682, âgé de 82 ans. Il avoit époufé 1°. *N.* dont il eut un fils, qui fervit quelque temps : 2°. *Marguerite* du Bois-de-Liége, fille de *N.* feigneur d'Anconin près de Soiffons, maréchal de camp, dont il eut, entr'autres enfans, JAC-QUES, qui fuit; & *N.* de Chaftenet, nommé abbé de S. Epvre de Toul, en 1678. Une branche de cette maifon a donné des confeillers au parlement de Touloufe.

PUYSEGUR (Jacques de CHASTENET, marquis de) comte de Bufanci, l'un des quatre quarts-comtes de Soiffons, étoit fils de JACQUES de Chaftenet, feigneur de Puyfegur, *dont on vient de parler* ; & de *Marguerite* du Bois-du-Liége. Il naquit à Paris, & fut baptifé à S. Germain l'Auxerrois, le 19 mars 1655. Il a été fucceffivement capitaine, major, puis lieutenant-colonel du régiment du roi, infanterie, maréchal général des logis des camps & armées de fa majefté en 1690, chevalier de l'ordre militaire de S. Louis, le 6 février 1694, brigadier d'infanterie, le 3 janvier 1696, gentilhomme de la manche du duc de Bourgogne, au mois de juin 1698, maréchal de camp le 29 janvier 1702, lieutenant général des armées du roi le 26 octobre 1704, & gouverneur de Condé au mois d'octobre 1707, commandant en chef dans les provinces de Flandre, Haynaut, Artois, Picardie, & Soiffonnois. Il fut du confeil de guerre, établi après la mort de Louis XIV, le 3 novembre 1715, créé maréchal de France le 14 juin 1734; mais il ne fut déclaré que le 17 janvier 1735. Il fut reçu chevalier des ordres du roi, à la promotion du 17 mai 1739, & pourvu du gouvernement de Bergues en 1743. Il eft mort à Paris la même année, le 15 août, dans la 89° année de fon âge. Il avoit époufé, le 3 octobre 1714, dame *Jeanne-Henriette-Auguftine* de Fourcy, morte le 17 décembre 1737, âgée de 45 ans, 1 mois & 8 jours, fille aînée de *Henri-Louis* de Fourcy, comte de Cheffy, & de *Jeanne* de Villers. De ce mariage font nés, 1. *Jacques-François-Maxime* de Chaftenet, marquis de Puyfegur, né le 22 septembre 1716, colonel du régiment de Vexin, infanterie, par commiffion du 15 avril 1738, marié depuis le 26 juin 1742, avec *Marie-Marguerite* Maffon, fille de *Gafpard-François* Maffon, préfident de la première chambre des enquêtes du parlement de Paris, & de *Marie-Marguerite* Chévalier ; 2. *Jeanne-Henriette* de Chaftenet, née le 29 août 1715, mariée le 20 mars 1736, avec *Charles-François* de Nettancourt de Hauffonville-Paffavant, comte de Vaubecourt, colonel du régiment de Dauphiné, du 15 mars 1740; 3. *Marie-Anne* de Chaftenet, née le 21 septembre 1719, mariée le ... avec *Augufte-Alfonfe* de Civille, feigneur de Saint-Mars & de Buchy; 4. *Héléne-Adelaïde* de Chaftenet, née le 5 février 1726.

PUYSET (le) bourg de France dans la Beauce. Il eft près de Janville, entre Orléans & Chartres. * Mati, *dictionaire.*

P Y

PYGMALION, cherchez PIGMALION.

PYGMÉES, peuples habitans des montagnes des Indes orientales, felon Pline, ou felon Strabon, des extrémités de l'Afrique. On tient que ces hommes n'avoient pas tout-à-fait une coudée de haut, & l'on en dit bien des chofes qui ont l'air de fables, par exemple, qu'ils ne vivent pas plus de huit ans, que leurs femmes engendrent à cinq, qu'ils font la guerre contre les grues, qu'ils cachent leurs enfans dans des trous, de peur que les grues ne les avalent tout d'un coup. Le prophète Ezéchiel, dans le 27 chapitre de fa prophétie, dit *que les Pygmées qui étoient fur les tours, avoient fufpendu leurs carquois à l'entour des murailles.* Sur quoi Nicolas de Lira, fuivant l'opinion la plus commune, dit qu'en

effet les Pygmées furent poftés fur les tours des murailles de Tyr, non pas pour défendre la place, mais pour faire connoître aux ennemis, par la vue de ces foibles défenfeurs, qu'elle étoit affez forte pour fe défendre par fa propre fituation. Ce qui a quelque rapport avec ce que firent auparavant les Jébuféens, qui n'oppoferent à David, pour défendre la fortereffe de Sion, que des aveugles & des boiteux, comme pour témoigner qu'il y avoit de la témérité à former une entreprife fi hardie. Le pere Prade dans fon commentaire fur Ezéchiel, expliquant ce paffage qui parle des Pygmées, dit que les murailles de Tyr étoient fi hautes, que ceux qui les défendoient paroiffoient petits comme des Pygmées, à ceux qui les regardoient d'en bas. Cette interprétation, qui paroît la plus raifonnable, n'empêche pas quelques interpretes plus crédules de foutenir que, du temps d'Ezéchiel, les Pygmées, dans l'idée que nous en avons, n'étoient point inconnus. Selon d'autres auteurs, Ezéchiel ne parle des *Pygmées*, que dans la vulgare, & dans les écrits de quelques interpretes. Il y a dans l'hébreu *gammadin*, mot qui ne fe trouve qu'une fois dans l'écriture, & qui eft interprété très-diverfement. L'explication la plus vraifemblable eft celle de Fuller, qui croit que le prophète entend ici les habitans d'une ville de la Phénicie. Homere eft le premier qui ait fait mention des Pygmées. Arifote ne fe contente pas de dire qu'il y en a eu; il affure même qu'ils habitoient dans le voifinage du Nil; qu'ils étoient toujours en guerre avec les grues; & que c'étoient des hommes d'une fort petite taille, qui logeoient dans des cavernes : c'eft pourquoi les Grecs les ont appellés *Troglodytes.* S. Auguftin ne convient pas de ces faits. Pline, Strabon, Solin, & les autres géographes ont parlé des peuples appellés Pygmées, & les ont placés les uns en Ethiopie, & les autres dans les Indes, & Solin dans la Thrace. Les Samoiedes, qui font des peuples de Mofcovie, vers le détroit de Waigatz, peuvent être mis au nombre des Pygmées, auffi-bien que les Lapons, à caufe de la petiteffe de leur ftature ; mais tout ce que l'on a dit des Pygmées anciens paroît fabuleux. * Ezéchiel, *c.* 27. Arift. *l.* 8, *de hift. animal.* S. Auguftin, *l.* 16, *de civit.* Hom. *l.* 3 *Iliad.* Oppian, *l.* 2, *de pifcibus.*

PYGMÉES (l'ifle des) c'eft une des ifles Wefternes d'Ecoffe. Il y a une chapelle où les habitans croient que les Pygmées étoient autrefois enterrés, parcequ'en creufant bien avant dans la terre, on y a trouvé de petites rêtes rondes, & de petits os des autres parties du corps humain. * Buchanan.

PYLADE, *Pylades,* eft célébre dans l'hiftoire grecque par fon union très-étroite avec Orefte, qu'il accompagna dans tous fes malheurs & dans tous fes dangers, jufqu'à fon entiere guérifon. Il étoit fils de *Strophius,* à la garde duquel Orefte avoit été confié : & il fut élevé dès fa plus tendre jeuneffe avec ce jeune prince. Lorfqu'ils furent fortis de l'enfance, il lui aida à venger la mort du grand Agamemnon par celle du perfide Egyfte, & par celle de Clytemneftre même. Enfuite il fuivit fon ami dans la Tauride, où l'oracle de Delphes l'avoit envoyé pour y être guéri de fa fureur, & pour en rapporter la ftatue de Diane. Là ils furent tous deux fur le point d'être immolés aux mains d'Iphigénie même, prêtreffe de Diane, & fœur d'Orefte. Mais après qu'elle les eut reconnus, elle leur livra le fimulacre de la déeffe, & s'enfuit avec eux en Gréce. Pylade y époufa Electre, autre fœur d'Orefte ; lorfque ce prince fut demeuré paifible poffeffeur du royaume de Mycènes, par la mort d'Alethes, fils d'Egyfte, qu'il vainquit & qu'il tua. * Euripide. Sophocle. Apollodore. Hygin. Natalis Comes.

PYLADE, *Pylades,* célébre pantomime, natif de Cilicie, parut à Rome du temps de l'empereur Augufte, & inventa une forte de danfe compofée de fujets tragiques, de comiques, & de fatyriques, dans laquelle il repréfentoit par des geftes ingénieux, tout ce que le difcours auroit exprimé. Il fit une troupe à part, fans fe mêler dans les tragédies & comédies ordinaires , & se fit admirer du peuple par l'artifice de ces comédies muettes , dont les acteurs ne parloient que par les divers mouvemens du corps , des doigts & des yeux. Bathylle exerça avec lui le même art ; mais il n'excelloit que dans les sujets comiques ou satyriques ; & Pylade réussissoit beaucoup mieux dans les sujets tragiques , graves & sérieux. C'est pourquoi ils firent deux bandes. C'est ce Pylade qui disputa contre Hyllus , son disciple , en présence du peuple romain , pour savoir lequel des deux joueroit le personnage d'Agamemnon. Hyllus , pour le représenter grand , s'éleva sur ses pieds : Pylade au contraire le fit rêveur , insinuant , par-là que le principal devoir d'un grand prince étoit de penser au bien de ses sujets. Pylade dit alors à son disciple : *Tu le fais long , & non pas grand.* Plutarque , *sympos. l. 7.* Lucien , *de Pantomimi scena.*

PYLADES BUCCARDUS , ou , selon Jean-Albert Fabricius , Jean-François BROCCARDUS-PYLADES , savant Italien , qui a vécu dans le XV siécle , étoit de Bresse ou Brescia , & fut professeur d'humanités à Salo dans le Bressan sur le lac de Garda. Il est mort vers l'an 1500 , & sûrement avant l'an 1506. Il avoit eu pour protecteur & pour bienfaiteur Aloysio Dardano , chancelier de la république de Venise. Cornelius Vitellius , son ami , lui a dédié son livre *de dierum , mensium , annorumque observatione.* Pylades mécontent du travail de Georges Mérula , de Bernardin Saraceno , Vénitien , & de Jean-Baptiste Pie , sur les comédies de Plaute , attaqua leur édition & leurs corrections , dans une édition nouvelle de ce comique , à laquelle il travailla avec beaucoup de soin , mais dont il ne put voir l'impression. Etant attaqué de la maladie dont il mourut , il recommanda son travail à son ami & son compatriote Joannes Britannicus , & le pria de dédier l'ouvrage à Aloysio Dardano , pour lequel Pylades lui-même avoit déja composé une épître dédicatoire. Cette édition de Plaute parut à Bresse en 1506. On y trouve en effet l'épître de Pylades , où il dit que son travail sur Plaute lui avoit coûté cinq années ; & une épître au même Dardano de Joannes Britannicus , où il rend compte du travail de son ami sur Plaute , & de ce qu'il avoit encore laissé à faire. Ces deux lettres sont dans la première partie de l'ouvrage de M. le cardinal Quirini , intitulé : *De Brixianâ Litteraturâ ,* &c. A la fin de l'édition de Plaute , dont il s'agit , on lit ces mots : *Scito has comœdias viginti Plautinas , ex quibus Pylades Buccardus duodeviginti solerti diligentiâ correxit , atque ex iis quinque elegantissimè interpretatus est , à Jacobo Britannico impressas fuisse ,* &c. anno M D VI , 3°. Kal. Decemb. Le travail de Pylades eut à son tour ses critiques , comme on peut le voir dans le même ouvrage de M. le cardinal Quirini. Pylades a fait aussi des notes critiques sur la grammaire latine , ou le *Doctrinale puerorum* d'Alexandre de Villedieu (*de Villadei*) Frere Mineur de Dole en Bretagne , ou Allemand , selon quelques-uns , qui vivoit dans le XII siécle & dans le XIII. Pylades adressa ses notes où il releve le ridicule & les puérilités de cet ouvrage , à Elie Capréoli (*Heliæ Capreolo , oratori excellenti , & Lunatensi prætori.*) Ce livre d'annotations a été imprimé à Bresse en 1500. Dans l'épître à Capréoli , publiée dans l'ouvrage cité de M. le cardinal Quirini , Pylades dit qu'il a opposé au *Doctrinal* d'Alexandre un poëme scholastique (*Carmen scholasticum*) *de nominum declinationibus , generibus , atque heteroclisi , tum de verborum præteritis , & supinis , ac de heroïci & elegiaci versuum compositione , & syllabarum quantitate præcipiens.* Il ajoute que ce poëme a été imprimé. On en a en effet d'anciennes éditions faites à Bresse & à Venise ; la troisième qui est de Bresse , est de l'an 1498. Pylades , dans un avis au lecteur , s'y plaint des deux premieres éditions , faites sans son aveu , & lorsque l'ouvrage étoit encore trop imparfait pour être livré au public. L'ouvrage est intitulé dans cette troisième édition : *Grammaticarum institutio-*

num regula , *& Carmen scholasticum.* Il est dédié à Louis Martinengue , sénateur de Venise. La même année 1498 , Pylades fit encore imprimer à Bresse un Vocabulaire en vers à l'usage des écoles , qu'il adressa à Scipion Tertio , sénateur de Bresse , & prévôt des marchands. A la tête de ces deux derniers ouvrages de Pylades , on lit des vers latins , que M. le cardinal Quirini a encore rapportés dans le livre déja cité. Pylades étoit poëte en effet , & il a de plus traduit en vers élégiaques la Théogonie d'Hésiode. Cette traduction imprimée plusieurs fois avec le texte du poëte Grec , est dédiée *Lucæ Tertio patriciorum Brixiæ splendori* , & Pylades l'appelle son Mécène. M. le cardinal Quirini rapporte les 40 premiers vers de cette traduction dans l'ouvrage mentioné déja plusieurs fois. * Voyez dans la première partie de cet ouvrage l'article de Plaute , & dans la seconde l'article de la grammaire , page 1 & suiv. & celui de la poëtique , page 296 & suivantes. Voyez aussi *Joan. Alberti Fabricii Bibliotheca media & infimæ latinitatis ,* à l'article d'*Alexander de Villadei* ou *de Villa-Dei* , tome I , pag. 177 & 178.

PYLÆMENE , *Pylæmenes* , ancien roi de Paphlagonie dans l'Asie mineure , vers la côte du Pont-Euxin , laissa son nom aux rois qui lui succéderent , & le rendit aussi commun entr'eux , que l'étoit celui d'Ariarathe aux rois de Cappadoce , de Ptolémée aux rois d'Egypte , & de César aux empereurs Romains. Homere , dans le second livre de l'Iliade , fait mention d'un Pylæméne qui étoit chef des Paphlagoniens au siége de Troye ; & dans le cinquième livre , il dit qu'il fut tué par Ménélaüs. Justin parlant de l'alliance contractée entre Mithridate & Nicomède , pour la conquête de la Paphlagonie qu'ils partagerent entr'eux , dit que Nicomède donna le nom de Pylæméne à son fils , pour retenir ce royaume , sous prétexte de ce nom supposé , comme s'il l'eût remis en entre les mains d'un prince de la race royale. Ce fut la raison pourquoi , selon le témoignage de Pline , la Paphlagonie fut appellée *Pylæménie.* Xénophon parle d'un Corylas & d'un Otys ou Cotys , rois des Paphlagoniens ; mais cela n'empêche pas que ces rois n'eussent aussi le nom commun aux princes de ce pays. Le nom de Pylæméne étant propre aux monarques de cette nation , on les distingua par des surnoms tirés des vertus , ou d'autres qualités du corps & de l'esprit. Il est donc vrai qu'avant l'entrée des Romains en Asie , il y a eu plusieurs Pylæménes , rois de Paphlagonie ; mais leurs actions ne se sont point dans les histoires qui sont venues jusqu'à nous. Orose est le premier qui en fait mention , lorsqu'il parle de la guerre des Romains contre Aristonicus , frere d'Attalus , l'an de la fondation de Rome 672 , & 82 avant J. C. Quelque temps après , le roi Pylæméne , ami du peuple Romain , ayant été dépouillé de son royaume par Mithridate , fut remis sur le trône par les Romains ; & après sa mort , la Paphlagonie fut réduite en province. Les historiens néanmoins ne sont pas d'accord touchant le rétablissement de Pylæméne & la fin du royaume de Paphlagonie. * Spon , *recherches curieuses d'antiquité.*

PYLE , cherchez PILE.

PYNACKER (Corneille) étoit de Delft. Il naquit en 1570 , & mourut en 1645. Il fut professeur en droit à Groningue. Il composa un indice sur les controverses de Fachinæus. Il avoit de plus composé des commentaires sur divers livres des pandectes , & un nombre presque innombrable de conseils ; mais on ne put jamais le porter à donner ces ouvrages au public : & la raison qu'il alléguoit , c'est qu'on ne pouvoit rien dire de nouveau. * *Voyez l'auteur des vies des professeurs de Groningue , page 63.*

PYRACMON , l'un des forgerons du dieu Vulcain , qui étoit toujours à l'enclume pour battre le fer. C'est ce qui est marqué par son nom ; car πῦρ signifie *le feu* , & ἀκμὼν veut dire une *enclume.*

PYRAME , Babylonien , aima passionément une jeune fille nommée Thysbé. Ces deux amans s'étant donné un rendez-vous sous un murier , Thysbé y arriva la première , & fut attaquée par un lion , dont elle se sauva ; mais ayant laissé tomber son voile en fuyant , la bête la déchira & l'ensanglanta. Pyrame ayant trouvé le voile de sa maîtresse ensanglanté , crut qu'elle avoit été dévorée , & se tua de désespoir. Thysbé qui vit son amant mort , se perça aussi le sein avec la même épée, Ovide décrit leurs amours *dans le quatriéme livre de ses métamorphoses* , & dit que leur mort a fait changer les mures de couleur , qu'elles sont devenues rouges de blanches qu'elles étoient auparavant. * Ovide, *métamorph. l. 4.*

PYRAMIDES , superbes monumens de l'antiquité , élevés par les rois d'Egypte. Elles sont à deux milles du Caire , & on commence à les voir dès qu'on est sorti de la petite ville de Dezize , qui en est à six milles. Ce qui les fait paroître de si loin , c'est qu'elles sont situées sur un terrein pierreux & infertile , qui est beaucoup plus élevé que la plaine. L'on ne peut voir sans étonnement ces masses énormes , que l'on n'admire pas tant pour la dépense incroyable qu'il a fallu faire pour achever un bâtiment si prodigieux , que parcequ'on ne peut comprendre comment il a été possible de monter si haut des pierres aussi grandes que celles que l'on y voit , dans le temps où la plupart des inventions méchaniques étoient inconnues. Il y a trois grosses pyramides distantes les unes des autres d'environ deux cens pas , mais l'on ne sauroit entrer que dans la plus grande , qui est du côté du nord. Elle est d'une élévation si prodigieuse , qu'on dit qu'elle a 520 pieds de hauteur , & de largeur 682 en carré. Quelques-uns tiennent qu'elle fut bâtie , il y a plus de 3000 ans , par un roi d'Egypte appelé *Cophtus*, par d'autres *Cheosses* , ou *Chemnis* , & disent que cette dépense lui fut inutile , parcequ'ayant opprimé le peuple , par la longue fatigue de ce bâtiment , on le menaça de bruler son corps après sa mort ; ce qui l'empêcha d'y choisir sa sépulture , & l'obligea de commander qu'on l'enterrât dans un autre lieu secret. Plusieurs ne savent d'où on a pu tirer ces grosses pierres , & en si grande quantité , parcequ'on ne voit que du sable aux environs ; mais ils n'ont pas pris garde que sous le sable il y a de la roche vive qui fournissoit ces pierres , outre qu'il y a plusieurs montagnes fort peu éloignées , où la pierre ne manque pas. Quelques-uns disent aussi qu'on en amenoit de Saïd , c'est-à-dire de la haute Egypte, sur le Nil. On dit que ce prince employa pendant vingt-trois années , trois cens soixante mille ouvriers à ce travail. Pline qui en parle , ajoute qu'il y fut dépensé dix-huit cens talens seulement en raves & en oignons , les anciens Egyptiens étant grands mangeurs de raves & de légumes. Plusieurs croient que ces pyramides étoient autrefois plus élevées sur terre qu'elles ne le sont présentement , & que le sable a caché une partie de leur base. Cela pourroit être , puisque le plus de violence qu'aucun autre vent , il y a plus porté de sable que n'ont fait les autres vents aux autres côtés. L'ouverture de la grande pyramide où l'on peut entrer , est un trou presque carré d'un peu plus de trois pieds de haut. Il est relevé du reste du terrein , & l'on monte sur des sables que le vent jette contre , & qui le bouchent souvent ; ensorte qu'on est obligé de le faire ouvrir. On dit qu'autrefois il y avoit auprès de l'entrée une grosse pierre , qu'on avoit taillée exprès pour boucher cette ouverture , lorsque le corps devoit être mis dedans. Cette pierre la fermoit si juste , qu'on n'auroit pu reconnoître qu'on l'eût ajoutée ; mais un bacha la fit enlever , quelque grande qu'elle fût , afin qu'on ne pût fermer cette pyramide. Sa forme est quarrée , & en sortant de terre elle a onze cens soixante pas , ou cinq cens quatre-vingts toises de circuit. Toutes les pierres qui la composent ont trois pieds de haut & cinq ou six de longueur , & les côtés qui paroissent en dehors sont tous droits , sans être taillés en talus : chaque rang se retire en dedans de neuf ou dix pouces , afin de venir se terminer en

pointe à la cime ; & c'est sur ces avances que l'on grimpe pour aller jusqu'au sommet. Vers le milieu il y a à l'un des coins , des pierres qui manquent , & qui font une bréche ou petite chambre de quelques pieds de profondeur. Elle ne perce pourtant point jusqu'au dedans. On ne sait si les pierres en sont tombées , ou si elles n'y ont jamais été mises. Il y a grande apparence qu'on se servoit de cet endroit pour assurer les machines qui tiroient les matériaux en haut. C'est encore une raison qui a obligé de bâtir la pyramide , avec des dégrés à chaque rang , puisque si les pierres eussent été taillées en talus , & posées l'une sur l'autre sans qu'il y fût demeuré aucun rebord , il auroit été absolument impossible de conduire jusqu'à son sommet les lourdes masses qu'on y a portées. On se repose ordinairement dans cette bréche , le travail étant grand à s'élancer ainsi trois pieds chaque fois , pour monter jusqu'au faîte.

Il y a environ deux cens huit dégrés formés par le rebord de ces grosses pierres , dont l'épaisseur fait la hauteur de l'un à l'autre. Ce qui semble être pointu d'en-bas , a quinze ou seize pieds de carré , & fait une plate-forme qui peut contenir quarante personnes. On a remarqué , qu'un homme bien fort étant sur cette plate-forme ne pouvoit jetter une pierre au-delà de la pyramide , mais seulement sur le douziéme degré , ou un peu plus bas ; mais il n'est pas vrai qu'on ne puisse tirer une flèche plus loin que la pyramide ; car il est certain qu'une flèche tirée d'un bon bras , passera facilement trois cens quarante & un pieds , qui sont la largeur ou la moitié de la pyramide. Ceux qui y montent découvrent de-là une partie de l'Egypte , & le désert sabloneux qui s'étend dans le pays de Barca , & ceux de la Thébaïde de l'autre côté. Le Caire ne paroît presque pas éloigné de ce lieu , quoiqu'il en soit à neuf milles. On entre aussi dans la même pyramide , & il faut se pourvoir de lumieres pour cela. On passe la premiere entrée en se courbant , & l'on trouve comme une allée , qui va en descendant environ 80 pas. Elle est voutée en dos d'âne , & apparemment toute entiere dans l'épaisseur du mur , puisqu'on n'y voit rien qui ne soit solide de tous côtés. Cette allée a assez d'élévation & de largeur pour y pouvoir marcher , mais son pavé baisse encore bien plus droit qu'un glacis , sans avoir aucun degré , & la pierre n'a que de légeres piquures, de pas en pas, pour retenir les talons ; de sorte que pour s'empêcher de tomber , on est obligé de se tenir avec les mains aux deux côtés du mur. Les pierres sont si bien unies ensemble , qu'à peine peut-on appercevoir les joints. Au bout de cette allée , on trouve un passage qui n'a d'ouverture que ce qu'il en faut pour laisser passer un homme. Il est ordinairement rempli de sable, qui n'est pas sitôt poussé par le vent dans la premiere ouverture, qu'il suit le penchant de la pierre , & se vient tout rassembler en ce lieu-là. Lorsqu'on a ôté ce sable & qu'on a passé ce trou, en se traînant huit ou dix pas sur le ventre , on voit une voute à la main droite qui semble descendre à côté de la pyramide. On trouve aussi un grand vuide, ou un puits d'une grande profondeur. Ce puits va en bas par une ligne perpendiculaire à l'horison , qui ne laisse pas de biaiser un peu ; & quand ceux qui y descendent sont environ à soixante-sept pieds, comptant de haut en bas , ils trouvent une fenêtre carrée qui entre dans une petite grotte creusée dans la montagne , qui en cet endroit n'est pas de pierre vive : ce n'est qu'une espece de gravier fortement attaché l'un contre l'autre. Cette grotte s'étend en long , de l'orient à l'occident , & de-là à quinze pieds , en continuant de descendre en bas , est une coulisse fort penchante , & entaillée dans le roc. Elle approche presque de la ligne perpendiculaire , & est large environ de deux pieds & un tiers , & haute de deux pieds & demi. Elle descend cent vingt-trois pieds en bas , après quoi elle est remplie de sable & de fiente de chauve-souris. On croit que ce puits avoit été fait pour y descendre les corps que l'on déposoit dans les cavernes qui sont sous la pyramide.

Après qu'on est arrivé à ce grand vuide , où le puits

est à la gauche, on est obligé de monter sur un rocher, dont la hauteur est de vingt-cinq ou trente pieds. Au dessus est un espace long de dix ou douze pas ; & quand on l'a traversé, on monte par une ouverture qui n'est pas plus large que le passage où l'on est obligé de se traîner, mais qui a pourtant assez d'élévation pour y marcher sans qu'on se baisse. Il n'y a point de dégrés non plus qu'au reste : on y fait seulement des trous de chaque côté, qui sont de distance en distance. On y met les pieds en s'écartant un peu, & l'on s'appuie contre les murs, qui sont des pierres de taille fort polies, & jointes ensemble avec autant d'adresse que toutes les autres. Les niches vuides que l'on y voit, de trois en trois pieds, & qui en ont un de largeur, & deux de hauteur, donnent lieu de croire qu'elles étoient autrefois remplies d'idoles. Ce passage est haut de quatre-vingts pas, & on n'y sauroit monter sans beaucoup de peine. On trouve au-dessus un peu d'espace de plein pied, & ensuite une chambre qui a trente-deux pieds de long & seize de large. Sa hauteur est de dix-neuf pieds ; & au lieu de voute, elle a un plancher ou lambris tout plat. Il est composé de neuf pierres, dont les cinq du milieu sont larges chacune de quatre pieds, & longues de seize. Les deux autres qui sont à l'un & à l'autre bout, ne paroissent larges que de deux pieds seulement : cela vient de ce que l'autre moitié de chacune est appuyée sur la muraille. Elles sont de la même longueur que les sept autres, & toutes les neuf traversent la largeur de cette chambre, ayant chacune un bout appuyé sur la muraille qui est de l'autre côté. Cette chambre est des murs sont fort unis, ne reçoit aucun jour ; & dans le bout qui est opposé à la porte, il y a un tombeau vuide, fait tout d'une piéce. Il est long de sept pieds, & large de trois, & à trois pieds quatre pouces de hauteur, & cinq pouces d'épaisseur. La pierre en est d'un gris tirant sur le rouge pâle, & à peu près semblable au porphyre. Quand on près la frape, elle rend un son clair, comme une cloche. Elle est fort belle lorsqu'elle est polie, & d'ailleurs si dure, que le marteau a peine à la rompre. Il y a une autre chambre à côté de celle-ci, mais plus petite, & sans aucun sépulcre. C'est-là le plus haut endroit où l'on puisse aller au-dedans de la pyramide, qui n'a pour toute ouverture, que le passage d'en-bas, au-dessus duquel est une pierre en travers, qui a onze pieds de long & huit de large. Vers cette entrée est un écho qui répete les paroles jusqu'à dix fois. Le défaut de jour dans toute la pyramide, est cause qu'on y respire un air extrêmement étouffé. La flamme des flambeaux que l'on y porte paroît toute bleue, & l'on s'en fournit toujours d'un fort bon nombre, puisque s'ils venoient à s'éteindre lorsqu'on est monté bien haut, il seroit absolument impossible d'en sortir.

Les deux autres pyramides ne sont ni si hautes, ni si grosses que la premiere. Elles n'ont aucune ouverture ; & quoiqu'elles soient aussi bâties par dégrés, on n'y peut monter, à cause que le ciment dont l'une & l'autre est enduite, n'est pas assez tombé. Elles paroissent d'en-bas tout-à-fait pointues dans leur sommet. On attribue ces superbes monumens à celui des Pharaons qui fut englouti dans la mer Rouge. On prétend que les deux moindres étoient pour la reine sa femme, & pour la princesse sa fille, & que leurs corps y avoit été mis, & non à fermées ensuite, ensorte que l'on ne peut reconnoître de quel côté en étoit l'entrée. La grande étoit, dit-on, destinée pour ce monarque ; & comme il n'a pas besoin de tombeau, elle est toujours demeurée ouverte. Devant chacune des trois pyramides, il paroît des restes de certains bâtimens carrés, qui semblent avoir été des temples.

A quelques pas de la pyramide ouverte, on voit une idole, que les Arabes appellent *Abou-elhaoxn*, c'est-à-dire, *pere de Colonne* ; & Pline l'appele *Sphinx*. C'est un buste taillé dans le roc vif, qui semble être de cinq pierres ajustées les unes sur les autres ; mais si l'on regarde attentivement, on reconnoît que ce qui paroissoit être les jointures des pierres, ne sont que des veines de roc. Ce buste représente un visage de femme, avec son sein ;

mais il est d'une prodigieuse grandeur, ayant vingt-six pieds de haut ; & depuis son oreille jusqu'à son menton, il y a quinze pieds. Le haut de sa tête est ouvert ; & ce trou par où un homme peut entrer aisément, va s'étrécissant dès que le soleil étoit levé. Les anciens Egyptiens croyoient que le corps du roi Amasis étoit enfermé dedans ; d'autres disent que ce fut un roi d'Egypte qui fit tailler cette figure, en mémoire d'une certaine Rhodopé, Corinthienne, qu'il aimoit fort.

Il y a une autre pyramide à seize ou dix-sept milles du Caire, qu'on appelle *la pyramide des momies*, à cause qu'elle est proche du lieu où elles se trouvent. Elle est aussi grande que les deux moindres des trois dont il vient d'être parlé, mais bien plus rompue. Elle a cent quarante-huit dégrés de grosses pierres, pareilles à celles des autres, & il manque un espace à son sommet, qui semble n'avoir jamais été achevé. Son ouverture qui est du côté du nord, a trois pieds & demi de largeur, & quatre de hauteur. On descend au-dedans encore plus bas qu'à la grande pyramide, & il n'y a rien à observer qu'une salle au fond, dont le plancher est d'une élévation extraordinaire.

Quelques-uns font venir le mot de pyramide du grec πυρὸς, *froment*, & de μάω, *j'assemble, je moissonne*, prétendant que le patriarche Joseph fit bâtir plusieurs greniers en pointe, pour y amasser du bled d'Egypte : ce qui a fait inventer les pyramides. Les autres le dérivent de πῦρ, *feu*, à cause qu'elles s'élevent de même que le feu monte. * Pline, *l.* 36, *c.* 12. Vattier, *Egypt.* Poulet, *voyage du Levant.* Monconis. Thevenot, *voyage.* Dict. des Arts.

PYRÉNÉES, montagnes qui séparent la France de l'Espagne, & s'étendent de la mer Méditerranée à l'Océan l'espace de quatre-vingt-cinq lieües en longueur : leur largeur est différente selon les lieux ; la plus grande est de quarante à cinquante lieües. Elles commencent au port de Vendres, dans le Roussillon, sur la Méditerranée, & à Saint-Jean de Luz dans la Biscaye françoise sur l'Océan, d'où elles s'étendent jusqu'à Saint-Sébastien fameux port dans la Biscaye espagnole, à Pampelune dans la Navarre, à Venasca dans l'Aragon, à Lérida & à Tortose dans la Catalogne. Dans la France, il y a cinq petits pays le long de ces montagnes : la Biscaye, la principauté de Béarn, & les comtés de Bigorre, de Cominges, & de Roussillon. Dans l'Espagne il y en a quatre ; la Biscaye, la Navarre, l'Aragon, & la Catalogne ; elles ont divers noms, selon les divers lieux qu'elles avoisinent. Ainsi on les nomme *Col de Pertuis*, entre la Catalogne & le Roussillon ; & il y a du même côté *Monte Ganigo*, *Sierra de Guara*, *Col de la Prexa*, *Col de l'Argentiere*, & *Porto de Viella*. Celles qu'on voit entre la Gascogne & l'Aragon, sont *Monts de Jacca* & *de sainte Christine*, dans la Navarre ; *Monts d'Adule*, entre Pampelune & Saint-Jean Pié-de-Port. Les anciens ont cru que les Pyrénées s'étendoient par toute l'Espagne jusqu'à l'Océan Atlantique ; & ils n'avoient pas tout-à-fait tort, toutes les autres montagnes d'Espagne n'étant que des rameaux de celles-ci. Elles sont effroyablement hautes, & si serrées, qu'elles laissent à peine cinq routes étroites pour passer de France en Espagne. La premiere, de Saint-Jean de Luz, à S. Sebastien ; & de-là le long du mont *S. Adrien* à Vittoria dans la Biscaye. La seconde, de Bayone par Annoa, à Maya, qui est à l'extrémité orientale de la Navarre, & de Maya à Pampelune. La troisiéme, de Saint-Jean Pié-de-Port à Taraffa, & à Pampelune. La quatriéme, du comté de Cominges en Aragon. La cinquiéme, du Languedoc en Catalogne, par la montagne de Salses, & par Perpignan. Tous ces passages sont si étroits, si rudes, & si montueux, qu'il n'y a qu'un mulet qui puisse y passer. La quatriéme route a

encore

encore ceci de particulier , que les montées & les descentes en sont si rudes , qu'à peine un mulet peut s'y soutenir ; & la cinquième est coupée de marais. * Strabon, *l.* 3. Dion , *l.* 53. Ortelius. Briet. Merula. Sanson. Duval. Alv. de Colmenar , *délices de l'Espagne.*

PYRGOTELE , fameux sculpteur , vivoit du temps d'Alexandre *le Grand.* Ce prince en faisoit si grand cas, qu'il défendit à tout autre ouvrier que lui , de le représenter en relief ; comme il voulut que le seul Appellés eût la permission de le peindre. C'est ce que nous dit Pline dans le livre VII *de son histoire naturelle* , c. 38 , selon la division du pere Hardouin. Horace , qui dit que le seul Appellés eut la permission de peindre Alexandre , & le seul Lysippe de le jetter en fonte , ne nous dit rien de Pyrgotéle. Quint-Curce ne dit pas un mot de tout cela. On prétend que le cachet de Michel Ange , que l'on possede en France , & qui est une cornaline , sur laquelle on croit voir la figure d'Alexandre , & une vendange , est un ouvrage de Pyrgotéle.

PYRMONT , bourg célèbre pour ses eaux minérales. Il est dans le cercle de Westphalie , à six lieues de Lemgow vers le levant. Pyrmont est chef du comté qui porte son nom , situé au levant de celui de Lemgow. Il appartient aux comtes de Waldeck , à la réserve de la petite ville de Lugde , dont les évêques de Paderborn sont les maîtres. * Mati, *diction.*

PYRRHA , *cherchez* DEUCALION.

PYRRHIQUE , danse de gens armés , qui étoit en usage chez les anciens , & tiroit son origine de Pyrrhus , selon quelques-uns , ou selon d'autres , de Pyrrhicus , Lacédémonien. Quoiqu'elle se dansât ordinairement à pied , quelques auteurs , & Festus entr'autres , en ont étendu le nom jusque sur les combats de chevaux qui se faisoient par de jeunes gens , tel qu'étoit celui dont Virgile nous a laissé la description dans le V livre de l'Eneide. C'étoit sur-tout à Sparte que les jeunes gens armés de toutes pièces , s'exerçoient à cette danse. Jules Scaliger témoigne de lui-même , qu'étant encore jeune , il la représenta plusieurs fois en présence de l'empereur Maximilien , & que ce prince surpris de le voir se remuer avec tant de facilité , sous des armes si pesantes , s'écria qu'il falloit que cet enfant n'eût point d'autre lit ou d'autre berceau que sa cuirasse. * Pline, *l.* 7, *c.* 55. Athénée. Scaliger, *poët.*

PYRRHON , philosophe Grec , natif d'Elis au Péloponnèse , chef de la secte des Sceptiques , exerça la profession de peintre , & fut ensuite auditeur de Dryson , ou plutôt Bryson , comme il est dit dans Suidas. Depuis il devint disciple d'Anaxarque d'Abdere , & s'attacha si fort à lui , qu'il le suivit dans les Indes , pour voir les Gymnosophistes. Il disoit que la nature des choses dépendoit du préjugé des loix & de la coutume , & qu'il n'y avoit rien d'honnête ou de malhonnête , d'injuste ou d'équitable , de bon ou de mauvais en soi. Pyrrhon étoit extrêmement solitaire , & attaché à ses méditations philosophiques. Il vécut près de 90 ans , & fut tellement respecté par ceux de son pays , qu'ils le créerent souverain pontife de leur religion. Ce philosophe vivoit du temps d'Epicure & de Théophraste , vers la CXX olympiade, & l'an 300 avant J. C. Ses sectateurs n'ont pas été seulement appellés *Pyrrhoniens* , de son nom : ils ont eu trois ou quatre autres noms , qui se rapportent tous aux doutes dont ces philosophes faisoient profession , dans une recherche continuelle de la vérité. C'est ce qui les a fait nommer *Ephétiques* , *Zététiques* , *Aporétiques* , & plus communément encore , *Sceptiques* , c'est-à-dire , inquisiteurs , suspendans , douteux , examinateurs. La fin dans laquelle cette secte établissoit son souverain bien , étoit de posséder une situation d'esprit , exempte de toute passion , par le moyen de l'*Ataraxie* , qui regle les opinions , & de la *Metriopathie* , qui modere les passions , de telle sorte qu'elle jouisse d'un parfait repos , tant à l'égard de la volonté , que de l'entendement. Ils disoient qu'il n'y a que la seule époque ou suspension d'esprit , qui puisse nous mettre dans cet heureux état. Cette

époque , dont on a tant parlé , ne se peut acquérir que par un examen bien exact des apparences du vrai & du faux , qui se trouvent en toutes choses. Pour cela les Sceptiques avoient inventé une topique particulière , qui contenoit dix moyens pour examiner tout ce qu'on leur proposoit. Quelques-uns les ont réduits à trois , & ceux-ci se rapportent à un , qui est le plus général de tous. C'est celui de la relation , par lequel les Sceptiques prétendent que nous ne jugeons que par comparaison : ce qu'ils énoncent en ces termes , *omnia sunt ad aliquid*. Les curieux pourront consulter Diogène Laërce , *in vita Pyrrhonii* , *lib.* 9. Sextus , *l.* 1, *Hypot. c.* 14. La Mothele-Vayer , *de la vertu des païens, part. II.* Vossius, *de sect. philos. c.* 20. Bayle, *diction. critique.* La vie de Pyrrhon , traduite de Diogène Laërce , par M. de la Monnoie , avec des notes , dans les *mem. de litter.* recueillis par le P. Desmolets , *t. III , p.* 2.

PYRRHUS , surnommé *Néoptolème* , fils du fameux *Achille* , & de *Deidamie* , fut élevé à la cour du roi Lycomédes son aïeul maternel , jusqu'au temps que les Grecs persuadés qu'on ne pouvoit prendre Troye sans lui , le firent venir au siège de cette ville , après la mort d'Achille son pere. Il s'y distingua par plusieurs exploits , qui dégénérerent souvent en cruautés ; car ce fut lui qui massacra le roi Priam , & qui précipita le jeune Astyanax , fils d'Hector , du haut d'une tour. Andromaque , veuve de ce dernier , lui échut en partage , après la prise de Troye ; & il en fit sa femme , selon quelques-uns , ou sa maîtresse , selon d'autres. Quoi qu'il en soit , elle donna suite à Pyrrhus , qui selon quelques-uns , s'établit à Phtia dans la Thessalie ; & , selon d'autres , dans l'Epire. Pyrrhus avoit évité le naufrage , dans lequel avoit été ensevelie une partie des princes Grecs , à leur retour de Phrygie ; & ce fut par les conseils du devin Hélenus , fils de Priam. Depuis , il devint amoureux d'Hermione , fille de Ménélaüs , laquelle il épousa , quoiqu'il eût encore une autre femme nommée *Lanasse* , outre Andromaque. Mais Hermione , jalouse de cette derniere , résolut de s'en défaire ; & n'y ayant pu réussir , elle communiqua ses chagrins à Oreste , qui avoit été amoureux d'elle avant que Pyrrhus l'eût épousée. Oreste vengea Hermione en se vengeant lui-même , & assassina Pyrrhus dans le temple de Delphes. * Homere. Euripide. Ovide , *in Heroid.* Eustathius , *in Homer.* Servius , *in Æneid.* Dictis , livre 6. Bayle , *dictionaire critique.*

PYRRHUS , roi des Epirotes , étoit du sang des *Æacides* , & descendoit d'Achille. Son pere l'avoit laissé extrêmement jeune , sous la tutelle de Glaucias , qui refusa de le remettre entre les mains de ceux qui ne le demandoient que pour le faire mourir. Il se rétablit malgré ses ennemis , & se défit de Néoptolème , qui étoit son compétiteur à la couronne. Pyrrhus étoit extrêmement ambitieux ; & après avoir rempli toute la terre du bruit de sa valeur , il monta sur divers trônes ; mais il étoit aussi propre à perdre des royaumes , qu'à les acquérir. Il commença de donner des marques de sa bravoure à la bataille d'Ipsus , sous la CXIX olympiade , vers l'an 302 avant J. C. Dans la suite il défit Démétrius , qui avoit été chassé de Macédoine par ses sujets , & se rendit maître de son état , vers la CXXII olympiade , & l'an 292 avant J. C. Mais sept mois après il fut chassé par les Macédoniens , qui ne vouloient point d'un étranger pour leur souverain. Quelque temps après , à la sollicitation des Tarentins , Pyrrhus eut guerre contre les Romains , & passa la mer avec toutes les forces de l'Epire , de la Macédoine & de la Thessalie. On compte trois principales batailles qu'il leur donna. La premiere fut livrée en l'an 281 avant J. C. près d'Héraclée , dans la grande Grèce , sur la riviere de Siris. Pyrrhus y perdit plus de monde que les Romains , qui ne lui abandonnerent le champ de bataille , que par la terreur des éléphans , jusqu'alors inconnus dans l'Italie. Le vainqueur fut si peu satisfait de sa victoire , qu'il avoua qu'il étoit perdu , s'il en remportoit encore une autre qui lui coûtât si cher. On députa vers lui C. Fabricius, pour retirer les prisonniers, qui furent délivrés sans rançon. Depuis, Fabricius livra à ce prince son médecin, qui s'étoit obligé de le faire mourir. Cynéas, qui demandoit la paix, fut renvoyé sans avoir pu faire recevoir des présens très-considérables, dont il étoit chargé pour Fabricius. Ces honnêtetés réciproques furent suivies de la bataille d'Ascoli dans la Pouille, l'an 279 avant J. C. La victoire fut assez douteuse: Pyrrhus y perdit pourtant plus d'hommes que les Romains, & y fut lui-même blessé. Peu après il passa dans la Sicile, & y gagna en l'an 276 & 277 avant J. C. deux batailles contre les Carthaginois, & prit Éryx, avec quelques autres places. Mais l'insolence des siens le rendit odieux; de sorte qu'après avoir levé le siége de Lylibée, il fut contraint de repasser en Italie, où il étoit rappellé par ceux de Tarente, extrêmement pressés par les Romains. Alors dans une troisième bataille donnée dans la Lucanie, il fut entièrement défait en l'an 265 avant J. C. par le consul Curius Dentatus; de sorte que l'année suivante, qui étoit la 3 de la CXXVI olympiade, il repassa en Epire avec sept mille hommes de pied & cinq mille chevaux. Il leva bientôt une nouvelle armée, attaqua Antigone Gonatas, roi de Macédoine, le défit, & peu après se rendit maître de cet état. Ensuite il entra au Péloponnèse, & ravagea le pays des Lacédémoniens; mais il fut obligé de lever le siége devant Sparte. De-là il prit la route d'Argos, où il fut assommé d'une tuile que lui jetta sur la tête une femme, dont il vouloit tuer le fils, la 5 année de la CXXVII olympiade, & 272 avant J. C. Elien remarque qu'une chouette se posa sur la javeline le prince, la nuit avant qu'il fut tué. C'est à lui qu'on attribue l'invention du jeu des échecs. * Elien, *l.* 10, *c.* 7, *histoire animal.* Justin, *l.* 17, 24 & 25. Plutarque, *en sa vie.* Tite-Live, *l.* 13 & 14. Polybe. Florus. Orose. Bayle, *dictionaire critique.*

PYRRHUS, roi d'Epire, petit-fils du précédent, succéda à son pere *Alexandre*, & fut sous la tutelle de sa mere Olympias. Sa minorité rendit les Etoliens assez injustes pour entreprendre de lui enlever une partie de l'Acarnanie. C'étoit celle qui étoit échue à son pere dans un partage de conquêtes qu'il avoit faites avec eux. Olympias eut recours à Démétrius roi de Macédoine; & pour l'engager plus fortement à le secourir, elle lui donna en mariage Phthia sa fille. Justin qui raconte tout cela dans son livre XXVIII, nous laisse-là, sans nous apprendre d'autres suites du dessein des Etoliens, que l'irruption qu'ils firent sur les frontieres de l'Epire au temps de Ptolémée, frere & successeur de notre Pyrrhus. Il faut qu'il y ait là du vuide; car sans doute il se passa quelques années entre la minorité & la mort de Pyrrhus. La princesse Olympias empoisonner une maîtresse qu'avoit ce prince, & qui ne lui plaisoit pas. Ptolémée, qui succéda à Pyrrhus son frere, ne lui survécut pas beaucoup. Leur mere les suivit bientôt, ayant été accablée à la perte de ses deux fils. Il ne restoit que deux princesses de la famille royale, *Néreis* & *Deidamie*, sœurs d'Olympias, & filles de Pyrrhus l'aieul de celui-ci. Néreis fut femme de Gélon roi de Sicile. Deidamie fut tuée auprès de l'autel de Diane, pendant une sédition. Les dieux, pour punir ce crime, affligerent les Epirotes en tant de manieres, qu'ils furent presque réduits à rien par la famine, & par les guerres civiles & étrangeres. * Justin. Athénée.

PYRRHUS, de Bérée, pere de *Sopater* ou *Sopatre*, celui qui devoit accompagner saint Paul jusqu'en Asie. Il faut remarquer que le mot de *Pyrrhus* ne se trouve que dans la vulgate, & peut-être dans un petit nombre d'autres exemplaires, au livre des *actes*, chap. XX, *verf.* 4, où il est parlé de Sopater. Il y a seulement dans la plûpart des exemplaires grecs, *Sopater de Bérée.*

PYRRHUS, moine Monothélite, fut fait patriarche de Constantinople après Sergius vers l'an 639. Il fut convaincu d'avoir eu part à la mort de l'empereur Constantin, fils d'Héraclius, en 641. La crainte du châtiment le

fit fuir en Afrique. Le saint abbé Maxime se trouvant en Afrique dans le temps que Pyrrhus y étoit, le patrice Grégoire, gouverneur de la province, les engagea à une conférence. Elle se tint au mois de juillet de l'an 645, en sa présence, & de plusieurs évêques & autres personnes de considération. S. Maxime poussa si vivement Pyrrhus sur le Monothélisme, qu'il l'obligea à s'avouer vaincu, & à se rendre. Alors il demanda la liberté d'aller à Rome pour présenter au pape le libelle de sa rétractation, ce qui lui fut accordé. Pyrrhus passa donc à Rome, où il présenta au pape Théodore, successeur de Jean IV, une profession de foi, par laquelle il abjuroit son hérésie: ensuite de quoi il fut reçu à la communion de l'église. Mais il ne fut pas plutôt sorti de Rome, qu'il répandit son poison dans Ravenne: ce qui le fit condamner & priver du sacerdoce par ce pontife, qui se voyant obligé de signer ce juste anathème, trempa sa plume dans le calice où l'on avoit consacré le sang de Jesus-Christ. Depuis, Pyrrhus fut rétabli sur le siége épiscopal de Constantinople en 655; mais il ne le tint que quatre mois & quelques jours. Par sa mort il fit place à Pierre, qui étoit infecté des mêmes erreurs. * Théophane, *in annal.* Nicéphore, *in chron.* Baronius, *A. C.* 639, 642, 652. Anastase, *in vit pont. &c.*

PYRRHUS, fameux dans l'histoire des Croisades, étoit un des premiers officiers à Antioche, lorsque cette ville fut assiégée par Boémond & les François. Quoique de race turque, il fit amitié avec Boémond, qui se servit de la confiance & de l'estime qu'il lui témoignoit, pour l'engager à lui faciliter les moyens d'entrer dans Antioche. Boémond lui promettoit de grandes richesses & des honneurs capables de flater un cœur ambitieux, s'il se rendoit à ses desirs. Ses sollicitations furent enfin écoutées. Pyrrhus lui fit dire: « Je garde trois jours; & » je le promets volontiers, à l'heure que l'on voudra » venir, je recevrai Boémond. « Celui-ci charmé de cette réponse, la fit savoir aux autres chefs de l'armée; & lorsqu'il eut pris les arrangemens convenables pour cette action, il fit savoir à Pyrrhus qu'il alloit agir sur sa parole, & en reçut de nouvelles assurances de son amitié & de sa protection. Pour faire voir même à Boémond qu'il agissoit sincérement, il lui envoya son fils en ôtage pour gage de sa parole, & le fit avertir de la maniere & du temps qu'il falloit prendre pour réussir. Ainsi Boémond envoya environ soixante personnes qui trouverent une échelle préparée, & qui monterent sans beaucoup de peine & s'emparerent des trois tours. Boémond qui suivoit de près voulut monter par la même échelle; mais celle-ci s'étant rompue, ceux des François qui étoient dans la ville, en enfoncerent une porte, & donnerent entrée aux autres. Boémond fit arborer son étendard, & il se fit dans la ville un très-grand carnage de Turcs & de Sarasins. Les François délivrerent aussitôt le patriarche qui étoit dans les fers depuis huit mois, & qui y avoit beaucoup souffert. *Voyez* ces faits plus étendus dans une histoire de la guerre sainte (*Historia belli sacri*) que le P. Mabillon a fait imprimer vers la fin du tome premier de son *Musæum Italicum*. Cette histoire est d'un témoin oculaire, mais dont on ignore le nom. Ce qu'il dit de lui-même, porte à croire qu'il étoit Franc ou Normand, & laïc: il combattoit près d'Antioche sous Etienne comte de Chartres. Son histoire finit à la mort de Boémond prince d'Antioche, qui arriva l'an onze cent.

PYRRO LIGORIO, *cherchez* LIGORIO.

PYRUCHIUM, quartier d'Alexandrie, *cherchez* BRUCHIUM.

PYTHAGORE, *Pythagoras*, philosophe, auteur de la secte dite l'*Italique*, naquit à Sidon vers la XLVII olympiade, environ 593 ans avant J. C. Son pere nommé *Mnesarchus* ou *Mnemarchus*, jouaillier, rapporta son fils à Samos, lieu de sa demeure, & le donna à élever à Hermodamas. Dans la suite, pour s'instruire à fond de toutes les sciences, il consulta les plus grands hommes de la Gréce, & voyagea en Egypte, en Phénicie & dans la Chaldée, où il conversa avec les Mages, qui étoient les philosophes du pays. On prétend qu'il apprit plusieurs choses des Juifs. A son retour à Samos, ne pouvant souffrir la tyrannie de Polycrate ou, selon d'autres, de Silo son frere, qui lui avoit succédé, il se retira dans cette partie d'Italie, qu'on appelloit *la grande Gréce*, d'où sa secte a pris le nom d'*Italique*. Il fit sa demeure ordinaire à Croton, à Métaponte, à Tarente, & dans les villes voisines, & eut beaucoup de part au gouvernement. On convient que rejettant le nom de *sage*, qu'on lui vouloit donner, il se contenta de celui de *philosophe*, ou d'*ami de la sagesse*. Jamblique ajoute qu'avant que de recevoir ceux qui se présentoient pour être ses disciples, il les éprouvoit par un silence rigoureux de plusieurs années. Il possédoit diverses sciences; & quoique quelques-uns prétendent qu'il n'avoit rien écrit, les anciens nous assurent qu'il avoit composé plusieurs ouvrages que nous n'avons plus, & dont Diogène *Laërce* fait mention. Mais il excella particulierement dans les mathématiques; car ce fut lui qui inventa de nouvelles régles d'arithmétique, & qui perfectionna la géométrie, dont on ne connoissoit auparavant que les premiers élémens, trouvés par un certain Mœris. On remarque qu'il a été le premier des philosophes qui ait soutenu l'immortalité des ames; mais il enseignoit en même temps la métempsycose, ou transmigration des ames après la mort dans d'autres corps, & même des corps des hommes dans ceux des bêtes, & des corps des bêtes dans ceux des hommes. On croit que c'est la raison pour laquelle les Pythagoriciens s'abstenoient de manger de la viande; mais d'autres prétendent que ce n'étoit que le prétexte. Ils s'abstenoient aussi de manger des féves. Pythagore a enseigné, comme plusieurs autres anciens, que c'étoit la terre & non pas le ciel qui tournoit. Il enseignoit de deux manieres; 1. par des discours suivis; 2. par des sentences courtes & énigmatiques, sous lesquelles il comprenoit les plus importantes maximes de la morale. Il est le premier, selon Platon, qui enseigna que tout devoit être commun entre les amis; & ses disciples, suivant cette maxime, mettoient tout ce qu'ils avoient en commun. Au reste on ne le vit jamais ni rire ni pleurer, & que ses disciples avoient tant de respect pour tout ce qui venoit de lui, que pour assurer quelque chose, ils s'expliquoient ordinairement par ces mots, *il l'a dit*, αὐτος ϊφα. Divers auteurs l'ont accusé de magie, mais avec peu de raison, & ont publié à ce sujet cent contes fabuleux. Les uns ni les autres ne s'accordent pas entre eux touchant les diverses aventures de la vie de ce philosophe, ni avec Justin, qui dit que ceux de Métaponte l'adorerent comme un dieu. Cylon, jeune homme de Crotone qu'il n'avoit pas voulu recevoir au nombre de ses disciples, mit le feu au logis où il s'étoit retiré avec plusieurs de ceux qui étudioient sous lui: ils y périrent tous, excepté Pythagore, qui s'en sauva lui troisiéme. Dans la suite les Locriens lui refuserent l'entrée de leur ville; ceux de Tarente le firent sortir de la leur; & enfin il fut tué à Métaponte dans une émeute populaire, âgé de 90 ans, dans la quatriéme année de la LXX olympiade, 497 ans avant J. C. Dicéarque assure que Pythagore s'étant retiré dans le temple des Muses à Métaponte, s'y laissa mourir de faim. Hermippe rapporte que la guerre s'étant élevée entre les Agrigentins, & les Syracusains, Pythagore & ses disciples porterent les armes pour les Agrigentins; que ceux-ci ayant été défaits, Pythagore, plutôt que de fouler un champ planté de féves, en fit le tour & se livra lui-même à ses ennemis. Ce même auteur rapporte une autre histoire de Pythagore; mais qui paroît fabuleuse. Il dit qu'étant venu en Italie, il fit une fosse en terre, dans laquelle il se fit descendre; qu'il en sortit après bien du temps, comme s'il revenoit des enfers; & qu'ayant été instruit par sa mere de ce qui s'étoit passé pendant qu'il avoit été sous terre, il le rapporta aux assistans, pour les persuader qu'il étoit descendu

véritablement aux enfers, où il avoit appris tout ce qu s'étoit passé sur terre. Pythagore étoit, selon Héraclide, âgé de 80 ans quand il mourut, quoique d'autres lui donnent 90 ou 99 ans de vie. Il avoit une femme nommée *Theano*, fille de Brontin Crotoniate, que quelques-uns disent n'avoir été que sa disciple. Cependant il eut d'elle un fils nommé *Telauges*, & une fille appellée *Damo*, qu'il éleva dans la philosophie. On dit qu'en mourant il recommanda à sa fille de ne point donner ses ouvrages à lire publiquement, & qu'elle ne voulut pas les vendre, quoiqu'on lui en offrit une grosse somme. Quelques uns ont dit que Pythagore a fleuri en Italie sous le régne de Numa Pompilius; mais il est beaucoup plus récent; car il ne peut être venu en Italie que sous le régne de Servius Tullius, comme le remarquent Cicéron & Tite-Live. On a encore à présent un ouvrage attribué à Pythagore, intitulé *les vers dorés*; mais il est constant qu'ils ne sont point de lui. L'on peut voir dans Lucien un entretien agréable au sujet de Pythagore, dans le *dialogue des sectes*, ou des *philosophes à l'encan*, où l'on voit toute la doctrine de Pythagore tournée d'une façon très-ingénieuse. De tous les auteurs qui avoient écrit sa vie, il ne nous en reste que cinq; savoir Diogène *Laërce*, Malchus, dit *Porphyre*, Jamblique & l'Anonyme, dont Photius rapporte l'extrait dans sa bibliothéque, *cod.* 259; & M. Dacier de l'académie françoise, qui a donné la vie de ce philosophe, & une traduction françoise des vers dorés, en 1606.

Il y a plusieurs autres PYTHAGORES. Diogène *Laërce* fait mention de quatre; l'un tyran de Crotone; le second athléte de Phliase; le troisiéme, de Zacynthe, que l'on dit avoir enseigné une philosophie mystérieuse, à qui l'on attribue l'αὐτος ϊφα, & un quatriéme de Samos, peintre & sculpteur; à celui-ci on ajoute deux autres sculpteurs, l'un de Reggio, & l'autre de Samos. On met un Pythagore athléte, dans l'olympiade XLVIII, que l'on croit aussi philosophe; un médecin; un orateur; un auteur Grec, dont le siécle est incertain. Athénée fait aussi mention d'un autre PYTHAGORE; mais il y a bien de l'apparence que la plupart de ces Pythagores ne sont que le philosophe, que l'on a multiplié suivant les diverses sciences auxquelles il s'étoit appliqué. * Athénée, *l.* 4 & 14. Elien, *l.* 17, *hist. animal. c.* 8. Diogène *Laërce, in Pythagor.* Diodore de *Sicile.* Plutarque. Clément *Alexandrin.* Aulu-Gelle. Eusèbe, &c. cités par Naudé, *apologie des grands hommes, c.* 10. Vossius, *de sect. philos. c.* 6; & *l.* 4, *de hist. Græc.* La Mothe le Vayer, *de la vertu des Paiens, part. II, &c.* Ménage, *sur Diogène Laërce. Voyez* M. Dacier, *sur la traduction françoise des vers dorés de Pythagore en deux vol.* in-12, *avec le commentaire d'Hiéroclés sur ces vers.*

PYTHARCHUS, de Cyzique, gagna la bienveillance de Cyrus, le fondateur de l'empire des Perses, qui lui donna les revenus de six villes voisines de Cyzique. Il voulut ensuite se rendre souverain de sa patrie, & il marcha contr'elle avec des troupes; mais l'union de ses compatriotes rendit ses efforts inutiles. Agathocles cité par Athénée *l.* 1, nomme les villes données à Pytharchus: c'étoit Pédase, Olympie, Camanthie, Sceptres, Artypse & Tortyra.

PYTHÉAS, philosophe, astronome & mathématicien & géographe, étoit né à Marseille, qui étoit une colonie de Phocéens établie depuis long-temps dans les Gaules, & il est le premier Gaulois que nous sachions qui se soit fait connoître par son savoir & par ses écrits. Il a composé au moins dès le temps d'Aristote & d'Alexandre le Grand, qui mourut en la cent treiziéme olympiade, ou la premiere année de la cent-quatorziéme, environ 325 ans avant notre ere vulgaire; puisque Polybe, cité par Strabon, témoignoit que Dicéarque, disciple d'Aristote, avoit lu les ouvrages de Pythéas. Cet habile Marseillois s'appliqua à la recherche de la vérité, telle que les païens espéroient de la connoître; & Aristoxènes le met au nombre des sectateurs de Pythagore, parceque, de même que ceux de son pays, il avoit une opinion particuliere sur l'immortalité de l'ame, mais qui n'étoit pas le ʃyʃtême abʃurde & ridicule de la métempʃycoʃe , dont on fait Pythagore le pere & l'inventeur. A l'égard de la géographie, qui fut ʃon occupation principale , pour s'y perfectioner il parcourut lui-même toutes les côtes de la mer depuis Cadix juʃqu'à l'embouchure du Tanaïs , & mit par écrit ce qu'il avoit vu , & les obʃervations qu'il avoit faites ; mais il mêla ʃes récits de tant de fables , que pluʃieurs critiques anciens & modernes en ont pris occaʃion d'attaquer & de rejetter ʃon autorité ʃur tout. Les ouvrages qu'il laiʃʃa ʃur la géographie étoient écrits en grec, qui étoit la langue vulgaire des Marʃeillois. Le plus célèbre eʃt celui qu'il intitula γῆς περίοδες , le tour de la terre , & que l'on croit être le même que celui qui eʃt nommé *eriplus orbis* , dans l'abrégé d'Artémidore d'Epheʃe. Celui que l'aʃtronome Geminus cite ʃous le titre de l'Océan , faiʃoit , comme on le croit , partie de celui-ci. Ni cet ouvrage , ni les autres de Pythéas , ne ʃont point parvenus juʃqu'à nous ; mais pluʃieurs ont ʃubʃiʃté long-temps , puiʃqu'ils ʃont cités par Etienne de Byʃance ou le Géographe , qui n'écrivoit qu'après le IV ʃiécle de l'égliʃe. Polybe, Strabon , & pluʃieurs autres anciens , ne s'arrêtant qu'aux fautes & aux contes qu'ils avoient apperçus dans ces écrits , ont traité l'auteur d'impoʃteur , & ʃe ʃont déchaînés contre ʃes productions , comme contre des monʃtres qu'il falloit étouffer. D'autres plus équitables , ʃans adopter ni ʃes fables ni ʃes fautes , ʃont convenus que ʃes ouvrages répandoient ʃur pluʃieurs parties de la géographie une lumiere que l'on n'avoit point eue avant lui ; qu'on lui devoit la découverte de l'iʃle de Thulé ; qu'il avoit aʃʃez bien connu les pays ʃeptentrionaux & leurs propriétés , par rapport à leur propre nature & aux aʃpects du ʃoleil , &c. *Voyez* Voʃʃius, *de hiʃtor. Græc. l.* 1 , c. 17. Stephan. Byzant. *pag.* 771. Strabon, *l.* 2 , & *ailleurs.* Plin. *hiʃt. l.* 4 ; & les auteurs de *l'hiʃtoire littéraire de la France* , tome I.

PYTHÉAS , *Pytheas,* Athénien , rhéteur , contemporain & ennemi de l'orateur Démoʃthène , vers la CXII olympiade , & l'an 330 avant J. C. oʃa parler en public, quoique fort jeune ; pour dire ʃon ʃentiment ʃur les réʃolutions que la république prenoit au ʃujet d'Alexandre *le Grand.* Un citoyen , qui n'approuvoit point cette hardieʃʃe , lui dit : *Eh quoi ! vous oʃez parler ʃi jeune de choʃes ʃi importantes ?* A quoi Pythéas répondit ʃans ʃe déconcerter : *Cet Alexandre , que vous eʃtimez un dieu , n'eʃt-il pas encore plus jeune que moi ; pourquoi vous étonnez-vous qu'à mon âge je parle comme un homme doit parler ?* * Plutarch. *in Apophtheg.*

PYTHERME , *Pythermus ,* d'Epheʃe , hiʃtorien Grec , cité par Athénée. On ne ʃait pas en quel temps il a vécu. * Athénée , *l.* 7.

PYTHES , *Pythes ,* étoit un particulier très-riche en Lydie dans l'Aʃie mineure , du temps de Xerxès , vers l'an 480 avant J. C. qui s'appliquoit uniquement à faire valoir des mines d'or qu'il avoit découvertes. Comme il y faiʃoit périr un très-grand nombre de gens , ʃa femme , touchée de pitié , s'aviʃa de cette adreʃʃe pour guérir ʃon mari de ʃa paʃʃion. Au retour d'un voyage, elle lui fit ʃervir ʃur table pluʃieurs ʃortes de mets d'or maʃʃif. L'éclat de ces viandes extraordinaires lui plut d'abord ; mais il ʃe plaignit bientôt de leur dureté , & de ce qu'elles ne pouvoient ʃervir à raʃʃaʃier ʃa faim : d'où ʃa femme prit occaʃion de lui faire connoître ʃon aveuglement , & le malheur où il s'expoʃoit , en ne cherchant que l'or. * Plutarque , *des vertus des femmes.* Polyen , *l.* 8 , *c.* 42. Plin. *l.* 33 , *c.* 10. Le P. Hardouin *ʃur* Pline , *l.* XXXIII , *ʃect.* 47.

PYTHIAS , fille d'*Ariʃtote* , porta le nom de ʃa mere. Elle fut mariée trois fois , 1°. à *Nicanor* , ʃelon le teʃtament de ʃon pere : 2°. à *Proclus* , iʃʃu de *Demarate* , roi de Lacédémone : 3°. à *Métrodore* , le médecin , diʃciple de *Chryʃippe* de Cnide , & maître d'*Eraʃiʃtrate.* Les deux fils qu'elle eut de ʃon ʃecond mariage , étudierent la philoʃophie ʃous Théophraʃte. Celui qu'elle eut de Métrodore porta le nom d'*Ariʃtote.* Il paroît par

quelques ʃentences , qui ʃont attribuées à Pythias , qu'elle avoit reçu de ʃon pere une bonne éducation. * Sextus Empyricus , *adverʃ. Mathem. cap.* 12. Ammonius , *in vita Ariʃtotel.* Diogènes Laert. &c.

PYTHIUS (Jean) miniʃtre de la religion prétendue réformée à Swartewaël , a écrit pour combattre le livre des Préadamites d'Iʃaac la Peyrere , un ouvrage intitulé : *Reʃponʃio exeʃtaʃica cui traʃtatum, cui titulus : Præadamitæ* , à Leyde 1656 , *in.* 12.

PYTHOCLES , *cherchez* PITHOCLES.

PYTHOLEON , *cherchez* PITHOLEON.

PYTHOM , ou *Python,* fils de *Mica* , & arriere-petit-fils de *Jonathan* , qui l'étoit de *Saül* , premier roi d'Iʃraël. Il en eʃt parlé *I Paralip. VIII* , 35.

PYTHON , rhéteur de Byzance , n'eʃt connu que par un trait qui donne une bonne idée de ʃon eʃprit. Ses citoyens diviʃés étoient près de s'attirer beaucoup de malheurs. Pour les détourner ; voici comme il s'y prit : *Meʃʃieurs* , dit-il aux Byzantins aʃʃemblés , en leur faiʃant remarquer ʃa taille , *vous voyez comme je ʃuis gros & replet ; ma femme l'eʃt encore plus , & néanmoins un ʃeul lit nous reçoit l'un & l'autre , quand nous ʃommes d'accord; lorʃque nous ʃommes brouillés,la maiʃon entiere n'eʃt pas aʃʃez grande pour nous deux.* Ce trait d'ingénuité produiʃit l'effet que Python s'étoit propoʃé , & franchement elle le méritoit bien. * Léon , cité par Athénée , *l.* 2.

PYTHON , ʃerpent d'une prodigieuʃe grandeur , fut produit par la terre après le déluge de Deucalion. La fable dit que Junon ʃe ʃervit de ce monʃtrueux ʃerpent pour empêcher l'accouchement de Latone , aimée de Jupiter ; & qu'il l'obligea de s'enfuir dans l'iʃle Aʃtérie , qui fut depuis nommée *Delos* , où elle mit au monde Apollon & Diane. Mais Apollon étant devenu grand , ʃe ʃerpent à coups de fléches , en mémoire de quoi l'on inʃtitua les jeux Pythiens. Strabon croit qu'il faut entendre par ce ʃerpent un très-méchant homme qu'Apollon tua ; mais les naturaliʃtes diʃent que Python eʃt un nom grec , tiré d'un mot , qui ʃignifie , *pourir* ou *putréfaction,* & qu'il marque les vapeurs & les exhalaiʃons épaiʃʃes qui ʃortirent de la terre après le déluge , & que le ʃoleil diʃʃipa par ʃes rayons. *Voyez* JEUX PYTHIENS. * Macrobe , *Saturn. l.* 1 , *c.* 17.

PYTHON , nom de certains devins que les Païens croyoient être inʃpirés d'Apollon ʃurnommé *Pythien.* D'autres diʃent que l'on donnoit ce nom à ceux qui rendoient des oracles, & qu'il vient du mot grec πυθάνομαι , qui ʃignifie , *interroger , conʃulter.* * Plutarch. *de defectu oraculorum.*

PYTHONISSE DE L'ECRITURE. Il eʃt ʃouvent parlé dans l'écriture-ʃainte des perʃonnes qui avoient l'eʃprit de Python , & il eʃt défendu aux Iʃraélites de les conʃulter. La plus fameuʃe eʃt celle que Saül conʃulta , & qui fit revenir l'ame de Samuel. L'hiʃtoire en eʃt rapportée , I. *Reg. c.* 28. Cette femme n'eʃt point nommée. L'ancienne tradition des Hébreux , rapportée par S. Jérôme , portoit qu'elle étoit mere d'Abner , fils de Ner , général de l'armée de Saül ; mais cette tradition n'a aucun fondement. L'hiʃtoire ʃacrée porte qu'après la mort de Samuel , Saül étant près d'en venir aux mains avec les Philiʃtins , conʃulta le Seigneur : mais que le Seigneur ne lui répondit rien , ni en ʃonge , ni par les prêtres , ni par les prophétes ; qu'il dit à ʃes officiers : Cherchez-moi une femme qui ait un eʃprit de Python , pour la conʃulter. On lui dit qu'il y en avoit une à Endor. Il ʃe déguiʃa & s'en alla , accompagné ʃeulement de deux hommes , chez cette femme , où il arriva la nuit. Il lui dit : Conʃultez pour moi l'eʃprit de Python , & évoquez celui que je vous dirai. Elle fit d'abord difficulté de l'exécuter, à cauʃe des défenʃes qu'en avoit faites le roi Saül ; mais celui qui la conʃultoit , qui étoit Saül même, qu'elle ne connoiʃʃoit point , l'ayant aʃʃuré qu'il ne lui ʃeroit fait aucun mal , la Pythoniʃʃe lui demanda qui il vouloit qu'elle lui fît voir. Saül lui répondit : Faites-moi venir Samuel. La femme ayant vu paroître Samuel ,

jetta un grand cri, & dit à Saül : Pourquoi m'avez-
vous trompée ? Vous êtes Saül. Le roi lui demanda ce
qu'elle avoit vu, & elle dit, qu'elle voyoit des dieux
ou un dieu (c'est-à-dire, un homme plein de majesté)
qui sortoient de la terre. Saül l'interrogea comment il
étoit fait. Elle lui dit que c'étoit un vieillard couvert d'un
manteau. Saül reconnut que c'étoit Samuel, se prosterna
devant cette ombre, & lui demanda ce qui lui devoit
arriver. Il lui fut prédit qu'il devoit être livré aux Philistins, & que demain Saül & ses enfans seroient en la
compagnie de celui qui leur parloit. C'est ainsi que cette
histoire est rapportée dans le texte de l'écriture. La
question est de savoir si ce fut véritablement l'ame de
Samuel qui revint, & qui parla à Saül, & si cela se fit
par les enchantemens de la Pythonisse, ou si ce fut seulement un phantôme, ou si tout se passa dans l'imagination de Saül, ou si ce ne fut qu'une illusion de la
Pythonisse. S. Justin, Origène, Sulpice *Severe*, Anaf-
tase *Sinaite*, & plusieurs autres commentateurs, croient
que ce fut véritablement l'ame de Samuel. S. Augustin traite la chose problématiquement ; mais il parle d'une
maniere qui fait connoître que son sentiment particulier
est, que ce ne fut qu'un phantôme. S. Eucher, évêque
de Lyon, Bede, S. Anselme, Raban, & plusieurs
commentateurs, ont suivi le systême de S. Augustin.
Théodoret, & Léon Patricie, ont cru que c'étoit un
ange ou une figure de Samuel. Eustathe d'*Antioche* a
condamné ouvertement le sentiment d'Origène, & a
prétendu que cette apparition prétendue de l'ame de
Samuel, n'étoit qu'un effet des prestiges du démon.
C'est le sentiment de Tertullien, dans le livre de l'ame,
des auteurs des questions attribuées à S. Justin & à
S. Augustin, de Méthodius, de S. Basile, de S. Grégoire de *Nazianze*, de S. Grégoire de *Nysse*, de
S. Jérôme, de S. Cyrille d'*Alexandrie*, Philastre, évêque de Bresse, le tient si certain, qu'il met au nombre
des hérésies le sentiment de ceux qui tiennent que la
Pythonisse a eu le pouvoir d'évoquer l'ame de Samuel.
La plupart des nouveaux commentateurs sont de l'avis
d'Eustathe, & se fondent principalement sur ce qu'il
n'est pas à croire que les ames des Justes fussent soumises à l'empire des démons. Cependant le texte de l'écriture parle de ce spectre comme de la véritable ame de
Samuel ; Saül le reconnoît pour Samuel ; ils se parlent,
& Samuel lui prédit ce qui lui devoit arriver. Ceux qui
disent que ce ne fut pas par la vertu de la Pythonisse,
mais par une permission particuliere de Dieu, que l'ame

de Samuel revint pour parler à Saül, & que la Pythonisse fut elle-même surprise, quand elle vit paroître
l'ame de Samuel, évitent la principale difficulté qu'il y a
dans l'opinion de ceux qui croient que c'est l'ame véritable de Samuel qui apparut à Saül. Dieu permet quelquefois que les faux prophétes, comme Balaam, disent
la vérité ; il a pu même permettre que la Pythonisse
fît revenir véritablement l'ame de Samuel. Le texte
semble porter plus naturellement à cette explication
qu'aux autres. * Eustath. *de Engastrimyto.* Leo Allatius,
in Syntagmate de Engastrimyto. Les commentateurs
sur le *chap.* 28 du *I livre des Rois.* Il est parlé dans les
actes des apôtres (*chap. XVI, v.* 16) d'une servante
possédée d'un esprit de Python, qui rendit témoignage
à la vérité de la religion de Jesus-Christ, que Paul annonçoit, & qui suivoit cet apôtre & ses compagnons,
criant : Ces hommes sont des serviteurs du Dieu très-
haut, qui vous annoncent la voie du salut. S. Paul
commanda au nom de Jesus-Christ à cet esprit de sortir
du corps de cette fille ; & il en sortit à l'heure même.
* *Act.* 16, *v.* 16.

PYTHONISSE ou PYTHIENNE, prêtresse d'A-
pollon, laquelle rendoit des oracles à Delphes, dans
le temple consacré à ce dieu surnommé *Pythien. Voyez*
DELPHES. On donnoit aussi ce nom à toutes les femmes qui se mêloient de prédire l'avenir, & se vantoient
d'être inspirées de ce dieu. Les Grecs les appellent
ἐγγαστρίμυθοι, comme qui diroit *ayant la parole dans le
ventre ;* parcequ'on croyoit qu'elles étoient possédées
du démon, qui les faisoit parler. On croit que le poëte
Euryclés est le premier inventeur de cette sorte de divination. Les personnes qui étoient agitées de cet esprit
paroissoient tout en furie, faisoient des mouvemens extraordinaires, parloient d'une voix basse, grêle & inar-
ticulée ; enfin elles se vantoient de prédire l'avenir,
de faire des miracles, & même d'évoquer les morts
des enfers. * Leo Allatius, *in Eustathium, syntagma
de Engastrimyto.*

PYTHONISSE, fameuse courtisane d'Athènes, maîtresse d'Harpalus, qu'il entretint comme une reine pendant sa vie, & à qui il fit dresser un tombeau magnifique après sa mort. * Dion. *l.* 17.

PYTHOPOLE, ville d'Asie dans la Mysie. Il y
avoit une autre ville de même nom dans la Carie, &
une autre encore dans la Bithynie, sur le fleuve So-
loonte, dont Thésée fut le fondateur. * Stephan. Polyen, *l.* 8, *c.* 42. La Martiniere, *dict. géogr.*

Q

CETTE lettre muette semble aussi inutile que le K, parcequ'il le C peut avoir la même signification, & servir à leur place. Aussi elle n'a point toujours été en usage parmi les Latins, qui apparemment l'ont empruntée du Koph des Hébreux, & ne l'ont employée que pour joindre l'U vocale, avec une autre lettre vocale. Il est facile de remarquer que le Q ne peut se mettre dans la diction sans l'U. Les Latins changent souvent cette lettre en C, comme *sequor*, *secutus*, *loquor*, *locutus*, &c. Les François, les Italiens & les Espagnols ont emprunté la lettre Q des Latins. La langle angloise l'emploie plus souvent que l'allemande, chez qui l'usage de cette lettre est rare, aussi-bien que chez les Hongrois & les Esclavons, qui ne s'en servent que pour les mots tirés du latin. Q étoit chez les anciens une lettre numérale, qui signifioit 500; & quand on mettoit une barre au-dessus, 5000.

QU

QUADERNA-DISTRUTTA, bourg d'Italie dans le Boulonois. Il est situé sur une riviere que l'on nomme aussi *Quaderna*, à deux lieues de la ville de Boulogne du côté de l'orient. C'étoit anciennement une petite ville de l'Emelie, que l'on nommoit *Claterna* ou *Cliterna*. * Mati, *dict. géograph.*

QUADES, *Quadi*, peuples de l'ancienne Germanie, qui, selon Cluvier, habitoient entre le Danube, la Bohême & la riviere de Marck, & qui depuis s'étendirent dans la Hongrie, entre deux villes fort célébres, Erlaw & Vaccia. Sanson croit qu'ils habitoient la Moravie d'aujourd'hui. Ces peuples étoient extrêmement belliqueux. On voit dans l'histoire de Tacite, qu'ils étoient joints aux Marcomans; & du temps de M. Antonin dans le II siécle, ils passerent le Danube, & se jetterent sur les terres de l'empire avec les Marcomans. Marc-Aurele leur fit la guerre avec succès; & on rapporte que ce fut dans cette expédition que les soldats chrétiens de la légion Melitine obtinrent par leurs prieres de l'eau du ciel, dans le temps que l'armée étoit prête de périr de soif. Dans les siécles suivans ils en firent de même; & du temps de Valentinien, joints à leurs voisins, ils s'avancerent jusqu'à Aquilée. * Tacite. Ptolémée. Eutrope. Ammien Marcellin. Dion. Strabon. Julius Capitolin. Tertullien. *ad Scapul. in apologetic.* &c. en font mention, & Cluvier, *descript. German. & introduct. geogr.* Sanson, *geogr.*

QUADIM, village de la haute Egypte rempli de ruines, qui font connoître ce qu'étoit autrefois une ville très-considérable. Il est à cinq ou six lieues de Tuat, de l'autre côté du Nil. On y voit plus de deux cens colonnes plus grosses & plus hautes que la colonne de Pompée à Alexandrie. Dans un vieux temple qui paroît avoir été revêtu de marbre blanc & noir, sont diverses chambres pratiquées dans la muraille, où il y a des puits que l'on croit avoir servi de sépulture. Ces chambres sont toutes remplies de bas-reliefs & de figures toutes couvertes de hiéroglyphes. Autour de ce temple sont encore debout plusieurs obélisques, deux entr'autres de granite rouge & noir, avec quelques taches blanches, de plus de cent pieds de haut sur quinze de large par le bas, & pleins de caracteres hiéroglyphiques. Un peu plus loin est un grand palais si magnifique, que plusieurs conjecturent, & avec assez de vraisemblance, qu'il a été la demeure des anciens rois d'Egypte. * *Voyage du* sieur Paul Lucas au Levant, *t. I, c. 13.* Th. Corneille, *dict. géograph.*

QUADRASES, ville d'Espagne dans le royaume de Valence. Elle est peu considérable, mais fermée de murailles avec quelques fortifications. Pendant la révolte de ce royaume contre Philippe V, les Portugais qui s'en étoient rendu les maîtres, y avoient mis une compagnie de cavalerie & quelque infanterie, qui faisoient des courses sur la frontiere, & elle servoit comme de place d'armes à des milices commandées par le curé, qui s'étoit acquis tant de réputation dans le parti, que tous le reconnoissoient pour leur général. Dom Gonçalo de Carvajal, brigadier, détaché avec le régiment de Pacheco & deux cens chevaux, s'approcha de cette place au commencement du mois de mai 1707, & y entra par escalade. Tous les Portugais qui s'y trouverent furent tués, & le curé se trouva entre les prisonniers. * *Mémoires du temps.* Thomas Corneille, *dictionaire géographique.*

QUADRATUS, gouverneur de Syrie, *cherchez* NUMIDIUS QUADRATUS.

QUADRATUS, disciple des apôtres, fut fait évêque d'Athènes après Publius, vers l'an 125. Pour adoucir l'esprit de l'empereur Adrien, qui persécutoit les Chrétiens, il lui présenta l'an 126, d'autres disent l'an 131, une apologie, où il lui faisoit connoître l'innocence de ceux qu'il poursuivoit avec tant de cruauté. Il composa sur le même sujet un excellent discours qui porta ce prince à faire cesser la persécution. Eusèbe dit que Quadratus avoit encore le don de prophétie. Quoique S. Jérôme ait dit que l'apologie de Quadratus avoit été présentée à Adrien à Athènes, après que cet empereur eut été initié aux mysteres d'Eleusine, ce n'est pas un fait certain; car S. Jérôme même dit que ce fut dans le temps de la persécution; & qu'Adrien ayant égard à cette apologie, fit cesser la persécution. Or la persécution commença en 121, & finit en 126. Il est vrai qu'en 125, Adrien alla à Athènes; mais il en étoit peut-être revenu quand Quadratus lui présenta son apologie. Le martyrologe romain fait encore mémoire d'un QUADRATUS, martyr en Afrique, dont S. Augustin fait un panégyrique au jour de sa fête, dans un sermon dont parle Possidius, & dont il est fait mention dans l'ancien calendrier de Carthage au mois d'août. * S. Hieronym. *de script. eccles.* Eusèbe, *l. 4.* Baron. *A. C.* 125. Tillemont, *mémoires pour servir à l'histoire ecclésiastique*, *tome II.* Baillet, *vies des saints.* D. Ceillier, *histoire des auteurs sacrés & ecclésiastiques*, *tome premier.*

QUADRIGARIUS (Claudius) ancien historien Latin, dont nous avons perdu les ouvrages. On ne sait pas en quel temps il a vécu, mais il est souvent cité par les anciens grammairiens. * Vossius, *l. 1, de hist. Lat. cap.* 10.

QUAHOE, province d'Afrique au-dedans du pays des Negres. Elle confine au petit Acara & à Cammonah du côté du midi, & à Tafoë du côté de l'ouest. On en tire beaucoup d'or, qu'on porte vendre au marché du grand Acara dans la contrée d'Abanoë. * De la Croix, *relation de l'Afrique*, *t. 3.* Thomas Corneille, *dict. géograph.*

☞ QUAINI (Louis) habile peintre Italien, naquit à Ravenne en 1643. Il fut éleve du Cignani, & travailla avec Francefchini, son ami & son condisciple. Il excelloit sur-tout dans les parties qui concernent l'architecture, le paysage & les ornemens. Il mourut à Bologne en 1717. * M. l'Abbé Ladvocat, *dict. hist. portatif.*

QUAKEMBRUGGE, petite ville du cercle de Weftphalie. Elle eft dans l'évêché d'Ofnabrug, aux confins de celui de Munfter, fur la riviere d'Haffe, à neuf lieues de la ville d'Ofnabrug vers le nord. * Mati, dittion.

QUAKERS ou TREMBLEURS, fanatiques d'Angleterre, ainfi nommés du mot quake, qui veut dire trembler, parcequ'ils affectent de trembler quand ils prophétifent, ou quand ils prient. Cette fecte fut enfantée dans le XVII fiécle, pendant les guerres civiles, qui furent fi fatales au roi Charles I. George Fox en fut le chef & l'inftituteur : auffi l'ont-ils qualifié de grand apôtre & de glorieux inftrument dans la main de Dieu. Il étoit né dans le village de Dreton en la province de Leyceftre. Son humeur étoit fombre & mélancolique : il n'avoit aucun talent pour les fciences, parlant même fa langue naturelle groffiérement, & étoit fils d'un artifan ; fon éducation fut conforme à fon état. Il n'avoit pas lui-même des vues plus élevées, ainfi il fe fit cordonnier dans la ville de Nottingham. Pendant cette occupation fédentaire, il méditoit fans ceffe l'écriture-fainte, & s'en rempliffoit l'efprit : en forte que tous fes difcours n'étoient autre chofe que des paffages coufus enfemble, & appliqués avec plus de piété que de choix. Le genre de vie folitaire & contemplative qu'il choifit, augmenta fa noire mélancolie ; & s'étant abandonné à fes méditations, il fe figura que Dieu lui envoyoit des révélations, & qu'il étoit quelquefois ravi & enlevé par l'Efprit divin ; puis quittant fa boutique il s'érigea en prédicateur envoyé du ciel pour réformer les hommes. Le peuple frapé par la nouveauté accourut à fes fermons, & ce fuccès le confirma dans fes imaginations, que Dieu l'avoit appelé immédiatement. Il prêchoit en termes dévots, que tous les hommes avoient apoftafié, & n'avoient rien laiffé de faint & d'entier, ni dans la doctrine, ni dans les mœurs. Encouragé par le progrès & par le concours d'auditeurs, Fox parla avec plus de hardieffe & de véhémence ; & pour autorifer fa miffion, il débita des guérifons miraculeufes opérées par l'interceffion de fes priéres. Il propofoit un d'articles de foi, & réduifoit toute la religion aux mœurs, à la charité mutuelle, à l'amour de Dieu, & à une obfervation attentive des mouvemens internes & fecrets de l'efprit. A l'égard du culte, il le voulut très-fimple, fans cérémonies ni appareil. Tout confiftoit dans un filence trifte & religieux, en attendant l'effufion du faint Efprit, qui les excitât à parler, & ces infpirations fubites aboutiffoient d'ordinaire à des exhortations qui portoient à la repentance & à la concorde. Ses fectateurs affecterent une droiture incorruptible dans le commerce, & une probité à toute épreuve ; de plus un vifage grave & févére, un parler froid, & une lenteur qui les empêchoit de rien dire avec précipitation ; beaucoup de modeftie dans les habits, & une frugalité exemplaire dans les tables. L'ufage des fermens fut prohibé parmi eux, & ils condamnerent la guerre comme une fureur plus propre aux bêtes fauvages qu'aux hommes. Ils blâmerent auffi avec beaucoup d'indignation les pafteurs de l'églife anglicane, qui annonçoient l'évangile par des vues mercenaires. Enfin, par leur humanité, la fimplicité de leurs manieres, la communication de leurs richeffes, & la pureté extérieure de leur vie, qui fembloit une image de l'églife primitive, ils gagnerent l'affection & l'admiration du peuple ; mais les gens fages s'en défierent avec raifon. Fox eut donc bientôt de nombreux traverfes. Comme il entroit audacieufement dans les temples, où interrompant le prédicateur, il haranguoit le peuple & le révoltoit ; on l'emprifonna en divers lieux, & fi on ne paffa pas outre, c'eft qu'on eut pitié de fon extravagance. Sa fecte pourtant fe multiplia & s'étendit dans les provinces d'Angleterre ; mais comme il s'y mêla des mélancoliques ftupides, qui couroient par les places, pouffant des cris & des hurlemens horribles, & des gens turbulens qui tendoient à brouiller, en attaquant la validité de la puiffance du magiftrat, les premiers décrierent le quakerifme, en le rendant ridicule, & les derniers en le rendant odieux. Cromwel, qui en prévit les pernicieufes conféquences, défendit leurs affemblées, & fit arrêter Fox, qui couroit toutes les provinces pour femer fa doctrine & fes libelles. Marguerite Fell, fon époufe, étoit devenue des plus célébres de la fecte par fes prédications, & elle eut le fort de fon mari. Toutes ces difgraces arriverent aux Quakers par l'entêtement qu'ils avoient de ne point donner aux magiftrats les titres d'honneur qui leur appartiennent, & de les traiter avec une familiarité peu refpectueufe ; outre leur coutume de faire orgueilleufement & mal-à-propos des réprimandes dures & offenfantes, & de fe donner un air de prophétes, en préfageant de funeftes malheurs à quiconque réfiftoit à leurs cenfures. Depuis ils fe corrigerent de ce ton magiftral, & de ces manieres prophétiques que prenoient les moindres artifans parmi eux, lefquels fouvent attroupoient le peuple, & fe couvrant d'habits affreux, affectant une voix lugubre, prédifoient une deftruction prochaine, & fe donnoient quelquefois la liberté d'impofer de la part de Dieu filence aux pafteurs Anglicans dans les églifes. Cromwel les regardant comme des fanatiques, fe contentoit de les faire mettre en prifon, & la porte leur en étoit ouverte dès qu'ils vouloient promettre de fe contenir. Un feul d'eux fut fuftigé comme blafphémateur. Il fe nommoit Taylor, & avoit eu l'infolence de fouffrir que fes fectateurs le qualifiaffent de fils unique de Dieu, de foleil de juftice, & de roi d'Ifraël, & qu'à fon entrée dans Briftol, on criât devant lui, Hofanna fils de David.

Charles II étant monté fur le trône, en fit beaucoup emprifonner, & fouffrit qu'on les pourfuivît quand ils violoient les défenfes de s'affembler. Il fut même réfolu en 1664, de tranfporter les plus opiniâtres dans les ifles de l'Amérique, & d'accompagner leur exil de toutes les circonftances capables d'intimider les autres. Cela dura jufqu'en 1666, que Guillaume Pen, fils du vice-amiral d'Angleterre, s'étant jetté dans leur fecte, en devint l'appui, & leur procura la fureté & la tranquillité qu'ils n'avoient pu obtenir. Cet homme, encore plus confidérable par fa capacité que par fa qualité, publia plufieurs écrits en faveur du parti, où il appuyoit beaucoup fur le dogme de la tolérance univerfelle.

Quand on ceffa de pourfuivre les Quakers en Angleterre, on les joua fur les théâtres, & on les rendit les objets de la rifée publique, en contrefaifant leurs foupirs, leurs fanglots, leur extérieur réformé & mortifié, leur contenance grave & compofée, leur obftination bizare à ne mettre aucune diftinction entre les hommes, & à les traiter tous avec une égalité incivile. Cela ne les empêcha pas de s'occuper à fixer une forme de difcipline & de gouvernement. Leur principal exercice de religion confifte dans un grand recueillement, pour être attentifs aux fuggeftions & aux impulfions du faint Efprit ; & pour faire au milieu d'eux la fonction de prédicateurs, il ne faut d'autre vocation que d'en avoir les talens. Ils ont pourtant des efpeces de pafteurs. Ce font eux qui compofent le confeil eccléfiaftique, & qui d'ordinaire font les députés au fynode général, lequel s'affemble à Londres réguliérement tous les ans. C'eft-là qu'on délibere des affaires qui concernent la religion & la difcipline. Il ne faut pour parvenir au miniftere ni examen, ni ordination, ni confécration ; & il ne fe fait point d'inftallation en cérémonie : le confentement de l'affemblée fuffit. Les gages ou les appointemens de ces pafteurs font arbitraires & dépendans de la charité du peuple, qui les régle par rapport aux facultés & aux befoins du miniftre ; mais ils ne font aucune capitulation là-deffus, eftimant indigne d'un fi facré caractere, de faire des pactions pécuniaires pour acquérir le droit de prêcher.

Quant à leurs dogmes principaux, ils rejettent les prieres publiques & les facremens, fuivent l'opinion des Anabaptiftes touchant le baptême, foutiennent que l'ame eft une partie de Dieu ; que Jefus-Chrift n'a point d'autre corps que son assemblée; & s'imaginent que tous les hommes ont en eux la lumiere qui est suffisante pour le salut. Selon ces fanatiques, la priere est inutile pour le salut; nous sommes justifiés par notre propre justice, & il n'y a point d'autre vie & de gloire à attendre qu'en ce monde. Ils prétendent que toutes choses doivent être communes; que personne ne peut être appellé maître ou seigneur, & qu'un homme ne peut pas avoir de puissance sur un autre. On dit que quelques-uns de ces Quakers disent qu'ils sont Christs, quelques-uns Dieu-même, & d'autres qu'ils sont semblables à Dieu, parcequ'ils ont en eux le même esprit qui est en Dieu. C'est-là ce qu'on dit des Quakers. Les curieux pourront voir leur apologie dans Barclai, qui a compris leurs sentimens en quinze thèses imprimées à Amsterdam en 1674. Leurs principaux dogmes font : que Dieu donne à tous les hommes, sans en excepter aucun, des lumiéres surnaturelles qui les peuvent sauver; qu'il faut vivre selon ces lumiéres, sans lesquelles on n'est pas capable d'entendre l'écriture; qu'il faut bannir toutes cérémonies de la religion & de la société civile, jusqu'à celle de se saluer les uns les autres, & ôtant son chapeau, & de se dire *vous* au lieu de *toi*.

Pour montrer comment ces fanatiques traitent les puissances, voici l'adresse qu'ils présenterent en 1685, au roi Jacques II, sur son avénement à la couronne. *Nous venons te témoigner la douleur que nous ressentons de la mort de notre bon ami Charles, & la joie que tu sois devenu notre gouverneur. Nous avons appris que tu n'es pas dans les sentimens de l'église anglicane, non plus que nous. C'est pourquoi nous te demandons la même liberté que tu prends pour toi-même. En quoi faisant nous te souhaitons toute sorte de prospérité. Adieu.* * *Histoire des révolutions d'Angleterre sous Jacques II.* Gerard Crœte, *histoire des Quakers*, à Amsterdam, 1695. Basnage, *hist. des ouvrages des savans, janvier 1696.*

QUALIFICATEURS : c'est ainsi que l'on nomme les membres ecclésiastiques de l'inquisition. Ils prononcent sur le discours de ceux qui ont été déférés à ce tribunal, & jugent si ces discours sont hérétiques ou approchent de l'héréfie, s'ils contiennent une erreur, s'ils sonnent mal, s'ils choquent les oreilles pieuses & délicates, s'ils sont inconsidérés, schismatiques, blasphématoires, séditieux, &c. Les qualificateurs jugent aussi, si la défense de l'accusé est valable & solide, ou si elle n'a pas ces qualités. Lorsque les inquisiteurs hésitent s'ils doivent faire emprisonner une personne, ils consultent les qualificateurs, qui donnent leurs réponses par écrit, afin qu'elles puissent être jointes aux actes de tout le procès, & lui servir de base : il faut cependant remarquer que les avis des qualificateurs ne sont que des consultations, & qu'ils n'obligent pas les inquisiteurs à les suivre. * *Voyez* Limborch, *histor. inquisition. Diction. anglois*, &c.

QUAM-TUNG ou QUANTUNG, province maritime de la Chine, a pour bornes du côté de l'ouest le royaume de Tunquin, du côté du nord-ouest la province de Quamsi, vers le nord celles de Huquam & de Kiamsi, & vers le nord-est celle de Fokien, dont elle est séparée par la riviere de Ting, & par des montagnes inaccessibles. Le reste est bordé de l'Océan, ce qui fait qu'on y trouve beaucoup de ports & de havres fort commodes. On compte dix villes principales dans cette province, & soixante & treize moins considérables, sans y comprendre celle de Macao. Les dix villes principales sont, Quancheu, Xoacheu, Nanhiung, Hoeicheu, Choachea, Chaoking, Caokeu, Liencheu, Luycheu & Kiuncheu. L'on y compte quatre cens quarante-trois mille trois cens soixante familles, & près de deux millions d'hommes. Elle produit abondamment tout ce qui est nécessaire à la vie. Elle est riche en or, en pierres précieuses, en perles, en soie, en étain, en mercure, en sucre, en cuivre, en acier, en fer excellent, en salpêtre, en bois d'aigle, &c. Les habitans sont

industrieux, & quoiqu'ils ne paroissent pas fort inventifs, les Européens ne peuvent guère leur montrer d'ouvrage, qu'ils ne le comprennent avec facilité, & qu'ils ne le contrefassent avec beaucoup de délicatesse. On y fait éclore les œufs, ou dans un four tiéde, ou dans du fumier. Quand cette province commença de recevoir les loix des monarques de la Chine, sortis des derniers de la race de *Cheva*, on l'appelloit le royaume de *Nanine*. Mais elle ne tarda pas à secouer le joug de ceux de cette lignée, pour retourner à l'obéissance de ses anciens rois. Hiaovus, de la race impériale de Hana, employa la douceur & la sévérité pour les faire rentrer sous le joug de leur roi; & depuis ils se sont si fortement attachés aux intérêts de la couronne, que l'empereur de la Chine les regarde aujourd'hui comme les plus fidéles de ses sujets. Il y établit un gouverneur, qui a la même puissance qu'un vice-roi en Europe. Les vice-rois de Quam-Tung ont rang avant ceux de toutes les autres provinces; aussi les choisit-on ordinairement entre les plus puissans, les plus illustres & les plus fidéles de l'empire, parceque cette province est assujétie aux alarmes continuelles des pirates, & que sa perte pouroit ébranler l'empire entier de la Chine. * *Ambassade de la compagnie orientale des Provinces-Unies vers l'empereur de la Chine, chap.* 18. Mandeslo, *voyage des Indes, liv.* 2. Thomas Corneille, *diction. geograph.*

QUANGNAN & QUANGSI, villes de la province de Junnam. Elles sont toutes deux au roi de Tunquin. * Martin Martini, *Alt. Sinic.*

QUANG-VOU-TI, quatorziéme empereur de la Chine, de la cinquiéme dynastie nommée *Han*. Il prit ce nom à son avénement à la couronne. Il portoit auparavant le nom de *Lieou-Sieou*, & descendoit du dixiéme fils de KING-TI, le quatriéme empereur de la même dynastie. Quang-vou-ti succéda à HOAI-YANG-VANG, à qui l'on avoit ôté la couronne qu'il étoit indigne de porter. Il transporta la cour de la province de Chensi dans celle de Ho-nan. Il se distingua par ses qualités guerrieres & politiques. Il avoit été élevé durement, au milieu des gens de la campagne, partageant avec eux leurs nécessités & leurs travaux; ce qui l'avoit rendu sensible aux miseres du peuple. Il étoit doux, affable, libéral, aimoit les gens de lettres, les protégeoit, leur faisoit du bien. Il en fit chercher de tous côtés, les attira à sa cour, & les éleva à des emplois honorables. Il étoit d'une grande modestie dans ses habits, dans sa table & dans son palais; & son air populaire lui gagnoit tous les cœurs. Pendant la visite de son empire, s'étant trouvé dans le pays qui lui avoit donné naissance, il fit venir plusieurs des laboureurs avec qui il avoit vécu dans sa premiere jeunesse, & les fit manger avec lui. S'étant informé si un de ses anciens amis, nommé *Nien-Quang*, pêcheur de profession, vivoit encore, il l'envoya chercher, lui fit beaucoup d'accueil, & s'entretint toute une nuit avec lui de leurs anciennes aventures. Il employa douze années à domter les rebelles & à pacifier l'empire. Son rival voyant qu'il étoit vaincu, vint se jetter à ses pieds, & l'empereur peu content de lui accorder la vie, lui donna de plus une principauté. Quang-vou-ti mourut âgé de soixante-un ans, vers la cinquante - sixiéme année de Jesus-Christ. Il laissa dix enfans, dont un lui succéda. * Le pere du Halde, dans sa *Description de la Chine, tome I.*

QUANGTE, ville de la Chine. Elle est assez grande & assez bien peuplée, située dans la province de Nan-king, environ à vingt-sept lieues de la ville de ce nom vers le midi. * Mati, *diction.*

QUANGTUNG ou CANTON, grande ville de la Chine, *cherchez* CANTON.

QUANPING, ville de la Chine dans la partie méridionale de la province de Pékin. Elle y tient le sixiéme rang, & a huit autres villes dans son territoire. * Mati, *diction.*

QUANSI, en latin *Quansia*, province de la Chine

entre

entre Quantung, Junnam, Quiecheu & la Cochinchine. Cette province eft la derniere de ce grand état, & la derniere qui ait été prife par les Tartares. Elle a pour ville capitale Queilin, au pied des montagnes & fur le fleuve Quei. Ses autres villes font Lieucheu, Kingyven, Pinglo, Gucheu, Cincheu, Tieucheu, Nanning, Taiping, Suming & Chingan. Les quatre dernieres font au roi de Tunquin; & les autres ont dans leur territoire 78 autres villes moins confidérables. * Martin Martini, *Atlas Sinic.*

QUANSING, ville de la Chine. Elle eft entre des montagnes fort hautes, à la fource de la riviere de Xangiao dans la province de Kiangfi, dont elle eft la troifiéme. On y fait le meilleur papier de la Chine, & elle a fept autres villes dans fon territoire. * Mati, *diction.*

QUANTO, grand pays dans la partie orientale du Japon, qui contient neuf royaumes. L'empereur Jaye-Sama le conquit en 1589, & le donna à Geïaz, roi de Micara, un des neuf de Quanto. Ce prince étant depuis parvenu à l'empire, Jedo, la plus confidérable ville du Quanto, eft devenue la capitale du Japon.

QUANTON, province de la Chine, *cherchez* QUAM-TUNG.

QUANTON, ville de la Chine, *cherchez* CANTON.

QUAQUIERS, *cherchez* QUAKERS.

QUARANTAINE ou montagne de la Quarantaine, *voyez* JÉRICO.

QUARANTE martyrs de Cappadoce dans la perfécution de Licinius. Agricola, gouverneur de la Cappadoce, ayant commencé la perfécution dans cette province, l'an 319, & fait mourir S. Blaife, évêque de Sébafte, quarante foldats de la garnifon de cette ville de la légion Mélitine, vinrent fe préfenter à ce gouverneur, fe déclarant chrétiens. N'ayant pu leur faire changer de fentiment, il les fit expofer tout nuds à l'air pendant une nuit très-froide. L'un d'entr'eux manqua de courage, & ayant été mis dans de l'eau chaude, il mourut fur le champ ; mais un des gardes qui avoit vu des anges qui diftribuoient des couronnes aux martyrs, prit la place de celui qui avoit fuccombé. Le matin, comme ils refpiroient encore, on les mit dans un chariot, & on les jetta dans un grand feu. Il y en eut un que les boureaux laifferent fur la place comme te plus jeune ; mais fa mere fe mit elle-même fur le chariot pour tenir compagnie aux autres. Les fidéles eurent foin de recueillir leurs cendres, & leur culte a été célébre dans l'églife grecque ; il ne s'eft établi dans l'églife latine que depuis le huitiéme fiécle. On fait leur fête le 9 mars dans toutes les églifes, à l'exception de celle de Rome, où elle a été remife au lendemain. * S. Bafile, *homil.* 20. S. Grégoire de Nyffe, *orat. de* 40 MM. S. Ephrem. S. Gaudence, *homil.* 17. Baillet, *au mois de mars.* Adon & Raban rapportent les noms de ces quarante martyrs ; mais il y a de l'apparence qu'ils font inventés.

QUARANTE martyrs ou environ, folitaires du mont Sina, maffacrés par les Sarafins. On en fait la fête au 14 janvier ; mais il en faut diftinguer trois compagnies, favoir, trente-huit ou quarante maffacrés du temps de Théodofe l'*Ancien*, & de Pierre II du nom, évêque d'Alexandrie, vers l'an 380 : les feconds, fous Théodofe *le Jeune*, & les troifiémes martyrifés en même temps que les premiers fur le mont de Raithe. * Nili Monachi *narrationes editæ à Petro Poffino, è focietate Jefu, an.* 1639, *in-4°.* Ammonius Monach. donné par le pere Combefis. Bulteau, *hift. des monaft. d'Orient.* Baillet, 14 *janvier.*

QUARANTE (Sainte Marie de) abbaye fituée dans le diocèfe de Narbonne, à trois lieues de cette ville vers le nord. Il eft fait mention de cette églife dès l'an 961, dans le teftament de Raymond I, comte de Rouergue, qui eft de cette année, & dans d'autres actes du X fiécle. Il y avoit auffi dès-lors des chanoines qui deffer-

voient cette églife. En 990, Adelaïde, vicomteffe douairiere de Narbonne, donna à ladite églife un aleu qu'elle avoit acquis d'Oveillan de l'évêque Arnauld, & des chanoines de S. Felix de Gironne, à condition que les chanoines de Quarante jouiroient en commun du don qu'elle leur faifoit, fous l'adminiftration d'un prêtre nommé Aigulfe. Les chanoines de Quarante embrafferent la régle de S. Auguftin au XI fiécle, & fe fit gouvernés par un abbé en 1037, fuivant un teftament qui eft aux archives de cette abbaye, par lequel un nommé Guillaume Aribert *s'y donne pour chanoine entre les mains de Riquin, abbé, fait héritier Pierre Aribert, fon fils, & donne dix fols de Beziers à Marie, fa filleule.* L'abbaye de Quarante fubfifte encore aujourd'hui, & eft deffervie par les chanoines réguliers de la congrégation de fainte Geneviéve. Il en eft fouvent parlé dans le fecond volume de l'*Hiftoire générale de Languedoc*, par deux Bénédictins de la congrégation de S. Maur. * *Voyez* particulierement le livre XIII, & les preuves à la fin du volume.

QUARRÉ (Jacques-Hugues) prêtre de l'Oratoire, naquit en Franche-Comté, étudia en Sorbonne, & fe fit paffer docteur. Enfuite il entra dans l'Oratoire l'an 1618, fous la direction du pere de Bérulle qui en étoit le fondateur. Il fit de grands progrès dans la piété. Ce fage directeur lui confia plufieurs emplois dont il s'acquitta très-dignement ; ce qui l'obligea à l'envoyer dans les maifons de la Flandre efpagnole : il en fut le premier fupérieur ou prévôt : il s'y diftingua par fes prédications, par fes ouvrages & par fa grande piété. Le pere Swert, prêtre de l'Oratoire, Flamand, dans un ouvrage qu'il a compofé en latin fous le titre de *Necrologium aliquot utriufque fexûs Romano-Catholicorum, qui vel fcientiâ, vel pietate, &c. apud Belgas claruerunt ab anno 1600, ufque ad annum* 1739, nous apprend que le pere Quarré fouffrit beaucoup de la part des ennemis de fa congrégation, & qu'il fut prédicateur du roi d'Efpagne dans le palais de Bruxelles. Ses ouvrages font : *La vie de là bienheureufe mere Angéle, premiere fondatrice des meres de fainte Urfule, par le pere Jacques-Hugues Quarré, prêtre de l'Oratoire*, à Paris, chez Huré, 1648, *in-*12. *Traité de la pénitence chrétienne, par le P.* &c. à Paris 1648, *in-*12. Réponfe à un écrit qui a pour titre : *Avis donné en ami à un certain eccléfiaftique de Louvain, au fujet de la bulle d'Urbain VIII, qui condamne le livre intitulé : Auguftinus Cornelii Janfenii*, à Paris 1649. *Tréfor fpirituel, contenant les obligations que nous avons d'être à Dieu, & les vertus qui nous font néceffaires pour vivre en chrétien parfait, par Jacques-Hugues Quarré*, à Paris, chez Huré, 1654, *in-*8°. Il y en a fix différentes éditions. Cet ouvrage eft divifé en cinq parties. Dans la premiere & feconde, il explique les raifons & motifs que nous avons d'aimer & fervir Dieu parfaitement ; dans la troifiéme & la quatriéme, il montre le chemin qu'il faut tenir, & les vertus qui font néceffaires pour vivre en bon chrétien ; & dans la derniere, il donne un portrait de la vraie piété. *Direction fpirituelle pour les ames qui veulent fe renouveller en la piété, avec des méditations* à Paris, chez Huré, 1654, *in-*8°. Le pere Quarré mourut à Bruxelles, où il étoit fupérieur, le 26 mai 1656. On prétend que fait plufieurs miracles par fon interceffion, & que fon tombeau ayant été ouvert quelques années après fa mort, on avoit trouvé fon corps auffi frais & auffi entier que le jour qu'on l'avoit enterré. * Bougerel, *Bibliothéque manufcrite des écrivains de l'Oratoire*, & le *Nécrologe* du pere Swert, cité dans cet article, pag. 45 & 46.

QUARRÉ (Barthélemi) étoit fils de N. Quarré, profeffeur de l'ancien collége de Dijon, parent d'Edme Robert, doyen de la Chapelle-au-Riche, églife collégiale de Dijon, frere de Claude Robert, chanoine de la même églife, connu par fon livre intitulé : *Gallia chriftiana.* Claude Robert réfigna fon canonicat à Barthélemi Quarré, qui en fut pourvu le 27 avril 1609,

& qui exerça de plus les fonctions de vicaire perpétuel de la paroisse de S. Michel de Dijon : il mourut en 1643. Ses ouvrages , qui roulent tous sur la piété , sont , 1. *Maniere de vivre angéliquement*, à Dijon, 1624,*in*-8°. 2. *Discours spirituels pour consoler les malades , & parens des défunts : ensemble un Traité pour administrer le sacrement de l'Extrême-Onction* , à Dijon 1627 , *in*-12. 3. *La Garde angélique* , à Dijon 1631 , *in*-8°; & en 1633, seconde édition fort augmentée. 4. *Le Chariot angélique pour conduire les ames au ciel* , à Dijon 1632 , *in*-8°. 2. volumes. 5. *Explication de l'office & des cérémonies que l'église & le peuple observent aux obsèques , vigiles & messes des trépassés* , à Dijon 1634 , *in*-8°. 6. *Ordre de piété inspiré par le S. Esprit* , dressé par Barthélemi Quarré , *pour assister le S. Sacrement , quand on le porte aux malades.* * *Bibliothèque des auteurs de Bourgogne* , par M. Papillon.

QUARRÉ (Gaspard) seigneur d'Aligny , naquit à Dijon le 20 décembre 1625 , de JEAN Quarré , conseiller au parlement , & de *Marie* Langlois. Il fut reçu avocat général au parlement de Bourgogne le 14 juin 1641 , par la résignation de Pierre de Xaintonges. Le 11 juillet 1652 , le roi lui donna des lettres de conseiller d'état , avec une pension de 1200 livres. Ce magistrat mourut le 5 janvier 1699 , à l'âge de 74 ans : il fut enterré à S. Pierre dans le tombeau de sa famille , où l'on voit l'épitaphe suivante , composée par François Quarré , son fils.

Hic jacet
GASPARDUS QUARRÉ , *Eques , Toparcha d'Aligny , Regi à Consiliis ,*
Et in suprema Burgundiæ Curia Advocatus Catholicus,
Cui nobilis avorum series per decem & ultra gradus Splendoris minùs contulit ,
Quàm ingenii & doctrinæ excellentia ,
In judiciis integritas ,
Ac invicta in obeundis Magistratûs officiis ,
Maximè verò in publica utilitatis amore ac patrocinio , Animi constantia ,
Obiit die V Januar. an. 1699.
Sociam vitæ habuit ac sepulturá ,
MARGARITAM DE PERREAULT DE LA SERRÉE ,
Tum natalibus , tum virtutibus sponso dignissimam.
Sicut enim satis antiquitatem ,
Solus STEPHANI *filii Melitenses inter Equites adscripti Titulus sufficit ,*
Ita eximium diuturnæ viduitatis exemplar ,
Nec non Missarum solemnium dotatio hâc in Ecclesiá Per hebdomadas Corporis Christi ,
Pietatem testantur.
Decessit anno 1699 , die 16 decemb. ætat. suæ 82.

Gaspard Quarré a composé , 1. *Les plaidoyers & harangues de M. Quarré* , conseiller du roi en ses conseils , avocat général au parlement de Bourgogne , seigneur de Gouloux , jurisconsulte , à Paris 1658 , *in*-4°. Ce recueil est estimé. 2. *Histoire des anciens rois , ducs & comtes de Bourgogne*, jusqu'à l'année 965 , manuscrite, dans la bibliothèque de M. le président Bouhier. 3. Roman historique sous le nom de *Peiralité* , contenant l'histoire de Henri , prince de Condé ; manuscrit, dans la même bibliothèque. * Papillon , *bibliothèque des auteurs de Bourgogne.* Taisand , *vies des jurisconsultes.*

QUARRÉ (Etienne) chevalier de Malte , troisième fils de *Gaspard* Quarré d'Aligny , avocat général au parlement de Bourgogne , & de *Marguerite* Perreault de la Serrée , naquit à Dijon. Il a servi avec distinction , & a cultivé les lettres avec succès. Taisand , dans ses *Vies des jurisconsultes* , en parle ainsi sur ce qu'il en avoit appris de François Quarré d'Aligny , frere d'Etienne. « Il ne s'est point fait de campagne depuis 1621, » jusqu'en 1654 , où Quarré n'ait cherché de la gloire. » Il a été trois fois aide de camp. A Verrue , il com- » mandoit une compagnie au régiment du marquis d'Ys- » sur-Thille. M. le prince le fit capitaine des mousque-

» taires de sa garde. Il fut député deux fois pour visiter » les places frontieres de la Lorraine & de la Bourgo- » gne , & les mit en état de se défendre & de se con- » server. Le pere Nicolas de Chévanes , d'Autun , Capucin , dans son livre *De la conduite des illustres*, parle aussi d'Etienne Quarré , & en particulier d'un livre qu'il devoit donner au public , *où* , dit le pere. Chévanes , *tout l'art militaire est réduit en pratique , & où toutes les maximes de la guerre s'apprennent par des démonstrations sensibles* , &c. Etienne Quarré a aussi composé l'épitaphe françoise de son pere, qui est imprimée dans les *Vies des Jurisconsultes* , par Taisand. * Papillon , bibliothèque des auteurs de Bourgogne.

QUARRÉ d'ALIGNY (François) frere du précédent , avocat général au parlement de Bourgogne , étoit né à Dijon , & mourut le 31 octobre 1721 , à l'âge de 77 ans. On a de lui un grand nombre de harangues , dont voici les sujets : *Sur la justice* , discours prononcé à l'ouverture du parlement , le 12 novembre 1678. On en trouve un extrait dans le *Mercure* du mois de novembre de la même année. *De la décence extérieure du magistrat ;* discours prononcé le 12 novembre 1695 , à Dijon 1717 , *in*-4°. L'Union de la justice avec la religion : le Serment : la Justice morale & civile : les désordres que causent les passions dans la distribution de la justice : de la Justice & de l'équité : de la Jurisprudence naturelle : de la Jurisprudence civile , & de la nécessité de son secours : du Magistrat & de la loi : des Constitutions & du Droit : discours pour les avocats : Si les avocats peuvent se charger des causes seulement probables : la Justice des armes françoises , & quelle guerre peut être utile à son tribunal : la Religion protégée par la Justice : les Besoins réciproques de la justice & de la paix : de l'Union des officiers de la justice. Outre ces harangues qui ne sont point imprimées , on a de M. Quarré : *Conclusions prises dans le procès de M. le cardinal le Camus , évêque & prince de Grenoble* , contre les religieuses de Montfleury , au parlement de Dijon , à Dijon 1685 , *in*-4° , à la suite des plaidoyers des avocats : Epitaphe latine faite pour son pere , gravée dans l'église de S. Pierre , & imprimée dans les *Vies des Jurisconsultes* , par Taisand : Poëme latin sur la Passion , selon la concorde des quatre évangélistes , manuscrit. Les ouvrages suivans ne sont pas non plus imprimés : Paraphrases sur six pseaumes difficiles : de la véritable durée de la vie des premiers hommes : du signe & figure de la croix : de l'invention des lettres : de l'Imprimerie & des bibliothèques : des sept Sages de la Gréce : Histoire & origine des Amazones : Histoire des Sibylles : Histoire de la version des septante interprétes de la Bible : Abrégé historique de l'Empire Romain. * *Bibliothéque des auteurs de Bourgogne* , par M. Papillon.

QUARRÉ , village du duché de Bourgogne , dans le ressort du bailliage royal d'Avalon , dans ce qu'on appelle le pays de Morvende. Nous n'en parlons ici que par rapport aux tombeaux que l'on trouvoit dans ce village , que l'on surnomme par cette raison *Quarrée-les-Tombes* , & qui ont exercé les savans depuis environ 15 ans. Ces tombeaux sont vuides , tous de la même figure , de pierre , de cinq à six pieds de longueur chacun , taillés , battus au marteau à petit grain , & fort polis. On n'y voit aucune marque de paganisme , ni de christianisme , excepté que l'on trouve une croix sur cinq ou six. Lorsqu'on ouvrit ces tombeaux , on n'y trouva ni ossemens , ni cendres , ni rien qui pût faire soupçonner qu'on y eût jamais déposé des corps morts. Feu M. Bocquillot , chanoine d'Avalon , dans une dissertation sur ce sujet , imprimée à Lyon , en 1724 , *in*-12, prétend que Quarrée étoit un entrepôt où l'on amenoit des cercueils tout faits pour y être achetés , & de-là transportés dans les lieux où l'on en avoit besoin , & que c'est pour cela qu'on ne voit dans ceux qui sont demeurés ou que l'on a ôtés , ni écriture , ni aucune marque qui fasse connoître qu'ils ont servi. Il fonde principalement cette conjecture sur l'autorité d'un ancien poëte

dont il ignore le nom, qui dans un poëme en vieux langage de roman, dédié à Jeanne de Bourgogne, femme
du roi Philippe *le Long*, & dont Girard de Roffillon eſt
le héros, dit que dans le village de Quarrée en Bourgogne, on voyoit un grand nombre de tombeaux de pierre,
qui n'avoient jamais ſervi. D'autres ont cru que ces
tombeaux marquoient qu'il y avoit eu autrefois une bataille donnée en ce lieu, & qu'on y avoit fait inhumer
les principaux de ceux qui étoient morts. Quelques-uns
veulent qu'il y ait eu au même endroit une dévotion
très-célèbre qui attiroit une foule nombreuſe, & que
beaucoup de pélerins y étant morts, on les avoit enterrés dans ces tombeaux. Enfin il y en a qui prétendent qu'on n'a aucune connoiſſance dans l'antiquité qu'il
y ait eu des lieux dont on ſe ſoit ſervi pour y dépoſer
des tombeaux. Mais tout cela eſt avancé gratuitement.
On ne peut trouver qu'il y ait jamais eu aucune raiſon
particuliere pour ſe faire enterrer dans le village de
Quarrée, plutôt que dans aucun autre de la Bourgogne.
Les pélerinages dont on parle ſont chimériques; d'ailleurs il n'y a point d'apparence que l'on eût mis ainſi les
pélerins morts dans des tombeaux de cette nature. La
bataille dont on parle eſt une fable; il eſt impoſſible
d'en fixer le temps, ni la raiſon; il ne s'en trouve aucun
veſtige dans nos hiſtoires. Enfin ces entrepôts de tombeaux ne ſont pas ſans exemple. M. le Beuf, chanoine
d'Auxerre, en rapporte pluſieurs dans une aſſez longue
diſſertation ſur le même ſujet, où il appuie par de nouvelles conjectures, & même de nouvelles preuves, le
ſentiment de M. Boccuillot en faveur des tombeaux du
village de Quarrée. Cette diſſertation de M. le Beuf
ſe trouve imprimée dans les *Mémoires de littérature &*
d'hiſtoire, recueillis par le pere Deſmolets, de l'Oratoire, *tome III, pag. 1, pag. 216 & ſuivantes*. Voyez
auſſi le *Mercure de France, mois de février de l'an 1725.*

QUARTEN, bourg avec bailliage. Il eſt dans la Suiſſe
près du lac de Valleſtat, à deux lieues de Glaris vers
le levant. Le bailliage de Quarten n'eſt pas fort grand,
& il appartient en commun aux cantons de Glaris &
de Swits. * Mati, *diction.*

QUARTIER, cherchez CARTIER.

QUARTODECIMANS, *Quartodecimani*. On donna
ce nom depuis le concile de Nicée à ceux qui s'obſti-
noient, contre la défenſe du concile, à célébrer la fête
de Pâque, le quatorzième jour de la lune, en quelque
jour de la ſemaine qu'il arrivât, à l'imitation des Juifs.
Cette diſpute touchant le jour de la célébration de Pâque,
s'étoit élevée ſous le pontificat de Victor, vers l'an 188,
entre les évêques d'Aſie & ce pape. Les évêques d'Aſie,
ſuivant leur ancienne coutume, célébroient toujours
cette fête le quatorze de la lune de mars, en quelque
jour de la ſemaine qu'elle arrivât; les Romains au contraire ne la célébroient que le dimanche. Dès le temps
de S. Polycarpe, cette différence de pratique ſe trouvoit entre ces égliſes; & ce ſaint étant venu à Rome
ſous le pontificat d'Anicet, conféra avec lui ſur ce ſujet;
mais n'ayant pu ſe perſuader l'un & l'autre de changer
de coutume, ils ne crurent pas devoir rompre la paix
des égliſes ſur une queſtion purement d'uſage. Le pape
Victor n'en uſa pas de même, & voulut obliger les
évêques d'Aſie de ſuivre la pratique de l'égliſe de Rome.
Les Aſiatiques ne s'étant pas rendus à ſa propoſition, &
Polycrate, évêque d'Epheſe, avec les autres évêques
d'Aſie, lui ayant écrit une grande lettre pour ſoutenir
leur uſage; Victor envoya des lettres dans toutes les
égliſes, par leſquelles il les déclaroit excommuniés. Les
autres égliſes, tant celles qui ſuivoient dans la pratique
des égliſes d'Aſie, que celles qui ſuivoient l'uſage de
l'égliſe de Rome, n'approuverent pas la rigueur dont
Victor uſoit; & malgré les lettres du pape, les égliſes d'Aſie demeurerent dans la communion de l'égliſe
univerſelle. La différence de pratique ſubſiſta juſqu'au
concile de Nicée, avec ce changement néanmoins, que
la plupart des égliſes d'Aſie étoient revenues alors à la
pratique de l'égliſe romaine, au lieu que les égliſes d'O-

rient & de Paleſtine, qui du temps du pape Victor
étoient dans cette pratique, célébroient alors la Pâque
le quatorzième jour de la lune, ſans attendre le dimanche. Le concile de Nicée fit un réglement général, par
lequel il obligea toutes les égliſes de célébrer la Pâque
le jour du dimanche d'après le quatorzième de la lune,
& l'empereur Conſtantin publia ce décret par tout l'empire romain. Nonobſtant cette déciſion, il y eut quelques égliſes & quelques évêques qui s'obſtinerent à conſerver leur uſage de célébrer la Pâque le quatorzième
jour de la lune. Ceux-ci furent regardés comme rebelles
& ſchiſmatiques, & ſont ceux que l'on appella *Teſſara-*
decatites ou *Quartodecimans*. On a depuis dreſſé des
cycles, pour régler dans chaque année le jour de la célébration de la fête de Pâque. Les régles pour connoître
le jour précis de la fête de Pâque, ſont 1. Que cette fête
ne ſe célébreroit qu'après l'équinoxe du printemps: 2. Que
l'équinoxe du printemps ſeroit fixé au 21 mars: 3. Qu'on
choiſiroit toujours le dimanche qui ſuivroit immédiatement le 14 de la lune: 4. Que ſi le 14 de la lune tomboit ſur
un dimanche, on différeroit au dimanche ſuivant, pour
ne pas célébrer la Pâque le même jour que les Juifs.
Ainſi la pleine lune qui régle la fête de Pâque, eſt celle
qui tombe ſur le 21 mars, ou ſur quelqu'un des jours
ſuivans; de ſorte que la nouvelle lune précédente eſt la
nouvelle lune paſchale. Par exemple, ſi le 14 de la lune
eſt le 21 mars, la nouvelle lune paſchale eſt le 8 jour
de mars, & le mois que cette lune compoſe, eſt le mois
paſchal. Suivant cette ordonnance, le dimanche de
Pâque arrive incluſivement entre le 21 mars & le 25
d'avril; car ſi le 21 mars eſt le 14 de la lune, Pâque
peut être le 22; mais ſi le 21 mars eſt le 15 de la lune,
le mois paſchal ne commencera qu'au 5 jour d'avril, &
ainſi le 14 de la lune ſera le 18 d'avril, lequel arrivant
quelquefois un dimanche, la fête de Pâque alors ſera
remiſe au 25 d'avril, qui eſt le jour de S. Marc; d'où
eſt venu le proverbe, lorſque Pâque arrive le 25 avril,
Georgius mortuum, Marcus reſurgentem, Joannes per
compita vidit triumphantem: George l'a vu mort; Marc,
reſſuſcité; & Jean, triomphant par les rues, c'eſt-à-
dire, que le Vendredi-ſaint a été le jour de S. George,
Pâque le jour de S. Marc, & la Fête-Dieu le jour de
S. Jean-Baptiſte. Pour connoître la nouvelle lune dans
chaque mois, on inventa le nombre d'or que l'on marquoit dans les calendriers vis-à-vis du premier jour de
chaque mois lunaire; mais au lieu du nombre d'or, on
s'eſt ſervi du nombre de l'épacte, que Lilio Giraldi, Italien, a inventé, & que P. Clavius a mis en pratique.
* Euſèbe, *hiſt. eccl. l. 5.* Beda, *de ratione temp.* Tertullien, *de præſcript.* S. Epiphane, *hæreſ.* 50. S. Auguſtin,
hæreſ. 17. Baronius, *annal.* 173.

QUARTUS, diſciple de S. Paul, dont il eſt fait mention au ſeizième chapitre de l'épître aux Romains. Le
martyrologe met ſa mort le 3 novembre.

QUATRE COURONNÉS (les) martyrs à Rome
dans le IV ſiécle, tous quatre freres, à ce que l'on prétend, nommés *Sévère, Sévérien, Carpophore*, & *Vic-*
torin, officiers de la préfecture de Rome, s'étant déclarés chrétiens dans le temps de la perſécution de Dioclétien & de Maximien, furent pris & fouettés avec des
fouets armés de plomb, & moururent dans ce moment.
Dans les anciens martyrologes, leur fête eſt marquée
au 7 d'août & au 8 novembre. Il y avoit dès le temps
de S. Grégoire une égliſe à Rome ſous le titre des
Quatre Couronnés; mais il n'y a rien de certain ſur leur
hiſtoire, les actes de leur martyre étant viſiblement ſup-
poſés. * *Acta apud* Bolland. Bucher. Florentinius. Fronton, *calendrier Rom.* Anaſtaſe, *biblioth.* De Tillemont,
mémoires pour ſervir à l'hiſtoire eccléſiaſtique, tome V.

QUATRE mille neuf cens ſoixante & ſeize martyrs,
tant évêques que prêtres, diacres & autres fidéles, mis
dans une grande priſon l'an 483, par l'ordre d'Hunneric
roi des Vandales, & conduits dans les déſerts. Pluſieurs
périrent en chemin. Les autres moururent dans le lieu
affreux de leur exil. Les martyrologes font mémoire d'eux

au 12 octobre. * Victor de Vite , *l. 2. , de persecut. Vandal.* Baillet , *vies des saints.*

QUATRE-vingt martyrs à Constantinople , étoient quatre-vingt clercs envoyés par les catholiques de Constantinople à l'empereur Valens , qui étoit à Nicomédie , pour se plaindre des violences que les Ariens exerçoient contr'eux. A la tête de ces quatre-vingt députés étoient Urbain , Théodore , & Ménédème , qui s'acquitterent de leur commission en présentant une requête à Valens. Cet empereur favorable aux Ariens , donna ordre à Modeste , préfet du prétoire , de s'en défaire. Ce préfet leur déclara que l'empereur les envoyoit en exil , les fit embarquer sur un vaisseau qui n'étoit point lesté , & donna ordre aux matelots de mettre le feu au vaisseau quand il seroit en mer. Cet ordre fut exécuté ; les matelots mirent le feu au bâtiment quand il fut un peu avancé en mer , & se sauverent dans une chaloupe : le vent poussa le vaisseau tout enflammé jusqu'au havre , nommé *Dacidize* , sur la côte de Bithynie , où il acheva de se consumer. Les quatre-vingt députés y périrent par le feu ou par l'eau. Ils ont été honorés du titre de martyrs par l'église grecque , qui fait leur fête au 18 mai. Le martyrologe romain la marque au 5 septembre , & quelques autres au 3 juillet. * Socrate , *l. 4 , c. 26 ; l. 6 , c. 14 & 15.* Sozom. *l. 6 , c. 14.* Gregor. Nazian. *orat. ad Arianos.* Théodoret , *l. 4 , c. 24.* Papebrock. Baillet , *vies des saints.*

QUATRE OFFICES , appellés par les Flamans *Vier Ambachten* , ce qui signifie la même chose. C'est la partie orientale de la Flandre hollandoise. Elle est entre le pays de Waës , & l'embouchure occidentale de l'Escant , & elle comprend quatre territoires ou offices , qui sont Bochoute , Assenede , Axel , & Hulst. Ses lieux principaux sont le Sas de Gand , Hulst , Axel , Terneuse , & le fort Philippine. * Mati , *diction.*

QUATRE-TEMPS , jeûnes de l'église dans les quatre saisons de l'année , pendant trois jours d'une semaine en chaque saison , savoir , le mercredi , le vendredi & le samedi. Quelques-uns ont attribué l'institution , au moins de trois jeûnes par an , aux apôtres , d'autres au pape Calliste I ; mais cette opinion n'est fondée que sur la fausse décrétale de Calliste. Il est certain que le jeûne des quatre-temps étoit établi dans l'église romaine du temps de S. Léon , qui distingue nettement dans ses sermons les jeûnes qui se pratiquoient aux quatre-temps de l'année , dans lesquels on jeûnoit le mercredi , le vendredi & le samedi ; savoir , celui du printemps dans le carême , celui de l'été avant la Pentecôte , celui de l'automne au septiéme mois , & celui de l'hiver au dixiéme. On ne trouve point cet usage établi dans l'église grecque ; on lit seulement dans les constitutions apostoliques , qu'il y avoit une semaine de jeûne après la Pentecôte. L'observation du jeûne des quatre-temps a passé de l'église romaine dans les autres églises d'occident ; mais elle n'y a pas été toujours uniforme pour ce qui regarde le temps & les jours de jeûne. Le jeûne des quatre-temps du printemps s'observoit en la premiere semaine du mois de mars ; celui de l'été , en la seconde semaine du mois de juin ; celui de l'automne , en la troisiéme semaine du mois de septembre ; & celui d'hiver , en la quatriéme semaine du mois de décembre. Mais le pape Grégoire VII , vers la fin du XI siécle , ordonna que le jeûne de mars seroit observé en la premiere semaine du carême ; celui de juin , dans l'octave de la Pentecôte , ceux de septembre & de décembre demeurans aux jours qu'ils se faisoient auparavant. Il semble que dans le VII siécle , auquel vivoit S. Isidore , l'église d'Espagne ne connoissoit que deux des quatre temps , celui d'après la Pentecôte , & celui du mois de septembre. Le concile de Mayence , que Charlemagne fit assembler en 813 , parle des quatre-temps comme d'un établissement nouveau qui se faisoit en France , à l'imitation de l'église de Rome. Les jeûnes des quatre-temps n'ont pas été institués seulement pour consacrer à Dieu les quatre parties de l'année , par la mortification & la pénitence ,

comme dit S. Léon , & pour obtenir la bénédiction de Dieu dans ces quatre saisons ; mais aussi pour implorer la grace du S. Esprit dans les ordinations des prêtres & des diacres , qui se faisoient le samedi des quatre-temps , comme on voit dans l'épître 9 du pape Gélase ; vers la fin du V siécle. * Le pere Thomassin , *traité historique & dogmatique des jeûnes de l'église.*

QUATREMAIRES (D. Robert) de Courseraux au diocèse de Sées en Normandie , a fait profession de la régle de S. Benoît dans la congrégation de S. Maur , le 7 avril 1630. Il étoit né en 1611. Il n'a presque travaillé que pour ce qu'il prétendoit intéresser la gloire de son ordre. C'est par cette raison qu'il est entré dans la contestation qui partageoit alors plusieurs écrivains sur l'auteur du livre de l'Imitation , qui fut beaucoup plus sérieuse & plus longue que le sujet ne le demandoit. Les uns donnoient l'Imitation à Thomas à Kempis , comme le P. Fronteau , chanoine régulier de sainte Geneviéve ; les autres à Gerson ou Gessen , abbé de Verceil , de l'ordre de S. Benoît , comme le P. Quatremaires , qui écrivit sur ce sujet contre le P. Fronteau. L'ouvrage qui parut en 1649 , sous ce titre : *Joannes Gerson Vercellensis , ordin. S. Bened. abbas. libror. de Imit. Christi , contra Thom. à Kempis vindicatum Joann. Fronteai canon. regul. ordin. S. August. auctor assertus.* Le P. Fronteau ayant répondu , le P. Quatremaires fit l'année suivante la réplique intitulée : *Joannis Gerson iterum assertus contra refutationem Joan. Fronteau.* Gabriel Naudé , piqué au vif de ce qui étoit dit contre lui dans ces ouvrages , présenta requête au prévôt de Paris , ou à son lieutenant civil , le 17 août 1650 , par laquelle il demandoit qu'il lui fût permis de faire saisir les exemplaires de ces livres , ce qui lui fut accordé , & ce qui fut réellement exécuté. Il y eut défense à Billaine , libraire , de vendre & distribuer ces écrits. Les Bénédictins se pourvurent contre Naudé , & après plusieurs incidens , les peres Roussel & Quatremaires firent paroître un *Factum* , la congrégation des Bénédictins intervenant contre Naudé. Les chanoines réguliers de sainte Geneviéve intervinrent aussi dans l'affaire , & demanderent que tous les écrits en faveur de Gerson demeurassent supprimés. On vit alors les écrits se multiplier de part & d'autre , & l'affaire toujours traîner en longueur. Le P. Quatremaires n'en vit point la fin : il mourut dans l'abbaye de Ferrieres en Bourgogne , le 7 juillet 1671 , âgé de 59 ans. Ses autres ouvrages sont : *Privilegium San-Germanense propugnatum contra Joann. Launoii inquisitionem , in-8°* , sous le nom du P. Quatremaires , sans avertir que c'étoit une traduction. En 1659 , ce dernier publia une semblable dissertation pour autoriser de pareils droits de l'abbaye de S. Médard de Soissons. Elle est dédiée au cardinal Mazarin. En 1663 , il publia une nouvelle dissertation aussi latine , où il prétend démontrer qu'il ne s'est jamais tenu de concile à Reims pour terminer le différend de Godefroi , évêque d'Amiens , avec les religieux de S. Valeri , dont il étoit abbé ; c'est un *in-8°* , qui a été imprimé à Paris chez Billaine. Le 28 janvier de la même année , il publia une prose carrée sur la mort de la reine Anne d'Autriche. On a encore de lui une requête en françois , présentée au clergé , pour la fête de saint Michel , & le pélerinage du Mont-Saint-Michel. Dom le Cerf , dans la *Bibliotheque historique & critique des auteurs de la congrégation de S. Maur* , dit qu'on lui attribue encore le recueil de plusieurs auteurs du IX siécle sur la grace & la prédestination , sous le titre de *Vete-*

rum auct. qui IX fæc. de grat. & prædeft. fcripferunt, opera & fragmenta, & qui a paru en 1650, fous le nom de *Gilbert Mauguin*, préfident en la cour des monnoies, en deux volumes *in-4°*, dont le premier contient les auteurs ; & le deuxieme une hiftoire de la controverfe de Gothefcalque, une differtation très-étendue fur le même fujet, & une réponfe au P. Sirmond, Jéfuite, fur l'héréfie prédeftinatienne ; mais M. l'abbé d'Olivet de l'académie françoife, donne ce deuxiéme volume à l'abbé de Bourzeis de la même académie, dans la *continuation de l'hiftoire* de cette académie, *pag. 390, in-12.* On trouve encore du P. Quatremaires un éloge funébre en profe carrée du célébre Jérôme Bignon, avocat général : c'eft la derniere piéce du recueil intitulé : *Lacryma in luctuofo funere Hieron. Bignonii*, &c. Dom le Cerf n'a point parlé de cette piéce. * *Voyez* outre les écrits cités dans cet article, entr'autres, la *Bibl.* de Dom le Cerf ; l'*hift. de la conteftation au fujet de l'auteur du livre de l'Imitation*, par Dom Thuillier, au commencement du t. I des *Œuvres pofthumes* du P. Mabillon & du P. Ruinart.

QUATTROMANI (Sertorio) Napolitain, né à Cofence vers l'an 1541, d'une famille illuftre, s'eft diftingué dans le XVI fiécle par fa littérature, & furtout par fon gout pour la poéfie ; mais il a gâté ces belles qualités par fon orgueil infupportable & par fon efprit vindicatif, qui lui a fouvent fait oublier ce que la raifon demande d'un chrétien, & ce que la raifon même exige d'un homme. Etant à Rome en 1561, il y connut les bons auteurs : il s'y lia avec les favans, & s'introduifit par le moyen de Paul Manuce, dans la bibliothéque du Vatican, où il lut avec attention les poëtes Grecs, & même les anciens Provençaux, Siciliens & Tofcans, dont il faifoit peut-être plus de cas que ces auteurs n'en méritent en effet. En 1588, il entra au fervice de Ferrante Carafa, duc de Nocera, qui aimoit les gens de lettres ; & il lui dédia en 1589 un abrégé de la philofophie de Bernardin Telefio, qui eft affez peu lu aujourd'hui. Il demeura au fervice de ce duc jufqu'à ce que la mort fe lui eût enlevé en 1593. Obligé enfuite de chercher de quoi fubfifter, il accepta les offres du prince de *Stigliano*, feigneur de *Sabionetta*, de la maifon de Carafa, auprès duquel il eut beaucoup de crédit pendant quelque temps ; mais que la jaloufie, dit-on, & les rapports des courtifans lui ôterent dans la fuite ; ce qui obligea Quattromani à fe retirer en 1597. Il paffa l'année 1598, partie à Cofence, & partie à Naples ; & il acquit la même année l'eftime du prince *della Scalea* & de la maifon Spinelli, qu'il perdit en 1600. Cette perte lui fit beaucoup de peine, & depuis ce temps-là il vécut en homme privé, foit à Cofence, foit dans la Calabre. Il vivoit encore à Cofence le 28 mai 1603, comme on le voit par la date de la derniere de fes lettres, & il étoit mort furement avant 1616, puifque Charles Tramontano, dans fon épître dédicatoire des œuvres d'Horace Marta, imprimées cette année, en parle comme d'un homme mort depuis quelques années. Outre fon abrégé italien de la philofophie de Bernardino Telefio, imprimé à Naples en 1589, *in-8°*, fous un nom fuppofé, on a encore de lui : *Iftoria del gran Capitano, fcritta da monfignor Cantalicio, vefcovo di civitta di Penna, tradotta in lingua volgare*, en 1595, *in-4°*, à Cofence, fous le nom de *Incognito academico Cofentio*, & à Naples en 1607, *in-4°*, fous fon vrai nom. *Spofizione delle rime di monfignor della Cafa*, imprimée avec les œuvres d'Horace Marta, à Naples en 1616, *in-4°*, & dans une édition des poéfies *della Cafa*, à Naples en 1694, *in 4°*. Ses lettres italiennes en deux livres, avec le quatrième livre de l'Enéide de Virgile, traduit en italien, à Naples en 1624, *in-8°*. On a réimprimé l'un & l'autre à Naples en 1714, *in-8°*, avec les piéces fuivantes : *Trattato della metaphora, Paraphrafi tofcana della poëtica d'Orazio, Traduzione della medezima poëtica in verfo tofcano. Alcune anno-*

tazioni fopra di effa. Alcune poéfie tofcane e latine. Matthieu Egizio a eu foin de cette édition, à laquelle il a joint la vie de l'auteur. * *Voyez* cette vie, & ce qu'en dit le P. Niceron, Barnabite, dans le tome XI de fes *Mémoires pour fervir à l'hiftoire des hommes illuftres dans la république des Lettres.*

QUEBEC, ville capitale de la nouvelle France, fur le fleuve Saint-Laurent, à 20 lieues de la mer, par les 46 dégrés 57 minutes de latitude de nord. Elle eft bâtie dans une équiere formée par le fleuve & la petite riviere de Saint-Charles, qui vient du nord ; & à l'oueft, ou plutôt au fud-oueft, elle eft bordée par un cap fort élevé qu'on appelle *le cap aux diamans*, parcequ'on y trouve quelques diamans plus beaux que ceux d'Alençon. Sa rade eft belle & fpacieufe, fermée à l'eft & au nord-eft par l'ifle d'Orléans, & les plus gros vaiffeaux y peuvent venir. Québec fut érigée en évêché par le pape Clément X en 1614. Il n'eft fuffragant d'aucun archevêché ; mais eft foumis immédiatement au pape. L'abbaye de Bénévent, diocèfe de Limoges, ordre de S. Antoine, & celle de l'Eftrée, diocèfe d'Evreux, ordre de Cîteaux, font unies à cet évêché, dont le revenu eft d'environ douze mille livres. Il y a à Québec haute & baffe ville. Il n'y a d'édifice public dans la baffe ville qu'une églife dédiée à Notre-Dame de la Victoire ; c'eft un vœu pour la levée du fiége que les Anglois avoient fait de Québec en 1690. Cette églife fert de fuccurfale. La plupart des maifons font affez belles, & c'eft le quartier de prefque tous les marchands & artifans. La haute ville n'eft pas moins bien bâtie ; mais les chemins de l'une à l'autre font bordés de maifons, dont la plupart appartiennent à de pauvres gens, & ne font pas fi jolies. La cathédrale, qui fert auffi de paroiffe, n'eft pas un bel édifice ; le palais épifcopal, qui eft bâti réguliérement & commodément ; le féminaire qui a été brulé fix fois, & n'eft pas encore tout-à-fait réparé ; le fort où demeure le gouverneur général, & qui eft fort beau ; les Récollets, qui ont une très-belle églife, avec un monaftere qui ne dépareroit pas nos meilleures villes ; les Urfulines, qui, après deux incendies, fe font rebâties mieux qu'elles n'avoient jamais été ; les Jéfuites, qui font encore dans la premiere maifon qu'ils aient eue dans le pays, laquelle n'a ni grace, ni commodité, ni folidité, avec une églife qui eft fort jolie & très-bien ornée en-dedans ; tout cela eft dans la haute ville. Le fort, par le moyen d'une magnifique galerie qui régne tout le long des bâtimens, domine la rade & la baffe ville, auffi-bien que l'évêché & le féminaire. La cathédrale eft un peu avancée vers le milieu ; les Récollets, les Urfulines & les Jéfuites font derriere. L'Hôtel-Dieu, defervi par des religieufes Hofpitalieres, eft au milieu du chemin par où l'on defcend à la petite riviere. Leur maifon n'eft pas achevée ; mais fa fituation eft charmante. Et plus loin, tout au bas, affez près des bords mêmes de la petite riviere, eft le palais où demeure l'intendant, & où s'affemble le confeil ; c'eft un bâtiment neuf, bâti à la moderne, & d'un très-bon gout. Mais tout ce qui eft dans l'enceinte de la ville n'approche point de l'hôpital général, bâti à un petit quart de lieue de-là dans un terrein affez bas & marécageux ; mais dans une très-heureufe fituation, fur les bords de la petite riviere, qu'il enfile jufqu'à fa décharge dans le fleuve. C'eft M. de Saint-Valier, qui tenoit le fiége épifcopal, qui a bâti cet hôpital, où il demeuroit, & auquel rien ne manque pour l'agrément & la commodité. Il y mit des religieufes, qu'il avoit fondées, auffi-bien que les bâtimens & les pauvres. Ce prélat a été le fecond évêque de Québec, & avoit fuccédé à François de Laval, mort en odeur de fainteté en 1708, 25 ans avant s'être démis de fon évêché. Québec a un état major, un confeil fupérieur, une jurifdiction fubalterne, un collége de Jéfuites, & un bon nombre de marchands établis. Sa fituation, la rend forte ; on n'a pas laiffé de commencer à la fortifier réguliérement ; mais depuis 40 ans on n'a fait que bâtir & démolir , & il n'y a encore rien de fort avancé. Cette ville doit fa fondation à Samuel de Champlain, qui en a été le premier gouverneur , & qui y fit le premier établiffement en 1608 , & fon nom à un mot fauvage, qui fignifie retréciffement, parceque le fleuve , qui , depuis la mer jufque-là a plufieurs lieues de large, n'a pas une demi-lieue avant Québec. Cette ville fut prife en 1629 , par les Anglois, qui fe rendirent maîtres de tout le pays. Ils la reftituerent à la France en 1632 , & depuis ce temps-là ils n'ont fait que des tentatives inutiles pour s'en emparer. * Voyage de Champlain ; Relations de Canada ; Journal d'un voyage dans l'Amérique par le P. de Charlevoix.

QUECCIUS (George) fils d'un pere du même nom & furnom , qui étoit profeffeur public en philofophie dans l'académie d'Altorf, naquit à Altorf même en 1596 , & y prit le dégré de maître en philofophie. Il obtint celui de docteur en médecine à Bafle, en 1620 ; & étant revenu peu après , il fut reçu dans le collège des médecins de Nuremberg, & y pratiqua la médecine avec beaucoup de réputation & de fuccès. Il fut premier médecin de l'hôpital du S. Efprit au même lieu, pendant 10 ans. Il mourut à Nuremberg d'une dyfenterie épidémique maligne, en 1632 , n'ayant encore que 36 ans. On a de lui une anatomie philofophique en latin , contenant des difcours fur la nobleffe & les avantages de l'homme, contre ceux qui rabaiffent trop , felon lui , la condition humaine. On n'a que la premiere partie de cet ouvrage, qui a été imprimée à Nuremberg en 1632, in-4° , & à Léipfick en 1654 , auffi in-4°. * M. Manget parle avec éloge de ce médecin dans fa Bibliotheca fcriptorum medicorum veterum ac recentiorum , lib. XVI , pag. 556.

☞ QUEDA, royaume d'Afie, dans la prefqu'ifle au-delà du Gange , à l'orient de l'entrée feptentrionale du détroit de Malaca. Il a le royaume de Ligor au nord ; celui de Patane à l'orient; celui de Pera au midi , & le détroit au couchant. Sa capitale porte le même nom ; elle a fept ou huit mille habitans. Le roi eft tributaire du roi de Siam. Les habitans font Malais , & fuivent tous la fecte mahométane des Turcs & des Mogols. Il y a dans le pays plufieurs familles venues de la côte de Coromandel. On y trouve auffi quelques Chinois qui y font venus de Siam par terre. Le royaume n'eft pas peuplé , & on n'y compte guère plus de vingt mille habitans. Il eft plein de grandes forêts. Le roi ne leve aucun tribut fur fes fujets. Il a des mines d'un étain qui eft auffi blanc que celui d'Angleterre, mais qui n'en a pas la folidité. On l'appelle Calin aux Indes. Les marchands de Surate viennent à Quéda, y chercher de l'étain. Ceux de la côte de Coromandel y portent des toiles de coton, & en rapportent de l'étain, de l'or en poudre , & des éléphans. * La Martiniere , dict. géogr. Voyez une lettre du P. Taillandier , miffionaire Jéfuite , écrite le 20 janvier 1711 , & imprimée au tome XI des Lettres édifiantes , pag. 92.

QUEDELINBURG, ville de Saxe, près d'Halberftad , avec une célèbre abbaye de dames , autrefois religieufes de l'ordre de S. Benoît , & préfentement chanoineffes féculieres de la confeffion d'Augsbourg. Cette abbaye fut fondée l'an 930, par Henri l'Oifeleur , roi de Germanie , & la reine Mathilde , fa femme, qui y choifirent leur fépulture. L'abbeffe eft princeffe immédiate de l'Empire , du cercle de la haute Saxe : elle envoie fes députés aux diétes ; & pour fon contingent elle fournit un cavalier & dix fantaffins. Ce fut en 1539 que l'héréfie y fut introduite par l'abbeffe , qui s'appelloit Anne de Stolberg. La ville étoit autrefois libre & impériale; mais en 1477, l'abbeffe, avec qui le magiftrat s'étoit brouillé , ayant appellé à fon fecours Erneft , électeur de Saxe , fon frere , ce prince s'en rendit maître ; & depuis ce temps les électeurs jouiffent de la fupériorité dans la ville & dans le territoire, où l'abbeffe n'a que la baffe juftice. * Mabillon, annal. Bened. tome III. Audifret, géogr. tome III.

CONCILE DE QUEDELINBURG.

Herman le Lorrain , que les partifans du pape Grégoire VII avoient élu roi des Romains, pour l'oppofer à l'empereur Henri IV, paffa les fêtes de Paque de l'an 1085 à Quédelinburg , & y fit tenir un concile en préfence du légat du faint fiége. On y prononça anathême contre l'anti-pape Guibert , contre les hérétiques Henriciens , & contre les autres hérétiques & fchifmatiques. Henri , fils du même empereur Henri, tint une autre affemblée à Quédelinburg en 1103. D'autres veulent que ç'ait été à Northaufen en Thuringe. Il eft conftant du moins que le prince Henri s'étoit déja révolté contre fon pere , & que dans cette affemblée Gebhard , évêque de Conftance , lui en donna l'abfolution de la part du pape. On y fit auffi des réglémens pour la réforme des mœurs , & contre l'incontinence des clercs. * Confultez Othon de Frifinghen , l'abbé d'Ufperg , Trithême, &c.

QUEDENAU, village de la Sambia , l'une des douze anciennes parties de la Pruffe Il y a une églife bâtie en l'honneur de S. Jacques , fort célèbre par les vœux que les gens de mer faifoient à cet apôtre dans les dangers de la navigation, & par les dons qu'ils y apportoient. * Hartknoch, in differt. 14 de orig. relig. chrift. in Pruffia.

QUEENBOROUG, cherchez QUINBOROUGH.

QUEENSCOUNTI ou COMTÉ DE LA REINE, province de l'Irlande en Lagénie, avec titre de comté , a pour capitale Queenftown. Ce nom , qui fignifie Comté de la Reine , lui a été donné en l'honneur de Marie, reine d'Angleterre. * Cambden. Sanfon.

QUEICHEU, grande province de la Chine, dans un pays de montagnes , renferme huit grandes villes, qui font Queyang, Sucheu , Sunan , Tunggin, Cinyung , Xecien, Liping & Tucho ; & ces villes en ont foixante & quinze de moindres fous elles. * Martin Martini , Atl. Sinic.

QUEICHEU, ville de la Chine, dans la province de Suchuen , fur le fleuve Kiang , eft capitale de douze autres villes. * Martini.

QUEITE , ville de la Chine. C'eft la feconde de la province d'Honan , & elle a huit autres villes fous fa jurifdiction. * Mati, dictionaire.

QUEIXOME, ifle de l'Afie. Elle eft fituée proche de la terre ferme de la Perfe, dont elle eft féparée par un bras de mer, qui a trois lieues en fa plus grande largeur , & moins de demi-lieue en quelques endroits. Cette ifle que ceux du pays appellent Broché , & quelques auteurs Quixume , eft environ à trois lieues d'Ormus. Sa longueur eft de vingt-cinq à trente lieues , & fa largeur à peu près de trois. Il y a deux villes principales, dont l'une s'appelle Arbez , & l'autre Homéal, Les autres lieux font Lapht , port de cette ifle, de même que Darbagon, proche de Lapht , &c. Les Portugais s'en étant rendu les maîtres vers l'an 1623 , y bâtirent une forvereffe , qui fut eftimée une des meilleures du Levant. * Voyez Davity , defcription du royaume d'Ormus. Thomas Corneille , dictionaire géographique.

☞ QUELEN, maifon auffi ancienne qu'illuftre de la province de Bretagne, connue fous le nom de la VAUGUYON, depuis NICOLAS de Quelen, fubftitué aux noms & armes de Stuer & de Cauffade , par le comte de la Vaguyon fon grand-pere maternel , comme nous le dirons dans la fuite de cette généalogie , & à l'article STUER.

Le duc de la Vauguyon & fon fils unique font actuellement (1759) les feuls du nom de Quelen en haute Bretagne. Ils le doivent à l'ancienne châtellenie de Quelen , fituée dans l'enceinte de la vicomté de Porhoët , & qualifiée dans la plus haute antiquité Juvegneurie de cette vicomté, depuis comté. On fait qu'en Bretagne , le terme de Juvegneurie a la même fignification que celui de Parage en d'autres provinces. La maifon de Quelen, reconnue dans tous les temps pour l'une des plus anciennes & des plus nobles chevaleries & banières de la province de Bretagne, se trouve donc incontestablement *vicomtale* & de *haute baronie* dans son origine primordiale; conséquemment la terre de Quelen, quoique simple châtellenie, mais la première & la plus ancienne du comté de Porhoët, a été, de tout temps, décorée de tous les droits qui n'appartenoient anciennement qu'aux seules vicomtés.

Un titre original du 10 avril 1461 après Pâque, attribue aux seigneurs de Quelen le droit que les jurisconsultes appellent en latin *Firmam justitiam:* droit qui consistoit dans la faculté de faire exécuter à main armée les jugemens que les officiers de justice avoient rendus, & qui étoit affecté en Bretagne aux seuls vicomtes & hauts barons. D'autres actes ajoutent encore à ce même droit, celui d'avoir, pour signe de la haute justice attachée à la seigneurie de Quelen, des fourches patibulaires à quatre piliers : autre prérogative purement vicomtale. Enfin, l'espèce de partage par usufruit pour les cadets, que l'on appelle en Bretagne *le partage selon l'assise du comte Geoffroy,* se trouve établie dans la maison de Quelen, aussitôt qu'elle est connue ; & l'on voit par le texte même de l'*assise,* ou ordonnance du comte Geoffroy, que, lorsque ce comte, qui étoit fils de Henri II, roi d'Angleterre, établit cette forme de partage sur la demande des états de la province en 1185, l'usage n'en fut accordé qu'aux barons & autres seigneurs de la plus haute noblesse.

A une si illustre origine, se trouvent réunies toutes les marques de grandeur qui distinguent les plus anciennes familles. La maison de Quelen a eu de toute ancienneté son cri de guerre, sa devise; portoit ses armes en banière avec des supports; autorisoit les contrats de son sceau; & portoit le heaume de son casque couronné d'une couronne de fleurs de lys, distinction prouvée par les titres les plus anciens & les plus autentiques. Dans une sentence du sénéchal de Ploërmel du 2 juin 1502, la maison de Quelen y est dite *grande & antique maison,* *d'ancienne chevalerie, du lignage & parenté des barons de Malestroit, vicomtes de la Bellière.* Dans un acte de 1420, le fils d'Hervé de Quelen est dit *nobilis,* *nobilissimus, ex nobili stipite militum, baronum & clarissimorum virorum procreatus.*

Un très-grand nombre de fondations considérables, faites par les seigneurs du nom de Quelen, montre également leur piété & l'ancien lustre de leur maison ; entr'autres celle du prieuré de S. Mandé, conjointement avec les vicomtes de Rohan ; celle du prieuré de la Croix-Héléan & de Locmaria ; celle de la maison des Dames du Père Eternel à Vannes, où l'on ne reçoit que des filles qui font preuve de noblesse, & où le chef du nom de Quelen a droit de nommer cinq places de religieuses *gratis* ; enfin celle du couvent des Pères du tiers-ordre de S. François de la ville de Tonneins en Agénois.

Le premier seigneur de la châtellenie de Quelen en haute Bretagne, sur qui l'on ait des notions certaines, est JEAN DE QUELEN, que l'on connoît par un acte original du 2 février 1277, c'est-à-dire, 1278. Il est qualifié *monseigneur Jean de Quelen* dans ce même acte.

Immédiatement après ce Jean de Quelen, la maison fut divisée par deux freres, dont le cadet fut le treizième aïeul du duc de la Vauguyon. L'aîné laissa aussi deux fils, qui exercerent entr'eux le partage selon l'assise du comte Geoffroy ; mais de ces deux fils, le deuxième mourut sans postérité ; & le premier ne laissa qu'une fille nommée CONSTANCE de Quelen, qui porta pour dot le premier domaine patrimonial de la maison à son mari OLIVIER, seigneur de Liniac, chevalier, d'une naissance distinguée dans la province. Elle en étoit veuve en novembre 1365, lorsqu'elle testa ; & de cette alliance n'étoit pareillement sortie qu'une fille, mariée à GUILLAUME COUPU, seigneur de la Coupuaye, par qui le sang de Constance de Quelen passa successivement de fille en fille dans les maisons de Dinan, de

Malestroit, de Châteaubriand, dans celles de du Chastel, de Montejan & de Tillières, & par cette derniere maison dans celle de Salm, & dans la branche ducale de Lorraine ; tandis que le nom de *Quelen* étoit perpétué dans la branche qu'avoit formée l'oncle de la même Constance de Quelen. Celui qui, de son temps, étoit devenu le chef de la maison, fut EON *de Quelen,* fils de cet oncle, qu'elle rappelle dans son testament, & qui a été le dixième aïeul du duc de la Vauguyon. C'est de sa seule postérité que nous allons donner la déduction généalogique.

Il est nécessaire de remarquer, qu'il y a en basse Bretagne une autre maison de Quelen, qui a possédé avant le XIII siécle une châtellenie de ce nom, située dans la paroisse de Duault, au diocèse de Quimper, qui porte pour armes, *Burellé d'argent & de gueules de dix pièces,* fort différente de celles que Quelen de la haute Bretagne ; mais qui ne paroît pas pour cela avoir eu originairement une autre source. Quelques auteurs ont même prétendu que celle-ci n'étoit qu'une branche cadette de l'autre ; mais dès qu'il est prouvé que la terre qui a donné le nom à la maison de Quelen en haute Bretagne, est originairement une *juvegneurie* de Porhoët, elle ne peut être sortie d'une autre terre, ni d'une autre famille ; & il est plus vraisemblable qu'un de ses cadets a porté son nom dans la basse Bretagne, d'autant que le vrai nom de la terre située dans cette partie de la province est *Duault Quelen,* & qu'il y a eu en basse Bretagne une ancienne maison de Duault, qui a possédé cette terre, & dont il existoit encore quelques cadets au commencement du XIV siécle. Au reste, les seigneurs de Quelen en basse Bretagne, connus sous le titre de *sires de Quelen,* ont été illustres par le rang qu'ils ont toujours tenu dans la province, par leurs hautes alliances & la possession de plusieurs grandes & belles seigneuries. Ils sont fondateurs du couvent des Grands-Augustins de Carhaix, des paroisses de Duault, de Lockarn & de S. Servais.

Le voyer de la ville de Carhaix doit, chaque année, entre Noël & le Carême, régaler le sire de Quelen & vingt-quatre chevaliers de sa suite ; le servir à quatre services ; &, les tables levées, lui donner le bassin & la serviette ; & le conduire avec torches de cire allumées. On va rapporter succinctement quelques-unes des principales alliances des sires de Quelen.

YVON, sire de Quelen, épousa l'an 1132, *Jeanne du Perrier,* fille du sire du Perrier, duquel sortit *Jeanne du Perrier,* comtesse de Quintin, mere de GUY XIV, comte de Laval.

EON, sire de Quelen, épousa *Catherine* de Quintin, fille de *Geoffroy,* dit *le beau comte Quintin,* frere de *Henri,* comte de Penthiévre, duc de Bretagne, tous deux fils d'*Alain,* comte ou duc de Bretagne & de Penthiévre, & d'*Alix,* fille d'*Alfonse,* roi d'Aragon, & de *Sanche* de Castille, fille d'*Alfonse VIII,* roi de Castille, dit *Empereur des Espagnes ;* & de *Riche* de Pologne.

CONAN, sire de Quelen, épousa la fille aînée du vicomte de Coëtmen, prince du sang de Bretagne.

OLIVIER, sire de Quelen, épousa *Jeanne* de Penhouet, sœur du sire de Penhouet, duquel étoit issue *Françoise* de Penhouet, vicomtesse de Fronsac, épouse de *Pierre* de Rohan, sire de Gié, maréchal de France.

CONAN, sire de Quelen, s'allia à *Françoise* de Rostrenen, fille du baron de Rostrenen, baron de Bretagne, & tante de *Jeanne* de Rostrenen, mariée à *Alain VII,* vicomte de Rohan.

YVON, sire de Quelen, baron de Vieux-Chastel, s'allia à MAHAULT DU CHASTEL, sœur de *Tanneguy* du Châtel, grand-maître de France, tante de *Guillaume* du Châtel, enterré dans le tombeau des rois à S. Denys ; & de *Tanneguy* du Châtel, grand écuyer de France, enterré par ordre du roi Louis XI à Notre-Dame de Cléry.

Deux branches aînées de cette maison se sont fondues successivement dans celles de LANNION, de CARÇADO,

& de Bréhan-Plélo, qui en poſſedent encore les terres. Il n'en reſte que quelques branches cadettes, dont le chef eſt, Maurille-Louis de Quelen, ſeigneur de la Ville-Chevalier, au diocèſe de Tréguier, aujourd'hui procureur général, ſyndic de la nobleſſe des états de Bretagne, & connu ſous le nom de *comte de Quelen*.

I. Jean de Quelen, qui vivoit en 1240, eſt, comme nous l'avons dit plus haut, le premier ſeigneur de la châtellenie de Quelen, ſur lequel on ait des notions certaines. Il eſt qualifié *monſeigneur Jean de Quelen*, dans un acte original du 2 février 1277 avant Pâque. Depuis cette époque, la filiation commence à ſe ſuivre de dégré en dégré juſqu'au duc de la Vauguyon.

II. Eudon de Quelen, fils puîné du précédent, eſt mentionné dans une vente faite au vicomte de Rohan, par Guillaume du Châtel l'an 1282. Il fut partagé d'abord à *viage*, ſelon l'aſſiſe du comte Geoffroy ; & obtint enſuite à héritage du ſeigneur de Quelen ſon aîné, & à titre de *juvegneurie*, les fiefs de la Villegourdan & de Hurtecueil, membres de la châtellenie de Quelen, & poſſédés encore par ſa poſtérité. Le nom de ſa femme eſt ignoré. Il eut pour fils Eon de Quelen, qui ſuit.

III. Eon de Quelen, ſeigneur de la Villegourdan & de Hurtecueil, rappellé dans le teſtament, de l'an 1365, de *Conſtance* de Quelen, dame de la châtellenie de Quelen, & unique héritière de la branche aînée de cette maiſon. Il fut chevalier & gouverneur pour le comte d'Alençon des ville & fortereſſe de Joſſelin. Il répara les déſavantages de la juvegneurie de ſon pere, en épouſant *Peronne* Herbault, dame du Broutay, ſeule & unique héritière de cette très-noble & riche maiſon ; elle paroît avec lui dans un acte original de 1360. Eon de Quelen ne vivoit plus en 1367. Ses enfans furent 1. Jean de Quelen, qui ſuit. 2. *Amicie* de Quelen, morte ſans alliance. 3. *Iſabelle* de Quelen, morte également ſans alliance. 4. *Thomas* de Quelen, capitaine d'une compagnie d'hommes d'armes, dans laquelle ſervoient Colin de Beauvilliers, & Jean le Véneur, écuyers d'illuſtre naiſſance. Il en fit montre à Méun ſur Loire, les 26 & 28 mai 1380. Il donna quittance de 165 liv. pour les gages à lui dus par le roi Charles V. Cette quittance eſt ſcellée de ſon ſceau, armorié de *trois feuilles de houx* ; ſon caſque ſurmonté d'une couronne de *fleurs de lys*.

IV. Jean de Quelen, I du nom, ſeigneur du Broutay & de la Villegourdan, fut en 1379 député de la nobleſſe Bretonne, avec Etienne Gouyon de Matignon, ſire de Launay-Boſquien, maréchal de Bretagne, vers le duc Jean IV, comte de Montfort, qui s'étoit retiré en Angleterre, en conſéquence de la confiſcation que le roi Charles V avoit faite du duché de Bretagne, l'année précédente ; & ils le ramenerent dans ſes états. *Jean* de Quelen épouſa *Jeanne* le Vayer ou le Voyer, dame de la Villebouquais, laquelle paroît avec lui en différens actes des mois de février 1367, & ſeptembre 1371. Elle étoit veuve de *Jean*, ſeigneur de la Falaiſe, & fille de *Collin* le Vayer, ſeigneur de la Villebouquais, & de *Marguerite* du Cambout, du frere de laquelle ſont iſſus les ſeigneurs du Cambout, ducs de Coiſlin. Elle étoit iſſue par femmes, & par différens dégrés, des anciens ſouverains de Bretagne & du ſang des rois de la deuxiéme & troiſiéme race. Jean de Quelen eut de ſon mariage, 1. *Pierre* de Quelen, mort ſans alliance, avant ſon pere. 2. *Pierre*, dit Perrot de Quelen, ſeigneur de la Villequiniot ; il fut ſurnommé *Perrot*, pour le diſtinguer de ſon frere aîné. Olive de Quelen, ſa grand'tante à la mode de Bretagne, lui fit don de la ſeigneurie de la Villequiniot. Il mourut auſſi avant ſon pere, ſans alliance. 3. Jean de Quelen II, qui ſuit. 4. *Thomas* de Quelen, dit *Thomaſſet*, pour le différencier de ſon oncle. Il mourut auſſi ſans alliance & ſans poſtérité. 5. *Olive* de Quelen, épouſe de *Jean* de Carné, ſeigneur de Tréceſſon, petit-fils de *Catherine*, fille du ſei-

gneur de Montauban, puînée des vicomtes de Rohan. Cette Olive de Quelen fut mere de *Guillaume*, ſeigneur de Tréceſſon, grand chambellan de Bretagne. Dans l'induction de la nobleſſe de la maiſon de Tréceſſon, cette alliance & celle de Montauban y ſont remarquées comme des plus nobles & des plus relevées.

V. Jean de Quelen, II du nom, chevalier, ſeigneur du Broutay, de la Villegourdan, de la Villebouquais & de la Villequiniot, fut gouverneur des villes & châteaux de Joſſelin & de Derval, ſur la démiſſion de Jean Chandos, connétable d'Aquitaine, l'un des illuſtres de ſon temps. Il autoriſa de ſon ſceau un acte de 1436 : le caſque de l'écuſſon eſt ſurmonté d'une *couronne de fleurs de lys*. Il fut maintenu, par ſentence de l'an 1424, dans un droit appartenant aux ſeigneurs du Broutay, comme principaux fondateurs du prieuré de Locmaria près de Vannes. Il fit une fondation en faveur de l'égliſe du prieuré de la Croix-Héléan, ſituée dans la ſeigneurie du Broutay, & dans laquelle les ſeigneurs du Broutay ont leur ſépulture, comme fondateurs & ſeigneurs. En 1435, il fonda, conjointement avec le vicomte de Rohan, l'égliſe de S. Mandé, partie de laquelle eſt dans le fief de la ſeigneurie du Broutay. On voit encore dans cette égliſe les armes de ce ſeigneur : elles ſont en pierre, & placées du côté de l'épître. Dans le rôle des gentilshommes de Bretagne, qui fut fait en 1420, après qu'ils eurent juſtifié leur nobleſſe, dans la recherche que le duc en fit faire, *Jean* de Quelen eſt nommé immédiatement après le ſeigneur de Rohan & le ſire d'Avaugour, iſſu du ſang de Bretagne, entre les nobles de toute ancienneté du bailliage de Ploërmel. En 1436, Jean VI, duc de Bretagne, le choiſit pour dépoſitaire d'un riche dépôt en or & en pierreries, conjointement avec Olivier de Rohan, ſeigneur du Guédeliſſe, & Jacques, ſeigneur de Teureugranteuc, juſqu'à l'accompliſſement du mariage de la petite-fille & de la niéce de ce prince. Il rendit des ſervices conſidérables aux rois Charles V & Charles VI dans leurs armées. Il tranſigea en 1432, avec Jean Raguenel, vicomte de Dinan, & à cauſe de ſon épouſe, ſeigneur de Maleſtroit & de la châtellenie de Quelen, ſon couſin du quatriéme au cinquiéme dégré : lequel, en qualité de ſeigneur de la châtellenie de Quelen, lui céda la chapelle de Notre-Dame, ſituée dans l'égliſe paroiſſiale de Guegon, dans laquelle étoient enſevelis les anciens ſeigneurs de Quelen. Il épouſa *Marie* de Coesbic, ſœur de *Jean*, ſeigneur de Coesbic, gouverneur des ville & château de Joſſelin, d'une des plus nobles & des plus anciennes chevaleries de Bretagne. De cette alliance ſortirent, 1. Olivier de Quelen, ſeigneur du Broutay, de la Villegourdan & de la Villebouquais, chevalier, en 1440, de l'ordre d'Orléans dit *du Camail* ou *du Porc-Epic*, auquel il falloit faire preuve de nobleſſe de nom & d'armes, & de quatre générations ; chevalier de l'Hermine, ordre du duc de Bretagne, grand-chambellan, grand-maître de l'artillerie & des arbalêtriers, capitaine général des francs-archers & élus de Bretagne, conſeiller & miniſtre d'état des ducs Pierre II, Artus III, & François II, ſecond duc de Bretagne ; premier écuyer & général des armées du duc Pierre II ; ambaſſadeur en Navarre ; gouverneur des ville & château de Ploërmel, de la Chèze & des villes & évêchés de Dôle & de S. Malo ; nommé commiſſaire, conjointement avec les barons de Rets, de Derval & de Maleſtroit, pour la montre des nobles du pays de Bretagne. Sous les ordres directs du fameux comte de Richemont, connétable de France, & frere du duc de Bretagne, il rendit d'importans ſervices au roi Charles VII contre les Anglois ; & il ſe trouva, en 1436, 1437, 1438 & 1439, aux ſiéges & priſes de Creil, Beauvoir, Bois-Malherbe, Château-Landon, Bray-ſur-Seine. Attaché, dès ſa première jeuneſſe, à Pierre de Bretagne, comte de Guingamp, dans la ſuite duc de Bretagne, il le ſuivit à ſon voyage à la cour de Philippe *le Bon*, duc de Bourgogne, &

étant

étant à S. Omer en 1440, il se trouva à la solemnité des nôces de Marie de Clèves, niéce de ce duc, avec le duc d'Orléans, petit-fils de France, & pere de Louis XII. Le duc d'Orléans l'honora de son ordre du Porc-épic dans cette occasion solemnelle, & il fut admis le premier entre tous les seigneurs Bretons de la suite du comte de Guingamp, qui partagerent avec lui cette glorieuse distinction. En 1441, le duc Jean VI lui donna l'amende due par Yvon du Liscouët, secrétaire de ce duc. Toujours sous les ordres du comte de Richemont, s'étant rendu à Gore près de Toulouse en 1442, il se trouva au Mont de Marsan à l'arrivée du roi, & aux siéges de S. Séver & de Dax, comme aussi à la solemnité des nôces du comte de Richemont avec la fille du sire d'Albret, qui se fit à Nérac en 1443. Il fut du nombre des capitaines que Charles VII donna à Louis Dauphin son fils, depuis roi Louis XI, pour aller faire la guerre au comte d'Armagnac. Le seigneur du Broutay se signala plus qu'aucun autre aux siége & prise de l'Isle-Jourdain, l'une des plus fortes places de France, résidence du comte d'Armagnac, & dans laquelle ce prince fut fait prisonnier; aussi il obtint la meilleure part du butin qui s'y fit. Le duc de Bretagne, voulant venger la mort du prince Gilles de Bretagne son frere, nomma le seigneur du Broutay général de l'armée qu'il envoya en France, pour assiéger ceux qui en étoient complices, dans les places que Charles VII leur avoit données pour retraite. Il traversa presque toute la France, assiégea le fort château de Marcouilis près Paris, s'en rendit maître, se saisit des criminels qui y étoient réfugiés, & les emmena en Bretagne. En 1477, le duc lui donna la confiscation des biens de Jean, seigneur de Lembilly, & de Guillaume de Castel, auxquels il les remit généreusement. Il est dit, dans une enquête judiciaire de l'an 1503, qu'il étoit *craint, bien noté, & réputé pour l'un des preux & hardis chevaliers de son temps, & de la maison du roi Louis XI.* 2. *Alain* de Quelen, prêtre, chanoine de Guérande, conseiller, ministre d'état du duc de Bretagne, grand aumônier des deux dernieres duchesses, & leur exécuteur testamentaire. 3. *Jean* de Quelen, III du nom, qui suit. 4. *Alain* de Quelen, religieux, prieur de la Croix Loca & de Mohon. 5. *Olive* de Quelen, abbesse de l'abbaye ducale de S. Georges de Rennes, premiere abbaye de Bretagne, où l'on n'est reçu qu'après avoir fait preuve de noblesse: elle fut abbesse l'an 1475. 6. *Jeanne* de Quelen, mariée en 1444, à *Jean*, seigneur du CAMBOUT, de laquelle sont issus les ducs de Coislin, & par femmes, les comtes d'Harcourt & d'Armagnac, princes de la maison de Lorraine. 7. *Louise* de Quelen, femme de *Jean* Hidoux, seigneur du Régnon. 8. *Catherine* de Quelen, femme de *Guillaume* de Coetlogon, seigneur de Lezoner, des seigneurs, comtes & marquis de Coetlogon.

VI. JEAN de Quelen, III du nom, chevalier, seigneur du Broutay, de la Villegourdan & de la Villebouquais, gouverneur de Ploërmel, capitaine général des chasses, & premier écuyer d'honneur du duc de Bretagne. Jean de Rohan & François de Malestroit ne sont nommés à la même charge d'écuyer d'honneur du même prince, qu'après ce seigneur du Broutay. Il suivit le duc de Bretagne, l'an 1465, à la guerre du bien public; & en 1466, à la bataille de Montlhéri, après laquelle le comte d'Armagnac lui fit don des pierreries prises à l'Isle-Jourdain sur le comte son pere, par le grand-maître Olivier de Quelen, qui, quoiqu'il n'eût fait cette prise que dans une juste guerre & par l'ordre du roi, avoit eu la conscience assez timorée pour ordonner par son testament, qu'on satisfît entierement le comte d'Armagnac. Ce même Jean de Quelen combattit en 1488 à la bataille de S. Aubin du Cormier, où son fils aîné fut tué à ses côtés. Il fit réparer & embellir le chœur de l'église du prieuré de la Croix-Hélean, à laquelle il donna plusieurs ornemens de velours. Il fit rebâtir la chapelle du château du Broutay; & il y donna des ornemens de velours en broderie d'or, & un calice de vermeil, enrichi de pierreries. Il fonda dans la même chapelle quatre chapellenies qu'il dota de dîmes considérables. Il est qualifié *très-noble, puissant chevalier & seigneur.* Il épousa, 1°. *Marie* de Kermené, issue de l'une des plus anciennes chevaleries de Bretagne, tante d'*Allin* sire de Kermené, grand échanson & grand pannetier de Bretagne & de la reine Anne; & fille de *Pierre*, sire de Kermené, le Loup, & les Essarts, & de *Constance* de Guemadeuc, petite fille, par sa mere, de *Bertrand* sire de Matignon, maréchal de Bretagne, & de *Jeanne* de Rieux, sœur de *Jean* sire de Rieux, maréchal de France. Jean de Quelen épousa en secondes noces, *Marguerite* Ferron, veuve de *Guy* Valaize, chevalier, seigneur des Chapelles, & fille du *fire* du fire d'Albret, & fille de *Michel* Ferron, sire de la Mare & de la Mitrie, grand fauconier de Bretagne & de la reine Anne, & de *Philippe* de Châteaubriant, sortie des barons de Châteaubriant, princes du sang des anciens souverains de Bretagne. De son premier mariage, Jean III de Quelen eut 1. *Gilles* de Quelen, seigneur de la Villebouquais, qui fut tué à la bataille de S. Aubin du Cormier, en 1488, n'étant âgé que de dix-huit ans. Il avoit épousé *Michelle* Valaize, dame de Villelieu, fille de *Guy* Valaize, chevalier, seigneur des Chapelles, & de *Marguerite* Ferron: il ne laissa point de postérité. 2. JEAN de Quelen IV, qui suit. 3. *Hélene* de Quelen, femme de *Robert* de l'Embilly, d'où sont sortis les comtes de l'Embilly, barons de Kergrois, qui ont eu un grand chambellan de Bretagne. Du second mariage de Jean III de Quelen, vinrent, 1. *Olivier* de Quelen, seigneur de Quelneue, Pontrufier, la Salle, Launay & la Ville-Eon, qui mourut sans enfans. 2. *Jean* de Quelen, mort jeune & sans alliance.

VII. JEAN de Quelen, IV du nom, seigneur du Broutay & de la Villegourdan, de la Villebouquais, de Quelneuc, de la Salle & de Pontrufier, &c. étoit mineur à la mort de son pere; & ses tuteurs laissant dépérir ses biens, le vicomte de Rohan, gendre du duc de Bretagne, son parent au cinquième ou sixième dégré, enjoignit à ses officiers du comté de Porrhoët, d'y avoir l'œil, d'en prendre soin, & de lui en rendre compte, & à son conseil. Etant devenu majeur, il fit réparer le chœur de l'église prieurale de la Croix. Le pape lui accorda une bulle datée de l'an 1510, par laquelle il lui permit de choisir tel confesseur qu'il lui conviendroit pour l'absoudre de tous cas réservés, même au S. Siége. Les vicaires généraux de l'ordre de S. François, en 1502 & en 1517, le rendirent, en faveur de ses grandes aumônes, participant, avec son épouse, ses enfans & ses freres, tant durant leur vie qu'après leur mort, de toutes les prieres & bonnes œuvres de cet ordre. Il épousa *Isabeau* de Cheverue, de l'ancienne & illustre maison des sires de Cheverue. Elle est représentée aux vitres de l'église de la Croix, à genoux sur un prie-Dieu couvert d'un drap de pied magnifique, & vêtue comme les plus grandes dames de son siécle. Elle étoit fille de *Jean* de Cheverue, seigneur d'Aigrefeuille près de Nantes, & de *Jeanne* de Coëtlogon, des seigneurs, comtes & marquis de Coëtlogon, & sœur de *Gilles*, seigneur de Cheverue, grand panetier de Bretagne & de la reine Claude. Ils n'eurent de leur mariage, qu'un seul fils, FRANÇOIS de Quelen, qui suit.

VIII. FRANÇOIS de Quelen, seigneur du Broutay, la Villegourdan, la Villebouquais, Quelneuc, la Salle, &c. chevalier de l'ordre de S. Michel, lors encore dans sa premiere splendeur, gouverneur, pour le roi & pendant la guerre, de toutes les villes & châteaux appartenans en Bretagne au vicomte de Rohan, pendant sa minorité. Il combattit à la bataille de Pavie, & y fut fait prisonnier. Dans le compte de sa succession bénéficiaire, rendu au parlement de Paris, il est dit que *ses funérailles furent faites, comme il appartenoit à un chevalier de l'ordre, & qualifié, s'il y en avoit dans son pays.* Il épousa *Jeanne* de Stuer, dame du Plessis-Monteville, du Plessis-Godefroy, & seigneurie de Stuer, & dont la tutelle fut faite par lettre de cachet de la reine Anne. Elle étoit fille de *Thomas*, seigneur de Stuer,

Lespinguin, le Pleſſis-Monteville , Pleſſis-Godefroy & Leſcorouel, grand-maître de l'artillerie de Louis XII en Bretagne, & grand échanſon de la reine Anne ; & d'*Iſabeau* d'Avaugour , iſſue des anciens ſouverains de Bretagne , & par les maiſons de Mayenne & de Meulan, de Hugues de France, frere de Philippe I , & d'*Alix*, comteſſe de Vermandois, iſſue en ligne maſ-culine de Charlemagne, empereur & roi de France. Ils eurent pour enfans : 1. PIERRE de Quelen, qui ſuit. 2. *Odet* de Quelen, mort ſans poſtérité. 3. *Claude* de Quelen, qui épouſa *Jeanne*, dame de la Tertrée, mort ſans hoirs.

IX. PIERRE de Quelen, ſeigneur du Pleſſis-Monte-ville, &, par ſa femme, ſire de Teureugranteuc, &c. gouverneur pour le roi, en ſurvivance de ſon pere, des villes & châteaux appartenans en Bretagne au vicomte de Rohan, pendant ſa minorité. Il épouſa, n'étant âgé que de dix ſept ans , l'héritiere de l'ancienne & illuſtre maiſon de TEUREUGRANTEUC, ſœur aînée de *Marie* de Teureugranteuc, épouſe de *Robert* le Sénéchal, ſei-gneur de Kercado, vicomte de Maugremier ; toutes deux filles de *Pierre*, ſeigneur de Teureugranteuc, & de *Magdeléne* de Lanvaux, des barons de Lanvaux, barons de Bretagne , puînés des comtes de Vannes. *Pierre* de Quelen mourut avant ſon pere, laiſſant pour enfans : 1. ROBERT de Quelen, qui ſuit. 2. *Jeanne* de Quelen, mariée à *N*.... Bonein, d'une ancienne no-bleſſe de la province de Berri , établie en Bretagne , d'où ſont ſortis les ſeigneurs de la Villebouquais, vicom-tes de Maugremier, & marquis de Guermaheuc, &c. 3. *Françoiſe* de Quelen, mariée à *Charles* de la Ché-naye, chevalier , ſeigneur des Timbrieux, dont ſortit *Julienne* de la Chénaye , héritiere de cette maiſon , morte ſans enfans de ſon mariage avec *N*.... de Roſ-madec, marquis d'Epinay.

X. ROBERT de Quelen, ſeigneur du Broutay, de la Villegourdan, Quelneuc, Teureugranteuc, la Ché-naye, Morio, la Villebouquais, le Pleſſis-Monteville, le Pleſſis-Godefroy, la Salle, fief & ſeigneurie de Stuer, mourut en odeur de ſainteté. Il avoit épouſé *Françoiſe* de Carné de Tréceſſon, des comtes de Carné de Tré-ceſſon, maîtres d'hôtel héréditaires de Bretagne, & qui ont épouſé des filles des illuſtres maiſons de Rohan, de Rieux, de Montauban & d'Acigné, dont il eut : 1. GRÉGOIRE de Quelen,qui ſuit. 2. *Claude* de Quelen, ſeigneur de Talcoimur , mort ſans poſtérité.

XI. GRÉGOIRE de Quelen, vicomte du Broutay, ſei-gneur de Quelen, de la Villegourdan , de Quelneuc, du Pleſſis-Monteville, du Pleſſis-Godefroy, de Stuer, de Teureugranteuc, de la Chénaye, de Reſtien, de Châ-teau-Merlet , de la Salle , de la Tertrée, de Talcoi-mur & de la Ville-Cadoret, chevalier de l'ordre , gentilhomme de la chambre du roi , & commandant en chef pour S. M. dans ſon ville, bailliage & évêché de Rennes. Le duc de Mercœur, chef du parti de la Ligue en Bretagne, ayant fait ſaiſir tous les biens de ſa maiſon, il lui en offrit la main-levée , s'il vouloit ſe déclarer pour ce parti. Le ſeigneur du Broutay rejetta une offre ſi délicate ; & quoiqu'il ne fût pour lors âgé que de dix-huit ans , il eut la grandeur d'ame de ſacri-fier ſes intérêts perſonnels à la fidélité & à l'attachement qu'il devoit à ſon ſouverain légitime. Il ſervit Henri *le Grand* dans la guerre de Savoye ; il s'y fit admirer par ſa valeur. Après la mort funeſte de ce grand roi , la reine Marie de Médicis , régente du royaume, lui écrivit de ne pas manquer de ſe trouver aux états de Bretagne , qu'elle avoit jugé à propos d'aſſembler extraor-dinairement , lui marquant que la préſence des plus fidéles & des principaux ſerviteurs du roi ſon fils y étoit abſolument néceſſaire. Il obéit. Il fit enſuite un voyage à la cour, où il rendit de ſi grands ſervices à la province, qu'à ſon retour, les Etats lui firent une députation ſolemnelle pour le prier de recevoir un préſent & une penſion conſidérable en témoignage de leur reconnoiſſance. Il ne ſe rendit pas moins utile à la ville

de Rennes dans pluſieurs occaſions très-importantes. En 1614, les princes ayant pris les armes contre le ſervice du roi, il maintint lui ſeul la ville de Rennes , & la plus grande partie de la Bretagne dans l'obéiſſance , offrant pluſieurs fois à la ville de Rennes, d'entretenir à ſes dépens, pour le ſervice de S. M. 200 chevaux, 300 hommes de pied, & de fournir une ſomme con-ſidérable pour réparer les fortifications de cette ville. La reine régente trouva ce ſervice ſi important, qu'elle lui écrivit pour lui en témoigner ſa ſatisfaction & celle du roi. Elle ajoute dans ſa lettre, *qu'elle a ordonné au député de la nobleſſe de Bretagne , lorſqu'il partit de la cour , d'aller , de ſa part & de celle du roi , le voir dans ſa propre maiſon , pour la lui marquer encore plus par-ticulierement*. Il ſe ſignala dans la guerre contre les reli-gionaires , ſur-tout au fameux ſiége de Montauban, à la deſcente de l'iſle de Rhé , & aux ſiége & priſe de la Rochelle. Il termina ſes longs & glorieux ſervices par celui d'appaiſer une violente ſédition qui s'étoit élevée dans la ville de Rennes. Le gouverneur de la province, qui s'y trouva préſent, fut forcé de lui en laiſſer le ſoin, & de lui en céder la gloire. Gregoire de Quelen avoit épouſé *Claude* Fouquet , dame d'une ſinguliere vertu, fille aînée de *Chriſtophe* Fouquet , comte de Chaſ-ſin , préſident à mortier au parlement de Bretagne , con-ſeiller d'état, directeur des finances , & d'*Elizabeth* de Barrin , fille du préſident de Barrin , & de *Jeanne* Ruis, de même maiſon que *Fernando* Ruis, créé mar-quis de Saria en Galice , par l'empereur Charles-Quint. Ils eurent pour enfans, 1. *François* de Quelen , baron du Broutay, tué au ſiége de la Baſſée , commandant les Enfans perdus, & faiſant la charge de major des Gardes. Il n'avoit point été marié. 2. BARTHELEMI de Quelen , vicomte du Broutay, & comte de la Vau-guyon, qui ſuit ; 3. *Fançoiſe* de Quelen , épouſe de *François* Trévégat , chevalier, ſeigneur de Limoges & de Locmaria , d'une très-ancienne maiſon de l'évêché de Vannes ; 4. *Jeanne* de Quelen, dame de Monteville, morte en odeur de ſainteté ; 5. *Charlotte* de Quelen, religieuſe Urſuline à Ploërmel, recommandable par ſa haute piété ; 6. *Anne* de Quelen , dame de Quelneuc, morte ſans alliance.

XII. BARTHELEMI de Quelen , vicomte du Broutay , comte de la Vauguyon, ſeigneur de Varaignes , Teu-reugranteuc , Quelneuc , la Villegourdan , Pleſſis-Mon-teville , Pleſſis-Godefroy , Stuer, la Villebouquais, la Chénaye, du Reſtien, Château-Merlet , de la Salle, la Tertrée, de la Ville-Cadoret & de Talcoimur, lieutenant général des armées du roi, colonel du régi-ment de Navarre, conſeiller du roi en ſes conſeils , capitaine de 200 chevaux-légers de la garde de la reine mere régente, connu à la cour & à l'armée ſous le nom de *Comte du Broutay*. Il fit ſa premiere campagne à l'âge de 19 ans. Il ſe ſignala au combat de Fribourg, donné au mois d'août 1644. Il combattit à la bataille de Nordlingue, & s'y acquit la plus haute réputation. Il maintint la ville de Rennes dans l'obéiſſance du roi, pendant les temps orageux de la minorité de Louis XIV. Il fut pourvu en 1651 de la charge de meſtre de camp du régiment de Navarre, vacante par la démiſſion du comte , depuis maréchal d'Eſtrées. Il rendit d'impor-tans ſervices aux ſiéges de Dijon & de Bellegarde, & à la pourſuite du prince de Condé juſqu'à Ligny, leſ-quels lui firent mériter le grade de maréchal de camp. Il en fit la charge cette même année, & commanda en chef le corps de troupes qui étoit au quartier de Pouly. Le comte du Broutay ſe trouva encore aux ſiéges de Sainte-Ménehould & de Bar-le-Duc. En 1654 , il ſer-vit au ſiége de Sténay ; & pendant les années 1655 & 1656, ayant paſſé en Italie , il fit ſa charge de maré-chal de camp aux ſiéges de Pavie , d'Alexandrie & de Valence, & ſe ſignala extrémement à la bataille de Caſtel-lar, & s'acquit la réputation de l'un des plus braves & des plus grands officiers de l'infanterie françoiſe. Il en donna des preuves conſtantes dans les occaſions les plus difficiles, fur-tout dans l'expédition de Gigery en Afrique, où, après s'être diftingué par la plus grande valeur, il fut chargé de la retraite de l'armée, qu'il fit avec tant de fermeté, de prudence & d'habileté, qu'il ne put être entamé par toutes les forces fupérieures que les ennemis avoient raffemblées pour le fuivre & l'obferver. Il eut d'autres commandemens importans, dont il s'aquitta toujours avec fuccès. Après avoir été élevé au grade de lieutenant général, il étoit dans l'efpérance de parvenir bientôt aux honneurs fuprêmes de la guerre, lorfqu'en 1667 il fut mortellement bleffé au fiége de Douai, fous les yeux du feu roi. Il mourut peu de jours après de fa bleffure, également regreté de S. M. de la cour & de l'armée. Le roi lui fit l'honneur de le vifiter deux fois, & de lui envoyer fes médecins & fes chirurgiens. Le comte du Broutay avoit époufé *Marie* de Stuer de Cauffade, fille d'honneur de la reine mere du feu roi, laquelle, devenue régente du royaume, & connoiffant fa naiffance & fa beauté, l'avoit demandée au comte de la Vauguyon, fon pere, par une lettre particuliere, afin de l'élever auprès d'elle. Elle rendit les plus importans fervices à l'état, par le pouvoir qu'elle s'étoit acquis fur l'efprit de Monfieur (Gafton, duc d'Orléans.) La reine régente la récompenfa du don des feigneuries de Houdain & de Calonne, avec promeffe de les ériger en duché en fa faveur. Le roi, la reine, Monfieur & toute la cour lui firent l'honneur de la vifiter à la mort de fon frere, le marquis de S. Mégrin, & lui donnerent la même marque de bonté à l'occafion de celle du comte du Broutay, fon mari. Feu Monfieur & feue Mademoifelle, en lui écrivant, la traitoient de *coufine* ; & ce même prince l'invita expreffément à fon premier mariage avec Henriette d'Angleterre, ajoutant que c'étoit en qualité de *fa parente*. Peu de jours avant fa mort, le roi ordonna à l'évêque de Xaintes, d'aller à S. Mégrin où elle s'étoit retirée, pour la voir de fa part. Elle y mourut le 13 octobre 1693 ; & fon corps fut porté avec beaucoup de pompe du château de S. Mégrin dans la chapelle de celui de la Vauguyon. Marie de Stuer de Cauffade étoit princeffe de Carency, & comteffe de la Vauguyon, marquife de S. Mégrin, vicomteffe de Calvignac, vidame de Sarlat, barone des anciennes baronies de Tonneins, Gratteloup, Villeton & la Gruere, unique héritiere des très-illuftres maifons de Stuer, de S. Mégrin, de Cauffade, de Puycornet & de Montbrun, du fameux Poton de Xaintrailles, premier marechal & grand écuyer de France, de la branche des Cars, comtes de la Vauguyon, & de celle des princes de Bourbon-Carency, princes du fang, par *Ifabelle* de Bourbon, princeffe du fang & de Carency, dame de la Vauguyon, fa trifaieule directe, fille unique & feule héritiere de *Charles* de Bourbon, prince de Carency, prince du fang, feul mâle de la branche de Bourbon-Carency. Marie de Stuer avoit eu un frere qui n'a point eu de poftérité, *Jacques* de Stuer, marquis de S. Mégrin. Il avoit été colonel d'un régiment d'infanterie & de cavalerie de fon nom, lieutenant général des armées, les ayant commandées plufieurs fois en chef, viceroi de Catalogne, capitaine des chevaux-légers de la garde du feu roi, nommé marechal de France ; & il fut tué fous les yeux de S. M. à la bataille du fauxbourg S. Antoine. Ce monarque le fit inhumer à S. Denys, dans le tombeau des rois, avec permiffion d'y élever un tombeau à fa mémoire. Ils étoient tous deux enfans de *Jacques* de Stuer de Cauffade, prince de Carency, iffu & feul fucceffeur des princes de Bourbon-Carency, comte de la Vauguyon, marquis de S. Mégrin, &c. dont nous donnons la généalogie au titre STUER. Les enfans de *Barthélemi* de Quelen & de *Marie* de Stuer furent, 1. *Anne*, morte dans l'enfance ; 2. NICOLAS de Quelen, qui fuit, fubftitué aux noms & armes de Stuer & Cauffade, par fon grand-pere maternel, Jacques de Stuer. *Voyez* l'article STUER. 3. *Marie* de Quelen, demoifelle de Saint-Mégrin, morte le

6 août 1686, fans avoir été mariée, illuftre par fa haute vertu & fa grande piété.

XIII. NICOLAS de Quelen de Stuer de Cauffade, prince de Carency, feul héritier des princes de Bourbon-Carency, comte de la Vauguyon, de Quelen & du Broutay, marquis de S. Mégrin, vicomte de Calvignac, vidame de Sarlat, baron de Tonneins, Gratteloup, Villeton, la Gruere, Puycornet & de Chalus en Limofin, fecond baron de Quercy, feigneur de Varaignes, Quelneuc, la Chénaye, la Villegourdan, les Pleffis-Godefroy & Monteville, fief & feigneurie de Stuer, illuftre par fa piété, par fon efprit, par les connoiffances les plus fublimes, & par fa magnificence. Ilfonda, dans la ville de Tonneins, le couvent des religieux du Tiers-Ordre. Il fit faire à fes frais plufieurs miffions, pour tâcher de ramener dans le fein de l'églife les religionaires de fes terres ; il en reçut des remercimens de la part du feu roi. Il avoit fait une alliance digne de fa naiffance, en époufant le 1 octobre 1703, du confentement de fa majefté, porté fon contrat de mariage, *Magdeléne* de Bourbon, morte à Paris le 29 novembre 1738, fille de *Louis* de Bourbon, comte de Buffet. *Voyez* BOURBON. Le comte de la Vauguyon mourut à Verfailles le 8 janvier 1725. Il laiffa pour enfans, 1. *Louis* de Quelen-Stuer de Cauffade, meftre de camp de cavalerie, connu fous le nom de *prince de Carency*, mort à Valenciennes le 25 août 1730, fans avoir été marié ; 2. *Barthélemi* de Quelen-Stuer de Cauffade, nommé *comte du Broutay*, mort enfant ; 3. ANTOINE-PAUL-JACQUES, qui fuit, connu, du vivant de fon frere aîné, fous le nom de *marquis de S. Mégrin*.

XIV. ANTOINE-PAUL-JACQUES de Quelen-Stuer de Cauffade, par la mort fans poftérité de fon frere aîné, devint chef & unique héritier des nom & armes de Quelen en haute Bretagne, fubftitué aux noms & armes de Stuer & de Cauffade, iffu par la ligne des femmes, & feul héritier repréfentant d'aîné en aîné de la branche royale des princes de Bourbon-Carency, princes du fang, en cette qualité prince de Carency, comte (actuellement duc) de la Vauguyon, vicomte du Broutay, marquis de S. Mégrin, de Clam & de Calonges, baron des anciennes baronies de Tonneins, Gratteloup, Villeton, la Gruere, & du bourg S. Pierre, appellé communément *Tonneins deffus*. Il réunit en fa perfonne le luftre du fang & des alliances de tant de grandes & illuftres maifons du royaume, fondues dans la fienne, avec l'avantage unique d'être iffu feul héritier repréfentant d'aîné en aîné, d'une branche de l'augufte maifon de Bourbon, & d'avoir auffi, du chef de fa mere Magdeléne de Bourbon, pour aïeux communs avec le roi, les princes de la maifon d'Albret. Le roi a érigé pour lui & fes defcendans mâles les terres & baronies de Tonneins, de Gratteloup & de Villeton, avec les parties de la feigneurie de la Gruere, la feigneurie du Bourg S. Pierre, communément appellée *Tonneins-deffus*, enfemble le marquifat de Calonges, &c. fituées dans la province de Guienne, aux diocèfes d'Agénois & de Condomois, en duché-pairie, par lettres patentes données à Verfailles au mois d'août 1758, régiftrées au parlement de 15 décembre fuivant. Ces lettres patentes font le récit des fervices qu'il a rendus à l'état, & des honneurs qu'ils lui ont mérités, & dont il a été révêtu. Nous allons en rapporter le contenu. Après qu'il eut été fucceffivement cadet dans la premiere compagnie des Gardes du corps du roi, & capitaine de cavalerie dans le régiment de Noailles, il obtint au mois de novembre 1734 le régiment d'infanterie de Beauvoifis. Il fit les campagnes de 1733, 1734 & 1735, en Allemagne. Il fe trouva au fiége de Kell, à l'attaque des lignes d'Etlinguen, au fiége de Philifbourg, à la marche de l'armée du Rhin fur la Mofelle, au combat de Claufem, & du village de Héche, & à la retraite de l'armée fous Trèves. Il fe conduifit par-tout avec le plus grand courage & la plus grande diftinction. Il fut

même chargé du commandement de plufieurs détachemens de diverfes compagnies de grenadiers ; & il fuivit de bonne volonté la plupart de ceux où il ne fut pas
commandé. Durant la paix qui termina cette guerre,
il s'appliqua avec zèle & affiduité à l'entretien & à la
difcipline de fon régiment. Il fit toutes les campagnes de
la derniere guerre. En 1742, il fut chargé de la retraite
de Vaidenhaufen en Bohême, à la tête de quatorze
compagnies de grenadiers ; & il foutint pendant huit
heures l'attaque des ennemis, non-feulement fans pouvoir être entamé, mais même en leur tuant beaucoup
de monde. Vers la fin de novembre de la même
année, il fut détaché pour s'emparer de Landau fur
l'Iffer, immédiatement après qu'un premier détachement
y eut été enlevé. Il paffa l'Iffer la nuit, & trouva le
moyen d'entrer dans Landau, de s'y maintenir huit
jours, & (quoiqu'il ne pût pas communiquer avec
l'armée, & que celle des ennemis fût campée à une
lieue de cette place,) de faire faire des ponts pour le
paffage des troupes, & de leur procurer les fubfiftances
dont elles manquoient. Il fut enfuite détaché pour la
levée du fiége de Braunau, place frontiere du Tirol.
En 1743, fes fervices furent récompenfés de la croix
de S. Louis, & du grade de brigadier. Obligé, par un
accident où il eut le bras & la jambe caffés, de fe
faire transporter à Ratisbonne, fans pouvoir fuivre l'armée, fon zèle n'y fut point oifif. Il y rendit fon féjour
infiniment utile au fervice du roi, par le fuccès avec
lequel il travailla à faire échouer le projet des ennemis
qui avoient formé le blocus de cette ville, pour forcer le
magiftrat à leur livrer les officiers & foldats bleffés,
malades & convalefcens de l'armée, qui y avoient été
dépofés, avec des magafins très-confidérables. Dès qu'il
fe trouva en état de reprendre les opérations de fon fervice, il s'y livra avec une nouvelle ardeur. Il fut
employé dans toutes les armées que le roi commanda
en perfonne. En 1745, fa majefté l'attacha particulièrement à la perfonne de monfeigneur le dauphin, en
qualité de l'un de fes menins. Il s'acquit bientôt l'eftime
& la confiance de ce grand prince. Il fervit aux fiéges
de Menin, Ypres, Tournay, Oudenarde, Dendermonde, Anvers & Maeftrick. Il fe trouva aux batailles
de Fontenoy, Raucoux & Lawfeldt ; au combat qui
fut donné, lorfque le roi força les ennemis campés devant
l'armée fous Tongres, de fe retirer au-delà du Jaar, &
au combat qui fe donna entre un détachement de nos
troupes, commandé par M. le chevalier de S. André.
Chargé en chef, fous les yeux du roi, de la difpofition
& de la défenfe du village de Fontenoy, pofte duquel
dépendoit le fuccès de cette journée, il s'en aquitta
avec tant d'intelligence & de valeur, qu'il fut la principale caufe de l'heureux événement de l'action la plus
glorieufe au nom françois & à la perfonne du roi ; fa
majefté lui en marqua publiquement fa fatisfaction, &
l'éleva au grade de maréchal de camp. A la bataille de
Raucoux, il commanda, en fa qualité de maréchal de
camp, l'une des divifions de la colonne qui pénétra &
emporta le village. Au combat du fieur de S. André,
il rallia les troupes de différens corps d'infanterie & de
cavalerie, repouffa les ennemis, & les força, après
une action très-vive, à fe retirer du champ de bataille,
& à abandonner Ramillies dont ils s'étoient emparé. Il fe
fit remarquer avec la même diftinction dans toutes les
autres occafions, où il fervit durant tout le cours de cette
guerre. L'importance de fes fervices lui mérita en 1747
le gouvernement des ville & château de Dourlens ; en
1748, le grade de lieutenant général des armées ; en
1750, le gouvernement de ville & château de Cognac ;
en 1753, l'honneur d'être créé chevalier des ordres du
roi. Lorfqu'au commencement de l'année 1757, le roi
jugea à propos de faire marcher une armée en Allemagne, pour fecourir fes alliés, foutenir les conftitutions
de l'Empire, & défendre la liberté germanique, S. M. le
mit au nombre des lieutenans généraux qui devoient y
être employés. Il y a fervi avec le zèle, le courage &

la capacité dont elle avoit été témoin dans la derniere
guerre. Il y a toujours été à la tête des principales divifions de l'infanterie. Il avoit été choifi à Zell la nuit du
24 au 25 décembre, pour commander au paffage de
l'Aller l'une des deux lignes de l'infanterie, & combattre l'armée ennemie, qui devoit être attaquée, fi
elle n'avoit pas pris le parti de s'éloigner pour éviter
le combat. Employé enfuite pendant le quartier d'hiver,
& chargé du commandement du duché de Grubenhagen & des bailliages adjacens, il y a maintenu l'ordre
& la difcipline. Il a mis les peuples à couvert de tous
mauvais traitemens, & leur a procuré tous les adou-
ciffemens & les foulagemens que les circonftances pouvoient permettre ; & les magiftrats des divers lieux où
la guerre l'a conduit, ont fait éclater, par les expreffions les plus flateufes, les fentimens qu'il leur avoit
infpirés, par les foins qu'il s'eft donnés pour tous les
ordres du pays, & par le défintéreffement invincible
qu'il a oppofé à toutes les offres que leur reconnoiffance
les portoit à lui faire. Au mois de février 1758, S. M.
le nomma gouverneur de la perfonne de monfeigneur
le duc de Bourgogne, premier gentilhomme de la
chambre de ce prince, & grand maître de fa garde-
robe. Il prit poffeffion de cet emploi fi glorieux le premier mai fuivant. Ayant été créé duc de la Vauguyon,
pair de France, au mois d'août de la même année
1758, il a pris féance en cette qualité au parlement,
le 11 janvier 1759. Le duc de la Vauguyon a époufé
le 4 mars 1734 Françoife de Béthune-Charoft, fille
aînée de Paul-François, duc de Béthune-Charoft, pair
de France, ancien baron, pair & préfident né de la
nobleffe aux états de Bretagne, gouverneur des ville &
citadelle de Calais & du fort de Nieulay & des pays
reconquis, lieutenant général pour le roi de la province
de Picardie & pays Boulonois, capitaine des gardes
du corps de fa majefté, lieutenant général de fes armées,
chevalier de fes ordres, & chef du confeil royal des
finances, mort le 11 février 1759, fils d'Armand de
Béthune, duc de Charoft, pair de France, &c. chevalier des ordres du roi, gouverneur de la perfonne de fa
majefté & chef du confeil royal des finances, & de
Louife-Marie-Thérèfe de Melun d'Epinoy, fille du
prince d'Epinoy. Du mariage du duc de la Vauguyon
avec Françoife de Béthune-Charoft, il n'eft forti que
deux enfans, 1. N. morte en bas âge; 2. Paul-François
de Quelen-Stuer de Cauffade, marquis de S. Mégrin,
né le 30 juillet 1746.

Les armes de la maifon de Quelen en haute Bretagne, font, d'argent, à trois feuilles de houx de fino-
ple ; l'écu en baniere, ayant pour fupports deux fauvages ; furmonté d'un cafque orné d'une couronne de
fleurs de lys ; pour cimier un cygne ; pour cri de guerre,
Avifes, avifés ; & pour devife, En tout temps Quelen.

QUELEEN (François) religieux de l'ordre des Chartreux, a compofé quelques traités, entr'autres, un ouvrage intitulé : La defcription de la mort. * Poffevin en
fait mention, in appar. facr. & Petreius, biblioth. Car-
thuf. pag. 95.

QUELLENEC (Charles de) baron du Pont en
Bretagne, prit le nom de Soubife, lorfqu'en 1568 il
époufa Catherine de Parthenai, fille unique de Jean de
Parthenai, feigneur de Soubife, & fut en fon temps
un des plus zélés partifans de la religion prétendue réformée. Il fut du nombre de ceux qui furent maffacrés
le jour de S. Barthélemi en 1572. Sa femme, ou plutôt la mere de fa femme, lui avoit intenté un procès
de féparation pour caufe d'impuiffance. C'eft elle qui
époufa depuis René II de Rohan, & qui montra fon
zèle pour le Calvinifme au fiége de la Rochelle. Voyez
SOUBISE. * Thuan, hift. Ulric Hubert, hift. civil.
tom. II. Varillas, Bayle, dictionaire, feconde édition,
1702.

QUELLINUS (Erafme) peintre & architecte, né
à Anvers l'an 1607, fit de bonnes études, prit le degré

de maître-ès-arts, & enſeigna, dit-on, la philoſophie durant quelque temps. Son gout pour la peinture s'étant dévelopé, il s'y livra entiérement, & ſe mit ſous la direction du célèbre Rubens. La beauté de ſon génie éclatoit dans ſes compoſitions : il peignoit bien l'hiſtoire & le payſage, & quelquefois l'architecture, à laquelle il s'étoit beaucoup attaché, ainſi qu'aux figures d'optique. Il mourut fort vieux, dans une abbaye où il s'étoit retiré après avoir perdu ſa femme. Il eut pour fils & pour éleve JEAN-ERASME Quellinus, qui alla à Rome à l'âge de 27 ans, où il fit pluſieurs ouvrages diſtingués, de même qu'à Veniſe, à Florence & à Vienne. Il s'attacha auſſi à la ſculpture & à l'architecture. Les connoiſſeurs diſent que ſes tableaux ſont inférieurs à ceux de ſon pere. Son neveu ARTUS Quellinus ſoutint, dit-on, plus dignement ſon nom dans la ſculpture : on voit en Hollande & en Flandre pluſieurs morceaux qui méritent, ajoute-t-on, l'attention des amateurs. Il eſt mort dans un âge fort avancé. * Extrait des Vies des plus fameux peintres, par M. d'Argenville, tome II, in-4°, page 186 & ſuivantes.

QUELPAERTS, iſle de l'Océan oriental. Elle eſt à douze lieues de la pointe de la Corée vers le midi. Son circuit eſt de quinze lieues; ſa ville capitale Moggan ou Mocxo; & ſon maître le roi de Corée. * Mati, dictionaire.

QUELUS (branche de la maiſon de Lévi). Voyez LÉVI.

QUENDI ou CHENDI FERENTZ ou FERENTY (François) intime ami du cardinal Georges Martinuſius, primat & régent du royaume de Hongrie dans le XVI ſiécle, eut auſſi un grand crédit dans le pays, ce qui lui attira pour ennemis ceux qui étoient du cardinal Martinuſius, qui avoit été aſſaſſiné par les ordres du marquis Caſtaldo, lieutenant général du royaume de Hongrie, de la part de Ferdinand, roi des Romains, le 19 décembre 1551. Les heiduques, ſorte de troupes connues en ce pays par leur valeur, ſe retirerent avec leurs armes, & ſe rallierent à la campagne ſous le commandement de Paul Banco, leur capitaine, bien réſolus de venger la mort du cardinal. Ils comptoient beaucoup ſur Quendi Ferentz, & ils l'attendirent pour lui faire part de leur deſſein ; mais Quendi ſur le point de monter en carroſſe pour s'éloigner d'un lieu qu'il déteſtoit depuis la mort de ſon ami, fut arrêté par Caſtaldo, & par crainte, ou par politique, il ſe laiſſa gagner, au moins en apparence, par les grandes promeſſes que lui fit ce général de la part de Ferdinand. Paul Banco informé du parti que Quendi venoit de prendre, congédia ſes heiduques, juſqu'à ce qu'il trouvât avec eux une occaſion plus favorable pour venger la mort du cardinal. Caſtaldo craignant enſuite que cette vengeance ne fût réſolue à la diéte de Sekels, ſe rendit avec Quendi à Ségeſward, peu diſtant de Vaſſorel, pour rompre les deſſeins de cette diéte, ou pour ſe les rendre favorables. Quendi ſe rendit même en perſonne à cette aſſemblée, & tant par ſon crédit, que par ſa prudence, il ménagea ſi bien les eſprits, qu'il leur fit comprendre que dans les conjonctures préſentes, un ſoulevement ne pouvoit que cauſer des révolutions ruineuſes. Il calma le reſſentiment de ceux qui étoient les plus capables d'écouter la raiſon, & arrêta les plus emportés par une députation à Caſtaldo, pour l'aſſurer de leur fidélité ; & il eſt aiſé de juger avec quelle affection & quelle magnificence ces députés furent reçus : car le politique eſt humain ou cruel, ſelon qu'il importe à ſes vues d'être : il n'y a que la piété qui ne connoiſſe qu'une route, qui eſt celle de la vérité. Cependant Quendi, après avoir été d'un grand ſecours à Caſtaldo, pour affermir en Hongrie l'autorité du roi Ferdinand, ſe joignit en 1552 à Petrowitz, qui avoit beaucoup de crédit parmi la nobleſſe & le peuple, pour traverſer Caſtaldo lui-même, & le chaſſer, s'il étoit poſſible, de la Tranſylvanie. Il fit entrer dans ſon parti Etienne, vaivode

de Moldavie, qui, après avoir accuſé devant les Turcs le légitime ſeigneur du pays, avoit été mis en ſa place. Mais la mort violente du vaivode, qui fut aſſaſſiné la même année dans Sateſte, fit échouer ces projets. Quendi & Pétrowitz voyant leur coup manqué, chercherent à en porter un autre plus ſurement. Ces deux ſeigneurs tendirent de nouveaux piéges à Caſtaldo, en lui conſeillant de reprendre la ville de Lippe, que celui-ci avoit lâchement abandonnée après la priſe de Temeſwar. Ils tâcherent de lui perſuader que ſon honneur & la tranquillité de la province dépendoient de cette expédition ; qu'en y réuſſiſſant on pouvoit réparer les pertes que l'on avoit faites cette année-là, & relever le courage des peuples que la priſe de cette ville avoit abattu. Quoique Caſtaldo vît parfaitement où tendoient ces avis de Quendi & de Pétrowitz, cependant pour ne les pas offenſer en faiſant paroître quelque ſoupçon, il diſſimula ce qu'il penſoit ; & feignant d'approuver leurs conſeils, il trompa leurs eſpérances par ſes retardemens. En 1553 Caſtaldo ſe ſervit même du crédit de Quendi, & de celui de Thomas Varococz, pour tâcher d'appaiſer la reine Iſabelle, veuve de Jean Zapol, vaivode de Tranſylvanie, qui, après la mort de Louis, s'étoit fait proclamer roi de Hongrie. Cette reine irritée de l'inſolence des Eſpagnols, excitoit tous les ordres de la province à ſe ſoulever; & comme elle ſe ſentoit appuyée des forces de ſon frere Auguſte Sigiſmond, & de la faveur des ſeigneurs, elle remua tout pour recouvrer par la force & l'artifice ce qu'elle avoit quitté volontairement. Mais Quendi obtint peu de choſe. Ce ſeigneur conſerva toujours beaucoup de crédit ; & l'hiſtoire en parle comme d'un homme très-politique, brave, & de bon conſeil dans les occaſions importantes. * Voyez l'Hiſtoire de M. de Thou, livres IX & XII. L'abbé Bechet, dans ſon hiſtoire du cardinal Martinuſius, livre VI, en pluſieurs endroits, &c.

QUENSTEDT (Jean-André) Allemand, natif de Quedelinbourg ou Quedlimbourg, ville de la haute Saxe, vivoit dans le XVII ſiécle, & mourut le 22 mai 1688, âgé de 71 ans. Il a donné en 1654, in-4°, ſous le titre de Dialogus de patriis illuſtrium doctrinâ & ſcriptis virorum, un traité du pays, des différens endroits, & du temps de la naiſſance des hommes de lettres, qui ont vécu depuis le commencement du monde juſqu'en l'an 1600. On voit par ſon livre qu'il n'étoit pas fort ſavant dans la géographie ; car il a fait dans cet ouvrage de groſſes fautes, & en aſſez grand nombre. Il publia en 1685, un ſyſtême de la théologie de ceux qui ſuivent la confeſſion d'Augſbourg, en quatre volumes in-fol. On remarque dans ſon dernier ouvrage un zéle trop aveugle pour le Lutheraniſme, & une affectation ridicule de ſon animoſité contre les Catholiques, ayant ſouvent recours à de pures badineries pour marquer ſa paſſion. * Le P. Labbe, biblioth. Baillet, jugemens des ſavans ſur les critiques hiſtoriens. Quenſtedt eſt encore auteur de l'ouvrage ſuivant : Sepultura veterum, ſive tractatus de antiquis ritibus ſepulchralibus Græcorum, Romanorum, Judæorum & Chriſtianorum, antehac in academia Wittebergenſe aliquot publicis diſputationibus propoſitus ; nunc verò paſſim emendatus & auctus ſtudio & operâ Johannis-Andreæ Quenſtedt, SS. theologiæ doctoris & profeſſ. public. ordinarii, à Wittemberg, 1660, in-8°. L'ouvrage eſt diviſé en ſeize chapitres, & la matiere paroît aſſez bien traitée : il y a ſurtout beaucoup de recherches & d'érudition. Il a été réimprimé en 1699, in-4°, avec un autre ouvrage du même, ſous ce titre : Joannis-Andreæ Quenſtedii Antiquitates biblica & eccleſiaſtica : accedit ejuſdem de antiquis ritibus ſepulchralibus Græcorum, Romanorum, Judæorum & Chriſtianorum : Wittembergæ, Quenſtedius filius.

QUENTAL (Barthélemi du) Portugais, né dans l'iſle de Saint-Michel, l'une des Açores, le 22 août 1626, étoit fils de FRANÇOIS d'Andrade-Cabral, & d'Anne du Quental de Navaes, l'un & l'autre de la meilleure nobleſſe du pays. Barthélemi, prévenu dès ſon enfance de la grace du Seigneur, montra dès l'âge le plus tendre une piété peu commune. Après avoir fait ſes premieres études dans ſa patrie, ſon pere l'envoya en 1643, à Evora, où il fit ſa philoſophie dans l'univerſité. Il y prit le degré de maître-ès-arts le 30 juin 1647, & paſſant de-là à l'étude de la théologie, il en prit des leçons au collège de la Purification dans la même univerſité. Enſuite il alla dans celle de Coimbre, où il demeura deux ans. Dès qu'il eut reçu l'ordre de diacre, il s'appliqua au miniſtere de la prédication; & l'on remarqua en lui un grand zèle pour le ſalut des ames. Etant allé de Coimbre à Lisbonne, il y fut l'un des confeſſeurs de la chapelle du roi, & l'un de ſes prédicateurs ordinaires. Sa piété l'ayant engagé à aſſembler dans cette chapelle pluſieurs prêtres d'une vie édifiante, avec qui il faiſoit de pieux exercices, le roi Jean IV leur fit donner une chambre près de ce lieu, pour y vaquer plus librement à leurs exercices. Du Quental ayant conçu alors le deſſein de fonder la congrégation de l'Oratoire en Portugal & dans les pays qui en dépendent, il commença cet établiſſement le 16 juillet 1668, dans ce même endroit où ſont à préſent les Auguſtins Déchauſſés de Lisbonne; mais la maiſon ſe trouvant trop étroite pour contenir le grand nombre de ceux qui s'empreſſoient de venir aux exercices, les négocians de Lisbonne lui donnerent en 1669 la chapelle du ſaint Eſprit. Du Quental y fit des ſtatuts que les peres de l'Oratoire ſuivent encore, & qui furent approuvés & confirmés par le pape Clément IX, le 24 août 1671. Ce ſont les mêmes ſtatuts que ceux de la congrégation de Rome: le P. du Quental en ajouta ſeulement quelques autres. Le 4 août 1673, il alla demeurer dans ſa nouvelle maiſon, ce qui ſe fit avec beaucoup de pompe: le ſaint Sacrement y fut porté proceſſionellement, & le roi Pierre II ſuivit la proceſſion, accompagné des grands du royaume. Le P. du Quental mourut le 20 décembre 1698, âgé de 72 ans. Il refuſa l'évêché de Lamégo, l'un des meilleurs du royaume, & fonda de ſon vivant les maiſons de Lisbonne, de Freixo, de Porto, de Brague, de Viſeu & d'Eſtremos en Portugal, & celle de Fernambuc au Bréſil. Son portrait fut gravé à Rome en 1713, avec le titre de vénérable que le pape Clément IX lui accorda. Ses ſermons & ſes méditations ſur les myſteres ſont pleins d'onction, & d'un ſtyle pur & élégant. * Mémoires manuſcrits envoyés de Portugal, & communiqués au feu P. Niceron qui en a extrait ce qui regarde le P. Quental, dans le tome XLII de ſes Mémoires imprimés depuis ſa mort.

QUENTEL (Pierre) imprimeur, s'eſt rendu célèbre dans la ville de Cologne ſur la fin du XVI ſiécle. Ce qui l'a le plus mis en vogue, c'eſt l'édition qu'il a faite de tous les ouvrages de Denys le Chartreux, qui ne ſont pas en petit nombre. * Baillet, jugemens des ſavans ſur les imprimeurs.

QUENTIN (ſaint) martyr en Vermandois dans le III ſiécle, étoit, ſi l'on en croit ſes actes, Romain, & fils du ſénateur Sénon. On prétend qu'il fut envoyé dans les Gaules avec ſaint Lucien & quelques autres; qu'il pénétra juſqu'à la ville d'Amiens, y prêcha l'évangile, & qu'il y ſouffrit le martyre ſous les empereurs Dioclétien & Maximien Hercule, par les ordres de Riccius Varus, préfet du prétoire dans les Gaules, qui le fit arrêter, amener devant lui, & tourmenter cruellement à diverſes fois; qu'enſuite il fut conduit d'Amiens à Auguſte, capitale du Vermandois; & qu'ayant perſiſté généreuſement dans la confeſſion de Jeſus-Chriſt, il fut percé de broches & de clous, & qu'il eut la tête tranchée le 31 octobre de l'an 287. On tient que ſon corps fut jetté dans la Somme; qu'il fut reporté à la ville d'Auguſte, & enterré ſur une montagne proche du lieu où il avoit été trouvé; que dans la ſuite il ſe fit pluſieurs miracles en cet endroit; que ſaint Eloi, évêque de Noyon & de Vermandois, découvrit le corps de ce ſaint en 641,

& le plaça dans l'égliſe derriere l'autel; qu'il fut depuis transféré dans la grande égliſe de Saint Quentin l'an 825, d'où il fut porté à la ville de Laon l'an 881, & rapporté l'an 885 ou 893. Depuis ce temps-là la ville a pris le nom de Saint-Quentin. * Greg. Tur. de glor. mart: cap. 73. Vita Eligii per Audoïnum. Le Cointe, Annal. Franc. Aimeri, hiſtoire de Vermandois. Tillemont, mém. pour ſervir à l'hiſtoire eccléſiaſt. tome V. Baillet, vies des ſaints, 31 novembre.

QUENTIN (Mont-Saint) abbaye de l'ordre de S. Benoît de la congrégation de ſaint Maur, ſituée ſur une petite élévation, autrefois appellée le Mont des Cygnes, à un quart de lieue de la ville de Péronne. Cette abbaye reconnoît pour ſon fondateur Erchinoald, maire du palais ſous le roi Dagobert. Cet officier, après avoir fondé l'abbaye de Lagni pour ſaint Furſi, fonda encore celle du Mont des Cygnes pour le même ſaint, qui y établit pour premier abbé ſaint Ultain, un de ſes compagnons venu d'Ecoſſe, & fit conſacrer l'égliſe par ſaint Eloi. Cette ſaint lieu ayant été détruit par les barbares, fut rétabli ſur la fin du dixiéme ſiécle par le comte Albert, & fleurit dès-lors en ſainteté. Un des plus grands hommes qui l'aient gouverné eſt l'abbé Godefroi, auſſi grand par ſa piété & ſa religion, que par ſon illuſtre naiſſance, comme on l'apprend par ſon épitaphe, que les peres DD. Martene & Durand ont inſérée dans le deuxième volume de leur Voyage littéraire, avec pluſieurs autres épitaphes, tant des abbés de ce monaſtere, que de différentes perſonnes illuſtres qui y ont été enterrées.

QUENTIN (Saint) abbaye près de Beauvais en Picardie. Gui, doyen de ſaint Quentin de Vermandois, ayant été élevé ſur le ſiége de Beauvais l'an 1067, voulut faire fleurir en cette ville le culte de ſaint Quentin. Dans ce deſſein il fit bâtir proche de Beauvais une égliſe conſacrée à Dieu ſous l'invocation de ce ſaint martyr; & il y établit des chanoines réguliers. La dédicace de cette égliſe, où le corps de ſainte Romaine fut transféré, ſe fit avec une grande ſolemnité. Pour rendre la fête plus auguſte, on y porta du Vermandois le corps de S. Quentin, & pluſieurs autres reliques. Yves, depuis évêque de Chartres, fut le premier abbé de ſaint Quentin de Beauvais, & il rendit ſa communauté ſi floriſſante, que Philippe, évêque de Troyes, voulant établir des chanoines dans l'égliſe de ſaint George, les tira de ſaint Quentin de Beauvais, déclarant que c'étoit la communauté la plus capable de faire honneur à la religion ſa régularité. La piété & l'édification ſont encore aujourd'hui dans cette maiſon, toujours habitée par des chanoines réguliers de ſainte Genevieve de la congrégation de France. * Voyez la vie de ſainte Romaine, au tome deuxième du Spicilége de dom Luc d'Acheri; & le pere Longueval, Jéſuite, dans ſon Hiſtoire de l'égliſe gallicane, liv. XXI, ſous l'an 1067.

QUENTOVICUM, ou QUENTAVICUM, lieu où le roi Charles le Chauve permet la fabrique de la monnoie dans ſes capitulaires, n'eſt point la ville de Caën en Normandie, comme l'a cru le préſident Fauchet, & comme pluſieurs autres l'ont dit après lui. Ces auteurs ont ignoré que c'étoit une ville ſituée dans l'Artois à l'embouchure de la Canche; ad Quantiam, ou Quentiam. Cette riviere, après avoir paſſé à Montreuil & à Etaples, ſe décharge dans la mer au deſſus de Saint-Joſſe. M. Huet nomme ce lieu Quentwic. M. Baluze, dans ſes notes ſur les capitulaires de nos rois, dit: Quentavicus eſt un bourg de France dans le Ponthieu, en la province de Picardie, ainſi appellé, parcequ'il eſt ſitué ſur la riviere de la Canche; c'étoit où l'on voyoit le monaſtere de S. Joſſe, dont ce lieu a retenu ce nom; enſorte que ſelon ce ſavant, Quentovicum eſt le lieu que l'on nomme aujourd'hui vulgairement, Saint-Joſſe-ſur-mer. Ce lieu eſt du dioceſe d'Amiens. C'étoit autrefois un port fameux. Les Normans ayant fait une deſcente à Quentovic vers l'an 843, ils y commirent les plus cruelles hoſtilités, ſaccageant & brûlant tout ce qu'on ne racheta pas:

car il n'y avoit que leur avarice qui pût mettre un frein à leur cruauté. * Baluze, *not. in capitul.* Fauchet, dans ses *antiq. gaul.* Huet, dans ses *origines de Caën*, *pag.* 9, 283, 310. Baudrand, *lexicon geogr. verbo* QUENTA-VICUS. Le P. Longueval, Jésuite, dans son *histoire de l'église gallicane*, *tome V*, *page* 492. Voyez les *Remarques sur Quentovicus, ville ancienne de Ponthieu*, &c. dans le *Journal de Verdun*, janvier 1758.

QUÉRAS (Mathurin) docteur de la maison & société de Sorbonne, né à Sens ou dans le diocèse, le premier août 1614, d'une famille pauvre & de basse extraction, mais qu'il a beaucoup honorée par sa science & par ses vertus ecclésiastiques. Louis-Henri de Gondrin, archevêque de Sens, qui le connoissoit en mérite, le mit à la tête de son séminaire, lui donna le gouvernement de plusieurs monasteres de filles, & le fit un de ses grands vicaires. M. Quéras fut d'un grand secours à ce prélat par son zèle, & à tout son diocèse par ses instructions & par les conférences ecclésiastiques qu'il établit entre les curés, & à toute l'église par ses écrits. Le plus connu, qui est devenu fort rare, est celui où il éclaircit le sentiment du concile de Trente touchant la nécessité de l'amour de Dieu dans le sacrement de pénitence. C'est un gros volume *in-8°*, qui a été imprimé en 1685, sous ce titre : *Eclaircissement de cette célèbre & importante question, Si le concile de Trente a décidé ou déclaré que l'attrition conçue par la seule crainte des peines de l'enfer, & sans aucun amour de Dieu, soit une disposition suffisante pour recevoir la rémission des péchés, & la grace de la justification au sacrement de pénitence.* Il n'édifia pas moins par son exemple, qu'il instruisit par ses livres & par ses conseils & par ses exhortations. Il étoit extrêmement humble, & ami de la pauvreté & des pauvres. Il s'est toujours contenté de son titre, qui étoit des plus modiques, & du prieuré de S. Quentin de Troyes, dont il distribuoit une partie des revenus à ceux qui étoient dans le besoin. Il fut exclus de Sorbonne pour avoir refusé de signer le formulaire, & de souscrire à la censure contre M. Arnaud. Pendant les trente-cinq dernieres années de sa vie, il fut presque continuellement infirme & dans la douleur ; rien ne fut capable de lui faire perdre la patience. On dit qu'il devoit cet état d'infirmité, non-seulement aux fatigues du ministère, mais plus encore aux jeûnes fréquens & rigoureux qu'il ajoutoit à ceux qui sont ordonnés par l'église. Dans les plus grandes langueurs même il ne les discontinuoit pas ; il est mort le 9 avril 1695, âgé de 80 ans, huit mois & neuf jours. Son corps repose à Troyes, dans la chapelle de S. Quentin dont il étoit prieur. Nous n'avons fait presque qu'abréger son épitaphe, qui est en latin. Ce fut M. Quéras qui fit sous les yeux par M. Martin Baugrand, prêtre de Troyes, son disciple, l'ouvrage intitulé : *Sancti Augustini doctrinæ christianæ praxis catechistica*, imprimé à Troyes en 1678, *in-8°*, & qui dirigea l'auteur dans la composition de cet ouvrage, que M. Baugrand dédia à M. François Malier, évêque de Troyes. M. Baugrand est encore auteur de l'abrégé des morales du pape S. Grégoire.

QUÉRASQUE, *cherchez* QUIERASQUE.

QUERCETANUS (Joseph) *voyez* QUESNE (du)

QUERCI, province de France, entre le Périgord & le Rouergue, l'Auvergne, le Languedoc & le Limosin, étoit le séjour des *Cadurci* de César, qui fournirent jusqu'à douze mille hommes dans la ligue des Gaulois contre les Romains. Cahors est la ville capitale. Les autres sont Montauban, Moissac, Lauzerte, Gourdon, Martel, Figeac, Souillac, Negrepelisse, &c. Les habitans divisent leur pays en haut & bas Querci ; & désignent le haut Querci par le nom de Causse, qui est celui des vallées qu'on trouve le long du Lot. Ils appellent villes basses celles qui se trouvent aux environs de l'Aveirou. Le pays est fertile en bleds, en vins, en lin, en prunes, en bétail, &c. On y trouve aussi des tulipes singulieres & de diverses especes, qu'on ne voit pas ailleurs. Le Querci dépend du parlement de Toulouse, & de la généralité de Montauban, qui a sous soi trois élections, Cahors,

Montauban & Figeac. Ces trois villes ont aussi des sièges royaux, de même que Lauzerte, Figeac & Gourdon. Les comtes de Toulouse furent aussi comtes de Cahors, jusqu'à Raymond l'*Ancien*, qu'on dépouilla de ses biens pour avoir pris le parti des Albigeois. Guillaume de Cardillac, évêque de Cahors, qui avoit suivi Simon de Montfort, profita du comté de Cahors, dont il fit hommage au roi. Ensuite le Querci fut uni à la couronne au commencement du règne de Philippe le *Hardi*, comme étant de l'héritage des comtes de Toulouse. En 1306, le roi Philippe le *Bel* transigea avec Raymond Pauchelli, évêque de Cahors, tant pour le domaine, que pour le droit de pariage, & lui permit de prendre le titre de comte. * Guillaume des Vaux-de-Cernai, *hist. Albig. c.* 55 *&* 57. Hauteserre, *hist. Aquit.* La Croix, *de episc. Cadurc.* Catel, *histoire des comtes de Toulouse.* Du Puy, *droits du roi.* Sainte-Marthe, *Gall. christ.*

QUÉRENGI (Antoine) a été un des plus savans hommes de son temps. Il naquit à Padoue en 1546, de *Nicolas* Quérengi & d'*Elizabeth* Ottelia. Ayant perdu son père à l'âge de deux ans, il fut élevé par les soins de GASPARD Ottelio, son aïeul maternel, & ne tarda pas à faire dans les lettres les progrès les plus rapides. Son gout pour les vers & son extrême facilité à en composer, se déclarerent dès l'âge de douze ans, & le firent admirer dès-lors, même par ses maitres. Il n'avoit que quinze ans, lorsqu'ayant achevé ses humanités avec le plus grand succès, il se livra au droit civil où il réussit également ; il lisoit en même temps les ouvrages de Platon, qu'il gouta si bien, que la doctrine de ce philosophe lui devint très-familiere. Il joignit à cette étude celle des écrits d'Aristote ; & il n'y eut aucune partie de la philosophie qu'il n'approfondit. Les muses qu'il cultivoit en même temps servoient à le délasser d'études si sérieuses, & qui demandoient une si grande application. Il lut ainsi tous les anciens poëtes, tant les Grecs que les Latins, & il forma sur eux son gout & son style. Ce fut dans cette vue qu'il traduisit en latin la batrachomyomachie d'Homere, & en italien, des endroits choisis de Lucain, & les bucoliques de Virgile. Lorsqu'il eut fait ce fonds de connoissances, il suivit l'avis de ses amis qui lui conseillerent de s'appliquer à la théologie ; & l'ardeur avec laquelle il embrassa cette étude fut si grande, qu'à l'âge de vingt-cinq ans, il étoit déja regardé comme un théologien très-habile. Il lut avec attention, non seulement l'écriture sainte, qui est le premier fondement de la théologie, mais encore les peres de l'église, dépositaires de la tradition. Sa réputation lui fit des amis de tout ce qu'il y avoit de savans ou de protecteurs des lettres dans toute l'Italie, & même au dehors. Un de ses amis, c'étoit Spéroni, l'engagea d'aller à Rome & de s'y fixer ; & Quérengi accompagna en effet dans cette ville le cardinal Frédéric Cornelio. Grégoire XIII étoit alors pape. A peine Quérengi fut-il arrivé à Rome, que Flavio des Ursins, fils du duc de Gravina, le prit chez lui en qualité de secrétaire. Ce dernier mort, Quérengi trouva sur le champ d'autres protecteurs, & il a rempli successivement la place de secrétaire chez divers cardinaux. Il contribua beaucoup à faire fleurir l'académie des *Animosi*, qui fut établie de son temps à Rome ; & il y harangua plusieurs fois. Dans la suite il fut secrétaire du sacré collège ; & il se trouva aux élections de cinq papes, Sixte V, Urbain VII, Grégoire XIV, Innocent IX & Clément VIII. Ce dernier lui ayant donné un canonicat à Padoue, Quérengi se crut obligé d'aller desservir ce bénéfice ; & quelques instances qu'on lui fit de demeurer à Rome, quelques dignités qu'on pût lui faire envisager dans cette ville, il sacrifia tout à son devoir & à l'amour de sa patrie. Il y fut d'une grande utilité à l'académie des *Ricovrati* alors récente, & il fut un de ceux qui travaillerent aux statuts de cette académie. Après la mort de Clément VIII, Léon XI, son successeur, le rappella à Rome. Quérengi obéit ; mais ayant appris en route la mort du pape, il voulut s'en retourner à Padoue. Mario Farnèse, général des troupes ecclésiastiques, lui conseilla de continuer son chemin ; & Quérengi étoit en effet à Rome lorsque Paul V succéda à Léon XI. Ce pape le fit camérier secret, & référendaire de l'une & l'autre signature. Quérengi eut les mêmes emplois sous les papes Grégoire XV & Urbain VIII. En 1607, voyant qu'il ne lui étoit plus possible de quitter Rome, il donna son canonicat de Padoue à Flavio Quérengi, son neveu. Antoine fut sollicité par Ranuce Farnèse, duc de Parme, de se rendre auprès de lui, pour écrire la vie d'Alexandre Farnèse son pere. Henri IV, roi de France, à la persuasion du cardinal du Perron, le fit aussi inviter de venir à Paris, & lui fit faire des offres avantageuses ; mais Quérengi ne put se résoudre à se rendre à ces invitations. Il mourut à Rome, comblé de biens & d'honneurs, le premier de septembre de l'an 1633, à l'âge de quatre-vingt-sept ans. Ses ouvrages sont 1. *Poësie volgari*, dédiées au duc de Parme, à Rome, 1616, *in-8°*, & souvent réimprimées depuis en divers lieux. 2. *Hexametri carminis libri VI.* 3. *Rapsodia variorum carminum, lib. V.* On en a une édition de Rome en 1629, *in-12* : mais ce recueil de poësies avoit déja paru ailleurs. Aloysio Lollini, dans une lettre à Quérengi, écrite vers 1620, & qui est dans le recueil de ses épîtres latines, liv. II, pag. 223, se plaint amérement de la négligence avec laquelle on avoit imprimé ces poësies à Cologne, & des fautes qui défigurent cette édition : il s'en plaint en prose, & ensuite en vers, & donne beaucoup d'éloges à Quérengi. 4. *De Marci Varronis divisione, quâ se definito complexum numero est arbitratus omnes philosophorum sectas, quæ vel fuissent aliquando, vel esse possent.* 5. *De geminis nobilium disciplinarum officiniis.* 6. *De triplici rhetoricâ.* 7. *De ideis Hermogenis.* 8. *De imitatione veteris eloquentiæ.* 9. *De analyticâ methodi in utraque philosophia indifferenti usu.* 10. *Quos habemus Aristotelis Topicorum libros non eos videri, ex quibus Cicero ac Themistius suam locorum enumerationem desumpsere.* 11. *De naturali verborum significatione, quo quis modo facilè conciliare possit cum Academicis Peripateticos.* 12. *De judicio Dionysii Longini in comparatione Demosthenis & Ciceronis.* 13. *De unicâ totius politicæ disciplinæ methodo, & Averrois verâ sententiâ in explicatione subjectâ materiæ librorum ad Nicomachum.* 14. *De Platonis, Aristotelis, & Polybii politicis in rebus dissensione.* 15. *Quarum artium universalis politica sit præsertim Architectonica.* 16. *De historia pragmaticâ Polybiana triplici fine, &c.* 17. *Vitarum historici quâ in re differant à pragmaticis.* 18. *Cornelii Taciti historiam falsâ conjecturâ in duo genera dividi.* 19. *Homerum à Socrate jure ejectum è republicâ, &c.* 20. *Epitome tertii tumultûs Belgici, Alexandro Farnesio provinciam administrante.* 21. *De Xenophontis artificio, quo principum, vel leges, vel mores citra periculum reprehendi possunt.* 22. *Pendasius, sive de immortalitate animæ, libri duo.* Quérengi a écrit de plus en langue italienne les ouvrages suivans : 1. *Instrutione al sign. card. d'Este nel suo viaggio di Spagna.* 2. *Considerationi al medesimo, intorno alle offerte del marchese di Couré, in nome del rè di Francia.* 3. *Delle qualità de' nuntii destinati dal papa à diversi principi.* 4. *Dell' apparente ingratitudine del popolo Ateniense verso Pericle*, & beaucoup d'autres, dont il seroit trop long de rapporter les titres. On peut consulter les listes des ouvrages de Quérengi données, 1°. par Jacques-Philippe Tomasini de Padoue, dans ses *Elogia virorum litteris & sapientiâ illustrium*, &c. seconde partie, à Padoue, 1644, *in-4°*, pag. 147 & suivantes, à la suite de l'éloge de Quérengi ; 2°. par Léon Allatius dans ses *Apes Urbanæ*, &c. édition de Rome, 1633, *in-8°*, pag. 44 & suivantes. On peut consulter aussi les *Jugemens des savans* par M. Baillet, *in-4°*, tom. V, pag. 140. On lit dans le *Naudæana*, pag. 30, ces paroles : « *Antonius Quærengius* étoit un Padouan » fort savant : c'étoit un monseigneur, qui alloit par Rome » vêtu d'une étoffe de gros de Naples toute de soie cou- » leur de bleu turquin : *Multa scripsit.* »

QUÉRENGI (Flavio) neveu d'Antoine Quérengi

dont nous venons de parler, excella dans la philosophie morale, qu'il enseigna publiquement avec beaucoup de réputation. * Joann. Imperialis, *in musæo histor.* Le pere François Rémond, Jésuite, étoit ami de Flavio Quérengi, comme on le voit par plusieurs de ses épigrammes latines qu'il lui a adressées, où il le loue beaucoup de son amour pour la jurisprudence & de ses succès dans la poësie.

QUERFURT, ville avec château sur les frontieres de Thuringe. Elle est peu considérable aujourd'hui ; mais ses anciennes masures prouvent qu'elle étoit beaucoup plus grande autrefois. Elle fut presque toute consumée par le feu en 1655. Le château seul, une maison de la ville, & quelques-unes du fauxbourg, furent conservées. Lorsqu'on le rebâtit, on environna le château de murs & de fossés. Depuis 1630 jusqu'en 1642, cette ville avoit beaucoup souffert de la guerre. Il y a dans son voisinage une prairie nommée *le pré de l'Asne* dès l'an 1006, comme on le croit, & à cette occasion. On dit qu'alors Brunon, que d'autres nomment Burchard, gentilhomme de Querfurt, & chapelain de l'empereur Henri II, voulant aller en Prusse dont il avoit converti les habitans, son âne s'arrêta subitement sur ce pré, sans vouloir avancer. Gebhard son frere crut y trouver du mystérieux, lui conseilla de retourner à Querfurt ; & en mémoire de ce fait, Brunon fit bâtir au même lieu une chapelle, à la visite de laquelle le pape accorda des indulgences. Cela donna occasion d'y établir une foire annuelle, que l'on appelle encore aujourd'hui *la foire du pré de l'Asne.* La ville de Querfurt a eu autrefois ses seigneurs propres, dont l'empereur Lothaire, huit burggraves de Magdebourg, & plusieurs évêques sont sortis. Leur famille s'éteignit en 1496, & la ville passa en la possession de l'archevêché de Magdebourg, jusqu'en 1635, que par le traité de Prague, elle fut donnée, avec ce qui en dépend, à la maison électorale de Saxe. Aujourd'hui la maison de Saxe-Weissenfels la posséde sous le titre de principauté immédiate. Cette principauté comprend avec la ville de Querfurt, Dahme, Juterbock, Burg, & quatre bailliages dans la Thuringe, qui sont Saxembourg, Heldrungen, Wendelstein, & Sittichenbach. La maison électorale de Brandebourg ayant formé quelques prétentions sur les seigneuries situées dans le pays de Magdebourg, on accommoda cette affaire le 14 juillet 1687, en cédant à l'électeur de Brandebourg la ville & le bailliage de Burg. * Zeiler, *topograph. Saxon. superior.* Muller, *annal. Saxoniæ*, &c.

QUERHOENT, ou KERHOENT, est une ancienne maison de Bretagne, dont l'on rapporte ici la généalogie telle qu'elle a été fournie.

I. PAUL, seigneur de Querhoent, qui mourut vers l'an 1105. Il avoit épousé *Dametie* de Lavalot, fille de *Marc*, chevalier, seigneur de Lavalot, de qui il a eu TANGUI, qui suit ; *Allanne*, épouse de *Pierre*, sire de Vieux-Chastel, chevalier, mort vers l'an 1150 ; *Aliette*, mariée à *Tangui* de Lozerec, chevalier ; *Guiette*, femme de *Claude*, chevalier, seigneur des Aubrais ; & *Androinne* de Querhoent, alliée à *Perceval*, chevalier, seigneur de Kerjaulan.

II. TANGUI, I du nom, seigneur de Querhoent, mort l'an 1140, avoit épousé *Hamonne* de Kernabat, fille de *Hamon*, chevalier, seigneur de Kernabat, dont il eut HERVÉ, qui suit ; *Tangui*, II du nom, chevalier, seigneur de Kergoff & de Kertangui, mort l'an 1170, tige de la branche des seigneurs de Kergoff & de Kertangui, finie au XIII degré en Paul l'an 1480 ; *Hardoine*, mariée à *Rivalon*, seigneur de Kerocke ; *Tanguye*, épouse de *Tristan*, chevalier, seigneur de Coetquelsein ; *Mordranne*, femme de *Simon*, chevalier, seigneur de Guicaznou ; *Alenette*, alliée à *Nicolas*, chevalier, seigneur de Kerarro ; & *Androinne* de Querhoent, mariée à *Maurice*, chevalier, seigneur de Drennec.

III. HERVÉ, seigneur de Querhoent, mourut l'an 1169. Il avoit épousé *Rivalle* Adam, fille d'*Alain* Adam, chevalier, seigneur de Rivalle & de Brignou, dont il eut VINCENT, qui suit ; *Mercuse*, mariée à *Jahel*, chevalier,

chevalier, seigneur de Kerlevenant; *Rivalle*, épouse de *Jacques*, seigneur d'Argenton; *Hervette*, alliée à *Allain*, chevalier, seigneur de Botquenel; & *Adelisse* de Querhoent, femme de *Conan*, seigneur de Brelidy, chevalier.

IV. VINCENT, seigneur de Querhoent, mort l'an 1201, eut d'*Andronne* d'Anaudé, fille d'*Andron*, chevalier, seigneur d'Anaudé, OLIVIER, qui suit; *Vincente*, alliée à *Alain*, chevalier, seigneur de Bruanval; *Andronne*, femme de Lancelot le Barbier, chevalier; *Adelisse*, épouse d'*Olivier* de Kergomar, chevalier; & *Geffrine* de Querhoent, mariée à *Tugdual-Jacques* de Bolisat.

V. OLIVIER, I du nom, seigneur de Querhoent, mourut l'an 1232, ayant eu de *Gillette* d'Audené, fille de *N.* seigneur d'Audené, chevalier, PREGENT, qui suit; *Vincent*, mort l'an 1261, tige de la branche des seigneurs de Kergoulenruven, finie au XIII degré en *Paul*; *Gillette*, femme de *Maurice* de Bihan, chevalier, seigneur de Launai; *Olive*, mariée à *Hoel*, chevalier, seigneur de Château-Fur; & *Philippotte* de Querhoent, épouse d'*Eon*, seigneur de Château-Gal, chevalier.

VI. PREGENT, seigneur de Querhoent, mourut en 1262. Il avoit épousé *Conane* de Brelidy, fille de *Rivalon*, chevalier, seigneur de Brelidy, dont il eut TANGUI, II du nom, qui suit; *Pregente*, alliée à *Antoine* de Canu, chevalier; & *Conane* de Querhoent, mariée à *Jean*, chevalier, seigneur de Coetmanach.

VII. TANGUI, II du nom, seigneur de Querhoent, mort l'an 1284, avoit épousé *Guyomarde* de Botguignen, fille de *N.* seigneur dudit lieu, chevalier, dont il eut HERVÉ, II du nom, qui suit; TANGUI, III du nom, qui a fait *la branche des seigneurs de* HARLAN *& de* BOIS RUAULT, *mentionée ci-après*; *Tanguye*, femme de *Sylvestre*, seigneur de Coetlestenneur, chevalier; & *Guiomare* de Querhoent, épouse de *Louis*, chevalier, seigneur de Coetmur.

VIII. HERVÉ II du nom, seigneur de Querhoent, mourut l'an 1320. Il avoit épousé *Josseline* de Bruanval, fille de *Josselin*, chevalier, seigneur dudit lieu, dont il eut EON, qui suit; & *Josseline* de Querhoent, épouse de *Pierre*, chevalier, seigneur de Coudmare.

IX. EON, seigneur de Querhoent, mort l'an 1359, avoit épousé *Charlotte* le Barbu, fille de *Charles* le Barbu, chevalier, dont il eut ARTUR, qui suit; *Eonne*, alliée à *N.* chevalier, seigneur de Coetmeret; & *Magdeléne* de Querhoent, femme de *Tangui* de Miguel, chevalier.

X. ARTUR, seigneur de Querhoent, s'allia à *Olive* du Brignou, fille d'*Olivier* du Brignou, chevalier, dont il eut NICOLAS, qui suit; *Arture*, mariée à *N.* de Châteaux-Vieux, chevalier; *Prégente*, alliée à *Hervé*, chevalier, seigneur de Château-Men; & *Monique*, épouse de *N.* seigneur de Coetuhan, chevalier, mort l'an 1390.

XI. NICOLAS, seigneur de Querhoent, mort l'an 1420, avoit épousé *Anne* Huon, fille & principale héritiere d'*Eon* Huon, seigneur de Troheon, & d'*Annette* du Chatel, dont il eut PIERRE, qui suit; *Allnette*, épouse de *Joachim* de...; *Tanneguye*, femme de *N.* de *S.* Gouenou, chevalier, seigneur du Brignou; *Eonne*, mariée à *N.* de Tregetmornan, chevalier; & *Gillette* de Querhoent, alliée à *N.* de Lanvelian, chevalier.

XII. PIERRE, I du nom, chevalier, seigneur de Querhoent & de Troheon, se trouve nommé parmi les chevaliers & écuyers de l'évêché de Léon, qui prêterent serment de fidélité au duc de Bretagne l'an 1437. Il comparut à la réformation de 1443; & est nommé dans l'enquête faite pour la réformation des feux de la paroisse de Sibiril au même évêché, le 17 décembre de la même année. Il fonda la chapelle de S. Nicolas en la ville de S. Pol de Léon, dans l'église de S. Pierre, & mourut l'an 1450. De son épouse *Harouise* de Ke-

rouseré, fille de *Jean* de Kerouseré, & de *Jeanne* de Rosmadec, il eut JEAN, qui suit: PIERRE, qui continua *la postérité rapportée après celle de son frere aîné*; & *Marguerite*, alliée à *Guyon*, seigneur de Coetquelfrein, dont naquit *Maurice* de Coetquelsein qui épousa *Aliette* de Kergournadech, laquelle devint héritiere de sa maison en 1482, & son mari fut chargé d'en prendre le nom & les armes. Elle fut aïeule de *Jeanne*, héritiere de Kergournadech, mariée à *Alain* de Querhoent, II du nom, seigneur de Troheon, *comme on le verra ci-après*.

XIII. JEAN, chevalier, seigneur de Querhoent & de Troheon, est mentionné parmi les chevaliers, capitaines & gendarmes nommés pour aller sous la conduite de Bertrand de Dinan, maréchal de Bretagne, & Jacques de Dinan, son frere, en France avec Richard de Bretagne quatriéme fils du duc Jean V, vers le roi Charles VI, monseigneur le Dauphin & le duc de Bourgogne, & qui reçurent leurs gages d'un demi-mois à Nantes le 7 septembre 1419, ainsi qu'il se voit aux *preuves de l'histoire de Bretagne*, par dom Lobineau, *p*. 969. Comme son pere vivoit encore, il n'y est nommé que Jean de Kercoent, de même que dans les comptes du receveur général de Bretagne, depuis le 13 avril 1423, jusqu'au premier novembre 1426, où il est alloué une somme à Jean de Kercoent & à Lain de Kerazret, pour mettre sus certain nombre de vaisseaux pour cuider de prendre l'ambassade d'Olivier de Blois qui alloit en Angleterre, *même hist. preuves*, *p*. 969. Il avoit épousé *Annette* de Breseillac, fille de *Perceval*, seigneur de Breseillac, chevalier, dont il eut pour fille unique *Isabeau*, héritiere de Querhoent, qui porta cette terre en mariage à *Henri* de Nevet, chevalier, qu'elle épousa par contrat du 16 février 1452. La seigneurie de Querhoent passa dans la suite par succession, dans la maison de Kerjan, d'où elle est venue dans celle des seigneurs de Koetanscourt, héritiers de Kerjan, & qui le possedent aujourd'hui.

XIII. PIERRE de Querhoent, II du nom, partagea avec son frere *Jean* susmentioné, la succession de *Pierre*, seigneur de Querhoent, leur seigneur & pere, & de la dame leur mere *Harouise* de Kerouseré, le 16 février 1452, auquel acte assisterent Henri de Nevet & Isabeau de Querhoent sa compagne. Il est à présumer que c'est lui qui se trouve sous le nom de *Pierre* de Kercoent parmi les gentilshommes de l'évêché de Léon, qui firent serment au duc Artus III, en 1437. Dom Lobineau, *preuves*, *p*. 1047. Si ç'eût été son pere il auroit été qualifié seigneur de Quercoent. De son épouse *Soudanne* de Bodister, fille de *Henri*, seigneur de Bodister, chevalier, issu de la maison de Dinan-Montafilan, il laissa PIERRE, III du nom, qui suit; *Alnette*, épouse de *Corentin* de Langadu, chevalier, seigneur de la Motte; *Soudanne*, mariée à *Jean*, seigneur de Kergroadez, chevalier; *Guyonne*, femme de *Pierre* de Kervidienne, chevalier; & *Françoise* de Querhoent, alliée à *Thomas*, chevalier, seigneur de Kerlovenan.

XIV. PIERRE de Querhoent, III du nom, chevalier, seigneur de Troheon, dit *le Jeune*: c'est à lui à qui le 5 septembre 1481, les commissaires pour la montre de l'évêché de Léon, refuserent trois archers qu'il avoit envoyés en sa place, étant malade; parcequ'ils ne trouverent pas qu'ils fussent suffisans pour d'aussi grands fiefs qu'il possédoit, quoique d'ailleurs ils fussent trouvés bien montés & bien armés. Il avoit épousé par contrat du 2 avril 1462, *Louise* Huon, fille puînée d'*Olivier* Huon de Léon, & d'*Isabeau* Foucault de Kernoulavern. La branche aînée de la maison de Léon est tombée dans celle de Rohan; la grand-mere paternelle de ladite *Louise* Huon de Léon, de *Jean* Huon, & de *Catherine* Huon, étoit *Isabeau* de Penhoët. De cette alliance naquit FRANÇOIS, qui suit.

XV. FRANÇOIS de Querhoent, I du nom, chevalier, seigneur de Troheon, avoit épousé par contrat du

18 novembre 1479, *Jeanne* de Kergoanac, fille d'*Y-ves* de Kergoanac, & de *Jeanne* Du Bois : elle survécut son fils ALAIN, qui suit ; & fut instituée curatrice d'*Alain*, II du nom, son petit-fils.

XVI. ALAIN de Querhoent I du nom, chevalier, seigneur de Trohéon, est nommé *noble* & *de noble maison*, dans une information de l'évêché de Léon faite le premier mai 1536, sur le fait des fiefs, maisons, héritages & terres nobles possédés par des gens nobles & issus de nobles générations. Il avoit épousé *Louise* de Botquenel, fille de *Jean*, chevalier, seigneur de Botquenel, & de sa première femme *Adelisse* de Coetmen. De cette alliance naquirent ALAIN, II du nom, qui suit ; *Alnette*, femme de *Morman* Duplessis, chevalier, seigneur de Pont-Labbé ; *Louise*, mariée à *Guillaume* du Juch, chevalier, seigneur de la Roche ; & *Adelisse-Rinérie* de Querhoent, épouse de *Maurice*, seigneur de Kéroverlan, chevalier.

XVII. ALAIN de Querhoent, II du nom, chevalier, seigneur de Trohéon, avoit quatorze à quinze ans lorsqu'il fut mis sous la tutelle de *Jeanne* de Kergoanac, dame de Trohéon, son aïeule paternelle : il fut aussi seigneur de Botquenel & de Kergoanac, du chef de sa mere & de celui de sadite aïeule ; enfin seigneur de Kergournadech du chef de sa femme *Jeanne* de Kergournadech, fille aînée de *François*, seigneur de Kergournadech de Coetquelfein, & de *Françoise* de Kersaufon, qu'il épousa par contrat du 3 février 1530 ; & comme elle hérita de son frere *Olivier*, seigneur de Kergournadech, mort sans postérité, Alain de Querhoent fut obligé de faire quitter à son fils aîné les armes de sa maison, sans en quitter le nom, pour prendre celles de Kergournadech. Cette maison étoit des plus anciennes de l'évêché de Léon : on prétend même que le droit qu'ont les seigneurs de Kergournadech d'entrer dans l'église de Léon, bottés & éperonés, & l'épée au côté, avoit été accordé par S. Paul Aurélien, premier évêque de Léon, mort vers l'an 600, à un chevalier de la paroisse de Cleder, qui étoit demeuré auprès de ce saint, lorsque toute la noblesse & le peuple l'avoient abandonné à la vue d'un serpent qui désoloit le pays, & que ce chevalier, seigneur de Kergournadech, s'offrit de tuer ce monstrueux animal ; c'est même en mémoire de cet événement que l'on chante tous les ans dans la cathédrale de Léon, pendant l'octave de S. Paul, son patron, ces deux vers :

Villa viri non fugientis , miles erat tunc temporis ,
(Le mot breton *Kergournadech* signifie *ville de l'homme sans peur*.

De plus, il y a de temps immémorial un vaudeville breton, qui parlant des quatre plus considérables maisons de l'évêché de Léon, les désigne de cette maniere, *Antiquité de Penhoët, vaillance du Chatel, richesse de Kerman, chevalerie de Kergournadech* : il est ainsi rapporté par la Colombiere, *chap. 44 de la science héroïque, pag.* 513, seconde édition. Le même auteur fait aussi mention d'un ancien proverbe breton, qui disoit, que *avant qu'il y eût monsieur ou seigneur en aucune maison, il y avoit un chevalier à Kergournadech*. Cette maison étoit tombée dans celle de Coetquelfein, à la charge d'en prendre le nom & les armes, par le mariage d'*Aliete*, héritiere de Kergournadech, avec *Maurice* de Coetquelfein, fils de *Guyon*, seigneur de Coetquelfein, & de *Marguerite* de Querhoent. Ce *Maurice* fut aïeul par *Jean*, son fils, de *François*, pere de *Jeanne* de Kergournadech, épouse d'*Alain* de Querhoent. Ainsi ils étoient tous deux issus au cinquième dégré de PIERRE, I du nom, seigneur de Querhoent, leur quatrième aïeul commun. Lui & sa femme rendirent aveu à Charles de Bourbon, prince de la Roche-sur-Yon, comte de Chemillé, & à Philippe de Montespedon sa femme, des héritages, fiefs, rentes à eux avenues par le décès d'*Olivier* de Kergournadech. Dans l'acte qui est du 4 mai 1552, Alain

de Querhoent y est qualifié *noble & puissant* : sa femme rendit un pareil aveu à la chambre des comptes le 18 avril 1553, & tous deux firent un don de certains héritages à *Françoise* de Kergournadech, douairiere de Pencoedic (qu'on nomme aujourd'hui *Penhoedic*) sœur puînée de *Jeanne* de Kergournadech, le 20 janvier 1554. Les enfans d'ALAIN furent OLIVIER, qui suit ; *Jeanne*, religieuse en l'abbaye de Nonains (qui s'appelle aujourd'hui *la Joie*) près Hennebon, dotée par son pere d'une pension viagere le 25 janvier 1552 ; *Louise*, femme de *Tangui*, chevalier, seigneur de Château-Fur ; *Marguerite*, alliée l'an 1550, à *Jean* de Kerbic, chevalier, seigneur de Châteaufur ; *Françoise* de Querhoent, alliée le 23 mai 1559, à *René* de Penancouet, chevalier, seigneur de Kerouaille, trisaïeul par ce mariage de *Louise-Renée* de Penancouet de Kerouaille, duchesse de Portsmouth en Angleterre, & d'Aubigni en France.

XVIII. OLIVIER de Querhoent, II du nom, sire de Kergournadech, chevalier de l'ordre du roi, seigneur de Trehon, Coetquelfein, Lanininon, Kervilit, Garlot, Botquenel, & Lannyon, rendit aveu conjointement avec son pere & sa mere aux princes & princesses de la Roche-sur-Yon, des biens à lui avenus & à sa mere par la mort d'*Olivier*, dernier seigneur de Kergournadech, son frere, le 4 mai 1552. Il donna quittance, son pere présent, de la tutelle de son épouse le 13 décembre 1560 ; transigea le 10 octobre 1573, avec *Marie* de Kergournadech, sa tante maternelle, veuve de *Jacques* de Querhoent, seigneur de Harlan, laquelle reconnut que les biens de la maison avoient été de tout temps partagés noblement entre ses ancêtres & ceux dudit seigneur Olivier de Querhoent, comme étant d'ancienne chevalerie, & s'obligea de tenir les héritages à elle cédés par sondit neveu de fiefs & ramages de Kergournadech. Il transigea encore le 11 janvier 1575, avec *Louise* de Cozic, dame de Keruhuel, sa cousine, sur les prétentions qu'elle avoit sur la succession de Kergournadech, du chef de sa mere *Jeanne* de Kergournadech, tante de la mere dudit Olivier de Querhoent ; & partagea sa sœur *Françoise* de Querhoent, femme de *René* de Penancouet, seigneur de Kerouaille, le 24 octobre 1576, de même que son autre sœur *Louise* de Querhoent, épouse de *Tangui* de Château-Fur, le 19 mai 1477, toutes deux reconnoissant que les successions de leurs pere & mere ont été nobles de tout temps, & qu'elles ne peuvent être partagées que noblement, ainsi qu'elles l'ont toujours été entre leurs prédécesseurs. Il fit bâtir le château de Kergournadech, & vivoit encore le 16 mai 1586. Il avoit épousé par contrat du 7 octobre 1559, *Marie* de Ploëuc, dame & héritiere de Coetanfao & de Lestang, fille de *Pierre* de Ploëuc, seigneur de Kerguegan, & de *Jeanne* de Quelenec, dont il eut FRANÇOIS, qui suit ; CHARLES, qui fit la branche des marquis de COETANFAO, rapporté ci-après ; & *Marie* de Querhoent, dame de Lestang, mariée à *François* du Coskaër, chevalier, seigneur de Barrach & de Rosembo, chevalier de l'ordre du roi, dont des enfans.

XIX. FRANÇOIS de Querhoent, II du nom, sire de Kergournadech, vicomte de Plouider, seigneur de Troheon, Coetquelfein, Garlot, &c. chevalier de l'ordre du roi, capitaine de cinquante hommes d'armes de ses ordonnances, & commandant la noblesse de l'évêché de Léon. Il avoit épousé *Jeanne*, dame de Botignau, fille unique & héritiere d'*Alain*, chevalier, seigneur de Botignau, & de *Marguerite* de Kergorlai, dont il eut *Renée* de Querhoent, héritiere de Kergournadech, mariée par contrat du 30 avril 1616, à *Sébastien*, II du nom, marquis de Rosmadec, baron de Molac, &c. gouverneur de Quimper-Corentin, morte le 19 novembre 1643, en sa 43e année, mere de dix enfans ; & *Claude* de Querhoent, alliée à *François*, sire de Kergroades, chevalier, baron de Kerlec, & morte sans enfans.

BRANCHE DES MARQUIS DE COETANFAO,
devenus aînés de la maison de QUERHOENT.

XIX. CHARLES de Querhoent-Kergournadech, second fils d'OLIVIER de Querhoent, fire de Kergournadech, & de *Marie* de Ploëuc, fut partagé dans les biens de fa mere par fon frere aîné, le 6 mai 1586. Ils partagerent nouvellement le 3 août 1598, après la mort de leur pere; mais s'étant pourvu en justice contre cet acte, fon frere lui céda par transaction du 3 mai 1603, la terre & feigneurie de Coetanfao. Il mourut avant le 5 août 1609. Il avoit épousé *Isabeau* de Crechquerault, fille & héritiere de *François*, chevalier, feigneur de Crechquerault, & de *Marie* de Penhoët. Pierre de Rohan, feigneur de Gié, maréchal de France, avoit par l'héritiere de la branche aînée de Penhoët le comté de Penhoët, qui appartient au marquis de Coetanfao. Cette terre s'appelle encore aujourd'hui le comté de Penhoët-Gié. Cette dame avoit apporté à fon mari, entr'autres terres, celle de Kerautret, en vertu de laquelle les marquis de Coetanfao, fes defcendans, font les feuls feigneurs qui aient une chapelle fermée, ou prohibitive dans cette cathédrale de S. Paul de Léon, avec une grande tombe élevée. Ils ont auffi par cette terre, de même que par le comté de Penhoët, la nomination de plufieurs bénéfices & chapellenies, qui fe deffervent dans cette cathédrale. Du mariage de Charles, feigneur de Coetanfao, fortirent 1. FRANÇOIS, qui fuit; 2. *Hervé*, feigneur de Kerautret du chef de fa mere, qui de *Claude* le Ni, fille aînée de *Prégent* le Ni, feigneur de Coetdeles, eut deux filles, *Claude* de Querhoent, morte fans enfans, de *N.* feigneur de Trequerantec; & *Anne*, décédée auffi fans poftérité; 3. CHARLES, qui a fait *la branche de* LOCMARIA, *rapportée ci-après*; 4. *Marie*, époufe d'*Olivier*, feigneur de Kermengui; & 5. *Charlotte*, mariée le 5 juillet 1633, à *Jean* le Rouffeaux-Lanvaux, feigneur de Diernelai; & cinq autres enfans morts jeunes.

XX. FRANÇOIS de Querhoent, III du nom, furnommé *de Kergournadech*, feigneur de Coetanfao, chevalier de l'ordre du roi, gentilhomme de fa chambre, mourut le 2 août 1642. Il avoit épousé *Anne* de Kerouferé, fille aînée & héritiere de *Vincent*, chevalier, feigneur de Kerouferé, de Morifur, de Kerandraon, dernier de l'ancienne maison de Kerouferé, & de *Claude* de Percevaux; elle fournit le 28 février 1643, à Louis de Rohan, prince de Guemené, un aveu & dénombrement des terres que poffédoit feu fon mari, mouvantes de la principauté de Guemené. Elle vivoit encore le 20 mars 1654, lors du mariage de fon fils aîné, & ne vivoit plus le 5 juillet 1672. Leurs enfans furent 1. SÉBASTIEN, qui fuit; 2. *Touffaint* de Querhoent, feigneur de Morifur, qui de *Jeanne* de Segaler, fille & héritiere du feigneur de Mefcouez, eut pour enfans, *Sébaftien*, dit *le comte de Querhoent*, mort fans alliance; *Joseph* de Querhoent, dit *l'abbé de Coetanfao*, feigneur de Crechquerault, chantre, chanoine & premier dignitaire de l'église cathédrale de S. Paul de Léon; *Touffaint*, chevalier de Malte, mort jeune; *Renée*, veuve de *Joseph* du Dresnai, feigneur de Keroüé; *Catherine*, époufe de *N.* de Paftour de Kerjan, chevalier; & *Jeanne* de Querhoent, appellée *mademoifelle de Querhoent*; 3. *René* de Querhoent, feigneur de Kerandraon, dit *l'abbé de Coetanfao*, chanoine & dignitaire de l'église cathédrale de Léon, député de fon chapitre aux états de Bretagne tenus à Vitré, où il mourut; 4. *Sébaftien-Gui*, feigneur de Kerafcouet, mort fans poftérité; 5. *Claude*, feigneur de Plouvorn, mort fans poftérité; 6. *Joseph*, feigneur de Crechquerault, dit *le chevalier de Coetanfao*, mort jeune, étant officier de marine; & 7. *Renée* de Querhoent, mariée, étant encore mineure, par fa mere, à *Roland* de Calouet, chevalier, feigneur de Lanidi, de Leftenvern, &c. le 24 février 1653.

XXI. SÉBASTIEN de Querhoent de Kergournadech, marquis de Coetanfao, fire & comte de Penhoët Gié,

feigneur de Morifur, de Crenuhuelle, Kerandraon, Kerautret-Mefcouin, Kerafcouet, & Kerafquer, &c. partagea le 5 juillet 1664, avec *Jean-Baptifte* de Trevou, chef du nom & d'armes, époux de *Catherine* de la Foreft, fille de *Pierre*, feigneur de la Foreft, & de *Renée-Gillette* de Kerouferé, fœur puînée d'*Anne* de Kerouferé; fa mere; & le 27 feptembre fuivant, il partagea fes freres & fa fœur. Il mourut en 1704, ayant épousé, par contrat du 20 mars 1654, *Marie-Renée* de Kergoët, fille aînée de *François*, chef de nom & d'armes de Kergoët, feigneur de Guilli, &c. & de *Marguerite* de Loheac, dont il eut FRANÇOIS-TOUSSAINT, qui fuit; *Roland-François*, docteur en théologie de la maison de Navarre, chanoine, grand chantre, & premier dignitaire de l'église cathédrale de S. Paul de Léon, nommé évêque d'Avranches le 24 avril 1699, mort le 2 octobre 1719, âgé de 54 ans; *Maurice-Sébaftien*, dit *le comte de Coetanfao*, capitaine au régiment de cavalerie de Touloufe, tué à la bataille de Ramillies, en 1706; JEAN-SÉBASTIEN, marquis de Coetanfao, qui a continué *la poftérité raportée ci-après*; *Anne*, mariée, par contrat du 12 juin 1678, à *Sébaftien* Fleuriot, comte de Langle, Querjegu, Querloët & Rofvilis, dont une fille unique *Mauricette-Sébaftienne* Fleuriot, alliée à *Jean*, marquis de Coetanfao, morte en-couches, fans laiffer de poftérité; & *Julienne* de Querhoent-Kergournadech, qui a épousé, par contrat du 4 mai 1688, *Yves-Charles* le Vicomte, chevalier, comte de Rumain & de Coetcodu, dont un fils *Touffaint-Sébaftien* le Vicomte, comte de Rumain, ci-devant guidon des gendarmes Anglois du roi, & meftre de camp de cavalerie, & depuis premier cornette des chevaux légers du roi.

XXII. FRANÇOIS-TOUSSAINT de Querhoent-Kergournadech, marquis de Coetanfao, fire & comte de Penhoët, lieutenant général des armées du roi, premier fous-lieutenant des chevaux légers de la garde de fa majefté, chevalier d'honneur de Madame, fille de France, ducheffe de Berri, étoit entré dans la compagnie des gendarmes de la garde en 1678, & le prince de Soubife, qui en étoit capitaine lieutenant, le reconnoiffant pour fon parent, l'avoit préfenté au roi en cette qualité, & l'avoit fait fon aide de camp: il devint cornette des chevaux-légers de la garde en 1681, eut le brévet de meftre de camp le 25 avril 1690: fe trouva au combat de Leuze, où les chevaux-légers de la garde fe fignalerent par leur valeur; devint fous-lieutenant de cette compagnie le premier juin 1695; fut fait brigadier de cavalerie le 8 mars 1696, & fervit en cette qualité les années fuivantes; devint maréchal de camp le 26 octobre 1704, fe trouva en cette qualité à la tête des chevaux-légers de la garde aux batailles de Ramillies en 1706, & de Malplaquet en 1709, & fut bleffé à l'une & à l'autre. Le roi le fit lieutenant général de fes armées le 29 mars 1710, & chevalier d'honneur de Madame, ducheffe de Berri, par brévet du 12 décembre de la même année; ce qui ne l'empêcha pas de fervir en qualité de lieutenant général, les campagnes fuivantes jufqu'à la paix. Cette princeffe avant fa mort, lui avoit donné fa nomination pour être chevalier des ordres du roi à la premiere promotion. Il mourut le 25 février 1721, fans enfans de *Françoife* Bertault, dame du palais de la ducheffe de Berri, fille unique de *François* Bertault, chevalier, baron de Freauville, feigneur de Courcelles, confeiller au parlement de Paris, & de *Marie* de la Garde, qu'il avoit époufée, par contrat du 24 juin 1696, morte le 26 juin 1715.

XXII. JEAN-SÉBASTIEN, chef du nom & armes de Querhoent-Kergournadech, chevalier, marquis de Coetanfao, fire & comte de Penhoët-Gié, châtelain de Morifur, feigneur de Kerautret, de Crenuhuelle, de Kerandraon, Mefcouin, &c. frere du précédent, étoit capitaine de cavalerie dans le régiment de Querhoent, lorfque fon frere aîné lui donna partage, le 25 février 1705. Il fut fait colonel d'infanterie l'année fuivante, puis guidon des gendarmes de la reine , & meftre de camp de cavalerie : il devint en 1707 enfeigne des gendarmes de Berri , & en 1709 aide-major de la gendarmerie : il s'eft trouvé aux fiéges de Palamos , de Landau , de Fribourg , du Quefnoi & de Douai ; aux batailles & combats de Frideling , de Monderking , où il reçut quatre bleſſures confidérables , d'Hochftet , d'Oudenarde , & de Malplaquet , en 1709. C'eſt à celle-ci qu'il reſta priſonnier de guerre , ayant une épaule démiſe ; & étant bleſſé de deux coups de fabre , l'un à la main , l'autre au front , pour lequel il le fallut trépaner. Le roi Louis XIV récompenſa ſa valeur en le faiſant brigadier de ſes armées , le 29 mars 1710. Il parvint en 1712 au brévet de ſous-lieutenant dans la gendarmerie , & en 1719 il a été nommé major général des ſeize compagnies de la gendarmerie de France ; ce qui lui donne rang de premier ſous-lieutenant dans ce corps. Etant déja gouverneur de la ville & des châteaux de Morlaix en Bretagne , le roi , par les lettres du 19 février 1723 , l'a encore pourvu de l'office de gouverneur de la ville de Saint-Paul de Léon , Roſcoff , & iſle de Bas.

BRANCHE DES SEIGNEURS DE LOCMARIA , ſortis des ſeigneurs de COETANFAO.

XX. CLAUDE de Querhoent , ſecond fils de CHARLES , ſeigneur de Coetanfao , & d'Iſabelle de Crechquerault , épouſa le 24 octobre 1644 Anne de Chevri , dont il eut BERTRAND-RENÉ , qui ſuit.

XXI. BERTRAND-RENÉ de Querhoent , chevalier , ſeigneur de Locmaria , laiſſa de Marie Guiller , LOUIS-RENÉ , qui ſuit.

XXII. LOUIS-RENÉ de Querhoent , chevalier , ſeigneur de Locmaria , ci-devant capitaine de dragons dans le régiment de Rohan , épouſa le 3 avril 1717 Marie de Rumeau , & mourut en mars 1723 , laiſſant Joſeph-Marie ; Louis-Joſeph ; & anonyme de Querhoent.

BRANCHE DES SEIGNEURS DE HARLAN & de BOISRUAULT.

VIII. TANGUI de Querhoent , ſecond fils de TANGUI , ſeigneur de Querhoent , II du nom , & de Guyomarde de Bourguignen , mourut l'an 1322 , ayant eu d'Olive de Botignau , fille d'Olivier , ſeigneur de Botignau , HERVÉ , qui ſuit.

IX. HERVÉ de Querhoent , mort en 1351 , laiſſa de Gautiere le Borcheux , fille d'Alain le Borcheux , ſeigneur de la Gauthiere de Blaiſon , N. qui ſuit.

X. N. de Querhoent , mort l'an 1380 , avoit épouſé Henriette le Barbu , fille de Henri le Barbu , I du nom , & de Guyonne de Kerlozeres , dont il eut EON , qui ſuit.

XI. EON de Querhoent , dont le nom de la femme eſt ignoré , fut pere d'ARTUR , qui ſuit.

XII. ARTUR de Querhoent , dont le nom de la femme eſt inconnu , fut pere de PIERRE , qui ſuit.

XIII. PIERRE de Querhoent , épouſa Catherine Huon , ſœur aînée de Louiſe Huon , épouſe , comme il a été dit ci-deſſus , d'autre Pierre de Querhoent , II du nom , ſeigneur de Troheon : elles avoient un frere nommé Jean Huon , qui fut pere d'Hervé & de Marie Huon. Hervé ne laiſſa qu'un fils , Jean Huon , II du nom , ſeigneur de Harlan & du Squiriou , lequel mourant ſans poſtérité , inſtitua ſa tante Marie Huon pour ſon héritière univerſelle ; & celle-ci décédant auſſi ſans enfans , laiſſa tous ſes biens aux deſcendans de Catherine Huon , ſa tante paternelle. Leur fils fut JEAN , qui ſuit.

XIV. JEAN de Querhoent , I du nom , chevalier , ſeigneur de Harlant & du Squiriou , fut auſſi ſeigneur de Boiſruault & de Lourme dans l'évêché de Saint-Malo , par ſa femme Gillette le Preſtre , de la maiſon de Lochiere. Il mourut en 1537 , pere de YVON , qui ſuit.

XV. YVON de Querhoent , chevalier , ſeigneur de Boiſruault , de Harlan & du Squiriou , avoit épouſé Jeanne de Trevignant-de-beau-Repaire , dont il eut Olivier , mort ſans alliance ; JACQUES , ſeigneur de Harlan , qui ſuit ; ROBERT , qui fit la branche des ſeigneurs de BOISRUAULT , rapportée ci-après ; Jeanne , mariée en 1558 à Pierre Hudelort , chevalier , ſeigneur de la Grée & de Cuareve ; & Renée de Querhoent , épouſe de Jacques le Royer , chevalier , ſeigneur de Kerandraon.

XVI. JACQUES de Querhoent , chevalier , ſeigneur de Harlan & du Squiriou , eut un grand procès à ſoutenir contre Renée de Querhoent , ſa ſœur , pour la ſucceſſion collatérale qui étoit tombée en leur maiſon , des grands biens de celle de Huon. Pour ſe défendre il fut obligé de faire faire une enquête par le ſénéchal de Landiviſiau , le 6 novembre 1555 ; & par la dépoſition des témoins , il fut prouvé que la maiſon de Querhoent étoit une des plus anciennes , riches & nobles du Minihi de Saint-Paul , où le château de Querhoent eſt ſitué , & que ceux de cette maiſon avoient coutume de partager leurs ſucceſſions , l'un & chacun d'eux , noblement , ainſi que font les autres nobles , iſſus d'ancienne chevalerie du pays , ſavoir , les deux tiers à l'aîné , & l'autre tiers aux puinés ou juveigneurs , comme on paroît alors : la même enquête prouve que la ſeigneurie de Harlan avoit été un démembrement de celle de Léon , ayant été donnée en partage à un juveigneur de Léon , nommé Guyomar , fils de Huon de Léon , ſeigneur de Léon , & que ces ſeigneurs de Harlan avoient briſé les armes de Léon qui ſont d'or , à un lion de ſable , à la face des gueules brochante ſur le lion. Cette enquête fit gagner le procès à Jacques de Querhoent , qui mourut avant le 10 octobre 1573 , laiſſant veuve ſon épouſe Marie de Kergournadech , ſœur puinée de Jeanne , femme d'Alain de Querhoent , II du nom , ſeigneur de Troheon , rapportée ci-deſſus , n'en ayant eu qu'une fille , Françoiſe de Querhoent , qui porta la ſucceſſion de ſon pere , en mariage , à Charles de la Foreſt , chevalier , ſeigneur de Kerantoux , d'où elle paſſa par leur fille unique aux ſeigneurs de Léſardo-du-Parc-Locmaria.

BRANCHE DES SEIGNEURS DE BOISRUAULT , ſortis des précédens.

XVI. ROBERT de Querhoent , chevalier , troiſiéme fils d'YVON de Querhoent , ſeigneur de Harlan , &c. & de Jeanne de Trévegnant , eut la terre de Boiſruault pour partage. Il épouſa Claudine Bourdin , aînée de la maiſon de Labbaye-Bourdin , dont il eut JEAN de Querhoent , qui ſuit ; Julienne , Jacquette , Anne & Suſanne de Querhoent.

XVII. JEAN de Querhoent , II du nom , chevalier , ſeigneur de Boiſruault en l'évêché de Saint-Malo , s'allia à Jeanne de Goueſpé , fille de Pierre de Goueſpé , chevalier , & d'Anne de Saint-Pern , dont il eut JEAN III , qui ſuit ; Gillette , mariée à Jean de Trégonet , chevalier , ſeigneur de Coulombier ; & Julienne de Querhoent.

XVIII. JEAN de Querhoent , III du nom , chevalier , ſeigneur de Boiſruault , épouſa le ... novembre 1637 , Prégente de Bollan , fille de René de Bollan , chevalier , ſeigneur de Villeau , & de Jeanne de Roſmadec , dont il eut JEAN IV du nom , qui ſuit ; & Marie de Querhoent , femme de François Picault , chevalier , ſeigneur de Saint-Govenou.

XIX. JEAN de Querhoent , IV du nom , chevalier , ſeigneur de Boiſruault : ſa poſtérité ſubſiſte près de Ploërmel en Bretagne.

Les partages de la maiſon de Querhoent ont de tout temps été faits ſuivant l'aſſiſe du comte Geoffroi , &c.

Les armes de Querhoent ſont lozangé d'argent & de ſable ; les marquis de Coetanfao écartelent , au 1. & 4. de Kergournadech qui eſt échiqueté d'or & de gueules ; au 2. & 3. de Coetanfao , qui eſt d'azur à la fleur de lis d'or côtoyée en pointe de deux macles de même , &

mettent fur le tout l'écuffon de *Querhoent*. * *Mémoires domeſtiques*.

QUÉRINI, cherchez QUIRINI.

QUERNO (Camille) né à Monopoli , dans le royaume de Naples , s'acquit une grande facilité à faire des vers , & vint vers l'an 1514 à Rome , avec un poëme de vingt mille vers , intitulé *Alexiade* , qu'il avoit compoſé. Quelques jeunes gens de cette ville lui témoignerent beaucoup d'amitié , le traiterent à la campagne ; & dans un feſtin ils le couronnerent archipoëte , furnom qu'il retint depuis. Le pape Léon X le voyoit avec plaiſir , & lui faiſoit porter des viandes qu'on deſſervoit de ſa table. Le Querno qui étoit un agréable paraſite , s'en accommodoit très-bien ; mais il étoit obligé de payer ſur le champ d'un diſtique , tout ce qu'on lui donnoit. Un jour qu'il étoit extrêmement incommodé de la goutte , il fit ce vers :

Archipoëta facit verſus pro mille poëtis.

Comme il héſitoit à compoſer le ſecond , le pape ajouta de bonne grace :

Et pro mille aliis archipoëta bibit.

Alors le Querno voulant réparer ſa faute , compoſa ce troiſiéme vers :

Porrige , quod faciat mihi carmina docta , Falernum.

Le pape lui répliqua dans le même moment par celui-ci :

Hoc vinum enervat , debilitatque pedes.

C'étoit alors un temps heureux pour le Querno ; mais après la priſe de Rome , il ſe retira à Naples , où il ſouffrit beaucoup pendant les guerres de 1528 , & où il mourut à l'hôpital. Il diſoit ordinairement qu'il avoit trouvé mille loups , après avoir perdu un lion , faiſant alluſion au mot Leo. * Paul Jove , *in elog. doct. c.* 82. Pierius Valerianus , *in append. de infelic. litter.*

QUERQUENEZ , iſle formée par la mer Méditerranée dans la province de Tripoli , royaume de Tunis. Elle eſt devant les Eſſaques , & il y a beaucoup de hameaux de Bereberes , gens méchans & pauvres. Tous les environs ſont des terres ſéches ; & le courant de l'eau y eſt ſi fort , que les vaiſſeaux à rames ont de la peine à y aborder. Elle eſt de la dépendance des Gelues. Quelques-uns de ces barbares ſont gens de mer , & ſi amis des Turcs , qu'ils vont en courſe avec eux. Cette iſle & la fortereſſe qu'on y trouve ont été long-temps ſoumiſes aux Chrétiens. * *L'Afrique* de Marmol , t. III , l. 6 , c. 40. Thomas Corneille , *dictionaire géographique*, &c.

QUESADA (Antonio) juriſconſulte Eſpagnol , profeſſeur à Salamanque , vivoit l'an 1570 , publia un traité de diverſes queſtions de droit , & compoſa quelques autres traités. * Nicolas Antonio , *bibl. Hiſpan.*

QUESNE (Joſeph du) ou du Cheſne , en latin *Quercetanus* , ſeigneur *de la Violette* , conſeiller & médecin du roi de France , né en Gaſcogne , au pays d'Armagnac , & mort à Paris en 1609 , étoit de la religion prétendue-réformée , ſi l'on en croit un *index* des livres défendus. Il y en a qui lui donnent le titre de baron. Il épouſa *Marguerite* de Trie , fille de l'illuſtre & ſavant Budé , & il en eut même une fille. Il avoit étudié particulierement la chymie , & ſe conduiſit par les lumieres qu'il y avoit puiſées dans l'exercice de la médecine. C'eſt ce qui lui attira les invectives du fameux Guy Patin , l'ennemi déclaré des chymiſtes. Riolan ne le ménagea pas davantage , & s'attira de la part de du Queſne des réponſes moins vives , mais plus raiſonnables. Au milieu de ces perſécutions , ſa conſolation étoit de croire qu'il ne les méritoit pas , & de ſe voir applaudi & recherché des grands. M. Brulart de Silleri qui fut fait chancelier de France en 1607 , ayant été envoyé en 1602 dans la troiſiéme fois en Suiſſe pour y renouveller l'alliance , le mena avec lui , & l'honora toûjours de ſon eſtime & de ſa confiance.

Comme on parloit beaucoup alors en Suiſſe d'une fille de 18 ans , qui avoit vécu plus de trois ans ſans prendre aucune nouriture , ni aucune boiſſon , M. de Silleri envoya M. du Queſne à Berne pour y examiner la vérité de ce fait , & comment cette fille avoit pu vivre juſqu'là avec une telle abſtinence. Celui-ci y alla , fit un examen ſérieux du fait , le trouva véritable , & le certifia à ſon retour à celui qui l'avoit envoyé. Les ouvrages de M. du Queſne ſont en aſſez grand nombre , & ont tous été reçus avec beaucoup d'avidité , & réimprimés pluſieurs fois. Ceux dont nous avons connoiſſance , ſont : De la matiere de la vraie médecine des anciens philoſophes , de la maniere de la préparation , & de leur avantage dans la guériſon des maladies , &c. avec quelques autres traités concernant les découvertes des anciens médecins , & ſur-tout des philoſophes hermétiques , & des conſeils de médecine , touchant la pierre , les coliques néphrétiques , les maladies vénériennes , &c. volume *in-8°* , imprimé à Saint-Gervais qui fait partie de Genève , en 1603 , & à Genève , en 1609 , en latin : *Tetras graviſſimorum totius capitis affectuum* , &c. à Marpurg en 1606 , 1608 , 1609 & 1617 , *in-8°*. *Peſtis Alexiacus* , luis peſtiferæ fuga , auxiliarius ſelectorum utriuſque medicinæ remediorum copiis illuſtrata , à Paris , chez Claude Morel , en 1608 & 1624 , *in-4°* , à Leipſic , en 1609 & 1615 , *in-8°*. *Sclopetarius , ſive de curandis vulneribus quæ ſclopetorum & ſimilium tormentorum ictibus acciderunt* , à Lyon , en 1596 & 1600 , *in-8°*. *Pharmacopæa dogmaticorum reſtituta , pretioſis ſelectiſque hermeticorum illuſtrata* , à Gieſſen , en 1607 , *in-8°* , à Paris , à Leipſic , à Veniſe , &c. en différentes années. L'édition de Veniſe en 1614 , eſt augmentée d'un traité *de ſpagyrica mineralium , animalium , & vegetabilium præparatione & uſu.* On trouve auſſi cet ouvrage avec le *Johannis Renedæi diſpenſatorium Galeno-chymicum* , imprimé à Hanovre en 1631 , *in-4°*. *Diæteticon polyhiſtoricon* , &c. à Paris , en 1606 ; à Leipſic , en 1607 & 1615 ; à Francfort en 1607 ; & à Genève , en 1626. *Ad Jacobi Auberti , Vindonis , de ortu & cauſis metallorum , contra chymicos explicationem , brevis reſponſio. Accedit de ſpagyrica præparatione mineralium , animalium & vegetabilium medicamentorum* , à Lyon , en 1575 & 1600 ; & dans le deuxiéme volume du théâtre chymique de l'édition de Strasbourg en 1613 , *in-8°*. *Ad veritatem hermeticæ medicinæ ſtabiliendam* , &c. *adverſus anonymi phantaſmata , reſponſio* , à Paris , en 1603 & 1604 ; & à Francfort , en 1605. *Ad brevem Riolani excurſum brevis incurſio* ; à Marpurg , en 1605 , *in-8°*. On a recueilli auſſi pluſieurs de ſes traités précédens , ſous le titre général de *Opera medica* , que l'on a imprimés à Lyon , en 1600 ; à Francfort-ſur-le-Mein , en 1602 ; à Leipſic , en 1624. *Magnum mundi ſpeculum* , à Lyon en 1587 , *in-4°*. La plupart des principes répandus dans ſes divers ouvrages ſe trouvent réunis dans celui qui eſt intitulé : *Joannis Schroderi Quercetanus redivivus , hoc eſt , ars medica dogmatico-hermetica ex Quercetani ſcriptis digeſta* , à Francfort en 1643 , trois tomes en un volume *in-4°*. M. Manget , qui parle au long des ouvrages de celui qui fait le ſujet de cet article , dans ſa *bibliothéque des médecins auteurs* , ne dit rien de ce dernier ouvrage. * *Voyez* cette bibliothéque , livre XVI.

QUESNE (Abraham du) capitaine de vaiſſeau , & depuis chef d'eſcadre , pere de l'illuſtre *Abraham* du Queſne , général des armées navales de France , *dont on parle dans l'article ſuivant.* Il naquit au bourg de Blangi dans le comté d'Eu , de parens pauvres & Calviniſtes. S'étant retiré de bonne heure à Dieppe , il apprit la carte marine , ſe mit ſur les vaiſſeaux , & ſe rendit capable d'être pilote. Après avoir exercé quelque temps cette profeſſion , il paſſa en Suède,obtint une place de pilote dans les vaiſſeaux de la reine Chriſtine , fut choiſi enſuite par cette princeſſe pour conduire quelques vaiſſeaux qu'elle envoyoit en France ; & s'étant

diſtingué dans cette occaſion , il fut fait capitaine de vaiſſeaux du roi dans l'armée navale de France. Louis XIV
ayant été informé de ſon expérience & de ſon habileté,
le renvoya en Suéde avec une eſcadre, pour y ménager
des affaires importantes qui regardoient la marine.
Comme la France étoit alors en guerre avec l'Eſpagne ,
du Queſne à ſon retour en France fut attaqué par la
flotte eſpagnole, & quoiqu'il fit des prodiges de valeur ,
il reçut une bleſſure conſidérable & fut fait priſonnier.
Ayant été conduit à Dunkerque , il y mourut peu après
de ſa bleſſure, en 1635 , dans les ſentimens de la religion prétendue reformée.

QUESNE (Abraham du) marquis du Queſne , général des armées navales de France , & l'un des plus
grands hommes de guerre du XVII ſiécle, s'étoit dès
ſa plus tendre jeuneſſe entièrement dévoué au ſervice
ſur mer, & paſſa 60 ans à ſervir actuellement , depuis
l'emploi de ſimple capitaine , juſqu'aux premieres charges. Il naquit en Normandie l'an 1610 , d'une famille
noble & habituée depuis long-temps dans cette province. Ce fut ſous les ordres de ſon pere, qu'il commença d'apprendre le métier de la guerre ; car l'an
1627 , dans le temps des troubles de la Rochelle , le
pere, qui étoit Calviniſte , ayant demandé à la cour
de ne point ſervir dans l'armée que l'on deſtinoit contre cette place , fut envoyé d'un autre côté avec une
eſcadre de vaiſſeaux ; & le fils , qui n'avoit encore que
17 ans , commanda un des vaiſſeaux de cette eſcadre,
où dans un âge peu avancé, il ne laiſſa pas de donner des
marques de ce qu'il devoit être un jour. Il ſe trouva
l'an 1637 , à l'attaque des iſles de Sainte-Marguerite ;
& l'an 1638 il contribua beaucoup à la défaite de l'armée navale d'Eſpagne devant Gattari. Il reçut un coup
de mouſquet l'an 1639 , à l'attaque des vaiſſeaux qui
étoient dans le port de Saint-Ogne. Il fut encore dangereuſement bleſſé l'an 1641 , devant Tarragone ; l'an
1642 , devant Barcelone , à la priſe de
Perpignan ; & l'an 1643 dans la bataille qui ſe donna
au cap de Gattes , contre l'armée d'Eſpagne. L'année
ſuivante , l'an 1644 , il alla ſervir en Suéde , où ſon
nom étoit déja connu , à cauſe de ſon pere. Il y fut
fait major général de l'armée navale , puis vice-amiral.
C'eſt en cette qualité qu'il ſervoit le jour de la fameuſe
bataille où les Danois furent entièrement défaits ; &
ce fut lui deuxième qui aborda & prit leur vaiſſeau
amiral appellé la Patience , où il ſe fit un choc furieux,
& où le général de l'armée danoiſe fut tué. Il auroit
fait priſonnier le roi de Danemarck lui-même , ſi ce
prince , ayant reçu dans l'œil un éclat de bois , près
d'un canon qu'il pointoit , n'avoit été obligé par cette
bleſſure à ſortir de ce vaiſſeau la veille de la bataille.

Du Queſne fut rappellé en France l'an 1647 , &
commanda cette année & la ſuivante , une des eſca-
dres qui furent envoyées à l'expédition de Naples.
Comme la marine de France étoit fort déchue de ſon
premier luſtre, par la minorité du roi , il arma pluſieurs
navires à ſes dépens l'an 1650 , à l'occaſion des premiers
mouvemens de Bourdeaux, en étant preſſé par la cour,
pour porter du ſecours à l'armée royale , qui tenoit cette
ville bloquée, & pour empêcher en même temps que les
Bourdelois ne puſſent être ſecourus par mer. Il fut rencontré en chemin par une eſcadre angloiſe , qui voulut lui
faire baiſſer le pavillon : ſur quoi ayant rendu un rude
combat où il fut dangereuſement bleſſé , il ſe retira
glorieuſement de cette rencontre , quoique la partie
fût inégale. Enſuite il fut obligé de faire radouber ſes
vaiſſeaux à Breſt , d'où il reprit le chemin de Bourdeaux , ſans attendre l'entiere guériſon de ſes bleſſures. L'armée d'Eſpagne arrivoit dans la riviere en même
temps que lui. Il y entra malgré cette armée , & ce fut
une des principales cauſes de la reddition de la ville.
La reine régente , pour lui témoigner ſa reconnoiſſance,
en attendant ſon rembourſement, lui donna le château
& l'iſle d'Indred en Bretagne, qui étoient du domaine
de ſa majeſté. Mais rien n'a tant relevé ſa gloire, que

le ſuccès des guerres de Sicile. Ce fut-là qu'il eut en
tête le grand Ruyter , ſi redoutable ſur l'Océan , &
qu'étant inférieur en nombre , il vainquit néanmoins
les Hollandois en trois différens combats dans le dernier
deſquels Ruyter fut tué d'un coup de canon. Depuis les
vaiſſeaux des Tripolins qui étoient ennemis de la France, s'étant retirés dans le port de Chio , comme dans
un aſyle aſſuré , ſous une des principales for009tereſſes du
grand ſeigneur , où ils étoient protégés du capitan bacha , à la tête de 40 galeres , Du Queſne alla les fou-
droyer avec une eſcadre de ſix vaiſſeaux ; & les ayant
tenus bloqués long-temps , il obligea cette république
à conclure une paix très-glorieuſe pour la France. Enſuite il força Alger & Gênes à implorer la clémence du
roi. L'Aſie , l'Afrique & l'Europe ont été témoins de
ſa valeur ; & un nombre infini de Chrétiens, auxquels ,
dans toutes ſes expéditions il a donné libéralement la
liberté ſans rançon , ont eu des preuves irréprochables de
la grandeur de ſon ame. Il étoit né Calviniſte, & eſt mort
dans la même créance. Le roi qui honoroit ſon mérite
d'une eſtime particuliere, ne pouvant, à cauſe de la religion
qu'il profeſſoit , le récompenſer avec tout l'éclat qu'il
auroit ſouhaité, n'a pas laiſſé de donner une marque de
ſa bienveillance très-glorieuſe , & à lui , & à ſa poſtérité , en lui faiſant don de la terre du Bouchet, qui eſt
une des plus belles du royaume , ſituée auprès d'Étam-
pes , & en l'érigeant en marquiſat , après lui avoir ôté
ſon premier nom , & lui avoir donné celui de DU
QUESNE , pour l'immortaliſer. Ce grand homme mourut à Paris le 2 février 1688 , après avoir vécu 78 ans
avec une vigueur & ſa ſanté extraordinaire. Son cœur
fut porté dans le temple de la ville d'Aubonne , où ſon
fils aîné , alors baron du lieu , lui fit placer une épitaphe. Il avoit épouſé Gabrielle de Berniere, dont il a
laiſſé quatre fils , dont l'aîné HENRI , fait le ſujet de
l'article ſuivant ; le ſecond , Abraham , capitaine de
vaiſſeau , prit l'an 1683 , & emmena à Toulon le
prince de Monteſarchio , général de l'armée d'Eſpagne ; & l'an 1684, dans la deſcente de Gênes , il ſoutint le bataillon qu'il y commandoit ; le troiſième ,
Iſaac , qui a ſervi ſur mer avec diſtinction ; & le quatrième , Jacob , comte du Queſne , épouſa Marie-Fran-
çoiſe-Magdeléne de Soucelle , d'une noble famille de
Bretagne , morte le 31 janvier 1710. Le marquis du
Queſne avoit auſſi pluſieurs freres qui ſont tous morts
dans le ſervice. L'un d'eux , capitaine de vaiſſeau , fut
tué d'un coup de canon ; il laiſſa un fils N. DU QUES-
NE-MONIER , qui s'eſt ſignalé en diverſes occaſions.
Un autre frere , capitaine de vaiſſeau , laiſſa un fils
N. du Queſne-Monier , auſſi capitaine de vaiſſeau , &
chevalier de l'ordre militaire de S. Louis , qui eut un bras
emporté en 1705 , & qui a été marié. * Mém. du temps.

QUESNE (Henri, marquis du) fils aîné d'Abraham,
dont on vient de parler , fut , comme lui , formé aux armes
dès ſa plus tendre jeuneſſe, & s'y eſt toujours diſtingué
par ſa valeur & ſon habileté dans l'art militaire. Né en
1652 , il fit ſa premiere campagne en 1666 , âgé de quatorze ans , en qualité d'enſeigne de vaiſſeau. En 1672, il
ſe trouva au combat qui ſe donna entre les flottes françoiſe & hollandoiſe unies , & la flotte hollandoiſe. En
1674 , il fut fait capitaine de pavillon , ſans paſſer par le
grade de lieutenant , diſtinction dont on ne connoiſſoit
point encore d'exemple. Fait capitaine de vaiſſeau en
1675 , il commanda le vaiſſeau du roi nommé le Parfait,
aux trois combats qui ſe donnerent en 1676 , contre les
flottes hollandoiſe & eſpagnole. M. du Queſne prit un
vaiſſeau dans le ſecond combat, & y fut bleſſé conſidérablement : amiral Ruiter fut tué. Pendant la paix dont
la France jouit enſuite durant quelques années , M. du
Queſne appellé par Louis XIV , eut entrée dans tous les
conſeils qui ſe tenoient à la cour pour le règlement des
ports , pour perfectioner la conſtruction des navires ,
pour régler même les opérations d'une campagne ; & ſes
avis furent preſque toujours applaudis. En 1683 , il ſe
trouva avec ſon pere au bombardement d'Alger , où il

commanda le vaiſſeau du roi nommé *le Laurier;* de-là il fut envoyé à Tunis pour y renouveller la paix entre la France & cette regence. Il réuſſit dans cette négociation, & ſe fit ſi bien eſtimer à Tunis, qu'on lui accorda le *Sopha,* honneur que l'on n'avoit point accordé à ceux qui avoient été avant lui. Vers le même temps, M. du Queſne s'apperçut que l'on commençoit à n'être plus favorable en France à ceux de la religion prétendue réformée, dans laquelle il avoit été élevé, & où il eſt opiniâtrément demeuré juſqu'à la mort, malgré ſes lumieres, même théologiques; il demanda & obtint la permiſſion de ſe retirer; & ayant acheté au commencement de 1685, la baronie d'Aubonne, dans le canton de Berne en Suiſſe, il y alla en 1686, & y fixa ſon ſéjour. Lors de la guerre de 1695, l'Angleterre & la Hollande le ſolliciterent d'entrer à leur ſervice contre la France; on lui fit, s'il y conſentoit, les offres les plus avantageuſes: mais toujours fidèle à ſa patrie, quoiqu'il s'en fût retiré, on ne put jamais le réſoudre à prendre les armes contre un prince pour qui il les avoit portées avec tant de diſtinction & de zèle. En 1701, il vendit ſa terre d'Aubonne plus de deux cens mille livres à leurs excellences de Berne, & cette terre fut érigée en bailliage. Lors de la révocation de l'édit de Nantes, il ſollicita pour un grand nombre de ſectaires la permiſſion de ſortir de France avec leur famille & leurs effets; il fit pour cela pluſieurs voyages, & il obtint preſque tout ce qu'il demanda. En 1689 & 1690, il obtint des Etats généraux d'armer deux vaiſſeaux pour transporter une colonie de réfugiés dans l'iſle de Maſcaregne. Mais ayant appris lorſque ſes vaiſſeaux étoient prêts de mettre à la voile, que Louis XIV, qui avoit été autrefois maître de cette iſle, envoyoit de ce côté-là une eſcadre de ſept vaiſſeaux, il crut qu'il étoit de la prudence de déſarmer. M. du Queſne avoit beaucoup de probité & de modération. Il avoit une érudition peu commune dans un homme de ſon état. Les belles lettres, l'hiſtoire eccléſiaſtique, les matieres mêmes de controverſes, lui étoient aſſez familieres. Il a écrit dans les principes de ſa ſecte, des *Réflexions anciennes & nouvelles ſur l'Euchariſtie,* qui ont été imprimées en 1718, & dont les proteſtans font une eſtime ſinguliere. Ce qu'on peut y louer, c'eſt l'érudition qui y brille, & la modération que l'on y voit regner. M. du Queſne eſt mort à Genève le 11 novembre 1722, âgé de près de ſoixante & onze ans, eſtimé & regretté de tous ceux qui le connoiſſoient. Il eſt auteur de l'épitaphe faite pour ſon pere, qui ſe voit dans l'égliſe de la ville d'Aubonne, où ſon cœur eſt dépoſé. * *Mémoires du temps, Voyages de* François Le Guaſt. *L'état & les délices de la Suiſſe, tome II, page 290. Bibliothèque de Brême de 1723, page 177.*

QUESNE (*N.* du) de la famille du précédent, ſe ſignala auſſi ſur mer en pluſieurs occaſions importantes. Il commanda entr'autres une eſcadre de ſix vaiſſeaux depuis le 24 février 1690, juſqu'au 20 août 1691, par ordre de la compagnie des Indes orientales, & il fit en cette occaſion par ordre de cette compagnie, un voyage aux Indes orientales, dont il a dreſſé un journal qui a été imprimé après ſa mort à Rouen en 1721, en trois volumes *in-*12. L'auteur ne s'y renferme pas tellement dans le ſimple récit de ſon eſcadre en général, & de ſon vaiſſeau en particulier, qu'il ne s'égaye de temps en temps ſur divers ſujets de philoſophie, d'hiſtoire & de belles lettres, même ſur des matieres de théologie qui ne ſont pas trop ſuſceptibles d'enjouement. Il s'exprime avec liberté; & quoiqu'il ſe déclare catholique, il pouſſe quelquefois cette liberté au-delà de ſes juſtes bornes quand il parle de la religion: il l'étend encore plus loin quand il s'agit de mœurs, & l'on auroit pu épargner au lecteur les endroits peu chaſtes qui ſe trouvent dans ce journal, qui renferme d'ailleurs beaucoup de remarques curieuſes, particuliérement ſur la navigation, & ſur la politique de divers peuples, & de différentes ſociétés. L'auteur apprend lui-même qu'il avoit fait pour feu M. de Seignelai, ſecrétaire-d'état de la marine, des mémoires du Canada, dont ce miniſtre fit uſage. A l'égard du journal dont nous parlons, c'eſt une compilation faite par l'auteur même, des mémoires qu'il avoit faits pour le même M. de Seignelai, & par ſon ordre, de ceux qu'il avoit dreſſés pour un de ſes propres amis, & de ceux qu'il avoit rédigés pour lui-même. Ce que ce journal a d'eſtimable au-deſſus de quantité de relations de voyages ne confirment que trop le proverbe, *A beau mentir qui vient de loin,* c'eſt que la ſincérité en fait le caractere dominant.

QUESNEL, marquis de Coupigni, *voyez* O.

☞ QUESNEL (Paſquier) né à Paris le 14 juillet 1634. Après avoir achevé ſon cours de théologie en Sorbonne, il entra dans la congrégation de l'Oratoire le 17 novembre 1657. Il reçut l'ordre de prêtriſe en 1659, & il célébra ſa premiere meſſe le 29 ſeptembre de la même année. Il s'appliqua tout entier à l'étude eccléſiaſtique, & compoſa d'abord quelques ouvrages de piété. Le plus conſidérable de tous, ce ſont les *Réflexions morales* ſur chaque verſet du Nouveau Teſtament. Le P. Queſnel commença ce livre à Paris pour l'uſage des jeunes confreres de l'Oratoire. Ce n'étoit d'abord que quelques pieuſes réflexions ſur les paroles de Notre-Seigneur Jeſus-Chriſt. Le marquis de Laigue, & quelques autres perſonnes de piété ayant goûté cet eſſai, lui perſuaderent d'en faire de ſemblables ſur le texte entier des quatre évangéliſtes. L'auteur exécuta ce deſſein, & le marquis de Laigue en ayant parlé à M. Félix Vialart, évêque de Châlons-ſur-Marne, ce prélat qui étoit dans une grande & juſte réputation de piété & de ſageſſe, lut cet ouvrage avec beaucoup d'application & de ſoin, l'approuva, & l'adopta pour l'uſage de ſon dioceſe, & en recommanda la lecture aux eccléſiaſtiques & aux fidéles, par un mandement du 9 novembre 1671. Cet ouvrage fut imprimé à Paris, chez André Pralart, portant ſur le frontiſpice, que c'étoit par ordre de M. l'évêque comte de Châlons, &c. avec privilège & approbation des docteurs. Cette édition ſe fit avec la participation & le conſentement de M. de Harlai, pour lors archevêque de Paris.

Le P. Queſnel travailla enſuite à une nouvelle édition des œuvres de S. Léon pape, ſur un ancien manuſcrit apporté de Veniſe, qui avoit appartenu au cardinal Grimani, & qui a été donné à la maiſon de l'Inſtitution de l'Oratoire de Paris, par le P. de Berziau. C'eſt la meilleure édition qu'on ait de S. Léon. Outre que le texte eſt revu exactement, elle eſt accompagnée de notes, d'obſervations & de ſavantes diſſertations. Elle parut à Paris en 1675, *en deux tomes in-*4°. Comme l'auteur dans ſes notes & ſes diſſertations défend avec force les ſentimens de l'égliſe de France, contre les prétentions de la cour romaine, on ne fut pas ſurpris de voir cet ouvrage condamné l'année ſuivante à Rome, par un décret de la congrégation de l'Indice, du 22 juin 1676. Mais ce décret fut publié parce qu'on ſe fût ſeulement donné le temps de lire l'ouvrage, comme l'écrivit dans le temps un pere Queſnel un cardinal François qui étoit pour lors à Rome, & membre de la congrégation. * *Motifs de droit* du pere Queſnel, *pag.* 146, 149. On a fait depuis à Lyon une ſeconde édition des œuvres de S. Léon, *in-folio,* qui a paru en 1700.

L'attachement que le P. Queſnel avoit toujours fait paroître pour le R. P. de Sainte-Marthe, général de l'Oratoire de France, le mit mal dans l'eſprit de M. de Harlai, archevêque de Paris. Ce prélat qui avoit fait exiler le P. de Sainte-Marthe, employa le nom du roi, pour obliger le P. Queſnel à ſe choiſir une demeure où il voudroit hors du dioceſe de Paris. Il choiſit librement Orléans, où il ſe retira vers le mois de novembre 1681. Il avoit commencé à Paris, par le conſeil de M. Nicole, à compoſer ſur les actes des apôtres & les épîtres de ſaint Paul, des *Réflexions morales,* ſemblables à celles qui avoient déja été publiées, quinze ans auparavant, ſur les évangiles, à l'uſage du dioceſe de Châlons. Il continua ce travail à Orléans; mais un nouvel incident l'obligea de ſortir de France, à l'occaſion de l'affaire qu'on ſuſcita à la congrégation de l'Oratoire.

On avoit dreſſé dans l'aſſemblée générale de cette congrégation, tenue à Paris en 1678, un formulaire de doctrine très-mal conçu, ſur divers points de philoſophie &
de théologie, qui fut improuvé par pluſieurs évêques de
France, & que M. Fouquet, évêque d'Agde, défendit
de mettre à exécution dans les maiſons de l'Oratoire de
ſon dioceſe. * Anatomie de la Sent. pag. 28 & 154.
Dans l'aſſemblée de 1684, on en ordonna la ſignature à
tous ceux qui compoſoient cette congrégation. Le pere
Queſnel ne croyant pas le pouvoir ſigner en conſcience
ſans y joindre des explications, que l'on jugeoit d'ailleurs fort raiſonnables ; & prévoyant bien qu'après ce
refus il n'y auroit pas de ſûreté pour lui en France, ſe
retira dans les Pays-Bas Eſpagnols, au mois de février
1685, & vint à Bruxelles ſe joindre à M. Arnauld, à
qui il tint compagnie juſqu'au mois d'août 1694, que
mourut ce docteur. Ce fut-là qu'il acheva les Réflexions
morales ſur le reſte du Nouveau Teſtament, & elles furent
imprimées pour la premiere fois en 1687, jointes aux
Réflexions ſur les quatre évangiles qui avoient paru dès
1671. Celles-ci étoient fort courtes. Il les revit & leur
donna plus d'étendue, pour les rendre proportionées aux
dernieres qu'il avoit faites ſur les actes, les épîtres des
apôtres, & l'apocalypſe. Ce fut alors que cet ouvrage
parut achevé, & il fut imprimé en cet état-là pour la
premiere fois en 1693 & 1694.

M. d'Urſé, évêque de Limoges, fit prier l'auteur de
faire imprimer ſéparément ſes Réflexions, ſeulement ſur
les épîtres & les évangiles des dimanches & des fêtes,
pour en faire un volume, que les curés de la campagne
puſſent avoir à juſte prix. Il le fit, & y joignit auſſi des
réflexions ſur les épîtres ou leçons tirées de l'ancien teſtament, qui ſe trouvent dans le miſſel romain. Mais le
manuſcrit s'étant perdu entre Bruxelles & Paris, & l'auteur n'en ayant point d'autre copie, cet ouvrage n'a point
été publié.

En 1695, M. le cardinal de Noailles, alors évêque
de Châlons-ſur-Marne, ayant trouvé que ce livre avoit
cours dans ſon dioceſe ; qu'il y étoit généralement goûté ;
qu'il y avoit été recommandé par ſon prédéceſſeur ; que
M. d'Urſé, évêque de Limoges, lui en écrivoit avec une
grande eſtime, après l'avoir lui-même avec attention,
& y avoir fait quelques changemens, l'approuva, &
donna un mandement daté de Châlons du 23 juin 1695,
dans lequel, comme avoit fait M. Vialart, il recommande à ſon clergé & à ſon peuple la lecture de ce livre.
Ce prélat transféré la même année au ſiége archiépiſco-
pal de Paris, fit une inſtruction ſur la prédeſtination & la
grace, qu'il publia le 20 août 1696. Ce fut à cette occaſion que quelqu'un publia le fameux problême eccleſiaſ-
tique, qui parut vers la fin de l'année 1698, imprimé à
Bruxelles par les ſoins du P. de Souatre, Jéſuite. Mais ce
libelle fut condamné au feu par un arrêt du parlement de
Paris, du 10 janvier 1699, & condamné à Rome. Cependant M. l'archevêque de Paris, qui n'étoit pas encore
cardinal, chargea quelques théologiens très-habiles, nullement prévenus en faveur de l'auteur, de faire encore
une exacte réviſion de ce livre. Feu M. Boſſuet, évêque
de Meaux, y travailla avec beaucoup d'application,
& compoſa contre le problême la Juſtification des réflexions morales, qui a été publiée en 1710. Cette révi-
ſion fut faite à Paris ſans la participation du P. Queſnel ;
mais en étant informé, il y apporta toute la facilité poſſible. L'édition ainſi revue, fut publiée à Paris en 1699.
C'eſt la plus ample de toutes celles qui avoient paru juſqu'alors.

En 1703, après l'éclat du fameux cas de conſcience,
qui donna occaſion de renouveller les diſputes ſur la ſignature du formulaire, & ſur les matieres de la grace, M.
l'archevêque de Malines, Humbert de Précipiano, ſur un
ordre obtenu, dit-on, du roi d'Eſpagne, fit arrêter à Bruxelles le P. Queſnel le 30 mai, & le fit conduire dans les
priſons de la maiſon archiépiſcopale à Bruxelles, d'où il
fut tiré par une voie ineſpérée le 13 ſeptembre de la mê-

me année. Il demeura caché à Bruxelles juſqu'au ſecond
jour du mois d'octobre, qu'il en ſortit, & ſe rendit à Namur, dans le deſſein de paſſer outre. Ximenès, gouverneur de Namur, qui avoit reçu ordre du roi d'Eſpagne
de ne laiſſer paſſer perſonne, arrêta pendant quelque
temps le P. Queſnel à Namur, quoiqu'il ne le connût
pas. Ce pere, ſur la parole d'une perſonne d'autorité,
obtint la permiſſion de ſortir de la ville. Il ſe rendit à
Hui, où il fut arrêté par le commandant de cette ville
pour les Hollandois, qui jugea ſon paſſeport défectueux. Mais après avoir été quelques jours en arrêt, il fut
délivré ſur un paſſeport plus ample qu'on lui envoya.

Dès qu'il ſe vit en liberté, il publia ſon Motif de droit,
où il expliquoit les raiſons qu'il avoit eues de ſuſpecter &
de récuſer la perſonne & le tribunal de M. de Malines ;
& il répondit aux faits avancés contre lui dans un placard, publié par le procureur d'office de la cour eccléſiaſtique de Malines. Cela n'empêcha pas le prélat de
rendre contre le pere Queſnel une ſentence datée du 10
novembre 1704.

Ce pere s'étant retiré en Hollande au mois d'avril
1704, ſur les invitations de M. Codde, qui en étoit
évêque ſous le titre d'archevêque de Sébaſte, attaqua la procédure, & la nullité de la ſentence de M. de
Malines, par deux écrits qui parurent au commencement de l'année ſuivante, intitulés : Idée générale du
libelle publié en latin, ſous ce titre : Motif de droit pour
le procureur de la cour eccléſiaſtique de Malines, &c.
Et Anatomie de la ſentence de M. l'archevêque de Malines.

Après la mort de M. de Précipiano, en 1711, le
pere Queſnel préſenta requête au conſeil ſouverain de
Brabant, non pour faire juger le fond de ſa cauſe, qui
regardoit le juge eccléſiaſtique, mais pour faire connoître & déclarer juridiquement l'irrégularité & la nullité des procédures faites contre lui, par pure voie de
fait. Mais M. Van-Suſteren, ancien grand vicaire du
feu archevêque, & depuis évêque de Bruges, eut le
crédit de faire interdire la connoiſſance de cette cauſe
au conſeil de Brabant, par autorité abſolue du conſeil
d'état. C'eſt ce qui donna occaſion à l'écrit du pere
Queſnel, intitulé : Mémoire juſtificatif du recours qu'a
eu le pere Queſnel au roi en ſon conſeil de Brabant, &c.
1712.

Les ennemis du pere Queſnel avoient engagé, dès
le 15 octobre 1703, M. Foreſta de Colongue, évêque
d'Apt, de publier une ordonnance contre les Réflexions
morales. Le titre en étoit néanmoins tout-à-fait défiguré.
On y ſupprimoit ce qui y étoit marqué dans les premieres
éditions, qu'il étoit imprimé par ordre de M. l'évêque &
comte de Châlons, &c. On le déſignoit comme imprimé
à Trévoux ou à Lyon, & ſe vendant à Paris, chez
A. Pralart, quoiqu'aucune édition ne portât cette indi-
cation. Il ſembloit qu'on auroit voulu le confondre avec
le Nouveau Teſtament de M. Simon, imprimé à Trévoux, & déja condamné par M. le cardinal de Noailles
& par M. Boſſuet.

En 1704, les mêmes ennemis du P. Queſnel publierent
deux autres écrits, l'un intitulé, Le pere Queſnel hérétique,
& l'autre, Le pere Queſnel ſéditieux. On ſe ſeroit attendu d'y voir ces accuſations prouvées, par les papiers
ſecrets enlevés au pere Queſnel en 1703, lorſqu'il fut
conduit en priſon. Mais on fut ſurpris de ne les voir ap-
puyées que ſur des propoſitions tirées des Réflexions
morales, preſque toutes les mêmes qu'on inféra depuis
dans la bulle Unigenitus. Ces papiers ſecrets ſervirent
à la compoſition de certains extraits, adminiſtrés à
Louis XIV par ſon confeſſeur, cahier par cahier, dont
madame de Maintenon lui a fait la lecture tous les ſoirs
pendant dix ans. * Lettres de madame de Maintenon à
M. de Caylus, lettre 129.

M. le cardinal de Noailles ayant mécontenté la cour
de Rome, en ſoutenant, dans l'aſſemblée du clergé de
1705, les droits de l'épiſcopat, Clément XI lui en témoigna ſon vif reſſentiment, par ſes brefs aux évêques
&

& au roi de l'an 1706. Les ennemis du pere Quesnel profiterent de ces dispositions pour engager la cour de Rome à se venger de ce cardinal, par la condamnation des *Réflexions morales*, dont il s'étoit déclaré le protecteur & le garant. Cet ouvrage étoit lu avec édification depuis trente-six ans. Il s'en étoit fait une multitude d'éditions. Il avoit été traduit en plusieurs langues, en particulier en latin & en anglois. Cependant, comme il contient dans un style à la portée des simples fidéles, tout le fonds de la doctrine opposée à leur systême, ils résolurent de profiter de cette occasion favorable, pour exécuter le dessein qu'ils avoient conçu depuis long-temps de faire condamner cette doctrine. Ils obtinrent d'abord un décret du pape Clément XI. Ce décret daté du 13 juillet 1708, condamnoit le livre en général, avec des qualifications très-dures, sans marquer en particulier aucune proposition. Il en parut une réfutation fort vive l'année suivante, sous ce titre : *Entretiens sur le décret de Rome contre le Nouveau Testament de Châlons, accompagnés de réflexions morales*, 1709. On a attribué cet écrit au pere Quesnel.

Ce décret ne put être ni reçu, ni publié en France, n'étant pas conforme aux usages du royaume. Il n'y eut que quelques évêques, comme ceux de Luçon, de la Rochelle & de Gap, qui condamnerent les *Réflexions morales* par des mandemens du 15 juillet 1710, & du 4 mars 1711, sans pourtant faire mention du décret de Rome.

Ces mandemens devoient être suivis & appuyés d'une lettre au roi, signée par un grand nombre d'évêques de France. Mais le projet échoua en partie, par la découverte de la fameuse lettre de l'abbé Bochart de Saron, du 15 juillet 1711, qui envoyoit de la part du pere Tellier à M. l'évêque de Clermont, son oncle, le modéle de la lettre au roi.

Louis XIV fut néanmoins sollicité par les lettres que quelques prélats du royaume lui écrivirent, pour arrêter le cours du livre des *Réflexions morales*. Ce prince demanda donc au pape une constitution en forme, qui le condamnât, en marquant distinctement les propositions dignes de censure. Cela se fit au mois de novembre 1711. Le pape, après s'être bien assuré que le roi employeroit son autorité pour faire recevoir purement & simplement la nouvelle bulle que sa majesté demandoit avec instance, établit au mois de juin 1712, une congrégation de cardinaux, de prélats & de théologiens, pour travailler à cette affaire. Le pere Quesnel écrivit sur cela à sa sainteté une lettre qui fut envoyée à Rome le 22 juillet suivant, & envoyée encore une seconde fois le 22 septembre de la même année, sur laquelle le pape ne lui fit faire aucune réponse.

Enfin la fameuse constitution *Unigenitus Dei Filius* parut, datée du 8 septembre 1713. Elle condamne ce livre & CI propositions qui en sont extraites, par vingt-quatre ou vingt cinq qualifications, dont le pape ne fait l'application à aucune proposition particuliere. Sa sainteté y condamne aussi tous les écrits faits ou à faire pour la défense de ce livre.

Quarante évêques de l'assemblée du clergé tenue à Paris en 1713 & 1714, & ensuite un grand nombre d'autres, ont déclaré qu'ils acceptoient cette bulle ; mais dans le sens des explications renfermées dans leur instruction pastorale, qu'ils donnerent en même temps. Les lettres patentes du roi données à Versailles le 14 février 1714 pour la publication de cette bulle, n'ont été aussi enregistrées au parlement de Paris, qu'avec diverses modifications & restrictions.

M. le cardinal de Noailles, & plusieurs autres évêques, ne jugeant pas suffisantes les explications de l'instruction pastorale, refuserent d'accepter la constitution, jusqu'à ce que le pape se fût expliqué d'une maniere capable de mettre entierement à couvert la doctrine, la discipline, la morale, la liberté des écoles, le droit des évêques, & les libertés de l'église de France. Voyez les *lettres* de trente-deux évêques à M. le duc d'Orléans,

du mois de mai 1716 ; l'acte d'appel du cardinal de Noailles des lettres *Pastoralis officii* du 3 octobre 1718, & sa premiere instruction pastorale du 14 janvier 1719.

Louis XIV étant mort le premier septembre 1715, la déclaration par laquelle ce monarque devoit obliger tous les évêques à recevoir la constitution, fut supprimée ; ce qui ranima tellement dans diverses universités & facultés de théologie ceux qui du vivant du roi n'avoient pu empêcher que leurs corps ne fissent des décrets d'acceptation de la bulle, qu'on les vit opposer à ces décrets des décrets contraires, qui furent suivis quelque temps après d'actes d'appel au futur concile général. La faculté de théologie de Paris donna le décret du 5 mars 1714, par lequel on vouloit faire croire qu'elle avoit accepté la bulle, étoit faux. MM. de la Broue, évêque de Mirepoix, Soanen, évêque de Senez, Colbert de Croissi, évêque de Montpellier, & de Langle, évêque de Boulogne, appellerent de la bulle par un acte du 5 mars 1717, & le même jour la faculté de théologie de Paris adhéra à leur appel. Cet exemple fut suivi par plusieurs autres évêques, plusieurs chapitres, diverses facultés, communautés régulieres, curés, prêtres, &c. M. le cardinal de Noailles qui avoit appellé presque en même temps que les quatre évêques, ne publia son acte d'appel que l'année suivante ; & le pere Quesnel qui n'avoit pas cru devoir précéder en cela son archevêque, le cardinal de Noailles, ne publia qu'après lui son acte d'appel particulier.

Le pere Quesnel survécut peu à ces grands événemens. Il fut attaqué sur la fin de novembre 1719 d'une péripneumonie, ou violente oppression de poitrine, accompagnée d'une grosse fiévre, qui ne dura que cinq jours. Il mourut à Amsterdam le 2 décembre de l'année 1719, âgé de 85 ans, 4 mois & 18 jours. Comme il parut persuadé, dès le commencement de sa maladie, qu'il n'en releveroit point, il reçut le second jour les sacremens de l'église, avec de grands sentimens de respect & de vénération. Quand le pasteur fut arrivé, & que tout fut préparé pour la cérémonie, il voulut absolument se lever de son lit, quoique déja fort affoibli, s'habilla lui-même, se mit à genoux ; demeura dans cette posture tout le temps des prieres ; reçut les saintes onctions étendu par terre, sur la natte de sa chambre & fondant en larmes ; se remit à genoux pour recevoir le saint viatique ; & attendrit tous les assistans par sa tendre piété & sa profonde humilité. S'étant remis au lit, après la cérémonie, il signa, en présence de deux notaires apostoliques, sa profession de foi, qui depuis a été imprimée plusieurs fois. C'étoit la même que celle qu'il avoit déja faite dans la plupart de ses écrits, & en particulier dans sa *Plainte & protestation*, dans ses actes d'appel au futur concile, & dans son testament spirituel, qu'il avoit renouvellé le 14 juillet précédent. Il déclare dans cette profession de foi, *qu'il veut mourir comme il a toujours vécu, dans le sein de l'église catholique ; qu'il croit toutes les vérités qu'elle enseigne ; qu'il condamne toutes les erreurs qu'elle condamne ; qu'il reconnoît le souverain pontife pour le premier vicaire de Jesus-Christ, & le siège apostolique pour le centre de l'unité.*

Ce fut dans le cours de cette derniere maladie, que le pere Quesnel dit à une personne qui étoit proche : *Je dois vous déclarer avant de mourir un secret que je n'ai dit à qui que ce soit durant ma vie : c'est au sujet des calomnies de Louvain, où je suis accusé de corruption. Dès l'âge de dix-huit ans je fis vœu de chasteté perpétuelle ; & depuis ce temps-là, par la miséricorde de Dieu, non seulement je n'ai rien fait, non plus qu'auparavant, contre mon vœu ; mais même j'ai été préservé du vice contraire.*

Son corps fut porté au village de Warmond, à une lieue de Leyde, où il fut enterré dans le tombeau de M. Henri Vander Graft, mort en odeur de piété le 16 juillet 1694. C'est dans le même lieu que reposent les corps de M. Codde, de M. Steenhoven, de M. Baarchman, & de M. Vander Croon, archevêques d'Utrecht,

& ceux de plufieurs autres membres illuftres du clergé de Hollande.

Lorfque le pere Quefnel mourut, il y avoit quinze ans qu'il étoit retiré à Amfterdam , où il vivoit dans une grande retraite , ne fortant que les dimanches & fêtes pour aller aux offices , & pour vifiter les pafteurs. Il étoit logé chez M. du Bois (Brigode) qui avoit été pris avec lui à Bruxelles en 1703 , & qui depuis avoit entrepris le négoce de la librairie , pour être plus à portée de lui rendre fervice. MM. Fouillou & Petit-Pied , docteurs de Sorbone , ont demeuré avec le pere Quefnel pendant le long féjour qu'ils ont fait à Amfterdam. Ils s'aidoient réciproquement dans la compofition d'une multitude d'ouvrages qui font fortis de leurs plumes , & que M. du Bois faifoit imprimer. La retraite du pere Quefnel n'étoit interrompue que par les vifites des étrangers, qui s'empreffoient de voir un homme de fa réputation , & de converfer avec lui.

Nous avons parlé dans le cours de cet article de quelques-uns des ouvrages du pere Quefnel : voici la lifte de ceux dont nous n'avons point fait mention , & qui font en grand nombre.

Tradition de l'églife romaine fur la prédeftination des faints & fur la grace efficace, à Cologne en 1687 , quatre volumes *in-12*, fous le nom du fieur *Germain*, docteur en théologie. Outre une longue analyfe de l'épître de S. Paul aux Romains , on trouve dans cet ouvrage, la doctrine de l'églife depuis le commencement jufqu'au concile de Trente , la doctrine de ce concile , l'hiftoire de la congrégation *de auxiliis* , une partie de fes actes originaux, les principaux canons & décrets fur cette matiere , &c. La réfutation de la tradition du pere Defchamps , Jéfuite , compofe prefque tout le troifiéme volume. Ce qui regarde la congrégation de *auxiliis* avoit paru féparément en 1686 , fous le titre d'*Hiftoire abrégée* des congrégations *de auxiliis* ; mais cette hiftoire eft mieux digérée , & plus ample dans ce fecond volume de la Tradition de l'églife.

Apologie hiftorique des deux cenfures de Louvain & de Douai fur la matiere de la grace, fous le nom du fieur *Gery* , bachelier en théologie , *in-12* , à Cologne en 1688. Cet ouvrage fut fait à l'occafion de la *Défenfe des nouveaux chrétiens de la Chine* , &c. par le pere Tellier , Jéfuite. Le pere Quefnel l'adreffa à M. Courcier, docteur de Sorbonne , & théologal de Paris.

L'écrit appellé *Coram* (du premier mot qui le commence) ou nouvelle édition des cinq articles des difciples de S. Auguftin , faite à la follicitation du cardinal d'Aguirre , préfentée à Alexandre VIII , & approuvée par ce pape , janvier 1690.

La difcipline de l'églife tirée du Nouveau Teftament , & de quelques anciens conciles , deux volumes *in-4°*, en 1689 , à Lyon. Comme ce ne font que des mémoires imparfaits , fruits des conférences fur la difcipline qu'il avoit été engagé de faire par fes fupérieurs , & qu'il ne les avoit point revus , il en défavoua l'impreffion qui avoit été faite malgré lui & fans fa participation , par une lettre écrite à M. Bafnage de Beauval, qu'on trouve dans l'Hiftoire des ouvrages des favans , au mois d'août 1690.

Régles de la difcipline eccléfiaftique , recueillies des conciles , des fynodes de France & des SS. peres de l'églife , touchant l'état & les mœurs du clergé. Cet ouvrage eft du pere Darcis , de l'Oratoire. Mais l'édition de 1679 , qui eft beaucoup corrigée & augmentée , eft du pere Quefnel.

Caufa Arnaldina, *in-8°*, 1699 , en Hollande : c'eft un recueil de piéces latines qui font prefque toutes les unes de M. Arnauld, les autres de M. Nicole , & toutes en faveur du premier & de fa conduite ou de fes fentimens.

Juftification de M. Arnauld , docteur de Sorbone , contre la cenfure de 1656 , contenue dans les écrits faits en françois fur ce fujet , à Liége en 1702 , trois volumes *in-12*. C'eft encore un recueil de piéces. Le premier

volume , dont l'avertiffement eft du pere Quefnel , contient les écrits compofés par M. Arnauld même : le fecond , plufieurs piéces du même , & de quelques autres théologiens : le troifiéme , un difcours hiftorique & apologétique qui eft du pere Quefnel, & divifé en deux parties , dont la premiere contient un abrégé de la vie de M. Arnauld , &c. la réfutation de plufieurs endroits de l'hiftoire des cinq propofitions , & un recueil de lettres nouvelles de M. de Saint Cyran , de M. Arnauld & de quelques autres perfonnes.

Lettre à M. Van Sufteren, en 1703.

Motif de droit , en 1704 , principalement contre l'archevêque de Malines & fa procédure.

Lettre au roi contre les Jéfuites , 1704.

Lettre à M. le chancelier , 1704.

Lettre à un archevêque , 1704.

Lettre d'un particulier à un ami , 1704.

Lettre à un ami , touchant celle qui court fous le nom du roi catholique , 1704.

Déclaration & proteftation , contre le placard de M. l'archevêque de Malines du 13 février 1704 , datée du 3 mars de la même année.

Idée générale du libelle du fifcal de Malines , 1705.

Lettre du pere Quefnel à un de fes amis , au fujet du procès ou motif de droit publié contre ce pere , par M. l'archevêque de Malines , 18 février 1705.

Anatomie de la fentence de l'archevêque de Malines , contre le pere Quefnel , *in-12* , 1705.

Mémoire juftificatif du recours qu'a le pere Quefnel au roi , 1712.

Edition des lettres de M. le prince de Conti & du pere Déchamps , Jéfuite , avec des notes , 1689.

Divers écrits touchant la fourberie de Douai , 1691.

Le Roman féditieux du Neftorianifme renaiffant, convaincu de calomnie & d'extravagance , 1693 , brochure *in-4°*.

Très-humbles remontrances à M. Humbert de Précipiano , archevêque de Malines , fur fon décret du 15 janvier 1695 , portant défenfe de lire, retenir , & débiter plufieurs livres , & particulierement celui de *la fréquente Communion*, compofé par M. Antoine Arnauld, *in-12*, 1695.

Mémorial touchant les accufations de janfénifme , de rigorifme & de nouveauté, 1696.

Hiftoire abrégée de la vie & des ouvrages de M. Arnauld , ou queftion curieufe , &c. à M . . . . confeiller du confeil privé de fon alteffe monfeigneur l'évêque & prince de Liége , en 1696 , & plufieurs fois réimprimée depuis, avec des augmentations; La premiere édition eft de 1690.

Défenfe des deux brefs de N. S. P. le pape Innocent XII , en 1697.

Lettre à M. Steyaert , pour fervir de fupplément à la défenfe des deux brefs , en 1697.

Premier & fecond mémoire en faveur du féminaire de Liége contre les prétentions des Jéfuites , *in-12* , en 1698.

Motif de droit ou défenfe du féminaire de Liége & du droit de MM. fes provifeurs. M. Van Efpen a travaillé auffi à cet écrit , & la traduction françoife en eft attribuée au pere Quefnel. Cet écrit eft de près de cinq cens pages *in-12*. On croit qu'il y en a encore quelques autres du pere Quefnel fur le même fujet.

Solution de divers problèmes très-importans pour la paix de l'églife, tirée du problême eccléfiaftique propofé depuis peu contre M. l'archevêque de Paris (M. de Noailles) *in-12* , en 1699. Suite de la folution de divers problêmes , pour fervir de réponfe à la lettre du pere Daniel à M. l'archevêque de Paris , *in-12*, en 1700.

La foi & l'innocence du clergé de Hollande défendues , en 1700.

Le pere Bouhours , Jéfuite , convaincu de fes calomnies anciennes & nouvelles contre MM. de Port-Royal, ou recueil des divers écrits faits contre fes deux lettres & d'autres libelles ; avec une réponfe au nouvel écrit , intitulé, *Lettre à l'auteur des avis importans*, &c. in-12, 1700. Ce dernier écrit intitulé, *Réponse*, qui commence ce recueil & qui est très-long, est du pere Quesnel, éditeur du reste.

Avis sinceres aux catholiques des Provinces-Unies sur le décret de l'inquisition contre M. l'archevêque de Sébaste (M. Codde) en 1704.

Trois mémoires sur l'introduction du formulaire dans les Pays-Bas, en 1707.

Lettre à M. Decker contre son nouveau systême du jansénisme, en 1707.

Divers abus & nullités du décret de Rome du 4 octobre 1707, contre M. l'archevêque de Sébaste, en 1708.

Défense de la justice, &c. dans la cause de M. Vandenesse, pasteur de sainte Catherine de Bruxelles, contre M. l'archevêque de Malines, in-4°, en 1708.

Désaveu d'un libelle calomnieux faussement attribué au pere Quesnel.

Réponse aux deux lettres de M. l'archevêque de Cambrai (M. de Fénélon) en 1711.

Mémoire sur l'ordonnance publiée sous le nom de M. l'évêque d'Apt, contre la traduction du nouveau Testament, & les *Réflexions morales*, imprimées par l'autorité des trois derniers évêques de Châlons-sur-Marne, 1705.

Réponse à M. de Witte sur son dernier écrit, où il prétend justifier sa dénonciation de la bulle de N. S. P. Clément XI, contre ce qui en est dit dans les lettres de M. l'archevêque de Cambrai au pere Quesnel, en 1712.

L'intrigue découverte au sujet de la lettre de M. l'abbé Bochart de Saron, en 1711.

Entretiens sur le décret de Rome du 13 juillet 1708, contre les *Réflexions morales* du nouveau Testament.

Edition de la *Justification des Réflexions morales*, par M. Bossuet, en 1710.

Lettre au pape Clément XI, touchant le livre des *Réflexions morales*, en 1712.

Explication apologétique des sentimens du pere Quesnel dans ses *Réflexions* sur le Nouveau Testament, par rapport à l'ordonnance de MM. les évêques de Luçon & de la Rochelle, du 15 juillet 1710, in-12, 1712.

Vains efforts des Jésuites contre la justification des *Réflexions* sur le Nouveau Testament, composée par feu M. Jacques-Benigne Bossuet, évêque de Meaux, in-12, en 1713.

Lettre à l'assemblée du clergé de France de 1714, au sujet de la constitution *Unigenitus*, en 1714.

Lettre adressée à un des évêques de la même assemblée de 1714, sur le même sujet.

Protestation & plainte du pere Quesnel contre la bulle *Unigenitus*, in-12, 1715 : le même ouvrage traduit en latin, & imprimé en 1716.

Sept mémoires pour servir à l'examen de la constitution de N. S. P. le pape contre le Nouveau Testament en françois avec des réflexions morales, sept volumes in-12, en 1713, 1714, 1715 & 1716.

Premiere lettre à M. l'évêque de Poitiers, du 12 mars 1716, sur le même sujet.

Réponse à une consultation sur le devoir d'une religieuse, sur le même sujet, en 1716.

Lettre à M. le cardinal de Rohan, sur le même sujet, en 1716.

Lettre apologétique à M. l'évêque & comte de Beauvais, pair de France, en date du mois de novembre 1716, au sujet de son ordonnance du 14 juin 1714, & du discours fait aux curés de son diocèse, avec un avertissement de l'éditeur, & un avis du pere Quesnel, du 18 mars 1717, &c.

Deux actes d'appel de la bulle *Unigenitus*, l'un du 15 juin 1717, l'autre du 15 juillet suivant.

Réponse à quelques accusations des évêques, &c. 1719, sur le même sujet.

Inscription en faux, & la suite, sur le même sujet, en 1719.

Justification du droit des chapitres d'Utrecht, &c. in-4°, en 1719.

La paix de Clément IX, contre l'histoire des cinq propositions de M. du Mas, docteur de Sorbonne, &c. à Chambéri, en 1700, in-12.

Lettre au R. P. de la Chaise, Jésuite, in-12. Nous ignorons la date de cette lettre, qui a été imprimée en 1734 : elle est de 62 pages.

Plusieurs lettres sur le systême de la grace générale.

Peut-être oublions-nous dans cette liste quelques-uns des ouvrages du pere Quesnel sur les contestations de son temps ; nous n'avons cité que ceux qui nous connoissons. Il y a d'autres ouvrages de ce pere d'un autre genre ; outre ceux dont nous avons déja parlé au commencement de cette liste : voici ceux dont nous n'avons rien dit.

Lettre contre les nudités, adressée aux religieuses qui ont soin de l'éducation des filles, 1686.

L'idée du sacerdoce & du sacrifice de Jesus-Christ, dont la seconde partie est du pere de Condren, second supérieur général de l'Oratoire. On a plusieurs éditions de cet ouvrage, qui est in-12.

Les trois consécrations, la consécration baptismale, la sacerdotale, & la consécration religieuse, in-18.

Elévations à J. C. N. S. sur sa passion & sa mort, &c. in-18. Cet ouvrage est plus du pere Desmares. *Voyez* DESMARES.

Jesus pénitent, in-12.

Du bonheur de la mort chrétienne, in-12.

Prieres chrétiennes avec des pratiques de piété, deux volumes in-12.

L'office de Jesus avec des réflexions.

Nouvelles prieres chrétiennes, avec des pratiques de piété, sur la dédicace des églises, & les fêtes de sainte Geneviéve, de S. Etienne, & de S. Denys, in-12.

Priere à N. S. J. C. au nom des jeunes gens, & de ceux qui desirent de lire la parole de Dieu, & sur-tout l'évangile, brochure in-12.

Eloge historique de M. Desmahis, chanoine d'Orléans, au-devant de *La vérité de la religion catholique*, &c. de ce chanoine.

Tous ces ouvrages ont été souvent réimprimés.

Recueil de lettres spirituelles sur divers sujets de morale & de piété, in-12, trois volumes, à Paris, chez Barois, en 1721. La premiere partie est adressée à feu M. d'Hericourt, chanoine de Soissons, mort en 1731 ; le 19 février : la seconde partie est adressée à une dame ; & une partie du troisiéme volume à madame de Monglat, abbesse & réformatrice de Notre-Dame du Val-de-Gif, au diocèse de Paris. La derniere lettre de ce troisiéme volume adressée à une dame sur la mort de son directeur, est de l'abbé Richard, chanoine de sainte Opportune à Paris. *Voyez* RICHARD. Les originaux de toutes ces lettres sont déposés à la bibliothèque de sainte Geneviéve à Paris.

L'enlèvement qu'on fit des papiers du pere Quesnel, lorsqu'il fut pris à Bruxelles le 30 mai 1703, a privé le public de plusieurs autres ouvrages manuscrits du même auteur, & de M. Arnauld. On peut citer entr'autres,

Une nouvelle édition des *Réflexions morales*, avec quelques corrections, plusieurs réflexions ajoutées, d'autres perfectionées, &c.

Une *Explication* des collectes ou oraisons de l'office de l'église, avec des affections, &c.

La discipline de l'église tirée du Nouveau Testament, &c. revue & corrigée.

Une collection de cent cinquante-six opuscules, publiés depuis les contestations du jansénisme, &c.

M. de Fénélon, archevêque de Cambrai, lui avoit attribué un ouvrage composé par un Jésuite déguisé, qui faisoit semblant d'être du parti contraire ; mais il fut désavoué par un écrit qui parut en 1709, daté du 11 avril. Les lettres historiques du mois d'août 1714, imprimées à la Haye, lui attribuent aussi injustement & faussement une mauvaise lettre écrite sous son nom, à M. l'archevêque de Tours, l'un des prélats qui se sont joints à M. le cardinal de Noailles , & qui n'ont point voulu accepter la bulle purement & fimplement. * Voyez le I, le IV & le VI tomes de l'hiftoire du cas de confcience; le motif de droit du pere Quefnel ; l'explication apologétique du même ; la relation du différend entre M. le cardinal de Noailles , & les évêques de Luçon & de la Rochelle ; la préface hiftorique d'un livre in-4° , publié contre la Conftitution , fous le titre d'Exaples , ou écrits à fix colonnes , & autres mémoires du temps.

QUESNEL (Jofeph) coufin du précédent , mort fur la fin du XVII fiécle , a mis la derniere main à l'excellent catalogue de la célebre bibliothéque de M. de Thou. Ce catalogue fut imprimé en deux volumes in-8°, l'an 1679. Pierre & Jacques du Puy l'avoient rangé par ordre alphabétique. * Baillet , jugemens des favans fur les critiques hiftoriens.

QUESNEL (Pierre) de l'ordre des Freres Mineurs du couvent de Norwick en Angleterre , théologien & canonifte , a fleuri vers la fin du XVII fiécle , & a écrit le directoire de foi , dans le for de la confcience , & dans le for judiciaire ; un traité de la Trinité , de la foi catholique , & des fept facrements ; un traité de l'adminiftration & de la réception des facremens ; un traité des crimes qui empêchent de recevoir les facremens , & des peines qu'il faut enjoindre pour les péchés ; un traité de ce qui regarde l'inftruction des jugemens. Ces traités font manufcrits dans quelques bibliothéques d'Angleterre , & le premier dans la bibliothéque Vaticane , & dans celle de M. Colbert. * Du Pin , bibliothéque des auteurs eccléfiaftiques du XIV fiécle.

QUESNOI (le) petite ville forte & défendue par une citadelle. Elle eft dans le Hainault françois , entre Landrecies & Valenciennes , à deux lieues de celle-ci , & à trois de l'autre. Les alliés contre la France & l'Efpagne la prirent le 3 juillet 1712 , quoiqu'ils euffent été abandonnés des Anglois ; mais ces mêmes alliés ayant été furpris & battus par les mêmes François à Denain , ceux-ci reprirent le Quefnoi , Bouchain & Douai , avec les provifions de guerre & de bouche , dont ils s'étoient emparé au camp de Denain , le 4 octobre fuivant , fous la conduite du maréchal de Villars. * Baudrand. Mémoires du temps.

QUESNOI (François de) furnommé le Flamand , excellent fculpteur , naquit à Bruxelles l'an 1592. Pendant qu'il apprenoit la fculpture fous fon pere , qui étoit de la même profeffion , il tailla en marbre les petits anges que l'on voit au portail de l'églife des Jéfuites de cette ville ; & une paffion de Jefus-Chrift en ivoire, qui plut tellement à Albert VI , archiduc d'Autriche , que ce prince lui donna une penfion , & l'excita à faire un voyage en Italie , où il fe fit bientôt connoître par la beauté de fes ouvrages. Il y fit un Chrift d'ivoire , qui fut admiré de tout le monde , & particulierement du pape Urbain VIII. Enfuite il repréfenta en bas-relief Siléne endormi , & entouré de jeunes garçons , comme Virgile le dépeint dans fa fixiéme églogue. Il imita fi bien le naturel dans cet ouvrage , qu'il fut obligé d'en mouler de femblables en cire , pour contenter la curiofité de tous ceux qui l'avoient vu , ou qui en avoient oui parler. Il fit encore un cupidon de marbre blanc , qui fe tailloit un arc avec un couteau , & l'envoya en Hollande , où les magiftrats d'Amfterdam , qui fe faifoient fix mille florins de Hugues d'Uften , en firent préfent à la princeffe d'Orange , qui le fit placer dans fon jardin de la Haye. Le pape lui ordonna enfuite de travailler en marbre une ftatue de S. André , pour mettre dans l'églife de S. Pierre. Il l'acheva avec tant d'art , que les Italiens mêmes avouerent que Michel-Ange n'avoit rien fait de fi proportioné & de fi bien fini. Venant en France , où le roi qui l'avoit mandé , lui promettoit une bonne penfion, outre les douze cens écus d'or qu'il lui avoit envoyés , il demeura malade à Livourne , dans le duché de Tofcane , où il mourut , & où il fut enterré dans l'églife des Cordeliers , l'an 1644. Cet habile fculpteur étoit âgé de 52 ans. * Academ. Pictav. part. II, lib. 3.

QUESTENBERG (Jacques-Aurele de) qui a vécu dans le XV & le XVI fiécles , étoit né à Freyberg. L'abrégé de Gefner qui parle de lui , le nomme Jérôme. Après avoir fait fes humanités & fa philofophie à Leipfick , il alla en Italie , & s'arrêta à Rome. Le cardinal Marc de S. Marc lui voyant des talens , le prit à fon fervice , & lui fit apprendre la langue grecque fous Jean Argyropule. Queftenberg donna tant d'application à l'étude de cette langue , qu'il y devint très-habile , & qu'il acquit l'eftime du pape Léon X & des cardinaux , qui l'employerent dans diverfes affaires d'une grande importance. Sa réputation excita la jaloufie de la ville de fa naiffance , elle fouhaita de poffeder celui qui étoit fi fort capable de l'honorer : il voulut fe rendre à fes vœux , & aller prendre poffeffion d'un canonicat qu'on lui avoit conféré à Freyberg ; mais le pape ne put confentir à lui donner fon congé. On ne fait pas bien quels emplois il avoit à Rome ; mais dans une lettre qu'il écrivit à Reuchlin en 1490 , il fe qualifie decretorum , doctorum & brevium fcriba. On dit qu'il compofa un livre de la ville de Rome , & qu'il perdit la vie dans une fédition que quelques-uns rapportent à l'an 1527. * Fabricii Itinerarium , tome I. Diction. hiftor. édition d'Amfterdam , 1740.

QUESTEUR , étoit, chez les Romains, celui qui avoit la charge des deniers publics , comme aujourd'hui les tréforiers ou intendans des finances. La premiere origine de ce magiftrat peut être rapportée à Publius Valerius Publicola , conful , lequel ayant établi le lieu du tréfor public au temple de Saturne , y établit , pour le garder , deux queſteurs pris du nombre des fénateurs , & voulut enfuite qu'ils fuffent créés par les fuffrages du peuple. Depuis , le peuple voulant avoir part à cet office , en fit créer quatre , favoir , deux pour la ville , qui avoient l'œil fur le tréfor public , & deux autres qui étoient toujours avec les confuls , lorfqu'ils alloient à la guerre. Il fut ordonné que l'on y recevroit auffi ceux qui feroient élus d'entre le peuple ; mais le revenu de la république romaine s'étant beaucoup accru par fes grandes conquêtes , on augmenta auffi le nombre de ces officiers jufqu'à vingt. Ces queſteurs accompagnoient les confuls , les préteurs & les autres généraux d'armées , lorfqu'ils alloient à la guerre , & avoient la charge de recevoir & de tenir regiftre des dépouilles des ennemis , de recevoir les tributs & péages des provinces , comme auffi de diftribuer la paye aux foldats : ce que font à-peu-près en France les commiffaires des guerres. Il y en avoit encore d'autres , tant à Rome , que dans les provinces , qui recevoient les amendes , lefquelles ils enregiftroient , pour en rendre compte , tels , à-peu-près , que des receveurs des amendes. Les queſteurs avoient avec eux des fcribes , ou controlleurs des finances , que l'on choififfoit entre les perfonnes d'une fidélité éprouvée : c'eft pourquoi ceux mêmes qui avoient été confuls , tenoient à honneur d'y être admis.

Il y avoit encore une autre efpece de QUESTEURS , qui étoient départis dans les provinces par arrêt du fénat , & qui avoient la charge de juger des affaires criminelles. Leur autorité étoit très-grande : car ils avoient pouvoir d'avoir des licteurs , & autres marques des fouverains magiftrats , dans leurs provinces particulieres. Ils ont eu auffi quelquefois la conduite des armées , ainfi que les confuls & les préteurs ; mais les queſteurs de la ville étoient moins puiffans : ils n'avoient ni licteurs , ni chaife curule , ni autres marques d'autorité , jufquelà même qu'ils pouvoient être appellés en jugement pardevant le préteur. Leur charge étoit de recevoir les ambaffadeurs , les rois , les princes , & les feigneurs étrangers , de leur faire des préfens , & de s'acquitter de tout ce qui étoit ordonné par le fénat en ces occafions. Cette magiftrature étoit annuelle , quoiqu'on l'ait prolongée à quelques-uns jufqu'à trois ans. * Hift. roman. Rofin, antiq. roman. Budée. Alexander ab Alexandro.

Sous l'empire d'Augufte , l'an 2 avant J. C. la garde des regiftres & des arrêts , qui étoit auparavant entre les mains des tribuns du peuple & des édiles , fut confiée aux Quefteurs. Mais fous Néron , on leur ôta la garde du tréfor & celle des regiftres , pour la donner à des préfets , qui avoient été préteurs. La charge de Quefteur devint beaucoup plus confidérable fous les empe- reurs, & d'autres fouverains qui régnerent depuis la fin du troifiéme fiécle. C'eft ce qui fe voit en particulier par la formule des provifions que le prince donnoit de cette charge ; il y parle ainfi : « Si les dignités font d'au- » tant plus relevées qu'elles font davantage approcher » de nous ceux qui en font revêtus , il n'y a point de » juge plus comblé d'honneur que celui qui entre dans » la participation de nos fecrétes penfées. Il y en a » d'autres à qui l'on confie la garde & l'adminiftration » du tréfor public (c'eft-à-dire , de l'épargne) d'autres » à qui l'on donne le foin de juger les caufes des parti- » culiers , d'autres qui font chargés du recouvrement des » droits de notre domaine ; mais pour la Quefture , nous » la regardons comme une charge diftinguée , & celui » qui l'exerce pourroit être appelé la voix & la langue » du prince. Il faut donc qu'un Quefteur foit toujours » auprès de nous , afin d'entrer mieux dans fes fenti- » mens , & de fe rendre capable de les expliquer , ce » qui eft difficile : car il n'eft pas naturel à un fujet de » parler en fouverain. Confidérez attentivement le poids » du travail & de l'honneur que vous avez à foutenir. » Quand nous fommes dans le doute , nous vous con- » fultons pour nous déterminer. Le Quefteur tient entre » fes mains la réputation des citoyens & l'honneur du » public. Il eft la bibliothéque vivante des loix. Il doit » être préparé à parler fur le champ avec tant de fuc- » cès , qu'il fe rende maître des efprits , qu'il les tienne » attachés , & qu'il difpofe de la volonté des hommes » comme il lui plaît. Il faut qu'un Quefteur imite les an- » ciens ; qu'il faffe voir en fa perfonne toute leur fageffe, » & qu'en corrigeant les mœurs déréglées d'autrui , il » veille avec foin fur les fiennes , afin d'empêcher que » rien n'altere leur innocence. Il faut qu'il foit digne » d'être regardé comme l'image du prince , qu'il ait une » parfaite connoiffance du droit , qu'il foit d'une grande » circonfpection dans toutes fes paroles , qu'il ait beau- » coup de fermeté , qu'il foit toujours prêt à donner de » bons confeils au roi. » On voit par ce difcours ce qu'é- toit un Quefteur. C'étoit lui qui portoit la parole au fé- nat de la part de l'empereur, & qui y haranguoit en fon nom. Il avoit féance dans tous fes confeils. Il répondoit les requêtes qui étoient préfentées au prince. Il faifoit de nouvelles loix. Enfin fon autorité n'étoit pas moins étendue que celle des chanceliers d'aujourd'hui. Théo- doric l'appelle dans une de fes lettres l'interpréte des loix ; & il dit que l'on n'arrive pas à cette dignité , ni par les grandes richeffes , ni par la faveur d'une illuftre naiffance , mais qu'un grand fond de fcience joint à beau- coup de prudence & d'habileté peut la mériter. Il ajoute que lorfqu'il donne les autres dignités , il fait un préfent, mais qu'en conférant celle-là , il eft lui-même celui qui reçoit le bienfait , parcequ'un Quefteur , dit-il , doit le foulager dans tous fes foins & dans tous les travaux du gouvernement ; qu'il eft le confident de fes fecrets , que toute fa réputation dépend de lui. Le roi Athalaric parle auffi avantageufement de la charge de Quefteur. Voyez auffi tout ce que l'on en dit dans le premier livre de la vie de Caffiodore, qui avoit rempli cette charge, & qui fut chancelier & premier miniftre de Théodoric le Grand , & de plufieurs autres rois d'Italie , enfuite abbé de Viviers. Cette vie eft du R. P. de Sainte-Mar- the , qui a été général de la congrégation de S. Maur.

QUÉTIF (Jacques) religieux de l'ordre de S. Domi- nique , étoit né à Paris le 6 août de l'an 1618, de Pierre Quétif, notaire de cette ville, & de Barbe Brunet. Il fit profeffion dans l'ordre des Freres Prêcheurs, ou Dominicains , le 19 feptembre 1635. Il étudia enfuite en philofophie à Paris , & en théologie à Bordeaux, où il fut ordonné prêtre en 1642. Enfuite , après avoir demeuré dix ans hors de Paris, en diverfes maifons de

fon ordre, il y revint en 1652, n'en fortit plus , & y mourut le 2 mars 1698 , dans fa 80e année. Il a donné les lettres fpirituelles & afcétiques de Savona- role, dont il a traduit du tofcan celles qui étoient écrites en cette langue. Il a auffi publié la vie de Savo- narole , avec l'abrégé des révélations de ce religieux, & un difcours qu'il prononça à Pife en 1494. Cette vie de Savonarole, écrite en latin, eft de Jean-Fran- çois Pic , prince de la Mirandole & de Concordia. Le P. Quétif non-feulement en a été l'éditeur; il a de plus accompagné fon édition de notes, & y a ajouté des actes, des lettres , les apologies de Savonarole , &c. La préface qui eft au-devant des opufcules & des lettres de Pierre Morin imprimés à Paris en 1675 , in-12 , eft de notre favant Dominicain ; & c'eft lui qui eft éditeur de ces opufcules , quoique la bibliothéque des écrivains de fon ordre n'en ait pas fait mention , non plus que de fon édition du concile de Trente , qui parut en 1666, in-12, à Paris, fous le titre de Concilii Tridentini cano- nes. Le P. Quétif a rendu le même fervice à la fomme de théologie de S. Thomas (Summa angelica.) Cette Somme eft en trois volumes in-folio , & l'on y trouve plufieurs préfaces qui font toutes de ce pere. Il a mis auffi un abrégé de la vie du P. Jean de S. Thomas, Dominicain Portugais , confeffeur de Philippe IV , roi d'Efpagne, mort en 1644, à la tête du huitiéme volume de fa théologie , qu'il a eu le foin avec le P. François Combefis , de donner à Paris en 1667 , in-folio. Le P. Quétif avoit été long-temps chargé du foin de la bibliothéque des Dominicains rue S. Honoré , & il l'a beaucoup augmentée. Lorfqu'il eft mort , il préparoit une édition de tous les ouvrages de D. Barthélemi des Martyrs ; une bibliothéque des auteurs de fon ordre , qui a été finie par le P. Echard , & quelques autres ouvrages qu'on a manufcrits. * Mémoires du temps. Scriptores ordinis Prædicatorum , &c. Niceron , Mé- moires , tome XXIV.

QUEVA , cherchez LA CUEVA.

QUEVEDO (Dom Juan de) de l'ordre de S. Fran- çois, premier évêque de Terre-Ferme, ou du Darien, dans les Indes occidentales. Il avoit fon fiége à Sainte- Marie l'Ancienne. Ce prélat étant venu en Efpagne en 1519, s'y plaignit du caractère des Indiens, & donna plufieurs avis fur la maniere dont il croyoit qu'on les devoit traiter pour en faire des hommes raifonnables d'abord , & enfuite des chrétiens. Il eut fur cela plu- fieurs difputes avec le licencié don Barthélemi de las Cafas, qui défendoit la caufe des Indiens, & attribuoit aux Efpagnols tous les défordres qui régnoient chez les naturels du pays. Charles-Quint voulut les entendre l'un & l'autre , & leur donna une audience folemnelle en préfence de fon confeil & de plufieurs autres per- fonnes. Quévédo n'entra pas dans un grand détail ; mais de las Cafas parla fort au long , & avec feu , & il fit une peinture horrible du gouvernement des Efpa- gnols dans les Indes. Le prélat voulut répliquer , mais on lui dit de mettre fa réponfe par écrit : il le fit , & dreffa deux mémoriaux qui ne concernoient que la pro- vince du Darien dont il étoit évêque. Mais il n'eut pas le temps de pourfuivre cette affaire ; une fiévre l'em- porta la même année en trois jours, & il ne fe parla plus des Indes. * Le pere Charlevoix , Jéfuite, Hift. de l'ifle de S. Domingue , tom. I.

QUEVEDO DE VILLEGAS (François) gentil- homme Efpagnol , chevalier de faint Jacques, dans le pays de la Manche , en la Caftille-la-Neuve , naquit à Madrid, l'an 1570. Il a compofé divers traités de piété & d'autres actes enjouées ; comme l'aventurier Buf- con ; les vifions, augmentées de l'enfer réformé ; le Par- naffe efpagnol , &c. Quévédo , outre ces ouvrages , a encore donné des traductions. Celles qu'il a faites d'Epictete & de Phocylide en vers , font plutôt des paraphrafes que de véritables verfions ; mais celle du Romule du marquis de Malvezzi , traduite de l'italien en efpagnol, eft plus réguliere. Cet auteur n'étoit ni moins fécond, ni moins ingénieux en vers qu'en prose. Il réuſſiſſoit dans divers genres de poëſie ; car comme il avoit l'eſprit naturellement tourné à la fiction , il lui fut aiſé de ſe former dans toutes les fineſſes de l'art poëtique. Si l'on en croit Nicolas Antonio , excellent critique , toutes les piéces *héroiques* de Quévédo ont de la force & de l'élévation. Les *lyriques* ont de la beauté & de la douceur ; les *bouffones* mêmes , ou *facétieuſes* , ont un certain air aiſé , accompagné de plaiſanteries pleines d'eſprit , de rencontres ingénieuſes , & d'un certain ſel qui empêche le dégout du lecteur. Il a fait paroître dans les ſujets les plus ſerrés , les plus ſtériles & les plus bas , une adreſſe merveilleuſe , jointe à une fécondité inépuiſable de productions , pour embellir & enrichir ſa matiere , & pour la relever par des couleurs , & d'autres ornemens , dont la fiction peut avoir beſoin pour impoſer & pour ſe faire recevoir. Tous ces genres de poëſie , dans leſquels Quévédo s'eſt exercé , ſont renfermés dans ſon *Parnaſſe eſpagnol* , qui a été imprimé ſouvent en pluſieurs villes d'Eſpagne & des Pays-Bas catholiques ; mais ce Parnaſſe , accompagné de petites notes , ne contient que ſix muſes ou livres ; les trois dernieres y manquent. Il écrivoit des mieux en ſa langue , ſur toute ſorte de ſujets. Il fut mis en priſon pour ordre du comte d'Olivarez , dont il avoit décrié le gouvernement dans ſes vers , & ne fut mis en liberté qu'après la diſgrace de ce miniſtre. Cet auteur mourut à Villeneuve de l'Infantado , le 8 ſeptembre 1645 , âgé de 65 ans. * Nicolas Antonio , *bibliotheca ſcript. Hiſp.* Baillet , *jugemens des ſavans ſur les poëtes modernes.*

QUÉVILLY , bourg de Normandie , ſitué ſur la Seine à une lieue au-deſſous de Rouen. Il étoit fort fréquenté avant la révocation de l'édit de Nantes , parceque les prétendus réformés de Rouen y avoient un temple fameux. Il y a le grand & le petit Quévilly. Ce dernier n'eſt éloigné de Rouen que d'une demi-lieue.

QUEUX DE FRANCE (Grand) ancien officier de la couronne , commandoit tous les officiers de cuiſine de la bouche du roi. Ce nom vient du latin *coquus* , qui ſignifie *cuiſinier*. Il y a maintenant quatre maîtres-queux , qui ne ſont que de ſimples officiers ſous les écuyers de la bouche. Voici ce que les anciens titres nous apprennent touchant les grands-queux de France.

SUITE CHRONOLOGIQUE DES GRANDS-QUEUX DE FRANCE.

I. Robert ſouſcrivit , avec les grands officiers de la couronne , le titre de la fondation du prieuré de S. Martin des Champs de Paris , en 1060 , ſous Henri I.

II. Harcher , queux de France , en 1124 , ſous Louis *le Gros.*

III. Adam , en 1243 , ſous S. Louis.

IV. Raoul de Beaumont , en 1298 , ſous Philippe *le Bel.*

V. Anſeau , ſeigneur de Chevreuſe , en 1302.

VI. Guillaume d'Harcourt , ſire de la Sauſſaye , Elbeuf , &c.

VII. Pierre de Marcheni , en 1313 , ſous Louis *Hutin.*

VIII. Guiard de Beaumont , en 1320.

IX. Etienne de la Chapelle , en 1320.

X. Adam de Taverni.

XI. Guillaume Sicert , en 1324.

XII. Jean Bataille , en 1326.

XIII. Jean Bonnet , en 1329.

XIV. Jean I , ſire de Châtillon , en 1328 , ſous Philippe *de Valois.*

XV. Bernard , ſire de Moreul , en 1344.

XVI. Jean de Neſle , Idu nom , ſire d'Offemont , en 1346.

XVII. Jean de Flandre , *dit de Dampierre* , III du nom , en 1360 , ſous le roi Jean.

XVIII. Guillaume , châtelain de Béauvais , IV du nom , en 1390 , ſous Charles VI.

XIX. Charles ſeigneur de Châtillon , grand-queux de France , en 1399.

XX. Philippe , ſeigneur de Linieres , en 1401.

XXI. Jean , baron de Linieres , en 1415.

XXII. Guillaume , ſeigneur de Châtillon , en 1418.

XXIII. Antoine de Prie , ſeigneur de Buzançois , ſous Charles VII , en 1431.

XXIV. Louis de Prie , ſeigneur de Buzançois , en 1490 , ſous Charles VIII.

Cet office fut ſupprimé depuis , & le nom de *Queux* n'eſt plus un titre de dignité. * Le P. Anſelme , *hiſt. des grands officiers de la couronne.*

QUIANSI ou KIANSI , *cherchez* QUISIANSI.

QUIBRICHE , ville du royaume de Barca dans la Barbarie , ſur la côte du golfe de Sidra , eſt auſſi appellée *Berniche* : c'étoit anciennement *Bernice.* La caravane de Maroc y fait proviſion d'eau pour paſſer le pays de Barca , & aller à Alexandrie joindre la caravane de Tétuan. * Du Val.

QUIEN (Jacques le) de la Neufville , né à Paris le premier mai 1647 , étoit d'une ancienne famille du Boulenois , qui dans ſes titres eſt quelquefois appellée *le Chien* , & plus ſouvent *le Quien* , ſuivant la prononciation vulgaire du pays. Il eut pour pere *Pierre le Quien* de la Neufville , capitaine de cavalerie , que ſes bleſſures avoient obligé de très-bonne heure à quitter le ſervice , & qui ſe flatant que ſon fils y ſeroit plus heureux , le fit entrer à l'âge de quinze ans cadet dans le régiment des Gardes françoiſes. Mais il ne fit qu'une campagne ; & changeant preſqu'auſſitôt après d'état , il ſe deſtina au barreau , & s'appliqua ſérieuſement à l'étude de la philoſophie & du droit. Il alloit être pourvu de la charge d'avocat général de la cour des monnoies , lorſqu'une banqueroute conſidérable que l'on fit à ſon pere dérangea ſes projets , & le réduiſit à chercher dans les travaux particuliers de ſon cabinet la conſolation d'une vie obſcure & privée. Le fameux Scarron de qui il étoit parent , voulut lui inſpirer du gout pour la poëſie ; mais M. le Quien négligea cet amuſement , & aima mieux ſuivre les avis plus ſolides de M. Péliſſon qui lui conſeilloit de s'appliquer à l'hiſtoire. Il ſe propoſa dès-lors d'écrire celle de Portugal qui manquoit en notre langue , & qu'aucun auteur étranger n'avoit encore ſéparée de celle d'Eſpagne. Pour y réuſſir , M. le Quien ſe perfectionna dans la connoiſſance des langues eſpagnole & portugaiſe , dont il n'avoit eu juſque-là qu'une teinture ; il établit diverſes correſpondances pour tirer des archives du pays des copies ou des extraits des pieces manuſcrites néceſſaires à ſon deſſein ; enfin , en 1700 , il donna 2 volumes *in-4°* , ſous le titre d'*Hiſtoire générale de Portugal* , qui furent imprimés chez Aniſſon , directeur de l'imprimerie royale , à Paris. Il ne s'y borne pas à écrire cette hiſtoire depuis le temps auquel le Portugal ſéparé de l'Eſpagne commença à avoir ſes rois particuliers , ce qui ne fut qu'à la fin du XI ſiécle , lorſque le comte Henri , prince de la maiſon de France , pouſſé du deſir de faire ſes premieres armes ſous le fameux Rodrigue de Bivar , ſurnommé *le Cid* , paſſa en Eſpagne , & y ſignala ſon courage contre les Maures avec tant de ſuccès , qu'Alfonſe VI , roi de Caſtille , pour ſe conſerver un tel appui , lui donna une de ſes filles en mariage avec le Portugal qu'il avoit preſque tout conquis. M. de la Neufville remonte , à l'exemple des hiſtoriens Eſpagnols & Portugais , juſqu'à Tubal , cinquiéme fils de Japhet , dont les deſcendans nommés Ibériens , occuperent , dit-il , cette contrée nommée Ibérie. Des deſcendans de Tubal il paſſe aux Carthaginois qui , après avoir poſſédé le même pays pendant plus de trois cens cinquante ans , en furent chaſſés par les Romains ; & des Romains qui en furent les maîtres pendant plus de dix ſiécles , il paſſe aux Alains , dont l'invaſion fut ſuivie de celle des Wandales , des Suéves , des Goths , & enfin des Maures , que Rodrigue , le comte Henri & ſes ſucceſſeurs eurent tant de peine à repouſſer au-delà des mers. A ces révolutions ſuccéde l'établiſſement des rois , que M. le Quien de la Neufville n'a conduit que juſqu'en 1521 , à la mort d'Emanuel I. M. de la Cléde , ſecrétaire de M. le maréchal de

Coigni, prétend qu'il a fupprimé dans cette hiftoire un grand nombre de faits importans, & paffé légérement fur beaucoup d'autres qui ne le font pas moins. Ce font les motifs principaux qu'il apporte pour perfuader qu'il a eu raifon d'entreprendre la nouvelle hiftoire de Portugal qu'il a donnée à la fin de 1734 (quoique le titre porte en 1735) en 2 vol. *in-4°*, & en huit volumes *in-12*. Cette nouvelle hiftoire a au moins cet avantage, qu'elle eft conduite jufqu'à nos jours. M. de la Neufville avoit eu la même intention; & l'on affure qu'il avoit prefque mis la derniere main à un troifiéme volume de fon ouvrage, lorfqu'il eft mort; mais ce nouveau volume n'a point paru. Son hiftoire, telle qu'il l'a donnée, lui a acquis, dès qu'elle parut, une grande réputation; & le nom qu'elle lui fit, fut prefque l'unique follicitation qu'il employa pour entrer dans l'académie des infcriptions & belles-lettres, où il fut reçu affocié en 1706. Il y choifit pour objet de fes recherches l'hiftoire de l'établiffement des poftes chez les anciens; & après en avoir lu à la compagnie dont il étoit membre, différens morceaux, il les raffembla en un corps, auquel joignant tous les réglemens concernant les poftes depuis Louis XI qui en fut le reftaurateur en France, jufqu'en 1708 qui étoit l'année dans laquelle il écrivoit, il forma du tout un traité digne de la curiofité des favans, & une efpéce de code néceffaire à ceux qui veulent s'inftruire à fonds de cette portion finguliere de notre droit public. M. le marquis de Torci, à qui M. de la Neufville dédia fon traité de l'origine des poftes, réimprimé depuis avec des augmentations, fous le titre de l'*Ufage des poftes chez les anciens & les modernes*, lui fit donner peu de temps après la direction d'une partie de celles de la Flandre françoife. Pour l'exercer avec plus de liberté, il demanda à l'académie des belles-lettres les lettres d'académicien vétéran, & alla s'établir au Quefnoy, où il demeura jufqu'en 1713, que la paix conclue à Utrecht ayant fait rétablir les ambaffades dans les cours étrangeres, M. l'abbé de Mornay, nommé à celle de Portugal, demanda & obtint M. le Quien de la Neufville pour l'accompagner; & celui-ci trouva, en arrivant dans ce royaume, qu'il y étoit non-feulement connu, mais généralement eftimé. Le roi de Portugal lui fit en particulier un grand accueil; & pour reconnoître l'honneur qu'il avoit fait à la nation, en écrivant fon hiftoire, il le nomma chevalier de l'ordre de Chrift, le plus confidérable des trois ordres de ce royaume, & celui que le prince porte lui-même. Il y ajouta un brevet de 1500 liv. de penfion, payable en quelque lieu qu'il fût, & lui demanda fes vues & fes avis fur l'établiffement d'une académie d'hiftoire qu'il avoit deffein de fonder à Lisbonne, & qui, depuis qu'elle y eft établie, procure beaucoup d'honneur & d'utilité à la nation. M. de la Neufville eft mort à Lisbonne même le 20 de mai 1728, âgé de 81 ans. Il avoit été marié fort jeune; & à l'âge de 34 ans s'étant trouvé veuf, & pere de neuf enfans, il s'appliqua férieufement à leur éducation: mais il en perdit fept dans un âge fort jeune; & des deux qui lui ont furvécu, l'aîné eft chevalier de S. Louis, & major du régiment Dauphin-étranger, cavalerie, & le cadet eft directeur général des poftes à Bourdeaux. * *Mémoires du temps*. Eloge de M. le Quien de la Neufville par M. de Boze, dans le *tome VII des mémoires de l'académie des infcriptions & belles-lettres*, Mercure de France, février 1729. Préface de l'*hift.* de *Portugal* par M. de la Cléde.

QUIEN (Michel le) religieux de l'ordre de S. Dominique, & l'un des favans diftingués de ce fiécle, étoit fils d'un marchand de Boulogne fur mer, où il naquit le 8 d'octobre 1661. Après avoir fait fes humanités dans fa patrie, il vint étudier la philofophie à Paris au collége du Pleffis, où il eut pour condifciple feu M. l'abbé de Lorraine, depuis évêque de Bayeux, qui l'a toujours honoré de fon eftime & de fon amitié. Agé d'environ vingt ans, il réfolut de fe confacrer à l'état religieux, & choifit l'ordre des Dominicains où il eut pour maître

dans fon noviciat le pere Souéges, qui s'eft rendu recommandable par la fainteté de fa vie & fa grande mortification. Le pere Maffoulié, fi connu fur fes ouvrages, entr'autres, par fon gros traité fur la grace, &c. intitulé, *Divus Thomas fui interpres*, in-folio, lui apprit les premiers élémens de la langue hébraïque, qu'il approfondit dans la fuite, & à laquelle il joignit l'étude du grec, & même de l'arabe. L'étude de fes langues jointe à celle de l'écriture fainte & de la critique, le mit en état de fe mefurer, tout jeune qu'il étoit, avec le favant pere Pezron, religieux de l'ordre de Cîteaux, & abbé de la Charmoye, qui avoit entrepris de rétablir la chronologie du texte des Septante, & de la foutenir contre celle du texte hébreu de la Bible. Il n'avoit pas trente ans, lorfqu'il publia en 1690, *in-12*, la *Défenfe du texte hébreu & de la verfion vulgate* contre le livre de ce pere, intitulé, *L'antiquité des temps rétablie*, &c. Dom Pezron ayant répondu, le pere le Quien lui oppofa *L'antiquité des temps détruite*, qui parut en 1693, *in-12*. Ces effais firent beaucoup d'honneur à leur auteur. L'on y trouva beaucoup de favoir & de jufteffe, & bien des critiques croient encore aujourd'hui, que l'on n'a rien de meilleur pour la défenfe du texte hébreu & de la fupputation ordinaire des chronologiftes, ce qui eft peut-être pouffer l'éloge un peu trop loin. L'habile Dominicain attaqua une troifiéme fois le favant Ciftercien, dans les *remarques* qu'il fit fur un livre de ce dernier, intitulé, *Effai de commentaire fur les prophétes*. Ces remarques fe trouvent imprimées dans les mémoires de Trévoux du mois de mars 1711. L'année fuivante, il publia une édition grecque & latine des ouvrages de S. Jean Damafcène en deux vol. *in-folio*, à Paris, & il y joignit plufieurs differtations, où il montre de l'érudition & de la théologie. Il devoit donner un troifiéme volume, où fon intention étoit de mettre les ouvrages fauffement attribués à S. Jean Damafcène, & quelques autres qui font de Saint, comme un Difcours fur les Anges, & un Dialogue d'un Chrétien avec un Sarazin. Le premier fe trouve manufcrit dans la bibliothéque de Turin, & le fecond en grec dans la panoplie d'Euthymius; mais ce troifiéme n'a point été rendu public. Le pere le Quien travailla depuis fon édition de faint Jean Damafcène à celle des œuvres de Léon de Byzance, mais on ne les a point publiées. Dans les differtations qui accompagnent fon édition des ouvrages de S. Jean Damafcène, on voit qu'il avoit étudié la controverfe, auffi plus dans les écrits des Scholaftiques que dans ceux des Peres & dans les définitions des Conciles; & c'eft encore ce que l'on remarque dans la réfutation du livre de Nectaire, patriarche de Jérufalem, touchant la primauté du pape, qu'il publia en latin, en 1718, *in-4°*, à Paris, fous ce titre fingulier: *Stephani de Altimura Ponticenfis contra fchifma Græcorum Panoplia, quâ romana & occidentalis ecclefia defenditur adverfùs criminationes Nectarii nuperi patriarchæ Hierofolymitani, quas congeffit in libro* περὶ ἀρχῆς τῦ πάπα. Quoique le titre de cet ouvrage femble n'annoncer qu'un traité polémique contre les erreurs des Grecs, & fur-tout contre leur oppofition à reconnoître la fupériorité du pape, c'eft pourtant moins un ouvrage dogmatique contre les Grecs, qu'une réponfe à leurs plaintes, ou une apologie de l'églife romaine contre les reproches qu'ils ne ceffent de lui faire de fes hauteurs, de fes ufurpations, & du trouble qu'elle a caufé par le defir ambitieux d'étendre par-tout fa jurifdiction. L'auteur a jugé ces reproches injuftes, & il y répond. L'ouvrage de Nectaire qu'il entreprend de réfuter, eft écrit avec éloquence & avec adreffe; & comme il a fervi à fortifier les Grecs dans leur fchifme, le pere le Quien crut qu'il devoit prendre la défenfe de l'églife romaine, & il y a affez bien réuffi. Le fuccès a été beaucoup moindre dans la difpute qu'il a eue fur la fin de fa vie avec le pere le Courayer. Le fujet de cette difpute étoit les ordinations des Anglois dont le pere le Courayer avoit foutenu la validité, ce qui lui attira beaucoup d'adverfaires. Les écrits de part & d'autre se font fort multipliés ; l'affaire est devenue très-sérieuse. On en voit le détail dans l'apologie du pere le Courayer faite par lui-même : notre but n'est pas d'en parler ici. Comme feu M. le cardinal de Noailles avoit cru devoir décider contre le chanoine régulier, le pere le Quien engagé d'écrire contre cet auteur, dédia son ouvrage à cette éminence dont il étoit connu & estimé. L'épître dédicatoire est de M. Badoire, vicaire de la paroisse de S. Germain l'Auxerrois, ami du pere le Quien. Il a aussi eu quelque part à l'ouvrage même qui a pour titre : *Nullité des ordinations anglicanes*, ou *Réfutation du livre intitulé*, *Dissertation sur la validité des ordinations des Anglois* : ce sont deux volumes *in-*12, qui parurent chez Simart à Paris en 1725. Le pere le Courayer ayant répondu à ses adversaires, & au pere le Quien, comme aux autres, dans sa *Défense de la validité des ordinations des Anglois* en 4 volumes, le pere le Quien crut devoir répliquer, ce qu'il fit par deux nouveaux volumes imprimés à Paris chez Babuti en 1730, & intitulés : *La nullité des ordinations anglicanes démontrée de nouveau, tant pour le fait que pour le droit*. Depuis cet ouvrage il a encore donné sur la même matiere une lettre datée du 14 février 1731, & insérée dans le *Mercure* d'avril de la même année. Il est sorti dans cette dispute du caractere de douceur & de modération qui éclate dans ses autres écrits, & qui eut, ce semble, été d'autant mieux placé ici, que ses écrits sur cette matiere paroissent fort inférieurs en tout à ceux de son adversaire. On a de lui dans les *mémoires de littérature & d'histoire* recueillis par le pere Desmolets de l'Oratoire, ses *Dissertations sur S. Nicolas, évêque de Myre*, tome VI, premiere partie ; sur le *portus Icchius*, qu'il prétend être le port de Boulogne ; & une *Histoire abrégée de la ville de Boulogne-sur-mer*, & de ses comtes, dans le tome X, quatriéme partie, & à la tête de la *coutume de Boulogne*, dans la grande collection des coutumes. Il a laissé une histoire beaucoup plus ample de Boulogne, que l'on pouroit donner au public. Le P. Labat, son confrere, a fait imprimer de lui, dans le tome VII de ses *voyages d'Espagne & d'Italie*, une *dissertation sur Annius de Viterbe*, dans laquelle le P. le Quien prétend que ce n'est point Annius qui a composé les ouvrages donnés sous les noms de Manethon, de Metasthène, &c. Enfin on trouve de lui des *Observations* sur le livre intitulé, *Petra fidei*, composé par Etienne Javorski, archevêque de Rezan, dernier exarque ou patriarche Moscovite. L'ouvrage de ce patriarche ayant fait de la peine aux Luthériens, ils engagerent François Buddée, professeur de leur secte, à y répondre. Le pere Ribéra Dominicain, qui avoit accompagné le duc de Liria, ambassadeur de sa majesté catholique à la cour de Russie, en qualité d'aumônier, & avec le titre de missionaire apostolique, répliqua à Buddée en 1731. Les observations du pere le Quien roulent sur le *Petra fidei*, & cette réplique : elles sont courtes, mais judicieuses : on les trouve dans le *Mercure de France*, mois de mars 1733. Le pere le Quien mourut le 12 du même mois & de la même année, âgé de soixante-douze ans. Il demeuroit dans la maison de son ordre, rue saint-Honoré à Paris. Le pere le Quien n'étoit pas moins recommandable par sa piété & sa régularité, toujours constant, toujours uniforme, que par son érudition & son génie communicatif. Il avoit été lié de bonne heure avec les savans les plus distingués, entr'autres, avec l'abbé de Longuerue, le pere de Montfaucon, les PP. Serri & Quétif, & beaucoup d'autres, qu'il seroit trop long de détailler. * *Mémoires du temps*.

Depuis la mort du P. le Quien, on a imprimé son grand ouvrage qui n'a paru qu'en 1740, sous ce titre : *Oriens christianus, in quatuor patriarchatus digestus ; quo exhibentur ecclesiæ, patriarchæ, cæterique præsules Orientis*, trois volumes *in-fol.* à Paris, de l'imprimerie royale. C'est le plus grand ouvrage que nous ayons sur

l'état ancien & présent des églises de l'Orient. L'auteur s'y est proposé de faire sur ces vastes régions ce que d'autres savans ont exécuté pour quelques royaumes, quelques états de l'Europe, & même pour des églises particulieres. Son livre renferme toutes les églises d'Orient sous les quatre grands patriarchats de Constantinople, d'Alexandrie, d'Antioche, & de Jérusalem. Il donne la description géographique de chaque diocèse, des villes épiscopales : il rapporte l'origine & l'établissement des églises, leur étendue, leur jurisdiction, leurs droits, leurs prérogatives, leurs prétentions, la succession & la suite de leurs évêques, le gouvernement politique, les changemens qui y sont arrivés, &c. Le pere le Quien étant mort dans le cours de l'impression, un de ses confreres s'est chargé de l'édition, a revu & perfectioné l'ouvrage, auquel l'auteur n'avoit pu mettre la derniere main : il y a fait quelques additions ; il y a inséré quelques dissertations.

QUIERASQUE, en latin, *Clarascum*, ville de Piémont sur le Tanaro, est une place forte, située sur une colline. On y fit en 1631 la paix entre la France, les Impériaux, les Espagnols, & le duc de Savoye & celui de Modène. Les truites de Quiérasque sont renommées. * Sanson. Baudrand.

QUIERET, ancienne maison de Picardie, qui a donné deux amiraux de France, descend de HUGUES Quieret, l'un des chevaliers banerets du comté de Boulonois, mentionés dans le rolle qui en fut fait par ordre du roi Philippe-Auguste, en 1202. GERARD Quieret, sénéchal d'Agénois, frere de l'amiral, *dont il sera parlé ci-après*, fut l'un des seigneurs de Picardie, qui signerent en 1314, un traité d'alliance entr'eux, pour empêcher le cours des subsides & malversations qui se commettoient dans le royaume. L'on ne connoît la postérité de cette maison que depuis

I. HUGUES Quieret, seigneur de Tours en Vimeu, sénéchal de Beaucaire & de Nîmes, & amiral de France, qui eut ordre de conduire la comtesse de Blois, de Montpellier à Corbeille en 1324. Il se trouva à la guerre de Gascogne sous Alfonse d'Espagne en 1326, & étoit sénéchal de Beaucaire en 1329. Le roi Philippe *de Valois*, en reconnoissance de ce qu'il s'étoit vaillamment comporté dans une armée de mer, où il étoit capitaine contre les Turcs, lui donna 400 livres de rente, à prendre pendant sa vie sur le trésor, par lettres du 19 janvier 1335, laquelle rente il lui assigna au mois d'octobre 1339, sur la ville, forteresse & seigneurie d'Helicourt, confisquée sur Edouard de Bailleul. Il comparut en armes, comme chevalier baneret, à Saint-Riquier, le 11 septembre 1337, entre les nobles de cette prévôté, qui furent assignés par-devant les commissaires du roi pour la défense du pays, & pour aller où il seroit ordonné. Il exerçoit dès l'an 1336, la charge d'amiral de la mer, & mourut des blessures qu'il reçut dans un combat naval donné contre les Anglois en 1340. On lui donne pour femme *Blanche*, sœur de Jean I, comte d'Harcourt, dont il eut GUI, qui suit ; HENRI, qui continua *la postérité rapportée ci-après* ; *Jacques*, qui servit sous le connétable d'Eu, depuis 1338, jusqu'en 1346 ; *Jeanne*, mariée 1°. à N. seigneur de Rolincourt : 2°. à N. seigneur d'Argnei ; *Léonore*, alliée à *Robert* de Fiennes, laquelle en exécution du traité de paix conclu avec le roi de Navarre, obtint rémission le 24 septembre 1359, d'avoir suivi son parti ; & *Robert* Quieret, seigneur de Ramecourt, lequel demeura à Tournai avec plusieurs autres pour la garde de cette place, depuis le 22 mai 1339, jusqu'au dernier septembre 1340, & étoit mort en 1384. Il avoit épousé *Marie*, dont il eut *Marie*, alliée à *Jean* Bainsel, dit *Hutin*, duquel elle étoit veuve en 1399 ; & *Jeanne* Quieret, alliée à *Edmond* de Hallencourt.

II. GUI Quieret, dit *Boort*, servit en Gascogne sous le connétable d'Eu en 1337, & fut commis par son pere avec plusieurs autres, le premier mai 1339, pour conduire de la Rochelle à Paris certains prisonniers qui

avoient

avoient été pris à Blaye & à Bourg au mois d'avril précédent. Il s'attacha depuis au parti du roi de Navarre, qu'il suivit en ce royaume en 1362, & dont il reçut beaucoup de bienfaits. Il en obtint depuis rémission du roi en avril 1365, fut fait chevalier en 1368, servit la même année sous Hugues de Châtillon, maître des arbalêtriers, & étoit mort en 1376, que *Jeanne* de Mentenai sa veuve étoit remariée à *Dreux*, seigneur de Crevecœur & de Thaiz.

II. HENRI Quieret, seigneur de Tours en Vimeu, frere du précédent, servoit sous le connétable d'Eu en 1337, & est compris entre les seigneurs qui s'assemblerent la même année devant Tournai, sur les frontieres de Flandre & de Hainault. Depuis il s'attacha comme son frere, au service du roi de Navarre, qui lui donna 500 écus de pension en 1361. Il ne mourut qu'en 1406. Il avoit épousé 1°. *Jeanne*, dame de Heuchin : 2°. *Jeanne* des Quesnes, veuve de *Jean* Tirel, seigneur de Poix. Du premier mariage vinrent GUI, qui suit ; *Jean*, grand prévôt de S. Pierre d'Aire, chanoine & trésorier de Therouanne en 1446, & vivoit en 1456, âgé de 70 ans ; & *Eléonore* Quieret, mariée en 1403, à *Antoine*, seigneur d'Haversquerque, morte en 1440, sans postérité. Du second mariage sortirent *Manassès* ; *Hugues* ; & *Pierre* Quieret, seigneur de Haucourt, qui demeura prisonnier à la bataille d'Azincourt en 1415. Il fut depuis capitaine d'Araines, se joignit en 1420, à Jacques de Harcourt, capitaine de Crotoi, pour faire la guerre aux Anglois ; fut lieutenant de Christophe de Harcourt, capitaine de Thouars, & commis à la garde & défense de cette place en 1431. Il avoit épousé avant l'an 1436, *Marguerite* de Leval, dame de Pipemont, dont il eut *Antoine*, seigneur de Remoncour & de Pipemont, mort avant l'an 1459, ayant eu de *Jeanne* d'Inchi, sa femme, *Jeanne* ; & *Gui* Quieret, seigneur de Coulonvilliers, vivant en 1459.

III. GUI Quieret, II du nom, seigneur de Heuchin & de Tours en Vimeu, dit *Boort*, étoit en la compagnie du connétable en 1412, lors du siége du château de S. Remi du Plain, & se trouva trois ans après à la bataille d'Azincourt, où il demeura prisonnier, & n'obtint sa liberté qu'après avoir payé une grosse rançon ; & le roi lui accorda en 1425, droit de foire en sa terre de Heuchin. Il avoit épousé *Jeanne* de Poix, fille de *Jean* Tirel, seigneur de Poix, & de *Marguerite* de Châtillon, dont il eut JACQUES, qui suit ; CHRISTOPHE, qui fit *la branche des seigneurs de* TOURS-EN-VIMEU, *rapportée ci-après* ; une fille mariée à *Guillaume*, seigneur de Saveuse ; *Agnès* alliée à *Jean*, dit *le Sourd*, seigneur du Biez ; & *Marguerite* Quieret, qui épousa *Robert*, seigneur de Nedonchel.

IV. JACQUES Quieret, seigneur de Heuchin, servit le roi au recouvrement de la Normandie, & mérita d'être fait chevalier. Il maltraita long-temps sa femme, sous prétexte de son mauvais gouvernement, & fit même mourir celui qu'il en accusoit, dont il obtint rémission en mars 1440, en considération de ses services & de ceux de ses prédécesseurs, laquelle néanmoins ne fut entérinée qu'en 1456, après avoir essuyé un long procès criminel contre le comte de S. Pol, qui avoit fait saisir ses biens, dont il eut main-levée, à condition d'en faire la foi & hommage à ce comte ; & il mourut avant l'an 1470. Il avoit épousé *Bonne* de Berlettes, dite *du Waurin*, dont il eut *Jean*, dit *Boort*, mort sans postérité ; GAUVAIN, qui suit ; *Antoine* ; *Léon* ; *Jeanne*, mariée 1°. à *Foulques* de Renti, dit *le Galois*, seigneur d'Embri : 2°. à *Renaud* de Giresmes ; & *Béatrice* Quieret, alliée à *Jacques* de Berles.

V. GAUVAIN Quieret, seigneur de Heuchin, avoit épousé *Jeanne* d'Isques, dame de la Haye, dont il eut *Jean*, seigneur de Heuchin, mort sans postérité ; *Antoine*, chanoine de Lille ; *Barbe* ; *Antoinette*, dame d'Ancerville, mariée à *Louis* d'O, seigneur de Sorel ; *Marie*, dame d'Ostreville, alliée le 5 juillet 1489, à *Jean* de Noyelles, seigneur de Marle ; &

N. Quieret, qui épousa *Philippe* de Greboual.

BRANCHE DES SEIGNEURS DE TOURS-EN-VIMEU & DU QUESNOI.

IV. CHRISTOPHE Quieret, second fils de GUI, seigneur de Heuchin, & de *Jeanne* de Poix, fut seigneur de Tours-en-Vimeu, & épousa *Isabeau* d'Ailli, dont il eut, entr'autres enfans, JEAN, qui suit.

V. JEAN Quieret, seigneur de Tours, avoit épousé *Perronne* de Bulleux, dont il eut LOUIS, qui suit ; *Jean*, seigneur du Quesnoi ; *Jeanne*, mariée à *Jean* de Calonne, seigneur de Landrethun ; *Yolande*, alliée à *Jean* de Tuffles, seigneur de Radepont ; *Philippe*, abbesse du Moncel ; & *N.* Quieret, qui épousa *Louis* d'Ault, seigneur de Francieres.

VI. LOUIS Quieret, seigneur de Tours-en-Vimeu, avoit épousé *N.* de Boissai, dont il eut *Louise* Quieret, mariée 1°. à *François*, baron de Mailloc : 2°. à *François* de Riviere, seigneur de Sainte-Marie.

De cette même maison étoit ENGUERRAND Quieret, seigneur de Fransu, amiral de France & capitaine de la ville de Rue par la mer. Il servit en la guerre de Guienne sous le connétable d'Eu avec trois écuyers en 1337 ; en Flandre, à Lille & à Tournai, avec quatre écuyers, la même année ; à Cambrai & sur les frontieres de Flandre & de Hainault en 1342. Il servit dans Rue en 1354, avec six chevaliers, 34 écuyers & 80 sergens ; & sous le maréchal de Néelle en Picardie, avec deux chevaliers, 17 écuyers, & 40 sergens. Le journal du trésor du mois d'octobre 1357, porte qu'il étoit amiral en ce temps-là ; il mourut peu de temps après. Il avoit épousé *N.* de Roye, fille de *Dreux*, seigneur de Germini, de laquelle il peut avoir eu pour fils JEAN Quieret, seigneur de Fransu, qui obtint rémission en 1364, de la mort d'un homme qu'il avoit tué à Douai, qui servit sous le maréchal de Sancerre en 1381, & qui mourut avant l'an 1405. GUILLAUME, dit *Enguerrand* Quieret, seigneur de Fransu, pouvoit être son fils, & fut son exécuteur testamentaire. Il avoit épousé par contrat du 26 mai 1410, *Jeanne*, fille de *Jacques*, seigneur de Bussu. * Le P. Anselme, *hist. des grands officiers.*

QUIERS ou CHIERS, ville du Piémont assez bien fortifiée par sa situation, est renommée par l'ancienneté de sa noblesse, par la futaine qu'on y travaille, & par la graine que son terroir fournit aux teinturiers. Le comte de Harcourt, de la maison de Lorraine, y gagna en 1639, une bataille sur les Espagnols. * Sanson. Baudrand.

QUIERZI, village de France en Picardie, célèbre pour avoir été le lieu où Hincmar, archevêque de Reims, tint plusieurs conciles pendant le IX siécle. Il est situé sur la riviere d'Oise, dans le Noyonnois, à deux lieues de la ville de Noyon, & nommé *Carisacum* par les Latins. On y voyoit autrefois un palais des rois de France, qui est présentement ruiné.

QUIETISTES. Ce nom fut donné dans l'Église grecque au XIV siécle, à une sorte de personnes qui se vantoient d'une tranquillité d'esprit extraordinaire, qu'ils avoient, disoient-ils, acquise par la priere. On les appelloit en grec, *Hesychastes*, qui signifie la même chose que *Quiétistes*. Leur chef fut Siméon, prieur d'un couvent près du mont Athos, qui avoit un grand crédit parmi les siens. Grégoire Palamas, depuis évêque de Salonique, homme savant & éloquent, se joignit à lui. Barlaam, moine de l'ordre de S. Basile, s'opposa à eux. Il se servit adroitement de la simplicité de quelques moines du parti de Siméon, pour en apprendre tous leurs secrets ; après quoi il commença à leur reprocher publiquement leurs erreurs & leurs foiblesses. Il dit entr'autres, qu'ils prétendoient voir des choses singulieres, en baissant la tête sur la poitrine, retenant leur haleine, & regardant fixement le nombril. Il ajoute qu'alors, si on les en croit, ils se sentoient remplis de la lumiere divine, qu'ils souffloient l'ardeur du Saint Esprit par les narines, & se trouvoient affectés de sensations très-suaves. Barlaam leur donna par cette raison le nom de *Om-*

phalopſychi, ou de *Umbilicanimi*. Ils ſe glorifioient ſur-tout de voir alors, des yeux du corps, la ſainte Trinité, & ſoutenoient que de cette divine lumiere, dont ils ſe diſoient environnés, naiſſoit la tranquillité ou la *Quiétude* d'eſ-prit dont ils ſe vantoient. Barlaam ayant reproché ces extravagances aux Quiétiſtes, Grégoire Palamas lui fit dire que ce qu'il reprochoit à ceux qu'il attaquoit, il ne le tenoit que d'un moine ignorant, qui n'avoit au-cune idée juſte, ni de leurs dogmes, ni de leur maniere de vivre ; que d'ailleurs, ce n'étoit pas une choſe ſi oppoſée au bon ſens, de dire que l'on pouvoit voir des yeux du corps une lumiere ſainte &'non créée, puiſ-que les diſciples de Jeſus-Chriſt avoient vu la même choſe ſur le Tabor. Barlaam voulut bien croire que les autres articles ridicules qu'on lui avoit rapportés, n'é-toient ſoutenus par aucun d'eux ; mais s'arrêtant à ce que Palamas avouoit, il en conclut que celui-ci ſuppo-ſoit une double divinité, puiſqu'il diſtinguoit la lumiere non créée d'avec la Divinité elle-même. Il y eut à cette occaſion de grandes conteſtations entr'eux, & l'empe-reur Andronic *le Jeune* ſe vit obligé de convoquer un ſynode, pour décider la queſtion. Barlaam qui craignit de n'être pas en état de prouver aux Quiétiſtes tout ce dont il les accuſoit, s'accommoda avec Palamas, à la ſollicitation de ſes amis. Mais à peine Andronic fut-il mort, qu'il recommença la diſpute, & ſoutint que le ſy-node, qui n'avoit pas moins été tenu, n'avoit pas pro-cédé ſelon l'ordre, dans l'examen de cette affaire. Il paſſa enſuite en Italie, & laiſſa ſon diſciple Grégoire Acyndius, qui pouſſa la controverſe contre les Quié-tiſtes aſſez loin. Le patriarche de Conſtantinople aſſem-bla un autre ſynode, dans lequel les Quiétiſtes furent encore abſous ; & Grégoire Acyndinus, avec les autres partiſans de Barlaam, fut exclus de la communion de l'égliſe orthodoxe. Les Barlaamites & les Acyndiniens ne ſe rendirent point à ce jugement : ce qui obligea d'aſ-ſembler un troiſiéme ſynode, où Acyndinius refuſa de comparoître. Après ſa mort on tint un quatriéme ſynode, qui condamna de nouveau les Barlaamites. Les ſenti-mens furent fort partagés parmi les Grecs & les autres ſur cette affaire. Manuel Calécas & Jean Cypariſiote ſoutenoient que les Barlaamites avoient été injuſtement condamnés, & que les Quiétiſtes avoient des ſentimens erronés. Jacques Gretſer & Léon Allatius ont été de cette opinion. Philotée, patriarche de Conſtantinople, & quelques autres, croyoient au contraire la condam-nation des Barlaamites fort juſte.

Dans l'Égliſe latine, le Quiétiſme ſe montra auſſi dès le XIV ſiécle. Jean Rusbrock, prêtre & chanoine régulier, que l'on peut regarder comme l'un des pre-miers auteurs de la théologie myſtique, nous fait ainſi le portrait des faux Spirituels de ſon temps, c'eſt-à-dire, du XIV ſiécle. Comme tous les hommes, dit-il, cherchent naturellement le repos, ceux qui ne ſont pas éclairés & touchés de Dieu, le cherchent qu'un repos naturel. Sous prétexte de contemplation, ils demeurent aſſis & entiérement oiſifs, ſans aucune occupation inté-rieure ni extérieure. Mais ce mauvais repos produit en l'homme l'ignorance & l'aveuglement, & enſuite la pa-reſſe, par laquelle il ſe contente de lui-même, oubliant Dieu & toute autre choſe. On ne peut trouver Dieu dans ce repos naturel, où peuvent arriver les plus grands pécheurs, s'ils étouffent les remords de leur conſcience, & ſe délivrent de toutes les images & de toute ſorte d'actions. Au contraire, cette mauvaiſe quiétude pro-duit la complaiſance en ſoi-même, & l'orgueil, ſource de tous les autres vices. Ces faux Spirituels n'ont aucun deſir ni exercice de vertu. Ainſi parle Rusbrock dans le traité qu'il a intitulé, des Nôces ſpirituelles : il n'en parle que pour les condamner, & cependant il ne paroît pas qu'il ait évité lui-même tous les reproches qu'il leur fait ; & ce n'eſt peut-être pas ſans raiſon, que M. l'ab-bé Fleury & quelques-autres, l'ont regardé comme le plus ancien Quiétiſte de l'Egliſe latine. Sa maniere d'écrire étoit, que quand il ſe croyoit éclairé par la grace, il ſe

retiroit dans la forêt voiſine du lieu où il demeuroit, & s'y cachoit ; c'eſt ainſi qu'il compoſa tous ſes ouvrages. Ce qui a fait dire au célébre Gerſon, ſi ſenſé ſur ces matieres, qu'il s'étoit égaré dans ſes viſions, & que l'enthouſiaſme lui avoit un peu trop échauffé l'imagina-tion. Rusbrock diſoit en effet, qu'il n'avoit rien écrit que par le mouvement du S. Eſprit, & en préſence de la ſainte Trinité. Mais on a été beaucoup plus loin dans la ſuite, comme on le voit en particulier par les ouvra-ges de la religieuſe Marie d'Agréda, de Jean Labadie, de mademoiſelle Bourignon, du miniſtre Poiret, & de pluſieurs autres qui ſont connus. Michel Molinos, prêtre ſéculier du diocéſe de Saragoſſe en Eſpagne, eſt un des Quiétiſtes du XVII ſiécle, qui a fait le plus de bruit, & qui a eu plus de partiſans ſur certains points. Etant allé s'établir à Rome, il y vécut fort long-temps, mais avec une réputation & une fortune fort différentes. Il y fut pluſieurs années en grande réputation de piété, honoré & conſulté comme un homme très-éclairé dans la vie ſpirituelle. Enſuite il y fut ſoupçoné & accuſé de mau-vaiſe doctrine, & d'une conduite déréglée. Ces ſoup-çons s'étant augmentés, il fut déféré à l'inquiſition, & empriſonné par ordre de ce tribunal, & enfin ſolem-nellement condamné comme coupable, & convaincu de diverſes erreurs & de divers crimes, qui ſont devenus publics, par l'impreſſion qu'on a fait à Rome du juge-ment rendu contre lui. Ce qui lui donna le moyen de cacher long-temps la corruption de ſa doctrine & de ſa conduite, c'eſt que s'étant rempli l'eſprit d'expreſſions & d'idées myſtiques, il enveloppoit ſes erreurs ſous des termes peu intelligibles & peu entendus, & à l'égard deſquels le commun du monde eſt prévenu qu'ils ren-ferment ſouvent des vérités ſublimes & importantes, dont il ne faut pas juger témérairement. Mais enfin ſa doctrine étant examinée avec plus de ſoin, & les déré-glemens de ſa vie qui vinrent à être connus, y ſervant d'éclairciſſement, on commença à le connoître à fond, & on ne crut pas pouvoir réparer autrement le ſcan-dale qu'il avoit cauſé, qu'en le condamnant ſolemnelle-ment. Ainſi Molinos fut regardé comme le chef des Quiétiſtes, & ſes écrits furent enviſagés comme les ſources de leurs erreurs, quoique, outre ce que l'on a rapporté des Heſycaſtes chez les Grecs, & de Rus-brock chez les Latins, il ne ſoit pas difficile de trouver avant lui des ſemences des mêmes erreurs, & même divers dogmes précis répandus en pluſieurs livres anciens & nouveaux. On trouve en effet dans la bibliothéque des peres, un auteur Grec de l'onzième ſiécle, qui ſou-tenoit la plupart des erreurs des Quiétiſtes, & qui fut condamné comme tel en ce temps-là. Dans un livre eſpagnol imprimé à Bruxelles en 1606, on trouve auſſi pluſieurs propoſitions conformes aux dogmes des Quiétiſtes, qui y ſont réfutées par le pere Jérôme Gra-tien, Carme déchauſſé, aſſez connu par l'hiſtoire de ſon ordre. Mais il n'y a pas lieu de croire que Molinos ait puiſé ſes erreurs dans ces écrits. Ce n'étoit point là ſon inclination ni ſa coutume. Il n'avoit aucun commerce avec les livres d'un autre ſiécle que celui où il vivoit. Sa ſcience ſe bornoit à quelques myſtiques de ſon temps, où il avoit lu quelques paſſages de ſaint Bernard, de ſaint Thomas, & du faux ſaint Denys ; à la lecture de quelques vies célébres en Eſpagne, d'une Françoiſe Lopez, d'une mere Eſcobar, & de quelques écrits de ſainte Thereſe, dont il abuſoit. Il crut auſſi devoir ſe couvrir de quelques paſſages de ſaint François de Sales, de madame de Chantal, inſtitutrice de l'ordre de la Viſitation, qu'il appelle mal à propos madame de Can-tal. Il faiſoit auſſi beaucoup d'état du myſtique Falconi, & de quelques autres écrivains ſemblables. Ça été avec cette légere proviſion de ſcience qu'il s'eſt mis à com-poſer le ſyſtême du Quiétiſme, ſans qu'il ait eu beſoin pour cela d'autres ſecours que de la chaleur de ſon ima-gination, de la confuſion de ſon eſprit, & de la cor-ruption de ſon cœur. On ſeroit porté à croire ſur ces apparences, que des opinions auſſi bizares que les ſiennes, ne pouvoient trouver d'approbation dans le commun de l'Eglise ; mais ce ne seroit pas bien connoître la foibleſſe & le déréglement de l'eſprit humain. Il y en a qui ſe piquent de trouver de la raiſon dans les opinions des auteurs où il en paroît le moins, & pour qui c'eſt un apas qui les y attire, d'être bizares, extraordinaires & inconcevables. Ainſi il y eut des perſonnes qui prirent gout en effet aux écrits de Molinos, comme à ceux de la religieuſe Marie d'Agréda, ſi ridicule, principalement dans ſa Cité myſtique, où il y a lieu de croire qu'elle ne s'entendoit pas elle-même, & qui s'efforcèrent d'en répandre la doctrine en Italie & en France.

Ceux qui l'ont fait avec le plus d'éclat en France, ont été, premierement un homme d'eſprit de Provence nommé Malaval, qui recueillit une partie des ſentimens de Molinos, dans un livre auquel il donna le titre de *Pratique facile pour élever l'ame à la contemplation*. Ce livre ayant un certain feu d'imagination, & étant fait par une perſonne qui étoit aveugle, ce qui le faiſoit plus eſtimer, eut beaucoup de cours en divers lieux, & attacha pluſieurs perſonnes à cette doctrine, où l'on ne découvroit encore aucun venin. Quelque temps après l'abbé d'Eſtival en Lorraine, de l'ordre de Prémontré, très-ſavant dans la ſcience des auteurs myſtiques, ayant fort gouté le livre de Malaval, qu'il appelle ſouvent l'éclairé Provençal, eut la hardieſſe de venir faire des leçons de cette ſpiritualité au milieu de Paris ; & les conférences qu'il y fit ſur ce ſujet, & ſe furent imprimées après ſon départ. Madame de la Motte-Guyon, auſſi connue par ſa naiſſance, que par ſes autres qualités qui la rendoient eſtimable, s'étant auſſi témérairement engagée dans cette nouvelle ſpiritualité, l'embraſſa avec tant de chaleur, comme nous l'avons fait remarquer à ſon article, qu'elle a paru ſe croire obligée de la répandre dans le monde, & par ſes courſes & par ſes écrits dont nous avons donné ailleurs le détail. Ce qu'il y a d'étonnant, c'eſt que la plupart de ſes livres ſont imprimés avec approbation, & qu'il ne tient pas aux docteurs qui les ont approuvés, qu'on ne les regarde comme des ouvrages orthodoxes, quoiqu'ils ſoient remplis des plus dangereuſes erreurs des Quiétiſtes. Ils ont porté le même jugement du *Chrétien intérieur*, de M. de Bernieres de Louvigni, des ouvrages du pere Pini, & de pluſieurs autres qui ſont auſſi pleins de propoſitions fauſſes & erronées, tant les Quiétiſtes commençoient alors d'être en poſſeſſion qu'on laiſſât paſſer leurs erreurs ſans réflexion. Le livre de *l'Explication des maximes des ſaints ſur la vie intérieure*, publié en 1694, auroit peut-être renouvellé ces ſentimens, ſi l'auteur ne ſe fût ſoumis au jugement que l'Egliſe en porta, & ſi le clergé de France ne ſe fût élevé avec beaucoup de force contre tous les écrits & toutes les erreurs des Quiétiſtes : leurs inſtructions paſtorales, mandemens & autres monumens de cette eſpece, ſont pleins de lumiere & de ſolidité. La diſpute, après avoir été pouſſée extrêmement loin, s'eſt enfin diſſipée par leur zèle & leur attention. On fut moins heureux en Italie, & ſur-tout au royaume de Naples, où l'inquiſition établie & protégée ſous ces papes Alexandre VIII & Innocent XII, quelque rigoureuſe qu'elle fût, ne ſervit preſque qu'à aigrir les eſprits. Ceux qui voudront connoître l'hiſtoire des Quiétiſtes, peuvent lire les écrits ſuivans : Jean Cantacuzène, *hiſtoriar. l. 2.* Carpzovius, *diſſertat. de religione Quiétiſtarum.* Mayer, *diſſert. de Quietiſtarum perſecutionibus* ; la préface du traité de M. Nicole, intitulé, *Réfutation des principales erreurs des Quiétiſtes* ; Diſcours de M. Goujet, chanoine de S. Jacques l'Hôpital, ſur le renouvellement des études eccléſiaſt. dans les XIV & XV ſiécles, à la tête du trente-troiſiéme vol. de l'*Hiſt. eccleſ.* article *Myſtiques*; *Relations du Quiétiſme par MM.* Boſſuet & Phelypeaux ; *Hiſtoire eccléſiaſt. du XVII ſiécle*, par Du Pin, *tome IV* ; *Hiſt. du Quiétiſme*, ou de ce qui s'eſt paſſé à Dijon au ſujet du Quiétiſme, *in-4°*, 1703. *Voyez auſſi dans ce dictionaire les articles* FENELON, GUYON, QUILLOT, MALAVAL, &c.

QUIETUS (Cn. Fulvius) le fils puîné de Macrien, fut déclaré empereur avec ſon pere & ſon frere au commencement de l'an 261, par l'armée qu'avoit commandée Valerien, qui avoit été pris quelque temps auparavant par les Perſes. Son pere & ſon frere ayant entrepris de s'aller faire reconnoître en Occident, où Gallien régnoit, lui laiſſerent le ſoin de défendre l'Orient contre les Perſes, ce qu'il fit avec aſſez de ſuccès : mais lorſqu'on eut reçu la nouvelle de la défaite & de la mort des deux Macriens, Odenat, qui avoit très-bien ſervi le jeune prince, ſe ſépara de lui, & débaucha une partie de ſes troupes ; ce qui l'obligea de ſe retirer à Emeſe, où ceux qui l'avoient ſuivi, ne voyant pas d'apparence à pouvoir ſoutenir ce parti trop affoibli, l'abandonnèrent au bout de quelque temps. Quietus, livré à ſon ennemi, fut ſacrifié auſſitôt à la raiſon d'état. Son règne ne fut guère plus d'un an. * Trebellius Pollio, *XXX tyran.* Victor. Tillemont, *hiſt. des empereurs.*

QUIEU (Antoine le) religieux de l'ordre des Freres Prêcheurs, inſtituteur de la Réforme appellée la congrégation du S. Sacrement, étoit fils d'*Antoine* le Quieu, avocat au parlement de Paris, & de *Marguerite* le Caron ſa femme, & naquit à Paris le 23 février 1601. Il entra dans l'ordre de S. Dominique l'an 1622, & y établit en 1636 une nouvelle obſervance, dont la premiere maiſon fut établie dans le bourg appellé *Lagnes*, à cinq lieues d'Avignon. Dans une célèbre miſſion qu'il fit à Mérindol, il y arbora une croix, que les huguenots abattirent ; mais le roi, par ſes lettres patentes du 14 mars 1660, ordonna aux conſuls de cette ville de la rétablir, avec défenſe aux habitans de l'ôter, ſur peine de la vie. Ce ſaint homme mourut le 7 octobre 1677, âgé de 76 ans moins 3 mois, après 54 ans de religion. * *Extrait de ſa vie écrite par* le pere Archange Gabriel de l'Annonciation, *imprimée à Avignon en 1682.*

QUIGNONES (François de) cardinal Eſpagnol, évêque de Cauria, fils de DIEGO-FERNANDEZ de Quignones, premier comte de Luna, entra jeune parmi les religieux de S. François, & fut élevé à la charge de général dans un chapitre tenu à Burgos, en 1521. L'empereur Charles-Quint témoigna une joie extraordinaire de cette élection du pere Quignones, qu'il nomma conſeiller de ſon conſeil de conſcience. Ce pere étoit l'an 1527 à Aſſiſe, où il apprit la priſe de Rome par l'armée impériale. Il alla d'abord en témoigner ſon déplaiſir au pape Clément VII, qui étoit priſonnier dans le château Saint-Ange, & qui ſachant le pouvoir que le pere Quignones avoit ſur l'eſprit de l'empereur, l'envoya pour négocier la paix. Il acheva cette négociation avec aſſez de ſuccès, & mérita par-là le chapeau de cardinal, que le pape lui donna ſur la fin de l'année 1527. Il fut enſuite évêque de Cauria, légat en Eſpagne & dans le royaume de Naples, & mourut à Véruli en 1540. Ce cardinal avoit travaillé à réduire le bréviaire à trois pſeaumes pour chacune des heures canoniales, & à trois leçons pour matines, & l'avoit diſpoſé d'une maniere qu'on pouvoit réciter le pſeautier chaque ſemaine. Clément VII & Paul III avoient approuvé ce bréviaire, qui fut imprimé l'an 1536 à Rome, & ailleurs. Sa briéveté, ou plutôt le retranchement de pluſieurs hiſtoires apocryphes, fit crier les ignorans ; de ſorte que ce bréviaire fut ſupprimé par Pie V, & il ne ſert plus que d'ornement dans les bibliothéques. La préface en eſt très-belle, & mérite d'être lue. Elle ſe trouve dans pluſieurs ouvrages, entr'autres, dans la ſeconde édition du traité de Claude Joli, *De reformandis horis canonicis.* * Wadingue, *in an. Minor.* Ughel, *Ital. ſacr.* Auberi, *hiſt. des card.* Nicolas Anton. *bibl. Hiſp.* Claude Joli, *præfat. nova appendicis ad librum de reformandis horis canonicis, in ſecunda editione.*

La maiſon dont étoit ſorti ce cardinal étoit conſidérable au royaume de Léon. AREZ-PERES de Quignones floriſſoit l'an 1180, ſous le règne de Ferdinand roi de

Léon. DIEGO-FERNANDEZ de Quignones, I du nom, seigneur de Luna, l'un de ses descendans, fut grand bailli ou sénéchal du royaume des Asturies. Il avoit épousé *Marie* de Tolède, dont il eut PIERRE, qui suit; *Thérèse*, mariée à *Frédéric* Henriquez, comte de Melgar, amirante de Castille; *Mencie*, alliée à *Pierre* Gonçalès de Bazan, vicomte de Valduerna; & *Claire* de Quignones, qui épousa *Inico* Lopes de Mendoza, comte de Tendilla. PIERRE de Quignones, seigneur de Luna, grand bailli, ou sénéchal de Léon, avoit épousé *Béatrix* d'Acugna, fille de *Martin* Vasquez d'Acugna, comte de Valencia, & de *Marie* de Portugal, dont il eut DIEGO Fernandez de Quignones, qui fut fait comte de Luna par Henri IV, roi de Castille. Il avoit épousé *Jeanne* Henriquez, dont il eut BERNARDIN, qui suit; FRANÇOIS, cardinal, *qui a donné lieu à cet article*; *Marie*, alliée à *Alfonse* Pimentel, comte de Bénévent; & *Béatrix* Quignones, mariée à *Pierre* Alvarez Osorio, marquis d'Astorga. BERNARDIN Quignones, II comte de Luna, laissa d'*Isabelle*, fille d'*Alvarez* Osorio, marquis d'Astorga, FRANÇOIS Quignones, III comte de Luna, qui de *Marie*, fille de *Bernardin* Suarez de Mendoza, comte de Corugna, & de *Marie* Manrique de Sotomayor, laissa CLAUDE de Quignones, IV comte de Luna, lequel épousa *Catherine* Pimentel, fille d'*Alfonse*, comte de Bénévent, & d'*Anne* de Vélasco, dont il eut *Louis* de Quignones, V comte de Luna, qui de *Marie* de Cortez, fille de *Ferdinand*, marquis de Valle, & de *Jeanne* d'Arellano, eut pour fille unique *Marie* de Quignones, VI comtesse de Luna, mariée à *Jean-Alfonse* Pimentel, comte de Bénévent. * Spenerus, *theatrum nobilit. Europ.* Imhoff, *en ses grands d'Espagne, &c.*

QUILLAN, petite ville de France dans le Languedoc. Elle a titre de baronie, & est sur la riviere d'Aude. Cette ville est du diocèse d'Alet : ce n'étoit autrefois qu'un village. Il en est parlé dans le jugement des commissaires du roi Charlemagne, sur un différend entre Daniel, archevêque, & Milon, comte de Narbonne, rendu en l'an 782, en faveur de Daniel, contre Milon qui y acquiesça de bonne grace. L'acte de ce jugement se trouve parmi les preuves de l'*Histoire générale de Languedoc*, par deux Bénédictins, *tome I*. Quillan y est nommé *Quilian*.

☞ QUILLEBEUF, petite ville de France, avec siége d'amirauté, en la haute Normandie, diocèse de Rouen, dans le Roumois, dont elle est capitale, en latin *Quillebovium*. Baudrand lui donne pour nom latin *Henricopolis*, ce qui revient assez à l'ancien nom d'*Aricarville*, *Haricarville* ou *Erricarville*, que Quillebeuf portoit autrefois. Cette ville est située sur la Seine, entre Caudebec & Honfleur. Elle étoit assez considérable sous le régne de Louis XIII; mais ses fortifications & ses murailles ont été rasées. Il y a très-peu de terres de labour sur la paroisse de Quillebeuf. Les femmes & les filles y font de la dentelle. Les hommes s'occupent de la pêche, & ont des chasse-marée qui portent leur poisson à Paris. Le passage du Havre à Quillebeuf est difficile pour les vaisseaux, à cause de la quantité des bancs de sable qui s'y forment, & qui changent de place, ce qui oblige les vaisseaux étrangers à prendre des pilotes de Quillebeuf. * La Martiniere, *dict. géogr.*

QUILLET (Claude) étoit de Chinon en Touraine, où il naquit vers le commencement du XVII siécle. Il se tourna d'abord du côté de la médecine, & en exerça la profession pendant quelques années. Une affaire qui lui arriva à Loudun pendant la possession vraie ou fausse des religieuses de cette ville, l'obligea de quitter la France & sa profession. Voici le fait. Pendant que M. Laubardemont informoit de la possession de ces religieuses, le diable prétendu menaça d'élever le lendemain jusqu'à la voute de l'église le premier incrédule qui se trouveroit. Quillet qui entendit cette menace revint le lendemain, & en présence de M. Laubardemont & d'une grande assemblée, il défia le diable de

tenir sa parole, & protesta qu'il se mocquoit de lui. Le diable ne répondit rien & n'agit point, ce qui surprit l'assemblée. M. de Laubardemont s'en scandalisa, & décréta contre Quillet. Mais celui-ci qui voyoit que, quoique cette possession ne lui parût qu'un jeu, on la prenoit au sérieux, parcequ'on avoit intérêt de la faire croire réelle pour avoir occasion de perdre Urbain Grandier, quitta promptement Loudun, sortit de France, & passa en Italie. C'étoit, comme on le croit, en 1634, temps auquel Grandier fut exécuté. Quillet se trouvant à Rome, & fréquentant la maison du maréchal d'Estrées qui y étoit ambassadeur de la part de la France, il entra chez lui en qualité de secrétaire de l'ambassade. On croit qu'il revint avec lui en France, après la mort du cardinal de Richelieu. On ignore pour quelle raison il se fâcha contre le cardinal Mazarin, dont il parla fort mal dans son poëme latin de la Callipédie, ou de la maniere d'avoir de beaux enfans. Ce poëme, où il prit le nom de *Calvidus Lætus*, est intitulé, *Callipædia, seu de pulchra prolis habenda ratione : poëma didacticon ad humanam speciem bellè conservandam apprimè utile*. Il fut imprimé à Leide en 1655, *in-4°*. L'auteur n'étoit encore ni bénéficier, ni engagé dans aucun ordre sacré quand il le composa. Le cardinal Mazarin ayant été informé de la maniere dont il parloit de lui & de sa famille, le manda, se plaignit avec douceur de ce qu'il l'avoit si peu ménagé, & lui promit la premiere abbaye qui vaqueroit. Quillet touché de cette bonté, se jetta aux genoux du cardinal, lui demanda pardon, & promit de corriger son poëme, & lui demanda la permission de le lui dédier. Il lui tint parole dans l'édition qui fut faite à Paris, *in-8°*, en 1656. On y trouve de plus une épître dédicatoire au cardinal Mazarin, & deux nouvelles pièces de vers : l'une est une épître *ad Eudoxium*, en vers hexamétres; & l'autre, une élégie aussi latine, sur la mort du célèbre philosophe Gassendi. Dans l'intervalle le cardinal lui avoit donné une abbaye, & c'est, sans doute, pour cette raison, qu'il prend dans cette seconde édition, la qualité de *Abbas Dudavilleus*. Son poëme fut bien reçu, à cause de la singularité de la matiere qui y est traitée librement, mais néanmoins peu solidement. Rien de plus frivole que tout ce qu'il débite dans le second livre, touchant les diverses influences des signes du zodiaque par rapport à la conception. A l'égard de la versification que tant de gens ont louée si fort, on n'y reconnoît ni le tour ni celle de Lucréce, ni celui de celle de Virgile; la diction même n'en est pas correcte, & l'on y trouve plusieurs fautes de quantité. Ce poëme a été imprimé à Paris en 1749, avec une traduction françoise qui est de M. Monthenault d'Egly. Quillet avoit fait encore un poëme latin en douze livres, intitulé, *Henriciados*, parcequ'il étoit à l'honneur de Henri IV, & une traduction en vers françois des satyres de Juvenal, qui n'ont point été imprimées. Il avoit laissé le premier avec tous les papiers & 500 écus, à l'abbé Ménage, qui a cependant négligé de répondre à l'intention de l'auteur, qui ne lui avoit accordé cette somme, que pour faire imprimer ce poëme. Quillet mourut à la fin de septembre ou au commencement d'octobre 1661, âgé d'environ 59 ans. Voici ce que Loret en dit dans sa gazette du 15 octobre 1661 :

Quillet, bel esprit qui jadis
Affectoit peu le paradis,
Par erreur ou par contenance ;
Mais qui touché de repentance
D'en avoir de la sorte usé,
D'un feu divin fut embrasé ;
Après avoir fait maint bons livres,
A depuis peu cessé de vivre,
Plaint & regretté dans Paris
De la plupart des beaux esprits,
Qui faisoient cas de sa science.

* *Sorbériana*, pag. 201. *Menagiana, t. III*, pag. 232 & suiv. Les lettres de Costar. Baillet, *jugemens des*

savans fur les poëtes modernes, avec les notes de M. de la Monnoie, *tom. V.* Bayle, *diction. critique. Bibliothéque du Richelet par* M. l'abbé le Clerc. Titon du Tillet, *Parnaffe François, in-folio, pag.* 267, 268. Niceron, *mémoires, &c. tom. XXVIII.* L'abbé de Marolles, *dans le dénombrement de ceux qui lui ont fait préfent de leurs livres.*

QUILLINIUS, que d'autres nomment *Cilinnius,* étoit un des prélats à qui le moine Leporius, converti par faint Auguftin, adreffa la rétraction de fes erreurs fur la grace, qu'il avoit puifées à l'école de Pélage, & fur quelques autres touchant l'incarnation du Verbe, qui l'ont fait regarder comme l'avantcoureur de Neftorius, qui troubla l'églife quelques années après. Quillinius étoit un évêque diftingué dans les Gaules, mais on ignore quel fiége épifcopal il occupoit. Les uns le placent à Aix, d'autres à Fréjus. On reconnoît en effet un faint Quillin (*Quillinius*) pour évêque de Fréjus avant faint Léonce ; mais il paroît certain que ce dernier occupoit ce fiége quand Leporius fit fa rétraction vers l'an 424. * *Voyez l'hiftoire de l'églife Gallicane,* par le pere Longueval, Jéfuite, livre III.

QUILLINUS (Erafme) peintre d'Anvers, naquit en 1607. Après avoir profeffé la philofophie, il fuivit le penchant qu'il avoit pour la peinture ; &s'étant mis fous la difcipline de Rubens, il devint un très-bon peintre. Il a peint dans fon pays & dans les lieux d'alentour, plufieurs grands ouvrages pour les églifes & pour les palais, & a laiffé en mourant une grande réputation de fon mérite, fans que de fa part il ait jamais cherché autre chofe que le plaifir qu'il trouvoit dans l'exercice de la peinture. * De Piles, *abrégé de la vie des Peintres.*

QUILLOT (Claude) qui a été l'occafion, fans doute innocente, du QUILLOTISME, dont on a fait une fecte qui a fait beaucoup de bruit à Dijon & dans toute la Bourgogne, à la fin du XVII fiécle, & au commencement du XVIII. Il étoit fils d'un artifan d'Arnay-le-Duc, & l'on croit qu'il fit fes premieres études dans fa patrie. Il vint les continuer à Dijon, où il entra chez M. de Chintrey confeiller au parlement, pour être précepteur des enfans de ce magiftrat. Après y avoir demeuré quelque temps, le defir d'une vie plus parfaite le porta à entrer chez les Chartreux, où il édifia beaucoup par fa régularité ; mais l'auftérité de cet ordre étant au-deffus de fes forces, il retourna dans le fiécle, prit les ordres facrés, & fut attaché à la paroiffe de S. Pierre de Dijon, en qualité de prêtre habitué, ou mépartifte. M. l'évêque de Langres l'ayant chargé du miniftére de la confeffion, il devint un des plus recherchés directeur célèbre. On le confultoit fans ceffe dans Dijon ; & fon confeffional étoit affiégé d'un très-grand nombre de perfonnes qui fe mettoient fous fa conduite. Ce concours, fruit de fa réputation, lui attira des affaires, & fut pour lui l'occafion d'une vive & longue perfécution. On envenima toutes fes actions : on ne craignit pas de lui fuppofer des crimes honteux ; & pour le perdre, on eut l'imprudence d'attaquer la réputation des meilleures familles de Dijon. Comme alors on s'occupoit en France par les erreurs des Quétiftes, on en chargea auffi M. Quillot, & l'on prétendit que, peu content d'enfeigner ces erreurs à fes pénitentes, il les réduifoit en pratique avec elles. Il eft vrai que plufieurs chofes coloterent un peu cette accufation. Claude Quillot avoit du goût pour la lecture des nouveaux myftiques, & même pour les écrits de Molinos : il reçut chez lui en 1686 madame Guyon & le P. de la Combe, lorfque ces deux célèbres Quiétiftes pafferent par cette ville ; il répandit plufieurs de leurs ouvrages, & furtout ceux de la dame. Mais il eut cela de commun avec bien d'autres, qui n'appercevant pas encore le venin de ces livres, étoient trompés par l'apparence de piété que la premiere lecture de ces écrits préfentoit. D'ailleurs il ne s'enfuivoit nullement de ces erreurs d'efprit, que Claude Quillot fût livré aux erreurs du cœur où le Quiétifme entraîne ordinairement ceux qui s'y

abandonnent. De plus, on n'a aucune preuve qu'il ait enfeigné leurs maximes, même celles qui font les moins criminelles, depuis que le faint fiége & l'églife de France les eurent condamnées. Cependant, quelques liaifons qu'il avoit eues avec Robert curé de Seurre, qui fut condamné au feu en 1698, par le parlement de Dijon (*Voyez* ROBERT,) & cette apparence de Quiétifme dont Quillot ne s'étoit point affez garanti, fervirent de prétexte à fes ennemis pour le pourfuivre comme un criminel & un homme perdu de vices. On entendit des témoins contre lui, on reçut leurs dépofitions : & quoique la plupart fuffent ou fauffes ou exagérées, on engagea l'official de Dijon à donner une fentence contre les adhérans & fectateurs de Robert, & l'on y comprit M. Quillot. Cette fentence eft du 17 de juillet 1700. Les coupables, ou ceux que l'on y juge tels, font condamnés par cet acte à différentes peines, & M. Quillot y eft déclaré bien & duement contumace, atteint & convaincu d'avoir diftribué quelques livres fufpects des erreurs du Quiétifme ; d'avoir tenu des difcours conformes à ces erreurs ; & d'avoir eu des liaifons fufpectes avec Robert & autres. Pour réparation de ces crimes, la fentence le condamne à trois ans de prifon dans un monaftere, à y jeûner pendant ledit temps au pain & à l'eau tous les vendredis, à réciter l'office de la fainte Vierge & le pfeaume 50, à genoux ; lui interdit à perpétuité l'adminiftration du facrement de pénitence, & le fufpend pendant un an de la fonction de fes ordres. La même fentence le condamne à 30 livres d'aumône, & à faire profeffion de foi entre les mains de l'évêque de Langres, avant que d'entrer dans le monaftere qui lui fera indiqué. Pendant le cours de cette procédure, qui avoit commencé dès le mois de décembre 1698, M. Quillot qui ne fe croyoit pas en fureté, malgré le nombre de fes amis & de fes protecteurs, s'étoit plufieurs fois caché, & ne s'étoit montré que lorfqu'il avoit cru que la fureur de fes ennemis étoit un peu appaifée. Mais lors de la fentence il étoit retiré ; & comme on ne favoit où il étoit, on le fonna à fon de trompe, & on appofa le fcellé à fa maifon. La juftice féculiere examinoit de fon côté toute cette affaire pour la regardoit : il y eut fucceffivement plufieurs commiffaires nommés pour cet examen, dont le réfultat fut, que le parlement de Dijon le mit hors de cour, fur le cas privilégié, par fon arrêt du 27 août 1700. Durant cette longue procédure, M. Quillot produifit plufieurs factums en fa faveur, & fes adverfaires y répondirent par d'autres ; mais plus encore par quantité de fatyres en vers & en profe, dont ils inonderent toute la ville de Dijon. Après l'arrêt du parlement, Quillot voyant que fes ennemis n'avoient triomphé qu'à demi, crut qu'il pourroit bien leur arracher entierement une victoire dont ils poffédoient même une partie injuftement. Il fit follicirer la révifion du procès & de la fentence de l'official ; & quand il eut été affuré d'un examen impartial, il fe rendit en prifon, & peu de temps après l'official rendit une nouvelle fentence qui *le renvoye à pur & à plain de l'accufation formée contre lui.* Ce nouvel acte eft du 10 avril 1701. Claude Quillot fortit de prifon le 21 du même mois, & reprit fes fonctions, excepté l'adminiftration du facrement de pénitence, dont on ne jugea pas encore à propos de le charger. Nous ignorons combien il a furvécu à cette affaire. Ses ennemis irrités de ce fuccès, tâcherent au moins de le noircir dans la poftérité, en forgeant une fecte imaginaire qu'ils appellerent de fon nom, le *Quillotifme,* & en donnant une hiftoire pleine de fauffetés & de calomnies, de la vie de Quillot, & du procès qu'ils lui avoient fufcité. Elle eft intitulée : *Hiftoire du Quillotifme, ou de ce qui s'eft paffé à Dijon au fujet du Quiétifme, avec une réponfe à l'apologie en forme de requête* (compofée par cet acte à affuré avocat célèbre à Dijon,) *produite au procès criminel par Claude Quillot, prêtre habitué de l'églife de S. Pierre de Dijon, & de depuis, les mêmes charges fubfiftant, mis hors de cour* *par le même juge.* A Zell, chez Henriette Hermille, à l'image du bon Pasteur, *in-4°*. L'auteur de cette histoire est M. Hubert Mauparty, conseiller au présidial de Langres, à ce que nous a assuré le P. Oudin, qui a connu l'auteur, & lui a souvent entendu parler de son ouvrage. Cette histoire parut au mois d'avril 1703, & fut répandue le soir du neuviéme du mois dans les principales maisons de Dijon, & même dans les monasteres des religieuses, où elle fut jettée par-dessus les murs. Il y régne une grande partialité, & une passion effrénée de médire de tout le monde. Dès que M. de Clermont-Tonnerre, évêque de Langres, en eut connoissance, il la fit examiner, & la condamna sévérement par une ordonnance pastorale du 21 avril de la même année 1703, qui fut lue, publiée & affichée à Dijon, & lue aux prônes des messes paroissiales de ladite ville. Ce prélat y déclare que Claude Quillot avoit fait connoître son innocence devant tous ses juges, & que cette histoire du Quillotisme blessoit également la vérité des faits par les calomnies dont elle est remplie; & la pureté des mœurs, par le détail honteux dans lequel elle entre. Le parlement de Dijon, de concert avec l'autorité ecclésiastique, faisant droit sur les conclusions du procureur général du roi, condamna pareillement la même histoire le 9 juin suivant, à être lacérée & brulée par l'exécuteur de la haute justice, comme calomnieuse, blessant également le sacerdoce & l'empire, & attaquant sans ménagement & sans vérité les ministres du Seigneur, & quantité de familles honnêtes qui s'y efforçoit de déshonorer. Au reste on tira un très-petit nombre d'exemplaires de cette histoire, & on la trouve avec peine dans les cabinets de quelques curieux. C'est un *in-4°* de 434 pages, en y comprenant la requête de M. Melenet, accompagnée de réflexions longues qui respirent le même esprit que l'histoire. L'ordonnance de M. de Langres, & l'arrêt du parlement de Dijon ont aussi été imprimés. * *Mémoires du temps.*

QUILMANCE, ville d'Ethiopie dans la côte d'Ajan, près de Zanguebar, & à l'embouchure du Quilmanci, entre Melinde & Magadoxo. * Mati, *diction.*

QUILMANCI, riviere qui a sa source dans l'Abyssinie, où elle porte le nom de Zébée; ensuite entrant dans la côte d'Ajan, elle baigne Barraboa, & se décharge dans la mer de Zanguebar à Quilmance. * Mati, *dictionaire géographique.*

QUILOA, royaume de Zanguebar en Afrique, sur la côte de la mer d'Ethiopie, a une ville capitale de même nom, située dans une petite isle nommée aussi *Quiloa*, près du continent, & défendue d'une forte citadelle. Le roi de ce pays, qui est mahométan, faisoit ordinairement sa demeure dans cette ville; mais en 1505, Fr. d'Almeida ayant fait aborder la flotte portugaise dans cette isle, envoya querir ce roi, qui feignant d'être malade, se prépara pour se défendre. Aussitôt Almeida envoya 700 de ses soldats assiéger cette ville: ils la prirent. Après quoi, le roi s'en étant sauvé, ils y changerent le gouvernement, & la rendirent tributaire du roi de Pottugal. Cette ville a un port très-fréquenté. Il y a encore une ville de même nom à l'autre bord de l'isle, appellée l'*ancienne Quiloa*, éloignée de Mozambique de 150 lieues françoises. * Baudrand. Daviti, *de l'Afrique.*

QUIMPERCORENTIN, ville épiscopale en Bretagne, est située au confluent de l'Oder, & d'une petite riviere nommée Benaudet. Elle est la capitale de l'ancien comté de Cornouaille. S. Corenin, son premier évêque, a augmenté son nom. Le chapitre de la cathédrale est composé du doyen, de deux archidiacres, d'un trésorier, d'un chantre, d'un théologal & de douze chanoines. L'abbé de Daoulas est le premier chanoine de ce chapitre: sa chaire est dans le chœur vis-à-vis celle de l'évêque; & aux processions il marche à sa gauche, de même que ses religieux marchent à la gauche des chanoines. L'évêque est seigneur de la ville, qui a sénéchaussée, présidial, & un siège d'amirauté.

QUIMPERLÉ, célébre abbaye en Bretagne, au diocèse de Quimpercorentin. Ce fut Alain Cagnard, comte de Cornouaille, qui fonda ce monastere vers l'an 1034, en l'honneur de la sainte Croix, dans un lieu nommé auparavant *Anaurot*. Il y établit pour premier abbé un saint moine nommé *Gartoëse*, qui fut tiré du monastere de Rhedon, & béni par Orscand évêque de Quimper. Le fondateur mit ce monastere sous la protection du saint siége, & l'obligea de payer tous les ans à l'église romaine un cens de deux deniers d'or. Le monastere de Quimperlé, ou Quimperlay, est de l'ordre de saint Benoît. L'abbaye est aujourd'hui en commende. Au siécle dernier cette maison a eu pour abbé commendataire un homme célébre par sa grande piété: c'étoit M. Charrier. C'est dans ce monastere que dom Claude Lancelot, si connu par ses ouvrages, & par la grande austérité de sa vie, est mort: il a été inhumé dans la nef même de l'église abbatiale, du côté de l'évangile, sans épitaphe ni pierre sépulcrale. Il étoit exilé en cette maison depuis qu'on l'avoit fait sortir de l'abbaye de saint Cyran, où il avoit fait profession de la vie religieuse. *Voyez* LANCELOT. * *Histoire de Bretagne* par dom Lobineau, bénédictin de la congrégation de saint Maur. *Histoire de l'église Gallicane* par le pere Longueval, Jésuite, *tome VII, livre XX. Nécrologe de Port-Royal des Champs*, pag. 179.

QUINAULT (Philippe) poëte François, étoit d'une bonne famille. C'est ainsi qu'en parlent ses contemporains, qui devoient en être plus instruits que Furetiere, qui dans son *factum contre l'académie*, insinue qu'il étoit fils d'un boulanger de Paris. Plusieurs prétendent qu'il avoit été domestique de Tristan l'Hermite: il est du moins certain que ce fut sous ce maître qu'il apprit à faire des vers. Quand tout ce qu'on a dit sur la prétendue bassesse de son extraction seroit vrai, Quinault n'en seroit que plus louable d'avoir si bien réparer le tort de sa naissance, & acquérir par l'usage du monde une très-grande politesse, que ceux qui l'ont connu remarquerent toujours en lui. Il se fit connoître avant l'âge de vingt ans par quelques piéces de théatre qui eurent assez de succès. Mêlant l'étude du droit à l'ardeur de rimer, il eut occasion de rendre service à un riche marchand de Paris qui mourut peu de temps après, & dont il épousa la veuve. Alors il acheta une charge d'auditeur en la chambre des comptes en 1671. Il avoit été reçu l'un des quarante de l'académie françoise l'année précédente. Il fut employé à faire des opéra, & excella en ce genre de poësie. Ses opéra sont, *les Fêtes de l'Amour & de Bacchus, Cadmus & Hermione, Alceste, Thésée, Athis, Isis, Proserpine, le Triomphe de l'Amour, Persée, Phaëton, Amadis, Rolland, le Temple de la Paix, & Armide*. Il eut l'honneur de haranguer le roi au nom de l'Académie françoise, au retour de ses campagnes de 1675 & de 1677. Lulli préféra Quinault à tous les autres poëtes, parcequ'il trouvoit en lui seul réunies toutes les qualités qu'il cherchoit; une oreille délicate pour ne choisir que des paroles harmonieuses, un goût tourné à la tendresse, pour varier en cent manieres les sentimens consacrés à cette espece de tragédie; une grande facilité à rimer, pour être toujours prêt à servir le roi dans le besoin, & une docilité très-rare pour se conformer toujours aux idées du musicien. Sur la fin de sa vie il eut regret d'avoir donné son temps à faire des opéra, & prit la résolution de ne plus composer de vers qu'à la gloire de Dieu & du roi de France. Il commença par un poëme sur l'extinction de la religion réformée dans le royaume, dont voici les quatre premiers vers:

Je n'ai que trop chanté les jeux & les amours;
Sur un ton plus sublime il me faut faire entendre.
Je vous dis adieu, Muse tendre,
Je vous dis adieu pour toujours.

Il mourut le 26 novembre 1688, âgé de 53 ans. Il avoit composé pour lui-même l'épitaphe suivante, pour être mise sur son tombeau après sa mort:

Paffant , arrête ici pour prier un moment ;
C'eſt ce que des vivans les morts peuvent attendre.
Quand tu ſeras au monument ,
On aura ſoin de te le rendre.

Outre ſes opéra , il a fait encore ſeize piéces de théatre qu'il donna avant l'âge de trente ans , ſavoir : *les Rivales* , comédie , en 1653. *L'amour indiſcret , ou le maître indiſcret* , comédie , en 1654. *La comédie ſans comédie* , en 1654. *La généreuſe ingratitude* , tragicomédie , en 1654. *La mort de Cyrus* , tragédie , en 1656. *Le mariage de Cambyſe* , tragi-comédie , en 1656. *Stratonice* , tragi-comédie , en 1657. *Les coups de l'amour & de la-fortune* , tragi-comédie , en 1657. *Amalaſonte* , tragédie , en 1658. *Le feint Alcibiade* , tragicomédie , en 1658. *Le fantôme amoureux* , tragi-comédie , en 1659. *Agrippa , ou le faux Tiberinus* , tragicomédie , en 1660. *Aſtarte , roi de Tyr* , tragédie , en 1663. *La mere coquette , ou les amans brouillés* , comédie , en 1664. *Belléphron* , tragédie , en 1665. *Pauſanias* , tragédie , en 1666. Toutes ces piéces ſont en vers & en cinq actes. M. Quinault eſt encore auteur de quelques poëſies d'un autre genre , entr'autres de quelques épigrammes , où l'on voit qu'il badinoit agréablement , & de la *deſcription de la maiſon de Sceaux de M. Colbert* , petit poëme écrit avec beaucoup d'eſprit & de délicateſſe. Il avoit compoſé auſſi une paſtorale ſous les noms de *Lyſis & d'Heſpérie* , au ſujet de la négociation de la paix & du mariage du roi Louis XIV. Cette piéce fut compoſée de concert avec M. de Lyonne , miniſtre & ſecrétaire d'état pour les affaires étrangeres , ſur les mémoires que fournit le cardinal Mazarin. On la repréſenta au Louvre devant leurs majeſtés le 9 de décembre 1656 ; mais elle n'a pas été imprimée. Pendant que Quinault travailloit à un opéra , dont le roi lui avoit preſcrit le ſujet , il fit ces jolis vers , où il dit que l'opéra le plus difficile. à ſon gré , ce n'eſt pas celui que le roi lui demande , mais d'avoir cinq filles à marier :

C'eſt avec peu de bien un terrible devoir
De ſe ſentir preſſé d'être cinq fois beau-pere.
Quoi ! cinq actes devant notaire ,
Pour cinq filles qu'il faut pourvoir !
O ciel ! peut-on jamais avoir
Opéra plus fâcheux à faire ?

Plaiſanterie toute pure : car M. Quinault étoit riche. Sa femme lui avoit apporté plus de cent mille écus ; le roi lui donnoit deux mille livres de penſion , & Lulli , pour chaque opéra , quatre mille livres. Trois de ſes filles ont été religieuſes , & deux avantageuſement mariées. Il n'avoit point de fils. * Mém. hiſtor. Journal des ſavans du 2 Mars 1665. Voyez ce qu'en dit Baillet *dans les jugemens des ſavans ſur les poëtes modernes.* Boileau Deſpreaux , *dans la préface de ſes œuvres & ſatyr.* 2 & 3. Bocheron , *vie de Quinault.*

QUINBOROUGH ou QUEENBOROUG , capitale de l'iſle de Scheppei , dans le comté de Kent , dans le canton de Scrag. Elle envoie deux députés au parlement , & eſt ornée d'un collége royal. * Dict. angl.

QUINCY ou QUINÇAY , abbaye de l'ordre de Cîteaux , de la filiation de Pontigny , proche Tonnerre , au dioceſe de Langres. Sa fondation ne remonte pas plus haut que le douziéme ſiécle : elle a été beaucoup plus conſidérable qu'elle ne l'eſt aujourd'hui. Eudes de Châtillon , qui en étoit abbé dans le douziéme ſiécle , la déſola de telle ſorte , qu'elle n'a pu encore ſe relever de ſes ruines. Il ne reſte de l'égliſe que le chœur & les deux croiſées , dans leſquelles il y a ſept autels de chaque côté. On prétend que les ſatellites de Châtillon s'étant un jour revêtus , au nombre de cinq cens , des ornemens des miniſtres ſacrés , y firent par dériſion une eſpéce de proceſſion autour d'une croix , & qu'enſuite ils brulerent tous ces ornemens au même lieu. On montre dans l'égliſe le tombeau de S. Gautier , abbé du monaſtere ,

que quelques-uns prétendent avoir été évêque d'Auxerre & martyr ; mais on ne trouve point d'évêque d'Auxerre de ce nom ; & le ſiége de cette égliſe ſe trouve certainement rempli d'autres évêques dans le temps où l'on dit que ce ſaint a pu l'occuper , c'eſt-à-dire , avant le milieu du XIII ſiécle. (M. l'abbé le Beuf donne des preuves que ce Gautier n'a point été évêque d'Auxerre , dans ſes *Mémoires pour ſervir à l'hiſtoire civile & eccléſiaſtique d'Auxerre* , tome I , pag. 375 & ſuivantes.) MM. de Tanlay , de Vergy & de Noyers , ont eu autrefois leur ſépulture dans cette abbaye. On trouve encore à Quincy un aſſez grand nombre de manuſcrits : la plupart ſont des ouvrages de S. Ambroiſe , de S. Jerôme , de S. Auguſtin , de S. Grégoire , de S. Bernard , & du vénérable Bede. On y voit auſſi les lettres d'Hildebert , évêque du Mans ; la vie de ſaint Bernard écrite par Guillaume , abbé de ſaint Thierry , laquelle eſt ſuivie d'une hiſtoire des Albigeois , dont le commencement eſt ſemblable à celle qui a été compoſée par l'abbé des Vaux-de-Cernay ; mais dont la fin eſt différente. * *Voyage littéraire* des peres DD. Martenne & Durand , tome I , pag. 107 & 108.

QUINCY , abbaye de l'ancien ordre monaſtique , fondée au VII ſiécle , dans le Poitou , eſt ſituée ſur la petite riviere de Miozon , à une lieue & demie de Poitiers. Les hiſtoriens diſent que cette abbaye avoit été fondée par les parens de ſaint Aicadrea , vulgairement Achard , qui a été abbé de Jumiéges , & pour ce ſaint même. Saint Philibert en prit la direction , ſelon l'intention des fondateurs , dont le deſſein étoit de la lui ſoûmettre , & à l'abbaye de Jumiéges. Il fit auſſi venir de celle-ci des religieux pour habiter ce nouveau monaſtere ; & il y établit Achard pour premier abbé. Peu de temps après , il envoya Achard pour gouverner Jumiéges en ſa place ; & l'on mit à Quincy un religieux fort intelligent & de grande vertu , nommé Probe. On honore à Quincy un ſaint Benoît qu'on ſuppoſe avoir été évêque de Samarie , & être paſſé en France , où il mena , dit-on , la vie érémitique ; mais un ancien calendrier , écrit ſous le régne de Charlemagne , ne lui donne que la qualité de prêtre. * *Hiſtoire de l'égliſe Gallicane* , tom. IV , liv. X , pag. 153. *Hiſtoire de Tournus* , par Pierre Juénin , premiere partie , chap. 4 , pag. 21.

QUINDECEMVIRS , magiſtrats Romains , avoient ſoin de garder les Sibylles ; ce que faiſoient auparavant les Décemvirs & les Duumvirs. Ils conſultoient ces oracles lorſque le ſénat l'avoit ordonné , & en faiſoient leur rapport , y ajoutant leur avis. Ces magiſtrats étoient auſſi commis pour exécuter tout ce qui étoit preſcrit dans ces livres des Sibylles , & pour faire célébrer les jeux ſéculaires. Ce nom leur fut donné parcequ'ils étoient quinze , de *quindecim* , qui ſignifie *quinze* , & *vir* , *homme.* On croit que ce fut Sylla , dictateur , qui les établit , créant cinq magiſtrats , qu'il ajouta au collége des Décemvirs. * Tite-Live , *l.* 6.

☞ QUINET (dom Louis) fils d'un honnête laboureur , homme à ſon aiſe & d'une probité connue , de la paroiſſe de la Houblonniere , dioceſe de Lizieux , vint au monde vers l'an 1595. Etant fort jeune , il embraſſa la vie religieuſe dans l'abbaye du Val-Richer , de l'ordre de Cîteaux , au dioceſe de Bayeux , mais peu diſtante de la ville de Lizieux. L'abbé de Clairvaux , pere immédiat de cette maiſon , y faiſant ſa viſite , remarqua dans le jeune Quinet une conduite ſage , d'heureuſes diſpoſitions pour la piété , & une certaine ouverture d'eſprit qui le lui fit regarder comme un ſujet d'eſpérance. Dès ce moment il l'affectiona , & laiſſa des ordres pour qu'on eût à le faire étudier. Sitôt qu'on le jugea en état de commencer ſa philoſophie , on l'envoya à Pont-à-Mouſſon , où il fit ſon cours ſous le R. P. Fournier , Jéſuite , religieux d'une grande piété & qui fut confeſſeur de S. François de Sales. Il ne tarda point à connoître toutes les bonnes qualités de ſon nouveau diſciple. Plus il l'étudioit , & plus il découvroit en lui de talens qui le lui rendoient cher. C'eſt ce qui le porta à en prendre un foin particulier , & le jeune religieux y répondoit d'une maniere qui étoit au maître un nouveau motif de redoubler ſes attentions. Il admiroit en lui un naturel extrêmement bon , des mœurs douces & pures, une grande modeſtie , & avec cela une figure tout-à-fait intéreſſante. De Pont-à-Mouſſon frere Louis Quinet fut envoyé à Paris pour y commencer ſa licence. Il s'y diſtingua tellement par ſa piété , par ſa conduite, par les progrès qu'il fit dans ſes études, qu'il mérita de recevoir à la fin le grade de docteur en théologie. Il fut auſſi promu au ſacerdoce , & peu de temps après l'abbé de Clairvaux, par l'eſtime qu'il faiſoit de ſon mérite & de ſa vertu, le nomma prieur de l'abbaye de Royaumont, où il établit la réforme dont il a toujours été dans ſon ordre un des plus fermes appuis , la ſoutenant encore plus par ſes exemples que par ſes diſcours. Ce fut à Royaumont que le cardinal de Richelieu eut occaſion de le voir ; ſon éminence ne tarda point à connoître ſon mérite, & bientôt il en part à ſa confiance ; elle ne put lui en donner une preuve plus marquée , qu'en le choiſiſſant pour ſon confeſſeur toutes les fois qu'elle venoit à Royaumont. Dom Jean Thuault, abbé de Barbery, étant mort en 1638 , le cardinal ne jetta point les yeux ſur d'autres que ſur dom Louis Quinet pour le remplacer. Auſſitôt qu'il eut reçu ſes bulles , il partit pour venir prendre poſſeſſion de cette abbaye. A la premiere nouvelle qu'en eurent les religieux , effrayés dans la crainte qu'il ne les obligeât d'embraſſer la réforme qu'ils redoutoient extrêmement, ils ne voulurent ni le recevoir, ni le reconnoître, ce qui l'obliga d'aller coucher à l'abbaye d'Aulnay. Mais ces mêmes religieux ayant appris que le cardinal qui étoit pour lors abbé général de Cîteaux entreprenoit cette affaire , & qu'il entendoit ſoutenir de tout ſon pouvoir ſa cauſe comme celle de toute la réforme, ils ſentirent bien qu'ils n'avoient point d'autre parti à prendre que de ſe ſoumettre. Réſolus donc de le reconnoître pour leur abbé , ils lui députerent les principaux de la communauté pour le prier d'en venir prendre le gouvernement : lui de ſon côté leur déclara que ſon intention n'étoit point de les gêner ſur la réforme ; que ne s'y étant point engagés par leur profeſſion , il ne ſe regardoit pas comme autoriſé à leur impoſer ce joug ; qu'ainſi ils ſeroient très-libres par rapport à l'abſtinence , de continuer le même genre de vie dans lequel ils avoient été élevés. Les eſprits étant donc revenus de leurs préventions , tout ſe pacifia , & ils n'eurent qu'à ſe louer de la conduite de leur nouvel abbé. Deux ans après ſon inſtallation , c'eſt-à-dire ſur la fin de l'année 1640 , un jour de la fête de la ſainte Vierge, on commença à manger au réfectoire commun. Trois des anciens, de leur plein gré , & ſans même qu'il les y eût exhortés , mus d'un eſprit de piété, demanderent à faire maigre, ce qui donna beaucoup de conſolation à l'abbé ; & depuis ce temps-là la maiſon commença d'être comptée au nombre de celles qui ont embraſſé la réforme. Les nouveaux ſujets que l'on reçut s'y engagerent. Dom Quinet, pour maintenir l'obſervance qu'il établit dans ſa maiſon, fit d'abord des réglemens particuliers ; elle a enſuite adopté ceux qui ont été donnés dans une aſſemblée des ſupérieurs de l'étroite obſervance, & ils s'y obſervent très-religieuſement. On ne peut mieux faire l'éloge de D. Quinet, qu'en diſant qu'il fut un homme ſelon le cœur de Dieu, & un des plus éclairés directeurs de ſon ſiécle pour la conduite des ames. M. l'évêque de Bayeux l'honora toujours de ſon eſtime, ainſi que pluſieurs autres évêques de différens dioceſes , qui le conſultoient lorſqu'ils avoient quelques difficultés au ſujet du gouvernement des monaſteres. Il fut viſiteur & vicaire général de ſon ordre pour les maiſons de la réforme , où il fit des biens infinis , & doit à juſte titre en être regardé comme un des peres. On admira toujours en lui un zèle plein de lumieres & de ſageſſe , en même temps qu'il s'étoit rendu un modéle accompli de toutes les vertus chrétiennes & religieuſes. Le deſir de ſe préparer plus particulierement à la mort lui fit

prendre le parti de ſe décharger du gouvernement de ſon abbaye cinq ans avant qu'elle arrivât. Il propoſa pour le remplacer un de ſes éléves qui fut agréé, nommé dom Nicolas Le Guedois, originaire de Thorigny & ſon premier profés. Ainſi rendu pour ainſi dire à lui-même, dom Quinet ſe renferma dans un plus grand ſilence , ne s'occupant plus que de la priere & de la méditation continuelle des plus importantes vérités du ſalut , donnant à ſes freres l'exemple d'une profonde humilité. Il mourut à Barbery le 2 janvier de l'an 1665. Les ouvrages qu'il a donnés au public ſont , 1. *Eclairciſſemens ou conférences ſur la régle de S. Benoît en forme de dialogue*, &c. avec *un Traité des diſpoſitions de piété pour l'exercice journalier d'une ame religieuſe* , in-8° , imprimé à Caen en 1651, par Pierre Poiſſon. 2. *Tréſor de piété contenant divers ſujets pour s'entretenir avec Dieu dans l'oraiſon , ſur les devoirs de la vie chrétienne & ſur les principaux myſteres de notre religion*, imprimé à Paris. 3. *Les états pénibles & humilians de Jeſus-Chriſt ſur la terre* , à Caen chez Poiſſon en 1651, in-12. 4. *Le noviciat des Bénédictins expliqué par diverſes conférences entre le pere & l'enfant* , à Paris chez Jean Pocquet en 1653, in-12. Le corps de dom Louis Quinet fut inhumé au milieu du chapitre de l'abbaye de Barbery, où l'on a mis ſur ſon tombeau cette épitaphe :

Reverendus in Chriſto pater Domnus LUDOVICUS QUINET. *In Monaſterio Beatæ Mariæ de Valle-Richerii communem ordinis Ciſtercienſis obſervantiam vixdùm profeſſus , ſtrictiorem ſtatim amplexus eſt. In facultate theologiæ , Pariſiis gradum doctoralem aſſecutus. Regalis-Montis prior , ac deinde Barberii abbas effectus , in utroque monaſterio regularem diſciplinam inſtauravit ; & tum ſuis , tum etiam multis aliis cujuſcumque , ſed maximè religioſi ſtatûs , ad virtutem , cum mirabili ſuavitate & gratia ſpeciali , inſtruendis ac dirigendis indefeſſus operam dedit. In amplianda ordinis gloria , in reformatione illius propaganda , in regendo pariſienſi ſtudio , in viſitandis monaſteriis , ſibi , ut vicario generali , per totam Normanniam ſpecialiter commiſſis ; in ſpiritualibus Sacerdotum colloquiis , quibus frequenter interfuit , promovendis ; necnon in pluribus monaſteriis extraneis , ut pote in partem miniſterii , ab epiſcopis ſæpe vocatus , gubernandis , incredibili zelo & ſapientiâ laboravit. Præclara ſcriptis , verbis & exemplis reliquit omnibus vitæ chriſtianæ ac religioſæ documenta ; & tandem , clarus meritis , ſanctis Eccleſiæ ſacramentis piè ac devotè ſuſceptis , ſeptuagenarius hic interiit , die ſecundâ anni 1665.*

* *Mem. mſſ. de D. Boudier , abbé de S. Martin de Séez.*

QUINGEI , bourg ou bailliage. Il eſt dans le comté de Bourgogne , ſur la Louve , à ſept lieues de Dole vers le levant , & à quatre de Beſançon vers le ſud. * Mati , diction.

QUINIDE , *Quinidius* , évêque de Vaiſon , après avoir été diacre de cette égliſe , & aſſiſté l'an 552 au concile d'Arles , en qualité de député de ſon évêque Théodoſe, fut choiſi par ſon coadjuteur , & lui ſuccéda en 571. Il aſſiſta au IV concile de Paris en 572 , & mourut le 15 de février 579, jour auquel on fait mémoire de lui dans l'égliſe de France. * Bollandus. Baillet , *vies des Saints , au mois de février.* Les peres dom Martenne & Durand , de la congrégation de S. Maur, l'appellent *Quinin* : en quoi il y a lieu de croire qu'ils ſe ſont trompés. La preuve eſt que tous ceux qui nomment ce Saint, l'appellent en latin *Quinidius.* Il y a une égliſe ſous ſon nom à Vaiſon, qui étoit autrefois une abbaye. Cette égliſe fort ancienne fut réparée vers la fin du XVII ſiécle , par l'illuſtre & ſavant Joſeph Maria Suarès , évêque de Vaiſon, qui y fit graver ces deux vers , qui confirment encore notre opinion.

Sancto QUINIDIO *reparo venerabile templum ,*
Ut mihi cæleſtem præparet ipſe thronum.

L'autel

L'autel est d'un très-beau marbre : il est creux, & lusieurs critiques croient que c'est le tombeau même de saint *Quinide.* *Voyez* le voyage littéraire des PP. DD. Martenne & Durand, *tom. I.*

QUINOCUNI, ville de l'isle de Niphon. Elle est capitale d'un petit royaume qui porte son nom, & située sur la côte méridionale de la contrée de Jetsengo. * *Mati, diction.*

QUIMPERCORENTIN, *cherchez* QUIMPERCO-RENTIN & CORNOUAILLE.

QUINOT ou GUYNOT DE LAUZIERE, sénéchal de Querci, étoit un homme de confiance de Louis XI, roi de France. Il faisoit du bien dans sa province, & ce fut lui que Louis XI chargea de lui faire venir François de Paule, instituteur [des religieux Minimes. On sait l'empressement avec lequel ce roi desira de faire sortir ce saint homme de la Calabre pour le faire venir en France, dans l'espérance qu'il avoit qu'il le guériroit de ses infirmités, & qu'il retarderoit de beaucoup le temps de sa mort. Quinot s'acquitta avec zèle de sa commission, & détermina François de Paule à venir. Louis XI, par reconnoissance, donna à Quinot une pension de six cens livres tournois. François de Génas, conseiller & général des finances du roi, en Languedoc, ayant retranché la moitié de cette pension, en alléguant que c'étoit par l'ordre du roi, Quinot s'en plaignit, & Louis XI, qui n'avoit point donné un tel ordre, écrivit à François de Génas de satisfaire au plus vîte Quinot, avec menaces, si la satisfaction n'étoit pas prompte, entiere & persévérante, d'ôter tout emploi à Génas. Les lettres de ce prince sur ce sujet, font beaucoup d'honneur à Quinot : elles sont datées du Plessis près de Tours le 15 de mai 1482. Ces lettres se trouvent dans le *Voyage littéraire* des PP. DD. Martenne & Durand, Bénédictins de la congrégation de S. Maur, *tome I.*

QUINQUARBRES, *cherchez* CINQARBRES.

QUINQUAGESIME, septième dimanche avant Pâques. *Voyez* CARESME.

QUINQUATRIES, fêtes que l'on célébroit à Rome en l'honneur de Minerve, étoient semblables à celles que les Athéniens appelloient *Panathénées.* On leur donna ce nom, parcequ'elles duroient l'espace de cinq jours. Le premier jour on faisoit des sacrifices & des offrandes sans effusion de sang ; le second, le troisième & le quatrième on faisoit des combats de gladiateurs ; & le cinquième on faisoit une cavalcade par la ville. Elles commençoient le 18 mars. Les écoliers avoient congé pendant tout ce temps, & donnoient à leurs maîtres un honoraire qui s'appelloit *Minerval.* On représentoit aussi des tragédies ; & il se faisoit un combat entre les personnes doctes, poëtes & orateurs, des ouvrages d'esprit où le vainqueur étoit couronné, & recevoit un prix institué par l'empereur Domitien. C'est où Stace, *Sylv. l. 4, Sylv.* 2, *v.* 67, se vante d'avoir glorieusement vaincu, & d'avoir reçu un présent de l'empereur.

Lux mihi Romanæ qualis sub collibus Albæ, Cùm modò Germanas acies, modò Daca sonantem Prælia, Palladio tua me manus induit auro.

* *Voyez* PANATHÉNÉES.

QUINSAI (*ville du ciel*) ancienne ville de la Chine, dont les auteurs ont parlé diversement, avoit selon Marc Polo, cent milles de circuit, & douze mille soixante ponts de pierre. Les modernes ne sont pas bien d'accord du lieu où elle se trouve. Quelques-uns la prennent pour Pekin, qu'un auteur Espagnol nomme la métropole du monde. Mendez Pinto, Herrera, Maldonat & Trigaut en disent des choses surprenantes ; entr'autres qu'un homme à cheval ne la peut qu'à peine traverser en un jour ; qu'elle a trente lieues de tour, dix de long & cinq de large ; que 470 portes, & des murailles où douze chevaux peuvent courir de front. D'autres veulent que la Quinsai d'autrefois, soit la fameuse *Cambalu* d'aujourd'hui ; & Hornius est de ce sentiment ; mais le pere Martin Martini croit que c'est la Kangchu de ce temps, dite *Kingsu* ou *Kaingsai*, & qui fut véritablement ville royale en 1300. Elle est sur le fleuve Cientang. Mais il est bien difficile de rien déterminer là-dessus, puisqu'entre tant de voyages modernes, nous n'en avons presque point de la Chine. Ceux mêmes que nous avons se contrarient presque tous là-dessus, & le sentiment du pere Martin Martini paroît plus raisonnable. Magin, *dans sa géographie*, dit qu'il y a au milieu de cette ville un grand lac, qui a environ trente milles de tour, & que l'on voit aux environs de ce lac plusieurs palais & maisons magnifiques. Il assure aussi que le grand Khan de Tartarie entretient une garnison de trente mille hommes pour la garde de cette place. * Marc Polo, *l.* 2, *c.* 67. Hornius, *l.* 4, *de orig. gent. Amer. c.* 3. Martini, *Atl. Sinic.*

QUINSY, *cherchez* QUINCY.

QUINTALA, isle qui est dans l'embouchure de la riviere de Zaïre en Afrique. Il y a dans cette isle une idole d'argent, que personne, dit-on, n'ose toucher, excepté un ministre dont la fonction particuliere est d'empêcher qu'on n'approche de ce faux-dieu, & qu'on ne trouve le chemin qui y conduit. Toutes les fois que ce ministre va y exercer quelque acte de superstition, il prend une route détournée qu'il change continuellement, de peur qu'un chemin trop battu ne se fasse remarquer. Les rois & les peuples font sans cesse des offrandes considérables à cette fausse divinité, & l'on pend ces oblations à des pieux autour de l'idole, qui est dans une grande cour fermée d'une muraille d'ivoire. Ceux de ces insulaires qui sont libres, se font un chef qu'ils élisent à la pluralité des suffrages ; mais ceux qui relevent du roi de Congo, sont gouvernés par des gentilshommes qu'il leur envoie. Les uns & les autres trafiquent du vin de palmier & de Matombe. Les armes dont ils se servent en temps de guerre, sont l'arc, les fléches & la zagaye. * De la Croix, *relation de l'Afrique*, tome III. Thomas Corneille, *diction. géograph.*

QUINTANADUENNA (Antoine) Jésuite Espagnol, natif d'Alcantara dans l'Estrémadure, employa tout le cours de sa vie dans les exercices de piété à Séville, où il mourut en 1651. Nous avons divers traités de sa façon, avec deux ouvrages de théologie morale ; l'un touchant les sept sacremens, & l'autre sur les commandemens de l'église, & les censures canoniques. * Alegambe, *biblioth. script. soc. Jesu.* Nicolas Antonio, &c.

QUINT-CURCE, Q. *Curtius Rufus*, a écrit l'histoire d'Alexandre, que nous avons encore aujourd'hui. On ne sait pas bien en quel temps il vivoit. Quelques-uns ont douté, à cause de l'excellence de son style, s'il n'est pas aussi ancien que Tite-Live & Velleius Paterculus, & le même dont parle Cicéron dans une de ses épîtres à Quintus son frere. La plus commune opinion est qu'il a vécu du temps de Vespasien ; cependant quelques autres croient qu'il est allé jusqu'au siécle de Trajan. Le pere Tellier Jésuite a soutenu dans sa préface sur Quint-Curce, que cet auteur vivoit sous l'empereur Claude. Chacun se sert du passage du dixième livre, où il fait une digression sur la félicité de son siécle, pour l'appliquer à son sens. Quelques-uns ajoutent que Quint-Curce ayant vécu très-longtems, rien n'empêche qu'il ne soit le même dont Suétone a parlé comme d'un rhéteur du vivant de Tibere ; & Tacite, comme d'un préteur & proconsul d'Afrique sous l'empereur Vespasien, puisqu'il n'y a pas plus de 32 ans de la derniere année de Tibere jusqu'à la premiere de Vespasien. Ce que Pline *le jeune* rapporte, *l.* 7, *ep. ad Surram*, d'un spectre apparu en Afrique à un Curtius Rufus, ne peut être entendu que du même dont Tacite fait mention ; mais il n'y a point d'apparence que ce soit celui dont parle Suétone. On s'étonne de ce que Quintilien ne dit rien de l'histoire de Quint-Curce ; mais il ne parle pas de tous les historiens qui ont vécu avant lui. Les deux premiers livres de cet auteur, avec la fin du cinquiéme, le commencement du fixiéme, & quelques endroits du dernier, qui eſt le dixiéme, ont été perdus. Chriſtophe Bruno, Freinſhemius & quelques-autres, y ont fait des ſupplémens. Quelques-uns ont cru que l'hiſtoire d'Alexandre, qui porte le nom de Quint-Curce, étoit l'ouvrage d'un auteur moderne qui l'a mis ſous ce nom; mais cela n'a point de vraiſemblance. Nous en avons une excellente traduction françoiſe par Vaugelas. * Cicero, l. 3, ep. 2, ad Quint. Tacite, l. 11, annal. Pline, l. 7, ep. 27, ad Surram. Voſſius, de hiſt. Lat. l. 1, c. 28. La Mothe-le-Vayer, jugemens des hiſt. Raderus, aux comm. Bayle, dict. critiq.

QUINTIANUS STOA. (Jean-François) Le vrai nom de cet auteur, né au commencement de 1486, à Quinzano, bourg du territoire de Breſſe, étoit Conti. Il prit le nom de Quintianus, de Quinzano, lieu de ſa naiſſance, ou parceque, comme ſa vanité le lui faiſoit dire, il prenoit ſoin de garantir des plagiaires, les poëtes de ſon temps, avec qui il étoit lié, à l'exemple de ce Quintianus, qui en préſervoit le poëte Martial, comme celui-ci le témoigne dans ſes épigrammes, liv. 1, chap. 53. Pour le ſurnom de Stoa, enfanté encore par la vanité, il lui venoit, à ce qu'il prétendoit, de ſon extrême facilité à faire des vers, qui l'avoit fait nommer, diſoit-il, μυσῶν ςοα, le portique des Muſes. Il commença ſes études ſous Jean, ſon pere, qui étoit homme de lettres, & qui avoit une école à Quinzano, où il enſeigna la langue latine pendant plus de 60 ans. Il les continua à Breſcia ſous Jean Britannicus, & vint ſe perfectioner à Paris, où il fit imprimer quelques-unes de ſes poëſies en 1514. Quoiqu'elles ſoient aſſez mauvaiſes, comme il y avoit peu de perſonnes qui cultivaſſent alors ce genre d'écrire, elles lui firent de la réputation, & Louis XII lui donna même la couronne poëtique. Ghilini ajoute qu'il fut fait précepteur du roi François I, & peu après recteur de l'univerſité de Paris; deux faits abſolument faux. De retour en Italie, on le chargea de profeſſer les belles lettres à Pavie, ce qu'il fit pendant pluſieurs années. La guerre qui déſola le pays, l'ayant obligé à le quitter, il ſe retira à Quinzano, où il mourut le 7 d'octobre 1557, dans ſa 72e année. Sur les derniers jours on lui avoit offert la conduite d'un collége à Padoue, que ſon âge & ſes infirmités l'avoient obligé de refuſer. Quintianus avoit beaucoup lu; mais ſon jugement & ſon gout ne répondoient nullement à ſa mémoire & à ſon érudition. Sa proſe & ſes vers ne ſont guère remarquables, que par la dureté du ſtyle & l'obſcurité des penſées. Ce qu'il fit imprimer en 1514 à Paris, chez Badius, eſt un volume in-fol. qui contient une ode ſur la naiſſance de Jeſus-Chriſt; une tragédie de la paſſion de Notre-Seigneur; quelques piéces ſur ſa réſurrection; une ſur ſon aſcenſion; une tragédie dont le ſujet eſt le jugement dernier; un diſcours à la louange de la ſainte Vierge, le tout en latin. La préface qui eſt à la tête du panégyrique de la ſainte Vierge, eſt un chef-d'œuvre d'obſcurité; on peut la voir dans le premier tome du Menagiana. La tragédie ſur la paſſion a été imprimée ſéparément à Baſle en 1547, in-8°, avec quelques autres poëſies chrétiennes. La même année 1514, Quintianus Stoa donna quelques autres poëſies latines, ſavoir à la louange de la ville de Paris: Orpheos libri tres; des diſtiques ſur toutes les fables des métamorphoſes d'Ovide; des élégies, monodies, & autres, à Paris, in-4°. Les diſtiques ſur Ovide ont été imprimés avec le livre intitulé: Bartholomæi Bolognini, & Franciſci Nigri, epitome elegiaca in Ovidii metamorphoſes, à Baſle 1544, in-8°, & dans un recueil qui a pour titre: Poëmata aliquot inſignia illuſtrium poëtarum recentiorum, à Baſle 1544, in-16. On trouve encore de Quintianus une élégie ſur la mort de Philippe Béroalde, l'épitaphe du même, une autre piéce en l'honneur du même, une lettre à Jacques Evrault ou Evralt, évêque d'Autun, en proſe, & datée de Blois, 1514, &c. Ces piéces ſont en latin. La lettre ſert de

dédicace pour les poëſies ſuivantes du même recueil: ſavoir, une élégie ſur la mort d'Anne, reine de France; des épitaphes pour la même; une monodie en l'honneur de la même, avec quelques autres piéces; & une monodie pour Marguerite, reine d'Ecoſſe. Outre ces poëſies, dont pluſieurs, avec quelques autres qui ne ſont point ailleurs, ont été inſérées dans la ſeconde partie des Deliciæ poëtarum Italorum; on a encore de Quintianus Stoa un traité De Syllabarum quantitate, imprimé à Veniſe en 1544, in-8°, & pluſieurs fois réimprimé depuis. C'eſt un traité de proſodie, où voulant enſeigner la juſte meſure des ſyllabes, il enſeigne ſouvent à faire brèves les longues, & les longues brèves. On trouve à la ſuite, Ars brevis Quintiani Stoæ, de aliquibus metrorum generibus. Enfin, on voit pluſieurs de ſes lettres parmi celles de Jean Planerius, qui a donné ſon éloge dans l'ouvrage intitulé: Joannis Planerii Quintiani patriæ deſcriptio, imprimé à Veniſe en 1584, in-4°. * Voyez l'ouvrage de Planerius, cité dans cet article; Ghilini, Theatro d'huomini letterati, tome I. Niceron, Mémoires, &c. tome XXVII. Voyez le Specimen variæ litteraturæ Brixianæ, ſeconde partie, pages 17-31 & 158, & ſuiv. & 164.

QUINTIEN, évêque de Rhodès, puis de Clermont en Auvergne dans les V & VI ſiécles, étoit né en Afrique ſous la domination des Vandales. Il quitta ſon pays & vint en France ſur la fin du V ſiécle, du temps du roi Clovis. Il s'arrêta dans le Rouergue, & fut élu évêque de Rhodès. Il aſſiſta au concile d'Agde en 506, & à celui d'Orléans en 511. Théodoric ayant repris le Rouergue ſur les François après la mort de Clovis, & s'en étant rendu le maitre vers l'an 512, ſur Thierri, roi de Metz; Quintien qui étoit alors évêque de Rhodès, & qui étoit fort zélé pour la religion catholique, ſe vit avec douleur retombé ſous la domination des Ariens hérétiques; & l'on croit qu'il chercha à s'en délivrer, en tentant quelques années après de livrer ſa ville épiſcopale au roi Thierri. Il en fut au moins ſoupçoné, & ſoit que ce ſoupçon fût bien ou mal-fondé, les Goths cherchèrent à s'aſſurer de ſa perſonne; mais ſur l'avis qu'il eut de leur deſſein, il prit la fuite de lui-même, & ſe retira à Clermont en Auvergne, auprès de ſaint Eufraiſe qui en étoit évêque, & à qui il ſuccéda l'an 515. S. Eufraiſe en le recevant auprès de lui, lui avoit dit: Les biens de mon égliſe ſuffiſent pour nous entretenir l'un & l'autre; conſervons ſeulement la charité que l'apôtre nous recommande. Le roi Childebert s'étant emparé de Clermont ſur Thierri, ce dernier vint aſſiéger la ville de Clermont, qui fut défendue par les prieres de S. Quintien. Ce ſaint mourut le 13 novembre 517, & fut enterré dans l'égliſe de ſaint Etienne où il ſe fit pluſieurs miracles à ſon tombeau. On fait ſa fête le 14 juin, qui eſt peut-être le jour de la tranſlation de ſon corps, de l'égliſe de S. Etienne dans celle de S. Geneſt & de S. Symphorien. * Gregor. Turon. hiſt. l. 3. Vita Patr. Le Cointe, annal. Bollandus. Baillet, vies des Saints. Valeſ. Rer. Franc. l. VI, page 269. Pagi, critic. annal. Baron. ad ann. 507, n. 3, & ſeq. Hiſtoire générale de Languedoc, par les peres DD. de Vic & Vaiſſete, Bénédictins de la congrégation de ſaint Maur, liv. V, pag. 257.

QUINTILIEN, Quintilianus, pere ou aïeul de l'orateur, compoſa les cent quarante-cinq déclamations que nous avons, dont il y en eut cent trente-ſix publiées par Ugolin de Parme dans le XV ſiécle, & augmentées de neuf autres qui n'avoient point encore paru, par Pierre Ayrault, l'an 1563, puis par Pierre Pithou en 1580. * Bayle, dictionaire critique. Voyez auſſi la fin de l'article ſuivant. S. Hieronym. in chron. Euſebe. Seneque, Proœm. l. 10, contr. 4. Voſſius, l. 1, Inſtit. Orat. c. 10, & c. 15, de Rhetor. natur. ac conſt.

QUINTILIEN (Marcus-Fabius) fils d'un autre Quintilien, naquit à Calahorra en Eſpagne. Il ſe forma dans l'éloquence ſous le célèbre Domitius Afer, qui mourut l'an J.C. 59. Lorſque Veſpaſien eut aſſigné des gages pour les professeurs en éloquence, Quintilien fut couché sur l'état, & tint école publique à Rome : emploi qu'il exerça 20 années avec beaucoup de réputation; & l'on peut dire que c'étoit le plus judicieux maître d'étude qui fût alors dans tout l'empire romain. Au bout de ce temps, il se fit décharger de l'instruction de la jeunesse, & composa un livre des causes de la corruption de l'éloquence. On ne sait pas bien néanmoins si c'est le dialogue que nous avons encore aujourd'hui sur cette matiere, & que l'on attribue communément à Tacite. Ce qui en fait douter, c'est que l'auteur dit qu'il étoit encore fort jeune, en l'an 76 de J. C. Quintilien fut engagé par ses amis à entreprendre un plus grand ouvrage, qui sont les douze livres de la rhétorique, extrêmement estimés par les personnes les plus habiles, pour le style, pour les préceptes, & pour la solidité du jugement. Il fut plus de deux ans à y travailler, & mit ensuite plus d'un an à les polir, & il vouloit les garder encore du temps avant que de les publier, pour les revoir avec plus de maturité, comme un ouvrage étranger ; mais on les lui demanda avec tant d'instance, qu'il fut obligé de les donner. Il les adressa à un Marcellus Victorius, & il y flate Domitien par des louanges basses & indignes d'un homme d'honneur. On trouve aussi de l'excès dans la maniere dont il pleure la mort de son fils dans l'une de ses préfaces ; & c'est ce dont nous parlerons dans l'article de Quintilien son fils. On peut voir au même endroit quelques particularités de son domestique. Lorsqu'il composoit cet ouvrage, Domitien le chargea du soin des fils ou petits-fils de sa sœur, & fils de Flavius Clément, qui avoit épousé Domitille, fille de sa sœur, ou sœur de Domitien. Ainsi c'est sans doute ce même Clément qui lui fit donner les ornemens consulaires, selon Ausone. Peut-être le même Ausone veut-il dire que Quintilien après avoir acquis tant de gloire à Rome, fut réduit à aller enseigner à Besançon & à Lyon ; ce qu'on pouroit croire avoir été une suite de la mort de Clément. Mais il ne faut pas apparemment prendre ce sens, & c'est, comme on le croit, & comme il y a toute apparence, le même Quintilien à qui Pline écrit sur le mariage de sa fille. Ce Quintilien ayant un très-grand mérite avec des biens médiocres, en comparaison des plus riches, Pline le prie fort civilement d'agréer qu'il donne une somme d'argent à sa fille, pour être en état de soutenir la dignité de Nonius Céler, qui la devoit épouser. Outre les auteurs qui ont parlé de Quintilien, Sidoine Apollinaire relève beaucoup ses écrits, & lui attribue un style vif & comparable à un foudre. Pour les déclamations qui portent le nom de Quintilien, données par M. Pithou, en 1580, & qui sont fort célèbres dans l'antiquité, on croit qu'elles ne sont pas de celui dont nous parlons ; mais d'un autre plus ancien qui pouvoit être son pere, ou plutôt son grand-pere, comme le croit M. Pithou ; puisque Sénéque le pere en parle comme d'un homme plus âgé que lui, & déja mort. Il y a encore dix-neuf autres déclamations imprimées avant celles-ci sous le nom de Quintilien, que Vossius ne croit être ni de lui, ni de son grand-pere ; mais plutôt du jeune Postume, qui prit, dit-on, le nom de César & d'Auguste dans les Gaules, avec Postume, son pere, en 260. Les institutions de Quintilien furent trouvées toutes entieres par le Pogge dans une ancienne & vieille tour de l'abbaye de S. Gal, & non pas, comme quelques auteurs ont écrit, dans la boutique d'un épicier Allemand. Poggio l'a marqué lui-même dans une lettre qui est à la fin du manuscrit dans la bibliothéque de Milan, rapportée par le P. Mabillon, *in Musæo italico*. Cette découverte parut de grande conséquence, parceque jusqu'alors le texte de Quintilien avoit été fort imparfait & défectueux. Quelques-uns ont cru qu'il n'y en avoit point d'autres exemplaires ; mais il s'en trouve dans la bibliothéque d'Oxford & dans celle du roi. Jean Nicole, avocat à Chartres, & pere du célèbre M. Nicole, a fait une traduction des déclamations attribuées à Quintilien. M. l'abbé Gédoin, chanoine de la sainte

Chapelle, & de l'académie françoise, nous a donné une belle & élégante traduction du traité de *l'institution de l'orateur*, de Quintilien, ornée d'une savante préface. La meilleure édition que nous ayons de ses ouvrages en latin, après celle de M. Obreicht à Strasbourg, en 1698, est celle du savant M. Capperonier, diacre de Montdidier, licencié en théologie, & professeur pour la langue grecque au collège royal. Son édition qui est dédiée au roi, a été imprimée à Paris chez Coustelier, en 1725, in-folio. M. Burmann, Hollandois, l'a attaquée par beaucoup d'injures, qui ne font que relever le mérite de cette édition. * Bayle, *dict. crit.* Quintilien, *l.* 4 & 9. Tacite, *annal. t.* 12. Pline, *ep. l.* 2 & 6. Suétone, *l.* 8. Tillemont, *histoire des empereurs*, tome II. Baillet, *jugemens des savans sur les critiques historiens. La préface de l'édit. de M. Capperonier.* Gibert, *jugem. des savans sur les Rhet. tome II.*

QUINTILIEN, fils du précédent, un des plus illustres écoliers de son pere, fut un prodige d'esprit. Nous ne pouvons en dire rien de plus certain, que ce que son pere nous en apprend dans l'excellente préface de sa rhétorique. Il perdit cet enfant à la fleur de son âge. » Je n'avois plus dans le monde, *dit Quintilien*, d'au- » tre espérance ni d'autre plaisir que celui que je » vois dans mon fils Quintilien : il suffisoit lui seul pour » me consoler de la perte que j'avois faite de sa mere » & de son frere. Il ne se contentoit pas de faire paroî- » tre du brillant & de la vivacité, comme avoit fait » son frere, & la fécondité de son esprit n'en étoit pas » demeurée aux boutons & aux fleurs. A peine étoit-il » entré dans la dixieme année de sa vie, que l'on voyoit » déja son esprit porter des fruits tout développés, tout » formés, & hors des dangers qu'on auroit pu crain- » dre pour leur maturité. Faut-il que je prenne mon » propre malheur à témoin, pour trouver créance dans » l'esprit de ceux qui se contenteront de me plaindre, » sans vouloir se fier à ma parole ? N'est-ce point assez » que je sois si cruellement affligé, sans me voir encore » suspect au milieu des témoignages de ma propre cons- » cience ? Puisque l'on veut de moi un serment, *je* » *jure par les manes mêmes de mon fils*, c'est-à-dire » *par les divinités de ma douleur*, que je n'ai encore rien » vu parmi l'élite de la jeunesse romaine, de compara- » ble à l'excellence de son esprit, qui avoit pour acquérir » les sciences, outre la force & la beauté, une solidité » que j'avois mise à l'épreuve. Il étoit déja capable » d'étudier seul, & de suivre ses propres lumieres. » Quand la modestie, *continue Quintilien*, m'impose- » roit silence en cette occasion, ses maîtres ne vou- » droient pas souffrir que je dissimulasse une vérité qu'ils » connoissoient encore mieux que moi. Tout le monde » remarquoit en lui un fond de probité, de piété, de » douceur & d'honnêteté, qui captivoit tous ceux qui » le voyoient ou qui l'entendoient. Il avoit reçu de la » nature diverses faveurs de surérogation, qui servoient » d'ornement extérieur aux qualités admirables de son » esprit & de son cœur, une délicatesse charmante dans » les traits de son visage, des attraits merveilleux dans » ses regards, une modestie composée sans affectation » dans ses gestes, un ton de voix accompagné d'une » clarté & d'une netteté d'organe ; en un mot tous » les agrémens d'un corps bien fait. Non content d'avoir » acquis une connoissance parfaite des deux langues, il » avoit une grace toute extraordinaire pour les parler. Il » avoit l'expression des termes dans leur propriété & » dans toute leur force, & savoit la véritable pronon- » ciation des lettres. Tous ces talens nous promettoient » un homme accompli pour l'avenir ; mais ses vertus » étoient encore tout autrement estimables que tous ces » rares talens. Il avoit une fermeté & une constance, » telle que les philosophes la chercheroient dans leur » sage. Il s'étoit déja rendu le maître des passions qui » assujétissent les autres, & il s'étoit particulierement » fortifié contre la crainte & la douleur. Quel courage » & quelle grandeur d'ame n'a-t-il pas fait voir pendant

» une maladie de huit mois entiers ? Combien de fois
» a-t-il jetté ses médecins dans l'étonnement ? Quelle
» présence d'esprit , & quelle force de raisonnement ne
» faisoit-il point paroître dans les dernieres heures de sa
» vie, pour me consoler, pour me relever de mon abat-
» tement, & pour tâcher de me résoudre à sa perte ? »
Voila le portrait du jeune Quintilien , tel que son pere
nous l'a laissé ; & l'on peut dire que , s'il tenoit du pere
du côté de l'esprit, le pere n'a point flaté le fils, lorsqu'il en fait une si belle peinture. * Quintilien , præf. in
rhetoric. Baillet , traité historique des enfans devenus
célèbres par leurs études , &c.

QUINTILIEN (Saint) abbé célèbre par sa sainteté
dans le VII siécle, comme on le croit , gouverna avec
une grande piété les religieuses que S. Eloi établit à
Paris , & qui y ont subsisté long-temps. Le même Saint
fit aussi bâtir, comme on le fait , une église hors de la
ville de Paris , pour la sépulture des religieuses , & dédiée en l'honneur de S. Paul. C'est aujourd'hui l'église
paroissiale qui porte le nom de ce saint apôtre , & qui
est une des plus considérables de Paris. Saint Quintilien
y fut enterré , & l'on voit encore aujourd'hui son tombeau dans cette église. Le P. le Cointe de l'Oratoire,
dans ses annales de l'histoire ecclésiastique de France,
en rapporte cette épitaphe , qui fut mise , selon lui , sur
sa tombe , l'an 1490. Il l'appelle Quintinien.

Quintinianus ibi jacet, abbas esse beatus
Qui scriptis fertur patrum , sed canonizatus
Nondum comperitur , ut ab Ecclesiâ veneretur.

* Voyez aussi l'histoire de l'église Gallicane , liv. IX , par
le P. Longueval, Jésuite.

QUINTILIEN , abbé de S. Germain d'Auxerre dans
le VIII siécle , fut élevé sur le siége épiscopal de cette
ville après Théodran. Il a été recommandable, non-
seulement par ses bonnes qualités personnelles, mais
encore parcequ'il étoit fils de saint Quintilien , lequel
fonda pour les pélerins Bretons , le monastere de Me-
leret , aujourd'hui nommé Montier. Ce dernier est connu
du peuple sous le nom de saint Quiquelin. * Histor.
episcopor. Altissiodor. c. 27. Le P. Longueval, Jésuite,
histoire de l'église Gallicane , livre XI , pag. 261 , &c.

QUINTILIENS , hérétiques, disciples de Montanus ,
tiroient leur nom de celui de Quintilla , qu'ils suivoient
comme une prophétesse. Ils faisoient l'Eucharistie avec le
pain & le fromage : ce qui fit donner le nom d'Arto-
tirytes; & parmi eux les femmes étoient prêtres & évêques. * S. Epiph. hær. 49. S. August. hær. 27. Baronius , A. C. 173 , &c.

QUINTILIUS CARDIANUS ou CONDIANUS , &
Maxime, étoient deux freres d'une race illustre & de
grande réputation sous l'empire de Marc-Auréle & de
Commode. Ce dernier les fit périr à cause de leur puissance, de leurs richesses & de leur mérite. Ils avoient
été ensemble consuls , gouverneurs de provinces &
auteurs. * Ælius Lamprid. in Commod. Dion , in vita
Marci, Philostrates.

QUINTILLUS (Marcus-Aurelius-Claudius) étoit
frere de l'empereur Claude, & lui succéda l'an 270.
Sa rigueur le rendit odieux aux soldats, qui le tuerent
17 jours après qu'il fut revêtu de la pourpre. D'autres
disent que se sentant trop foible pour résister à Aurélien,
il se fit couper les veines. * Trebellius Pollio, in Claud.
Vopiscus, in Aurel. Eusèb. in chron.

QUINTIN MESIUS , ou MATSIS , peintre , natif
d'Anvers , ou , selon d'autres , de Louvain , sur la fin
du XV siécle , & au commencement du XVI, avoit eu
dès son enfance beaucoup d'inclination pour la peinture , & fut néanmoins contraint par son pere d'apprendre le métier de maréchal. Comme il étoit trop foible
pour un travail si rude , il tomba dans une dangereuse
maladie ; & n'ayant pas assez de bien pour se faire assister , il se fit porter à l'hôpital, où étant revenu en convalescence , il s'amusa à crayonner quelques tableaux.
Après avoir recouvré la santé , il retourna à son premier

métier ; mais ne pouvant s'arrêter à de gros ouvrages ,
il entreprit de couvrir & d'environer de fer un puits ,
qui est proche de la grande église d'Anvers , & fit
alors paroître l'excellence de son esprit , par l'artifice &
la délicatesse de son travail. Ce fut vers le même temps
qu'il devint passionément amoureux d'une fille , qu'un
peintre recherchoit en mariage. Elle témoigna à Quintin, qu'elle avoit plus d'inclination pour lui que pour
le peintre ; mais qu'elle avoit une très-grande aversion
pour son métier de maréchal. Quintin voulant posséder
sa maîtresse, quitta son métier pour s'appliquer à la
peinture, & la cultiva avec tant de soin & d'assiduité ,
qu'il se rendit comparable aux meilleurs maîtres qui
fussent en Flandre. Ainsi l'amour le rendit habile peintre , & lui fit épouser ses os au pied de
la tour de l'église de Notre-Dame, où l'on voit la statue
recherchée avec tant de passion. Il fit quantité de bons
tableaux : & entr'autres une descente de croix , qui est
son chef-d'œuvre ; mais il excella sur-tout à faire le
portrait. Ce peintre mourut l'an 1529 , à Anvers, où il
fut enterré dans l'église des Chartreux. Cent ans après,
Corneille Vander Geest fit transférer ses os au pied de
la tour de l'église de Notre-Dame, où l'on voit la statue
de marbre de ce peintre avec cette épitaphe : Quintino
Matsis , incomparabilis artis pictori , admiratrix , gra-
taque posteritas, anno post obitum sæculari , 1629.

QUINTIN (Jean) Picard , & tailleur d'habits de
profession , au commencement du XVI siécle , se joignit
à un certain Copin , avec lequel il se fit chef de l'infame
doctrine des Libertins. Ils la publierent dans la Hollande
& dans le Brabant; mais ayant été pris à Tournai, ils
y furent punis vers l'an 1530. Cherchez LIBERTINS.

QUINTIN (Jean) né à Autun le 20 janvier de l'an
1500, étoit fils de Philibert Quintin, greffier de l'officialité
d'Autun , & de Philiberte Labourault. Il employa une
partie de sa jeunesse à voyager en Grèce , en Syrie ,
en Palestine , & dans l'île de Rhodes , avant qu'elle
fût occupée par les Turcs. Il demeura à Malte en qualité de domestique du grand-maître , & composa une
description de cette île en langue latine. A son retour il
fut pourvu d'un bénéfice ecclésiastique dans l'ordre des
chevaliers de Malte , & fut installé professeur en droit
canon à Paris en 1536. Pierre Ramus le choisit en
1544 pour l'un des juges de la dispute qu'il soutint contre
Govéa ; mais Quintin , & Jean de Beaumont, docteur
en médecine, qui étoit l'autre juge , lorsqu'il fut question
de prononcer la sentence , déclarerent qu'ils ne vouloient pas se mêler de cette affaire. Ce fut lui qui harangua pour le clergé dans l'assemblée générale des états du
royaume , convoqués à Orléans en l'année 1560. Il
avoit autrefois été soupçonné d'hérésie , à cause de
quelques discours trop libres & trop sinceres ; mais il fit
bien connoître dans la suite que ses sentimens étoient
orthodoxes. Son zèle pour le rétablissement de la discipline ecclésiastique , lui fit remontrer d'abord que les
ecclésiastiques avoient besoin d'être réformés par l'autorité du roi. Mais il ajouta que la correction devoit être
précisément pour les mœurs , non pour la doctrine ;
qu'il n'y avoit rien à changer dans les articles de la foi,
ni dans l'usage des sacremens , dans la tradition de l'église,
ni dans les ordonnances des conciles généraux. Il proposa ensuite d'une maniere fort pathétique l'extirpation
de l'hérésie , conseilla qu'on s'attachât à l'uniformité de
la discipline, qu'il prétendoit être absolument nécessaire
dans une monarchie , & avança beaucoup d'autres choses dont l'amiral de Malte , & tout l'ordre de l'église,
gnirent au roi & à la reine. On manda Quintin pour
rendre raison de ses discours ; mais il se justifia en disant
qu'il avoit parlé conformément aux mémoires que le
corps dont il avoit porté la parole lui avoit fournis. On
ne fut pas content de cette réponse , & il fallut qu'il dé-
clarât devant les états, qu'il n'avoit point eu en vue
l'amiral de Châtillon dans quelques endroits de son discours , comme ce seigneur avoit cru y être désigné , &
s'en étoit plaint à la reine. Il mourut le 9 avril 1561 , &
fut enterré en l'église de S. Jean de Latran à Paris , où

l'on voit son épitaphe. Les ouvrages qu'il a composés font ; 1. *Melitæ insulæ descriptio* ; à Lyon, 1536, *in-4°*. à Paris, *in-8°*. & à Francfort, 1600. 2. *Tractatus de ventis & nauticâ buxulâ ventorum indice* ; à Paris, Wechel, *in-8°*. 3. *Exegesis consilii cujusdam generalis in uno beneficiorum multitudinem vetantis, tertio lib. decretal. Gregor. cap.* 28, *titulo* 5, à Paris 1539, *in-4°*. 4. *De juris canonici laudibus : ecclesiasticorum canonum defensio breviter & simpliciter duabus conciunculis, autoritas, theoria simul & praxis ad ecclesiasticæ œconomiæ, ordinisque tabernaculi consecrationem* ; à Paris 1540, *in-4°*. 5. *Juris analecta*, &c. à Paris 1544, *in-4°*. & 1601, *in-4°*. & à Nuremberg en 1671, *in-4°*. 6. *De juris canonici laudibus* ; à Paris 1549 & 1550, *in-4°*. 7. *Speculum sacerdotii, seu apostoli describentis episcoporum, presbyterorum & diaconorum mores* σημείωσις, à Paris, 1559, *in-4°*. 8. *Repetitæ dudum duæ duorum capitum prælectiones, cap. de multâ Providentiâ, & præbendis & dignitatibus ; & cap. novit ille qui nihil ignorat, de judiciis in antiquis ; quorum alterâ beneficiorum ecclesiasticorum ecclesiastica dispensatio designatur ; alterâ christianæ civitatis Aristocratia desideratur* ; à Paris 1552, *in-fol.* & dans un recueil d'ouvrages de droit, imprimé en 1618, à Cologne, en six volumes *in-fol.* Le sujet de cet ouvrage de Quintin, est la pluralité des bénéfices, & l'aristocratie de la religion chrétienne. 9. *Orationes duæ adversùs Gnosticorum sycophantas* ; à Paris 1556, *in-8°*. 10. *Apostoli describentis vitam episcoporum, presbyterorum & diaconorum mores, ex 25 Gratiani distinctionibus excerpta decretorum parte I, De clericorum moribus & vita singulari* ; à Paris 1556, *in-4°*. C'est, sans doute, le même ouvrage que celui qui est cité au numéro 7. 11. *Joannis Zonaræ commentarii in canones conciliorum, tam œcumenicorum, quàm provincialium* ; à Paris 1558, *in-4°*. & à Milan en 1613. 12. *Octoginta quinque regulæ, seu canones apostolorum, cum vetustis Joannis monachi Zonaræ scholiis, latinè modò versis* ; à Paris 1558, *in-4°*. & dans la version de Zonare imprimée au Louvre en 1618, *in-fol.* & encore avec quelques changemens dans les *Pandectæ canonum Beveregii* ; à Oxford, 1677, *in-fol.* 13. *Synodus Gangrensis evangelica promulgationis anno circiter* 300 *congregata . . . explicata commentariolis* ; à Paris 1560, *in-4°*. 14. *Scholia in Tertulliani librum de præscriptionibus hæreticorum* ; à Paris, 1561, *in-4°*. 15. *Hæreticorum catalogus & historia, ex Gratiano in can. Quidam autem, collectus* ; à Paris, 1560, *in-4°*. 16. Harangue prononcée au nom du clergé dans les états d'Orléans au mois de décembre 1560. Cette pièce est dans le livre du sieur de la Place, intitulé : *De l'état de la religion & de la république* ; & dans le tome I de *l'histoire de France* de Lancelot de la Popelinière, édition de 1622, *in-8°*. 17. *Syntagma canonum græcorum*, écrit en grec par le moine Matthieu Blastares, & traduit en latin par Quintin ; mais cette traduction est manuscrite. Telle est la liste des écrits de Jean Quintin, rapportée dans la *bibliothéque des auteurs de Bourgogne*, par feu M. Papillon. Nous observerons 1°. que celui qui est marqué au n°. 7, dans cette bibliothéque, est mal intitulé *Speculum sacerdotis, seu apostati describentis*, &c. 2°. Que celui qui est au n°. 6 est le même ouvrage, dont il y a eu deux éditions, l'une en 1556 ; l'autre en 1559, revue. (*editio secunda cum recognitione*) On voit dans la préface, que Jean Quintin étoit prêtre, ce que l'on ne dit point dans la *bibliothéque de Bourgogne* : en effet Quintin commence ainsi : *Bis ego* πρεσβύτερες, *& annis, & ordine . . . .* & plus bas, il se qualifie, *Christi sacerdos*. Cette préface a pour inscription : *Joannes Quintinus Hæduus, juris doctor, & ordinarius in Parisiorum universitate celeberrimâ professor, studiosis ecclesiasticorum canonum lectoribus & auditoribus salutem.* 3°. Que sa description de l'isle de Malte, de l'édition de Francfort, 1600, est le dernier écrit d'une collection imprimée en effet à Francfort en 1600, *in-fol.* sous ce titre : *Italiæ illustratæ*

seu rerum, urbiumque italicarum scriptores varii, notæ melioris. L'écrit de Quintin est ainsi adressé : *Quintinus Hæduus sopho suo S.* Mais auparavant il y a une très-courte épître dédicatoire à Thomas Bosio : (*Insulæ Melitæ descriptio ex commentariis rerum quotidianarum F. Joannis Quintini Hædui ad sophum : reverendo admodum sibi D. Fr. Thomæ Bosio Melitensi episcopo meritissimo* : la date est, *Lugduni*, 16 *maii, anno* 1536, *ex animo tuus Quintinus.* La description est datée à la fin : *Melitæ, die januarii, qui mihi sacer & natalis est* 1533. * *Mézerai, hist. de France.* Varillas, *hist. de Charles IX.*

QUINTIN, bourg de France, situé dans la Bretagne, à quatre lieues de Saint-Brieu, vers le midi, fut érigé en duché en faveur de la maison de Durfort. *Voyez* DURFORT. * Mati, *diction.*

QUINTINE, de la secte des Caïnites, vint en Afrique du temps de Tertullien, & pervertit plusieurs personnes en parlant contre le baptême, comme Tertullien le remarque dans son livre du baptême, qu'il composa à cette occasion. * Du Pin, *bibl. des aut. eccles. des III premiers siécles.*

QUINTINIE (Jean de la) directeur de tous les jardins fruitiers & potagers du roi, naquit près de Poitiers en l'année 1626, & fit ses études au collège des Jésuites de cette ville. Dès qu'il eut achevé son cours de philosophie, & pris quelques leçons de droit, il se rendit à Paris, pour se faire recevoir avocat. Il étoit naturellement éloquent. L'art qu'il joignoit à cet heureux don de la naissance, lui acquit en peu de temps beaucoup de réputation dans le barreau, & une estime singuliere dans l'esprit des premiers magistrats. M. Tambonneau, président de la chambre des comptes, informé de son mérite, lui confia la conduite de son fils, & lui donna des appointemens considérables. Quoique cet emploi lui laissât peu de temps dont il pût disposer, il en trouva néanmoins pour satisfaire à la passion qu'il avoit pour l'agriculture. Il lut Columelle, Varron, Virgile, & tous les autres anciens auteurs qui ont traité de cette matiere, & tout ce qu'en ont écrit les modernes ; ensorte qu'il s'acquit toute la théorie qu'on pouvoit avoir alors de cet art. Il fit dans ce temps-là un voyage en Italie avec son disciple, où la vue de ce qui s'y pratique dans le jardinage lui fit faire encore une infinité de réflexions très-curieuses & très-utiles. Il ne lui manquoit plus que de joindre à cette théorie l'expérience & la pratique : ce qu'il fit dès qu'il fut de retour à Paris. M. Tambonneau lui abandonna entierement le jardin de sa maison, où il planta ce qu'il voulut. Il fit un grand nombre d'expériences avant que de se déterminer. Pour bien connoître comment la nature opere dans la production des racines, il planta en un même jour plusieurs arbres de la même espéce, puis il les arracha tous l'un après l'autre de huit jours en huit jours, pour voir le commencement, le progrès & l'accomplissement de la production des racines. Il apprit ce qu'on ne savoit pas encore, qu'un arbre transplanté ne prend de nouriture que par les racines qu'il a poussées depuis qu'il est replanté, & qui sont comme autant de bouches par lesquelles il reçoit l'humeur nouriciere de la terre, & nullement par les petites racines qu'on lui a laissées, ce qu'on appelle ordinairement le chevelu. De-là il nous a enseigné, que loin de conserver ces anciennes petites racines, quand on transporte l'arbre, comme on faisoit autrefois avec grand soin, il est meilleur de les couper, parceque ordinairement elles se séchent & se moisissent ; ce qui nuit à l'arbre, au lieu de lui aider. Il découvrit par ses expériences la méthode certaine & infaillible de bien tailler les arbres. Avant lui on ne songeoit presque à autre chose, en taillant un arbre, qu'à lui donner une belle forme, & le dégager des branches qui l'offusquoient. Il a su, puis il a enseigné ce qu'il falloit faire pour contraindre un arbre à donner du fruit, & à lui donner une forme aux endroits où l'on veut qu'il en vienne, même à le répandre également sur toutes ses branches ; ce qui n'avoit jamais été ni pensé, ni même cru possible. Il prétendoit, & l'expérience le confirme tous les jours, qu'un arbre qui a trop de vigueur, & qu'on abandonne entierement à lui-même, ne pousse ordinairement que des branches & des feuilles ; qu'il faut réprimer avec adresse la forte pente qu'il a à ne travailler que pour sa propre utilité ; qu'il faut lui couper de certaines grosses branches, où il porte presque toute sa séve, & l'obliger par-là à nourir les autres branches foibles & comme délaissées, parceque ce sont les seules qui apportent du fruit en abondance. Il faudroit transcrire ici presque tout l'excellent livre qu'il nous a laissé sous le titre d'*Instructions pour les jardins fruitiers & potagers*, où l'on vouloit rassembler toutes les découvertes dont nous lui sommes redevables. Ce livre, qui a eu l'approbation de toute l'Europe, a été imprimé plus d'une fois en France & en Hollande. Il a été traduit en anglois ; & l'on ne doute point qu'on ne le traduise aussi en plusieurs autres langues.

Le prince de Condé, qui joignoit l'amour de l'agriculture à la passion de la guerre, prenoit un extrême plaisir à entendre la Quintinie parler de son art. Charles II, roi d'Angleterre, lui donna beaucoup de marques de son estime, dans deux voyages qu'il fit en ce pays : il lui offrit une pension très-considérable pour l'attacher à la culture de ses jardins ; mais l'amour de sa patrie, & peut-être l'espérance de s'avancer pour le moins autant dans son pays qu'ailleurs, l'empêcherent d'accepter ces offres avantageuses. Il s'acquit dans ces deux voyages l'amitié de plusieurs seigneurs Anglois, avec lesquels il entretint un commerce de lettres jusqu'à sa mort. Ces lettres, qui de sa part contenoient toujours quelques instructions pour le jardinage, ont été pour la plupart imprimées à Londres, pour rendre ces instructions utiles à tout le monde.

Le roi augmenta en sa faveur le nombre des officiers de sa maison, en créant la charge de directeur général des jardins fruitiers & potagers de toutes ses maisons royales, dont M. Colbert expédia les provisions, & les envoya à la Quintinie. Dès qu'il fut pourvu de cet emploi, il fit augmenter de beaucoup l'ancien potager de Versailles, où la beauté des fruits, & l'excellence des légumes & des herbages, qu'il lui fit produire, porta le roi à faire celui que l'on voit aujourd'hui, qui est l'admiration de ceux qui le considerent.

La Quintinie eut trois fils de *Marguerite* Joubert, sa femme. L'aîné, qui promettoit beaucoup, & le plus jeune, moururent avant lui ; & le second, qui étoit abbé, ne lui survécut qu'autant de temps qu'il en fallut pour faire imprimer l'ouvrage de son pere, dont nous avons parlé. * Perrault, *les hommes illustres qui ont paru en France*, tome II.

QUINTUS, *Phrygien*, vivoit dans le II siécle, sous l'empereur Verus, qui persécuta les chrétiens. Etant à Smyrne, il se présenta pour souffrir le martyre ; mais à la vue des tourmens, il renonça à la foi, & adora les faux dieux. * Eusèbe, *hist. eccles.*

QUINTUS CALABER, poëte Grec, qui, à ce que conjecture Vossius, a vécu sous le régne d'Anastase I, vers l'an de J. C. 491. Il a composé un poëme de 14 livres de paralipomènes, ou de supplément à l'Iliade d'Homere, dans lequel on trouve la continuation de la guerre de Troye, depuis la mort d'Hector jusqu'à la prise de la ville. Quelques-uns prétendent qu'il étoit de Smyrne ; d'autres le nomment *Cointus*, & le confondent avec un grammairien nommé *Corinthus*. Quelques critiques admirent le poëme de Quintus ; d'autres en parlent avec mépris. Il est certain qu'il n'approche pas d'Homere, quoique son style soit assez net, & qu'il ne soit ni trop enflé ni trop hardi. Michel Néander a fait imprimer séparément le douziéme & le treiziéme livres, que M. Baillet a eu tort de regarder comme un ouvrage séparé. * Const. Lascaris, *in grammatic. græc. & apud Laurent. Crass.* Laurent. Rodoman. *præfat. in edit. Quint. Smyrn. Calabr. & alibi.* Petr. Mambrun, *dissert. peripat. de carmin. epic.* Rapin, *compar. d'Hom. & de Virg.* Baillet,

jugem. des sav. sur les poëtes. Cet auteur est aussi connu sous le nom de *Calaber*, apparemment parcequ'il étoit originaire de Calabre. Son ouvrage fut trouvé par le cardinal Bessarion dans un ancien monastere de S. Nicolas, près de la ville d'Otrante dans la Pouille, ce qui est aussi remarqué dans la grammaire grecque de Constantin Lascaris, & dans la vie de Coluthus. Il semble qu'il ait plus de raison de l'appeller *Smyrnéen*, puisqu'il dit de lui-même, *qu'il s'est occupé à Smyrne à paître les illustres brebis des Muses.* D'où l'on peut juger que Smyrne étoit sa patrie, ou du moins qu'il y a tenu une célèbre école : mais c'est sans fondement que quelques-uns ont cru qu'il étoit Romain. On a donné à Leyde en 1734, *in-8°*, une nouvelle édition de son ouvrage en grec & en latin. Voyez ce que le *Journal des savans* dit de Quintus Calaber, à l'occasion de cette édition, *février* 1736. Voyez aussi la *Bibliothéque grecque* de Jean-Albert Fabricius, *liv.* II, *chap.* 7, *nombre* 6.

QUINZANO, dit QUINTIANUS (Jean-François Conti de) *cherchez* QUINTIANUS STOA.

QUINZE-VINGTS, c'est ainsi qu'on appelle un fameux hôpital de Paris, établi par le roi S. Louis, en faveur de trois cens pauvres aveugles. Ce saint roi fit, dit-on, cette fondation en mémoire de ce qui arriva en 1253 en Egypte, à trois cens gentilshommes François, à qui les Egyptiens, pour témoigner leur mépris pour la nation, creverent les yeux, & qu'ils renvoyerent ainsi à leur roi. Telle est l'opinion du vulgaire ; mais ce fait ne se trouve dans aucun auteur du temps. La maison de l'hôpital des Quinze-vingts fut commencée en 1254 : la chapelle fut bâtie en 1260. C'étoit proche le lieu où l'on faisoit des tuiles, *ubi lateres coquebantur.* C'est de-là qu'est nommé le palais des *Tuileries* ; & dans les titres de la fondation, l'église est appelée l'*église de S. Remi.* * Voyez l'*Histoire de la ville de Paris* par les Bénédictins ; l'*Histoire de l'église, de la ville, & de l'université de Paris*, par Grancolas, tome II. Mézerai, *histoire de France*, tome I, &c. Monumens de la monarchie françoise, par le pere D. de Montfaucon, tome II.

QUIPIA ou ALCIBIA, en latin *Clypea*, *Clupea*, ville de l'Afrique propre. Elle fut épiscopale suffragante de Carthage. Elle est aujourd'hui peu considérable. On la trouve dans le royaume de Tunis, sur la côte occidentale du cap de Bone, où elle a un port, à vingt lieues de Tunis, vers le septentrion oriental. * Mati, dictionaire.

QUIQUERAN DE BEAUJEU (Honoré de) évêque de Castres, né à Arles le 29 juin 1655, étoit le second fils d'HONORÉ de Quiqueran, baron de Beaujeu, & de *Thérèse* de Grille d'Estoublon, l'un & l'autre d'une illustre & ancienne famille de Provence. César Nostradamus dans son *histoire de Provence*, représente la famille de Quiqueran décorée des premieres charges de l'état & de la cour des rois de Naples, comtes de Provence, des deux maisons d'Anjou ; & depuis la réunion de cette province à la couronne, on y trouve des chambellans & maîtres-d'hôtel de nos rois, des chevaliers de l'ordre, des officiers généraux, & plusieurs évêques. Cette famille a donné à l'ordre de Malte des grands-prieurs, des grands-croix, plusieurs commandeurs, & quantité de chevaliers. Celui dont il s'agit ici ayant tourné toute la vivacité de son esprit du côté de l'étude, apprit rapidement les langues savantes, se rendit profond dans la théologie, & cultiva l'éloquence avec soin. Il entra dans la congrégation de l'Oratoire à l'âge de 17 ans ; & il n'y étoit encore que diacre, quand on le chargea d'y professer la théologie, d'abord à Arles, ensuite à Saumur. Il y prêcha en même temps les dominicales avec un succès qui engagea ses supérieurs à l'employer dans les missions du Poitou & du pays d'Aunis, où la révocation de l'édit de Nantes les avoit rendues également nécessaires & difficiles. Le bien qu'elles produisirent engagea M. Fléchier, évêque de Nismes, à s'attacher M. l'abbé de Beaujeu ; & il lui conféra un canonicat de sa cathédrale, le choisit ensuite pour grand vicaire , & lui donna sa confiance. M. le maréchal de Montrevel qui commandoit en Languedoc, informé que le dimanche des Rameaux les fanatiques devoient tenir leur assemblée dans un moulin des faux-bourgs de Nismes , le fit investir avec ordre de le bru-ler. Les habitans de Nismes croyant qu'on en vouloit aussi à leur vie & à la ville , se réfugièrent tout armés dans l'église. M. de Beaujeu monta alors en chaire , & parla avec tant de force & d'onction , que le calme , la dévotion même ayant succédé au tumulte, le service se fit à l'ordinaire. L'abbé de Beaujeu s'étoit accoutumé de si bonne heure à parler sur le champ , que de trois carêmes entiers qu'il a prêchés à Aix , à Paris & à la Rochelle , & de quantité d'autres sermons , il n'en avoit pas écrit quatre ; il se contentoit d'en bien méditer le sujet ; & si quelquefois il en traçoit le plan , c'étoit en latin , pour se moins assujétir aux termes. Cette grande facilité lui fit beaucoup d'honneur dans les assemblées du clergé de 1693 & de 1700 , où il fut député du second ordre. M. Bossuet, évêque de Meaux , & feu M. l'abbé Bignon , admirateurs de ce talent , vouloient qu'il s'établît à Paris , & M. Bignon le proposa dans cette vue pour une place d'associé dans l'académie des inscriptions & belles lettres que l'on renouvelloit alors. M. de Beaujeu l'accepta , mais il en fit peu d'usage ; la crainte de manquer à sa vocation le rappelloit sans cesse à ses premiers exercices , & le roi lui en sut gré : il le nomma en 1705 à l'évêché d'Oleron , & presqu'aussitôt après à celui de Castres , le 11 avril de la même année 1705. Il fut sacré le 25 octobre suivant. En arrivant à Castres , il y établit un séminaire qu'il a soutenu dans les temps les plus difficiles ; & il a trouvé dans son économie & sa charité de quoi construire ou relever des temples , & de quoi subvenir aux nécessités publiques & particulieres. La première fois qu'il reparut à la cour fut en 1711 , pour la présentation du cahier des états : sa harangue au roi fut extrêmement applaudie. Peu de temps son retour en Languedoc, il prononça l'oraison funèbre de M. de Mailly, évêque de Lavaur. En 1715 Louis XIV étant mort dans le temps de l'assemblée générale du clergé qui se tenoit à Paris , M. l'évêque de Castres qui en étoit , & que l'on avoit déja chargé de la rédaction de quelques censures, fut encore choisi pour prononcer l'oraison funèbre du feu roi à S. Denys. Cette pièce a été imprimée en 1715 , in-4°. M. de Beaujeu tempéroit l'austérité de ses mœurs & les occupations sérieuses de son état, par l'aménité des lettres auxquelles il donnoit ordinairement quelques heures par jour. Ce digne prélat est mort à Arles , où il étoit allé pour voir sa famille, le 26 juillet 1736, dans la 81e année de son âge ; & il y fut inhumé dans l'église des Dominicains , lieu de la sépulture de sa famille. On a de lui des mandemens , lettres & instructions pastorales , à l'occasion de l'établissement de son séminaire ; sur les maladies contagieuses de Provence & de Languedoc ; sur l'incendie de Castres ; sur les abus de la mendicité ; sur la légende de Grégoire VII ; sur le concile d'Embrun , & sur quelques autres points de doctrine : ce sont autant de brochures in-4°, imprimées à Castres en différens temps.

Dans le seizième siècle il y a eu de la même famille PIERRE de Quiqueran de *Beaujeu*, évêque de Senez, qui fut nommé à cet évêché en 1544 , ou 1545, n'ayant encore que 18 ans. Il ne dut une nomination si singulière qu'au grand nom qu'il s'étoit déja fait parmi les savans. Une mort prématurée l'enleva à l'église & aux lettres. Il mourut en 1550, âgé de 24 ans, comme le porte son épitaphe , qui se voit aux grands Augustins de Paris. Les seuls ouvrages qui nous restent de lui sont, un magnifique éloge de sa patrie , sous ce titre : *Petri Quiquerani Bellojocani , episcopi Senecensis, de laudibus Provinciæ libri tres ;* & un poème latin sur le passage d'Annibal dans les Gaules , & son arrivée aux bords du Rhône près de la ville d'Arles : (*De adventu Annibalis in adversam ripam Aretatensis agri, hexametri centum.*) L'un & l'autre ont été imprimés à Paris, en 1539, *in-folio ;*

& en 1551, *in-4°;* à Lyon, en 1565 & 1614. Le premier poëme a été traduit en françois sous ce titre : *La nouvelle agriculture, ou la Provence, traduite de Pierre Quiqueran , par Pierre de Niny de Claret ;* archidiacre d'Arles , à Arles 1613 , *in-8°,* & à Tournon 1616. Pierre de Quiqueran de Beaujeu mourut en 1550, le 18 d'août , à l'âge de 24 ans , selon son épitaphe en prose qui étoit dans la chapelle d'Alluye en l'église des grands Augustins à Paris. On a vu pendant long-temps dans cette chapelle la statue de ce prélat représenté à genoux sur son tombeau , sur lequel, outre l'épitaphe en prose, on lisoit les vers suivans :

> *Dum Juvenilis honos primâ lanugine malas*
> *Vestit , & in calido pectore servet amor :*
> *Me rapuit quæ cuncta rapit , mors invida doctis.*
> *Hei mihi ! cur vitæ tam brevis hora fuit ?*
> *Cur brevis hora fuit : rerum sic volvitur ordo ,*
> *Alternatque suas tempus & hora vices.*
> *Si fera longævæ tribuissent fata Senectæ*
> *Tempora , venturis poma dedisset ager.*
> *Flos periit , periere simul cum cortice fructus ;*
> *Aridaque ante suos poma fuere dies.*
> *Nemo tamen lachrymis , nec tristia funera fletu*
> *Fædet : cur ? volito docta per ora virûm.*

Ce Pierre de Quiqueran étoit fils d'ANTOINE de Quiqueran, baron de Beaujeu, & d'*Anne* de Forbin, fille du fameux *Palamédes* de Forbin, seigneur de Soliers.

M. l'évêque de Castres a eu un oncle qui s'est rendu célèbre dans un autre genre : c'est PAUL-ANTOINE de Quiqueran de Beaujeu, chevalier de Malte. Le nombre & l'heureux succès de ses combats contre les Turcs lui avoient acquis la réputation d'un des plus grands hommes de mer de son temps , lorsqu'au mois de janvier 1660 , la tempête l'ayant obligé de relâcher dans un mauvais port de l'Archipel, il y fut investi & attaqué par les 30 galeres de Rhodes , que le capitan pacha Mazamamet commandoit en personne. Il en soutint le feu pendant un jour entier, & n'y succomba qu'après avoir épuisé ses munitions & perdu les trois quarts de son équipage. Il étoit chargé de fers, quand une seconde tempête , plus violente que la première , mit la flotte victorieuse en tel danger , que Mazamamet se vit réduit à implorer le secours du chevalier. M. de Beaujeu le sauva par l'habileté de sa manœuvre : ce qui fit tant de plaisir au capitan , que pour le sauver à son tour il supprima la qualité de chevalier , & le confondit avec les plus vils esclaves. Mais le grand visir , qui probablement en avoit eu avis , voulut le voir , le reconnut ou à sa mine guerriere , ou au portrait qu'on lui en avoit fait , & le fit mettre au château des Sept-Tours , sans espérance de rançon ni d'échange. Le roi le redemanda en vain ; inutilement les Vénitiens voulurent le faire comprendre dans le traité de Candie. Un de ses neveux, frere de M. l'évêque de Castres , voyant ces refus, forma , quoiqu'âgé seulement de 22 ans , le dessein de le délivrer , & l'exécuta. Il passa à Constantinople avec M. de Nointel , vit son oncle : car on ne refusoit à personne la liberté de le voir , & environnant son corps de cordes , quand il jugea qu'il en avoit suffisamment porté, on convint du jour , de l'heure & du signal. Le signal donné , le chevalier descendit ; & la corde se trouvant de quatre ou cinq toises trop courte , il s'élança dans la mer qui mouille le pied du château : Le bruit qu'il fit en tombant fut entendu de quelques Turcs qui passoient dans un brigantin , & ils allerent droit à lui ; mais le neveu arrivant à force de rames dans un esquif bien armé , les écarta , & le conduisit à bord d'un vaisseau de roi que montoit le comte d'Apremont , qui le ramena heureusement en France. Le chevalier avoit été onze ans prisonnier : il est mort commandeur de Bourdeaux.

* Extrait principalement de l'éloge de M. de Castres par M. de Boze, imprimé dans les *Mémoires de l'académie des belles lettres.* Voyez aussi la nouvelle *Description de*

Paris, par M. Piganiol de la Force, tome VI, p. 200, 201.

QUIRANDES, sauvages de l'Amérique qui habitent le rivage méridional de la riviere de la Plata , du côté que la ville de *Buenos-Aires* est située. Ces sauvages sont errans , & changent souvent de place à la maniere des Scythes. Ils demeurent dans des cabanes par villages. C'est une nation furieuse, agile, vaillante , & qui a causé autrefois de grands dommages aux Espagnols. Ces peuples étoient antropophages. * Laët, *description des Indes occidentales*, livre 14, *chap. 5.*

QUIRIACE ou CYRIAC , diacre de l'église de Rome , martyr dans la persécution de Dioclétien, l'an 303 , avec S. Large , S. Smaragde & vingt autres. C'est tout ce que l'on sait de lui ; car les actes des papes Marcellin & Marcelle, où il est parlé fort au long de ses actions & de son martyre, ne sont qu'un tissu de faits fabuleux. Les martyrologes font mémoire de ces martyrs au 8 août. * Baillet , *vies des saints*, 8 août. On fait au 2 mai la fête d'un autre QUIRIACE , évêque & martyr , dont on n'a rien non plus de certain.

QUIRIACE ou CYRIAC , anachorete de Palestine, dans les V & VI siécles , né à Corinthe vers l'an 448 , se retira à Jérusalem dans le monastere de S. Eustorge , à l'âge de 18 ans, & se mit sous la discipline de S. Euthyme qui l'envoya au monastere de S. Gerasime. Après y avoir passé quelques années , il revint à la laure de S. Euthyme en 474. En 484, il quitta cette laure, pour venir à celle de Suca , où il demeura 39 ans. Enfin il se retira dans les déserts. En 541, il revint dans la laure de Suca , & passa cinq ans entiers dans la grotte de Chariton. Il combattit pendant de temps-là les Origénistes : la contradiction qu'il y trouva , le fit résoudre de se retirer encore dans le désert de Susac. Sur la fin de sa vie, les moines de la laure de Suca le ramenerent à sa grotte de S. Chariton, où il mourut deux ans après en 557, âgé de 109 ans & quelques mois. * Vita Cyriaci , *in analect. græc.* Baillet , *vies des saints , au mois de septembre.*

QUIRIACE, Kiriacus , Juif ; qui se nommoit auparavant Judas , contribua beaucoup à la recherche de la sainte croix. L'impératrice Héléne étoit à Jérusalem , où elle cherchoit ce précieux trésor, lorsque cet Hébreu lui vint présenter un mémoire, qui avoit été conservé dans sa famille, depuis 326 ans , & où étoit marqué le lieu dont on étoit en peine. L'impératrice y fit fouiller , & y trouva la sainte croix. Judas ayant été baptisé , prit le nom de *Quiriace*, selon le sentiment de Bede ; fut ensuite évêque, & souffrit le martyre à Jérusalem , le premier jour de mai. * S. Paulin, *epist. ad Severum.* Gregor. Turon. *de temp. Constantin.* Beda , *in martyrol.* 1 *die maii.* Sozomene, *l.* 1, *c.* 2.

QUIRIMBA , isles qui commencent vis-à-vis de la côte de Zanguebar dans l'Afrique , & qui s'étendent dans un golfe jusqu'à *Capo del Gado* , pendant plus de vingt lieues. Il y en a de grandes & de petites , & quelques-unes qui sont plus près de la côte que les autres. Les canaux qui les séparent ont si peu de profondeur & de largeur , qu'ils sont guéables lorsque l'eau est basse. Quoique chaque isle ait son nom particulier , les Portugais leur ont donné à toutes celui de *Quirimba* , qui est la premiere que l'on découvre en venant de *Mozambique*. C'est la plus grande & la mieux peuplée. Il y a vingt-cinq maisons bien bâties , éloignées les unes des autres comme des métairies. Elle a une église au milieu , & l'archevêque de Goa y envoie un Dominicain pour célébrer la messe. Tous les habitans sont égaux , & ont chacun leurs affaires & leurs esclaves à part. Il y a une autre isle appellée *Oibo* , qui n'est pas si grande ; & en général la plupart de ces isles n'ont pas plus de deux ou trois milles de circuit. Elles sont extrêmement fertiles en fruits , en dattes , en oranges , en citrons , en raisins , en herbes potageres , & en pâturages pour le bétail, qu'on y voit en quantité tant gros que menu. On y trouve des puits d'eau fraîche & beaucoup de bons pois-

sons. Il y a beaucoup de chasse , des pigeons ramiers , & des tourterelles ; & les habitans reçoivent d'Ormus, du froment, du riz, des confitures séches. Ces isles étoient anciennement peuplées d'Arabes , & on le remarque aux masures de maisons qui étoient bâties de chaux , de pierres , & de briques. Mais dans les premieres navigations que les Portugais firent aux Indes , ils ne se contenterent pas de piller les habitans , sous prétexte qu'ils étoient Mahométans , ils étendirent leur cruauté jusqu'à en tuer un très-grand nombre. Cela fut cause que ces isles demeurerent long-temps depuis désertes ; jusqu'à ce qu'enfin quelques Portugais de Mombaze , de Mozambique , & des quartiers des Indes les plus voisins s'y vinrent habiter. Chaque famille prit d'abord possession d'une isle , y bâtit une maison , se fournit d'armes à feu , & acheta des esclaves pour les occuper à l'agriculture , & contribuer à leur dépense , sous la protection du gouverneur de Mozambique , qui leur envoie tous les ans un juge pour les accorder sur leurs différents. * De la Croix, *relation de l'Afrique , tome IV.* Thomas Corneille , & les autres qui ont fait des dictionaires géographiques.

QUIRIN , évêque de Sisseg en Pannonie , martyr , dans le IV siécle , dans le temps de la persécution de Galere Maximien , fut arrêté l'an 309 par les soldats , & conduit au gouverneur Maxime , devant lequel il confessa généreusement le nom de Jesus-Christ. Maxime le fit mettre en prison , & charger de chaînes ; & la nuit on vit paroître une lumiere sur la prison , dont le geolier fut si surpris , qu'il se fit chrétien. Trois jours après, Maxime envoya S. Quirin au gouverneur de Pannonie , pour être jugé souverainement. Quirin ayant persisté à confesser la religion chrétienne , fut condamné à mort par ce gouverneur , & jetté dans la riviere avec une meule attachée au cou. S. Jérôme sa mort l'an 310 , d'autres l'an 308 ou 309. On fait sa fête au 4 juin. * Acta apud Bolland. & Ruinart. Prudent. *hymn.* 7. Baillet , *vies des saints.*

QUIRINALES , fête que les Romains célébroient le 17 février , en l'honneur de Romulus surnommé *Quirinus*. La fête des foux se faisoit le même jour , par ceux qui n'avoient pas célébré les Fornacales , lorsque le grand curion l'avoit ordonné ; parcequ'ils ignoroient de quelle curie ils étoient. * Ovide, 2 *fast.*

QUIRINALIS (Clodius) ancien rhéteur dont Suétone avoit composé la vie , qui est perdue , étoit né à Arles dans la Gaule Narbonnoise. Il s'appliqua avec tant de succès à l'étude des belles lettres , qu'il ne tarda pas à se trouver en état de les enseigner aux autres , & de s'acquérir beaucoup de réputation dans cette profession. On croit qu'il commença à l'exercer dans la ville de Marseille , & qu'il fut dans le premier siécle de l'église , un de ces illustres rhéteurs qui contribuerent à rendre si célébres les écoles de cette ville. Mais , selon S. Jérôme, il quitta ensuite la suite des Gaules , & passa à Rome où il professa publiquement la rhétorique avec une grande réputation. C'est ce que dit S. Jérôme : *Roma insignissime docet* , dit-il , en parlant de Quirinalis ; & ce saint docteur place cet événement vers la seconde année du régne de l'empereur Claude. Il y en a qui s'éloignant beaucoup de ce sentiment, & comme nous le croyons , de la vérité, ne font fleurir Clodius Quirinalis que sous l'empereur Vespasien , environ trente ans après le temps où le place S. Jérôme. Mais ces auteurs se sont trompés , & il est presque sûr que Quirinalis mourut dès les premieres années de l'empire de Néron. Il y a même tout lieu de croire que c'est le même que ce Clodius Quirinalis , qui au rapport de Tacite , étoit préfet ou intendant des forçats que l'on entretenoit à Ravenne. Il n'étoit pas rare alors de voir des gens de lettres élevés à différentes charges & dignités de l'état. Quirinalis se comporta mal dans la sienne ; & il y commit des concussions & des malversations odieuses , qui engagerent Néron à l'enveloper dans la proscription qu'il fit de quelques officiers. Quirinalis évita le châtiment , en se

donnant

donnant lui-même la mort par le poison. Tacite met cette mort sous le consulat de P. Volusius, & de P. Cornelius Scipio ; ce qui se rapporte à la cinquante-sixiéme année de notre ére commune, & la deuxiéme du régne de Néron. * S. Jérôme dans sa chronique. Le pere Guesnai Jésuite, dans ses *Annales de Marseille*. Les auteurs de l'*Histoire littéraire de la France*, tome I.

QUIRINI (Antoine) sénateur de Venise, l'un des plus distingués de la république, du temps de l'interdit jetté par le pape Paul V, fut aussi l'un des plus ardens à écrire contre cet interdit. Le dessein de son écrit est de justifier la conduite du sénat, dans la publication & dans le renouvellement des décrets qui faisoient la matiere du différend. Il tâche d'y démontrer que le sénat n'avoit rien décidé qui ne fût juste, honnête, & nécessaire ; qu'il étoit surpris que Paul V, dès les premiers jours de son installation, eût voulu non-seulement révoquer une autorité que le sénat exerçoit depuis tant de siécles, avec droit, & avec l'agrément & l'approbation de plusieurs papes, mais qu'il eût encore frapé des anathêmes des personnes qu'il n'avoit pas même entendues ; que le sénat avoit toujours laissé au clergé la connoissance du délit commun, mais qu'il avoit cru devoir se réserver celle du délit privilégié, parceque la sûreté de la république demandoit que les crimes de tous les sujets, de quelque condition qu'ils fussent, ne restassent point impunis ; que le sénat ne pouvoit, sans rendre son autorité méprisable, se laisser lier les mains dans la punition des crimes publics. Il s'étend beaucoup sur les richesses du clergé, sur les abus qu'il en faisoit, & sur la nécessité où le bon ordre mettoit d'y obvier autant qu'il étoit possible. On voit que l'auteur avoit bien lu les écrits du célèbre Gerson, chancelier de l'université de Paris, & qui, comme on le sait, avoit été l'ame du concile de Constance. Il fait un grand usage des principes de ce théologien, par rapport à la matiere qu'il traite, & il sait les mettre dans un beau jour. Cet écrit est de l'an 1607. Six théologiens & quatre jurisconsultes l'approuverent avec éloge, & le conseil des dix l'autorisa de son approbation. M. de Thou en parle aussi avec beaucoup d'estime, dans son histoire, livre 137, sous le régne de Henri IV, & l'année 1607.

QUIRINI ou QUERINI, car on le trouve écrit de ces deux manieres (Ange-Marie) cardinal, noble Vénitien, né le 16 mars 1680, entra jeune dans l'ordre des Bénédictins de la congrégation du Mont - Cassin. Dans une lettre latine adressée en 1744 à M. Freret, sécrétaire de l'académie des inscriptions & belles lettres, après avoir rendu compte des études qu'il a faites à Florence dans sa jeunesse, il ajoute, qu'y ayant été professeur, il y composa d'abord une harangue qu'il intitula : *De Mosaïcæ historiæ præstantiâ*, que son général Ange Ninci fit imprimer. Il donna aussi des *Observations sur Euclide*. Il vint en France vers 1710. Dans une autre lettre précédente, adressée à MM. de l'académie des inscriptions & belles lettres, il rend un compte détaillé du séjour qu'il fit dans ce royaume pendant les années 1711, 1712 & 1713. Il nous apprend que de ces trois années, il en passa deux en l'abbaye de S. Germain des Prés : il nous y parle des liaisons qu'il fit avec plusieurs savans distingués ; il les nomme, les peint d'après nature, fait l'éloge de leur caractere, de leurs mœurs, & de leurs ouvrages, & rapporte plusieurs lettres qu'il en a reçues. Vers le mois de mars 1713, il commença à s'éloigner de Paris, non pour quitter sitôt la France ; mais parcequ'après avoir pleinement joui des richesses littéraires qu'il avoit trouvées dans la capitale, il étoit bien-aise, avant de repasser les Alpes, de connoître les trésors du même genre que nos provinces pouvoient lui offrir encore. C'est dans cet esprit qu'il parcourut d'abord la Normandie & la Bretagne, ensuite l'Anjou, la Touraine & l'Orléanois ; de-là la Champagne, la Picardie, & les deux Bourgognes ; qu'il voulut même voir Genève, & qu'après y avoir passé quelques jours chez l'envoyé de France, il se rendit à Avignon pour terminer sa course par la Pro-

vence & le Languedoc. On dit dans le *Journal des savans*, du mois d'août 1743, qu'il paroît par tout ce que M. Quirini rapporte dans cette lettre des différens endroits où il s'arrêta, que rien d'utile ou de curieux n'échapoit à ses regards, & qu'il y recherchoit avec la même avidité les gens de lettres de tout état, & les monumens de toute espéce. Ce mélange, ajoute-t-on, répand beaucoup de variété dans la relation de son voyage, & l'on y trouve beaucoup de personnes qu'il a connues, & sur les choses dont il s'agissoit alors. De retour en Italie, il écrivit une dissertation, ou un plan d'histoire de l'Italie, imprimée à Rome ; un Essai sur l'histoire du célèbre monastere de Farfe, situé dans le duché de Spolete ; ensuite il publia une édition des livres de l'office divin, à l'usage de l'église grecque. Après cet ouvrage, le pape Innocent XIII lui donna l'archevêché de Corfou, où il composa son livre intitulé : *Primordia Corcyræ ex antiquissimis monumentis illustrata*, in-4°, 1725. Il y a eu deux éditions de ce livre : la seconde fut faite à Brescia en 1738, *in 4°*, revue & augmentée : il y a dans cet ouvrage beaucoup d'érudition & de critique. L'auteur donna depuis la premiere édition du livre dont on vient de parler, l'*Enchiridion Græcorum*, qui fut imprimé, & parut à Bénévent, pendant le séjour de Benoît XIII dans cette ville. Ce pape déclara l'auteur le 26 novembre 1727, cardinal prêtre du titre de S. Augustin, & ensuite de S. Marc ; mais il lui avoit destiné cette dignité dès 1726, lors de la promotion du 6 novembre de cette année, & l'avoit nommé évêque de Brescia. M. Quirini voulant faire honneur à ce nouveau diocèse par quelques ouvrages qui le concernassent, comme il avoit fait dans le premier, il fit travailler & travailla lui-même à une édition des ouvrages de quelques saints évêques de Brescia, sous ce titre : *Veterum Brixiæ episcoporum sancti Philastrii & sancti Gaudentii opera : necnon beati Ramperti & venerabilis Aldemanni opuscula, nunc primùm in unum collecta, ad veteres manuscriptos collata, notis aliisque additionibus illustrata & aucta : prodeunt jussu eminentissimi ac reverendissimi Angeli-Mariæ tituli S. Marci cardinalis Quirini, Brixiæ episcopi, & apostolicæ sedis bibliothecarii*, à Brescia 1738, in-folio, dédié au pape Clément XII. Il a donné aussi, 1. *Specimen variæ litteraturæ quæ in urbe Brixiâ ejusque ditione paulò post typographiæ incunabula florebat*, &c. à Brescia 1739, in-4°. 2. *Gesta & Epistolæ Francisci Barbari*. La Vie du pape Paul III, qu'il venge la mémoire de ce pape contre Platina. Ayant été nommé bibliothécaire du Vatican, il s'est servi utilement de cette place pour travailler à une édition des œuvres de S. Ephrem, qui a paru en plusieurs volumes *in-folio*. Benoît XIV l'a établi depuis préfet de la congrégation de l'*Indice*, au mois de mars 1743. L'académie des inscriptions & belles lettres de Paris l'a nommé à une place d'associé honoraire, pour remplir celle que la mort de dom Anselme Banduri laissoit vacante. Ce fut à cette occasion que le cardinal Quirini écrivit la lettre dont a parlé ci-dessus. Cette lettre datée du mois d'août 1743, & celle que cette éminence a écrite depuis à M. Fréret, sont très-curieuses : on peut en juger par les courts extraits donnés dans le *Mercure de France* & dans le *Journal des savans*. La même année 1743, M. le cardinal Quirini a donné au public le recueil des lettres qu'il a écrites en différens temps & à divers auteurs, sous ce titre : *Decas Epistolarum quas, desumptis plerumque earum argumentis ex Vaticanâ Bibliothecæ manuscriptis, ad eam lustrandam de more quotannis Brixiâ accedens, solivagas ante miserat ejusdem præfectus S. R. E. cardinalis bibliothecarius*. Le premier des dix livres contient les lettres que M. le cardinal Quirini a écrites à dom Bernard de Montfaucon ; le second, celles au pere général des Bénédictins de la congrégation de S. Maur ; le troisiéme, le cinquiéme & le neuviéme, celles à M. Alexis Symmaque Mazzochi ; le quatriéme, celles à M. Cyprien Banaglia ; le septiéme, celles à M. Apostolo Zéno ; le huitiéme, celles à M. Antoine-

François Gori ; & le dixiéme , celles à M. Chryfoftome Trombelli. Une de ces lettres , fuppofé qu'elle foit dans ce recueil , adreffée au pape Benoît XIV , fur quelques fentimens de Platon , a donné lieu au pere dom Jacques Martin , Bénédictin , d'en écrire une autre où l'opinion de fon éminence eft bien difcutée. La lettre du cardinal dont il s'agit , eft un in-folio de dix-fept pages , datée de Brefcia , *octavo kalendas maii* 1743. La réponfe du Bénédictin , imprimée à Paris , contient cinquante pages in-4°. M. le cardinal Quirini a entrepris depuis une édition des lettres du cardinal Polus. Le favant éditeur a fait précéder le fecond volume des lettres de deux écrits , comme d'un préliminaire utile pour l'intelligence defdites lettres. Le premier eft une differtation intitulée : *Diatriba quâ Epiftolæ hujus voluminis recenfentur , locaque illa præfertim proferuntur , ex quibus enitefcat romanæ ecclefiæ ab ætate confpectus , indeque conftet injuftè ab eâdem fectarios defeciffe* , à Breffe 1745 , in-4°. L'auteur y a joint une feconde lettre de M. Jean-George Scelhorn , avec des Remarques critiques de l'éditeur. Le fecond écrit eft la vie du pape Paul III , auffi écrite en latin , & imprimée au même lieu en 1745 , *in-4°.* On a auffi de lui quatre inftructions paftorales , dont la derniere eft datée de Breffe le 10 février 1745 , pour fe juftifier de quelques calomnies répandues contre lui par un journalifte Hollandois , qui l'a accufé , entr'autres , d'avoir obtenu par fes brigues l'évêché de Padoue , & d'avoir enfuite vanté par-tout le refus qu'il en avoit fait. *Voyez* fur ces inftructions paftorales , le *Journal des favans* , avril 1745 , à la fin de l'extrait des lettres du cardinal Polus. Dans le même *Journal* , octobre 1745 , on donne l'extrait d'une autre lettre latine du cardinal Quirini , adreffée à MM. de l'académie des infcriptions & belles lettres , in-4° de 74 pages , datée de Breffe le 28 feptembre 1745 , & imprimée dans la même ville. Le but de cette lettre eft de juftifier ce qu'il a dit de favorable au cardinal Polus dans la préface mife au-devant du tome I des lettres de ce cardinal. L'extrait du *Journal* eft curieux & bien fait , & peut fuffire à ceux qui n'auroient pas l'écrit même du cardinal Quirini. Dans un *Poft-fcriptum* , fon éminence parle de la traduction en vers latins qu'elle a faite d'une grande partie du poëme de M. de Voltaire fur la bataille de Fontenoi, & rapporte cette traduction. La même année 1745 , M. le cardinal Quirini a donné une autre lettre datée de Rome le 27 octobre , & adreffée à M. Mazzochi , chanoine de Naples , au fujet d'un ancien calendrier napolitain , gravé fur le marbre , dont ce chanoine a fait la découverte. M. le cardinal Quirini, pour mieux faire fentir l'adoptation des faints de la Gréce par l'églife de Naples, donne dans fa lettre les quatre premiers mois de ce calendrier latin , & à côté de chaque mois , un ménologe manufcrit des Grecs qu'il avoit acheté , lorfqu'il étoit évêque dans l'ifle de Corcyre , ou Corfou. Ce favant cardinal eft mort à Brefcia le 9 janvier 1755 , âgé de près de 75 ans. Il a beaucoup contribué à la conftruction de l'églife catholique de Berlin ; & par fon teftament , il a légué la quatriéme partie de fes biens , pour achever la conftruction & les embelliffemens de cette églife. Le cardinal Quirini a compofé lui-même fa vie fous ce titre : *Commentarius de rebus pertinentibus ad Angelum-Mariam fanctæ romanæ ecclefiæ cardinalem Quirinum* , à Breffe 1749 , in-8°. Cette vie conduit le lecteur jufqu'à l'année 1740. M. le Beau , fecrétaire de l'académie des infcriptions & belles lettres , dont le cardinal Quirini étoit affocié étranger depuis 1743 , a lu fon éloge dans l'affemblée publique de cette académie, tenue après la quinzaine de Pâque 1756.

QUIRINUS , nom fous lequel Romulus fut adoré des Romains après fa mort. Ce nom lui fut donné , fuivant le témoignage de Feftus , à caufe qu'il portoit une lance en fa main , & que les Sabins appelloient la lance *quiris* , ou bien à caufe que Romulus étoit cru fils de Mars , & que Mars étoit appellé *Quiris* , du nom de la lance , avec laquelle il étoit toujours repréfenté. D'au-

tres auteurs croient que Romulus avoit été nommé *Quirinus* , à caufe qu'il étoit fondateur des Romains , lefquels lui-même de fon vivant il avoit appellés *Quirites* , après avoir fait part de fa nouvelle ville aux Sabins , qui quitterent la ville de Cures , pour venir s'établir à Rome , comme le rapporte Tite - Live. On dit qu'un certain Proculus , qui avoit été fort aimé de Romulus , rendit témoignage au fénat , après la mort de ce fondateur de Rome , qu'il l'avoit vu revêtu d'une majefté divine , & montant au ciel , & que Romulus lui avoit prédit la future grandeur de la ville de Rome , lui promettant d'en être le protecteur , & lui marquant expreffément qu'il vouloit y être adoré fous le nom de *Quirinus.* Il avoit fon temple fur la montagne , qui de fon nom fut appellée *Quirinale* , & qui eft maintenant appellée *Monte-Cavallo* , à caufe de deux ftatues de chevaux de marbre , de la façon de Phidias & de Praxitéle , qui y ont été placées. La porte même de Rome par où on alloit à cette montagne , s'appella *Quirinale* ; & les fêtes qu'on célébroit tous les ans en l'honneur de Romulus , & où on lui faifoit des facrifices folemnels , étoient auffi nommées *Quirinales.* * Plutarque, *fur Rom.* Varron, *de ling. lat. l.* 4. Feftus. Ovide , *in faft.* l. 2 & 7. Tite-Live, *l.* 1 , *c.* 13 ; & *l.* 10 , *c.* 46.

Junon a auffi été appellée *Quiritis* ; & Janus encore a eu le furnom de *Quirinus.* * Plutarch. *in Rom.* Macrobe. Suétone , *in Auguft.*

QUIRINUS (Publius Sulpicius) conful l'an de Rome 742 , naquit à Lanuvium. Il n'étoit point de la famille patricienne des Sulpices. Il avoit rendu de grands fervices fous l'empire d'Augufte. Après fon confulat , il commanda une armée dans la Cilicie , afin de foumettre des peuples , nommés *Homonades* , qui paffoient pour infurmontables en ce pays-là. Il les domta par la famine , prit leurs châteaux , & mérita par-là l'honneur du triomphe. Augufte l'envoya en Syrie , après la condamnation d'Archélaüs , avec pouvoir de gouverner la province , & de faire le dénombrement dans toute la Syrie & dans la Judée. Il n'y a pas de doute que ce ne foit celui que S. Luc & Joféphe nomment *Cyrinus* , & fous lequel l'évangélifte S. Luc dit qu'il fe fit un dénombrement en Judée. Il n'étoit pas néanmoins gouverneur de Syrie à la naiffance de Notre-Seigneur : c'eft pourquoi , pour bien entendre ce paffage de S. Luc : *Hæc defcriptio prima facta eft à præfide Syriæ Cyrino* , il faut traduire : *Ce dénombrement eft le dénombrement qui a précédé celui qui a été fait dans le temps du gouvernement de Cyrinus ou Quirinus ;* ou bien fuppofer que ce dénombrement , qui avoit été commencé dans le temps de la naiffance de Notre-Seigneur (Sentius Saturnius étant gouverneur de Judée) fut continué & achevé par Quirinus , nommé à caufe de cela , le *dénombrement du gouverneur Quirinus.* Augufte nomma Quirinus , gouverneur de Caïus , fon petit-fils, après la mort de Lollius , qui avoit eu cette charge. Quirinus époufa Æmilia Lepida , arriere-petite-fille de Sylla & de Pompée , qu'il répudia , & l'accufa d'adultere , de lui avoir fuppofé un fils & de l'avoir voulu empoifonner , & la fit condamner à un banniffement , l'an de Rome 773. Quirinus mourut l'année fuivante. * Tacite, *annal. l.* 3. Dion , *l.* 54. Suétone , *in Tiber. S. Luc* , *c.* 2. Joféphe , *antiq. Judaïq. l.* 18 , *c.* 1. Strabon , *l.* 12.

QUIRINUS , jeune enfant , qui du temps du cardinal Bembe , propofa & foutint publiquement quatre mille cinq cens thèfes dans la ville de Rome. Si l'on en croit ce cardinal , il ne fe trouva pas un philofophe , de quelque fecte qu'il fût , qui ne fe fentît fatisfait de fes réponfes , & qui ne s'en retournât convaincu que Quirinus , dans un fi bas âge , ne poffédât parfaitement la philofophie dans toute l'étendue de fes efpéces & de fes fectes différentes. * P. Bemb. *du cul. Vir. initio , &c. Voyez* ce qu'en dit Baillet , *dans fon traité hiftorique des enfans devenus célébres par leurs études ou par leurs écrits.*

QUIRITES , *Quirites* , nom des Romains , étoit tiré de celui de la ville de *Cures* , maintenant *Correfé* , dans le pays des Sabins. Romulus ayant fait alliance avec Tatius, roi des Sabins, donna le droit de bourgeoifie à ce peuple, & voulut que les Romains & les Sabins fuffent appellés du nom commun de *Quirites. Voyez* QUIRINUS. * Plutarch. *in vit. Romul.*

QUIROS (Augustin de) Jéfuite Espagnol, natif d'Andujar, enfeigna très-long-temps la grammaire, & depuis les lettres faintes. Il fut élevé aux premieres charges de la province ; ensuite de quoi ayant été envoyé au Mexique, il y mourut le 13 décembre 1622, âgé de 56 ans. On a de lui des commentaires fur divers livres de l'écriture. * Alegambe, *in bibl. fcript. foc. Jefu.*

QUIROS (Théodore de) religieux de l'ordre de S. Dominique, étoit né en 1599, à Vivero en Galice. Il fut envoyé en 1637 aux Philippines, d'où après s'être rendu très-utile dans les écoles, il fut envoyé dans l'isle Formofe, dont il apprit parfaitement la langue, & où il travailla pendant dix ans de fuite à la converfion des païens. Quiros fit par-tout où il alla les fonctions de miffionnaire. Enfin il retourna à Manille, & alla ensuite demeurer à la nouvelle Ségovie, d'où il revenoit, lorfque Dieu le rappella à lui. Il mourut le 4 décembre 1662, âgé d'environ 63 ans. On a de lui une grammaire, & un vocabulaire en langue tagale qu'il poffédoit très-bien, & quelques autres ouvrages, entr'autres, un catéchifme en la même langue, qui ont été imprimés à Manille & à Mexique. * Echard, *fcript ord. Præd.*

QUIROS (Louis-Bernard de) religieux de l'ordre de Cîteaux en Espagne, & profeffeur à Salamanque, a compofé divers ouvrages, entr'autres, 12 livres de commentaires fur la régle de S. Benoît, fous le titre de *refpublica monaftica* ; des commentaires fur les petits prophétes, fur les épîtres de S. Paul, &c. De Quiros mourut l'an 1629. * Charles de Vifch, *biblioth. Cifterc.* Nicolas Antonio, *bibl.*

QUISAI ou QUINSAI, qui veut dire, *cité du ciel*, ville capitale de la Chine, *voyez* QUINSAI.

QUISIANSI, QUIANSI, & KIANSI, province de la Chine, l'une des plus confidérables, a pour villes, Nanchang, Joacheu, Quanfing, Nankang, Kieukang, Kienchang, Vucheu, Linkiang, Kiegan, Xuicheu, Juencheu, Cancheu, & Nangan. Ces villes en ont d'autres moins confidérables, qui font de leur dépendance. * *Confultez* Martin Martini, *Atlas Sinenfis.*

QUISSERA, roi qui régna en Perfe, avant l'année 600, fut furnommé *Arabi-Adet*, c'est-à-dire, *jufte.* Ce fut lui, dit-on, qui fit bâtir un palais à la campagne, auquel il ne put donner fa derniere perfection, à caufe de l'opiniâtreté d'une dame qui avoit fa maifon près de-là, & ne voulut jamais la lui vendre. Ce bâtiment royal, qui d'ailleurs étoit fort beau, s'attira les éloges de deux ambaffadeurs d'un roi voifin ; mais qui s'étonnoient de la complaifance du roi pour l'obftination téméraire de cette dame, dont la petite maifon faifoit un très-méchant effet auprès de ce palais. Quiffera, qui regardoit la chofe en monarque équitable, leur témoigna que cette petite maifon, qu'il n'avoit pas voulu détruire par autorité, marquoit fa modération, vertu qui ne s'accorde guère avec une grande puiffance ; au lieu que le palais ne montroit que fa magnificence, qui eft une vertu, laquelle épuife les fujets, pour établir une vaine réputation. * Joan. Boterus, *dict. memorab.* Ce prétendu roi n'eft point connu d'ailleurs.

QUISTORP (Jean) théologien Allemand de la confeffion d'Augsbourg, né à Roftock de parens fort pauvres, en 1584, fit fes études dans fa patrie, à Berlin & à Francfort fur l'Oder. Il fit ensuite un voyage en Hollande, dans le Brabant & en Flandre, en qualité de gouverneur du fils d'un patricien de Lubeck. Ayant obtenu la chaire de profeffeur en théologie à Roftock en 1614, il vifita les académies d'Allemagne, de Leipfick, de Wittemberg, de Iéne, de Marpourg, de Heidelberg, de Bafle, &c. A fon retour il prit le dégré de docteur en théologie. En 1645, il fut nommé pafteur de l'églife de fainte Marie dont il avoit été auparavant archidiacre,

& obtint en même temps la charge de furintendant des églifes. Le célébre Grotius, fi connu par fes ouvrages & par fes emplois, étant tombé malade à Roftock où il mourut, Quiftorp lui rendit en cette occafion tous les fervices d'un ami tendre & fidéle. Il mourut lui-même le 2 mai 1648. Outre plufieurs fermons & differtations fur différens fujets, on a de lui : *Articuli formulæ concordia illuft. Manuductio ad ftudium theologicum. Annotationes in omnes libros biblicos. Commentarius in epiftolas fancti Pauli.* Une lettre latine, adreffée à Calovius & datée de Roftock le 28 feptembre 1645, fur la mort de Grotius. Il y fait le détail de la maladie & des derniers fentimens de ce favant. Cette lettre fe trouve dans la *Bibliothéque choifie* de Colomiés, & dans les *Vindiciæ Grotianæ*, page 82 du livre en deux volumes *in-8°*, intitulé *Grotii Manes.* * *Voyez* cet ouvrage depuis la page 481, jufqu'à la page 484, &c. Witte, *mem. theolog. dec.* 1 & 4, &c. Meric Cafaubon, *de ufu verborum.*

QUISTORP (Jean) fils du précédent, né auffi à Roftock en 1624, étudia à Greifswalde, à Konisberg, à Copenhague à Leyde, & fut pafteur & profeffeur en théologie à Roftock, où il mourut en 1669, étant recteur de l'académie. Il a écrit fans ménagement comme fans raifon contre l'églife romaine, & avec beaucoup moins de modération que fon pere. Ses ouvrages ne lui ont fait un nom que parmi ceux de fa fecte : on connoît les fuivans : *Catechefis antipapiftica : Pia defideria : Repetitiones Decalogi antipapift, Nebo, und perluftratur Terra fancta.* Une lettre allemande, adreffée à la reine Chriftine de Suéde : elle eft fans nom. Un autre ouvrage allemand, intitulé, *le Tréfor dans le champ. Difputationes theologicæ.*

QUISTORP (Jean-Nicolas) docteur en théologie Luthérien, naquit à Roftock le 6 janvier 1651. Il fit fes études dans cette ville, & les continua à Konisberg. Après quoi il parcourut l'Allemagne, la Hollande & le Danemarck. En 1676, il fut fait diacre de l'églife de S. Nicolas à Roftock, & enfuite pafteur, furintendant & profeffeur en théologie. Il mourut le 9 août de l'année 1715. Il eft auteur des ouvrages fuivans. 1. Des Explications ou confidérations fur les épîtres de S. Jean, fruit de huit difputes fur cette matiere, qu'il foutint à Dantzick en 1697. C'est un *in-4°*. Cependant il peut n'être que l'éditeur de cet ouvrage ; du moins, dit-on, dans le *Supplément* de Bafle que ce font les *Σχτγγυμια* de Dorchen. 2. *De fanctiffimâ & omni tempore fufficientiffimâ Chrifti fatisfactione*, en 1682. 3. *De Bellarmini in Ecclefiam notis non notis*, à Roftock 1682. 4. *De principio theologiæ cognofcendi unico*, à Roftock 1683. 5. *De privatâ confeffione*, à Roftock 1684. 6. *De Pænitentiâ*, à Roftock 1685. 7. *De quæftione, an peccatum originis formaliter fit merè privativum, an pofitivum fimul ?* à Roftock 1685. * *Nova litteraria maris Balthici*, 1699. Supplément françois de Bafle.

QUITILLI DE LA MIRANDE (Lucrece) demoifelle Italienne, vivoit au commencement du XVI fiécle, & apprit à peindre d'un certain Alexandre, difciple de Bronzine. Elle fe rendit célébre par fon habileté à faire quelques hiftoires, qui font en grande eftime parmi les peintres. * Vafari. Wermander.

QUITO, ville & province de l'Amérique, dans le Pérou, a eu autrefois des princes particuliers. Ensuite ce pays a été foumis aux rois du Pérou, & enfin aux Espagnols. La ville, dite auffi *San Francifco de el Quito*, a un évêché fuffragant de Lima. L'audience ou parlement de Quito comprend plufieurs provinces de l'Amérique méridionale, favoir : le Quito propre, les Paçamores, les Quixos, & la partie méridionale du Popayan. La ville de Quito eft le fiége de l'audience. *Voyez* le *Dictionaire géographique* de la Martiniere. M. de la Condamine, de l'académie royale des fciences, parle plufieurs fois de Quito, & de fon audience ou parlement, dans fa curieufe Relation abrégée d'un voyage fait dans l'intérieur de l'Amérique méridionale, &c. imprimée en 1745 *in-*8°, & dans fa lettre à madame *** fur l'émeute populaire excitée en la ville de Cuença au Pérou, le 29 août 1739, contre les académiciens des fciences, envoyés pour la mefure de la terre, imprimée en 1746, *in-*8°.

QUIVIRA, pays de l'Amérique feptentrionale, eft fitué entre le nouveau Mexique, le mont de Suala, & la Floride ; d'autres ont cru qu'il étoit au feptentrion de la Californie, vers les terres inconnues, proche le détroit de Jeffo. Ce pays eft fécond en pâturages le long de la mer. Les vaches qui y font en quantité, ont une éminence fur le dos, comme les chameaux ; & les chiens y font fi grands, que les habitans s'en fervent dans leurs voyages, comme on fait ici des chevaux. On dit qu'une troupe de foldats Efpagnols, fous la conduite de leur capitaine, nommé *Vafquez Corneto*, voulant tenter fortune, entreprirent de paffer dans ce pays, pouffés par l'efpérance qu'on leur donneroit le butin qu'ils y trouveroient. Ils eurent beaucoup de peine à paffer à travers les fables & les deferts, où ils furent fort incommodés d'une grêle dont les grains étoient durs comme des pierres, & de la groffeur d'un œuf d'oie. Enfin lorfqu'ils y furent arrivés, ils allerent vers le roi, qui étoit appellé *Tarappa*, & qui étoit un vieillard nud, avec un collier de cuivre pour tout ornement. Auffi connoiffant qu'on les avoit trompés, lorfqu'on leur avoit vanté les richeffes de ce pays, ils revinrent dans le Mexique. * Baudrand. Suivant les nouvelles découvertes, Quivira eft au nord des fources du Rio Colorado, qui coule du feptentrion au midi dans la mer Vermeille, & du Miffouri qui fe rend dans le Miffiffipi ; & il a au midi les fources du Miffiffipi, & le lac du Brochet, d'où coule à l'oueft une grande riviere, qui fe décharge apparemment dans l'entrée découverte par Martin d'Aguilar, au-deffus du Cap Blanc de S. Sébaftien.

QUIXOS ou LOS QUIXOS, peuples de l'Amérique méridionale dans le Pérou. Ce pays fut découvert l'an 1577 par les Efpagnols, qui y ont quatre colonies.

QUOAQUIS, fauvages de l'Amérique feptentrionale. Les hommes font extrêmement bafanés, ont le vifage plat, les yeux noirs, grands & bien fendus, les dents très-blanches, le nez écaché, & la taille libre & dégagée. Ils ont des corcelets d'un double cuir à l'épreuve de la fléche. Les femmes, qui ne font pas fi bafanées que les hommes, ont le corps couvert d'une vefte d'un tiffu très-fin jufqu'à la cuiffe. A deux lieues des terres de ces fauvages, eft une belle riviere, fur les bords de laquelle on voit paître de nombreux troupeaux de *Cibolas*. Ce font des bœufs d'une groffeur extraordinaire, boffus depuis le chignon du cou jufqu'au milieu du dos. Ils paiffent dans les cannes, & s'attroupent quelquefois jufqu'à 1500. Les fauvages fe fervent de divers ftratagêmes pour les faire fortir de ces forts & les tuer. * *Nouvelle relation de l'Amérique feptentrionale en 1697.*

QUODADIQUIO, fauvages de l'Amérique feptentrionale, joints avec des nations appellées *Napgitochi* & *Naffonis*. Ils habitent le long de la riviere Rouge, que l'on nomme ainfi, parcequ'elle jette un fable qui la rend rouge comme du fang. Les trois nations parlent un même langage, & ne font pas affemblées par villages, mais par habitations affez éloignées les unes des autres. Leurs terres font fort belles. Ils ont la pêche & la chaffe en abondance, mais peu de bœufs. Ils font une guerre cruelle à leurs voifins. Pour tout ouvrage, ils font des arcs & des fléchés, dont ils trafiquent avec des nations éloignées. Les hommes & les femmes font tous piqués au vifage & par tout le corps. C'eft parmi eux un trait de beauté. * *Nouvelle relation de l'Amérique feptentrionale*, &c.

QUOD-VULT-DEUS, étoit évêque de Carthage, dans le temps que cette ville fut prife par Genferic, roi des Vandales, l'an 439. Ces barbares le mirent, lui & la plupart de fes clercs, dans de vieux navires, qui faifoient eau de toutes parts, & qui étoient fans aucunes provifions. Dieu fut leur pilote, & les fit aborder heureufement à Naples, où ils furent reçus comme de glorieux confeffeurs de Jefus-Chrift. Ce prélat eft peut-être le même qui avant fon élection à l'épifcopat, avoit prié S. Auguftin d'écrire un traité des hérélies. Ce faint docteur le lui adreffa. On croit qu'il mourut à Naples, où l'on prétend que fon corps eft confervé dans l'églife de S. Gaudiofus. L'églife d'Afrique faifoit anciennement mémoire de lui le 8 janvier ; celle de Rome l'a mis dans fon matyrologe au 26 octobre ; & Adon dans le fien, au 28 novembre. * *Victor de Vite, hift. perfecut. Vandal. l. 1. Calendar. Carthagin. apud Mabillon. analect. tom. IV. Profper & Marcellin, in chron. Baronius, in ann. Chrift. 439.*

Fin du Tome VIII.

ADDITIONS.

PIERRE-SUR-DIVE (S.) *Sanctus Petrus suprà Divam*, bourg confidérable de Normandie au diocèse de Séez, fitué fur la riviere de Dive, à quatre lieues de Falaife, & à fept petites de Caën. L'églife paroiffiale fous le titre de S. Pierre, eft à la nomination des religieux: il y a auffi une chapelle de S. Jacques qui lui fert d'annexe, & un hôpital. On compte au moins douze à treize cens habitans dans ce bourg renommé à caufe d'un grand marché pour les beftiaux qui s'y tient tous les lundis, & plufieurs foires par an. Il y a encore un fiége de vicomté: & tous les officiers de la haute juftice, qui appartient à l'abbaye, c'eft l'abbé qui les nomme. Lorfque Geoffroy, comte d'Anjou, vint en Normandie pour foutenir fes prétentions fur ce duché, après avoir ravagé l'Exmois, il fe jetta fur S. Pierre-fur-Dive, que l'abbé & les religieux fauverent du pillage en lui donnant cent dix marcs d'argent. Cette abbaye qui fait le principal ornement du bourg eft de l'onziéme fiécle, & l'églife confacrée à la Mere de Dieu. Anciennement elle s'apelloit Notre-Dame de l'Epine, du nom du lieu où elle avoit été bâtie. On rapporte qu'une femme du village du Val allant en pélerinage à la chapelle de S. Ferréol dans la paroiffe de Courcy, s'arrêta à S. Pierre-fur-Dive, fit fa priere dans le lieu où l'on bâtiffoit un château, & y laiffa fon offrande qu'elle deftinoit pour S. Ferréol. Les ouvriers qui travailloient, s'étant moqués d'elle, elle leur répondit qu'elle favoit ce qu'elle faifoit. Ceci étant venu à la connoiffance de Gillemar, curé de S. Pierre, homme d'une grande vertu, il affura au jour fes paroiffiens que quelque méprifable que fût alors leur demeure, il viendroit un temps où l'on y bâtiroit un monaftere de religieufes auxquelles fuccéderoient des religieux. Quoi qu'il en ait été de cette prédiction, dont on trouve de très-anciens monumens, la chofe arriva. Guillaume, fils naturel de Richard I, duc de Normandie, comte d'Eu & auparavant comte d'Exmes, changea en monaftere le château dont il vient d'être parlé à S. Pierre-fur-Dive, & réfolut d'en faire le lieu de fa demeure après fon mariage avec Lefceline, fille de Turquetil d'Harcourt qu'il époufa effectivement, & dont il eut trois enfans; Robert, qui lui fuccéda dans tous fes biens; Guillaume, à qui fes actions héroïques méritèrent le gouvernement de Soiffons; & le troifieme nommé Hugues, qui ayant été fait évêque de Lizieux, fe rendit recommandable par fa piété & par fa fcience. L'auteur de cette relation ajoûte que le comte Guillaume étant mort fans avoir pû accomplir fon deffein, Lefceline fon époufe l'exécuta, ayant affemblé une communauté de vierges dans ce monaftere, où elle fe propofoit de fe retirer elle-même, pour s'y confacrer entierement à Dieu par les vœux folemnels de la religion; mais que ces faintes filles fe voyant continuellement en but à la mauvaife volonté des habitans, elle prit le parti de les transférer à Lizieux, où aidée des confeils & des libéralités de Hugues fon fils devenu évêque, elle leur fonda un nouveau monaftere qui fubfifte encore, & c'eft fous le nom de S. Defir, quoique l'églife en ait auffi été dédiée fous celui de la Mere de Dieu. Il eft à des religieufes de l'ordre de S. Benoît. La pieufe comteffe n'abandonna point pour cela l'établiffement de S. Pierre-fur-Dive: elle fubftitua aux religieufes des religieux qu'elle fit venir d'abord de l'abbaye de S. Vandrille au pays de Caux, mais qui n'y refterent que fort peu de temps. Lefceline affligée de leur retraite, ne perdit cependant point courage: elle alla trouver le vénérable Ifambert, abbé du monaftere de la Trinité du mont fainte Catherine proche Rouen, de qui elle obtint l'effet de fa demande; il lui accorda, entr'autres, le bienheureux Ainard, Allemand d'origine, homme d'un grand mérite, qu'elle établit abbé de fon monaftere de S. Pierre-fur-Dive, qui fous un fupérieur auffi vertueux ne tarda point à devenir très-célébre: il eut jufqu'à 72 religieux. La fondatrice voyant la bénédiction que Dieu y répandoit d'une maniere fi vifible le dota très-richement; & dans la crainte qu'après fa mort fes enfans n'inquiétaffent l'abbé & les religieux, ou même ne vouluffent reprendre les biens qu'elle leur avoit donnés, elle racheta d'eux la mouvance du lieu en leur payant deux cens onces d'or, qu'ils reçurent en préfente du duc Guillaume I, à qui comme fouverain de la province elle foumit immédiatement cette maifon, le priant de la prendre tellement fous fa protection qu'aucun autre feigneur n'en pût prétendre l'hommage. Tant que Lefceline véquit, ce lieu fut le plus tendre objet de fa piété: elle mourut en 1057, ayant pris dans fa derniere maladie le voile facré des époufes de Jefus-Chrift, qu'elle voulut recevoir des mains mêmes de fon fils Hugues, évêque de Lizieux, qui l'affifta à la mort. Son corps fut inhumé dans l'églife proche le principal autel. On fe contenta de mettre fur fon tombeau cette épitaphe:

Hîc jacet illuftris. & potens Domina Lefcelina, quondam S. Petri fuprà Divam Comitiffa, hujufce venerabilis monafterii fundatrix devotiffima, quæ obiit anno 1057: ejus animæ det folamen cælorum conditor. Amen.

Cependant l'abbé Ainard faifoit toujours travailler à la conftruction de l'églife, qui ne fe trouva achevée que dix ans après, c'eft-à-dire en 1067. Le duc Guillaume devenu roi d'Angleterre, avoit donné la plus grande partie des fonds néceffaires, par la confidération particuliere qu'il avoit pour l'abbé. Il voulut affifter en perfonne, avec tous les feigneurs de fa cour à la cérémonie de la confécration, qui fut faite par l'archevêque de Rouen, accompagné de tous les évêques de la province. Ainard, après avoir gouverné avec la plus grande réputation cette nombreufe communauté pendant l'efpace d'environ 31 ans, mourut comblé de vertus & de mérites le 19 des calendes de février de l'an 1077. Durand, abbé de Troar, qui fut toujours lié de la plus étroite amitié avec lui, l'affifta dans fes derniers momens, & l'inhuma au milieu de l'églife: il fit auffi une épitaphe très-honorable pour fa mémoire. L'abbé Ainard ne fut pas feulement un faint religieux, il étoit encore très-favant dans les lettres divines & humaines: lui & Durand paffoient pour être les plus grandes lumieres de leur fiécle. Il avoit mis en vers la vie de fainte Catherine & celle de S. Kilien, évêque de Wirtsbourg; ce qui a donné lieu de penfer qu'il étoit né en cette ville. Environ trente ans après la mort d'Ainard, le monaftere fe vit à deux doigts de fa perte, par l'intrufion d'un malheureux moine nommé Robert, qui acheta du duc Robert la dignité abbatiale cent quarante marcs d'argent. A fon arrivée les religieux fe difperferent, ne pouvant le regarder comme leur légitime pafteur. Le comte Guillaume, époux de Lefceline, avoit changé fon château en monaftere, & cet indigne abbé fit du monaftere une foivert effe. Ayant été enfuite obligé de quitter le pays pour fes crimes, il périt miférablement. Mais de fon temps & par fa faute, le bourg & l'abbaye furent entierement brulés par les troupes de Henri I, roi d'Angleterre, alors en guerre avec fon frere le duc Robert. Cependant Henri fut touché de la deftruction de ce monaftere; & voyant qu'il falloit tenter le fort d'une bataille contre fon frere, il fit vœu de le rebâtir s'il étoit victorieux à la journée de Tinchebray: il le fut, & ne penfa plus à accomplir fon vœu. Il fe contenta feulement, étant à Argentan, d'accorder une charte par laquelle il confirmoit tous les biens qui lui avoient été donnés , en augmentoit les privilèges , & principalement ceux de sa jurisdiction. S. Louis confirma encore cette charte en 1269. L'abbé donc & les religieux seuls entreprirent de rétablir leur maison. Raoul , pour lors abbé , homme simple , mais plein de vertu & de religion , jetta les fondemens de la belle église qui subsiste aujourd'hui. Il paroît par tous les miracles qui s'opérerent pendant qu'on y travailloit , que Dieu bénit cette entreprise. On lit dans la chronique de Rouen , que les seigneurs & les peuples du pays témoignerent le plus grand zèle pour la faire avancer ; ils venoient de toutes parts faire leurs offrandes , leurs prieres ; plusieurs même par dévotion venoient nuds pieds & couverts d'habits pauvres , pour avoir plus de mérite ; les uns servoient les ouvriers , d'autres traînoient des chars. Guillaume de Ponthieu se confondit avec quelques habitans d'Argentan , qui voulurent aussi signaler leur zèle en s'acquittant de ces œuvres de piété. Toutefois Raoul n'eut point la consolation de voir finir cet édifice , son gouvernement n'ayant été que de 4 ans & 4 mois : elle fut réservée à Haimon qui mourut en 1143. Cette maison reprit un nouveau lustre , qu'elle soutint jusqu'à l'établissement des commendes. Dès ce moment la discipline régulière y tomba entierement. L'église & les bâtimens pour la plupart tomboient en ruine , lorsque Jacques de Silly , évêque de Séez & abbé de S. Pierre-sur-Dive , en fit faire les réparations. Les sommes immenses qu'il y employa l'en ont fait regarder comme un des restaurateurs : il l'a possédée 36 ans. Du temps des troubles de la religion , les Calvinistes pillerent la maison , détruirent une partie des bâtimens , & enleverent ce qui restoit d'argenterie dans le trésor de la sacristie. Georges Dunot , conseiller au parlement , en ayant été nommé abbé pendant la minorité de Louis XIV , ne put voir sans douleur le triste état où il la trouva , tant pour le spirituel que pour le temporel : c'est ce qui lui fit prendre la résolution d'y introduire les religieux de la congrégation de S. Maur. S'étant arrangé pour cela avec les supérieurs majeurs de ladite congrégation , il les en mit , pour ainsi dire , lui-même en possession le jour de S. Jean-Baptiste 1668 , ou plutôt il assista à cette cérémonie , qui fut très-auguste par le concours extraordinaire de monde qui s'y trouva. Depuis cette introduction l'église a été parfaitement réparée , & tous les lieux réguliers entierement renouvellés , de sorte que cette abbaye est aujourd'hui en bon état. Elle vaut à l'abbé 15 ou 16 mille livres , & paye pour les bulles à la chambre apostolique 800 florins. L'abbé est comte de S. Pierre-sur-Dive. * *Mém. mss.* de D. Boudier , abbé de S. Martin de Séez.

PINGON. Il paroît par plusieurs titres , que la maison de Pingon en Savoye , est la branche cadète de celle de Pingon d'Aix en Provence , & qu'ils ont de tous les temps porté les mêmes armoiries , qui sont *une fasce d'or en champ d'azur* , jusqu'à PIERRE de Pingon , frere puîné de LOUIS , qui selon la coutume des bonnes maisons , prit différence dans ses armes , de *deux girons d'argent à fasce d'or* , à l'exemple de HENRI de Pingon

son oncle , gouverneur & lieutenant de Valence & de Die pour Amé , comte de Savoye , environ l'an 1340.

Cette branche cadète , établie en Savoye , a donc continué de porter ces armoiries , avec cette différence , jusqu'à l'extinction de la premiere lignée , que le transport ou droit de les porter à fasce d'or lui fut remis par MAGDELENE de Pingon , chevalier , résident dans ladite ville d'Aix en Provence , comme vrais & légitimes successeurs esdites pures armoiries , *les priant de les accepter & retenir désormais pour la mémoire & honneur de l'ancienneté de leurs maisons* , comme il se voit par le traité du 21 juin 1566. Cette famille subsiste aujourd'hui en France en la personne de HYACINTHE de Pingon , marié à mademoiselle de Malyvert de Conflans. Il a deux freres , dont l'un est *Gaspard* de Pingon , chanoine de l'église & comte de Lyon , vicaire général du diocèse de Vienne , & l'autre *Marie-Hyacinthe* de Pingon , chevalier de Malte , capitaine de galeres , commandeur de la commanderie des Fluillets en Bresse. * *Mém. remis par la famille.*

POITEVIN (Hervé le) d'une famille noble du diocèse de Coutances , étoit né à Damerville , paroisse proche Valognes , en 1665. Il y fit avec succès ses premieres études , & se distingua encore davantage par sa piété. Il entra chez les Eudistes en 1690 , & s'y rendit utile en s'acquittant avec soin des différens emplois qui lui furent confiés. Vers 1720 ses supérieurs l'envoyerent à Senlis , où il remplit avec édification un canonicat à la cathédrale , attaché au séminaire. Il sut s'y concilier l'estime & la confiance de l'évêque , qui connoissant ses talens , le chargea souvent de faire des missions dans les paroisses de la campagne , où l'on avoit pour lui une vénération particuliere. Après avoir passé près de trente ans dans ces pieux exercices , il mourut en odeur de piété , au séminaire de Senlis , le 7 novembre 1750 , âgé de 85 ans. Il avoit toujours eu une dévotion particuliere à instruire & à catéchiser les peuples de la campagne , l'expérience lui ayant appris que c'est ordinairement parmi eux que les ministres de l'évangile font plus de fruit. Pour y perpétuer le bien qu'il y avoit fait , il a composé plusieurs ouvrages , très-propres à leur rappeller les instructions qu'il leur avoit données de vive voix. Les principaux sont , 1. *Conduite chrétienne tirée des maximes de l'évangile.* 2. *Catéchisme pour instruire les enfans qui se disposent à faire leur premiere communion.* 3. *Méthode pour faire une bonne confession & communion.* 4. *Méthode pour bien faire le catéchisme aux enfans.* 5. *Instruction sur les commandemens de Dieu & de l'église.* 8. *Méthode pour vivre chrétiennement dans les familles & y conserver la paix.* 9. *Catéchisme pour apprendre à passer saintement les dimanches & jours de fêtes.* 10. *Maniere de sanctifier le jour anniversaire de son baptême.* Tous ces ouvrages , la plupart écrits par demandes & par réponses , & d'un style très-simple , ont été recueillis en huit ou neuf volumes *in-16* , & plusieurs fois imprimés. * *Mém. mss.* de D. Boudier , abbé de S. Martin de Séez.

www.ingramcontent.com/pod-product-compliance
Lightning Source LLC
Chambersburg PA
CBHW060533280326
41932CB00011B/1280